潍坊市志

（1991—2012）

中共潍坊市委党史研究院
（潍坊市地方史志研究院） 编

上册

方志出版社
Publishing House of Local Records

图书在版编目（CIP）数据

潍坊市志．1991—2012 / 中共潍坊市委党史研究院（潍坊市地方史志研究院）编．-- 北京 ：方志出版社，2020.10
ISBN 978-7-5144-3316-6

Ⅰ．①潍… Ⅱ．①中… Ⅲ．①潍坊－地方志－1991－2012 Ⅳ．①K295.23

中国版本图书馆CIP数据核字(2018)第224372号

潍坊市志（1991—2012）

编　　者：	中共潍坊市委党史研究院（潍坊市地方史志研究院）
责任编辑：	刘　珊
出 版 者：	方志出版社 地址　北京市朝阳区潘家园东里９号（国家方志馆4层） 邮编　100021 网址　http://www.fzph.org
发　　行：	方志出版社图书经销中心 电话（010）67110500
经　　销：	各地新华书店
印　　刷：	山东麦德森文化传媒有限公司（0531）82666659
开　　本：	889×1194　　1/16
印　　张：	184.75
字　　数：	4500千字
版　　次：	2020年10月第1版　　2020年10月第1次印刷
印　　数：	0001～7000套
ISBN	978-7-5144-3316-6　　**定价：** 1900.00元（全三册）

中共潍坊市委党的文献编审委员会

《潍坊市志（1991—2012）》编审人员

潍坊荣誉

世界风筝都 (1988)

全国双拥模范城市 (2000)

全国科技进步先进市 (2003)

中国优秀旅游城市 (2003)

国家环保模范城市 (2005)

水环境治理优秀范例城市 (2006)

中国最具活力会展城市 (2007)

国家节水型城市 (2007)

中国十佳节庆城市 (2008)

国家卫生城市 (2008)

国家知识产权工作示范城市 (2009)

中国最具创新力城市 (2009)

国家园林城市 (2010)

中国文化体制改革先进地区 (2011)

中国人居环境奖城市 (2012)

中国画都 (2013)

中欧城镇化伙伴关系城市 (2013)

全国首批中美低碳生态试点城市 (2013)

中国食品谷 (2013)

国家电子商务示范城市 (2014)

国家现代农业综合改革试点城市（2014）

全国未成年人思想道德建设工作先进城市 (2015)

全国文明城市 (2015)

全国智慧城市建设 50 强 (2016)

国家专利质押融资示范城市 (2016)

国家森林城市 (2016)

国家产城融合示范城市 (2016)

全国创建社会保险标准化建设先行城市 (2016)

国家科技兴海产业示范基地（2016）

国家食品安全示范城市 (2017)

国家农商互联标准化示范市 (2017)

首批国家农业对外开放合作试验区 (2017)

国家医药结合示范省先行区 (2017)

全国基层中医药工作先进市 (2017)

巴塞罗那世界智慧城市博览会智慧城市提名奖 (2017)

首批全国循环经济示范市 (2018)

中国民间文艺之乡 (2018)

联合国水环境示范城市 (2018)

首批全国国家社会信用体系建设示范城市 (2018)

国家创新型城市（2018）

潍坊市政区图

渤海
莱州湾
太平湾
潍坊港
潍坊市
奎文区
潍城区
坊子区
寒亭区
寿光市
昌邑市
青州市
昌乐县
临淄区
广饶县
博兴县
莱州市
平度市
羊口镇
侯镇
营里镇
台头镇
田柳镇
上口镇
古城街道
圣城街道
文家街道
洛城街道
孙家集街道
稻田镇
纪台镇
化龙镇
何官镇
高柳镇
东夏镇
谭坊镇
黄楼街道
弥河镇
王府街道
云门山街道
邵庄镇
庙子镇
王坟镇
朱刘街道
宝城街道
五图街道
乔官镇
龙池镇
柳疃镇
卜庄镇
围子街道
都昌街道
奎聚街道
饮马镇
北孟镇
固堤街道
高里街道
央子街道
大家洼街道
朱里街道
坊安街道
坊城街道
黄旗堡街道
太保庄街道
大王镇
稻庄镇
李鹊镇
花官镇
丁庄镇
大码头镇
牛庄镇
陈官乡
纯化镇
吕艺镇
乔庄镇
陈户镇
湖滨镇
城东街道
曹王镇
兴福镇
店子镇
乐安街道
朱台镇
敬仲镇
皇城镇
齐都镇
凤凰镇
中埠镇
齐陵街道
益都街道
金岭回族镇
南王镇
太河镇
土山镇
沙河镇
柞村镇
夏邱镇
虎头崖镇
文峰路街道
城港路街道
程郭镇
平里店镇
三山岛街道
新河镇
长乐镇
大泽山镇
店子镇
张舍镇
马戈庄镇
田庄镇
门村镇
明村镇
白埠镇
崔召镇
香店街道
同和街道
张戈庄镇
蓼兰镇
崔家集镇
万家镇
大牟家镇
三底镇
滨海经济技术开发区
经济开发区
高新技术产业开发区

山东省地图出版社编制　　鲁 SG（2010）301 号　　比例尺：1 ： 695 000

潍坊城区图

寒亭区
寒亭街道
开元街道
经济开发区管委会
北苑街道
新城街道
大虞街道
东关街道
北关街道
城关街道
南关街道
潍州路街道
广文街道
于河街道
清池街道
梨园街道
奎文区
潍城区
市委
市政府
高新区管委会
青银高速
G20
鸢飞路
人民广场
富华游乐园
体育中心
中心医院

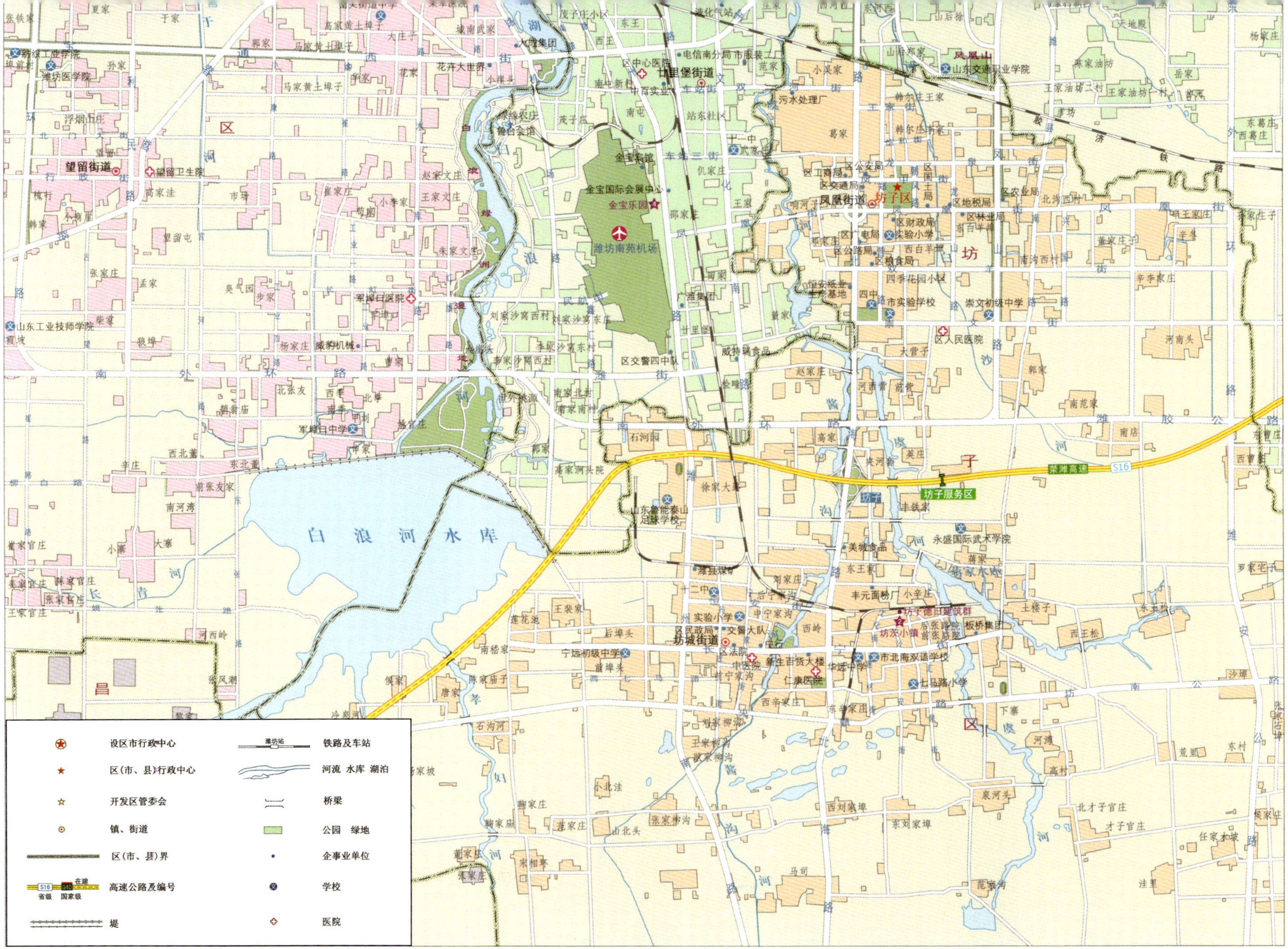

山东省地图出版社编制　　鲁 SG（2010）301 号　　比例尺：1 ： 70 000

潍坊城区景观（2013 年拍摄）

潍坊人民广场 （2013 年拍摄）

陆港国际货运
健康主题酒店

潍坊高新区（2012 年拍摄）

潍坊滨海区无轴摩天轮——渤海之眼（2017 年拍摄）

潍坊奥体公园体育场（2009 年拍摄）

潍坊鲁台会展中心（2013 年拍摄）

奎文区东风街虞河桥（2009年拍摄）

潍坊世界风筝都纪念广场（2014 年拍摄）

潍坊植物园（2018 年拍摄）

潍坊中百商业圈（2012 年拍摄）

潍坊人民公园归真园（2006 年拍摄）

白浪河城区段（2009 年拍摄）

白浪绿洲湿地公园（2011 年拍摄）

虞河景观（2016 年拍摄）

潍坊禹王国家湿地公园（2012 年拍摄）

峡山水库（2014 年拍摄）

沂山晨光（2017 年拍摄）

青州市弥河湿地（2012 年拍摄）

青州市黄花溪风景区（2017 年拍摄）

奎文区张面河（2010 年拍摄）

临朐县淹子岭（2010 年拍摄）

诸城市潍河国家湿地公园（2010 年拍摄）

潍坊高新区浞河风景区（2011 年拍摄）

安丘市柘山梯田（2017 年拍摄）

昌乐县团山子古火山口（2014 年拍摄）

CAPITAL
REN JIAN

潍坊港（2017年拍摄）

潍坊机场（2015 年拍摄）

潍坊火车站（2008 年拍摄）

潍坊北海路（2012 年拍摄）

青兰高速公路潍坊段（2010 年拍摄）

潍柴动力二号工厂总装生产线（2018 年拍摄）

豪迈集团自主研制的刻字机群（2014 年拍摄）

歌尔电子产业园生产车间（2013 年拍摄）

诸城福田公司时代轻卡试生产车辆下线（2004年拍摄）

晨鸣集团铜版纸生产线（2011年拍摄）

诸城希努尔服装生产流水线（2012年拍摄）

寿光市蔬菜高科技示范园（2018 年拍摄）

青州市仰天农庄（2012 年拍摄）

第十届中国（寿光）国际蔬菜科技博览会

寒亭区高里街道谷子丰收（2015年拍摄）

寒亭区潍县萝卜生产基地

寿光蔬菜高科技示范园西红柿树（2012 年拍摄）

寿光市高端蔬菜种植温室（2013 年拍摄）

潍坊医学院浮烟山校区（2010 年拍摄）

潍坊学院（2016 年拍摄）

學
院

潍柴内燃机可靠性国家重点试验室 （2015 年拍摄）

山东省潍坊第一中学（2018 年拍摄）

潍坊高新区蓝色智谷（2015 年拍摄）

潍坊国际风筝会风筝放飞表演(2017 年拍摄)

潍坊大剧院 (2017 年拍摄)

高密市红高粱影视基地（2015 年拍摄）

杨家埠民间艺术大观园（2010 年拍摄）

潍坊十笏园庙会 （2018 年拍摄）

高密泥塑 （2013 年拍摄）

“潍水之春”社区群众文艺汇演（2014 年拍摄）

春节放鞭炮习俗

潍坊市人民医院（2012年拍摄）

潍坊市中医院（2017年拍摄）

阳光融和医院（2016 年拍摄）

潍坊医学院附属医院（2011 年拍摄）

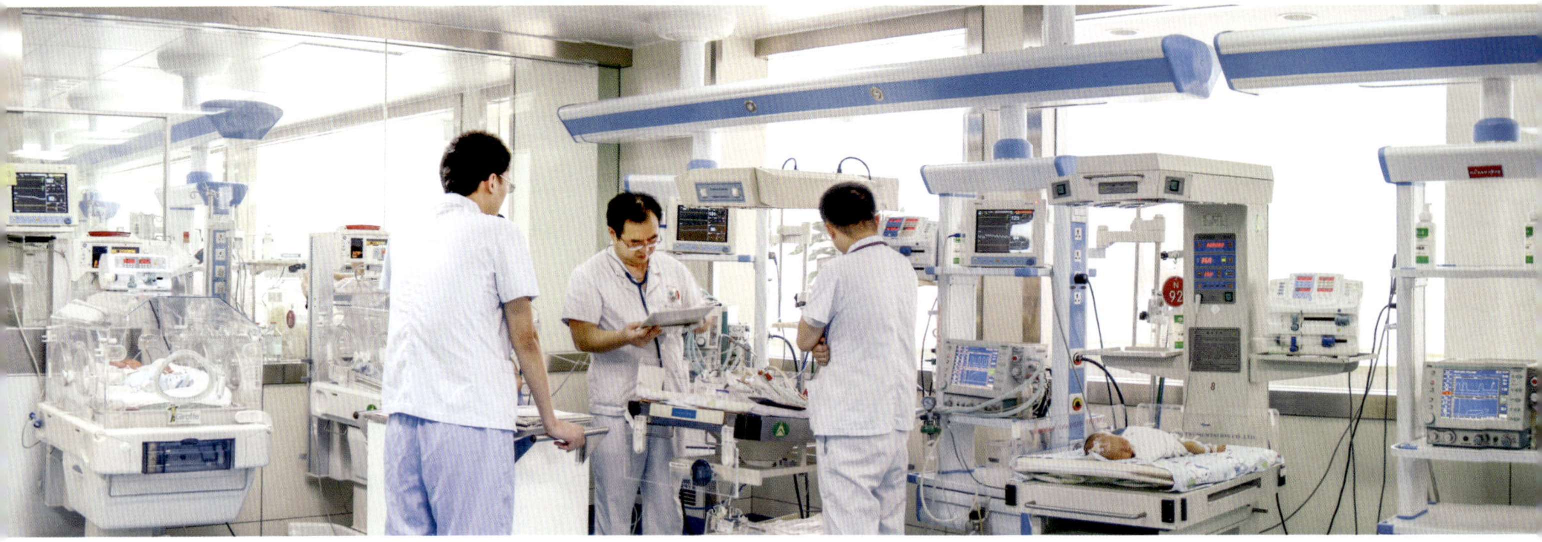

潍 坊 市 120 指 挥

潍坊市危急重症新生儿救治中心（2014 年拍摄）

潍坊市 120 指挥中心大厅（2018 年拍摄）

中共潍坊市委党史研究院（潍坊市地方史志研究院）全体人员合影（2020年拍摄）

前排右起：焦 凌 刘魁伦 葛诗忠 姚国平 李姣萍 康悦彬 吕俊峰 张瑞年 高培忠 王金刚 程森枝

第二排右起：亓圣富 李晓冬 陈 克 王 伟 王春艳 刘 敏 潘桂红 商 倩 刘佳慧 徐金华 李大鹏 刘 磊

第三排右起：于 滨 王英林 温桂鹏 吴晓东 李 光 刘伟勋 徐 杰 颜培胜 林荣军 周召瑞

序一

朗朗天昊，恢恢地坤；茫茫九域，芸芸万灵。邦国编史，郡邑修志，族宗记谱，焜煌[1]中华，无远弗届[2]，文瀚久恒。《禹贡》有书，职方有纪，《史记》舆图，燎然[3]传世，所谓志经。载志之笔，展而诵之：星纬封圻[4]，景乡变异；山川人物，灵化攸关[5]；城池庠序[6]，更置修葺；土田贡赋，种繁类殊；奸宄斯积[7]，舛错疏遗；一方掌故，传信以奉[8]。官兹土者[9]，表风劝俗，捍患恤灾；生兹地者[10]，里落皆化[11]，励绩濯行[12]。言约而尽，事核而彰；论允而确，太史笔诚。四国文脉，中华续赓，泱泱不辍，皆因志承。

五千渊薮[13]，九万纵横。中国之治，领袖丰功。复兴之路，阊阖[14]可诠。宏猷[15]高远，河清海晏。福祉稔岁[16]，天下康盛。中国之志，镂铭圆梦。修志问道，初心不变；以启未来，使命如磐；直笔著史，堪存堪用。依法治志，亘古之先；转型升级，旷世之功。力学笃行，岩峻嵴崒[17]；十业[18]并举，崔嵬峥嵘[19]；立用活强[20]，星辰长空。两全目标，铿锵钟鼓，蟾宫捷步；两个百年[21]，激越箫笙，雁塔先登[22]；方志自信，雷惊万马，风卷千旌。存史立言，慰告先辈；资政辅治，以惠当世；教化育人，成蹊后宗。志存高远，明灯辉映；彰善风气，霞蔚云腾；荷锄[23]负剑，斩棘披荆。

---

1. 焜煌：明亮辉煌。
2. 无远弗届：指不管多远之处，没有不到的。这里指影响深远。
3. 燎然：明显。
4. 封圻（qí）：疆土。
5. 灵化攸关：与其相关的神异变化。
6. 庠序：学校。
7. 奸宄（guǐ）斯积：违法乱纪的人和事。
8. 奉：告诉。
9. 官兹土者：当地的官员。
10. 生兹地者：生长在当地的百姓。
11. 里落皆化：里落，村落里巷。这里指村落里巷的人们都得到教化。
12. 励绩濯行：保持高洁光明振作的样子。
13. 渊薮（sǒu）：深广。
14. 阊（chāng）阖（hé）：古时指代京城、朝廷，这里指政府。
15. 宏猷：远大的谋略，宏伟的计划。
16. 稔岁：丰年。
17. 岩峻嵴（qiú）崒（zú）：出自班固《西都赋》：“岩峻嵴崒，金石峥嵘。”指山势高峻。这里指在力学笃行中有很大的成果。
18. 十业：志（志书）、鉴（年鉴）、库（数据库）、馆（方志馆）、网（方志网）、用（开发利用）、会（学会）、刊（期刊）、研（理论研究）、史（地方史）。
19. 崔嵬峥嵘：指高大耸立。这里指十业并举，成果斐然。
20. 立用活强：这里特指地方志立起来、用起来、活起来、强起来。
21. 两个百年：这里特指地方志事业的两个百年目标。
22. 雁塔先登：出自宋无名氏《满庭芳·彭郡宗盟》：“雁塔占先登”。这里指向着目标快步前进。
23. 荷锄：耕耘。

潍淄其道，源出琅玡。北海为郡，雄于九州。东望蓬莱，西瞻岱宗。白狼[24]环左，孤山峙右。攀山以搜，猱[25]岩虎穴。傍海以探，蛟窟鼍[26]宫。蓊郁流翠，廛闬[27]扑地[28]。尊贤上功，治侔[29]鲁东。铸山煮海[30]，渔猎樵耕。肩摩毂击[31]，车水马龙。尚父[32]钓矶，伯夷筑室[33]。太公遗音，以穷其胜。山河不改，田赋弥充。节义光昭，贤科接踵。闾巷弦歌，岩廊垂拱[34]。沨沨[35]海上，泱泱大风。俊彦星汉，珠玑布野。万印寿卿[36]，醴泉范公[37]。板桥郑燮，七载春风，玉脍金齑，潍甲青齐[38]；东坡居士，牵黄擎苍，雕弓满月，持节云中[39]。

三寿古国[40]，环宇鸢都，地涌明珠，粮仓齐东。潍地有志，肇始《齐乘》[41]，万历成例，康乾两经。

---

24. 白狼：即白浪河，古代称白狼河，古时潍县城水源。

25. 猱（náo）：古书上记载的一种猴。

26. 鼍（tuó）：扬子鳄。

27. 廛（chán）闬（hàn）：住宅商铺。

28. “攀山以搜……廛闬扑地”：此句形容自然生态资源丰富。

29. 治侔（móu）：治理。

30. 铸山煮海：出自《史记·吴王濞列传》：“吴有豫章郡铜山，濞则招致天下亡命者盗铸钱，煮海水为盐。”原意是开采山中铜矿以铸造钱币，烧煮海水而获得食盐。后比喻善于开发自然资源。

31. 肩摩毂（gǔ）击：出自《战国策·齐策一》：“车毂击，人肩摩。”形容行人车辆往来拥挤。

32. 尚父：姜尚，即姜子牙。

33. 伯夷筑室：伯夷、叔齐隐居求志，不与武周为伍，谢绝周武王的封赏和高官厚禄。姜太公认为他们是有节义的人。这里指追慕廉洁高尚。

34. 岩廊垂拱：出自《汉书·董仲舒列传》：“盖闻虞舜时，游于岩郎之上，垂拱无为，而天下太平。”岩廊，即今之游廊。垂拱，指垂手和拱手，即由于任人得当，官员都称职，作天子的可以悠闲地垂手，不必过问。此句指在游廊上悠闲地散步。这里形容太平盛世。

35. 沨沨：形容水声。比喻宏大的声音。

36. 万印寿卿：万印，指潍坊万印楼。寿卿，万印楼创立人陈介祺的字。万印楼是陈介祺于清道光三十年（1850年）创立的，因为它珍藏过万余件文物珍品，故称万印楼。陈介祺（1813—1884），潍坊市潍城区人，字寿卿，清代著名金石学家。道光廿五年（1845年）进士，授翰林院编修，于咸丰四年（1854年）辞官归里。在以后的三十年中，他专心致于金石收藏和研究，成为一代金石大师。

37. 醴（lǐ）泉范公：北宋皇祐三年(1051年)，著名政治家、军事家和文学家范仲淹以户部侍郎知青州，兼淄、潍等州安抚使。范仲淹为政时，青州一带流行一种病，蔓延很快。为此，范仲淹亲自汲水制药，发放民间，很快制止了瘟病的流行，众百姓感激不尽。恰在这时，南阳河畔有泉水涌出，且水质纯净，甘甜可口，百姓以为这是范公的德行感动了苍天，就取名“醴泉”。范仲淹在泉上建造了一座亭子。北宋皇祐四年(1052年)，范仲淹病逝于赴颍州途中。人们感念范公，就把“醴泉”叫做“范公井”，把亭子叫做“范公亭”。

38. 玉脍金齑（jī），潍甲青齐：出自清郑板桥《潍县竹枝词》：“三更灯火不曾收，玉脍金齑满市楼。……若论五都兼百货，自然潍县甲青齐。”这是郑板桥在潍县任县令时所作。

39. 东坡居士……持节云中：出自苏轼《江城子·密州出猎》，是苏轼在潍坊诸城任太守所写。

40. 三寿古国：潍坊在夏商时，境内有斟灌、寒、三寿等封国。

41. 《齐乘》：元人于钦纂，是目前有考证的潍坊最古的志书。

故识也者，意之筌也[42]；故明也者，断[43]之资也。识意相得，明断相成。志为用大，上徹睿览[44]。于志山海，慎固封守；于志民人，思聚教养；于志风土，化民成俗；于志田赋，酌盈剂虚；于志灾祥，省岁格天；于志尼山，切崇儒道；于志宦绩，懋养贤名[45]。板佚字缺，简蠹[46]篇残；诸侯去籍，杞宋无征[47]；孔孟忧之，况其他乎。首轮潍志[48]，一纪[49]乃成。千里封疆，明于指掌；案牍毛发，灼如观镜。辞尚体要，不失古法；广征博采，网罗故牒；谨慓周详，以备披览。潮汐有盈，锦绣玲珑；岁月有增，寿献柏松[50]。

余亦潍人，七载志行。朝乾夕惕[51]，砥心饬躬[52]。无能执役[53]，偶有陋见：邑少善令，政教不立；乡无名贤，理文不通；郡乏方志，地无古风。是志[54]成也，椽笔前承。集之同寅[55]，商之耆绅，以求旧迹；访询博儒，搜检藏书，以补遗编。校阅其款，撰录增文，义理谨严，良史裁风。省试其工，四载告竣，煌煌伟绩，烨烨鸿篇，烁烁丰功。

庚子春夏，新冠[56]蛊菑[57]，窃喜贤士，苦心志成。今付剞劂[58]，侧立志林。懿章要旨，廉顽立

---

42. 意之筌也：出自《周易略例·明象》：“……筌者所以在鱼，得鱼而忘筌也。然则，言者，象之蹄也；象者，意之筌也。是故，存言者，非得象者也；存象者，非得意者也。”原意是，“筌”是用来捕捞鱼的，得到鱼就不能仅仅执著于“筌”。比喻“意”是思想认识的结果。

43. 断：判断。

44. 睿览：圣鉴御览。这里指各级政府官员都要看。

45. 于志山海……懋养贤名：志书记山海，目的是警醒要巩固疆域；记民风，目的是使人们有教养；记风土，目的是传承民俗传统；记田赋，目的是日后斟酌土地税收盈亏；记灾祸和祥瑞，目的是自省要敬畏自然；记尼山孔子，目的是尊崇儒家思想；记政绩，目的是培养贤才名士。

46. 蠹（dù）：虫蛀。

47. 杞宋无征：出自《论语·八佾》：“子曰：‘夏礼吾能言之，杞不足征也；殷礼吾能言之，宋不足征也。文献不足故也。’”指资料不足，不能证明。

48. 潍志：这里特指首轮《潍坊市志》。

49. 一纪：指十二年。

50. 潮汐有盈……寿献柏松：此句比喻随着时间的流逝，首轮志书的价值和意义影响深远。

51. 朝乾夕惕：出自《周易·乾》：“君子终日乾乾，夕惕若厉，无咎。”形容勤奋谨慎，不敢疏忽懈怠。

52. 砥心饬躬：砥砺品行，修养道德。

53. 无能执役．没有什么丰功伟绩。这里是谦辞。

54. 是志：指《潍坊市志（1991—2012）》。

55. 同寅：古代共事的官吏。这里指修志同仁。

56. 新冠：指 2020 年春夏的新型冠状病毒肺炎疫情。

57. 菑：通“灾”。

58. 剞（jī）劂（jué）：出版。

懦[59]，礼教信义，諄諄[60]教声。桑梓乡仁，嘱序于余。潍人俶傥[61]，耇德[62]擢秀。对湖称主，贻笑河伯[63]；寸草春晖，愓酬乡朋。以庶几乎，骥尾之蝇；自我作故，无所准绳[64]。聊为序楟[65]。

冀祥德[66]

庚子年壬午月谨识于京

---

59. 廉顽立懦：出自《孟子·万章下》："故闻伯夷之风者，顽夫廉，懦夫有立志。"指高尚的节操可以激励人振奋向上。

60. 諄諄：谆谆。

61. 俶傥（tītǎng）：卓异不凡。《后汉书·冯衍传》："顾尝好俶傥之策，时莫能听用其谋。"北宋王安石《读进士试卷》诗："故令俶傥士，往往弃堙（yīn）郁。"

62. 耇（gǒu）德：年老德高的人。《三国志·魏书·管宁传》："夫以姬公之圣，而耇德不降，则鸣鸟弗闻。"

63. 对湖称主，贻笑河伯：相当于对着湖泊称自己是主人，被河伯耻笑。这里是谦辞。

64. 自我作故，无所准绳：想到哪里，说到哪里，不因袭他人。出自唐刘知幾《史通·申左》："夫自我作故，无所准绳。"

65. 楟（yǐng）：果名，又叫楟枣、软枣，潍坊多产。此处意喻作者所作之序如同《潍坊市志（1991—2012）》这片大果园里的一棵楟枣一般。谦辞。

66. 冀祥德：山东青州人，北京大学法学博士，中国社会科学院法学博士后，现任中国地方志指导小组秘书长、办公室主任，中国地方志学会常务副会长兼秘书长，中国地方志学会方志学研究会会长，中国社会科学院研究员、中国社会科学院大学教授、博士生导师。

序二

盛世修志，志载盛世。在中华传统文化中，地方志自成一脉，独树一帜，具有独特的魅力，成为中华民族特有的文化基因，是最具民族特征的标志性传统文化形式之一。习近平总书记强调，要高度重视修史修志，把修志“当个事业来办，把它作为社会发展的基础工程，把它作为一种有文化的表现，也作为一种有远见的表现”。重视修史修志，就是落实习近平新时代中国特色社会主义思想的充分体现和具体表现。

修志之道，贵在存史。1991—2012年，正值潍坊市改革开放深入推进的关键时期，是潍坊人民用勤劳、勇敢和智慧书写光辉篇章、实现快速发展的重要历史时期。市委、市政府历届领导班子团结带领全市人民，大刀阔斧推进改革，励精图治加快建设，一心一意谋划发展，全市呈现出经济腾飞、政治安定、文化繁荣、生态优美、社会和谐的良好局面，探索形成了在全省乃至全国具有开创性的“诸城模式”“潍坊模式”“寿光模式”，铸就了潍坊人担当进取、勇创一流、改革创新、敢为人先的开拓精神。《潍坊市志（1991—2012）》实事求是、客观公正、系统完备地记述了这段波澜壮阔的发展历程，再现了蓬勃跃动的激情岁月，为全市人民砥砺奋进的光辉进程留下了珍贵历史见证。这对我们汲取历史经验，凝聚智慧力量，推动全市高质量发展，都具有重要现实意义和深远历史意义。

“修志问道，以启未来”。历史是凝固的现实，现实是流动的历史。当前，我国已进入中国特色社会主义新时代，潍坊人民正认真落实中央决策和省委部署，奋力推进重点工作攻坚，决战决胜全面建成小康社会。相信这部凝聚全市史志工作者和各方心血汗水、记载潍坊改革开放关键时期的志书，必将在知古鉴今、承前启后等方面发挥重要作用。希望广大干部群众读志用志、启发才智、激发斗志，深入贯彻落实习近平新时代中国特色社会主义思想，在潍坊这块饱蕴希望的土地上，咬定目标、探索创新、担当实干，同心书写加快建设“生态、开放、活力、精致”的现代化高品质城市的崭新历史篇章！

中共潍坊市委书记
潍坊市人大常委会主任　惠新安

2020年9月

序三

地方志是“一地之百科全书”“一方之全史”，具有存史、教化、资治等功能。《潍坊市志（1991—2012）》付梓面世，是全市人民生活中的一件大事，是经济社会发展的一件盛事，功在当代，利于千秋，可喜可贺！

潍坊东望渤黄，西瞻泰沂；左承负海之饶，右依山河之固，交通发达，经济繁荣，钟灵毓秀，人杰地灵，民风淳朴，物产丰硕。作为东夷文化的发祥地，历史悠久、人文荟萃，风气之钟、山川之秀、人文之盛，自古誉满齐鲁，名满中华，涌现出了舜、郑玄、贾思勰、张择端等一批在中国哲学、农学、绘画等领域有影响的著名人物。新中国成立后尤其是改革开放以来，勤劳聪慧的潍坊人民勠力同心，奋发图强，大胆尝试，敢为人先，先后探索出设施农业、贸工农一体化、农业产业化、国企改革等一批全国级的“诸城模式”“潍坊模式”“寿光模式”，广袤大地焕发出勃勃生机，谱写出一篇篇举世瞩目、翻天覆地的壮丽华章。特别是近几年来，千万潍坊儿女全面贯彻落实习近平新时代中国特色社会主义思想，锐意创新，勇于实践，全力推进高质量发展，走出了一条生态、开放、活力、精致的现代化高品质城市之路。

潍坊境域向有编志存史之风。明嘉靖《青州府志》是全国郡志楷本，清乾隆《莱州府志》面世时更是洛阳纸贵。明清时期，潍县、高密、安丘、诸城、临朐、昌乐、寿光、昌邑等创修县志并次第付梓，精品收入《四库全书》，修志之盛名满朝野。1995 年，《潍坊市志》出版，体例新颖，结构合理，内容广博，是潍坊市第一部市志，是了解潍坊自然风貌、经济发展、政治嬗变以及民情风俗的重要参考资料。其后 20 余年，正是潍坊大发展、大变革、大繁荣时期，先后被确定为世界风筝都、全国文明城市、国家卫生城市、国家森林城市、国家园林城市、国家环保模范城市、国家食品安全示范城市、中国优秀旅游城市。若无志书载之，甚为遗憾。全市修志人员按照市委、市政府部署要求，立足发展实际，广征博取、案牍劳形，字斟句酌、精雕细琢，批阅三载，数易其稿，终于改革开放 40 周年之际，成此四百余万言之洋洋巨帙。《潍坊市志（1991—2012）》承前启后，继往开来，详述了全市 22 年间的光辉历程，展现了经济社会的巨大变化，观点鲜明，内容丰富，主次清晰，体例完备，既富有时代特色，又体现方志特点，是一部融自然与社会为一体、集发展与现状于一身的鸿篇巨著，实为一部新时期潍坊的“百科全书”。

“治天下者以史为鉴，治郡国者以志为鉴”。相信随着《潍坊市志（1991—2012）》问世，必将在全市掀起读志用志的热潮，让全市人民更加坚定地高举习近平新时代中国特色社会主义思想伟大旗帜，以“究兴衰之由，陈利弊之要，补救时政之阙失，研求民生之荣枯”的历史智慧，推动新旧动能转换，创新提升“三个模式”，优化营商环境，推进“双招双引”等重点工作，努力建立新业绩，不断实现新跨越，再谱潍坊历史新篇章。

中共潍坊市委副书记
潍坊市人民政府市长　　田庆盈

2019 年 11 月

凡　例

一、本志以马克思列宁主义、毛泽东思想、邓小平理论、“三个代表”重要思想、科学发展观、习近平新时代中国特色社会主义思想为指导，坚持辩证唯物主义和历史唯物主义的立场、观点和方法，实事求是地记述潍坊市自然、政治、经济、文化、社会诸方面的发展变化。

二、本志为1995年版《潍坊市志》的续志，上限为1991年，下限为2012年。为保持事物的完整性，部分内容适当上溯或下延。

三、记述范围以2012年全市行政区域为准。

四、全志采用章节体，一般分编、章、节、目四个层次，个别内容设子目。

五、全志采用述、记、志、传、图、表、录诸体裁，以志为主。大事记以编年体为主，兼用纪事本末体。“附录”中设“重大历史事件”，记述潍坊历史上的大事、要事。

六、志首列图、照、序、凡例、目录、概述、大事记；中为各专志，共31编；志末置人物、附录、索引和编后记。为反映潍坊特色，特设“风筝文化 节会”编。

七、行文采用语体文、记述体，语言力求严谨、朴实、简洁、流畅。除“概述”及编章之下的无题述之外，行文只记事实，一般不作评论。

八、纪年，清代以前采用历史朝代纪年，括注公元纪年；1911年后采用公元纪年。文中不标明世纪的年代，均指20世纪的年代。

九、人物以生不立传和以本籍人物为主、外籍人物为辅为原则，选录有突出贡献和重大影响者。立传人物按卒年排序。

十、称谓除引用原文外均使用第三人称。机构、会议等名称用全称或规范的简称。

十一、计量单位采用1984年2月27日国务院公布的《中华人民共和国法定计量单位》，个别地方按习惯保留市制单位。数字及标点符号用法，分别执行2011年发布的《出版物上数字用法》（GB/T 15835—2011）和《标点符号用法》（GB/T 15834—2011）。

十二、本志采用的数据，凡列入统计部门统计的，以统计部门公布的为准；未列入统计部门统计的，采用业务主管部门提供的统计数据。表格中的数据，无统计或有统计未查到用“—”表示，数值为零用“0”表示。

十三、本志资料来源广泛，一般不注明出处。所有资料，均经过供稿部门严格审核。

龙头蜈蚣

总目录

（上册）

第七编 工 业

(中册)

第八编 国内贸易

第九编 开放 合作

第十编 旅游业

第十一编 金融业

第十二编 财政 税务

第十三编 经济综合管理

第十四编　中共地方组织

第十五编　地方权力机关

第十六编　地方行政机关

第十七编　政协地方组织

第十八编　民主党派

第十九编　人民团体

(下册)

第二十编 政 法

第二十一编 军 事

第二十二编 人力资源 社会保障

第二十三编 民 政

第二十四编 教 育

第二十五编 科学技术

第二十六编 文 化

第二十七编　风筝文化　节会

第二十八编　卫生　体育

第二十九编　社会生活

第三十编　县市区概况

第三十一编　开发区概况

人　物

附　录

索　引

编后记

Main Contents

Part VII Industry

Part VIII Domestic Trade

Part IX Opening Up & Cooperation

Part X Tourism

Part XI Finance

Part XII Finance & Taxation

Part XIII Integrated Economic Management

Part XIV Local Organizations of the CPC

Part XV Local Authorities

Part XVI Local Administrative Organs

Part XVII Local Organizations of the CPPCC

Part XVIII Democratic Parties

Part XIX Mass Organizations

Part XX Politics and Law

Part XXI Military

Part XXII Human Resources & Social Security

XXIII Civil Affairs

Part XXIV Education

Part XXV Science and Technology

Part XXVI Culture

Part XXVII Kite Culture & Festivals

Part XXVIII Health & Sports

Part XXIX Social Life

Part XXX Overview of Counties and Districts

Part XXXI Overview of Development Zones

Characters

Appendix

Index

Postscript

目 录

上 册

第三编　城乡建设

第四编　环境保护

第五编　交通　邮电

第六编　农　业

第七编　工　业

概　述

风筝广场上的节日礼花　（2013年拍摄）

龙头蜈蚣

潍坊市位于渤海南岸、山东半岛西部，是重要区域性中心城市和滨海城市。潍坊市辖奎文、潍城、坊子、寒亭4个区，青州、诸城、寿光、安丘、高密、昌邑6个县级市和临朐、昌乐2个县，设有国家级高新技术产业开发区、国家级滨海经济技术开发区、国家级综合保税区和省级峡山生态经济发展区。至2012年末，潍坊市有119个镇（街道），常住人口921.61万人，户籍人口878.87万人，共有51个民族。潍坊市是全国文明城市、国家环保模范城市、国家卫生城市、国家园林城市、国家食品安全示范城市、中国优秀旅游城市、全国科技进步先进城市、全国循环经济示范城市，2012年2月获“中国人居环境奖”。

一

潍坊市具有独特的区位优势。位于山东省中心位置，东依青岛市和烟台市，西靠淄博市和东营市，南临日照市和临沂市，北濒渤海莱州湾，是山东蓝色海洋经济主体区连接内陆的枢纽，故有“半岛走廊”美誉；从全国范围看，潍坊市是中国东部东西连接沿海与内陆、南北衔接环渤海湾与长江三角洲的重要着力点。

潍坊市具有复杂多样的地形地貌。全市地势总体上南高北低，南部多丘陵，中部为平原，北部系盐碱地与滩涂，分别占全市总面积的35.6%、41.6%、22.8%。最高山峰为临朐县境内的沂山玉皇顶，海拔1032米。境内河流主要有5条，自西向东依次为小清河、弥河、白浪河、潍河、胶莱河，均独流入海。境内有山东省最大的水库——峡山水库，总库容14.05亿立方米，兴利库容5.03亿立方米。

潍坊市具有宜居宜业的气候条件。境域四季分明，属暖温带半湿润大陆性季风气候。东南部因受黄海海洋水气影响，降水相对较多，气候较凉爽；中部受大陆气候影响较大，降水较少，气温相对较高；北部降水更少，但距海较近，气温略低。

潍坊市储有丰富的矿产资源。境内探明的矿产储量总量较大，矿种较多，在全省乃至全国都有较重要位置。主要矿产品种有13种，天然卤水和蓝宝石储量居全国首位。天然卤水储量58.33亿立方米，使潍坊市成为全国最重要的海盐产区和盐化工工业城市。

二

潍坊市历史悠久、文蕴丰厚。远在新石器时代，东夷人即在此创造了古老的后李文化、北辛文化、大汶口文化、龙山文化和岳石文化。“海岱惟青州”。自夏代以后，历代先后在今市域内封国建邑、设州立府，使潍坊拥有一部连续不断的社会发展史和人类文明史。夏商之时，境内有斟灌、斟鄩、寒、平寿等方国。西周之时，周武王封太公望于齐，都营丘。至春秋，今潍坊地域曾属齐、鲁、杞、纪、莒等诸侯国。秦代，属胶东郡、临淄郡、琅琊郡。汉代以后主要为青州、徐州所辖；明、清为青州、莱州所辖。隋开皇十六年（596）置潍州，明洪武十年（1377）降州为县，称潍县。1948年4月27日，潍县解放，4月29日成立潍坊特别市。1949年6月，改称潍坊市。

潍坊市英才辈出、名家云集。秀丽山水、肥沃平原、富饶滨海，塑造了潍坊人独特的秉性，赋予了潍坊人特有的智慧。“三皇五帝”中的虞舜为今潍坊市诸城人。春秋之时的政治家晏婴、学者公冶长，东汉末年经学家郑玄、“建安七子”之一徐幹，北魏农学家贾思勰，北宋画家张择端、金石学家赵明诚，明代散曲家冯惟敏，清代名臣刘墉、文字学家王筠等皆为潍坊人。汉末文学家孔融，北宋思想家、政治家、文学家范仲淹，唐宋八大家中的欧阳修、苏东坡，扬州八怪之首郑板桥，也因在潍坊境内为官而得到潍坊特有山水沃野的陶冶和淬炼。近现代以来，这片土地更孕育了一大批“怀揣初心、践行使命”的革命先驱和仁人志士，王尽美、马保三、陈少敏、王愿坚、王统照、臧克家等一批革命家、文学家和艺术家，都是中国革命和中华文化长廊中的杰出人物。2012年，潍坊市高密人莫言获诺贝尔文学奖。

潍坊市古迹棋布、人文荟萃。现存不可移动文物4099处，其中既有价值连城的奇珍异宝，又有蜚声海内外的民俗文化。青州赵秉忠状元卷是国家一级文物，被誉为“海内外孤本”。青州龙兴寺遗址佛造像窖藏，出土佛造像400余尊，被视为石雕艺术国宝，入列“1996年十大考古发现”和“中国21世纪百项考古重大发现”。潍坊风筝驰名中外；杨家埠木版年画为中国“三大木版年画”之一；潍坊红木嵌银、仿古铜等工艺品闻名遐迩；高密扑灰年画、剪纸、泥塑被誉为民间艺术“三绝”。至2012年，全市已有35个项目被列入省级以上非物质文化遗产保护名录。潍坊风筝、杨家埠木版年画、高密茂腔与扑灰年画等14个项目被列入国家级非物质文化遗产保护名录。

潍坊市景观优美、风光秀丽。特殊的地质结构和自然环境，造就了潍坊市众多独树一帜的自然景观。著名的有被称为“五镇之首”的沂山，“三山联翠、障城如画”的云门山、驼山和劈山，被誉为“地质万卷书”的山旺化石和世界上最大鸭嘴类恐龙化石——“诸城龙”。2009年，库沟恐龙化石长廊、恐龙涧化石隆起带、臧家庄化石层叠区等3处大规模恐龙化石埋藏地被发现，发掘恐龙化石1.5万余块，被认为是世界上规模最大、化石储藏量最丰富的“恐龙化石群”。至2012年，全市有3处国家地质公园和3处国家森林公园。

潍坊市交通便捷、四通八达。处于山东省交通枢纽位置，交通设施非常完善，形成陆、海、空立体化交通网络。2012年，境内有国道6条，省道20条，其中高速公路5条，基本形成“一纵四横”高速公路主通道和“六横八纵七连”的国道、省道交通网，全市公路通车总里程约2.45万千米。拥有胶济、胶新2条国家铁路和3条地方铁路，铁路总里程443千米。潍坊港拥有1万吨级码头3个，年货物吞吐量达2000多万吨。潍坊机场拥有8条国内航线和3条货运航线，年运送旅客40万人次，货运量2万吨。

三

特有的自然环境、人文资源和经济基础，孕育了潍坊市特有的经济类型。潍坊市传统的农业种植经营、手工业经营和海洋产业经营在古代即具有重要地位。

在农业种植经营方面，虽然古代主要表现为自给自足的经济特征，但也孕育有类似于贾思勰《齐民要术》“有余出卖”式农业商品经济色彩。特有的土壤与气候条件，促使潍坊烟草种植业快速发展，是全国极为重要的三大烟草种植区之一。

在手工业经营方面，春秋战国时期即有“极技巧”的说法，历史上著名的“丝绸之路”，源头即在齐国。齐国“冠带衣履天下，海岱之间敛袂而往朝焉”。齐国丝绸业的发达也反映了古潍坊市地域丝绸纺织业发展的高超水平。手工业的繁荣发展出现在明清时期资本主义生产方式萌芽之际，以“二百支红炉、三千砸铜匠、九千绣花女、十万织布机”而闻名遐迩，赢得“南苏州、北潍县”美誉。清乾隆年间，商业已出现“东自登莱达济西”“自然潍县甲青齐”的繁荣局面。

在海洋产业经营方面，最早出现的为海洋渔业与海洋盐业。关于潍坊市海盐历史的最早记载，可追溯到夏朝。春秋战国时期，齐国强盛所赖的“渔盐之利”，主要在今潍坊市地域。“渔盐”的存在与繁荣，使潍坊市在历代国计民生中占有极为重要的经济地位。

光绪三十二年（1906），潍县被辟为商埠。至30年代中期，潍县商贾云集，经贸繁荣，商业盛极一时，成为山东省著名六大商埠之一。20世纪初叶，潍坊市近代工业开始兴起。最早出现的是一批带有半殖民地性质的近代产业。光绪二十七年（1901），德国人所建坊子煤矿、坊子电厂；1917年，英国人所建坊子烤烟厂，皆为半殖民地性质企业。与此同时，民族工业开始出现。1920年，滕虎忱所建华丰机械厂则是一个对于潍坊市未来机械制造行业影响深远的重要民族资本企业。到30年代，华丰机械厂已能生产40马力柴油机，成为江北地区最大批量生产柴油机的厂家。

四

新中国成立后，特别是改革开放以来，潍坊市坚持以经济建设为中心，奋发图强、乘势而上，国民经济得到快速健康发展。

潍坊市农业发展水平较高，享有“全国农业看山东，山东农业看潍坊”美誉。全市以农业产业化为主线，大力推进现代农业发展，呈现农村繁荣、农业振兴、农民安居乐业的良好局面。潍坊市是全省乃至全国重要的农产品生产基地，用全国1.7‰的土地、1‰的淡水，产出7.2‰的粮食、15.7‰的蔬菜、12.7‰的花生、6‰的水果。形成寿光蔬菜、青州花卉、昌乐西瓜、安丘大姜、诸城禽肉、昌邑苗木等一大批享誉国内外的农业品牌。拥有潍县萝卜、石埠子草莓、三山峪山楂、青州银瓜、青州蜜桃等一大批名优特品牌农产品，诸城绿茶、柘山花生等500多个绿色食品，辉渠小米、山阳大梨、九山板栗等有机食品。潍坊市已形成千亿级畜牧产业链，肉蛋奶总产量位居全省第一。拥有畜产品中国驰名商标5个、中国名牌产品6个，销售收入过百亿的企业3家。知名企业有诸城外贸、得利斯集团等。2012年建设的中国食品谷，占地14.23平方千米，成为引领农业发展的龙头和平台。

潍坊市工业实力雄厚，多个产业集群在全省全国居重要位置。工业门类齐全，形成以机械装备、汽车制造、纺织服装、石化盐化、食品加工、造纸包装六大传统支柱产业和电子信息、生物医药、节能环保、智能装备、新能源汽车、海洋动力装备六大新兴产业为支撑，多轮驱动、百舸争流的发展格局。内燃机、机制纸、驻极体传声器等近10种产品产量居全国首位，蓝牙耳机、3D眼镜等现代电子产品产量居世界之首；享誉国内外的华光计算机激光汉字编辑排版系统，使中国印刷从铅与火时期跨入光与电时代。机械装备产业以动力机械和农业装备为主，有国家级企业技术中心3家。重型发动机产量全球第一，发动机火花塞产量全国第一。制造业产品涵盖108类5000多个品种，其中600多个品种销往150多个国家和地区，素有“中国农机城”“中国农业机械之都”“中国男装名城”“中国家纺名城”“中国丝绸之乡”“电子城”之称。拥有“新郎·希努尔”“耶莉娅”“仙霞”“昊宝”“坦博尔”“桑莎”“兰凤”“孚日”“泰山”等一批服装、纺织知名品牌。

潍坊市第三产业发展势头强劲，商业尤为发达。全市不断完善第三产业内部结构，把生产性服务业、现代服务业作为新的经济增长点和结构调整的战略重心，充分发挥区位优势、商贸物流优势，大力培育和发展服务业，初步建立起与社会经济发展相适应的第三产业体系。形成以山东潍坊百货集团股份有限公司、潍坊百货大楼股份有限公司、山东世纪泰华集团有限公司、潍坊小商品城、寿光蔬菜批发市场、潍坊豪德批发市场、诸城水产品批发市场、山东省级汽车交易市场等为代表的商品批发零售交易市场。建成以潍百集团、潍坊联运公司、潍坊柴油机厂、潍坊发电厂等为代表的物流园区和物流配送商业中心42个，物流企业达2500家。至2012年底，全市银行机构达32家、保险机构58家、证券经营机构8家。

潍坊市外向型经济起步较早，对外开放水平较高。1988年，潍坊市被国务院划入沿海经济开放区范围。在国内、国外两种资源、两个市场的引导下，外向型经济得到较快发展。农业对外开放方面，形成了蔬菜种植、畜牧养殖、加工、贮藏、保鲜和出口一整套产业链。潍坊市是中国重要的食品出口基地。2012年，全市出口蔬菜97万吨，占全国1/10；禽肉出口量6.5万吨，占全国的1/3。工业对外开放方面，率先步入以内向型为重转变为以外向型为主的轨道。在外贸出口中，机电产品、化工产品与高新技术产品在外贸出口总额中所占比重逐步提高。到2012年，全市出口总额达109.7亿美元，成为山东省出口过百亿美元的4个市之一。2003年12月，国务院批准设立潍坊出口加工区，为潍坊打开了外向型经济的新窗口。2011年1月，国务院批准潍坊出口加工区转型升级为潍坊综合保税区，成为全国第14个、山东省首个综合保税区。

为实现重点区域带动，潍坊市调整区域发展布局，打造创新发展高地。1991年11月17日，潍坊高新技术产业开发区成立。1992年11月9日获批国家级高新区，是潍坊市重点打造的高新技术产业引领区。1995年8月15日，潍坊滨海经济技术开发区成立；2010年4月，获批为国家级经济技术开发区。2007年9月6日，峡山生态经济发展区成立；2008年1月1日，正式投入运行。1993年10月，建立潍坊市农业高新技术开发园区；2003年3月，更名为“潍坊经济技术开发区”。这几大开发区成为拉动全市经济发展的主引擎。

五

潍坊市高度重视文化事业发展，确定建设文化强市奋斗目标。

文化基础设施建设不断加强，文艺作品大量涌现。全市有各类博物馆、纪念馆13个，图书馆12个，文化馆13个，影城影院24家。有全国重点文物保护单位6处、省级文物保护单位40处。2001年9月，现代吕剧《碧水长流》荣获全国精神文明建设第八届“五个一工程”奖。2008年，潍坊市被中宣部确定为全国第二批文化体制改革试点城市，先后三次被评为全国文化体制改革工作先进地区。2012年，深入实施文化惠民工程，60%的行政村建起文化大院，9家国有文艺院团完成转企改制；国家级潍水文化生态保护实验区建设总体规划获文化部批准。鲁台会展中心、文化艺术中心大剧院等一批功能性项目基本建成或投入使用。

潍坊市用文化助推经济发展，大力发展节会经济。1984年，首届潍坊国际风筝会召开，是国内最早冠以“国际”名称并被国际社会广泛认同的大型地方节会，风筝会将民俗做成产业，不仅打造了“世界风筝都”，更是将风筝文化传播到世界各地。第二届中国画节·第五届文展会、鲁台经贸洽谈会、寿光蔬菜博览会、青州花博会、昌邑苗木博览会、昌乐宝石节等一大批节会在潍坊成功举办，为促进潍坊的开放发展作出了积极贡献。

潍坊市是一块较早孕育和诞生红色文化的热土，拥有一部光辉灿烂、英勇卓绝的革命斗争史。从党的创建到中华人民共和国成立，潍坊党组织一直走在山东省的前列，为山东省乃至全国解放作出了重要贡献。中国共产党的创始人之一王尽美的故乡诸城，即属于潍坊市。中共潍县地方执行委员会，是山东省最早建立的县级党组织。在第一次大革命期间，寿光市涌现出以陈少敏为代表的一大批中国共产党人，为后来寿光市党组织的创立和抗日武装的建立奠定了革命基础。依托这些红色文化资源，全市建立了大量的党史党性教育基地和纪念设施，为开展党员和干部群众教育创造了条件。

六

潍坊市教育工作是一张享誉全国的名片。90年代，潍坊市在全国率先提出素质教育，注重小学教育、中学教育的改革和创新，努力扩大高等教育和高职教育，促使教育体系发生根本性变化。至2012年，全市有普通高等院校16所，在校生12万人；中等职业、技工学校42所，在校生17.5万人；普通高中50所，在校生19万人；初中292所，在校生28.4万人；小学946所，在校生55万人；特殊教育学校12所，在校生1461人。潍坊职业教育快速发展，职业院校发展到55所，其中国家级重点职业院校22所。

潍坊市卫生服务体系健全，医疗卫生服务能力较强。2009年，潍坊市以实现人人享有基本医疗卫生服务为目标，建立覆盖全市城乡居民的基本医疗卫生制度，提高全民健康水平，促进社会和谐发展。全域创建为“全国基层中医药工作先进单位”，2008—2012年连续二次获“国家卫生城市”称号。顺利通过国家环保模范城市和国家卫生城市复核验收。全市有各级各类医疗卫生机构6796个，各类卫生机构共有床位50886张，卫生技术人员67950人，每万人拥有医生数26.84人，参加新型农村合作医疗农民609.26万人。

潍坊市体育设施完备、普及，不仅推动全民健身运动的深入开展，而且使潍坊市竞技体育成果丰硕。潍坊市先后培养输送了林伟宁、邢慧娜、奚爱华、谭宗亮等多名优秀运动员，并多次在奥运会、世锦赛等国际大赛中夺得冠军。2009年5月31日，新体育场暨潍坊市奥林匹克体育公园体育场通过竣工验收并交付使用。

潍坊市经济发展与民生改善形成良性循环，城乡居民幸福感、获得感显著增强。2008年，潍坊市提前完成城乡居民社会养老保险全覆盖目标，成为国家医养结合示范省先行区之一。2012年，参保人数达到461万人，新型农村和城镇居民社会养老保险工作受到国务院表彰。全市城镇居民年人均可支配收入25817.5元，城镇在岗职工年平均工资40965元。农村居民人均纯收入11796.9元，人均生活消费支出7487元，人均住房面积36.8平方米。2012年，全市人均地区生产总值6950美元，人平均预期寿命76.8岁。

七

绿水青山就是金山银山。潍坊市山、海、河、湖、路全面综合治理，保护生态环境，建设生态文明。

潍坊市积极推进荒山滩涂生态修复，强力启动集体林权制度改革，绿化荒山荒滩，完善森林生态网络。1991年，潍坊市委、市政府提出加快全市造林绿化步伐，实现“四年基本消灭荒山、荒滩，八年绿化潍坊大地”的奋斗目标。在南部山区，重点在荒山与荒滩绿化上下功夫，努力推进裸露山体生态修复；在中部平原地区，重点开展田间道路林网化建设。至2012年，平原农业区已基本实现林网化。在北部滨海地区，落实“突破滨海”战略，结合国家沿海防护林体系建设工程，构筑高质量立体沿海防护林带，建成全国唯一的柽柳林国家级海洋生态特别保护区。

潍坊市治污清流，打造生态长廊。把山、海、河、湖、路作为主战场，深化“治、用、保”流域治污体系，大力实施小清河河口、老河口、白浪河口等21个海洋生态综合整治修复工程，成功打造 “海洋生态长廊”。建设了潍坊龙威、潍坊渤海等海洋牧场7处，面积20万亩。2004年、2005年、2009年分别完成对流经市区的张面河、虞河、白浪河综合整治，不仅使之成为碧水清流之河，也为潍坊增添了独具地域特色的人文、历史景观。

八

潍坊人民思想解放、勤于探索、敢于拼搏、勇于改革，蹚出了一条条改革创新之路，对经济社会发展产生了巨大推动作用，创造出一批在全国全省推广的经验。2008年10月，山东省委、省政府把潍坊市确定为全省深化经济体制改革试点城市，为全省的改革发展提供借鉴和模式。

农业农村改革，坚持以农业产业化为主线，由诸城市探索实践计划经济与市场经济相结合的新路子，开启“商品经济大合唱”“贸工农一体化”模式，寒亭区发展“一乡一业、一村一品”，到寿光市建立蔬菜“产供销”一条龙，再到安丘市建立农产品质量安全体系，潍坊市在全国率先成功走出了农业产业化之路。1995年12月11日，《人民日报》发表社论《论农业产业化》，向全国介绍潍坊市实施农业产业化的经验。2001年，全国农业产业化现场经验交流会在潍坊召开，潍坊实施农业产业化战略推动现代农业发展的经验做法逐步推向全国。2018年3月8日，习近平总书记在参加十三届全国人大一次会议山东代表团审议时的讲话中肯定了潍坊农业产业化的“诸城模式”“潍坊模式”和“寿光模式”。

工业企业改革，坚持以产权改革为突破口，自90年代以来，率先在诸城市开展企业产权制度改革，增强企业发展活力。1996年，省委、省政府在诸城市召开现场会议，推广企业改革经验。从1995年后全市立足“抓大放小”，开展国有大中型企业改造，建立现代企业制度，组建了一大批有限责任公司和股份有限公司，并加大企业上市力度，企业上市家数和融资额一度列全省前列。到2005年，全市国有中小企业产权制度改革基本到位，大中型企业初步建立起现代企业制度。

潍坊市教育改革创新走在全省乃至全国前列，被教育部确定为全国十大教育改革典型，连续5届获得全国教育改革创新最高奖。2001年，被确立为国家首批课程改革试验区。承担着基础教育课程改革、校长职级制、教师职称、中考招生、职业教育创新发展、中小学教育质量综合评价、特殊教育融合、教师人事管理、义务教育教师县管校聘等9项国家级改革试点任务。全市中小学素质教育、均衡发展义务教育、教育督导工作被教育部在全国推广，“两基”工作受到国务院表彰。

潍坊市是全国首批公立医院改革国家联系试点城市、社会办医（国家）联系点城市、全国医养结合示范省先行区、国家中医药综合改革示范区。2010年8月，潍坊市委、市政府提出建立现代医院管理制度，建立公立医院内部激励机制，建立公开透明的要素配置机制。2012年，国家基本药物制度在县以下实现全覆盖，潍坊市被评为全国医改最具影响力城市。

沧海桑田，以史为鉴；凝视鸢都，饮水思源。回首潍坊市发展史，开拓的创新伟业波澜壮阔，取得的辉煌成就举世瞩目，发生的巨变翻天覆地，赢得的城市荣誉名闻遐迩。在新时代，“敢于有梦、勇于追梦、勤于圆梦”的潍坊人一定会树牢“四个意识”，坚定“四个自信”，做到“两个维护”，恪守“创新、协调、绿色、开放、共享”的新发展理念，将社会主义核心价值观内化于心、外践于行，做有信仰、有理想、有担当的创业人，坚定传承中国道路、中国精神、中国力量，为实现中华民族伟大复兴作出更大贡献！

龙头蜈蚣

大事记

北海路与通亭街、玄武街、北宫街交叉口　（2009年拍摄）

龙头蜈蚣

1991年

1月

13日 中共中央政治局常委、中央纪律检查委员会书记乔石到诸城市视察工作。

20日 市委、市政府召开大会，表彰1990年度全市22个明星企业和社会主义劳动竞赛成绩优异的17个先进单位、162个先进集体和100名先进个人。

21—24日 市委农村工作会议在市府礼堂召开。会议主要议题是学习贯彻中共十三届七中全会精神和中共中央、国务院《关于1991年农业和农村工作的通知》，总结工作，交流经验，表彰先进，研究进一步发展农业的措施。

28—30日 市十一届人大常委会第十八次会议召开。会议通过《关于市树、市花的决定》，决定国槐为市树，月季和菊花为市花。

2月

7日 中共中央政治局委员、国务院副总理田纪云到潍坊进行为期3天的考察。先后考察寿光、昌乐、安丘、诸城等县市。

24—26日 参加全国农村经济工作经验交流会的350人，在国务委员陈俊生带领下，到寿光、昌乐、安丘、诸城等县（市）参观和检查指导农村经济工作。

25日 参加全国农村经济工作交流会暨全国扶贫工作会议的部分代表，在国务院副秘书长李昌安带领下到临朐县检查指导扶贫工作。

3月

12日 全市以企业为重点的城市社会主义思想教育活动全面展开，历时7个月。

30日 潍坊市与美国普韦布洛市缔结为友好城市，签字仪式在鸢飞大酒店举行，潍坊市市长邵桂芳与普韦布洛市市长米切尔·奥希亚托分别在协议书上签字。

4月

1日 第八届潍坊国际风筝会暨第一届全国风筝比赛在潍坊市体育场开幕。中顾委委员李雪峰、中宣部部长王忍之出席开幕式。

16日 全国小氮肥厂技术改造提高效益增强县级财政自给能力经验交流会在潍坊召开。国务院副总理田纪云致信祝贺，化工部部长顾秀莲到会并讲话。

是日 市政府决定废止“肇事车辆保管费”等63个“三乱”项目，其中涉及收费37项、罚款12项、集资14项。

5月

19日 全国政协副主席钱正英在省政协副主席丁方明陪同下，对潍坊市水利工作进行考察。

是日 潍坊电视台摄制的民俗片《喜歌》获第五届全国电视文艺“星光奖”一等奖。

20—21日 全国政协副主席王恩茂由省政协副主席金宝珍陪同，考察寿光蔬菜批发市场、孙家集镇三元朱村蔬菜大棚以及潍坊计算机公司、第二印染厂、工艺美术集团公司等。

6月

4日 省政府授予潍坊市“山东省环保责任制先进市”称号。

29日 市委在市府礼堂举行庆祝中国共产党成立70周年大会。

7月

1日 中国共产党创始人之一、中共“一大”代表王尽美烈士纪念馆在诸城市奠基。1992年7月1日落成开馆。

12—13日 国务院副总理朱镕基在省委常委、副省长李春亭等陪同下，到潍坊检查指导经济工作和棉花生产。

10月

14日 首届临朐红叶节开幕。

27日 潍坊市人民医院举行建院110周年纪念大会。

29—30日 国务院总理李鹏、国务委员陈俊生在省委副书记、省长赵志浩，省委副书记马仲才等陪同下，在诸城视察贸工农一体化和农村社会化服务情况。

是月 据国家统计局统计，全国已有35个城市全年国内生产总值超过百亿元，潍坊市列第17位。

11月

5—6日 省委书记姜春云在临朐县检查指导工作。

23日 潍坊市在深圳举办的历时5天的第二届经贸恳谈展销会结束，共签订利用外资项目57个，合同外资额3570万美元，产品展销成交额超过3亿元。

12月

5日 市政府举行新闻发布会，通报第40届尤里卡世界发明博览会有关情况。全市在博览会上共获得金牌7枚、银牌6枚、骑士勋章2枚。

14日 出席中共山东省五届七次全委（扩大）会议的人员，在省委副书记高昌礼带领下，到临朐县参观检查山区开发建设工作。

1992年

1月

1日 市政府发布《潍坊市城市建设房屋拆迁管理实施办法》和《潍坊市城区统一征拨土地暂行办法》。

9日 省人大常委会主任李振到寿光、昌邑、潍城区视察工作，并就人大工作进行座谈。

11—13日 市十一届人大常委会第二十四次会议召开。会议原则通过关于治理潍河、白浪河、虞河、弥河水污染的规划方案等。

2月

14日 国家科委决定将济南、淄博、潍坊、烟台、威海5市作为全国科技兴市山东试点带。

14—17日 市委、市政府在高密县召开全市乡镇企业工作会议。市委书记赵长风讲话。会议提出，1992年全市乡镇企业总产值要在1991

年170亿元的基础上达到190亿元，增长13%。

21—24日 全省政法工作会议在潍坊召开。省委副书记、政法委书记高昌礼出席会议并讲话。潍坊市在会上介绍经验。

25—27日 省委副书记、省长赵志浩带领省直有关部门负责人到潍坊进行调查研究。

3月

13日 山东省人民政府批准将潍坊高新技术产业开发区列为省级高新技术开发区。

4月

1日 经国家教委批准，潍坊职业大学改为潍坊高等专科学校。

8日 潍坊高新技术产业开发区奠基。

19—22日 中共中央政治局常委、中央书记处书记李瑞环考察寿光县“菜篮子”工程，到潍坊第二印染厂、华光电子集团公司、潍坊柴油机厂、杨家埠等，同工人、农民、科技人员进行交谈，并就学习邓小平南方谈话讲重要意见。

20日 中共中央政治局常委、中央书记处书记李瑞环，省委书记姜春云为潍坊高新技术产业开发区首批12个项目奠基剪彩。

是日 以奥地利联邦议会常务副议长瓦尔·施图岑贝格为团长的代表团到潍坊访问。

是日 郭味蕖故居陈列馆在潍城区落成开馆。

是日 第九届潍坊国际风筝会在潍坊市体育场开幕。中共中央政治局常委、中央书记处书记李瑞环，全国政协副主席谷牧出席开幕式。

5月

1日 全市首座高层住宅楼在潍柴宿舍区动工。该楼共27层，高70.8米，建筑面积14817.5平方米。

9日 寿光县人民检察院被最高人民检察院授予“全国检察系统先进集体” 称号。

21日 中共中央政治局委员、四川省委书记杨汝岱一行7人，到寿光县考察工作。

6月

4—7日 全国人大常委会副委员长、民盟中央主席费孝通在潍坊考察工作。

10日 市政府召开市直改革试点企业厂长经理聘任大会，15名厂长经理由任命改聘任。

27—29日 以总书记雷内·毛杰为团长的厄瓜多尔共产党代表团一行3人，在潍坊市进行友好访问。

7月

2日 由国家科委“火炬”办主任李肇杰等7人组成的考察团，对潍坊高新技术产业开发区进行全面考察。

6日 中国农村综合实力百强县（不含市辖区）座次排定，全市有6县（市）榜上有名，数量在全省地市中居第一位。其中寿光列48位、诸城列62位、安丘列65位、青州列84位、昌邑列88位、高密列89位。

7—8日 全市股份制改革试点工作会议在十笏园宾馆召开。会议讨论并修改《关于进一步扩大股份制试点的实施意见》和《潍坊市乡镇企业股份合作制试行办法》。

27—28日 中共中央总书记江泽民，在省委书记姜春云，省委副书记、省长赵志浩等陪同下，在诸城市考察。

8月

12日 市政府发布《潍坊市乡镇企业股份制试点办法》。

26日 经贸部赋予潍坊市直接进出口经营权。承担此项业务的潍坊市进出口总公司正式开始办理进出口业务。

31日 21时至9月2日6时，16号强热带风暴袭击全市各县市区，寿光、寒亭、昌邑还遭到海潮袭击。

9月

1日 被列为全国十大畜产品批发市场之一的寿光县畜产品批发市场在寿光县城开业。

2日 潍坊东风百货商场入选“全国百家最佳经济效益零售百货商店”。

9日 潍坊市首届台胞联谊会在厦门举行。

13—17日 应市经贸委邀请，以俄罗斯乌苏里斯克市市长瓦西诺维奇为团长的经贸代表团一行5人到潍坊考察访问。

17日 潍坊港港址选定下营。

28日 潍坊交通信息广播电台成立。

30日 全省第一家经济广播电台——潍坊经济广播电台试播。10月26日正式开播。

是日 市区东外环路拓宽改造工程竣工通车。

10月

9日 山东第二大鞋业集团——诸城市鞋业总公司成立。

14日 全市首家保税集团——潍坊服装保税集团正式成立。

24日 市委召开市直党员干部大会，中共十四大代表、市委书记赵长风传达中国共产党第十四次全国代表大会精神，市委副书记、市长齐乃贵就学习、宣传、贯彻、落实中共十四大精神作具体部署。

30日 驻香港、澳门地区全国人大代表视察团一行30人到潍坊视察。

11月

1日 市政府决定，自即日起在全市放开粮油销售价格。

8日 诸城市棉油厂研制的棉籽壳提绒设备及工艺和诸城市第三棉油厂研制的短绒除尘回收器在北京国际发明展览会上获银奖。

16—24日 市政府分别在香港和深圳举行香港经贸洽谈会暨第三届深圳经贸恳谈会。

19日 全市第一家拍卖行——山东潍坊拍卖行正式挂牌营业。

12月

7日 经国务院批准，将五莲县划归日照市管辖。

8—11日 第四届全国体育科学大会在潍坊召开。

11日 潍坊市被山东省委、省政府、省军区授予“双拥先进市”称号。

12日 潍坊高新技术产业开发区被国务院批准为国家级开发区。

19日 经贸部正式批准授予中国潍坊国际经济技术合作公司对外劳务输出和国际工程承包签约权。

是日 潍坊市被中央综合治理委员会授予“全国社会治安综合治理先进单位”称号。

是日 据国家统计局统计，1992年全国已有

54个城市年内生产总值超百亿元。潍坊在超百亿元的城市中列19位，居山东省第3位。

1993年

1月

1日 潍坊市人民政府印发《潍坊市城镇住房制度改革实施方案》。

2月

11日 在全国法院集体一等功和全国法院模范命名表彰大会上，潍坊市中级人民法院获集体一等功奖杯。

26日 潍坊高新技术产业开发区正式跨入全国52家国家级高新技术产业开发区行列，授牌仪式在渤海宾馆举行。

3月

4日 在潍坊召开的全省公路工作会议上，潍坊市公路管理局获全省公路系统最高荣誉奖“山东公路杯”。

6日 全市国有大中型企业中首家股份制企业——潍坊百货（集团）股份有限公司举行股票（股权证）首发式。

10—12日 新疆维吾尔自治区党政代表团一行20人，在中共新疆维吾尔自治区党委书记宋汉良，自治区党委副书记、自治区政府主席贾那布尔带领下，由山东省副省长马世忠陪同，在潍坊市区和寿光、诸城、青州等地参观考察。

27日 潍坊市人民政府、济南军区空军举行合作扩建潍坊机场签字仪式。

4月

8日 高密县高密镇、青州市益都镇、安丘县安丘镇、诸城市城关镇被省委、省政府授予“山东省发展乡镇企业先进单位”称号；高密兴华总公司等6家企业被授予“山东省先进乡镇企业”称号；崔金高等12名农民企业家被授予“山东省优秀农民企业家”称号。

是日 峡山水库给水工程竣工并正式送水。

26—27日 国务院研究室主任袁木在潍坊考察工作。

5月

1—2日 中共中央政治局委员、中央书记处书记、中纪委书记尉健行在潍坊检查指导工作。

10日 临朐县被命名为全国文化先进县。

12—13日 参加全国文化县经验交流会的全体与会人员，由文化部常务副部长高占祥带队到青州、寿光、寒亭区参观文化设施，指导文化工作。

6月

1日 经国务院批准，撤销寿光县，设立寿光市。

4日 人事部、国家环境保护局授予潍坊市环境保护局“全国环境保护先进单位”称号。

10—13日 全国人大常委会副委员长王光英由省人大常委会副主任马世忠陪同在潍坊视察。

12日 全国人大常委会副委员长王光英、山东省省长赵志浩与台湾科技经贸文化考察团团长林竹松为潍坊高新技术产业开发区台湾科技工业园揭牌。

19—20日 中共中央政治局委员、国务院副总理邹家华在潍坊检查指导工作。

24—26日 中共中央政治局原常委宋平在省市领导陪同下在诸城市考察。

28日 经市委、市政府研究决定成立潍坊经济技术开发区管理委员会，为正县级行政单位。

是日 山东省首条以股份制形式投资的铁路——青临（青州至临朐）地方铁路在临朐县举行开工奠基仪式。

28日—7月1日 全国农村卫生建设经验交流会在潍坊召开，国务委员彭珮云出席会议并讲话。与会代表参观临朐、寿光、高密的农村卫生建设现场。

7月

13日 市政府召开全市城镇住房制度改革动员大会。

19—21日 省人大常委会主任李振就换届后的人大工作及减轻农民负担等有关问题在临朐、青州进行实地考察。

20—21日 由中共中央办公厅副主任徐瑞新带领的中央调查组一行5人，在潍坊就贯彻落实党中央、国务院关于加强宏观调控的一系列指示精神情况进行调查。

8月

26—28日 中共中央政治局委员、中共山东省委书记姜春云，带领省直有关部门负责人，在潍坊高新技术产业开发区、潍坊哮喘病医院和高密、寿光的部分乡镇、企业进行调研。

9月

7日 潍坊市人民政府发布《潍坊市农民负担管理暂行办法》。

18—22日 中共中央书记处书记、最高人民法院院长任建新，中共中央政治局候补委员、中央书记处书记温家宝和国务委员陈俊生，分别就寒亭区依法减轻农民负担的做法作出重要批示。

23日 潍坊发电厂1号机组正式投产发电。1号机组投产后，每天可发电600万千瓦时。

10月

28日 潍坊市第十四届运动会在市体育馆举行闭幕式。本届运动会经过54天的角逐，15个比赛项目有1人超1项世界青少年纪录。

11月

1日 以诸城市得利斯公司为核心，联合山东、北京、江苏、广东等省市150多家企业组成的山东得利斯集团总公司成立。

28日 在北京举行的1993年全国射击“双十佳”颁奖大会上，潍坊市运动员谭宗亮及其教练邓光伟分获十佳运动员和十佳教练员称号。

12月

18日 济青高速公路全线通车。潍坊市举行通车仪式。

23日 市委举行纪念毛泽东同志诞辰100周年座谈会。

30日 全市自然村全部通电庆祝大会在临朐

县吕匣镇双龙村举行。

31日　1993年度省科技进步奖、星火奖评审工作日前结束，全市获64项省科技进步奖、13项省星火奖，获奖总数居全省首位。

1994年

1月

1日　《潍坊晚报》正式创刊。4开4版，每周3刊。

2日　高密县被文化部命名为“中国民间艺术之乡”。

6日　市煤炭工业公司高级工程师刘惠武为抢救落水儿童，生命垂危。3月18日，中共潍坊市委作出在全市广泛开展向刘惠武同志学习的决定。4月13日，市政府授予刘惠武“潍坊市劳动模范”称号。7月5日凌晨3时，刘惠武因抢救无效，不幸逝世。

11日　全市首家国际期货交易市场——潍坊开发区国际商贸咨询有限公司正式运行。

19日　全国政协副主席、中央统战部部长王兆国到潍城、昌乐考察。

2月

6日　全省首家集装箱联营货场在潍坊西站接轨开通。

3月

5日　东风大街（潍德路至潍州路段）拓宽改造工程正式开工。同年12月28日竣工通车。

4月

2日　团中央书记处第一书记李克强到安丘、潍城调查研究。

18—22日　全国政协副主席钱伟长到潍坊参加风筝会，并考察潍坊高新技术产业开发区、昌乐蓝光珠宝有限公司、寒亭区杨家埠。

19日　潍坊机场民用站工程奠基。

是日　全国机关党建研讨会在潍坊召开，中共潍坊市委市直机关工委在会上作典型发言。

19—23日　全国政协副主席洪学智由省政协副主席翟永溥陪同，考察潍坊高新技术产业开发区、潍坊哮喘病研究所、寿光蔬菜批发市场和昌乐蓝光珠宝有限公司等。

19—25日　中共中央政治局原常委宋平，在中共中央政治局委员、山东省委书记姜春云，省委副书记韩喜凯等陪同下，参观寿光的蔬菜生产加工、蔬菜市场、乡镇企业，昌乐的蓝宝石加工、庭院经济，青州的工程机械厂，临朐的无毒果树苗木繁育中心 。

22日　由一台工业机器人完成对发动机整机喷漆的自动生产线在潍坊柴油机厂建成投产。

5月

6日　全省减轻农民负担现场会在寒亭区召开。

18日　经国务院批准，撤销高密县，设立高密市。

19日　全市首家国际标准的国家级爱婴医院在市妇幼保健院挂牌。

21日　国家副主席荣毅仁到寿光考察工作。

23日　经国务院批准，设立潍坊市奎文区（县级）。

6月

3日 山东省委、省政府和省军区授予潍坊市“双拥模范城”称号。

10日 经国务院批准，撤销昌邑县，设立昌邑市。

13日 潍坊市利用澳大利亚贷款1650万元兴建1万亩果树微喷灌溉工程项目在济南南郊宾馆签订合同。

18日 建成开通5000线长途局，结束潍坊市邮电局通讯无长途局的历史。

23日 国务院总理李鹏致信寿光市侯镇。李鹏在信中回忆侯镇人民在解放战争时期踊跃参军、支前的情景，高度赞扬侯镇人民为革命做出的贡献，勉励侯镇人民在改革开放的新形势下再接再厉，争取更大的成绩。

24—25日 由中国驻20多个国家的40多位大使、参赞组成的参观团在潍坊参观考察。

26日 以潍坊化纤厂为核心的潍坊巨龙集团成立。

8月

15日 潍坊柴油机有限责任公司成立。

30日 驻潍坊某部战士王松为抢救一名落水老人而牺牲，年仅19岁。同年10月28日，市委作出《关于在全市广泛开展向王松同志学习活动的决定》。

9月

15—17日 全国政协赴山东考察团一行75人，由全国政协副主席邓兆祥率领在潍坊视察。

23日 潍坊市社会治安见义勇为奖励基金会成立。

10月

22日 第十七届省运会闭幕。潍坊市运动员共获得金牌38枚、银牌32枚、铜牌26枚，金牌、团体总分分别位居全省第4、第5名，并获“体育道德风尚奖”。

27日 潍坊发电厂总装机容量为60万千瓦的一期工程建成投产。

11月

14日 在北京召开的全国乡镇企业表彰会上，潍坊市24家乡镇企业受到农业部表彰奖励。

16—18日 由全国人大常委会委员杨振怀、何康等组成的全国人大常委会赴山东执法检查组，到潍坊检查农业法执行情况。

28日 全市提前1年零1个月完成乡镇电话自动化的目标。

12月

12日 国内第一所民办公助股份制高校——渤海大学在高新区开工奠基。学校实行股份制形式的管理体制和董事局领导下的校长责任制，董事局主席齐乃贵，副主席王玉芬、刘玉兰、李惠信、王秀娟、董法进、卢志强。1996年，面向潍坊地区招收应届高中毕业生1005人，1998年7月，经教育部备案同意，渤海大学列为全省高等教育文凭考试试点学校，并定名为山东潍坊科技教育进修学院。1999年3月，更名为山东渤海进修学校。

19日 寿光市无公害蔬菜进京直供直销座谈会在北京人民大会堂陕西厅举行。国务委员、国防部部长迟浩田，全国人大常委会副委员长阿沛·阿旺晋美等领导及首都新闻单位记者180多人参加会议。

29日 以潍坊化工厂为核心企业组建的潍坊亚星化工集团总公司成立。

1995年

1月

15日 潍坊市在全省率先实现户户通电。

18日 临朐县城成为潍坊第一个、全省第二个使用管道煤气的县城。

19日 经山东省“双千县（市）”建设验收鉴定委员会鉴定，寿光市成为全省1994年两个“双千县（市）”之一。

是日 寿光市文家乡农村电话达到2300多部，实现每百人有10部程控电话，超过全省、全市平均水平，成为潍坊市第一个电话乡。

22日 青州市图书馆被文化部认定为“国家一级图书馆”。

2月

7日 全市第一个可视电话会议室在市邮电局正式启用。

27日 下午3时半，空中突然似烟似雾，风雪弥漫潍坊市区。据气象专家说，降雪是华北气旋形成，气旋中心在山东半岛中部，气旋春季较少发生，一般20年一遇，此类天气在潍坊罕见。

3月

1日 在山东省建设工作暨振兴建筑业会议上，寿光市被授予全省“建筑业十强县（市）”称号。

是日 经省政府批准，羊口港从即日起正式对外开放，成为二类开放口岸。同年10月27日举行羊口港二类开放口岸首航式。

2日 潍坊市市级机关综合办公大楼奠基。

5日 全国首家个体私营大专班在潍坊教育学院开学。

10日 安丘市景芝镇王家彭旺村王福利被山东省政府授予“山东省植棉售棉大户”称号。

14—16日 全国十省区贸工农一体化经验交流会在潍坊召开，副市长王光明代表潍坊市作典型发言。

15日 济南军区授予王松烈士“舍己救人的好战士”称号命名大会在潍坊八一礼堂举行。

4月

6—8日 在农业部中国优质产品服务协会等4单位联合举办的首批百家“中国特产之乡”命名暨宣传活动大会上，寿光市被命名为“中国蔬菜之乡”。

7—8日 全市农村工作会议召开。会议提出，继续做好实施农业产业化、发展乡镇企业、加强小城镇建设三篇文章，加快实现由农业大市向农业强市的跨越。

17日 市委、市政府举行《潍坊市志》（1840—1990）首发式。

是日 在全国文化工作经验交流暨表彰大会上，临朐县被文化部、人事部授予“全国文化模范县”称号。

19—21日 潍坊鲁台经贸洽谈会在潍坊国贸中心举行。

20日 潍坊市人民政府与北京大学联合举办的潍坊生物技术开发区首批进区项目举行开工奠基仪式。

是日 全国新时期机关党建工作研讨会在潍坊举行。

5月

7日 潍坊市与韩国安养市缔结为友好城市。

是日 国际芦笋协会主席布尔·贝森到潍坊，将新育成的5个芦笋品种安排在市农科院进行试验，并到安丘芦笋基地进行实地考察。

9日 潍坊国际海陆运输（集团）有限公司暨潍坊国际海运公司开业。

21日 农业部副部长刘成果、山东省副省长邵桂芳带领出席全国“三夏”农业工作会议的150多位代表到寿光市北洛镇、寒桥镇参观考察。

26—29日 山东省第六届中学生运动会在潍坊市体育场举行。

6月

1日 市委、市政府在渤海宾馆召开全市创建卫生城动员大会。

9日 寿光市通过全国农村初级卫生保健复核审评组的考评验收，确认“全面达到国家标准”。

12日 凌晨，昌邑市粮食局冷藏厂工人邵述衡面对歹徒企图破坏工厂安放的炸药包临危不惧，挺身排险，英勇献身。27日，中共山东省委决定追认邵述衡烈士为中国共产党党员。8月1日潍坊市人民政府决定，追授邵述衡为“潍坊市劳动模范”。11月8日山东省人民政府、山东省军区作出决定，授予邵述衡“无私无畏的民兵英雄”荣誉称号。

24—25日 国家体改委主任、党组书记张皓若在潍坊考察工作。

30日 中共潍坊市委常委、诸城市委书记陈光参加中组部召开的全国优秀县（市）委书记表彰会，受到江泽民等党和国家领导人的接见。

7月

7日 潍坊市人民政府发布《潍坊市城区内禁止燃放烟花爆竹暂行规定》，自10月1日起施行。

13日 参加全国抗虫棉现场会的领导和专家，在安丘市考察全国最大的抗虫棉试验种植基地。

14日 最高人民检察院为潍坊市人民检察院记集体一等功。

23—25日 全省县域企业改革暨改革开放试点县工作会议在诸城召开。

25日 临朐县上林镇黄山店村民张秀梅在山东省妇联、省民政厅、省军区政治部联合组织的“学习韩素云、争做好军嫂”活动中，获“山东省好军嫂”称号。

27日 青州市委、市政府召开张学刚“舍己救人好学生”命名表彰大会。宣读山东省政府关于批准张学刚为革命烈士的批复及省教委、团省委关于追授张学刚为“优秀共青团员”“优秀学生干部”和“省级三好学生”称号的决定。

8月

2—3日 全省基本建设重点工程建设工作会议在渤海宾馆召开。潍坊市介绍“加强基建程序管理积极为经济建设服务”的经验。

6日 高密市井沟镇草泊村83岁的刘连仁应日本“弁护士会” 之邀，赴日进行友好访问。

9日 市政协在渤海宾馆举行抗日战争胜利

五十周年报告会及《正义必胜》一书首发式。

15日 潍坊海洋化工高新技术产业开发区暨山东潍坊海洋化工集团总公司成立。

17日 市人大常委会副主任李惠信、副市长王秀娟及近百名师生和来自英国、南非、加拿大、澳大利亚的朋友一起，在潍坊二中利迪尔纪念碑前悼念利迪尔，纪念潍县集中营解放五十周年。

28—30日 环渤海地区开发与中日经济关系发展研讨会在潍坊召开。

9月

12日 潍坊市“咸水入侵综合防治”通过国家验收。

28日 朝鲜黄海南道行政经济委员会副委员长李春东一行5人到寿光市参观考察蔬菜生产和销售情况。

10月

4日 潍坊市举办无公害蔬菜展示会。中国蔬菜行业代表与来自日本16个大商社的代表及中外新闻记者等共60余人参加开幕式。

27日 羊口港二类开放口岸举行首航式。

31日 市委书记、潍坊高等专科学校名誉校长齐乃贵，向清华大学原教务处处长、秘书长吕森教授，清华大学继续教育学院院长马祖耀教授，清华紫光集团党委书记兼常务副总裁严宁研究员，清华紫光集团副总裁沈英研究员等8名兼职教授颁发聘书。

11月

2日 在全国百强高新技术企业信息发布会上，安丘贾戈镇镇办企业——潍坊曲轴厂被评为全国百强高新技术企业之一。

8日 市委、市政府在渤海宾馆举行全市精神文明建设“精品工程”表彰大会。

15日 以日本国日向市教育委员会社会教育课课长松田为团长的日向市市役所职员访问团一行到潍坊考察访问。

25—26日 市政府与中国社会科学院联合举办的“农业产业化与合作制”研讨会在渤海宾馆召开。

12月

1日 潍坊市与各县市区可视电话会议系统投入运行，并与全省联网。

4日 山东省退伍军人培训基地在高密市落成。

5—7日 全国深化青年星火带头人活动、推进“服务万村行动”现场经验交流会议在潍坊召开。团中央书记处书记巴音朝鲁、国家科委顾问谢绍明、山东省委副书记陈建国等出席会议。

8日 临朐兴隆弥河大桥暨潍临公路县城至上林段竣工通车。

9日 中国农工民主党潍坊市委员会成立。

10—12日 新疆党政考察团在寿光、诸城进行实地考察。

11日 《人民日报》发表题为《论农业产业化》的社论，向全国推广潍坊市实施农业产业化的经验。11日、13日和14日，《人民日报》连续发表人民日报记者艾丰、潘承凡的述评文章。分别是：《必由之路——山东潍坊农业产业化述评之一》《造就一种新关系新格局——山东潍坊农业产业化述评之二》《更广更深更实的思考——山东潍坊农业产业化述评之三》。

15—19日 中共中央政治局候补委员、中央书记处书记温家宝到潍坊考察农业产业化工作。他指出，潍坊市农业产业化这一新生事物，受到党中央、国务院的重视。它是农村改革和发展向前推进的产物，是实现农业集约经营和规模经营的一种有效的经营形式，是基层干部群众的又一新的创造。

18日 潍坊市磁共振医疗中心在潍坊人民医院开诊。

1996年

1月

7日 临朐县大关镇镇村公路贯通，潍坊市实现户户通电、村村通电话、村村通公路的目标。

9日 青州市委召开庆功大会，庆祝青州市人民法院被最高人民法院记集体一等功。

10日 民建中央常务副主席、监察部副部长冯梯云，在山东省政协副主席李功九等陪同下到潍坊考察。

14日 军民共用的潍坊机场扩建工程正式通过国家民航总局验收，并领到启用许可证。同年4月4日正式通航。

15—18日 全市工业工作会议在渤海宾馆召开。会议提出，解放思想，坚定信心，加快发展，建设工业强市。

16日 检察日报社驻潍坊通联站在市检察院正式挂牌办公。潍坊是检察日报社在全国首批设立的两个试点单位之一。

19日 潍坊汽车客运总站扩建改造工程正式投入使用。

31日 全市乡镇人民代表大会换届选举工作圆满结束。这是《中华人民共和国地方各级人民代表大会和地方各级人民政府组织法》第三次修改后的首次换届选举。

2月

1日 经国家卫生检疫局批准，中华人民共和国潍坊卫生检疫局挂牌成立。

3—8日 受国务院领导委派，由9个部委的领导、专家、教授组成的联合调查组，在国家体改委副主任洪虎带领下，对诸城市企业改革进行调查。调查认为，诸城的企业改革方向正确，做法稳妥，效果显著，群众满意，是对企业改革的大胆探索。

6日 市委举办的“现代企业制度与企业改革”报告会在渤海宾馆举行。报告会由市委书记齐乃贵主持，国家体改委副主任洪虎作专题报告。

3月

4日 临朐县被山东省文化厅命名为“山东省民间艺术书画之乡”。

5日 联航潍坊至杭州航线顺利通航。

7日 潍坊恒信纸业集团总公司与加拿大瑞派集团公司合资的年产3万吨高档铜版纸项目在潍坊举行签字仪式。该项目总投资2555万美元，注册资本1832万美元，中加双方各占50%。

11日 高密市张鲁镇被国务院发展研究中心命名为“中国皮件加工之乡”。

11—14日 副省长王玉玺率领省直有关部门负责人，在潍坊调查流通体制改革情况，对全市取得的成绩给予充分肯定。

12日 全国“三八”红旗手，高密市高密镇永安村农民邓秀梅赴京演讲载誉归来。在京期间，受到胡锦涛等党和国家领导人接见。

13日 潍坊市市区工作会议在渤海宾馆召开。会议确定市区经济发展的总体思路是：大力发展第三产业，扩张提高第二产业，稳定发展高效创汇农业。

18日 全市水污染防治现场会议在诸城召开。会议强调，加大执法监督力度，切实保护好水资源。

20—24日 中共中央政治局常委、国务院副总理朱镕基，在潍坊对搞好国有大中型企业、农村金融体制改革、国有小企业改革进行调查研究。

23—26日 全国小化肥工作现场会在潍坊召开。

24日 潍坊亚星化工集团总公司第二期年产9000吨氯化聚乙烯（CPE）装置正式投产。该公司CPE年生产能力达到1.5万吨，居世界第二位。

28日 全国最大的年产300吨强力霉素项目在潍坊制药二厂竣工并投产。

4月

1日 潍坊市区首次国有土地使用权拍卖会在市规划国土局举行，结束潍坊市自1992年以来仅靠协议出让土地使用权的历史。

2日 全市千村调查活动拉开序幕， 市委副书记、市长王大海为赴安丘市贾戈镇的市直调查组送行，全市共调查30个乡镇，6000多个村。

4日 民航航线潍坊至广州、潍坊至北京首航获得圆满成功，结束潍坊市无民航航线的历史。

5日 全市机关事业单位社会保险工作会议召开。根据《潍坊市机关事业单位工作人员社会养老保险暂行办法》规定，市属以上机关事业单位基本养老保险5月1日起实行社会统筹。

8日 市委、市政府召开建设“半岛商贸城”动员大会，动员全社会力量，全面推进“半岛商贸城”建议。

12日 《潍坊年鉴（1995）》首发式举行，这是潍坊有史以来第一部地方综合性年鉴。市委书记齐乃贵为《潍坊年鉴》题词，市委副书记、市长王大海作序。

15日 全国卫视台“今日潍坊”采访活动开机仪式在渤海宾馆举行。来自中央电视台及四川、浙江、云南、贵州、上海、山东等电视台的记者就潍坊市经济等方面情况进行采访。市委书记齐乃贵就全市企业改革情况回答中央电视台记者提问。市委副书记、市长王大海致辞并介绍潍坊情况。

是日 副省长张瑞凤带领省建立城市最低生活保障线制度调查小组到潍坊调查。调查组认为，《潍坊市城市居民最低生活保障暂行办法》自1996年1月起在奎文、潍城、坊子、寒亭实施以来收效明显，开端良好。

16日 以荷兰王国北荷兰省省长范科那德为团长的北荷兰省政府代表团暨商务经贸代表团一行26人抵达潍坊，进行两天的正式友好访问。

是日 首届中华国际消费品博览会开幕式暨新闻发布会在潍坊国际经贸中心举行。

18日 由潍坊亚星化工集团总公司出资修建的亚星桥落成通车。

20—21日 全国人大常委会副委员长王光英在潍坊视察工作。

23日 潍坊市与澳大利亚维多利亚省吉普斯兰市农业经济与教育交流合作项目签字仪式在昌潍农校举行。

5月

1日 圭亚那政府外交和对外经贸部部长罗西一行7人到潍坊市考察访问。

13日 潍坊港二期改造扩建工程的货场填海工程正式动工。

14—15日 以副议长黑木觉市为团长的日本国日向市议会访华团到潍坊进行友好访问。

15日 全省持续高效农业综合发展试验区工作会议在寿光市召开。省科委确定寿光市为全省五个高效农科实验区之一。

17日 市政府向在第四届全国残疾人运动会上夺得标枪、铅球、铁饼三枚银牌的潍坊市盲人运动员冯志强颁发9000元奖金。

22—25日 全省农村奔小康现场经验交流会在潍坊召开。省委书记赵志浩，省委副书记、省长李春亭分别讲话。

29日 潍坊市1995年度享受政府特殊津贴人员颁奖座谈会在科技大厦召开。全市1995年度共有7名专业技术人员享受政府特殊津贴。至此，全市被国务院批准享受政府特贴人员77名。

29日—6月3日 国务委员、中华全国供销合作总社主任陈俊生，在潍坊考察供销合作社工作。

30—31日 全省职工医疗保障制度改革试点城市工作会议在潍坊召开。会议主题是部署全省职工医疗保障制度改革试点工作，确定潍坊、威海为改革试点城市。

6月

2日 全市首批机关工作人员向国家公务员和机关工作者过渡考试开考，市直23个单位的1136名机关工作人员参加考试。

3—4日 全省个体私营经济工作现场会议在潍坊召开，推广潍坊市建设个体私营经济园区，推动个体私营经济集约化、区域化、规模化发展的成功经验。

3—5日 全市农村工作会议召开。市委书记齐乃贵强调，到2010年全市的农业必须达到“农业产业化、生产科技化、结构高级化、发展持续化和城乡一体化”的要求。

10日 潍坊港引堤工程举行奠基仪式。

13日 一场历史上罕见的特大风雹袭击寿光、寒亭、昌邑、青州、坊子、诸城、高密、安丘、昌乐、潍城10个县市区的60多个乡镇，最大阵风达11级，最大冰雹大如鸡蛋，全市受灾面积达34万亩，造成严重损失。市领导齐乃贵、王大海等立即分赴各灾区了解灾情，指导抗灾。

13—14日 中共潍坊市委常委（扩大）会议在渤海宾馆举行。会议审议通过《潍坊市市级机构改革实施意见》，讨论研究《潍坊市国家公务员制度实施方案》。市委书记齐乃贵主持会议并讲话。

14日 市级机构改革暨推行国家公务员制度动员大会在渤海宾馆召开，对两项改革作全面部署。

是日 山东海化集团潍坊纯碱厂举行建厂十周年庆祝大会。化工部部长顾秀莲，山东省副省长韩寓群，潍坊市委书记齐乃贵，市委副书记、市长王大海等出席大会。

16日 市政府召开紧急会议，动员全市人民迅速投入抗灾自救。会议决定：由金融财政系统向灾区贷款700万元，由民政局、财政局、棉办、农资公司等部门拨款250万元，由保险公司理赔700万元。

18—19日 省委副书记陈建国在潍坊市委书记齐乃贵陪同下，在青州、临朐深入农村、企业调查研究，察看灾情，对战斗在抗灾一线的干部群众和部队官兵表示亲切慰问。

20日 寿光造纸集团正式租赁德州市齐河县大型企业黄河板纸厂。

28日 国内最大的涤纶帘帆布生产线在潍坊大龙中纤有限公司正式投产。

是日 缅甸第二工业部长觉丹率领代表团到潍坊潍柴、山潍拖、巨力集团等企业进行考察，并与潍柴签署农业机械合作项目备忘录。缅甸驻华大使吴赛，市领导王大海、王玉芬等出席签字仪式。

7月

1日 全市首座香港回归祖国倒计时钟在市企业老职工活动中心启动。

5日 全市社会治安见义勇为表彰大会在渤海宾馆举行。2人获市“社会治安见义勇为模范”称号，26人获市“社会治安见义勇为公民”称号。

10日 中共中央政治局委员、国务委员、国家体改委主任李铁映到诸城考察企业改革。李铁映充分肯定诸城经验，希望继续大胆探索，不断完善。

15—19日 《大众日报》在15日、17日、19日头版以“陈光说诸城”“众家谈诸城”“本报评论员评诸城”的形式，推出一组“诸城改革告诉我们什么”的系列报道。

16日 山东省级钢材市场在坊子区举行揭牌仪式。

16—20日 全国少年拳击比赛在青州市体育馆举行，潍坊市运动员分获1金3银。

23日—8月7日 市长王大海率潍坊市政府和企业考察访问团一行23人，对内蒙古自治区呼和浩特市、巴彦淖尔盟、伊克昭盟、呼伦贝尔盟进行考察访问。

25—28日 中国农业银行全国分行长会议在潍坊召开。中国农业银行总行领导史纪良、何林祥、方诚国、李殿启出席会议，省市领导王玉玺、齐乃贵、王伯祥出席开幕式。

8月

15日 全市首批80万元救灾物资，分别由市委常委、组织部部长迟昭厚，市人大常委会副主任王在辉，副市长陈宏发，市政协副主席赵俭等组织送往受灾严重的滨州市和博兴县。

15—16日 副省长张瑞凤率领检查团到潍坊检查验收潍坊市和安丘市争创全国“双拥”模范城（市）工作。检查团对全市争创全国“双拥”模范城（市）的工作给予充分肯定。

18—20日 全国山区综合开发试点县工作会议在临朐县召开，推广临朐县山区综合开发经验。

24—26日 由中共中央组织部组织的全国农村基层组织建设工作检查组在安丘市检查指导工作，对安丘市党建工作给予充分肯定。市委常委、组织部部长迟昭厚陪同检查。

27—28日 国家经贸委在海化集团召开现场会，交流推广盐碱联合经验。国家经贸委副主任石万鹏、轻工总会副会长傅立民、化工部副部长谭竹洲、山东省副省长韩寓群分别讲话。市委副书记、市长王大海，副市长房忠昌介绍潍坊企业改革和盐碱联合有关情况。

30日 全省首家集临床、科研为一体的显微外科、手外科研究所在潍坊市立医院揭牌开业。

是月 中共中央政治局常委、国务院副总理朱镕基，国务院副总理吴邦国分别在海化集团关于盐碱联合情况的报告上作重要批示：“盐碱联合的经验是成功的，可在全国推广”“实践证明盐碱联合是一条切实可行的路子。”

是月 在第二次中国特产之乡命名暨宣传活动中，安丘市及其所辖的庵上镇、石埠子镇、白芬子镇、南流镇、赵戈镇分别被命名为“中国蜜桃之乡”“中国樱桃之乡”“中国草莓之乡”“中国姜蒜之乡”“中国芦笋之乡”“中国淡水养殖之乡”。

9月

2—6日 山东省人大常委会副主任马世忠率视察组到潍坊就《教育法》《教师法》贯彻实施情况进行视察。

5日 省委、省政府公布全省34个县市区为山东省小康县。其中，潍坊市有潍城区、奎文区、寒亭区、坊子区、安丘市、寿光市、昌邑市、高密市、诸城市、昌乐县。

是日 潍坊港通过国家驻鲁各口岸查验单位进行的二类开放口岸验收。

7—10日 全省知识分子工作会议在潍坊召开。潍坊市介绍乡村优秀科技人才选拔管理工作经验。

8日 省委常委、组织部部长王克玉参观寿光三元朱村、文家乡万亩韭菜基地、寿光镇东关小康村和寿光造纸集团。

8—11日 中国民营科教促进会年会在潍坊召开。潍坊市在会上作题为《加强领导，强化服务，推动民营科技实业蓬勃健康发展》的发言。

12—13日 华东六省职工医疗保障制度改革座谈会在潍坊召开。潍坊被国务院列为华东六省医改试点城市主要联络点。国务委员彭珮云出席座谈会并讲话。

12—13日 省政协副主席翟永涥率调查组到潍坊调查城市基层组织和基层政权建设情况。

14日 国务委员、国家计生委主任彭珮云在市长王大海陪同下，到安丘视察工作。

15—17日 安徽省委副书记方兆祥率考察团到潍坊考察实施农业产业化战略等情况。山东省委副书记韩喜凯，市领导王玉芬、李光信、陈光等陪同考察，并详细介绍潍坊市实施农业产业化战略的经验和做法。

20日 省委书记赵志浩考察寿光造纸集团齐河黄河板纸厂，肯定寿光跨地区承租落后企业的做法。

23—24日 民革中央副主席，全国政协常委、副秘书长李赣骝率调研组到潍坊调查农村基层科技推广队伍建设情况。

25日 国家税务总局党组书记、副局长项怀诚到潍坊考察税务征管工作。

是日 巴布亚新几内瓦前总理、东塞皮克省省长、麦克·索马雷爵士一行14人，到潍坊进行友好访问。在潍坊期间，索马雷一行先后到寿光蔬菜基地、潍坊美城肉鸡有限公司等单位参观考察。

27日 市委在渤海宾馆召开“一推双考”动员大会。部署在全市范围内采取公开推荐与考试考核相结合的办法，选拔21名县级领导干部，充实21个市直单位领导班子。10月15日，全市报名工作结束，21个考选职位共有864名符合条件的干部报名应考。

10月

1日 潍坊港被省政府正式批准为二类口岸对外开放，即日起允许航行国际及地区航线的中国籍船舶停靠该港进行装卸作业。

3日 潍坊化纤厂扩建年产2万吨粘胶短纤维工程举行奠基仪式。扩建工程总投资51948万元，其中利用外资4000万美元，建设期为2.5年。副省长陈抗甫、市委书记齐乃贵为工程揭彩。

6日 潍坊电视中心大楼奠基仪式举行。该中心占地42.5亩，投资规模6000万元，总建筑面积2万平方米。

8日 首届世界珠算大会在富华大酒店召开。来自中国、日本、韩国等11个国家及中国香港、台湾地区的400余名代表参加大会。

16日 市委在富华大酒店举行老红军座谈会，纪念中国工农红军长征胜利60周年。座谈会由市委副书记刘峰岫主持，市委副书记、市长王大海发表讲话。万江、高松溪、谢春林、宋长有、罗克连、吴昭贤、刘裕国、齐克八位老红军参加座谈。

是日 新加坡副总理李显龙率新加坡政府及经贸代表团到潍坊访问，国务院特区办副主任万季飞，山东省委副书记、副省长宋法棠陪同活动。市长王大海在富华大酒店会见新加坡客人。

是日 潍坊市纪念红军长征胜利60周年大型文艺晚会——《民族魂》在潍州剧场举行。

21日 青州市东夏镇供电所电修厂职工、共青团员王洪民为抢救落水女青年英勇献身。

24日 以市长赤木欣康为团长的日本日向市市民代表团和以议长野别知秀为团长的日向市议会代表团到达潍坊市，参加两市缔结友好城市十周年庆祝活动。

27—28日 省委书记赵志浩到潍坊考察山区开发工作。

29日 潍坊市花卉良种繁育试验场建成开业。市委副书记刘峰岫参加剪彩仪式并讲话，省林业厅厅长辛云岩出席剪彩仪式。

11月

1日 潍胶公路潍河大桥、潍坊小商品城二期工程和潍坊海员培训中心大楼建成使用，并分别举行典礼仪式。交通部副部长李居昌、省交通厅厅长朱正昌，及市领导齐乃贵、王大海参加典礼仪式。

7日 市委决定，从11月中旬开始到春节前，集中领导，集中时间，集中力量，对农村基层党组织和党员进行集中教育整顿。

12—16日 全市城乡社会主义思想教育现场会在寿光市召开。被列为全省四个精神文明建设试点单位之一的寿光市作典型发言。

13—14日 副省长张瑞凤率省直有关部门和省军区负责人到潍坊检查征兵工作。

14日 省委常委、组织部部长王克玉在市委副书记、市长王大海，市委副书记刘峰岫，市委常委、组织部部长迟昭厚陪同下，到安丘市检查农村基层组织建设工作。

28日 小清河流域五市地环保局长会议在潍坊召开，专题研究小清河综合治理的具体措施。

12月

9日 市直机关和企事业单位广大干部职工响应市委、市政府号召，踊跃为小清河干流治理工程捐资达89.91万元。

13日 由中央电视台和潍坊电视台合办的第137期《综艺大观》潍坊专场与观众见面。该期节目以挖掘潍坊传统的民族文化、风土人情，展示现代化城市——潍坊新面貌为主题。

18—19日 化工部副部长陈士能带领参加全国化工厅局长会议的代表在潍坊参观考察。

20日 《潍坊市市民文明公约》《潍坊市市民“十不”行为规范》颁布实施。

26日 “山东省临朐县山旺化石、年画、奇石展”在中国美术馆展出。中央军委副主席、国防部部长迟浩田等前往参观。

是日 市委、市人大常委会在渤海宾馆会议厅举行授予王焕新、林开祥“潍坊人民勋章”

大会。

27日 市领导王大海、刘峰岫、王秀娟等到被国家体委授予“首批国家高水平体育后备人才基地”和“全国业余体育训练先进集体”的市体校，为两项命名揭牌；为获“全国业余体育训练先进工作者”称号的隋拥军、刘志强、杜伟华颁奖。市委、市政府发给市体校奖金10万元。

27—28日 全市政协会议在东郊宾馆召开。市委书记齐乃贵就充分发挥政协的职能作用，加强党对政协工作的领导等问题讲话。市委副书记、市长王大海就各级政府和职能部门主动开展协商、自觉接受监督、支持政协工作等问题讲话。

28日 全市最大的粮油精品自选超市“鲁穗粮油精品大世界”开业。

30日 全省酿酒行业污染治理经验交流会在临朐县召开。

1997年

1月

1日 农业普查现场登记开始。上午，副省长邵桂芳、省农业普查办公室主任栾炳焕在市委副书记、市长王大海陪同下，察看潍坊市农业普查现场登记情况。

6日 中共潍坊市委决定，追认诸城市马庄乡大全官庄村党支部书记王志亮为潍坊市优秀共产党员。王志亮于1996年9月23日舍身堵水库漏水口，不幸壮烈牺牲。

9日 全市环境保护电话会议召开。会议表彰诸城市人民政府等39个水污染防治工作先进单位，表彰39名水污染防治工作先进个人，通报批评潍坊乐港食品有限公司、临朐县啤酒厂、青州酒厂3家违反水污染防治法规单位。

11日 潍坊市及高密市跻身山东省“连续十年以上财政收支平衡先进单位”行列，受到省政府表彰。

是日 潍坊市举行1996年度精神文明建设“精品工程”颁奖晚会。市委、市政府决定授予临朐县委宣传部等7个单位1996年度潍坊市精神文明建设“精品工程”组织工作奖。授予《加大发展力度，尽快实现由乡镇企业大市到乡镇企业强市的跨越》等4件作品为理论文章“精品工程”特别奖。授予《建设现代化大潍坊系列报道》为新闻作品“精品工程”特别奖。

11—12日 财政部部长兼国家税务总局局长刘仲藜、全国人大常委会财经委副主任迟海滨、财政部副部长刘积斌在潍坊考察工作。

12日 山东晨鸣纸业集团举行1996年利税过两亿元庆祝大会。

15日 安丘市被民政部、解放军总政治部授予“全国双拥模范城（县）”称号。

16日 填补国内空白的中美合资高科技工业大项目——钢纤维项目，在潍坊高新技术产业开发区举行签约仪式。

23—24日 全市财政税务工作会议在东郊宾馆召开。对市财政局、市国税局、市地税局给予通报表彰，授予青州、安丘、昌邑、寒亭、高密“连续十年以上财政收支平衡先进单位”称号，表彰财政收入过3亿元的诸城市、寿光市、安丘市。

27日 市十二届人大常委会第三十二次会议在渤海宾馆举行。会议通过《关于潍坊市与东吉普斯兰市结为友好城市的决定》《关于补选代表的代表资格审查报告》。拟定市十二届人大五次会议的有关事项。

30日 樱园、河滨两个安居小区奠基。两个小区分别位于奎文区、潍城区，规划用地570

多亩，总投资3.5亿元，总建筑面积近40万平方米，解决4200多户、1.4万人的住房问题。

31日 潍坊市在临朐召开青临铁路全线贯通庆祝大会。青临铁路北起青州火车站，南至临朐冶源站场，正线全长36.4千米。1月28日，第一列机车从青州站顺利抵达临朐冶源站场。11月9日，青临铁路正式开通运营。

是月 寿光、青州、昌乐3市（县）被国务院确定为“300个节水增产重点县”。

是月 潍坊市人民检察院被省人民检察院记集体一等功，这是该院自1985年以来连续12年受到省以上检察机关表彰。

2月

18日 全市第二次教师住房建设工作经验交流会在渤海宾馆召开。会议要求，采取多种措施解决教师住房难问题。

21日 中共潍坊市委召开常委会议，认真学习《告全党全军全国各族人民书》，深切哀悼敬爱的邓小平同志，缅怀邓小平的丰功伟绩。

26日 市委在渤海宾馆召开县市区委书记会议，研究如何深入贯彻落实《中共中央、国务院关于切实做好减轻农民负担工作的决定》和做好当前工作。

28日 全省首架农用航空飞机在寒亭区张氏镇试飞成功，潍坊农用航空站同时成立。

3月

4日凌晨 寿光市小清河治理工程遭受风潮侵袭，69名民工被海水围困，700多台机械浸泡水中，造成损失近千万元。灾害发生后，副市长王伯祥立即赶赴现场，组织抗灾救灾。晨五点，民工被全部救出，机械全部捞出。

6日 潍坊市潍莱高速公路开工建设动员大会举行。

14—18日 由中共山东省委宣传部、中共潍坊市委主办，山东齐民思集团独家承办的“情系港澳神州万里行艺术珍品展”在山东省美术馆举行开展仪式。展览包括名家书画、百家影像墨宝、百家扇画、百家肖像邮封、诗词楹联篆刻五大类，艺术珍品计500余件。

24日 市委、市政府决定授予奎文区等5个单位“救灾捐助先进市（区）”荣誉称号；授予市直机关党工委等30个单位“救灾捐助先进单位”荣誉称号；授予满国强等83人“救灾捐助先进个人”荣誉称号。

是日 市直发放住房公积金储蓄卡会议召开。会议要求强化措施，推行住房公积金制度。

25—29日 全国农业产业化座谈会在渤海宾馆举行。

29日 全市县界勘定工作会议召开。会后，潍坊市各县市区界勘工作全面展开。

29—30日 全市农村工作会议在潍州剧场召开。会议提出，要以实现农业现代化为总目标，以实施农业产业化为总抓手，继续做好实施农业产业化、发展乡镇企业、加快小城镇建设“三篇文章”，强化精神文明建设、党的建设和民主法制建设。

是月 副市长王伯祥获“全国绿化奖章”。

4月

4日 潍坊机场通航一周年暨潍坊—大连—长春通航典礼举行。

5日 全省住房制度改革工作会议在潍坊召开。副省长陈抗甫主持会议。省房改领导小组组长、副省长张瑞凤对潍坊的房改工作给予高度评价。

6日　副省长陈抗甫到潍坊考察潍莱高速公路建设。

7日　中共中央政治局委员、国务院副总理李岚清，国家体改委副主任洪虎，到潍坊考察国有中小型企业改革和农村推行农业产业化的情况。

18日　由《人民日报》经济部、《求是》杂志经济部、《经济日报》经济研究中心、山东省委宣传部、潍坊市委联合举办的以农业产业化为主题的第五届“风筝文化与潍坊经济”研讨会在潍坊召开。

19日　中国最大的双向拉伸聚酯薄膜生产线在潍坊高新技术产业开发区试车投产。

是日　为纪念红军长征胜利60周年、迎接香港回归和建军70周年而举行的老红军“金秋名人书画展”在市图书馆开展。老红军王定国、老将军李中权出席开展仪式。

19—21日　第十四届潍坊国际风筝会“鸢都明星杯” 全国钓鱼邀请赛在潍坊钓鱼协会垂钓基地鸢都垂钓乐园举行。

20日　市委副书记、市长王大海与澳大利亚东吉普斯兰市首席专员彼得·尼克森正式签署两市缔结友好城市协议书。

是日　潍坊市园艺高新技术开发中心与以色列禾卫夫农业公司就共同建设潍坊中以首家合作商业示范农场在鸢飞大酒店签订合同。

23日　以全国政协常委、民宗委常务副主任金鉴为团长的全国政协民族、宗教参观考察团一行30人，考察青州市真教寺和南营回族村、北城满族村的民族企业。

5月

2—7日　省委常委、省纪委书记谭福德到潍坊，就贯彻中共中央、国务院关于切实做好减轻农民负担工作的决定，加强基层干部思想作风建设等工作进行考察。

4日　全市党政机关录用国家公务员和机关工作者公共科目考试在昌潍师专、潍坊教育学院等11所院校的420个考场进行。全市计划录用490人，有10459人报名，9805人应试。13日考试成绩揭晓，初录1500人。

5日　小清河干流治理工程潍坊段土方工程通过省内专家验收。

8日　潍坊市城市合作银行创立大会暨第一届股东大会在鸢飞大酒店召开。

18—20日　由山东省社会科学院和诸城市人民政府联合主办的海峡两岸丁耀亢学术研讨会在诸城举行。

27日　潍坊市第一所春蕾小学落成。剪彩仪式在临朐县石家河乡大崮东村举行。

29日　山东省迎香港回归、赠送香港特别行政区政府特大型礼品——泰宝石金银镶嵌红木屏风在临朐鲁艺集团公司制作完成。该屏风高2.55米，宽3.98米。

30日　庆“六一”、迎香港回归万名少年儿童签名游园活动在富华游乐园举行。

31日—6月2日　省委书记吴官正实地考察海化集团、华光集团、亚星集团、东方烟草集团及部分县市区的部分企业和实施农业产业化情况。

是月　旅美华人于载果及夫人李秀娟继承先父于少卿博士遗志，出资5万美元，在潍坊设立“于少卿医学教育奖学金”。

6月

3日　全市加强土地管理切实保护耕地电话会议召开。会议要求严格审批管理，确保动态平衡。

4日　全市工业企业工作会议召开。市政府与市经贸委、各县市区分别签订扭亏增盈目标责任状，与6个重点集团签订资产经营责任书。

6—9日 寿光市在第五次全国文化先进县经验交流会上被命名为第五批“全国文化先进县”。

15日 全市迎香港回归全民健身万人接力长跑活动举行。

23日 潍坊市迎香港回归万人签名活动首签式举行。

27日 市委召开抗旱紧急会议，要求把抗旱当做最紧迫的中心任务切实抓紧抓好。

是日 潍坊高专受市委组织部委托举办的首届农村干部大专班举行毕业典礼。

7月

7—11日 由以色列拉穆市市长犹勒拉维率领的以色列市长代表团一行16人，在潍坊市进行友好访问。

9日 同心集团与德国道依茨公司合资生产226B柴油机合同签字仪式在鸢飞大酒店举行，同时宣告潍坊潍柴道依茨柴油机有限公司创立。

9—12日 全国税收工作“两个转移”经验交流会在潍坊召开。会议期间，与会代表到高密、诸城、安丘实地检查指导。

11日 潍坊国际海运公司所属“昌盛轮”从寿光羊口满载1400吨纯碱首航驶往韩国仁川港。

是日 海化集团与以色列死海溴集团合资生产溴化物系列产品项目签约。

17—18日 全国地县外贸企业改革与发展现场会在诸城召开。会议期间，外经贸部部长吴仪、副部长陈新华和与会代表一起参观考察诸城外贸集团公司及其所属企业。

23日 国家科委命名表彰第二批全国科技工作先进县，昌邑、坊子、奎文、寒亭、昌乐榜上有名。至此，潍坊市12个县市区全部达到全国科技工作先进县标准。

25日 中央军委主席江泽民签发命令，给中国人民解放军第89医院副院长兼外二科主任王成琪记一等功。

26日 潍坊市第一家国有资产控股大型企业集团——潍坊迈特集团有限公司成立。

28—30日 全国秸秆快速腐熟技术现场会在潍坊召开。与会代表到寿光、青州、昌乐、安丘等地现场考察。

31日 山东海化集团在潍坊化肥厂举行仪式，欢迎潍坊硝铵厂、潍坊化肥厂、潍坊橡胶厂和潍坊化工供销公司4家企业成建制进入该集团。

8月

1日 潍坊遇到百年不遇的旱灾。截至本日，全市平均降雨量仅为60.7毫米，比上年同期偏少81%，比历年同期偏少77%，为1916年有水文资料纪录以来同期最少纪录。

2—5日 省委副书记李文全到青州、潍城、寒亭等市（区）的部分基层单位调查研究。

5—6日 全省全民读书活动现场会在潍坊召开。省委常委、宣传部部长董凤基出席会议并讲话。

15日 全国人大常委会副委员长、全国妇联主席陈慕华，实地考察诸城市得利斯集团、对外贸易集团等企业。

18—19日 由以色列驻华大使馆公使萨睿葛为团长的代表团应邀到潍坊考察访问，洽谈潍坊中以商业示范农场有关事项。

19—20日 受11号台风影响，潍坊市普降大暴雨到特大暴雨。自19日2时—20日14时，全市平均降雨量为189毫米。诸城降雨最大，平均雨量为290毫米；寿光降雨最小，平均雨量为87毫米；最大点雨量在诸城市九台水文站，雨量为

415毫米。

19—21日 香港广播电视有限公司董事长、香港邵氏影业公司董事长邵逸夫一行57人，在潍坊参观访问。

20日 中央党校潍坊科研基地在潍坊市委党校正式签约并举行揭牌仪式。

22日 潍坊城市合作银行揭牌开业。

27日 潍坊国际集装箱中转站和央赣路白浪河特大桥正式开工建设，副省长张瑞凤和市领导齐乃贵、王大海、刘玉兰、房忠昌等出席开工典礼。

28日 由市人民医院与北京澳沃公司合作建立的潍坊市澳沃伽马刀治疗研究中心正式开诊。

29—30日 全省“政策法规年”活动现场会在寒亭区召开，中纪委法规室副主任屈万祥，省纪委副书记、省监察厅厅长徐炳熙在会上讲话。会议推广潍坊市及寒亭区的经验。

31日 第十五届中国电视“金鹰奖”戏曲电视剧颁奖大会在潍州剧场举行。中央电视台党委书记于光华，山东省广播电视厅厅长张海涛以及市领导齐乃贵、王大海等出席颁奖晚会并颁奖。

9月

6—28日 潍坊市第十五届运动会在诸城市体育中心举行。该届运动会是潍坊市设项最多、时间最长、人数最多、水平最高的一次盛会，3000多名体育健儿在23个项目中进行角逐。运动会上，有1人超过1项世界纪录。

7日 出席全国人大农经工作座谈会的代表在山东省人大常委会副主任郭长才、赵林山陪同下，到潍坊考察农村经济工作。

8日 潍坊市出席中共第十五次全国代表大会的代表齐乃贵、王乐义、黄岩赴京参加盛会。

26日 市化工工业公司、市建材工业公司和潍坊水泥厂成建制进入山东海化集团；潍坊长城门窗公司、潍坊铜丝厂等10家企业由山东海化集团实施兼并。

是月 省委、省政府联合表彰“山东省第五批专业技术拔尖人才”，潍坊市8位专家获此称号。

10月

3日 经济日报社和华光集团联合主办的“面向二十一世纪华光发展战略研讨会”在潍坊召开。全国政协副主席钱伟长、副省长韩寓群、省政协副主席孔令仁、《经济日报》总编辑艾丰，市领导齐乃贵、王大海等出席开幕式。

6日 全市引进外国智力工作会议召开。会议要求，实施外向带动，加大引智力度。

8—11日 潍坊市首届老年人运动会在市体育馆举行。

10日 全国政协常委、文化部原副部长王济夫带领全国政协文化专题调查组到潍坊调查文化事业发展情况。

是日 潍坊国家级《盐及盐化工科技兴海示范基地实施方案》通过山东省组织的专家论证。

11日 诸城市在石河头乡驻地北岭发现大面积古遗址和古墓葬群。经20天的发掘，共清理遗迹面积1950平方米，其中石棺墓14座、古建筑遗迹两处，出土石器、陶器等文物70余件。出土的鼎、豆、蛋壳陶、高柄杯等文物，做工考究，造型精美。经专家考证，该遗址属新石器时代大汶口文化晚期至龙山文化早期的过渡阶段，距今约4500年～5000年。

14日 以新疆维吾尔自治区党委宣传部部长李康宁为团长的新疆文化艺术交流考察团，在山东省委宣传部副部长王凤胜陪同下达抵潍坊。15日晚在潍州剧场举行首演。

15日 获“中国杰出青年卫士”称号的昌邑市国税局柳疃分局税务稽查员谭振亮赴京参加“中国杰出（优秀）青年卫士”表彰大会。

16日 市政府决定，自即日起，山东华洁股份有限公司成建制进入潍坊亚星化工集团；市外商投资服务公司和潍坊亚星地毯有限公司成建制进入亚星化工集团，作为其全资子公司。

18日 潍坊市工业产品秋季交易会开幕。市领导齐乃贵、王玉芬、刘远顺、王本理等出席开幕式。

19—21日 中华全国总工会副主席、书记处书记杨兴富，在潍坊考察海化集团等单位工会建设， 同寿光、昌邑、安丘、潍城、昌乐5县市区的工会负责人进行座谈。

24—25日 中共中央政治局委员、山东省委书记吴官正，在潍坊临朐、昌乐考察工作。吴官正指出，潍坊是一个具有创造性、充满活力的地方，潍坊的产业化和股份制搞得比较成功。

28—30日 财政部组团到潍坊考察农业产业化实施情况。市领导刘峰岫、王伯祥等与考察团进行座谈。

29—31日 省政协原主席、山东诗词学会名誉会长李子超，省人大常委会副主任、山东诗词学会会长苗枫林，省政协原副主席、山东诗词学会副会长金宝珍，副会长于希宁、孔林、杨维屏、刘乃昌等带领山东诗词学会、历山诗社一行60余人到潍坊参观采风。

30日 安丘市景芝镇和驻军某部被中央宣传部、解放军总政治部授予“军民共建社会主义精神文明先进单位”称号。

11月

1日 寿光市成为全省第一个电话交换总量突破10万线的县级市。

6日 据全市水文监测资料分析，潍坊市已有956万亩耕地不同程度受旱，其中临朐、昌乐、安丘、诸城及高密5县（市）农田出现重旱，面积为255万亩。

8日 省人事厅检查验收组受省委、省政府委托，到潍坊检查验收机构改革和推行公务员制度及参照管理工作。

10—11日 以省政协副主席田健为团长，省政协副主席孔令仁、济南军区原副政委潘启琦为副团长的驻鲁全国政协委员视察团到潍坊视察乡镇企业改革与发展情况。

14—15日 全省农村改革实验区农业产业化与合作经济结合研讨会在高密召开。会议要求，发展合作经济，推进农业产业化，加快农村改革进程。

15日 潍坊港二类口岸开放通航。

15—16日 省委副书记、 副省长宋法棠在潍坊调研。宋法棠对潍坊市就业及再就业工作给予高度评价，并要求继续完善配套政策，建立健全就业及再就业服务网络体系，全面实施再就业工程。

16日 潍坊服装城开业。该商城集商贸、食宿、娱乐、储蓄、托运、客运等多种服务为一体，总建筑面积5万平方米。

20日 山东省的13名全国人大代表，到潍坊视察小清河干流寿光段治理建设情况，对潍坊市所做工作给予充分肯定。

21日 潍坊恒信集团总公司召开新闻发布会，宣布“国家级重点项目在潍坊落户，恒信集团将成为全国唯一的高档铜版纸生产基地”。该项目经国家经贸委正式批准立项，总投资为7.3亿元。其中国家提供专项贷款5.1亿元，地方财政和企业自筹2.2亿元。

12月

1—3日 受国务院委托，省政府矿业秩序整顿与维护工作验收组到潍坊进行实地检查认为，潍坊市已实现矿业秩序根本好转，成为全省矿业秩序年底前实现根本好转的7个城市之一。

2—4日 由中国管理科学研究院与中共潍坊市委联合主办的“诸城市企业所有制结构调整和完善经验交流”现场研讨会在潍坊举行。与会代表对潍坊市“抓大放小”的企业改革做法给予充分肯定。

4日 山东晨鸣纸业集团控股经营湖北省武汉市大型国有企业汉阳造纸厂。

10日 中国乒协潍坊英才培训基地举行挂牌仪式。国家体委副主任、国际乒联主席、中国乒协主席徐寅生，潍坊市委副书记、市长王大海为基地揭牌。

上旬 潍坊市在全省率先达到国家规定的消除碘缺乏病标准，这一成果比国家计划提前3年。

14—15日 由中国企业管理协会、国家经贸委企业研究中心组织的成功企业经营战略研讨会在山东海化集团召开。

19日 山东潍坊产权交易中心开业典礼暨新闻发布会举行，同时举行首次拍卖会。

中旬 投产于1942年的山东坊子区电厂正式关停，并撤销建制，成为小型火力发电厂开始退出山东电网的重要标志。

24日 潍坊市外商投资企业二届三次理事会在富华大酒店召开。市领导曹学成、王玉芬、孙嘉炼、房忠昌、李光信、王光明、刘会聚出席，并同来自日本、韩国、俄罗斯、瑞典等10多个国家及中国香港、澳门、台湾地区的60多名客商进行座谈。

25日 由潍坊市燃料行业12家企业组建成的大型企业集团——潍坊燃料集团暨潍坊燃料集团总公司举行成立大会。

1998年

1月

12日 全市首次政府采购竞标会举行，为市直机关采购价值300万元的物资，比预算支出标的节省40多万元。

13日 潍坊市人民检察院被最高人民检察院记集体一等功。

16日 中国联通潍坊数字移动电话网正式开通。

21—22日 省委副书记陈建国带领省委办公厅、省总工会、省劳动厅、省民政厅等单位的负责人，到潍坊市部分困难企业、贫困山区和部分生活困难群众家中走访慰问，并发放救济金。

是月 寿光市举行《寿光年鉴》首发式。这是潍坊市第一部县级综合年鉴。

是月 山东省公安厅发布命令，给抓捕歹徒而英勇牺牲的潍坊市公安局奎文区分局廿里堡派出所治安联防队员刘忠勇追记一等功。

是月 寿光万芳鲜花公司购买的26个系列180多个品种1万盆荷兰名贵花卉运抵寿光。

2月

2日 中共中央政治局委员、国务院副总理姜春云到潍坊考察高产优质高效农业和特色养殖业发展情况。

8日 潍坊’98大中专毕业生双向选择暨春

季人才交流大会举行。221个单位的3522个职位供求职者应聘。求职应聘人员超过万人。

17—18日 省委副书记李文全考察潍坊社会治安综合治理和政法队伍建设情况。

20日 全市“万人下乡”活动市直工作队员会议召开。

是月 到春节前夕，全市12个县市区全部建立城市和农村最低生活保障线制度。

3月

1日 潍坊市11名全国人大代表启程赴京，出席九届全国人大一次会议。

11日 全市城市绿化动员大会召开。会议动员全市人民群众迅速行动起来，积极开展植树绿化活动，进一步绿化、美化城市，力争早日把潍坊市建成园林城市。

11—13日 全省环境保护工作会议在潍坊召开。副省长张瑞凤出席会议。市委常委、副市长王伯祥代表潍坊市委、市政府在会上介绍潍坊的情况。

14—17日 团中央书记处书记胡春华，在团省委书记李群和市领导于明、毕可仁、鞠法昌陪同下，先后到寿光、诸城、安丘、青州、昌乐等地考察工作。

19日 中共潍坊市委决定，在全市组织实施民心工程，广泛开展各种便民、利民、安民、富民活动。

下旬 中国女子乒乓球队一行30多人，在主教练陆元盛带领下，在潍坊市英才学府进行为期40天的封闭式集训。

4月

2—6日 在北京举行的第六届中国专利技术博览会暨中国专利产品订货会上，潍坊市19个单位的23个项目分6个摊位参加展出，共签订意向合同60多项，合同额达400多万元，产品销售额10余万元。参评项目有6项获金奖、1项获银奖。

4日 山东省第十九届运动会“云门春杯”竞走预赛暨山东省“云门春杯”少年越野长跑竞走比赛在潍坊市体育场举行。全省17个地市的158名运动员参赛。

10日 中共中央政治局委员、山东省委书记吴官正在《中共潍坊市委关于实施民心工程的意见》上作重要批示：“这是顺民心的好文件。我们的干部一定要廉洁公正，爱民为民，倾听群众心声，关心人民疾苦，依靠和调动群众积极性，发展经济，推进社会进步，改善群众生活。潍坊形势很好，反映在干部群众情绪很好上。这个文件如落实，一定会深得民心。”

上旬 潍坊国际风筝会被国际民间艺术组织确定为重点文化交流项目。

13日 在全省1997年度计划生育奖惩兑现大会上，潍坊市获全省1997年度人口与计生目标管理责任考核一等奖。

17日 潍坊市人民政府发布《潍坊市土地开发复垦办法》。

18日 潍坊市国防教育训练中心射击馆落成。该馆总投资600多万元，是一座设备先进、安全可靠、全国先进的射击馆。

20—21日 全国政协副主席毛致用在寿光考察高产高效农业发展情况。他指出，高产高效农业是农民致富的好路子，是传统农业走向现代化的必由之路。

28日 在省委、省政府召开的表彰大会上，呙智义等45人被授予山东省劳动模范称号；陈华森、苗再良、王树楼、方海霞被全国总工会授予全国五一劳动奖章；山东海化集团公司被全国总工会授予全国五一劳动奖状。

29日 庆祝潍坊建市50周年大会在潍州剧场举行。市委副书记、市长王玉芬主持会议，市委书记曹学成发表讲话。

5月

7—8日 中共中央政治局委员、中共山东省委书记吴官正在潍坊考察工作。

9日 全市政府系统实施“民心工程”、开展评选人民满意的公务员活动大会在渤海宾馆召开。

12—13日 全市农村工作会议召开。会议要求，进一步解放思想，振奋精神，团结奋进，把全市农村改革与发展推向新阶段，加快农业现代化进程。市委书记曹学成讲话。

12—13日 由国家粮食储备局局长罗植龄等组成的国务院粮改工作组，在潍坊调查研究粮食流通体制改革工作。

16日 新型农用飞机麦田喷药演示会在寒亭区张氏镇举行。

20日 市委、市政府命名表彰潍坊市“十佳青年书画家”。

中旬 坊子区穆村镇穆三村、昌乐县红河镇理家庄子、寿光市台头镇郑捻村被全国绿化委员会授予“全国造林绿化千佳村”称号；山东省引黄济青工程管理局潍坊分局被评为“全国部门造林绿化四百佳单位”。

30日 由潍坊市妇联承办的全市实施民心工程、深化“春蕾计划”行动大会暨万人签名活动在富华游乐园举行。“春蕾计划”实施4年来，全市累计为贫困女童捐款172.7万元，救助失学和濒临失学女童3046名。

6月

1日 市政府设立公开电话，主要受理群众和基层单位需要市政府协调处理的重要事项。

2日 山东省第十九届运动会“齐民思杯”女子田径预赛颁奖仪式在潍坊举行。潍坊代表队获团体总分第三名。

3日 市政府研究决定，每年6月15日为潍坊市区防空警报试鸣日。

10日 由中同信实业有限责任公司、潍坊电视台和北京文采音像制作中心联合制作的大型电视连续剧《郑板桥外传》停机仪式在潍坊举行。

11日 中共山东省委在诸城召开座谈会，纪念中共一大代表、中国共产党创始人之一、山东党组织的缔造者和早期领导者、伟大的共产主义战士王尽美诞辰100周年。座谈会由市委书记曹学成主持，省委副书记陈建国出席会议并讲话。

16日 临朐县嵩山等10乡镇遭受特大风雹袭击，青州市城区及五里等乡镇遭受雹灾，造成严重灾害。

29日 市委在渤海宾馆召开表彰大会，表彰全市100个先进基层党组织和200名优秀共产党员。

30日 潍坊市政协委员、高密剪纸艺人齐秀花到全国政协敬献剪纸巨龙长卷。该长卷由1997头剪纸牛图组成，全长66米，是齐秀花于1997年为迎接香港回归而制作的。

7月

1日 自即日起，在全市范围内换发全国统一的房屋权属证书。

12日 最高人民检察院检察长韩杼滨到潍坊考察工作。市领导曹学成、迟昭厚、王伯祥汇报潍坊的情况。

15—18日 山东省政府环境目标责任制考核验收小组到潍坊考核。考核小组到8个县市区现场抽查19个污染治理项目。

23日 由山东巨力集团、四川峨眉柴油机集团公司、潍坊动力机厂三方投资组建的山东峨眉柴油机有限公司在潍坊成立。

是日 全市创建国家环境模范城市动员大会召开。会议要求，争取用两年左右的时间，把潍坊建成国家环境模范城市。

是日 全市1996—1997年度市级文明单位命名表彰大会举行。有28个市级文明乡镇（街道）、507个市级文明单位、10个市级文明小区和百佳文明市民、百佳文明家庭受到表彰。

8月

4日 交通部部长黄镇东考察潍莱高速公路潍坊段建设情况。

4—6日 省委常委、政法委书记高新亭，到潍城区、奎文区、昌邑市、坊子区调查研究。

16日 潍坊火车站始发开往济南的692次旅客快车驶出潍坊站。至此，潍坊火车站结束没有始发车的历史。

24—26日 中国第十届苏轼学术研讨会在诸城举行，近70位国内外专家学者参加研讨和交流。

28日 市政府发布《全市城市住宅楼房通邮管理规定》。

是月 国家质量技术监督局批准安丘、诸城、寿光、寒亭、高密5个县市区的6个种植、养殖项目进入第二批全国农业标准化示范基地。

是月 山东泛海集团向灾区人民捐赠100万元药品仪式在市政府原办公楼举行。

9月

2日 高密市在高密烈士陵园举行抗洪烈士岳福勇骨灰安放仪式。

4—6日 全国第四次城市卫生检查团山东分团第三团对潍坊市城区创城工作进行全面检查。

5日 市自来水公司便民服务队获建设部“文明服务示范窗口单位”称号。

是日 寒亭区“引峡济寒”供水工程全线开工。

10日 全市捐赠的138万件棉衣、棉被、毛衣、单衣等赈灾物资发往九江、武汉、重庆等灾区。

20日 全市党政机关近千名县处级以上领导干部参加党风廉政法律法规知识考试。

是日 中国科学院植物研究所在潍坊市花卉苗木良种实验场建立的科技实验示范基地举行揭牌仪式。市委副书记、市长王玉芬到会讲话。中科院植物研究所所长韩兴国参加揭牌仪式。

10月

6日 市委书记曹学成会见以省长范·凯门纳德博士为团长的荷兰王国北荷兰省政府暨商务代表团一行30人。

9日 省委副书记、省长李春亭考察昌邑市江北林业高科技园、潍坊市花卉苗木良种繁育实验场。考察期间，李春亭就发展高科技农业、增加农民收入、抓好小麦播种和搞好农田水利基本建设讲了意见。

10—16日 山东省第十九届运动会在潍坊举行。潍坊市代表团共获得金牌120.5枚，银牌56.5枚，铜牌91枚，总分2622分，金牌数、总分数列全省第四。

11日 全国人大常委会副委员长蒋正华到寿光市考察蔬菜生产。

是日 省政协副主席刘洪仁率领由大众日报社、山东人民广播电台、山东电视台、联合日报社等新闻单位记者组成的省政协新闻采访团，到潍坊采访个体私营经济发展情况。

12—14日 由澳大利亚东吉普斯兰市市长尚·比斯利一行5人组成的代表团在潍坊访问。

17—18日 中共中央政治局委员、山东省委书记吴官正，在市领导曹学成、王玉芬、李光信等陪同下，到诸城市考察工作。

21日 潍坊港扩建工程竣工通航仪式举行。

25日 中国人民解放军副总参谋长钱树根中将率工作团到潍坊检查指导民兵预备役工作。

27日 潍坊市人民政府与以色列政府合作在潍坊农业高新技术产业开发区建立国内第一个商业性示范农场——潍禾示范农场。该场规划占地面积70公顷，总投资425万美元；已建成13.33公顷，投资215万美元。

28日 国家重点建设项目——青州国家粮食储备库工程开工。

是日 潍坊市首届个体私营企业招聘下岗职工洽谈会在潍州剧场举行。

31日 交通部副部长李居昌检查潍莱高速公路潍坊段工程进展情况。

11月

2日 全市中小企业改革经验交流会议召开。会议要求，加快中小企业改革，探索搞活企业的新路子。

上旬 市委、市政府作出决定，授予临朐县地税局沂山税务所所长周士永潍坊市优秀共产党员、潍坊市劳动模范称号，号召全市广泛开展向周士永学习活动。

上旬 坊子区沟西镇收集到古代陶器一宗。经专家鉴定，其中有战国壶（水器）2件、西汉陶罐2件、东汉陶罐和壶6件。

18日 韩国驻青岛总领事全鎣洙到潍坊访问。

20日 市委召开会议，对全市农村基层党组织集中学习整建活动进行动员和部署。

中旬 市委、市政府印发《关于引进高层次人才智力的暂行规定》，对引进硕士、博士、博士后，享受国务院特殊津贴或地市以上拔尖人才的实行优惠政策。

24—27日 全国妇联科教兴农示范培训考察活动现场会暨贫困县妇联主席培训班在潍坊举行。

28日 《经济日报》在头版头条刊发题为《潍坊小城镇呈众星捧月之势》的消息，同时该报记者为此撰写题为《小城镇，大战略》的长篇评论员文章。

是日 仲临公路临朐段改建工程竣工通车典礼在临朐举行。仲临公路是一条省养干线公路，东起临朐城南羊临公路，西至济南仲宫镇，全长208千米。临朐境内全长33.3千米，总投资1.13亿元。

12月

12日 潍坊市胜利桥重建工程揭标会在市建筑市场交易中心举行，潍坊昌大建设集团公司中标。

15日 市区城市供水二期工程开工典礼在坊子区眉村净水厂举行。

是日 市委召开全市党建工作座谈会，传达中央有关文件和全省党建工作座谈会精神，部署在县级以上党政领导班子、领导干部中开展讲学习、讲政治、讲正气的“三讲”教育活动。

19日 住北京的77名全国人大代表到潍坊视察。省、市领导吴官正、李春亭、赵志浩、王修智、张宗亮、王懿成、曹学成、王玉芬、王立福、于明、迟昭厚、孙嘉炼、李光信、王伯祥、隋华堂等参加座谈并陪同视察。李春亭、王玉芬分别向代表们汇报山东省和潍坊市经济建设和社会各项事业发展情况。

28日 全市纪念改革开放20周年大型文艺晚会《迈向新世纪》在市体育馆举行。

30日 国家“九五”能源发展重点建设项目——500千伏潍坊变电站二期扩建工程正式竣工投运。潍坊变电站二期工程的竣工投运，使潍坊市形成一个由500千伏电网为龙头，220千伏电网为骨架的大型现代化电网。

31日 全市纪念中共十一届三中全会20周年理论研讨会召开。

1999年

1月

1日 市政府发布《潍坊市河道工程维护管理费征收使用管理办法》。

7—9日 1998年全国人口计划执行情况分析会议在潍坊召开。

7—9日 澳大利亚奥本市市长柯田伯季和夫人芭芭拉·柯田应邀到潍坊进行友好访问。市委书记曹学成、副书记郑金兰会见并陪同客人参观考察。

8日 诸城市被国家体育总局授予“全国田径之乡”称号。

11日 全国人大常委会副委员长何鲁丽到潍坊考察农业产业化情况。

16日 寿光市科技顾问诚聘仪式在北京人民大会堂广西厅举行。这次聘任的13位顾问，均为全国著名的科技专家，其中有5位院士。

26—27日 国家质量技术监督局局长李传卿在潍坊考察工作。市领导曹学成、王伯祥，省技术监督局局长刘志钦陪同考察。

是月 市政府决定，潍坊市城市居民最低生活保障线调整为每人每月130元，自本月起在奎文区、潍城区、坊子区、寒亭区四区施行。

是月 潍坊宏力冷暖设备有限公司与清华大学等科研机构联合研制开发的宏力模块式热泵中央空调机组和宏力多用途燃油（气）中央热水机组，通过省级鉴定。

2月

2—3日 中央驻山东“三讲”巡视组组长金鉴等到潍坊调查研究。

5日 潍坊市获1998年度全省人口责任目标达标奖，受到省委、省政府表彰奖励。

上旬 潍坊市城市管理委员会成立。市委副书记、市长王玉芬担任主任，副市长赵凤池、姜绍华、胡岗任副主任。

11日 全国最大的溴化物项目——潍坊中以溴化物合资项目合同签字仪式在富华大酒店国际会议展览中心举行。该项目一期工程投资3000万美元，海化集团和以色列死海溴集团各占50%的股份。项目最终投资3亿美元，建成具有世界先进水平的溴化物生产企业。12月23日潍坊中以溴化物有限公司成立大会暨揭牌仪式在海化集团举行。

27日 市委在渤海宾馆召开会议，传达贯彻省委“三讲”教育活动总结大会精神。

3月

9日 潍坊市历史上首次承办的国际足球对抗赛在市体育场开赛。鲁能泰山队以0比1负于韩国富川SK足球队。

10日 国家工商行政管理局组织《人民日报》、中央电视台等中央、省新闻单位一行22人，到潍坊市采访报道“工商3·15”投诉举报处理网络情况。

25—26日 全市农村工作会议召开。会议的主要议题是：动员广大干部群众，总结经验，认清形势，明确任务，加大措施，以在全省率先基本实现农业现代化为目标，推动全市农业和农村经济再上一个新台阶。

29日—4月1日 中共中央政治局委员、省委书记吴官正一行8人，在寿光市进行为期四天的蹲点调查。

4月

1日 市委在市级机关综合办公大楼召开大会，动员部署市级领导班子和领导干部“三讲”教育工作。市委书记曹学成，省委赴潍坊市“三讲”教育巡视组组长杨照亮分别讲话。

3—4日 以奥地利上奥州副州长候澈梅尔为团长的奥地利市长代表团访问潍坊市，探讨双方下一步实质性交流与合作的途径。

5日 世界风筝都网站实现与联合国TIPS网链接，成为世界最大技经贸信息的一部分。

10日 全国会计管理工作会议在潍坊国际会议中心召开。

11日 潍坊市音乐家协会成立。

15日 全市土地延包工作调度会在渤海宾馆召开。

17日 全国人大常委会副委员长、全国妇联主席彭珮云，全国妇联副主席、书记处第一书记顾秀莲，在省人大常委会副主任张瑞凤等陪同下，到潍坊视察农村妇女工作。

19日 潍坊龙舟大赛在白浪河举行。市领导王玉芬、刘玉兰、李守玉及国际风联主席季明焘、国家体育总局社体中心副主任宋兆荣出席晚会并颁奖。

20日 省经委、省旅游局、省二轻总会和潍坊市政府联合举办的’99山东旅游商品展销会在寒亭区杨家埠举行。全省14个地市及沈阳等地的近百个厂家参加展销会。

28日 由潍坊市煤气总公司新技术产品开发公司改装的燃用液化石油气的桑塔纳轿车，经过10天行驶试验，各项技术性能、技术指标均达到国内先进水平。

30日 潍坊市争创“全国双拥模范城”军民万人长跑活动在市体育场举行。

5月

9日 下午4时左右，受高空槽影响，全市出现雷雨、局部冰雹天气。雷雨云移到城区上空时，云厚达13千米，高大云体将日光遮挡，城区出现黑昼天气现象。当日，其他县市区部分地区不同程度出现黑昼天气现象。

10日 参加教育部中学校长研修班的全国23个省市49名中学校长，到潍坊一中参观考察教学设备和教学工作。

12—14日 省人大常委会副主任何宗贵率领调研组在潍坊对防震减灾立法工作进行调研。

16日 潍坊市在渤海宾馆举行仪式，向贫困残疾人捐赠百辆轮椅。

17—18日 中共中央政治局常委、全国人大常委会委员长李鹏在潍坊视察工作。

19日 全国人大常委会委员、全国人大常委会农业与农村委员会主任委员高占德在省人大常委会副主任王道玉陪同下到潍坊，就农业方面的立法工作进行调查研究。

20日 市政府在富华大酒店举行仪式，授予日本森林服装公司董事长坂弘隆“潍坊市荣誉市民”称号。

26日 中共中央政治局委员、全国人大常委会副委员长姜春云到潍坊视察工作。

26—28日 省政协八届六次常委会议在潍坊会议接待中心召开。会议主要任务是听取市委、市政府、市政协及有关单位开展民心工程活动经验介绍。

27—28日 全国人大常委会委员、全国人大常委会财经委副主任委员曾宪林带领检查组在潍坊，检查潍坊市贯彻实施《产品质量法》情况。

6月

2日 中共中央政治局委员、山东省委书记吴官正对《政协山东省委员会关于在全省开展“民心工程”活动的建议案》作出重要批示，对潍坊市开展的“民心工程”给予充分肯定。

8—9日 由柬埔寨王国国务委员、农业部常务副部长辛·尼尼率领的访问代表团一行7人，在潍坊进行参观访问。

11日 潍坊市劳动和社会保障局正式揭牌。这是潍坊市调整劳动和社会保障体制、统一和规范社会保障机构、加强保险基金管理的一项重大举措。

16—17日 团中央书记处第一书记周强，在团省委书记李群陪同下，对潍坊市农村团的工作进行考察。

25日 市委在渤海宾馆召开欢送会，为赴新疆工作的17名干部送行。

27日 市政府发出通报，表彰在实施“民心工程”和侦破大案要案工作中做出突出贡献的市公安局广大干警，给予潍坊市公安局记集体二等功奖励。

7月

5日 全国政协副主席李贵鲜到潍坊视察。省政协副主席李殿魁、市委副书记王立福、市政协主席刘玉兰等陪同到寿光市洛城绿色食品示范基地进行考察。

5—6日 中共中央政治局候补委员、国务委员吴仪在潍坊考察工作。

5—7日 全国开拓农村市场现场经验交流会在潍坊召开。中共中央政治局候补委员、国务委员吴仪出席会议并讲话。

6日 潍坊市市直清房清车工作会议在市级机关综合办公大楼召开。

是日 潍莱高速公路全线通车。

9日 “盛世重光”青州龙兴寺遗址出土佛教石刻造像精品展在中国历史博物馆开幕。

12日 全国政协副主席杨汝岱到潍坊视察。

16日 潍坊市机械技工学校正式并入潍坊市工业管理干部中等专业学校。该校直属于市经贸委，为全市企业干部培训的重要基地。

19日 国家环保总局副局长祝光耀一行5人，到潍坊就海岸环境管理工作现状进行调研。

下旬 潍坊电业局被国家电力公司正式命名为“全国一流供电企业”。

8月

9日 中共中央政治局委员、山东省委书记吴官正到潍坊召开座谈会，就深入开展“三讲”教育等问题进行座谈讨论。

9—14日 特大暴雨袭击高密、诸城两市，造成严重洪涝灾害。高密市平均降雨381.5毫米，诸城市平均降雨401.8毫米。

11日 高密市李家营镇党委宣传委员刘锡仁，为抢救被洪水围困的群众，献出年仅35岁的宝贵生命。9月24日，刘锡仁被山东省人民政府批准为革命烈士。

是日 潍坊国际货物流通中心通过山东省口岸办公室组织的二类口岸开放验收。

18日 潍坊市政府上网暨办公自动化工作会议在市级机关综合办公大楼召开。

9月

1日 全省城市社会治安综合治理工作经验交流会在潍坊召开。省委常委、政法委书记高新亭，潍坊市委书记曹学成，副书记王立福，市委常委、政法委书记王治华等出席会议。

3日 由潍坊体校输送并代表中国参赛的林伟宁，在武汉举行的第十二届亚洲女子举重锦标赛上打破69公斤级挺举世界纪录后，又以252.5公斤的成绩打破该项目总成绩世界纪录。

5日 潍坊市出席全国公安保卫战线英雄模范和立功集体的3位代表载誉归来，市领导曹学成、王玉芬等出席欢迎仪式。3位代表分别是：昌乐县公安局原局长、全国一级英模王世和，寒亭区公安分局交警大队民警刘汉波，昌邑看守所所长金凤胜。

16日 潍坊市暨奎文、潍城、坊子、寒亭4区庆祝人民政协成立50周年大会在市级机关综合办公大楼会议室举行。

25日 市政府举行仪式，授予水上祯男等10位外国友人“潍坊市荣誉市民”称号。

28日 潍坊市浮烟山森林公园开园仪式举行。市领导曹学成、驻潍坊某部首长赵承凤等参加开园仪式。

下旬 全国爱卫会向青州市颁发“国家卫生城市”奖牌，青州市成为全国第30个“国家卫生城市”。

10月

16—17日 全国人大常委会副委员长、农工民主党中央主席蒋正华率国家“保护合理利用国土资源”考察团，在潍坊考察国土资源利用情况。

18日 山东省首家专业性人才市场——山东农业科技人才市场在寿光市盐业大厦广场举行揭牌仪式。

26—27日 民进中央副主席、全国政协常委、全国政协提案委副主任梅向明到潍坊进行农村职业教育调研。

11月

8日 寿光至哈尔滨蔬菜“绿色通道”开通。

9日 全省工会促进再就业工作经验交流会在潍坊召开。潍坊市总工会被授予“促进再就业工作先进单位”称号。

上旬 寿光蔬菜在昆明世界园艺博览会上夺得“全能”金牌，全国获此殊荣的唯此一家。

28日 由潍坊市承制的山东省赠送澳门特区礼品——“齐鲁风情迎荷瓶”竣工仪式在潍城区政府办公大楼前举行。

29日 长江以北地区规模最大的水产城——龙海水产城在诸城市建成。

下旬 高密市工商局被中央文明委授予“全国创建文明行业工作先进单位”称号。

12月

5日 国务院新闻办公室主任赵启正到潍坊考察农业、文化和外宣工作。

6—7日 全市经济工作会议在渤海宾馆召开。会议要求，全市上下要正确分析形势，明确任务和重点，解放思想，抓住机遇，团结奋斗，加快发展，以优异的成绩跨入21世纪。

6—8日 全国农业综合开发财务工作座谈会在潍坊国际会议中心举行。

20日 潍坊市博物馆新馆落成，自即日起市博物馆新馆向社会开放。

22日 潍坊市召开博士、硕士代表座谈会，围绕工业、农业、医学、科技、教育等方面进行广泛座谈。市领导曹学成等参加座谈会。

是日 中国重汽集团动力公司创立大会在潍柴文化宫召开。中国重汽集团动力公司由潍坊柴油机厂、杭州汽车发动机厂、重庆油泵油嘴厂联合创立。

28日 潍坊市道路交通事故法医门诊在解放军第89医院挂牌成立。

2000年

1月

6日 国家税务总局局长金人庆一行，到潍坊检查指导工作。

12日 在北京人民大会堂召开的全国双拥模范城（县）命名大会上，潍坊市被命名为全国双拥模范城。

中旬 省政府公布33个产品为1999年度山东省产品质量奖。潍坊市5项产品榜上有名，获奖数量仅次于青岛，居第二位。

21日 市委、市政府在鸢飞大酒店召开会议，表彰参加1999年昆明世界园艺博览会期间取得突出成绩的先进单位和个人。在1999年昆明世界园艺博览会上，潍坊共获得奖牌20枚，其中金牌2枚、银牌5枚、铜牌13枚，优秀奖2个，被省委、省政府授予“山东省参加1999昆明世博会先进集体”称号。

26日 全市首次留学人员亲属代表会议在渤海宾馆召开。市委书记曹学成讲话，副市长李守玉宣读《中共潍坊市委、潍坊市人民政府致海外留学人员的一封信》。

2月

28日 世界500强企业之一的诺华公司与寿光市合资兴建的寿光诺华种子有限公司举行开业典礼。

3月

8日 全市深化县域企业改革现场会在诸城召开。

10日 全市“三讲”教育工作会议在市级机关综合大楼召开。

上旬 安丘市景芝镇被建设部授予“全国小城镇建设示范镇”称号。

上旬 寿光市从乡土人才中评选出蔬菜生产、粮食种植等7个系列的首批130名“农民科技专家”。

上旬 全省名优经济林、花卉之乡评选结果揭晓，临朐县被评为“柿子之乡”，青州市被评为“青州蜜桃之乡”和“仙客来之乡”。

11日 寿光市田马镇被中国农学会特产经济专业委员会授予“中国香瓜第一镇”称号。

12日 北大青鸟集团与潍坊市政府、潍坊华光集团正式签订合作协议。三方决定北大青鸟集团通过受让潍坊华光科技股份有限公司中的国家股以达到对华光科技的控股，并对其进行资产重组，以推动华光科技这一上市公司的进一步发展。中共中央政治局委员、山东省委书记吴官正及信息产业部、教育部、国家计委、北京大学等有关负责人出席签字仪式。

16日 市委书记曹学成会见到潍坊访问的荷兰王国北荷兰省省长范·科莫纳德博士一行4人。范·科莫纳德博士此行旨在推动山东—北荷兰省农业示范园区项目的实施。

22日 中国第一家由县级冠名的体育运动队——山东寿光永安男篮在济南成立。

4月

6日 由内蒙古自治区政府主席云布龙、副主席郝益东率领40多人的农业产业化考察团，到寿光市参观考察农业产业化情况。

7日 以葡萄牙驻华大使佩德罗·卡塔里诺为团长，由欧盟成员国德国、意大利、法国、英国等14个国家驻华使节组成的代表团到潍坊参观访问。代表团观看杨家埠年画和风筝制作，参观寿光市农业科技项目和青州市龙兴寺窖藏佛像。

15日 山东省蔬菜工程技术研究中心在寿光市正式成立。

18日 城区胜利桥通车、鸢都湖蓄水，市领导曹学成、王伯祥等出席两项工程剪彩仪式。

是日 潍坊市政府首批高级科技顾问聘任仪式举行。市委书记曹学成致辞，市委副书记、市长王伯祥向19位高级科技顾问和4位联络员颁发聘书，他们分别来自中国科学院、中国工程院、北京大学、中国农业大学、山东大学等，均为在各个领域取得卓越研究成果、做出突出贡献的学术带头人或著名专家。

20日 全国妇联副主席、书记处第一书记顾秀莲和山东省副省长陈延明，为寿光市高科技示范园的“全国妇联农村妇女双学双比高科技示范基地”揭牌。

是日 由国家国内贸易局、农业部全国“菜篮子工程”办公室、潍坊市人民政府和寿光市人民政府共同主办的2000年中国寿光蔬菜博览会，在寿光市蔬菜批发市场开幕。

21日 市政府举行“荣誉市民”授予仪式。市委副书记、市长王伯祥向3位外国友人颁发“荣誉市民”证书，他们分别是：澳大利亚东吉普斯兰市行政长官格雷慕、马来西亚精英投资集团董事长吴有昌及潍坊富瑞食品有限公司总经理罗敬仁（德国）。

22日 拉托维亚、吉尔吉斯、哈萨克斯坦、卢森堡等6个国家的驻华大使和商务参赞一行7人到寿光考察农业、工业、蔬菜产业。

28日 全市庆祝“五一”国际劳动节暨全国劳动模范、先进工作者和省“富民兴鲁”劳动奖章（状）获得者表彰大会在渤海宾馆召开。大会向受表彰的12名全国劳动模范和先进工作者、37名“富民兴鲁”劳动奖章获得者、5个“富民兴鲁”劳动奖状获得单位颁发奖章、证书。

5月

22日 《人民日报》在头版刊登通讯《“三个代表”的实践者——王乐义》，报道了寿光市孙家集镇三元朱村党支部书记王乐义的先进事迹。《人民日报》编者按指出，王乐义是“三个代表”重要思想的忠实实践者，全国各地应该像王乐义那样，身体力行，付诸实践。

6月

2—11日 市领导曹学成、于明、李光信、鞠法昌率潍坊市党政考察团到新疆乌鲁木齐市、新疆生产建设兵团、石河子市、昌吉州、喀什地区、吐鲁番地区、伊犁州进行考察学习。共达成经济技术合作协议86项，其中已开始实施的11项，准备实施的23项。

6日 潍坊市招商工作委员会办公室（招商局）成立暨外商投资服务大厅开业大会在市级机关综合大楼举行。

16日 市委、市政府在市级机关综合办公大楼召开全民招商动员大会。

24日 2000—2001年鲁能杯中国乒乓球超级联赛在潍坊体育馆举行。

7月

7日 中朝女排对抗赛在潍坊市体育馆举行。

14日 中共中央政治局委员、山东省委书记吴官正到寿光市检查指导工作。先后考察寿光诺华种子有限公司、寿光蔬菜高科技示范园和正在建设中的欧洲村。

15—16日 中共中央政治局候补委员、中央书记处书记、中央组织部部长曾庆红，在潍坊视察巨力集团、晨鸣集团、得利斯集团、诸城外贸集团、寿光诺华种子有限公司、寿光蔬菜高科技示范园和青州黄楼镇的花卉产业，参观潍坊市博物馆、风筝博物馆、十笏园和青州博物馆，接见寿光市三元朱村党支部书记王乐义。

23—25日 全国政协副主席陈锦华率领全国政协常委视察团，在潍坊视察农业产业结构调整工作。

8月

4日 市政府公布全市第一批50处市级文物保护单位。

8日 全省国税系统国家级和省级青年文明号揭牌授牌仪式在诸城市国税局直属分局举行。诸城市国税局直属分局获国家级“青年文明号”称号。

上旬 在全省思想政治工作会议上，潍坊市被省委、省政府表彰为“全省创建文明城市工作先进单位”。

15日 寿光市物价检查所被国家发展计划委员会命名为“国家级规范化物价检查所”。

9月

6日 国务委员、国务院秘书长、全国计划生育工作领导小组组长王忠禹到潍坊视察计划生育工作。

16日 东（营）青（州）高速公路正式竣工通车。

18—20日 国务院参事考察团一行20人在潍坊考察。

19日 潍坊市运动员林伟宁夺得第27届奥运会女子举重69公斤级金牌，实现潍坊奥运金牌零的突破。

30日 全市民营经济工作会议在潍州剧场召开。会议提出进一步解放思想，加大措施，掀起发展民营经济的新高潮。499名个体私营大户代表参加会议。

10月

6日 北汽福田车辆股份有限公司潍坊农业装备分公司在凤凰山产业园宣告成立。这是北汽福田公司拓展产业领域的重要举措，也是潍坊市招商引资的重要成果。

12日 “东方杯”2000年全国女子篮球俱乐部联赛（北方赛区）赛事在市体育馆全部结束。

16日 首届中华奇石精品博览会在临朐县开幕。

18日 全国人大常委会副委员长铁木尔·达瓦买提到潍坊视察工作。

11月

5—6日 全国人大常委会副委员长成思危在潍坊考察职业教育工作，重点考察寿光市职业教育工作情况。

13日 全市深入实施民心工程工作会议在渤海宾馆召开。

12月

6—7日 山东省第八届杰出（优秀）青年厂长（经理）表彰大会暨省青年企业家协会年会在潍坊召开。潍坊市山东新郎服饰有限公司总经理王桂波获“杰出青年厂长（经理）”荣誉称号，潍坊市联运总公司总经理许列云、寿光市机械林场场长尹国良、潍坊市华潍公路工程监理处经理张须义获“优秀青年厂长（经理）”称号。

11日 潍坊机场委托经营管理合同签字仪式在富华大酒店举行。

16日 最高人民法院院长肖扬到潍坊视察法院工作。

28日 潍坊市表彰潍坊奥运健儿大会暨“潍坊人民勋章”授予仪式在渤海宾馆举行。大会授予王乐义、林伟宁、陈永兴、王金友、陈华森“潍坊人民勋章”。

2001年

1月

1日 市属企业改革工作会议在渤海宾馆举行。

5日 全市行政审批制度改革动员大会在渤海宾馆召开。

6日 “耶莉娅”获“中国驰名商标”新闻发布会暨耶莉娅集团技术开发中心大楼投入使用庆典仪式分别在富华大酒店和耶莉娅集团举行。

9—10日 以色列新任驻华大使沙雷夫一行3人到潍坊访问。

10日 全市民族工作会议暨潍坊市第一次民族团结进步表彰大会在渤海宾馆召开。市委书记曹学成，市委副书记、市长王伯祥分别讲话。

11—12日 以全国总工会副主席徐锡澄为团长的全国总工会春节送温暖慰问检查团在潍坊走访企业，慰问困难职工。

2月

7日 潍坊亚星、新立克、医药、城建4家企业集团国有资产授权经营仪式在市级机关综合办公大楼举行。

27日 市直机关党的工作暨实施民心工程总结表彰会议在市级机关办公大楼召开。

3月

2日 应中央纪委、文化部的邀请，由潍坊市创作排演的以反腐倡廉为题材的大型现代吕剧《碧水长流》在全国政协礼堂作汇报演出。中共中央政治局常委、中央纪委书记尉健行，中共中央政治局委员、山东省委书记吴官正，中共中央政治局委员、全国人大常委会副委员长姜春云与千余名首都观众一起观看演出。

5—6日 副省长陈延明在潍坊就贯彻落实全省农村工作会议精神和近年来农业结构调整、农业增效、农民增收等情况进行调研。

14—15日 省委常委、省纪委书记赵春兰到潍坊检查指导工作，对潍坊各项工作特别是民心工程和反腐倡廉工作给予充分肯定。

19日 全市农村税费改革工作会议在渤海宾馆召开。

26日 潍坊亚星化学股份有限公司8000万A股股票在上海证券交易所上市。

4月

4日 山东晨鸣集团博士后科研工作站揭牌。

11日 潍坊花卉大世界艺术展览中心成立。

13日 市委、市政府在富华大酒店举行招待会，欢迎参加潍坊盈德甲壳素有限公司开业庆典的韩国、美国、德国、日本、马来西亚5个国家政界和企业界的54名客人。

14日 市领导王伯祥、迟昭厚、鞠法昌、葛吉平、李守玉、赵俭与来宾共同出席潍坊盈德甲壳素有限公司开业庆典和潍坊农业高新区韩国工业园重点项目签字仪式。

17日 2001年潍坊高新技术项目成果展在市高新区大学科技园管理中心开展。共展出120多项高新技术成果。

18日 潍坊市支持北京申办2008年奥运会万人签名活动在市风筝基地举行。

19日 由潍坊高等专科学校和昌潍师范专科学校合并，并吸纳山东渤海进修学院有关教育资源组建的潍坊学院正式挂牌成立。

19—24日 中央党建领导小组副组长、全国党建研究会会长张全景在潍坊就基层党建工作进行调研。

20日 以“共享绿色，架起交流、合作、发展桥梁”为主题的2001中国（寿光）国际蔬菜博览会在寿光市国家级蔬菜高科技示范园主展厅前广场开幕。

是日 第十八届潍坊国际风筝会在市体育场开幕。来自世界26个国家和地区的600余名客人参加招待会。

22日 在市区白浪河西岸的商业黄金地段，举行潍坊人民商城开工庆典仪式。

23日 由《人民日报》经济部、《求是》杂志经济部、《经济日报》农村部、中共潍坊市委、潍坊市人民政府共同主办的潍坊农业国际化研讨会在鸢飞大酒店举行。

是日 参加全省农业科学技术大会的17市及省直有关部门的负责人到潍坊参观。

26日 人事部副部长舒惠国，全国博士后管委会主任徐颂陶一行到寿光参观考察。

26—28日 中共中央政策研究室副主任郑新立、原副主任肖万钧一行4人在潍坊就农业从产业化到国际化发展情况进行专题调研。

30日 潍柴科技创新大会在潍柴文化宫举行。会上表彰奖励13项2000年度科技创新成果，奖金总额为70万元。市委书记曹学成发贺信，市委副书记、副市长张新起到会并讲话。

5月

2日 中共中央政治局委员、国务院副总理钱其琛在潍坊考察旅游工作。

15—16日 全国人大常委会原副委员长王丙乾在潍坊考察工作。

22日 市直机关、事业单位基本医疗保险制度改革工作会议召开。决定从6月1日起，在驻潍城区、奎文区、高新区、生物开发区的市属及上属驻潍坊机关事业单位中率先实行基本医疗保险制度。

23日 全球最大的肉鸡加工企业美国泰森国际控股有限公司代表迈克与中国最大的肉鸡加工企业诸城大龙公司总经理王金友在协议上签字，合资成立山东泰森大龙食品有限公司。

是日 载着全球先天性唇腭裂患者福音的“微笑列车”驶入潍坊，为潍坊先天性唇腭裂患者免费实施矫治手术。

26—27日 中宣部副部长雒树刚在潍坊考察宣传思想工作和精神文明建设。

6月

3日 全市抗旱工作会议召开。截至5月下旬，全市平均降雨87毫米，比历年同期少22%，受旱农作物达731万亩。全市投入抗旱资金1.04亿元、抗旱机械15.6万台（套），兴建抗旱应急工程2528处，浇地630多万亩。

5日 中共中央政治局委员、中国社会科学院院长李铁映到潍坊考察晨鸣纸业集团、先正达种子公司等企业。

9日 中共中央政治局委员、中央书记处书记、国务院副总理温家宝到潍坊考察抗旱工作和引黄济青工程王耨泵站及宋庄分水闸。中共中央政治局委员、山东省委书记吴官正，省委副书记陈建国，副省长陈延明，潍坊市委书记曹学成，市委副书记、市长王伯祥等陪同考察。

9—12日 全国政协副主席赵南起率农业专题调研组一行7人在潍坊调研，对潍坊农业产业化、国际化经营的经验和做法给予充分肯定。

11—12日 全国政协副主席张思卿带领全国政协广播影视产业集团化调研组到潍坊调研。

12日 全市市级党政机关机构改革工作会议召开。

16日 全市改善民营经济环境工作会议在潍州剧场召开。

19日 安丘、昌邑、昌乐、坊子、寒亭、临朐、诸城7个县市区突遭冰雹袭击。

7月

9日 16时至10日6时，全市普降中到大雨，局部大暴雨。全市平均降雨量31.6毫米，折合水量5.01亿立方米。

17—21日 全国政协副主席、民盟中央名誉主席钱伟长，在省政协副主席李殿魁陪同下到潍坊考察外向型农业发展等情况，强调要抓住有利时机打开欧洲市场，并注意研究、建立中国自己的农副产品质量标准。

18日 潍坊市首届电脑通信节暨潍坊电子信息城开幕、开业。

19日 “联通杯”山东省第四届《齐鲁风情》青年歌手大赛3种唱法总决赛在潍坊电视台演播大厅举行。

8月

5日 由潍坊市妇幼保健院进行的全市首例试管婴儿手术，临床妊娠获得成功。

6日 山东省和潍坊市在青州火车站举行仪式，欢迎800名重庆忠县移民到潍坊安家落户。

8日 建设部正式批准诸城市为全国乡村城市化试点市，这在潍坊尚属首家。

15—16日 中共中央政治局委员、山东省委书记吴官正，在青州市、临朐县考察工作，对潍坊经济建设和社会各项事业取得的成就表示满意。

9月

3日 潍坊—港澳台合作项目签字仪式在富华大酒店国际会展中心举行。19个合作项目总投资19亿元，其中外方投资16亿元。

13日 潍坊市公路口岸暨潍坊国际集装箱中转站直通运营仪式在地处寒亭区的潍坊公路口岸、国际集装箱中转站举行。它的运营等于青岛港在潍坊增加一个码头场站，对潍坊发展对外贸易、开拓国际物流发挥重要作用。

19日 中国青州佛教造像展在德国柏林市中心著名的“老博物馆”开幕。此次参展的33件作品均是从青州市出土的古代佛教石刻造像中精心挑选出来的，有背屏式佛三尊造像、佛立像、佛坐像、菩萨立像、菩萨坐像等。

28日 潍坊移动通信GSM扩容工程竣工暨容量过百万庆祝大会召开。

29日 潍坊市政协召开全市各界人士纪念辛亥革命90周年暨中秋座谈会。

10月

2日 山东省首届民间艺术节开幕式在安丘青云山民俗游乐园举行。

3日 青州花卉交易会开幕式在青州市黄楼广场举行。

6日 中共中央政治局委员、全国人大常委会副委员长姜春云到寿光视察。

20日 潍坊柴油机厂建厂55周年纪念大会在潍柴文化宫举行。中华全国工商联合会副主席谢树声，中国内燃机工业协会会长倪宏杰，中国工程机械工业协会会长杨红旗，市领导王伯祥、张新起，中国重汽集团董事长、党委书记马纯济等出席会议。

25—27日 全国农业产业化经验交流会在潍坊召开。

28日 中国陆海铁路大通道诸城段正式开工。

11月

14日 市委、市政府在渤海宾馆召开全市县乡机构改革工作会议，传达贯彻全省县乡机构改革工作会议精神，研究部署全市县乡机构改革工作。从年初到12月底，全市共撤并乡镇、街道60个。

20日 潍坊市社会主义学院成立揭牌仪式在市委党校举行。

12月

6日 驻潍坊某部援建潍坊市民活动中心工程开工仪式举行。

19日 第二届潍坊名吃认定活动在圣荣大酒店举行授牌仪式。潍城区谭记面馆制作的“谭记肉丸子面条”等70个品种被认定为“潍坊名吃”，高密市群英饭店制作的“高密锅贴”等16个品种被认定为“潍坊风味名吃”。

20日 潍坊创业投资有限公司在富华国际会展中心正式揭牌，标志着潍坊有了自己的科技“孵化器”。

26日 全市第一个全电梯高层商住小区“阳光外滩”开工奠基。

2002年

1月

1日 中共中央政治局委员、省委书记吴官正，到潍坊看望慰问坚持节日生产的干部职工，祝愿全市人民再接再厉，再创佳绩。

5日 临朐县山旺国家地质遗迹保护区被正式批准为国家地质公园，即“山东山旺国家地质公园”，成为潍坊市第一个国家地质公园。

8—9日 副省长邵桂芳带领省教育厅、省财政厅、省人事厅有关人员，在潍坊考察调研基础教育工作。

10—11日 市委、市政府召开全市招商引资总结表彰大会，总结2001年全市招商引资工作情况，部署2002年招商引资任务和措施。

20—21日 中国民主促进会潍坊市第一次代

表大会召开。

22日 潍坊市法官协会、女法官协会成立大会在市中级人民法院举行，大会表决通过《潍坊市法官协会章程》《潍坊市女法官协会章程》。

28日 山东省拥军优属慰问团走访慰问驻潍坊部队，慰问团团长、省委副书记、代省长张高丽，慰问团副团长、副省长林廷生等向部队赠送慰问品。

28—29日 省委副书记、代省长张高丽在潍坊调研。

2月

12日 副省长邵桂芳到潍坊柴油机厂、潍坊电视台等单位走访。

是日 副省长陈延明到潍坊走访，考察农业科教和城市建设工作。

15—16日 国土资源部副部长孙文盛在潍坊就国土资源工作进行调研。

24日 国家旅游局副局长顾朝曦到潍坊风筝博物馆、杨家埠民间艺术大观园参观考察。

27日 潍坊市“为民服务联动”全面启动。

3月

8日 全市民营经济工作会议召开。会议动员全市上下进一步解放思想，放开手脚，以前所未有的魄力和开拓精神再掀民营经济发展新高潮。

12日 山东省部分市出口工作座谈会在鸢飞大酒店召开，副省长林廷生出席会议，省直有关部门负责人，潍坊、青岛、烟台、威海、淄博、滨州6市的分管副市长参加座谈。

14—15日 副省长陈延明在潍坊就城市供水、抗旱双保和植树造林、建设绿色通道等问题进行调研。

15日 全市农村工作会议召开。会议传达贯彻中央和全省农村工作会议精神，总结工作，分析形势，交流经验，表彰先进，研究如何把农业国际化推向深入等问题。

15—16日 省人民检察院检察长国家森到诸城、青州对基层检察院建设情况进行调研。

19日 国家环保总局检查组在副局长王心芳带领下到潍坊检查工作。

4月

3日 省委常委、省军区政委赵承凤到潍坊军分区检查指导工作，并到军分区帮扶点走访慰问。

4日 国家质检总局党组书记、副局长李传卿、副局长葛志荣，到诸城市外贸集团公司就出口食品安全卫生工作进行调研。

5日 潍坊革命烈士纪念碑落成。

14日 以江西省委常委、政法委书记舒晓琴为团长的江西省委政法委赴鲁学习考察团到潍坊考察政法工作。

15日 省人大常委会副主任王道玉带领检查组到潍坊，就贯彻实施种子法情况进行执法检查。

16日 潍坊市政务大厅正式启用。

17日 财政部在潍坊国际会展中心召开全国部分省财政纪检监察工作会议。

19日 山东省最大的有机肥生产基地——寿光市天创沃元肥料有限公司在寿光市稻田镇奠基。

19—27日 全国政协副主席孙孚凌在潍坊考察调研。

是日 中国（寿光）国际蔬菜科技博览会在寿光蔬菜高科技示范园开幕。

是日 国际风筝联合会理事（扩大）会议在富华大酒店会议接待中心举行。

29日 全省农业产业化工作会议在潍坊召开。

4月29日—5月1日 中共中央政治局委员、山东省委书记吴官正到潍坊考察工作。

5月

1日 中共中央政治局常委、国务院副总理李岚清到潍坊考察工作。

6日 全国政协副主席、中国工程院院长宋健到潍坊考察工作。

16日 全国公安机关精神文明建设工作座谈会在潍坊召开。

19日 “鲁能杯”中国乒乓球俱乐部超级联赛山东潍坊赛区的首场比赛，在交通银行体育馆举行。

20—21日 全省实施“巾帼科技致富工程”现场座谈会在潍坊召开。

23日 水利部副部长翟浩辉到潍坊就水利建设工作进行调研。

27日 潍坊市民营科技促进会成立。

30—31日 全国检察机关纠正超期羁押经验交流现场会在潍坊召开。

6月

10—12日 全国人大常委会农业与农村委员会副主任委员柳随年带领调研组到潍坊，就制定《农业机械化促进法》进行调研。

16日 市委、市政府、潍坊军分区作出《关于开展向新时期军转干部的楷模刘坤洲同志学习的决定》。

18—19日 全国政协副主席任建新在潍坊考察文化旅游工作。

20日 省委副书记王修智到潍坊医学院、潍坊学院、潍坊外国语学校进行考察，并听取潍坊市教育工作情况汇报。

25—26日 省委副书记、省纪委书记赵春兰代表省委、省政府在潍坊走访慰问老党员。

25—27日 五省十一市政协横向联系活动第31次会议在潍坊召开。浙江、江苏、安徽、河北、山东五省十一市政协的领导和有关人员共48人出席会议。

28日 全市农村基层党组织建设经验交流暨“三个代表”重要思想学教活动总结表彰会召开。

7月

3日 淄青输气管道潍坊段工程开工典礼在坊子区政府广场举行。

10—12日 省政协调研组就“山东省城市化发展问题”到潍坊进行调研。

18日 全省城市土地资产经营与管理试点工作座谈会在潍坊鸢飞大酒店举行。

21日 全国农业产业化经营与小城镇发展研修班在潍坊市委党校开班。

是日 副省长陈延明带领省水利厅、林业厅等有关部门人员在坊子区、安丘等地检查指导抗旱工作。

27日 中华全国归国华侨联合会副主席李祖沛到潍坊考察归侨侨眷民营经济发展情况。

8月

9—10日 国家环保总局局长解振华在潍坊检查指导环保工作。

15—16日 中共中央组织部国有企业党建工作座谈会在诸城市召开。

23—24日 人事部部长张学忠在潍坊考察工作。

23—26日 以全国政协常委、经济委员会副主任史大祯为团长的全国政协视察团在潍坊视察推进流通现代化情况。

9月

1日 入汛以来，全市降雨严重偏少。6月1日—9月1日，全市平均降雨量182.2毫米，比历年同期平均减少55.7%，为1949年以来同期最少年份。

3日 中国地球空间双星探测计划科学研讨会在潍坊学院举行。

8日 中共中央机构编制委员会办公室检查组到潍坊检查验收市、县、乡机构改革工作。

10—11日 由全国人大常委会委员、法律委员会副主任委员胡光宝、农业部副部长张宝文率领的全国人大考察组对潍坊农业及农机监理、农用运输车管理等情况进行考察调研。

24日 中国五大镇山（东镇沂山）第一届文化旅游节在临朐县沂山开幕，来自全国五大镇山所在地的代表及1500多名中外游客参加旅游节。

是日 青州2002年金秋旅游文化月开幕。青州市将在一个月的时间内推出青州古街民俗游、仰天山生态观光游等8项各具特色的专题旅游和大型风筝展示、古州风情中国摄影大赛、红叶谷探险等25项丰富多彩的活动。

28日 第三届山东省花卉博览会暨山东省青州花卉交易会开幕。

是日 山东畜牧兽医职业学院在潍坊成立。

10月

9—11日 省人大常委会副主任莫振奎带领执法检查组，对潍坊贯彻实施药品管理法情况进行检查。

10日 白浪河水库坊子灌区工程建成通水，坊子区中西部告别缺水历史。

11—12日 省政府在潍坊召开东部部分市经济工作座谈会。

16日 青州市在新西环路建设工地发掘一距今4000多年的龙山文化时期器物坑。

19日 东欧及中亚22个国家的驻华使节代表团一行36人，到寿光参观访问。

20—21日 国家环保总局副局长汪纪戎一行在潍坊调研创建国家环保模范城市工作。

23日 寿光市村村通柏油路通车典礼在纪台镇举行。

24日 出席全国城市社区消防建设暨小城镇消防规划建设工作会议的代表，到潍坊富华国际会展中心参观小城镇消防规划。

11月

14—15日 全省高中发展与建设工作经验交流会在潍坊召开。

18日 市委召开全市党员领导干部会议，传达中共十六大精神，研究部署深入学习贯彻党十六大精神的意见。

29日 全市县级人大换届选举工作调度会在昌邑市举行。

12月

3日 潍坊机场与中国邮政航空公司正式签署协议，开通沈阳—潍坊—上海（虹桥）货邮航空专线。

3—4日 中国举办的首次税式支出国际研讨会在潍坊召开。

8日 经潍坊、济南两市政府批准，潍坊水泥厂整体划转山水集团，成立潍坊山水水泥有限公司。

15日 市委召开全市领导干部会议，传达中共山东省委关于调整潍坊市委主要负责人职务的决定。省委组织部常务副部长刘玉功受省委委托，宣读省委的决定：任命张传林为中共潍坊市委委员、常委、书记，曹学成不再担任中共潍坊市委书记、常委、委员职务，王伯祥不再担任中共潍坊市委副书记、常委、委员职务。

17日 全市城市居民最低生活保障暨农村救灾工作会议召开，研究部署全市城市低保工作。根据省政府的要求，市委、市政府决定从2002年起，把每年12月定为全市“扶贫济困送温暖募捐月”。

18日 市委、市政府与北京市食品放心工程协调小组，在人民大会堂举行潍坊市放心食品进京产销对接会发布会，全面介绍潍坊农产品的资源优势和品牌优势。

24日 昌邑市被中国纺织工业协会授予“中国印染名城”称号。

2003年

1月

1日 潍坊首家五星级国际休闲购物中心北海国际购物中心正式开业。

9日 潍坊市及诸城、青州、昌邑、安丘、高密、临朐被批准为山东省双拥模范城（县）。

3月

12日 市委、市政府联合下发文件，改革潍坊中、小学人事制度，实行校长选聘制、校长负责制，教职工全员聘任制、岗位目标责任制，岗位结构工资制、工资总额动态包干制。

15日 市委召开市级领导班子成员会议，专题研究确定年内市区城市建设十项重点工程，着力提高城市品位，增强城市综合竞争力，带动全市经济社会持续快速健康发展。

18—19日 西班牙马德里大区环境部部长佩德罗·卡尔沃率西班牙城建与环保代表团访问潍坊。

是日 中央文明委命名表彰第二批全国创建文明村镇工作先进市，寿光市榜上有名。

21—22日 全国教育督导工作会议在潍坊召开。

25日 全市加强经济发展软环境建设工作会议召开。

4月

1日 市区综合整治动员大会暨潍坊市城市管理行政执法局揭牌仪式在潍州剧场举行。

3日 国家文物局局长单霁翔到潍坊考察文物工作。

是日 潍坊市中小企业局、潍坊市民营经济发展委员会在潍坊大酒店举行成立仪式。

8日 潍坊经济技术开发区举行挂牌仪式。

是日 全市推行行政事业性收费公示制度工作会议召开。

15日 全市非典型肺炎防治工作会议召开。

18日 首届山东名牌食品博览会在潍坊国际经贸中心开幕。

18—21日 全国政协副主席张思卿在潍坊考察调研。

5月

6日20时—7日14时 全市普降大到暴雨。平均降雨量为49.1毫米，折合水量为7.79亿立方米。

10日 全市防治“非典”工作会议召开。

12日 国务院副总理曾培炎考察福田公司，参观福田公司汽车主要产品和欧曼重型汽车厂三大生产车间。

19日11—15时 安丘、临朐、昌乐、潍城、高密、诸城等县市区45处乡镇突遭风雹灾害。

21日 省委书记、省人大常委会主任张高丽，省委副书记、省长韩寓群，省委常委、秘书长杨传升到潍坊检查指导工作。

6月

22日 中共中央政治局常委、全国政协主席贾庆林一行先后到寿光蔬菜高科技示范园、寿光先正达种子公司、潍坊柴油机厂、潍坊市风筝博物馆及潍坊高新技术产业开发区等地考察调研。

22日14时—23日6时 全市普降大到暴雨，局部大暴雨，全市平均降雨量为58.5毫米，折合水量为9.30亿立方米。

7月

1日 潍坊市公共行政审批服务中心启用，开始试运行。

4日 全市30万人吃水项目临朐工程启动仪式举行。市委、市政府决定投资8000多万元完成该项工程，全市30万缺水人口将逐渐告别缺水生活。

是日 市委召开全市领导干部会议。会议要求，迅速在全市兴起学习贯彻“三个代表”重要思想新高潮，把潍坊现代化建设进一步推向前进。

5日 副省长陈延明率领省政府办公厅、省计委、省财政厅、省科技厅、省海洋与渔业厅负责人，就海洋渔业发展等问题到昌邑调查研究，现场办公。

9—11日 省人大常委会副主任曹学成带领调研组在潍坊，就如何加快发展旅游业进行专题调研。

15日 全国政协副主席马万祺到潍坊视察。

8月

4日 国务院军队转业干部安置工作小组、中组部、中宣部、人事部、解放军总政治部联合授予刘坤洲“全国模范军队转业干部”荣誉称号，并号召全国广大干部，特别是军队转业干部向刘坤洲学习。

14—17日 全国政协副主席周铁农在潍坊调研。

15日 潍柴动力工业园启动仪式在富华国际会展中心举行。

25日 市政府在行政审批服务大厅举行新闻发布会，市长公开电话受理中心正式运行。

26—27日 全市普降大到暴雨。全市平均降雨量为84.6毫米，折合水量为13.45亿立方米。

9月

9日 全市庆祝教师节暨教学成果颁奖大会召开。

16日 在北京人民大会堂举行的中国—马来西亚商务论坛开幕式结束后，市长张新起代表潍坊市政府与马来西亚实康公司签署关于实康公司投资潍坊市有关县市城区供水系统的协议，潍坊学院与马来西亚世纪国际教育集团签署合作办学框架协议书。

17日 潍坊市按需申领护照启动仪式举行。

28日 由省林业局、省花卉协会和潍坊市人民政府主办，潍坊市林业局和青州市人民政府承办的山东（青州）花卉博览交易会在青州市黄楼镇万红广场开幕。

10月

2—3日 全国政协副主席周铁农在潍坊调研。

3日 中共中央政治局常委、国务院副总理黄菊到潍坊考察。

5日 省委书记、省人大常委会主任张高丽到潍坊农村调查研究，看望困难群众。

11—12日 全市普降大到暴雨，局部大暴雨，全市平均降雨量为57.2毫米，折合水量为9.1亿立方米。北部沿海的寿光、寒亭区、昌邑3市（区）出现一场风暴潮。潮水越过警戒水位，给3市（区）的部分沿海地带造成重大经济损失。

16日 潍坊首家专门的儿童福利机构——潍坊市儿童福利院挂牌成立。

19—20日 日中经贸促进协会代表团一行13人在潍坊考察。

21—23日 全国火炬计划统计工作会议在潍坊高新区召开。

24日 赞比亚国民议会访问团一行5人在团长赞比亚国民议会农业和土地委员会主席瑞奎斯特·蒙坦加的带领下，到潍坊进行考察访问。

26日 2003年全市公路建设工程竣工暨206国道昌邑潍河特大桥通车典礼举行。

27日 旨在促进潍坊与韩国仁川市在经济、科技等领域的交流与合作的“山东—仁川经济技术合作交流会”在潍坊召开。

是日 韩国安养市议会代表团一行8人，在副议长元钟国的带领下，到潍坊进行友好访问。

11月

1日 最高人民法院副院长万鄂湘一行5人到潍坊考察工作。

4—7日 全市加快发展现场会议召开。

6—7日 由联合国人居署和山东省建设厅联合举办的潍坊—福冈垃圾处理技术项目研讨会在潍坊召开。

7日 全市领导班子思想政治建设工作会议召开。

23日 第三届中国县域经济基本竞争力百强县市评出。寿光、诸城分别排在第38位和第61位。

12月

9日 由市农科院选送的600粒芦笋种子及部分韭菜和辣椒种子，遨游太空18天之后，搭载第18颗返回式卫星成功回到地球。

10日 “中国优秀旅游城市”评审工作委员会正式批准潍坊市为“中国优秀旅游城市”。

16日 胶新铁路开通庆典仪式在诸城火车站广场举行。

18日 经全国双拥工作领导小组第十六次全体会议研究决定，潍坊市被正式命名为“全国双拥模范城”。

是日 市政府与海南航空集团合作签字仪式在海南新国宾馆举行，标志着潍坊市航空事业进入一个新的发展阶段。

29日 潍坊出口加工区开工奠基仪式在潍坊高新区举行。

是日 团中央书记处第一书记周强到潍坊，就实施农业标准化青年行动进行考察。

是日 潍坊至北港公路开工奠基仪式在北海路、济青高速公路14号路口处举行。

2004年

1月

1日 自2004年1月1日起，在全市党政群机关及有行政管理职能的事业单位实行“错时”上下班制度。新的作息时间为上午8时30分上班，下午17时下班，中午12时至13时为午餐时间。

4日 山东海龙股份有限公司举行年产4万吨粘胶短纤维工程奠基仪式。

8日 潍坊市沂山风景区被国家旅游局批准为国家AAAA级旅游景区。

9日 诸城市获“中国男装名城”称号。

13日 全省新闻出版工作会议在潍坊召开。

2月

2日 全市人口资源环境工作会议在市级机关综合办公大楼召开。

18日 市政府在市级机关综合办公大楼会议室召开会议，专题研究部署城市综合整治工作。

27日 全市创建国家卫生城市工作会议召开。

29日 全市利用外资暨加工贸易工作现场会在高密市召开。

3月

11日 诸城市被科技部评为“全国科技进步先进县（市）”。

是日 潍柴动力股份有限公司H股在香港联交所正式挂牌交易，成为潍坊市首家在香港H股上市的公司。

13日 “海外华文媒体齐鲁行”采访团到潍坊访问。

18日 潍坊市总投资5000多万元、涉及12个县市区和市直医疗单位的疾病预防控制和医疗救治“两大体系”项目建设正式启动。

18—19日 全省海监渔政工作会议在潍坊召开。

22—23日 全省民营经济工作现场会议在诸城市召开。

4月

8日 商务部副部长高虎城到高密孚日家纺对纺织品出口进行专题调研。

是日 市委、市政府在市级机关综合办公大楼召开全市企业扭亏脱困工作会议。

13日 卫生部副部长马晓伟率卫生部医政、政策法规以及执法监督方面有关人员到潍坊调研。

15日 山东墨龙石油机械股份有限公司H股在香港联交所创业板正式挂牌交易，成为潍坊市首家上市的民营企业。

18日 首届杨家埠风筝年画艺术节开幕式在寒亭区杨家埠大观园举行。

19日 第二十一届潍坊国际风筝会世界风筝小姐入城式在白浪河畔举行。

21日 全国政协副主席王忠禹到潍坊考察调研。

是日 国际风筝联合会新会址落成挂牌仪式在浮烟山放飞场举行。

22日 来自世界音乐之都的奥地利维也纳约翰·施特劳斯沙龙乐团在富华国际会展中心举行

首场演出。

25日 山东—卡特彼勒全球供应商合作项目对洽会在富华国际会展中心举行。全省87家机械制造企业与卡特彼勒公司的40多家供应商进行对口洽谈。

26日 海外华商山东周暨潍坊经贸洽谈会在东方大酒店举行签约仪式。

26—27日 由国家环保总局、中国环境监测总站和山东省环保局、山东省环境监测中心站有关人员及特约专家组成的国家环境保护模范城市技术核查组，对潍坊市创建国家环境保护模范城市工作进行技术核查。

5月

3日 中共中央政治局常委李长春先后考察寿光菜博会展厅、潍坊市区城建和风筝博物馆，并听取了市委、市政府工作汇报。

12日 自3月26日开始的潍坊市对种粮农民实行直接补贴工作顺利完成。全市15个县市区和开发区、195个乡镇、9271个行政村，小麦种植面积共522万亩，按省确定潍坊市每亩补贴13元的标准，共计补贴资金额度6799万元，机动资金136万元。

13日 全省粮食增产农民增收座谈会在寿光召开。

15日 为期七天的“2004年山东省暨潍坊市科技活动周”开幕式在市博物馆举行。

17日 由科技部和美国得州农工大学共同主办的中美农业科技园区国际化研讨会在富华大酒店国际会展中心举行。

24日 《潍坊生态市建设规划纲要》专家论证会在富华大酒店国际会展中心举行。

25日 潍坊市城区绿色家园建设动员大会在富华国际会展中心召开。

6月

9日 潍坊市与法国奥朗日市结好意向签字仪式在市级机关综合办公大楼举行。

19日 最高人民检察院检察长贾春旺到潍坊市考察基层检察工作。

7月

5日 全国人大常委会副委员长、全国妇联主席顾秀莲和参加全国妇联主席会议的与会代表150多人，到潍坊视察参观。

12日 潍坊市与温州市缔结为“旅游友好城市”签约仪式在东方大酒店举行。

12—13日 省委书记、省人大常委会主任张高丽在潍坊调研。

17—18日 全省村务公开民主管理工作会议在昌乐县召开。会议传达贯彻《中共中央办公厅、国务院办公厅关于健全和完善村务公开和民主管理制度的意见》精神。

25—26日 由中国工业机械工程学会组织的中国科学院、中国工程院院士考察团一行20人，在潍坊考察、调研。

8月

6—7日 中国侨联主席林兆枢、副主席林淑娘到潍坊考察。

9日 团中央书记处书记尔肯江·吐拉洪到潍坊检查指导工作。

19日 潍坊市在市级机关综合办公大楼召开纪念邓小平同志诞辰100周年座谈会。

20日 市人大常委会纪念人民代表大会成立50周年座谈会在齐鲁饭店举行。

23日 潍坊市政府与国家开发银行合作协议暨国家开发银行、中国银行联合贷款协议签字仪式举行。

31日 省委书记、省人大常委会主任张高丽在富华国际会议中心会见台湾知名人士萧万长一行。

是日 省委书记、省人大常委会主任张高丽，省委副书记、省长韩寓群在富华大酒店会见前来参加第十届鲁台经贸洽谈会的客商代表。

9月

1日 海内外知名企业家“齐鲁行”暨山东省重点项目投资洽谈会在富华国际会展中心开幕。

3日 全国政协副主席、中华全国工商业联合会主席黄孟复到寿光考察。

是日 省委书记、省人大常委会主任张高丽在出席第十届鲁台经贸洽谈会之后，考察潍坊市城市建设和工业园区建设。

13日 全市纪念人民代表大会成立50周年大会在潍坊富华会展中心召开。

是日 市委、市政府在富华国际会议中心召开大会，表彰第二十八届奥运会冠军邢慧娜以及为潍坊市体育事业做出突出贡献的先进单位和个人。

15日 潍坊市纪念人民政府成立55周年大会在市级机关综合办公大楼召开。

21日 潍坊市代表山东省参加在江西省宜春市举行的全国第五届农民运动会风筝比赛的选手载誉归来。

23日 2003年全国综合发展百强县评比结果新闻发布会在人民大会堂举行。寿光市2003年综合实力跃居全国百强第53位，是潍坊市唯一进入百强的县（市）。

10月

13日 省政府全体（扩大）会议在潍坊召开。

是日 副省长王军民到潍坊城市生活垃圾综合处理厂考察，并察看了北宫大街、东风大街等市容市貌。

15日 全国政协原副主席叶选平到潍坊市考察。

是日 参加全国检验检疫系统促进食品、农副产品出口工作现场会的国家质检总局、农业部、商务部的领导和120名会议代表及11个国家、欧盟驻华使馆农业参赞到潍坊参观考察。

18日 中共中央政治局委员、全国人大常委会副委员长、全国总工会主席王兆国到潍坊市视察。

25日 潍坊市在市级机关综合办公大楼召开《潍坊中心城市发展战略研究》成果报告会。

11月

3—5日 住鲁全国政协委员视察团一行20多人，对潍坊市民营经济发展现状进行视察。

8日 中德土地整理与农村发展培训中心在青州市举行落成典礼。

11日 参加全省科学发展情况交流现场会的与会人员到潍坊考察。

20日 中共中央统战部副部长、全国工商联党组书记胡德平到潍坊市考察工作。

23日 市委、市政府召开全市第三次加快发展现场会议。

26日 潍坊市食品药品监督管理局正式挂牌成立。

12月

26日 海化集团举行营业收入过百亿元庆祝大会。

2005年

1月

13日 市委召开保持共产党员先进性教育活动动员大会。

28日 全市农村工作会议在富华国际会议中心召开。会议传达中央和全省农村工作会议精神，分析全市当前农业和农村形势，研究部署进一步推进“三化、三带动、三变”，确保农民收入持续增长的工作措施。

2月

1日 国家邮政局正式发行中国民间艺术——潍坊《杨家埠木版年画》特种邮票。由山东省邮政局和潍坊市人民政府共同承办的邮票首发式在潍坊富华国际会议中心和寒亭区杨家埠同时举行。

24日 全市对外开放暨招商引资工作会议在富华国际会展中心召开。

25日 市委在市级机关综合办公大楼召开常委（扩大）会议，研究全市2005年城市建设重点项目。

是月 根据中央和省委统一部署，从1月开始，用一年半左右的时间，在全市开展以实践“三个代表”重要思想为主要内容的保持共产党员先进性教育活动。

3月

1日 住潍坊市的全国人大代表赴京出席十届全国人大三次会议。

22日 中美合资山东山工机械有限公司在青州举行揭牌仪式。

30日 市创城领导小组全体成员会议在市级机关综合办公大楼召开，部署2005年全市创城工作。

4月

1日 潍坊市在市级机关综合办公大楼举行基层优秀共产党员先进事迹报告会。

7日 市委、市政府召开对种粮农民发放直补工作调度会。

7—8日 中共中央总书记、国家主席、中央军委主席胡锦涛，在中共中央政治局候补委员、中央办公厅主任王刚陪同下，到先进性教育活动联系点山东潍坊寿光市调查研究，出席寿光市保持共产党员先进性教育活动党员干部会议，并发表重要讲话。在潍坊期间，胡锦涛还先后到潍坊柴油机厂、山东福田重工股份有限公司视察工作。

14日 中国（潍坊）农产品贸易洽谈会调度会在寿光召开。

18日 市委召开常委会议，传达学习中共中央总书记、国家主席、中央军委主席胡锦涛在山东考察时的重要讲话和指示精神，研究学习贯彻落实的意见措施。

19—21日 出席风筝会、菜博会暨农产品洽谈会的全国政协副主席阿不来提·阿不都热西提在潍坊进行调研。

20日 城市节庆与城市品牌创建中外市长论坛在潍坊富华国际会议中心举行。全国政协副主席阿不来提·阿不都热西提、马来西亚前总理敦马哈蒂尔、葡萄牙总理助理费尔南多出席。

21日 马来西亚文化周、2005中国（潍坊）旅游商品交易会暨首届世界风筝都旅游节，在富华国际会展中心开幕。

22日 第二十二届潍坊国际风筝会招商引资重点项目签约仪式在富华国际会议中心举行，全市40个重点项目现场签约，总投资达113.8亿元，其中利用市外资金100.4亿元。

5月

6日 省委副书记、省长韩寓群到青州500千伏输变电工程建设现场调研时强调，牢固树立落实科学发展观，精心组织，精心施工，高质量完成输变电工程，确保全省电力供应。

11日 市委、市政府召开全市建设“文明潍坊”、创建文明城市动员大会。

24—25日 由中央国家机关工作委员会和国务院发展研究中心组成的联合调研组到青州卷烟厂调研。

6月

9日 潍坊市第三届职工职业道德建设“双十佳”表彰会议，在市级机关综合办公大楼召开。

11日 全市推进社会救助体系建设工作会议在寿光召开。

13日 根据省委安排，省委第五巡视组在潍坊开展巡视工作。

16—18日 中共中央政治局委员、国务院副总理回良玉，在潍坊就三夏生产、农业生产资料供应和农村税费改革等工作进行考察，并召开农业和农村政策座谈会。

17日 省委书记、省人大常委会主任、省委保持共产党员先进性教育活动领导小组组长张高丽，专程到潍坊听取潍坊市、寿光市先进性教育教育情况汇报时强调，要继续深入学习贯彻胡锦涛总书记视察山东时的重要讲话，认真总结第一批先进性教育活动的经验，巩固扩大成果，坚持高标准、严要求，切实抓好第二批先进性教育活动，确保潍坊市和寿光市各项工作走在全省前列。

27日 国家档案局局长、中央档案馆馆长毛福民在省档案局（馆）长张奎明陪同下到寿光市考察。

7月

1日 潍坊市第四批援藏干部欢迎会在齐鲁饭店召开。

4日 潍坊市企业“双评”领导小组2005年第一次会议在市级机关综合办公大楼举行。

是日 中共中央政治局常委、全国人大常委会委员长吴邦国到潍坊视察工作时强调，全面建设小康社会已进入关键时期，必须紧紧把握重要战略机遇期，牢牢抓住发展这个党执政兴国的第一要务，坚持以科学发展观为指导，实现经济社会协调可持续发展，努力构建社会主义和谐社会。

13日 省委书记、省人大常委会主任张高丽，省委常委、组织部部长刘伟，副省长陈延明到寿光检查第二批先进性教育活动，并进行调研。

8月

7—8日 全省城乡环境综合整治工作会议在富华国际会议中心举行。

8日 中国·潍坊生态城市规划建设国际

博览会暨城市开发交易会在富华国际展览中心开幕。

17日 来自世界各国热爱和平的人们相聚在潍县集中营旧址，参加中国（潍坊）纪念潍县集中营解放60周年大会。

19日 潍坊市社会新阶层党外知识分子联谊会成立大会暨一届一次理事会在齐鲁饭店召开。

22—23日 省政协调研组在潍坊就全省“十一五”规划中教育、卫生、基层民主政治建设工作进行调研。

31日 全国人大常委会副委员长成思危，全国政协副主席徐匡迪，中共中央台办、国务院台办主任陈云林，中共山东省委书记、省人大常委会主任张高丽，省委副书记、省长韩寓群在潍坊会见参加第十一届鲁台经贸洽谈会的台湾新党主席郁慕明及台商代表。

9月

1日 中共中央台办、国务院台办主任陈云林在市委副书记、副市长张江汀的陪同下，考察潍坊市城市建设情况。

4—5日 国家环保模范城市考核验收组一致同意，通过潍坊市创建国家环保模范城市工作的考核验收。

5日 中国工程院副院长沈国舫院士带领29位院士、专家到潍坊考察。

8—10日 全国党建研究会会长张全景一行在潍坊调研。

11日 9位中国工程院院士和20多位课题组专家学者组成的考察团，到潍坊考察调研。

19日 全省外贸工作座谈会在寿光召开。

23日 全市库区工作会议在安丘召开，主要研究加快库区发展问题。

10月

9日 全市非公有制经济组织“党建带工建、党工共建”工作会议在富华国际会议中心举行。

23日 交通部全国干线公路养护与管理检查组到潍坊，对干线公路养护管理工作进行检查。

28日 全国政协副主席、中央统战部部长刘延东到潍坊考察调研工作。

11月

3日 全国二十城市人大工作座谈会第二轮第二十二次会议在潍坊闭幕。

4日 潍坊市在富华大酒店举行“十一五”规划专家咨询论证会。

8日 市委召开常委（扩大）会议，传达贯彻中央和省委、省政府一系列会议精神，按照中央和省委要求，进一步研究部署高致病性禽流感防控工作。

17日 国家环保总局授予潍坊市“国家环境保护模范城市”称号。

21日 全省农业产业化工作会议在潍坊大酒店举行。

23—25日 省城乡环境综合整治考评组对潍坊市相关工作进行检查考评。

12月

1—2日 全省妇联系统统筹城乡妇女就业现场工作会在诸城召开。

2日 省“区域经济协调发展”调研组到潍坊，就全省东中西联动、推动区域经济协调发展等问题进行调研。

6日 市委、市政府印发《关于进一步加快卫生事业发展与改革的意见》，确定进一步加快全市卫生事业发展与改革步伐，建立适应社会主义市场经济体制和人民群众要求的卫生服务体系。

8日 潍坊海关驻出口加工区办事处揭牌仪式举行。

15日 国家开发银行与潍坊市商业银行战略合作协议签字仪式在富华大酒店举行。

16日 民建潍坊市委会召开庆祝中国民主建国会成立60周年暨2005年工作总结大会。

是日 市疾病预防控制中心、市卫生局卫生监督处正式成立。

22日 省委书记、省人大常委会主任、省委保持共产党员先进性教育活动领导小组组长张高丽到潍坊寿光调研。

2006年

1月

6日 市慈善总会成立暨第一次会员代表大会在富华国际会议中心举行。

8日 由中宣部、中央保持共产党员先进性教育活动办公室组织的中央新闻采访团一行24人及省、市两级媒体记者到寿光，对王乐义先进事迹进行为期4天的集中采访。寿光市三元朱村党支部书记王乐义被中宣部、中央先进性教育活动办公室确定为全国重大典型。

17日 全国保持共产党员先进性、建设社会主义新农村重大典型王乐义先进事迹报告会在北京人民大会堂小礼堂举行。报告会前，中共中央政治局委员、国务院副总理回良玉接见报告团成员并发表讲话。

21日 创建国家园林城市暨2006年中心市区城市绿化动员大会在富华国际会议中心召开。

是日 潍坊“城市应急联动与社会综合服务系统”方案在北京通过专家评审。

27日 省委书记、省人大常委会主任张高丽到寿光检查第三批保持共产党员先进性教育活动，并就构建和谐社会、建设社会主义新农村进行调研。

3月

1日 寿光市三元朱村党支部书记王乐义在北京出席“保持共产党员先进性，建设社会主义新农村”中外记者新闻发布会。

23—24日 全国政协副主席罗豪才在潍坊就“非政府组织在建设社会主义新农村中的作用”进行专题调研。

24日 潍坊市与北京人民大会堂、钓鱼台国宾馆、北京饭店、全国人大会议中心等机构开展优质农产品进京直供对接会在北京人民大会堂湖南厅举行。

4月

2日 中国（潍坊）畜牧业博览会在国际展览中心举行。

4日 潍坊市公共行政服务中心举行奠基仪式。

6日 全省法院司法警察工作会议在潍坊召开。会议推广潍坊法院探索实施的外勤工作警务化改革实验经验。

9日 全市社会主义新农村建设工作会议在寿光市召开。

19日 潍坊市举行世界风筝都纪念广场落成典礼。

19—21日 全国人大常委会副委员长韩启德在潍坊调研。

20日 第二十三届潍坊国际风筝会在市体育场开幕，首届中国旅游电视周庆典晚会同时举行。

20—21日 全国政协副主席李蒙在潍坊调研。

5月

1日 潍坊首次开行进京直通旅客列车，将潍坊至北京的时间缩至6小时，这标志着潍坊至北京没有直通铁路客车从此成为历史。

10日 由马来西亚农业研究与开发学员战略资源中心主任默哈迈德·约瑟夫·阿卜杜拉博士率领的马来西亚农业考察团一行5人到潍坊访问。

15日 中央电视台《走遍中国》栏目“潍坊专题片”录制工作启动，开机仪式在市人民广场举行。

16日 山东省暨潍坊市三夏农机跨区作业和福田重工第八次三夏跨区服务出征仪式在福田重工股份有限公司举行。

是日 “中国农机城”称号授牌仪式在潍坊举行。

17日 全省法院审判监督工作座谈会在诸城市召开。

20日 全国政协副主席董建华到潍坊考察调研。

31日—6月1日 全国农村消防宣传工作现场观摩研讨活动在寿光市举行。

6月

6日 “云门春杯”第二届丝绸之路国际模特大赛山东赛区选拔赛新闻发布会在东方大酒店举行。

是日 市政协主办的“2006中国（潍坊）铝型材、门窗幕墙及生产加工设备展览会”在潍坊富华国际展览中心开幕。

10—12日 全国政协副主席张梅颖率领全国政协城市医疗体制改革视察团在省政协副主席谢玉堂、周鸿兴陪同下到潍坊视察。

24—25日 全省干部档案工作现场会议在潍坊召开。

26日 全市庆祝中国共产党成立85周年暨保持共产党员先进性教育活动总结表彰大会在潍州剧场举行。

7月

10日 市委召开常委会议，传达学习贯彻胡锦涛总书记重要批示精神和省委书记张高丽在寿光市党员领导干部会议上的讲话精神，研究贯彻落实意见。

是日 副省长王仁元在省有关部门负责人的陪同下，到潍坊就工业经济运行情况和汛期安全生产工作进行调查研究。

19日 潍坊森达美港万吨级码头建设准备工程开工仪式在森达美港举行。

8月

1日 全省分管教育工作的副县市区长理论研讨班在潍坊举行开班仪式。

5日 2006年中国“潍坊杯”雅马哈国际青少年足球邀请赛在鲁能泰山足球学校开幕。

7—10日 全省高校党委书记、校长暑期研讨班与会代表先后参观考察潍坊市的城市建设、“三北”沿海开发以及寿光、诸城两市，对潍坊市近年来经济社会发展取得的成绩给予高度评价。

11日　市委、市政府召开全市旅游发展大会。

18日　由中国建筑学会建筑史学分会和潍坊市人民政府共同举办的中国古典园林国际研讨会在潍坊市人民公园归真园开幕。

9月

8—9日　“中国芝麻香型白酒高峰论坛”在富华国际会议中心召开。

13日　全国政协副主席李贵鲜到潍坊考察调研。

是日　韩国前议长金守汉一行到潍坊考察潍坊经济和韩资企业。

13—14日　潍坊名优农产品北京产销对接会在北京举行。

16日　潍坊市领导干部会议在市级机关综合办公大楼召开。省委决定，张传林任山东省人民政府省长助理，省政府党组成员，不再担任中共潍坊市委书记、常委、委员、市委党校校长职务，不再担任潍坊市人大常委会主任职务（按法定程序办理）；张新起任中共潍坊市委书记兼市委党校校长，提名为潍坊市人大常委会主任候选人，不再担任潍坊市人民政府市长职务（按法定程序办理）；许立全任中共潍坊市委委员、常委、副书记，提名为潍坊市人民政府市长候选人（按法定程序办理）。

27日　全国第一条盐膜大型专用生产线开工奠基仪式在潍坊滨海经济开发区科技项目区举行。

11月

1日　全市民营经济工作现场会在诸城召开。

1—2日　全省“万村千乡市场工程”现场会议在富华国际会议中心召开。

5日　潍坊机场北京—潍坊—深圳货运正式开航。同时潍坊航空物流中心正式成立。

12日　省总工会促进就业工作经验交流会议在潍坊召开。

16—17日　《潍坊市总体规划（2006—2020年）》行政审查会在鸢飞大酒店召开。

23—24日　中共中央政治局常委、国家副主席曾庆红在潍坊考察调研。

24日　潍坊市孚日集团股份有限公司在深圳证券交易所挂牌上市。

是日　全国医疗垃圾焚烧处理技术与设备经验交流会在潍坊召开，全面推广潍坊市在医疗垃圾焚烧处理方面的做法和经验。

12月

4日　第六届全国县域经济基本竞争力百强县（市）即“全国经济百强县（市）”评价结果揭晓，潍坊市有寿光、诸城进入百强，寿光位列第25位，诸城位列第45位。

5日　潍坊籍运动员谭宗亮与队友庞伟、徐坤在多哈亚运会射击男子50米手枪慢射团体比赛中，以1682环的成绩获得金牌。这是谭宗亮在该届亚运会上夺得的第三枚金牌。

8日　第六届“山东省十大杰出青年农民”评选结果在济南揭晓。寒亭区固堤镇李家营村农民李志军榜上有名，是全市唯一入选的青年农民。

13—14日　全省消费者协会工作会议暨基层组织建设现场会在潍坊召开。

21日　《潍坊文化三百年》暨《考古发现与齐史类征》举行首发式。

是日 国家质检总局公布2006年“国家免检产品”名单，潍坊市23家企业的23个产品榜上有名，其中19家企业的19个产品为新增国家免检产品。

26日 潍坊邮航速递物流中心正式投入运行，自此潍坊邮政航空邮件和物流货物将实现与全国236个大中城市次日递，巩固了潍坊作为全国第四大航空邮件转运中心和全省物流中心的重要地位。

30日 2006年山东人居环境（范例）奖揭晓，全省共有13个项目获奖，潍坊市人民公园改造项目、寿光市生态农业观光园上榜。

31日 在中国优秀旅游城市复核检查中，青州市顺利通过专家组复核。

2007年

1月

2日 俄罗斯皇家芭蕾舞团“乾隆杯之夜”2007潍坊新年专场演出在潍柴文化宫上演。

10日 第五届中国工艺美术大师评审表彰大会在北京人民大会堂举行。潍坊木版年画专家张殿英、青州鲁绣抽纱有限公司花边大套专家卜范增受到表彰。

14日 青州市被评为“全国粮食生产先进县”。

2月

7日 潍坊森达美港增资签约暨港湾集团筹建仪式在富华大酒店举行。

9日 劳动和社会保障部对2006年度先进单位和先进个人进行表彰。潍坊市劳动和社会保障局获全国劳动保障系统集体一等功。

是日 国家环保总局正式批准寿光市为“国家环保模范城市”。

13日 潍坊市海洋环境监测中心站被评为国家级优秀示范站。

15日 潍坊火车站新站房正式启用。

27日 山东海龙“年产45000吨粘胶短纤维工程系统集成化研究”项目获国家科技进步一等奖。

3月

28日 高密市被中国纺织工业协会授予“中国家纺名城”称号。

4月

2日 市委、市政府召开全市农村工作会议。

是日 全市对外开放工作会议在富华国际会议中心召开。

4日 建设部授予寿光市“中国建筑防水之乡”称号。

7日 山东省唯一省部共建社会主义新农村示范村——三元朱新村建设正式竣工。

8—9日 2007中国（潍坊）畜牧业博览会在潍坊富华国际展览中心举行。

11日 商务部公布第六届“中国名酒”评选结果。景芝酒业生产的“景芝牌”白酒金榜题名。

12日 潍坊市召开企业上市工作调度会议。至此，潍坊市已有13家公司的14只股票分别在上海、深圳和香港交易所上市，共募集资金134亿元以上。

30日 潍坊柴油机厂（潍柴厂）旗下两子公司潍柴动力（000338）、ST巨力（000880）同时在深交所挂牌。

5月

8日 教育部“十一五”规划重点课题创新教育开题暨中国教育学会教育改革试验区启动大会在潍坊举行。中国教育学会将潍坊市确定为全国唯一的市级教育改革试验区并授牌。

17日 全省房地产税收一体化管理现场会在寿光开幕并进行现场观摩。

23日 全省党员干部现代远程教育科技致富工程启动仪式暨寿光市党员干部现代远程教育科技致富能手比武及全省党员干部现代远程教育观摩交流会在寿光市举行。

6月

2日 全国妇联“巾帼示范村”骨干培训班暨全国妇女培训基地授牌仪式在寿光市委党校举行。

11日 全市和谐创建动员大会在富华国际会议中心召开。

19日 由中国城市发展研究会主办的“首届中国城市创新论坛”在北京人民大会堂举行。潍坊市获“中国优秀创新型城市”称号。

20日 潍坊市第四批援藏干部完成3年援藏任务，顺利返回。

7月

2—5日 全市加快社会事业发展现场观摩点评会议召开。

5日 青州市被中共中央组织部、民政部确定为全国农村社区建设实验市。

23日 奥运火炬“祥云”抵达潍坊，在潍坊日报社举行相关仪式后，开始在潍坊城区进行盛大传递活动。

8月

4日 2007年中国“潍坊杯”国际青年足球邀请赛闭幕，澳大利亚队夺得冠军，中国国家青年队获得亚军。

9日 潍坊市首家农民工维权工作站在求是和信律师事务所举行成立揭牌仪式。

16日 由中国花卉协会、国家林业局植树造林司和潍坊市人民政府共同主办，《中国花卉园艺》杂志社和青州市人民政府承办的第四届中国花卉产业高峰论坛在潍坊市富华国际会议中心开幕。

17日 全市领导干部暨农村基层组织建设工作会议在诸城召开。

9月

13日 市委书记张新起在潍城区召开中心城区规划建设现场办公会。

15日 新人民公园被评为全国2006年度“优秀园林工程奖”金奖。

19日 第十二届中国园林花木信息交流会、2007中国（昌邑）北方绿化苗木博览会在昌邑市绿博园开幕。国家林业局种苗总站副站长张建民宣布博览会开幕。

10月

12日 2007（青岛）潍坊周暨（青岛）潍坊博览会开幕式在青岛国际会展中心东广场举行。

25—26日 全国产品质量和食品安全专项整治工作第二次现场会议在潍坊召开。

28日 中国化工企业500强发布暨海化管理经验现场会在富华国际会议中心举行。潍坊市11家化工企业榜上有名，海化集团位居全国第一。

29日 市委召开常委扩大会议，认真研读中共十七大报告，研究学习宣传贯彻中共十七大精神意见，部署全市深入学习宣传贯彻工作。市委书记张新起主持会议。

11月

2日 全市宣传工作会议在市级机关综合办公大楼召开。会议主要任务是传达全省宣传部部长和市委常委扩大会议精神，安排部署中共十七大精神学习宣传贯彻。

12日 中国IT青年精英潍坊行活动在潍坊举行，出席2007·中国百名IT青年精英论坛的部分代表到潍坊参观考察。

2008年

1月

3日 深圳顺丰速运（集团）租用东海航空公司的波音737货机，开通“潍坊—深圳”货运航线通航仪式在潍坊机场举行。

8日 市政府全体（扩大）会议在富华国际会议中心召开。市委副书记、市长许立全发表讲话，对年度政府工作提出明确要求。

16日 市委常委举行2008年第一次集体学习，邀请中国人民大学经济学院教授、博士生导师、经济学博士后郑超愚，作国家货币政策和金融发展的辅导报告。

17日 民革成立60周年暨潍坊民革成立50周年大会在潍坊召开。

23—25日 中央财经领导小组办公室副主任刘鹤率中央深化改革开放、推动经济社会又好又快发展问题调研组在潍坊，就改革开放30年潍坊经济社会发展取得的成绩和经验进行调研。

25—26日 卫生部以及世界卫生组织、英国国际发展部专家领导一行11人，对潍坊市基本医疗卫生制度试点准备工作进行评估。

29日 潍坊市第一艘万吨级货轮“宏伟198”轮船从浙江台州抵达潍坊港。该轮船由寿光市银泉海运有限公司投资建造。“宏伟198”载货量1.65万吨，是潍坊市最大的万吨级货轮。

是月 荣乌高速公路昌邑段潍河特大桥建成。该桥全长2357.06米，桥面宽度为28米，工程投资达1.46亿元。潍河特大桥创造潍坊市桥梁建设史上四个之最：桥面最长、技术含量最高、投资最多、规模最大。随着潍河特大桥的全面完工，荣乌高速公路山东段全线贯通。

2月

2日 潍柴发展战略恳谈会在北京饭店举行。

5日 潍坊市支援南方冰雪灾区捐赠活动启动仪式在市级机关综合办公大楼举行。当日，共收到个人捐款9万元。

17日 全市四河串联工程建设协调动员会议召开。潍河、张面河、虞河、白浪河水系联网补充城区水源工程（简称四河串联工程）是市委、市政府确定的水利重点工程。“四河串联”工程设计日调水能力10万立方米，年调水3000万立方米，最大年调水能力3600万立方米，工程总投资1.2亿元。

21日 孚日光伏项目在高密市孚日城北工业园举行开工奠基仪式。这是孚日集团公司与德国客商合作开发的CIGSSe（铜铟镓硫硒化合物）

薄膜太阳电池组件研发及生产项目和晶体硅太阳电池组件研发及生产项目，总投资60亿元。

是月 文化部对“第二批国家级非物质文化遗产名录推荐项目名单”开始为期30天的公示，潍坊市的核雕（潍坊核雕）和秃尾巴老李的传说入选“非遗”项目。另外，有3项“非遗”项目扩展入选首批国家级非物质文化遗产名录。分别是传统音乐类中的古琴艺术（诸城派），传统美术类别中的剪纸（高密剪纸）、泥塑（高密聂家庄泥塑）。

3月

4日 潍坊市志愿者协会成立大会暨第一次会员代表大会在市级机关综合办公大楼召开。

4—5日 世界计算机行业协会（CompTIA）总裁兼首席执行官约翰·韦纳特（John Venator）一行在潍坊参观考察，并就开展IT产业合作及人才培训等事宜进行座谈交流。

6—7日 安徽省委常委、副省长赵树丛率领安徽省农业产业化考察团，在山东省省长助理陈光陪同下在潍坊考察。

10—11日 省委常委、青岛市委书记阎启俊率青岛市党政考察团到潍坊考察北部沿海、城市基础设施建设及城市河道治理、高新区建设。

12日 市领导张新起、赵兴涛、胡岗、蒋文彩、钟少林、曲新佩、刘德成、张小梅等与社会各界群众一道参加义务植树活动。

是日 副省长李兆前带领省直有关部门负责人一行10人，到寿光市对小清河流域水污染防治工作进行专题调研，对潍坊市小清河流域水污染防治工作给予充分肯定。

12—13日 省委常委、常务副省长王仁元到潍坊就固定资产投资和服务业发展进行调查研究。

12—14日 全国爱卫会考核鉴定专家组对潍坊市创建国家卫生城市工作进行全面考核鉴定。经考核，潍坊市创卫工作顺利通过全国爱卫会专家组考核鉴定，考核组将报请全国爱卫会命名潍坊为“国家卫生城市”。

15日 山东新和成药业有限公司、山东东方一脉生化有限公司等6个项目集中开工奠基仪式在滨海经济开发区东城区举行。6个项目总投资17.1亿元，涉及医药、机械、科研等领域，预计项目全部投产后年可实现销售收入45亿元。

25日 省委组织部山东省领导干部考试题库管理中心在潍坊设立并举行揭牌仪式。

是日 第二届中国国际食品安全检测仪器设备展览会在富华国际展览中心开幕。

是日 潍坊市在北京举办“化工、机械制造类招商项目对接洽谈会”。招商活动共洽谈项目20个，总投资额62.7亿元，其中利用外资额41.6亿元。

28日 副省长贾万志在省直有关部门负责人的陪同下，专程到潍坊检查指导病险水库除险加固工作。

28—29日 中共中央组织部干部教育局副巡视员王之盈一行6人，到潍坊就干部教育培训制度改革创新工作进行专题调研。

4月

1—2日 全省重点服务业城区现场工作会议在潍坊举行。省委常委、常务副省长王仁元出席会议并讲话。

2日 中共中央组织部常务副部长沈跃跃到潍坊调研。沈跃跃对潍坊市近年来经济社会发展取得的成绩及推进基层党建创新取得的成果给予充分肯定。

是日 潍县战役胜利60周年纪念大会在市烈士陵园举行。

13—15日 中共中央党校常务副校长、中央党史研究室主任李景田，中央政策研究室副主任郑新立等一行7人，对潍坊市农业农村改革发展工作进行调研。

19日 中国（潍坊）首届文化艺术展示交易会在富华国际展览中心开幕。省委常委、宣传部部长李群与文化部文化市场司副司长张新建共同为文化部文化市场发展中心艺术品评估委员会山东工作站揭牌。

是日 国际风筝联合会第二届代表大会在东方大酒店召开，中国、美国、英国、法国、德国、澳大利亚等23个国家和地区的60余名代表参加会议。大会选举产生国际风联第二届执委会，国家体育总局副局长、中国奥委会副主席冯建中当选为国际风联主席，潍坊市市长许立全当选为常务副主席。大会通过新的国际风联章程。

19—21日 全国人大常委会副委员长司马义·铁力瓦尔地在潍坊调研。司马义·铁力瓦尔地对潍坊市通过成功举办风筝会、菜博会等一系列重要节会推动经济社会又好又快发展的做法和经验表示赞赏。

20日 第二十五届潍坊国际风筝会在潍坊市体育场开幕，第二十八届全国最佳邮票评选颁奖同时举行。开幕式上展示中国集邮总公司特为第二十五届潍坊国际风筝会制作、由市委书记张新起题名的纪念封。

21日 第二十五届潍坊国际风筝会“喜迎2008北京奥运”万人风筝放飞表演暨第四届世界风筝锦标赛、中外运动风筝邀请赛在浮烟山国际风筝放飞场开幕。

26日 全市依法查缴的12余万件侵权盗版出版物在风筝广场集中公开销毁。

27日 第二十五届潍坊国际风筝会“庆五一·迎奥运”万人放飞活动在人民广场举行。

是日 中国邮政储蓄银行潍坊市分行成立暨揭牌仪式在金茂国际大酒店举行。

30日 市委副书记、市长许立全到潍坊滨海经济开发区调研时强调，要从思想上、行动上、作风上自觉践行科学发展观，切实推动北部沿海地区开发在更高层次上健康发展。

是日 省政府召开全省安全生产工作电视会议。市委副书记、市长许立全在潍坊分会场强调，各级各部门要认真吸取“4·28”胶济铁路特别重大交通事故的深刻教训，进一步加强领导，落实责任，扎实做好安全生产工作。

5月

3日 中央电视台国际频道（4频道）首播第二十五届潍坊国际风筝会暨第二十八届全国最佳邮票颁奖晚会盛况。

8—9日 中共中央政治局常委、中央书记处书记、国家副主席习近平在潍坊考察工作，先后到诸城、寿光、高新技术开发区和中心城区考察，实地了解潍坊市贯彻落实中共十七大精神和全国“两会”精神情况，并就推动科学发展、促进社会和谐、加强党的建设等问题进行调研。在潍柴动力、诸城外贸有限公司、寿光蔬菜高科技示范园、寿光洛城农发公司等单位调研时，详细了解企业贯彻落实科学发展观、转变发展方式、推进自主创新的情况。他强调，在新的起点上谋划科学发展，就要更加全面准确地把握科学发展观的科学内涵、精神实质和根本要求，坚持以科学发展观审视过去、总结经验得失，武装头脑、转变思想观念，分析现实、查找突出问题，规划未来、完善体制机制，切实把科学发展观转化为谋划发展的正确思路、促进发展的政策措施、领导发展的实际能力，使贯彻落实科学发展观的过程真正成为推动经济社会又好又快发展的过程。习近平还深入到诸城市龙都街道土墙社区、寿光市孙家集街道办事处三元朱村，慰问基层干部，看望基层群众和党员。他指出，关注民生、重视民生、保障民生、改善民生，是我们党搞革命、搞建设、搞改革的出发点和落脚点，是党的宗旨的根本要求，也是人民群众过上更好生活的热切期盼。他强调，要坚持统筹兼顾，促进经济与社会以及各项社会事业之间的协调发展，在加快经济增长的同时，更加注重城乡居民收入的增长；在加大经济建设投入的同时，更加注重教育、卫生、科技、文化等社会事业的投入；在提升经济质量的同时，更加注重环境质量的改善；在提高发展水平的同时，更加注重人口素质的增强。特别要千方百计扩大就业，加快建立覆盖城乡居民的社会保障体系，不断改善民生。

11日 青岛—潍坊一体化发展座谈会在青岛举行。省委常委、青岛市委书记阎启俊，青岛市委副书记、市长夏耕，潍坊市委书记张新起，市委副书记、市长许立全出席并讲话。

13日 全市名牌表彰会议在鸢飞大酒店举行。2007年潍坊市有13家企业的15个产品获评中国名牌产品，41家企业的42个产品被确认为山东名牌产品，3家企业获得山东省质量管理奖，6个服务项目获得山东服务名牌称号。

13—14日 全国工商联党组书记、第一副主席全哲洙一行8人，在潍坊就各级工商联和民营企业落实科学发展观情况进行专题调研。

14日 潍坊市召开紧急会议，研究部署支援四川等灾区抗震救灾工作。潍坊市公安消防支队45名官兵和市医疗救援车队紧急奔赴四川地震灾区救援。

14—15日 副省长才利民在潍坊调研工程机械制造业发展情况。才利民对潍坊近年来经济社会发展，特别是工程机械制造业发展所取得的成绩给予充分肯定。

15日 全市各界积极响应市委、市政府号召，纷纷向四川地震灾区踊跃捐款捐物，奉献爱心。5时，潍坊第二批30人的抗震救援队伍出发，13时10分到达四川绵阳机场，当晚8点抵达江油市雁门关镇展开搜救工作。

24日 潍坊市第二批四川地震灾区援建队伍赴灾区，主要援助绵阳市过渡性住房建设工作。

26日 市委召开常委会，研究部署潍坊市支援抗震救灾工作。

31日 副省长贾万志到潍坊检查“三夏”农业生产工作时指出，各地要全力以赴抓好夏收、夏种、夏管工作，为确保全年粮食增产、农业增效、农民增收打下坚实的基础，为支援四川灾区抗震救灾工作作出积极的贡献。

是日 全市药品、医疗器械企业再捐助四川灾区药械仪式举行，62家药械企业捐赠660多万元的现金、药品和医疗器械。

是日 市委常委、副市长徐振溪在四川省北川县桂溪乡板房建设现场指挥部召开会议，成立潍坊市抗震救灾援川建设前线指挥部临时党委，并召开第一次党委扩大会议，就党建及援建工作进行研究部署。

6月

20—22日 全国政协副主席孙家正率领全国政协委员视察团在潍坊视察和谐社区建设情况。孙家正对潍坊市创新社区管理模式、促进和谐社区建设工作给予充分肯定。

24日 市委、市政府举行潍坊市创建国家卫生城市命名表彰大会。卫生部人事司副司长张闽元宣读《全国爱卫会关于命名山东省潍坊市为国家卫生城市的决定》，并向市长许立全颁发国家卫生城市奖牌；副市长王桂英宣读市委、市政府

《关于表彰创建国家卫生城市先进集体和个人的通报》。

26—28日 全市加快社会事业发展现场观摩点评会议召开，对各县市区、市属各开发区去年下半年以来社会事业发展和小城镇建设情况进行现场观摩，并进行评议和打分投票。

28日 在四川灾区视察工作的中共中央政治局常委、中央书记处书记、国家副主席习近平，和同行的中共中央政治局委员、中央书记处书记、中央组织部部长李源潮，在国家有关部委领导陪同下，到潍坊对口援建的北川县桂溪乡视察。习近平充分肯定潍坊市的援建工作，代表胡锦涛总书记，代表党中央、国务院，向潍坊援建人员致以亲切问候和良好祝愿，并对下步援建工作提出希望和要求。

29日 潍坊市文明城市创建现场观摩调度会议召开。对迎检工作进行再部署，集中研究解决存在的突出问题，全力做好文明城市检查验收各项准备工作，确保实现年度文明城市创建目标。

7月

3—4日 副省长王随莲在省政府副秘书长马越男陪同下，在潍坊调研奥运食品安全、兴奋剂治理、全国普及基本医疗卫生制度试点、农村卫生暨新农合、城市社区卫生等工作。

6日 潍坊（上海）现代服务业项目对接洽谈会暨重点合作项目签约仪式在上海国际会议中心举行。此次赴上海招商引资，共洽谈项目173个，签订合同项目32个，总投资额151亿元，外方投资额146.3亿元。

11日 省委常委、常务副省长王仁元到潍坊调研上半年经济社会发展情况，并主持召开经济形势分析座谈会，分析当前经济运行、物价、投资、节能减排、民生等工作，研究促进经济社会又好又快发展的对策措施。

15日 市委召开常委（扩大）会议，分析当前经济形势，研究对策措施，进一步统一思想，把握机遇，保持全市经济又好又快发展的势头，确保完成全年任务目标。

是日 纪念郭味蕖百年诞辰“郭味蕖美术馆”开馆暨“潍柴动力艺术中心”揭牌庆典仪式在潍城区郭味蕖美术馆举行。

16—17日 全省人大工作会议在富华国际会议中心召开。省人大常委会常务副主任高新亭出席会议并讲话，市委书记、市人大常委会主任张新起出席会议并致辞，介绍潍坊经济社会发展情况。

19日 山东诸城推进农村社区化服务暨统筹城乡一体化发展理论研讨会在诸城市召开。中共中央政策研究室副主任郑新立，省委农村工作领导小组办公室主任王泽厚分别讲话。国务院研究室党组成员黄守宏，省委宣传部副部长张全新等出席会议。

8月

6日 省政协理论学习中心组读书会在富华国际会议中心结业。省政协理论学习中心组读书会于7月29日在潍坊开班；8月2日，与会人员到诸城参观考察；4日，到潍坊中心城区参观考察城市建设和工业发展情况。

12日 潍坊运动员谭宗亮在北京第二十九届奥运会男子手枪50米慢射决赛中，以659.5环的成绩获得银牌。

14日 副省长李兆前到潍坊调研科技创新工作。

是日 密克罗尼西亚总统伊曼纽尔·莫里一行在外交部参赞丁胜幸、黎永传和省外办主任张伟龄陪同下，到潍坊进行访问。

15日 中国经济时报社社长兼总编辑包月阳、副社长李小千率领的采访团一行5人到潍坊，就农业产业化发展，特别是发展外向型农业、打造“绿色农业”等方面的经验进行专访。

17日 潍坊运动员奚爱华与队友在北京第二十九届奥运会赛艇女子四人双桨决赛中夺得冠军，实现中国奥运史上赛艇项目的历史性突破。奚爱华成为继林伟宁和邢慧娜之后，潍坊市培养输送的第三位奥运会冠军。

18日 英国奥运大臣泰萨·周维尔一行4人到潍坊进行友好访问，参观潍县集中营陈列馆及旧址，瞻仰英国奥运冠军艾里克·利迪尔纪念碑。

19日 省高级人民法院和潍坊市委在诸城召开大会，对获“全国模范法院”荣誉称号的诸城市人民法院进行表彰。

29日 第七届中国花卉博览会组织委员会第一次会议在北京举行。会议决定第七届中国花卉博览会于2009年9月26日—10月5日在北京顺义区和山东潍坊市举办。

29—30日 农业部副部长张桃林、农机化司司长宗锦耀一行8人在潍坊就农机工作进行考察。

30日 中央政策研究室、中央党校研究室、农业部政策法规司的领导、专家课题组一行8人，到潍坊坊子区调研城乡一体化医改模式。

是月 省发改委核准华能集团寿光、昌邑风力发电项目。华能集团规划在潍坊北部沿海投资78亿元开发风能资源，建设70万千瓦风电工程，此次核准的两个项目总投资12亿元，主要建设风机塔架、箱式变压器，配套建设110千伏变电站及控制中心等辅助设施。安装单机容量1500千瓦风力发电机组66台，总装机规模9.8万千瓦。

9月

4日 市委书记张新起，市委副书记、市长许立全在富华大酒店会见潍坊籍奥运健儿、北京奥运会女子四人双桨赛艇冠军奚爱华和男子50米手枪慢射亚军谭宗亮。

4—6日 省人大常委会组织部分全国人大代表到潍坊就增强企业科技自主创新能力问题开展专题调研。李肇星等25名全国人大代表参加调研。调研组充分肯定潍坊市在增强企业科技自主创新能力方面所做的工作及取得的成绩。

15日 潍坊市运动员王瑞雪、范菲菲，教练员王金琴在“2008年北京残奥会”女子盲人门球比赛中夺得银牌，实现该项目历史性突破。

19日 2008中国（昌邑）北方绿化苗木博览会、第十三届中国园林花木信息交流会在昌邑市绿博园开幕。国家林业局副局长张建龙为“山东昌邑国家级苗木交易市场”授牌，副省长贾万志宣布交流会开幕。

22日 潍坊市被省委、省政府授予“省级文明城市”称号；青州市、诸城市被省委、省政府授予“省级文明县市区”称号；奎文区、高密市被省委、省政府授予“省级创建文明城市工作先进县市区”称号。

22—23日 全国政协原副主席孙孚凌在潍坊考察。在潍坊期间，孙孚凌出席“第九届中国特产文化节”“第七届昌乐国际宝石节”开幕式和“中国特产之乡论坛暨表彰大会”。

23日 第四届海外华商企业科技创新合作交流会、潍坊招商推介会在富华大酒店举行，15个国家和地区的40多位海外华商代表参加招商活动。

24日 潍坊市举行经济形势与创业投资报告会。市委副书记、市长许立全出席报告会，并与深圳创新投资集团董事长靳海涛为潍坊创新创业资本投资有限公司揭牌。

24—26日 省农村基层党风廉政建设督查组在潍坊进行督导检查。督查组对潍坊市农村基层党风廉政建设工作给予高度评价，同时也提出新的要求。

25日 由中国农工民主党中央委员会和山东省人民政府主办的第四届中国生态健康论坛在青州开幕。全国人大常委会副委员长、农工党中央主席桑国卫出席论坛并作“生态健康与可持续发展”的报告。

27日 第四届“百名博士潍坊行”活动在中国国际人才市场潍坊市场开幕。开幕式上，与会领导为福田雷沃等7个博士后科研工作站授牌。

是日 首届潍坊电脑节暨IT产品交易会开幕式在威尼斯数码广场举行。

28日 潍坊市北部的国家级高速公路重点工程——荣乌高速公路新河至辛庄子段竣工通车。

10月

6日 2008中国（临朐）观赏石展销博览会在临朐文化城开幕。

是日 五集电视纪录片《潍县集中营》在中央电视台播出新闻发布会在市级机关综合办公大楼举行。《潍县集中营》将从10月12日开始，在央视科技频道《探索·发现》栏目播出，每晚一集。

10日 2008（青岛）潍坊周暨博览会开幕式在青岛国际会展中心东广场举行。

18日 “‘数字潍坊’总体规划纲要与发展战略研究”专家论证会在北京召开。会议通过“数字潍坊”规划。

20日 中等城市房地产与城市建设高峰论坛在鸢飞大酒店举行。住房和城乡建设部政策研究中心主任陈淮，北京科技大学教授赵晓分别作专题演讲。

21—22日 全国中小学社会实践基地建设研讨会在潍坊召开。

22—24日 国务院纠风办到寿光市对“绿色通道”源头治理工作进行专题调研。调研组对该市设立源头管理办公室，成立联合执法队伍，认真落实“绿色通道”通行政策等工作给予充分肯定。

26日 工业和信息化部部长李毅中在省委常委、副省长王军民陪同下到潍坊，就当前经济形势、工业和信息化发展等情况进行调研。

11月

1日 国务委员、公安部部长孟建柱到潍坊考察工作，重点对潍坊基层公安机关加强信息化规范化建设进行调研。

2日 团中央书记处第一书记陆昊就农村基层团的工作到潍坊考察。陆昊对潍坊市经济社会发展和团的工作所取得的新成就给予充分肯定。

3日 中共中央政治局常委、国务院副总理李克强到潍坊考察调研。他强调，要深入贯彻落实科学发展观，坚持把实现好、维护好、发展好广大农民根本利益作为农村一切工作的出发点和落脚点，确保改革发展成果惠及广大人民群众。李克强先后到昌邑市饮马镇中心卫生院、杨家庄子村，就新型农村合作医疗、小麦生产及种粮、农机补贴等问题进行调查研究。

4日 以寿光三元朱村党支部书记王乐义为原型拍摄的电影《永远是春天》，在济南举行首映式。该影片被国家广电总局确定为纪念改革开放30周年，向全国电影发行放映单位推介。

5—6日 省人民检察院检察长国家森率调研组一行到潍坊，就检察机关“保障和促进科学发展，服务经济文化强省建设”进行专题调研。

20日 山东省首家村镇银行——寿光村镇银行开业。

27日 2008第三届中国（山东）农业机械博览会在富华国际会展中心开幕。

12月

1—3日 人民政协报社社长、党组书记邬旦生一行4人，在潍坊调研。

3—4日 中共中央统战部副部长、宋庆龄基金会党组书记黄跃金一行5人在潍坊，就党外知识分子工作及金融危机对民营科技企业和中介组织的影响进行调研。

10日 全国农村社区建设实验工作经验交流会（第三片区）在诸城市召开。与会代表实地参观诸城市农村社区建设工作。

27日 黄岛至潍坊重质液体化工原料输送管道项目开工奠基仪式举行。黄岛至潍坊重质液体化工原料输送管道项目总投资12.17亿元，起点为黄岛区青岛港油港分公司码头，终点至潍坊滨海经济开发区，管道全长200千米，建成后年可输送重质液体化工原料1500万吨。

是日 第五届中国（山东）名牌食品交易会暨潍坊精品年货团购会开幕式在富华国际会展中心举行。

29日 山东省软件产业职业教育集团揭牌仪式在潍坊科技学院举行。

30日 潍坊市入选2008年度“中国特色魅力城市200强”。

2009年

1月

5—6日 全国共青团农村工作会议在潍坊召开。团中央书记处第一书记陆昊出席会议并讲话，团中央书记处书记汪鸿雁主持会议并对工作做具体部署。山东省委副书记刘伟，潍坊市委书记张新起分别致辞。陆昊高度评价潍坊团的工作特别是农村团的建设与工作。

8日 潍坊港年货物吞吐量突破1000万吨新闻发布会在市级机关综合办公大楼举行。

13日 全省农村基层组织建设工作电视电话会议召开，市委书记张新起在济南主会场代表潍坊市作典型发言。市委常委、组织部部长钟少林出席潍坊分会场会议，并对全市下一步农村基层组织建设工作进行部署。

15—16日 全国党建研究会农村专委会全体委员会议暨改革开放30年与农村党的建设理论研讨会在潍坊举行。全国党建研究会副会长蔡长水，省委组织部副部长厉彦林出席并讲话，市委书记张新起致辞。

20日 在全国精神文明建设工作表彰大会上，潍坊市获“全国创建文明城市工作先进城市”称号。

2月

25日 潍坊市与省国土资源厅在富华大酒店举行《关于创新机制全面推进土地整理和村庄改造工作合作协议》签约仪式。市委书记张新起出席签约仪式。市委副书记、市长许立全与省国土资源厅厅长徐景颜分别致辞并共同签署协议。

27日 副省长贾万志到潍坊检查指导第七届中国花卉博览会筹办工作。市委副书记、市长许立全陪同检查并介绍花博会筹办工作进展情况。

3月

1日 延安潍坊两地合作座谈会在寿光举行。陕西省委常委、延安市委书记李希出席并讲话，潍坊市委书记、市人大常委会主任张新起主持会议并讲话。

5日 全市深入学习实践科学发展观活动动员大会在富华国际会议中心召开。

5—6日 新闻出版总署副署长阎晓宏一行4人，到诸城、寿光考察农家书屋工程建设情况。

6日 全市领导干部理论学习辅导报告会在市级机关综合办公大楼举行，省委常委、宣传部部长李群作关于文化体制改革和文化产业发展的专题辅导报告。张新起主持报告会。

6—8日 省委常委、宣传部部长李群，在潍坊就文化体制改革和文化产业发展进行调研。

10日 潍坊至北京、上海航线加密航班更换机型首航仪式在潍坊机场举行。

12日 全省城市建筑垃圾综合利用现场经验交流会在潍坊召开。

18日 潍坊市召开工业经济运行调度会议，听取市直有关部门关于当前工业经济运行情况汇报，研究促进全市工业经济平稳健康发展对策措施。

23—24日 中央财经领导小组办公室主任、国家发展改革委副主任朱之鑫一行，在潍坊就当前经济发展形势进行调研。

24—25日 中共中央政治局委员、中央书记处书记、中宣部部长刘云山，在潍坊考察调研。他强调，深化文化体制改革、推动文化大发展大繁荣，是全国经济社会发展进入新阶段的必然要求。必须深入贯彻落实科学发展观，紧紧抓住全党全社会高度关注和重视文化建设的有利契机，增强改革意识，坚定改革信心，大力推进体制机制创新，努力走出一条文化繁荣发展的新路。

28—29日 国家部委联合调研组在省委常委、常务副省长王仁元陪同下到潍坊，就黄河三角洲高效生态经济示范区规划进行调研。

4月

10日 市委、市政府召开全市城镇化工作会议，总结全市城镇化发展的成果和经验，研究加快城镇化发展的任务和措施。

10—12日 2009年春季山东省糖酒商品交易会在潍坊富华国际展览中心举行。

16—17日 由海关总署（国家口岸管理办公室）等单位组成的国家验收组对潍坊港口岸对外开放准备工作进行验收，潍坊港口岸对外开放通过国家验收。

19日 盛瑞传动机械股份有限公司与德国富瑞格公司8AT项目合作签字仪式在潍坊举行。

19—21日 全国政协副主席、民进中央常务副主席罗富和在潍坊调研。在潍坊期间，罗富和出席第二十六届潍坊国际风筝会开幕式和第十届中国（寿光）国际蔬菜科技博览会开幕式，参观考察菜博会展厅、寿光弥河农业观光带、寒亭区杨家埠民间艺术大观园和张面河风景带等，对潍坊市文化建设、城市建设给予高度评价。

28日 潍县战役胜利广场落成典礼举行。市政协主席赵兴涛出席并讲话。参加过潍县战役的中央军委原副主席、原国务委员兼国防部部长迟浩田将军为潍县战役纪念石题词。

28—29日 全省县级供销社主任现场会议在富华国际会议中心召开。省供销社党委书记、理事会主任白志刚出席并讲话。

5月

7日 中国驻日本大使崔天凯到潍坊调研经济社会发展以及与日本交流合作情况。

11日 市委常委（扩大）会议在市级机关综合办公大楼举行。会议通报潍坊市学习考察团赴淄博、济宁、济南考察学习情况，传达省党政代表团赴江苏考察学习情况。市委书记张新起主持会议并讲话。

14—15日 全省法院推动建立多元纠纷解决机制会议在潍坊召开。省高级人民法院院长周玉华出席会议并讲话。

15日 审计署审计长刘家义到潍坊调研。刘家义参观考察虞河风景带，寿光市蔬菜高科技示范园、三元朱村、科技学院、晨鸣集团以及建设中的农产品物流园等。

16—17日 全国“党风廉政建设与县域经济发展”理论研讨会在寿光召开。

20日 全国农产品质量安全整治工作座谈会在寿光召开。农业部副部长陈晓华出席会议并讲话，省长助理陈光致辞。

31日 潍坊奥体中心主体育场通过验收，正式交付使用。潍坊奥体中心主体育场总占地面积418377平方米，体育场为六层钢筋混凝土框架结构，看台部分共分为三层，有45000个座位，是2009年第十一届全运会部分项目的比赛场地。

6月

3日 国土资源部副部长鹿心社在省政府特邀咨询孙守璞陪同下到潍坊，就重点项目落地、基本农田保护、土地开发整理等有关情况进行调研。

是日 住房和城乡建设部副部长郭允冲代表住建部党组，专程到潍坊看望慰问患病住院的援川干部崔学选。住建部党组决定，授予崔学选“全国住房城乡建设系统抗震救灾先进个人”称号，并在全国住房城乡建设系统深入开展向崔学选学习活动。

7日 全国双拥办副主任董华中率全国双拥办调研组到潍坊考察调研。

8—9日 中国工程院副院长、院士邬贺铨一行11人，在潍坊市就“建立以企业为主体、市场为导向、产学研相结合的技术创新体系”进行专题调研，实地参观考察晨鸣、潍柴动力和中微光电子等企业。

18日 山东重工集团有限公司揭牌仪式在济南举行。

23—24日 全国政协常委、教科文卫体委员会主任、中国科学院院士徐冠华率领全国政协调研组，在潍坊就“社会事业协调发展的重要政策问题”进行调研。

28日 第七届中国花卉博览会筹备工作会议在青州举行。全国政协人口资源环境委员会副主任、中国花卉协会会长江泽慧，副省长贾万志出席并讲话。市委书记张新起出席会议，市委副书记、市长许立全作山东展区筹备工作情况汇报。

29日 潍坊市召开建设山东半岛蓝色经济区座谈会，市委书记张新起主持会议并讲话。

7月

1日 崔学选先进事迹报告会在富华国际会议中心举行。

5日 国土资源部部长、党组书记、国家土地总督察徐绍史到寿光市调研。

6日 市委召开常委（扩大）会议，传达学习省委、省政府《关于打造山东半岛蓝色经济区的指导意见》和省委办公厅、省政府办公厅转发《省发展和改革委员会关于建设胶东半岛高端产业聚集区的意见》，就全市加快建设山东半岛蓝色经济区和胶东半岛高端产业聚集区进行研究部署。

是日　福田汽车与潍柴动力深化战略合作暨蓝擎国Ⅳ发动机上市推广启动仪式在潍柴工业园举行。市委副书记、市长许立全出席并讲话。

是日　2009中国（诸城）大舜文化节在诸城开幕。全国政协副主席张梅颖宣布2009中国（诸城）大舜文化节开幕。市委副书记、市长许立全主持。仪式结束后，国家及省、市领导出席2009夏季中国（诸城）国际烧烤节。省长助理陈光在烧烤节开幕式上讲话，市委常委、常务副市长胡岗致辞。

12—13日　全国人大常委会副委员长、民进中央主席严隽琪一行，在潍坊就全市工业化对农村劳动力转移的带动作用和农业产业化及农业科技培训工作进行调研。

15日　援川干部的优秀代表、山东省优秀共产党员崔学选同志遗体告别仪式在潍坊市殡仪馆举行。中共中央总书记、国家主席、中央军委主席胡锦涛，中共中央政治局常委、中央书记处书记、国家副主席习近平，中共中央政治局委员、中央书记处书记、中央组织部部长李源潮送花圈，对崔学选同志的不幸逝世表示沉痛哀悼。

23—24日　全国海洋生态保护与建设工作会议在潍坊召开。国家海洋局副局长王飞出席并讲话。

27日　全市加快建设蓝色经济区和高端产业聚集区动员大会在富华国际会议中心举行。

是日　全国政协副主席、农工党中央常务副主席陈宗兴到青州市参观考察。

28日　潍坊港口岸对外开放首航仪式在潍坊港举行。潍坊港于四月通过国家一类开放口岸验收，是山东省“十一五”期间实现对外开放的唯一海港口岸。2008年，潍坊港年货物吞吐量突破1000万吨，成为山东省区域性重要港口。

8月

3日　市委召开常委（扩大）会议，通报省委组织部对全市党政领导班子、领导干部和县市区委书记2008年度考核情况，学习中央有关文件。市委书记张新起主持会议并讲话。

6日　市委常委（扩大）会议在市级机关综合办公大楼举行，传达学习中共中央政治局常委、国家副主席习近平和省委书记姜异康等领导对潍坊市干部作风建设的重要批示精神，研究贯彻落实意见，对深入推进学习实践科学发展观活动、加强干部作风建设作出安排部署。市委书记张新起主持会议并讲话。

是日　全国政协副主席李兆焯一行到潍坊调研指导工作。

22日　第一届潍坊滨海国际风筝冲浪邀请赛开幕。中宣部原常务副部长龚心瀚、市委书记张新起为开始筹建的“中国潍坊滨海风筝国际休闲运动中心”揭牌。

是日　莫言文学馆在高密举行开馆仪式。

30日　省政协副主席齐乃贵、市委书记张新起在富华大酒店会见香港创律集团董事长徐增平、美国金氏兄弟控股集团主席金望桐等出席“海外知名企业家潍坊行”活动的海外贵宾。

31日　“海外知名企业家潍坊行”活动暨潍坊海外联谊会第三届理事大会在富华大酒店举行。

是日　全国“十城万盏”半导体照明应用工程试点工作启动仪式在潍坊举行。省科技厅厅长翟鲁宁主持启动仪式。

9月

1日 第十五届鲁台经贸洽谈会暨第六届台商大会在富华国际会议中心开幕。全国政协副主席、科技部部长万钢宣布开幕，省委副书记、省长姜大明，中共中央台办、国务院台办主任助理李亚飞，市委书记张新起分别致辞，副省长才利民主持。

10日 全国财政税政工作会议在潍坊召开。

是日 王尽美入选“100位为新中国成立作出突出贡献的英雄模范人物”；寿光市三元朱村党支部书记王乐义入选“100位新中国成立以来感动中国人物”。

22—23日 环保部、商务部、科技部组织专家对滨海经济开发区国家生态工业示范园区创建工作进行联合验收，经过审查和现场调查，滨海经济开发区国家生态工业示范园区通过考核验收。

24日 潍坊市庆祝中国人民政治协商会议成立60周年大会在富华国际会议中心举行。市委书记张新起讲话，市委副书记、市长许立全出席，市政协主席赵兴涛主持。

25—27日 全国人大常委会副委员长桑国卫率全国人大执法检查组在潍坊就食品安全法贯彻实施情况进行执法检查。

26日 第七届中国花卉博览会山东展区在青州市开幕。

10月

11—12日 全国出口食品、农产品质量安全示范区建设经验交流会在潍坊召开。国家质检总局局长王勇出席并讲话。

16—28日 在第十一届全运会上，潍坊市运动员共获得9枚金牌（奚爱华从北京奥运会上带入金牌1枚）、5枚银牌和1枚铜牌，创造潍坊市参加全运会获金牌和奖牌数最多的好成绩。

22—28日 全省农村党支部书记示范培训班在寿光农村党支部书记培训学院举行。

26日 山东天然气管网工程第二标段（潍坊段）开工仪式在昌乐县举行。山东天然气管网工程包括1条干线5条支线，线路总长约1047千米。潍坊至青岛段为第二标段，该段在潍坊全长182.31千米，途经临朐、昌乐、安丘、坊子区、高密、昌邑及峡山生态经济发展区。

31日 市政协在北京举行《潍坊籍将军》发行座谈会。中国人民解放军海军原政委杨怀庆上将、总参谋部原副总参谋长张黎上将等15位将军，省政协副主席、省委统战部部长张传林，市政协主席赵兴涛等出席会议。

11月

4—6日 中国优秀旅游城市复核组对潍坊市创建中国优秀旅游城市工作进行复核检查并通过。潍坊市自2003年被授予“中国优秀旅游城市”称号以来，已于2005年、2007年两次通过复核检查。

12—13日 全省县级政法委建设经验交流座谈会在寿光举行。

16日 首届中国（山东）儒释道传统文化高峰论坛在青州开幕。全国人大常委会委员、中国道教协会常务副会长张继禹，全国政协常委、中国佛教协会副会长学诚法师，省政协副主席齐乃贵，市政协主席赵兴涛等出席论坛开幕式。

17—18日 全省农村精神文明建设工作经验交流会在诸城召开。

24日 王伯祥收到省委常委、组织部部长李玉妹转交的中共中央政治局常委、中央书记处书记、国家副主席习近平给他的回信。信的原文是：

王伯祥同志：

收到你的来信，认真阅读了《大地为鉴》一书。这本书记录了你作为一名党员领导干部，自觉实践全心全意为人民服务的根本宗旨，带领广大干部群众，解放思想、开拓进取、艰苦奋斗、战胜困难，努力建设一个繁荣新寿光的艰辛历程，看后感到很高兴很欣慰，也很受教育。广大党员干部尤其是各级领导干部，都应该大力弘扬党的优良作风，坚持为民、务实、清廉、发挥骨干带头作用，推动科学发展、促进社会和谐，服务人民、造福百姓。

希望你珍惜荣誉、保重身体，继续为党和人民的事业发展做出新贡献。

习近平

2009年11月17日

12月

1日 青岛国际机场潍坊货运空港揭牌仪式在潍坊出口加工区举行。

9—10日 由团省委、省社科联、省蓝色经济区建设办、省青联联合主办，潍坊团市委、市青联、滨海经济开发区承办的“蓝色·青年·未来”打造山东半岛蓝色经济区青年论坛在潍坊举办。国家海洋局海洋发展战略研究所经济室主任刘容子，省发改委副主任宋军继等分别作主题演讲。

18—19日 卫生部组织《人民口报》、新华社、中央电视台、《光明日报》、《经济日报》、《健康报》等媒体对潍坊市公立医院改革情况进行集中采访。

25日 市委在市级机关综合办公大楼召开常委（扩大）会议，传达学习中央和全省经济工作会议精神，研究市委2010年工作要点。市委书记张新起主持会议。

31日 王伯祥先进事迹报告会在北京人民大会堂举行。报告会前，中共中央政治局常委、中央书记处书记、国家副主席习近平会见王伯祥和报告团全体成员并讲话。他指出，王伯祥同志在担任县委书记期间，以富民强县为己任，真抓实干，开拓进取，清正廉洁，艰苦奋斗，为寿光的发展打下了坚实的物质基础，留下了宝贵的精神财富，赢得广大干部、群众的赞扬。王伯祥同志的先进事迹是加强县委书记队伍建设的生动教材。要把学习王伯祥同志先进事迹与贯彻落实科学发展观紧密结合起来，充分运用新闻、网络等多种媒体，包括利用报告团这种现身宣讲的方式，广泛深入地宣传王伯祥同志的先进事迹，教育和引导广大党员干部特别是县委书记向王伯祥同志学习，像他那样树立正确的事业观，坚持发展第一要务，推进全面协调可持续发展，做贯彻落实科学发展观的忠实实践者；像他那样树立正确的政绩观，坚持为官一任、造福一方，一心一意为群众办实事、做好事、解难事；像他那样树立正确的工作观，深入实际、深入群众，真抓实干，争创一流业绩；像他那样树立正确的利益观，严于律己，秉公办事，一身正气、两袖清风。

2010年

1月

5日 潍坊市召开第二批深入学习实践科学发展观活动工作会议，总结全市第二批学习实践活动学习分析检查阶段情况，安排部署整改落实阶段工作。

7日 农业部部长韩长赋到潍坊考察福田雷沃重工、寿光三元朱村和蔬菜高科技示范园，并听取全市近年来经济社会发展特别是现代农业发展有关情况汇报，并给予充分肯定。

19—22日 省政府农村住房建设与危房改造检查组在潍坊检查农村住房建设与危房改造工作。

23日 全市市县政府机构改革动员大会在市级机关综合办公大楼召开。

27日 全市深入学习王伯祥先进事迹座谈会在市级机关综合办公大楼召开。市委副书记崔建平出席并讲话。

2月

1日 全省水利局长会议在潍坊召开。省水利厅厅长杜昌文讲话，市委书记张新起致辞。

3月

2—3日 全省干部在线学习工作会议暨山东干部学习网开通仪式在潍坊举行。省委常委、组织部部长李玉妹开启干部学习网并讲话，市委书记张新起致辞。

是日 全省劳动保障监察工作暨“两网化”试点现场会在潍坊召开。潍坊市作为全国劳动保障监察“两网化”管理试点城市，在会上作典型发言。

21—22日 潍坊市在广州举行黄河三角洲高效生态经济区暨胶东半岛高端产业聚集区投资恳谈会，宣传推介全市投资优势和发展前景，推进与珠三角等经济发达地区高端产业、知名企业的对接、交流与合作。恳谈会上，潍坊市对高新技术创业服务园区等47个重点招商项目进行推介，24个重点合作项目现场签约，项目总投资320亿元，合同利用市外资金281亿元。

31日—4月1日 市委书记张新起主持召开转方式、调结构重大问题调研座谈会，分别与市直有关部门、各县（市）主要负责人就转方式、调结构重大问题进行研讨。

4月

8—10日 全省共青团工作第一次观摩会议在潍坊召开。与会人员参观寒亭区开元街道张氏社区、第二届全市青年创业大赛沙盘对抗赛现场、福田雷沃青年就业创业见习基地等团的工作现场，对潍坊市坚持党建带团建，适应农业产业化、农村社区化和城乡一体化趋势，大力加强产业建团、农村社区团建和城市团建的创新性举措等做法给予高度评价。

10日 2010年春季山东省糖酒商品交易会在潍坊富华国际展览中心开幕。省糖酒副食品商业协会会长张洪强致辞。

12—13日 中央组织部调研组在省委组织部有关负责人陪同下，到潍坊就农村基层组织建设工作进行专题调研。

13日 中共中央文明办未成年人工作组组长谭陆率调研组到潍坊，调研未成年人思想道德建设工作。

15—16日 由中央农村工作领导小组副组长、中央财经领导小组办公室副主任、中央农村工作领导小组办公室主任陈锡文，中国科学院副院长白春礼，中央政策研究室副主任潘盛洲，国家发改委副主任徐宪平等组成的中央调研组，到潍坊进行调研。

21日 “潍坊市首批民间艺术大师”命名仪式在富华国际会展中心举行。20人被评为潍坊市首批民间艺术大师，涵盖木版年画、扑灰年画、风筝、泥塑、剪纸、红木嵌银、雕刻、雕塑等10个艺术门类。

22日 “玉树，我们在一起”潍坊市支援玉树灾区募捐义演在潍坊电视台1号演播厅举行。募捐活动中企业和现场观众捐款4600多万元。

23日 潍坊市在北京举行盛瑞传动8AT变速器新闻发布会，向国内外公布世界首款前置前驱8挡自动变速器的成功研发及生产筹备情况。

5月

4日 市委在市级机关综合办公大楼召开常委（扩大）会议，传达贯彻全国、全省综治维稳工作电视电话会议精神，专题研究做好当前校园安全工作，要求全市各级各部门认清形势，转变理念，调整资源配置，强化责任落实，确保校园安全稳定，努力把平安潍坊建设提高到一个新水平。

5—6日 全国领导干部选拔考试通用题库山东省命题专家培训会议在潍坊召开，安排部署全省试题命制任务，并对全省200余名命题专家进行试题开发业务培训。

6日 中国（济南军区）第七批赴苏丹维和医疗队开训动员大会在潍坊召开。

10—12日 国家可持续发展实验区考察组到潍坊，就峡山生态经济发展区有关申报、创建工作进行实地考察。

12—13日 全国政协办公厅信息联系点第十一次工作联系会议在潍坊召开，会议传达全国政协领导对信息工作的重要指示，交流经验，并就如何进一步做好政协信息工作进行研讨。

15日 中共中央政治局委员、全国政协副主席王刚率领全国政协常委视察团到寿光，就加快经济发展方式转变、推进经济结构调整、进一步推动经济社会又好又快发展进行视察调研。

20日 2010年全国桌式足球公开赛开幕式暨全国桌式足球推广示范基地揭牌仪式在坊子区坊茨小镇举行。

21日 全国农机社会化服务示范建设活动启动暨山东省三夏农机跨区作业出征仪式在坊子区政府广场举行。

24日 市委召开常委（扩大）会议，集体学习《党政领导干部选拔任用工作责任追究办法（试行）》《党政领导干部选拔任用工作有关事项报告办法（试行）》《地方党委常委会向全委会报告干部选拔任用工作并接受民主评议办法（试行）》《市县党委书记履行干部选拔任用工作职责离任检查办法（试行）》。

25日 全省城市园林绿化工作会议在诸城召开。

26日 中华全国总工会副主席、书记处书记徐振寰一行3人到潍坊，对全市职工队伍稳定和困难劳模养老保险等各项待遇落实情况进行调研。

27日 全国第17期面试考官骨干培训班开班仪式在潍坊举行。中共中央组织部领导干部考试与测评中心副主任徐宝君等出席。

是日 全国农村社区化发展与基层党组织建设研讨会在诸城召开。会议对农村社区化发展与农村基层党组织建设等问题，特别是诸城农村社区党建创新进行深入探讨和研究。

6月

2日 国家级潍坊滨海经济技术开发区揭牌仪式在滨海举行。

7日 全国政协常委、致公党中央常务副主席王钦敏率团到潍坊，就“生物质能源的科技创新与产业化发展”等相关课题进行调研。

8日 福田山东·潍坊汽车厂在高新技术产业开发区举行奠基仪式。该项目规划总投资45亿元，年标准产能为整车30万辆，其中新能源汽车占整车的30%。

8—9日 由致公党山东省委员会、潍坊市人民政府承办的中国发展·潍坊2010生物医药产业创新发展论坛在富华国际会议中心举行。

10—12日 中共中央统战部副部长、全国工商联党组书记、第一副主席全哲洙，对潍坊市非公有制经济组织创先争优工作进行调研。

21—22日 农业部畜牧业司巡视员陈伟生率农业部、商务部、财政部组成的国家生猪产业化调研组一行6人，就生猪产业化经营到潍坊调研。

21—23日 省人大常委会副主任鲍志强带领视察组，对潍坊市节能减排工作进行视察，实地察看宏力空调等5个节能减排项目的建设和生产情况，并到诸城走访座谈。

22—23日 “新世纪、新三角”全国网络媒体黄三角采访团到潍坊采访考察，全国40多家主流网络媒体的80多名记者、编辑先后到滨海经济技术开发区、寿光等地进行实地采访考察。

24—25日 全省青少年校外活动场所规划建设论证会议在潍坊召开，对全省16个校外活动中心的规划建设进行论证。

7月

1日 全国政协人口资源环境委员会副主任王曙光、张黎、庄国荣率全国政协“山东半岛蓝色经济区建设”调研组，到潍坊调研。

3日 华特低温超导磁电项目开工奠基仪式在临朐县举行。华特低温超导磁电项目总投资5.2亿元，一期工程年底投产。

3—5日 以叙利亚十月大学党委书记加里布·谢哈德为团长的叙利亚复兴社会党干部考察团一行，在中联部有关负责人陪同下到潍坊，就基层党建和社会经济发展等情况参观考察。

3—8日 全市科学发展现场观摩点评会议举行，对各县市区、市属各开发区科学发展情况进行观摩点评。

8—9日 省委常委、副省长王军民率省直有关部门负责人，在潍坊就交通综合整治、优质产品生产基地建设等工作进行调研。

9日 国务院南水北调办公室主任张基尧到潍坊调研胶东调水工程潍坊段工作。

13—14日 由希腊、葡萄牙、意大利、法国和德国等国共产党（左翼党）组成的西欧共产党宣传和媒体负责人联合考察团一行，在中联部有关负责人陪同下，参观考察潍坊基层党建和社会经济发展等情况。

16日 沂山玉皇阁落成典礼在沂山风景区举行。全国政协常委、中国道教协会会长任法融等出席典礼。

19日 首届中国潍坊“希望杯”国际青少年足球联赛开幕式暨首场比赛在奥体公园体育场举行。

26日 山东省话剧院（坊茨）创作基地揭牌暨大型多媒体话剧《杞人忧天》联合开发新闻发布会在坊子区坊茨小镇举行。

27日 全省创建优质产品生产基地现场会议在诸城召开。

28日 全省公路综合整治工作现场会在潍坊召开。与会人员到青州、昌乐、诸城等地观摩公路综合整治现场。

8月

2—5日 由教育部、国家语言文字工作委员会、中央文明办联合主办，潍坊市人民政府承办的“中华诵·2010全国中小学生夏令营”在潍坊举行。中共中央政治局委员、国务委员刘延东表示祝贺并作重要批示。该届夏令营活动的主题是“诵中华经典，做文明少年”，全市安排4个专题27个板块的活动。

5日 潍坊市家政服务网络中心举行启动仪式。市家政服务网络中心服务包含家庭教师、家庭保姆、装修装饰、养老服务、医疗服务、法律服务等10大类73个项目。市民可采取拨打“12343”呼叫服务平台、登录网站自助服务平台等方式，获得免费咨询、定制、预约服务。

7日 全省首家养老服务职业培训学校——潍坊市华都养老服务职业培训学校在华都颐年园揭牌开班。

14—16日 由肯尼亚副总统、橙色民主运动——肯尼亚领袖卡隆佐·穆西约卡率领的肯尼亚、埃塞俄比亚、坦桑尼亚三国农业代表团，在中联部副部长陈凤翔陪同下到潍坊考察访问。

19日 全省中小学校舍安全工程工作会议在潍坊召开。与会代表参观临朐、昌乐、青州、寿光校舍安全工程现场。

20日 第二届中国潍坊滨海国际风筝冲浪邀请赛在潍坊滨海经济技术开发区“欢乐海”开幕。邀请赛于8月20—22日在滨海区“欢乐海”举行，共有美国、英国、德国、俄罗斯等30多个国家、地区的40多名运动员以及上海、福建、黑龙江等18个省市的30多名运动员参赛，邀请赛设竞速和花样两项赛事。

24日 全市农技推广体系暨现代农业示范园区建设现场工作会议在寿光召开。

30—31日 全省农村住房与城市保障性安居工程建设调度会在寿光召开。与会人员观摩寿光农村住房建设与城市保障性安居工程建设现场。

31日 全省农村交通物流试点工作现场会议在寿光召开。

是日 海峡两岸郑板桥文化研讨会举行。

是日 首届海峡两岸（潍坊）茶文化节在潍坊北方茶都开幕。

是日 2010年世界旅游小姐百名佳丽花车大巡游在潍坊市城区主要道路举行。

9月

1日 第十六届鲁台经贸洽谈会暨第七届台商大会在富华国际会议中心开幕。第十六届鲁台经贸洽谈会重点对台合作项目签约仪式在富华国际会议中心举行。

是日 第十六届鲁台会海峡两岸高新技术及先进制造业博览会展馆在富华会展中心开馆。

是日 海峡两岸知名企业家对接黄河三角洲战略合作推介会在滨海经济技术开发区举行。

是日 国家中医药管理局副局长于文明一行到潍坊就中医药工作和公立医院改革情况进行调研。

2日 “研究与超越——第二届中国小幅油画作品巡展”开幕式在坊茨小镇举行。

是日 鲁台教育合作暨职业院校长研讨会在滨海经济技术开发区召开。

是日 白浪绿洲湿地公园获国家AAAA级旅游景区揭牌仪式在白浪绿洲湿地公园举行。

是日 海峡两岸现代服务业发展论坛暨合作交流恳谈会在潍坊举行。

10日 国家档案局馆室业务司负责人率测评组对市档案馆晋升国家一级档案馆进行测评，潍坊市档案馆达到国家一级档案馆标准，晋升为国家一级档案馆。

18—19日 2010中国（潍坊）住宅产业暨房地产科学发展高峰论坛在富华国际会议中心举行。

19—20日　省委常委、组织部部长高晓兵到潍坊就加强基层党建工作和开展创先争优活动情况进行调研，并到青州市青能动力股份有限公司进行实地考察。

20日　2010中国（昌邑）北方绿化苗木博览会、第十五届中国园林花木信息交流会在昌邑市绿博园开幕。

29日　市委党校新校启用典礼举行。

10月

10日　全市乡镇机构改革工作会议召开。

12日　市政协主席赵兴涛率住潍坊全国、省政协委员，视察全市交通公路路域治理工作并召开座谈会。

是日　世界500强马来西亚国家石油公司与潍坊市山东圣马力润滑油有限公司举行战略合作签字仪式。

21日　市委召开常委（扩大）会议，传达学习贯彻中共十七届五中全会和全省转方式调结构现场观摩会议精神，调度全市“一三六四一”重点工作推进落实和转方式调结构进展情况。

21—22日　全省组织农村妇女参与转方式调结构实施巾帼增收倍增行动现场推进会议在安丘召开。

22—23日　中央党校第48期省部级干部进修班调研组到潍坊调研，实地参观考察诸城市经济社会发展情况并召开座谈会。

23日　潍坊银座商城举行开业庆典。潍坊银座商城总投资5.5亿元，经营面积13.6万平方米，集“购物、餐饮、休闲、娱乐、商务、民生服务”于一体。

23—24日　“聚焦山东半岛蓝色经济区——第六届中国网络媒体山东行”采访团到潍坊进行采访考察。

25—26日　中组部调研组到诸城就农村社区建设和农村社区党建工作进行调研。

27日　济南军区司令员范长龙、政委杜恒岩率济南军区考察团到潍坊，参观考察经济和社会发展情况。

28日　全省“侨爱工程——万侨助万村活动”现场会在潍坊召开。

11月

是日　全国高毒农药定点经营管理试点现场会议在潍坊召开。与会代表实地参观考察安丘市农药电子交易市场、农产品质量安全区域化建设指挥中心。

15日　全市对口支援北川灾后恢复重建工作圆满完成，全体援川工作人员胜利归来。

17—18日　部分国家驻华使节到潍坊就食品安全工作进行参观考察。对全市食品农产品安全特别是区域化安全建设等方面取得的成绩给予高度评价。

18日　全省可再生能源建筑应用现场会在东方大酒店召开。

19日　全国中小学安全工作经验交流会暨中国教育学会中小学安全教育与安全管理专业委员会学术年会在潍坊召开。

25日　全省外事系统美大地区工作经验交流会在潍坊召开。与会人员到领潮化纤（潍坊）有限公司等地进行实地参观考察。

26—27日　首届“中国农村党建论坛”在寿光举行。

12月

2日　全省精神卫生工作现场会在潍坊召开。

3日　公安部、住房和城乡建设部相关负责人代表全国畅通工程领导小组，向潍坊颁发2008—2009年“全国畅通工程模范管理城市”牌匾。

6日 中共中央统战部副部长、全国工商联党组书记、第一副主席全哲洙一行，到潍坊考察调研非公有制经济组织创先争优工作。

13日 由中共中央组织部全国组织干部学院组织召开的组工干部培训现场教学暨基层干部教育培训方式方法改革交流研讨会在潍坊举行。

14日 第三届外国专家“鸢都友谊奖”颁奖仪式举行。美国籍专家阿诺德·史蒂夫、张展腾，英国籍专家温雅惠，日本籍专家国武生、杉山澄男、高桥隆行、工藤徹子，乌克兰籍专家赛沃克·博格丹等8人获该届“鸢都友谊奖”。

18日 潍坊市排污权首笔交易暨抵押贷款启动仪式举行。山东海龙股份有限公司与潍坊裕亿化工有限公司签订128吨二氧化硫共计23万元的“排污权交易合同”，市环保局与中信银行潍坊分行签订“潍坊市排污权抵押贷款合作协议”，山东海龙股份有限公司与中信银行潍坊分行签订“排污权抵押贷款授信协议”。

20—22日 卫生部副部长尹力率调研组在潍坊调研医改工作。

20—26日 全市科学发展现场观摩点评会议召开，对各县市区、市属各开发区科学发展情况进行观摩点评。

2011年

1月

3—4日 由诸城市与中央电视台联合拍摄制作的诸城恐龙科普专题片《龙骨迷雾》，在中央电视台科教频道晚8点30分的《走进科学》栏目中播出。

13日 市级领导班子联席会议在市级机关综合办公大楼召开。

17日 市政府与山东高速集团有限公司战略合作协议签约仪式在潍坊举行。

18日 市委召开2010年度县市区委书记履行基层党建工作责任述职会议。中组部部务委员兼组织二局局长陈向群，省委常委、宣传部部长孙守刚，省委组织部副部长厉彦林到会指导，市委书记张新起主持会议并作点评。

是日 “2010年CCTV中国经济年度人物”颁奖典礼在北京举行。山东重工集团有限公司董事长、潍柴动力股份有限公司董事长谭旭光再次当选中国经济年度人物。

25日 全市蓝色经济区建设工作动员大会在市级机关综合办公大楼举行。

3月

4日 国内首台高温高压高效率汽轮机组在潍坊雷诺特动力设备有限公司正式下线。

5日 中组部干部一局调研组到潍坊调研后备干部、选拔配备年轻干部和选调生工作情况。

9日 中组部人才工作局局长、中央人才工作协调小组办公室主任徐家新率调研组,就落实人才发展规划、人才工作目标责任制和专家联系服务等工作到潍坊调研。

13—15日 由山东惠发食品有限公司冠名赞助的2011年“惠发食品杯”全国男子柔道锦标赛在诸城市体育中心举行。

16日 省委常委、副省长王军民率省直有关部门负责人到潍坊，就战略性新兴产业发展情况进行调研。

16—17日 商务部部长陈德铭在潍坊调研。

28日 全市创建全国文明城市和中国人居环境奖动员大会举行。

是月 央视大戏《年画》在坊子区坊茨小镇取景拍摄。

4月

9日 全市企业上市工作推进会议召开。市委副书记、市长许立全在会上强调，各级各有关部门要准确把握形势，紧紧抓住发展机遇，明确工作重点，全力以赴加以推进，奋力推动全市企业上市工作实现新的跨越。

10—11日 省政协副主席齐乃贵带领调研组到潍坊，对“建设现代农业示范区，促进全省农业现代化发展”进行专题调研。

12日 2011全国农业机械展览会开幕式暨2011年农机购置补贴机具发放仪式在富华国际展览中心举行。

15日 2011中国（潍坊）首届茶文化产业品牌发展经济峰会在潍城区召开。市区领导为“茶文化产业采购商联盟”和“茶文化产业供货商联盟”揭牌。

15—17日 十一届全国政协副主席、九三学社中央副主席王志珍在潍坊考察调研。

16日 潍坊滨海“欢乐海”“中国潍坊滨海海上万人风筝放飞创吉尼斯世界纪录活动”取得成功。据吉尼斯世界纪录总部认证官员现场认证，共有10465人同时放飞风筝，一举刷新海上风筝放飞的吉尼斯世界纪录。

28日 以“时尚·魅力·幸福”为主题的第十届昌乐国际宝石节在昌乐体育公园举行。

5月

7日 中国最大的无人直升机V750在坊子区首次试飞成功。该机是当时中国最大的无人直升机，填补全国中型无人直升机的空白。

9—13日 市委副书记、市长许立全率潍坊代表团赴香港参加2011香港山东周活动,并举办2011山东潍坊（香港）经贸合作恳谈会。活动期间,潍坊市代表团共签约合同项目40个，项目总投资额49.5亿美元,合同利用外资20.1亿美元。

15日 在苏州召开的全国特色景观旅游名镇名村研讨会上，安丘市石埠子镇被住房和城乡建设部、国家旅游局授予“全国特色景观旅游名镇”称号。

17日 在第九届（2009—2010年度）全国博物馆“十大陈列展览精品”评选活动中，诸城市博物馆参评的“北朝神韵——诸城佛教造像艺术陈列”获最佳新技术、新材料运用奖，是“十大陈列展览精品”评选以来唯一获奖的县级博物馆，也是山东省首次在终评中获奖。

20—22日 2011年中国桌式足球公开赛坊子区选拔赛在坊茨小镇举行。

28日 安丘市汶瑞机械（山东）公司三项新研发产品通过省科技鉴定。第五代新型ZXV洗浆机鉴定为国际先进水平，第二代多盘过滤机鉴定为国内先进水平，WLH外流式压力筛鉴定为国内先进水平。

6月

1日 潍坊市在市级机关综合办公大楼召开文明城市和中国人居环境奖“两城同创”工作调度会议。

是日 临朐县农村饮水安全项目——沂山水厂通水剪彩仪式举行。该供水工程日供水能力1.5万立方米，年设计供水量290万立方米，可解决沂山、柳山、辛寨3镇14万人饮水不安全问题，并为辛寨镇、东城街道饮用深井自来水的6

万名群众提供第二水源，总受益20万人。

24日 第二届中国火炬IT服务创新联盟年会暨互联网经济下的创新商业模式（潍坊）论坛在潍坊举行。

25日—7月3日 诸城市举行国际烧烤美食节，历时9天。

是月 昌乐县被中国科学技术协会正式命名为2011—2015年全国科普示范县。

7月

3日 国家测绘地理信息局考察组到潍坊高新区参观考察。

5日 副省长郭兆信率省水利厅、防汛办等部门负责人到峡山水库检查指导防汛工作。

11—17日 第十七届鲁台经贸洽谈会在台湾地区举办。

19日 省工商行政管理局局长李华理带领全省工商行政管理工作现场观摩会议与会人员到安丘市观摩。李华理一行到景芝酒业股份有限公司观摩安丘市工商行政管理部门服务企业、政企联手保名优、打假维权等工作情况，并为景芝酒业公司的“景芝”中国驰名商标揭牌。

20日 全省“满意消费惠万家”活动现场会议在潍坊召开。

是日 潍坊市“12343”家政服务网络中心民生服务大厅正式启用。

21日 临朐县明晟重工科技项目开工奠基仪式举行。市委书记、市人大常委会主任张新起，市委副书记、市长许立全，市政协主席赵兴涛，市人大常委会党组书记、第一副主任李宁玉出席仪式并为项目奠基。明晟重工科技项目总投资12亿元，主要生产5000～12000吨大型铜铝型材挤压机及模具等辅助设备。

8月

13—15日 2011年秋季山东省糖酒商品交易会在潍坊富华国际会展中心举行。

9月

4日 中国民主建国会潍坊市第七次代表大会召开，民建山东省委主委郭爱玲出席会议。

5日 中国民主同盟潍坊市第七次代表大会召开，省人大常委会副主任、民盟山东省委主委温孚江出席会议。

是日 中央文明办专职副主任王世明，省委宣传部常务副部长、省文明办主任姜铁军，到临朐县专题调研文化产业发展情况。

5—6日 新华社山东分社副社长、总编辑侯严峰一行到临朐县对沈开未先进事迹进行采访并考察科学发展情况。

6日 中国教育政策研究院推进潍坊教育改革座谈会在潍坊召开。全国人大常委会副委员长、民进中央主席、中国教育政策研究院院长严隽琪出席座谈会并讲话。

7日 教育部副部长刘利民到昌乐县检查指导教育工作。

13日 潍坊高新区与清华大学科研院战略合作签约仪式在清华大学华业大厦举行。

15日 潍坊市在北京举行“三区”战略合作推介会，进一步宣传推介全市经济社会发展优势，加大引资力度，加快推进“三区”建设。

21日 农业部印发《关于认定第一批国家农业产业化示范基地的通知》，“诸城市农产品加工园区”为潍坊市唯一上榜基地。

21—22日 副省长王随莲在临朐县调研食品安全和深化医药卫生体制改革工作。

22日 市委、市政府在富华国际会议中心召开迎接中国人居环境奖现场考察再动员大会。

25日 中华全国供销合作总社党组书记、理事会主任杨传堂到潍坊考察调研，并出席中棉集团山东物流园项目奠基仪式。

是日 临朐县与桑德集团生活垃圾焚烧发电项目签约仪式举行。该项目总投资3.5亿元，可日处理生活垃圾350吨以上，年发电量约为8000万千瓦时，减排二氧化碳11万吨，节约标准煤5万吨。

26日 全市政协工作会议在市级机关综合办公大楼召开。市委书记张新起、市政协主席赵兴涛出席并讲话，市委副书记、市长许立全，市人大常委会党组书记、第一副主任李守玉出席会议，市委副书记崔建平主持，市委常委、统战部部长张小梅传达全省政协工作会议精神。市委常委，市人大常委会党组书记、副书记，市政府、市政协领导班子成员出席会议。

28日 第二届“中阿、中非中小企业合作论坛”在富华国际会议中心举行。全国政协副主席孙家正，中共中央对外联络部副部长李进军，副省长王随莲，市委书记、市人大常委会主任张新起，约旦前首相阿卜杜·萨利姆·马贾利等在开幕式上先后致辞。

10月

10—12日 中国人居环境奖现场考查组对潍坊创建工作进行现场考查。

12日 中国矿业联合会中国蓝宝石之都专家评审会在北京举行，昌乐县顺利通过评审，获“中国蓝宝石之都”称号。

13日 全国葱姜蒜现场观摩会暨学术研讨会在安丘召开，会上安丘获“全国葱姜蒜出口示范市”称号。

15日 安丘市景芝“酒之城”景区通过国家旅游局评审组的评审验收，被评为国家AAAA级旅游景区。

23日 美国纽约州中小企业发展中心总署署长詹姆斯·金率代表团到临朐县恒远利废有限公司参观考察。

11月

5日 山东华特磁电科技股份公司历时三年自行研制开发的世界第一台“节能环保强制油冷却立环高梯度磁选机”通过省部级鉴定。

15日 全市实施蓝黄两大战略（蓝黄两大战略指《山东半岛蓝色经济区发展规划》与《黄河三角洲高效生态经济区发展规划》，是两大国家级战略）工作调度会议在市级机关综合办公大楼举行。

15—16日 在文化部召开的2011—2013年度“中国民间文化艺术之乡”、第三次全国文化馆评估定级命名颁牌仪式暨工作总结会议上，临朐县被文化部命名为“2011—2013年度中国民间文化艺术之乡”。

16日 2011中国（寿光）国际水利建设暨农机装备展览会在寿光国际会展中心开幕。

30日 中日韩青少年运动会动员大会暨全市青少年体育工作会议召开。

12月

11日 “中国科技馆发展基金会”捐款签约仪式在青州市举行。

16日 全市领导干部会议召开，宣布省委关于潍坊市党政主要负责人职务调整的决定。省委决定，免去张新起中共潍坊市委书记、常委、委员和市委党校校长职务，张新起不再担任潍坊市人大常委会主任职务；许立全任中共潍坊市委书记、市委党校校长，提名许立全为潍坊市人大常委会主任候选人，不再担任潍坊市人民政府市长职务；刘曙光任中共潍坊市委委员、常委、副书记，提名为潍坊市人民政府市长候选人。

26日 世界首款前置前驱8挡自动变速器盛瑞投产下线仪式及国家科技支撑计划8AT自动变速器项目启动大会、汽车AT自动变速器产业技术创新战略联盟成立大会在盛瑞传动有限公司举行。

30日 全市经济工作会议在富华国际会议中心召开，会议传达学习全省经济工作会议精神，各县市区、市属各开发区和市直有关部门作交流发言。

2012年

1月

4日 潍坊市山东浪潮华光光电子股份有限公司承建的国家地方联合工程实验室——半导体发光材料与器件工程实验室，获国家发改委批复并授牌。

7日 潍坊市申报的2012年度潍坊港中港区新增涉外作业点开放计划通过审核，列入全省2012年口岸扩大开放计划。

10日 山东重工潍柴集团战略重组意大利法拉帝集团签约仪式在济南举行，潍柴将成为这家全球最大豪华游艇企业的控股股东。山东重工潍柴集团将提供1.78亿欧元的股权投资，同时提供1.96亿欧元的贷款额度，总投资3.74亿欧元。债务重组程序完成后，山东重工潍柴集团将获得法拉帝75%的控股权。

12日 市政府与山东能源集团战略合作签约仪式在金茂大酒店举行。

17日 市委常委、宣传部部长初宝杰受中共中央政治局常委李长春，中共中央政治局委员、中宣部部长刘云山，省委常委、宣传部部长孙守刚等领导的委托，专程赶往寿光看望慰问全国道德模范王乐义和李学海，向他们转达中央和省领导的新春祝贺，代表市委、市政府向他们致以新春的慰问和祝福。

22日 香港《大公报》“潍坊新闻”创刊发行。第一期《大公报》“潍坊新闻”刊登市委书记许立全和市委副书记、代市长刘曙光的署名文章，介绍潍坊市活力独具的蓝色经济区建设和风筝会、鲁台会举办情况。

2月

6日 全市加快推进农村集体土地确权登记发证和宗地统一编码工作会议召开。

7日 潍坊市召开创建中国人居环境奖总结表彰暨城市建设管理工作会议。

11日 2011年度“中国农村新闻人物”揭晓仪式暨座谈会举行，潍坊金丝达实业有限公司党委书记、董事长刘国田成为全省唯一获“中国农村新闻人物”称号的代表。

28—29日 国务院妇女儿童工作委员会副主任、全国妇联党组书记、副主席、书记处第一书记宋秀岩，全国妇联副主席、书记处书记甄砚一行到潍坊调研妇女工作。

29日 潍坊市“12343”青年志愿服务中心暨青年社会组织服务中心“同心社”成立揭牌仪式在“12343”家政服务网络中心举行。

是日 全省蓝黄“两区”建设工作会议在潍坊召开。

是日 全国公立医院改革分工协作机制协作

组第二次会议在潍坊召开。

3月

1—2日 立陶宛驻华大使丽娜·安塔纳维切涅一行到潍坊参观访问。

2日 国务院部际联席会议山东调研组在中国证监会主席助理姜洋带领下，到潍坊调研交易场所清理整顿工作。

是日 第六届中国（山东）农业机械产品展示会开幕式在金宝国际会展中心举行。

12日 上海世博会马来西亚国家馆在潍坊滨海经济技术开发区开工建设。

13日 教育部、省政府支持黄河三角洲高效生态经济区和山东半岛蓝色经济区国家战略，共建潍坊国家职业教育创新发展试验区协议签字仪式在北京举行。

19日 省委巡视组巡视工作情况反馈会议在富华国际会议中心举行。市委书记许立全主持会议并讲话，省委第二巡视组副组长、巡视专员王文升反馈巡视工作情况。

是日 小清河流域生态环境综合治理现场会在潍坊召开。

23—24日 中共中央政治局常委、全国政协主席贾庆林在潍坊就经济社会发展情况考察调研。调研期间，贾庆林先后到高新区、坊子区、诸城市的工厂企业、科研机构、文化园区，与企业管理者、科技工作者、生产一线工人亲切交谈，贾庆林对近年潍坊市改革发展取得的成绩给予充分肯定。

24日 潍坊台商协会换届典礼暨百名台商携手滨海恳谈会在富华大酒店举行。

31日—4月1日 全国安全生产标准化建设工作推进会议在诸城召开。

4月

5日 山东省2011年度纳税百强排行榜发布。潍柴控股集团有限公司、山东海化集团有限公司、山东晨鸣纸业集团股份有限公司、山东寿光巨能控股集团有限公司、潍坊特钢集团有限公司、山东昌邑石化有限公司6家潍坊企业进入山东省2011年度纳税百强。

6日 潍坊市在深圳举行潍坊（深圳）实施“蓝黄”战略合作恳谈会。该次恳谈会集中签约先进制造业、战略性新兴产业、现代服务业、现代农业、文化产业等领域重点招商项目29个，计划总投资406.66亿元，合同利用外资354.84亿元。其中总投资过5亿元的项目28个，过10亿元的项目15个。

9日 全市重点工业企业座谈会在市级机关综合办公大楼召开。

13日 盛瑞传动公司8AT十万台产能建设项目启动仪式在潍坊盛瑞8AT工程院举行。

16—17日 中共中央政治局委员、中央政法委副书记、中央综治委副主任王乐泉到潍坊调研。

19日 第二届中国画节·中国（潍坊）第五届文化艺术展示交易会在富华国际展览中心开幕。展会期间，潍坊市还举办首届“潍水之春”群众文艺会演、项目洽谈、文化论坛等丰富多彩的主题活动。

19—22日 全国人大常委会原副委员长司马义·艾买提在潍坊调研。

21日 第五届海峡两岸风筝文化交流活动开幕式在寒亭区杨家埠举行。

是日 “双百”外交使节潍坊行对接会在金茂国际大酒店举行。孟加拉驻华大使孟什·法兰兹·艾哈迈德、几内亚驻华大使马马迪·迪亚雷等20多个国家的驻华使节和部分中国驻外使节及商会代表出席会议。

23日 由全国党建研究会主办、省委组织部和市委组织部承办的“坚持和健全民主集中制与加强领导班子思想政治建设研究”课题协调会在潍坊举行。

5月

7日 山东省人民政府国有资产监督管理委员会与潍坊市人民政府战略合作备忘录签约仪式在富华大酒店举行。

9日 2012中国（潍坊）城市环境卫生设备与固体废物处理博览会在富华国际会展中心开幕。

15日 “节能减排环渤海行之山东”大型活动首站——潍坊工业余热利用和可再生能源供暖专项研讨会在鸢飞大酒店举行。

17日 沈星烈士追悼大会在青州市殡仪馆举行。军地领导和驻地官兵、人民群众4000余人参加追悼会。

19日 全国人大常委会副委员长、民进中央主席严隽琪率民进中央调研组到潍坊就加强社会建设、推进基层社会管理创新工作进行专题调研。

25日 全省国土资源系统精神文明建设经验交流现场会在潍坊召开。

6月

1日 纪念爱国卫生运动60周年暨“健康山东”全民健康生活方式科普巡展潍坊站启动仪式在市人民广场举行。

7日 孚日集团成功发行中期票据发布仪式暨中信银行投资银行业务推介会在潍坊举行。

10日 由全国政协人口资源环境委员会副主任王曙光率领的全国政协调研组一行到潍坊，就渤海环境保护工作进行调研。

12—13日 第三届潍坊市领导干部书画艺术展在郭味蕖美术馆举办。

13—14日 马来西亚前副首相、森达美集团董事会主席敦·穆萨率领马来西亚森达美集团董事会成员、高层管理团队以及投资银行家到潍坊访问。

14日 国家卫生城市省级复审准备工作会议在市级机关综合办公大楼召开。

18—19日 由省爱卫办副主任、卫生厅副厅长左毅带队的省国家卫生城市复审检查团对全市创卫工作进行全面检查。

是日 省高级人民法院在青州召开全省法院诉讼诚信体系建设暨执行机制创新经验推广现场会。

25—30日 潍坊市举行全市科学发展情况观摩点评会议。

27日 潍坊市、寿光市国家环保模范城市持续改进工作汇报暨复核情况通报会在富华国际会议中心召开。

是日 北京大学城市与环境学院潍坊教学实习基地揭牌仪式举行。

是日 由世界品牌实验室主办的2012年（第九届）世界品牌大会在北京发布2012年《中国500最具价值品牌》排行榜。潍坊市的雷沃、海化、孚日、晨鸣四个品牌入选，分别以177.36亿元、59.54亿元、35.99亿元、22.17亿元，位列排行榜第64位、256位、330位、448位。

7月

1日 全球首台零挥发5.5T低温超导磁选机下线仪式和“十二五”国家科技支撑计划项目启动仪式在潍坊新力超导磁电科技有限公司举

行。科技部计划司司长王晓方，市委书记许立全共同为全球首台零挥发5.5T低温超导磁选机下线揭幕。

4—5日 由新华社、中央电视台、中央人民广播电台、光明日报社、中国新闻社等20余家新闻媒体的30余位记者组成的采访团，到潍坊采访以素质教育为主题的基础教育综合改革工作情况。

8日 由住房城乡建设部、财政部、人民银行组成的联合检查组到潍坊检查利用住房公积金贷款支持保障性住房建设试点工作。

8—12日 潍坊代表团赴港参加2012香港山东周活动。其间，举办2012潍坊（香港）投资项目洽谈会暨重点项目签约仪式。活动中，潍坊市共签约项目26个，总投资44.7亿美元，合同协议外资25.97亿美元。

12—20日 潍坊市政府经贸代表团赴韩国、日本开展招商推介活动。代表团在出访期间，与中国驻外使节、韩日两国政要、世界500强企业及地方政府官员等各界人士接触交流，就建立中日韩地方经济合作示范区、加强经济文化交流合作、建立工业园区等问题进行深入探讨，在多个方面达成合作意向。

16日 市政府与福田汽车集团在富华大酒店签订《关于共同推进福田潍坊工厂新产品研发和扩大投资合作备忘录》。

是日 全市“蓝黄”两区建设考核工作会议在市级机关综合办公大楼召开。

20日 潍坊市与天津大学在潍柴集团签订全面科技合作协议。

是日 市政府与北京银行济南分行战略合作协议签约仪式在富华国际会议中心举行。

25日 商务部扩大消费政策座谈会在潍坊举行。

8月

1日 潍坊市召开全国文明城市测评工作会议。

3日 受第10号台风“达维”影响，潍坊市部分县市区遭受暴风、强降雨天气。其中，青州市、临朐县受灾最为严重。

8日 潍坊市中华文化促进会成立大会在富华国际会议中心召开。会议审议通过《潍坊市中华文化促进会章程》，选举产生第一届理事会，赵兴涛当选为潍坊市中华文化促进会主席。

9—10日 省科技厅在潍坊召开全省科技工作座谈会，并与潍坊市签署科技创新战略合作框架协议。

11日 中国食品谷推进工作会议在寒亭区举行。

16日 潍坊市组织提报的盛瑞传动股份有限公司“可动力换挡多挡变速器产业化”和山东旭锐新材有限公司“聚烯烃材料无卤阻燃化关键技术转化”两个项目被列为2012年国家重大科技成果转化项目计划，分别争取中央财政专项补助资金4000万元和1600万元，资金总数占全省2.9亿元的19.3%。

17日 首届山东潍坊（滨海）“蓝黄投融资洽谈会”开幕。

22日 世界500强德国采埃孚股份有限公司与山东浩信集团有限公司战略合作签约仪式在潍坊举行。

26—27日 由全国政协常委、民族宗教委员会副主任，国务院参事，国务院参事室原副主任蒋明麟率领的中央统战部“同心·党外院士服务团”和省委统战部“党外知识分子同心·志愿服务团”一行到潍坊调研。

29日 香港贸易发展局总裁林天福率香港经

贸代表团到潍坊，重点探讨在农业及食品加工业等方面的合作。

31日 中共中央台办、国务院台办主任王毅和省委副书记、省长姜大明在鲁台会议中心会见参加第十八届鲁台经贸洽谈会的中国国民党荣誉主席吴伯雄等台湾知名人士和台商代表。

是日 海峡两岸著名金石学家陈介祺文物收藏展暨学术研讨会在潍坊举行。

是日 第十八届鲁台经贸洽谈会暨2012海外台商齐鲁行开幕式在奥体中心举行。中共中央台办、国务院台办主任王毅，中国国民党荣誉主席吴伯雄，省委副书记、省长姜大明出席开幕式，省政协主席刘伟宣布开幕，副省长夏耕主持开幕式并致辞。

9月

3日 潍柴动力与德国凯傲集团在山东大厦签署战略合作协议。根据协议条款，潍柴动力投资7.38亿欧元收购凯傲集团及其下属业务股份，这是迄今为止中国企业在德国最大的一项并购案。投资中，4.67亿欧元将通过增资形式收购凯傲集团25%的股份，另外2.71亿欧元用来收购其下属液压业务70%的股份。

4日 由中国机械工业联合会主办、潍柴动力股份有限公司承办的2012机械行业现代制造服务业推进大会在潍坊召开。

7—8日 中国食品工业协会副会长兼秘书长熊必琳一行到潍坊，就“中国食品谷”项目规划建设和食品产业发展等进行调研。

8日 广东省政府考察团到潍坊考察蔬菜基地建设、市场流通和无公害有机蔬菜种植、农药管理追踪制度等工作。

11—13日 国家林业局科技司有关负责人率领中国林科院专家一行6人，在潍坊调研北部沿海地区生态建设情况。

23日 第三届“仙峡湖杯”国际马拉松邀请赛在峡山生态经济发展区举行。

24—25日 中新苏州工业园区开发集团股份有限公司（中新集团）企业发展部总经理宣蓉，到潍坊考察合作开发园区项目。

25—26日 泰国农业部副部长纳塔瓦率泰国农业代表团到潍坊进行农产品贸易合作交流。

10月

8—9日 全省社会管理综合治理工作会议与会代表观摩诸城市工作现场。

9日 省水利厅与潍坊市在济南签订加快推进潍坊现代水利示范市建设合作备忘录，确定今后将在水利规划、水利工程建设、水利改革、水资源管理等10个方面，给予更多支持和帮助。

11日 瑞典文学院宣布，将2012年诺贝尔文学奖授予中国作家莫言（高密籍），莫言成为首位获此奖中国籍作家。12月10日，莫言在瑞典斯德哥尔摩音乐厅参加诺贝尔奖颁奖仪式，瑞典国王卡尔十六世·古斯塔夫为其颁发诺贝尔奖证书、奖章和奖金。

是日 国务院教育督导委员会成立暨国家督学聘任工作会议在京举行。

23日 全国公安机关刑事科学技术工作座谈会在富华国际会议中心召开。

25日 全市旅游发展大会在富华国际会议中心召开。

26—28日 2012“蓝黄”两区经贸洽谈会暨中小企业融资推介会在富华国际展览中心举行。

28日 市政府与建设银行山东省分行支持新农村暨基础设施建设战略合作协议签约仪式在富华大酒店举行。

11月

2日　全市加快滨海经济技术开发区建设工作会议在富华国际会议中心召开。

是日　追授赵乐峰“潍坊市劳动模范”称号仪式在高新区举行。市委顾问、市总工会主席王秀河出席并为其遗属颁发赵乐峰的“潍坊市劳动模范”奖章、证书和慰问金。

4日　青岛市党政考察团到潍坊参观考察经济社会发展情况，与潍坊市签署加快推进全面发展战略合作框架协议。

是日　“中国芝麻香白酒第一镇暨中国芝麻香白酒生态酿造产区”授牌仪式在富华国际会议中心举行。会上，中国轻工业联合会和中国酒业协会联合授予安丘市景芝镇为“中国芝麻香白酒第一镇”，山东景芝酒业股份有限公司为“中国芝麻香白酒生态酿造产区”。

10日　中华全国供销合作总社理事会副主任、中国供销集团董事长顾国新到潍坊考察调研“中国食品谷”项目，就中国供销农产品批发市场控股有限公司投资建设项目与中国食品谷推进领导小组办公室进行对接。

17日　在收听收看全省领导干部会议后，潍坊市在市级机关综合办公大楼召开全市领导干部会议，就落实省委部署要求，认真组织好中共十八大精神的学习宣传贯彻进行安排部署。

19日　潍坊市政府与福田汽车集团深化合作扩大投资暨合作建设福田汽车集团工程研究总院山东研究工程中心签约仪式在富华大酒店举行。

21日　全国人大常委会副委员长路甬祥到潍坊调研指导工作。

12月

5日　市委召开常委会议，集体学习中共中央政治局关于改进工作作风、密切联系群众八项规定，研究贯彻落实意见。会上，常委集体学习4日中共中央政治局会议关于改进工作作风、密切联系群众的八项规定，对贯彻落实中共中央政治局八项规定提出具体要求。

7日　省委宣讲团学习贯彻中共十八大精神报告会在富华国际会议中心举行。

8日　由市民政局、市慈善总会和富华大酒店联合主办的慈善之夜大型募捐活动在富华国际俱乐部举行。募捐活动共收到捐款104.44万元。

14日　峡山生态经济发展区获国家有机产品认证示范创建区新闻发布会举行。

15日　市委、市政府召开领导干部会议，学习贯彻中共中央政治局关于改进工作作风、密切联系群众的八项规定，对当前有关工作作出安排。

17日　海内外女企业家2012（潍坊）投资峰会在富华国际会议中心举行。本次峰会共推介项目1000多个，达成意向35个，意向总投资达300多亿元；签约项目10个，意向总投资187亿元。

是日　市委召开常委（扩大）会议，认真学习中央经济工作会议精神，学习中共中央政治局关于改进工作作风、密切联系群众的八项规定及实施细则，学习习近平总书记重要讲话，研究贯彻落实意见。

第一编

境　域

潍坊城区俯瞰

第一章　建置区划

第一节　地理位置

潍坊位于山东半岛西部，地跨北纬35° 41′ 33.4″～37° 19′ 38.9″，东经118° 10′ 8.5″ ～120° 00′ 32.7″。最西端为北纬36° 34′，东经118° 10′；最东端为北纬36° 28′，东经120° 01′；最北端为北纬37° 19′，东经119° 02′；最南端为北纬35° 42′，东经119° 37′。东与青岛、烟台两市连接，西邻淄博、东营两市，南连临沂、日照两市，北濒渤海莱州湾。东接青岛的平度市、胶州市，东南邻青岛的胶南市，南与日照的五莲县、莒县、临沂的沂水县相依，西南连淄博的沂源县，西靠淄博的临淄区，西北与东营的广饶县交界，北临渤海湾，东北与烟台的莱州市毗邻。直线距离西至省会济南183千米，西北至北京410千米，市委、市政府驻胜利东街99号（奎文区新城街道）。

第二节　建置沿革

夏、商时，境内有斟灌、斟鄩、寒、三寿等封国。周初，武王封邦建国，封太公望于齐，都营丘（今昌乐境内）。春秋时期，曾分属齐、鲁、杞、莒等国。战国时期，大部属齐，诸城等地属鲁。秦时，东部属胶东郡，西部属临淄郡，东南部属琅琊郡。西汉时，为青、徐2州刺史部所辖，分属北海、琅琊、齐3郡和甾川、高密、胶东3国，共53县。东汉属北海、乐安、齐、琅琊4国，为青、徐2州所辖。三国魏时，为魏国地，属青、徐2州，有北海、齐2国，乐安、城阳、东莞3郡，共20县。两晋、十六国时，后赵、前燕、前秦、后燕依次占据。西晋太康三年（282），境内分属青、徐2州，有北海、乐安2国，城阳、东莞2郡。东晋隆安四年（400），地归南燕，其政区建置，皆相因袭。南朝宋时，属青、徐2州，齐、高密、平昌、北海、东莞5郡。北朝魏时，属青、胶、南青3州，齐、北海、东武、高密、平昌、东莞6郡，共22县。隋时，属北海、高密、琅琊3郡。唐时，属河南道，青、密2州。宋时，属京东东路，青、潍、密3州。金时，属山东东路，置益都府及潍、密2州。元时，属中书省山东东西道宣慰司，置益都路。明时置青州、莱州2府，属山东承宣布政使司。清，今市境为青州、莱州、沂州3府所辖。

中华民国时期，国民政府行政建置初沿清制，1913年，废府、州，实行省、道、县三级制。市境内当时的潍县、昌邑、高密、益都、寿光、昌乐、临朐、安丘、诸城9县属胶东道（驻烟台）。1925年，改划莱胶道、淄青道。市境内当时的潍县、昌邑、高密、安丘、诸城、昌乐6县属莱胶道；寿光、益都、临朐3县为淄青道所辖。1927年，国民政府废止“道”制，以省领县。1928年6月国民党山东省政府成立后，市境各县市区均直属山东省。1938年，山东省设鲁西、鲁北、胶东3个行署。1945年，改为鲁北、鲁西北、鲁西、鲁南、鲁中、鲁东6个政府办事处，并划分为17个行政督察区，市境各县市区均属鲁中办事处。其间，潍县、安丘、昌乐、益都、临朐5县属第八行政督察区；寿光县属第十四行政督察区；高密、昌邑、诸城3县属第十七行政督察区（昌邑县1947年起改属第八行政督察区）。

1948年4月27日，潍县解放，4月29日，设立潍坊特别市（省直辖）。市政府驻潍县，以潍县、坊子之首字命名，辖潍县城、东关、南关、北关、坊子、望留6个区（1948年7月，望留区划归昌潍专区，1949年4月，二十里堡区由潍县划入）。1948年6月，昌潍专区建立，驻昌乐。辖昌乐、潍县、安丘、寿南、益临5县。1948年12月，省直辖之益都县划归昌潍专区。1949年6月，潍坊特别市改称潍坊市，仍为省辖市。1949年6月，鲁中南三专署所辖之潍安、丘南、临朐3县划归昌潍专区。1949年7月，昌潍专区机关迁驻益都。1950年5月25日，昌潍专区机关由益都迁至潍坊；同时原胶东区西海专署所辖之昌邑、昌南、潍北3县，及渤海区清河专署所辖之寿光、益寿2县划归昌潍专区。1950年5月，潍坊市撤销。1951年重建潍坊市，为县级市，属昌潍专区。1952年7月，撤销益临、益寿、潍安3县。1953年7月24日，原淄博专区所辖之临淄县划归昌潍专区；同时撤销潍北、丘南、寿南3县。1955年3月，博山县由淄博市划入昌潍专区；同时撤销羊角沟直属区并入寿光县。1956年2月，胶州专区撤销，其所辖之胶县、胶南、藏马、五莲、诸城、高密6县及莱阳专区的平度县一并划入昌潍专区。1956年3月，藏马县撤销，昌南并入昌邑县。1958年10月，潍县并入潍坊市（县级），博山划归淄博专区，临淄并入益都县，胶南、胶县划入青岛市。1961年4月，胶南、胶县复归昌潍专区。临淄、潍县恢复原建制，仍属昌潍专区。1967年3月13日，昌潍专区改为昌潍地区。辖潍坊市（县级）和益都、昌邑、高密、诸城、昌乐、临朐、寿光、安丘、潍县、五莲、平度、胶县、胶南、临淄14县。1969年12月，临淄县划归淄博市。1976年10月，增设黄岛区，属昌潍地区。1978年12月，胶南、胶县及黄岛区划归青岛市。昌潍地区时辖：潍坊市（县级）和益都、昌乐、安丘、临朐、潍县、寿光、昌邑、高密、诸城、五莲、平度11县。1981年7月，昌潍地区改名潍坊地区，所辖县（市）不变。

1983年10月，撤销潍坊地区建制，改建省辖（地专级）市，沿用潍坊名称，实行市管县体制。同时平度县划归青岛市，原潍坊市（县级）和潍县辖区设置为潍城、寒亭、坊子3个区。1986年3月，撤销益都县，设青州市；1987年7月，撤销诸城县，设诸城市；1992年12月，五莲县划归日照市；1993年6月撤销寿光县，设寿光市；1994年1月，撤销安丘县，设安丘市；1994年5月，撤销高密县，设高密市；1994年5月，由潍城、寒亭划出部分区域，设立奎文区；1994年6月，撤销昌邑县，设昌邑市。1994年年末，潍坊市辖潍城、寒亭、坊子、奎文4个市辖区，青州、诸城、寿光、安丘、高密、昌邑6个县级市，临朐、昌乐2县，共12个县级行政区。1994年之后，潍坊市域范围及市（地专级）、县级政区建制未发生改变。

第三节　行政区划

1991年之后，全市辖区内地方行政区划进行过多次调整。

1991年5月17日，设立寒亭区城区街道。

1991年8月24日，将坊子区坊子镇辖区的城区部分和西岭村划出设立坊城街道。

1991年12月30日，调整青州市部分乡镇行政区划。撤销石河乡，其行政区域划归弥河镇；

撤销孙旺乡、钓鱼台乡，两乡的行政区域划归王坟镇；撤销上庄乡，其行政区域划归庙子镇；撤销观音沟乡、莲花盆乡，该两乡的行政区域划归五里镇；撤销石家车马乡，其行政区域划归普通乡；撤销苏闻乡，其行政区域划归高柳镇；撤销阳河乡，其所辖的张高、双河、石家庄、大孙、张家河、吕村郇6个自然村划归何官乡，其余村庄划归朱良镇；撤销徐集乡，其行政区域划归口埠镇；撤销大王乡，其所辖的四季、于林、马家园3个自然村划归东夏镇，侯庙、麻湾2个自然村，划归杨家庄乡，其余村庄划归王母宫乡；撤销苏屯乡，其行政区域划归东夏镇；撤销宋池乡，其行政区域划归谭坊镇；撤销赵坡乡，其行政区域划归郑母镇；杨集乡的东富旺、西富旺、南富旺、北富旺4个自然村划归庙子镇。

1992年1月24日，撤销寒亭区东庄乡、里疃乡、郭家官庄乡，设立河滩镇、张氏镇、郭家官庄镇；撤销高密县呼家庄乡设立呼家庄镇。该4乡撤乡设镇后其行政区域和政府驻地不变。

1992年6月15日，青州市口埠镇的蔡家、牛家、小宋、小胡、于集5个村划归王母宫乡。1992年7月2日，撤销潍城区大虞乡、河西乡、梨园乡、于河乡，设立大虞镇、北关镇、梨园镇、于河镇。该4乡撤乡设镇后其行政区域和政府驻地不变。

1992年7月28日，安丘县贾戈乡、赵戈乡、慈埠乡、石埠子乡、刘家尧乡5乡撤乡设镇，其行政区域和政府驻地不变。

1992年10月6日，临朐县石家河乡的南辛庄村、二泉村、曾家沟村、中山村、耿家沟村和九山镇的九子峪村划归沂山乡；白塔乡的夏家山村划归辛寨镇。

1992年12月7日，五莲县划归日照市。

1992年12月31日，坊子区车留庄乡、沟西乡、眉村乡、埠头乡4乡撤乡设镇，其行政区域和政府驻地不变。

1993年6月1日，撤销寿光县，设立寿光市（县级）。撤县设市后其行政区域和政府驻地不变。

1993年6月24日，调整临朐县部分乡镇行政区划。杨善乡、营子乡、龙岗乡3乡撤乡设镇，其行政区域和政府驻地不变；撤销箕子山乡，以原箕子山乡和寺头镇的孙家庄、吕匣店子、丁家北坡、青崖、西吕匣、东吕匣、双龙、河东、东峪、凤凰坪、赵家北坡、东福泉、中福泉、西福泉、上洋河、下洋河、东蓼子、西蓼子18个行政村设立吕匣镇，镇政府驻吕匣村；撤销盘阳乡和七贤乡，以原盘阳乡和七贤乡的双沟、大山、梨花埠、曹家官庄、瞿家圈、猫林沟、卧龙官庄、北南流8个行政村，辛寨镇的河北、朱家庄、谢家营、吉寺埠、熊家庄、房家庄子、孔家庄、蒲家庄、王梨花庄、殷家庄、新张庄、西半中、红庙子、东半中、小山庄15个行政村设立卧龙镇，镇政府驻卧龙官庄村；以七贤乡的其余行政区域设立七贤镇，镇政府驻初家庄村；撤销蒲家沟乡和大关乡，合并设立大关镇，镇政府驻大关村；撤销桲林乡，其行政区域并入上林镇；撤销米山乡，其行政区域并入冶源镇；撤销石佛乡，其行政区域并入寺头镇；撤销辛山乡，其行政区域并入柳山镇。

1993年7月2日，昌邑市龙池乡、青乡乡、卜庄乡、仓街乡、丈岭乡5乡撤乡设镇，其行政区域和政府驻地不变。

1993年7月29日，撤销寿光市南河乡，设立营里镇，其行政区域和政府驻地不变。

1993年9月9日，潍城区军埠口乡、杏埠乡，撤乡设镇，其行政区域和政府驻地不变。

1993年10月26日，青州市王母宫乡、黄楼乡、东坝乡、普通乡4乡撤乡设镇，其行政区域和政府驻地不变；撤销益都镇，以原益都镇的行政区域分别设立益都、王府、昭德3个街道。

1994年1月18日，撤销高密县阚家乡、河崖乡、蔡家站乡、注沟乡、拒城河乡、周戈庄乡、张鲁乡7乡撤乡设镇，其行政区域和政府驻地不变。

1994年1月18日，撤销安丘县，设立安丘市（县级）。撤县设市后其行政区域和政府驻地不变。

1994年4月5日，撤销寿光市南柴乡，设立化龙镇。撤乡设镇后其行政区域不变，镇政府驻化龙村。

1994年5月18日，撤销高密县，设立高密市（县级）。撤县设市后其行政区域和政府驻地不变。

1994年5月23日，设立潍坊市奎文区（县级）。将潍城区白浪河以东的东关、东园、院校、新城4个街道，大虞、廿里堡、梨园3个镇，军埠口镇的刘家沙窝、李家沙窝、南家、郭家、吕家（孙吕家）、高家涧头院、武家涧头院7个村，寒亭区郭家官庄镇的李家朱茂、杜家朱茂、玄家朱茂、辛庄、王家谭里、小南谭、西金马、东金蔴8个村划归奎文区。

1994年6月9日，撤销青州市杨集乡，其行政区域划归庙子镇；何官乡、邵庄乡、杨家庄乡3乡撤乡设镇，其行政区域和政府驻地不变。

1994年6月10日，撤销昌邑县，设立昌邑市（县级）。撤县设市后其行政区域和政府驻地不变。

1994年6月21日，寒亭区郭家官庄镇的韩家谭里村划归奎文区。奎文区大虞镇、梨园镇、廿里堡镇3镇撤镇设街道，其行政区域和政府驻地不变。撤销潍城区北关镇，设立北关街道，将原北关镇的行政区域和于河镇的前杭埠、东七甲张、西七甲张、店子东、店子西、郝家、尧里王7个村划归北关街道。街道办事处机关驻原北关镇政府驻地。

1994年7月11日，寿光市田柳乡、北洛乡、寒桥乡3乡撤乡设镇，其行政区域和政府驻地不变。

1994年9月20日，调整诸城市部分乡镇行政区划。撤销吕标乡，设立吕标镇，撤乡设镇后其行政区域和政府驻地不变；撤销凉台乡，设立郭家屯镇，将凉台乡的行政区域和相州镇的丁家沙窝、南营、封家岭、秦家河崖、马家埠、韩富庄、业家屯、前宋岗、后宋岗、赵家寨、兴和11个村划归郭家屯镇，镇政府驻郭家屯。

1994年9月29日，青州市益都街道的任七里村划归王母宫镇。

1994年11月1日，昌乐县平原乡、崔家庄乡、阿陀乡3乡撤乡设镇，其行政区域和政府驻地不变。

1994年11月1日，安丘市担山乡、管公乡、临浯乡3乡撤乡设镇，其行政区域和政府驻地不变。11月24日，石堆乡撤乡设镇，其行政区域和政府驻地不变。

1994年12月9日，调整奎文区部分行政区划。原7个街道调整为9个街道，其中新设立2个，调整6个。设立南苑街道，辖孙吕家、郭家、武家涧头院、高家涧头院、南家南、南家北、刘家沙窝东、刘家沙窝西、李家沙窝东、李家沙窝西10个村，街道办事处机关驻南家南村；设立广文街道，辖民主路东、民主路西、公安路、民主路北、民主路中、汽车站、道口北、健民路8个居委会和丁家道口、黄家2个村，街道办事处机关驻健康东街西段；撤销梨园街道，设立樱桃园街道，辖牧校居委会和李家庄、樱桃园南、樱桃园北、樱桃园西、庄家、前栾、后栾、西河西、东河西、山后王家、山后徐家、张家庄子、九龙山、梨园、三甲、十甲、大河北、小河北、三官庙19个村，街道办事处机关驻健康东街中段；撤销东园街道，设立北苑街道，辖先锋西、先锋东、先锋中、跃进北4个居委会和三娘庙、沙窝、则尔庄、丁家4个村，街道办事处机关驻则尔庄村；将东关街道所辖的17个居委会调整为南大街、针巷子、北大街、东关大街、李家街、中和街、后门街、市建、中兴街、四平街、北巷子、南园、后所街、福音街、南巷子、征收处、工福街、华丰、振华、新华、中学街21个居委会，街道办事处机关驻地不变；将院校街道所辖的24个居委会调整为虞虹桥东、虞虹桥西、幸福街、南乐道、行政东、行政西、院校东、光文街、工人新村、潍棉东、潍棉西、潍棉中、院校街、大学路、西上虞15个居委会和杨家庄、草庙子2个村，街道办事处机关驻地不变；将大虞街道所辖的22个村调整为虞河北、虞河桥东、虞河桥南、虞河路、东郊商场、东园、青陵桥7个居委会和中上虞河、东上虞河、东庄、大虞河头、北虞河头、友谊、邢石、孙家、刘家庄、陈家、田家11个村，街道办事处机关驻地不变；将新城街道所辖的7个村调整为南胡住西、南胡住东、南胡住南、赵疃、十里堡、东金蔴、西金马、王家谭里、韩家谭里、玄家、杜家、李家、辛庄、于家涝洼、北胡住15个村，街道办事处机关驻地不变。

1994年12月21日，调整潍城区部分行政区划。5个街道调整为4个街道。撤销北宫街道；将北关街道所辖的48个村调整为后羊角埠、西羊角埠、偏凉子、东夏庄、西夏庄、湾头、北河湾、卧龙桥、东北关、北关、友爱、蔡家庄、郭家庄、刘家园、齐家庄、前姚家坊、后姚家坊、徐家小庄、东七甲张、西七甲张、郝家、尧里王、店子东、店子西、前杭埠25个村和河口路、北宫、北宫商场、张辛庄、陈家油坊、胜利输油公司6个居委会，街道办事处机关驻地不变；将城关街道所辖的11个居委会调整为东大街、北坎崖、北大路、西大街、胡家牌坊街、城关大街、松园子街、增福堂街、北门大街、向阳路、芙蓉街、南宫街、十笏园、城隍庙街、曹家巷15个居委会，街道办事处机关驻地不变；将西关街道所辖的14个居委会调整为西黄家庄、北三里庄、南三里庄、马良冢子、营子、大胥家、南小于河、北小于河、高家庄、于家庄、小许家11个村和月河西、月河北、月河路、西关大街、苗圃、苗圃西、友爱、友爱南、前进街、西园、高家东、胜利西、胜利支路、区直机关宿舍西院14个居委会，街道办事处机关驻地不变；将南关街道所辖的11个居委会调整为颜家庄、高家楼、小庄子、徐家、南关、康家庄、城南武家、小崖头、花家、华家、大庄子、姚家12个村和西市场、东市场、人民街、西南关、南关大街、火车站东、火车站西、五道庙、仓南东街、仓南西街、青年路11个居委会，街道办事处机关驻地不变。

1994年12月29日，寿光市洛城乡、岔河乡、王望乡，设立洛城镇、岔河镇、王望镇3乡撤乡设镇，其行政区域和政府驻地不变。高密市仁和乡、初家乡撤乡设镇，其行政区域和政府驻地不变。

1995年6月20日，寿光市道口乡、留吕乡撤乡设镇，其行政区域和政府驻地不变。

1995年7月25日，调整昌乐县部分行政区划。撤销毕都乡，设立青龙镇；撤销漳河乡，设立高崖镇；撤销南郝乡、北岩乡、河头乡，设立南郝镇、北岩镇、河头镇。该5乡撤乡设镇后其行政区域和政府驻地不变。临朐县白塔乡的张家楼、东前韩、东后韩、东前河野、东后河野5个行政村和东窝铺、东白塔2个自然村划归昌乐县高崖镇。

1995年10月23日，调整高密市部分行政区划。设立高密市朝阳街道，高密镇的荆家庄、许家庄、秦家岭、单家屋子、罗家庄、小墓田、高家岭、黄山茔、鲁家庙、东观音堂、西观音堂、邱家洼12个村，柏城镇的田家村、王家响疃、邓家村3个村划归朝阳街道。街道办事处机关驻城南街东段。

1995年12月29日，安丘市宋官疃乡、白芬子乡撤乡设镇，其行政区域和政府驻地不变。

1996年1月3日，安丘市王家庄乡、柘山乡、召忽乡3乡撤乡设镇，其行政区域和政府驻地不变。

1996年1月19日，寿光市马店乡贾家村、南王村划归丰城乡。

1996年3月11日，调整诸城市部分行政区划。箭口乡、朱解乡、万家庄乡3乡撤乡设镇，其行政区域和政府驻地不变。解留镇更名为九台镇，政府驻地迁至九台村，其行政区域不变。

1996年5月23日，寿光市纪台乡、五台乡、田马乡3乡撤乡设镇，其行政区域和政府驻地不变。

1996年6月28日，调整临朐县、昌乐县部分行政区划。撤销临朐县白塔乡，将其所属的刘家沟、西寺后、东寺后、窝铺、白塔、史家沟、北段、山坡西沟、克家洼、卧牛石官庄、魏家沟、后河野、西前韩、南高家庄、山坡、西后韩、董家庄、栗行、建新、前河野、洛村、赵庄、孙家沟、北洋河、南洋河、大沟、闫家河、黄冢坡28个村和大关镇的池子村划归昌乐县。设立昌乐县白塔镇，辖上述29个村，镇政府驻原白塔乡政府驻地。临朐县原白塔乡的庞家河、西双山河、东双山河、李家沟、王家沟、大高家庄6个村划归辛寨镇，邬家官庄划归柳山镇。

1996年9月25日，临朐县杨善镇寨子崮、付家峪2个行政村（包括桃花自然村）划归纸坊乡。

1996年12月27日，昌邑市北孟乡、李家埠乡撤乡设镇，其行政区域和政府驻地不变。

1997年7月4日，调整昌邑市部分行政区划。撤销都昌镇，以原都昌镇北海路以东的行政区域设立奎聚街道，街道办事处机关驻原都昌镇政府驻地。以原都昌镇北海路以西的行政区域设立都昌街道，街道办事处机关驻岩山路18号。将双台乡的北褚、南褚、东褚、前褚、后褚5个村，南逄乡的刘埠、王逄2个村，李家埠镇的高家道照、长埠2个村，划归都昌街道。7月9日，昌乐县北展乡、安丘市金冢子乡、昌邑市宋庄乡3乡撤乡设镇，其行政区域和政府驻地不变。

1998年4月9日，奎文区廿里堡街道的茂子庄村划归南苑街道。调整后，南苑街道辖孙吕家、郭家、武家涧头院、高家涧头院、南家南、南家北、刘家沙窝东、刘家沙窝西、李家沙窝东、李家沙窝西、茂子庄11个村，街道办事处机关驻地不变。

1998年6月16日，调整坊子区部分行政区划。设立凤凰街道，将沟西镇的东白羊埠、西白羊埠、韩尔庄李家、韩而庄王家、葛家、响河子、山后郑家、邓家、小吴家、大营子、前营11个村和坊子镇的赵家、河西营2个村，划归凤凰街道，街道办事处机关驻凤凰街1号院。

1998年10月19日，临朐县纸坊乡撤乡设镇，其行政区域和政府驻地不变。

1998年12月30日，调整奎文区部分行政区划。撤销院校街道，设立潍州路街道；其行政区域为北至胜利东街，南至胶济铁路，东起鸢飞路，西至白浪河；辖幸福街、行政东、行政西、工人新村、潍棉东、潍棉西、潍棉中、民生路东、民生路西、民生路北、民生路中、建民路、四平路南、道口路北、汽车站15个居委会和杨家庄、草庙子、丁家道口、黄家庄4个村；街道办事处机关驻地不变。将广文街道行政区域调整为东起北海路，西至鸢飞路，北起东风东街，南至健康东街；辖西上虞河、院校东、南乐道、广文街、大学路、虞虹桥东、虞虹桥西、松鹤园、新华路西、新华路东10个居委会和李家庄、中上虞河、东上虞河3个村；街道办事处机关驻地不变。将樱桃园街道行政区域调整为东南与坊子区接壤、西与潍州路街道和广文街道相邻，北与新城街道相连；辖牧校、电厂2个居委会和樱桃园南、樱桃园北、樱桃园西、庄家、前栾、后栾、西河西、东河西、山后王家、山后徐家、张家庄子、九龙山、梨园、东三甲、十甲、河北张庄、西河北、三官庙18个村；街道办事处机关驻地不变。将大虞街道行政区域调整为东与新城街道接壤，西与北苑街道和东关街道相邻，北与寒亭区相连，南与广文街道相接；辖虞河北、虞河桥东、虞河桥南、虞河路、东园、青陵桥、红旗机械厂、早春园、福寿东街9个居委会和东庄、大虞河头、北虞河头、邢石、孙家、刘家庄、陈家庄、田家庄8个村；街道办事处机关驻地不变。将东关街道行政区域调整为北至北宫东街，南至胜利东街，西到白浪河，东至虞河（其区域内的福寿东街以北，鸢飞路以东区域仍属大虞街道）；辖奎文门、针巷子、北大街、东风东街、李家街、中和街、后门街、市建、中兴街、四平路中、北巷子、潍州路中、后所街、福音街、南巷子、征收处、工福街、华丰、振华、新华、中学街、华丰西巷、院校街23个居委会；街道办事处机关驻地不变。

1999年3月1日，调整坊子区部分行政区划。清池镇的东葛庄、西葛庄2个村划归车留庄镇；清池镇的岳家村和车留庄镇的南店村、王松一村、王松二村、王松三村、王松四村6个村划归沟西镇。

1999年3月16日，安丘市关王乡撤乡设镇，其行政区域和政府驻地不变。

2000年2月22日，调整安丘市部分行政区划。撤销安丘镇、贾戈镇，以原安丘镇和贾戈镇的行政区域分别设立兴安街道和贾戈街道，兴安街道办事处机关驻原安丘镇政府驻地，贾戈街道办事处机关驻原贾戈镇政府驻地；撤销温泉乡，其行政区域并入红沙沟镇；撤销车庄乡，其行政区域并入柘山镇；撤销召忽镇，其行政区域并入石埠子镇；撤销郚山乡、南逯乡，以原郚山乡、南逯乡的行政区域设立郚山镇，镇政府驻原郚山乡政府驻地；撤销辉渠乡、夏坡乡，以原辉渠乡、夏坡乡的行政区域设立辉渠镇，镇政府驻原辉渠乡政府驻地。

2000年4月28日，奎文区樱桃园街道更名为梨园街道。

2000年4月29日，调整坊子区部分乡镇行政区划。撤销涌泉乡，将原涌泉乡的大庄家、宁家、王家、付家、西南段、西北段、东南段、东北段、蔡家集、南冯、西坡、郑家集、吴家埠、北冯、吴家大路、寺后、孙家屯、大李家18个村划归青池镇，将徐家庄、北赵庄、南赵庄、官路、东单家埠、西单家埠、吴家庄、新庄8个村划归车留庄镇，将朱家营、菜园、上房、王家屯、张家屯、胡家庄、梁家庄7个村划归穆村镇，将翟家埠、肖家营、孙家庄、庄家庄、宁家庄、代家庄、涌泉庄、袁家、小李家、官庄10个村划归眉村镇。

2001年2月26日，调整昌乐县部分乡镇行政区划。撤销北展镇，其行政区域并入乔官镇；撤销河头镇将其行政区域并入马宋镇；撤销王俊乡，其行政区域并入阿陀镇；撤销大宅科镇，其行政区域并入朱汉镇；撤销平原镇，其行政区域并入红河镇；撤销包庄乡，其行政区域并入高崖镇；撤销北鄌郚乡，其行政区域并入鄌郚镇；撤销青龙镇，其行政区域并入北岩镇；高崖镇的东窝铺、东白塔、张家楼、东后韩、东前韩、东后河野、东前河野7个村划归白塔镇。

2001年2月26日，调整临朐县部分乡镇行政区划。撤销嵩山乡，其行政区域并入五井镇；撤销吕匣镇，其行政区域并入寺头镇；撤销白沙乡、沂山乡，其行政区域并入九山镇；撤销杨家河乡，其行政区域并入辛寨镇。

2001年2月26日，调整寿光市部分乡镇行政区划。撤销寿光镇，以原寿光镇的行政区域设立圣城街道，街道办事处机关驻原寿光镇政府驻地；撤销张建桥乡，以原张建桥乡的行政区域设立张建桥街道，街道办事处机关驻原张建桥乡政府驻地；撤销文家乡、马店乡，以原文家乡、马店乡的行政区域设立文家街道，街道办事处机关驻原文家乡政府驻地；撤销寒桥镇，其行政区域并入洛城镇；撤销丰城乡，其行政区域并入化龙镇；撤销岔河镇、五台镇，其行政区域并入侯镇；撤销杨庄乡，其行政区域并入羊口镇；撤销王望镇，其行政区域并入稻田镇；撤销广陵乡，其行政区域并入上口镇；撤销胡家营乡，其行政区域并入孙家集镇；撤销东埠乡，其行政区域并入纪台镇；撤销赵庙乡，其行政区域并入田马镇；撤销牛头镇，其行政区域并入台头镇。

2001年2月26日，调整青州市部分乡镇行政区划。撤销文登镇，其行政区域并入邵庄镇；撤销杨家庄镇，原杨家庄镇的大陈家庄、大刘家庄、潘家庙、小刘家庄、杨家庄、马家庙6个村划归东坝镇，侯庙等14个村划归东夏镇。

2001年2月26日，调整诸城市部分乡镇行政区划。撤销山东头乡，其行政区域并入桃林乡；撤销石河头乡，其行政区域并入桃园乡；撤销石门乡，其行政区域并入瓦店镇；撤销万家庄镇、箭口镇，以原万家庄镇和箭口镇的行政区域设立舜王街道，街道办事处机关驻原万家庄镇政府驻地；撤销吴家楼乡，将吴家楼乡的吴家楼等34个村划归石桥子镇，后家疃等7个村划归程戈庄镇，小程家庄子划归马庄镇；撤销城关镇，以原城关镇的行政区域分别设立密州街道、龙都街道，密州街道辖4个居委会和61个村，街道办事处机关驻原城关镇政府驻地，龙都街道辖38个村，街道办事处机关驻岔道口村。

2001年2月26日，调整潍城区部分乡镇行政区划。撤销杏埠镇，其行政区域并入于河镇；撤销大柳树镇，原大柳树镇的柳东等17个村划归符山镇，崔家官庄等13个村划归军埠口镇，将二甲王村划归望留镇。

2001年2月26日，调整坊子区部分乡镇行政区划。坊城街道更名为恒安街道；撤销坊子镇、埠头镇，将原坊子镇的夹河套、东王二2个村划归恒安街道；以原坊子镇除夹河套、东王二2个村外的其他19个村和原埠头镇的前埠头等4个村的行政区域设立长宁街道，街道办事处机关驻六马路中段；将原埠头镇除前埠头等4个村外的张家柳沟等25个村划归荆山洼镇；撤销沟西镇，将原沟西镇的北沟西、南沟西、彦坊3个村划归凤凰街道，将岳家等18个村划归车留庄镇。

2001年2月26日，调整寒亭区部分乡镇行政区划。撤销肖家营乡，将原肖家营乡的禹王台、党家营、姜马营、沈家营、二甲朱、八甲朱、崔家营、邵吕店、肖家营9个村划归南孙乡，将韩家庙子、横里路、牟家河坞3个村划归央子镇，将报庄子划归泊子乡；撤销郭家官庄镇、张氏镇，以原郭家官庄镇和张氏镇的行政区域设立开元街道，街道办事处机关驻原郭家庄镇政府驻地；撤销寒亭镇、城区街道，以原寒亭镇和城区街道的行政区域设立寒亭街道，街道办事处机关驻原寒亭镇政府驻地。

2001年2月26日，调整昌邑市部分乡镇行政区划。撤销南逄乡，其行政区域划归都昌街道；撤销青乡镇，其行政区域并入柳疃镇；撤销下营镇、东冢乡、夏店乡，以原下营镇、东冢乡、夏店乡的行政区域设立夏店镇，镇政府驻原夏店乡政府驻地；撤销仓街镇，其行政区域并入围子镇；撤销流河乡，其行政区域并入石埠镇；撤销塔耳堡镇，其行政区域并入丈岭镇；撤销李家埠镇，将其行政区域并入奎聚街道。

2001年2月26日，调整高密市部分乡镇行政区划。撤销咸家乡，其行政区域并入仁和镇；撤销大拦乡，其行政区域并入河崖镇；撤销张鲁镇，其行政区域并入姚哥庄镇；撤销蔡家站镇，其行政区域并入康庄镇；撤销高戈庄乡，其行政区域并入双羊镇；撤销田庄乡，其行政区域并入井沟镇；撤销方市乡，其行政区域并入注沟镇；撤销土庄乡，其行政区域并入柴沟镇；撤销王吴乡，其行政区域并入李家营镇；撤销周阳乡，其行政区域并入拒城河镇；撤销初家镇，原初家镇的尹家宅、三教堂、举人庄、河北头、朱家屯、小坊、小屋子7个村划归呼家庄镇，初家庄等25个村划归阚家镇；撤销高密镇，原高密镇的娘娘庙等11个村划归朝阳街道；以原高密镇的西关等14个村（居）的行政区域设立醴泉街道，街道办事处机关驻原高密镇政府驻地；以原高密镇的南关等25个村（居）的行政区域设立密水街道，街道办事处机关驻城南街。

2001年2月26日，调整安丘市部分乡镇行政区划。撤销宋官疃镇，其行政区域并入景芝镇；撤销雹泉镇，其行政区域并入管公镇；撤销担山镇，其行政区域并入赵戈镇；撤销慈埠镇，其行政区域并入关王镇。

2001年6月19日，昌邑市奎聚街道的辛置二村划归都昌街道。

2003年1月25日，调整潍坊高新技术产业开发区、潍坊农业高新技术开发区管理区域。坊子区清池镇、车留庄镇的陈家油坊、王家油坊、岳家、岔河、西葛、东葛、李家石门、赵家石门、官路、董流、吴家庄、北赵庄、南赵庄、北徐家庄、新庄15个村，凤凰街道的山后郑家、彦坊2个村；奎文区梨园街道的西河北、河北张庄、东三甲、三官庙、十甲、山后王家、山后徐家、东河西8个村，共25个村；划归潍坊高新技术产业开发区管理。寒亭区开元街道的北杨、宋家庄子、范家庄子、杏冢子、西小营、东小营、店子、东贾庄一村、东贾庄二村、双庙10个村，双杨镇的前小河、辛正、前阙庄、永宁官庄、后官庄、前官庄、马家埠、纪家庄子、罗家、大庙、后集、湖淋埠、西南阳、东南阳、龙爪树15个村；潍城区于河镇的大台、莱章、北里庄、东庄家、塔寺庄、郭家楼、后杭埠、茅埠、田西、田东、东王家庄、李家庄子、小贾庄、西贾庄、小里庄15个村，北关街道的店西、店东、前杭埠3个村；奎文区大虞街道的邢石村、北苑街道的三娘庙村2个村，共45个村划归潍坊农业高新技术开发区管理。

2003年1月25日，奎文区梨园街道的西河北、河北张庄、东三甲、三官庙、十甲、山后王家、山后徐家、东河西8个村划归新城街道。

2003年1月28日，调整坊子区部分行政区划。撤销清池镇，以清池镇的行政区域设立清池街道，街道办事处机关驻原清池镇政府驻地；将车留庄镇的陈家油坊、王家油坊一村、王家油坊二村、岳家、西葛、东葛、李家石门、赵家石门、官路、董流、吴家庄、北赵庄、南赵庄、北徐家庄、新庄15个村，凤凰街道的山后郑家、彦坊2个村划归清池街道。

2003年6月10日，调整安丘市部分行政区划。设立雹泉镇，将管公镇的雹泉西北村、雹泉东北村、雹泉西南村、雹泉东南村、大寿山、小寿山、吉山店子、山前、杏山子、莲花官庄、南官庄、马车岭、鞠家庄子、都家庄子、韩家庙子、下峒峪、中峒峪、老峒峪、岳家庄、代家坡、西北崖、崔家峪、胡家旺、前范山子、后范山子、落鸦石官庄、米布袋官庄、圈河、西黄家庄、青山官庄、水润道、张家留、王家沟、徐家寨、张家官庄、富平官庄、东尚庄、西尚庄、北尚庄39个村划归雹泉镇，镇政府驻雹泉东北村。

2003年6月30日，安丘市南流镇划归坊子区。

2003年7月4日，调整坊子区、奎文区部分行政区划。撤销坊子区车留庄镇，原车留庄镇的郭家、辛王家庄、董家庄子、辛李家、南范家、南店、东王松一村、东王松二村、东王松三村、东王松四村、罗家宅子、辛冬一村、辛冬二村、辛冬三村、河南头、西曹庄16个村划归凤凰街道。原车留庄镇的小站、前车留庄、西河下、山庄4个村划归穆村镇。原车留庄镇的蔡家楼、于家庄、土埠、向阳、孙家庄子、东黄门庄、西黄门庄、东曹庄、虾蟆屯、三岔河、后车留庄、渭阳、于家官庄、中官庄、张家官庄、谷家石门、董坊、东单家埠、西单家埠、高铁官庄、李村21个村划归清池街道。调整后的清池街道划归奎文区。

2003年8月26日，调整坊子区部分行政区划。设立坊安街道，凤凰街道的南店、西曹庄、东王松一村、东王松二村、东王松三村、东王松四村、罗家宅子7个村和南流镇的西王松、沙埠、高陵官庄、王家石埠、张家石埠、于家石埠、荒里、东村、蔡家石埠、侯家庄、任家水坡、洼里、河北郎郡庄、张疃、李家水坡、祥疃16个村划归坊安街道，街道办事处机关驻潍安公路与王高公路交汇处东北300米处。

2003年10月23日，调整寿光市部分行政区划。撤销张建桥街道，原张建桥街道的行政区域划归圣城街道；撤销古城乡、北洛镇，以原古城乡和北洛镇的行政区域设立古城街道，街道办事处机关驻原古城乡政府驻地；洛城镇、孙家集镇两镇撤镇设街道，其行政区域和政府驻地不变。

2004年2月18日，调整奎文区部分行政区划。设立钢城街道，清池街道的蔡家楼、孙家庄子、上埠、向阳、于家庄子、东黄门庄、西黄门庄、三岔河、东曹庄、虾蟆屯、后车留庄、渭阳12个村划归钢城街道，街道办事处机关驻张蛤路中段路东。清池街道原辖97个村，调整后辖85个村。

2004年3月15日，调整临朐县部分行政区划。撤销临朐镇，以原临朐镇的行政区域设立城关街道，街道办事处机关驻原临朐镇政府驻地；设立东城街道，营子镇的曾家洼、大张家庄、咸富楼、郝家庄、夏石庙、曾家小庄、吴家庙、泥沟子、陶家庄、西齐家庄、赵家庄、尹家沟子、窦家洼、窦家庄、郎家洼、陈家上庄、安家林、榆林店、杨家庄、南孙家庄、大周家庄、黄家洼、颜家洼、袁家庄子、北赵家河、南赵家河、新庄子27个村和七贤镇的杨家场、吕家庙、卜家小河、弥南4个村划归东城街道，街道办事处机关驻兴隆东路68号。

2004年5月19日，青州市五里镇的王家庄、靳家庄、十字村、寨子村、赵家小河、傅家庄、朱家庄、李宝峪8个村划归云峡河回族乡。

2005年1月5日，撤销寿光市大家洼镇，设立大家洼街道，街道办事处机关驻原大家洼镇政府驻地。

2005年3月4日，调整昌乐县部分乡镇行政区划。撤销昌乐镇、朱刘镇，以原昌乐镇、朱刘镇的行政区域设立城关、宝城、朱刘3个街道。原昌乐镇的东南村、南关、西村、北关、车站、南王、东田、申明亭、田老庄、南三里、五闫庄、西店、砚家河、高家河、周家河、曲家庄、东山李、东山王、前东村、后东村、郭家庄、南流泉、北流泉、吕家庄、刘家庄、吴家池子、莲池、南萧28个村划归城关街道，街道办事处机关驻原昌乐镇政府驻地；原昌乐镇的东管、耿王、四图、东尖、西尖、东萧、尚家庄、邢家河、西管、北三里、大北庄、潘家辛、石家庄、孤山庙、黄埠、西田、冯家庄、马家庄、西徐、东徐、代家庄、玉皇庙、西崔、东风24个村和原朱刘镇的赵家庄、于家庄、前于留、后于留、八里庄、马家河、西任疃、龙角、前石埠、后石埠10个村划归宝城街道，街道办事处机关驻孤山街179号；原朱刘镇的罗家庄、孙富村、郑王、西水坡、东水坡、后牟、前牟、西石桥、大石桥、谢家埠、北庄、洪家、都北、都南、东南庄子、戴家、东任疃、杨家庄、张家庄、九级、三庙、王金、侯家庄、十里堡、山坡、大桥、南楼村、柴家庄、西圈、东圈、北圈、刘家庄、钱家庄、东魏、西魏、坡庄、万庄、朱刘东、朱刘西、小东庄、大东庄、东南庄、西南庄、刘坤家、刘宣家、刘双泉46个村划归朱刘街道，街道办事处机关驻原朱刘镇政府驻地；撤销南郝镇，以原南郝镇的行政区域设立城南街道，街道办事处机关驻原南郝镇政府驻地。

2005年7月28日，调整青州市部分行政区划。东坝镇、王母宫镇两镇撤镇设街道，其行政区域和政府驻地不变；撤销云峡河回族乡，以原云峡河回族乡的行政区域设立云门山街道，街道办事处机关驻原云峡河回族乡政府驻地。

2005年7月28日，调整寿光市部分乡镇行政区划。撤销卧铺乡，其行政区域并入羊口镇；撤销王高镇，其行政区域并入田柳镇；撤销道口镇，其行政区域并入营里镇。

2007年2月12日，调整诸城市部分行政区划。撤销朱解镇，其行政区域划归密州街道，合并后的密州街道办事处机关驻原朱解镇政府驻地；撤销吕标镇，其行政区域划归龙都街道，合并后的龙都街道办事处机关驻原吕标镇政府驻地；撤销九台镇，其行政区域划归舜王街道，合并后的舜王街道办事处机关驻原九台镇政府驻地。

2007年5月22日，调整青州市部分行政区划。撤销东坝街道，原东坝街道所辖的东坝、东建德、杨姑桥、尚家、西建德、小贯店、小陈、大吴、孤山庙、小吴、任家、李河、纪河、大贯店、高彭、西阳河、东阳河、大陈、大刘、潘庙、小刘、杨家庄、马家庄23个村划归黄楼镇，西牟、东牟、玉皇阁、新冯、东十里、西十里、坡子、夏新、东圣水、坝沟、魏河、玉竹、朱兴13个村划归云门山街道；撤销昭德街道，其所辖的25个社区居委会划归云门山街道。

2007年5月28日，调整诸城市部分行政区划。撤销郝戈庄镇，其行政区域并入皇华镇；撤销郭家屯镇，其行政区域并入相州镇。

2007年8月28日，调整临朐县部分行政区划。撤销纸坊镇，其行政区域并入城关街道，街道办事处机关驻地不变；撤销杨善镇，其行政区域并入冶源镇，镇政府驻地不变；撤销石家河乡，其行政区域并入寺头镇，镇政府驻地不变；撤销大关镇、蒋峪镇，以原大关镇、蒋峪镇的行政区域设立沂山镇，镇政府驻原大关镇政府驻地；撤销卧龙镇，其行政区域并入辛寨镇，镇政府驻地不变；撤销七贤镇、营子镇，原七贤镇、营子镇的行政区域并入东城街道，街道办事处机关驻地不变；撤销上林镇，其行政区域并入龙岗镇，镇政府驻原上林镇政府驻地。

2007年8月28日，调整诸城市部分行政区划。撤销孟疃镇、马庄镇，将原孟疃镇、马庄镇的行政区域并入贾悦镇，镇政府驻地不变；撤销程戈庄镇，原程戈庄镇的西小庄子、程戈庄一村、程戈庄二村、程戈庄三村、程戈庄四村、张家屯、夏家官庄、仲家庄、崔家营、西涝戈庄、东涝戈庄、仇家庄、苗戈庄、宋戈庄、小焦家庄、大焦家庄、周庄子、后卜落林子、前卜落林子、毛家庄、呈子泊、方家庄、草营子、双湾子、魏家岭、马厂沟26个村划归舜王街道，街道办事处机关驻地不变；原程戈庄镇的龙石头河、荆山后、黄吉埠、后家疃、黄家庙子、荆山前、西臧家庄、前疃、南曹家庄子、徐家洼、潘家岭、冯家屯、仇家洼、西郭家庄、西楼子、东楼子、后岳戈庄、前岳戈庄、王家洼、任家庄子、西张家庄、范家岭、友谊村、刘家官庄、后浩仉、前浩仉、娄家庄27个村划归石桥子镇，镇政府驻地不变；撤销瓦店镇、桃园乡，原瓦店镇、桃园乡的行政区域并入林家村镇，镇政府驻地不变。

2007年8月28日，调整昌乐县部分行政区划。撤销尧沟镇，其行政区域并入宝城街道，街道办事处机关驻地不变；撤销五图镇，设立五图街道，街道办事处机关驻原五图镇政府驻地；撤销北岩镇，其行政区域并入乔官镇，镇政府驻地不变；撤销崔家庄镇、阿陀镇、马宋镇，以原崔家庄镇、阿陀镇、马宋镇的行政区域设立营邱镇，镇政府驻原马宋镇政府驻地；撤销朱汉镇，其行政区域并入红河镇，镇政府驻地不变；撤销白塔镇、高崖镇，两镇的行政区域并入鄌郚镇，镇政府驻地不变。

2007年8月28日，调整安丘市部分行政区划。撤销刘家尧镇、关王镇、贾戈街道，设立新安街道，将原刘家尧镇的行政区域和原关王镇的丘西、徐家庄、曹家楼子、东刘家庄、尧洼、陈家庄、南韩家庄、河洽、南谢家庄、北辛庄子、北谢家庄、上埠、北韩家庄、张家屯、于家官庄、高家官庄、朱家官庄、椿树岭、姚家庄字、葛达官庄、任家菜园、三台新村、孙下埠河西、李下埠、孙下埠河东、陈家埠、关王庙、孙十里、东辛庄子、黄十里、小河崖、张家庄、陈家楼、东周家庄子、黑牛冢、大洼、小洼、李家峪、桥北头、周家楼、丘东、王家楼42个村和原贾戈街道的东北村、东南村、西北村、西南村、大沙埠、邵家埠、杏杭、高家沟、刘沙埠、周沙埠、韩王封、董王封、刘王封、曹王封、贾王封、大埠后、高埠、小杨戈、大杨戈、夹埠、西友戈、东友戈、西许戈、东许戈、王家庄、小洼、何家屯、柳杭、十里泉、新村、为善、常家庄、李家埠、曹五里、李五里35个村以及赵戈镇的王家庄、夏家庄、东韩吉、中韩吉、西韩吉、庵顶、东仓、西仓、中仓、东张排、西张排、小埠后、贺戈庄、前担山、后担山、马家庄、周家庄、孙家庄、凌家庄、东朱戈、西朱戈、蔺官庄、蒯场、围子、北院庄、周院庄、东院庄、麻院庄、河洼、赵家埠、石灰埠、大朱了、小朱了、山口、下洼、马小庄、南屯、埠下、前友兰、后友兰40个村划归新安街道，街道办事处机关驻原刘家尧镇政府驻地；撤销白芬子镇，将原白芬子镇的行政区域和原贾戈街道的张田戈、周田戈、三合、朱田戈、韩家村、赵家村、逯家村、魏家村、马家坟、十里铺、沈十里、陈十里、孙十里、王家楼、马五里、孟五里、郝家庄、马家楼、务稼庄、小城埠、小东场、张五里、王五里23个村划归兴安街道，街道办事处机关驻地不变；撤销临浯镇，原临浯镇的行政区域并入景芝镇，镇政府驻地不变；撤销红沙沟镇，原红沙沟镇的红沙沟、小北吾、刘家斗沟、曹家斗沟、小河口、沈家庄、刘家西吾、李家西吾、东纪庄、西纪庄、西石庙、东石庙、王家、赤埠、李家赤埠、簸箕掌、姚家庄、董家庄、赵家赤埠、战家沟、陈家沟、东涝山、禅杖、郑家庄、赵家沟、南吾、西涝山、小庄、山东头、黑石头沟、张家庄子、石榴沟、张家斗沟、东南疃、东浒崖、坝洼、后沟37个村和原关王镇的井戈、店子、栾家庄、慈埠、宗家庄、李家水西、光甫、前光甫、孟家庄、王家庄子、山后屯、后李戈、凤凰官庄、王家董孟、田家庄、吴家庄、白石官庄、前李戈、东惠家庄、西周家庄、西惠家庄、杨旭、西刘家庄、任家庄、儒林、柿子园、龙泉、申家庄、龙湾崖、于家水西、圈子村、冢子坡、牛家埠、南官庄、大芷坊、小赵家埠、大赵家埠、西辛庄子、申明亭、红河崖、马姚41个村划归凌河镇，镇政府驻地不变；撤销雹泉镇，原雹泉镇的行政区域和原红沙沟镇的温泉、北后河、南后河、下涝坡、上涝坡、东旺、小桃园、徐家沟、西浒崖、田家岭、王家庄子、花石涧、吴家沟、前崮山沟、大桃园、石门、西沟、范家庄子、石山子、东崔巴峪、窝洛、西崔巴峪、上头、常家岭、大安、刘家埠子、河洛27个村划归辉渠镇，镇政府驻地不变；撤销庵上镇，其行政区域并入石埠子镇，镇政府驻地不变；撤销管公镇，其行政区域并入官庄镇，镇政府驻地不变；撤销王家庄镇，其行政区域并入赵戈镇，镇政府驻地不变。

2007年8月28日，调整昌邑市部分行政区划。撤销双台乡，其行政区域并入都昌街道，街道办事处机关驻地不变；撤销宋庄镇，其行政区域并入围子镇，镇政府驻地不变；撤销夏店镇，将其行政区域并入卜庄镇，镇政府驻地不变；撤销石埠镇、岞山镇，两镇的行政区域并入饮马镇，镇政府驻地不变；丈岭镇的田戈庄、高家屯、鳳瑞埠、凤凰屯、万和屯、老匙沟东、老匙沟西、薛家庄、朱阳前、朱阳后、上河头、石牛庙、塔尔堡、孙家上疃、郭家上疃、初家上疃、马家上疃、苗家上疃、山西村、前陈家庄、朱甫村、东麻湾、北麻湾、南麻湾、金李埠、岳家官庄、毛家屯、李家井、东齐家屯、岳家屯、大石门、东石门、大陈庄、横路屯、韩家高阳、周家庄、高阳东、高阳西、大庄、麻姑庄、范家邱、平正屯、许家屯、黑埠头、山东村45个村划归北孟镇，镇政府驻地不变；撤销太保庄乡，其行政区域并入丈岭镇，丈岭镇更名为太保庄镇，镇政府驻原太保庄乡政府驻地。

2007年8月29日，调整高密市部分乡镇行政区划。撤销姚哥庄镇，其行政区域并入朝阳街道，街道办事处机关驻地不变；撤销拒城河镇，其行政区域并入密水街道，街道办事处机关驻地不变；撤销康庄镇，其行政区域并入醴泉街道，街道办事处机关驻地不变；撤销河崖镇，其行政区域并入夏庄镇，镇政府驻地不变；撤销仁和镇，其行政区域并入姜庄镇，镇政府驻地不变；撤销周戈庄镇，其行政区域并入大牟家镇，镇政府驻地不变；撤销双羊镇，其行政区域并入阚家镇，镇政府驻地不变；撤销呼家庄镇，其行政区域并入井沟镇，镇政府驻地不变；撤销注沟镇，其行政区域并入柴沟镇，镇政府驻地不变；撤销李家营镇，其行政区域并入柏城镇，镇政府驻地不变。

2007年8月30日，调整寿光市部分乡镇行政区划。撤销田马镇，其行政区域并入稻田镇，镇政府驻地不变；撤销留吕镇，其行政区域并入洛城街道，街道办事处机关驻地不变。

2007年8月30日，调整潍城区部分行政区划。撤销军埠口镇、望留镇、符山镇，以原军埠口镇、望留镇的行政区域和原符山镇的楼子、新邓、宋家、项家、杨成、付家、油坊、尹家、庙子、上二甲、新二甲、柳东、柳西、柳南、柳北、十亩田、潘家、老邓家、刘家庄、平寿、许家、鞠家、庞家庄、李家庄、尹家庄、乔铁、柴家河、三甲28个村设立望留街道，街道办事处机关驻原望留镇政府驻地；撤销于河镇，以原于河镇的行政区域和符山镇的北乐埠、南乐埠、向阳、范家、李家、栾家、道口、山下于、下八甲、成东、成西、郭成、北大于河、南大于河、官路庄15个村设立于河街道，街道办事处机关驻原于河镇政府驻地；将原望留镇的马家黄土埠子、高家黄土埠子2个村划归南关街道，街道办事处机关驻地不变；西关街道的友爱社区划归北关街道，街道办事处机关驻地不变。

2007年8月30日，调整寒亭区部分行政区划。撤销央子镇，设立央子街道，街道办事处机关驻原央子镇政府驻地；撤销固堤镇、泊子乡，以原固堤镇和泊子乡的行政区域设立固堤街道，街道办事处机关驻原固堤镇政府驻地；撤销双杨店镇、南孙乡，将原双杨店镇和南孙乡的行政区域并入高里镇，镇政府驻地不变；撤销河滩镇，将其行政区域并入朱里镇，镇政府驻地不变。

2007年8月30日，撤销奎文区南苑街道、钢城街道，两街道的行政区域并入廿里堡街道，街道办事处机关驻地不变。

2007年8月30日，调整坊子区部分行政区划。撤销恒安街道、长宁街道、荆山洼镇，以原恒安街道、长宁街道的行政区域和荆山洼镇的行政区域设立坊城街道，街道办事处机关驻原恒安街道办事处驻地；撤销南流镇，其行政区域并入坊安街道，街道办事处机关驻原南流镇政府驻地；撤销穆村镇、眉村镇，以该两镇的行政区域设立九龙街道，街道办事处机关驻原穆村镇政府驻地。

2007年9月5日，寿光市的大家洼街道划归寒亭区。安丘市的黄旗堡镇、赵戈镇划归坊子区。昌邑市的太保庄镇划归坊子区。

2009年5月11日，诸城市相州镇的尚家庄、南张洛、后凉台、前凉台、逄家岭、北戈庄、徐家庄、新村8个村划归坊子区太保庄镇，镇政府驻地不变。

2009年5月11日，安丘市景芝镇的大圈、郭家庄子、东于戈庄、西于戈庄、旺民庄、前张家庄、后张家庄、刘家屯、杜家庄、北张洛、贾戈庄、高家庄、薛家庄、于家庄14个村划归坊子区赵戈镇，镇政府驻地不变。

2009年5月11日，高密市阚家镇的前郑公、后郑公一、后郑公二、后郑公三、后店东、后店西、北甲庄、西山甫、东山甫、逄家、刘家沟、陈家山甫、西新、张家院、山前、东新、潘刘屯、柳家屯、良湾屯、武巽屯、中岭、前岭、西岭、后岭、前柿子园、后柿子园、于家下坡27个村和井沟镇的城子、大圈、小圈、王家辛庄、住王庄、前铺、后铺7个村划归坊子区太保庄镇，镇政府驻地不变。

2009年5月11日，昌邑市饮马镇的岞山前、岞山中、岞山后、高家庄、留戈庄、前张百户屯、后张百户屯、岞山站、西惺惺、东惺惺、牟家庄子、周家官庄、耿家庄子、盖家庄子、日戈庄东、日戈庄西、双埠子、孙郭田戈庄、郝家官庄、梁家田戈庄、刘家田戈庄、马家屯、盘马埠、东章、西章、旱立、坡立东、坡立西、南杨家庄、颜家庄、皂角树、前行营、大行营、东下湾、南下湾、西下湾一、西下湾二、西下湾三、西北院、前辉、后辉、久远埠、卢家官庄、赵家屯、刘家埠、戴家官庄、黄家官庄、徐家官庄48个村和北孟镇的横路屯、大陈、大石门3个村划归坊子区太保庄镇，镇政府驻地不变。

2009年6月11日，寒亭区开元街道的陈家官庄、徐家楼、唐家朱茂、朱家谭里庄4个村划归寒亭街道。

2009年8月11日，调整奎文区部分行政区划。将潍州路街道位于民生东街以北、鸢飞路以西、白浪河以东区域划归东关街道；将廿里堡街道位于宝通东街以北、鸢飞路以西、白浪河以东的北王尔庄、东王二庄、西王二庄、马少野4个村划归潍州路街道。

2009年10月12日，调整昌邑市部分行政区划。设立下营镇，将卜庄镇的大韩家、廒里、北张家庄、郇家、辛庄、小韩家、小刘家、常家、军营、小姜家庄、北赵家、北王家、李刘、裴家、吕家、西下营、东下营、曹家店、后柳、前柳、小院、大院、火道、滩子、北二甲、东辛店、胡家道口、冯家、海眼、张家寨、沟崖、王家庙、纪家、高家、杨家35个村划归下营镇，镇政府驻地设在下营镇巷口路5号。

2009年10月27日，昌邑市北孟镇的小营村划归饮马镇。

2010年5月10日，寒亭区高里镇、朱里镇，坊子区黄旗堡镇，青州市黄楼镇，昌邑市围子镇撤镇设街道，街道办事处机关驻原镇政府驻地。诸城市桃林乡撤乡设镇，镇政府驻原桃林乡政府驻地。

2011年1月13日，调整奎文区部分行政区划。设立北海路街道，将新城街道所辖的南胡、南胡住南、南胡住东、南胡住西、北胡、北胡住、赵疃、十里堡、北宫东、卧龙东10个居委会划归北海路街道，街道办事处机关驻圣疃巷1号。

2011年11月2日，调整坊子区部分行政区划。撤销赵戈镇，以其行政区域设立王家庄街道，街道办事处机关驻昌安街49号；撤销太保庄镇，设立太保庄街道，街道办事处机关驻峡宁街50号。

2001—2012年，全市乡镇区划集中调整基本情况：

2000年，全市共有乡镇（街道）251个，其中街道24个，镇185个，乡42个。2001年3月至2002年12月，对全市范围内乡镇（街道）进行调整，调整后，全市共有34个街道、157个乡镇。2007年，开展乡镇撤并工作，全市共撤并乡镇（街道）66个，总数由2006年的183个减少到117个，调整后，全市共有49个街道、67个镇、1个乡。2010年5月至2012年12月，完成部分区域镇改街道、乡改镇调整工作，调整后，全市共有57个街道、62个镇。

至2012年底，全市辖奎文区、潍城区、坊子区、寒亭区4个市辖区（市辖区内另设有高新技术产业开发区、滨海经济技术开发区、综合保税区、峡山生态经济发展区4个开发区），青州市、诸城市、寿光市、安丘市、高密市、昌邑市6个县级市，临朐县、昌乐县2个县，共57个街道、62个镇。

2012年潍坊市行政区划一览表

表1—1—1

单 位	街道专名	数量（个）	镇专名	数量（个）
奎文区	东关 北苑 大虞 廿里堡 广文 梨园 潍州路 北海路 新城 清池	10	—	—
潍城区	城关 南关 西关 北关 望留 于河	6	—	—
坊子区	坊城 凤凰 坊安 九龙 黄旗堡 王家庄 太保庄	7	—	—
寒亭区	寒亭 开元 固堤 央子 大家洼 高里 朱里	7	—	—
青州市	王府 益都 云门山 黄楼	4	弥河 王坟 庙子 邵庄 高柳 何官 东夏 谭坊	8
诸城市	密州 龙都 舜王	3	枳沟 贾悦 相州 昌城 辛兴 皇华 石桥子 百尺河 林家村 桃林	10
寿光市	圣城 文家 古城 洛城 孙家集	5	台头 侯镇 上口 稻田 田柳 纪台 营里 羊口 化龙	9

续表1—1—1

单 位	街道专名	数量（个）	镇专名	数量（个）
安丘市	兴安　新安	2	石堆　景芝　凌河　官庄　大盛　石埠子　金冢子　柘山　郚山　辉渠	10
高密市	朝阳　醴泉　密水	3	柏城　夏庄　姜庄　大牟家　井沟　柴沟　阚家	7
昌邑市	都昌　奎聚　围子	3	下营　柳疃　饮马　龙池　卜庄　北孟	6
临朐县	城关　东城	2	五井　冶源　寺头　九山　辛寨　柳山　龙岗　沂山	8
昌乐县	城关　宝城　朱刘　城南　五图	5	乔官　红河　鄌郚　营丘	4
全市总计	—	57	—	62

第二章　自然环境

潍坊市地势南高北低，南部多丘陵，中部系平原，北部为低洼碱地与滩涂，地形分为三带：潍北滨海低洼地区，潍中洪积、冲积平原区，潍南低山丘陵区。全市土地总面积16143.14平方千米。

第一节　地质

潍坊市位于中朝准地台东南缘，跨华北断坳、胶辽台隆、鲁西断隆三个Ⅱ级构造单元，处在鲁西隆起、沂沭断裂带、鲁东隆起三个次级构造的交汇处。以昌邑—大店断裂为界，东侧为胶辽台隆区，西侧又以东西向的齐河—广饶断裂为界分为鲁西断裂区和华北坳陷区。沂沭断裂带纵贯全市中部，长约170千米、宽约50千米，潍城、奎文、寒亭、坊子、安丘、昌邑等分布其间。辖区内地层发育齐全，分布广泛；构造复杂多样，并具有多期次、多旋回的特点，成矿地质条件较好。

郯庐断裂带是对潍坊地区影响最大的活动断裂带。郯庐断裂带中生代时期活动最强烈，曾经历过巨大的左行平移和大陆裂谷发育阶段。自新生代以来，由于深部作用减弱，裂谷构造消亡，在区域北东东向主压应力场作用下，而转化为一条右旋走滑性质的构造带。沂沭断裂带是郯庐断裂带在山东境内的段落，构成了新构造分区的边界，对区域强震具有明显的控制作用。沂沭断裂带具有两堑夹一垒的构造格局，是境内的主导构造，新构造活动比较强烈，沂沭断裂带的构造活动十分复杂，并且具有明显的分段性，各段的构造运动及地震活动存在明显差异。

沂沭断裂带重力图显示为一条宽缓的、走向

上多扭曲畸变的梯度带，人工地震和大地电磁测深结果表明，断裂切割深度已达莫霍面。它构成鲁东、鲁西两大断块的构造结合带，其两侧的基底类型、盖层类型和地球物理场特征不同。

沂沭断裂带的新活动存在明显的东、西分带特征，即东地堑内的第四纪断层不仅活动强度明显大于西地堑，而且活动的时间也明显长于西地堑。东地堑内不仅有全新世断层，而且有清康熙七年（1668）郯城8.5级地震断层，在相应地段西地堑内至今未发现全新世断层，虽有早中更新世或晚更新世断层，但其活动强度也比东地堑内的断层小得多。沿沂沭断裂带的东、西地堑内分布着一系列第四纪浅盆地，北北西向断裂控制着这些盆地的边界，北东向断裂控制着盆地的纵向延伸。在沂沭断裂带与北西向断裂（燕山—渤海断裂，双山—李家庄断裂，蒙山断裂，苍尼断裂等）交汇处，正是重力梯度带扭曲畸变部位，也是形变特征发生转换和强震发生的部位。历史记载，沂沭断裂带发生过本始四年（公元前70年）安丘7级地震、清康熙七年（1668）郯城8. 5级地震，具有地震活动频度低、强度大的特点。

潍坊及邻近较大区域范围内历史上曾发生多次6级以上地震，主要受一些活动断裂带控制，沿断裂呈带状分布。根据现代地震震源机制解研究，本区现代构造应力场主压应力轴的优势方向为北东东向，主张应力轴的优势方向为北北西向。这与华北地震区的现代构造应力场基本一致。

潍坊市主要位于沂沭断裂带内，断裂带以东为元古代粉子山群及花岗岩，断裂带内及西侧为上第三系临朐群尧山组、牛山组，白垩系青山群火山碎屑岩和王氏群砂岩、粉砂岩，古生界寒武—二叠系灰岩和泰山群变质岩和前寒武系花岗岩。北部主要为第四纪地层覆盖，厚度可达300米以上。

潍坊地区主要的断裂是沂沭断裂带的5条主干断裂，沂沭断裂带由昌邑—大店断裂（F_1）、白芬子—浮来山断裂（F_2）、沂水—汤头断裂（F_3）、鄌郚—葛沟断裂（F_4）、安丘—莒县断裂（F_5）5条近于平行的断层组成，其中F_1、F_2、和F_3、F_4分别为中生代地堑的边界断层，F_5是在F_1、F_2之间新发育的一条断层。F_5断层全长360千米，是一条全新世活动断层，全新世以来沂沭断裂带的新活动主要表现在该断层上。除此之外，还发育有一些次级的北东向、北西向断裂、近东西向和近南北向断裂，如北西向的双山—李家庄断裂、益都断裂、昌乐—广饶断裂，北北东向和近南北向的景芝断裂、白浪河断裂，北东向和北北东向的上五井断裂等。

第二节 地貌

潍坊地区自然地形南高北低，地貌分异特征明显。南部多丘陵，中部系平原，北部为低洼碱地与滩涂。境域内山丘分属于两个山脉：分布在青州西南部至临朐、安丘南部的属泰沂山脉，呈东西走向；分布在诸城境内的属崂山山脉，呈东北西南走向。位于临朐县境内的沂山玉皇顶，海拔高程1031米，为全市海拔最高点。中部为山前冲洪积平原，地形平坦。北部为滨海低洼地，自然比降为1/2000～1/8000不等，海拔高程（黄海零点）1.2～7.0米。地貌自南至北有构造剥蚀山地，剥蚀堆积高地，山前堆积平原，冲洪积平原和海积平原。

第三节 气候

潍坊处于北温带季风区，背陆面海，属暖温带半湿润大陆性季风气候。受季风影响，气候变化具有明显的季节性。春季回温快，风多雨少；夏季炎热多雨，温度高湿度大；秋季秋高气爽，晚秋多干旱；冬季雨雪少，寒冷干燥。

全市南部降水相对较多，气候凉爽；中部降水较少，气温相对较高；北部降水少，气温略低，光照充足。受气候影响，潍坊主要灾害性天气有干旱、暴雨洪涝、冰雹、风灾、风暴潮、霜冻雪灾等。

气温

1991—2012年，潍坊全市平均气温13.3℃，寒亭、安丘年平均气温低于13℃，其他县市区高于13℃。全市2006年平均气温最高，达14.1℃，1992年、1993年平均气温最低，为12.5℃，1991—2012年平均气温最大温差达1.6℃。1991—2012年的22年间逐月平均气温均比常年值（1981—2010年）偏高，偏高最多的是2月份，其次是3月和11月。

1991—2012年潍坊市各县市区历年平均气温统计表

表1-2-1　　　　单位：℃

年份	寒亭	青州	诸城	寿光	昌邑	安丘	高密	昌乐	临朐	潍坊城区	区域平均
1991	12.1	13.0	12.6	12.8	12.6	12.3	12.9	12.6	12.4	12.9	12.6
1992	11.9	13.1	12.7	12.6	12.4	12.1	12.9	12.5	12.3	12.9	12.5
1993	11.8	13.2	12.5	12.8	12.5	12	12.7	12.5	12.3	12.8	12.5
1994	13.1	14.2	13.7	13.9	13.7	13.4	13.9	13.7	13.5	14.0	13.7
1995	12.1	13.7	13.0	13.2	12.9	12.6	13.0	12.9	12.6	13.3	12.9
1996	11.8	13.4	12.5	12.8	12.4	12.0	12.5	12.5	12.3	12.8	12.5
1997	12.7	14.1	13.4	13.6	13.3	13	13.5	13.4	13.1	13.6	13.4
1998	13.1	14.4	13.7	14.2	13.7	13.3	13.8	13.7	13.6	14.1	13.8
1999	13.0	14.4	13.7	14.0	13.5	13.3	13.7	13.5	13.4	14.0	13.7
2000	12.8	14.2	13.4	13.7	13.3	13.1	13.5	13.3	13.3	13.7	13.4
2001	12.8	14.1	13.4	13.7	13.3	13.0	13.6	13.2	13.3	13.8	13.4
2002	13.1	14.5	13.8	14.1	13.5	13.2	13.9	13.6	13.5	14.1	13.7
2003	12.4	13.5	12.7	13.4	12.8	12.4	13.0	12.8	12.7	13.2	12.9
2004	13.1	14.2	13.7	14.1	13.5	13.4	13.9	13.6	13.4	14.1	13.7
2005	12.6	13.6	12.9	13.5	12.8	12.6	13.2	12.9	12.8	13.5	13.0
2006	13.5	14.7	13.8	14.6	13.7	13.7	14.1	14.0	14.0	14.4	14.1
2007	13.7	14.6	13.8	14.5	13.8	13.7	14.2	13.9	13.5	14.5	14.0
2008	13.0	14.0	12.9	14.0	13.1	12.7	13.3	13.1	12.8	13.9	13.3
2009	13.5	14.3	13.4	14.3	13.4	13.0	13.7	13.4	13.6	14.1	13.7
2010	13.0	12.8	12.9	13.7	13.0	12.7	13.1	13.0	13.1	13.5	13.1
2011	13.0	12.7	12.9	13.7	12.6	12.6	13.1	12.7	12.9	13.5	13.0
2012	13.0	13.0	12.8	13.8	12.5	12.8	13.1	12.8	13.1	13.5	13.0
平均	12.8	13.8	13.2	13.7	13.1	12.9	13.4	13.2	13.1	13.6	13.3

说明：潍坊城区包括潍城、坊子、奎文3区

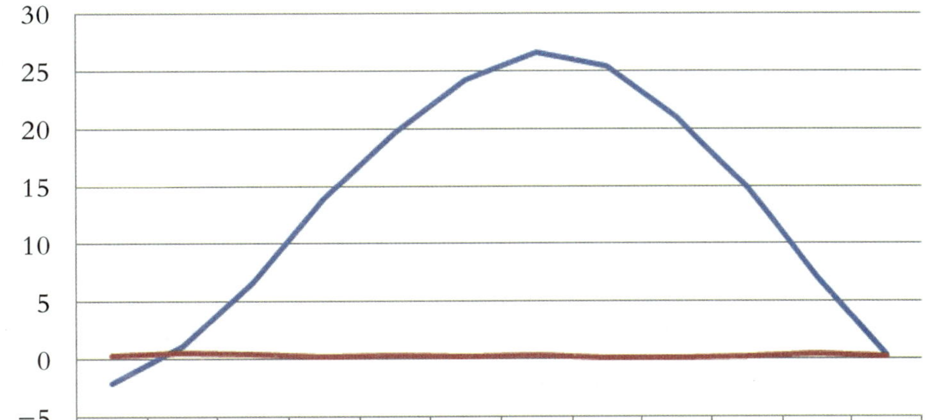

	1	2	3	4	5	6	7	8	9	10	11	12
平均气温	-2.1	1.2	6.6	13.9	19.7	24.2	26.6	25.4	21	14.9	7.1	0.3
气温距平	0.3	0.6	0.4	0.2	0.3	0.2	0.3	0.1	0.1	0.2	0.4	0.2

图1—2—1　1991—2012年潍坊市逐月平均气温示意图

1月是全年最冷月，全市平均气温-2.1℃，其中，2011年1月平均气温最低，为-4.9℃，而昌乐县2011年1月平均气温达-5.7℃，为全市最低。1991—2012年，全市极端最低气温-19.2℃，1997年1月6日出现在临朐。7月是全年最热月，全市平均气温26.6℃，其中，1997年7月平均气温最热，为28.7℃。1991—2012年，全市极端最高气温42.6℃，2009年6月25日出现在潍坊市区。

降水

1991—2012年，全市年平均降水量629.4毫米，较常年（1981—2010年）偏多28.1毫米。尽管这个时期较常年平均降水偏多，但干旱依然是主要的农业气象问题。潍坊地区素有“十年九旱”之称，几乎每一年都会发生不同程度的阶段性季节性干旱。全市年降水呈现南多北少的变化规律，诸城南部地区较潍坊北部沿海年降水量偏多100多毫米。1991—2012年，年际间降水变化趋势不明显，但降水量差别较大。降水最多的年份出现在2011年，全市平均年降水量863.0毫米，其中7—9月降水总量达604.0毫米，较常年偏多255.4毫米，全市出现较重的洪涝灾害；2006年降水最少，全市平均年降水量仅381.5毫米，全市范围内出现春夏秋三季连旱，给全市工农业生产及人民群众生活带来严重影响。

1991—2012年潍坊市各县市区降水量统计表

表1-2-2

单位：毫米

年份	寒亭	青州	诸城	寿光	昌邑	安丘	高密	昌乐	临朐	潍坊城区	区域平均
1991	497.8	622.6	620.9	521.3	483.8	402.8	592.1	537.7	438.5	652.2	537.0
1992	515.7	501.8	581.7	374.3	500.2	599.8	573.7	597.6	436.0	400.5	508.1
1993	704.8	643.0	973.1	624.5	668.3	709.3	771.7	673.4	688.9	723.0	718.0
1994	631.9	753.3	699.0	582.7	604.3	799.0	908.2	621.4	835.4	743.7	717.9
1995	695.6	836.7	826.1	708.5	696.0	658.1	540.4	714.1	744.5	700.4	712.0
1996	612.2	431.3	801.6	534.2	606.3	565.9	611.6	488.9	498.8	515.4	566.6
1997	531.9	686.5	679.5	569.2	492.5	622.8	537.5	622.2	530.9	526.4	579.9
1998	586.0	676.6	775.1	627.4	552.0	709.7	743.0	684.1	573.1	607.7	653.5
1999	526.5	600.4	1248.5	580.3	467.1	798.4	993.9	566.5	451.5	504.1	673.7
2000	420.7	685.3	603.7	538.5	425.5	490.1	488.7	381.7	445.1	339.9	481.9
2001	703.8	524.9	694.7	691.5	696.2	677.9	626.5	568.8	736.5	598.0	651.9
2002	330.1	453.3	565.7	380.7	336.4	489.0	417.3	406.1	408.0	354.2	414.1
2003	747.6	959.8	951.9	735.9	715.8	878.2	811.1	793.7	873.5	721.5	818.9
2004	733.0	888.5	518.6	865.7	745.8	730.7	617.1	697.4	705.5	666.6	716.9
2005	620.0	858.5	758.7	708.9	623.3	752.7	759.4	659.0	746.3	561.0	704.8
2006	312.0	410.9	544.5	362.5	333.5	395.3	338.6	357.5	423.2	336.6	381.5
2007	676.1	827.1	880.3	637.3	670.8	717.1	903.9	599.3	679.0	640.3	723.1
2008	680.6	570.7	953.2	615.0	683.0	930.6	766.8	775.6	727.3	691.4	739.4
2009	487.8	492.9	521.5	503.5	534.7	518.9	539.0	532.4	624.7	444.6	520.0
2010	576.1	633.8	576.3	493.0	547.6	588.3	587.4	618.3	528.6	513.3	566.3
2011	874.5	889.5	889.5	817.4	717.6	918.7	803.2	907.3	921.2	890.7	863.0
2012	492.9	591.2	693.0	499.4	512.1	618.8	700.0	554.2	731.4	583.3	597.6
平均	589.0	660.8	743.5	589.6	573.3	662.4	665.1	607.1	624.9	577.9	629.4

说明：潍坊城区包括潍城、坊子、奎文3区

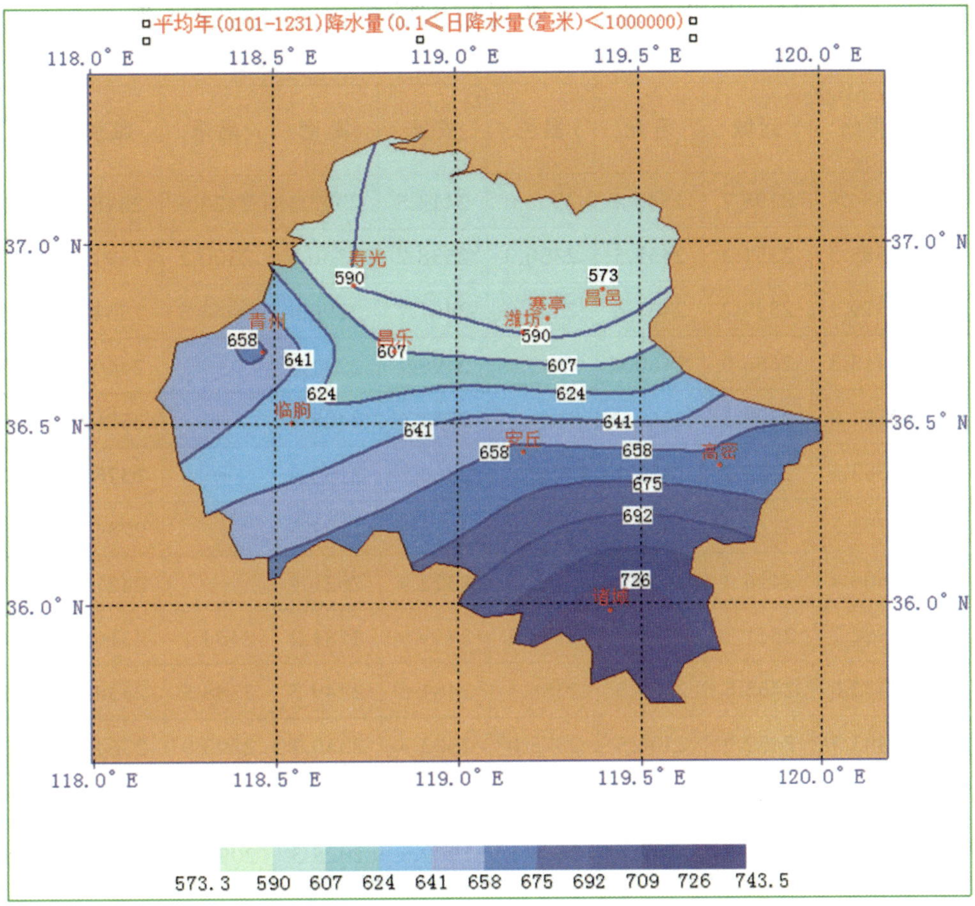

图1—2—2 1991—2012年潍坊市年降水量分布图

日照

1991—2012年，全市年平均日照时数2357.1小时，较常年（1981—2010）偏少54.8小时。日照变化趋势呈现逐年递减趋势，年际递减率为9.55小时。22年间最多日照时数2643.7小时，出现在1997年，最少日照时数2105.6小时，出现在2003年；各县市区间，诸城1995年日照最多，为2799.3小时，是诸城有记录以来日照最多值，昌邑2007年最少，为1871.4小时，是昌邑有记录以来日照最少值。从全市日照区域分布来看，日照时数总体呈现西多东少分布，西部地区较东部年日照时数偏多150小时左右。

1991—2012年潍坊市各县市区历年日照时数统计表

表1-2-3 单位：小时

年份	寒亭	青州	诸城	寿光	昌邑	安丘	高密	昌乐	临朐	潍坊城区	区域平均
1991	2349.5	2354.8	2195.7	2346.4	2369.0	2414.5	2347.4	2420.9	2548.2	2476.2	2382.3
1992	2496.8	2588.3	2351.3	2435.5	2350.0	2558.2	2366.3	2500.2	2591.5	2476.9	2471.5
1993	2423.9	2379.1	2549.2	2458.6	2303.0	2461.7	2290.4	2433.5	2534.1	2352.6	2418.6
1994	2334.7	2413.3	2656.0	2460.9	—	2499.7	2231.3	—	2460.5	2423.3	2435.0
1995	2515.1	2681.8	2799.3	2469.4	—	2551.6	2448.9	—	2576.0	2408.5	2556.3
1996	2256.8	2383.8	2425.2	2312.1	—	2363.5	2153.2	—	2378.5	2249.1	2315.3
1997	2628.3	2755.7	2743.0	2639.9	—	2685.8	2291.5	—	2784.2	2621.1	2643.7
1998	2286.9	2506.4	2416.3	2433.2	—	2322.4	2021.4	—	2421.6	2202.9	2326.4
1999	2426.0	2582.7	2521.1	2309.7	2155.3	2449.9	2181.2	2454.1	2310.8	2347.5	2373.8
2000	2303.1	2432.0	2455.5	2361.3	2386.1	2481.6	2249.3	2388.5	2338.4	2410.5	2380.6
2001	2270.9	2483.3	2432.9	2306.5	2375.0	2503.3	2350.3	2295.9	2364.0	2354.0	2373.6
2002	2497.8	2708.7	2454.8	2512.6	2356.8	2536.0	2344.6	2434.1	2482.8	2337.9	2466.6
2003	2235.2	2318.6	2111.3	2157.5	2048.1	1972.5	2028.3	2092.6	2103.3	1988.2	2105.6
2004	2456.5	2314.7	2391.1	2337.7	1932.9	2408.7	2126.1	2324.5	2265.7	2123.2	2268.1
2005	2816.4	2451.1	2440.5	2487.9	2377.5	2584.3	2277.6	2374.3	2232.2	2050.9	2409.3
2006	2535.5	2257.8	2198.6	2297.9	2071.5	2310.4	2090.2	2184.4	2181.3	1911.8	2203.9
2007	2179.3	2178.6	2133.3	2354.3	1871.4	2119.1	2229.5	2107.4	2184.2	2182.8	2154.0
2008	2140.5	2300.1	2241.2	2335.8	2034.6	2130.8	2236.1	2127.2	2270.6	2262.0	2207.9
2009	2405.5	2289.6	2475.9	2419.9	2297.1	2295.7	2352.1	2412.5	2472.3	2351.6	2377.2
2010	2349.9	2331.8	2394.9	2180.7	2215.6	2232.1	2317.3	2431.8	2381.6	2341.9	2317.8
2011	2360.4	2316.3	2325.3	2146.3	2162.2	2035.1	2187.5	2339.1	2293.4	2213.6	2237.9
2012	2465.7	2471.4	2481.7	2413.0	2369.9	2300.3	2437.6	2442.5	2414.0	2521.6	2431.8
平均	2397.0	2431.8	2417.9	2371.7	2216.2	2373.5	2252.6	2339.0	2390.4	2300.4	2357.1

说明：潍坊城区包括潍城、坊子、奎文3区

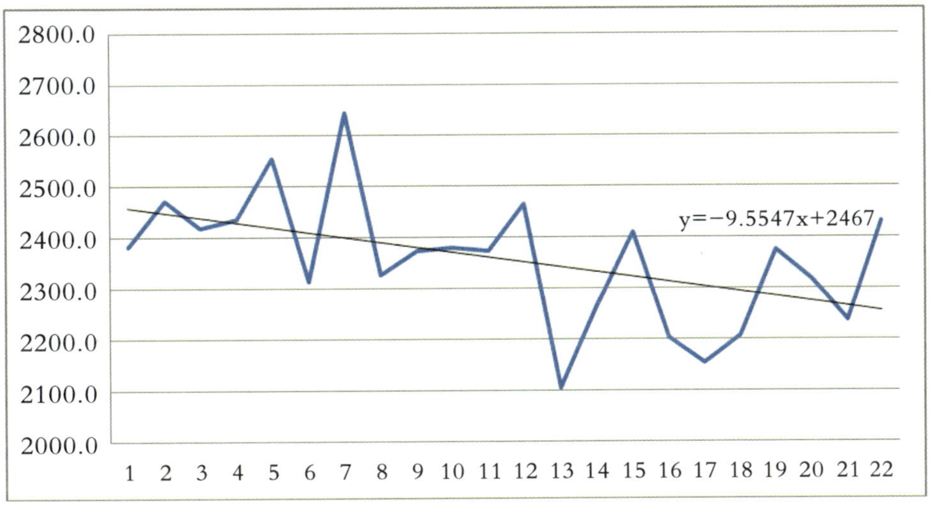

图1—2—3 潍坊市年日照时数示意图

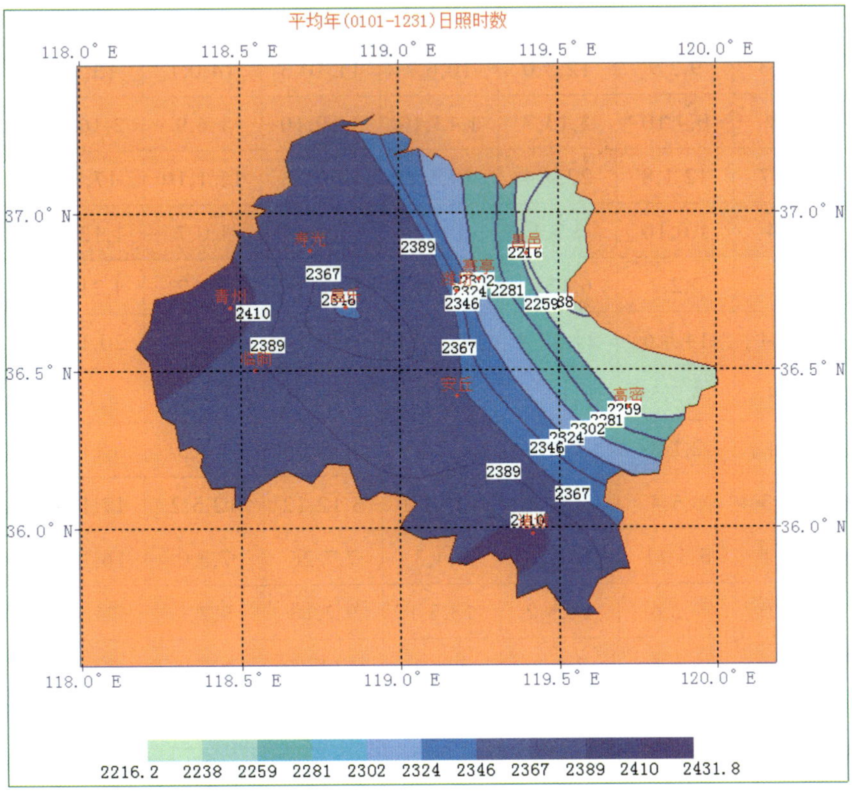

图1—2—4 潍坊市年日照时数分布图

高低温及雨雪大风天气

1991—2012年，22年间出现高温（≥35℃）天数最多的是1997年，该年全市平均高温日数21天，其中最多的高温日数为29天，出现在临朐和潍坊城区；出现高温天数最少的是2008年，该年全市平均高温日数仅2天，其中诸城、高密、安丘未出现高温天气。22年间年平均高温日数出现最多的是寿光和潍坊城区，都是13天，而诸城高温日数最少，仅为4天。说明夏季寿光、潍坊城区更为炎热，而诸城最为凉爽。

1991—2012年，22年间年均出现低温（≤-10℃）天数最多的是1993年、1996年、1997年，这三年全市平均低温日数都是12天，其中最多的低温日数为29天，出现在1996年的临朐；出现低温天数最少的是2007年，该年仅安丘、临朐分别出现1天低温天气，其他县市未出现低于-10℃的天气。22年间年平均低温日数出现最多是临朐，为13天，而高密低温日数最少，仅为3天。说明冬季临朐更为寒冷，而高密相对暖和一些。

1991—2012年，潍坊地区年均出现七级以上大风天气7天（风速≥17米/秒），其中1993年平均最多为11天，2012年最少为3天；各县市区间，安丘最多为13天，高密最少为3天。

1991—2012年潍坊市各县市区高温、低温、大风日数统计表

表1-2-4　　单位：日

年份	寒亭	青州	诸城	寿光	昌邑	安丘	高密	昌乐	临朐	潍坊城区
1991	5,13,8	2,4,3	1,3,3	5,7,5	1,9,10	2,10,8	1,2,2	0,9,10	0,12,1	4,7,8
1992	9,10,6	15,0,3	9,2,9	12,3,0	10,6,7	11,10,5	14,0,1	15,7,7	14,9,1	15,3,6
1993	1,19,10	5,6,9	0,4,10	3,13,7	1,13,10	1,19,10	1,6,9	2,16,17	2,15,15	2,7,10
1994	15,12,10	21,1,7	12,1,8	22,4,4	11,5,4	14,9,15	11,1,10	17,8,9	11,14,11	22,4,10
1995	3,18,8	5,0,4	1,0,10	3,5,1	1,6,3	1,10,14	1,0,7	1,13,12	3,17,8	4,1,8
1996	4,24,12	7,1,4	3,2,7	6,13,7	3,5,4	3,16,16	3,1,7	4,21,17	5,29,5	6,4,12
1997	23,18,9	23,6,4	14,5,6	24,12,4	16,10,3	16,13,40	17,4,3	20,17,9	29,21,1	25,7,9
1998	9,13,6	6,2,4	3,3,5	8,10,2	7,6,1	3,10,25	2,4,0	3,10,9	5,13,3	9,5,6
1999	7,17,6	6,0,4	2,1,8	7,7,6	6,5,4	2,10,20	1,1,3	6,11,10	6,16,6	12,2,6
2000	16,15,6	20,6,3	3,5,4	25,10,12	12,11,1	5,12,12	12,5,2	17,13,1	20,14,3	23,8,6
2001	10,14,5	17,3,1	5,3,11	16,7,5	9,4,3	7,7,26	7,3,0	16,13,4	15,10,3	16,5,5
2002	14,8,5	18,2,0	9,2,6	18,5,2	13,5,1	9,7,18	9,2,1	14,7,2	14,8,1	22,4,5
2003	3,13,10	6,3,3	1,6,4	7,6,2	3,6,2	0,11,19	0,3,0	2,8,14	4,10,0	6,5,10
2004	4,12,6	6,3,0	5,4,3	5,7,1	6,5,0	4,6,15	6,4,1	4,16,24	3,13,2	5,5,6
2005	12,15,14	16,2,7	7,2,7	19,6,9	12,5,6	10,12,9	10,2,2	12,19,19	13,20,13	24,1,9
2006	5,4,11	10,2,4	2,1,7	11,5,6	7,4,2	7,8,5	10,2,2	7,5,13	9,4,3	10,3,15
2007	6,0,9	9,0,2	5,0,5	11,0,3	4,0,5	7,1,5	6,0,0	8,0,10	5,1,3	8,0,14
2008	1,7,6	5,3,1	0,3,4	6,6,4	2,4,1	0,8,2	0,2,0	2,15,5	1,14,2	3,2,7
2009	12,5,2	16,3,2	5,4,3	18,7,3	11,6,2	9,11,4	11,2,0	13,14,9	13,12,2	16,4,5
2010	12,11,6	12,13,5	6,10,8	21,8,4	11,8,1	7,12,7	8,4,0	13,17,7	13,12,5	16,10,9

续表1—2—4

年份	寒亭	青州	诸城	寿光	昌邑	安丘	高密	昌乐	临朐	潍坊城区
2011	2,14,3	4,19,2	1,11,3	10,11,0	1,8,5	1,18,4	2,4,0	1,22,6	3,19,6	7,10,11
2012	3,12,2	6,9,2	3,6,4	10,9,0	4,9,8	4,12,3	5,3,0	4,19,1	8,14,2	14,8,4

说明：1.高温≥35℃，低温≤−10℃，大风≥17米/秒；
2.潍坊城区包括潍城、坊子、奎文3区

1991—2012年，22年间全市年平均降雨日数为91天，其中2003年平均最多为110天，2010年平均最少为76天；22年中县区间诸城平均最多，雨日数为104天，潍坊城区最少为82天，年降雨日数最多的是140天，出现在2003年诸城，降雨日数最少的是58天，出现在1999年寒亭和潍坊城区。在降雨日数中暴雨（日降水≥50毫米）全市平均出现2天，最多4天出现在1994年和2011年，县区间年平均暴雨日数最多的是诸城，也仅为3天，1999年8月12日，诸城发生特大暴雨，日降水量达619.7毫米，创潍坊地区历史极大值。1991—2012年，全市平均降雪日数为14天，1991年平均最多为26天，1999年、2007年平均降雪日数最少，仅为5天；县区间平均降雪最多的16天出现在青州，降雪最少的11天出现在寿光。

1991—2012年潍坊市各县市区降雨、暴雨、降雪日数统计表

表1—2—5　　单位：日

年份	寒亭	青州	诸城	寿光	昌邑	安丘	高密	昌乐	临朐	潍坊城区
1991	94,1,28	100,0,28	105,2,21	95,1,22	87,0.21	105,0,24	111,3,22	104,0,31	103,0,28	94,1,28
1992	87,2,16	95,2,14	92,3,16	88,1,11	91,1.17	94,2,18	95,2,19	94,3,19	95,2,15	87,1,16
1993	94,1,16	90,0,18	122,3,18	103,2,13	105,1.20	106,0,18	103,2,18	101,1,16	101,2,17	94,2,16
1994	94,2,12	112,3,19	112,2,14	102,3,13	111,3.14	101,5,17	80,4,14	102,3,17	109,3,21	94,4,12
1995	92,2,8	96,4,9	83,5,7	98,1,7	91,3.9	98,1,8	83,0,7	95,2,12	91,3,9	92,2,8
1996	79,2,9	96,0,11	106,2,14	84,3,7	95,2.9	110,1,13	101,2,9	104,1,12	100,2,14	79,1,9
1997	65,3,7	78,3,11	93,2,7	74,1,5	80,1.9	78,2,8	74,2,9	79,3,8	81,2,9	65,1,7
1998	76,2,14	112,2,15	119,3,16	89,2,12	94,2.17	115,2,15	107,3,13	96,2,16	106,1,17	76,2,14
1999	58,1,2	94,2,7	90,3,4	85,1,4	84,1.7.	93,4,5	78,1,5	96,2,5	96,0,6	58,1,2
2000	69,0,11	92,1,24	114,2,14	78,2,12	82,0.18	99,1,18	98,1,15	91,0,20	102,0,21	69,0,11
2001	62,2,19	85,1,27	113,1,26	64,2,19	78,3.20	86,1,22	99,1,23	79,1,23	84,4,27	62,3,19
2002	63,0,7	85,1,11	99,1,8	65,1,5	76,0.8	81,2,8	93,1,10	82,1,8	84,1,8	63,0,7
2003	100,1,14	116,4,20	140,4,16	97,3,16	94,1.13	116,4,13	116,4,15	108,3,15	111,2,14	100,1,14
2004	88,2,16	98,2,17	114,1,16	93,3,16	98,2.18	108,3,16	113,2,18	102,1,13,	93,2,13	88,2,16

续表1—2—5

年份	寒亭	青州	诸城	寿光	昌邑	安丘	高密	昌乐	临朐	潍坊城区
2005	79,1,15	80,3,19	110,2,16	86,1,16	79,1.14	93,3,16	91,2,15	84,1,17	82,3,17	80,1,15
2006	80,1,14	89,1,13	83,2,13	78,1,13	72,1.11	83,0,15	94,0,13	80,1,14	77,0,11	92,1,16
2007	99,2,5	97,4,4	103,4,5	82,2,5	87,2,5	93,2,4	99,7,3	96,2,5	85,1,3	105,3,7
2008	84,3,16	81,0,14	95,3,14	79,3,14	85,2,11	89,4,18	91,3,11	87,3,16	84,3,11	88,2,19
2009	85,0,11	79,0,11	89,0,8	76,0,8	80,2,9	93,0,10	80,1,7	91,2,12	76,2,11	86,0,10
2010	77,1,23	80,1,18	84,0,18	71,0,18	68,0,16	75,1,18	73,2,16	79,0,21	78,1,18	68,0,23
2011	91,5,14	82,3,13	103,4,14	76,3,14	96,1,13	92,3,15	83,4,13	86,2,10	86,4,10	85,5,15
2012	92,0,18	86,1,24	108,3,17	90,1,17	78,1,18	96,2,18	83,2,14	93,1,20	83,5,19	76,2,20

说明：1.暴雨：日降水≥50毫米；

2.潍坊城区包括潍城、坊子、奎文3区

第四节　物候

自然天气的变化会引起动物的变化及其某些异常行为的出现，同时也会导致植物物象的发生，特别是树木花草的生育期受气象环境条件影响非常显著。所谓“燕子来得早，雨季早，夏雨不会少”“无风杨叶动，下雨没有缝”，都是动植物对外界环境变化的反应。

以下统计数字是潍坊（寒亭观测站）1991—2012年动植物物候期平均值。

潍坊境内木本植物常年平均物候期一览表

表1—2—6

物候期	垂　柳	毛白杨	刺　槐	泡　桐	旱　柳
芽开放期	3月16日	3月15日	4月10日	4月15日	3月21日
展叶始期	3月25日	4月8日	4月15日	4月25日	3月31日
展叶盛期	4月6日	4月28日	4月25日	5月7日	4月9日
开花始期	4月9日	3月22日	5月10日	4月29日	4月14日
开花盛期	4月16日	3月30日	5月13日	5月2日	4月24日
种子成熟期（飞絮平均期）	5月7日	—	7月30日	9月10日	5月13日
叶变色始期	10月16日	10月9日	10月15日	10月11日	10月23日
叶全变色期	10月31日	10月26日	11月11日	10月26日	11月7日
落叶始期	10月25日	10月18日	10月21日	10月22日	10月28日
落叶末期	11月24日	11月19日	11月25日	11月23日	11月28日

潍坊境内草本植物常年平均物候期一览表

表1—2—7

物候期	车　前	蒲公英	藜	苍　耳
芽萌动期	3月30日	3月24日	4月14日	5月1日
展叶始期	3月25日	3月28日	4月21日	5月7日
展叶盛期	4月7日	4月8日	5月2日	5月13日
开花始期	4月26日	4月24日	7月20日	7月30日
开花盛期	5月7日	5月1日	7月26日	8月11日
种子成熟始期	6月5日	5月28日	8月14日	9月17日
种子全熟期	6月13日	5月31日	8月28日	9月26日
种子脱落期	6月17日	6月5日	9月12日	10月6日
黄枯始期	10月10日	10月26日	9月17日	10月23日
黄枯末期	11月16日	11月18日	10月19日	11月17日

潍坊境内动物常年平均物候期一览表

表1—2—8

物候期	家　燕	豆　雁	蚱　蝉	蟋　蟀	青　蛙
始见（始鸣）	4月15日	3月16日	6月23日	8月6日	5月20日
绝见（绝鸣）	10月23日	11月25日	9月14日	10月16日	10月20日

第五节　水文

地表水

潍坊市境内河流均为暖温带季风区雨源型河流，主要河流有5条，自西向东依次为小清河、弥河、白浪河、潍河、胶莱河，均独流入海。流域面积50平方千米以上的河流共103条，其他数百条溪流均为上述主要河流的支流。潍河干流长度222千米，总流域面积6502平方千米，其中潍坊市境内河长164千米，流域面积5315平方千米；弥河干流长度193千米，流域面积3319平方千米；白浪河干流长度105千米，流域面积1262平方千米；胶莱河有南北胶莱河之分，北胶莱河干流长度94千米，流域面积3750平方千米，南胶莱河全长30千米，流域面积1562平方千米，南北胶莱河潍坊市境内流域面积2802平方千米；小清河潍坊市境内全长37千米，流域面积1463平方千米。

潍坊市地表径流主要来自大气降水，全市多年平均降水量为659.3毫米（1952—2012年系列）。受地形、气象等因素的影响，境域内各地降水量差别很大，空间趋势一般是自南向北递减。南部山丘区多年平均降水量850毫米，北部滨海平原区多年平均降水量560毫米，高低差值290毫米。各流域多年平均年降水量也有较大差别，潍河流域最大696毫米，白浪河流域最小590毫米，极值差106毫米。降水量年内分配很不均匀。1—5月多年平均降水量114.2毫米，占多年平均年降水量的17.9%，10—12月多年平均降水量64.3毫米，占多年平均年降水量的10.1%。6—9月多年平均降水量占多年平均年降水量的72.0%，其中7—8月多年平均降水量占多年平均年降水量的49.5%左右，最大月降水量多发生在7月。雨季较短，雨量集中，而且常以暴雨形式发生，年降水量甚至主要集中在几场大暴雨，如“99·8”潍河三里庄特大暴雨24小时降水量599.6毫米，占年降水量的92%。

降水量年际变化较大，极值相差悬殊，最大年降水量为1964年的1256.8毫米，最小年降水量为1981年的346.2毫米，极差为910.6毫米，极值比3.63，最大年降水量为多年平均年降水量的1.90倍，最小年降水量为多年平均年降水量的0.53倍。历年降水量变差系数在0.23～0.33之间。

潍坊市地处中纬度地带，汛期受副热带高压北上影响，冷暖气流交流频繁，有时还受台风影响，再加地形抬升作用，极易形成局部性、短历时、突发性的特大暴雨。如：“74·8”潍河石埠子特大暴雨，24小时降雨量498.6毫米；“99·8”潍河三里庄特大暴雨，24小时降水量599.6毫米。这些暴雨的特点是雨量、雨强大，主雨集中，突发性强，雨型恶劣，灾害性强，多发生于潍坊市南部。

地表径流量均为降水产生。由于降水量年际变化较大，相应地表径流量的年际变化也较大，径流量年际变化的特点是丰水年和枯水年径流量相差悬殊。多年平均径流量为17.03亿立方米，最大年径流量为1964年的89.6亿立方米，次大年径流量为1962年的38.22亿立方米；最小年径流量为1981年的3.63亿立方米，次小年径流量为1983年的3.72亿立方米。最大年径流量是最小年径流量的24.6倍，是多年平均值的5.3倍，最小年径流量仅为多年平均值的21.3%。反映年径流量离散程度的年际变差系数在0.70～1.00之间。其分布趋势从南部山区向西北平原递增，山区年径流变差系数一般为0.7左右，平原一般为0.80～1.00左右，说明年径流量年际变化较大，这对水资源的开发利用不利，容易发生洪涝灾害。受降水和地形的影响，径流深在地区分布上不均，总的趋势是南部比北部大，平均年径流深诸城最大为143.0毫米，昌邑最小为76.6毫米，极值差为66.4毫米。各主要河流年径流深差别较大，潍河和弥河流域均比白浪河流域大，多年平均年径流深潍河最大135.8毫米，白浪河最小81.3毫米，弥河为109.0毫米，并且各主要河流的年径流深自上游向下游逐步减小，径流系数也同步减小。

潍坊市境内主要河流大都发源于南部山丘区，地形地理位置决定境内河流多为雨源型山溪性河流，由于流域坡度大，干流短，汇流快而集中，导致短时段内洪峰流量和来水量大，洪水过程陡涨陡落。

洪水径流量时空分布极不均衡。6—9月多年平均洪水径流量占多年平均地表年径流量的80%，枯季径流仅占20%左右，洪水径流量有的集中在汛期几场洪水。由于洪水径流集中度很高，导致流域间洪水径流量相差很大，潍河流域多年平均洪水径流量7.44亿立方米，白浪河流域仅0.25亿立方米，均值差为7.19亿立方米，均值比为29.8。

地下水

潍坊市南部山丘区地下水主要以基流或潜流

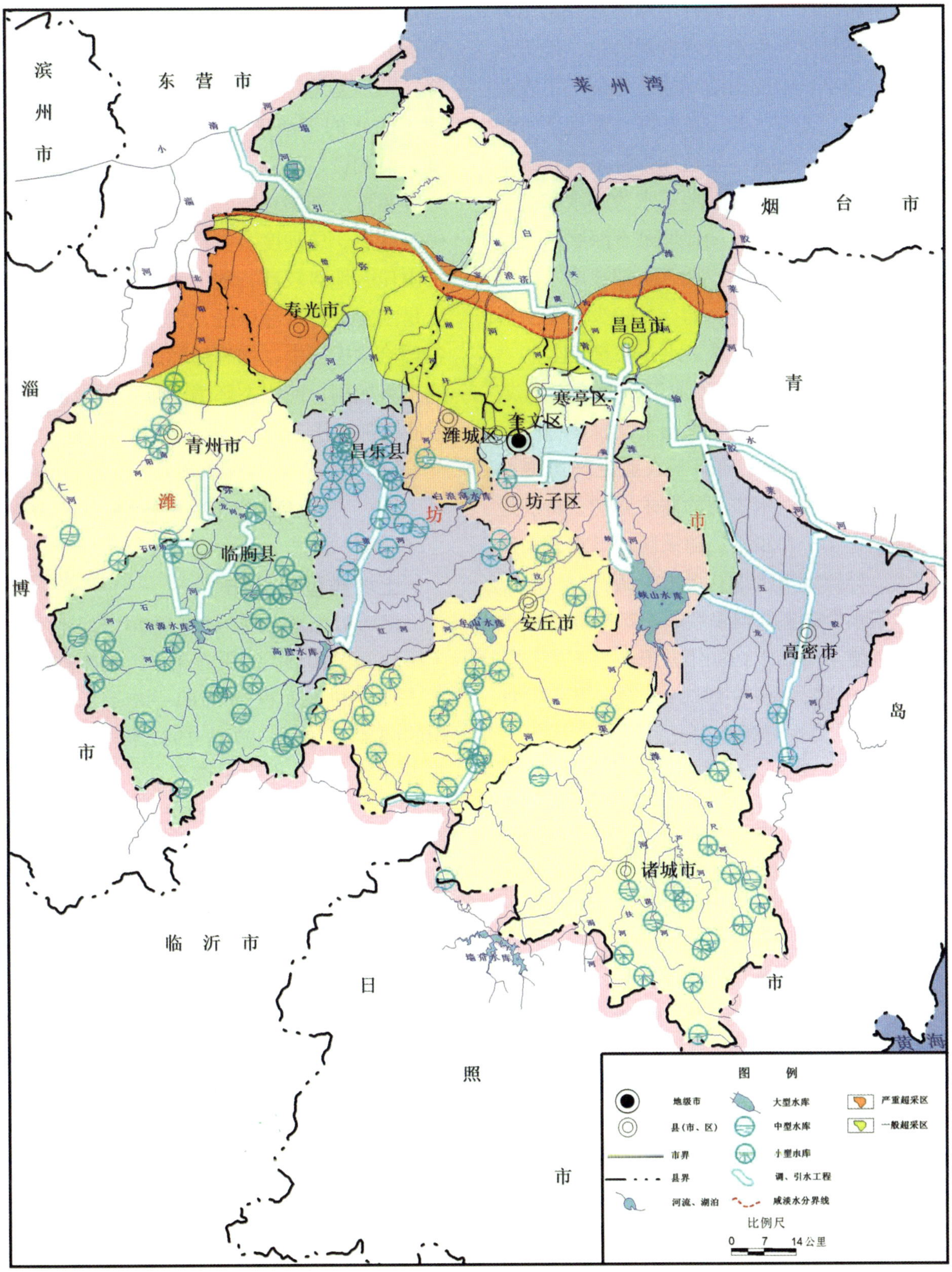

图1—2—5 潍坊市地下水超采区分布图

的形式向下游排泄，多在河谷平原区打井利用，机井密度小，且以利用地表水资源为主，地下水开采量相对较小；中部山前平原区为全市工农业生产发达地区，地下水开采条件好，是地下水的主要开采区域，开采量逐年增加，且多以水源地集中开采；北部滨海平原区地下水为咸水和高浓度卤水，淡水资源匮乏，局部埋藏有深层承压淡水，由于其埋藏范围较小，加之上部被咸水层覆盖，地下水的补给条件差，储存量较少，无法形成规模供水水源地，该区地下水开采量较少。

根据地下水开采系数和地下水动态分析划分，中部倾斜平原区为地下水超采区，其他平原区为地下水未超采区。随着工农业生产迅速发展，经济社会发展对水资源的需求剧增，特别是80年代以来连续干旱少雨，超采区地下水开采量不断增大，导致地下水采补严重失调。

据地下水位动态监测资料，全市平原地区地下水位大幅度下降始于1980年并形成地下水漏斗区。至2010年底，全市平原区平均地下水位埋深为11.24米，其中青州、寿光、寒亭、潍城、昌邑、奎文6个县市区地下水位平均埋深分别为21.48米、20.33米、9.89米、12.67米、11.78米、13.91米。由于长期超采地下水，从1980年起，在地下水集中开采区先后形成不同程度的地下水漏斗区并不断扩展。至1984年，随着地下水位持续下降，漏斗区不断扩展连片，并形成较大的寿光—昌邑漏斗。至2010年底，全市平原区地下水漏斗区有寿光—昌邑、昌邑城区、昌乐朱刘店3处，总面积达1600平方千米。漏斗区地下水位负值区面积1192平方千米，其中寿光—昌邑大漏斗2010年底面积为1195平方千米，漏斗区水位负值区面积980平方千米。由于咸水淡水分界线附近淡水侧地下水位不断下降，破坏了咸淡水原来的极限平衡，导致咸水不断入侵。至2003年，咸水入侵总面积达413平方千米，其中1993—2003年咸水入侵面积为173平方千米，年均入侵面积为15.70平方千米。由于地下水位持续下降，特别是地下水漏斗区的形成和不断扩展，加速了污水的下渗速度，加剧了地下水的污染程度。监测资料显示，地下水中的污染物主要有总大肠菌群、细菌总数、溶解性总固体、氯化物、硝酸盐氮、总硬度、氨氮等。在地区分布上，南部山丘区地势较高，地下水污染较轻。中部平原区是主要地下水污染区，包括县城在内的地下水各项检测指标中，均有超标的项目。地下水污染的不断加剧，使生态环境不断恶化，水资源供需矛盾更加突出。

第六节　土壤

土壤类型及分布

潍坊市土地总面积16143.14平方千米，其中土壤总面积12357.02平方千米，占土地总面积的76.55%；耕地面积7833.81平方千米，占土壤面积的63.4%。依据1979—1987年全国第二次土壤普查分类系统，全市土壤共划分为棕壤、褐土、潮土、砂姜黑土、盐土5个土类。

棕壤　全市棕壤面积2698.58平方千米，占全市土壤面积的21.84%，其中耕地面积1406.89平方千米，占本土类的52.13%。形成于酸性岩、非石灰性砂页岩及部分基性岩的山地丘陵，及其由这些岩类风化物堆积的高阶地、山前倾斜平原及洪冲积平原上。主要分布在南部的诸城、临朐东南部，在潍坊中部的昌乐和安丘等地也有一定面积分布。棕壤的成土母质以酸性岩类（花岗岩、片麻岩等）风化物为主，其次为非石灰性砂页岩及部分基性岩（安山岩、辉长岩、玄武岩等）风化物。经淋溶、黏化、生物积累及旱耕熟化等成土过程作用下，在上述母岩的山地丘陵的上部和坡面上为残坡积物，山麓及山前倾斜平原上部为坡洪积物，平原大部为洪冲积物，分别形成棕壤性土、棕壤和潮棕壤。棕壤的理化性状主要表现在：土体剖面通体无石灰反应，土壤呈酸性至微酸性，酸碱度一般在5.3～6.8之间。典型棕壤具有明显的淋溶和淀积作用，剖面呈棕色或棕褐色，有较黏重的心土层，并有铁锰结核、铁质凝聚体等新生体。土壤呈粒状或块状结构。从垂直分布看，由上而下的亚类分布是：棕壤性土→棕壤→潮棕壤。表土质地由粗到细，土体厚度由薄到厚，土壤养分含量由少到多，地下水位由低到高。

褐土 境内褐土的分布最广泛，各县市区均有，各土类中面积最大。褐土面积5050.86平方千米，占土壤总面积的40.87%；耕地面积2875.47平方千米，占本土类面积的56.93%。褐土主要发育于钙质岩、基性岩的风化物及富钙洪冲积物、黄土母质上，形成过程中具有明显的黏化作用、钙化作用、生物积累和旱耕熟化作用等。依据褐土的附加成土过程，或发育阶段不同，划分为褐土、石灰性褐土、淋溶褐土、潮褐土及褐土性土五个亚类。其中以褐土亚类为褐土类的代表亚类，其黏化作用和钙化作用都比较明显。石灰性褐土（土埠土）黏化作用和钙化作用均较弱，但通体含有较多的碳酸钙，属强石灰性。淋溶褐土的黏化作用虽较明显，但由于淋溶作用的加强，而钙化作用相对较弱。潮褐土受地下水和耕作影响较深。褐土性土受侵蚀的影响最重。褐土土体富钙质，钙化现象明显，氧化钙含量高，一般有假菌丝体，有石灰反应；酸碱度呈中性及微碱性；适宜喜钙嫌酸性植物，如柏等的生长。褐土在各县市区均有分布，主要分布在潍坊中部和西部。在西部的青州、临朐境内的山地丘陵及其山前倾斜平原，集中分布着钙质岩类及其风化物，主要形成了褐土亚类和褐土性土。在昌乐、安丘和诸城北部的丘陵区，因酸性岩、钙质岩和基性岩三种母岩相间存在，因而褐土和棕壤交错分布。在潍中洪积扇缘的平原区，地下水埋藏较浅，参与成土过程，集中分布着潮褐土。在昌乐、潍城、寒亭、昌邑一带，有石灰性褐土（土埠土）分布。

砂姜黑土 全市砂姜黑土面积为1288.01平方千米，占土壤总面积的10.42%，耕地面积775.39平方千米，占该土类的60.20%。砂姜黑土的成土母质为近代（第四纪以来）的湖沼相沉积物，含有较多的游离石灰。是一种具有“黑土层”和“砂姜层”的暗色土壤，由草甸潜育化过程，经脱潜育过程和旱耕熟化过程形成的土壤类型。潍坊境内砂姜黑土多分布于浅平洼地、槽状或碟形洼地，主要分布在高密、寿光、昌邑、诸城、安丘等地。人类的长期耕种，对砂姜黑土的肥力演变产生深刻的影响。潍坊境内砂姜黑土区，耕种历史久远，经过几千年的耕作及开沟排水、施肥等措施，使砂姜黑土经旱耕熟化过程，逐渐向高产土壤方向发展，同时经长期耕种，耕层土壤颜色由黑变浅，质地由黏变轻，耕性变好。

潮土 潮土在全市分布广泛，各县市区均有分布，其中昌邑、寿光、寒亭、诸城、高密、安丘、青州等地分布面积较大。全市潮土总面积为2884.24平方千米，占土壤总面积的23.34%，耕地面积2598.02平方千米，占该土类面积的90.08%。潮土主要分布在弥河、白浪河、潍河和胶莱河及其下游水域沿岸，在河流冲积母质基础上，经地下水浸渍及旱耕熟化过程而形成的，其形成显著受到沉积母质、地下水和人为旱耕熟化的影响。潮土土层深厚，一般都具有鲜明的沉积层理，母质质地为砂质上—重壤土。沉积母质的性质直接影响到潮土的形成过程和特性。潮土成土母质主要有两个来源：一为弥河沉积物，其来源为上游的钙质岩（石灰岩为主）风化物，富含钙质，有强石灰性（白浪河沉积物也属这一类），形成石灰性河潮土；二为潍河和胶莱河沉积物，其来源为上游的花岗岩、片麻岩等及其他非钙质岩类风化物，无石灰性反应，形成非石灰性河潮土。地下水直接参与成土过程。地下水矿化度多在0.5～2克/升，水质多为钙镁质重碳酸盐型，但在盐化潮土区地下水的矿化度均超过2克/升。

盐土 境内盐土均为滨海盐土，面积为435.32平方千米，占土壤总面积的3.52%；耕地面积178.04平方千米，占该土类面积的40.90%。主要分布在寿光、昌邑、寒亭的北部沿海一带。成土母质多为海渍河流沉积物，部分为海渍母质（海相沉积物）。海水侵渍是土壤积盐的主要来源。分布地形为滨海低平地、沿海洼地及滩涂地带。历年缓慢受海潮直接或间接影响。由于所处地带海拔高度低，一般小于5米，地形平坦，积盐过程的盐分补给是海水侵渍和逆河倒灌，或者海水渗漏补给地下水。境内地下水埋深一般小于1.5米，近海滩涂小于0.5米，地下水矿化度较高，大部分为10～30克/升，部分达50克/升，离海愈近地下水矿化度愈高，高者可达150克/升以上。地下水盐分组成以氯化物为主，主要是氯化钠。土壤富含可溶性盐分，质地多为砂质-壤质，部分为重壤—黏质。酸碱度一般在5.3～6.8之间。

土壤有机质

全市耕层土壤有机质平均含量为13.4克/千克，属中等偏上水平。在不同的利用方式中，投入的不同造成了含量的差异，设施菜田土壤有机质的含量最高，为15.7克/千克；其次为园地，有机质平均含量为14.9克/千克；再者是露天菜田，为13.8克/千克；棉田和花生田最低，含量分别为12.0克/千克和11.1克/千克。

土壤大量营养元素

土壤全氮 全市耕层土壤全氮平均含量为0.99克/千克，总体属中等水平。在不同的利用方式中土壤全氮平均含量差异较大，其中设施菜田含量最高，平均含量为1.57克/千克；其次是园地、粮田、露天菜田、棉田，含量分别为0.97克/千克、0.9克/千克、4克/千克、0.85克/千克；花生田最低，平均为0.82克/千克。

土壤碱解氮 全市耕层土壤碱解氮平均含量为93毫克/千克，属中等偏上水平。不同用地类型间耕层土壤碱解氮平均含量差异显著，设施菜田土壤碱解氮最高，平均含量为147毫克/千克；其次是园地、露天菜田、粮田、棉田，含量分别为98毫克/千克、92毫克/千克、87毫克/千克、82毫克/千克；花生田土壤碱解氮最低，平均含量为73毫克/千克。

土壤有效磷 全市耕层土壤有效磷平均含量为36.6毫克/千克，总体属中等偏上水平。不同的利用类型土壤有效磷含量差异显著，其中设施菜田含量最高，平均含量为85.8毫克/千克，较丰富；其次为露天菜田、园地、粮田、花生田，含量分别为61.3毫克/千克、39.7毫克/千克、30.4毫克/千克、25.0毫克/千克；棉田含量最低，平均含量为21.5毫克/千克。

土壤缓效钾 全市耕层土壤缓效钾平均含量为649毫克/千克，属中等偏下水平。不同用地类型耕层土壤缓效钾含量差异较大，设施菜田含量最高，平均为780毫克/千克；其次为棉田，平均含量为778毫克/千克，棉田与设施菜田相差不大，其他由高到低依次为园地、露天菜田、粮田、花生田，含量分别为679毫克/千克、648毫克/千克、631毫克/千克、565毫克/千克。

土壤速效钾 全市耕层土壤速效钾平均含量为153毫克/千克，属中等水平。不同用地类型之间差异显著，设施菜田土壤速效钾含量最高，平均含量为281毫克/千克；其次是园地、露天菜田、棉田、粮田，含量分别为206毫克/千克、177毫克/

千克、169毫克/千克、137毫克/千克；花生田平均含量最低，为103毫克/千克；土壤速效钾平均含量与1982年相比提高了51毫克/千克。

土壤中量营养元素

土壤交换性钙 全市耕层土壤交换性钙平均含量为3097毫克/千克，属中等偏上水平。不同用地类型交换性钙含量差异较小，园地最高，平均含量为3120毫克/千克；其他由高到低依次为粮田、设施菜田、露天菜田、花生田，含量分别为3122毫克/千克、3023毫克/千克、2875毫克/千克、2544毫克/千克。

土壤交换性镁 全市耕层土壤交换性镁平均含量为357毫克/千克，属中等偏上水平。不同用地类型交换性镁含量差异显著，棉田含量最高，平均含量为442毫克/千克；其他由高到低依次为园地、设施菜田、露天菜田、花生田、粮田，含量分别为434毫克/千克、378毫克/千克、378毫克/千克、360毫克/千克、350毫克/千克；设施菜田和露天菜田含量相等，粮田含量最低。

土壤有效硫 全市耕层土壤有效硫平均含量为46.4毫克/千克，属中等偏下水平。不同用地类型耕层土壤有效硫含量差异显著，设施用地显著高于其他用地类型，平均含量为115.7毫克/千克；其他用地类型含量差异小，由高到低依次为露天菜田、园地、粮田、棉田、花生田，含量分别为43.4毫克/千克、39.8毫克/千克、39.6毫克/千克、39.6毫克/千克、34.8毫克/千克；粮田和棉田含量相等，花生田含量最低。

土壤微量营养元素

土壤有效铜 全市耕层土壤有效铜平均含量为1.48毫克/千克，含量较高，属较丰富水平。不同用地类型耕层土壤有效铜含量差异显著，设施菜田显著高于其他用地类型，平均为2.47毫克/千克，较丰富；其他用地类型耕层土壤有效铜含量差异不大，由高到低依次为露天菜田、园地、棉田、粮田、花生田，含量分别为1.71毫克/千克、1.64毫克/千克、1.44毫克/千克、1.35毫克/千克、1.27毫克/千克；花生田含量最低。

土壤有效锌 全市耕层土壤有效锌平均含量为1.04毫克/千克，属中等偏上水平。不同用地类型土壤有效锌含量差异显著，设施菜田含量最高，平均为1.89毫克/千克；其他由高到低依次为园地、粮田、露天菜田、花生田、棉田，含量分别为1.32毫克/千克、0.94毫克/千克、0.93毫克/千克、0.77毫克/千克、0.67毫克/千克；棉田含量最低。

土壤有效铁 全市耕层土壤有效铁平均含量为19.05毫克/千克，含量丰富。不同用地类型耕层土壤有效铁含量差异较大，设施菜田含量最高，平均为23.64毫克/千克；露天菜田含量较高，平均为20.44毫克/千克；棉田土壤有效铁含量最低，平均为11.34毫克/千克；花生田、园地和粮田差异较小，含量分别为19.62毫克/千克、18.83毫克/千克、18.59毫克/千克。

土壤有效锰 全市耕层土壤有效锰平均含量为18.26毫克/千克，含量较丰富。不同用地类型土壤有效锰含量差异较小，花生田最高，为19.50毫克/千克；棉田含量明显低于其他用地类型，平均含量为11.52毫克/千克；其他由高到低依次为设施菜田、粮田、露天菜田、园地，含量分别为18.45毫克/千克、18.39毫克/千克、18.10毫克/千克、17.03毫克/千克，差异很小。

土壤有效硼 全市耕层土壤有效硼平均含量为0.53毫克/千克，属中等偏下水平。不同用地类型土壤有效硼平均含量差异较大，设施菜田含量最高，平均为0.89毫克/千克；其次是园地，平均含量为0.87毫克/千克；花生田含量最低，平均为0.38毫克/千克；露天菜田、棉田、粮田含量分别为0.66毫克/千克、0.60毫克/千克、0.47毫克/千克。

土壤有效钼 全市耕层土壤有效钼平均含量为0.16毫克/千克，总体属缺乏水平。不同用地类型土壤有效钼含量差异较大，设施菜田含量显著高于其他用地类型，平均为0.29毫克/千克，平均含量为丰富；粮田、花生田和棉田含量相同，均为0.14毫克/千克；露天蔬菜和园地差异很小，平均含量分别为0.13毫克/千克、0.10毫克/千克。

第七节 植被

潍坊市属于暖温带落叶阔叶林区域，暖温带落叶阔叶林地带，暖温带北部落叶栎林亚地带，黄、海河平原栽培植被区。依据地形地势和植物资源分布情况，全市划分为三个植被类型区：即潍南山地丘陵森林—灌草丛类型区，潍中平原河谷栽培植被区和潍北滨海低平地滩涂盐生植被区。

潍坊境内由于受历史上地质变动、人为生产活动的影响，原始植被早已荡然无存，现存的均为次生类型，最重要的类型是农业植被、森林植被、灌木草丛植被、盐生植被，其次有草甸植被、竹林、灌丛、沙生植被、沼泽植被和水生植被等。

农业植被

广泛分布于平原、山麓。主要粮食作物有小麦、玉米、甘薯、高粱、谷子等；经济作物以棉花、花生、烟草、大豆等为主。

森林植被

至2000年，全市林地面积199924.10公顷；林网化面积505056.90公顷，村镇“四旁”（路旁、林旁、水旁、宅旁）植树48815.60万棵，全市森林覆盖率17.3%。森林主要分布于南部山地丘陵区，有针叶林和阔叶林，其中针叶林27831.20公顷，阔叶林面积70495.80公顷。

针叶林 全市针叶林中，有松林9634.30公顷，占针叶林面积的35%；侧柏18196.90公顷，占针叶林面积的65%。松林主要分布在临朐和诸城的山地丘陵，为天然次生林或人工林，树种有赤松、油松和黑松，赤松林面积较大，油松和黑松纯林较少，成小块状分布，海拔在350米以上。侧柏林主要分布于胶济铁路线以南的山地丘陵和平原，是石灰岩等沉积岩山地的主要造林树种，多系人工林。

针阔混交林 主要分布在潍南山地丘陵区，树种有赤松、刺槐、麻栎、栓皮栎、黑松、臭椿等。引进树种与乡土树种相间，形成局部不规则块状混交林，构成稳定的植物群落。

落叶阔叶林 落叶阔叶林为地带性植被类型，由暖温带落叶树种组成，主要是栎林、杨柳林、刺槐林等。栎林是最有地带性的落叶阔叶林，面积日渐缩小。刺槐林和杨树林发展很快，造林面积最大。其中刺槐林44385.10公顷，杨树林20652.10公顷，其他阔叶树种5458.60公顷。栎林主要分布于临朐和诸城的山地丘陵，有麻栎林、栓皮栎林和槲栎林，海拔高度在1000米以下，以海拔300～700米处较为集中。杨、柳林在山地沟谷及平原、河滩均有分布。包括毛白杨林、杂交杨林、旱柳林等。刺槐林一部分为人工栽植，同时有部分次生林，在境内海拔900米以下的山地丘陵及平原广泛分布，是潍坊植树造林的重要阔叶树种。杂木林植被类型建群种变化比较大，是由多种落叶阔叶树种组成，它是通过自然演替而形成的次生植被类型。杂木林的主要建群种有水榆、花楸、山合欢、苦木、皂荚、臭椿、刺楸、刺槐、枹栎、短柄枹等，在潍南、潍中地区均有分布。

经济林 海拔200米以下一般为经济树种，多在山脚或平地，主要树种有苹果、梨、桃、杏、葡萄等，全市总面积94733公顷。

灌木草丛植被

这一类型多数是由森林或次生灌丛再次破坏、水土流失、土壤日益瘠薄、生境处于较为干旱条件下形成的一种植被类型。灌草丛是以中生或旱中生、多年生草本植物为主要建群种，其中散生少许灌木的植物群落。广泛分布于潍坊南部、西南部山地丘陵。构成灌木草丛的草本植物，主要是禾本科的野古草、白羊草、黄背草、结缕草、大油芒、荻等，其中以白羊草、黄背草占绝对优势。群落中常见的灌木有荆条、酸枣，以及胡枝子属、悬钩子属、木兰属的一些种。

灌丛

灌丛植被是由中生落叶灌木组成的一种落叶阔叶植物群落，在临朐、青州、诸城、安丘的山地和平原均有分布。山地灌丛是森林遭受严重破坏后形成的次生植被，主要分布在境内山地丘陵区海拔较高处的山顶坡或沟谷中，比较典型的有胡枝子灌丛、黄栌灌丛、白檀灌丛、山楂叶悬钩子灌丛等。平原灌丛主要有紫穗槐灌丛、柽柳灌丛等，其中紫穗槐灌丛在境内栽培最多，分布最广。

草甸植被

是一种生长在适中水分条件下以中生植物为主的草本植被，分山地草甸和平原草甸。山地草甸主要分布于临朐山区海拔800米以上的山顶部，属于一种森林植被破坏后的次生植被类型。适宜气候湿润、寒冷、风大、土层较厚，组成植被的种类具有耐寒、耐风、喜湿等特性，如苔草属、拳寥、地榆、乌苏里凤毛菊等。

盐生植被

盐生植被分布于寿光、昌邑、寒亭和滨海开发区的北部盐碱地地区，主要由耐盐植物所组成，如碱蓬、黄须菜、柽柳、白刺、二色补血草、獐毛、中亚滨藜、蒙古鸦葱、罗布麻等。

沙生植被

建群种为一些深根或旱、中生植物。沙生植被分为两种类型：海滨沙生植被分布于境内北部海滨沙滩上，主要是筛草、砂引草、矮生苔草、匍匐苦卖菜、沙滩黄芩、兴安天门冬、软毛虫实、毛鸭嘴草、滨旋花、滨麦、珊瑚菜、单叶蔓剂等；平原、河滩沙生植被主要分布于境内河流两岸的沙滩上和平原沙土区荒地上，由白茅、虫实属等组成，有时也可见到马唐、狗尾草等。

沼泽植被和水生植被

沼泽植被　分布于境内中部土壤过度潮湿或经常积水的洼地，是以挺水植物为主构成的植物群落，如芦苇群落、菰群落等，也常有香蒲、菖蒲、藨草混杂其中。

水生植被　是由生活于水域环境中的水生植物所构成，在境内的沿海、河流、水库、坑塘均有分布。根据植物沉没于水中的程度分为三类：挺水植物群落有芦苇、菰、莲、菖蒲、香蒲、慈姑、雨久花、藨草、稗、荸荠等；浮水植物群落有芡、菱、紫萍、浮萍、水鳖、槐叶萍、满江红等；沉水植物群落有黑藻、苦草、眼子菜属的植物。

竹林

主要是淡竹林。淡竹林栽培历史最久，面积最大，范围最广，栽植多集中于临朐、青州山地土厚湿润的地方。

第三章 自然资源

第一节 土地资源

潍坊土地总面积16143平方千米，居山东省第二位。境内土地按地貌特点可划分为低地、平原与山丘。其中农用地11634平方千米（耕地面积7992平方千米），占72.1%；建设用地2986平方千米，占18.5%；未利用地1522平方千米，占9.4%。

耕地资源

2002年，全市耕地后备资源调查评价结果显示，全市共有省级以上耕地后备资源63.39万亩，其中国家级耕地后备资源45.89万亩。潍坊耕地率高，新增耕地比较困难，需继续做好土地开发整理复垦工作，加强“三北”未利用土地的开发利用，提高土地利用率。

至2012年底，全市耕地面积为1198.80万亩。耕地分布不均匀，人均占有不平衡，人均耕地面积日趋减少比较明显。人均耕地面积：1949年为3.01亩；1957年为2.69亩；1984年为1.79亩；2005年为1.39亩；2012年为1.13亩，低于全国平均水平。

湿地资源

潍坊湿地总面积215949.24公顷，其中近海与海岸湿地面积80918.6公顷（其中浅海水域52439.65公顷、淤泥质海滩20241.86公顷、河口水域8237.09公顷），河流湿地面积20526.26公顷，湖泊湿地面积798.88公顷，沼泽湿地面积3883.7公顷，人工湿地面积109821.80公顷。全市建立各类湿地公园21个，其中国家湿地公园4个、国家湿地公园试点4个、省级湿地公园11个、市级湿地公园2个，总面积53547.34公顷。

第二节 矿产资源

潍坊矿产资源比较丰富。至2012年底，累计发现各类矿产80种（含亚矿种）、矿产地334余处，已探明储量的矿产46种。潍坊境内探明的矿产储量总量较大，矿种较多，在全省占有较重要位置。按全省矿产储量表中累计探明储量统计，天然卤水、蓝宝石、油页岩、重晶石、玻璃用石英岩、水泥用灰岩、膨润土、珍珠岩、沸石、陶瓷土、白云岩、硅藻土、云母13个矿种储量居全省首位，天然卤水和蓝宝石储量居全国首位。在已发现的矿产中，蓝宝石、红丝石、硅藻土、白垩土等是省内独有的矿产。国民经济赖以发展的15种支柱性重要矿产除铀、铝土矿外，其余均有发现，全市各县市区均有矿产资源赋存，分布范围十分广泛，但探明储量却相对集中，在地域和矿种配置上表现出明显差异。成矿规模以中小型为主，大型矿床偏少。非金属矿产是潍坊的优势资源，品种多、储量大。主要有膨润土、沸石、珍珠岩、卤水、蓝宝石、石油、煤、重晶石、石英岩、花岗岩、水泥灰岩、化工灰岩、石灰岩等。全市矿业开发以化工原料非金属矿产和建材非金属矿产为主，占开采矿石量的90%以上。

2012年潍坊市矿产资源种类一览表

表1—3—1

矿产大类	探明储量的矿种		尚未探明储量的矿种	
	矿种数	名称	矿种数	名称
能源矿产	4	煤、石油、油页岩、天然气	1	地热
金属矿产	6	铁、钛、铜、铅、锌、金	2	银、锰
非金属矿产	34	冶金用白云岩、耐火黏土、铸型用砂、萤石、化肥用蛇纹岩、重晶石、明矾石、硫铁矿、天然卤水、溴、钾盐、镁盐、水泥用灰岩、水泥用黏土、水泥配料用红土、水泥配料用黄土、水泥用页岩、玻璃用白云岩、玻璃用石英岩、陶瓷土、饰面用花岗岩、泥灰岩、铸石用玄武岩、岩棉用玄武岩、石棉、膨润土、沸石、硅藻土、钾长石、珍珠岩、云母、方解石、石榴子石、蓝宝石	31	熔剂用灰岩、伊利石黏土、磷、制碱用灰岩、含钾岩石、制灰用灰岩、玻璃用砂岩、陶瓷用脉石英、水泥用凝灰岩、饰面用灰岩、饰面用大理岩、建筑用灰岩、建筑用大理岩、建筑用白云岩、建筑用花岗岩、建筑用凝灰岩、建筑用辉绿岩、建筑用砂、砖瓦用页岩、砖瓦用砂、砖瓦用黏土、高岭土、白垩、染料黏土、石墨、陶粒用黏土、麦饭石、蛭石、泥炭、砚石、奇石
水气矿产	2	地下水、矿泉水	—	—
合计	46	—	34	—

主要矿产分布

膨润土、沸石、珍珠岩、明矾石主要分布在诸城、坊子、安丘、寒亭、昌邑、高密境内。

水泥灰岩、化工灰岩、石灰岩建材石料主要分布在青州、临朐的西南部，其次是安丘、昌乐境内。

煤炭零星分布在坊子、昌乐朱刘、临朐五井等地。

石油、天然气主要分布在市境北部昌邑—寿光沿海一带的新生代坳陷区。

地下卤水分布于莱州湾沿岸第四系海相地层分布区，沿海岸呈带状分布，主要分布在市境北部寿光、滨海开发区、寒亭、昌邑等地的沿海一带。

大理石、红柱石、石墨主要分布于诸城境内。

各类建筑石材、钾长石、瓷石主要分布于诸城、临朐、昌乐、青州等地。

蓝宝石主要产于第三系橄榄玄武岩中，分布于昌乐、潍城境内。

铁主要分布在昌邑、安丘及青州与淄博接壤处。

开发利用

1990年起，潍坊矿产业发展较快。在辖区内已发现的80种矿产中，有42种得到不同程度的利用，其中能源矿产3种、金属矿产6种、非金属矿产31种、水气矿产2种。至2012年底，全市共有各类矿山企业314个。

第三节　水资源

水资源量

1956—2000年，潍坊平均地表水资源量为17.03亿立方米，地下水资源量为15.12亿立方米，地表水、地下水重复计算量4.87亿立方米。全市多年平均水资源总量27.28亿立方米，其中，小清河区域多年平均水资源总量2.53亿立方米，占全市水资源总量的9.3%；潍河、弥河、白浪河区域多年平均水资源总量20.46亿立方米，占全市水资源总量的75.0%；胶莱河区域为4.29亿立方米，占全市水资源总量的15.7%。

潍坊市各县市区多年平均水资源总量统计表

表1—3—2　　　　单位：万立方米

行政分区	地表水资源量	地下水资源量	重复计算量	水资源总量
潍城区	2334.60	3405.30	556.50	5183.40
奎文区	708.50	1393.60	222.60	1879.50
坊子区	3013.80	4391.60	1046.10	6359.30
寒亭区	7093.20	4616.70	408.10	11301.80
临朐县	25107.20	20859.90	11893.50	34073.60
青州市	15666.70	22580.00	6784.10	31462.60
寿光市	18827.30	11395.90	0	30223.20
昌乐县	11651.10	10665.90	4354.50	17962.50
诸城市	30786.20	21667.50	8678.50	43775.20
昌邑市	13768.10	15187.60	3979.60	24976.10
高密市	16113.90	15504.70	2658.90	28959.70
安丘市	25258.60	19575.90	8161.00	36673.50
全　市	170329.20	151244.60	48743.40	272830.40

开发与利用

2012年，潍坊地表水资源开发率、浅层地下水开采率、水资源开发利用率分别为38.2%、71.4%、63.5%。潍坊水资源综合开发利用程度已相对较高，尤其是地下水资源开发利用程度为71.4%，已造成部分地区超采，在规划水平年地下水资源开发利用潜力已不大；地表水开发利用率为38.2%，相对较低，尤其在潍坊南部山丘地区，降雨丰沛，资源量丰富，规划水平年加快水网工程建设，在整个潍坊境域优化配置地表水资源显得尤为重要。

水功能区划

省政府2006年5月批复同意的《山东省水功能区划》划定潍坊市地表水功能区29个，其中水功能一级区15个（含11个开发利用区和4个保留区），其中11个开发利用区又划分为水功能二级区25个。2010年，根据《山东省水功能区限制纳污控制指标（暂行）》规定，潍坊市结合水功能区水质保护目标，组织编制《潍坊市水功能区纳污警戒线划定报告》，明确水功能区限制纳污红线。建立水功能区水质信息通报制度，各年度汛前（5月）、汛中（8月）、汛后（11月）共3次，发布《潍坊市水资源质量状况通报》。

潍坊市开发利用水资源水功能区划分一览表

表1—3—3

序号	一级区	二级区
1	小清河山东开发利用区	小清河东营农业用水区
2	潍河五莲保留区	—
3	潍河潍坊开发利用区	潍河诸城饮用水源区
4	潍河潍坊开发利用区	潍河峡山水库饮用水源区
5	潍河潍坊开发利用区	潍河潍坊饮用水源区
6	潍河潍坊开发利用区	潍河昌邑农业用水区
7	潍河潍坊开发利用区	诸城三里庄水库饮用水源区
8	潍汶河临朐保留区	—
9	潍汶河潍坊开发利用区	高崖水库饮用水源区
10	潍汶河潍坊开发利用区	潍汶河昌乐安丘饮用水源区
11	潍汶河潍坊开发利用区	牟山水库饮用水源区
12	潍汶河潍坊开发利用区	潍汶河安丘饮用水源区
13	渠河潍坊保留区	—
14	渠河潍坊开发利用区	渠河潍坊饮用水源区
15	弥河临朐保留区	—
16	弥河潍坊开发利用区	弥河潍坊农业用水区
17	弥河潍坊开发利用区	黑虎山水库饮用水源区
18	弥河潍坊开发利用区	弥河寿光农业用水区
19	丹河潍坊开发利用区	丹河潍坊农业用水区
20	白浪河潍坊开发利用区	白浪河潍坊饮用水源区
21	白浪河潍坊开发利用区	白浪河中游景观娱乐用水区
22	白浪河潍坊开发利用区	白浪河寒亭农业用水区
23	桂河潍坊开发利用区	桂河潍坊农业用水区
24	桂河潍坊开发利用区	符山水库饮用水源区

续表1—3—3

序号	一级区	二级区
25	虞河潍坊开发利用区	虞河潍坊农业用水区
26	北胶莱河潍坊青岛开发利用区	北胶莱河平度农业用水区
27	北胶莱河潍坊青岛开发利用区	北胶莱河潍坊渔业用水区
28	胶河青岛潍坊开发利用区	褚家王吴水库饮用水源区
29	胶河青岛潍坊开发利用区	胶河高密农业用水区

第四节　生物资源

植物资源

植物种类　全市共有种子植物142科502属1049种，其中裸子植物5科13属18种，被子植物137科489属1031种。其中有列入国家Ⅰ、Ⅱ级重点保护植物8种，列入《中国珍稀濒危植物红皮书》植物4种，列入《濒危野生动植物种国际贸易公约》植物2种，列入山东省“稀有濒危植物”26种。

根据国家林业局、农业部1999年9月公布的《国家重点保护野生植物名录（第一批）》，境内植物中，国家Ⅰ级重点保护植物有银杏和水杉2种，国家Ⅱ级重点保护野生植物有中华结缕草、野大豆、水曲柳、黄檗、紫椴、榉树6种。其中银杏、水杉、水曲柳、榉树4种为引进栽培种类，在境内栽培多年，长势良好；其余4种为野生种类，现存数量稀少。

依据国务院环境保护委员会1984年公布的《中国珍稀濒危植物红皮书》，境内涉及国家Ⅱ级珍稀濒危保护植物有胡桃楸、刺楸、蒙古栎、杜仲4种，其中杜仲为引种栽培，其余为野生种类。

根据《濒危野生动植物种国际贸易公约》规定，境内列入《濒危野生动植物种国际贸易公约》的植物有兰科植物2属，共2种，为Ⅱ级保护，分别为绶草属的绶草和舌唇兰属的二叶舌唇兰。

山东大学教授王仁卿在其编著的《山东稀有濒危保护植物》中，提出“山东省稀有濒危保护植物”的建议。潍坊境内含“建议”的山东稀有濒危保护植物26种，其中渐危种7种、稀有种19种。

潍坊境内分布的“山东稀有濒危保护植物”一览表

表1—3—4

序号	种名	学名	备注
1	野鸢尾	Iris dichotoma	稀有种
2	坚　桦	Betula chinensis	稀有种
3	刺　榆	Hemiptelea davidii	稀有种
4	灯心草蚤缀	Arenaria juncea	稀有种
5	烟台翠雀花	Delphinium tchefoense	渐危种
6	无毛溲疏	Deutzia glabrata	稀有种

续表1—3—4

序号	种名	学名	备注
7	青岛老鹳草	Geranium tsingtauense	稀有种
8	白 鲜	Dictamnus dasycarpus	稀有种
9	白木乌桕	Sapium japonicum	稀有种
10	北枳椇	Hovenia dulcis.	稀有种
11	狗枣猕猴桃	Actinidia polygama	稀有种
12	尖叶杜鹃	Rhododendron mucronulatum.	稀有种
13	石 血	Trachelospermum jasminoides var. heterophyllum	稀有种
14	徐长卿	Pycnostelma paniculatum	渐危种
15	列 当	Orobanche coerulescens	渐危种
16	天目琼花	Viburnum sargentii	稀有种
17	桔 梗	Platycodon grandiflorus	渐危种
18	鹿角卷柏	Selaginella rossii	稀有种
19	鸡 麻	Rodotypos scandens	稀有种
20	糠 椴	Tilia mandshurica	稀有种
21	乌 头	Aconitum carmichaeli	渐危种
22	竹叶椒	Zanthoxylum planispinum	稀有种
23	连 翘	Forstthia suspensa	渐危种
24	透骨草	Phryma leptobtachya var. asiatica	渐危种
25	宜昌荚蒾	Viburnum ichangensis	稀有种
26	紫 草	L. erythrorhizon Sieb. et Zucc.	稀有种

可利用植物资源 据调查统计，境内可利用资源植物按植物性质和用途分为9大类：野生蔬菜、药用植物、淀粉植物、油脂植物、芳香油植物、纤维植物、单宁植物、野生花卉植物、蜜源植物。由于同一种植物可能会有多种用途，会在不同类型中同时出现。

野生蔬菜资源。境内野生蔬菜共计220多种，包括蕨菜类、叶菜类、花菜类、根茎菜类、果菜类5类。野生蔬菜资源较为丰富。

药用植物资源。境内中草药植物共计990多种，是植物资源中种类最多、蕴藏量最大的一类，同时也是国家药用植物生产重要基地之一。主要药用植物有还魂草（卷柏）、白蔹、杜仲、地榆、侧柏、齿瓣延胡索、酸枣、远志、紫花地丁、薄荷、瞿麦、白薇、阴行草、费菜（土三七）、络石、萹蓄、艾、茵陈蒿、蝙蝠葛、黄芩、蛇床、列当、桔梗、连翘、牛膝、射干、紫花前胡、益母草、车前、丹参、苦参、半夏、东北天南星等。

淀粉植物资源。境内野生淀粉植物有几十

种，以壳斗科、禾本科、天南星科、薯蓣科植物为主，比较重要的有麻栎、槲树、栓皮栎、蒙桑、野黍、东北天南星、虎掌、薯蓣、华茶藨、绵枣儿等。

油脂植物资源。境内油脂植物以松科、樟科植物为多，蕴藏量较大的有赤松、油松、黑松、山胡椒、三桠乌药等，其他有榆、山合欢、白木乌桕、圆叶鼠李、益母草、车前、白莲蒿、小花糖芥等。

芳香油植物资源。境内芳香油植物以唇形科、芸香科、柏科、樟科、马鞭草科、菊科植物为主，主要有侧柏、白檀、辽藁木、黄荆、荆条、地椒、黄花蒿、野矮蒿、橘草、缬草、月见草、朝鲜苍术等。

纤维植物资源。境内纤维植物较多，分布较广，以禾本科、桑科、荨麻科最为重要，主要有悬铃木叶苎麻、桑、木防己、紫穗槐、拂子茅、野青、荻等。

单宁植物资源。单宁植物又称鞣料植物，境内主要单宁植物有木本的如赤松、黑松、枫杨、日本桤木、板栗、麻栎、槲树、栓皮栎、山合欢、臭椿、苦楝、毛黄栌、盐肤木等；草本的如酸模、丹参、茜草、委陵菜、鳢肠、拳蓼等。

野生花卉植物资源。境内野生花卉资源比较丰富，主要有烟台翠雀花、杜鹃、连翘、大花溲疏、射干、石竹、桔梗、兔儿伞、鸡麻、华北绣线菊、山合欢等。

蜜源植物资源。境内蜜源植物种类丰富、花期长，为养蜂业提供了优良的资源。根据蜜源植物的性质分为蜜源植物和辅助蜜源植物两类。蜜源植物主要有刺槐、黄荆、荆条、光泡桐、乌桕、胡枝子、枣等；辅助蜜源植物主要有酸枣、榆、板栗、油松、水蓼、打碗花、地黄、紫花地丁等。

动物资源

潍坊所处的特殊地理位置和特殊的成陆条件，决定野生动物在境域分布的基础条件和各类物种分布的特殊性。

1993年山东省林业厅组织编写的《山东林木昆虫志》，对潍坊地区的昆虫作了详尽记载。许多科技工作者多次发表有关潍坊市野生动物的调查研究报告，为搞好野生动物保护管理提供了科学依据。为进一步摸清境内野生动物资源的基本情况，1998年1月—1999年12月，2009年2—8月，潍坊市林业部门先后对境内陆生野生动物资源进行了调查。

动物种类 潍坊陆生野生动物在中国陆地动物地理区划上属古北界、东北亚界、华北区、黄淮平原亚区动物区系成分。按照境内陆生野生动物在不同地理环境类型中的种类和数量多少，划分为3个动物地理分布群：即潍南山丘动物地理分布群，潍中平原动物地理分布群和潍北滨海动物地理分布群。全市共有陆生野生动物1960多种。其中陆生脊椎动物363种（兽类37种，鸟类298种，爬行类19种，两栖类9种），陆生无脊椎动物1600种（节肢动物1500多种，原腔动物60多种，扁形动物30多种）。

重点保护种类 潍坊境内国家Ⅰ级重点保护野生动物有8种，分别是中华秋沙鸭、大鸨、白鹳、黑鹳、丹顶鹤、白鹤、金雕、白尾海雕；国家Ⅱ级重点保护野生动物有49种，分别是斑嘴鹈鹕、海鸬鹚、角䴙䴘、黄嘴白鹭、白琵鹭、白额雁、大天鹅、小天鹅、鸳鸯、凤头蜂鹰、鸢、栗鸢、苍鹰、赤腹鹰、雀鹰、松雀鹰、鹊鹞、白尾鹞、秃鹫、大鵟、毛脚鵟、普通鵟、灰脸鵟鹰、游隼、猎隼、燕隼、灰背隼、红脚隼、红隼、灰鹤、白枕鹤、小杓鹬、小青脚鹬、黑浮鸥、草鸮、红角鸮、领角鸮、雕鸮、鹰鸮、纵纹腹小鸮、长耳鸮、短耳鸮、斑头鸺鹠、棱皮龟、海豹、江豚、宽吻海豚、小须鲸、伪虎鲸等；山东省重点保护野生动物有61种；列入《濒危野生动植物种国际贸易公约》保护名录的有53种，其中附录Ⅰ的8种、附录Ⅱ的33种、附录Ⅲ的12种；列入《中日保护候鸟及其栖息环境的协定》保护鸟类名录的有141种；列入《中澳保护候鸟及其栖息环境的协定》保护鸟类名录的有49种。

第五节　渔业资源

海洋渔业资源

鱼类资源　潍坊近海鱼类有70多种，主要有黄姑鱼、小黄鱼、鲈鱼、梭鱼、鲻鱼、鲅鱼、鳓鱼、带鱼、鲳鱼、斑鰶、梅童鱼、真鲷、青鳞鱼、黄鲫、鳎、鲆、鲽、鳐等鱼类。梭鱼、鲈鱼、鲅鱼、青鳞鱼、虾虎鱼、鳀鱼、鲬鱼、鲆、鲽等鱼类为捕捞主要品种。黄姑鱼、鲈鱼、鲳鱼等资源已严重衰退，大银鱼、带鱼、小黄鱼、真鲷等资源濒临绝迹。

虾蟹类资源　潍坊近海莱州湾渔场是多种虾蟹类的产卵繁育场所，品种达50多种，主要有对虾、毛虾、背腹褐虾、糠虾、三疣梭子蟹、日本鲟、虾姑等。

贝类资源　潍坊浅海滩涂贝类资源丰富，主要经济贝类有文蛤、毛蚶、菲律宾蛤仔、四角蛤蜊、长竹蛏等。

其他水产资源　海蜇为潍坊主要捕捞品种之一，不同年份产量波动很大。

淡水渔业资源

潍坊境内水库、河流、池塘星罗棋布，可养水面3万多公顷，淡水渔业资源丰富。有浮游植物85种，浮游动物约63种，鱼类33种。具有经济价值的种类有鲤、鲫、青、草、鲢、鳙、乌鳢、鲶鱼、鳊鱼、翘嘴红鲌、黄颡鱼，另外还有中华鳖、河蚌、秀丽白虾、锯齿溪蟹、绒螯蟹等。主要传统养殖品种有鲤、鲫、青、草、鲢、鳙、乌鳢、鲶鱼、鳊鱼、河蟹、甲鱼等，引进养殖品种有非洲鲫鱼、美国斑点叉尾鮰、虹鳟、鲟鱼、革胡子鲶、淡水白鲳、太湖大银鱼、罗氏沼虾等。

第六节　海洋资源

港口资源

潍坊境域沿海受地势平坦、坡降小，无自然港湾，距海较远，泥沙质海岸、无岩礁依托，海域水浅，风浪相对较大等因素的制约，建造自然良港资源相对贫乏。但入海河流较多，在下游入海口区域大多有沿海城镇，是社会经济较发达的地区。经过多年不断地开发，先后新建扩建7处通海河港（包括专用码头）和2处临海港，形成潍坊辖区的港口群，成为区域重要的水上通道和货物集散地。至2012年，有羊口、下营、潍坊等5处商港，70个泊位，年吞吐量1511万吨。另有寿光羊口、寒亭央子、昌邑下营3处渔港。

锚地资源。主要有小清河口锚地、白浪河口锚地和潍河口锚地。

航道资源。主要有羊口港航道、潍坊港航道、央子港航道、下营港航道。

沿海旅游资源

潍坊沿海旅游岸线约2.50千米，面积30公顷。海上旅游发展迅速，主要以人造景点为主。至2012年底，20多年间共接待游客2968万人次，旅游收入237.20亿元。

沿海矿产资源

潍坊沿海区域内探明的矿产资源主要有石油、天然气。已探明的有3处，分别为潍北油田、寿光八面河油田（清河油田）和羊角沟油田，属胜利油田的一部分。含油层主要为老第三系孔店组及沙河街组，已探明石油地质储量1.50亿吨，天然气2500万立方米。油田区内水、电、路及维修、供应等系统基本形成。至2012年底，建成各种站库33座，油气水管线路1800多千米，油气井580口。有海洋石油从业职工2500人，原油年产量75万吨，天然气产量3910万立方米，产值10.10亿元。

盐及盐化工资源

原盐资源 潍坊拥有滨海开阔地14.43万公顷，区域内地势平坦，土质密实，原盐资源丰富，强日照，多风少雨，蒸发量大（年蒸发量是年降水量的2倍），是原盐生产的良好场所。2012年，盐田生产面积49126公顷，全市生产原盐1367万吨，完成工业总产值102亿元。

地下卤水资源 地下卤水主要分布于昌邑、寒亭、寿光3市区的沿海地带，宽度10～20千米，总面积1343.70平方千米，构成广阔的潍北地下卤水区。卤水分布区地质状况简单，地表为第四纪沉积层，以第四系潍北组和旭口组海冲积而成，一般厚度70～80米，最厚100米，赋水岩性以粉砂为主，其次为中粗砂、黏土质砂等。3个卤水层之间都有隔水层，其岩性为黏土、粉砂质黏土等，隔水性较好，将上层潜层卤水与中下层卤水隔断水力联系。中下层卤水封闭条件较好，略具承压性，不受潮汐及大气降水的影响，浓度稳定。

地下卤水在潍坊沿海地区分布范围较大，1990—1991年测得地下卤水储量62.64亿立方米。

沿海土地资源

潍坊沿海地区土地面积17.29万公顷，包括农业用地、林业用地、牧业用地等。由于受海水南侵的影响，土壤含盐量偏高。种植作物为小麦、玉米、棉花、大豆等，土壤类型多为滨海潮土、湿潮土、滨海潮盐土。

沿海风能资源

潍坊沿海风速全年平均3.0米/秒，其中春季4月最大，平均3.6米/秒，夏季8月最小，平均2.3米/秒。受季节影响，境域风速差异较大，历年出现大风的天数为34天，最大风速达20米/秒，极端风速可达41.4米/秒。区域地势平坦，风与地面摩擦力相对较小，为风能利用提供有利条件。

沿海淡水资源

潍坊沿海淡水资源比较贫乏，常年平均降水量582.40毫米。由于受海水南侵的影响，区域地下水含盐量较高，不能作为农田灌溉和人畜用水。随着沿海工农业的发展，淡水资源日益紧张。

第四章　自然灾害

第一节　地震

潍坊境域历史上发生过M≥4¾级破坏性地震4次，最大的一次为公元前70年安丘7级地震，1970年之后，只发生1次4级地震。

潍坊境域M≥4¾级历史破坏性地震及M≥4.0级现代地震统计表

表1—4—1　　公元前70年—2012年12月

发震时间		震中位置			震级(M)	震中烈度	精度
年	月 日	北纬	东经	参考地名			
公元前70年	6月	36.3°	119.2°	安丘	7	Ⅸ	4
1796年	3月	36.0°	119.4°	诸城	5	Ⅵ	3
1829年	11月19日	36.6°	118.5°	青州、临朐	6¼	Ⅷ	2
1854年	6月4日	36.3°	118.7°	昌乐南	4¾	Ⅴ	3
1985年	5月8日	36.65°	118.45°	青州西南	4.1	—	—

1970年，境内建立地震监测台网之后，潍坊范围内共记录到M_L≥2.0级地震106次，其中2.0～2.9级地震93次；3.0～3.9级地震12次，4.0级以上地震1次。1985年5月8日，青州西南（北纬36.65°，东经118.45°）发生4.1级地震，潍坊大部分地区有震感。

根据历史记录，在潍坊境域周围200千米区域范围内，共记录4.7级以上地震55次（不计余震），其中4.7～4.9级地震14次，5.0～5.9级地震31次，6.0～6.9级地震4次，7.0～7.9级地震5次，8. 5级地震1次。

区域小震的分布特点与大震类似，在分布有大量晚更新世至全新世断裂的渤海海域以及区域的中南部，现代地震活动比较强烈；而断裂相对少且活动时代多为早中更新世的西北部，现代地震活动相对较弱。地震活动具有空间分布上的不均匀性，中、强地震特别是6级以上地震受活动断裂带控制，沿活动断裂呈带状分布，地震的震级与活动断裂的规模具有密切关系，7级以上地震大都分布在沂沭深大断裂上，而5.0～6.0级地震主要分布在规模较小的次级断裂上，尤其是沂沭断裂带以西的北西向分支断裂上居多。

根据历史地震记载，潍坊曾多次遭受地震活动不同程度的影响，如西汉本始四年（公元前70年）安丘7级地震、明万历二十五年（1597）渤海7级地震、清康熙七年（1668）郯城8½级地震、清道光九年（1829）益都6¼级地震、清光绪十四年（1888）渤海7½级地震、1969年渤海7.4地震，这些地震对潍坊的影响烈度在Ⅴ－Ⅸ之间。

第二节　干旱

潍坊境域处于半湿润易旱区，全域受季风控制，历年干旱发生频繁，素有“十年九旱”之说，尤其是区域内降水不均衡，冬春两季雨水稀少，极易形成干旱，故有“春雨贵如油”之说。特别是局地性农业干旱，经常发生在丘陵、山地地带。1991—2012年，年际间降水差别较大。

1992年，潍坊出现严重的春夏连旱，4—6月全市平均降水量57毫米，比常年少104.90毫米，降水之少、干旱之重是40多年间少有的年份。全市32座大中型水库蓄水仅有1.50亿立方米。随着地下水位的下降，全市近一半机井干枯，未水浇农田10～20厘米土壤含水量降至40%以下。全市42万公顷夏播计划有2万公顷因干旱而未播种；

大田作物青苗有近13.33万公顷夏玉米处于萎蔫状态，其中3.33万公顷开始连片死苗；大部棉田每株仅有1个果枝，未浇水棉田基本上没有果枝，与常年相比平均每株少3个果枝；1.33万公顷未浇水黄烟田未“起身”，停止生长；大部分花生地块因干旱果针无法下扎，有的顶芽开始萎缩，丘陵山地花生出现连片死苗；未浇水的苹果树，表现为果实生长缓慢；山楂、板栗受旱更为严重，未浇水的山楂树落果一半以上，有的全部落果。

1993年1—4月，全市累计平均降水量39.7毫米，比严重干旱的1992年同期还少15.5毫米。干旱造成全市718个自然村、50.23万人、11.48万头牲畜吃水困难，严重威胁小麦生长。面对干旱，全市各地组织发动群众迅速掀起以抗旱双保为主要内容的抗旱高潮。全市共投入抗旱劳力62.05万人，出动机械2758台（套）。累计灌溉小麦34.07万公顷、60.53万公顷次，为夺取夏粮丰收提供重要保证。

1994年1—4月，降水稀少，进入5月后仍少雨，5月1日至6月24日，潍坊平均降雨仅76.9毫米，比上一年同期少120毫米，全市农作物受旱面积达46.67万公顷，其中重旱面积10万公顷，成灾面积6.2万公顷。

1995年1—5月，全市平均降水仅有33.8毫米，比历年同期少10%，特别是进入4月后，全市平均降雨只有9毫米。气温偏高，土壤失墒严重，地下水位大幅度下降，境内河流全部断流。至5月31日，全市受旱面积45.79万公顷，其中重旱13.29万公顷、成灾5.03万公顷、干枯0.10万公顷；442个村庄、33.60万人饮水发生困难。

1997年夏，遇到特大干旱，从5月中旬到8月中旬的3个多月时间里，全市平均降雨不到90毫米，比常年偏少77%。到8月11日，全市24座大中型水库除峡山、高崖外，全部为死库容，3000多座小型水库、塘坝全部干涸，河道全部断流，地下水位平均下降6～11米，5万眼机井出水不足或无水可抽。地上水可利用水量仅剩8000万立方米。据7月28日全市墒情普查分析，大部分春田、夏播田10～40厘米土湿在20%～50%，土壤干土层厚度8～16厘米，干旱重，时间长，对农作物危害十分严重。干旱造成765个村、49.10万人、9.40万头大牲畜吃水困难，50.33万公顷农作物受旱，其中重旱成灾面积23.27万公顷，干枯绝产6.13万公顷。

1999年1—7月，全市平均降水量254.4毫米，比历年同期少125.7毫米。除高密、安丘、寿光基本无旱外，其他各县市区旱情均较为严重，全市受旱面积38.13万公顷，其中，重旱15.30万公顷，部分城镇村庄出现严重缺水，致使一部分群众饮水困难。由于持续干旱少雨，农田土壤墒情很差，一般10～40厘米深土湿在20%～50%范围，造成玉米枯死或枯黄、不吐穗扬花，大豆萎蔫，林果落叶落果。

2001年，全市发生大面积严重干旱，尤其是3—5月，全市降水量仅29.1毫米，比历年同期少68.10%。由于持续干旱，降雨稀少，全市旱情迅速蔓延，2600座小型水库、塘坝干涸，3.20万眼机井出水不足，93条河流干涸。全市48.73万公顷农作物受到不同程度的干旱，其中重旱面积23.13万公顷、干枯1.07万公顷，因旱造成592个村、35.20万人、4.90万头大牲畜饮水困难。

2002年，全市发生严重干旱，1—10月，全市平均降水量387.4毫米，比常年同期少36.70%。特别是6—9月，全市平均降雨量仅为201.4毫米，1540座小型水库、塘坝干涸，地下水位大幅度下降，全市平均下降2～3米，最深降达8.50米，大部分河流干涸断流。有近1万眼机井吊空，3.90万眼机井出水不足。境内土壤墒情严重下降，旱情给秋季作物生长带来极大影响，大豆、玉米、红薯等农作物减产较大，尤其是山区、丘陵地区，秋季作物几近绝产。全市因旱灾造成直接经济损失46亿元，全市农作物受灾面积47万公顷，成灾面积36.90万公顷，绝产8.80万公顷，受灾人口483.80万人，成灾247万人，有47.30万人、9.30万头大牲畜饮水困难，总计减产粮食56.25万吨。

2006年，全市春季降水偏少，从3月下旬开始，全市出现大范围的旱情；4月，全市旱情严重，全市干旱面积20多万公顷，直接影响小麦的生长及春播生产。高密区域旱情最为严重，全年农业经济损失约1.88亿元。秋季，全市持续气温偏高，降水偏少，全市范围出现百年一遇的干旱天气，对工农业生产和人民生活带来严重影响。

2010年11月至2011年2月8日，全市平均降水量仅为3.7毫米，比常年同期平均偏少91%，气象干旱频率达到90年一遇。全市冬小麦受灾面积36.5万公顷，其中成灾面积26.85万公顷，绝收5.70万公顷，全市受灾人口约316万人，15.80万人、6.40万头大牲畜出现饮水困难，农业经济损失约15.9亿元。

第三节　洪涝

暴雨是潍坊境域夏季主要灾害性天气之一，经常造成洪水泛滥，堤坝冲毁，严重影响工农业生产。潍坊受季风气候影响明显，年降水量的61.40%集中在夏季，因此暴雨多少与旱涝有着密切关系。潍坊历年平均暴雨日数为2天，以发生在8月份的暴雨为最多，所带来的经济损失也非常严重，而暴雨强度的大小以及是否伴有大风天气是决定暴雨损失的关键。

1994年6月29日，临朐县寺头、吕匣、石家河、嵩山等10个乡镇遭大暴雨袭击，灾情较严重，造成100多人受伤，其中重伤18人，死亡4人（寺头2人，石家河、蒋峪各1人）；死亡畜禽3.10万头（只）；损坏良田903.33公顷、房屋1400多间、树木56.60万棵；冲坏塘坝58座，桥梁32座，公路74千米；部分通信电力线路中断。直接经济损失3380万元。

同年8月13—14日，安丘石埠子区域24小时降雨量达498.6毫米。致使潍河、渠河河水暴涨，洪水泛滥成灾，沿河地区平地水深达2～3米。仅诸城就有238个村庄被淹。灾害造成大片农田被淹，11.70万多间房屋倒塌，死亡53人，伤4792人。全市直接经济损失11.69亿元。

1995年8月16日，临朐境内平均降雨量88.8毫米，因暴雨成灾。受灾较重的有上林、营子等6个乡镇，降雨量均在100毫米以上。暴雨冲坏土地103.13公顷。淹没良田553.33公顷，冲坏果园80公顷；冲坏房屋528间；冲坏河堤8850米、石渠850米；冲坏公路23处、7.70千米，冲坏桥涵22处、树木1430棵；伤1人；淹死猪羊740头（只）、家禽7400只。直接经济损失1280万元。8月17日晚，昌邑北部双台、龙池等8处乡镇区域遭受暴雨袭击。受灾严重的棉花成灾面积4000公顷，其中积水24小时以上的棉田1666.67公顷，由于田间泥涝致使棉花蕾铃脱落、烂桃减产3成左右，减产3万担，直接经济损失860万元。

1997年8月19—20日，境内遭受特大暴雨袭击，风力7～8级，全市平均降雨量189毫米，其中诸城、安丘、昌乐区域降雨200毫米以上，最大降雨点在诸城九台镇，降雨量达415毫米。全市农作物受灾面积45.13万公顷，重灾面积21.13万公顷，绝产面积2万公顷，瓜菜受灾面积8.13万公顷，损坏蔬菜大棚10.20万个，果树受灾面积6.27万公顷，重灾2万公顷，落果率达25%～30%。全市共损坏养鸡大棚1.10万个，死亡家禽43.30万只。全市共损坏房屋3.40万间，其中倒塌5000间，损坏院墙51万米，冲毁地堰

85万米，折损树木337万棵，冲毁道路300多千米，冲毁塘坝61座，冲毁桥涵108座，人员伤亡24人，其中死亡4人。全市直接经济损失16.55亿元。

同年7月23—24日，受倒槽影响，全市遭受特大暴雨袭击。临朐、安丘境内最为严重，临朐东南部和安丘西部发生特大暴雨灾害。重灾地区2小时降雨达250毫米，累计降雨量达300毫米。安丘的南逯和临朐的大关、沂山、九山等受灾特别严重，共倒塌房屋624间，冲塌桥梁25座，临朐通临沂的国道有3座大桥冲垮，使交通中断；冲毁河堤30多千米，冲毁地堰16.50万米；冲毁耕地466.67公顷，冲毁庄稼562.67公顷；毁坏成材树木2.18万棵；损失牲畜1000多头；部分农户房屋及生活生产资料被冲光。全市直接经济损失4500万元。

1998年8月22日，受高空切变和气旋波共同影响，全市遭受暴风雨袭击，平均降雨量82.7毫米，部分地区3小时内降雨158毫米，同时伴有5～6级大风，最大8级。安丘、临朐、昌邑、寿光、寒亭、昌乐、坊子的38个乡镇受灾较重。暴雨灾害造成房屋受损14035间，其中倒塌面积65.83公顷，成灾面积1.99万公顷；冲毁公路37.5千米，冲垮桥梁20座，冲毁地堰大堤2200多米；冲走、淹死、砸伤畜禽1871头（只）；毁坏树木20.94万棵，毁坏电线杆、电话杆1823根，毁坏变压器3台。全市直接经济损失1.77亿元。

1999年8月11—12日，受减弱的9907号热带低压残存环流、高空槽和低层切变线及地面从长江下游到鲁东南倒槽的共同影响，境内东南部地面上形成很强的风向切变，致使诸城、高密降特大暴雨。诸城平均降雨量273.6毫米，城关区域降雨量648毫米，有两个乡镇降雨量500毫米以上，有10个乡镇降雨量300毫米以上。高密降雨量336.6毫米，其中11日12时30分至15时，2.5小时降雨量达210毫米。由于短时降雨比较急且量大，造成诸城、高密受灾严重。共有10.51万公顷农作物受淹，倒塌房屋5695间，倒塌大棚4100个，倒塌鸡舍4600间，鸡棚15个损失肉鸡65万只，损失大牲畜3000多头，1400万千克存粮被浸泡，13个村、2万人被迫转移，冲毁道路198.50千米、桥涵85座、鱼塘176个，死亡3人，多处水库发生险情，多家企业停产。全市直接经济损失6.20亿元。

2000年8月30—31日，受12号台风影响，全市普降大到暴雨，局部大暴雨，青州、寿光雨量最大，分别为272.3毫米和158.1毫米，两地共有310个村庄、56个单位受灾严重。倒塌房屋5797间，倒塌院墙4630处、3.20万米，4520间民房进水；冲毁公路1条，冲毁镇村公路51千米，冲毁地堰13.60万米，毁坏桥涵579座；毁坏供电线路60条、电线杆440根，毁坏通信线路87条、通信线杆278根；1.60万公顷农作物受淹，其中2333.33公顷绝产；3600公顷果树受淹，减产500万千克；受灾大棚4376个，烤烟减产5.5万公斤，倒伏树木13.40万棵，畜禽损失55万只（头）；12家企业受淹，溶化原盐1.80万吨；106家企业停产，23所中小学停课；死亡3人，伤14人。全市直接经济损失2.10亿元。

2001年8月4日，寿光境内遭受暴雨袭击，1小时内平均降雨达110毫米，最大为176.1毫米。冲毁农田666.67公顷，倒塌蔬菜大棚754个，300个蔬菜大棚进水，冲毁原盐9.10万吨，倒塌房屋7间，15户院墙倒塌，冲毁养鸡场1个。直接经济损失1310万元。

2004年8月10日，诸城的瓦店、林家村、辛兴等乡镇区域遭受暴雨袭击。666.67公顷农田受灾，受灾作物有玉米、黄烟、辣椒、果树；倒塌房屋20间，水淹220间；毁坏塘坝2座。直接经济损失410万元。

2005年7月3日，昌邑、安丘、潍坊城区等区域受暴雨袭击。造成524.67公顷农作物受灾，毁坏大棚171个，毁坏路面7492平方米，毁坏变压器5台，倒塌房屋110间。全市直接经济损失1012万元。

2006年7月29日，潍坊滨海开发区的部分区域遭受特大暴雨袭击。6小时内平均降雨量286.7毫米，局部降雨433毫米。暴雨造成盐业、化工多家企业受损，山东海化集团公司损失池盐约5690吨，潍坊龙威集团有限公司损失池盐11万吨，潍坊银丰制盐有限公司损失池盐5000吨，大家洼街道的各村损失池盐1万多吨。暴雨造成部分农田短时积水，损坏果树苗500棵，10多个食用菌大棚受损，4处养殖场进水，倒塌房屋2间，部分村庄房屋进水。直接经济损失约2230万元。

2007年8月10日，昌乐遭受暴雨袭击，南郝、阿陀、宝城等乡镇（街道）的部分村庄出现灾情。暴雨造成树木倒伏1000多棵；部分农田积水，受灾玉米26.67公顷，受灾黄烟13.33公顷；2.67公顷面积大棚被淹，宝城街道区域有400个大棚（面积53.33公顷）进水，其中40个大棚绝产；倒塌房屋2间。直接经济损失247.60万元。同日，寿光的11个乡镇（街道）出现暴雨，其中5个乡镇（街道）不同程度受灾。造成玉米倒伏1367公顷，受涝533.30公顷；839个大棚进水，61个大棚不同程度坍塌；10个鸭棚进水；倒塌房屋18间。直接经济损失520万元。8月18日上午，诸城的桃林、林家村两乡镇降雨量分别达到89.7毫米、53.7毫米。致使桃林河决口220米，沿河有5.33公顷黄烟、花生、玉米被冲，其中冲毁5公顷，冲毁堤坝9处、980米，110户房屋进水，倒伏树木2万棵。直接经济损失260万元。

2008年7月9日，安丘的官庄和兴安两乡镇（街道）遭受暴雨局部大暴雨袭击。官庄2小时降雨量达104.6毫米，兴安街道白芬子村为92.9毫米。部分村庄遭受不同程度的损失，受灾人口1.20万人，受灾严重的农作物面积1071.40公顷。直接经济损失5977.90万元。

同年7月17—20日，受高空槽、副热带高压边缘暖湿气流和台风“海鸥”的共同影响，潍坊境内出现暴雨到大暴雨天气过程。全市平均降雨量130.8毫米，其中安丘降雨量240毫米。安丘、昌邑、寒亭、昌乐、坊子的17个乡镇（街道）区域遭受灾害。全市农作物受灾面积1.39万公顷，倒塌大棚81个，倒塌和损坏房屋794间。直接经济损失约2.56亿元。

同年8月17日，诸城境内普遍出现暴雨局部大暴雨灾害性天气，平均降雨量76.8毫米。诸城的桃林区域降雨量最大，达176毫米。桃林的10处主要河道河堤不同程度遭受冲损，其中水毁严重的有4条；冲毁河堤260多处，3.9万米；冲毁桥梁12座，冲毁道路2.69万米；水淹农作物240.12公顷，冲毁树木8000多棵，130户民房进水。直接经济损失1730多万元。

2009年7月25日，受强对流天气影响，安丘的柘山、辉渠2个乡镇区域出现雷雨大风灾害性天气。柘山3小时降雨量120毫米，风力8～10级，局地见雹（但雹不成灾）；辉渠出现暴雨，风力7～8级。暴雨造成柘山、辉渠多处村庄受灾，受灾群众4.30万人，农作物受灾面积2333公顷。直接经济损失2720万元。

2010年8月19—20日，青州境内普降大雨，其南部乡镇（街道）出现暴雨。王坟的部分地区出现大暴雨，在2.5小时内降雨量超过142毫米，使河水突涨，部分桥梁、房屋、农田、养殖棚被冲毁。灾害造成房屋倒塌40间；冲毁桥涵15座、道路7千米，冲毁自来水管道8000米、蓄水池22个、河坝1500米、鱼塘2处、塘坝1处、大口井7眼；损失经济林3000棵、用材林7000棵；水淹农田533.33公顷，损坏养殖棚20个，冲断电缆1处，折损电线杆12根、线路1500米。直接经济损失4500万元。昌邑境内出现雷阵雨天气，其中柳疃2小时内降雨量达147.5毫米。灾害造成33台织布机遭雷击起火烧损，部分布匹被烧毁；养殖场有700只家兔被淹致死；30多户房屋进水；4.67公顷农田被淹。直接经济损失272万元。

2011年8月6日，受第9号台风“梅花”外围影响，昌乐、青州、寿光的部分区域普降大雨。昌乐城区和北部部分街道出现暴雨，城区降雨量90.1毫米，城区北部降雨量202.1毫米。青州的谭坊镇连续两次突降大雨，局部暴雨，域内康河、洗耳河流域降雨量107毫米。寿光境内平均降雨量64.6毫米。暴雨致昌乐的经济开发区、宝城、城南、城关等街道，青州的谭坊镇及寿光部分乡镇分别受到不同程度的灾害。农作物受灾面积4978.40公顷；房屋倒塌134间，房屋受损4052间，有2家企业车间受损；受灾人口8866人、转移976人。直接经济损失25243.50万元。

同年8月26—29日，高密境内出现强降水天气过程，高密区域平均降雨量为119毫米，柴沟域内降雨量最大，为214毫米，造成3831.12公顷农作物受灾，损毁房屋20间。直接经济损失3991.12万元。

同年8月27—29日，从27日凌晨至29日夜间，诸城境内出现持续暴雨天气，全域平均降雨量150.9毫米，城区雨量最大，为217毫米。强降雨造成8049.30公顷农田受灾，损坏房屋259间。直接经济损失1268万元。

同年9月11—15日，受副高边缘暖湿气流和北方冷空气共同影响，潍坊境内出现连阴雨天气，强降雨主要集中在13—15日，全市平均降雨量119.1毫米。其中，青州平均降雨量159.2毫米，最大为169毫米；临朐平均降雨量139.7毫米，冶源水库区域最大，为179.1毫米。强降雨造成16828公顷农作物受灾，受灾人口20.50万人，冲毁桥梁10座，部分道路被毁，倒塌房屋319间，损坏房屋166间。直接经济损失2.34亿元。

2012年7月30日，昌邑境内的北孟、饮马2镇区域出现暴雨大风天气。其中北孟4小时降雨量55.6毫米，饮马降雨量26.6毫米，极大风速20.0米/秒。降雨造成8873公顷农作物受灾。直接经济损失610万元。

同年8月2—3日，受第10号台风“达维”影响，潍坊境内出现暴雨局部大暴雨的天气过程，局部地区还伴有大风天气，最大降雨量208毫米，风力最大8级以上。受其影响，诸城、安丘、昌乐、临朐、青州、寿光、潍城、滨海、峡山等地的50个镇（街道）受到灾害影响。全市受灾75.08万人，紧急转移47791人，死亡5人，失踪1人；倒塌房屋1597间，损坏房屋6654间；黄烟、玉米、红薯、花生、棉花等农作物受灾面积65483公顷，绝产7068公顷；冲毁桥梁132座、道路152.80千米。全市直接经济损失15.50亿元。

同年8月26日，受西风槽、副高边缘和台风倒槽等天气系统共同影响，昌乐境内的部分地区短时强降雨。昌乐的城南区域降雨量93毫米、城北区域62.8毫米、北岩48.3毫米，1小时最大降水量37毫米。暴雨造成农作物受灾面积1225公顷，成灾面积967公顷，绝收面积258公顷；损坏蔬菜大棚面积858公顷；损坏房屋53间，倒塌房屋3间。直接经济损失3282万元。

第四节　风灾

1991—2012年，潍坊境域年均出现大风天气25天（风力7级以上，风速≥17.0米/秒），一般以春季的偏南大风和夏季雷暴大风为主。从数据分析，潍坊区域出现大风天气次数有减少趋势，但大风灾害带来的损失并没有显著下降。

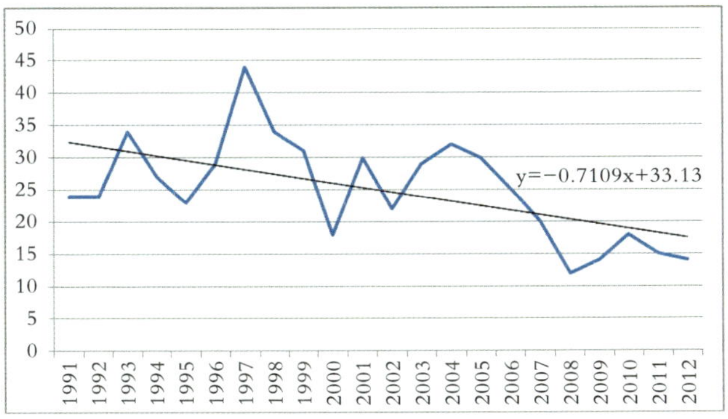

图1—4—1 1991—2012年潍坊大风日数变化示意图

1991年6月21日下午，诸城、寿光、临朐、昌邑等区域遭受大风冰雹袭击。全市有23个乡镇300多个村庄受灾，农作物受灾面积1.96万公顷，损坏房屋500间，刮倒电线杆90根，刮断高压电线4.50千米，刮损树木550棵，损坏原盐6万吨。直接经济损失3145万元。7月18日下午，诸城、坊子、寒亭等区域的部分村庄和单位，遭龙卷风袭击，最大风力达12级以上。全市有4个乡镇11个村庄受灾，大风刮坏房屋3576间，刮坏企业12个车间合计1000平方米厂房，刮倒树木8048棵，刮倒电线杆63根，刮倒院墙4277米，造成轻伤15人，重伤4人，部分农作物被刮倒。直接经济损失189.20万元。

1994年6月25日，临朐九山镇上、中、下3个城隍村区域遭龙卷风袭击。灾害造成重灾农户52户、重伤8人、轻伤28人；毁坏房屋481间，毁坏树径3厘米以上的树木1.09万棵；造成猪死亡29头、伤13头；毁坏大型家具家电260件；刮断高压线杆5根、低压线杆13根，毁损高压线700米、低压线9900米；毁坏变压器2台、配电盘2台；刮坏校舍39间，刮损果园23.33公顷。直接经济损失150万多元。

2000年4月9日，受蒙古槽南下，潍坊全境遭受大风袭击，平均风速7～8级，阵风11级。全市有50950个冬暖式蔬菜大棚、大拱棚受损，1042.20公顷小拱棚被毁坏；刮倒刮坏房屋、烤烟房、鸡舍12388间；刮倒院墙588米，刮坏地膜33.33公顷；刮倒树木24030棵、电线杆630根；损坏黄烟、草莓小棚及红薯苗床12583个；境内北部受风暴潮侵袭，沿海倒塌防潮大坝310米，塌陷大坝坡面4397平方米。全市直接经济损失1.40亿元。

2002年4月13—14日，青州境内遭受大风袭击，7个乡镇受灾。风灾造成损坏瓜菜大棚3328个，损坏房屋50间，刮倒院墙800米，损坏电线杆70根，受灾果树1000公顷。直接经济损失610万元。

同年6月11日，安丘的4个乡镇区域遭大风雷雨袭击，雷雨时大风7～8级，阵风10级。风灾造成956公顷农田受灾，其中小麦308公顷，瓜菜111.33公顷，果树536.67公顷；倒塌养蚕大棚222个，养鸡大棚56个，瓜菜大棚430个；刮倒折断树木2330棵。直接经济损失1095万元。

同年10月14日，昌邑的8处乡镇区域遭暴风袭击，瞬时风力达11级，并伴有雷雨、冰雹。灾害造成1人死亡，34人重伤；受损房屋2873间，刮塌家禽大棚363个，果树大棚18个，蚕棚2个；刮倒树木7440多棵，砸坏车辆6辆；刮倒220千伏高压线铁塔2座，刮断、刮倒35千伏线杆22基，10千伏线杆92基，通信线杆60根，损坏有线电视线路15千米；受灾农作物1018公顷，其中果园336公顷，桑园66.67公顷，苗木13.33公顷，棉花384公顷，蔬菜218公顷。直接经济损失2548万元。

2003年7月20—21日，安丘的大盛、庵上、凌河3镇区域先后受暴雨大风侵袭。风灾造成2666.67公顷农作物受灾，毁坏民房82间。直接经济损失1320万元。7月25日，境内寿光的稻田、孙家集、纪台、羊口、林场、盐场和昌乐的五图、北岩、阿陀、南郝10个乡镇、单位区域受暴雨大风侵袭。风灾造成倒伏玉米、黄烟1310.27公顷；毁坏树木500棵、民房228间、鸡鸭大棚50个；成鸭死亡3500只，损失原盐3.10万吨；损坏低压线2100米、电线杆170根。全市直接经济损失843万元。

2004年5月16日，寿光的圣城镇区域遭受大风袭击。风灾造成1488间房屋损坏，重伤1人，轻伤3人。直接经济损失1080万元。

同年7月5日，安丘的石堆、官公两镇区域遭受大风袭击。致使1000公顷黄烟、果树、大棚瓜菜等农作物严重受灾。直接经济损失1760万元。

同年7月24日，昌邑的龙池北部盐田遭受大风袭击。风灾造成2196.67公顷盐田塑苫、2000平方米房屋、26根高低压线等严重受损，损失原盐1200吨。直接经济损失1986万元。

2005年4月19—20日，全市出现少有的大风扬沙天气。19日，昌邑区域极大风速达31.6米/秒，风灾造成1460.06公顷农作物受灾；567间房屋、2942个大棚受损；3人受伤。直接经济损失4103.70万元。

2006年4月28日，昌邑的奎聚、都昌等5处乡镇区域出现龙卷风天气。大风造成3人受伤，2280间房屋受损，倒塌院墙30多处；倒塌鸡鸭棚35处、猪圈2处，压死鸡鸭1.08万多只；1025公顷农作物受灾，损坏大型收割机2台；部分供电、通信线路受损。直接经济损失342万元。

2008年7月8日，寒亭的固堤街道泊子社区、高里镇高里社区及南孙社区部分村庄区域遭受大风暴雨袭击。致使部分农作物、树木、房屋、养殖大棚及电力设施等受到毁损。直接经济损失963.40万元。

2010年4月26日，受高空冷涡与地面气旋的共同影响，潍坊境域遭遇大风天气，境内寒亭的风力最大，阵风风速达24.5米/秒。坊子、寒亭、寿光、安丘、临朐、昌乐等区域遭受风灾。全市7191公顷农作物受灾，其中7.30公顷绝收；损坏种植和养殖大棚5.90万多个；倒塌房屋640间。全市直接经济损失6.60亿元。

2011年4月29日晚，坊子、昌邑区域遭受大风灾害。造成蔬菜大棚、果树等3152.58公顷农作物受灾；损坏房屋46间；部分企业受到损失。全市直接经济损失2639.95万元。

2012年7月24日，寒亭、昌乐局部地区遭受大风袭击。大风造成470公顷农作物受灾，其中玉米233.30公顷，果树20公顷，瓜菜大棚10公顷，棉花206.70公顷；损坏房屋70间，折损树木3000棵。全市直接经济损失219万元。7月30日下午，昌邑的北孟、饮马两镇区域遭受强降雨和大风天气，极大风速20.0米/秒。致使8873公顷农作物受灾。直接经济损失610万元。

第五节　冰雹

冰雹灾害是潍坊境域发生频次较高的气象灾害，发生时段一般集中在4—10月，其中以6月发生最多。

1993年4月21日，安丘的32处乡镇区域遭受大风袭击，庵上、贾戈、关王、刘家尧、慈埠等乡镇降雹，冰雹直径7毫米，每平方米20～30个，最大风力9级。风雹造成2800个大棚、小拱棚损坏，受灾蔬菜333.33公顷，减产10%左右；损坏黄烟、棉花苗床7000多个，15%的烟苗、棉苗受损；180公顷果树落花严重，减产20%以上；38.67公顷草莓严重受损；房屋损顶8200多间；刮坏树木1200多棵、线杆60多根。直接经济损失8000多万元。

同年6月9日，昌邑、寒亭的4处乡镇区域遭受大风冰雹袭击。6月14日下午，境内昌邑、寿光、坊子、安丘等地遭受风雹袭击。前后两次风雹，造成21个乡镇372个村的3.78万公顷农作物受灾，成灾1.80万公顷，其中6966.67公顷小麦，5833.33公顷棉花，棉苗断头在80%以上。寒亭的泊子乡区域棉苗受灾最重，几乎绝产；2933.33公顷果树落果在10%以上，减产3500万千克；其他经济作物受灾746.67公顷，损坏民房150间，折损树木4万多棵。全市直接经济损失5000万多元。

同年6月24日，临朐、诸城区域分别遭受大风冰雹袭击，冰雹直径30～50毫米。重灾区域春播作物被砸光，棉花、黄烟基杆被折断，叶片被砸碎，蔬菜被砸烂，果树被砸落果。农作物受灾面积5063.33公顷。全市直接经济损失1558万元。9月2日，昌乐的五图、马宋、大宅科3处乡镇区域遭受冰雹袭击。其中五图区域降雹10分钟，冰雹直径10～30毫米。灾害造成333.33公顷棉花受灾，减产60%；33.33公顷蔬菜受灾，减产30%；100公顷杂林受灾，受损50%；266.67公顷果园受灾，减产20%。直接经济损失630万元。

1994年4月28日，临朐的柳山镇、高密的张鲁乡区域降雹，冰雹最大直径20毫米。灾害造成2659.33公顷农作物受灾，其中棉花266.67公顷，蔬菜333.33公顷，花生66.67公顷，果园133.33公顷。全市直接经济损失510万元。

1994年10月3日，昌乐、安丘、诸城区域遭受大风冰雹袭击。冰雹最大直径25～30毫米，降雹持续10~20分钟，积雹最大厚度20毫米以上。有17个乡镇的1.54万公顷农作物受灾。全市直接经济损失5757.25万元。

1995年6月22日，寿光北部的卧铺、杨庄、道口、大洼、岔河、侯镇6处乡镇区域遭受风雹袭击。降雹持续5分多钟，冰雹密度大，冰雹最大直径50毫米，最大风力10级以上。风雹造成6个乡镇150多个村庄的6200公顷农作物受灾，损坏房屋595间，刮倒电线杆52根，刮损树木1万多棵，雷击死亡1人。直接经济损失4035万元。

同年8月13日，寿光南部和寒亭北部的8个乡镇区域遭受大风（飑线）冰雹袭击。其中寿光的城关、胡营、孙集、留吕4个乡镇区域农田受灾，大家洼镇区域遭雷击死亡2人。寒亭的泊子、南孙、高里3个乡镇区域农田受灾。全市4169.33公顷农作物受灾，损坏房屋2135间，倒塌围墙700米，损坏瓜菜棚44个，损坏鸡棚14个，刮倒树木6910棵，刮倒电线杆22根，刮损电线8855米。全市直接经济损失5082万元。

1996年5月19日，寿光、寒亭、青州、昌乐、潍城、安丘、诸城等地先后降雹并伴有大风，最大风力7～9级，阵风10级。潍坊市人工降雨办公室及时组织人工消雹作业。此次降雹虽区域范围大，但成灾面积小。其中诸城受灾较重，有6433.33公顷农田受灾。全市直接经济损失1503万元。

同年6月13日，寿光、青州、昌邑、诸城、寒亭、坊子、高密、安丘、昌乐、潍城等10个县市区的60多个乡镇，先后遭受暴风雨和冰雹袭击。其中青州、寿光、昌邑、诸城、寒亭区域受灾较重，最大风力8～10级，阵风11级，冰雹最大密度每平方米约5000粒，冰雹直径5～35毫米。全市6.26万公顷农作物受灾，小麦倒伏严重；刮倒树木31万棵，折损电线杆3100多根，部分电力设备损坏；受伤1000多人，其中重伤54人，死亡1人。直接经济损失6.30亿元。

同年6月15日，寒亭区域遭受大风冰雹袭击。最大风力9级，冰雹最大直径60～70毫米。固堤、朱里、河滩、南孙等7处乡镇区域不同程度受灾，其中固堤受灾较重。灾害造成2000公顷小麦受灾，损坏大棚200多个；受灾瓜菜666.67公顷、棉花266.67公顷、玉米1733.33公顷、果园533.33公顷、树木1.50万棵；损坏房屋5000多间。直接经济损失2500万元。

1997年4月28日，昌乐、安丘区域遭受大风冰雹袭击。其中昌乐的红河、鄌郚、北鄌郚、朱汉、大宅科、北展、乔官7处乡镇区域，安丘的慈埠镇区域受灾。冰雹最大直径30毫米，最大风力8～10级。风雹造成9333.33公顷黄烟、小麦和瓜菜大棚农作物受灾，266.67公顷苹果园受灾；折损树木2000多棵，受损房屋200多间。直接经济损失2650万元。4月29日，境内昌乐的白塔、鄌郚、高崖3个乡镇区域遭受冰雹袭击。冰雹最大直径30毫米。灾害造成666.67公顷黄烟、小麦和瓜果大棚受灾。直接经济损失800万元。

1998年6月16日，受高空低涡影响，青州的五里、支河两乡镇区域，临朐的嵩山、五井、冶源、寺头、吕匣、九山、白沙、沂山、石家河、纸坊10个乡镇区域遭受冰雹袭击。其中169个村庄区域受灾较重。降雹持续10分钟，冰雹最大直径50毫米，积雹最大厚度50毫米。4466.67公顷农作物受灾；5733.33公顷果园受灾，落果率达60%以上，其中2500户的果树绝产；砸毁树木2万多棵，毁损房屋150间。全市直接经济损失3750万元。

1999年5月9日，受高空槽影响，境内大部分区域遭大风冰雹袭击，冰雹最大直径5～10毫米，降雹持续2分钟，同时伴有8级以上的阵风。境内高密西南部的方市乡区域受灾，造成1400公顷农田受灾，直接经济损失170万元左右。境内安丘的大部分乡镇区域受灾，造成毁坏大棚7086个，毁坏大小拱棚6640个，小麦倒伏768.60公顷，损坏果园57.87公顷，毁坏树木21276棵，刮坏房屋1300多间、倒塌4间，毁坏电力、通信线路3100米。直接经济损失2010万元。

同年6月18日，受东北冷涡影响，临朐、昌乐、诸城、高密区域相继遭受冰雹袭击，降雹持续时间20分钟左右，冰雹最大直径20～50毫米。全市4733.33公顷农田受灾，其中受灾较重的有黄烟1146.67公顷，玉米866.67公顷，西瓜633.33公顷，花生500公顷，蔬菜233.33公顷，苹果466.67公顷。全市直接经济损失3500万元。

2000年5月18日，受低涡横槽影响，高密、安丘、诸城的部分乡镇区域遭受冰雹袭击。降雹持续时间10分钟，冰雹最大直径30毫米，积雹最大厚度50毫米。灾害造成1857.67公顷农作物受灾。全市直接经济损失720万元。

2001年6月19日，临朐、昌乐、安丘、昌邑、寒亭、坊子的24个乡镇区域遭受大风冰雹袭击。降雹持续时间30～50分钟，冰雹最大直径30～40毫米。造成10万公顷农田受灾，受灾作物有黄烟、林果、瓜类、大姜、玉米、红薯、蔬菜、树木和部分电力设施。全市直接经济损失1.1亿元。

同年8月23—24日，昌乐、安丘、临朐、诸城、寿光、昌邑的30处乡镇区域遭受大风冰雹袭击。冰雹最大直径30毫米，瞬时风速达27米/秒。造成2.73万公顷农作物受灾，其中357.33公顷绝产；损坏房屋27间、倒塌7间；刮倒电线杆4根。全市直接经济损失1.56亿元。

2002年7月18日，昌乐的阿陀镇区域，7月20日昌乐的平原镇和安丘的关王、凌河、大盛、吾山4处乡镇区域，分别遭受冰雹袭击。两次灾害造成2866.67公顷农作物受灾，其中绝产93.33公顷。全市直接经济损失3920万元。

2003年5月19日，临朐、安丘、昌乐、潍城、坊子、高密、诸城、寒亭、昌邑区域先后出现冰雹天气。冰雹最大直径40毫米，积雹最大厚度30毫米。4.37万公顷农作物受灾，其中绝产8066.67公顷。全市直接经济损失2.30亿元。

同年6月13日，寒亭两乡镇和安丘两乡镇区域遭受冰雹袭击。受灾面积3000公顷，主要受灾作物有瓜菜、黄烟、果树、小麦、玉米等。全市直接经济损失1052万元。

同年7月7日，昌乐的北岩、乔官2个镇和寿光的卧铺乡区域受到大风冰雹袭击。造成4000公顷农作物受灾，损坏大棚7个，受损房屋200间。全市直接经济损失1307万元。

2004年5月16日，高密的姜庄、呼家庄、康庄、李家营等乡镇区域遭受冰雹袭击。冰雹最大直径10毫米，降雹持续时间5分钟。1.32万公顷农田受灾，受灾作物主要有小麦、棉花、蔬菜、林果等。直接经济损失5400万元。

同年5月16日，昌邑的柳疃、龙池、双台、夏店、卜庄、丈岭6处乡镇区域遭受冰雹袭击。冰雹最大直径20毫米，降雹持续时间10分钟。1.13万公顷农田受灾，受灾作物主要有小麦、棉花、瓜菜、果树、桑园、菜籽等。直接经济损失4505.90万元。5月18日，诸城的九台、吕标2处乡镇区域遭受冰雹袭击。冰雹最大直径15毫米。造成4446.67万公顷农田受灾。受灾作物主要有小麦、黄烟、瓜菜、果树、桑树等。直接经济损失611.20万元。

同年6月18日，临朐的寺头、石家河、蒋峪、辛寨、五井、冶源6个乡镇区域遭受冰雹袭击。冰雹最大直径10毫米。4733.33公顷农田受灾；塌毁鸭棚20个，毁坏房屋4间、配电盘1个。直接经济损失1.10亿元。6月22日，安丘的管公、红沙沟、雹泉、金冢子、景芝6个乡镇区域遭受冰雹袭击。1866.67公顷农田受灾。受灾作物主要有黄烟、棉花、春玉米、大棚瓜菜、果树等。直接经济损失1875万元。昌乐的红河、朱汉、阿陀3处乡镇区域遭受冰雹袭击。冰雹最大直径15毫米，降雹持续时间20分钟。1399.53公顷农田受灾，受灾作物主要有黄烟、玉米、花生、大姜、冬枣、棉花等。直接经济损失908.50万元。

同年7月5日，安丘的管公、官庄、红沙沟3处乡镇区域遭受冰雹袭击。6385.33公顷农田受灾，受灾作物主要有黄烟、棉花、春玉米等。直接经济损失4170万元。7月6日，境内诸城的相州、昌城2处镇区域遭受冰雹袭击。4280公顷农田受灾，受灾作物主要有黄烟、瓜菜、大豆、大葱等。直接经济损失2259.70万元。

2005年6月14日，寿光、寒亭、安丘、坊子、昌邑、临朐、昌乐、奎文、高新开发区、经济开发区的32处乡镇（街道）区域遭受风雹灾害。潍城区域瞬时风速29.4米/秒，风力11级；寒亭区域短时雨量达74.5毫米。全市有2.59万公顷农作物受灾，其中绝产3866.67公顷；损坏大棚15800多个；损坏房屋19700多间，倒塌39间；折损树木53600多棵；死亡2人，受伤1人。全市直接经济损失约2.69亿元。6月18日，寿光、安丘、诸城区域先后遭受冰雹袭击。全市4033.33公顷玉米、黄烟、棉花、蔬菜、果园等作物受灾。全市直接经济损失3300万元。

同年6月20日10时45分，寿光、临朐、青州、昌乐、安丘、诸城的部分乡镇区域先后遭受冰雹袭击。冰雹最大直径40毫米。全市2.09万公顷玉米、棉花、黄烟、蔬菜、果树等作物受灾；受损房屋1.10万间；毁坏大棚近7000个。全市直接经济损失3.61亿元。

2006年6月17日，昌乐的朱汉区域遭受冰雹袭击。冰雹最大直径20毫米，降雹持续时间10分钟。造成朱汉6个片区的440公顷西瓜、大姜、苹果、蔬菜等农作物受灾。直接经济损失678.10万元。6月20日，昌邑的峠山、北孟区域出现大风冰雹天气。553.07公顷农作物受灾；刮损树木500多棵；8间鸡（鸭）棚遭受不同程度的损坏，压死鸡（鸭）1000多只。直接经济损失487万元。

2007年5月28日，受高空冷涡影响，诸城的西北部乡镇区域出现雷雨大风，局部冰雹天气。375公顷小麦受灾，其中减产50%以上的315公顷，经济损失190万元；有44个大棚受灾，经济损失20万元；100.70公顷果树受灾，经济损失130万元；6.70公顷蔬菜受灾，经济损失20万元。

2008年8月25日，安丘石堆的32个村庄区域遭受暴风雨冰雹袭击。2400公顷农作物受灾；有12间民房倒塌、2处民房进水。直接经济损失1200万元。

2009年6月5日，受高空冷涡影响，诸城的皇华、贾悦、相州、昌城、百尺河等乡镇区域出现雷阵雨、局部冰雹天气过程。受灾严重的贾悦镇34个村区域，约3万人受灾。受灾农作物主要有黄烟779.93公顷，小麦1060.27公顷，蔬菜23.60公顷，果园30.07公顷，棉花105.67公顷，玉米16.67公顷，桑园18.67公顷，西瓜104.67公顷，其他作物9.20公顷。直接经济损失约3.20亿元。

2010年5月29—30日，受高空冷涡影响，安丘、昌乐、诸城的部分乡镇区域遭受大风冰雹灾害。冰雹直径10～20毫米，阵风10级。30963公顷农作物受灾，其中绝收8953公顷；受损房屋305间。全市直接经济损失约6.60亿元。

同年6月18日，受高空冷涡影响，寿光羊口镇区域遭受冰雹袭击。冰雹直径20～40毫米，降雹持续时间10分钟。受灾村庄14个，其中郑家、宅五、宅四、宅三、宅一、王庄等村的棉花基本绝产。灾害共造成3233.33公顷棉花受灾，其中绝产2393.33公顷，减产840公顷；受灾春玉米39.07公顷；受灾盐田1万公顷。直接经济损失8500万元。

2012年5月30日，昌邑、安丘、寒亭、坊子的部分乡镇（街道）区域遭受风雹灾害。8044.30公顷农作物受灾，受灾农作物主要有小麦、棉花、西瓜、花生、土豆；有部分民房被损坏。全市直接经济损失1.07亿元。

同年6月2日，寒亭、昌邑的部分区域遭受风雹袭击。最大风速17.8米/秒，最大降雨量18.5毫米，冰雹最大直径20毫米。寒亭的高里、固堤、开元等区域，昌邑的都昌、奎聚、龙池、柳疃、下营、卜庄等区域遭受不同程度的损失。受灾人口10.45万人，受灾农作物1.27万公顷。全市直接经济损失约1.27亿元。

同年6月12日，安丘、高密、诸城的部分乡镇区域相继出现雷雨及冰雹天气。最大降雨量45.6毫米，冰雹最大直径20毫米。造成1.16万公顷农作物受灾；有4万多人受灾。全市直接经济损失8155.50万元。6月21日，受低空切变线影响，部分地区出现强对流天气，临朐的五井镇区域遭受冰雹袭击。593公顷农作物受灾，其中410公顷成灾，40公顷绝产；有8000多人受灾。直接经济损失1385万元。

同年7月11—12日，受低空切变线和高空冷空气影响，昌乐、诸城、临朐、寒亭的部分乡镇（街道）区域出现雷雨大风，局部冰雹和暴雨。3.38万公顷农作物受灾；损坏房屋817间，倒塌21间；损坏树木33.39万棵；损坏桥梁4座；有2.20万多人受灾。全市直接经济损失2.11亿元。

第六节　雪灾　霜冻　雷击

潍坊境域年均降雪日数25天，一般性降雪不会造成农业损失。潍坊境域年均无霜期在200天左右，秋冬季节霜冻一般不会对农业造成较大损失，而春季霜冻，尤其发生在4月的霜冻，一般会给农业生产带来较严重损失。

1998年3月31日至4月1日，受冷空气与暖湿气流的共同影响，全市普降小到中雨雪，局部大雨雪。诸城、青州、安丘、昌乐区域遭受灾害。诸城区域平均降雨雪量39.9毫米，其中5处乡镇超过50毫米，最大风力5～6级，阵风7级；14处乡镇受灾，倒塌瓜菜棚6200个，倒塌鸡舍70多间，刮倒树木1200多棵，损坏黄烟苗床1.30万多个，直接经济损失2000万元。青州区域平均降雨雪14.2毫米，积雪深60毫米；3处乡镇受灾，受损大小拱棚2.20万个、倒塌8600个，损坏禾苗100公顷，已开花果树200公顷受灾，直接经济损失3500多万元。安丘的庵上、大盛2处乡镇区域受灾，分别降雨雪27.6毫米和29.6毫米；333.33公顷大棚蔬菜受灾，其中20公顷绝产；333.33公顷樱桃、杏树等已开花果树受灾，减产30%；直接经济损失300万多元。昌乐区域有9396个瓜菜大棚受灾较重，其中倒塌238个；24个食用菌棚、4700个西瓜苗棚和小拱棚、4102个烟畦受损；146.67公顷已开花果树受到不同程度的损害。直接经济损失500万多元。

2001年3月28日，出现大风降温，并伴有雨雪天气，临朐境内最低气温-6.8℃，南部山区最低气温-10.6℃。灾害造成46.67公顷大拱棚、100公顷杏树和桃树、53.33公顷白菜种、50公顷其他作物等受冻害。直接经济损失1200万元。

2002年4月24日，受高空冷槽影响引发地面剧烈辐射降温，全市遭受霜冻灾害影响。25日，全市最低气温-0.7℃～4.4℃，地面最低气温-3.8℃～0.8℃。因前期气温持续偏高，导致林果、大田作物等生长发育提前，耐低温能力较差，遭受冷空气袭击后大面积农作物受灾。全市受灾面积11.17万公顷。有4.57万公顷果树受灾，近2万公顷绝产；1.15万公顷桑园受灾，80%以上绝产；2万公顷瓜菜受灾。霜冻发生时正值小麦开花受粉阶段，小麦花粉受冻不能授粉，导致小麦大面积减产。全市直接经济损失10亿多元。

2004年，全市发生雷击死亡5人，伤4人。其中7月27日，临朐的七贤镇、昌乐的朱刘镇各有1名农民在田间劳作遭雷击死亡。8月8日，临朐的九山镇有2名农民遭雷击死亡。8月9日，诸城的朱解镇亭子村遭雷击致1死4伤。

同年4月23日，受冷空气影响夜间最低气温近-2℃。昌邑、高密多个乡镇区域遭受重霜冻危害。造成3.76万公顷农作物受灾。受灾作物主要有桑树、果树、瓜菜、小麦、棉花等。全市直接经济损失2.33亿元。

2007年9月26日—10月12日，全市范围阴雨连绵，农田土壤过湿，光照严重不足。昌邑、寒亭区域阴雨日数达15天。其间，全市平均降雨量37.3毫米，较常年偏多19.1毫米，偏多105%；平均蒸发量29毫米，较常年偏少54毫米；平均日照时数23小时，较常年偏少94小时；平均阴雨日数13天；平均相对湿度83%，较常年偏高14%。异常天气造成全市秋收秋种推迟。阴雨天气致使已收获的玉米无法晾晒，造成部分玉米霉烂发芽。正处于裂铃吐絮期的棉花，由于光照严重偏少，空气湿度大，蒸发小，棉花蕾铃不能正常裂铃。全市直接经济损失1.82亿元。

2009年4月16日，全市最低气温降至-1.4℃。临朐的部分地区出现霜冻天气。高密的部分乡镇区域有1200公顷果树、1667公顷土豆、666.67公顷桑树受冻，其中葡萄、梨树等受冻较重，直接经济损失8000万元。临朐的辛寨、冶源、城关等区域受低温霜冻灾害；冶源的146.67公顷葡萄、辛寨的213.33公顷桃树、86.67公顷杏树受灾；城关的樱桃减产或绝产413.33公顷，樱桃幼树冻死73.33公顷，梨树和苹果树减产或绝产184公顷；各类果树直接经济损失7936.7万元。

2010年2月28日，全市区域普遍降雨，随着气温下降，下午开始降雪，持续到3月1日凌晨。全市最大积雪厚度200毫米，平均降雨量23毫米。暴雪给全市工农业生产造成较大损失。部分种植、养殖大棚被雪压塌，部分生产厂房塌损，交通、通信受到影响。全市有寒亭、坊子、潍城、经济开发区、寿光、青州、昌邑、昌乐、临朐等区域受灾。受灾人口约61.80万人，塌损房屋469间，倒塌、损坏种植和养殖大棚6.60万多个，企业厂房受损9.24万平方米，盐田受损300万平方米。全市直接经济损失约16.35亿元。

第七节　潮灾

潍坊北部沿海处在相对高纬度地区，主要以温带风暴潮灾害为主，一般发生在春秋两季。尽管潍坊北部沿海风暴潮发生几率不高，1991—2012年仅发生6起，但其成灾率却很高。

1992年8月31日至9月2日，受16号强热带风暴影响，潍坊北部沿海的寿光、寒亭、昌邑区域遭受风暴袭击，阵风11级，持续30小时以上。寿光区域的最高潮位6.45米，超出警戒水位0.95米。全市沿海地区平均降雨量128.7毫米，降雨量最大的昌邑下营镇区域达251.6毫米。风暴潮给全市沿海造成灾害，其中冲坏防潮坝22.60千米，淹没虾池3093.33公顷，毁坏盐田4.73万公顷，损失原盐106万吨，刮坏房屋801间，沉没渔船11艘、撞坏22艘，冲坏农作物9.23万公顷，冲坏部分建筑物、变压器、公路、果树、机井等。全市直接经济损失7.37亿元。

1997年8月19—20日，受11号台风影响，北部沿海受风暴潮袭击，寿光的羊角沟区域最高潮位5.9米。寒亭、寿光沿海有16艘渔船严重碰摔受损、16艘沉没、8艘失踪；造成24人伤亡，其中死亡4人。全市直接经济损失16.55亿元。

2000年4月9日，受蒙古槽南下影响，受大风袭击，平均风速7～8级，阵风11级，寿光的羊角沟最高潮位4.10米。受风暴潮侵袭，北部沿海倒塌防潮大坝310米，塌陷大坝坡面4397平方米。全市直接经济损失1.40亿元。

2003年10月1—12日，寿光、寒亭、昌邑北部沿海遭受大风和风暴潮袭击，极大风速27.0米/秒，平均风速22.0米/秒，潮高3.2米，风浪爬高6～8米。受风暴潮侵袭，寿光沿海毁塌堤坝1.50万米，冲坏虾池、蟹池、海参池4333.33公顷，冲走、沉没大小船只42艘，直接经济损失1.98亿元；大风毁坏房屋30间、大棚2500个、鸡鸭舍6个，受灾棉花366.67公顷、盐田1666.67公顷，直接经济损失3500万元。寒亭区域新建的12公里围海盐田大坝被冲毁，损毁盐田5333.33公顷，损失原盐20万吨，损毁沿海堤坝5200米，2处防潮闸进水，冲毁虾池133.33公顷，毁坏船只8艘，直接经济损失8600万元。昌邑区域毁塌防浪墙1800米，刮倒鸡、鸭养殖大棚32个，棉花受灾1560公顷，果园受灾887.33公顷，蔬菜受灾2146.67公顷。

2007年3月4日，昌邑北部沿海出现风暴潮，蒲东大坝出现海水倒灌，潍西2771项目区北坝迎水面石砌部分有1000米大坝沉陷，直接经济损失310万元。寒亭北部沿海出现大风天气，极大风速23.9米/秒，引发风暴潮。盐田被淹80公顷，直接经济损失260万元；200米弥河辅堤、280米白浪河堤、500米商粮供场南堤、500多米防潮堤等受损。直接经济损失308万元。

2009年4月15日，寿光、昌邑、寒亭、滨海经济开发区等沿海区域遭受大风和风暴潮袭击，海上风力10级以上。风暴潮灾害造成107名群众遇险，其中106名获救，1人失踪；损坏房屋408间、蔬菜大棚300个、养殖大棚211个、虾池36个、滩涂网箱3000公顷、芦苇1866.67公顷、棉田111公顷、防潮大坝6700米。直接经济损失8234.80万元。

第二编

人　口

潍坊市人口文化节开幕式　（2009年拍摄）

第一章 人口规模

第一节 总量与分布

人口总量

潍坊市为山东省人口大市，改革开放后，全市常住人口、户籍人口总量一直在全省列临沂之后，居第二位。90年代后，潍坊进入低生育水平时期，全市人口出生率开始缓慢下降，但受人口年龄结构影响，人口总量仍呈持续增长态势，但增长幅度较80年代开始放缓。

1990年第四次全国人口普查时，全市总人口8571226人（剔除五莲县504017人后为8067209人），占全省人口总量的9.50%。1991年底公安部门数据，全市户籍人口总户数2219996户，户籍人口8629172人（含五莲县）。

2000年第五次全国人口普查时，全市常住人口8495300人，占全省人口总量的9.44%。10年全市人口增加428091人，年均增长率0.53%。年底公安部门数据，全市户籍人口总户数2461339户，户籍人口8445697人。户籍人口总量由全省第二位退居第三位，列临沂、菏泽之后，常住人口仍居全省第二位，列临沂之后。

2010年第六次全国人口普查时，全市常住人口9086241人，占全省人口总量的9.48%。10年全市人口增加590941人，年均增长率0.7%。年底公安部门数据，全市户籍人口总户数2716329户，户籍人口8737847人。

2012年，据统计部门抽样调查数据，全市常住人口921.61万人，占全省人口总量的9.52%。年底公安部门数据，户籍人口总户数2781931户，户籍人口8788716人。

1991—2012年，全市常住人口由812.41万人增加到921.61万人，年均增加4.96万人，年均增长率为6.11‰。人口总量增加，主要是市域人口自然增长，机械增长次之。1991—2012年，全市自然增加人口831775人，自然增长率为4.48‰，占增加人口的比重为76.17%，平均每年自然增加37808人。

1991—2012年潍坊市人口总量情况表

表2－1－1

年 份	常住人口（万人）	户籍人口			
		户数（户）	人数（人）	其中男（人）	其中女（人）
1991	—	2219996	8629172	4407157	4222015
1992	—	2151340	8142135	4153442	3988693
1993	—	2183674	8159871	4158304	4001567
1994	—	2205015	8169282	4164209	4005073

续表2—1—1

年份	常住人口（万人）	户籍人口			
		户数（户）	人数（人）	其中男（人）	其中女（人）
1995	—	2239858	8208074	4180087	4027987
1996	—	2268829	8237085	4192924	4044161
1997	—	2330437	8290857	4214985	4075872
1998	—	2391063	8357854	4247260	4110594
1999	—	2445075	8400415	4267842	4132573
2000	849.53	2461339	8445697	4285967	4159730
2001	853.95	2471453	8459293	4289364	4169929
2002	858.37	2502704	8474665	4294545	4180120
2003	862.78	2517046	8477106	4292063	4185043
2004	867.19	2539748	8506513	4305515	4200998
2005	871.62	2567469	8521967	4311259	4210708
2006	879.7	2586427	8552940	4320188	4232752
2007	883.61	2614977	8591336	4339605	4251731
2008	889.54	2649261	8624840	4355358	4269482
2009	895.15	2675178	8678489	4383335	4295154
2010	908.62	2716329	8737847	4414127	4323720
2011	915.53	2755030	8776133	4433309	4342824
2012	921.61	2781931	8788716	4439494	4349222

说明：1.常住人口为统计部门年度抽样调查数据，1991—1999年无常住人口资料；
2.1991年数据含五莲县

人口分布

1990年第四次全国人口普查时，全市总人口8067209人（不含五莲县），占全省总人口的9.50%。潍坊市区人口1151762人，占全市总人口的14.28%。所辖市、县人口6915487人，占全市总人口的85.72%。

2000年第五次全国人口普查时，全市总人口8495300人，占全省总人口的9.44%。潍坊市区（包括高新技术产业开发区）人口1380300人，占全市总人口的16.25%。所辖市、县人口7115000人，占全市总人口的83.75%。

2010年第六次全国人口普查时，全市总人口9086241人，占全省总人口的9.49%。潍坊市区（包括各市属各开发区）人口2044028人，占全市总人口的22.50%。所辖市、县人口7042213人，占全市总人口的77.50%。

2012年末，据统计部门的数据，全市总人口9216100人，占全省总人口的9.52%。潍坊市区（包括各市属开发区）人口2076241人，占全市总人口的22.53%。所辖市、县人口7139859人，占全市总人口的77.47%。

从1990年第四次全国人口普查至2012年，潍坊市区人口规模不断扩大，占全市总人口的比重不断提高，除人口自然增长和城市发展因素外，区划调整变更是一个重要增减因素。1992年，五莲县划归日照市辖，同年潍坊市设立高新技术产开发区，1994年潍城区分设为潍城、奎文两区，1996年临朐县白塔镇划归昌乐县，2005年设立潍坊滨海经济技术开发区，2008年设立峡山生态发展区，均调整了周边县市行政区划。其后市辖各区和各市属开发区区划也先后多次变动。

2012年潍坊市分地区人口分布情况表

表2—1—2

地　区	土地面积（平方千米）	人口总数（人）	人口密度（人/平方千米）
全　市	16143	9216100	570
市区小计	2650.2	2076241	783
潍城区	269.5	421051	1562
寒亭区	623.3	392909	630
坊子区	412.3	317439	770
奎文区	57.6	450782	7826
高新区	125.9	194006	1541
滨海区	678.4	98012	144
峡山区	483.2	202042	418
市县小计	13497	7139859	529
临朐县	1831.2	846238	462
昌乐县	1100.5	624712	568
青州市	1561.2	953794	611
诸城市	2151.4	1100746	512
寿光市	1990.1	1154739	580
安丘市	1711.6	939141	549
高密市	1523.5	908382	596
昌邑市	1627.5	612107	376

说明：潍坊经济技术开发区和综合保税区分别包括在寒亭区和高新区内

人口密度

潍坊市域人口密度总的态势是中心市区高于所辖市、县，城镇高于农村，平原地区高于山区。随着人口总量的不断增加，全市总体人口密度逐步增加，但一直略低于全省人口密度水平。

1990年第四次全国人口普查时，全市人口密度为509人（每平方千米人数，下同），比全省低33人，其中中心市区758人，所辖市、县483人。人口密度最大的为青州市，最少的为昌邑县。

2000年第五次全国人口普查时，全市人口密度为536人，比1990年增加27人，比全省低38人。其中中心市区909人，所辖市、县497人。人口密度最大的为青州市，最少的为昌邑市。

2010年第六次全国人口普查时，全市人口密度为563人，比2000年增加27人，比全省低47人，其中中心市区771人，所辖市、县522人。人口密度最大的为青州市，最少的为昌邑市。

2012年，全市人口密度为571人，比2000年增加8人，比全省低45人。其中中心市区783人，依次分别为奎文区7826人，潍城区1562人，高新区1541（含保税区）人，坊子区770人，寒亭区630人（含经济区），峡山区418人，滨海区145人。所辖市、县529人，依次分别为青州市611人，高密市596人，寿光市580人，昌乐县568人，安丘市549人，诸城市512人，临朐县462人，昌邑市376人。

1990年、2000年、2010年三次全国人口普查潍坊市分县市区人口密度情况表

表2－1－3　　单位：平方千米、人、人/平方公里

县市区	1990年			2000年			2010年		
	面积	人口总数	人口密度	面积	人口总数	人口密度	面积	人口总数	人口密度
全市合计	15859	8067209	508.68	15859	8495300	536	16143	9086241	562.86
市区小计	1519	1151762	758.24	1519	1380300	909	2650.2	2044028	771.27
潍城	378	559239	1479.47	290	383189	1321	269.5	415118	1540.33
寒亭	786	351235	446.86	786	355945	453	623.3	387373	621.49
坊子	355	241288	679.68	355	256590	723	412.3	312966	759.07
奎文	—	—	—	88	384576	4370	57.6	443444	7698.68
高新	—	—	—	—	—	—	125.9	189301	1503.58
滨海	—	—	—	—	—	—	678.4	96631	142.44
峡山	—	—	—	—	—	—	483.2	199195	412.24
市县小计	14310	6915447	483.26	14310	7115000	497	13497	7042213	521.76
临朐	1890	872140	461.45	1833	869470	474	1831.2	834314	455.61
昌乐	1044	565525	541.69	1101	593009	539	1100.5	615910	559.66
青州	1569	855115	545.01	1569	894468	570	1561.2	940355	602.33
诸城	2183	1030658	472.13	2183	1053695	483	2151.4	1086222	504.89
寿光	2200	1008506	458.41	2200	1081991	492	1990.1	1139454	572.56
安丘	2011	1077357	535.73	2011	1096782	545	1711.6	926894	541.54
高密	1603	840192	524.14	1603	842403	526	1523.5	895582	587.85
昌邑	1810	665954	367.93	1810	683182	377	1627.5	603482	370.80

说明：1.1990年数据不含五莲县；
2.各县市区区划面积之和与全市总面积有差异；
3.潍坊经济技术开发区和潍坊综合保税区分别包括在寒亭区和潍坊高新区之内

1991—2012年潍坊市人口密度情况表

表2-1-4

年份	区划面积（平方千米）	人口总数（万人）	人口密度（人）	年份	区划面积（平方千米）	人口总数（万人）	人口密度（人）
1991	17302	862.92	499	2002	15859	858.37	541
1992	17302	814.21	471	2003	15859	862.78	544
1993	15859	815.99	515	2004	15859	867.19	547
1994	15859	816.93	515	2005	15859	871.62	550
1995	15859	820.81	518	2006	16005	879.7	550
1996	15859	823.71	519	2007	16005	883.61	552
1997	15859	829.09	523	2008	16005	889.54	556
1998	15859	835.79	527	2009	16005	895.15	559
1999	15859	840.04	530	2010	16143	908.62	563
2000	15859	849.53	536	2011	16143	915.53	567
2001	15859	853.95	538	2012	16143	921.61	571

说明：人口数据1991—1999年为户籍人口数，2000—2012年为常住人口数

第二节 人口变动

自然变动

自然变动是潍坊人口增减变动的主要因素。进入90年代后，正值潍坊80年代后期出现的第三次人口出生高峰刚过，全市人口出生率迅速下降，总和生育率降到可更替水平以下，进入低生育水平时期。

1991—1995年“八五”计划五年间，全市累计出生人口400409人，年均出生80082人，出生率为9.8‰，总和生育率1.46，累计死亡人数250645人，年均死亡50129人，死亡率6.14‰。全市累计自然增加人口149764人，年均增加29953人，自然增长率3.67‰。其后，全市人口自然变动大致稳定在这一数值上下波动，再无大

2008年11月19日，市计生部门工作人员深入基层，进村入户调查人口出生情况

的人口出生、死亡和增长高峰年份。其中，1993年和2003年出生率最低为8.30‰，全年出生人口分别为67889人和70417人，总和生育率均为1.25。2006年出生率最高为12.29‰，全年出生105132人，总和生育率为1.80。2004年死亡率最低为5.40‰，全年死亡人数45902人。2012年死亡率最高为6.78‰，全年死亡人数59824人。受人口出生率影响，2003年全市人口自然增长率最低为2.78‰，全年自然增加人口23634人。2006年全市人口自然增长率最高为6.74‰，全年自然增加人口57681人。

1991—2012年，据人口计生部门数据，全市累计出生人口1692153人，年均出生76916人，出生率10.49‰，总和生育率1.54；累计死亡人数941540人，年均死亡42797人，死亡率5.84‰；全市累计自然增加人数750613人，年均自然增加34119人，自然增长率4.65‰。

1991—2012年潍坊市人口自然变动情况表

表2—1—5

年份	出生人数（人）	出生率（‰）	总和生育率（人）	死亡人数（人）	死亡率（‰）	自然增加人数（人）	自然增长率（‰）
合计或平均	1692153	10.49	1.54	941540	5.84	750613	4.65
1991	90574	11.16	1.65	48972	6.03	41602	5.13
1992	73696	9.04	1.35	51767	6.35	21929	2.69
1993	67889	8.30	1.25	50258	6.15	17631	2.15
1994	74599	9.11	1.36	50659	6.19	23940	2.93
1995	93651	11.40	1.68	48989	5.96	44662	5.44
“八五”小计	400409	9.80	1.46	250645	6.14	149764	3.67
1996	97654	11.84	1.74	51051	6.19	46603	5.65
1997	100214	12.11	1.78	49257	5.95	50957	6.16
1998	93187	11.18	1.65	47951	5.76	45236	5.43
1999	84420	10.07	1.49	47922	5.71	36498	4.35
2000	84806	10.05	1.49	48384	5.74	36422	4.32
“九五”小计	460281	11.04	1.63	244565	5.87	215716	5.18
2001	79352	9.38	1.40	47355	5.60	31997	3.78
2002	79195	9.34	1.39	48387	5.71	30808	3.63
2003	70417	8.30	1.25	46783	5.51	23634	2.78
2004	91920	10.81	1.60	45902	5.40	46018	5.41
2005	101288	11.87	1.74	47703	5.59	53585	6.28

续表2—1—5

年　份	出生人数（人）	出生率（‰）	总和生育率（人）	死亡人数（人）	死亡率（‰）	自然增加人数（人）	自然增长率（‰）
“十五”小计	422172	9.94	1.48	236130	5.56	186042	4.38
2006	105132	12.29	1.80	47451	5.55	57681	6.74
2007	105195	12.24	1.79	47581	5.54	57614	6.70
2008	84068	9.73	1.45	49934	5.78	34134	3.95
2009	78536	9.04	1.35	48899	5.63	29637	3.41
2010	86083	9.85	1.47	56413	6.46	29670	3.40
“十一五”小计	459014	10.62	1.57	250278	5.79	208736	4.83
2011	85748	9.77	1.45	51095	5.82	34653	3.95
2012	96688	10.96	1.62	59824	6.78	36864	4.18

说明：本表数据为人口计生部门数据

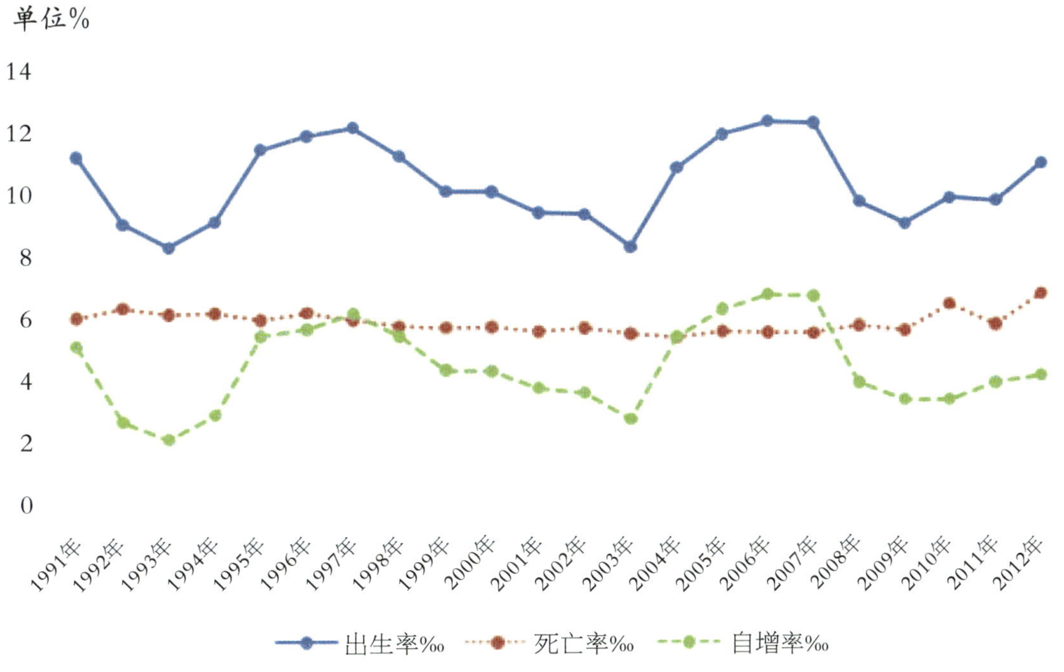

图2—1—1　1991—2012年潍坊市人口变动态势图

机械变动

据公安部门数据，1991—2012年，潍坊全市年均户籍迁入人口111931人，迁出116738人，年均迁出大于迁入4807人。

据2000年“五普”资料，按现住地出生地分，市域居民为本县市区出生的占92.61%，本省外县市区的占5.81%，省外的占1.58%，其中黑龙江、吉林、辽宁三省的占0.7%。1995年11月—2000年10月迁入的人口中，省内的占89.06%，省外的占10.94%，其中黑龙江、吉林两省占4.7%。迁出人口中，男性占43.62%，女性占56.38%；省内的占88.7%，省外的占11.3%，其中黑龙江和吉林两省占4.09%。这其中，务工经商的14.1%、工作调动的7.81%，分配录用的7.28%，学习培训的15.88%，拆迁搬家的13.11%，婚姻随迁的18.84%，随迁家属的12.89%，投亲靠友的4.45%，其他的5.8%。

据2010年第六次全国人口普查资料，按现住地出生地分，市域居民为本县市区出生的占比为93.34%，本省外县市区的占5.01%，省外的占1.65%，其中黑龙江的占0.32%、吉林的占0.24%、云南的占0.12%。迁入的人口中，省内的占99%，省外的占1%，其中黑龙江、吉林、河南三省占0.4%。迁出人口中，男性占52.12%，女性占47.88%；省内的占92.11%，省外的占7.89%。其中，务工经商的29.76%，工作调动的7.86%，学习培训的18.25%，拆迁搬家的8.82%，婚姻嫁娶的6.55%，随迁家属18.51%，投亲靠友3.97%，寄挂户口的0.97%，其他的5.32%。

移民

2001—2004年，根据国家统一安排，潍坊共分批接收安置重庆忠县、开县三峡库区移民285户1272人。根据国家“迁得出，稳得住，逐步能致富”的要求，潍坊市采取“相对集中到县（乡），插花安置到村组”的安置办法，分别安置在6个县级市的29个镇、街道的89个自然村。各相关地方和单位认真落实国家移民政策，扶持帮助移民融入当地社会生活。寿光市鲍家村三峡移民熊德国被中宣部等部门评为“移民劳动致富带头人”，作为山东省唯一的移民代表在人民大会堂和北京大学作典型事迹报告，并赴全国十一省市作巡回报告。但由于生活习惯等多方面因素，以后有部分移民陆续迁回原籍或他地。

1991—2012年潍坊市人口机械变动情况表

表2—1—6　　单位：人

年份	迁入人口	迁出人口	增减（±）	年 份	迁入人口	迁出人口	增减（±）
合 计	2462472	2568243	−105771	1998	74336	69119	5217
1991	95255	98624	−3369	1999	71390	70314	1076
1992	124126	133844	−9718	2000	70230	74035	−3805
1993	185105	199369	−14264	2001	56877	77117	−20240
1994	167222	177708	−10486	2002	70220	83437	−13217
1995	325365	332185	−6820	2003	63899	83551	−19652
1996	75090	93053	−17963	2004	103053	118596	−15543
1997	77317	78241	−924	2005	94451	114768	−20317

续表2—1—6

年份	迁入人口	迁出人口	增减（±）	年 份	迁入人口	迁出人口	增减（±）
2006	77914	83353	-5439	2010	74317	57154	17163
2007	142027	133624	8403	2011	56146	57154	-1008
2008	259885	252096	7789	2012	46360	46623	-263
2009	151887	134278	17609				

第二章 人口构成

第一节 性别构成

1990年第四次全国人口普查时，全市总人口中，男性4366375人，占50.94%；女性4204851人，占49.06%，性别比为103.84（均含五莲县）。2000年第五次全国人口普查时，全市总人口中，男性4286748人，占50.46%；女性4208552人，占49.54%，性别比为101.86。2010年第六次全国人口普查时，全市总人口中，男性4600438人，占50.63%；女性4485803人，占49.37%，性别比为102.56。

潍坊市域总人口性别比虽然一直大致维持在101～103这一区间，但分年龄组的人口性别比却呈一高一低两种状态，即低年龄组人口性别比高于总人口性别比，高年龄组人口性别比低于总人口性别比。低年龄组人口性别比绝大部分时段数值明显高于正常生物学概率数值（102～107）。

潍坊市青少年组人口性别比攀升，是80年代开始出生人口性别比不断升高的结果。1990年后，全市出生人口性别比除个别年份外，基本都在110以上。1990年、2000年、2010年三次全国人口普查时，全市出生人口性别比分别为125.20、109.60和119.07。2000年和2010年全国第五、第六次人口普查时，全市二孩出生性别比分别为118.00和133.63，多孩出生（三胎及以上）性别比分别为168.9和423.07，个别年份甚至在700以上。90年代开始，全市持续开展以治理出生人口性别比偏高问题的“关爱女孩”行动，严厉打击“两非”（非法鉴定胎儿性别、非法选择性流引产），有力遏制了出生人口性别比升高的势头。此后，全市出生人口性别比虽仍高于一般生物学概率数值，但已明显低于全国、全省平均水平，并在2010年后开始逐步下降。

与青少年组人口性别比相反，全市老龄人口性别比随着年龄的升高而不断降低，表明随着社会的发展和医疗水平的进步，男性老龄人口的平均寿命也在不断提高。随着时间的推移，老龄男性的占比逐步有所提高，但仍远低于女性老年人口占比。这一状况，是老龄女性平均寿命普遍高于男性的结果，符合相关生物学规律，与全国、全省大致趋同。

全市城镇、乡村的总人口性别比大致均衡，无明显差距。但低年龄组人口性别比农村略低于城镇，老年组人口性别比农村略高于城镇。

1990年、2000年、2010年三次全国人口普查潍坊市不同年龄组男女性别比情况表

表2—2—1

年龄组	1990年			2000年			2010年		
	男（%）	女（%）	性别比	男（%）	女（%）	性别比	男（%）	女（%）	性别比
平均值	50.94	49.06	103.84	50.46	49.54	101.86	50.63	49.37	102.56
0～4岁	54.46	45.54	119.58	52.60	47.40	110.97	53.74	46.26	116.15
5～9岁	52.19	47.81	109.14	53.33	46.67	114.29	52.58	47.42	110.88
10～14岁	51.60	48.40	106.62	52.80—	47.20	111.86	52.53	47.47	110.68
15～19岁	50.45	49.55	101.80	50.79	49.21	103.20	52.93	47.07	112.44
20～24岁	49.88	50.12	99.53	48.56	51.44	94.39	51.20	48.80	104.93
25～29岁	50.20	49.80	100.80	50.12	49.88	100.50	49.98	50.02	99.93
30～34岁	51.85	48.15	107.69	49.88	50.12	99.51	50.74	49.26	103.00
35～39岁	51.65	48.35	106.84	50.21	49.79	100.83	50.93	49.07	103.81
40～44岁	51.06	48.94	104.34	51.58	48.42	106.51	50.19	49.81	100.76
45～49岁	51.95	48.05	108.13	51.26	48.74	105.16	50.20	49.80	100.81
50～54岁	52.26	47.74	109.45	50.40	49.60	101.62	51.21	48.79	104.95
55～59岁	50.70	49.30	102.86	51.15	48.85	104.72	50.89	49.11	103.63
60～64岁	48.67	51.33	94.83	51.38	48.62	105.70	49.63	50.37	98.52
65～69岁	47.00	53.00	88.67	48.68	51.32	94.85	49.57	50.43	98.31
70～74岁	45.26	54.74	82.68	45.76	54.24	84.36	48.88	51.12	95.62
75～79岁	42.86	57.14	75.02	41.94	58.06	72.24	45.22	54.78	82.56
80～84岁	38.23	61.77	61.89	37.65	62.35	60.37	40.60	59.40	68.35
85～89岁	32.52	67.48	48.18	32.59	67.41	48.36	34.27	65.73	52.14
90～94岁	26.74	73.26	36.50	26.21	73.79	35.25	27.68	72.32	38.28
95～99岁	19.50	80.50	24.23	24.87	75.13	33.10	25.52	74.48	34.26
100岁以上	15.00	85.00	17.65	22.86	77.14	29.63	20.17	79.83	25.26

1991—2012年潍坊市出生人口性别比情况表

表2-2-2

年份	总人口性别比	出生人口性别比				年份	总人口性别比	出生人口性别比			
		比值	一胎	二胎	多胎			比值	一胎	二胎	多胎
“四普”	103.84	125.2	—	—	—	2002	102.74	110.38	104.15	113.57	320.12
1991	104.39	118.3	—	—	—	2003	102.56	110.71	101.72	118.76	366.67
1992	104.13	116.8	—	—	—	2004	102.49	110.41	101.70	116.96	312.42
1993	103.92	112.9	—	—	—	2005	102.39	113.10	101.68	117.84	383.37
1994	103.97	110.8	—	—	—	2006	102.07	113.45	99.31	117.57	345.91
1995	103.78	112.3	—	—	—	2007	102.07	117.55	101.25	121.79	454.65
1996	103.68	112.1	—	—	—	2008	102.01	116.22	101.64	126.33	639.02
1997	103.41	111.2	—	—	—	2009	102.05	115.28	101.77	128.39	739.87
1998	103.19	112.50	105.62	120.02	297.44	2010	102.09	111.91	101.58	126.58	609.52
1999	103.27	109.50	104.28	115.43	403.03	“六普”	102.56	119.07	110.27	113.63	423.07
2000	103.07	107.71	103.48	113.39	261.90	2011	102.08	109.88	103.41	120.70	556.78
“五普”	101.86	109.60	105.80	118.00	168.90	2012	102.08	110.24	105.21	119.81	446.94
2001	102.87	107.76	104.19	110.88	345.19						

说明：1.本表系根据统计、计生部门数据合并制表；
2.1991—1997年数据保留小数点后1位，一胎、二胎、多胎数据缺失；
3.多孩系指三孩及以上；
4.“四普”“五普”“六普”系指1990年第四次、2000年第五次、2010年第六次全国人口普查

第二节　年龄构成

90年代初，潍坊市人口增长在全国较早实现由高出生、低死亡、高增长到低出生、低死亡、低增长的历史性转变，进入低生育水平时期。随着出生人数的持续减少和平均寿命的延长，全市社会平均年龄持续提高，低年龄组人口占比不断降低，中年和老龄人口占比明显增加，社会平均年龄进一步提高。全市人口增长由增加型转变为稳定型增长时期，年龄结构也由年青型过渡到成年型，并在21世纪初开始转变为老年型人口年龄结构。

低年龄组人口占比

2000年第五次全国人口普查时，全市0～14岁组人口占总人口的比重由1990年的25.31%降至20.88%，到2010年第六次全国人口普查时，再降至15.15%。其中0～6岁学龄前儿童的比重由1990年的13.35%降至7.48%，到2010年第六次全国人口普查时，再降至7.22%。受80年代末全国第三次人口出生高峰影响，10～14岁组人口占比虽由1990年的7.48%升至10.50%，但高峰过后很快恢复持续下降态势，2010年第六次全国人口普

查时降至5.25%。

劳动年龄人口占比

80年代开始，随着计划生育工作的不断开展，全市进入劳动年龄（15～59岁）的人口持续增加，低年龄组人口和老龄人口占比不断降低，开始进入人口红利时期。90年代后，这一趋势更加凸显，劳动年龄人口占总人口的比重不断增加，且呈逐年升高趋势。2000年第五次全国人口普查时，全市劳动年龄人口占总人口的比重由1990年的64.77%升高至67.00%，到2010年第六次全国人口普查时，再升高为69.63%。提高部分，主要为40～59岁年龄组人口。其中：40～44岁年龄组人口的比重由1990年的6.23%提升至7.22%，到2010年第六次全国人口普查时，再提升至为9.59%；45～49岁年龄组人口占总人口的比重由1990年的4.23%提升到8.16%，到2010年第六次全国人口普查时，再提至升为9.05%；50～54岁年龄组人口占总人口的比重由1990年的4.06%提升至5.80%，到2010年第六次全国人口普查时，再提升至为6.72%；55～59岁年龄组人口占总人口的比重虽由1990年的3.91%小幅降至3.90%，但到2010年第六次全国人口普查时，却再迅速提升至7.38%。

人口红利为全市经济发展提供了充足的劳动力资源，成为这一时期潍坊市经济发展的强劲动力。但是，在全市劳动年龄人口总量持续增加的同时，由于潍坊推行计划生育较早，从80年代末开始，全市新进入劳动年龄的人口已开始呈现微弱减少之势，主要表现在15～39岁年龄组人口占比逐步下降。人口红利"后劲"乏力的问题已经开始逐步显现。

老龄人口占比

人口年龄结构类型由成年型转变为老年型。随着五六十年代人口出生高峰时期出生人口年龄的持续增加，90年代末开始，潍坊市人口年龄结构开始由成年型向老年型逐步转变。按60岁及以上人口占总人口的10%或65岁以上人口占总人口的7%以上为老年型社会的标准，2000年潍坊60岁及以上老龄人口占比已达到老年型社会标准。2010年后，65岁及以上老龄人口占比达到7%以上，全市两项指标均达到老年型社会标准。之后，这一进程不断加快，进入老年阶段的人口数量迅速增加，全市人口年龄结构也逐步由开始的低龄老年型进入深度老年型时期。

随着生活质量的提高和医疗条件的改善，全市老龄人口平均年龄也不断提高，高龄老人数量和占比不断增加。分城市和乡村比较，全市农村人口老龄化程度普遍高于城市。2010年第六次全国人口普查时，全市农村60岁及以上老龄人口占比为17.16%，城市为12.17%。

人口抚养占比

总体人口抚养比稳步降低，少儿人口抚养比与老年人口抚养比呈一降一升相反态势。随着人口年龄结构的变化，全市总的人口抚养比呈逐年降低趋势。抚养比的不断降低，主要是少儿人口抚养比降低幅度较大因素所致。但与少儿人口抚养比降低趋势相反，由于进入21世纪后老龄人口的迅速增加，老年人口抚养比呈逐年上升趋势。分城市和乡村比较，2010年第六次全国人口普查时，总人口抚养比、少儿人口抚养比和老年人口抚养比，城市分别为35.67%、20.17%和15.5%，农村则为49.02%、22.78%和26.25%，均高于城市水平和全市总体水平。

1990年、2000年、2010年三次全国人口普查潍坊市人口年龄结构情况表

表2—2—3

年龄组（岁）	1990年		2000年		2010年	
	人数（人）	占比（%）	人数（人）	占比（%）	人数（人）	占比（%）
合 计	8571226	100.00	8495300	100.00	9086241	100.00
0～4	880181	10.27	462639	5.45	463680	5.10
5～9	648041	7.56	419933	4.94	437124	4.81
10～14	640894	7.48	891631	10.50	476653	5.25
15～19	833642	9.73	659075	7.76	545581	6.00
20～24	872359	10.18	518507	6.10	851010	9.37
25～29	849153	9.91	715152	8.42	609811	6.71
30～34	681652	7.95	851452	10.02	587311	6.46
35～39	735889	8.59	817426	9.62	757128	8.33
40～44	533765	6.23	613363	7.22	871398	9.59
45～49	362346	4.23	692925	8.16	822614	9.05
50～54	347696	4.06	492514	5.80	610975	6.72
55～59	335479	3.91	331280	3.90	670618	7.38
60～64	300634	3.51	299519	3.53	464684	5.11
65～69	219725	2.56	267623	3.15	297601	3.28
70～74	157943	1.84	220671	2.60	243828	2.68
75～79	101285	1.18	133006	1.57	190431	2.10
80～84	49468	0.58	71975	0.85	121169	1.33
85～89	17911	0.21	28124	0.33	47823	0.53
90～94	2820	0.03	7253	0.09	14116	0.16
95～99	323	0.00	1162	0.01	2567	0.03
100及以上	20	0.00	70	0.00	119	0.00

说明：1990年数据为1990年潍坊市区划数据，包括五莲县

1990年、2000年、2010年三次全国人口普查潍坊市几个年龄组人口结构情况表

表2-2-4

年龄组	1990年		2000年		2010年	
	人数（人）	占比（%）	人数（人）	占比（%）	人数（人）	占比（%）
全市总人口	8571226	100	8495300	100	9086241	100
学龄前儿童（0～6岁）	1144366	13.35	635340	7.48	656221	7.22
0～14岁人口	2169116	25.31	1774203	20.88	1377457	15.16
青年人口（15～34岁）	3236806	37.76	2744186	32.30	2593713	28.55
兵员人口（18～22岁男性）	453318	5.29	275507	3.24	370222	4.07
育龄妇女（15～49岁女性）	2392495	27.91	2416340	28.44	2481595	27.31
其中生育旺盛期育龄妇女	860103	10.03	623434	7.34	720285	7.93
劳动年龄人口（15～59岁）	5551981	64.77	5691694	67.00	6326446	69.63
经济活动人口	5143532	60.01	5249720	61.80	5472300	60.23
老龄人口（60岁及以上）	850129	9.92	1029403	12.12	1382338	15.21
其中65岁以上	549495	6.41	729884	8.59	917654	10.10

说明：1.生育旺盛期育龄妇女系指20～29岁女性；

2.经济活动人口为16岁以上在业人口和失业人口、待业暂未工作人口之和；

3.1990年数据为1990年潍坊市区划数据，包括五莲县

1990年、2000年、2010年三次全国人口普查潍坊市人口抚养比情况表

表2-2-5　　单位：人

普查年份	总人口抚养比				少儿人口抚养比		老年人口抚养比	
	人口总数	15～59岁人口数	被扶养人口总数	抚养比（%）	0～14岁人口数	抚养比（%）	60岁及以上人口数	抚养比（%）
1990年	8571226	5551981	3019245	54.38	2169116	39.07	850129	15.31
2000年	8495300	5691694	2803606	49.26	1774203	31.17	1029403	18.09
2010年	9086241	6326446	2759795	43.62	1377457	21.77	1382338	21.85

说明：1.抚养比=被抚养人口／15～59岁人口数×100%；

2.被抚养人口总数为0～14岁人口数和60岁及以上人口数之和；

3.1990年数据为1990年潍坊市区划数据，包括五莲县

1990年潍坊市人口金字塔图

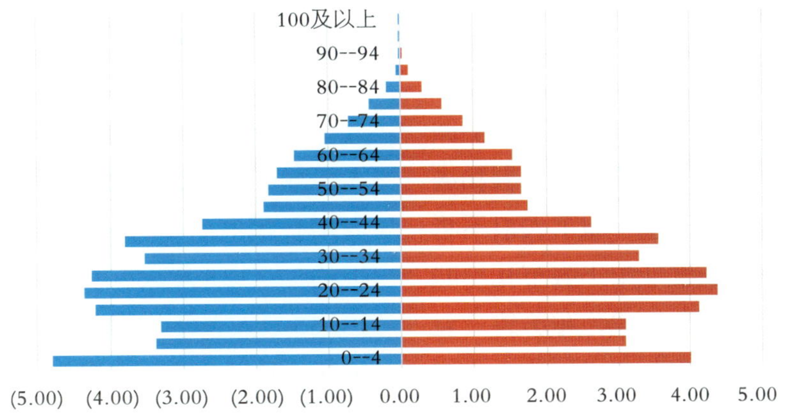

2000年潍坊市人口金字塔图

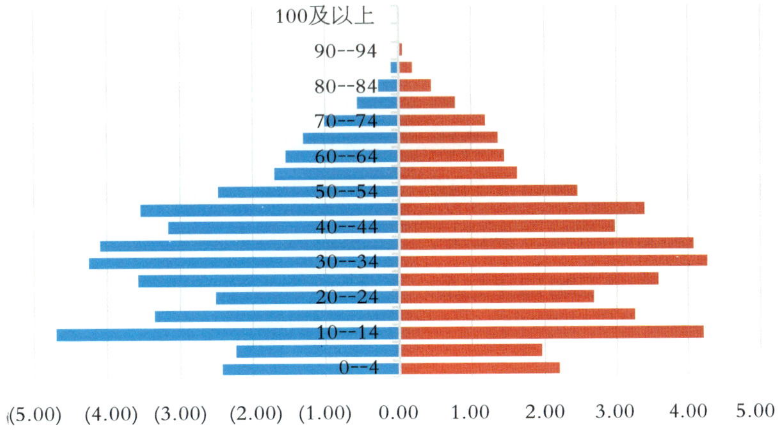

2010年潍坊市人口金字塔图

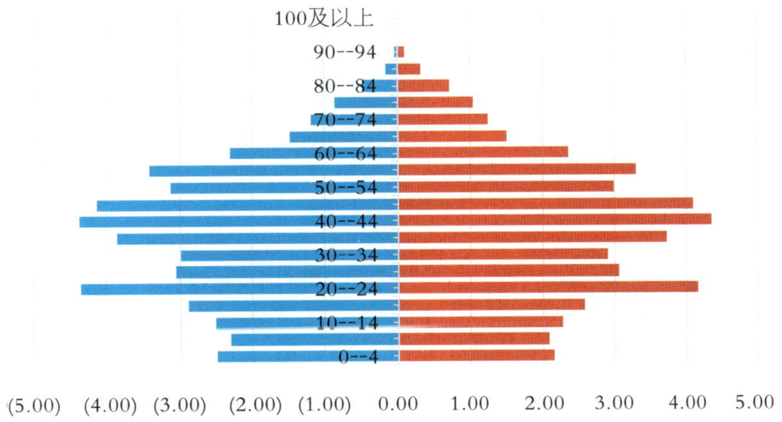

图2—2—1　1990年、2000年、2010年三次全国人口普查潍坊市人口金字塔图

说明：左侧图标及数字为男性，右侧为女性；纵坐标年龄为岁，下方横坐标人口数据单位为10万

第三节　城乡构成

潍坊历来为传统农业地区，居民绝大部分世居农村，以农业为生。90年代开始，随着小城镇建设日益提到各级党委、政府的议事日程和进城务工经商人口的持续增长，全市城镇人口不断增加。进入21世纪后，积极发展中小城市和小城镇，推动农业转移人口市民化，成为潍坊建设现代化城市的一项重要举措。农业户口和非农业户口统一为居民户口，过去一些限制城市落户的政策规定被取消。各级党委、政府陆续出台一系列鼓励政策措施，推动外来务工经商人员市民化、城中村城边村原有居民市民化和农村地区就地转移人口市民化，加快农村人口向城镇转移，鼓励外来务工经商人员及其随迁家属、大中专毕业生及各类专门人才，以及在城镇购房的农村人口落户并融入城市。潍坊中心城区和所辖市、县城区规模不断扩大，城镇人口数量迅速在2012年达到接近农村人口数量的规模。

城镇人口

到2010年第六次全国人口普查时，全市城镇人口数量即由1990年的1171248人（含五莲县，下同）、2000年的3448012人增加到4266496人。其中，居住在市的人口由1990年的594023人、2000年的2327259人增加到2960992人，年均增长幅度为2.72%，居住在镇的人口由1990年的577225人、2000年的1120753人增加到1305504人，年均增长幅度为1.65%，均全部超过这一时期全市总人口年均增长0.7%的幅度。

农村人口

随着大量农村人口向城镇转移，全市农村人口占比持续降低。2010年第六次全国人口普查时，全市农村人口由1990年的7671893人、2000年的6950780人增加到7199296人，占总人口的比重由1990年的89.51%、2000年的81.82%减少到2010年的79.23%，年均递减0.49个百分点。即使在农村居住的人口中，主要以农业为生的人口也呈减少趋势，相当部分在农村居住的人口在当地农村就地务工经商，农业成为许多农村家庭的副业。

潍坊市经济开发区前阙庄村　（2012年拍摄）

城镇化率

到2000年第五次全国人口普查时，全市常住人口城镇化率已由1990年第四次全国人口普查时的13.66%提升至40.59%。至2010年第六次全国人口普查时，再提升至46.96%。至2012年再提升至49.75%，全市已由近半人口成为城镇人口。

城镇规模

2012年，市中心城区建成区面积157平方千米，人口207.62万人。青州等县级市市区人口也都在20万人以上，并产生安丘市景芝镇、寿光市侯镇等10万人以上的人口大镇。

潍坊城镇化水平虽发展较快，但仍低于全省平均水平。2010年全省城镇化率为49.71%，潍坊比全省平均水平低2.75个百分点。特别是非农业人口占总人口的比例，虽由1990年的10.49%、2000年的17.80%提高到2010年19.94%，但比常住人口城镇化率低27.02个百分点，比全省40.26%的平均水平低20.32个百分点。潍坊农村人口基数大，城镇人口特别是非农业人口基数低，城镇化水平仍有较大上升的空间和潜力。

1990年、2000年、2010年三次全国人口普查潍坊市城乡人口构成情况表

表2-2-6

项目	1990年		2000年		2010年	
	人数（人）	占常住人口（%）	人数（人）	占常住人口（%）	人数（人）	占常住人口（%）
常住人口	8571226	100.00	8495300	100.00	9086241	100.00
其中户籍人口	8462351	—	8440848	—	8775623	—
其中市	594023	6.93	2327259	27.39	2960992	32.59
其中镇	577225	6.73	1120753	13.19	1305504	14.37
市镇小计	1171248	13.66	3448012	40.59	4266496	46.96
其中农村	7399978	86.34	5047288	59.41	4819745	53.04
农业户口	7671893	89.51	6950780	81.82	7199296	79.23
其中市	2517512	29.37	1224553	14.41	1523141	16.76
其中镇	2156093	25.16	888965	10.46	1028836	11.32
市镇小计	4673605	54.53	2113518	24.88	2551977	28.09
其中农村	2998288	34.98	4837262	56.94	4647319	51.15
非农业户口	899333	10.49	1512126	17.80	1811924	19.94
其中市	520023	6.07	1090800	12.84	1420432	15.63
其中镇	303775	3.54	227895	2.68	267332	2.94
市镇小计	823798	9.61	1318695	15.52	1687764	18.57
其中农村	75535	0.88	193431	2.28	124160	1.37

说明：1.1990年数据含五莲县，其中户籍人口口径与2000年、2010年普查时不相一致；

2.1990市、镇、村常住人口数据系根据普查数据按居委会、村委会调整生成，与2000年、2010年普查不相一致；

3.农业人口与非农业人口之和不等于总人口数

2000—2012年潍坊市常住人口城镇化情况表

表2—2—7

年 份	城镇人口		年 份	城镇人口		年 份	城镇人口	
	人数（万人）	城镇化率（%）		人数（万人）	城镇化率（%）		人数（万人）	城镇化率（%）
“五普”	344.8	40.59	2004	372.89	43	2009	412.04	46.03
2000	344	40.58	2005	380.72	43.68	“六普”	426.65	46.96
2001	351.66	41.18	2006	389.53	44.28	2010	426.69	46.96
2002	358.63	41.78	2007	392.15	44.38	2011	438.81	47.93
2003	365.65	42.38	2008	402.96	45.3	2012	458.5	49.75

说明：“五普”系指2000年第五次全国人口普查，“六普”系指2010年第六全国人口普查

第四节　职业构成

2000年，全市15岁及以上劳动年龄人口占总人口的比例，由1990年的74.69%上升到79.43%。其中在业人口占总人口的比例，由1990年的60.49%上升到61.34%。但在业人口占15岁及以上具有劳动年龄人口的比例，则由1990年的80.98%下降到77.23%，主要是大中专学校扩大招生所致。全市失业率为1.38%。2010年，全市16岁及以上常住人口中，劳动参与率（经济活动人口占总人口的比值）为75.43%。经济活动人口中，就业人口占98.59%。就业人口比（就业人口占16岁及以上常住人口的比值）74.37%。非经济活动人口占总人口的20.45%，占16岁及以上人口的24.57%。全市失业率1.41%。2012年末，全市在业总人口511.82万人，占常住人口总数的55.54%，城镇登记失业率3.1%。

在业人口三次产业构成

1982年第三次全国人口普查时，全市农、林、牧、渔业人口占比为80.76%。80年代后，随着农业生产率的提高，城镇化步伐的加快和第二产业、第三产业的发展，全市农业人口占比持续下降，第二产业、特别是第三产业人口占比不断提升。1990年、2000年、2010年三次全国人口普查时，全市第一产业在业人口占在业人口总数的比重分别为56.9%、42.1%和34.9%，第二产业在业人口占比分别为24.5%、30.8%和34.6%，第三产业在业人口占比分别为18.6%、27.1%和30.5%。2012年，全市第三产业就业人口的比重为47.1%。

在业人口性别构成

1990年全国人口普查时，全市在业人口性别比为113.75（女性为100，下同）。随着社会的进步和发展，全市女性就业人数总量不断增加，在业人口性别比总体呈下降态势。据2000年全国人口普查资料，2000年全市全部在业人口性别比为112.94，比1990年降低0.81。其中，国家机关、党群组织和企事业单位负责人是性别比最高的职业门类为735.92，也是下降幅度最大的职业门类，比1990年降低81.59；办事人员和有关人员次之为335.16，比1990年降低188.15；各类专业技术人员为103.94，比1990年降低62.13；农林牧渔劳动者为98.38，比1990年降低2.51；商业服务业人员为114.92，比1990年降低

28.74；生产工人、运输设备操作人员及有关人员173.92，比1990年上升12.7；不便分类的其他劳动者144.44，比1990年上升20.19。

2010年全国人口普查时，全市在业人口性别比回升为116.34，这既有就业压力增大，女性就业困难的原因，也有随着社会变迁发展，部分女性回归家庭全职从事家务等因素所致。其中农、林、牧、渔业为101.66，比2000年上升3.17；制造业为121.72，比2000年上升7.11。其他方面，建筑业588.82，金融业101.75，房地产业158.64，电力、煤气及水的生产和供应业277.88，公共管理和社会组织、国际组织168.77，信息传输、计算机服务和软件业139.47，采矿业425.97，交通运输、仓储和邮政业509.67，批发和零售业80.58，住宿和餐饮业98.53，卫生、社会保障和社会福利业，教育、文化、体育和娱乐业，科学研究、技术服务和地质勘探业182.95，租赁和商务服务业222.26，居民服务和其他服务业151.17，水利、环境和公共设施管理业149.58。

在业人口文化构成

2010年全国人口普查抽样时，抽样中的53.95万在业人口中，未上过学的占1.78%，比2000年减少0.8个百分点；小学文化的占17.8%，比2000年减少个12.52百分点；初中文化的占55.58%，比2000年提高4.87个百分点；高中文化的占16.61%，比2000年提高4.36个百分点；大学专科文化的占5.12%，比2000年提高2.1个百分点；大学本科文化的占2.96%，比2000年提高1.85个百分点；研究生文化的占0.16%，比2000年提高0.14个百分点。

不在业人口构成

2010年全国人口普查时，全市不在业人口占总人口的18.09%。其中，在校学生占22.41%，料理家务的占33.27%，离退休的占12.04%，丧失工作能力的占23.08%，从未工作正在找工作的占2.82%，失去工作正在找工作的占1.94%，其他方面的占4.57%。

2000年、2010年两次全国人口普查潍坊市就业人口行业构成比例情况表

表2—2—8

2000年第五次全国人口普查抽样人数和行业占比			2010年第六次全国人口普查抽样人数和行业占比		
行业门类设置	人数（人）	占比（%）	行业门类设置	人数（人）	占比（%）
合计	521085	100	合计	539524	100
农、林、牧、渔业	367193	70.47	农、林、牧、渔业	301166	55.82
采掘业	2986	0.57	采矿业	2572	0.48
制造业	63661	12.22	制造业	93527	17.34
电力、煤气及水的生产和供应业	1891	0.36	电力、燃气及水的生产和供应业	2596	0.48
建筑业	10344	1.99	建筑业	18915	3.51
地质勘探业、水利管理业	413	0.08	信息传输、计算机服务和软件业	1456	0.27
交通运输、仓储及邮电通信业	10453	2.00	交通运输、仓储和邮政业	15071	2.79

续表2-2-8

2000年第五次全国人口普查抽样人数和行业占比			2010年第六次全国人口普查抽样人数和行业占比		
行业门类设置	人数（人）	占比（%）	行业门类设置	人数（人）	占比（%）
批发和零售贸易、餐饮业	24164	4.64	批发和零售业	40052	7.42
			住宿和餐饮业	9319	1.73
金融、保险业	2691	0.52	金融业	3912	0.73
房地产业	438	0.08	房地产业	2126	0.39
卫生、体育和社会福利业	4952	0.95	卫生、社会保障和社会福利业	5949	1.10
教育、文化艺术及广播电影电视业	11987	2.30	教育、文化、体育和娱乐业	11813	2.19
科学研究和综合技术服务业	424	0.08	科学研究、技术服务和地质勘探业	730	0.14
社会服务业	6827	1.31	租赁和商务服务业	2562	0.47
			居民服务和其他服务业	7854	1.46
国家机关、政党机关和社会团体	11655	2.24	公共管理和社会组织、国际组织	18429	3.42
其他行业	1006	0.19	水利、环境和公共设施管理业	1475	0.27

说明：两次全国人口普查就业人口行业构成情况均按全市1／10户比例随机抽样进行

第五节　民族构成

2000年第五次全国人口普查时，全市少数民族增加到50个、34540人（不包括外国人加入中国籍和未识别民族的人口）；2010年第六次全国人口普查时，全市少数民族仍为50个不变，但减少了门巴、塔吉克、保安、裕固、珞巴5个民族，新增了哈萨克、撒拉、京、柯尔克孜、乌兹别克5个民族。少数民族总人口增加到34688人（不包括外国人加入中国籍和未识别民族的人口）。

据1990年、2000年、2010年三次全国人口普查资料，全市汉族人口占总人口的比例分别为99.70%、99.49%和99.62%，各少数民族人口分别占0.30%、0.41%和0.38%。2010年第六次全国人口普查时，全市50个少数民族中，人口最多的仍为回、满2个世居少数民族，分别为22328人和4913人。其他民族，逾千人的只有彝族1个1382人，千人以下、百人以上的依次为蒙古、傣、苗、朝鲜、傈僳、哈尼、土家、壮、布依、藏、佤、景颇、拉祜、维吾尔和白族15个民族；百人以下、10人以上的依次为黎、瑶、纳西、达斡尔、锡伯、羌、阿昌、哈萨克、布朗、土、撒拉、怒、侗、仡佬、普米、畲、俄罗斯、高山18个民族；鄂伦春、仫佬、京、鄂温克、基诺、赫哲、水、东乡、独龙、毛南、柯尔克孜、德昂、塔塔尔和乌兹别克14个少数民族均为9人以下，另有其他未识别民族者12人。青州市是全市少数民族分布最多的地区，据2010年第六次全国人口普查资料，青州市共有少数民族34个24002人，占青州市总人口的2.55%。青州市少数民族人口占全市少数民族人口总数的69.19%。青州也是潍坊回、满2族的传统聚居地区，其中回族20654人，占全市回族人口总数的92.50%，主要聚居在青州市区东关附近和城南郊部分农村。满族2865人，占全市满族人口总数的58.31%，主要集中聚居在青州市区北城社区。其他各少数民族则散居于潍坊各地。

改革开放前，迁入潍坊的少数民族多以工作分配为主，婚迁次之；迁入的少数民族男女比例差别不大，且多居住于城镇。改革开放后，特别是80年代后期开始，逐渐变为婚迁为主，工作就业次之，其中以80年代后期至21世纪之初为甚。婚迁对象多为云南、贵州、四川等西南地区少数民族女性，且迁入后多散居于全市各地农村务农或操持家务。2000年第五次全国人口普查时，全市除回、满2个世居少数民族外，迁入的其他少数民族女性占比高达84.12%。其中哈尼族98.16%、景颇族97.86%、拉祜族97.59%、傣族95.76%、傈僳族95.56%、纳西族92.42%、佤族92.06%、彝族88.74%、苗族87.03%。以青州为例，该市五里镇80年代初只有汉、回、满3个民族分布，1996年增加到20多个民族。除原有3个民族外，全部为婚迁而来的少数民族女性。进入21世纪后，随着潍坊经济的发展和流动人口的增加，到潍坊务工就业的少数民族男性渐次增多，这一比例开始有所降低，但女性仍占据多数。2010年第六次全国人口普查时，迁入的少数民族女性比例降至66.53%，与90年代初水平基本持平。

2000年、2010年两次全国人口普查潍坊市民族构成情况表

表2-2-9 单位：人

民族	2000年	2010年	民族	2000年	2010年
汉族	8460728	9051541	撒拉族	—	25
回族	22446	22328	怒族	18	22
满族	4544	4913	侗族	66	20
彝族	977	1382	仡佬族	8	20
蒙古族	1086	937	普米族	33	19
傣族	613	646	畲族	9	16
苗族	563	579	俄罗斯族	6	13
朝鲜族	577	527	高山族	4	11
傈僳族	608	457	鄂伦春族	11	9
哈尼族	653	395	仫佬族	12	8
土家族	186	356	京族	—	8
壮族	386	315	鄂温克族	5	6
布依族	156	271	基诺族	2	6
藏族	152	213	赫哲族	3	5
佤族	126	207	水族	10	3
景颇族	140	166	东乡族	5	3

续表2-2-9

民族	2000年	2010年	民族	2000年	2010年
拉祜族	83	125	独龙族	5	3
维吾尔族	74	113	毛南族	6	2
白族	627	103	柯尔克孜族	—	2
黎族	41	81	德昂族	1	1
瑶族	44	60	塔塔尔族	1	1
纳西族	66	50	乌兹别克族	—	1
达斡尔族	28	44	门巴族	1	—
锡伯族	27	44	塔吉克族	2	—
羌族	1	38	保安族	1	—
阿昌族	61	37	裕固族	1	—
哈萨克族	—	37	珞巴族	1	—
布朗族	40	31	其他未识别民族	30	12
土族	24	29	外国人加入中国籍	2	—

第六节　姓氏

潍坊古来姓氏众多。《百家姓》中除少数复姓外，全市均有分布，且主要姓氏人数多寡顺序亦与全国大致趋同。据市公安局2012年底人口信息数据，潍坊全市共有姓氏1138个，比1995年版《潍坊市志》记载809个增加329个。其中单姓1109个，比1995年版《潍坊市志》记载增加311个，双字复姓29个，比1995年版《潍坊市志》记载增加18个，无三字以上姓氏。

90年代后，由于就业流动、婚嫁迁徙等因素日趋活跃，全市姓氏数量呈总体增加趋势，但亦有部分少数稀有姓氏由于就业流动、婚嫁迁徙或人口死亡等因素而消失。如1995年版《潍坊市志》记载潍坊复姓11个，至2012年底，新增宇文、宗政、东方、皇甫、呼延、上官、公玉、赫连、亓官、夏侯、独孤、轩辕、慕容、颛孙、南荣、公孙、司空、太史、仲孙、第五、令狐21个复姓，消失浅木、万俟、儿瞀3个复姓。

潍坊姓氏虽然众多，但逾万人以上的仅集中在112个，人数却占全市总人口的93.5%。其中，逾10万人以上的16个，占总人口的63.12%；逾20万人以上的8个，占总人口的50.89%；逾100万人以上的仅为王姓1个。排名前10位的姓氏依次为王、张、李、刘、孙、赵、杨、陈、徐、马，这10大姓氏人口占全市总人口的54.65%。其中王姓1157459人，占总人口的12.73%；张姓844591人，占总人口的9.29%；李姓825736人，占总人口的9.01%。

万人以下的姓氏共有1026个，姓氏种类虽然众多，但人数仅占总人口的6.5%；其中，万人以下、5000人以上的姓氏39个，占总人口的3.01%；5000人以下、1000人以上的姓氏104个，占总人口的2.82%；1000人以下、500

人以上的姓氏39个，占总人口的0.3%；500人以下、100人以上的姓氏95个，占总人口的0.28%；100人以下、10人以上的姓氏208个，占总人口的0.08%；9人以下的541个，占总人口的0.02%；人数仅为1人的姓氏230个。29个复姓总人数为610人，其中尉迟姓人数最多为349人，10～65人的复姓9个，其他19个复姓均为1～8人。诸多少数稀有姓氏，多数为中华人民共和国成立后，特别是改革开放后就业流动、婚嫁迁徙而来。如芈姓，奎文区有2户9人，均为中华人民共和国成立后工作分配调动从安徽省宿州市迁来。其中不少姓氏源流为少数民族姓氏的音译或改用汉姓，但亦有不少在潍坊当地传宗数百年的世居稀有姓氏。如诸城市贾悦镇臧家屯村有“贝丨”（音zhī）姓过百人，相传祖上为河南洛阳逃荒而来，但至今洛阳及全国其他地区未再查到有此姓氏人群分布。由于计算机字库中和普通汉字字典中无该字，该村“贝丨”姓居民只好将姓氏改写为则字代替。奎文区有“贝丨”尔庄，亦改写为则尔庄，但该村无“贝丨”或则姓人口分布。

2012年潍坊市姓氏分布情况表

表2—2—10　　　　单位：人

序号	姓氏	人数	序号	姓氏	人数	序号	姓氏	人数	序号	姓氏	人数
1	王	1157459	19	吴	85266	37	胡	40412	55	齐	27215
2	张	844591	20	郑	79385	38	谭	40238	56	臧	26816
3	李	825736	21	冯	69280	39	任	38472	57	牟	26777
4	刘	790094	22	崔	67866	40	夏	37787	58	肖	26481
5	孙	332729	23	曹	66729	41	尹	37541	59	葛	25463
6	赵	263595	24	魏	60394	42	程	36408	60	钟	25372
7	杨	206295	25	杜	56913	43	闫	36314	61	鞠	23373
8	陈	206264	26	姜	56183	44	侯	36105	62	隋	23033
9	徐	175550	27	丁	55987	45	贾	35805	63	窦	22930
10	马	166696	28	田	55225	46	邱	34011	64	薛	22913
11	于	148051	29	孟	54229	47	许	33093	65	苏	22327
12	高	145027	30	范	48187	48	郝	32997	66	姚	21523
13	郭	130330	31	付	46574	49	辛	32058	67	卢	20263
14	周	119040	32	潘	44460	50	单	31808	68	史	19040
15	韩	118279	33	黄	44456	51	唐	30209	69	庄	18694
16	宋	108947	34	吕	44390	52	林	28844	70	武	18346
17	董	89678	35	秦	43251	53	梁	28514	71	岳	18244
18	朱	89041	36	袁	42060	54	管	27685	72	蔡	18125

续表2-2-10

序号	姓氏	人数	序号	姓氏	人数	序号	姓氏	人数	序号	姓氏	人数
73	石	17604	103	毕	11382	133	冷	6643	163	玄	4190
74	栾	17005	104	安	11370	134	苑	6633	164	叶	4177
75	邵	16622	105	纪	11345	135	申	6529	165	綦	4099
76	常	16460	106	彭	11193	136	亓	6482	166	钱	4075
77	郎	16264	107	宿	10726	137	鹿	6342	167	文	4030
78	殷	15989	108	乔	10709	138	鲁	6284	168	伦	3685
79	宫	15952	109	贺	10575	139	荆	5994	169	燕	3661
80	邢	15833	110	白	10486	140	宗	5934	170	门	3622
81	曲	15732	111	邹	10202	141	都	5831	171	禚	3601
82	代	15497	112	苗	10127	142	顾	5797	172	凌	3475
83	曾	15321	113	解	9745	143	娄	5777	173	蔺	3471
84	何	15140	114	逄	9503	144	郇	5692	174	扈	3403
85	邓	14740	115	方	9395	145	路	5658	175	盛	3392
86	傅	14719	116	倪	9225	146	吉	5652	176	卞	3308
87	沈	14716	117	孔	8609	147	寇	5647	177	慈	3297
88	蒋	14349	118	褚	8528	148	江	5554	178	游	3281
89	毛	14072	119	金	8430	149	刁	5533	179	侯	3235
90	房	13930	120	冀	8429	150	左	5404	180	别	3160
91	谢	13741	121	陶	8204	151	卜	5191	181	雷	3073
92	耿	13453	122	迟	8126	152	时	4949	182	井	3069
93	祝	13340	123	温	8041	153	仪	4834	183	仲	3046
94	聂	12977	124	罗	7702	154	楚	4792	184	明	2997
95	焦	12905	125	康	7579	155	衣	4761	185	南	2861
96	季	12280	126	柳	7486	156	台	4704	186	相	2848
97	牛	12203	127	戴	7382	157	万	4681	187	郄	2788
98	段	12023	128	颜	7353	158	惠	4595	188	封	2730
99	翟	11751	129	裴	6998	159	国	4361	189	巩	2724
100	桑	11740	130	柴	6867	160	汤	4355	190	咸	2697
101	滕	11715	131	从	6816	161	尚	4319	191	商	2545
102	庞	11392	132	陆	6746	162	初	4199	192	胥	2534

续表2-2-10

序号	姓氏	人数	序号	姓氏	人数	序号	姓氏	人数	序号	姓氏	人数
193	仉	2473	223	霍	1750	253	桂	1027	283	池	590
194	嵇	2461	224	战	1741	254	沙	1020	284	蒲	587
195	闵	2415	225	连	1740	255	边	1006	285	崇	564
196	甄	2380	226	邬	1689	256	脱	997	286	莫	561
197	考	2369	227	步	1589	257	荣	996	287	槐	551
198	宁	2352	228	郜	1568	258	祖	945	288	费	541
199	元	2343	229	官	1556	259	锡	906	289	靳	540
200	阎	2339	230	麻	1549	260	盖	904	290	屈	524
201	谷	2281	231	逯	1507	261	景	880	291	易	515
202	汪	2252	232	瞿	1473	262	熊	843	292	韦	509
203	樊	2246	233	昝	1424	263	梅	843	293	舒	507
204	穆	2245	234	来	1413	264	晋	824	294	霰	504
205	丰	2219	235	栗	1362	265	西	819	295	薄	497
206	党	2142	236	位	1308	266	祁	804	296	琚	495
207	佟	2038	237	洪	1276	267	章	788	297	靖	494
208	项	2028	238	姬	1246	268	公	775	298	艾	493
209	泮	2021	239	汲	1237	269	籍	774	299	苟	480
210	尤	2021	240	信	1235	270	訾	752	300	包	479
211	成	2005	241	席	1215	271	巴	742	301	欧	471
212	关	1954	242	禹	1152	272	赫	735	302	铁	467
213	华	1946	243	伏	1150	273	藏	718	303	钮	452
214	兰	1915	244	伊	1140	274	有	672	304	延	442
215	车	1909	245	展	1137	275	宇	667	305	詹	439
216	阚	1892	246	严	1126	276	翁	667	306	邴	435
217	施	1887	247	生	1115	277	权	663	307	匙	435
218	巨	1875	248	云	1100	278	帅	637	308	匡	428
219	花	1856	249	仇	1082	279	法	622	309	鄢	428
220	司	1830	250	戚	1081	280	东	622	310	律	416
221	鲍	1816	251	满	1060	281	呼	610	311	营	414
222	芦	1766	252	邸	1060	282	余	610	312	奚	409

续表2-2-10

序号	姓氏	人数	序号	姓氏	人数	序号	姓氏	人数	序号	姓氏	人数
313	巢	387	343	坚	249	373	彦	136	403	山	80
314	厉	382	344	米	243	374	蔚	136	404	敖	79
315	历	372	345	由	230	375	佘	130	405	骆	79
316	龚	364	346	黎	224	376	饶	128	406	水	78
317	童	352	347	密	223	377	接	125	407	豆	77
318	邴	351	348	庸	214	378	户	124	408	佐	76
319	隽	346	349	桓	210	379	宓	122	409	冶	75
320	居	341	350	尉	208	380	怀	121	410	郗	74
321	涂	330	351	俎	205	381	隆	121	411	扬	74
322	古	323	352	戈	205	382	原	120	412	柯	74
323	阮	320	353	廖	204	383	皮	113	413	节	72
324	查	312	354	谈	201	384	赖	111	414	慕	70
325	龙	311	355	甘	200	385	招	106	415	芷	68
326	冉	308	356	向	193	386	蓝	105	416	覃	68
327	缪	299	357	随	191	387	娇	105	417	种	66
328	仕	292	358	屠	186	388	则	101	418	刑	64
329	昌	291	359	敬	185	389	俞	99	419	蹇	64
330	暴	290	360	树	182	390	轩	97	420	普	64
331	修	286	361	乜	176	391	卫	94	421	喻	64
332	师	284	362	郤	170	392	荀	93	422	索	62
333	狄	282	363	杲	164	393	班	90	423	郓	61
334	辜	280	364	智	161	394	从	90	424	阿	60
335	远	280	365	柏	156	395	粱	89	425	芮	59
336	廉	279	366	烟	155	396	晁	89	426	神	59
337	璩	278	367	劳	154	397	乐	89	427	仝	59
338	平	277	368	雒	149	398	绳	87	428	浦	58
339	蒯	273	369	丘	148	399	英	87	429	娜	58
340	和	272	370	那	146	400	伍	86	430	类	56
341	腾	258	371	卓	142	401	谌	85	431	阴	56
342	菅	252	372	菊	138	402	逄	81	432	全	56

续表2—2—10

序号	姓氏	人数	序号	姓氏	人数	序号	姓氏	人数	序号	姓氏	人数
433	朴	55	463	莳	31	493	同	23	523	及	16
434	笮	54	464	寿	31	494	续	23	524	亚	16
435	符	52	465	隗	31	495	泥	23	525	於	16
436	支	51	466	玉	31	496	楼	22	526	会	16
437	郁	51	467	虞	31	497	亿	22	527	寻	15
438	尼	51	468	简	30	498	朗	21	528	术	15
439	萧	50	469	蒙	29	499	良	21	529	喀	15
440	皋	50	470	哈	29	500	酆	21	530	茆	15
441	刀	50	471	况	28	501	提	21	531	笪	15
442	邦	48	472	藉	28	502	钊	21	532	藤	15
443	占	48	473	贝	28	503	思	21	533	将	15
444	强	47	474	依	28	504	母	21	534	释	15
445	仁	47	475	褚	28	505	焉	20	535	侍	15
446	富	47	476	应	27	506	化	20	536	闰	15
447	汉	43	477	薛	27	507	荐	20	537	员	15
448	鉴	43	478	圣	27	508	袭	20	538	胜	15
449	寸	41	479	宣	27	509	计	20	539	诸	14
450	见	41	480	蚩	27	510	赛	19	540	宛	14
451	部	40	481	干	27	511	檀	19	541	排	14
452	闻	39	482	皎	27	512	农	19	542	字	14
453	束	39	483	勾	26	513	五	18	543	裘	14
454	晏	38	484	黑	26	514	茹	18	544	银	13
455	彩	37	485	么	25	515	乌	17	545	福	13
456	庆	36	486	庾	25	516	线	17	546	片	13
457	容	36	487	阳	25	517	粘	17	547	孝	13
458	储	35	488	茶	24	518	冠	17	548	揭	13
459	渠	35	489	木	24	519	鬲	17	549	亢	13
460	海	34	490	妫	24	520	粟	16	550	紫	13
461	所	34	491	杭	24	521	鄂	16	551	洛	13
462	潭	32	492	贡	23	522	乙	16	552	练	13

续表2-2-10

序号	姓氏	人数	序号	姓氏	人数	序号	姓氏	人数	序号	姓氏	人数
553	布	12	565	你	11	577	雀	10	587	印	10
554	才	12	566	叩	11	578	虢	10	588	尉迟	349
555	未	12	567	呈	11	579	江	10	589	欧阳	65
556	卿	12	568	湛	11	580	斗	10	590	公冶	46
557	凡	12	569	恰	11	581	巫	10	591	宇文	18
558	年	12	570	雨	11	582	稽	10	592	司马	17
559	束	12	571	岑	11	583	裔	10	593	南宫	15
560	哏	12	572	弓	11	584	侣	10	594	端木	14
561	糜	12	573	卯	11	583	裔	10	595	宗政	14
562	麦	12	574	撒	11	584	侣	10	596	东方	10
563	遇	12	575	仵	11	585	克	10	597	皇甫	10
564	伯	12	576	下	10	586	太	10			

说明：表中姓氏为10人以上者，按单姓、复姓和人数多少排列

10人以下姓氏分布如下：

9人的姓氏：弭、耗、举、庚、言、治、蔺、板、记、仓、要、郎、攀、宪、蜂、漆、雪、芈、岱、开、冲、院、贠、郅、经

8人的姓氏：秋、主、茅、竹、滑、番、油、俸、顿、苍、形、多、呼延、上官

7人的姓氏：皇、帕、过、刚、衡、兹、禄、汝、杏、增、加、钏、芳、雍

6人的姓氏：秘、保、励、贤、懂、畅、自、迂、谯、雇、斯、泽、宛、泰、格、慰、图、小、窄、洒、幸、杞、菜、冬、莲、绍、囤、吝、炎、傕、斐、公玉

5人的姓氏：回、淳、拉、羊、濮、颉、盘、双、渐、火、赤、溪、可、令、德、甫、庙、耻、纵、浩、墨、冒、迈、资、部、卡、岩、兴、贯、壮、宠、依、只、其、环、巍

4人的姓氏：项、先、危、宦、连、昝、闭、须、钦、肇、莒、益、底、达、厚、旷、沃、荷、蒿、甲、娇、春、銮、归、鱼、俄、业、锺、楮、慧、鲜、莱、能、早、魁、率、尧、果

3人的姓氏：郏、塔、问、勇、君、朝、委、伟、凤、职、本、维、承、永、伞、绿、键、者、宝、教、佀、萨、红、越、戎、青、继、桃、北、句、博、绪、昂、寥、联、义、卲、邝、习、起、庹、建、澹、运、昊、赫连、亓官、诸葛、夏侯

2人的姓氏：勒、济、千、桥、里、泵、郦、上、戢、但、补、操、竺、期、子、买、喇、题、锁、拥、疏、妮、逮、风、星、祈、笙、即、尘、静、库、棣、库、棣、酒、端、蘧、利、涂、前、奇、河、新、仙、贵、美、莽、贲、恩、郧、铉、中、梦、簿、黛、豁、松、羌、百、哭、澎、宾、超、俞、老、缑、朐、翠、闷、兑、鑶、祥、虎、冼、艳、邢、的、迪、通、高、根、力、奕、羿、昃、藕、

竟、腊、汶、懈、颜、丙、肯、蕉、蓬、宽、莘、仰、月、澹台、独孤、轩辕、慕容、颛孙、南荣

1人的姓氏：珂、泊、优、宅、桐、箈、骈、镇、酉、咪、牙、籽、扒、让、执、邙、赏、劭、钟、立、剧、盆、儿、学、黄、迁、友、欠、绞、弗、噜、哎、帖、莆、以、猫、折、境、夯、佛、蚌、晚、弥、若、广、藩、淡、露、善、固、标、蕲、曾、菠、此、灵、搓、傣、咩、喜、库、仄、炊、仄、炊、殳、降、默、托、复、闾、芽、妹、予、垂、奉、竭、素、苓、怒、岂、莴、贞、录、缴、恒、耀、俟、殿、光、镡、彤、丌、倘、栋、宰、羔、旗、剑、染、洋、哥、霞、牧、幽、恭、矿、大、特、适、拓、典、闯、茂、阔、董、飘、盈、爬、四、妈、唱、嘎、戍、淑、介、鄄、拖、秀、穷、柒、敌、啊、亦、蕙、樵、尔、村、沼、谬、土、勤、僮、憨、犹、朋、泮、畔、芝、杰、辽、炳、鑑、傲、羸、傌、摆、乾、书、辉、丹、佫、赧、李、阁、厦、庵、伽、敦、税、礼、夹、放、罕、横、庄、镐、荔、稂、斋、仑、少、岭、地、比、缪、庭、切、晓、囊、拆、次、淮、区、凯、步、拾、朵、查、行、稀、瑞、怕、列、枝、壬、霄、汗、侩、阙、眭、瘳、公孙、司空、太史、仲孙、第五、令狐

第三章　人口素质

第一节　身体素质

90年代后，随着生活水平的不断提高，身体健康日渐成为境内居民的最大追求。潍坊市以普及健康生活、优化健康服务、完善健康保障、建设健康环境、发展健康产业为重点，加快推进健康潍坊建设，努力全方位、全周期保障人民健康。随着物质文化生活水平的提高、医疗卫生条件的改善和全民健康、全民体育活动的普及深入，境内居民的身体素质不断提高，主要健康和体能素质指标均高于全省、全国平均水平。

妇幼保健健康水平

90年代后，随着《中华人民共和国母婴保健法》和《中国儿童发展纲要》《中国妇女发展纲要》（简称“一法两纲”）的陆续颁布实施，全市各级卫生部门不断加强妇幼保健机构服务能力和水平建设，相继全面展开了婚前医学检查、产前诊断及产前筛查、新生儿疾病筛查等工作和“两癌筛查”（女性乳腺癌和宫颈癌）、农村孕产妇住院分娩补助和增补叶酸、预防艾滋病母婴传播等重大公共卫生妇幼项目，推动全市妇幼健康水平不断提高。2012年，全市婚前医学检查率回升至83.99%、孕产妇保健覆盖率99.28%、孕产妇系统管理率96.35%、高危妊娠管理率100%、住院分娩率100%、妇女病检查率52.59%，均比21世纪前有不同程度的提高。孕产妇死亡率4.73/10万，远低于国家20/10万的目标和全省、全国平均水平。儿童保健工作和儿童生命质量、健康水平稳步提高。2012年，全市出生缺陷发生率、婴儿死亡率及5岁以下儿童死

寒亭区计划生育部门工作人员将健康服务送到田间地头　　（2012年拍摄）

亡率分别为4.96‰、3.31‰和3.95‰，均比21世纪前有大幅度的下降。7岁以下儿童保健覆盖率97.01%，3岁以下儿童系统保健率96.91%、母乳喂养率98.22%、新生儿疾病筛查率99.15%、新生儿听力筛查率99.31%，均比21世纪前有不同程度的提高。全市各项主要妇幼保健指标全面达到或超过国家规定要求，全面超过全省、全国平均水平，孕妇生产“添喜莫高兴，大命换小命”和新生儿破伤风高发等问题已成为历史。

国民体质

随着生活条件的改善，全市居民体质不断增强。据1992年市卫生防疫部门对全市7～18岁中小学生体质、健康状况监测报告，在监测的机能、形态和素质3大类20项指标中，各项指标均优于1985年监测数据。青少年生长发展迅速，突增年龄普遍提前。

2009年《全民健身条例》实施后，全民体育健身活动渐成风气，自觉参与体育健身活动的居民越来越多。2010年7月，市国民体质监测中心成立，建立了全市国民体质监测数据库，每年定期对全市居民体质状况进行抽样监测，并发布全市国民体质监测报告。据2010年全市第三次国民体质监测报告，全市国民体质总体方面呈增强趋势，但由于工作生活节奏加快、不良生活习惯等因素影响，一些如亚健康、肥胖率较高等问题也日渐突出。

2010年，全市国民体质优秀率为9.3%，良好率为22.0%，合格率为50.6%，不合格率为18.1%。其中，幼儿优秀率为8.5%，良好率为29.5%，合格率为53.8%，不合格率为8.2%；成年人优秀率为10.1%，良好率为20.4%，合格率为49.4%，不合格率为20.1%；老年人优秀率为5.6%，良好率为16.0%，合格率为51.1%，不合格率为27.2%。从国民体质主要特征和变化趋势看，成年人、老年人身体形态指标有所下降，幼儿在6岁年龄段，身高、体重有明显增长。成年人、老年人身高略有下降，体重基本无变化，胸围、腰围、臀围明显下降。胸围在各个年龄段都下降。城乡人群体质水平差距明显，主要表现在城乡幼儿、成年人和老年人的体质差距较明显。城市幼儿身体形态指标和身体素质指标显著好于农村幼儿；成年人中城市体力劳动者和城市非体力劳动者的身体形态、身体素质指标均显著好于

2007年8月17日，潍坊市计生部门开展“关爱母亲村村行”活动

农村成年人；城市老年人的身体形态和身体素质指标显著好于农村老年人。肥胖率较高并呈增长趋势，女性肥胖、超重趋势明显。成年、老年人肥胖率，男性为21.9%，比2005年提高4.2个百分点，女性为17.0%，比2005年提高8.2个百分点。此外，女性超重率为35.7%，比2005年高了4.0个百分点。在50岁之前，男性肥胖率高于女性，在50岁之后，女性肥胖率高于男性。

期望寿命

2011年全市人均期望寿命77.95岁，其中男性75.63岁，女性80.14岁，分别比80年代初增加7.55岁、7.13岁和7.84岁。由于寿命的延长和人口年龄结构等原因，全市老年人口，特别是高龄老年人口增加。1990年、2000年和2010年三次全国人口普查时，全市90岁及以上高龄人口分别为3164人（含五莲县）、8485人和16802人，分别占总人口的0.04%、0.10%和0.19%；百岁及以上高龄人口分别为20人（含五莲县）、70人和119人。青州、高密2市分别被命名为中国长寿之乡。

2010年潍坊市国民各项体质指标均值表（幼儿）

表2—3—1

性别	年龄（岁）	身高（厘米）	坐高（厘米）	体重（千克）	胸围（厘米）	上臂部皮褶厚度（毫米）	肩胛皮褶厚度（毫米）	腹部皮褶厚度（毫米）	安静心率（次/分）	10米折返跑（秒）	双脚连续跳（秒）	网球掷远（米）	立定跳远（厘米）	坐位体前屈（厘米）	走平衡木（秒）
男	3	107.1	59.6	17.7	50.1	4.1	3.9	2.9	81.4	10.1	9.3	3.8	64.5	10.7	22.7
	4	110.0	61.7	18.4	50.9	4.2	3.6	3.0	87.1	9.4	8.1	4.6	78.0	10.6	15.2
	5	116.0	64.1	20.7	52.7	4.3	3.6	3.2	86.7	8.3	6.7	5.9	94.1	10.0	10.9
	6	128.2	69.4	25.9	56.1	5.2	4.6	3.8	83.0	6.5	7.0	9.8	123.1	7.3	5.2
女	3	104.8	58.8	16.6	49.1	4.1	4.2	3.1	80.8	10.6	9.9	3.4	66.3	11.7	29.2
	4	108.7	61.5	17.8	49.6	4.3	4.1	3.3	87.5	10.1	8.4	3.9	73.9	12.4	24.0
	5	114.9	63.6	19.6	50.5	3.8	4.0	3.2	86.4	9.1	7.6	4.6	85.3	12.7	11.9
	6	126.3	68.1	24.0	53.1	5.3	4.4	3.5	79.1	7.0	7.2	6.6	110.0	11.7	6.0

2010年潍坊市国民各项体质指标均值表（成年人）

表2—3—2

性别	年龄（岁）	身高（厘米）	体重（千克）	胸围（厘米）	腰围（厘米）	臀围（厘米）	上臂部皮褶厚度（毫米）	肩胛皮褶厚度（毫米）	腹部皮褶厚度（毫米）	安静脉搏（次/分）	收缩压（毫米汞柱）	舒张压（毫米汞柱）	肺活量（毫升）	台阶指数	握力（千克）	背力（千克）	纵跳（厘米）	俯卧撑/仰卧起坐（次）	坐位体前屈（厘米）	闭眼单脚站立（秒）	选择反应时
男	20~24	172.3	67.4	82.3	73.9	89.6	8.9	12.3	11.0	75.9	113.4	77.0	3846.9	63.2	51.2	148.6	36.2	36.2	13.2	54.0	0.47
	25~29	172.5	75.0	86.9	80.4	93.7	11.2	16.2	10.9	73.5	118.3	75.6	3446.1	61.2	48.9	135.7	31.2	20.0	7.7	37.7	0.52
	30~34	169.6	72.3	86.5	80.0	92.5	11.3	15.3	10.3	79.4	121.8	79.3	3075.3	58.9	50.3	139.4	25.1	16.8	6.3	22.6	0.49
	35~39	170.9	74.9	90.4	82.9	93.3	11.5	16.0	10.5	81.3	131.4	86.4	3130.5	60.7	49.3	145.1	27.1	18.5	8.6	17.3	0.54
	40~44	169.3	74.4	92.2	86.5	95.6	11.4	17.7	11.1	80.9	125.7	83.4	2962.8	66.0	48.0	—	—	—	3.4	16.3	0.57
	45~49	169.3	74.2	91.4	84.9	93.8	9.0	14.6	10.3	77.3	133.5	86.9	3035.7	67.2	46.2	—	—	—	4.7	12.5	0.58
	50~54	166.3	72.5	92.7	86.1	93.4	9.8	13.9	9.0	78.8	131.9	85.5	2475.3	67.7	42.0	—	—	—	4.9	9.5	0.66
	55~59	167.2	71.7	91.4	84.7	91.6	9.1	14.1	8.6	78.8	134.6	85.9	2411.6	67.0	41.2	—	—	—	4.5	8.3	0.77
女	20~24	161.1	56.5	82.5	68.8	89.3	13.7	13.5	13.0	72.2	104.4	72.3	2224.6	69.3	27.9	64.9	21.5	24.4	11.2	33.3	0.55
	25~29	159.6	58.0	81.2	68.2	89.7	16.5	16.7	12.2	71.0	109.9	72.2	2109.8	64.4	28.3	69.8	18.8	16.4	11.7	22.2	0.59
	30~34	158.4	58.4	80.8	67.8	88.7	12.9	14.1	9.4	78.3	112.4	74.1	1911.4	62.4	29.0	74.9	16.8	15.2	12.3	21.3	0.51
	35~39	159.5	60.4	83.9	71.4	91.3	13.5	15.3	8.8	76.4	116.0	76.8	1978.5	65.8	29.9	80.6	17.4	14.1	10.3	17.2	0.61
	40~44	158.2	59.8	84.6	73.1	91.9	15.0	15.9	9.6	79.7	118.6	78.3	1922.8	68.3	28.7	—	—	—	9.0	14.5	0.63
	45~49	157.9	62.7	87.3	76.7	92.5	13.4	15.5	9.2	78.3	124.1	81.4	2032.4	71.1	28.9	—	—	—	11.5	13.4	0.64
	50~54	157.0	64.6	90.1	80.8	93.8	14.4	14.9	8.8	79.3	130.0	83.3	1805.9	70.4	25.9	—	—	—	11.4	8.5	0.71
	55~59	156.2	65.3	89.5	80.6	93.2	12.3	13.8	9.1	79.7	128.4	83.4	1599.2	65.8	24.8	—	—	—	6.8	9.9	0.81

2010年潍坊市国民各项体质指标均值表（老年人）

表2—3—3

性别	年龄（岁）	身高（厘米）	体重（千克）	胸围（厘米）	腰围（厘米）	臀围（厘米）	上臂部皮褶厚度（毫米）	肩胛皮褶厚度（毫米）	腹部皮褶厚度（毫米）	安静脉搏（次/分）	收缩压（毫米汞柱）	舒张压（毫米汞柱）	肺活量（毫升）	握力（千克）	坐位体前屈（厘米）	闭眼单脚站立（秒）	选择反应时
男	60~64	166.7	71.3	91.1	84.4	92.1	8.0	13.0	7.8	76.7	142.0	84.5	2337.9	38.0	2.9	8.0	0.79
	65~69	167.7	71.8	90.9	84.7	91.2	7.0	13.4	8.2	79.3	138.8	83.3	2224.5	37.4	3.6	6.6	0.80
女	60~64	155.1	63.2	88.6	81.3	91.4	10.9	13.2	8.9	75.6	141.6	82.0	1512.3	24.9	8.3	4.3	0.91
	65~69	154.9	61.2	86.5	80.4	89.3	10.2	13.0	8.7	80.6	138.6	79.6	1599.3	21.3	10.2	4.6	0.94

第二节 文化素质

整体文化素质

潍坊历来有读书崇文、尊师重教的优良传统，教育事业有着良好基础。以80年代中期开始的普及九年义务教育、1999年开始的高等学校扩大招生、21世纪后开始的普及高中阶段教育和均衡教育的发展为标志，全市居民的文化素质不断提升。

城乡居民文化学历由1990年的小学文化占比最高发展到2010年初中学历占比最高，文盲和小学文化程度的占比显著下降，初中以上文化程度，特别是高中和大学以上文化程度占比迅速提升。

80年代中期开始，潍坊全面推行普及九年义务教育工作，进一步加大扫除青壮年文盲工作力度。经过持续不懈的努力，到1992年，寿光、诸城两市在全国率先普及了九年义务教育。到1996年，全市所有县市区全部普及了九年义务教育，达到了基本扫除青壮年文盲的标准条件，实现“两基”目标。到2008年全市全面实现免费九年义务教育，全市义务教育入学率、巩固率均高于国家规定标准。2010年第六次全国人口普查时，全市15岁及以上文盲、半文盲人口占比由1990年19.82%、2000年的7.21%降至3.80%。2012年9月，潍坊被国务院表彰为全国“两基”工作先进单位。

高学历层次人才

潍坊高等教育毛入学率一直居全省前列，为全国著名的高校生源大市，高考人数和录取人数长期据全省首位，每年大量考入外地高校的毕业生回流潍坊工作生活。同时，境内高等教育发展迅速，2012年，驻潍坊市域的高校由90年代初的3所增加到16所，其中本科学校5所，数量在全省仅次于济南居第二位；在校学生12万多人，仅次于济南、青岛居第三位。高等教育的发展，良好的区位优势和创业、生活环境条件，使潍坊高学历层次人才迅速增加。留学归国人员在90年代初还属凤毛麟角，至21世纪后已屡见不鲜，亦有部分外籍、港澳台侨专家和国内有一定影响的高层次专业技术人员开始在潍坊工作。

城乡人口文化素质

潍坊境内过去城乡教育水平一直存有较大差距，农村教育水平远低于城镇，致使农村学历人口远低于城镇。随着城乡义务教育的普及和均衡教育的发展，全市农村地区全面普及九年义务教育，农村人口文化素质在90年代后有了较大提升。普及九年义务教育阶段人口入学率和在校生比例，城乡之间已经较为均衡。30岁以下人口中，小学、初中文化程度人口的占比已经大致相当。随着农村现代化进程的发展，农村地区也开始吸引相当部分高学历人口回流农村创业生活，农村高学历人口绝对数量也在不断增加。但是，由于城镇的虹吸效应，大量农村人口，特别是受过中等职业教育和高等教育的人口流向城镇就业生活，农村高学历人口占比依然远低于城镇，城乡学历人口仍有较大差距。

1990年、2000年、2010年三次全国人口普查潍坊市6岁及以上人口学历占比情况表

表2—3—4

文化程度	1990年		2000年			2010年		
	人数（人）	占（%）	人数（人）	占（%）	比1990年±（%）	人数（人）	占（%）	比2000年±（%）
合计	7550550	100.00	7934469	100.00	—	8519226	100.00	—
未上过学和扫盲班	1379507	18.27	671943	8.47	−9.80	389251	4.57	−3.90
小学	3058820	40.51	2666735	33.61	−6.90	2212970	25.98	−7.63
初中	2419519	32.04	3399612	42.85	+10.81	3834748	45.01	+2.16
高中和中专	631828	8.37	949570	11.97	+3.60	1362353	15.99	+4.02
大学专科	45319	0.60	180174	2.27	+1.67	458055	5.38	+3.56
大学本科	15557	0.21	65353	0.82	+0.61	250177	2.94	+2.33
研究生	—	—	1082	0.01	—	11672	0.14	+0.13

说明：1990年数据含五莲县，无研究生数据

2010年第六次全国人口普查潍坊市6岁以上年龄组人口学历情况表

表2—3—5　　　　学位：人

年龄（岁）	合计	未上过学		小学		初中		高中和中专		大学专科		大学本科		研究生	
		人数	占（%）	人数	占（%）	人数	占（%）	人数	占（%）	人数	占（%）	人数	占（%）	人数	占（%）
总计	8519226	389251	4.57	2212970	25.98	3834748	45.01	1362353	15.99	458055	5.38	250177	2.94	11672	0.14
6～9	333789	11333	3.40	319019	95.58	3437	1.03	—	—	—	—	—	—	—	—
10～14	476653	1794	0.38	235495	49.41	232395	48.76	6969	1.46	—	—	—	—	—	—
15～19	545581	1233	0.23	13576	2.49	194015	35.56	291575	53.44	31991	5.86	13167	2.41	24	—
20～24	851010	2291	0.27	21343	2.51	397490	46.71	210801	24.77	146140	17.17	71441	8.39	1504	0.18
25～29	609811	1875	0.31	17346	2.84	341882	56.06	132699	21.76	65936	10.81	45974	7.54	4099	0.67
30～34	587311	2050	0.35	25946	4.42	342773	58.36	130197	22.17	53059	9.03	30911	5.26	2375	0.40
35～39	757128	3509	0.46	57627	7.61	488194	64.48	127014	16.78	50332	6.65	28911	3.82	1541	0.20
40～44	871398	5376	0.62	107377	12.32	578392	66.38	119567	13.72	35093	4.03	24471	2.81	1122	0.13
45～49	822614	7290	0.89	127244	15.47	498343	60.58	140632	17.10	30014	3.65	18424	2.24	667	0.08
50～54	610975	14899	2.44	183401	30.02	294416	48.19	95087	15.56	16546	2.71	6461	1.06	165	0.03
55～59	670618	31578	4.71	319259	47.61	250787	37.40	52136	7.77	12611	1.88	4169	0.62	78	0.01

续表2－3－5

年龄（岁）	合计	未上过学		小　学		初　中		高中和中专		大学专科		大学本科		研究生	
		人数	占（%）	人数	占（%）	人数	占（%）	人数	占（%）	人数	占（%）	人数	占（%）	人数	占（%）
60～65	464684	37654	8.10	283939	61.10	109452	23.55	23974	5.16	7360	1.58	2270	0.49	35	0.01
66及以上	917654	268369	29.25	501398	54.64	103172	11.24	31702	3.45	8973	0.98	3978	0.43	62	0.01

1990年、2000年、2010年三次全国人口普查潍坊市6岁以上女性人口学历情况表

表2－3－6

项目	1990年		2000年		2010年	
	人数（人）	占（%）	人数（人）	占（%）	人数（人）	占（%）
合计	3737459	49.50	3943004	49.69	4222904	49.57
未上过学和扫盲班	983259	13.02	518851	6.54	301956	3.50
小学	1585364	21.00	1450106	18.28	1244618	14.61
初中	954826	12.65	1518701	19.14	1805438	21.19
高中和中专	199973	2.65	368689	4.65	562899	6.61
大学专科	11029	0.15	67383	0.85	198467	2.33
大学本科	3008	0.04	19026	0.24	104351	1.22
研究生	—	—	248	0.00	5175	0.06

说明：1.1990年数据含五莲县，无研究生数据；

2.各项女性学历人口占比均指各不同学历人口与本年度全市6岁以上人口总数之比

1990年、2000年、2010年三次全国人口普查潍坊市6岁及以上学历人口城镇、农村占比情况表

表2－3－7

学历	1990年				2000年				2010年			
	城镇		农村		城镇		农村		城镇		农村	
	人	%	人	%	人	%	人	%	人	%	人	%
合计	4040985	100	2130058	100	3210881	100	4723588	100	4013489	100	4505737	100
未上过学和扫盲班	—	—	—	—	198774	6.19	473169	10.02	117194	2.92	272057	6.64
小学	1920527	47.53	1138293	53.44	863413	26.89	1803322	38.18	817758	20.38	1395212	30.97
初中	1595254	39.48	824265	38.70	1304498	40.63	2095114	44.35	1554032	38.72	2280716	50.62

续表2-3-7

学历	1990年				2000年				2010年			
	城镇		农村		城镇		农村		城镇		农村	
	人	%	人	%	人	%	人	%	人	%	人	%
高中和中专	468909	11.60	162919	7.65	625884	19.49	323686	6.85	917065	22.85	445288	9.88
大学专科	41276	1.02	4043	0.19	156522	4.87	23652	0.50	374460	9.33	83595	1.86
大学本科	15019	0.37	538	0.03	60792	1.89	4561	0.10	222310	5.54	27867	0.62
研究生	—	—	—	—	998	0.03	84	—	10670	0.27	1002	0.02

说明：1.1990年数据含五莲县，未上过学和扫盲班人数因统计口径与2000年、2010年普查不相一致，未列入；
2.各项学历人口占比均指各不同学历人口与本年度全市6岁以上人口总数之比

第四章　计划生育

1991年5月起，贯彻中共中央、国务院印发的《关于加强计划生育工作严格控制人口增长的决定》。1991—1995年，全市总和生育率分别下降到1.65、1.35、1.25、1.36、1.68，实现了人口再生产类型从高出生、低死亡、高增长到低出生、低死亡、低增长的历史性转变，标志着全市人口由高速增长时期进入低生育水平时期。自90年代初开始，全市人口与计划生育工作由80年代之前的严格控制人口过快增长阶段逐步进入稳定低生育水平的新阶段。

进入稳定低生育水平的新阶段后，全市各级坚持现行的计划生育政策不变，既定的人口控制目标不变、党政“一把手”亲自抓负总责不变的“三不变”工作基调，全面加强基层基础工作，推行以宣传教育为主，避孕为主和经常性工作为主的“三为主”方针和把计划生育与发展经济、帮助农民勤劳致富奔小康、建设文明幸福家庭相结合的“三结合”工作方法，实现由孤立地就计划生育抓计划生育向与经济社会发展紧密结合，采取综合措施解决人口问题转变；由以社会制约为主向逐步建立利益导向和社会制约相结合，宣传教育、综合服务、科学管理相统一的机制转变的“两个转变”。至1995年，全市12个县市区全部在全省率先创建为省计划生育“三为主”先进县市区。1995年2月，市政府办公室印发《关于开展帮扶计划生育户致富活动的意见》。同年3月，市政府办公室印发《潍坊市少生快富文明幸福工程方案》，并在高密市召开现场会，推进全市计划生育“三结合”和“两个转变”的进程。

进入21世纪后，推行人口和计划生育综合改革，建立人口和计划生育工作新机制开始成为潍坊人口和计划生育工作的主旋律。2000年9月，国务委员、国务院秘书长王忠禹考察潍坊人口和计划生育工作时，将潍坊经验做法概括为“依法管理、村民自治、优质服务、政策推动、综合治理”五句话20个字，后成为全国人口和计划生育工作新机制建设的基本指导方针。同年，潍坊被确定为全国首批16个计划生育综合改革试点城市率先进行改革试点，潍坊人口和计划生育新机制“两化一优三推动”（“两化”：以依法行政为基础的法制化管理和以村民自治为基础的民主化管理。“一优”：以技术服务为重点的优质服务。“三推动”：以利益导向为主体的政策推动、以信息网络为平台的信息技术推动和以齐抓共管格局为保障的合力推动）的经验多次在全国有关会议上介绍经验。2005年9月，全国人口和计划生育新机制建设工作会议在青岛、潍坊两地召开。

2005年9月，全国人口和计划生育新机制建设工作会议在青岛、潍坊两地召开，图为国家人口计生委主任张维庆（右二）带领与会人员参观诸城工作现场

2007年后，以贯彻落实《中共中央国务院关于全面加强人口和计划生育工作统筹解决人口问题的决定》为标志，全市人口和计划生育工作开始进入统筹解决人口问题的新阶段。2007年9月，市委、市政府印发《关于贯彻落实中发〔2006〕22号鲁发〔2007〕9号文件全面加强人口和计划生育工作统筹解决人口问题的实施办法》。当年，从加强基层基础工作入手，在全市开展了以“五化固本工程”（即通过工作规范化、队伍职业化、阵地标准化、管理契约化、手段信息化，达到强基固本的目的）为主要内容的“基层基础建设年”活动。2008—2012年，市委、市政府每年突出一个方面的主题，召开一个高规格的工作会议，开展一个方面的主题活动，推进一个方面的中心工作，推动统筹解决人口问题。2008年3月，在青州召开全市人口和计划生育基层基础工作现场会议，推广青州强化基层基础工作的经验，安排部署加强和改进基层基础工作的任务措施。2009年9月，在昌邑市召开全市人口和计划生育基层基础工作现场会议，在全市推广昌邑市计划生育“三持续”工作经验。“三持续”即县、镇、村三级持续联动；党委政府、有关部门、计生部门三力持续合一；宣传、服务、管理三个层面持续规范。2010年8月，在寒亭区召开计划生育科学管理现场会议，启动以稳定低生育水平、统筹解决人口问题为目标，以实现统筹协调好、管理服务好、舆论环境好、群众自治好、干群关系好、持续发展好为标准的“科学管理先进乡镇（街道）”创建活动。2011年2月，表彰了全市22个科学管理先进乡镇（街道）。2011年6月，在安丘市召开人口信息资源共享暨科学管理现场推进会议，进一步推动全市计划生育信息资源共享和科学管理先进创建活动。2012年8月，在昌乐县召开全市统筹解决人口问题现场会议，推广昌乐县规划一体、决策同步、部门联动、资源共享、综合施治、合力保障人口计划生育工作的经验做法，确定在全市启动开展“统筹解决人口问题示范县市区”和“统筹解决人口问题优秀部门”创建活动，并表彰昌乐县为全市首个统筹解决人口问题示范县，市直8个部门为全市首批统筹解决人口问题优秀部门。

1991—2012年，潍坊市全面完成省下达的历年人口控制任务指标。除2005—2008年4年外，符合政策生育率均在90%以上，晚婚晚育率、避孕措施落实率、独生子女领证率、独生子女家庭待遇落实率、社会抚养费征收率等指标均保持在全省较好水平。除90年代初两年获省考核二等奖外，均为一等奖次，其中多年为一等奖第一名，多次获国家和省表彰奖励。此后，全市人口和计划生育工作不断深入发展，进入到促进人口长期均衡发展的新的历史时期。

第一节　机构队伍

人口与计划生育领导小组

1989年，全市各级计划生育领导小组改为同级党委计划生育领导小组，1993年，再改为人口与计划生育领导小组，并由各级党委书记任组长，政府“一把手”任副组长，成员由人大、政府、政协等相关领导和计生、卫生、民政、公安、工商、建设、农业等部门以及工会、团委、妇联、计生协等群团部门负责人组成，人数一般为十几人至三十几人不等，并根据工作变动或需要经常进行调整。领导小组下设办公室，设在同级计划生育部门，由同级计划生育部门负责人兼任办公室主任。

市人口和计划生育机构

人口和计划生育委员会　1991年，市计划生育委员会机关行政编制26名，设办公室、法规信访科、计划管理科、宣传教育科、科学技术科5个科室。

1995年11月，市编办批复同意市计生委增加行政编制7名。1996年10月，市政府办公室印发《市计划生育委员会职能配置、内设机构和人员编制方案》。根据潍坊市市级机构改革实施意见，市计划生育委员会机关编制总额为33人，其中工勤人员编制3人。设办公室（挂信访室牌子）、政工科、政策法规科、规划统计科、宣传教育科、科学技术科和计划生育协会办公室（同时称市计生协秘书处）7个科室。2004年11月，市计划生育委员会更名为市人口和计划生育委员会（简称“人口计生委”）。2010年4月，市政府办公室再次印发新的市人口计生委主要职责内部机构和人员编制的规定。市人口计生委机关使用行政编制28名，设8个职能科室。至2012年底，市人口计生委实有在编人员31名，设办公室、人事科、发展规划科、政策法规科（挂信访室牌子）、宣传教育科、科学技术科和流动人口计划生育服务管理科7个科室。

1997年11月，市编办批复同意设立正科级事业编制的市计划生育信息中心，定编3名。2008年5月，市编办批复同意设立市计划生育行政执法监督处，副县级事业单位，定编15人（2012年9月划转市计划生育协会1名），设置4个正科级内设机构，人员由市直计划生育事业单位内部划转。市计划生育信息中心和计划生育行政执法监督处与市人口计生委机关合署办公。

计划生育协会　1991年，市计划生育协会配备副县级专职副会长1名，设专门办公室，为市计生委内设科室，行政编制定编4名。1995年3月，市编委发文明确市计划生育协会为副县级规格，办事机构设在市计生委不变。1996年5月，市编委根据市委常委会研究意见，明确市计划生育协会为正县级规格，配会长、副会长各1名。规格调整后仍维持现行体制不变，有关党务、政工和行政工作由市计生委统一管理。2011年9月，市编委批复同意，市计划生育协会机关列入群团序列，使用事业编制8名，会长由市政府分管领导兼任，配备常务副会长1名，按部门正职配备，副会长1名（副县级）。同时，撤销市人口计生委内设的计划生育协会办公室，收回原核定的计划生育协会及办公室的行政县级、科级领导职数。随后，市编办批复同意市计生协机关内设办公室、宣传项目部2个内设机构，省委组织部批复同意列入参照公务员管理。2012年，市计划生育协会机关实有工作人员8名。

直属事业单位 1991年，市计划生育委员会下属市计划生育宣传技术服务分中心和药具管理站两个正科级事业单位。1994年1月，市编办批复同意将市计划生育宣传技术服务分中心分设为计划生育科学技术研究所、计划生育宣传技术服务分中心和市计生委服务部3个事业单位，编制分别为30名、6名和7名，均为正科级规格。同年8月，计划生育科学技术研究所升格为副县级单位，内设6个科室。同年11月，撤销市计生委服务部，7名工作人员并入市计划生育科学技术研究所。

1997年11月，市编办批复同意将市计划生育宣传技术服务分中心改称为市计划生育宣传教育中心，人员编制由6名增加至20名；市计划生育科学技术研究所编制由37名增加至45名；市计划生育药具管理站编制由7增名加至15名。2008年4月，市编办批复同意市计划生育科学技术研究所更名为市计划生育指导中心，仍挂市计划生育科学技术研究所牌子。同年12月，市编办批复同意将市计划生育指导中心、宣传教育中心、药具管理站各划转5名、4名和6名编制给新设立的市计划生育行政执法监督处。2012年7月，市卫生局批复同意市计划生育指导中心加挂潍坊市第七人民医院牌子，开展批准的相关医疗业务。同年9月，市编办批复同意从市计划生育指导中心、药具管理站和计划生育行政执法监督处各划转2名、1名、1名编制给新调整的事业编制的市计划生育协会机关。至此，市计划生育指导中心编制38名，实有34人；市计划生育宣传教育中心编制16名，实有16人；市药具管理站编制8名，实有16人。

1999年，安丘市计划生育技术服务干部到农村宣传避孕节育知识

工作机构和队伍

90年代初，潍坊市已形成较为系统的计划生育行政管理和执法、技术服务、群众工作三方面的工作机构和队伍，建立一张以村（居）和企事业单位计划生育专职主任、育龄妇女小组长为“网底”的基层计划生育工作网络体系，即“三支队伍一张网”。

行政管理和执法队伍 90年代初，潍坊市、县两级全部设有计划生育委员会（简称计生委），为同级政府组成部门，乡镇、街道设有计划生育办公室。2004年后，均改称为人口和计划生育委员会或办公室。2000年后，市、县两级陆续建立专门计划生育行政执法机构和队伍，并要求乡镇配备2名行政编制执法干部。2010年后，县级人口计生行政部门统一由“委”改称为“局”。

技术服务队伍 90年代初，全市在全部建立县级计划生育服务站的基础上，乡镇计划生育服务站的建设也进入收尾阶段，初步形成了以市计划生育科研所为龙头、县乡计划生育服务站为骨干、村级计划生育服务室为基础的计划生育技术服务体系。各级计划生育服务站职能融宣传培训、技术服务、药具发放为一体，基本承担了全市育龄妇女的查环查孕和避孕节育、优生咨询指导及妇科病普查防治等技术服务工作。乡镇服务站一般与计划生育办公室“两位一体”合署工作。2000年后，部分县、市乡镇服务站在机构改革中与计划生育办公室统一改称为计划生育服务中心。

群众工作队伍 在80年代中期普遍建立各级计划生育协会组织的基础上，1993年开始，市、县两级开始设立计划生育协会专门工作机构，并在同级计划生育部门内部设立专门科室，配备行政或事业编制工作干部。至20世纪末会员已达200万人，建立了一只庞大的计划生育工作志愿者队伍，形成了“多数人做少数人工作”的计划生育新格局。

90年代时，潍坊市要求全市村级全部配备计划生育专职主任，另配宣传员、统计员和送药员“三大员”，按居民小组设育龄妇女小组长。村计划生育专职主任一般为村“两委”成员，享受村干部待遇。2000年后，“三大员”的工作逐步由村计划生育专职主任直接承担或由育龄妇女小组长分担，不再要求村级配备“三大员”。

1991年底，全市市、县、乡三级计划生育工作机构共有工作人员5229人，其中国家干部419人，招聘干部400人，正式职工172人，合同制工人1360人，长期临时工2849人。市计生委及直属事业单位79人，县级计划生育工作机构456人，在乡镇计划生育办公室和服务站工作的4694人，平均每个乡镇计划生育工作人员十几人至四五十人不等。此后随着形势任务的变化和乡镇数量的减少，全市乡镇以上计划生育工作人员数量开始减少。至1997年，数量已减少至4200人左右。至2012年，再减少至3400多人。人员减少主要是乡镇一级的临时工作人员，市、县两级则逐步有所增加。人员结构也逐步由临时工作人员和低学历层次转为国家公务员或事业编制、大中专以上学历人员为主。

机构队伍管理

由于计划生育工作的特殊性质，潍坊市各级党委、政府一直坚持对人口和计划生育工作机构、队伍“高看一眼、厚爱一层”，予以特别重视和倾斜。1992年开始，全市陆续按副科级干部配备乡镇计划生育办公室主任，后乡镇计划生

2008年2月，市委、市政府设立“鸢都人口奖”。图为首届5名鸢都人口奖获得者合影。从左至右依次为秦爱芹、田元君、夏永波、钟安刚、王小波

育办公室普遍升格为副科级机构。新世纪机构改革取消乡镇计划生育办公室副科级规格后，绝大多数乡镇计划生育办公室仍按副科级干部配备。1998年前，对计划生育干部，潍坊市连续多年采取转城镇户口、转合同制工人、转国家正式干部、家属“农转非”等措施，解决他们的后顾之忧。坚持采取大规模表彰奖励、破格提拔重用、发放专门工作补贴和荣誉证书等多项政策和激励措施，支持他们大胆放手工作。针对大部分县、乡专职干部学历低、专业技术水平不高等问题，开展大规模的文化和专业技术培训工作，不断补充大中专学生和专业技术骨干，弥补了基层计划生育干部队伍文化和业务素质“先天不足”的问题，整体素质结构得到全面优化和提高。

2007年，市委组织部、市人事局等部门联合印发《关于实行人口计生部门协管干部制度的意见》等3个人口和计划生育干部队伍建设的文件，确定在全市人口和计划生育系统全面实行干部协管制度和开展“双培双推”（即做好计划生育干部和计划生育带头户中入党积极分子的培养教育工作，择优推荐给党组织发展入党；做好计划生育干部中后备干部的培养锻炼工作，择优推荐给党组织提拔重用）活动。2008年，专门设立“鸢都人口奖”，为全市人口计生工作最高奖项，三年评选表彰一次。全市人口计生系统广泛开展打造人口计生钢班子铁队伍活动，广大人口计生干部坚持常年深入基层村居，“走遍千山万水、串遍千家万户、说尽千言万语、想尽千方百计、吃尽千辛万苦”，用实际行动践行“特别能吃苦、特别能战斗、特别能奉献、特别善于做群众工作”的潍坊人口计生精神，涌现出了赵乐峰、王庆华等一大批先进模范人物。

2010年9月，市委、市政府专门召开表彰大会，给予市人口计生委通报表彰并记二等功奖励，对全市人口计生系统97个单位、120名个人记功奖励，表彰了全市15名“重视支持人口计生工作优秀领导干部”、潍坊市人口和计划生育30年“十佳功勋人物”等。

第二节　宣传教育

基层人口学校建设和人口与计划生育知识教育

80年代末，随着县、乡两级计划生育服务站的建立，全市普遍开始在服务站内设专门宣传教育和培训机构，并依托服务站建立县、乡两级人口学校。1988年全市开始启动育龄群众人口与计划生育基础知识教育后，逐步开始在村级建立村人口学校，作为对育龄群众进行教育培训的基本阵地。至1993年，全市已有80%的村建起人口学校。同年10月，市计划生育部门印发《关于加快普及和深化提高人口与计划生育基础知识教育的意见》，强调人口与计划生育基础知识教育是落实“三为主”方针的重要内容，要求到1994年底，全市城乡要普及人口与计划生育基础知识教育工作，并走上经常化、规范化、制度化的轨道。普及的标准是以行政村（居委会）、工矿企业为单位的教育开展率95%以上，应接受基础知识教育的群众参学率87%以上，参学人员对所学知识的应知应会及格率85%以上。此后，对基层育龄群众的人口与计划生育基础知识教育工作全面铺开。各地利用人口学校，以省统一编印的有关材料为教本，采取多种形式对育龄群众开展教育培训，育龄群众人口与计划生育基础知识应知应会及格率指标也成为计划生育检查考核的重要内容。1996年10月，市计划生育生育宣传教育中心新的教学培训楼建成启用，并加挂省人口学校潍坊分校的牌子，全市贯通市县乡村四级的人口和计划生育教育培训体系基本形成。这一时期，根据上级要求，全市在各级党校普遍开设

2006年春节，青州市育龄群众在街头宣传计划生育奖励扶助政策

了人口和计划生育课程，中学也全面设置了相关课程。至90年代末，市和县、乡三级连续多年组织人口和计划生育方面的党政干部、计划生育干部专题培训。对基层育龄群众的人口与计划生育基础知识培训教育也由大规模的集中阶段逐渐转化为常态化工作，主要是开展“五期”（青春期、怀孕期、分娩期、哺乳期、更年期）和“三生”（生育、生产、生活）、“三优”（优生、优育、优教）培训教育，一般安排在相关时间节点分别进行。

宣传阵地、舆论环境建设和文化宣传活动

90年代初，市人口计生部门要求全市每个基层村（居），要至少设立两条醒目、相对固定规范的计划生育宣传标语，在人口学校或计划生育服务室内设立计划生育图书角。后逐步提出在基层村（居）普遍建立计划生育宣传栏或宣传橱窗，有条件的建立人口文化一条街、宣传长廊和人口文化大院，支持组建“庄户剧团”等业余文艺演出队伍，作为基层计划生育宣传工作的主要阵地。1998年开始，潍坊市、县两级报纸、电台、电视台开始开设计划生育专门栏目，高密等地还常年自办计划生育宣传小报。各地在做好日常宣传活动的同时，在重要纪念日和节庆日，利用宣传车、文艺巡演、人口文化节、街头文艺活动等形式，进行集中宣传活动。潍坊市多次举办计划生育文艺会演、文艺宣传作品评选等活动。1998年11月，全省计划生育业余文艺调演在高密举行，潍坊市多个文艺节目参演并获奖。

潍坊市人口和计划生育药具管理站工作人员在坊子区农村集市开展宣传服务活动

1998年，全市开始启动“婚育新风进万家”主题宣传活动，整合各方面的宣传资源和内容，集中宣传科学、文明、进步的婚育观念。1999年10月，全省计划生育“宣传教育进

村、婚育新风进家”活动会议在临朐县召开。此后，这一活动逐步发展成为在全市持续多年的计划生育主题宣传教育活动并不断赋予新的形式和内容。2007年后，连续7年组织全市计划生育宣传舆论环境、服务阵地建设和生育关怀行动三项观摩点评。2008年后，总结推广昌邑市“空中四条线、地下四个一”的宣传工作模式（“空中四条线”即广播、电视、电话、网络四条线，“地下四个一”即一条新型生育文化大街、一个人口文化大院、一支文艺宣传队伍、一辆宣传服务直通车），后在全省推广。2010年，进一步完善市和各县市区的人口计划生育宣传网站，并开通全市“计生通”手机彩信宣传教育平台，用手机发送计划生育宣传信息，年度订阅人数常年保持在3万多人。2011年7月，全省基层人口和计划生育宣传教育工作会议在安丘市召开，与会人员参观安丘有关现场。

90年代寒亭区创作的宣传计划生育的杨家埠木版年画

宣传品制作与发行

1991年，潍坊在市计划生育宣传技术服务分中心设立宣传品发行站，专事国家、省计划生育部门下发的各类计划生育宣传品的发行工作，各县市区相继在计划生育服务站设立宣传品发行站，发行渠道一直延伸到基层村（居），确保宣传品能够进村入户，直达育龄群众手中。1992年，全市发行各类计生宣传品10类、73884套（册），累计投入经费29万元，发行量连续两年全省第一。同年8月，全省计划生育宣传品发行工作会议在潍坊召开，推广潍坊建立发行网络，做好宣传品发行工作的经验。此后至21世纪初，全市每年宣传品发行都有十几种，数量在1.9万～3万份（幅）之间，价值在20万元以上。1998年后，在做好上级下发宣传品发行工作的同时，开始自行制作宣传品。当年编印《新婚必读》宣传册5万册，免费发放给基层育龄群众家庭。2006年，全市自行制作发行各类宣传材料300万份（张），确保全市每户育龄群众人手一份。2012年发行省下发的《婚育文化墙报》4000余套。自制具有年画、剪纸特色的“年画四扇屏”3万套，单张年历10万张。

计生文艺作品

戏剧《盼儿记》、电影《女人也是人》和话剧《风筝谣》是潍坊市1991年后创作演出、上映的3部计划生育文艺作品。

1990年3月，应文化部邀请，高密茂腔剧团排演的反映计划生育工作的大型茂腔现代戏《盼儿记》晋京在吉祥剧院演出成功，文化部、国家计生委等部委领导给予高度评价。该剧在京连演

7场，中央电视台和《人民日报》《光明日报》等19家主流媒体作了宣传报道，中央电视台数次播放全剧演出实况录像。同年5月，该剧再赴济南参加省文艺会演。该剧演出成功后，全国各地众多文艺团体和计生部门纷纷邀请前去演出或来学戏。至1992年，该剧被多个省、市文艺团体改编成京剧、评剧、豫剧、越剧、吕剧等十几个剧种，演遍全国大部分省、自治区、直辖市。高密茂腔剧团也在潍坊各县市区巡回演出多场，成为全国90年代各地上演的主要的计划生育题材剧目。

1992年，由潍坊市文化局文艺创作室牟家明根据戏剧《盼儿记》改编创作，广西电影制片厂在潍坊实地拍摄的反映计划生育工作的故事影片《女人也是人》摄制完成，同年5月，该片在潍坊举行首映式后开始在全国公开上映。该片是继《甜蜜的事业》电影后，国内第二部反映计划生育题材的故事影片。同年8月，国家计生委在北京为广西电影制片厂《女人也是人》摄制组颁发荣誉证书。

2000年，潍坊市歌舞团以潍坊市计划生育先模人物，寒亭区大张家埠村原党支部书记张申强为原型，以反映计划生育村民自治为题材，创作编排大型话剧《真情无悔》（后改名《风筝谣》），塑造一个全心全意为人民服务的基层干部形象。当年在全市12个县市区巡回演出21场次，观众2万多人。2003年12月，该剧获国家人口计生委、文化部、国家广播电影电视总局、中国文联、中国作家协会和中国人口文化促进会联合授予的第十一届中国人口文化奖金奖。

第三节　生育管理

生育政策和生育证件发放

1991年后，全市继续执行“提倡一对夫妻只生育一个孩子。对确有实际困难和特殊情况的夫妻可以允许有间隔的再生一个孩子，但无论什么情况都不能生第三胎”的计划生育政策，具体规定按1988年7月颁布的《山东省计划生育条例》执行。2002年9月新的《山东省人口与计划生育条例》修订后，生育政策没有变化，一直延续到2012年底国家决定逐步放宽计划生育政策，但生育证件的发放做了较大变动。

2002年前，根据《山东省计划生育条例》规定，“女年满二十三周岁初婚的为晚婚。女年满二十三周岁怀孕并按计划生育第一个子女的为晚育。”“只生育一个女孩，母女均为农业户口申请再生育的，可以按计划安排生育第二个子女”，并规定了其他可以照顾生育第二个子女的若干情形。生育子女实行生育证制度，持有生育证的夫妻方可生育。依法结婚后要求生育第一个子女的，由夫妻双方申请，经所在单位报乡（镇）人民政府、街道办事处批准发给生育证。符合规定要求再生育第二个子女的，由夫妻双方申请，经乡（镇）人民政府、街道办事处审核，报县级计划生育行政部门批准发给生育证。申请生育第二个子女的夫妻，女方为初育的须年满二十五周岁，女方为再育的须年满三十周岁。1993年前，部分县市在发放生育证的同时，还要求申请生育的夫妇办理准孕证。1993年8月，市计生部门印发《潍坊市人口计划规范化管理意见》，取消准孕证，实行生育证一证管理办法。

2002年9月，新颁布的《山东省人口与计划生育条例》对生育证件的发放做出较大的变动。规定生育第一个子女实行免费登记制度，夫妻可以自行选择生育第一个子女的时间，在生育前应当到一方户籍所在地或者现居住地的乡（镇）人民政府或者街道办事处进行生育登记，免费领取《计划生育服务手册》，凭手册享受计划生育优先优惠服务，不再领取生育证。《计划生育服务手册》的办理实行首接负责制。申请生育第二个子女的夫妻，应当在妊娠前到女方户籍所在地的乡（镇）人民政府或者街道办事处提交书面申请和规定的材料，办理生育证。

在实际办理生育证件工作中，潍坊市多数地区采取的是由申请生育子女的夫妇向村（居）和单位提出申请，由村（居）和单位审核符合规定条件后，由村（居）和单位计划生育专职干部代为办理，办理完毕后发送到育龄群众手中。2007年后，根据政务公开的要求，村（居）和单位还要将生育证件办理和生育情况进行公开或公示。2012年开始，全市根据中央有关要求，进一步精简办理证件的相关程序和证明材料，开通网上办证等新的办证渠道，部分证明材料改为可以以个人承诺替代等，办证程序、手续和材料不断简化。

育龄妇女服务和管理

80年代末，潍坊即在全市基层村（居）和企事业单位初步建立了育龄妇女“一档四簿”，即育龄妇女管理档案和结婚登记、妊娠生育、节育措施落实和独生子女待遇落实四簿。1995年11月和1996年1月，省和国家计生委分别在诸城市召开会议，推广潍坊健全基层计划生育工作档簿表册，加强育龄妇女信息管理的经验。2000年后，全市逐步建立基层计划生育统计台账制度，并将各种档簿表册发展规范为“一卡四表”，即育龄妇女信息卡和出生与落实避孕措施、人口流（引）产情况、流入人口、流出人口四表。1997年开始，随着信息化技术的应用推广，全市逐步建立起计划生育综合信息数据库、孕透查监管信息系统、流动人口信息交互平台等系统，并逐步取代了“一卡四表”等档簿表册。

1998—2012年潍坊市计划生育工作统计表

表2－4－1

年份	育龄妇女人数（人）	落实节育措施人数（人）	独生子女领证人数（人）	符合政策生育率（%）
1998	1748767	1496698	573032	99.33
1999	1763072	1514974	581249	99.30
2000	1797972	1551898	631983	98.01
2001	1801087	1561409	625541	97.18
2002	1786276	1536628	604735	95.12
2003	1774955	1511650	540964	94.71
2004	1765857	1493183	621988	91.80
2005	1749057	1480096	713031	85.04
2006	1743361	1471860	714945	75.76
2007	1721184	1448319	715201	79.22
2008	1719467	1453248	694182	87.73
2009	1735540	1473536	711871	91.10
2010	1756442	1489425	724560	93.81

续表2－4－1

年份	育龄妇女人数（人）	落实节育措施人数（人）	独生子女领证人数（人）	符合政策生育率（%）
2011	1778856	1508574	733649	94.69
2012	1759130	1502971	736500	94.39

说明：独生子女领证人数为0～14岁独生子女父母人数

第四节　技术服务

服务网络

全市计划生育技术服务机构网络体系建设起步于80年代中期，至90年代初，初步形成以市计划生育技术服务务分中心（后改称科研所）为龙头、县乡服务站为骨干、村级服务室为基础的计划生育服务机构网络体系。除潍城区、奎文区外，全部达到每处乡镇一处计划生育服务站、全市村村有计划生育服务室的目标。1991年，全市市、县、乡三级计划生育技术服务机构专业技术人员有2103人，其中1189人取得各类专业技术职称。是年，市计生部门先后印发《关于印发乡镇计划生育服务站管理办法的通知》和《关于印发乡镇计划生育服务站服务用房设置的意见》等文件，并将技术服务机构网络建设列入人口和计划生育管理目标考核，各类层次的业务技术培训活动也大规模展开。1994年开始，开展乡级计划生育服务站达标创优活动和创建各级计划生育优秀站、示范站活动，规范各级技术服务机构业务工作并促进不断升级发展。

2001年6月国务院《计划生育技术服务管理条例》及相关配套文件出台后，潍坊计划生育技术服务机构网络体系建设开始走向依法管理的新阶段。2002年开始，依法对计划生育技术服务人员进行资格考试并发放“计划生育技术服务人员合格证”，对计划生育技术服务机构进行评审并发放“计划生育技术服务机构执业许可证”。2006年，按国家有关标准，开始对服务机构网络体系进行形象化、规范化、标准化建设改造。2007年开始，全市坚持每年进行“三项建设（计划生育技术服务能力、生育关怀、舆论环境建设）”观摩点评，并全面开展业务技术“大练兵”活动。2007—2012年，全市共新建超大型县级服务站6处，改建县级服务站8处；新建乡镇服务站70处，扩建、改造乡级服务站46处；县、乡两级服务站按国家标准改造改建率为100%，全市基建、装备累计投资10亿多元，为潍坊历史上计划生育技术服务机构网络体系建设投资最大、变化最为显著的时期。

药具管理

1992年开始，潍坊实行“免费发放为主、市场销售为辅”的“双轨制”药具供应体制。药具管理部门在做好免费发放的同时，选择部分辖区药店或商店设立零售供应点进行零售。免费发放的药具主要有8大类31个品种，供育龄群众选用。主要是口服短效避孕药6个品种，口服速效避孕药2个品种，针剂复方庚酸炔诺酮注射液1种，外用栓、凝胶、膜7个品种，皮埋2个品种，辅助用药炔雌醇1种，宫内节育器11个品种，避孕套3个品种。2002年后，改为全面放开避孕药具零售市场，市场管理转交药监部门，计划生育药具管理部门专事计划生育群众的免费发放工作。

1991—2012年潍坊市避孕药具下拨、使用情况表

表2—4—2

年份	国家下拨避孕药具数量				全市育龄群众药具使用情况		
	总值（元）	其中			人数（人）	其中	
		避孕套（件）	节育环（个）	避孕药物（板、盒）		避孕套（人）	避孕药物（人）
1991	631000	662	160000	62000	121956	112426	9530
1992	699240	726	184000	66000	168014	158261	9753
1993	707592	766	180400	67000	150924	140960	9964
1994	2521878	4280	197500	327400	148992	137669	11323
1995	1615036	5240	98200	14000	125398	116739	8657
1996	2060440	6200	106000	68000	114986	107018	7968
1997	1230196	3137	85000	77300	113763	106767	6996
1998	1682810	4715	80000	88000	110564	104017	6547
1999	1674740	5346	71000	37000	109786	103634	6152
2000	2251610	4961	78000	245000	107969	102064	5905
2001	1890900	5276	71000	110000	113768	107509	6259
2002	2125360	6048	116000	96000	121657	114869	6788
2003	2001800	6180	56000	76000	127589	120422	7167
2004	2510410	7999	106000	60000	134967	127130	7837
2005	2767436	7844	89000	65600	144426	134751	9675
2006	1837742	4758	110800	71100	142984	136061	6923
2007	3061670	8350	94000	58500	134851	129673	5178
2008	3003720	7380	88000	35000	126162	122594	3566
2009	2865834	6705	79000	8100	106766	104790	1976
2010	1704614	2740	49800	6700	99103	97491	1612
2011	1639999	3100	19100	4100	97251	95904	1347
2012	1629286	3200	57800	1000	83481	85785	696

说明：避孕套每件为2000支；避孕药物每板（盒）为一人一个月使用定量

优生优育和生殖健康服务

1994年，全市开始在计划生育技术服务领域引入生殖健康理念，在做好查环查孕和节育手术的同时，用B超代替X光机，推广应用波姆光妇科治疗仪，进行妇女常见病普查和治疗，开展优生优育、不孕不育、阴道炎普查防治等生殖保健服务。“九五”期间，全面启动开展提高出生人口素质示范工程，计划生育技术服务逐步由主要进行节育手术和环孕情检查向优生优育、不孕不育、生殖健康和妇科疾病普查防治等多方面服务转变，由群众自费向政府负担转变。

2000年后，在全市全面推行计划生育知情选择、出生缺陷干预、生殖道感染防治三大工程。2007年开始，启动政府买单，免费婚检和免费增补叶酸等工作。2010年再扩展有关项目后，发展成为在全市强力推动的家庭阳光幸福工程。是年，国家确定开展免费孕前优生健康检查项目后，青州市最早被确定为全国试点单位，2012年后实现免费孕前优生健康检查项目的全覆盖，免费产前筛查工作也稳步推进。市人口计生委与深圳华大基因研究院合作，将全市进行的6种基因检测项目扩展到12种常见的单基因遗传病，推进普及综合干预“六免”（免费婚检、免费增补叶酸、免费孕检、免费唐筛、免费新筛和免费PKU特殊食品供应）政策，其中免费PKU特殊食品供应为全省率先推行，每名患儿每年财政补助特殊食品供应2万元。

第五节　流动人口服务管理

80年代末，境内流动人口开始迅速增加。市域育龄妇女流动的特征，主要是流出数量大于流入数量。据1993年、2003年和2012年统计，全市流出育龄妇女分别为59862人、54792人和73342人，其中已婚育龄妇女分别为39351人、41729人和63470人；流入育龄妇女分别为15782人、19583人和43106人，其中已婚育龄妇女分别为10993人、16359人和39260人。流入增长快于流出增长。1993—2012年，全市育龄妇女流入增长173.1%，流出增长22.5%；其中已婚育龄妇女流入增长257.1%，流出增长61.3%。流向相对固定集中。流出方向大多集中于省内青岛等沿海地区和北京、上海、广东等国内经济发达地区。流入的省内以西部地区为多，外省则以浙江、福建等经济发达地区和安徽、黑龙江、河南等省为主。

随着流动人口的迅速增加，流动人口计划生育服务管理逐渐成为计划生育的一项重要工作。1989年，潍坊即开始将流动人口计划生育管理列入人口和计划生育责任目标考核。1991年国家《流动人口计划生育管理办法》实施后，潍坊开始全面实行“流动人口婚育证明”制度，并与流动育龄妇女签订管理服务合同。1993年后，潍坊市、县两级计划生育部门开始设立流动人口计划生育职能管理机构，乡镇、街道配备专兼职工作人员，设立“一卡”“两单”“六表”等档簿表册，并逐步应用微机进行管理。1994年1月，市政府印发《潍坊市流动人口计划生育管理办法》。1995年1月，市委办公室、市政府办公室印发《关于依法管理流动人口计划生育工作的意见》。1998年，市委、市政府开始与流动人口相关职责部门签订年度人口目标责任书，每年进行考核、评估和奖惩，初步形成了垂直管理、综合治理、互相配合、齐抓共管的流动人口计划生育工作机制。

进入21世纪后，全市流动人口计划生育工作也逐渐由单纯以管理、控制流动人口违法生育向管理、服务并重并最终向服务为主方向演变，“属地化管理、市民化服务”成为这一时期流动人口计划生育工作的基本要求。2002年，全市开始实行流动人口药具发放、节育措施落实、环情孕情检查等基本计划生育技术服务免费政策。2005年起，开始免费向流动人口发放“流动人口婚育证明”。

2007年，进入统筹解决人口问题的新阶段后，全市流动人口计划生育服务管理工作也随之进入新的发展时期。流动人口计划生育基本公共服务均等化工作开始起步并逐步推开，流动人口开始享受到更多的与常住人口相同的均等化服务实惠；统筹各方面的政策措施综合施治，各相关部门齐抓共管的力度不断加大；服务管理措施更加规范，计算机信息共享交互应用成为流动人口计划生育服务管理的主要平台。2008年11月，市人口计生部门印发《流动人口计划生育管理服务工作规范（试行）》等3个规范性文件。2009年9月，再次印发《关于强化城市社区和流动人口计划生育管理服务工作调查考核的意见》，进一步加大城市社区和流动人口计划生育工作考核力度，并对潍城、奎文两个中心城区流动人口聚居地给予重点关注和指导。2009年2月，奎文区被国家人口计生委表彰为全国流动人口计划生育工作先进单位。2009年，国家提出“三年三步走”、建立全国流动人口计划生育服务管理“一盘棋”机制的工作部署后，市人口计生部门随即制订专项实施方案，推进建立了“统筹管理、服务均等、信息共享、区域协作、双向考核”的“一盘棋”工作机制。区域协作也全面展开，与全省16市和外省多个地市签订了《流动人口计划生育服务管理协议》，促进流动人口计划生育服务管理区域一体化。2010年4月，市人口计生部门印发推广潍城区流动人口计划生育管理服务暂行办法。

2011年6月，市委、市政府印发《关于进一步加强城镇和流动人口计划生育工作的意见》，推动全市流动人口计划生育服务管理工作逐步形成“三五三”工作模式（建立领导责任、部门协作、奖惩考核三个机制，实施以房管人、网格管理、物业协管、合同管理、群众自治五项管理，落实便民、惠民、助民三项措施）。流动人口已婚育龄妇女持证率、验证率、建档率、联系率多年均保持在95%以上。2012年潍坊被确定为全省首批流动人口公共服务均等化试点市。潍坊市专门印发试点工作实施方案，确定潍城、诸城、高新区三地先行试点，并逐步全面推开。市计划生育协会也于2012年9月印发《关于加强新经济组织、新社会组织和流动人口聚集地计划生育协会建设的实施意见》，依托计划生育协会组织加强流动人口计划生育服务管理工作。在此基础上，市人口计生部门将潍城、奎文等城区流动人口计划生育服务管理新的工作经验概括总结为“4+1”模式（即以网格化管理、均等化服务、区域化协作、信息化支撑为主要内容的“四化体系”+一个综合保障机制）在全市推广。2012年10月，省人口计生委在潍坊召开流动人口计划生育工

2012年10月31日，全省流动人口计划生育工作现场会议在潍坊召开，推广潍坊流动人口计划生育公共服务均等化的经验做法

作会议，与会人员参观考察潍城区豪德市场、北关街道，奎文区大虞街道孙家社区和高新区歌尔声学股份有限公司4个现场，“4+1”模式在全省推广。

第五章　婚姻　家庭

第一节　婚姻

1990年第四次全国人口普查时，潍坊市15岁以上人口6402110人（含五莲县），占总人口的74.69%。其中，未婚的占15岁以上人口的24.87%，有配偶的占68.25%，丧偶的占6.59%，离婚的占0.29%。到2000年第五次和2010年第六次全国人口普查时，全市15岁以上人口中，未婚的占比分别下降至19.12%和18.07%，有配偶的分别上升至74.41%和75.24%，丧偶的略微下降，分别为6.06%和6.05%，离婚的分别上升至0.41%和0.64%。

分年龄组和性别分析，90年代后，境内居民未婚人口占比有所下降，主要是35～59岁未婚人口占比均不同程度降低所致。与此相反，受人口年龄结构和婚龄推迟等因素影响，20～24岁年龄组、25～29岁年龄组未婚人口占比却大幅上升，1990年、2000年、2010年三次全国人口普查，20～24岁年龄组未婚人口占比分别为65.27%、83.87%和80.41%，25～29岁年龄组未婚人口占比分别为9.94%、14.05%和23.61%，各年龄组男性未婚人口占比均超过女性。

在婚的有配偶人口占比有所上升，主要是35岁以上，特别是55岁以上在婚有配偶人口占比均不同程度有所上升所致。1990年、2000年、2010年三次全国人口普查，55～59岁年龄组在婚有配偶人口占比分别为84.83%、89.45%和91.64%，60～64岁年龄组人口分别为76.12%、83.50%和87.88%，65岁及以上组人口分别为50.40%、58.99%和63.34%。与此相反，同样受人口年龄结构和婚龄推迟等因素影响，20～24岁年龄组、25～30岁年龄组在婚有配偶人口占比却大幅下降。1990年、2000年、2010年三次全国人口普查，20～24岁年龄组在婚有配偶人口占比分别为34.63%、16.10%和19.50%，25～30岁年龄组在婚有配偶人口占比分别为89.70%、85.43%和75.69%，各年龄组女性在婚有配偶人口占比大都超过男性。

丧偶人口占比虽总体略有下降，但老龄丧偶人口占比却略有上升。1990年、2000年、2010年三次全国人口普查时，60～64岁年龄组丧偶人口占比分别为21.59%、13.85%和9.76%，65岁及以上丧偶人口占比分别为47.87%、39.30%和34.71%。女性丧偶人口占比高于男性，且呈逐渐升高趋势。1990年、2000年、2010年三次全国人口普查时，全市女性丧偶人口占比分别为67.82%、69.79%和69.86%。

离婚率大幅上升，主要是54岁以下人口离婚率均有不同程度的上升所致。其中30～39岁年龄组尤为显著，1990年、2000年、2010年三次全国人口普查时，全市31～34岁年龄组离婚人口占比分别为0.28%、0.62%和1.15%，35～39岁年龄组离婚人口占比分别为0.31%、0.62%和1.16%。40～44岁年龄组离婚人口占比分别为0.36%、0.55%和1.07%。与此相反，55岁组以上离婚人口占比却呈下降趋势。1990年、2000年、2010年三次全国人口普查时，全市60～64岁年龄组离婚人口占比分别为0.63%、0.37%和0.39%，65岁及以上离婚人口占比分别为0.49%、0.40%和0.34%。离婚人口中，男性人口占比一直高于女性，但呈降低态势。1990年、2000年、2010年三次全国人口普查时，全市男性离婚人口占比分别为79.99%、72.77%和63.02%。

通婚地域不断扩大，涉外和港澳台侨婚姻增加。过去境内居民通婚地域，农村多为就近村庄，城镇多为附近居民或企事业单位职工，“通婚圈”相对狭小。改革开放后，特别是进入21世纪后，境内居民工作、生活地域不断扩大，外来人口也大量涌进潍坊，交通通信也更加便捷，境内居民通婚的地域也随之日渐扩大，这也成为境内少数民族个数不断增多的主要因素。涉外和港澳台侨婚姻，80年代为境内个别现象。进入90年代后，增加到每年两位数字左右的数量，并不断提高。进入21世纪后，已基本稳定在每年50对以上。境外通婚对象，主要是中国港澳台地区和日、韩等亚洲国家，欧美次之。通婚对象女方为本市户籍的占绝大多数，但境外女方人数也呈增多趋势。

择偶要求趋向多元，城乡大龄未婚男女青年开始增多。随着社会价值观的多元变化，人们择偶选择逐渐不再单纯看重地位、工作、相貌和经济条件，更加注重根据自身价值取向自主选择婚配对象。择偶个性特色更加鲜明，迟婚、不婚、不育、同居不婚等也成为少数境内居民的选择。境内特别是城区高学历“白领”“剩男”“剩女”开始增多，且“剩女”数量超过“剩男”。在农村，由于自身条件等多方面因素，单身男性虽逐步降低，但仍高于市区和城镇。

21世纪前，国家规定需进行婚前医学检查方能婚姻登记。2003年，国务院颁布新的《婚姻登记条例》后，取消了婚前医学检查的相关规定，全市婚前医学检查比率迅速大幅下降。后各级政府陆续出台免费婚前医学检查等政策和系列便民措施，全市婚前医学检查比率逐渐有所回升。

2010年第六次全国人口普查潍坊市15岁以上各年龄组人口婚姻情况表

表2—5—1

年龄组	总数			未婚			有配偶			丧偶			离婚		
	人数（人）	男（%）	女（%）	占（%）	男（%）	女（%）	占（%）	男（%）	女（%）	占（%）	男（%）	女（%）	占（%）	男（%）	女（%）
合计	7355870	49.83	50.17	18.07	56.23	43.77	75.23	49.76	50.24	6.05	30.14	69.86	0.64	63.02	36.98
15～19岁	451450	53.11	46.89	99.93	53.11	46.89	0.07	45.45	54.55	0.00	—	—	0.00	—	—
20～24岁	769220	50.90	49.10	80.41	53.00	47.00	19.50	42.28	57.72	0.01	18.18	81.82	0.08	44.26	55.74
25～30岁	573320	49.49	50.51	23.61	53.52	46.48	75.69	48.24	51.76	0.08	25.00	75.00	0.62	51.40	48.60
31～34岁	559740	50.07	49.93	4.93	63.56	36.44	93.70	49.33	50.67	0.22	21.31	78.69	1.15	57.61	42.39
35～39岁	731120	50.60	49.40	2.39	83.63	16.37	96.01	49.74	50.26	0.44	35.74	64.26	1.16	59.41	40.59
40～44岁	845950	49.84	50.16	1.91	92.69	7.31	96.13	48.94	51.06	0.89	36.70	63.30	1.07	64.86	35.14

续表2-5-1

年龄组	总数			未婚			有配偶			丧偶			离婚		
	人数(人)	男(%)	女(%)	占(%)	男(%)	女(%)	占(%)	男(%)	女(%)	占(%)	男(%)	女(%)	占(%)	男(%)	女(%)
45～49岁	805300	49.84	50.16	1.71	95.73	4.27	95.58	49.19	50.81	1.82	33.92	66.08	0.89	63.84	36.16
50～54岁	594400	51.03	48.97	2.01	97.74	2.26	93.93	50.39	49.61	3.38	36.80	63.20	0.68	72.73	27.27
55～59岁	658240	50.40	49.60	2.11	98.56	1.44	91.64	50.15	49.85	5.77	34.89	65.11	0.48	73.65	26.35
60～64岁	459740	49.02	50.98	1.97	97.24	2.76	87.88	49.74	50.26	9.76	31.57	68.43	0.39	81.01	18.99
65岁及以上	907390	45.91	54.09	1.61	90.88	9.12	63.34	54.18	45.82	34.71	28.60	71.40	0.34	60.00	40.00

说明：未婚人数占比系各年龄组未婚人数与该年龄组总人数之比，下同；未婚男、女占比系至各年龄组未婚男、女分别与该年龄组未婚人数之比，下同

1991—2012年潍坊市婚姻登记和离婚情况表

表2-5-2

年份	结婚						离婚			
	婚姻登记(对)	粗结婚率(‰)	其中初婚(人)	其中再婚(人)	其中涉外和港澳台侨		小计(对)	粗离婚率(‰)	其中	
					对数	其中潍坊籍女性(人)			民政协议(对)	法院调解或判决(对)
1991	75477	8.78	146520	4434	—	—	—	—	—	2434
1992	75041	8.95	145511	4571	9	9	3313	0.40	739	2574
1993	69888	8.57	135662	4114	16	16	3465	0.43	999	2466
1994	77821	9.53	145965	6745	27	23	3561	0.44	922	2639
1995	72504	8.85	137064	5884	38	38	3878	0.47	855	3023
1996	72964	8.87	138936	6992	32	31	4050	0.49	687	3363
1997	73339	8.91	140387	6291	40	39	4635	0.56	1026	3609
1998	67214	8.07	127028	7400	31	30	4523	0.54	1366	3157
1999	68485	8.17	129555	7515	65	64	4719	0.56	1514	3205
2000	61091	7.25	114634	7548	52	50	5327	0.63	1674	3653
2001	51289	6.07	94749	7741	44	40	4732	0.56	1599	3133
2002	57386	6.78	106894	7780	49	47	4326	0.51	1584	2742

续表2-5-2

年份	结婚				其中涉外和港澳台侨		离婚		其中	
	婚姻登记（对）	粗结婚率（‰）	其中初婚（人）	其中再婚（人）	对数	其中潍坊籍女性（人）	小计（对）	粗离婚率（‰）	民政协议（对）	法院调解或判决（对）
2003	65750	7.76	123248	8170	41	38	4975	0.59	2033	2942
2004	71272	8.39	131816	10648	40	37	6781	0.80	3536	3245
2005	55076	6.47	102894	7258	56	50	7143	0.84	3952	3191
2006	67302	7.88	126980	7624	61	55	7985	0.94	4740	3245
2007	70095	8.18	130585	9605	76	67	9803	1.14	5930	3873
2008	60930	7.08	112895	8965	75	63	10838	1.26	7188	3650
2009	77030	8.90	144802	9258	62	54	11835	1.37	8043	3792
2010	76318	8.76	142252	10384	75	57	13035	1.50	9275	3760
2011	85326	9.72	158326	12326	73	43	14112	1.61	10153	3959
2012	77815	8.84	137606	18024	63	60	15611	1.78	11620	3991

说明：粗结（离）婚率=年度结（离）婚对数/年度平均人口数×1000‰

第二节　家庭

家庭总量

1990年，全市共有家庭户2206136户（含五莲县，1990年数据下同），2000年第五次全国人口普查时，总数增加到2437039户。2010年，总数再增加到2693924户。家庭户人口，1990年为8497418人，占总人口的93.52%；2000年为8215398人，占总人口的96.71%；2010年为8342689人，占总人口的97.33%。全市集体户户数和在集体户的人口，1990年、2000年、2010年三次全国人口普查时，分别为52988户、588823人，48489户、279902人和11221户、228537人，分别占总人口的6.48%、3.29%和2.67%。家庭依然是境内居民基本的社会组织细胞和生活单元。

家庭规模

家庭人口规模，50年代前潍坊境内平均保持在5～6人左右，60年代开始减少到平均4.8人左右，70年代4.5人左右，80年代4人上下。90年代后降至平均不足4人。1990年，全市户均人口3.78人，2000年，再降为3.15人。2010年，户均人口略有上升为3.37人。核心家庭（即一对夫妇与其未婚子女组成的家庭）特别是一对夫妇只有1个孩子的3人标准核心家庭自80年代后即开始成为潍坊境内占比首位的主体家庭。90年代后这一占比继续提高。2000年，全市3人家庭占比由1990年的26.68%提高至34.42%，2010年略有降低为31.46%。仅由夫妻2人组成的家庭占比次之，1990年、2000年、2010年三次全国人口普查时占比分别为11.01%、16.68%和23.95%。4人户家庭占比虽居第三位，但占比逐步降低。

青州市弥河镇张家洼村开展以孝治村活动，促进家庭和谐幸福。图为村里建立的孝文化民俗博物馆 (2012年拍摄)

家庭类型

随着时代的变迁，由不婚、迟婚或离异单身、丧偶老人独居的单身家庭以及由不育、迟育夫妇或离异带一孩子为主的2人户家庭越来越多，由“单身贵族”“二人世界”或老年夫妻独居的家庭2010年占家庭总数的比例已近30%。隔代家庭数量虽然不多，但也呈上升趋势。除直系家庭外，与其他亲属和非亲属组成的联合家庭，与少数民族通婚形成的跨民族家庭也不断增多。2000年统计，全市由2个以上民族组成的家庭9982户，其中3个民族组成的家庭22户，4个民族组成的家庭1户。跨国家庭开始出现，非婚同居形成的事实婚姻型家庭也逐步为社会包容。随着离婚率的不断攀升，家庭稳定性减弱，由离异人士组成的单亲家庭呈上升趋势，再婚形成的家庭逐步增多。

城镇居民家庭逐步增加，农村农民家庭不断减少。潍坊作为农业大市，历来农村户口、农业家庭占绝大多数。1990年第四次全国人口普查时，全市农村户口的家庭占家庭总数的88.92%。90年代后，随着城镇化步伐的加快，全市城镇居民家庭逐步增加，农村家庭不断减少。即使居住在农村的家庭，单纯以农业生产为生的家庭也在不断减少。2000年第五次全国人口普查时，全市居住在市区的家庭666643户，占比27.35%；居住在镇区的家庭317052户，占13.01%；居住在农村的家庭1453344户，占比59.63%；全市城镇化率为40.37%。2010年第六次全国人口普查时，全市居住在市区的家庭867798户，占比上升到32.21%；居住在镇区的家庭366152户，占比上升到13.59%；居住在农

1990年、2000年、2010年三次全国人口普查时占比分别为29.78%、24.74%和19.41%。1人户家庭数量逐年增多，5人以上的家庭数量逐渐减少，占比降低。家庭平均人口规模的减少，既有计划生育少生孩子的原因，也是家庭代际层次减少，结构趋向简单的结果。随着人们生活方式的转变，越来越多的青年新婚夫妇婚后即选择与父母分居，许多老年夫妇也选择与子女分居独自生活。家庭代际层次减少，过去人们称道的“四世同堂”“五世同堂”家庭越来越少，由父母与未婚子女组成的2代户家庭成为家庭的主体，占全市家庭数量的一半以上，但占比逐步降低。1代户家庭显著提升，由父母同一个已婚子女及其配偶和子女组成的直系家庭数量也有所增加。1990年、2000年、2010年三次全国人口普查时，全市2代户家庭占比分别为69.81%、60.93%和50.17%，1代户家庭占比分别为11.35%、19.85%和29.78%，3代户占比分别为17.57%、18.61%和19.37%，4代户占比分别为10.50%、0.61%和0.69%，5代户数量分别为17户、12户和9户。

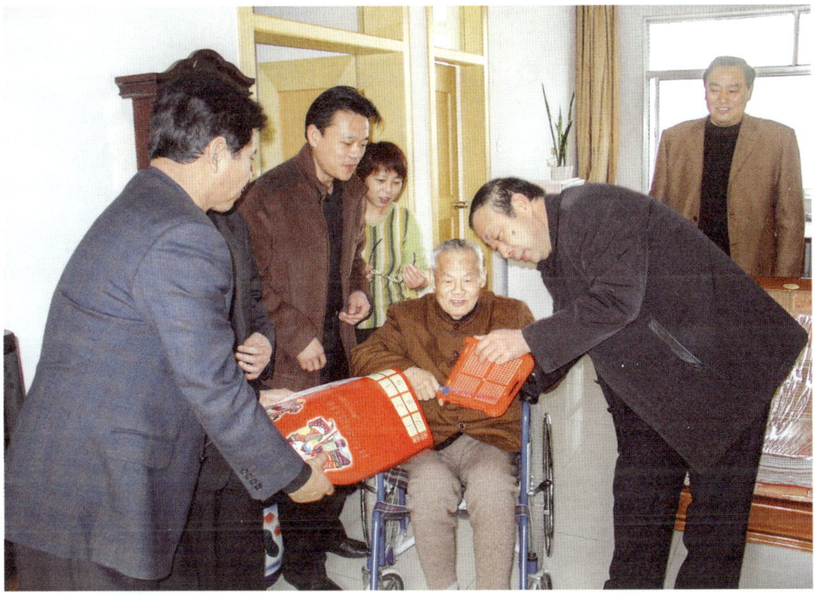

2007年2月12日，潍坊市直机关开展走访老年人家庭活动

育、少生优生，成为多数家庭的自觉行动，计划生育家庭成为全市的主体家庭。计划生育家庭的发展状况也明显优于非计划生育家庭。

老年人家庭。与少子化趋势相反，进入21世纪后，随着全市老龄化社会的到来，全市拥有老年人的家庭数量迅速增加。1990年、2000年、2010年三次全国人口普查时，全市拥有1个60岁以上老人的家庭占比分别为29.05%、29.75%和34.28%，2个以上的占比分别为8.95%、11.54%和15.11%，3个以上的占比分别为0.18%、0.30%和

村的家庭1457794户，占比下降到54.11%。全市城镇化率提高到45.89%，此后，全市城镇化部步伐不断加快，城镇家庭占比进一步提升。

计划生育家庭。随着计划生育工作的深入，全市家庭平均生育子女的数量降至2个以下。全市一对夫妇生育子女的数量，80年代平均为2.23个，进入90年代后平均降至1.54个。之后，全市基本在这一数值上下略有波动。家庭中拥有14岁以下孩子的家庭，1990年占家庭总数的77.27%，2000年降为66.02%，此后这一占比继续降低。拥有14岁以下孩子的家庭中领取独生子女父母光荣证的夫妇，1998年为73032人，2000年为631983人，2012年为736500人。全市只生育1个子女的独生子女家庭和按政策规定生育2个孩子的计划生育家庭占比，除个别年份外，全市平均都在80%以上，城市则在95%以上。晚婚晚

0.39%。拥有1个以上65岁以上老人的家庭占比分别为20.39%、22.76%和24.48%，2个以上的分别为4.33%、6.81%和8.65%，3个以上的分别为0.04%、0.09%和0.11%。60岁以上的单身老人户和只有一对老年夫妇的户，2010年全市分别为126280户和202488户，65岁以上的分别为103707户和123002户。拥有老年人的家庭数量和独居老人家庭都呈较大幅度上升势头并持续加深，生活照料需求迅速上升。2010年第六次全国人口普查时，全市60岁及以上老龄人口中，身体健康的占51.40%，基本健康的占33.93%，不健康但能够自理的占11.93%，生活不能自理的占2.73%。由于家庭结构的小型化简单化，家庭在养老、家务等方面的功能也出现了弱化趋势。快速的人口老龄化给家庭养老带来挑战，家庭对外部支持的依赖程度越来越高。

1990年、2000年、2010年三次全国人口普查潍坊市家庭户结构情况表

表2—5—3

类型	年份	家庭户数	一代户		二代户		三代户		四代户		五代及以上户	
			户数	占%	户数	占%	户数	占%	户数	占%	户数	占%
合计	1990	2206136	267383	12.12	1540077	69.81	387713	17.57	10946	0.50	17	—
	2000	2437039	483768	19.85	1484975	60.93	453441	18.61	14843	0.61	12	—
	2010	2693924	802199	29.78	1351410	50.17	521719	19.37	18587	0.69	9	—
1人户	1990	117483	117483	100.00	—	—	—	—	—	—	—	—
	2000	156021	156021	100.00	—	—	—	—	—	—	—	—
	2010	249028	249028	100.00	—	—	—	—	—	—	—	—
2人户	1990	242896	144701	59.57	98195	40.43	—	—	—	—	—	—
	2000	406533	320361	78.80	86172	21.20	—	—	—	—	—	—
	2010	644954	541377	83.94	103577	16.06	—	—	—	—	—	—
3人户	1990	588542	3479	0.59	574593	97.63	10470	1.78	—	—	—	—
	2000	838868	5461	0.65	822341	98.03	11066	1.32	—	—	—	—
	2010	847573	8011	0.95	823235	97.13	16327	1.93	—	—	—	—
4人户	1990	656989	1032	0.16	577245	87.86	78557	11.96	155	0.02	—	—
	2000	602873	1135	0.19	470710	78.08	130856	21.71	172	0.03	—	—
	2010	522898	2184	0.42	376545	72.01	144742	27.68	327	0.06	—	—
5人户	1990	375232	457	0.12	225317	60.05	148091	39.47	1367	0.36	—	—
	2000	311289	565	0.18	90513	29.08	217776	69.96	2434	0.78	1	—
	2010	292403	921	0.31	41514	14.20	246459	84.29	3509	1.20	—	—
6人户	1990	147488	151	0.10	52608	35.67	92036	62.40	2693	1.83	—	—
	2000	96848	128	0.13	12659	13.07	76751	79.25	7308	7.55	2	—
	2010	109499	325	0.30	5819	5.31	94365	86.18	8988	8.21	2	—
7人户	1990	51891	49	0.09	10214	19.68	38604	74.39	2795	5.39	5	—
	2000	18874	47	0.25	1984	10.51	13028	69.03	3809	20.18	6	—
	2010	20315	163	0.80	1063	5.23	14539	71.57	4546	22.38	4	—

续表2-5-3

类型	年份	家庭户数	一代户		二代户		三代户		四代户		五代及以上户	
			户数	占%	户数	占%	户数	占%	户数	占%	户数	占%
8人户	1990	16382	21	0.13	1565	9.55	12563	76.69	2229	13.61	4	—
	2000	4187	16	0.38	392	9.36	2951	70.48	825	19.70	3	0.07
	2010	5044	81	1.61	332	6.58	3702	73.39	926	18.36	3	0.06
9人户	1990	5450	8	0.15	256	4.70	4260	78.17	922	16.92	4	0.07
	2000	1000	14	1.40	105	10.50	673	67.30	208	20.80	—	—
	2010	1436	20	1.39	97	6.75	1125	78.34	194	13.51	—	—
10人及以上户	1990	3783	2	0.05	84	2.22	3132	82.79	561	14.83	4	0.11
	2000	546	20	3.66	99	18.13	340	62.27	87	15.93	—	—
	2010	774	89	11.50	128	16.54	460	59.43	97	12.53	—	—

说明：1.1990年数据含五莲县；

2.1990年1人户中有16905户未包括统计在一代户中

龙头蜈蚣

第三编

城乡建设

市东风街亚星桥夜景　（2003年拍摄）

第一章　城市规划

为适应改革开放和城市建设发展的需要，1993年开始新一轮城市规划编制工作。1993年完成《潍坊市城市远景规划（1995—2050）》，1994年经市人大常委会审议通过，1995年省政府批复实施。2005年完成《潍坊市城市总体规划（2005—2020年）》，2006年经市人大常委会审议通过，同年通过省政府审查，2012年报国务院审批。

1991—2012年，在总体规划指导下，先后编制一批城市专业规划、详细规划及重要板块、重点项目规划，全市形成较为完善的城市规划体系。

第一节　总体规划

《潍坊市城市远景规划》（1995—2050年）

90年代，潍坊市执行的是1984年版城市总体规划（规划年限1985—2000年），1990年8月进行调整完善，但计划经济色彩仍比较浓厚。1993年下半年，作为全省新一轮城市总体规划编制试点城市之一，潍坊市提出编制预想年限为2050年的城市远景规划，由同济大学教授陈秉钊带领同济大学和潍坊市规划设计院组成编制团队。1994年3月，建设部规划司副司长陈晓丽率专家组对潍坊市远景规划进行评审，高度评价规划"有特色、有突破、有所创新"。1994年4月，潍坊市十二届人大常委会第十次会议审议通过了远景规划。1995年9月5日，山东省政府以鲁字〔1995〕119号文正式批复实施。1994年完成《奎文区分区规划》和《潍城区分区规划》，1995年完成《坊子区分区规划》和《寒亭区分区规划》。在1995年全省优秀规划设计评选中，《潍坊市城市远景规划》获一等奖。

《潍坊市城市远景规划》确定的城市性质为：以高新技术产业为主导，工业、商贸、旅游全面发展的现代化国际风筝城。

《潍坊市城市总体规划》（2005—2020年）

2002年，全省城市规划建设管理工作会议在青岛召开，省委、省政府提出建设山东半岛城市群的战略构想。潍坊市从2003年4月开始，与北京大学、国家发改委的专家合作开展潍坊中心城市发展战略研究。2004年10月，由中国科学院院士吴传均和南京大学教授、博士生导师崔功豪为正、副主任委员的专家评审委员会，评审通过了战略研究成果，为下一步高起点搞好规划编制提供理论支撑。研究成果提出潍坊中心城市发展的战略构想，确立"两中心、两基地、一枢纽"的功能定位，即：具有国际影响的世界风筝文化传播交流中心，半岛地区重要的商贸物流中心；以海洋化工、动力机械、纺织和高新技术产业为基础的现代制造业基地，高级职业技术教育为特色的文化教育产业基地；联系山东半岛城市群的重要交通枢纽。

2005年2月，市政府委托同济大学、潍坊市规划设计院等6家单位组成项目组，采用"5+1"模式，联合编制新一版城市总体规划，

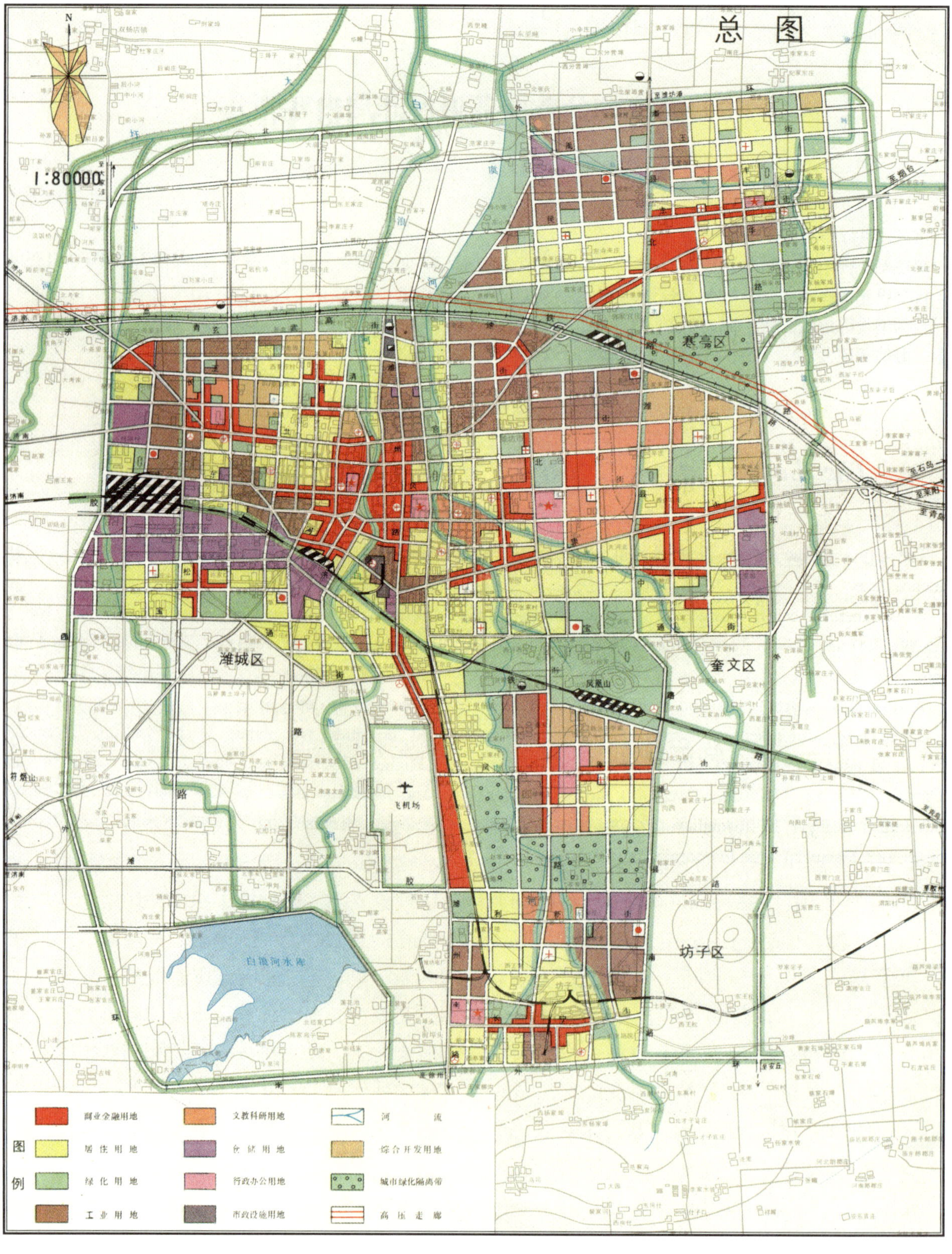

图3—1—1　潍坊市城市远景规划图

并聘请同济大学教授陶松龄领衔主持，同济大学教授陈秉钊和北京大学教授周一星担任顾问。是年5月底，形成《潍坊市城市总体规划纲要》（2005—2020年）初步成果；7月，市政府组织国内高层次的专家对纲要进行研讨；8月，向社会公示征求市民意见建议，并通过市委常委扩大会议审查；10月，省建设厅组织国内规划专家进行评审。

2006年1月12—14日，建设部审查组审查通过了中心城市新一轮城市总体规划纲要。是年6月22日，潍坊市第十四届人大常委会第二十一次会议审议通过；7月18日，报山东省人民政府，11月17日通过省政府行政审查；12月，修改完善后报省政府。其间，省政府组织各部门审签。2010年底，住房和城乡建设部要求将潍坊市城市总体规划的基础资料更新为2010年数据，市政府按要求认真完成数据更新工作和相应内容调整后于2011年11月上报住建部审查。

2012年12月31日，市规划局根据住建部等部际联席会成员单位对《潍坊市城市总体规划》（2011—2020年）审查意见，组织潍坊规划设计研究院进行多轮修改后，报国务院办公厅待批准。

2005年版城市总体规划提出潍坊中心城市“一主五副”组团式发展形态，确立“两中心、两基地、一枢纽”的城市功能定位。城市性质：山东半岛城市群的区域中心城市。城市职能：以海洋化工及现代制造业为主导，商贸物流、文化

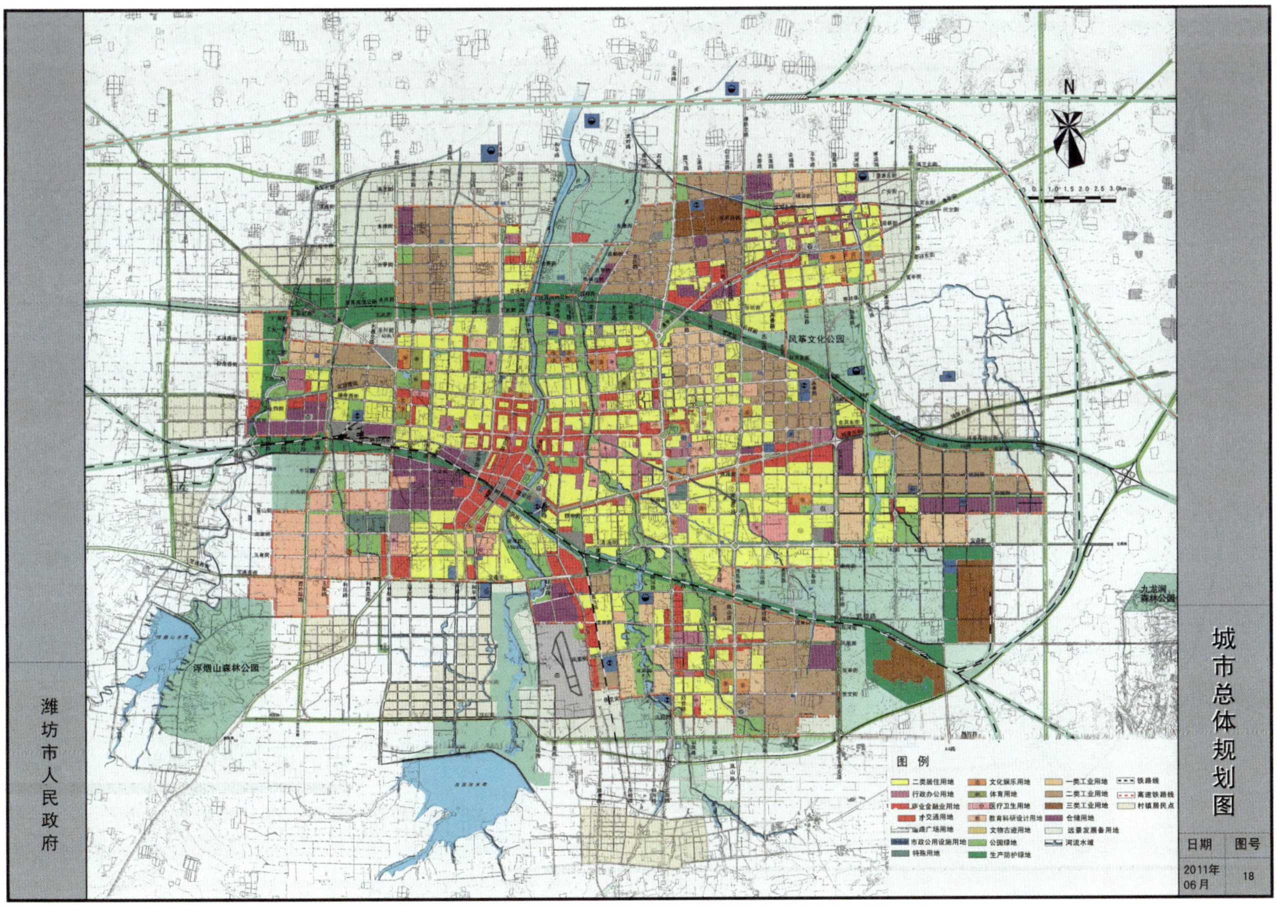

图3-1-2 潍坊市城市总体规划（2011—2020）图

教育等现代服务业协调发展的生态园林城市；全国著名的风筝文化发源地，世界风筝文化交流中心。城市规模：近期2010年，城市人口为130万人、用地153.40平方千米；远期2020年，城市人口为175万人、用地192.50平方千米。

第二节 专业规划

依据1990年调整完善的城市总体规划，1991年，完成城市排水规划、消防规划、电信规划；1992年，完成城市防洪规划、电力规划；1993年，完成城市道路网规划、热力规划、环境卫生规划；1994年，完成历史文化名城保护规划、煤气系统规划；1995年，完成城市绿地系统规划、市场体系规划。

1996—2000年，潍坊市城市远景规划实施的前五年，主要是依据新的总体规划，对部分城市专业规划进行修订。1996年，修订城市排水规划，编制完成城市竖向规划；1997年，完成城市旅游规划、公共交通规划；1998年，修订完成城市消防规划，并在全省17地市消防规划评比中获唯一金奖，对此，省建委委托潍坊市规划设计院负责起草《山东省消防规划编制技术规范》。

2001—2005年，是潍坊市城市建设持续快速发展的阶段，重点项目规划编制任务繁重，总体规划面临重新修编，这期间城市专业规划编制相对较少。2002年，适应服务业发展需要编制市区商贸体系规划；2005年，结合总体规划修

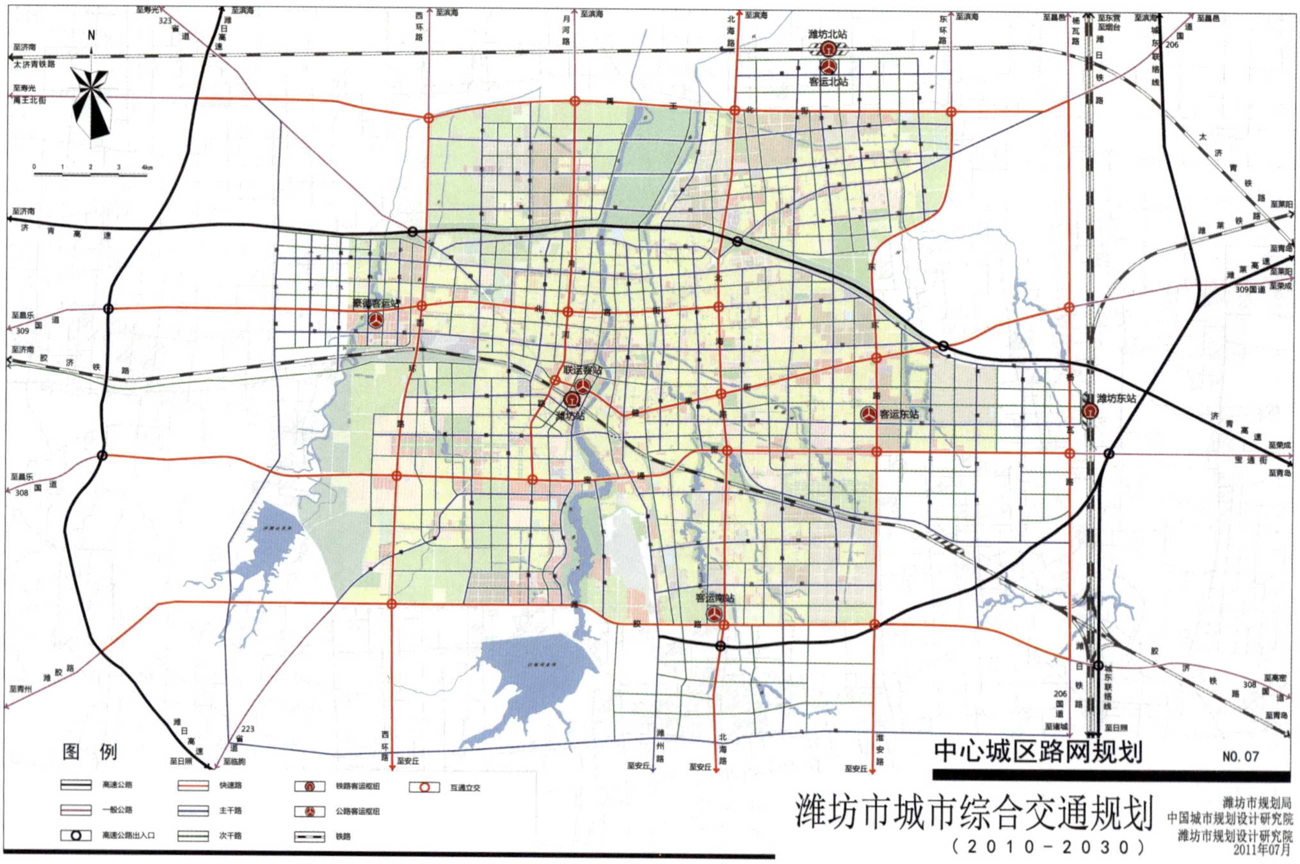

图3-1-3 潍坊市城市综合交通规划中心城区路网图

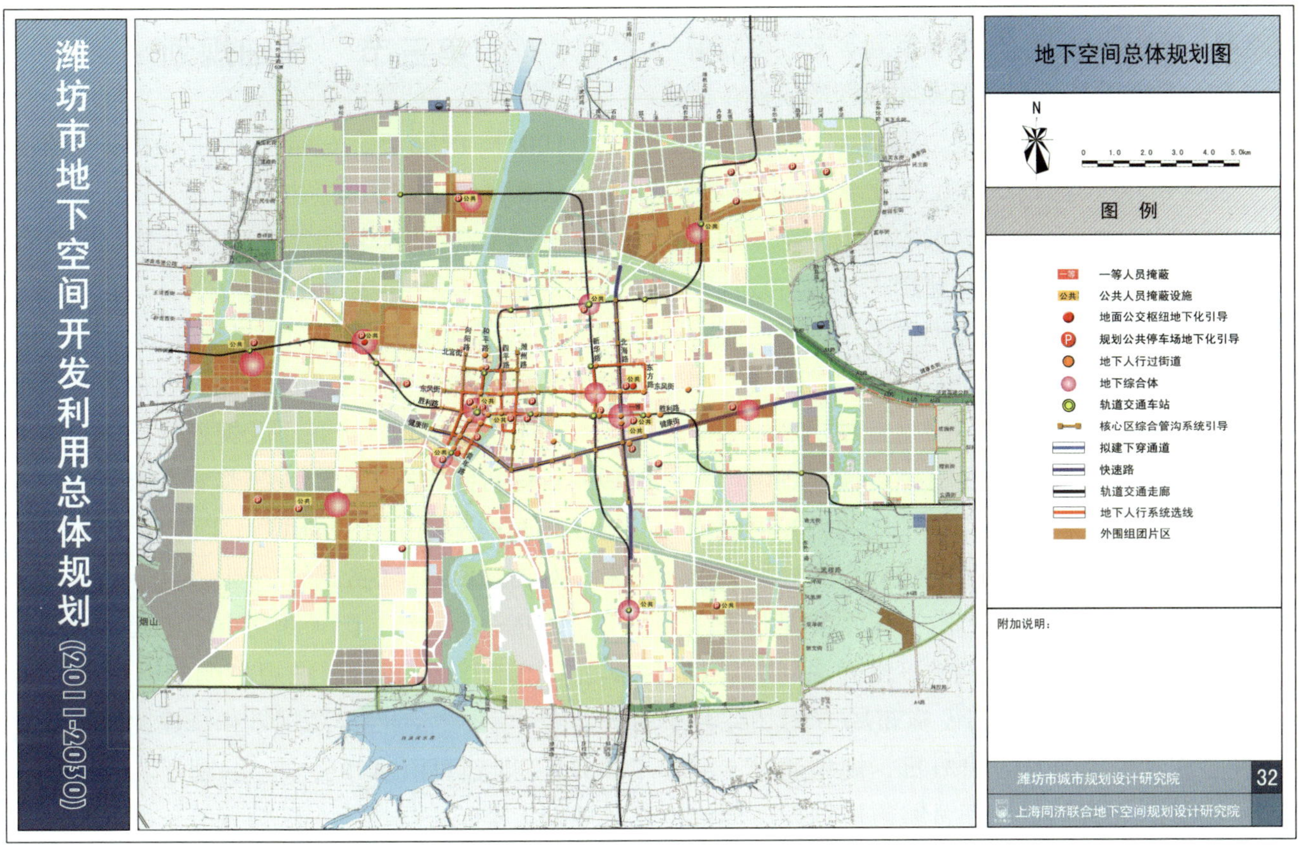

图3—1—4　潍坊市城市地下空间开发利用总体规划图

编完成城市绿地系统规划修订，编制市区商业网点规划，供水、排水、热力和竖向等专业规划编制全面推进。村镇规划大规模推开，各县市区、开发区的乡镇总体规划和100个试点村庄的规划年底前全部完成。城市公交、道路网、给水、排水、热力、燃气、电力、竖向等专项规划编制完成。启动人防、防洪专业规划。完成中心城市消防、防洪专项规划编制。展开城市水网生态绿化规划基础调研工作。配合教育部门对市区中小学布局规划作了深化调整，经市规划委员会原则通过。2006年，根据城市发展需要，对城市重要地段和片区进行严格的规划控制，先后编制火车站街区、泰华城片区、北宫街两侧、中医院片区、五道庙商业步行街等一批重点地段控制性规划。按照2006年城建重点项目计划，通过招标或方案征集等方式，高起点完成以“一河、一山、七中心”（白浪河、浮烟山、文化艺术中心、公共卫生服务中心、体育中心、金融中心、娱乐中心、行政服务中心、国际贸易中心）为代表的一批重点项目规划。浮烟山在完成放飞基地规划的同时，又编制了旅游区总体规划和风景区规划。“七个中心”规划均进行国内、国际招标，组织高层次评审，除体育中心外，其他六个中心的规划方案获市政府批准。2007年，深化滨海核心区总体规划及各层次的规划，启动峡山生态发展区规划修编，进一步完善鲁东物流中心规划，进行安顺新区概念规划国际招标，完成白浪河滨水区域规划、控制性规划、基础工程设计及重要板块规划设计。市民健身中心及体育场、十笏园文化公园、市委党校新校区等重点项目均形成规划及建筑方案初步成果。2008年，中心城区公交、道路网、给水、排水、热力、竖向等专项规划编制完成，城市燃气、电力等专项规划形成初步成果。2009年，中心城市公交、停车场、给水、排水、竖向5项专项规划获市政府批准，电力、燃气规划编制完成，消防规划形成初步方案，地下空间规划正式启动，初步构建起完善的市政规划体系。2010年，中心城区电力专项规划获市政府批准。形成公交、给水、排水、竖向、燃气、消防专项规划成果。防洪、道路网专项规划编制全面展开。完成潍州路改造及立体交通规划设计。城市综合交通规划、地下空间规划两大专项规划编制全面铺开。《潍坊市城市综合交通规划》于2010年9月17日启动编制，由中国城市规划研究院交通所主导编制，重视与地下空间规划的紧密衔接，形成重大交通基础设施布局方案和综合交通规划成果。2011年7月31日，规划通过专家评审。2012年3月14日，通过城市规划委员会审议，12月获市政府批准，该规划对城市轨道线网设计、快速交通体系设计作了优化和深化，形成自行车绿道概念性规划成果。重点对拓展城市外环路、强化中心城区与滨海新区交通对接、机场选址、沿海大通道选线、周边港口对市域影响等课题进行深化研究。《潍坊市城市地下空间专项规划》由市规划局会同市人防办组织，是全国同等城市中第一部城市地下空间规划。于2010年12月启动编制工作，采取“强强联合”编制模式，由国内著名地下空间与人居环境专家、同济大学教授束昱领衔，以同济大学、上海市政院、解放军理工大学主导编制。2011年10月31日，在市第十五届人大常委会第二十三次会议上作专题汇报。2012年5月3日，经过城市规划委员会审议；2012年10月，召开专家评审会，依据修改意见提升完善。

第三节　详细规划

1991—1995年，城市详细规划编制步伐不断加快，共完成潍坊高新技术产业开发区控制性详细规划及河滨花园小区、富华游乐园修建性详细规划等124项，规划面积3489公顷，是1978—1990年规划面积的3.2倍。早春园小区规划、颐园小区规划分别被确定为建设部和山东省试点小区，颐园小区规划、吉兴小区规划分获1992年、1994年全省优秀规划设计一等奖、二等奖。城市建成区面积迅速扩大，从1991年的38.50平方千米，发展到1995年的62平方千米。

1996—2000年，即《潍坊市城市远景规划》实施的前五年，城市详细规划编制继续稳步推进，累计完成控制性详细规划和修建性详细规划303项，规划面积5198公顷。编制了名门世家小区规划、樱园安居工程小区规划等一批高水平规划。其间，随着国家一系列耕地保护政策的出台和新《中华人民共和国土地管理法》的实施，城市快速膨胀的势头得到有效遏制，但潍坊市城市建成区面积仍稳步扩大，从1996年的63.30平方千米，增加到2000年的69.60平方千米。

2001—2004年，是国家经济社会新一轮高速发展阶段，潍坊市城市规模迅速膨胀，带动城市详细规划编制进入新的高潮，累计完成控制性详细规划和修建性详细规划968项，规划面积8878公顷。通过国际招标和方案征集，编制了市区“三河”整治景观规划、文化艺术中心规划、人民公园改造规划、风筝都纪念广场规划等一批代表国内较高水平的详细规划。这四年，全市城市规划建设水平发生质的飞跃，城市核心竞争力显著提升，城市规模和建设品质都有大幅度提高，建成区面积持续扩大，从2001年的72.70平方千米，增加到2004年的118.40平方千米。2007年，全面启动控制性详细规划编制工作。市规划局按照相关工作要求将中心城区建设用地划分为6大分区、33个片区。通过招标，委托山东省城乡规划设计研究院、济南市规划设计研究院、山东建筑大学规划设计研究院及潍坊市规划设计研究院4家设计单位分别进行规划编制工作。潍坊市控制性详细规划编制工作委员会办公室分别邀请了建设部、中国城市规划设计研究院等单位的领导和专家，于2008年1月，2009年2月、8月和10月对中心城区控制性详细规划进行审查并获通过。编制单位根据专家评审意见分别就相应片区控规进行修改和完善。2011年6月至2012年底，全市各区组织有关人员全面展开对控规编制成果的整合和完善工作，并结合个别区规划调整进行更新和补充，具备提交城市规划委员会审议条件。

第四节　重要板块及重点项目规划

1991—1995年，是城市扩张的起步阶段，全国各地纷纷设立开发区，潍坊市也相继成立国家级潍坊高新技术产业开发区，省级潍坊经济技术开发区、潍坊外商投资开发区和潍坊凤凰山高新技术产业园等。这五年期间重要板块规划编制主要是各开发区规划。1992年，编制完成高新技术产业开发区总体规划，规划总人口6.60万人，用地8.60平方千米。1993年，编制完成经济技术开发区、外商投资开发区和农业高新技术产业开发区总体规划，规划面积分别为18平方千米、12.80平方千米、2.18平方千米。1994年，编制完成浮烟山旅游区总体规划，规划面积24平方千米。1995年，编制完成凤凰山高新技术产业园、海洋化工开发区总体规划，规划总人口分别为14万人、20万人，用地面积分别为21平方千米、40平方千米。

1996—2000年，潍坊市结合省建委开展的城市“三标”（标志性地段、标志性建筑群、标志性建筑物）规划建设活动，通过高起点规划、高水平建设，形成以东风街中段、白浪河绿地广场等为代表的标志性地段；以市级机关办公大楼、银河购物中心及周边等为代表的标志性建筑群；以中银大厦、富华大酒店等为代表的标志性建筑物。其间，潍坊市编制完成中心商务区、白浪河绿地广场、鸢都湖、市苗木花卉基地（即市人民广场）等重要板块规划，以及十笏园、杨家埠等历史街区规划。白浪河绿地广场规划获1997年全省“三标”设计竞赛二等奖。

2001—2004年，全市城市建设由快速发展逐步转向跨越式发展，城建财政投资额由前两年的几亿元，攀升至2004年的35亿元。2001年，编制完成城市近期建设规划，完成近期建设规划确定的“443218”工程规划，即九龙山树木园等4座公园、人民商城等4大市场、向阳路等3条重要街道拓宽改造、第二热电厂和电厂二期工程、火车站扩建改造及8条林带规划。2002年，重点编制市区东南部25平方千米现代都市新社区规划及市4个区、3个开发区工业园区规划。2003下半年，全市加快发展现场会议提出城市建设实现一年大变样的要求，市财政资金当年投入2000万多元，通过规划招标和方案征集，编制了大学园区规划、火车站广场周边街区改建规划、虞河与张面河滨水区域规划、人民公园改造规划、风筝都纪念广场规划、浮烟山风筝放飞场规划，以及中国鲁中流通中心（即鲁东物流园区）规划等一批重点项目规划。2004年，主要按照贯通轴线、完善外环、拓展出口、提升干道的原则，编制15条城市道路的新改扩建规划，南北贯通了坊子、中心城区、寒亭和潍坊港，东西将高新区、中心城区与西南部文化旅游区连为一体，同时完善了中心市区的环线路，初步形成整个市区的道路大框架；编制了一系列绿化工程规划，建成张面河五大景区、高速公路出入口及连接线、安顺绿地广场等一批精品工程，其中张面河成为潍坊市首个中国人居环境范例奖项目；组织了人民广场南部文化科技中心（即文化艺术中心）规划招标。

2005年，全市重点项目规划开始向更高层次迈进，邀请国际大师新加坡博士刘太格重新编制了文化艺术中心规划；通过国际招标编制完成白浪河滨水区域景观规划；市公共卫生服务中心、行政服务中心、金融中心、娱乐中心等一批重点项目规划形成初步成果；按照加快北部沿海地区开发的战略部署，编制了沿海地区概念规划、滨海项目区总体规划及起步区控制性规划，并展开沿海地区交通、电力、水系与绿地景观、水资源与给水等4项专项规划编制，为滨海新区的率先崛起提供规划保障。2008年，十笏园文化公园形成规划成果和建筑方案成果；市委党校新校区规划设计、建筑及配套设施设计全部完成。2009年，中心城区公交、停车场、给水、排水、竖向5项专项规划获市政府批复同意，电力、燃气规划编制完成，消防规划形成初步方案，地下空间规划正式启动，初步构建起完善的市政规划体系。同时完成十笏园文化公园一期修建性详细规划、齐鲁台湾城概念规划等重点项目的规划设计。2010年，完成沿海地区总体规划报批工作，展开沿海地区交通、电力、水系与绿地景观、水资源与给水4项专项规划编制，形成峡山生态区绿地系统与景观控制规划、竖向规划、道路网规划和主城区城市设计初步成果。2011年，开展峡山生态区、综合保税区，以及安顺新区、十笏园文化公园、北辰中央休闲区、火车站片区、军埠口、坊茨小镇、齐鲁台湾城、乐道院片区等城市重要片区的相关规划编制工作，提高城市首位度与带动力。开展中国食品谷、健康中心、文化中心、物流中心、旅游中心的选址和规划工作，推

类别	类别	图例	面积（亩）	比例
B	商业用地		1502	5.03%
R	居住用地		5085	17.04%
A	公共管理公共服务设施用地		127	0.43%
A2	文化设施用地		1313	4.40%
A3	科研教育用地		1830	6.13%
S	道路交通设施用地		6540	21.92%
G	公园绿地		3515	11.78%
E	自然水系		1152	3.86%
M	工业用地		7817	26.20%
U	废弃物处理设施用地		177	0.59%
	围网范围		776	
	总规划用地面积		29834	100.00%

图3—1—5 综合保税区全域提升南区规划图

进“五大中心”规划建设。《白浪河中心城区段城市设计》于2011年上半年启动，由王建国领衔的东南大学项目组主导编制。《北海路中段城市设计》2010年上半年启动，由深圳规划设计研究院院长司马晓领衔编制。同时将市政府周边城市设计纳入北海路中段城市设计之中，对市政府周边地下空间进行规划控制。2012年开展《北辰中央休闲区城市设计》，引领北辰中央休闲区规划开发。

第五节　城中村改造规划

2004年1月，市政府印发《关于加快中心市区“城中村”改造的意见》，制定“城中村”改造一系列优惠政策，成立“城中村”改造领导小组，办公室设在市规划部门。至2005年底，中心市区76个“城中村”中，2个村基本完成改造；16个村改造综合方案和规划方案获得批准，并开工建设；20个村编制完成改造详细规划初步方案。对“城中村”改造进行全面总结，形成的《改造“城中村”——潍坊纪实》一文转发县市区和市建设系统各部门学习，并先后在潍坊日报、大众日报刊发。为推进潍坊市区“城中村”改造，2004年之后，市政府相继印发《关于加快中心城区“城中村”改造的补充意见》《关于进一步明确中心市区“城中村”改造居民安置用地有关问题的意见》《关于进一步加强“城中村”改造工作的意见》3个主要文件，指导全市“城中村”改造工作。文件规定“城中村”改造范围主要是中心城区的奎文、潍城两区，分别按照人均83平方米的标准留出居民安置用地和生活保障用地（即“两个83”政策）。其他各区参照执行。坊子、寒亭、高新开发区、综合保税区、经济开发区以及潍城区部分区域的村庄参照中心城区“城中村”改造政策分别制定各区的有关政策（政策略有不同），展开相关工作。其中潍城经济开发区的24个村执行潍城经济开发区自行制定的“两个90”的政策；坊子区在原村址用地上划分“两个83”，超出原村址用地的土地不列入“两个83”范围，用地面积不满足“两个83”的，区政府也不予调剂；寒亭区2008年以前规划编制完成并经区政府批复的村庄，执行安置用地和生活保障用地人均220平方米（安置100平方米，保障120平方米）的政策，2008年以后规划编制完成并经区政府批复的村庄，执行“两个83”政策；高新开发区东南片9个村曾执行“两个94”的政策。奎文、潍城两区列入“城中村”改造的共有108个村，其中奎文区60个，潍城区48个。改造村庄涉及人口约12.90万人，总用地面积约4700公顷。根据“两个83”用地划分原则及各村实有用地情况，两区108个“城中村”居民安置用地约970公顷，生活保障用地约859公顷，政府可储备用地约1723公顷，道路、绿化用地约1148公顷。其余各区共有129个村分别列入各区“城中村”改造。其中，坊子区22个，寒亭区29个，高新开发区54个，综合保税区5个，经济开发区19个。根据各区用地划分原则及各村实有用地情况，129个“城中村”居民安置用地约863公顷，生活保障用地约848公顷，政府可储备用地约519公顷。

至2012年，奎文、潍城两区开展“城中村”改造之后，108个“城中村”共有75个村取得市政府下达的“城中村”改造综合方案批复。方案实施后已完成居民回迁安置的31个，已开工建设的29个，已开展前期工作的15个，尚未启动改造的33个。已通过划拨和拍卖取得土地所有权的共计498.76公顷，正在报批土地手续的22.91公顷，未开发建设的1262.40公顷。已核发建筑工程许可证的共计957.09万平方米，未建设项目建筑面积1175.63万平方米。其余各区129个村基本完成居民回迁安置的16个，已开工建设的46个，已开展前期工作的33个，尚未启动改造的34个。通过划拨和拍卖取得土地所有权的共计583.42公顷，正在报批土地手续的280.35公顷，未开发建设的925.72公顷。已核发建筑工程许可证的共928.40万平方米，未建设项目建筑面积1213.50万平方米。通过“城中村”改造工作，推进了全市中心城区城市化进程，改善了城市的景观面貌，有效提升村民的生活水平和生活质量，为城市建设提供了宝贵的土地资源。

第六节　规划管理

管理机构

1991年1月—1992年7月，潍坊市规划管理机构为市城市规划处，是市建委直属副县级事业单位，下设4个规划业务科室及规划设计室、测绘队2个副科级事业单位。1992年8月—1997年12月，规划管理与土地管理机构合并，组建市规划国土局。在原市城市规划处设计室和测绘队基础上，组建潍坊市规划设计研究院和潍坊市勘察测绘研究院，均为正科级事业单位（后升格为副县级事业单位）。1998年1月—2004年12月，规划管理队伍在机构改革中逐步压缩，规划设计队伍趋于稳定。2001年8月，市规划国土局与市地质矿产局合并成立市规划与国土资源局。2003年底，市政府批准设立副县级行政机构市规划处。2005年1月24日，市规划局正式成立，各县市也相继成立规划局，全市形成一支独立的城乡规划干部队伍。

管理实施

1990年4月1日，《中华人民共和国城市规划法》颁布实施，全市城市规划工作步入法制化、规范化轨道。1991年1月—1992年7月，是规划管理逐步规范时期。在城市规划区内全面实施“一书两证”（建设项目选址意见书、建设用地规划许可证、建设工程规划许可证）制度，全社会规划法制意识大幅度提高。1991年，市规划处被评为全国城市规划先进单位；1992年，潍坊市被山东省政府评为“齐鲁杯”城市规划优胜城市。1992年8月，规划与土地管理的职能合一，制定《潍坊市城市规划标准》；1993年9月，市政府印发《潍坊市开发区规划管理暂行办法》；1994年12月，第15号市长令发布《潍坊市城市规划管理办法》；1995年2月，第18号市长令发布《潍坊市城市规划区内违法用地违法建设查处办法》；1996年7月，市政府印发《潍坊市城市雕塑建设管理规定》。

1998年，建立“公众参与、专家评审、市场公开、政府决策”的规划编制机制，确立城市规划“严、新、特、精”的工作方针和“规划设计开放化、建筑工程精品化、功能布局合理化、道路交通立体化、城市绿化体量化”的“五化”原则。自1999年起，连续三年组织开展“六个一”规划试点工作，即每个县市区选择一个居住小区、一条城市道路、一块街头绿地、一批单位院落、一批乡镇和一批村庄进行规划试点，每年进行规划评优，检验取得的成效。2001年4月，按照省建设厅统一要求启用建设工程规划竣工验收合格证；是年7月，全市城市建设管理工作会议确定，将“鸢、古、绿、河、山”五字作为潍坊城市特色。2002年，全市抓住新一轮加快发展的机遇，高起点规划取得实质性突破；积极推行“阳光规划”，对规划、建筑方案开始进行公示。2003年4月1日，城市规划执法监察和行政处罚职能正式移交市城市管理行政执法局。2003年6月，市区开始对沿主次干道两侧低档次商业房建设实施最严格的规划控制，对优化城市功能和用地布局产生较为深远的影响，城市景观面貌得到显著提升。从2003年底起，由市规划部门负责牵头制订每年城市建设计划。

2005年，建立健全规划专家库制度，重大项目规划组织专家进行评审，并提交市规划委员会研究。规范审批内容，严格规划质量把关。实行三级审批制度，对规划设计、建筑设计和环境设计三个环节分别进行审批。制定《关于严格控制城市主次干道两侧规划建设的意见》，对沿街建筑进行严格控制。市政府设立单层级的城市规划委员会，由担任主任的市长和37名委员组成，是市政府议事协调机构之一。是年3月，市政府专门出台《潍坊市城市规划决策与审批工作制度》，建立重大项目决策研究机制和专家论证制度，进一步明确工作职责和审批权限，重要项目规划都提交规划委员会审议。制定《潍坊市城市规划管理技术规定》等规划管理文件，为进一步规范规划管理奠定基础。

2008—2012年，按照“以规划率先发展引领城市经济发展”的要求，开展审批服务软环境建设。完善项目审批进程控制体系，推行阳光规划、效率规划、绿色规划，规划审批提速增效成效显著。

第二章　市政建设

1991—2012年，潍坊市坚持高水平规划、高标准建设、高效能管理，加大市政设施投资，城市功能不断完善。

潍坊城区路网系统总体上呈方格—环形—放射的混合式路网格局，城市道路系统由主干道、次干道、支路构成，主干道密度为1.26公里/平方公里，组成“一环十七纵十八横”的城市道路主体骨架。2008年以后，加大城市道路日常性养护资金的投入，先后对中心城区25条主干道路分期分批扩建改造，城区道路完好率达98%以上。至2012年底，共养护管理中心城区主、次干道38条，道路总长度194公里，道路总面积562万平方米，人行道面积164万平方米。

新建和拓宽改造多座跨河桥梁，东西交通更加顺畅通达。从2007年开始，对城区胜利街虞河桥、东风街虞河桥、健康街白浪河桥实施加固、维修工程。2012年，引进城市桥梁信息管理系统。加强城市桥梁普查建档工作，实现养护管理信息化、动态化和常态化，共对城区28座桥梁实施系统化管理。2012年，全市城市桥梁数量353座，包括大桥及特大桥15座、立交桥18座。

路灯建设经历由低档次向高档次、由单一到多功能、由传统型向科技型发展的过程。2002年起，城区路灯建设进入快速发展时期，先后在鸢飞路、北海路、四平路安装具有风筝都文化特色的风筝灯，市区内新建、改建的路灯供电，全部采用新型路灯专用箱式变压器。2007年，市政府全面推广使用半导体照明光源，市城区范围内开始采用LED光源新安装和更换路灯。2009年4月，潍坊市入选为科技部“十城万盏”半导体照明应用工程试点城市。至2012年，全市道路照明灯盏数249454盏，安装路灯的道路长度4557公里，中心城区道路照明装置率98%以上，城市道路亮灯率99%以上。

至2012年，潍坊市城区共建成排水管网1684.41千米，其中污水管道663.82千米，雨水管道848.31千米，雨污合流管道172.28千米。建成污水处理厂21座，全部满负荷运行，出水水质均达到一级B标准，污水处理能力129.6万吨/日，污水处理率95%。

第一节　城市道路

道路建设

1991年，潍坊市区道路长度401千米，1992—1995年，主要完成福寿街鸢飞路至北海路、鸢飞路至向阳路，仓南街春鸢路至市药品公司等路段拓宽改造工程。1996—2000年，主要完成以下路段拓宽改造工程：福寿西街（友爱路至长松路），胜利东街（北海路至潍县中路），东风东街（潍州路至青陵桥），青年路（仓南街至宝通西街、东新街至仓南路），民生东街（青年路至鸢飞路），文化路（胜利东街至清溪街），四平路（东风东街至北宫东街），和平路（胜利西街至福寿西街），虞河路（胜利东街至健康东街），胜利东街（四平路至北海路），北宫西街（长松路至白浪河桥），向阳路（北宫西街至玄武西街）。其中，1996年新、改、扩建城市道路总长度76千米、167万平方米，市区新、改、扩建城市道路35万平方米。至年底，全市实有城市道路长度1610千米，面积2353万平方米，人均拥有道路面积达18.48平方米。高级、次高级道路占90%。1997年，全市新、改、扩建城市道路总长度51千米、87.6万平方米，市新、改、扩建城市道路38万平方米。至年底，全市实有城市道路长度1661千米，面积2441万平方米，人均拥有道路面积达18平方米。2000年，全市新、改、扩建城市道路总长度80千米、123.13万平方米，市区新、改、扩建城市道路10千米、18.96万平方米。至年底，全市实有城市道路长度1883千米，面积2909.15万平方米，人均拥有道路面积18.68平方米。

2000年以后，城区道路建设投资高速增长，建设步伐显著加快。2001—2005年，主要完成以下道路拓宽改造工程：东风街（北海路至长松路、长松路至西环路），四平路（胜利东街至东风东街），和平路（胜利西街至北宫西街），北海路（玄武街至健康东街、健康东街至胶济铁路桥），北宫东街（白浪河桥至北海路），月河路（胜利西街至北宫西街），新华路（福寿东街至青银高速公路、健康东街至宝通东街），安顺路（北宫东街至青银高速公路、北宫西街至青银高速公路13号口），北宫街（北海绿地广场至长松路），宝通街，青年路（胶济铁路桥至民生西街），健康东街（青银高速公路15号口至青年路），潍州路（胜利东街至东风东街，机场路宝通街至飞机场）。其中，2001年全市新、改、扩建城市道路总长度86.24千米，面积219.54万平方米，市区新、改、扩建城市道路15条，总长度18.33千米，总面积63.25万平方米。至年底，全市城市道路总长度1861.96千米，总面积3441.9万平方米，人均拥有道路面积达到20.58平方米。2004年，中心城区新改扩建道路16条、总长度145千米。

2006—2011年，主要完成以下道路拓宽改造工程：福寿街（北海路至长松路），民生街（文化路至新华路），四平路（胜利东街至民生东街、健康东街至民生东街、东风东街至北宫东街），和平路（胜利西街至健康西街），北海路（胶济铁路桥至荣乌高速公路），胜利东街（潍县中路至四平路），北宫东街（文化路至新华路），安顺路（北宫西街至健康街），民生东街（文化路至虞河路），玄武街（北海路至安顺路），长松路（玄武西街至安顺路），樱前街（鸢飞路至文化路），潍高路（青银高速公路13号口以西段），北海路（胶济铁路至荣乌高速公路），怡园路（西园街至北宫西街），友爱路（北宫西街至东风西街），永安路（北宫西街至玄武西街），玉清街（向阳路至四平路）。其中，2006年，中心城市新改扩建道路29条、总长度123千米。2009年，新改扩建玄武街、长松路、安顺路、虞河路等10条城市主干道，总长度22.3公里，总投资4.4亿元。

至2012年底，全市城市道路长度5279.7千米，道路面积10054.7万平方米，人均城市道路面积27.67平方米。其中，市区建成区城市道路长度1605.28千米，人均城市道路面积26.51平方米。

道路养护

在城市道路建设快速发展的同时，加强道路养护工作。自2008年起，道路日常性养护资金投入逐年加大。2010年，利用城建资金实施中心城区25条主干道路缺陷整治工程，大规模进行道路缺陷整治。该工程为打造市民出行放心路，以“零缺陷”为目标，以设计、施工、使用缺陷为整治内容，用近一年的时间对中心城区25条主干道路缺陷进行整治，工程共完成投资3000万元。2011年，组织开展道路缺陷整治“回头看”，落实整改缺陷65处，修补主路面6.13万平方米、人行道2.68万平方米，沥青路面灌缝1.7万米，修补调整路牙石3290米，从整体上大幅提高道路完好率。在养护资金投入加大的同时，积极引进推广使用新型养护技术。采用盲道切割成型技术，切割成型盲道1.8万米，基本消除城区主干道盲道贯通缺陷。积极引进和研发道路微表处和钢筋混凝土固定井座等先进技术，实现市政道路养护方式的新突破。2012年，推广应用微表处、沥青热再生等新技术，实行市政设施预防性养护，修补主路面5.31万平方米、人行道1.98万平方米，沥青路面灌缝12.8万米，道路微表处26万平方米。至2012年底，养护管理中心城区主、次干道38条，道路总长度194千米，道路总面积562万平方米，人行道面积164万平方米，道路完好率达到98%。

1991—2012年潍坊市区城市道路统计表

表3-2-1　　　　单位：千米

年份	道路长度	年份	道路长度
1991	401	2002	683.17
1992	446	2003	761.04
1993	461	2004	888.06
1994	476	2005	952.82
1995	480	2006	1054
1996	530	2007	1235
1997	572	2008	1359.10
1998	587	2009	1463.50
1999	602	2010	1489.20
2000	611	2011	1537.50
2001	629.33	2012	1605.28

重点道路改造

福寿街改造工程　福寿街原名北大街，是潍坊城区北部一条东西向主干道。1992—1993年完成鸢飞路至北海路段的拓宽改造。1994年3月1日，实施鸢飞路至向阳路段的拓宽改造工程。该路段长2123米、宽40米，工程铺设沥青路面5.50万平方米，1994年8月1日竣工。工程投资额750万元，由潍坊市市政工程公司承建。1998年，福寿西街（友爱路至长松路段）拓宽改造工程竣工通车。该路段长1500米、宽40米，铺装沥青路面4.58万平方米、排水管道3432米、涵洞60米，安装路灯91盏，工程投资额480万元。至此，福寿西街向阳路至长松路段全长3800米改造工程全面

2010年1月7日，潍坊市福寿街（北海路至长松路段）改造工程被中国市政工程协会评为“全国市政金杯示范工程”

竣工通车。2008年4月1日，福寿街改造工程开工。该工程东起北海路，西至长松路，全长8500米，道路形式为一块板，根据原道路的实际情况分两段设计，北海路至虞河路段规划宽度48米，道路横断面形式为29米主路、3.50米绿化带、3米自行车道、3米人行道；虞河路至长松路段规划宽度40米，道路横断面形式为21米主路、3.50米绿化带、3米自行车道、3米人行道。2008年9月1日竣工通车。工程共完成新改建道路22.90万平方米、绿化9.60万平方米、人行道9.60万平方米、自行车道5.10万平方米，安装路灯372盏。工程投资额12856万元。2010年1月7日，福寿街（北海路至长松路段）工程被中国市政工程协会评为“全国市政金杯示范工程”。

仓南街拓宽改建工程 1995年12月31日，仓南街拓宽改造工程（春鸢路至市药品公司仓库段）竣工通车。该路段长1160米、宽40米，各类地下管线、排水管道同步敷设。工程投资额440万元。改建后的仓南街成为城区南部东西向主干道。

胜利街拓宽改造工程 1996年10月30日，胜利东街（北海路至牧校段）建成通车。该路段长800米、宽60米，铺装沥青路面3.55万平方米，铺设排水管道2566米，该工程投资额450万元。1997年胜利东街（牧校至潍县路段）拓宽改造工程竣工通车。该路段长2370米、宽60米，该工程投资额1300万元。

东风街改造扩建工程 东风街改造扩建工程东起北海路，西至西环路，全长10.80千米，全线道路形式原为一块板结构，双向10车道，分两段建设，该工程投资额1.74亿元。1996年10月30日，东风东街（潍州路至青陵桥段）改造完成通车。该路段长860米，该路段投资额560万元，建设标准与西段一致。至此，东风街（青陵桥至安顺路段）全长4420米拓宽改造工程全面竣工。2003年11月1日，东风街（北海路至长松路

1996年，东风街道路改造工程竣工通车　　（1996年拍摄）

段）提升改造工程开工。该路段长8700米，道路绿线宽度63米，中间设隔离护栏，两侧各为3米绿化带、3.70米花岗岩人行道、8.30米绿化带，2004年4月12日竣工。完成新改建道路8.18万平方米，道路罩面14.20万平方米，铺装人行道10万平方米，敷设电力管道10.58千米，敷设通信管道8.80千米，安装路灯428盏，绿化面积10万平方米。对沿路的张面河、虞河桥梁进行加宽改造，改造后两桥连为一体，长83米，宽40米，由原青凌桥更名为凤凰桥。2004年2月，东风街（长松路至西环路段）开工建设。该路段长2100米，绿线宽度80米，2004年10月1日前基本完成主路工程，铺装道路面积8万平方米。

青年路拓宽改造工程　1996年12月30日，青年路（仓南街至宝通西街段）拓宽改造工程竣工通车。该路段长2546米、宽23米，铺装沥青混凝土路面5.90万平方米，拆迁房屋2.08万平方米。1996年5月27日动迁，用7个月时间建成，工程投资额1900万元。1999年11月15日，青年路（东新街至仓南路段）拓宽改造工程开工建设，2000年7月竣工通车。该路段长408米、宽50米，铺装沥青混凝土路面1.25万平方米、排水管道600米，工程投资额150万元。

民生街扩建工程　1998年，民生街（青年路至鸢飞路段）扩建工程建成通车。该路段长1800米、宽30米，铺装沥青混凝土路面2.64万平方米、排水管道700米，安装路灯71盏。2010年2月，民生东街（文化路至新华路段）扩建工程开工，2010年7月竣工。该路段长680米、宽30米，道路为沥青路面，其中主路面积1.02万平方米，人行道面积2720平方米，安装路灯42盏，工程投资额902万元。2010年5月17日，民生街（潍州路至白浪河桥段）改造工程开工，10月15日竣工。该路段长600米，翻修改造车行道10.50万平方米，铺装人行道4100平方米、排水管道1000米。该工程投资额496万元。

北海路与东风东街交叉口工程　1998年5月12日，北海路与东风东街交叉口工程竣工。该工程共铺装沥青路面1.23万平方米，其中中心圆岛面积6000平方米，包括绿化该工程投资额294万元。

文化路改造扩建工程　1998年，文化路（胜利东街至清溪街段）建成通车。该路段长1900米、宽30米，铺装沥青路面2.60万平方米、排水管道3432米，安装路灯85盏。工程投资额535万元。

四平路改造扩建工程　1998年，四平路（东风东街至北宫东街段）建成通车。该路段长1245米、宽30米，铺装沥青混凝土路面2.40万平方米、排水管道2500米。2003年5月21日，四平路（胜利东街至东风东街段）改造工程开工建设，9月30日竣工。该路段长629米，道路红线宽30米，铺装沥青路面1.10万平方米，铺装人行道1.10万平方米，该工程投资额381万元。2006年2月23日，四平路（胜利东街至民生东街段）扩建改造开工建设，4月13日建成通车。该路段长600米、主路宽15米，两侧人行道各宽7.5米，该工程投资额224万元。2006年5月22日，四平路（健康东街至民生东街段）开工建设，2006年9月12日建成通车。该路段长900米、主路宽20米，两侧人行道各宽5米，该工程投资额600万元。2010年5月5日，四平路（健康东街至民生东街段）改造工程开工，5月25日工程竣工。完成车行道挖补罩面17621平方米，车行道宽15米，该工程投资额185万元。2010年5月5日，四平路（东风东街至北宫东街段）道路改造工程开工，5月25日竣工。该路段长1250米、车行道宽15米，完成车行道补挖罩面17621平方米。该工程投资额185万元。

和平路改造工程　1999年5月3日，和平路

（胜利西街至福寿西街段）改造工程开工，11月30日竣工通车。该路段长1200米、宽40米，该工程投资额540万元，2005年1月8日，和平路（胜利西街至北宫西街段）改造工程开工，2005年4月15日主路通车。该路段长1700米、宽40米，一块板结构。主要建设内容为改造车行道4.40万平方米、人行道2.40万平方米等。该工程投资额869万元。2006年2月23日，和平路（胜利西街至健康西街段）改造工程开工，4月10日竣工。该路段长1486米，摊铺沥青路面3.53万平方米，敷设雨水管道220米，改造雨水管道130米，安装路牙石2600米，安装路灯64基。该工程投资额1707万元。

虞河路改造工程 1999年7月中旬，虞河路（胜利东街至健康东街段）拓宽改造开工，2000年6月30日竣工。该路段长1480米、宽40米，铺装沥青路面3.47万平方米、排水管道4700米。该工程投资额460万元。

北海路改造工程 1999年8月，北海路绿化改造工程竣工。该工程投资额560万元，绿化面积13万平方米，主要完成铺设浇灌管道7900米，种植草皮8.60万平方米，栽植银杏、白皮松、雪松等乔木840棵，栽植黄杨、金叶女贞等灌木11万多棵。初步形成一条道路七条绿带，乔灌木花草合理搭配的多层次绿化格局。2003年5月21日，北海路（玄武街至健康东街段）综合整治工程开工建设，该路段长4570米，道路红线宽度64米，道路横断面为四块板结构，整治内容包括道路改造、铺装花岗岩人行道牙石、建设高标准绿化带、实现强电线路下地并配套建设弱电综合管沟等。改造工程共铺装沥青路面21.12万平方米、人行道3.03万平方米，安装花岗岩路牙石，该工程投资额3438万元。绿化工程共栽植乔木1341棵、灌木270万棵、草皮、模纹9.30万平方米，该绿化工程投资额1180万元。2003年9月30日竣工通车，该工程成为全市道路工程建设的样板工程。2005年12月27日，北海路（玄武街至东风东街）综合改造工程被中国市政工程协会评为“全国市政金杯示范工程”。2003年11月1日，北海路（健康东街至胶济铁路桥段）改造工程开工建设，2004年4月15日竣工。该路段长3111米，道路横断面为四块板，道路绿线宽度102米，红线宽度64米，两侧绿化带宽19米。共完成新改建道路13.10万平方米，铺装花岗岩人行道2.16万平方米，敷设电力管沟6500米、敷设照明管线18.20千米，安装路灯145套，新增绿化面积5万平方米。该工程投资额7399万元。2011年2月18日，北海路（胶济铁路至荣乌高速公路段）拓宽改造工程开工建设，11月22日工程竣工。该路段长33.50千米，该工程投资额4.65亿元，主要包括道路改造和绿化提升，新增缓行道28万平方米、道路罩面91.60万平方米、排水管道4.50万米、人行道6.20万平方米、绿化面积67万平方米，新植乔木、灌木12.26万棵，翻新和安装路灯862盏、投光灯14支。其中南段胶济铁路至北外环段长13.20千米，主要对原有主路进行修补和罩面；北段北外环至荣乌高速公路段长20.30千米，主要对原有主路进行拓宽改造和绿化提升，道路宽度由26米拓宽到53.20米，增设缓行道和人行道，市政基础设施同步一次到位。对沿路的虞河桥、灌溉渠桥、引黄济青渠桥进行拓宽改建。

胜利东街改造工程 2000年3月18日，胜利东街（四平路至北海路段）拓宽改造工程开工，9月30日竣工。该路段长3616米、宽40米，铺装沥青路面12.02万平方米、排水管道5100米，安装路灯215盏。该工程投资额2280万元。2008年3月11日，胜利东街（潍县中路至四平路段）改造工程开工，4月15日竣工。该路段长6100米、宽28～40米，实施主路罩面22.60万平方米，人行道铺装32.30万平方米。该工程投资额3300万元。

北宫西街改造工程 2000年6月25日，北宫西街（长松路至白浪河桥段）拓宽改造工程开工，9月30日竣工。该路段长4589米、宽60米，铺装沥青路面17.34万平方米、排水管道1.38万米，安装路灯116盏。该工程投资额1800万元。

向阳路北段拓宽改造工程 2000年10月20日，向阳路（北宫西街至玄武西街段）拓宽改造工程开工，2001年9月20日竣工。该路段长2700米、主路宽22米，该工程投资额811万元。潍坊市建设局与市公路局共同建设，潍坊市市政设计研究院设计，潍坊市市政工程总公司和潍城区公路局施工。

胜利西街拓宽改造工程 2000年11月15日，胜利西街（长松路至和平路段）拓宽改造工程开工，2001年9月30日竣工。该路段长4203米、宽40米，铺装沥青混凝土路面12.51万平方米、排水管道1.15万米。该工程投资额4340万元。

北宫东街拓宽改造工程 2001年2月20日，北宫东街（白浪河北宫桥至北海路段）拓宽改造工程开工，9月30日竣工。该路段长4370米，白浪河北宫桥至虞河路段宽60米，虞河路至北海路段宽40米，铺装沥青混凝土路面14.40万平方米、排水管道9500米。该工程投资额1620万元。潍坊市市政设计研究院设计，潍坊市市政工程总公司和潍坊市第二市政工程公司施工。

月河路拓宽改造工程 2002年3月9日，月河路拓宽改造工程开工，10月25日竣工。该路段长1746米、宽40米，其中南段（胜利西街至福寿西街段）为拓宽改造，北段（福寿西街至北宫西街段）为新建。该工程铺设沥青路面5.56万平方米、排水管道2500米，该工程投资额695万元。

新华路扩建工程 2002年3月16日，新华路北段（福寿东街至青银高速公路段）扩建工程开工，11月12日竣工。该路段长3107米、宽40米，铺设沥青路面10.20万平方米、排水管道6100米，该工程投资额1221万元。3月28日，新华路（健康东街至宝通东街段）扩建工程开工，2003年11月25日竣工。该路段长1807米，道路红线宽40米，一块板结构，铺装沥青路面5.40万平方米，敷设排水管道4300米。该工程投资额456万元。

梨园街续建工程 2002年9月，梨园街（北海路至三官庙小学段）续建工程开工，2003年5月30日竣工。该路段长507米，道路断面为一块板，完成路面铺设9000平方米。该工程投资额125万元。

安顺路改造工程 该工程路段位于南起北宫西街，北至青银高速公路13号口，全长7000米，两侧建设6米宽分车带和宽度不等的墙基绿化带。该路段2003年4月23日开工，8月25日竣工。该工程铺装道路14万平方米，安装排水管道14.80千米，铺装人行道4.10万平方米，安装路灯177盏，完成中间绿化隔离带及两侧绿化带绿化面积16万平方米，外侧建设大小不等的公共绿地。2006年起又进行多次大规模改造提升，大幅提高绿化量，栽植银杏、柿子树等乡土乔木，与雪松等常绿背景树相互映衬。

人民街改造工程 2003年5月1日，人民街（和平路至青年路段）改造工程开工，10月16日竣工。该路段长410米，道路红线宽12米，铺装沥青路面5400平方米、人行道5100平方米，该工程投资额134万元。

北宫街改造工程 2004年5月，北宫街（北海绿地广场至长松路段）改造工程开工，8月31日主路竣工通车。该路段长9200米。2004年9月中旬，开始道路两侧宽11米绿化工程建设，2004年10月1日前竣工。改造工程主要完成道路罩面31万平方米，铺装人行道6万平方米，更换牙石、树框石等4万米，安装路灯426盏，安装道路隔离护栏8700米，完成绿化面积22万平方米，种植乔木2100棵、灌木18.20万棵。各大路口、沿线重新安装交通标识及指示标识。该工程投资额8000万元。2009年5月，北宫东街（文化路至新华路段）改造工程开工，9月竣工。该路段长581米、宽80米，主车道宽37米，两侧分隔带各6.20米、人行道各5.30米、绿化带10米。道路为沥青路面，其中主路面积1.11万平方米，人行道面积3180平方米，安装路灯14盏。同时实施排水、照明、电力管道、绿化等改造工程。该工程投资额629万元。

安顺路改造扩宽工程 2004年10月，安顺路（北宫西街至青银高速公路13号口段）扩宽改造工程开工。2005年4月23日，扩宽改造工程先行开始建设道路及排水工程，该路段长4200米，改造路段南段规划宽度152米，四块板结构，中间8米绿化分车带，两侧依次为16米主车道，7米绿化分车带，5米自行车、人行道混合道和44米绿化带；改造路段北段规划宽度115米，三块板结构，中间30米主车道，两侧依次为7米绿化分车带，5米自行车、人行道混合道和30.50米绿化带。扩宽改造工程包括道路、路灯、绿化、排水管线等。共计铺装道路14万平方米，安装排水管道14.80千米，铺装人行道4.10万平方米，安装路灯177盏。该工程投资额4872万元。2005年底开始大规模绿化，2006年4月竣工。完成中间绿化隔离带及两侧绿化带绿化面积16万平方米，栽植银杏、雪松、柿子树等直径30厘米以上的大树200多棵，常绿树3000多棵。2009年5月，安顺路（北宫西街至健康西街段）改造工程开工，9月竣工。该路段长3335米、宽40米，道路为沥青路面，其中车行道面积72946平方米、人行道面积14204平方米，安装路灯77盏。同时实施排水、照明、电力管道、绿化等改造工程。该工程投资额4966万元。

宝通街扩建改造工程 2004年10月，宝通街扩建改造工程开工，2005年底开始大规模绿化，2006年4月竣工。工程全长19.40千米、宽120米，三块板结构，中间30米主车道，两侧依次为8米绿化分车带、7米缓行道、5米绿化分车带、3米人行道和22米绿化带。该工程投资额2.90亿元。

青年路改造工程 2004年12月7日，青年路（胶济铁路至民生西街）改造工程开工，2005年4月15日主路通车。该路段长1200米、宽40米，该工程改造主路面积3.70万平方米、人行道面积1.20万平方米、路灯66盏以改造电力土建等。该工程投资额1097万元。

健康街改造工程 2005年1月1日，健康街（青银高速公路15号口至青年路段）改造工程开工，5月20日主路竣工通车。该路段长13.50千米、宽100米，三块板结构，该工程铺装道路面积57.50万平方米、人行道面积6.90万平方米，绿化面积71万平方米，安装路灯680盏，改造排水、电力土建等。该工程投资额2.80亿元，分东西两段完成。西段（北海路至青年路段）长4600米，2004年11月底开工，2005年4月8日主路竣工通车，完成绿化并形成景观。东段（青银高速公路15号口至北海路段）长8900米。

潍州路改造工程 2005年1月5日，潍州路（胜利东街至东风东街段）改造工程开工，4月15日主路通车。该路段长650米、宽40米，三块板结构。该工程改造主路面积1.20万平方米、人行道面积1万平方米、路灯32盏以及电力土建等。该工程投资额627万元。

机场路改造工程 2005年5月1日，机场路（宝通街至飞机场段）改造工程开工，8月15日主路通车。该路段长3900米、宽50米。该工程改造主路面积7.40万平方米、人行道面积2万平方米，绿化10万平方米，同时实施改造亮化、排水、电力土建等。该工程投资额3793万元。

北海路通亭街环岛罩面工程　2005年11月10日，北海路通亭街环岛罩面工程开工，2006年4月15日竣工。该工程沥青罩面3.06万平方米，该工程投资额133万元。由潍坊市市政工程公司施工。

城区道路缺陷专项整治工程　2007年4月9日，城区北宫街、胜利街、东风街、新华路、北海路、安顺路、健康街、虞河路、潍州路、向阳路等10条道路缺陷整治工程开工，10月竣工。该工程沥青路面灌缝6.50万米，补挖路面7850平方米，沥青罩面1.62万平方米。该工程投资额355万元。

道路及附属设施一体化改造工程　2007年4月15日，城区文化路（福寿东街至清溪街段）、仓南街（春鸢路至长松路段）、鸢飞路（北宫东街至玄武东街段）、潍州路（东风东街至玄武东街段）、幸福街（潍州路至鸢飞路段）等5条道路及附属设施一体化改造工程开工，2008年1月3日竣工。该工程共翻修改造路面14.90万平方米，沥青罩面3.80万平方米，铺装人行道16.45万平方米。该工程投资额4199万元。

道路人行道硬化工程　2007年4月16日，城区胜利街（北海路至安顺路段）、永安路（胜利西街至福寿东街段）、民生东街（潍州路至鸢飞路段）、向阳路（卧龙西街至玄武西街段）、新华路（福寿东街至玄武街段）、四平路（东风东街至北宫东街段）等6条道路人行道硬化工程开工，2008年6月26日竣工。该工程翻修改造路面9120平方米，沥青罩面3.48万平方米，铺装人行道13万平方米。该工程投资额2209.50万元。

“三路两口”工程　2008年6月23日，“三路两口”（北宫西街、福寿西街、长松路及其交叉口）工程开工。其中，“三路”主要为长松路（安顺路至铁路桥段）、北宫西街（长松路至西环路段）道路改造工程和福寿西街（长松路至西环路段），“两口”为北宫街与长松路交叉口、福寿街与长松路交叉口。2009年4月5日竣工。该路段长6500米，共完成沥青路面新建、改建15.20万平方米，排水管道敷设1640米，人行道铺装2.94万平方米。该工程投资额7874万元。

民生东街改造工程　2009年3月，民生东街（文化路至虞河路段）改造工程开工，2009年8月竣工。该路段长270米、宽30米，道路为沥青路面。改造主路面积7080平方米、人行道面积1959平方米、路灯18盏，同时实施排水、照明、电力管道、绿化工程。该工程投资额420万元。

玄武街改造工程　2009年4月17日，玄武街（北海路至安顺路段）改造工程开工，11月中旬竣工。该路段长10.03千米，道路规划红线宽度为60米，绿化控制线宽度为100米，道路横断面形式为四块板，道路中间为5米绿化隔离带，中间向两侧依次为12米机动车道、3米绿化分隔带、6米非机动车道、1.50米人行道、25米墙基绿化带。道路采用SBS改性沥青路面，人行道采用镜面樱花红花岗岩路沿石，相交道路路口均设置渠化岛，道路两侧设置港湾式公交停靠站。该工程共完成新改建道路40.80万平方米、人行道3.70万平方米，绿化面积32.50万平方米，安装路灯492盏，是2009年潍坊城区规模最大、投资最多的道路工程。该工程途经潍坊城区15条重要道路，跨越白浪河、虞河2条河流，是贯穿潍坊城区东、西方向的主要道路通道，也是承接中心城区所有雨污水管线的中转站。该工程投资额27665万元。2011年1月17日，玄武街（北海路至安顺路段）改造工程被中国市政工程协会评为“全国市政金杯示范工程”。

长松路改造工程　2009年4月，长松路（玄武西街至安顺路段）改造工程开工，8月竣工。

2011年1月17日，玄武街（北海路至安顺路段）改造工程被中国市政工程协会评为“全国市政金杯示范工程”

该路段长1632米、宽60米，主车道宽23米、两侧分隔带3米、人行道3米、绿化带12.50米，道路为沥青路面。改造主路面积38966平方米、人行道面积9335平方米、路灯69盏。同时实施排水、照明、电力管道、绿化工程。该工程投资额2086万元。

北门街改造工程 2009年5月，北门街（潍蒋路西900米至西外环段）改造工程开工，2010年2月竣工。该路段长800米、宽40米，道路为沥青路面。改造主路面积12330平方米、人行道面积9240平方米、路灯21盏。同时实施排水、照明、电力管道、绿化工程。该工程投资额1183万元。

樱前街改造工程 2009年10月，樱前街（鸢飞路至文化路段）改造工程开工，2010年9月竣工。该路段长1145米、宽40米，主车道24米，两侧分隔带各2米、人行道2米、绿化带4米，道路为沥青路面。改造主路面积27322平方米、人行道面积4086平方米、路灯56盏。同时实施排水、照明、电力管道工程。该工程投资额1586万元。

中心城区25条主干道路缺陷整治工程 2009年11月2日，城区25条主干道路缺陷整治工程开工，2010年7月竣工。该工程重点整治设计、施工、使用“三大缺陷”，包括车行道路面（含出入口和沿街广场）、人行道铺装、各种牙石（路牙石、花坛石、镶边石）、井盖井篦、各类底座和绿化缺陷整治“六项内容”。该工程投资额3000万元。

潍高路改造工程 2010年10月10日，潍高路（青银高速公路13号口以西路段）改造工程开工，2011年5月竣工。该路段长1950米，人行道铺装6900平方米，沿街小广场混凝土浇筑12464平方米，路牙石安装6410米，排水管道敷设7369米，电力管沟1910米。该工程投资额2689万元。

北海路改造工程 2011年2月，北海路（胶济铁路至荣乌高速公路段）改造工程开工，6月竣工。该路段长33.50千米，其中胶济铁路至北环路段全长13193米，施工内容仅为维修罩面；道路宽度为64米，8米中央分隔带，两侧主车道各12米、分隔带3米、辅车道7米、分隔带3米、人行道3米。北环路至荣乌高速公路段全长20307米，施工内容为道路、排水、照明、绿化等工程；道路宽度为120米，其中主车道26米，两侧分隔带4米，辅车道7米，绿化带36米。该工程投资额44841万元。

怡园路改造工程 2011年3月，怡园路（西园街至北宫西街）改造工程开工，6月竣工。该路段长894米、宽40米，道路为沥青路面。同时实施排水、照明、电力管道、绿化工程。该工程投资额2268万元。

友爱路改造工程　2011年3月，友爱路（北宫西街至东风西街段）改造工程开工，6月竣工。该路段长1200米、宽30米，沥青路面。同时实施排水、照明、电力管道、绿化等工程。该工程投资额1569万元。

永安路改造工程　2011年3月，永安路（北宫西街至玄武西街段）改造工程开工，2011年6月竣工。该路段长2588米、宽30米，沥青路面。同时实施排水、照明、电力管道、绿化等工程。该工程投资额2837万元。

玉清街改造工程　2011年3月，玉清街（向阳路至四平路段）改造工程开工，9月竣工。该路段长950米、宽70米，沥青路面。同时实施排水、照明、电力管道、绿化等工程。该工程投资额2015万元。2012年5月，玉清街（四平路至虞河路东段）改造工程开工，11月竣工。该路段长1598米、宽70米，其中主车道28米，两侧分隔带各3米，人行道各2米，沥青路面。同时实施排水、照明、电力管道、绿化等工程。该工程投资额4549万元。

乐川街改造工程　2012年5月，乐川街（四平路至虞河路东段）改造工程开工，11月竣工。该路段长1725米、宽40米，其中主车道21米、两侧分隔带各3米、人行道2米、绿化带4.50米，沥青路面。同时实施排水、照明、电力管道、绿化等工程。该工程投资额4451万元。

高新区北宫东街工程　北宫东街作为高新区的主要交通干道，先后5次进行修建。道路在高新区内全长4770米，宽度60米，道路断面为人行道5米+缓行道5米+小花坛3.75米+主车道11.25米+中间绿化带10米+主车道11.25米+小花坛3.75米+缓行道5米+人行道5米。1993年9月5日至11月15日，投资82.5万元对东明路至规划支路路段进行修建，新建水泥混凝土路面9844平方米。2001年4—12月，投入约700万元，对东方路至潍县中路1700米北宫街道路进行改造。2002年4—12月，投入约800万元，新建潍县中路至惠贤路北宫东街路段。2009年3月1日至7月28日，投入1580万元，对北海路至蓉花路段进行道路改造。2010年9月，投入约2000万元新建惠贤路至永春路段，新建沥青混凝土路面约3万平方米。北宫东街经过多次新建改造，成为高新区的一条主要景观大道。

高新区健康东街工程　健康东街是高新区的中心主干道，道路规划红线宽度60米，控制线宽100米。断面布置如下：20米（墙基绿化带）+3米（人行道）+4米（自行车道）+8米（绿化分隔带）+30米（车行道）+8米（绿化分隔带）+4米（自行车道）+3米（人行道）+20米（墙基绿化带）。2004年11月，投入1.2亿元对西起北海路，东至济青高速15号桥口8700米路段进行改造。改造的主要内容包括车行道、自行车道、人行道、各类地下管线，结合整治进行沿街建筑综合整治、实施高标准绿化。2005年5月20日建成通车。

高新区东方路（南东风东街至卧龙街）道路工程　1992年6月，东方路（南东风东街—卧龙街）道路工程开工，历时4个月建成。2008年进行大修改造。道路南起东风东街，经福寿街，终点卧龙街，总长约1630米，为高新区南北向主干道。道路规划红线宽度40米，横断面布置如下：5.5米（人行道）+29米（车行道）+5.5米（人行道）。车行道采用沥青混凝土路面。工程总造价2500万元。

高新区宝通街工程　2003年7月，宝通街工程开工，历时5个月完工。工程西起潍安路，东至杨瓦路，总长约6700米，为高新区东西向主干道。道路规划控制线120米，断面布置：22米（绿化带）+3米（人行道）+5米（绿化带）+7米（非机动车道）+8米（分隔带）+30米（机动车道）+8米（分隔带）+7米（非机动车道）+5米（绿化带）+3米（人行道）+22米（绿化带）。机动车道采用水泥混凝土路面，非机动车道采用沥青混凝土路面。施工内容包括道路、雨、污水等各种管线工程。工程总造价2600万元。

高新区金马路（玉清街至宝通街）工程 金马路工程自2001—2008年共分3期建成，总投资约5600万元，道路规划红线宽54米，规划断面布置为：5米（人行道）+5米（非机动车道）+3米（绿化分隔带）+9米（机动车道）+10米（中间分隔带）+9米（机动车道）+3米（绿化分隔带）+5米（非机动车道）+5米（人行道）。

高新区志远路（卧龙街至健康街）工程 志远路工程自2002年起至2010年共分三期建成，总投资约2100万元，道路长约2500米，规划红线宽54米，规划断面布置为：6米（人行道）+13米（机动车道）+12米（中间分隔带）+13米（机动车道）+6米（人行道）。

高新区惠贤路（北宫街至健康街）工程 2003年，惠贤路工程开工。总投资约1800万元，道路长度约2400米，规划红线宽50米，规划断面布置为：4米（人行道）+4.5米（非机动车道）+2.5米（绿化分隔带）+9米（机动车道）+10米（中间分隔带）+9米（机动车道）+2.5米（绿化分隔带）+4.5米（非机动车道）+4米（人行道）。

高新区永春路（北宫街至健康街）工程 2003年，永春路工程开工。总投资约1600万元，道路长度约2200米，规划断面布置为：5米（绿化带）+4米（人行道）+12米（机动车道）+8米（中间分隔带）+12米（机动车道）+4米（人行道）+5米（绿化带）。

第二节 城市桥梁

1991年初，全市有150座桥梁，其中市区56座、县市区94座。此后，城市桥梁建设快速发展，新建和拓宽改造多座跨河桥梁，东西交通更加顺畅通达。至2012年底，全市城市桥梁数量353座，包括大桥及特大桥15座、立交桥18座，其中市政部门管理的桥梁117座。

重点桥梁工程

亚星桥拓宽改建工程 1995年5月20日，亚星桥（原名东风桥，位于东风街白浪河上）拓宽改建工程开工，1996年4月18日竣工。该工程在原17米宽的主桥两侧分别新建两幅宽13米、长114米的副桥，桥面上方用两根不锈钢拱梁架起亚星集团球形标志，并由亚星集团命名“亚星桥”。该工程由潍坊亚星化工集团投入资金685万元建设。潍坊市政工程设计研究院设计，潍坊建筑安装工程公司承建。

同心桥改建工程 1996年5月22日，同心桥（原名民主桥，位于民生街白浪河上）改建工程开工。1998年11月11日，同心桥改建工程交付使用。改建后的同心桥全长124.08米、宽19米，上部结构为预制简支预应力混凝土板桥，下部结构为重力式桥台，钻孔灌注桩桥墩。该工程由潍坊柴油机有限责任公司投入资金550万元建设。

胜利桥重建工程 1998年12月14日，胜利桥（位于胜利街白浪河上，重建后改名彩虹桥）重建工程开工，2000年4月18日竣工。该工程是配合胜利街拓宽改造工程而重建。重建后的胜利桥为预应力钢筋三跨变截面连续箱梁桥，桥长140米、宽44.50米，桥面主跨人行道两侧彩虹状拱肋最高距桥面17米。该工程投资额2500万元。潍坊市市政设计院设计，潍坊市昌大建设有限公司施工。

彩虹桥　(2009年拍摄)

虞河桥工程　1999年7月，虞河桥（位于虞河路虞河上）工程开工，2000年6月30日竣工。该桥长77.64米、宽31米，为4孔16米预应力简支板桥，其结构上部为简支空心板梁连续桥面，下部为重力式桥台，钻孔灌注桩桥墩。该工程投资额290万元。

青年路铁路立交桥工程　1999年9月，青年路铁路立交桥改建工程开工，2000年4月17日竣工。该工程为青年路拓宽改造配套工程，改建后的新桥位于原立交桥西侧8米处。该桥长22米、宽13.20米，净空高度4.50米，为钢筋混凝土框架结构。该工程投资额578.26万元。铁道部第三工程局工程处设计并施工。

健康桥改建工程　2000年5月15日，健康桥（位于健康街白浪河上）改建工程开工，2000年12月10日竣工。改建后的桥长135.20米，宽度由原来的14米拓宽至27米。该工程投资额283万元。潍坊市市政设计院设计，潍坊市昌大建设有限公司施工。

虞虹桥改建工程　2000年3月8日，虞虹桥（位于胜利东街虞河上）改建工程开工，2000年9月30日竣工。为胜利东街拓宽改造配套工程。改建后的桥长78.50米，桥宽由原来的18米拓宽至35米。该工程投资额270万元。潍坊市市政设计院设计，铁道部第三工程局第五工程处施工。

白沙河桥重建工程　2001年9月20日，白沙河桥（位于北海路白沙河上）拆除重建工程动工，2002年1月12日竣工。该桥始建于1995年，原为3×6米石拱桥，重建后的桥为2×10米钢筋简支板桥。该工程投资额120万元。潍坊市市政设计院设计，潍坊交通学校工程公司负责施工。

乐川街虞河桥工程　2011年3月，乐川街虞河桥（位于乐川街虞河上）建设工程开工，2011年9月竣工。该桥梁跨径4×22米，桥面宽27米，高预应力混凝土连续箱梁，钢筋混凝土钻孔灌注桩基础。该工程投资额1632万元。

桥梁养护管理

2007—2012年，对城区桥梁进行3次常规检测，总体状况良好，根据检测结果，分别制定养护维修计划，保证城区桥梁运行安全。

2011年，对亚星桥进行桥面维修和结构加固，7月10日开工，2012年5月20日完工，投资590万元。

2012年，投资1000万元，对胜利街虞河桥、东风街虞河桥、健康街白浪河桥进行加固维修。是年8月6日，市政府印发《潍坊市城市桥梁安全应急预案》，全面提高城市桥梁应急管理工作水平，保障城市桥梁安全运营。是年12月，潍坊市引进山东省城市桥梁信息管理系统，加强城市桥梁普查建档工作，实现养护管理信息化、动态化和常态化。潍坊城市桥梁养护管理水平走在全省前列，在全省2012年度城市桥梁养护管理工作考评中，潍坊市得分位居全省第三名。

第三节　城市照明

1991年，中心城区建成路灯5103盏。1992年，路灯灯杆开始采用喷铝钢杆取代水泥杆。1994年，在东风街安装800套高压钠灯。1996年，路灯灯杆开始推广镀锌喷塑技术，路灯供电由原来的公备台架供电转为路灯专用台式变压器供电。1997年，在胜利街市级机关综合办公大楼段安装38套九火中华灯。1998年，在白浪河绿地广场安装一座高39米可自动升降的经纬球形结构不锈钢多彩高杆灯。1999年，路灯灯杆已普遍采用热镀锌喷塑钢杆和不锈钢杆，在白浪河南北绿地广场首次安装两座路灯专用箱式变压器，在北海路环岛建设一座高56米双蝶灯塔，成为潍坊市城区的一大城市景观。2000年，在胜利街安装400套不锈钢杆五火荷花灯。2001年，在和平路白浪河沿岸设置槐花灯。

2002年起，城区路灯建设进入快速发展时期，先后在鸢飞路、北海路、四平路安装具有风筝都文化特色的风筝灯（如蝴蝶灯、蜻蜓灯），成为城区夜景的靓丽风景线。市区内新建、改建的路灯供电，全部采用新型路灯专用箱式变压器。2003年，遵循照明与美观结合的原则，先后在健康东街、福寿东街、新华路、北宫东街、向阳路等主要路段安装新式路灯1879盏。2004年，对传统灯型进一步创新，在胜利街引进安装具有外观设计专利的大鹏展翅灯，将东风街、北宫街、安顺路的原有路灯全部更换为高效金卤气体放电灯。2005年，建设完成潍高路、潍胶路等外环路段的路灯建设，实现城区“半小时经济圈”道路路灯全覆盖。

2006年始，在城市功能性照明中开展半导体光源应用试点，并逐步在全市范围内推广应用。10月，完成北海路路灯LED光源改造试点，改造光源360盏，节能效果显著。2007年，市政府全面推广使用半导体照明光源，明确要求潍坊市城区范围内新安装和更换路灯，必须采用LED光源。同年7月，完成胜利街（长松路—潍县中路）、北海路高杆灯、半高杆灯等路灯半导体光源改造，改造光源2182盏。同年10月，完成春鸢路等13条道路的路灯半导体节能光源置换，安装路灯1219套。2008年12月，完成福寿街、长松路等11条道路14个路段的新建道路照明工程建设任务，安装路灯870基（2273盏），光源全部采用半导体节能光源。2009年4月，潍坊市入选为科技部“十城万盏”半导体照明应用工程试点城市。同年4月开始，对东风街等29条道路（路段）的15265盏传统光源进行更换，完成玄武街等8条道路（路段）的半导体节能光源安装，安装路灯872基（1715盏）。2010年12月，完成北宫街装饰光源、宝通西街等19条道路路灯半导体光源改造，改造光源6667盏。2011年11月，完成玉清街等12条新建、扩建道路路灯安装，光源全部采用半导体光源，安装路灯918基（2207盏）。2012年，对胜利街市级机关综合办公楼前的270盏九火中华灯进行节能改造。在建设街、友爱路和北海路铁路桥新建、改造路灯301盏。至2012年底，中心城区共有路灯、景观灯125482盏，专用变压器396台（处），照明线路总长度1955.28千米，装灯总容量14966.74千伏安。路灯处所辖67条道路、71条背街小巷共有路灯、景观灯77499盏（半导体照明光源69947盏），专用变压器182台（处），照明线路总长度743.39千米，装灯总容量6116.76千伏安。

经过20多年的建设，照明规划编制、绿色照明推广、光电产业培育、产业跨界融合、照明管理维护、亮化景点打造等工作显著成绩，城市照明逐渐成为展现潍坊市现代化城市形象的重要名片。

2012年潍坊中心城区城市照明及景观亮化情况表

表3—2—2

序号	区域	城市照明光源数量及功率						LED使用情况		灯杆数	箱变	线路（千米）	监控终端（处）
		总数（盏）	总功率（千瓦）	路灯（盏）	路灯（千瓦）	景观灯（盏）	景观灯（千瓦）	盏数	使用率				
1	奎文区	2806	200	2806	200	0	0	2548	90.81%	2548	4	98	0
2	潍城区	1017	163.97	1010	163.33	7	0.64	466	45.82%	1017	2	33.56	0
3	高新区	7911	1101.29	7743	1097.14	168	4.15	7743	97.88%	4228	44	226	44
4	坊子区	6822	1501.78	6750	1500	72	1.78	1465	21.47%	4153	15	96.60	0
5	寒亭区	9318	2192.62	8387	2174	931	18.62	6247	74.48%	4508	65	174	0
6	滨海区	14500	3720	12400	3700	2100	20	3500	24.14%	7090	61	400	20
7	经济区	3960	859.33	3912	850.93	48	8.40	1578	39.85%	2218	17	117.72	17
8	峡山区	563	68	563	68	0	0	563	100.00%	563	6	28	0
9	保税区	1086	97.60	1006	96.80	80	0.80	96	8.84%	1086	0	38	0
10	市路灯处	77499	6131.45	48202	5590.83	29297	540.62	69947	90.26%	13590	182	743.39	275
	合计	125482	16036.04	92779	15441.03	32703	595.01	94153	75.59%	41001	396	1955.28	356

夜间亮化工程

1991—2002年，潍坊市开始全面淘汰白炽灯，逐步淘汰自镇流高压汞灯，推广使用外镇流高压汞灯、高压钠灯。潍坊城区福寿街、北宫街、虞河路、东风街、胜利街等相继更换寿命更长、更高效的外镇流高压钠灯，安装和平路槐花灯，市政府广场九火中华灯，逐步将水泥灯杆换成钢制灯杆。2003年，完成楼宇亮化65幢，标志性建筑物33处建设灯光景区5处；是年9月，建成夜景照明集中控制中心，开始对城区主要道路路灯和夜景照明设施实行集中控制。2004年，城区范围有300幢楼宇、20处绿地景区实施亮化，城市夜景照明建设初具规模。2005年，城区范围99处主要道路的路灯和56处景观亮化全部纳入市区夜景照明监控中心的集中控制，独具潍坊风筝都特色的夜景照明体系基本形成。至2012年底，中心城区已有25处公建设施进行亮化提升建设，共计安装景观照明灯具29297盏，半导体照明光源27575盏，装灯总功率为595.01千瓦。

夜景照明集中控制

2003年9月，潍坊市夜景照明监控中心建成并投入使用，对中心城区部分路灯和景观照明进行集中控制，统一开关灯，提高了管理效能，节约了电费支出。2007年11月，完成夜景照明监控中心大规模扩容，增加235个控制点，进一步扩大社会亮化的监控范围，提升了控制能力。2010年10月，对夜景照明监控中心进行全网升级改造，由原来基于专网电台通讯升级为基于

2003年，市东风街亚星桥夜景

2012年，市进港桥亮化工程

2012年，市城区夜景

2012年，市胜利东街九火华灯

公网的GPRS通讯，具备“遥控、遥测、遥视、遥讯”能力。2012年，依托已有平台，扩展为基于电力载波通讯的单灯检测控制系统，预留0～100%调光接口，充分兼容市城区夜景照明监控中心已有系统，为按需照明做好基础，并在城区北海路等5条道路实施并投入运行。至2012年底，纳入集中控制的楼宇和道路照明达275处（点），其中路灯受控176处，景观受控99处，基本实现三区（奎文区、潍城区、高新区）内的无缝覆盖。

单灯检测控制

2011年4月，编制《潍坊市路灯单灯检测控制系统技术导则》，在该导则指导下，基于夜景照明监控中心平台，在北门街进行单灯检测控制技术试点。

2012年，在市城区北海路等5条道路2353基（10683盏）路灯实施单灯控制建设。依托已有市城区夜景照明监控中心平台，可实现单灯运行状态检测和任意时间、任意位置路灯亮灯、灭灯控制的效果，实现按需照明的目的。如按23时后关闭人行道路灯、装饰光源的控制方案，年节约15%左右的能源。

第四节　排水治污

排水设施

1991年，潍坊市城市排水管道长192千米，排水主干渠道结构一般为砖石砌拱、石拱或混凝土盖板。1991年后，全市城市排水设施建设发展迅速，排水管网体系不断完善。至2012年底，市城区共建成排水管网1684.41千米，其中污水管道663.82千米、雨水管道848.31千米、雨污合流管道172.28千米。白浪河、虞河和张面河中心城区段建设截流箱涵54千米，两侧雨污排水管道接入箱涵通往污水处理厂。市政管网收集污水量约31万吨/日，峰值量37.2万吨/日。共有9条河流、1条明渠作为排水收纳体。

1991—2012年潍坊市区排水管道状况统计表

表3-2-3　　单位：千米

年份	排水管道长度
1991	192
1992	210
1993	236
1994	238
1995	240
1996	293
1997	334.62
1998	350.51
1999	379.40
2000	404.37
2001	446.19
2002	511.64
2003	531.17
2004	682.14
2005	821.40
2006	853
2007	878
2008	1078
2009	1310
2010	1433
2011	1591
2012	1684.41

行业监管

排水许可制度　2003年，潍坊市开始建立排水许可制度，由市行政审批大厅负责受理排水用户申请，市政部门严格按照《城镇排水与污水处理条例》《城镇污水排入排水管网许可管理办法》《潍坊市城区排水管理办法》对排水许可进行审批，形成比较完善的排水许可体系。

污水处理费征管　2006年，《潍坊市中心城区污水处理费征收使用管理办法》发布实施。同年年底，组建市政公用事业产品服务质量检测中心，负责对中心城区4座污水处理厂进出水的12项基本指标实施高密度监控和检测。2011年，潍坊市污水处理费征收管理办公室成立，加强全市污水处理费的征收管理工作。2012年，市级污水处理费征收6871万元，比上年增长54%。

排水规划与管网管理

2012年，组织8个县（市）14个重点镇完成排水规划编制，聘请专家进行评审，为全市排水设施建设提供科学依据。建立排水管网电子图纸档案系统，对全市已建成的管网进行电子化管理，便于城区管网的管理、查阅、修改、规划。投资75万元购置管道内窥摄像检测设备，用于日常管道的巡查维护；投资180万元购置3台防汛移动泵车，对汛期道路、桥涵积水点管道进行疏通。建立污水处理远程监控，对进出厂的水质，市环保部门均有在线监测系统实施24小时监控。各相关部门协同，经常性地对污水处理厂运行情况实施严格检查，对发现的问题，监督企业整改。

污水处理厂建设

1991—2012年，全市加强污水处理厂建设，提升污水处理能力，出水水质均达到一级B排放标准，并且逐步向一级A升级改造。到2012年底，全市污水处理厂21座，处理能力129.6万吨/日，年处理量40194万吨。其中，市区污水处理厂6座，处理能力39万吨/日。

潍坊市污水处理厂 1993年，潍坊市污水处理厂筹建处成立，项目征地17.70公顷，概算总投资额21603.70万元（含英国政府贷款470.05万英镑）。1997年7月，工程开工建设。建设内容主要包括：氧化沟、消化池等生产性构筑物，白浪河泵站、虞河泵站和部分截污管网，配套设备的购置和安装调试。项目于2000年10月投入运行，各项工艺运行指标均符合设计要求，出水水质达到国家规定的二级排放标准。2004年初，市政府与深圳市联合润通水务发展有限公司签订《潍坊市污水处理厂TOT项目合同书》，标志着全市首个TOT市政公用事业项目的运作成功。是年6月1日，深圳市联合润通水务发展有限公司正式接管污水处理厂，注册成立潍坊市污水处理厂有限公司，负责潍坊市区污水处理和中水生产销售。改制后，市污水处理厂日均处理能力保持在10万吨以上，城区污水处理率达到75%以上，经济效益、环境效益和社会效益得到充分发挥，城市居民生活环境和城区河体下游污染状况得到明显改善。2009年进行升级改造，出水标准由《城镇污水处理厂污染物排放标准》（GB18918—2002）二级标准升级至一级B标准，总投资额3200万元，2009年9月开工建设，2010年3月建成并运行。2009年12月，潍坊市污水处理厂与潍坊发电厂合作，投资2000万元，建成3.5万吨/日的中水回用项目，为水资源节约利用发挥了重要作用。

寒亭区污水处理厂 位于寒亭区北环路，占地2公顷，处理规模2万吨/日，主要负责处理寒亭主城区生活污水及部分企业污水。该项目采用BOT模式建设，于2004年6月开工，2005年7月建成并运行，投资额1850万元，采用CASS工艺，出水水质达到一级B标准。

坊子区污水处理厂 位于坊子区金山街，占地3.60公顷，处理规模3万吨/日，采用A2/O工艺，主要负责处理坊子主城区生活污水及部分企业污水。一期规模1万吨/日，由山东新大陆水务有限公司于2005年4月开工建设，9月建成并运行，投资额1800万元。2010年移交北控水质净化有限公司，北控水质净化有限公司对其进行一级A升级改造并扩建2万吨/日规模，2010年11月全部建成并运行。2011年起，坊子区污水处理厂出水全部中水回用，作为虞河景观水。

潍坊高新区污水处理厂 2005年，根据潍坊市污水处理整体规划，市政府决定建设潍坊高新技术产业开发区污水处理厂，项目设计总规模为10万吨/日，分两期实施，一期工程建设规模为5万吨/日，投资额7980万元，主要设备由国外引进，负责处理来自高新技术开发区的生活污水及工业废水。高新区污水处理厂位于潍坊市高新技术产业开发区东部，青银高速公路北侧，浞河西岸，潍安路东侧，占地总面积11.60公顷。项目采用多点进水强化A/O污水除磷脱氮处理工艺。出水指标执行《城镇污水处理厂污染物排放标准》（GB18918—2002）中的二级标准。项目于2007年6月建成运行。2009年进行升级改造，出水标准由《城镇污水处理厂污染物排放标准》（GB18918—2002）二级标准升级至一级B标准。总投资额2100万元，2009年9月开工建设，2010年3月建成并运行。

潍坊市虞河污水处理厂 为加强虞河下游生态环境治理，改善虞河流域的水污染状况，根据潍坊市市政建设总体规划，市政府决定以BOT

特许经营方式建设潍坊市虞河污水处理厂。2008年11月25日，通过公开招标方式，确定重庆康达环保股份有限公司为项目投资人。项目位于寒亭区虞河东南岸，潍县北路西侧，盛泰街北面，白云北路东侧，占地9.34公顷，总投资额1.70亿元。采用改良型氧化沟工艺，结合水解酸化和高效沉淀深度处理等工艺，出水执行《城镇污水处理厂污染物排放标准》（GB18918—2002）一级B标准。主要负责处理海龙化纤、恒联浆纸和亚星公司等企业污水，以及虞河箱涵部分污水，污水处理能力10万吨/日。2009年4月开工建设，2010年6月建成并运行。

潍坊市城西污水处理厂 为提升城市污水能力，改善城区西部生态环境，根据潍坊市城市建设总体规划，市政府确定以BOT特许经营方式建设潍坊市城西污水处理厂，深圳市联合润通水务发展有限公司为项目投资人。项目位于经济开发区北二环路与月河路交叉口西北角处，一期占地2.67公顷，设计规模4万吨/日，采用多级多段AO除磷脱氮处理工艺，出水水质达到一级B排放标准，主要负责处理友爱路管道、西外环管道汇入禹王北街管道收集的污水。工程总投资额6186万元。2010年6月动工建设，2011年1月实现达标排放，投入运行。2012年8月进行一级A升级改造。

城市防汛

2001年，潍坊市市政管理局成立，市城市防汛办公室设在市政管理局；2010年，成立市城市管理行政执法局，市城市防汛办公室设在市城市管理行政执法局。全市汛期为每年6月1日至9月30日，为做好城市排水防涝工作，每年汛期前，组织各级防汛机构修订完善城市防汛应急预案，落实领导带班制度和24小时值班制度，对城区主次干道上的检查井、雨水斗进行清挖清淤，对爱国路、春鸢路、青年路等重点路段进行清挖疏通，提前对铁路涵洞等易积水路段实施整改治理，提高城区道路的排水泄洪能力。购置、储备充足的发电机组、蛇皮带、水龙带、水泥、石子、木材等防汛设备物资，制订详细、具体的应急预案，积极进行防汛演习。

2011年，对全市排水设施进行排查和维护，共清挖雨水斗20400余个，检查井8000余个，疏通管道3800米，外运淤泥6400余立方米，更换雨水篦子1542个。成立防汛应急大队，修订应急预案，落实防汛物料，建立包街、包路、包桥涵责任体系，实行24小时防汛值班制度，在汛期降雨同比高出82%的情况下，实现城区无大的内涝积水，确保汛期社会经济生活的正常稳定。

2012年，对城区4条重点泄洪河道、208处重点部位进行集中排查，拆除白浪河城区段妨碍行洪的简易码头等各类建（构）筑物12处，清理

2011年建成的潍坊市城西污水处理厂

各类游船、气垫船60余艘，拆除河面浮桥6处、4500平方米，完成5条道路、3.2万米排水管网和箱涵清淤工程，组织成立了51支防汛应急抢险队伍，常备队伍达到2万人，构建市、区、街、居四级联动的城市防汛网络，确保城区安全度汛。

第三章　环境卫生

1991—2012年，市委、市政府努力打造“潍坊环卫”品牌，不断创新环卫保洁作业模式和运行机制，在行业管理、质量标准、作业模式和业绩考核四个方面实现突破，基本实现垃圾日产日清、无害化处理。创新行业管理方式，推进环卫保洁无缝隙覆盖、专业化管理、市场化运营，实现对中心城区所有道路机械化保洁作业情况的全时监控。创新质量标准，制定“五无五净”（无垃圾杂物、无积水污泥、无漏扫漏段、无人畜粪便、无遗撒泄露；路面及牙石净、隔离栏净、树穴净、下水口净、果皮箱等环卫设施净）考核标准，指导各县区在统一标准下做好工作。创新道路保洁作业模式，推行“机吸+冲洗+洒水+人工拣拾”的道路保洁新模式，形成具有大中型城市特色的环卫发展新模式。加大生活垃圾处理设施建设投入，建成生活垃圾处理厂和医疗废物处置中心，无害化处理率及二级以上医院医疗垃圾集中处置率均达到100%。扎实推进城乡环卫一体化，以“六化”（管理的标准化、队伍的专业化、运作的市场化、机制的常态化、发展的产业化和经费保障上的一体化）标准对各县市区环卫工作进行监督指导和检查考核。城市环境状况得到进一步提升，城乡环境卫生水平逐年提高。2012年底，潍坊市中心城区道路保洁面积875万平方米，年处理生活垃圾37万吨、医疗废物2725吨，建成公厕127座、垃圾转运站60座。

第一节　道路保洁

1991年，潍坊市环境卫生管理处隶属于潍城区城乡建设委员会，为正科级事业单位。中心城区有环卫职工227人，担负着每日250吨垃圾清运、20吨粪便清除、120万平方米街道清扫的任务。

1995年，全市中心城区有环卫职工795人，承担着市区16条主要道路、120万平方米的街道清扫任务，有环卫专用车辆32台。

2002年，环卫专用车辆达152台，市区日清扫街道面积707万平方米。

2003年起，市中心城区道路保洁市场化改革，于2005年完成改革。同年9月，市政府组织驻潍坊部队官兵、企事业单位干部职工等1万多人，在长松路以东、潍县中路以西、玄武街以南、宝通街以北60多平方千米建成区内，清扫街巷。市区卫生大扫除开始形成制度，每年两次，一次在风筝会前，一次在国庆节前。

2004年，市政府印发《潍坊市市容和环境卫生管理办法》和《潍坊市市区“门前三包”责任制管理办法》，明确各级各部门在城市管理中的责权利关系，积极在城区推行“门前三包”制度，强化依法管理。投资240万元，购置清扫车、洒水车和高压清洗车等大型环卫设备，在北海路率先实行机械化清扫为主、人工清扫为辅的22小时不间断保洁；通过推行划段责任制、挂牌上岗、优化作业程序等措施，达到“五无五净”、路面见本色的标准要求。

2005年，中心城区共有环卫职工2610人，道路保洁面积1535万平方米。城区道路保洁作业开始走向市场化，先后分两次对城区玄武街、通亭街等17条新增道路、328万平方米的保洁作业面向全国公开招标，最终由潍坊潍洁等7家专业保洁公司中标。市场化运作后，道路保洁价格由原来的每平方米0.5元/年，提高到1元左右/年，保洁效率和保洁水平大幅度提升，初步形成长效管理机制。

监管人员对保洁区域进行日常环卫督查

（2005年拍摄）

2007年，全面推行专业化、市场化保洁，新招标道路保洁面积87万平方米，城市环境状况得到进一步提升。中心城区道路和人行道完好率分别达到92%和87%，主、次干道保洁率、生活垃圾清运率均达100%。创新环卫运行机制，在行业管理、质量标准、作业模式和业绩考核四个方面实现突破，制发环卫保洁质量新标准，主干道路实行“机吸＋冲刷＋人工保洁”作业新模式和“15分钟”保洁法。

2008年，推进环卫保洁无缝隙覆盖、专业化管理、市场化运营工作，推行“机吸+冲洗+洒水+人工拣拾”的道路保洁新模式，首创环卫保洁级次考核管理办法，推动环卫保洁水平的全面提升；成立道路保洁监管中心及GPRS监控中心，实现对中心城区所有道路机械化保洁作业情况的全时监控。

2010年，市市政局、市财政局联合下发《关于进一步提升中心城区环卫保洁水平的意见》。该意见要求对城区道路保洁进行管理再细化和标准再提升，中心城区主、次干道全部执行Ⅰ级保洁标准，背街小巷全部执行Ⅱ级标准，全面推行以机吸为主、人工捡拾为辅的保洁作业模式。突出抓好道路保洁机械化作业，Ⅰ级道路主路面严格按照20万平方米/标台的标准配备机吸车辆，提高道路保洁机械化作业率，真正变“不脏不扫”为“定时清吸”。2011年，环卫作业车辆数字化监管系统正式投入运行，实现全天候动态监控。

2012年，全面推行“以机吸为主，人工捡拾为辅”的保洁作业新模式，实现道路保洁“精细化、无缝隙”管理，城区环境卫生水平明显改善。是年底，中心城区共有保洁公司9家，道路保洁面积875万平方米。

城区多种作业车辆配合清理路面卫生

（2012年拍摄）

第二节 垃圾收集与处理

1991年，中心城区（奎文区、潍城区、坊子区、寒亭区）的生活垃圾产量为10.50万吨。之后，城区生活垃圾量逐年增长，垃圾收集与处理任务越来越重。1996年起，为强化环境卫生管理，在城区大力推广垃圾袋装化。是年，市政府颁布《潍坊市城市卫生管理规定》，使环境卫生管理有章可循。1999年之前，垃圾收运车辆均为不带压缩功能的车辆，之后，逐步增加带压缩功能的车辆，提高车辆运载能力。陆续在城中村及城郊村设置垃圾箱，实行垃圾代管代运、日产日清，有效改变过去垃圾围城现象。

2001年，全市共有垃圾处理厂18座，日处理生活垃圾量2388吨，垃圾、粪便无害化处理率达85%。至年底，中心城区共有垃圾处理厂4座，日清运生活垃圾834吨；中心城区共有垃圾处理厂2座，公厕78座，日清运生活垃圾700吨。2002年，潍坊市城市生活垃圾综合处理工程正式开工。项目占地74公顷，设计规模日处理生活垃圾700吨，总投资额14958万元。

2003年，中心城区完成环卫设施投资额1亿多元，共有生活垃圾处理场1座、粪便处理场1座、医疗废物处置中心1处，全年清运处理生活垃圾21.60万吨。为加强医疗垃圾管理，防止医疗垃圾对环境的污染，保护人民群众身体健康，市政府印发《潍坊市医疗垃圾管理办法》，对医疗垃圾的产生、收集、贮存和处置做出明确规定，要求采取统一收集、密闭运输和集中焚烧的办法，对医疗垃圾进行安全处置。是年6月，市物价局、市财政局、市市政局联合印发《潍坊市医疗固体废物集中处置费收费标准和计收办法》。9月18日，市生活垃圾处理厂填埋场一单元正式接纳市区生活垃圾，进行无害化综合处理，日处理生活垃圾500吨。9月20日，市医疗废物处置中心开始处理医疗固体废物，至此，潍坊市有了专门处置医疗固体废物的设施，医疗废物进入无害化处理的新时期。

2004年，完成符山生活垃圾处理厂污水处理设施建设，并通过环保部门的水质验收。改造潍坊市粪便无害化处理厂，保证正常运营。通过招商引资，引进5吨医疗废弃物焚烧炉一台，使医疗废物处置设备达到一备一用。中心城区生活垃圾清运率100%，粪便无害化处理率为90%，垃圾无害化处理率为81.4%，医疗废物集中处置率为75%，基本达到国家卫生城市的标准要求。为营造整洁的城市环境，通过清源、封道、托运等方

潍坊市垃圾处理厂 （2010年拍摄）

潍坊市医疗废物处置车间　　　　　　　　　　　（2012年拍摄）

式，全力治脏，彻底清理污染源。对郭家官庄垃圾场进行封场覆盖，关闭街道、村居私设垃圾场13处，根治市区污染源81处，取消城区所有沿街露天垃圾箱，80万立方米积存垃圾全部清运和覆盖。全面封闭楼房垃圾道。督促各区、街、居设置垃圾收集箱（桶），推行生活垃圾袋装化，封闭市区楼房垃圾道4231座，占总数的93.5%，基本改变了倾倒垃圾和收集清运的方式。对城中村生活垃圾托管代运，将市区小四环以内的64个城中村的生活垃圾，全部由环卫专业单位有偿托管代运，基本堵住乱倒垃圾的源头。

2005年，投资1500万元，完成市生活垃圾综合处理厂厂区绿化、道路、供排水等续建项目，购置洒水车5辆，续（改）建转运站5座。对34家医疗单位实行医疗垃圾无害化处置，集中处置率94%。2006年，市生活垃圾处理厂达到国家无害化处理Ⅰ级标准，医疗废物处置中心被中国城市环卫协会确定为全国医疗垃圾处置示范基地。

2007年，全市生活垃圾清运率100%，生活垃圾无害化处理率89.6%，医疗废物无害化处理率98%。

2008年，通过招商引资，引进日处理10吨的干粉化学处理设备和基于GPS定位系统的先进管理模式，医废处置实现市场化运营。2009年，城乡生活垃圾收运处理一体化试点工作全面展开，涉及48个行政村，新建垃圾房136座，配备垃圾压缩车6辆、垃圾桶1360个；实现对医废处置全过程监管，推进城区医疗废弃物处置服务工作向小型医疗机构、社区门诊延伸，二级以上医院医疗废物集中处置率100%。

2011年，全市加快推进环卫重点工程建设，完成垃圾场调蓄池改造工程，垃圾厂填埋气发电项目正式并网发电。生活垃圾综合处理厂安全规

市城区垃圾清运车　　　　　　　　　　　　　　（2012年拍摄）

范运行，全年处理生活垃圾30万吨、医疗废物2114吨，生活垃圾无害化处理率和二级以上医院医疗垃圾集中处置率均达100%。

2012年，市生活垃圾综合处理厂安全规范运行，全年共处理生活垃圾37万吨、医疗废物2725吨，无害化处理率及二级以上医院医疗垃圾集中处置率均达100%。垃圾场填埋气体发电项目安全运行，新安装完成两台500千瓦发电机组，全年共实现沼气发电800万千瓦时。是年，印发实施《潍坊市市区城市生活垃圾处理费征收管理办法》，垃圾处理收费制度进一步完善。

市城区高标准垃圾转运站　　（2012年拍摄）

第三节　垃圾转运站和公共厕所

为解决潍坊市城区垃圾转运站标准不高和公厕建设数量不足、群众如厕难的问题，2002年7月29日，市政府办公室印发《潍坊市人民政府办公室转发市市政管理局关于加强中心城区公厕和垃圾转运站规划建设管理意见的通知》，采取减免有关事业性收费、经营性有偿出让等优惠政策，在城区新建40座公厕、20座垃圾转运站。

2003年，中心城区投资700万元，配套建设了17座一类水冲式公厕和14座垃圾转运站。2004年，加快环卫设施更新换代步伐，投入资金3500万元，在城区新建水冲式公厕20座，新改建转运站20座，购置移动公厕14座。

2005年，市城区内（奎文区、潍城区、坊子区、寒亭区、高新开发区）公厕数量达到141座，其中由环卫部门管理100座，由各单位开发配套建设的旱厕和部分水厕41座，由建设单位自行负责管理。2008年，市城区101座公厕全部免费对外开放。建成公厕快速查询系统，进一步方便群众。

2009年，市市政局、市财政局、市社保局联合印发《关于政府购买公厕管理作业公益性岗位解决就业困难人员就业，进一步提高公厕管理水平的实施意见》，通过政府购买公厕管理作业公益性岗位的形式，优先帮助社会弱势群体就业。至年底，中心城区提供公益性就业岗位200多个，公厕管理和服务水平进一步提高。

2011年，市城区新建公厕24座、垃圾转运站14座，改建公厕10座、垃圾转运站7座，超额完成市政府工作报告承诺的为民“十件实事”工作任务。

2012年，市城区共有公厕127座。其中，奎文区48座、潍城区46座、坊子区2座、寒亭区13座、高新开发区16座、经济开发区2座。全市共有垃圾转运站60座。

第四节　城乡环卫一体化

潍坊是一个农业大市，农村人口占的比例大。农村环境卫生问题一直没得到有效解决，农村多年积存的垃圾占压了大量的土地，严重污染着农村的水资源和生活环境。随着城乡环卫一体化的推行，农村环境卫生状况得到逐步改善。

2010年，市政府办公室印发《关于推进城区城乡环卫一体化工作的实施意见》，要求在市城区（奎文区、潍城区、坊子区、寒亭区、高新区）城乡接合部及乡村全部实行城乡环卫一体化管理，实现村内生活垃圾“日日清”和无害化集中处理。市主管部门统一制定工作标准和考核办法，以街道（镇）为单位加强对各区工作的检查考评，考核结果通过媒体向社会公布。市财政设立专项资金，采取以奖代补方式，奖励政策有效期三年，鼓励各区扎实推进城乡环卫一体化工作开展。

2011年，市政府办公室印发《关于加快推进城乡环卫一体化工作的通知》，进一步明确推进城乡环卫一体化工作的任务目标，并制定《潍坊市城乡环卫一体化考核管理办法》。是年5月，住房和城乡建设部在潍坊市组织召开城乡环卫一体化会议。市城区开始全面推进城乡环卫一体化工作进程。至年底，中心六区共新设垃圾桶1.55万个，新聘用保洁员1470人，新购置环卫车98辆，完成投资额1亿多元，基本实现城乡环卫一体化全覆盖。全市建成生活垃圾无害化处理厂7处，日处理生活垃圾3254吨，生活垃圾无害化处理率100%，达到省政府规定的“一县一场”的标准。全市农村地区建成生活垃圾压缩中转站138座，设置生活垃圾收集桶20万个，生活垃圾运输车1200辆，覆盖7207个村（社区），覆盖率80%。

2012年，市政府办公室印发《关于加快推进城乡环卫一体化工作实施方案的通知》，要求全市全面开展城乡环境综合整治，彻底清除城乡常年积存的垃圾，将环卫保洁范围由村内延伸到村外。市城乡环卫一体化工作领导小组成立，要求按照属地管理原则，稳步推进各项工作，自2012年起，利用三年时间完善健全城乡环卫一体化长效管理运行机制，实现城乡环卫一体化管理全覆盖。

城乡环卫一体化涉及全市17个县市区（开发区）、139个乡镇（街道）、8654个村居。坚持从实际出发，不搞一个模式，不提过高要求，不搞形象工程、面子工程，按照干干净净、群众满意的标准，率先在寿光、昌邑、昌乐等县市作为试点，为全市开展城乡环卫一体化建设创出路子、积累经验，其中“统一收集、统一清运、集中处理、资源化利用、管干分离、政府花钱购买服务”的“昌邑模式”，被中央电视台等各大媒体专题报道，省内外2000多家单位到此观摩交流。城乡环卫一体化国家级服务业标准化试点项目，顺利通过国家标准化委员会验收，并在全国范围内推广。寿光市对辖区975个行政村实行“一把扫帚扫到底”，由市环卫部门统一管理，“镇（街道）统一保洁街巷、市统一清运处理垃圾”，费用全部由市镇两级财政承担，每年投入资金6500万多元，村民不用付一分钱，就享受到与市民一样的环境卫生服务，同时引入大棚垃

高密市阚家镇松兴屯村兴园公园一角　　（2012年拍摄）

圾综合利用项目，由各镇（街道）组织引导村民就近沤制绿肥或制成沼气，或由环卫部门集中处理，有效解决了蔬菜大棚垃圾清运处理难问题。昌乐县将农村“硬化、净化、亮化、绿化、美化”同步推进，突出抓好“净化”环节，宣传城乡环卫一体化工作，形成党政发动、舆论鼓动、群众主动、各界齐动的工作局面。通过实施城乡环卫一体化，改变了农村以往垃圾成堆、蚊蝇乱飞的脏乱现象，使广大农村变成干净、有序、和谐的幸福家园。在改变城乡人居环境的同时，促进了乡村文明发展的进程，村民的生活理念、文明素养随之发生改变与提升。

第四章　园林绿化

1991年，潍坊市区建成区园林绿化覆盖面积仅有829公顷。1991年后，市委、市政府按照绿色城市定位，以打造北方绿城为目标，以创建园林城市为抓手，突出“自然、生态、节约”的全新绿化理念，坚持以“绿”为主，以“人”为本，以“质”取胜，高起点规划，高标准建设，高效能管理，持续实施“拆违建绿、河道整治、黄土不露天、增色添绿”等系列绿化重点工程，以绿治脏、以绿治乱、以绿治丑、以绿制胜，建设绿色家园，打造绿色潍坊。通过持续投入，城市绿化管理工作取得显著成效，城市绿量实现翻番，绿化管理实现精细化，城市面貌发生深刻变化，形成以河为轴、以路为廊，以公园、街头游园为点、以大环境绿化为背景的绿化格局，实现城市绿化从平面到立体、从单一性到多样性、从粗放式到精细化、从景观型到生态式人性化的转变，基本达到“春有花、夏有荫、秋有色、冬有绿”的绿化效果。2010年，潍坊市以全省第一名的成绩被住房和城乡建设部正式命名为“国家园林城市”。至2012年底，市区建成区绿化覆盖面积6332公顷，建成区绿化覆盖率40.59%，建成区绿地率39.49%，人均公园绿地面积17.67平方米；全市建成区绿化覆盖率42.25%，建成区绿地率38.64%，人均公园绿地面积21.41平方米。

第一节　建成区绿化

1991—1996年，潍坊市响应省委“奋战十年、绿化山东”的号召，制定以“三河”（玗河、白浪河、虞河）、“二山”（符山、坊子南山）、“一带”（沿城北高速公路大型防护林带）为重点，以寒杨路、坊央路、坊库路、环城路为骨架的市区大型环境绿化方案。市区绿化建设主要任务就是植树。遵循的是“一条路两行树”的简单、传统绿化模式，基本是树随路走，路修到哪，树种到哪。市区绿化树种单一，行道树主要是国槐和法桐。绿化投入少，年均几百万元。市区可供市民休闲游乐的场所只有人民公园、东苑公园、自怡园等几处，缺绿少荫是这一时期的基本特征。

1997年始，全面学习大连市，广种草坪，修剪模纹，辟建广场，掀起新一轮绿化建设高潮，进入景观绿化阶段。主要是对北海路、民主街、向阳路、月河路、四平路、福寿西街、文化路、鸢飞路、健康街等城区主干道进行绿化设计和绿化建设。对北海路与玄武街环岛、市政府南苗圃基地、东风影院绿地、四平路与福寿街交叉口绿地、白浪河绿地广场和市区主干街道两侧裸露地面、行道树树穴、公园、街头、游园裸露地面全部种植草坪，道路绿带各式规则式模纹造型增多，大色块、疏林草地景观绿化模式显现。规划建设了白浪河绿地广场、人民广场、东苑绿地广场等诸多中心广场、市民活动中心，街头游园、绿地增多，市区公共绿地面积快速增加，比1996年翻了一番，市民休闲娱乐场所增多，城市景观、环境效益、社会效益显著提升。在草坪热、广场风之后，后期养护管理成本相应增加，市区绿化树种单一，色彩单调，尤其春冬两季绿色少。

2001年2月，国务院召开中华人民共和国成立之后第一次全国城市绿化工作会议后，绿色图章制度、绿线管制制度、绿化管理办法、古树名木管理规定等系列法规文件相继出台和完善，城市绿化工作全面加强。2004年，潍坊市制定《潍坊市城市绿化管理办法》，使城市绿化有法可依。在新一轮城市总体规划中，确定生态市建设的目标，启动园林城市创建工作，全民动手建设绿色潍坊。重点组织实施10大重点工程100个建设项目，实施大树进城、雪松进城绿化工程，开展中心城区环境综合整治，对23条主干街道拆旧改丑，破墙透绿，建成景观路、林荫路40多条。完成自怡园、东苑公园、人民公园改造建设，建成人民广场、风筝广场，对张面河、虞河全面治理，建设城市林带，绿色快速通道，打造半小时生态圈，城市生态环境明显改善。人民公园、张面河工程获“中国人居环境范例奖”，成为旧园改造和城区河道整治的样板。2005年，潍坊市以全省第一名成绩创建成为省级园林城市。2006年，全面启动国家园林城市创建工作，对社会绿化集中攻坚，园林部门创新性开展以“无偿送绿”等为主的“绿色家园、绿色潍坊”社会绿化活动，连续六年不间断，“无偿送绿”社会绿化新模式随之在全国推广。2007年，中共潍坊市第十次代表大会首次将绿色提升到城市发展战略目标，提出实现城市绿量翻番、打造北方生态绿城的目标。白浪河整治、植物园建设、火车站广场改造、“三拆一绿”（拆除围墙、烟囱、锅炉，拆后空地进行绿化）、旧小区改造等重点工程开始实施。下半年，园林部门打破春季植树常规绿化模式，开展秋、冬季绿化植树尝试并一举成功，并陆续在市区全面推开。按照“生态、自然、节约”的绿化要求，坚持大绿量、大色块、大组团，开展“增绿增色、黄土不露天、景石进城”等工程，丰富树种，增加常绿树、花乔木，注重生物多样性，行道树单排变双排，双排变多排，街头游园、公共绿地见缝插树，增绿荫，增花色，立面有层次，平面有纵深，更生态、更自然。其间，绿化投入20多亿元，栽植行道树41万棵，建成青银高速公路13号口、火车站广场、归真园、植物园、白浪河湿地公园、安顺广场、长松城市公园、北海路、安顺路、潍高路等一大批城市绿化精品工程，在不增加用地的情况下，实现城市绿量翻番的目标，以全省第一名成绩创建成为“国家园林城市”。

2010—2012年，实施生态自然与园林景观结合。大规模绿化建设后，城市绿化重心由建向管转型，步入由注重生态自然向生态自然与景观艺术兼顾转变，由大体量普遍绿化向人文民生园林、品质品味绿化、特色景观园林转变的新阶段。全市城市绿化更加注重品质、档次，注重实用性、人文性、服务性。实施道路便民座凳安装、景观小护栏安放、植物花境配置、诗文景石雕筑、园林文化角、音乐角辟设等工程，增加绿化便民设施，增强绿化文化内涵，提升园林景观效果，提高管理水平，力求绿化与文化结合，生态与景观结合，彰显绿化内涵，完善绿化设施，提升绿化档次和水平。

1991—2012年潍坊市区建成区绿化情况统计表

表3－4－1

年份	建成区园林绿化覆盖面积（公顷）	建成区绿地面积（公顷）	人均公共绿地面积/（平方米）
1991	829	712	4.60
1992	990	858	4.90
1993	1015	878	5.10
1994	1029	901	5.40
1995	1860	1748	5.60
1996	1912	1760	5.62
1997	2003	1784	5.87
1998	2104	1853	6.18
1999	3145	1894	6.65
2000	2238	1977	6.97
2001	2346	2068	3.23
2002	2482	2179	3.47
2003	3674	3180	4.01
2004	3876	3450	5.07
2005	4060	3565	5.83
2006	4341	3867	6.68
2007	4820	4189	7.59
2008	5106	4475	8.00
2009	5386	5154	10.80
2010	5614	5376	17.28
2011	6005	5841	17.35
2012	6332	6160	17.67

说明：因省建设厅统计方式调整，2001年起人均公共绿地面积指标调整为人均公园绿地面积

第二节　园林城市创建

省级园林城市创建

1998年，潍坊市提出创建省级园林城市工作目标。围绕创建园林城市的目标，不断加大资金投入，扩张城市绿量，建设园林精品，城市绿化面貌明显改善。在潍坊城区先后建设白浪河绿地广场、人民广场、北海广场、海培绿地、文化园、桃园修竹、胜华绿地等大型广场绿地10个，街头游园绿地100多处。建成和提升改造人民公园、东苑公园、自怡园、九龙山树木园等大型公园绿地11处，绿色景观大道30多条，道路绿化面积达到567公顷。2004年，制定出台《生态市建设规划纲要》，确定生态市建设目标，启动生态市建设“十大重点工程、百个建设项目”，投资164亿元，建设绿色潍坊，打造生态宜居家园。2004年8月，完成对张面河综合整治工程，臭水沟变成景观带，大大改善城市人居环境。2005年6月，人民公园完成改造并开放。城市道路绿地率、达标率分别达到41.3%和80.08%，市区公共绿地面积达到880公顷，市区建成区绿化覆盖率35.3%，绿地率31%，人均公共绿地面积9.60平方米，各项指标均达到或超过省级园林城市标准。2005年，潍坊市正式申报省级园林城市，高质量完成《省级园林城市标准逐项说明》《潍坊市园林绿化基本情况》《潍坊市古树名木》《绿染鸢都》画册、创建园林城市专题片等100多份40多万字的创城文本，收集照片200多张。首次在省内利用多媒体技术制作完成《创城技术报告》汇报系统，整合古树名木调查资料第一次完整编辑成书《潍坊古树名木》。编制完成《潍坊市城市绿地系统规划》，顺利通过省专家组的评审，结束潍坊市区没有完整规范《城市绿地系统规划》的历史。在省考核检查组组织的民意测

验中，市民对城市园林绿化满意率、城市绿化发展情况满意率、创建园林城市活动支持率均为100%。经省建设厅专家组考核总评，潍坊市在全省14家申报省级园林城市的城市中，名列第一。2005年12月26日，山东省政府正式命名潍坊市为“省级园林城市”。

国家园林城市创建

2006年，潍坊市全面启动国家园林城市创建工作。全市以创建国家园林城市为目标，将城市绿化工作作为提升城市形象、改善城市环境、提高城市综合实力、促进城市可持续发展的重要战略举措，按照“园在城中，城在绿中”的总体思路，结合“鸢、古、绿、河、山”的城市特色定位，坚持以大投入促进大绿化，高起点规划，高标准建设，高效能管理。2003年起，先后实施“三拆一绿”“三河综合整治”“黄土不露天”“增绿增色”等系列绿化建设工程，建设和改造了人民公园、张面河景区、虞河景区、白浪河湿地公园、植物园、长松城市公园、安顺广场、北海路、潍高路、宝通街、浞河景区、青银高速公路13号口和14号口等一大批园林精品，新建、改建、扩建公园12座，游园、街、绿地136处，广场、绿地11处，公园绿地布局合理，分布均衡，服务半径达到500米要求。市区建成区绿化覆盖率、绿地率、人均公园绿地面积分别由2003年前的33.5%、29%、7.52平方米增长到2011年的40.3%、39.2%和17.35平方米。2006年2月21日，市政府召开创建国家园林城市动员大会，下发《潍坊市人民政府关于开展创建国家园林城市活动的决定》，全面启动国家园林城市创建工作。2007年4月，编制完成《生物（植物）多样性保护规划》，完成市域范围的生物物种资源普查，建立起较为完整的生物多样性保护规划体系。从2007年底起，组织对白浪河进行综合整治。2007年冬至2009年春，组织实施增绿增色绿化工程，实现城市绿量、花量翻番的目标。2009年，编制完成《潍坊市城市绿地系统防灾避险规划》，进一步促进城市绿地系统规划的全面落实。4月，潍坊市园林局组织完成《潍坊市创建国家园林城市工作情况汇报》《潍坊市创建国家园林城市专题片〈绿满鸢都〉》等创城申报资料的修改完善，5月，上报住房和城乡建设部，潍坊市正式申报创建园林城市。10月12—

北海路绿化工程　　　　(2011年拍摄)

14日，园林城市实地考评组对潍坊市创建国家园林城市工作进行现场考核验收。2010年2月，住房和城乡建设部下发《关于命名2009年国家园林城市、县城和城镇的通报》，潍坊市与重庆、太原、昆明、西安以及山东省的临沂、泰安等40个城市一道被命名为“国家园林城市”。2011年，在住房和城乡建设部组织的中国人居环境奖居民满意度问卷调查中，潍坊的城市绿化满意率达92.6%，得分最高。

第三节　公园　广场

自1998年以来，依据城市绿地系统规划，结合旧城改造及绿地系统规划的实施，先后对东苑公园、自怡园、人民公园等综合性公园进行了改建提升，并免费向社会开放；将九龙山树木园改建、扩建成为潍坊市植物园，建成富华游乐园、金宝乐园、潍州乐园等一大批休闲娱乐公园；结合三河改造，建成张面河景区、虞河景区、白浪河景区等沿河景观公园，改善了城市环境；建成海培绿地、芳华园绿地、九龙园绿地、海关游园绿地、日月同辉园等众多街头游园绿地；建成人民广场、安顺广场、世界风筝都纪念广场等面积超过5万平方米大型绿地广场7处，使街头绿地满足500米服务半径要求，为市民休闲娱乐提供了方便。至2012年，市区共有公园绿地2187公顷，包括公园12个、广场11个，街头游园等各类公共绿地136处，人均公园绿地面积达到17.67平方米。在公共绿地建设中，注重以绿为主，乔灌花草结合，努力体现生态性、人本性，改善了城区生态环境。公园建设按照《公园设计规范》要求，坚持以绿为主，注重大乔木栽植，使各类公园植物配置合理，功能完善，富有特色，规划建设水平高，为广大市民提供良好的休憩娱乐场所。

自怡园

自怡园位于潍城区东风西街与安顺路交叉口东北角，南到东风西街，北到西园街，东临潍坊外国语学校，西至怡教园，占地面积7.93公顷，其中绿地面积5.60万平方米，水面面积1.40万平方米，硬化面积0.90万平方米。1991年11月开工建设，1994年10月建成开园。该工程投资210万元。1999年和2002年进行两次续建改造。园内建有漫泽湖、向阳景院、青筠别馆、绛雪居、湖山真意等景点。栽植有法桐、垂柳、白皮松、雪松、银杏、樱花、丁香、迎春、冬青球等各类乔灌木60多种近5000棵。园中铺设青石园路，建有仿古建筑，是一处具有传统古典式山水园林风格的公园，也是市城区西部建成较早、面积较大的绿地公园。2004年3月，市区园林体制改革，将自怡园移交潍城区管理。

东苑公园

东苑公园位于奎文区胜利东街与潍州路交叉

1998年改造后的东苑公园

口西南侧，始建于1982年，占地面积4.90万平方米，1985年10月1日正式对外开放，1997年被省建委评为文明示范窗口。1998年5月破墙改造，8月30日改造完成，投资额168万元，拆除围墙310米，新建园路1000多平方米，新植草坪8500平方米，安装不锈钢护栏392米，安装园灯、射灯、彩灯37盏，在公园中央新建700多平方米的晨练场及儿童乐园，由封闭式管理的收费公园改为免费的敞开式城市公共绿地。2004年3月10日进行大规模改造，9月30日改造完成，总投资690万元，改造面积5万平方米，分为喷泉、雾森、园路、广场铺装、管理房建设、儿童乐园、大树栽植等16个项目。共栽植乔木263株、灌木6.16万株、草皮1.57万平方米、草花2.49万株，铺装花岗岩地面2600平方米、透水砖广场4500平方米，安装了喷泉、雾森系统，东苑公园成为中心市区中部的重要休闲、娱乐场所。

北海广场

北海广场位于北海路与北宫东街交叉口，由中央环岛和周围四块绿地组成。广场总面积15万平方米，其中绿地13万平方米。1999年3月开工，2000年6月竣工（之后又进行两次扩建和绿化完善）。该工程共栽植雪松、银杏、樱花、金叶女贞、龙柏等各类乔灌木5万多棵，建有1600平方米的花岗石广场，有1.50万平方米园路，绿地中心环岛直径为99米，内建一座高56米的两碟双层式大型灯塔，安有高标准射灯24盏，灯塔四周铺设草皮，配植以白蜡、龙柏和金叶女贞等灌木和花卉造型；环岛周围四块绿地以草坪为主，分别建有方形、圆形、扇形、梅花形等5个大型花坛，用红叶小檗、金叶女贞、龙柏、黄杨等灌木组成红、黄、绿多色彩的四条彩带造型。该工程总投资1800万元。该广场的建成，改善了潍坊中心城区东北出入口的绿化环境和市容市貌。

人民广场

人民广场位于市级机关综合办公大楼南侧的胜利东街以南，北海路以东，东方路以西的区域，是潍坊城区的大型绿地广场之一。2000年2月开工，历时3年建成。广场占地面积23.73万平

2005年改造后的市人民公园

方米，建有世纪花坛，东、西林荫广场，大型喷泉等工程。栽植银杏、法桐、樱花、金叶女贞、龙柏球等各类树木30万棵，草坪4万平方米，自然式园林绿地10万平方米，铺装硬化道路12万平方米。工程投资额5500万多元。

2006年建成的归真园

市人民公园

市人民公园位于城区白浪河西岸，青年路以东，健康西街以北的区域。始建于1951年，以观赏动物、植物为主，是封闭式管理的市级公园。为适应城市发展的要求，进一步提升人民群众的文化生活品质，2004年，市委、市政府决定对人民公园进行改造。改造工程利用原有生态资源，运用现代造园手法，突出生态性、人本性，体现潍坊历史文化底蕴，突出人与自然和谐与融合的原则。2004年9月开始施工，2005年6月完成改造并对外开放，投资总额5000万元。改造后的市人民公园占地13万平方米，分南、北、西3个出入口，园中溪流景观带、沿河景观带2条景观带，中式园与西式园2个园中园，共11个景区（叠翠、天趣园、明心岛、枫林、流沙、慕容台、云城、听香屋、春之景区、归真园、谊园）。

归真园

归真园位于人民公园西北角，占地面积1公顷，2004年11月动工建设，2006年4月正式开放，投资总额2000万元。归真园是由联合国教科文组织顾问、中国建筑学会建筑史学分会理事长杨鸿勋设计并主持建设，为中国古典山水园，融江南园林风格，突出潍坊地域特色，在传承历史文脉的基础上又有新发展。此园建于“2005世界环保年”，体现中国杰出的“人文环境与自然环境相融合”营造哲理，取“返璞归真”之义，定名为“归真园”。园中山水相依，建筑相连，浑然一体。园内主要景点有13处：绿荫堂、“深千尺”潭、明湖、北山、月夕烟晨、“兰舟”舫、“掬月临流”水阁、“闲云野鹤”楼、东篱馆、琴台山庄、桃源村寨、“天香庭院”牡丹园、十里山塘。

潍坊植物园

潍坊植物园位于市区东南部，东至北海路、南到宝通东街、西跨新华路，与虞河景区相连。该植物园于2007年10月开工建设，2009年7月竣工，投资2.3亿元。总占地面积约46万平方米（新华路以东22万平方米，新华路以西虞河景区樱前街以南24万平方米），是以观赏游览和科普为主，兼具科研功能的植物公园。园区分观赏树木、水生植物、盆景园—科普馆及岩石园四大景区。观赏树木区引栽植物1400种。按植物的进化系统排列，分松柏、木兰、牡丹、杏桃、红果、樱棠、月季、槭树、木樨和竹等10个专类园。水生植物区由挺水、浮水等代表性水生植物组成，如荷花、水生鸢尾、水葱、睡莲、海寿花、紫芋

潍坊植物园　(2012年拍摄)

等。岩石园模拟自然界岩石及岩生植物，加之灌木、藤本和草本植物材料，展现山地植物景观。盆景园—科普馆采用“白墙、黛瓦、栗色门窗”的中国传统民居风格，主要展示盆景艺术和用于科普宣传教育。

世界风筝都纪念广场

世界风筝都纪念广场位于奎文区胜利东街与四平路交叉路口西南侧，南邻潍坊风筝博物馆，西靠白浪河。广场是以“风筝文化、民俗文化、人文文化”为主题规划设计建设的纪念广场。总占地面积约9万平方米，其中一期上部广场面积约4.80万平方米，下部滨河景观区面积约9500平方米。2004年开始建设工程的地下部分及广场的部分基础设施，2006年1月开工建设地上广场，2006年4月15日竣工开放。广场地上景观建有吉祥大道、鸢标广场、咏筝栈桥、芙蓉树阵、民俗长廊、儿童乐园、森林公园、风博广场、滨河景区、露天剧场等十大景观。以风筝为主题的大型雕塑位于广场中央，高18米，网架结构，简洁明快，顶端蝴蝶明眸随风而动，活灵活现，是风筝都潍坊的一座标志性景观。

潍坊飞机场广场

飞机场广场总体构图是代表潍坊风筝文化的“蝶”形，主要包括候机楼前中心广场、周围绿化及路面翻新三部分，占地面积13万平方米。2004年7月开工，8月27日竣工，投资560万元。共铺装花岗岩蝴蝶广场930平方米，林荫停车场（嵌草砖）1600平方米，安装喷泉1组，铺装彩绘石2500平方米，栽植银杏、柿树、雪松等乔木372棵，各类灌木3.20万棵，栽植草花3万多盆，铺植草坪1.30万平方米。

世界风筝都纪念广场　(2007年拍摄)

火车站广场

火车站广场位于火车站站房以北，东临和平路，西连向阳路，北接中亚商贸城，由地上广场和地下商城及停车场组成，南北长176米，东西宽180米。地下为购物商城和停车场，总面积2.69万平方米；地上为站前景观广场，总面积3.17万平方米。地下工程于2007年9月15日完成主体封顶。累计开挖土方18.30万立方米，浇筑钢筋混凝土1.20万立方米，该工程投资额3000万元。地上景观广场于2007年8月4日开工，11月8日竣工并投入使用。工程累计回填土方8.30万立方米，铺装石材1.50万平方米，敷设各类管线1.40万米，建成绿地面积1.67万平方米，绿化率52.68%，该工程投资额1700万元。建成后的主要景观沿广场中轴线展开，依次排列为出口广场景区、主题雕塑景区、水景带、绿化带等，形成一纵两横的广场文化布局，营造出一个展示潍坊风筝文化与民俗文化，集休闲娱乐、商业购物及举办大型集会活动为一体的综合性城市广场。

安顺广场

安顺广场位于潍坊市区西北部，潍坊奥体中心西侧，由安顺路、长松路、北宫西街3条主干道围合而成，占地面积12.80万平方米。2009年3月29日开工，10月竣工，投资1.2亿元。该广场作为潍坊奥体中心重要配套景观，设计理念紧扣奥林匹克更高、更快、更强精神和绿色生态文化主题，建有雕塑广场、树阵景观、城市山林和水系叠瀑四大景区，栽植乔灌木12万棵、植被9.50万平方米。

白浪河绿地广场

白浪河绿地广场总占地面积11.60万平方米，以东风街为界分为北区和南区。其中北区占地6.50万平方米，该工程（北区）南起东风西街，北至福寿西街，西起和平路，东至白浪河，南北长750米，东西宽20～200米不等。1997年6月8日，白浪河绿地广场一期工程（北区）开工，1998年10月1日竣工。建成后的绿地广场（北区）以大面积草坪为主，其中建有占地面积3000平方米的硬质广场，广场中心设置36米球形高杆灯一盏。整个广场设计以绿色为主，动静结合，为市区1998年精品工程之一。该工程投资1000万元。1999年1月，白浪河绿地广场二期（南区）开工，12月竣工。该工程北起东风西街，南至胜利西街，西起和平路，东至白浪河，南北长530米，东西宽310米，占地面积5.10万平方米。广场中央设置大型彩色音乐喷泉，喷泉周围是花岗岩广场及15个环形花坛，花坛中间安有10组柱灯。广场东南以及西北方向为两条宽8米的花岗岩道路，路中间各设置一个圆形花坛，花坛中间各布置一组盘龙灯。该工程投资1570万元。一期和二期工程均由潍坊市市政工程设计研究院设计，市政公用事业局承建。

奥林匹克体育公园

奥林匹克体育公园是市委、市政府确定的2008年城市建设的重点项目，是为迎接2009年第十一届全运会而兴建的主要体育场馆之一。位于潍城区北宫西街与安顺路交叉口东北角，总投资额7.30亿元，占地28.67公顷，南北长270米，东西长240米，总建筑面积7.80万平方米，五层主体为钢筋混凝土结构，上部屋盖为大型钢结构罩棚，规模4.50万座位，居省内第二，配有热身训练场和821个停车位。该工程2008年4月6日开工建设，2009年5月31日竣工验收，6月10日正式启用。工程建设实现安全生产零事故，一次性通过竣工验收，成为潍坊市新的地标性建筑。2009年10月，成功承办第十一届全运会有关赛事。被第十一届全运会筹委会评为“优秀赛区”，被亚足联确认为推荐比赛场地。2010年12月15日，潍坊奥体公园体育场被中国施工企业协会评为“国家优质工程奖”。

2009年建成的潍坊奥林匹克体育公园

V1购物广场

该广场位于潍坊市白浪河西畔，与潍坊历史文化象征的奎文门隔河相望，为国家AAA级旅游景区。总建筑面积9万多平方米，由5万平方米大型市民休闲广场，6万多平方米多功能滨河商业区，能停车500辆的大型地下停车场，10万平方米白浪河水面多元文化景观，134米长、43米宽的白浪河河底黄金走廊等五大区块组成。V1购物广场由多种商业业态有机组成。

虞舜公园

虞舜公园南起北海路、北至胶济铁路，与城区连接，占地200万平方米，按照“生态自然、简约质朴”的理念进行综合整治，通过清淤治污、生态修复、恢复景观生态等工程，公园面貌实现很大改观。共铺设污水管网12千米，修建蓄水堤坝8座，蓄水量达30万立方米，栽植乔灌木20.5万株，建成水系湿地30万平方米，形成湿地园、响水湾、芦苇荡、状元湖等景区，打造出以野为美的郊野风光。修建崇文街虞河桥等3座桥梁，彻底改善城南交通状况，使坊子区、奎文区连为一体。虞舜公园改造工程开创潍坊河域整治的新模式。

坊子区南溪公园

南溪公园始建于1992年，南临坊子区长宁街，北靠恒安街，占地21万平方米，其中水域面积7公顷。园内建有玉带桥、彩虹桥、九曲桥、亲水河坝、假山等。共栽植绿化苗木1.8万株，绿化覆盖率70％以上，一次完成投资1961万元。1997年，坊子区在园内投资建设全民健身广场，以满足市民休闲的需要。2003年以后，对公园进一步开发利用，栽植部分名贵观赏树木和花灌木，建设凉亭、游廊、石凳等设施，成为集健身、休闲、娱乐于一体的公共场所。

坊子凤栖园市民休闲中心

凤栖园市民休闲中心位于坊子区长宁街中段路北，占地2.6万平方米，分健身区、绿化观光区、休闲娱乐3个功能区。栽植银杏、白皮松、云杉、樱花、小龙柏等乔灌木73.5万株，种植高规格草坪6000平方米，建设假山1座、休闲亭1处，健身广场1处，形成廊、桥、山、亭、场、灯、水相协调，花、草、树相映衬的园林式生态广场。2007年10月30日正式开园，免费向市民开放。

第四节 河道绿化综合整治

潍坊市坚持“生态、自然、节约”理念，全

力推进生态水系治理，至2012年，累计投资20亿多元，对流经市区的白浪河、虞河、张面河、泥河等四条河流实施全面整治，搬迁河流两岸污染企业，截污管道下地，绿化两岸环境，栽种水生植物，修复湿地生物链，恢复河流原有的生物群落和自然生态，河流的生态环境得到恢复和改善，形成20多平方千米的城市滨水景观带。2010年，白浪绿洲湿地公园被住房和城乡建设部命名为“国家城市湿地”，并创建成为国家AAAA级旅游景区。张面河、人民公园改造项目被授予“中国人居环境范例奖”。泥河被评为国家AAA级旅游景区。

2004年张面河整治工程竣工前后对比

张面河综合整治工程

张面河综合整治工程东起北海路，西至东风东街凤凰桥，2004年7月21日全线开工建设，8月25日景观工程结束，全长3000米。整治工程坚持以人为本的设计理念，充分体现人文内涵和潍坊历史文化特色，以城市生态绿化林带为滨水景观主要载体，突出小桥流水、都市森林、生态休闲的特色，全线依次为桃源修竹、丽水华庭、生命之轮、百家俊秀、北海秋月5个景区。工程主要包括截污、绿化景观、道路交通和夜景照明4大系统，该工程投资额7000多万元。截污系统为沿河建设箱渠，截住两岸污水。绿化景观工程以点、线、面相结合，植物种类合理搭配，力求形成三季有花、四季常青的效果。道路系统，以步行为景区主要交通方式、以绿带景观与滨水步道为主流线。新建车道以曲线为主，为次要交通方式。景观照明系统充分利用照明技术和灯光艺术手法，着力体现生动、活跃、大方、充满趣味性的夜景及照明效果。主要建设内容包括河道驳岸修复、箱涵修建、桥头平台包装、河道硬化及防水等工程。改造装

2012年张面河城区段综合整治工程景貌，该工程获“山东人居环境范例奖”

修交通桥7座，新建涵盖观光路、步行道、自行车道等道路类型的路网体系，铺设各类管线7万米，安装路灯、景观灯、庭院灯、草皮灯、水底灯、射灯等各类灯具4000盏。形成循环水、浇灌水等水流系统。建造面积达1万平方米的5个塑石景点。摆设大景石40多块。铺设河底鹅卵石约1.60万吨。栽植大型景观树近100棵，乔木约2万棵，灌木约9万棵，竹子约10万棵，草皮约12万平方米。整治工程通过科学调度、昼夜施工，从全线开工到景观完成仅用35天，成功建造一条城市滨水生态旅游休闲景观长廊，将一条污水横流的臭水沟改造成为一条城市景观主轴，为城市增添一道亮丽风景。张面河综合整治工程先后获得“山东省人居环境范例奖”“中国人居环境范例奖”。2005年4月8日，中共中央总书记、国家主席、中央军委主席胡锦涛视察张面河综合整治工程，给予充分肯定。

2006年综合整治后的虞河

虞河综合整治工程

虞河综合整治工程南起胶济铁路，北至青银高速公路，全长12.70千米，面积200万平方米。2005年年初开工建设，2006年4月20日全面建成。虞河综合整治的总体设计理念是“让城市拥抱河流”，创造“清流碧水风筝城、潍州新貌赛苏州”的靓丽美景。把昔日的臭水河建设成一条“生态的河、流动的河、文化的河”。其景观可概括为：一湖、三瀑、九溪、十二景区、三十六大景观；三楼、五阁、七榭、二十四亭、两塔双百景点。从南至北共划分为九龙问源、虞水帆影、石桥漱玉、江山多娇、慧泉金湾、乐道彩虹、康桥水岸、九州方圆、虞河古道、北宫春早、玉清烟晓、踏雪寻梅12个景区，每一个景区由3个主景观组成，共36个主景观，分别展示潍坊独特的人文、历史景观。通过虞河水系景观，把沿河两边社区公共绿化服务设施串联起来，将水景、园林与社区生活、文化艺术融为一体，形成珍珠项链式的城市生态风景带。

白浪河滨水绿化综合整治一期工程

该工程南起白浪河水库，北至北外环以北3800米处，全长30.70千米，总规划控制面积为20平方千米，工程分为两期实施。一期工程南起白浪河水库，北至青银高速公路，全长22.70千米，该工程分为基础工程、景观工程和两岸开发3个阶段。基础工程2007年开始建设，陆续完成防洪、清淤、防渗、截污、治污、架桥、修路等整治工程。大规模景观工程建设从2008年春天开始，2009年6月全线景观基本形成。通过绿化和景观建设，将白浪河打造成为风景秀丽、商业云集、人文姿萃的滨水景观带。全线划定“一轴、五片、十二大景区”，景观建设充分体现大气、简约、生态、自然的特色，以深厚的历史文化为主线，充分运用现有的生态资源、景观资源、人文资源，把潍坊的历史文化融入全线，着力打造

虞河改造前后对比

集旅游休闲、商业服务、历史文化于一体的景观之河、商业之河、文化之河。

白浪绿洲湿地滨水绿化综合整治工程

该工程位于潍坊市城区西南部，南起白浪河水库，北至机场路，长6700米，平均宽度1500米，面积10平方千米，是集自然景观、人文景观、森林保健功能于一体的城市湿地公园（白浪绿洲湿地公园）。该工程于2007年9月开工，2009年6月基本竣工，是白浪河滨水绿化综合整治一期工程的组成部分。该工程遵循生态性、艺术性、多样性、社会性、可持续发展的设计理念，将白浪河岸线空间与水体有机融合，充分体现自然特性，创造充满生态情趣的滨水环境。整个生态湿地由南至北分为休闲度假区、湿地科普区、人文公园区3部分，由白浪跃湖、南溪垂钓、瀚林栖凤、云泽铺晖、柳岸闻莺、杏坛古韵等景观构成，景观区域内建有拾萃园、秋水云阁、国学讲堂、蔚然阁、燕处台等特色景点，在沿河岸线栽植乔木、水生植物、草坪等，着力打造集水生植物观赏、生态科普、候鸟栖息、步道游览等旅游项目为主的生态主题公园。湿地公园已吸引了白鹭、须浮鸥、苍鹭、天鹅、野鸡、野鸭、斑鸠、啄木鸟等100多种野生鸟类以及松鼠、水獭等几十种野生动物，其中仅鹭鸟就达1万多只。

白浪绿洲湿地公园的商业开发做到资源利用和生态保护并举，将白浪绿洲湿地公园打造成生态低碳旅游区，形成区域经济的产业结构特色，着力打造影视拍摄、婚纱摄影、自行车训练、青少年夏令营、艺术家创作、环保生态6个基地，拓展湿地多元化业态功能。白浪绿洲湿地公园先后被命名为“国家级水利风景区”“国家AAAA级旅游景区”“国家城市湿地公园”“山东省十佳水利风景区”“山东省旅游项目建设创新奖”“山东省精品建设工程”。

白浪河滨水绿化综合整治二期工程

白浪河滨水绿化综合整治二期工程（北辰绿洲湿地公园）2010年11月动工，该工程南起青银高速公路，北至北外环以北3800米处，全长8000米。按照“北欧风情、城市森林、郊野风光”的理念定位，围绕“生态修复、河道治理”的目标要求，塑造真生态、真自然、自由式、大气磅礴的郊野风光，与南部上游白浪绿洲湿地公园南北呼应，在全线形成“南秀北雄”“南古北今”的景观格局。至2011年底，工程全线箱涵全面贯通，清淤、截污、防洪、河道疏浚等顺利完成，路网体系基本形成。工程按照景观特色划分为城市风貌区、水景公园区、原生态湿地保护区3个景区。城市风貌区重点打造森林音乐广场、荷润方舟广场、龙舟码头等景观节点;水景公园区主体为水上游览区、两岸林野区，建有千米

2009年建成的白浪绿洲湿地公园

沙滩、万人浴场，北端重点打造核心观景区，规划建设人工岛和零排放低碳生态的标志性建筑；原生态湿地保护区按照“自然优先、生态修复”的原则，打造独具特色的中水生态处理区、生态科普教育基地和江北独具特色的雪鸟聚集区。通过规划统筹、引领，使北辰公园与城北白浪河中段治理工程、禹王万亩湿地、白浪河滨海新城改造工程连接互动，构筑起串联中心城区与滨海新城的生态大轴线，打造风景秀丽、人文荟萃、商务繁荣的滨水景观带。共栽植乔木32.85万棵，灌木2216万棵，水生植物3369万芽，植被153.15万平方米、草花756万平方米，路网铺设10万多平方米。

白浪河治理前后对比图

浞河湿地综合治理工程

浞河湿地治理工程项目是一项防洪工程，又是景观工程及生态工程。对浞河（杨家庄—马宿水库）6.3千米（双侧河岸，总长12.6千米）及浞河中部支流2.7千米（双侧河岸，总长5.4公里）进行综合整治，整体景观及绿化带面积2143亩，水面700亩，河床设计宽度30～220米。浞河工程建设充分利用浞河的自然资源优势，挖掘自然、人文、历史等多方面素材，以原始的五行元素金、木、水、火、土为核心划分为五大功能片区，32个特色景点，打造浞河五行风情文化带。

工程分三期进行，一期工程（2008年5月至2009年7月）为健康东街至樱前街支流及樱前街北东岸至宝通街段市政、绿化、桥梁、园建等工程建设；二期工程（2009年7月至2010年7月）为健康东街以南至樱前街主河道的市政、绿化、桥梁、园建等工程；三期工程（2010年8—12月）为健康东街至寒亭交界处的市政、绿化、桥梁、园建等工程。水利市政设施建设滚水坝12座，市政桥梁3座，主园路桥梁5座，设计蓄水量118万立方米。

工程完成梨园东桥、梨园西桥、高清桥3座市政桥，1＃至5＃五座园林路景观桥建设；完成12座滚水坝及河道和驳岸施工及蓄水任务。共修建园路76477平方米。建有人物广场、锦绣花台、崖渡洞府、渔台春晓、银河滨岸、苇花野渡、诗画烟云、土广场、健身广场、树阵广场、水韵风情、临水小憩、亲水篁花、长堤花柳14个景观园建工程。共栽植乔木10.59万株，灌木67.8万株。栽植地被250.44万株，草坪63.15万平方米，栽植草花9500平方米，共完成绿化面积145万平方米。

虞舜公园综合整治工程

虞舜公园（虞河上游）综合整治工程北起胶济铁路，南至凤翔街，全长5500米，总投资约2.20亿元，工程包括湿地公园、截污管道及跨虞河3座桥梁工程建设。2011年春，管道基础工程动工，2012年3月，大规模景观建设全面展开，2012年8月主要景观形成。共栽植乔木12万棵，灌木32.80万棵，地被植物39万平方米，水生植物6.80万平方米，外运垃圾53万吨，完成土建工程3.70万平方米，建设园路5.20万平方米。2012年7月，先后对一、二标段进行验收；是年9月，对三标段进行验收。工程以“旱河”整治为理念，突出自然、生态、野趣，最大限度地发掘、修复和提升原有自然资源，重点做好湿地园、芦苇荡、花溪岩等景区，打造自然、生态、简约的城市郊野风光。

第五节　道路绿化

全市道路绿化坚持与建设同步规划、同步施工，做到“道路修到哪里，绿化就延伸到哪里”，加快道路绿化建设步伐。先后建成北海路、东风街、北宫街、宝通街、安顺路、樱前街等园林景观路10多条。自2003年开始，结合旧城改造，通过破墙透绿、拆违建绿、沿街植绿、拆旧改丑等措施，组织实施两街一路（东风街、胜利街、北海路）综合整治工程，对北海路、健康东街、宝通街、西外环路、虞河、人民公园、人民广场等主干道路、重要景区实施绿化完善提升工程。道路绿化注重树种配植，合理配置常绿树与落叶树、速生树与慢长树、乔木与灌木、地被的比例，力求达到三季有花、四季常青、全年有色、景色怡人的绿化效果，形成良好的生态效益和景观效益，达到“以绿治脏、以绿治乱、以绿治丑、以绿治胜”的绿化效果，拓展城市绿化空间，改善人居环境。

2012年竣工的虞河上游综合整治工程

樱前街绿化工程

2005年3月16日，樱前街（潍县南路至新华路段）绿化工程开工，4月15日竣工并形成景观。该项目长3700米，主要工程内容为绿化13.40万平方米，人行道铺装1.60万平方米，安装路灯176盏。该工程投资1261万元。

东明路绿化工程

2005年3月16日，东明路（宝通东街至胜利东街段）绿化工程开工，4月15日竣工并形成景观。该项目长2900米，绿化9.50万平方米，人行道铺装3万平方米，安装路灯136盏。该工程投资852万元。

北海路北段绿化工程

2005年3月16日，北海路北段（环岛北区至北外环段）绿化工程开工，4月15日竣工并形成景观。该项目长3500米，绿化18.20万平方米。该工程投资2243万元。

新华路南段绿化工程

2005年7月15日，新华路南段（宝通东街至健康东街段）绿化工程开工，8月25日竣工并形成景观。该项目长2000米，绿化8100平方米，人行道铺装5740平方米。该工程投资263万元。

东风西街绿化工程

2005年10月4日，东风西街（长松路至西环路段）绿化工程开工，11月30日竣工并形成景观。该项目长2100米，绿化5.50万平方米。该工程投资850万元。

北海路绿化工程

该工程路段北起北环岛，南至铁路桥，全长13.70千米，绿化总面积68.60万平方米。2007年冬季开工，2008年4月竣工，投资4000万元。共栽植各类乔灌木22万棵，初步达到了大花量、大色块、大组团的绿化效果，成为市区一条花色鲜明、层次丰富、绿量充足、景观优美、绿色生态的迎宾大道。2008年冬季开始，连续两年又对其进行全面提升改造。按照“迎宾大道”的定位，突出“生态、自然、和谐”的绿化理念，在分车带和交叉口环岛等重要节点，加植白皮松、大叶女贞等冬季常青树，配植百日红、垂丝海棠、木槿、紫荆等花乔灌木，点缀景石，凸显“迎宾”特色，道路两侧绿化带中大量加植高档乔木和玉兰、樱花等花灌木，营造花团锦簇效果；与模纹、片带灌木、对节白蜡一起，映衬出迎宾大道开阔、雍容大度、花团锦簇的景观效果。

潍高路绿化工程

该工程东起潍城区于河街道，西至寿光界，全长12千米。2010年10月12日开工，2011年4月5日竣工。该路段绿化面积60万平方米，栽植乔灌木17.70万棵、地被20万平方米，工程总投资4380万元。该绿化工程改变了潍坊街道“高、大、密”的绿化模式，努力营造一种“疏林草地”的风格，是潍坊市城市绿化由生态型向自然生态型与园林景观相结合转变的标志。

青银高速公路13号口绿化工程

该工程位于安顺路与西外环交叉口，绿化面积3.80万平方米，分A、B两区，2004年春季开工。共栽植各类乔灌木9.30万棵，铺设草坪3.02万平方米，铺装园路、广场2000平方米，该工程投资额451万元。A区位于交叉口西北角，面积22654平方米，栽植各类绿化苗木5.30万棵；B区位于交叉口西南角，面积15512平方米，建有三大活动广场、四个入口，方便市民出入和休憩。绿化采用“片植”手法，以雪松、大叶女贞等为骨架，毛白杨、黑松等为背景，花乔木、灌木及地被模纹相结合，形成层次丰富的小型森林景观。

青银高速公路14号口绿化工程

该项目由通亭街绿地和开元绿地组成。通亭街绿地连接青银高速14号口匝道和北海广场，全长1040米，绿化带宽度为每侧50米，以3排雪松为常绿背景，前排为花乔木、花灌木组团，结合大色块流线型模纹造型，共栽植雪松、云杉等乔灌木8万多棵，铺植草坪4万平方米。工程于2005年3月开工，当年4月竣工，累计投资500多万元。开元绿地位于青银高速公路以北，通亭街以东，面积3.20万平方米，共栽植乔灌木7.30万棵、草坪4000平方米，绿化面积2.70万平方米，工程投资额181万元。绿地内以雪松为背景，点缀栽植花乔木和小叶黄杨等灌木组团，整洁明快。2005年，对南北匝道进行绿化，面积约3.80万平方米，种植大树38棵、乔木1484棵、灌木20万棵、草花12.60万棵，铺植草坪4000平方米，工程投资额约320万元。

第六节　园林绿化管护

2003年后，制定绿化养护制度及规范标准，开展形式多样的整治活动，绿化与养护同步进行，提高了城市绿化质量。中心城区公共绿地主要分为3类：市园林部门作为业主管理的绿地，面积约370万平方米，年养护经费约3000万元。费用由市财政全额承担。主要包括“两园”（人民公园、植物园）、“两河”（虞河、张面河）、“两路”（北海路、安顺路）、“两广场”（人民广场、安顺广场）、“两口”（济青13号口、济青14号口）。区园林部门作为业主管理的绿地，其中市区两级共同承担养护费用的绿地395.35万平方米，由区单方承担养护费用的绿地（包括东苑公园、自怡园、背街小巷等）面积76.3万平方米。其他部门管理的约1309万平方米，其中由三河管理公司管理白浪河绿地1300万平方米，人防办管理风筝博物馆广场绿地9万平方米。

2008年6月，市市政局、市财政局联合印发《中心城区园林绿化管理级次考核办法》，同时完善潍坊市中心城区绿地养护管理质量标准、绿化养护作业规范及考核标准。

2010年3月，市园林处组织对景区、公园、广场进行零缺陷整治工程，对景区、公园和广场进行苗木补植、施肥、浇水、病虫害防治、卫生保洁、设施设备维修等精细化养护管理。共出工7257人，栽植乔木2289株、灌木8280株、地被30525平方米，维修地面104万平方米、369处。9月，开展“城区环境综合整治活动月”活动，整改问题300余处，补植苗木1000余株、草坪地被500余平方米，普施杀虫剂4遍，维修更换设施设备100余处。

2011年3月，以“五无”（无缺苗、无死枝、无垃圾、无残缺、无尘土）考核标准为基础，进行精细化管理综合整治，对景区、公园、广场和主要干道进行苗木补植、病虫害防治、卫生保洁、设施设备维修等综合整治。累计完成乔木栽植2752株，灌木13155株，地被12327平方米，球类62株，成木铺装3000平方米，更换电缆6500米，更换灯具1719盏，电器维修326处；地面维修、更换7750.20平方米；座凳、垃圾箱、灯具等打磨油漆5005平方米；喷泉、管

北海路绿化养护　　（2012年拍摄）

道维修332处；更换船只1只，更换垃圾箱112个，完成投资约750万元，普施杀虫剂3遍。公园、广场、河道景区内实施全时保洁，垃圾随产随清。

第七节 社会绿化

概况

1991—2000年，全市城市绿化主要依靠全民义务植树，单位庭院、小区绿化等社会绿化一直是城市绿化工作的薄弱环节。2001年后，重点推进社会绿化，积极开展绿色家园建设活动，政府投资和社会绿化同步进行，各沿街单位密切配合，加快绿色家园建设和城市公共绿地建设步伐，提高了城市园林绿化总体水平。

2006年始，市园林处推出以无偿供苗、送绿进社区、无偿设计咨询等为主要内容的社会绿化系列活动，倡导社会绿化，激发了市民参与绿化的积极性。这项活动连续开展7年，至2012年底，累计为100多个单位（小区）、6万多名市民无偿供苗20万棵，提供服务咨询、技术指导6000多次。加大对单位庭院和居住小区的建设和改造力度，开展创建“花园式单位”“花园式小区”等各种形式的活动，引导社会单位开展绿化建设，各沿街单位、居民小区主动配合，积极参与绿色家园创建活动，取得良好效果。到2012年底，城区共创建省级花园式单位99个、省级花园式小区23个；市级花园式单位634个、市级花园式小区140个。针对潍坊市城区多数停车场普遍缺少林荫的现象，在新建公园绿地、商务区、办公区、道路两侧及居住区建设林荫停车场。至2012年底，城区建有林荫停车场60处。

花园式单位（小区）选介

潍坊第一中学 位于高新区宝通街以北，惠贤路以东，2003年开工建设，2005年竣工投入使用，占地面积83.92万平方米。校园内共栽植各类苗木178个品种，其中乔木9.39万株，灌木29.08万株，铺设各种草坪47.58万平方米，校园绿化率67.33%。建成课程实践基地——植物园、潜园两大景点，全面实现“森林中的学校”的设计理念，达到三季有花、四季见绿、夏有绿荫、秋有果实的绿化效果，整体绿化效果达到一级标准。2008年，学校被评为省级花园式单位。

潍坊市地方税务局 位于高新区新城西路399号，占地面积16716平方米，绿化率55%以上。该院按照因地制宜、合理布局、特色鲜明的绿化思路，划分为春、夏、秋、冬四园。院内种植白玉兰、桂花、木瓜、柿树、雪松、水杉、碧绿竹、黄杨等植物30余种，建有2个生态化水池，种植大面积景观绿色草皮。以水榭、太湖石、泰山石、景观假山为主题的园林设计精巧、色彩协调。2008年，市地税局获省级花园式单位称号。

高新区第二孵化器 潍坊高新区第二孵化器于2009年底建成，占地面积6.62万平方米，绿化面积4.57万平方米，绿化面积占用地面积的68.9%，

潍坊一中校园

绿化面积达到可绿化面积的100%。该园区规划布局科学合理，植物配置符合生物学特性，楼周围均种有黄杨、红叶小檗、小龙柏等灌木，院区种植水杉、桂花、白蜡、马褂树、红玉兰、百日红、樱花、法桐、黑松、石楠等60余种树木，栽有荷兰菊、海棠、美人梅、玉簪等20多种观赏花卉，四季常青，三季有花。园区建有4000平方米喷泉、跌水等水系，园区内绿化养护适时，园容干净整洁，各种花草树木生长茂盛，景观和绿荫效果俱佳，环境效益显著。2012年，获省级花园式单位称号。

山东交通职业学院　山东交通职业学院校位于潍坊市高新区。校园内建有凤凰山、匠心园、桃李园、学生公寓等6个景观群，13个景观点，30多个学生休读点。校园里绿树成荫，鸟语花香，特别是坐落于校园中的历史悠久的凤凰山，植被茂密，叠水层层，郁郁葱葱。学院先后投入1000万元对学院园林布局进行规划，庭院总面积34.91万平方米，绿化覆盖面积16.06万平方米，绿地覆盖率46%以上。栽植有法桐、柳树、国槐、雪松、海棠、柿子树、核桃、竹子、白皮松、樱花、女贞、青桐、银杏、白蜡等120余个品种、1.2万余棵树木，栽种小龙柏、金叶女贞、红叶小檗等小灌木80余万株。学院有30名绿化人员专门负责绿地养护管理工作。2009年，学院获省级花园式单位称号。

第八节　园林科研

引进绿化植物新品种

1991—2012年，潍坊市陆续引进槭树类、海棠类、花楸类，以及荷包牡丹、高雪轮、飞燕草、黄晶菊、郁金香、风信子、醉蝶花、洋水仙、长春花、彩叶草、矮牵牛、金叶过路黄等新品种100多个，并对多个品种进行扩繁推广，有效改善了市城区绿化植物的品种结构。2012年起，潍坊市完成数字化园林（一期）普查资料整合备档，建立起数字化园林信息管理系统、数字化园林平台。对所有资料进行整体录入，逐步完成绿化分布总图、公园绿地分布图、绿线分布图等9大类，40多个分类图层，300多万数据点，基本实现潍坊绿化一张图。至2012年，对潍坊区域植物进行调查统计，整理出版《潍坊市植物园植物名录》。

园林科技示范园

园林科技示范园位于潍城区长松路与春鸢路交叉口路西。2002年，潍坊市园林管理局在潍城区大胥家村租用337.7亩土地建设一个集园林科研、花卉生产、苗木培育、名优苗木引种驯化为一体的园林科技示范园，拥有智能温室1200平方米，日光温室2000余平方米，绿化树种有白皮松、国槐、银杏等乔木30多个品种，存圃量在25万株以上，紫叶李、西府海棠、红叶小檗等花灌木10多个品种，存圃量在30余万株。

古树名木保护

2001年，市政府印发《关于加强市区古树名木保护管理的通知》，进一步明确古树名木养护管理责任，采取措施加强对现存古树名木的保护管理，并专门设立古树名木保护管理基金，加大对古树名木的保护力度。

2007年，市园林部门将古树名木的分布、渊源等基本情况汇编成册，出版《潍坊古树名木》书籍，为加强古树名木的保护管理提供了基础性资料。

潍坊市现存古树名木624株单株（含名木4株），树群11个，分属于25个科，49个树种。豆科最多，为417株单株，1个树群（3株），占总数的近一半，一级古树名木487株单株，7个树群，二级古树名木133株单株，4个树群。潍坊市市区71株古树名木（其中，古树67株、名木4

株），分属13科。其中豆科49株、银杏科4株、柏科3株、松科3株、壳斗科2株、山茱萸科2株、柿树科2株、胡桃科1株、槭树科1株、无患子科1株、忍冬科1株、榆科1株、杨柳科1株。其中，奎文区20株（9科）、潍城区33株（3科）、坊子区6株（2科）、寒亭区12株（3科）。按树龄划分，300年以下的有46株、300～500年的有19株、500年以上的有6株。

第五章　公用事业

市委、市政府把供水、供热、燃气、城市公交等公用事业作为重要的"民心工程"来抓，不断加大基础建设投入，有效保障经济社会发展，进一步提高居民生活质量。1991年，潍坊市朱里应急供水工程建成投产，日供水量1.8万立方米；1993年，日供水能力达10万立方米。1988年9月，潍坊市首个集中供热项目——市政府供热站建成投产；1997年，第一座热电厂潍坊城公热电有限公司（后改名为"潍坊万潍热电公司"）建成投产。1991年，城区建有人工煤气储配站2座，储气能力5万立方米；1993年，潍坊市煤气总公司成立，保障城区管道人工煤气和液化石油气的供应。1988年9月，潍坊市首个集中供热项目——市政府供热站建成投产；1997年，第一座热电厂潍坊城公热电有限公司（后改名为"潍坊万潍热电公司"）建成投产，热力行业开始由分散锅炉房供热方式向集中供热方式转变。1991年，潍坊市有公交运营线路10条，运营车辆83部。

2000年之后，随着城市快速发展和人民生活水平日益增长的需求，为提高公用事业的运行效率和保障能力，潍坊市公用事业开始实施市场化改革，城市供水、燃气、热力等公用事业基本实现市场化运作。2001年开始，进行供热体制改革，2003年，原潍坊市煤气总公司与香港中华煤气公司合资成立潍坊港华燃气有限公司，双方各占股份50%。2004年，途经潍坊市城区南部的中石化济青一线天然气长输管道建成通气，城区开始引入天然气，并逐步置换原有的人工煤气。2005年9月1日，潍坊市第一座压缩天然气（CNG）汽车加气站建成投产。

2006年，白浪河水厂建成投产，城区东西双向供水格局形成。2007年，城区用水"一户一表"改造工程全面展开。城区供热实行区域划分，分为六大区域集中供热。2011年10月，途径潍坊南部的中石油泰青威天然气长输管道建成通气，市城区进入天然气"双气源"时代。2011年，高新配水厂建成，缓解了城区东南片区供水不足的压力。

至2012年，城区共有供水企业6家，公称直径100厘米以上的供水管道900多千米，供水普及率达100%；供热企业14家，供热管道长度2305千米，供热能力达4352万吉焦；管道燃气企业16家，建设天然气门站15座、液化石油气供应站226座，城市管道燃气普及率超过50%；有公交车辆1188台，公交线路72条，年客运总量13754.2万人；节水企业100余家，城市节水累计3亿多立方米，累计投入节水技改资金2亿多元。

第一节　供水

潍坊市生活饮用水水源地有峡山水库、白浪河水库两个地表水水源地，以及朱里地下水水源地。峡山水库是山东省第一大水库，位于昌邑、安丘、高密、诸城4市交界处，距离潍坊60千米，兴利库容5.5亿立方米，总库容14.05亿立方米，死库容0.49亿立方米，控制流域面积4210平方千米，是潍坊中心城区、潍坊滨海开发区等地生产生活用水的主要水源保障。白浪河水库地处市区南郊的白浪河中游，与上游牟山水库、高崖水库相连，控制流域面积353平方千米，兴利库容0.41亿立方米，总库容1.48亿立方米。该水库常年库容较小，主要依靠上游调水，水体水质基本达到生活饮用水水源水质要求。朱里地下水源地位于潍河西岸，距离市区30千米，采浅层地下水，日取水能力约4万立方米，该水源地主要承担中心城区生活用水的战略储备供水任务。

1991年4月，朱里应急供水工程建成投产。该工程于1990年12月开工建设，共铺设管道长度26千米，建设泵房15座，日供水量1.80万立方米。

1993年4月，峡山给水工程建成投产。该工程设计日供水能力10万立方米，包括峡山取水厂、眉村净水厂和高新配水厂（原东环配水厂撤销后迁建）三个部分。其中，峡山取水厂日取水能力10万立方米，通过长30千米、直径1200毫米钢筋混凝土预应力管道输送至眉村净水厂净化处理；眉村净水厂采取常规工艺设计，日净化能力10万立方米，一般情况下采取混凝—沉淀—过滤—消毒常规处理工艺，之后原水水质状况增建气浮、粉末活性炭吸附等预处理工艺；高新配水厂设计日配送能力20万立方米。朱里水源地地下水直接进入眉村净水厂清水池，消毒后输送至高新配水厂，补加复合二氧化氯消毒后配送至市区公共供水管网。

2004年4月，潍坊市启动“一户一表”改造工程。2007年2月，市委、市政府印发《关于对城市旧居住区实施全面整治改造的意见》，决定在城区范围内逐步实施“一户一表”改造工程。至2012年7月，累计完成“一户一表”改造101710户，城区户表用户达到12.30万户，市民用水环境明显改观。

2006年，深圳联合润通与市城建集团合资合作，组建潍坊联合润通水务集团，并以潍坊联合润通水务集团为主体对自来水公司进行整体改制。市城建集团将持有的自来水公司51%的产权转让给水务集团，原自来水公司改制为两个股东的有限责任公司。同年8月，白浪河水厂建成投产并网运行。该工程于2005年3月开工建设，投资额1.20亿元，设计日供水能力12万立方米。水源水通过白浪河水库内取水头部及浑水管道自流进入白浪河水厂，采用折板反应—平流沉淀—双层滤料过滤—复合二氧化氯消毒工艺净化处理，建有浮滤一体翻板滤池，可根据水源水质状况采取气浮预处理措施。该项目建成后，与峡山水库共同担负着市区生产生活用水的水源保障任务，城区供水由此形成东西双向供水格局，供水水质明显改善，供水压力得以平衡，市区供水的可靠性和安全性显著提高。

2009年5月，市政公用事业产品服务质量监测中心一期开工建设，投资1000万元对办公楼进行水电、通风等实验环境进行改造，购置气质联机等先进检测设备，实现生活饮用水常规42项等实验室检测能力，该监测中心是全省地市级第一家由政府直接管理的公用产品质量监测机构，2009年，被授予“国家水专项水质监控预警项目潍坊示范研究基地”和“山东省给水处理工程技术研究中心潍坊分中心”。2010年下半年，该监测中心二期项目开工建设，建成覆盖中心市区供水体系的在线预警监控工程，配备流动检测设备，达到生活饮用水全部106项检测能力，位居全省前列。

2009—2012年，开展科技攻关和技术改造，水质净化处理采取有针对性的气浮、粉末活性炭吸附、生物陶粒和石英砂双层滤料等工艺措施，城市供水水质不断改善。市自来水公司出厂水水质合格率达100%，出厂水106项指标全部符合《生活饮用水卫生标准》。

2010年10月17日，《潍坊市城市供水水质管理办法》（以下简称《办法》）颁布施行。2011年4月，省住房和城乡建设厅向全省全文转发该《办法》，对潍坊市加强城市供水水质管理体系建设的创新性做法给予充分肯定，并在全省推广。

2011年11月，高新配水厂工程项目正式建成并网运行。该项目于2010年5月开工建设，投资额1.39亿元，设计规模为日供水能力20万立方米。至此，市城区东南片区供水压力不足的状况得到彻底改善。同年，深圳联合润通将其持有的股份转让给上实环境股份有限公司。上实环境股份有限公司控股68%，其余32%的股权由市城建集团持有。

至2012年底，城区公称直径100厘米以上供水管道长度达900多千米，供水普及率达100%。

第二节　供热

1997年，潍坊市第一座热电厂潍坊城公热电有限公司（后改名为“潍坊万潍热电公司”）建成投产。

自2000年以后，随着城市快速发展，居民对生活质量要求日益提高，全市加大供热管理制度和供热企业市场化改革。2005年11月6日，《潍坊市城市供热管理办法》发布实施。

2007年10月，城区供热实行区域划分，分为六大区域：潍坊市热力公司供热区域、潍坊万潍热电有限公司供热区域、潍坊栋海热力有限公司供热区域、潍坊五岳热力有限公司供热区域、潍坊华潍热电有限公司供热区域、潍坊盛源热力有限公司供热区域。2008年1月，城区供热区域进行调整，增加潍坊城南热力有限公司供热区域。到2011年底，潍坊城区有供热企业14家（其中纯热源企业4家）。以华电潍坊发电有限公司发电余热利用为依托的1个大型换热首站，万潍热电、亚星热电、华潍热电、城南热电、新方热电、恒安热电6个中型热电厂和昌能热源厂、万潍南部热源厂作为主要热源，以17个锅炉房作为补充热源，建设供热管网602千米，通过580个换热站对城区供热。供热能力折合蒸汽1950吨/小时，发展集中供热面积2800万平方米，其中居民供热面积2200万平方米，约24万户，集中供热普及率达到73.5%。通过发展集中供热,城区替代分散锅炉1100多台，每年减少烟尘排放1.70万吨、二氧化硫0.50万吨。

2012年，居民采暖换热站全部纳入数字化城市管理系统,供热期间实行24小时在线监控，确保冬季供热安全稳定。潍坊城区供热价格采取传统的面积热价和两部制热价两种形式。潍坊城区用热按建筑面积热价的，居民每平方米25.60元，非居民31.20元；按两部制热价的（分户计量热价），居民生活用热基本热价为11.00元/平方米，计量热价为0.14元/千瓦时，非居民生活用热基本热价为13.50元/平方米，计量热价为0.17元/千瓦时。至2012年底，全市蒸汽供热能力4083吨/小时，供热总量2572万吉焦，蒸汽管道长度899千米；热水供热能力2894兆瓦，供热总量1780万吉焦，热水管道长度1406千米。

第三节　燃气

1991年，潍坊城区累计建成人工煤气储配站2座，总储气能力5万立方米，气源采用潍坊焦化厂的人工煤气。1993年，潍坊市煤气总公司成立，主要负责城区管道人工煤气和液化石油气的经营服务。

2000年后，城区管道人工煤气基本普及，管道燃气行业进入快速发展时期。2003年11月，潍坊市煤气总公司与香港中华煤气公司合资成立潍坊港华燃气有限公司，注册资本1.40亿元，双方各占股份50%。企业合资后引入香港中华煤气的先进经营管理理念，提升了潍坊市燃气行业总体水平。

2004年8月，途经市区南部的中石化济青一线天然气长输管道建成通气，潍坊港华燃气、富茂燃气分别建设天然气门站，城区开始引入天然气，并逐步置换原有的人工煤气。各县市也陆续成立多家管道天然气公司，天然气在各县市开始逐渐普及。2005年9月1日，全市第一座压缩天然气（CNG）汽车加气站建成投产，开启汽车“油改气”市场。

2011年10月，途径潍坊南部的中石油泰青威天然气长输管道建成通气，潍坊市进入了天然气“双气源”时代。同时，在下游建设安丘CNG母站、临朐CNG母站，加快了全市汽车“油改气”进程。

至2012年底，全市共有管道燃气企业16家，建设天然气门站15座，LNG调峰储备站1座，敷设燃气管网3000多千米，发展天然气用户66万户，城市管道燃气普及率超过50%；建设汽车加气站45座，发展天然气汽车近7万辆，出租车、公交车气化率分别达到100%、30%；建设液化石油气供应站226座，总储气容积1.70万立方米，发展用户150万户。全市天然气年消费量4.20亿立方米，人工煤气0.60亿立方米，液化石油气8万吨。燃气行业从业人员达3000人，年产值超过20亿元，年利税额达2.20亿元。全市燃气事业不断发展壮大，供气领域涵盖居民生活、工业生产、公共福利、餐饮服务、交通运输等各个方面，成为城乡居民生产生活的主要能源之一。

第四节　城市节水

潍坊作为资源型缺水城市，人均水资源占有量320立方米，不足全国平均值的1/7。全市高度重视城市节水工作，以创建节水型城市为基础，按照“政策引导、意识先行、价格调控、计划管理、技术支持、典型示范、防污治污、综合利用”的工作方式和“政府主导、部门推动、企业单位和百姓积极参与”的工作方法，有效提高全市水资源的科学保护、合理开发和高效利用，公众的节水意识得到增强，节水管理水平得到提高。

1991—2012年，全市城市节水累计3亿多立方米，相当于城市3年的取水量，累计投入节水技改资金额2亿多元。万元GDP取水量和万元工业增加值取水量分别下降到17.10立方米和22.01立方米，工业用水复用率91.79%，工业用水重复利用量4亿多立方米，工业废水处理达标率100%，城市再生水利用率32.68%。城市节水工作实现节水意识、节水基础、节水设施、计划用水、节水“三同时”（节水设施与建设项目的主体工程同时设计、同时施工、同时交付使用）五到位管理。每年利用“世界水日”“世界环境日”“中国水周”和“城市节水宣传周”等时机，积极开展节水宣传活动，重点普及节水知识和提高节水意识。发挥企业、学校和社区的宣传辐射作用，每年有计划地安排100家单位参与节水宣传，连续21年开展“全国城市节水宣传周”活动，累计组织各类节水宣传活动3000多场次。

2007年1月16日，山东省建设暨城市节水工作会议在潍坊召开，潍坊市城市节水经验在全省推广。是年，潍坊市获得“国家节水型城市”称号。

2011年6月，潍坊市顺利通过国家节水型城市复查考核。7月8日，市政府出台《潍坊市城市中水设施建设管理办法》。市城区单体中水日回用量2.67万立方米，减少排入环境的COD4000吨、BOD2000吨。

至2012年底，全市共有省级节水型企业（单位）40家、市级节水型企业（单位）60家，逐步形成节水型企业（单位）、社区、家庭创建的梯次模式。

第五节　城市交通

城市公交

营运车辆和线路　1991年，潍坊市共有3处车场和1个修理厂，运营线路10条，运营车辆83部，其中铰接车34部，线路总长度216.8千米，日运行410班次。此后，城市公共交通加快发展，逐步建立起较为完善的城区公交网络。至2005年底，市公交公司发展成为拥有职工1084人，营运车辆624台，营运线路41条，线路长度828.3千米，年客运量达4620万人次的中型企业。2005年以后，全市实施优先发展城市公共交通的战略，公交行业实现跨越式发展。2006—2012年，共购置营运车辆763台，新购置车辆全部具有大容量、人性化、节能环保的特点。开辟新线36条，优化调整线路63条。2008年4月26日，首批20辆压缩天然气公交车在环16路投入运行，环16路成为首条绿色公交线路，标志着市城区发展天然气公交车的开端，至2012年，共购置绿色节能环保车265台，绿色交通长廊建设快速发展。至年底，市城区拥有公交车辆1188台，线路72条，职工2629人，年客运总量13754.2万人次，公交的整体服务能力有很大提升。

票制改革　1991年7月1日，公交票价进行调整，由每人千米2.64分调整为每人千米4分，起点票价仍按1角执行，进价0.1元，仍实行多票制。1992年，公交票制调整为起价0.2元，进价0.1元。1993年，小公共汽车票制起价1元，进价0.5元。1995年，公交实行票制改革，1、2、3、4、5、16、20路等7条骨干线路由过去的多票制改为一票或两票制，同年2月28日，潍坊市历史上第一条无人售票公交线路——4路线开通，实行一票制，票价1元。1996年4月，公交公司调整票价，2路、3路、5路有人售票线路的票价起价由0.2元调整为0.5元，全程票价由1元调整到1.5元，同时，月票价格由30元调整为60元。2002年10月始，除2路、3路、5路等通往郊区的部分线路仍实行有人售票、票价实行阶梯票制外，其他大多数公交线路普遍实行无人售票，票价1元，废止使用月票。车票实行两种方式计票：乘客往投币箱投币，票价1元；乘客持IC卡刷卡计票，

2008年4月26日，潍坊首批天然气公交车上线

成年人8折、学生7折优惠。为体现公共交通的公益性，照顾老年人、残疾人等特殊群体人员乘车，公交总公司于2007年6月，开始对70周岁以上老年人持老年卡实行免费乘车，之后又分别扩展到65周岁老年人、现役军人、残疾人实行免费乘车。为响应市委、市政府“半小时经济圈”建设和城乡公交一体化工程，方便城乡居民出行，2010年5月、12月和2011年5月，相继开通中心城区至峡山区、滨海区和昌乐县的68路、78路及101、102路公交线，78路、68路实行阶梯票制，票价1～5元；101、102路实行两票制，票价2元、全程4元。4条线路乘客持IC卡乘车均实行打折优惠。

租赁线路的开设和回收 1992年，潍坊市公共交通公司成立小公共汽车公司，陆续购置中巴车，开设中巴线路。1998年，公司实行“成本抵押、租赁经营”运营机制，融资购置中客18台、中巴93台，开通9、10（新）、25、29、30、36、37、38、39路等14条租赁线路。15年间共计购置中巴148辆，开设中巴线路19条。2009年4月30日，对到期的28路租赁中巴线路回收，更换为大公交运营，标志着市公交总公司历时3年的租赁中巴线路回收改造任务圆满完成。其间，共有19条租赁线路、148台中巴车成功回收。总公司共投入大客车230余台运营。

基础设施建设 1992年8月，在南胡住东村征地32.7亩作为公交停车场。1996年，公交系统自筹资金400万元在高新技术开发区新建停车场10913.4平方米，同年，市公交总公司二公司搬迁至新车场。2000年，投资350万元在市高新技术开发区新建设占地近1万平方米，厂房3500平方米的现代化公交大修厂。2003年，在纺织工业园争取了20亩土地用于建设公交换乘站，建成2024平方米的坊子调度站和1000平方米的30路终点站停车场。2006年，市公交总公司创新思路，通过市场化运作，建成总占地面积达26140.97平方米的市高新技术开发区场站、玄家朱茂场站、新华路北首场站、豪德场站4处公交场站，可停放260余台公交车，有效缓解停车难问题。同时，首次引入场站一体化建设理念，相继对13条线路实施首末站与停车场站一体化的建设与管理，加强线路管理、降低营运成本、保证车辆安全。政府扶持力度进一步加大，在土地指标非常紧张的情况下，2011年、2012年，经市政府批准，拨出220亩土地专门用于公交场站建设。2012年，投资约500万元建设的寒亭公交场站投入使用，为寒亭区内环形线路开设、公交线网优化完善奠定基础。

2008年7月，潍坊首家公交天然气加气站运营

服务质量提升 2002年10月，潍坊市投资180万元的公交IC卡收费系统正式启动。2004年，在160台大公交车上安装中英文双语及语音、电子显示屏同步报站系统。2005年，在骨干线路上安装嵌入式滚动屏、GPS自动报站系统和车载电视系统。2006年，在大公交车上安装车载电视、GPS自动报站、车辆监控、嵌入式滚动屏等智能服务系统。为方便市民出

打造公共交通车厢文化　　（2006年拍摄）

对线路和驾乘人员实行五星级、三星级梯级管理；星级个人每月评定一次，星级线路每季度评定一次，星级奖励基数大幅提高，形成融合星级评定、星级申报、晋（升）降（级）制度于一体的综合考评体系，激发职工的工作积极性，促进线路服务水平的提升。2011年，潍坊公交被授予“山东省服务名牌”。

行，公交公司不断延长末班运行时间，规模较大的延长时间有：2004年，延长14条大公交线路的营运时间，每条线路平均延长23分钟；2005年，16路、56路等骨干线路延长至晚8点。至2008年，主干线路夏季营运末班发车时间为22：30。班次间隔时间进一步缩短，主干线路运营时间间隔缩短到3～5分钟/班，外围线路缩短为4～6分钟/班。2007年开始推行星级线路管理，以线路为单位进行考核、奖惩，提高线路人员的团队创优意识，带动了服务质量的整体提升。2009年，修订完善《星级服务管理办法（试行）》，

公交周及无车日活动　2007年，市政府制订《潍坊市公共交通周及无车日活动实施方案》，规定9月16—22日，开展公共交通周及无车日活动。广泛发动政府各部门积极支持并参与该活动。开展市领导带头乘坐公交车、启用公交优先道、召开公交优先发展研讨会、开通新公交线路、公交IC卡优惠充值、自行车巡游、“绿色交通从我做起”签名、设立无小汽车区域等活动，做到“一天一个主题、市民广泛参与”。此后，每年的9月16—22日，利用公交周和无车日的时机，宣传绿色交通理念，倡导公交绿色出行方式，取得良好的宣传效果，市民公交出行的意愿进一步增强。

2012年潍坊市公共交通情况一览表

表3－5－1

路号	起止站点	途经站点（个）	里程（千米）	开通时间（年份）
1	健康街和平路路口（火车站）—山东永裕医药	29	14.2	1956
2	火车站—坊子汽车南站	32	18.5	1963
3	火车站—南曹	35	16.9	1964
4	人民医院东门—市卫生中专	35	15.7	1966

续表3—5—1

路号	起止站点	途经站点（个）	里程（千米）	开通时间（年份）
5	健康街和平路口（火车站）—杨家埠民俗大观园	35	19.6	1977
6	火车站—朱里镇政府	47	27.5	1988.3
7	火车站—潍北	21	37	1984.7
8	火车站—安丘汽车站	5	32	1982
9	广丰家居—山东工业技师学院	25	17.7	1998.3
10	健康街和平路口（火车站）—公交正本枢纽站	23	10	1998.1
11	人民路小商品城—南孙	3	30.5	1990.11
12	火车站—新电厂	37	23.2	1992.7
12区间	火车站—歌尔光电园	26	14.25	2012.12
13	潍坊医学院南门—潍医附属医院	26	15.5	2011.12
15	金宝国际会展中心—公交王谭枢纽站	35	16.8	2003.1
16	豪德小商品城—豪德小商品城	71	31	2002.9
17	火车站—公交正本枢纽站	26	12.6	2006.8
18	火车站—三叉河村	34	26.7	1993.3
19	第四人民医院大柳树分院—广丰家居	31	24.1	1998.4
20	火车站—歌尔三期公寓	26	11.5	1995.3
21	火车站—河滩镇	40	17.7	1991.1
22	八九医院—坊子汽车南站	50	23.5	1996.7
23	向阳大厦—尊一医院	25	9.6	1997.11
25	青年路铁路桥—公交正本枢纽站	25	12.2	1998.3
26	花家—北海冷藏	8	14.2	1998.5
27	豪德广场—华都家居	40	18.2	2006.9
28	山东经贸学院—北张氏	33	15	1991.1
29	广丰家居—绿特空调	27	14	1998.5
30	火车站—第二孵化器（创新大厦）	36	20	1998.5
31	庄家—幼教特教师范	25	13.3	1999.2
32	市肛肠病研究所—市肛肠病研究所	34	15.8	2004.1
33	健康街和平路口（火车站）—出口加工区	31	15	2007.4
35	金宝国际会展中心—豪德小商品城	36	18.6	2006.1

续表3-5-1

路号	起止站点	途经站点（个）	里程（千米）	开通时间（年份）
36	火车站—荆山洼佳丽琪超市	35	27.5	1998.5
37	豪德小商品城—庙埠	18	11.5	2008.12
38	火车站—庙埠	38	21.6	1998.8
39	八九医院—坊子汽车南站	29	16	2010.7
50	公交怡和第一城枢纽站—潍坊商业学校	33	14	2007.9
51	广丰家居—共达电声	31	17.3	2000.2
52	肿瘤医院—汽车总站	20	14.1	2001.1
53	庄家—佳乐家物流园	44	20.4	2001.1
55	火车站—歌尔三期公寓	35	15.4	2006.4
56	火车站—公交王谭枢纽站	24	13.3	1999.8
57	火车站—前阙庄村	25	15.5	2011.11
58	市卫生中专—坊子汽车南站	55	34	2000.2
59	景苑小区—幼教特教师范	31	16.5	2000.2
60	锦程中学—广潍汽博园	37	19.1	2007.9
61	公交一公司—公交一公司	30	13	2009.1
62	沙窝村—沙窝村	32	14.2	2008.1
63	山东经贸学院—潍坊技师学院	22	14.1	2007.9
66	潍坊一中—潍坊第十三中学	29	13.5	2005.9
67	火车站—锦程中学	28	14.5	2008.1
68	火车站—峡山生态经济发展区	37	49.2	2010.5
69	东风街新华路口—山东科技职业学院	35	18	2005.9
70	北徐家庄—公交怡和第一城枢纽站	17	13	2008.12
71	（火车站）向阳路健康街路口—新二甲村	29	20.6	2009.8
72	坊子汽车南站—潍坊学院北门	44	23.6	2009.1
73	豪德小商品城—山水集团	14	8.6	2010.12
75	火车站—潍坊公交汽车大修厂	19	8.5	2010.4
76	华都家居—豪德小商品城	39	17.5	2009.9
77	潍坊商业学校—华都家居	33	15.4	2009.9
78	火车站—滨海区央子汽车站	38	44.5	2010.12

续表3-5-1

路号	起止站点	途经站点（个）	里程（千米）	开通时间（年份）
79	潍坊第十三中学—市疾病防控中心	25	12.4	2010.9
80	火车站—山东海事职业学院	23	57	2011.8
81	和平路健康街路口（火车站）—交通职业学院	32	16.6	2001.7
82	公交一公司（鲁发名城）—天同双羊新城	39	17.6	2011.11
83	滨海区央子汽车站—欢乐海	3	24	2012.1
101	火车站（向阳路南端）—昌乐汽车站	15	31.6	2011.5
102	火车站（向阳路南端）—昌乐汽车站	14	31.6	2011.5
X1	峡山生态经济发展区—坡立	10	13.7	2011.1
X2	峡山生态经济发展区—潍胶路口	16	13.7	2011.1
X3	峡山生态经济发展区—王家庄交管所	14	18.7	2011.6
X4	峡山生态经济发展区——郑公街办	29	37	2011.6

出租车

1995年12月，潍坊市开始出现最早运营的出租车——“黄面的”。1996年以后，逐步更新为夏利、富康、奇瑞、捷达、桑塔纳、伊兰特等车型。1997年，全市强化对租车市场的行业管理和监督检查，适时控制出租车的发展速度，优化调整车型结构，城区简易型出租车由原来占车辆总数的91%降低到59%，并强化对县市出租车市场的整顿治理，年内清理无证经营车辆500余台，县市全部组建出租车管理专门机构。至年底，市城区有24家出租公司，全市拥有出租车3000多辆。同时，加强行业精神文明建设，城区全年涌现出好人好事1105件。其中，拾金不昧的780起，返还现金和失物折款253.8万元；救死扶伤89起；见义勇为36起。

市中心城区出租车和谐车队

1998年，加强对出租车代理服务企业的管理，清理违章经营车辆。年内共取缔无证经营车辆300多辆。组织开展以规范化服务为主要内容的优质服务竞赛活动，提高出租车文明服务水平。1998年，潍坊城区出租车涌现出好人好事981件，返还失物折款805.4万元，乘客投诉率较上年下降10个百分点。

1999年，实行养路费改税、收取城

运管理费、出租车指标有偿使用等改革，进一步理顺规范出租车市场。市政府印发《关于整顿城区客运出租营运秩序的实施意见》，开展城区客运出租营运秩序的治理整顿工作，规范客运市场经营行为。对出租车经营权试行拍卖，为全面推行出租车经营权有偿使用奠定基础。打击无证经营、超范围经营、乱停乱靠、倒客、甩客、宰客、拒载等不法行为，全市出租车市场秩序进一步好转，服务质量明显提高。

2003年，进一步调整出租车市场结构，城区客运出租车经营企业由23家调整为16家，更新新型出租车176台，“面的”出租车全部退出客运市场。

2004年，为提升城市品位和档次，展示潍坊良好形象，潍坊市交通部门投资430多万元，对潍坊城区2016辆客运出租车进行大规模改造，统一车身颜色，更换出租车专用号牌，并在调整理顺运价的基础上统一安装打印式计价器。大力开展出租车卫生专项整治活动，将城区客运出租车卫生情况列入客运稽查检查项目，做到车辆外表不洁不能出车，内部不净不准运营，出租车整体形象有了明显改观。在提升硬件的基础上，制定客运出租行业服务规范和考核标准，加大监督检查和投诉查处力度，积极开展评选“星级客运出租车”活动，精心打造行业品牌，受到社会各界的广泛好评。2011年，全市出租车行业积极参加创先争优活动，努力打造“阳光交通”，“鸢都巴士”被评为2011年度山东省服务名牌。

2012年，对潍坊火车站广场出租车进行专项整治，运营秩序逐渐好转。至年底，潍坊城区共有出租车公司15家，出租车辆4601辆。

1996—2012年潍坊市城区客运出租车拥有量情况表

表3—5—2　　　　单位：辆

年份	出租车	年份	出租车	年份	出租车
1996	1207	2002	3795	2008	4088
1997	1694	2003	3301	2009	4301
1998	1963	2004	3301	2010	4460
1999	3747	2005	3301	2011	4601
2000	3795	2006	3925	2012	4601
2001	3795	2007	3957		

第六章　城管执法

潍坊市于1994年组建成立城市管理监察大队，对市区市容市貌进行监督管理。市园林管理局、市环境卫生管理局、市市政工程养管处等部门（单位）也分别设有专门的行政执法队伍，负责行业管理方面的行政处罚工作。经过多次合并、改革，于2002年8月成立潍坊市城市管理行政执法局，同时设立潍坊市城市管理执法监察总队。市辖奎文，潍城、坊子、寒亭4区及高新技术产业开发区分别设立市城市管理行政执法局区分局，并加挂区城市管理执法监察大队的牌子。根据《潍坊市城市管理执法监察队伍组建方案》，按照“先人员分流，然后依次面向现有执法人员和社会公开考选”三步走的工作方式，组建起285人的城管执法监察队伍。2003年2月26日，市政府印发《潍坊市实施城市管理相对集中行政处罚权规定》，并由市城市管理行政执法局制定相关规范性文件，基本构建起相对集中行政处罚权的制度框架。

2004年6月20日，“12319”市政服务热线正式开通，服务范围为潍坊市城区用户和居民对供水、排水、燃气、供热、公共交通、环境卫生、园林绿化、路灯照明、市政养护等市政公用行业的服务需求，负责对市政公用行业服务工作进行监督管理。2004年6月至2012年底，“12319”市政服务热线共受理市民群众各类来电418万件，处结率100%，群众满意率达99.9%。先后获全国“青年文明号”“全国工人先锋号”“全国女职工建功立业标兵岗”“富民兴鲁劳动奖状”“山东省服务名牌”等50多项荣誉，成为山东省为民服务的一面旗帜。

第一节　城市管理行政执法

1991—1993年，潍坊市城市建设管理委员会负责市容市貌管理工作。

1994年，潍坊市城市管理监察大队组建成立，隶属于市城市建设管理委员会，负责行使市容管理方面的法律、法规、规定的行政处罚权，对市区市容市貌进行监督管理，市园林管理局、市环境卫生管理局、市市政工程养管处等部门（单位）也分别设有专门的行政执法队伍，负责行业管理方面的行政处罚工作。

2001年6月22日，经市政府第63次市长办公会议研究，决定潍坊市争取申办城市管理相对集中行政处罚权试点工作，国务院法制办和省政府法制办分别于2001年10月15日和11月1日复函，潍坊市成为国务院批准在山东省内开展城市管理相对集中行政处罚权试点工作的第三个城市。

2002年8月8日，市委、市政府印发《潍坊市城市管理相对集中行政处罚权试点工作实施方案》，明确实施城市管理相对集中行政处罚权的范围、机构设置、职责权限、人员编制、经费来源、队伍组建、管理体制等内容。市城市管理行政执法局成立，为直属市政府的行政机构，与市市政管理局合署办公。同时，设立市城市管理执法监察总队，以市城市管理行政执法局的名义行使行政处罚权。市辖奎文、潍城、坊子、寒亭4区及高新技术产业开发区，分别设立市城市管理行政执法局区分局，并加挂区城市管理执法监察大队的牌子。市城市管理行政执法局和各区（含高新开发区）分局具体行使国务院法制办复函中规定的市容环境卫生管理、城市规划管理、城市绿化管理、市政管理、环境保护管理、工商行政管理、公安交通管理7个方面法律、法规、规章规定的全部或部分行政处罚权。同时组建市公安局治安警察支队城市管理大队，各区（高新开发区）设立治安中队，主要职责是配合城市管理行政执法队伍开展执法活动，提供执法现场保障，具体处理涉嫌阻碍或以暴力阻挠城市管理行政执法机关依法履行职责的行为。根据《潍坊市城市管理执法监察队伍组建方案》，组建285人的城管执法监察队伍。

2003年2月26日，《潍坊市实施城市管理相对集中行政处罚权规定》发布实施，由市城市管理行政执法局配套制定《潍坊市城市管理相对集中行政处罚权实施细则》《潍坊市城市管理行政执法工作程序规定》《潍坊市城市管理行政执法文书及使用规定》《潍坊市城市管理行政执法人员行为规范》4个规范性文件，基本构建起推行相对集中行政处罚权试点的制度框架。新的城市管理行政执法机构成立后，以“两街一路”（东风街、胜利街、北海路）为突破口，组织开展城市环境综合整治活动，共拆除各类沿街门店和破旧建筑物、构筑物4.80万平方米、围墙（花墙）1.10万米，进行建筑立面粉饰4万平方米；建成绿地（游园）27块、9.90万平方米，栽植各类苗木46.80万棵；拆除各类违法建设3000多处。开展乱贴乱画小广告专项治理，制定《关于对违法乱贴乱画小广告的举报奖励规定》和《关于严厉打击制贩假证及乱贴乱画小广告违法行为的通告》。开展市区城管执法队伍文明执法集中教育活动，制定《关于开展文明执法集中教育活动的意见》和城管执法人员《学习培训规定》《队容风纪规定》《禁酒规定》《廉洁自律规定》《纪律处分规定》五项规定。是年11月，市政府《关于调整市区城市管理体制的意见》合理划分市区两级城市管理权责，构建系统化城市管理体系，健全现代化城市管理机制。

2004年6月，全市4区、6市、2县和2个市属开发区城管执法机构全部挂牌。市政府印发《关于加强市区城管执法工作的意见》，进一步理顺市区城市管理体制，明确市区两级城管执法机构的职责权限。在巩固好“两街一路”综合整治成果的基础上，突出拆旧改丑、拆墙建绿、让路于民、让绿于民的工作指导，开展市中心城区围合区域（东起北海路西至长松路、南起宝通街北至玄武街）环境综合整治，完成北宫街综合整治改造工程。是年6月19日，对市区23条主要道路的乱贴乱画小广告清理保洁权进行公开招标，开始实行对乱贴乱画小广告的市场化治理运作。在全市城管执法队伍中开展以贯彻落实学习培训、队容风纪、廉洁自律、禁酒、纪律处分“五项规定”和行政执法责任、过错责任追究、政务公开、服务承诺、队列训练、检查考核、年度考核警示等“七项制度”为主要内容的“创城管执法品牌、树文明执法形象”活动。是年10月，省政府在潍坊市召开全省相对集中行政处罚权工作现场会。是年，市城市管理行政执法局被省建设厅、省监察厅、省法制办、省文明办4部门联合授予“山东省文明城管监察队伍”称号。

2005年，市政府印发《2005年城乡环境综合整治工作实施方案》，组织开展新一轮城乡环境综合整治，拆除各类沿街破旧建筑物、构筑物2.80万平方米，拆除沿街封挡、棚厦2.70万平方米，粉刷包装沿街旧建筑物、构筑物12.60万平方米，新建绿地1.40万平方米。开展全市城管执法队伍思想作风纪律集中教育整顿活动，制定《潍坊市城市管理行政执法工作考核办法（试行）》《简易程序操作规范》《强制拆除程序规范》《噪声测试程序规范》《行政执法案件审批程序规范》4个规范性文件。

2006年，市政府印发《2006年城乡环境综合整治工作实施方案》，组织对市中心城区围合区域（东起北海路西至长松路、南起宝通街北至玄武街）进行综合治理。市政府印发《潍坊市市区露天烧烤等占道经营集中整治方案》，对市区内露天烧烤、早市、夜市等违章占道经营行为进行集中整治。组织开展市容市貌专项治理活动，共拆除各类违法建设800多处、5万多平方米；清理各类乱摆摊点和店外经营5.50万多处（次），取缔各类占道市场32处；清理乱贴乱画9万多处，拆除各类户外广告、门店牌匾2万多块；查处施工噪声扰民案件300多起、乱倒垃圾案件130多起。完成鸢飞路综合整治工程。

2007年，市政府印发《2005—2007年全市城乡环境综合整治活动总评方案》和《2005—2007年全市城乡环境综合整治考评实施细则》，制定《全市城乡环境综合整治2005—2007年总评检查考核评分标准和办法》，圆满完成省政府部署的三年城乡环境综合整治攻坚战任务。2007年，潍坊市被省政府授予“山东人居环境奖”，市城市管理行政执法局获“2005—2007年山东省城乡环境综合整治先进单位”。研究制定《潍坊市市区市容市貌管理标准》，印发《市区户外广告、沿街破旧建筑物及构筑物专项整治工作方案》和《关于规范取缔早市、夜市、无设施摊点群和露天烧烤、大排档占道经营行为的通告》。组织开展以拆除围墙、烟囱、水塔并进行绿化为主要内容的“三拆一绿”行动。组建专门的城管执法督察队伍，制定出台《潍坊市城市管理行政执法督查工作暂行办法》，修订完善《潍坊市城市管理行政执法工作考核办法》。

2008年，市政府印发《中心城区重点区域综合整治和长效管理实施方案》，组织开展“两打保绿”（打击损坏绿化树木违法行为、损坏城市绿地违法行为，保护城市绿化成果）、“三拆一绿”（拆除围墙、烟囱、锅炉，拆后空地进行绿化）、“四查治污”（严查施工车辆带泥上路、严查运输车辆撒漏、严查夜间施工噪声扰民、严查粉尘污染，加强城区道路及建设工程施工现场环境污染治理）、沿街建筑物立面粉刷清洗和露天烧烤大排档等专项整治活动。加强城区户外广告管理，制定《牌匾设置规范》，印制并发放《致沿街经营客户的一封信》，组织开展户外广告牌匾“示范街”整治工作。开展迎奥运铁路沿线环境综合整治活动。

2009年，市政府印发《潍坊市人民政府关于依法规范取缔中心城区露天烧烤大排档和违法店外餐饮的通告》《潍坊市人民政府办公室关于认真做好中心城区“拆旧改丑”工作的通知》，全市开展门店牌匾整治、拆旧改丑工程、沿街建筑粉刷、施工围挡美化、违法建设查处等专项整治活动，共拆除更换门店牌匾5500多块、4.30万平方米；拆除改造城区主次干道两侧、城市出入口等周边500米范围的残墙断壁，有碍观瞻、影响市容的“破旧丑”建（构）筑物和其他设施132处、9.30万平方米；对中心城区的187处、35.10万平方米的建（构）筑物进行清洗粉刷，整治美化建筑施工围挡（围墙）148处、29515米；立案查处并拆除各类违法建设50处、6900平方米。

2010年，组织实施青银高速潍坊段路域环境综合整治活动，制订《青银高速潍坊段路域环境综合整治方案》，组织有关县市区和市直部门对青银高速及其周边的环境卫生、绿化以及广告牌匾等进行集中整治。按照“环境优先、数量适度、档次提升”的原则，继续开展广告牌匾专项整治活动，共拆除整改破旧门店牌匾706多处、28436平方米。适时组织开展以整治违法建设、占道经营、乱贴乱画、施工围挡、车辆撒漏等为主要内容的城区环境综合整治行动，共清理占道摊点、店外经营等6842多处，查处各类违法建设和乱搭乱建案件84起、5.35万平方米，对中心城区22处、33万平方米的建（构）筑物进行清洗粉刷，整治美化建筑施工围挡（围墙）144处、3.08万米，立案查处并拆除各类违法建设27处、1.40万平方米，清除乱贴乱画小广告8199处，查处破坏绿化和市政设施违法案件104起，市容环境和管理秩序明显改观。

2011年，全市开展“和谐城管”创建活动，共有3个示范单位、2个示范小区、4条示范道路、3个示范广场被省住建厅确定为全省“和谐城管”创建活动示范项目。组织实施违法建设、占道经营、广告牌匾、乱贴乱画、施工噪声、建筑垃圾运输等专项整治，开展城市环境大提升“百日行动”，拆除违法建设28处、5900多平方米，取缔露天烧烤大排档等各类占道经营7000多处（次），清理各类广告牌匾4300多块，查处车辆带泥上路案件70多起、噪声扰民案件220多起。

2012年，组织开展“靓丽潍坊”城区环境综合整治月活动，清理各类橱窗字号、条幅、拱门2620多处（个），清理占道经营、店外经营摊点8300多处，清理各类广告牌匾1480多块、小广告3.67万多处，规范整治施工围挡370处，查处违规运输渣土车21辆。突出白浪河沿线治理，对两岸景观带范围内乱摆摊点、乱倒垃圾、损坏苗木、破坏设施等违法违规行为和影响环境秩序的现象进行综合整治，沿河景观明显改善。

第二节　数字化城市管理

2005年7月，建设部印发《关于推广北京市东城区数字化城市管理模式的意见》，潍坊市开始进行数字化城市管理工作建设准备工作。2007年，先后组织到北京、杭州、广州、深圳等地考察学习建设经验，并对建设项目进行前期论证。2009年，市政府将数字化城市管理工程列为城市建设重点工程，确定由市城市管理行政执法局牵头建设。是年5月，市市政局对数字化城市管理工程建设方案进行招标，数字化城市管理工程建设正式展开。

数字化城市管理工程分两期建设。2010年8月至2011年5月，进行第一期建设。工程于2010年8月3日招标建设，分为应用软件及监测监控平台和总集成项目、系统硬件设备、监督指挥中心大厅及机房建设项目、市政设施普查建档项目、通讯传输项目等5个建设标段。主要建设以城市供热、供水、供气、污水处理监测监控为主要内容的公用产品质量在线监测监控系统、以GPS监控和市政设施视频监控为主要内容的市政工作状态管理系统、以城市网格化管理为主要内容的市容秩序管理系统及与以上系统相配套的城市管理质量考核评价系统四大系统。公用产品质量在线监测监控系统主要包括供热质量在线监测系统、污水处理及供水、供气在线监测系统。建设重点为供热质量在线监测系统，主要是对城区10家热力公司558个供换热站的出水温度、回水温度、出水压力进行实时监控，随时监督供热质量。市政工作状态管理系统是在中心城区环卫车、执法车以及部分市政抢险车辆上统一安装GPS车载监控系统，平台能随时掌握其运行轨迹、作业时间和作业状态等信息，随时实施指挥调度。建设防汛视频、侦查式移动视频、流动视频等视频监控系统。网格化、精细化管理系统是对中心城区140平方千米区域内的城市管理部件进行全面细致的普查、确权、建档和定位，建立104个市政部件图层，对25条主要道路和3个景区进行实景

潍坊市城市管理监督指挥中心 （2012年拍摄）

影像普查。将普查区域分成3036个单元网格和109个工作责任网格。采取市场化运作的形式，面向社会招聘2个巡查公司，由巡查公司负责对城市管理问题进行巡查上报。城市管理质量考核评价系统包括印发《潍坊市数字化城市管理工作考核办法》，建立数字化城市管理工作考核评价体系，从综合绩效、辖区属责人均地均发案数、辖区属责发案数下降比率、群众满意度等4个方面16项指标，对市、区、街道以及各专业部门城市管理工作进行全面、客观、规范的考核评价。软件系统建设在住房和城乡建设部9个软件子系统的基础上，扩展增加23个，共建设32个软件子系统。奎文区、潍城区、高新开发区、经济开发区、寒亭区、坊子区等区指挥平台与市级平台同期建成、同步运行，形成市区联动、上下协调的城市管理指挥调度体系。

2010年11月15日，首个子系统上线运行。2011年5月14日，山东省住建厅组织对数字城管系统进行验收，对数字化城市管理工作给予高度评价。11月16日，一期工程通过市重点办、市财政局及评审中心组织的验收。

2011年8月，数字化城市管理（公用产品质量在线监测监控）系统获得国家专利。潍坊市先后应邀在北京、兰州、济南、贵阳等全国和全省数字化城市管理工作会议上做典型发言。省住建厅先后两次在潍坊市召开全省数字化城市管理建设模式现场调度会、观摩会和培训会，推广数字化城市管理建设运行经验。2011年，潍坊市数字化城市管理工程获“山东省人居范例奖”。2012年，被评为潍坊市“十佳市政工程”。

第三节　“12319”市政热线

2004年3月，为全面整合市政系统各单位热线资源，进一步完善服务监督、评价体系，从市政系统内抽调5人组成优质服务办公室，筹备组建“12319”市政服务热线。筹备组参照国内先进城市经验，结合潍坊市市政公用行业实际情况，制定《关于建立12319服务平台的实施意见》《12319服务平台技术方案》《12319

2012年11月，出席全省数字化城市管理建设模式现场调度会议的参会人员观摩潍坊市“12319”市政热线工作现场

服务平台工作手册》等文件。是年6月20日，“12319”市政服务热线正式开通，设30个人工座席，共有40名受理员。服务范围为潍坊市城区用户和居民对供水、排水、燃气、供热、公共交通、环境卫生、园林绿化、路灯照明、市政养护等市政公用行业的服务需求，负责对市政公用行业服务工作进行监督管理。运作形式为取消市政各单位原有的服务热线，统一使用“12319”热线号码，实现市政服务一个号码、一个声音对外。服务平台以“12319”热线呼叫中心为指挥中枢，以遍及全市城区市政公用行业的76支快速反应队伍为支撑，通过高科技传媒设备，24小时不间断受理和处办市民群众的咨询、求助、建议和投诉。

2005年12月，“12319”热线平台服务系统通过省科技成果鉴定。2006年9月，市“12319”市政服务中心成立，为市政局所属正科级事业单位。2010年7月，“12319”市政服务热线与“96111”城管执法热线合并运行，统一使用“12319”热线号码，统一受理市政服务、城管执法等城市管理问题。2011年1月26日，“12319”市政服务中心与督察大队、投诉受理中心合并组建潍坊市城市管理监督指挥中心，为市政局所属副县级事业单位。

至2012年底，“12319”市政服务热线共受理市民群众各类来电418万件，处结率100%，群众满意率达99.9%，先后获得全国“青年文明号”“全国工人先锋号”“全国女职工建功立业标兵岗”“富民兴鲁劳动奖状”“山东省服务名牌”等50多项荣誉，成为山东省为民服务的一面旗帜。

第七章　中国人居环境奖创建

潍坊全市高度重视人居环境建设和“中国人居环境奖”创建工作，将其作为提升城市建设管理水平的重要抓手和奋斗目标，渗透到城市建设发展的各个方面，并取得显著成效。住房城乡建设部委托零点公司进行的城市居民满意度问卷调查中，潍坊市综合成绩在全国已创建成功和新申报的28座城市中排名第二，在2011年新申报城市中排名第一。2011年10月10—12日，中国人居环境奖现场考查专家组对潍坊市创建工作进行现场考查。12月14日，住房和城乡建设部印发《关于2011年中国人居环境奖获奖名单的通报》，授予潍坊市2011年“中国人居环境奖”。

第一节　绿化建设

潍坊市把“绿色”定位为潍坊的城市特色，突出“生态、自然、人本、节约”的绿化理念，坚持以绿治脏、以绿治乱、以绿治丑，着力打造“绿在城中、城在林中”的绿色生态城市。先后组织实施“增绿增色”“黄土不露天”“春冬季绿化”等一系列生态绿化工程，在市区主要街道、公园、广场、景区、河道两岸等区域大量加植高大乔木、常绿树、花灌木，做到全覆盖、无缝隙。市区建成和改造了人民公园、植物园、长松城市公园、安顺广场、人民广场、风筝广场、北海路、宝通街等一批园林精品和林荫大道，建成环城、“四河三路”防护林带330多公里，形成以河为轴、以路为廊，以公园、游园、街头绿地为点，以大环境绿化为屏障的绿化格局，实现城市绿化从平面到立体、从单一性到多样性、从粗放式到精细化、从景观型到生态式人性化的转变。创新社会绿化推进机制，组织开展无偿供苗、送绿进社区等社会绿化活动，不断提升单位庭院和小区绿化水平，形成“全民动手、人人植绿、绿化家园”的良好局面。至2012年底，市区绿化覆盖率、绿地率和人均公共绿地面积分别达到40.59%、39.49%和17.67平方米。

2011年3月28日，全市“两城同创”动员大会召开

2011年11月29日，潍坊市召开荣获“中国人居环境奖”新闻发布会

第二节　生态水系治理

全市坚持“生态、自然、节约”理念，全力推进生态市建设。投资额164亿元，启动生态市建设“十大重点工程、百个建设项目”。投资额20亿多元，对流经市区的白浪河、虞河、张面河、泥河等四条河流实施全面整治，搬迁河流两岸污染企业，截污管道下地，绿化两岸环境，栽种水生植物，修复湿地生物链，恢复河流原有的生物群落和自然生态。2010年，白浪绿洲湿地公园被住房和城乡建设部命名为国家城市湿地公园，并创建成为国家AAAA级旅游景区。张面河、人民公园改造项目被授予中国人居环境范例奖。泥河被评为国家AAA级旅游景区。改造后的“四河”，串联起城区众多的人工湖泊、绿地公园和景观节点，多年断流干涸的河床恢复了常年流水，河流的生态环境得到恢复和改善，形成20多平方公里的城市滨水景观带。

第三节　城市环境综合整治

全市道路保洁上档升级，在城区全面推行道

路机械化作业，主干道保洁机械化作业率达到100%。开展绿化精细化管理，市区所有绿地达到无缺苗断垅、无死树死枝、无设施损坏、无垃圾、无尘土的“五无”标准，打造北海路、人民公园、张面河等为代表的市区道路、公园和景区绿化管理样板。全面开展中心城区道路缺陷整治工程，力求道路设施“零缺陷”。以整治乱贴乱画、占道经营、违法搭建、户外广告等“脏乱差”现象为重点，构建长效机制，变集中整治为常态化管理，深入持久地推进城市环境改善。每年由媒体、人大代表、政协委员、市民等参与，公开评选“十佳街巷”进行表彰，选择“十差街巷”进行集中整治，树立一批样板和先进典型，解决一批在公共环境、交通秩序、基础设施等方面存在的重点难点问题，从根本上改善城市面貌。

第四节　城市基础设施建设

“十一五”（2006—2010年）期间，全市累计完成市政基础设施投资额272亿元，新改建、扩建主次干道1200多公里，完成文化艺术中心、健康中心、鲁台会展中心、奥体中心等一批重大功能性项目，完善提升机场、铁路、公路等一批重大基础设施。新建改建市生活垃圾处理场和医疗废物处置中心，市区垃圾转运站、公厕等设施进一步健全，市生活垃圾处理场建设运营达到I级标准，市区生活垃圾无害化处理率达到100%。加大污水处理力度，建成污水处理厂6座，出水水质均达到一级B标准，污水处理能力提升到39万吨/日，污水集中处理率达到92.3%。城市供气、供水等公用事业快速发展，城市燃气普及率达到99.25%，公共供水普及率达到100%。城市水质监测，制定《城市供水水质管理办法》，全面实施水质日报告制度，城市供水水质综合合格率达到100%。数字化城市管理平台建设，将供水、供热、供气、市政设施、市容秩序、园林绿化、城市防汛、公共交通、夜景照明等城市公用事业和市政管理工作全部纳入数字化在线全程监管。

第五节　民生保障

市政府出台潍坊市廉租住房、经济适用住房和公共租赁住房管理办法及相关配套政策，建立长效供给机制。在普通商品房项目中配建10%以上保障性住房，将低收入标准提高到人均可支配收入的85%，将城镇低收入住房困难家庭纳入廉租房、经济适用房保障，将中等偏下收入家庭和新就业职工、外来务工人员纳入公共租赁住房保障，实现对住房困难群众的全覆盖。至2011年底，全市累计实施住房保障12.64万户（套），其中发放廉租住房租赁补贴3396户，增加廉租住房1799套，经济适用住房6107套，公共租赁住房1.17万套，完成棚户区改造10.34万户，住房保障率达到38%，有效改善了低收入群体居住条件。

实施以完善小区功能配套、整治背街小巷、绿化净化亮化等为重点的旧居住区改造提升工程，完成投资额7亿多元，整治改造旧小区73个、背街小巷243条，涉及2613幢居民楼，改造面积达748万平方米，惠及9.80万户家庭、31万居民。至2011年，城区89个“城中村”有69个已完成或正在实施综合改造。

加大社区基础设施投入，“十一五”期间，累计投资10.70亿元，健全完善社区“一站式”综合服务厅、图书阅览室、文体活动室、幼儿园等服务设施，实现居民“就医、托幼、购物、健身、养老、休闲、救助”等服务不出社区。市政府连续4年做出承诺，每年为群众办好10件实事，有效地推动教育、医疗、卫生、就业、社会保障等难点热点问题解决。

第六节 节能降耗

全力实施供热分户计量改造，出台《关于加强城区供热管理工作的意见》《潍坊市推进供热计量工作实施方案》《潍坊市供热计量技术路线》《关于潍坊市中心城区两部制供热试行价格的通知》等文件。加大财政投入，按照“先易后难、居民自愿、综合推进”的原则，优先选择投入少、效益明显的项目进行供热计量改造，市区两级财政给予每户800元补贴，最大限度地让利于民、补贴用户，得到广大群众的拥护和支持。至2011年采暖季，累计完成供热计量改造和既有建筑节能改造面积619.03万平方米，新建符合供热计量条件的居住建筑面积121.59万平方米，总计供热计量面积740.62万平方米，占居住建筑供热总面积的33.47%。牢固树立“绿色照明”理念，推进“十城万盏”半导体照明应用工程，中心城区半导体光源路灯达到5.90万盏，占功能性照明的93%，综合节电率达到40%。大力推广清洁燃料，倡导绿色公交出行，更换天然气公交车251辆，占公交车总数的21%。积极推广中水利用，年中水回用量达到2400万立方米。在全省率先开展低碳示范社区建设，推出“6+X”建设模式（“6”就是强制推行太阳能光热建筑一体化、墙体保温材料与节能门窗、供热分户计量装置、节能照明产品、地源热泵新技术和绿化率达到35%以上；“-X”就是根据实际，优先采用太阳能光伏与LED结合照明系统、太阳能与地源热系统、智能新风系统、雨水收集及利用、污水处理及中水回用、新型围护结构技术、沼气应用、生活垃圾无害化处理等8项新技术、新产品），全面推行太阳能光热建筑一体化、新型墙体保温材料与节能门窗、节能照明、地源热泵等新技术应用，并将推广情况纳入全市科学发展综合考核，推动可再生能源建筑应用。低碳社区建设得到国家、省有关部门的充分肯定，并在全国推广。

第八章 房地产业

1991—1994年，全市共完成房地产开发总投资额21亿元，开发面积334万平方米，竣工面积257万平方米，旧城综合开发率达到70%。1994年，全市共有房地产开发企业16家，一级开发资质企业1家，1995年起，全市房地产开发投资、施工面积、竣工面积等各项指标逐年递增。1997年，全市房地产开发企业增至36家。1998年后，随着招商引资工作力度的不断加大，众多外地房地产开发企业到潍坊投资兴业，潍坊当地房地产企业通过资产重组、企业改制、外引内联等方式，迅速做大做强。全市房地产开发企业数量逐年增加。2005年，在潍坊市城市建设综合开发管理办公室加挂市住宅产业化管理办公室牌子，负责全市住宅产业化管理。经考察，向省建设厅推荐“天同·双羊新城”项目申报“国家康居示范工程”，标志着潍坊市住宅产业化工作方式开始启动。2006年5月16日，潍坊市申报的天同·双羊新城“国家康居示范工程”项目顺利通过建设部住宅产业化促进中心专家评审。2007年，根据国家、省关于编制住房建设规划的工作部署以及市政府有关要求，市建设局会同市规划、房管、发改、统计等部门，编制了《潍坊市住房建设规划（2006—2010年）》。山东天同城市建设集团有限公司开发建设的“四季花园”成为潍坊首个被建设部授予全国住宅小区最高奖“广厦奖”。至2007年底，全市房地产开发企业484家，其中一级2家、二级29家。

2010年9月17—20日，2010中国（潍坊）房地产科学发展高峰论坛暨住宅产业博览会在潍坊举行，图为开幕式

2008年，受金融危机影响，投资增长趋缓，房地产开发总量下降。是年，全市竣工住宅建筑面积521万平方米，其中市区221.50万平方米，分别比2007年下降0.3%和11.6%。是年，组织开展“潍坊建设成就展示暨2008房地产风尚大赛”，邀请国家、省高层专家分析经济和房地产市场走势，并公开评选出十佳诚信企业、百个精品楼盘和十大优秀企业家，对正确引导市场，促进理性消费起到积极的推动作用。2009年，国家制定出台刺激经济增长政策，部分城市商品房价格大幅提高，全市注重适度调整，房地产业发展平稳。是年7月30日，出台《潍坊市房地产开发项目建设条件意见书》和《潍坊市房地产开发项目竣工综合验收备案管理办法》，实现对房地产项目的“源头控制、过程监控、终端把关”全过程管理机制。2010年9月17—20日，2010中国（潍坊）房地产科学发展高峰论坛暨住宅产业博览会在潍坊市举办，150家开发企业及相关行业参展，8万多人进场参观，全面展示潍坊在房地产业方面所取得的成就，进一步促进行业之间相互交流合作。

2011年始，国家采取房地产调控措施，房地产市场进入调整期，房地产开发主管部门积极引导企业把握转型发展机遇，调整发展思路，改变住宅建设模式，房地产市场保持平稳健康发展。2011年8月，同时撤销市城市建设综合开发管理办公室和市城市房地产管理监察队，成立潍坊市房地产综合开发管理办公室。2011年，国务院《国有土地上房屋征收与补偿条例》出台后，为确保房屋征收与补偿各项工作有法可依、有章可循，先后制定出台征收办法、补偿标准、信息公开和相关纪律规定等配套文件，建立属地管理、政府主导、部门联动、征收实施单位具体组织开展的房屋征收与补偿工作机制，全力确保国有土地房屋征收工作依法、规范、和谐、高效推进。至2011年底，全市房地产开发企业达到942家，其中一级10家、二级63家。2012年始，国家进一步加大房地产业宏观调控力度，加大对“小弱散”企业的日常监管和清出市场力度，全市房地产市场秩序进一步好转，并长期持续保持平稳健康发展。至2012年底，全市房地产开发企业1031

家，其中一级企业10家、二级企业77家、三级企业178家；全市完成房地产开发投资额439.40亿元、施工面积5383.50万平方米、竣工面积1298.60万平方米。

第一节 住房制度改革

全市住房制度改革从1992年开始到2001年6月30日结束。其间，共出售房改住房约20万套、1600万平方米，房改率达到98%以上；对1998年6月30日之前参加工作且未参加房改购房的职工，给予一次性住房补偿；逐步实行提高公有住房租金、发放住房补贴、建立公积金制度等政策，全面实现住房分配货币化。

1992年9月，《潍坊市城镇住房制度改革实施方案》经市第十一届人大常委会第二十八次会议审议同意，1992年12月1日经省住房制度改革领导小组批准实行，标志着全市房改工作正式开始。方案主要包括提租和超标加租、推行公积金制度、售房、发展住宅合作社、收取住房保证金、建立住房基金等六个部分。方案规定了潍坊市房改工作分三步进行：实施提租补贴；在摸清底子，取得经验的基础上，逐步推行缴存住房公积金、出售公房、收取住房保证金、集资合作建房、建立三级住房基金等项改革；到“八五”期末，公房计租标准力争达到3项因素（维修费、管理费、折旧费）的计租水平，其他项目改革基本完善。

1993年初，按照《潍坊市城镇住房制度改革实施方案》，全市进行提租补贴和售房试点并取得显著成效。9月1日以后，潍坊市区和各县市房改分别进入实转阶段。至年底，全市核定承租户172857户，参改职工达34.7万人，住房建筑面积944.7万平方米，使用面积692.1万平方米，审批减免户4774户，超标加租户2465户。提租后，年净增租金609.12万元。同时，市房改办公室在潍坊柴油机厂等20多个单位进行出售公有住房试点工作，共出售公房5225套，建筑面积31.8万平方米，回收资金3949万元，用于住房建设再投资达2500万元。

1996年6月，市政府印发《关于一九九六年度深化城镇住房制度改革的政策规定的通知》，全面推行住房公积金制度，1996年度市区在职职工及所在单位推行职工住房公积金缴交比例各为1995年职工月平均工资总额的5%，外商投资企业及其中方职工不低于8%。提高公有住房租金，1996年度提高到1995年度双职工家庭平均工资的8.5%。

1996年度市区向职工出售公有住房实行标准价或成本价；标准价为每平方米建筑面积768元，成本价为633元。1997年6月，市政府印发《一九九七年度深化城镇住房制度改革的政策规定》，住房公积金缴交比例为单位、个人各5%，计算公积金的基数为1996年职工月均工资总额。1997年度潍坊市向职工出售公有住房实行成本价，市区房改成本价为每平方米建筑面积660元，职工以成本价购买公有住房，享受住房折扣、工龄折扣和一次付款折扣。1997年度潍坊市公有住房租金提高到占1996年双职工家庭平均工资的9%，市区每平方米使用面积月标准租金为2.15元。

1998年6月，市政府印发《潍坊市1998房改年度城镇住房制度改革方案》，规定对1998年6月30日以前参加工作且未参加房改购房的职工，给予一次性住房补偿。夫妇双方的住房补偿分别计算，相加后为其家庭的住房补偿，购买公有住房时由售房单位从购房款中一并抵扣。

2000年6月，市政府印发《潍坊市2000年房改年度实施住房分配货币化政策的有关规定的通知》，从2000年7月1日起，将在职职工住房补贴的比例提高到25%，并将住房补贴纳入工资，随工资逐月发放。2000年房改年度，单位出售现有存量住房和今后自建住房，实行市场价，取消房改成本价、现住房折扣和一次性付款折扣。市区平均市场价为每平方米建筑面积1080元。2000年房改年度公有住房租金按占双职工家庭平均工资的15%确定，市区每平方米使用面积月租金为3.24元。停止单位征地自行建房。该规定至2001年6月30日止。

第二节 住房保障

潍坊市住房保障工作始于2005年。2009年之前，以发放货币补贴为主要保障方式；2010年起，实行实物保障与发放货币补贴相结合。全市逐步建立实物保障和货币补贴两种保障方式并行，租赁和购置两种保障形式互补，廉租住房、经济适用住房、公共租赁住房和棚户区改造“四房并举”的相对健全的住房保障体系。随着住房保障工作的推进，准入门槛不断降低，保障范围扩大，从最早的对低保家庭，逐步扩大到中低收入家庭、新就业人员和外来务工人员，实现中低收入困难群体住房保障全覆盖。同时，不断提高保障标准，经济适用住房货币补贴标准由4.20万元提高到8万元，保障面积统一调整为60平方米。至2012年底，全市累计发放廉租住房租赁补贴4025户、2660.24万元，发放经济适用住房货币补贴587户、2849.22万元；建设保障性安居工程34万套左右，其中廉租住房1993套、经济适用住房6130套、公共租赁住房2.09万套、棚户区改造315180套，惠及近100万居民。

政策体系建设

2005年12月27日，市政府出台《潍坊市城镇廉租住房和救济住房管理办法》，建立廉租住房租赁补贴制度，保障对象为城市低保家庭，住房保障体系开始建立。2007年5月8日，在奎文区召开市区廉租住房补贴发放启动仪式；各县市区也按照潍坊市的文件制定出台当地的保障办法。至2007年底，所有县市区全部建立起廉租住房制度，并向符合条件的居民发放补贴。2008年11月22日，市政府印发《潍坊市人民政府关于加强住房保障工作的实施意见》《潍坊市廉租住房租赁补贴实施办法》《潍坊市区经济适用住房货币补贴办法》，建立起以廉租住房租赁补贴为主、与经济适用住房货币补贴相结合的保障方式，住房保障范围从低保住房困难家庭扩大到低收入住房困难家庭。准入条件为家庭人均年收入低于2007年最低工资标准（7440元）、人均住房建筑面积15平方米以下。廉租住房保障面积标准为：单身家庭30平方米，两人家庭45平方米，3人以上家庭60平方米。市区廉租住房租赁补贴标准为：奎文区、潍城区、高新开发区、经济开发区最低生活保障家庭每月每平方米补贴7元，其他低收入家庭4.2元；坊子区、寒亭区、滨海开发区、峡山生态区最低生活保障家庭每月每平方米补贴4元，其他低收入家庭2.4元。经济适用住房货币补贴标准为：奎文区、潍城区、高新开发区、经济开发区每平方米700元（每套4.20万元），坊子区、寒亭区、滨海开发区、峡山生态区每平方米400元（每套2.40万元），保障面积标准为每户建筑面积60平方米。2009年9月10日，市政府印发《关于调整市区住房保障政策的通知》，将低收入标准调整为低于上年度市区人均可支配收入的70%（9600元），同时，提高市区经济适用住房货币补贴标准：奎文区、潍城区、高新开发区、经济开发区建筑面积每平方米1000元（每套6万元），其他区600元（每套3.60万元），经济适用住房货币补贴可用于购房首付款。2010年5月25日—7月10日，在市区范围内开展低收入家庭及其他困难群体住房状况调查。采取“全面普查”的调查方法。低收入家庭调查，由居委会负责入户调查；其他困难群体调查，由各规模以上企业负责。通过调查，全面掌握市区城市低收入家庭和其他住房困难群体的总量、现状、分布情况，摸清保障性住房的真实需求，调整完善住房保障政策。6月28日，市政府印发《2010—2012年城市和国有工矿棚户区改造规划的通知》，确定全市25.44万平方米、3650户的棚户区改造任务。12月8日，市政府印发《关于调整市区住房保障政策有关问题的通知》，将低收入标准调整到市区城镇居民人均可支配收入的85%（1.47万元）。2011年3月20日，市政府出台潍坊市廉租住房、经济适用住房和公共租赁住房三个管理办法，将城镇居民人均可支配收入85%以下、无住房或自有住房不足15平方米的家庭，以及新就业人员和外来务工人员全部纳入保障范围，进一步扩大保障覆盖面，将保障方式转变为货币补贴与实物保障相结合。12月16日，市政府印发《关于进一步加快推进城市棚户区改造工作的通知》，把城中村纳入棚户区改造范围，明确棚户区改造各项优惠政策，为推动棚户区改造提供政策支持。

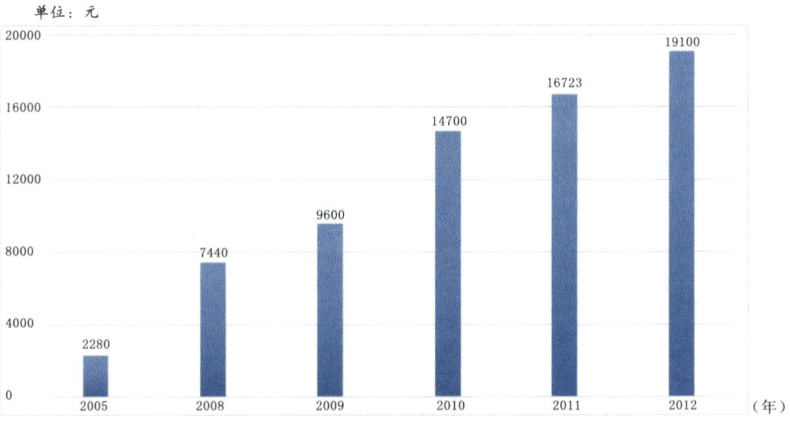

图3—8—1 2005—2012年潍坊市区住房保障低收入标准线柱状图

2012年5月18日，市政府印发《关于调整市区住房保障低收入标准线的通知》，将低收入标准线调整为家庭人均年收入低于1.91万元。6月19日，市住建局、市民政局、市财政局联合印发《潍坊市区经济适用住房分配实施细则》《潍坊市区廉租住房实物配租实施细则》，对分配对象、审查程序、分配方式和社会监督等方面做出详细规定，确保分配公平。廉租住房分配优先照顾符合条件的纯老年人家庭和重度残疾人员家庭。7月6日，市政府第7次常务会议研究决定扩大经济适用住房保障范围，将外来务工人员在市区无私有住房、有稳定工作、连续缴纳养老保险2年以上的已婚及28周岁以上的单身纳入经济适用住房保障范围。同时，提高经济适用住房货币补贴标准，奎文区、潍城区、高新开发区、经济开发区每户由6万元提高到8万元，其他区由3.60万元提高到4.80万元，并提高保障面积为60～100平方米。

2012年潍坊市区住房保障补贴标准一览表

表3—8—1

区	廉租住房租赁补贴（元/平方米）		经济适用住房货币补贴（万元/套）
	低保家庭	低收入家庭	
奎文区	9	5.4	8.0
潍城区	9	5.4	8.0
坊子区	6	3.6	4.8

续表3—8—1

区	廉租住房租赁补贴（元/平方米）		经济适用住房货币补贴（万元/套）
	低保家庭	低收入家庭	
寒亭区	6	3.6	4.8
高新开发区	9	5.4	8.0
经济开发区	9	5.4	8.0
滨海开发区	6	3.6	4.8
峡山生态区	6	3.6	4.8
保障面积	均为60平方米		

保障性安居工程

从2010年起，根据国家、省的要求，全市开始进行保障性安居工程实物建设。在继续发放廉租住房租赁补贴、经济适用住房货币补贴的同时，大力实施廉租住房、经济适用住房、公共租赁住房实物建设，并收购、租赁部分房屋进行实物保障，逐步建立起实物保障与货币补贴相补充的住房保障机制。2010—2012年，全市建设保障性安居工程59812套，惠及群众约18万人。

2010—2012年潍坊市区安居工程建设数量统计表

表3—8—2　　单位：套

类　别	2010年	2011年	2012年	合计
廉租住房	1000	659	334	1993
经济适用住房	180	4255	1695	6130
公共租赁住房	2302	9357	9241	20900
棚户区改造	624	14918	15247	30789
合　计	4106	29189	26517	59812

廉租住房建设　2011年，市住建局通过公开招标采购方式，采购廉租住房99套，分别是华安锦绣樱园55套、居易家园44套。2010—2012年，全市共筹建廉租住房1993套。

公共租赁住房建设　潍坊市将公租房建设作为保障房建设的突破点，通过落实优惠政策，充分调动各类开发区、产业园区和大企业的积极性，建设40平方米以下的小户型公租房，重点解决好新就业职工和外来务工人员等群体的住房问题。2010年，高新区出资新建公共租赁住房项目锦程公寓，共2310套，是全市第一个政府出资筹集的保障房项目。高新开发区歌尔集团通过上级优惠政策，累计建设公租房4000多套，配套设施齐全，解决约3万名职工居住问题。2012年，经市政府同意，由市住建局负责通过公开招标采购方式，采购公共租赁住房479套，分别是中央生活城114套、大邦渤景湾136套、华安锦绣樱园45套、玉清嘉苑114套、金都国际广场17套、金丰名苑27套、华都凤凰山庄26

①②③为2010年底寿光市首批廉租住房实物配租公开摇号、选房、办理承租手续现场

套。2010—2012年，全市共筹建公共租赁住房2.09万套。

经济适用房建设 2010年，全市把“健全住房保障体系”列为深化经济体制综合配套改革试点工作。坚持集中建设与分散建设相结合，充分考虑设施配套、交通便利、居民生活习惯等因素，分散布局，既方便群众生活，又降低生活成本。至2012年，全市共建设经济适用房6130套。

2011年10月8日，全市各级建立住房保障信息公开专题网站，及时公开住房保障政策、保障房源、分配程序、分配结果等内容，确保住房保障工作公开公平公正。

①②③④为2011年青州市进行首批经济适用住房配租现场

2011年10月，山东省人大常委会检查组到潍坊视察保障性安居工程

2011年10月10—13日，以省人大常委会委员、内务司法委员会主任委员陈明甫为组长的省人大常委会第四视察组一行14人，对潍坊市保障性安居工程建设进行视察；采取随机抽样的办法，从全市124个在建项目中按20%的比例抽取25个项目，对潍坊市的工作给予肯定。

2011年，市住房和城乡建设局被省住房和城乡建设厅评为“住房保障目标责任书考核先进单位”。在全国保障性安居工程建设劳动竞赛中，潍坊市获奖项4个：潍坊昌大建设集团有限公司项目经理王建波获“全国五一劳动奖章”，潍城区康家居委会主任侯振忠、福田雷沃国际重工股份有限公司党委副书记杨洪义被评为“优秀建设者”，高新城市建设投资开发有限公司被评为“先进单位”。2012年，在全国保障性安居工程建设劳动竞赛中，潍坊市获奖项2个：潍坊高新建设集团有限公司潍坊市歌尔光电园职工宿舍2号、3号楼被评为优秀工程项目，寿光市城市建设投资开发有限公司被评为先进单位。

棚户区改造　1984年起，潍坊市展开旧城改造，其重点是实施棚户区改造。2010年，国家明确提出，“棚改”范围包括城市棚户区、国有工矿、林区和垦区棚改户区。同时对其实行计划管理，列入计划的项目可以享受国家、省棚改优惠政策。全市坚持货币补偿与实物安置相结合。按照统一规划、就近整合、连片开发、配套建设的原则，根据棚户区居民的安置意愿，精心制定改造方案，先建安置房，后建商品房。强化政策落实，对棚改项目免征城市基础设施配套费等行政事业性收费和政府性基金，落实安置住房税收优惠政策，可节约建设成本约300元/平方米。对于资金难以平衡的棚改项目，给予土地等政策倾斜，在月河楼片区改造中，潍坊市给予项目26.67公顷土地指标，以平衡项目开发成本，保证其改造工作顺利推进。至2012年底，全市累计改造31万户，其中2010—2012年改造3万户左右。

房屋拆迁

1991年，开始全市房屋征迁工作。随着城区改造的不断深入，城市建设逐步进入快速发展期，面大量广成为房屋拆迁工作的主要特征。1992年，根据《城市房屋拆迁管理条例》及有关政策要求，结合潍坊房屋拆迁工作实际，制定出台《潍坊市城市建设房屋拆迁管理实施办法》，确定房屋拆迁由取得房屋拆迁许可证的单位和个人组织实施，产权调换按照年龄顺序排序，对残疾人、烈士家属、孤寡老人等特殊群体，由市信访办、市开发办、市拆迁办、项目所在地法院、街道（居委会）、建设单位等7部门联合研究，报市拆迁主管部门批准后，予以统筹安排。

2001—2011年，明确房屋征迁市场评估原则，由具有相关资质的房地产评估机构对被拆迁房屋进行评估，并采取产权调换和货币补偿相结合的补偿方式，产权调换通过现场摇号的方式确定房屋安置顺序。在房屋拆迁期间，对房屋拆迁达不成协议的，由拆迁人依法向拆迁主管部门申

奎文区北下河棚改项目改造前后对比

请裁决，经对拆迁程序、材料严格审查后，进行听证并多次调解未果的，由房屋所在地政府下达强制执行决定。2011年，国务院《国有土地上房屋征收与补偿条例》出台后，为确保房屋征收与补偿各项工作有法可依，先后制定出台征收办法、补偿标准、信息公开和相关纪律规定等配套文件，建立属地管理、政府主导、部门联动、征收实施单位具体组织开展的房屋征收与补偿工作机制，完善国有土地上房屋征收与补偿政策体系与工作体制机制。至2012年，全市完成房屋征收拆迁项目879个，面积1944.2万平方米。

2003—2012年潍坊市房屋征收拆迁项目统计表

表3－8－3

年　份	项目个数（个）	户　数（户）	房屋面积（万平方米）	强制执行户数（户）
2003	36	1791	41.81	21
2004	72	5052	100.89	1

续表3-8-3

年　份	项目个数（个）	户　数（户）	房屋面积（万平方米）	强制执行户数（户）
2005	82	4798	114.85	14
2006	61	6950	116.58	14
2007	110	18708	363.70	11
2008	169	16000	366.50	5
2009	139	9427	207.47	4
2010	160	22152	489.13	0
2011	22	6737	100.69	0
2012	28	2888	42.54	0
总　计	879	94503	1944.16	70

第三节　房地产开发

90年代初，居民的住房观念开始由过去的实物福利和无偿分配向商品化转变，市及各县市区的建设、房管部门全部成立房地产开发企业。1991年6月，潍坊早春园小区被确定为全国第三批住宅建设试点小区，工程于1992年9月动工，1997年9月建成。小区占地12.16万平方米，总建筑面积17.17万平方米，其中住宅14.36万平方米，安置居民1727户，1993年3月1日，颐园小区一期工程开工，12月15日竣工交付使用。颐园小区是山东省第一批试验小区，占地面积12.6万平方米，规划总建筑面积9.29万平方米，其中住宅6.75万平方米，公建2.54万平方米，分两期建设。1994年，全市房地产行业投资额21亿元，施工面积334万平方米，竣工面积257万平方米。至年底，全市建成居民小区89个，其中市区25个，市区人均居住面积8.6平方米。2000年之后，房地产业快速发展。2012年，全市完成房地产开发投资439.4亿元，施工面积5383.5万平方米，竣工面积1298.6万平方米。1994—2012年，全市房地产行业累计完成投资额2150.80亿元，施工面积23992.10万平方米，竣工面积8666.90万平方米，房地产开发投资额占全市固定资产投资额的25%以上。

1994—2012年潍坊市房地产行业开发指标统计表

表3-8-4

年　份	完成投资额（亿元）	比上一年增长	施工面积（万平方米）	比上一年增长	竣工面积（万平方米）	比上一年增长
1994	21.0	—	334.0	—	257.0	—
1995	5.8	—	132.0	—	67.0	—
1996	5.3	-8.8%	99.1	24.9%	56.1	-16.3%

续表3—8—4

年　份	完成投资额（亿元）	比上一年增长	施工面积（万平方米）	比上一年增长	竣工面积（万平方米）	比上一年增长
1997	7.1	33.9%	93.3	−5.8%	57.6	2.7%
1998	9.4	32.4%	161.9	73.5%	73.7	27.9%
1999	8.1	−13.8%	171.2	5.7%	77.2	4.7%
2000	12.2	50.6%	180.9	5.7%	96.0	24.4%
2001	21.5	19.6%	325.0	21.3%	175.0	17.8%
2002	24.8	12.3%	370.0	13.6%	160.0	10.3%
2003	26.0	14.8%	480.0	15.1%	200.0	11.3%
2004	41.0	57.7%	520.0	8.3%	390.0	95.0%
2005	50.0	21.9%	630.0	21.2%	500.0	28.2%
2006	83.0	53.0%	996.0	51.0%	530.0	36.0%
2007	128.3	55.0%	1367.0	38.0%	687.8	30.0%
2008	191.9	49.6%	1834.2	34.2%	665.9	−3.2%
2009	296.0	55.0%	2936.0	60.0%	899.0	35.0%
2010	340.0	15.0%	3350.0	14.1%	1330.0	48.0%
2011	440.0	29.41%	4628.0	38.14%	1146.0	−13.83%
2012	439.4	−0.14%	5383.5	16.32%	1298.6	13.31%

房地产开发市场

1994年，全市共有房地产开发企业16家，其中一级开发资质企业1家。1997年，全市房地产开发企业增至36家。1998年后，随着招商引资工作力度的不断加大，众多外地房地产开发企业到潍坊投资兴业，全市房地产开发企业数量逐年增加，至2012年，达1031家。主管部门根据《山东省城市房地产开发企业资质管理规定》等有关规定，对新申请房地产开发企业依法严格审批，每年定期对开发企业进行资质审查，对不符合规定的企业资质按规定予以处理。

2008—2012年潍坊市房地产开发企业数量统计表

表3—8—5　　单位：家

年　份	房地产开发企业数量			
	总数	一级资质	二级资质	三级资质
2008	558	3	22	87
2009	578	3	27	96
2010	785	5	43	133
2011	942	8	47	147
2012	1031	10	77	178

配套设施建设

在房地产综合开发建造住房的同时，配套建设了市政、商业、学校、社区服务等设施。2006年后，全市房地产开发水平和品质得到较快提升，特别是2010年之后，房地产业加快推进建造方式转型、业态转型、建造工艺转型，实现产业发展向依靠科技进步、资源节约利用、劳动者素质提高和管理创新转变。

建造方式转型　加快住宅产业现代步伐，成功创建全市第一个、全省第四个、全国第二十个国家住宅产业化基地——潍坊国建高创热力节能项目，企业成为国内供热节能领域唯一被批准的生产企业。生产中推广工业化生产建造方式，即设计标准化、部品部件生产工厂化、现场施工装配化和土建装修一体化，建设6万平方米装配式节能与建筑一体化新型住宅体系应用住宅。

业态转型　大力发展商业地产、旅游地产、工业地产、养老地产等新型房地产业态，建设具有商业、办公、居住、酒店等功能，对经济发展具有较强带动作用的城市综合体，打造功能现代、辐射能力强的高端服务业聚集区。实施大项目带动战略，发展高品质新兴地产，泰华城市综合体、银座家居广场、V1购物广场、金沙城市广场项目全部投入使用。

建造工艺转型　推广太阳能、地热能等新型能源，加大建筑节能新技术应用力度。推行《房地开发项目建设条件意见书》，提高“全装修成品房”住宅建设比例。至2012年底，全市太阳能光热一体化应用面积1960万平方米；地源热泵建筑应用面积1000万平方米；全装修住宅面积累计达790万平方米。

住宅产业化

2005年，按照市委、市政府住宅产业化工作统筹安排，在市城市建设综合开发管理办公室加挂市住宅产业化管理办公室牌子，负责全市住宅产业化管理工作。向省建设厅推荐“双羊新城”项目申报“国家康居示范工程”，标志着全市住宅产业化工作正式启动。2006年5月16日，“天同·双羊新城”项目通过建设部住宅产业化促进中心“国家康居示范工程”方案评审。2007年12月，山东天同城市建设集团有限公司开发建设的“四季花园”成为潍坊第一个被建设部授予全国住宅小区最高奖“广厦奖”项目。2010年9月17—20日，成功举办2010中国（潍坊）房地产科学发展高峰论坛暨住宅产业博览会，有150家企业及相关行业参展，8万多人进场参观。其间，举办房地产科学发展高峰论坛、中房协诚信座谈会、中国百年住宅建筑体系CSI住宅建设技术导则座谈会、房地产发展互动沙龙、房地产项目推介等众多会议及活动，全面展示潍坊在房地产业、住宅产业化等方面所取得的成就。至2012年底，全市共创立国家住宅产业化基地1个，培育A级住宅性能认定项目16个、康居示范工程3个、“广厦奖”项目1个。

第四节　房地产管理

房屋登记管理

政策法规　1994年，市城乡建设委员会、市房地产管理局印发《关于加强商品房产权产籍登记管理工作的通知》，加强房地产市场和商品房产权产籍的登记管理，潍城、坊子、寒亭3区范围内购买商品房的单位和个人，统一由潍坊市房地产管理局办理产权登记和发放房屋所有权证等业务。1995年8月，市房地产管理局等8个部门印发《关于房地产抵押管理的规定》，进一步理顺潍坊市房地产交易市场，规范房地产抵押行为。2001年8月，市政府印发《关于加强市区房产管理工作的通知》，规定市区实行房产集中统一管理，市区房产管理业务在实行集中统一管理的前提下，按行政隶属关系为主、工商登记为辅的原则，划分市区房产管理的业务范围。同月，市政府印发《潍坊市城市房地产转让管理办法》《潍坊市城市房地产抵押管理办法》《潍坊市城市房屋租赁管理办法》《潍坊市城市商品房预售管理办法》，市区房屋登记工作进一步规范。2004年，潍坊市房地产管理局印发《关于规范补发房屋权属证书有关问题的通知》，明确市区补发房屋权属证书申请受理的职责分工和提报材料。市区年均办理各类房屋登记业务15万件次，办理房屋所有权证5万本、他项权证2.60万本。

房地产市场信息系统建设 房地产市场信息系统包括房屋登记子系统、档案管理系统、统计分析与信息发布系统、个人住房信息系统、异地容灾系统等子系统。该系统自2000年开始运行，2006年进行系统升级；2007年完成市级及4个区、6个开发区的联网运行，覆盖市级及各区（开发区）11家房屋登记机构、市区房地产开发企业和经纪机构；2008年《房屋登记办法》实施后再次进行升级完善。2009年，市房地产市场信息系统通过住建部组织的测评，潍坊市被评为“全国房地产市场信息系统建设优秀城市”；2010年，系统与省住房和城乡建设厅联网。

房屋登记档案管理 潍坊市区房屋登记档案实行统一管理。2004年4月，潍坊市房地产管理局印发《关于进一步加强市区房产档案管理与查询工作的通知》，规定认真及时做好市区房管部门间房产档案的协查工作，积极协助司法、行政机关做好房产查封等限制房产权利工作。2005年8月，潍坊市房产交易中心印发《关于规范房产业务档案管理意见的规定》《房产档案交接规程》《房产档案查询规程》，进一步规范工作程序，加强房产业务档案管理。2009年，潍坊市区房屋登记档案完成数字化整理。2012年起，每年产生新档案10万卷，接待档案查询人次25万人次，出具各类档案证明11万份。同时，做好保障性住房等政策性住房和领导干部住房信息查询等工作。至2012年底，馆藏档案160万卷。

房地产经纪管理

2001年8月16日，市政府办公室印发《潍坊市城市房地产中介服务管理办法》，规定从事房地产中介服务业务，必须是具有独立法人资格的经济组织并应具有自己的名称、组织机构、固定的服务场所、规定数量的财产和经费、符合法律和国家有关政策规定数量的相关专业技术资格的人员等。2005年7月，市房产管理局按照“边发展边规范”的工作思路，先后印发《关于进一步整顿和规范房地产中介服务市场的实施意见》《关于实行房地产中介服务机构资格备案管理制度的通知》，加强房地产经纪机构和人员的管理。至年底，全市房地产经纪机构共400多家，其中房地产营销策划代理机构67家，从业人员1500多人。2007年3月，市房产管理局出台《关于进一步落实房地产交易秩序专项整治工作方案》，组织对房地产中介市场中未申请营业执照、未取得房地产中介服务资格、擅自从事房地产中介业务、发布虚假或不实信息骗取中介费的行为，进行严肃查处。同时与《潍坊晚报》、潍坊电视台、《晨鸿信息》等发行量大、市民接触面广的宣传媒体联合，对不在房管局备案、没有工商营业执照的中介机构的房产广告不予刊登，从源头上堵住虚假广告信息的传播。在做好以上工作的同时，对房地产中介服务机构从市场准入、备案审查、上岗培训、资格等级、诚信档案建立等五方面进行规范，促进房地产中介服务市场健康发展。是年，按照建设部《城市房地产中介服务管理规定》，对山东万邦房地产评估测绘有限公司等66家房地产中介机构的备案进行公示。2009年3月4日，市政府印发《全市房地产中介服务市场整顿规范活动实施方案》，成立由分管副市长任组长，市房管、市工商、市公安、市城管执法、市物价、市金融、市新闻媒体等有关部门主要负责人为成员的整顿规范房地产中介服务市场领导小组，负责整个工作的组织协调和总体调度。领导小组在市房产管理局设立办公室，具体负责整顿活动的组织协调工作。各县市区及各有关部门成立相应的工作机构，有步骤地开展工作，做到分工明确、责任到人，切实保证整顿规范活动的顺利进行。2010年12月15日，市住房和城乡建设局联合中国人民银行潍坊市中心支行、中国银行业监督管理委员会潍坊监管分局共同印发《潍坊市存量房交易资金监管暂行规定》，对全市的存量房交易资金进行监管。办法规定存量房交易双方当事人为保证交易资金的安全，与资金监管机构签订资金监管协议，由资金监管机构代收买方当事人应付交易资金，并在完成产权登记后，按照约定，向卖方当事人代付应得交易资金，以规范存量房交易行为。2011年6月15日，为进一步规范房地产经纪活动，保护房地产交易及经纪活动当事人的合法权益，促进房地产市场健康发展，市住建局下发《关于开展全市房地产经纪市场专项整治工作的通知》，要求凡在潍坊市范围内，从事房地产经纪活动的房地产经纪机构均在专项整治范围内。该次专项整治在全面规范备案制度落实的基础上，主要检查房地产经纪机构是否按照《房地产经纪管理办法》及有关规定开展房地产经纪服务，包括经营场所公示的内容、发布房源信息是否经委托人书面同意、提供房地产经纪服务是否与委托人签订服务合同等内容。2011年12月25日，市住房和城乡建设局联合市人力资源和社会保障局、市物价局印发《关于转发〈关于贯彻房地产经纪管理办法进一步规范房地产交易秩序的通知〉的通知》，在全市范围内开展房地产经纪市场专项整治工作，市住房和城乡建设局、市人力资源和社会保障局、市物价局等部门按照职责分工，建立联动机制，形成监管合力，加大对典型案例及检查结果的处罚、曝光力度。通过投诉电话、举报信等多种方式处理百姓投诉，并将查证属实的被投诉举报记录等情况，作为不良信用记录记入其信用档案，定期向社会公示。

房地产估价机构管理

2001年5月15日，潍坊市第一家房地产估价机构潍坊市求实房地产评估事务所成立，性质为独资私营企业，其业务范围开始主要为房改提供技术支持，后发展为房地产交易、抵押、拆迁等提供技术服务。2003年，根据国务院办公厅转发《国务院清理整顿经济鉴证类社会中介机构领导小组关于〈经济鉴证类社会中介机构与政府部门实行脱钩改制意见〉的通知》等文件要求，全市房地产业务主管部门所属的房地产估价机构全部实行脱钩改制。至2005年底，全市共成立公司制房地产估价机构27家，其中二级资质的1家、三级资质的23家、三级暂定的3家。2006年，市房产管理局与市事业单位改革领导小组办公室、市机构编制委员会办公室联合印发《关于做好房地产估价机构脱钩改制的通知》，对各县市区房管局所属房地产评估事务所编制予以取消，从制度上保障对房地产估价机构脱钩改制工作的组织领导。2007年，市建设局贯彻落实建设部《关于加强房地产估价机构监管有关问题的通知》精神，要求房地产估价机构主动向当地房管部门提供房地产估价机构资质证书等有关证明材料，接受项目所在地房管局的监督管理。完成估价业务后，主动向项目所在地房地产行政主管部门留存房地产估价报告备查。

商品房预售管理

2001年8月，市政府印发《潍坊市城市商品房预售管理办法》，这是全市第一次颁布商品房预售管理方面的规范性文件。是年，开始颁发商品房预售许可证。2007年1月，市房产管理局印发《潍坊市商品房预售款监管实施细则》，开始实行商品房预售资金监管，由潍坊市住房置业担保有限公司提供监管服务。2009年2月1日，市房产管理局联合中国人民银行潍坊市中心支行、银监局共同修订出台《潍坊市商品房预售款监管实施细则》。实行行政监管，由房产管理部门进行预售款监管，只监管不收费。2011年11月11日，针对预售款监管过程中出现的新问题、新情况，市住房和城乡建设局联合中国人民银行潍坊市中心支行、市银监局共同修订《潍坊市商品房预售资金监管实施细则》，对商品房预售资金实行专款专户、专款专存、专款专用、全程全额监管，并提出重点监管资金的概念，将预售资金分为重点监管资金和一般监管资金，细化了监管建立、资金交存、资金使用、监管终止各环节，并强化了开发企业、监管银行、监管部门的权力和义务。2012年7月8日，市政府办公室印发新的《潍坊市城市商品房预售管理办法》，从商品房预售管理、商品房预售经营等方面规范和完善商品房预售制度，严格监管商品房预售行为，强化各相关单位法律责任。完善商品房预售许可各项政策。提高办事效率，由法定的20天缩短到3个工作日。简化商品房预售许可证办事程序及申报材料，取消所有非法定材料及前置条件。强化商品房预售许可事中事后监管，建立健全信息公开机制，加强预售房源管理，确保购房者对项目及房屋具体信息的知情权，切实保护购房者权益；未取得商品房预售许可证的项目，不得进行预售。2012年12月27日，市住房和城乡建设局印发《进一步规范商品房销售现场信息公示管理有关问题的通知》，对全市商品房销售现场信息公示做出明确的规定，从公示内容、公示要求、监督管理各方面做出详细规定，并制作信息公示模板。减少了商品房买卖双方因信息不对称所形成的矛盾和纠纷，保护购房人的合法权益，维护正常的商品房销售市场秩序。

2009—2012年潍坊市区批准商品房预售情况统计表

表3—8—6

年份	批准预售		住宅		商业	
	面积（万平方米）	套数（套）	面积（万平方米）	套数（套）	面积（万平方米）	套数（套）
2009	663.66	66261	524.15	48218	18043	139.51
2010	573.73	58895	456.58	46250	12645	117.15
2011	758.26	76624	578.95	55193	21431	179.31
2012	483.06	45358	379.40	34614	10744	103.66

2009—2012年潍坊市区商品房预售资金监管情况统计表

表3－8－7

年 份	监管备案数（件）	监管面积（万平方米）	监管资金（亿元）
2009	186	462.3	28.2
2010	247	540.3	43.1
2011	311	779.7	67.3
2012	222	503.7	61.5

房地产市场管理

从2001年起，潍坊市每年至少开展1次房地产市场专项检查，确保行业和社会稳定。2006年，重点对市区无资质开发、无经营权证擅自开发建设等14类违法违规行为进行全面检查，共查处违法违规房地产开发项目5个。其中，无资质开发4个、以自建自用名义审批的项目进行房地产开发经营的1个。下达行政法律文书10多份，罚款20万多元。2007年，12个有关部门联合对潍坊市房地产市场秩序进行专项整治，共检查房地产开发企业393家、开发项目380个，查处涉及违法违规项目15个、企业10家。

2009年7月30日，市政府印发《潍坊市房地产开发项目建设条件意见书》和《潍坊市房地产开发项目竣工综合验收备案管理办法》，进一步健全房地产项目"源头控制、过程监控、终端把关"的全过程管理机制，房地产市场监管步入法制化轨道。2012年，按照"属地管理"原则，以项目为载体，逐步建立并完善"三位一体"监管模式，实行分片包靠、划区督导、责任到人，对市属项目实施专人包靠，对区属项目实施专人督导。建立健全在建在售项目动态管理台账、隐患项目预警台账，进一步加大执法检查力度，严厉查处囤积土地、捂盘惜售、哄抬房价等违法违规行为。2012年10月16—31日，对全市852个在建在售开发项目进行全面排查，其中市区在建在售项目369个、开发面积2567万平方米、造价687亿元，抽查各县市在建在售项目33个。全市共查处违法违规项目75个、面积489万平方米，查处各类违法违规行为1143条，下达限期整改通知书81份，均全部整改到位，房地产市场秩序进一步规范。

房屋安全管理

1990年，市房屋安全鉴定委员会成立，为非建制松散型专业技术组织，主要负责市区各类房屋的安全鉴定工作，承担各县市区房屋安全鉴定委员会转报的安全重大疑难问题的鉴定工作。1993年9月，市房产管理局恢复设置，市房屋安全鉴定委员会由市城市建设委员会移交给市房产管理局。2008年，根据住房和城乡建设部《城市危险房屋管理规定》《住宅室内装修管理办法》等法律法规规定，出台《潍坊市城市房屋安全管理办法》，加强城市房屋安全管理，保障居住和使用安全，促进房屋有效利用，维护公共利益。2009年，根据汶川地震中出现的问题，潍坊市组织对全市中学、小学进行校舍普查，对排查出的问题对进行相关处理，并要求将水泥檩条全部更换为木檩条。

重点项目

"天同·双羊新城" 该项目由山东天同城

天同·四季花园一角 (2012年拍摄)

市建设集团有限公司开发建设，位于坊子新区凤凰大街以南、双羊街以北，东临龙山路，西靠朝凤路，与坊子区政府隔街相望。项目占地面积66.21公顷，建筑面积73.91万平方米，绿地率36.2%，可容纳1.40万人居住。利用地形地貌特点，结合贯穿南北的白沙河75米宽景观带，把“双羊新城”分为丽景园、颐景园、帝景园、天景园四个居住组团，并采用临水就势的手法打造水轮古意、悬水清音、平台望月、汀步跌水、荷塘月色、闸口叠瀑、桃花岛、九曲桥八大组合景区，形成7万平方米的水系景观。“天同·双羊新城”作为全市第一个国家康居示范工程，严格按照国家康居示范工程的要求进行开发建设，广泛应用太阳能热水系统、地源空调系统等60多项新技术、新材料、新工艺、新设备，充分利用可再生能源，全面实现了小区的节能降耗指标。该项目在人居微环境的改造和节能环保领域开创“两个全国首创”：全国首个联籍式太阳能在多层住宅小区中大规模应用，采用太阳能成熟技术，实现太阳能集热器、管线与建筑一体化设计；作为全国首个住宅示范小区，全部采用地源热泵、地板辐射技术进行采暖，供暖费用只相当于普通供暖费用的30%～70%，显著降低了居民的居住成本。

“天同·四季花园” 小区坐落在坊子凤凰山高新技术产业园核心区域，东邻朝凤路，北至双羊街，规划用地7.46公顷，建筑面积9.80万平方米，绿地率达40%。小区的整体规划，引入21世纪超前的城市设计理念，中心绿地、大型活动广场是小区的特色。主流户型为三室两厅和两室两厅，单户面积以80～100平方米为主，建筑结构采用全现浇楼板。该小区先后获“山东省优秀物业管理小区”“潍坊市花园式单位”“潍坊市园林绿化十佳小区”及全国房地产最高奖“广厦奖”等称号。

国建高创国家住宅产业化基地 潍坊国建高创科技有限公司注册资本5000万元，位于潍坊市潍城区，占地20多公顷，总投资额2亿多元，厂房等建筑面积17万平方米，是建设部重点扶持的专业热力节能公司，国家高新技术企业。公司专注于节热系统研发、供热计量装置的开发与检验、供热节能产品的认证、供热节能与供热计量的行业媒体平台建设及国家相关课题研究。公司设有国家供热计量与节能领域院士工作站。国建高创国家住宅产业化基地年设计生产500套供热远程智能监控系统及配套产品，年产值达50亿元。2011年2月15日通过住建部住宅产业化促进中心专家组评审，成为全市第一

潍坊市区中央生活城项目获“国家康居示范工程”称号

个国家住宅产业化基地。

中央生活城 该项目位于奎文区胜利东街与文化路交汇处。项目规划总用地面积9.32公顷，总建筑面积42.91万平方米。为提升居住品质，在开发前期聘请中国建筑设计院和国际著名景观设计公司——美国易道联手鼎力打造，中央生活城从建设到交付使用，赢得多个奖项。其中，施工方面单体工程（16号楼）获得山东省建筑工程质量“泰山杯”奖。交付使用后先后通过国家AA级住宅性能认定、获评省物业管理优秀住宅小区。

赋海世家 位于潍坊市高新技术开发区，东临金马路，南接福寿东街，西临广场东路，北接创业街。2005年7月开工建设，2010年10月竣工。规划用地面积88968平方米，总建筑面积29.64万平方米，地上总建筑面积23.16万平方米，共1327户，容积率2.60，绿化率42.6%，建筑密度20.2%。小区规划及建筑设计由同济大学建筑设计研究院与济南市同圆建筑设计研究院共同完成，二期工程的前期方案设计由美国相互建筑设计院北京分公司进行策划、济南同圆建筑设计研究院设计完成，小区的景观设计由北京星河园林绿化工程有限公司进行精心设计，引进美式都会生活O_2有氧社区理念，首创O_2有氧社区文化主义，打造国际生活三代宅社区。赋海项目获“2008年山东省优秀智能建筑及智能住宅小区工程”“山东智能化铜质奖章”等十多个奖项。

恒大名都 位于金马路以东、樱前街以南、潍县中路以西、宝通东街以北，由潍坊金碧置业有限公司开发建设。项目总投资50亿元，占地面积约29万平方米，总建筑面积约127万平方米，其中包括高层住宅、沿街商业、高档写字楼、全天候运动中心、五星级会所、双语幼儿园、星级剧场等，规划社区住户6332户。恒大地产集团旗下金碧物业，全面采用ISO9001国际质量标准。

万达广场 位于奎文区老体育场位置，南北两侧分别为——东风东街和福寿东街，西侧为鸢飞路，东侧紧邻虞河，地理位置优越。项目总规划面积约10.97公顷，总建筑面积约57万平方米。项目由商业综合体、甲级写字楼、五星级酒店、商务酒店、住宅、商铺组成，着力打造成潍坊市的地标级商业综合建筑群。

潍坊市万达广场——地标级商业综合建筑群体

第五节　物业管理

管理成果

1995年7月，全市第一家市场化物业管理公司——潍坊市城市建设综合开发公司物业管理分公司（后更名为潍坊春风物业管理有限公司）成立，标志着潍坊市物业服务行业的诞生。之后，随着住房体制改革和房地产业的发展，房屋管理所逐步改制为企业，房地产开发企业也相继组建物业公司，物业服务行业得到快速发展。2005年1月，设立潍坊市物业管理办公室，为正科级全额拨款事业单位，编制10人。是年12月30日，市物业管理协会成立，属于在潍坊市民政局注册登记的有法人资格的社会团体，是由潍坊辖区从事物业管理的企事业单位和有关专业人士自愿参加组成的非营利性组织。至2012年底，全市物业服务企业达到474家，从业人员4万多人，管理物业服务项目1900多个，总建筑面积9000多万平方米，物业管理覆盖率达到86%。

根据建设部《关于修订全国物业管理示范住宅小区（大厦、工业区）标准及有关考评验收工作的通知》，潍坊市每年组织参与示范（优秀）项目创建工作。至2012年底，共获得国优项目17个、省优项目80个，总数位居全省前列。

2012年潍坊市物业管理基本信息一览表

表3—8—8

物业企业数量（家）	从业人员数量（人）	项目数量（个）	建筑面积（万平方米）	物业管理覆盖率	业委会组建数量（个）	优秀（示范）项目个数（个）
总数：474	总数：43659	总数：1908	总数：11257	86%	320	总数：97
本地企业中 一级：5 二级：28 三级：362 暂定：63 省外企业数量：16	项目经理：1410 保洁：20592 秩序维护员：17573 物业管理师：163 其他人员：3921	住宅：1423 非住宅：485 物业公司管理：1533 居委会管理：94 业主自管：108 单位后勤：141 无人管理：32	住宅：9284 非住宅：1973 物业公司管理：9681 居委会管理：363 业主自管：413 单位后勤：617 无人管理：183			国家级：17 省　级：80

2012年潍坊市“全国物业管理示范项目”一览表

表3-8-9

序号	项目名称	企业名称	优秀称号
1	崇德·丹桂里	潍坊崇德物业管理有限公司	国优
2	昌乐县昌明花园	昌乐县阳光物业管理有限公司	国优
3	潍坊高新技术开发区管委会大厦	山东多邦物业管理有限公司	国优
4	寿光鸿基花园	寿光市城建物业管理有限公司	国优
5	潍坊市高新大厦	山东明洁物业管理有限公司	国优
6	昌邑市豫园小区	昌邑市民安物业管理有限公司	国优
7	昌乐县昌盛花园小区	昌乐县昌盛花园小区	国优
8	天同·四季花园	潍坊市东方物业管理有限公司	国优
9	泛海城市花园	潍坊泛海物业管理有限公司	国优
10	潍坊怡景嘉园	潍坊市明洁物业管理有限公司	国优
11	安丘市青云花园	安丘市新大物业有限责任公司	国优
12	山东省寿光市兆祥小区	寿光市城建物业管理服务中心	国优
13	潍坊市樱园小区	潍坊市华安物业管理有限公司	国优
14	山东电力三公司住宅小区	潍坊颐杰物业管理有限公司	国优
15	潍坊市圣荣广场住宅小区	潍坊圣荣物业管理有限公司	国优
16	潍坊市名门世家小区	潍坊名屋物业管理有限公司	国优
17	潍柴动力股份有限公司厂区	潍坊同心物业管理有限公司	国优

主要政策

1994年，市政府13号令公布《潍坊市城市住宅小区管理暂行办法》。2001年8月19日，市政府废止13号令，发布74号令公布《潍坊市城市住宅小区物业管理办法》。2007年8月31日，市政府印发《加强物业管理工作的意见》。

2005年12月30日，潍坊市物业管理协会成立大会在东方大酒店举行

1994—2012年潍坊市物业管理政策文件一览表

表3—8—10

序号	文件名称	文　号	发布单位	发布时间
1	潍坊市城市住宅小区管理暂行办法	市政府13号令	潍坊市人民政府	1994年10月15日
2	潍坊市城市住宅小区物业管理办法	市政府74号令	潍坊市人民政府	2001年8月19日
3	潍坊市城市住宅小区物业管理服务收费试行办法	潍价费发〔2002〕1号	潍坊市物价局 潍坊市房管局	2002年1月18日
4	关于加强物业管理的工作意见	潍政发〔2007〕60号	潍坊市人民政府	2007年8月31日
5	关于实施物业服务企业量化考核的通知	潍房发〔2008〕86号	潍坊市房管局	2008年12月9日
6	潍坊市住宅专项维修资金管理办法	潍建发〔2010〕19号	潍坊市住建局 潍坊市财政局	2010年6月26日
7	潍坊市物业管理招标投标管理暂行办法	潍建发〔2010〕30号	潍坊市住建局	2010年7月11日
8	关于进一步推进市区住宅小区物业管理市场化的实施意见	潍建物字〔2010〕4号	潍坊市住建局	2010年7月13日
9	《潍坊市物业管理评标规则》（试行）	潍建物字〔2010〕5号	潍坊市住建局	2010年8月24日
10	关于物业管理招标投标有关程序规定（试行）的通知	潍建物字〔2010〕6号	潍坊市住建局	2010年8月24日
11	关于转发《山东省物业质量保修金管理办法（试行）》的通知	潍建发〔2011〕12号	潍坊市住建局	2011年4月19日
12	潍坊市物业服务企业信用档案管理办法	潍建发〔2011〕14号	潍坊市住建局	2011年4月26日
13	关于加强业主委员会建设工作的意见	潍建物字〔2011〕4号	潍坊市住建局	2011年4月26日
14	关于公布住宅维修资金首期交存标准的通知	潍建物字〔2011〕22号	潍坊市住建局	2011年6月25日
15	潍坊市住宅物业服务收费管理实施办法	潍价费发〔2012〕9号	潍坊市物价局 潍坊市住建局	2012年5月25日
16	关于印发《潍坊市普通住宅前期物业服务等级内容和服务收费基准价格》的通知	潍价费发〔2012〕31号	潍坊市物价局 潍坊市住建局	2012年12月12日
17	关于普通住宅小区停车收费有关问题的通知	潍价费发〔2012〕32号	潍坊市物价局 潍坊市住建局	2012年12月12日

重要制度

潍坊市住建部门按照建设部《物业服务企业资质管理办法》规定和省建设厅的指导意见，对辖区内的三级物业服务企业资质进行审批，并每年进行资质监督检查。2011年4月，市住建局出台《潍坊市物业服务企业信用档案管理办法》，对物业服务企业实行信用管理，利用信用杠杆加强对物业服务企业的批后监管。通过信用管理，全市共处理违法违规企业124家，对规范物业服务市场秩序起到良好作用，在物业服务行业内部形成"守信者荣、失信者耻、无信者忧"的氛围。

潍坊市区宝通六号小区物业服务中心工作人员在接待小区业主

2012年潍坊市物业服务一级资质企业一览表

表3－8－11

序　号	企业名称
1	山东神采物业管理有限公司
2	潍坊东方物业管理有限公司
3	寿光市城建物业管理有限公司
4	寿光市华盛物业管理服务有限公司
5	潍坊市华安物业管理有限公司

招投标制度　2010年7月11日，市住建局印发《潍坊市物业管理招标投标管理暂行办法》，规定：住宅物业（包含同一物业管理区域内的非住宅物业）、建筑面积1万平方米以上的非住宅物业，应当通过招标投标的方式选聘具有相应资质的物业服务企业。投标人少于3个或者规模较小的（建筑面积3万平方米以下的普通住宅项目及1万平方米以下的别墅项目），经物业所在县（市）区物业主管部门批准，可以采用协议方式选聘物业服务企业。招标结束后，招标人应当在物业服务合同签订之日起10日内，持有关材料到项目所在地物业主管部门办理备案。物业管理招投标工作预售物业项目应当在取得预售许可证之前完成；新建现售物业项目应当在现售前30日完成；非出售的新建物业项目应当在交付使用前90日完成；物业服务合同期满重新选聘物业服务企业的物业项目，应当在服务合同到期前60日完成。开发建设单位未按规定通过招投标的方式选聘物业服务企业，或者未经批准擅自采用协议方式选聘物业服务企业的，责令限期改正，依据国务院《物业管理条例》第五十七条予以处罚。

物业服务收费制度　2002年1月18日，市物价局和市房产管理局联合印发《潍坊市城市住宅小区物业管理服务收费试行办法》，明确了物业服务收费政府定价的收费标准按每月每平方米建筑面积计算，一级0.45～0.50元，二级0.35～0.40元，三级0.25～0.30元，四级0.15～0.20元。2012年5月25日，潍坊市物价局、潍坊市住房和城乡建设局联合印发

《潍坊市住宅物业服务收费管理实施办法》，取消政府定价，规定普通住宅前期物业服务收费实行政府指导价，非普通住宅以及业主委员会成立后的普通住宅实行市场调节价。

潍坊市普通住宅前期物业服务收费基准价格一览表

表3－8－12　　计费单位：元/平方米、月

服务等级	综合管理服务		共用部位、共用设施设备运行维护费		清洁卫生		秩序维护		绿化养护		基准价格	
	多层住宅	带电梯住宅	多层住宅	带电梯住宅	多层住宅	带电梯住宅	多层住宅	带电梯住宅	多层住宅	带电梯住宅	多层住宅	带电梯住宅
一级	0.15	0.20	0.15	0.70	0.10	0.15	0.15	0.20	0.10	0.15	0.65	1.40
二级	0.12	0.15	0.12	0.65	0.07	0.10	0.12	0.15	0.07	0.10	0.50	1.15
三级	0.10	0.12	0.10	0.60	0.05	0.08	0.10	0.12	0.05	0.08	0.40	1.00
四级	0.08	—	0.08	—	0.03	—	0.08	—	0.03	—	0.30	—
五级	0.05	—	0.06	—	0.02	—	0.05	—	0.02	—	0.20	—

说明：该基准价格可在20%幅度内上下浮动

专项维修资金制度　2004年6月17日，市房产管理局、市财政局共同发布《潍坊市住宅共用部位共用设施设备维修基金管理暂行办法》，要求符合规定范围或非住宅物业必须按照房价的3%交纳维修基金。2010年6月26日，市住建局、市财政局发布《潍坊市住宅专项维修资金管理办法》，要求符合规定范围的住宅及非住宅业主应按所拥有物业的建筑面积交存维修资金，交存标准为多层建筑（含别墅）每平方米70元，小高层、高层建筑每平方米90元。至2012年底，全市共归集维修资金36.02亿元，使用维修资金1588.38万元；市区归集维修资金20.85亿元，使用维修资金290.03万元。

物业质量保修金制度　2011年4月19日，市住建局发布《关于转发〈山东省物业质量保修金管理办法（试行）〉的通知》，要求房地产开发企业应在办理房屋初始登记手续前，持有关资料到市物业管理办公室办理保修金交存手续。具体交存标准为：低层和多层（6层及以下）物业每平方米建筑面积交纳保修金30元（每平方米建筑安装造价1000元×3%）；小高层（7～12层）每平方米建筑面积交纳保修金50元（每平方米建筑安装造价1250元×4%）；高层（13层及以上）每平方米建筑面积交纳保修金70元（每平方米建筑安装造价1400元×5%）。2012年底，潍坊市住建局发布《关于加强物业质量保修金收缴管理工作的通知》，将潍坊市区物业质量保修金收缴标准调整为每平方米建筑面积15元。至年底，市区共归集保修金1.01亿元。

第九章　村镇建设

1991—1994年，全市完成村镇基础设施建设投资额3.70亿元，新建村镇道路2500千米；建设住宅1400万平方米，人均居住面积由1990年底的19.60平方米提高到21.50平方米。1997年，完成村镇基础设施建设投资额3.23亿元，新增公共绿地面积37万平方米，植树280万棵，小城镇人均占有公共绿地面积达3.33平方米，绿化覆盖率达20%。2003年，全市共有建制镇140个、乡10个、行政村9083个，其中历史文化名镇3个、历史文化名村1个；小城镇建成区总面积2.464万公顷，平均每个小城镇175公顷，小城镇驻地人口230万人，平均每个小城镇1.64万人。国家重点镇、省级中心镇在2004年分别达到11个和24个。2006年，完成村镇建设总投资额74亿元，比上一年增长64%。其中，基础设施建设投资额18亿元，比2005年翻了一番。至2011年，全市共有建制镇62个，乡已全部取消，行政村7385个，其中国家重点镇7个，省级中心镇22个。小城镇建成区面积2.75万公顷，平均每个小城镇443.50公顷；小城镇驻地人口95.64万人，平均每个小城镇1.50万人。城镇布局日趋合理，区域中心地位和辐射带动能力明显增强。2012年，全市城镇化率49.75%，全年完成村镇建设投资额120亿元，其中基础设施建设投资额40亿元。

第一节　村镇规划与管理

村镇规划

1990年起，根据《中华人民共和国城市规划法》和发展市场经济的要求，对原来的集镇规划分期分批进行调整完善。1992年，调整完善集镇规划212个，村庄规划5123个，分别占乡镇、村庄总数的91%和54%，并由县市区人民政府批准实施。1993年之后，按照“大、中、小”发展思路，组织编制新一轮跨世纪发展规划，村镇建设走上按规划逐步发展的轨道。1996年，调整完善村庄建设规划450个，累计达到6974个，占村庄总数的74.33%。编制小城镇新一轮总体规划43个，累计122个，占小城镇总数的54%。新编制的规划有35个通过省、市规划评审委员会评审。昌邑市石埠镇总体规划获省优秀规划设计二等奖，昌乐县朱刘镇、青州市庙子镇获省优秀规划设计三等奖。1998年，调整完善村庄建设规划216个，累计7853个，占村庄总数的84.1%。编制小城镇新一轮总体规划32个，累计194个，占小城镇总数的85.8%。2000年，调整完善村镇规划累计8086个，小城镇新一轮总体规划基本完成。

村镇建设管理

1991—1994年，全市完成村镇基础设施投资3.7亿元。新建村镇道路2500千米；新增自来水受益乡镇35个，村庄1800个，新增受益人口95万人，受益总人口350万人。全市有236个乡镇成立建设土地环保委员会或办公室，各乡镇结合实际制定了管理办法和暂行规定，依法对村镇进行管理。

1995年，完成村镇基础设施建设投资2.2亿元。新建村镇道路1048千米；新增自来水受益村庄640个，新增受益人口45.78万人，受益人口累计达到387.73万人；新增公共绿地总面积21万平方米，植树280万株。至年底，全市共有县以下建制镇153个、乡73个、自然村9482个。

1996年，完成村镇基础设施建设投资3.06亿元。新建村镇道路1020千米；新增自来水受益村庄587个，新增受益人口43.39万人，受益人口累计达到516万人；新增公共绿地面积43万平方米，植树280万株，小城镇人均占有公共绿地面积3.2平方米，绿化覆盖率18%。

1997年，完成村镇基础设施建设投资3.23亿元。新建村镇道路587千米；新增自来水受益村庄188个，新增受益人口12万人，受益人口累计达到528万人；新增公共绿地面积37万平方米，植树280万株，小城镇人均占有公共绿地面积达3.33平方米，绿化覆盖率20%。完成公共建筑投资4.54亿元，新建公共建筑91万平方米；完成生产性建筑投资3.31亿元，新建生产性建筑69万平方米。各县市区借建设执法年活动之机，普遍加大对村镇建筑市场的管理力度，严格查处违章建筑，取缔无证设计、无证施工及无图施工。当年全市查处各类违章建筑280多起，依照有关规定，分别给予补办手续罚款、拆除或没收，处结率95%。各县市区都建立了建设工程开工许可证制度和竣工验收制度，当年开工许可证办理率60%，竣工验收40%，村镇建设管理逐步走上依法建设、管理轨道。

1998年，全年完成村镇基础设施建设投资4.57亿元。新建村镇道路495千米；新增自来水受益人口49万人，受益总人口累计达到577万人；新增公共绿地面积78公顷，植树276万株，小城镇人均占有公共绿地面积达3.3平方米，绿化覆盖率达18%。

1999年，完成村镇基础设施建设投资4.7亿元。新建村镇道路270千米；新增自来水受益人口25万人，受益总人口累计达到602万人；新增公共绿地面积30公顷，植树244万株，小城镇人均占有公共绿地面积3.4平方米，绿化覆盖率达18.5%。安丘市被评为全国村镇建设先进县（市），安丘市景芝镇被评为全国小城镇建设示范镇，寿光市羊口镇被评为全国村镇建设先进镇。

2000年，完成村镇基础设施建设投资4.8亿元。新建村镇道路980万平方米；新增自来水受益人口23万人，受益总人口累计达到625万人；新增公共绿地面积31公顷，植树250万株，人均占有公共绿地面积4.8平方米，绿化覆盖率25%。

2001年，全市完成村镇建设总投资30亿元。新建村镇道路960万平方米；新增自来水受益人口10万人；新增公共绿地42公顷，植树306万株，绿化覆盖率25%，小城镇人均占有公共绿地面积4.8平方米。8月，市政府办公室转发市建设局《关于进一步加强村镇建设质量和安全管理工作的意见》，全面加强村镇建设管理工作。加强村镇建筑市场管理。凡从事村镇规划、勘察、设计、施工、监理等活动的各方主体，必须依法取得相应的资质证书，严格遵守各项法律、法规，确保工程质量和安全生产。在全市26个中心镇开展城镇环境容貌综合整治活动，对中心镇规划、建设、管理的13项内容进行全面考核。

2004年，全市完成村镇建设总投资43.7亿元。新建住宅319万平方米，公共建筑92万平方米，生产建筑322万平方米；新增自来水受益人口2.12万人，自来水普及率93%；新修道路460万平方米，道路硬化率49%，其中小城镇达到

69%，村庄达到47%；新安路灯1738盏。潍坊市11个镇被列为全国重点镇，新增3个省级中心镇。

2005年，根据建设部《关于村庄整治工作的指导意见》，结合潍坊实际，开展村镇环境综合整治和创建文明生态村镇活动。全市村镇共栽植绿化苗木335万株，铺装人行道49万平方米，安装路灯6120盏，新增环卫设施2560个，粉刷沿街建筑155万平方米。

2006年，以“三清”（清理粪堆、垃圾堆、柴草堆）、“四改”（改水、改厕、改灶、改圈）、“四通”（通路、通电、通自来水、通宽带网）、“五化”（硬化、净化、亮化、美化）为目标，按照因地制宜、各有所为、试点先行、逐步推开的原则，围绕饮水安全、道路排水、环境脏乱差等问题，扎实推进村庄整治。青州市庙子镇南术店村等7个村被确定为省级试点村。至2007年底，全市有3709个村庄开展了整治工作，占农村总数的46%，诸城市和寒亭区全面推开。开展村镇建设质量与安全大检查，对发现的质量和安全隐患及时整改。

2009年，完成村镇建设投资108亿元，其中基础设施投资41.6亿元，分别比上年增长27.1%和102.9%。新建住宅685.38万平方米，公共建筑213.96万平方米，生产性建筑520.87万平方米，修建道路3063.78千米，新修排水管沟2064.61千米，新增绿地面积693.8万平方米，安装路灯16239盏。

2010年，完成村镇建设投资120亿元，其中基础设施投资45亿元，比上年分别增长11.1%和8.2%；新建住宅733.8万平方米，公共建筑291.98万平方米，生产性建筑837.01万平方米，修建道路2835.91千米，新修排水管沟1538.08千米，新增绿地面积916.7万平方米，安装路灯1.2万盏。加快推进城乡环卫一体化建设，基本建立了城乡垃圾“户集、村收、镇运、县处理”模式，村居覆盖率60%以上。

2011年，完成村镇建设投资303.4亿元，其中基础设施投资78.9亿元，分别比上年增长15%和21.6%。新建住宅1601万平方米，公共建筑283万平方米，生产性建筑790万平方米，修建道路5356.06千米，新修排水管道（沟渠）3141.77千米，新增绿地面积765.9万平方米，安装路灯1.4万盏。

2012年，完成村镇建设投资120亿元，其中基础设施投资40亿元；新建住宅1054.23万平方米，公共建筑324.68万平方米，生产性建筑1091.77万平方米，新增道路里程2617.89千米，修建道路5783.04千米，新修排水管道（沟渠）523.38千米，新增绿地面积812.52公顷，安装

寿光市羊口镇齐庄新村　　(2012年拍摄)

路灯1.3万盏。全年启动整治村庄1783个、完成1774个，分别占年度计划的118.9%和118.3%。

第二节　小城镇建设

1991年，省政府决定在全省开展村镇建设“十、百、千”（每年评选10个村镇建设先进县市区、100个村镇建设新型乡镇、1000个村镇建设明星村庄）活动。市建委、市人事局联合印发《关于开展潍坊市1991年度村镇建设“十、百、千”评选活动的通知》，大力推动村镇建设“十、百、千”活动。经省检查评比，全市有3个县市、21个乡镇、149个村庄获得先进称号。是年，寿光市大家洼镇被建设部列为全国村镇建设试点镇，聘请省城建学校、省规划院、同济大学编制镇区总体及详细规划。是年，自来水全面普及，率先在全省成立房地产综合开发公司，年开发商品房2万多平方米。1994年8月，潍坊市委、市政府印发《关于支持重点镇建设的几项政策规定》，在财政、土地、人事、户籍管理等9个方面对潍坊市大家洼镇、景芝镇、石埠镇等11个首批重点镇予以支持。1996年，按照建设部“六二五工程”（在全国抓6个乡村城市化试点县、2个小城镇试点群、500个试点镇）实施方案，寿光市大家洼镇、昌邑市石埠镇、安丘市景芝镇、高密市柴沟镇、临朐县冶源镇和杨善镇6个小城镇被确定为国家小城镇建设试点镇。在年度试点小城镇评比中，昌邑市石埠镇被建设部授予“小城镇建设先进镇”称号。1998年，在全省1995—1997年村镇建设“十、百、千”评选活动中，潍坊的青州市、昌乐县2个县市、16个乡镇、126个村庄获得先进称号。是年10月，全国农村城市化和小城镇建设理论研讨会在潍坊召开，与会领导和专家对潍坊市小城镇建设成就予以肯定。1999年，安丘市被评为全国村镇建设先进县（市），安丘市景芝镇被评为全国小城镇建设示范镇，寿光市羊口镇被评为全国村镇建设示范镇。

2003年起，全市在坚持抓好城市建设与发展，不断提升中心城市和县级城市承载力和带动力的基础上，启动新一轮小城镇建设。按照省建设厅《关于申报评选山东省历史文化名镇名村的通知》，潍坊市积极组织申报。是年11月，省建设厅批准冶源、大关、庵上3个镇和杨家埠村为山东省第一批名镇名村。2004年4月，建设部、国家发改委、民政部、国土资源部、农业部、科技部联合公布全国1887个重点镇，其中山东省96个，潍坊市占11个。2008年5月，潍坊市委、市政府印发《关于统筹城乡发展加快村镇建设的意见》，在全市优选30个中心镇进行重点改造。2009年3月，出台《关于加快推进60个小城镇建设提升的意见》和《关于实施镇级扩权加快发展的意见》两个重要文件，下放84项县级管理权限，制定实施小城镇建设提升标准，镇级投融资、创业服务、社区服务三大平台和工业、农业、服务业三大园区全部建成，极大提升小城镇经济实力、承载能力和辐射带动力。是年4月9日，市委、市政府印发《关于实施镇级扩权加快发展的指导意见》，把规划建设、投资管理等6大类84项县级管理权限依法下放到镇级，赋予小城镇更大的发展自主权，放权范围为全市67个镇、1个乡。2010年6月，市委、市政府印发《关于调整小城镇建设领导小组组成人员的通知》，建立小城镇建设组织领导体系；8月，市委办公室、市政府办公室印发《关于2010年小城镇建设提升工作的意见》；8月26日，市委、市政府印发《关于深化扩权强镇改革试点加快推进区域重点镇建设的意见》，确定寿光羊口镇、诸城昌城镇、安丘景芝镇为市级区域重点镇建设的第一批试点镇。按一县（市）一处的原则，统一规划一批市级改革试点后备镇，进行高起点规划、设计、建设和培育，推动强镇向城市转型。2011年5月，市委、市政府印发《关于进一步促进镇域产业发展的意见》，把全市所有镇（街道）纳入范围全面提升。2012年，全市城镇化率提高1.8个百分点，达到49.75%。全年完成村镇建设投资120亿元，其中基础设施投资40亿元，与上年基本持平；新建住宅1054.23万平方米，公共建筑324.68万平方米，生产性建筑1091.77万平方米，新增道路里程2617.89公里，修建道路5783.04千米，新修排水管道（沟渠）523.38千米，新增绿地面积812.52公顷，安装路灯1.3万盏。

第三节　农村住房建设

1991—1994年，全市建设村镇住宅1400万平方米，其中建成小康屋120万平方米，农村居民人均居住面积由1990年底的19.6平方米提高到21.5平方米，有2个类型的小康屋被省建委评为“山东省小康屋优秀样板房”。1995年，建设农民住宅342万平方米，其中楼房面积41.17万平方米；有3.5万户农民乔迁新居，人均住宅使用面积达到17.75平方米。1996年，建设农民住宅350.62万平方米，其中楼房面积65.1万平方米，有3.35万户农民乔迁新居，人均住宅建筑面积达到21.57平方米。1997年，新建农民住宅394.4万平方米，其中楼房面积58.05万平方米，有3.58万户农民乔迁新居，人均住宅建筑面积达到21.79平方米。1998年，建设农民住宅356万平方米，其中楼房面积53.4万平方米，人均住宅建筑面积达到22平方米。

1999年，建设农民住宅379万平方米，其中楼房面积61万平方米。为认真落实市委提出的“民心工程”，市建委组织工程技术人员编印《潍坊市跨世纪农村住宅设计方案集锦》。该书所选方案功能全、占地少、布局合理、造型新颖，受到广大农民的普遍欢迎。

2000年，建设农民住宅361万平方米，其中楼房60万平方米。2001年，新建农民住宅353万平方米，其中楼房58万平方米。2002年，针对个别县市和乡镇在农村建房中的乱收费现象，市建设局下发《关于重申在农民建房管理工作中严禁乱收费的通知》，组织县、乡建设主管部门对农村建房乱收费问题进行专项检查和清理整顿，维护广大农民的合法权益。

2005年，结合省“百镇千村”示范活动和小康文明村镇评选活动，以农村住宅建设为突破口，推广优秀农村住宅方案，无偿发放《潍坊市跨世纪农民住宅设计方案集锦》100多套。2006年，组织参加“齐鲁新农居”优秀农村住宅设计方案评选，2个方案获二等奖，6个获三等奖。向农村免费发放“齐鲁新农居”和《潍坊市跨世纪农民住宅设计方案集锦》近2000套，引导农民建造符合本地生活习惯、安全实用节约的新农房，提高农房建设质量和水平。

2009年4月9日，市政府印发《关于推进农村住房建设与危房改造的意见》，成立农村住房建设与危房改造领导小组，正式启动为期3年的农村住房建设与危房改造工作。当年，全市共开工建设农房10.53万户，建成新房8万户，改造危旧房1.84万户，拉动各类投资约130亿元，对GDP的贡献率达到7.9%，拉动GDP增长近1个百分点。2010年，建立农村集中居住区建设项目库，把建设任务落实到具体项目，全市共启动整村建设改造项目534个，建成农房13.8万户，完成年度任务153.7%，改造危房2.1万户，完成年度任务123.6%，带动社会各类投资约150亿元，对GDP的贡献率达到5.1%，拉动GDP增长近0.66个百分点。抓好节能、生态型农村社区试点工作，大力提升农房建设品质，诸城舜邦·青林水岸、寿光羊口镇中心社区、峡山潍水新村、安丘拥翠苑等4个社区被列为全市首批村镇低碳示范社区。

2011年，全市共启动整村建设改造项目567个，新建农房16.5万户，完成年度任务的274.5%，改造危房1.6万户，完成年度任务的155.8%。开展村容村貌整治，全市共有3279个村基本达到“三清、四改、四通、五化”标准，占村庄总数的43%，其中94个村获得“山东省村庄建设示范村”称号、2个村获得“山东省特色景观旅游名村”称号。至年底，全市累计建设农村集中居住区987个，建设农房39.60万户，竣工36.20万户，改造危房5.50万户，130多万名农村居民居住条件得到改善，拉动各类社会投资550多亿元。

2012年，农村住房建设和危房改造工作转入常态化。争取危房改造试点4905户，获得补助资金5834万元。全年共完成农房建设7.2万户，改造危房11228户，完成村庄整治1774个，分别占年度任务的179.4%、140.4%和118.3%。在全省农村住房建设总结表彰暨小城镇建设工作会议上，潍坊市作典型发言。

改造后的高密村民新居——抱玉山庄　（2012年拍摄）

第四节　典型镇村

鄌郚镇

鄌郚镇位于昌乐县西南部，是省政府确立的首批“省级中心镇”，与安丘、临朐两县市接壤，镇域面积223.90平方千米。2012年，辖43个行政村，10.40万人。镇区面积4.08平方千米，镇区户籍人口23650人，常住人口28509人。先后被评为山东省文明镇、山东省“百镇建设示范行动”示范镇、山东省特色产业镇、山东省“互联网+”特色产业强镇、中国电声乐器产业基地、全国特色景观旅游名镇、全国基层团建示范镇、国家级生态镇、全国重点镇等称号。2012年全镇完成，地方财政收入3981万元，农民人均纯收入1.32万元。以省“百镇建设示范行动”示范镇创建为契机，完成城镇总体规划等7个规划的编制、修编。完成行政服务组团、商贸服务组团、教育组团建设，实施镇音乐文化广场改造提升、九曲河综合治理等10多项城建工程。镇污水处理厂一期投入运行，建成鄌郚社区、青上社区等4处社区污水处理设施。建筑面积5000平方米的镇卫生院新病房楼投入使用。实施的省级乡村连片治理项目，获得规划和验收全市第一的成绩，城镇的综合服务功能和承载能力不断增强，小城镇建设的先进经验被《潍坊日报》《农村大众》等多家媒体进行专题报道。积极推进农村新型社区建设，在全镇规划农村新型社区10个，调整充实社区工作人员110名，占全镇干部总数的80%，将主要力量下沉到社区、村。全面启动社区“一厅两室”改造提升工程，成立社区党组织和社区工作委员会，并完善社区（村）集中议事、干部包村联户、考勤、学习等各项制度，郚部社区被评为省级示范社区。

辉渠镇

辉渠镇位于安丘市西南部，北靠凌河镇，南邻柘山镇，东南与石埠子镇以城顶山为界，西连大盛镇、郚山镇，东至官庄镇，并与城区兴安街道相接。镇域南北长15千米，东西宽20千米，总面积206平方千米，占安丘市总面积的11%。辉渠镇因镇驻地驻大辉渠而得名。相传，古时这里有座很大的寺庙，元代焚为一片灰墟，故得名“灰墟”。后因其名不雅，便以3条沟渠在村东北角汇流，改称“汇渠”。后演变为“辉渠”。辉渠镇辖40个行政村、119个自然村，全镇总人口1.90万户、6.70万人。该镇文化底蕴深厚，自然景观秀美，大汶口文化源远流长。孔子高徒有子曾在此讲经授学并将儒家文化发扬光大。境内有闻名全省的珍珠泉、绪泉、温泉、海眼等山泉100多处，享有“百泉之乡”的美誉，有留山、城顶山、大安山、群山竞秀。每年4月举办的雹泉桃花节和文化节深受游客好评。该镇大力发展特色林果生产，水晶梨在全国林产品交易会上获金奖，“红冠”牌蜜桃被认定为绿色食品，基地被授予省级农业标准化示范区称号，“吴家沟”安丘蜜桃每年国庆节期间供应北京市场，百泉春谷合作社出产的“望海山”牌春谷，被农业部认定为绿色有机食品，辉渠大葱因白长、甜辣适中、刀切崩花而闻名。该镇先后获国家AA级旅游景区、山东省旅游强镇、山东省环境优美乡镇。

辉渠镇辉渠梯田　　（2012年拍摄）

凌河镇

凌河镇位于安丘市区西南部，镇驻地距省会济南220千米，距青岛港170千米，距青银高速公路入口40千米，距潍莱高速公路入口30千米，区位交通便利。凌河镇以小城镇、新型农村社区和土地整治挖潜为重点，加大基础设施和服务设施建设，城镇化步伐明显加快。在小城镇建设方面，对“五横六纵”11条道路全部进行高标准硬化、绿化、亮化和雨污管网配套化，建起来仪园等8处景点公园，人均绿地面积13.20平方米；建设新凌农产品交易中心等2个服务业园区和凤凰山工业园等4个工业园区，实现镇区与园区的融合发展，提升产业承载、人口集聚和公共服务能力。调整充实城镇管理执法队伍，强化日常管理，提升城镇精细化管理水平。新型农村社区和土地整治挖潜方面，启动建设汶水苑社区兵马营安置区、红沙沟社区纪庄安置区等5个新型农村社区建设项目，建成安置楼28幢；实施21个土地整治挖潜项目，拆迁安置1080户，提供土地指标54.25公顷。凌河镇先后被评为全国重点镇、国家级生态镇和山东省中心镇、山东省环境优美乡镇、山东省特色产业镇、山东省绿色蔬菜产业加工基地、山东省城镇建设新型乡镇、山东省文明镇和山东省美丽宜居小镇。

北黄谷村

北黄谷村位于临朐县城西南的嵩山风景区。该村始建于明初，是一座历经600多年保存非常完整的自然村落。全村背山面湖、临溪靠崖，因山间连翘遍地，春来黄花盛开，满山遍野，故取村名北黄谷。北黄谷村西高东低，沟谷幽深，素有“黄谷进村十八弯”之说。现留存完整的传统院落108家，传统建筑占地面积12公顷，占全村建设用地面积的91%。现存传统建筑（群）及建筑细部和周边环境原貌保存完好，建筑质量良好且分布连片集中，风貌协调统一，原住居民仍在生活使用的院落占95%以上，保持了良好传统区的活态性。居民院落因地制宜，布局自由、高低起伏、富有变化，与脚下的青山融为一体。居民院落多以三合院为主，少量四合院，布局严谨、主次分明。所有建筑以石为基，以石筑墙，前墙窗户以下条石钻凿成斜纹，平整而富有变化。上部尖顶，青石板作檐，石灰浆嵌缝，檐板石有的1米多长，气势颇大。房屋的屋脊较陡，便于顺水和减重。村中巷道多为山基石路，沙土部分青石铺砌，排水顺畅，曲折蜿蜒，纷繁互通而又井然有序，是山民们尊重自然、顺势而为的智慧体现。山水是北黄古村的灵韵，文化是北黄古村的脉。村北马庄摩崖造像位于山间悬崖峭壁上，南临天然洞穴。村东南的九杰古寨遗址，为市级文物保护单位，是大型的东周时期村落遗址。村东紧邻“嵩山西干渠”的青石崖遗址文化，层厚2米左右，最厚处3米，与村北泉头战国古墓群皆为县级文物保护单位。村域古树繁多，尤以杏花而闻名。据传，所产杏米在明朝时曾作为贡品。村中有姊妹古槐两棵，2009年，临朐县林业局聘请林业专家鉴定，树龄为1200年，年代为唐朝末年，已载入《临朐古树名木》，是北黄谷村悠久历史的见证。北黄谷村民俗节日传承完整，每逢节日，处处洋溢着浓厚的节日氛围。

北薛村

北薛村位于青州邵庄镇政府南3千米处，北与董庄村1千米为邻，与高薛、大薛、西薛接壤。2012年村庄有386人。村内石砌古村落遗存比较完整，特色旅游资源丰富，属当地确定重点开发的乡村旅游特色村。古村内主街及房屋保存完好，村前有堵漏泉，每逢降雨时泉水喷涌而出。古村西边的金斗山虽然不大，却有不少悬崖峭壁，怪石林立和溶洞奇观，每年都有不少游客到此旅游观光。在金斗山的顶部，有一座明朝崇祯年间修造的庙宇。庙内有一座名为“玄帝行宫”的大殿，供奉着上古五帝之一玄帝。庙内屋顶采用拱形结构建造，没有屋梁，因此也被称为“无梁殿”。在大殿门口“玄帝行宫”四字旁边，有“崇祯七年”的字样，距今已近400年。

在金斗山山顶“玄帝行宫”旁边建有一座两层的钟楼，钟楼和“玄帝行宫”均是使用厚厚的青石建造，钟楼的一层供奉着观音菩萨，二层供奉着其他神仙。在钟楼的背面，有一块表明着这座钟楼建造时期的碑文，显示为清顺治年间。

杨家埠

杨家埠位于潍坊市寒亭区，在寒亭区驻地南隅，东依寒亭泥河、南靠206国道，环境优美、交通便利，是潍坊风筝和杨家埠木版年画的发祥地。重点保护建设的杨家埠民俗村，总占地面积93公顷，是远近闻名的明清古村。2012年，西杨家埠村被列入首批（山东省10个、全国646个）国家级中国传统村落名录。位于核心区的杨家埠民俗古村（杨家埠大观园），是在原杨家埠明清古村址的固有形制上建设而成，占地23.23公顷，设有遗产文化、古村文化、民间艺术古街、实景演绎四大民俗艺术展示区，计36处景点。杨家埠风筝和木版年画起源于明代，发展繁荣于清代，距今已有600多年的历史。2006年，杨家埠木版年画和潍坊风筝制作技艺，被国务院列入首批国家级非物质文化遗产名录。杨家埠的风筝是潍坊风筝的代表，与京式风筝、津式风筝交相辉映，鼎足而立，成为中国传统风筝三大流派。杨家埠木版年画具有当地浓郁的乡土气息和独特的艺术特色，重喜庆、浓彩、实用，多反映理想、风俗和日常生活，构图完整匀称，造型粗壮朴实，线条简练流畅，制作工艺精湛，分钩描、刻版、印刷三道工序。西杨家埠民俗新村，从2009年起，启动“城中村”改造工程，村民的老旧房屋全部拆除，统一按照“灰瓦白墙、青石绿树”风格建设完成400多套仿古民俗住宅楼，村内所有道路以高标准实现“三化”（洁化、美化、绿化）。杨家埠现已成为具有绿色人文生态，配套齐全的民间艺术遗产村庄。

昌邑龙池镇齐西古村　（2012年拍摄）

齐西村

齐西村位于昌邑市龙池镇东北端，毗邻龙池镇区。村域面积0.90平方千米，村庄占地面积9.07公顷，常住人口481人，村集体年收入75万元，村民人均年收入9850元，村内的主要产业为种植业、纺织业和盐业。盐业由村委会对外发包经营，每年产盐4000吨，收入90万多元。每个村民每年享受集体福利待遇包括新农合保险、收入分配等2000多元。该村文化底蕴深厚，齐氏始祖自明朝永乐十八年（1420）随明初移民潮自四川省成都府金堂县吉格大巴村徙居于此。村内清朝时期的古群居保护完好，慈禧太后近身侍卫齐恩铭便是从该村走出。齐西古村在保护性修缮的基础上进行改造，以齐西村清朝民居群为核心，以村内“三道、五馆、六胡同”，村外“一河、两桥、两庙、一花海”为建设重点，整合周边陈干墓、陈氏家庙、抗日战争纪念馆等10多处旅游文化景点，发挥“水、人、文、绿”四大优势，凸显龙池镇齐西村的非遗文化、红色文化、名人文化、水文化等特色文化，打造成为集休闲度假、农家体验、摄影写生、文化旅游于一体的大型旅游景区。

第十章 建筑业

1991年，市建筑工程管理处统筹全市建筑业管理工作。全市建筑业在“质量、品种、效益年”活动的推动下，各项经济指标创历史最好水平，建筑业通过治理整顿后逐渐走出低谷，步入持续健康发展时期。

1996年，潍坊市建筑工程管理处更名为潍坊市建筑工程管理局，成立潍坊市及县市区建筑企业劳保费用行业管理机构，负责劳保费用的收缴、拨付、补贴及管理等工作。1997年，市政府印发《潍坊市关于加快建筑业发展的决定》，提出把建筑业作为重要的支柱产业来抓，工程质量、安全生产、对外开发、企业改革等行业管理工作进一步规范完善，潍坊市及其县市区先后设立建筑施工安全监督机构，对建筑施工安全和施工现场文明卫生等实行监督管理。

2006年，潍坊市建筑企业资质审批逐步纳入行政审批中心统一办理，审批程序进一步规范，建设类企业资质动态管理进一步加强。2010年，全市建筑行业以建筑为主业，逐步向房地产、建材、金融、服务业等行业延伸。潍坊市文化艺术中心、市人民医院门诊楼、市中医院综合楼和奎文区早春园小区4个工程先后获中国建设工程质量最高奖——鲁班奖。

至2012年，全市完成建筑业总产值693亿元，实现利税66亿元，实现建筑业增加值214.75亿元，建筑业产值稳居全省第四位。

第一节 建筑设计

90年代初，潍坊市建筑工程勘察设计单位较少，潍坊市建筑设计研究院（隶属于潍坊市城乡建设委员会）是全市主要的勘察设计单位，从事全市大型建筑、重点工程的勘察设计服务工作。潍坊市城建开发公司设计室、市政工程设计室、一建公司设计室、二建公司设计室等主要从事小规模的建筑设计或项目测绘工作。

1995年，市建筑设计研究院设计完成的早春园小区成为建设部试点小区，获建设部“设计银奖”。

2000年，潍坊市启动全市勘察设计单位改革改制工作，潍坊市建筑设计研究院、潍坊市市政工程设计院等单位逐步推行改革改制。当年，从潍坊市建筑设计研究院等单位抽调技术人员组建潍坊市建设工程施工图审查中心，加强对勘察设计质量的审查和管理。2001年，寿光市建设工程施工图设计审查中心、诸城市建源建设工程施工图审查中心等图审机构先后成立。2004年1月，各勘察设计单位按照政府改制方案建立法人治理结构，成为企业主体。至2012年，全市勘察设计企业达到98家，涵盖建筑、勘测、规划、市政、公用事业等行业，除潍坊市勘察测绘研究院和潍坊市规划设计研究院为事业单位外，其余为企业性质。全市施工图审查机构6家，其中一类机构2家、二类机构4家；全市施工图审查机构完成工程项目审查3153项，审查面积2684万平方米。

潍坊市建筑设计研究院　成立于1958年10月。1983年4月，批准为副县级事业单位，隶属于潍坊市建设委员会。2004年1月，进行改革改制，成为独立的法人单位。公司拥有建筑工程设计、岩土工程勘察、建筑工程监理、工程管理总承包与项目管理等甲级资质，城市规划设计乙级资质。公司主要承担工业与民用建筑设计，公共建筑设计，城市设计，城镇及小区、厂区规划设计，园林景观设计等业务。至2012年，企业完成建筑设计5000余项，建筑面积9000余万平方米。设计项目先后获得国家“鲁班奖”3项，国家优质工程银奖1项，“中国人居环境（范例）奖”2项，建设部银奖2项，建设部援川获奖项目1项；有500多项工程设计和科研成果获得省、市优秀工程设计奖、学术成果奖和科技进步奖。

潍坊市市政工程设计研究院　成立于1987年，2004年7月改制为有限责任公司，拥有市政行业设计、风景园林设计等甲级资质，建筑行业设计、水利行业设计、燃气工程设计等乙级资质。至2012年，企业累计完成各类工程设计4000余项，项目总造价700多亿元。近百项设计获国家、省部级优秀勘察设计奖，100余项获地市级优秀勘察设计奖。

潍坊市勘察测绘研究院　成立于1977年5月，隶属于潍坊市建设委员会。1992年8月，改属潍坊市规划国土局。2005年1月，隶属于潍坊市规划局。公司主要承担潍坊市的基础测绘工作，编制潍坊市基础地理地图、普通地图和行政区划地图，实施规划监督测量、规划道路测量、行政区域界线测绘等具有行政管理职能的测绘工作。至2012年，企业先后完成潍坊市城区地籍测量、潍坊市城区1：1000地形图测绘、潍坊市中心城区及城镇地籍调查及数据库建设项目控制测量、潍坊市中心城区全野外数字化测图等测绘工作。

第二节　建筑施工

1991年后，潍坊市逐步推进市场经济体制改革，建筑施工管理方式开始按照“微观向宏观，直接向间接，被动服务向主动服务”方式转变。全市建筑市场逐步放开，施工项目逐步实行招标发包，中建八局等外地建筑企业开始进入潍坊市场。1993年，寿光市建筑公司、诸城市建筑公司、安丘景芝建筑公司等一批县属企业迅速发展，逐步成为全市建筑业的中坚力量。

1996年，《山东省建筑市场管理条例》发布实施，对建筑企业资质、工程承发包、合同与造价、安全生产、工程质量等作出具体规定，建设各方责任进一步明确。全市逐步建立有形建筑市场，工程项目招标发包活动在有形市场实行“一站式”办公，形成工程报建、招标发包、合同审查、施工许可和竣工验收等一套较为完善的工程管理程序，建筑市场秩序得到进一步规范。

2002年，潍坊市共有建筑施工企业326家。其中，房屋建筑工程施工总承包企业225家、专业承包企业97家、劳务分包企业3家、公路工程总承包企业1家。施工企业总产值116.7亿元，其中建筑业总产值104亿元，施工面积1378万平方米，新开工面积867万平方米，完成竣工面积676万平方米，实现利税8.5亿元。

至2012年，全市共有建筑施工企业861家，其中房屋建筑工程施工总承包企业309家，专业承包企业299家，劳务分包企业253家。全市建筑业总产值693亿元，实现利税66亿元，施工面积7492万平方米，竣工面积3048万平方米，建筑业劳动生产率16.8万元/人，从业人数达33.5万人，建筑业增加值占全市国民生产总值的比重达到5.3%。

1991—2012年潍坊市建筑业主要经济指标统计表

表3-10-1

年份	建筑业总产值(亿元)	利税(亿元)	建筑业增加值(亿元)	施工面积(万平方米)	竣工面积(万平方米)
1991	11.5	0.64	6.2	—	252
1992	19.9	1.02	9.5	—	332
1993	29.2	1.5	12.5	—	362
1994	40.6	2.52	15.0	—	292
1995	63.6	2.2	19	—	438
1996	69.8	4.96	23.8	959	364
1997	74.1	5.4	26	963	377
1998	72.6	5.6	28	991.8	450
1999	73.9	5.4	29	967	488
2000	79.2	5.9	33.8	1046	524
2001	80.4	6.2	39.6	1293	576
2002	104	8.5	46	1378	676
2003	126	10	53	1821	880
2004	137	11	65	2130	950
2005	150	12	78	2300	1000
2006	202	16	88	2530	1608
2007	260	18	99	3500	1960
2008	340	22	121	4000	2000
2009	380	25	146	4430	2250
2010	503	35	176	4950	2580
2011	646	42	202	7088	2638
2012	693	66	215	7492	3048

设备更新

2001年7月，根据《关于加强全省建筑施工现场起重机械设备安全检测的实施办法》，潍坊建筑业系统在全市范围内逐步淘汰设计落后、性能低下的“井架式起重机”，至2002年，潍坊市城区内的“QT16型塔吊”全部淘汰，县市区淘汰率95%以上。2002年11月22日，根据《山东省建筑施工安全防护用具及机械设备登记备案管理实施细则》和《关于组织全省建筑施工安全防护用具及机械设备登记备案申报工作的通知》，潍坊市安全防护用具及机械设备逐步登记备案。

2007年11月，潍坊市贯彻执行《山东省建筑工程安全专项施工方案编制审查与专家论证暂行办法》，要求施工现场危险性较大的分部分项工程编制审批安全专项施工方案，并按规定进行专家论证。在全市积极推广“建筑应用新技术”、严格管理“限制使用技术”和淘汰“禁止使用技术”，禁止使用“临时简易吊架、简易吊篮、井架简易塔式起重机、自制简易物料提升机、瓷插式熔断器”等落后机械设备。

新技术应用

地基基础工程　2003年，潍坊市逐步推广应用“高强高性能大体积筏板混凝土技术”，SBS防水卷材逐步替代沥青油毡防水卷材。随着高聚物改性沥青防水卷材、PVC防水管材、聚氨酯防水涂料等高分子防水材料的普及应用，进一步提高建筑的防水等级，减少渗漏隐患。2006年，水泥粉煤灰碎石桩（CFG）复合地基技术、复合土钉墙支护技术、预应力锚杆施工技术逐步推广应用。随着城市建筑物密集度和基础埋深的增加，深基坑桩墙内支撑技术开始得到推广和应用。

主体工程　2002年，钢筋竖向电渣压力焊、闪光对焊、直螺纹连接等新技术逐步推广应用，新型覆塑竹胶合板逐步代替小型钢模板，加气混凝土砌块代替黏土空心砌块和实心砖，加气混凝土砌块、轻体墙板以及建筑垃圾再利用等新型材料普及应用，达到节能、节地及环保要求。2006年，潍坊市逐步推广使用预拌商品混凝土，随之混凝土裂缝防治技术、混凝土耐久性技术、自密实混凝土技术、清水混凝土技术等高性能混凝土技术逐步应用。2010年，全市逐步推行预拌砂浆，2012年，潍坊市召开预拌砂浆推广现场会，预拌砂浆开始从市区到各县市推广使用。

安装工程 2001年，潍坊市启用地板辐射采暖技术，地源热泵技术开始应用。2004年，《地面辐射供暖技术规程》发布实施，地板辐射采暖技术和地源热泵技术在全市范围内推广应用。至2007年，地板辐射采暖技术在新建工程中的应用比例达70%。2011年，《潍坊市地源热泵系统建设应用管理暂行办法》颁布实施，地源热泵技术得到规范。管线布置综合平衡技术和建筑智能化调试技术逐步应用。

建筑节能、绿色施工 90年代后期，潍坊市开始推广应用绿色施工技术，断桥型门窗、低辐射率玻璃等节能门窗技术和硬泡聚氨酯喷涂、超细无机纤维棉等外墙保温技术推广应用，建筑整体节能效果进一步提高。2003年，全市把建筑节能作为实施可持续发展的重要举措，全面推广应用建筑节能新技术新产品，发展低碳建筑、绿色建筑。2007年，潍坊市实施建筑节能设计审查备案、建筑节能认定评审、建筑节能信息公示等制度，全面实行施工图审查、登记备案、施工监管、竣工验收闭合式监管，推进新建建筑节能。2008年，潍坊市开展既有建筑节能改造试点。2009年，初步形成以开发单位、保温施工企业、能源服务公司、物业公司为投资主体的四种改造模式；潍坊市推进既有机关办公建筑和大型公共建筑节能工作，组织开展第一批机关办公建筑和大型公共建筑能源审计，当年共审计公共建筑15万平方米。2011年，潍坊市印发《关于潍坊市机关办公建筑和大型公共建筑实施能耗监管工作的通知》，积极推进全市办公机关和大型公共建筑能耗监管工作，同年在全省率先建成潍坊市建筑能耗监管数据中心；潍坊市成功申报“国家可再生能源建筑应用示范城市”，获中央财政补助资金8000万元；安丘市、诸城市成功申报“国家可再生能源建筑应用示范县”，各获中央财政补助资金1800万元；全市当年申报成功数量占全省的37.5%。至2012年，全市建筑领域节约标准煤24.7万吨，减少二氧化碳排放61.1万吨、二氧化硫排放约0.49万吨、烟尘排放0.25万吨。全市完成既有居住建筑节能改造327万平方米，超额完成省下达的节能改造任务。全市共完成140余栋大型公共建筑年度能耗统计上报工作和90万平方米的公共建筑能源审计工作，并对能耗审计结果进行公示，为节能工作的推进和后续发展奠定坚实基础。

太阳能光热建筑一体化 2010年6月，潍坊市提出太阳能应用工作规划，要求利用3年时间，全市县级以上规划区域内所有新、改、扩建的住宅建筑和集中供热的公共建筑，逐步应用太阳能系统。至2012年，全市通过省住建厅认定的太阳能企业达到15家，占全省相关企业总数的20%；全市太阳能光热建筑应用面积1800万平方米，位居全省前列。

地热能应用 潍坊市地热资源丰富、开采条件便利，将地热技术纳入规划、图审、验收等监管环节，利用地下土壤、地表水、地下水温度相对稳定的特性，通过高效热泵技术将能量提取进行采暖或制冷，能够节约大量取暖煤耗和制冷电耗，社会经济效益十分可观。至2012年，通过省住建厅认定的地源热泵企业达到6家，占全省相关企业总数的40%；全市地源热系建筑应用面积600万平方米，占全省总应用面积的30%以上。

新型墙材应用 2002年，潍坊市印发《关于在全市城市建设工程中逐步禁止使用实心黏土砖的通知》，对污染环境、占地耗能高、技术落后的实心黏土砖企业关停改造，在全市范围内逐步禁止生产实心黏土砖。2004年，市政府印发《潍坊市建筑节能检测与认定管理办法》，全面实行新型墙材和建筑节能技术产品统一认定制度，发展新型墙材产品，加大新型墙材应用力度。2008年，潍坊市在全省率先印发《关于进一步推动建筑垃圾综合利用的实施意见》，启动建筑垃圾生产建材产品产业化项目，实现建筑资源的循环利用。至2012年，全市共认定新型墙材企业62家、180余项产品，规模以上建筑垃圾综合利用企业5家，年生产混凝土多孔砖、页岩砖、蒸压加气混凝土砌块、工业废渣隔墙板3大类20余个产品、计32亿标砖；新型墙材生产和应用比例分别为94%和98%。

第三节　建筑市场管理

招标投标

1993年5月11日，市政府印发《潍坊市工程建设施工招标投标管理暂行办法》，首次引入建筑市场竞争机制，对市直21家建设单位43个工程的施工发包，由“直接委托”变为“招标发包”，为企业创造了公平的市场环境。1995年3月19日，市建委下发《关于印发〈潍坊市建设工程招标投标管理规定〉的通知》，在全市范围内推行工程建设招投标制度，要求建筑面积1000平方米以上或工程造价50万元以上的建筑工程，通过招标选择施工企业。全市建筑工程招标投标率按个数和面积计算分别为97％和92％，比1994年分别提高51%和41%。政府通过推行招投标制度，引导企业不断提高工程质量，强化内部管理，工程质量明显提升，同时促进建筑施工企业优胜劣汰，建筑市场秩序进一步规范。

1996年12月26日，潍坊市有形建筑市场成立，市建委系统相关单位及市工商、财政、司法等部门进入市场集中办公，对工程报建、资质审查、监理、设计、施工合同鉴证、工程招投标、质量监督、造价咨询、劳保统筹、施工管理、开工许可证等手续实行一条龙服务，解决长期以来全市建筑工程承发包有“市”无“场”的问题。1997年5月29日，市政府印发《潍坊市建设工程招标投标暂行办法》，明确工程项目的招标范围、招标方式和招标程序，细化和规范招投标各环节遵循的基本原则和操作要点，保障招投标结果的公平、公开、公正，维护投标人的合法权益。

1997年10月22日，潍坊市建设工程招标投标办公室成立，为全额预算管理的正科级事业单位，定编12人。2000年7月25日，市建设局印发《关于促进建设工程招标代理机构规范发展的通知》，鼓励具备条件的单位积极申报招标代理资格。同年11月，潍坊市工程建设监理有限公司、昌乐县乐升建设工程招标代理有限公司等4家企业取得山东省建设厅颁发的“工程招标代理资格证书”，潍坊市招标代理市场迎来快速发展时期。2002年1月4日，市建设局印发《关于将建设工程交易中心从招标办分离的通知》，将建设工程交易中心与招投标办公室分离；同年3月，潍坊市建设工程交易中心成立，隶属于市建设局。2004年9月，潍坊市招投标信息管理系统投入使用，建设工程招投标的信息发布、投标报名到中标公示各环节实现网上运行，建筑工程的交易活动更加透明。2007年1月26日，潍坊市建设工程招标投标办公室、潍坊市建设工程交易中心搬入新都大厦办公，建筑面积1700平方米，建成功能齐全、设施完善的开标、评标场所，对招投标全过程实现电子监控。

2007年，市建设局印发《潍坊市招标代理机构信用等级考核暂行办法》，对招标代理机构的从业行为实行量化打分，利用信用杠杆加强对招标代理机构的批后监管，全市11家招标代理机构评为D级企业（被限制从业），促使行业内部形成守信有益、失信受损的良性机制，维护了市场秩序。2009年1月1日，市建设局印发《潍坊市建设工程招标代理机构管理办法》，加强对招标代理机构资格管理、专职人员管理和从业行为管理，强化对招标代理市场行为的引导和监督。1月16日，潍坊市建设工程招标投标协会成立，发展会员单位200余家，在专家培训、行业自律、评先树优等方面开展一系列行之有效的活动。

2009年4月28日，潍坊市建设工程招投标办公室、潍坊市招标投标协会联合潍坊46家招标代理机构，共同签署《潍坊市建设工程招标代理机构自律公约》，标志着招标代理机构行业自律机制的初步建立，该经验做法同时得到省行业主管部门的充分肯定。2010年5月24日，市住建局印发《关于进一步加强全市建设工程招投标现场监督管理的通知》，招投标现场监督由1人增加至2人，现场监督、公证程序得到进一步规范。自2010年9月1日起，启用潍坊市建设工程招标投标管理系统。全市所有工程项目的招标投标全部通过网上管理系统运行，基本实现“节约投标成本、减少人为干扰、增加透明程度、提高监管效率”的目标。

2011年8月29日，市住建局印发《潍坊市建设工程评标专家劳务费发放标准指导意见》，规范全市建设工程招标评标劳务费的发放管理，维护评标专家和招标人的合法权益，提高评标专家评标活动的积极性和公正性，为开展评标专家资源共享奠定良好基础。9月10日，潍坊市各县市区全部启用“山东省评标专家软件管理系统”，实现各县市区评委库共建共通共享，完成专家评委（资格到期）的资格复审工作。

2012年3月21日，市住建局印发《关于实行〈建设项目工程总承包合同〉现场签订鉴证制的通知》，研究制作具有防伪功能的鉴证备案印章，在全市统一推广使用。同年12月10日完成与省建设工程招投标管理信息发布系统的对接工作，实现全省范围内招标公告统一发布、中标结果统一公示、中标通知书统一编号的“三统一”；同时对潍坊市建筑市场管理服务系统进行优化完善，将工程招标投标、承发包交易实行网络化管理，实现前台受理、后台处理，最大限度地减少人为因素，提高招投标的公开性、透明度。至年底，全市共有招标代理机构41家，其中甲级资格7家、乙级资格18家、暂定资格16家。

2009—2012年潍坊市招投标情况统计表

表3－10－2

年份	招标工程项目数（个）	招标工程面积（万平方米）	公开招标工程数（个）	公开招标面积（万平方米）
2009	1065	1570.04	560	702.12
2010	629	1788.9	437	781.22
2011	721	2106.1	495	924.61
2012	487	1886.8	312	811.36

施工监理

1992年，潍坊市开始在建筑工程建设领域试行监理制度。1995年，全市有监理公司3家，拥有监理人员59人，其中参加建设部或省建委举办的监理工程师培训班学习21人。至2000年，全市有建设监理企业23家，监理人员870人。其中高级职称人员162人，中级职称人员275人，注册监理工程师123人。新开工项目监理覆盖率71%，受监理工程合格率100%，优良率80%。2001年，加强工程监理管理，规范监理行为，成立市建设监理协会，制定《行业自律公约》，狠抓行业自律，规范市场行为，强化项目监理机构管理，全面提高服务质量和服务水平。根据《建设工程安全生产管理条例》的规定，引导监理企业加强对施工现场安全生产的管理，建立安全生产管理工作机制。引导和促进监理企业改企建制工作，全市85%以上的监理企业完成改制。2002年起，潍坊市连续3年组织开展工程监理专项整治，在各类综合性检查中始终将监理单位的工作质量列为重点检查内容。2005—2009年，全市施工监理建立“守信获益、失信受损”的监理市场机制，突出抓好监理企业的市场行为，加强施工现场监理规范化管理。印发《潍坊市外地进潍工程监理企业备案管理办法》，在《潍坊日报》上将全市监理企业资质等级、专业人员配备及监理业绩进行公示，扩大社会监督范围。

2011年，潍坊市建设工程质量安全监督站成为全市建设监理工作的归口管理单位。2012年，市质量安全监督站印发《潍坊市建设工程质量安全监理实施办法》，与全市67家监理企业签订《自律公约》。至年底，全市有监理企业46家，其中甲级监理企业11家、乙级监理企业19家、丙级监理企业16家；全市在建监理项目2056个，工程监理合同额3.88亿元，工程监理收入2.70亿元。全市监理人员从业人数4196人，注册执业人员973人，其中注册监理工程师637人。监理范围扩展到高层建筑、住宅片区、高等级道路、桥梁、电力工程等类型。

施工企业资质管理

1992年，潍坊市52家建筑企业实现资质升级。1995年，潍坊市开展建筑企业资质重新认证工作，全市共有建筑企业535家。其中一级资质企业有潍坊一建、寿光一建、高密一建、诸城建筑4家，二级资质47家，三级资质162家，四级资质301家，从业人员共25万人。根据建设部《建筑业企业资质管理规定》，2001年9月—2002年8月，实施新一轮建筑企业资质重组就位工作。全市建筑施工资质企业358家，较前减少130家；其中施工总包类企业由376家减至228家，压缩40%；一级企业14家，较前增加9家；专业承包企业由34家增至95家，增长179%。至2012年，全市有建筑企业861家，其中房屋总承包企业309家（一级22家、二级102家、三级185家），专业承包企业299家（一级11家、二级49家、三级233家、不分等级6家），劳务企业253家，从业人员33.5万人。外地进潍建筑企业210家，寿光、诸城入选山东省建筑业十强县，分列第三、四位。2012年度潍坊市建筑业总承包十强企业中，年产值过37亿元的企业有3家，其中山东华邦集团达到42亿元。

第四节　行业管理

管理机构

潍坊市建筑工程管理处　1991年管理处归市建委领导，设计划管理、施工技术管理、企业经营管理、定额管理、科技教育管理、重点工程协调和办公室7个科（站）室。1996年6月，潍坊市建筑工程管理处更名为潍坊市建筑工程管理局，升格为市建设局所属副县级事业单位。设办公室、综合计划科、企业管理科、市场管理科、施工技术科、财务科6个科室及潍坊市建筑企业劳保费用行业管理办公室、潍坊市建筑工程施工安全监督站两个正科级事业单位。2009年11月，潍坊市建筑施工安全监督站撤销，将建筑施工安全职能划归潍坊市建筑工程质量安全监督站。2010年1月，潍坊市建筑工程管理局更名为潍坊市建

筑工程管理处。

潍坊市建设工程质量安全监督站　1991年，潍坊市建筑工程质量监督站属科级事业单位，编制35人，实行全额预算管理。1991年9月14日，市建委下发《关于印发〈潍坊市建设工程质量监督管理实施细则〉的通知》，该细则重新梳理了潍坊市建筑工程质量监督体系，明确了建筑工程质量监督机构的职责权限、管理制度、工作程序、人员资质等。

1991年12月，潍坊市建筑工程质量监督站坊子分站成立，代行原坊子区建筑工程质量监督站的职责权限；1992年6月，潍坊市建筑工程质量监督站寒亭分站成立；1994年8月，潍坊市建筑工程质量监督站奎文分站成立；1994年，潍坊市建筑工程质量监督站被省建筑工程质量监督总站推荐为“建设部先进监督站”。1996年5月，海化开发区建筑工程质量监督站成立。

2009年10月，市政府印发《关于组建市建设工程质量安全监督站的通知》，将潍坊市建筑工程质量监督站、潍坊市建筑工程施工安全监督站和市装饰装修管理办公室合并，组建潍坊市建设工程质量安全监督站，隶属于潍坊市建设局，副县级规格，编制50人。内设9个科室。2011年3月，潍坊市建设工程质量安全监督站峡山区质监分站成立；同年12月，潍坊市建设工程质量安全监督站综合保税区分站成立。

工程质量管理

工程质量创优　1993年6月，潍坊市建筑工程质量监督站印发《潍坊市关于对建筑材料实行“质量准用证”制度的规定（试行）的通知》，自9月1日起，在全市执行“质量准用证”制度，提高工程质量监督水平。2002年，市建设局印发《潍坊市建筑工程和市政基础设施工程竣工验收备案管理暂行办法》，2002年10月1日起，在全市范围内推行新版工程质量验收规范，并逐步推行建筑工程竣工验收备案制度，进一步强化建筑工程质量监管。2003—2004年，全市组织开展优质结构工程创建工作，完善组织评审、公示等制度，竣工备案率提高至89%。坚持工程质量季度巡查与日常抽查相结合，全市全年竣工工程合格率100%，优良率53.4%。2004年，潍坊市建筑工程质量监督站获“全国先进工程质量监督机构”，被省人事厅、省建设厅、省建筑工程管理局授予“山东省建筑管理工作先进集体”称号，被省建设厅评为“全省建设行政执法责任制先进单位”“全省创建无质量通病住宅工程工作先进集体”。2005—2006年，完善“竣前把关、竣中监督、竣后备案”工作程序，竣工工程备案率95%。全市工程质量整体保持稳定态势，竣工工程质量合格率100%，市直工程优良率50.6%。

2007—2008年，潍坊市积极推行住宅工程质量分户验收试点，深入开展质量巡查，狠抓无质量通病住宅工程创建工作。严格竣工工程备案管理，优化办事流程，竣工工程备案率97.7%。2009年，市监督站采取“差异化”监督模式，突出抓好薄弱环节、重点工程的监督管理，开展上年度竣工工程、在建住宅和公共建筑工程质量隐患排查等专项检查，累计抽查在建工程1808项，既有建筑253项，下发整改通知单555份。同年8月，潍坊市建设工程质量协会组织举办全市精品、优质结构工程现场观摩会活动，市质监站及各县市区质监站相关负责人、施工企业代表等70余人参加。1991—2012年，潍坊市核验竣工工程8664个，竣工工程合格率由85%提高至100%，优良率由20%提高至65%左右，其中早春园小区等四项工程通过建设部组织的综合验收，获国家“鲁班奖”，早春园小区为潍坊市第一个鲁班奖工程。14项工程获“泰山杯奖”，近300项工程被评为省级优良工程。2012年，全市创建市级安全文明工地102

个，省级安全文明工地28个，省级安全文明小区4个；全市29项工程获山东省“优质结构杯”奖，12项工程获山东省“泰山杯”奖，2项工程获“国家优质工程”奖。

1997—2012年潍坊市建筑工程获奖情况表

表3—10—3　　　　单位：项

年份	鲁班奖	国优工程	全国建筑工程装饰奖	泰山杯	鸢都杯
1997	—	—	—	2	—
1998	—	—	—	5	—
1999	—	—	—	7	—
2000	—	—	—	7	15
2001	—	—	1	8	10
2002	—	—	—	9	15
2003	1	—	—	7	16
2004	—	—	—	8	15
2005	—	—	—	9	15
2006	—	—	—	11	15
2007	1	—	1	9	16
2008	—	1	1	7	12
2009	—	0	3	10	18
2010	—	2	4	18	23
2011	2	3	3	13	25
2012	—	2	2	12	18

质量通病治理　1997年，潍坊市开展治理建筑工程质量通病活动，市、县两级分别成立建筑工程质量通病治理工作领导小组，制定《建筑工程质量监督工作规范》《建筑工程质量通病专项防治措施》等文件，提出3年内消灭工程质量通病的工作目标。梳理明晰房屋渗漏、墙面空鼓开裂等需重点治理的11项工程质量通病，制定《潍坊市治理质量通病考核实施细则》，严格推行质量监督治理，将“基础、结构、竣工”作为关键控制点，强化专项攻关，治理质量通病，取得显著成效。1998年12月1日，省建筑工程管理局在潍坊召开全省治理建筑工程质量通病经验交流会，与会代表观摩潍坊市治理质量通病的代表工程。

1999年，潍坊市以实施民心工程、建“放心楼”活动为主线，以提高建筑工程质量为重点，积极开展QC攻关，推广应用新技术、新材料、新设备、新工艺，严把监督检验关，使屋面渗漏、三小间渗漏、地下室渗漏、地面墙面空鼓开裂以及电气安装等通病得到较好治理。

2002年，潍坊市印发《住宅工程质量通病防治措施》，加大治理质量通病的工作力度，圆满完成省级部署的无质量通病住宅工程创建活动三年攻坚目标，全市工程质量水平进一步提高，精品工程大量涌现。2004年，创建活动取得阶段性成果，8个工程被评为“全省无质量通病住宅工程”。

2006年，以“四新技术”应用提高治理成效，工程使用功能进一步提高。2009年，编制《潍坊市建筑工程质量通病防治措施》，加强质量通病专项治理，11月10—17日，举办四期全市建筑工程质量通病防治培训班，从混凝土工程、地下防水工程及建筑节能保温工程等10个通病易发环节，对2000余名从业人员进行集中培训。2010年6月起，在全市范围内全面开展为期3年的住宅工程质量通病专项治理活动，在确保基础与主体结构安全的前提下，重点对住宅工程质量的4大类（渗漏、裂缝、电气、水暖）12项质量通病进行专项治理。市建设工程质量安全监督站和各县市区监督站分别指导建设一批“样板工程”，制作成主体展示区、半成品展示区及成品展示区，制作XB钢筋模型、线盒理设样板、配电箱留设样板、外墙保温样板、地暖样板、三小间防水做法样板、分户墙保温样板、施工洞口防裂样板等，展示各个部位质量通病治理的具体做法及工程在质量通病治理、分户验收方面的成效，多次组织施工企业现场观摩，层层落实责任制，监督施工企业抓好落实，促进了住宅工程质量全面提高。住宅工程质量连续9年保持合格率100%，2011年，优良率56.5%，比2002年提高10.5个百分点。2011年3—4月，组织各方参建主体300余人次，赴寿光、青岛等地参加质量通病治理暨分户验收精品工程现场观摩活动。

2012年5—9月，市建筑工程监督站先后4次组织全市在建住宅工程项目管理人员在样板工地召开现场观摩会，通过对工程实体样板展示参观，并结合多媒体软件将质量通病治理相关内容进行全面的讲解，与会的各项目管理人员对质量通病治理的标准有了直观的认识。

质量检测管理　1992年11月，潍坊市建筑工程质量检测站首次通过山东省质量技术监督局质量认证。1993年11月，在省建筑工程质量检测站、省检测中心、市技术监督局和市建筑工程质量检测站的帮助支持下，寿光、诸城、临朐、青州、昌邑和高密等8个县市的建筑工程质量检测站先后通过省级计量认证。至此，全市通过省级计量认证的建筑工程质量检测站数量达到9个，位居全省前列。

1999年11月13日，省建筑工程管理局对省建工检测中心及有关地市建筑工程质量检测机构的桩基检测能力和可靠性进行考核，潍坊市建筑工程质量检测站顺利通过考核，获得桩基检测资质证书。2001年9月29日，潍坊市建筑工程质量监督站印发《关于成立“潍坊百通混凝土有限公司实验室”的请示的批复》，同意按预拌混凝土搅拌站实验室资质申报。

2002年，《建筑抗震设计规范》第二次修订后，全市抗震设防烈度全部提高到7度以上，多层住宅混凝土构造柱加密，取消混凝土预制楼板，全部改造为现浇混凝土楼板。是年，市建筑工程质量监督站通过省级检测资质审查和质量认证，新批准民用建筑室内环境、建筑装饰装修材料、钢结构探伤等47个检测项目，成为全省认证项目最多的检测站。

2004年4月，组织专业人员对全市23家企业实验室、11家检测站从实验室布置、仪器设备、环境条件、试验项目、管理程序等方面进行全面检查。对检测试验条件局部不达标的5家企业实验室、3家检测站，责令针对不合格的项目限期整改，复核合格后放准予开展业务；对检查中发现的突出问题当场下达整改通知单29份，整改建议204条，暂停检验项目62项。2005年，加强检测能力建设，确保检测工作质量，市检测站通过国家试验室认可，成为全市建工系统首家通过认可的机构。2007年7—11月，市建筑工程质监站组织开展全市建设工程质量检测人员操作技能考核，考核具备条件的检测机构26家，考核检测人员773人次，第一次考核应考549人次，合格396人次，通过率72%；第二次考核应考224人次，合格188人次，通过率84%。2009年4—6月，对全市预拌混凝土的生产与使用情况进行全面的专项检查，检查预拌混凝土企业27家，抽查施工现场40余个，检查涵盖混凝土实体质量、企业质量行为、质量管理体系、专项实验室情况等，共下达整改通知单24份。

2010年，创新检测工作方式，变检测人员独立检测为监督人员和检测人员各抽50%进行检测，确保检测过程和结果的公正。同年9月30日，成立安全防护用品检测室。2012年，对中心城区5家检测机构进行资源整合，纳入潍坊市建筑工程质量检测中心统一管理，建立中心城区“大检测”格局，是全省检测行业的首创之举；建立质量检测信息监管平台，实现对各检测机构所有检测数据的实时监控管理；7月1日起，对全市获得上岗证书的施工技术资料员、见证取样员进行身份登记，并发放身份信息IC识别卡，实行一对一工作制。

施工安全管理

1997年，潍坊市建筑工程施工安全监督站成立，负责全市建筑工程施工安全监督管理工作。2000年，根据省建委、省建管局《关于实行建筑安全报监制度的通知》，潍坊市建立安全报监制度，当年报监率达90%以上。2001年，全年检查工程600余次，查出安全隐患1685条，均及时进行有效整改；同时积极开展创建“安全文明工地”活动，完善评选办法，实行现场评分，全年创出省级安全文明示范工地64个。2003—2004年，认真落实安全生产责任制，签订安全生产目标责任书，实行严格的考核办法和保证措施，做到责任到位、措施到位、考核到位。加强施工现场管理，继续深入开展“创建安全文明工地”活动，两年创出省级安全文明工地69个。组织安全生产和防“非典”专项大检查，检查在建工程500余个，下达隐患通知单170份，对9个工地进行通报批评，对3个施工企业进行经济处罚。2007—2008年，积极推行建筑工程安全生产文明施工达标验收行动，创建省级安全文明小区3个、省级安全文明工地71个；提前发布各类预警信息27条；检查在建工程15820个次，停工整改工程658个次，对43名项目负责人进行扣分处罚。2010年，先后组织开展节后复工工程、春季工程等8次工程质量安全大检查活动，抽查在建工程项目729个，下达质量安全隐患整改通知书642份，停工令280份，查出安全隐患1694条；成立安全防护用品检测室，更新站内检测设备仪器，并对600余台检测设备进行鉴定校准，保证检测数据的科学性；7月28日开始，由潍坊市住房和城乡建设局与潍坊市城市管理执法局联合组织，潍城区、奎文区、高新区、经济开发区、潍城经济开发区建设局共同参加，对全市在建工程集中开展一次建筑工地安全生产文明施工大检查。2011年，积极推进监管体制改革，推行质量安全一体化监管，实现建设工程质量安全的同步监控，全年共抽查在建工程项目4519个次，下达隐患整改通知书952份，责令停工整改项目59份，对98个项目负责人给予了不良行为扣分处罚，消除隐患3752条，工程质量安全得到有效控制。

2012年7月6日，印发《潍坊市建筑工程质量安全管理十大铁律》。6月20日，印发《潍坊市建设工程质量安全监督工作考核办法》（试行），开始实施潍坊县市区建设工程质量安全监督机构工作考核评价制度。通过省建设工程质量监督机构考核组对市建筑工程质量站的监督资格考核认定，并完成省厅对县市站监督资格的考核认定；建设完成潍坊市建筑施工特种作业培训基地，并获得培训资格，理顺全市的建设工程监理管理工作，将监理企业的资质管理、人员培训考核、现场管理等各项监管职能统一到由监督站全面负责；建成“建筑施工现场远程视频监控系统”，实现对建筑施工现场全过程、全方位、全天候的监管，促进全市质量安全监管水平的不断提高。

安全资格认证

1998年，开展建安企业安全资格认证，年内对500多家建安企业进行安全资格认证的复审和申报，有435家企业经山东省建筑施工安全监督总站审核通过认证，合格率82.5%，安全资格认证率100%。

2003年9月23日，《山东省建筑业企业安全生产资格证书》废止，将安全生产条件纳入企业资质管理。随着建设部《施工企业安全生产评价标准》（JGJ/T77-2003）的出台，对施工企业进行安全评价。

2004年12月31日，根据《山东省建筑施工企业安全生产许可证管理实施细则（暂行）》的规定，组织施工企业开始办理安全生产许可证。2005年9月1日，市建设局印发《潍坊市建筑施工企业安全生产许可证管理实施细则（暂行）》的通知。2005年，全市取得安全生产许可证的企业有333家，除新审批资质的企业外，全市建筑施工企业基本办理安全生产许可证。2006年，印发《关于对未取得安全生产许可证施工企业管理意见》和《关于加强全市建筑施工安全生产许可证监督管理的补充规定》，对已取得安全生产许可证的施工企业，实行动态监管。2007年10月31日，市建设局印发《潍坊市建筑施工企业安全生产许可证有效期满延期工作方案》的通知，切实做好全市建筑施工企业安全生产许可证有效期满的延期工作，进一步规范建筑施工企业安全生产行为和安全生产条件，提高全市建筑施工企业安全生产管理水平。

2011年10月21日，市建设局印发《关于开展2011年度建筑安全监督管理部门建筑施工企业安全生产评价和安全生产许可证考核工作的通知》，强化和督促企业加强日常安全生产管理，建立健全安全生产保障体系，完善施工现场安全生产条件。2012年4月9日，市建设局印发《潍坊市建筑施工企业安全生产许可证动态考核办法》的通知，建立“施工企业自纠、主管部门抽查、重点企业监控、企业现场联动”的动态管理和不良行为记录制度，强化建筑安全生产的“源头治理”，控制和减少安全生产事故。

2012年6月18—27日，市监督站分为四个考核组，对全市97家建筑施工企业进行安全生产许可证动态考核，考核结果为合格企业44家，基本合格企业36家，不合格企业17家，对不合格企业列为红色监管，暂扣安全生产许可证30天。12月11—15日，市住建局组织开展全市建筑安全生产许可证动态考核，对安全生产条件达不到标准要求的潍坊市城东建筑安装有限公司等21家企业列为红色监管对象，给予暂扣安全生产许可证30天的处罚，企业安全生产许可证暂扣期间，企业不得从事建筑施工相关业务。市住建局对这21家企业进行挂牌督导及约谈相关企业负责人，并限期30天内整改完毕。

装饰装修管理

1991年7月，潍坊市室内装饰管理办公室成立，对全市装饰装修行业实施动态管理，并发放装饰企业资质证书。全市共有装饰企业50家，资质以丁级为主，从业人员1600余人，年施工工程额860多万元。同年9月10日，潍坊市城乡建设委员会印发《关于加强对装饰装修工程质量管理的通知》，对装饰装修项目建设、施工单位的质量行为作出明确规定，要求新建项目的装饰装修分部工程必须委托所在地质量监督部门进行监督，竣工后与土建工程同步评定质量等级。1992年3月，山东省建筑工程管理局组织开展全省建筑安装工程质量大检查，潍坊市平均得分率达80.7%，位居全省第三。2002年，装饰装修行业管理职能划归市建设行政主管部门，成立潍坊市装饰装修管理办公室，扭转了全市装修行业两头管理、政出多门的局面。2005年7月，制定《潍坊市装饰装修工程项目管理程序》，实行工程报建、图纸审核、施工许可、工程质量安全监督等程序化管理。统一印制“潍坊市装饰装修工程施工许可证”“工程项目报建证”及“装饰装修工程质量隐患通知书”等证书及11种规范性表格，按照“统一明确实施标准，统一安排证件序号，统一规定申办程序，统一明确实施时间”的“四统一”原则，在全市范围内组织实施统一工作，逐步将装饰装修管理工作纳入程序化、规范化轨道。

2009年，潍坊市装饰主管部门进行机构改革，职能重新划分，潍坊市装饰办划归市建筑工程管理处，成立装饰科，除寿光、奎文、潍城由原来独立的装饰办直属建设局管理职能外，其他县市区装饰职能均归属各县市区建工处管理，全市装饰业质量安全职能均归属各市县工程质量监管部门。

2012年，全市装饰装修企业新签工程合同额8.92亿元，施工面积127.5万平方米，完成建筑业总产值10.36亿元、企业总收入8.78亿元、工程结算收入7.65亿元，同比分别增长9.7%、9.2%、9.4%；实现企业利润9686万元，实缴税金6861万元。公装企业市外装饰施工产值9787万元，当地公装企业占全市公装施工企业总数的64%，生产和效益呈现同步增长态势。至年底，全市装饰装修企业发展到198家，其中装饰类公装企业126家、家装企业72家，从业人员2万多人，年施工产值3.9亿元。

职工教育

技能培训 1997年，潍坊市建工局印发《潍坊市建工系统安全管理人员、特种作业人员管理办法》《潍坊市建工系统安全基本知识教育管理办法》，在全市逐步开展建筑业关键岗位人员培训工作，种类为12类，分别是“施工员”“预算员”“材料员”“质检员”“安全员”“机管员”“定额员”“劳资员”“审计员”“财会员”“计划员”“统计员”。2005年7月1日，市政府印发《关于进一步加快建筑业改革发展的意见》，开展建筑业技能培训，提高机械装备水平，进一步整顿和规范建筑市场，全面提升建筑行业素质和房屋品质。2007年，潍坊市印发《潍坊市建筑施工从业人员安全教育培训实施方案》，对建筑施工作业人员进行全面的安全知识轮训。2008年，全面推动建筑业从业人员技师培训工作。截至2012年，潍坊市累计培训关键岗位人员4万多人次，持证率达到85%；培训技师1300余人、技能鉴定人员13.5万人次，培训数量位居全省前列。

潍坊市建设职工中等专业学校 位于潍坊市奎文区虞河路2154号，隶属于潍坊市住房和城乡建设局，是全日制省级重点中专学校，潍坊市建设系统唯一一所集学历教育和职工培训为一体的教育培训基地。

学校创办于1985年8月，前身是经市政府批准成立的潍坊市建筑职业中学；1990年4月，经山东省人民政府批准成立潍坊市城乡建设职工中等专业学校；1994年3月，成立潍坊市城乡建设职工培训中心；1998年12月30日，更名为潍坊市建设职工中等专业学校。学校开设建筑工程施工、工程造价、园林技术、水文地质与工程地质勘察、岩土工程勘察与施工、建筑设备安装、供热通风与空调施工运行、给排水工程施工与运行、道路与桥梁工程施工、建筑与工程材料、电气技术应用等专业。建有力学、建材实验室及钢筋、测量、土建、建筑电工、建筑焊接工、楼宇智能化等实训室，另有节能监测中心、软件室和建材展室，共计12个。

2012年，学校占地面积20444平方米，有教职工36人，专兼任教师29人，其中高级职称13人、中级职称16人，具有大学本科学历教师22人、具有硕士学位7人。

建校30年来，为社会输送合格毕业生1.8万多人，学生就业率100%；培训各类专业人才近20万人次。

第五节　重大工程项目

鲁台会展中心

位于潍城区长松路以东、清平路以西、玉清街以南、卧龙西街以北，主体造型是一大、一小两块“巨石”，取名“驻石守望”，寓意“两岸一体、隔海守望”，为鲁台经贸洽谈会永久会址。中心占地面积22.4公顷，总建筑面积12万平方米，概算总投资15亿元，由展览中心和会议中心两个部分组成。展览中心长342米、宽150米，建筑面积10万平方米，展厅两层，周边4层，建筑高度37.15米，分设展览大厅、台湾厅、登录厅、商业区及若干商铺、洽谈室等，设有国际标准展位2500个，展览面积5万平方米，能够举办大型展览或同时举办若干个中小型展览；会议中心长135米、宽81米，建筑面积2万平方米，地上3层，局部地下1层，建筑高度24米，分设会议室、报告厅、宴会厅和风格各异的贵宾厅。工程于2010年6月8日开工建设，被列入2010年山东省重点服务业项目，在建工程被列入“全国绿色施工科技示范工程”“山东省施工现场综合管理样板工程”，2012年7月31日竣工，2012年8月1日投入使用。鲁台会展中心以一流的场馆和配套设施承接第十八届鲁台经贸洽谈会的各项活动，并获2014年度国家优质工程、全国装饰奖工程。

文化艺术中心

位于人民广场南侧，总建筑面积31.43万平方米，为组团式建筑，包含5个组团、11个单体建筑，分别为一组团城市规划艺术馆、二组团青少年宫和文化宫、三组团图书馆和科技馆、四组团大剧院、五组团音乐厅以及双塔和商业连廊等，工程总投资30亿元。2005年完成规划设计，2007年10月各组团建设陆续展开，2012年基本完成。二组团于2011年11月3日获中国建设工程质量最高奖“鲁班奖”，三组团地源热泵项目于2011年6月13日顺利通过住房和城乡建设部专家组验收，并获得中央财政补助资金560万元。工程采用舒展的总体布局，采取南北轴线对称的方式，融合潍坊世界风筝都的涵义，采用展翅

2012年建成的鲁台国际会展中心

2012年建成的潍坊市文化艺术中心

飞翔的风筝形态构图手法，既有民族传统韵味，又有现代风格的建筑形态与景观空间，塑造出象征城市飞跃发展的标志性建筑。

阳光大厦

位于潍坊高新区东风东街与东方路交叉口东南角，是一座集办公、会议、商业服务于一体的现代化、高智能化、综合性的公共建筑。大厦设计为双塔集中造型，建筑风格稳重大方，是潍坊市新地标性建筑。阳光大厦主楼共32层，地下2层，地上30层，建筑总高度118.6米；附楼6层，地下2层，地上4层。主楼与附楼总建筑面积11.68万平方米。工程于2006年7月开工建设，2011年11月竣工。秉承“绿色、低碳、节能、环保”的建筑理念，应用了智能化、信息化控制系统等新技术、新工艺，科技含量、智能程度较高。

阳光大厦获2011年度国家优质工程银质奖（2011年拍摄）

寿光市人民医院门诊综合楼

位于寿光市健康街1233号，是一栋集医疗、住院、教学、科研于一体的现代化公共医疗建筑。工程东西长82.2米、南北宽162.35米，占地面积13345.17平方米，建筑面积74796平方米。采用天然地基，主楼采用钢筋混凝土筏板基础，框架剪力墙结构，裙楼采用独立基础，框架结构。地下1层、地上主楼22层，裙楼5层，建筑总高度86.8米。工程于2011年4月21日开工，2013年8月30日竣工。医院设计有病房284间，床位792张，22层设康复中心。

潍坊火车站广场

广场南依潍坊火车站站房，东临和平路，西傍向阳路，北接中亚商贸城。由地上广场和地下商城及停车场组成，南北长176米、东西宽180米。地下为购物商城和停车场，总面积2.69万平方米；地上为站前景观广场，总面积3.17万平方米，铺装硬化面积1.5万平方米，绿地面积1.67万平方米，绿化率52.68%。

广场地下工程于2007年5月17日开工，9月15

日实现主体封顶，累计开挖土方18.3万立方米，浇筑钢筋混凝土1.2万立方米，概算投资3000万元。地上景观广场于2007年8月4日开工，2007年11月8日竣工并投入使用，累计回填土方8.3万立方米，铺装石材1.5万平方米，敷设各类管线1.4万米，建成绿地面积1.67万平方米，绿化率52.68%，投资1700万元。

广场主要景观沿中轴线展开，依次排列为出口广场景区、主题雕塑景区、水景带、绿化带等，形成一纵两横的广场文化布局，着力营造出一个展示潍坊风筝文化与民俗文化，集休闲娱乐、商业购物及举办大型集会活动为一体的综合性城市广场，提升城市文化特色。国产第一代蒸汽机车、迎客松、老槐树、清末状元王寿彭名联、雕刻着诗歌的灯箱、浮雕等，成为媒体关注和市民津津乐道的景点。整个广场的设计具备人防、集散、商业、宣传4大功能，将潍坊的传统、文化、文明、时尚等各方面凝结在一起。

2007年建成的潍坊火车站广场

第六节　重要施工企业

潍坊昌大建设集团有限公司

集团以1949年8月10日潍坊特别市木瓦建筑合作社成立为发展起始点。1951年9月30日转为“国营潍坊市建筑公司”。此后企业名称多次变更，隶属关系先后为省属企业、地区政企合一企业、市属企业。1990年11月完成公司制改革，发展成为具有房屋建筑工程施工总承包一级资质的潍坊建设行业龙头企业，为潍坊市首批国有企业产权制度改革试点企业之一。企业于1999年10月改制为员工持股的股份制民营企业。为潍坊第一家具有建筑工程特级企业资质、年产值过百亿的企业集团。在科技创新方面，企业攻关应用了体育场电力载波系统技术、被动式超低能耗绿色建筑技术、大跨度钢筋混凝土正交斜放空腹楼盖技术，拥有具有国际先进水平的“高层与超高层混凝土空间网格盒式结构体系”专利设计技术，兼具建筑工业化PC拆分设计能力。主编国家行业标准2项、地方行业标准2项，拥有国家专利50余项（其中发明专利10项）、国家级工法8项、省级工法60余项，拥有国际、国内领先水平科技成果30余项，获全国建设行业科学技术奖、山东省科技进步一等奖、建筑业技术创新奖等20余项。1992—2012年，完成企业总产值315亿元，上缴税金10.89亿元，累计施工面积4375万平方米。先后创出“鲁班奖”“国家优质工程”“中国人居环境（范例）奖”“全国科技创新示

2010年承建的北川羌族自治县人民医院，获2010—2011年度鲁班奖

多年铝塑门窗生产历史，生产的“星驰牌”塑料门窗获山东省名牌产品称号，“星驰牌”注册商标获评山东省著名商标。2006年和2008年公司连续被评为全国优秀施工企业，先后创出全国、部、省、市级优良、优质、样板工程400多项。其中，“泰山杯”工程13项、“鸢都杯”工程14项，省市级“质量诚信、用户满意”示范工程30多项，优质结构工程10项。是山东省首批诚信企业、AAA级信用企业、省级重合同守信用企业、省建筑施工先进企业、省工程质量管理先进企业、省工程安全管理先进企业、山东省建设系统文明服务示范单位。2012年，公司下设工程公司和独立项目部8个土建施工单位，并设有安装工程公司、市政工程公司、基础工程公司、消防工程公司、设备租赁公司和山东景建门窗幕墙工程有限公司等施工、生产、经营单位，年施工能力150万平方米以上。至2012年底，共有职工1233人，产值24亿元。

范工程”“全国建筑业绿色施工示范工程”“全国市政金杯示范工程”“中国建筑工程装饰奖”“泰山杯”“天府杯”等各类国家、省级名牌工程200多个。至2012年，潍坊昌大建设集团有限公司企业注册资本4.7亿元，拥有房屋建筑工程施工总承包特级资质，建筑行业（建筑工程、人防工程）设计甲级资质等20余项资质，具有对外承包工程资格、劳务派遣经营权。集团设有中国工程院院士工作站、国家级建筑产业化基地、省级技术中心和企业BIM中心4个科研机构，下辖28个专业公司、22个全资（控股）子公司、9个全国性区域公司和3个海外公司。集团有员工3100余人，其中注册执业人员1020余人，中、高级职称人员1100余人。

山东景芝建设股份有限公司

公司前身是1965年成立的景芝建筑工程队，1995年经省经济体制改革委员会批准成立山东景芝建工集团公司，1998年改制为股份制企业，2004年经省工商局批准更名为山东景芝建设股份有限公司，公司是一家以建筑施工为主，集门窗幕墙、市政工程、消防工程、机电安装、装饰装修、设备租赁等于一体的国家一级建筑施工总承包企业。公司下属山东景建门窗幕墙公司具有20

山东华邦建设集团有限公司

成立于2004年11月，前身是青州市华邦建设安装有限公司（拥有建筑工程施工总承包三级资质），2006年晋升建筑工程施工总承包二级资质，2009年5月更名为山东华邦建设集团有限公司，2010年4月晋升建筑工程施工总承包一级资质。2012年，山东华邦建设集团有限公司已经发展成为一个集规划设计、项目投资、工程建设、工程配套于一体的大型建设企业。公司是中国建筑业成长性百强企业、全国优秀施工企业、全国建筑业科技创新先进企业、全国建筑业AAA级信用企业。拥有建筑工程施工总承包特级资质，建筑行业（建筑工程、人防工程）工程设计甲级资质，市政公用工程施工总承包二级资质，钢结构、建筑装修装饰、建筑幕墙、建筑机电安装、消防设施、

由山东华邦建设集团2010年承建的山东华邦大厦办公大楼，获山东省建筑质量最高奖“泰山杯”奖　　　（2012年拍摄）

防水防腐保温、地基与基础、建筑智能化八项工程专业承包一级资质，古建筑工程专业承包二级资质，公路工程施工总承包三级资质，水利水电工程施工总承包三级资质，机电工程施工总承包三级资质，起重设备安装工程专业承包三级资质，环保工程专业承包三级资质。

2012年，公司拥有各类专业技术人员1200余人，其中中、高级职称人员520余人，注册执业人员380余人。参编国家、地方标准3项，获国家专利70余项（其中发明专利4项）、山东省省级工法40余项，先后获得国家、省、市各类科技类奖项180余项。职工13000人，产值42亿元。

山东寿光建设集团有限公司

前身为建于1953年的寿光县建筑工会，是寿光历史上第一家国有建筑企业，其后曾数改体制，几易其名。1996年，企业晋升为一级资质建筑企业。2001年7月，企业由国有改制为民营，成立山东寿光第一建筑有限公司。2010年4月19日，成立山东寿光建设集团有限公司。至2012年，公司获“泰山杯”工程20项，每年创国家、省市级安全文明工地都在50个以上，多项工程被评为国家绿色施工示范工程、山东省建筑业新技术应用示范工程、省市级综合管理样板工地，有多项成果、专利获国家认定。

2012年，公司建筑产业在建及竣工工程238项，建筑面积252万平方米，企业年完成总产值44亿元，实现利税3.3亿多元，实缴税金11510万元，职工928人。企业进入山东省建筑业企业综合实力50强，被评为山东省文明单位，是“中国建筑业500强企业”“全国优秀施工企业”。

山东寿光第一建筑有限公司2011年承建的寿光人民医院门诊综合楼

龙头蜈蚣

第四编

环境保护

营丘白浪沙滩湿地公园

从90年代起，潍坊市国民经济得到快速发展。但由于经济结构偏重工业、重化工企业较多，能源消费结构单一、煤炭在能源一次性消费中占比过重，造成资源消耗量大、能源利用率低、污染物排放量大，环境污染问题凸显。

“八五”（1991—1995年）期间，全市加强对重点污染行业的治理，先后印发《关于贯彻〈国务院关于开展加强环境保护执法检查，严厉打击违法活动的通知〉的通知》《关于对全市环境保护执法情况进行视察的通知》，颁布《潍坊市乡镇企业环境管理暂行规定》《潍坊市环境保护基金管理办法》《潍坊市市区水源地保护管理办法》和《潍坊市地表水环境功能区划分的规定》4个规范性文件，制订《潍坊市环境保护“九五”计划及2010年规划》《潍坊市环境监理工作试点方案》，成立13个市县级环境监理站，加强环境监察规范化建设，加强城市环境综合整治，市区（奎文区、潍城区、坊子区、寒亭区）建成烟尘控制区5处，环境噪声达标区6处。全市用于水污染治理总投资2.20亿元，工业废水处理排放量3268万吨。污染防治工作特别是水污染防治工作取得较大成绩。

“九五”（1996—2000年）期间，全市环境保护工作坚持污染防治和生态保护并重，狠抓“一控双达标”、环境目标责任制和污染物总量控制等工作的落实，坚持把水污染防治作为“生命工程”来抓，实行“关、限、建”三步并进，全市1003家工业污染源实现废水主要污染物达标排放，新增废水处理能力72.6万吨/日，工业废水排放达标率90%。新增废气处理能力232.9万标立方米/时，工业废气排放达标率80%。“三同时”执行率100%。加快城市污水集中处理、集中供热、集中供气、环境卫生、园林绿化等环境基础设施建设，加强二氧化硫、烟尘、工业粉尘控制和环境噪声达标区建设，全市新建7座城市污水处理厂，污水集中处理率45%，城市热化率46%，城市垃圾无害化处理率98%，城市建成区绿化覆盖率32%。不断加强生态环境建设，建成森林公园1座、自然保护区7处；建立生态农业试点县3个，生态村3个。全市林木覆盖率23%，绿化率32%，绿色食品种植面积为2500公顷，秸秆综合利用率60%，水土流失治理率69.3%，矿山生态破坏恢复治理率45%。加强码头和船舶污染管理工作，近岸海域水质达标率100%。主要污染物排放总量控制计划全面完成，2000年，与“八五”末期相比，全市化学需氧量排放量10.52万吨，下降38%；工业石油类排放量81.46吨，下降21%；汞、镉、六价铬、铅、砷、氰化物6种污染物排放量2.08吨，下降80%；二氧化硫排放量19.53万吨，下降25%；烟尘排放量6.77万吨，下降38%；工业粉尘8.42万吨,下降44%；工业固体废物实现零排放。全市环境污染和生态破坏加剧的趋势得到有效控制，部分流域和城市环境质量有所好转。

“十五”（2001—2005年）期间，不断加大环保执法力度，强化污染防治，积极调整产业结构，大力发展循环经济，加强生态保护与建设，环境污染和生态环境恶化的趋势得到有效遏制，部分流域和区域环境质量明显改善。取缔146家耗能高、污染重的企业，关停4家5万吨以下草浆生产线，淘汰17条立窑水泥生产线。加强流域水污染控制，对5条重点河流实施综合治理，对51个重点污染源实施污染治理再提高工程，建成12座城市污水处理厂，河流水质整体上实现好转。取缔市区建成区内的4吨/时以下的燃煤锅炉和茶水炉1000多台，对潍坊电厂两台机组实施脱硫工程，城市空气环境质量达到国家二级标准。建成市区空气自动监测站、5个子站和市区水源地峡山水库水质自动监测站，在31座城市污水处理厂和重点污染源安装COD在线自动监控设备。开展“整顿违法排污企业保障群众健康”环保专项行动，查处违法企业230家，关停违法建设项目或生产线47个（条）。启动“十大生态工程百个建设项目”，建成自然保护区1个，风景名胜区3个，森林公园28座，饮用水源地表水一级保护区7个，生态示范区4个，国家、省、市级绿色学校27所，省、市级绿色社区15个。至2005年底，主要污染物SO_2、COD、氨氮、烟尘和工业粉尘排放量分别控制在13.85万吨、5.11万吨、0.42万吨、4.87万吨和4.51万吨，分别比“十五”总量控制计划降低4%、20.8%、10%、7.2%和23.6%。生态保护指标和污染防治指标全部完成。2005年11月21日，潍坊市被国家环保总局授予“国家环境保护模范城市”称号。

“十一五”（2006—2010年）期间，全市环保工作围绕总量减排、环境质量改善和污染源达标排放三个目标狠抓落实，各项指标全面完成。至2010年底，全市累计完成减排工程188个，化学需氧量和二氧化硫排放量分别由“十五”末期的5.11万吨和13.85万吨减少到4.13万吨和12.21万吨，累计净削减率分别为19.2%和11.85%。水环境质量明显改善，全市所有河流全部稳定达到恢复鱼类生长目标，70%以上的水体达到水环境功能区划标准。与“十五”末期相比，2010年,河流主要污染物化学需氧量平均浓度下降81.97%，氨氮平均浓度下降80.84%，11个河流规划控制断面出水COD浓度全部达到规划控制目标，城市集中式饮用水源地水质达标率达100%，近岸海域水环境质量功能区达标率100%。全市的空气环境质量明显好转。

2010—2012年，市区空气中主要污染物二氧化硫、二氧化氮和可吸入颗粒物年均浓度比2005年分别降低21%、9%和13%。全市燃煤机组脱硫设施配套率97%。秸秆综合利用率达85%以上。基本解决了六大片区大气环境异味问题。新、扩、改建污水处理厂32座，建设污水“截、蓄、导”工程管网1410千米，新增污水集中处理能力82万吨/日，城镇污水集中处理率达80%；对191个老污染源治污设施进行升级改造，对48家重点工业污染源实施废水深度处理，工业废水达标率达98%以上，回用中水7万吨/天。实施烧结机脱硫，脱硫机组装机容量达350万千瓦，占全部装机容量的比例为97%以上；关停小火电（热电）机组52.10万千瓦，淘汰落后产能企业和生产线35家（条）；拆除集中供热管网覆盖范围内的所有燃煤锅炉，建成区内40%的餐饮服务单位安装有烟净化装置。建成潍坊市医疗废物处置中心，医疗废物集中处置率达90%以上；工业固废综合利用率达92.5%。环境电磁辐射水平小于国家标准规定的公众照射导出限值，废弃放射源得到安全收贮，处置率达100%。建成国家环保模范城市2个，国家级环境优美乡镇5个，省级环境优美乡镇38个，国家级生态示范区4个。村镇饮用水合格率达95.26%，2180家规模化养殖场建设完善了粪污处理设施，外排污染物达标排放率达75.9%。建设市级及12个县市区的环境应急监控与信息中心，全市124家重点排污企业安装了自动监控设备164台（套）；建设完成市区空气自动监测子站9个，峡山水源地等地表水自动监测站3个。提高环境准入门槛，拒批不符合准入条件建设项目52个，取消违规建设项目2个。开展专项行动288次，查处环境违法案件3860起，关停769家“十五土（小）”企业（指小造纸、小制革、小染料、土炼焦、土炼硫、土炼砷、土炼汞、土炼铅锌、土炼油、土选金、小农药、小电镀、土法生产石棉制品、土法生产放射性制品、小漂染企业等）。建立完善初始排污权分配、排污权交易和排污权储备调控“三个机制”，在全省率先开展研究建立市域生态补偿机制试点工作。

至2012年底，全市化学需氧量、氨氮、二氧化硫和二氧化氮排放量分别控制在18.13万吨、1.76万吨、15.18万吨、14.50万吨。全市主要河流水质持续改善，23条重点河流化学需氧量、氨氮平均浓度为27.9毫克/升、1.5毫克/升，比2011年同期分别下降25.8%、25.6%。市区饮用水源地水质稳定达到Ⅲ类以上，109项监测指标全部达标。城区空气质量持续改善，大气污染物可吸入颗粒物、二氧化硫、二氧化氮年均浓度明显降低，环境空气质量优良天数达276天，良好率达75.6%。2012年10月，顺利通过“国家环保模范城市”复核。

第一章　环境质量

第一节　环境空气

潍坊市空气污染属典型的煤烟型污染。1991—1995年，环境空气主要污染物为二氧化硫和总悬浮颗粒物，按国家《环境空气质量标准》（GB3095-1982）评价，环境空气中的二氧化硫年均值均未达到《环境空气质量标准》二级标准。1996—2000年，环境空气主要污染物为二氧化硫和总悬浮颗粒物。按国家《环境空气质量标准》（GB3095-1996）评价，除去2000年，1996—1999年，环境空气中的二氧化硫年均值均未达到《环境空气质量标准》二级标准。2001—2011年，只有2007—2008年环境空气中的二氧化硫、可吸入颗粒物年均值未达到《环境空气质量标准》（GB3095-1996）二级标准。2012年，三项污染物年均值均达到《环境空气质量标准》（GB3095-2012）二级标准。1991—2012年，全市环境空气综合污染指数基本呈下降趋势。其中，1996年综合污染指数最大，为4.90；2003年综合污染指数最小，为2.14，比1996年下降56.3%。除2001—2003年、2010年和2012年污染指数占首位的污染物是可吸入颗粒物外，其余年度首要污染物均为二氧化硫。从总体上看，2012年比1991年全市环境空气综合污染指数下降40.7%。2012年，二氧化硫年均值比1991年下降57.6%。

1991—2012年潍坊市环境空气主要污染物浓度年均值统计表

表4-1-1　　　　单位：毫克/立方米

年 份	二氧化硫		氮氧化物（NOx/NO_2）		总悬浮颗粒物（可吸入颗粒物）	
	年均值	超标倍数	年均值	超标倍数	年均值	超标倍数
1991	0.132	1.20	0.039	—	0.201	—
1992	0.127	1.12	0.045	—	0.277	—
1993	0.134	1.23	0.051	—	0.250	—
1994	0.136	1.27	0.048	—	0.298	—

续表4—1—1

年份	二氧化硫		氮氧化物（NOx/NO_2）		总悬浮颗粒物（可吸入颗粒物）	
	年均值	超标倍数	年均值	超标倍数	年均值	超标倍数
1995	0.154	1.57	0.052	—	0.301	—
1996	0.167	1.78	0.043	0.25	0.331	0.66
1997	0.143	1.38	0.035	—	0.274	0.37
1998	0.130	1.17	0.035	—	0.307	0.54
1999	0.119	0.98	0.043	0.08	0.306	0.53
2000	0.057	—	0.035	—	0.187	—
2001	0.053	—	0.037	—	0.113	—
2002	0.054	—	0.033	—	0.115	—
2003	0.051	—	0.028	—	0.094	—
2004	0.056	—	0.032	—	0.090	—
2005	0.059	—	0.043	—	0.088	—
2006	0.060	—	0.042	—	0.097	—
2007	0.067	0.12	0.038	—	0.095	—
2008	0.083	0.38	0.039	—	0.116	0.16
2009	0.068	0.13	0.041	—	0.103	0.03
2010	0.058	—	0.041	—	0.099	—
2011	0.056	—	0.044	—	0.090	—
2012	0.056	—	0.036	—	0.097	—

说明：1.“—”表示未超标；

2.1991—1995年采用《环境空气质量标准》（GB3095—1982）（GB3095—1996）二级标准评价，2012年采用《环境空气质量标准》（GB3095—2012）二级标准评价。具体标准值为：GB3095—1982二氧化硫：0.06毫克/立方米，总悬浮颗粒物：0.30毫克/立方米，可吸入颗粒物：0.30毫克/立方米，氮氧化物0.10毫克/立方米；GB3095—1996二氧化硫：0.06毫克/立方米，二氧化氮0.04毫克/立方米，总悬浮颗粒物：0.20毫克/立方米，可吸入颗粒物：0.10毫克/立方米；GB3095—2012二氧化硫：0.06毫克/立方米，二氧化氮0.04毫克/立方米，可吸入颗粒物0.07毫克/立方米；

3.从2000年1月开始，氮氧化物指标改为二氧化氮，从2001年1月开始，总悬浮颗粒物指标改为可吸入颗粒物；

4.从2000年1月开始，二氧化氮的二级标准年平均浓度限值由0.04毫克/立方米改为0.08毫克/立方米

潍坊市人民公园　　(2011年拍摄)

1991—2012年潍坊市市区环境空气污染指数统计表

表4—1—2

年 份	污染分指数（Pi）			综合指数（P）
	二氧化硫	氮氧化物（二氧化氮）	总悬浮颗粒物（可吸入颗粒物）	
1991	2.20	0.39	0.67	3.96
1992	2.12	0.45	0.92	4.22
1993	2.23	0.51	0.83	4.49
1994	2.27	0.48	0.99	4.61
1995	2.57	0.52	1.00	4.87
1996	2.78	0.46	1.66	4.90
1997	2.38	0.44	1.37	4.19
1998	2.15	0.44	1.54	4.13
1999	1.98	0.54	1.53	4.05
2000	0.95	0.44	0.94	2.33
2001	0.88	0.46	1.13	2.47
2002	0.90	0.41	1.15	2.46
2003	0.85	0.35	0.94	2.14
2004	0.93	0.40	0.90	2.23

续表4－1－2

年 份	污染分指数（Pi）			综合指数（P）
	二氧化硫	氮氧化物（二氧化氮）	总悬浮颗粒物（可吸入颗粒物）	
2005	0.98	0.54	0.88	2.40
2006	1.00	0.53	0.97	2.50
2007	1.12	0.48	0.95	2.55
2008	1.38	0.33	1.16	2.87
2009	1.13	0.51	1.03	2.67
2010	0.97	0.51	0.99	2.47
2011	0.93	0.55	0.90	2.38
2012	0.93	0.45	0.97	2.35

说明：Pi=Ci/Si（Ci为污染物浓度值，Si为污染物标准值），P=∑Pi

第二节 水环境

1991—2012年，潍坊市根据《地表水环境质量标准》（GB3838-1988、GB3838-2002），对市境内主要河流、饮用水源地、近岸海域水质进行评价。省、市控河流不同程度地受到污染，大部分河段和出境断面超过标准中的Ⅳ类标准，水体中主要污染物是化学需氧量和氨氮，2003年以后，河流水质污染状况整体呈下降趋势，水质有所改善。饮用水源地主要是峡山水库和白浪河水库，各水质质量良好，全部达到国家《地表水环境质量标准》（GB3838-2002）中的Ⅲ类标准。近岸海域水质质量较好，达到《海水水质标准》（GB3097-1997）Ⅲ海水标准。

河流水质

全市境内的主要监控河流为小清河、弥河、白浪河和潍河，共设置31个监测断面。4条河流4个断面的水质情况：1991—2012年，小清河羊口断面的主要污染物化学需氧量和氨氮历年年均值浓度均超过Ⅳ类标准；1991—2008年，弥河青州拦河坝断面的主要污染物化学需氧量和氨氮历

潍河沿岸 （2009年拍摄）

白浪河沿岸　　(2011年拍摄)

年年均值浓度大部分超过Ⅴ类标准，从2009年起，该断面的水质逐渐好转，化学需氧量和氨氮年均值浓度低于Ⅴ类标准；1991—2000年，白浪河柳疃断面的主要污染物化学需氧量和氨氮历年年均值浓度超过Ⅴ类标准，从2001年起，该断面的水质逐渐好转，化学需氧量和氨氮年均值浓度低于Ⅴ类标准；1991—2003年，潍河九台断面的主要污染物化学需氧量和氨氮历年年均值浓度超过Ⅴ类标准，从2004年起，该断面的水质逐渐好转，化学需氧量和氨氮年均值浓度低于Ⅴ类标准。2012年，全市监测的31个主要河流断面中，达到《地表水环境质量标准》（GB3838-2002）Ⅱ类水质的断面有3个，占河流监测断面总数的9.7%；Ⅲ类水质的断面有8个，占河流监测断面总数的25.8%；达到Ⅳ类水质的断面有8个，占河流监测断面总数的25.8%；水质属Ⅴ类的断面有6个，占河流监测断面总数的19.35%。

1991—2012年潍坊市主要河流环境质量状况统计表

表4-1-3　　单位：毫克/升

年份	小清河（羊口）		弥河青州（拦河坝）		白浪河（柳疃桥）		潍河（九台）	
	化学需氧量	氨氮	化学需氧量	氨氮	化学需氧量	氨氮	化学需氧量	氨氮
1991	96.00	4.06	84.60	0.55	128.00	0.01	86.20	0.44
1992	111.40	7.31	161.00	13.80	374.00	10.50	97.30	0.33
1993	97.83	5.29	399.00	16.90	265.00	26.60	83.90	2.47
1994	128.00	9.36	66.80	9.69	264.00	11.80	75.30	0.22
1995	124.40	10.80	70.80	3.79	235.00	5.95	87.30	6.28
1996	117.00	8.52	67.30	10.20	239.00	12.10	61.30	6.17
1997	134.80	9.79	154.00	11.50	232.00	22.90	54.60	4.50
1998	105.20	12.70	92.70	7.65	215.00	24.00	37.20	2.62
1999	108.70	6.07	119.00	4.68	166.00	14.40	46.80	4.69
2000	115.20	6.48	271.50	52.60	33.50	3.42	38.60	3.65

续表4-1-3

年份	小清河（羊口）		弥河青州（拦河坝）		白浪河（柳疃桥）		潍河（九台）	
	化学需氧量	氨氮	化学需氧量	氨氮	化学需氧量	氨氮	化学需氧量	氨氮
2001	109.80	11.00	116. 00	25.20	36.00	1.13	44.50	3.01
2002	97.67	10.90	72.30	32.40	35.00	1.34	45.20	3.57
2003	108.20	8.79	106.00	1.71	33.00	1.56	44.00	2.59
2004	82.00	6.98	68.00	1.00	32.00	1.50	34.00	0.97
2005	76.00	9.93	53.00	1.82	35.00	1.36	33.00	0.98
2006	117.00	21.10	38.00	8.97	36.00	1.06	34.00	1.15
2007	95.00	14.40	40.00	7.98	35.00	1.28	33.00	1.20
2008	71.00	12.60	30.00	2.29	34.00	0.99	31.00	1.23
2009	72.00	11.00	18.00	0.56	34.00	0.92	26.00	1.14
2010	52.00	8.44	24.00	1.00	35.00	0.78	34.00	1.36
2011	40.00	4.14	26.00	1.06	36.00	1.07	35.00	0.84
2012	35.00	4.24	26.00	1.14	33.00	0.97	27.00	0.76

说明：表中各指标为各断面年均值

水库水质

峡山水库和白浪河水库是潍坊市最大的两个水库，库容分别为14.05亿立方米和1.48亿立方米。峡山水库位于峡山生态区，白浪河水库位于潍城区，是潍坊市的主要水源地。峡山水库水质执行《地表水环境质量标准》（GB3838-1988、GB3838-2002）Ⅲ类水质标准，白浪河水库水质执行《地表水环境质量标准》（GB3838-1988）和（GB3838-2002）Ⅱ类水质标准。1991—2012年的监测数据显示，峡山水库的化学需氧量、总氮、总磷浓度均出现不同程度的超标现象，化学需氧量超标率为36.4%，最大超标倍数为1.1倍（1992年），总氮超标率为45.4%，最大超标倍数为

峡山水库 （2012年拍摄）

0.71倍（1999年），总磷超标率为4.5%，最大超标倍数为0.29倍（2000年）。1991—2012年的监测数据显示，白浪河水库的化学需氧量、总氮、总磷浓度均出现不同程度的超标现象，化学需氧量超标率为50.0%，最大超标倍数为6.67倍（1991年），总氮超标率为77.3%，最大超标倍数为3.24倍（1991年），总磷超标率为4.5%，最大超标倍数为2.7倍（1999年）。总的来看，根据1991—2012年的监测结果，两水库水质一直保持较好状态，各项水质监测指标全部达标。

1991—2012年潍坊市主要水库环境质量状况统计表

表4—1—4　　单位：毫克/升

年 份	峡山水库			白浪河水库		
	化学需氧量	总氮	总磷	化学需氧量	总氮	总磷
1991	28	0.90	0.04	115	2.12	0.04
1992	42	1.15	0.05	44	1.13	0.03
1993	32	1.24	0.06	32	0.85	0.06
1994	25	1.19	0.05	81	1.63	0.07
1995	26	1.45	0.04	17	1.99	0.03
1996	30	1.32	0.04	19	1.80	0.02
1997	26	1.16	0.07	18	0.71	0.05
1998	23	1.30	0.05	15	0.88	0.03
1999	19	1.71	0.06	18	0.87	0.37
2000	15	1.70	0.26	17	0.86	0.02
2001	17	1.36	0.05	14	0.79	0.04
2002	16	0.98	0.03	13	0.74	0.04
2003	17	0.93	0.04	19	1.00	0.04
2004	15	0.96	0.04	12	1.00	0.01
2005	17	0.90	0.03	12	0.46	0.06
2006	18	0.84	0.08	18	0.79	0.03
2007	17	0.88	0.04	13	0.82	0.03
2008	15	0.92	0.03	13	0.56	0.02
2009	14	0.89	0.04	10	0.39	0.02
2010	13	0.89	0.01	12	0.46	0.02
2011	16	0.96	0.01	13	0.45	0.02
2012	14	0.92	0.02	12	0.44	未检出

地下水水质

市区地下水饮用水源地是寒亭朱里水源地和东寺水源地。按照《地下水质量标准》（GB/T14848-93），对1991—2012年2个水源地的水质进行评价，2个饮用水源地的3个监测点位水质均达到Ⅲ类水质标准。其中朱里6号井的总硬度50%的年份达到Ⅱ类水质标准，高锰酸盐指数63.6%的年份达到Ⅱ类水质标准，总大肠菌群86.4%的年份达到Ⅱ类水质标准。朱里8#井的总硬度46.7%的年份达到Ⅱ类水质标准，高锰酸盐指数100%的年份达到Ⅱ类水质标准，总大肠菌群86.7%的年份达到Ⅱ类水质标准。东寺水源地的总硬度57.9%的年份达到Ⅱ类水质标准，高锰酸盐指数100%的年份达到Ⅱ类水质标准，总大肠菌群100%的年份达到Ⅱ类水质标准。

1991—2012年潍坊市主要饮用水源地环境质量状况统计表

表4—1—5　　单位：毫克/升

年份	朱里6号井				朱里8号井				东寺水源地			
	pH值	总硬度	高锰酸盐指数	总大肠菌群	pH值	总硬度	高锰酸盐指数	总大肠菌群	pH值	总硬度	高锰酸盐指数	总大肠菌群
1991	7.59	222	0.40	<3	—	—	—	—	—	—	—	—
1992	7.65	235	—	<3	—	—	—	—	—	—	—	—
1993	7.46	194	1.0	<3	—	—	—	—	—	—	—	—
1994	7.66	236	0.54	9	—	—	—	—	7.73	201	0.03	<3
1995	7.66	240	0.66	<3	—	—	—	—	7.62	207	0.43	<3
1996	7.65	244	0.71	<3	—	—	—	—	7.58	227	0.26	<3
1997	7.30	235	0.77	<3	—	—	—	—	7.45	224	0.26	<3
1998	7.30	287	0.75	<3	7.52	232	0.74	<3	7.53	218	0.26	<3
1999	7.63	315	0.67	99	7.66	240	0.72	20	7.31	203	0.28	<3
2000	7.50	253	1.61	20	7.72	232	1.62	20	7.48	270	0.35	<3
2001	7.26	317	1.28	<3	7.70	328	1.78	<3	7.64	224	1.84	<3
2002	7.44	292	1.87	<3	7.47	289	1.82	<3	7.34	229	0.32	<3
2003	7.59	279	1.87	<3	7.63	296	1.77	<3	7.34	260	0.34	<3
2004	7.42	272	2.15	<3	7.50	303	1.61	<3	7.34	333	1.06	<3
2005	7.70	333	1.92	<3	7.71	327	1.51	<3	7.82	362	0.98	<3
2006	7.73	360	2.17	<3	7.46	352	1.63	<3	7.67	362	1.23	<3
2007	7.62	352	2.12	<3	7.60	344	1.51	<3	7.52	347	1.75	<3
2008	7.74	355	2.17	<3	7.64	279	1.66	<3	7.44	337	1.94	<3

续表4—1—5

年 份	朱里6号井				朱里8号井				东寺水源地			
	pH值	总硬度	高锰酸盐指数	总大肠菌群	pH值	总硬度	高锰酸盐指数	总大肠菌群	pH值	总硬度	高锰酸盐指数	总大肠菌群
2009	7.23	307	2.02	<3	7.27	270	1.56	<3	7.05	276	1.72	<3
2010	7.19	310	2.05	<3	7.22	306	1.62	<3	7.32	325	1.68	<3
2011	7.19	368	1.90	<3	7.24	356	1.60	<3	7.29	357	1.65	<3
2012	7.58	348	2.03	<3	7.58	348	1.62	<3	7.69	362	1.67	<3

说明：“—”表示当年未开展此项目监测

潍坊市部分年份地下水源地水质评价表

表4—1—6

年 份	项目	朱里6号井	朱里8号井	东寺水源地
2001	F	2.31	2.31	0.86
	级别	良好	良好	良好
2005	F	2.31	2.31	1.00
	级别	良好	良好	良好
2010	F	2.31	2.31	2.31
	级别	良好	良好	良好
2012	F	2.31	2.31	2.31
	级别	良好	良好	良好

说明：F，指对监测数据综合评价分值

近岸海域水质

境内近岸海域水质主要有白浪河河口养殖区和小清河河口旅游区两个监测点位。1991—2012年，监测结果表明，两个监测点的水质监测项目浓度平均值均达到各自的功能区划要求，水质质量较好。其中，白浪河河口养殖区海水水质优于小清河河口旅游区。白浪河河口养殖区达到《海水水质标准》（GB3097-1997）Ⅱ海水标准，小清河河口旅游区达到《海水水质标准》（GB3097-1997）Ⅲ海水标准。

第三节 城市噪声

区域环境噪声

1991—2012年，潍坊市区域环境噪声历年昼间年均值中，最高的为1995年的62.7分贝，最低的为2011年的52.2分贝，历年区域环境噪声昼间年均值保持在较为稳定的水平，除1991年、1992年、1995年略有超标（最大超标倍数为0.04）外，其余年份均未超过60分贝；监测的1997—2005年全市区域环境噪声夜间年均值中，最高的为1997年的51.6分贝，最低的为2005年的42.4分贝，除1997年略有超标（超标倍数为0.03）外，其余年份均未超过50分贝。交通干线噪声，除1993年和1995年年均值略有超标（最大超标倍数为0.05）外，其他年度年均值均不超标，历年交通噪声年均值变化不大，保持在较为稳定的水平。

功能区噪声

一类功能区昼间年均值在2000年前有较多超标现象，其中1991年超标倍数最大，为0.12，夜间年均值在2003年前的部分年度有超标现象，其中1992年超标倍数最大，为0.15；二类功能区昼间年均值在2001年前的部分年度有超标现象，其中1991年超标倍数最大，为0.08，夜间年均值在2002年前有较多超标现象，其中1991年超标倍数最大，为0.18；三类功能区昼间年均值均达标，夜间年均值只在1992年和1998年有超标现象，其两年的超标倍数均为0.02；四类功能区昼间年均值只在1991年有超标现象，超标倍数为0.03，夜间年均值在2004年前有较多超标现象，其中1991年超标倍数最大，为0.24。

1991—2012年潍坊市城市噪声环境质量状况统计表

表4-1-7　　单位：分贝

年份	区域环境噪声均值		交通干线噪声均值（昼间）	年份	区域环境噪声均值		交通干线噪声均值（昼间）
	昼间	夜间			昼间	夜间	
1991	62.1	—	68.2	2002	52.7	43.9	66.4
1992	60.8	—	69.8	2003	53.9	43.9	65.5
1993	58.6	—	70.6	2004	54.3	44.8	67.4
1994	59.1	—	69.1	2005	53.0	42.4	67.7
1995	62.7	—	73.6	2006	52.9	—	63.8
1996	56.7	—	67.0	2007	53.4	—	65.8
1997	58.4	51.6	68.1	2008	52.6	—	61.4
1998	56.2	49.3	68.7	2009	52.4	—	62.9
1999	57.5	49.9	68.8	2010	53.2	—	63.9
2000	55.2	46.8	66.8	2011	52.2	—	66.6
2001	56.8	48.0	67.6	2012	53.2	—	65.9

说明：1.区域环境噪声昼间标准值为60分贝，夜间标准值为50分贝；交通噪声的标准值为70分贝；
2."—"表示当年未开展此项目监测

1991—2012年潍坊市功能区噪声环境质量状况统计表

表4-1-8　　　　单位：分贝

年份	一类区		二类区		三类区		四类区	
	昼	夜	昼	夜	昼	夜	昼	夜
1991	61.8	51.0	64.9	58.8	62.4	52.5	72.2	68.1
1992	58.8	51.6	62.2	55.6	63.6	56.2	69.8	64.5
1993	57.3	44.3	58.1	53.7	58.4	50.0	62.6	54.3
1994	55.6	44.8	58.8	55.0	56.3	50.2	65.5	55.4
1995	58.3	43.6	60.7	55.1	58.3	52.0	67.8	61.2
1996	57.4	47.0	54.7	46.9	56.7	49.0	64.2	59.6
1997	59.4	50.2	57.6	50.4	56.1	50.0	68.1	63.2
1998	59.3	48.3	60.7	53.6	61.4	56.2	67.4	59.4
1999	54.5	44.5	60.4	52.1	58.8	53.6	65.9	60.8
2000	58.0	45.4	60.0	52.6	56.5	46.7	65.8	59.6
2001	53.5	49.4	61.2	51.3	57.0	48.1	66.1	60.0
2002	54.1	46.6	58.2	50.8	58.4	50.7	63.3	59.7
2003	54.1	46.5	59.1	49.1	56.6	49.7	63.7	57.8
2004	51.2	43.0	56.2	47.0	57.9	47.8	64.9	57.8
2005	52.5	43.3	54.4	44.4	57.7	47.7	66.3	54.7
2006	50.9	41.8	54.6	45.8	55.8	48.3	62.4	51.7
2007	50.2	40.6	55.5	45.0	57.8	47.1	61.2	50.4
2008	52.2	42.4	55.2	44.9	58.6	48.3	61.1	50.2
2009	51.8	42.2	55.0	45.0	58.0	46.3	60.0	48.7
2010	51.3	40.8	54.8	45.8	57.8	46.7	60.6	49.8
2011	52.0	41.8	55.2	45.5	57.4	46.5	60.9	48.8
2012	52.3	42.6	56.2	46.5	58.3	48.2	61.0	49.8

说明：《城市区域环境噪声标准》中各类功能区噪声标准值为：

一类区：昼间55分贝，夜间45分贝；

二类区：昼间60分贝，夜间50分贝；

三类区：昼间65分贝，夜间55分贝；

四类区：昼间70分贝，夜间55分贝

第二章　监测与监管

全市环境监测工作由潍坊市环境监测中心站负责。1991—2012年，全市共开展监测项目170项，报出有效数据255万个。自2003年8月1日起发布空气质量日报，2004年3月1日起发布空气环境质量预报。至2012年底，共发布空气质量日报3435期、预报3220期。至2012年12月，市环境监测中心站共有编制80人，其中高级职称的15人、中级职称的25人，固定资产1094万元，监测用房面积4500平方米。监测仪器主要有气相色谱质谱联用仪、高效液相色谱仪、离子色谱仪等300多台（套），可对水、气、噪声、土壤、辐射等环境要素进行监测。同时，在各县市区设有环境监测站，形成以市环境监测站为中心，潍城、奎文、坊子、寒亭4个区和寿光、安丘、高密、诸城、青州、昌邑、昌乐、临朐8个县市组成的环境监测网络体系。

1993年，潍坊市环境监理总站成立，为副县级事业单位，编制25人，承担市属企业的排污费征收、环境信访办理和环境现场执法工作。12个县级环境监理站相继成立，并全部通过省环保计量认证验收，全市形成较完备的环境监管机构。1991—2012年，全市共出动环境监察（监理）人员26.40万人次，现场检查企业8.90万家（次），查处环境违法行为1.32万起。

第一节　空气监测

“八五”（1991—1995年）期间，市中心城区（潍城、奎文）环境空气中二氧化硫、氮氧化物、总悬浮颗粒物的监测点位共设3个（市环境监测站、市油泵油嘴厂、市气象局），均为省控点位；降尘、硫酸盐化速率监测点位共设6个（市环境监测站、市油泵油嘴厂、市气象局、化工三厂、潍坊渤海宾馆、潍坊十笏园宾馆），均为省控点位。县市区环境监测站（临朐除外）相继开展空气主要污染物的监测工作。1993年起，各县市区的空气质量监测步入规范化监测。监测频次：中心城区二氧化硫、氮氧化物采用每月隔日24小时连续监测，总悬浮颗粒物每月隔5日监测5天；县市区二氧化硫、氮氧化物、总悬浮颗粒物每季度连续监测5天。全市降尘、硫酸盐化速率进行全月监测。

“九五”（1996—2000年）期间，市中心城区（潍城、奎文）环境空气监测点位共3个，（市机械局、市气象局、市油泵油嘴厂），均为省控点位。监测项目：二氧化硫、二氧化氮、总悬浮颗粒物、降尘。潍坊市县市区环境监测站（临朐除外）均按规范开展空气主要污染物的监测工作。监测频次：按照《国家环境监测技术规范》要求，二氧化硫、二氧化氮采用每月隔日24小时连续监测；总悬浮颗粒物每月隔5日间隔1小时全天监测；降尘每月监测30±2天。

“十五”（2001—2005年）期间，潍坊市区（潍城、奎文、坊子、寒亭）环境空气监测点位5个（仲裁委、刘家园、市环保局、共达公司、寒亭区环保局）均为国控、省控点位。

监测项目：二氧化硫、二氧化氮、可吸入颗粒物、降尘、硫酸盐化速率。各县市区监测情况同“九五”期间。根据空气自动站的建设情况，2003年7月之前（包括7月），潍坊市区二氧化硫、二氧化氮、可吸入颗粒物采用每周24小时连续监测三次，即星期二、星期五、星期日进行监测；2003年7月之后，潍坊市区内5个空气自动监测站位全部安装运行，监测项目：二氧化硫、二氧化氮、可吸入颗粒物。

“十一五”（2006—2010年）期间，市区环境空气在原有5个国控（也属省控）监测点位的基础上又新建4个（鑫汇集团、锦程中学、潍坊商校、潍城经济开发区中学）省控监测点位。县市区寿光、青州、诸城、昌邑、高密先后完成环境空气自动监测站的建设各2个点位。

2011—2012年，市区9个省控自动监测环境空气自动站（含5个国控）全部安装了$PM_{2.5}$监测设备，全市35个环境空气自动监测站实现市县两级联网监控。监测项目：潍坊市区为二氧化硫、二氧化氮、可吸入颗粒物、一氧化碳、臭氧、$PM_{2.5}$，各县市区监测二氧化硫、二氧化氮、可吸入颗粒物。

空气质量监测站　（2012年拍摄）

第二节　水环境监测

地表水

“八五”期间，全市河流共设置市控断面35个，其中6条主要河流（小清河、弥河、白浪河、虞河、潍河、北胶莱河）干流设置断面25个，支流设置断面10个。河流监测项目有pH值、溶解氧、高锰酸盐指数、化学需氧量、五日生化需氧量、氨氮、氰化物、挥发酚、石油类、砷、六价铬、铅、汞、镉、总磷等，共23项，每年按枯、丰、平3个水期监测6次。共监测主要水库9座，水库监测项目有水温、pH值、总硬度、悬浮物、溶解氧、高锰酸盐指数、化学需氧量、五日生化需氧量、氨氮、氰化物、挥发酚、石油类、砷、六价铬、铅、汞、镉、总磷，共18项，每年按枯、丰、平3个水期与河流同步监测6次。

“九五”期间，对市区域内的主要河流小清河、弥河、白浪河、潍河上的27个断面，分别按枯、丰、平3个水期进行6次例行监测。上述断面中，河流20个，其中干流18个、重要支流2个；水库断面7个。河流断面监测项目有流量、水温、电导率、pH值、总硬度、悬浮物、溶解氧、高锰酸盐指数、化学需氧量、五日生化需氧量、氨氮、非离子氨、亚硝酸盐氮、硝酸盐氮、氰化物、挥发酚、石油类、砷、六价铬、铅、汞、镉，共22项。水库断面监测项目有水温、pH值、总硬度、悬浮物、透明度、溶解氧、高锰酸盐指数、化学需氧量、五日生化需氧量、氰化物、总氮、总磷、挥发酚、砷、六价铬、铅、汞、镉，共18项。

“十五”期间，对市辖区主要河流小清河、弥河、白浪河、潍河的27个断面，分别按枯、丰、平3个水期进行6次例行监测。上述断面中，河流20个，其中干流18个、重要支流2个；水库断面7个。河流断面监测项目和水库断面监测项目与“九五”期间相同。

环境应急监测　　(2010年拍摄)

“十一五”期间，对市辖区4条主要河流小清河、弥河、白浪河、潍河的省控和市控27个断面，每月监测一次，全年共监测12次。上述断面中，河流20个，其中干流18个、重要支流2个；水库断面7个。河流断面监测项目有流量、水温、电导率、水位、pH值、溶解氧、高锰酸盐指数、化学需氧量、五日生化需氧量、氨氮、氟化物、氰化物、挥发酚、石油类、硫化物、砷、六价铬、铅、汞、镉、总磷、阴离子表面活性剂、粪大肠菌群、铜、锌、硒，共26项。水库断面监测项目在河流监测项目基础上增加透明度、总氮、叶绿素a3项，去掉流量1项。

2011—2012年，对全市6条主要河流（小清河、弥河、白浪河、虞河、潍河、北胶莱河）的31个断面进行监测，其中河流24个（干流设置断面21个，支流设置断面3个）水库7个。河流监测项目有流量、水温、电导率、pH值、溶解氧、高锰酸盐指数、化学需氧量、五日生化需氧量、氨氮、氟化物、氰化物、挥发酚、石油类、硫化物、砷、六价铬、铅、汞、镉、总磷、阴离子表面活性剂、粪大肠菌群、铜、锌、硒，共25项，每月监测一次，全年共监测12次。水库断面监测项目在河流监测项目基础上增加透明度、总氮、叶绿素a、水位4项，去掉流量1项。

饮用水源地

“八五”期间，监测地表饮用水源地4处（峡山水库、三里庄水库等），地下饮用水源地11处（朱里水源地、东寺水源地等），主要监测项目有pH值、溶解氧、高锰酸盐指数、化学需氧量、五日生化需氧量、氨氮、氰化物、挥发酚、石油类、砷、六价铬、铅、汞、镉、总磷等，共22项。其中地表饮用水源地每年2月、4月、6月、8月、10月、11月进行6次监测，地下水源地每年按枯（4月）、丰（9月）两水期进行监测。

“九五”期间，监测地表饮用水源地4处

（峡山水库、三里庄水库等），地下饮用水源地16处（朱里水源地、东寺水源地等），其中地表饮用水源地每年2月、4月、6月、8月、10月、11月进行6次监测，地下水源地每年于4月、9月进行监测。地下水源地监测项目有水温、pH值、总硬度、可溶性总固体、高锰酸盐指数、氨氮、非离子氨、硝酸盐氮、氰化物、挥发酚、氟化物、总大肠菌群、砷、六价铬、铅、汞、镉等，共17项。地表水源地监测项目在上述项目基础上，去掉可溶性总固体1项，增加总氮、总磷、阴离子洗涤剂3项。

“十五”期间，监测地表饮用水源地6处（峡山水库、三里庄水库等），地下饮用水源地11处（朱里水源地、东寺水源地等）。其中市级地表和地下饮用水源地每月监测一次，全年监测12次。各县市区饮用水水源地每年于5月、9月进行监测，全年监测2次。地下水源地监测项目有pH值、总硬度、硫酸盐、氯化物、高锰酸盐指数、氨氮、氟化物、总大肠菌群、挥发酚、硝酸盐氮、亚硝酸盐氮、铁、锰、铜、锌、阴离子表面活性剂、氰化物、汞、砷、硒、镉、六价铬、铅，共23项。地表水源地监测项目有水温、pH值、总磷、高锰酸盐指数、溶解氧、氟化物、挥发酚、石油类、粪大肠菌群、氨氮、硫酸盐、总氮、五日生化需氧量、氯化物、铁、锰、硝酸盐氮、铜、锌、砷、硒、镉、六价铬、铅、汞、阴离子表面活性剂、氰化物、硫化物等，共28项。

“十一五”期间，监测饮用水源地19处，其中地表饮用水源地8处（峡山水库、三里庄水库等），地下饮用水源地11处（朱里水源地、东寺水源地等）。其中市级地表和地下饮用水源地每月监测1次，全年监测12次，每年7月进行全分析监测1次。各县市区地表饮用水水源地每季度监测1次，全年监测4次；地下饮用水水源地上半年、下半年各1次，全年监测2次。地下水源地监测项目为《地下水质量标准》（GB/T14848-1993）中23项，并统计当月总取水量，监测项目与“十五”期间相同。每年7月进行全分析监测1次，监测《地下水质量标准》（GB/T14848-1993）中的39项。地表水源地常规监测项目为《地表水环境质量标准》（GB3838-2002）表1的基本项目（23项，化学需氧量除外）、表2的补充项目5项和表3的优选特定项目33项，共61项，并统计当月各水源地的总取水量。每年7月进行全分析监测1次，监测《地表水环境质量标准》（GB3838-2002）中的109项。

2011—2012年，全市监测饮用水源地19处，其中地表饮用水源地8处（峡山水库、三里庄水库等），地下饮用水源地11处（朱里水源地、东寺水源地等）。其中市级地表和地下饮用水源地每月监测1次，全年监测12次，每年7月进行全分析监测1次。各县市区地表饮用水水源地每季度监测1次，全年监测4次；地下饮用水水源地上半年、下半年各1次，全年共监测2次。地下水源地监测项目为《地下水质量标准》（GB/T14848-1993）中23项，并统计当月总取水量，监测项目同“十一五”期间。每年7月进行全分析监测1次，监测《地下水质量标准》（GB/T14848-1993）中的39项。地表水源地常规监测项目为《地表水环境质量标准》（GB3838-2002）表1的基本项目（23项，化学需氧量除外）、表2的补充项目（5项）和表3的优选特定项目（33项），共61项，并统计当月各水源地的总取水量。每年7月进行全分析监测1次，监测《地表水环境质量标准》（GB3838-2002）中的109项。

降水监测

“八五”期间、“九五”期间，全市共设降水测点19个，其中省控点位2个，省控点位均设在中心城区（潍城、奎文），坊子区、寒亭区、诸城市、昌邑市、昌乐县均设1个点位，寿光市、高密市均设2个点位，青州市、安丘市均设3个点位。监测频次为逢雨必测。监测项目为pH和电导率。当pH＜5.6时，加测8项离子（硝酸根、硫酸根、氯离子、铵离子、钾离子、钠离子、钙离子、镁离子）。

“十五”期间、“十一五”期间，共设降水测点21个，其中省控点位5个，省控点位均设在潍坊市区（潍城、奎文、坊子、寒亭），监测项目为pH和电导率。当pH＜5.6时，加测8项离子。各县市区监测情况与“九五”期间相同。

2011年、2012年，全市降水测点、监测项目和监测频次与“十一五”期间相同。

第三节　环境噪声监测

“八五”期间，全市各县市区相继开展功能区噪声、区域环境噪声、道路交通噪声的监测。全市共设环境噪声测点1159个，其中省控点位191个（均在潍城、奎文两区）。全市共设971个区域环境噪声测点，含省控点位103个，每年5月昼间监测1次；道路交通噪声共设测点127个，含省控点位77个，每年4月昼间监测1次。依据潍坊市城市规划，功能区噪声共设61个测点，含省控点位11个。按照6类功能区进行监测，分别是居民文教区、一类混合区、二类混合区、商业中心区、工业集中区、交通干线道路两侧。于每年6月、11月两次进行24小时连续监测。

“九五”期间，各县市区均开展功能区噪声、区域环境噪声、道路交通噪声的监测。全市共设1197个环境噪声测点，其中省控点位197个（均在潍城、奎文两区）。全市共设1197个区域环境噪声测点，含省控点位137个，于每年5月昼间、夜间各监测1次；道路交通噪声测点共设258个，含省控点位50个，每年5月昼间监测一次；功能区噪声测点共设53个，含省控点位10个，监测频次与“八五”期间相同。

“十五”期间，全市共设环境噪声测点1807个，其中省控点位358个（均在潍城、奎文、坊子、寒亭四区）。全市共设区域环境噪声测点1365个，含省控点位238个，于每年5月昼间、夜间各监测1次；共设道路交通噪声测点359个，含省控点位100个，于每年5月昼间监测1次；功能区噪声测点共设53个，含省控点位20个，于每年5月、11月两次进行24小时连续监测。

“十一五”期间，全市共设环境噪声测点2213个，其中省控点位358个（均在潍城、奎文、坊子、寒亭、高新区五区）。全市共设1763个区域环境噪声测点，含省控点位238个，于每年5月昼间、夜间各监测1次；测点道路交通噪声监测点共设397个，含省控点位100个，于每年5月昼间监测1次；功能区噪声测点共设53个，含省控点位20个，于每年2月、5月、8月、11月四次进行24小时连续监测。

2011年、2012年，全市区域环境噪声、道路交通噪声、功能区噪声监测点位、监测项目和监测频次与“十一五”期间相同。

第四节　污染源监测

全市污染源监测主要包括重点污染源（国控、省控、市控的废水、废气）监测和环境管理专项监测（污染治理设施运行监测、城市环境综合整治定量考核、征收排污费、总量减排、污染事故监测）两项工作。

废水污染源监测

“八五”期间，全市市控废水污染源170家，占全市工业废水等标污染负荷98%以上。废水监测项目为pH值、化学需氧量、生化需氧量、悬浮物、氨氮及行业特征污染物。监测频次

环境监测人员提取水样　(2011年拍摄)

废水污染源废水监测项目为pH值、化学需氧量、生化需氧量、悬浮物、氨氮及行业特征污染物。国控和省控城镇污水处理厂的监测项目按照《城镇污水处理厂污染物排放标准》的要求确定。对已通过环保部门验收的污染源自动监测设备，在进行监督性监测的同时开展比对监测。国控、省控重点污染源监督性监测每季度至少监测一次；自动监测设备的比对监测每季度1次；季节性生产企业生产期间至少每月监测1次，总监测次数不少于4次。

为每季度1次。

“九五”至“十五”期间，全市省控重点工业废水污染源监督监测有山东广信浆纸有限公司、海化天合有机化工公司、诸城市化肥厂、寿光市造纸厂等15家企业；市控废水污染源151家，主要涉及造纸及纸制品业、化学工业、饮料制造业等14个行业。省、市控重点工业废水污染源监测频次为每季度1次，废水监测项目为pH值、化学需氧量、生化需氧量、悬浮物、氨氮及行业特征污染物。

“十一五”期间至2012年，全市国控重点废水污染源和城镇污水处理厂共43个（包括废水污染源27个，城镇污水处理厂16个）。省控重点废水污染源26个，省控城镇污水处理厂16个。国控和省控

对重点工业污染源实行24小时在线监控　(2012年拍摄)

废气污染源监测

“八五”期间，全市市控废气污染源89个，占全市工业废气等标污染负荷90%以上。废气监督监测项目为工业锅炉：二氧化硫、烟尘、烟度；工业废气：废气流量、烟尘、粉尘、二氧化

硫、氮氧化物及国家标准和各行业标准中的特征项目。监测频次为上半年、下半年各1次，全年共2次。

“九五”至“十五”期间，全市省控重点工业废气污染源监督监测有潍坊发电厂、山东海化集团有限公司、山东晨鸣新力热电有限公司等16家企业；市控废气污染源148家，主要涉及非金属矿物制造业、电力煤气及水的生产和供应业、化工原料及化学制品制造业等17个行业。省、市控重点工业废气污染源监测频次为每季度1次。废气监督监测项目为工业锅炉：二氧化硫、烟尘、烟度；工业废气：废气流量、烟尘、粉尘、二氧化硫、氮氧化物及国家标准和各行业标准中的特征项目。

“十一五”期间至2012年，全市国控废气污染源监督监测28个，省控废气污染源42个，并对已通过环保部门验收的污染源自动监测设备，在进行监督性监测的同时开展比对监测。废气监测项目：执行行业或地方排放标准的，监测项目按照行业或地方排放标准以及该企业环评报告书规定的项目确定；废气监测项目均包括废气流量。对重点二氧化硫、二氧化氮总量减排环保工程设施，同时监测二氧化硫、二氧化氮等的去除效率。国控、省控重点废气污染源监督性监测每季度至少监测1次；自动监测设备的比对监测每季度1次；季节性生产企业生产期间至少每月监测1次，总监测次数不少于4次。

1991—2012年部分年份潍坊市主要污染物排放情况统计表

表4-2-1　　单位：万吨

年份	废水及污染物				废气污染物		
	工业废水	工业化学需氧量	生活污水	生活化学需氧量	二氧化硫	烟尘	粉尘
1991	7472	10.2638	4701	—	7.66	3.50	—
1995	8586	13.0371	5619	—	13.66	5.15	3.36
2000	9850	1.9167	7909	—	13.93	5.05	6.41
2005	12850	3.0581	10744	—	11.17	3.66	4.51
2010	19534	1.3194	—	—	9.70	2.20	1.33
2011	28191	1.9498	22708	2.5866	13.14	8.33（烟粉尘）	—
2012	26954	1.9814	25186	2.2008	12.69	3.25（烟粉尘）	—

第五节　环境监管

1991年，经国家环保局批准，潍坊市为全国环境监理员制度试点城市之一。1993年，市政府转发《潍坊市环境监理工作试点方案》，全市开展环境监理试点工作，市环保局成立潍坊市环境监理总站，副县级事业单位，编制由原来的10人增至25人，承担市属企业的排污费征收、环境信访办理和环境现场执法工作。12个县市区环保局全部成立环境监理站，人员由原来的65人增至114人，另有5个乡镇成立环境监理分站，编制24人。至1994年底，全市共征收排污费3400万元，其中超过200万元的有安丘、寿光、青州、高密、昌邑、昌乐、潍城等7个县市区；共查处环境污染与破坏事故36起，其中重大事故1起，协调污染事故赔款65.52万元，污染事故罚款31.8万元；办理反映环境污染问题的人民来信1018件，来访1628人次，各级人大建议、政协提案416件。

1995—1997年，全市加强以征收排污费、环保设施管理、污染事故查处为重点的环境监理工作，共征收排污费1.25亿元。共处理污水2.43亿吨，其中回用1.84亿吨。1997年，全市投资133.1万元，对107个单位的各类排污口进行规范化整治，安装污水流量计63台、污染防治设施监控装置34台，其中市直对38个单位的排污口进行整治，安装污水流量计26台、黑匣子4台。同年11月中旬，潍坊市的排污口规范化整治工作通过省环保局验收。

1998年，全市开征二氧化硫排污费。开展“潍坊市环境监理自动监控网络信息系统开发”课题的研究和开发工作，实现市、县（市、区）级工作站及对下属单位随时或定时采集数据，改变原始的现场检查、人工采集、手工汇总的方式和手段，环境监理、监测工作进一步科学化、规范化和自动化。

1999年，组织开展元旦“零点行动”（1996年8月3日国务院颁布《国务院关于环境保护若干问题的决定》，要求到2000年，全国所有工业污染源排放污染物要达到国家或地方规定的标准）。2000年，开展对全市工业污染源达标情况全面检查。共组织现场监理2799次，通过对重点污染源实施自动监控，促进排污单位对污染物排放及污染防治设施的运行管理，较好地发挥了设施投资效益，有效地促进环境质量的改善。

2001年，潍坊市“12369环保举报热线”开通运行，成为广大群众投诉环境问题的重要渠道和环保部门环境管理窗口的延伸，在解决环境污染问题，改善环境质量方面发挥了重要作用。同年，全市开展查处环境违法行为专项行动，共出动检查人员8000多人次，查处有环境违法行为的企业165家，取缔“十五土（小）”企业21家，关停违法建设项目或生产线14个（条），对4个环境违法单位和个人给予了党纪、政纪处分；对3个因工作不力，不能保证设施正常运转，造成不良影响的企业法人代表，给予调离工作岗位或降免职处理。

2003年，由超标排污收费转变为实行总量收费，由单因子收费转变为多因子收费。2004年，潍坊市环境监理总站更名为潍坊市环境监察支队。2005年，对市直放射源的有关情况和安全防范措施等进行现场检查，对67枚在用源全部安装放射源编码卡，6个涉源单位全部签订放射源安全责任卡，对6个单位闲置的27枚废源进行收贮。

2006年，对11个未按规定缴纳排污费和罚款的单位及时提报法院强制执行。2007年，按照省环保局要求，开始实施“四个办法”（《全省重点企业监管办法》《全省城镇污水处理厂水质监管办法》《全省主要河流水质监测办法》和《全省17个设区城市建成区空气质量监管办法》，于2007年7月开始正式实施），对省控以上污染源每月至少检查1次，对城市污水处理厂每旬至少检查1次。对污染严重的潍坊金星化工公司实施关停。全市共出动检查人员1.58万人次，共查处环境违法行为174起，其中对46家污染严重的“十五土（小）”违法建设项目依法取缔或关停，对38个排污单位依法实行停产整顿、限期治理、通报批评和罚款处理。投资200万元建设数据监控应急指挥中心，提高突发环境污染事故应急处置能力。

2008年，根据环保部等8部委《关于继续深入开展整治违法排污企业保障群众健康环保专项行动的通知》要求，开展环保专项行动，其间，全市共出动检查人员1750人次，对310多家企业进行专项检查或督查，共查处各类违法行为32起，有18个单位被依法责令停产整顿，对30多家违法企业进行处罚，集中解决一些污染严重，群众反映强烈的热点、难点问题。关停潍坊恒联浆纸有限公司和安丘鲁安纸业有限公司两家企业的麦草浆生产线，标志着在潍坊境内结束了麦草浆生产的历史。2008年始，实施环境监察机构省市县三级联动制度。全年征收排污费首次突破1亿元，并连续5年位居全省排污费征收额第一位。

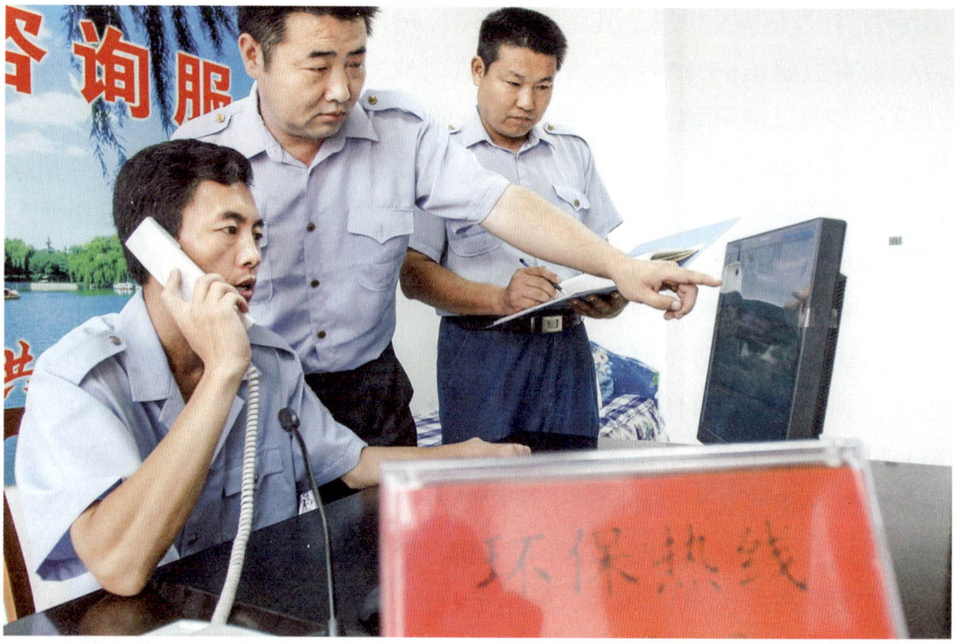

市环保局环保热线　（2007年拍摄）

2010年，开展环境执法“百日行动”，共查处环境违法企业84家，其中，35家企业停产或受到处罚。实施环境管理体制改革，对全部市属企业实行属地管理，市环保局不再直接征收排污费，改为主要负责全市的排污费征收稽查工作。

2011年，加强对全市16个重点片区空气质量和23条重点河流水质的监管。对126家规模畜禽养殖业填报畜禽养殖专项环境执法信息，对27家未办环评手续的单位进行责令限期整改，对未建设施、未执行“三同时”、排放污染物不达标的24家单位下达限期治理通知书。按照《排污费征收工作稽查办法》的要求，对30家重点排污企业排污费征收情况进行现场稽查，对有关县市区下达《限期改正通知书》9份，补核排污费1693.60万元，催缴排污费406.40万元。

2012年，开展环境监察稽查工作，对51家企业和16个城镇污水处理厂的《污染源现场监察记录》和54个行政处罚案卷进行查阅，对发现的问题，及时下达《环境监察稽查意见书》。国控企业排污费的核定和征收工作，全部使用通过有效性审核的污染源自动监控数据。加强全市市区水源地保护工作，对市区水源地保护区内的9个断面、5个城镇污水处理厂和2个水库，实行半月一检查，半月一通报，共对市区水源地检查18次。在昌乐县组织开展全市第一次环境监察技术比武活动。

1991—2012年，全市共出动环境监察（监理）人员26.40万人次，现场检查企业8.90万家（次），查处环境违法行为1.32万起，共征收排污费14.50亿元，共受理人民来信和投诉举报3.98万件，接待群众来访917批（次）；投诉举报案件立案率、查处率100%，办结率98%以上，群众满意率96%以上；处理环境污染事故及纠纷247件，协调补偿资金3000万多元。2007—2012年，市环保局连年被省环保厅表彰为“全省环境信访先进集体”；2010年3月，被环保部授予“全国环境信访工作优秀集体”称号。

第三章　污染防治

第一节　水污染防治

90年代至21世纪初，水污染防治以工业点源治理为主和加强污水集中收集处理为主。对未落实环保“三同时”措施，污水处理设施不能满足废水治理要求的企业，一律不许开工生产；对污水处理设施不配套、运转不正常的企业，强制实施限产限排和限期治理措施；对治理无望、治理后仍不能达标排放的企业，坚决依法关停，腾出环境容量发展高新技术和低耗水、低污染的产业；对偷排偷放、超标排放的企业依法从严处罚，直至追究企业法人的刑事责任。加强对污水处理厂的监管力度，对进口水质超标的，排查上游排污单位，并按照规定查处；对故意减少污水处理量的污水处理厂，及时报当地政府或主管部门，建议更换运营商，并依法追究责任人的责任；对出口水质超标的，依法征收其超标排污费，并限期整改。同时，注重加强排污总量控制。测算纳污河流规定标准下的纳污总量，按照企业原排污许可总量占本河流或流域内企业排污总量的比例，分摊给相关企业。对企业原排污许可总量超出分摊排污总量的，进行限产或限排。其间，累计关闭取缔高污染企业生产线340多家（条），有1100多家企业实施污水处理再提高或深度处理工程。

1991—1994年，全市重点加强流域水污染治理工作。1991年，市政府印发《潍坊市潍河、弥河、白浪河、虞河等四河水污染防治方案》，提出近期（1995年）、中期（2000年）、远期（2010年）三期治理目标，其中，近期共关停污染严重的企业（车间）4个，治理重点污染源28个，新建集中式污水处理厂6个。1994年，在认真总结《潍坊市“四河”水污染防治方案》实施情况的基础上，颁布《潍坊市“碧水蓝天”工程方案》。同年10月22日，市委、市政府印发《关于加强潍坊市市区水源地保护的决定》，对诸城、安丘两市潍河流域的27个重点污染源下达限期治理任务。同年10月28日，市第十二届人大常委会第十四次会议通过《关于加强潍坊市市区水源地保护的决议》。1991—1994年，全市共安排水污染治理项目184项，总投资12169万元，其中环保贷款2094万元。1994年，通过地面水省控点位优化认证。

1995年，潍坊市综合污水处理厂开工建设，并建成部分附属设施，共投入资金1800万元。

1996年5月底，全市年产草浆5000吨以下的22家小造纸企业全部关停制浆生产线。之后又按照国务院《关于环境保护若干问题的决定》要求，关停21家属“十五土（小）”范围的小企业。省、市两级政府下达的应于1996年底前完成的51个限期治理项目，有28个达到限期治理要求，有10个完成治理工程，其余13个限期治理项目正在加快建设。继诸城市城市综合污水处理厂投入试运行后，青州、安丘两市的城市综合污水处理厂相继建成投入试运行，高密市城市综合污水处理厂开工建设，当年完成投资913万元。

1997年，全市把水污染防治尤其是市区水源地保护作为“生命工程”来抓，继续实行“关、限、建”三步并进。加强对已关停企业的监督管理。寿光晨鸣纸业集团投资1.2亿元上碱回收设施和中段水治理工程，成为全省第一家治理污染投入超亿元企业。山东秦池酒厂投资480万元，解决治理酿酒废水的技术问题，并于1997年11月通过省环保局、省一轻厅的验收，成为全省第一家废水达标排放并通过省级验收的酿酒企业。山东景芝酒厂投资1000多万元，改造、建设污水处理设施，所排废水达到国家规定的标准。至1997年底，81个限期治理项目完成70个，其余11个正在治理。继诸城、青州、安丘三市综合污水处理厂建成投入试运行后,寿光、昌邑两市又相继建成，高密、坊子、临朐及潍坊市综合污水处理厂开工建设。经过全市上下的共同努力，全市的水污染治理特别是市区水源地保护工作取得重大进展，据监测，市区水源地峡山水库水中COD由前几年的30毫克/升以上降到20毫克/升左右。

1998年，继续实行“关、限、建”三步并进，综合治理水污染。省、市下达的81个重点污染源限期治理项目，有53个实现达标排放并通过环保验收，15个完成治理工程正在调试，12个停产或破产。市委、市政府规划建设的11个城市污水处理厂，已有诸城、青州、安丘、寿光、昌邑、临朐6个污水处理厂建成投运，高密、坊子及潍坊市污水处理厂正在建设。为保护好市区水源地，让市区人民喝上放心水，环保部门严把项目审批关，在市区水源地保护区内严禁新上有污染的项目。市环保局在诸城、安丘两市派员常驻，并要求诸城、安丘两市环保局在重点企业派员常驻，定期不定期地组织检查。峡山水库水质恶化的趋势得到一定程度的控制，出口水质COD由1994年的33毫克/升下降到21.8毫克/升。

2000年9月30日，市污水处理厂实现污水区的通水试运行。至此，该厂建设累计完成投资18975万元，完成厂内消化池、沼气罐，厂外的白浪河、玄武街污水管线以及白浪河泵站等设施建设及各类机电设备的安装与调试工程。

2001年9月17日，开展“2001年风筝都环保世纪行活动”，由市环保局、市直新闻单位组成的风筝都环保世纪行水污染防治检查采访组，对20家废水重点污染企业、6个城市污水处理厂、8个主要河流断面进行检查采访。组织部分新闻单位的记者，对其中7家企业和3个城市污水处理厂进行回访，对查出的问题及时作出处理。

2002年，围绕落实“碧水工程计划”，加强对重点保护区域和环境敏感区域的治理力度。到2002年底，全市6条主要河流的13个断面，有12个水质明显改善，较好地实现“碧水工程计划”确定的“到2002年底，主要河流断面水质均有好转，部分河流断面水质明显好转”的目标。

2003年，围绕改善和提升环境质量，全市共

2000年建成的潍坊市污水处理厂

潍坊市中水回用设备　（2009年拍摄）

投入治理资金2.85亿元，对医疗、纺织印染、制革等行业和重点污染源进行限期治理，全面实施再提高工程，促进水环境质量的改善。全市重点监控的9个河流断面，有7个好于往年，其中虞河、北胶新河水质COD浓度分别比2002年下降64.6%和50.2%，市区主要水源地峡山水库水质达到国家规定的饮用水标准。

2004年，全市共投入工业污染治理资金6.23亿元，对造纸、纺织印染、食品、机械等32家单位和企业依法进行关停或限期治理。

2005年，全市废水污染物排放总量比2000年削减46%，弥河、潍河、白浪河、北胶新河及重点监控的12个河流断面水质有明显改善，达标率比2000年提高18.5%，市区水源地峡山水库水质控制在国家二级标准之内。是年编制完成《潍坊市峡山水源地保护工程方案》和《虞河下游污染综合治理方案》。

2006年，重点加强对全市50多家重点污染源和27个省市监控断面的监控力度，通过实施重点污染源治理再提高工程和调整产业结构等措施，最大限度地减轻水污染负荷。弥河、白浪河、潍河、北胶新河、北阳河、张僧河6条主要河流水质有所改善，市区水源地水质始终控制在国家二级标准之内。加强水污染综合治理工作，《潍坊市峡山水源地保护工程方案》《虞河下游污染综合治理方案》通过专家论证，经市政府常务会议通过并组织实施。

2008年，进一步加大对小清河、虞河、北阳河、北胶新河等重点流域、区域和造纸、化工、化纤、纺织、印染等重点企业污染综合治理。全市共投入4.91亿元，完成141个治污减排工程项目建设，先后拒批140余个不符合产业政策或低水平重复建设项目，关停取缔一批污染严重的小火电、小化工、小塑料、土炼油等落后产能和“十五土（小）”企业。重点流域水污染治理步伐明显加快并取得阶段性成效。全市13个重点监控河流断面水质实现整体好转，市区主要水源地峡山水库水质COD控制在每升15毫克左右。中心城区空气质量良好率和人居生态环境质量得到稳步提升。

从2010年5月始，组织开展全市环境执法“百日行动”，对张僧河等6条重点污染河流和北部沿海等6大空气污染片区进行环保督导检查。对六河六片区污染治理总体情况分别进行现场检查，并对河流断面、重点污染源、污水处理厂进行抽查监测。

2011年，对全市23条重点河流进行摸排，下发《关于加强全市23条重点河流环境监管的通知》《关于印发全市重点监控企业和城镇污水处理厂名单的通知》，从监管重点、监管任务和工作要求等方面进行详细规定。下发《关于提报2011年度全市23条重点河流流域水污染治理项目的通知》《关于报送重点河流治理项目进度的通知》，要求各县市区环保局报送《2011年全市23条重点河流稳定达到恢复鱼类生长目标工作方案》中规定的项目进展情况。从3月起，对全市提高、改善类16条重点河流水质实行半月通报，对全市23条重点河流27个控制断面水质进行每月通报，每月定期召开一次环保系统水环境形势分析会，对重点难点问题进行认真剖析。将23条河流分3类制定工作目标，筛选出81个水污染治理项目，涵盖点源治理、污水处理厂及配套管网建设和河道治理。

潍坊市污水处理厂　　(2010年拍摄)

2010—2011年，全市投资45.55亿元，先后建成虞河污水处理厂、青州弥河污水处理厂、高密第三污水处理厂、滨海崇杰污水处理厂、寿光渤海化工园二期工程、寿光侯镇镇区二期工程、寿光台头污水处理厂、昌乐城西污水处理厂等23个污水处理厂建设工程及配套管网，新增污水处理能力25万吨/天，总污水处理规模达到181.5万吨/天。山东晨鸣纸业集团股份有限公司6万吨/天中段水技改及2万吨/天深度处理回用工程等34个点源治理项目先后建成投运。高密北胶新河、市区白浪河中段、白浪河北辰绿洲、青州南阳河、青州弥河、昌邑丰产河等18个河道生态治理项目顺利实施。至2012年，共投资36.90亿元，建成55个污水处理厂，日处理能力由2005年的30多万吨提高到181.50万吨。全市COD比2011年下降48.03%、氨氮比2011年下降63.03%，提前完成市政府规定的“全市23条重点河流水质实现恢复鱼类生长目标”任务。

至2012年底，市控23条重点河流全部达到恢复鱼类生长目标（COD≤60mg/L、氨氮≤6mg/L），河流水质改善幅度居全省前列，流域污染治理工作取得历史性突破。

附：三河综合整治

张面河综合整治工程　张面河是三河综合整治的重要组成部分，西起凤凰桥，东至北海路，全长3千米。2004年3月，基础工程率先动工并开始建设桃源修竹景点，4月20日风筝会前完成。7月21日全线开工进行综合整治，展开景观工程施工，8月25日全部完成，仅用35天时间，完成桃园修竹、丽水华庭、生命之轮、百家俊秀、北海秋月5个景观标段的建设。张面河综合整治主要包括治污系统、景观工程、道路交通系统和夜景照明系统。2005年4月8日，中共中央总书记、国家主席胡锦涛视察了张面河综合改造工程，并给予充分肯定。2006年，张面河整治工程获“山东省人居环境范例奖”“中国人居环境范例奖”。

白浪河绿地广场（胜利街北段）　　（2006年拍摄）

虞河综合整治工程　虞河综合整治工程自胶济铁路至青银高速公路以北，全长12.70千米。2005年初，河道清淤、拆迁及箱涵、桥梁等基础工程开工，下半年景观建设陆续展开，至2006年4月20日全面竣工。该工程共拆迁沿线建筑物10万多平方米，建设箱涵25千米，河道两侧景观道路40多千米，绿化面积100万平方米，种植乔灌木近200万棵，铺植草皮70万平方米，摆置叠石5万吨。该工程设计理念是“让城市拥抱河流”，创造“清流碧水风筝城、潍州新貌赛苏州”的靓丽美景。建成后的虞河以水道为主轴，两岸亲水空间为辅轴，桥头、拦河坝为节点，进行景观环境塑造，构筑带状的绿化游览空间。其景观概括为：一水、三瀑、九溪、十二景区、三十六景观；三楼、五阁、七榭、二十四亭、两塔双百景点。从南至北共划分为九龙问源、虞河帆影、石桥漱玉、江山多娇、慧泉金湾、乐道彩虹、康桥水岸、九州方圆、虞河古道、北宫春早、玉青烟晓、踏雪寻梅12个风貌段，每一个风貌段由3个主景区组成，共36个主景区，分别展示潍坊独特的人文、历史景观，体现园林城市特色。该工程获“中国人居环境水环境治理优秀范例城市奖”。

白浪河综合整治开发工程　白浪河综合整治工程南起白浪河水库大坝，北至经济开发区前岭村桥，长约31千米。包括基础工程、景观绿化工程两部分，分两期进行。综合整治开发工程将白浪河打造成集旅游休闲、商业服务、历史文化等于一体的景观河，全面提升沿河地带的建设档次和文化内涵，带动周边地区的商业开发。

一期工程。南起白浪河水库大坝，北至青银高速公路北橡胶坝，长22.70千米。分为生态湿地片区、水景公园片区、景观绿廊片区、商业文化片区和休闲园林片区五大片区。基础工程建设于2007年4月启动，工程主要包括防渗、防洪、治污、修坝、建桥、筑路。2008年春天，按照一轴三聚集的要求，推进全线景观建设，景观工程主要包括地形处理、绿化覆盖、桥梁装饰、雕塑小品、照明亮化和景观建筑；2009年6月基本完成，后转入完善提升和精密、精细、精致施工阶段；工程将上游建成10平方千米的白浪绿洲湿地公园，打造成有特色的北方城市湿地景观。同时，组织两岸的商业开发，搞好配套服务设施建设，将白浪河打造成为现代服务业聚集轴、城市生态景观聚集轴、历史文化聚集轴。

二期工程（北辰绿洲）。南接一期，北至经济区前岭村桥，长约8.30千米，自南向北分两个阶段实施。第一阶段工程修至经济区寒双路北，长约6.70千米，2010年底开工，2012年底基本完成；第二阶段工程，继续向北扩建至经济区前岭村桥，2012年开工，当年完成。白浪河综合整治开发工程成为全省城镇化会议潍坊参观现场最大的亮点之一。白浪绿洲湿地公园被评为国家城市湿地公园、国家AAAA级旅游景区。

取得成效 三河综合整治开发工程建成后达到预期效果，符合决策时的设想和人民群众预期。绿色已成为潍坊的城市特色，生态潍坊继世界风筝都之后成为潍坊又一张靓丽名片。三河综合整治突破传统治河模式，以生态发展为导向，规划建设一体推进，实施“绿廊计划”，将三河形成的大片都市森林，变为三条巨大的“绿色走廊”，由三条大的“绿廊”向规划中的住宅用地和商业用地延伸出带状的“支廊”，建设成为城中有绿、绿中有城、城绿交融的“城市大花园”。同时，将整个城市的水系看作一个整体，探索出一条“多库串联、水系联网”的治水思路，优化配置水资源，延长城市河岸线，补充城市地下水，使中心城区地下水位上升20多米，实现水生态良性循环。以张面河、虞河、白浪河为代表的城市水环境治理和滨水地区开发建设，在中心城区形成近20平方千米的水系景观，50%以上的市民从住宅到河边距离在1千米之内。白浪河上游建成的10平方千米的白浪绿洲湿地公园，被评为国家城市湿地公园、国家AAAA级旅游景区，成为潍坊亮丽的生态名片。鸢都湖板块建成为城区最大的水体景观区，环湖建设了观湖轩、滨水酒吧等商业性景观建筑，打造成为高端休闲服务业聚集区。白浪河中心城区段，以娱乐中心、泰华城、五星级酒店为代表的高端中央商务区初成现代版的“清明上河图”。下游建成北辰湿地公园，打造了“北欧风情、城市森林、郊野风光”景观框架，进一步夯实生态建设载体。三河整治，改变了城市的生活环境，影响了人们的行为方式和价值观念，实践了以“生态带动城市可持续发展”为核心的EOD模式，促进潍坊由传统工业城市向生态休闲旅游城市的转变。

第二节 大气污染防治

1991年始，全市开展污染源综合监管，建立项目准入机制，强化污染源头控制，重点加强对工业、燃煤、扬尘、机动车四大类重点污染源综合治理，城市环境空气质量逐年改善。1991—1994年，根据省环保局的要求，全市推行建设项目的规范化、程序化管理，建设项目环境管理工作逐步走上正轨。1995年，结合开展创建全国卫生城工作，加强对城市环境的综合整治。市区（奎文区、潍城区、坊子区、寒亭区）建成烟尘控制区5处，面积59.46平方千米，烟尘控制区覆盖率95.9%，城区大气中总悬浮微粒和二氧化硫年日平均值分别控制到0.294毫克/立方米和0.138毫克/立方米。

1998年7月，为加快粉尘污染治理工作，市政府在潍坊水泥厂召开全市水泥粉尘治理现场会，推广该厂治理水泥粉尘污染的经验。8月4日，市政府印发《关于治理整顿水泥粉尘污染企业的通知》，要求立即关停年生产能力3万吨以下的水泥机械化立窑。提出到2000年底，全部关停年生产能力4.4万吨以下的水泥机械化立窑生产线的目标；潍坊市市区和青州、高密、诸城三市的水泥生产企业和旅游风景区内及铁路沿线的水泥生产企业，1999年底实现达标排放。9月10日，市政府又对潍坊柴油机有限责任公司等82个单位下达锅炉窑炉烟气污染限期治理的通知，要求1998年底前全部实现达标排放。10月13日，市

烟气脱硫工程　　（2007年拍摄）

华电低排放改造脱硫塔　　（2012年拍摄）

政府印发关于限制燃烧原煤的通告，在市区广泛张贴，宣传燃烧原煤的危害，引起社会的关注，促进了企业的污染治理工作。

2003年，全市围绕解决城区烟尘污染问题，重点采取划定“禁燃区”、取缔淘汰煤炉灶等措施。市区共淘汰1吨/时以下燃煤锅炉、茶水炉和大灶500多台，市中心城区环境空气质量主要污染指标均符合国家二级标准。

2004年，加强城区内燃煤锅炉、茶水炉和大灶的取缔淘汰工作，推广使用清洁燃料。市区内共取缔淘汰燃煤炉、窑、灶819台，市中心城区集中供热面积扩大到500万平方米，全市的环境质量明显改善。市中心城区环境空气质量主要污染指标均符合国家二级标准。

燃煤锅炉改造为燃天然气锅炉　（2012年拍摄）

2005年，市城区内累计拆除、淘汰燃煤设施908台（套），加强工业废气和机动车尾气监管，市中心城区空气环境质量良好率达到96.9%。

2006年，重点加强对各种燃煤设施的拆除、淘汰、汽车尾气管理以及燃煤电厂的脱硫整治工作，同时积极推广集中供热，在燃煤量不断增加的情况下，中心城区空气环境质量基本保持稳定。

2008年始，全市采取一系列措施，加大机动车尾气污染防治工作的力度。投资3400万元，建成机动车环保检测机构12个，机动车环保检测站点17个，机动车尾气检测线55条，从事机动车环保检测的技术人员达300余人，机动车检测能力达每年60万辆。先后印发《潍坊市机动车排气

机动车环保检验 (2012年拍摄)

污染防治暂行办法》《关于进一步明确机动车环保检验有关事项的通知》，对全市环检工作进行规范化管理，有效解决机动车尾气污染问题。同时，加强老旧汽车报废更新工作，对1万多辆黄标车和老旧汽车进行以旧换新和报废处理，对公交车实施清洁能源改造，大大减少尾气污染物排放量。

2010年，全市组织开展“六河六片区”治污攻坚战，并将这一行动扩大到全市23条重点河流和16个重点空气污染片区。通过实施“关、停、限、建、管”五大措施，共完成重点治污项目201个，总投资52.33亿元；关闭取缔重污染企业或生产线340余家（条），对269家企业实行停产、限产和限期治理。其中16个空气污染片区共投入污染治理资金22.97亿元，完成废气污染综合治理项目1527个，对重点工艺废气和异味问题进行集中治理。完成潍坊特钢钢铁干熄焦改造和烧结机脱硫、海龙化纤恶臭治理、潍焦集团干熄焦改造、恒联浆纸连蒸连煮工艺改造、柏立化学沼气收集处理和弘润石化油气回收等一批重点废气污染源治理工程改造。2010年，全市共投入资金达7.6亿元，重点对生产工艺废气异味问题进行集中治理，仅北部沿海片区就关停取缔30余家异味严重的污染企业，对132家企业的空气污染源实施停产限期治理。至年底，全市16个片区全部完成阶段性治污任务，中心城区空气质量有明显好转，除个别极端天气外基本摆脱工艺废气异味污染状况。2010年中心城区空气质量良好率为52.1%。

2011年，16个重点片区空气质量实现明显好转，去除极端气象因素影响，中心城区下工艺废气异味污染问题基本得以解决。市区空气二级以

开展小燃煤锅炉“清零”行动 (2012年拍摄)

上优良天数达到263天，比2010年增加67天，改善幅度为35.3%。空气质量良好率为69.3%，列全省17市第五位。

2012年，制定出台《关于建立大气污染联防联控机制改善区域空气质量的实施意见》和《潍坊市环境空气质量综合整治工作方案》，优化和完善潍坊市大气污染治理制度体系，全面加强工业、燃煤、扬尘、机动车四大类重点污染源综合治理。逐步扩大禁止直接燃用煤炭等高污染燃料区域，将城市建成区全部划定为“禁燃区”。大力推进中心城区10吨以下小型燃煤锅炉综合整治，拆改非采暖锅炉96台；全市35吨以上燃煤锅炉全部安装工况在线监测与分析系统，并与环保部门联网实现24小时全程监控，确保治污设施正常运转达标排放。全面实施机动车环保检验，严格环保标志管理，深入推进机动车排气污染防治。开展餐饮油烟和露天烧烤治理工作，通过限期安装油烟净化装置、露天烧烤集中取缔活动，以解决饮食业油烟扰民问题。优化完善全市大气环境自动监测网络，城区9个自动站全部安装PM2.5监测设备。35个大气环境自动监测站实现市县两级联网监控。据监测，2012年，大气污染物可吸入颗粒物、二氧化硫、二氧化氮年均浓度明显降低，环境空气质量优良天数达276天，良好率达75.6%。

渣土运输车　　(2012年拍摄)

第三节　其他污染防治

噪声污染防治

1991—2012年，随着全市经济的不断发展，交通干线的拥堵状况日渐凸显，商业、工业发展迅速，随之带来许多环境噪声问题。为保证居民生活环境质量，全市采取多项措施解决噪声污染问题。市区域环境噪声按网格（500米×500米）布点，共设监测点238个。每年于5月监测1次，在昼间正常工作时间内连续测量10分钟，同时记录声源类型。主声源为交通噪声的，连续测量20分钟，同时记录车流量。

交通噪声防治　在城区道路、高架桥、高速公路等道路建设过程严控噪声标准，在设计阶段认真落实《地面交通噪声污染防治技术政策》，在城镇噪声敏感建筑物集中区域（以下简称“敏感区”）配套建设隔音屏障，并严格实施禁鸣、限行、限速等措施。城市市区铁路建设逐步取消市区平面交叉道口，实施道口平交改立交建设，控制铁路机车在市区行驶的噪声污染。加强机场周边噪声污染防治工作，减少航空噪声扰民纠纷。道路交通噪声共监测主次干道36条，设测点100个，监测路段总长度145千米。每年监测1次，于5月进行。在昼间正常工作时间内连续监测20分钟，同时测量路长、路宽，记录车流量。交通干线噪声平均值2008年为62.1分贝，2009年为63.0分贝，2010年为63.9分贝。

建筑施工噪声防治 实施施工工地环保公告制度，将低噪声施工设备、设施纳入从事建筑工程的文明安全工地评选条件。严格执行《建筑施工场界噪声限值》，依法查处施工噪声超标排放行为。依法限定建筑施工作业时间，严格限制在敏感区内夜间进行产生噪声污染的施工作业；实施夜间施工审批管理，在敏感区大型建筑施工现场安装噪声自动监测系统进行实时监督。

社会生活噪声防治 禁止商业经营活动在室外使用音响器材高声招揽顾客。严格控制机械加工维修、餐饮娱乐、超市及其他商业服务业噪声污染，有效治理冷却塔、电梯间、供热锅炉、水泵房等配套服务设施造成的噪声污染，严格管理敏感区内的文体活动和室内娱乐活动。积极推行城市室内综合市场，逐步取缔扰民的露天或马路市场。对室内装修进行严格管理，明确限制作业时间，严格控制在已竣工交付使用居民住宅楼内进行产生噪声的装修作业。加强中考、高考等国家考试期间绿色护考工作，为考生创造良好的考试环境。

工业企业噪声防治 贯彻执行《工业企业厂界环境噪声排放标准》，查处工业企业噪声排放超标扰民行为。对城市城区噪声扰民严重且治理无望的企业，实施关停或搬迁治理，禁止高噪声污染项目进入园区。对乡村区域工业企业噪声超标排放企业污染加强治理，保持良好的乡村声环境质量。

居民生活噪声防治 在有条件的县市区街道、社区明显位置设置声环境功能区类别标识牌。建立噪声扰民应急机制，将排放超标并严重扰民的噪声污染问题纳入挂牌督办范围，防止引发群体事件。探索建立多部门噪声污染投诉信息共享机制，畅通各级环保“12369”、公安“110”、城管“96111”、市政“12319”举报热线的噪声污染投诉渠道。对于噪声污染举报案件，做到及时受理、查处、反馈。

2012年，市区区域环境噪声共监测238个测点，昼夜间平均等效声级值按《声环境质量标准》（GB3096—2008）评价，均低于Ⅰ类标准。市区功能区噪声昼间和夜间平均等效声级值各类功能区均不超标。

工业固体废物污染防治

潍坊市的工业固体废物主要是煤矸石、尾矿、粉煤灰、炉渣等。工业固体废物产生量居前5位的企业是华电潍坊发电有限公司、山东海化股份有限公司纯碱厂、山东海化集团有限公司热力电力分公司、潍坊特钢集团有限公司、山东寿光巨能热电发展有限公司。1991年后，全市加大

潍坊市危险废物集中处置中心 (2011年拍摄)

工业固体废物污染防治力度，2012年，全市工业固体废物产生量为825.48万吨，综合利用量为749.21万吨，处置量为23.36万吨，处置利用率为91.39%。

工业危险废物主要是废碱、农药废物、废矿物油、废有机溶剂和含锌废物等。工业危险废物产生量居前6位的企业是山东晨鸣纸业集团股份有限公司、山东新和成药业有限公司、潍坊恒联浆纸有限公司、潍坊绿霸化工有限公司、山东海化集团有限公司石油化工分公司、山东海化股份有限公司天祥化工厂。对这些企业加强监管力度，严格按国家有关标准、规定收集、贮存、利用和处理、处置。2012年，工业危险废物产生量为7.6154万吨，综合利用量为6.1207万吨，处置量为1.4111万吨，处置利用率为98.90%。至2012年底，全市取得山东省环保厅颁发危险废物经营许可证的单位共有9家，潍坊市环保局颁发的医疗废物经营许可证单位1家。核准经营方式为核准经营危险废物类别包括《国家危险废物名录》规定的49类危险废物中的27个大类。危险废物综合利用8家，危险废物处理、处置1家，医疗废物处置1家。

核与辐射污染防控

2008年10月，根据《山东省环境保护局核事故应急预案》和《山东省环境保护局辐射事故应急预案》，潍坊市印发《潍坊市环境保护局核事故和辐射事故应急预案》，开始核与辐射污染防控工作。2010年12月，市政府办公室印发《潍坊市辐射事故应急预案》，进一步加强全市环境安全防护工作，防止核事故和辐射事故发生。2010年，全市总投资1400余万元，开展“潍坊市环境安全防护体系”建设工作，主要以地理信息系统为基础，整合现有的环境监控系统、汽车尾气监控系统，建设应急指挥系统和三维模型，建设视频监控系统、执法车辆GPS定位系统等，全面提升环境应急管理的水平。同时，建设应急指挥中心和视频会议室。加强辐射事故应急物资储备工作，投资108万元购置了高灵敏度辐射寻源仪、Xγ剂量率仪、个人剂量报警仪、中子剂量当量率仪、αβ表面污染检测仪、放射专用A级防护服等一系列辐射应急物资，为辐射事故应急提供物资保障。全市以认真排查环境安全隐患专项行动为中心，完善环境应急管理工作机制，加强环境隐患排查整治，有效杜绝重、特大环境污染事故和辐射事故发生。在全市范围内开展环境污染隐患排查工作。排查重点包括：各企业环保手续是否完善，新建或改扩建项目是否执行环评、三同时制度；企业污染处理设施是否正常运行，有无偷排、暗排或擅自停用污染处理设施的环境违法行为，污染物是否达标排放；辖区内的企业是

潍坊市医疗废物处理中心　（2011年拍摄）

核与辐射污染防控应急演练（2012年拍摄）

否不符合产业政策及国家明令禁止、淘汰落后生产工艺和设备；集中式饮用水源地保护情况；重点企业环境污染事故应急预案是否制定等。为进一步提升应急反应速度和处理能力，组织突发环境事件应急演练，在应急演练过程中注重场景的仿真程度，做到指挥机构、救援队伍、通信指挥、交通疏导、医疗救护、治安管理等协同配合，有效提高协同作战应急处置能力。

2011年，全市加强环境风险防范和应急管理的全过程监管，确保环境安全。通过排查摸底，建立全市环境风险点源动态档案库，全市152家企业，全部完成危险废物申报登记，356家辐射应用单位按照规定办理许可证，安全送贮或处置169枚废旧放射源和放射性废物。

第四节　生态环境保护

2003年，潍坊市成立以市长为组长的生态市建设领导小组，与山东省同步启动生态市建设工作。2004年6月，市十四届人大常委会第九次会议作出《关于建设生态市的决议》，确立生态市建设的目标任务和实施蓝图；同年9月，市政府印发《潍坊生态市建设规划纲要》；同年9月30日，市委、市政府召开全市生态市建设动员大会，对生态市建设进行全面部署，并与各县市区签订生态市建设目标责任书。各县市区开始生态建设规划编制工作。寿光、青州两市国家级生态示范区通过环保总局的验收，并被命名为全省生态建设示范市；临朐县国家级生态示范区各项指标达到国家的标准要求并提出验收申请；安丘市国家级生态示范区规划通过专家审查并颁布实施。围绕生态市建设，大力倡导循环经济理念，按照点、线、面全面推进的要求，在企业、园区和社会不同层面确定了一批发展循环经济试点单位，培植形成以海化集团的“一水六用”、潍坊柴油机厂的生产生活废水综合利用、潍坊发电厂的粉煤灰综合利用、景芝酒业集团的酒糟蛋白饲料等为典型的发展循环经济的企业。

2005年，全市生态市建设取得进展。潍坊市及8个县市编制完成生态市（县）建设规划；落实“十大工程、百个建设项目”任务，重点抓区域污染防治、设施建设、国土绿化和循环经济等方面对生态市建设有较大推动力的建设工程和项目；扎实开展各种创建活动。寿光市稻田镇、诸城市昌城镇、诸城市皇华镇、青州市王坟镇、高密市柏城镇、安丘市景芝镇、临朐县冶源镇7个镇被省环保局命名“环境优美乡镇”称号。同时，环境友好企业、绿色社区、绿色学校等创建活动都取得明显成效。在盐化工、机械、造纸、

白浪河湿地生态环境一角　　(2012年拍摄)

模范城市的考核验收和技术评估。全市有3个乡镇被列为国家级、19个乡镇被列为省级环境优美乡镇，1所学校被列为国家级绿色学校，6个社区、17所学校被列为省级绿色社区和绿色学校。

2007—2012年，全市以国土绿化、水土保持、生态修复、工业污染源治理为重点，组织实施生态市建设“十大重点工程、百个建设项目”和绿色创建活动，圆满完成生态市建设各项阶段性工作目标。2010年，全市确定的首批147个重点建设项目，完成投资126.2亿元，约占总投资的84.5%。在2012年省委、省政府召开的生态山东建设大会上，潍坊市获“全省生态省建设二等奖”。至2012年底，全市建成7处国家级生态乡镇、54个省级生态乡镇、59个绿色社区、150所绿色学校和21处环境教育基地。滨海经济开发区创建成为国家级生态工业示范区，寿光市、青州市、临朐县和安丘市被命名为全国生态示范区。潍坊市顺利通过国家环保模范城市复核预评估验收，寿光市通过国家生态市技术核查，诸城市通过省级生态市技术核查。组织落实农村环保“以奖促治”各项措施，实施农村环境连片整治示范建设，推进农村生活污水集中处理和垃圾清运设施建设，严格控制农业面源和规模化畜禽养殖污染，改善了农村人居环境和生态状况，高密市被省政府确定为全省农村环境连片整治重点示范市，并获得中央、省两级补助资金6000万元。

酿酒等行业，形成一批发展循环经济的企业群体。3月15日，海化开发区循环经济规划通过国家级论证，先后被批准为山东省循环经济示范区和国家生态工业示范区建设试点，并被省委宣传部列为重点宣传典型。潍坊柴油机厂、潍坊发电厂、安丘景芝酒业集团、寿光晨鸣纸业集团、潍坊鲁丽集团等10家企业被列为省级循环经济企业建设试点，43家企业为市级循环经济建设试点单位。

2006年，全市环境保护工作按照点、线、面整体推进的工作思路，大力推广海化开发区的试点经验，在企业、园区和社会不同层面，形成一批发展循环经济的群体。10家省级和43家市级试点单位和企业开始编制规划，《潍坊循环经济市总体规划》通过专家论证。认真实施生态市建设“十大工程、百个建设项目”，投资69.4亿元，完成区域污染防治、设施建设、国土绿化、循环经济等方面的建设项目41个，并取得明显成效。积极协调有关县市开展各类创建活动，被列入创模计划的寿光、青州两市分别通过国家环保

第四章　环保宣传

第一节　媒体宣传

潍坊市重视环境保护媒体宣传工作。自1991年起，先后在潍坊电视台开播《环境纵横》，在《潍坊日报》开办环保动态专版，在潍坊广播电台开设《环保之声》等环境保护固定栏目，在全省环境保护宣传上较早实现“电视有影、电台有声、报纸有栏目”的目标。每年在《中国环境报》固定刊发2个专版，面向全国宣传潍坊市环保工作，取得良好的效果。

1994年5月5—8日，为配合全国和山东省环保世纪行活动的开展，全市开展“风筝都环保世纪行新闻采访活动”。潍坊日报社、潍坊电视台等7个新闻单位的14名记者，先后到11个县市区及市直的70多家企业和污染现场进行实地调查采访，共编发稿件105篇。宣传自觉依法治理污染的先进典型，介绍防治污染的新技术、新成果，揭露个别违反环保法的行为，促进全市环境保护工作的开展。

1995年3月，编辑拍摄反映全市水污染现状的录像片《哭泣的河流》，先后在潍坊市委常委会议、市政府常务会议及市环境保护委员会扩大会议上组织观看，并将片子复制后发放到各县市区，由各县市区组织五大班子领导观看，对统一各级领导重视环境保护工作起到很大的促进作用。

1996年7月2—5日、8—11日，举行“风筝都环保世纪行”新闻采访活动，《潍坊日报》、潍坊电视台等7个新闻单位的10名记者进行为期8天的集中采访，先后采访38家企业的污染治理情况和7个污水处理厂的建设情况，编发“风筝都环保世纪行”专稿67篇，表扬一批水污染防治工作成绩突出的先进典型，揭露批评水污染防治工作中存在的问题，活动对全市水污染防治工作的开展起到推动。

2002年，全市充分利用新闻媒体宣传的优势，采取不同形式，分别在报刊、电视和广播中发稿30余篇，宣传环境保护工作。在《潍坊日报》刊登题目为《铁面无私缚污龙》《贯彻环保基本国策，共创潍坊碧水蓝天》等专题报道。在潍坊电视台《潍坊新闻》栏目，播发部分重点排污企业环境治理工作的系列报道。

第二节　社会宣传

1992年4月21日，潍坊市领导及部分书画家、工人、农民、学生等1.2万多人参加齐鲁儿女保护环境10万人签名绘画活动。

1995年6月28日，市委宣传部、团市委、市环保局联合组织全市“环境与发展”青年演讲比赛活动，12个县市区及潍坊纯碱厂、潍坊柴油机有限责任公司等14个代表队的14名选手参加比赛。1996年6月5日，市政府举行纪念“六五”世界环境日座谈会。市直有关部门、部分大中型企业负责人等60多人参加座谈会。9月26日，山东省环保系统暨潍坊市“环保杯”书画展在潍坊市

市环保局到学校开展环保宣传教育活动　　　　　　　　（2011年拍摄）

环保局大楼开展，共展出社会各界和各行各业的书画作品800多幅，观展人数3000多人，产生很好的社会影响。

1998年，全市结合开展普法教育活动，把环境保护法律法规作为普法教育的主要内容，开展一系列宣传教育活动。在“六五”世界环境日宣传纪念活动期间，市政府举行环境保护新闻发布会，向社会发布环境质量状况。市五大班子领导冒雨走上街头，向过往行人散发传单，宣传环境保护法律法规。先后举办县市区城市污水处理厂负责人环保法培训班，市区锅炉、窑炉生产销售厂家大气污染防治法学习班，重点污染源企业和市区污染企业厂长、经理环保法培训班等，培训人员220余人次。

2000年，全市开展多种形式的环境保护宣传教育活动，进一步提高全社会的环境意识和环保法制观念。6月5日，为纪念“六五”世界环境日，市长王伯祥在《潍坊日报》上发表署名文章。市委、市人大、市政府、市政协、市纪委主要领导亲自参加街头环保宣传活动。组织一系列中、小学环境教育活动。开展“为了我们共同的未来”中、小学生环保设计方案比赛；在全市的5所中、小学开展“全省中、小学生环保知识问卷调查”；开展中、小学生优秀环保征文活动，收到征文500余篇。

2002年，举办“晨鸣杯”《我们的家园》环保摄影比赛、“环保杯”小学生绘画作品展等系列宣传活动。在全市开展创建绿色社区、绿色学校活动，共有18所学校被命名为绿色学校、15个社区被命名为绿色社区。

至2005年底，全市共组织中小学生环保书画比赛、环保摄影比赛、环保夏令营、环保成就展、环保万人游园等大型活动20多场次，投入宣传经费100万多元，有4万多人受到教育。命名第一批18所市级绿色学校，表彰12名优秀环境教育工作者；命名第一批15个市级绿色社区，表彰17名优秀工作者。

2006年，围绕《中华人民共和国环境保护法》和“六五”世界环境日主题，开展各种形式的环境保护宣传活动。命名第二批38所市级绿色学校，表彰40名优秀环境教育工作者；命名第二批14个市级绿色社区，表彰16名优秀工作者。

2007年，围绕“环境千年——行动起来”世界环境日主题，举办“百万家庭节能减排·绿色家园环保行动”活动，向城乡居民和企业发放环保袋2000个，宣传材料5万份。

2008年，开展“热爱潍坊，保护环境”演讲比赛。由市内7家新闻单位组成风筝都环保世纪行采访团，以“保护大气，再现蓝天”为主题，对40多家企业的水泥粉尘治理、窑炉、茶水炉改造及中心城区绿地建设进行集中采访报道，刊发稿件上百篇。命名第三批52所市级绿色学校，表彰54名优秀环境教育工作者；命名第三批12个市

开展环保爱心活动 （2011年拍摄）

级绿色社区，表彰14名优秀工作者。

2009年，在风筝广场举办“安利环保嘉年华”活动。举办潍坊市普及环保知识全民竞答活动。设计印制反映物种灭绝、生态失衡的环保招贴画2万张，面向全市张贴宣传。

2010年，开展“潍坊市十大环保人物”评选活动，并在潍坊电视台举行“潍坊市十大环保人物”颁奖晚会。制作反映潍坊市环境状况的警示专题片《潍坊市环境质量现状纪实》，在全市环保工作会议上播放。命名第四批42所市级绿色学校，表彰44名优秀环境教育工作者；命名第四批17个市级绿色社区，表彰19名优秀工作者。

2011年，组织“潍坊市环境书画摄影大赛”，收到参赛作品1000多幅，在潍坊市博物馆举办获奖作品展。组织开展以“保护河道，拒绝污染”为主题的风筝都环保世纪行采访活动，发稿150多篇。

2012年，组织500多名中小学美术爱好者在潍坊市人民广场开展“潍坊市千米长卷绘环保活动”。印制《潍坊野生鸟类摄影作品集》，召开摄影集首发新闻发布会。针对国家环保模范城市复核工作，制作反映潍坊市环保工作专题片，设计印制环保宣传海报2万张，发宣传材料5000多份、环保袋5000多个，调查问卷3000多份。命名第五批30所市级绿色学校，表彰32名优秀环境教育工作者；命名第五批16个市级绿色社区，表彰18名优秀工作者。

1991—2012年，全市共组织“风筝都环保世纪行”系列采访活动40次，参加人员640人次，检查重点企业480家（次），宣传正面典型96个（次），对反面典型曝光192个（次）。至2012年底，命名1个省级环境教育基地和21个市级环境教育基地。命名1所国家级绿色学校，49所省级绿色学校，180所市级绿色学校。命名2个国家级绿色社区，24个省级绿色社区，75个市级绿色社区。

市环保系统开展环保宣传活动 （2011年拍摄）

第五编

交通　邮电

牛角岭盘山公路

潍坊市位于山东半岛西部，南倚沂山，北濒渤海，东连海港名城青岛、烟台，西接工矿重镇淄博、东营，是山东半岛的地理中心，扼山东陆路之咽喉，古往今来交通要冲，故有“半岛走廊”之美誉。潍坊市围绕构建现代综合交通运输体系，交通运输建设步伐持续加速，陆、海、空各种运输方式相衔接，门类齐全的综合运输体系基本形成并不断完善。

“八五”（1991—1995年）期间，投入基础建设资金34亿元，建成东环路、北环路，完成烟潍路、潍石路城区段、南外环路（机场南路）、十里堡和西苑两座立交桥、潍坊机场、汽车站、潍坊联运客运总站等重点项目。

“九五”（1996—2000年）期间，投入基础建设资金47.63亿元，新建、改建干线路段48条，完成县乡公路190多个项目；潍莱、东青2条高速公路竣工通车；新建、改建县级汽车站3个，重点乡镇汽车站5个，稽查站办公楼4幢，运管所、交管所办公用房52座；建成潍坊国际集装箱中转站（国际货物流通中心）、潍坊汽车客运总站、海员培训中心、交通医疗中心、信通大厦等一大批交通服务设施。

“十五”（2001—2005年）期间，投入基础建设资金71.04亿元（其中国道、省道公路建设资金额40.80亿元），新建、改建公路6000.70千米，进港路建成通车；农村公路建设累计完成5081.50千米，寿光、海化开发区、奎文、高新开发区4市区（开发区）实现村村通柏油路。潍坊港建成5000吨级泊位2个，港口吞吐量达到385万吨；胶济铁路潍坊段电气化改造全线拉通，大莱龙铁路通车运营；潍坊民航机场与海航合作经营，建成以潍坊为中心的华东片区货邮基地。新建、改建二级以上客运站11个、货运场站45个。

“十一五”（2006—2010年）期间，新建、改建公路1.60万千米，青兰、荣乌高速公路潍坊段建成通车，长深高速公路潍坊段进展顺利；新建、改造农村公路1.50万千米，行政村通柏油路率达到99.4%；潍坊港新建泊位9个，新增通过能力638万吨，实现一类口岸对外开放和1万吨级码头及1万吨级航道通航运营；大莱龙铁路通车运营，青临-益羊铁路联络线投入使用，黄大、德大铁路和大莱龙铁路改造项目正加快建设；潍坊民航机场建成邮政航空速递物流中心和顺丰速运潍坊一级分拨中心，启动开展机场迁建工作；全市建成二级以上客运站7个、农村客运站115个、物流场站8个。

2012年，全市交通运输工作以构建综合运输体系为目标，以转型发展为主线，以交通基础设施建设为重点，各项工作取得较好的成绩。长深高速公路青州至临沭段建成通车，潍日高速公路项目确定投资主体，开元立交桥项目主线桥主体完工，潍胶路全线贯通；新建、改造农村公路3227千米，超额完成市政府十件民生实事中确定的新建、改造1500千米任务目标；港航建设与森达美集团成立潍坊港建设推进工作委员会，明确未来3年港口建设目标；引进山东高速集团，由政府主导建设航道，多元化办港格局日益形成；潍坊港中港区3个2万吨级泊位工程完成投资额1.80亿元，一个泊位具备靠泊条件；疏港铁路项目经省发改委正式核准立项；滨潍诸铁路完成项目方案研究；民航机场通过了民航安全审计跟踪检查，完成160项整改，进一步夯实发展基础；积极推进潍坊机场迁建，济空首长和作战处等部门到潍坊对两处拟选场址进行了勘查，军地双方正在协商确定新机场场址；潍坊汽车北站、高密汽车站、安丘汽车站等重点场站建设进展顺利；公交场站布局进一步优化，为实施公交优先发展战略奠定基础。潍坊市形成了以公路、铁路运输为骨架，水上、航空运输为补充的综合运输格局。市交通运输局被评为“全国交通运输行业文明单位”和“依法行政先进集体”，连续3年在省交通运输厅千分制考核中获得一等奖。

第一章　交通基础设施

第一节　公路

1991—2012年，是全市公路建设投资最多、发展最快的时期。至2012年底，全市公路通车里程24456千米，公路密度达到每百平方千米有公路151.50千米，行政村通柏油路率达到99.9%，公路通车总里程和农村公路通车里程均居全省首位。境内有国道6条，省道20条，其中高速公路5条（青银、青兰、荣乌、长深、荣潍）；按技术等级分，其中高速公路427.70千米、一级公路1359千米、二级公路2545.90千米、三级公路2523.30千米、四级公路1.76万千米。基本形成以“一纵”（长深高速）、“四横”（青银高速、青兰高速、荣乌高速、荣潍高速）高速公路为主通道，以“六横”（S320新海线、S323潍高线、G309荣兰线、S805潍胶线、S325胶王线、S329薛馆线）、“八纵”（S220平日线、S221下小线、G206烟汕线、S222央赣线、S223潍九线、S224大沂线、S226羊青线、S227东红线）、“七连”（S102济青线、S217朱诸线、S219平营线、S230东青线、S233博临线、S321寿济线、S327临仲线）国道、省道为主骨架，以农村公路为微循环，结构合理、四通八达、“畅安舒美优”的公路交通网络。全市公路通车里程、公路绿化里程、公路综合整治里程、高速公路里程、公路养护综合好路率等公路主要指标均居全省前列。

国道　省道

1991年，潍坊市境内有干线公路17条，总里程1491.90千米。其中，一级公路65.50千米、二级公路830.10千米、三级公路365.40千米、四级公路230.90千米，高级、次高级路面1225.90千米。

1991—1995年，改建羊青路、潍高路、胶王路，国道206诸城段、寒亭段、安丘段，国道309益羊铁路立交桥至北阳河桥段，平日路高密段、诸城段，下小路下营至围子段，大沂路寿光段，博临路黄鹿井桥至石沟河村段，寿济路羊临路交叉口至寒武路段，薛馆路诸城城区至林家村镇段。1995年底，全市国道、省道通车里程1634.20千米，其中国道428千米、省道1206.20千米。

1996—2000年，新建潍九路昌乐段、潍城段，改造平营路，国道309北阳河桥至淄博交界段、奎文区潍州路口至西苑立交桥段、昌大路口以东至昌乐与青州界段、昌乐与青州交界至益羊铁路段，平日路济青高速公路至高密与平度界段、诸城侯家庄子至诸城与胶南界段、诸城北段，下小路围子镇至李家埠段、安丘城区至临朐交界段、临朐段，央赣路诸城枳沟镇国道206以南段、固堤镇至立交桥底段，潍九路临朐线段，大沂路寿光段、昌乐与临朐交界至沂山水库路段、昌乐城至乔官段，东红路弥河大桥至临仲路交叉口段，临仲路沂源县界至东红路段，薛馆路临朐段。2000年底，全市国道、省道通车里程达1853.60千米。

2001—2005年，新建潍九路北延伸寿光与寒亭交界至新海路交叉口段、海化大港路至新海路段，东红路临朐城东绕城段，寿济路的潍高路交叉口至青州淄博界段。改造国道206昌邑城区至寒亭段、昌邑卜庄镇至围子镇段、昌邑界至寒朱路口段、昌邑潍河特大桥两端段、安丘城北收费站至城东常家庄段，国道309弥河大桥及引线段、昌乐城区段，济青路青州淄博交界至青州西环路段，朱诸路胶州市界至国道206段、新兴大街段、平日路高密城区改线段，下小路安丘赵戈镇中心大街至潍河大桥西侧桥头段、西海路至荣冠路段，央赣路环城路口至烟汕路口段、新海路口至连接线段、石泉至官庄段、坊子段、奎文段、安丘段，潍九路寿光大地沟至寒亭双杨镇王固庄段、临朐城区至冶源段，大沂路昌乐鄌郚镇南青上村至高崖镇冢头村段、沂山水库大坝至薛馆路段、昌乐城区至城南北寨村段、滨海区段，羊青路东青高速路口至国道309段、羊口至寿济路口段、寿济路口至青州界段、寿济路至孙集镇区段、孙集镇区至东红高速连接线段，东红路荣兰路至胶王路段、胶王路至校场段、荣兰路至胶王路段胶济铁路和益羊铁路立交桥引道，东青路济青高速公路立交桥至国道309段、广饶界至济青高速公路立交桥段，博临路淄博界至庙子段，新海路寿光与寒亭界至羊青路段、昌邑胶莱河桥头至寒亭界段、寒亭界至央子镇横里路段、羊青路至东营界段，寿济路弥河西坝至寿济路与潍高路交叉口、大沂路交叉口至寿济路弥河西坝段，潍高路健康街路口至北宫街路口、化龙镇区段、文家镇区至寿光与东营交界处，胶王路昌乐乔官镇歇头仓村至青州黄楼段、安丘至青州八里沟段，薛馆路诸城段。2005年底，全市国道、省道通车里程1899.50千米。

2006—2010年，新建潍高路圩河至寒亭转盘段，潍胶路坊子区郭家村央赣路路口至墨水河东岸高密市与胶州市交界段；改造国道206潍坊东绕城段、安丘至五莲界段，国道309青州至淄博界段、潍坊至昌乐段，朱诸路潍坊段，平日路诸城至胶南界段，央赣路新海路口至国道206段，大沂路跨济青高速公路立交桥及引道、海化至济青高速公路段、乔官至鄌郚段，东红路临朐至穆陵关段，新海路靶杨路口至岔河段、靶杨路口至青岛界段。2010年底，全市国道、省道通车里程2051.40千米，其中国道

荣乌高速公路潍坊段　　(2010年拍摄)

593.60千米、省道1457.80千米。

2011—2012年，改造国道206昌邑城区段，下小路下营港至东冢段及石埠至饮马段，央赣路坊子段，羊青路寿光段，东青路史家庄（东营与潍坊界）至高柳段，薛馆路临朐段。2012年底，全市国道、省道通车里程2230.50千米。其中国道672.10千米、省道1558.40千米，高速公路427.70千米。

G20青银高速公路 G20青岛—银川高速公路是潍坊境内修建的第一条高速公路，途径高密、昌邑、坊子、寒亭、奎文（1993年通车之后于1994年设立的奎文区）、潍城、昌乐、寿光、青州共9个县市区，潍坊境内146.04千米。全线采用双向四车道高速公路标准，设计时速110千米/小时，桥涵设计荷载汽-超20、挂-120，其中淄博界至潍河桥段路基宽26米，潍河桥至青岛界段路基宽23米，路面宽21.50米。潍坊境内设有11处匝道口和高密、饮马、潍坊东、潍坊、潍城、昌乐、寿光、青州东、青州西9处收费站。境内主线共建设大桥2702.22米/10座、中桥1466.12米/26座、小桥3541.35米/235座。青银高速公路潍坊段于1990年7月开工建设，1993年12月竣工通车，总投资额12亿元。该高速公路的建成通车，结束了全省无高速公路的历史。

1993年建成通车的G20青银高速公路
（2012年拍摄）

G22青兰高速公路 G22青岛—兰州高速公路是山东省“五纵四横一环”高等级公路主框架的重要组成部分。潍坊境内路段长度为62.13千米，路线途径诸城市。全线采用双向六车道高速公路标准，设计时速120千米/小时，桥涵设计荷载为公路-Ⅰ级，路基宽34.50米，路面宽30米。潍坊境内设有5处匝道口和3处服务区，共设置辛兴、诸城东、诸城、诸城西、孟疃5处收费站。境内主线共建设大桥2554.95米/8座，中桥1969.19米/30座，小桥3086.83米/129座。潍坊段于2005年4月开工建设，2007年12月22日竣工通车，项目总投资额21.20亿元。青兰高速公路建成通车，缩短了诸城西到济南、东到青岛的行车时间，结束了潍坊南部地区无高速公路的历史。

2007年建成通车的G22青兰高速公路

G18荣乌高速公路 G18荣成—乌海高速公路是国家高速公路网的重要组成部分，也是山东省“五纵四横一环”高等级公路网络的重要组成路段。潍坊境内路段长度为85.72千米，途

2008年建成通车的G18荣乌高速公路

经昌邑、滨海开发区、寿光3市区。全线采用双向四车道高速公路标准，设计时速为120千米/小时，桥涵设计荷载为公路-Ⅰ级，路基宽28米，路面宽23.50米。潍坊境内设有6处匝道口和4个服务区，设置下营、昌邑、潍坊北、寿光东、寿光北、寿光西6个收费站。境内主线建设特大桥3564.12米/2座，大桥3779.10米/13座，中桥2322米/55座，小桥2752米/132座。潍坊段于2005年7月开工建设，2008年9月28日竣工通车，项目总投资额32.20亿元。荣乌高速公路建成通车，对促进滨海开发区新城建设和全市经济发展具有重要意义。

G25长深高速公路　G25长春—深圳高速公路潍坊境内由东青高速青州段和青临高速潍坊段组成，潍坊境内路段长度91.51千米，途经青州市、临朐县，设有7处匝道口和4个服务区，设置阳河、青州北、青州、青州南、临朐、沂山6个收费站。潍坊境内主线建有大桥8051.73米/27座、中桥2423.38米/35座、小桥1919.49米/103座，隧道75米/1座。G25长春—深圳高速公路广饶青州界至青州牛家庄段（东青高速）于1998年4月28日开工建设，2000年9月16日正式通车运营，该路段长度为16.17千米，全线采用双向四车道高速公路标准建设，设计速度为100千米/小时，桥涵设计荷载为汽-超20、挂-120，路基宽24.50米，项目建设投资额2.77亿元。G25长春—深圳高速公路青州牛家庄至临朐沂水界段（青临高速）于2009年月5日开工建设，2013年1月20日正式通车运营，该路段长度为75.34千米，全线采用双向六车道高速公路标准建设，路基宽34.50米，设计速度为120千米/小时，桥涵设计荷载为公路-Ⅰ级。项目建设投资额41亿元。此路段是贯穿潍坊市境西部的交通大动脉，对西部区域经济发展提供了强有力的交通支撑，长深高速公路建成通车，结束临朐县没有高速公路过境的历史。

2013年建成通车的G25长深高速公路

G206线　国道206线，烟台至汕头公路。潍坊市境内起点为昌邑市与青岛的平度市交界处胶莱河东桥头，终点为诸城市与日照的五莲县交界处汉王桥，途经昌邑、寒亭、奎文、坊子、安丘、诸城6个县市区，境内路段长度为172.82千米。诸城段从1992—1997年，由8～12米的沥青路面改建为15～24米的沥青路面。1987年，将坊子段全部改建为沥青路面；2000年，改三块板为一块板，路基宽29米，路面宽28米。1981年，将昌邑段由低等级路面改为沥青路面。1994年，将寒亭段K261+800－K268+100米6.30千米路段加宽至38米。2000年，将K268+100－K270+100米2千米路段加宽至42米。1999年，将奎文段K280+600－K287+200米路段进行中修罩面，路面宽29米。1992年，将安丘段K225+208－K208+808路段改建为15米主路面+2×3.75米副路；1994年，将K245+508－K253+608路段进行改线，绕开城区；2000年，将K240+008－K245+508段进行大修，改三块板为一块板，路面宽28米。2002年，经省交通厅批准，将国道206昌邑市区至寒亭段、昌邑卜庄镇至围子镇段、昌邑界至寒朱路口段右侧进行改建，为一、二级公路标准，路面宽15～24米，改建总里程33.26千米，山东省投资额9707.59万元。2003年，将国道206昌邑潍河特大桥两端（K241+280－K245+100）进行改建，为一级公路标准，路面宽24米，改建里程3.82千米，总投资额5351.56万元。是年，国道206潍河特大桥、诸城北外环公铁立交桥建成通车。2004年，将安丘城北收费站至城东常家庄段进行改建，为一级公路标准，改建里程9.70千米，路面宽度15～32米，山东省投资额2975.70万元。是年，国道206昌邑胶莱河大桥改建工程竣工，山东省投资额715.90万元。2007—2008年，将潍坊东绕城段进行改建，为一级公路标准，改建里程20千米，路面宽24米，山东省投资额18150万元。2007—2008年，将安丘至五莲界段进行改建，为一级公路标准，改建里程80千米，路面宽21～24米，山东省投资额3.60亿元。2010—2012年，将昌邑城区段进行改建，绕开城区，为一级公路标准，改建里程15千米，路面宽度23米，山东省投资额12510万元。

G309线　国道309线，荣成至兰州公路。潍坊境内起点为昌邑市与青岛的平度市交界处胶莱河东岸，终点为青州市与淄博的临淄区交界处，途经昌邑、寒亭、坊子、奎文、潍城、昌乐、青州7个县市区，境内路段长度为113.99千米。昌邑市胶莱河东岸至奎文区潍州路口段（K285+974－K324+200），路段长度为39.81千米，该路段原为省级干线公路荣成至冠县公路的一部分，编号为S804，后经省交通厅统一调整为国道309线荣成至兰州公路的一部分；1998年，将该路段K226+526－K321+500段进行改建，路面宽为24米。1999年，将潍坊市区北海路至潍州路口段进行改建，路面宽为24米。2001年，经省交通厅批准，分别将昌邑市胶莱河东桥头至潍河东桥头段、寒亭区朱里镇至坊子区眉村段、坊子区眉村与寒亭区交界处至青银高速公路立交桥段进行改建，改建里程27千米，二级公路标准，路面宽度12米，山东省投资额6000万元。1994年，将益羊铁路立交桥至北阳河桥段进行改建，路段长度为6.30千米，路面宽度24米。1998年，将北阳河桥至淄博交界处段进行改建，路段长度为10.08千米，路面宽度16米；是年，将K341+850－K344+100段进行加宽，加宽后路面宽度23米。1999年，将奎文区潍州路口至西苑立交桥段进行改建，路段长度为9.85千米，路面宽23米。1999—2000年，将昌大路口以东至昌乐与青州交界处段进行改建，路段长度为12.56千米，路面宽度23米。2000年，将昌乐与青州交界处至益羊铁路立交桥段进行改建，路段长度为16.24千米，路面宽23米。2003—2004年，将弥河大桥及引线工程进行改建，弥河大桥全长406米，桥面总宽24.50米；弥河大桥引线长度为1.31千米，二级公路标准，路面宽23米。山东省投资额2047.80万元。2005年，经昌乐县人民政府批准，将309国道昌乐城区段进行加宽改建，改建里程为4.10千米，二级公路标准，路面宽46

米，由昌乐城市基础设施建设有限公司投资，总投资额923万元。2007年，经省交通厅批准，将青州至淄博界段进行改建，一级公路标准，路段长度为10.10千米，路面宽24米，山东省投资额4850万元。2005—2009年，经省交通厅批准，将潍坊至昌乐段桥涵路面工程进行改建，一级公路标准，路段长度为51.60千米，路面宽24米，山东省投资额3亿元。

S16荣潍高速公路　S16荣成—潍坊高速公路（原潍莱高速），潍坊境内路段长度为42.30千米，途经昌邑、寒亭、坊子3个市区。全线双向四车道高速公路标准，设计时速120千米/小时，桥涵设计荷载汽-超20、挂-120，路基宽28米，路面宽24.50米。潍坊段设有4处匝道口和1处服务区，共设置石埠、朱里、坊子3处收费站。建设有大桥2765.66米/9座，中桥1166.02米/21座，小桥1088.48米/67座。潍坊段于1997年3月20日开工建设，1999年6月8日正式竣工通车。项目总投资额11.7亿元。

1999年建成通车的S16荣潍高速公路

S102济青线　省道102线，济南至青州公路。潍坊境内起点为淄博市齐陵镇与青州市交界（K130+801），终点为青州市西环路口（K141+834），境内路段长度为11.03千米。1990年进行改建，路面宽度由4米加宽为6米。2004年，将青州市与淄博交界处至青州西环路段进行改建，改建路段长度为11千米，采用二级公路标准，路面宽12米，山东省投资额1800万元。

S217朱诸线　省道217线，朱桥至诸城公路。起讫点为莱州市朱桥镇至诸城市，从胶州市交界处入诸城市，与国道206线交接处连接，潍坊境内路段长度为24.60千米。2001年，将朱诸路胶州市界至国道206（K189+298-K213+900）路段进行改建，一、二级公路标准，改建总里程24.60千米，路面宽16～24米，山东省投资额6880万元。2002年，将朱诸路与辛兴大街段（K197+130-K198+300）进行改建，二级公路标准，改建里程1.23千米，路面宽16米，总投资额243.10万元。2009年，将朱诸路潍坊段路面进行改建，一、二级公路标准，改建总里程21.90千米（其中一级路4千米），路面宽16～24米，山东省投资额5000万元。

S219平营线　省道219线，平度至营房公路，二级公路标准。潍坊境内起点为平度与高密交界处（K28+548），终点为高密与胶州交界处（K36+769），境内路段长度为8.22千米。该路段于1995年底修建14米宽路基；1996年春季，铺设简易砂石路面；1995年，分别修建了胶莱河桥和胶河中桥；1998年，按二级公路标准进行改建，铺设12米宽沥青路面。公路投资额980万元。

S220平日线　省道220线，平度至日照公路。潍坊境内起点为平度与高密交界处，终点为诸城与胶南交界处，途经高密、诸城2个市，境内路段长度为110.30千米。1993年，将高密城北从青银高速公路至小辛河桥6.45千米路段进行拓宽改建，改建后路基宽43.50米，路面宽38米。1994年，将高密交通路城南街至律家村段进行改建，路段长度为9.54千米，改建后路基宽35.50米，路面宽30米。1995年，将高密律家村至高密与诸城界段进行改建，改建后路基宽度18米，路面宽16米，沥青混凝土路面。1994—1995年，将平日路诸城段32.90千米进行改建，改建后一般路段路基宽16米，路面宽12米；城区路段长度为5.60千米，路基宽60米，路面宽24米，沥青混凝土路面。1997年，将青银高速公路至高密与平度界段9.80千米进行改建，青银高速公路至姜庄镇驻地路段长度为3.60千米按一级公路标准建设，路基宽18米，路面宽16米；其余路段按二级公路标准建设，路基宽14米，路面宽12米。1998—1999年，将诸城侯家庄子至诸城与胶南界段31.60千米进行改建，改建后路基宽14米，路面宽12米。2000年，将诸城北段23.10千米进行罩面中修。2000—2001年，将平日路高密城区改线，大中桥路面工程进行改建，改建路段长度为13.20千米，二级公路标准，路面宽度15米，山东省投资额2800万元。2004—2009年，将高密绕城西线桥涵路面工程进行改建，改建路段长度为18.30千米，一级公路标准，路面宽24米，新建公铁立交桥1座，山东省投资额1.40亿元。2006—2007年，将诸城至胶南界段进行改建，改建路段长度为45千米，一、二级公路标准，路面宽12～24米，山东省投资额1.20亿元。

S221下小线　省道221线，下营至小关公路。起点为昌邑市下营镇，终点为临朐县小关村西的东红路口。途经昌邑、峡山生态区、安丘、临朐4个县市区，路段长度为148.90千米。1988—1990年，临朐段拓宽改建长度为7千米，按山区二级公路标准设计，路基、小桥涵和砂土路面加宽至12米，路基改线长度为2.50千米，路基宽13米，新建郎家店子桥和莆沟桥。1992年，将新海路至围子段进行改建。1993年，将下营至新海路段进行改建。1998年，将围子镇至石埠镇段进行改建，改建后路面宽12米。1999年，将石埠镇至李家埠段进行改建，改建后路面宽16米。1999年，将安丘城区至王家营段进行改建，改建后路面宽16米。2000年，将王家营至临朐交界处段长度为31.78千米进行改建；临朐段拓宽改建长度为7千米，按山区二级公路标准设计，路基宽度12米，沥青路面宽10米。2001年，将K52+000-K57+000段进行改建，改建路段长度为5千米，二级公路标准，路面宽16米，山东省投资额1402万元。2002年，将K57+000-K61+700段进行改建，改建路段长度为4.70千米，二级公路标准，路面宽12米，山东省投资额1033万元。2003年，将安丘市赵戈镇中心大街（K76+404.11）至贾戈立交桥（K92+080.17）段进行改建，改建路段长度为15.67千米，二级公路标准，路面宽10～18米，山东省投资额1266万元。2004年，将潍河大桥西侧桥头（K65+459.60）至安丘赵戈镇中心大街（K76+404.11）段进行改建，改建路段长度为10.95千米，二级公路标准，路面宽12～16米，山东省投资额1178.70万元。2005年，将新海路（K11+000）至荣冠路（K36+880）段进行改建，改建路段长度为25.88千米，一、二级公路标准，路面宽18～24米，山东省投资额6418.30万元。2011—2012年，将下营港至东冢段及石埠至饮马段进行改建，改建路段长度为23.20千米，一级公路标准，路面宽19～24米，山东省投资额15215万元。

S222央赣线　省道222线，央子至赣榆公路。起点为潍坊市滨海开发区央子镇港口，终点为诸城市与日照市交界处。途经滨海开发区、寒亭、奎文、坊子、安丘、诸城6个县市区，路段长度为150.98千米。1999年，将诸城枳沟镇206国道以南路段长度为3.20千米进行改建，改建后路面宽14米；是年，将K58+420-K62+800段进行改建，按一、二级公路标准建设，路面宽12～24米；是年，将固堤镇至立交桥底（K46+600-K58+500）段进行改建，改建路段长度为12千米，其中固堤镇至烟汕路口采用二级公路标准，路面宽12米，烟汕路口至立交桥底采用一级公路标准，路面宽24米。2000年，将K0+000段-K27+000段进行改建，采用二级公路标准；K0+000-K10+000段为水泥混凝土路面，路面宽12米；K10+000-K16+500段为水泥混凝土路面，路面宽10米；K16+500-K27+000段为沥青混凝土路面，路面宽15米。2001年，将环城路口至烟汕路口段（K53+300-K56+500）、新海路口至连接线段（K27+000-K31+700）、石泉至官庄段（K107+800-K120+400）进行改建，改建路段长度为20.50千米；其中环城路口至烟汕路口段采用一级公路标准，路面宽24米；新海路口至连接线段采用二级公路标准，路面宽16米；石泉至官庄段采用二级公路标准，路面宽15米，山东省投资额4089.60万元。2002—2003年，将央赣路坊子段、奎文段、安丘段、诸城段进行改建，改建路段长度为51.11千米；其中坊子段、奎文段采用一级公路标准，路面宽24米；安丘官庄至诸城段采用二级公路标准，路面宽15米；央赣路收费站至石泉段采用一级公路标准，路面宽24米；安丘与诸城界至枳沟镇G206路段采用二级公路标准，除枳沟镇大街路面宽22米，收费站路面宽21米外，其余路段路面宽15米；山东省投资额10196.87万元。2005年，将寒亭段（K10+000-K30+675）进行改建，改建路段长度为20.68千米，采用一级公路标准，路面宽22米，山东省投资额4758万元。2006—2007年，将新海路口至G206段进行改建，改建路段长度为31千米，采用二级公路标准，路面宽12米，山东省投资额6500万元。2010—2011年，将央赣路坊子段进行改建，改建路段长度12千米，采用一级公路标准，路面宽23米，山东省投资额6250万元。

S223潍九线　省道223线，潍坊至九山公路。起点为潍坊市滨海开发区大家洼街道大港路与潍九路交叉口，终点为临朐县九山镇薛馆路交叉口，途经滨海开发区、寿光、寒亭、潍城、昌乐、临朐6个县市区，路段长度为140.09千米。1998年，省交通公路部门将原潍（坊）临（朐）路和原临（朐）九（山）两条县道合二为一，升级为省道潍（坊）九（山）路。1994—1996年，临朐县段改建，路段长度为24.30千米，为16米宽沥青路面。1996年，新建昌乐K60+479-K77+822段，路段长度为17.30千米，路面宽16米。1999年，改建昌乐K58+479-K60+479段，路段长度为2千米，为16米宽沥青路面。1996年，新建潍城K40+510-K51+620段。1998年，将潍城K51+620-K52+600段改建为23米宽沥青路面。1999年，新建潍城K55+510-K58+479段；将潍城K52+600-K58+479段改建为15～23米沥青路面。2002年，经省交通厅批准，将寿光大地沟至寒亭双杨镇王固庄段（K15+892-K37+010）进行改建，二级公路标准，改建总里程21.12千米，路面宽15～16米，总投资额2075万元。2002年，将临朐县城至冶源段（K106+853-K118+453）进行改建，一级公路标准，改建总里程11.60千米，路面宽度24米，总投资额6206.32万元。2004—2005年，新建潍九路北延伸寿光与寒亭交界至新海路交叉口段（K9+387-K15+892），二级公路标准，新建里程6.50千米，路面宽15米，总投资额1629.8万元。2005年，将潍城K37+010-K51+620段进行改建，二级公路标准，改建总里程14.61千米，路面宽16米，总投资额5351.80万元。2005年，新建潍九路北延伸海化大港路至新海路（K0+000-K9+387）段，二级公路标准，新建总里程9.39千米，路面宽15米，总投资额3131.90万元。2010—2011年，将潍城区转盘至临朐段（K11+241.5-K52+672）进行改建，一级公路标准，改建里程41.40千米，路面宽23米，山东省投资额24340万元。2011—2012年，对临朐冶源镇南至寺头镇吕匣段进行大修，二级公路标准，大修里程14.10千米，路面宽度20米，山东省投资额7297万元。

S224大沂线 省道224线，大家洼至沂山公路。起点为潍坊滨海开发区大家洼街道海源街与大沂路交叉口，终点为临朐沂山镇薛馆路交叉口，途经滨海开发区、寿光、昌乐、临朐4个县市区，路段长度为135.29千米。该路1987年升级为省道，1998年改称为大（家洼）沂（山）路。1993年，将寿光段改建为13.50米宽沥青路面。1995年，将K69+743-K83+043段进行改建，二级公路标准，改建总里程13.30千米，路面宽12米。1998年，将K92+943-K103+443段进行改建，二级公路标准，改建总里程10.50千米，路面宽9米。1998—1999年，将昌乐与临朐交界处至沂山水库段进行改建，二级公路标准，改建总里程15.50千米，路面宽7～9米，蒋峪镇区段宽度29米。1999年，将K103+443-K106+858路段进行改建，二级公路标准，改建总里程3.62千米，路面宽度9米。1999—2000年，将昌乐至乔官段进行改建，一级公路标准，改建总里程15.20千米，路面宽度24米。2000年，将沂山水库大坝至薛馆路段进行改建，二级公路标准，改建总里程13千米，路面宽7～9米。2001年，将昌乐鄌郚镇南青上村至高崖镇冢头村段（K83+043-K93+143）进行改建，二级公路标准，改建总里程10.10千米，路面宽12米，高崖镇区段宽16米，总投资额1050万元。2001年，将沂山水库大坝至薛馆路段（K121+600-K133+800）进行改建，二级公路标准，改建总里程13千米，路面宽度7～9米，总投资额3276.80万元。2002—2003年，将昌乐县城北至城南北寨村段（K43+170-K58+670）进行改建，一级公路标准，改建总里程15.50千米，路面宽24米，总投资额1730万元。2005年，将滨海开发区起点段（K0+000-K4+241）进行改建，一级公路标准，改建总里程4.24千米，路面宽28米，总投资额2250万元。2008—2009年，将跨青银高速公路立交桥及引道进行改建（中心桩号K43+402），一级公路标准，改建总里程0.84千米，山东省投资额1800万元。2007—2011年，将海化至青银高速公路段（K6+500-K46+370）及乔官至鄌郚段（K68+200-K81+878.79）进行改建，一、二级公路标准，路面宽12～24米，改建总里程53.55千米，山东省投资额2亿元。

S226羊青线 省道226线，羊口至青州公路。起点为寿光羊口镇，终点为青州城北G309交叉口，途经寿光、青州2个市，路段长度为81.85千米。1991年，将K49+600-K78+771段进行改建，改建总里程29.17千米，路面宽10米。2001年，将东青高速公路口至309国道（K76+971-K78+771）段进行改建，二级公路标准，改建总里程1.80千米，路面宽24米，总投资额398.10万元。2003年，将羊口至寿济路口段（K3+000-K44+000）进行改建，二级公路标准，改建总里程41千米，路面宽12米，总投资额4366.60万元。2003年，将寿济路口至青州界段进行改建，分南北两段，北段（K45+864.99-K48+528.37）长度为2.66千米，起于寿光二号路与卧甲路交叉口，终于寿光北环路与卧甲路交叉口，二级公路标准，路面宽16米；南段（K52+329.98-K56+164）长度为3.84千米，起于寿光西环路南端路口，终于寿光孙集镇区，一级公路标准，路面宽24米；路段总长度为6.50千米，总投资额1715.20万元。2004年，经省交通厅批准，将寿济路至孙集镇区（K49+600-K58+900）段进行改建，二级公路标准，改建总里程9.30千米，总投资额2244.70万元。2004年，将孙集镇区至东红高速公路连接线（K60+045-K76+971）段进行改建，一级公路标准，路面宽24米，改建总里程16.93千米，总投资额4826.88万元。2011年，将羊青路寿光段改线（即寿光农产品综合批发市场与绿色通道连接线工程）（K0+000-K43+277.36）段进行改建，一级公路标准，路面宽24米，改建总里程43.30千米，山东省投资额1.60亿元。

S227东红线　省道227线，东营至红花埠公路。潍坊境内起点为青州与广饶交界处，终点为临朐与沂水交界处，途经青州、临朐2个县市，路段长度为76.97千米。该路段1987年称为羊临路，1998年改称为东红路。2000年，将弥河大桥至仲临路交叉口段进行改建，一级公路标准，改建里程2.50千米，路面宽30米。2002年，将荣兰路至胶王路（K164+836-K170+050）段进行改建，一级公路标准，路面宽24米，改建里程5.21千米，总投资额1823.60万元。2002—2003年，新建临朐县城东绕城段（K185+000-K189+800），一级公路标准，路面宽24米，改建里程4.80千米，总投资额4191.30万元。2003—2005年，将胶王路至校场段（K170+050-K194+360）进行改建，一级公路标准，改建里程24.30千米，路面宽24米，总投资额9452.60万元。2005年，将荣兰路至胶王路段胶济铁路和益羊铁路立交桥引道进行改建，二级公路标准，路面宽24米，改建里程1.70千米，总投资额1059.43万元。2005—2009年，将临朐至穆陵关段（K193+450-K235+375、改线段K192+954.45-K200+247.30）进行改建；改线段（K192+954.45-K200+247.30）长度为7.29千米，一级公路标准，路面宽24米；改建段（K193+450-K235+375）长度为41.93千米，路面宽12米；山东省投资额19420万元。

S230东青线　省道东青线，东营至青州公路。潍坊境内起点为青州与广饶交界处，终点为青州裴桥村，途经青州市，潍坊境内路段长度为23.98千米。1987—1988年，该路拓宽改建为宽14米沥青路面。2001年，将青银高速公路立交桥至309国道（K90+637-K100+137）段进行改建，二级公路标准，路面宽16米，改建里程9.50千米，总投资额1001.90万元。2002年，将广饶界至青银高速公路立交桥段（K76+544-K90+637）进行改建，二级公路标准，路面宽14米，改建里程14.09千米，总投资额1490万元。2009年，将青银高速公路至309国道交叉口（K91+332-K100+497）段进行改建，一级公路标准，路面宽24米，改建里程10.17千米，山东省投资额5000万元。2011—2012年，将史家庄（东营与潍坊交界处）至高柳（K76+555-K91+332）段进行改建，一级公路标准，路面宽22～23米，改建里程14.80千米，山东省投资额11568万元。

S233博临线　省道233线，博兴至临朐公路。潍坊境内起点为青州与淄博交界处，终点为青州石沟河，途经青州市，境内路段长度为41.92千米。该路1990年改建淄博界至胶王路段，改建里程5.20千米，路面宽9米。1993—1995年，改建黄鹿井桥至石沟河村段，改建里程35.99千米，路面宽7～9米。2004—2005年，将淄博界至庙子（K58+633-K64+033）段进行改建，二级公路标准，路面宽12米，改建里程5.40千米，总投资额1600万元。

S320新海线　省道320线，新河至海兴公路。潍坊境内起点为昌邑与平度交界处胶莱河桥东头，终点为寿光与东营交界处，途经昌邑、滨海开发区、寿光3个县市区，境内路段长度为97.22千米。寿光段从1992—1994年始建，二级公路标准，路面宽10米。1998年，将寒亭界至半截河段（K51+400-K68+250）进行大修；2000年，对K61+510-K68+250段进行大修；将下小路以东段（K11+700-K14+800）进行大修。2002年，将寿光与寒亭交界处至羊青路段（K51+400-K77+600）进行改建，二级公路标准，路面宽15米，改建里程26.20千米，总投资额6739.50万元。2003—2004年，将新海线进行改建，二级公路标准；其中，昌邑胶莱河桥头至寒亭界段（K3+960-K35+247），路面宽15米、改建里程31.29千米；寒亭界至央子镇横里路段（K35+247-K51+389）；路面宽16米、改建里程16.14千米；羊青路至东营界段（K77+600-K101+200）；路面宽15米、改建里程23.60千米；改建总里程71.03千米，总投资额11097.63万元。2008—2009年，将靶杨路口至岔河段（K29+433.40-K60+511.63）进行改建，一级公路标准，路面宽24米，改建里程31.10千米，山东省投资额25196万元。2010年，将靶杨路口至青岛界段（K4+000-K29+789.07）进行改建，一级公路标准，路面宽23米，改建里程25.79千米，山东省投资额19763万元。

S321**寿济线**　省道321线，寿光至济阳公路。潍坊境内起点为大沂路（K22+500），终点为青洲朱良镇赵家庄（K41+618），途经寿光、青州两市，境内路段长度为41.62千米。1992年，修建羊临路交叉口至寒武路的沥青路面，路段长度为10千米，路基宽9米，路面宽7米。2001—2002年，新建寿济路与潍高路交叉口至青州与淄博交界处段（K27+508-K41+618），二级公路标准，新建路段里程14.11千米，路面宽16米，山东省投资额4500万元。2002年，经省交通厅批准，将寿济路弥河西坝至寿济路与潍高路交叉口（K11+235.06-K27+543.50）段进行改建，二级公路标准，改建里程16.31千米，路面宽16米，山东省投资额2588.70万元。2005年，将寿济路与大沂路交叉口至寿济路弥河西坝（K0+000-K11+235.06）进行改建，二级公路标准，改建里程11.24千米，路面宽16米，山东省投资额3500万元，实际投资额3962.43万元。

S323**潍高线**　省道323线，潍坊至高青公路。潍坊境内起点为寒亭潍高路与206国道交叉口转盘，终点为寿光与东营交界处，途经寒亭、潍城、寿光3个区市，潍坊境内路段长度为79.57千米。1990—1991年，将K6+175-K35+100段改建为15米宽主路面+2×5.50米宽副路+2×1.50米宽分隔带的沥青路面，改建里程28.80千米，路面总宽为29米。1997年，将K46+800-K61+200段改建为沥青路面，改建里程14.40千米，路面宽18米，中央设2米宽分隔带。1999年，将K6+175-K35+100段两侧分隔带取消，并对路面进行2厘米的罩面，改建里程28.88千米；将K35+100-K46+800段改建为沥青路面，改建里程11.70千米，路面宽42米。2000年，将潍高路K5+300-K6+610段进行改建，二级公路标准，改建里程0.80千米，路面宽23米，总投资额80.50万元。2001年，将健康街路口至北宫街路口（K2+000-K5+300）段进行改建，二级公路标准，改建里程3.30千米，路面宽30米，山东省投资额583万元。2003年，将化龙镇区（K56+840-K58+050）段进行改建，二级公路标准，改建里程1.21千米，路面宽20米，山东省投资额358万元。2004年，将文家镇区至寿光与东营交界处（K46+800-K61+200）段进行改建，改建里程14.40千米，路面宽20米，山东省投资额2931万元。2008—2009年，新建潍高路圩河至寒亭转盘段（K0+000-K21+646.89），新建里程22千米，一级公路标准，路面宽24米，山东省投资额1.10亿元。

S325**胶王线**　省道325线，胶州至王村公路。自K23+830入潍坊境内，至K198+256去淄博市，途经高密、诸城、安丘、昌乐、青州5个县市，潍坊境内路段长度为136.20千米，1988年改称为胶王公路。1983年起，胶王公路陆续改建拓宽和铺设沥青路，至1988年，除高密、诸城所辖路段外，其余路段均铺设沥青路面。1996年，高密、诸城所辖路段也铺设沥青路面，至此，胶王公路全部实现沥青路面连接，结束了土路的历史。2001年，将昌乐乔官镇歇头仓村至青州黄楼（K132+434-K154+214）段进行改建，二级公路标准，改建总里程21.78千米，路面宽度15米，山东省投资额3942.40万元。2004—2005年，将胶王路安丘至青州八里沟涵路面工程进行改建，一、二级公路标准，改建总里程53.80千米，路面宽15～24米，山东省投资额1.70亿元。

S327临仲线　省道327线，临朐至仲宫公路。潍坊境内起点为临朐营子镇址以西的潍九路，终点为临朐与沂源交界处，境内路段长度为38.10千米。该路1974年升级为省道，改称仲临路。1998年改称为临仲路。1996—1998年，该路沂源县界至东红路段拓宽改建，改建里程33.30千米，其中东红路至五井镇址段长度为16.20千米，一级公路标准，路面宽26米；五井镇址至沂源县界段长度为17.10千米，二级公路标准，路面宽10米，原嵩山乡址500米路面宽14米。1999年，该路自弥南村东南的东红路延伸至营子镇址以西的潍九路，该路段全部为新建路线，路段长度为5.50千米，一级公路标准，路面宽26米。2000年，将纸坊镇至五井镇段慢车道每侧铺筑5.50米沥青路面，路段长度为9千米。公路投资额3297万元。

S329薛馆线　省道329线，薛家岛至馆陶公路。从胶南交界处诸城林家村镇进入潍坊境内，途经诸城、过莒县、沂水，从临朐至沂源界，境内路段长度为85.10千米。该路先后称泰（安）王（戈庄）路，泰（安）薛（家岛）路，1998年改称薛（家岛）馆（陶）路。1995年，将诸城城区至林家村镇（K59-K88）进行改建，改建里程29千米，路面宽12米。1994—1996年，将临朐（K173+200-K197+300）段进行拓宽改建，二级公路标准，水泥路面宽10米；白沙、九山、沂山3个乡镇政府驻地拓宽为12米水泥路面。1998年该路建设成为省级文明样板路。2004—2006年，将该路诸城境内进行改建，一、二级公路标准，改建里程66.30千米，路面宽12～24米，山东省投资额2.70亿元。2011—2012年，将临朐段进行改建，二级公路标准，改建里程24.40千米，路面宽10～12米，山东省投资额6994万元。

S805潍胶线　省道805线，潍坊至胶州公路。潍坊境内起点为潍城潍胶路与潍九路交叉口，终点为墨水河东岸高密与胶州交界处，途经潍城、坊子、奎文、峡山生态区、昌邑、高密6个区市，境内长度为106.41千米。2005—2009年，新建该路坊子郭家村央赣路路口至墨水河东岸高密与胶州交界处（K16+100-K106+405.30）段，其中K82+611.60-K87+708.30为平日路重合段，长度为5.10千米，一级公路标准，新建总里程85.33千米，路面宽24米，总投资额59276.47万元。2009年，将该路望留至廿里堡（K0+000-K12+728.62）路段进行改建，一级公路标准，改建里程12.73千米，路面宽24米，山东省投资额6000万元。

农村公路

1991年，潍坊境内共有县乡公路621千米，全部为砂石路，道路交通状况较差，多靠农民养路工的日常养护维护通行。1991年起，全市高度重视农村公路建设和养护工作，其建设速度、建设规模均名列全省前茅。

1991—2002年，由于受地方财政资金制约，农村公路建设相对缓慢，路面等级低、路况较差，从一定程度上影响了广大群众的出行，制约着农村经济的发展。从2003年起，全市加快实施村村通油路工程建设，市政府成立由分管副市长为组长、有关部门负责人为成员的农村公路改造工作领导小组，并在市交通部门设立办公室，具体负责日常的组织管理工作，将村村通柏油路工程建设目标作为考核干部和部门工作的一项重要内容，明确落实责任，严格兑现奖惩，并出台相应技术标准和补助政策（标准：最低水泥混凝土路面18厘米、沥青混凝土路面3厘米；每千米补助标准为贫困县7万元、百强县1万元、其余4万元），从而调动了地方政府的积极性，农村公路建设进入快速发展时期。2003—2004年，全市农村公路建设累计完成投资额10.80亿元。其中，路面工程完成投资额9000万元，桥梁工程完成投资额0.90亿元。共改造农村公路2359.40千米，建设桥梁29座/2399.40延米。新增通柏油路行政村2402个，新增受益人口114万人。寿光市、奎文区及海化开发区基本实现村村通油路目标。

2005年，全市建设农村公路路面项目692个、1772千米。其中，交通部补助项目31个、共219.60千米，新改造项目619个、共1332.20千米，老柏油路42个、共220.20千米。全年完成投资额6.60亿元，其中，交通部补助项目资金额9000万元、新改造项目资金额4.40亿元、老柏油路项目资金额1.30亿元。

2007年8月，为适应农村公路快速发展的需要，市委、市政府决定成立潍坊市县乡公路管理处，全面负责全市农村公路的建设、养护、管理工作，推动全市农村公路建设。

2011年，山东省启动村级公路网化示范县活动，主要解决村级“断头路”问题，实现主要街道与邻近公路的连接通达；改善和实现村与村（包括50户以上的自然村）之间的必要通达；每个行政村建设1～2条主要街道，改善农村生产、生活环境。潍坊的寿光、高密2市列入第一批网化示范县，建设里程2073.68千米，投资额9.09亿元。

2007—2012年，新建改造农村公路18480千米，完成投资额173.10亿元，占2003年实施村村通柏油路工程之后建设改造总里程的75%。

至2012年底，全市农村公路通车里程达22225.60千米，位居全省第一位。其中，按行政等级分：县道2273.40千米，乡道3483.60千米，村道16331千米，专用路137.60千米；按技术等级分：一级路297.70千米，二级路1804.50千米，三级路2523.30千米，四级路17600.10千米。全市通柏油路行政村总数达到7372个，行政村通柏油路率达到100%，农村公路通畅水平显著提高，交通网络更加完善，为方便群众快捷出行，促进农村产业结构调整，加快城乡一体化建设进程，服务社会主义新农村建设提供了重要的保障条件。

重点县乡公路

X072安孔路（安丘—孔家庄）　该路起点为安丘华安路，终点为孔家庄南部的沂水界，路段长度为51.00千米，纵贯安丘南北，是安丘境内交通流量最大的一条县道。1995—2007年，完成硬化改造。2009—2011年，将部分路段进行大修改造，路面宽7～30米，主要路面结构为16厘米10%石灰土+16厘米12%石灰土+2×18厘米水泥稳定碎石+6厘米沥青混凝土面层，技术等级为二～四级。

X014律南路（律家村—南逯）　该路起点为高密的律家村，终点为安丘的南逯村，是潍坊境内最长的一条县道，贯通安丘全境东西，境内长度为91.20千米。2007—2012年，完成硬化改造，路面宽6～22米，主要路面结构为16厘米10%石灰土+2×16厘米水泥稳定碎石+5厘米沥青混凝土面层，技术等级为一级至四级。

X022安沙路（安丘—沙沟）　该路起点

为安丘，终点为昌乐的沙沟，安丘境内长度为32.30千米，是安丘联系昌乐南部乡镇的主要通道。1991年之前是沙土路面，因关王西段缺少桥涵，道路通行能力较差。1992年9月之后，由关王、慈埠两镇负责整修各自辖区内路基；1993年，由安丘交通局公路工程队承担路面硬化工程，1994年竣工通车。2010—2011年，进行重新改造，路面宽度7～14米，路面结构为16厘米10%石灰土+16厘米12%石灰土+2×16厘米二灰碎石+6厘米沥青混凝土面层，技术等级为二级至三级。

X016诸王路（诸城—王家大村）　该路于1994年3月5日开工修建，10月1日竣工。路段长度为22.50千米，路基宽10米，路面宽7米，路面结构为15厘米10%石灰土+15厘米12%石灰土+3厘米沥青面层。2009年，将西南外环交界处至朱乔路段长度为5.90千米进行改造，路基宽26米，路面宽24米，路面结构为2×15厘米二灰碎石+5厘米沥青混凝土。

X081九杨路（诸城九台—杨家夏庄段）　道路全长29.40千米。1996年3月5日，九杨路程家庄子—杨家夏庄段开工修建，当年5月28日竣工，路段长度为12千米，路基宽10米，路面宽7米，路面结构为15厘米10%石灰土+15厘米12%石灰土+3厘米沥青面层，总投资额220万元。2003年5月10日，九杨路九台—程戈庄段开工修建，当年10月6日竣工，路段长度为10.10千米，路基宽9米，路面宽6米，路面结构为15厘米10%石灰土+15厘米12%石灰土+3厘米沥青面层。2003年5月12日，小桃路桃林段开工修建，当年8月5日竣工，路段长度为8.20千米，路基宽9米，路面宽6米，路面结构为两层15厘米6%水泥稳定风化沙+3厘米沥青面层。2011年，将张家屯东桥—杨家夏庄段进行改造，路段长度为20.90千米，路段跨舜王街道、石桥子镇、贾悦镇3个镇（街道），路面宽7米，路面结构为15厘米配碎石+2×15厘米二灰碎石+5厘米沥青混凝土。

X082小桃路（小寨—桃林）　全长28.50千米。1998年，小桃路小寨—石河头段开工建设，修建里程15.50千米，路基宽9米，路面宽7米，路面结构为15厘米10%石灰土+15厘米12%石灰土+3厘米沥青面层，总投资额387.50万元，被评为优良级工程；该工程列入1998年乡乡通柏油路工程建设计划，争取上级补助资金201.50万元，建成后新通诸城桃园乡和石河头乡。2003年，小桃路桃林段开工建设，起点石河头，终点桃林，修建里程8.20千米，路基宽9米，路面宽6米，路面结构为两层共30厘米6%水泥稳定风化砂+3厘米沥青面层，总投资额160多万元。2007年，小桃路小寨—桃园段开始改建，改建里程6.60千米，路基宽度14米，路面宽12米，路面结构为2×15厘米二灰碎石+3厘米沥青混凝土。

X080方崮路（方市—石门段）　全长50.20千米。1998年，诸城与高密交界处百尺河段开工建设，修建里程7.30千米，路基宽11米，路面宽9米，路面结构为15厘米10%石灰土+15厘米12%石灰土+3厘米沥青面层，总投资额180万多元。1998年3月1日，瓦店—石门段开工建设，修建里程13千米，路基宽9米，路面宽7米，路面结构为15厘米10%石灰土+15厘米12%石灰土+3厘米沥青面层，当年6月30日竣工，总投资额312.50万元，该工程列入当年乡乡通柏油路工程建设计划，争取上级支持资金169万元。2003年2月，百尺河—瓦店段开工修建，里程17.60千米，路基宽9米，路面宽6米，经过百尺河、辛兴、瓦店，当年11月竣工。百尺河段和辛兴段路面结构为15厘米10%石灰土+15厘米12%石灰土+3厘米沥青面层，瓦店段路面结构为两层共30厘米6%水泥稳定风化砂+3厘米沥青面层，总投资额400万多元。2007年8月11日，百尺河—辛兴段开工改建，修建里程7.60千米，潍坊市市政工程设计研究院设计，路面宽分为7米、12米、16米三种，路面结构设计为8厘米沥青面层+18厘米6%水泥稳定碎石+18厘米6%水泥稳定碎石+60厘米石渣处理路基，总投资额1460万元，当年11月19日竣工。2011年，瓦店—石门段改造工程开工，改造里程11.70千米，路基宽9米，路面宽7米，路面结构为7厘米沥青混凝土+2×18厘米二灰碎石+15厘米级配碎石+60厘米石渣。2011年，辛兴镇朱诸路—南环路段改造工程开工，改造里程1.10千米，路基宽18米，路面宽16米，路面结构为15厘米级配碎石+2×15厘米二灰碎石+5厘米沥青混凝土。

（X026370783）**寿尧路**　1977年修建。寿尧路北起寿光市区与南环路相接，南至昌乐尧沟镇与309国道相连，途经圣城街道、孙家集街道、纪台镇，在纪台镇与青银高速公路相连接。该路20.50千米，其中一级路14.32千米、三级路6.20千米。

寿尧路

（X027370702）**杏埠—边王线**　1989年修建。该路东起潍城区杏埠镇，与323省道相接，西至寿光市孙家集街道的边线王村，在青州境内与226省道相接，途经稻田镇、纪台镇、孙家集街道。在稻田镇境内与224省道、羊田路交汇相连，在纪台镇境内与寿尧路交汇相连，在孙家集街道境内跨越益羊铁路向西直通226省道，长

杏埠—边王线路

度为32.10千米，其中一级路（与寿尧路重合部分）2.60千米，二级路2.60千米，三级路18.58千米，四级路10.90千米。

（X029370783）**广陵—庞项**　1989年修建。该路东起寿光上口镇小营村东，与320省道（辛沙路）相接，西到广饶县旁项镇，途经上口镇、营里镇、田柳镇、台头镇，由台头镇的明楼村西进入广饶县。寿光境内路段长度为31.85千米，其中一级路5.65千米、二级路17.55千米、三级路8.65千米。

广陵—庞项路

（X030370703）**央子—营里**　该路东起寒亭区央子镇与潍坊港进港路连接，西至营里镇与羊临路相接，途经滨海开发区并与224省道相接，该路长度为40.45千米。南大路从营里（原南河）至原滨海开发区大家洼镇，路段长度为15.98千米。1957年修建为沙土路，1987年改建

央子—营里路

为柏油路，油面宽6米。经过1999年、2006年两次拓宽改造。2006年的维修改造将路面由沥青碎砾石改为混凝土路面，并拓宽路面至12～24米，其中，道口工业园至道口中学路段1.51千米为一级路，路基宽28米，路面四车道宽24米，设计时速80千米；其余路段9.85千米为二级路，路基宽14米，路面宽度12米，双车道，设计时速60千米。

（X058370783）卧甲路　1989年修建。卧甲路北起寿光羊口镇卧铺村，南至孙家集街道一甲村，途经双王城生态经济园区、台头镇、田柳镇、古城街道、文家街道、圣城街道，连接8个乡镇（街道），纵贯寿光西部全境，是寿光境内连接乡镇（街道）最多，线路最长的县路。该路长度为47.16千米，其中，一级路0.46千米、二级路9.89千米、四级路36.81千米。

卧甲路

X055横里路—徐家　该路为二级路，路段长度为14.80千米。1977年建成，2005年改建。路面结构为3层18厘米二灰碎石+10厘米沥青混凝土。

X001370702潍坊—昌乐　路段里程19.40千米，道路等级为二级，路面结构为沥青混凝土，路基宽14米，路面宽12米。1992年修建，2010年改建。

X002370702大圩河—昌乐　路段里程19.90千米，等级为二～三级，路面结构为沥青混凝土，路基宽12米，路面宽10米。1999年修建，2004年改建。

X032白洋口—寺头　全长28千米，北起青州白洋口村，途经临朐五井镇，在五井镇政府驻地与省道（S327）临仲路相交，向南在寺头镇与省道潍九路（S223）交汇，是临朐县境一条南北方向的重要大通道，途经30个村庄，受益人口22329人。其中，五井镇辖区内18.72千米，寺头镇辖区内7.69千米。该路于1974—1982年修建，为砂石路。2008年，将临仲路向北至青州界进行了硬化改建，公路为四级标准，水泥混凝土路面，路基宽6米，路面宽4米；临仲路向南至寺头镇按公路四级标准改建，路基宽7米，路面宽5米，沥青混凝土路面。

X040黄楼—营子　该路长度为18千米，属县道，北起龙山高新技术产业园与青州黄楼镇交界处，南至临朐东城街道曾家小庄村与省道潍九路（S223）交汇，是临朐东北部的一条重要出境道路，途径20多个村庄，受益人口1.14万人。其中，龙山高新技术产业园辖区内8.55千米，东城街道辖区内4.53千米。1970年，该路按公路四级标准修建；1998年，按公路三级标准改建。沥青混凝土路面，路基宽9米，路面宽7米。

X088高双公路　东起高密城区，西至双羊镇驻地与北井路连接，该路长度为18.70千米。

其中东端5千米为市区凤凰大街。1986年修建，路基宽8米，沥青路面宽6.50米。其中小桥10座，涵洞17道，道虹吸2处。1995年，将路基拓宽为14米，铺设沥青路面宽为12米。2000年之后，阚家镇路段路面拓宽至14米，双羊社区路段路面拓宽至18米。

X087东风—官庄 西起高密夏庄大街南端潍胶路，途经夏庄、河崖、胶河疏港物流园区至孙家口胶州界，该路长度为19.30千米。1986年修建，路基宽9米，路面宽8米。1997年拓宽，夏庄、河崖、大栏驻地按一级路标准，路基宽18米、路面宽16米。其他路段按二级路标准，路基宽14米，路面宽12米。

X003瓦杨路 该路起点为省道新海路，终点为坊子杨庄。1995年修建，为泥结炉渣路面。在潍坊境内路段称官瓦路（寒亭官桥—龙池瓦城），路段长度为39.60千米，2003年定为县级路。1996—1997年，昌邑公路局投资1586万元，将新海路—博乐埠段按照平原微丘二级路的标准进行改建，路基宽11米，路面宽9米，石灰土稳定基层，3厘米沥青罩面。2000年，昌邑公路局投资320万元，将新海路—柳龙路段长度为5千米进行改建，新建路面宽7米，路基结构与靶博路段相同。2005年，昌邑市交通局投资260万元，将境内全线损坏严重路段进行二灰碎石换填及铺筑沥青混凝土路面。

X004朱寒路 东起朱里镇（县道灶上路），西至寒亭段，路段长度为16.70千米。2007年，寒亭交通局将该道路进行拓宽改建，路面宽7米，为沥青路面。

X005灶上路 灶户—寒亭上游，路段长度为35千米（原称昌灶路，昌城—灶户），该路是昌邑中部纵贯南北的交通干线。城区部分称为青年路（现北海路）。1994年，昌邑公路局投资2420万元，分段将1985年铺筑的沥青路面进行全线改建。柳疃—灶户段拓至路基宽9米，路面宽7米；昌柳路段路基宽17米，路面宽15米；206国道至昌邑与寒亭交界处路段路基宽9米，路面宽7米。以上各段路面为石灰土稳定基层，3厘米沥青罩面。青年路段路面宽度拓至16米，改建为水泥混凝土路面。2001年，昌邑公路局投资160万元，将柳疃—灶户段进行整修，同时将柳疃镇区段路面宽度拓至20米，路面结构为石灰土稳定基层，20厘米C30水泥混凝土路面。辛沙路北—灶户段改建为沥青混凝土路面，路面结构为15厘米石灰土基层，3厘米沥青混凝土路面，路面宽7米。2003—2005年，昌邑财政拨款280万元，将柳疃—青乡、李家埠—柳疃段进行挖补罩面，路面均为3厘米沥青罩面，并铺装高起路沿石。城区—李家埠和国道206—南环路段，路面宽度分别拓至24米，路面改建为15厘米石灰稳定基层，20厘米C30水泥混凝土面层。2006年、2007年，昌邑交通局分别将李家埠—新海路段、新海路—灶户段进行拓宽改建，路面宽24米，为沥青路面。（2001年，全国公路普查中定名为灶上路）

X034穆村—邵家庄 位于奎文区境内，起点为与坊子交界处，终点与奎文环城路交接，路段长度为20.10千米，双向四车道，设计时速60千米/小时，二级公路，水泥混凝土路面。该路1984年建成，2005年改建。

穆村—邵家庄路

图5－1－1 潍坊境内国道、省道公路简图

X032白寺路　青州王坟镇白羊口—临朐寺头。1982年，王文公路建成通车；省交通厅批准修建“白（羊口）五（井）路”，1982年开工，1983年5月竣工通车。青州境内路段长度为1.59千米，路面宽6米，为碎石路面。建有3孔-10米中桥1座，投资额5.77万元，由益都公路站设计并组织施工。1986年10月，经潍坊市公路局批准，将白五路定为县路，由青州公路站管养。2006年，临朐境内延伸至寺头镇，改称“白寺路”，铺设沥青路面。2009年，青州市政府投资70万元，将青州境内路段进行改造，路面宽5米，水泥混凝土路面。

X033口齐路　青州口埠至临淄齐陵镇，青州境内路段长度为19.13千米，是青州北部的重要道路，由东向西途经北口埠、前演马、孙板、徐集、郑家庄、高柳、南石塔等村至青州西界，在高柳建有中型桥梁。1966年，由益都县交通局规划、设计，组织沿途群众修建口埠至孙家庄路段。1975年，在农田基本建设中将道路改建，路面宽4米。1987年，潍坊市公路局命名“孙（家庄）口（埠）公路”，由青州市公路站管养。将路面进一步拓宽，路基延伸至青州市与临淄区交界处。2002年，在公路普查中定名为“口齐路”。

2012年潍坊辖区公路基本情况表

表5－1－1　　单位：千米

按行政等级分		按技术等级分		按路面类型分	
合计	24456.00	合　计	24456.000	合　计	24456.00
国道	672.10	高速公路	427.70	有铺装路面	18690.60
省道	1558.40	一级公路	1359.00	其中：沥青混凝土路面	9317.10
县道	2273.40	二级公路	2545.90	水泥混凝土路面	9373.50
乡道	3483.50	三级公路	2523.30	简易铺装路面	452.40
专用公路	137.60	四级公路	17600.10	未铺装路面	5313.00
村道	16331.00				

1991—2012潍坊辖区公路建设情况表

表5－1－2

年　份	公路建设投资（亿元）	公路通车里程（千米）	公路密度（千米/百平方千米）
1991	4.47	5120.00	29.60
1992	—	6350.00	36.70
1993	—	6243.00	39.40
1994	—	6857.60	43.30
1995	3.45	6721.30	42.40
1996	2.24	6948.20	43.80

续表5-1-2

年　份	公路建设投资（亿元）	公路通车里程（千米）	公路密度（千米/百平方千米）
1997	4.85	7076.70	44.60
1998	7.48	7118.60	44.90
1999	8.38	7237.90	45.60
2000	4.90	7400.90	46.70
2001	6.20	7435.60	46.90
2002	11.25	7476.20	47.10
2003	10.70	7616.40	48.03
2004	17.50	7673.70	48.40
2005	18.60	7937.20	50.00
2006	18.30	19739.90	124.00
2007	42.20	21042.60	131.50
2008	46.30	21996.30	137.40
2009	49.60	22632.00	141.40
2010	60.40	23180.80	144.80
2011	52.50	23694.30	148.00
2012	50.80	24456.00	151.50

说明：从2006年起，公路统计增加村道数据（2005年以前未包含村道）

第二节　铁路

潍坊境内现有胶济、胶新2条国家铁路和大莱龙、益羊、青临3条地方铁路。其中，胶济铁路始建于1899年，是潍坊境内第一条铁路。胶新铁路于2003年建成运营。益羊铁路始建于1984年5月，是潍坊境内最早的地方铁路。青临铁路始建于1993年6月，是潍坊市自筹资金建设的Ⅰ级地方铁路。大莱龙铁路潍坊段于1998年11月开工建设。2012年，潍坊境内铁路总里程443.8千米，呈“一纵三横”布局。

国家铁路

胶济铁路　胶济铁路位于山东境内，是山东半岛的重要运输干线和联结沿海与内陆的主要铁路干线之一。铁路东起青岛西止济南，始建于1899年，于1904年建成通车。线路长度393千米，共设立各类车站36个。营业线路长度384.20千米，是连接济南、青岛两大城市，横贯山东的运输大动脉，与邯济线一起构成晋煤外运的南线通道，是青岛、烟台等港口的重要疏港通道。2006年，电气化改造之后，胶济铁路全线共设各类车站35个。胶济线东自青岛站引出，在蓝村站北接蓝烟线，在胶州站南接胶新线、胶黄线，在高密市芝兰庄站接海青线，在青州市站北接益羊线，在临淄站南接辛泰线，在淄博站北接张东线，南接张博线，在济南站西接京沪线。全线属济南铁路局管辖。

至1994年底，管区内主要运输设备有：客运候车室16座、总面积3502平方米；客运站台31座，总长度8432米；地道3座，88横延米。货运设备有：货物装卸线47条、21656延长米；货物站台32座、67199平方米；综合货场18座、644283平方米；货运仓库33栋，总面积14483平方米；联营货场6座，16.47万平方米；装卸机械33台，固定机车（调车机）5台；调车无线对讲机260部；长途电话交换机1600门；工务动力机械112台。胶济线双线行车，线路区间实行自动闭塞；各站均安装电气集中联销设备，24小时内列车通过量为68对，其中旅客列车18对，货物列车50对。至2000年底，潍坊车务段共有线路158条，114651延长米。其中，正线37条、32210延长米，到发线55条、44047延长米，调车线14条、9519延长米，牵出线6条、3615延长米。跨线天桥1座。货运仓库30栋、总面积15968平方米；车机联控、调车电台588部。固定资产原值11601.70万元、净值9392.50万元。

2001年，胶济线电气化改造被列为重点工程，同时潍坊火车站改建被纳入整个胶济线电气化改造方案并经国家计划委员会立项通过。2003年2月19日，胶济铁路开始进行电气化改造工程，该工程于2005年6月全面竣工，成为山东省第一条实现电气化的铁路线。该铁路线于2005年9月实施第一次提速，使青岛至济南的快速旅客列车运行时间由过去的4小时缩短至3小时。2006年进行新的提速，引入动车组。在2007年4月18日全国铁路第六次大提速时，开行时速为200千米的动车组列车，即墨高密段最高时速可达250千米。2007年1月8日，胶济铁路客运专线工程开建，2008年5月31日前铺设完成，并于奥运会帆船赛之前通车，通车后青岛至济南的直达列车仅需两小时，沿途设有13个车站，2008年12月21日全线建成通车。该工程总投资额约为95.80亿元。胶济客运专线基本上与原胶济线平行，东起青岛，向西经潍坊、淄博至济南，沿线共设13个车站，设计客运正线长度为362.50千米，比原铁路线缩短21.50千米。铁路等级为客运专线，客运线速度目标值为每小时200～250千米，采用电力机车牵引，投入使用后实现了铁路运输的客货分离，从根本上解决了客货混行、运输负担重的问题。该项目由专门成立的客运专线有限责任公司承建。

胶济铁路沿线车站一览表

表5—1—3

站　名	中心里程（K千米+米）	等　级	站　名	中心里程（K千米+米）	等　级
青岛	K0+398	特	青岛西	K55+200	一
四方	K6+666	三	胶州	K72+720	二
沙岭庄	K11+309	二	姚哥庄	K89+397	三
青岛北	K17+029	特	高密	K98+715	二
娄山	K21+802	二	蔡家庄	K104+998	四
城阳	K30+579	三	昌邑	K115+854	四
即墨	K42+594	四	安丘	K134+540	四
蓝村	K51+711	二	潍坊东	K147+536	三

续表5-1-3

站　名	中心里程（K千米+米）	等　级	站　名	中心里程（K千米+米）	等　级
潍坊	K162+012	一	淄博	K269+930	一
潍坊西	K168+708	二	马尚	K274+084	四
昌乐	K185+620	二	周村	K282+380	二
谭家坊	K200+792	四	王村	K295+221	三
青州市	K216+966	二	章丘	K336+100	二
普通	K225+036	四	平陵城	K355+969	四
临淄	K238+004	二	历城	K369+249	二
东风	K257+100	一	黄台	K378+613	二
金岭镇	K261+031	三	济南东	K380+794	二
湖田	K266+311	三	济南	K384+588	特

胶新铁路　该铁路从山东省胶州至江苏省新沂市，全程长度为306.60千米，连接胶济铁路与陇海铁路。从胶济铁路的胶州站，向南经诸城、五莲、莒县、沂水、沂南、临沂、郯城，至陇海铁路的新沂站，与新长线相连。2001年12月10日开工建设。2003年10月21日，经铁道部验收委员会同意，胶新线交付运营；12月，提前一年竣工通车。2004年9月，铁道部在胶新线进行120千米/小时的货物列车重载试验取得成功。济南铁路局作为胶新铁路的建设单位，以“快速、有序、优质、高效”的建设方针，用24个月新建306.60千米Ⅰ级铁路并投入运营，积极探索出新线建设管理的新途径。该路全线一次开通，列车以100千米/小时速度运行，创下新线铁路以100千米时速投产运营的“先河”，创出新建铁路的最高纪录，被国家和山东省评为环保铁路。为缓解国家既有线改造“样板工程”——胶济铁路电气化工程带来的运输压力，每天开行16对图定列车，至2012年底，已安全分流货物列车1.32万列。

地方铁路

益羊铁路　1984年5月—1987年5月修建，是潍坊境内最早的地方铁路。益都（今青州）至羊口全程正线长度为72.27千米，1986年2月投入运营，直属于山东省地方铁路局管理。益羊铁路分两次修建。第一期工程，益都至大家洼段1984年5月4日动工修建。1987年5月4日建成通车，1988年2月运营，总投资额11629.20万元。第二期工程，1991年10月15日，宅科至羊角沟段动工修建，1993年12月30日全线竣工。1994年2月投入运营，总投资额3200万元。铁路等级：I级地方铁路；正线数目：单线；限制坡度：5‰；到发线有效长度：850米，有条件预留1050米；最小曲线半径：一般为600米，困难地段400米；牵引种类：前进型蒸汽机车；牵引定数：3300吨；机车交路：肩回式；闭塞方式：继电半自动。轨距为1.435米；轨枕为69调质混凝土枕，每千米铺1600根；道床石碴厚20厘米，沙垫层厚20厘米，非渗水土壤路基宽6.20米；桥涵设计荷载为-22级活载，一般桥梁、涵洞以及桥涵附件

益羊铁路全线铺轨

近路肩设计洪水频率为50年一遇，弥河特大桥检算洪水频率为百年一遇。全线建成特大桥1座、1123.9延长米，中桥9座、469延长米，小桥6座、161.05延长米。第一期工程开行零担，解结列车各1对1；货物列车3对，济南至大家洼旅客列车1对，第一期工程区间设计通过能力22对，第二期工程30对，第一期工程需要通过能力9.5对；第一期工程年调查运量300万～500万吨，周期年输送能力为1100万吨，第二期工程1500万吨。

青临铁路　是潍坊市自筹资金建设的一条Ⅰ级地方铁路，位于青州市和临朐县境内。该铁路北起胶济铁路青州市南站，南至临朐冶源，全程正线长度为36.40千米，铺轨45千米，沿线经过青州市、临朐县境内的6个乡镇、60多个村庄。1993年9月—1994年10月，济南铁路局勘测设计院陆续完成青临铁路工程建设施工图设计。1993年6月28日，青临铁路开工仪式在青州市与临朐县交界处的石沟河大桥举行，正式开工建设。1996年12月30日工程全线竣工，总投资额1.45亿元。1997年10月31日，青临铁路建成通车，是年11月9日，开办临管运营。牵引动力原为蒸汽机车，后改为东风4型内燃机车，运输组织形式暂按专用线办理。青临铁路大中桥涵主要有南阳河桥、尚家庄桥、胶王路立交桥、石沟河桥、羊临路立交桥和黄龙沟桥等，设李家河站、弥河站、临朐站、冶源站共4站及张家河货场。时任中央军委副主席、国防部部长迟浩田给青临铁路题词：“铁路通，青临兴。”

与青临铁路建设同步，1994年2月15日，市政府印发《关于成立潍坊市地方铁路建设指挥部的通知》，12月22日成立潍坊市地方铁路管理局，为市交通委员会所属正县级事业单位，经费自收自支。1996年8月28日，市政府办公室印发《关于成立潍坊市青临铁路临时运营管

1996年12月青临铁路建成通车实况

理处的批复》，同意成立潍坊市青临铁路临时运营管理处，为全民所有制中型（一）企业指挥部已经改为管理局，1997年10月开通运营至2002年4月，共实现运量205.19万吨，实现运输收入1275.82万元。经市政府同意，2002年5月山东省青临铁路有限责任公司组建。2008年5—10月，建成青临—益羊联络线工程，全线道口42处，其中监护道口21处、看守道口6处、无人看守道口8处，人行过道7处。自1997年10月建成运营之后，立足当地矿产资源优势，将青临铁路发展与地方矿产资源开发紧密结合，临朐西南部山区碱石开采形成一定规模，运量占到青临铁路货运量的80%。2005年3月，青临铁路因胶济铁路电气化改造停运18个月。其间，由济南铁路局投资，中铁二局承建，改移青临铁路7千米，并建设上跨胶济线立交桥一座。2007年8月，青临铁路DK3+700/DK6+300段改移高路基两侧3.425KM段路基严重滑坡，道床下沉，枕木悬空，造成中断行车18天。2008年9—11月，投资96万元，将青临铁路高路基进行护坡加固。2011年9月，高路基地段因工程内在质量问题路基主体坍塌中断行车，青临铁路全线运输再度中止。

2001年大莱龙铁路正式铺轨

2002年12月大莱龙铁路开通运营

大莱龙铁路　位于山东省东北部渤海湾地区，是省政府确定的重点工程项目和国家2000亿元经济拉动项目之一，是山东省环渤海经济发展战略的重要组成部分。1997年10月31日，大莱龙铁路经省计委批准立项。1998年11月，山东大莱龙铁路潍坊段开工建设。该铁路西起益羊铁路大家洼站，向东经潍坊市境的海化开发区、寿光、寒亭、昌邑4市区，进入青岛市境的平度、烟台市境的莱州、招远、龙口，全线长度为175千米，概算投资额14.07亿元，其中潍坊段长度为68千米，概算投资额5.60亿元。1999年底，完成全段大、中桥主体工程，2002年12月28日建成通车。铁路等级：I级地方铁路；正线数目：单线；限制坡度：4‰；到发线有效长度：850米；最小曲线半径：一般地段800米，困难地段400米；牵引种类：内燃机车；机车类型：DF4型；牵引定数：4000吨；闭塞类型：继电半自动；年货运量近期1840万吨，远期2540万吨。工程用地841公顷，土石方769.90万立方米，特大桥4座（3375.60延长米），中大桥53座（6694.14延长米），小桥14座（313.64延长米），涵洞548座（7450.60延长米），正线铺轨166.40千米，站线铺轨22.54千米，道岔89组，正线每千米造价

520万元。

第三节　港口

港口发展

潍坊港位于山东半岛西北部，渤海莱州湾南岸，地理概位北纬37°14'，东经119°11'。东距烟台港146海里，西距天津港155海里，北距营口港235海里。进出港道路与央赣、新海、G206、G309等干线公路及青银、潍莱、东青等高速公路相连接，距潍坊中心城区50千米。潍坊港拥有海岸线140千米，划分为东、中、西三个港区。

潍坊港第一条集装箱航线开通　　（2012年12月拍摄）

潍坊港夜景　　（2012年拍摄）

2005年以前，潍坊市主要有羊口港、下营港和潍坊北港3处港口。下营港建成于1979年底，1980年投产。90年代以来，由于航道、港池淤积严重，疏浚维护困难，下营港吞吐量逐年萎缩，至2003年正式停止运营，后主要供昌邑沿海渔船停靠卸货、补给。羊口港始建于清同治三年（1864）。1978年，在老港区东部建成岸线长300米的9个100吨级内河泊位和长100米的2个500吨级海船泊位，形成了现在羊口港的雏形。1996年末，羊口港共有泊位15个，其中内河100吨级泊位9个，海船500吨级泊位6个，码头岸线总长486米。潍坊北港始建于1985年4月，至1986年10月，建成疏港公路8.2千米，港台护砌、围堰890米，回填土方25万立方米。1988年6月，港区公路、围墙、码头工程竣工投产。1989年12月，300吨储油罐工程完工。90年代以来，由于白浪河上游来水水量不足，河口已成潮汐道，海岸、海洋来沙量大，港池回淤严重，潍坊北港于90年代中期停止运营。1996年初，市委、市政府决定以原潍坊北港为依托进行改造扩建，同年5月，潍坊港二期扩建工程开工建设。1998年完成万米引堤、720米防波堤和2个3000吨级通用泊位的建设，10月实现通航运营，2003—2004年投资建设2个3000吨级通用泊位。2005年后，潍坊市对沿海港口资源进行合理有效的配置和整合，港口建设迅速发展。2005年9月5日，潍坊港有限责任公司与马来西亚森达美集团合资成立潍坊森达美港有限公司，森达美集团投资15亿元，建设万吨级码头和万吨级航道及防波挡沙堤工程。2007年11月，经国务院批复同意，潍坊港为国家一类开放口岸，于2009年7月28日正式对外开放。2010年12月28日，潍坊港1万吨级码头举行通航仪式，3个1万吨级码头建成投运。至2012年底，潍坊港共拥有1万吨级泊位3个，5000吨级泊位4个、3000吨级泊位5个、1000吨级泊位4个，码头岸线1595米，港口设计吞吐能力达到859万吨。码头后方货场面积12万平方米，仓库储货能力5000吨。“十一五”期间，潍坊港口吞吐量以年均近33%的速度递增。2012年，潍坊港口完成货物吞吐量2031万吨，跻身山东省地区性重要港口行列。

港口规划

2006年4月，潍坊市交通局港航管理处委托中交第一航务工程勘察设计院展开《潍坊港总体规划》（以下简称《规划》）的编制工作。同年9月7日，《规划》通过潍坊市政府组织的专家评审。2007年3月，经市政府常务会议研究决定，《规划》正式批复实施。根据《规划》，形成以中港区为主体，以内河港区相配套，突出不同功能特色，协调发展总体格局。2010年底，省政府批准潍坊港由地方一般性港口提升为地区性重要港口。为适应新形势和要求，开始新一轮的《潍坊港总体规划》（简称新《规划》）编修工作。2011年6月，市政府常务会议通过新《规划》，11月10日，受省政府委托，省交通运输厅在潍坊组织召开新《规划》（报批稿）审查会议，通过评审。2012年1月，山东省政府与交通运输部正式批复实施新《规划》。新《规划》根据交通运输部和专家审查会意见，把潍坊港的发展同“蓝、黄”两大国家战略的实施相结合，定位为山东省综合运输体系的重要枢纽和地区性重要港口，提出积极发展集装箱运输和客滚运输等更高的要求；将潍坊港划分为中、东、西三个港区。中港区（潍坊港）：潍坊港的主体港区，位于潍坊滨海经济开发区海岸，以散杂货运输为主、临港工业所需原材料及产成品运输为辅的综合性港区，服务带动潍坊市及周边地区经济社会和滨海经济开发区临港产业发展。西港区：地处寿光市羊口镇东部，主要为后方农业产业园及现代制造业园区服务，积极开展海河联运。东港区（昌邑港）：位于昌邑市北部海岸，主要为后方滨海开发区发展建设服务。潍坊港“一主两辅、功能互

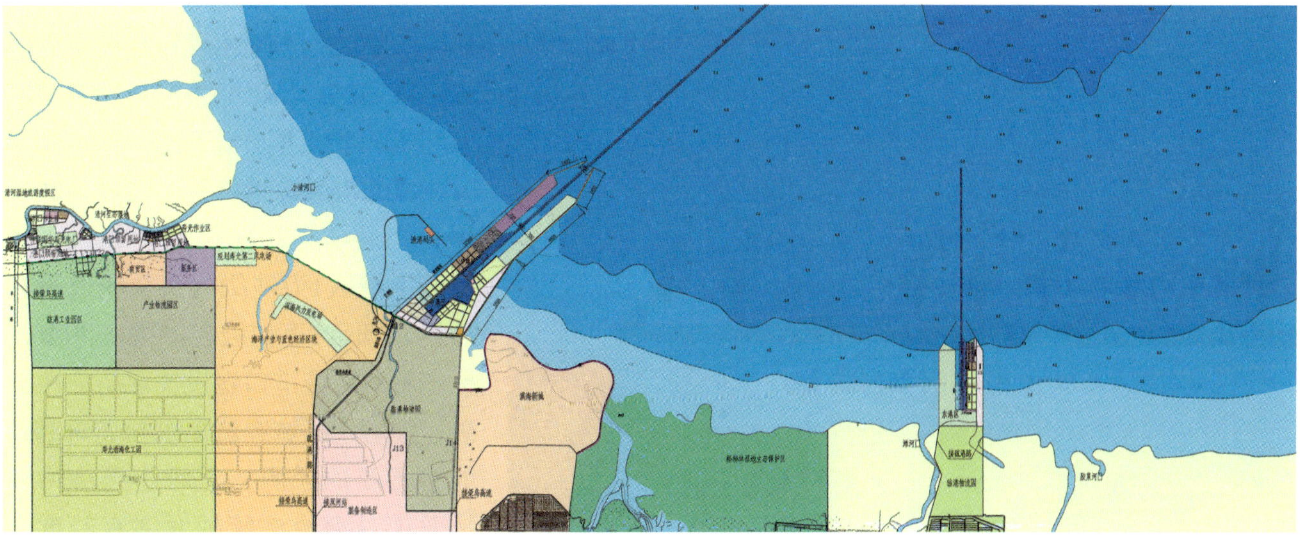

图5—1—2 潍坊港规划图

补、多点并进、统筹发展”的框架初步构成。

港口建设

中港区　90年代初期，潍坊北港（央子港）因航道淤积，亟需疏浚。经交通部天津水运工程科学研究所对水文、气象、泥沙、潮汐、波浪、冰况、底质和地貌进行连续观测，建立物理模型，根据自然条件分析，认为潍坊沿海具备建设大中型港口的条件，遂由航道清淤转为改扩建港口，并展开工程可行性研究论证等前期工作。1990年8月30日，市交通委向市政府呈报《关于加快发展我市港航事业的报告》，规划了潍坊港航事业的发展方案。1990年11月17日，交通部部长钱永昌考察潍坊北港，对港口的规划给予肯定。是年11月19日，潍坊市交通委与交通部天津科研所商定，由交通部一航院参与并主持潍坊港建设预可研工作。1993年5月31日，潍坊港建设指挥部正式成立，港口建设正式启动。1996年3月初，潍坊港建设指挥部更名为潍坊港港务管理局，具体负责潍坊港的建设工作，实行承担筹资、建设、管理、还款的责任机制，保证国有资产的保值增值。是年6月10日，市政府在潍坊港二期扩建工程施工现场举行潍坊港引堤工程奠基仪式，潍坊港二期扩建工程正式开工。

潍坊港中港区　　(2012年拍摄)

1996年底—1998年，潍坊港码头进入实质性建设阶段。经过两年的施工，潍坊港二期扩建工程累计完成工程投资额3.29亿元，提前一年完成1万米引堤、720米防波堤和2个3000吨级通用泊位建设工程。1998年10月，潍坊港扩建工程完工并正式通航，提前18个月实现通航运营。此后，潍坊港的工作重心由建设转向经营，航线陆续拓展开通。1999年，潍坊港完成港口货物吞吐量72万吨，超额完成年度任务目标。

进入21世纪，潍坊港一批3000～5000吨级泊位相继建设投产，1万吨级码头工程方案开展前期筹备，港口规模持续扩大，以铝矾土、煤炭、盐、液体化工为主要货种，各种装卸设备和工具充实装卸生产，港口配套设施不断完善。2003年5月15日，经山东省发改委批准，2个3000吨级散杂货泊位开工建设，设计通过能力97万吨，该工程于2004年6月10日竣工投产。同年8月16日，潍坊港1万吨级码头工程方案论证会召开。2004年1月1日，潍坊港有限（责任）公司正式挂牌成立。

2006年7月19日，潍坊港1万吨级码头建设准备工程开工，2007年3月24日，潍坊港1万吨级码头工程通过立项审查，1万吨级码头工程及配套航道、防波挡沙堤工程可行性研究报告评审通过。是年6月18日，潍坊港1万吨级码头工程开工建设。2008年4月，潍坊港西疏港路开工建设，2010年正式通车。2010年12月22日，潍坊港中港区1万吨级码头及航道正式启用，满足1万吨级船舶进出港口，标志着潍坊港港口建设实现历史性突破，缓解了区域经济需求与港口通过能力不足的矛盾，对潍坊经济特别是北部沿海经济跨越发展有着重大意义。

“十一五”期间，潍坊港港口、航道等基础设施建设累计完成投资额16亿元，新增港口通过能力605万吨。潍坊港中港区3个3000吨级散杂货泊位竣工投产，3个1万吨级通用泊位码头主体工程交工验收并投入试运行，1万吨级航道达到1万吨级船舶乘潮进出条件。

至2012年底，潍坊港共拥有1万吨级泊位3个、5000吨级泊位4个、3000吨级泊位5个、1000吨级泊位4个，码头岸线1595米，港口设计吞吐能力达到859万吨。潍坊港已经基本形成以散杂货、液化品运输为主，积极拓展集装箱运输和甩挂滚装运输的发展格局，初步具备装卸存储、中转换装、运输组织、临港工业、通信信息、综合服务及现代物流等多种功能。

中港区西作业区（12号、13号、14号）。该作业区有3个1万吨级通用泊位（12号、13号、14号）。该工程由潍坊森达美港有限公司投资，总投资额5.15亿元，设计年吞吐能力400万吨。工程于2008年7月开工，码头岸线长度为510米，前沿设计水深-9.80米，码头顶高程5.0米，护岸1177米，疏港路堤4629米，堆场道路13.60万平方米。2010年12月23日，进行交工验收并投入试运营。

中港区东作业区（1号、2号）。该作业区有2个3000吨级通用泊位（1号、2号）。该工程由潍坊森达美港有限公司投资，总投资额0.31亿元，码头岸线长度为354米，前沿设计水深-9.80米，码头顶高程5.0米，配套建设生产、生活辅助设施，设计年通过能力168万吨。该项目于2003年5月开工建设，2007年8月竣工验收。

中港区东作业区（3号、4号）。该作业区有2个3000吨级通用泊位（3号、4号）。该工程原称潍坊港扩建工程，由潍坊市投资建设2个3000吨级通用泊位（兼1个滚装泊位），码头岸线长度为260米，前沿设计水深-8.10米，码头顶高程5.0米，配套建设生产、生活辅助设施，项目总投资额2.20亿元，设计年通过能力97万吨。1996年5月开工建设，1998年10月由省计委批复，1999年5月通过竣工验收，2010年提升靠泊等级至5000吨级。

中港区东作业区（5～7号）。该作业区有3个3000吨级通用（杂货）泊位（5～7号）。该工程由潍坊港有限公司投资，码头岸线长度为375米，前沿设计水深-7.0米，码头顶高程5.0米，配套建设生产、生活辅助设施，项目总投资额0.69亿元，设计年通过能力135万吨。该项目可行性报告于2005年4月由省发改委批复，2007年9月取得岸线批复，2007年10月该项目取得初步设计批复，2005年4月开工建设，2008年9月通过竣工验收。

潍坊港中港区东作业区（1～4号）
（2010年拍摄）

潍坊港中港区东作业区　　（2008年拍摄）

中港区东作业区（1G·2G）。该作业区有2个3000吨级通用泊位（1G·2G）。该工程由潍坊森达美港有限公司投资，码头岸线长度为300米，前沿设计水深-7.0米，码头顶高程5.0米，项目总投资额0.75亿元，设计年通过能力110万吨。该项目于2010年4月取得项目初步设计批复，同月开工建设，6月通过竣工验收。9月，提升靠泊等级至5000吨级。

潍坊港中港区东作业区（1G·2G）（2010年拍摄）

西港区作业区　西港区羊口作业区（羊口港）位于渤海莱州湾南岸的寿光市羊口镇，是山东省小清河航运局管理的省属港口。经过多年建设，到20世纪末，羊口港已拥有铁路专用线5000多米，有7个码头、15个泊位，其中河内泊位9个，海船泊位6个，码头岸线850米，前沿码头水深-4.50米，2500吨货船可乘潮出入。羊口港航道为自然航道，长度为18.50千米，宽度50～100米，水深-0.9～5米；有拦门沙碍航，其上水深最浅为-0.9米。港区内有硬货场地5万平方米，库房近1000平方米，有铲车7部、大型电吊3台、输送机19台，供油、供水、供电设备齐全，港口年设计吞吐能力120万吨。1995年1月14日，被省政府批准为二类口岸。羊口港的货物运输主要以散货为主，有原盐、纯碱、化肥、建材、粮食、煤炭等种类。

西港区羊口作业区通用泊位（4～8号）。该项目由山东交运集团小清河航运管理局羊口港务局建设经营，始建于1976年。1978年建成9个100吨级内河泊位和2个500吨级海船泊位，岸线总长度约400米。为适应港口发展需要，1991年建成500吨级海船泊位4个（4～7号），后改建为1000吨级。2010年，新建1个1000吨级海船泊位（8号）。至2012年底，实际运营1000吨级通用泊位5个，利用岸线长度470米，前沿设计水深-5.0米，设计年通过能力93万吨。

第四节　机场

潍坊机场位于潍坊市区南郊，距市中心7千米，始建于1951年。潍坊机场飞行区等级为4D级，跑道长度2600米，可起降B-767及以下机型，民用停机坪面积3.80万平方米，可供7架C类飞机同时使用。机场总建筑面积19182平方米，建有航站楼、航管楼、消防救援站、货运仓库、自动气象观测站等配套设施。机场航站区布局合理，安装了国内外先进的航管、通信、气象和导航设施，可保障机场24小时开放。能满足年客运吞吐量32万人次，年货邮吞吐量2万吨的需要。

1991年，济南军区空军决定对潍坊机场进行翻修，潍坊市政府抓住机遇，与空军一起投资扩建潍坊机场。1993年5月31日，潍坊机场扩建工程指挥部成立。7月3日，潍坊机场一期扩建场道工程开工，11月竣工；1994年，潍坊市政府投资180万元，购置部分专用车辆和新建自备井等配套设施，并将原候机厅扩建为1000平方米。1996年1月14日，潍坊机场通过国家民航总局组织的正式验收，并由国家民航总局颁发对民航运输企业开放使用证书，4月4日，潍坊机场正式开通潍坊至北京、广州民航航线。

1996年4月起，随着潍坊国际风筝会的召

潍坊机场鸟瞰 （2012年拍摄）

飞机3747架次，完成旅客吞吐量14万人次、货邮吞吐量1.8万吨；新开通深圳到泉州货运航线，潍坊机场货运量在全国187个机场中列43位，省内排名第四。

开，潍坊的民航事业不断发展壮大。潍坊机场坚持“客货并举、以货促客、同步提高、平衡发展”的工作思路，逐步发展为拥有北京、上海、广州、深圳、杭州、宁波、大连、沈阳8条国内航线，深圳、杭州、泉州3条货运航线，每周90个航班，年运送旅客40万人次，货运量2万吨的现代化机场。初步形成连接枢纽，贯通南北的航线网络和客货均衡兼顾、货运特色突出的发展格局。

为拓展城市发展空间，保障市民安全，实现城市建设和军民航空发展的共赢，从2009年开始启动机场迁建工作。潍坊机场搬迁被列入国家民航局“十二五”发展规划以及山东省加快民航业发展规划，确定将在“十三五”期间完成机场搬迁。新机场仍为军民合用机场，定位为国内支线机场、口岸开放机场。

2012年，潍坊机场起降

第五节 公路桥梁

1991—2004年，全市桥梁设计荷载沿用以前荷载等级，分为汽车-10级、汽车-15级、汽车-20级和汽车-超20级四个等级，全市公路桥梁多按汽车-20级和汽车-超20级设计。2005年后，采用新标准，按公路-Ⅰ级和公路-Ⅱ级划分。至2012年底，境内国道、省道桥梁共计946座，其中高速公路桥梁367座，普通国道、省道公路桥梁579座。

特大桥

潍河特大桥 该桥位于荣乌高速公路昌邑段潍河上，长2357.06米、宽28米，投资总额1.51

2008年建成的荣乌高速公路潍河特大桥

亿元。上部结构形式为1孔-35M+76孔-30M+1孔-35M连续箱梁，下部结构形式为钻孔灌注桩基础、柱式墩台。设计荷载为汽超-20、挂-120，桥面铺装为沥青混凝土。山东宏昌路桥工程有限公司承建。荣乌高速公路潍河特大桥是潍坊境内投资规模最大、建设长度最长、施工难度最大的公路桥梁。2005年开工建设，2008年建成通车。曾获2010年度潍坊市建筑工程质量“鸢都杯”奖，2011年度山东省建筑工程质量“泰山杯”奖。

弥河特大桥 该桥位于荣乌高速公路寿光段弥河上，长1207.06米、宽28米、投资总额8000万元。上部结构形式为40孔-30M连续箱梁，下部结构形式为钻孔灌注桩基础、柱式墩台。设计荷载为汽超-20、挂-120，桥面铺装为沥青混凝土。中铁三局集团第二工程有限公司承建。2005年开工建设，2008年建成通车。荣乌高速公路弥河特大桥获2011年度“火车头优质工程”奖。

国道省道大桥、中桥

1991—2012年，潍坊境内共修建国道、省道大桥15座。至2012年底，境内共有国道省道大桥99座、中桥222座。

G206烟汕路汶河大桥 该桥位于国道206安丘段汶河上，长484.40米、宽29.30米。上部结构为24孔-20米空心板梁，下部结构为桩柱式墩埋置式桥台。1994年建成通车。

G206烟汕路西环潍河大桥 该桥位于烟汕路诸城段潍河上，长365.40米、宽16米。上部结构为12孔-30米预应力钢筋混凝土箱形梁，下部结构为钢筋混凝土多柱式。1995年建成通车。

S325胶王路弥河大桥 该桥位于胶王路青州段弥河上，长364米、宽16米。上部结构为18孔-20米钢筋混凝土空心板，下部结构为钻孔灌注桩、埋置式台、多柱式墩。1995年建成通车。

S221下小路潍河大桥 该桥位于下小路坊子段潍河上，长404.40米、宽12米。上部结构为20孔-20米钢筋混凝土空心板，下部结构为钢筋混凝土多柱式桩基础。1996年建成通车。

S329薛馆路南湖大桥 该桥位于薛馆路南湖大桥，长96.09米、宽25米。上部结构为1孔-70米肋拱，下部结构为U型台。1997年建成通车。

S327临仲路弥河大桥 该桥位于临仲路临朐段弥河上，长367米、宽19米。上部结构为空心板，下部结构为多柱墩。1998年建成通车。

S327临仲路龙门河新桥 该桥位于临仲路临朐段龙门河上，长185.40米、宽10米。上部结构为箱形梁，下部结构为柱式墩，钻孔灌注桩基础。1998年建成通车。

G309荣兰路丹河新桥 该桥位于荣兰路昌乐段丹河上，长184.50米、宽12.90米。上部结构为9孔-20米空心板桥，下部结构为双柱式墩，埋置式台。2000年建成通车。

G309荣兰路潍河大桥（右） 该桥位于荣兰路寒亭段潍河上，长606米、宽13米。上部结构为20孔-30米，下部结构为柱式墩，钻孔灌注桩基础。2001年建成通车。

G309荣兰路南胶莱河大桥 该桥位于荣兰路昌邑段胶莱河上，长224米、宽13米。上部结构为11孔-20米空心板，下部结构为双柱式墩，钻孔灌注桩基础。2001年建成通车。

G309荣兰路弥河大桥 该桥位于荣兰路青州段弥河上，长406米、宽24.50米。上部结构为20孔-20米预应力混凝土空心板，2004年建成通车。

G309荣兰路潍河大桥（左） 该桥位于荣兰路寒亭段潍河上，长606米、宽13米。上部结构为20孔-30米的箱形梁，下部结构为双柱式墩、钻孔灌注桩基础。2007年建成通车。

S320新海路丰产河大桥 该桥位于新海路寒亭段丰产河上，长188.36米、宽25米。上部结构为9孔-20米箱梁，下部结构为多柱式墩，钻孔灌注桩基础。2009年建成通车。

S320新海路白浪河大桥　该桥位于新海路滨海段白浪河上，长490米、宽30米。上部结构为24孔-20米箱型梁，下部结构为多柱式墩，钻孔灌注桩基础。2009年建成通车。

G206烟汕路金口大桥　该桥位于烟汕路昌邑段潍河上，长647.06米、宽24米。上部结构为32孔-20米箱梁，下部结构为多柱式墩钻孔灌注桩基础。2012年建成通车。

公路与公路立交桥

G206烟汕路贯戈立交桥　该桥位于烟汕路安丘段，上跨S221下小路，长74.80米、宽16.50米。上部结构为3孔-20米空心板梁，下部结构为多柱式墩U型桥台。1994年建成通车。

G206烟汕路跨青银高速公路立交桥　该桥位于烟汕路奎文段，上跨青银高速公路，长239.16米、宽20米。上部结构为66.04+96+66.04米钢箱梁，下部结构为桩柱式桥台。2008年建成通车。该桥是潍坊境内桥梁建设史上第一座钢筋混凝土组合连续梁桥，也是单跨跨径最大的桥梁。

S220平日路跨高张路桥　该桥位于平日路高密段，上跨高张公路，长34.74米、宽16米。上部结构为1孔-16米板梁，下部结构为U型桥台。2001年建成通车。

S224大沂路高速立交桥　该桥位于大沂路昌乐段，上跨青银高速公路，长165米、宽25米。上部结构为1孔-45米+1孔-68米+1孔-45米空心板梁桥，下部结构为双柱式墩，埋置式台。2010年建成通车。

S221下小路济青立交桥　该桥位于下小路峡山段，上跨青银高速公路，长167米、宽11.50米。上部结构为2孔-45米+1孔-70米箱梁，下部结构为双柱式墩，埋置式台。2012年建成通车。

S221下小路赵戈北桥　该桥位于下小路峡山段，上跨潍峡路，长99.70米、宽17.50米。上部结构为3孔-25米预应力空心板，下部结构为双柱式墩。2012年建成通车。

开元互通立交桥　该桥是潍坊市中心城区第一座互通立交桥。该桥为全苜蓿叶型互通立交设计，共分三层：第一层（地面层）为非机动车道及人行道；第二层（中间层）为北海路南北向直行跨线桥、右转和左转匝道；第三层（顶层）为北环路东西向直行跨线桥。主线总长度为2.74千米，匝道长度为3.76千米，主线设计速度80千米/小时。总投资额约3.20亿元，其中工程建设费2.70亿元。2013年建成通车。

公路与铁路立交桥

G309荣兰路宝通街公铁立交桥　该桥位于荣兰路奎文段，上跨胶济铁路，长105.40米、宽42.50米。上部结构为4孔-25米预应力钢筋混凝土现浇箱梁，下部结构为桩柱式桥台。1991年建成通车。

S220平日路跨铁路桥　该桥位于平日路高密段，上跨胶济铁路，长32.08米、宽16米。上部结构为1孔-30米空心板，下部结构为钻孔灌注桩。2001年建成通车。

S220平日路跨石油专线桥　该桥位于平日路高密段，上跨石油专线，长62.91米、宽16米。上部结构为2孔-16米空心板，下部结构为钻孔灌注桩。2001年建成通车。

G206烟汕路公铁立交桥　该桥位于烟汕路诸城段，上跨胶新铁路，长64.10米、宽度24.54米。上部结构为3孔-20米预应力钢筋混凝土空心板，下部结构为钢筋混凝土多柱式。2003年建成通车。

S325胶王路胶新铁路桥　该桥位于胶王路高密段，上跨胶新铁路，长326.70米、宽21米。

上部结构为16孔-20米空心板，下部结构为柱式墩。2003年建成通车。

S220平日路跨铁路桥（改线） 该桥位于平日路高密段，上跨胶济铁路，桥长度为800米，宽度25米。上部结构为13孔-30米、4孔-33米、9孔-40米箱形梁，下部结构为矩形墩。2009年建成通车。

S805潍胶路公铁立交桥 该桥位于潍胶路高密段，上跨胶济铁路，桥长度为800米，宽度25米。上部结构为21孔-25米预应力空心板，下部结构为多柱式墩。2009年建成通车。

S805潍胶路丈岭公铁立交桥 该桥位于潍胶路峡山段，上跨胶济铁路，长505米、宽25米。上部结构为11孔-30米+4孔-40米预应力空心板，下部结构为多柱墩。2011年建成通车。

S221下小路张百户公铁立交桥 该桥位于潍胶路峡山段，上跨胶济铁路，长99.70米、宽17.50米。上部结构为3孔-30米预应力箱梁，下部结构为柱式墩，钻孔灌注桩基础。2012年建成通车。

农村公路桥梁

至2012年底，全市农村公路共有桥梁1971座，其中大桥73座、中桥392座、小桥1506座。

岸青桥 该桥位于临朐县寺头镇东部、岸青村西弥河上。距离县政府驻地10千米。2005年2月开工建设，2006年12月建成。设计荷载公路-II级。桥长173延米，桥面宽9.50米，净宽7米。桥跨组合为10孔-15米，跨径总长度150米，单孔最大跨径15米，路段类型为双向单车道。

汶河桥 该桥位于临朐县蒋峪镇，横跨汶河上。距离县政府驻地9千米。1997年2月开工建设，10月建成。设计荷载公路-II级。桥长为126.70延米，桥面宽11米，净宽8.50米。桥跨组合为10孔-10米，跨径总长度100米，单孔最大跨径10米，路段类型为双向单车道。

胡梅涧桥 该桥位于临朐县东城街道胡梅涧村西弥河上。距离县政府驻地11千米，是连接东城街道与冶源镇之间的重要通道。2004年4月开工建设，2005年8月建成。设计荷载公路-II级。桥长134延米，桥面宽9.30米，净宽6.80米。桥跨组合为10孔-13米，跨径总长度130米，单孔最大跨径13米，路段类型为双向单车道。

平日公路柴沟桥 该桥位于平日公路与胶王公路重合处的五龙河上，在平日公路收费站东侧。有新、旧桥各1座，旧桥建于旧官道时期，新桥建于1993年。为钻孔灌注桩混凝土空心板结构，桥跨组合为5孔-13米，桥长69米，桥面宽17米，净宽16米。设计标准为汽-20、挂-100。为潍坊境内第一座弯式桥梁，斜12度。

平日路张家墩桥 该桥位于平日路高密段朱公河上，建于1994年。结构形式为钻孔灌注桩空心板桥。桥长56米，桥面宽17米，净宽16米。桥跨组合为4孔-13米。设计荷载汽车-20、挂-100。桥面为4孔连续，桥台处设橡胶板伸缩缝。

渠河漫水桥 该桥位于县道宿箭路诸城市石桥子镇境内，横跨渠河。桥梁编码L0030，该桥设计洪水频率1/50。桥长120米，桥面净宽9米。桥跨组合为7孔-15米，上部构造空心板梁，下部构造重力式墩台，桥梁净空4.50米。1999年11月开工建设，2006年6月建成。

渠河大桥 该桥位于县道石埠子—孟疃路诸城市贾悦镇境内，横跨渠河。1966年05月开工建设，1968年10月建成。桥梁编码L0010，桥中心桩号为K2+837，设计洪水频率1/50。桥长230米，桥面净宽7米。桥跨组合为9孔-20米，上部构造肋拱，下部构造重力式墩台，桥梁净空4.5米。

营邱桥 该桥位于昌乐县营丘镇，白浪河水库西南2千米，营丘镇营丘村东北1千米，为大型公路桥。2001年3月开工建设，9月建成。设计荷载公路Ⅱ级。桥长500米、宽11.90米。桥下净空8米，最大跨度为主桥9孔，单孔最大跨径20米，为空心板梁桥，跨径长180米，上部结构为钢筋混凝土空心板梁，下部为重力式墩。

丁家庄大桥　该桥位于昌乐县鄌郚镇丁家山村，鄌郚镇政府正南12.30千米，县道024桩号K11+341处，为大型公路桥。2000年3月开工建设，10月建成。设计荷载为公路Ⅱ级。长240米、宽10.50米。桥下净空8米，最大跨度主桥11孔，单孔最大跨径20米，为空心梁板桥，跨径长度220米，上部结构为空心板梁，下部为重力式桥墩。

白浪河桥　该桥位于潍坊市寒亭区泊子—南孙公路，1993年建成，为中桥。长45米、宽8米。跨径长度为39米，单孔最大跨度13米，设计荷载为公路II级。

王庄桥　该桥位于安丘市石埠子镇王庄村南渠河上，2008年建成通车，由石埠子镇人民政府负责管理养护。该桥长112米，宽5米。最大跨径为8米，桥跨组合为14孔-8米，下部结构为灌注桩柱式墩、重力式台，上部结构为钢筋混凝土空心板。

红福桥　红福桥又名龙泉桥，位于县道儒林—辉渠公路儒林村南红河上，1970年建成。桥长140米，宽14米。桥跨组合为12孔-10米，下部结构为重力式墩台，上部结构为钢筋混凝土二铰板拱。2008年拆除重建。新桥长134米，宽13米。最大跨径为13米，桥跨组合为10孔-13米，下部结构为灌注桩柱式墩、重力式台，上部结构为钢筋混凝土空心板。

二甲李、邱家通村桥　该桥位于潍坊市高新开发区，为中桥。2009年4月开工建设，8月建成通车。桥长69.12米，桥面宽32米，净宽24米。跨径长度为60米，单孔最大跨径20米，上部结构为钢筋混凝土空心板梁，下部结构为桩柱式墩台。

渤海大街白浪河桥　该桥位于潍坊滨海产业园。长296米、宽16米。上部跨径布置为（3孔-25米）+（39+65+39）米+（3孔-25米）。为2012年12月建成通车，投资额9800万元。

小清河大桥　该桥位于羊口镇政府驻地西村道友谊路与小清河交汇处，该桥中心桩号为K0.192，长406.04米、宽10.50米。跨径长度400米，桥跨组合为20孔-20米。设计荷载为公路Ⅱ级，设计洪水频率为100年，通航能力为三级。桥底部为钻孔灌注桩式墩台，支撑式桥台，氟板

小清河大桥

橡胶支座，上部为水泥混凝土板式简支桥梁。工程投资额1800万元。2005年12月建成通车。

跨大莱龙铁路公铁立交中桥 该桥位于昌邑市柳疃镇灶户至上游公路（县道）新海路至李家埠段，所在路线技术等级为一级公路，该桥中心桩号为K8+064.5。桥长52米，桥面宽25.50米。桥面净宽24.50米+2×0.5米防撞墙。桥跨组合为3孔−16米，上部结构型式为预应力钢筋混凝土空心板桥，下部结构型式为钻孔灌注桩基础、柱式墩、肋板式台。2006年7月开工建设，2008年9月建成。

滨海路漩河中桥 该桥位于昌邑市卜庄镇辛二路至廒里公路（村道）上，所在路线技术等级为二级公路，于2007年新建。桥长77米，桥面宽13米，净宽12米+2×0.5米防撞墙。桥跨组合为5孔−13米，上部结构型式为空心板桥，下部结构型式为钻孔灌注桩基础、柱式墩台。

黄旗堡大桥 该桥位于潍坊市坊子区黄旗堡街道与坊安街道交界处，为县道高密一坊子X009大型公路桥，1996年12月建成。桥长240米，桥面宽9.20米，中间行车道8米。桥跨组合为8孔−25米，设计荷载公路−II级。

于家庄大桥 该桥位于张高至李古店。2007年6月建成。长106.04米、宽15米，净宽14米+2×0.5米防撞护栏。桥跨组合为5孔−20米，上部构造为预应力混凝土预制板，下部构造桥墩采用柱式墩接盖梁桩基础，采用系梁增加桩柱整体性，桥台为桩基接盖梁，桥头采用锥坡防护。设计荷载公路−I级。

弥河大桥 该桥位于青州市花都大道西段，跨越弥河，为新建桥梁。2009年2—9月，青州市政府投资5770万元新建。长609.76米、宽36米，净宽30米+2×3米人行道。桥面铺装采用3孔1联，全桥共10联。桥梁为简支结构，上部结构为30×20米预应力混凝土连续小箱梁（先简支后连续），下部结构为柱式墩台、钻孔灌注桩基础。设计荷载公路−I级。

南阳河大桥 该桥位于青州市仰天山路康家庄村附近，跨越南阳河。2003年，青州市政府出资新建。桥长105.40米，桥面宽27米，桥面净宽24米。桥跨组合为5孔−20米，上部构造为钢筋混凝土空心板梁，下部构造采用多柱墩，多柱框架式桥台。设计荷载公路−III级。

2012年潍坊市公路桥梁基本情况表

表5−1−4

按跨径分类									
特大桥		大 桥		中 桥		小 桥		隧 道	
座数	桥长（米）	座数	桥长（米）	座数	桥长（米）	座数	桥长（米）	座数	总长
2	3564.12	99	29896.55	222	14497.63	623	13529.02	0	0

按桥梁上部结构型式分类				
空心板桥（座）	T梁桥（座）	拱桥（座）	箱梁桥（座）	其他桥型（座）
430	8	199	74	235

第六节　客货场站

“八五”（1991—1995年）期间，潍坊市建成联运铁路集装箱联营货场和潍坊公用型客运站——潍坊旅客联运总站等一批重点设施，新建、改建汽车站15个。

1992年12月，位于潍坊火车站东侧的潍坊旅客联运总站改造工程开工，1995年1月投入使用，是潍坊市第一个也是规模最大的社会公用型客运站。1995年5月，该站被省交通厅核准为“山东省一级客运站”，1996年6月，被交通部确认为一级客运站。至1996年，该站总计投资额4200多万元，陆续建成包括总站、潍坊东客运站、大胥家停车场、高速发车区、向阳路停发车场、旅客联运西站、东园客运站、金宝站、春鸢路站等在内的旅客联运网络，覆盖市区繁华地带和主城区6个进出口，使市民的日常出行十分便利。1994年7月，潍坊汽车总站扩建改造工程开工。1996年1月，工程竣工并投入使用。潍坊汽车总站扩建改造工程总建筑面积16万平方米，总投资额3000万元。工程设计平面呈“L”型。高4层的候车厅、托运厅等设施沿白浪河东岸向北延伸，坐西向东；主楼高11层，面向白浪河桥桥头；食宿配套工程沿健康东街东西走向，高5层。

“九五”（1996—2000年）期间，全市总投资额2.04亿元，新建、改建县级汽车站3个，重点乡镇汽车站5个；稽查站办公楼4幢，运管所、交管所办公用房52处；建成潍坊国际集装箱中转站（国际货物流通中心）、潍坊汽车总站等一大批交通服务设施。1998年8月，潍坊国际集装箱

1996年竣工的潍坊汽车总站

1993年竣工的潍坊公路客运总站

“九五”期间改造扩建的潍坊小商品城

“九五”期间改造建设的潍坊联运集装箱集散站

中转站作为公路二类口岸对外开放，结束了潍坊市没有陆路口岸的历史。

“十五”（2001—2005年）期间，全市场站建设步伐加快，集疏运能力显著增强。潍坊公路集疏运组织管理中心完成征地和规划审批工作，先后新建改建潍坊汽车总站、潍坊旅客联运总站、潍坊东客运站以及青州客运站等11个二级以上客运站。潍坊汽车总站改造后，实现服务设施电子化、服务功能多样化，成为全市配套设施最先进的现代化汽车站。2001年6月，潍坊东客运站开工建设。该站按照一级站标准建设，于2002年12月建成运营，总投资额2000万元，总建设面积6000平方米。2003年起，全市积极组织实施“村村通客车”工程，共开通农村客运线路325条，建设乡镇客运站15个，农村客运站点5054个，行政村通车率达到97%，农村客运条件得到较大改善。全市加快货运站场建设步伐，有计划地发展现代物流园，共建设货运场站45个，初步形成以潍坊城区为中心，以各县市城区为枢纽，以乡镇驻地为节点，集疏便捷、辐射城乡的货运场站体系。

“十一五”（2006—2010年）期间，全市场站物流园区建设进一步加快，共建成二级以上客运站7个，农村客运站115个，物流场站8个，集疏便捷、覆盖城乡的客货运场站体系基本形成。黄河三角洲潍坊滨海交通物流园区列入国家公路运输枢纽总体规划并开工建设，新规划的滨海综合交通枢纽项目、鲁东交通物流园等项目积极推进，场站物流设施向大型化、专业化、现代化发展。

至2012年底，全市公路等级汽车客运站有66个，其中二级及以上的9个；公路等级货运站39个；国铁货运站9个。实现乡镇等级客运站全覆盖，县（市）二级以上的等级客、货运站全覆盖。

第二章　运输

从80年代后期开始，潍坊市运输市场逐渐开放，交通专业运输企业独家经营的格局被打破，至2012年，全市逐步形成以公路运输为骨架，铁路运输、水上运输、航空运输为补充的综合运输格局。

第一节　公路运输

1991—1994年，全市交通系统通过理顺经营管理体制，转换经营机制、调整运力结构、优化行业结构等一系列改革，交通运输业取得较大发展。至1994年底，全市共有营运性机动车辆58948辆，其中，货车21638辆、客车1997辆、拖拉机16565辆、其他机动车辆18748辆；有公路专业运输公司27家，营运车辆2188辆，其中，客车554辆、货车1634辆。随着运输能力的增长，公路客货运输量均大幅度提高。1994年，完成公路货运量5346.30万吨，货物周转量29.73亿吨千米；公路客运量2028万人次，旅客周转量12.53亿人千米；公路运输从业人员达76901人，营运总收入达10.80亿元。

1996年，完成公路货运量6602.6万吨，货物周转量33.80亿吨千米，分别比1995年增长8.9%

和5.0%。1997年，完成公路客运量2502万人、货运量6090.70万吨。其中，交通部门完成客运量810万人、货运量295.60万吨。

1998年，全市新增营业性机动车辆3607辆，全年公路客、货运量分别为2738.70万人、6165.20万吨。

1999年，全市营业性机动车辆达到5.60万辆，其中，客车3397辆、货车1.92万辆。全年完成公路客运量2984.60万人、货运量5884.60万吨。

2000年，全市营业性机动车辆达到5.70万辆，其中客车6747辆。全年完成公路客运量3295万人，比上年增长10.3%；旅客周转量22.90亿人千米，比上年增长15.6%；货运量6368万吨，比上年增长8.2%，货物周转量32.50亿吨千米，比上年增长2.9%。

2001年，全市新增货车3098辆，比上年增长10.8%；完成公路客运量3535万人、货运量6794万吨，比上年分别增长7.3%和6.7%。2002年，全市各类营业性运输车辆达到6.67万辆。其中，客运车辆3150辆、出租旅游车辆2897辆、货运车辆25702辆、拖拉机和其他机动车3.5万辆。全年完成公路旅客周转量和货物周转量分别比上年增长4.5%和1.1%。2003年，全市营业性机动车辆达到6万辆，其中客运车辆2800辆。全年完成公路客运量3705万人、旅客周转量29.20亿人千米；完成货运量6798万吨、货物周转量38.91亿吨千米。2004年，全市营业性机动车辆达到6.50万辆，其中客运车辆2882辆。全年完成公路客运量4887万人、旅客周转量34亿人千米；完成货运量6866万吨、货物周转量39.90亿吨千米。

2005年，全市营业性机动车辆达到6.80万辆，其中客运车辆2955辆。全年完成公路客运量6499万人、旅客周转量40.91亿人千米；完成货运量7732万吨、货物周转量45.90亿吨千米。

2006年，全市营业性机动车辆达到8.50万辆，其中客运车辆3432辆。全年完成公路客运量6924万人、旅客周转量44.50亿人千米；完成货运量9016万吨、货物周转量56.20亿吨千米。

2007年，全市营业性机动车辆达到9.60万辆，其中客运车辆3388辆。全年完成公路客运量11837万人、旅客周转量78亿人千米；完成货运量13429万吨、货物周转量87.66亿吨千米。

2008年，全市营业性机动车辆达到12.20万辆，其中客运车辆3574辆。全年完成公路客运量18332万人、旅客周转量84.81亿人千米；完成货运量1.59亿吨、货物周转量519亿吨千米。

2009年，全市营业性机动车辆达到17.60万辆，其中客运车辆3681辆。全年完成公路客运量20402万人，比上年增长11%；旅客周转量95.34亿人千米，比上年增长12%；完成货运量1.87亿吨，比上年增长18%；货物周转量623.20亿吨千米，比上年增长20%。

2010年，全市营业性机动车辆达到20.25万辆，其中客运车辆3755辆。全年完成公路客运量21519万人，比上年增长5.47%；旅客周转量100亿人千米，比上年增长4.95%；完成货运量20298万吨，比上年增长8.36%；货物周转量647.30亿吨千米，比上年增长3.88%。

2011年，全市营业性机动车辆达到17.75万部，其中客运车辆3425辆。全年完成公路客运量22169万人，比上年增长3.02%；旅客周转量104亿人千米，比上年增长4.02%；完成货运量21940万吨，比上年增长8.09%；货物周转量695.67亿吨千米，比上年增长7.47%。

2012年，全市营业性机动车辆达到14.37万辆，其中客运车辆3136辆。全年完成公路客运量22981万人，比上年增长3.66%；旅客周转量108亿人千米，比上年增长4.18%；完成货运量23226万吨，比上年增长5.86%；货物周转量738.39亿吨千米，比上年增长6.14%。

1993—2012年潍坊市道路客货运量及车辆情况统计表

表5—2—1

年份	客运量（万人）	旅客周转量（万人千米）	货运量（万吨）	货物周转量（万吨千米）	客车辆数	客车座位（个）	货运汽车辆数	货运汽车吨位	拖拉机辆数	拖拉机吨位	其他机动车辆数	其他机动车吨位	出租车辆数
1993	—	—	—	—	1742	45643	22170	85982	22026	34092	13196	7663	—
1994	—	—	—	—	1757	44409	19238	70339	15165	24239	14192	7700	—
1995	—	—	—	—	1885	46967	22614	78687	14224	21302	16922	9186	—
1996	—	—	—	—	2092	42914	22435	70966	12845	19244	17024	9247	1207
1997	2502	161888	6091	337912	2156	40119	20192	59699	8838	15792	13419	7518	1694
1998	2739	150000	6165	362000	2294	45074	21484	54099	8729	16056	15526	8600	1963
1999	2985	161700	5885	315400	3397	42681	18830	51937	8966	15367	20890	11256	3747
2000	3295	229000	6368	325000	2952	46446	20150	54904	7117	10972	23049	15794	3795
2001	3535	256858	6794	359603	2627	47979	20947	61209	7860	11007	25522	17256	3795
2002	3689	293555	6556	370985	2643	48738	23210	72890	7790	11261	23705	15989	3795
2003	3705	291920	6798	389148	2800	53451	25213	73617	8202	10194	21015	11663	3301
2004	4887	340022	6866	399007	2882	54987	26919	90020	10827	12873	21007	18110	3301
2005	6499	409116	7732	459011	2955	61672	29573	96695	9878	10735	22378	19756	3301
2006	6924	445044	9016	562020	3432	70331	37835	141708	7777	8377	32099	24465	3925
2007	11837	780293	13429	876555	3388	73494	44978	188750	6709	9093	37000	28104	3957
2008	18332	848103	15900	5189495	3574	78209	56997	261502	7606	10412	50257	39126	4088
2009	20402	953432	18731	6231581	3681	82310	79558	449818	16450	23913	72582	58192	4301
2010	21519	1000634	20298	6473253	3755	87811	104639	592175	16594	24491	73097	63062	4460
2011	22169	1040894	21940	6956643	3425	83421	120153	780986	7004	11883	42356	35702	4601
2012	22981	1084379	23226	7383882	3136	79928	111385	791096	2994	5816	21558	19740	4601
2013	23524	1114595	24601	7873982	2961	78356	104033	853399	0	0	4649	5502	4716

2012年潍坊汽车总站班车发车时刻表

表5-2-2

省内班车

终点站	发车时间	车型
济南	6:40—17:00 40分钟一班 13:00—18:00 30分钟一班	大型高二 中型高级
青岛	6:10—12:00 40分钟一班 12:00—17:30 30分钟一班	高级
平度	6:20—18:00 20分钟一班	中级
即墨	6:30 8:00 10:00 11:30 13:00 14:30 16:00	高级
黄岛	7:15 7:45（暂停）8:30 14:15	高级
胶南	9:00 10:10 11:30 12:30 13:30 14:30 15:30	高级
胶州	9:30 14:30（10:30 17:50过路）	高级
高家	13:00	高级
烟台	7:00—18:00 40分钟一班	高级
蓬莱	8:00 9:15 10:40 12:30 14:00 14:35 15:30	高级
招远	6:45 8:45 13:15	高级
黄县	16:15 13:30	高级
莱西	8:00 13:15 14:40	高级
莱阳	11:30 12:40 14:00 15:20	高级
桃村	9:40 14:00	高级
莱州	12:00 13:30	高级

终点站	发车时间	车型
荣城	6:30 14:00（暂停）	暂停
文登	8:00 15:00	高级
石岛	10:15	高级
乳山	13:30	高级
淄博	7:20—17:40 40分钟一班	高级
沂源	7:00 8:30 11:30 13:15 17:00	高级
临沂	6:00—17:40 40分钟一班	高级
沂水	6:15 11:15 12:15	高级
蒙阴	7:00 13:00	高级
苍山	14:45	高级
沂南	8:15 14:00	高级
滨州	7:15—17:20 45分钟一班	高级
邹平	11:30 13:00	高级
阳信	12:45	高级
无棣	13:00	高级
日照	6:20—17:00 45分钟一班	高级
莒南	7:45 13:30	高级
五莲	10:45 13:00	高级
莒县	12:00	高级
石臼所	6:20	高级
汪湖	13:00	高级

终点站	发车时间	车型
滕州	8:30	高级
济宁	6:30 8:00	高级
兖州	10:30（隔日班）	高级
菏泽	7:00	高级
鄄城	7:00	高级
曹县	8:00	高级
巨野	9:00	高级
单县	9:15	高级
聊城	7:15 13:45	高级
临清	8:30	高级
莱芜	7:30 10:30 12:45 13:45 14:30	高级
泰安	7:30 9:00 14:00	高级
新汶	7:45 8:30 9:30 12:30 13:30	高级
石良集	16:15	高级
东营	6:45—12:00 45分钟一班 12:00—17:20 40分钟一班	高级
诸城	6:20—18:00 20分钟一班	高级
寿光	7:00—18:00 每20分钟一班	高级
高密	12:45 13:50	中级
临朐	7:00—17:00 20分钟一班	中级
昌邑	7:00—17:30 10分钟一班	中级

续表5-2-2

省内班车

终点站	发车时间	车型	终点站	发车时间	车型	终点站	发车时间	车型
威　海	上午：7:00—11:20小时一班 下午：13:00 14:30 16:00	高级	天　宝	13:20	高级	青　州	7:00—18:00 每20分钟一班	中级
		高级	德　州	6:00　7:30	高级	关头桥	8:30 14:30	高级
龙须岛	6:00（暂停） 12:00	高级	枣　庄	6:20　7:05　12:30　14:30	高级	辉　曲	13:30	中级
毛　卜	11:50	高级	郯　城	15:25	高级	淄　川	6:00	高级

省外班车

终点站	发车时间	主要途经站点	车型	终点站	发车时间	主要途经站点	车型
北　京	8:00 9:50	滨州、无棣、盐山、沧州路口、天津外环	大型高二	武　汉	13:00（暂停）	漯河、驻马店、信阳、孝感	高一卧铺
上　海	16:00	新浦、淮安、高邮、昆山、太仓、嘉定	高一卧铺	石家庄	16:30（暂停）	衡水、辛集、藁城	高一卧铺
天　津	8:30	东营、黄骅、大港	中型高一	沧　州	6:15 8:00	寿光、滨州、无棣、庆云、盐山	大型高一
塘　沽	9:20	沾化、黄骅路口、黄骅港、大港	中型高一	保　定	7:00	滨州、无棣、庆云、盐山、沧州、河间	大型高一
南　京	9:00 17:30	新浦、灌云、淮安、马坝、汉涧、六合	大型高一	邯　郸	7:45	聊城、冠县、馆陶、肥乡	大型高一
新　浦	6:15　7:30 12:30 14:00	安丘、五莲、日照、汾水、赣榆	中型高一	邢　台	8:00	清河、威县、广宗、平乡、南和	中型高一
				衡　水	9:30	齐河路口、临邑、陵县、德州	中型高一
盐　城	6:30	五莲、日照、汾水、赣榆、新浦、响水	大型高一	唐　山	9:30	滨州、黄骅、塘沽、汉沽	中型高一
淮　安	7:00	五莲、日照、汾水、赣榆、新浦、灌云	中型高一	献　县	8:30	泊头、交河、富镇、大陈庄	中型高一
常　州	8:45	赣榆、新浦、宝应、江都、泰兴、江阴	大型高二	郑　州	17:00	黄安、胡集、菏泽、兰考、开封	高一卧铺
徐　州	9:00	临沂、苍山、枣庄	大型高一	濮　阳	8:45	聊城、阳谷、朝城、南乐、清丰	大型高一
泰　州	9:15	新浦、高沟、淮安、宝应、高邮、江都	大型高一	洛　阳	10:00	菏泽、兰考、开封、郑州	高一卧铺

续表5-2-2

省外班车							
终点站	发车时间	主要途经站点	车型	终点站	发车时间	主要途经站点	车型
无锡	10:15	淮安、高邮、江都、泰兴、靖江、江阴	高一卧铺	安阳	10:30	聊城、冠县、馆陶、大名、南乐、内黄	大型高一
扬州	14:00	新浦、灌云、淮安、宝应、高邮、江都	大型高一	商丘	10:45	曲阜、济宁、金乡、单县、青固集	大型高一
南通	14:30	新浦、响水、滨海、盐城、东台、海安	高一卧铺	长垣	9:30	聊城、莘庄、范县、南乐、濮阳	大型高一
苏州	18:00	高邮、江都、泰兴、江阴、张家港、常熟	高一卧铺	合肥	14:00	邳县、睢宁、泗县、蚌埠路口、嘉山	高一卧铺
丹阳	7:45（隔日班）	新浦、宝应、江都、扬州、镇江	大型高二	芜湖	10:30	汉涧、六合、南京、马鞍山、当涂	大型高一
启东	10:00	响水、滨海、盐城、东台、海安、南通	高二卧铺	安庆	10:00	邳县、睢宁、合肥、舒城、桐城、高河	高一卧铺
海安	13:30	灌云、响水、小尖、滨海、盐城、东台	大型高一	蚌埠	7:00（暂停）	临沂、苍山、台儿庄、徐州、宿州	大型高二
杭州	15:00	日照、新浦、淮安、江阴、嘉兴	高二卧铺	福鼎	12:00	杭州、临海、温州、瑞安、敖江	高一卧铺
舟山	11:30	杭州、萧山、柯桥、绍兴、余姚、宁波	高一卧铺	石狮	7:00	温州、宁德、福州、莆田、泉州、晋江	高二卧铺
宁波	16:00	杭州、萧山、柯桥、绍兴、上虞、余姚	高二卧铺	银川	10:00	汾阳路口、绥德路口、靖边路口、定边	高一卧铺
温州	8:00	杭州、绍兴、临海、黄岩、路桥、乐清	高一卧铺	呼和浩特	13:30	北京、张家口、集宁	高二卧铺
椒江	14:00	萧山、柯桥、绍兴、临海、黄岩、路桥	高二卧铺	太原	14:45（暂停）	衡水、辛集、石家庄路口、阳泉路口	高一卧铺
海盐	19:00	盐城、东台、海安、太仓、桐乡、海宁	高一卧铺	赤峰	14:00（隔日班）	宽城、平泉	大型高一
永康	10:00（隔日班）	南京、宜兴、湖州、杭州、义乌、东阳	高一卧铺	大洼（辽宁）	12:30	唐山、秦皇岛、葫芦岛、锦州、盘锦	高一卧铺

潍坊公路客运总站线路发车时刻表

表5—2—3

终点站	车型	里程（公里）	发车时间	主要途经站点	终点站	车型	里程（公里）	发车时间	终点站	车型	里程（公里）	发车时间
北京	高一级	550	9:00 12:00	黄骅 天津 廊坊	威海	高级	344	7:20 14:30 16:15	寿光	高级	42	6:00−18:30 每10分钟一班
北京	高级卧	550	19:30	黄骅 天津 廊坊	日照	高级	170	9:30 11:30 14:00	寿光	中级	42	
上海	高级卧	837	16:30 18:30	江阴 无锡 苏州	临沂	高级	257	5:40−12:00 每50～60分钟一班	诸城	高级	90	6:00−18:00 每15～25分钟一班
厦门	高级卧	2189	7:15	福鼎 宁德 莆田 泉州 安溪	东营	高级	130	6:00−18:00 每30～40分钟一班	诸城	中级	90	
福州	高级卧	1897	8:45	无锡 杭州 温州 福鼎 福安	滨州	高级	137	6:00−18:00 每25～30分钟一班	高密	高级	96	6:00−13:30每40分钟一班 13:30−18:00每15分钟一班
沭阳	高一级	390	9:00	郯城 店子 新沂	聊城	高级	353	6:50 8:50 14:00 16:00	高密	中级	96	
梅河口	高级卧	1452	9:30	盘锦 沈阳 抚顺 清源	莱芜	高级	201	6:50每日一班	临朐	高级	79	6:00−18:00 每30～40分钟一班
天津	高一级	400	10:00	无棣 庆云 盐山 黄骅	泰安	高级	255	8:00 14:30 每日二班	临朐	中级	79	
包头	高级卧	1248	10:30	昌平 怀来 张家口 集宁 呼市	菏泽	高级	466	8:20 每日一班	昌邑	中级	45	6:00−18:00 每10分钟一班
长春	高级卧	1453	11:00	绥中 锦州 盘锦 铁岭 四平	郓城	高级	392	8:40 每日一班	安丘	高级	36	6:00−18:00 每5分钟一班
敖江	高级卧	1538	11:00	杭州 柯桥 临海 乐清 温州	宁阳	高级	360	9:00 每日一班	蒋峪	中级	87	6:00−18:20 每20分钟一班
长沙	高级卧	1685	11:00	连云港 南京 合肥 黄石 武汉	单县	高级	510	9:10 每日一班	南逯	中级	85	6:00−10:30 12:00−16:30 每50～60分钟一班
哈尔滨	高级卧	1719	12:30	绥中 锦州 沈阳 铁岭 长春	梁山	高级	360	10:00 每日一班	大关	中级	93	6:00−10:30 12:00−16:30每50～60分钟一班
沈阳	高级卧	1206	14:00	绥中 锦州 盘锦	南黄	高级	283	12:30 每日一班	赵戈	中级	55	7:00 8:00 9:00 15:30 16:40 17:30
吉林	高级卧	1586	14:30	锦州 盘锦 铁岭 长春	蓬莱	高级	230	7:00 8:00 14:30 16:30	黄旗堡	中级	53	6:00−18:00 每40分钟一班
阜阳	高级卧	706	16:00	济宁 单县 商丘 三角元 太和	黄城	高级	186	6:00−13:00每50分钟一班 13:00−18:00每25分钟一班	凉台	高级	75	10:00 16:00 每日二班

续表5-2-3

终点站	车　型	里程（公里）	发车时间	主要途经站点	终点站	车型	里程（公里）	发 车 时 间	终点站	车型	里程（公里）	发车时间
石家庄	高级卧	554	17:00	德州 衡水 辛集	招　远	高级	169	6:00-13:20每70分钟一班 13:20-16:40每30分钟一班	景　芝	中级	65	8:50 15:30 每日二班
鞍　山	高级卧	1171	17:00	绥中 锦州 盘锦 海城	莱　州	高级	99	6:00-13:30每30分钟一班 13:30-18:00每15分钟一班	毕　都	中级	27	7:50 11:50 16:50
六　安	高级卧	860	17:00	徐州 蚌埠 淮南 合肥	莱　阳	高级	160	8:30 10:00 11:30 11:30-16:50 每40分钟一班	许　营	中级	38	8:00 11:50 16:00
西　安	高级卧	1295	18:00	洛阳 三门峡 渭南	平　度	高级	77	6:00-18:00每20～30分钟一班	石　堆	中级	72	7:50 12:00 16:30
郑　州	高级卧	669	18:30	菏泽 巨野 开封	乐　陵	高级	255	7:50 14:00 每日二班	周戈庄	中级	70	9:30 15:30
驻马店	高一级	811	18:30	商丘 淮阳 项城 周口 漯河	仙河镇	高级	220	13:30 每日一班	西利见	中级	75	8:00 14:00
亳　州	高一级	584	18:30	济宁 巨野 成武 商丘	樱桃园	高级	389	9:30 每日一班	注　沟	中级	102	14:30
济　南	高　级	217	6:00-14:30每50分钟一班 14:30-18:00每30分钟一班		桓　台	高级	125	10:00 16:30 每日二班	柳　宅	中级	110	13:00
青　岛	高　级	163	6:00-14:00每60分钟一班 14:00-18:30每30分钟一班		五　莲	高级	112	6:00-13:30每60分钟一班 13:30-18:00每25分钟一班	温　泉	中级	75	8:50
淄　博	高　级	111	6:00-12:50每50分钟一班 12:50-18:00每30分钟一班		沂　水	高级	139	6:00-11:30每55分钟一班 11:30-16:40每40分钟一班	车　庄	中级	93	
烟　台	高　级	266	7:40 9:00-13:30每55分钟一班14:30/15:30/16:30		莒　县	高级	173	6:30-15:30 每40～50分钟一班				
黄　岛	高　级	184	6:20 7:00 10:00 11:30 12:30 13:30 16:00 17:20		青　州	中级	65	6:00-18:00 每15分钟一班				

第二节 铁路运输

2012年，潍坊市辖区有胶济铁路（151.2千米）、青临铁路（36.4千米）、益羊铁路（98千米）、大莱龙铁路（63千米），铁路总里程348.6千米。铁路道口181处，潍坊市铁路专用线共有21处。

国家铁路

胶济线潍坊车务段 到2000年底，潍坊车务段共有线路158条，114651延长米。其中正线长37条、32210延长米，到发线55条、44047延长米，调车线14条、9519延长米，牵出线6条、3615延长米。跨线天桥1座。货运仓库30栋、总面积15968平方米；车机联控、调车电台588部。固定资产原值11601.7万元，净值9392.5万元。

2001年，胶济线电气化改造被列为重点工程，同时潍坊火车站改建被纳入整个胶济线电气化改造方案并经国家计委立项通过。2004年，胶济铁路电气化改造工程开始。2005年，开展四线改造，原有胶济复线铁路之外，利用电气化改造部分废弃的既有线路，再建一条复线铁路，将胶济铁路由双线变为四线运行，分别作为客运专线和货运专线，使铁路通道运输能力大幅度提高。

2007年5月，撤销潍坊车务段，成立青岛西车务段。

2012年，潍坊站共接发旅客列车55对，其中高铁动车组列车27对，普通列车28对，日均发送旅客1.53万余人次，高峰时突破2.5万人。其中北京高铁5.5对，日发送旅客约1231人，上海高铁4对，日发送旅客约642人，胶济客专管内动车组8对，日发送旅客约747人。

2003—2012年潍坊市铁路旅客及货物运输情况统计表

表5-2-4

运输方式	内容	单位	年份									
			2003	2004	2005	2006	2007	2008	2009	2010	2011	2012
铁路	通车里程	万千米	—	—	—	—	—	8	8.6	9.1	9.3	9.8
	班次数量	趟	42	46	44	56	74	90	95	113	116	117
	年旅客发送量	万人	306.9	297.3	279.9	795.3	914.3	1106.1	1233	1419.9	1588.5	1783.2
	年货物发送量	万吨	3.8	3.6	4	4.9	4.7	4.6	4.5	4.9	5.1	6.7
因交通问题流入其他地区	年旅客发送量	万人	47	55	60	62	70	60	63	60	70	70
	年货物发送量	万吨	2.6	2.5	3	3.1	3	2.7	2.8	3	2.9	3.3

说明：青岛西车务段2007年与潍坊车务段整合，旅客发送、货物流入其他地区只是预计没有准确数

潍坊火车站 该站位于潍坊市区南端，是办理客货运输的一等中间站，1902年建成，当时定名潍县站。潍坊火车站站房建于1972年，容量较小，设施陈旧，办公及候车条件差，与不断发展的城市状况不相适应。2003年，将潍坊火车站及其广场进行大规模改造重建，新建站房建筑面积2.20万平方米，项目采用地方和铁路双方投资共建方式，总投资额1.50亿元左右，整个新站房工程于2005年年底竣工。新候车室最高可同时容纳旅客3500人。新站房整体造型为展翅的蝴蝶，站

潍坊火车站　　(2012年拍摄)

房主体为钢架结构。

益羊铁路　益羊铁路于1984年5月开工建设，1987年5月建成，1988年2月投入监管运营。1989年直属山东省地方铁路局领导，实行分级管理的体制。该工程总概算为11629.2万元，由4个单位分别出资。其中，铁道部拨款2876万元，中国石化总公司贷款投入1438万元，轻工部贷款投入1438万元，山东省政府财政拨款890万元、贷款投入1987万元。施工期间因物价上涨等因素，概算追加3000万元，由4个合资单位各按750万元分摊。该铁路等级为III级支线，正线数目为单线，牵引种类为蒸汽机。由胶济铁路青州南站至潍坊滨海经济开发区大家洼站正线全长72.274千米。主要为山东海化集团有限公司提供原盐、纯碱、煤炭等工业原料和产品的运输。

青临铁路　青临铁路于1997年10月31日投入监管运营。2002年5月17日，潍坊市地方铁路管理局、临朐县人民政府、山东海化集团有限公司、青州市人民政府以发起方式成立山东省青临铁路有限责任公司，负责该铁路的经营管理工作。公司注册资本5494万元，其中，潍坊市地方铁路管理局出资额2200万元，临朐县政府出资额1876万元，山东海化集团有限公司出资额801.50万元、青州市政府出资额616.50万元。标志着由各股东共同组建的规范公司制管理的开始。1997年10月31日至2000年3月，青临铁路机车为蒸汽机车前进型；2000年3月至2002年3月，租用中铁二十局东风Ⅰ型内燃机车；2002年3月起，改为东风4型内燃机车。运营站设置张河站、弥河站、临朐站、冶源站。交接站为李泉河站，到达货物以燃料油、煤炭为主，发送货物以碱石、轨枕为主，分别占到达和发送运量的80%以上。2005年3月至2006年8月，因胶济铁路电气化改造占用青临铁路部分线位，致使停运18个月。2011年9月15日，因高路基出现质量问题，导致青临铁路临朐段停运。

1997—2011年青临铁路运收情况统计表

表5－2－5

年　份	到达（吨）	发送（吨）	总运量（吨）	收入（万元）
1997	2100	13000	15100	12.1
1998	5400	225100	230500	280
1999	125500	328700	454200	328.4
2000	126100	383200	509300	358
2001	114300	390600	504900	297
2002	196000	493800	689800	460

续表5-2-5

年 份	到达（吨）	发送（吨）	总运量（吨）	收入（万元）
2003	235900	354000	589900	420
2004	386000	306000	692000	534
2005	69800	78000	147800	169
2006	110606	297512	408118	247
2007	215321	213003	428324	310
2008	381423	170857	552280	235
2009	587071	318072	905143	373
2010	669988	206553	876541	579
2011	623319	90834	714153	484

大莱龙铁路 大莱龙铁路于1998年11月开工建设，2005年6月投入运营。1998年12月成立大莱龙铁路有限责任公司，由山东省地方铁路局、烟台地方铁路筹建办公室、中国铁路建设投资公司、潍坊市地方铁路管理局、山东省国际信托投资有限责任公司、平度市建设投资公司、济南铁路局等7家股东出资组建。1999年6月登记注册，注册资本金27760万元。工程建设概算总投资额114200万元。该铁路为地铁I级，正线数目为单线，牵引种类为内燃机。由潍坊滨海经济开发区大家洼站至烟台龙口市龙口港站正线全长174.5千米。主要为铁路沿线港口货物、矿产、工农业产品提供运输。

铁路道口

潍坊境内有铁路道口181处（铁路道口指道路与铁路平面相交处），其中，看守道口14处（看守道口指铁路部门设立的建有半遮断栏杆、道口房、两侧护桩、警告标志、报警器，并配有专人24小时看守的道口），监护道口85处（监护道口是指在无人看守道口中行车密度相对较大，由地方政府与铁路部门共同选聘道口监护员看守的道口），无人看守道口82处（无人看守道口指设有侧护桩、警告标志的无人看守道口）。潍坊境内有铁路专用线21处，其中青州市南站10处，昌乐站3处，潍坊西站3处，山东世茂国际物流有限公司2处，坊子区煤矿专用线1处，青州西车务段二十里堡车站1处，中国石油化工股份有限公司山东潍坊石油分公司1处。

第三节　港口运营和水上运输

潍坊港直接经济腹地主要是潍坊市所辖的行政区域，并可辐射至淄博、东营等地区，在“黄三角”同类港口中距交通大动脉和中心城区最近，较烟台、威海、龙口、莱州等港口腹地更为广阔。至2012年，潍坊港已开通至京唐港 1 条内贸航线。潍坊港主要运输货类为盐、燃料油、煤炭、非金属矿石、矿石、化工原料及制品等。随着腹地经济发展，潍坊港货物吞吐量快速增长，由2005年的408万吨，到2012年突破2000万吨，年均增长24%。2012年开展

潍坊港　　（2012年拍摄）

集装箱业务，完成吞吐量2031万吨。至2012年年底，全市共有水路运输企业54家（全部为民营企业），其中内贸运输企业53家，外贸运输企业1家；市内旅游运输企业2家，国际海运辅助企业14家，水路运输服务企业31家。全市拥有内贸运输船舶111艘、90.50万载重吨，外贸运输船舶1艘、2800载重吨，均为散杂货运输船舶。有旅游船舶10艘、163客位。

主要作业区

中港区　1998年10月，中港区（潍坊港）建成2个3000吨级通用泊位，2004年6月建成投产2个3000吨级散杂货泊位。2008年，3个3000吨级散杂货泊位竣工投产，2010年12月，3个万吨级通用泊位及航道正式启用，标志着潍坊港港口建设实现历史性突破。至2012年年底，潍坊港共拥有1万吨级泊位3个，5000吨级泊位4个、3000吨级泊位5个、1000吨级泊位4个，码头岸线1595米，港口设计吞吐能力达到859万吨,共有16吨门机6台，25吨门机18台，40.50吨岸桥2台，25吨轮胎吊4台，45吨正面吊6台，1000吨/小时皮带输送机7台，能够承接原盐、纯碱、煤炭、铁矿粉（石）、磷矿石、粮食、钢材、木片、木材、陶土等散装、件（袋）装货物和集装箱的装卸、堆存及烧碱等液体化工品等50多个货种装卸业务，涵盖化工、能源、粮食、造纸、建筑、机械加工等多个行业领域。2012年，完成港口货物吞吐量1901万吨。

西港区羊口作业区　由山东交运集团小清河航运管理局羊口港务局建设经营，港区共有25吨吊车5台，5吨装载机8台，皮带传送机3台；仓库面积627平方米，堆场面积53180平方米，各种装卸机械21台，最大起重能力40吨；货物运输主要以散货为主，也承揽集装箱业务，主营货种为铝矾土、原盐、粮食、砂石、木材、纯碱、化肥、煤炭、建材等。2012年，完成港口货物吞吐量130万吨。

集装箱运输业务

2012年12月20日，烟台港至潍坊港集装箱班轮航线实现首航，标志着潍坊港正式开辟集装箱航线。

2005—2012年潍坊市港航生产情况统计表

表5－2－6

年　份	水路运输量		货物周转量（亿吨千米）
	港口吞吐量（万吨）	货运量（万吨）	
2005	171	36.2	413
2006	183	38.8	602
2007	207	39.3	900
2008	359	49	1053
2009	578	63.3	1263
2010	930	82.4	1511
2011	1145	92.8	1907
2012	1264	100	2031

第四节　航空运输

航线航班

潍坊机场于1986年3月22日首次开通民航，1989年9月8日起开始固定通航。由于客源不足原因，航线时断时续。

1996年4月4日，潍坊机场通航暨北京至潍坊、广州航线首航典礼在航站楼东侧停机坪举行，由新华航空公司X2167航班成功首航。该航线每周2个航班（四、七），执飞机型为波音737　300。4月12日，中国东方航空公司山东分公司开通潍坊至上海航线，每周2个航班（二、五），执飞机型为麦道82。4月17日，中国国际航空公司开通潍坊至北京航线，每周2个航班（三、七），执飞机型为波音737-300。11月20

日，潍坊至哈尔滨、深圳航线开通，该航线由中国北方航空公司天鹅航空有限责任公司CJ6378航班执飞，每周1个航班（三），机型为MD82。

1997年，机场通航高峰时达到16条航线，每周24个航班，初步形成潍坊至华东、华北、东北、华南等国内各主要城市的航空运输网络。

1997年4月3日，中国北方航空公司1架运-7飞机在潍坊机场经停过夜，使潍坊机场成为该公司飞行基地之一，潍坊机场第一次有了始发民航航班，后因该机型淘汰停飞。4月4日，中国北方航空公司吉林分公司开通潍坊至大连、长春航线，执飞机型为运-7，每周2个航班（三、七），航班号CJ6944。4月5日，中国北方航空公司吉林分公司用运-7飞机开通潍坊至秦皇岛、大连航线，每周1个航班（三），航班号CJ6591。是年5月1日该航线停飞。4月8日，中国北方航空公司吉林分公司用运-7飞机开通潍坊至南京、九江航线，每周2个航班（二、七），航班号CJ6951，4月30日，该航线停飞。4月12日，中国北方航空公司吉林分公司用运-7飞机开通潍坊至郑州航线，每周1个航班（六），航班号CJ6949。同日，开通潍坊至义乌、厦门往返航线航班，机型为MD82，每周1个航班（五），航班号CJ6572。由中国北方航空公司天鹅航空有限责任公司承运，因客源不足

潍坊机场客运航班　　（2012年拍摄）

运行1个月后停飞。6月21日，山东航空公司开通潍坊至杭州航线，使用机型萨伯340，定员34人，是年7月停飞。

由于当时潍坊经济社会发展水平对机场支撑需求有限，运营负担过重，难以为继，1999年10月30日，潍坊机场被迫停航。2000年5月24日重新恢复通航。至2001年1月1日，潍坊机场共有潍坊至北京、上海、临沂3条民航航线，由山东航空股份有限公司承运，每周8个航班，执飞机型为CYL-200；潍坊至北京、佛山的2条联航航线，每周2个航班。

2004年2月8日，海航集团股份公司多尼尔328飞机正式投入潍坊至北京、潍坊至上海航线运营，潍坊机场实现了每天都有进出京、沪航班的历史性突破。7月6日，潍坊至大连航班开通，由海南航空公司执飞，机型为多尼尔328，每周3班。12月4日，海航集团股份公司开通潍坊至广州、海口航线，每周2个航班（二、六），执飞机型737。

2005年11月21日，潍坊南苑机场与沈阳海外旅行社合作承包，共同经营的沈阳至潍坊、海口航线成功首航。

2006年5月1—7日，潍坊机场实现通航之后四个之最：机型最多（B737、D328、MD90、A321）；起降架次最多（50架次）；通达城市最多（北京、上海、广州、海口、大连、威海、沈阳、武夷山、贵阳、成都等），旅客吞吐量达2047人次，均创历史最高水平。

2009年3月10日，潍坊往返北京、上海E190包机航线成功首航。

2010年6月24日，潍坊至海口的定期航班成功开通。该航班也是潍坊机场第一个中转联程航班，每周二、四、六往返飞行。

2011年5月31日，重庆至潍坊、大连航线正式开通。该航线由华夏航空公司执飞，每周二、

四、六往返飞行，是潍坊机场继北京、上海、广州之后开通的第4条客运航线。

至2012年底，潍坊机场开通的航线有北京、上海、广州、重庆共4条。年客运量14万人次，年货邮吞吐量1.79万吨。

1996—2012年潍坊机场客货运情况表

表5-2-7

年份	旅客年吞吐量（人次）	货邮年吞吐量（吨）	飞行架次（架次）	备注
1996	45375	230.4	1128	
1997	44272	486.4	1531	
1998	37808	391.8	1120	
1999	14552	31.6	420	曾停航
2000	1185	2.3	106	曾停航
2001	12397	22.6	677	
2002	24879	95.7	920	
2003	11856	1607.2	1039	
2004	36057	2144.4	2116	
2005	43088	2281.4	1980	
2006	45137	4765.9	2268	
2007	45438	10678.8	2388	
2008	28721	13961.8	2450	
2009	107172	16487.4	3115	
2010	141129	18608.8	3376	
2011	139936	19487.0	3706	
2012	140020	17919.58	3748	

货邮运输

2002年12月12日，潍坊机场开通天津—潍坊—北京货邮航线，中国邮政航空公司执飞，机型为运-8。

2005年11月7日，潍坊南苑机场与潍坊市邮政局正式签署潍坊机场航空邮件交换站项目协议，标志着潍坊航空邮件交换站项目正式启动。

2006年7月18日，潍坊南苑机场迎来首架货运过夜飞机，执飞潍坊—上海航线，当日往返。11月5日，潍坊机场成功引进深圳顺丰速运包租的扬子江快运的B737全货机，执飞北京—潍坊—杭州—深圳货运航班，每天一班，与中邮航的潍坊—上海货邮专线形成潍坊机场货运两大支柱航线，有效提升了潍坊机场货邮吞吐量。

2007年10月18日，深圳顺丰速运（集团）有限公司投资建设的潍坊一级分拨中心举行奠基仪式。

2008年1月3日，深圳顺丰速运（集团）租用东海航空公司的波音737货机，开通“潍坊—深圳”货运航线通航仪式。至此，潍坊机场共有中国邮政航空、顺丰速运（集团）两家大型物流企业经营航空物流业务，开辟潍坊至南京、杭州、深圳3条货运航线，每周36个航班。当年，潍坊机场共完成货邮吞吐量13961.8吨，货邮吞吐量进入全国通航运营的140多个机场中的前50名。

2008年6月13日，顺丰一级分拨中心一期工程开工建设，该项目占地17277平方米，建设二层分拨车间1幢，建筑面积7477平方米；四层办公楼1幢，建筑面积4022平方米；其他设备用房151平方米；总建筑面积11670平方米。该工程分二期建设，一期工程建设二层分拨车间1幢及其他设备用房；二期工程建设四层办公楼1幢。一级分拨中心主要用于全货机货物分拨处理、山东与江浙沪和京津冀的干线快件分拨及山东省内快件集散分拨，是顺丰速运在山东省内的航空物流中转枢纽。2010年6月11日，顺丰速运潍坊一级分拨中心揭牌仪式暨座谈会在潍坊机场举行。总投资7760万元的顺丰速运（集团）潍坊分拨中心正式投入使用。

2011年4月25日，顺丰速运开通深圳—泉

潍坊机场　　（2012年拍摄）

州—潍坊货运航线，该航线有B737全货机执飞，每周运营5班，为潍坊市往返深圳、泉州及周边地区的货源提供了快捷的空中运输通道。

通用航空

2009年5月27日，潍坊天翔公司开始进行勃兰特利轻型直升机的生产制造工作，成为国内第一家获得国家商务部、国家民航局和国家发改委核准的民营航空制造产业项目，潍坊市通用航空产业开始起步。

2012年，由潍坊广播影视集团、潍坊传媒网联合青岛九天飞行学院成立九天飞行俱乐部，以临沂、滨州机场为基地，开始招收私人飞行驾照培训业务。

航空公司运营

1999年10月—2000年4月，因受外部大环境的影响，加之内部包机费补贴负担过重、资金周转困难等因素制约，潍坊机场被迫停航达半年之久。

2000年4月，潍坊市政府与山航协商，达成初步合作意向，聘请山航派出人员任潍坊航站站长，负责筹备复航和机场运营工作，逐步向山航正式托管经营过渡。12月11日，与山东航空有限责任公司签署“关于潍坊机场委托经营管理合同”，委托山东航空有限责任公司管理潍坊机场。2001年1月1日，山航潍坊机场管理有限公司正式成立并挂牌运营。同日，北京—潍坊—临沂航线开通，每周6个航班，执飞机型是挑战者200，定员50人。2003年8月山东航空集团退出潍坊机场运营管理。

2003年12月18日，市政府与海航集团有限公司在海口正式签署《合作协议》开展全面合作，由海航集团接管经营潍坊机场。

第三章　交通管理

1991—2012年，全市交通运输系统全面加强路政、运政、港政、交通监察等行业管理，与加快完善交通基础设施、全面提升综合运输能力相适应，逐步建立起现代交通运输管理机制和管理方式，全市交通运输管理水平和管理效率持续提高，社会群众对交通运输行业管理的满意度大幅度提升。

第一节 法制建设和运输监察

交通行政审批改革

2001年始，全市交通系统启动清理执法依据工作。2003年，全面清理市交通局制定的以市委、市政府名义出台的规范性文件、指导性文件和其他政策措施，共清查文件20多件，废止7件，待修改7件，保留9件。开展交通行政审批改革工作，对所承担的各类审批、许可、批准、审验、核准、登记、备案、资质认可等行政审批行为进行认真清理，在全面调查摸底的基础上，逐项进行审查论证和清理，共清理核查各种审批事项102项，精简为33项。2004年，将原有审批事项精简调整为21项，取消水路运输许可证工本费、船舶营业运输证工本费等4项行政许可收费。同时，将审批项目全部纳入公共行政审批服务中心办理，实行集中办公、窗口管理、一口对外、统一收费、限时办结的“一站式”办事制度。2007年，将市级交通行政审批事项精简调整为13项。2010年，增加审批事项9项，共保留行政审批事项22项。简化审批程序，提高行政效率，推行一级审查和一审一核制，能当场办结的，一律当场办结；必须经现场勘查和单位集体审查研究的，按照承诺时限及时研究决定。同时，制订《潍坊市交通运输局关于推进网上审批工作的实施方案》，积极推行网上审批工作。

超限超载治理

2004年始，全市开展车辆超限超载治理工作。市政府组织召开全市交通系统治理超限超载工作会议，全面部署全市的“治超”工作。根据“治超”工作开展情况，市政府定期召开领导小组成员单位联席会议，研究解决“治超”工作中存在的问题。按照上级要求，本着既合理设点加强路面检查，又保证交通畅通的原则，确定14个超限检查点。同时，市稽查支队与寿光稽查大队在蔬菜集贸市场设立超限超载蔬菜运输车辆的源头治理检查点。各执法单位坚持科学检测，卸货放行，切实做到“一敬礼、二亮证、三检查”和“快检查、快纠章、快放行”，提高行政效能和办事效率。2004年11月—2005年2月，开展为期4个月的集中联合整治交通秩序活动，集中开展客车超员检查、打击“黑车”、高速公路违法违章车辆专项治理、全封闭不间断超限超载检查等多项专项治理活动，共查处交通违章车辆6097辆次，其中，查处超限超载运输车辆1951辆次，卸货16039吨；查处“黑车”17辆，清理“黑户”6家。加强“治超”检测站的建设，2008年，建成2个II类“治超”检测站；2009年，新建2个I类和4个II类“治超”检测站，形成较完善的治超网络。加强货物运输源头监管工作，对实行派驻的源头单位全面规范管理。落实追踪处理“一超三罚”制度。认真执行超限超载车辆信息抄告制度，做到交通稽查、公路路政、运管部门之间信息互通；对超限超载经营者实行“黑名单”追踪处理制度和货运企业信誉等级制度，依法实施跟踪处罚和分类监管，起到较好的惩戒预防作用。全市交通运输系统每年查处超限超载车辆1万多辆次，卸货10万吨以上，有效地遏制了超限超载运输现象。

交通运输监察

1996年11月以后，潍坊市交通运输监察机构（原交通稽查机构）相继成立。市级设交通稽查支队；各县市区原设的交通检查站，除坊子、诸城保留外，其他一律撤销，成建制转移，组建交通稽查大队。全市先后设有潍坊市交通稽查支队和13个县市区（开发区）交通稽查大队（站）。2011年4—10月，潍坊市交通稽查机构陆续更名为交通运输监察机构。

全市交通运输监察机构成立后，坚持日常执法检查与重大执法检查相结合，大力整顿交通运输秩序。2004年11月5日，市委办公室、市政府办公室印发《潍坊市集中联合整治交通秩序实施方案》。12月1日，组建潍坊市整治交通秩序联合执法支队，设4个直属大队，由交通稽查、公安部门分别抽调执法人员组成。交通稽查、公安执法人员分别按照各自的职能、权限依法做出相应处理。交通稽查执法人员主要负责查处超限超载行驶、“黑车、黑户”、偷逃规费以及其他运政违法违规等行为；公安部门执法人员主要负责纠正违章行车、无证驾驶、无牌上路和阻碍执行公务、暴力抗法以及肇事逃逸等违法行为。2009年1月1日起，取消公路养路费等涉及交通和车辆收费项目，交通稽查承担的检查养路费、车购费、运管费和客运、货运基金等交通规费交纳情况的职能自动取消。2010年4月1日，《山东省治理超限和超载运输办法》实施，各县市区交通稽查大队（站）的治理超限运输原职能，由交通稽查站只在国道、省道定点检查，交通稽查大队不能上国道、省道检查转为辖区内国道、省道、城区及县乡道路超限运输行为均可进行检查。

安全检查与整治

2004年始，全市按照创建“平安交通”的要求，以加强车船管理为主要内容，开展各种形式的检查和整治活动。2005年，先后组织4次全面检查和7次专项检查，开展“安全生产月”“安全警示月”等5项活动和水上、道路危险化学品运输两项专项整治，加大对“春运”“风筝会”“黄金周”“汛期”“鲁台会”“两会”等重要时段及重点领域的督查，整改事故隐患152项。2006年，组织开展“水上交通运输安全专项整治”“道路危险化学品运输专项整治”“交通建设工程安全专项整治”等3项整治活动。2008年，突出抓好水上运输、道路客运、道路危险货物运输安全管理，在营运客车和危险货物运输车辆中推广安装GPS和行驶记录仪；把“奥运”安保维稳工作作为重点，严把从业人员关、车船运行关、港站源头关、路检路查关，强化安全防范，积极组织应急处置演练。2009年，以道路客货运输、危险品运输、工程施工、民航、港航、地方铁路为重点领域，以小商品城、配件商城、酒店、交运公司、联运公司为重点单位，扎实开展安全监管工作，促进了安全生产良性发展。2010年，组织开展春节运输、风筝会、“五一”“十一”、世博会、亚运会（亚残会）等节会期间的安全保障检查活动，组织水上运输、道路客运、道路危化品运输、公路桥梁质量安全、夏季防汛、冬季安全生产等6次专项检查，聘请市消防支队、市安全监察支队安全专家参加，取得较好的效果。2011年，组织开展“春节运输”“五一黄金周运输”“5·12”防灾减灾日、“安全生产月”“安全生产集中整顿”“安全生产基层基础深化年”“百日安全活动”等活动期间的安全检查；年内组织了5次拉网式安全大检查，其中联合公安、消防、安监部门联合检查2次。检查中共发现安全隐患46项，下发整改通知书16份，督促整改到位率100%。2012年，集中开展安全生产领域“打非治违”专项行动和“安全生产月”活动，解决安全生产存在的薄弱环节，圆满完成春运等假日安全运输及全国、省市“两会”期间安全生产任务。

第二节　路政管理

国道省道路政管理

全市的公路路政管理工作，最初是由市公路

部门临时成立的路工科负责，主要开展整治乱占、乱用公路等违章行为。1991年，成立市公路局养护路政科。1998年，将路政科与养护科划分开，成立了职能、职责、职权专一的路政管理机构。之后，路政管理队伍逐步发展扩大，至2012年，12个县市区及开发区的路政管理机构，青莱高速路政大队、荣乌高速路政大队、潍坊市公路路政大队、长深高速路政大队4个路政大队分别负责所辖路段的路政执法工作。

公路超限运输治理　2003年11月20日，市政府办公室转发市公安局等四部门《关于全市超员超限运输车辆专项整治活动实施方案》，全市公路治超工作由此拉开序幕。根据省交通厅公路局统一部署，潍坊市公路局分别在309国道潍坊收费站、昌邑胶莱河收费站、东青高速青州收费站（两处）共设置4处超限运输检查站。每处检查站配备便携式称重仪2台，路政执法人员20名，依托收费站，由收费人员配合，实行24小时双向检查。重点查处从事大件物品运输和运输煤炭、矿石以及沙石料、钢材、木材、瓷砖等建材的大吨位超限运车辆。至2004年1月底，共检测车辆3333辆，处理超限违法车辆2050辆，卸（分）载货物4007吨，罚款62.31万元，遏制了车辆超限超载现象的发生。

2004年2月6日，经省交通厅公路局批准，潍坊市公路局增设206国道安丘收费站、潍高路寿光收费站、东红路临朐收费站为超限运输检查站。11月24日，省政府印发《关于同意在省道102线十里堡等路段设置超限超载检测站点的批复》，正式批准潍坊市公路局设立安丘检测站、寿光检测站、临朐检测站、昌乐检测站、胶莱河检测站、诸朱路检测站、东青高速青州检测站、东青高速阳河检测站8处治超站点。

2005年8月22日，省政府印发《关于延长超限超载检测站点期限的批复》，实行计重收费的高速公路不设超限超载检测站点。按照要求，自9月29日起，东青高速公路青州和阳河检测站停止超限检查工作。2006年10月2日，经省政府《关于同意延期设置和增设超限超载检测站点的批复》批准，潍坊公路局增设省道320线临时检测点和省道329线临时检测点。到2006年12月，全市车辆超限超载率由治理前的80%左右下降到6%，恶性超限超载现象得到遏制。至2007年底，全市公路系统8处检测站点累计出动检查人员10万多人次，检查车辆68420辆次，查处超限超载车辆45595辆次，卸货13.80万吨，基本遏制了超限超载运输势头。2008年4月22日，省政府印发《关于同意调整增设及延期设置超限超载检测站点的批复》，批准潍坊市公路局设置规范性Ⅱ类治超检测站4处：寿光治超检测站、昌邑治超检测站、诸城辛兴治超检测站和寒亭治超检测站。2009年7月，4处治超检测站陆续投入使用。

2010年1月，省政府印发《关于同意增设Ⅰ类Ⅱ类治理车辆超限超载检测站的批复》《关于同意调整增设及延期设置治理车辆超限超载临时检测点的批复》两个文件，批准潍坊市公路局增设青州Ⅱ类治超检测站和寿光孙家集、临朐辛寨、昌乐309国道、坊子潍胶路、诸城329省道临时检测点。全市公路系统共有Ⅱ类治超检测站5处、临时检测点5处。

2003年至2012年底，公路系统共出动检查人员41.20万多人次，检查车辆76.67万辆次，查处超限超载车辆9.80万辆（次），卸货52.40万吨，超限超载治理工作取得明显成效。

公路标志管理　1990年起，潍坊市公路局严格按照《道路交通标志和标线（GB5768-1986）实施细则》，落实省交通厅公路局计划，对国道、省道公路标志实施安装。1992年，济青高速公路将新安装标志牌板面由喷漆改为反光膜，使交通标志更醒目、视认性更好。此后，公路部门按照上级要求，逐步将原有标志水泥杆更换为钢立柱，并对新建及大中修道路的标志全部更换为钢立柱。2003年6月始，国道、省道干线公路非公路标志审批纳入全市行政审批范围。

涉路工程许可 2003年6月起，涉路工程许可列入潍坊市行政审批范畴。共包括5项内容：增设平面交叉道口；在公路用地及其控制区设置非公路标志；占用、挖掘公路和在公路用地及其控制区修建、架设、埋设管线设施；超限运输及可能损坏公路路面的车辆、机具行驶公路；公路林木采伐。2004年7月1日《行政许可法》实施之后，非公路标志批复由审批改为许可，全市非公路标志管理工作逐步走上规范化、标准化、正规化轨道。为有效治理乱设非公路标志现象，公路部门加大路政巡查力度，对未经审批、非法设置非公路标志的行为立即制止，并按照有关规定，责令恢复原状，保障公路安全。至2012年底，公路部门共办理行政许可2.40万项，对许可事项做到无误办、无错办、无延办，群众满意率和办结率均为100%。

“96660”及GPS监控调度系统 为强化路政管理，打造“反应迅速、装备精良、规范执法、文明服务”的潍坊公路路政执法形象，根据省交通厅公路局统一安排，市公路部门于2004年10月开通“96660”热线电话和GPS监控调度系统。“96660”路政服务电话实行24小时接听服务，及时受理群众路政咨询、事案举报、行风投诉、路政救援，解答群众关注的热点、难点问题，提供公路通行状况、天气情况、法律法规和政策咨询以及清障等服务，方便群众出行。2004年10月—2007年5月，平均年接听电话3万多个，受理各项事务2万多件。2007年6月，根据省交通厅公路局要求，市公路局对“96660”系统进行升级，由过去的模拟中继转入变为数字中继转入，由原来只能服务两个用户电话转变为可以同时进、出30个电话，使服务更迅速、更全面，年平均受理各项事务5万多件。

为确保路政车辆专车专用，充分发挥职能作用，市公路部门对路政执法车辆，实行GPS全天候卫星定位跟踪，对路政执法车辆巡查频率、速度、所在位置等情况实行实时监控，改变了过去车辆难以管理的问题。根据省交通厅公路局安排部署，将“96660”路政服务电话与GPS管理系统有机结合在一起，充分发挥指挥调度功能，做到指令畅通、出动迅速、处置得当、保障有力。

2008年6月25日，在市公路局内部成立路政监控指挥中心。2010年，成立潍坊市公路信息管理与应急指挥中心，“96660”路政服务电话与GPS管理系统统一纳入公路信息指挥中心管理。

国道、省道路域环境综合整治 2007年8月，市政府办公室印发《潍坊市国省道公路保护办法》和《潍坊市国省道路域环境治理工作考核奖惩办法》，把国道、省道路域环境治理纳入县市区工作考核范围，明确职责分工、任务目标、考核标准和奖惩办法，把公路综合整治从部门行为上升到政府行为，构建起“政府主导、部门联动、齐抓共管、全面治理”的工作格局，全市公路综合整治工作全面展开。全市公路系统结合“迎接北京奥运、社会主义新农村建设、小城镇建设”等专题活动，积极争取地方政府和相关部门的支持，集中造绿、合力治差、联合执法，使国道、省道两侧绿化断档、垃圾乱堆乱放、乱搭乱建、沿线村镇环境脏乱差等现象得到有效改善。2007年，全市共完成路域环境综合整治投资额6.20亿元，拆迁违法建筑30万平方米，绿化393.30千米，清除非公路标志10542块，清理集市贸易163处，建成国道、省道绿化林带1100多千米、城市出入口道路高标准绿化路段200多千米。2008年7月2日，全省公路路域环境综合整治工作现场会在诸城市召开，潍坊市在会上作典型发言，介绍公路路域环境综合整治的做法和经验。

2009年12月1日，省政府办公厅印发《山东省公路综合整治年活动实施方案》，要求加强公路综合整治工作。潍坊市作为省政府推荐的唯一一个必检市，代表全省迎接交通运输部检查验收。2010年初，公路综合整治工作列入市委2010年工作要点，写入政府工作报告。3月，市政府印发《潍坊市公路综合整治工作实施方案》，成立以市长任组长的潍坊市公路综合整治工作领导小组，全面负责公路综合整治工作的组织领导和综合协调，定期听取情况汇报，研究解决整治工作中的重大问题。2010年，国道、省道可绿化路段绿化率达到100%；共拆迁违法建筑123万平方米，清理非公路标志16306块，清理“四大堆”（柴草堆、粪堆、土堆、陈积垃圾堆）74.80万立方米。在全国“十一五”公路养护管理大检查中，潍坊市代表山东省迎接交通运输部检查验收，获全国普通国道、省道第一名、高速公路第二名。

2011年，根据潍坊市国道、省道公路现状，结合省市“十二五”规划，组织编制《潍坊市国省干线公路综合整治五年规划》。2011—2012年，全市共完成公路综合整治投资额20.30亿元。其中，绿化投资额16.40亿元；拆除违法建筑11.60万平方米；清理非公路标志4103块；清理“四大堆”18.20万立方米，营造了畅安舒美的公路通行环境。

农村公路路政管理

90年代初期，全市农村道路的路政管理工作由潍坊市公路管理局养护路政科管理；1998—2002年，由市交通局工程质量监督站管理；2002—2007年，由市交通局重点项目管理办公室承担。2007年之前，由于农村道路在公路路网中的道路地位较低，公路法律法规不健全，公路重养重建、轻管，路政管理责任主体更换频繁等原因，全市农村道路的路政管理与实际的路政管理职责时有脱节，公路被占作他用，利用公路边沟挖沟引水、沤肥堆粪，搭棚盖屋、挖沙取土，放牧牲畜等侵占破坏公路的行为时有发生。2007年8月，潍坊市县乡公路管理处成立，负责全市农村公路路政管理工作。2012年4月初，潍坊市县乡公路管理处路政管理科（对外称路政管理大队）正式成立，标志着农村公路路政管理工作进入新的阶段。

2001年前，县乡公路养护管理工作由公路管理部门负责，养护经费补助由市交通局拨付市公路局。2002年4月，市交通局接管县乡公路养护工作。寿光、昌乐、诸城、临朐成立县乡公路管理处。当年，全市县乡公路计划内养护里程3044.30千米，其中，县道1900千米（沥青路面1463.30千米，砂土路面436.70千米），乡道1144.30千米（沥青路面585.40千米，砂土路面558.90千米），在潍符路、东环路、寿尧路逐步实施县道达标路段的改造。2003年，全市县乡公路计划内养护里程3167.30千米，其中，县道2040.50千米（沥青路面1544千米，砂土路面496.50千米），乡道1126.80千米（沥青路面688.60千米，砂土路面438.20千米）。2004年，县乡公路计划内养护里程3264.40千米，其中，县道2041.40千米（沥青或水泥路面1635.80千米，砂土路面405.60千米），乡道1223千米（沥青路面797.90千米，砂土路面425.10千米）。在侯洛路、卧甲路、寿尧路、郭尚路、注埠路等路段实施县道达标路段建设，实施155千米。

2005—2006年，县乡公路养护里程3385.90千米，其中，县道2046.30千米（沥青路面1716.80千米，砂土路面329.50千米），乡道1339.60千米（沥青路面947.20千米，砂土路面392.40千米）。

2007年，县乡公路养护里程5741.9千米，其中，县道2272千米（沥青路面1481.8千米，砂土路面206.6千米），乡道3469.9千米（沥青路面1641.4千米，砂土路面505.5千米）。2011年11月始，全市开展管理养护年活动，成立农村公路管理养护年活动领导小组，制定实施方案和实施意见，召开管养年活动动员大会，扎实开展农村公路管理养护年活动。

至2012年底，全市列养农村公路19286.70千米，其中县道2215.40千米、乡道3345.80千米、村道13725.50千米。全市完成日常管理养护投资额1.50亿元，完成县乡村大中修工程1311.70千米、安保工程72条、危桥改造40座2039.50延米，建成县道标准路段174.80千米，完成投资额14.40亿元。全市县道和乡道优良路率分别达到83.3%、81.4%。

第三节　运政管理

1991年起，全市公路运输业开始由计划调控向全面开放过渡，运输市场全面放开，发展迅速，从业人员急剧增加，农村、乡镇运输个体及联户由1990年的4024家增加到1994年的15772家，增长近3倍；城市运输个体及联户由1990年的20家，增加到1994年的661家，增长32倍。至1994年底，全市拥有各种营业性机动车58948辆，比1990年增长43.2%，道路运输能力大幅度提高。

1995年，针对运输市场放开后货运市场存在的交易无序、欺行霸市、坑骗货主、乱抬运价等不良行为，市交通运输管理部门通过调查摸底，从规范货运交易点入手，建成有形化货运交易市场9处，场地面积33740平方米，进场交易车辆1410多辆，日交易货运量4230吨，周转量12.69万吨千米，月结算运费178.90万元，货运有形化市场初具规模。

1996年，各县市区相继组建运输服务站，有条件的乡镇交管所组建运输服务部，至年底，全市已组建运输服务站12个，运输服务部136个，初步形成三级运输服务网络。以大宗物资和原盐调运为主，组织配载运输，重点在昌乐、寿光对原盐、建材开展潍坊市配载业务，年配载量5500多吨，实载率98%以上。新建有形货运市场31处。日均进场经营车辆3000多辆，年货运量200万多吨，逐步形成以中心城市和交通枢纽为龙头，以重点港站、商品集散地和大型厂矿所在地为依托，连接城镇、辐射乡村、相互联通、信息灵敏的道路货运市场。客运市场推行“一城一站、站运分离、多点发车”和“三定五统一”管理，潍坊汽车站于1997年4月向社会开放，推行客运代理制，成立了17家代理服务公司，全市跨县市以上的客运线路班车全部实行代理经营。

1996年起，全市客运出租经营发展迅速，城区出租车由1995年的300多辆增至1207辆。出台《潍坊市出租车计价管理办法》，规定客运出租车业户必须持有物价部门核发的“收费许可证”开展营运业务。客运出租车按等级收费，统一出租车标志标识和计价器以及收费标准和发票。加强对出租客运业的宏观调控，鼓励发展豪华车，严禁“面的”上市，促进运力协调发展。

1997年，适时控制出租车的发展速度，优化调整车型结构，城区简易型出租车由原来占总车辆的91%降低到59%，并强化对县市出租车市场的整顿治理，全年清理无证经营车辆500多辆，各县市全部组建出租车管理专门机构。

1998年，加强运力的宏观调控，优先发展重、特、专用货车和中高档客车，严格控制普通客车、货车的增长。加快老旧车辆的更新步伐，经山东省老旧汽车报废更新办公室批准，成立3家一类汽车回收拆解企业，回收报废汽车2000

辆。出台《关于整顿城区客运出租营运秩序的通告》，全面整顿线路班车、出租车和机动人力三轮车的营运秩序，对城区客运班车实行限时出城措施，有效地解决车辆在城区乱调头、乱停靠等问题。加强货运有形化市场的建设和管理，全市货运交易市场发展到71处，日均进场交易车辆2260车（次），日交易货运量5300多吨。

2000年，开展道路运输市场管理年活动，围绕“加强管理、规范行为、健全机制、确保有序”的主题，重点开展客运（含出租）市场、货运代理配载市场、维修市场的治理整顿，打击无证经营、超范围经营、乱停乱靠、倒客、甩客、宰客、拒载等不法行为，市场秩序进一步好转。根据燃油价格上涨实际，对出租车运价进行调整。将起步价豪华型、标准型的3千米5.5元，普通型、简易型3千米4.5元统一调整为3千米5元，不再按车型等级划分起步价。3千米以上运价计算，每500米为一个计价单位，其中简易型每500米为0.55元，普通型为每500米0.70元，标准型为每500米0.75元，豪华型为每500米0.80元。回空调整为8千米以上部分自动加收50％。客运基金按每车每月160元征收，运管费按每车每月28元征收。全年新增货运汽车2676辆，其中大、专、特车占4.2％；更新客运班车283辆，其中中、高级客车占90％。

2001年6月10日，市政府成立由交通、公安、工商、市政、财政、监察、物价等部门组成的领导小组，对潍坊市道路运输市场进行整顿和规范。共检查车辆73356辆次，查处违章车辆11751辆次，取缔黑车1357辆，取缔非法客运三轮车3686辆，打掉4个在客车上作案的盗窃团伙，有41人因欺行霸市、抗拒管理等原因被依法刑事拘留。

2002年，按照“控制总量、优化存量、提高质量”的原则，限制普通、小型客货运输车辆的盲目发展，鼓励发展大、专、特货运车辆和更新中高档客运车辆。全年新增货车4531辆，其中，大、专、特、厢式及政府重点项目、招商引资项目新增车辆1730辆，占38.2％；更新客车310辆，其中，中级车101辆，高级车21辆；更新客运出租车349辆（城区“面的”车仅剩109辆，占总量的5％）。新增二类维修企业7家，三类维修企业47家，维修企业总量得到控制，布局日趋合理。

2003年，放开普通货运运力审批，对普通货运运力不再实行指标控制，依靠市场配置运输资源，全部放开发展，将涉及市运管处的11项行政审批事项全部纳入市政府行政审批大厅，在大厅一次性办结。全年新增货车4836辆。其中，大、专、特、厢式1275辆，占26.4%；政府重点项目、招商引资项目新增车辆1638辆，占34%；加快车辆更新步伐，更新客车278辆，其中中级车124辆、高级车19辆；更新客运出租车176辆，城区“面的”车全部退出营运市场。全市新增客车171台，主要充实到“村村通客车”工程线路；城区客运出租车继续冻结新增，其他县市新增客运出租车按规划有计划地投放市场。

2004年，新增货运汽车5829辆，增长率为18.8%。其中8吨以上大、专、特车辆892辆，占15.3%；厢式货车2088辆，占35.8%，招商引资项目车辆243辆，占4.1%。客运运力以更新为主，更新客车541辆（其中中级车222辆、高级车121辆），以新增为辅，新增和规范客车201辆，充实到“村村通客车”工程线路，其中中高级旅游车24辆。城区客运出租车继续冻结新增，更新客运出租车357辆。全市通客车行政村数为8904个，行政村通车率已由上一年的91.7%上升至97%，其中距村2千米～1.5千米的通车村数为2376个，距行政村1.5千米～1千米的2461个，距行政村1千米的4067个。设计设置客运线路途中停靠点5054个，道路通车里程13992.60千米，开通村村通客车线路325条，投入运力2025辆，总投资额12629.17万元。

2005年，按照“放管结合、优化存量、提高质量、科学发展”的管理原则，引导大、专、特及厢式运输发展。全年新增货运汽车6509辆，增长率为12.7%。其中，8吨以上大、专、特车辆1201辆，占18.5%；厢式货车631辆，占9.7%，招商引资项目新增车辆312辆，占4.8%。客运运力以更新为主，更新中级车148辆、高级车77辆；以新增为辅，新增客车57辆，充实到“村村通客车”线路上。城区客运出租车继续冻结新增，更新客运出租车416辆；其他各县市按规划有计划地投放市场，新增客运出租车419辆，更新186辆。汽车维修鼓励发展专业修理和特约维修。新增15家二类维修企业和71家三类维修业户，维修企业总量得到控制，布局逐步趋向合理。加强市内客运线路集约化经营工作，对新增和更新的客运运力全部实行集约化经营，城区16家客运出租企业逐步实行集约化经营，8个县市的客运出租规模化经营也逐步理顺。全市800多辆危险货物运输车辆继续实行公司化经营管理，355家货运企业公司化经营逐步发展。继续推行货运车务代理制，全市17家货运车务代理企业共新增代理服务车辆2109辆，代理货车总数达10791辆；8763辆货运汽车实现真正意义上的集约化、规模化经营，占总量的64.4%，提高了市场竞争力和抗御风险的能力。

2006年，等级客运站、等级货运站场分别达到44个和39个；汽车维修业户发展到1791个，汽车综合性能检测站达到10个；机动车驾驶员培训机构42家。

2007年，全市营业性机动车发展到9.60万辆，比上年增长13%。其中，营运客车3484辆，出租车3957辆，货运汽车4.50万辆。全年道路运输共完成客运量1.18亿人次，旅客周转量78亿人公里，分别比上年增长32.2%和39.5%；完成货运量1.30亿吨，货物周转量87.80亿吨公里，分别比上年增长28.5%和38.5%。

2008年，“5·12”汶川特大地震发生后，全市道路运输系统全力以赴支援抗震救灾，先后组织出动货车426辆，通过发送火车专列、汽车直达运输等方式，运送3369套活动板房和床铺、衣被等大量救灾物资。市运管处先后派出6人次入川靠前工作，保证了救灾物资运输畅通。在峡山水库橡胶坝抢险工程中，组织重型自卸车98辆次，连续奋战3昼夜，抢运石料3000多立方米，确保了峡山水库的安全度汛和市自来水取水主管道的安全。在青岛奥帆赛抢运浒苔会战中，全市运管系统组织20辆重型自卸车奋战10多天，抢运浒苔8396吨，被授予“青岛浒苔抢险铁军”称号。全市新增货运汽车21570辆，其中8吨以上大、专、特车辆4919辆，占22.8%；厢式货车1024辆，占4.7%。更新客车147辆，新增客车31辆，主要充实到“村村通客车”工程线路和省际班线。城区274辆客运出租车更新为现代伊兰特，其他各县市新增客运出租车109辆，新增道路货运企业23家，总数达281家，集约经营货运汽车总数达3263辆，17家货运车辆代理公司代理车辆总数已达13310多辆。

2009年，全市进一步调整优化道路运输结构，全年新增货车39491辆，其中8吨以上大型车10836辆，重货、厢货比例有了新的提高。新增货运企业50家，达到304家，货运经营主体多、小、散、弱的局面逐步改善。新增客运线路22条、客运班车32辆，主要充实到农村线路和省际班线。城区达到经营期限的客运出租车全部更新为现代伊兰特，总量达到1000多辆，占城区出租车总数的47%；其他各县市新增客运出租车210辆、更新143辆，全部为普通型以上车型。全市新增维修业户72户，30多家维修企业实现连锁经营，部分企业实现跨区发展。潍坊市被列为全省道路运输行业节能减排试点单位，加强节能降耗减排工作，城区“双燃料”出租车已达93%以上，完成营运货车单位能耗比2005年下降4%的目标任务，通过省交通厅专家组和省公路局检查组的两次验收。针对中心城区客运出租车绕道、拒载、驾驶员无服务资格证及车辆卫生状况差等问题，开展联合整治和专项检查，特别是在“风筝会”“鲁台会”“全运会”等重大节会期间，多部门联合行动，共检查车辆2400多辆次，纠正违章经营行为332辆次，查处“黑出租”127辆。全年提供咨询服务823人次，受理群众各类投诉495起，查实238起，办结率达到100%。

2010年，全年完成道路客运量2.15亿人、旅客周转量100.06亿人公里，比上年分别增长5.47%和4.95%；完成货运量2.03亿吨、货物周转量647.32亿吨公里，比上年分别增长8.36%和3.88%，客货运输量均跨过两个亿门槛。客运量、旅客周转量比“十五”期末（2005年）增长231%和145%；货运量、货物周转量比“十五”期末（2005年）增长162.5%和1310%。全市客运班车3755辆，87811客位，比“十五”期末（2005年）增长27%和42.4%；客运出租汽车已达4460辆、22300座位，比“十五”期末（2005年）增长35%和50.4%；营业性货运汽车104639辆、592175吨位，比“十五”期末（2005年）增长262%和512%；全市共有机动车维修业户1412家，汽车综合性能检测站12家，机动车驾驶员培训机构53家，共有道路运输从业人员16.60万多人。

2011年，全市完成道路客运量2.20亿人、旅客周转量104亿人公里，比上年分别增长3.02%和4.02%；完成货运量2.20亿吨、货物周转量695.70亿吨公里，比上年分别增长8.1%和7.47%。新增道路运输经营业户5979家，新增和更新车辆1.47万辆；新增客运线路8条，新增客运车辆53辆。其中，新增农村客运线路6条，农村客运车辆35辆，新增省际班车2辆，新增旅游包车16辆。共办理延续经营车辆633辆，全部达到中级车以上车辆标准。全市新增和更新出租车510辆，总数达到4601辆。全市客运班车高、中、普所占比例分别达到31%、55%、14%。全市机动车驾驶员培训机构发展到47户，培训13.80万人；举办从业资格培训91期共计26075人，经考试合格人数23376人。机动车维修业户发展到1206家，其中一、二类业户达319家。对潍坊至济南、青岛、平度、黄城等班车客运线路运力进行优化整合，提高了运输效能。全市共有54条线路、320辆车实现集约化经营，县域内公交化运营车辆245辆。

2012年，全年道路客运量达到2.30亿人次，旅客周转量108.40亿人公里，比上年分别增长3.67%和4.18%；货运量2.32亿吨，货物周转量738.40亿吨公里，比上一年分别增长5.86%和6.14%。营业性汽车发展到11.14万辆，其中客车达到7737辆（线路班车3136辆，出租车4601辆），等级客运、货运站分别达到66个和39个；维修业户达到1321户，机动车驾驶员培训机构达到56家，综合性能检测站12个，道路运输从业人员18.60万人。市交通运输局与市公安局、市旅游局、市安监局联合，建立部门联动机制，把旅游包车客运企业安全生产主体责任的落实、包车牌的审核发放、打击非法营运等10项内容作为整治重点。整治期间，共发放宣传材料3000多份，上门入户宣传60多家，发现涉嫌非法营运车辆17辆，查处包车客运违章经营行为54起。设立火车站广场出租车交通管理岗，实行24小时现场监管，在市运管处机关安装远程监控设施，实现对火车站出租车随时视频监控、随时电话调度、随时现场管理，有效解决火车站广场出租车拒载、拼客合乘、乱停乱靠等难题。全年共查处“黑出租”146辆。严把从业人员关，认真审查出租车驾驶员驾驶证、从业资格证、客运出租车服务资格证，对无证驾驶的车辆给予停运处理，对车主进行处罚，所属公司给予记分通报，保证城区出租市场的健康发展。市交通运输局联合市交通监察支队、市公安部门，对全市驾驶员培训市场进行多次拉网式检查，共查处驾校及教练车违规行为380多起，查处违规教练车143辆次。从业资格培训考试工作更加严格规范，全年共培训从业人员18585人，培训危险品从业人员共计2087人。

第四节　港航管理

2000年以前，全市的航运管理工作由市交通局下设的航运管理处负责；港口管理实行政企合一，由潍坊港务管理局负责。2004年1月，潍坊港务管理局改制为企业。2006年3月，潍坊港务管理局和市航运管理处合并组建市交通局港航管理处，负责全市港口和水路运输的统一管理。市港航局设立驻港管理办公室，主要负责港口安全生产监督、危险货物作业审批、源头管理、加强与港口及相关部门的协调等工作。

2007年8月，市交通局港航管理处更名为潍坊市港航局。

2008年4月，潍坊市编制委员会批准设立潍坊港引航站，隶属于潍坊市港航局，潍坊港引航站为正科级全额预算管理事业单位，核定人员编制5人，社会招聘了引航人员10人（已配备引航人员5人，其中高级引航员1人、一级引航员3人、助理引航员1人）。2011年1月19日，交通运输部水运局正式批复潍坊港引航站的引航资质，潍坊港引航站具备完全独立承担潍坊港的船舶引航业务的能力。潍坊港引航站设有岸基AIS监控、雷达监控、大屏幕监控中心、便携式船载引航仪等较为先进的助引设备，为引航作业和引航安全提供技术支撑。

港政管理包括港口建设管理、港口经营管理两部分，主要通过建设审批、日常检查等形式加强监管。2010年之前，港口经营许可由潍坊市港航局转报省港航局核发，2010年《山东省港口条例》出台之后，改为由潍坊市港航局核发。至2012年底，市港航局共核发港口经营许可6家。根据有关法律法规，通过各项专项检查，对港口建设市场秩序和港口企业日常经营行为进行督导检查。

航运运政管理包括国内水路运输及水路运输服务业、国际海上运输及辅助业、旅游船运输三部分。主要通过行政许可、经营资质年度核查和日常检查等形式加强监管。潍坊辖区国内水路运输许可由市港航局转报交通运输部核发；船舶营运证由市港航局转报，省港航局核发；国内水路运输服务许可包括国内水路运输船舶、货物代理由潍坊市港航局核发。至2012年底，全市共批准成立53家国内水路运输企业，核发水路运输服务企业31家。2001年7月4日交通部发布《国内船舶管理业管理规定》，对船舶管理业的经营资质、经营行为、监督检查作出规定。国内船舶管理企业资质许可由市港航局转报，省港航局核发。至2012年底，全市共核发船舶管理企业7家。

2001年12月11日，国务院发布第335号令，2002年1月1日起施行《中华人民共和国国际海运条例》。潍坊辖区国际海上运输及国际船舶代理由市港航局转报，交通运输部核发；国际船舶管理、国际海运集装箱场站和堆场由潍坊市港航局转报，省港航局核发。至2012年底，全市共有国际海运企业1家、海运辅助企业14家，其中国际船舶代理企业10家、国际船舶管理企业3家、国际海运集装箱场站和堆场1家。

2002年，省交通厅港航局发布《山东省小型客（渡）船、旅游船运输企业经营资质管理办法》，根据管理办法规定，市内旅游运输企业，由各县市区交通港航管理部门转报，市港航局核发水路运输许可证和船舶营业证。至2012年底，全市共核发市内旅游运输企业1家。

按照上级主管部门的统一部署，每年3—4月，市港航局组织对全市的水运企业及水路运输服务企业、国际海运辅助业、市内旅游运输企业进行年度核查。日常不定期组织相关业务科室对水运企业的经营资质进行检查。

第五节　交通信息化建设

2000年起，全市交通信息化建设稳步推进。市交通局成立以局长任组长的信息化工作领导小组，设立信息化工作领导小组办公室，形成完整的信息化组织管理体系。

2006年6月，潍坊交运公司成立车辆GPS监控中心，负责公司客车的运行安全信息化管理。2006年9月8—13日，列入2006年度民航专项整治项目的气象信息处理系统完成安装和调试。2007年9月，潍坊联运有限责任公司信息化系统开始建设，包括公司官网、企业邮箱、OA办公系统。2008年9月28日，市港航局政务门户网站正式运行。2009年3月，潍坊交运公司成立信息中心，负责收集、整理、汇编有关上级政策、法规等信息，为领导层提供决策依据。2010年始，潍坊交通信息化建设进程加快。围绕“大路网、大港航、大物流、公共服务、四化管理”五大体系，贯彻“统一、整合、应用、提升”的总体思路，逐步建立统一的标准体系和协调机制，形成安全、开放、兼容的现代交通运输信息体系。

为提高全市道路运输监管效率，进一步提升运管信息化水平，从2010年1月开始，用时两年，累计投入资金100多万元，在全市范围内组织开展运政信息网、车技业务网和检测站局域网的三网联接工作。至2011年底，各县市区（开发区）15个运管所、维修所和12个综合性能检测站都通过光纤实现与市运管处的联网运行，全市道路运输行业实现资源共享、信息互通。

2008年5月始，开展出租汽车信息化工作，至2011年10月，全市城区2203辆出租车，安装GPS卫星定位系统达95%。为加快推进出租汽车信息化建设，全市开展出租汽车信息化试点工作。2011年，被确定为全国15个试点城市之一，试点的各项工作全面展开。

2010年3月，潍坊市公路局规划启动公路信息化建设。是年10月，建成集多种功能于一体的公路信息综合服务平台，包括公路视频监测预警、公路气象监测预警、公路桥梁监测预警、公路交通量信息采集、治超联动、路政养护巡查移动监控、“96660”热线服务、公路出行信息发布、OA办公自动化和视频会议等10多个子系统，概算投资额2000万元。是年11月，省交通运输厅领导率领全省其他地市公路部门负责人到潍坊调研公路信息化建设并给予高度评价。

2012年1月，公路客运总站开通网络售票业务，覆盖省、市、县际班线100多条。2012年10月12日，开始建设寿光港网络系统，包含网络安全、内网管理等两大部分。2012年10月23日，开始建设寿光港监控系统，包含办公区、多用途码头区、液化品区及龙海区等多个区域。

第六节　公路收费

收费站

1993年，省物价局、省财政厅、省交通厅印发《关于对羊临路临朐弥河大桥收取车辆通行费的批复》，批准成立羊临路临朐弥河大桥收费站，当年4月1日开始收费，是全市干线公路第一个收费站。2000年5月，站址经批准迁至东红路，更名为东红路临朐收费站。此后，全市先后设立16个普通路桥收费站，其中潍安路收费站和高密华达路桥收费站为经营性收费站，其余14个收费站均属潍坊市公路管理局管理。

1993—2012年潍坊市交通系统收费站设立时间一览表

表5—3—1

收费站名称	设立时间	收费站名称	设立时间
东红路临朐收费站	1993年4月1日	省道217诸城收费站	2003年3月1日
潍高路寿光收费站	1993年12月1日	国道206昌邑收费站	2003年8月1日
206国道安丘汶河大桥收费站	1994年4月1日	省道222诸城收费站	2003年8月1日
平日路高密收费站	1995年1月1日	省道320寒亭收费站	2004年6月16日
胶王路青州收费站	1995年4月1日	省道226寿光收费站	2005年8月1日
潍安路收费站	1999年7月1日	省道329诸城收费站	2006年12月1日
国道309潍坊收费站	1999年11月1日	潍胶路坊子收费站	2009年7月1日
309国道胶莱河收费站	2001年11月1日		

2007年12月13日，省物价局、省财政厅、省交通厅联合印发《关于青岛至兰州线青岛至莱芜段等高速公路车辆通行费收费标准的通知》，青莱高速公路从2007年12月17日起开始收费，潍坊段成立青莱高速公路诸城管理处，辖孟疃、诸城西、诸城、诸城东、辛兴5个收费站。

2008年8月20日，省物价局、省财政厅、省交通运输厅联合印发《关于青岛至兰州线青岛至莱芜段等高速公路车辆通行费收费标准的通知》，荣成至乌海线新河至辛庄子段从2008年9月1日开始收费，潍坊段成立荣乌高速潍坊管理处，辖下营、昌邑、潍坊北、寿光东、寿光北、寿光西6个收费站。

2009年2月23日，省政府决定，从2009年2月28日零时起，停止山东境内政府还贷二级公路收费。潍坊市胶王路青州收费站、省道226线寿光收费站停止收费。随后，省政府印发《关于停止部分政府还贷二级公路收费的通知》，潍坊市省道217线诸城收费站、省道222线诸城收费站从2009年6月10日零时起停止收费。

2011年，省政府印发《关于撤销和迁址部分普通路桥收费站等有关问题的批复》，潍坊市省道329线诸城收费站、平日路高密收费站从2011年12月30日零时起停止收费。同时，要求206国道昌邑收费站迁址，迁址工作于2011年12月31日前完成。因新址建设问题，206国道昌邑收费站从2012年1月1日零时起暂停收费。

因潍高路寿光收费站、东红路临朐收费站收费期限到期，省交通运输厅印发《关于停止部分普通路桥收费站收费的通知》，两收费站从2012年12月31日24时起停止收费。

电子不停车收费

2009年9月22日，全省高速公路ETC电子不停车收费和非现金支付系统开始建设。山东省高速公路不停车收费（简称ETC）系统从2010年7月1日起开始运行。成立潍坊市公路局高速公路电子收费客服分中心，具体负责电子不停车收费系统通行卡、充值卡发行及业务推广等工作。

2010年10月27日，经省交通运输厅公路局批复，ETC青州客服网点、青莱高速诸城客服网点、寿光客服网点、荣乌高速潍坊北客服网点成立。此后，省交通运输厅公路局先后批复成立ETC潍坊长途汽车总站客服网点、临朐客服网点、昌乐客服网点、昌邑客服网点、高密客服网点、安丘客服网、潍城客服网点、坊子客服网点、寒亭客服网点、诸城客服网点、滨海客服网点、峡山客服网点、荣乌高速昌邑收费站充值点、荣乌高速寿光北收费站充值点。潍坊市共设立ETC客服中心1个、ETC客服网点及充值点18个。

全省高速公路ETC电子不停车收费和非现金支付系统建设开始之后，潍坊市ETC车道同期开始建设。至2012年底，青莱高速、荣乌高速潍坊段共建设ETC车道16个。除荣乌高速下营、寿光东、寿光西站外，其余8个收费站均建成ETC出入车道。

第七节　交通战备

全市交通系统加强交通战备保障工作，先后修订完善《潍坊市民用运力国防动员预案》《战时交通保障计划》《三级重点目标交通保障方案》等，为完善交通战备方案体系奠定基础。坚持认真筹划、严密组织、全力保障的工作原则，积极主动了解部队保障需求，组织公安、交警、高速公路等部门，为部队机动开通绿色快速通道。2006年，某军事演习期间，出动警力1980多人次，安全行驶2490千米，保障了部队装备的运输安全。2008年，在某部装备集训观摩活动交通保障中，按照上级要求，认真制订保障方案，协调交警、高速公路、部队等有关单位统一行动，出色地完成了任务。在某部队军用物资运输保障工作中，跨区域协调有关公路管理单位，为部队军用物资运输提供了安全、便捷的通道。2009—2012年，每年大小规模的军事交通保障10多次，均受到参演部队和上级的好评。

组建潍坊市应急公路运输大队、潍坊市公路运输中队、潍坊市应急公路工程抢修中队3支国防交通专业保障队伍。加强对专业保障队伍综合素质培养，重点组织开展信息战条件下国防动员理论的学习，并结合平时的生产和训练、演习，培养适应信息战争的能力，抓好实装、实物、实兵演练，练指挥、练机动、练保障，提高遂行支援保障任务的能力。根据打赢未来信息化战争动员准备要求和可能担负的保障任务需要，对上级命名的3支交通专业保障队伍进行合理编组，搞好运力动员登记，并做资料更新工作，建立联络员制度，结合各生产经营特点制定相应的训练保障计划，并组织实施。

第四章　交通企业

第一节　企业改制与运营

1991年，全市有交通企业34家，其中省市级以上先进企业16家、国家二级企业2家。“八五”期间，交通系统落实企业经理、厂长负责制和企业化管理的事业单位行政首长负责制，运输企业普遍实行单车租赁承包经营责任制，进行现代化企业制度改革试点。1994年，针对潍坊汽运总公司机制老化、挂账多、开拓市场难的实际情况，市政府将汽运总公司驻各县市二级公司和汽车站下放到所在地政府，实行分级管理，扩大经营自主权后，下放的18个单位有17个扭亏为盈。在企业结构上，实施集团带动战略。1995年5月，组建潍坊国际海陆运输集团总公司，增强规模经营优势，实现与国际市场的接轨和多种运输方式、运输工具的有机结合，开辟交通企业发展的新路子。是年，在香港注册成立昌嘉（香港）国际海运有限公司，主要发展以香港为基地的海运业务和贸易经营；是年10月，在深圳成立昌英（深圳）国际海运有限公司，填补潍坊市无海外交通企业空白。

1996年，新组建潍坊市交通工程集团公司，实施集约化生产经营。在运力结构调整上，以老旧车船的更新改造为重点，注重发展大、专、特车船。潍坊国际海运公司投资325.50万美元，新增冷藏和集散两用船和集装箱船舶3艘，填补了潍坊市无冷藏专用船和集装箱船的空白。潍坊二运公司瞄准市场，先后投资380万元购置自卸、装载、挖掘等专用车21辆，初步形成挖掘、装载、运输、自卸一条龙的配套运输体系。是年，潍坊小商品城二期工程竣工，新增营业面积5000平方米，营业总面积达4.75万平方米，年营业额达10亿元以上；昌乐县交通行业小商品批发市场建成投入使用；临朐、安丘、坊子、昌邑等县市区交通行业多种经营效益显著，既增加了收入，又安置了大批富余人员。同时，对企业经营形式进行股份制、股份合作制、租赁制等多种形式的改革，对租赁承包到期的车辆采取延长承包期、挂靠、双方投资等方式进行经营，保持和扩大企业的经营规模和实力，先后签订“潍坊藤永牙科中心”“潍坊费多洛夫眼科中心”“潍坊盐港公路有限公司”“潍坊航空食品有限公司”等合资合作项目，合同利用外资额347.54万美元。昌乐汽运公司与法国菲洛特公司合资成立的潍坊赛纳尔环保器材有限公司建成投产。

1997年，在完善潍坊国际海陆运输集团公司、潍坊交通工程集团公司的同时，组建潍坊交通开发投资集团公司、潍坊宝利集团公司和潍坊交通工程监理集团公司，潍坊市交通委员会所属企业集团公司达5个，逐步形成规模优势。高密交通运输集团公司挂牌运转，交通企业全面扭亏为盈。潍坊汽运总公司、潍坊联运总公司、安丘长运公司等运输企业积极筹措资金，增加高档专用车，提高市场竞争能力。以潍坊小商品城和潍坊汽车配件商城为龙头，带动多种经营发展。昌邑、昌乐、青州、坊子、寒亭等县市区多种经营发展迅速，形成了以商带运、以运促商、商运并举的格局。各县市区和市交通委员会所属各运输企业完善单车租赁承包经营机制，对租赁承包到期的车辆采取延长承包期、代理经营等方式，保持经营规模，稳定企业收入。潍坊海达国际船舶代理公司、山东交通进出口公司潍坊分公司、潍坊海员培训中心等涉外型企业相继挂牌运转。潍坊国际海运公司将部分船舶从国内航线转入国际航线经营，使该公司经营国际航线船舶达到6艘，进一步开拓和巩固了国际市场。

1998年，进一步对企业进行股份制、股份合作制、租赁承包等多种形式的改革。安丘长途汽车运输公司、寿光长途汽车运输公司等运输企业率先进行股份制、股份合作制改造，激发了干部职工的生产积极性，生产经营形势有所好转。各县市区和市交通委所属各运输企业普遍完善租赁承包经营机制，采取单车租赁、承包、挂靠、多方融资经营等形式，稳定企业收入。潍坊宝利集团公司扭亏为盈，潍坊二运公司和集装箱公司减亏500万元。

1999—2001年，市交通委所属企业进行产权制度改革。成立市属交通企业改革领导小组，设立办公室。将员工和资产额占整个市属交通企业的39%和61%以上的潍坊汽车运输总公司、潍坊联运总公司、潍坊宝利集团公司3家企业列为首批改制企业，通过抓龙头企业和困难企业，带动其他企业改制。2000年底，完成改制或进入改制程序的市属交通企业达到10家，市属交通企业改制的难点和重点基本突破。其中潍坊汽车运输总公司、潍坊联运总公司、潍坊宝利集团公司3家企业已全部完成改制，分别改制组建为潍坊交运汽车运输有限公司、潍坊联运有限责任公司、潍坊宝利汽车有限公司。潍坊海运公司、潍坊国际集装箱公路运输总公司两家企业实行分立经营，剥离出部分有效资产，分别成立潍坊海陆达联运有限公司和潍坊万通公路运输有限公司。潍坊第二汽车运输总公司采取实行分立式公司制改革，组建潍坊汽车配件商城经贸公司和潍坊长通客运有限公司。2001年，完成和进入改制程序的市属交通企业达12家，改制目标基本实现。是年，建成小商品城四期工程、汽车配件商城二期工程等一批多种经营项目，通安保险代理有限公司挂牌营业，市公路路桥工程建设开发中心成功进入蒙古国建设市场。列入市政府经济效益考核的9家企业，利税平均比上年增长15%以上。

2003年，依法对潍坊二运公司、集装箱公司、海培中心、配件公司4家企业实施破产重组，使企业逐步摆脱困境，走向良性发展。组织了广大物流、国际货运、交通服务中心、海天大酒店4家企业的改制工作。至2005年底，分期分批对8家交通企业进行改制，对4家交通企业实施破产重组。市直13家交通企业除1家外全部完成改制，有15家具备改制条件的交通企业改制任务基本完成，企业发展进入全新阶段。2005年，共开发各类项目15个，完成投资额1.36亿元，实现营业性收入3.99亿元，实现利税3989万元，各项经济指标再创历史新高。

2009年，潍坊资产经营公司成立，2012年与路桥公司、恒宇公司一并移交至市国资委管理。2010年，潍坊市公交总公司于移交至市交通运输局管理。至2012年底，全市交通国有企业1家，为潍坊市公交总公司，改制企业11家。

第二节 企业选介

潍坊交运汽车运输有限公司

该公司改制之前是潍坊汽车运输总公司，成立于1948年8月。1994年9月，经市政府批准，将公司所属驻各县（市）二级公司、车站下放到所在地政府管理。2000年8月，公司进行改制，组建潍坊交运汽车运输有限公司。形成以旅客运输业务、商贸流通业务和物流仓储业务三大产业为支撑及驾驶员、海员、外派劳务和道路运输执业资格培训、车辆和成品油销售、保险代理等为主业务为支点的综合经营服务体系。2006年，组建潍坊交运集团公司。公司的客运业务是潍坊市道路旅客运输业的骨干，潍坊汽车总站是全国一级汽车客运站，客运网络覆盖京、津、冀、辽、豫、皖、苏、浙、闽等10多个省市和全国各大商品批发市场，省内班线遍布各地市，日均旅客发送量1.50万人次。公司以优化运力结构为切入点，以规范化服务为主要内容，着力打造“交运快车”客运品牌，实行航空式服务。公司先后被授予“部级文明客运站”、规范化服务“三星级车站”等称号。该公司的货运业务具有承担大宗、大件运输、信息配载、仓储服务等能力。在多种经营的开发上，从1993年开始，投资建设了建筑面积15万平方米的潍坊小商品城。

到2012年底，集团公司拥有12个控股公司和14个二级经营单位，员工1100多人，营运车辆1100辆，资产总额8.5亿元，年营业总收入近2亿元，经济效益和社会效益在全省同行业中名列前茅。是中国道路运输百强企业、山东省道路运输百强诚信企业、潍坊市骨干流通企业和重点物流企业。被山东省交通运输厅授予“山东省交通系统先进单位”“省安全生产先进单位”“山东省交通系统思想政治工作先进单位”等称号。

潍坊联运有限责任公司

该公司始建于1986年，企业注册资本5000万元，资产总值5亿多元。公司同时具有二级客运和二级货运经营资质，于2002年通过ISO国际质量认证。公司下设15个二级经营单位及控股子公司，已形成公路客运、现代物流、交通职业培训、机动车服务、房地产、多种经营六大服务产业体系。拥有1个一级客运站（潍坊公路客运总站）、1个一级货运站（潍坊铁路集装箱货场）和昌潍、南方、万方、西北四大物流园区。1987年，公司建成潍坊旅客联运总站（客联站），是经交通部、省交通厅核定的一级汽车客运站，也是国家公路客运枢纽站。总站位于潍坊火车站广场的东邻，下辖向阳路客运站、豪德客运站、大胥家停车场等6个分站（场）点及联运快件中心。

1992—1997年，公司在原有铁路联运设施基础上，紧邻潍坊铁路西站先后征地23.33公顷，建成铁路集装箱集散站（潍坊铁路集装箱货场）。该货场硬化场地面积5万平方米，堆场20多万平方米，内建有仓库两座；货场自备铁路专用线3条、长度约2100米；有高低货位1个、40吨门吊1台、36吨门吊2台、200吨电子磅1台、大型装载机3台、钢材热卷开平机2台，年吞吐货物能力150多万吨。公司的集装箱集散站是全市重要煤炭、原盐、钢材、集装箱等物流集散基地，是标准的公铁联运基地。1998年，被交通部中国道路运输协会授予“全国道路运输系统文明货运站”；2001年，被铁道部命名为铁路主货场以外的全国六大集装箱中转货场之一；2002年，被交通部确认为“一级货运站”，是潍坊市确定的“鲁东物流四大货场”之一。2002—2011年，公司在潍城区境内先后建成南方、万方、西北、昌潍四大物流园区，共建设营业办公用房面积4万平方米，仓库面积近8万平方米，可为业户提供办公、仓储、停车、配载、信息咨询、修理以及食宿、购物等一体化服务。公司的物流配送专线、网点遍布全国各地，年可完成货物吞吐量近500万吨，业户年实现营业总收入近4亿元，带动相关从业人员达3000多人。

2010年，在旅客联运总站基础上建成潍坊公路客运总站并投入运营总站，主楼17层，总建筑面积6.10万平方米。其中售票、候车大厅面积2500平方米；停发车场地面积7000多平方米；设置停发车泊位60个。参营客运车辆近1000辆，营运线路130多条，覆盖全国21个省市；最高峰日发送班次1450个、旅客近3万人次，年发送旅客700多万人次，年实现售票额近2亿元，是潍坊地区最大的公路客运枢纽。

2011年10月，公司拆除潍坊东客运站，并于原址开工建设联运大厦作为公司总部。总建筑面积1.50万平方米。公司先后获得“全国百强物流企业”“全国民营物流企业30强”“中国道路运输百强企业”“全国先进联运企业”“交通部重点联系企业”“省级文明单位”“山东省先进交通企业”“山东省优秀物流企业”“富民兴潍劳动奖状”等称号。

山东恒建工程监理咨询有限公司

该公司是全国较早一批接触国际FIDIC条款和工程监理制度的监理企业之一，其前身是1989年3月组建的山东省济（南）青（岛）高速公路潍坊市工程监理处。

1993年，济青高速公路通车后，潍坊市工程监理处改名为潍坊市交通工程监理公司，隶属于潍坊市交通局，为正县级事业单位。1997年11月，再次改名为潍坊市交通工程监理中心。2004年1月，改制为股份制企业，改名为山东恒建工程监理咨询有限公司。公司具有独立法人资格，注册资金1080万元，具有交通运输部公路工程甲级、特殊独立大桥和特殊独立隧道专项监理资质，具有住房和城乡建设部公路工程甲级、市政公用工程甲级和房屋建筑甲级监理资质，并具有山东省人防丙级监理资质，是一家专业化的社会监理公司。公司下设综合办公室、经营部、计划财务部、人力资源部、总工办、审计部，11个监理分公司，下属有山东恒建工程检测有限公司、山东恒建新材料技术研究有限公司、潍坊恒建交通工程有限公司、潍坊恒通公路工程养护有限公司4家经营性企业。通过中国船级社质量认证公司认证的质量管理体系、环境管理体系、职业健康安全管理体系证书，为山东省首家拥有三标体系认证证书的公路监理企业。公司设有博士工作站和专家顾问组咨询团队，曾为山东烟（台）威（海）高速公路大修改造工程、青岛海湾大桥、天津滨海大道、港珠澳大桥等项目提供过技术咨询服务。拥有20多项行业领先的科研成果。

经过20多年的发展，监理市场遍布全国21个省（自治区）。公司监理的高速公路项目有100多个/5500千米；特大桥、大桥有150多座/160千米；特长隧道、隧道有100多座/150千米；市政、房建项目有110多项。所监理的工程质量优良，均获得建设单位的好评。其中，公司监理的工程项目获“中国建筑工程鲁班奖”“公路交通优质工程奖”“中国市政金杯示范工程奖”等省、部级奖项累计70项。1999年，该公司被中国建设监理协会（住房与城乡建设部主管）授予“先进工程建设监理单位”。2009年，被省住房和城乡建设厅授予“山东省建设监理创新发展20周年先进监理企业”。2011年，被山东省工商行政管理局授予省级“守合同重信用企业”。2008年、2010年、2012年，公司连续3次被中国交通建设监理协会授予“交通建设优秀监理企业”。

潍坊宝利投资集团有限公司

该公司隶属于潍坊市交通运输局，其前身始建于1948年。2000年，实行国有企业改制。2011年，通过企业整合组建集团公司。集团公司拥有潍坊宝利汽车有限公司、潍坊宝利交通设施工程有限公司、潍坊宝利机动车检测有限公司、潍坊宝利牧业发展有限公司4家全资子公司及潍坊鸢飞机动车回收有限公司等合资公司。集团公司占地面积19.20万平方米，其中主厂房建筑面积2.86万平方米；总资产1.40亿元，其中固定资产6140万元；拥有各类机械设备368台（套）、从业人员378人。集团公司具有工业和信息化部核准的专用汽车生产资质，产品覆盖各类挂车、专用货车、危险品车辆等领域，“驼山”牌专用车商标被认定为“山东省著名商标”。具有机动车综合性能检测、机动车安全技术检测和机动车尾气检测等全部机动车检测资质，建有各类检测线8条，是潍坊市机动车检测中心站；拥有国家公路交通设施工程一级施工资质。先后参与全国60多条高速公路、高级路的隔离栅、护栏、标线等项目施工。拥有存栏1000头奶牛的牧场，并通过国家“无公害畜产品产地与产品”认证，成为“国家畜禽养殖标准化示范场”，是全市最大的奶牛养殖基地。集团公司是潍坊一类汽车维修企业，建有依维柯等10多个特约维修站，是全市危险品车辆定点维修企业。机动车回收业务是全市唯一一家定点企业，承担全市报废车辆的回收拆解任务。先后被授予“全国维修行业诚信企业”“山东省文明服务先进单位”“山东省守合同重信用企业”等称号。

潍坊陆港国际货运有限公司

该公司始建于1988年，是集陆港国际国内物流、国际货运代理、船舶代理和综合保税物流为一体的综合性服务企业，山东省出入境检验检疫局核准的代理报检和经山东省商务厅批准的对外贸易经营企业。1995年，组建为潍坊国际货运有限公司。2003年，改制为潍坊陆港国际货运有限公司。经过20多年的发展，企业经营规模不断扩大，服务体系日趋完善。公司下设报关业务部、代运部、海运部、市场开发部、营业部、货运代理部、国际物流部、报检报验部、运输服务部、船务代理部、国际贸易部以及驻青州、寿光、滨海、保税区办事处和驻青岛分公司等分支机构。公司主要经营租船、订舱、签单、缮制单证，海关予录、商检电子申报，代理报关、代理报验、船务代理、国际集装箱运输、中转、拆装箱、货物仓储、国际货运咨询服务、货运保险、运杂费结算、保税区“一日游”业务、国际贸易代理、铁路国际国内联运、航空运输及大宗散杂货运输等业务。公司拥有专业报关员26人，报检员28人，共有业务人员110多人。

潍坊陆顺汽车运输有限公司

该公司的前身是潍坊国际集装箱公路运输总公司，成立于1994年9月，由原潍坊汽车运输公司、潍坊联运公司、潍坊第二汽车运输公司等全市大中型专业运输企业抽调的部分骨干人员组成。2004年10月，经市政府批准，企业改制并更名为潍坊陆顺汽车运输有限公司，公司注册资本100万元，有职工58人。主要经营旅游客运，拥有高档豪华客车26辆，座位总数1206个，全部为省际旅游包车。

潍坊中通运输有限公司

该公司于2003年7月注册成立。2004年8月，接收破产改制的原海员培训中心，时有从业人员160多人，注册资本309万元。主要经营国际国内公路、铁路、水路、航空联运；集装箱联运、仓储、中传、货运代理；经销钢材、木材、建材、日用百货（不含食品）、工艺品、家用电器。后期主要以酒店、汽车出租、船员培训和船务代理等业务为主。随着企业不断发展，经营范围日趋扩大，先后增加船员中等专业学历教育和咨询策划等业务。公司下设海天银通汽车出租旅游有限公司、中通雅美酒店、船员培训中心、中盈咨询策划、海陆长轿客运等5家子公司。公司所属中通国际大厦为综合营业场所，建筑面积约1.50万平方米。

潍坊市公共交通总公司

该公司是以经营城市客运为主的国有公益性公用企业，其前身是潍坊市公共汽车队，始建于

"青年文明号""工人先锋号"公交车（2013年拍摄）

坊市公共交通总公司，下设第一公共汽车公司、第二公共汽车公司、小公共汽车公司、出租汽车公司、汽车大修厂和通达贸易公司。2008年4月，首批20辆天然气（CNG）公交车在环16路投入运行，揭开了发展天然气绿色公交车的序幕。2010年5月，68路公交线的开通，打开了潍坊城乡公交一体化工作的新局面。

至2012年，公司发展成为下设9个基层单位、10个职能处室，拥有职工2637人，营运车辆1223辆（1373.60标辆），营运线路72条，线路总长度为1441.10千米，线网辐射奎文、潍城及周边城区和昌乐县城，日客流量达38.20万人次。公司兼营广告、加油、旅游、驾驶员培训、汽车修理等业务，是国有中型企业。该公司先后获"山东省廉政文化示范点""山东省服务名牌""山东省先进基层党组织"等称号。

1972年1月。1973年11月，更名为潍坊市人民汽车公司，下辖一个汽车队。1981年4月，更名为潍坊市公共汽车公司，下设汽车一队、汽车二队和汽车修理厂。1984年，潍坊市客车出租公司合并到潍坊市公共汽车公司。1987年9月，潍坊市公共汽车公司更名为潍坊市公共交通公司。

1992年12月，潍坊市公共交通公司更名为潍

第五章　邮电　通信

1991年至1998年10月，全市邮政业务由潍坊市邮电局统一管理。1991年底，先后开办了国内、国际用户电报，邮政快件，特快专递等邮电业务。全市邮路总长度3444千米（单程），其中潍坊619千米（单程），自办局（所）267处。1998年，邮政、电信实行分营。各县市区邮政局、电信局分别按新的运营机制开展经营活动。是年10月12日，潍坊市邮政局正式挂牌。全市设有潍坊市邮政局及寿光、昌邑、安丘、青州、诸城、高密、临朐、昌乐、寒亭、坊子等县市区邮政局，共11个单位。邮政、电信分营后，邮政业务总量持续增长。2005年，全市邮政业务收入达41775.10万元，是分营时的3.53倍，年均增幅17%。2012年，全市邮政业务收入51814.51万

元，比上年增长6.8%；汽车邮运总里程4163.70千米，成为全市最大的服务网络。

第一节 邮政网络

邮政网点建设

1990年起，潍坊邮政不断加快局（所）建设步伐。1998年邮电分营后，针对原有支局（所）大多划归电信的实际，大力推进支局网点建设、改造和设备更新。1998年起，全市各级邮政部门从增强服务意识、优化服务环境、提高服务质量、提升企业形象、满足用户用邮需求入手，大力提高服务水平，得到社会的广泛认可。至2005年，全市邮政营业网点达到278个，储蓄网点达到260个，服务范围遍及城乡。全市各邮政局（所）标识、局（所）名牌、信筒信箱和邮政车辆、报刊亭等服务设施统一标准，对外服务人员统一着装、统一服务用语，邮政包装用品外观设计、规格、价格实行统一规范，打造“中国邮政”品牌。县级以上城市规范化服务窗口设置达到100%、农村达到80%以上，邮政社会综合满意率达到98.66%。通过每年普邮（平邮）传递时限测试、邮政服务社会满意度调查等活动，全市普邮（平邮）传递时限准时率达到普遍服务标准；通过邮政业务综合检查活动、邮件收寄验视及窗口服务质量暗查等活动，保障了全市通信服务质量及全市邮件寄递安全；通过日常做好邮件查询、投诉等服务工作，每年召开社会监督员会议，接受社会监督等工作，逐步提升服务质量。

2010年，在全市开展“微笑在邮政、满意伴您行”服务专项活动，举办市、县“微笑在邮政、满意伴您行”演讲比赛等系列活动。印发《潍坊市邮政局邮政通信服务质量管控体系运行方案（试行）》，规范各级管控岗位设置，强化专业管控队伍建设，建立更加科学合理的市、县两级质量管控体系；细化各级管控岗位职责和监控内容，增强管控岗位履职的操作性；强化管控岗位履职考核，切实发挥管控体系的质量监控作用，实现对邮政各专业、各环节通信服务质量的全业务、全过程有效监控。

2011年，印发《潍坊邮政通信服务质量奖惩考核（补充）办法》，特别是将投诉等考核指标纳入奖惩考核体系；并在全市推广邮政服务积分卡和邮政业务咨询引导牌，畅通用户查询、投诉渠道，更好地接受社会监督。

2012年，中共十八大期间，采取邮件收寄安全与窗口服务质量暗查，下发《潍坊邮政视察体系两岗履职管理责任追究考核办法》，在全市开展“邮件时限达标回头看”专项活动，印发《潍坊市邮件业务档案集中管理办法（试行）》。

至2012年底，全市设有邮政营业网点267个，其中有城市营业网点58个、农村营业网点209个；有自有网点178个、租赁网点89个。城市网点主要设在市区、县城城区主要交通干道、商业街道、居民聚居区附近；农村网点主要设在乡镇政府所在地、行政村及厂矿、街道等。全市营业网点平均服务面积59.40平方千米，平均服务人口约3.41万人。

2012年潍坊市邮政营业网点一览表

表5—5—1

行政区域	网点数量（个）	不同属性网点数量（个）		平均服务半径（千米）	平均服务面积（平方千米）	平均服务人口（万人）	年业务量（万件）	网点平均余额（万元）	办理储蓄业务笔数（万笔）	年业务收入（万元）
		自有	租用							
青州市	26	13	13	4.38	60.35	3.62	558.96	196067.00	106.06	4239.20
临朐县	24	17	7	4.93	76.42	3.48	433.88	110275.00	82.08	2450.27
寒亭区	13	9	4	3.89	47.55	3.52	112.00	53860.83	46.80	1380.38
昌邑市	24	20	4	4.57	65.75	2.51	903.01	223402.00	142.01	4111.19
安丘市	30	24	6	4.26	57.10	3.09	560.47	125737.00	95.47	2701.35
高密市	34	23	11	3.78	44.82	2.63	849.15	141185.00	187.55	3313.37
诸城市	27	16	11	5.06	80.30	4.02	310.92	117820.70	80.82	2991.08
寿光市	35	30	5	4.34	59.20	3.26	729.41	284172.00	136.41	4970.62
昌乐县	17	9	8	4.54	64.76	3.62	311.04	63124.00	43.04	1347.32
坊子区	13	6	7	4.71	69.69	3.94	180.60	77326.18	62.00	1112.54
奎文区	12	6	6	2.20	15.25	5.27	217.94	63623.50	74.14	2130.40
潍城区	12	5	7	2.77	24.17	4.03	85.87	29397.89	38.87	1073.93
合计	267	178	89	4.35	59.40	3.40	5253.26	1485991.10	1095.26	31821.65

邮路及装备建设

1991年初，全市邮政系统拥有邮运汽车50辆、摩托车23辆、自行车592辆、装卸用拖车14辆，邮路总长度619千米。

1993年，潍坊市邮件处理中心动工兴建，该工程占地面积1.32公顷，总建筑面积14562平方米，总投资额2602万元。1994年底，主体工程建成。1996年陆续安装邮件总包悬式推挂自动分拣、信函自动分拣等现代化自动处理设备。1993年7月25日，高密—平度邮路改为潍坊—平度，1994年1月1日，改为青岛—平度，由青岛局派押。1994年，济南—烟台直达车改为去程增加淄博，返程增加潍坊交换点。1995年，增开潍坊—烟台直达邮路，由潍坊局派押，当日去次日返。

1998年7月28日，市政府印发《潍坊市城镇住宅楼房通邮管理规定》，对城镇住宅楼房信报箱的规划和建设，管理、服务和维护等方面作出规定，对改善城镇住宅楼房通邮条件起到积极作用。

1999年4月，开始在全市实施邮区中心局体制，中心局平、挂、包、刷各班组对本邮区所有具有投递功能的支局一律直封，并逐步实现了报刊、汇兑等集中分拣封发，极大提高了工作效率和传递速度。

2000年8月，为适应9月1日邮件、报刊提速需要，根据省邮政局《邮件报刊传递频次、时限

市邮政局邮运车辆　　　　(2012年拍摄)

规定》要求，调整邮件分拣封发关系和改革内部作业组织。2002年，建成三级邮区中心局，邮件、报刊实行集中统一分拣，直接封发到乡镇，提高了传递速度。2002年9月，开通以潍坊为中心的胶东半岛快速邮路，济南、青岛、烟台、潍坊等7个地市之间特快邮件全部实现夜间交换和次晨递。

2002年12月12日，中国邮政航空有限公司开通沈阳—潍坊—上海—深圳航空邮路。该航空邮路由中国邮政航空有限公司运-8飞机执飞，班期每日一班，飞机每日凌晨3:10从沈阳起飞，4:40抵达潍坊，6:50抵达上海。该航空邮路的开通，结束了潍坊没有航空邮站的历史，潍坊及周边9市到上海、深圳、广州、拉萨等地区的特快邮件全部提速。

2004年，取消潍坊局普通邮件分拣封发功能。8月18日，中国邮政EMS“全夜航”顺利开通。“全夜航”以上海为集散中心，以北京、广州、深圳、厦门、沈阳、潍坊为骨干节点，邮航飞机往返中心与节点城市间以邮件高效集散的作业模式开展业务，潍坊成为“全夜航”的重要骨干节点，山东省全省以及江苏连云港市的特快邮件全部集中到潍坊，由邮航飞机运往上海，然后发往全国和世界各地，潍坊作为邮航和半岛快速网转运中心的地位日渐显现，与27个省（自治区、直辖市）136个大中城市间的EMS邮件实现次递。至2005年底，拥有省内干线和区内自办邮路11条，邮路总长度达4125千米。2009年底，拥有省内干线和区内自办邮路44条，邮路总长度达6425千米。至2012年底，共拥有省内干线和区内自办邮路42条，邮路总长度为4163.70千米。

第二节　邮政主营业务

信函邮件

1991年，开始收寄办理商业信函。同年2月28日起，在市内的县以下支局（所）开办快件业务。年底，开办中国邮政贺年（有奖）明信片业务。

1991年7月31日，对邮政快件资费进行调整，起重100克以内每20克或其零数，邮资为0.80元；续重101～500克每100克或其零数加收1.00元。1992年7月1日起，规定函件快件起重100克以内，每20克或其零数收费1元，续重101～500克或其零数收费1.20元。

1992年，经国务院批准，贺年（有奖）明信片被正式列为邮政部门的一项正常业务，由邮电部统一印制发行，其尺寸规格、纸质要求及寄递规定与明信片相同。

1994年1月1日，对寄往国外的国际电子信函资费，按用户寄发的实际面数（不含传输页）计收资费，每面字符不限。基本资费的计算方法：第一页资费的邮件处理费（25元）+3分钟国际长途电路使用费；其后每页资费的邮件处理费（15元）+1分钟国际长途电路使用费。另外，根据实际情况收取揽收服务费、超远投递费、进口邮件特殊处理费、撤回邮件手续费。除与个别国家单独订立的资费标准，其他各国均按此资费标准执行。

1994年，省邮电管理局给潍坊局配置条形码登单设备，用电子扫描笔在挂号信封面的条码上扫一下，即完成登记程序，省力省时，减少了内部处理的时限。邮政支局（所）和服务窗口全部实现电脑化，前台办理业务实现微机处理，城区支局多数配备多媒体触摸式业务查询机，电子化支局达到270处。

1995年4月起，开办邮政礼仪（邮资）信函业务。自7月10日起，开办一年一度的“高考录取通知书”寄递业务。收寄“录取通知书”一律按给据邮件办理；要求农村支局防止延误、捎转、错投、漏投等问题发生；城区对不具备通邮条件的居民住宅楼房，当作特殊用户直投到户。

1997年，市邮政局商函广告分局成立。分局以“客户第一，诚信至上”的原则，推出数据库商函概念，将传统的函件业务与现代数据库营销理念相结合，通过对邮政海量数据的分析、挖掘，筛选出针对性强的名址数据，并通过信函形式将信息传递给目标客户，实现一对一的沟通。

1998年，邮电分营后，大力发展商函、中邮专送广告等业务，函件业务逐步抑制了下滑趋势，开始稳步增长。7月1日，国家邮政局取消邮政快件业务。1999年3月1日，按照国家邮政局统一要求执行新的资费政策。本埠平常函件0.6元，外埠0.8元。2000年12月5日，潍坊停止使用邮资已付戳，正式使用邮资机。

2000年，建成全市中小学生数据库，固定账单用户达到9家，市邮政局商函月收入由年初的不足5000元增加到10万多元。邮政广告业务通过买断路段、购买大型广告位或利用邮政自有楼房、信报箱、报刊亭等媒体进行户外广告招商，大力发展中邮专送广告，全年实现邮政广告收入398万元。

2003年4月，开展潍坊特色邮资信封发行工作，4月22日，国家邮政局批准以“潍坊龙头蜈蚣风筝”和“诸城巨型鸭嘴恐龙化石”为图案的2枚特色邮资信封。全市累计发行潍坊特色邮资信封1079.70万枚，居全国地级市前列。

2007年6月，市委宣传部、市教育局、市邮政局共同举办“感恩父母”书信活动。2008年，函件局开发“幸运邮天下”项目套装10组，开发寿光菜博会、青州花博会门票项目。2009年，潍坊市邮政局商函广告分局更名为中国邮政集团公司潍坊市分公司函件广告局。

2010年，函件业务深入推进直邮服务中小企业项目，举办“2010直邮助力中小企业发展论坛”，完成直邮服务中小企业1020家，示范企业113家，合计发函281万多件，为示范企业增加收益3500万多元，该项目获“潍坊市优秀服务项目”称号。市邮政局与市旅游局联合推出旅游年票贺卡册项目；全市各县市区邮政局全部开发成功门禁系统，为地方旅游市场发展做出积极贡献。

2012年，函件专业积极开展数据库营销服务中小企业，重点做好邮乐券、惠农邮、企业情书、《防灾应急手册》等全市联动项目。

快递包裹

1991年4月1日，潍坊市邮电局正式开办邮政特快专递业务。该项业务分为国际、国内两种，采取专人专车、亲投到人、上门收寄，当年出口业务量达1.02万件。是年8月1日起，对商包（包括大件商包）资费进行调整，其调整幅度为由原来的在民包资费基础上加收50%，改为按民包资费加收25%；商包在5千克以下的改为按民包资费收费。1993年4月，全市10个县市区邮电局相继开办此项业务，并成立专门机构，配备专用车辆及现代化通信工具，保证国内邮件1~3天、国际邮件5天到达用户手中。相继开办法院传票、纳税申报、驾驶证、身份证、录取通知书等同城业务，限时递业务和邮政海运代理业务，投递时限也有很大提高，省内实现次晨递。

1993年5月1日，诸城、安丘、昌邑、高密、寿光、青州、昌乐等县市邮电局开办代客报关业务。9月1日，市邮电局开办国内和国际电子信函业务。10月1日起，凡收寄寄往法国、瑞典、德国、荷兰、加拿大的特快专递邮件均按安邦快件收寄。1995年，调整国际特快专递邮件资费，对重点用户在统一资费标准基础上下浮30%；对个别重点大用户，经省邮政局批准，其资费下调幅度超过30%。

1995年，引进信函分拣设备，1997年9月29日投入试运行，1998年3月3日通过初验。该设备的投产使用，对减轻工作人员劳动强度、降低差错率、提高工作效率等起到积极的作用。2004年8月，省局撤销三级中心局分拣功能，该套设备停止使用。

1996年，规定各类国际包裹均可附寄回执，但只限寄往同意接收国际包裹随附回执的国家和地区。开始收寄脆弱包裹，只限寄往同意接收这类包裹的国家和地区。

1997年1月1日，在全省率先开通185EMS特服台。邮电部邮政规划院专程到潍坊考察，在向邮电部的专题报告中，把潍坊邮政的速递专业化经营定为“潍坊模式”，并予以肯定和推广。

2000年6月1日，中国邮政与荷兰TNT邮政集团合作办理“中速快件”业务。中国速递国际快件业务在全国范围内开办，通达200多个国家和地区，与境外的联系更加方便快捷。

2001年8月1日，市邮政局开办国内快递包裹业务，业务资费介于普通包裹和特快专递之间，传递速度快于普通包裹。至年底，业务量达到1万多件。2005年，包件业务量完成28.68万件，其中快递包裹15.52万件；全市特快专递出口业务量103.63万件。

2006年7月1日，在中国邮政最大规模的网络调整中，新增上海至沈阳、天津、潍坊3条国内新航线，潍坊成为“次日递”207个城市之一。7月18日，潍坊—上海航空邮路正式开通。8月9日，中国邮政EMS推出EMS“优+”服务，市民拥有体验再度升级。11月，开通北京—潍坊—杭

市城区邮政投递　　（2012年拍摄）

州—深圳货运航线。12月26日，由国家邮政局和山东省邮政局共同投资建设的潍坊航空速递物流中心正式投产运行，该物流中心位于潍坊机场内，一期工程占地面积2公顷，总投资1400多万元，成为拥有较高的电子化和自动化水平的速递邮件和物流货物转运中心。

2007年1月10日，开办国内电子商务速递业务；4月，中国邮政集团公司在全国116个重点城市实行速递专业市、县一体化经营改革。8月28日，开办经济快递业务，潍坊市民寄递邮件又添新选择。对全市投递网络进行摸底，拟订《潍坊市邮政局投递网建设方案》，并分步组织实施。投递网建设总投资额192.80万元，新增投递网点3处，装修改造场地9处，新增投递车辆5辆。市区投递网建设基本达标，其中速递段道由原来的16条扩充到21条，普邮段道由原来的122条扩充到143条，邮政服务能力显著提高。加强城市楼房通邮工作，与潍坊市区100多个楼盘80%以上签订安装合同，有1万多户新安装信报箱。

2008年，总投资246万元，新建信报箱2万个。12月19日，潍坊邮政速递物流公司成立并通过转换机制、优化网络、整合资源促进业务发展。年度累计实现营业收入5515万元，在全国116个重点城市中列第46位。加快投递网点改造工作，先后投入资金额331万元，改造22个城乡投递网点。潍坊航线飞机更新为波音737全货机，提高了运输能力；全省17市互寄特快全部通过潍坊交换，使省内互寄特快全部实现“次晨达”，潍坊集散中心地位进一步巩固；新增15条区内快速邮路，竞争能力明显增强。在全省率先完成县内邮路承包，节省运行成本60多万元。

2009年，推出邮政服务“三农”工作，市委办公室、市政府办公室转发市委农工办等8部门《关于推动潍坊市农村邮政物流发展的意见》，为邮政服务“三农”工作打造了良好的外部发展环境。完成速递物流专业化经营改革阶段性目标和重组改制前期工作。是年2月26日，邮政承诺“限时未达，原银奉还”，投递时限服务质量再次升级。在2009年5月的全国推广山东邮政发展农村物流经验现场会上，潍坊市邮政局多个“三农”服务站、物流配送中心作为示范网点迎接现场观摩，受到与会领导一致好评。在全省率先完成县内邮路承包，邮储资金押运全部实现外包，全市城区投递全部实现电动车投递。投资额240万多元，对陈旧的储蓄台席终端设备进行更新。新建信报箱2万个，全市已安装信报箱格口达到9.96万个，试信函妥投率达到97%，城镇投递网建设初步达标。

2010年5月28日，中国邮政、美国邮政与ebay中国在上海签署合作行动书，三方共同规划制定电子商务物流平台，ebay成为潍坊卖家重要销售渠道之一。6月24日，潍坊邮政速递物流公司开始运营。

2011年，全市有邮政网点266个，投递路线单程总长度为34813.25千米，投递点225个，乡村通邮率100%；全年投递国内函件3774.58万件，组织爱心包裹捐赠活动，捐助额达到9.21万元，列全省第四位。

2012年2月15日，《山东交通运输与邮政战略合作协议》签署。全市交通系统与市邮政部门本着互利共赢的宗旨，按照诚信合作、资源共享、政策支持、长期发展的原则，加快合作步伐。5月，临朐县交通运输局与县邮政局进行初步性合作，在临朐县汽车站设立邮政便民站，缴费通、商品通全业务受理，同时在车站大厅叠加报刊零售服务，完善车站设施，最大程度便利于民。5月22日，中国邮政启动“母亲邮包”项目。7月2日，市邮政局与市妇联共同举行“母亲邮包”推进会，全市爱心包裹捐赠额达到6.53万元。

报刊发行

1991年起，全市邮政部门认真做好年度报刊大批收订工作。同时，努力搞好破订、补订、续订及零售业务，组建和完善全市的报刊批销中心，满足广大读者订报读报的需求。1991—1998年，全市党报、党刊发行连续7年居全省第一位。全市邮政发行报刊种类、数量虽有所增长，但发展不平稳，波动趋势较明显。邮件大提速后，地市之间的函件时限平均缩短1～2天，包裹、印刷品时限平均缩短2天以上。省内印刷的报纸，潍坊市区当日下午可见报，县城以上包裹直投到户。特快专递上门服务，各类邮件的准时妥投率达到90%以上；投递频次达到农村每周六班、县城以上每周七班，每日2～3个频次。至2002年，全市邮政报刊亭和销售点总数448处，建设邮政信报箱（群）13.82万个。2005年，全市邮政报刊流转额6348万元。随着智能手机、无线网络的普及，报刊发行和流转额增长速度趋缓。2006年，邮政发行报刊9042.90万份，流转额6531.27万元；2009年，邮政发行报刊10228.31万份，流转额7782.70万元；2012年，邮政发行报刊11254.10万份，流转额10055.72万元。

2012年12月28日，市邮政局发行投递局成立，内设综合部、市场部及下辖城区9处投递部及市信分拣、报刊分发2个内部处理班组，承担全市报刊专业管理，负责城区内邮件、报刊的投递服务、报刊订阅、住宅楼房通邮、沿街信筒的开取及维护、名址信息采集及系统维护、区内普通邮件分拣封发、全市报刊邮件的分拣封发等工作。至年底，全市共有发行投递从业人员1049人，其中一线投递人员896人，投递段道814条。

邮政储蓄

1991年起，全市邮政储蓄业务发展迅速，邮政储蓄开办活期储蓄、定期储蓄、定活两便业务。邮政储蓄业务快速发展，逐渐成为邮政的主要业务之一。至年底，全市邮政储蓄网点有229个，邮储余额2.20亿元。

1996年7月，开展“绿卡工程”工程，对邮政储蓄计算机联网系统升级改造。1998年4月10日，开通第一个绿卡网点。是年4—5月，市邮电局及寿光市、安丘市、昌乐县邮电局开办代办保险业务。至1999年8月，全市各局全部开办该业务。

1999年，全市邮储联网网点96处，安装ATM自动取款机14台；10月1日，实现全省范围内活期储蓄存款的通存通取。至年末，全市邮政储蓄余额突破33亿元。

2002年6月，邮政储蓄实现与银行联网，全市邮政储蓄联网网点245处，安装ATM自动取款机23台。至年末，全市邮政储蓄余额72.32亿元，比上年增长21%。

2005年2月4日，全市邮政储蓄余额达100.26亿元，成为全省邮政系统第二个余额过100亿元的市局。至年末，全市邮政储蓄余额113.71亿元，总余额居全省第三位。

2007年，全市邮政部门加快推进业务结构调整，不断提高企业管理水平，实现潍坊邮政业务又好又快发展。至年底，全市邮政储蓄余额126.10亿元。金融类业务全年累计完成25063万元。

2008年，加快改革和发展的步伐，改革经营机制、管理制度等方面的问题和障碍。至年末，全市邮政储蓄余额达141.30亿元，比上年增长12.0%。金融类业务完成20742万元。

2009年底，全市邮政储蓄余额达156.60亿元，比上年增长10.9%。金融类业务累计完成18172.70万元。其中汇兑业务收入累计完成764.30万元、储蓄收入完成15963.80万元、保险收入完成1444.60万元。提出“以项目带动业务发展”的工作思路，以代收农电费项目为突破口，全面启动代收待发类项目营销市场的开发，在推广代收农电费项目的基础上，开发代扣移动经销商税金及代发代理商业务费项目，试点代收烟草公司烟草款项目。

2010年，确定“走访宣传+大项目”的发展模式，以邮政绿卡业务发展为突破口，并根据农村季节农时特点，启动瓜菜应收款项目。至年末，全市邮政储蓄余额177.90亿元，比上年增长13.6%。

2011年，全年解决近100个金融网点迁址、行政区划变更、二类行换证及营业执照办理等遗留问题。4月开始，市邮政储蓄银行进行二类行改革工作。至年末，全市邮政储蓄余额199亿元，比上年增长11.9%。

2012年，为适应深化改革要求，提出转型发展的思路，全市选取在和平路和谭坊支局两处网点进行试点转型，从理念、服务到经营、管理，逐步实现网点的专业化经营。至年末，全市邮政储蓄余额227.30亿元，比上年增长4.2%。

位于市城区的邮政储蓄网点　(2012年拍摄)

汇兑业务

1991年起，汇兑业务量和业务收入呈逐年上升的趋势。1992年7月1日，市邮电局正式恢复办理国际邮政汇兑业务，负责本地区的转汇业务。陆续与美国、日本、芬兰、瑞士、意大利、比利时、巴西、韩国8个国家通汇。1993年9月1日，开通与芬兰的国际邮政汇票互换业务。1994年1月1日，开通与意大利、比利时、瑞士、巴西的国际邮政汇票互换业务；3月1日，开通与韩国的国际邮政汇票互换业务；11月1日，开通与泰国的国际邮政汇票互换业务。1995年1月1日，开通与新加坡的国际邮政汇票互换业务。1997年，建成邮政综合计算机网，开通潍坊邮政“185”热线和“185”在线网站。通过“185”热线和“185”在线网站，用户不仅可进行资费查询、办理邮政业务和投诉，还可以提供代订飞机票、汽车救援呼叫以及电影、搬家、礼仪、旅游等信息中介服务项目。邮政电子汇兑实现全国联网，全国异地汇款可在两小时内到达。

1999年6月1日，省邮政局开通省内特快汇款业务，潍坊与全省同时开通。

2001年7月1日，推出邮政电子汇款业务。邮政电子汇款的单笔最高限额为1万元，每1万元汇款的资费标准为汇款金额的1%，不足2元的收2元，最高收费为50元。并陆续开通24小时到达汇款、2小时到达汇款、加急汇款和礼仪汇款。10月，开通西联汇款业务，网点达16个。随着绿卡和电子银行的普及，汇兑业务的发展空间逐渐缩小，发展速度放缓。

2009年，全市邮政汇兑业务累计完成764.30万元。2010—2011年，邮政汇兑业务发展略有回升，其中2010年全市邮政汇兑业务收入846.92万元、2011年收入875.05万元。随着汇兑业务逐渐被绿卡和电子银行取代，至2012年，全市邮政汇兑业务收入仅606.44万元。

集邮业务

1990年3月31日，潍坊市集邮中心成立，是山东省第一家集邮中心。1993年，全省集邮信息网建立，各市（地）及县（市、区）级负责本地区、本单位信息的收集、整理、分析、反馈等工作。后因国家邮政局连年下调邮票发行计划，该业务发展呈逐年下降趋势。

2005年，全市集邮收入为1071万元。集邮组织发展迅速，全市10个县市区局全部建立集邮协会，注册会员1.18万人，基层信邮组织114个，集邮爱好者2.70万多人。至2006年，邮票的发行量降到最少，发行量最少的一个品种数量全国仅只有680万枚，其中当年邮票年册销售火爆。2006年，全市集邮业务收入827.01万元；2007年，集邮业务发展较快，达到1778.37万元。2008年，第二十九届夏季奥林匹克运动会在北京举行，集邮再次火热，全年集邮业务收入3771.56万元。2009年，集邮业务收入有所回落，全年集邮业务收入2514.92万元。2010—2012年，集邮业务发展稳中向好，其中2010年全年集邮业务收入3277.72万元、2011年3845.65万元、2012年3891.91万元。

分销业务

2002年，随着物流业务的开拓，分销业务随之兴起，市邮政局开办分销业务，当年实现收入163.23万元。2003年，分销业务步入正轨，发展速度逐渐加快，收入增长迅猛，全年分销业务收入919.64万元。2004年，分销业务收入1385.66万元。2005年，全年分销业务收入1940.58万元。

2006年起，“市、县、乡、村”四级配送网络逐步完善。2006年，市邮政局联合市委农工办、市工商局、市贸易局、市农业局等在全国率先成立潍坊邮政服务“三农”协会，提高了社会对邮政服务“三农”的认知度。全年累计为全市农民配送复合肥2.50万吨、农药200吨、叶面肥280多万袋、酒水2000多万瓶、牛奶800多万袋、洗衣粉300万袋，配送额1.90亿元；建成邮政“三农”服务站1955个，其中256个通过国家“万村千乡市场工程”验收。2007年，推进“三农”服务站建设，规范化“三农”服务站达到3070处。开展“质贷惠三农、科普助发展”系列活动，为农民提供综合服务。2008年，新建“三农”服务站1000个，新建“农友之家”440处。

2009年3月，中国邮政分销业务信息系统正式上线使用，实现分销项目的动态管理，为业务发展提供有力的技术支撑。

2010年，继续拓展服务“三农”业务，依托邮政“三农”服务站，结合季节特点和市场需求，为农民配送质优价廉农资产品。聘请16位农业技术专家，全年组织农技专家送科技下乡活动200多人次。投资825万元，对全市20个网点、161个物流分销直营店和24处配送中心进行改造，改善客户用邮环境，提高邮政服务“三农”能力。

2011年，在全市建成遍布城乡、覆盖全市的“市、县、乡、村”四级物流配送网络，服务范围覆盖全市95%以上的行政村，为1500多名农民提供就业岗位；全市统一进货、统一配送，杜绝假冒伪劣农资进入邮政流通渠道；推广高科技、高附加值农资产品，帮助农民增产增收；举办各类“送科技下乡”、农技知识讲座、田间指导等1100多人次，增强了农业科技知识的传播；积极开展“送旅游下乡”工程，加快农产品及当地土

市邮政局服务中小企业活动　　(2012年拍摄)

2008年，为适应电子商务业务发展新需求，将电信业务局进行更名，统一设立电子商务局。邮政电子商务业务实行“集中管理、集中受理、分专业处理、闭环控制、收入清分”的运营模式。随着电子商务平台上线运行，业务种类逐步丰富。5月，开办代理彩票业务；6月，开办代理长途汽车客票业务；10月，开办航空票务业务，并与潍坊供电公司达成合作意向，开办代收农电费业务；开办“自邮一族”“网上商城”两项新业务。全年实现业务收入548万元。其中，代理短信、票务等业务实现增长，收入所占比例达到25%。

2009年，电子商务业务逐步实现转型发展，全年实现收入728万元，比上年增长32.86%，列全省第二位。短信业务增长迅速，增幅达到102.5%，增幅居全省第一位。在发展传统短信业务的同时，开发农电项目批处理软件，积极摸索农电短信批扣流程，2009年6月底批扣成功，成为全省第一家正式批扣农电短信的市局。与移动公司联合为各大中专院校高考录取、入学新生提供通知书寄递和手机卡发放服务，为新生寄递手机卡3.70万多张。

2010年，电子商务业务进一步调整业务结构，全年实现收入841万元。代理短信业务实现快速发展，增幅达到150%，农电短信业务收入列全省第一位。航空票务业务快速发展，实现城市网点覆盖率100%，农村网点覆盖率60%。进一步丰富业务种类，逐步开办世博会门票、齐鲁旅游年票业务。

2011年，全市邮政系统以“新农村建设”为特产品进城，促进农民增收。2011年5月，分销物流业务进行专业化经营试点，实现了由粗放管理向精细化管理转变、由传统营销向连锁经营转变、由专业营销向市场化和商业化运作转变的三大转变。

2012年，开展鸿雁种植合作社“万亩示范田”创建工作，进一步拓展分销渠道。至年底，新建“万亩示范田”7.59万公顷，乡镇直营店达159处，“三农”服务站达1087个，实现邮政分销业务又好又快发展。

电商业务

2006年，实现放号7.90万部，代收话费389万笔，业务收入394万元。在“三农”站开办代办电信服务，进一步拓宽服务渠道，为村镇居民提供便利。是年3月，新开办邮政短信服务；是年8月，新开办IP公话业务。代办电信业务从无到有，初具规模。

2007年，实现放号6.30万部，在农村累计代放号1.56万个，销售充值卡1.40万枚。代收话费301万笔，业务收入475万元。

切入点，推广昌邑局经验，建设村邮站和报刊村，服务农村居民，提升农民文化生活水平。加快便民站建设，将代收代办业务纳入市民政局、市商务局主办的“12343民生万事通”综合服务平台，开通移动、电信、联通、电费等公共事业缴费业务和飞机票、汽车票等票务业务，拓宽邮政服务的渠道。全市建成邮政便民服务站1007个。全年实现收入965万元。

2012年，开展通信费、电费、水费、燃气费、供暖费等公共事业收费，火车票、汽车票、飞机票、旅游年票、门票等票务销售，叠加报刊代收代投、特快专递代收等邮政服务，成为邮政更好履行普遍服务义务的综合服务平台。至年底，全市共建设便民站1200个，实现代收电话费、电费77万笔，代收金额达2496万元。

第三节　联通公司业务

电报

1990—1998年，潍坊电报业务由邮电局负责，数字设备、自动设备占有较大比重，通信能力大幅度增强。全市电报设备有载报机7台、插报机77台，电传打字机137部，其中电子式打字机112部。另有24部电子传真机分别安装在青州、诸城、高密、寿光、昌邑和临朐6个县（市）局。电报电路有线报路26路，无线报路11路，构成以市区为中心、通达省会济南和各地市以及覆盖本地全境的电报通信网。短波发信机与收信机成套分布在全市各县城城区。

1991年，潍坊市邮电局用户电报电路新增至青岛4路，专用电路开通潍坊、昌乐双向报路1路，出租电报电路增开至高密、寿光、寒亭3县区各1路。12路以上载报机设备8部。潍坊、寿光局分别安装22路载报机2部和1部。潍坊、青州、寿光、临朐、诸城局新增24部电子传真机，总数48部。淘汰机械式55型电传机17部。是年，全市公众电报业务量164.25万份；用户电报42户、业务量2006次，传真电报业务量797份。

1992年，各县市区局普遍开放公众用户传真业务，同时开办请柬电报和礼仪电报业务。各县市区新增BDD-4002、FX-20、ASR-12等型号电子打字机27部，先进的电子传真机61部相继在各局投入使用。电报电路已达48路，其中有线报路27路、无线报路21路。开通了廿里堡支局、西城支局报路2条，用户报路8条，全为有线中同轴电缆载波电路传送。

1993年起，电报设备通信能力的增长速度趋于减缓，设备的利用率有所下降。载报终端设备容量294路，减少30路。至1994年底，全市公众电报业务量为86.45万份，比上年减少47.56%；用户电报业务量为1.2万份，比上年增长122.31%；传真电报业务量为8825份，比上年增长75.6%。

1995年，插报机改为23路TDM时分制载波报机，增加容量146路。是年，全市公众电报业务量为46.4万份，比上年减少42.82%；用户电报业务量为2943份，比上年减少51.16%；传真电报业务量为1037份，比上年增长45.39%。

1996—1997年，公众业务报路减少3路，实占31路，出租报路减少18路。电报设备120部，电传机减少至71部。

1998年，公众电报电路增加16路，后又改造增加电路15路；至1999年，公众电报电路达64路，并新增传真报路2条。1999年10月，新装1套DN-826传真服务器；至年底，全市电报业务量为14.04万份，其中，国内公众电报业务量为14.04万份，用户电报业务量为25.04万份。

1998年，载报终端设备611路全部停用，至1999年底，电传机相继全部退役。2000年，潍坊局撤销全部电报电路，电报业务相继使用DN-

中国联通潍坊沃店盛大开业　　　　　　　　(2010年9月拍摄)

826传真服务器。

2001年后，电报业务处于萎缩状态。2002年，全市公众电报业务量为27.29万份，比上年减少5.51万份；用户电报业务量为2.11万份，比上年减少1.05万份；其他类型电报业务量也都不同程度地减少。

2003年12月，关闭潍坊至各县市区的电传电路，同时开通潍坊至全市各乡镇直达传真电报电路120条，提高了用户通信质量，降低了企业运营成本。随着现代通信技术的快速发展，传统的电报业务逐渐被各种先进的通信手段取代，业务量连年下降，2003年全市电报业务交换量21826份，其中以水情电报、天气电报为主的公益类电报约占70%。以司法凭证为主的公众类电报约占30%。2004年8月，按照集团公司统一要求，停办鲜花礼仪电报业务，全市业务交换量为20621份。2005年，全市电报业务交换量为22814份。用户电报数为24户。2006年底，电报业务正式退网。

固定电话

市内电话在1998年以前由邮电局负责。1991年2月24日零时，潍坊首次引进的1.30万门程控电话割接开通，潍城东分局安装EWSD程控交换机4000门。5月21日，新建西分局通信大楼安装程控设备6000门。坊子、寒亭分别安装2000门和1000门并顺利投产。至此，引进的设备全部安装到位启用，并将潍城、坊子、寒亭3区构成统一的市话网。12月，寿光利用比利时贷款，引进的贝尔S-1249程控交换机3000门割接开通。至年底，全市共有市话交换点18处，局用、用户交换机容量分别达到41320门和30183门；接入局用、用户设备话机分别达到25361部和19623部。

1992年，全市各县市区程控工程全部立项开工兴建。4月26日，诸城引进的贝尔S-1240程控交换机项目、高密引进的西门子EWSD程控交换机项目先后竣工投产。至年底，诸城、临朐、青州、高密4个县（市）共开通程控交换机1.50万门。

1993年2月，潍坊市区第二次程控扩容1.30万门投产。潍城东分局、西分局分别安装程控设备3000门和4000门，坊子、寒亭2个局分别安装程控设备1000门和2000门。开通后市局组织会战，仅用一个月，就为城区4000户待装户在“风筝会”前安装了程控电话。10月31日，第三次程控扩容中的1万门（部分）提前开通，其中潍城东分局扩容6000门，对诸城原步进制交换机，一次割接电话3000部；潍城西分局同时增扩4000门。12月12日和18日，随着安丘引进贝尔5000门、昌邑引进西门子4000门、昌乐引进贝尔7000门程控交换机割接开通，最后一批纵横制、步进制市话网退役。至此，全市各县市区全部实现市内电话通信程控化。市话通信网逐步扩大、延伸，通信基本营业区随之扩展，电话新业务、新功能相继推出。

1994年2月5日，潍坊、寒亭、坊子免费开通国内、国际直拨业务，“168”台免费提供部分信息。程控电话用户可以享受缩位拨号、热线服务、呼出限制、呼出等待、三方通话、转移呼叫、闹钟服务等多种新业务。是年5月，市邮电局对市区进行第三次程控扩容2万门开通后，潍城电话供求状况趋于缓解。安丘市、青州市、寿光市、高密市相继建成1万门市话程控局。全市净增程控交换机容量8.16万门。

2009年11月5日，联通公司进行网络测试

1995年1月22日零时起，潍城区、奎文区、高新技术开发区、坊子区、寒亭区城乡电话号码升至7位。4月30日，各县市电话由6位升到7位。全市扩大的电话本地C3网成立，市辖8个县市间的通话不再拨打长途区号。国内外用户只需拨打0536+本地电话，即可与潍坊城乡任何一部电话通话，全市形成长话、市话、农话合一的本地通信网。全市话音信道增加164个，总数达到374个，市局完成了投资额8000万元的管道线路工程；市到县分组交换网相继开通并投入使用。全市市话交换机容量新增6.52万门、达到22.69万门。是年6月3日，引进开通“114”查号系统，全市实现电话查号集中受理，确保了C3本地网建成后用户查号的需求。全市市话放号60781部，至年末，市话放号达到14.34万部，电话普及率3.48部/百人。

程控电话的使用引发了广大市民“电话装机热”。因机线不配套，有号无线的现象普遍存在。为从根本上解决这一问题，从1992年下半年开始，全市邮电部门与市城建、规划部门联合发出通知，要求把通信纳入城市建设统一规划中，各类建筑设计施工把通信线路的布设一并纳入规划和同步建设的范围，已建成的楼房、居民区采取措施，补设通信下户线，做到“一户一线”。1995年4月10日，城区市话线路四期扩容工程竣工，困扰多年机线不配套的问题得到初步解决。奎文、潍城2个区共建成1600对出局电缆29条，新增出局线对数4640对，布放电缆155.70皮长千米，其中地下电缆120.14皮长千米；安装端子交换箱21个，容量7万对；安装分线设备920个；实施760幢居民楼户线工程。至年底，潍城、奎文、高新开发区共2000幢居民楼电话线进门入户，家家户户具备了装机条件。

1996年2月1日，市区号线系统投入使用，全自动配线配号、街区图管理、交接箱管理、户线设备管理等功能全部纳入计算机自动管理系统。是年4月15日，市区“112”自动障碍测试系统通过验收并投入运行。6月26日，全市各县市城乡电话全部开通“112”，实现“112”自动障碍受理测试，用户只要拨打“112”，系统集中受理障碍交接派工48小时内修复，解决了装、移、修难的问题，方便了广大用户。至年底，全市局用、用户电话容量分别达到29.30万门和53174门；局用、用户电话数分别达到192470部和35705部。市话电缆总长度2486.10皮长千米，光缆增加到221.60皮长千米。

1998年12月，市话计算机综合管理工程（简称九七工程）全面竣工。先期完成市区（潍城、奎文、高新开发区）市话营业、电话安装维修、工程资料微机化综合网，后期建成全市所辖10个县市区市话业务计算机管理系统。实施本地网市话业务计算机管理工程，与“114”查询、“112”障碍测试等系统联网，全市境内实现数据资源共享和互联。

1999年3—11月，市区继开通铁路南、九龙西、东三甲3处模块局后又开通松园子1500门、向阳路小区1500门、西羊角832门、则尔庄3350门、丁家道口7600门5个模块局。至年底，市区建成无人值守交换机房14处。

2000年，全市各县市区积极建设电话村、电话镇、电话市（县、区）。是年10月18日，寿光实现年装机10万部。首家建成全省县级市高标准的电话市。至2000年11月30日，全市各县市区电话放号达34.60万部，全市电话总数突破100万部，实现了潍坊通信史上一次新的飞跃。市话网局用交换设备展开大规模的扩容。寿光扩容S1240交换机1.10万门，安丘扩容8000门，坊子扩容5000门，寒亭扩容2000门，诸城扩容4000门、高密扩容1.20万门，市区通信综合楼一次扩容17120门。是年，潍城、奎文、高新开发区增建10多个模块局，共增加市话局用交换设备5万门。至年底，全市局用交换设备容量109120门。

2001年10月，城区市话交换机扩容2万门和汇接局建设5万门工程竣工。是年，寿光、昌邑、昌乐、青州、临朐、诸城、高密7个县（市）的市话扩容相继投产使用。至年底，全市累计增加市话交换机容量15.60万门。

2002年，市话通信设备、市内管线持续高速建设，至年底，全市交换机容量为15.10万门，有户交换机容量为45726门。接入局用交换设备的话机为1719381部，接入用户交换设备的话机为28707部，并有465063部电话开通来电显示功能。

2003年，全年新增市内固定电话20.80万户，累计达到1840776户，用户总数跃居全省第二位。实施市区EWSD交换扩容，新建潍州路、商品城、月河路3个模块局，对文化路和向阳路2个1万门模块局进行搬迁，对西上圩模块局进行扩容，新增用户容量1.30万线。寿光S1240交换机扩容512线；青州S1240交换机扩容1280线；诸城S1240交换机扩容6000线；安丘C&C08交换机扩容6000线；昌邑EWSD交换机扩容4000线；昌乐S1240交换机扩容5000线；坊子EWSD交换机扩容2200线等8处市话交换工程。至年底，全市市话局用交换机容量为166.90万门；接入局用交换设备的话机为144.50万部；电话主线普及42.38%；本地网光缆新增332.01皮长千米、全市累计81317芯千米；新上市话交换机容量6.84万线；全市市话交换机及接入网总容量为210.50万线，设备占用率88%。通过“先尝后买”营销措施的推广，来电显示业务发展迅速，全年来电显示新增长76.37万户，累计1352052户，渗透率达到73.45%。

2004年，固定电话网主要从优化网络、挖潜配套为主，全市共扩容77560线。其中市区共扩容39136线，投资额4200417.28元。市区EWSD交换机扩容30032线；市区5ESS交换机调整工程计0146线；华为交换机升板工程等。县公司共扩容38424线，投资额1805.90万元。市公司市内电话坚持有效发展，推出了连环抽奖、家家乐套餐等话务量营销政策，市内电话用户净增328667户，累计1975308户，新增电缆890皮长千米，新增本地网光缆934皮长千米。至年底，全市市话局用交换机容量为1880735户，接入局用交换设备的话机为1674203户，电话普及率达21%。

2005年，投资1800万多元，完成固网智能化改造工程。共新建、扩建4个汇接局，其中新建中继线153570条，加利旧中继线29460条，共计183030条中继线；新建一套智能网平台USAU，一期可提供综合预付费（APS）8万户，悦铃业务（CRBT）15万户，广域虚拟网（VPN）20万户，一号通业务（TCP）2万户，语音拨号业务（VAD）5000户，移机不改号业务（NP）5000户。端局配套扩容800个2M，涉及市区及县公司14个市话端局，包括西门子、华为、贝尔、朗讯4种交换机。2个信令转接点（LSTP）各扩容94个2M（86个普通2M和8个高建2M），并进行升版。2个关口局各扩容144个2M，并对服务器硬盘进行了扩容改造。在各项业务中，2005年12月，悦铃业务开始入号商用。在市区及各县公司投资2700万元，实施交换项目20个，全市全年新增交换机容量101992线。做好重点客户支撑工作，为潍坊大酒店、泛海大酒店、歌尔电子、鸢飞大酒店、信通大酒店、帝豪大酒店、亚星公司等重点客户新装话务台8套，投资额29万元；为八九医院、潍坊发电厂宿舍、九六零医院、市交警支队、青州二炮士官学校5个重点客户新装交换机5套，增加容量共计5800线。至年底，全市新增市话交换机容量81483门，累计1962218门，市内电话用户净增71647户，累计2046955户。

2006年，全市实现通信业务总量17.1亿元。本地电话数量和计划完成进度均居全省前三位，固定电话累计达到2046324户，局用交换机容量2008895门，局用交换机实占容量1741316门。接入网设备容量338863门，接入网设备实占容量322730门。本地电话业务2M电路9668条。本地中继光缆线路长度3366千米，本地中继光缆长度6218皮长千米。本地中继光缆纤芯长度126685芯千米，本地中继光缆已用纤芯长度46811芯千米，接入网光缆线路长度4653千米，接入网光缆长度7432皮长千米，接入网光缆纤芯长度99009芯千米，接入网光缆已用纤芯长度35422芯千米。主干电缆长度13974皮长千米。主干电缆对千米4583578对千米，主干电缆线对数3395015对，主干电缆实占线对数2157619对。

2006年，全市固定电话共立项46个项目，投资额3827.78万元，占全年总投资的11.91%。固定电话及增值业务收入为82523万元，占全年总收入的59.71%。主要完成了全市智能网的建设，对固网的悦铃设备进行扩容15万线；对全市的交换设备进行扩容，通过扩容使交换机新增能力58000线，有效地支撑市场的需求。2006年完成大客户语音项目17个：完成山东省税务学校、富华大酒店、潍坊市供电公司、潍柴新厂区、潍坊军分区、苏宁电器的交换机工程；为潍城世纪华美酒店新增计费系统一套，为帝豪酒店计费系统进行扩容，为开发区舜华酒店、圣荣建设集团安装话务台，为齐鲁大厦的用户交换机新增中继板接入公司网络；光缆接入项目主要完成潍坊市区农信接入工程、潍坊市开发区公安路面监控光缆接入工程、潍柴新厂光缆接入、邮政局光缆接入、中石油光缆接入等40余个；LAN接入工程主要完成潍城国税局LAN接入工程、潍坊鸢飞大酒店三期LAN接入工程、潍坊中医院LAN接入工程、潍坊国税局LAN接入工程等36个项目。完成潍城区人民政府、临朐县农业银行、潍坊市公安干部中等专业学校、寿光临港工业园、渤海精细化工园等综合接入项目。8月29日，完成823局的SN换网工作。该交换机下挂四个模块局，总容量为73860户，实装总量为58429户，其中所带虚拟网个数为81个，虚拟网用户数为9858户；交换机中继容量（2M）为359个。

对市区部分模块局设置及优化调整：财富广场新建模块局的覆盖范围为东风东街以南、健康街南北两侧、北海路以西、新华路以东区域，所挂主局为开发区888局；新华路新建局的覆盖范围包括原覆盖区域就近部分，所挂主局为开发区888局；领秀华城新建模块局的覆盖范围为小区本身及其以东两个交接箱、书香苑小区、原烟草宾馆模块局覆盖区域等，所挂主局为南环路880局；潍城经济开发区新建模块局的覆盖范围为开发区本身及就近区域，所挂主局为河西832局。牧校模块局用户就近割入北海花园模块局，烟草宾馆模块局用户就近割入领秀华城模块局；新华路模块局需重新选址新建，原所带用户需根据开发区营销服务中心确认的覆盖范围就近割入财富广场模块局和新华路新建模块局。

市区新建模块局点的设备选型原则上为西门子EWSD，上述财富广场、领秀华城、潍城经济开发区、新华路新建局所选设备均为西门子EWSD。

2007年，全市实现通信业务总量18.56亿元。固定电话187.45万户。完成两期“光进铜退”工程，交换机实占率超出省定标准4.32个百分点，设备利用率居全省首位。局用交换机容量1884456门，局用交换机实占容量1679939门。接入网设备容量339694门，接入网设备实占容量318873门。本地电话业务2M电路9975条。本地中继光缆线路长度3662千米，本地中继光缆长度7251皮长千米。本地中继光缆纤芯长度156816芯千米，本地中继光缆已用纤芯长度59698芯千米。接入网光缆线路长度5181千米，接入网光缆长度8866皮长千米。接入网光缆纤芯长度120501芯千米，接入网光缆已用纤芯长度44213芯千米。主干电缆长度25919皮长千米，主干电缆对千米5114293对千米。主干电缆线1204096对，主干电缆实占线对数2639592对。

2007年，智能网扩容一期工程实施完毕，智能网设备可支撑新业务用户总容量为70万户，其中悦铃业务容量为30万户。为今后支撑各项智能网新业务发展的便利性和及时性，本次扩容时将智能网设备外购硬件扩容至可支撑100万户的能力，对悦铃业务容量新扩30万户。全年共实施15个交换项目，主要是在新建据点新建综合接入设备，和对现网设备进行调整，所增设备主要是新订机架，用户板全部调整利旧。年内潍坊市本地交换网网管系统升级改造工程实施完毕，主要是对现有的网管系统进行升级及对电子工单软件进行改造，并为每个县公司更换1台前台机及相关接口设备。在增值业务方面：对客服中心外呼小组项目进行了立项实施，共新增20个座席及其配套设备。同年，开展114系统扩容改造项目，对114系统进行中继扩容、更换WEB服务器和VP台、更换数据库服务器硬盘，对机房进行改造、扩容座席等。大力开展光纤接入和光进铜退工作。全市确定了154个点作为一期工程进行实施。

2008年，全市实现通信业务总量17.96亿元。固定电话165.45万户。局用交换机容量1884011门，局用交换机实占容量1493576门。接入网设备容量325489门，接入网设备实占容量273342门。本地中继光缆线路长度4008千米，本地中继光缆长度8594皮长千米。本地中继光缆纤芯长度198331芯千米，本地中继光缆已用纤芯长度75637芯千米。接入网光缆线路长度5901千米，接入网光缆长度10583皮长千米。接入网光缆纤芯长度153800芯千米，接入网光缆已用纤芯长度59486芯千米。主干电缆长度20317.412皮长千米。主干电缆对千米2482311.707对千米，主干电缆线对数3315151对，主干电缆实占线对数2026495对。

2009年，潍坊联通全市实现通信业务总量29.85亿元。固定电话149.11万户，局用交换机容量1686833门，局用交换机实占容量1373085门。接入网设备容量316667门，接入网设备实占

2009年5月17日，潍坊联通3G业务试商用启动仪式

容量220211门。本地中继光缆线路长度5962千米，本地中继光缆长度14725皮长千米。本地中继光缆纤芯长度305119芯千米，本地中继光缆已用纤芯长度102935芯千米。接入网光缆线路长度6445千米，接入网光缆长度11963皮长千米。接入网光缆纤芯长度182184芯千米，接入网光缆已用纤芯长度62023芯千米。主干电缆长度6911皮长千米。主干电缆对千米1915692对千米，主干电缆线对数1714172对，主干电缆实占线对数991280对。完成固网投资3.62亿元，资产入账率99.83%。

自2008年开始，随着通讯技术的发展，局用交换制式也在不断更新换代，传统的局用交换方式PSDN（公共交换电信网络）逐步下电，向先进的软交换制式NGN（下一代网络）演进转换。2009年软交换用户接入设备容量98172门，软交换用户接入设备实占容量69198门，软交换接入设备数量980个。

2010年，潍坊联通全市实现通信业务总量22.96亿元。固网业务总量18.91亿元，固定电话134.68万户。局用交换机容量1345409门，局用交换机实占容量1190046门。接入网设备容量260589门，接入网设备实占容量227299门。软交换用户接入设备容量246113门，软交换用户接入设备实占容量139313门，软交换接入设备数量6817个。本地中继光缆线路长度7035千米，本地中继光缆长度17035皮长千米。本地中继光缆纤芯长度360623芯千米，本地中继光缆已用纤芯长度121451芯千米，接入网光缆线路长度6528千米，接入网光缆长度13099皮长千米。接入网光缆纤芯长度207265芯千米，接入网光缆已用纤芯长度70073芯千米。主干电缆长度5898皮长千米。主干电缆对千米1653112对千米，主干电缆线对数1393192对，主干电缆实占线对数859318对。本地光缆总长达到60.65万芯长千米。

2011年，全市实现通信业务总量26.06亿元，通信服务收入完成年计划的101.00%，固网业务总量19.31亿元，固定电话134.11万户。局用交换机容量1395857门，局用交换机实占容量1131008门。接入网设备容量366415门，接入网设备实占容量292975门。软交换用户接入设备

2010年11月，签订自律协议

容量500963门，软交换用户接入设备实占容量326227门，软交换接入设备数量15845个。本地中继光缆线路长度7088千米，本地中继光缆长度17052皮长千米。本地中继光缆纤芯长度377571芯千米，本地中继光缆已用纤芯长度125537芯千米。接入网光缆线路长度7059千米，接入网光缆长度16310皮长千米。接入网光缆纤芯长度265526芯千米，接入网光缆已用纤芯长度79517芯千米。主干电缆长度1922.44皮长千米。主干电缆对千米1019918.63对千米。主干电缆线对数178130对，主干电缆实占线对数837710对。

2012年，全市实现通信业务总量27.64亿元。固网业务总量18.70亿元，固定电话131.43万户，局用交换机容量1126558门，局用交换机实占容量986089门。接入网设备容量441448门，接入网设备实占容量362418门。软交换用户接入设备容量835902门，软交换用户接入设备实占容量436213门，软交换接入设备数量60935个。本地中继光缆线路长度7255.957千米，本地中继光缆长度17879.708皮长千米。本地中继光缆纤芯长度406151.066芯千米，本地中继光缆已用纤芯长度126613.505芯千米。接入网光缆线路长度7577.056千米，接入网光缆皮长长度19302.823皮长千米。接入网光缆纤芯长度331012.882芯千米，接入网光缆已用纤芯长度95078.05芯千米。主干电缆长度1839.05皮长千米。主干电缆对千米1658034.26对千米，主干电缆线对数1734903对，主干电缆实占线对数798275对。随着国家有关通信资费优惠调整的文件要求，按照省公司“取消区间计费”的统一部署，自2012年12月1日起，全市本地网区间计费全部改为区内计费，取消农村电话区间计费。从此不再区分市内电话和农村电话，潍坊市本地网内全部改为市内电话，统称为本地网电话。

无线市话（小灵通）

2001年2月1日，潍坊无线市话工程竣工，总投资额1.09亿元，由青岛朗讯公司提供设备，新建PSC业务中心1处、远端模块57个、基站1367个，容量10.80万线，填补了潍坊无线市话的空白。首期开通潍城、奎文、高新开发区、坊子、寒亭个5区（开发区）和寿光市的无线市话（小灵通）业务。“小灵通”试销后，用户逐渐增多。因初建基站较少，仍存在盲区。

2002年3月，市电信公司新增建200个基站，扩大了覆盖区域，“小灵通”使用效果明显改善。4月20日，无线市话正式放号。先后推出进价售机、赠送话机、灵活月租等优惠方式，“小灵通”用户迅速增加。6月，无线市话2期扩容，新增容量3万线，新建基站336个，11月底，全部投入运行。利用郎讯500兆瓦大功率设备90个，替换300兆瓦基站，通信质量进一步提高，切换率97%以上。至年底，全市容量13.80万线，其中市区8.60万线、寿光3.45万线、坊子1.05万线、寒亭7000线；全市共发展“小灵通”用户5.69万户；“小灵通”网络覆盖潍坊市区、12个县市区的城区和111个乡镇，乡镇覆盖率64.2%。

2003年，全市“小灵通”业务形成一定规模，全年先后完成3期、4期、5期工程建设，新增基站5200个，新增设备容量43.97万线，总容量57.30万线，基站总数7119个，信道总数2.80万个。不断优化网络，调整了市区和寿光的300兆瓦基站，提高了网络接通率。推出呼叫转移、短信、上网等新功能，采取代理渠道营销、内部劳动竞赛等措施，加快业务发展。全年新增“小灵通”用户13410户，累计16.60万户。

2004年，先后完成“小灵通”6期和6.5期工程建设；公司3台“小灵通”交换机全部升版至16.1版本；新增远端RAIU模块235个，500兆瓦/7基站1536个，500兆瓦/3基站2564个，共计新增基站4100个；新增容354880线；新增同时振铃用户6万户和高速计费业务。至年底，全市无线市话用户总容量87万线，基站总数10717个；新增覆盖面积500平方千米，新增覆盖乡镇50个。

2005年4月29日—8月30日，重点实施无线市话7期工程，投资额1亿多元；新增交换SM模块9个，RAIU接入模块131个，U卡260片；新增基站1667个，新增容量127056线。是年10月起，组织实施“小灵通”基站优化调整，投资额720万元，新增“小灵通”室外放大器50台，室外直放站200台和一部分室内外分布工程项目，“小灵通”网络通话质量得到明显改善。至年底，全市新增“小灵通”用户16.50万户，累计55.50万户；通过前七期的建设，无线市话网络容量83万户。2006年，潍坊网通“小灵通”用户累计58.24万户。

2006年9月，潍坊市推出同号小灵通业务，即固定电话和小灵通共同使用一个固定电话号码。全年共立项28个项目，投资7969.13万元，占全年总投资的24.80%。无线市话业务收入2.29亿元，占全年总收入的16.60%。无线市话新增1422个基站，同时新购100个基站作为备用。购买安装37套中继复用器、2套线路延伸器、10套10mw直放站、小灵通基站放大器170台，解决了部分面积覆盖不足的区域。

2008年4月，推出“灵通敞开打”业务。2009年，融合后的潍坊联通统筹做好小灵通与移动业务协调发展，通过组合捆绑产品的推广，逐步减少小灵通用户规模，结合融合产品优惠、携号转网功能以及转网送话费、购机补贴等政策，小灵通用户顺利转移到G网。至2012年底，无线市话达21.85万户。

声讯

1994年1月28日，潍坊正式向社会开放“168”“160”业务。投资额200万元，首期“168”信息覆盖潍城、寒亭、坊子3区。开办的主要栏目有“信息专题”邮电业务、公益服务、交通信息、文化娱乐、金融商情、卫生保健、婚姻家庭、生活顾问等30大类，近2000条信息。9月18日，“168”“160”信息台与全省信息联网，实现全天24小时服务。10月，信息台进行大规模改版，增加“168”热线点歌、即时股票行情、话费自动查询等一系列新业务；开通“166”留言信息和广告信箱，信息数量增加到5000多条。是年11月25日，开设股评热线栏目。全年信息访问量10万多人次。

1995年5月15日，信息台与证券交易所联网，正式同步股市行情专线，信息量增加数倍。6月23日，开通报时咨询专线，全市电话用户拨通专线号码，即可获息北京、纽约、伦敦、巴黎等几百个中外城市标准时间。12月25日，潍坊开通“121”天气预报专线。

1996年4月23日，信息台与央视合作开通体育热线，开始声讯台与电视台的合作，声讯业务在广播传媒中得到广泛应用。5月，信息台扩容，增加中继线120路，信息平台升级为WindowsINT新操作系统，为开发新业务起到重要作用。7月，“168”信息台首次开通高考查分热线，又相继开通各类高考成绩查询业务专线。全年查询考试业务服务，全市有10万多人次受益。是年，全国“168”自动声讯台开始使用统一编码，潍坊“168”信息台实现全国信息联网，信息资源得到统一规范，形成公益类、普通类、经济类、特殊类等四大层次类别，节目增加到42个栏目，信息量增加10万多条。

1998年，“168”声讯台先后与全市300多家企业、事业单位合作并提供信息商讯服务。4月30日，信息公司与证券公司合作，正式开通潍坊股票委托交易系统。之后又与海南腾龙公司合作，开通了电话防伪系统，该系统可为用户迅速鉴别商品的真伪提供方法。

1999年4月，全省“168”“160”进行联网，该工程完成了新语音搭建、系统流程设计、数据库开发、节目制作、计费系统开发等五大项目，中继线扩容至480路。建立起14座席的大型声讯平台，形成多元化的信息。“160”信息台积极与社会各界合作，适时开办证券咨询、交通时刻、供求信息、求医问药等特色栏目，以实用、丰富、健康的内容赢得众多客户。至年底，“160”信息台的受益者达400万多人次，信息储存量100万多条。

2000年，“168”信息台完成电子商务、电话委托、电话投注、电子报税等信息平台的搭建。开通齐鲁福利彩票查询热线和体育彩票查询热线，市民可以足不出户通过电话直接投注。至年底，该类信息话务量30万多人次。

2001年2月，与潍坊电视台合作的“视频点播”开通。7月9日，全省统一开通福彩电话投注热线。2002年，声讯台安装了功能强大的华为排队机，构建起可靠的后台计费和前台查询及语音交互智能平台。

2003年，新组建业务部与技术部，制定建立大众呼叫中心、发展专家热线等公益实用类节目的工作计划。全年发展专家热线30多户，为专家与广大客户搭起了沟通的桥梁。大众呼叫中心以其内容丰富、查询快捷等特点，为企业和客户间的联系提供了方便。

2004年，利用互联网优势，采取技术互补、内容互补的方式，合作推出供求信息、人才交流、旅游、培训信息查询等节目，先后与潍坊市住房公积金中心、潍坊市劳动保险事业处合作开通全市养老保险、住房公积金等关系百姓生活的查询热线；与潍坊市教育、人事等部门合作，开通一系列考试成绩查询号码，为广大考生提供方便。

2005年下半年，随着“小灵通”新业务平台的开发，承揽了“灵通悦铃”制作业务；与潍坊电视台合作，开通电视招考就业直通车，多次参加扶贫助困等社会公益活动，向社会提供再就业信息。8月底，更换声讯数据库服务器和存储空间，声讯系统的安全性和稳定性有了较大提高。

2006年，随着视频业务入户的发展，潍坊网通众信息中心联合市电视台及各县市区电视台，开通视频点播业务，丰富了群众的文化生活，根据与市公积金查询中心合作的经验，在全市范围内，提供客户利用电话，方便的查询个人住房公积金，配合运维，与北京移数通公司合作开发固话秘书业务。与昌乐电视台联合开办综艺节目主持人大奖赛。

2007年，根据技术发展的需求，潍坊声讯配合市场、运维部门调测漏话通、遇忙回拨等新业务，为客户提供更好的业务体验。同年，对声讯机房进行了三线分离改造工程。与金视线通信科技有限公司开办电话Q吧业务；与福生家校通合作提供家校通育才信息服务、家教讲谈服务、亲情电话服务、老师小秘书等服务。

2008年，联合市公安局，开通公安局宾馆联网业务。与移动公司合作，在全省首家实现移动公司手机声讯业务实时计费功能。与市交警中心开通机动车交通违章电话查询。随着腾讯QQ的发展，及时开通腾讯电话Q币业务。综合运用声讯、短信、114、互联网等多种渠道，为高考、中考提供考务信息查询服务。

2009年，潍坊市网通分公司公众信息中心更名为中国联合网络通信有限公司潍坊市分公司互联网业务中心。根据呼叫业务的发展需求，与集客联合，建成呼叫中心平台，并同时发展客户，成功接入诸城新郎制衣、奎文马石油公司。与百仕达合作，发展电话购物业务。

2010年，根据小灵通业务下线的全局要求，开通“E”换通，保障小灵通换机的业务需求。

2011年，声讯业务划归信息导航业务中心后，及时跟踪社会热点动态，开通个人养老保险电话查询热线以及幸福农家咨询热线。与福彩中心合作，开通福利彩票热线。

2012年，利用现有渠道，先后联合教委、考试中心开通全国硕士研究生考试考点考场查询热线和高中学生学业水平考试成绩查询热线；与住房公积金管理中心联合改版公积金查询热线，可以利用身份证实时查询公积金信息。

联通公司进小区宣传宽带业务（2012年4月拍摄）

长途电话

1990年后，潍坊市邮电局积极引进国内外先进通信技术和设备，加快长途通信设备的更新和长途网的改造。长途由人工向自动、由模拟向数字、由单一向多种业务发展。1991年3月，首次引进德国EWSD长途程控设备480线，潍城、坊子、寒亭3区使用光缆传输，并分别安装西门子光端机、PCM设备7台和16台。3个区局间敷设中继光缆34.16千米，架设电缆129皮长千米。是年，青州、诸城、昌邑、安丘、昌乐、高密、寿光、五莲8个县（市）进入全国长途自动拨号网。至年底，全市长途交换机容量1488路端，新增长途电路756路、达到1529路。

1992年，长途本地网开始动工建设，采用引进微波、光纤通信技术和设备。10月，长途本地网第一条光缆通信干线建成投产。潍坊至昌乐、青州采用480路微波，青州至临朐采用6芯光缆，全长87.80千米，沿途3个县（市）长途电路增加了7倍。11月，安装开通TMUX长途自动电话进网设备3套，增开到济南自动长途电路180条，长途直拨电话上网紧张状况初步得到缓解。

1993年2月，长途交换机第二期扩容竣工，增容工程程控1.30万门，长途交换960路，对全市经济和社会发展起到积极的促进作用。潍城东局、西局开通西门子交换设备960线。6月17日，境内最长的长途光缆干线投产，途经坊子、安丘、昌乐、诸城和日照市的五莲县。6月月底，长途本地网高密、诸城光缆干线开通；10月下旬，开工建设潍坊至烟台的微波、光缆长途干线。昌邑、寒亭两地先期开通3个四次群和一个区间系统。至年底，全市实现县市区以上长途传输数字化。1992年，长话有权直拨用户10729户，1993年增加到14659户。1994年达83226户。至1995年，95%以上的长话业务通过自动网疏通。

市联通公司为顾客提供热情服务（2011年11月拍摄）

1994年6月，开通长途电话独立交换局，实现省、市、县长途电话独立交换。长途局扩容5700线，长途设备的处理能力猛增8倍。

1995年8月，长途局扩容4320线，交换机已达到最大设计容量。9月，潍坊长途台结束了长达40多年人工转接的历史。长途电话“113”人工转接台撤销后，除少数长途业务由济南转接外，其余都使用长途直拨。至年底，全市长途交换机容量已达2.23万线。是年9月，推出电话卡自动记账长途直拨业务“200”业务，正式向社会开放“200”业务。

1996年，全市新增长途传输能力1.78万路；新增长途电话业务电路938条、达到4540条；全市城乡电话交换容量新增10.50万门、达到53.34万门；9月1日，长途通信SDH光同步传输建成投产；首期安装成都阿尔卡特AND复用机，筹建了市区（潍城、奎文、高新开发区）、昌乐、青州、临朐、诸城站，并为各站提供1250条电路，5个县（市）之间配有50条直达电路。12月10日，济青、银青2条国家一级光缆通信干线潍坊段工程竣工；采用30芯光缆，安装4个622Mb/S传输设备，增加SDNH传输容量1.78万线。

1997年，开办被叫集中付费电话“800”业务。是年，潍坊各县市区全部开办记账电话卡“108”“200”“300”等业务；国际直拨达140多个国家，国内通达1083个城市。

1998年4月26日，本地传输SDH第二期扩容工程竣工。建成上下话路站、终端、中继站12处，连接了潍坊10个县市区，可为本地提供4.82万条电路。至年底，全市长途数字终端复用设备容量达6.06万路，比上一年增加3.50万路。同时，光缆工程开通至安丘、诸城36芯光缆干线。

1999年底，昌邑饮马至高密、寿光至青州、高新开发区至坊子3条本地网光缆投产之后，全市新增长途业务电路6404路，累计14092路，长途业务5552路。

2000年6月，本地传输网建成西环、东环、内环路3条链路。全线高2M口630个，155M光口、电口各46个。潍城、奎文、高新开发区各站形成了一个中心环路，提供2646个2M电路。是年，潍坊各县市区分局都进行扩容，寿光、昌邑、坊子、高密、寒亭5个市（区）建设“电话市”“电话镇”配套传输。光缆工程相继竣工投入运行。

2001年3月，建成全省第一个本地数字同步网。全市10个县市区和城区3个局分别安装1套BIT+GPS通信设备。在市区中心楼配置SYNLOCK网管1套，为本地通信网所有需要同步时钟的系统，提供高精度的时钟信号。

2002年6月，2个两纤双向保护倒换环路竣工。至此，长途本地网3个光缆工程竣工。8月10日，潍坊至昌乐、临朐、青州光缆线路投产。9月20日，诸城至高密、昌邑至寒亭线路开通。至年底，全市长途容量23520路端；长途数字复用机设备45886路，实占容量36956路；光缆电路145574路，长途业务电路数145574路。

2003年，潍坊长途电话业务总量1.54亿元，计费1.527亿元。国内长途通话时长154833646.5分钟，国际长途通话时长628562.1分钟，港台长途通话时长309341.1分钟。

2004年，国内长途通信业务总量2.06亿元，国际及港台通信业务总量1067.43万元。省内长途通话时长240999696.1分钟，普通国内长途通信时长95009848分钟。密码计账卡国内长途通话时长12932218分钟。

2005年，国内长途通信总量为24.23亿元，国际及港澳台通信总量为1091.4万元。出租省内长途2M数字电路64条，出租省内长途155M数字电路2条。IP电话国内长途电话计费39927904次，IP电话省内卡国内长途计费2599687次。IP

电话国内长途通话时长计费124874803分钟，IP电话省内长途通话时长计费10272836分钟。

2006年，长途电话交换机容量785个2M，长途电话交换机实占容量727个2M，长途电话业务2M电路429条。

2007年潍坊网通长途电话交换机容量785个2M，长途电话交换机实占容量717个2M。长途电话业务2M电路466条。

2008年，根据省公司“长途传输由省公司统一集中管理”要求，自2008年开始，地市级公司不再统计长途电话、长途交换机等相关数字。

2011年8月19日，市联通公司技术人员进行装机操作

农村电话

1991年，全市农村电话自动化建设快速发展，电话设备、线路改造的资金额达1930万多元。6月29日，寒亭郭家庄乡250门程控割接进入市话网。8月30日，昌邑柳疃、青乡、龙池3个乡镇开通HJIOD程控交换机，容量500门。全市各县乡镇陆续与县城联网。至年底，12路载波机增加14套，120路载波1套，改造中继杆线85.70千米；全市79处乡镇实现电话自动化，农村电话交换机容量为55904门，其中24014门为自动式。农村杆路总长为12845千米，农村电话2.33万部。

1992年，全市各县市区建设本地C4网工程全面铺开。12月19日，寒亭区12处乡镇支局自动电话工程全部竣工，率先建成城乡自动化电话网。随后，寿光34个乡镇全部联网，990个行政村通了自动电话，并加入国内国际直拨网。

1993年11月28日，坊子区建成自动电话网，并将模块局改为电话交换机独立局，成为全市第一个农村电话全部实现程控化的县区。是年12月，青州市本地自动电话网全部开通。至年底，全市农村电话交换机容量92269门，增长32%，实占容量30897门；其中自动式交换机71960门。

1994年11月，10个县市区全部实现乡镇电话自动化，彻底淘汰了农村“摇把子”电话。全市农村236个乡镇建立210处交换点；采用引进德国、美国和中国香港地区等程控交换机，并安装武汉科技学院、芬兰诺基亚等传输设备210台光端机。

1995年初，本地电话网C4开始向C3过渡，4月30日零时，全市8个县市区电话号码全部升7位，至此，以市地为中心的本地电话网C3建成，全市实现城乡电话一体化；6月底，全市村村通程控电话。至年底，全市农村明线线条总数长度1086对千米，电缆总长度75151千米，光缆长度18697千米，局用交换机容量148368门，其中程控交换机143476门，用户交换机容量3589门，接入局用、用户交换机和话机数分别为76042门和1979部，自动交换机容量占农话总容量的97.22%，电缆长度751.10皮长千米，光缆长度1869.70皮长千米。

1997年，各县市区均邮电企业积极开展优惠装机，激活农村市场，全市农村一年装机32531

部，首次超过城市年内电话装机量。是年，各县市区农村支局经过电话交换机扩容改造，有96个村交换点完成设备升级和换代。至年底，全市236个乡镇均使用了西门子，贝尔程控交换机，容量增加80475门，总数达到263739门。

1998年12月，潍城区6个乡镇电话扩容改造工程竣工投产。至年底，全市农村交换机容量净增95017门，累计358756门；本地中继电路增5132路，累计20779路；本地光缆长度达25911皮长千米；增建电话村99个，累计471个；农村电话用户总数累计20.78万户。

1999年2月23日，潍坊市确定农村信息化建设的规划目标。3月，市电信部门调整农村装机资费，初装费下调58.3%，各地电信企业相继出台优惠政策，加快“三网合一”（通信、计算机、图像）工程建设，在经济条件优越、市场潜力大的乡镇开展试点工作。至年底，本地中继电路增加到39008路；中继光缆总长度3173.08皮长千米；同步SDH终端设备10336路，同步PDH局用终端设备2774路；接入网光缆线路长度594.14千米，接入网光缆长度626.15皮长千米。

2000年，全面推进山东电信“千百万工程”，再掀电话市（县、区）、电话镇、电话村热潮。寿光市话、农村扩容S1240交换机1.10万门和4500门，农话接入扩容为HONEF设备6万线，成为全省第一个建成电话市的县级市，年装机一举突破10万部。至年底，全市增建电话乡镇82处，电话村3357个；农村电话净增27.55万户，增幅为93.91%；农话装机568798部，其中农村住宅电话52.48万部，比上年增长117.62%。

2001年5月，潍坊本地资费执行新标准，农村住宅电话月租费调为15元/月户；营业区内通话费为：首次3分钟0.22元，以后每分钟1次0.11元，营业区间通话费每分钟0.5元。7月1日，全市取消本地电话初装费。至年底，全市已通电话的行政村为9449个；各县市区农村电话交换机扩容，累计5.60万门，其中青州2.70万门、高密1.20万门、寒亭9100门、寿光6000门、昌邑1900门。

至2002年底，全市农村电话交换机容量840674门，用户交换容量3806门；接入局、用户交换机的话机分别为1051648部、2417部；农村中继电路20104路，本地中继光缆总长度5827.85皮长千米，接入网光缆总长度2142.16皮长千米。

2003年，新上农话交换机容量85388线，农话交换机容量达93815门，农话中继光缆长度达64094芯千米；对部分县市的农话中继传输设备进行适度扩容，其中，寿光C$G08交换机扩容8000线、青州S1240交换机扩容1.37万线、昌邑EWSD交换机扩容7000线、坊子EWSD交换机扩容1800线、寒亭EWSD交换机扩容1万线、诸城C$G08交换机扩容7000线、安丘C$G08交换机扩容5000线。同时，针对部分县到乡镇的农话中继传输能力不足或设备老化、安全性不高等进行设备扩容和更换。

2004年，实施农话交换机扩容工程。其中，诸城S1240农话交换机扩容机柜，投资额44.59万元，诸城C$G08农话交换机扩容4600线；寿光C$G08农话交换机扩容机柜；临朐C$G08农话交换机扩容4096线；坊子EWSD农话交换机扩容2000线；寒亭EWSD农话交换机扩容4696线；青州S1240农话交换机扩容5600线。扩建农话中继光缆718.80芯千米、长度64812.80芯千米。至年底，公司乡村局用交换机容量1095448门，实占容量1021487门；接入网设备容量282568门，实占容量262414门。

2005年，全市扩建农话中继光缆7574芯千米，累计72386芯千米；新上农话交换机容量78564线，其中安丘农话交换机扩容8000线、诸城C$G08农话交换机扩容7648线、临朐C$G08交换机扩容11056线。至年底，农村局用交换机容量1138182门，实占容量1085090门；接入网设备容量270529门，实占容量262041门。

2006年，全市农村电话137.97万户。农话中继光缆65342芯千米。至年底，农村局用交换机容量1190896门，实占容量1070931门；接入网设备容量287532门，实占容量275818门。自2006年开始，市、县（县城）、区之间通讯都统称市内电话，镇、乡、村之间通讯仍称为农村电话。

2007年，全市农话中继光缆44276芯千米。至年底，农村局用交换机容量1153408门，实占容量1030840门；接入网设备容量291165门，实占容量275818门。全市农村电话127.74万户。

2008年，潍坊联通农村电话1065508户。全市农话中继光缆24074芯千米。至年底，农村局用交换机容量1143039门，实占容量867426门；接入网设备容量273381门，实占容量226041门。

2009年，潍坊联通农村电话910710户。全市农话中继光缆149923芯千米。至年底，农村局用交换机容量959984门，实占容量765867门；接入网设备容量271095门，实占容量178088门。自2008年中国网通与中国联通合并重组后，从2009年开始，农话有关统计数字发生变化，如“农话中继光缆芯千米”数由2008年以前的逐年减少变更为从2009年又开始增加。

2010年，潍坊联通全市农村电话77.01万户。至年底，全市农话中继光缆183385芯千米，农村局用交换机容量670417门，实占容量621641门；接入网设备容量214609门，实占容量182663门。

2011年，潍坊联通全市农村电话74.17万户。至年底，全市农话中继光缆197896芯千米，农村局用交换机容量712308门，实占容量593578门；接入网设备容量266398门，实占容量214847门。

2012年12月1日起，按照国家有关通信资费优惠调整的文件要求，全市本地网区间计费全部改为区内计费，取消农村电话区间计费。潍坊市本地网内全部改为市内电话（统称为本地网电话），农村电话退出历史舞台。2012年，潍坊联通全市农村电话69.51万户。全市农话中继光缆芯千米，农村局用交换机容量、实占容量，接入网设备容量、实占容量等数字不再单独统计。

公用电话

1991年，全市有计费公用电话54部。继5月潍坊城区程控电话开通之后，公用电话业务陆续向社会开放。1992年，公用电话总量增至95部。

1993年6月，首次增装20部磁卡电话，分别安装在潍城区工农路、和平路、西城等电信营业场所，后又在县市区局安装10部。至年底，潍坊城区有公用电话213部；全市公用电话455部，其中磁卡电话22部。

1994年，公用电话业务发展迅速。至年底，全市公用电话621部，比上一年新增166部，其中磁卡电话62部。

1995年，全市县城以上城区的繁华街道每100米设1个公用电话，每个居民区设1个代办点。至年底，全市新增公用电话1492部，累计2113部，其中磁卡电话153部。

1996年6月，市邮政局成立公话公司，网点规划、业务经营实行统一管理。全市公用电话新增2566部、累计4697部，其中磁卡电话211部。

1997年底，全市公用电话总量5829部，其中磁卡电话236部；新增IC卡公用电话307部。初步形成网点密布，品种多样，使用方便的公话群体。

1998年，潍坊城区新建无人值守公用电话群点4处。4月19日，中国电信总局的第一套选用地方资料制作的“潍坊风筝”IC电话卡首发式在鸢飞大酒店举行。该卡共发行300万套。是年，市局对全市公用电话进行摸底，重新发放经营许可证，全市公用电话走上了依法经营的轨道。至年底，全市公用电话新增1498部、累计7327部，其中磁卡公话234部、IC卡电话800部、投币电话6部。

1999年，在潍坊市区16条街（路），新建一批无人值守公话亭，安装IC卡电话600部。至年底，全市公用电话新增2254部、累计9581部，其中磁卡电话减少96部、实有135部，停用60部投币电话，IC卡电话新增1089部、累计1889部。

2001年1月，分别在潍坊城区文化路、潍州路等6条繁华路段，建立双面IC卡电话亭131个，四面公用电话亭4个，布放电缆7212皮长米。全市各县市区安装无人值守IC卡公用电话278部。全市农村实现村村通公话。至年底，全市公用电话新增1071部、累计12428部，其中IC卡电话新增5360部，磁卡电话减少到35部。

2002年7月，全市各县市区开展智能公话新业务，使用充值卡预付话费。至年底，全市公用电话28095部，其中有人值守公用电话11588部、IC卡公用电话7000部、智能公用电话993部。

2003年，全市新增有人值守智能公用电话1.11万户，累计1.19万户。重点在市区繁华街道、学校、军营等场所安装智能公用电话全年新增智能公用电话6144部，至年底，全市智能公用电话6947部。公用电话（IC卡、普通公话）业务呈现下滑趋势。至年底，全市IC卡公用电话6642部，其中潍坊城区（潍城、奎文、高新开发区）1616部、各县市区3759部，全市普通公用电话13690部，年内发展部数为零。智能公用电话业务在经历上半年的快速发展之后，受话吧业务的影响，下半年逐渐放慢发展速度。

2004年，受市场影响，公用电话业务继续减缩。至年底，全市IC卡电话4528部，比上年减少847部；其中潍坊城区1386部，比上年减少230部；全市各县市区3142部，比上年减少617部；全市智能公用电话新增3427部，累计10374部，发展部数比上年减少2687部；全市普通公话共计11309部，比上年减少2381部。话吧业务依托公司网络优势，在竞争中发展较快并呈现出较大的市场前景，全市新增10333部，累计13824部。为迎接“风筝会”和配合创建“国家级卫生城”活动，是年2月至3月间，在市区健康街、胜利街、东风街及北海路、和平路更换新型公用电话亭297个。

2005年，公用电话话吧业务发展速度较快，全市新增13180部，累计27004部。IC卡、智能公用电话、普通公用电话业务继续呈下滑态势。至年底，全市IC卡公用电话3673部，比上年减少855部；其中潍坊城区1169部，比上年减少217部；全市各县市区为2504部，比上年减少638部；全市智能公用电话10971部，比上年减少338部；普通公用电话10971部，比上年减少338部。

2006年起，随着移动终端的不断普及，潍坊市内公话市场不断萎缩，IC卡、智能公话、普通公话业务继续呈下滑势态。2007年，全市公用电话10.33万户。受市场影响，公用电话业务继续减缩，智能公话年内发展3427部，累计达10374部，发展部数同比上年减少2687部。普通公话共计11309部，比上年减少2381部。话吧业务发展较快，年内发展10333部，累计达13824部。

2008年，全市公用电话10. 26万户。IC卡公话3673部，较去年减少855部，其中城区1169部，较上年减少217部；县市区为2504部，较上年减少638部。智能公话10971部，比上年减少

338部。普通公话10971部，比去年减少338部。至2012年，潍坊联通公用电话9.01万户。

数据通信

分组交换 1993年9月，潍坊开始分组交换网建设。10月，市区首次安装分组交换设备——加拿大北方电讯公司DPN-100交换机。

1994年10月，全省分组网正式向社会投入使用。11月，进行分组交换网二期工程建设，该网很快扩展到全市各县市区。城区东分局扩为双机AM设备，增加106个端口。青州、寿光、高密、安丘、诸城、昌邑6个县市各自安装配置33个端口的AM接点机。昌乐、临朐、坊子、寒亭4个县区新上PAD设备，各设17端口。

1995年2月，全市分组交换用户275户，其中城区156户。分组交换网建成之后，金融系统各银行利用分组交换组成专用网，实现省、市、县业务互联。12月15日，潍坊分组交换网进行第三期大规模扩容。城区东分局新增AM机1台，全市各县市区全部扩建，高密、寿光、青州、安丘、昌邑、诸城AM设备由单机扩为双机，临朐、昌乐、坊子、寒亭新建双机AM设备各1台，临朐、昌乐、坊子、寒亭原有的4台PAD设备分别拆迁到城区西局2套、南环路局、高新开发区局各1套。全市新增用户端口1544个，中继端口28个，引进设备投资额76.80万美元，国内配备设备投资额830万元。

1996年7月，全市金融机构、财税系统以及商贸系统所需数据端口陆续开通、上网运行。潍坊分组交换网初具规模，形成覆盖全市的分组交换数据通信网络。至年底，全市全网端口达2398个；分组交换用户506户，其中城区用户234户。

1998年底，全市用户增加到885户，其中城区用户达343户。随着网络技术迅猛发展，分组交换网受其速率制约，难以满足计算机、多媒体终端业务的需求。1999年之后，分组交换用户逐年减少。至2002年，全市分组交换用户仅有119户，其中市区用户89户。

数字数据网（DDN） 1994年10月，潍坊数字数据网开始建立，在市区东分局安装美国AT&T公司DDN设备1套，1995年4月开通，为全市提供端口82个，开通至济南、烟台、临沂中继电路3条。

1996年1月，为满足全市用户对数字通信需求，开始建设市区及所辖8县区的DDN本地网，6月正式开通。该网总投资额813万元，使用美国DDN的IDNX/70/20系列产品。该期工程全网共设14个节点机，在城区东分局设1套SUNSPARC20网管设备，作为潍坊公用DDN网管中心，全网总端口384个，有数字数据中继电路44条。至年底，DDN用户达116户，其中城区用户76户。

1998年3月，山东省数字数据网二期扩容，城区东分局新增加拿大网络节点设备2台，3645高性能带宽管理器1台，增加116个省网管端口和12条数字数据中继电路。

1999年11月，数字数据本地DDN二期扩容竣工。工程投资额1800万元，网络通达乡镇。该扩容工程新增各类端口4870个，中继电路79条。至此，DDN本地网已覆盖78个乡镇。城区东分局、西分局、高新开发区分局的节点机升级，至年底，全市DDN用户903户，其中城区用户659户。

2001年9月，山东省网再次扩容，为潍坊增加中继端口4个、中继电路9条。11月，公用数字数据（DDN）网三期、四期扩容工程同时竣工，新增各类端口2506个，数字数据中继140个。至年底，全市节点端口5401个，成为分组交换、DDN、ATM三大基础网络中覆盖面最广的网络。

2002年，本地DDN网五期扩容竣工，工程投资额177万元。在寿光、青州、高密3个局新增节点机基础上增加了CPU卡，更新原总线交换机。4月，数字数据本地网随省网工程扩容，共增加数字数据端口304个；新增本地DDN网节点端口总数1052个。是年9月，增加3645型、3600型网络节点设备各1套，两套3645型节点设备形成冗余配置，增加省网端口222个，数字数据中继电路4条。至年底，全市数字数据网节点机端口总数5604个；数字数据中继电路增加到287条；全市DDN用户1190户，其中城区用户619户。至2005年底，全市数字数据网节点机端口总数4892个；数字数据中继电路319条；DDN网用户579户。

互联网

潍坊计算机互联网始建于1996年12月，市邮电局投资额200万多元，建设中国公用计算机互联网——Chinanet山东接入网潍坊接点，1997年5月建成开通，启用“163”作为接入号码。该系统采用美国Cisco7000t和Cisco2501路由器，可提供拨号端口60个，专线端口30个，出口带宽512K。用户容量1700户。

1997年7月，市邮电局投资额额300万多元，建设中国公众多媒体通信网，12月16日建成开通，启用“169”作为接入号码。新增用户端口420个，用户容量8400户，另有专线端口60个，出口带宽2M。建成潍坊信息港平台“鸢都时空”，可为用户提供信息检索、信息处理、电子邮件、电子商务、远程医疗、虚拟专网等业务。至年底，全市已有城区及8个县市开通Chinanet业务，共有139户入网，其中城区99户。

1998年6月16日，“鸢都时空”正式向社会开放，11月更名为“潍坊信息港”。12月，“163”“169”网二期扩容，接入能力扩展到400个信道。全市IP网拨号注册用户4587户。12月8日，开通山东省电信宽带多媒体（ATM/FR）网。网络首期覆盖奎文、潍城、高新开发区。向社会提供远程教学、远程医疗、远程会议，局域网互联互通、视频点播等多媒体业务。

1999年2月，开通ISDN上网方式，用户端上网速率大幅度提高。经过网络调整，实现“163”“169”网的合并，有效利用了网络资源。至年底，全市互联网、多媒体网端口1244个；拨号服务端口1081个；本地网内中继电路带宽179Mbps；全市发展拨号注册用户1.5万户；专线注册49户。

2000年10月，“163”“169”三期扩容工程竣工，用户接入能力从1000线增加到9000线，出口带宽增加到310M。至年底，互联网端口5439个，拨号服务器端口4921个；本地网中继电路带宽4191Mbps；全市发展因特网用户11.48万户、用户总数12.99万户。2001年10月，潍坊ADSL开始向社会用户放号。

2002年4月，宽带网三期扩容竣工，增加各类端口328个。是年5月，全省BGP割接完成，全市城域端口700个。至年底，全市互联网端口总数为25112个；拨号服务器端口9000个；因特网注册用户9.41万户；主叫电话计费用户9.58万户。

2003年，完成ADSL三期和四期扩容。全年新增ADSL端口5.80万线，小区综合布线新增2.06万户，小区LAN布线端口新增1.54万个，DDN端口新增160个。至年底，新增宽带用户2.65万户、累计3.37万户；因特网注册拨号用户9.32万户；主叫电话计费用户2.54万户。

2004年，新增ADSL端口2.18万线。至年底，ADSL用户49429户；新增LAN接入端口2.32万个，累计LAN终端接入用户41142户；新增宽带用户7.52万户，累计宽带业务接入用户10.89万户；因特网注册拨号用户1.89万户；主叫电话计费用户1.5万户。

2005年8月，互联网出口带宽新增一个2.5G，由原来的2×2.5G扩容到3×2.5G。是年9月，ADSL端口扩容4000线。至年底，全市ADSL用户86051户；LAN终端接入用户58570户；全年新增宽带用户57143户，累计宽带用户163538户；新增ADSL43900线，LAN布线端口3000个，扩容城域网端口2424个，千兆端口92个。随着宽带用户的迅速增长，拨号上网用户逐年减少，至年底，注册上网用户为1.78万户，主叫上网用户为7254户。

2006年，潍坊网通互联网接入业务用户24.67万户，宽带用户22.57万户。先后承办了全市中小企业信息化建设工作会议和全市信息化推进大会，在全省率先启动中小企业信息化建设，全省第一家举办企业信息化公益培训，参加培训企业近2000家。

2007年，宽带业务取得超常规发展，全市互联网接入业务用户38.86万户，宽带用户36.97万户，完成年初预算的115%。增值业务继续保持全省先进位次。信息化应用进一步推广，初步建立ICT业务发展体系，在抓好中小企业信息化发展的基础上，全面启动农村信息化建设，对社区信息化进行探索，视频监控、IDC业务发展迅速。至年底，全市农村政务网站累计1648个；农村党员干部远程教育网接入点8469个；电子报税用户净增7533个。全年共立项实施917个建设项目，完成投资额26674万元。对城域网的核心路由器、汇聚交换机和接入服务器进行扩容，新增两个10G的互联网出口，全市出口带宽40G。扩容GE端口384个，FE端口8640个。重点加强光缆网络的建设工作，建成全市平安监控平台，对传输网络进行扩建。开展CAPEX持续改善工作，建立项目预评估制度，计划建设基础管理和制度建设得到加强。各项网运指标完成情况居全省前列，长途网络接通率累计为98.31%，高于省定指标1.31个百分点；电路可用率为100%，高于省定指标0.01个百分点。全年运行维修综合考核得分位居全省前列，无线市话网络创优竞赛名列全省第二。

2008年，互联网接入业务用户51.8万户，宽带用户49.96万户。

2009年，是潍坊联通融合重组的第一年。全市互联网接入业务用户59.23万户，宽带业务用户规模57.44万户。

2010年，全市互联网接入业务用户690155户，宽带用户672180户。“宽带升级提速工程”成效显著，本地中继光缆线路长度为7035千米，本地中继光缆长度为17035皮长千米。本地中继光缆纤芯长度为360623芯千米，本地中继光缆已用纤芯长度为121451芯千米。接入网光缆线路长度为6528千米，接入网光缆长度为13099皮长千米。接入网光缆纤芯长度为207265芯千米，接入网光缆已用纤芯长度为70073芯千米。主干电缆长度为5898皮长千米。主干电缆对千米为1653112对千米，主干电缆线对数为1393192对，主干电缆实占线对数859318对。宽带城域网

BSS系统融合工程割接成功　　（2012年拍摄）

出口扩大至160G，本地光缆总长度60.65万芯长千米。在全面实现“村村通宽带”基础上，宽带端口新增20万个，全部达到16兆以上接入能力。圆满完成“风筝会”“鲁台经贸洽谈会”及济南军区国防动员体系规范化演练等各项通信保障任务。自有营业网点总数252个，合作厅532个，代理点10399个。

2011年，全市互联网接入业务用户827870户，宽带业务用户810115户。潍坊联通公司按照与各级党委、政府“信息化与工业化深度融合”的工作思路，积极同各部门及社会各界广泛合作，成立“电子政务”“科教文卫”“公检法安监”等9个行业信息化应用项目部，积极探索总结行业信息化应用推广模式，依托3G应用优势，着眼于各行业的信息化需求，推出结合固网和移动网综合信息应用的政务、农村、企业、家庭等行业信息化解决方案，信息服务能力持续提升。大力普及信息化意识，在广大客户中开展近300场次信息化巡演和培训。先后承建市电子政务网、公安网、工商税务财政等行政专网、各金融保险专网、教育城域网、医疗卫生网等行业专网。开发并推广“警务通”“执法通”“3G直播”“数字化城管”等100多项成熟的无线宽带应用和信息服务产品，取得良好的社会效益。

2012年，全市互联网接入用户91.6万户，宽带用户89.78万户。全面启动“光网城市、智慧潍坊”工程，以光纤入户（FTTH）建设为主要切入点，构建连接千家万户的全市光网络，实现骨干网与接入网相匹配的大规模、高速率的整体宽带网络。引入物联网和云计算等信息技术，以高速光网宽带和无线WLAN、WCDMA3G技术为支撑，整合各类数据资源，搭建“智慧潍坊”统一门户平台。依托城市光网和3G应用优势，着眼于各行业的信息化需求，加快研究推广融合性信息化新产品。开发了“中国潍坊”政府WAP门户网站（wap.weifang.gov.cn）并正式上线，依托3G技术及公安专网、警务信息数据库平台，协助公安系统实现公安警务信息化，提高多警种协同工作效率；建设“中国乐义蔬菜诊疗防治系统”，实现村村有网页，镇镇有网站；开发并推广“执法通”“3G直播”“数字化城管”等100多项成熟的无线宽带应用和信息服务产品，工单处理能力比上年提升50%。

移动通信

1991年4月，全市第一期移动通信工程竣工，新建移动通信机站1个，话音信道16个，移动交换机在济南。1993年2月，第二期移动通信工程竣工，新上EMX-250移动交换机，有15个基站（潍坊、昌邑、寿光、青州、临朐、昌乐、安丘、高密、诸城、五莲、东营、滨州、张店、博山、临淄），有话音信道170个。1994年5月，第三期移动通信扩容工程竣工，由EMX-250交换机扩为EMX-500交换机，有基站10个，移动通信信道258个；淄博、东营、滨州分别新增移动交换机，其基站从潍坊移动业务区归到各自的业务区。至1994年底，全市用户5818户，其中寿光、青州、高密、诸城分别发展到486户、475户、448户、413户。

1995年6月，完成第四期移动通信扩容和500交换机扩容并网工程，全市移动电话放号9256部、累计1.51万部。9月1日起，市邮电局开通EMX500移动电话交换机。除潍城、奎文、寒亭、坊子4个区外，将8个县（市）和移动电话局号进行更改，全市“大哥大”容量增加1倍，改变了拨打移动电话难的状况。

1996年3月11日17时，潍坊邮电“全球通”数字移动电话开通。该设备从瑞典爱立信公司引进，是具有世界先进水平的数字移动通信系统（GSM），6月全市各县市区全部开通。市局安装数字移动电话交换机1台，扩建12个基站，新增容量9000户，并建成全市GSM数字移动电话网。9月，开始“十网三机”建设。继年初完成GSM一期工程后，9月中旬，电信八网工程全部完成。新建市到县SDH光同步传输网；新建GSM数字移动电话网，先后完成两期工程；新建数字移动机站13个，新增54个载频，新增模移信道336个、累计746个。市邮电局总投资额6800万元，引进美国摩托罗拉公司生产的EMX-2500E移动通信交换机，于1996年6月15日22时割接成功，并投入运行。

2012年5月2日，BSS割接倒计时

1996年5月—1997年3月，完成数字移动通信三期扩容工程，新建基站34个，新增载频131个，同时扩建MSC，设计用户容量4.50万个，并将BSC中原有中央处理机APZ21110升级为APZ21111，原有IOG11B-S升级为IOGB5-S。1997年2月10日，调测完毕并投入运行。至1997年底，全市移动电话放号1.03万部，创历史最好水平。

1997年1月1日，营业微机正式投入运行，结束了手工受理的历史。10月，潍坊联通GSM网一期投入运行。

1998年4月，移动通信GSM五期工程开通，建设54个数字基站，扩容170个载频，新增用户容量3.10万户。全市移动电话放号51670部，市场占有率93%，提前8个月完成全市移动电话的放号任务，为全省第一家。至年底，全市移动用户累计128613户。

1999年3月，潍坊联通GSM网二期投入运行，总投资额5263.70万元。同月，潍坊联通GSM网三期开工，8月投入运行，总投资额17777.11万元。该期工程建成潍坊联通第一个光传输网络。

2000年3月，潍坊联通GSM网四期投入运行。该期工程建成具备环网保护功能，网络实行代维和自维相结合的维护方式。5月，潍坊联通GSM网五期开工，9月投入运行。至年底，潍坊联通全年净增用户97750户，网上用户突破15万户；投资额3.50亿元，建成GSM四期、五期工程，新建基站170个，扩容基站38个，新增网络容量17.80万门；全市130基站总数280个，网络容量24.80万门，网络覆盖率95%以上；手机上网、中文短消息等增值业务相继开通，与欧洲、北美等27个国家和地区39个运营公司开通GSM国际漫游业务。

2001年4月，潍坊联通GSM网六期开工，7月投入运行，总投资额1.5亿元。5月，CDMA网开工，9月投入运行；总投资额11423.25万元。

2002年8月，潍坊联通CDMA网开工，12月投入运行。11月，潍坊联通GSM网七期开工。至年底，潍坊联通新完成GSM七期、CDMA二期工程建设和CDMA网络升级工作，使CDMA网络全部升级为CDMA20001X系统。加大网络优化力度，实施全市范围的双网DT测试、CQT测试。通过扩容、建设边际站、合理调整基站布局、进行技术革新和改造，解决部分基站的过高话务问题，全面优化通信质量，无线系统呼通率高于94.6%，无线系统掉话率小于0.76%，均优于国家标准。

2003年，潍坊联通新增投资额4亿元，累计实现投资额11亿多元。完成CDMA三期工程建设，建成拥有基站552个，无缝网络覆盖率99.9%以上，支持“联通无限”无线数据增值业务的CDMA1X网络，CDMA网络覆盖实现全面超越。

2004年，潍坊联通公司在进一步完善CDMA目标网建设的基础上，面向社会公开推出“千金测试网络联通承诺更好”网络测试活动，将网络建设的重点转向网络优化和网络的补充、完善，注重技术创新，提高网络资源利用率，全面提升网络服务保障能力。同时，全面启动GSM九期工程建设，改善G网运行质量，提高投资效益，推动两网网络质量的全面超越，累计实现投资额14.50亿元。

2008年10月，潍坊联通与潍坊网通重组为联通公司。是年，移动用户（GSM）81.25万户，GSM交换机总容量49.5万门，GSM基站763个。

2009年3月19日，公司更名为中国联合网络通信有限公司潍坊市分公司（简称潍坊联通），内部管理体制仍实施“市管县”模式。2009年，共投资5.83亿元，新建基站1451个，室内分布站点856个，2G基站比上年翻番。完成固网投资3.62亿元，资产入账率达到99.83%。GSM业务出账用户累计净增7.27万部。移动用户100.62万户，GSM用户97.52万户，NODEB用户3.11万，移动交换机总容量130万门，GSM基站1531个，NODEB基站536个。全年实现利润2.65亿元，EBITDA累计完成7.93亿元。

2010年，移动用户132.94万户，其中GSM用户125.47万户，NODEB用户74763。通信服务收入完成年计划的101%，2G业务规模比上年增长83.02%，移动网基站数量较融合前翻了一番，移动网络容量300万线；2G网络质量列系统内全国第5位，全省第1位；第三代移动通信（3G）WCDMA网络实现对全市城区及大部分乡镇、铁路及高速公路的覆盖。

2011年，移动用户188.96万户，其中GSM用户162.84万户，NODEB用户26.12万户。3G用户出账用户年增长率达213%，居全省第一位，3G网络覆盖全市所有县以上城区和多数乡镇驻地。

2012年，移动电话用户226.83万户，其中GSM用户168.47万户，NODEB（3G）用户58.36万户。完成GSM17期工程、WCDMA增补工程、WCDMA预安排工程等项目的验收工作；完成GSM18期工程，及WCDMA4期工程。基站数量较2009年翻了一番，全网均已开通EDGE，数据速率达384Kb/s。

无线寻呼

市邮电局无线寻呼台组建于1987年4月，采用上海邮电一所的寻呼设备，全年发展用户200多户。1992年12月4日，开始对全市进行联网。1993年1月15日，寻呼台割接开通。6月，全市寻呼联网，全市用户1.06万户。

1995年3月，市邮电局20万线无线寻呼系统实现联网，无线寻呼业务发展迅速。至年底，第一、第二频点容量已接近饱和。为适应全市无线寻呼业务的快速发展，市邮电局投资14.20万美元，引进加拿大建利尔公司的寻呼设备，新增发射机11台，开通第三频点。该扩容工程于1996年5月开通，新增容量5万户。同时新开通“188”人工台、“189”自动寻呼台，提供传呼、查询、定时呼、提供信息等多种服务。潍坊人工寻呼和自动寻呼新增处理能力20万户。

1997年，建成潍坊20万线全国高速寻呼网，网号为“198”“199”，可与国内57个大城市联网，随后逐步扩大到已开通高速寻呼的全国各地。

1999年9月27日，潍通电信寻呼台开始筹建，11月20日竣工投入运行。总投资额105万元，容量20万户，是全市唯一一家实现寻呼机与家庭或办公电话同号，且免费自动转移呼叫的寻呼台。人工台号96332，自动台号96333，开台3个月即发展用户1.30万户。2000年，全市“126”“127”本地网、“198”“199”全国网共新增用户51016户，累计用户22万户。通过开展卫星地面网建设、搬迁基站、实现与130GSM系统的直连等措施，有效改进了服务质量，提高了用户的使用效益。是年，“191”“192”寻呼划归潍坊联通管理。10月，根据国务院有关决策和中国联通总部、省联通的总体部署，山东国信通信有限公司潍坊分公司与中国联通潍坊分公司完成整体融合，实现资源共享和优势互补。无线寻呼业务在潍坊发展用户17万户，应答及进率100%。人工寻呼台接通率平均大于99.8%。2002年，潍坊联通无线系统呼通率大于94.6%。

2005年初，为保障在网缴费客户的利益（主要为股票机客户），原潍坊联通提出了无条件接纳中国联通寻呼客户转为移动客户的承诺，并为客户办理退网退费。对部分仍有股票信息需求的客户，主动联系股票寻呼台，帮助客户顺利转网。根据原中国联通总部的统一部署，原潍坊联通于7月20日宣布关闭无线寻呼业务。2007年3月正式停办，寻呼机正式退出中国移动通信行业的历史舞台。

第四节　电信公司业务

中国电信集团公司山东省潍坊市分公司（以下简称潍坊电信）成立于2003年，是“天上有卫星、空中有移动通信、地面有宽带互联网”的全业务综合信息服务提供商。至2012年底，年收入超过4.50亿元。潍坊电信天翼3G/网络在全市率先实现无缝隙覆盖，成为3G网络覆盖到所有农村的唯一的运营商。

基础设施

2003年6月5日，中国电信集团公司山东省潍坊市分公司成立。公司率先在同行业进行全市城域网建设，本地网、城域网、数据网和IP骨干网的建设采用世界最先进的电信技术和解决方案，建成有效支撑信息化发展的一体化全光信息网络。同时，全市统一机型组网，实现全网设备统一，强化业务创新和比较优势，极大提高了网络的稳定性和安全性。2003—2008年，共完成投资额1.34亿元，占同行业固定网路投资比例的35%以上，全市行业评比位列

潍坊电信公司机房　(2012年拍摄)

第一。

2010年11月，潍坊电信通讯枢纽综合大楼在潍坊高新技术产业开发区开工建设，总投资额2100万元、建筑面积12595平方米，2013年年底交付使用。

2011年，启动乡镇EPON建设，新增光缆509千米，累计覆盖135个乡镇。

2012年，完成20个机房的搬迁、220个交接箱和MDF的整改工作，对700多个设备接入点的接电进行改造，共修复电缆坏线1.30万多对，整治分线盒206个，整治各类接头包320个。至年底，潍坊电信布放光缆1.60万皮长千米，投资额约2.30亿元；建设机房169处，投资额约5000万元；建设移动网基站982处，投资额约9.80亿元。

2003—2012年潍坊电信建成主要通信机房情况统计表

表5-5-2　　　　单位：万元

建成年份	建设机房	完成投资额	建成年份	建设机房	完成投资额
2003	高新开发区无委会	341.04	2004	寒亭中心机房	223.46
2003	寿光邮政	284.33	2004	潍城安顺	169.39
2003	诸城中心机房	234.84	2004	高新开发区农科院机房	59.82
2003	昌乐中心机房	222.99	2004	临朐万豪机房	52.75
2003	潍城向阳路机房	211.12	2004	安丘电信办公室机房	50.56
2003	坊子广电	198.65	2004	奎文劳动就业学校新机房	30.76
2003	潍城五中	160.03	2004	寿光晨鸣医院	29.61
2003	高新开发区弗克斯机房	74.10	2004	坊子哮喘病医院	21.85
2003	奎文柴东宿舍	49.41	2004	寒亭一中	15.36
2003	高密法院机房	28.18	2004	高新开发区创业大厦机房	13.14
2003	高密卞家庄机房	25.13	2004	临朐辛寨机房	11.77
2003	高密毛巾厂机房	24.17	2004	奎文中友大厦机房	10.56
2003	安丘电力工业园	20.43	2004	寒亭二棉	10.49
2003	昌邑新村机房	28.88	2004	奎文融丰广场机房	29.74
2003	安丘亚美服装	37.86	2004	奎文生物开发区	16.50
2003	昌邑商业公司机房	47.66	2004	高新开发区圣荣广场	26.27
2003	寒亭开元小区机房	27.25	2004	潍坊银枫小区机房	35.94
2003	诸城海关机房	26.67	2004	奎文科技市场机房	45.43
2003	青州汽车站机房	25.40	2004	高新开发区怡和星国际	55.28
2004	青州中心机房	361.68	2005	安丘中心机房	202.99

续表5—5—2

建成年份	建设机房	完成投资额	建成年份	建设机房	完成投资额
2005	奎文南下河机房	109.47	2006	奎文华丰小区机房	18.13
2005	高新开发区龙脉机房	68.12	2006	高新开发区长富汽车机房	15.88
2005	寿光文化广场	49.67	2006	昌乐劳动技校机房	12.14
2005	寿光洛城机房	33.30	2006	安丘市三里庄机房	39.83
2005	青州水建机房	32.53	2006	寿光晨鸣五厂机房	48.26
2005	寿光世纪学校	30.48	2006	坊子澳柯玛	57.03
2005	安丘电镀厂机房	15.29	2006	奎文区左岸华庭机房	45.84
2005	寿光晨鸣二厂	15.29	2006	坊子祥久久	45.75
2005	临朐东城机房	15.09	2007	临朐中心机房	170.23
2005	潍城纺织大厦	10.09	2007	奎文区北王汽车城机房	29.06
2005	奎文区光明小区机房	67.70	2007	诸城横二路机房	18.67
2005	奎文多利达机房	57.62	2008	寿光工商银行	15.37
2005	昌乐皮防站机房	28.80	2009	寿光农产品物流园	484.72
2005	寿光台头机房	24.61	2009	青州教育学院机房	24.33
2005	安丘钢材市场机房	21.36	2009	奎文金融街机房	22.82
2005	青州将军工业园机房	20.63	2010	滨海开发区东城机房	18.48
2005	寿光晨鸣集团机房	19.35	2011	滨海开发区西城中心	49.27
2005	高新开发区进出口加工区	18.06	2011	奎文同乐园机房	31.08
2006	高密中心机房	237.08	2011	潍城区军埠口机房	12.73
2006	昌邑中心机房	202.07	2012	高密五中	18.05
2006	昌乐中庭机房	27.68	2012	昌乐马宋机房	23.26
2006	潍城玲珑小区机房	21.98	2012	奎文北王汽车城机房	35.18

固网业务

2003年，潍坊电信采用先进技术，加强本地网、城域网、数据网和IP骨干网的建设，建成有效支撑信息化发展的一体化全光信息网络。同时，采用统一机型组网，实现全网设备统一，保障实现固定通信网、长途电话业务、国际电话业务的稳定性和安全性。固定电话用户开通国内业务，可直拨全国各地电话；开通国际业务，可直拨全球各地电话。

2008年，公司固网业务收入5123.98万元，宽带用户1.90万户，非语音所占比例为55%，政企用户收入所占比例50%以上。

2009年，固定电话及宽带业务2.70万户。借助转型业务有效拉动收入增长，转型业务实现新突破，“ICT”业务收入721万元，“号百”业务收入557万元。

2010年，全市宽带接入能力（AD+LAN）14.34万个端口，WLAN热点140个，可支撑用户总数1万多户，实现100个重点乡镇有线覆盖，1200多个城市小区的有线覆盖。是年11月，装机时长由84.79小时下降至17.60小时；修障时长由15.18小时下降至9.76小时。至年底，潍坊电信宽带用户16.50万户；全年宽带用户重复申告率由18%降至4.80%。

2011年，全市宽带累计新增用户6.30万户，有效发展率78%，比上年增长41%。全年共立项实施工程2457个，比上年增长100%；FTTH重点区域覆盖、用户覆盖9.29万户，新增宽带端口10.05万个，累计23万个。

2012年，潍坊电信宽带业务累计新增6.10万户，净增4.30万户。新接入小区617个，覆盖小区1259个，小区覆盖率由20%提升到37%；覆盖用户65万户，新建33万户，FTTH覆盖8万户；新覆盖工业区22个，覆盖率为72%；覆盖专业市场48个，覆盖率为90%；覆盖商务楼宇28个，覆盖率为76%。城域网出口带宽为80G，本地网各汇聚节点至汇聚节点带宽为20G。至年底，潍坊通信行业收入增长率平均4.9%，潍坊公司收入增长率为20.8%，高于行业平均指标16个百分点。

移动通信业务

2002年8月，潍坊市开始建设CDMA数字移动通信网，12月投入运行。

2003年，建成基站552个，无缝网络覆盖率99.9%以上，为用户开始提供准3G数据服务。此后，陆续推出针对GSM、CDMA两网用户的“欢乐家庭”业务，针对大众用户CDMA终端销售的“炫机”活动、世界风双模手机业务等。同时，为满足客户多样化、个性化的移动通信需求，先后推出短信、彩信、彩铃、手机邮箱等移动通信数据增值业务。

2008年9月28日，潍坊电信重组，顺利承接原由联通公司经营的CDMA业务及网络，正式成为CDMA移动业务的经营主体。潍坊电信成为全市第一家集固定电话、宽带及移动业务的全业务运营商。12月，推出“天翼”品牌，助力全市3G业务发展，向广大手机使用者推广应用其健康、高速、便捷、无线等为特点的3G网络，客户可自由选择CDMA2000为网络制式的3G网络。率先完成对北电设备割接，为3G业务的快速开通提供保障。深化网络覆盖范围，城区覆盖率为99%，高速覆盖率为98.3%；里程掉话比242千米，沿海海域覆盖距离110千米；在运营商中保持领先地位，快速形成网络生产能力。

至2009年底，全市新建基站134处、总数704个，其中DO基站487个；新建室内分布88处，WLAN热点220个；完成了3所学校的WLAN覆盖，特别是“7・30攻坚战”在同行业中处于领先；自主创新有所突破，CDMA移动通信用户26.50万户。

2010年，天翼3G移动用户进入高速发展期，各月新增移动数量基本稳定在2万户，全年新增26万户，比上年增长200%。

2011年，陆续推出天翼飞Young、天翼领航、天翼e家等客户品牌，全年累计移动用户新增32万户，月均新增用户2.70万户，比上年增长200%。移动净增出账9.30万户，完成率102%，位列全省第一。移动用户有效发展率30%，出账80元以上中高端用户所占比例45%。3G用户快速发展，至年底，3G智能机用户突破4万户，3G净增5.80万户，3G平均月净增用户占移动净增总量的67%以上。

2012年，持续加大3G智能机体验式推广，并以城市应急联动、行业信息化平台等应用，加快3G智能网络的使用。至年底，全市移动网用户55万户，3G用户21万户，3G智能手机用户16万户，智能机终端销量占整个终端销量的80%以上。

第五节　移动通信公司业务

1996年4月，移动通信分营工作启动。1999年7月，在潍坊市电信局移动通信分局基础上，山东移动通信公司潍坊分公司成立。2007年底，公司更名为中国移动通信集团山东有限公司潍坊分公司（简称潍坊移动通信）。

1999年4月，全省计费系统三期工程顺利割接，实现由地市分公司分散计费到全省计费集中化改造。7月22日零时，“全球通”移动电话号码升至11位；10月，开通“1860/1861”移动服务热线；11月，开通中文短信息业务；12月，开通“移动智能卡”新业务。

2000年7月，开办移动声讯业务。2001年3月，CMNET骨干网一期工程开通，该工程实现了对全市提供互联网宽窄带业务接入。5月，开办“一卡双号”新业务；9月30日，GSM八期工程建设竣工，实现全市2G网络基本覆盖，彻底解决了全省村村通电话的难题，同时，为GPRS网络搭建了良好的支撑平台；10月，移动梦网短信业务正式运营；12月31日，关闭模拟移动通信网，停止经营模拟移动电话业务。

2002年3月，建立话费充值中心，提升公司移动智能网业务的发展空间，同时，企业信息发布系统投入运营。4月，正式推出OTA梦网卡，实现SIM卡菜单的动态下载；同时，开通12590业务；5月，GPRS业务正式投入商用，实现移动用户移动办公，同时，与联通实现点对点短信互通；7月，缴费卡系统割接成功，开始为用户提供更加稳定可靠的充值缴费服务；同时，开放VPMN业务；8月，计费采集集中化改造工作顺利完成，10月1日，彩信（MMS）业务正式商用；12月，BOSS集中化改造工程开通，实现营帐、计费系统的全集中，为客户提供更加领先、更加灵活、统一、完善的服务，同时，OA系统开通，实现公文管理、日常办公、信息交流、个人事务、企业文化和系统代维的统一管理。

潍坊移动公司综合大楼　（2006年拍摄）

2003年5月，先后推出小区短信、百宝箱、手机福彩、音信互动、手机动画、主被叫付费等多项新业务。6月，网络监测平台投入使用；9月，先后推出手机邮箱、语音短信、语音信箱、会议电话及彩铃等新业务；同时，资源管理系统软件在全市推广使用；10月，全面启动“全球通”品牌塑造工作，逐步实现以品牌建设引导营销服务；12月，经营分析系统工程正式上线试运行，为市场营销、业务发展、客户服务、经营决策提供科学有效的支撑。

2004年4月，WAP业务的中文名称正式定义为“手机上网”，英文简称“MO”，英文全称“MOBILE ON-LINE”。5月，开展“1860”整改月活动，切实解决“1860”接通率和接通率低的问题，使“1860”的接通率得到大幅度提升。

2005年4月，移动“及时通”业务试商用，“企业邮箱”业务正式开通。5月，开通“异地一卡双号”业务；7月，开通“手机缴费”业务；11月，开通“移动全时通”和“短信呼转”业务。

2006年3月，潍坊移动通信启用“159”号段，开通“空中充值”业务。9月，“魔幻话吧”业务正式商用，“梦网彩信”业务正式上线，“远程写卡”业务开通；12月，“168”自有业务平台试用；同时，移动蓝海商务平台建设完成，该平台集成了“企业OA”“企业邮箱”“自助建站”“CRM”“进销存管理”等企业办公自动化标准应用，同时捆绑“企信通”等中国移动标准化集团产品，为广大中小企业客户提供整体信息化解决方案。

潍坊移动网络基站　　　　　　(2007年拍摄)

2007年2月，“手机电视”流媒体业务正式商用，通过移动通信网络，利用移动终端为客户提供视频内容点播、下载以及电视节目直播、转播。4月，“彩振”业务正式上线，“条码识别业务”正式商用；6月“彩铃音乐盒”功能正式上线；7月，“彩信账单”业务正式商用；10月，“音乐随身听和全曲下载”功能正式上线。

2008年1月，“商信通”业务正式商用。3月，“位置通业务（行业版）”面向集团客户正式商用；5月，“手机闹钟”业务正式上线，并面向全球通、动感地带、神州行客户开放；6月，“积分统一平台”全网上线，具备TD业务支撑能力的“业务支撑系统”割接上线；7月，“一元音乐套餐及全网铃音盒”功能正式上线，“ADC销信通”“易搜”“采购通”“工商通”4项入驻业务正式商用；10月，“彩信照片”业务正式商用；11月“灵活账期”正式商用，同时，全省首个110移动警务报警系统在寿光投入使用；12月“号簿管家”业务开通商用，是为客户提供手机号簿存储保管服务的全网自有业务，主要具备通讯录信息的慢同步、快同步、存储备份、号码查询和导入导出管理等功能。

2009年7月，中国移动3G（TD-SCDMA）网络三期山东工程在潍坊全面启动，标志着潍坊移动通信网络进入3G时代。8月，“企业建站、企业邮箱”等几项ADC业务正式商用，“全运

市移动公司网络技术人员进行设备维护　（2010年拍摄）

夺金”手机彩票投注业务开通，同时，中国移动3G（TD-SCDMA）网络山东热点优化工程启动，该工程对潍坊3G（TD-SCDMA）网络进行了扩容。9月，“家庭V网”业务在全省正式上线，同时，中国移动山东公司TD三期工程基站全部开通。至此，3G网络已覆盖潍坊各县市区的中心城区，实现3G网络与GSM网络的融合，为3G业务的开展奠定基础。11月，“Mobile Market”（移动应用商城）业务正式商用，完成全部软交换端局IP化改造，使软交换端局话务实现IP承载，节省了大量2M电路，标志着潍坊移动通信网络向IP化演进迈出重要一步。

2010年1月，“移动400”业务正式商用，该业务是为集团客户提供的通信费用由主被叫共同承担的业务。4月，启动WLAN无线宽带建设工程，将全市大中专院校的热点区域进行WLAN覆盖。5月，“手机阅读业务”正式商用；NGBOSS1-BOSS2.0系统上线，实现了支撑灵活账期用户的付费计划定制、GPRS套餐门限流量提醒改造、全业务融合计费等功能。手机支付（远程）业务正式商用；同时，启动3G（TD-SCDMA）网络扩容工程。9月，全面推行客户入网实名制登记工作；“新华农信”业务正式商用计费。10月，“农信宝、务工易（全网版）”业务正式商用。11月，“黑莓个人邮箱”业务正式商用；在广东东莞举行的第九届中国信息港论坛上，潍坊移动“潍坊农业信息化”综合应用项目获全国信息化应用优秀成果奖银奖。

2011年1月，移动位置通成功助力海上救援工作

潍坊移动"大棚管家"　(2011年拍摄)

2011年1月，"华数手机视频""中青手机视频"2个产品正式上线。5月，正式启动WLAN工程；6月，"移动改变生活—与高考同行"业务上线，"ADC企业邮箱（PUSHEMAIL）"正式商用；7月，"资费管理平台"应用上线；完成2011年智能化网络优化平台建设工程，该工程上线后实现网络优化的智能化、自动化，"智能化网络优化平台"正式上线；8月，"商户管家"正式商用，同时，启动2011年3G（TD-SCDMA）网络扩容工程；9月，"党员报"业务正式开通；11月，"无线城市门户"正式上线，同时，"短信营业厅智能应答服务"正式上线；12月，潍坊移动通信被中央精神文明建设指导委员会评为第三批全国文明单位。

2012年1月，"手机动漫"业务正式商用。2月，正式启动农村WLAN的网络建设和业务发展工作。6月，"政协手机报"业务正式上线。9月"宜居通"业务正式商用；网上商城（www.sd.10086.cn）正式上线营业，经营范围主要包括充值业务、手机靓号、合约套餐、G3手机以及其他移动定制机型；同时，潍坊移动通信将基于敏感指令的金库管理模式应用于管控平台、核心网和数据网设备，把重要的业务系统纳入管控平台进行安全管理。潍坊移动通信"大棚管家"信息化业务在寿光试点推广，9月19日中央电视台新闻频道《喜迎十八大 走基层•行进中国》栏目对此做了专题报道。10月，TD五期工程基站全部开通。12月，潍坊移动通信逐步探索农村WLAN建设，不断增加农村热点覆盖数量，同时，网上商城专属"神州行3G卡"上线推广。至2012年年底，潍坊移动通信下设14个分公司，员工2000多人，客户规模超过700万户。

第六节 铁通公司业务

2002年4月22日，铁道通信信息有限责任公司潍坊分公司成立（以下简称铁通潍坊分公司），主要从事固网业务。全年建设投资额1500万元，铺设通信光缆63千米，通信电缆98千米，受理安装固定电话3579户，开通10050客服服务电话。通过采取免除初装费，降低通话费等措施，对电信业降低资费和提高服务质量起到很好的促进作用。

2003年，公司固网用户维护量1.69万户，全年建设投资额3500万元，铺设通信光缆56千米，通信电缆99千米，受理安装固定电话1.28万户。依托10050客服服务电话，提高网络质量和缩短装维时限，提高用户感知度，继续降低通话资费。

2004年1月20日，铁通潍坊分公司更名为“中国铁通集团有限公司潍坊分公司”（简称仍为铁通潍坊分公司），主要从事固网业务和互联网宽带业务。至年底，公司固网用户维护量36856户，互联网宽带用户4800户，用户量比上一年度翻一番。全年建设投资额5000万元，铺设通信光缆563千米，通信电缆250千米，受理安装固定电话和互联网宽带用户28230户。公司实施“客户服务满意年”活动和“e路平安”活动，对全市12个区县分局的铁通用户进行满意度回访，提高用户服务质量。

2006年，铁通潍坊分公司全年完成固定电话装机14969部，完成全年指标的71.3%。至年底，全网固定电话5.31万部，人均服务电话442部；宽带用户新增4803部，全网互联网宽带用户达到8402户，比上年增加3594户，全年完成省公司下达的投资额计划1510.33万元，新建干线光缆线路47.06千米，基本实现市区内主干的环网保护及模块局的光缆接入；完成新建模块局9个，扩容9处，小交换2个；敷设电缆3964.55对千米；完工项目82个。建立健全规章制度和应急保障预案。加强对基础台账的管理，重点对旧主干缆和交接箱进行整治，进一步提高了运维质量。提高既有资源利用率，根据网络覆盖，合理调整局点设置。

2008年，中国铁通集团有限公司正式并入中国移动通信集团公司，成为其全资子公司，保持相对独立运营。2009年，公司全年宽带用户新增5953户，宽带用户2.17万户。全年省公司共计批复项目59个，共计投资额327.31万元；2008年12月15日，铁通公司将铁路通信业务、人员移交国家铁道部。铁路通信专网剥离后，铁通公司继续作为中国移动通信集团公司的全资子公司，从事公众通信业务。

2010年，公司开拓经营思路，整合市场资源，全年宽带用户新增1.01万户，比上年增长33%，其中xDSL8256部、LAN1790部、专线32条、“易套餐”1136部。

2011年，公司全年宽带用户新增4106户，宽带用户达到3.23万户，“易享套餐”完成3734部，双向无线固话完成1.25万部，完成38个四类机房的标准化整治工作，互联网接入层线路整治296项，交接箱整治22个，线路抢修完成155项，减少用户故障率，缩小故障抢修时限，提高用户满意度。

2012年，公司全年宽带用户新增1.41万部，新发展TD无线固话5390部，发展集团客户58个。实现铁通潍坊分公司汇聚层到省公司核心层的万兆上联，利用移动城域网骨干GE传输通道实现对10个县区的城域网络的环境保护，拓宽了传输带宽并为网络提供安全性保障。全年通过对主要机房和232处小区的汇聚层进行GE通道扩容，解决接入层的传输瓶颈；在接入层整治方面，整治交接箱149处、较大分线盒25处、较大对数电缆30条。通过优化和整治，全年的宽带用户故障率下降到4%以内，固话故障率控制在2%以内，公司的网络质量明显提升。全年共批复基建投资额495万元，完成宽带端口建设10944个；在建成的宽带端口中，FTTH端口为7324个，对公司市场发展起到明显的拉动作用。

第六章　无线电管理

第一节　频率台站管理

1991年，全市无线电发射设备有6551部，设置无线电台站的系统39个，设台单位472个。潍坊市第一期移动通信工程于1991年4月竣工，全市发展手机用户数280户。

1994年，全市有移动通信基站10个，手机用户数5818户。1995年，根据国家无线电管理委员会、公安部和山东省无线电管理委员会、省公安厅的指示精神，市无线电管理委员会、市公安、广播电视等部门，在全市范围内开展取缔私设电台并查处有关人员的专项活动。

1996年，市无线电管理委员会、市国家安全局、市公安局、市工商行政管理局联合开展严厉查处非法设置使用电台工作。为了保护机场、航空频率的安全，对全市的无线寻呼发射机进行专项检查。

1998年，全市无线电设备数量45万多部（含寻呼机），应用范围涉及固定通信、移动通信、航空导航、广播电视、无线定位、无线报警、遥控遥测等10多种业务。为加强对无线电发射设备的管理，健全无线电频率台站的制度化建设，完善台站审批及验收报告制度，向广大设台单位公开办事程序，公开投诉电话，推出限时服务承诺；针对电台数量猛增、可用频率拥挤、电磁环境恶化的状况，重点开展对寻呼台的治理整顿工作，对所有的寻呼发射机进行技术测试，发现设备不合格和不按规定设台的单位，限期整改。市无线电管理委员会、市公安、工商、广播电视、电信等部门在全市开展查处“空中沙龙”活动，打击擅自设台行为，对无线电发射设备销售市场进行检查整顿；组织开展全市无线电台站的普查登记工作，共普查登记单位278家，整理、输入微机资料5500多份，补办证件210个，换发电台执照1469个。

1999年，全市无线电发射设备数量突破25万部，寻呼机用户达45万户，累计审批新设台站11个，换发证件9000多份，查处无线电干扰事件17起。对全市11家寻呼台的176部发射机进行技术测试，根据不同情况，统一加装滤波器和单向器，潍坊辖区内的电磁环境有明显好转。

至2000年底，全市共有无线电台（站）42万部，其中移动手机41万部、短波电台68部、微波电台982部、雷达212部、广播电视台（站）45座、无线寻呼台基站280座、地球站22座、无线扩频机216部、移动通信基站631个。市无线电管理委员会、市工商行政管理局、市电信局对全市12家寻呼公司的台站进行重新登记，对符合国家技术标准的潍坊国信寻呼公司、中国联通潍坊寻呼公司、潍坊旅游天元寻呼台等6家单位的台站重新进行登记并换发电台执照。根据上级要求，对2GHz频段使用单位的频率进行了协调。潍坊移动通信在全省首批建设了双频移动通信网络，新上GSM900/1800移动通信交换机1台，新建基站38个。

2001年，在全省同行业中首家推行无线电管理专管员制度，并在全省同行业中推广。2002年，全市无线电发射设备有93.60万台，其中广播电视台站40座、卫星地球站9座、微波站179座、蜂窝基站913个、短波电台14个、超短波设备3000多台（套）、船舶电台233个。加强频率台站管理，认真贯彻新版《中华人民共和国无线电频率划分规定》，对2.4GHz、5.8GHz、450-470MHz等重点业务频段进行了清理和调整，确保新业务的顺利开展；对潍坊移动通信GSM1-8期基站、1800MHz基站，潍坊联通GSM1-6期基站、1800MHz基站和CDMA1期基站，潍坊通信小灵通基站进行验收；组织开展对大功率无绳电话的清查工作，对高楼、高塔、高山“三高”设台进行清理整顿，对在限制设台的三高地点，由产权单位和设台单位办理备案手续；对全市7个设置使用卫星地球站的单位进行全面清理，及时向上级有关部门提交确认申请，同时加挂省无线电管理办公室统一印制的重新确认标志；开展广播电视无线电台站的核查工作，对全市9家电视台、10家广播台、1家广播转播台、6家电视差转台的74部设备进行核查和检测，对发现存在问题的单位，下发整改通知，限期进行整改。

2003年，对潍坊机场的航空通信导航无线电台站进核查，对机场周围设置的无线电台站和大功率无绳电话进行清查，保护机场的净空环境。按照市委、市政府的要求，将无线电频率（呼号）、无线电台站设置的审批事项，无线电发射设备型号、进口无线电发射设备型号核准事项，船舶、机车、航空器上设置制式无线电台站等备案事项纳入市政府行政审批中心集中办理，为广大设台单位提供高效、便捷的服务。

2004年，组织全市无线电台站的清查工作，通过清查，对原有的数据库进行修改、补充、完善，重新录入台站资料1万多份，修改资料近3000条。下半年，针对航运船舶电台移动性强、管理工作难度大的实际情况，开展航运船舶电台的专项检查工作，航运船舶电台纳入正常化的管理轨道。

2006年，全市共有无线电发射设备327.64万部，比上年增加近60万部，其中广播电台48部、甚高频和特高频电台1124部、船舶电台753部、蜂窝基站1836个、无线接入基站7195个、无线数据电台426个、卫星地球站8个、微波台站206个、业余电台83部。全年共受理设台审批事项88件，指配频率17个，办理电台执照870个；按照国家提出的在山东省开展无线电台站清理登记工作的试点要求，较好地完成了全市无线电台站的清理登记工作任务；规范对手机干扰器的管理，擅自设置使用现象得到有效遏制。加强机场、船舶专用电台的保护工作，重点对辖区内机场通信导航无线电台站进行核查，对机场周围设置的无线电台站和大功率无绳电话进行清查，机场的净空电磁环境得到有效保护。

2007年，共受理行政审批事项6件，备案事项56件，核准事项1件，打印、发放无线电台执照691个，所有行政许可事项都在规定的期限内办理完结。初次受理无线电发射设备型号核准，按有关规定对企业上报的资料进行审查。为加强频率台站数据库管理，补充修改频率台站数据达到15611份，为全市无线电管理的科学化、规范化打下良好基础。

2008年，共受理设台审批事项3件，办理船舶电台备案事项30件，发放电台执照150个，指配频率6个。潍坊市所有无线电台站和频率行政审批事项，无线电发射设备型号等核准事项和船舶制式无线电台等备案事项均纳入行政审批中心集中统一办理。根据省保密局、省信息产业厅的有关通知要求，对保密会议移动通信干扰器的安装、设置、使用提出明确要求，对不合格产品进行更换，未办理使用手续的及时补办了相关手续。是年，集中开展查处非法生产和使用卫星电视无线电干扰器行为，进一步规范广播电视台站管理。

2009年，开展专项检查33次，先后组织开展渔业船舶电台、蜂窝基站、航空导航电台、出租车呼叫中心电台、违法使用对讲机等多次专项检查活动；共检查单位126家，发现非法设台单位36家。2月26日开始，集中一个月的时间，对全市广播电视系统的无线电发射设备进行了专项检查。共查单位11家，广播电视发射设备43部。其中对3部擅自设置使用的广播发射机作出查封处理。市政府印发《清理违法使用对讲机专项行政执法工作实施方案》，市县两级成立清理违法使用对讲机专项行政执法工作领导小组，在全市范围展开专项检查。共检查设台单位300多家，检查设备680多部，查处非法使用对讲机单位100多家，下达责令整改通知书33份，查封和没收设备45部，补办设台手续500多份（含3个中继台），落实整改33家，有效制止了非法使用、无证乱用对讲机的现象，净化了空中电波秩序。

2010年，全市共受理行政审批事项97件，检查单位近300家。是年12月1—3日，全省无线电管理法规培训与执法工作会议在潍坊召开，省无线电管理办公室对潍坊的依法管理工作给予充分的肯定。认真组织做好无线电频率台站的专项清理登记工作。按照省无线电管理办公室《关于进一步加强对5.8GHz、2.4GHz频段无线电台站管理的通知》要求，开展广播电视发射设备治理整顿工作。针对广电系统改制后各类台站管理衔接关系不理顺的状况，组织有关人员对全市11家原广播电视局的广播和电视发射设备重新进行核实登记，并对部分设备的技术指标进行测试，重新采集设台单位的相关业务数据，充实完善全市广电发射设备数据库档案，恢复理顺广电系统的业务指导关系。

2011年，潍坊市确立以“为民服务创先争优”活动为契机、以打造“四零服务”（受理业务“零延误”、办理业务“零积压”、服务群众“零距离”、服务质量“零投诉”）窗口为目标的无线电管理行政审批规范，开展无线电频率台站行政审批工作，做到所有行政许可事项严格按程序限时办结，业余电台、船舶电台的备案，手续齐全的严格做到半个工作日内全部完成。全年共受理各类无线电行政审批事项61件，其中指配频率24个、受理无线电发射设备型号核准事项1件、蜂窝基站建设初审事项1件、办理业余电台审批备案事项19件、办理船舶电台备案事项16件，共验证换发电台执照1076个，为新设台站进行电磁环境测试近30个。

至2011年底，全市办理业余电台呼号和设台手续共计153个，其中集体业余台1个、短波和超短波固定台32个、车载台14个、手持台107个；已登记的业余爱好者137个人，其中1级证书5人、2级证书2人、3级证书3人、4级证书127人。

建立健全航空无线电专用频率保护长效机制，完善潍坊机场电磁环境技术档案，制定航空无线电干扰应急处置预案，加强机场周围无线电频率的监听监测和干扰查处，维护空中电波秩序，确保航空飞行安全。2011年3月22日，组织业务科、稽查科和监测站工作人员，就潍坊市政府法制办牵头起草的《潍坊机场净空保护暂行规定》和《潍坊机场电磁环境保护管理规定》召开专题会议进行讨论并提出相关修改意见，配合市民航管理部门做好机场电磁环境保护工作。是年4月1日，深入到潍坊机场进行工作调研，核实机场无线电台站资料，检测无线电设施设备的技术参数，修订完善预测预防和协调联动机制，明确各自的职责与任务分工。

建立完善了铁路无线电专用频率技术档案，建立健全协调联动和定期交流机制，加强对无线电专用频率进行监测性保护，及时协助排除干扰事件。2011年1月10日，按照《山东省无线电管理办公室、济南铁路局贯彻〈关于建立铁路无线电专用频率保护工作长效机制的通知〉的通知》要求，研究制定应急预案，加强对铁路使用频率的保护性监测。同时，与潍坊市地方铁路局及青岛铁路分局驻潍有关铁路站，共同建立潍坊市铁路无线电专用频率保护工作领导小组，制定潍坊市铁路无线电专用频率保护工作长效机制，将铁路无线电专用频率保护工作作为一项长期任务纳入到日常管理工作中。

2012年，在高考、英语职称、公务员、医师资格、造价师、税务师、注册会计师等各类大型考试过程中，配合各主管部门，全年开展保障工作16次，共派出无线电监测车30多辆（次），便携式监测设备40台（次），参加人员90多人次，发现利用无线电设备作弊案件22起，其中联合公安及考试部门查处13起、压制非法信号9起、查获各类作弊设备13台套。

全年开展卫星电视干扰器查处活动，保护卫星电视信号免受干扰。针对群众投诉反映辖区内部分乡镇广播站安装国家严格禁止使用的卫星电视干扰器问题。2012年2月3日下发《关于治理非法安装使用卫星电视干扰器的通知》，在全市范围内开展卫星电视干扰器专项治理月活动。通过近一个月的治理，共查处擅自安装使用卫星电视干扰器单位9家，查封设备7部。

针对违法使用对讲机屡禁不止现象，多次召开会议进行专题研究，制定查处违法使用对讲机专项行动方案，并在《潍坊日报》、潍坊电视台对该方案做宣传。2012年4月17日，召开全市无线电管理工作会议，在会上就违法使用对讲机的清理工作进行部署。通过专项清理行动，共检查销售和使用对讲机单位及个人500多家，检查设备2600多部，查处违法使用单位217家、非法使用设备1909部（其中对讲机1901部，中继台8台）、销售单位5家，下达责令整改通知书107份。

根据省经济和信息化委员会、省公安厅、省工商行政管理局、省质量技术监督局4部门《关于开展全省无线电管理联合执法检查的通知》要求，成立由市经济和信息化委员会、市公安局、市工商行政管理局、市质量技术监督局、市无线电管理办公室等部门组成的联合执法检查工作领导小组，在全市开展了无线电联合执法检查工作。

2012年4月17日，召开全市无线电管理工作会议，专题安排部署无线电台站核查工作。是年5月25日，召开全市无线电管理工作座谈会，调度全市无线电台站核查工作进展情况，确保全市无线电台站核查工作的全面展开。是年9月中旬，潍坊市无线电台站核查工作顺利通过省无线电管理办公室组织的验收。

第二节　监测检测

1991年，国家无线电管理委员会确定在潍坊建立B级无线电监测计算站（山东省共设有4个，分别是青岛、潍坊、烟台、济宁），并入国家和省监测站工作。是年，潍坊市机构编制委员会批复无线电监测计算站增加事业编制5人；经市政府批准筹建的800平方米无线电监测技术用房开始动工。

1993年，潍坊市建设的800平方米无线电监测技术用房投入使用。同时，自行研制开发的“WGDLF-1无线电监测定位系统”，得到上级领导和专家的一致好评。潍坊市无线电管理办公室派代表先后参加在江门、天津、南宁召开的全国无线电监测工作会议，并作大会典型发言。

1996年，由高密市无线电管理办公室自行开发研制的150MHz－450MHz频率管制仪，通过市科委组织的技术鉴定，并获国家专利。

1997年，组建潍坊市无线电频率、台站计算机管理局域网。8月20日，省无线电管理办公室在潍坊召开全省无线电频率、台站计算机管理现场会议。经市政府和有关部门批准，建设潍坊市无线电管理、监测、培训、服务为一体的综合基地。市政府办公室下发《关于印发潍坊市无线电管理办公室职能配置、内部机构和人员编制方案的通知》，明确市无线电监测站（加挂市无线电管理技术研究所牌子）为市无线电管理办公室所属全额预算管理的正科级事业单位，编制15人，配备站长1人，副站长2人。

2001年，潍坊市无线电管理综合基地投入使用，该基地占地面积1.34公顷、建筑面积9500平方米。2002年，对潍坊移动通信的GSM1－8期基站、1800MHz基站，潍坊联通的GSM1－6期基站、1800MHz基站和CDMA1期基站，潍坊通信的“小灵通”基站进行设备检测。

2007年，加强全市无线电监听监测工作，全面核查频率使用情况。利用固定监测站对城区全频段实施监测，每天坚持监测3小时以上，累计监测1280多小时，查出一批可疑信号。同时，加强对已核配频率工作情况进行监听监测，核查是否按核配的频率和参数工作。利用车载移动监测系统对城郊及县市区的频率使用情况进行全面核查，行程9600千米，实施监测达380多小时，对发现的可疑信号逐一进行分析查处。利用监测车对潍坊通信的“小灵通”基站进行全面摸底，共查清已设基站7100个。

2008年，潍坊市机构编制委员会办公室印发《关于市无线电管理办公室增设内设机构的批复》，市无线电监测站人员由15人减至11人。在风筝会、蔬菜博览会、鲁台经贸洽谈会等重大活动期间，派出移动监测车，配合相关部门做好保障。高考期间，把无线电监测工作列为重点，配合市招生考试主管部门做好无线电监测监听工作，分成3个监测小组，利用固定监测站和移动监测车重点加强了对1100～1300MHz、2400～2483.5MHz频段以及137～167MHz、220～240MHz、350～370MHz、400～470MHz、500～540MHz、600～630MHz频段的监听监测，对防范和打击各类利用无线电技术手段进行考试作弊行为发挥了突出作用。在汛期来临之前，对防汛抗旱专用频率使用情况实行24小时不间断监听，派移动监测车到水库周围对230MHz频段进行重点监听，确保汛期的防汛专用频率不受干扰。全年累计受理无线电干扰投诉4起，排除干扰4起。

2009年，市无线电监测控制指挥中心、设备检测中心相继建成。十一届全运会期间，重点加强监测值班，保证机房24小时开机监测监听，对比赛场馆及相关区域使用无线电发射设备情况进行登记摸底，开展不明信号的查找工作，为“全运会”在潍坊的各项比赛排除无线电干扰隐患。高考期间，配合市招生考试部门做好无线电通信安全保障工作。执行任务期间共发现不明信号6个，对其中的3个采取技术措施进行强制性信号压制，对另外3个信号进行跟踪监测，在公安部门的配合下，抓获6名非法利用无线电设备进行考试作弊的涉案人员。司法考试期间，配合公安等部门对司法考试期间利用无线电设备作弊行为进行防范查处。

2010年，参与全市研究生入学考试、英语职称考试、公务员招录考试、注册会计师资格考试、高考、司法考试等各类考试现场无线电保障15次，利用JAM7无线电管制系统阻断作弊信号10起，协同公安查处作弊案件16起，维护了考场的正常秩序。

2011年，参与全市考试现场保障，有效地打击和防范利用无线电设备进行考试作弊的行为。

先后参与研究生入学考试、英语职称考试、会计专业资格考试、医师资格考试、高考、公务员招录考试、潍坊市选聘“村官和三支一扶”考试、公开选拔“乡镇领导班子成员”笔试和面试、司法考试、建造师考试、执业医师考试、审计资格考试、造价工程师考试等21次考试现场保障，派出无线电监测车42辆次，便携式监测设备84台次，参加监测人员315人次，发现并截获无线电作弊信号36起，利用无线电管制系统阻断作弊信号14起，协同公安部门查处作弊案件22起，抓获作弊人员43人，查没涉案设备50多部（台、套），维护考场秩序。圆满完成第二十八届潍坊国际风筝会、第十二届寿光蔬菜博览会、第三届中国潍坊滨海国际风筝冲浪邀请赛等重大活动期间的无线电通信安全保障任务。

2012年9月24日开始，无线电监测工作实行24小时值班，加强对辖区内无线电信号的监测监听，保障中共十八大期间的无线电通信安全。配合有关部门完成全市高考等各类大型考试的无线电安全保障任务。在高考、英语职称考试、公务员招录考试、医师资格考试、造价师考试、税务师考试、注册会计师考试等各类大型考试期间，配合主管部门保障16次，共派出无线电监测车30多辆次，便携式监测设备40台次，参加监测人员90多人次，发现利用无线电设备作弊案件22起，其中联合公安及考试部门查处13起、压制非法信号9起、查获各类作弊设备13台（套）。

2012年，高标准地完成第三届亚洲沙滩运动会期间的无线电通信安全保障任务，市无线电安保团队得到“亚沙会”组委会及省无线电管理办公室表扬，并被省经济和信息化委员会和省无线电管理办公室表彰为“第三届亚洲沙滩运动会无线电安全保障先进单位”。

第六编

农　业

新能源工厂化农业车间内景图　（2012年拍摄）

1992年，潍坊市按照中共十四大关于建立社会主义市场经济体制的要求，探索新的更高层次的农业农村经济发展新机制，把农村改革进一步引向深入。1992年，全市农业总产值106.46亿元，其中，种植业产值72.63亿元，林业产值1.69亿元，牧业产值27.17亿元，渔业产值4.97亿元，按可比价格计算（下同）比1991年增长8.0%。粮食总产量480.1万吨，棉花总产量6.69万吨，花生总产量7.07万吨，蔬菜总产量332.4万吨，水果总产量24.34万吨。

针对农村市场经济发展中出现的新情况和新问题，市委、市政府在认真总结诸城市贸工农一体化、寿光市依靠市场牵动发展农村经济和寒亭区“一乡一业”“一村一品”等经验和做法的基础上，于1993年初提出在全市范围内实施农业产业化战略。即以市场为导向，以效益为中心，围绕发挥当地优势，确立主导产业，实行区域布局，依靠龙头带动，发展规模经营，逐步形成“以市场牵龙头，龙头带基地，基地连农户，集种养加、产供销、内外贸、农科教于一体”的生产经营新格局。按照这个思路，全市确立了粮食、棉花、油料、烟草、蚕茧、果品、水产品、蔬菜、生猪、肉鸡、牛、羊、兔、食用菌、工艺品、花卉等16个主导产业和产品，把龙头企业和商品生产基地建设作为发展农业产业化的关键环节。1993年，全市农业总产值140.05亿元，比1992年增长14.2%。其中，种植业产值88.93亿元，增长17.7%；林业产值1.8亿元，下降1%；牧业产值43.34亿元，增长6.8%；渔业产值5.98亿元，增长15.7%。粮食总产量521.8万吨，增长9%；棉花总产量6.5万吨，减产3.8%；花生总产量10.2万吨，增长44.7%；蔬菜总产量484.1万吨，增长45.6%；水果总产量36.8万吨，增长51.4%。

1995年，大力推进农业产业化战略，积极培育农业主导产业，加大以农田水利基本建设为重点的农业投入，促进农业结构和农村经济结构的优化，农村经济全面发展，全年粮食总产量535万吨，创历史最高水平；棉花总产3.58万吨，比1994年减少6.99%；油料总产14.04万吨，比1994年减少4.9%；烤烟总产3.90万吨，比1994年增长12.5%；蔬菜总产559.9万吨，比1994年增长0.1%；水果总产72.52万吨，比1994年增长28.5%。

2000年，全市适应农村发展新阶段的要求，以确保农村稳定、农民增收为目标，加快实施农业产业化和科教兴农战略，积极调整农村经济结构，促进了农业和农村经济的持续发展。主要农作物产量有增有减。受种植结构调整和天气干旱的双重影响，全年粮食总产367.6万吨，比1999年下降17.8%。其中夏粮总产163.9万吨，比1999年下降23.2%；秋粮总产203.7万吨，比1999年下降12.9%。棉花总产1.7万吨，比1999年下降1.7%。瓜菜生产继续增加，总产1172.3万吨，比1999年增长15.2%。其中蔬菜总产1002.8万吨，比1999年增长17%；水果总产108.2万吨，比1999年增长11.4%。

2005年，全市以解决“三农”问题为中心，认真贯彻落实《中共中央国务院关于进一步加强农村工作提高农业综合生产能力若干政策的意见》，农业税税率再降低2个百分点，累计减轻农民负担11.8亿元，落实粮农直补和农机购置、小麦良种补贴政策1.1亿元，调动了农民种粮积极性。粮食产量大幅度增加。全年粮食总产量422.4万吨，比2004年增加91.1万吨，增长27.5%；棉花产量4.87万吨，减少5.6%；花生产量24.1万吨，减少4.7%；烤烟产量2.0万吨，减少16.6%。瓜菜产量1324.5万吨，减少9.2%，其中蔬菜产量1033万吨，减少9.7%；水果产量118.2万吨，减少1.7%。

2008年，全市全面落实国家惠农政策，加大扶持力度，农民积极性不断提高，农业生产形势良好。全年完成农林牧渔业总产值561.6亿元，按可比价格增长6.8%。主要农作物产量稳中有增。全市粮食播种面积76.62万公顷，比2007年增长4.6%；粮食总产量491.2万吨，增长9.7%；棉花产量5.2万吨，下降0.1%；油料产量30.0万吨，增长1.1%；烤烟产量2.9万吨，下降8.9%；蔬菜产量974.7万吨，增长1.7%；水果产量101.5万吨，下降4.7%。

2012年，全市完成农林牧渔业总产值774.6亿元，按可比价格计算增长5.2%。全市粮食播种面积80.31万公顷，与2011年基本持平，全年粮食总产量552.0万吨，比2011年增长3.4%，比1992年增长15%；粮食总产实现"十连增"。棉花产量4.9万吨，比2011年减少2.4%，比1992年减少26.3%；蔬菜产量1153.0万吨，比2011年增长2.1%，比1992年增长237.7%；水果产量89.5万吨，比2011年增长1.2%，比1992年增长246.9%；水产品总产量53.0万吨，比2011年增长6.0%，比1992年增长429.7%。

1992—2012年潍坊市农业生产指标表

表6—1

年份	粮食总产量（万吨）	比上年增减（%）	蔬菜总产量（万吨）	比上年增减（%）	肉类总产量（万吨）	比上年增减（%）	水产品总产量（吨）	比上年增减（%）
1992	480.1	−3.1	332.4	40.3	38.75	9.77	99950	54.0
1993	521.8	9	484.1	42.1	60.27	55.54	141933	42.0
1994	522.6	0.2	559.3	15.5	89.9	49.16	200137	41.0
1995	535	2.4	559.9	0.1	115.08	28.01	254524	27.2
1996	539.6	0.9	658.1	17.5	122.67	6.60	290964	14.3
1997	446.7	−17.2	718.4	9.2	90.53	−26.20	445983	53.3
1998	492.2	10.2	806.5	12.3	93.24	2.99	510532	14.5
1999	447.2	−9.1	857.3	6.3	95.3	2.21	522040	2.3
2000	367.6	−17.8	1002.8	17.0	99.39	4.29	529280	1.4
2001	349.7	−4.9	1044.2	4.1	102.09	2.72	529613	0.1
2002	260.3	−25.6	1110	6.3	104.62	2.48	542889	2.5
2003	293.6	12.8	1160	4.5	106.2	1.51	581131	7.0
2004	331.2	12.8	1143.7	−1.4	120	12.99	591069	1.7
2005	422.4	27.5	1033	−9.7	129.5	7.92	603603	2.1
2006	433.1	2.5	959	−7.2	119.65	−7.61	644211	6.7
2007	447.9	3.4	958.4	−0.1	127.99	6.97	680979	5.7
2008	491.2	9.7	974.7	1.7	103.69	−18.99	462015	−32.2
2009	520.8	6.0	1006.9	3.3	114.68	10.60	420153	−9.1
2010	522.6	0.3	1089.8	8.2	123.11	7.35	458006	9.0
2011	533.7	2.1	1129.6	3.7	135.34	9.93	499724	9.1
2012	552	3.4	1153	2.1	142.40	5.22	529725	6.0

第一章　农村经济管理体制

第一节　农村土地承包管理

1997—2012年，潍坊市农村土地承包管理工作经历了延长土地承包期30年和稳定完善土地承包制度两个阶段。同时，开展建立农村土地承包经营纠纷调解仲裁机构和农村土地经营权流转工作。

延长土地承包期

1997—1999年，根据中共中央办公厅、国务院办公厅《关于进一步完善农村土地承包关系的通知》精神，在全市范围内全面开展延长土地承包期30年的工作。1998年，市委办公室、市政府办公室印发《关于进一步稳定和完善农村土地承包关系的通知》，要求在第一轮土地承包的基础上，土地承包期再延长30年，林地和“四荒”（荒山、荒沟、荒丘、荒滩）地等开发性生产的承包期可以更长。为使绝大多数农户原有的承包土地继续保持稳定，总的要求是“大稳定、小调整”。“机动地”严格控制在耕地总面积5%的限额之内，并严格用于解决人地矛盾。为指导土地延包工作开展，市农委制定《关于延长土地承包期有关问题的意见》。各县市区也结合自己的实际，就土地延包工作出台一系列的办法和规定。市委、市政府多次召开会议部署延包工作，并针对工作中的具体问题予以解决。至1999年底，全市完成土地延包工作的村为8894个，占总村数的94.5%，签订土地承包合同167.7万份，发放土地承包经营权证书163.6万本。

稳定完善土地承包制度

2003—2004年，按照《中华人民共和国农村土地承包法》《山东省实施〈中华人民共和国农村土地承包法〉办法》和省委、省政府《关于稳定和完善农村土地承包经营制度的意见》以及省、市稳定完善农村土地承包经营制度会议的要求，对未开展延包的村、机动地超5%的村、延包不彻底的村和“两田制”的村，进行清理整顿。至2004年底，全部完成整改任务。

建立纠纷调解仲裁机构

2010年1月1日，《中华人民共和国农村土地承包经营纠纷调解仲裁法》施行后，各县市区成立农村土地承包经营纠纷调解仲裁委员会，青州市被列为全国仲裁工作试点单位。县市区纠纷调解仲裁委员会成员由本级政府及其有关部门代表、有关人民团体代表、农村集体经济组织代表、农民代表和法律、经济等相关专业人员组成。县市区纠纷调解仲裁委员会在为民服务中心建立仲裁庭。各乡镇（街道）成立农村土地承包经营纠纷调解委员会，按行政区域大小聘请调解员，负责调解农村土地承包经营纠纷。

开展农村土地经营权流转

为推动农业经营方式转变和土地规模化、集约化、产业化经营，从2008年底开始，市委、市政府把创新农村土地承包经营权流转方式纳入综合配套改革试点范围，2010年列入镇域科学发展观摩点评范围以及十佳农业乡镇的评选内容，各县市区委、政府均出台指导土地流转的规范性文件，统筹制定全市农村土地流转长期规划；中部平原以发展优质瓜菜、专用粮等高效作物为主；南部山区以发展优质果品生产，突出发展高档果、专用果及大棚果、小杂果生产为主；北部沿海地区以发展渔业、名优特水产品、设施渔业和创汇渔业为主。探索创新了诸城的社区带动型、青州的土地股份合作社带动型、寿光的龙头企业带动型、安丘的特色农业带动型、昌邑的土地资源开发带动型、寒亭的都市农业带动型、潍城等地的创意农业带动型等七种土地流转模式。为给土地流转工作提供良好的发展环境，各地积极搭建土地流转平台，大力培植流转载体。全市建立县级土地流转平台11个，乡镇级121个。2012年，市委办公室、市政府办公室印发《关于深入推进农村土地承包经营权流转，加快现代农业园区建设的意见》，提出推进农村土地承包经营权流转和加快现代农业园区建设的重要意义、指导思想、目标要求和基本原则。

全市土地流转呈现出流转布局区域化、流转形式多样化、流转去向多元化等三个特点。流转布局区域化，主要是围绕产业化经营和主导产业的发展，出现了集中连片流转的趋势。流转形式多样化，主要有转包、出租、转让、互换、股份合作及其他多种形式。流转去向多元化，转出的土地除流转入农户外，还流向合作社、企业等。

第二节　农民负担监督管理

80年代后期，国务院《农民承担费用和劳务管理条例》和《山东省农民负担管理条例》相继出台。为切实做好全市的农民负担监督管理工作，市委、市政府成立潍坊市农民负担监督管理工作领导小组，统筹协调减负工作。同时，在全市范围内推行“一个漏斗向下”制度，统一申报审批，统一收费单据，统一资金管理，实行农民负担“通知单”制度，农民负担重的问题得到有效解决。

1993年始，市委、市政府在寒亭区实行合同管理、依法减负试点，把农民负担纳入法制化轨道。农民当年应承担的“三提五统”（“三提”是指由村一级组织收取的公积金、公益金和集体管理费；“五统”是指由乡一级政府收取的计划生育、优抚、民兵训练、乡村道路建设和民办教育方面的费用）和“两工”（农民按国家规定承担的义务工和劳动积累工）的具体数额，由乡镇、村与农户在平等自愿的基础上签订合同，把农民负担纳入法律监督的范畴。随后，在全市推行寒亭区依法减负的做法，实行农民负担合同管理，依法将农民负担落实到农户。

1996年，中共中央、国务院《关于切实做好减轻农民负担工作的决定》印发后，市委、市政府立即采取有效措施，贯彻落实，实行“三提五统”一定三年不变，层层进行审批。从1998年始，执行“一定五年”不变政策，即1998—2002年的计提基数以1997的农民人均纯收入为标准，并由原来的以乡镇农民人均纯收入为计提依据，改为以村人均纯收入为依据计提。农民负担“一定五年不变”期间，落实减、免、缓制度。凡年满70岁及以上的农村老人，一律实行免除统筹提留；凡农村鳏寡孤独且失去劳动能力的，经民主评议报乡镇政府审批后，免收统筹提留；对社会困难户实行减、免、缓。统筹提留，先由两个议事会评出困难户，困难户确定后，再按程序民主评定“减、免、缓”数额。通过采取以上措施，农民负担逐年减低，2001年全市农民负担总额126898万元，人均负担185元。

2002年，根据中共中央、国务院《关于进行农村税费改革试点工作的通知》要求，潍坊市全面展开费税改革工作。通过“三取消、两调整、一改革”（“三取消”，是指取消乡统筹和农村教育集资等专门向农民征收的行政事业性收费和政府性基金、集资；取消屠宰税；取消统一规定的劳动积累工和义务工。“两调整”，是指调整现行农业税政策和调整农业特产税政策。“一改革”，是指改革现行村提留征收使用办法），人均减负62元；2003年，通过暂停征收乡村公益事业金和部分地方取消农业特产税，人均减负15.4元；2004年，中央开始在全国降低农业税的税率，并取消除烟叶外的农业特产税，同时对种粮农民实行普遍的直接补贴和购置大型农机具补贴。

2004年全年全部取消农业特产税和农业税税率降低3个百分点，人均减负68元；2005年，农业税税率再降低2个百分点，人均减负26.4元；人均负担13.2元，较改革前的185元减少171.8元，减负率达92.9%。税费改革以后，全市确立以农业税、农业特产税及其附加和过渡期内“两工”为主体的新的税费制度。随着一系列新的改革政策的出台，最终形成以“一事一议”筹资、“一事一议”用工和“一事一批”用工为主要内容的新的农民负担框架。市委、市政府先后印发《关于切实加强农村义务工和劳动积累工管理的通知》《关于切实减轻农民负担有关问题的紧急通知》《关于严肃查纠当前农民负担有关问题的紧急通知》，出台《潍坊市村级财务管理暂行办法》《对加重农民负担行为实行责任追究的暂行规定》，有效地规范政府行政行为，确保农民负担不反弹。2005年，中央进一步明确降低农业税率，全面取消农业税。同时，中央要求进行以乡镇机构、农村义务教育和县乡财政体制等为主要内容的农村综合改革试点。2006年农业税全部取消。

第三节　农村集体财务管理

1991—2012年，潍坊市农村集体财务管理经历了村级自主管理、镇街“双代管”、镇街委托代理三个阶段。

村级自主管理

1991—1996年，农村集体财务管理实行村级自主管理。为加强农村财务管理，1993年4月2日，市政府印发《潍坊市农村财务管理工作规范》，要求村合作经济组织或村民委员会根据工作实际，成立财务管理办公室和确定专职财会人员，具体管理财务工作。村合作经济组织所有财务活动由财务管理办公室进行控制。村财务人员包括出纳员、保管员、记账员、审计员、统计员。村财务管理办公室业务上受乡（镇）经管站监督，乡（镇）经管站定期对村合作经济组织财务活动进行审计和业务考核。

镇街“双代管”

1997—2006年，农村集体财务管理实行镇街“双代管”。省政府《关于进一步加强农村财务管理工作的通知》提出：“在坚持资产所有权和使用权不变的前提下，在一些地方可实行村账乡管、村财乡管的‘双’管理办法”。《潍坊市农村集体资产管理制度（试行）》规定：在不改变村集体资产所有权和支配权的前提下，全市实行“村账乡管”和“村财乡管”的“双代管”制度。将每月发生的一切财务收支，经村民主理财组织审查同意，报乡镇经管站审计员审计后，再由乡镇专职记账员统一记账，并把每月详细收支情况由记账员按村张榜公布。村集体经济组织的货币资金除按规定留足备用金外，其余全部纳入乡镇合作基金会设置专户进行代管。

镇街委托代理

2007—2012年，农村集体财务管理实行是镇（街、道）委托代理。省政府办公厅《关于进一步推进村级会计委托代理制切实加强村级集体财务规范化管理的意见》，要求“各地乡（镇）经管站负责农村会计委托代理工作，主要代理村集体会计账目、村集体资金和会计档案，提供会计信息”。市政府办公室印发《关于全面推行农村会计委托代理的意见》的通知提出，经本集体经济组织大会或成员代表大会通过，可由村委会与乡（镇）代理中心签订“农村会计委托代理协议书”，委托乡（镇）代理中心对村级账务、资金等进行核算、管理。以乡（镇）经管站为依托设立“农村会计委托代理中心”（以下简称代理中心），负责具体工作，经管站站长兼任代理中心主任，按职责不同设立总会计、总出纳、审计员（微机审核员）、记账员（微机操作员），对村级财务事项进行审计、登记、录入、核算和管理。村级由村会计担任报账员，定期报账。

第四节　农业产业化

1978年，中共十一届三中全会之后，潍坊市的农村改革和发展取得巨大成就和历史性进步。但随着社会主义市场经济体制的逐步建立，暴露出一些深层次的矛盾。如，农民进入市场难，农业社会化服务单一、滞后、不配套，农业的比较效益低，农业生产后劲不足，大多数农产品生产规模小、质量差，国内外市场占有率低。

1992年，潍坊市开始探索新的更高层次的农业农村经济发展新机制，在认真总结诸城市贸工农一体化、寿光市依靠市场牵动发展农村经济和寒亭区“一乡一业”“一村一品”等经验和做法的基础上，针对农村改革与发展过程中出现的新情况、新矛盾，重点总结了鸡、兔这两个产业十几年的发展变化，得到启示：农村、农业、农民走向市场，必须把改革与发展结合起来，使农业的生产经营通过龙头企业和配套服务与国内外市场联结在一起，走新型农业生产经营的路子，为农业产业化的提出奠定了基础。

发展过程

概念提出阶段　1992—1993年是农业产业化概念提出阶段。1993年5月25日，印发《中共潍坊市委、潍坊市人民政府关于按照农业产业化要求进一步加强农村社会主义市场经济领导的意见》，标志着潍坊在全国率先提出并组织实施农业产业化战略。其基本内涵是：以市场为导向，以效益为中心，以科技为支撑，围绕主导产业，优化组合各种生产要素，对农业和农村经济实行区域化布局，专业化生产，一体化经营，社会化服务，企业化管理，形成市场带龙头，龙头带基地，基地连农户，集种养加、产供销、内外贸、农科教于一体的农业经济管理体制的运行机制。

媒体推动阶段　1994—1997年是农业产业化媒体推动阶段。潍坊市组织实施的农业产业化战略，在全省、全国引起强烈反响，引起党中央、国务院和省委、省政府领导的高度关注。1993年6月，省政府办公厅在《参阅件》上转发省农委的调查报告《关于按产业化组织发展农业的初步设想与建议》。10月11日、12日，《农民日报》发表通讯《轻舟正过万重山——山东各级领导抓住产业化带领农民闯市场思路》，这是全国关于农业产业化的第一个长篇报道。用明显标题标出“潍坊：农业产业化发源地”，最早界定潍坊是农业产业化发源地。1995年3月22日，《农民日报》发表《产业化是农村改革与发展的方向》，首次提出“产业化是农村改革与发展的方向”“产业化是农村改革自家庭联产承包制以来又一次飞跃”等。5月2日，《农民日报》一版头条发表评论员文章《积极稳妥发展农业产业化》。11月，《人民日报》经济部主任艾丰和记者潘承凡专程到潍坊调查研究；12月11日，《人民日报》发表社论《论农业产业化》，并连续配发三篇述评：《必由之路》《造就一种新关系新格局》《更广更深更实的思路》。社论和述评的发表，使农业产业化思想在全国得到广泛传播，产生较大反响。

1995年12月20日，中共中央书记处书记温家宝到山东视察农村工作，实地考察潍坊市实施农业产业化的情况，对实施农业产业化发展农村经济的做法，予以充分肯定和高度评价。1996年1月12日，江泽民在《致中华全国供销社全国代表会议的信》中，明确提出："引导农民进入市场，把千家万户的农民与千变万化的市场紧密地联系起来，推动农业产业化，这是发展社会主义市场经济的迫切需要，也是广大农民的强烈要求。"同年6月4日，江泽民视察河南农业农村工作时，提出"农业发展也要靠两个转变"的重要思想，对农业产业化给予充分肯定。1997年9月12日，江泽民在中共十五大的政治报告中明确提出："积极发展农业产业化经营，形成生产、加工、销售有机结合和相互促进的机制，推进农业向商品化、专业化、现代化转变"。至此，农业产业化正式成为国家发展农业的重大策略，成为中国农业发展的必由之路。

推广阶段　1998—2002年是农业产业化推广阶段。1994年，山东省委号召在全省推广潍坊农业产业化经验，并要求按照产业化组织农业生产，农业产业化战略进入全面实施阶段。

2001年10月，全国农业产业化现场经验交流会在潍坊召开，会议充分肯定了潍坊实施农业产业化的经验做法。这次会议之后，潍坊农业产业化进一步推广全国。其间，全市积极探索实施农业"产业化、标准化、国际化"三大战略，推进农村体制改革和农村经济快速发展。

大力发展龙头企业。培植和发展龙头企业，把一家一户分散的农民组织起来，按照"大（大规模）、高（高水平）、外（外向型）、强（强带动）"的要求，采取多种形式，加快龙头企业建设步伐。做大现有企业，把其他领域的企业改组改造成农业龙头企业。龙头企业生产经营信息化，生产技术先进，产品标准高，带动力强，一个龙头企业就能带起一个甚至几个主导产业。并积极引导乡镇企业向农业延伸，把农副产品精深加工作为发展的重点。

培育完善市场体系。加强农产品市场建设，有主导产业和重点产品就有市场配套；对传统农产品市场进行改造和完善，促进单纯的产地市场向多功能、全方位、产业化的综合性市场转变。并积极探索现代经营方式，提升市场的水平和档次，使这些市场逐步成为销售中心、信息中心、展览中心、价格形成中心、集散中心。至2002

安丘市蔬菜出口加工车间　　（2010年拍摄）

年，全市以传统集镇和初级集贸市场为依托，先后改造、扩建973处农副产品产地市场；兴办155处区域性专业批发市场；在全国68个大中城市建立直销点，初步形成多层次的市场体系。

建立科技示范基地。从1994开始，集中力量建设“两个基地”（科技示范基地、科技培训基地）、“三个中心”（农作物良种繁育中心、优质肉牛改良中心、蔬菜营销配送）。建设以市区为中心，连接辐射10个县市区的4条农业高新技术走廊，汇集农业先进技术成果及高层次科技人才，先后有30多名院士和专家、160多个高新技术项目、近百家农产品加工企业到此落户，带动辐射100万农户，成为科技示范、开拓市场、服务城市、观光旅游、城镇建设、招商引资、加工出口的重要载体。

推动“引进来、走出去”。利用市内土地资源丰富、劳动力价格低、气候适宜等优势，引进国外良种、技术、资金、人才，改造传统农业，提高农产品及加工产品的品质，把产品销往国外，使传统农业实现与国际先进水平接轨，农产品直接进入国际市场。同时，引导和组织有一技之长的农民到国外建农场、搞基地、办加工企业，把信息传回来、技术学回来、外汇赚回来。至2002年，全市已在国外建立各类农业企业、站点近200个，到国外从事农业生产经营的有5000多人，年创外汇2亿多美元。

强化配套措施，为农业产业化提供有力保障。积极推进农业标准化，质量标准与国际标准接轨；采取多种途径、多种形式，不断提高农民的组织化程度；加强农产品基地建设；加快政府职能转变，组织引导各级干部切实转变作风，改进服务方式，积极投身农业产业化实践，帮助解决产业化经营中遇到的困难和问题，为农业产业化的顺利实施提供有效的组织保证。

升级阶段　2003—2012年是农业产业化升级阶段。为进一步推进农业产业化深化升级，市委、市政府组织实施“三化”（农业产业化、标准化、国际化）、“三带动”（龙头带动、市场带动、科技带动）、“三变”（农民变职工、变民工、变市民）战略和品牌农业（规模化经营、标准化生产、企业化运营、社会化服务“四化”）战略，取得显著成效。

2012年，全市粮食总产552万吨，连续四年过百亿斤，实现“十连增”；蔬菜产量1153万吨，成为京津济的“菜篮子”，出口量占全国的1/10；肉蛋奶总产量286万吨，居全省第一，畜牧产业链销售收入连续两年突破千亿元，禽肉出口量6.5万吨，占全国的1/3。农业主要生产环节基本做到有标可依，农产品质量安全监管“安丘模式”在全国推广。优质农产品基地发展到530多万亩，在有效期内的“三品一标”农产品1914个，品牌面积、数量均居全省之首。全市农业增加值由1992年实施农业产业化之初的64.7亿元

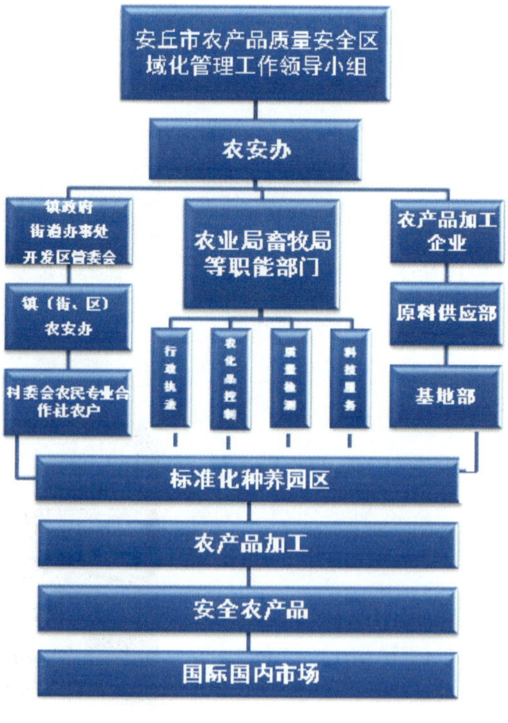

图6—1—1　安丘市农产品质量安全区域化管理体系图

（当年值，下同）增加到2012年的390.5亿元，年均增长5.2%，居全省第一位。农民人均纯收入由1992年的972元增加到2012年的11797元，年均增长13.3%，居全省第五位。

2012年，市委、市政府抢抓机遇，顺应“山东半岛蓝色经济区”和“黄河三角洲高效生态农业示范区”两大国家战略需要，开始启动“中国食品谷”项目，“中国食品谷”项目涵盖整个潍坊市市域范围，在寒亭区规划建设“中国食品谷”核心功能区，规划建设寿光蔬菜种子谷、诸城肉食加工谷、安丘出口农产品标准化基地、峡山有机农产品生产加工基地等外围功能区，为食品谷建设提供原材料供应基地保障。核心区位于潍坊市市区北部，北海路两侧，规划面积14.23平方公里。按照“一心、两翼、六区”的空间布局，将建设国内外高端食品企业总部（区域总部）聚集区，涵盖研发孵化、基础创新、国家级重点实验室、检测检验等功能的科研创新平台，包含电子商务、展览展示、培训交流等功能的电子交易中心，以及门类齐全、规模最大、以高端食品为主要业态的世界级物流配送中心。

图6-1-2 中国食品谷布局图

主要成效

农业增长方式发生变化 产业化成为农业发展的主要组织形式，龙头企业总数达到3010家，其中国家级重点龙头企业12家、省级75家，上市公司6家，居全省前列，带动85%以上的农户参与产业化经营。科技进步逐步成为农业增长的主要推动力，建立了覆盖全市的农业科技信息服务网络，建成各类农业科技示范园区1000多个，农业科技贡献率达到60%以上。全市培育具有自主知识产权的农（牧、渔）业新品种196个，其中经过国家、省级审定新品种64个；农业良种覆盖率保持在98%以上，主要畜禽品种全部实现良种化。寿光市被农业部和省政府确定为全国现代蔬菜种业创新创业示范基地。农村体制机制活力不断释放，土地承包经营权、农民宅基地使用权和农村集体资产产权的改革，进一步激发了体制机制活力。工商部门已核准家庭农场名称1379户、登记589户；农民合作社发展到10483家、联合社139家，带动40%的农户入社，合作社注册资本金占全省的1/3以上。四是农业国际合作进程加快。2012年，全市农业出口创汇17.5亿美元，潍坊市被农业部确定为全国农业国际合作示范区。

农业基础支撑不断强化。实施病险水库除险加固、大中型灌区节水改造与续建配套、小农水重点县、现代水网体系建设等水利工程，开展“旱能浇、涝能排”高标准农田建设，全市旱涝保收田705万亩。农机总值91亿元，总动力1320万千瓦，主要农作物耕种收综合机械化水平90%以上。网上交易、农产品物流等新型流通业态迅速发展，建成寿光蔬菜、青州花卉、安丘大姜、诸城水产品、昌邑苗木等一批具有全国影响力的骨干批发市场和特色农产品品牌。各类金融机构累计推出“三农”金融产品22项，发放贷款67亿元，支持农户和中小企业6.2万家。农业产业化是潍坊市农业经营模式的新探索、新创造。从

1993年开始实施以来，市委、市政府坚持与时俱进，不断推进农业产业化经营深化升级，有力地促进了农业增效、农民增收和农村发展，农村面貌发生深刻变化。2012年，农业增加值390.52亿元，比1992年113亿元增长245.6%；（按现行价格计算，下同）农村居民人均可支配收入11797元，比1992年972元增长1113.7%。

农业结构优化 积极调整种养结构，把一、二、三产业融为一体，经济、科技、教育紧密结合，种养、加工、经营分享利益，把现代产业组织方式引入农业，以1993年与2008年比较为例，蔬菜产量由484万吨增加到974.7万吨，水果产量由36.8万吨增加到101.5万吨，水产品产量由14.2万吨增加到46.2万吨，肉、蛋、奶产量分别由60.3万吨、21万吨、5.7万吨增加到104万吨、25.9万吨、21.6万吨。围绕瓜菜、果品、肉鸡、肉牛、水产品等16个主导产业（产品），建起一大批种养业商品基地。形成了以寿光蔬菜批发市场为中心，面积80多万亩的蔬菜种植区；以昌乐尧沟西瓜批发市场为中心，面积20多万亩的西瓜种植区；以安丘白芬子姜蒜市场为中心，面积20多万亩的姜蒜种植区；以临朐、安丘为中心，面积70万亩的优质果品生产园区；以青州花卉市场为中心，面积5万亩的花卉种植区；以高密为中心，面积5万亩的酿酒葡萄生产园区。建成养殖规模年出栏100头以上的养猪场6300多个，出栏量占总量的38%；养殖规模2000只以上的蛋鸡养殖场2700多个，产蛋量占总量的30%；肉鸡已多年全部实现规模饲养，2008年出栏量达到2.7亿只，占山东全省出栏量的40%左右，形成70万只貂、60万只狐的特种动物养殖基地，养殖规模居亚洲之首。全市农村经济结构发生很大变化，工业化、城市化进程加快，农村经济实力明显增强。2012年，一、二、三产业占比为9.73∶53.99∶36.28；全年粮食总产量552.0万吨，比1992年480万吨增长15%；棉花产量4.9万吨，比1992年6.76万吨减少27.5%；蔬菜产量1153.0万吨，比1992年332.4万吨增长246.9%；水果产量89.5万吨，比1992年24.34万吨增长267.7%；水产品总产量53.0万吨，比1992年10万吨增长430%。通过发展农业产业化，土地进行适度流转，产品质量提高，延长产业链条，农业效益增加。农村居民人均可支配收入、农业增加值分别由1992年的972元、113亿元增加到2012年的11797元、390.52亿元，分别增长1113.7%、245.6%。在规模化经营的过程中，把农民的收入方式从种植收入转化为租金收入和务工收入，收入成倍地增长。通过土地流转，每年一亩能有1300元的流转费。土地流转后，有的农民被园区招聘，经过统一培训，掌握有机管理要领，变身“职业农民”，每月有固定工资及提成。以2007年安丘市收购菠菜为例，正常年份1斤的收购价大约是春季在1角、秋季在1角5左右。通过龙头企业加工出口，到日本的价

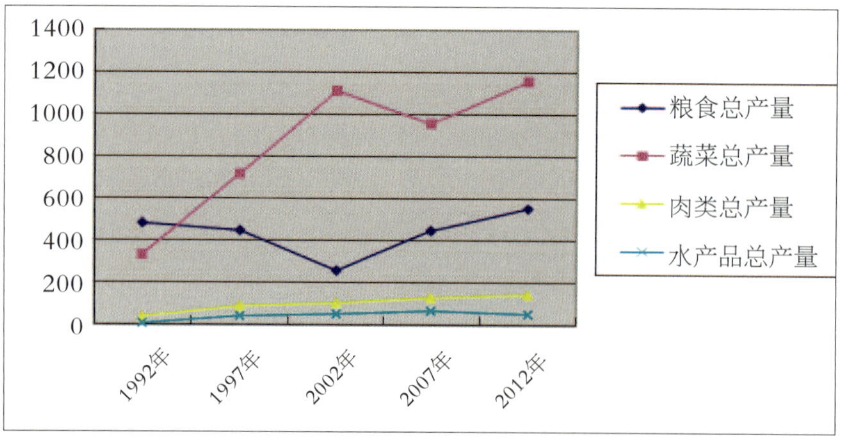

图6—1—3 全市主要农产品总产量曲线图

临朐县九山镇牛寨村 （2012年拍摄）

格就是2.5元，利润增长15～20倍。

城乡一体化进程加快 农业产业化龙头企业成为沟通城乡的纽带和桥梁，加快城乡之间的资金、技术、人才、设备等生产要素的合理流动和优化组合，缩小“剪刀差”。一批新的农副产品加工业、流通企业的崛起，消化部分农业剩余劳动力。1994年，全市乡镇企业的就业人数168万人，占农村劳动力总数的45%；有70多万农村劳动力直接成为龙头企业的员工，30多万人成为开拓市场的新型经纪人。县以下小城镇发展到155处，城市化程度达到39%以上。2012年，全市人口城镇化率达到49.75%，比2011年提高1.82个百分点。

通过产业化经营，龙头企业把千家万户带入各个产业链，集体经济组织以龙头企业为抓手，帮助农民及时解决生产经营中的困难及提供高质量的系列化服务，使农民得到实实在在的好处，并带动一些落后户和困难户共同参与到生产经营中，缩小经济收入差别，实现共同富裕。农民经济收入增加，减轻负担，许多农村的信访率、发案率、接待费为零，党群、干群关系进一步密切，党的基层组织的凝聚力、号召力增强，促进了基层政权稳固，维护了全市农村的政治稳定和社会稳定。

第二章 种植业

1991年后，全市种植业逐步由以粮为主向农业综合效益发展，经济作物种植面积不断扩大，特别是以日光温室为主导的设施农业进入快速发展阶段。1991—2012年，蔬菜种植面积由68780公顷发展到188591公顷，总产量由237.04万吨达到1152.99万吨。粮食作物种植面积下降加快。1991年，全市粮食播种面积880753公顷，到2003年下降到515552公顷，总产量由495.4万吨下降到293.65万吨。粮食生产的主攻方向放在提高单产上，具备条件的粮田实施“吨粮田”开发，粮食单产在高产田减少的情况下保持了持续高产。2004年开始，国家对种粮农民实施粮食直接补贴政策，粮食面积快速回升，到2012年，全市粮食面积达803087公顷，总产实现551.96万吨，平均单产6873千克/公顷。其中：小麦种植面积390188公顷，总产254.18万吨，单产6515千克；玉米种植面积395104公顷，总产288.18万吨。

第一节 粮食作物

80年代后期，全市种植业突破“以粮为纲”的传统结构，逐步扩大经济作物种植面积，把粮食生产的主攻方向放在提高单产上，平原水浇地实施“吨粮田”开发，南部山区实施旱作农业开发，粮食持续高产稳产。

1991年，全市有81万亩粮田达到吨粮，平均亩产为1059.6千克（小麦473千克，玉米586.6千克）。全市有17个乡镇实现了吨粮。寿光洛城乡2.35万亩粮田，平均亩产达到1150.9千克，小麦单产达到513.5千克，成为北方麦区第一个小麦单产过千斤的乡镇。到1994年，全市实现吨粮的乡镇达到51个，吨粮田面积达到275万亩，平均亩产量1053.9千克。同年，全市粮食总产522.63万吨，平均亩产423.07千克，达到历史新高。进入90年代，经济作物面积不断扩大，西南部山区充分发挥生态优势，成为全市主要的果品生产基地；全市的蔬菜生产得到长足发展，特别是冬暖式大棚蔬菜生产发展迅速。1989年，寿光三元朱村党支部书记王乐义引进冬暖式大棚成功之后，以寿光为中心的设施蔬菜种植迅速扩大，青州北部、昌乐北部和寿光市成为全国设施瓜菜最大的种植区域。在耕作方面，推行间套作和立体种植，提高复种指数。大力推广麦—棉—花生、麦—棉—菜、麦—玉米—菜、麦—烟—菜等多种间作套种技术等。在间套作的基础上提倡立体种植，到1991年，立体种植面积294.66万亩，平均亩产值869.92元。2008年起，全市实施“粮食高产示范方创建”开发，粮食产量逐年提高。到2012年，全市粮食总产551.96万吨，平均单产6873千克/公顷，均为历史最高水平。

青州市何官镇农业部万亩小麦高产创建示范田　　（2009年拍摄）

1991—2012年潍坊市粮食生产情况表

表6-2-1

年份	播种面积（公顷）	总产量（万吨）	单产（千克/公顷）		
			潍坊市	山东省	全国
1991	880753	495.45	5640	4845	4206
1992	855880	480.05	5609	4533	4342
1993	855328	521.77	6100	4992	4557
1994	823519	522.63	6346	5105	4500
1995	830956	534.97	6438	5220	4659
1996	817541	539.62	6601	5260	4894
1997	790281	446.68	5652	4766	4822
1998	769215	492.24	6399	5244	4953
1999	744450	447.22	6007	5271	4945
2000	669701	367.62	5489	4938	4753
2001	602419	349.66	5804	5201	4800
2002	571468	260.35	4556	4763	4885
2003	515552	293.65	5696	5355	4873
2004	548950	331.27	6035	5570	5187
2005	710799	422.40	5943	5837	5225
2006	752468	433.18	5757	5848	5310
2007	732747	447.91	6113	5981	5320
2008	766197	491.20	6411	6125	5548
2009	786094	520.83	6626	6140	5447
2010	799524	522.58	6536	6120	5524
2011	802863	533.66	6647	6194	5707
2012	803087	551.96	6873	6264	5824

小麦

小麦是全市种植面积最大的粮食作物。1991年，全市小麦播种面积42.09万公顷，占粮食播种面积的47.79%，总产量213.49万吨，平均单产5072千克/公顷。此时，小麦生产以稳定面积、提高单产、增加总产为重点，先后推广精播技术、半精播技术、旱作栽培综合配套技术和配方施肥、化学除草、种衣剂包衣等。1992年，全市小麦播种面积41.32万公顷，总产量218.90万吨，单产5297千克/公顷。1997年后，随着农业结构调整的加快，小麦生产转向压缩面积、发展优质专用小麦。1998年全市小麦播种面积35.81万公顷，总产量228.09万吨，小麦单产首次达到6369千克/公顷。1999年，全市实施15万亩无公害优质小麦高产栽培技术开发，缓解了当时种粮品质差、效益低的局面，为种植业开辟出一条优质高效的新途径，技术实施区小麦平均每亩增加纯收入123.88元，共增加经济效益1907.76万元，经济效益和社会效益显著。首创无公害小麦生产先河，积极引导农民实施无公害栽培，提高农民对发展无公害农业的认识，对无公害标准化农业的发展，起到示范带动作用。2000年，全市推广优质专用小麦品种及配套技术，是年28万亩优质小麦，主要品种为济南17号、烟农15号等，935031，平均亩产493.2千克，比开发前三年平均亩增产量38千克，亩增产值87.3元。2002年，全市小麦播种面积减少为25.70万公顷，加上受春季低温干旱影响，总产111.97万吨，比2001年减产31.6%；单产4356千克/公顷，比2001年减产1578千克/公顷；优质专用小麦播种面积占小麦总播面积的60%。2006年，小麦生产技术推行播期后延，播种期一般年份10月1—5日，比80年代后延10天左右。2008—2012年，全市小麦生产实施高产创建活动，项目面积逐年扩大。至2012年，在全市12个县市区开展，万亩示范方的个数由2008年的8个，发展到2012年的16个；2011—2012年，全市实施农业部整建制小麦高产创建，分别在寿光、昌邑、高密、诸城进行，经专家验收各项目均达到要求，圆满地完成任务。2012年，昌乐县营丘镇孟家洼村10亩示范方经省级专家验收亩产达到767.75千克。高产创建项目的实施，辐射带动了全市小麦生产。生产过程中积极推广氮肥后移、“一喷三防”、适当晚收等综合配套技术措施，机械化程度亦逐年提高，实现了小麦单产、总产双增。种植小麦的主要品种有济麦22、济南17、烟农15、良星99、青麦6号、烟农19等。2012年，小麦种植面积为390188公顷，总产254.17万吨，单产6515千克/公顷。

玉米

玉米是全市种植面积仅次于小麦的粮食作物，产量占粮食总产量的近一半。1991年，全市玉米种植面积33.38万公顷，平均单产6573千克/公顷。1991年后，潍坊市把发展玉米生产作为粮食增产的突破口，通过大面积推广紧凑型玉米杂交种、扩大套种面积及实施综合高产配套技术，实现玉米生产的迅速增长。1994年，玉

临朐县辛寨镇王家西圈村玉米高产攻关田　　（2010年10月拍摄）

米种植面积31.76万公顷，平均单产7273千克/公顷。种植品种以紧凑型掖单2号、4号、12号、13号为主，品种由平展型向紧凑型过渡。紧凑型品种播种26.67万公顷，占总播面积的80%以上。1998年，为解决小麦—玉米一年两熟光照热量不足的问题，麦田套种玉米面积超过90%，施肥方式也由传统的只施追肥转变为加施底肥、种肥。1999年，玉米品种主要有掖单22号、登海1号、招玉2号、鲁单50、农大108等。通过省“三〇”工程玉米高产示范项目的实施，经专家验收寿光市59万亩玉米，平均亩产551.7千克，诸城市昌城镇攻关方平均亩产达956千克，创全市小面积玉米单产最高纪录。从90年代末期始，全市加大粮食作物经济作物种植结构调整力度，玉米面积逐年减少。2004年，全市玉米播种面积27.36万公顷，总产175.51万吨，分别比1999年减少3.2万公顷和14.69万吨，分别下降10.5%和7.7%。2005年以后，机械化程度不断提高，玉米播种面积又逐步恢复到1999年以前的水平。2006年，玉米主导品种增多，主要有郑单958、鲁单9006、登海11号、登海3号、先行5号、LN3、泰玉2号、聊玉20、登海6213号、天泰10号、五岳97-1、鲁单6003、东单60号、莱农14号、金海702等。2008年，全市玉米生产实施高产创建活动，推广“一增四改”和适当晚收等综合配套技术措施，机械化程度有较大提高，实现了玉米单产、总产双增产。全市玉米种植面积36.78万公顷，平均单产6641千克/公顷，产量达到244.22万吨。全市根据农业部安排实施高产创建工作，分别在高密市、诸城市、安丘市、青州市、昌邑市安排高产攻关田。高密市姜庄镇李仙村高产攻关田种登海601共10亩，实打验收亩产960千克；昌邑市卜庄镇义气村高产攻关田种植超试1号10亩，测产验收亩产1080千克；青州市谭坊镇良种场高产攻关田种植超试1号12亩，测产验收亩产922.5千克；诸城市枳沟镇普庆村高产攻关田种植超试1号10.3亩，测产验收亩产1100.9千克，石桥子镇赵家近戈庄村高产攻关田种植纪元1号4亩，测产验收906千克；安丘市兴安街道田家庄村高产攻关田种植登海501面积10亩，实打验收亩产871.6千克。另外寿光市自主在洛城街道高淮村安排先玉335高产攻关田10.8亩，测产验收亩产845.2千克。

2012年，全市玉米种植面积39.51万公顷，平均单产7295千克/公顷，产量达到288.18万吨，实现了全年粮食总产“十连增”。推广“一增四改”高产面积35.36万公顷，占全市玉米播种面积的89%。夏直播面积33.17万公顷，占全市玉米收获面积的83.52%，夏直播栽培技术已成为全市玉米主推技术。随着农业机械化水平的提高，玉米机播、机收、秸秆还田、单粒精播的力度明显加大。全市玉米机播面积35.93万公顷，占全市玉米播种面积的90.94%；机收面积28.44万公顷，占全市玉米收获面积的71.62%；机械秸秆还田面积28.48万公顷，占全市玉米收获面积的71.75%；单粒精播面积达到21.24万公顷，占全市玉米播种面积的53.76%。推广的耐密型品种有郑单958、金海5号、浚单20、先玉335、登海3622、鲁种99118等。农业部实施的粮食高产示范方10亩高产攻关田主要试验品种有伟科702、农华101、鲁单818、隆平206、中单909、蠡玉35等品种，经过测产验收，表现比较好的攻关品种伟科702，实打验收亩产910千克。

甘薯

1991年，种植面积61547公顷，总产量43.82万吨，平均单产7120千克/公顷。1992年，年种植面积减少到57051公顷。因小麦、玉米产量的不断提高，两季连作单产收益高于甘薯，也因人民生活水平的提高，甘薯逐步从人们的主食中退出，种植面积逐年减少。分布区域主要是山旱田，用途以加工淀粉为主，城郊小面积种植，用于鲜食、烤食。1995年起，开始推广脱毒甘薯种苗技术，解决了甘薯因长期无性繁殖而造成的病毒积累、品种种性变劣、产量品质下降等问题。2012年，全市甘薯种植面积仅8684公顷，总产量6.62万吨，平均单产7622千克/公顷。

甘著品种主要有1991年鲁薯3号、徐薯18、青农2号。1999年鲁薯7号、8号，鲜食品种北京553。

豆

1991年，种植面积43407公顷，总产10.9万吨，平均单产2511千克/公顷。此后至1998年，全市豆生产发展缓慢，年种植面积曲线上升，1998年种植面积50935公顷，总产13.76万吨，单产2701千克/公顷。此后，随着玉米产量的提高和玉米化学除草技术的推广应用，以及机械化程度的提高，豆种植面积大幅度减少，每年减少幅度2000公顷左右。2012年，全市种植面积6109公顷，总产1.89万吨，平均单产3089千克/公顷。

谷子

1991年，全市种植面积9907公顷，总产3.46万吨，单产3496千克/公顷。1992年和1991年种植面积基本持平，但因减产，单产2605千克/公顷，总产只有2.76万吨，比上年减少1.12万吨。此后种植面积逐渐下降，每年减少几百公顷。种植方式，山区丘陵地、旱薄地以春谷为主，平原、水浇条件较好的地方以夏谷为主，主要种植品种有鲁谷10号、鲁谷4号、当地农家品种等。2012年，全市种植面积2220公顷，总产8000吨，平均单产3600千克/公顷。

高粱

1991年，全市种植面积9007公顷，总产3.17万吨，平均单产3518千克/公顷。此时，高粱已不再作为粮食食用，主要是人们用其秸秆建房，种植面积较少。此后，因为种植效益低，主要是以高粱为原料的酿造厂采用订单形式安排种植，种植面积大大减少。2012年，全市高粱种植面积359公顷，总产1200吨，平均单产3288千克/公顷。

第二节　经济作物

棉花

1991年，全市种植面积98593公顷，总产11.15万吨，平均单产1130千克/公顷。1992年种植面积和1991年基本持平，单产只有672千克/公顷，总产为6.69万吨。从1992年至2000年，面积呈逐年下降趋势。2000年，全市种植面积为16952公顷，平均单产995千克/公顷，总产为1.69万吨。从2001年开始面积又呈上升趋势，到2003年面积为39379公顷，一直到2012年，全市种植面积稳定在4万公顷左右。2012年，全市种植面积39668公顷，总产4.93万吨，平均单产1242千克/公顷。

花生

1991年，全市种植面积29627公顷，总产9.98万吨，平均单产3369千克/公顷。1992年种植面积28336公顷，比上年减少12651公顷，总产7.07万吨，比上一年减少50%，平均单产2494千克/公顷。品种主要有海花1号和鲁花系列。1993—2001年，种植面积逐年增加。2001年全市花生种植面积53934公顷，总产22.14万吨，平均单产4104千克/公顷。2001年后，全市花生年种植面积稳定在50000公顷左右，种植品种主要为鲁花系列、花育系列等。其间，推广地膜覆盖技术、化学除草技术、化学调控技术及种子包衣技术、叶面施肥技术等。2012年，全市种植面积48769公顷，总产24.36万吨，平均单产4995千克/公顷。

花生品种主要有1992年花37、花11、鲁花

9、10、11、12号。1994年鲁花9、10、11、12号、79266、海花1号。1999年鲁花14。

药材

潍坊市药用植物资源非常丰富，药材品种繁多，具开发价值的药用植物就有250多种。临朐、青州山区历史上就有采药和种植中药材的习惯，被称为药材之乡。80年代多为野生采集，主要有桔梗、丹参、黄芪、黄芩、半夏、枸杞子、酸枣、薄荷、荆芥、板蓝根、首乌、银杏、灵芝等。其中桔梗、丹参、黄芩、黄芪、半夏等开始少量栽培，但因价格低，面积不稳定。进入90年代，药材种植面积逐步扩大。1991年，全市药材种植面积93.3公顷。1993年，尤其是桔梗出口量剧增，中药材价格看涨，栽培面积迅速扩大到1178公顷，平均单产19500千克/公顷。其后，栽培面积逐年下降，至1998年，面积为211公顷。1999—2004年，栽培面积又逐渐扩大，2004年达到3269公顷，是1999—2012年栽培面积最大的一年。2004—2012年栽培面积稳定在1500公顷左右，主要栽培品种有桔梗、丹参、黄芪、黄芩、半夏、枸杞子、酸枣、荆芥、板蓝根等。

1991—2012年潍坊市主要农作物播种面积、产量情况表

表6—2—2　　单位：公顷、万吨

年份	小麦		玉米		谷子		甘薯		豆		高粱		花生		棉花		药材
	面积	总产	面积	总产	面积	总产	面积	总产	面积	总产	面积	总产	面积	总产	面积	总产	面积
1992	413240	218.9	322761	206.68	10601	2.76	57051	38.77	35556	6.87	7500	2.21	28336	7.07	99508	6.69	339
1993	409924	233.44	323752	226	7675	2.83	53134	40.54	47116	12.36	6598	4.5	29123	10.23	82001	6.54	1178
1994	388144	227.26	317569	230.95	8592	3.41	48922	40.55	47910	14.42	6529	2.56	36865	14043	89455	3.84	746
1995	382870	232.19	332233	240.34	8360	3.11	52130	42.42	43406	11.95	6300	2.34	34493	13.35	60200	3.58	261
1996	379785	233.01	328172	243.68	7927	3.19	48385	41.74	41731	12.36	6310	2.44	28898	11.13	46126	3.39	133
1997	372521	236.08	310144	168.34	7611	1.91	41793	27.04	47828	9.75	5990	1.49	30098	7.43	33540	2.52	217
1998	358124	228.09	303596	213.2	8128	331.64	38378	299.53	50935	13.76	5305	188.46	35032	140.67	34817	348.46	211
1999	336590	213.23	305566	190.2	7722	2.47	37658	27.88	48545	10.73	4277	1.2	37029	13.32	20178	1.72	319
2000	346479	202.53	253915	133.97	6604	2.11	30117	179.94	46000	9.28	3169	0.81	43941	16.55	16952	1.69	1282
2001	275886	163.72	251366	154.56	5694	1.95	28537	185.39	35114	9.03	2843	0.86	53934	22.14	27491	2.98	1404
2002	257034	111.97	246078	124.22	5630	1.67	27943	142.329	29315	6.61	3.67	0.87	51918	19.04	22026	2.39	2093
2003	226021	121.73	232084	114.82	4152	1.35	26000	180.96	22891	6.31	2510	0.71	57657	24.56	39374	4.62	2850
2004	224680	131.11	273633	175.51	4008	1.34	21740	15.81	20613	6.09	2077	0.65	57591	25.3	47847	5.16	3269
2005	338150	196.95	330127	205.45	3342	1.08	17554	128.92	18779	5.11	1551	0.47	52750	24.13	41973	4.87	2015
2006	366807	217.55	348938	199.28	2904	0.88	14920	10.33	16408	4.29	1235	0.36	53809	23.77	39256	4.61	2045
2007	351821	207.66	348329	224.64	2704	0.85	13930	10.19	13276	3.72	1222	0.38	61780	29.58	44230	5.17	1983
2008	368216	232.08	367788	244.22	2894	1.00	12862	9.51	12387	3.66	1009	0.34	59998	29.92	41526	5.16	1772
2009	379106	240.59	381639	266.76	2482	1.02	11374	8.9	9351	2.9	800	0.26	53386	26.95	41643	5.48	1520
2010	386545	242.06	390276	268.66	2677	0.95	10106	7.87	8668	2.6	706	0.22	54531	27.02	42914	5.12	1682
2011	388161	245.44	394981	277.73	2606	0.93	8987	7.01	7109	2.18	552	0.17	50159	25.03	42978	5.05	1359
2012	390188	254.18	395104	288.18	2220	0.8	8684	6.62	6109	1.89	359	0.12	48769	24.36	39668	4.93	1342

第三节 蔬菜 瓜类 果品

瓜菜

全市蔬菜、瓜类品种主要有生姜、马铃薯、甜（辣）椒、番茄、茄子、大葱、大白菜、黄瓜、西瓜、甜瓜等。80年代中期以来，随着社会主义市场经济体制的逐步确立，“两高一优”（高产、高效、优质）农业战略的实施和农业、农村经济结构的调整，全市瓜菜产业发生了巨大变化。瓜菜生产快速发展，种类和品种日趋丰富、市场流通和交易活跃，产业链不断延长和完善，成为全市种植业中仅次于粮食生产的第二大产业。瓜菜产业的发展，在种植业结构优化调整、农业增效、农民增收、增加社会就业、扩大农业创汇和丰富人民生活等方面，均发挥了不可替代的作用。

2000年，随着农业产业结构调整的不断深化，全市形成以瓜菜为主导产业的农业产业格局，并形成各具特色的产业区域。全市规模比较大的特色区域，有以寿光为中心的120万亩保护地蔬菜生产区，以昌乐为中心的40万亩西瓜生产区，以安丘为中心的20万亩大姜生产区。配套的规模以上蔬菜加工出口企业发展到535家。在这些蔬菜加工出口企业中，既有市级重点龙头企业，又有省级、国家级龙头企业。瓜菜产业的发展为农民增收创造了条件，农民人均纯收入也不断增长。到2004年，全市农民人均纯收入4438元，而以蔬菜为主产业的寿光市菜农人均纯收入近6000元，是全市农民人均纯收入的1.35倍。

寿光市技术人员进行黄瓜优良组合筛选　　（2009年拍摄）

2012年，根据国内外市场的需求变化，按照产业化经营的思路，不断进行农业结构调整，瓜菜生产规模不断扩大，逐步发展成为潍坊农业和农村经济的主导产业，规模化、区域化、专业化、标准化、国际化经营格局初步形成，在面积、产量、效益、加工、出口等方面，均取得很大突破，呈现出六个方面的特点：

种植面积大。2012年，全市瓜菜种植面积227984公顷，瓜菜总产1353万吨，产值313亿元。瓜菜生产已由原来的城郊型为主变为大基地为主，全市12个县市区均有种植。除潍城、寒亭、奎文坊子面积不足10万亩，其余8个县市瓜菜面积都在20万亩以上。面积最大的寿光、安丘两市年种植瓜菜110万亩以上，年产瓜菜630多万吨。潍坊已经成为全国最大的蔬菜生产基地。一些世界著名的种子公司在潍坊建立了蔬菜育种繁种基地。

栽培品种全。潍坊市本身具有很多很好的地方名特蔬菜品种，像寿光独根红韭菜、潍县萝卜、诸城架芸豆、青州羊角椒、临朐佛手瓜、安丘大姜、芦笋等，在国内外市场上都有很高的声誉。全市按照国内外市场的要求，在大力发展地方传统名牌的同时，加大瓜菜新品种的引进力度。全市栽培的瓜菜种类120多种，品种3600多个，设施蔬菜栽培面积189.8万亩。面积过10万亩的蔬菜品种主要有大白菜、西瓜、甜瓜、胡萝卜、生姜、马铃薯、黄瓜、茄子、甜椒、番茄、大葱等，面积分别达到26.6万亩、40.1万亩、10.4万亩、11.3万亩、37.9万亩、17.4万亩、24.7万亩、23.8万亩、19.8万亩、17.2万亩、22.9万亩。

上市时间长。全市瓜菜栽培类型多、技术比较先进。有冬暖式大棚栽培82.7万亩，有大、中、小各种拱棚栽培106.7万亩，还有地膜覆盖和露地栽培150多万亩。改变了过去单一的生产方式，拉长了蔬菜上市时间，由原来的季节性上市变成常年上市，实现淡季不淡、四季均衡供应。

产品质量好。从2000年开始，全市针对国内市场准入范围越来越大，特别是国际市场绿色壁垒越来越严的实际，狠抓蔬菜标准化生产，促进蔬菜质量提高。2011年，全市新增认证“三品”310个，其中绿色农产品281个，无公害农产品29个。全市累计在有效期内的“三品”基地530万亩，“三品”品牌1463个。

专业化程度高。为培植区域品牌，提高产品质量，全市对蔬菜生产基地进行集中规划布局，向专业化、规模化、区域化方向发展。安丘生姜基地发展到16.4万亩，年产量88.3万吨。昌乐西瓜16万亩，年产量55.7万吨。昌邑市土豆6万亩，年产量15万吨。临朐县建成万亩红香椿基地、佛手瓜基地、白莲藕基地各1处，实现产值3.8亿元。每个县市区基本形成1~2个特色鲜明的主导产业，由原来的分散生产，实现了专业化、集约化生产。

加工出口量大。为适应蔬菜外销量不断增长的需要，注重蔬菜的加工、贮藏、保鲜和出口。全市蔬菜加工企业1000多家，年加工蔬菜300多万吨，出口蔬菜97万吨，创汇7.2亿多美元。产品除保鲜、速冻、腌渍等初加工品外，还有脱水、熟食、FD真空包装等精深加工产品，品种达100多种，出口120多个国家和地区。2012年，全市农产品出口创汇17.5亿美元，蔬菜出口量占全国的1/10，是中国重要的蔬菜加工出口基地。

采用椰糠栽培，根部靠吸收营养液的模式种植番茄　（2012年拍摄）

1991—2012年潍坊市蔬菜瓜类面积、产量表

表6—2—3

年份	播种面积（公顷）	总产量（万吨）	年份	播种面积（公顷）	总产量（万吨）
1991	78267	272.68	2002	281007	1286.93
1992	67336	372.36	2003	282767	1353.75
1993	100257	539.4	2004	220043	1143.72
1994	114493	617.5	2005	230335	1202.37
1995	121411	630.12	2006	221611	1143.48
1996	139566	746.63	2007	216212	1136.41
1997	159992	847.26	2008	212186	1144.46
1998	194233	960.54	2009	211567	1183.56
1999	212813	1017.24	2010	218200	1281.97
2000	256450	1172.26	2011	227714	1324.36
2001	267787	1224.21	2012	227984	1353.08

说明：含瓜类种植面积、产量

2012年潍坊市主要蔬菜瓜类面积、产量表

表6—2—4

品种	番茄	西瓜	大白菜	西葫芦	黄瓜	马铃薯	青椒	茄子	生姜	芸豆
面积（公顷）	17060	26763	11662	2073	11526	16605	16184	14922	24520	2803
产量（万吨）	131.2	141.9	65.2	29.4	143.4	101.8	95.9	248.5	119.7	9.9

食用菌

90年代末，全市开始引进推广食用菌品种，相继建成一批专业化生产基地。食用菌主栽品种有平菇、香菇、双孢菇等；食用菌栽培模式有大棚栽培、土洞栽培、地沟栽培等。至2012年，全市食用菌产业发展呈现向优势产品和优势区域集中的良性发展状态。主产品种有黑木耳、平菇、金针菇、杏鲍菇、香菇等，其中黑木耳种植面积最大，产量达到3.5万吨，主产区域以诸城为主，年产量达到3.4万吨，占全市黑木耳产量的97%；其次是平菇，产量达3.4万吨，主产区域以寿光、高密、寒亭为主，年产量分别达到1.2万吨、0.96万吨和0.95万吨。第三是金针菇，产量达2.6吨，主产区域为高密、昌邑、寿光、青州，产量分别达到1.2万吨、0.4万吨、0.4万吨和0.3万吨。第四是杏鲍菇，产量近1万吨，主产区以高密、昌邑为主，年产量分别达到0.5万吨和0.45万吨。第五是香菇，产量达0.8万吨，主产区域为临朐县和昌乐县，年产量分别为0.5万吨和0.2万吨。

2012年，全市食用菌产量为11.3万吨，比2011

年减少0.7万吨；产值6.8亿元，比2011年减少1.9亿元；年出口食用菌1090吨，创汇220万美元。

2012年，全市食用菌菌种生产企业3家，年产母种10.12万支，原种55.12万瓶/袋，栽培种1086.5万瓶/袋。全市食用菌工厂化生产企业发展到10家，比2011年增加2家，其中高密市5家、昌邑市2家、寿光市2家、青州市1家。年产量达4.2万吨，产值3.4亿元，产品以内销为主。工厂化企业生产占全市食用菌生产的比例达37%，发展成为全市规模化发展的主要形式。

2012年，全市食用菌专业合作社12家，比2011年增加3家，其中临朐县4家、高密4家、昌邑2家、寿光1家、诸城1家。年产量5.2万吨，年产值3.1亿元，占全市食用菌总产量的46%，已发展成为全市食用菌产业的生力军。全市食用菌生产基地发展迅速，生产基地发展到10家，其中青州市3家、寿光市3家、高密市2家、昌邑市、诸城市各1家。年产量2.2万吨，年产值达1.7亿元。潍坊市林海生物科技有限公司、诸城宝栋黑木耳示范基地的部分食用菌产品取得绿色食品认证。

2012年潍坊市食用菌主产县生产情况表

表6—2—5

主产县	产量（吨）	产值（万元）	主产品种	主要生产模式
昌邑市	11200	15960	金针菇、平菇、香菇、杏鲍菇、黑木耳等	工厂化企业、龙头企业+基地+合作社+农
寿光市	15991	9862	平菇、金针菇、白灵菇、香菇、鸡腿菇、杏鲍菇	高层架棚模式、小棚大袋模式、日光温室模式、生料地栽模式、半地下小拱棚墙式袋栽模式、工厂化周年生产模式、日光温室床架立袋栽培模式
高密市	100000	120000	金针菇、香菇、杏鲍菇、榆皇姑、黑木耳、平菇	工厂化、园区、农户集中种植
诸城市	87300	43882.5	黑木耳、平菇	大田地栽、日光温室
合计	214491	189704.5		

说明：主产县指食用菌产量鲜品1万吨以上的县市区（干品以1：10折算）

果品

果品产业是潍坊传统优势产业，水果种植面积和总产量都处于全省领先地位。90年代以来，全市不断优化树种、品种、时令结构，以产业结构调整为重点，着力打造潍坊果树优势区域和特色产区。

1991年，全市水果面积65630公顷，产量19.25万吨。

1996—1997年，为加快全市果品生产，潍坊市农业局先后出台《潍坊市建设果树优质样板园的实施办法》和《实施果树示范园、样板乡镇工程的意见》，发挥示范引领作用，推动全市果园规模化生产。

2000年，设施果树发展迅速，经济效益显著。临朐、青州、安丘、诸城、寿光、昌邑面积较大，主要树种有桃、葡萄、杏、樱桃等。

2010年，全市以建设优质生产基地和标准化生产为重点加快推进果树标准化、规模化、产业化进程，着重推广增施有机肥、果园生草覆草、配方施肥、病虫害统防统治等实用新技术，以矮砧密植、集约栽培为代表的现代果园开始显现。

至2012年，全市已基本形成区域化、专业化、规模化的生产格局，即：西部的青石山区、南部沙石（玄武岩）山区、中部平原和城市近郊及北部滨海四个区域分明、特色各异的水果基地。全市果园面积3.78万公顷，总产89.49万吨，主要集中在临朐、青州、安丘、昌邑、诸城等县市，主要树种有苹果、桃、葡萄、梨、樱桃等，随着新品种、新技术、新模式的推广应用，果品的单产和效益大幅提升。

1991—2012年潍坊市水果面积、产量表

表6—2—6

年份	面积（公顷）	总产量（吨）	年份	面积（公顷）	总产量（吨）
1991	65630	192486	2002	68661	789778
1992	68434	243444	2003	74778	1136081
1993	76149	368164	2004	66648	1202414
1994	71748	564427	2005	61503	1181497
1995	76291	725226	2006	49248	1064042
1996	86357	836810	2007	50352	1065020
1997	70306	792448	2008	39424	1014992
1998	68929	850891	2009	39134	969616
1999	72837	971761	2010	36680	923060
2000	73233	1082144	2011	35848	884280
2001	68541	1071904	2012	37775	894946

2012年潍坊市主要水果面积、产量表

表6—2—7

水果品种	苹果	梨	葡萄	桃
面积（公顷）	10579	2011	2148	10750
产量（万吨）	37.82	6.84	6.94	22.93

第四节　潍县萝卜

潍县萝卜种植区域主要集中在寒亭区、潍城区、经济技术开发区等地。先后被认定为全国农产品原产地保护品种、国家农产品地理标志产品。

寒亭区注册了“潍县”萝卜品牌；潍城区注册了“北宫”“东夏庄”等萝卜品牌。2012年，全市种植面积4.35万亩，总产量13.2万吨，总产值3.23亿元。全市形成了开轩、俊清、宗氏、仲起等多家知名萝卜专业合作社，发展到65家，潍县萝卜协会6家，潍县萝卜种植重点乡镇7个、重点村52个。

2012年潍县萝卜重点生产区域分布表

表6-2-8　单位：亩

生产区域	重点乡镇（街道）	重点村	种植面积
经济开发区	北城街道	前官庄村、辛正村	88
潍城区	北关街道	东夏庄村、湾头村、西夏村、卧龙桥村、河湾村	1610
潍城区	军埠口综合项目区	前张友村、东北董村	190
寒亭区	高里街道	张庄村、一空桥村、河南村、二戈官庄村、三官庙村、南王村、大柳疃村	2370
寒亭区	开元街道	大辛庄村、西常疃村	760
寒亭区	朱里街道	宏伟村、大徕庄村、黄埠村、王伯村、西芝村、曹埠村、河滩村	7790
寒亭区	固堤街道	固堤三村、谢家村、邢家村、李家村、牟家一村、牟家三村、后大村、固堤二村、大位家村、河南村、北安村、坫后村、东南牟村、东常寨村、牟家二村、北寨一村、圈里村、前大村、北于家码头村、西安村、南王家码头村、东小村、大常疃村、固堤一村、贺家村、牟家庄子村、卢家码头村	19077.3
合计	7个乡镇（街道）	52个村	31885.3

2012年潍县萝卜零星种植生产区域分布表

表6-2-9　单位：亩

生产区域	重点乡镇（街道）	重点村	种植面积
经济开发区	北城街道	田西村、小里庄村、西南阳村、前杭埠村、后杭埠村	54
潍城区	北关街道	后羊角埠村	5
潍城区	军埠口综合项目区	军埠口村、大崖头村、南季村	110
寒亭区	高里街道	李家埠村、黑埠子村、吴家村、高里二村、高家柳疃村、高家庄子村、巩家庄子村、朱王村	730
寒亭区	开元街道	南柴埠营村、北柴埠营村、孙家杨孟村、张金杨孟村、冯马杨孟村、董家杨孟村、鲁家口村、安固一村、安固二村、安固三村、安固四村、南寨村	129
寒亭区	朱里街道	官桥村、交界村、东芝村、大东庄村、马家村、张家庄子村、东徕庄村	1599
寒亭区	固堤街道	南于家码头村、北寨四村、东北位村、西北位村、李家营村、郑仲村、北寨三村、北寨二村、油房村、齐家村、潘家安村	4887.323
寒亭区	寒亭街道	牛埠村、纪家东庄村、李家东庄村、邢家东庄村、北纸坊村	258
合计	8个乡镇	52个村	7772.323

品种现状

在潍县萝卜多年种植及选择过程中，出现了性状各具特点的潍县萝卜类型或品系，主要有潍城区夏庄村种植萝卜类型、大台村种植萝卜类型、大寨村种植萝卜类型、刘饭板村种植萝卜类型、寒亭区北营村部分户种植萝卜类型、寒亭区农业局王俊杰选育萝卜类型、寒亭区农业局选育繁种萝卜类型、潍坊市农科院选育繁种萝卜类型、经济区龙爪树村杨德清选育繁种萝卜类型。这些萝卜类型是每年选育及种植选择的成果，携带潍县萝卜优良性状的全部基因，对这些不同类型的潍县萝卜建立种质资源库，是潍县萝卜提纯复壮的基础。

品牌创建

为实施对潍县萝卜地理标志产品的有效保护，加快潍县萝卜产业的发展步伐，根据国家质量技术监督局《地理标志产品保护规定》，经山东省质量技术监督局同意，市政府于2005年8月成立潍县萝卜地理标志产品保护申报领导小组，具体负责申请办理潍县萝卜地理标志产品保护工作，并依照政府授权组织协调成员单位对潍县萝卜地理标志产品依法实施监督和管理。2006年，潍县萝卜被国家质量监督检验检疫总局批准为地理标志产品，注册了“潍县萝卜”地理标志证明商标，通过了国家绿色食品A级认证。2009年，市政府办公室印发《潍县萝卜地理标志产品保护管理办法》，保护潍县萝卜地理标志产品，规范潍县萝卜生产经营秩序，保障潍县萝卜的品质与特色。

栽培模式

随着设施农业的发展，潍县萝卜种植方式由过去秋季露地栽培为主，逐步发展成为秋季露地、秋季大拱棚、冬季冬暖大棚、春季大拱棚、春季小拱棚等多茬口、多形式周年生产格局。2012年，全市秋季露地栽培面积1.67万亩、秋季大拱棚栽培面积2.51万亩、冬暖大棚栽培面积200亩、春季小拱棚栽培面积500亩、春季大拱棚栽培面积300亩。

贮藏与加工

由传统的沟藏方式，发展为用恒温库贮藏。恒温库贮藏技术的应用，有效解决了贮藏期间发芽的问题，保鲜效果更好，贮藏时间更长，改善了生食口感，延长了上市供应时间。2012年全市萝卜产区拥有恒温库45座（个），储藏能力2.6万吨。

潍县萝卜的深加工产品以萝卜脆和腌制萝卜为主。萝卜脆有品潍、鲁派、七彩庄园、有斐、寿蔬5个品牌。全市萝卜腌制企业18家，年腌制量1.78万吨，占总产量

潍县萝卜　　(2012年拍摄)

的13%，主要产品如连波碧菜、玉起虾油萝卜、翠玉老咸菜等。

功能与潜力

2000年以前，潍县萝卜主要作为潍坊当地城乡居民的消费品。2000年以后，全市生产的潍县萝卜，经挑选外观好、品质好的萝卜，几乎全部作为特产品销往全国各地。潍县萝卜具有较高的营养和药用价值，生吃可消食、顺气、化痰、利尿。现代医学研究表明，潍县萝卜含有丰富的萝卜硫素、糖化酵素、木质素、维生素A、维生素C等抗病保健成分，同时糖化酵素和多种维生素还具有美容功效，潍县萝卜药用保健功能的开发市场潜力巨大。

潍县萝卜具有浓厚的历史文化和特产魅力，与茶文化有着密切的渊源。中国（寒亭）潍县萝卜文化节将潍县萝卜文化与茶文化有机融合，进一步拓宽了潍县萝卜的市场空间。随着都市休闲农业的发展，集旅游、观光、开心农场、采摘等功能于一体的潍县萝卜创意产业园也越来越受到广大市民的青睐。

第五节　种子

全市种子经营管理经历了行政、推广、经营三位一体，管理、经营混合过渡，管理、经营分开三个时期。1989年，国务院颁布《中华人民共和国种子管理条例》，全市种子管理工作开始进入由行政管理转向法制管理时期。全市执行国务院和山东省的种子管理条例规定，各级农业部门的种子公司是经营调剂种子的主要渠道，允许其他农业科研、生产单位和个人经营种子业务。但任何单位和个人经营种子，都必须经县级以上农业主管部门审查批准后，向所在地工商行政管理机关申请登记，领取营业执照，并纳入同级农作物种子管理部门的计划。种子经营体系由市、县、乡（镇）三级种子站（公司）组成，市级负责原种和亲本种子的经营，安排和落实市的供种计划，并调剂余缺；县种子站（公司）负责制订落实本县的供种计划，并负责本县生产用种的供应；乡镇种子站负责经营本乡镇用种。到1991年，全市有市、县种子站13个，乡（镇）种子站266个。

随着小麦、玉米、棉花三大主要农作物的良种开发，全市良种繁育体系逐步完善。1.小麦良种繁育。以县为单位，在县良（原）种场或特约种子村，按推广品种种植面积的百分之一建立原种生产田，采用两圃制方法，生产原种；按播种面积的千分之二建立一级种子田，扩大提纯复壮原种和新品种繁殖，供二级种子田用种；各乡（镇）按推广品种种植面积的百分之五建立二级种子田。选择种子村2～3个，每村一种，繁殖供应全乡大田生产用种。2.玉米良种繁育实行“市繁县制”。市种子公司保纯自交系原种，县繁自交系和生产一代种体系。3.棉花种繁育，以地（市）、县两级棉花原种场为骨干，县棉花原种一代繁殖区为基地，市、县两级联合统一建立“三圃一田”（株行圃、株系圃、原种圃，种子田），统一收购，加工保种供应。

2000年12月1日起，《中华人民共和国种子法》开始实施，种子市场彻底放开，种子经营完全市场化，各级农业部门的种子公司不再具有种子行政管理职能。2003年底，全市各县市区种子管理站均脱离种子公司，独立实施管理职能。《中华人民共和国种子法》出台后，种子生产经营继续实行许可证制度，同时提高了办理许可证的条件。全市种子代销经销商2000余家，种子市场空前繁荣。2007年底，13个国营种子企业全部改制完毕。至2012年，全市持经营许可证种子企业38家，其中，注册资本3000万元以上企业11家，注册资本500万元以上企业15家。全市建设小麦良种繁育田5.3万亩，玉米良种繁育田1.2万亩，蔬菜种子繁育田5.3万亩。其中临朐县大白菜种子年生产面积2.5万亩，年生产大白菜种300万公斤，在全省、全国大白菜种子市场占有较大份额；昌邑市香菜、菠菜种子生产面积2万亩，在全国同类种子市场知名度较高；寿光市蔬菜育苗设施总面积达160多万平方米，育苗能力达15亿株以上，种苗销售除供应潍坊市外，还销往北京、河北、天津、山西、辽宁、内蒙古、新疆、安徽、江苏等地，成为全国最大的优质蔬菜种苗生产基地；全市农作物种子产值20亿元。

潍坊的潍县青萝卜、寿光鸡脚葱、寿光独根红韭菜、黄旗堡芹菜、益都羊角椒、诸城老来少芸豆、弥河银瓜等地方名优品种蜚声省内外，经过多年繁育和栽培，种性稳定，基因纯合，在口味、品质、适应性等方面具备优良种质资源的特性。2009—2012年，全市种子管理部门通过搜集潍坊地方品种，进行优良种质资源保存。在此基础上，联合种子科研单位，采取现代育种技术，对其产量、抗病性等性状进行改良，培育优质高产抗病抗逆广适品种，提高种业核心竞争力。2012年，全市从事育种科研单位，有潍坊市农科院、山东华盛农业股份有限公司、山东华良种业有限公司、山东寿光蔬菜种业集团有限公司、潍坊创科种业有限公司、潍坊亿家丰种业有限公司等20多家，培育作物为小麦、玉米、花生、大豆、大白菜、西葫芦、番茄、芦笋、西瓜、黄瓜、茄子、辣椒、苦瓜、韭菜等十几类。2010年以后，全市有80多个自主产权品种参加山东省农作物新品种预备试验、区域试验和生产试验，潍花11号、赛美3号、赛绿7042等19个品种通过山东省农作物审定委员会审定。

为了提高企业研发能力，增强市场竞争力，潍坊市种业企业加强科研平台的建设。2008年开始，先后成立山东省华盛农业科学研究院、山东华良农业科学研究院，组建山东省蔬菜种业技术创新战略联盟、西甜瓜产业技术创新战略联盟，组建山东省蔬菜种子工程技术研究中心、山东省蔬菜栽培工程技术研究中心、潍坊市番茄工程技术研究中心、潍坊市大白菜工程技术研究中心。积极引导种业企业与国内外科研院所、高等院校合作，大力引进科研人才，积极开展科技创新，重点打造核心竞争力。到2012年，先后引进韩国专家2名，引进博士3名，聘请院士1名，聘请专家教授20余名。

第六节　肥料

肥料施用

化肥使用　化肥使用品种主要有氮肥、磷肥、钾肥及复合肥。单质氮肥主要以碳酸氢铵和尿素为主，单质磷肥主要有过磷酸钙、钙镁磷肥等，单质钾肥主要有硫酸钾和氯化钾等。复合肥有二元复合肥和三元复合肥，二元复合肥主要有磷酸一铵、磷酸二铵、硝酸钾、硝酸磷肥等，三元复合肥分为高、中、低三种浓度。通过实施测土配方施肥，加大精准施肥、科学施肥的力度。2010年后，全市化肥使用量呈减少趋势。

2008—2012年潍坊市化肥使用情况表

表6-2-10　　单位：万吨（折纯量）

年份	合计	氮肥	磷肥	钾肥	复合肥
2008	54.22	13.26	3.59	4.9	32.47
2009	58.09	13.48	3.82	5.74	35.05
2010	58.27	12.88	3.37	5.17	36.84
2011	57.43	11.71	3.29	5.02	37.41
2012	56.42	11.71	3.33	4.76	36.61

有机肥资源及利用 潍坊市有机肥的主要资源有：鸡粪、厩肥、人畜粪便、商品有机肥料、作物秸秆。

人畜禽粪肥资源及利用。2012年，人粪尿资源总量498.26万吨，施用面积10.37万公顷，施用量124.39万吨。畜禽粪尿资源总量1130.55万吨，施用面积35.68万公顷，施用量717.51万吨。

商品有机肥。商品有机肥主要应用于蔬菜等高效经济作物，2012年施用量在148.51万吨，施用面积11.85万公顷。

农作物秸秆利用。2012年，全市小麦、玉米、薯类、棉花、花生等农作物秸秆资源总量为863.38万吨。其中小麦秸秆286.70万吨，玉米秸秆425.44万吨，薯类秸秆36.86万吨，棉花秸秆27.52万吨，花生秸秆19.25万吨，其他杂粮等秸秆67.61万吨。主要有直接还田、过腹还田和用作燃料焚烧还田等利用方式。秸秆还田用量409.56万吨，主要以小麦、玉米为主。小麦秸秆还田用量217.97万吨，还田面积35.03万公顷；玉米秸秆还田用量191.31万吨，还田面积27.22万公顷。小麦秸秆还田面积占小麦面积的90%以上，玉米秸秆还田面积占玉米面积的68%以上。主要以翻压、覆盖和高留茬三种方式还田。

昌乐县小麦配方肥试验 (2012年拍摄)

培肥地力

深耕改土 随着农业机械化程度的提高和大型耕作农机具的推广应用，打破了长期以来使用单一耕作农具形成的犁底层，使土壤活土层加厚，蓄水保墒保肥能力增强，为土壤肥力提高打下了良好基础。

增施有机肥 2012年，全市生猪出栏为465.7万头，按每头生猪每年排粪便500千克计，则增加排泄量233万吨，每公顷耕地均净增施猪粪3.22吨；家禽1.26亿只，每只排粪按15千克计，则可增加189万吨鲜家禽粪排泄量，每公顷均净增加2.61吨。

调整施肥结构 测土配方施肥和平衡施肥普遍实行，科学种田水平不断提高。氮磷钾的使用比例由1992年的1：0.31：0.10，到2012年调整为1：0.28：0.40，氮磷钾投入的比例渐趋合理。

安丘市测土配方施肥大姜试验（2008年拍摄）

第七节 农药 药械

进入90年代，农药更趋向高效、低毒、低残留的研制和使用，也是复配制剂迅速发展时期，药械仍以手动喷雾器为主，但机动喷雾器的使用逐年增加。

农药

杀虫剂　六六六、DDT等有机氯农药1983年国家禁止生产使用以后，林丹粉剂（丙体六六六）仅在治蝗上少量使用，对硫磷、内吸磷等有机磷农药有使用也明显减少。90年代初期，以久效磷、辛硫磷、氧化乐果等有机磷农药，西维因、呋喃丹、杀虫脒等有机氮与氨基甲酸酯类农药和杀灭菊酯、溴氰菊酯等拟除虫菊素类农药为主要品种。为提高药效，延缓害虫的抗药性，以菊酯类农药与有机磷农药的二元复配或三元复配杀虫剂在害虫的防治上已占主导地位。毒死蜱、抗蚜威、三氟氯氰菊酯在果菜害虫防治上广泛应用，杀螟杆菌、BT乳剂等生物农药受到农民的青睐。吡虫啉、噻虫嗪、抑太保等新型杀虫剂得到广泛应用。

杀菌剂　80年代，以多菌灵、百菌清、三唑酮、双效灵等为主要品种。进入90年代，在继续使用无机杀菌剂波尔多液、石硫合剂，取代苯类杀菌剂甲基硫菌灵、百菌清，杂环类杀菌剂多菌灵、三唑酮的同时，甲霜灵、霜霉威、腐霉利、异菌脲及多种复配剂在农作物病害的防治上应用数量明显增多，多抗霉素、农抗120、浏阳霉素等生物杀菌剂在果菜病害防治上应用广泛。

除草剂　农田杂草的化学防除普遍为农民所接受，麦田除草剂品种有2-4D丁酯、苯磺隆。玉米田除草剂品种有乙莠水、乙草胺、百草枯、阿特拉津。棉田除草剂：百草枯、乙草胺、威威。花生、大豆田除草剂：都尔、菜草通、拉索、盖草能。瓜菜田除草剂：施田补、菜草通、都尔。果园除草剂：盖草能、百草枯、草甘膦、拉索。

杀鼠剂　80年代以来，杀鼠剂主要有溴代毒鼠磷、敌鼠钠盐、大隆、溴敌隆等，杀鼠效果良好。

药械

90年代以来，农用药械仍以手动3WBS-16型背负式喷雾器为主要施药工具，容量15升，泵式液压喷雾，年销售量2.4万台。泰山WFB-18AC型背负式机动弥雾机自80年代开始使用，进入90年代用量猛增，防治效率比手动喷雾器有明显提高，一个劳动力一天施药面积在50亩以上。“卫士”牌WS-16型背负式手动喷雾器具有安全性、防渗漏、雾化效果好及应用范围广等特点，受到广大农户的青睐，2005年，全市拥有40多万台。随着专业化统防统治的开展，大型植保机械开始应用，喷杆喷雾机、自走式旱田作物喷杆喷雾机、自走式高秆作物喷雾机、植保无人机作业面积在不断扩大，大大减轻了农民的劳动强度，提高了作业效率。至2012年，全市拥有农药药械152.32万台，其中小型108.52万台、中型43.74万台、大型629台。

第八节　植物保护

病虫草害

粮食作物病虫草害　小麦病虫草害。小麦病虫害发生的主要种类有：条锈病、叶锈病、白粉病、纹枯病、全蚀病、根腐病、赤霉病、地下害虫（蝼蛄、蛴螬、金针虫）、红蜘蛛、蚜虫、麦叶蜂。条锈病少发生，仅在1991年、1996年和1997年三年查到零星病叶，其他年份没有发生。叶锈病、赤霉病、麦叶蜂和地下害虫多为中等偏轻发生，个别年份或部分地块中等发生。红蜘蛛、纹枯病中等发生年份居多，部分年份中等偏重发生。白粉病和蚜虫是1991年以来小麦的主要病虫，白粉病1991—2000年多数年份中等偏重发生，2001年以后呈中等发生。麦蚜中等偏重至大发生，1991—2012年22年中，有9年大发生，频率为40.9%。全蚀病70年代传入潍坊市，80年代发生危害较重，90年代通过三唑类药剂拌种，危害得到有效控制。小麦田杂草种类主要是播娘蒿、荠菜和雀麦。

玉米病虫草害。玉米病虫害发生的主要种类有大斑病、小斑病、粗缩病、褐斑病、玉米螟、玉米蚜、穗部害虫。一代玉米螟因春播玉米面积小集中产卵危害造成中等偏重至大发生。玉米穗期害虫，种类以棉铃虫、黏虫为主，在夏玉米田多数年份中等发生。玉米叶斑病1996年、1998年中等偏重发生，其他年份中等偏轻至中等发生。三代玉米螟中等偏轻至中等发生的年份占75%，小发生占20%。二点委夜蛾2011年在全市首次发现，来势猛、危害重，主要发生在寒亭、昌邑、寿光和潍城等市区，为害夏播玉米苗，在玉米根和茎基部取食，咬成空洞或咬断，造成玉米倒伏枯死，严重地块每株有幼虫4～5头。2012年二点委夜蛾发生轻于上年。秸秆还田适宜的环境条件有利于二点委夜蛾的发生。马唐、铁苋菜、马齿苋、狗尾草是玉米田杂草的主要种类。

谷子、甘薯等小杂粮种植面积90年代以来逐渐减少，至2012年病虫发生面积在10万亩左右。

油料作物病虫害　大豆病虫害。大豆造桥虫和豆天蛾是大豆主要害虫，大豆造桥虫1993年中等发生，其他年份小发生至中等偏轻发生。

花生病虫害。以花生叶斑病（黑斑病、褐斑病、网斑病）、花生蚜、蛴螬为主要病虫害。花生叶斑病1991年、1992年和1996年中等偏重发生，其他年份中等偏轻至中等发生。蛴螬发生程度有逐年减轻趋势。

经济作物病虫害　棉花病虫害。主要病虫害种类有枯萎病、黄萎病、棉铃虫、棉蚜。棉铃虫1992—1995年连续4年暴发，二代百株累计卵量922～1976粒，三代百株累计卵量200～300粒，四代百株有2龄以上幼虫40～69头，致使棉花产量剧减，植棉面积急剧滑坡，棉农谈虫色变。棉铃虫危害还波及到花生、大豆、玉米及蔬菜等多种作物。1996年以后逐年减轻，加之随着新棉33B等抗虫棉的推广，至2002年，已控制在中等偏重程度以下。棉花蚜虫多数年份中等偏重发生。棉花枯萎病60年代始发，70年代发生较重，进入90年代，通过抗病品种的应用，已基本控制扩散蔓延，属零星发病。但黄萎病的发生仍然是造成棉花减产的主要病害，尚没有有效的抗病品种。

烟草病虫害。烟草病虫害发生年度间无明显变化。

蔬菜病虫害。90年代以来，随着蔬菜种植面积的不断扩大，种苗远距离调运频繁，新的病虫不断出现，美洲斑潜蝇、烟粉虱和番茄黄化曲叶病毒病在生产上曾造成过严重危害。美洲斑潜蝇1995年首次在市内发现，到1997年全市发生面积达86.6万亩，有27种蔬菜受其危害，以豆科、葫芦科、茄科作物受害为重。黄瓜、甜瓜、菜豆、豇豆、西葫芦、丝瓜、蓖麻受害虫叶率在50%以上，一般有虫道5～10条，多者10条以上，叶片焦枯。1998年，南美斑潜蝇在市内发生危害，后由于该虫对当地环境不适，危害减轻，至2008年已查不到其危害。烟粉虱2001—2002年在境内暴发，烟粉虱寄主种类多，发生范围广，抗药性强。2001年9月，蔬菜、花卉、园林、粮食作物烟粉虱泛滥成灾，严重时随风飘移形成“虫雾”。蔬菜受害最重，受害后叶片褪绿黄化，叶色变浅，果实颜色深浅不一。如潍县青萝卜受害后叶色褪绿，叶脉变白，块根变白，产量降低，品质下降，失去食用价值。萝卜受害面积占种植面积的80%以上。甜菜夜蛾1997年大发生，在生姜、大葱及十字花科蔬菜田内发生严重危害，并波及大豆、玉米、花生等多种作物，之后发生程度逐年减轻，属小发生至中等偏轻发生。番茄黄化曲叶病毒病2008年在寿光首次发生，2009年发生范围扩大到全市所有番茄种植区，受害番茄植株矮化，上部叶片变小黄化，叶片边缘上卷，叶尖扭曲，产量下降，严重的无商品价值，造成绝收。通过选用抗病品种，消灭传毒介体烟粉虱，有效减轻了番茄黄化曲叶病毒病的危害。

果树病虫害。随着新果园面积的扩大，果树品种不断更新，苹果腐烂病、轮纹病发生较轻，但红蜘蛛、蚜虫危害加重。葡萄霜霉病、白腐病2001年发生较重，在部分果园大发生。铜绿金龟甲自1999年始发生数量明显增加，至2002年，连续4年黑光灯诱虫量1万头以上，对果树危害较重。

农田害鼠。有大仓鼠、黑线姬鼠、黑线仓鼠、褐家鼠、小家鼠和鼢鼠等6种。据诸城、青州两市鼠情监测点调查，农田内以黑线仓鼠为主要种类，其次是大仓鼠。1991年以来，均属偏轻发生，且密度较为稳定。

东亚飞蝗。东亚飞蝗主要发生在寿光市、昌邑市、寒亭区三市区北部沿海滩涂区域。区域内气候、生态环境极适宜东亚飞蝗的发生，是历史上东亚飞蝗的孳生地。1989年，进行新中国成立以来第一次全面蝗区勘察。通过勘察，查清蝗区的植被、特殊环境、土壤及蝗区演变情况，提出蝗区改治意见。东亚飞蝗主要分布在寿光、昌邑、寒亭3市区的15个乡镇22个蝗区，蝗区面积52.92万亩。通过种植业结构的调整，海洋化工工业园区、潍坊北港等工程的建设，蝗区面积进一步被压缩，蝗区面貌发生了根本性的变化。2004年，根据省农业厅《关于开展东亚飞蝗蝗区勘察工作的通知》要求，组织寿光、昌邑、寒亭3个有蝗市区的技术力量，对蝗区进行自1989年以来的又一次全面、系统地勘察。通过勘察，蝗区面积已由90年代初的52.92万亩，减少到38.58万亩。蝗区主要分布于寿光、昌邑、寒亭3个有蝗市区北部的9个乡镇13个蝗区。

1991—2012年，东亚飞蝗在全市的发生大体分三个阶段：

1991—1994年为蝗情稳定期。发生面积9万～15万亩，呈中等偏轻至中等发生。

1995—2001年为暴发期。发生面积9万～21万亩。进入90年代后，由于受异常气候等因素的影响，蝗虫发生程度呈现加重趋势。特别是1995年以后，全市持续干旱少雨，气温偏高，气候条件十分有利于蝗虫产卵、蝗卵越冬及生长发育，致使东亚飞蝗在芦苇洼、库区内连年大发生。1995年、2001年东亚飞蝗在寿光市双王城水库蝗区内大暴发，最高密度分别达600头/平方米与300头/平方米。如1995年飞蝗大暴发，寿光市双王城水库1.2万亩芦苇受害严重，多数被吃成光杆，周围大豆田也受到不同程度危害。

2002年后蝗情趋于稳定。发生面积稳定在15万亩以下，发生密度一般0.2～0.3头/平方米。原因是前几年连年飞机防治，防治效果好，残蝗密度低，加之寿光牛头洼、双王城水库蝗区年年实行大面积灌水，压低了蝗卵密度。双王城水库蝗区已被改为南水北调水库。

病虫草害防治

潍坊市认真贯彻“预防为主，综合防治”的植保方针，树立“公共植保、绿色植保、科学植保”理念，以确保农业生产、农产品质量和农业生态环境安全为目标，以减少化学农药使用为目的，优先采取生态控制、生物防治和物理防治等环境友好型技术措施，控制农作物病虫危害。2012年，全市农作物病虫草鼠害发生面积4751.67万亩（次），防治面积4543.57万亩（次），挽回粮食损失80.17万吨、棉花损失

1.79万吨、油料损失3.76万吨、蔬菜损失229.98万吨、果品损失17.4万吨，其他经济作物损失0.3万吨。

小麦病虫草害防治 主要抓了播种期、返青期、穗期三个关键时期的防治。播种期采用三唑酮、戊唑醇拌种。返青期用三唑类药剂喷苗，防治纹枯病、全蚀病、根腐病。同时在返青期根据虫情防治红蜘蛛和麦叶蜂。穗期全面推行“一喷三防”，一次性施药防治病害（锈病、白粉病）、虫害（蚜虫）和干热风。2012年，国家、省财政对小麦“一喷三防”实行补贴，每亩小麦补助5元，采取政府统一采购药剂，分发到专业化防治组织和农户进行集中防治，取得良好效果。在冬前小麦秋苗期或春季小麦返青期采用苯磺隆、氟唑磺隆分别防除播娘蒿等阔叶杂草和雀麦等单子叶杂草。

玉米病虫草害防治 防治对象主要是玉米粗缩病、玉米田杂草、穗期害虫（玉米螟、棉铃虫、秋毛虫）、叶斑病。播种期通过选用抗耐病品种，推迟播种期，夏玉米改套种为夏直播，在苗期用吡虫啉、啶虫脒等药剂喷雾消灭传毒介体灰飞虱，控制粗缩病危害。在播种前或出苗后用除草剂化学除草。在大喇叭口期用杀菌剂、杀虫剂一次性防治，减少后期害虫基数，减轻病害流行程度。

棉花病虫害防治 针对棉铃虫、棉蚜的抗药性，开展抗药性棉花害虫综合治理研究与推广。主要措施：物理防治，安装高压汞灯、电子杀虫灯诱杀棉铃虫成虫，减少田间落卵量；农业防治，及时拔出棉柴，减少虫源，深耕消灭越冬蛹；化学防治，采用混配制剂和不同作用机理的药剂交替轮换使用，提高防治效果，降低抗药性的产生；抗虫棉应用，1994年，开始引进转BT基因抗虫棉中棉所12号和R94-08，抗棉铃虫效果好，以后美棉33B、鲁棉研16、鲁棉研21、鲁棉研28相继在全市推广，到2002年转基因抗虫棉在棉区全面普及，对控制棉铃虫的危害发挥了巨大作用。

蔬菜病虫害防治 美洲斑潜蝇防治。美洲斑潜蝇寄主种类多，危害重。在保护地重点推广清洁田园、深翻土壤、药剂处理土壤和摘除虫叶、闭棚熏烟、喷药防治等措施。在大田进行作物合理布局、保护利用天敌、黄板诱杀、喷药防治，药剂种类有阿维菌素、毒死蜱、拟除虫菊酯类。

烟粉虱防治。2002年，针对烟粉虱对潍县青萝卜的危害进行研究，通过罩网接虫试验，证明烟粉虱危害能造成萝卜白心，并进行不同播种期、药效对比等试验，探讨防治萝卜白心的方法。并对萝卜红心进行病原鉴定，萝卜红心的主要病原是芜菁花叶病毒、黄瓜花叶病毒。通过推行晚播、科学使用吡虫啉、噻虫嗪等药剂防治，有效地控制了萝卜白心和红心，保护了潍县萝卜产业的健康发展。

番茄黄化曲叶病毒病防治。番茄黄化曲叶病毒病由烟粉虱传播。防治措施：选用抗病品种，如丰收、欧冠、齐达利等；物理防治，采用黄板诱杀、设置防虫网；药剂防治，包括熏烟和喷药防治烟粉虱。

瓜类枯萎病防治。从根本上解决瓜类枯萎病的方法是推广瓜类嫁接技术。常用砧木主要是南瓜，嫁接瓜类有黄瓜、西瓜、甜瓜，嫁接方法有靠接、插接。插接法应用的多，因插接法简便，嫁接效率高。嫁接法防治瓜类枯萎病防治效果95%以上。

韭蛆防治。韭蛆是韭菜迟眼蕈蚊的幼虫，是韭菜的重要害虫。在对韭蛆发生规律研究的基础上，研究出韭蛆的绿色防控措施。主要技术要点：合理轮作；糖醋液、黄板诱杀成虫；罩网防虫；臭氧水防治；药剂防治。防治成虫用菊酯类喷雾，防治幼虫用吡•辛乳油、甲维盐、毒死蜱灌根。

根结线虫病防治。随着保护地面积的扩大和蔬菜连年重茬，蔬菜根结线虫病危害加重，成为蔬菜生产的严重障碍。90年代初防治根结线虫病多采用高毒剧毒农药，常用的农药品种有呋喃丹、丙线磷、甲基异柳磷、涕灭威等，对控制根结线虫病的危害起到一定作用，但是由于其毒性高，对农产品质量安全和人们身体健康和生命安全带来隐患。1997年，国务院颁布《农药管理条例》，高毒剧毒农药严禁在蔬菜上使用，一些高毒剧毒农药品种退出市场。各地相继开展高毒农药替代研究，总结出无公害线虫病防治技术。主要有：轮作换茬，与非寄主作物进行轮作；选用抗病品种，番茄上抗线虫品种有耐莫尼塔、波里蒂、保罗塔、多菲亚、佛吉利亚、春雷红、罗曼娜、千禧等；土壤消毒处理，消毒剂有氰胺化钙、棉隆、威百亩、氯化苦等；灌药防治，施用量最多的药剂是阿维菌素。

果树病虫害防治　在培育无病虫苗和精心管理加强树势的基础上，采取一剪（剪去虫、病枝）、二清（枯枝落叶及时清除烧掉）、三刮（2月中旬、6月上旬、8月中旬及时刮治腐烂病）、四喷（搞好测报，及时喷药）、五撒（越冬幼虫出土盛期地面撒施药剂）、六注（查蛀孔，注射药液防治钻蛀性害虫），采用综合防治措施，取得良好防治效果。

东亚飞蝗防治　90年代后东亚飞蝗的防治，继续贯彻“改治并举，根除蝗害”的治蝗工作方针和“狠治夏蝗，控制秋蝗”的防治策略。在防治形式上坚持飞机防治与地面防治相结合，专业防治与群众防治相结合，生物防治与化学防治相结合的原则，不断改进防治技术，提高用药水平，使飞机防治和地面的超低量施药技术得到迅速发展，高效、低毒、低残留农药锐劲特、蝗灭乳油等农药被推广应用。由于1995年东亚飞蝗的大暴发，引起各级领导的高度重视。为迅速控制蝗灾，省农业厅派出飞机进行防治。1995—2006年间，除1998年、2002年、2005年外，其余每年都实行飞机防治，共计飞行15架次，飞防面积18万亩。特别是2004年以来GPS定位系统在飞机灭蝗工作中的广泛应用，提高了飞防作业的精准性。2004年、2006年成功进行无地面指挥信号的飞机灭蝗，取得良好效果，形成科学、经济、高效、持续稳定控制蝗害的技术体系。农业部投资250万元、地方配套50万元，2005年，建成潍坊市蝗虫地面应急防治站，对全市蝗虫的防治工作发挥了重要作用。

病虫害预测预报

测报组织　自70年代以来，市、县（市区）两级专业测报组织比较稳定，但乡、村级测报力量有所削弱。进入90年代，病虫测报主要以市、县（市区）两级专业测报为主。青州、安丘、诸城等市仍有部分基层测报点和少量的农民测报员。为加强病虫测报基础设施建设，2003年以后，农业部投资和地方政府配套先后建成高密、临朐、诸城、青州、寿光、昌邑、寒亭、坊子、潍城农业病虫预警与控制区域站，病虫测报基础设施得到改善。至2012年，全市共有专业测报站12个，专职测报员22名；基层测报点50个，兼职测报员62名。

测报任务　1985—2012年，市站和高密市植保站被列为全国区域性病虫测报站，承担着全国总站下达的棉铃虫、棉蚜和七星瓢虫的监测任务。1996年临朐县承担全国玉米螟、粘虫的监测。1991年诸城、临朐两市县植保站被确定为省重点测报站，承担省下达的小麦白粉病、纹枯病、麦蚜、黏虫、花生蚜虫、蛴螬、棉蚜、棉铃虫、大豆造桥虫及秋播地下虫等病虫监测任务。1994年昌乐县植保站被确定为省蔬菜病虫监测点，承担番茄棉铃虫、菜青虫、黄瓜霜霉病、菜蚜和大白菜霜霉病的监测任务。此外，市、县两级测报站，根据作物布局、病虫发生种类，负责当地农作物主要病虫的调查与观测，市站以长、中期预报为主，县(市区)以中短期为主，及时发布预报，为当地病虫草鼠防治服务。与此同时，市植保站为进一步扩大病虫测报范围，由粮、棉、油病虫的监测向果、蔬病虫的测报延伸。1992年起，在寿光、临朐、诸城三县市增加果树病虫监测任务，在寿光、昌邑、潍城3市区增设蔬菜病虫监测任务。至2012年，果树、蔬菜病虫测报体系进一步完善。

测报方法 在对病虫系统调查和大田普查的基础上，诱虫灯、诱蛾器成虫诱测，综合虫源、寄主、天敌及气候因素等分析，运用综合分析法、期距法、物候法、积温法及数理统计法等，发布病虫发生期、发生量的预报。

测报质量 自1995年以来，病虫测报逐步实现“三化”(调查方法标准化、信息传递网络化、情报发布多媒体化)，病虫预报质量逐步提高，预报准确率由1990年的90%提高到2012年的95%。

植物检疫

全市的植物检疫工作，认真贯彻落实1983年1月3日国务院颁布的《植物检疫条例》，1992年5月13日国务院发布的关于修改《植物检疫条例》的决定，农业部出台的《植物检疫条例实施细则(农业部分)》，以及2002年4月28日省政府发布的《山东省农业植物检疫办法》等植物检疫法律法规，积极开展产地检疫和调运检疫，进行检疫性有害生物的封锁和扑灭，加强植物检疫体系建设，植物检疫工作取得很大成绩。

植物检疫体系建设 2012年，全市共有专职植物检疫员71人，由农业部发证，在乡镇农技站、种苗生产经营单位发展兼职检疫员301名，协助做好植物疫情调查、防控工作。市、县两级检疫检验室进一步完善，配备必要的检疫检测设备，市站及寿光、青州、临朐、安丘、诸城、高密、昌邑、寒亭、昌乐、坊子10个县市区通过省间调运检疫签证授权。

产地检疫和调运检疫 2012年，全市产地检疫面积32.1万亩，其中小麦面积11.2万亩，玉米面积0.2万亩，烟草面积16.1万亩，棉花面积0.4万亩，蔬菜面积3.2万亩，花生面积1.0万亩。调运检疫1062批次，其中种子657.9万千克，产品1524.2万千克，苗木170.5万株。

检疫性有害生物防控 小麦腥黑穗病。1995年，潍坊棉花原种场和寿光市留吕镇春小麦发生腥黑穗病，发生面积175亩；1998年在寿光稻田、留吕镇发生面积250亩；2007年，青州邵庄镇发生面积4亩；2009年，寿光羊口镇南木桥村晚茬小麦发生面积68亩。经市植保站鉴定确定为小麦光腥黑穗病，一般地块病株率20%～40%，严重地块达80%以上。对发生腥黑穗病的小麦进行了集中收割，就地火烧销毁处理。

瓜类果斑病。2009年，首次在安丘种植的西瓜、甜瓜上发现。2010年2月初，昌乐县宝城街办嫁接西瓜苗上发生瓜类果斑病，感病品种河北石家庄双星京欣西瓜种，以后相继在寿光、青州、高密、临朐发生，全市发生面积67亩。市委、市政府对发现新的疫情高度重视，多次做出批示。在当地政府的组织和检疫部门的监督下，各地对发现的疫情采取果断措施，对发病西瓜苗进行销毁深埋处理，并对发病苗棚进行消毒处理。

黄瓜绿斑驳花叶病毒病。2007年，首次在安丘凌河发现。为此，省农业厅在安丘召开全省黄瓜绿斑驳花叶病毒病防控工作会议，会议对疫情调查和防控做出部署。同年，昌乐、寒亭两县区又发生黄瓜绿斑驳花叶病毒病，疫情发生后，各地及时采取有力措施进行扑灭。

假高粱。假高粱是中国对外检疫性有害生物，是一种恶性杂草。1990年，在坊子区国家粮食储备库中发现从巴西进口的大豆中带有假高粱种子，随后，在其储备库空场地上发现假高粱植株，及时组织力量对进口大豆监督加工处理，对发现的植株采用除草剂和人工拔除进行彻底根除。1992年，诸城市植保站在对诸城市外贸公司从美国进口小麦进行检疫时发现假高粱，及时将带有假高粱的小麦粉碎处理，并将现场周围用灭生性除草剂百草枯做彻底防除处理，防止疫情扩散。

第三章　林业

1992年，全市实有林地面积28.26万公顷，比1991年增长9.4%，造林面积2.77万公顷，比1991年增长61.6%。

1993年，潍坊市制订《潍坊市县级重点林果基地发展规划》，计划集中人力、物力和时间，兴建板栗、柿子、大枣、蜜桃等林果基地102个，面积10.53万公顷。全市及早落实规划，制定优惠政策，采取注重规模、连片开发的方式，力争形成区域优势；坚持标准，狠抓质量，大力发展名优特稀新品种，提高科技含量，增加基地效益；注重林果、水利配套建设，实施规范化管理，不断提高林果基地建设水平，大搞林果基地建设。在增加资源的同时，大力兴办龙头企业，狠抓精深加工，建立健全市场体系，林业综合效益得到全面提高。

1994年，全市实行规模治理与分散治理相结合的办法，开展造林绿化，并把灭荒与林果基地建设结合起来，提高造林灭荒的经济效益。是年，临朐县荒山绿化6666.7公顷，被省委、省政府授予“荒山荒滩绿化先进县”称号。当年，全市兴办林果龙头加工企业400多家，果品运销组织500多个，大中型林果专业批发市场30多处，林果产品的加工率和销售率显著提高，基本实现林业增产增收，推动了林业产业化进程。

1995年，大力兴办林产品加工龙头企业，配套建设专业批发市场，积极拓宽二、三产业发展领域。全市林业二、三产企业共有1093家，年创产值12.8亿元，实现利税1.1亿元。其中，全市木材加工企业900家，年消耗木材45万立方米，完成产值9.5亿元，实现利税8300万元。果品加工企业127家，年加工果品7500万公斤，实现产值3亿元、利税2000万元；果品运销组织500个，大中型专业批发市场30个，基本解决了全市林果产品的销售问题。全市因地制宜，大力发展花卉产业，花卉种植面积933公顷，育苗200公顷，实现产值1.6亿元，在全省名列前茅。同时，初步形成五大花卉生产基地：潍城的菊花生产基地、青州黄楼的杜鹃花生产基地、潍坊城郊的鲜切花生产基地、青州东高的仙客来生产基地和临朐五井的盆桩、盆景生产基地。其中潍城区花卉种植面积200公顷，年销售收入5000万元；青州万红花卉有限公司成为当地花卉生产的龙头企业，带动黄楼镇300多个专业户发展花卉100公顷，年实现产值4500万元。1998年，各地紧紧抓住春季、雨季造林有利时机，在山区完成灭荒造林、补植造林1万公顷。1999年，山区实施封山育林及退耕还林、灭荒造林、补植7333.3公顷，发展林果基地11333.3公顷，封山育林25333.3公顷。沿海防护林主林带建设被列为潍坊市的“市委书记工程”。进入21世纪，市委、市政府进一步加强道路绿化、沿海绿化、荒山绿化、水系绿化和村镇绿化，组织实施了一批重点绿化工程。其中，2004年重点开展胶济、潍莱、东青高速公路和国道206、309林带建设，造林1万公顷；2008年全面启动以“两廊、八河、十路、十二生态片区”为重点的北部沿海生态组团绿化工程，启动百处生态林场建设，并将南部荒山作为绿化主攻方向，组织实施“青山绿水”工程；2010年，市委、市政府启动水系生态建设工程，大力推进村镇和企业绿化工作。至2012年底，全市道路绿化里程1.4万千米，水系绿化造林4万公顷，荒山绿化造绿8万公顷，封山护林11万公顷，基干防护林带360多千米，一般防护林带800多千米。全市林地总面积36.42万公顷。

第一节　林业资源

林地面积

2009年，全市林地总面积276414.52公顷。2011年，开展了林地保护利用规划编制工作，规划以国家和省林地保护管理有关法律法规和技术规范为依据，以森林资源现状调查结果为基础数据，规划基准为2009年，规划期为2010—2020年。2012年，全市林地总面积36.42万公顷。

2009年潍坊市林地面积按地类统计表

表6—3—1　　单位：公顷

统计单位	合计	有林地	疏林地	灌木林地	未成林造林地	苗圃地	无立木林地	宜林地
潍坊	276390.67	212953.36	277.29	6644.74	18424.4	1611.7	2110.89	34362.1
比例	100%	77.04%	0.1%	2.4%	6.67%	0.58%	0.76%	12.43%

古树名木

2002年，根据国家和山东省绿化委员会、山东省林业局的统一安排，潍坊市林业局组成专门工作班子，集中两个多月的时间，组织12个县市区的业务骨干，采取村村到和“看、测、访、查、议”相结合的方法，对全市199个乡镇、3000多个村庄现存古树名木资源进行普查。

2007年，以潍坊市林业科技推广站为主，成立古树资源调查与研究课题组，开展潍坊古树资源调查与保护利用研究，对潍坊市域范围内自然生长的、树龄在100年以上的古树资源进行了调查。经过三年的调查、分析和研究，基本摸清了潍坊市的古树资源现状和古树种质资源情况。据调查，全市共有树龄100年生以上的古树30118株。其中散生古树1367株，群生古树资源28751株。按保护级别分，100～299年的三级保护树种4951株，300～499年的二级保护树种4842株，500年以上的一级保护树种20325株。按朝代分，周朝2株，汉朝5株，晋朝1株，隋朝3株，唐朝11株，宋朝33株，元朝37株，明朝23298株，清朝6728株。按行政区划分，奎文17株，潍城30

昌乐县城南街道岳家庄村古柿树 （2012年拍摄）

二、三产业，初步改变了国有林场“单一木材”的经济格局。1998年，开展国有林场分类经营区划界定工作，按照中央、省、市有关文件要求，9处国有林场全部划分为生态公益型林场。2002年，开始对部分国有林场实行分类经营制度，各国有林场进一步加大经济结构调整力度，积极挖掘资源潜力，培植新的经济增长点，走集约化发展道路，使部分林场重新走出困境。2009年，省政府办公厅《关于加快国有林场苗圃改革与发展的意见》下发后，市及各有关县市政府多次召开会议，研究部署国有林场改革与发展工作，把国有林场改革与发展工作摆上重要议事日程。市政府办公室印发《关于认真贯彻落实鲁政办发〔2009〕8号文件推动全市国有林场苗圃改革与发展的实施意见》，扎实推进全市国有林场改革发展，增强林场发展活力。全市坚持“以林为主，合理开发，综合经营，全面发展”的方针，以落实国有林场分类经营政策为主线，强化保护和加快培育森林资源为重点，不断完善国有林场基础设施建设，国有林场改革与发展能力持续增强，国有森林资源结构进一步优化，全市国有林场森林资源总体质量稳步提升，森林生态系统的整体功能增强。2012年，全市共有9处国有林场，大多始建于50年代，经营总面积11548.7公顷，有林地面积10926.7公顷，分布于临朐、昌乐、青州、寿光和安丘5个县市之立地类型差、生态脆弱的区域，承担着培育森林资源、改善当地生态环境的重要职责。

株，坊子129株，寒亭29株，青州1212株、诸城2054株、寿光69株、安丘156株、高密146株、昌邑132株、临朐25197株、昌乐928株、峡山19株。从树木分类学上分，共有58个树种，分属于26个科，47个属。蔷薇科的古树种质资源最多，包括5个属（花楸树属、梨属、李属、木瓜属、苹果属），8个树种（百华花楸、水榆花楸、杜梨、沙梨、山樱、木瓜、海棠、杏树）。其次是蝶形花科，有4个属（刺槐属、槐属、黄檀属、紫藤属），5个树种（刺槐、国槐、龙爪槐、黄檀、紫藤）。还有榆科、木樨科、柏科、漆树科等，分别有3个属，3～4个树种。壳斗科、杨柳科、胡桃科、桑科、无患子科等，分别各有2个属，2～4个树种。松科、柿科、鼠李科等只有1个属，各有2～3个古树树种。其余的12个科，只有1个属的1个树种。

林场

国有林场 1948年，市内建立首个国有林场——临朐县国有沂山林场。自1995年后，国有林场全面停止林木采伐。同时，潍坊加大林种结构和产业结构调整力度，大力发展以种植苹果、山楂为主的经济林，积极发展旅游、餐饮等

2012年潍坊市国有林场情况表

表6-3-2　　　　单位：人

林场名称	分场（营林区）									
	分场名称	居住人口	分场名称	居住人口	分场名称	居住人口	分场名称	居住人口	分场名称	居住人口
临朐嵩山林场	场部	20	苍山林区	12	嵩山寺林区	16	白芽寺林区	12	崔木林区	18
	桥头林区	13								
临朐九山林场	场部	19	三岔沟林区	4	洪水河林区	3	南牛寨林区	3	北牛寨林区	3
	八棵树沟林区	3	谢家尧林区	4	摩天岭林区	3	聚良崮林区	4	双雀山林区	3
	瞭望台	1								
临朐丹崮林场	场部	5	桃花林区	5	丹崮林区	5	南照林区	5		
临朐沂山林场	场部	59	回头林区	6	古寺林区	5	大寨河林区	5	桃园林区	5
	玉皇顶瞭望台	2	歪头崮瞭望台	4	金山顶瞭望台	2				
昌乐孤山林场	寿阳山（孤山）	1264	方山分场	1040	谢家山分场	1025	东大山分场	1117	李家山分场	1033
青州杨集林场	李家庄工区	18	岸青工区	12	反沟工区	26	富旺工区	6	寨顶工区	6
	葛子沟工区	5								
青州驼山林场	驼山林场	21	车马工区	16						
寿光机械林场	一林区	300	二林区	150	三林区	60	四林区	90	五林区	30
安丘汶河林场	邱家庄林区	38	西三里庄林区	42	贾戈林区	46				

百处生态林场建设　由于工业化、城镇化的加速推进，潍坊市资源环境面临的压力越来越大。虽然全市森林面积、森林覆盖率连续多年实现增长，但仍然存在森林资源总量偏少、区域分布不均、整体生态效能发挥不佳等问题。2007年11月，市委、市政府印发《关于加快林场建设的意见》。全市规划2008—2010年三年内建设100个左右的林场，新增成片造林14.67万公顷，全市森林覆盖率提高3个百分点以上。其中，2008年建成30个左右，2009年建成40个左右，2010年建成30个左右。

2008年，潍坊市百处林场建设全面启动。按照沿海、平原、山区的不同特点，自北向南规划布局了103个生态林场，规划造林总面积4.83万公顷。至2012年底，由于开展百处生态林场建设，全市共完成新增造林5.93万公顷，是历史上造林最多的林业建设工程，在全市的生态建设中发挥了重要作用。

第二节　植树造林

水系造林

2009年，省委办公厅、省政府办公厅《关于加强全省水系生态建设的意见》下发后，潍坊市把水系生态建设作为改善生态环境、提升城市综合竞争力的重要举措，认真做好“水”和“绿”结合文章，大力开展库区、河流、干渠绿化，营造水源涵养林、水土保持林，在沿河、沿渠、沿库的辐射区5千米范围内建设高标准农田林网。2010年，水系生态建设工程在全市全面铺开。至2012年底，全市水系绿化完成造林4万公顷，主要河流干渠林带基本实现贯通，为水资源安全构筑起绿色生态屏障。结合土地整理项目，全市建设了昌邑龙池、寒亭高里等一批农田林网示范方，区域防护效能明显增强。

荒山造林

1991—1994年，全市积极响应省委、省政府“争创北方灭荒第一省”的号召，实行规模治理与分散治理相结合的办法，大搞绿化，并把灭荒与林果基地建设结合起来，提高造林灭荒的经济效益。在灭荒中，各地坚持标准，栽管并重，确保造林质量。临朐县1994年荒山绿化超过6666.7公顷，被省委、省政府授予“荒山荒滩绿化先进县”称号。1995年，全市共灭荒、补植造林2万公顷，开发地堰5733.3公顷。1998年，在山区，各地紧紧抓住春季、雨季造林有利时机，完成灭荒造林、补植造林1万公顷。1999年，山区实施封山育林及退耕还林，灭荒造林、补植7333.3公顷，发展林果基地1.13万公顷，封山育林2.53万公顷。2008年，全市进行荒山调查规划，经调查全市共有宜林荒山、疏林地面积5.03万公顷，其中荒山3.57万公顷、退耕地1.07万公顷、疏林地3866.7公顷。2008年以后，全市把南部荒山作为国土绿化主攻方向，大力实施“青山绿水”工程，坚持封山育林和荒山造林相结合，统筹规划，分步实施，封造管并举，切实抓好长防林等国家、省重点生态工程建设，全力加快荒山绿化步伐。至2012年，全市荒山绿化面积达到8万公顷，封山护林11万公顷。

沿海绿化

1991年以来，寿光、昌邑、寒亭3市区承担1.33万公顷沿海防护林工程。1995年，沿海防护林体系建设进展迅速。“三北”（昌邑、寒亭、寿光北部）地区积极实施综合绿化工程，网、带、片、间、点相结合，构筑多层次、立体化、高效益的绿色生态屏障。寿光、昌邑、寒亭3市区以辛沙公路基干防护林带建设为重点，加快实施寿北绿色工程、昌邑北部6666.7公顷跨世纪绿化等工程，共新建林带300公里，完善林网6.67万公顷，发展林粮间作8666.7公顷，建设林果基地2666.7公顷，“三北”地区自然面貌明显改善。1997年，“三北”地区以沿海防护林体系建设为中心，坚持网带片间点有机结合，构筑立体屏障。其中寿北（寿光北部）绿色工程和昌邑跨世纪绿化工程共新建、完善防护林带100多条、200多公里，完善农田林网2.67万公顷。1999年，沿海防护林主林带建设被列为潍坊市的“市委书记工程”。2008年，市政府印发《关于加快北部沿海地区以生态组团建设为重点的造林绿化工作的意见》，全面启动以“两廊、八河、十路、十二生态片区”为重点的生态组团绿化工程。2012年，为切实做好沿海地区林业生态建设，提高区域国土绿化水平和环境承载能力，为“蓝黄”战略顺利实施提供生态保障，潍坊市启动《潍坊市沿海地区林业生态系统专项规划》编制工作。

至年底，潍坊市基干防护林带达到360多千米，一般防护林带800多千米，防范自然灾害能力得到有效提升。

村镇绿化

昌乐孤山植树造林　（2011年拍摄）

1995年，全市各地以“四化”（绿化、美化、香化、净化）为内容，加快农村小城镇建设，共计完成“四旁”（路旁、林旁、水旁、宅旁）植树1980万株，栽植花木2000万株。1997年，村镇绿化美化得到重视，全市兴建了一批小公园、小景点，年植树、种花3000万株。1998年，全市大力实施以“四化”为主要内容的“百镇千村绿化美化”工程，栽植常绿树、长寿树500万株，花卉2000万株。2006年，全市启动“创绿色家园、建富裕新村”和省、市级绿化示范村镇创建活动，把绿化美化环境与增强生态功能有机结合起来，大力组织开展植树造林，建设环村环镇林带、公园、绿地、景点，搞好单位和村庄驻地绿化，植树栽花育草，加快大环境绿化和村镇绿化美化步伐。自2007年起，全市每两年评选一批省级、市级“绿色小康乡、村、户”，推荐省级绿色小康县。2010年11月5日，市委、市政府印发《关于推进全市镇村与企业绿化工作的意见》，要求积极推进镇村与企业绿化工作，一年试点、两年推开、三年大见成效。

至2012年底，寿光市三元朱村获得“全国生态文化村”称号；诸城得利斯、青州井塘、安丘徐家沟等3个村、28户获“全国绿色小康村户”称号；安丘市凌河、青州市弥河、临朐县冶源等10个镇、192个村获“省级绿化示范村镇”称号；23个乡镇、907个村被评为“市级绿化示范村”。

道路绿化

1997年，潍坊市辛沙、济青高速和潍临公路全部达到每侧4行树、林带宽10米的标准。1998年，各地把道路绿化作为“窗口工程”，重点绿化和建设10条高标准绿色走廊。1999年，在济青、潍莱高速公路每侧栽植良种毛白杨4行，林带宽11米以上，分别建成长146千米和42千米的“高速绿色走廊”，成为潍坊市林业精品工程。2001年，沿潍坊大外环路建设潍坊市区环城林带，总长度72千米，造林300公顷。2003年，胶新铁路林带绿化长度66.37千米，造林473.1公顷。2004年，突出15条道路林带建设，重点是济青、潍莱、东青高速公路和国道206、309，胶济铁路等国省道，总里程1500千米，造林1万公顷。2005年，开展“四河一渠一库”绿化，重点是胶莱河、潍河、弥河、白浪河、引黄济青干渠，绿化长度352千米，新造林4000公顷。同时完成白浪河水库水源地绿化，沿兴利水位线和环库路新建宽度40

临朐红叶谷 （2012年拍摄）

米防护林带，总长度13.8千米，新造林57.2公顷。2007年，青兰高速公路（济青高速公路南线）绿化总里程61千米，造林370.7公顷。2008年，按照市委、市政府部署，在北部沿海地区实施以“两廊、八河、十路、十二生态片区”绿化为主的林网建设，完成荣乌高速公路绿化，绿化总里程87千米，造林1200公顷，绿化道路、河流800多千米。完成胶济铁路客运专线绿化，总里程162千米，造林666.7公顷；完成济青高速公路潍坊市区段林带补植完善工作，高标准补植完善绿色通道20余千米，栽植树木2.1万株，林带实现贯通，景观效果良好。2012年，对荣乌高速公路潍坊段林带进行全面补植完善提升，沿线各地完成补植工作，对盐碱程度较重、地势较低的滨海和寿光侯镇等地段高标准建设条台田，重新绿化。

至2012年底，全市绿化道路里程达到1.4万千米，干线道路林带全部实现贯通，县道、乡道、出村路等适宜绿化路段基本实现绿化。其中，2182.6千米国省道全部实现高标准绿化，林带宽度保持在30米以上。全市基本形成以干线公路铁路为骨架、县乡村路为脉络，纵横交错的绿色生态网络。

重点绿化工程

沂蒙造林绿化工程 1991年以后，国家加大对林业建设的投入，对大面积造林实行项目化管理，先后在潍坊市安排4项造林绿化工程，总面积达7.32万公顷。其中包括青州市、临朐县承担的4.27万公顷沂蒙造林绿化工程。1996年，青州市被评为沂蒙工程造林优质工程县（市）。1997年，青州、临朐等五个山区县市分别以沂蒙工程和淮防林工程为重点，加快零星宜林荒山的绿化扫尾步伐，完成工程造林1.2万公顷，开发地堰1333.3公顷。

北部沿海生态组团绿化工程 2008年，市政府印发《关于加快北部沿海地区以生态组团建设为重点的造林绿化工作的意见》，全面启动以“两廊、八河、十路、十二生态片区”为重点的生态组团绿化工程。到2010年，成片造林1.27万公顷，新建和完善林网3.33万公顷，绿化道路、河流1000千米，建设林场12处，形成生态绿廊东西贯通、林场星罗棋布、路水绿树成荫的绿化格局。

世界银行贷款造林项目 2003年，高密市正式启动实施世界银行贷款“林业持续发展项目”。到2008年底，项目完成总投资1617.8万元，其中利用世行贷款763.6万元；累计营造人工林4560公顷，其中用材林4360公顷、经济林200公顷，完成造林计划任务的372%。

2008年5月9日，潍坊市利用第五期世界银行贷款“山东生态造林项目”全面启动，项目共涉及潍城、寒亭、青州、诸城、安丘、高密、昌邑7个市区，建设期为2010－2015年。本期世行贷款项目总投资13842.95万元，其中利用外资1100万美元，计划造林11607.5公顷，主要营造生态公益林。至2012年，全市完成投资5872.4万元，其中利用世行贷款399.4万美元，完成造林7453.6公顷，报账提款1616万元。

义务植树

2008年，潍坊市第十五届人民代表大会常务委员会第一次会议审议确定将每年“立冬”设为“潍坊市冬季植树日”，要求全市一年四季造林不断线。市委组织部印发《关于发挥党员领导干部在造林绿化中模范带头作用的意见》，积极组织全市党员干部参加义务植树活动。

市绿化委员会办公室积极创新义务植树形式，在城郊设立10余处大型义务植树基地，组织发动单位和公民大力开展“栽植纪念树、建设纪念林”等多种形式的活动，把义务植树与单位工作、企业经营活动和公民日常生活密切结合起来，倡导广大单位和公民栽植纪念树，认养认建纪念林，最大限度提供绿化方便，努力提高义务植树尽责率。各机关企事业单位、部队、社会团体等在搞好本部门、本单位、本系统绿化的同时，积极响应市委、市政府关于部门单位大力建设公益林的号召，深入组织发动本系统干部职工认建认养公益林，参加生态工程建设，形成了多主体、多层次、多形式的全民义务植树格局。

每年植树节前后，全市都开展丰富多彩的宣传活动，动员全社会积极参与义务植树活动。市绿化委员会每年都印发加强全市林业宣传信息工作的意见，并向市委宣传部提报全市春季绿化宣传方案，组织各新闻媒体在3月大力开展“宣传月活动”，在潍坊电视台重要时段播发植树造林公益广告，并充分利用报纸、电视、广播、网络等媒体，尤其是在植树节期间和“潍坊市冬季植树日”，以专访、专版、通讯、新闻等不同形式，加大宣传密度和力度，坚持全年绿化宣传不放松。广大市民爱绿、护绿意识不断提高，为全市生态文明建设营造了良好氛围。

1991—2012年，全市平均每年有480多万人次参加义务植树活动，占适龄公民人数的90%以上。

第三节　林业资源保护

病虫害防治

2003年，全市主要林业有害生物发生面积4.67万公顷，完成防治面积1.86万公顷、防治率27.01%，成灾面积0公顷、成灾率0‰。同年，美国白蛾在寿光市、滨海开发区突发。

2005年，美国白蛾疫情逐步扩散，范围扩大到寿光市、昌邑市、寒亭区北部以及整个滨海开发区。2006年，美国白蛾疫情继续扩散。国家林业局公布寿光市、昌邑市、寒亭区为美国白蛾疫区。市政府成立美国白蛾防治指挥部。潍坊市林业局与各县市区林业主管部门签订美国白蛾《查防目标管理责任书》。

2007年，全市主要林业有害生物发生面积2.77万公顷，完成防治面积2.27万公顷，无公害防治率87.5%，种苗产地检疫率97.5%，测报准确率92.2%，成灾面积0公顷、成灾率0‰。美国白蛾发生面积4000公顷，发生范围控制在寿光市、昌邑市、寒亭区、滨海开发区。

2008年，全市主要林业有害生物发生面积3.25万公顷，完成防治面积3.14万公顷，防治率96.5%、无公害防治率89.5%，种苗产地检疫率98.5%，测报准确率93.2%，成灾面积0公顷、成灾率0‰。美国白蛾迅速扩散蔓延，第二代美国白蛾自北向南越过济青高速公路，第三代美国白蛾扩散至12个县市区、4个开发区的68个乡镇，发生面积7220公顷，国家林业局公布市全境为美国白蛾疫区。成立潍坊市周氏啮小蜂繁育场，启动生物天敌（周氏啮小蜂）繁育释放工作。市政府与各县市区政府（市属各开发区管委会）签订《美国白蛾防控目标责任书》。

2009年，全市主要林业有害生物发生面积1.78万公顷，完成防治作业面积2.19万公顷，无公害防治率90.2%，种苗产地检疫率99%，测报准确率90.1%，成灾面积0公顷、成灾率0‰。美国白蛾加重发生，第三代美国白蛾在个别区域造成吃光吃残树叶现象，12个县市区、4个开发区美国白蛾发生面积4436.7公顷。调整成立市政府森林防火与林业有害生物防控指挥部。

2010年，全市主要林业有害生物发生面积4.07万公顷，完成防治作业面积4.03万公顷，无公害防治率94.1%，种苗产地检疫率99%，测报准确率91.5%，成灾面积140公顷、成灾率0.07‰。是年，美国白蛾迅速暴发，吃光吃残树叶现象较为普遍，12个县市区、4个开发区美国白蛾发生面积2.28万公顷。针对暴发成灾的美国白蛾危害，市政府采取飞机防控措施，全市完成飞机防治作业面积19.47万公顷，基本压制了美国白蛾高发态势。临朐县沂山林场发现松材线虫病，国家林业局公布临朐县为松材线虫病疫区，发生面积24.87公顷，当年清理松林386.7公顷、伐除树木1.9万株。

2011年，全市主要林业有害生物发生面积2.69万公顷，完成防治面积2.32万公顷，没有出现成灾面积、成灾率为0‰；无公害防治率达到99.8%；测报准确率达到91.3%；种苗产地检疫率达到98%。全面实施飞机防控美国白蛾，完成飞防作业面积30.17万公顷。美国白蛾发生面积9672.67公顷，为轻度发生，发生面积和范围迅速压缩。临朐县取样送检，没有检出松材线虫病。

2012年，全市主要林业有害生物发生面积1.76万公顷，完成防治面积1.67万公顷，全市没有出现成灾面积，成灾率为0‰；无公害防治率达到100%，超出指标20个百分点；测报准确率达到92%；种苗产地检疫率达到99%。美国白蛾趋于稳定，发生面积1062.87公顷。临朐县取样送检，没有检出松材线虫病。

湿地保护与恢复

1996年2月—1997年12月、2012年4—8月，潍坊市林业部门进行了两次全市湿地资源调查。至2012年底，全市湿地总面积21.59万公顷。其中近海与海岸湿地面积8.09万公顷（其中浅海水域5.24万公顷、淤泥质海滩2.02万公顷、河口水

青州弥河省级湿地公园　　(2012年拍摄)

域8237.09公顷），河流湿地面积2.05万公顷，湖泊湿地面积798.88公顷，沼泽湿地面积3883.7公顷，人工湿地面积1.1万公顷。

2012年，潍坊峡山湖、寿光滨海、安丘拥翠湖、潍坊白浪河被批准为国家湿地公园（试点），临朐巨洋湖、昌乐仙月湖、寒亭禹王、寿光巨淀湖、青州弥河、高密胶河、昌邑怪柳林晋升为省级湿地公园。

野生动物保护

1994年，在潍坊市林木病虫害防治站挂“潍坊市野生动物保护站”牌子。同年，潍坊市林木病虫害防治站更名为潍坊市林木保护站。2002年，成立潍坊市野生动植物保护站，正科级全额预算管理，核定人员编制8名，配站长1名、副站长1名。2006年，设立潍坊市林业资源保护管理站，同时挂“潍坊市野生动植物保护站”牌子。

1998年1月—1999年12月、2009年2—8月，全市进行了两次陆生野生动物资源调查，进一步摸清野生动物资源的基本情况。2009年，调查结果显示，全市有各种陆生脊椎野生动物363种。

每年4月23—29日“爱鸟周”，全市各级林业主管部门利用广播、电视、报纸等新闻媒体，通过悬挂宣传横幅，张贴宣传画、宣传标语，发放宣传单等形式，宣传人类与鸟类的和谐发展、促进社会进步的重要性。组织爱鸟护鸟科普摄影展、书法绘画展、科普讲座、论坛、征文和文化演出等多种活动，传播生态文明理念。通过声势强大的宣传教育活动，广泛宣传森林法、野生动物保护法等法律法规，全民的野生动物保护意识和法律意识显著增强，在全市逐步形成关爱野生动物，保护自然，繁荣生态文化，建设生态文明的良好氛围。

按照《中华人民共和国野生动物保护法》《中华人民共和国野生动物保护法实施条例》和《国家重点保护野生动物驯养繁殖许可证管理办法》等相关法律法规，潍坊市严格陆生野生动物驯养繁殖许可证、陆生野生动物或其产品经营利用许可证“两证”的核发和年审管理。严厉打击破坏野生动物资源的违法犯罪活动。不定期组织开展野生动物保护执法专项行动，严厉打击各种破坏野生动物行为。

在加强野生动物保护工作的同时，积极推进野生动物养殖产业健康发展。2007年，全市较大型的野生动物养殖场100多家，中等规模的家庭养殖户1300多户，各种野生动物养殖量300多万只，其中毛皮兽180多万只、鹦鹉100多万只，经济效益3.1亿元。野生动物批发市场有奎文区裘皮交易市场和坊子区眉村鹦鹉交易市场2个。全市人工驯养繁殖的野生动物种类达30种以上，其中，以狐狸、水貂为代表的毛皮兽类和以鹦鹉为代表的观赏鸟类饲养量最多。主要有几大类：

兽类：梅花鹿、马鹿、驯鹿、银狐、北极狐、赤狐、乌苏里貉、海狸鼠、水獭、旱獭、水貂、艾虎、紫貂、毛丝鼠等。

鸟类：红腹锦鸡、白腹锦鸡、白鹇、环颈雉、美国鹧鸪、中华鹧鸪、鹌鹑、蓝孔雀、珍珠鸡、乌骨鸡、鸵鸟、鹦鹉、金丝雀等。

两栖爬行动物：美国青蛙、林蛙、牛蛙、鳄龟、中华鳖、蛇类等。

其他动物：东亚钳蝎、地鳖虫等。

2010年，诸城市密州街道大森林特种动物养殖专业合作从荷兰引进良种水貂种源3.6万只，在3~5年内将诸城水貂品种改良完毕，进一步提高产品的竞争力。诸城市野生动物驯养繁殖业发展迅速，水貂、蓝狐、貉子等毛皮产量约占国内出口总量的三分之一，2010年实现销售收入20亿元。

2012年，全市有野生动物驯养繁殖和经营利用业户1600余家，涉及品种主要包括梅花鹿、狐狸、野猪、貂、貉、鸵鸟、孔雀、鹦鹉、玉鸟、山鸡等30余种，数量达400多万只。

森林防火

1991年以后每年进入森林防火期前均都组织召开全市森林防火工作会议，对森林防火工作进行安排部署，与各县市签订森林防火责任状。在春节、清明节等森林防火重点时段专门印发通知，要求各级防火部门强化工作措施，抓好各项工作落实，对森林防火每项工作、每个环节都指定专人负责，做到山有人管、林有人护、火有人扑、责有人担，确保全市森林防火形势平安稳定。至2005年，全市连续15年没有发生大的火灾。

潍坊森林防火专业队　　　　(2012年拍摄)

2008年，潍坊市森林公安局成立，森林防火力量逐渐正规化。各森林防火重点县市和国有林场分别建成37支森林扑火队伍，总人数达1900人，并配备专职护林员2547人。

2011年以后，全市强化督导检查，狠抓责任落实，预防为主，常抓不懈，全市未发生重特大森林火灾，森林火灾受害率始终控制在0.01‰以下。潍坊市被评为全省森林防火工作先进单位。全市有8个单位通过森林防火达标验收，达标率居全省前列。其中，安丘市、青州市、青州杨集林场、昌乐孤山林场被评为全省森林防火示范单位。

第四节　林业产业

1997年，全市加强林业生态和产业体系建设，加快经济体制和经济增长方式转变，全面实施林业产业化战略，林业事业稳步发展，行业实力显著增强。1998年，全市按照提高第一产业、壮大第二产业、膨胀第三产业的工作思路，积极推进林业产业化。

1999—2001年，全市大力实施林业产业化战略，种植、养殖、加工、流通、服务共同发展。

2002年，全市林业系统充分发挥林业产业优势，林业产业化快速发展。积极建设产业基地，扩大生产规模；发展森林旅游，拓宽林业经营领域；引进新品种，推广新技术，推动产业上档升级；开拓市场，提高经济效益，促进农村产业结构的调整。林业产业在农村经济中的比重越来越大，成为农业增效、农民增收的重要产业。

森林火灾扑救演练　　　　(2012年拍摄)

2009年，市委、市政府坚持把加强生态建设、加快林业发展作为全市经济社会发展的重要战略，提出建设“生态潍坊”战略目标和加快“林业转型”具体任务。按照“调优第一产业、做强第二产业、做大第三产业”的方针，坚持“生态优先、产业支撑、文化引领”的林业发展模式，以资源增长、产业增效、林农增收为目标，着力调整林业内部结构，加快发展优势产业，使全市逐步形成以优质林产品基地为依托、以林业品牌创建为引领、以龙头企业为骨干的林业产业发展体系，推进全市由林业产业大市向产业强市跨越。2012年8月，市政府办公室出台《关于加快全市林业产业发展的实施意见》，全市林业产业进一步发展。

昌邑苗木市场奠基仪式　（2012年拍摄）

花卉、苗木

1991年后，全市苗木花卉产业发展迅速。1995年，各地采取国家、集体、个人一齐上的办法，大力推行股份合作育苗，并注重发挥国有苗圃领导育苗点的示范带头作用，发展基地化育苗1200公顷，良种化程度达到85%以上。

1997年，新增花卉大棚300多个，种植总面积1800公顷，年实现销售收入4亿元。全市花卉栽培水平与产品质量不断提高，在上海中国第四届花卉博览会上，潍坊花卉取得全省第一的佳绩。是年4月30日，成立潍坊市花卉协会，先后邀请原中国花卉协会秘书长朱俊凤，中国插花协会会长王莲英、秘书长尚纪平，日本花卉专家桑原胜磨等国内外知名人士到潍坊举办两期花卉和插花艺术培训班。定期编发刊物《潍坊花卉》，成立潍坊市花卉服务中心，全方位为广大花卉业者提供服务。

2000年，全市苗木花卉产业发展迅速。各地按照区域化、规模化、标准化的要求，不断调整结构，膨胀规模，提升档次，种苗、花卉成为全市农村经济主导产业之一。

2001年，青州市成功举办了2001青州花卉交易会。至2012年，青州市先后成功举办11届中国（青州）花卉博览会、4届山东省花卉交易会。2009年成功举办第七届中国花卉博览会，被国家林业局、中国花卉协会命名为“中国花木之乡”，获“山东花木示范市”称号。山东红梅园艺科技有限公司被评为全国十佳花木企业，并与潍坊东盛园艺有限公司、青州良田花卉苗木有限公司等一起被评为全省十佳花木企业。

2003年，昌邑市举办2003山东（昌邑）苗木交易会，至2012年，昌邑市先后成功举办10届北方绿化苗木博览会。其间，同时举办了7届中国园林花木信息交流会。昌邑市先后被全国绿化委员会办公室、国家林业局命名为“中国北方绿化苗木基地”“国家级苗木交易市场”，获“山东苗木示范市”称号。中国（昌邑）北方绿化苗木博览会成为国家林业局主办的全国苗木行业三大展会之一。

2010年11月，市政府出台《关于实施蔬菜等五大产业振兴规划的指导意见》，把发展苗木花卉产业作为全市五大产业振兴规划之一，积极推进实施。

2011年，全市苗木花卉产业区域化布局、专业化生产、特色化经营的格局初步形成。是年，潍坊市被省委、省政府授予“山东省苗木花卉产业示范市”称号。

2012年9月，市政府办公室印发《关于加快全市林业产业发展的实施意见》，明确全市林业产业发展思路、目标及重点，围绕苗木、花卉等主导产业，加快产业结构调整，推动林业产业发展。至2012年底，全市苗木、花卉总面积2.44万公顷，产值151.3亿元，从业人员20万人，综合实力位居全省前列。其中，苗木生产面积1.42万公顷，总产苗量6.1亿株，产值61.3亿元；花卉种植面积1.02万公顷，产值90亿元。2012年，全市花卉新品种研发取得重大突破，经过杂交选育，成功培育花卉新品种“青州仙子”兰，是山东省第一个具有自主知识产权的兰花新品种。组织参加了第五届山东省花卉博览会，获得团体特等奖、展区设计布置金奖、优秀组织奖各1项，获单项奖89个，为全省17市之最。

经济林（果品生产）

1992年，在全市范围先后推行果园股份合作制，采用股份、租赁、拍卖等不同形式，明晰产权关系，优化资源配置，充分调动村集体和果农的生产积极性。

1992年产权明确后，各地随之进行结构调整，主要是树种、品种的调整。经济林栽培面积最大的树种是苹果、桃、板栗、梨、葡萄、枣等。充分发挥全市名特优树种、品种优势，在稳定水果面积的同时，大力发展基地建设，初步建成较大果品基地102处，总面积6.67公顷，占全市经济林总面积的81.2%。

1993年10月，《潍坊市县级重点林果基地发展规划》，计划兴建板栗、柿子、大枣、蜜桃等林果基地102处，面积10.53万公顷。

1994年，全市及早落实规划，制定优惠政策，采取注重规模、连片开发，大力发展名优特稀新品种；注重林果、水利配套建设，不断提高林果基地建设水平，建成基地86666.7公顷。同时，大力兴办龙头企业，狠抓精深加工，建立健全市场体系。到年底，全市兴办林果龙头加工企业400多家，果品运销组织500多个，大中型林果专业批发市场30多处，林果产品的加工率和销售率显著提高，实现了林业增产增收，推动了林业产业化的进程。

1996年，全市新建板栗、柿子、大枣、银杏等名特优干杂果基地1.33万公顷。经济林总面积13.33万公顷，果品总产量突破10亿千克。

1997年，全市坚持稳定水果面积、扩大干果规模的原则，加快果品生产结构调整，重点实施“双百”工程（南部山区百万亩干杂果品基地和北部百万亩枣粮间作基地建设）。山区以板栗、柿子、大枣为主栽品种，膨胀规模，连片开发，新建基地1.33万公顷。

1999年，果品基地建设迅速发展，建成板栗、柿子、大枣、李子、蜜桃等干鲜杂果基地13.2万公顷，其中南部山区百万亩干杂果基地与北部百万亩枣粮间作基地已具雏形。

2000年以后，全市把经济林作为农村经济的主导产业来抓，积极实施经济林产业化、标准化战略，扩规模，引良种，搞加工，上档次，综合效益显著增长。至2012年，全市已基本形成南部山区干杂果基地、中部平原丘陵干鲜果基地、北部以枣树为主的沿海干鲜果基地的格局。通过连年的山区综合开发，已建成西部柿子、南部板栗，弥河上游葡萄、西南部山楂、沙石山优质苹果、大樱桃等经济林基地，制定并完善了果品产业发展规划及果品标准化生产技术规程。

2012年底，全市经济林面积达到7.9万公顷，经济林产量11790万公斤。其中，果树7.43万公顷，占经济林总面积的93.56%；产量11.41亿公斤，占总产量的96.78%。全市经济林面积最大的是临朐县，面积2.2万公顷；其次是安丘市、青州市，面积均在1.2万公顷左右；再次是诸城市、寿光市，面积均在6667公顷左右。全市栽植面积较大的树种依次是桃、苹果、板栗、山楂、柿子、樱桃、葡萄、梨等，均在3333公顷以上。全市通过无公害产品认证10个，面积3600公顷，产量6600万千克；绿色食品认证21个，面积10713公顷，产量24400万千克；有机食品认证15个，面积2726.7公顷，产量6300万千克；国家地理标志产品认证5个，面积9320公顷，产量2.76亿千克。

林业专业合作社

2011年，针对集体林权制度改革后，林业生产分散、林农科学生产水平低的实际，全市以林地、林木、资金、技术、信息等要素为纽带，指导建立一大批林业专业合作组织。至2012年，全市有林业专业合作社269家，从业人员2.7万余人。寿光市金百果品专业合作社，昌邑市绿乡苗木繁育农民专业合作社、潍水苗木种植专业合作社，临朐县相亮山楂专业合作社、汇龙山核桃专业合作社、振华果品专业合作社6家林业专业合作社被山东省林业厅认定为首批林业专业合作社省级示范社。

林下经济

1991年，随着森林资源的大幅度增加，全市各地充分利用林下资源优势，积极探索林下种植技术和养殖方法，引导林农大力发展林下经济产业，由传统单一的木材生产向以林粮、林禽、林菜、林畜、林菌、林鱼、林药等多种高效复作模式发展，既解决林下土地资源闲置，又实现了林地资源“近期得利，长期得林，以短养长”的良性发展，林业的生态、经济和社会效益得到充分发挥，林地综合经济效益大幅度提升。

2011年，全市林下经济开发总面积1.93万公顷，直接从业人员6万余人，年产值9亿元，成为全市农村经济新的增长点。为加快林下经济发展，高密市制订林下经济发展规划，按照因地制宜、统筹规划、合理布局、突出特色的原则，确立了林粮、林菜、林禽、林菌等模式。“林粮”模式，即结合速生丰产林成材周期，引导群众在林下种植小麦、大豆、豌豆、花生等作物，适合大面积推广应用。“林菜”模式，即在林下种植土豆、扁豆、西瓜、甜瓜等蔬菜瓜果，主要适于在有种菜传统的区域发展。“林禽”模式，即在林下发展笨鸡、生猪等养殖业，每亩纯收入可达万元，能够较好地实现“农民增收、科学养殖、生态育林”的“三赢”。“林菌”模式，即以黑木耳为主的林下食用菌种植。

森林公园建设

临朐沂山森林公园　1992年10月在国有林场基础上创建的临朐沂山森林公园，被林业部批准

临朐沂山狮子崮　（2011年拍摄）

为国家森林公园。

青州仰天山森林公园　1993年在青州市国有杨集林场基础上建设的青州仰天山森林公园，被山东省林业局批准为省级森林公园。2000年2月获国家林业局批准晋升为国家级森林公园，2003年山东省环境保护厅批准设立仰天山省级自然保护区，2008年景区被评为国家AAAA级旅游景区，2009年被国土资源部批准为国家地质公园。青州仰天山森林公园以“一窍仰穿，天光下射”而得名，内有华东最好的天然林次生杂木林，是一座天然植物园。先后获“山东省十佳森林公园”“山东省十大优秀新景点”“山东省十佳山岳型景区”“齐鲁山水新十景”等称号。

山东寿阳山国家森林公园　以昌乐县国有孤山林场为主体建设的山东寿阳山国家森林公园，于2008年12月经国家林业局批准设立。

青州驼山森林公园　1993年1月，山东省批准成立以青州市国有驼山林场为依托的青州驼山森林公园。历经20年的发展，成为国家AAAA级旅游景区、全国重点文物保护单位。

国有嵩山林场崔木林区水杉林　（2012年拍摄）

寿光渤海森林公园　1998年9月，寿光市国有机械林场投资建设山东省渤海湾地区高效生态林业开发示范区。2004年11月，以寿光市机械林场为依托建设的寿光渤海森林公园，经省林业局批准设立。2011年经批准建立寿光滨海国家湿地公园，为国家AAAA级旅游景区，是建立在滨海重度盐碱地上的旅游景区。

临朐嵩山森林公园　2004年11月，经省林业局批复同意，以临朐县国有嵩山林场为依托建设的临朐嵩山森林公园成立。

第五节　林业管理

林权体制改革

2002年2月，市政府印发《关于深化林权制度改革的意见》，通过承包、拍卖、租赁、股份合作等形式使集体所有的林地使用权和林木所有权与使用权，最大限度地向个体林农流转，明确林地所有权，放活林地使用权，鼓励森林、林木所有权和林地使用权流转。至2002年底，全市累计发放林权证达1万余份。2009年，市委、市政府印发《关于全面推进和深化集体林权制度改革的意见》，全市启动集体林权制度主体改革工作。至2011年底，顺利地完成以“明晰产权、承包到户”为主要内容的集体林权主体改革任务，基本上建立起以家庭承包经营为主体、多种经营形式并存、权责利相结合的林业经营管理体制。全市共签订林地林木承包合同5.4万份，完成外业勘界6.5

万宗地，面积14.28万公顷，合同签订率、外业勘界率均达到100%；发放林权证4.7万份，发证面积14.28万公顷，发证率100%，顺利通过省级检查验收。2012年，在完成集体林权制度主体改革任务后，全市加快推进林权配套改革，积极推进现代林业产权管理制度建立。

林业执法

随着全市森林资源的逐渐增加，各级相继加大林业执法力量建设。1988年，成立潍坊市公安局林业公安科，2001年更名为潍坊市林业局森林公安科。1994年，潍坊市林木病虫害防治站更名为潍坊市林木保护站。2002年6月，潍坊市林木保护站更名为潍坊市森林病虫害防治检疫站，并成立潍坊市野生动物保护站。2006年12月，潍坊市林业局事业单位调整，成立潍坊市林业资源保护管理站，挂潍坊市野生动植物保护站牌子。2008年8月，成立潍坊市森林公安局。全市设置13个森林公安机构，其中1个市级森林公安局和8个县级森林公安局、4个林区派出所，全市林业执法力量进一步加大。各级相继建立林政、林保、检疫、森林公安等林业执法机构联合执法的机制体制，加强森林资源正规化管理，依法查处盗伐、滥伐林木、违法经营加工和运输木材、擅自毁林和随意侵占林地等林业案件。至1999年，每年查处林业行政案件200余起，每年追究刑事责任的林业案件都在10起以上。

1999—2005年，林业植物检疫执法重点是调运检疫，市级林业植物检疫机构进驻潍坊火车站，具体负责潍坊市建城区内木材调运检疫，各县级林业植物检疫机构设立固定或者流动检疫检查站，开展木材调运检疫。全市年办理检疫事项1.5万件。2006—2010年，林业植物检疫执法逐步规范，检疫检查站与木材运输检疫站合建。全市仅设立市直、安丘市、临朐县3个检疫检查站可以开展上路调运检疫执法，其他调运检疫在苗木出圃环节实施，同时开始加大产地检疫力度，全市年办理检疫事项2万件。2010年，在全市范围内开展严厉打击破坏森林资源违法犯罪的“冬季行动”“春季行动”以及“严厉打击野生动物资源违法犯罪专项行动”，共查处各类涉林案件275起，涉野生动物案件32起，其中查处行政案件236起，刑事拘留34人，全部案件涉案价值54万多元。

2011—2012年，林业植物检疫执法重点是产地检疫，全市产地检疫率99%，年办理检疫事项2万件。

2011年，在全市范围内积极开展“春季攻势”“亮剑行动”等各项专项行动，同时在秋冬季节，特别是候鸟迁徙期，在北部沿海地区严厉打击涉野生动物违法犯罪活动。

2012年，在全市范围内开展“市场集中清理整治行动”和“打击破坏野生动物资源违法犯罪专项行动”，重点对象牙等濒危物种及其制品进行清理整治，严厉打击各类野生动物资源违法犯罪。共计出动警力669人次，办理涉野生动物案件86起，巡护清查野生动物分布区等地104次，清理各类市场117处，开展法制教育96次，清理整治网站30个。

第四章　畜牧业

潍坊是全国畜牧业大市和畜产品出口加工基地。1991年以来，全市畜牧系统以转方式、调结构为主线，以品牌创建为引领，以畜牧园区化建设为载体，加快推进规模化经营、标准化生产、企业化运营、社会化服务、信息化管理，在全国率先探索和实践一、二、三次产业融合发展新路径，使潍坊畜牧业走出一条高端、优质、高效和生态、低碳、可持续的现代化发展之路。

1990年，潍坊市畜牧局成立，各县市区同时成立畜牧局。2002年，经潍坊市委、市政府批准，成立潍坊市畜牧检测中心，为全额预算管理副县级事业单位。全市加强畜牧兽医队伍建设，建设县市区动物防疫监督机构12个、畜牧执法大队8个，乡镇畜牧兽医站176个、乡镇动物防疫监督所87个。

1998年11月，潍坊市被农业部确定为全国无规定动物疫病区项目建设首批示范市之一。从1999年开始，全市建设国家无规定动物疫病区项目，建立1个市级、12个县级畜牧检测中心，176个乡镇级兽医化验室，配备2700多台（套）化验仪器。1999年，全国无规定动物疫病区建设项目工作会议在潍坊召开。2001年建成国家无规定动物疫病区，2003年被国家确定为国家无规定动物疫病区示范区。

2001年，全国基层畜牧兽医站建设现场会在潍坊市召开。2001年开始推行畜牧标准化生产，2003年全国饲养小区暨畜产品标准化生产技术现场观摩交流会在潍坊市召开，到2012年底主要畜禽生产基本实现标准化。

2008年11月1日，成立潍坊市畜牧检测协会。4月5日，由潍坊市政府主办，潍坊市畜牧局承办的2008中国（潍坊）畜牧业博览会开幕。来自国内外的300多家兽药、饲料生产等企业参加，协议成交额达2亿多元。潍坊市畜牧局被评为“山东省畜牧科技推广先进单位”。

2011年，按照“重点突破，整体推进”的发展思路，全面推行畜牧园区化发展新模式，加快畜牧业转型升级步伐。全市建成畜牧生态养殖园区6000多个，其中国家级示范园区12个、省级39个、市级50个；建成畜产品加工园区261个，其中国家级9个、省级26个、市级116个；兽药、饲料等畜牧投入品生产园区339个，其中饲料生产园区264个、兽药生产园区75个。大力实施畜产品品牌战略，积极推进畜产品品牌认证，全市品牌畜产品数量和产量均列全省第一位。拥有中国驰名商标5个、中国名牌产品6个、中国名牌农产品1个、国家地理标志产品1个、山东省著名商标30个、山东名牌产品7个，有机食品2个、绿色食品14个、无公害畜产品产地244个、无公害畜产品407个，品牌畜产品产量达112.6万吨、比2010年增长17%，其中禽肉产品出口5万吨，占全省的50%、全国的1/3。全市畜牧业已成为发展农村经济的重要支柱产业，并带动加工业的发展，也成为出口创汇的重要项目。

至2012年底，全市牛存栏39.51万头，其中奶牛存栏10.02万头；猪存栏465.72万头；羊存栏94.67万只；家禽存栏1.26亿只。牛出栏33.8万头，猪出栏800.2万头，羊出栏113.7万只，家禽出栏5.11亿只。全市肉蛋奶总产量199.7万吨，较1991年增加4倍；肉类总产量142.4万吨，较1991年增加3倍多；禽蛋产量26.24万吨，较1991年增加两倍多；奶类产量31.08万吨，较1991年增加7倍多。畜牧业产值275.1亿元，较1991年增加10倍多。全市畜牧产业链实现销售收入1104亿元，出口禽产品6.30万吨、创汇3亿美元，禽肉出口量和创汇额居全省首位。畜牧业经济总量连续多年居全省前列，畜牧业成为潍坊农业、农村重要支柱产业和农民增收重要来源。

1991—2012年潍坊市畜牧业发展情况统计表

表6—4—1

年份	畜牧业产值（亿元）	大家畜（万头）					猪（万头）	羊（万只）	家禽（万只）	肉鸡（万只）	兔（万只）	禽蛋产量（万吨）	牛羊奶产量（万吨）	肉类总产量（万吨）
		牛	奶牛	驴	骡	马								
1991	23.12	44.48	0.2	9.53	6.72	3.17	192.54	60.79	3723	1663	227.12	13.57	4.14	35.3
1992	27.16	54.32	0.52	8.49	5.87	3.2	197.09	64.28	10098	4000	408.24	14.35	4.64	38.75
1993	43.34	65.42	0.54	8.03	5.64	2.92	200.82	76.81	7188	4122	427.3	21.04	5.74	60.27
1994	59.28	90.28	0.56	8.89	5.9	3.64	254.3	107.4	10099	6193	408.24	23.82	5.89	89.9
1995	71.97	114.97	0.62	8	5.07	3.15	298.26	167.49	12491	6500	437.42	30.57	9.33	115.08
1996	75.31	125.13	0.62	8.31	4.43	2.92	305.1	230.08	15036	8829	549.43	44.88	10.79	122.67
1997	85.42	94.89	0.55	5.41	3.03	1.14	222.25	93.95	8469	6305	357.95	36.26	7.63	90.53
1998	87.96	98.78	0.6	6.07	2.61	1.31	240.03	112.27	9049	4283	341.21	39.64	8.06	93.24
1999	86.33	86.78	1.23	5.34	2.49	1.38	240.64	113.95	9929	4602	364.06	40.28	8.56	95.3
2000	96.19	85.15	2.35	5.09	2.42	1.35	255.87	121.72	10975	5735	468.18	40.46	9.92	99.39
2001	98.77	68.61	3.75	3.95	1.77	1.29	248.83	116.85	10330	5198	390.7	38.23	14.47	102.09
2002	102.73	63.69	4.49	3.29	1.59	1.11	248.33	119.59	11137	5390	344.9	37.96	17.36	104.62
2003	109.86	66.9	6.24	1.74	0.98	0.6	277.54	112.3	11349	5277	264.4	38.16	18.50	106.2
2004	127.8	67.2	7.8	1.67	1.04	0.71	283.4	123.2	11600	5372	316.2	38.3	24	120
2005	142.6	64.53	9.24	1.37	0.92	0.64	307.5	123.2	10742	4365	317.5	37.3	24.7	129.5
2006	143.7	41.21	8.48	1.04	0.73	0.48	287.03	92.91	10317	4178	287.91	28.85	23.58	119.65
2007	177.7	44.54	9.40	0.85	0.60	0.45	295.62	89.59	10070	4337	217.69	28.78	26.99	127.99
2008	209.5	39.92	8.04	0.61	0.533	0.39	339.49	79.17	9682	4210	155.13	25.94	21.59	103.70
2009	205.3	39.97	7.52	0.49	0.29	0.38	380.22	83.79	10949	4679	120.51	26.32	22.24	114.68
2010	223.2	41.71	9.63	0.34	0.10	0.08	413.37	89.78	11168	5075	114.31	26.20	27.78	123.12
2011	259.0	41.99	9.38	0.33	0.04	0.04	450.17	90.55	12008	5806	98.08	26.87	27.72	135.34
2012	275.1	39.51	10.02	0.30	0.02	0.01	465.72	94.67	12597	6205	80.82	26.24	31.08	142.40

说明：表中畜禽数量，均为当年底存栏数

第一节　肉类

畜禽地方良种

寿光鸡　原产于山东省寿光市稻田镇一带，以慈家村、伦家村饲养的鸡最好，所以又称慈伦鸡，是中国地方良种之一。其遗传性较为稳定，外貌特征比较一致，体形硕大，蛋重大，就巢性弱，属肉蛋兼用优良地方鸡种。品质优良，耐粗饲，抗病能力强，按体形分大、中两个类型。其全身黑羽并有光泽，红色单冠，眼大灵活，虹彩呈黑色或褐色，喙为黑色，皮肤白色。体大脚高、骨骼粗壮、体长胸深、背宽而平、脚粗。寿光鸡肉质鲜嫩，营养丰富，在市场上，高出普通鸡2～3倍价格，成为高档宾馆、酒店、全鸡店和婚宴上的抢手货。现社会存养量极少。寿光鸡保种工作主要在寿光慈伦鸡场进行。

雏鸡早期增重和长羽速度均较慢，特别是大型寿光鸡，是典型慢羽鸡，常有背羽稀疏和秃尾等现象，约40日龄之后生长速度加快。大型成年鸡体重：公3610克、母3310克，中型成年鸡公2880克、母2340克。成年鸡屠宰率：大型鸡半净膛，公83.70%、母80.30%；中型鸡半净膛，公83.70%、母77.20%；大型鸡全净膛，公72.30%、母65.60%；中型鸡全净膛，公71.80%、母63.20%。开产日龄大型鸡240天以上、中型鸡145天；大型鸡年均产蛋117.50枚、中型鸡年均产蛋122.50枚；大型鸡蛋重为65～75克、中型鸡蛋重为60克。蛋形指数大型鸡为1.32、中型鸡为1.31；蛋壳褐色，蛋壳厚度大型鸡0.36毫米、中型鸡0.358毫米。

90年代初，国外蛋鸡、肉鸡品种大量引进，直接冲击地方品种饲养，给寿光鸡推广和开发造成很大困难。寿光鸡出现种群减少、群体近交退化现象，存栏量下降到1500套，生产性能也有所下降。1998年，寿光市开发利用寿光鸡培育优质肉鸡项目，被列入山东省重点攻关课题。1999年，寿光市在北京诚聘科技顾问团项目新闻发布会上，把寿光鸡的保种和开发利用项目列入前四位。4月，农业部顾问、中国农业大学动物科学院院长、中科院院士吴常信到寿光慈伦鸡场，对寿光鸡进行专门考察和指导，并主持参加《优质（黑羽）肉鸡培育》和省“三零”工程（省优质种子工程）《优质良种产业化开发—寿光鸡开发利用研究》等课题项目。至2002年，优质黑羽新品系培育完成，并通过省级验收，被专家鉴定为：肉质不酸、不腻，保持寿光鸡原有品种特性和风味口感，填补国内空白。寿光鸡核心群2000套，提纯工作也日益完善。

寿光鸡

临朐黑山羊　临朐黑山羊主要血统来自于沂蒙黑山羊，由当地劳动人民长期精心选育而成。据《山东省畜禽品种志》记载，临朐是黑山羊主产地之一。2012年，临朐黑山羊通过农业部地理标志产品认证。

临朐黑山羊主要特点是头短、额宽、眼大、角长而弯曲（95%以上的羊有角）。颌下有胡须、背腰平直、胸深肋圆、体躯粗壮、四肢健壮有力、耐粗抗病、合群性强。临朐黑山羊灵敏活泼、喜高燥、爱清洁、爱吃吊草、善于爬山，常年放牧。抓膘期在农历七、八、九月。据测定，成年公羊平均体重32.50千克，体高58厘米、体长64厘米、胸围72.2厘米、胸深29厘米、胸宽17厘米。成年母羊平均体重26千克，体高53厘米、体长59厘米、胸围68厘米、胸深27厘米、胸宽15厘米，明显具有躯体宽、深特点。

临朐黑山羊繁殖性能强，生后6～7个月龄可性成熟。一般母羊初配年龄，春羔7～8个月龄、秋羔1周岁。妊娠期150天，年产2胎者较多。配种季节在农历二月、四月、七月，发情期较集中。黑山羊春羔当年育肥，秋季体重即可20～25千克。其体形大而呈长方形，四肢健壮结实，结构匀称，头小而清秀，上宽下窄呈三角形。其中公羊角粗大，向上、向内伸旋，颈部粗短，前躯发达，雄性特征明显；母羊颈细长，前躯较窄，后躯发育良好，多数个体有角，角向后上方呈捻曲状伸出，尾短瘦，尖而上翘。

①②临朐黑山羊

90年代起，临朐黑山羊开始大量杂交，与辽宁白绒山羊杂交后代，脖子下有两个“坠肉”，产仔率提高，成活率提高，两年三胎，双胎率50%；此外还有与波尔山羊杂交后代，个头更大，肉质略好。通过杂交发现黑山羊有更多科研价值，杂交后，可以产生白毛稍、青毛稍黑山羊，体型大，生长速度快。与沙能奶白羊杂交后，体型大、产仔率提高、成活率提高。

临朐黑山羊被毛大多为黑色，也有白色、青色和棕色，全身黑色羊约占70%、棕红色约占10%、其他杂色约占20%。

临朐黑山羊可以肉食，全羊汤为当地名吃，肉质色泽鲜红、细嫩、味道鲜美、膻味小，是理想的高蛋白、低脂肪、富含多种氨基酸营养的保健食品。一般放养黑山羊需要7~9年时间，做成全羊汤口味最佳。临朐黑山羊羊绒质量高、光泽好、强度大、手感柔软。山区多在春季一次抓绒，公羊产绒6两左右，成年母羊年产绒4两左右，且绒纤维细长，杂质少，是高档毛绒原料。唯一例外的是棕色被毛山羊，特性相似，生长较快，羊绒较少。

畜禽引进良种

牛　1991年，潍坊市引进西门塔尔肉用种公牛6头，黑白花奶用种公牛2头。1997年，高密市肉牛良种繁育中心挂牌成立，潍坊市开始牛胚胎移植技术研究工作，共引进意大利皮埃蒙特肉牛胚胎168枚，胚胎移植繁育纯种皮埃蒙特牛45头，制作胚胎360枚。冷冻胚胎移植成功率46.3%，鲜胚胎移植成功率53%。牛羊胚胎移植研究工作首先在高密、临朐进行，以后又扩展到寒亭、青州、安丘、坊子等市区。2000年10月，高密市良种繁育中心又引进7头安格斯纯种牛。2002年，全市牛羊胚胎移植323头只，其中临朐176头只、寒亭50头只、青州45头只。

羊 1991年，潍坊市陆续引进白绒山羊、小尾寒羊、波尔山羊，对当地羊进行杂交改良。全市有种羊场4处，存栏种羊669只，主要品种是小尾寒羊、辽宁白绒山羊。至2002年，小尾寒羊存栏4.54万只。小尾寒羊成年公羊体重100千克以上、母羊55千克；在改善饲养条件或进行早期育肥时，日增重200克以上；母羊常年发情，四季均可配种，平均每胎产羔2.70只，是进行肉羊生产理想杂交母本。潍坊市于1998年引进纯种波尔山羊35只，全市开始用波尔山羊对当地山羊进行改良。波尔山羊体格大，生长发育快，初生羔

波尔山羊

重3～4千克。在集约化性能测试条件下，公、母羊3月龄体重分别为36千克与29千克，12月龄分别为达100千克与63千克，18月龄分别达117千克和75千克。在良好饲养管理条件下，成年公羊体重90～135千克、母羊60～90千克。公、母羊日增重从初生到100日龄分别为291克和272克，至150日龄分别为272克和240克，至210日龄分别为245克和204克，在强度育肥条件下，日增重高达400克。波尔山羊屠宰率较高，平均可达48%。波尔山羊属非季节性繁殖，一年四季均可发情、配种、产羔，但秋季发情比较集中。波尔山羊6月龄性成熟，二年三产或三年五产。波尔山羊平均产羔数1.93头。泌乳性能好，其泌乳天数约120～140天，日产奶1.5～2.5千克，乳脂率5.60%。

兔 伊拉（Hyla）配套系为法国欧洲兔业公司培育。2000年5月，由潍坊绿洲兔业有限公司引进四系配套伊拉曾祖代种兔群，共引进A、B、C、D四个品系，各具特点。至2002年，建成曾祖代场、祖代场、父母代场，分别存栏900套、3000套、5000套。在配套生产中，主要充分利用杂交优势作用，其商品代具有生长发育快、饲料转化率高、抗病力强、产仔率高、出肉率高及肉质鲜嫩等特点。商品代全身白色，耳、鼻、肢端和尾部浅黑色，28天断奶时体重680克，至70日龄体重2.5千克，日增重43克，饲料转化率2.7～2.9：1，出肉率58%～69%。

伊拉种兔

潍坊肉鸭 主要品种樱桃谷鸭，80年代末从英国樱桃谷农场有限公司引进。该鸭具有生长快、瘦肉率高、净肉率高和饲料转化率高，以及抗病力强等优点，在潍坊适应性良好，饲养方式以平养和笼养为主，1995年以后饲养规模逐渐扩大。1997年5月，山东潍坊乐港食品有限公司独资建成山东潍坊乐港祖代种鸭场，当年引进祖代鸭24个单元(每个单元含110只母鸭,30只公鸭)。随着樱桃谷鸭生产性能不断改进，同时为满足市场需求，潍坊市先后引进樱桃谷鸭SM型、SM2和SM3型，逐步成为全国最大的肉鸭养殖与加工基地，年出栏肉鸭2亿只，占山东省的60%以

上，居全省首位。至2012年，全市饲养樱桃谷祖代鸭120个单元，樱桃谷鸭父母代场51处，存栏父母代鸭245万只。

主要肉鸭代表企业有：潍坊乐港食品有限公司、山东寿光天成集团、山东天惠食品集团、潍坊新时代食品有限公司、昌邑顺达仁诚食品有限公司等。

樱桃谷肉鸭父母代

潍坊肉鸡 主要品种是爱拔益加肉鸡。爱拔益加肉鸡又称AA肉鸡，是美国爱拔益加育种公司培育四系配套白羽肉鸡品种，四系均为白洛克型，羽毛均为白色，单冠。该肉鸡具有生产性能稳定、增重快、胸肉产肉率高、成活率高、饲料报酬高、抗逆性强等优良特点，是潍坊市重点推广品种。父母代鸡全群平均成活率90%，入舍母鸡66周龄产蛋数193枚，入舍母鸡产种蛋数185枚，入舍母鸡产健雏数159只，种蛋受精率94%，入孵种蛋平均孵化率80%，36周龄蛋重63克。1988年，诸城外贸有限责任公司建成祖代鸡场，每年定期按计划从美国安伟捷育种有限公司引种7万套左右，经过30多年发展，“潍坊肉鸡”在良种繁育、饲料供应、疫病防治、产品加工销售等方面取得显著成效，形成了肉鸡产业地方质量控制标准，出现了诸城外贸、六和集团、中慧集团、中粮集团、山东新和盛等一大批全国知名肉鸡龙头企业，“潍坊肉鸡”的知名度和影响力不断扩大。全市平均年出栏肉鸡约3亿只，出口量和销售额约占山东省的60%以上，占全国的近1/3，是肯德基、必胜客、麦当劳等国内外品牌快餐及国内熟食加工企业的主要原料供应地区。

种畜禽饲养

1994年国务院发布《种畜禽管理条例》、1997年农业部发布《种畜禽管理条例实施细则》、1998年省政府发布《山东省种畜禽管理条例》、农业部颁发《关于加强种畜禽生产经营管理工作的通知》后，全市种畜禽管理工作逐步走上有法可依轨道。鉴定方法主要是采取统一鉴定标准，省、市、县三级分级管理办法。祖代场、原种场、省属场由省进行鉴定验收管理。肉种鸡父母代2000套以上大、中型父母代场、500套以上父母代蛋种鸡场和市属场、县属畜牧部门办场，由市畜牧部门进行鉴定验收。2000套以下小种鸡场、乡镇兽医站办的场、配种站点等由县畜牧部门负责鉴定验收，每两年重新鉴定一次。1999年，省畜牧局发布《山东省家畜冻精、胚胎管理暂行办法》《山东省种畜禽场验收发证暂行办法》等文件，潍坊市自此开始对全市冻精配种站点（包括鲜精配种，主要是肉牛、奶牛、肉羊）加强管理，进入21世纪扩大到对具有一定规模特种动物饲养场进行鉴定验收。

2005年，属于市级鉴定种畜禽场有174处，全市良种畜禽生产经营具有相当规模，形成比较完整的良种生产、流通体系。牛、羊、猪、鸡、鸭、鹅、兔、狐狸等及其他特种动物饲养，在商品生产中良种供给基本自给有余。经过逐年鉴定验收，种禽场整体规模和管理水平都有较大提高，设施更新加快，新技术应用得到普及。肉鸡父母代场，基本都有高标准料线、水线设施，普遍采用纵向通风、湿帘降温、遮黑育成、公母分饲、乳头饮水、地炉取暖、两高一低棚架式饲养等先进配套技术。种猪场中产床、限位栏、仔猪保育舍等得到广泛应用。防疫、饲养管理科学化程度都有较大提高。父母代肉种鸡按入舍鸡计，一个周期每只鸡可提供健雏120只，每套蛋种鸡可提供健雏80只，种猪窝产仔平均10头以上，每只肉种母鸭一个周期产雏180只。

2012年，全市有种畜禽场132处。其中，种猪场31处（国家级核心生猪育种场1处、一级繁育场6处、二级繁育场24处）；存栏30头以上种公猪站8处；种禽场71处（祖代场2处、父母代场69处）；种羊场6处，存栏种羊3795只；兔、貂、狐狸、鹅等其他育场16处。全市形成了原种繁育、纯种扩繁、杂交扩繁、商品场生产相配套，联合育种、良种改良为支撑的畜禽良种繁育体系。

畜禽养殖业

大家畜　1991年，全市大家畜饲养主要以分散饲养为主，存栏64.1万头，其中牛存栏44.48万头、奶牛0.2万头、驴9.53万头、骡6.72万头、马3.17万头，有牛配种站（点）110处、饲养西门塔尔种公牛6头、年制造和引进冻精颗粒5万个。大牲畜配种18.40万头，占适龄母畜81.70%，其中母牛配种15万头、受配率82%。潍坊市在大家畜发展过程中，注重牛品种改良，先后引进西门塔尔、利木赞、安格斯、皮埃蒙特等国外优良品种，冷配改良本地牛3万头，利用肉牛和奶牛杂交改良率20%以上。利用鲁西黄牛改良当地牛改良率75%以上。建成高密、诸城、安丘、昌邑等4个国家级养牛示范县。

随着农业机械化水平提高，2000年后，驴骡马等役用畜逐渐减少，肉牛、奶牛数量快速增长。2005年，大家畜存栏76.7万头，其中牛存栏64.53万头、奶牛9.24万头、驴1.37万头、骡0.92万匹、马0.64万匹；2012年，全市大牲畜存栏49.86万头，其中牛存栏39.51万头、奶牛10.02万头、驴3000头、骡200匹、马100匹。

小家畜　猪。1991年，生猪饲养开始走规模化、集约化路子，全市猪存栏192.54万头、出栏235.20万头，重点在诸城、安丘、临朐、青州、寿光、昌乐、高密等7个县。通过引进国外纯种大约克、杜洛克、汉普夏等种公猪与昌潍白猪、五莲黑猪作为母本进行杂交改良，生产杂交商品瘦肉猪，推广商品瘦肉猪配套生产技术、良种公猪配备和猪人工授精。全市母本原种场2处，基本母猪240头，二级扩繁场（户）1540处，饲养基本母猪3400头，向社会提供杂交母本猪2.85万头。全市存养纯种母本猪9.20万头，占母猪总数54.10%。有纯种瘦肉型公猪1134头，全年杂交配种16.40万头次（其中人工授精9.60万头次），繁育杂交商品瘦肉仔猪180万头，出栏瘦肉猪158万头，占出栏肥猪总数60%。推广塑料暖圈养猪29.70万头，日增重可提高100~150克。

2000年3月，市畜牧局制定《潍坊市瘦肉猪生产配套技术实施意见》，在全市实施推广二元杂交和三元杂交模式。2005年底，全市猪存栏307.51万头（其中母猪存栏47.02万头）、出栏663.94万头、人工授精60万头次、二元杂交母猪配种33.40万头、三元杂交猪出栏294.40万头、仔猪早期断奶330万头、配方育肥455万头。全市生猪出栏率175%，瘦肉率接近60%，料重比3.3：1，猪良种化程度90%。

2006年，潍坊市引进“自然养猪法”新技术。2007年开始试点，2008年，制定《潍坊市关于大力推广自然养猪法的意见》，确定“一年示范、两年推广、三年普及”目标任务，利用3年时间将此项技术全面推开。2010年，全市新建自然生态养殖场605处、总数2412处，建立自然生态发酵床面积157万平方米，存栏生猪123万头，出栏230万头。

2012年，全市生猪存栏465.72万头、出栏800万头，能繁母猪存栏62.66万头，猪肉产量60

万吨，生猪生产各项数据均居全省首位，为历史以来新高。

羊。1991年，全市羊存栏60.79万只、出栏38.04万只。利用细毛羊和半细毛羊杂交改良当地绵羊3.20万只，使细毛羊、半细毛羊及其改良羊占绵羊总数85％以上；用绒山羊改良4.50万只，改良体重比未改良提高70％，产绒量提高1倍。利用萨能奶山羊和崂山奶山羊改良奶山羊5万只，改良羊平均日产奶增加0.50公斤，提高33％，同时大量引进小尾寒羊。

1998年，在临朐成立潍坊市波尔山羊改良繁育中心，引进波尔山羊35只，对当地山羊进行改良，取得良好效果。该中心于2000年开始应用波尔山羊胚胎移植技术，至2002年累计羊胚胎移植296例，成功率56％。

2002年，全市羊存栏119.59万只、出栏158万只。其中小尾寒羊存栏4.54万只，杂交改良羊存栏112万只；规模羊场70处，羊良种化程度70％。

2005年，波尔山羊杂交羊存栏18万只，小尾寒羊存栏19.8万只，规模饲养肉羊出栏64.3万只。2012年全市羊存栏94.67万只。

正大集团（潍坊）种猪舍 （2012年拍摄）

家禽 潍坊养禽业在良种繁育、饲料供应、疫病防治等方面，体系比较健全，是产业化经营起步早、发育程度较高的产业。

1991年，全市家禽生产已开始走规模化、集约化饲养路子。全市家禽存栏3723.50万只、出栏8440.70万只，其中肉鸡存栏1663.13万只、出栏7145万只，鹅存栏189万只、出栏211.50万只。全市加大对家禽良种推广力度，共建肉鸡祖代场4处，引进饲养祖代种鸡4万套，年生产父母代种鸡120万套；建肉鸡父母代场130处，存养父母代种鸡91.65万套，年提供肉仔鸡苗7332万只，保证全市商品肉鸡生产的需要，良种率实现100％。大力推广塑料大棚养鸡技术，当年确定以诸城、寿光、昌邑为重点县市进行推广。全市建塑料大棚5111个，饲养肉鸡956.90万只，占肉鸡出栏总数14％，为农民增收1728万元。全市规模饲养场在饲养设施上，蛋鸡采用笼养、肉鸡采用网上饲养、纵向通风、湿帘降温、遮黑育成、链条送料、乳头饮水等新技术、新设备；在饲养繁育技术上，推广优质高产家禽培育及规模化养殖技术、鸡法氏囊综合防治技术和程序免疫；在生产环节上，先后引进国外良种肉鸡等优良品种和饲养管理新技术，提高家禽生产水平。

2002年，全市家禽存栏1.11亿只、出栏3.63亿只。其中，肉鸡存栏5390万只、出栏21016万只；鸭存栏1544万只、出栏5075万只；鹅存栏164万只、出栏316万只。良种肉鸡料重比2.1∶1，肉鸡品种良种化程度100％。

2005年，在全国防控高致病性禽流感情况下，全市家禽存栏1.07亿只、出栏4.39亿只。其中肉鸡出栏2.34亿只、鸭出栏1.44亿只。全市标准化肉鸡舍6678栋、标准化肉鸭舍6989栋。

2012年，家禽生产水平全面提升。肉鸡料重比降至1.6：1以下；肉鸭28日龄活重1.85千克，料重比1.65：1。机械化、自动化水平显著提高，“互联网+”应用效果逐步显现，人均肉鸡养殖效率与“十一五”期末相比提高4倍。生态环保养殖技术稳步提高，发酵床养殖技术应用范围覆盖肉鸡、肉鸭等禽种。

特种动物 在发展规模养殖过程中，潍坊市注重引导、扶持特种动物饲养，名优珍特动物发展很快，品种、数量均居全省前列。1995年，是特种动物养殖全面发展的一年，全市乌骨鸡存养131.90万只、山鸡3.35万只、水貂23万只、狐狸9万只、獭狸7350只、东北貉2000只、鹿521只、鹌鹑7.02万只、肉鸽3120只、鹦鹉8.50万只。

2001年，对水貂、狐狸开展人工授精技术研究和良种引进工作，从国外引进兰狐2000只，并成功实现兰狐、水貂人工授精配种，有效提高了品种质量。全市狐狸存栏64万只、水貂存栏41万只；年产狐皮69万张、貂皮95万张。潍坊成为全国著名的特种动物饲养基地。

2005年，水貂存栏64.60万只、狐狸存栏56.80万只、貉4万只、梅花鹿450只、马鹿80只、山鸡8120只、珍珠鸡8000只、鹌鹑1036万只、鸵鸟30只、肉鸽7万只、乌鸡2万只。年产貂皮147.10万张、狐皮135.50万张。

特种动物养殖经历过2007年市场低潮后，从2008年开始迎来快速增长期，养殖数量多、产业规模大、专业化程度高。主要养殖品种有：水貂、狐狸、貉、孔雀、鸽子、鹌鹑、大雁、火鸡等。2012年，水貂、狐狸、貉等毛皮动物存栏2760万只，其中规模场达9335处，饲养2270万只，规模养殖比重82%，主要集中在诸城、寒亭、高密、寿光等市区。其中，诸城市养殖规模最大，存栏2400万只，占全市总存栏量的87%，初步形成以诸城为中心带动辐射周边县市区的特种动物产业格局。诸城市还涌现出一批特种动物特色产业社区，如密州街道东山社区、龙都街道高相社区和舜王街道郭家埠社区，特种动物产业产值均超过1亿元。

畜产品加工与市场拓展

1992年始，全市提出实施畜牧产业化，畜牧业开始走“市场牵龙头、龙头带基地、基地连农户”的贸工农、产加销一体产业化经营路子。全市按照“确立主导产业、实行区域布局、依靠龙头带动、发展规模经营”的工作思路，进一步发展龙头企业，不断调整畜禽生产区域布局，加快畜牧产业化进程。肉鸡、肉鸭、生猪产业化生产初步形成。

畜产品加工企业按地域分布，肉鸡加工园区主要分布在诸城、昌邑、高密、寿光、安丘、潍城等地，肉鸭加工园区主要分布在昌乐、寒亭、寿光、临朐等地，生猪加工园区主要分布在诸城、高密、安丘、昌乐等地，肉牛加工园区主要分布在高密、青州等地，乳品加工园区主要分布在临朐、安丘、昌邑、坊子、高新等地，在临朐建有朗德鹅加工园区，在诸城等地建有动物毛皮加工园区。生猪产业上，重点扶优做大得利斯集团、华宝、益康宝、振祥4家本地重点企业；肉鸡产业上，重点扶持诸城外贸、中基集团、凯加3家本地企业发展。重点培育、引进中慧集团、六和集团、山东硕昌食品有限公司3家外来企业。在肉鸭产业上，重点扶持乐港、天成、金河、三江鸭业4家本地企业发展。在奶业上，重点扶持紫鸢、阳春、合力牧业3家本地企业发展。重点培育、引进伊利、三元、蒙牛3家外来企业。在牛羊业上，重点扶持惠发、益寿、盛德牧业等企业发展。

2002年，全市建成较大规模畜产品加工企业

得利斯产品展示服务中心 (2010年拍摄)

120多家，80%以上肉、奶得以加工，肉类出口12万吨、创汇2.50亿美元。

2004年，全市拥有畜牧“三资”企业30家、累计利用外资5485万美元，20家肉类加工企业获得出口注册，获欧盟注册禽肉加工企业7家，占全国50%、占全省70%，肉类产品出口到日本、韩国、俄罗斯等20多个国家和地区。

2006年，全市畜产品品牌数量不断增多。诸城菁华农牧发展有限公司等12家企业畜产品获中国名优畜产品称号，该公司的“菁华”牌鸡蛋获得中国名牌农产品称号，这是潍坊市种植业、畜牧业、渔业唯一被评为中国名牌的农产品；18家企业获山东省驰名商标；通过省级以上认证绿色、无公害畜产品品牌66个；出口免检企业6家，出口免检产品20个。进入京沪高端市场肉类达50万吨，占潍坊肉类产量40%。销往上海禽肉40万吨，占全市禽肉产量50%，年供肯德基公司3万吨，占肯德基年需求量60%。诸城得利斯、昌邑新昌、临朐圣罗捷分别获人民大会堂直供“绿卡”。全市销往国内各大中城市畜产品150万吨。

2007年，全市注重生产过程的质量安全控制，畜产品质量明显提高，畜产品质量安全整治取得显著成果，受到国务院副总理吴仪“近乎完美”的高度评价，并将潍坊市的经验向全国推广，产品行销国内外。

2008年，龙头企业改造升级速度明显加快。全市投资18.8亿元，对120多家畜产品加工企业进行改造，规模以上畜产品加工企业由127家发展到194家，国家级农业产业化龙头企业由6家上升到7家，省级龙头企业由15家上升到17家，加工能力由150万吨上升到160万吨。全市进入北京、上海、杭州、长春、天津、青岛、沈阳等大城市备案畜产品加工企业118家。

2010年，全市建成规模以上畜牧龙头企业148家，其中国家级8家、省级26家，固定资产200亿元，年加工能力200万吨，实现销售收入180亿元。130家企业的畜产品获得国内大中城市市场准入资格，外销量105万吨。其中供上海世博会、广州亚运会的畜产品1万吨以上，占全省供应量的1/5。全市鸭产品出口欧盟业务量和创

诸城外贸肉鸡宰杀流水线 (2010年拍摄)

汇额分别占全国的75%和83%。

2012年，全市共有规模以上畜产品加工企业193家，其中生猪屠宰加工企业87家、肉鸡屠宰加工企业39家、肉鸭屠宰加工企业65家、肉牛屠宰加工企业2家。全市畜产品争创有机食品2个、绿色食品14个、无公害畜产品365个、国家地理标志产品2个，连同5个中国驰名商标、6个中国名牌产品、1个中国名牌农产品和30个山东省著名商标、7个山东名牌产品，品牌畜产品产量125万吨，位居全省第一，占全省1/4。

第二节　禽蛋类

存栏量与禽蛋产量

1991年，全市家禽生产开始走规模化、集约化饲养路子。禽蛋产量13.57万吨，建蛋鸡祖代场2处，饲养祖代种鸡4000套，年产父母代种鸡20万套；建父母代蛋鸡场51处，饲养父母代种鸡16.70万套，繁育供应良种商品蛋鸡苗1503万只。全市蛋鸡良种普及率80%以上。

2002年，蛋鸡存栏4039万只，禽蛋产量38万吨。良种蛋鸡个体产蛋量15千克，料蛋比2.4：1，蛋鸡品种良种化程度达90%。

2005年，在全国防控高致病性禽流感情况下，蛋鸡存栏4365万只、禽蛋产量37.30万吨。全市标准化蛋鸡舍2944栋。2012年，全市蛋禽存栏1960.50万只，禽蛋产量26.24万吨。

品种资源

地方品种主要为寿光鸡。80年代末，从德国罗曼总公司引进罗曼蛋鸡，成为全市规模化、集约化蛋鸡饲养的当家品种。90年代初，从美国海兰公司引进海兰蛋鸡，此后各地均有饲养，是全市饲养的主要蛋鸡品种之一。

1991年起，建立起比较完善的良种繁育体系。90年代初期，国有家禽良种场占较大份额，电力、部队、外贸、商业等系统纷纷涉足家禽良种生产。90年代后期，国有蛋禽企业大部分转制或改制。2000年后，种鸡场数量减少，规模增大，专业化程度提高。

2012年，全市有祖代蛋鸡场1处，即诸城外贸有限责任公司祖代鸡场。父母代蛋鸡场6处，主要有：潍坊市润生畜禽良种有限公司、潍坊紫鸢牧业发展有限公司、青州市宝鑫种鸡场等。蛋鸡品种相对固定，以罗曼、海兰为主。

饲养方式

90年代初，蛋鸡饲养方式处于半自动化阶段。规模蛋鸡场多以半封闭式饲养为主，鸡舍为砖瓦钢混有窗结构，采用三层半阶梯笼养，人工料槽喂料，水槽自流水饮水，人工拣蛋、清粪、控制光照，靠窗户和电扇通风，采用横向通风方式，鸡舍基本不采用保温措施。散养户自动化程度更低，房舍简陋，也有采用塑料大棚饲养，喂料、饮水、光照等全是人工控制，没有通风保温清粪设备，生产水平相对较低。规模鸡场只均年产蛋10～12千克，料蛋比3.2：1左右。散养户只均年产蛋10千克，料蛋比在3.5：1，产蛋期死淘率在20%以上。

1996—2005年，蛋鸡饲养方式进入自动化阶段。鸡舍结构、饲养设备自动化程度较高，鸡舍无窗密闭式占多数。由于土地资源的紧缺，饲养密度加大，蛋鸡采用四层叠式高层笼，鸡舍小环境实行电脑控制，光照、通风、饮水、给料、拣蛋、清粪全部自动化。通风方式由横向通风改为纵向通风，夏季加湿帘降温。1栋饲养3万只的鸡舍，仅需1名工人，只均年产蛋由10～12千克提高到15千克，料蛋比2.8~3.0：1，产蛋期死淘率降至18%。

2012年，家禽生产水平全面提升。蛋鸡产蛋期成活率超过90%，料蛋比2.1：1，人均蛋鸡养殖效率提高3倍。生态环保养殖技术稳步提高，发酵床养殖技术在蛋鸡中得以利用。

鸭、鹅

90年代，全市蛋鸭、鹅数量稳定，蛋鸭品种以康贝尔鸭、麻鸭为主，生产发展速度比较缓慢，饲养方式以农户散养和小规模饲养为主，没有标准的鸭舍和专用设备、饲料和疫苗。1995年，鸭蛋产量1.14万吨、鹅蛋产量1.66万吨；2012年，鸭蛋产量2.30万吨、鹅蛋产量1100吨。

第三节 奶类

存栏量与奶产量

1991年，全市奶牛存栏量2000头，奶产量为4.14万吨；2005年，奶牛存栏量9.24万头，奶产量为24.7万吨；2012年全市奶牛存栏量10.02万头，奶产量达到31万吨。

1991年，能繁母牛4.44万头，饲养场户7470家。消费需求的不断增加带来了奶牛产业的迅猛发展，奶牛生产保持较高增长速度，生产水平和质量有较大提高，奶牛业成为畜牧业中的朝阳产业。2012年全市能繁奶牛8.90万头。通过连续几年实施奶牛良种冻精补贴，人工授精覆盖率达到100%，改良奶牛年产奶平均增加500千克左右，奶牛产奶量平均6000千克左右，年增加农民收入每头年达到2200元左右。

品种资源

潍坊没有专门的奶牛品种。1991年后，全市各地大量引入荷斯坦奶牛。2001—2005年发展尤为迅猛。引入的成年母牛年产奶量8000千克以上，乳脂率3.4%以上。引进的高产公奶牛，其父本列世界前50名，母本年产奶量1.2万千克以上，乳脂率3.8%以上。荷斯坦奶牛饲养以临朐、青州、寒亭等县市区为主。奶羊品种主要是崂山奶山羊，具有适应能力强、产奶性能高、抗病力强、养殖成本低等特点，是中国奶山羊的优良品种之一。

饲养加工方式

奶牛饲养，改变过去一家一户、一户一头或几头奶牛分散饲养、规模小、饲养水平低的饲养方式，推广规模饲养、配方饲养、阶段培育、青贮氨化和优质牧草种植技术，推动奶牛业向规模化、标准化养殖发展。全市建立奶牛饲养小区，实行专业户饲养，从品种引进、品种改良、繁育、饲养管理、疫病防治、挤奶、销售等各个环节，都达到奶牛标准饲养规范要求。2001年开始，实施市奶牛改良工程，有计划地利用高产奶基因公牛或细管冻精，改良西门塔尔杂交牛和当地黄牛，扩大奶牛数量，增加产奶量。

现代化挤奶设备 (2009年拍摄)

2007年11月28日，潍坊市奶牛发展协会成立，会员单位87家。协会将分散的奶牛户组织起来，为会员提供技术、信息等系列化服务。大力推广奶牛生产新技术，搞好优良品种登记，开展技术讲座、举办培训班等，全面提升全市奶牛的生产水平和经济效益。2011年，潍坊伊利乳业有限责任公司在临朐成立，先后引进国际领先的瑞典利乐集团的收奶线、标准化系统、配料全自动控制系统，共有18条生产线，日处理生鲜乳1000吨，年产值20亿元，带动了全市的奶业发展。

奶羊发展多以散养为主，规模化程度较高的有山东阳春羊奶乳业有限公司。该企业位于潍坊市坊子区，2005年7月6日成立，注册资本3600万元。2012年，奶山羊产业在全市得到新发展，山东阳春羊奶乳业有限公司推行的“公司+基地+合作社+奶山羊村+银行”的组织形式日臻成熟，在扶持老区脱贫致富方面做出很大贡献，“阳春精准扶贫模式”也成为一个经典产业扶贫案例。2012年底，阳春羊奶建成规模养殖基地21个，奶山羊合作社57个，奶山羊村260个，产奶奶山羊存栏量达40余万只，带动数万农民实现了脱贫致富。阳春乳业先后获“世界羊乳加工样板工厂”“世界奶山羊样板示范基地”“全国食品工业优秀龙头食品企业”等称号。

第四节 饲料生产与管理

1997年，根据职能划分，潍坊市畜牧局负责全市饲料工业行业管理，并成立潍坊市饲料工业管理办公室。至年底，全市有饲料生产企业242家，其中时产5吨以上大型饲料生产企业16家。年产饲料105.40万吨，其中配合饲料88.40万吨、浓缩饲料10万吨、添加剂预混合饲料7万吨。饲料工业总产值23.3亿元，成为畜牧业新兴支柱产业。

1998年4月23日，省政府印发《山东省饲料工业管理暂行办法》，同年7月15日起施行。根据该办法规定，结合全市饲料生产经营实际情况，市畜牧局、市工商局、市质量技术监督局联合印发《关于加强饲料工业生产和经营管理的通知》，同年11月成立潍坊市饲料工业协会。

1999年5月29日，国务院出台《饲料和饲料添加剂管理条例》（以下简称《条例》），并于2001年11月29日对《条例》进行修改。农业部于1999年12月起，先后出台《饲料添加剂和添加剂预混合饲料批准文号管理办法》《饲料添加剂和添加剂预混合饲料生产许可证管理办法》《允许使用的饲料添加剂品种目录》等相关配套法规。根据《条例》及相关法规，对全市饲料生产、经营企业进行普查摸底。至2002年底，全市有饲料生产企业344家，其中饲料添加剂生产许可证企业30家，预混合饲料生产许可证企业143家，单一饲料、精料补充料、浓缩料和配合饲料生产审查登记证企业286家（有1家企业持多种饲料生产许可证），年产量280万吨，产值60亿元。全市形成猪、鸡、鸭、牛、羊、兔、特种动物等十几个系列100多个品种，各种饲料相配套系列化生产格局。

2000—2002年，连续三年对饲料生产企业特有工种人员进行技术培训和技能鉴定。全市共有224名化验员、208名饲料机械维修工、15名中央控制操作员取得农业部和社会劳动保障部颁发的职业资格证书。

2005年，全市有饲料生产企业356家，其中有饲料添加剂生产许可证企业34家，添加剂预混料生产许可证企业145家，浓缩料、配合料、单一大宗饲料、精料补充料生产审查登记证企业292家。年加工能力700万吨，其中万吨以上企业29家，初步形成添加剂、添加剂预混料、浓缩饲料、配混饲料相配套饲料加工体系。全市饲料产量343.60万吨，产值73.50亿元。2005年，开始对潍坊市场饲料、添加剂等一律实行准入制。

饲料车间 （2012年拍摄）

2007年，全市饲料产量350万吨，产值75亿元。加强对动物源性饲料产品监督管理，组织饲料生产企业积极参加动物源性饲料产品生产企业培训班，使广大从业者进一步明确动物源性饲料产品安全卫生的重要性。对全市动物源性饲料产品生产、经营企业、牛羊养殖场（户）、鱼粉等动物源性饲料进口、生产、使用企业进行两次监督检查，从饲料环节消除发生疯牛病等动物传染疾病隐患，保证了饲料使用安全，促进了全市畜牧业健康发展。

2008年，“三聚氰胺”事件发生后，按照农业部确定饲料专项整治工作目标和饲料专项整治“四个100%”的要求，市畜牧局制订《潍坊市饲料质量安全专项整治工作实施方案》。从9月21日到10月下旬，在全市开展饲料质量安全专项整治行动，收到显著效果。

2009年是农业部确定的饲料执法规范年。从3月6日开始，按照农业部和山东省畜牧兽医局关于“饲料质量安全执法年”专项整治行动部署要求，在全市开展以“保障饲料安全，推进健康养殖”为主题的饲料质量安全执法年行动，专项整治工作取得显著成效，全市饲料产业标准化、规范化生产水平得到全面提升。

2010年，开展饲料企业等级管理评定工作。经过现场考核和综合评定，全市评选出“AAAA”级企业14家、“AAA”级企业33家、“AA”级企业37家、“A”级企业33家，在全市饲料生产企业中形成比学赶超的良好氛围。

2011年，对36家不合格饲料生产企业依法予以取缔，对动物源性饲料生产企业进行集中整治，严厉打击“地沟油”等非法生产行为。

2012年，按照农业部、山东省畜牧兽医局统一安排部署，组织执法人员以辖区内饲料企业和销售网点为重点，兼顾生猪、肉牛和肉羊养殖场（户），深入开展“瘦肉精”和含“瘦肉精”饲料清缴工作。是年，全市饲料生产企业300家，饲料总产量700万吨以上，产值200亿元。

第五节　兽药生产与管理

全市兽药产业涉及范围包括：兽药、动物保健品、兽用器械研发、生产、经营、施用（诊疗）以及兽药质量监管、检测检验等环节，由畜牧部门对兽药产业实行全产业链管理。2012年，全市有兽药GMP生产企业73家，总产值15亿元，利润2.61亿元；有动物保健品生产企业51家，总产值25.7亿元，利润3.65亿元；有兽药GSP经营企业592家，销售收入28.65亿元，利润2.87亿元；有动物诊疗机构168家，官方兽医645人，执业兽医师294人，助理执业兽医师395人，诊疗收入13.1亿元。兽药行业从业人员6769人，年销售收入82.95亿元。

生产水平

2003年始，实行兽药生产企业GMP标准管理。全市兽药生产企业投资5.6亿元用于质量管理和生产线改造，通过GMP改造，兽药生产企业质检和研发能力明显提升。全市涌现出一批国内外知名兽药企业，其中山东信得科技股份有限公司、山东华辰生物科技有限公司、潍坊普力美动物药业有限公司、潍坊诺达药业有限公司4家企业进入全国兽药产业百强行列。2012年，山东亚康药业有限公司投资兴建的中国兽药饲料交易大厦落成。

研发能力

2010年以来，以山东农业大学、山东畜牧兽医职业学院、潍坊高新区医药产业园研发中心为依托，帮助兽药生产企业成立研发中心，研发兽药新产品和专利产品；与山东农业大学联合组成中国食品谷现代畜牧科学院，下设协同创新中心兽药研究所，将清华孵化器、中科院生物研究所、中国高科集团、青岛农业大学、山东畜牧兽医职业学院等科研院所纳入中国食品谷现代畜牧业协同创新中心（联盟）成员单位，从事兽药研发与科研成果转化。到2012年，全市建成官方兽医实验室67个、兽药生产企业实验室82个、兽药和保健品研发中心10个，研发新兽药及新保健品15个、兽药专利产品16个。如：山东信得科技股份有限公司加大科研投入，组建博士后工作站，组成科研攻关团队，与有关高校、科研机构实行联合攻关，在禽流感疫苗研制、兽药制剂工艺、兽医临床试验等领域取得重大突破，其中禽流感疫苗生产新工艺填补国内空白；山东华辰生物科技有限公司泛酸钙研发生产填补省内空白，有效地提升全市兽药行业科研成果的产业化水平。

监督管理

2000年11月20—25日，根据国务院《关于开展严厉打击制售假劣商品犯罪活动联合行动通知》的精神，市畜牧局组织开展打击假劣兽药突击检查行动，对全市兽药市场进行全面检查。共检查50多个兽药生产、经营单位，依法取缔5个无证经营户，打击和震慑制售假劣兽药不法分子，进一步净化全市兽药市场。

2002年，针对全市出口养殖企业多、兽药使用量大的特点，开始推行出口养殖企业使用兽药认证制度。成立认证领导小组，抽调县市区部分药监所所长组成专业审核小组，分批对12家出口养殖企业兽药产品使用情况进行审核，从企业生产许可证、产品批准文号、药剂主要成分、含量及标签说明等方面进行严格审核，帮助出口养殖企业严把质量关，清理一些违禁药品和不合格产品。同时对审核认证企业产品每年进行两次抽样检验，不合格产品禁止出口企业继续订购、使用。全年共审核认证120多家兽药生产企业900多个兽药产品。

兽药生产车间　　(2012年拍摄)

2004年，加快兽药GMP实施。先后有潍坊圣达、潍坊六旺、潍坊山美、潍坊华宝、潍坊利中、潍坊大成、山东富利特、潍坊正大、潍坊天宇、山东超跃、潍坊勤乐11家兽药生产企业顺利通过农业部兽药GMP验收，全市兽药GMP企业13家，均在全省前列。

2006年，加强对全市47家兽药生产厂家、800家经营企业（单位）监管，并落实监管责任制。对问题较多企业（单位）列入“黑名单”，实行重点监控。市县两级主管部门加强监督管理，确保监督责任制落实到位，在兽药生产、经营、使用三个环节上建起三道关口。

2010年后，针对全市兽药生产、经营、使用企业多、监管人员少的特点，采取生产环节ABC分类管理办法，加强行业监管。在兽药经营环节，积极推行兽药GSP认证，采用统一招标或统一备案，分散经营办法，严把兽药销售质量关。在兽药使用环节，积极推行兽药备案制度，规范用药来源、品种、流程，严格执行休药期规定，保证用药安全。

畜牧业博览会

1998年，由潍坊市兽药协会主办，完全采取市场运作方式，成功举办首届潍坊市兽药博览会。当时仅有31家兽药及饲料添加剂生产企业、400多人参加，合同交易额不足1000万元，但这也是全省仅有的一个畜牧兽医行业博览会。

1999年，潍坊市兽药博览会更名为潍坊市动物保健品博览会，参展厂家60家，人员800多人。随着饲料及加工机械、种畜禽、畜产品加工、畜牧生产设备等行业参展，2005年定名为中国（潍坊）畜牧业博览会。到2012年，已连续举办15届。

第六节　畜禽疫病与卫生管理

畜禽疫病

1991—2005年，全市发生的畜禽传染病有破伤风、布氏杆菌病、狂犬病、弓形体病、结核病、乙型脑炎、疥癣病、球虫病、猪瘟、猪丹毒、猪气喘病、猪肺疫、猪水肿、仔猪白痢、猪传染性胃肠炎、牛粘膜病、牛传染性鼻气管炎、牛流行热、牛放线菌病、牛恶性卡热、羊痘、羊衣原体病、鸡新城疫、鸡马立克氏病、鸡法氏囊病、禽霍乱、鸡白痢、鸡痘、小鹅瘟、鸡传染性支气管炎、喉气管炎、鸡大肠杆菌病、兔瘟、兔巴氏杆菌病等。危害较重的寄生虫病主要有猪蛔虫、猪囊虫病、牛和羊肝片吸虫病等。中毒症主要有农药中毒、亚硝酸盐中毒等。内科病主要有便秘、胃扩张、肠鼓气、肠痉挛、支气管炎、肺气肿、异物性肺炎等60多种。

马鼻疽10年无疫情，1999年经验收达到消灭标准。马传贫20年无疫情，2000年全市考核达稳定控制标准。口蹄疫本地无疫源。1998年1月，潍坊市高新技术开发区东金马庄戴学华猪场有32头猪发病，经省化验中心化验确诊为O型口蹄疫。共扑杀同群猪59头。2001年，O型口蹄疫疫情基本得到控制，全市只有安丘、寿光2市发生疫情，扑杀生猪13头，牛15头。2002年，高密、昌邑、寒亭、潍城4市区发生疫情，疫情面积很小，有4个疫点，扑杀猪115头。从2002年3月，消灭最后一个疫点，至2005年再无疫情发生。鸡新城疫1998年发病14万只，1999年发病19.40万只，2000年发病15.60万只，2001年发病13.50万只，2002年发病8500只，呈逐年下降趋势。猪瘟，1999年发病215头，2000年发病226头，2001—2005年无临床病例发生。禽流感无临床病例报告。奶牛结核病、猪伪狂犬病、猪蓝耳病、鸡白痢、鸡马立克氏病、鸡产蛋下降综合征、鸡法氏囊、兔瘟、鸭瘟、鸭病毒性肝炎等临床上只有零星发生。羊布病、鸡白血病近几年未见临床病例。

2006—2012年，国家对高致病性禽流感、口蹄疫、高致病性猪蓝耳病、猪瘟4种动物疫病实施强制免疫。潍坊市严格按照农业部制定的重大动物疫病免疫方案与免疫技术规范的要求进行科学规范的免疫注射，规范免疫操作。对畜禽建立完整的免疫档案，详细记录免疫时间和所用疫苗种类、厂家、批号等，规范防疫行为。强制免疫病种的群体免疫密度常年维持在90%以上，其中应免畜禽免疫密度达到100%，免疫抗体合格率全年保持在70%以上。全面落实对饲养家畜禽及其免疫情况的登记和建档工作，确保对所有饲养畜禽免疫的有效监管，确保达到合格的免疫效果。

疫病防控

1991年，全市从事动物防疫监督执法人员1100多人，官方兽医176名，监督员84名，检疫员857名，其中兽医师以上职称196人，占总人数20%。

90年代，畜禽防疫逐步强化对畜禽疫病的免疫注射。采取以春秋两季集中免疫为主，常年补防为辅的免疫方针。集中免疫时，专业人员分片包干，乡政府领导牵头，村委领导带领，逐村、逐户、逐头进行免疫注射，同时做好免疫记录，建立防疫台账，发放免疫卡。自2002年下半年开始，全市实行免疫标识制度，畜禽免疫密度明显提高，特别是口蹄疫、猪瘟、猪丹毒、鸡新城疫、鸡法氏囊、鸡传支等均得到较好控制。

2005—2006年，周边国家和国内部分省份相继发生高致病性禽流感后，全市上下紧急动员，全市共出动消毒人员4万多人次，对家禽饲养场及其周边环境和主要道路进行全面消毒，使用消毒剂220多吨，消毒面积累计4.6亿平方米；加大了动物防疫监督检查站的检查力度，实行昼夜值班，对运载动物及其产品的车辆进行查证验物和消毒，共检查消毒车辆6525辆，查验动物381万头（只）、产品659吨，把住了出入关口。市、县两级落实防控专项资金1180万元，市县乡成立了由2500多人组成的预备队和专家指导组，严防疫情发生。开展科普宣传，做到群防群控。编印《关于搞好禽流感防控工作的紧急通告》5万份，发放《防控禽流感宣传画》9000张、《禽流感防控政策法律问答》小册子4000本。对潍坊市的防控工作，中央外宣办组织8家境内外新闻媒体到潍坊采访，并向国内外进行报道。在省政府对禽流感防控工作的表彰中，潍坊市政府、昌乐县政府和诸城市畜牧局分别获得先进集体称号。

2008年，面对国内外严峻的重大动物疫病防控形势，市畜牧局按照市委领导提出的“警钟长鸣、常抓不懈、防患未然、造福农民”的要求，强化综合防控措施。市、县及时落实疫苗资金6868.64万元，调购禽流感疫苗8880万毫升、口蹄疫疫苗1234万毫升、猪蓝耳病疫苗955万毫升、猪瘟疫苗478万头（份），做到了应免尽免，不留死角。各县市区均提前完成春秋两季集中免疫任务，各项防控指标名列全省第一。

2012年，加大疫情监测力度，全市共检测动物疫病样品10.4万份。积极推进镇（街道）畜牧兽医站规范化建设，全市共投资7402万元，新建43个、改造42个，基层动物防疫体系建设不断加强，重大动物疫情控制水平不断提高。

检疫监管

1991年，全市召开文明执法座谈会，把

1991年作为畜牧系统“文明执法年”，把每年7月定为“畜牧法规宣传月”。当年6月底至7月底，对全市1235名检疫员、82名监督员进行了轮训。

1993年1月，市畜牧局印发《关于畜禽产地检疫证等五证发放管理的意见》，加强五证管理和换证收费办法及坚决执行检疫费收费标准。

1996年，对检疫用章全部更换。同年年底，对全市畜牧执法人员进行详细摸底统计，全市共有检疫人员1103人、监督员88人。

1999年，制定《动物检疫员守则》《动物防疫证照管理制度》《动物产地检疫制度》等9个规范性规章制度。配合省畜牧局对动物检疫员进行首批技能鉴定试点工作，有854名动物检疫员参加，及格率95%以上。11月对全市新增补的197名动物检疫员进行业务培训。

2002年，全市畜牧系统为宣传贯彻《山东省动物防疫条例》，在潍坊电视台举办“中基杯《条例》电视知识竞赛”；根据上海、北京等准入城市和省畜牧办公室有关要求，对全市42家申请准入的畜禽及其屠宰加工企业进行调查摸底和准入验收，其中诸城得利斯、寿光东盈养殖场两家企业获准入沪，12家企业报请省畜牧办公室审批办理进京有关手续。

2006年，欧盟委员会食品兽医办公室考察团先后于2月和10月两次到潍坊市就动物防疫体系和重大动物疫病防控情况进行考察。其间到诸城、高密、昌乐、昌邑的饲养场、兽医站、化验室等实地考察，全市畜牧系统圆满完成各项考察任务。制定全市畜牧系统《2006年食品安全目标责任制》《2006年度畜禽饲养信用体系建设实施方案及考评办法》，建立食品安全信用体系建设企业档案，划分企业信用等级。按照征集安全信息和评定技术标准，对企业进行督导和考评，增强企业畜产品质量安全意识，规范操作，从源头上确保畜产品质量安全。

2007年3月，召开潍坊畜产品质量安全暨与京沪杭长产销对接会议，邀请北京市、上海市、杭州市、长春市动物卫生监督机构负责人，杭州市4家经销公司负责人参加会议。大力推行动物标识及疫病可追溯体系建设，在临朐县进行试点工作。临朐县在17个乡镇42个村开展动物标识佩戴、信息登记等工作，上传信息近3000条。在搞好临朐试点基础上，积极推动二维码动物标识在全市推广应用。

重大动物疫病防控应急演练　　（2009年1月拍摄）

2008年是奥运年，鉴于潍坊市畜产品供应北京、上海、青岛等奥运承办城市企业多、数量大，加大了对“涉奥企业”监管力度。4月17日，在安丘市专门召开潍坊市动物疫病防控和奥运期间畜产品质量安全工作会议，签订《潍坊市畜牧系统奥运期间动物及动物产品质量安全责任书》和《潍坊市畜牧系统奥运期间动物病原微生物实验室生物安全监管责任书》，与86家供奥畜产品企业分别签订责任书，重新落实驻场动物检疫员，明确监管责任，并逐级上报备案。

2010年，组织开展第一次执业兽医资格考试。全市有1619人报名、1214人参加考试，参考率75%，考试通过人员380人，其中131人通过执业兽医师考试，249人通过助理执业兽医师考试。

2011年，开展全市动物检疫技能大比武活动。全市共组织检疫员培训班40多批次，推荐优秀动物检疫员24名参加全市大比武活动。6月20日参加全省动物检疫技能大比武活动，高密市动物卫生监督所禚度鹏勇夺桂冠，诸城市动物卫生监督所惠云云获第7名，是前10名中唯一女选手。

2012年，美国农业部动植物检疫局考察组一行3人到诸城、昌乐、临朐3个县市进行考察，这是首次以畜牧兽医部门名义迎接美国考察评估，美方官员对潍坊市的工作给予充分肯定。11月，鲁杭第十二届省际动物卫生监督联防协作暨鲁杭产销对接会议在潍坊富华大酒店召开，杭州市企业代表和山东省企业代表150余人参加，杭州市畜牧兽医局分别和潍坊市畜牧兽医局、临沂市畜牧局签署《供杭动物和动物产品动物卫生监督联防协议书》，有多家企业相互签订动物产品采购合同及畜牧业合作意向书。

疫病检测

2005年4月，潍坊市畜牧检测中心通过省实验室计量认证，取得计量认证合格证书；2010年11月，取得兽医实验室考核合格证；2011年8月，取得农产品质量安全检测机构考核合格证书。潍坊市畜牧检测中心通过认证的产品涵盖了动物疫病、畜产品、兽药和饲料四大类产品85个不重复参数。

到2011年底，市级检测动物完成疫病血清样品1820份5460个参数；完成省畜牧局分配的动物血清、拭子及组织3344份样品的采样、送样任务；完成农业部安排的39份牛脑、羊脑样品的采集、报送任务。2012年，市级检测动物疫病样品3995份；采集并报送农业部和省畜牧兽医局动物疫病样品2590份。

2012年，市、县、镇三级畜牧兽医检测体系基本形成，全市有1个市级实验室、10个县级和54个镇级实验室、200多个企业实验室。潍坊市级实验室具备动物疫病、饲料、兽药、畜产品综合检测能力，县级实验室具备动物疫病基础检测能力，部分镇级实验室具备动物疫病初级检测能力。

无疫区建设与管理

1998年以来，全市经过三次投资，完成无规定动物疫病区基础设施建设。累计投入4000多万元，购置实验仪器2700多台（套），配备1个市级实验室，面积810平方米；12个县级实验室，每个实验室面积200多平方米；53个重点乡镇化验室，每个面积80平方米；123个普通乡镇化验室。各级实验室仪器配备齐全，水、电、交通、通信设施齐全，各级防检机构工作环境条件得到良好改善。1998年11月潍坊市被农业部确定为全国无规定动物疫病区项目建设首批示范市之一。1999年，全国无规定动物疫病区建设项目工作会议在潍坊市召开。

2001年，建成国家无规定动物疫病区。全市在原有无规定动物疫病区项目建设的基础上，集中人力、物力和财力，运用法律、行政、经济和技术等综合措施，进行无规定疫病区示范区建设。

到2002年底，全市建立起符合OIE（国际兽医卫生标准）标准动物防疫和兽医管理模式。整个区域内动物疫病防治、检疫、疫病监测、监督执法和畜产品卫生质量控制手段及水平均达到国家规定标准，并基本达到国际动物卫生组织规定有关标准。

2003年，胶东半岛无疫区建设项目顺利通过农业部验收，潍坊市被国家确定为国家无规定动物疫病区示范区。

2005—2012年，巩固和提高无疫区示范区建设成果。动物疫病强制免疫体系、动物疫情监测预警体系、动物卫生监督监管体系和应急管理体系四大体系有效运转，全市保持无口蹄疫和无高致病性禽流感疫情发生的良好局面。

第七节　畜禽养殖污染治理

90年代后期，随着全市畜牧业的快速发展，畜禽废弃物带来的面源污染问题日益凸显。2012年，全市有规模饲养场（户）10万多处，养殖小区4000多个，各类畜禽养殖年产粪污3000多万吨。全市畜牧系统采取重点治理、建章立制、推广新技术等一系列措施，在畜禽废弃物治理方面进行大胆探索，取得显著成效。

生物发酵床养殖

全面推广应用生物技术，引导养殖场户利用生物发酵床养猪、养鸡、养鸭、养羊等，利用垫料中的生物菌种将畜禽粪污全部降解，利用过的垫料又可用作种植业的有机肥料。

沼气工程处理

积极推广“畜—沼—粮（林、果、菜）”种养结合等沼气利用、生态循环消纳模式，利用畜禽粪污生产沼气，沼气用来发电、用作燃料，沼液用作果树、蔬菜等有机肥料，既消纳养殖粪污，又促进农业增产、增收，实现了养殖业与种植业的良性循环发展。截至2012年，全市采用“畜—沼—粮（林、果、菜）”新技术的畜牧养殖场区500多家，年处理利用畜禽粪便30多万吨。

有机肥生产

加快推进有机肥生产企业建设，积极促进畜禽粪便资源化利用，扶持引导以畜禽粪便为主要原料的有机肥生产企业发展。如诸城金土地有机肥有限责任公司是由诸城外贸有限责任公司与澳大利亚ACCA国际贸易公司共同投资兴建的一家专门从事有机肥料开发、生产的合资企业，总投资6000万元，年生产有机肥3万吨，实现销售收入1500万元，利润107万元，减少畜禽粪污排放7万多吨。另外，采用干清粪方式，将猪粪、鸡粪、鸭粪、牛粪、羊粪等畜禽粪便堆积、密封进行自然发酵，腐熟后用作农家肥。

同时，部分生猪养殖场户采用三级沉淀池分段发酵处理，充分发酵后用作农作物肥料。

面源污染治理

2006年，开展搞好潍河、虞河及峡山区畜牧面源污染的治理工作。市畜牧局制订《潍河流域畜禽养殖污染治理的实施方案》《潍坊市峡山水库周边上游畜牧业面源污染治理规划》，利用三年时间，全部完成治理任务。2009年，峡山水源地主要畜禽（生猪、鸡）规模饲养场100%达到标准化要求，《良好农业操作规范》实施面达到100%，国家无公害畜禽养殖标准实施面达到100%，基地规模畜禽饲养场100%通过GAP认证，基地饲养的畜禽100%通过无公害认证。专项治理中对有机肥生产企业发展进行重点扶持，着力推动畜禽粪便加工生产有机肥力度。2009年峡山区有机肥生产能力翻一番，养殖污染减少40%。

2008年，以积极参与搞好生态市建设为契机，畜牧业面源污染治理工作全面启动。在全市畜牧业污染源普查的基础上，制定畜牧业面源污染治理规划意见，以峡山水库上游及周边地区为重点的全市畜牧业治污工作顺利进行。100个生猪标准化饲养场建设项目被列入“2008年潍坊市生态建设十大重点工程百个项目”。根据《关于生态市建设2008—2012年度目标任务分解的通知》及《关于印发2008—2012年度生态市建设目标任务考核办法的通知》要求，在每个县市区确定2~3个点，搞好示范推广，使畜禽粪污处理逐步达到减量化、资源化、无害化。10月，在全市开展拉网式整治检查，检查规模化养殖场3050处，其中1685处具有完善粪污处理设施，占58%；养殖小区490个，402个具有完善粪污处理设施，占82%。至2012年，全市新增规模以上畜牧标准化养殖园区195家、总数达3970家，新增生态循环养殖园区121家、总数达1415家。

自然生态养殖

2008年，开始大力推广自然生态养殖。市畜牧局与市外专局联合下发《潍坊市自然生态养猪法推广实施意见》，明确提出“一年示范、两年推广、三年普及”的规划目标。2008年，全市投资建设“自然生态养猪法”养猪场613处，建成猪舍1281栋、发酵床面积32.4万平方米，实现生猪存栏20.5万头，生猪出栏30多万头，增加经济收入6060万元，增加社会效益5.05亿元。2010年底，积极研发推广生物利用技术，新建改造生态养殖场605处、总数达2412处，建成生态畜牧科技示范园区50个。全省优质生猪基地建设现场会在潍坊召开，潍坊市生猪产业化发展的经验做法在全国推广。

规模化、规范化养殖

2009年，强化市畜牧兽医技术推广中心职能，成立潍坊市康牧兽药饲料研发中心和潍坊市畜牧行业专家委员会，为畜牧科技研发推广搭建有效平台。各县市区畜牧局都成立畜牧业面源污染治理工作领导小组和技术指导小组，抓好优质肉牛繁育与育肥技术、奶牛饲养与优质饲草利用技术、肉羊肥羔生产综合配套技术、生态养猪法技术推广，确保规模化养殖场、养殖小区规范化建设。主要做法是，1.完善规模化养殖场、养殖小区规范化设计。包括场地的选择，养殖区、饲料加工储藏区、生活区的科学布局，畜禽舍、防疫设施、粪污处理设施规范化建设，提高养殖小区土地利用率。2.规模化养殖场、养殖小区实施规范化防疫。科学消毒、程序化免疫、病死畜禽无害化处理、饲养日志建立与全程监管等。3.建立健全规模化养殖场、养殖小区的粪污无害化处理设施。实行粪污微生物处理、畜禽粪尿利用（袋装有机肥、粪便加工、生产沼气、蘑菇生产等多种形式），减少粪污对养殖小区周围土壤、水体和村居环境的污染。4.以项目建设带动促进工作的开展。结合2007年、2008年国家生猪标准化规模场（小区）项目的建设，在160多处规模猪场，优先安排粪污无害化处理设施的建设以及“生态养猪法”养猪场的改扩建项目，全市用于“自然养猪法”改扩建项目面积达到23851平方米。2009年，投资6.5亿元新建改造标准化养殖场区600处；投资8亿元，建设零排放、无污染、高效益的生态养猪场1417处，出栏优质生猪107万头、增长170%。

第五章　海洋与渔业

1991后，随着改革开放深入发展，市场化程度进一步加快，人们的改革开放观念、市场化意识和创新意识进一步提高，生产经营模式更加多元化、规范化，潍坊市海洋与渔业进入一个又好又快的发展期。

1996年，国家将领海基线以内及内水的海洋事务下放给地方管理。全市海洋产业产值从1996年的44.23亿元升至2012年的1186.56亿元；渔业总产值由1991年的5.00亿元升至2012年的178.73亿元，其中水产品产值由1991年的3.45亿元升至2012年的68.23亿元，水产品总产量由1991年的65491吨升至2012年的529725吨；海洋产业产值中，盐及盐化工与海洋渔业仍为支柱产业，海上交通运输业稳中有升，滨海旅游业发展迅速，海洋发电、海洋药物以及石油及天然气业进入21世纪后发展较快，潜力巨大，船舶修造业经过近10年的徘徊后，自2005年后发展步伐加快，技术力量提升，市场潜力较大。

2012年，全市渔业人口达到8.86万人，比1991年增加5.4万人，其中渔业劳力由1991年的2.85万人增加到2012年的5.63万人。机动渔船由1991年的1091艘/32526千瓦升至2012年的3085艘/150754千瓦，其中海洋渔业船只由925艘/30987千瓦升至1309艘/121394千瓦。

1991—2012年，海洋环境保护压力逐年增大。特别是1993年以后，由于工业化、城市化进程加快，沿海化工业快速发展，大量工业污水、生活废水直排入海，使近海水域受到不同程度的污染，连续发生1993年的养殖对虾大面积死亡和2004年莱州湾海域大面积污染事件，致莱州湾鱼类资源的产卵场、索饵场受到严重影响，传统经济鱼类品种大幅度下降，如黄姑鱼、黄花鱼、中国对虾、带鱼、鲅鱼、梭子蟹等已不能形成渔汛，个别种类已近绝迹。

2005年，市委、市政府召开全市海洋与渔业工作会议。沿海各地进一步加大“海上潍坊”建设工作力度，积极协调有关涉海部门按照“两区、三带、四大工程”的规划要求，将海洋渔业和海洋化工业作为“海上潍坊”建设的两大支柱产业，摆到了沿海各地政府工作的最突出位置，采取有效措施，狠抓海洋产业规模的膨胀和经济结构的优化升级，加快了“海上潍坊”建设步伐。为更好地消除沿海地区风暴潮灾害、防止污染物无序排放和改善沿海地区交通条件，潍坊市政府决定在沿海潮间带建设可抵御百年一遇风暴潮的防潮大堤。大堤一期工程在立项的基础上，已通过国家海洋局组织的海域使用论证和环境影响评价评审。是年，全市海洋产业总产值199.5亿元、增加值115亿元，分别比2004年增长16.5%和13.3%；渔业总产值49.7亿元，比2004年增长11.2%；水产品总产量60.4万吨，比2004年增长2.2%，继续保持稳步增长势头。

2010年，全市以新一轮山东省海洋功能区划修编为契机，修改和完善全市海洋相关规划。以保障国家和省、市重大建设项目用海为重点，支持沿海风电、疏港铁路等涉海大项目建设。积极推进滨海区域建设用海规划的编制、上报工作，总用海25.5平方千米的滨海生态旅游度假区区域建设用海规划获国家海洋局评审通过。起草完成海域使用权出让转让管理办法，分别在寿光、昌邑两市建立海域使用权流转交易中心。全市办理海域使用权抵押15宗，资金1.1亿元。深入开展海洋环境监测监视，妥善处理“五九”海上溢油事故，发布《潍坊市2009年海洋环境质量公报》。加强海域使用监督管理，规范开展海域使用动态监管工作，大力推进“数字海洋”工程建设。

2012年，国家海洋局印发《关于潍坊滨海生态旅游度假区区域建设用海规划的批复》，批复的规划总面积52.05平方千米，在全省此类规划中面积最大，其中填海面积25.45平方千米。对促进滨海经济社会发展具有积极意义。规划的实施，为滨海区近5年的建设与发展提供了巨大的填海空间资源。

1996—2012年潍坊市海洋产业产值情况表

表6—5—1　　单位：万元

年份	海洋产业总产值						
	合计	渔业产业	交通运输	盐及盐化工	石油及天然气	滨海旅游	修造船
1996	442312	250125	5959	98708	80000	5900	1620
1997	594448	281358	6662	240385	48080	6200	11763
1998	711419	301559	12350	284600	61453	48079	3378
1999	772652	311679	14251	314560	75458	53077	3627
2000	970768	357885	25981	340180	101132	142100	3490
2001	1138810	372689	7166	380519	109468	265300	3668
2002	1285209	390997	22584	462457	128153	277200	3818
2003	1460918	418622	25842	603016	140968	268100	4370
2004	1849704	469200	29163	883241	137500	325600	5000
2005	1995483	497400	10200	1002883	以后由省统计	468000	17000
2006	2247140	528500	7900	1154000	以下为其他产业	540000	6500
2007	3015334	558891	15000	1537153	7800	887400	9090
2008	5218852	616024	11570	2849918	241600	1480000	19740
2009	6947751	977236	23000	3431690	316600	1890000	309225
2010	8323247	1191185	23000	4209990	217812	237000	309260
2011	9851679	1434343	26000	4404998	820288	2846000	320050
2012	11865590	1787287	25013	5129661	1105477	3472127	346025

说明：2006年以后其他产业为海洋发电、海水利用和海洋建筑业

1991—2012年潍坊市渔业产业产值情况表

表6－5－2　　单位：万元

年份	总产值	水产品产值	海水产品产值	淡水产品产值	第二产业产值	其中：水产品加工产值	第三产业产值
1991	50037	34462	30382	4080	15575	10098	—
1992	65785	40657	36795	3862	25128	15718	—
1993	111009	59547	47966	11581	33399	28025	18063
1994	193092	88667	65556	23111	41730	31539	62695
1995	283708	137931	105929	32002	77401	42750	68376
1996	283499	147292	109019	38273	84511	49497	51656
1997	321733	157689	125271	32418	10179	48398	62253
1998	342934	164078	126081	37997	120176	57900	58680
1999	380192	155280	111296	43983	113873	49818	111039
2000	423280	171910	128445	43465	128495	48910	122875
2001	460786	183608	142520	41088	140132	53054	137046
2002	507038	192375	147644	44731	142698	68146	171965
2003	55849	204371	147959	56412	146383	78853	207795
2004	653019	216590	152866	63724	152092	75453	284337
2005	722653	245996	170684	75312	153303	78534	323354
2006	825535	289218	204943	84275	156408	71008	379909
2007	825535	289218	204652	84566	156408	71008	379909
2008	958892	308399	217759	90640	191577	77672	458916
2009	1458470	411417	292241	119174	362507	100972	684546
2010	1780740	432879	301165	131713	451994	108698	895868
2011	2143062	520660	337147	176406	538819	151197	1083583
2012	2553957	682302	461437	206119	653285	165916	1218370

第一节　海洋事务

海洋管理体制

1996年，在原市水产局的基础上组建潍坊市海洋与水产局。寿光、昌邑、寒亭海洋机构也随之成立。海洋管理工作逐步展开。1998年12月30日，市政府印发《潍坊市海域使用管理办法》。该办法对潍坊市海域使用管理体制、管理权限、管理范围、法律责任等作了明确界定。规定“海岸线以上与潮间带相连的用于海水养殖的荒滩，由海洋与渔业部门规划管理；其他荒滩由国土资源部门管理”。2001年，潍坊市海洋与水产局更名为潍坊市海洋与渔业局，明确了相关职责。

2002年《中华人民共和国海域使用管理法》和2004年《山东省海域使用管理条例》正式颁布实施，对海洋功能区划制度、海域有偿使用制度、海域权属制度、海域使用管理体制作了更加明确的规定，授权沿海县级以上地方人民政府负责本行政区毗邻海域使用的监督管理。

海洋综合管理

海域使用管理 1997年9月始，潍坊市对全市海域使用情况进行全面普查、核查和登记，为全市海域使用管理工作打下良好基础。2005年，寿光市和寒亭区被国家海洋局确定为“全国海域管理示范县”。2006年，昌邑市被省海洋与渔业厅确定为“全省海域管理示范县”。

区划管理 90年代初，潍坊市提出建设“海上潍坊”的战略构想。随着海洋资源开发利用程度的提高，全市用海矛盾日益突出，各自为政、掠夺性开发等不合理用海行为，造成海洋资源的极大浪费，综合效益低下，海洋生态环境遭到破坏，环境污染日趋严重，严重制约着全市海洋经济的健康发展。1997年7月始，潍坊市启动编撰《潍坊市海洋功能区划》（简称《区划》），至2005年6月完成。2006年6月，省政府正式批复了潍坊市海洋功能区划，这是山东省依法批复的第一个市级海洋功能区划。

《区划》依据潍坊市沿海自然环境特点、自然资源优势和社会需求，将全市海域划分为港口航运区、渔业资源利用养护区、矿产资源利用区、旅游区、海水资源利用区、海洋能源利用区、工程用海区、海洋保护区、特殊利用区共9类60个功能区。

海域勘界 随着海洋经济的不断开发，地市之间、县区之间、用海单位之间抢滩、争海事件不断发生，扰乱了正常的生产秩序。寿光市与广饶县矛盾尤为突出，群体事件时有发生。为有效解决海域界线争议，促进海洋资源合理开发和维护沿海地区社会稳定，根据2002年第32次市长办公会研究决定，全市海域勘界工作正式启动。2002年10月19日，召开全市海域勘界工作会议。全市待勘定的县际间海域界线5条，由潍坊市负责勘定的3条，配合省里勘定的2条。海域勘界工作在现场勘测和内业成果分析处理的基础上，形成寿光—寒亭、寒亭—昌邑海域行政界线和寿光—海化生产管理线的勘界草案。

海岸线界定 2005年8月，市政府在广泛征求沿海各市区人民政府和技术部门意见基础上，印发《潍坊市海岸线划定方案》。潍坊市海岸线共设置70个拐点坐标，西起寿光市圣海集团养殖场西大坝与陆域交汇处，东至胶莱河河流中心线。海岸线全长143千米，其中寿光市46千米（含海化区16千米），寒亭区41千米，昌邑市53千米。

海岸线标识　　　　(2012年拍摄)

海洋保护区 2005年，潍坊市在海化区老河口海域建立潍坊市莱州湾近江牡蛎原种自然保护区。

2007年，国家海洋局批复潍坊市申报的《柽柳林海洋特别保护区》，确定山东昌邑柽柳林海

国家级山东昌邑柽柳林海洋生态特别保护区　（2012年拍摄）

东临滨海区与昌邑市海域分界线，北面为莱州湾海域。近江牡蛎保护区总面积为1514公顷，其中核心区面积为697公顷，试验区面积为817公顷。特别保护期为每年的4月1日—5月15日、6月16日—9月1日。保护区位于滨海区大家洼街道北部近岸海域，西靠滨海区与寿光市海域分界线，东临潍坊市龙威集团养殖公司海域，北为莱州湾海域，南面2.5千米处为弥河古河道入海口。主要保护对象为近江牡蛎，其他保护对象包括梭子蟹、日本鲟、对虾、虾蛄、杂色蛤、毛蛤、竹蛏、海葵、梭鱼、鲈鱼、毛尾虾虎鱼等。

洋生态特别保护区。

2007年12月12日，农业部公布40个国家级水产种质资源保护区，潍坊市莱州湾单环刺螠近江牡蛎水产种质资源保护区榜上有名。莱州湾单环刺螠近江牡蛎国家级水产种质资源保护区位于潍坊滨海经济技术开发区北部海域，总面积3890公顷，其中核心区面积1307公顷，实验区面积2583公顷。保护区分单环刺螠保护区和近江牡蛎保护区两部分。单环刺螠保护区总面积2376公顷，其中核心区面积为610公顷，试验区面积为1766公顷。特别保护期为每年6月16日至9月1日。保护区位于滨海区央子街道北部白浪河口附近海域，西距潍坊森达美港约3千米，南靠沿海防护堤，

梭子蟹　（2012年拍摄）

2008年7月4日，山东省渔业资源修复行动计划确定建立潍坊莱州湾三疣梭子蟹原种资源自然保护区，项目总投资100万元，其中省级补助资金30万元，市级自筹70万元。主要建设内容及规模是设置保护界碑、界牌，添置仪器，进行人工繁育、增殖。种质资源保护区由昌邑市海洋与渔业局承担，下设保护区管理办公室，负责日常工作事务，保护区的管理由渔政站和边防派出所负责。

海洋行政执法

潍坊市海监支队于1998年成立。支队成立后对全市海域使用情况和海洋环境保护情况进行全面普查，开展以查处海洋环境保护违法案件为切入点的海监执法。至2010年，立案查处海洋违法案件38起，结案38起，收缴罚款115万元。2010年，组织以查处非法围填海、非法占用海域、污染损害海洋环境为重点的“碧海2010”“海盾2010”“海岛执法监督检查”执法行动，开展海域使用执法检查518次，检查用海项目和排污口

渔政执法船 (2012年拍摄)

第二节 渔业行政

渔政管理

潍坊市渔政工作主要有渔政管理、渔业资源保护与渔船许可管理、渔业安全监管、水产品质量执法四大中心工作。

渔业生产秩序 针对年审难度不断加大的实际，采取多项有力措施，每年对800余艘海洋捕捞渔船、渔业捕捞辅助船及2012年经批准纳入管理的海洋捕捞特殊渔船进行年审。

渔业生产安全 按照“一岗双责”和“谁主管、谁负责”“一把手”负责制等原则，市县两级海洋与渔业部门成立由局长任主任、分管副局长任副主任的渔业安全生产委员会，层层下达安全生产控制指标，签订渔业安全生产目标化管理责任状。

围绕“遵章守法，关爱生命”这一活动主题，加强宣传教育，开展普法宣传，每年发放宣传手册和监督服务联系卡1200份，通过各新闻媒体进行宣传报道，全面提高执法影响力。

制定下发渔业安全生产专项实施方案85个，111个，发现并处理违法案件5起。

海域动态监管

2008年，以潍坊市海洋环境监测中心站为依托，成立潍坊市海域使用动态监管中心，建立潍坊市海域使用动态监管系统。自2008年始，全市认真编制并规范实施各年度《潍坊市海域使用动态监视监测年度工作方案》。2008年7月，市海洋与渔业局组织开展海籍及海域现状调查工作，全面掌握潍坊市所辖海域的现状、海域使用权属、类型、海域使用金征缴等情况，建立完整的海籍台账，提高海域使用管理水平。在此基础上，于2008年12月，首次建立潍坊市海域使用权属数据库，共收集263宗权属用海调查数据。2009年始，市中心严格按照国家海洋局要求，开展海域使用权属监视监测业务化工作，通过每月1次的权属监视监测，及时对海域权属数据库进行完善和更新。

2008年，积极开展海域使用测绘等海籍调查工作，完成白浪河堤坝、弥河大坝、滨海物流园、潍坊渔港、潍坊沿海防护堤二期内侧加固吹填工程、华能风力发电工程等85宗海籍调查测绘任务。

渔政工作人员开展增殖放流活动（2012年拍摄）

坚持开展安全生产专项整治。

2005年，制订《潍坊市处理涉外渔业重大突发事件应急预案》，防患于未然，有效杜绝涉外渔业事件的发生，保障渔民的合法权益，维护国家的形象。市及沿海市区分别制订《潍坊市渔业重特大事故应急救援预案》和《潍坊市海洋与渔业防台风、防风暴潮应急救援预案》，至2012年，组织开展大型抢险救生演习2次，参与演习船只10艘，参演、观摩人员185人次。组织开展渔船抢险救助117次，救助渔民835人。

渔业资源管理

伏季休渔管理 成立伏季休渔领导小组，部署伏季休渔管理工作，潍坊市制定印发《潍坊市伏季休渔管理工作实施方案》《潍坊市伏季休渔突发事件应急预案》，层层签订伏季休渔管理目标责任状，将责任层层落实。全市有18664艘次渔船、19.3万人次渔民参与伏季休渔，实现休渔季节“船进港、网入库、证集中、人上岸”的休渔目标管理。伏季休渔期间发放宣传材料3.1万份，进行电视报道213次。

水生野生动物保护 以《水生野生动物保护条例》为依据，以水生野生动物保护和标准化基地建设药物监管为工作切入点，设立两个内陆县（市）为淡水渔政管理示范县，通过示范县的建设，为淡水渔政管理发展积累经验。对部分酒店、市场、养殖场进行检查756次，督促办理经营利用证件121个次，进一步规范潍坊市水生野生动物经营利用市场秩序，保护国家重点水生野生动物，维护生态环境。

渔船检验与渔港监督

1991—2012年，全市渔船检验和渔港监督管理工作权限由县区级组织实施。县区级渔船检验站和渔港监督两块牌子，一个机构，合署办公，受县区渔业主管部门领导，在业务上受省级以上业务主管部门指导。

在业务范围上，中华人民共和国羊口渔业船舶检验分局、山东省渔港监督管理局羊口分局（两块牌子一个机构）管理75千瓦以上的渔业船舶，75千瓦以下的渔业船舶由县区渔船检验、渔港监督机构管理。

在渔船检验方面，潍坊市有取得认可的渔业船舶设计、修造厂家3家，即寿光市造船厂（前为全民国有小一型企业，后改制为股份制公司）、昌邑市渔船修造厂（前为全民国有小一型企业，后改制为股份制公司）、寿光市羊口镇渔船修造厂（镇办集体企业）。

在渔港建设方面，围绕转变渔港经济管理理念，努力打造现代渔港经济区，实现“以渔兴港，以港兴区”的目的。潍坊市有渔港5处，其中中心渔港1处，一级渔港1处，二级渔港2处。从事渔港监督工作的执法船3艘，总功率781千瓦，主要用于渔港水域交通和渔船的安全监督管理工作。

第三节　海洋渔业

潍坊市位于渤海莱州湾南岸，海岸线长143公里，海洋渔业资源丰富。到2010年，海水养殖产量占海洋渔业总产量的比重达到40%，产值达到50.54%。海洋渔业是潍坊市海洋产业的支柱产业和国民经济新的经济增长点。

海洋捕捞

海洋渔业捕捞一直是潍坊市海洋渔业生产的主要方式。1991年后，海洋捕捞以“压缩近海、稳定外海、发展远洋”为目标，坚持经营体制改革、生产结构调整和渔船更新改造三管齐下，生产能力迅速提高。2012年年底，全市拥有海洋捕捞机动渔船1309艘、12.14万千瓦，基本达到渔船钢质化、网具疏目化、设备现代化、作业多样化的要求，提高了海洋捕捞综合能力，全市海洋捕捞产量17万吨。捕捞产品以鱼类为主，其他种类产量相对较少。

渔船与产量　1991年，全市有海洋渔业乡镇3处，分别是寿光县羊角沟镇、寒亭区央子镇、昌邑县下营镇。海洋渔业村22个，海洋渔业户6079户，渔业人口2.53万人，其中海洋捕捞专业劳力4662人。有海洋捕捞船舶923艘、1.61万总吨、3.1万千瓦。捕捞产量4.73万吨，其中鱼类1.59万吨；虾蟹类8313吨，其中对虾124吨（渤海捕捞114吨），毛虾1064吨，梭子蟹4889吨；贝类1.98万吨（其中毛蚶6885吨）；海蜇3279吨。按捕捞海域分，渤海4.21万吨，黄海5209吨。按渔具分，拖网1.1万吨。渔获物主要来自渤海，渔获产量主要是鱼类和贝类。

1992年，捕捞渔船989艘，比1991年增加64艘，其中增加294千瓦较大型渔船一艘；88～146千瓦渔船增加18艘；14.7千瓦渔船增加47艘；非机动渔船减少29艘。至此，非机动渔船全部退出海洋捕捞生产。海洋捕捞产量7.88万吨，比1991年增加3.15万吨，增长67%，增长主要来自贝类（35332吨）和海蜇旺发（19044吨）。渔获物仍然以渤海为主，为69954吨，黄海8875吨，全部来自内海。1994年和1996年，捕捞渔船能力调整速度加快，至1996年，捕捞船只1066艘、26749总吨、54222千瓦，比1991年增加141艘、10643总吨、23236千瓦。产量229953吨，继1994年突破10万吨后首次突破20万吨，比1991年增加182647吨，增长386%。增产主要来自黄海鳀鱼资源的开发和外海捕捞能力的增强，作业海域、渔获物、产量第一年由渤海为主转为黄海为主。1997年海洋捕捞生产再创新高，产量突破30万吨，达到385664吨，产品主要来自黄海（318607吨），增产品种主要是鳀鱼，产量223263吨。从作业海域分，外海产量首次超过内海，达到234249吨，自80年代退出后再次进入东海生产，并获产2000吨。但作业方式仍以拖网为主，获产313015吨，占总产的82%。

1998—2000年，海洋捕捞产量一直维持在42万吨至45万吨之间，鳀鱼仍是主要渔获物，在30万吨以上。2006—2010年，随着捕捞与养殖生产结构的大幅调整，海洋捕捞产品从数量向质量转变，产量逐年下降，经济效益更加优化。捕捞渔船维持在900艘左右，功率在10万千瓦上下。2012年，海洋捕捞产量17万吨，总产值24.49万元，作业海域仍以黄海为主，东海渔区产量已突破万吨，外海作业继续扩大。海洋捕捞渔船维持在900～1000艘之间，但大功率渔船增加，中小功率渔船减少，渔船更新改造（以小改大）步伐放慢，海洋捕捞生产进入稳定时期。

渔具渔法　潍坊市用于海洋捕捞生产的渔具主要分网渔具、钓渔具和杂渔具3大类，其作业方式有拦、诱、钓、刺、缠、围、拖等。

钓渔具属较古老渔具，有手钓、杆钓、延绳钓等渔法。1991年后，钓渔具（手钓、杆钓）在潍坊市虽然使用普遍，但形不成主流，主要作为休闲活动。大型延绳钓在1994年潍坊市参加南太平洋金枪鱼生产时使用一年，因渔场不熟和缺少后勤基地支撑而退出和停止使用。

杂渔具主要有诱捕底层鱼类的坛子网、蛤蜊耙等。坛子网在90年代初已基本退出潍坊市海洋捕捞生产。蛤蜊耙仍然使用。

网渔具种类最多，结构最复杂，应用最广泛，是现代海洋捕捞业的主要渔具。主要有刺网、拖网、张网、插网等。

刺网。刺网是潍坊市沿海渔民近岸作业的主要渔具之一。1991年拥有刺网3.37万条。潍坊市沿海使用的多为锚网（用锚固定的刺网），根据鱼类生活习性，又分为上层锚网和底层锚网。刺网中的流刺网数量最多，并有上、底层之分。上层流刺网有鲅鱼流网、鲐鱼流网、鲳鱼流网等，底层流刺网有小黄鱼流网、针良鱼流网、对虾流网等。使用时间较长的有小黄鱼流网、鲅鱼流网、对虾流网、青鳞鱼流网、鲈鱼流网等。

拖网。1991年，潍坊市有拖网582盘，是传统捕捞渔具，也是主要作业方式，海洋捕捞的渔获物80%～90%来自拖网生产。潍坊是山东省拖网作业的主要地区之一。拖网根据鱼类的生活习性又分为底拖网和浮拖网两种，潍坊市主要以底拖网作业为主。捕捞动力又分为单船拖网和双船拖网，潍坊市以双船底拖网为主。其渔法是：双船拖网作业时，两船轮流起、放网；拽网时，下网船在左，带网船在右，两船相距400米左右，拖拽2.5小时，下网船发出起网信号；起网时，带网船将拽纲交给起网船，由起网船收绞拽纲。手操网具在船舷外扯开系网绳，用抄网伸入取鱼口，从网囊中捞出鱼获，轻拖网则将网全部吊入船上，解开网囊，倒出鱼获。

张网。潍坊市沿海主要有桩张网、锚张网、樯张网和船张网等。常用的多为樯张网和船张网，主要用于捕捞虾蟹类和杂鱼类。樯张网网具呈方锥形，网身长12米，网囊长1.7米，网口宽6.6米，高4.3米，木樯为直径19～40厘米、长13～19米的杨木或松木。作业时用船一只，鱼汛前将木樯插入海底4～6米，樯距7米左右，两樯之间系网一扣，网口向潮流张口，每平流前起网一次，由囊底取出鱼获。张网作业在2000年后已基本停用。

插网。插网作为定置网具的一种，大部分已被淘汰。潍坊市使用的主要有须子网和柳网。其渔法是依靠涨退潮拦捕杂鱼虾蟹类，作业地点多在近海浅水区，属零散生产方式。

渔民　1991年，潍坊市有海洋渔业乡镇3个，海洋渔业村22个，海洋渔业人口2.53万人，海洋渔业劳力1.34万人，其中海洋捕捞专业劳力4662人。1997年，海洋渔业乡镇4个（增大家洼镇），海洋渔业村26个，海洋渔业户8361户，海洋捕捞人数7761人。2002年，海洋渔业乡镇5个，海洋渔业村28个，海洋捕捞人数7041人。2012年，海洋渔业乡镇4个，海洋渔业村20个，海洋渔业人口3.68万人，海洋渔业劳力5.87万人，其中海洋捕捞专业劳力1.42万人。

1991—2012年潍坊市海洋捕捞情况表

表6－5－3

年份	产值（万元）	海洋捕捞产量（吨）				
		总产量	鱼类	虾蟹类	贝类	其他
1991	17112	47306	15882	8313	19832	3279
1992	21942	78829	18713	5740	35332	19044
1993	32562	90463	49061	18478	16498	6426
1994	56447	143856	87936	17533	29379	9008
1995	92280	195591	145847	7145	38644	3955
1996	103373	229953	176948	11185	34600	7220
1997	92278	385664	341533	7337	36401	393
1998	117881	451300	410732	12434	27724	410

续表6－5－3

年份	产值（万元）	海洋捕捞产量（吨）				
		总产量	鱼类	虾蟹类	贝类	其他
1999	97034	428138	399288	16862	8613	3375
2000	96900	428181	395646	19048	11064	2423
2001	106154	427168	402485	15263	7118	2302
2002	106973	437850	398724	29366	9760	—
2003	87814	463400	438428	12004	12118	800
2004	95688	472999	453005	6752	11099	—
2005	108710	474939	457360	4946	9833	300
2006	122161	482603	455258	15161	11304	160
2007	122161	216089	195194	10285	10350	150
2008	115525	219661	191730	15486	11025	570
2009	172205	176161	129901	22266	17960	5284
2010	174240	176372	142863	15472	15562	1705
2011	212960	179951	150461	7904	11245	1389
2012	244901	169970	151693	6989	3613	4819

1991—2012年潍坊市机动渔船情况表

表6－5－4

年份	总计			海洋渔业			其中：海洋捕捞		
	艘	总吨	千瓦	艘	总吨	千瓦	艘	总吨	千瓦
1991	1091	16507	32526	925	16106	30987	923	16106	30987
1992	1173	18574	36851	989	18066	35164	989	18066	35164
1993	1373	31946	48127	1318	31736	47341	1312	31489	45944
1994	1243	23034	49224	1185	22820	48381	1157	22482	43990
1995	1280	25681	56467	1220	25458	55590	1203	25078	51321
1996	3624	33493	83028	1080	27072	56507	1066	26749	54222
1997	5030	31458	68968	1095	27255	63440	1030	26610	62363
1998	4058	38601	108883	1104	33976	75360	1097	33698	74628
1999	3791	40681	113401	936	36771	80862	928	36509	79848

续表6—5—4

年份	总计			海洋渔业			其中：海洋捕捞		
	艘	总吨	千瓦	艘	总吨	千瓦	艘	总吨	千瓦
2000	3752	46216	121158	996	43026	91258	990	42657	89494
2001	3679	44659	131785	877	41014	101132	862	40383	98980
2002	3634	51171	139987	939	48154	115967	913	47468	114433
2003	3663	65117	177917	938	61535	152989	898	61041	151585
2004	3518	53329	144566	802	50214	120631	789	49657	119167
2005	3786	61597	152257	1032	58306	128021	919	57483	125996
2006	3046	65564	159546	1154	61391	123405	912	59268	115939
2007	4514	66528	157633	823	59867	117677	608	58113	111182
2008	4230	67113	161248	1232	62728	126918	914	59130	114158
2009	4449	70814	167844	1381	68082	137115	938	61923	117520
2010	4428	73532	175539	1359	68972	140842	966	63200	118097
2011	3148	70920	171113	1426	69010	140881	927	61339	113744
2012	3085	62490	150754	1309	59710	121394	914	53873	98233

1991—2012年潍坊市渔业人口、劳力情况表

表6—5—5　　单位：人

年份	渔业人口		渔业劳力		一、专业劳力		二、兼业劳力	
	合计	其中：海洋渔业	合计	其中：海洋渔业	合计	其中：海洋渔业	合计	其中：海洋渔业
1991	34818	25258	28540	16652	15856	13365	12684	3287
1992	37048	26844	25308	15044	17049	13508	8259	1536
1993	45573	30800	32519	16636	20399	13895	12120	2741
1994	58513	31700	35558	16191	23254	13974	12304	2217
1995	45638	29034	37969	10299	24997	9004	12972	1295
1996	69590	22303	45200	11641	26377	10541	18823	1100
1997	53707	38276	45757	14822	28955	11655	16802	3167
1998	79768	27923	48561	14325	27400	12747	21161	1578
1999	84591	31866	41782	13154	26642	11551	15140	1603

续表6—5—5

年份	渔业人口		渔业劳力		一、专业劳力		二、兼业劳力	
	合计	其中：海洋渔业	合计	其中：海洋渔业	合计	其中：海洋渔业	合计	其中：海洋渔业
2000	85781	33536	43052	13847	28522	12027	14530	1820
2001	86824	34877	49303	13153	30699	10916	18604	2237
2002	97391	27547	47413	10942	30070	9352	17343	1590
2003	87569	37995	47062	16381	30175	12744	16887	3637
2004	85641	34257	44717	16900	31182	14000	13535	2900
2005	93966	34046	43385	16884	29948	13880	13437	3004
2006	94514	32117	44382	14291	31396	11363	12986	2928
2007	98503	41636	87756	25163	33445	12794	13235	3869
2008	98456	46882	72201	30916	34263	17273	15193	5926
2009	99471	46500	76663	26100	38317	12300	15190	6100
2010	99574	47048	77720	23750	41776	15150	14261	3500
2011	104985	39861	240274	124087	53166	26677	54097	35949
2012	88616	36848	156285	58746	38700	14224	30889	17001

海水养殖

潍坊市海水养殖业始自70年代初，主要养殖品种为中国对虾。1991—2010年，海水养殖业的特点是：变化多、起伏大。经历了养殖品种单一、病害困扰、环境质量下降、结构调整、技术探索、稳定发展几个阶段。1993年，由于海水污染，暴发大规模虾病，养虾业一度陷入困境。特别是1992年的风暴潮和1993年的虾病流行，使许多虾池绝产，养虾业跌入低谷。为使养虾业早日走出困境，沿海各级政府和水产行政部门及时调整海水养殖结构，积极实行“两改一推广”的新经验，探索出虾、鱼、蟹、贝综合养殖和多茬次、立体化以及利用卤淡水养虾等多种养殖模式。为适应市场需要，育苗向着多品种、早育苗、多茬次、大规模方向发展。至2012年，全市海水养殖面积6.81万公顷，其中贝类5.16万公顷，虾蟹类4000公顷、鱼类70公顷、其他1.6万公顷。海水养殖总产量25.18万吨，总产值21.65亿元。

鱼类养殖 1993年前，潍坊市海水鱼类养殖基本处于空白，属于实验探索期，1993年始形成规模养殖。进入21世纪，开展工厂化鱼类养殖，主要品种为大鲮鲆，养殖规模、产量逐年增加，到2004年，产量达到1000多吨，2005年超过2000吨。2006—2010年，又开展牙鲆、半滑舌鳎、黑鮶、鲈鱼、星鲽等工厂化、半工厂化养殖，养殖品种向多样化、市场化发展，产品产量仍有较大起伏和变化，市场调节功能明显增强。2012年鱼类养殖产量为1.12万吨。

虾蟹类养殖 90年代初，虾蟹类养殖主要是中国对虾养殖。1991年前，中国对虾养殖面积8645公顷，产量7265吨，占当时全国对虾养殖面积的十分之一，全省的四分之一。对虾成为潍坊市出口和创汇的主要产品。但由于养殖品种单一，密度高，自身排污量大。同时，城市工业污水和生活废水的直排入海，近海水域质量下降，严重制约对虾养殖供换水的数量和质量。1993年导致虾病爆发，对虾大面积死亡，产量骤降，效益锐减，对虾养殖从此一蹶不振。此后进入养殖品种调整阶段，先后进行并推广日本对虾、南美白对虾的养殖，1999—2010年对虾养殖逐渐进入理性恢复阶段，但产量起伏变化较大，一般在3000～10000吨左右。

蟹类养殖主要是梭子蟹养殖。90年代初期，梭子蟹养殖尚处于探索期，主要是实验培育苗种阶段，自1994年始进入正式成蟹养殖阶段，之后逐步扩大养殖面积。在经过几次波动后，养殖产量、规模基本稳定在与对虾养殖相当的水平上。2012年虾蟹类养殖产量9375吨。

贝类养殖 1993年之前，贝类养殖处于自然状态。1993年虾病爆发后，按照“宜鱼则鱼，宜虾则虾，宜蟹则蟹，宜贝则贝”的调整思路，发挥潍坊市浅海滩涂资源丰富优势，先后提出并采取了“封滩护贝”“封滩育贝”的贝类养殖措施，贝类养殖由半自然、半人工进入到全人工养殖阶段。主要养殖品种有菲律宾蛤、四角蛤、青蛤、文蛤等经济贝类。2007年，扇贝养殖实验成功后，发展势头迅猛，成为贝类养殖的又一重要品种，使贝类养殖产量快速增长。有的产品还远销日本、韩国，成为创汇产品。到2009年，贝类养殖产量已占海水养殖总产量的80%，年突破10万吨。2012年，贝类养殖产量突破20万吨，达到21.74万吨，占海水养殖总产量的86.34%。

种苗繁育 1991—2005年，随着海水养殖产品和规模的不断扩大，海水育苗业发展迅速。至2005年，已有海水育苗场38家，育苗水体6.83万立方米。育苗品种主要有日本对虾、南美白对虾、中国对虾、梭子蟹、大鲮鲆、牙鲆、半滑舌鳎等11个品种，繁育各类虾苗14.7亿尾，梭子蟹苗种8825千克，各类鱼苗450亿尾。2006—2010年，苗种培育能力进一步增强，逐步形成规模较大、品种较全、设施完善的苗种生产能力。

人工鱼礁 2010年6月，省财政厅、省海洋与渔业厅批准潍坊市龙威人工鱼礁建设项目。项目建设地址位于昌邑市海域，占用海域面积60公顷，总投资2100万元，分3年实施。2010年投资700万元，其中省财政资金200万元，地方自筹500万元。投石1万立方米，混凝土构件礁2万立方米。

海水养殖（2012年拍摄）

海参

1991—2012年潍坊市海水养殖情况表（一）

表6—5—6

年份	产值（万元）	海水养殖产量（吨）					
		总产量	1.鱼类	2.虾蟹类	其中：对虾	3.贝类	4.其他
1991	13270	8667	2	7265	7265	1400	—
1992	14853	8420	5	7233	7223	1192	—
1993	15404	31406	310	2239	2227	28857	—
1994	9109	23979	433	342	297	23204	—
1995	13649	17058	732	942	457	15384	—
1996	5646	17848	129	594	398	17125	—
1997	6506	19910	35	524	440	19351	—
1998	8200	13888	194	978	792	12716	—
1999	14262	42231	314	1601	1252	40316	—
2000	31545	50600	699	2438	1672	47463	—
2001	36366	51754	395	3126	1812	47733	500
2002	46071	53906	710	4819	2760	47817	560
2003	60145	63400	849	6885	3085	49091	6575
2004	58178	58551	1151	7094	3483	42241	8065
2005	61974	66171	2260	6050	2680	51901	5960
2006	80001	96691	2034	5769	3169	84438	4450
2007	42003	78396	1878	6705	2611	67493	2320
2008	99244	80514	885	13372	8125	64907	1350
2009	116436	152898	862	18777	10408	130659	2600
2010	124325	183606	2975	7087	4615	170321	3223
2011	124187	218040	7815	6871	1745	195869	4035
2012	216536	251750	11171	9375	3927	217377	10963

1991—2012年潍坊市海水养殖情况表（二）

表6—5—7　　　　单位：公顷

年份	海水养殖面积					
	总面积	1.鱼类	2.虾蟹类	其中：对虾	3.贝类	4.其他
1991	12313	—	10980	10980	1333	—
1992	11312	1	8645	8645	2666	—
1993	36293	253	8453	8453	27587	—
1994	36291	41	8560	8560	27690	—
1995	31828	82	8179	8174	23567	—
1996	33073	127	9328	9174	23618	—
1997	21242	40	9626	9573	11576	—
1998	22697	220	9246	9133	13231	—
1999	26650	83	9434	9400	17133	—
2000	39401	207	9860	8700	29334	—
2001	39067	533	9867	7833	28667	—
2002	42000	400	11666	7466	29934	—
2003	33807	—	11007	8673	22800	—
2004	50433	—	10901	8869	28800	—
2005	55155	15	8300	8300	33467	—
2006	64466	11	10999	6866	40123	—
2007	53528	10	7263	4993	46255	—
2008	63840	10	6820	5019	46800	10210
2009	73303	5473	6820	6487	45333	15677
2010	67836	78	14381	13169	42700	10677
2011	68054	88	9381	3350	47699	10886
2012	68054	70	4000	3350	51565	12419

第四节　淡水渔业

1991年，潍坊市有淡水养殖水面1.22万公顷，产量9518吨。到2012年，养殖水面发展到3.12万公顷，产量10.08万吨，总产值20.61亿元。养殖品种由原来的当地传统品种发展到非洲鲫鱼、美国斑点叉尾鮰、虹鳟、鲟鱼、红鱼、大口胭脂鱼、革胡子鲶、淡水白鲳、太湖大银鱼、罗氏沼虾等十几个品种。

淡水捕捞

全市淡水捕捞以水库塘坝的拉网、挂刺网作业生产为主，辅以河流湾渠的撒网、小型定置网零散生产。

渔船与产量　1991年，全市共有淡水捕捞渔船2652艘，其中机动渔船161艘，非机动渔船2491艘，机动渔船仅占渔船总数的6.5%。捕捞产量1601吨，比1990年减少3.67%。1996年，机动渔船2544艘，26521千瓦，非机动渔船1512艘，机动渔船首次超过非机动渔船，年捕捞产量5691吨，比1991年增加4090吨，增长255%。2012年，机动渔船1776艘，29360千瓦，非机动渔船1265艘，年捕捞产量1.7万吨。

渔具渔法　全市淡水捕捞渔具种类较少。主要有大拉网、小拉网、刺网、小圆网、拦河罾、扒网、张网、撒网、罩、独笼、电捕机等。1991年以后，仍然使用的主要渔具渔法有以下几种：

刺网。俗称丝网。网具呈长带形，渔场在鱼类经常洄游的水域。作业时用小船1只，2人作业，其中1人划船，1人在船首上风舷放网。起网时，1人顶风划船，1人在上风舷收网摘鱼。傍晚下网，翌日清晨起网。捕捞对象主要是鲫、鲤、鲢、鳙等鱼。库区、河流多用定置刺网、流刺网或三层挂网。1991—2010年，全市刺挂网一般维持在15000～17000件之间，是淡水捕捞主要网具。

拉网。作业时，用渔船在近岸处向水域内放网，一般在离岸30～50米后划弧圈回至岸边。尔后将网纲两端同时向岸边拽拉。在较大水域，可用大拉网与渔船作业，小水面可直接用人工操作。1991—2010年，全市拉网有2555～3000件，是主要网具之一。

水库联合渔法。主要在大、中型水库捕捞中、上层鱼类。作业时，用14千瓦渔船2只，小型非机动渔船8～10只。三层刺网或单层刺网若干。高度大于一般水深的拦网若干，大拉网1具，张网（网高同一般水深）1具。作业前，选择库底平坦，无障碍物的地点为集鱼区，然后开始趋鱼。趋鱼的方法有：导网赶鱼、白板赶鱼、声响赶鱼、电赶鱼。将鱼赶到集鱼区后，视水库底部的情况用大拉网或张网、刺网起水收鱼。潍坊市大、中型水库在春节前多用此法。

淡水养殖

鱼类养殖　鱼类是潍坊市淡水养殖的主要种类。养殖品种主要有鲤、鲫、青草、鲢、鳙、乌鳢、鲶鱼、鳊鱼等。90年代陆续引进了非洲鲫

虹鳟鱼　　(2012年拍摄)

鱼、美国斑点叉尾鮰、虹鳟、革胡子鲶、淡水白鲳、太湖大银鱼等品种。鱼类养殖产量一直占淡水养殖总产量的90%以上。90年代引进的非洲鲫鱼，在技术上实验成功全雄性育苗后，单产大幅上升，全市平均亩产1214千克，实现亩产吨鱼目标。21世纪初，临朐县引进鲟鱼养殖，并于次年见效，获产1000吨，安丘市赵戈镇利用峡山水库渗水进行乌鳢养殖，利用荒山坡地修建鱼塘，并引水上山进行养殖，建成万亩乌鳢养殖生产基地，年产商品鱼4000多吨，产值3000多万元。在积极引进新品种、新技术的同时，注重深受当地消费者欢迎的传统养殖品种鲤、鲫、鲢、鳙的生产，并不断完善养殖设施，提高人工化养殖水平，采取合理混养、轮捕轮养、循环养殖等科学生产模式，养殖面积不断扩大，养殖产量不断增加，使传统养殖品种长期占据鱼类养殖的主导地位。

虾蟹类养殖 1991年处于起步阶段，生产模式多为兼养或散养。养殖品种主要是河蟹，年产量仅有6吨，形不成生产规模和产品优势。尔后几年发展依然缓慢，到1995年河蟹养殖也仅为78吨。虾类养殖仍属空白。2000年后，虾蟹类养殖进入较快发展阶段。河蟹养殖初具规模，年产达到400余吨，同年引进罗氏沼虾进行实验养殖。2003年，引进南美白对虾进行大面积淡水试养，当年收获颇丰，总产即达2300多吨。到2005年，淡水虾蟹类养殖进入旺期，年总产量4237多吨，其中南美白对虾3800多吨，青虾80吨，罗氏沼虾30吨，河蟹327吨。2006—2012年，淡水养殖进入持续发展期，由2006年的5.5万吨增加到2012年的9.1万吨。

其他养殖 受传统观念影响，潍坊市开展淡水其他种类养殖、特别是特种养殖相对滞后而缓慢，1992年前尚处空白。1993年开始甲鱼养殖，由于对市场潜力分析把握不够准确，科技投入较低，特种养殖长期处于较低发展水平。1993—2005年，年产量多在50～70吨之间徘徊，形不成规模化生产，市场占有率较低。淡水贝类养殖，1996年初具规模，年产740吨，1998年突破1000吨，但受价格偏低、效益不高、市场不稳定等因素影响，自2000年后，此类产品生产出现徘徊和下滑趋势。

种苗繁育 1991—1995年，淡水苗种繁育主要是鱼类与河蟹。鱼苗年繁育能力一般在1亿～1.5亿尾之间，鱼种生产能力一般在0.2亿～0.5亿尾之间。河蟹育苗能力发展较快。1991年，进行育苗试验，产苗种43千克，育苗试验获得成功。1993年170千克，1995年突破1000千克。当时对河蟹苗“一斤一部大哥大，一池一辆桑塔纳”的说法，反映了河蟹的价格与市场潜力。1996年后，又增加了甲鱼苗种生产，当年育稚鳖14.5万只。以后由于甲鱼市场萎缩，养殖成本过高，成活率低，养殖业户减少等因素，育苗能力随之下降，年育苗能力一般维持在5万～6万只之间。鱼类苗种生产。由于鱼类养殖规模的不断扩大，对苗种的需求也随之增大。1996—2005年，鱼种生产能力处于连续增长状态。1999—2001年，鱼种产量虽小幅下降，但大规格鱼种需求量不断上升，从1999年的2400多吨，一路攀升至2005年的7200多吨。2006—2010年，鱼种生产能力进入稳定期，基本满足市场供求。

1991—2012年潍坊市淡水渔业情况表

表6—5—8

年份	产值（万元）	总产量（吨）	1.养殖（吨）	2.捕捞（吨）	养殖面积（公顷）
1991	4080	9518	7917	1601	12227
1992	3862	13411	11201	2210	14133
1993	11581	20064	16588	3476	17032
1994	23111	32302	27428	4874	19951
1995	32002	41875	35061	6814	16059
1996	38273	43163	37472	5691	18292
1997	32418	40409	31168	9241	19190
1998	37997	45344	34119	11225	20291
1999	43983	51671	41917	9754	22328
2000	43465	50499	42700	7799	22245
2001	41088	50691	43047	7644	22256
2002	44731	51133	40778	10355	21866
2003	56412	54311	45231	9100	22058
2004	63724	59519	51614	7905	22858
2005	75312	62493	54481	8012	21742
2006	81223	64917	55484	9433	21942
2007	81223	65822	55867	9955	17651
2008	87391	84932	69359	15573	29108
2009	117989	91094	75691	15403	30250
2010	128612	98028	82815	15213	30322
2011	176406	101733	84903	16830	31043
2012	206119	108005	91010	16995	31186

说明：1991年数据含五莲县

第五节　水产品加工

1991年起，潍坊市逐步实施水产产业化战略，水产加工业快速发展。到2012年底，全市水产品加工企业21家；水产冷库100座，日冻结能力2.31万吨，最大冷藏能力20.8万吨；水产品加工产值16.59亿万元，比1991年增加15.58亿万元，增长15倍。

至2012年，全市较大规模的水产品批发市场发展到10处，主要有诸城龙海、青州海天、奎文

市南下河水产品批发市场　　　（2012年拍摄）

南下河等，面积10万多平方米，年交易量30多万吨，销售收入20多亿元，从业人员3万多人。主要品种有干、鲜、咸及冷冻水产品，特别是临朐县的十几个远销大户，将虹鳟、鲟鱼等鲜活水产品运往北京、天津、太原、上海、南京等地，对促进生产、稳定当地鱼价发挥了重要作用。

水产品加工方式简单，主要以腌干冷藏为主，缺乏一批高附加值、高市场占有率、高科技含量的名牌产品和先进加工设备。寿光市原有的鱼粉加工企业全部停产，鱼油深加工（1998年圣海养殖公司生产的多烯鱼油胶囊荣获全国农业博览会金奖）处于半停产状态。全市水产品加工业仍处于相对落后状态。

第六节　渔业科技

1991—2012年，全市渔业科技成果显著，涌现出一大批科研成果和科研人才。2012年底，潍坊市海洋与渔业系统有专业技术人员228人，具有高级职称的技术人员7人，中级职称的107人，初级职称111人；研究生学历20人，本科学历78人，大专学历86人，其他学历44人。

主要渔业科技成果有，三疣梭子蟹种质资源评价与快速生长新品系选育获得国家海洋局2009年度海洋创新成果奖二等奖、中国水产科学研究院科技进步奖二等奖、山东省科技进步奖二等奖。“一种虾蟹亲本室内养殖越冬的方法”获得国家发明专利。梭子蟹全人工养殖技术研究获山东省科技进步奖二等奖。沿黄盐碱水域淡水鱼适养品种筛选、驯化及养殖技术的研究、山东北部养殖斑节对虾技术研究项目等获山东省科学技术进步奖三等奖。雄性化罗非鱼亩产吨鱼养殖技术研究等20项渔业科技成果获省、市科技奖。

渔业技术推广

渔业科技入户工程　2007年始，紧紧围绕水产健康养殖，在5个重点县市区大力开展科技入户，加大主推技术和主导品种的示范推广力度，培育450个渔业科技示范户，示范面积6.67万亩，辐射带动5000户以上，辐射面积41.32万亩。

健康养殖新品种、新技术和新模式　底部微孔增氧技术工厂化养殖推广41万平方米、池塘养殖推广3000亩；南美白对虾SPF虾苗生态养殖技术推广1.03万亩；对虾安全健康养殖技术集成示范6万亩；利用育苗室冬季人工控温二茬养殖南美白对虾3万立方米，每茬单位水体平均产量5千克；池塘虾蟹生态混养6万亩；鲆鲽鳎工厂化养殖33.3万平方米；海参池塘生态养殖7000亩；海湾扇贝筏式养殖30万亩；滩涂贝类高产养殖技术推广30万亩；库区鱼藕生态混养2万亩；引进新品种哲罗鲑进行人工育苗与工厂化养殖示范；引进新品种大鳞鲃鱼进行盐碱地池塘养殖试验；引进白斑狗鱼河鲈等冷水鱼新品种进行集约化养殖试验；开展饲料中添加免疫蛋白粉应用试验。

疫病监测控制　建成市县点三级水产养殖动植物病情测报网络，建成基层测报点27个，能对近7个养殖品种的十几种病害进行监测，并及时报送省站。对虾白斑综合征等重大水生动物疫病的专项监测等工作顺利开展。

培训与技能鉴定　依托农业部沿海渔民转产

转业、水产健康养殖推进行动、新型农民培训、百万农民大培训等项目，共培训渔民700人次，渔业技术推广人员知识更新培训90人次。建成渔业职业技能鉴定工作站1个，选派人员参加试题库编写，建立专家队伍和考评师资队伍。充分发挥工作站职能，积极宣传国家推进职业准入制度的法律法规和文件精神。2008年，开始与水产职业院校建立长期合作关系，指导学院教学目标与渔业行业特有工种鉴定要求接轨，积极发动企事业单位从业人员参加职业培训与鉴定，累计培训鉴定技师13人、高级工79人、初级工600人，并有多人取得2个以上工种的职业资格。

水产研究机构

潍坊市水产研究所　原名昌潍地区水产研究所，成立于1979年。1990年市编委批复市水产研究所为副县级事业单位，定编25人。2003年，经市编委批复，以潍坊市水产研究所为基础组建山东省潍坊市海洋环境监测中心站，加挂国家海洋局潍坊海洋环境监测中心站牌子，实行一套机构，多套牌子。

寿光市水产研究所　寿光市水产研究所成立于1988年3月30日，副科级事业单位，编制20人，在编人员18人。2004年11月更名为寿光市渔业技术推广站。

潍坊市海水增养殖试验场　市海水养殖试验场成立于1979年，正科级事业单位，定编25人。1980年，经国家水产总局批准设立渤海水产增殖科学实验基地（挂靠黄海水产研究所），下营增殖站是其下属机构，与潍坊市海水养殖试验场一套机构一套领导班子，双方共管，为科级单位，人员编制40人。1994年，更名为中国水产科学研究院下营增殖实验站。1997年，调整级别为副处级。2005年，潍坊市海水养殖试验场改制为潍坊市滨海水产科技有限责任公司，仍挂下营增殖实验站牌子。

渔业技术推广机构

90年代设有潍坊市海水增养殖管理站（全额拨款事业单位）、潍坊市淡水渔业技术站（全额拨款事业单位）、潍坊市海水养殖实验场（与中国水产科学研究院共建共管，挂中国水产科学研究院下营增殖站牌子，自收自支事业单位）、潍坊市第二海水养殖实验场（自收自支事业单位）、潍坊市淡水养殖实验场（自收支事业单位），潍坊市水产良种场（自收自支事业单位），归潍坊市水产局管理。沿海市区都设有渔业技术推广站。2001年，经市政府批复，潍坊市海水增养殖管理站与潍坊市淡水渔业技术站合并，设立潍坊市渔业技术推广站。2005年，撤销潍坊市第二海水养殖实验场。

1995年，潍坊市淡水养殖实验场划归峡山水库管理局管理。1999年，潍坊市水产良种场由市体改委批准，改制为市集贤水产良种科技开发有限公司（挂市水产良种场牌子）。2005年，撤销市集贤水产良种科技开发有限公司，改为潍坊鼎誉水产育苗良种场（民营企业），党群组织归口市海洋与渔业局管理。

渔民合作社

为加快全市渔民专业合作社发展步伐，切实提高渔民专业合作社组织化程度，促进现代渔业转型升级，2012年，潍坊市制定了加快渔民合作社建设实施方案和指导性计划。全市合作社总数达到86家，其中1家被评为国家级合作社，16家被评为省级合作社示范社，入社户数9000多户，入社比例52%，合作社渔民成员收入同比提高20%以上。指导合作社在技术推广、疫病防治、资金支持、产品销售等各个环节发挥实实在在的作用。邀请水科院黄海所、黑龙江所等科研院所专家到合作社进行专题讲座、养殖技术培训及对专业合作社的长期技术支持。合作社的寿光咸蟹子、老河口牡蛎、下营虾皮、老龙湾鳟鱼等11个产品成为国家地理标志产品。

第七节　海洋与渔业环境保护

海洋环境保护

自90年代起，随着城市化进程加快和工业化迅猛发展，生活废水、工业污水向海洋排放的数量急剧增加，全市毗邻近岸、近海水域的生态平衡被打破，水域呈富营养化，诱发赤潮等海洋灾害频频发生。

海洋生态调查　在国家、省业务主管部门的统一部署下，潍坊市试点开展海洋生态相关信息调查和贝类生产环境质量调查。调查分4个时段，主要调查1985年、1990年、1995年和2000年的海洋经济活动情况，历时两个月时间，写出了2万多字的《潍坊市海洋环境生态调查报告》和《海洋环境对渔业的影响及治理对策》。

第二次全国海洋污染基线调查。1997年7月，国家海洋局部署第二次全国海洋污染基线调查工作，潍坊市海洋行政工作人员积极开展调查工作。对建设海上潍坊，开发与保护海洋环境资源提供了科学依据。

海洋环境监测　莱州湾生态监控区监视监测。按照莱州湾生态监控区实施方案的要求，潍坊市于2002—2012年积极配合省海洋与渔业厅组织实施莱州湾生态监控区监测工作。

陆源入海排污口监测。根据《2005年潍坊市海洋环境监测工作方案》，市海洋环境监测中心站作为技术承担单位承担了陆源入海排污口监测工作。为搞好排污口监测，该站先后投资100多万元，新购进仪器设备90多套。按照监测方案要求，于2005年5月、6月、7月、9月对重点排污口及其邻近海域进行水质监测4次，沉积物、生物质量和大型底栖生物监测1次；对3个一般排污口进行水质监测3次；逐一对3个重点排污口及各排污口邻近海域的7个站点进行现场采样；编制发布《陆源入海排污口监测通报》4期。

实施海洋工程环境影响评价制度。为加强对海洋与海岸工程建设项目的环境影响评价管理，根据《山东省海洋与海岸工程建设项目环境影响评价管理暂行办法》的有关规定，2005年，协助省海洋与渔业厅组织完成潍坊港3×3000吨级杂货码头和潍坊市沿海防护堤一期工程海洋环境影响评价工作。该项工作的开展，为防止建设项目破坏海洋生态环境，确保海洋生态环境安全提供可靠保障。

海洋环境污染防治管理。随着潍坊市原盐与溴素生产规模的不断扩大，地下卤水开采量不断增加，卤水资源和卤度均出现下降趋势，大部分溴素工业没有与盐田配套生产，致使卤水资源空排，浪费了卤水资源，造成海洋环境的严重污染，危及到渔业资源的可持续发展。为保护海洋环境，沿海各市区加大对溴素生产的监管力度。各市区相继成立卤水资源管理领导小组，制定加强卤水资源管理的意见，对卤水利用实行先提溴再制盐法，并决定在冬季12月1日至2月28日，夏季7月1日至8月底关停溴素厂。2005年共关停溴素厂12家、26条生产线。

渔业环境保护

渔业产品质检　根据山东省实施《中华人民共和国渔业法》细则，2008年，潍坊市对城区主要超市和农贸市场的干鲜水产品开展例检检测工作。每次检测范围为5大类30~50个品种，检测项目为感官、氯霉素药残、甲醛药残和致病寄生虫卵等。检测结果通过潍坊日报社、潍坊电视台等新闻媒体定期公示后，在社会上引起强烈反响。

渔业资源动态监测　成立渔业资源动态监测工作组，对原确定的27条动态监测船作适当调

海洋环境监测 (2012年拍摄)

整，制定渔捞日志，对监测船长和船员进行面对面的培训和指导，多渠道多形式抓资源动态信息工作。

水生动物防疫检疫 2005年前，水生动物防疫检疫工作因缺少规范性操作办法，尚处在探索和起步阶段。2005年9月，应市电信局职工的要求，对其从胶东购入的鲜带鱼进行检疫，发现其体内寄生有大量异尖线虫。随后，在市场抽样时发现，这种现象部分存在于多种鲜鱼中。为此，采取并建立水生动物防疫检疫机制，实行定期不定期的常规监测，为保护消费者的权益和人民群众的身体健康发挥重要作用。

渔业污染事故调查处理 潍坊市海洋环境监测站完成渔业污染事故调查鉴定资格丙级资质审核。于2002年完成渔业污染事故调查鉴定资格人员上岗的培训，培训人员全部合格，获得潍坊市首批农业部颁发渔业污染事故调查鉴定资格证书；并开展3起渔业污染的调查、监测、鉴定工作。到2005年，成功调查鉴定渔业污染事故，共受理6起，均出具《鉴定报告书》和《评估报告》。对于渔业污染事故做到立案调查率100%，按规定权限结案率达到70%，较好地维护了渔农民的合法权益。

调查鉴定莱州湾“5·25”特大渔业污染事故。2004年5月25—28日，莱州湾小清河口海域遭遇特大污染侵害，致使潍坊所辖一市两区4个乡镇5000多渔民蒙受巨大经济损失，潍坊港以西至淄脉沟以南浅海、潮间带及部分虾池遭受严重污染，污染范围近287平方千米，直接经济损失2.3亿元。经调查鉴定确认，造成事故的主要原因是由于排污企业大量集中排污造成。

第六章 农业机械化

1991—2012年，随着潍坊市农业产业化、国际化、标准化战略的深入实施和农业产业结构调整的逐步深入，农业机械化呈现出新的发展趋势，立足大农业、发展大农机，成为这一时期农业机械化发展的主题。2012年，全市乡村农机经营从业人员78万多人，全年农机化经营总收入46.29亿元，其中农机化作业收入41.69亿元，农机维修收入2.76亿元。农机化为农民人均实现收入790多元，对农民人均收入贡献率在7%以上；农业机械承担了农村80%以上的农业劳动量，替代出大量农村劳动力，支持了其他产业发展。机械化生产方式在全市农业生产中居于主导地位，为实现粮食“十连增”、农民快速增收和农业现代化建设做出了重要贡献。全市主要农作物综合机械化水平达90.5%。

农机装备。1991年，全市农机总值15.65亿元，农机总动力327万千瓦，拖拉机6.05万台，主要农作物种植机械化水平为48.71%。至2012年，全市农机总值90.41亿元，农机总动力1322.04万千瓦，农用拖拉机增加到19.12万台，粮食作物耕播收综合机械化水平达92.4%，小麦生产实现全程机械化，玉米生产基本实现机械化。花生、大姜、马铃薯等大宗、特色经济作物机械发展到2.85万台（套），微耕机、大棚电动卷帘机、微滴灌设备、臭氧消毒杀菌机、施肥器等各类设施农业机具发展到91.7万台（套）。

农机管理和技术服务。市县两级农机管理部门及所属农机监理、农机推广、农机维修、农机培训等行政事业单位在机构改革中保留；乡镇一级，经历“两站合一”、归并农业综合服务站等调整。1991年后，乡村中农机大户数量增长迅速，农机股份（合作）公司、农机专业合作社等新型农机社会化服务组织不断涌现。至2012年，全市各类农机服务组织3258个；农机户发展到57.31万个，是1991年的2.53倍，其中拥有农机原值50万元以上农机大户1284个；农机专业合作社523个。农机跨区作业范围越来越广。2012年，全市全年组织7500多台农业机械参加跨区作业，跨区作业面积34.02万公顷，为农民和机手增加收入2.47亿元。

农机化新技术推广。市县两级农机部门根据农机新技术推广重点，组织有关专家和科技人员及农机新机具生产厂家，每年集中一段时间深入乡村集市、农田现场进行科技咨询，现场演示，科普效果明显。自2004年开始农机部门几乎每年都主办、承办或参与大型农机展览会。至2012年，共举办15次大型农机科技咨询活动，10次市级以上农机展览会。1991—2012年，全市农机系统共获得地市以上各种科技奖励26项，国家发明专利1项。

农业机械安全监理与修配管理。全市农机监理部门先后开展以治理“黑车非驾”为重点的专项治理、综合治理和农机安全百日竞赛活动，农机事故率大大降低，万台机械农田事故率在万分之一左右，农用拖拉机的机手持证率、挂牌率和年审率都有所提高。积极开展农机维修行业管理工作，至2012年全市拥有农机维修网点1318个，从业人员3332人，其中一级维修点38个。

农机教育培训。1991—2012年间，先后开展“千百万农机手培训活动”“农机绿色证书培训工程”“农机职业教育培训年活动”“农村劳动力转移阳光工程培训”“农业机械化教育培训大行动”等大型综合性农机教育培训活动，为农机化发展培养了大量人才。

农机购置补贴。自2004年始，国家开始实施农机购置补贴政策。至2012年，全市累计投入部、省、市、县四级补贴资金49554万元，购置各类农业机械108181台，受益农户8.5万多户，引导农民投入购机资金超过15亿元。

1991—2012年潍坊市农机总值、总动力及动力机械拥有量情况表

表6—6—1

年份	农机总值（原值万元）	农机总动力（千瓦）	农用拖拉机（台/千瓦）		农用汽车（辆/千瓦）	农用运输车（辆/千瓦）	柴油机（台/千瓦）	电动机（台/千瓦）	汽油机（台/千瓦）
			合计	其中大中型					
1991	156501.93	3269865	60460/838471	9575/392519	4571/303084	250/6257	104870/962018	155298/1006299	3560/10748
1992	164243.50	3241834	61884/842239	9152/379652	4841/318091	279/3583	88784/801455	180137/1108153	2558/10462
1993	179390.33	3616986	70778/928174	9359/387878	5194/328749	743/18427	103689/923564	189653/1160602	2879/9228
1994	192050.68	4152006	71490/929082	9345/385375	6533/397895	1417/32094	115377/1044435	206791/1325057	4857/13932
1995	235854.34	4508333	69344/888035	8680/359626	7192/419427	3723/76965	110885/995414	216555/1489943	4905/19558
1996	260383.34	4799585	69985/894448	8705/360580	8373/449592	7529/152531	117017/1051619	229742/1459854	5572/15728
1997	302506.31	5231536	69490/889787	8691/360077	9975/499576	10853/220084	166094/1098500	249702/1537466	6069/17496
1998	336401.78	5646796	71431/917494	9110/372976	10919/526115	14312/277627	123362/1104533	294502/1677889	6344/18918
1999	371093.81	6625784	92089/1141720	10828/432018	13653/610317	21868/455000	155574/1421469	254229/1554170	8181/33497
2000	413926.32	7081193	115872/1342782	11297/440697	14219/586563	162858/1733481	157842/1447656	261586/1617875	12398/40391
2001	434203.73	7229303	113010/1346415	13326/482649	14769/623158	170513/1821207	156582/1408906	276867/1618137	12315/43508
2002	449279.52	7482600	102833/1332268	14748/509618	15843/645002	175515/1872501	166762/1508101	280414/1701958	12008/49805
2003	480980.12	7647540	99850/1307213	16857/562708	16806/692021	196976/2115751	149454/1356211	306924/1728344	13951/38741
2004	513696.89	8217479	100283/1364367	18770/624083	19508/812784	219965/2368985	154797/1387081	327224/1749146	19539/55983
2005	573250.67	9039582	114110/1536166	19411/659929	23655/965077	259853/2740580	158165/1352898	294857/1718760	29467/116143
2006	607078.56	9423880	119480/1623519	21742/736835	24138/1032185	261398/2836760	143139/1300770	298472/1838589	29415/114487
2007	649060.13	9915352	164360/1983678	23970/808149	29450/1025291	261228/2958463	122646/1052087	327166/2057392	25595/109652
2008	721065.38	10824993	178803/2383789	38010/1155465	—	282433/3604960	131285/1228385	352838/2183442	—
2009	776106.12	11570870	180873/2387131	41703/1249695	—	285558/3709597	130386/1176032	347254/2146927	—
2010	820630.25	12304111	180504/2511830	45835/1380009	—	301098/3942936	126942/1154218	357859/2259062	—
2011	872735.54	13010164	188720/2662964	48754/1497154	—	308631/4127126	134042/1168875	362726/2342399	—
2012	904112.23	13220384	191231/2735257	49174/1518832	—	316742/4201257	130488/1168143	364798/2357453	—

第一节　农业机械

动力机械

全市农村使用的农业动力机械主要有：拖拉机、农用运输车、自走式联合收获机等行走式动力机械和柴油机、电动机、汽油机等固定式座机。1991—2012年，全市农机总动力以较高速度逐年增加。至2012年，全市农机总动力1322.04万千瓦，位居全省第三位，是1991年的4.04倍，年均增长6.87%。1991年初，每个农业劳动力平均拥有农机动力1.008千瓦，至2012年，每个农业劳动力平均拥有农机动力3.574千瓦，是1991年的3.55倍。1991年，全市每公顷耕地拥有农机动力4.54千瓦，至2012年每公顷耕地拥有农机动力17.75千瓦，是1991年的3.9倍。在全市农机总动力中，柴油发动机动力996.74万千瓦，汽油发动机动力26.51万千瓦，电动机动力298.79万千瓦。这三项农机动力分类结构比为75.39%：2.01%：22.6%。

拖拉机　1991年，全市拥有农用拖拉机6.05万台，83.85万千瓦，其中大中型拖拉机9575台，39.25万千瓦。按所有制划分，农户所有、集体所有和全民所有拖拉机分别占全市拖拉机拥有量的87.69%、11.82%和0.49%。1999年，农户所有拖拉机已占全市拖拉机总数的95.3%。2000年拖拉机总数达到11.59万台，134.28万千瓦。2007年，在连续几年农机购置补贴政策推动下，拖拉机总数达到16.44万台，198.37万千瓦。至2012年，全市拥有农用拖拉机19.12万台，273.53万千瓦，较1991年分别增加2.16倍和2.26倍，其中大中型拖拉机4.92万台，151.88万千瓦，较1991年分别增加4.14倍和2.87倍。

农用汽车、运输车　1991年，全市拥有农用汽车4804辆，其中农户拥有1935辆，占农用汽车总数的40.28%；拥有农用运输车（含农用三轮运输车，下同）279辆，基本为农户所有。从90年代中期开始，随着全市农业机械化程度的提高和农村市场经济的发展，用于农业的汽车和农用运输车数量逐年增多，特别是适合农村道路运输条件的经济实用农用运输车增速较快。1995年，全市拥有农用汽车7192辆，其中农户所有5143辆，占71.51%；农用运输车3723辆。至1999年，全市拥有农用汽车1.37万辆，其中农户所有占89.4%，之后农用汽车增量基本来自农户；农用运输车发展到2.19万辆，较1995年增加4.87倍。至2007年，全市农用汽车2.95万辆，农用运输车26.12万辆，农用汽车是1991年的6.13倍，农用运输车是1995年的70多倍。之后农用汽车未见明显增加，而农用运输车继续发展，至2012年，农用运输车达到31.67万辆，比2007年增加21.25%。农用运输车31.67万辆，农村运输收入17.66亿元（包括拖拉机运输），其中农机户运输收入15.75亿元。在农村运输中，农业运输9.74亿元。

柴油机、电动机、汽油机　1991年，全市柴油机、电动机、汽油机分别为10.49万台、15.53万台和3560台。2000年，全市拥有柴油机、电动机、汽油机分别为15.78万台、26.16万台和1.24万台，分别比1991年增加50.43%、68.45%和2.48倍。2001年开始，用于排灌和农副产品加工的柴油机增量放缓，至2002年，全市柴油机保有量16.67万台，达到最高值，之后保有量缓慢减少；与此同时，电动机保有量则继续增加。至2007年，全市汽油机保有量2.56万台，较2000年增加1.06倍。之后汽油机除用于植保机械外，用于其他方面越来越少，未再单独统计。至2012年，全市柴油机、电动机分别达到13.05万台和36.48万台，柴油机比2000

年减少17.3%，电动机比2000年增长39.45%。

农田作业机具

耕整地机具　全市耕整地机械主要有机引犁、机引耙、旋耕机、深松机等。1991年，全市拥有机引犁3.24万台，机引耙1.26万台，旋耕机2075台。

1991年，全市机耕地面积60.93万公顷，耕地机械化水平为84.65%，其中深耕面积34.2万公顷，占机耕面积的56.13%。1995年机耕地面积59.61万公顷，耕地机械化水平84.35%，其中深耕面积37.82万公顷，占机耕面积的63.45%。2007年机耕地面积65.59万公顷，耕地机械化水平为88.4%，其中深耕面积47.27万公顷，占机耕面积的72%。当年旋耕作业达到较高水平，作业量达22.4万公顷，占当年机耕作业面积的30%。至2012年，全市机耕地面积68.96万公顷，耕地机械化水平为92.56%。机耕地面积较1990年增加10.16万公顷，耕地机械化水平增加11.25个百分点。

至2012年底，全市拥有机引犁7.71万台，机引耙2.67万台，旋耕机3.41万台，深松机5162台。机引犁、机引耙、旋耕机分别增加1.38倍、1.12倍和15.43倍，深松机从无到有，得到较快发展。

播种机具　1991年，全市拥有播种机2.43万台，主要用于小麦播种，用于玉米或其他作物机播很少。1991年全市机播面积43.42万公顷，农作物播种机械化水平为37.65%。其中小麦机播42.1万公顷，机播水平为98.77%。1991—2012年，随着机械化播种新技术的推广，机播范围由小麦向玉米、花生等作物扩大。播种方式不断改进，如小麦精少量机播、免耕机播、沟播、膜侧播种等，玉米半机械化套种向贴茬直播和精播发展，花生播种采用铺膜施肥播种复式作业等。至2012年，全市拥有播种机6.3万台。当年全市机播面积99.52万公顷，占农作物种植面积87.3%，较1991年机播作业量增加129.2%，作业水平提高49.7个百分点。其中小麦机播38.39万公顷，机播水平100%；玉米机播35.96万公顷，机播水平91.78%；花生机播3.82万公顷，机播水平71.7%。

1991—2012年潍坊市耕播机械及作业量情况表

表6—6—2

年份	耕整机械（台）			播种机械（台）		机耕地面积（万公顷）	机播面积（万公顷）
	机引犁	机引耙	旋耕机	合计	其中精少量播种机		
1991	32367	12639	2045	24254	8786	60.93	43.42
1992	32253	13902	1976	25221	10405	60.43	44.14
1993	33489	9845	1825	26071	10652	60.79	42.87
1994	35546	13068	2052	26375	12429	60.22	39.28
1995	38335	12532	2488	26440	10063	59.61	39.06
1996	38850	11829	3056	27254	11437	58.77	42.09
1997	36447	12303	4824	28313	12160	58.95	40.7
1998	37471	13070	5873	29009	12695	62.14	37.4

续表6－6－2

年份	耕整机械（台）			播种机械（台）		机耕地面积（万公顷）	机播面积（万公顷）
	机引犁	机引耙	旋耕机	合计	其中精少量播种机		
1999	52432	14791	7953	32667	13803	59.32	38.61
2000	59079	15107	11678	34749	16583	56.88	37.97
2001	65401	22084	13358	36008	16347	58.67	39.81
2002	66400	21549	16036	37309	16813	56.97	41.31
2003	58479	19480	17495	36911	17088	54.41	39.43
2004	65982	21823	19146	37128	17061	56.38	42.58
2005	70219	25235	19876	43177	18497	55.25	47.23
2006	73196	27506	21627	46135	18654	55.13	48.75
2007	73381	27364	22294	46994	17382	65.59	63.58
2008	74424	27393	27432	51989	21563	75.76	86.89
2009	75638	25097	29818	58339	26751	78.92	91.36
2010	79322	28417	32316	61535	26187	72.55	98.14
2011	79659	26538	34696	63274	26952	70.29	99.37
2012	77149	26744	34132	62959	27260	68.96	99.52

植保机具　全市使用的植保机具主要有手动喷雾（粉）机、机动喷雾（粉）机。1991年全市拥有手动喷雾（粉）机94.7万台，机动喷雾（粉）机2329台，机械植保面积5.84万公顷。2000年，全市手动喷雾（粉）机85.9万台，机动喷雾（粉）机2.83万台，机械植保面积35.73万公顷。此后，手动喷雾（粉）机保有量呈持续下降趋势，机动喷雾喷（粉）机继续增加。全市2000年基本实现农业生产的植保机械化。此后随着机动植保机械的增加，农民植保劳动强度大大降低，植保能力持续增强，病虫害预防性作业面积不断加大。至2012年底，机动喷雾喷粉机达3.88万台，是1991年的16.66倍。全市机械植保面积47.75万公顷，是1991年的8.18倍。

1991—2012年潍坊市植保机械及作业量情况表

表6—6—3

年　份	机动喷雾（粉）机（台）	手动喷雾（粉）机（台）	机械植保面积（万公顷）	年　份	机动喷雾（粉）机（台）	手动喷雾（粉）机（台）	机械植保面积（万公顷）
1991	2329	947232	5.84	2002	28245	—	24.59
1992	3199	841213	5.93	2003	27603	—	26.34
1993	4287	744766	6.09	2004	30666	—	25.3
1994	13380	798543	6.43	2005	31289	—	24.91
1995	24809	819707	7.52	2006	31792	—	26.52
1996	27714	809755	8.06	2007	30819	—	29.24
1997	29905	832865	9.26	2008	35180	—	41.7
1998	—	882882	8.11	2009	36554	—	45.84
1999	—	832452	11.49	2010	36744	—	51.62
2000	28263	858832	35.73	2011	37923	—	49.61
2001	26708	—	28.25	2012	38820	—	47.75

说明：1.机械植保面积不含手动喷雾（粉）作业面积；
2.自2001年始，手动喷雾（粉）机不再统计

排灌机械及农田机电灌溉　全市农田灌溉除很少部分自流灌溉外，主要由柴油机和电动机带动水泵进行机电灌溉作业，其中用潜水电泵井灌方式占比重较大。1991年，全市各类水泵16.06万台，机电灌溉面积44.07万公顷，占有效灌溉面积的85.77%。1991—2012年，全市排灌机械持续增加，灌溉能力逐年增强，在大田积极引进推广以喷灌为主的节水灌溉机具和技术，在各类种植大棚中推广使用微喷、滴灌等微灌节水技术。至2012年，全市拥有各类农用水泵34.45万台，比1991年增加1.25倍，拥有节水灌溉类机械4.51万台（套）。2012年，全市机电灌溉面积69.66万公顷，占有效灌溉面积的90%，比1991年增长58.07%，其中节水灌溉从很少量发展到23.86万公顷。

潍坊市部分年份排灌机械及灌溉面积情况表

表6—6—4

年份	水泵（台）	节水机械（台）	机电灌溉面积（万公顷）	其中节水灌溉面积（万公顷）
1991	160571	—	44.07	—
1995	177457	—	28.11	—
2000	302286	10401	54.66	8.15
2005	342749	40966	56.35	25.93
2010	346108	48955	73.91	25.17
2012	344475	45134	69.66	23.86

说明：2000年前，节水机械及节水灌溉面积未作单独统计

收获机具 1991年，全市拥有小麦割晒机1.15万台，小麦联合收获机98台。机收小麦26.93万公顷（主要是割晒作业），占小麦种植面积的64.2%，其中小麦联合机收约占小麦机收面积的2.5%。1991—1994年，小麦收获以割晒机作业为主，在往年引进试验小麦收获机的基础上，开始推广小麦联合收获机。1994年，全市小麦割晒机1.44万台，小麦联合收获机148台，其中自走式58台。当年全市机收小麦30.17万公顷，其中联合机收约占小麦机收的3.3%。从1995年开始，随着小麦联合收获跨区作业的开展，小麦联合收获机开始大面积推广应用，小麦联合收获机保有量快速增加，小麦割晒机逐年减少。至2002年，小麦联合收获机达到6530台，其中自走式2448台，小麦联合收获作业面积占机收面积的77%。1995—2002年，玉米联合收获经过试验示范，进入推广使用起步阶段，2002年全市玉米联合收获机达104台。

至2012年，全市拥有各类联合收获机2.18万台，包括小麦联合收获机1.28万台，其中自走式9147台；玉米联合收获机9053台，其中自走式4412台。花生收获机5877台。小麦割晒机减少到77台。2012年，全市机收总面积87.04万公顷，机收机械化水平79.85%。其中小麦机收38.49万公顷，机收率99%；玉米机收35.26万公顷，机收率89.24%；花生机收面积3.16万公顷，机收率59.29%。

1991—2012年潍坊市收获机械及作业量情况表

表6—6—5

年份	联合收获机械（台）	其中自走式（台/千瓦）	小麦联合收获机械（台）	玉米联合收获机械（台）	割晒机（台）	机收作业总面积（万公顷）	其中小麦机收（万公顷）	其中玉米机收（万公顷）
1991	98	66/3589	98	—	11531	27.49	26.9	—
1992	126	79/4016	126	—	12832	29.84	29.76	—
1993	136	59/3230	136	—	14332	32.03	32.02	—
1994	148	58/3233	148	—	14418	30.45	30.17	—
1995	168	120/5323	168	—	15201	30.58	30.54	—
1996	446	271/12793	446	—	16207	30.28	30.02	—
1997	1689	596/27926	1689	—	16331	31.97	31.04	—
1998	3215	1154/54820	3215	—	17930	31.98	31.16	—
1999	4744	2043/87683	4744	—	18847	31.82	30.73	—
2000	5592	2181/105254	5551	41	20140	32.53	29.86	0.98
2001	6215	2290/116780	6097	118	21012	31.55	27.66	0.94
2002	6634	2552/122237	6530	104	17780	31.02	27.55	1.46
2003	6905	3145/138818	6790	109	10569	29.21	24.62	0.96
2004	6605	3514/157607	6410	195	10637	31.1	26.96	1.95

续表6—6—5

年份	联合收获机械（台）	其中自走式（台/千瓦）	小麦联合收获机械（台）	玉米联合收获机械（台）	割晒机（台）	机收作业总面积（万公顷）	其中小麦机收（万公顷）	其中玉米机收（万公顷）
2005	7691	4124/192984	7208	468	10279	34.44	29.02	3.03
2006	8984	4892/232512	7904	1076	9296	37.8	29.43	5.52
2007	11712	5579/264069	9985	1711	7318	44.57	34.15	11.51
2008	13507	7117/395113	10124	3383	1629	69.1	36.25	18.42
2009	16176	8736/596610	10892	5284	946	78.67	38.06	29.42
2010	19530	10465/709311	11961	7569	335	85.36	38.2	34.12
2011	21519	12395/882205	12768	8751	85	86.63	38.45	34.82
2012	21833	13559/920962	12780	9053	77	87.04	38.49	35.26

农副产品加工机具

全市的农副产品初加工机械主要包括粮食加工机械（如磨面机、碾米机）、棉花加工机械（如轧花机）、油料加工机械（如榨油机）、蔬菜加工机械（如蔬菜清洗机）等。潍坊市在80年代中期基本实现磨面、碾米、轧花、榨油的机械化。1991年，全市拥有各类农产品加工作业机械2.26万台，其中磨面机1.43台，碾米机3604台，轧花机1360台，榨油机2648台，淀粉加工机631台。到2012年年底，全市拥有农产品加工机械4.77万台，比1991年增加2.51万台，增长1.11倍，其中粮食加工机械3.05台，油料加工机械5426台，棉花加工机械2819台，果蔬加工机械8018台。2012年机械初加工各种农产品656.34万吨，农产品初加工综合机械化水平为47.70%。

农田基本建设机械

全市使用的农田基本建设机具主要有推土机、挖掘机、装载机等。从90年代初，农机户和各类农机服务组织开始购置既可投入农田基本建设，又可用于其他工程的大型机械，推土机、挖掘机、装载机的保有量在短期内以较大幅度增加。1995年，全市农村拥有各类工程机械375台，其中推土机330台，挖掘机16台，其他29台（含装载机）。2005年，全市农村拥有各类工程机械3402台，较1995年增加8倍，其中推土机1321台，挖掘机574台，装载机1385台，其他122台，均比1995年有较大幅度增加。2012年，全市农村拥有用于农田基本建设的工程机械6116台，较2005年增加79.8%；全市农田基本建设机械作业量达7.19亿立方米，约占全年农田基本建设土石方作业量90%以上。

1995—2012年潍坊市农田基本建设机械保有量情况表

表6—6—6

年份	工程机械										与拖拉机配套	
	总计		推土机		挖掘机		装载机		其他		平地机	开沟机
	台	千瓦	台	千瓦	台	千瓦	台	千瓦	台	千瓦	台	台
1995	375	6406	330	3010	16	1288	—	—	29	2108	307	—
1996	239	10332	184	6257	18	1262	—	—	37	2813	288	—
1997	355	18660	182	8370	38	2825	—	—	135	7465	98	—
1998	438	21907	269	9502	72	6479	—	—	97	5926	113	—
1999	810	36504	304	15735	123	7394	—	—	383	13375	111	—
2000	1312	66073	673	29111	132	10133	431	23499	76	3330	218	125
2001	1655	85841	748	35052	147	10509	680	36676	80	3604	257	585
2002	2490	113083	1408	49373	238	16507	756	41866	88	5337	66	188
2003	2438	148670	1003	59778	382	25958	1013	62172	40	762	1183	277
2004	2936	170121	1216	67252	471	31126	1204	70674	45	1069	1273	294
2005	3402	200774	1321	71674	574	39978	1385	84370	122	4752	1405	248
2006	3833	227051	1424	79527	662	46165	1568	94488	179	6871	1408	674
2007	4113	247161	1552	84022	769	56756	1612	99319	180	7064	1538	972
2008	4076	220562	—	—	—	—	—	—	—	—	—	—
2009	4807	255059	—	—	—	—	—	—	—	—	—	—
2010	5579	297798	—	—	—	—	—	—	—	—	—	—
2011	5923	306017	—	—	—	—	—	—	—	—	—	—
2012	6116	311816	—	—	—	—	—	—	—	—	—	—

说明：1.2000年前工程机械其他项含装载机；

2.自2008年用于农田基本建设的工程机械只统计总数，未再细分

设施农业工程机械

90年代初，全市设施农业设备主要是各类土制保温大棚，专用机械很少，主要依靠人力作业，机械化水平较低。至2000年，全市各类温室大棚发展到5.26亿平方米，塑料大棚3.37亿平方米，日光温室1.78亿平方米。其间，一批适合设施农业的机械机具得到推广运用，已有各类设施农业机具1.32万台（套），其中田园管理机1936台，电动卷帘机697台。之后，随着全市农业产业调整和优化，设施农业得到迅猛发展，各种温室大棚数量增长很快，建设标准不断提高。2000年之后，大力推广微耕机、

多功能田园管理机、大棚卷帘机、小型节水灌溉设备、施肥器、臭氧消毒杀菌机等各类先进适用的设施农业机具，全市设施农业向“耕作机械化、植保无毒化、灌溉节水化、卷帘自动化”的方向迈进。至2012年，全市拥有各类设施农业机具91.7万台（套），是2000年的69.5倍。其中田园管理机1万多台，电动卷帘机3.08万台，节水滴灌设备1.2万套。2012年设施农业综合机械化水平为46.83%，其中灌溉施肥机械化水平82%，环境控制机械化水平52.39%，电动卷帘达56%。至2012年，全市各类温室大棚达8.21亿平方米，较2000年增长56%，其中塑料大棚5.3亿平方米，日光温室2.7亿平方米，分别比2000年增长57.3%和51.7%。

寿光市是冬暖式蔬菜大棚的发祥地，设施农业的发展在山东省乃至全国处于领先位置。2012年，寿光市各类温室大棚发展到2.07亿平方米，占潍坊市设施农业面积的25.21%，获“中国大棚卷帘机之乡”称号。

第二节 农机服务组织

乡镇农机服务组织

自1988年后，乡镇农机管理服务站建设可分为两个发展阶段。

第一阶段为1988—2000年，产业化发展阶段。1988年、1989年两年乡镇调整期间，乡镇农机管理服务站逐步健全。从1990年开始全市农机部门组织开展乡镇农机管理服务站达标升级活动。1990年7月至1992年9月省农机管理局先后三批公布达标升级情况，潍坊市有76个乡镇农机管理服务站被评为一级站。至1991年，全市240个乡镇的农机管理服务站、拖拉机站“两站合一”，实现了管理、服务、经营一体化。从1993年开始，根据农业部等六部委《关于稳定农业技术推广体系的通知》精神，全市对乡镇农机管理服务站进行定性、定编、定员工作。到1994年底，全市乡镇（街道）农机站基本完成定性、定编、定员工作。全市乡镇农机管理人员共定编793人，实际定员667人。1995—2000年，按照产业化的要求改进和完善农机服务，因地制宜大力加强农机站自身建设，开展农田作业、机具和油料供应、贮藏运销、工程开发、农副产品加工等各种服务。至2000年，全市乡镇农机管理服务站固定资产9020万元，机械总动力2.9万千瓦，其中拖拉机486台，各种配套机械1057台，职工2968人（含临时工），年经营服务总收入2.18亿元。

第二阶段为2001—2012年，服务市场化阶段。2001—2002年，在乡镇机构改革中，乡镇农机管理服务站进行较大改革和调整。至2002年年底，全市190个乡镇（街道）保留农机站95个（其中全额拨款63个，差额拨款4个，自收自支28个），并入乡镇农业综合服务站（中心）91个。得到保留的乡镇农机站主要集中在诸城、安丘、临朐三市县。这次机构改革后，全市乡镇农机管理人员定编人数502人，实际在岗582人。之后，各县市区按照各自对乡镇站所机构改革的安排，继续对乡镇农机管理服务站进行调整。至2008年，单设农机管理服务站的乡镇为23个。至2012年，全市涉农乡镇（街办）都有具有农机管理职能的机构，大部分是农业综合服务站（中心），单设农机管理服务站的乡镇（街道）降至14个。机构精简后，乡镇一级农业综合服务站配合县市区农机局，搞好各项农机化管理工作，原有的经营性农机服务进入农机服务市场。

村农机服务组织

90年代初期至中期，村级农机服务组织建设主要有农机队、农机组和管理员三种形式。至

1995年，全市96.6%的村建立了农机管理服务组织或配备农机管理员，其中建立农机队的村4547个，占全市行政村总数的47.5%。在农机队中，具有综合服务能力的高标准农机大院1712个。

90年代中期到21世纪初期，由于个体农机户的不断壮大，集体农机队从事农机作业服务的功能逐步被个体农机户所代替，村集体农机队的数量明显减少，村集体农机管理服务主要转到管理、组织协调以及农机化新机具、新技术推广上来。至2002年，全市具有农机作业服务能力的村农机服务组织1064个，从业人员5175人。之后，村级农机服务组织稳定在1000个左右，从业人数5000人左右。

农机户

1991年，全市有农机户22.7万个，27.32万人。1991—2002年，户营机械出现结构性调整，由量的增加开始向质的提高转变，如小麦联合收获机、农用运输车、经济作物机械等各种新机具成为户营机械新的增长点。至2002年，全市农机户48.9万户，从业人员57.7万人，分别比1991年增加1.15倍和1.11倍。在农机户中，农机专业户4万户，个体农机专业人员5.9万人，并涌现出一批机械多、专门从事农机作业和服务的农机大户。当年全市过20万元固定资产的农机户有172个，其中，过60万元的农机户43个，过150万元的农机大户15个。全市户营农机总值和农机总动力占全市总量的90%以上，年经营收入33.1亿元，占全市农机经营总收入的68%。

2003年，市委、市政府确定把“培育发展农机大户，实施农机基层组织建设‘十、百、千’工程”，作为全市2003—2005年度农业和农村经济工作突出抓好的十件大事之一。至2005年年底，全市共发展固定资产150万元以上的农机大户69个；60万元以上的208个；20万元以上的1372个。

2006—2010年，潍坊市农机管理局连续五年组织在全市开展90强农机大户评选活动，并与30强农机企业同时评选表彰。

至2012年，全市农机户达57.31万个，66.6万人，较2002年又分别增长17.2%和15.4%。其中20万～50万元的农机户7785个，50万元以上的1284个。全市农机户年经营收入40.41亿元，占全市农机经营总收入的87.3%。

农机股份合作制试点

1992年，市农机部门首先在诸城市城关镇农机站、万家庄农机站、坊子区坊子镇农机站3个单位进行农机股份合作制试点。1993年，试点范围扩大到村级，如青州市王母宫镇后范王村万利公司、诸城市林家村镇林家村等。到1994年，全市试行股份合作制的单位共有10家，其中乡镇农机服务实体8家，村农机队2家。试点单位合计拥有职工321人，入股资金491.5万元，其中个人股198万元。之后，全市逐步扩大乡村两级农机股份合作制试点和初步推行工作。到2002年年底，全市有26个乡镇农机服务实体、660个村农机队以股份合作形式运行，这些单位总股金8768.6万元，其中个人股占78.5%。此后，由于内部运行经验、机构改革以及引入新的模式等原因，农机股份合作制这种组织形式未能持续发展和推广。

农机专业合作社

潍坊市农机管理部门从2005年开始，按照省农机管理办公室部署，借鉴外地先进经验，开展农机合作服务组织试点，当年在诸城市、青州市、昌乐县的8个单位试点。

2007年7月1日，《中华人民共和国农民专业合作社法》施行。2月，市农机管理局出台《关于贯彻落实〈中华人民共和国农民专业合作社法〉的意见》。7月，青州市的王母宫街道农机服务合作社、诸城市林家村镇东店子村农机服务合作社、高密市万通农业机械服务协会3个农机服务组织被列为全省农机社会化服务组织联系点。其中王母宫街道农机服务合作社被列为全国农机社会化服务服务组织联系点。同年11月，根据农业部、省农机办有关建立农机社会化服务组织联系点的指示精神和做法，确定青州市王母宫街道农机服务合作社等17个农机服务组织为潍坊市农机社会化服务组织联系点，并采取进一步措施扶持和带动新型农机社会化服务组织的发展。在这批联系点中，有农机协会3个，农机合作服务组织6个，产业型龙头农机大户挑头的农机合作服务队（公司）5个，其他形式的3个。各县市区农机部门充分发挥联系点的示范带头作用，积极培植新典型，总结推广典型经验，扶持和推动新型农机社会化服务组织健康发展。至2008年年底，全市正式注册的农机合作服务组织发展到81个。

2011年，市农机管理局印发《潍坊市关于加快农机专业合作社建设的意见》，建立“市县共建、协同推进”的机制，着重培育发展一批设施完备、功能齐全、特色明显、效益良好的示范合作社，并将示范社建设与农机化各项业务工作密切结合，把示范点建成农机化技术推广的先行点、农机化发展机制的创新点、农机化生产管理的样板点。重点推行“企社共建”发展模式，市农机同业发展公会与福田雷沃重工联合出台《福田雷沃重工支持潍坊市农机专业合作社发展实施意见》，为农机专业合作社提供优惠购机、按揭购机和机手培训等方面的优惠，为企业和农民搭建了互利共赢的合作平台。

2009—2012年，市农机合作社共获得省级合作社奖励资金210万元，奖励农机合作社30多家。全市涌现出如昌邑圣达、诸城瑞合、昌乐惠民、寒亭长法等一大批具有一定规模，涵盖农机服务、配件维修、技术培训、特种种植于一体的农机专业合作社典型。至2012年年底，全市在工商部门注册的农机专业合作社523个，数量位居全省前茅。

农机协会

农机使用者协会　1995年3月21日，山东农机使用者协会潍坊工作委员会成立，当年大部分县市区均设立了协会工作站，并积极发展会员。2002年9月16日，协会召开代表会议，完成换届选举。

农业机械同业发展公会　潍坊市农业机械同业发展公会于2002年9月26日成立，设立农用车专业委员会、拖拉机专业委员会、旋耕机专业委员会、农机流通专业委员会四个专业委员会。有会员单位80多家，其中拖拉机生产厂家30个，农机销售单位12个，旋耕机生产企业16个，农用车企业4个，农机科研、推广管理等单位26个。2012年2月29日潍坊农机同业发展公会会员代表会议在潍坊市召开。

县市区农机协会　自1995年开始，各县市区农机部门不断引导建立和完善协会组织，积极开展协会工作。如潍城区成立农机协会，青州市等县市区进行农机使用者协会工作站的建立及换届。至2007年，全市县市区及以下发展的各类农机协会112个，其中县级5个，乡镇级35个，村级72个。至2012年，县级及以下农机协会组织在数量上没有新的进展。

第三节　农机化技术推广

小麦精播技术推广

1990年，在全市小麦半精量播种技术推广取得一定成效的基础上，大力推广诸城产2BBJ-6型小麦精少量播种机。同时，引进莱芜产2BJMQ—6小麦精密播种机10台，在寿光、安丘、昌乐、坊子等8县市区进行试验。1991年8月，省农机管理局和省农业厅在安丘市黄旗堡镇召开全省“农机农艺结合，提高播种质量”现场会，市农机局与市农业局联合制定《农机农艺结合小麦种植技术规范》和《精播机操作技术规范》，作为该项技术推广的指导性技术文件。1990—1992年，共推广2BBJ—6型小麦精少量播种机5100台，推广2BJMQ—6型精密播种机440台，累计作业57.1万公顷，节省种子2152.75万千克，增产小麦3.91亿千克，获直接经济效益3.127亿元。该项技术一直被推广应用，至2012年，全市精少量播种面积达33.45万公顷。

棉花机械化植保技术推广

1990—1992年，潍坊市农机推广站组织各县市区农机部门共同承担“棉花机械化植保技术推广”课题。实施过程中，通过组建机械化植保防治服务队，配备以泰山-18型弥雾机为主的机动喷雾器，与棉农以签订合同的方式，实行统一购药，统一虫情测报，统一配方打药，为棉农提供有偿服务，从根本上解决了棉农治虫难的问题。1992年全市机防队3200个，其中全包型机防队657个，半包型154个。推广机动喷雾器24716台，其中泰山-18型喷雾器6232台，机防棉花4.6万公顷，节省人工日234.6万个，节省农药6.9万千克，直接经济效益1291.68万元。此后，机械化植保技术得到广泛应用，由主要机防棉田扩展到所有大田作物和果园，2000年基本实现农业生产的植保机械化。

机械化旱作农业开发

1992年，根据省政府和省农机管理局的部署，制订《潍坊市机械化旱作农业开发规划》和《实施方案》，本着先易后难，突出重点，以点带面，开发一片成功一片的原则，从抓试点乡镇入手，将试验成熟的机械深耕、小麦沟播、化肥深施和棉花地膜覆盖等单项机械化技术综合应用到旱作农业开发，并注重工程技术生物技术相结合，农机农艺相结合，高产高效相结合。1993年，在高密市周阳乡、诸城市百尺河镇、临朐县白塔乡进行试点，1994—1995年在全市铺开。至1995年底，各项综合开发旱田面积17.7万公顷，占旱田总面积的70%，粮食增产2.54亿万千克，经济作物增产2462万千克，增收节支总效益9.7亿元。此后，旱作农业开发中的主要技术在全市旱田农业生产中延续，得到推广应用。

小麦联合收获技术推广

1991—1993年，潍坊市引进背负式小麦联合收获机进行试验；1994年开始向个体农机户推广。1995年召开全市小麦联合收获机选型推广现场会，组织自走、背负两大类10余种不同型号的小麦联合收获机到会演示，农机推广技术人员深入田间地头宣传指导，实地检测各种联合收获机械性能，核对各项指标，为小麦联合收获机推广选型获得宝贵的第一手资料。潍坊市和青州、临朐、寒亭、昌乐、安丘等县市区农机管理局，先后购置小麦联合收获机，成立以农机推广技术人员为主参加的示范作业服务队，进一步扩大示范宣传。1996年，全市小麦联合收获机推广应用进入高潮，小麦联合收获机供不应求。各地农机局积极筹集资金、组织货源、落实配件供应和三包服务，并争取知名小麦联合收获机厂家在本地设点建厂，有两个联合收获机厂家分别在昌邑、寿光建立分厂。1998年，北汽福田潍坊农业装备分公司开始介入收获机械行业，1999年，实现小麦、水稻收割机的多品种、多系列开发，当年投产，当年营销，最大限度地满足了市场的需求。潍坊市农机推广站设立小麦联合收获机三包服务点，与收获机、柴油机生产厂家和农机经销业户联合，开展三包维修服务和零配件供应，提供技术指导和跨区作业信息。1999年12月，潍坊市农机推广站“小麦联合收获技术推广”项目获省星火三等奖。当年全市联合收获机保有量达到4744台，其中自走式2043台，小麦联合机收面积

24.42万公顷，占小麦机收面积的71%。此后，全市小麦联合收获机持续快速增加，小麦联合收获面积不断加大，“三夏”农作时间大幅缩短。至2012年，全市小麦机收率达到99%，其中小麦联合收获占机收面积的99%。

潍坊市小麦联合收获作业　　(2003年拍摄)

玉米联合收获技术推广

80年代后期，一度引进黑龙江省赵光机械厂生产的丰收-2型牵引式玉米联合收获机进行试验示范。该机具机组较长，转弯半径大且需人工开道，在面上未推开。1996年后，随着背负、自走式玉米联合收获机制造生产技术的日益成熟，玉米联合收获技术推广又重新列入农机部门的议事日程，各地积极引进机具进行选型试验。市农机管理局连续四年召开以玉米联合收获机选型推广为主要内容的现场会。2002年5月，市农机管理局与淄博二轻机械厂联合举办玉米联合收获技术推广研讨会，确定潍坊市重点推广“向农”牌玉米联合收获机。在玉米联合收获机推广过程中，在机械化作业程度高，水源有自控能力的地区，推广玉米机械化直播，为联合收获创造条件、打好基础。潍坊市和部分县市区农机局调集重点推广的玉米联合收获机，成立以农机推广站为依托的示范作业服务队，巡回示范作业，宣传效果良好。2004年，随着国家农机购置补贴的实施和玉米机械化收获技术的日渐成熟，山东省把玉米机械作为全省农机补贴的重点机具进行推广，潍坊市的玉米收获机开始进入快速发展时期。

2004—2007年，重点推广2行/3行背负式玉米收获机，主要以山东向农机械有限公司、山东巨明机械有限公司、兖州国丰机械有限公司3家企业的产品为主。这一段时间全市玉米联合收获机保有量从2003年的109台，发展到2007年的1711台。2007年，山东金亿机械制造有限公司、山东大丰机械制造有限公司等开始研发生产小麦玉米互换割台式联合收获机。2008—2009年期间小麦玉米互换割台式联合收获机占到潍坊销量的40%～50%，玉米收获机进入背负式与互换割台式共同发展时期。2009年，潍坊市农机推广站从山东宁联机械制造有限公司引进带剥皮的自走式玉米收获机，并进行推广。2010年始，玉米联合收获机由背负式、互换割台式向自走式专用机型转变，背负式、互换割台式玉米收获机逐渐退出。2010年，全国玉米机收暨“三秋”机械化生产工作会议在潍坊市坊子区召开，玉米联合收获机推广达到高潮。2008年、2009年、2010年，玉米收获机保有量分别为3543台、5284台、7569台，同比增长率分别为107%、49.1%和43.2%。2012年始，玉米联合收获机推广以自走式带剥皮的机型为主。

农用航空试验示范

1996年，在省农机管理局的大力支持下，潍坊市农机局、寒亭区政府和寒亭区张氏镇政府共同筹资在张氏镇建成全省第一个农用航空站。航空站为自收自支事业单位，编制5人。从北京航天航空大学聘请3名教员，对全省经过筛选的9名学员进行系统的理论知识和实验操作技能培训，经考试获得国家承认的超轻型飞机驾驶资格证书。航空站购置蜜蜂-3C超轻型飞机2架，机场、机库、办公培训场所配套齐全，为搞好试验示范奠定了基础。1997年春，临朐嵩山林场苍山林区暴发十年一遇的柏毛虫灾，人工捕灭效果不甚理想，森林受害面积持续扩大。8月22日，潍坊市农机局同有关部门配合，调用航空站农用飞机进行植保作业。至8月28日两万亩林场的虫灾得到及时有效防治，经市县两级林业部门检测，治虫效果达到93.5%。

1998年，市农机管理局承担省农机管理局“超轻型飞机植保应用技术试验示范”课题。经过两年的努力，实际试验作业面积4039亩，其中小麦1137亩，玉米1504亩，棉花1398亩，并进行染色覆盖试验和飘移试验，制定出包括飞防条件、飞防准备、飞防参数、农药配比公式等可供实际操作的航空植保最佳技术规范。1999年12月，经省科委组织鉴定，认定该项目填补国内超轻型飞机植保应用试验示范的空白，居全国领先水平。2000年10月，该项目获得省科委科技进步三等奖。2001年之后，受经营经验不足等因素影响，航空站停止运营。

设施农业机械化技术推广

1997年10月，全省设施农业机械化新技术推广现场会在寿光市召开。重点推广以改大棚多立柱为无立柱桁架结构，改大棚土坯厚墙为砖砌体夹保温材料薄墙，改人工卷帘为机械卷帘，改草帘覆盖为轻型保温材料覆盖，改大水漫灌为节水灌溉为主要内容的“五改”设施农业新技术。大力推广园田管理机、电动卷帘机、烟雾和电动超低容量喷雾器等新机具以及滴、微灌节水设备。2000年，寿光市农机局承担省设施农业示范创新农机化工程项目，重点示范推广以管理机械化、卷帘电动化、植保无毒化、灌溉节水化为主要内容的设施农业新机具、新技术。该项目被评为全省优秀农机化示范创新工程项目，成为全省引导设施农业机械发展的典范。2005年，潍坊市农机推广站将设施农业机械化推广由“四化”改为“六化”：以电动卷帘机推广为重点的卷帘电动化，以园田管理机推广为重点的耕作机械化，以微滴设备推广为重点的灌溉节水化，以臭氧消毒杀菌为重点的植保无毒化，以植物补光灯为重点的补光随机化，以植物声频发生器为重点的促生声频化。2011年，根据《省农机局关于印发冬季设施农业重点推广技术要点的通知》精神，潍坊市农机推广站在寿光市组织召开全市设施农业自动化及防灾减灾装备推广现场会，重点推广大棚吹雪机、二氧化碳施肥器、臭氧发生器、植物补光灯、热风炉等装备。2011年，寿光市建立“大棚管家”系统示范园，将“物联网”技术应用于设施农业中，通过传感设备对温室内信息进行采集，用手机终端实现大棚自动卷帘、大棚自动喷灌等功能。

机械化保护性耕作技术推广

保护性耕作是利用还田机械或收获机械将秸秆直接粉碎后均匀抛洒在地表，然后实施机械免（少）耕播种，以达到改善土壤结构，培肥地力，提高抗旱能力，实现节本增效，促进农业可持续性发展的一项先进耕作技术。2003年，潍坊市开始引进该技术。2004年，昌邑市率先承担农业部保护性耕作示范推广项目，当年实施面积1万亩。2006年，临朐县、高密市承担部、省级保护性耕作示范推广项目。是年，根据省农机管理办公室《关于在全省全面推广秸秆还田保护性耕作机械化技术的意见》，全市各县市建立1~2个保护性耕作示范点，由此潍坊市保护性耕作机械化技术示范推广全面展开。在保护性耕作技术推广过程中，市农机推广站推行“玉米机收、秸秆还田、保护性耕作”的一条龙作业模式。2006年，该站与潍坊天宇机械有限公司联合研制2BMSF-4/6型免耕施肥播种机，一次完成起垄、灭茬、苗带旋耕、施肥、播种、镇压等多道工序，2007年，2BMSF-4/6型免耕施肥播种机通过山东省科技厅的科技鉴定。该机的谷物播种机导种槽式宽苗带播种装置、扶垄装置、免耕播种机外形设计获得三项国家实用新型专利。每年麦收前期，潍坊市组织保护性耕作小麦与传统播种小麦进行测产对比活动，结果证明，保护性耕作小麦平均每亩增产20千克左右。2007—2009年，市农机局连续三年被省农机管理办公室评为山东省保护性耕作先进单位。2010年、2012年，诸城市、寿光市先后承担部、省级保护性耕作示范推广项目。至2012年，全市小麦免耕播种机保有量4579台，实施保护性耕作面积12.07万公顷。

大姜生产机械化技术推广

2005年，市农机推广站首次将潍坊市海林机械有限公司生产的3WG-6型园田管理机用于大姜生产的开沟、培土作业，取得很好效果，并多次在经济作物现场会上演示推广。2006年，市农机推广站开始从事大姜收获机研制试验工作。2008年，市农机推广站与潍坊同利达机械有限公司联合研发的大姜收获机问世，该机采用履带式行走装置，挖掘松土装置升降通过液压控制，配套动力为7.7～8.8千瓦，市农机推广站2008年、2009年连续两年分别在坊子区和寒亭区召开全市大姜生产机械化收获现场会，对大姜收获机进行重点推广，两年全市推广大姜收获机160台。2009年开始，潍坊市道成机械有限公司、潍坊市昱祥机械有限公司等企业相继生产大姜收获机。安丘市、坊子区在2011年、2012年先后争取到山东省农机科技创新生姜机械化收获示范项目。至2012年，全市大姜收获机保有量352台。

经济作物生产机械化示范基地建设

根据经济作物在潍坊市农业生产中所占的重要位置和经济作物生产机械化现状，2011年，潍坊市确定“十二五”期间重点培育和发展一批经济作物生产机械化、规模化、标准化推广示范基地。通过经济作物生产机械化、规模化、标准化推广示范基地的试验、示范和推广带动作用，基本解决主要经济作物生产机械化的瓶颈问题。2011年1月，市农机局印发《关于加快经济作物机械化推广示范基地建设的意见》和《潍坊市经

玉米联合收获、小麦免耕播种“一条龙”作业　　（2007年拍摄）

安装臭氧杀虫菌机　　（2012年拍摄）

济作物生产机械化推广示范基地建设细则》。5月，在寿光市召开全市经济作物生产机械化推广示范基地建设现场会议，经济作物生产机械化推广示范基地建设工程正式启动。至2012年，全市建立经济作物生产机械化推广示范基地15个，发展对象16个。

臭氧水灭杀根结线虫技术研发与推广

在蔬菜生产过程中，根结线虫的危害越来越大，作物难以重茬种植，农产品产量、质量大幅度下降。使用农药杀灭根结线虫会严重污染土壤，造成环境污染；农产品药残超标，危害人体健康。围绕设施农业防治根结线虫病这一世界性难题，市农机局与潍坊万有环保设备有限公司通力合作，研发生产出根治根结线虫专用机。通过多年的试验、示范，采用新技术、新工艺，利用物理农业高效零污染的臭氧处理水灌溉杀灭冬暖式蔬菜大棚根结线虫病，取得很好效果。2008年，在昌乐县朱刘镇北庄村的实验表明，在处理区土壤中根结线虫2龄幼虫的数量比对照区减少66.3%，同时由于臭氧地下分解过程中产生氧气，直接给地下增氧，改良了土壤，使农作物根系发达，生长旺盛，普遍可增产20%～30%。2011年5月，在昌乐县营丘镇杜韩村应用臭氧对韭菜地进行对比试验研究，从试验结果看出，臭氧水防治韭蛆的防治效果达到79.01%，防效均好于对照药剂25%灭幼脲悬浮剂1000毫升/亩、48%毒死蜱乳油1000毫升/亩。2012年，市农机局又分别在安丘、昌邑、坊子组织由青岛农业大学专家参加的3次试验。结果表明，用臭氧防治韭蛆效果明显，对韭菜无药害、无农残，真正做到绿色环保，符合可持续发展原则，并且省时省力，是一项值得推广的技术。

第四节　农机安全监理

农机监理队伍

1989年，市政府批转《关于农用拖拉机实施委托管理的意见》规定，所有农用拖拉机的安全监理工作统一纳入农机部门管理渠道。全市建立市级监理机构1个，县级监理机构12个。1994年奎文区设立，相应成立奎文区农机监理站，1997年成立潍坊市高新技术开发区农机监理站。到2012年，全市拥有市级监理机构1个，县级监理机构13个，农机监理人员168人，其中科技人员132人。

农机监理执法

1994年以前，全市农业机械安全监理工作基本上沿用传统的行政管理手段。1994年6月后，随着《山东省农业机械安全监理管理办法》《山东省农业机械管理条例》和《山东省农业机械事故处理办法》相继颁布实施，农业机械安全监理工作逐渐步入依法治机的轨道。农机部门从源头和基层抓起，先后开展以治理“黑车非驾”为重点的专项治理、综合治理和农机安全百日竞赛活动，使无证驾驶、黑车上路、野蛮操作等不安全行为得到有效控制，农机事故率大大降低，农业机械农田事故率均在万分之一左右，农用拖拉机的机手持证率、挂牌率和年审率均有所提高。

1994年8—12月，根据省农机监理站《关于开展农用拖拉机专项治理活动的通知》精神，全市开展以拖拉机“黑车非驾”为重点的专项治理活动，共清理黑车998台，办理驾驶证1336个，补检拖拉机1600台，补审驾驶员1300人。

1999年6—12月，市政府办公室转发《潍坊市农机局关于在全市开展农用拖拉机专项治理工作的报告的通知》，全市开展以治理无牌、无证和未参加检审的拖拉机和驾驶员为重点的专项治理活动。共治理拖拉机1.39万台，办理驾驶证6186个，检验拖拉机7.95万台，审验驾驶员5.26万人。

2001年6月1日—9月10日，根据山东省农机管理办公室《关于开展“农机百日安全竞赛活动”的通知》精神，全市组织开展“农机百日安全竞赛活动”，重点抓好农机安全生产。全市出动宣传车6808辆次，印发各种宣传资料85400份，广播宣传308次，电视宣传47次，张贴标语15430份。临朐县、诸城市、潍城区农机监理站被评为全市“农机百日安全竞赛”先进单位。

2001年10—12月，根据省农机管理办公室部署和市政府办公室转发《市农机局关于在全市开展拖拉机集中整治活动的意见的通知》精神，在全市范围内开展为期3个月的以整治“黑车非驾”、非法拼装改装拖拉机和大力查处违章行为为重点的拖拉机集中整治活动。

2004年3月，根据省农业机械管理办公室和省安全生产监督管理局《关于印发〈关于开展“农机安全‘十百千万’示范活动”的意见〉的通知》精神，全市积极开展以建设“平安农机”为目标的农机安全“十百千万”示范创建活动。通过全市各级各部门特别是农机部门认真扎实的工作，至2005年底，全市已有12个乡镇、138个村、1200个农机户分别达到安全镇、村、户的标准。

2005年1—9月，根据省公安厅和省农业机械管理办公室《关于农用运输车和上道路行驶的拖拉机牌证及驾驶证管理移交工作有关问题的通知》精神，对公安部门管理的拖拉机及其驾驶人和农机部门管理的农用运输车及其驾驶人，以市为单位进行分类统计和移交对方管理工作。移交工作于2005年9月30日结束，全市共交出变型拖拉机33185台，农用运输车486辆；接收拖拉机481台，接收拖拉机驾驶员243人。

2006年6月，根据《山东省2006年“安全生产月”活动方案》的安排，全市开展农机安全生产月活动。通过活动提高农机管理人员依法行政的法律意识和广大农民群众的安全生产意识。全市组织农机监理人员深入乡村第一线5000余人次，发放各种宣传材料计3万余份，悬挂宣传标语1200多条，出动宣传车76辆（次），制作宣传展板30块，制作专题栏目播出3次，排查安全隐患4000余起。

2009年6月1日，潍坊市农机局与坊子区农机局联合举办农机安全生产应急救援演练活动。山东省农机管理办公室、市安监局、市农机局、坊子区等单位的领导及各县市区农机局局长、监理站站长观摩演练。演练现场“救援”“事故”处理等过程，内容充实完整、演示生动逼真、现场气氛严肃，达到预期目的。潍坊电视台、坊子电视台、《潍坊日报》《中国农机化导报》等均进行报道。通过应急救援演练，进一步规范了农机安全生产应急处理工作，锻炼了农机应急救援队伍，有效提高了农机部门应对突发农机事故的快速反应能力和组织处置能力。

2009年12月—2010年3月，在全市开展拖拉机违法载人专项整治行动。“各级公安交警、农机监理等部门针对农村交通出行规律，适时开展集中整治行动，查处三轮汽车、低速载货汽车、拖拉机违法载人等重点违法行为，努力压降农村交通事故。共检查1600车次，查处和纠正拖拉机违法载人170余次。

2010年，开展“农机安全生产基础管理落实年”活动。当年8月，全市各级农机监理部门对本辖区内已挂拖拉机牌照的“运输型拖拉机”车辆清理。立即停止挂发“运输型拖拉机”牌证，对于已经核发农机牌证的“运输型拖拉机”等车辆坚决予以清理，收回牌证，停止年检。在专项整治期间，全市共组织田检路查180次，出动检查车辆170多辆次，登门拜访机主45户，电话告知、书信通知150多人次，清理核发农机牌证的“运输型拖拉机”181台。

2011年6—9月，开展严厉打击农机安全生产违法行为专项行动，以加强拖拉机、联合收割机等农业机械的登记、年度检验和驾驶证的申领、换发、审验和驾驶人员的安全教育培训管理为中心，强化事故隐患排查和集中整治力度，加强对乡村道路上行驶的农业机械的使用管理和安全监督检查，达到提高农机“三率”、落实农机安全措施的目的，完成农机安全生产任务。

2012年6—12月，全市开展农机安全生产集中排查整治行动。10—12月，开展冬季百日安全集中整治活动。

1991—2012年部分年份潍坊市农机监理业务及农机事故情况统计表

表6—6—7

年份	拖拉机挂牌数（台）	驾驶员办证数（人）	拖拉机年检数（台次）	驾驶员年审数（人次）	农机事故情况		
					事故起数（起）	死亡人数（人）	重伤人数（人）
1991	24809	8331	110675	84373	155	36	61
1994	5699	29759	88461	89380	110	26	83
1998	10324	16458	66846	46153	117	20	114
2002	15775	7817	59952	38866	101	5	96
2004	15374	8389	50719	29332	5	1	4
2008	4404	3221	15214	3220	1	1	2
2010	5757	6337	17871	3549	1	0	2
2012	10123	5787	25568	2082	2	0	1

说明：①1994、1998、2002年驾驶员定期换证；
②1997年换发“九二式”号牌；
③2004年5月1日起，驾驶证不再年度审验；
④2005年6月20日起，启用07号牌；
⑤2004年起事故情况为农田事故

第五节　农机供应与维修

农机供应

1991年，潍坊市市县两级拥有农机供应企业13家，其中市级为山东省农业机械公司潍坊分公司（山东省潍坊市农业机械服务公司供应站）；12个县市区均有农机公司，全部实行承包经营责任制。县以下有农机供应网点202个。当年全市农机商品销售总额5363.9万元。

1992年7月，根据省体改委、省经委、省计委、省政府经协办的鲁体改字〔1991〕第35号文，原山东省农业机械公司潍坊分公司更名为山东省农业机械集团潍坊公司，隶属山东省农业机械管理局管理。当年全市219个农机供应经营单位，农机商品销售总额7413.7万元。

随着社会主义市场经济体制的确立和发展，国家在90年代中期放开农业机械经营市场，农业机械经营体制发生重大变化。面临新的形势，农业机械供应企业由于老职工多，历史包袱重，税负增加，管理方法和手段不能尽快改变，全市农机供应系统普遍活力不足，经营困难。至1996年，全市县级农机公司半数以上经营亏损。到90年代后期，为激发农机供应企业活力，根据《全民所有制工业企业转换经营机制条例》的有关规定，各县市区对县级农机公司进行股份重组或整体出售。至2005年，全市县级农机公司完成改制工作，新建多种农机市场，多种所有制形式的农机经销网点遍布全市各地。全市各级各类农机经销单位967个，当年各种农业机械及配件销售总额5.52亿元，经销单位数较1991年增加3.79倍，销售总额增长9.27倍。

2005年之后，国家农机购置补贴政策全面实行，而且逐年增加补贴额度，调动了广大农民群众购机用机积极性，增加了农机化发展投入，农机销售量大幅增加。如潍坊市鲁星农机有限公司（2000年成立），在以往经营较好的基础上，承担农机购置补贴机具经销，农机销售营业额逐年大增，2009年之后，每年销售额均过亿元。该公司2010年度被中国农业机械流通协会授予AA级信用企业，在潍坊及周边地区显现了品牌效应。

至2012年，全市农机销售总额7.18亿元，是1991年的13.3倍，比2005年增长30.1%。有农机经销单位601个。

农机修配管理

90年代初，全市农机维修业基本完成从国营集体维修厂到个体农机维修点的转换，原有县乡拖修厂、农修厂和修造厂纷纷退出维修行业，个体农机维修点成为农机维修行业的主体。1991年，全市拥有农机维修网点1842个，从业人员5502人。在农机维修网点的管理上，延续执行1984年农牧渔业部和工商行政管理总局印发的《全国农村机械维修点管理办法》和两个补充规定，对农机维修网点进行等级审定，经审定合格者发放“农村机械维修点技术合格证书”，并进行年度审验。

1992年，根据《山东省乡村农机管理服务工作暂行规定》，潍坊市在全省率先开展对农机配件供应点的技术审定。经审定合格者，发放农机配件供应点技术合格证书，并进行年度审验。至此，农机维修、农机配件供应纳入农机管理渠道。

1994年，为进一步规范农机修配市场，对经审验合格的农机维修网点和农机配件供应点，在发放农村机械维修点技术合格证书、农机配件供应点技术合格证书的基础上，增加发放行业标志牌。行业标志牌的种类主要有：农机修理厂、农机综合维修点、农机专项维修点和农机配件供应点等。当年发放农机维修点标志牌1102个，农机配件供应点标志牌180个。

1995年，全市有农机维修点1779个，其中一级维修点6个，二级维修点195个，三级维修点1270个，专业维修点308个。当年全市开展农机维修工人技术培训、考核和换发新技术合格证书工作，举办农机维修工人技术培训班12期，考核、换发农机维修工人技术等级证书1603本。至1996年，考核、换发工作全部结束。

1996—1999年，全市对国有农机公司进行技术审定，经审定合格者发放农机产品经营单位技术合格证书和农机产品经营技术合格单位标志牌，并进行年度审验。因国有农机公司改制等原因，根据上级有关规定于2000年停止相应审验。

2000年，根据鲁财综字〔1999〕69号文件，停止收取农村机械修配厂（点）等级审定费，农机修配厂（点）等级审定和年度审验一度停止。2001年，省农机管理办公室印发《山东省农机维修厂（点）技术检验实施细则》和《山东省农业机械维修销售点技术检验实施细则》，改技术审定为技术检验，同时换发新技术合格证书和行业标志牌。2006年，农业部和国家工商行政管理总局联合修改制订《农业机械维修管理规定》，为农机维修行业管理提供了依据。之后，全市按照部、省有关农机维修管理文件规定，积极开展工作。

至2012年，全市拥有农机维修网点1318个，年末人数3332人，其中一级维修点38个，二级维修点130个，三级维修点906个，专业维修点244个。当年全市农机维修管理部门检验农机维修厂（点）1210个，换发新证1080套，换发行业标志牌1080个；检验农机配件供应（销售）点62个，换发新证40套，换发行业标志牌40个。

农机修配服务

195柴油机旧机节能改造 1990—1992年，全市开展195柴油机旧机节能改造技术推广，通过推广扩缸增容缸套，改善柴油机性能。农机部门组织技术力量开展技术培训、现场示范和技术指导，发动全市维修力量投入该项工作。三年间全市共改造旧柴油机34456台。1992年10月，195柴油机旧机节能改造项目获得市科技进步三等奖。

农机检修服务 在每年“三夏”“三秋”期间，全市农机部门深入开展“送件、送修、送技术”三下乡活动，组织农机技术人员和农机维修网点，成立维修小分队深入田间地头、农户进行农机具检修服务。这项工作一直延续，成为每年农机部门农忙季节的重点工作之一。

农机修理“包修制” 1991—1996年，全市积极推行农机分级“包修制”，既解决了有机户修机难、自己修质量无保证的问题，又稳定了维修点的业务量，促进了农机维修点的管理。

农机修理数量 1991年，全市各级维修网点维修拖拉机11.84万台次，修理内燃机4.66万台次，修理汽车1.89万台次。至2012年，全市各级维修网点维修拖拉机20.17万台（次），联合收获机3.59万台（次），运输机械20.02万台（次），其他农机具26.12万台（次），当年维修收入2.76亿元。

1991—2012年潍坊市农机维修网点及农机维修收入情况表

表6—6—8

年份	农机维修网点总数（个）	从事农机维修人数（人）	其中（个）					全年农机维修收入（万元）
			一级维修点	二级维修点	三级维修点	专业修理点	其他	
1991	1915	5690	—	—	—	—	—	4459.91
1992	1664	4723	15	212	1243	194	—	4669.21
1993	1816	5407	30	230	1279	277	—	4810.69
1994	1420	4371	3	194	1011	212	—	7957.48
1995	1779	4715	6	195	1270	308	—	7236.22
1996	1632	4597	—	63	1336	233	—	8800.87
1997	1676	3683	—	35	1445	196	—	7165.08
1998	1752	3312	2	30	1472	248	—	7124.09
1999	2043	4852	—	—	—	—	—	7216.47
2000	2258	4646	4	121	1754	333	46	14076.58
2001	2437	5158	—	162	1807	395	73	12022.71
2002	2505	5195	22	157	1914	375	37	13685.37
2003	2337	4900	3	102	1704	390	138	19098.68
2004	2745	5154	1	65	1888	597	194	21202.5
2005	3162	6149	6	142	2097	697	220	10337.76
2006	3166	5835	1	118	2034	770	243	18499.99
2007	2665	5062	1	74	1810	579	201	21067.42
2008	2789	5541	10	82	2068	629	—	21729.54
2009	2984	5706	13	81	2125	700	65	23027.41
2010	2578	5127	31	114	1860	553	20	23636.32
2011	2290	4474	35	110	1632	498	15	28818.77
2012	1318	3332	38	130	906	244	—	27602.69

农机质量监督

自1998年始，全市加大对农机市场的检查管理力度，开展整顿规范农机市场秩序、农机质量安全年、打假护农保春耕等一系列活动，并将检查管理的范围延伸扩展到农机生产企业。

1998年5月，成立山东省消费者协会农机投诉站潍坊分站，开始受理农机消费者的投诉，处理纠纷。

2002年，经市机构编制委员会办公室批准，原潍坊市农业机械维修管理站更名为潍坊市农业机械质量监督站。2006年，根据市机构编制委员会办公室批复，潍坊市农业机械质量监督站整建制并入潍坊市农业机械安全监理站（保留潍坊市农业机械质量监督站牌子）。

农机职业技能鉴定

1999年，首次在青州市进行农机行业特有工种职业技能鉴定试点，鉴定农机修理工34人。2001年，农机职业技能鉴定在全市全面推开，鉴定的工种主要有初、中、高级农机修理工和电气焊工。当年进行农机职业技能鉴定8期，新鉴定农机修理工（电气焊工）423人，完成职业资格证书转换评审229人。2002年经省农机职业技能鉴定站批准，成立山东省农机职业技能鉴定站潍坊市分站，当年组织农机职业技能考评鉴定813人。至2012年，全年职业鉴定3923人，是开展农机职业技能鉴定以来鉴定人数最多的一年。

第六节　农机教育培训

市、县农机培训机构

1990年12月，潍坊市农业机械培训学校更名为潍坊市农业机械化学校（简称市农机校），隶属于潍坊市农业机械管理局，属全额拨款事业单位。主要承担本市农机系统管理干部的业务培训及所辖县市区农业机械化学校农机教育培训业务的指导和管理。2006年，根据市机构编制委员会办公室批复，撤销潍坊农业机械化学校（暂保留机构名称），原有人员实行“按人控编、减人减编”。

1991年初，全市有11所县级农机化学校，主要承担拖拉机驾驶员、农用汽车司机、农机管理员、农民农机技术员、农机修理工、农机具的使用维修人员的培训及农机技术咨询工作。同年4月，市县两级12所农机化学校先后通过潍坊市教委验收，纳入国家教委规定的成人教育管理渠道。1996年全市共有78名教师经潍坊市教委审核认定后，享受教师待遇。全市农机校拥有教职工301人，其中，理论教师211人，具有大专以上学历的教师137人。教师中有高级专业技术职务的10人，中级专业技术职务的47人。11所县级农机化学校中财政全额拨款的7所，差额拨款的2所，自收自支的2所。在县市区农机校中，青州市、诸城市农机化学校通过开办汽车培训业务，得到快速发展，学校实力增强，形成以汽训为龙头，汽训、拖训并举的格局。

1991—1996年，按照部、省两级农机管理部门关于开展评估“四有”（有独立配套的培训基地；有一支素质好、数量足的师资队伍；有适应教学需要、比较先进的教学设备；有办学经费并财务独立）农机化技术学校活动的要求，全市县级农机校不断加大投入，进一步加强县级农机化学校“四有”标准建设。在农业部公布5批全国“四有”农机校中，诸城、青州两市农机校第一批达标，之后全市县级农机校陆续达到“四有”标准。

青州市农机化学校1998年12月经省教委批准，更名为山东省农机职业中等专业学校。当年开设拖拉机驾驶、机电一体化、农机经营管理等10个专业，13个班级，在校生1000余人。1999年12月，省教委批准为省级重点职业中专学校。2000年9月，被教育部批准为重点职业中专学校。2007年，该校并入山东民族技师学院（地址在青州市）。

2003年3月，省农机管理办公室颁发《山东省县级农机化学校规范化建设管理办法（试行）》，对县级农业机械化学校的培训场所、教学设备、教练车及教具、教师数量、教学质量等进行量化，提出明确的建设标准，并制定相应的评价指标。该办法下发后，全市各级农机管理部门和县级农机化学校认真组织实施，做好各项准备，迎接省农机管理办公室评估验收。2004年8月，省农机管理办公室组织农机化学校整顿和规范化建设评估工作。潍坊市9所县级农机校达到规范化建设要求，其中青州市、诸城市2所农机校被评定为“山东省农机重点学校”，安丘、寿光、临朐、昌邑、高密、昌乐、寒亭7县市区农机校被评定为“山东省农机规范化建设学校”。

2004年5月《中华人民共和国道路交通安全法》实施后，拖拉机驾驶培训学校、驾驶培训班的资格管理和“中华人民共和国拖拉机驾驶培训许可证”的颁发由省级农机管理部门负责。同年7月农业部出台《拖拉机驾驶培训管理办法》。省农机管理办公室对拖拉机驾驶培训机构进行审查，分期分批对申请“中华人民共和国拖拉机驾驶培训许可证”的拖拉机驾驶培训机构进行书面审查和现场评审。至2005年底，全市11所县级农机化学校全部获得“中华人民共和国拖拉机驾驶培训许可证”。

2010年4月，省物价局印发《关于农机驾驶员培训收费标准的批复》，市农机管理局于5月进行转发。文件转发后，有条件的县市区先后成立社会化农机驾驶培训机构，经省农机管理办公室现场审验，获得拖拉机驾驶培训许可证，然后开始农机驾驶员的培训业务。市农机管理局按照上级的要求对各县市区的社会办拖拉机驾驶培训机构人员进行业务培训和指导。2010年10月，青州市恒远农机技术服务有限公司、诸城市兴机驾驶员培训有限公司、昌邑圣达农业机械培训中心、寿光市金瑞农机技术服务有限公司、临朐县利昌农机技术培训有限公司、安丘市鑫田农机驾驶培训有限公司、高密市宏基农机培训有限公司7个民营单位符合拖拉机驾驶培训机构的相关规定要求，准予开展拖拉机驾驶培训，并于当年底领到拖拉机驾驶培训许可证。

农机驾驶培训 （2010年拍摄）

2010年，省农机管理局对全省县级农机化学校规范化建设进行新一轮评估，诸城市农机化学校被评定为“山东省农机规范化建设重点学校”，寿光市农机化学校被评定为“山东省农机规范化建设示范学校”，昌邑等7所县市区农机化学校被评定为“山东省农机规范化建设学校”。

2012年2月，坊子区农业机械技术培训中心、昌乐县农业机械技术培训中心两个民营农机培训单位，经山东省农机管理办公室审核部门审验合格，获得拖拉机驾驶培训许可证。

农机培训成果

1991—1993年，市农机化学校举办7期乡镇农机管理站长学习班，培训管理干部270人。1993年，市农机化学校与市交通委员会联合举办1期40人的汽车修理工学习班，并圆满结业。

1995—1997年，市农机化学校与县市区农机校联合举办3期有实践经验的中专生考前辅导班，40多人被省农业机械化学校录取（录取比例为3：1）。

1996年，市农机化学校与市农机监理站联合举办150人的农机执法人员业务知识学习班。

1998年，全市开展“千百万农机手培训活动”“农机绿色证书培训工程”以及“农机职业教育培训年活动”，全市各级农机培训机构与农机部门有关科、站、室干部和技术骨干参加，全年培训各类农机人员29.4万人，其中考试合格办理农机“绿色证书”者2795人。是年，潍坊市农机化学校为北汽福田农业装备公司培训联合收割机“三包”服务人员60人。

2000年7月，青州市农机校与聊城市鲁西人力资源开发中心合作进行劳务输出教育培训，分别向深圳、上海、天津、北京、珠海等地输出劳务及专业人员12批95人；临朐县农机校亦组织“劳务输出”培训，输出劳务60人。

2002年，市农机化学校与寒亭区农机局、寒亭区技工学校联合为北汽福田农业装备公司培训上岗前技工128人，对参加中级农机维修工考试合格的40人颁发了“职业资格证书”。

2005年始，全市县级农机化学校抓住农业部、财政部等六部委联合组织实施农村劳动力转移阳光工程培训的有利时机，积极与项目实施县市区阳光工程管理部门联系沟通，按照培训基地的认可条件组织申报，承担阳光工程项目开展农村劳动力转移培训。2005—2008年，全市有4所县级农机校承担或参与阳光工程培训项目，培训2800人。

2008年4月8—9日，市农机局举办全市农机发展带头人培训班。各县市区的农机致富带头人，农机专业合作组织发起人，农机新技术、新机具应用推广带头人和2007年度90强产业型龙头农机大户等90人参加培训。

2009年3月，农业部办公厅印发《关于开展农业机械化教育培训大行动的通知》，要求在全国开展农业机械化教育培训大行动，以适应快速发展的农业机械化人才队伍建设的迫切需要。省农机管理办公室出台《山东省农业机械化教育培训大行动实施意见》。根据农业部、省农机办文件要求，市县两级农机部门采取长训、短训、专题培训、现场演示等多种形式，积极组织开展农机教育培训大行动，效果良好。当年全市培训各类农机人员5.53万人。其中新训拖拉机驾驶员5330人，联合收割机驾驶员1310人，专业机手1.48万人，复训包括经济作物机械化培训2.1万人，农机维修保养及职业鉴定培训2947人，管理和技术人员培训821人。

2009年10月26日，市农机局在寿光市举行经济作物机械化技术观摩竞赛，评出市级竞赛各类奖项和组织奖，推荐参加省经济作物机械化技术观摩竞赛人员。

2009年10月始，市农机管理局参与农村劳动力转移阳光工程培训项目农机专业指标的分配与管理。根据省农业厅等八部门关于做好农村劳动

2010年，潍坊市坊子区阳光工程农机使用和维修培训班开班仪式

力转移培训阳光工程实施工作的要求和省农机管理办公室《阳光工程农机使用和维修培训实施方案》要求，制定潍坊市的《实施方案》，做好工作部署，搞好项目管理和检查验收工作，规范培训台账，建立培训工作考核评价机制，对阳光工程农机培训工作进行综合评价。

2009—2012年，全市承担阳光工程培训农机方面任务4900人。由寿光、昌乐、临朐、寒亭、坊子、安丘6县市区承担，其中寿光农机校承担阳光工程培训任务最多，4年间每年都有培训任务，合计1400人。自2009年开展农机化教育培训大行动至2012年底，全市共培训各类农机人员23.27万人次，其中新训农机驾驶员（含联合收获机驾驶员）2.73万人、农机操作人员18.53万人次、农机技术人员1.69万人次、农机管理人员0.32万人次。

1991—2012年潍坊市农机教育培训情况表

表6－6－9　　单位：人次

年份	合计	新训拖拉机驾驶员	复训拖拉机驾驶员	农机修理工	农机操作手	管理人员	汽车司机
1991	42530	7952	4530	1735	25210	184	1751
1992	48082	9524	16241	520	19835	150	1812
1993	53859	6512	15461	605	27536	562	3183
1994	46984	5097	17804	571	21030	175	2307
1995	49552	5788	16066	1544	19913	152	2080
1996	62820	6751	19499	1841	27173	392	2538
1997	78096	5402	24318	2382	43347	329	2316
1998	78134	4020	24840	3178	43456	590	2050
1999	58036	4848	24200	1892	24590	381	2125
2000	55455	4537	25140	359	22575	212	2632
2001	54009	5889	21726	573	22417	563	2841
2002	58429	5788	34656	651	12416	446	4472
2003	53475	4105	26463	852	15510	425	6120
2004	42013	8563	22046	341	10552	579	4763
2005	37554	8227	17069	120	11022	375	5508
2006	30192	8808	16987	153	5646	417	6433
2007	26429	5370	8919	449	6040	461	3044
2008	35000	2438	17000	421	14000	424	—
2009	55300	6640	21000	1481	21846	433	—
2010	52137	6644	17800	420	23108	450	—
2011	68158	7386	27100	250	27200	1077	—
2012	66000	6616	24000	700	33611	991	—

第七节　农机跨区作业

1995年，全市拥有小麦联合收获机168台。市县两级农机部门积极试验推行小麦联合收获机市内跨乡镇、跨县示范作业，所到之处普遍受到欢迎。

1996年4月，农业部、公安部、交通部、国家计委、中石化总公司联合发出《关于做好联合收割机跨区收获小麦工作的通知》。5月，省政府办公厅转发省农机管理局《关于小麦联合收获跨区作业的报告》，提出“作业前期东机西调，作业中期西机东移，依次推进，开展跨区作业”。市农机管理局响应上级号召，借鉴外地先进经验，组队参加跨越县级以上行政区域作业。6月9日，全市小麦联合收获“西进东征”跨区作业仪式在青州市举行，全市调动400余台联合收获机跨区作业，其中100台参加跨地市作业，开展“西进东征”大会战。潍坊市“三夏”作业高峰期间，接收外地市200多台联合收获机参加机收。

农机跨区作业队　　(2012年拍摄)

1997年，全市参加跨区作业674台，麦收期间接收外地400多台联合收获机到本地作业。

1999年5月，市政府以规范性文件的形式率先出台《潍坊市农业机械跨区作业管理办法》，在全国范围起到一定的示范作用。

2000年4月，农业部出台《联合收割机跨区作业管理暂行办法》。潍坊市把5月作为《联合收割机跨区作业管理暂行办法》宣传月，大多数县市区农机部门专门开通“农机110”值班热线，跨区作业高峰期实行24小时值班。

2001年秋季，潍坊市首次组织玉米联合收获机械到外地跨区作业，为之后组织玉米联合收获机开展跨区作业积累了经验。

2002年始，全市开展以优质诚信服务为主要内容的争创跨区作业“明星服务队”活动。当年，青州、高密、潍城3市区的三支农机跨区作业队被省农机管理办公室命名为“明星服务队”。

2005年5月，市农机管理局制订《农机跨区作业突发事件应急处理预案》。2005年麦收季节，全市组织3100多台小麦联合收获机跨省市、跨县市区作业，作业面积18.5万公顷，为机手增加收入6000多万元。从跨区作业组织形式看，主要有以县、乡为单位，由农机部门统一组织的农机跨区作业队；农机大户自带机械或带动部分亲友参加跨区作业；农机户自发组织，结伴而行；农机户单独外出作业4种类型。农机跨区作业范围越来越广，由当初只在本省济宁、枣庄等地作业，发展到河南、河北、江苏、安徽、

潍城区小麦机收作业卸粮（跨区作业实拍） （2009年拍摄）

湖北、四川、内蒙古、吉林、天津等近10个省、市、自治区。作业领域越来越宽，从起初单一的小麦联合收获发展到玉米联合收获，进而延伸到玉米秸秆还田和机械深耕以及农田基本建设中的主要农机作业，其中2005年玉米跨区机收初具规模，作业面积0.8万公顷。

2008年始，为提高信息服务水平，农业部与福田雷沃公司联合开通“跨区作业直通车”，每天为农机手定时发送短信开展信息服务，标志着全市跨区作业服务向信息化过渡。

2012年，在“三夏”“三秋”和农田基本建设中，全市全年组织7000台农业机械参加跨区作业，跨区作业面积34.02万公顷，为农民和机手增加收入2.47亿元。其中麦收期间有4477台联合收获机参加跨区作业，跨区机收小麦面积18.6万公顷。在麦收高峰期，接收来自省内外小麦联合收获机3200多台，占全市上阵小麦联合收割机总数的30%。当年全市出动2500台玉米联合收获机参加跨区作业，跨区机收玉米面积达10.06万公顷。

1996—2012年潍坊市农机跨区作业情况表

表6—6—10

年 份	派机总数（台）	跨区作业总面积（万公顷）	其中小麦收获跨区作业		其中玉米收获跨区作业		备注
			派出机械（台）	作业面积（万公顷）	派出机械（台）	作业面积（万公顷）	
1996	400	—	400	—	—	—	试点示范
1997	892	4.26	674	3.33	—	—	
1998	1672	7.27	1347	5.93	—	—	
1999	2174	9.6	1722	6.89	—	—	
2000	3998	12.63	3357	10.87	—	—	
2001	3600	9.15	3000	6.67	20	0.1	
2002	3660	10.4	3100	12.89	30	0.12	
2003	2201	7.41	2201	7.41	—	—	“非典”影响

续表6-6-10

年　份	派机总数（台）	跨区作业总面积（万公顷）	其中小麦收获跨区作业		其中玉米收获跨区作业		备注
			派出机械（台）	作业面积（万公顷）	派出机械（台）	作业面积（万公顷）	
2004	3799	10.99	2923	8.89	150	0.6	
2005	3500	20.60	3100	18.5	200	0.8	
2006	6102	28.28	4500	25.13	319	1.46	
2007	5000	24.00	4238	15.4	700	2.2	
2008	5565	25.08	4528	17.39	900	3.46	
2009	6960	27.36	5000	19.18	1645	3.7	
2010	7000	33.53	5000	19.49	1800	8.99	
2011	7000	32.87	4700	19.19	2150	9.28	
2012	7000	34.02	4477	18.59	2500	10.06	

第八节　农用柴油分配管理与农机购置补贴

农用柴油分配管理

1984年始，潍坊农机部门负责全市农用柴油分配管理工作。1991—1994年，农机部门负责分配农用计划柴油和救灾柴油。上级下达农用计划柴油和救灾柴油指标后，由农机部门负责指标分配和管理，石油公司负责供应。全市统一分配管理规程，实现农用柴油年度计划一次性分配到基层，落实到户，分季供应，并实行“三公开”：上级分配数量公开，本级分配原则标准公开，对下分配数量公开。用户持分配文件和油证，凭村委介绍信到乡镇农机站填证、签字，领取指标，凭证或票到供油点购油。

全市实行“机、油、田”三挂钩，即：以机定田，以田定油，机田油挂钩，做到定额分配计划柴油。1991—1994年全市农机部门共分配农用柴油14.78万吨，其中救灾和专项用油2.18万吨。

潍坊市农机机具购置补贴发放仪式　　(2005年拍摄)

1995年8月开始，国家改革原有的农用柴油分配管理办法，正常农业生产用油改为市场调节，同时设立农业生产救灾柴油、化肥专项补贴资金，由农机部门负责救灾柴油指标及补贴资金的申请和分配，财政部门分配补贴资金。全市农机部门根据财政部、农业部财农字〔1995〕189号文件精神，及时了解灾情和救灾进度，积极向上级部门反映情况，申请救灾柴油指标和补贴资金；救灾柴油指标下达后，及时根据受灾情况、完成抗灾任务及参加抗灾救灾作业的机械数量进行分配，经市政府同意后，与财政部门联合下文，并逐级下达；指标及补贴资金下达后，农机部门加强监督，保证专款专用。1996—2002年，全市申请和分配农业生产救灾柴油指标12540吨，补贴资金157万元。2004年农用救灾柴油与农用救灾化肥补贴等合并，统称为农业救灾资金。

农机购置补贴

农机购置补贴政策始自2004年。当年，安丘市列入第一批组织实施省级购机补贴项目的单位之一。与此同时，市、县两级政府出资100万元，在9个县市区对从事农业生产的农民个人、农机专业户购买农业机械进行补贴。通过实施市级购机补贴项目，引导农民投资240万元，购置各类机具127台。

2005年，潍坊市争取省级财政补贴290万元，占省补贴资金的8.92%，同时市县级财政安排补贴资金200万元，农机购置补贴工作在全市12个县市区全面铺开。当年全市对符合条件的400名购机者给予资金补贴，共补贴购置大型拖拉机149台，玉米联合收获机238台，秸秆还田机65台，其他机械83台（套），引导农民投入资金2000万元。

2009年，国家农机购置补贴金额大幅增加，全市争取购置补贴资金9670万元，是2008年的4倍，占全省的11%，列全省第一位。当年共补贴各种机具1.18万台，其中玉米联合收获机1800台，免耕播种机1359台，深松机89台，旋耕机140台，大型拖拉机1017台，手扶拖拉机1719台，卷帘机2887台；享受农机购置补贴的农民8000户，引导农民投入资金3亿元。

2009年6月，为了加强对农业机械购置补贴档案的管理，确保档案资料的完整、准确，便于社会监督，根据农业部、财政部和省农机办有关规定，市农机局研究出台《潍坊市农机购置补贴档案管理办法（试行）》。

2010年，农业部在全国开始使用新的“农机购置补贴网上管理系统”，通过这个系统可以实现农机购置补贴工作的一体化办公。当年，潍坊市争取部、省级农机购置补贴1.052亿元，占全省资金的11%，补贴各类农业机械20860台，其中：拖拉机3900台，玉米联合收获机2083台，免耕播种机538台，设施农业装备6460台，畜牧水产机械1374台，其他机械6505台。

2012年，潍坊市争取部、省级农机购置补贴1.29亿元，占全省资金的11.5%，补贴各类农业机械4万台（套），其中：拖拉机5807台，玉米联合收获机857台，免耕播种机237台，深松机械71台，设施农业装备20807台，畜牧水产机械623台。补贴农户1.6万户，引导农民投资4亿元以上，补贴机械总体到位率97%以上。

2004—2012年，全市累计投入部、省、市、县四级补贴资金4.96亿元，购置各类农业机械10.82万台，受益农户8.5万多户，引导农民投入购机资金15.32亿元。

2004—2012年潍坊市农机购置补贴情况表

表6－6－11

年　份	部省市县补贴合计（万元）	部省补贴（万元）	市县补贴（万元）	购置农用机械总量（台）	引导农民投入（万元）
2004	125	25	100	127	240
2005	490	290	200	535	2000
2006	815	615	200	982	3000
2007	1150	950	200	1533	5000
2008	2514	2400	114	2735	10000
2009	9670	9670	—	11809	30000
2010	10520	10520	—	20860	33000
2011	11370	11370	—	29600	30000
2012	12900	12900	—	40000	40000
累　计	49554	48740	814	108181	153240

第九节　农机科技下乡与农机展览会

农机科技下乡

1999—2003年，全市农机部门按照省农机管理局和市政府有关开展文化科技卫生“三下乡”以及在农机科技年中开展“送科技下乡”活动的要求，开展农机科技下乡。市县两级农机部门根据当时农机新技术推广重点，组织有关专家和科技人员集中一段时间深入乡村现场进行科技咨询，发放科技书籍、农机新技术宣传资料、明白纸，有时现场进行技术培训。

2004年始，全市农机系统每年开展一次较大规模的科技下乡活动。2004年8月，农机科技下乡宣传月活动历时半个月，行程1200余千米，5万多农民群众参与农机科技宣传月活动，发放农机科技明白纸3万余份；组织50余台农业机械，分别在12个县市区进行现场作业演示。同年12月29日，省农机管理办公室在青州市举行“农业部农业科技入户示范工程青州市农机示范区启动仪式”。

2005—2006年，全市农机部门开展以推广玉米联合收获、秸秆综合利用技术等为重点的科技入户工程项目，加大玉米联合收获和农作物秸秆综合利用技术的示范推广力度。玉米联合收获机发展速度增快，玉米秸秆青贮机具达到5000多台。青州市组织实施的科技入户工程，培育科技示范户1000户，辐射带动2万户，主推广的玉米秸秆还田和玉米秸秆青贮技术入户率达到100%。玉米秸秆揉丝用于养殖是秸秆综合利用技术之一。临朐县组织实施的玉米秸秆揉丝机械化技术试验示范项目取得阶段性成果。潍坊市首家玉米秸秆揉丝袋装微贮草加工基地在坊子区良种场建成并投入生产。

2007年8月9日，由市农机局、安丘市政府和福田雷沃重工集团联合举办的“福田雷沃杯”潍

农机科技下乡活动　　　　(2011年拍摄)

坊市新农村建设农机科技下乡活动启动仪式在安丘市景芝镇举行。此次活动规模较大，历时4天，共有30余家国内外知名农机生产企业参加，参展机械100余台（套），产品涉及玉米联合收获机、免耕播种机、秸秆揉丝机等近20多种，参展群众2万多人次，发放宣传资料3万多份，技术咨询5万多人次。

2009年8月28日，“约翰迪尔杯”潍坊市第三届新农村建设农机科技下乡活动在坊子区坊城街道埠头集贸市场启动，并分别在昌邑市、安丘市、寒亭区、寿光市举办农机科技下乡活动暨三秋农机作业演示现场会。

2010年8月28—30日，潍坊市第四届新农村建设农机科技下乡活动启动仪式在寿光市举行。8月29—30日，到青州市、临朐县进行农机科技宣传、农机产品演示。

2011年9月1日，“福田雷沃杯”第五届潍坊市新农村建设农机科技下乡活动启动仪式在诸城市举行。2012年8月28日，“福田雷沃杯”第六届潍坊市新农村建设农机科技下乡活动启动仪式在寒亭区高里街道高里大集举行。

农机展览会

从2002年始，潍坊市农机部门参与、主办或承办大型农机展览会。

2002年4月19—22日，第八届鲁台经贸洽谈会潍坊农机展示会在富华国际会展中心举办。此届农机展示会由市农机局具体负责，并邀请日照、泰安、淄博等5市农机局长带队到潍坊参观本次农机展示会。韩国新东物产、殷特电实和台湾农机同业公会、河北农哈哈、山东巨菱、淄博向农、北汽福田潍坊农业装备分公司等省内外60多家知名农机生产企业的200多个农机品种、500多台（套）机械参加展示。来自省内外的200多个农机单位，近5万余人次参观、考察，现场销售额100多万元。其中中国台湾地区农机同业公会、日本本田公司及韩国专门组团参会观摩，达成多项合作意向。

2003年4月19—21日，第九届鲁台经贸洽谈会潍坊农机展示会举办。此届农机展示会由市农机局主办，是鲁台会的主要内容之一。约翰迪尔天津拖拉机厂、江苏正宇机电公司、北汽福田潍坊农业装备分公司、山东巨力集团、潍坊拖拉机厂等省内外43家知名农机生产企业参加展示，展位达90多个，展出农机产品30多个类别、400多台（套）。

2004年9月19—21日，2004中国农业机械博览会在潍坊市举行。此届博览会由商务部、农业部和省政府联合主办，中国农业机械流通协会、全国城市工业品贸易中心联合会和省农机管理办公室、省贸易办公室协办，潍坊市政府承办，潍坊市农机局具体组织实施。博览会期间，同时召开全国农机发展高层现场会，来自国内外的近200家农机生产企业参加了博览会，展区面积2万平方米，涵盖农业机械13个类别的50多个品种，共1万多台（件）机具，参观人数3万多人次。通过博览会重点推介10种科技含量高的新型农机产品；举行了2004中国农业机械博览会经济合作项目签约仪式。与会的农机经销商、代理商、农机大户竞相签订营销、代理协议合同。

2012年3月，第六届中国（山东）农业机械产品展示会在潍坊金宝国际会展中心举行

2005年11月25—28日，2005中国—东盟农业机械展示会在马来西亚绿野国际会展中心举行。潍坊市15家农机生产企业参加农机展，展区面积4000平方米，涵盖农业机械10多个品种150多台(套)，参观人数达7000多人次，潍坊的农业机械首次大规模走向世界。参会的农机经销商、代理商、农机大户竞相签订营销、代理协议合同，现场交易额150万元，并与客商签订11个农业机械购销合同，合同金额5.6亿元。

2006年11月17—19日，由潍坊市人民政府主办，潍坊市农机管理局承办的2006中国农业机械及零配件博览会在潍坊富华国际会展中心举办。其间，来自国内的273家生产企业参加展览，展区面积2万平方米，涵盖农业机械13个类别的80多个品种，2万多台（件）机具。参观人数3万多人次，签订产品交易合同（协议）220多个，合同交易额3.8亿元。此届展览会除组织常规农业机械展览展示外，还重点推出山药挖掘机、大型小麦免耕播种机、薯类收获机、饲草揉碎机、增压柴油机等一批科技含量高、性能优越的农机新机具。

2007—2012年，潍坊市先后主办农机博览会（订货会、展示会）7次。分别是，2007年9月12—14日，在富华国际会展中心举办第二届中国农业机械暨零配件博览会。2008年11月27—28日，在富华国际会展中心举办第三届中国（山东）农业机械博览会。2009年11月6—8日，在富华国际会展中心举办第四届中国（山东）农业机械博览会。2010年11月11—15日，在富华国际会展中心举办第五届中国（山东）农业机械博览会。2011年3月6日，在寿光召开2011年潍坊市春季农机产品洽谈订货会。

2011年4月11—13日，在潍坊富华国际会展中心举行全国农业机械展览会。会上，潍坊市被授予“中国农业机械工业之都”牌匾。

2012年3月1—3日，在金宝国际会展中心成功举办第六届中国（山东）农业机械产品展示会。

第七章　农业综合开发

1988年，黄淮海平原农业开发被列入全国11大片开发区域，潍坊市成为山东省黄淮海平原农业开发的重点区域之一。潍坊市农业综合开发大体经历四个发展阶段。

第一阶段（1988—1993年）。以改造中低产田和荒地开发为主，目标是增产粮棉油。这一时期的开发重点是通过山水田林路综合治理，进行大面积的中低产田改造，同时依法适量开垦宜农荒地，确保粮棉油等主要农产品产量的稳定增长，维护国家粮食安全。

第二阶段（1994—1998年）。在继续进行中低产田改造、改善农业生产条件的同时，1994年潍坊市把农业增产与农民增收结合起来，提出“面抓粮棉油、点抓名特优”的工作思路，农业综合开发逐步成为推进农村经济结构调整和农业产业化的重要力量，加快了农民增收的步伐。

第三阶段（1999—2008年）。1999年5月，国家提出坚持“一个前提”，实现“两个转变”的指导思想，即在坚持加强农业基础设施建设、改善农业基本生产条件、提高农业综合生产能力的前提下，由以改造中低产田和开垦宜农荒地相结合，转到以改造中低产田为主，尽量少开荒甚至不开荒，把提高农业综合生产能力与保护生态环境结合起来；由以增加农产品产量为主，转到积极调整结构、依靠科技进步发展高产优质高效农业上来。着力加强农业基础设施建设和生态环境建设，提高农业综合生产能力；着力推进农业和农村经济结构的战略性调整，发展农业产业化经营，提高农业综合效益。为此，潍坊市提出“区域化布局、规模化开发、基地化建设、标准化生产、产业化经营、外向化发展”的工作思路。以此为标志，全市农业综合开发进入农业基础设施建设与产业开发有机结合的新阶段。

第四阶段（2009—2012年）。这一阶段是加快农业现代化的关键时期。农业综合开发适应农

小流域治理项目——梯田改造工程　（2012年拍摄）

业转方式、调结构、促创新和规模化、产业化、标准化、品牌化、国际化发展要求，把重点转向高标准农田建设、优势产业培育、龙头产业扶持、农民合作组织发展以及现代农业园区建设，确保农业综合开发在全市现代农业发展中更好发挥示范带动作用。

第一节　机构沿革

1988年，潍坊市黄淮海平原农业开发办公室成立，为临时机构，设在潍坊市农业委员会。1992年5月，潍坊市山区开发建设办公室成立，正县级行政单位，承担山区综合开发和农业综合开发两项职能，核定编制15人，内设综合科、黄淮海平原农业开发科、山区开发建设科3个科室。1995年7月，潍坊市山区开发建设办公室更名为潍坊市农业综合开发办公室，挂靠潍坊市农业委员会。2001年6月，市农业综合开发办公室调整为市政府直属事业单位，正县级建制。2008年8月，市农业综合开发办公室确定为参照公务员管理事业单位。2010年3月，潍坊市农业综合开发办公室由隶属市政府调整为隶属市财政局，原机构规格不变，正县级参照公务员管理事业单位。至2012年，该办核定编制22人，实有23人，内设综合科、土地治理科、多种经营科和山区开发科4个科室。

第二节　农业综合开发项目

潍坊市农业综合开发自1988年开始，由起初的中低产田延伸到农林牧渔以及农产品加工、储藏保鲜、农村市场和合作经济组织建设；由基础设施建设延伸到生态环境建设；由当初以追求增加粮油产量为主的数量型开发，逐步转向以提高效益、增加收入为中心的质量型开发；由资源型开发转向产业型开发，提高了土地综合生产能力和产品的市场竞争能力。

项目类型

潍坊市农业综合开发主要项目类型：

按建设内容划分，有土地治理项目和产业化经营项目。土地治理项目包括一般土地治理项目（中低产田改造项目）和高标准农田建设项目。土地治理项目主要是针对产量较低的农田，通过工程和非工程综合改造措施，改善生产基本条件和生态环境，建成高产稳产农田。主要内容为建设高产稳产基本农田、建设优势农产品基地、良种推广繁育等。产业化经营项目包括农业综合开发产业化补助项目和农业综合开发产业化经营贷款贴息项目。产业化经营项目

土地治理项目　　（2012年拍摄）

主要是对发展粮食、蔬菜、畜牧、林果和花卉苗木等主要农产品及加工企业，通过财政资金扶持，扩大企业规模，提高企业综合竞争力和带动农民增收能力。

按资金渠道划分，有内资项目和外资项目（利用世界银行贷款项目）。内资项目主要是指由国家立项，以各级财政投资为主建设的农业综合开发项目。外资项目是指利用世界银行贷款建设的农业综合开发项目。

项目建设及投资

1991—2012年，潍坊市组织实施农业综合开发项目518个，累计投入资金58.85亿元，其中财政资金12.83亿万元，自筹资金46.02亿元。

土地治理项目　组织实施土地治理项目314个，累计投入资金12.80亿元，其中财政资金9.79亿元。改造中低产田和建设高标准农田19.85万公顷，占全市耕地面积的29.4%；项目区新增主要农产品生产能力：粮食2.65亿千克，棉花1700万千克，油料250万千克，蔬菜、瓜果2.05亿千克，项目区农民人均纯收入增加300元以上。

1991—2012年潍坊市土地治理项目统计表

表6－7－1

年份	项目名称	单位	地点	面积（万亩）	实际完成总投资（万元）	其中财政投资（万元）
合计				297.775	126794.04	97925.9
1991	中低产田改造	潍城区	潍城区符山镇、望留镇	1.1	122	66
	中低产田改造	寒亭区	寒亭区朱里镇、河滩镇、泊子乡、固堤镇、萧家营乡	2	264.6	143
	中低产田改造	坊子区	坊子区清池镇	1.3	142.9	72.9
	造林	坊子区	坊子区清池镇	0.1	16	10
	中低产田改造	昌乐县	昌乐县王俊镇、阿陀镇、崔家庄镇、马宋镇、河头镇	1.7	220	118
	荒地开垦	昌乐县	昌乐县王俊镇、阿陀镇、崔家庄镇、马宋镇、河头镇	0.35	45	20
	中低产田改造	青州市	青州市东坝镇、高柳镇、王母宫镇	1.5	297.6	161.6
	中低产田改造	昌邑市	昌邑市卜庄镇、东冢镇、下营镇、青乡镇、龙池镇	1.5	300.7	231.7
	改造治理旱涝碱中低产田，开垦利用宜农荒地	寿光市	寿光市营里镇、道口镇、广陵镇、岔河镇、大洼镇、侯镇	10.6	1938.93	861.6
1992	中低产田改造	潍城区	潍城区符山镇、望留镇、军埠口镇、大柳树乡	1.1	114	65
	中低产田改造	寒亭区	寒亭区朱里镇、泊子乡、固堤镇	1.2	160.7	92
	中低产田改造	坊子区	坊子区荆山洼镇、眉村镇、涌泉镇	1	105	46
	造林	坊子区	坊子区荆山洼镇、眉村镇	0.052	11.9	4.9

续表6—7—1

年份	项目名称	单位	地点	面积（万亩）	实际完成总投资（万元）	其中财政投资（万元）
1992	开荒	坊子区	坊子区荆山洼镇、眉村镇、涌泉镇	0.2	40	20
	中低产田改造	昌乐县	昌乐县王俊镇、阿陀镇、崔家庄镇、马宋镇、河头镇	1.6	225	112
	荒地开荒	昌乐县	昌乐县王俊镇、阿陀镇、崔家庄镇、马宋镇、河头镇	0.33	44	21
	中低产田改造	青州市	青州市东高镇、高柳镇、东夏镇、杨庄镇	3	286	150
	中低产田改造	昌邑市	昌邑市卜庄镇、东冢镇、下营镇、青乡镇、龙池镇	2.9	295.7	221.7
1993	中低产田改造	潍城区	潍城区符山镇、大柳树乡	1.1	130	57
	中低产田改造	寒亭区	寒亭区固堤镇、泊子乡、河滩镇、朱里镇	1.64	254.2	112
	中低产田改造	坊子区	坊子区眉村镇、涌泉镇	1.2	136.8	62.8
	造林	坊子区	坊子区涌泉镇	0.15	20	13
	中低产田改造	昌乐县	昌乐县王俊镇、阿陀镇、崔家庄镇、马宋镇、河头镇	1.7	246	127
	荒地开垦	昌乐县	昌乐县王俊镇、阿陀镇、崔家庄镇、马宋镇、河头镇	0.32	53	35
	中低产田改造	青州市	青州市东高镇、高柳镇、王母宫镇、东坝镇、东夏镇、杨庄镇	1.5	282	151.7
	中低产田改造	昌邑市	昌邑市卜庄镇、东冢镇、下营镇、青乡镇、柳疃镇、龙池镇	2.6	264	192
1994	中低产田改造	潍城区	潍城区杏埠镇、于河镇、符山镇	0.6	156	88
	中低产田改造	寒亭区	寒亭区双杨店镇、高里镇、南孙乡	2.3	141	80
	中低产田改造	坊子区	寒亭区眉村镇、穆村镇	1.4	71	52
	中低产田改造	昌乐县	昌乐县尧沟镇、南郝镇、北岩镇	1.3	179	173
	中低产田改造	青州市	青州市何官镇、口埠镇、朱良镇、高柳镇	1.2	434	202
	中低产田改造	昌邑市	昌邑市丈岭镇、塔尔堡乡	1	177	142
	中低产田改造	寿光市	寿光市上口乡、寒桥乡、留吕乡、五台乡	1.1	335	170
	开荒	寿光市	寿光市卧铺乡、台头镇	1.06	—	—
1995	中低产田改造	潍城区	潍城区杏埠乡、于河乡、符山乡	0.6	76	62
	中低产田改造	寒亭区	寒亭区双杨店镇、高里镇、南孙乡	1	186	152
	中低产田改造	坊子区	坊子区眉村镇、穆村镇	0.74	81	58
	中低产田改造	昌乐县	昌乐县尧沟镇、南郝镇、北岩乡	1.13	136	118
	中低产田改造	青州市	青州市何官镇、口埠镇、朱良镇	1	134	95

续表6－7－1

年份	项目名称	单位	地点	面积（万亩）	实际完成总投资（万元）	其中财政投资（万元）
1995	中低产田改造	昌邑市	昌邑市丈岭乡、塔尔堡乡	1.1	195	153
	中低产田改造	寿光市	寿光市五台乡、留吕乡	0.43	325	255
1996	中低产田改造	潍城区	潍城区杏埠乡、于河镇	0.5	101	69
	中低产田改造	寒亭区	寒亭区高里镇、南孙乡	0.8	132	90
	中低产田改造	坊子区	坊子区眉村、穆村镇	0.5	112	68
	中低产田改造	昌乐县	昌乐县尧沟镇、南郝镇、北岩乡	1	207	139
	中低产田改造	青州市	青州市何官镇、口埠镇、朱良镇	1.2	231	161
	中低产田改造	昌邑市	昌邑市丈岭乡、塔尔堡乡	0.9	185	141
	中低产田改造	寿光市	寿光市寒桥乡、上口乡、五台乡、留吕乡	1.7	840	503
	黄河三角洲开发	寿光市	寿光市卧铺乡	2	—	—
1997	中低产田改造	潍城区	潍城区杏埠乡	1	179	120
	中低产田改造	寒亭区	寒亭区寒亭镇、萧家营乡	1.5	282	189
	中低产田改造	坊子区	坊子区穆村镇	1	179	120
	中低产田改造	昌乐县	昌乐县河头镇	1	179	120
	中低产田改造	青州市	青州市黄楼镇、谭坊镇、郑母镇	2	376	257
	中低产田改造	昌邑市	昌邑市塔尔堡乡	1	182	123
	中低产田改造	寿光市	寿光市台头镇	0.75	131	86
	中低产田改造	寿光市	寿光市牛头镇	0.75	380	185
	中低产田改造（贷款）	寿光市	寿光市田柳宝华集团	1	200	—
	黄淮海平原开发	诸城市	诸城市昌城镇、百尺河镇	1	256.1	124
	黄淮海平原开发	临朐县	临朐县辛寨镇、卧龙镇	1	237	177
1998	老项目改造	潍城区	潍城区符山镇、望留镇、大柳树乡	1.5	239	154
	中低产田改造	寒亭区	寒亭张氏镇、萧家营乡	2.5	432	278
	中低产田改造	坊子区	坊子区清池镇	1	209	139
	中低产田改造	昌乐县	昌乐县河头镇	1	209	139
	中低产田改造	临朐县	临朐县杨善镇	1	209	139
	中低产田改造	青州市	青州市东夏镇、杨家庄镇、何官镇	2.7	611	411
	中低产田改造	昌邑市	昌邑市饮马镇	1.5	316	211
	中低产田改造	寿光市	寿光市牛头镇、台头镇、北洛镇、稻田镇	4.65	827	523
	中低产田改造	高密市	高密市周阳乡	0.5	160	102

续表6－7－1

年份	项目名称	单位	地点	面积（万亩）	实际完成总投资（万元）	其中财政投资（万元）
1998	中低产田改造	安丘市	安丘市景芝镇、王家庄镇	1	263	177
	科技示范	青州市	青州市杨家庄镇	0.2	56	36
	科技示范	昌邑市	昌邑市农业高科技示范园	0.005	34	23
	现代化农业示范区	诸城市	诸城市昌城镇、百尺河镇	2	800	480
1999	中低产田改造	潍城区	潍城区杏埠乡、于河镇	1.05	240	160
	中低产田改造	寒亭区	寒亭区高里镇、央子镇	1.5	357	238
	中低产田改造	坊子区	坊子区清池镇	0.5	120	80
	中低产田改造	昌乐县	昌乐县红河镇	1.5	368	243
	中低产田改造	临朐县	临朐县冶源镇	1	250	170
	科技示范	青州市	青州市东夏镇、王母宫镇	0.2	187	125
	现代化农业示范区	寿光市	寿光市稻田镇	2	519	293
	高新科技示范项目（1999—2001）	寿光市	寿光市稻田镇	2.06	610	400
	中低产田改造	青州市	青州市东夏镇、王母宫镇	1.538	378	258
	小流域治理	青州市	青州市弥河镇	0.1	30	15
	中低产田改造	昌邑市	昌邑市围子乡、宋庄乡、青乡	1.5	357	237
	中低产田改造	寿光市	寿光市机械林场	0.5	140	100
	涝洼地改造	寿光市	寿光市牛头镇	0.1	100	60
	苗木基地建设	寿光市	寿光市三元朱村		80	60
	中低产田改造	寿光市	寿光市机械林场	0.1	147	97
	中低产田改造	高密市	高密市周阳乡	1	330	157
	中低产田改造	安丘市	安丘市景芝镇、王家庄镇	1	240	160
2000	中低产田改造	潍城区	潍城区杏埠乡、于河镇	1.5	360	241
	中低产田改造	寒亭区	寒亭区朱里镇	1	240	161
	中低产田改造	坊子区	坊子区穆村镇	1	240	162
	中低产田改造	昌乐县	昌乐县红河镇、朱刘镇	1	305	206
	中低产田改造	临朐县	临朐县冶源镇	1	250	171
	节水示范区	临朐县	临朐县冶源镇	0.1	40	30
	中低产田改造	青州市	青州市东高镇、王母宫镇、何官镇、东夏镇、杨家庄镇	3	714	471

续表6－7－1

年份	项目名称	单位	地点	面积（万亩）	实际完成总投资（万元）	其中财政投资（万元）
2000	小流域治理	青州市	青州市弥河镇	0.05	10	10
	中低产田改造	昌邑市	昌邑市围子镇、宋庄镇、龙池镇	2	480	322
	中低产田改造	寿光市	寿光市孙家集镇、洛城镇、王望镇	2.5	593	385
	涝洼地改造	寿光市	寿光市牛头镇	0.1	60	35
	苗圃农业开发	寿光市	寿光市圣城镇	0.01	38	28
	中低产田改造	诸城市	诸城市相州镇、郭家屯镇	1.5	360	241
	中低产田改造	高密市	高密市周阳乡	1.5	516	241
	中低产田改造	安丘市	安丘市凌河镇	1.5	350	232
	科技示范	青州市	青州市高柳镇、王母宫镇	0.2	210	140
	高新科技示范项目（1999—2001）	寿光市	寿光市稻田镇	—	600	400
2001	蔬菜高科技示范	寿光市	寿光市洛城街道	2	2506	1440
	冬枣示范基地	寿光市	寿光市机械林场	0.1	150	100
	中低产田改造	潍城区	潍城区于河镇、南关街道、符山镇	1.02	337	277
	中低产田改造	寒亭区	寒亭区河滩镇、朱里镇、寒亭镇	2.1	644	473
	中低产田改造	坊子区	坊子区清池镇	1	265	215
	中低产田改造	昌乐县	昌乐县朱刘镇、平原镇、尧沟镇	2.01	612	478
	中低产田改造	临朐县	临朐县卧龙镇、纸坊镇	1	265	215
	中低产田改造	青州市	青州市高柳镇、王母宫镇	1	301	236
	中低产田改造	昌邑市	昌邑市都昌街道	1	265	215
	中低产田改造	寿光市	寿光市孙集镇	1	250	200
	苗圃农业开发	寿光市	寿光市圣城镇	0.015	25	25
	中低产田改造	高密市	高密市拒城河镇	1	265	215
	优质饲料粮基地项目	高密市	高密市拒城河镇	0.5	159	109
	中低产田改造	安丘市	安丘市兴安街道	1	265	215
	中低产田改造	坊子区	坊子区车留庄镇	1	264	203
	科技项目	青州市	青州市东高镇、高柳镇、王母宫镇、东夏镇	0.6	370	263
	高新科技示范项目（1999—2001）	寿光市	寿光市稻田镇	—	600	400
	苗圃农业开发	寿光市	寿光市圣城街道	0.015	25	25

续表6-7-1

年份	项目名称	单位	地点	面积（万亩）	实际完成总投资（万元）	其中财政投资（万元）
2002	现代化农业示范区	诸城市	诸城市相州镇、郭家屯镇	1	403	326
	中低产田改造	青州市	青州市高柳镇	1	264	203
	中低产田改造	昌邑市	昌邑市石埠镇	1	263	202
	盐碱地改造项目	昌邑市	昌邑市柳疃镇	0.5	140	70
	中低产田改造	寿光市	寿光市纪台镇	1	303	180
	中低产田改造	高密市	高密市姜庄镇、仁和镇、周戈庄镇	1.1	264	203
	胶河农场优质饲草基地项目	高密市	高密市周戈庄镇	0.1	20	20
	中低产田改造	安丘市	安丘市临浯镇、凌河镇	1.6	463	332
	高效示范基地	潍城区	潍城区南关街道、望留镇、军埠口镇	1	333	272
	无公害标准化生产示范	昌乐县	昌乐县尧沟镇	1	250	150
	农业生态工程	临朐县	临朐县龙岗镇	1	263	202
	科技示范	临朐县	临朐县纸坊镇、大关镇	0.3	75	45
	科技推广综合示范项目（2002—2004）	青州市	青州市王母宫镇、黄楼镇	2	2200	1320
	生态示范基地建设项目	寿光市	寿光市孙家集街道	0.5	150	115
	创汇蔬菜基地建设项目	寿光市	寿光市田柳镇	0.4	140	70
	名优农产品生产基地项目	诸城市	诸城市林家村镇、昌城镇、百尺河镇	2	759	533
2003	中低产田改造	寒亭区	寒亭区寒亭街道、双杨店镇	1	280	225
	中低产田改造	坊子区	坊子区眉村镇	1	285	230
	城郊示范基地	潍城区	潍城区望留镇、军埠口镇	1.2	326	260
	优质瓜菜生产基地建设	昌乐县	昌乐县高崖镇、白塔乡	1.1	306	251
	农业生态工程	临朐县	临朐县柳山镇	1	290	235
	优质农产品基地项目	青州市	青州市东夏镇	1	270	215
	高效农业示范基地建设项目	昌邑市	昌邑市石埠镇、围子镇	1.3	370	295
	优质蔬菜基地建设项目	寿光市	寿光市稻田镇	0.5	180	160
	优质枣粮基地建设项目	寿光市	寿光市营里镇	0.7	210.11	155
	高效农业示范基地建设项目	诸城市	诸城市朱解镇	1	280	225
	高效农业示范基地建设项目	高密市	高密市拒城河镇、柏城镇	1.3	360	285

续表6—7—1

年份	项目名称	单位	地点	面积（万亩）	实际完成总投资（万元）	其中财政投资（万元）
2004	中低产田改造	潍城区	潍城区符山镇	1	297	218
	中低产田改造	寒亭区	寒亭区高里镇、双杨店镇	1	307	228
	中低产田改造	坊子区	坊子区南流镇	1	297	218
	中低产田改造	昌乐县	昌乐县高崖镇、红河镇、朱刘镇	1.6	493	345
	中低产田改造	临朐县	临朐县上林镇	0.6	296	217
	中低产田改造（增量）	临朐县	临朐县蒋峪镇	1	433	321
	中低产田改造	青州市	青州市高柳镇、何官镇	2.5	916	700
	中低产田改造	昌邑市	昌邑市夏店镇、卜庄镇、柞山镇	2	739	548
	中低产田改造	寿光市	寿光市上口镇、侯镇、机械林场	2.2	783	581
	中低产田改造	诸城市	诸城市马庄镇、孟疃镇	1	307	228
	中低产田改造	高密市	高密市柏城镇、仁和镇	1.5	466	345
2005	中低产田改造	潍城区	潍城区军埠口镇	1	397	294
	中低产田改造	寒亭区	寒亭区固堤镇、泊子乡、开元街道	1.5	591	438
	中低产田改造	坊子区	坊子区荆山洼镇	1	410	304
	中低产田改造	昌乐县	昌乐县马宋镇	1	411	304
	中低产田改造	临朐县	临朐县大关镇	0.6	410	303
	中低产田改造	青州市	青州市朱良镇	2.5	1228	910
	中低产田改造	昌邑市	昌邑市围子镇	1	396	293
	中低产田改造	寿光市	寿光市羊口镇、留吕镇、机械林场	2	714	524
	中低产田改造	诸城市	诸城市石桥子镇、孟疃镇	1.5	605	448
	中低产田改造	高密市	高密市姚哥庄镇、夏庄镇	1.8	604	448
	2005年度冬枣协会项目	寿光市	寿光市机械林场	0.04	20	20
2006	中低产田改造	潍城区	潍城区乐埠山镇	1	401	320
	中低产田改造	寒亭区	寒亭区开元街道、固堤镇	1	402	320
	中低产田改造	坊子区	坊子区坊安街道	1	402	321
	中低产田改造	昌乐县	昌乐县阿陀乡、朱汉镇、崔家庄镇	1.5	575	460
	中低产田改造	临朐县	临朐县上林镇	2	1000	800
	中低产田改造	青州市	青州市何官镇	1	373	290

续表6－7－1

年份	项目名称	单位	地点	面积（万亩）	实际完成总投资（万元）	其中财政投资（万元）
2006	中低产田改造	昌邑市	昌邑市北孟镇	1	405	320
	中低产田改造	寿光市	寿光市营里镇	1	425	340
	中低产田改造	安丘市	安丘市赵戈镇	1	430	360
	优质西瓜标准化生产示范推广	昌乐县	昌乐县尧沟镇	0.01	40	32
	玄武岩山区保护地栽培配方施肥示范推广	临朐县	临朐县上林镇	0.05	40	32
	蔬菜科技示范项目	寿光市	寿光市孙家集街道	0.05	213	170
2007	中低产田改造	潍城区	潍城区望留街道	1	475	380
	中低产田改造	寒亭区	寒亭区高里镇	1	457	362
	中低产田改造	坊子区	坊子区九龙街道、黄旗堡镇	2	800	720
	中低产田改造	昌乐县	昌乐县崔家庄、红河镇	1.4	675	540
	中低产田改造	临朐县	临朐县上林镇	2	1200	960
	中低产田改造	青州市	青州市郑母镇	0.8	425	340
	自然灾害损毁工程修复项目	青州市	青州市朱良镇	2.5	50	40
	中低产田改造	昌邑市	昌邑市饮马镇	1	425	340
	中低产田改造	寿光市	寿光市化龙镇	1	425	340
	新农村建设试点项目	寿光市	寿光市营里镇、侯镇、孙家集街道	1.3	1306	1000
	农业综合节水技术项目	青州市	青州市郑母镇	0.1	62.5	50
2008	中低产田改造	潍城区	潍城区乐埠山林场	1.2	750	600
	中低产田改造	寒亭区	寒亭区开元街道	1.2	765	612
	中低产田改造	坊子区	坊子区黄旗堡镇	1	500	400
	中低产田改造	昌乐县	昌乐县营丘镇	1	540	432
	中低产田改造	临朐县	临朐龙岗镇、柳山镇	1.9	1450	1160
	小流域治理项目	青州市	青州市王坟镇	1.1	890	712
	中低产田改造	昌邑市	昌邑市围子街道	1.4	890	712
	中低产田改造	寿光市	寿光市机械林场	1.2	725	580
	新农村建设试点项目	寿光市	寿光市营里镇、侯镇、孙家集街道	1.3	1250	1000
	乐义蔬菜专业合作社实施土地治理项目	寿光市	寿光市孙家集街道	0.1	260	200
	中低产田改造	安丘市	安丘市郚山镇、兴安街道大葱协会	1.2	765	612

续表6－7－1

年份	项目名称	单位	地点	面积（万亩）	实际完成总投资（万元）	其中财政投资（万元）
2008	优质花生标准化生产示范	昌乐县	昌乐县红河镇	0.1	50	40
	优质专用小麦综合配套技术示范推广项目	昌邑市	昌邑市饮马镇	1	50	40
2009	中低产田改造	潍城区	潍城区军埠口镇	1.5	1088	870
	中低产田改造	寒亭区	寒亭区高里镇	1.2	870	696
	中低产田改造	坊子区	坊子区黄旗堡镇	1.5	1088	870
	中低产田改造	昌乐县	昌乐县高崖库区	1.5	1088	870
	中低产田改造	临朐县	临朐县九山镇、寺头镇	1.6	1450	1160
	中低产田改造	青州市	青州市谭坊镇	0.8	758	606
	中低产田改造	昌邑市	昌邑市卜庄镇	1.5	1013	810
	中低产田改造	寿光市	寿光市稻田镇、台头镇	2.2	1832	1466
	新农村建设试点项目	寿光市	寿光市营里镇、侯镇、孙家集街道	1.3	1250	1000
	中低产田改造	安丘市	安丘市凌河镇、辉渠镇夏坡合作社	1.5	1088	870
2010	中低产田改造	潍城区	潍城区望留街道	0.8	764	592
	中低产田改造	寒亭区	寒亭区朱里镇	0.8	764	592
	中型灌区	寒亭区	寒亭区朱里镇		1850	1550
	中低产田改造	昌乐县	昌乐县营丘镇	0.8	763	591
	中低产田改造	临朐县	临朐县寺头镇	0.7	808	626
	中低产田改造	青州市	青州市弥河镇	0.8	763	591
	中低产田改造	昌邑市	昌邑市饮马镇	0.8	764	592
	中低产田改造	寿光市	寿光市古城街道	0.9	808	626
	中低产田改造	安丘市	安丘市石堆镇	0.9	799	619
	高标准农田建设	安丘市	安丘市兴安街道	1	1350	1200
	中低产田改造	高密市	高密市胶河疏港物流园区	0.8	763	591
	中低产田改造	诸城市	诸城市贾悦镇	0.8	764	592
	高标准农田建设	诸城市	诸城市石桥子镇	1	1350	1200
	中低产田改造	坊子区	坊子区坊安街道	0.8	772	598
2011	中低产田改造	寒亭区	寒亭区寒亭街道	0.7	640	600
	中低产田改造	坊子区	坊子区九龙街道	0.8	792	742
	中低产田改造	昌乐县	昌乐县乔官镇、鄌郚镇兆田合作社	0.9	869	813

续表6-7-1

年份	项目名称	单位	地点	面积（万亩）	实际完成总投资（万元）	其中财政投资（万元）
2011	中低产田改造	临朐县	临朐县五井镇	0.6	799	749
	中低产田改造	青州市	青州市弥河镇	0.8	792	742
	中低产田改造	昌邑市	昌邑市围子街道、石埠镇	1.5	1432	1342
	中低产田改造	寿光市	寿光市上口镇	1	832	780
	高标准农田建设	安丘市	安丘市兴安街道、官庄镇	1	1280	1200
	中低产田改造	高密市	高密市醴泉街道	0.8	792	742
	高标准农田建设	高密市	高密市醴泉街道	1	1280	1200
	高标准农田建设	诸城市	诸城市石桥子镇	1	1280	1200
	中低产田改造	潍城区	潍城区军埠口镇、乐埠山林场	0.8	777	728
2012	中低产田改造	潍城区	潍城区	0.9	909	852
	自然灾害损毁修复工程	潍城区	潍城区军埠口镇	1.5	62	58
	中低产田改造	寒亭区	寒亭区固堤街道	0.9	909	852
	中低产田改造	坊子区	坊子区黄旗堡镇	1	948	888
	中低产田改造	昌乐县	昌乐县宝城街道	0.9	861	807
	自然灾害损毁修复工程	昌乐县	昌乐县高崖库区	1.5	62	58
	中低产田改造	临朐县	临朐县柳山镇	0.8	944	885
	自然灾害损毁修复工程	临朐县	临朐县寺头镇	0.7	62	58
	中低产田改造	青州市	青州市何官镇、王坟镇	1.4	1523	1326
	高标准农田建设	昌邑市	昌邑市石埠镇	1	1280	1200
	高标准农田建设	寿光市	寿光市侯镇、稻田镇	2	2596	2430
	高标准农田建设	安丘市	安丘市金冢子镇、郚山镇	2	2596	2430
	中低产田改造	安丘市	安丘市大盛镇兴农合作社	0.1	112	105
	中低产田改造	高密市	高密市阚家镇	0.9	925	867
	中低产田改造	诸城市	诸城市百尺河镇	0.9	861	807
	自然灾害损毁修复工程	诸城市	诸城市石桥子镇	2	62	58
	科技示范	潍城区	潍城区军埠口镇	0.1	70	65
	潍县萝卜标准生产示范推广	寒亭区	寒亭区寒亭街道	0.1	64	60
	盐碱地根用芥菜栽培技术推广项目	寿光市	寿光市机械林场	0.1	112	105

产业化经营项目　1993年，潍坊市开始在农业开发县组织实施产业化经营项目。至2012年，全市扶持产业化经营项目196个，累计投入资金46.42亿元，其中财政资金2.48亿元，重点培育了优质粮、肉鸡肉鸭、瓜菜、林果、食用菌等11个主导产业。新增蔬菜、瓜果1.3亿千克，肉（养殖）9000万千克，新增农产品加工能力32.5亿千克，受益农民260万人次，年均转移农村劳动力1万人，“市场+龙头+合作组织+农户”的产业化组织形式全面推行。通过产业化经营项目，扶持了一大批把国内外市场和农产品基地与农户联在一起形成一体化经营模式的产业化龙头企业。

1993—2012年潍坊市产业化经营项目统计表

表6-7-2　　单位：万元

年份	项目名称	单位	地点	实际完成总投资	其中财政投资
合计				464169.9	24842.1
1993	畜牧建设	寿光市营里镇、广陵乡、岔河乡、侯镇、大洼镇政府	寿光市营里镇、广陵乡、岔河乡、侯镇、大洼镇	170	18
	畜牧业	昌邑市种畜场	昌邑市种畜场	35	4
	淡水养殖	昌邑市柳疃镇门八村	昌邑市柳疃镇	20	2
	坊子区眉村镇前邓村肉食牛养殖	坊子区肉食牛养殖场	坊子区眉村镇	76	6
	淡水养殖	潍城区军埠口镇政府	潍城区军埠口镇	23	9
1994	青州市淀粉深加工项目	青州市淀粉厂	青州市郑母镇	200	128
	畜牧业建设	潍城区于河街道	潍城区于河街道	71	21
	水产养殖	潍城区于河街道	潍城区于河街道	16	6
	大棚建设	潍城区于河街道、杏埠街道	潍城区于河、杏埠街道	70	6
1995	畜牧养殖	昌邑市塔尔堡镇政府	昌邑市塔尔堡镇	30	30
	大棚西瓜	昌邑市丈岭镇政府	昌邑市丈岭镇	17	17
	骨粉加工	昌邑市丈岭镇政府	昌邑市丈岭镇	30	30
	畜牧养殖	坊子区肉食牛养殖场	坊子区眉村镇	10	10
	大棚蔬菜	坊子区穆村镇尚庄村	坊子区穆村镇	20	19
1996	畜牧养殖	坊子区林业中心	坊子区	100	30
	果品保鲜加工	昌邑市塔尔堡镇政府	昌邑市塔尔堡镇	100	30
	畜禽加工	昌邑市食品公司	昌邑市食品公司	600	15
	畜牧养殖	潍城区于河街道	潍城区于河街道	100	35
	香菇种植	潍城区符山镇政府	潍城区符山镇	16	16

续表6—7—2

年份	项目名称	单位	地点	实际完成总投资	其中财政投资
1997	扩建种衣剂厂	诸城市种子公司	诸城市密州街道	116	58
	青州市郑母镇养猪基地项目	青州市郑母镇畜牧养殖公司	青州市郑母镇	200	200
	青州市黄楼镇花卉生产基地项目	青州市万红花卉公司	青州市黄楼镇	70	35
	鲜切花生产	潍城区符山林场	潍城区符山林场	155	65
	畜禽养殖	潍城区大正实业公司	潍城区大正实业公司	200	
	渔农结合治理涝洼地	寿光市牛头镇政府	寿光市牛头镇	250	100
	淡水养殖	寿光市机械林场	寿光市机械林场	116	66
1998	扩建种衣剂厂(续建)	诸城市种子公司	诸城市密州街道	118	58
	香菇养殖	昌邑市石埠镇政府	昌邑市石埠镇	144	74
	肉牛生产基地	坊子区肉食牛综合养殖场	坊子区车留庄镇	284	104
	花卉基地建设	潍城区符山林场	潍城区符山林场	212	92
	上林下藕开发	寿光市机械林场	寿光市机械林场	243	123
	新凌蔬菜加工	安丘市新凌蔬菜加工公司	安丘市凌河镇	100	70
	冶源镇虹鳟鱼养殖扩建项目	临朐县冶源镇政府	临朐县冶源镇	243	123
	食品生产线扩建项目	昌邑市太宗食品厂	昌邑市太宗食品厂	200	
1999	卧龙镇莲藕种植新建项目	临朐县蒋峪镇政府、卧龙镇政府	临朐县蒋峪镇、卧龙镇	178	118
	速冻蔬菜生产	潍坊鲁宏公司	昌邑市北孟镇	144	94
	生猪屠宰	山东得利斯公司	诸城市昌城镇	9700	120
2000	蔬菜加工	诸城市中康农业开发公司	诸城市密州街道	1198	118
	蔬菜加工保鲜	潍坊鲁宏公司	昌邑市北孟镇	396	118
	2000年高新科技示范项目建设	寿光市稻田镇政府	寿光市稻田镇	232	88
	乳酸菌奶加工新建项目	山东临朐乳业有限公司	临朐县卧龙镇	998	118
	山羊肉加工新建项目	山东临朐绿洲食品有限公司	临朐县石家河乡	56	33
2001	蔬菜加工	诸城市际天时公司	诸城市密州街道	700	132
	2000年高新科技示范项目建设	寿光市稻田镇政府	寿光市稻田镇	330	166
	高密市酿酒葡萄发酵站扩建项目	高密市密水街道办事处	高密市密水街道	561	133
	蔬菜加工保鲜项目	安丘市东海食品公司	安丘市凌河镇	600	176

续表6—7—2

年份	项目名称	单位	地点	实际完成总投资	其中财政投资
2002	万吨出口蔬菜蔬菜加工	诸城市绿园食品有限公司	诸城市密州街道	1398	460
	临朐县1000头高产奶牛繁育中心新建项目	山东临朐优质奶牛推广中心	临朐县卧龙镇	354	156
	蔬菜出口创汇基地建设	寿光田柳秀峰实业有限公司	寿光市田柳镇	921	155
	蚕茧加工	昌邑市丝绸公司	昌邑市保庄等三乡镇	288	154
2003	蔬菜深加工项目	寿光天成食品有限公司	寿光市圣城街道	979	121
	春久久繁育基地养殖项目	潍坊市春久久林木有限公司	坊子区穆村镇	435	131
	无公害蔬菜加工出口保鲜项目	潍坊益康宝食品有限公司	潍坊益康宝食品有限公司	600	300
	扩建万吨熟食制品加工项目	诸城市万年食品有限公司	诸城市龙都街道	699	121
	高密市浓缩果汁加工项目	山东向华葡萄酒业有限公司	高密市密水街道	980	424
	大型现代化安全肉鸡养殖基地扩建	山东凯加食品股份有限公司	高密市胶河农场三分场	430	122
	高密市出口蔬菜加工项目	高密市惠德农产品有限公司	高密市夏庄镇	500	141
2004	高密市浓香花生油加工扩建项目	高密市新春油脂有限责任公司	高密市李家营镇	310	200
	坊子区南流镇芦笋种植	潍坊嘉源食品有限公司	坊子区南流镇	260	200
2005	高密市2.5万吨调理食品建设项目	山东凯加食品股份有限公司	高密市夏庄镇	6667	2000
	高产奶牛繁育项目	临朐县新荷奶牛有限公司	临朐县卧龙镇	322	200
	年产5万吨肉鸭加工扩建项目	山东新昌肉食有限公司	昌邑市东环路北首	2940	640
	年产2万吨新含气调理食品加工项目	潍坊经济技术开发区华裕实业有限公司	潍坊经济技术开发区	3000	200
2006	乐港2万吨肉鸭熟制品加工	潍坊乐港公司	昌乐县红河镇	10000	2000
	3000吨水果果杯罐头加工项目	山东嘉源罐头制品有限公司	坊子区南流镇	302	200
	高密市专用面粉加工项目	山东高密恒丰粮库有限公司	高密市姚哥庄镇	2600	600
	樱桃谷肉鸭养殖基地建设项目	潍坊金正食品有限公司	寿光市营里镇	300	200

续表6-7-2

年份	项目名称	单位	地点	实际完成总投资	其中财政投资
2006	年产20000吨新含气调理食品加工项目	潍坊经济技术开发区华裕实业有限公司	潍坊经济技术开发区	8000	600
	年产1000吨蔬菜加工项目	潍坊长江农业开发有限公司	潍坊经济技术开发区	400	200
2007	高密市2.4万吨营养挂面加工扩建项目	山东望乡食品有限公司	高密市阚家镇	740	220
	昌邑市260亩南美白对虾养殖基地扩建项目	潍坊金丝达实业有限公司	昌邑市柳疃镇	497	200
	千头肉牛育肥养殖基地建设项目	山东维多利现代农业发展有限公司	寿光市稻田镇	492	200
	临朐县548吨蜜蜂产品深加工新建项目	临朐县康宝蜂业有限公司	临朐县七贤镇	415	200
	潍坊市1100万只肉鸡培育基地改扩建项目（补助）	潍坊出口基地建设有限公司	潍坊市潍城区	1736	800
2008	赛维科技5000吨果蔬低温脱水深加工扩建项目	山东赛维绿色科技公司	寿光市开发区	450	200
	青州市年孵化500万只鸭苗扩建项目	青州全成食品有限公司	青州市益都街道	1200	800
	2000吨大根深加工产品新建设项目	安丘市汇润食品公司	安丘市经济开发区	1700	800
	1800吨猪肉低温储备库新建项目	潍坊益康宝食品有限公司	潍坊市潍城区	500	200
	8万平方交易中心新建项目	潍坊市寒亭区益民农产品购销合作社	寒亭区朱里街道	660	200
	90吨特色淡水鱼养殖新建项目	临朐县龙门渔业有限公司	临朐县冶源镇	318.3	200
	禽肉深加工项目（贴息）	潍坊出口基地建设有限公司	潍坊市潍城区	9199	87
2009	肉鸭养殖	山东亚太中惠集团有限公司	昌乐县城	1000	47
	乳制品加工项目	潍坊齐鲁星牧业乳品有限公司	昌乐县城	500	47
	1000万株种苗繁育示范基地项目	山东东方誉源现代农业集团	寿光市稻田镇	842.7	200
	2万吨肉鸭加工扩建项目	山东天惠食品有限公司	寿光市古城街道	500	100
	肉鸭饲料加工项目	潍坊益丰牧业有限公司	寿光市洛城街道	2300	60
	贝类养殖项目肉鸭加工项目	山东海惠集团有限公司	寿光市营里镇	2750	58
	5000吨洋葱精加工新建设项目	安丘市渤海食品公司	安丘市凌河镇	280	100
	2万只伊拉父母代种兔基地新建项目	安丘市绿洲兔业公司	安丘市大汶河镇	300	100

续表6－7－2

年份	项目名称	单位	地点	实际完成总投资	其中财政投资
2009	农产品加工项目	安丘市东海食品公司	安丘市凌河镇	3500	52
	肉鸡加工项目	安丘市外贸食品公司	安丘市经济开发区	4000	85
	青州市肉鸭加工项目	青州全成食品有限公司	青州市益都街道	2874	74
	高密市蔬菜加工贴息项目	潍坊泰华食品有限公司	高密市经济开发区	5689	89
	高密市蔬菜深加工贴息项目	高密市瑞海食品有限公司	高密市醴泉街办	3948	48
	高密市面粉深加工贴息项目	山东望乡食品有限公司	高密市阚家镇	4257	57
	潍河综合治理绿化苗木基地建设项目	潍坊金丝达实业有限公司	昌邑市围子镇	6000	46
	饲料加工项目	潍坊中基饲料有限公司	坊子区	88	88
	面粉加工项目	潍坊风筝面粉责任有限公司	坊子区	40	40
	2万套良种父母代蛋种鸡场扩建项目	潍坊紫鸢牧业发展有限公司	坊子区坊安街道	350	100
	油脂生产扩建项目	潍坊瑞福油脂股份有限公司	潍坊瑞福油脂股份有限公司	8500	88
	樱桃谷肉鸭养殖项目	潍坊市金河食品有限公司	寒亭区寒亭街道	4587	87
	潍坊金椿食品有限公司蔬菜加工项目	潍坊金椿食品有限公司	寒亭区寒亭街道	4587	87
	临朐县8000头商品猪养殖新建项目	临朐县潍坊广华经贸有限公司	临朐县城关街道	548	100
	标准化肉鸭养殖基地建设项目	山东中盛食品集团	临朐县冶源镇	1613	50
	1万吨速冻水果蔬菜扩建项目	临朐龙泰食品有限公司	临朐县九山镇	1200	0
	万吨肉鸡产品深加工扩建项目	诸城永祥食品有限公司	诸城市密州街道	400	100
	2000万只肉鸡养殖项目	山东万年食品公司	诸城市昌城镇	5583	83
	120万吨粮油加工项目	山东得利斯畜牧科技有限公司	诸城市昌城镇	3046	46
	农产品加工扩建项目（贴息）	潍坊金宝集团有限公司	潍坊市奎文区二十里堡街道	4600	88
	潍坊市1000头高产奶牛示范基地新建项目	潍坊金牛牧业有限公司	昌乐县朱刘街道	2000	100
	昌乐县1000头奶牛养殖基地扩建项目	潍坊卢氏牧业有限公司	昌乐县鄌郚镇	572	100

续表6－7－2

年份	项目名称	单位	地点	实际完成总投资	其中财政投资
2010	1000亩绿色蔬菜标准化基地项目	诸城市小潘庄大蒜专业合作社	诸城市舜王街道	120	51.6
	120万吨粮油加工项目	山东得利斯公司	诸城市昌城镇	61394	78
	年产1000万株优质蔬菜种苗基地扩建项目	寿光市新世纪种苗有限公司	寿光市文家街道	590	172
	1000亩黄桃标准化生产示范基地扩建项目	寿光市纪台弥金果蔬专业合作社	寿光市纪台镇	106	51.6
	青州市2000吨清真牛肉精深加工新建项目	青州益寿食品有限公司	青州市云门山街道	886	172
	青州市肉鸭深加工项目	青州全成食品有限公司	青州市益都街道	3060	60
	高密市1.6万吨速冻蔬菜加工扩建项目	山东泰华食品有限公司	高密市经济开发区	1647.4	172
	高密市3万吨优质面粉加工贷款贴息项目	山东恒丰面粉有限公司	高密市姚哥庄镇	7587	87
	安丘市60万头生猪肉深加工扩建项目	安丘市金田食品公司	安丘市兴安街道	1646.85	172
	安丘市蔬菜深加工项目	安丘市万鑫食品公司	安丘市凌河镇	3870	70
	安丘市果蔬深加工项目	安丘市惠利食品公司	安丘市经济开发区	4152	52
	潍坊市安丘市农产品加工项目	安丘市汇润食品公司	安丘市经济开发区	7000	87
	坊子区饲料加工项目	潍坊中基饲料有限公司	坊子区坊城街道	42	42
	坊子区1000亩绿色蔬菜基地扩建项目	潍坊半截楼果蔬专业合作社	坊子区黄旗堡镇	105	51.6
	坊子区3万套良种父母代种鸡示范场扩建项目	潍坊紫鸢蛋鸡养殖专业合作社	坊子区坊安街道	125	51.6
	油脂深加工扩建项目	潍坊瑞福油脂股份有限公司	潍坊瑞福油脂股份有限公司	1821	31
	300亩大棚西红柿标准化示范基地新建项目	潍城区利园西红柿农民专业合作社	潍城区利园西红柿农民专业合作社	430	51.6
	寒亭区2000亩潍县萝卜标准化生产示范基地新建项目	潍坊河元潍县萝卜生产购销服务专业合作社	寒亭区朱里街道	359	51.6
	樱桃谷肉鸭养殖项目	潍坊市金河食品有限公司	寒亭区寒亭街道	8062	62
	临朐县标准化种鸭养殖基地建设项目	山东中盛食品集团	临朐县冶源镇	2852	40
	昌乐县40万头商品猪养殖基地扩建项目	潍坊乔新农业发展有限公司	昌乐县乔官镇	1300	172
	潍坊市峡山区蔬菜深加工项目（贴息）	潍坊万通食品有限公司	潍坊市峡山区	4000	50
	1.2万吨油炸豆腐生产线扩建项目（贴息）	潍坊经济技术开发区华裕实业有限公司	潍坊经济技术开发区	8311	140

续表6－7－2

年份	项目名称	单位	地点	实际完成总投资	其中财政投资
2011	1万吨速冻水果蔬菜扩建项目	临朐龙泰食品有限公司	临朐县九山镇	3365	44
	寒亭区1600亩潍县萝卜标准化生产示范基地新建项目	潍坊市寒亭区俊清蔬果专业合作社	寒亭区朱里街道	100	45
	1000亩绿色蔬菜标准化生产示范基地扩建项目	寿光市燎原果菜专业合作社	寿光市稻田镇	100	45
	寿光市200亩食用菌标准化种植示范基地扩建项目	山东维多利现代农业发展有限公司	寿光市稻田镇	126	45
	寿光市5000万株有机蔬菜种苗繁育项目	山东亿嘉农资有限公司	寿光市化龙镇	5070	70
	寿光市饲料加工项目	山东寿光鑫隆农牧发展有限公司	寿光市稻田镇	4562	62
	寿光市10000吨即食绿色蔬菜产业化项目	山东赛维绿色科技有限公司	寿光市圣城街道	4603	103
	寿光市30万吨蔬菜绿色物流配送中心项目	山东东方誉源现代农业集团有限责任公司	寿光市古城街道	5635	135
	青州市400万只肉鸭标准化规模养殖场扩建项目	青州市中伟畜禽养殖专业合作社	青州市益都街道	160	75
	青州市600万只肉鸭养殖加工扩建项目	青州全成食品有限公司	青州市益都街道	6086	86
	高密市2000吨金针菇工厂化生产扩建项目	高密市惠荣菌菇专业合作社	高密市夏庄镇	450	45
	高密市8000吨金针菇优质示范基地扩建项目	高密市惠德农产品有限公司	高密市夏庄镇	4383	29
	高密市3.6万吨优质面粉加工扩建项目	山东恒丰面粉有限公司	高密市姚哥庄镇	7621	70
	高密市3.8万吨优质面粉加工扩建项目	山东望乡食品有限公司	高密市阚家镇	8134	44
	安丘市200亩出口大葱新品种繁育基地新建项目	安丘市双丰果蔬合作社	安丘市金冢子镇	91	45
	安丘市5000头生猪标准化繁育基地扩建项目	安丘市新安养猪合作社	安丘市兴安街道	100	45
	安丘市6000吨甜玉米农产品加工新建项目	安丘市三涛食品公司	安丘市凌河镇	409	105
	安丘市1.5万吨蔬菜深加工扩建项目	安丘市鑫龙食品公司	安丘市凌河镇	2930	30
	安丘市60万头生猪加工扩建项目	安丘市振祥食品公司	安丘市景芝镇	6859	59

续表6－7－2

年份	项目名称	单位	地点	实际完成总投资	其中财政投资
2011	昌邑市日产3.6万菌包示范基地建设项目	昌邑市富民食用菌农民专业合作社	昌邑市都昌街道	210	45
	昌邑市100亩食用菌示范基地新建项目	昌邑市常利食用菌农民专业合作社	昌邑市饮马镇	360	45
	7万吨饲料加工扩建项目	昌邑市顺达饲料有限责任公司	昌邑市昌灶路138号	3028	28
	坊子区100万吨饲料加工扩建项目	潍坊中基饲料有限公司	坊子区坊城街道	58	58
	坊子区12万只奶山羊养殖基地扩建项目	潍坊天润牧业有限公司	坊子区坊安街道	35	35
	2万套良种父母代种鸡示范场扩建项目	潍坊紫鸢蛋鸡养殖专业合作社	坊子区坊安街道	120	37.5
	100亩肉鸭标准化养殖基地新建项目	潍坊永宏肉鸭养殖农民专业合作社	潍坊永宏肉鸭养殖农民专业合作社	150	45
	生猪屠宰扩建项目	潍坊益康宝食品有限公司	潍坊益康宝食品有限公司	12000	37
	5000吨熟食肉制品深加工扩建项目	诸城市汇祥食品有限公司	诸城市舜王街道	764.7	90
	160万吨现代粮食物流中心项目	诸城市万年食品有限公司公司（诸城市中丰粮油物流有限公司）	诸城市舜王街道	7545	115
	3.8万吨营养速冻调理食品项目	山东佳士博食品有限公司	诸城市昌城镇	10070	70
	年产1.2万吨油炸豆腐生产线扩建项目（贴息）	潍坊经济技术开发区华裕实业有限公司	潍坊经济技术开发区	8311	181
2012	10万吨优质蔬菜加工扩建项目（贴息）	潍坊万通食品有限公司	潍坊峡山区	4000	31
	昌乐县1000亩设施瓜菜标准化示范基地扩建项目	昌乐县华安瓜菜专业合作社	昌乐县五图街道	120	37.5
	昌乐县12万吨淀粉加工扩建项目	潍坊森瑞特生物科技有限公司	昌乐县城	4244	27
	青州市年孵化280万只鸭苗孵化场新建项目	青州市中伟畜禽养殖专业合作社	青州市益都街道	163	67.5
	青州市30亩紫根红韭菜标准化生产示范基地改建项目	山东富大地果菜农民专业合作社	青州市益都街道	106	52.5
	青州市60万吨果蔬加工出口扩建项目	青州泰华食品有限公司	青州市弥河镇	3928	68

续表6－7－2

年份	项目名称	单位	地点	实际完成总投资	其中财政投资
2012	青州市1.6万亩优质农产品基地扩建项目	青州东峪生态农业开发有限公司	青州市庙子镇	5160	160
	高密市8000头生猪标准化繁育基地扩建项目	高密市万俊畜牧养殖专业合作社	高密市柏城镇	238	45
	高密市10万吨花生油低温精炼新建项目	高密市新春油脂有限责任公司	高密市夏庄镇	15162	150
	高密市3万吨优质小麦加工贷款贴息项目	山东望乡食品有限公司	高密市阚家镇	6659	59
	3.2万吨优质小麦加工贷款贴息项目	山东恒丰面粉有限公司	高密市姚哥庄镇	6278	68
	安丘市2000吨冷库新建项目	安丘市振祥食品公司	安丘市景芝镇	424.9	90
	安丘市150亩有机蔬菜基地扩建项目	安丘市慈埠蔬菜合作社	安丘市慈埠镇	101	45
	安丘市2.5万吨果蔬深加工扩建项目	安丘市外贸食品公司	安丘市经济开发区	7268	68
	安丘市2000吨蔬菜深加工扩建项目	安丘市惠利食品公司	安丘市经济开发区	3049	49
	安丘市8000吨蔬菜深加工扩建项目	安丘市华凌公司	安丘市兴安街道	2940	40
	昌邑市1000吨食用菌生产示范基地新建项目	昌邑市常利食用菌农民专业合作社	昌邑市饮马镇	160	45
	昌邑市1050亩优质薄壳核桃示范园扩建项目	昌邑市鼎立薄壳核桃种植专业合作社	昌邑市下营镇	150	52.5
	坊子区200亩安全优质蔬菜基地扩建项目	潍坊市西门口果蔬专业合作社	坊子区黄旗堡街道	130	45
	坊子区羊奶加工扩建项目	山东阳春羊奶乳业有限公司	坊子区坊安街道	88	88
	昌乐县年存栏600头奶牛示范基地扩建	潍坊市金牛奶牛养殖专业合作社	昌乐县朱刘街道	109	37.5
	昌乐县2000亩有机瓜果标准化安全生产示范基地扩建项目	昌乐县康发瓜菜专业合作社	昌乐县乔官镇	150	30
	昌乐县400亩有机甜瓜标准化安全生产示范基地扩建项目	昌乐县池子甜瓜专业合作社	昌乐县城南街道	130	30
	5000吨营养速食品	山东惠发食品有限公司	诸城市舜王街道	701.7	90

续表6-7-2

年份	项目名称	单位	地点	实际完成总投资	其中财政投资
2012	160万吨现代粮食物流中心项目	诸城市万年食品有限公司公司	诸城市舜王街道	7610	180
	3.8万吨营养速冻调理食品项目	山东佳士博食品有限公司	诸城市昌城镇	10068	68
	1万吨奶粉加工扩建项目	山东万宝乳业有限公司	临朐县沂山镇	2110	59
	1.1万吨速冻水果蔬菜扩建项目	临朐龙泰食品有限公司	临朐县九山镇	3280	59
	200吨冷风库新建项目	临朐县盛世果蔬专业合作社	临朐县五井镇	112.36	52.5
	166亩淡水养殖新建项目	惠民生态湿地农产品合作社	寒亭区高里街道	133	45

青州市黄楼街道花卉基地　　（2012年拍摄）

世界银行贷款项目　2005年，潍坊市开始在高密市、诸城市组织实施世界银行贷款加强灌溉农业项目。至2012年，全市共实施2期世界银行贷款加强灌溉农业项目和1期利用全球环境基金赠款“适用气候变化农业开发”项目，分别为利用世界银行贷款加强灌溉农业项目第三期（2005—2008年）、高密市利用全球环境基金（GEF）赠款“适应气候变化农业开发”项目（2009—2012年）。3期外资项目累计完成总投资7649.43万元，其中财政投资5484.368万元，建设节水灌溉面积1.15万公顷，项目区农民人均纯收入比非项目区高出500多元。

2005—2009年潍坊市外资项目统计表

表6—7—3

年份	项目名称	单位	地点	面积（万公顷）	实际完成总投资（万元）	其中财政投资（万元）
合计				1.15	7649.438	5484.368
2005	利用世界银行贷款加强灌溉农业三期项目	诸城市	枳沟镇、贾悦镇、舜王街道	0.08	537.47	—
2006	利用世界银行贷款加强灌溉农业三期项目	高密市	注沟镇	0.207	1265.5	1046
	利用世界银行贷款加强灌溉农业三期项目	诸城市	枳沟镇、贾悦镇、舜王街道	0.187	842.9	842.9
2007	利用世界银行贷款加强灌溉农业三期项目	高密市	井沟镇	0.2	1382	1008
	利用世界银行贷款加强灌溉农业三期项目	诸城市	枳沟镇、贾悦镇、舜王街道	0.144	1066.2	894.2
2008	利用世界银行贷款加强灌溉农业三期项目	高密市	双羊镇	0.16	1340.5	806
	利用世界银行贷款加强灌溉农业三期项目	诸城市	枳沟镇、贾悦镇、舜王街道	0.14	1020.7	693.1
2009	利用全球环境基金赠款“适用气候农业开发”项目	高密市	注沟镇、井沟镇、双羊镇	—	194.168	194.168

第三节　项目和资金管理

管理程序

前期工作　包括编制开发规划，建立项目库，提出立项申请，编制项目建议书，编制可行性研究报告，推荐立项项目，组织对项目评估论证，确定项目编报计划。

申报审批　包括初步设计（及实施方案）、（编报）年度计划（审批下达）。

项目实施　组织工程及设备招投标，进行计划、进度、质量、安全、资源调配、项目统计等方面的监督检查和管理。

竣工验收　包括项目档案整理归档、资金报账管理，项目工程决算，县级自验，市级复查验收，省级验收和国家验收考评等。

运行管护　包括工程移交、明晰产权归属、落实管护主题及管护制度以及管护经费、项目运行及绩效考核评价等。

管理制度

农业综合开发项目管理全面实行公开招投标制、工程监理制、县级报账制以及项目资金公示制度。

招投标制　按照农业综合开发项目管理对主要单项工程的勘察设计、施工和主要设备、材料的采购实行公开招标的要求，从1998年起，潍坊市农业综合开发土地治理项目土建工程采用招标方式。自2008年起，全面推行公开竞争性招投标，并实行“统一招投标方式、统一招标文件格式、统一发布招标公告、统一开标时间、统一评标办法”的“五统一”招投标制度。

工程建设监理制 2003年，潍坊市农业综合开发土地治理项目全面推行工程建设监理制。农业综合开发监理单位通过公开择优确定。监理单位受县级农发机构或项目建设单位委托，按合同规定开展监理工作，监理的主要内容是对工程实行“三控两管一协调”，即进度控制、质量控制、投资控制、合同管理、信息管理和组织协调。

高密市土地治理项目——高标准农田建设示范工程 （2011年拍摄）

资金和项目公示制 对农业开发项目财政资金和农民（集体）自筹资金使用情况以及项目建设主要内容，通过在项目区设立公示牌、公示栏等形式公示。

县级报账制 县级报账制设立“报账专户”，按照“三专”的要求管理资金，即农发资金实行专户储存，专账核算，专人管理。

第四节 山区综合开发

潍坊市山区包括临朐大部，青州、诸城、昌乐南部，安丘西南部，坊子东南部，涉及28个镇、街道、开发区，总面积45.2万公顷，占全市总面积的28.61%；总人口181.57万人，占全市人口总数的21.3%。由于历史的原因和自然条件的限制，山区的水利、交通等基础设施严重不配套，农民人均纯收入普遍低于平原地区。

为进一步改善南部山区农民生产、生活条件，优化山区经济社会发展环境，提高山区农业综合生产能力、区域经济发展水平和农民增收能力，推动全市经济社会健康协调发展，加快全面建设小康社会步伐，潍坊市政府于1992年决定成立山区开发建设办公室，全面负责全市山区综合开发建设，并先后制定出台一系列山区开发、投入的优惠政策。

政策措施

1992年9月，市委、市政府作出《关于进一步加快山区综合开发建设的决定》。从1992年开始，市财政每年安排200万元，作为山区开发专项基金。其中100万元用于贴息贷款，100万元作为周转金，连续四年不变。有关县市区按1：1的比例安排山区开发建设资金。

2002年1月，市委、市政府作出《关于加快山区综合开发的决定》。2002年—2010年，市财政每年安排200万元无偿资金，作为山区开发专项基金，列入年度财政预算，有关县市区按1：1的比例安排山区开发建设资金。

2011年4月，在前两期（1992—2010年）山区综合开发的基础上，市委、市政府作出《关于继续实施山区农业综合开发的决定》，实施新一期大规模山区农业综合开发。从2011年开始，市级财政每年安排500万元专项资金用于山区农业综合开发，有关县市区财政按1：1比例配套。

开发重点

突出中低产田改造和高标准农田建设 以大流域为依托，小流域为单元，生物措施、工程措施和农耕措施相结合，田间工程与蓄水保土工程相结合，坡面治理与沟道相结合，坚持治理、开发、管护并重。同时，联系当地实际，发展流域特色经济，实现经济效益和生态效益双赢。大搞以农田水利配套为重点的农业基础设施建设，大力提高农业综合生产能力。因地制宜搞好挖、蓄、拦、截和调水工程，扩大和改善灌溉面积。

培育和壮大优势主导产业 大力发展特色种养业，建设一批规模化果品、畜牧、蜂业、杂粮、蔬菜、药材、编织等名优特农产品生产、加工基地。对建设有一定规模的科技示范园区（限种植业和草食畜禽养殖业）给予一定的财政资金支持。

加强农产品品牌建设 充分发挥山区气候、生态环境良好的比较优势，大力发展“安全、优质、高效、品牌”农业，加快实施产地标签制度，打造一批叫得响的农产品品牌。对山区创建农产品品牌的单位优先给予资金扶持。

支持农民专业合作组织建设 帮助和支持农民兴办各种专业协会、合作社等经济服务组织，推动统一经营向多元化经营服务体系方向转变。在坚持“因地制宜、量力而行、注重效益、不留包袱”的原则下，通过经营集体资产、组建服务组织、创办龙头企业等多种途径，采取合作制或股份制等多种形式，逐步壮大农村集体经济，增强村集体的经济实力和组织协调能力。

发展现代流通业 大力发展以农产品加工企业、专业市场为龙头，以农民合作组织为纽带的山区现代流通业。鼓励龙头企业向山区转移，重点支持对农民增收致富带动力强的龙头企业。在山区建设一批农产品中、高级批发市场。对市场体系中的信息化建设，给予一定资金支持。

加强生态农业建设 在充分保护自然植被、生态环境的前提下，大搞植树造林，提高水源涵养能力和水土保持能力。鼓励农户在25度以上的陡坡地和“四旁”隙地植树造林。切实巩固造林绿化成果，加强对自然保护区、森林公园、河流源头、湖泊水库、水土流失重点防治区等重要生态屏障区、功能区的保护。注重发展生态旅游农业，着力拓展农业发展空间。把山水农林、特色产业、土特产品、农事活动、农耕文化、民俗风情等农业资源和自然景观有机地融为一体，打造生态旅游农业精品线路，实现生态旅游农业与传统旅游业有机融合，促进生产要素在城市与山区之间的合理流动，完善产业功能，延长产业链条，进一步做强做大农业经济板块。对与产业发展、农民增收关系密切的生态旅游项目，给予一定资金支持。

项目与投资

1992—1997年，市财政每年安排200万元，作为山区开发专项基金。其中100万元用于贴息贷款，100万元作为周转金。有关县市区按1：1

安丘市山区综合开发　　(2012年拍摄)

临朐县九山镇优质板栗基地　(2012年拍摄)

的比例安排山区开发建设资金。

1998—2010年，市财政每年安排200万元无偿资金，作为山区开发专项基金。有关县市区按1：1的比例安排山区开发建设资金。

2011年后，市财政每年安排500万元专项资金，用于山区农业综合开发。有关县市区按1：1的比例安排山区开发建设资金。

1992—2012年，全市共组织实施山区综合开发重点项目108个，完成总投资2.02亿元，市县两级投入财政资金7513.76万元，其中市财政贴息185.76万元，周转金500万元，市、县财政资金6828万元。累计完成治山整地16.57万公顷，绿化荒山6.73万公顷，新、复修道路9578千米，新打机井、大口井5320眼，新、复修水库、塘坝、蓄水池10580座，铺设输水管道2340千米。新增果品37.8亿千克，新增粮食2.62亿千克，新增蛋、肉1.1亿千克，项目区年人均纯收入增加1000多元，新增农业产值190亿元。

临朐县龙门河蓄水工程　　（2012年拍摄）

1992—1997年潍坊市山区综合开发资金具体分配表

表6－7－4　　单位：万元

年份	县市	贷款数	市财政贴息	周转金	无偿资金
合计		2150	185.76	500	100
1992	临朐县	170	14.7	—	—
	青州市	110	9.5	—	—
	安丘市	60	5.2	—	—
	昌乐县	45	3.9	—	—
	诸城市	45	3.9	—	—
	五莲县	70	6	—	—
1993	临朐县	214	18.49	40	—
	青州市	120	10.368	22	—
	安丘市	80	6.912	15	—
	昌乐县	30	2.592	13	—
	诸城市	56	4.838	10	—
1994	临朐县	210	18.144	40	—
	青州市	120	10.368	22	—
	安丘市	80	6.912	10	—
	昌乐县	30	2.592	15	—
	诸城市	60	5.184	13	—
1995	临朐县	260	22.464	30	—
	青州市	140	12.096	20	—
	安丘市	120	10.368	20	—
	昌乐县	40	3.456	10	—
	诸城市	90	7.776	20	—
1996	临朐县	—	—	30	—
	青州市	—	—	25	—
	安丘市	—	—	15	—
	昌乐县	—	—	10	—
	诸城市	—	—	20	—
1997	临朐县	—	—	20	38
	青州市	—	—	25	27
	安丘市	—	—	20	16
	昌乐县	—	—	10	5
	诸城市	—	—	25	14

1998—2012年潍坊市山区综合开发项目统计表

表6－7－5　　　　单位：万元

年份	项目名称	建设单位	完成总投资	其中 财政投资
合计			17426.64	6728
1998	牛角岭流域综合治理	青州市五里乡、庙子镇	556.7	90
	育苗基地建设	青州市东高乡	23	10
	白浪河流域综合治理	昌乐县鄌郚镇	82	30
	中华圣桃基地开发	安丘市郚山镇	92	30
	摘月山流域综合治理	安丘市郚山镇	120	20
	龙蛇山流域综合治理	诸城市山东头乡	130	40
	扩建林果基地苗圃	诸城市枳沟镇	20	10
	张亓百万株大枣示范基地	临朐县上林镇、营子镇	491.21	55
	弥河上游干果基地建设	临朐县九山镇、杨家河乡、沂山镇	698.85	55
1999	沂山乡药材基地	临朐县沂山乡	158	40
	寺头西安香椿基地	临朐县寺头镇	89	30
	林果科技推广中心扩建	临朐县山区办	58	30
	五井镇小辛庄村水利工程	临朐县五井镇	16	10
	杨集管区岸青流域综合开发	青州市庙子镇	86	40
	牛角岭流域二期工程	青州市五里镇	336	20
	邵庄老山流域节水灌溉	青州市邵庄镇	156	30
	车庄乡波尔山羊繁育基地及林果基地建设	安丘市车庄乡	120	40
	夏坡乡留山流域开发	安丘市夏坡乡	93	30
	鲁山流域开发	安丘市辉渠镇	124	20
	皇华镇九山流域开发	诸城市皇华镇	150	20
	山东头乡茶叶开发加工	诸城市山东头乡	240	30
	桃林乡望海楼流域开发	诸城市桃林乡	200	20
	昌乐县猪河流域开发	昌乐县鄌郚镇	81	40
2000	王坟镇双镇流域综合治理	青州市王坟镇	106.7	40
	庙子镇后峪流域治理	青州市庙子镇	1063.8	40

续表6-7-5

年份	项目名称	建设单位	完成总投资	其中 财政投资
2000	出口芋头基地建设	昌乐县白塔镇	116.5	40
	孟津河流域小型水利工程建设	昌乐县北郿鄌乡	75.54	20
	波尔山羊繁育基地建设	安丘市柘山镇	120	20
	轻山流域优质林果基地建设	安丘市雹泉镇	166	40
	西山小流域治理	临朐县蒋峪镇	150.8	40
	马鞍山小流域治理	临朐县杨家河乡	88	40
	波尔山羊繁育基地建设	临朐县畜牧局	40	20
	顺天岭林果基地开发	诸城市郝戈庄镇	360	40
	畔池河流域综合治理开发	诸城市山东头乡	150	20
2001	小关流域治理	临朐县大关镇	84.18	40
	将军崮流域综合治理	临朐县九山镇	198.9	60
	镇头流域柿子基地建设	青州市王坟镇	217.4	60
	优质仁用杏基地建设	青州市邵庄镇	83.5	40
	杏山、西山治理	昌乐县鄌郚镇	210	40
	出口芋头基地建设	昌乐县白塔镇	95	20
	留山流域开发	安丘市辉渠镇	52	40
	虎眉山流域开发	安丘市柘山镇	216	30
	常山北流域综合开发	诸城市皇华镇	940	40
	宝珠山流域开发	诸城市桃园乡	190.5	30
2002	王坟镇玲珑山小流域治理项目	青州市王坟镇	621.5	40
	云河乡卧蟾旅游观光农业园项目	青州市云河乡	178.782	40
	白浪河流域治理项目	昌乐县朱汉镇	165.32	40
	柘山镇虎眉山治理项目	安丘市柘山镇	251	56
	皇华镇九山流域生态农业项目	诸城市皇华镇	360	50
	桃林乡向阳山流域治理项目	诸城市桃林乡	74	32
2003	卧龙岗小流域治理	临朐县卧龙镇	90	20
	石家河乡王坟沟小流域治理	临朐县石家河乡	50	20
	东朱封村牧草开发	临朐县临朐镇	100	20

续表6—7—5

年份	项目名称	建设单位	完成总投资	其中 财政投资
2003	玉皇庙流域治理	临朐县杨善镇	50	20
	王坟镇玲珑山流域治理	青州市王坟镇	120	80
	郝戈庄镇七泉山果品基地开发	诸城市郝戈庄镇	100	80
	柘山镇有机栽培板栗基地	安丘市柘山镇	70	40
	红沙沟镇有机栽培桃基地	安丘市红沙沟镇	60	40
	白塔镇洋河流域治理	昌乐县白塔镇	90	80
2004	高崖水库百万只商品兔养殖示范	昌乐县高崖水库管理局	450	200
2005	毕家沟小流域治理	临朐县营子镇	102.55	80
	石张流域综合治理	青州市王坟镇	93.25	80
	凤凰山流域综合治理	昌乐县北岩镇	95	80
	旺泉山流域综合治理	安丘市柘山镇	120	80
	福台岭小流域治理	诸城市郝戈庄镇	100	80
2006	首阳山流域综合治理	昌乐县首阳山	400	400
2007	神牛崮小流域综合治理	临朐县九山镇	103.73	80
	石张流域综合治理（二期）	青州市王坟镇	153.6	120
	双山子流域综合治理	安丘市柘山镇	150	120
	宝珠山系黑王家岭小流域综合治理	诸城市桃园乡	100	80
2008	围子山流域治理项目	青州市王坟镇	100	80
	草沟小流域综合治理工程	临朐县九山镇	100.95	80
	搁灯山流域综合治理工程	安丘市石埠子镇	100	80
	张日陕西马古关小流域治理	诸城市林家村镇	108	80
	篓子山流域生态建设	昌乐县五图街道	90	80
2009	东峪流域治理项目	青州市庙子镇	100	80
	王家河小流域综合治理工程	临朐县冶源镇	105. 08	80
	蝎子山综合治理项目	昌乐县乔官镇	89. 31	80
	鞍子山流域综合治理工程项目	安丘市柘山镇	100	80
	障日山系麻姑馆小流域治理项目	诸城市林家村镇	104	80
2010	平安村小流域治理项目	青州市王坟镇平安村	100	90

续表6－7－5

年份	项目名称	建设单位	完成总投资	其中 财政投资
2010	双崮小流域综合治理工程	临朐县五井镇	142.2	100
	司马沟西岭综合治理项目	昌乐县鄌郚镇司马沟村	100.57	100
	芦山小流域综合治理项目	诸城市皇华镇	120	100
2011	九山镇高山小流域综合治理	临朐县九山镇	143.25	100
	冶源镇三阳山小流域综合治理	临朐县冶源镇	110.2	80
	九山镇牛寨村水利建设	临朐县九山镇	50.31	40
	安丘市5000亩草莓科技园配套	安丘市石埠子镇	216	120
	马家旺村水利建设	安丘市郚山镇	80	70
	青州市有机农业基地王坟示范园	青州市王坟镇	140.8	100
	邵庄镇小辛小流域综合治理项目	青州市邵庄镇	100.6	80
	北黄山小流域茶叶基地建设	诸城市桃林镇	100.12	80
	杨村山小流域综合治理	诸城市皇华镇	113.4	80
	昌乐县仙月山综合治理	昌乐县高崖水库库区管委会	123.06	100
	昌乐县纪中瓜菜合作社无籽西瓜示范园扩建	昌乐县鄌郚镇	65	40
	坊子新天地农业公司小龙山果菜示范园	坊子区坊安街道	131.5	100
	盖家庄无水浇村水利建设	坊子区坊城街道	21.3	20
2012	昌乐县金盆地现代农业示范园区扩建项目	昌乐县鄌郚镇	130	120
	尧王山小流域综合治理	青州市邵庄镇	130	80
	青州市庙子镇黄鹿井流域生态综合治理	青州市庙子镇	178	80
	安丘市2000亩大桃观光农业建设	安丘市石埠子镇	167.26	80
	安丘市虎头山流域综合治理	安丘市柘山镇	204	80
	临朐县沂山风景区旅游观光农业配套工程项目	临朐县沂山风景区管委会	105.96	80
	临朐县九山镇果菜基地扩建	临朐县九山镇	150.66	140
	桃林镇凤凰山小流域综合治理项目	诸城市桃林镇	130.8	80
	桃林镇北黄山小流域茶叶基地建设项目二期工程	诸城市桃林镇	120	80
	玉泉洼优质果蔬种植基地	坊子区坊安街道	130	120
	高山旱作蔬菜示范推广项目	潍坊市农科院	30	30

第五节 扶贫开发

1999年，潍坊市委成立扶贫开发领导小组，下设办公室在市农业综合开发办公室。2000年，临朐县被山东省确定为潍坊市唯一的省级贫困县，由此全市扶贫开发工作主要面向临朐县实施开展。

2001年底，临朐县全县人均纯收入1500元以下的贫困及低收入人口有10.57万人，约占全县总人口的13.2%，减贫任务十分繁重。从2002年起，潍坊市在临朐县组织实施《潍坊市农村扶贫开发规划（2001—2010年）》，采取“村为基础，整乡推进，区域规划，产业开发”的方式，对贫困地区进行开发式扶贫。经过11年大规模的扶贫开发，到2012年底，临朐县全县人均纯收入1500元以下的贫困及低收入人口1.97万人，比2001年减少8.6万人，减少幅度81.3%。2012年重点扶持贫困村的贫困低收入户人均纯收入7900元，比2001年增加6500元。

发展历程

全市农村扶贫工作经历三个阶段：第一阶段（2001—2005年），重点是探索与开展扶贫济困，解决贫困农户温饱问题；第二阶段（2006—2007年），重点是创新扶贫开发机制，实施脱贫攻坚，消除绝对贫困人口；第三阶段从2010年以后，重点是巩固扶贫成果，大幅度提高扶贫标准，全面建设小康社会。

进入21世纪后，潍坊市扶贫开发依然面临十分艰巨的任务，主要表现为贫困人口数量多，扶持难度大，区域发展差距持续拉大。从人口分布看，省定贫困县——临朐县有75%的贫困人口集中在山区，这些地区自然条件恶劣，灾害发生频繁，水资源匮乏，科技教育落后，交通、通信等基础设施薄弱，有的地方甚至缺乏基本的生存条件，农民人均纯收入均低于全市平均水平，特别有些乡镇经济总量很小，财政支出缺口很大，自我发展能力较低。2002年6月，市委、市政府制订《潍坊市农村扶贫开发规划（2001—2010年）》，确定的任务目标是：集中力量巩固温饱成果，提高贫困人口的生活质量和综合素质，逐步改变贫困地区社会、经济、文化的落后状况，为全面实现小康目标创造条件。根据集中连片、重点扶持的原则和潍坊市农村贫困人口的分布状况及特点，重点对临朐县贫困地区给予扶持。

2002—2012年，潍坊市扶贫开发项目共涉及临朐县14个重点乡镇，覆盖149个贫困村的贫困及低收入人口85959人。采取“村为基础，整乡推进，区域规划，产业开发”的方式，支持每个贫困乡镇立足当地资源优势，集中发展特色产业，覆盖拉动贫困村户增加收入。以职业技能培训为重点，实施“雨露计划”，开展专项技能培训，促进贫困地区劳动力转移就业。同时，借鉴农业产业化经营的做法，在贫困地区认定扶贫龙头企业家，带动贫困乡村发展产业基地，采取“企业+基地+农户”的方式，联结千家万户，进行产业化扶贫开发。

扶贫开发项目——临朐县优质果品基地
（2012年拍摄）

项目和资金投入

财政扶贫开发项目和资金 从2002年开始，省、市平均每年安排临朐县250万元扶贫专项资金，资金全部拨付到重点扶持乡镇。到2012年，全市组织实施扶贫开发项目34个，完成总投资6620.2万元，其中财政资金3935万元。2002—2012年，在临朐县营子镇、石家河乡、辛寨镇、冶源镇、蒋峪镇、九山镇、大关镇、卧龙镇、纸坊镇、柳山镇、寺头镇、上林镇、龙岗镇、五井镇组织开展扶贫开发，共治理开发荒山1166公顷，栽种各类果树2325公顷，打机井、大口井197眼，建蓄水池、塘坝143座，埋设输水管道216.9千米，建扬水站45座，建桥涵39座，整修生产道路242.38千米，架设输变电线路50.1千米，建奶牛小区14个，新增奶牛2312头。

扶贫开发项目——临朐县樱桃种植 （2012年拍摄）

2002—2012年潍坊市扶贫项目统计表

表6—7—6

年份	项目名称	建设单位	项目覆盖范围		完成总投资（万元）	其中财政投资（万元）
			贫困村（个）	贫困人口（人）		
合计			149	85959	6620.2	3935
2002	大棚樱桃基地建设	临朐县柳山镇	6	2532	156	69
	大棚樱桃高效示范	临朐县柳山镇	—	—	3	3
	优质桃基地建设	临朐县大关镇	8	2840	184	86
	板栗基地建设	临朐县九山镇	6	2130	157	84
	优质种苗繁育	临朐县九山镇	—	—	6	6
	柿子基地建设	临朐县纸坊镇	5	2876	140	50
	池藕种植	临朐县卧龙镇	6	2426	120	34
	山区扶贫培训	临朐县扶贫办	—	—	15	15
2003	奶牛养殖	临朐县柳山镇	6	2269	184.8	100
	优质果品基地建设	临朐县大关镇	2	1501	235	100
	流域开发及奶牛小区建设	临朐县九山镇	5	2868	255	100
	大棚果品基地	临朐县纸坊镇	3	998	331	68
	奶牛小区建设	临朐县卧龙镇	4	1672	100	66

续表6—7—6

年份	项目名称	建设单位	项目覆盖范围		完成总投资（万元）	其中财政投资（万元）
			贫困村（个）	贫困人口（人）		
2004	优质果品基地建设	临朐县柳山镇	4	2017	140	100
	优质大棚瓜果基地项目	临朐县九山镇	4	2400	177	100
	优质果品基地建设	临朐县大关镇	5	1750	135	97
	奶牛小区建设项目	临朐县卧龙镇	3	2500	120	75
	柿子基地建设项目	临朐县纸坊镇	3	1948	122	87
2005	优质林果生产基地	临朐县柳山镇	5	3845	185	105
	大棚林果生产	临朐县上林镇	5	3265	160	90
	大棚香椿生产	临朐县寺头镇	3	2150	202	71
2006	优质林果生产基地	临朐县柳山镇	5	3264	195	123
	大棚林果生产	临朐县上林镇	5	3080	183	122
	大棚香椿生产	临朐县寺头镇	4	3012	164	89
2007	宅科流域香椿大棚建设	临朐县寺头镇	4	3202	133.5	72
	洪山流域优质果品基地	临朐县柳山镇	6	3315	260	135
	上林流域大棚果建设	临朐县上林镇	5	2892	180	127
2008	常家溜流域柿子基地建设项目	临朐县五井镇	4	4157	269.3	164
	倪台流域大棚果建设项目	临朐县龙岗镇	6	3586	263	165
2009	凤凰山流域柿子基地建设项目	临朐县五井镇	5	3043	233	157
	陈楼流域大棚果建设	临朐县龙岗镇	6	3171	256	159
2010	花园河流域柿子基地建设项目	临朐县五井镇	5	3167	226	159
	马山流域大樱桃基地建设项目	临朐县龙岗镇	4	1778	202.3	157
2012	东山流域万亩果品基地	临朐县寺头镇	7	6305	927.3	800

扶贫贴息贷款项目和资金 2003年起，省里安排扶贫贴息贷款项目。扶贫贷款主要由中国农业银行投入，上级累计投入潍坊市各类专项扶贫贴息贷款9900万元。2003—2007年，省扶贫办每年下达专项扶贫贴息贷款计划，由中国农业银行发放贷款，统一实行优惠利率3%，由中央财政贴息，集中用于支持扶贫龙头企业发展，发展扶持临朐县红叶地毯集团公司、诸城市得利斯集团、昌邑市新昌肉食集团和寿光市东方誉源公司等5家农业龙头企业，企业共实现新增利税7090万元，带动农户7.5万人，增加农民收入3750万元。到2007年，省里共安排临朐县扶贫贴息贷款2660万元，资金全部投入山东红叶地毯集团公司，支持该公司新上机织地毯

项目。山东红叶地毯集团每年向4500户农民加工户支付加工费5000万元，涉及贫困及低收入户1000多户。

贫困村村民发展互助资金 从2007年起，潍坊市在临朐县正式启动贫困村村民发展互助资金试点工作，在试点村成立农业生产互助协会。互助协会按照“民有、民管、民用、民受益、有偿使用、滚动发展”的原则进行管理和运营。至2012年，临朐县共有6个乡镇52个村11641户村民入会，入会村民达到试点村总户数的78%以上，绝对贫困户、低收入户入会率100%，互助资金规模达到1502.03万元，其中注入财政资金860万元，互助协会为会员群众增加收入2200万元，户均增收2000元。在2011年、2012年全省互助资金考评中成绩优秀，省扶贫办共奖励潍坊市100万元增资试点资金。

第八章　水利

潍坊是一个极度缺水城市，且水资源时空分布不均，多年平均降水量为659.3毫米，水资源总量为27.28亿立方米，多年平均可利用量为20.59亿立方米，人均占有水资源量为298立方米，低于全省平均水平，约为全国平均水平的1/7。全市流域面积在50平方千米以上的河流103条，骨干河道有潍河、弥河、白浪河、胶莱河和小清河5条，均为季节性河流，源短流急，雨季流量大，枯水期流量小甚至断流。

1991—1995年，市政府印发《潍坊市水资源管理暂行办法》《农村小型水利工程管理办法》《潍坊市边界河道管理办法》《潍坊市机井施工管理办法》《潍坊市河沙管理办法》等地方规范性文件，建立起与水法律法规相配套的地方法规体系。形成市、县市区、乡镇、村四级执法网络。坚决查处水事违法案件，积极调处水事纠纷，维护水事秩序。实施取水许可制度和供水收费制度，水资源管理得到规范

2011年9月，潍坊市被省政府授予全省病险水库除险加固工作先进市称号

统一。

1996—2000年，改变单纯依靠国家投资的局限性，采取多渠道、多层次投资办水利的方法，全市累计投入水利建设资金27亿元，比1949年至1990年全市水利投资总额还多8.2亿元。

2001—2005年，全市投入水利建设资金15.95亿元，实施以水网工程体系建设为重点的水利基础设施建设，建成一大批水利骨干工程。在潍坊南部实施水库河流联网工程，中北部实施河道层层建闸（坝），河道联网工程，初步构筑起覆盖全市的水利工程网络体系。

2006—2010年，全市完成水利投资72亿元（其中省以上投资17.4亿元），“十一五”规划总体目标全面完成。

2011年，全市完成水利建设投资35.05亿元，一批重点工程相继开工建设，形成大投入、大建设热潮。潍坊市印发《关于加快全市水利改革发展的实施意见》及配套文件，各县市区也先后印发意见及配套政策措施。市水利局印发《潍坊市水利发展“十二五”规划》《〈山东省地方水利建设基金筹集和使用管理办法〉实施意见》，落实从土地出让收益中计提10%用于农田水利建设的政策。

2012年，全市完成水利建设投资45.97亿元，比上年增长31.2%，水利建设、管理、服务能力和水平得到显著提升。市级和9个县级现代水网建设规划编制完成，各专业规划逐步配套，为全市现代水网建设奠定基础。至年底，全市建有大中型水库26座、小型水库及塘坝5379座，总库容约35.83亿立方米，拦河闸坝3125座，拦蓄能力1.83亿立方米。

第一节　河道治理

1991—1995年，先后对潍河、弥河、汶河、官河等65条大中小河流进行规划治理，提高防洪能力。建成李家庄、辛安、王口、郇李4座拦河闸，年增加蓄水2500万立方米。2006—2010年，全市建成10处国家水利风景区，1处省水利风景区。2011年，临朐县弥河等3个河流治理项目完成建设任务并通过竣工验收，诸城涓河等3个治理工程基本完成。青州仁河水库、临朐沂山东镇湖水利风景区通过第十一批国家水利风景区评审,寒亭浞河等6处水利风景区通过第八批省水利风景区评审。

2012年，南水北调配套工程寿光供水单元开工建设。完成牟山、墙夼水库灌区改造项目，完成白浪河中段综合治理工程，北部水网“南一横”工程建成通水。提前全面完成14个列入国家和省规划的中小河流治理项目。牟山水库等4个水利风景区被评为省水利风景区，潍坊市作为唯一的政府发言单位在全国水利风景区建设与管理工作会议上介绍经验。

潍河

昌邑段、寒亭段、安丘段　1992年，省计委、省水利厅批准潍河治理项目立项。按照项目建设规划，辉村闸以上防洪保证流量为3000立方米/秒，辉村闸以下为4500立方米/秒；潍河干流全长78千米需全面整修加固，计划完成土方693万立方米，砌石9万立方米，总造价3000万元，全部工程分区段完成。昌邑区段1991—2000年完成，寒亭区段1991年和1996年分两期完成，安丘区段1994年完成。三市区段共投资4324万元，培堤120千米，整修护岸16处，建桥涵3处，完成土方716.5万立方米，砌石6.8万立方米，防洪标准达到50年一遇。

诸城段 2001年11月，诸城市财政投资1200万元，对密州拦河闸至潍河西外环大桥上游100米，扶淇河密州路桥至潍河入口处，计8.6千米河段进行治理。2003年10月24日—2004年4月30日，实施一期潍河密州闸至开发区横一路间左岸河段工程，总投资2307万元。2004年3月1日—7月1日，实施二期密州橡胶坝工程。2004年9—11月，实施三期潍河右岸密州闸至拙村闸间、左岸开发区横一路至横四路间河段工程，投资2969万元。2004年9月10日—11月30日，实施四期潍河和平街大桥—北外环大桥左堤改建工程，投资485.6万元。2004年10月20日—2005年3月，实施五期、六期景观装饰工程，投资821.6万元。2004年11月6日—2005年5月1日，实施七期潍河右岸密州闸至北外环大桥绿化工程，投资80.5万元。2005年2月20日—2006年6月30日，实施八期滨水景观工程，投资2442万元。2007年4月15日—2008年6月22日，实施拙村拦河闸工程，投资3203万元。2007年12月8日—2008年12月31日，实施道明橡胶坝工程，投资2589万元。2007年12月20日—2009年5月30日，实施潍河路网二期工程（潍河左岸和平街至横五路、潍河右岸横三路至横五路），工程投资2657万元。2007年12月29日—2008年5月30日，实施潍河路网一期工程（潍河右岸栗元橡胶坝至和平街），工程投资1623.71万元。2008年3月27日—9月23日，实施潍河滨河路（右岸）道路工程（和平街桥头堡至横三路段），工程投资2464.6万元。2008年3月28日—5月30日，实施诸城市拙村新闸至老闸段河道治理工程（横四路至横五路两岸），工程投资848.79万元。2008年3月28日—6月30日，实施潍河道明原拦河闸至道明新建橡胶坝之间河道治理工程，工程投资721.09万元。2008年3月28日—2010年12月，实施栗元橡胶坝工程，投资3561万元。2008年4月1日—9月30日，实施潍河、涓河生态综合治理路网三期工程（和平街至栗元闸），工程投资2265.9万元。2008年10月2日—2009年4月15日，实施潍河滨河路（昌九路至道明大桥段）道路及桥梁（芦河桥）工程，工程投资2666.7万元。2009年8月5日—10月3日，实施潍河滨河路工程（道明桥至道明橡胶坝段），工程投资323.2万元。2009年9月29日—11月12日，实施潍河公园改造提升工程，投资151.42万元。2010年2—6月，实施潍河右岸（舜耕路至舜昌路段）滨河路工程，工程投资2145.8万元。2010年，实施潍河右岸（枳沟镇央赣路大桥至普庆段）滨河路工程，工程投资2750万元。2010年，实施潍河右岸（道明橡胶板至昌城污水处理厂段）滨河路工程，工程投资600万元。2011年，实施潍河左岸（横五路至道明桥段）滨河路工程，工程投资1.7亿元。

汶河治理 汶河治理工程施工按行政辖区分段进行。汶河系潍河主要支流，源出临朐县沂山东麓百丈崖瀑布之桑泉。全长约110千米，流域面积约1900.8平方千米，经临朐、昌乐两县流入安丘市境，主要流域在安丘境内，至黄旗堡镇东北角夹河套村东北注入潍河。昌乐区段于1991年10—12月完成，安丘区段于1989—1999年分四期完成。共治理河道长度59.86千米，疏浚河道、筑堤62千米，清障3000公顷及险工段整护。共完成土石方608万立方米，投资3583.6万元。工程完成后，防洪标准达到20年一遇。

渠河治理 渠河是潍河的重要支流，发源于沂水—安丘交界的太平山，东流出沂水县后沿诸城—安丘边界东北流，在安丘市景芝东北注入潍河，全长约110千米。1994年10月—1995年10月，安丘市对渠河堤防进行全面培修和维护，建设李家沟拦河坝。完成工程量土方32万立方米，浆砌石3.8万立方米，混凝土及钢筋混凝土5800立方米，投资1200万元。

弥河

临朐段 1996年，临朐县政府对境内桩号12+500-15+140范围的河段进行治理，形成底宽200米的主河槽以及6米宽的滩地，并在桩号13+780、15+140处建成朐山、兴隆2座拦河闸坝。1995年冬开工建设，1996年8月建成，工程投资1314万元。2004—2005年，按照人与自然和谐相处的治水理念，对弥河城区段进行综合治理，新建成粟山、榆林店、三里庄3处拦河蓄水工程。2004年5—10月，建成弥河城区粟山段治理工程；2004年10月—2005年5月，建成弥河城区榆林店段治理工程；2005年5—10月建成弥河城区三里庄段治理工程。共治理河道长度5.5千米，投入资金2885.6万元。

青州段 1998—2000年，青州市对弥河河道进行综合治理，修筑河堤54.5千米，河槽开挖按20年一遇防洪标准设计修筑河堤，河道按50年一遇标准治理。共完成土方164.95万立方米，砌石8.33万立方米，混凝土764.12立方米，钢筋混凝土296立方米，反滤层1920立方米，用工日22万个，完成投资2696万元。2005年，建成谭坊橡胶坝，投资1107.5万元。2010年10月，实施弥河生态建设工程（一期），南起青州新南环路南1千米，北至胶济铁路货运线，全长11千米，总投资6亿多元。共开挖土方约576万立方米，整理地形360万平方米，形成水系21千米，安装驳岸石14万余吨，道路硬化完成36千米，建成郝家庄橡胶坝工程、大关营橡胶坝工程和马宋闸附桥工程3处拦蓄水工程。

寿光段 1991年2—10月，寿光市实施弥河王口拦河闸工程，总投资502万元。1992年6—10月，实施引弥回灌东干渠首闸工程，总投资45万元。1993年10月8—30日，实施弥河河槽疏浚治理工程，完成疏浚治理长度28.8千米。1998年3月25日—7月1日，对弥河张建桥上、下游2千米河段进行高标准治理，投资1001万元。1998年4—10月，在弥河张建桥大桥北100米处兴建溢流坝，总投资167万元。2001年4月—2002年7月，建设弥河寒桥拦河闸工程，投资2472万元。2002年5月，对王口拦河闸下游海漫采用100#浆砌石进行维修加固，同时对张建桥溢流坝下游海漫采用100#浆砌石加固，下游防冲槽进行干砌石加固，总投资20万元。2002年，实施弥河移堤工程，从张建桥至东七村，全长2.31千米，砌石2.75万立方米，投资200万元。2002年冬，对弥河张建桥大桥到寒桥拦河闸下游500米河段进行综合治理，治理长度5.38千米，投资566.8万元。2003年2月10日—4月10日，实施弥河风景区砌石护坡工程，工程总投资1981.67万元。2003年2—4月，弥河张建桥溢流坝至寒桥拦河闸以北500米段兴建浆砌石护坡工程，治理长度5.5千米，投资1982万元。2003年3月，对弥河王口拦河闸至张建桥溢流坝段河底进行防渗处理，投资160万元。2003年11月，对弥河钓鱼台至寿青边界段进行综合治理，投资727.5万元。2004年2—4月，对弥河纪台桥两侧进行护砌，共完成工程量19.7万立方米，总投资785.71万元。2004年2—4月，对弥河风景区砌石护岸进行维修，工程总投资30万元。2004年4月16日—11月20日，建设纪台橡胶坝工程，总投资1251.15万元。2004年11月8日—2005年4月8日，建设弥河吕家橡胶坝工程，投资401.98万元。2004年11月，实施弥河综合治理（杨庄拦河闸至寒桥拦河闸北）土方工程，总投资556.84万元。2004年11月—2005年3月，对弥河钓鱼台至纪台橡胶坝段进行治理，总投资39.46万元。2005年2月28日—8月20日，建设弥河杨庄橡胶坝工程，投资1293.62万元。2005年3月15日—5月15日，实施弥河钓鱼台溢流坝工程，投资96.97万元。2005年，建设弥河南马范险工护岸工程，总投资20万元。2006—2007年，建设引弥入尧丹桂工程，投资3000万元。2007年10月20日—2008年7月20日，实施弥河管道调水工程，总投资1.2亿元。2008年3—10月，建设弥河半截河橡胶坝工程，投资824.2万元。2008年，实施弥河王口至纪台段综合治理工程，治理长度4.5千米，投资2300万元。2008年，建设弥河滨河大道工程，投资5500万元。2009年10月—2010年4月，建设王口拦河闸改建工程，总投资5500万元。

白浪河

白浪河治理由沿河昌乐、潍城和寒亭3县区分段完成。昌乐县段全长15千米，1992年投资484万元进行全面治理。1994年11月，潍城区对白浪河市区段进行大规模清淤，对南到铁路大桥，北至先锋桥5.8千米进行整治，投入施工人员5000人，机械130部。1999年，潍城区对大崖头险工段进行护砌，工程于6月开工，同年7月竣工，工程护砌石墙长150米，高2.5米，底宽1.5米，顶宽0.5米，完成土石方1.6万立方米，投工8000个，投资13万元。寒亭区于1999年进行险工整护。昌乐、潍城和寒亭3县区1992—1999年总投资1507万元，对白浪河进行培堤、挖河清淤、整地等综合治理，共完成土石方605.7万立方米，投工295万个，修筑堤防90.88千米，整护险工22处，建桥涵53座，防洪能力达到20年一遇。2011—2012年，对白浪河中段进行综合治理。治理工程南起北环路以北3.8千米，北至荣乌高速南300米，全长18.2千米。工程于2011年5月正式开工，2012年7月13日通过验收投入使用。完成河槽扩挖疏浚18.2千米，新建交通桥3座，景观坝8座，滩地平整造型160万平方米，绿化植树3.27万株，绿化草皮46万平方米，增加水面面积170万平方米，水生植物栽培18万平方米，两岸大堤沥青路33.9千米，自行车道18.8千米，完成工程总投资1.67亿元，实现“河道整治、生态修复、打造郊野风光”的目标。

小清河

1993年春至1995年底，连续3年对小清河南堤进行以防潮、防洪为主的加固治理，治理长度21.68千米，修防潮石墙4.3千米，完成土石方55.6万立方米，用工日52.4万个，投资101万元。1996年11月，寿光市按照省政府分配给潍坊的小清河干流治理河堤培修37.05千米、河槽砌滩29.3千米，修建配套建筑物55座，总土方量552.8万立方米的施工任务，开始对小清河进行治理。1997年2月底完成一期工程，1997年2—4月完成二期工程建设任务，两期工程共完成土方552.8万立方米，完成投资1.17亿元。1997年底，完成小清河治理工程配套建筑物37座，完成投资1085万元。1998年，利用省财政专项资金2220万元，建设完成省控骨干建筑小清河分洪道出口深浅孔泄水闸、新塌河控污闸。1999年，小清河干流治理工程专项资金安排180.5万元，按20年一遇防洪、50年一遇防潮标准，在羊口镇完成防洪挡潮石墙800米。2000年，利用小清河干流治理工程专项资金完成配套建筑物4座。2002年，完成小清河右堤标准段工程，长3240米，投资113万元，完成工程量3万立方米，泥结石路面2.4万平方米，浆砌石墙240米，植树6000株。2003年，分洪道泄洪闸管理设施建设，架设10千伏高压线2千米，硬化道路700米，投资131万元；寿光船厂防洪排水闸工程，砌270米浆砌石墙，建5孔装配式木闸板叠梁闸，投资54.2万元；泥结石路面硬化工程，长3千米，完成工程量0.6万立方米，投资54万元。2004年，河道维护费建设项目，泥结石路面5千米，工程量1.8万立方米，投资112万元；羊口西排水涵闸工程，投资23万元。2004年，刘旺除险加固工程，完成工程量4850立方米，投资51万元；小清河水毁修复建设工程，完成工程量4863立方米，投资15万元。2006年，除险加固工程，浆砌石墙100米，工程量2178立方米，投资16万元；右堤路面硬化工程，长3.7千米，完成工程量5291立方米，投资61.2万元。2008年，刘旺险工护砌工程，浆砌石重力挡土墙350米，完成工程量7767立方米，投资59万元；中堤堤顶路面硬化工程，1650米，完成工程量3300立方米，投资76万元；泄水闸门防腐处理工程，投资12万元。2009年，堤顶硬化1610米，完成工程量2658立方米，投资67万元；防汛备土8000立方米，撒碎石900立方米，投资12.7万元；泄水闸维修，投资30万元。2010年，分洪道泄水闸防洪维护工程，投资58万元；大坝汛后维修，长18千米，完成工程量1.3万立方米，投资24万元。2011年，防汛道路硬化工程，混凝土防汛道路2千米，完成工程量6320立方米，投资132万元；投资36万元整修堤防，完成工程量1.99万立方米；投资15万元，维修老干河穿堤涵闸，完成工程量1144立方米，购启闭机8台，变压器改造1台；清除河道内的违法障碍物，纠正和查处多项违法涉河建设行为。小清河防洪标准达到20年一遇的防洪能力，保证流量2000立方米/秒，分洪道设计流量900立方米/秒，防潮能力达到50年一遇。

胶莱河

1993年，对胶莱河支流胶河308国道以南段进行治理，治理长度2千米，完成土方27万立方米、工日56万个。1999年冬，对宋家泊至王新屯段裁弯取直，疏浚河槽，治理长度2.1千米，开挖土方39.8万立方米，用工79万个。1999年，兴建胶河分洪工程，东起胶河王党河闸，西至邱家洼，东入小辛河，全长5千米，分洪流量50立方米/秒。其主体工程包括分洪河道开挖及桥梁、涵洞等配套建筑物30座。河道开挖土方36.9万立方米，用工45.9万个，配套建筑物总投资1680万元。

2000年春，对柏城村东滚水坝至大吕村后段进行综合治理，全长3千米，其中自柏城村东输油管道至小河崖村前进行裁弯、改道，其余河道疏浚培堤。设计防洪标准20年一遇、排涝标准5年一遇，开挖疏浚河道工程搬动土方59.5万立方米，工日77.35万个，护坡浆砌石完成砌体3.5万立方米，总投资630万元。

中小河流治理

潍坊列入2008—2012年省规划的中小河流治理项目有3个，分别是寿光弥河、临朐弥河和高密胶河干流综合治理工程；列入2009—2012年国家规划的中小河流治理项目有11个，分别是诸城涓河、峡山野沟河、坊子虞河、潍城大圩河、寿光丹河一期二期、寒亭白浪河、昌乐丹河、高密胶河、临朐汶河和昌邑璇河治理工程。以上中小河流治理项目自2007年4月开工建设，2012年11月完成建设任务，治理河道长度172千米，完成投资3.46亿元。

第二节　蓄供水工程

1991—1995年，实施峡山、白浪河等13座大中型水库保安全除险加固工程。完成安丘南水北调工程和峡山水库、昌乐南水北调工程等7处向工业、城市供水工程，发展农业节水灌溉面积50万亩，治理水土流失面积1250平方千米。

1996—2000年，为缓解全市水资源严重短缺问题，根据全市经济和社会发展需要，打破以往一个流域、一座水库、一条河道、一个灌区单一治水模式，采取“多库串联、库河串联、水系联网、优化配置水资源”的方法，实行跨流域调水引水。全市先后建设一批长距离跨流域调水工程。主要有引黄入峡工程、坊子西水东调工程、安丘南水北调工程、昌乐南水北调工程、引牟入白西线工程、高密五河三库串联调蓄水工程等，初步构筑起全市水资源联合调度大框架，每年可利用汛期弃水2亿立方米。

到2005年底，全市水库总数581座（其中大型水库6座、中型水库18座、小型水库557座），总库容34.27亿立方米，兴利库容14.7亿立方米；塘坝3085座，蓄水能力0.73亿立方米。治理大中型河流和重要小河流，修筑堤防399千米，兴建拦河闸、坝（过闸流量大于10立方米/秒）109座。

2006—2010年，列入国家规划的25座大中型水库和列入省规划的508座小型病险水库全部加固，水库防洪标准得到恢复和提高，增加蓄水能力2亿立方米。开工建设峡山、高崖、墙夼、牟山和冶源5个大型水库灌区18批项目，灌区工程配套设施不断完善。白浪河水系联网、四河串联、北部水网等一批跨流域跨区域调水工程相继建成并投入使用。建成峡山水库向潍北平原水库等一批管道调水工程和安丘50万人供水等一批城市、开发区、乡镇集中供水工程。

2011年，冶源水库和6座小型水库完成除险加固任务。在全省水利工作会议上，潍坊市被省政府表彰为全省病险水库除险加固工作先进市。寿光营里镇老河口等防潮堤工程建设有序推进。昌邑等5市完成小农水重点县2010年度建设任务，并通过省水利厅组织的竣工验收和资金绩效考评。墙夼、牟山、冶源3个灌区完成2010年度建设任务。2012年，完成昌乐、安丘、高密6座重点小（1）型水库除险加固工程建设，经财政部绩效评估全部达到优秀等次。寿光羊口防潮堤建设顺利推进，昌邑潍河入海口防潮堤一期工程完成建设任务。

水库

2008—2010年，全市完成25座大中型、524座小型病险水库除险加固任务，峡山水库、高崖水库、诸城墙夼水库、临朐大关水库除险加固工程被评为山东省大中型病险水库除险加固十大经典建设工程，昌乐荆山水库除险加固工程被评为山东省大中型病险水库除险加固十大优质工程。2012年，全市有大型水库6座，中型水库20座，小型水库661座，其中小（1）型水库95座、小（2）型水库566座。大中型水库数量、兴利库容均居全省第二位，仅次于临沂市。

峡山水库 位于潍河中游，潍坊市东南部，控制流域面积4210平方千米，总库容14.05亿立方米，兴利库容5.5亿立方米。峡山水库1958年11月动工兴建，1960年9月基本建成，是一座防洪、城市及工业供水、农田灌溉、发电等综合利用的大（1）型水利工程。水库枢纽工程主要由主坝、副坝、溢洪闸、溢洪道、放水洞、水电站组成。大坝总长32.91千米，其中主坝长2.75千米，最大坝高21米；副坝长30.16千米，最大坝高14米。溢洪闸长268米，15孔，最大泄洪能力15853立方米/秒。水库设计防洪标准为1000年一遇，校核防洪标准为10000年一遇。峡山水库下游防洪保护对象有潍坊市区和昌邑、高密、平度3市的300万人口、400万公顷土地及胶济铁路、大莱龙铁路，济青、潍莱、荣乌高速公路，206、309国道等多条重要交通干线，地理位置十分重要。峡山水库是潍坊市主要水源地，承担着市区、北部沿海及有关县市供水任务，年供水规模2.4亿立方米。

峡山水库除险加固工程自2004年11月开工，2010年8月竣工，历时6年，先后完成主副坝截渗、放水洞改造、溢洪道拓宽和浆砌石护坡、溢洪闸加固等工程建设项目，完成土石方133万立方米、混凝土4.6万立方米、浆砌石8万立方米、混凝土防渗墙12.5万平方米、金属结构制作1300吨、钢筋制作安装1924吨，完成投资2.54亿元。

白浪河水库　位于潍坊市城区以南9千米，白浪河中游，控制流域面积353平方千米，总库容1.478亿立方米，兴利库容4070万立方米，是一座以防洪、供水为主兼顾多种经营的大（2）型水库。水库下游主要保护目标有潍坊市区、潍坊机场、胶济铁路、济青高速公路及6条干线公路、十几家大型企业，保护人口120万人，保护土地75万公顷。水库枢纽工程包括大坝、溢洪道和放水洞3部分。主要建筑物大坝、溢洪闸、放水洞为二级，溢洪道、管理设施为三级。水库大坝全长6680米，溢洪闸3孔，放水洞两座。白浪河水库于1960年建成，设计标准为100年一遇、校核标准1000年一遇，1976年大坝加高后坝高达到10000年一遇校核标准。

2006年5—8月，实施西放水洞工程；2006年11月—2008年7月，实施东放水洞工程。2007年4月，除险加固工程全面开工，先后完成大坝防渗工程，溢洪道及大坝抗震加固、上游护坡翻修工程，坝顶及下游工程，管理设施工程等，完成投资2558万元，完成防渗墙平台2800米，抓槽214个，灌注211个，共完成土方8.57万立方米，砌石5800立方米，混凝土2.7万立方米。2010年9月15日，白浪河水库除险加固工程通过省水利厅组织的竣工验收。

高崖水库　位于潍坊市潍河支流——汶河上游，坝址在昌乐县鄌郚镇高崖村西1千米处，1959年10月动工兴建，1960年秋竣工蓄水，总库容1.4528亿立方米，兴利库容5788万立方米，死库容564万立方米，控制流域面积355平方千米。枢纽工程由大坝、溢洪道、输水洞和电站组成，是一座集防洪、灌溉、供水、养殖、发电、旅游及生态保护等综合利用于一体的大（2）型水库，是潍坊市白浪河水系联网工程10座大中型水库串联、3大水系联网的重要组成部分，是昌乐县城乡生活、生产、生态用水的最主要水源地。

2001年3月，省水利厅组织对大坝进行安全鉴定，经水利部大坝安全管理中心核查定为三类坝，需除险加固。高崖水库除险加固工程于2001年12月26日立项，2002年3月12日通过淮委审查批复，总投资为1.12亿元，其中省及省以上投资6697万元、地方配套资金4465万元。工程从2002年12月12日开工建设，2006年9月竣工，2008年12月通过验收。

牟山水库　位于安丘城区西南6千米处，是

白浪河水库

潍河支流——汶河中下游的一座大（2）型水库，1959年10月动工兴建，1960年6月建成蓄水。水库流域面积1262平方千米，总库容2.78亿立方米；兴利水位78米，兴利库容1.205亿立方米；设计洪水位（百年）79.06米，相应库容1.75亿立方米；死水位71.85米，相应库容1960万立方米；汛限水位75米，相应库容6275万立方米，汛末蓄水位76米，相应库容8500万立方米。流域内有大型水库（高崖）1座，中型水库（大关、沂山、尚庄）3座，小型水库93座。上游有牟山和高崖2处水文站。

水库枢纽工程主要有大坝、溢洪闸、南北放水洞等。大坝全长5870米，主河槽段长1千米，为黏土心墙砂壳坝，最大坝高20米，其余为均质土坝。坝顶宽8.6米，坝顶高程83.3米。溢洪闸10孔，净宽100米，安装10米×8.5米弧型钢闸门，底高程70米，底流消能，最大泄量6440立方米/秒。放水洞有两个：南放水洞为直径3米钢筋混凝土有压隧洞，底高程68.55米，最大设计流量56立方米/秒；北放水洞为2米×2.5米混凝土箱涵，底高程70.3米，最大设计流量32立方米/秒。水库在防洪、灌溉、发电、淡水养殖等方面综合效益十分显著，下游受益保护范围为安丘市区、国道206、胶济铁路、济青高速、潍莱高速及安丘、昌邑、寒亭、坊子4市区的部分乡镇企业和100多万人民生命财产安全。

2002年11月25日，水利部大坝安全管理中心批复同意牟山水库三类坝安全鉴定结论意见。2007年12月，溢洪闸工程开工建设，2010年8月4日完成。2007年3月7日，溢洪道泄水槽和出水渠工程开工建设，2008年12月30日完成。2009年6月，0+850−4+258段大坝单位开工建设，2010年11月完成。2010年9月，大坝自动化观测、照明及南北放水洞机电设备等开工建设，同年11月完成。2007年10月，北放水洞工程开工建设，2008年5月完成。2009年4月，南放水洞工程开工建设，2010年5月完成。2009年6月，0+000−0+850、4+415−5+870段大坝工程开工建设，2010年11月完成。2010年5月，工程管理及防汛设施单位工程开工建设，同年11月完成。2010年11月27日，除险加固工程通过验收。

墙夼水库 位于诸城市枳沟镇墙夼村西南，潍河流域潍河干流上游，1959年10月建设，是一座以防洪、灌溉为主，结合养殖、发电等综合利用的大（2）型水库。水库分东、西两库，控制流域面积656平方千米，总库容3.87亿立方米，兴利库容8664万立方米。枢纽工程由东西坝、连通沟、溢洪道、东西放水洞和水电站7部分组成。东坝长950米，最大坝高27.7米；西坝长630米，最大坝高24.2米，溢洪道位于东坝西端。

2008年9月12日，水库除险加固工程动工；2010年9月30日，通过省水利厅组织的验收。完成东库大坝加固、西库大坝加固、东西放水洞重建、新建溢洪闸、溢洪道加固和管理设施建设、环境美化绿化等工程，完成投资11177.06万元。工程建成后水库防洪标准提高到100年一遇标准，校核洪水标准达到5000年一遇。

冶源水库 位于临朐县冶源镇东南3千米处的弥河干流上游，控制流域面积786平方千米，原设计总库容1.6863亿立方米，是一座以防洪、灌溉为主，兼有养殖、发电、旅游等综合利用的大（2）型水库，工程等级Ⅱ等，主要建筑物级别二级。水库工程于1958年5月开工兴建，1959年9月基本建成蓄水，1961年加深扩宽溢洪道，1965年建成溢洪闸，河南“75·8”大水后，又进行主、副坝加高培厚及溢洪道扩宽和护砌处理。水库枢纽由主副坝、溢洪道（闸）、东西放水洞及东西水电站等建筑物组成。水库地理位置十分重要，防洪保护临朐县城及下游120万名人民群众生命财产，及胶济、益羊铁路，济青高速公路，国道309，王潍、潍九等6条省级公路干线，东营至黄岛输油管道，青州卷烟厂、潍坊纯碱厂、羊口盐厂等重要基础设施与企业的安全。

2011年2月23日，冶源水库除险加固工程开工建设；2012年12月主体工程完工，完成投资6261.57万元。工程主要包括：主坝坝基帷幕灌浆，坝顶路面修复，下游坝坡草皮护坡及排水设施局部返修等；副坝桩号上游坡换填黏土，上游护坡石拆除重建，坝顶路面修复，防浪墙局部修复，下游坝坡草皮护坡局部翻修，排水设施拆除重建等；溢洪闸闸前基岩帷幕灌浆，闸室底板驼峰堰加高1.0米，机架桥、启闭机房、桥头堡及交通桥拆除重建，闸墩裂缝灌浆及混凝土表面碳化处理，更换工作闸门及启闭机，增设检修闸门，闸室上游扭曲面拆除重建，下游护坦改建，增设消力池及钢筋混凝土边墙等；东、西放水洞拆除重建；改建防汛路、防汛仓库，完善交通、检测、水文等设施。

水系连通工程

潍坊市为解决水资源时空分布不均问题，自80年代就开始建设单个的跨流域调水工程。1998年在总结以往调水工程经验的基础上，率先在全省乃至全国提出“多库串联、库河串联、水系联网，优化调度配置水资源”的水网建设思路。潍坊市掀起水网建设新高潮，相继建设引黄入峡（一期）、潍北平原水库调水工程、白浪河水系联网、四河串联等工程。至2012年10月，全市共完成19项水系连通工程，连通潍河、白浪河和弥河三大流域，基本涵盖潍坊市全域范围，实现跨流域水资源合理调度和优化配置，水资源利用效率得到提高，生态环境有效改善，获得较好的综合效益。

2012年潍坊市水系连通工程一览表

表6－8－1　　　　单位：千米

序号	项目名称	项目功能	所属流域	线路长度
1	昌乐南水北调工程	由高崖水库向昌乐城区调水，调汶河、白浪河之水入丹河、桂河	连通潍河流域和白浪河流域	62
2	引高入白工程	调高崖水库水入白浪河水库	连通潍河流域和白浪河流域	64
3	引牟入白工程	调牟山水库水入白浪河水库	连通潍河流域和白浪河流域	50
4	安丘南水北调工程	于家河水库水调往牟山水库	潍河流域，连通汶河和渠河	56
5	安丘西水东调工程	尚庄水库至金冢子镇调水	潍河流域	27.5
6	安丘官庄调水工程	共青团水库至高家营水库调水	潍河流域	8.07
7	高密五河三库串联工程	串联峡山水库、城北水库、王吴水库3座水库和官河、五龙河等5条河流	连通潍河流域和胶莱河流域	干渠60，支渠450
8	诸城引涓调水工程	调涓河水入三里庄水库	潍河流域	11.67
9	墙夼输水工程	调墙夼水库水入潍河	潍河流域	17.328
10	青州调水工程	串联仁河水库、黑虎山水库和七一水库	弥河流域	45.324
11	坊子东水西调工程	调潍河水入坊子城区	连通潍河流域和白浪河流域	21.5
12	坊子西水东调工程	调白浪河水库水入坊子城区	白浪河流域	16

续表6－8－1

序号	项目名称	项目功能	所属流域	线路长度
13	引黄入峡工程	连通引黄济青渠道和峡山水库	潍河流域	35.43
14	四河串联工程	调潍河水入张面河、虞河和白浪河	连通潍河流域和白浪河流域	31
15	潍北平原水库调水工程	串联峡山水库和潍北平原水库	连通潍河流域和白浪河流域	31
16	北部水网工程	两横六纵，开挖2条人工河道贯通潍河、堤河、虞河、白浪河、丹河、弥河6条河流	连通潍河流域、白浪河流域和弥河流域	277
17	昌邑双台四河串联工程	泥河、瀑沙河、夹沟河、阜康河串联	潍河流域	70
18	临朐老龙湾城区供水工程	冶源水库至阜康河调水	弥河流域	18
19	引白入符工程	引白浪河水入符山水库	白浪河流域	12.6

第三节　农田灌溉

1991年后，全市水利工作技术含量不断提高，管道灌溉技术、喷灌、微喷灌技术、滴灌技术，工业城市供水节水技术，工程施工技术，信息网络技术，水文遥测、遥控、自动发报技术等广泛应用。2001—2005年，利用水库、河流建设灌区、扬水站，打机井发展有效灌溉面积781.3万亩，其中节水灌溉面积463.14万亩。沿海地区建防潮堤368千米。

水库灌溉

潍坊市有峡山、高崖、墙夼、牟山、冶源5处大型水库灌区，设计灌溉面积305.4万亩，有效灌溉面积217.7万亩，占全市有效灌溉面积的28%。有青州市黑虎山水库、引弥灌区、仁河水库，诸城市青墩水库，寿光市小清河扬水站，安丘市于家河水库、尚庄水库，高密市王吴水库，临朐县嵩山水库、大关水库等10处重点中型水库灌区，设计灌溉面积91.2万亩，配套有效灌溉面积51.2万亩。至2012年，利用农业综合开发重点中型灌区项目资金，分别对安丘市尚庄水库灌区、高密市王吴水库灌区、安丘市于家河水库灌区、临朐县嵩山水库灌区和诸城市青墩水库灌区等6个重点灌区进行节水配套改造，通过节水改造工程增加恢复灌溉面积16.2万亩，改善灌溉面积22.4万亩，增加节水量3339.96万立方米。

峡山水库灌区　1991年后，峡山水库灌区设计灌溉面积153万亩（含井渠双灌面积39万亩），其中昌邑灌区78万亩、高密灌区38万亩、寒亭灌区26万亩、安丘灌区8万亩、潍北农场灌区3万亩。因受灌区工程标准低、工程老化、退化、水源不足等影响，工程效益得不到充分发挥。特别是1992—1999年，先后开始向潍坊市自来水公司、潍坊发电厂、潍坊巨龙化纤集团公司和寒亭区城乡供水，灌溉水源日趋紧张。2001—2005年，峡山水库灌区完成节水改造项目3个，批复总投资2836万元，其中国家投资1100万元、地方自筹资金1736万元。完成砌石防渗渠道4.7千米，改建泵站1处，铺设输水管道14.24千米，新建、改建各种建筑物10座，完成工程量土方2.6万立方米、砌石1.3万立方米、混凝土及钢筋混凝土1.2万立方米。2006—2010年，峡山水库灌区完成节水改造项目4个，批复总投资6548万元，其中国家投资2300万元、地方自筹资金4248万元。完成砌石防渗渠道28.73千米，新建变电站1座，铺设输水管道3.96千米，新建、改建各种建筑物87座，购置量水设施8套，完成工程量土方25.26万立方米、砌石5.16万立方米、混凝土及钢筋混凝土3.56万立方米。

峡山水库灌区建成至1998年，一直利用潍河作为输水干渠，经穆村拦河闸进入寒亭灌区，经金口拦河闸进入昌邑北灌区，浪费很大。1994年秋，组织安丘、昌邑两市和坊子区采用人工投劳的办法进行施工，到同年底完成沿潍河左岸，从峡山水库主坝后电站灌溉放水洞至寒亭灌区总干渠的渠道土方工程开挖任务，干渠长12.4千米。1997—1998年，峡山水库灌区节水工程对峡山水库总干渠工程进行续建配套与节水改造工作，其中中央投资1100万元、地方投资3000万元，主要建设内容包括潍河段除险改造干渠渠堤3.17千米、新干渠砌衬16.54千米、新建配套建筑物33座、改建建筑物12座、铁路桥北混凝土输水渠395米、胶济铁路以北干渠13.5千米、大桃泄水涵闸、峡山干渠与石油管道南北线交叉工程、沙窝节制闸、寒亭分水闸、昌邑分水闸、峡山新干与潍坊城区供水总管道交叉工程、16千米新开干渠堤顶交通道路、临潍河侧渠道迎水坡险工段76#浆砌块石工程。

昌邑灌区　1993年春，拆除第九干渠。1994年，废除第十干渠。1994年秋，对昌南第二干渠进行扩建，由原来设计流量3.65立方米/秒扩大到5立方米/秒。1986—1995年，共维修干支渠道建筑物3913座，斗农渠道建筑物9589座，结合渠道清淤修筑沿渠道两岸砂石路面。1987—2000年，进行田间渠道防渗护砌，共护砌支斗农渠道360条，长156千米。1995—1997年，先后平掉佐家营扬水干渠和代家埠、东纪扬水干渠。1997—1999年，先后对东扶扬水站干渠、后辉扬水站干渠、张家屯扬水站干渠、卜庄第八干渠漏水段、城区引水渠延长段等21.9千米渠道进行护砌防渗。2002年，投资1090万元，完成砌石防渗渠道4.7千米，维修加固生产桥5座，拆除重建生产桥3座，节制闸1座，穿渠涵洞1座。2008年，投资1382万元，完成渠道防渗衬砌1.095千米，拆除重建河东引水渠渠首进水闸，新建节制闸1座，拆除重建生产桥3座。

寒亭灌区　1986—2005年，为解决白浪河西岸严重缺水问题，开发双羊、高里灌区和西分干三灌区工程，增加灌溉面积3.5万亩，改善灌溉面积1万亩。2003—2004年，投资1746万元，完成工程量15.3万立方米，完成主要工程项目有输水管道14.24千米、改建泵站1座。到2005年，由于连续大旱水源不足只灌4.8万亩。2011—2012年，寒亭灌区年灌溉用水量为1000万立方米左右。

高密灌区　配套有效灌溉面积32万亩，实灌面积2000年为29万亩。进入90年代后半期高密市将峡山水库分配给高密的水源纳入“五河三库串联调蓄水工程”范围之内，工程效益进一步扩大。2005年农业供水2700万立方米，2012年农业供水1000万立方米。

安丘灌区　配套建设有效灌溉面积2.8万亩。实灌面积2000年因水源不足，只浇0.3万亩。由于放水洞底高程偏高，每年4月至6月，库水位很低，无法自流灌溉，为此在放水洞进口处设临时抽水站提水灌溉，由于大部分工程被破坏，所以基本不从水库引水灌溉。

潍北农场灌区　设计灌溉面积3万亩，配套有效灌溉面积3万亩，实灌面积稳定在3万亩。

高崖水库灌区　1991年，高崖水库灌区共设计灌溉面积33.6万亩，有效灌溉面积25.7万亩。1999年，国家计委、水利部批准将高崖水库灌区列为国家大型灌区节水改造项目，分三年实施，工程总投资3067万元。1999年度项目投资1040万元，工程包括北干渠防渗护砌14.6千米，改造桥涵闸建筑物16座，修干渠管理路50千米，完善干渠排水沟100千米，沿干渠植树10万株，完成土石方7.5万立方米。

北干渠防渗护砌段，水利用率由原来的40%提高到92%，全干渠水利用率提高到80%。向县城供水时间，由原来15~20天缩短到7~10天，年节水430万立方米。2000年，完成东干渠护砌防渗工程，干渠水利用率达到93%，渠道过水流量由7立方米/秒提高到10立方米/秒。工程投资1017万元，项目主要包括东干渠节水改造，砌石防渗，护砌渠道长度9.8千米，改造维修桥涵闸建筑物7座，修干渠管理路26千米，建排水沟40千米，干渠两堤植树5万株，完成砌石2.6万立方米、混凝土1.1万立方米。2001—2005年，高崖水库节水改造工程共安排5次，总投资5007万元，共完成浆砌石防渗渠道28.5千米，维修渠道32.47千米，新建、改建维修渠道建筑物122座，以及干渠数字化测水系统等，完成工程量51.1万立方米，其中土石方33.6万立方米、浆砌石13.5万立方米、混凝土4万立方米。2006—2010年，高崖水库节水改造工程共安排2次，总投资1770万元，2006、2008年共完成浆砌石防渗渠道13.58千米，新建、改建维修渠道建筑物28座，以及干渠数字化测水系统等。完成工程量20万立方米，其中土石方17.06万立方米、浆砌石1.94万立方米、混凝土1万立方米。

墙夼水库灌区 位于墙夼水库下游，潍河西岸，诸城市西部。南起一分干，北至渠河，西起总干渠，东到潍河。灌区范围主要包括五莲县汪湖镇，诸城市枳沟、龙都、贾悦、舜王、石桥子和相州7处镇（街道）的部分土地，266个自然村。灌区设计灌溉面积38万亩，有效灌溉面积31万亩。1998年，有效灌溉面积仅为13.7万亩，因渠道渗、漏水严重，灌溉水有效利用系数仅为0.4，严重制约灌区农业生产的发展。2002—2008年、2010—2012年度，实施灌区续建配套与节水改造工程，完成渠道防渗衬砌95.53千米、改造新建维修各类建筑物436座，完成工程投资14063.66万元，改善灌溉面积28.12万亩。

冶源水库灌区 位于潍坊市弥河流域的中下游，泰沂山脉以北的鲁中台地，范围包括临朐、青州、寿光3个县（市）19个乡镇820个行政村，人口86万人。灌区内土地总面积109.6万亩，其中耕地面积66.76万亩，占土地总面积的60.9%。冶源水库灌区设计灌溉面积41.8万亩（包括东干渠、西灌区、龙湾引泉灌区和寒桥灌区），有效灌溉面积33万亩。1959年开发建设，共建成东干渠、西干渠、龙湾干渠、弥河干渠、寒桥西干渠、寒桥东干渠6条干渠，总长度145.28千米。各干渠控制面积为东干渠14万亩、西干渠8.5万亩、龙湾干渠2万亩、弥河干渠5.4万亩、寒桥西干渠8.54万亩、寒桥东干渠3.36万亩。自2006年起，共实施6期灌区续建配套与节水改造工程，完成渠道衬砌30.9千米、维修改造建筑物65座，累计完成投资5700多万元。项目完成后，渠道输水能力提高，渠道的渗漏损失减少，灌溉保证率提高到50%，改善灌溉面积7.4万亩，年节约灌溉用水1800多万立方米。

牟山水库灌区 位于潍河支流汶河中下游，南起牟山，北达胶济铁路，东起潍河西岸，西至灵山脚下，范围包括安丘市、昌乐县、坊子区、峡山生态经济开发区，13个乡镇450个行政村，人口35.26万，全灌区土地面积85.6万亩，耕地面积69.5万亩。牟山水库灌区设计灌溉面积39万亩，有效灌溉面积25万亩。2008年3月7日，省发改委批复牟山水库灌区续建配套与节水改造项目（第一期）可行性研究报告。到2012年，共实施3期灌区续建配套与节水改造。工程批复总投资16125.42万元，包括中央3820万元、省1046万元、市级配套7075.42万元、县级配套4184万元，批复衬砌改造干渠32.137千米，配套改造建筑物111座。实际完成投资16053.92万元，衬砌改造干渠32.137千米，配套改造建筑物111座。灌区改造后，共新增和恢复灌溉面积8.6万亩，改善灌溉面积3万亩，年增粮生产能力1423万千克、年节水650万立方米，新增产值1232万元。灌区灌溉水利用系数由改造前的0.38提高到0.52，渠系水利用系数由0.45提高到0.58，改造后的渠道渠系水利用系数达到0.6以上，粮食水分生产率由改造前的1.03千克/立方米提高到1.25千克/立方米。

井灌

潍坊市机井宜井区主要在胶济铁路以北、咸淡水分界线以南平原区和潍河、弥河、汶河、白浪河沿岸的冲积平原地带，地下水位埋深浅、沙层厚、地下水量丰富，井深一般30～110米，是主要井灌区；其次是中南部丘陵半宜井区，地下水类型主要是岩溶水及裂隙水，部分面积靠井灌。山区主要为基岩裂隙水，地下水位深，单井出水量少，机井稀少，主要以解决人畜吃水和点种保苗。

1991年，全市机井数量14.1万眼，装机13.3万台、93.5万千瓦。到2005年底，全市机井数量达到16.3万眼，装机17.3万台、123.4万千瓦。到2012年底，全市机井数量17.4万眼，装机137.5万千瓦，其中电配机井16.7万眼，已建成配套机电井年设计供水能力845995万立方米，年实际供水能力137124万立方米，其中农业灌溉70296.2万立方米，灌溉面积490万亩，占全市灌溉面积的62%。

泵站提水

1991年，全市有固定式扬水站2326处，装机2906台、8万千瓦。到2005年底，全市共有固定式扬水站2585处，装机3202台、10万千瓦。到2012年底，全市共有取水泵站2764处，装机3504台、11万千瓦、取水泵站工程年设计供水能力55048万立方米，年实际供水能力43938万立方米，灌溉面积73.7万亩，占全市总灌溉面积的9.5%。另有装机流量1立方米/秒或装机功率50千瓦以上泵站工程162处，泵站398台，泵站装机流量279立方米/秒，装机36.65万千瓦。

节水灌溉

1991年，全市有近300万亩耕地无水浇条件，200多万亩有效灌溉面积得不到有效灌溉。90年代重点推广管道灌溉、渠道防渗、大田喷灌和微灌、滴灌等节水灌溉技术。1996年，青州、昌乐、寿光3县市被水利部、国家计委、财政部、中国人民银行、中国农业银行批准列为1996年至2000年全国300个节水增产重点县（1999年水利部将寿光市调出，纳入高密市），1998年潍坊市被水利部列为全国节水示范市。到2000年，共有10项关于节水灌溉和节水设施部件的科研成果获得省、市科技进步奖。1996—2000年全市先后建成3个国家级节水增产重点县，4个国家级节水增效灌溉示范项目，2处大型灌区节水改造项目，15个省级节水灌溉示范工程，每年还建成10个市级节水灌溉示范工程。

2009年始，国家开展小型农田水利重点县建设，到2012年有寿光、安丘、昌邑、高密、青州、诸城、临朐、昌乐、寒亭9个县市区列入全国小型农田水利重点县，累计完成投资7.48亿元，发展高效节水灌溉面积68万亩，新增灌溉面积37万亩，恢复改善灌溉面积77万亩。到2012年底，全市发展节水灌溉面积359万亩，其中高效节水灌溉面积216万亩。其间，共完成国家级节水示范项目20项，总投资4022万元，发展节水示范面积9.44万亩，完成省级节水灌溉示范项目33项目，发展节水示范面积21.1万亩。

第四节　水土保持

水土流失综合治理

1991年《中华人民共和国水土保持法》颁布实施后，潍坊市大力开展水土流失综合治理。1992年《山东省实施〈中华人民共和国水土保持法〉办法》颁发实施后，潍坊市陆续印发和转发一系列与国家、省相关法规配套的规章制度和规范性文件，水土保持工作走上法制化轨道。1995年，市水利局、市物价局联合印发《关于认真贯彻执行〈山东省水土保持设施补偿费、水土流失防治费收取标准和使用管理暂行办法〉的通知》，进一步明确了收费范围、收费标准、收费程序等。1996年，市水利局、市计委、市环保局联合印发《关于〈开发建设项目水土保持方案管理办法〉的实施意见》，为开发建设水土保持项目工作提供法规依据，有效遏制了人为水土流失。1996—2000年，全市治理水土流失面积1079平方千米，综合治理小流域60条，整修梯田40.1万公顷，水保林37.7万公顷，经济林41.6万公顷，修生产路1517.1千米。2000年，第二次全省水土保持普查，全市水土流失面积为3002.4平方千米。2005年，市水利局转发省《关于山东省水土保持重点小流域治理项目管理暂行办法》《关于转发水利部水土保持重点工程公示制暂行规定》等通知，为小流域综合治理项目规范化管理奠定了基础。2006—2010年，实施临朐九山、青州王坟等34条重点小流域综合治理项目，治理水土流失总面积约357.57平方千米。2010年，山东省开展遥感调查，全市水土流失面积为2372平方千米。

2011年，全市治理水土流失面积170平方千米，重点实施临朐县八棵树小流域治理等项目，临朐县嵩山小流域等5个水土保持项目通过竣工验收并被评定为优秀工程。

2001—2012年，全市共治理水土流失面积2097平方公里，共完成小流域综合治理项目97个，项目投资12862.36万元；建设完成临朐县沂蒙山区国家水土保持重点建设工程第一个五年规划（2008—2012年）14条小流域，共治理水土流失面积132.77平方千米，总投资4520.1万元。

水土保持监督管理

1991年以后，水土保持监督管理制度逐渐完善、内容逐渐多元。从2000年开始，潍坊市持续组织开展年度生产建设项目水土保持重点监督检查活动，生产建设项目水土保持方案编报率、审批率和水土保持设施验收率逐年提高，水土保持监督管理生产建设活动逐步规范。2011年新修订的《中华人民共和国水土保持法》，进一步规范了监督管理的程序、明确了监督管理的责任，监督管理制度化方面取得重大进展，潍坊市印发贯彻落实的规范性文件。2012年，潍坊市在全省率先恢复成立水土保持委员会，并公布17个成员单位职责。随后，全市12个县市区全部恢复成立水土保持委员会，水土保持机构建设取得重大突破。2012年12月28日，市政府第十三次常务会研究通过《潍坊市水土保持管理办法》，强化政府水土保持目标责任，以及预防保护制度、综合治理措施和法律责任，为全市水土保持工作奠定法律基础。至2012年，水利部在全国组织开展水土保持监督管理能力县建设活动（第一批），临朐县、昌乐县顺利通过验收。全市其他县市区也积极开展水土保持监督管理能力建设，全市初步形成组织机构健全、执法体系完善、人员配备合理的综合监督执法能力体系，水土保持监督执法能力不断提高。

第五节　抗旱防汛

抗旱

干旱是潍坊市农业生产的最大威胁。1991年后，全市每遇干旱，各级党委政府积极组织领导群众开展抗旱斗争，实行全民动员，各行业各部门支持抗旱，电力、石油、农机等部门保证能源和机械设备供应。各级水利部门全力以赴指导抗旱，开源与节流并举，根据水源情况，合理科学调度水量，调剂余缺，充分利用和发挥各项灌溉工程的作用。在山丘缺水地区，采取找水、挖水、节水、引水、运水等抗旱措施，最大限度地保苗和扩大播种面积，力争减少灾害损失。市历届市委、市政府坚持不懈地组织群众兴修农田水利，大搞灌溉工程和跨流域调水工程，实施水资源优化调度，实行以富济贫、调剂余缺，最大限度利用水资源，改善水环境和水浇条件，扩大水浇面积，使全市农田灌溉面积和农作物产量同步增长，促进农业产业化调整。2006—2010年，实施寿光、昌邑、安丘、高密、青州5市小农水重点县建设，新增旱涝保收面积68.48万亩，节水灌溉面积70万亩，改造中低产田95.65万亩，全市有效灌溉面积达到780万亩。

2010年秋至2011年春，全市发生严重气象干旱，较长时间没有降水，降水量少，土壤墒情较差，市委、市政府多次召开会议安排部署抗旱，全市各界高度重视，通过打井、挖水塘、完善灌溉工程、合理调度水源等措施，大力开展抗旱救灾工作。其间，国家、省、市3级财政多次拨付资金支持抗旱。2011年，承办全省“旱能浇、涝能排”高标准农田建设现场会，并作典型发言。开展冬春农田水利基本建设，建成各类水利工程6500多处，新增改善灌溉面积83万亩，发展节水灌溉面积38万亩。

2011年11月17—18日，全省“旱能浇、涝能排”高标准农田建设现场会在潍坊市召开

防汛

1996年，潍坊市抗旱防汛指挥部更名为潍坊市人民政府防汛抗旱指挥部，市长任指挥，水

2009年全省防汛抢险演习在潍坊市举行

利局局长兼任办公室主任，指挥部对全市的防汛工作实行统一指挥。指挥部下设峡山水库暨潍河（峡山水库至入海口）、白浪河水库暨白浪河（白浪河水库至入海口）、牟山水库暨汶河（牟山水库至入潍河口）、高崖水库暨汶河（高崖水库至牟山水库）、潍坊城区防汛5个防汛领导小组。各县市区人民政府均都设有防汛抗旱指挥部，由同级政府主要负责人任指挥。市、县、镇三级政府领导实行包库、包河防汛抗洪责任制。

每年汛前召开全市防汛会议，贯彻传达上级会议精神，部署全市防汛工作。落实以行政首长负责制为核心的各项防汛责任制，对汛前准备、防汛检查、隐患整改、防汛队伍组织培训、物资储备、防汛调度、人员转移、抢险救灾等工作，明确任务，落实责任，全面落实各项岗位责任制。

第六节　供水　用水

1991—1999年，以1984年进行的人畜饮水困难人口普查数为依据，实施解决农村人畜吃水困难工程。工程形式主要是打机井、建水池、修水窖、引山泉等，投资来源主要是省以上财政资金补贴和群众自筹。

2000—2004年，以国家实施的饮水安全项目为重点进行农村饮水解困工程。完成投资8168万元，解决579个村、39万人的吃水困难。项目完成后，潍坊市历史性缺水人口全部解决吃水问题。

2003—2005年，市政府规划解决全市严重缺水的30万人吃水问题，并列入市委、市政府农业和农村工作的十件大事之一，完成投资7307万元，解决604个村、31.7万人的吃水困难。

2005—2007年，全市实施村村通自来水工程，投入资金7.63亿元，开工建设农村自来水工程781处，新增农村自来水人口245.7万人，全市农村自来水受益人口596.7万人，农村自来水普及率90%。

2008—2011年，在全市实施农村饮水安全工程，投资4.66亿元，解决99.42万人饮水不安全问题。全市规模化集中供水村庄4902个，供水覆盖人口353.6万人，占农村人口的52%；单村供水村庄4287个，供水覆盖人口309.4万人；未通自来水村庄236个、人口17万人，农村自来水普及率97.5%。

2012年，市政府将农村饮水安全工作列为十件民生实事之一，提出“实施农村集中供水工程，全市农村集中供水覆盖人口达到70%以上”的任务目标，列入市委、市政府科学发展考核内容和重点督查事项。全市通过“新建、扩建、改造、延伸”等措施，完成总投资11.62亿元，完成集中供水受益村庄3542个、受益人口262万人，集中供水覆盖率81.8%。

第七节　跨流域调水

引黄济青工程是山东省境内跨流域、远距离的大型调水工程，工程从黄河引水（后与南水北调东线工程连接，可引长江水），具有引水、沉沙、输水、蓄水、净水、配水等设施，功能齐全，配套完整，是青岛市用水的主要来源，并部分供应工程沿线滨州、东营、潍坊市用水。

引黄济青工程途经潍坊市的寿光、寒亭、昌邑、高密4个市（区）的19个乡镇，占地约15304亩，输水河长度113.21千米，占工程总长度的45%，境内建有扬水泵站2座、输水河倒虹18座，其他中小型建筑物300多座，投资2.4亿元。1989年11月25日正式通水。

2006年5月开工建设胶东地区引黄调水工程，从昌邑宋庄镇南、夏小公路以东的引黄济青输水河弯道处建设分水闸（宋庄分水闸），通过近5.2千米的明渠，过胶莱河后进入青岛市境内，再通向烟台、威海。潍坊（昌邑）境内涉及1个乡镇9个自然村，永久占地500余亩，工程投资3180万元，工程建设主要内容包括宋庄分水闸，输水明渠开挖衬砌，倒虹吸、桥梁等渠道交叉建筑物11座。2008年11月基本完工。

引黄济青工程潍坊段共建设分水闸22处，引水能力88立方米/秒；人畜吃水口21处，引水能力2.08立方米/秒。为寿光、寒亭、昌邑、高密各县区工程沿线的农业抗旱、人畜吃水和工业用水、城区供水创造了条件，为潍坊北部双王城水库、龙泽水库、清水湖水库、第二平原水库等提供了可靠水源。

图6—8—1　引黄济青工程潍坊段线路图（省胶东调水局绘制）

依法管理

1990年始，沿输水河陆续建设专用电力线路和微波、一点多址通信工程；多点安装先进的自动测流设备和自动观测水位计。认真执行省引黄济青工程管理局有关制度规定，严格执行工程月检、季检制度。1991—2012年，在省引黄济青工程管理局每年一度的送水前工程管理质量大检查中，先后有11个管理所和18个管理闸站多次被评为山东省胶东调水（引黄济青）系统先进管理所（站）。

1990年，省引黄济青工程管理局潍坊分局成立保卫科，下属各管理处在当地公安部门的支持下成立公安派出所，负责引黄济青工程治安工作。2007年5月，潍坊分局成立水政监察大队，各管理站成立水政监察中队，对工程沿线非法取水者进行说服教育、依法制止。1991—2012年，工程管理和执法人员共撤除、没收非法取水设备2000多台（套），制止放牧、盗采树木、非法取土等不法事件300多次。

大修岁修

省引黄济青工程管理局潍坊分局每年都制订大修岁修工作计划，重点对宋庄泵站、王耨泵站机电设备进行维修养护，更换损毁部件；区分不同时段，及时维修被冲坏的衬砌板，保持渠道衬砌完好；组织管护人员维修道路，清除杂草，铺洒石子，确保八米河堤汽车通过80千米/小时不颠簸。1990—1992年，对30多千米河段进行衬砌加高。2004年投资1000多万元对寿光丹河倒虹吸进口进行改造，对宋庄泵站、王耨泵站进行了技术改造、机泵大修以及自动化升级。至2012年，引黄济青工程潍坊段共投入工程养护维修和大修岁修资金1.5亿多元。

1990—2012年引黄济青潍坊段养护维修投入统计表

表6－8－2 单位：万元

年份	投入资金	年份	投入资金	年份	投入资金
1990	196.43	1998	546.00	2006	822.41
1991	359.27	1999	795.00	2007	702.01
1992	336.80	2000	535.33	2008	1216.11
1993	431.30	2001	575.35	2009	941.54
1994	816.80	2002	844.15	2010	1400.86
1995	294.20	2003	441.59	2011	814.26
1996	438.70	2004	621.13	2012	1225.36
1997	517.67	2005	484.40	总计	15356.67

从1990年春季开始，在输水河两岸大规模开展造林绿化，栽植毛白蜡、杨树、刺槐、法桐等乔木60万株，培育苗圃2000多亩，形成潍坊北部第一条长达110多千米的绿色长廊。引黄济青潍坊分局1998年被国家绿化委员会授予“全国部门造林绿化四百佳”单位称号。

冰凌期引黄济青输水渠　（2007年1月拍摄）

调度运行

1989年11月，引黄济青工程正式运行。引黄济青工程一年一度的引水送水时间，遵循尽量少与农业争水的原则，设计为每年的11月至翌年3月，随着青岛及工程沿线用水量的增加，运行时间适当延长。

引黄济青输水河工程沿线受地形条件的限制，缺乏调蓄工程，没有调蓄能力。为满足沿线分水、泵站停电等情况时，控制输水河水位变幅、避免泄水造成经济损失、实现蓄水保温、防止冻害，采取“等容量控制”运用模式—输水河沿线全部控制闸门实时、同时动作。

运行期间，各级指挥、技术人员轮流到第一线值班调度，各控制闸站值班人员查看水位每2小时一次，潍坊分局上报省局运行资料每4小

引黄济青昌邑王耨泵站　（2009年4月拍摄）

时一次（特殊情况2小时一次）。泵站是工程心脏，运行期间工厂化作业，操作人员实行轮班值守，各机组的开停，听从省局、分局调度运行指挥中心的统一指令。每年度运行开始前，分局和管理站逐级签订调度运行工作责任状，完善应急预案。

1990年2月和2007年12月，引黄济青工程白浪河倒虹上游段和虞河倒虹上游段大堤分别发生险情，在寒亭肖家营乡干部群众和潍北农场干部职工的支援下，险情及时排除。

引黄济青工程大部分是结冰期送水，冰凌期容易发生冰塞。1997年3月，寒亭高庄桥前由于流冰太多，发生冰塞，河床被冲刷；2008年2月，昌邑王耨泵站前、吴沟河上节制闸前汇集大量流冰。由于发现及时、处理得当，没有造成大的损失。

2000年始，潍坊分局先后派出技术人员38人次支援新疆引额济科工程、南水北调东线工程、胶东地区引黄调水工程建设管理和调度运行。

1989—2013年引黄济青潍坊段运行时间、提水量统计表

表6-8-3

年份	运行时间（日）	宋庄泵站提水量（万立方米）	王耨泵站提水量（万立方米）	备注
1989—1990	98	26025.0	20972.0	
1990—1991	55	7266.0	2888.0	
1991—1992	55	14109.0	9978.0	
1992—1993	52	11775.0	9432.0	
1993—1994	79	8101.0	6970.0	
1994—1995	83	9060.0	7552.0	
1995—1996	32	6459.0	5584.0	
1996—1997	39	4492.0	3622.0	
1997—1998	131	5400.0	2350.0	
1998—1999	86	5536.0	4613.0	
1999—2000	72	642.0	0.0	
2000—2001	122	12551.0	12818.0	
2001—2002	93	275.0	0.0	
2002—2003	73	6834.0	5912.0	
2003—2004	57	435.0	344.0	
2004—2005	132	694.0	916.0	
2005—2006	71	5221.0	1899.0	

续表6－8－3

年份	运行时间（日）	宋庄泵站提水量（万立方米）	王耨泵站提水量（万立方米）	备注
2006—2007	127	18461.0	14964.0	
2007—2008	159	11682.0	9620.0	
2008—2009	179	800.0	275.0	
2009—2010	83	14391.0	12759.0	
2010—2011	165	16137.0	13035.0	
2011—2012	154	6626.0	5536.0	
2012—2013	99	12901	11063.0	截至6月30日
合　计		205873.0	163105.0	

工程效益

引黄济青工程于1989年11月建成通水，解决了青岛市的缺水问题，至2012年底，向青岛市境内送水15亿多立方米。

引黄济青工程寿光分水渠　（2008年3月拍摄）

1989年冬，黄河水引流到寒亭区肖家营乡，1990年，肖家营乡的小麦产量翻了两番多，比上一年多收粮食100多万千克。1990年春天，潍坊市城区供水困难，从引黄济青工程潍河滩地分水闸向城区供水300万立方米，有效解决城区用水问题。2002年，潍北平原水库建成。平原水库蓄起的第一库水，就是通过引黄济青渠道调来的黄河水。2006年秋天，潍坊市遭遇百年不遇的特大干旱，许多地方因为缺水而种不上庄稼。但引黄济青工程沿线的耕地，没有受旱，获得丰收。

1989—2012年，引黄济青工程为潍坊市三北缺水地区和昌邑南部、高密北部高氟水地区送水3.6亿立方米，解决70多万群众的吃水问题；灌溉土地400万亩/次，增加粮食产量1.6亿千克。黄河水为工程沿线回灌补充水源2.2亿立方米，有效地遏制海水南侵。

1989—2013年引黄济青工程给潍坊分水量统计表

表6-8-4　　单位：万立方米

年份	分水量	年份	分水量	年份	分水量
1989—1990	10429.0	1998—1999	626.0	2007—2008	1220.0
1990—1991	3555.0	1999—2000	361.0	2008—2009	420.0
1991—1992	3242.0	2000—2001	717.0	2009—2010	831.0
1992—1993	1814.0	2001—2002	46.0	2010—2011	824.0
1993—1994	1084.0	2002—2003	634.0	2011—2012	750.0
1994—1995	1034.0	2003—2004	0.0	2012—2013	803.0
1995—1996	671.0	2004—2005	0.0	总计	35838.0
1996—1997	723.0	2005—2006	1539.0		
1997—1998	2639.0	2006—2007	1876.0		

第八节　水利管理

管理机构

潍坊市水利局　1984年，潍坊市水利局成立。1996年11月，市水利局设6个科室，编制36人。2001年8月，设7个职能科室，编制31人。2010年4月，设6个职能科室，编制27名。2012年底，设办公室、组织人事科（挂老干部科牌子）、财务科、发展规划科、水政法规科（挂水政监察支队牌子）、水土保持科6个职能科室，编制27人。潍坊市水利局内部科级事业单位有5个：潍坊市水利工程管理站和潍坊市农田水利站，均为1984年1月成立。潍坊市水利基本建设工程质量监督站，1997年3月成立，2005年6月更名为潍坊市水利工程建设站。潍坊市河道工程维护管理费征管办公室，1997年成立，2012年12月更名为潍坊市水政监察支队。潍坊市潍河管理处于1999年10月成立。

潍坊市水资源规划管理处　1996年11月成立，正科级事业单位，定编15人。2000年1月，调整为14人。2003年6月，调整为18人。2003年12月，调整为副县级规格，编制18人。至2012年底，设综合科、管理科、规划科、收费科4个正科级内部机构，编制18人。

潍坊市水利移民管理办公室　2011年8月成立，副县级规格，定编8人。潍坊市水利工程建设站不再加挂潍坊市库区移民办公室牌子。至2012年12月，设政策法规科、规划安置科2个正科级内部机构，编制8人。

潍坊市南水北调工程建设管理局　成立于2009年10月9日，为正县级规格，设综合科、工程建设管理科2个事业科室，编制10人，至2012年底编制未变。

潍坊市白浪河水库管理局　1981年4月，成立昌潍地区白浪河水库管理局，为全民所有制副县级事业单位。地改市后，更名为潍坊市白浪河水库管理局。1988年，定编110人。1998年，确定白浪河水库管理局为副县级规格，内设办公

室、政工科、财务科、工程科、水政渔政科、综合经营办公室、供水站。至2012年内设科室未变。

潍坊市小清河管理处 2001年6月11日成立，副县级规格，编制14人。至2012年，设综合科、征管科、工程科3个中层机构，编制未变。

水利管理体制改革

大型水库管理体制改革 2007年，市政府办公室转发市水利局等部门《水利工程管理体制改革实施意见》，开展水利工程管理体制改革工作。10月，诸城市政府对墙夼水库管理局水利工程管理体制改革实施方案批复，定性为准公益性差额拨款事业单位，核定编制180人。2012年，市政府第10次常务会议纪要和市政府“关于白浪河、高崖、牟山三座水库管理体制改革及山东浩博水利建设有限公司重组工作专题会议纪要”中明确，按照“事企分开、管养分离”的原则，将白浪河、牟山、高崖3座水库公益事业管理与经营分开。

水利投融资体制改革 2009年2月，市政府批准组建潍坊市级水利投融资平台，同月，市编委批准成立潍坊水利发展中心，对外加挂潍坊水利发展有限责任公司的牌子。公司组建后，成功从市工商银行融资8亿元，为完成全市水库除险加固、白浪河中段治理、引渠入白、北部水网南一横等重点水利工程建设提供资金支撑。

乡镇水利站建设 2011年，市编办印发《关于在镇农业综合服务中心加挂水利站牌子的通知》，明确规定由专人负责水利服务工作，强化水资源管理、防汛抗旱、农田水利建设等公益性职能。2012年，市政府办公室转发市水利局等四部门《关于加强基层水利服务体系建设的实施意见》，提出“11月30日前12个县市区及3个市属开发区全部出台配套实施意见，12月15日前全部工作落实到位”。至年底，全市12个县市区及3个市属开发区设立镇（街道）水利站119个，其中以县水利局管理为主的有48个，以镇（街道）管理为主的有71个，全市成立各类专业服务组织11个，镇（街道）级用水合作组织181个。

水库移民管理

潍坊市于2001年和2004年分两期共接收安置三峡库区重庆市忠县、开县移民1272人，分别安置在条件较好的寿光、青州、诸城、安丘、高密、昌邑、坊子7个县市区的29个乡镇、89个自然村。2007年，省移民局核定潍坊市后扶移民230536人，2011年核定为231260人，2012年底，人口自然变化核查后扶持人口数为218776人。至2012年底，利用中央结余资金21246.68万元，实施项目929个。小型水库扶助基金4821万元，实施项目222个。各县市区利用人口自然变化结余资金1267.5万元，实施项目54个。各级移民管理机构安排325万元，用于村干部及致富带头人和移民的职业技能培训5366人次。

水利执法

90年代后，潍坊市水利系统每年都利用“世界水日”“中国水周”以及其他节点，通过广播电视、报刊杂志、出动宣传车、制作宣传标语等多种形式，进行宣传，提高公众的水法律意识和水法制观念。

采砂 潍河管理处定期开展河道巡查、及时下达责令整改通知、水利公安联合执法、开展集中整治行动，不断加大潍河河道采砂监管力度，始终保持对非法采砂高压严打态势，私采滥挖现象得到有效遏制，河道采砂管理秩序全面好转。1998年、2006年和2010年，市政府先后印发《潍坊市潍河主河道及水源地管理保护规定》《潍坊市潍河河道采砂管理办法》《潍坊市河道采砂管理办法》。2011年，市水利局、市公安局联合印发《关于对市管河道采砂管理实行联合执法的通知》，组建联合执法队伍。2012年，市水利局委托市水利勘测设计院编制《潍坊市潍河采砂规划报告》，为依法、科学、有序利用河砂资源提供技术保障。确保潍河河道工程设施安全、行洪安全，潍河河道采砂管理工作逐步走向法制化、规范化。

征费　1997年12月3日，市河道工程维护管理费征管办公室成立，负责市属以上企业河道工程维护管理费的征收、管理和上缴；开展收集征收河道工程维护管理费的有关数据；会同有关部门审查、办理企业河道工程维护管理费的减免手续；指导各县市区河道工程维护管理费的征收工作。2011年7月，暂停征收河道工程维护管理费。2012年，潍坊市河道工程维护管理费征管办公室更名为潍坊市水政监察支队，同时市水利局水政法规科不再挂潍坊市水政监察支队牌子。2009—2011年分别申请市中级人民法院对21家拖欠拒交河道工程维护管理费企业进行强制执行缴纳河道工程维护管理费。2011年，因山东海化股份有限公司、山东海化物流有限公司、潍坊海星塑料制品有限公司、山东海化氯碱树脂有限公司、潍坊海洋化工高新技术产业开发区福利塑料编织厂5家企业不服潍坊市水利局2011年6月2日作出的《缴纳河道工程维护管理费决定书》，向市政府提出行政复议申请，市政府于2011年8月3日收到申请并依法予以受理，根据《中华人民共和国行政复议法》第二十八条规定，维持潍坊市水利局作出的《缴纳河道工程维护管理费决定书》。

至2012年底，全市水政专职执法队伍有1个支队，12个水政监察大队。市水利局印发《潍坊市水行政许可稽查实施细则》《潍坊市水政执法巡查制度实施细则》《潍坊市水利局重大水事违法案件挂牌督办制度》，全面提升执法效能。稽查建设项目水土保持方案企业19家，水资源专项执法检查企业16家，整顿和规范水资源管理秩序。对寿光小清河入海口处违法筑堤、临朐荣怀污水处理有限公司东弥河河道违法建筑进行挂牌督办处理，有力地维护水事秩序。

龙头蜈蚣

第七编

工　业

潍柴动力股份有限公司wp12重型商用车柴油机智能自动化装配线

第一章 工业经济综述

1978年中共十一届三中全会后，潍坊市认真贯彻对国民经济进行调整、改革、整顿、提高的方针，工业生产较快发展。至90年代初，轻工、纺织、机械、电子、建材等行业初步形成规模，盐业、海洋化工等成为全市工业持续稳定发展的潜在优势行业。企业组织结构和产品结构的优化模式开始形成，拥有潍棉、潍柴、山潍拖、潍坊华光等一批在国内有影响的“潍”字头企业，柴油机、激光照排、录音机、拖拉机、农用三轮车等一大批名牌拳头产品达到80年代国际先进水平或国内先进水平，享有中国“动力城、电子城、纺织城和农机城”的美誉。1991—1994年，工业增长速度保持在20%以上，潍坊在全国率先提出“抓大放小”的改革思路，开始全市范围内的国有企业体制改革。1995—2001年，潍坊工业总体处于持续稳定发展阶段，这期间工业发展速度保持在15%左右。2002年始，潍坊市明确以加工制造业为主要特征的城市定位，坚定不移地实施工业强市战略，走新型工业化道路，推动潍坊工业在新的历史时期实现跨越式发展。2008—2012年，全市工业产业结构调整迈上新台阶。机械、化工、纺织服装、电子信息、食品加工、造纸包装六大支柱产业的资产总额、主营业务收入、工业增加值、利税总额占全市规模以上工业比重达70%以上，成为全市工业增长的主导力量。高新技术和新兴战略产业迈出重要步伐，新能源、新能源汽车、节能环保、电子信息、新材料等新兴战略性产业快速发展，成为全市工业经济发展新的增长点。工业化信息化融合进程加快，信息化带动工业化的整体水平出现较大飞跃，有力地促进产业结构调整与优化提升。至2012年底，全市规模以上企业425家，实现主营业务收入10684.4亿元，实现利润总额545.5亿元，实现利润总额837.4亿元，全市海洋化工、动力机械、食品加工、纺织服装、电子信息、造纸包装六大支柱产业主营业务收入583.8亿元。

第一节 工业企业体制改革

经营体制改革

1991年后，潍坊市以深化企业改革、转换经营机制为重点，全面加快改革步伐，加大改革力度。

完善好企业承包经营责任制。1991—1993年是企业实行承包经营责任制的第二个承包期，全市有809家企业落实新的承包任务。其基本形式是“包死基数，确保上缴，超收分成，欠收自补”，对部分困难企业采取特殊的承包形式和考核办法。实行“利税统一考核”“分档达标承包”“行业大包干”等多种形式。对企业厂长经理的奖惩办法与第一轮承包相比作进一步修改，由对完成承包合同的法人代表奖励职工平均奖金的1～3倍，改为职工平均收入的1～3倍，企业内部承包指标和考核办法也进一步完善。1992年，通过对809家承包企业的审计，90%的企业完成承包合同。1993年底，企业不再实行承包经营责任制。

全面推行企业劳动、人事、分配三项制度改革。1991年，市委、市政府确定10家企业进行“三项制度”改革试点。1992年，市委、市政府提出“一季度抓好试点，二季度全面推开，下半年大见成效”的工作要求。到年底，全市90%以上的县属以上工业企业进行三项制度改革，其中实行全员劳动合同制的企业480家，职工15万人；550家企业实行干部聘任制，聘任副厂级以上干部2003人，中层干部1.25万人；精简企业内部科室1281个，减少管理人员2089人。绝大多数企业改革内部分配制度，实行计件工资、岗位技能工资、浮动工资等多种分配形式。同时，商业进行经营、价格、用工、分配“四放开”改革，当年全市实行“四放开”的企业724家，占商业企业总户数的94%。

立足优化存量资产调整企业组织结构。组建企业集团，实施企业兼并、拍卖、租赁等。到1994年底，全市组建企业集团108家，兼并企业110家，拍卖企业120家，3440多家小企业或小商业门店实行租赁经营。通过结构调整，全市重组、活化存量资产200多亿元。

产权制度改革

1991—1994年，潍坊市围绕产权制度改革对企业进行股份制改造。坚持以产权制度改革为突破口，因企制宜，多形式改革改制，规模以上企业基本完成由工厂制向公司制转变，多数改制企业实现投资主体多元化，建立比较规范完善的公司法人治理结构。1992年，国务院办公厅批转国家体改委等五部门《股份制企业试点办法》，国家体改委颁布《股份有限公司规范意见》和《有限责任公司规范意见》。按照“办法”和两个“规范意见”要求，市委、市政府确定“点上抓规范、面上抓发展、先起步后规范”的全市企业股份制试点工作原则，重点抓企业股份制改造，深化企业产权制度改革。在改组形式上，采取定向募集、社会募集和股份合作制等。到1994年底，全市县属以上股份制企业280家，其中股份有限公司84家，有限责任公司86家，股份合作制企业110家，股本23.2亿元。诸城市通过将企业生产经营性净资产出售给企业内部职工、改组为股份合作制的做法，推动县域企业产权制度改革的深入发展。

1995年，按照市委、市政府确定的“抓住抓好大的，放开放活小的”和“两改造、一联合、一拍卖”的企业改革思路，以理顺产权关系为重点全面深化企业改革，立足制度创新，采取多种形式，全面转机建制。开展国有大中型企业的公司制改造和现代企业制度试点工作。按照《中华人民共和国公司法》的要求，新组建一批有限责任公司和一家股份有限公司，全市的股份有限公司发展到103家，有限责任公司600多家。列入省市建立现代企业制度试点的25家企业的“实施方案”多数已经论证，一部分进入实施操作阶段。以组建企业集团为重点，加快企业组织结构调整。市政府《关于在全市集体私营经济中大力发展企业集团的意见》实施后，集体、私营企业集团发展迅速。到1995年底，全市企业集团200家，其中以国有大中型企业为主组建的企业集团77家，集体、私营企业集团123家。当年新组建集团48家。同时，全市结合结构调整，对240多家县属以上企业进行兼并、拍卖、破产，共盘活存量资产达3亿多元。县域企业改革多形式全面推进。到1995年底，全市进行改制的县属企业800多家，乡镇企业2100多家，分别占县乡企业的70%和80%以上。

1996年，全市有25家股份有限公司被省政府重新确认为规范化股份公司，股本8.34亿元，其中国家股3.53亿元、法人股2.96亿元、社会公众股0.29亿元、内部职工股1.56亿元。新成立昌乐物资和昌乐造纸2家股份有限公司。现代企业制度试点稳步推进。1996年，潍坊市被列入全国优化资本结构试点城市。列入省、市试点的24家企业的试点方案全部批准实施。到1996年底，诸城市多种形式放开搞活中小企业的经验在全市推开。县属以上工业企业多种形式改革、改制面85%以上。企业的联合、兼并、拍卖、破产工作有新进展。由山东潍坊纯碱厂和山东羊口盐场两个国有大型企业组建的山东海洋化工集团，成功实现盐碱联合。中小企业、集体私营企业通过集团化，开始实现由“散、弱、小”向“大、高、强”的跨越。到1996年底，全市各类企业集团发展到222家。

1997年，全市企业改革步伐不断加快。扎实开展企业股份制改造和股票发行及上市工作。到1998年底，潍坊市设立股份有限公司32家，其中上市公司5家，非上市公司27家；有限责任公司1200多家。山东海化集团股份有限公司和山东巨力集团股份有限公司的股票发行和上市工作成功。

1997年，华光科技股份有限公司5000万股A种股票和山东晨鸣纸业股份有限公司1.15亿股B种股票发行成功，共募集资金8.2亿元。1998年3月，山东巨力发行A股2500万股，募集资金2.88亿元。5月，山东海化1.2亿A股的发行工作顺利完成，募集资金6亿元。两支股票共募集资金8.88亿元。加快建立现代企业制度，对市属海化、亚星、华光、新立克、医药、裕华等6个规模较大企业进行规范完善工作。建立出资人制度、母子公司体制，完善集团法人治理结构，完善集团的税收、信贷、财务体制，建立完善监管考核制度。深化县域企业改革，全面放开放活中小企业。全市4634家乡镇及以上企业，改制2930家，占总数的63.2%。其中股份有限公司23家，有限责任公司375家，股份合作制620家，拍卖出售525家，兼并203家，实施破产的90家，实行租赁承包的1028家。

1999年以国有大中型企业改革为重点，全面推进各项改革。依据《中华人民共和国公司法》加快对企业的股份制改造，全市组建有限责任公司近200家，设立股份有限公司33家。其中上市公司5家，非上市公司28家。诸城外贸集团进行股份制改造，在新加坡发行S股的工作进展顺利。全市组建职工持股会43个，职工入股资金2.2亿元，入股会员2万多人。以持股会为出资人之一组建有限责任公司40家，发起设立股份有限公司3家。按照市政府批转的《关于进一步搞好企业上市资源培植开发的意见》，开发培植一批符合国家产业政策、发展潜力较大的企业，诸城外贸集团、得利斯集团、亚星集团、昌乐乐港公司、寿光联盟化工、寿光蔬菜市场集团等一批企业，成为重要的上市资源企业。市属企业改革的力度进一步加大。到1999年底，89家重点市属企业，产权改革已到位和进入改制程序的有51家。坚持因企制宜，多形式改制的原则，突出产权改革。通过股份制、股份合作制等形式，在企业建立起多元投资主体、产权清晰的企业资本结构。加大内引外联、资产重组力度，对部分企业依法实施破产。推进企业的机制创新、管理创新和技术创新。市政府印发《关于进一步深化国有企业改革的意见》，在抓好企业制度创新的同时，加快建立企业内部机制；落实企业法人财产权，使企业真正成为自主经营、自负盈亏、自我发展、自我约束的经济实体和市场竞争主体；进一步深化企业劳动人事和分配制度，在用人上大胆引入竞争机制，对企业管理者实行选举制或聘任制；建立完善企业法人治理结构，明确企业董事会、监事会和总经理的职责权限和运作行为。改革促进管理创新，涌现出诸城市四达公司“倒逼成本法”、亚星集团“购销比价管理”、海化集团“三三制管理”和新立克集团“财务主管委派制”管理创新典型。县域企业改革继续深化发展。全市5971家县域企业，改制的5408家，占总数的90%以上。

2000年，全市经济体制改革按照“抓大放小”的方针，以股份制和股份合作制改造、资产优化重组及深化企业内部改革为重点，推动企业存量资产的流动和重组，调整和优化企业结构，促进企业改革全面深化，加快建立现代企业制度。对中小企业特别是“小、微、亏”企业，主要采取整体托管经营、分离重组分块搞活、抵债反租经营、动产出售不动产出租、债权变股权、抽本经营、土地置换启动经营、公有民营、资产重组产业整合、先租后售或先股后租等形式，使企业打破行业、区域和所有制界限，实现资产的合理流动和优化重组。到2000年底，由市属企业改制的具有独立法人资格的企业85家，占市属企业总数的73%。全市列入重点调度的89家企业中，改制的69家，占77%。从改制形式上看，采取内部员工持股、经营者持大股买断公有资产进行股份制、股份合作制改造的65家，占改制企业总数的77%；实行抵债转租、抵债转售的5家；内引外联的6家；破产重组的14家；经营者个人买断的1家。到2000年底，全市有股份制企业299家，其中有限责任公司265家、股份有限公司34家。在34家股份有限公司中，上市公司5家、非上市公司29家。深入推进县域企业改革，诸城市实施“四扩一调”，对全市的210家股份合作制企业实施现金扩股、债务变股权、吸收社会法人扩股、量化新增资产，调整股权结构。全年改制360家。全市5971家县域企业中，改组改制的有5768家，占总数的96%以上，实施“四扩一调”，新增股本7.5亿元，其中现金扩股1.8亿元、债务变股权3亿元、吸收社会法人扩股6000万元、量化新增资产2.1亿元。在“四扩一调”中，诸城市四达公司18名大股东一次投入股金316万元，持有股本占企业总股本的51%。其中董事长持股达到266万元，占总股本的11.4%，成为公司第一大股东。2001年，推进以企业改革和企业上市为重点的各项改革，组织开展改制企业“回头看”活动。对海化、亚星、医药、新立克等4家企业实行国有资产授权经营，对30家企业的子公司、子企业实行剥离。有13家企业依法破产并实施重组。亚星化工股票成功上市，海化集团、巨力集团顺利实施配股。市属企业改革攻坚和产权制度改革基本到位，企业改制面达90.8%。在市属128家改制企业中，采取内部员工入股、经营者持大股，一次性买断国有集体资产，改为股份制的93家；产权转让、内引外联的6家；分离改制、分块搞活的9家；破产重组的20家。市属改制企业员工入股占职工总数的70%，人均入股8613元；领导班子成员人均入股12万元，法人代表人均入股31万元。按照国家所有、分级监管、授权经营的要求，市政府对海化、亚星、医药、新立克、公用事业5户市属重点企业集团实行国有资产授权经营。全市县域企业改革以抓改制、抓深化、抓完善为重点全面推进。对尚未改制的企业，以股份制、股份合作制为主要形式实行改制；对改制的企业在领导班子持大股、建立新的经营机制等方面进行规范完善。同时，将改革的领域拓展到公用事业和企业化管理的事业单位。市体改办会同有关部门组织奎文金宝集团和潍城耶莉娅集团两户乡村集体企业的改革试点。小城镇综合改革试点继续深化，景芝镇作为全国综合改革试点镇，在投融资体制改革、户籍制度改革、发展农村合作经济、转变政府管理方式等方面，得到国务院体改办给予肯定。全市行政审批制度、医疗卫生和医疗保险体制等方面的改革全面启动。到2001年底，全市4608家县域企业，改制4404家，占95.6%。其中1222家县市区属企业改制1105家，占90.4%；3386家乡镇村企业，改制3299家，占97.4%。

到2004年底，潍坊市基本完成市属企业改制任务。系统内122家独立法人企业单位，其中97家工业生产企业中除个别大企业集团核心企业正在拟订改制方案外，其余基本完成改制；25户局、公司所属二级单位和机关办实体除个别有遗留问题需要处置外，其余基本完成改制。2005年，加大对大企业、困难企业的改制力度。对山潍拖主体经营实施托管，其内部7个单位中，有2个通过实施主辅分离改制到位；新立克的改革改制和资产重组进入实质性实施阶段；金艺集团内部5个企业完成改制及人员分流。按照“事改企、企改制”的思路，加快推进系统内6个事业单位的改革改制，有4个事业单位完成改制。2006年，妥善解决改制企业遗留问题，加强管理培训和优秀管理成果的推广应用。对新立克、巨力等大企业组织实施资产重组和改制，年内基本完成大企业改制目标。狠抓改制后中小企业的规范完善和破产企业遗留问题的解决，完善法人治理结构，健全运行机制。推进企业管理信息化，推进企业现代物流管理。潍柴动力、海化集团、恒联投资等企业被省经贸委评为2006年度山东省管理创新优秀企业；潍柴动力、振兴焦化、山东海龙等11家企业被评为省信誉企业。

企业管理创新

1997年，全市普遍推开亚星集团的“三统一分”（机构统一，人员统一，资金统一；核算分离）、“三个转移”（计划管理的重点向财务预算转移，资金管理的重点向资金输入输出两头转移，成本管理的重点向车间转移）和诸城四达公司的“倒逼成本管理法”。围绕强化营销管理，企业主动加入FD营销网络，聘请专家对人员进行培训辅导。1998年，全市工业系统先后召开两个现场会，总结推广亚星集团“购销比价管理”和海化集团“从严管理、倒推硬逼”的经验；举办学海尔经验培训班，组织开展“远学邯钢、海尔，近学海化、亚星，抓管理，增效益”活动和“现场管理月”活动。全市100种重点调度的产品，有70种采购成本下降，仅此一项实现管理效益1.5亿元。

2007年始，潍坊市对企业进行管理创新，全面提高企业素质，促进企业发展。潍坊市经信委系统对符合条件的62家企业实行属地化管理。省经贸委在全省企业推广山工机械管理创新的经验。潍柴动力、海化股份纯碱厂分获全国质量奖和全国质量奖鼓励奖。有12个QC小组获“山东省优秀QC小组”，13个班组获“山东省质量信得过班组”，8家企业获“山东省质量管理小组活动优秀企业”，全市专利明星企业达到94家，有957家企业生产采用国际标准，13家企业参与制修订国家标准22项、行业标准14项，13家企业通过AAA级标准化良好行为示范、96家企业通过AA级标准化良好行为示范。2008年，强化基础管理，企业改革管理工作实现新突破。贯彻落实市政府《关于加快股份有限公司发展的意见》，规范完善企业法人治理结构，加快由有限责任公司向股份有限公司转变。先后有歌尔声学A股、昱合集团、寿光豪源实业3家企业在境内外上市，晨鸣纸业发行H股，沃华医药增发1200万股，潍柴动力、晨鸣纸业、山东海龙发行短期融资债券，募集资金72.76亿元。全市拥有上市公司19个，股票22只。推广六西格玛管理模式，山工机械、福田雷沃等12家企业先后导入六西格玛管理模式。潍柴、恒联、海龙等多家企业引进管理咨询机构，推行全面预算管理、5S管理、QC管理、标准化管理、信息化管理、精细化管理、KPI绩效管理等企业基础管理。全市评选市级现场管理样板企业27家、企业信息化示范企业和优秀项目30家、省级管理创新优秀企业9家。

2009年，以大型企业集团和工业企业100强为重点，推动企业改革管理提升。推广卡特彼勒山工管理创新经验，建设诚信示范企业，共有79家企业被评为潍坊市诚信示范企业。37家企业被列入全省重点工业企业，居全省首位。组织实施“工业企业经营管理精英人才培训工程”。规模以上工业企业经营管理人员大专以上学历的比例达到51.3%，具有中级以上职称的比例达到31.2%。百强工业企业董事长、总经理本科以上学历的占47%，具有硕士以上学位的占15%，具有高级以上职称的占50%。

2010年，推进企业管理创新，加强企业诚信建设。市政府印发《潍坊市深化企业和科技体制改革试点工作实施方案》，审核确定39家改革试点企业。组织实施海化集团与中海油战略合作项目。全年新发展股份公司106家，有7家企业8支股票上市，上市公司总数达到29家，股票33支。全省六西格玛管理现场会议在潍坊市召开，推广山工管理创新经验，全市有34项企业管理现代化创新优秀应用成果被审定为省级优秀成果。全市有55家企业被审定为“山东省诚信示范企业”。

2011—2012年，推动企业上市增资扩股，战略外延。推进企业兼并联合重组和股份制改造，建立健全法人治理结构，把培植企业上市作为一项战略性任务，依法完善内部各项管理制度；在上市渠道上，因企制宜，境内外上市并举。同时，强化对上市公司的监督指导，加大新经济增长点的培育，争取符合条件的企业及时进行扩配股或发行可转换债券，畅通从资本市场再融资渠道。至2011年底，全市有33家企业37支股票在境内外上市。2012年，全市300家重点工业企业中有120家主营业务收入过10亿元，50家过20亿元，20家过50亿元，14家过100亿元。潍柴集团成功并购意大利法拉帝公司、控股德国凯傲集团，山东海龙重整基本完成、股票复牌。

第二节　工业经济运行

1991—1994年是新中国成立后潍坊市工业经济发展最快最好的时期，工业增长速度保持在20%以上。4年间，全市工业坚持以提高经济效益为中心，以搞好国有大中型企业为重点，紧紧围绕建立新的企业制度，形成新的产业优势，构筑新的工业格局，探索新的管理方式，实行改革推动、科技驱动、外向带动，促使产品上档次、企业上规模、管理上水平，不断改善经济运行质量，全市工业经济实现持续、快速、健康发展。1991年，全市完成工业总产值264.6亿元，比上年增长20.7%，其中乡镇及以上工业完成产值169.44亿元，比上年增长17%。在乡镇及以上工业总产值中，全民工业完成95.32亿元，增长15.2%，集体工业完成79.84亿元，增长18.2%；轻工业完成103.94亿元，增长13.6%；重工业完成65.49亿元，增长23.9%。大中型工业完成84.55亿元，增长20.9%。1992年，在诸城市率先开展股份制、股份合作制产权改革，其“先出售、后改制、内部职工持股”的改革模式为全国首创。

1991—1993年潍坊市工业主要经济指标统计表

表7—1—1 单位：亿元

年份	工业总产值	比上年增长	乡镇及以上工业总产值	比上年增长	乡镇及以上全部独立核算工业					
					销售收入	比上年增长	利税	比上年增长	利润	比上年增长
1991	264.6	20.7%	169.44	17.0%	145.36	28.4%	14.4	22.0%	5.4	28.6%
1992	367	38.2%	219.15	29.3%	180.4	24.1%	17.1	18.8%	6.9	27.8%
1993	698.9	84.0%	328.29	49.8%	268.4	48.8	23.3	36.3%	9.3	34.8%

1994年，全市乡及以上独立核算工业企业按企业隶属关系划分，县市区属及以下企业2052家，职工461906人；市属企业65家，职工86110人；中央省属企业18家，职工21791人。按企业所有制性质划分，国有企业275家，职工196711人；集体企业1572家，职工263557人；“三资”企业100家，职工24091人；股份制企业191家，职工84046人；城镇合作经营和个体工业企业348家。全市实现工业增加值174亿元；乡及乡以上独立核算工业完成工业总产值506.6亿元，实现利税36.85亿元，实现利润15.63亿元。

1995—2001年，潍坊工业总体处于持续稳定发展阶段，这期间工业发展速度保持在15%左右。1995—1996年，全市工业以转换企业经营机制、搞好搞活国有大中型企业为重点，通过实施“双十工程”、开展“管理效益年”活动，推进各项改革，促进工业结构的优化和经济效益的提高。经过两年的改革发展，产品结构加快向适应市场需求的方向调整优化，主要能源、原材料产品平稳增长，机电投资类产品增势强劲，适销对路的消费品产量也有较大幅度的增长，产销衔接逐步好转。1995年，全市工业完成增加值222亿元，乡及乡以上独立核算工业完成增加值114.3亿元，实现销售收入454.8亿元，实现利税42.1亿元，其中利润16.9亿元。1996年，全市乡及以上独立核算工业实现销售收入突破500亿元，达到517.4亿元，实现利税53.0亿元、利润22亿元。1997年始，全市进入工业结构战略性调整期，重点是以市场为导向，以改革为动力，积极推进企业技术进步，着力强化企业管理。1998年，以搞活国有企业、增强其竞争力为重点，制定国有企业改革和脱困两大目标，着力加大企业扭亏增盈力度。2000年，全市国有及年销售收入500万元以上非国有工业实现产品销售收入662.2亿元，比上年增长16.2%；实现利税62.3亿元，实现利润27.8亿元。全市国有企业三年改革与脱困两大目标如期实现，国家经贸委1997年锁定的全市25家国有及国有控股大中型工业亏损企业有19家实现扭亏。2001年，全市工业实现“十五”计划良好开局。全市国有及年销售收入500万元以上的非国有独立核算工业企业完成工业增加值199.8亿元，实现销售收入721.8亿元，实现利税68.9亿元，其中利润31.7亿元。潍坊工业保持稳定发展，但总量在全省的比重较小。

1994—1997年潍坊市工业主要经济指标统计表

表7—1—2　　单位：亿元

年份	工业增加值	比上年增长	乡及以上独立核算工业企业							
			产品销售收入	比上年增长	工业增加值	比上年增长	利税	比上年增长	利润	比上年增长
1994	174	25.3%	353.3	31.6	93.85	28.2%	36.9	53.8%	15.6	—
1995	222	18.5%	454.8	28.7	114.34	20.6%	42.1	25.4%	16.9	—
1996	—	—	517.4	13.8%	138.1	27.3%	53.0	32.9%	22	35.1%
1997	—	—	539.4	5.3%	154.2	0.6%	52.2	−1.9%	22.5	−2.4%

1998—2002年潍坊市国有及年销售500万元以上的非国有独立核算工业企业主要经济指标统计表

表7—1—3　　单位：亿元

年份	工业增加值	比上年增长	销售收入	比上年增长	利税	比上年增长	利润	比上年增长
1998	148.5	11.6%	543.5	8.3%	49.4	4.9%	19.5	4.8%
1999	158.3	12.0%	576.1	10.0%	50.45	10.1%	19.9	15.6%
2000	181.4	13.2%	662.2	16.2%	62.3	21.0%	27.8	33.2%
2001	199.5	15.0%	721.8	15.1%	68.9	18.6%	31.7	15.6%
2002	244.9	17.5%	858.8	21.2%	82.4	23.0%	40.1	28.7%

2002—2007年，潍坊工业步入高速增长期。2002年始，市委、市政府在认真分析资源状况、产业基础、区位条件基础上，明确以加工制造业为主要特征的城市定位，确立“全党抓经济、重点抓工业”的指导思想，坚定不移地实施工业强市战略，走新型工业化道路，突出企业集团化发展、产业招商引资、工业退城进园、培植企业上市等重大举措，推动全市工业在新的历史时期实现跨越式发展。2002年，全市国有及年销售收入500万元以上的非国有独立核算工业企业完成工业增加值244.9亿元，实现产品销售收入858.8亿元，实现利税82.4亿元，其中利润40.1亿元。2004年，全市规模以上工业实现增加值504.4亿元；完成销售收入1843.1亿元，增长49.4%；实现利润100.9亿元，实现利税171.4亿元。2005年，全市规模以上工业实现增加值714.1亿元，完成销售收入2736.9亿元，实现利润144.1亿元，实现利税240亿元。到2006年，全市规模以上工业主要经济指标实现四年翻两番，工业增加值、主营业务收入、利税、利润总额年均增幅分别为43.9%、42.3%、36.8%、45.2%。2003—2006年，潍坊工业总量迅速膨胀，效益大幅提高，在全省的位次实现全面前移，其中工业增加值由第7位上升为第5位，主营业务收入由第6位上升为第3位，实现利税由第7位上升为第5位，实现利润由第6位上升为第5位。到2007年底，

全市规模以上工业实现增加值达到1199亿元，完成主营业务收入4271.4亿元，实现利润236.2亿元，实现利税381.1亿元。全市有4家企业工业增加值过100亿元，7家企业过50亿元，46家企业过10亿元，16家企业18支股票在境内外发行上市。

这一时期，潍坊工业立足原有优势，初步建立起较为齐全的产业体系，确立省内工业大市地位。机械装备、纺织服装、海洋化工、食品饮料、造纸包装等传统支柱产业优势突出，建成全国最大的海洋化工产业基地、产业链条完整的机械工业体系、特色优势明显的纺织服装生产基地和农副产品加工出口基地，五大支柱产业经济总量占全市工业的70%；以钢铁、石化、汽车、电力为代表的潜力产业正在崛起，以电子信息、新型医药、新材料、环保节能为主体的高新技术企业初具规模。企业技术装备水平明显提高，全市设备达到国际先进水平的占20%，达到国内先进水平的占50%，机械装备、纺织服装、造纸包装、食品加工、化学工业等行业设备达到国内先进水平的占70%以上，达到国际先进水平的占30%以上。全市工业主导产品发展到108大类、5000多个品种，其中原盐、粘胶短丝、机制纸、内燃机、驻极体传声器、淀粉、低温肉制品、溴素、车桥、轻卡等产品产量居全国第一。全市工业创出“鸢都”牌纯碱、“孚日”牌毛巾等中国名牌，“得利斯”“新郎”等中国驰名商标，品牌经济总量日渐扩大。

2008—2012年，潍坊工业进入结构调整、转型发展阶段。2008年始，宏观经济形势日益趋紧，特别是受国际金融危机影响，国内经济受到较大冲击，潍坊工业发展速度开始下降，年均增长速度回落到15%左右。这一时期，全市工业一方面认真贯彻落实中央、省保增长、扩内需、调结构的各项政策措施，努力克服国际金融危机造成的不利影响，主动破解发展难题，扭转工业经济下滑态势。另一方面，持续推进产业结构调整和发展方式转变，加快发展高新技术产业、装备制造业、电子信息产业等先进制造业，着力改善工业经济运行质量、优化产业结构、提升经济效益。这一时期，全市规模以上工业各项主要指标实现新的跨越，新型工业化进程取得积极进展。完成主营业务收入由2008年的5153.4亿元发展到2012年的10542亿元，四年实现翻番，潍坊市成为省内继青岛、烟台之后第三个过万亿元城市。到2012年底，全市规模以上工业增加值同比增长13.5%；完成主营业务收入10542亿元，实现利润545.5亿元，实现利税837.4亿元。大企业保持较快发展，全市增加值过100亿元企业由2008年的7家增长到13家，50亿～100亿元企业由12家增长到20家，10亿～50亿元企业由52家增长到120家，上市公司由19家（股票22支）发展到35家（股票39支）。

这一时期，全市工业牢固树立科学发展理念，产业结构调整迈上新台阶。大批新技术、新工艺、新装备广泛应用，高污染、高能耗的陈旧落后工艺技术设备加速淘汰，有力地促进产业层次和素质提升。支柱产业支撑作用进一步增强，机械、化工、纺织服装、电子信息、食品加工、造纸包装六大支柱产业的资产总额、主营业务收入、工业增加值、利税总额占全市规模以上工业比重达到80%以上，成为全市工业增长的主导力量。高新技术和新兴战略产业迈出重要步伐，新能源、新能源汽车、节能环保、电子信息、新材料等新兴战略性产业快速发展，成为潍坊市工业经济发展新的增长点。传统产业转型升级步伐加快，钢铁行业着力发展精深加工，延伸产业链，成为优质棒材、专用无缝钢管等产品生产基地；汽车行业产品进一步完善，轻型汽车、三轮车在全国同行业的优势地位进一步巩固，引进北汽福田多功能汽车厂、江淮汽车、瑞驰汽车等一批大型企业，为新能源汽车发展奠定基础；机械装备在内燃机、数控机床、工程机械、农用机械、配套零部件等方面的优势进一步增强；化工和建材行业向精细化、新型化、环保化方向发展，石油化工与中海油、中国化工等实现合作；医药行业通过全面实施GMP改造和品牌培育，中成药现代化步伐加快，生物医药蓬勃发展；轻工、纺织服装行业承接产业转移和实施嫁接改造并重，培育形成一批生产基地、特色园区和骨干企业。工业化信息化融合进程加快，企业信息化已从最初的财务管理、办公自动化（OA）、集散控制（DCS）、门户网站、仓储管理等事物处理阶段，发展到企业资源计划（ERP）、供应链管理（SCM）、客户关系管理（CRM）、计算机辅助设计（CAD）等管理信息系统，并向产品数据管理（PDM）、新一代集散控制（DCS）、计算机集成制造（CIMS）、商业智能决策（DSS）支持系统和知识管理延伸，信息化带动工业化的整体水平出现较大飞跃，有力地促进产业结构调整与优化提升。

2003—2012年潍坊市规模以上工业企业主要经济指标统计表

表7—1—4

年份	企业数量（个）	比上年增加（个）	工业增加值（亿元）	比上年增长	主营业务收入（亿元）	比上年增长	利税（亿元）	比上年增长	利润（亿元）	比上年增长
2003	1970	535	338.2	27.0%	1224.0	43.8%	119.0	44.8%	65.0	62.2%
2004	3406	1436	504.4	31.6%	1843.1	49.4%	171.4	45.0%	100.9	55.3%
2005	3833	427	714.1	33.4%	2736.9	50.9%	240.4	40.7%	144.1	42.9%
2006	4119	286	882.0	27.8%	3391.4	30.2%	275.2	28.9%	173.0	20.1%
2007	4310	191	1199.0	21.0%	4271.4	28.5%	381.1	33.7%	236.2	36.5%
2008	4835	525	1343.5	14.4%	5153.4	24.3%	436.8	16.6%	277.0	17.2%
2009	5231	396	1499.0	15.1%	6070.1	15.5%	546.8	21.3%	348.3	25.8%
2010	5089	−142	1958.3	15.4%	7486.7	31.2%	785.0	41.9%	528.4	51.7%
2011	4130	—	—	15.5%	9145.7	28.5%	780.6	17.1%	540.4	2.3%
2012	4160	30	—	13.5%	10542.1	14.4%	832.7	5.0%	571.7	5.8%

说明：2011年、2012年的企业数为年主营业务收入2000万元及以上的工业法人企业

第三节　技术改造投资

1991—1994年，全市乡及以上企业完成技改投资58.8亿元，比“七五”期间增长200%。其中1994年全市完成技改投资28.9亿元，比1993年增长86.5%。投资完成率、省重点项目投产率、国家专项资金到位率、县属以上项目占全市投资比重等6项综合指标列全省第一名。四年完成技改项目1918项。其中，1993—1994年争取省重点项目15个，总投资6.2亿元。全市县属以上大中型企业60%的老设备得到更新改造，40%的技术装备达到国内或国际先进水平。

1995年，按照培植主导产业、改造传统产业、发展新兴产业的思路，全市实施技改项目718项，当年计划投资37.7亿元，完成投资35.1亿元。全年建成竣工投产项目412项，其中当年

开工建设、投产见效的187项。亚星化工集团的CPE二期工程、山东海洋化工集团平衡80万吨纯碱、高密化纤集团万吨粘胶纤维等项目的竣工投产。全市研制开发填补市内以上空白新产品612项，完成新产品销售产值53亿元，利税6.6亿元，新产品产值率达10.2%，利税率12.5%。

1996年，按照“反弹琵琶”（由过去企业自下而上选报项目改为政府有关部门根据国家产业政策确定技改项目，由企业投标竞争）选项目、集中资金保重点和收贷挂钩保还款的技术改造思路。全市实施技术改造项目1131项，当年完成工作量42.7亿元，其中完成技术改造项目584项。在完成项目中，投资额过千万元的项目132个，当年开工建设当年投产见效的193个。

1997年，恒信集团10万吨铜版纸、水泥厂日产2000吨熟料回转窑、晨鸣集团10万吨涂布纸、潍柴WD615改造等列入国家结构调整项目，总投资19.4亿元，项目数量列全省首位，总投资列全省第二位。全市15项国家二期“双加”（加大技术改造力度、加快技术改造步伐）工程和11项山东省重点项目，有20项竣工投产。

1998年，全市工业在建技改项目796项，完成投资55.3亿元，比上年增长14.5%；建成竣工投产项目393项，其中过千万元的66项。亚星化工集团的CPE三期工程、巨龙化纤集团的粘胶短丝“一改三”、晨鸣纸业集团的10万吨高档文化纸、恒信纸业集团的碱回收及平衡4万吨草浆能力等一批重点项目竣工投产。

1999年，全市工业系统排出183个有市场、效益高的重点技改项目，按照优中选优的原则，筛选出华光集团的半导体发光器件外延材料及激光二极管、晨鸣纸业集团的15万吨高档铜版纸、恒信纸业集团的2万吨铜版纸、潍坊柴油机厂的226B柴油机等10个投资过5000万元的项目，作为重中之重，突出抓好。全市完成技改投资59.8亿元，比上年增长8.7%，有361个项目竣工投产。先后向省、国家申报符合22个专题的“双高一优”（高新技术产业化、利用高新技术改造传统产业、优化产品结构）项目54个，总投资56.7亿元。15万吨高档铜版纸、锂电池、3万吨粘胶短丝等5个项目列入财政债券贴息技改项目，争取贴息资金15.8亿元，占全省的23%。争取国家、省技术创新项目拨款和计算机应用项目贷款贴息508万元。

2000年，全市先后筛选论证118个投资过千万元的项目，其中59个项目列入国家和山东省的“笼子”。争取财政债券贴息资金（含国债资本金）及财政预算内资金2.26亿元，列全省首位。全市工业系统在建项目687个，完成技改投资67.02亿元，增长12%；388个项目竣工投产。

2001年，全市实施技改项目902项，其中投资过亿元项目18项，完成技改投入91.2亿元，居全省第二位，比上年增长36.1%。其中市直工业完成投资11.5亿元，增长97.3%。亚星5万吨CPE、巨龙集团3万吨粘胶短丝、潍柴226B等534个项目建成投产。

2002年，全市实施技术改造项目959项，其中投资过亿元项目50项，完成技改投资122.5亿元，增长34.4%，技改投资额首次突破百亿大关，居全省首位。有14个项目分别列入第七至第九批国债项目，项目总投资19.5亿元，争取贴息贷款12.2亿元，项目个数、投资额、争取贷款数额均居全省第一（计划单列市青岛除外）。有533个项目建成投产。晨鸣纸业集团15万吨高档铜版纸、亚星集团5万吨氯化聚乙烯、巨龙化纤集团3万吨粘胶短丝、得利斯集团百万头生猪屠宰等21个投资过5000万元大项目的建成投产，使潍坊市的高档铜版纸国内市场占有率达到20%以上，氯化聚乙烯产量居世界首位，机制纸、棉浆粕、粘胶短丝规模和能力居全国同行业第一，内燃机、收获机械、农用车、拖拉机等技术装备水平都达到全国同行业先进水平。

2003年，全年完成投入201.5亿元，增长78.3%，有1004个项目建成投产，按设计能力计算，年新增销售收入310.6亿元，利润29.7亿元，税金19.1亿元，创节汇1.8亿美元。实施的1953个工业项目中，投资5000万元～1亿元项目213个，过亿元项目110个。列入前四批国债计划的5个项目全部竣工投产，其中3项通过了验收；列入第六至九批国债项目计划的16个项目，有3个项目开工建设。海化集团、晨鸣集团、钢铁集团、潍坊柴油机厂、亚星集团、墨龙机械、孚日家纺等重点企业当年投入均超过2亿元。

2004年，紧抓投量、投速、投向和投效四个关键，全市实施技术改造项目2232项，其中过5000万元～1亿元项目459项，过亿元项目189项，完成投资213.8亿元，增长6.1%，全市有1465个项目建成投产，按设计能力计算，年新增销售收入629.7亿元，利润61.3亿元，税金38.4亿元，创节汇8412万美元。海化集团、潍柴等22户企业完成投资过亿元，海化集团60万吨纯碱扩建、亚星集团年产6万吨离子膜烧碱等一批投资额大、科技含量高、对结构调整带动作用明显的大项目相继开工建设或建成投产。

2005年，全市加大投入调整工业布局，全市工业投资完成784.7亿元，其中技改投入527.8亿元，开工建设过5000万元的项目609项，其中过亿元项目302项。钢铁集团优质钢改造、晨鸣集团热磨化学机浆等42个投资过5亿元项目建设进展顺利；弘润石化40万吨柴油加氢及60万吨重油裂解等93个过亿元项目竣工投产。同时，对动力机械、纺织服装、造纸包装、海洋化工、食品加工、电子信息等六大产业及其25个产业链，逐一研究制定发展规划，并将其作为投入的重点，五大支柱产业和四大高新技术产业的投资额达到全市的88%，五大支柱产业经济总量占全市工业的比重达到70%以上。

2006年，加大高新技术产业、优势制造业和环保节能技改投入，机械装备、纺织服装等产业完成投资396.4亿元，占全部投资的71.6%；电子信息、新型材料等高新技术产业完成投资60.3亿元，占10.9%；直接用于节能、环保和资源综合利用方面的投资23.8亿元，占4.3%。在土地供应、财政支持、银行信贷及争取国家、省项目计划等方面实行倾斜，加快技术含量高、带动作用强的项目实施。全市完成工业投资724.4亿元，技改投资553.7亿元，比上年增长4.9%。加快推进产业聚集，各类工业园区共完成投资205.9亿元，占全市完成投资的37.2%，在高新技术开发区、经济开发区、滨海项目区进一步集聚，初步形成相对集中的纺织印染、海洋化工、机械装备等新型工业园区。

2007年，全市工业投资完成765.3亿元，比上年增长25.1%，其中技改投资完成610亿元，增长26.4%，技改投资占全市固定资产投资的比重达到50%。有11个项目列入省重点产品结构调整项目计划，共获得上级财政资金支持1705万元。在先进制造业、节能环保业和高新技术产业等重点领域及薄弱环节实施技术改造项目1572项，完成投资541亿元，占全市完成投资的88.7%。

2008年，全市完成技改投资639.9亿元，增长28%，继续保持平稳较快增长的势头。市政府先后组织编制《关于贯彻落实省委省政府〈关于提高自主创新能力加快工业结构调整的意见〉的实施意见》《贯彻省政府〈关于加强企业技术改造实施工业发展新特优工程的意见〉的实施意见》等，完善修订北部沿海地区工业产业布局规划，明确新形势下技术改造的方向和重点。按照“建设一批、投产一批、储备一批”的原则，组织实施中联水泥日产6000吨水泥熟料生产线和余热发电等278个过亿元项目，昌邑石化70万吨重油催化裂解等75个项目竣工投产，年新增主营业务收入394.1亿元，利润33.6亿元，税金3.3亿元。实施一批传统产业升级改造项目。以化工、建材、食品、造纸等传统产业为重点，组织实施晨鸣集团12万吨美术涂布印刷纸等880个升级改造和转型重点项目，紫阳陶瓷智能洁具生产等118个项目竣工投产，年可新增主营业务收入388.9亿元，利润30.5亿元，税金20.9亿元。优化机电产品结构，积极组织项目申报，争取政策资金支持。为51个项目办理技术改造引进项目免税确认书，项目总投资12.1亿元，总用汇8167万美元，可为企业减免关税2000万美元。争取结构调整资金770万元。组织孚日集团等22家企业申报进口设备贴息资金，贴息额617万元，贴息企业户数居全省首位、贴息额占全省的10.9%以上，居全省第三位。

2009年，全市工业系统完成技改投资753.3亿元，增长16.9%，占全社会固定资产投资比重达到40.5%，完成投资绝对数居全省第二位。在技改投资中，用于单纯扩能的投资仅占5%左右，而用于增加品种、提高质量、降低能耗、资源综合利用及环保等的投资占投资总额的95%。重点技改项目中，采用设备达到国内先进水平的占70%以上，达到国际先进水平的占30%以上。认真贯彻落实国家、省、市一系列“保增长、扩内需、调结构”政策措施，市委、市政府先后印发《关于加快工业调整振兴的意见》《十大工业调整振兴规划》等28个特色产业调整振兴规划。以黄河三角洲高效生态经济区、蓝色经济区、高端产业聚集区“三区”建设为平台，加大投资力度，大力发展蓝色经济和高端制造业，改造提升传统产业，调整优化产业结构，加快发展方式转变。

2010年，市经济和信息化委员会编制《2010年企业技术改造项目导向计划》，确定全年全市工业企业实施投资项目1070项，总投资2503.1亿元。在机械装备、纺织服装、食品加工、造纸包装等传统支柱行业，加快组织实施总投资1075亿元的559个重点项目，全力推进传统支柱产业向价值链高端迈进。围绕加快千亿级产业链培育，重点抓盛瑞传动8AT、北汽福田潍坊汽车厂新能源轿车、潍柴动力大功率柴油机等一批重点项目的实施。积极申报项目，有107项重点项目列入省政府2010年重点技术改造项目，总投资137亿元，居全省第二位；高新区LED、动力机械和坊子区农机装备3个示范基地正式列入山东省第一批新型产业化示范基地；盛瑞传动年产2万台8AT等10个项目申报2010年中央预算内投资计划，获中央预算内投资2625万元；潍坊恒联玻璃纸有限公司再生纤维素膜等35个项目申报2010年新兴产业和重点行业发展专项资金项目计划，获专项资金1175万元。

2011年，全市工业完成投入1066.4亿元，比上年增长20.6%；高新技术产业完成投入689.1亿元，增长58.7%；先进制造业完成投入801.2亿元，增长21.4%。全市列入省工业调整振兴规划重点调度项目483个，完成投入200.6亿元；列入省转方式、调结构重点项目计划197个，完成投入125.4亿元；列入2011年省企业重点导向计划项目186个，完成投入137.5亿元。

2012年，全年完成工业投资1174.1亿元，其中技术改造投资1001.9亿元，增长16.8%，占工业投资的比重达85.3%，成为全省第二个技改投入过千亿的城市。围绕实施“85311”工程，重点推动盛瑞传动10万台8挡自动变速器等728个总投资2479亿元的千亿级产业链项目建设，完成投资607亿元，同比增长26.7%。

第四节　技术创新与进步

1991—1994年，全市开发填补市以上空白的新产品2218种，投产1896种，新产品投产率达85.5%。在完成的项目中，达到国际先进水平或填补国内空白的268项，其中华光集团的电子出版系统和数字程控交换机、潍坊化工厂的氯化聚乙烯等都具有较高的技术水平，形成新的产品优势。

1995年，全市研制开发填补市内以上空白新产品612项，完成新产品销售产值53亿元，利税6.6亿元，新产品产值率10.2%，利税率12.5%，分别比上年提高0.4和0.6个百分点。1996年，海洋化工集团技术中心被认定为国家级企业技术中心，潍坊四棉、亚星集团等4家企业被认定为省级企业技术中心；先后有潍坊柴油机有限责任公司、寿光造纸集团、诸城四达公司等5家企业通过质量体系认证，有27家企业和40种（或系列）产品通过产品质量认证。全市研制开发填补市内以上空白新产品608项，实现新产品销售收入63.8亿元、利税7.95亿元，分别比上年增长20.38%和20.45%，新产品产值率10.31%。1997年，6家企业技术中心被认定为省级以上企业技术中心，39个产学研联合开发项目被列入省级以上技术开发计划。围绕新技术推广，重点组织实施“绿色照明”工程，推广应用变频调速装置对锅炉、风机和水泵进行技术改造。

1998年，全市市级以上企业技术开发中心18户，其中省级以上企业技术中心8家。全年完成市级以上技术创新及新产品开发项目307项，其中有39项达到国际先进水平或填补国内空白。1999年，组织全市850家企业参加1999年山东省产学研洽谈会，洽谈难题招标140项（次）。全市省级以上企业技术中心9家，其中国家级1家。有30个产学研合作项目列入省级以上技术创新计划。开发市以上空白新产品339项，其中有51项填补国内空白或达到国际先进水平，实现新产品销售收入76.5亿元，利税11.75亿元。2000年，全市有10家企业技术中心获省级以上技术中心称号，其中获国家级称号2家。开发市以上空白新产品369项，其中有55项填补国内空白或达到国际先进水平，实现新产品销售收入85亿元、利税13亿元。2001年，全市有市级企业技术中心19家，其中省级以上企业技术中心10家、国家级2家。开发填补市内空白以上新产品、新技术328项，其中填补国内空白或达到国际先进水平的新产品、新技术48项，实现新产品销售收入79.7亿元、利税11.4亿元。2002年，海化集团、晨鸣集团、亚星集团、新立克集团等在上海、北京、西安等城市设立研发机构，得利斯集团在荷兰设立研发中心。开发完成填补市地空白以上新产品620项，其中填补国内空白或达到国际先进水平的项目60项。

2003年，全市工业企业完成技术开发费投入10.2亿元，开发完成填补市以上空白新产品630项，其中填补国内空白或达到国际先进水平的项目67项，有17个项目列入全省重点技术创新项目计划，11个项目被推荐列入国家技术创新项目。5家企业技术中心列入国家、省级企业技术中心申报计划，10家企业在境外及国内中心城市设立研发中心或基地36个。

2004年，福田重工等5家企业创建省级企业技术中心申报工作列入省经贸委年度计划，6家企业经过认定达到市级企业技术中心标准，全年完成技术开发费投入11.3亿元，全年开发填补市以上空白新产品、新技术714项，填补国内空白和达到国际先进水平的项目78项。

2005年，全市有4家企业技术中心获得省级认定，13家企业技术中心获得市级认定。全市市级以上企业技术中心55家，其中省级以上企业技术中心21家、国家级3家。

2006年，全市完成技术开发费投入30.6亿元，开发填补市以上空白新产品760项，其中达到国际先进水平或填补国内空白的80项，实现新产品销售收入385亿元，利税58亿元。19家企业技术开发中心被认定为2006年度市级企业技术开发中心，潍柴动力通过国家级企业技术中心认定，5家企业技术中心通过省级认定。市级以上企业技术中心78家，其中国家级4家、省级22家。潍柴、晨鸣、新郎3家企业技术中心列入全省“双百工程”重点培育的技术中心。海龙、同大海岛材料2家企业的成果获国家科技进步一、二等奖。

2007年，全市完成技术开发费42.3亿元，开发填补市以上空白技术项目609项，其中达到国际先进水平或填补国内空白的81项，实现新产品销售收入504亿元，利税74亿元。福田雷沃重工创建为国家级企业技术中心，有4家企业技术中心获得省级认定，22家企业技术中心获得市级认定。有155个技术创新项目列入省重点、省批次及市重点技术创新项目计划，项目总投资14.08亿元。2008年，山东海龙技术中心通过国家认定；北汽福田诸城汽车厂等7家企业技术中心通过省级认定；潍坊共达电讯等27家企业被认定为市级企业技术中心。全市拥有市级以上企业技术中心124家，其中国家级6家、省级30家、市级88家。全市完成技术开发费投入53.9亿元，完成填补市以上空白的新产品、新技术861项，其中达到国际先进水平或填补国内空白的89项，实现新产品销售收入601.7亿元，利税83.6亿元。技术创新项目实施成果显著。全市列入省重点技术创新项目计划32项，总投资5.1亿元；列入省技术创新项目批次计划215项，总投资18.9亿元。

2009年，全市完成技术开发费投入比上年增长12.6%以上，开发完成市以上空白的新产品、新技术892项，其中填补国内空白或达到国际先进水平的96项，年实现新产品销售收入660.7亿元，利税87.2亿元，全市市级以上企业技术中心科技活动经费支出占主营业务收入比重3.96%。全市拥有国家级企业技术中心7家，省级企业技术中心37家，市级企业技术中心107家。2010年，全市完成技术开发费投入65.2亿元，增长14.2%；开发完成市以上空白的新产品、新技术1036项，其中填补国内空白或达到国际先进水平的115项，实现新产品销售收入753.2亿元，利税126.9亿元。全市市级以上企业技术中心189家，其中，国家级8家，省级47家，市级134家，市级以上企业技术中心开发费投入占主营业务收入的比例3.5%以上。深化产学研合作，改组市工业技术研究会，建立各行业专家委员会。有285个项目列入山东省批次技术创新项目计划，研发经费总投资20.2亿元。2011年，全市完成技术开发费投入75.7亿元，开发完成市以上空白的新产品、新技术、新工艺309项，年可实现新产品销售收入813.7亿元，利税137.6亿元。加快企业技术中心建设，全市市级以上企业技术中心225家，其中，国家级8家，省级58家。盛瑞传动公司8AT项目获2011年第十三届“中国专利奖”发明专利金奖，潍柴自主研发的10升、12升大功率蓝擎发动机被誉为从“中国制造”到“中国创造”的飞跃。

2012年，新增省级企业技术中心12家、市级49家，总数分别为69家和196家。在全省率先出台工业设计中心认定管理办法，新认定市级工业设计中心17家。高新区被认定为国家级新型工业化示范基地和省级高端装备制造产业园区。3个产业园区被列为省级新型工业化产业示范基地。

第五节　企业队伍建设

1991—1994年，在全市开展以“争五手、创名牌、增效益”和“双增双节”活动，共创省优产品38个，部优产品20个，国优产品6个，涌现出3177名质量能手、2083名销售能手、1916名革新能手、3004名节约能手、2945名服务能手、147个最佳效益单位。1995年，通过深入开展“管理效益年”活动，继承、借鉴、创新相结合，坚持不懈地抓企业管理。有25家企业获首批“潍坊市管理示范企业”称号，其中潍坊亚星化工集团、山东潍坊拖拉机厂、寿光造纸集团、寿光热电股份有限公司、安丘热电厂5家企业被评为“山东省管理示范企业”。1995年，有13人被命名为全国劳动模范、先进工作者，54人被命名为省劳动模范。

1998年，企业领导班子建设进一步加强，全市工业先后对市、县两级企业中30%以上的领导班子进行调整整顿。其中市属企业调整20个班子的45名成员，涉及主要负责人7人。为60%以上的大中型企业领导班子配备中青年干部。组织实施“跨世纪企业人才培训工程”，从符合条件的1000余名优秀人才中，通过考试、考察，择优选拔116名后备干部，实行重点培养。围绕健全完善对经营者的激励约束机制，探索实施企业经营者年薪制试点，将责任、风险和利益挂起钩来，更好地调动企业厂长（经理）的积极性。全市广泛开展向国有企业优秀带头人傅万才学习活动，促进企业经营者队伍的自身建设。

1999年，全市工业系统组织实施“千人培训”工程，先后培训企业厂长（经理）、“三总师”（总经济师、总会计师、总工程师）及财务、审计、企管、设备、供应、质检等管理干部4000多名。2000年，培训企业厂长（经理）及企业管理干部1000多人。按照建立现代企业制度的要求，探索实施新的干部选拔任用机制，市属企业半数以上调整法人代表，调整充实领导干部80余人，为60%以上的大中企业领导班子配备1～2名中青年干部。

2001年，认真贯彻《国有大中型企业建立现代企业制度和加强管理基本规范》，大力实施管理创新，实现管理效益近3亿元。选派部分管理骨干参加国际、国内工商管理MBA培训，对提高企业经营管理人员素质起到积极的促进作用。

2003年，加大对先进模范人物的培养、宣传力度，全市获得“全国五一劳动奖章”称号3人、“五一劳动奖状”称号1个，省劳模称号64人，市“富民兴潍奖章”称号96人。

2007年，潍坊市乡镇企业家协会更名为潍坊市民营企业家联合会。企业家协会、民营企业家联合会与其他行业协会和中介机构一起，在研究制定企业管理的评价体系、考核办法和基本规范，实施企业管理咨询，帮助企业借鉴、吸纳先进管理理念，以及在组织企业间相互学习考察等交流、融资担保、高端培训、公共技术、法律援助等方面，充分发挥桥梁纽带作用，培养造就一支宏大的乡镇企业家队伍。至2007年，先后评选推荐10批乡镇企业家和民营企业家，总计人数为1252名；积极搞好学习培训，不断提高企业家素质。先后组织和带领企业家出国考察学习40多批、近600人次；加大舆论宣传力度，创造良好的发展氛围，在报社、电台、电视台开辟“乡镇企业家园地”“乡镇企业精英颂”“乡镇企业家风采”等栏目；积极为企业家提供帮难、解困服务，共帮助企业引进各类人才710多名，争取各级扶持资金1030万元，引进新技术、新成果3600多项。建立健全分会机构，延伸服务功能，先后协调和帮助11个县市区成立乡镇企业家分会。开展医疗保健活动，建立企业家健康通道，帮助企业家争取和落实有关政治经济待遇，帮助企业家融资。2007年6月以后，潍坊市民营企业家联合会积极为企业家解决政治经济待遇，加强理事之间沟通交流合作，帮助企业融资，组织各类经济、物资、文化交流活动，加强对外联系合作，举办各类培训等。协会每年召开一次全体理事大会，每季召开一次常务理事例会，并根据情况随时召开会长会议决策重大事宜。到2012年，联合会有会长、副会长45名，常务理事94名，秘书长1名，副秘书长若干，理事510名。

2009年，全市工业系统继续推广建设诚信示范企业，有79家企业评为潍坊市诚信示范企业。37家企业被列入全省重点工业企业，居全省（350家）首位。加强系统人力资源建设，获评通过国务院特殊津贴1名，省级有突出贡献的中青年专家1名。组织开展企业增值税转型及所得税年终汇算清缴等各种培训。组织实施“工业企业经营管理精英人才培训工程”。规模以上工业企业经营管理人员大专以上学历的比例达到51.3%，具有中级以上职称的占31.2%。百强工业企业董事长、总经理本科以上学历的比例47%，具有硕士以上学位的比例15%，具有高级以上职称的比例50%。2010年，加强企业经营管理人员的培训，省下达的3年完成80家企业实训基地的任务完成67家，在全市百强企业中举办培训班2800多个，培训16万人次。潍坊市涌现出一大批开拓进取、干事创业、奋力拼搏、勇于奉献、勇于创新的企业家。2010年，市委、市政府授予谭旭光等9名“潍坊市功勋企业家”称号。通过邀请部委领导、专家学者到潍坊开办讲座以及由企业家代表授课等形式，组织企业家集中“充电”。同时，组织企业积极借鉴先进管理模式，不断提升自身管理水平，特别是六西格玛管理模式、山工机械经验、潍柴精细化管理的推广应用成效明显。2010—2012年，开展多种层次和类别的培训，加强与各类高校合作，举办工商管理、工业工程等硕士研究生班，鼓励引导企业与高等院校合作举办各类研究生课程班，自主培养高层次人才，继续举办青年企业家培训班，调员参加省级各类培训班；开展省高级职业经理人培训与认证，按照省里的总体部署，组织企业高管人员参加“山东省高级职业经理人”培训与认证；加强企业实训基地管理，推进企校合作培养人才工作。

2010年度潍坊市功勋企业家名单

表7－1－5

姓名	职务
谭旭光	潍柴控股集团有限公司董事长
陈洪国	山东晨鸣纸业集团股份有限公司董事长
顾秀海	北汽福田汽车股份有限公司诸城汽车厂党委书记
韩星三	山东海化集团有限公司总经理
王桂民	福田雷沃国际重工股份有限公司董事长、总经理
董华友	潍坊弘润石化助剂有限公司董事长、总经理
田其祥	山东寿光巨能控股集团有限公司董事长
邓贵德	山东昌邑石化有限公司总经理
郭万欣	山东潍坊百货集团股份有限公司董事长

2011年度潍坊市功勋企业名单

表7－1－6

序号	企业名称
1	潍柴控股集团有限公司
2	山东晨鸣纸业集团股份有限公司
3	北汽福田汽车股份有限公司诸城汽车厂
4	山东海化集团有限公司
5	中化弘润石油化工有限公司

续表7-1-6

序号	企业名称
6	山东昌邑石化有限公司
7	福田雷沃国际重工有限公司
8	山东寿光巨能控股集团有限公司
9	诸城市外贸有限责任公司
10	山东联盟化工集团有限公司

第六节　管理机构

潍坊市经济和信息化委员会

1990年，潍坊市经济委员会建立，撤销市工业委员会。1990年4月，设编制84人，内设经委办公室（经工委办公室）、政策研究室、生产计划科（生产总调度室）、技术改造科（技术进步办公室）、规划科（工业结构调整办公室）、外经科（机电设备进出口办公室）、科技科、财务科、安全科、教育科（经济管理干部培训办公室），经工委设组织科、宣传科、干部科、纪检组、团委。

1996年，潍坊市经济委员会改称潍坊市经济贸易委员会。1997年，编制84人，内设办公室、政策研究室、经济运行调度室、技术改造办公室、财务审计科、安全科（挂市铁路道口安全管理办公室牌子）、科技质量科、综合规划科、外经贸科（挂市机电产品进出口审查办公室牌子）、教育培训科、冶金行业管理办公室、党工委办公室（挂社会治安综合治理办公室牌子）、干部科（挂老干部科牌子）、组织宣传科。

2001年8月，设置潍坊市经济贸易委员会，为市政府负责调节和管理全市近期国民经济运行的工作部门。核定机关编制78名，其中，行政编制70名（含离退休干部工作人员编制2名），工勤人员编制8名。

2010年1月，将潍坊市经济贸易委员会、潍坊市信息产业局组建为市经济和信息化委员会，为市政府工作部门。核定行政编制77名，内设办公室、研究室、产业政策科、经济运行办公室（挂市人民政府经济运行调度室牌子）、投资与规划办公室、技术进步与装备科、企业科（挂培训科牌子）、市政府电力监督管理办公室（挂市电力执法监察大队牌子）、行业发展科、电子信息科、软件和信息服务业科、信息化推进科（挂市信息化工作领导小组办公室牌子）、信息安全协调科（挂通信发展科牌子）、电子政务与信息资源科、对外合作与交流科、财务审计科、安全生产科、人事科（挂老干部科牌子）、组织宣传科、机关党委、市政府节能管理办公室（下设综合协调科、资源节约科、循环经济与清洁生产科）。

潍坊市信息产业局

1990年，将1989年组建的潍坊市电子工业公司由行政公司改为实体公司（增挂“潍坊市电子工业局”的牌子）。由潍坊市计算机公司、潍坊录音机公司、潍坊无线电厂、潍坊无线电一厂、潍坊无线电八厂、潍坊录音磁带厂、潍坊电子注塑总厂和潍坊市电子工业供销公司8家单位组成，为具有法人地位的全民所有制大（二）型企业。

1991年11月，潍坊市电子工业公司与潍坊华光电子信息产业集团公司合并，实行一套班子，两个牌子，原潍坊市电子工业公司增挂的电子局牌子同时撤销，市属电子企业纳入潍坊华光电子信息产业集团公司管理。完善后的潍坊华光电子信息产业集团公司，在市实行计划单列，进入华光电子信息产业集团的成员单位均享有“特区企业”和“电子高新技术开发区”有关政策。

1994年9月，明确潍坊市电子工业公司的职能，使用行政编制，对全市电子行业实行“规划、指导、监督、服务”。

1995年2月，国家组织实施国家公用信息网（金桥工程）、对外经济贸易信息网（金关工程）和全民信用卡系统（金卡工程）“三金工程”，并确定潍坊市为全国地级试点城市，为加强对“三金”工程建设的领导，经市政府决定，成立潍坊市经济信息化工作领导小组。领导小组办公室设在潍坊市电子工业公司。

1996年12月，潍坊市电子工业公司使用事业编制，授权行使电子行业管理职能。

1999年3月，潍坊市信息化工作领导小组办公室设在市电子工业公司。2002年10月，潍坊市电子工业公司更名为潍坊市信息产业局，隶属于潍坊市经济贸易委员会，除原有职能外，将原由有关部门承担的有线通信和广播电视网络及其他专用有线通信网络的统筹规划与行业管理职能划归信息产业局。

2003年6月9日，对潍坊市信息化工作领导小组进行调整。领导小组办公室设在潍坊市电子工业办公室（市信息产业局）。

2004年7月，重新组建潍坊市信息产业局，正县级规格，使用事业编制，实行全额预算管理，直属市政府领导。市信息产业局成立后，原隶属市经贸委的信息产业局（原电子工业公司）同时撤销，其现有人员（含离退休人员）、资产负债和有关职能等并入新组建的市信息产业局。2005年7月，将原由市交通局承担的对邮政、电讯的综合协调职能，原由有关部门承担的通信、广播电视网络及其他专用通信网络建设方面的行政职能，原由市经贸委承担的信息产业的规划管理职能划归市信息产业局。

2007年4月24日，确定市信息产业局为正县级规格，使用事业编制，实行全额预算管理，直属市政府领导。2007年8月，成立市综合信息中心，为市信息产业局所属事业单位，副县级规格，全额预算管理。

2010年1月，将原潍坊市经济贸易委员会、潍坊市信息产业局组建为市经济和信息化委员会，为市政府工作部门。

潍坊市无线电管理办公室

1991年，潍坊市无线电管理工作归属市政府办公室，对外称潍坊市无线电管理委员会办公室，对内挂市政府办公室内部“无管科”牌子，正科级单位。

1994年，潍坊市无线电管理委员会办公室由正科级事业单位调整为副县级规格。

1997年，潍坊市无线电管理委员会办公室更名为潍坊市无线电管理办公室，同时挂山东省无线电管理办公室潍坊管理处牌子，副县级规格，使用事业编制。

2008年，明确市无线电管理办公室为参照公务员法管理的事业单位。2010年，潍坊市无线电管理办公室由市政府办公室划归为潍坊市经济和信息化委员会管理。

潍坊市轻工行业办公室

1984年1月，设立潍坊市第一轻工业局、潍坊市第二轻工业局。1996年6月，潍坊市第一轻工业局、潍坊市第二轻工业局分别改名为潍坊市第一轻工业公司、潍坊市第二轻工业公司，同时分别挂潍坊市第一轻工业办公室、潍坊市第二轻工业办公室牌子，授权行使行业管理职能，使用事业编制，隶属于市经贸委。潍坊市第一轻工业办公室内设办公室、政工办公室、生产计划科、财务企管科、规划技改科、技术科、教育劳资科7个科室；潍坊市第二轻工业公司内设办公室、政工办公室、生产计划科、财务企管科、规划技改科、技术科、教育劳资科、联社办公室8个科室。

2004年9月，潍坊市第一轻工业办公室、潍坊市第二轻工业办公室合并组建成立潍坊市轻工行业办公室，为正县级全额预算事业单位。行办编制31人，其中在岗20人，离岗11人。离退休人员74人。行办内设综合科、组织人事科、规划发展科、行业管理科、协会服务科和联社办公室6个科室。

潍坊市纺织行业办公室

1984年，潍坊市纺织工业局成立，1996年6月，潍坊市纺织工业局改名为潍坊市纺织工业公司，同时挂潍坊市纺织工业办公室牌子，授权行使行业管理职能，使用事业编制，隶属于市经贸委，内设8个科室。2004年9月，潍坊市纺织工业公司更名为潍坊市纺织行业办公室，不再挂潍坊市纺织工业办公室牌子，使用事业编制，实行全额预算管理，内部机构设6个科室。

潍坊市煤炭冶金行业办公室

1996年，设立潍坊市煤炭工业公司（潍坊市煤炭工业局）；2001年10月18日，市煤炭工业公司改为全额预算管理的事业单位，名称仍为潍坊市煤炭工业公司（潍坊市煤炭工业局），正县级规格，隶属潍坊市经济贸易委员会。编制20人以内，下设3～4个科室。1984年，设立潍坊市冶金公司。2004年，潍坊市煤炭工业公司改为潍坊市煤炭冶金行业办公室，挂潍坊市煤矿安全监察局牌子。将原由潍坊市经济贸易委员会机关承担的冶金行业管理职能交由潍坊市煤炭冶金行业办公室承担。更名后的潍坊市煤炭冶金行业办公室于2004年11月正式对外挂牌办公。

潍坊市医药行业办公室

1992年8月5日，山东潍坊医药公司组建成立山东潍坊医药集团总公司，10月22日正式挂牌运营。集团总公司成立后，保留山东潍坊医药公司的牌子，实行一套机构，两块牌子。1993年5月12日，山东潍坊医药集团总公司改组为山东潍坊医药集团股份有限公司，继续保留山东潍坊医药集团总公司和山东潍坊医药公司的牌子。

1996年11月23日，山东潍坊市医药公司加挂潍坊市医药管理局牌子，市政府授权行使行政管理职能，隶属于潍坊市经济贸易委员会，为正县级企业化单位，属行政事业性行业管理局，使用事业编制，参照公务员管理，经费来源自收自支。内部机构设8个科室，编制45人。其中内部机构所设稽查科，编制10人，对外挂市医药管理稽查大队牌子。潍坊医药集团股份有限公司、潍坊市医药公司、潍坊市医药管理局一套班子，挂三块牌子，公司（局）设立党委，为正县级企业化管理，属行政事业性行业管理局，使用事业编制，参照公务员管理，经费来源自收自支。同年11月28日，潍坊9个县市区医药分公司加挂医药局牌子，实行市医药公司与当地政府双重领导，以市医药公司为主的管理体制，在所辖区内授权行使医药行业的有关行政管理职能。同时还批准各医药分公司在职能股室加挂“潍坊市医药管理稽查大队××县市区分队”的牌子。市县两级医药管理局于1997年1月19日挂牌运行。

2000年2月14日，设立潍坊市药品监督管理局，为市政府统筹管理全市药品监督管理工作的职能部门。潍坊市医药管理局的行政管理职能移交潍坊市药品监督管理局，不再保留潍坊市医药管理局的牌子。

2002年8月29日，成立潍坊市医药行业管理办公室为正县级事业单位，全额预算管理，核定人员编制15人，隶属于潍坊市经济贸易委员会，受潍坊市经济贸易委员会委托，行使有关管理职能。2004年11月，潍坊市医药行业管理办公室组建完成。

潍坊市化工建材行业办公室

1984年，设立潍坊市化学工业局；1996年10月，潍坊市化学工业局改为潍坊市化学工业公司，挂潍坊市化学工业办公室牌子，行使全市化工行业管理职能。

1986年10月，成立潍坊市建材工业办公室，内设秘书科、生产计划科、技术科、企业管理科，定行政编制20人，隶属于潍坊市工业委员会。1990年1月，潍坊市建材工业办公室改建为潍坊市建材工业公司，行使全市建材行业管理职能，挂潍坊市建材工业局牌子。1997年9月，潍坊市建材工业公司整建制进入山东海化集团，成立山东海化集团潍坊建材公司，同时挂潍坊市建材工业办公室牌子。2001年8月，潍坊市建材工业公司（潍坊市建材工业办公室）整建制从海化集团划出，仍为正县级规格，使用事业编制，实行全额预算管理，隶属于市经济贸易委员会。

2004年9月13日，潍坊市化学工业公司、潍坊市建材工业公司合并组建潍坊市化工建材行业办公室，潍坊市履行《禁止化学武器公约》工作领导小组办公室设在市化工建材行业办公室，编制42人。

潍坊市机械电子行业办公室

1984年6月，设立潍坊市机械工业局，为正县级规格行政机关。内设局办公室、生产计划科、规划技改科、技术科、企业财务科、教育劳资科、政治工作办公室7个职能科室。行政编制43人。

1996年6月，潍坊市机械工业局改为潍坊市机械工业公司，挂潍坊市机械工业办公室牌子，市政府授权行使行业管理职能，为正县级规格，使用事业编制，隶属于市经济贸易委员会。内设办公室、政工科（挂党委办公室牌子）、规划发展科、经济运行科、科技质量科、企管财务科、教育劳资科7个科室，事业编制43人。

2002年5月，潍坊市机械工业公司（潍坊市机械工业办公室）进行改革调整，单位名称不变，为正县级规格，使用事业编制，实行全额预算管理，隶属于潍坊市经济贸易委员会，受潍坊市经济贸易委员会委托行使有关管理职能。内设综合科、规划发展科、行业管理科3个职能科室。编制16名。

2004年9月，潍坊市机械工业公司更名为潍坊市机械电子行业办公室，不再挂潍坊市机械工业办公室牌子。为正县级规格，使用事业编制，实行全额预算管理，隶属于潍坊市经济贸易委员会，受市经济贸易委员会委托行使有关管理职能。内设综合科、组织人事科、规划发展科、行业管理科（协会服务科）、汽车工业办公室5个职能科室。在职人员17人，按人控编，减人减编，只减不增。

潍坊市食品行业办公室

2004年9月14日，成立潍坊市食品行业办公室，全额预算管理的事业单位，副县级规格，隶属潍坊市经济贸易委员会。编制11人，下设综合科、食品科、包装科3个科室。

潍坊市节能监察中心

1986年11月22日，成立潍坊市能源管理服务中心，副县级单位，事业编制20人。1999年8月19日，潍坊市能源管理服务中心更名为潍坊市能源管理监测中心。2006年9月28日，潍坊市能源管理监测中心更名为潍坊市节能监察中心，经费形式由差额预算管理改为全额预算管理，副县级单位。2008年4月26日，潍坊市节能监察中心加挂潍坊市节能监察支队牌子。2008年6月4日，潍坊市节能监察中心为参照公务员法管理事业单位。

第二章　机械工业

1991—2012年，潍坊市机械行业大致经历了四个发展阶段：

进入90年代，潍坊市机械行业进入改革发展期。随着承包经营责任制完善、公司化改造和股份制推行等改革的进一步深化，老企业规模不断扩大，新企业不断涌现，新产品相继开发，技改投入力度加大，取得良好的经济效益和社会效益。以拖拉机和内燃机为主的农机行业快速发展。潍坊巨力股份、山东潍坊拖拉机厂规模效益迅速增长。

1995—2000年，是潍坊市机械行业快速发展期。1995年以后，国内宏观经济环境偏紧，机械工业在面临资金严重短缺，能源、原材料和交通运输紧张等难题。潍坊机械行业通过全面深化改革，转换经营机制，建立现代企业制度，实施减人增效等措施，克服钢材涨价、产品降价、资金紧张等困难，积极开展管理效益年活动，把企业管理提高到一个新水平，全行业在“抓大放小”龙头企业建设上实现突破，走出了依靠科技、依靠管理、依靠结构优化、依靠素质提高的集约化发展新途径，在东南亚金融危机影响下，发展速度由快速转为平稳。其间，农机产业规模扩大，巨力股份实现上市，豪迈科技、福田汽车、福田雷沃和盛瑞传动等一批新生企业创立。

2001—2008年，是潍坊市机械行业高速发展期。2001年以后，大力实施培植“一批优势产业、一批龙头企业、一批名牌产品”的“三个一批”战略，着力用好招商引资、搞活现有企业、发展民营经济三大“杀手锏”，狠抓企业改革、结构调整、技术进步、企业管理，发挥大企业带动作用，克服亚洲金融危机带来的各种困难，生产销售保持较快增长，经济效益明显提高。其间，潍柴上市回归、吸收湘火炬、控股巨力实现规模扩张、迅速发展。

2009—2012年，是潍坊市机械行业转型发展期。2009年以后，全市机械电子行业努力克服金融危机带来的各种困难，利用国际金融危机和产业结构调整的有利时机，突出抓好大企业的投入和高新技术、高端产业的投入，推动产品结构调整和优化升级，积极发展高新技术产业，信息化和工业化融合发展，走出一条信息化带动工业化的新型道路，在产业链、集群化发展等重点领域、优势领域实现突破和跨越式发展。其间，潍柴、福田汽车、福田雷沃等高速发展。潍柴拉长完善产业链实现跨越式发展，豪迈科技涉足气门芯产品实现多元化经营。至2012年，潍坊市机械工业成为一个以动力装备、农业装备为主，其他民用机械同步发展，门类比较齐全的优势产业。全市机械行业规模以上企业876家，完成工业增加值555.14亿元，实现利税202亿元，利润总额149亿元。

第一节　生产经营

1991年后，全市机械行业以提高经济效益为中心，坚持把改革和调整作为行业振兴的必由之路，全行业不仅取得快速发展，而且在整体面貌上也发生深刻的变化。1994年，全市机械系统销售收入过亿元的企业6家。在全省机械系统销售收入过8000万元的42家最大企业中，潍坊市占有6家。其中潍坊巨力集团股份有限公司和山东潍坊拖拉机厂分别居全省第一位和第四位。至1994年底，全市有县区属以上机械工业企业63家，职工57359名。全行业完成工业总产值34.46亿元，实现销售收入32.53亿元，实现利税2.35亿元，3项指标均居全省各市（地）机械行业首位。1995年，全市机械工业总产值占全省机械工业总产值的14.67%，居全省各市地机械行业第一位。年销售收入过亿元的企业有8家，分别是山东巨力集团股份有限公司、山东潍坊拖拉机厂、潍坊柴油机有限责任公司、山东工程机械厂、北京汽车摩托车联合公司诸城车辆厂、诸城恒兴有限公司、寿光聚宝农用车辆总厂、山东起重机厂，总收入完成36.47亿元，占全市机械系统的76.1%。其中山东巨力集团股份有限公司完成11.23亿元、山东潍坊拖拉机厂完成7.11亿元，居全省全部机械行业企业的第一位和第三位。

1995年以后，市机械工业局先后编制完成《潍坊市机械工业中长期（1996—2010年）振兴规划纲要》《潍坊市汽车工业发展规划》《内燃机配附件发展规划》《农用运输车发展规划》等规划，提出全市机械工业近期、中期及远期的整体发展构想。

1999年，山东潍坊拖拉机集团、潍坊柴油机有限责任公司、山东巨力集团、北汽福田车辆股份有限公司、山东工程机械厂5家重点企业完成工业增加值7亿元，占全行业的56.1%；完成销售收入54.5亿元，占全行业的69%；实现利润1.5亿元，占全行业的75%。5家重点企业主要经济指标占全行业的55%以上。

2000年，农机产品优势明显。全市机械工业县属以上企业56家，职工52882人。全行业实现销售收入81亿元；实现利税4.5亿元；实现利润1.9亿元。山东潍坊拖拉机集团有限公司、潍坊柴油机有限责任公司、山东巨力集团有限公司、山东工程机械厂、北汽福田车辆股份有限公司诸城车辆厂、北汽福田潍坊农业装备分公司6家重点企业完成工业增加值8.8亿元，占全行业的64.8%；实现销售收入70亿元，占全行业的86.4%；实现利税3.1亿元，占全行业的68.9%；实现利润1.5亿元，占全行业的78.9%。全行业农机产值完成78.3亿元，增长10.3%；占全行业总产值的87.8%，占全省农机总产值的35%。山东潍坊拖拉机集团、北汽福田车辆股份有限公司继续保持全国同行业的排头兵地位。

2003年，做大做强现有企业作用开始显现，潍坊柴油机厂、北汽福田汽车股份有限公司诸城汽车厂、福田重工潍坊农业装备分公司、山东山工机械有限公司、山东巨力股份有限公司、山东潍坊拖拉机厂集团有限公司6家重点企业完成工业增加值19.7亿元，占全行业的73%；实现销售收入139.5亿元，占全行业的77.5%；实现利税11.4亿元，占全行业的76.5%；实现利润7.7亿元，占全行业的78.6%。

2004年，市经贸委制定印发《关于加快潍坊市汽车工业发展的实施意见》，同时对机械专项规划进行完善。机械工业实现跨越式发展，企业户数、工业增加值、销售收入、实现利税、利润等5项指标均在2002年基础上实现翻番，实现历史性突破。当年，潍柴销售收入首次过百亿元，北汽福田诸城汽车厂业实现销售收入连续两年过50亿元。2004年6月，北汽福田汽车入选全国1000家大型工业企业中，位列第69位；入选全国机械制造业100强，位列第15位。

2005年，结构调整取得实质性进展。潍坊柴油机厂、北汽福田诸城汽车厂、山东福田重工股份有限公司、山东山工机械有限公司4家户企业实现销售收入243亿元，占全行业的43%。2006年，潍坊柴油机厂、北汽福田诸城汽车厂、福田雷沃国际重工股份有限公司、山东山工机械有限公司、山东凯马机械制造有限公司5家重点骨干企业销售收入356亿元，占全行业的43%。2007年，全市机电行业有19家企业进入潍坊市工业百强企业。19家企业实现主营业务收入792亿元、利税70亿元，分别占全行业的81.2%和79.6%。潍坊柴油机厂、北汽福田诸城汽车厂、福田雷沃国际重工股份有限公司分别实现销售收入428亿元、121亿元、92亿元，分列潍坊市工业百强企业的第一、四、五位。

2006年，潍坊市重点培育潍柴动力柴油机、福田轻型汽车、谷神谷物收获机械、山工轮式装载机、雷沃欧豹大马力拖拉机等一批名牌产品，形成运输车辆、内燃机、农业机械、工程机械、环保机械等一批具有较强竞争优势的产业集群，发展昌邑铸造基地、昌乐拖拉机制造基地、青州工程机械制造基地等一批县域特色制造基地。

2008年，全市机械行业规模以上企业840家，资产534亿元，职工16.1万人。有20家企业进入潍坊市工业百强企业。这20家企业全年实现主营业务收入942亿元、利税72亿元、利润48亿元，分别占全行业的80%、69%、66%。其中潍柴控股集团、北汽福田诸城汽车厂、福田雷沃国际重工股份有限公司全年分别实现主营业务收入491亿元、137亿元和116亿元。汽车行业、内燃机行业、工程机械行业显示出明显的规模优势，拉动作用进一步增强。

2011年，龙头企业实力不断提升。潍柴控股集团、北汽福田汽车股份有限公司诸城汽车厂、福田雷沃国际重工股份有限公司3家企业实现销售收入1326亿元，占全行业的59.1%。潍柴控股集团获中国工业大奖，名列中国机械工业百强企业第二位。

2012年，全市机械行业有规模以上企业876家，规模以上企业实现主营业务收入2132亿元；实现利税202亿元，其中利润149亿元。以上三项指标分别占全市工业的20%、24%、27%。有20家企业进入潍坊市工业百强企业，共实现主营业务收入1489亿元，实现利税98亿元，其中利润66亿元，分别占全行业的69.8%、48.5%、44.3%。其中潍柴控股集团、北汽福田诸城汽车厂、福田雷沃国际重工股份有限公司分别实现主营业务收入809亿元、191亿元和150亿元，分列潍坊市工业百强企业的第一、第四、第七位。

1991—2012年潍坊市机械行业主要经济指标统计表

表7－2－1 单位：万元

年份	企业（家）数	职工（人）数	工业总产值	工业增加值	主营业务收入	实现利税	利润总额
1991	66	56720	86000	—	101460	—	—
1994	63	57359	344568	—	325254	23541	11040
1995	65	60379	465150	—	479111	29616	13921
1996	61	62338	528863	—	580697	38495	17270

续表7-2-1

年份	企业（家）数	职工（人）数	工业总产值	工业增加值	主营业务收入	实现利税	利润总额
1997	56	46869	652022	—	622832	50289	27555
1998	63	60939	691217	102920	653392	41151	19880
1999	65	61438	801811	124000	789000	43000	20000
2000	56	52882	878820	136000	810000	45000	19000
2001	56	49085	970000	144000	970000	47000	20000
2002	52	44515	1310000	200000	1333000	79000	38000
2003	52	40027	1870700	270000	1800000	149000	98000
2004	736	141210	4025000	1073380	3814800	358848	101100
2005	750	146020	5750000	1540000	5610000	448000	286000
2006	878	176306	—	1886280	8230000	676000	440000
2007	899	173000	—	2304340	9750000	879000	611000
2008	840	161000	—	2740000	11795000	1045000	722000
2009	1055	—	—	3407000	14144000	1495000	1066000
2010	1180	—	—	4358000	19547000	2307000	1695000
2011	919	—	—	5093000	22433000	2343000	1792000
2012	876	—	—	5551370	21320000	2020000	1490000

说明：2004年以后，统计口径为全行业限额以上企业

第二节　企业改制

1991年后，潍坊市机械行业在推进企业改革方面迈出较大步伐。按照“两改造，一拍卖”的要求，推行以改革产权制度为主要内容的股份制改革和公司化改造。1992年8月，市政府印发《关于转换企业经营机制进一步加快企业改革的意见》，积极稳妥搞好股份制试点，进一步完善发展承包制。1992年底，经市委、市政府批准成立山东省第一家股份合作制企业——山东省诸城市开元电机股份有限公司。

1993年7月，市委、市政府印发《关于进一步加快企业集团发展的意见》。通过对企业进行改组改造，优化组合生产要素，加速资产存量调整，全行业迅速崛起一批大型企业和企业集团，全市机械工业初步实现由粗放经营向集约经营的转变。潍坊市开始组建潍坊同心集团，以潍坊柴油机股份有限公司为核心，拥有紧密型、半紧密型和松散型企业460余家，是山东省最大的柴油机生产企业。1994年，潍坊华丰机器厂与潍坊柴油机厂合并，更名为潍坊柴油机厂第二发动机厂。1994年8月，潍坊柴油机有限责任公司

成立。

1994年，全市机械行业有27家企业先后完成改制工作。在全市优先发展的10大企业集团中，机械行业占有2个。大力发展第三产业，全系统“三产”公司总数101个，从业人员1122人，全年完成营业额6831万元，实现利税2417万元。

1996年10月，成立北汽福田车辆股份有限公司。这是中国第一个有100家法人企业共同参股成立的股份制企业。

1996年，潍坊利行集装箱股份有限公司因资不抵债，被潍坊齿轮箱厂兼并；山东寿光机械总厂并入寿光聚宝农用车辆总厂；山东高密晶宝特艺发展股份有限公司和安丘密封件厂资不抵债破产关闭；山东昌乐拖车厂从潍坊东岳汽车联营公司中分离出来；青州南山铆焊有限公司由山东工程机械厂的一个分厂变为独立的股份制企业；山东高密金属铸造股份有限公司更名为山东高密铸钢厂。1997年，有3家企业列入股份制试点企业，2家企业列入减员增效计划；全系统建成股份有限公司、股份合作企业23家，合资企业4家。当年，青州机动车辆厂、潍坊国环电器厂因资不抵债，分别破产、停产关闭；山东昌乐拖车厂被潍坊东岳汽车联营公司兼并；新增加潍坊宝威滤清器有限公司；山东潍坊拖拉机厂改为山东潍坊拖拉机集团总公司，潍坊动力机厂改为潍坊巨力动力机械有限公司，北汽摩诸城车辆厂改为北汽福田车辆股份有限公司诸城车辆厂，临朐油泵厂改为临朐机械电子总厂，寿光市聚宝农用车辆总厂改为山东寿光华源聚宝农用车有限公司，潍坊巨力集团股份公司改为山东巨力股份有限公司，寿光华星机械股份有限公司改为山东寿光市拖拉机配件厂，山东临朐石油机械总厂改为三联集团机械工业有限公司，潍坊大吉电缆有限公司改为山东省汇源电力电缆有限公司。

1997年，全市机械系统的同心集团、巨力集团，北汽福田、山东潍坊拖拉机集团开展资本运营工作，企业间跨地区、跨行业、跨所有制兼并联合发展较快。北汽福田先后兼并北京怀柔车架厂和潍坊工模具总厂，使该公司在投资成本最低情况下，实现迅速扩张，由1994年净资本只有576万元的小厂，发展到注册资本1.5亿元、全部资本6.3亿元的跨地区、跨行业的大型企业集团。巨力集团为迅速扩张，实现对1家企业的控股，到外地、外省租赁4家企业，使生产规模迅速增大，到年底，形成资产6.1亿元，年产三轮车能力50万辆的大型企业。1998年4月2日，巨力股份在深圳证券交易所挂牌交易。公开发行2500万股，募集资金2.88亿元。山东巨力集团的股票成功上市，在资产经营上实现突破；安丘电机厂、昌乐机械厂成建制进入山东潍坊拖拉机集团，实现行业内的联合兼并，壮大了集团实力。1998年5月15日，市政府印发《关于进一步规范完善国有重点企业集团的意见》。1998年6月，北汽福田汽车股份有限公司（简称福田汽车）在上海证券交易所上市，1998年，新成立企业为青州龙马农用车制造有限公司。减少企业8家。山东工程机械有限公司与山东工程机械厂合并；关闭破产的有潍坊环保设备厂、山东汇源电力电缆有限公司、诸城中兴五金股份有限公司。

1999年，全市机械行业新增企业5家。其中，分离企业4家，分别是青州威猛工程机械有限公司（由山东工程机械厂分离）、潍坊凯马农业机械公司（由山东潍坊拖拉机集团分离）、潍坊凯马农机具有限公司（由山东潍坊拖拉机集团分离）、潍坊凯马特种胶带有限公司（由昌乐机械厂分离）。减少企业3家。其中，潍坊万达汽车工具有限公司转出本系统，变为私有企业；昌邑市木工机械厂、山东高密钢铁总厂因资不抵债，破产关闭。

2000年，全市机械行业43家企业完成改制，改制面为80%。其中建立股份有限公司14家、有限责任公司26家、股份合作公司3家。列入全市114家国有大中型企业的18家机械企业有16家进行改制，改制面为89%。通过吸收外资入股、企业法人之间相互参股、内部职工持股、股票上市融集资金，企业投资主体多元化正在逐步形成。市直潍坊动配厂在股份制改革中坚持领导班子持大股，按照公司法及现代企业制度的要求进行股份制改造。潍坊柴油机厂与杭州发动机厂、重庆油泵油嘴厂联合成立中国重汽集团动力公司，实现跨地区的强强合作。

2001年，全市机械行业有48家企业完成改制，改制面90%。其中建立股份有限公司14家、有限责任公司31家、股份合作公司3家。2002年8月，山东红旗机械厂按照国家政策实施破产重组工作，并进行公司制改造，成立山东红旗机电有限公司。

2002年，全市机械行业有4家企业进行改制。山东青州水泵厂改制成立青州石油机械有限公司；高密农机厂改制后成立高密春雨机械有限公司；潍坊市机械工业供销总公司实施破产，破产程序结束后，由潍坊安顺经贸有限责任公司对原企业进行收购重组；山东红旗机械厂破产后进行重组改制，组建山东红旗机电有限公司。

2003年，山东工程机械厂改制后成立山东山工机械有限公司。潍坊电机一厂改制后成立潍坊市电机一厂有限公司。潍坊柴油机厂对潍柴零部件有限公司进行改制。

2004年3月11日，潍柴动力股份有限公司H股在香港联交所成功上市，募集资金14.2亿元，创造香港H股主板创立以后国际机构配售和公开认购的新纪录；是年4月15日，山东墨龙石油机械股份有限公司H股在香港联交所创业板正式挂牌交易，成为潍坊市首家上市的民营企业。2004年山东五洲投资集团收购西藏国有股“买壳”上市。当年，潍柴、潍坊鑫诚投资有限公司、亚洲视点资本有限公司投资成立山东潍柴华丰动力有限公司。

2005年9月12日，北京盛邦投资有限公司持有的巨力公司2050万法人股被潍坊市潍城区投资公司竞拍获得。2006年3月20日，北京盛邦投资有限公司持有的巨力公司5650万法人股被潍坊市投资公司竞拍获得。2006年7月，潍坊巨力机械总厂与潍坊柴油机厂签订巨力股份转让协议。

2006年9月，潍柴动力吸收合并湘火炬，借此实现潍柴动力A股上市发行。此次吸收合并是H股和A股两个不同法律环境下的并购，开创中港两地上市公司合并的先例，被业内称为境内外资本市场具有里程碑意义的范例，是中国资本市场全流通背景下最具有创新价值的第一并购案例，也为H股公司回归A股市场开创新的模式。2006年12月，巨力股权完成过户手续，本次股权转让完成后，潍坊柴油机厂持有公司国有法人股8446.55万股，占公司总股本的30.59%，成为公司的第一大股东。

2007年2月7日，山东墨龙石油机械股份有限公司于香港联合交易所举行以介绍形势由创业板转至主板（转板）的挂牌仪式，山东墨龙成为中国首家H股公司转板成功的企业。2007年4月30日，潍坊柴油机厂（潍柴厂）旗下两子公司潍柴动力（000338）、ST巨力（000880）同时在深交所挂牌，实现了民族动力在A股市场上的回归。2007年8月，潍坊柴油机厂正式改制为潍柴控股集团有限公司。2007年11月，浩信集团与美国康迈集团合资成立潍坊浩信康迈机械制件有限公司。

2008年4月，潍柴控股集团有限公司旗下的山东巨力股份有限公司与德国曼柴油机公司签署大功率中速船用柴油机技术合作协议，标志着潍柴从此成为中国唯一一家拥有船舶动力全系列化产品的企业。2009年1月，潍柴动力股份有限公司以299万欧元收购法国博杜安发动机公司。2009年12月，潍柴动力股份有限公司与意大利VM发动机公司签署《柴油机技术转让协议》。2009年，华丰动力印度公司成立。

2010年，潍坊市机电行业重点发展先进制造业，培育一批战略性新兴产业，重点支持新能源汽车、风电设备、污水处理设备、大气污染防治设备、节能设备和资源综合利用设备等产业发展。打造一批产业基地，发挥潍柴控股集团有限公司、北汽福田诸城汽车厂等企业集团的龙头作用，带动配套企业发展，提高企业本地配套率，拉长加宽增厚产业链，内燃机、轻型汽车、工程机械、农业装备四大产业基地建设进展较快。2011年6月，豪迈科技在深圳证券交易所中小企业板成功上市，总股本2亿股，募集资金12亿元。2010年12月，山东矿机公司在深圳证券交易所正式挂牌上市。2012年1月10日，山东重工潍柴集团战略重组意大利法拉帝集团的签约，债务重组程序完成后，山东重工潍柴集团获得法拉帝75%的控股权。2012年9月3日，潍柴动力与德国凯傲集团签署战略合作协议。根据协议条款，潍柴动力投资7.38亿欧元收购凯傲集团及其下属业务股份，是当时中国企业在德国最大的一项并购案。其中，4.67亿欧元通过增资形式收购凯傲集团25%的股份，另外2.71亿欧元用来收购其下属液压业务70%的股份。

2012年，潍柴旗下扬州亚星客车股份有限公司（简称“亚星客车”）与丰泰（厦门）集团有限公司等签署《厦门丰泰国际新能源汽车有限公司股权变更及增资协议》，投资1822.29万美元（约1.08亿元人民币）对厦门丰泰国际新能源汽车有限公司（简称“丰泰汽车”）进行战略重组，取得丰泰汽车67%的股权。

豪迈集团参股的子公司高密同创气门芯有限公司，以年销售6.2亿支的佳绩成为行业的世界冠军，销售量占全球市场的20%。豪迈科技启动收购美国GMS公司的前期工作起步。全行业利用国际金融危机和产业结构调整的有利时机，支持骨干企业通过兼并重组发展大型综合型企业集团，鼓励主机企业由单机制造向系统集成转变，培育一批适应市场需要、拥有核心技术、具有国际竞争力的大型企业集团。

第三节　技术改造

1991—1994年，全市机械行业有55项技改项目列入省以上规划，完成投资47178万元，改善全行业的技术和工艺装备水平，增强企业发展后劲。山东工程机械厂投资6000万元发展轮式装载机及吊运机项目，形成1500台装载机的年产能力，新增产值1.5亿元，新增利税2000万元，产品质量及主要性能均达到国内先进水平。潍坊巨力集团股份有限公司投资5290万元发展农用三轮车项目，使产品年产能力达到20万辆，1994年销售收入达到8.2亿元，实现利税5000万元。潍坊内燃机配件总厂投资2400万元完成的内燃机配件上质量、上水平、上品种技改项目，使产品产能由1150万件提高到2050万件，产品质量和产量均居全国领先水平。

1991—1994年，全市机械行业完成技术革新项目3000余项，其中重大革新项目约占1/3。运用新技术、新工艺改造老设备2800余台，提高企业的工艺制造水平。1992年，潍坊柴油机股份有限公司从奥地利引进的具有国际先进水平的整套铸造设备，总投资3400万奥先令，仅相当于设备原值的9.4%，不仅使铸造能力由过去的年产3万吨提高到5万吨，而且整个铸造工艺水平跨入世界先进行列，并具备铸件返销国外的能力。

1995年，全市机械行业有近30家企业实施技改项目，全年完成支出21122万元，完成工作量21183万元，竣工建筑面积60786平方米，新增设备773台（套），新增生产线9条。1996—1998年，完成技术改造项目79项，投资6.25亿元。其中，1997年，投资超过1000万元的企业有山东潍坊拖拉机集团、青州液压件厂、安丘机械厂、潍坊水箱厂、山东巨力集团、北汽福田公司等。安丘机械厂的造纸黑液提取及碱回收苛化技术与成套设备总投资1500万元。

1998年，全市机械行业实施技改项目25个，完成投资约2.4亿元。其中，省以上项目7个，完成投资6787万元；市及市以下项目18个，完成投资16798万元。1999年，技术改造投资2.1亿元。其中，省级以上项目完成投资6000万元，主要有山东工程机械厂完成投资2200万元，潍坊柴油机厂完成投资1300万元；地市级以下项目完成投资1.56亿元，主要有山东巨力集团完成4000万元，华源冲压中心完成投资4000万元。2000年完成技改投资1.2亿元，主要项目有山东工程机械厂的提高机电液一体化项目、山东巨力集团有限公司完善40万辆农用车项目、不锈钢复合管项目、彩色喷墨打印机项目、安丘机械厂的污水处理设备项目、潍坊恒安散热器有限公司汽车冷凝器项目。

2001年，全市机械行业共实施较大的技术改造项目28项，完成投资3.7亿元。完成投资过千万元以上的项目有：潍坊柴油机有限责任公司WD615柴油机万台能力项目当年完成投资1780万元，北汽福田车辆股份有限公司潍坊农业装备分公司大、中马力拖拉机项目完成投资5300万元，安丘汶瑞机械制造有限公司大规格环保设备项目完成投资2375万元，诸城四达公司完成技术改造投入2970万元，山东巨力集团有限公司数码科技材料项目完成投资1800万元、复合不锈钢管项目完成投资2800万元。2002年，全年实施较大的技术改造项目25项，完成投资2.48亿元。主要项目有：山东巨力集团股份有限公司聚丙烯管材等项目，完成投资4000万元；山东工程机械厂WZ25型挖掘机等项目，完成投资5500万元；北汽福田潍坊农业装备分公司大中马力拖拉机项目，完成投资2921万元；潍坊柴油机有限责任公司新型柴油机项目，完成投资3025万元。

2003年，全市机械行业实施较大的技术改造项目34项，完成投资约7.8亿元。主要项目有；潍坊柴油机厂提高柴油机及零部件加工水平和工业园建设项目，完成投资1.15亿元；山东巨力股份有限公司发展管件及扩大农用车项目，完成投资1.2亿元；福田重工潍坊农业装备分公司扩大大马力拖拉机和工业园项目，完成投资1.12亿元；北汽福田汽车股份有限公司诸城汽车厂扩大轻型卡车续建项目，完成投资1400万元；山东四达工贸公司扩大纺纱设备、层压制品、绝缘材料等项目，完成投资8500万元；山东山工机械有限公司薄钢材下料中心项目，续建完成投资2750万元；潍坊恒安散热器有限公司新型散热器和冷凝器项目，完成投资2800万元；诸城华日粉末冶金有限公司公司新上载重汽车变速箱生产线项目，完成投资5500万元；高密春雨机械有限公司新建收获机械生产线项目，完成投资6000万元。

2005年，全市机电行业技改投资完成80余亿元，同比增长60%。先后有52个项目建成投产，增销售收入72亿元，利润6亿元。这些项目起点较高，是全市机电工业新的经济增长点。2005年3月，中美合资山东山工机械有限公司在青州举行隆重的揭牌仪式。山东山工机械有限公司与美国卡特彼勒公司合作生产工程机械项目，总投资35亿元；潍柴动力股份有限公司新一代发动机引进项目，总投资20亿元。

2006年4月，潍柴动力、福田汽车、德国BOSCH、奥地利AVL缔结为“国际化战略联盟”。2006年5月16日，潍坊市“中国农机城”称号正式授牌仪式在福田重工举行。2006年9月，潍柴分列中国企业500强第181位和中国制造业500强第85位。2007年12月，潍柴主营业务收入实现400亿元的历史跨越。

2007年，全市机电行业在建技术改造项目304项，完成投入105亿元，增长25%。其中骨干企业较大项目有：潍柴铸造工业园项目、福田雷沃国际重工股份有限公司重型工程机械项目、北汽福田诸城汽车厂扩大轻卡能力项目。

2008年，全市机电行业实施项目352个，完成投资约132亿元，增长25.7%。2008年2月27日，福田汽车诸城厂区30万辆汽车生产基地落成暨第150万辆汽车下线庆典仪式在福田汽车诸城厂区举行。2008年8月30日，由中国企业联合会和中国企业家协会评选的“2008中国企业500强”对外发布，潍柴控股集团有限公司列第106位。2008年，山东矿机获“中国煤炭工业100强”和“中国煤炭机械工业50强企业”称号。

2009年，全市机电行业实施技改项目379个，完成投资155亿元，增长17%。主要大项目有：山东中文集团有限公司大型塔机、混凝土搅拌站生产及铸造项目；山东山起重工有限公司风电塔杆、定转子生产项目；山东荣利中石油机械有限公司钻井平台项目；墨龙石油机械公司Φ180石油专用管改造工程项目等。2009年4月19日，盛瑞传动机械股份有限公司与德国富瑞格公司8AT项目合作签字。2009年6月17日，盛瑞传动机械股份有限公司与英国里卡多公司8AT项目工程化合作签字。2009年9月21日，盛瑞传动八挡自动变速箱（8AT）项目工厂开工奠基。该工厂是盛瑞传动股份有限公司八挡自动变速箱（8AT）项目的研发、试验和生产基地，总投资10亿元。

2010年，全市机电行业实施技改项目423项，完成投资356亿元。其中：潍柴大马力柴油机项目完成4.6亿元、蓝擎机项目完成4.1亿元；山东鲁重数控机床公司高档重型数控机床项目完成4亿元；盛瑞科技公司八挡变速器项目完成3.9亿元等。全年新兴产业投资项目83项，完成投资53.2亿元，其中，新能源设备类项目32个，完成投资25.7亿元；节能环保装备项目51个，完成投资27.5亿元。2010年1月29日，福田雷沃重工农业装备20万台综合产能形成暨35万台收割机2010款麦客下线。2010年5月31日，山东浩信集团北汽福田发动机缸体生产线投产。2010年6月8日，福田山东·潍坊汽车厂在高新技术产业开发区奠基。该项目规划总投资为45亿元，年标准产能为整车30万辆，其中新能源汽车占整车的30%。项目全部达产可实现年销售收入345亿元、利润17亿元、税收23亿元，新增就业7500人。2010年7月3日，华特低温超导磁电项目开工奠基。华特低温超导磁电项目，总投资5.2亿元，一期工程年底投产，全部建成后，年实现主营业务收入15亿元，利税3亿元，成为国内磁电科技行业的领军企业。

2011年，全市机电行业完成技改投资348.8亿元。全市机械工业列入省重点产业振兴和技术改造、新兴产业和重点行业发展等专项的项目共24项，总投资27.9亿元，完成投资18.9亿元。总投资45亿元的北汽福田潍坊多功能汽车厂项目，完成投资15.03亿元；总投资50亿元的潍柴动力大功率船用柴油机及配套产业基地项目，一期大型柴油机加工装配生产线建成投产；列入国家“十一五”期间汽车工业科技攻关重点项目的盛瑞传动8挡前置前驱自动变速器，顺利完成第二代样机在目标客户样车中的搭载和测试。

2011年5月7日，中国最大的无人直升机

V750在坊子区首次试飞成功，填补全国中型无人直升机的空白。2011年10月30日，山东凯马汽车制造有限公司投资18.3亿元的15万辆载货汽车及零部件生产基地项目建成投产，代表国内先进水平的冲压、焊装、涂装、总装等汽车专业化生产线及检测线投入运行。

2012年，全市机械电子行业实施技改项目378项，完成投资约346.4亿元。投资较大项目有：潍柴重机公司船用柴油机零部件项目完成10亿元；诸城恒信基公司冲压中心项目完成投资12亿元；山东墨龙石油机械公司高端石油机械项目完成5.9亿元；泰丰汽车底盘公司轮毂和电动车部件项目完成4.88亿元。技术创新工作顺利推进。3月，由潍柴动力制造的中国首款大功率缸内高压直喷压燃式天然气发动机研发成功并面市，填补国内天然气缸内直喷发动机在应用领域的空白。4月13日，盛瑞传动公司8AT十万台产能建设项目启动。7月1日，全球首台零挥发5.5T低温超导磁选机下线仪式和“十二五”国家科技支撑计划项目启动仪式在潍坊新力超导磁电科技有限公司举行。8月16日，潍坊市组织提报的盛瑞传动股份有限公司“可动力换挡多挡变速器产业化”项目被列为2012年国家重大科技成果转化项目计划，争取中央财政专项补助资金4000万元。8月22日，世界500强德国采埃孚股份有限公司与山东浩信集团有限公司战略合作签约。11月19日，潍坊市政府与福田汽车集团深化合作扩大投资暨合作建设福田汽车集团工程研究总院山东研究工程中心签约。

第四节　技术进步

研发中心建设

1991年后，潍坊市机械行业坚持以企业为主体，以市场为导向，大力推进技术创新体系建设。

1996年，潍坊柴油机集团被确定为省级企业技术开发中心。1997年，山东巨力集团被确定为省级技术中心。

2003年8月，“潍柴——AVL欧洲研发中心”正式挂牌，此为潍柴设立的第一个海外产品研发机构。2006年7月12日，潍坊柴油机集团国家企业技术中心揭牌。

2008年，比德文动力科技公司开始致力电动汽车整车及相关零部件的研发及生产制造，拥有国内最大的纯电动汽车生产车间。2009年，潍坊华光精工设备有限公司等4家企业晋升为省级企业技术中心；山东益都阀门股份有限公司、山东隆源液压科技有限公司等9家企业认定为潍坊市市级企业技术中心。2009年8月，潍柴动力“国家商用汽车动力系统总成工程技术研究中心”可行性论证通过，这是潍坊市第一家国家级工程技术研究中心。

2010年，山东金亿机械有限公司等5家企业晋升为省级企业技术中心，潍坊宝成离合器有限公司等18家企业被认定为潍坊市市级企业技术中心。2010年，山东矿机公司被认定为“国家重点扶持高新技术企业”。

2011年3月，科技部、国务院国资委、全国总工会确定潍柴动力为国家创新型企业。2011年，山东高强紧固件有限公司、潍坊中云机器有限公司、山东三田临朐石油机械有限公司3家企业晋升为省级企业技术中心；山东荣利中石油机械有限公司、潍坊华星铸造机械有限公司等12家企业被认定为潍坊市市级企业技术中心。2012年，山东高密高锻机械公司被评为国家级高新技术企业。山东恒涛节能环保有限公司等7家企业晋升为省级企业技术中心。潍坊浩泰机械有限责任公司等18家企业被认定为潍坊市市级企业技术中心。

新产品研发

1991—1994年，全市机械工业完成新产品开发项目214项，完成开发投资近亿元，研制出一大批技术水平先进、附加值高、发展潜力大的新型产品。有15项达到国际水平、56项填补国内空白、73项填补省内空白。全系统每年完成的新产品产值和利税分别占总产值和利税总额的10%以上。新产品开发促进全行业产品结构的优化与升级。临朐石油机械厂开发的QK300YB动力钳同时获布鲁塞尔第四十届尤里卡世界发明博览会金奖；潍坊开关厂的六氟化硫断路器获银奖。山东工程机械厂的ZL30D、40D、50D、80D装载机、青州液压件厂的CBGZ齿轮泵、诸城锻压机床厂的福克森间歇传动机构、潍坊柴油机股份有限公司的WD615、6160A-17、495ZD、6105型柴油机等产品，均为全市机械工业的重点产品，技术水平国内领先。1993年，高密锻压机床厂开发XY-3I1200×450三辊橡胶压延机填补国内空白，通过省机械工业厅和潍坊市机械工业局成果鉴定。1994年4月，由一台工业机器人完成对发动机整机喷漆的自动线在潍坊柴油机厂建成投产，具有世界先进水平。

1995年，全市机械工业完成新产品开发项目50项，完成新产品开发投资1945万元。其中潍坊水箱厂开发的铝制水箱、安丘矿山机械厂的碱回收成套设备、昌乐机械厂的三轮摩托车和波形挡边输送带、高密农机厂的手扶拖拉机等产品，技术水平高，市场容量大，成为全市机械工业经济增长点。

1997年，全市机械工业完成新产品开发项目58项，其中省计划项目9项。1997年12月，第一台轮胎模具专用电火花成型机床在豪迈公司诞生并拥有自主知识产权。从此，中国轮胎模具的生产逐渐结束了半手工、半机械的历史转而进入机械化加工。1999年8月，由潍柴与香港培新公司共同研制开发的WT615压缩天然气（CNG）发动机，顺利通过省级技术鉴定，填补国内空白。1999年高密高锻开发的QMY3-10型混凝土砌块成型机获2000年度国家级新产品奖。1999年，完成新产品开发50余项，其中省级以上新项目15项。获国家科技进步三等奖1项，山东省科技进步三等奖2项，获山东省机械工业科技进步奖22项。

2000年，全市机械工业完成新产品开发项目80余项，其中省以上项目14项。重大项目有：潍坊柴油机厂的WD618系列柴油机、山东潍坊拖拉机集团有限公司的中马力拖拉机、山东工程机械厂的轮胎式挖壕机、安丘机械厂的洗浆机和自来水过滤机、山东省高密锻压机床有限公司的彩色屋面瓦成型机。2000年5月，豪迈公司轮胎模具数控刻字机床发明成功，填补国内空白。自此，中国轮胎模具制造业由手工、半手工的加工方式跨入数控化时代。

2001年，全市机械工业完成新产品开发项目33项，其中省计划项目13项、其他省级鉴定12种。2002年，有14项新产品研制项目列入省以上计划，其中有两项列入国家重大新产品计划，6项列入省重点计划，5项列入省财政资金扶持计划。2002年，新产品有2项获山东省科技进步奖，13项获山东省机械工业科技进步奖。2003年，全行业有21项重大新产品研制项目列入省以上计划，其中有2项列入国家重大新产品计划，6项列入省重点计划。2004年，山东高密高锻机械公司开发的J36-630C闭式双点压力机获山东省科技成果二等奖。

2005年，有25项重大新产品研制项目列入省以上计划，规划投入科研经费1.4亿元。其中潍坊柴油机厂“WD615公交车柴油机的开发”“TBD226B柴油机研制开发”，福田重工股份有限公司“小型液压挖掘机”，北汽福田诸城汽车厂“自卸汽车”等项目列入省重点技术创新计划。全市机械行业有2项获山东省科技进步奖。2006年，重大新产品研制项目有：潍柴动力有限公司的“WP10工程机械欧Ⅱ、WP6欧Ⅲ柴油机的开发”，福田雷沃国际重工股份有限公司的“福田谷神4LZ-6型谷物联合收获机”，山东圆友建设机械公司“松式串联气流烘干机”，潍坊华光散热器公司“汽车电子散热器”。

2007年，全市机械工业完成新产品创新项目140余项，其中有40项重大新产品研制项目列入市以上计划，投入科研经费5.24亿元。其中，福田雷沃国际重工股份有限公司的“履带起重机”、潍坊华特磁电设备有限公司“强迫油循环电磁除铁器”、潍坊华光精工设备有限公司“多色胶印机”等8个项目列入省重点技术创新计划。全系统有1项获山东省机械工业科技进步二等奖，8项获三等奖。

2008年，全市机械工业完成新产品开发170余项，潍柴等企业的56项重大产品研发项目列入省技术创新项目，9项列入重点项目计划。其中，达到国际先进水平的17项，国内先进水平的22项。申请专利241项，其中发明专利19项、授权专利66项。7家企业申报中国机械工业科技进步奖，有5项技术和产品分获二、三等奖；在山东省机械工业科技进步奖评选中，有1项获一等奖，6项获二等奖，12项获三等奖。2008年6月，豪迈公司第一台巨型轮胎液压硫化机研制成功。豪迈巨型胎硫化机获3项发明专利和11项实用新型专利，出口日本、印度、白俄罗斯等国家。

2009年，全市机械工业完成新产品创新项目200余项，其中汶瑞的盘式过滤器、园友的建筑垃圾处理设备、北汽福田的重型工程车等22项重大产品研发项目列入省重点技术创新项目计划，76项列入省技术创新项目。其中，达到国际先进水平的29项，填补国内空白的20项。全市机械工业有1项获山东省机械工业科技进步一等奖，18项获二、三等奖。

2010年12月，潍柴“重型柴油机关键技术及WP10/12系列发动机”通过技术鉴定。全市机械系统列入省技术创新项目计划153项。主要有山东豪迈科技公司的模具制造专用机床、潍柴大马力柴油机等。全市机械行业有17项成果获得2010年山东省机械工业科技进步奖，其中一等奖3项、二等奖6项、三等奖8项。

2011年，全市机械工业列入省技术创新项目132项。潍柴重机船用柴油机等项目达到国际先进水平和国内领先水平。全行业有23项科研成果和新产品获山东省机械工业科技进步奖。

2012年，山东矿机集团控股子公司山东矿安避险装备有限公司研制的16人/106小时KJYF-96/16（A）型矿用可移动式救生舱顺利通过真人试验，并取得安标证书。山东矿机集团公司开始研发试生产无人机、航空发动机产品。全市机械系统列入省技术创新项目计划4批共计200项。主要有山东豪迈科技公司的工程轮胎模具、专用三坐标测量仪，潍柴动力蓝擎Ⅱ代开发，北汽福田国4产品开发，山东瑞其能源公司3.0MW永磁直驱风力发电机，高密蓝天节能环保科技公司海水淡化装置等。全行业有潍柴动力的WP6柴油机、诸城汽车的重型运输型工程车轻量化升级研发等4个项目获山东省科技进步奖；福田雷沃公司的大型轮式拖拉机的研究和开发、诸城奥铃汽车厂的载货车等27个项目获山东省机械工业科技进步奖。

第五节　工业产品

主要产品

1991—1994年，全市机械行业主要生产内燃机、拖拉机、农用运输车、石油机械、重型矿山机械、机床与工具、基础件、电器仪表、汽车改装、拖内配件10大类400余种产品。

1995—2000年，主要生产内燃机、拖拉机、农用运输车、内燃机配附件、汽车零部件、石油钻采及修井机械、工程机械、起重机械、锻压设备等20余类400余种产品。

2000—2012年，按产品类别划分，全市机械工业分为农业机械、工程机械、仪器仪表、环保机械、汽车、石化通用、重型矿山、机床工具、电工电器、机械基础件、汽车零部件和其他工业12个分行业。主要生产内燃机、拖拉机、农用三轮车、农用四轮车、汽车、收获机械、工程机械、环保设备、起重机、锻压设备、印刷设备、电子元器件、汽车零部件及内燃机配附件等20余类400余种产品。

1991—2012年潍坊市机械行业主要产品产量统计表

表7-2-2

<table>
<tr><th>年份</th><th>内燃机
（万千瓦）</th><th>拖拉机
（万台）</th><th>其中：大中型拖拉机
（万台）</th><th>农用运输车
（万辆）</th><th>汽车
（万辆）</th><th>农业收获机械
（台）</th></tr>
<tr><td>1991</td><td>207.2</td><td>9.41</td><td>—</td><td rowspan="5">72.68</td><td>—</td><td>—</td></tr>
<tr><td>1992</td><td>216.4</td><td>9.73</td><td>—</td><td>—</td><td>—</td></tr>
<tr><td>1993</td><td>219.7</td><td>9.84</td><td>—</td><td>—</td><td>—</td></tr>
<tr><td>1994</td><td>228.7</td><td>10</td><td>—</td><td>—</td><td>—</td></tr>
<tr><td>1995</td><td>310.5</td><td>9.93</td><td>—</td><td>—</td><td>—</td></tr>
<tr><td>1996</td><td>306.6</td><td>13.17</td><td>—</td><td>31.29</td><td>—</td><td>—</td></tr>
<tr><td>1997</td><td>236</td><td>15.66</td><td>—</td><td>46.53</td><td>—</td><td>—</td></tr>
<tr><td>1998</td><td>216.8</td><td>15.03</td><td>—</td><td>46.51</td><td>—</td><td>—</td></tr>
<tr><td>1999</td><td>299.7</td><td>15.58</td><td>—</td><td>52.41</td><td>—</td><td>—</td></tr>
<tr><td>2000</td><td>329.4</td><td>19.51</td><td>—</td><td>60.03</td><td>—</td><td>—</td></tr>
<tr><td>2001</td><td>521.55</td><td>17.89</td><td>—</td><td>60.64</td><td>5.4</td><td>5853</td></tr>
<tr><td>2002</td><td>1073.1</td><td>16.85</td><td>—</td><td>66.99</td><td>7.5</td><td>18650</td></tr>
<tr><td>2003</td><td>1852.7</td><td>18.89</td><td>—</td><td>46.7</td><td>11.4</td><td>29000</td></tr>
<tr><td>2004</td><td>3343.1</td><td>14.68</td><td>—</td><td>43.6</td><td>13.7</td><td>31000</td></tr>
<tr><td>2005</td><td>2325.55</td><td>16.32</td><td>3.8</td><td>9.91</td><td>17.9</td><td>33000</td></tr>
<tr><td>2006</td><td>3578.8</td><td>19.9</td><td>4.04</td><td>8.9</td><td>21</td><td>45067</td></tr>
<tr><td>2007</td><td>5992.1</td><td>12.4</td><td>4.3</td><td>5.2</td><td>26.4</td><td>46500</td></tr>
</table>

续表7-2-2

年份	内燃机（万千瓦）	拖拉机（万台）	其中：大中型拖拉机（万台）	农用运输车（万辆）	汽车（万辆）	农业收获机械（台）
2008	6029.7	10.5	4.1	3.6	26.2	35000
2009	8175	10.7	5.7	—	43.2	59000
2010	13862	14.85	5.75	—	48.8	49600
2011	13100	15.01	6.48	—	41.99	40000
2012	8570	15.97	7.1	—	44.2	42000

名优产品

1991—1994年，全市机械工业有91种产品获省以上优质产品称号。其中12种产品获国家金、银奖，43种产品获部优质产品奖。内燃机、拖拉机、农用运输车、采油钻井泵、螺杆钻具、修井机具、集装箱设备、工程机械、起重设备、电站开关、中高压阀门等产品在国内市场上占有较大优势。

1994年，全市机械工业围绕拖拉机、柴油机、工程机械、农用运输车等主导产品，建立从主机到零部件生产的专业化协作网络。其中油泵油嘴、水箱、缸套、齿轮、滤清器、离合器、活塞销等产品，均为部以上优质品，批量大，基本形成专业化生产优势。

1996年7月，“潍拖”牌小四轮拖拉机被中国农业机械化科学研究院和国家统计局农村社会经济调查总队授予“知名度最高产品、信誉最佳产品、最畅销产品、最具市场潜力产品”4项称号。

1997年7月，山东巨力集团及其主导产品“巨力”牌农用三轮车，获国家统计局公布的1996年度“信誉最佳、知名度最高、市场最畅销和最具市场潜力”4项全国第一产品。1998年，“潍拖”产品被机械工业部认定为机械工业名牌产品。1999年，“潍拖”TY200拖拉机被评为’99国际农业博览会名牌产品。

2000年1月，山东工程机械厂生产的弥河牌轮式装载机被山东省政府评为山东省产品质量奖。

2005年，全市机械工业形成潍柴牌柴油机、福田牌汽车、谷神牌收获机械、弥河牌装载机等一批在用户中享有较高的知名度、信誉度和较高市场占有率的拳头名牌产品。潍柴动力获得“中国名牌”和“行业内最具影响力的品牌”称号，其市场占有率排在全国同类产品首位。2006年，豪迈公司为美国GE公司加工风电轴承座，进入国际高端机械零部件制造领域。3年后，豪迈公司获得GE“最佳新供应商奖”。2006年6月，“潍柴”商标被国家工商行政管理总局认定为中国驰名商标。

2007年，福田雷沃欧豹大中拖获“中国名牌”称号；潍柴动力分别被中宣部、国家工商行政管理总局商标局等单位授予“自主创新典型企业”“中国驰名商标”“全国百佳零部件供应商”“工业行业排头兵企业”称号。潍坊恒安散热器集团有限公司的汽车散热总成、山东山工机械有限公司的装载机获中国名牌产品，福田雷沃国际重工股份有限公司的插秧机、山东高密高锻机械有限公司的锻压机床、汶瑞机械有限公司的洗浆机等6家企业的6种产品被评为山东省名牌产品。2007年1月13日，由中国品牌研究院评选的

《中国最有价值商标500强》排行榜揭晓，“潍柴”列第81位。2008年6月，第五届中国500最具价值品牌排行榜揭晓，雷沃品牌以70.15亿元位列第99位，在山东省参评品牌中排第4位。

2010年，潍柴动力柴油机、福田轻型汽车、谷神谷物收获机械、山工轮式装载机、福田雷沃欧豹大马力拖拉机、恒安散热器为代表的一批中国名牌产品，市场占有率不断提高。2010年11月，山东墨龙生产的D、HY、HL系列抽油杆被列为山东省名牌产品。2011年，“墨龙及图”商标被国家工商行政管理总局认定为中国驰名商标；“墨龙ML”品牌被省商务厅认定为“山东省重点培育和发展的国际知名品牌”；油井管、抽油泵、抽油机产品获山东名牌称号。

2012年6月27日，由世界品牌实验室主办的2012年（第九届）世界品牌大会在北京发布2012年《中国500最具价值品牌》排行榜。潍坊市的雷沃、海化、孚日、晨鸣4个品牌入选，雷沃以177.36亿元位列榜单第64位。

第六节　企业管理

1991年以后，市机械工业局采取一系列措施，对全行业的组织结构、产业结构和生产布局进行较大规模的调整和改组。至1994年，全系统实施管理项目2218项，创造管理效益7894万元。推广现代化管理方法和手段。重点推广GB/T19000质量管理和质量保证体系，组织各企业编制质量管理手册。以“工艺突破口”为重点，抓工艺管理，现场管理和计量理化、标准化等工作，提高工序质量和实物质量，广泛开展群众性质量管理活动。全系统先后有60%的企业不同程度地应用计算机辅助管理。全行业群众性QC小组已达1.5万多个，小组人数达到5.4万余人，QC小组普及率达到90%以上。

1995年，全市机械系统组织开展“管理示范企业”“样板车间”和“管理达标企业”创建和推广工作。诸城四达公司用首先给产品制定具有市场竞争性的不含税的价格，并确定出目标利润，以此为起点，将生产、流通、管理的全过程进行分解，制定目标成本，采用倒逼机制，挖掘潜在的效益，将成本控制量化到每个员工，与经济利益挂钩，最终使产品生产成本达到预先确定水平的“倒逼成本法”受到省机械厅高度重视和赞扬，并在全市推广。实行该管理方法后，诸城四达公司继1993年、1994年主要经济指标连续实现翻番的基础上，1995年又在全国同行业中创出10个最佳效益指标，经济效益连续3年居全国同行业之首。1995年12月，潍柴顺利通过ISO 9001质量体系认证，成为潍坊市第一家通过认证的企业。1995年，全市机械系统实现无亏损企业目标，这在全国市地机械行业中尚属罕见。

1996年，全市机械行业确立“抓农促民，抓大带小，抓高上新，合理布局，全面发展”的发展思路，到1999年末，实现把潍坊建成“动力城”和“机械城”的目标。全年验收省市级示范管理企业10家，达标企业34家，创省级样板车间14个。实施管理项目419项，创造管理效益2797万元。潍坊市有3家机械企业销售收入过10亿元。其中山东巨力股份13.85亿元。1997年，潍坊柴油机集团、益都阀门厂、诸城四达绝缘材料股份有限公司等6家企业通过ISO 9000质量认证。

1999年，全市开展学亚星，促管理，增效益活动。列入全市114家大中型企业的18家机械企业全部实现盈利，山东气缸套厂、青州水泵厂和潍坊机床二厂实现扭亏。当年，山东潍坊拖拉机集团、山东巨力集团、青州液压件厂、高密锻压机床厂4家企业被省企业联合会评为现场管理先进企业；山东巨力集团、山东潍坊拖拉机集团、诸城高强度紧固件公司3家企业被山东省机械厅评为质量管理先进单位。2000年，全行业有20家企业通过ISO 9000质量认证、9项质量成果在全省机械工业QC成果发布会上获奖。在国家、省、市组织的质量测试中，重点骨干企业的主导产品合格率在95%以上，其中小四轮拖拉机、柴油机、农用三轮车与四轮车等产品质量水平在国内居领先地位。山东临朐天源机械有限公司的真空泵、潍坊蓄电池厂的铅酸蓄电池通过一等品评定。

2002年，市机械行办先后编制完成《潍坊市机械工业现状及发展方向》《潍坊市机械工业发展战略研究》《潍坊市机械工业“十五”后三年整合规划》。到年底，限额以上的企业全部上网，重点企业均建立自己的网站或网页，开展网上发布信息、网上报价、联系客户等电子业务。机械行业推广的“甩图板工程”进展较快，多数中型以上企业应用CAD。重点企业在办公自动化、财务管理、生产成本管理、劳动工资管理等方面应用计算机技术。

2003年，山东山工机械有限公司、山东巨力股份有限公司、潍坊欣宝动力配件有限公司等企业应用ERP，实现企业人流、物流、信息流的统一，提高了生产效率，降低了生产成本。山东山工机械有限公司完善招标制度，抓成本管理，全年实现管理效益2500万元。潍坊柴油机厂、北汽福田汽车股份有限公司诸城汽车厂等企业通过建立管理网络，使物资流程大大缩短，有效地降低生产成本。

2005年，市机电行办编制《潍坊市机械装备业“十一五”发展规划》《潍坊市船舶业发展意见》《潍坊汽车产业链实施方案》。明确行业的发展目标：到2010年，全市机电工业销售收入达到1400亿元，年均递增20%。2005年，福田重工股份有限公司获2005年度中国企业信息化500强企业。2005年11月，潍柴动力对湘火炬实施战略重组，这是企业从单一资产经营向资本运营和资产经营并重道路转变的标志。

2006年，潍坊柴油机厂通过实行全面预算管理，将各项经济技术指标分解落实到各所属单位，并制定专项考核办法，建立有计划、有预算、有实施、有监督、有考核的物流管理机制。北汽福田诸城汽车厂通过建立物流管理网络，实现物流运输、仓储、发交、计划和结算联网运行，使物资流程缩短，有效地降低成本。福田雷沃国际重工建立起国内机械装备行业最大的客户呼叫中心，面向全球开通24小时免费服务热线。2007年11月26日，潍柴动力股份有限公司获全国质量奖，成为全国唯一一家装备制造业获奖企业。

2008年，加强企业基础管理，涌现出一批管理先进单位和先进个人，8人为全省机械工业优秀企业家，2人为功勋企业家，2家企业为省机械工业优秀管理进步示范企业。2009年，依据国家和省印发的9个重点产业振兴规划，市机械电子行业办公室编制《潍坊市机械工业调整振兴规划》和《潍坊市汽车工业调整振兴规划》《潍坊市农业装备产业调整振兴规划》《潍坊市工程机械产业调整振兴规划》《潍坊市专用机械产业振兴规划》《潍坊市环保节能产业调整振兴规划》。确定行业的发展思路：努力促进“两个转变”（由机械大市向机械强市转变，由发展主导骨干产品向发展主导骨干产品和培育产业链并重转变），实现“三个提高”（提高企业普遍自主创新能力，提高技术改造质量，提高企业经济效益），培育“四个产业基地”（内燃机、轻型汽车、工程机械、农业装备产业基地）。2009年全行业有60家企业通过安全生产三级以上安全标准化复评。其中，有3家为一级标准、2家为二级标准。2009年12月，潍柴动力获首届“省长质量奖”。

2011年，市机电行办对内燃机、汽车、工程机械、农业装备等潍坊市机械工业的主要产业链条进行深入调研，探索建立产业链数据库，为产业集群发展和结构调整工作提供数据支撑。认真筛选50个科技含量高、投资大、节能环保、经济效益好的项目建立项目数据库。2011年，龙头企业通过实施管理创新、机制创新、加大投入、开拓国际国内市场等措施不断壮大。依托潍柴控股集团等主机厂，通过加入产业链搞好服务配套，培植山东浩信集团、盛瑞传动股份有限公司等一批专业化生产的“专、精、特、新”小巨人企业群体。2011年1月8日，高密市的山东豪迈机械科技股份有限公司农民工王钦峰获“山东省2010年十大新闻人物”称号。2011年1月，山东重工集团有限公司董事长、潍柴动力股份有限公司董事长谭旭光当选中国经济年度人物，成为“2010年度最受关注企业家”；潍柴控股集团有限公司被评为2010年度最具影响力企业。

2012年，市机电行办编制《潍坊市机械装备产业和汽车制造产业转型升级规划》，明确行业发展思路、发展方向和发展重点。充分发挥潍柴控股集团有限公司等企业集团的龙头作用，带动配套企业发展，拉长加宽增厚产业链，构建内燃机、轻型汽车、工程机械、农业装备4个全国性产业基地，培育一批适应市场需要、拥有核心技术、具有国际竞争力的大型企业集团。

第七节　重点企业

潍柴控股集团有限公司

潍柴创建于1946年，原名建国铁工合作社，1953年8月，更名为潍坊柴油机厂（简称“潍柴”）。1991年工业产值24575万元。

1991年4月，潍柴被评为省级技术进步先进企业。1992年6月，国务院经济贸易办公室等6部委确认潍柴为国家大型（一）企业。1999年8月，由潍柴与香港培新公司共同研制开发的WT615压缩天然气（CNG）发动机，通过省级技术鉴定，填补国内空白。2000年7月，潍柴WD618柴油机填补国内265－301KW重型车用柴油机的空白，通过省级鉴定。2002年12月，潍柴动力股份有限公司注册成立。2003年8月，潍柴设立第一个海外产品研发机构“潍柴——AVL欧洲研发中心”正式挂牌。2003年11月，潍柴动力股份有限公司境外发行外资股，并在香港上市。2004年12月，潍柴实现销售收入100亿元，成为中国内燃机行业首个销售收入过百亿的大型企业。

2005年3月，潍柴动力第一台拥有完全自主知识产权的10升、12升大功率欧Ⅲ发动机完成样机试制并投产，命名为“蓝擎WP10、WP12”。2005年9月，获“中国名牌产品”称号。

2006年6月，潍柴牌商标被国家工商行政管理总局认定为中国驰名商标。2006年9月，潍柴分列中国企业500强第181位和中国制造业500强第85位。2006年9月，潍柴动力A股上市发行。2007年8月，潍坊柴油机厂正式改制为潍柴控股集团有限公司。2007年11月，潍柴动力获全国质量奖。

2007年12月，潍柴实现主营业务收入400亿元的历史跨越。2008年4月，潍柴控股旗下山东巨力股份有限公司与德国曼柴油机公司签署大功率中速船用柴油机技术协议。2009年1月，潍柴动力股份有限公司收购法国博杜安发动机公司。

2009年12月，潍柴动力股份有限公司与意

潍柴动力一号工厂加工生产线　　(2012年拍摄)

大利VM发动机公司《柴油机技术转让协议》签字。2009年12月，潍柴动力获首届“省长质量奖”。2011年1月，潍柴集团战略重组江苏亚星汽车集团有限公司。2011年3月，潍柴动力成为国家创新型企业。2012年1月，潍柴集团收购世界豪华游艇制造企业意大利法拉帝公司，潍柴集团收购法拉帝75%的股权，成为最大股东。进入全球顶级游艇制造领域，产业链条进一步延伸。

2012年3月，由潍柴动力制造的中国首款大功率缸内高压直喷压燃式天然气发动机研发成功并面市，填补国内天然气缸内直喷发动机在应用领域的空白。

2012年，潍柴集团成为国内唯一同时拥有汽车业务、工程机械、动力系统、豪华游艇、金融服务和智慧物流六大业务平台的企业，是一家跨领域、跨行业经营的国际化公司，分、子公司遍及欧洲、北美、东南亚等地区，在中国山东、陕西、湖南、重庆、江苏、福建、上海、北京等多个省市设立全资或控股子公司。集团有行业内唯一的内燃机可靠性企业国家重点实验室、现代化的“国家级企业技术中心”及国内一流水平的产品实验中心，设有“博士后工作站”，在美国、欧洲，以及中国潍坊、上海、重庆、扬州、西安等地建立研发中心，确保企业技术水平始终紧跟世界前沿。依托全球领先的研发平台，企业先后承担和参与22个国家科技支撑计划、国际合作计划和科技攻关项目，获得产品和技术授权专利2489项，主持和参与行业和国家标准制定65项，成为推动行业结构调整和技术向高端迈进的重要力量。潍柴集团在全国建立由5000余家特殊维修服务中心组成的服务网络，在海外建有近243家维修服务站，产品远销俄罗斯、沙特、越南、印度尼西亚、巴西等110多个国家和地区。“潍柴动力发动机”“法士特变速器”“汉德车桥”“陕汽重卡”等品牌，在国内均处于市场领先和主导地位，形成品牌集群效应。潍柴发展成为中国综合实力最强的汽车及装备制造集团之一，全球员工有8万余人。2012年潍柴主营业务收入808.54亿元，实现利润33.87亿元，利税50.46亿元。

北汽福田诸城汽车厂

北汽福田汽车股份有限公司（简称福田汽车）成立于1996年8月28日，1998年6月在上海证券交易所上市。

时代业务是福田汽车集团旗下的核心业务，旗下拥有时代、瑞沃两大产品品牌，产品定位于卡车全系列发展，产品线涵盖微卡、轻卡、中重卡全系列产品；拥有行业领先的研发、制造、供应链体系、营销服务等全价值链优势资源，年生产能力达到汽车整车60万辆。自福田汽车成立以后，时代业务坚持创新驱动战略，以科技进步推动产品和品牌的不断升级，打造中高端轻微卡市场的福田时代品牌和“技术升级、专业高效、高价值”的福田瑞沃工程车领导品牌，销售整车近500万辆，连续21年引领轻微型商用车市场。时代业务上缴税金71亿元，为属地的经济发展提供巨大的推动力。同时带动起义和车桥、美晨科技等一批汽车零部件巨头，并吸引丹东曙光、青岛众力车桥等外地企业来投资办厂。诸城属地的汽车配套企业500多家，占诸城规模以上企业的40%左右，产值占诸城工业产值的43%，年实现配套供货600多亿元，安置就业人员6万多人。获“中国机械制造业安全生产管理先进单位”“山东省先进基层党组织”“山东省诚信企业”“山东省纳税百强企业”“山东省百强企业”等称号。2003年，福田公司品牌价值81.08亿元。2004年6月国家有关部门公布的全国1000家大型工业企业中，位列第69位；入选全国机械制造业100强，位列第15位。

福田汽车诸城厂区是福田汽车集团的核心制造基地，产品定位于卡车全系列发展，产品线涵盖微卡、轻卡、中重卡全系列产品；拥有行业领先的研发、制造、供应链体系、营销服务等全价值链优势资源，厂区总占地137万平方米，员工1万余人，年生产能力汽车整车60万辆。2012年，企业资产690多亿元，员工近4万人，实现主营业务收入191.02亿元，实现利税14.21亿元，利润总额8.93亿元。是一家国有相对控股的混合所有制企业。福田汽车在全球20多个国家设有KD工厂，覆盖全球110个市场营销和服务网络，商用车海外市场连续4年保持第一；品牌价值1125.78亿元，在《中国500最具价值品牌》中列第34名，位居商用车行业第一、汽车行业第四，连续13年领跑商用车企业。

雷沃重工股份有限公司

雷沃重工股份有限公司（简称雷沃重工）从1998年起步，逐步发展成为一家以农业装备、工程机械、车辆、核心零部件、金融等多业务为主的大型产业装备制造企业。1998—2004年是雷沃重工创业阶段，通过集中有限资源，寻找和发现市场机会，依靠技术创新和艰苦奋斗赢得成功。2000年雷沃谷神收获机械中国市场占有率居第一位；2004年，雷沃欧豹大中型拖拉机中国市场占有率居第一位。

2008年2月，福田汽车诸城厂区第150万辆汽车在奥铃工厂下线

2004—2010年是公司多业务运营阶段，公

司以战略调整为中心、以强化管理为手段，实现业务结构、组织结构、区位结构、管理模式等要素的战略性调整2011年以后，雷沃重工全球化的主要目标是：实现公司经营要素的全球化。

2007年9月，被科技部认定为“国家重点高新技术企业”。2008年6月，被科技部认定为“博士后科研工作站”；2009年10月，被科技部认定为“国家高新技术企业”；2011年7月，成为同行业唯一获得“农业部现代农业装备重点实验室”的企业。

雷沃重工业务范围涵盖农业装备、工程机械、车辆、金融+互联网4大业务板块，拥有完善的核心零部件（发动机、变速箱、车桥）黄金产业链，在欧洲、日本等地设有子公司和海外研发中心，在山东、天津、黑龙江等省市有7大生产制造基地，是国内领先的大型产业装备制造企业。

雷沃重工在“欧洲研发、全球制造、全球分销”的特色发展模式下，海外并购阿波斯、马特马克、高登尼等全球高端农业装备品牌，具备完善的海外全价值链运营基础。在全球120多个国家和地区建成由380多家销售服务商组成的，集“销售、服务、配件供应、用户培训与信息反馈”五位一体的全球营销服务网络体系，出口产品涵盖农业装备、工程机械、车辆3大产业，是国内最大的农机出口企业，拖拉机等产品出口连续多年行业第一。

2012年，雷沃重工有员工1.5万余人，总资产161亿元，实现主营业务收入150.16亿元，实现利税9亿元，利润总额5.48亿元，成为国内最大的农业装备制造企业。

山东墨龙石油机械股份有限公司

山东墨龙石油机械股份有限公司（简称山东墨龙）是一家专业从事石油机械设计研究、加工制造、销售服务和出口贸易的上市公司，公司总部在寿光市。公司始创于1986年，1987年进入石油机械行业，2001年成立山东墨龙石油机械股份有限公司。2004年4月15日，山东墨龙H股在香港联交所创业板成功上市。2007年2月7日，山东墨龙由H股创业板成功转至主板，成为134家香港创业板H股公司中的首家成功转板企业。2010年10月21日，山东墨龙A股在深圳证券交易所挂牌上市，成为第一家回归深交所的H股公司，公司拥有H+A两只股票。

山东墨龙将产品质量作为重中之重，每年投入大量资金，建立和健全各项检验、监测手段，从多方面确保产品的质量。山东墨龙主导产品获准使用美国石油学会API会标，为公司顺利进入国内外油田市场取得通行证。所产油套管、阀门、泥浆泵缸套、不锈钢精密铸件、石油“三抽”设备及配件畅销欧洲、美洲、中东等世界主产油区。

山东墨龙注重科技创新和科技研发，获得9项专利，14种产品列入山东省省级技术创新项目。2009年12月，山东墨龙组建“山东省石油专用管工程技术研究中心”。2010年，设立博士后科研工作站，成为全国同行业首家博士后科研工作站，同年公司技术中心被认定为山东省省级企业技术中心。

山东墨龙通过规模扩张，生产链条不断延伸，经济效益实现连年跨越，业内影响力不断提升，跨入山东省机械工业百强企业，在山东省石油机械行业排名中独占鳌头。山东墨龙先后获得“山东省高新技术企业”“山东省银行业最佳信贷诚信客户”“A级诚信纳税企业”“中国农行AAA级信用企业”“中国工业行业排头兵企业”等多项称号。

2011年1月，山东墨龙9Cr抗CO_2腐蚀油套管的研究与开发项目被列入潍坊市重点技术创新项目；9Cr抗CO_2腐蚀油套管在石油机械行业中属国际先进水平。2011年11月，“墨龙及图”商标被国家工商行政管理总局认定为中国驰名商标。2011年12月；“墨龙ML”品牌被省商务厅认定为“山东省重点培育和发展的国际知名品牌”；2011年12月，油井管、抽油泵、抽油机产品获山东名牌称号。2012年7月，山东墨龙高端石油装备项目入选2012年度山东省蓝黄“两区”100个重点项目名单。2012年，产品主要有油管、套管、石油专用无缝管、抽油杆、抽油泵、抽油机、潜油电泵、注液泵及各种井下工具等，是中国四大石油集团公司的合资格供应商和中石油I类产品四大优秀供应商之一，实现主营业务收入66.73亿元，实现利税1.94亿元，利润总额1.79亿元。

山东比德文控股集团有限公司

比德文控股集团有限公司（简称比德文）是集电动汽车、电动自行车、电动三轮车三大产业群于一体的高新技术民营企业。总部位于昌乐县朱刘街道，比德文电动自行车是集团自2001年成立以后发展历程最长的产业，也是集团的支柱产业之一。有占地98.7万平方米的潍坊比德文产业园，并在天津、无锡、台州等地建立生产基地。在国内构建起5000家经销商、400家供应商的战略同盟，服务着1200万个用户。

电动三轮车是比德文集团的另一个支柱产业，是比德文全产业布局中的有机组成部分。比德文电动三轮车产业始建于2011年初，占地400余亩。依托比德文品牌影响力，采用汽车标准冲压、焊装、涂装、总装四大工艺，以汽车工艺造电动三轮车，成为电动三轮车品牌中具有举足轻重的影响力。比德文电动三轮车在四大工艺的基础上，采用日本OTC机器人焊接工艺、美国固瑞克静电喷涂、美国GMS通用汽车精益系统等行业领先工艺，用汽车价值链向客户交付超越黄金品质的电动三轮车。

2008年，比德文开始致力电动汽车整车及相关零部件的研发及生产制造，有国内最大的纯电动汽车生产车间，占地超过40万平方米，年产能35万辆，按照乘用车标准建设的冲压、焊装、涂装、总装4大工艺生产线，代表国内电动汽车制造业的最高水平。2012年，比德文集团拥有4大生产基地及7大工厂，资产突破16亿元，年产能300万台，员工近3000人，实现主营业务收入40亿元，实现利税3.24亿元，利润总额2.29亿元。

山东凯马汽车制造有限公司

山东凯马汽车制造有限公司的前身是华源凯马汽车事业部。1999年2月，山东凯马汽车制造有限公司由原山东寿光聚宝农用车辆总厂、山东奥峰农用车集团有限公司、华源凯马机械股份

山东比德文动力科技有限公司总装车间　　　（2012年拍摄）

有限公司潍坊冲压件分公司3家企业整合组建而成，隶属于恒天凯马股份有限公司（上海市）。2005年6月，在凯马汽车事业部基础上，由山东华源凯马车辆有限公司、寿光市凯马奥峰车辆有限公司、华源凯马机械股份有限公司潍坊冲压件分公司三家企业整合成立新的“山东凯马汽车制造有限公司”。公司是从事载货车生产的专业化企业，全国大型工业企业之一。主导产品凯马牌载货汽车和聚宝、奥峰牌低速载货汽车产品，销往全国各地和40多个国家。

山东凯马汽车制造有限公司占地1100亩，总资产30亿元，员工3000余人，是山东省高新技术企业。主导产品有“凯马”“聚宝”“奥峰”牌载货汽车，车型涵盖微型、轻型、中重型载货汽车以及皮卡、专用车、新能源汽车六大系列，经工业和信息化部认定的产品达1300多个。公司充分利用高新技术提升传统产业。2011年10月30日，投资18.3亿元的15万辆载货汽车及零部件生产基地项目建成投产，代表国内先进水平的冲压、焊装、涂装、总装等汽车专业化生产线及检测线投入运行。其中，车身焊接采用机器人自动焊接技术，车身涂装采用机器人自动喷涂系统，实现工序自动化和环保化生产。

凯马牌载货汽车获评山东名牌产品和山东省著名商标，公司获全国企业先进集体、山东省机械工业百强企业、山东省管理文明先进单位等称号。2001年7月，公司通过国家汽车生产条件验收，取得汽车生产目录，实现凯马产品由农用车行业向汽车行业的转型。2002年10月，投资2.5亿元，在寿光经济技术开发区建设凯马汽车工业城（二期轻卡项目），形成年产载货汽车、低速载货车（农用车）5万辆的生产能力。2004年，凯马轻卡产销量进入全国同行业前7强。

2009年10月，东风汽车股份有限公司参股凯马汽车10%的股份，双方出资2.8亿元成立山东东风凯马车辆有限公司。同年11月，凯马汽车投资18.3亿元，建设20万辆卡车及零部件生产基地，2011年10月建成投产。2012年汽车产量8.5万台，主营业务收入25.77亿元，实现利税6252万元。

山东巨力股份有限公司

山东巨力股份有限公司由潍坊巨力机械总厂发起，其前身是潍坊汽车配件厂，始建于1952年，主要生产销售铜铝铸件、汽车活塞和汽车转向拉杆。从1990年开始，企业开发新产品，确定农用三轮运输车产品，制定“高起点、高质量、高水平、高速度，大批量”的经营战略。

1990年10月，潍坊汽车配件厂与潍坊钢制家具厂合并组建了潍坊巨力机械总厂。“巨力”牌农用三轮运输车推向市场的第一年就产销1.8万辆。1993年3月，潍坊巨力机械总厂以定向募集方式设立潍坊巨力机械股份有限公司；1995年4月，更名为山东巨力（集团）股份有限公司；1996年12月，更名为山东巨力股份有限公司。

1998年3月3日，公司向社会公开发行境内上市内资股（A股），并于同年4月2日在深圳证券交易所挂牌交易。公开发行2500万股，募集资金28800万元；2000年，公司配股1149万股，募集资金15479万元。2000年以后，公司经营业绩逐年下滑。2002年11月，巨力机械总厂分别与北京盛邦投资公司和领先实业有限公司签署股权转让协议书，巨力总厂持有16.35%的股权。从2004年4月份开始，全行业面临前所未有的困境。此外，随着农用车管理从农机部门转到公安部门，相应增加牌照费、第三者责任险、购置税等购车费用，农用车产品销售受到严重影响。

2006年7月，潍坊巨力机械总厂与潍坊柴油机厂签署股份转让协议。2006年12月，完成股权过户手续，股权转让完成后，潍坊柴油机厂持有公司国有法人股8446.55万股，成为公司的第一大股东；潍坊市投资公司持有公司国有法人股5650万股，成为公司第二大股东。

山东巨力原有资产、负债置出后，潍坊柴油机厂以其所属的中速柴油机和发电设备制造等优良的经营性资产置入山东巨力，成为本公司的控股股东。实现资产置换后的山东巨力，主要生产6160系列、6170系列、8170系列、CW200系列中速柴油机和15千瓦到1250千瓦的柴油发电机组。中速柴油机功率覆盖164～1800千瓦，其中，6160A型中速柴油机获得国家质量银质奖，社会保有量达到10万台以上；CW200发动机具有可靠性高、经济性好、便于维修等优点。

卡特彼勒（青州）有限公司

2005年，成立卡特彼勒投资的中美合资山东山工机械有限公司，更名为卡特彼勒（青州）有限公司，成为卡特彼勒的全资公司，其前身是山工机械公司，成立于1958年，地址在山东省青州市南环路。卡特青州作为卡特彼勒中国战略重要组成部分，通过引进吸收卡特6Sigma、CPS、TPM、5S管理及MQ12005质量管理等先进的管理模式，实现中国传统文化与卡特彼勒企业管理理念的成功融合，职工近2000人。2010年，工程机械行业销量大幅增长。

卡特彼勒（青州）有限公司生产“CAT950GC”和“山工机械”两大品牌产品，山工机械品牌产品包括装载机、推土机、压路机、平地机等整机及路面机械结构件、工作机具等零部件。

山工机械品牌成为卡特彼勒主机品牌之一，支持卡特在中国工程机械行业不断增长的客户群。从中国早期第一台定轴式装载机生产，到2008年成为多元化产品体系卡特彼勒亚太区的工程机械生产基地。2012年1月，开工建设推土机工厂。2012年，生产装载机7646台，主营业务收入22.7亿元，工业资产25亿元。

山东浩信集团有限公司

山东浩信集团有限公司始建于1995年，位于昌邑市浩信工业园内。是集铸造、机械加工为一体的企业集团，主要从事商用车和乘用车发动机类零部件、底盘类零部件、工程农业机械零部件的生产加工，是国内最大的汽车轮毂、制动鼓生产厂家。2007年9月，山东浩信集团有限公司成立。2007年11月，浩信集团与美国康迈集团合资成立潍坊浩信康迈机械制件有限公司。集团下设山东浩信机械有限公司、山东浩信浩德精密机械有限公司、潍坊浩泰机械有限责任公司、潍坊浩信康迈机械制件有限公司、山东康迈信机械有限公司等9个子公司。

公司设有独立的技术研发中心和质量检测中心，为山东省高新技术企业，通过ISO 9001:2008质量体系认证、ISO/TS16949：2009质量体系认证、ISO 14001：2004环境管理体系认证、OHSAS18001:2007职业健康安全管理体系认证，并被评为“省级重合同守信用企业”，是山东省名牌产品、潍坊市工业企业50强之一。

公司与潍柴动力、中国重汽、中国一汽、北汽福田、福田雷沃重工、博世、福田康明斯、无锡康明斯、北汽集团、北奔重汽、陕汽集团、上柴动力、安凯车桥、方盛车桥、长沙熙迈等企业集团建立稳定的配套供货关系，产品出口到北美、西欧、东南亚等地区，与CONMET、WEBB、KIC、ADR、GUNITE、MAT、AUTOZONE、ADVANCE、KNORR、WABCO、SAF、VOLVO、DANA、SATA、LOMBARDINI等国际知名公司有着长期稳定的合作关系。

2012年8月，世界500强德国采埃孚股份有限公司与山东浩信集团有限公司战略合作签约，浩信集团将在原有生产线基础上，再投资扩建采埃孚生产专用线。2012年，公司实现产值18.77亿元，主营业务收入16.6亿元，利税3300万元，利润1381万元。

山东矿机集团有限公司

山东矿机集团前身为山东矿山机械厂，成立于1955年，位于昌乐县境内。1993—1994年，公司全面实行“全员经济核算”，企业成立内部银行，采取“全额计件、费用包干、工效挂钩”的分配形式。在企业各分厂、车间建立“模拟市场”新机制，企业内部各环节全面实施市场化运作。

2002年，公司与德国斯特罗门格公司合作，成立潍坊科尔建材机械有限公司，业务延伸到建材机械生产。

2004年，公司更名为山东矿机集团有限公司。2006年，公司与意大利COSMEC公司合作成立山东矿机迈科建材机械有限公司，优化提高公司建材机械的整体水平。2007年，公司研发中心被山东省科学技术厅认定为“山东省煤炭机械工程技术研究中心”；2008年，改制为山东矿机集团股份有限公司；2010年，被认定为“国家重点扶持高新技术企业”；山东矿机集团股份有限公司及其13个控股子公司有资产26.64亿元，占地1000余亩，职工近2000人，2010年12月17日在深圳证券交易所挂牌上市。

公司主导产品形成系列化、规模化，主要产品有液压支架、刮板输送机、采煤机、掘进机、转载机、破碎机、皮带机、单体液压支柱、金属顶梁、千斤顶及各种工程油缸、工业链条、矿用可移动式救生舱、避难硐室、综采工作面自动化控制设备、成套洗选煤设备、引进德国和意大利先进技术生产的成套煤矸石及页岩空心砖制砖设备。自2012年开始，公司致力于无人机、航空发动机、激光制造成套设备、激光增材制造（3D打印）、工业机器人智能制造等新行业、新领域的业务开拓。

作为全国重点煤炭机械制造企业之一，企业获得ISO 9001：2008标准质量管理体系认证，被认定为高新技术企业，是山东省煤炭机械工程技术研究中心，中国煤炭工业支护产品、机电产品及配件定点生产企业，产品全部具有国家安监局颁发的煤矿安全标志证书，并获“中国煤炭工业协会AAA级信用企业”“全国煤炭机械工业优秀企业”“全国煤炭机械工业双十佳企业”“中国500家成长型中小企业”“省级守合同重信用企业”“山东省煤机装备制造业优秀企业”等称号，连续多年入选“中国煤炭行业100强”和“中国煤机50强”，连续五年登上《福布斯》“中国潜力企业榜”。产品被认定为“全国煤矿机电放心产品”，其中“乐煤牌”刮板输送机、单体液压支柱、带式输送机、减速器及“SK牌”液压支架产品获“山东名牌”称号，“乐煤牌”商标被认定为“中国驰名商标”，自主研发的薄煤层、极薄煤层液压支架获得国家火炬计划项目和国家重点新产品证书。2012年，山东矿机集团公司实现主营业务收入16.3亿元，利税1.88亿元，利润1.01亿元。

山东豪迈机械科技公司

山东豪迈机械科技股份有限公司始创于1995年，地处山东半岛蓝色经济区的高密市。豪迈集团是世界轮胎模具制造基地，年产各类轮胎模具2万套，与全球前75名轮胎生产商中62家建立业务关系，是世界轮胎三强米其林、普利司通和固特异的优质供应商，国际市场占有率接近25%，出口占国内同类产品的90%以上。豪迈公司也是世界上有影响力的高端机械零部件制造商，产品涵盖压力容器、油气装备、高效节能换热器、航空模具、轨道交通、工程机械工装等。豪迈公司还是全球最大的气门芯生产基地，占世界市场份额的30%。

1997年12月，第一台轮胎模具专用电火花成型机床在豪迈公司诞生并拥有自主知识产权。从此，中国轮胎模具的生产逐渐结束半手工、半机械状态转而进入机械化加工。1999年3月，豪迈公司获中国专利山东明星企业，获得技术贸易许可证。2000年5月，轮胎模具数控刻字机床在豪迈公司发明成功，填补国内空白。2002年，豪迈公司第一套活络模具成功开发。2004年11月，上海豪迈模具有限公司成立，豪迈迈出跨区域经营的第一步。2006年，豪迈公司为美国GE公司加工风电轴承座，进入国际高端机械零部件制造领域。三年后，豪迈公司获得GE“最佳新供应商奖”。2008年6月，豪迈公司第一台巨型轮胎液压硫化机研制成功。豪迈巨胎硫化机获3项发明专利和11项实用新型专利。

2008—2011年，连续4年上榜“福布斯中国潜力企业榜”。2011年6月，在深圳证券交易所中小企业板成功上市。形成高档轮胎模具、高端机械制造等产业体系，涉足机械制造、海工、轨道交通、教育、金融、地产、农业等领域。2012年，豪迈集团参股的子公司高密同创气门芯有限公司，以年销售6.2亿支成为该行业的世界冠军，销售量占全球市场的20%。2012年，公司有20多家子公司，含1家上市公司、3家高新技术企业、4家海外公司，占地200万平方米，员工1万人，总资产58亿元，主营业务收入14.54亿元，利润4.5亿元。

盛瑞传动股份有限公司

盛瑞传动股份有限公司成立于2003年，位于潍坊高新区，是国家重点高新技术企业、国家技术创新示范企业。有国家乘用车自动变速器工程技术研究中心和国家认定企业技术中心。公司主要从事汽车自动变速器、重型柴油机零部件和农业装备的研发制造。

公司自主研发的世界首款前置前驱8挡自动变速器填补国内空白，形成年产25万台的生产能力。前置前驱8挡自动变速器（8AT）研发及产业化项目被评为国家科学技术进步一等奖，“可动力换挡多挡变速器”发明专利被国家知识产权局、世界知识产权组织联合授予中国专利金奖，前置前驱8挡自动变速器先后获中国汽车工业科技进步一等奖；公司重型柴油机连杆、活塞销等8大系列产品国内市场占有率名列前茅，并远销世界各地，是国内汽车自动变速器研发制造基

山东豪迈机械科技股份有限公司科技A区　　(2012年拍摄)

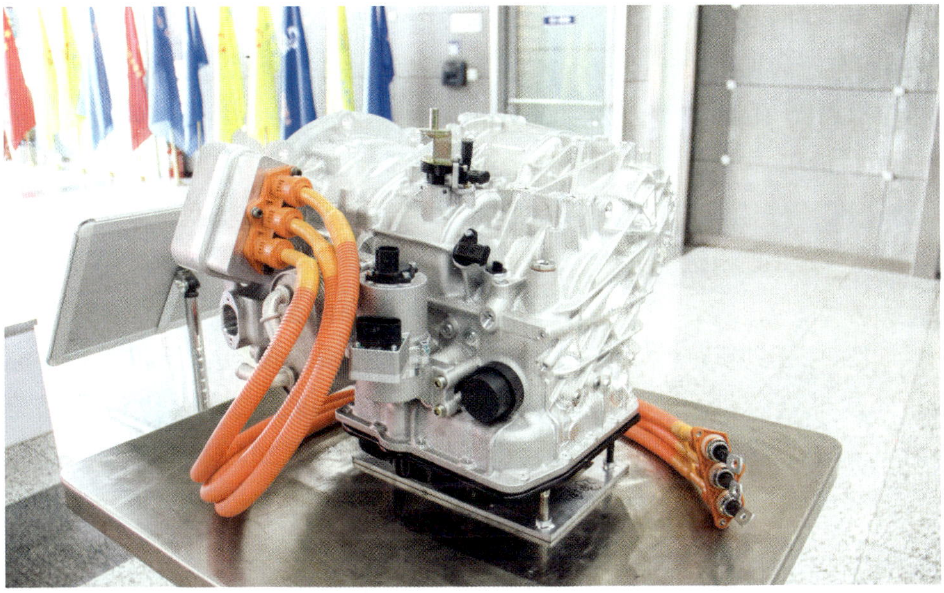

盛瑞传动股份有限公司生产的混合动力8挡自动变速器 （2012年拍摄）

地，同时也是国内品种最全的重型发动机零部件领军企业。

公司高度重视自主创新和研发平台建设，依托两大国家级技术中心，先后在德国、英国、北京、青岛设立研发分中心，形成“三国五地”的研发布局。公司建有山东省工业设计中心、山东省AT自动变速器关键技术企业重点实验室、山东省车辆自动传动工程实验室。8AT项目研发团队被科技部评为国家科技计划执行优秀团队奖，被全国总工会授予“全国工人先锋号”称号，公司被科技部认定为国际科技合作基地，公司是汽车AT自动变速器技术创新战略联盟理事长单位。

公司获全国百家优秀汽车零部件供应商、中国内燃机零部件行业排头兵企业、中国机械管理进步示范企业、中国重型柴油机生产10强企业、山东省重点领域首台（套）装备企业、山东省机械工业百强企业、山东省质量竞争力100强企业等称号。企业商标被认定为中国驰名商标、山东省著名商标。“盛瑞牌”连杆、水泵获“山东名牌”称号，8AT发明专利获中国专利金奖。2012年，主营业务收入6.85亿元，利润2058万元。

华丰动力股份有限公司

华丰动力股份有限公司创始于1920年，原名为潍县华丰机器厂，1954年更名为潍坊华丰机器厂，是中国最早生产柴油发动机的厂家之一，在当时享有“长江以北第一厂”的美誉。

公司拥有现代化的发动机、发电机组装配线以及先进的柔性机械加工生产线，整机和零部件年生产能力分别超过12万台和10万套。

华丰动力的业务分为柴油发动机、发电机组和发动机零部件三大板块，产品广泛应用于农业装备、工程机械、移动通讯、固定动力、发电设备和船舶等领域。公司营销服务网络全面覆盖中国、印度，遍及全球40多个国家和地区。

1994年，与潍坊柴油机厂合并，更名为潍坊柴油机厂第二发动机厂。2004年，成立中外合资山东潍柴华丰动力有限公司。2008年，整体搬迁至新工厂（安丘）。2009年，华丰动力印度公司成立。2012年，华丰动力股份有限公司成立。2012年，主营业务收入4.62亿元，利润536万元。

山东高密高锻机械有限公司

山东高密高锻机械有限公司位于高密市。公司主要从事冲床、锻压机床、压力机、冲床配件、压力机配件的开发研制和生产，是山东省机床出口企业，并多次获省市企业管理和技术进步优秀企业称号。

公司拥有良好的经营环境和高素质的专业人才队伍，技术力量雄厚，检测手段完善，加工设备先进。主导产品：J23、JB21、JD21、JH25、JM31系列16T至800T冲床，JS系列深喉口冲床，JQ系列气动离合冲床，JG系列高喉口冲床，Z系列多工位数控转塔冲床，P系列数控冲床送料机。

1991年，开发JM36－250闭式双点压力机。1992年，开发X（S）K－400开放式炼胶机、JF23－63开式双柱可倾式压力机。1993年，开发JF21－80开式双柱固定台压力机、M44－3030自动送料装置、XY－3I1200×450三辊橡胶压延机，其中XY－3I1200×450三辊橡胶压延机填补国内空白，通过省机械工业厅和潍坊市机械工业局成果鉴定。1994年，开发XY－3I1200橡胶三辊压延机获省科技进步三等奖。1998年，开发新型建筑材料混凝土砌块生产线、混凝土彩瓦生产线，被省政府定为重点开发产品，并被中国建筑砌块协会定为定点生产单位。1999年，开发J36－400C闭式双点压力机、QMY3－10型混凝土砌块成型机和混凝土彩瓦生产线。其中，QMY3－10型混凝土砌块成型机获2000年度国家级新产品奖。2002年，开发JH36－250C、J36－630C闭式双点压力机，J31－200C/400C/630B闭式单点压力机，JG21－250、JM21－125开式固定台压力机，JM25－160/200开式双点压力机，YD100/200液压顶底机等产品。其中，J36－630C闭式双点压力机获山东省2004年度科技成果二等奖。2003年，开发JH36－800E闭式双点压力机和CW－10、CW－10A水泥挤瓦机。其中，JH36－800E闭式双点压力机获山东省2005年度科技进步三等奖。2004年，J36－630C闭式双点压力机获山东省科技成果二等奖。2005年，高锻牌JM机械压力机被评为山东名牌产品。2008年，公司被评为山东省省级企业技术中心。

2011年，开发JK36－1000C闭式双点压力机、L4－800E3闭式四点多连杆压力机等型号大型压力机。2012年，被评为国家级高新技术企业。2012年，企业实现主营业务收入3.5亿元，利润379万元。

山东开元电机有限公司

山东开元电机有限公司始建于1970年（原国营诸城电机厂），1992年，改制为山东省第一家股份合作制企业，到2012年成为集科研开发、生产制造和销售服务为一体的国内专业节能电动机生产企业。企业总资产3.1亿元，净资产1.6亿元。公司占地16万平方米，建筑面积9万平方米，员工600余人，具有雄厚的技术力量和精良的装备，有先进专机生产、检测设备300余台（套）和3条电机装配流水线，年电动机生产能力600万千瓦。为全国电机产业联盟理事单位，中国电器工业协会中小型电机分会常务理事单位，全国中小型电机行业骨干企业。

公司主导产品以YE2、YE3系列中小型交流电动机为支撑、以低压大功率交流电动机、中高压电动机、高效电机智能控制节能系统为主要发展方向，产品有30多个系列近1200多个品种。公司建立和完善质量管理体系，先后取得ISO 9001体系认证、国家出口质量许可认证，国家质量免检产品认证、CQC产品认证、CCC安全认证、中国质量节能认证。公司是“全国中小型电机行业优秀企业”，山东省“守合同重信用企业”“山东省级企业技术中心”“山东省节能环保企业100强”“企业管理示范单位”。

1999年，试产Y250－280机座三相异步电动机，Y2－132机座三相异步电动机，获得国家出入境检验检疫局出口质量许可证。2004年，产品通过国家CCC认证。2006年，公司产品获得国家免检证书。2008年3月，成立企业技术中心，公司自主研发的YE系列高效节能电动机列入山东省第一批技术创新项目。2009年3月，YE系列高效节能三相异步电动机通过山东省经贸委“新产品新技术鉴定验收”，填补省内空白。2009年4月，公司“异步起动型稀土永磁三相同步电动机”获国家实用新型专利。2009年6月，YE系列高效节能三相异步电动机被山东省政府评为“山东省优秀节能成果奖”。2010年2月，YE系列高效节能电动机获得中国质量中心中国节能产品认证证书。2011年10月，开元公司“密州及图”电动机被山东省工商行政管理局审定为“山东省著名商标”。2011年12月，密州牌三相异步电动机被山东省名牌战略推进委员会、山东省质量技术监督局认定为“山东省名牌”产品。2012年，公司主营业务收入3.1亿元，利润1504万元。

康跃科技股份公司

康跃科技股份有限公司位于山东寿光经济开发区，始建于1963年，是一家集设计、研发、生产、销售涡轮增压器为一体的高新技术企业。1994年，寿光县齿轮箱厂更名为寿光市增压器厂。2001年，改制为寿光市康跃增压器有限公司。2010年，更名为康跃科技股份有限公司。公司下设康诺精工有限公司和大连依勒斯涡轮增压技术有限公司两家子公司。

公司致力于增压器核心技术的自主研发和创新，有一支专业化的研发团队，其中有国家“千人计划”专家和享受国务院特贴专家。公司设有博士后科研工作站，有山东省企业技术中心、山东省工业设计中心、山东省增压器工程技术研究中心、中国机械工业内燃机增压系统重点实验室和山东省内燃机增压系统工程实验室。公司依靠强劲的综合研发实力，获得32项发明专利、37项实用新型专利、40项外观设计专利，并有2项PCT专利在美国获得授权；JP90S分体式非对称涡轮增压器、KT60S双层通道（DLP）可变截面涡轮增压器获得“国家重点新产品”称号；JP60S防爆涡轮增压器、JK60S可变截面涡轮增压器等获得山东省科技进步奖；JP50S汽油机涡轮增压器、JP30S小型高速涡轮增压器等十余个产品先后通过省、市级科技成果鉴定，整体水平达到国内领先或国际先进水平，其中多项关键技术填补国内外空白；同时还参与2项增压器行业标准和国家标准的起草工作。自主开发近40个系列，600多个品种的增压器，配套功率范围15～1200千瓦，产品广泛应用于汽车、工程机械、农用机械、船舶动力、发电机组等领域。

公司拥有世界水平的加工和检测设备，建立完善的质量保证体系，为高质量的产品生产奠定坚实的基础。被评为中国内燃机工业百年成就奖、中国内燃机零部件行业排头兵企业、中国汽车零部件增压器龙头企业、中国专利与名牌展览会专利特别金奖、中国优质产品、节能中国优秀产品、全国企业文化优秀成果奖、山东名牌、山东省著名商标、山东省专利明星企业、山东省最具发展潜力民营企业、山东省中小企业科学技术奖、山东省企业技术创新奖、山东省产学研展洽会金奖、山东省节能环保产业示范企业、山东省计量先进单位、山东省制造业信息化示范企业等称号。2012年，公司总资产4.07亿元，销售增压器31.17万台，主营业务收入2.25亿元，利润3978万元。

山东红旗机电集团股份有限公司

山东红旗机电集团股份有限公司系国防军工企业，前身系山东红旗机械厂。1970年5月在沂蒙山区建厂，1994年12月整体搬迁至潍坊市。2002年8月，按照国家政策实施破产重组工作，并进行公司制改造，成立山东红旗机电有限公司。11月，通过GJB9001A-2001军品质量管理体系认证，2003年通过GB/T19001-2000民品质量管理体系认证。2010年与日本鹤见株式会社合资成立山东鹤见红旗环境科技有限公司。2010年，销售收入首次突破亿元，利润过千万元。

1994年以后，先后开发的主要民品有：环达牌二氧化氯发生器，红机牌田园管理机，金箭牌立式油压千斤顶系列，叠螺式污泥脱水机、多重圆板式污泥脱水机及其他环保设备，石油钻具，培土机，割草机，土豆收获机，大蒜收获机，水稻插秧机，秸秆收获机，小四轮，民用气枪，水压试验机，自动化生产线，饮水机。2012年，公司占地66.7万平方米，主营业务收入1.08亿元，利润881万元，资产2.4亿元，员工700余人。

山东潍坊拖拉机厂集团有限公司

山东潍坊拖拉机厂集团有限公司（简称山潍拖集团）是在原昌潍拖拉机厂和潍坊拖拉机厂合并组建（1989年12月组建后更名为山东潍坊拖拉机厂）的基础上发展起来的。1991年，产值50756万元，利税1205万元。1992年，以山东潍坊拖拉机厂为核心组建山东潍坊拖拉机厂集团总公司。1997年6月，山潍拖集团以“承债剥离、增量控股”的方式与中国华源集团组建山东潍坊华源拖拉机有限公司。

公司主要生产农业装备机械（包括各种类型轮式拖拉机、植保机械等）、动力机械（包括柴油机、气体机、新能源机械等）、发电机组（包括低噪声发电机组、自动化发电机组）和动力设备配件等产品。其中，“潍拖”牌拖拉机，是全国同类产品唯一获国家最高质量奖“银质奖”的产品。

公司有加工、喷漆、装配等10余条生产线以及包括加工中心、三坐标测量仪在内的800多台套主要生产设备及检测仪器，并有先进的CAD产品开发设计系统及设施完善的产品试验室等，装备水平居同行业先进水平，具有较强的产品生产及研发能力。

山潍拖集团产品系列不断增多，质量水平不断提高。1996年，“潍拖”牌小四轮拖拉机被中国农业机械化科学研究院和国家统计局农村社会经济调查总队授予“知名度最高产品”“信誉最佳产品”“最畅销产品”“最具市场潜力产品”4项称号。1998年，“潍拖”产品被机械工业部认定为机械工业名牌产品。1999年，“潍拖”TY200拖拉机被评为99国际农业博览会名牌产品。2002年，被中国质量检验协会评为“全国产品质量、售后服务信誉双保障企业”。2005年，在庆祝中国拖拉机工业50周年活动中，“潍拖”小四轮被评为农民最喜爱的拖拉机品牌。2007年，上马发动机产品，产品延伸至发动机、发电机组等系列产品。2012年，组建大马力发动机公司，主要生产M（128）系列3－16缸发动机。2012年，公司占地21万平方米，注册资本1.9亿多元，固定资产1.5亿元。拖拉机年产能力6.5万台（套），发动机年产能力8万台（套），发电机组年产能力3万台（套）。

2012年全市机械行业重点企业主要经济指标统计表

表7—2—3　　单位：万元

序号	企业名称	主营业务收入	工业产值	实现利税	利润总额
1	潍柴控股集团有限公司	8085411	5377512	504640	338734
2	北汽福田诸城汽车厂	1910166	1995354	142138	89307

续表7—2—3

序号	企业名称	主营业务收入	工业产值	实现利税	利润总额
3	雷沃国际重工公司	1501550	1395181	90037	54823
4	山东墨龙石油机械公司	667271	685721	19383	17918
5	山东比德文动力科技公司	400032	400032	32442	22898
6	山东凯马汽车有限公司	257696	272935	6252	5212
7	潍柴重机股份有限公司（巨力股份）	230760	171632	22427	18756
8	卡特彼勒（青州）有限公司（山东山工机械公司）	227265	224468	−8767	−9961
9	山东浩信机械有限公司	166036	187747	3300	1381
10	山东矿机集团股份公司	162950	168010	18820	10086
11	豪迈集团股份有限公司	145374	159987	52210	45019
12	盛瑞传动股份有限公司	68490	71344	2525	2058
13	华丰动力股份有限公司	46232	45076	1182	536
14	山东高密高锻机械公司	35047	26614	1876	379
15	山东开元电机有限公司	31034	24949	2423	1504
16	康跃科技股份公司	22527	20502	4387	3978
17	山东红旗机电集团股份	10756	8866	963	881

第三章　造纸工业

潍坊造纸工业历史悠久。据史料载，有“山东老皮”美称的临朐桑皮纸始于清初，雍正、乾隆年间一度进入昌盛时期。1991年，以寿光造纸总厂为代表的一批地方中小企业在全国率先进行企业管理体制和运行机制改革，上项目、调结构、引进技术装备、扩规模创效益、兼并重组、强强合作，带动了潍坊造纸及纸制品工业快速发展。2009年，晨鸣集团跻身全球造纸行业30强、全国轻工业10强，稳居全国造纸行业排头兵。2010年，围绕“转型、升级”总体发展思路，大力实施“双十”（十大支柱产品，十大骨干企业）工程，造纸包装产业快速增长，转方式，调结构，产业规模和整体实力得到较快发展，成为潍坊市的优势传统产业。潍坊造纸行业经过几十年的快速发展，成为全市六大传统支柱产业之一，成为全国重要的造纸生产基地。潍坊市造纸包装产业主要涉及造纸、纸浆、纸制品、造纸机械、造纸化工、印刷业等领域，形成了以包装纸、生活用纸、文化用纸、特种纸为主的4大类1000多个品种，自制浆生产能力达150万吨，造纸行业产能占全省的1/3，占全国的1/10，主要经济指标列全省同行业首位、一直处于全国前列。

2012年，制订《潍坊市造纸包装工业“十二五”振兴规划》，以转方式、调结构、创新发展为主线，拉长、拓宽产业链条，提升产业关联度、做大做强行业龙头；加大技改投入，促进产品结构调整和产业升级，提高产业发展质量和效益；加快推进节能减排新技术、新材料、新工艺的推广应用，大力发展低碳绿色造纸包装产业，实现造纸包装行业可持续较快发展。2012年，全市造纸包装产业实现主营业务收入311亿元，利润18.9亿元。山东世纪阳光集团、山东恒联投资集团进入全省造纸行业10强。全市造纸行业主要企业和产品有山东恒联纸业集团，主要产品以涂布纸、玻璃纸、生活用纸、制浆等为主；山东晨鸣纸业集团，主要产品以高档胶版纸、铜版纸、白卡纸、轻涂纸、生活纸、静电复印纸、热敏纸、格拉辛纸为主；山东世纪阳光纸业集团主要生产白面牛卡纸、涂布白面牛卡纸等高档包装用纸等。

第一节　生产经营

1991年，潍坊造纸行业是全市一轻工业系统龙头行业，产值、利税分别占全系统的80％以上，在全省造纸行业中位列第一。全市造纸及纸制品企业87家，实现工业总产值8.28亿元，工业销售产值8.1亿元，主营业务收入7.1亿元，利润1487万元，利税6101万元，主要产品机制纸及纸板产量20.06万吨，从业人员年均21904人。

1991年后，造纸行业通过深化企业改革，扩大对外开放，推进企业技术进步，加快产品结构调整，生产得到快速发展，在“七五”期间提前4年实现第一个翻番的基础上，又提前4年实现第二个翻番；利税总额以年均14%的速度递增，增长近两倍。全市县属以上工业企业57家，固定资产原值16亿元，净值13亿元，职工5.2万人。到1994年底，全市造纸行业企业117家，实现销售收入35.7亿元。比上年增长11%；实现利税4.27亿元，比上年增长68%，其中利润6288万元，比上年增长6.8倍；工业增加值10.28亿元，比上年增长27%；工业总产值25亿元，比上年增长12%。有80种产品获省以上优质品称号，其中国家优质产品3种，部优质产品32种，产品质量稳定提高率98%，国家和省抽检合格率80%以上；共有20种新产品填补国内空白或达到国际同类产品先进水平，中高档产品60%以上，形成玻璃纸、卫生纸等一批名优拳头产品。主要产品机制纸产量37.53万吨。工业总产值，销售收入两项指标均居全省各市（地）同行业第一位，实现利税居全省各市（地）同行业第二位，居全市各行业第一位。

1995年以后，全市造纸行业紧紧围绕实现经济体制和经济增长方式这两个根本性转变，全面实施“转型”“升级”战略，落实企业改革、结构调整、市场营销、扭亏脱困、强化管理等关键措施，全行业出现蓬勃发展的新局面。工业生产持续稳定增长，经济效益大幅度提高。全市轻工系统共开发新产品245项，其中造纸行业开发的19种新产品全部填补省以上空白，高档离型原纸和高速轮转机专用纸等9种产品填补国内空白。其中高档离型原纸和高速轮转机专用纸等9种产品填补国内空白。1999年，各造纸企业围绕实施名牌战略，全面提高产品质量。晨鸣牌双胶纸、风筝牌铜版纸、汶河牌轻量涂布纸7种产品被山东省经贸委评为名牌产品。2001年，潍坊市把结构调整重点放在造纸优势行业上，明确结构调整方向，争取到省以上项目3项、列入国家导向计划及贴息项目3项。

2004年，全市轻工系统形成“潍坊造纸包装发展规划意见”。针对全市造纸业基础较好，但总体规模小、产品档次低的现状，研究确定以加大投入促进产品结构调整为重点，带动原料结构、企业组织结构的调整。产品向高质量、低定量、低消耗、多品种方向发展；原料实行木浆、废纸浆、精制草浆多元结构；骨干企业进一步扩大规模，中小企业重点发展特种纸，走“专而精”的发展之路。晨鸣纸业坚持以投入促发展，生产规模突破百万吨，发展成为集制浆造纸于一体，产品水平经济效益连续10年列全国同行业第一位，其规模进入世界造纸业50强。恒联纸业和青州华裕等公司坚持“专而精”，发展特种纸，收到良好效果。

2005年，全市轻工系统制订《潍坊造纸包装业“十一五”发展规划》《造纸产业链规划》，为全市造纸支柱产业的健康持续发展提出意见和建议。

至2008年底，全市规模以上造纸行业企业157家，完成工业总产值219.8亿元，出口交货值13.75亿元，实现利税26.26亿元。主要产品机制纸及纸板298.01万吨，纸浆89.8万吨。

2009年以后，造纸行业着力加快经济增长方式转变，积极推进结构调整和科技创新，大力开展节能减排和发展循环经济，特别是面对全球金融危机的严峻形势，积极采取应对措施，努力开拓国内外市场，使全市轻工业经济运行质量和各项工作保持平稳较快增长的良好发展态势。全系统开发新产品245项，其中有6项填补国内空白或达到国际先进水平。2010年6月，中国轻工业联合会组织中国轻工业十强企业评选，晨鸣列造纸业十强企业首位。2011年12月，中国造纸协会授予“中国造纸行业环境友好企业”称号。至2012年底，全市规模以上造纸行业企业200家，完成工业总产值375.3亿元，出口交货值21.99亿元，实现利税32.77亿元。主要产品产量：机制纸及纸板454.9万吨，纸浆117.7万吨。从业人员年平均24087人。

1991—2012年潍坊市造纸行业主要经济指标统计表

表7—3—1

年份	企业数（家）	职工数（人）	工业总产值（万元）	主营业务收入（万元）	利润总额（万元）	利税总额（万元）
1991	87	21904	82800	71000	6101	1487
1994	117	52000	250000	357000	6288	42700
1995	222	36168	3574066	3193111	211134	15082.2
1996	103	—	2763014	3240531	—	—
1997	94	—	3487847	3320259	-13688	1534
1998	—	32485	3582124	3311793	319966	528694
1999	—	33994	4315096	3953136	382956	640898
2000	52	32435	5173000	5270000	433000	694000
2001	57	34094	5245000	5095000	387032	684000

续表7-3-1

年份	企业数（家）	职工数（人）	工业总产值（万元）	主营业务收入（万元）	利润总额（万元）	利税总额（万元）
2002	66	32663	7753000	7181000	798625	1045251
2003	79	35487	1058411	1104000	111511	168089
2005	158	40068	1785700	2384764	123508	211141
2006	156	38256	2765320	2644960	3375	4590
2007	155	35215	2488737	3032110	214056	330854
2008	157	25952	2198000	2037900	194000	262600
2009	165	27051	2061304	2056645	208937	300190
2010	157	26047	2495858	2501670	276673	373247
2011	112	25546	2904756	2906218	190684	362318
2012	200	24087	3753000	3110000	188914	327700

说明：2004年以后，统计口径为全行业限额以上企业

第二节　企业改制

1991年，以寿光造纸总厂为代表的一批地方中小型造纸企业，率先进行管理体制和运行机制改革。1994年，潍坊造纸机械厂改造为股份制企业。潍坊造纸总厂成功消化531名富余人员；潍坊玻璃纸厂向管理要效益；潍坊造纸机械厂精简机构、设立分厂取得良好效果。

1997年5月，晨鸣纸业B股在深圳股票交易所上市，募集资金5.46亿元；12月，晨鸣纸业集团投资7140万元对寿光热电公司实行增量控股；到年底，晨鸣纸业集团又投入2.08亿元，以51%的增量股与汉阳造纸厂合资组建（武汉）晨鸣汉阳纸业有限公司。潍坊造纸印刷包装总公司原系纯行政性公司，随着改革的不断深化，公司行政管理职能逐步弱化。公司充分发挥人才、信息等优势，在搞好浆、纸营销的同时，大力发展多种经营，先后引进PS版生产线、复合铝箔纸生产线、纸质快餐盒生产线等项目，使自身实力逐步发展壮大。

1998年，晨鸣集团继续走低成本扩张之路，企业资本经营进入一个新的阶段。在1997年控股汉阳纸业有限公司的基础上，又控股襄樊铜版纸有限公司，集团总资产20亿元。恒信纸业集团以1050万元收购昌乐河头纸厂，增强集团实力，优化产品结构。潍坊造纸印刷包装总公司改变经营思路，从纯经营型向经营生产型转变，盘活资产，开发新的资源，企业改革由外延向内涵转变、由形式向内容转变。

2000年，因企制宜，多种形式推进企业改革。进行规范化公司制改造。对效益好、资产规模大、符合国家产业政策、有发展前景的国有企业，按照《中华人民共和国公司法》改组为规范化的股份有限公司，具备条件的积极申报为上市公司。晨鸣纸业集团成为全国第二家B股增发A股的上市公司，一次募集股金14.56亿元。对新建企业、新上项目、合资企业及一般国有企业，按照投资主体多元化的要求，依法设立或改组为

有限责任公司；对重点企业集团，主要是完善法人治理结构，实行国有资产授权经营，增强集团整体功能。对量大面广的中小企业主要采取职工增资入股、集资承债、经营者持大股等形式，买断国有资产，进行股份制、股份合作制改造。全系统新组建股份制、股份合作制企业16家。同时，引导和鼓励企业通过联合重组、盘活存量。对优势企业采取以产品为龙头，以资产连接为纽带，跨地区、跨行业兼并重组，实现低成本扩张。晨鸣纸业集团在前几年租赁黄河板纸厂、控股武汉汉阳造纸厂和寿光热电厂的基础上，2000年又控股湖北襄樊造纸厂，收购内蒙古海拉尔造纸厂。企业净资产比1995年增长13.2倍，生产规模扩大5倍，经济效益连续5年名列全国同行业第一。对自己搞不好、搞不活、发展不快的企业主动挂靠大企业、大集团，借助外力，在更高层次上实现新的发展。

2001年，全市造纸行业坚持以产权改革为重点，以股份制、股份合作制为主要形式，以建立规范完备的现代企业制度、实现投资主体多元化为目标，一企一策一企多策，分层次、多方位推进。恒联集团正在完善法人治理机制，理顺集团与子公司关系。已改制的企业活力明显增强，干部职工积极性提高。恒联公司、凯信公司（造纸机械）等在招商引资、合资合作、开发新产品等方面都取得明显成效，企业活力大大提高。

2002年，重点对市直企业进行改革改制。对改制企业进一步深化改革。恒联公司在改制基础上，对整个公司进行系统整合，按班子控大股、法人代表控班子大股的“双控”要求，成立山东恒联投资有限公司。公司对与主业有关的6个子公司实行控股，对辅业和服务单位采取承包、租赁的形式实行自主经营、自负盈亏，完善公司法人治理结构，规范母子公司体系。

2003年，造纸印刷包装总公司的破产重组、人员分流全部完成。恒联纸业投资公司按照建立现代企业制度的要求，通过精简机构、减员增效、理顺关系、精干主业和剥离辅助等措施，增强了活力。

此后，全市造纸企业以转方式、调结构为主线，加大科技投入，推动节能减排新技术、新材料、新工艺的研究和应用，做大做强龙头企业，拉长拓宽企业链条，实现了持续创新发展。

第三节　技术改造

1991—1994年，潍坊造纸行业企业通过加快技术进步，加大技改投入，加快引进和利用外资，装备水平有明显改观。1994年，潍坊玻璃纸厂的5000吨玻璃纸生产线和8000吨铜版纸生产线、潍坊造纸总厂的5000吨高档卫生纸生产线在国内居领先地位，并达到国际先进水平。紧紧围绕市场，以产品结构调整为重点，企业组织结构、产业结构调整全面推进，取得显著成效。潍坊玻璃纸厂、潍坊造纸总厂、寿光造纸厂、安丘造纸厂、潍坊纸箱总厂、青州铝箔纸厂6家大型骨干企业，按照压缩普通低档纸、大力发展中高档文化生活包装用纸和纸的深加工的思路，在上档次、上规模、发挥优势上狠下功夫，成效显著。潍坊玻璃纸厂于1994年新上一条玻璃纸生产线，使生产能力达到5000吨，产量居全国首位，并通过技术引进，在国内首家成功地批量生产出高质量的卷筒玻璃纸，产量占全国总产量的1/3。同时该厂扩大铜版纸生产能力，1994年完成铜版纸产量8000吨，居全国前列。潍坊造纸总厂通过调整原料结构，提高高档卫生纸产量，大力开展深加工，经济效益大幅度增长；文化纸生产转向以加工纸为重点，产量、效益明显提高；高档卫生纸和加工纸两种产品产量1994年分别达到7100吨和2万吨。到1994年底，上述6家骨干企业全部进入全省同行业30家龙头企业行列，其余7家县以上造纸企业也全部进入全省30家骨干企业先列。1994年，潍坊造纸行业完成工业总产值、销售收入、实现利税等主要经济指标均居全省同行业首位。

1996年，寿光晨鸣纸业集团实现利税3.08亿元、销售收入5.53亿元。1997年，全市造纸行业实施扩产和技改项目14项，完成投资4.68亿元。其中，寿光晨鸣纸业集团碱回收、中段水处理、氧漂工程3项总投资1.4亿元；潍坊恒信纸业集团碱回收、扩大草浆能力项目两项总投资1.2亿元等一批重点项目相继竣工投产。潍坊恒信纸业集团10万吨/年高档铜版纸、晨鸣纸业集团10万吨/年胶印书刊纸两个项目被国家经贸委列入国家技术改造第一批重点工业结构调整导向性项目计划。1997年突出抓好技术改造。集中抓高起点、高水平的大项目、好项目，提高技术改造的准确率、成功率和回报率。突出抓品牌建设，重点抓晨鸣系列纸等十大名牌的培植，十大名牌由单一产品发展为系列产品，省名牌产品企业利税占全行业利税的69%。围绕造纸支柱行业，推广电子控制等高技术，努力实现产品上档次、提高产品附加值。当年全行业投资3.9亿元，所有纸厂防治污染项目基本完成。随着晨鸣集团10万吨高档书刊纸、万豪集团2万吨高档铜版纸、青州造纸有限公司与瑞典合资2万吨高档薄页纸等大型项目的投产，潍坊造纸行业在全省乃至全国同行业中继续保持领先地位。1998年，山东晨鸣纸业集团10万吨高档胶印书刊纸项目、临朐万豪纸业集团利用外资引进的2万吨高档铜版纸项目、潍坊恒信纸业集团日处理100吨草浆黑液碱回收项目相继投产。1999年，全行业完成固定资产投资1.61亿元，在建项目12个，竣工投产7个。企业加大污染治理工作力度，有5家企业的污染治理设施通过达标验收。各企业通过调整原料和产品结构减少解决废水污染。全行业列入限期治理范围的企业有80%达到国家规定的废水排放标准，并通过省或市环保部门达标验收。在质量管理方面，加快质量认证步伐，截至年底，晨鸣集团、青州造纸厂、安丘蓝天纸业公司等企业先后通过ISO 9000质量体系认证。

2000年，晨鸣集团15万吨高档铜版纸项目争取财政债券贴息资金（含国债资本金）及财政预算内资金1.58亿元。2002年，投资19.2亿元的晨鸣纸业15.3万吨/年高档铜版纸项目、投资2.2亿元的晨鸣自备电厂二期工程项目、投资1亿元的青州华裕引进国外纸机等重点项目竣工投产。市区企业技改项目6个，完成投资4900万元，主要有恒联纸业公司4万吨铜版原纸生产线项目、凯信公司高速宽幅铜版纸项目、华港公司水松纸和纸机改造项目、凤凰纸业纸机改造项目。技改项目中，国债项目4个，其中晨鸣纸业15万吨铜版纸项目的竣工投产，每年可新增销售收入12亿元，利税4.5亿元。

2003年，投资12亿元的晨鸣纸业涂布白板纸项目、投资过5亿元的恒安纸业高档卫生纸等重点项目，全面开工建设。其中市直企业在建项目5个，完成投资1.12亿元，投资4000万元的凯信高速宽幅铜版纸机项目基本完成。

2004年，投资15.8亿元的山东寿光晨鸣集团30万吨涂布白板纸项目，投资过亿元的恒联美林合资生产高档居家外生活用纸项目，投资1.7亿元的昌乐世纪阳光纸业有限公司的10万吨高档纱管纸改造等重点项目竣工投产。在技改项目中，国债项目2个：凯信公司高速宽幅复卷机项目和高速宽幅铜版纸机项目。

2005年，山东寿光晨鸣集团30万吨超级压光纸项目、昌乐世纪阳光纸业45万吨纸业项目、恒联纸业10万吨特种纸项目相继开工建设。市属企业12个项目，投资5亿元，完成投资1.2亿元，国债项目完成3000万元。2006年，恒联投资公司数码工业园一期工程年产1万吨高光相纸项目、9.5万吨特种纸等6个项目投入1.1亿元。2007年，投资25亿元的晨鸣纸业集团公司30万吨超级压光纸项目，完成投资6.8亿元，项目完工后，新增经济效益35亿元，利润3.5亿元；全市造纸产业经过技术改造、结构调整、扩大规模，主导产业优势更加突出。晨鸣纸业集团公司被国务院确定为“全国520家重点企业”之一，进入中国企业500强和世界纸业10强，经济效益综合指标连续12年居国内同行业首位。山东恒联投资有限公司，通过几年的不断努力和发展跨入全省10强企业。2008年，山东恒联投资公司加大环保投资近2亿元，对供热系统进行节能改造、资源循环利用制浆造纸节水减排改造、中段水进行改造，使节能指标比2007年下降23%，锅炉吨汽耗煤下降18%。同时生产工艺及技术设备达到增产不增污，实现废水废渣综合利用或达标排放、无废气产生，2008年，在省节能减排检查工作中被评为合格企业。

2010年，全市造纸企业积极发展循环经济，完成节能减排项目12项，完成投资5亿元。2011年，组织对潍坊造纸企业耗能大户进行技术改造，淘汰落后生产工艺设备。山东晨鸣纸业节能减排、浆纸改造等5个项目全部竣工，完成投资2.4亿元。寿光晨鸣再生资源科技有限公司6.5万吨/年造纸垃圾综合处理项目总投资6847万元，项目建成后可增加销售收入1.1亿元。世纪阳光再生资源回收体系建设项目投资4.3亿元，废旧物资的回收量达到年200万吨，新增销售收入50亿元，利税2亿元。潍坊恒联浆纸有限公司年产1.2亿块蒸压粉煤灰标砖项目投资2200万元，项目建成后年生产蒸压粉煤灰标砖1.2亿块，新增销售收入4500万元，利润2000万元。同年，山东晨鸣纸业集团公司的年产80万吨高档低定量铜版纸项目投资78亿元，年可增销售收入62.8亿元，利润5.7亿元。2012年，淘汰落后造纸产能3.58万吨。晨鸣集团总投资7791万元蒸汽冷凝水余热回收技术改造项目成功入围国家2012年节能技术改造扶持项目，获得节能扶持资金1000多万元，项目运行后，年节约标准煤4.3万吨。同年山东晨鸣纸业集团公司的年产60万吨涂布白牛卡纸项目投资43亿元，年可新增销售收入23.3亿元，利润4.4亿元。世纪阳光1.25亿平方米/年高档印刷包装项目总投资13.87亿元，年可新增销售收入24.3亿元，利润3亿元。

第四节　产品研发

1997年，全市造纸行业开发的新产品防潮玻璃纸、防伪商标印刷纸等产品填补国内空白。1999年恒信纸业集团开发的双面涂布防潮热封玻璃纸、青州纸厂开发的高木纹原纸、晨鸣集团开发的低定量涂布纸填补国内空白，达到国内先进水平，为调整产品结构起到积极的推动作用，成为新的经济增长点。2006年，晨鸣集团的“晨鸣”牌高档铜版纸、华港TBT涂布特种铝箔纸获得国家级名牌称号；晨鸣集团的“晨鸣”牌胶版印刷纸、蓝天纸业的“蓝天”牌低定量涂布纸、青州瑞化的“云鹰”牌高光泽铝箔衬纸获得省级名牌产品称号；恒联投资公司HL—再生纤维素薄膜获山东省科学技术进步奖；诸城兴创纸业的高强度绿色埋沙纸、夹筋纸获得“中国国际专利与品牌博览会”金奖。

2007年，“风筝”牌铜版纸被评为“山东省名牌”产品。诸城兴创纸业的高强度绿色埋沙纸、夹筋纸获得“中国国际专利与品牌博览会”

金奖。2011年，潍坊华港包装材料有限公司的华港涂布特种铝箔纸获得国家级名牌称号；山东恒联投资有限公司的再生纤维素膜、在技术创新上坚持走“引进、开发、创新”之路。高湿强涂布标签纸、环保无尘纸等3个新产品，通过省级鉴定。2012年，全市轻工系统有8项科研项目获市科研成果奖。其中，再生纤维浆关键技术研究及应用、防伪涂布纸技术开发等6个项目获得二等奖。晨鸣集团自主研发的防伪白卡纸生产方法及其关键设备，获得国家发明专利授权。

第五节　企业管理

1991年后，潍坊造纸工业以建立现代企业制度为目标，以“两改造一拍卖一联合”为重点，推动各项产业健康快速发展。根据国家产业政策、国内外轻工市场发展趋势及潍坊优势，逐年制订总体规划，使各行业明确发展方向和重点，并为制订全市工业发展规划提供依据。1994年，新税制等一些大的改革措施相继出台，市一轻局专门成立调查组，对造纸行业贯彻新税制情况进行深入细致的调查分析，为企业更好地适应改革提供帮助。抓好行业交流，每年召开两次行业综合交流会，并穿插召开专题交流会，请有关专家介绍分析国内外同行业的发展趋势，通报市场信息和国家行业政策，分析生产经营形势，介绍企业在改革、生产经营、调整结构等方面的做法和经验，安排企业相互观摩，交流学习，帮助指导企业发展理清思路。针对造纸黑液和酒精废醪液污染环境问题，市一轻局多次组织到部、省有关科研单位和外地同行业厂家进行考察和学习，通过多种渠道搜集国内外各种治污、治废的先进经验。并结合实际运用法律的、行政的手段抓住重点企业不放，督促企业加大措施治理污染。在造纸黑液治理方面探讨实施碱回收法、粉煤灰结团絮凝沉淀法、电渗析法、黑液资源化法等方法。对全系统大中型企业在引进、调整、改造、开发、落实资金等方面大力扶持，重点帮助困难企业强化内部管理，节约挖潜，解决资金等方面的实际困难。

1998年，恒信纸业集团把改进和加强企业管理贯穿于改革、改组、改造的始终，坚持管理创新与制度创新并举，加强采购管理、生产管理、销售管理和管理费用包干等措施，全年降低成本和节约费用2000多万元。

1999年，潍坊造纸系统各企业开展“远学邯钢，近学亚星”的活动，多数企业对购销两个环节加强管理监控。企业制定较规范的供应工作意见和采购物资招标管理规定，降低产品成本，提高资金使用效益。造纸行业节能降耗成绩较好，吨纸消耗碱平均为349千克，同比下降3千克，全年可节煤505吨，节碱669吨，节约资金232万元。

2002年，对潍坊市造纸工业园区的布局进行考察论证，并向日本、印度尼西亚及中国台湾地区的3家企业做推介。恒联公司与温州华盛房地产开发公司签订开发合同，项目引资1.7亿元。凯信公司与济南投资商签订合同，并在潍坊市高新技术产业开发区落实110亩土地合同。2007年，积极组织市直企业退出城区，到潍坊高新区、经济开发区拓展新的发展空间。潍坊凯信机械有限公司从60亩老厂区退出，到高新区、经济开发区、滨海项目厂区扩大到400多亩，投资3000万元新上加工中心。

2006年后，全市造纸行业面对原材料价格上涨，产品价格下降等不利因素，各企业积极开展节约挖潜，增收节支活动，以财务管理和营销管理为重点，着力消除企业产销各环节的“跑、冒、滴、漏”问题。加强物流管理，对重点企

晨鸣集团80万吨高档低定量铜版纸生产线　　(2011年拍摄)

业按照现代物流理念进行运作，重点抓好企业的物流资源整合和物流体系建设。引导企业转变增长方式，以循环经济促进节约生态型企业建设。在企业发展中帮助企业严格执行国家法律、法规，加大环保投入，在造纸行业内推行废弃物零排放。大力推广造纸业循环再利用工程，从生产源头上减少废弃物的产生。引导企业建立健全节能降耗管理体系，使企业的发展更符合国家产业政策和宏观调控的要求。恒联造纸由原来的草浆改木浆造纸，加大污水处理设备的投入，既提高企业的经济效益，又提升环境质量。

第六节　重点企业

晨鸣集团

晨鸣集团是中国造纸行业龙头企业，总部在寿光市境内，前身为1958年成立的寿光造纸总厂。1993年5月更名为山东寿光造纸印刷包装集团股份有限公司；同年10月更名为山东寿光造纸集团股份有限公司；1996年更名为山东晨鸣纸业集团股份有限公司（简称晨鸣集团）。

晨鸣集团拥有全球最大的制浆造纸生产基地和数十条国际尖端水平的制浆造纸生产线，产品逐步形成以印刷用纸、包装用纸、办公用纸、工业用纸、生活用纸五大品类体系，以高档文化纸、铜版纸、白卡纸、新闻纸、轻涂纸、复印纸、工业用纸、特种纸、生活纸为主导的高中档并举的九大系列产品结构。企业拥有国家级技术中心、博士后科研工作站、国家认定CNAS浆纸检测中心等科研机构，获得国家授权专利150余项，其中发明专利9项；7个产品被评为“国家级新产品”，29个产品填补国内空白，获得省级以上科技进步奖21项，承担国家级科技项目5项、省级技术创新项目26项。“晨鸣”商标被认定为中国驰名商标，企业还先后获全国五一劳动奖状、中国企业管理杰出贡献奖、全国精神文明建设先进单位等国家级、省级称号200余项。

2012年，晨鸣集团发展成为以造纸、金融、纤纱、林业、地产五大产业板块为主体，同时涉足矿产、能源、物流、建材、酒店等领域的大型综合性现代化企业集团，是全国唯一一家A、B、H三种股票上市公司，拥有10多家子公司，是造纸行业内第一家拥有财务公司和融资租赁公司的产融结合企业。集团在山东、广东、湖北、江西、吉林等地均建有生产基地，企业资产900多亿元，年浆纸产能850多万吨，经济效益主要指标连续20年在全国同行业保持领先地位，综合实力位居世界纸业十强、中国企业500强第234位、中国上市公司收入百强轻工制造行业榜第1

名，以及中国最具竞争力的50家蓝筹公司之一。2012年，集团主营业务收入457.7亿元，利税7.9亿元。

山东恒联投资有限公司公司

始建于1946年，前身是潍坊造纸总厂和潍坊玻璃纸厂，总部在潍坊市城区，2002年改制成立山东恒联投资有限公司。公司是以纸业为主的综合性控股集团公司，业务涉及制浆、造纸、精细化工、房地产、热电等领域，拥有多条从瑞士、日本、瑞典等国引进的具有国际先进水平的特种涂布纸、生活用纸及玻璃纸生产线。

公司依托完善的法人治理结构和差异化发展战略，坚持推行技术创新、管理创新、经营创新，围绕循环经济发展模式构建绿色纸业，全面实践“价值源于创新、规范孕育和谐”的核心价值观。

公司先后获全国制浆造纸行业30强、全国造纸行业节能减排达标竞赛优胜企业、中国包装龙头企业、山东省造纸行业十强、山东省轻工业建国六十周年功勋企业、山东省创新驱动发展能力百强企业、潍坊市百强民营企业、潍坊市工业百强企业、潍坊市节水型企业等多项称号。2012年，主营业务收入32亿元，利税1.8亿元。

山东恒安纸业有限公司

2003年12月29日，山东恒安纸业有限公司成立，主要生产以进口原生木浆为原料的"心相印"牌高档系列生活用纸。恒安纸业是中国生产高档卫生纸品的大型企业。公司分别从奥地利ANDRITZ公司、意大利ACELLI公司、巴西VOITH公司和德国SENNING、美国W+D、意大利PCMC等公司引进先进的卫生纸造纸设备和成品纸加工设备，经营的“心相印”牌产品，如卷筒纸、面巾纸、手帕纸、湿纸巾、印花餐巾纸、成品原纸、宾馆酒店用各类卫生用纸等，市场占有率占全国同类产品第一位，并获“国家免检产品”称号。2012年，公司主营业务收入13.7亿元，利税3.25亿元，利润2.56亿元。

山东世纪阳光纸业集团

2000年，山东世纪阳光纸业集团成立，总部在昌乐县城区。2007年，在香港联合证券交易所主板挂牌上市。设有新迈纸业、阳光王子（寿光）特种纸、上海王的实业、盛世热电、山东阳光概念包装、潍坊大环再生资源、申易物流等8个子公司，年造纸产能130万吨，以独特的产品定位和差异化战略目标，确立在中国纸业细分市场行业的领先地位，成为中国白面牛卡纸、涂布白面牛卡纸等高档包装用纸生产规模最大、装备能力最强、产品档次最高的生产基地和全球最先进的预印产品基地，进入中国造纸15强、全球造纸100强。

集团实施迎新驱动战略，建成拥有100多名专业技术人员的省级技术中心，获得50多项自主知识产权，主导产品均获国家专利，受国家行业主管部门的委托，制定白面牛卡纸系列产品的4套国家标准，被命名为“国家级高新技术企业”。公司在国内设有30多个销售分公司，在日本、美国、东南亚等设有6个国外分公司和联络处，形成覆盖全国、辐射海外的营销格局，与“百威英博”“青岛啤酒”“蒙牛”“伊利”“康师傅”“娃哈哈”“双汇”“银鹭”“王老吉”“海信”等300多家终端品牌客户缔结为战略合作伙伴，引领包装用纸低定量化新潮流。

集团与世界500强之一的日本王子株式会社合资组建阳光王子（寿光）特种纸有限公司，形成年产装饰原纸10万吨的产能，开辟特种纸板块的新领域，核心竞争力不断增强。着眼于打造造纸包装完整的产业链，公司建成并开通国内最先进的海关监管场站，配套了集装箱场站、报关行、报检公司及海关、检验检疫业务大厅及保税仓库和出口监管仓库，开通了城际班列和国际班列，成为设施完善的公共服务平台。2012年，集团主营业务收入13.7亿元，利税3.3亿元。

第四章　电子工业

1990年，潍坊市电子工业公司由行政公司改为实体公司（增挂“潍坊市电子工业局”的牌子）。由潍坊市计算机公司、潍坊录音机公司、潍坊无线电厂、潍坊无线电一厂、潍坊无线电八厂、潍坊录音磁带厂、潍坊电子注塑总厂和潍坊市电子工业供销公司8家单位组成，为具有法人地位的全民所有制大（二）型企业。

“九五”（1996—2000年）期间，潍坊电子信息产业对部分企业实施兼并联合，对部分资不抵债又无发展前途的企业依法实施破产。华光集团通过实施兼并，成为拥有9家全资子公司、4家控股子公司、1家参股子公司、资产总额14.2亿元；生产各类通信设备、计算机及电子出版系统、机电一体化等高新技术产品和电子测量仪器、家用电器、录音机芯、电子注塑件等产品；经营进出口、房地产等业务的大型企业集团。潍坊华光电子（集团）股份有限公司列全国高新技术百强企业，被国家科委评为“实施火炬计划先进高新技术企业”“山东明星企业”。

到2005年底，全市电子信息产业纳入产业统计管理口径的企业59家，全市信息产品制造业、软件业销售收入20.9亿元，资产29.39亿元；与1990年底相比，工业总产值增长183.26%；利税增长6倍。2006年以后，涌现出歌尔声学、中微光电子、浪潮华光、孚日光伏、大同宇骏、华光照排、万声通讯、中动传媒等领军企业和知名品牌，信息产业驶入高速发展的快车道。2009年，全市规模以上企业178家，是2005年的3倍，实现主营业务收入106.6亿元，首次突破百亿元，在潍坊信息产业发展史上具有里程碑意义。2012年，潍坊市规模以上电子信息产业企业184家，主营业务收入331.97亿元。

第一节　生产经营

“八五”（1991—1995年）期间，全市电子工业基本形成华光电子出版系统、程控交换机、无线通信设备、仪器仪表、电子元器件、录音机芯、音响设备及电子推广应用产品等九大类上百个品种的产品格局。经济出现较快增长。1995年，实现工业总产值15.52亿元，比1990年增长2.33倍；实现利税4652万元，比1990年增长93.4%。实际完成技术改造计划内项目7项，完成投资1.07亿元，其中，华光电子出版系统国家印刷专项技术改造、用户线路集线器、军用光电器件生产线、D82小型自动双色胶印机技术改造等4项分别通过国家级和省级验收；实施利用外资嫁接改造项目1项，实际完成投资100万美元；初步建成华光电子出版系统研究开发中心、程控交换机研究开发中心等5个企业技术开发研究中心和科研所。潍坊华光电子信息产业集团公司发展成为潍坊信息产业的排头兵，跻身全国电子百强企业和全国高新技术百强企业。1993年，潍坊华光电子信息产业集团率先改组为股份制企业，是山东省重点发展的50家企业集团之一，也是全国300家最大股份制企业之一。农话数字程控交换机国内领先，电子出版系统在文字处理方面仍居世界领先地位。同年，企业获全国电子行业优秀企业（金桥奖）、国家科委“实施火炬计划先进高新技术企业”、山东省“工交财贸系统行业经济效益排头兵企业”等称号。

“九五”（1996—2000年）期间，潍坊电子信息产业对部分企业实施兼并联合，对部分资不抵债又无发展前途的企业依法实施破产。华光集团通过实施兼并，成为拥有9家全资子公司、4家控股子公司、1家参股子公司、资产14.2亿元的大型企业集团。全市一批新产品先后获得国家发明专利和部、省科技进步奖。华光V型彩色电子出版系统首批远销美国、法国等国家和中国香港地区，使中国自行研制和生产的彩版系统首次进入国际市场。程控交换机及电子出版系统1995年、1997年获“山东名牌”。潍坊华光集团公司控股子公司潍坊华光科技股份有限公司成为潍坊市最早的上市公司之一。

“十五”（2001—2005）期间，全市电子工业企业进行加快转换企业经营机制、搞活国有中小企业的公司制改造。同时，一批独资、合资、民营企业先后发展起来。到2005年底，全市电子信息产业纳入产业统计管理口径的企业59家，其中制造业企业44家，软件业企业15家；有29家企业列为山东省高新技术企业；全市信息产品制造业、软件业销售收入20.9亿元，资产总额29.39亿元；与1990年底相比，工业总产值增长183.26%；利税增长6倍。

“十一五”（2006—2010年）期间，潍坊信息产业以园区建设、骨干企业、重点项目、招商引资为发展重点，加大骨干企业扶持力度，推动企业自主创新，积极引大聚强，壮大产业集群。形成以电声器件、光电子、软件与信息服务三大优势产业为重点的发展格局。涌现出歌尔声学、共达电声中微光电子、浪潮华光、孚日光伏、大同宇骏、华光照排、万声通讯、中动传媒等领军企业和知名品牌，建立电声器件、光电子、太阳能光伏、软件、信息服务业等6个省级企业工程技术中心，1个博士后工作站，申报专利169项，全市信息产业驶入高速发展的快车道。2008年，歌尔声学在深圳上市。2009年，面对国际金融危机的严峻挑战，迎难而上，共克时艰，继续保持平稳较快发展。全市规模以上企业178家，是2005年的3倍，实现主营业务收入106.6亿元，首次突破百亿元，是2005年的4倍。

2012年，共达电声在深圳上市。至年底潍坊市规模以上电子信息产业企业184家，主营业务收入331.97亿元，利润33.05亿元，实现利税39.99亿元。主要产品有硅微麦克风、扬声器、3D眼镜、蓝牙耳机、LED灯具、光电器件、太阳能硅片、激光器等。

1991—2012年潍坊电子工业规模以上企业主要经济指标统计表

表7-4-1　　　　单位：万元

年份	企业数（家）	主要业务（销售）收入	利税总额	利润总额
1991	27	26287	2375	1235
1992	—	—	—	—

续表7—4—1

年份	企业数（家）	主要业务（销售）收入	利税总额	利润总额
1993	23	29338	2680	1129
1994	17	69413	4545	867
1995	18	52599	5475	2382
1996	57	71085.1	6067.1	1747.3
1997	16	56388	3962	1368
1998	16	55897.5	5549.9	1059
1999	10	50939.3	1825.6	5807.4
2000	9	31745.2	2452.6	190
2001	10	50041.2	3337.8	2306.8
2002	12	49217.2	8002	7574.3
2003	12	73817.3	8218	7764.6
2004	26	86973	15822	9814
2005	46	209046	17192	4303
2006	63	248672.1	20201	5494
2007	69	602900	41900	29900
2008	74	920600	86600	65600
2009	178	1065900	108200	78700
2010	199	1551400	171300	140300
2011	202	3056300	362300	300700
2012	184	3319700	399900	330500

说明：2004年前公布销售收入，2005年后开始公布主营业务收入

第二节 体制改革

1991年3月，潍坊市政府决定组建中国潍坊华光电子集团公司和潍坊电子高新技术开发园区。潍坊电子高新技术开发区以潍坊市电子工业公司为依托，以潍坊计算机公司为主体，采取点面结合的方式创办，并成立潍坊电子高新技术开发园区工程指挥部。中心园区为原潍坊计算机公司及其当时跃进路以西地域，共占地60亩。6月，名称改为潍坊华光电子信息产业集团公司。8月，潍坊计算机公司正式更名为潍坊华光电子信息产业集团公司（潍坊计算机公司为第二名称，到1992年7月1日停止使用）。

1991年11月，潍坊无线电厂关停。翌年12月，其资产及人员全部划入潍坊华光电子信息产业集团公司核心层。1993年6月，潍坊无线电一厂职工分别由潍坊华光电子（集团）股份有限公司、潍坊柴油机厂和潍城区接收。

1993年5月，潍坊华光电子信息产业集团公司经国家经贸委批准，获“自营进出口权”。9月，潍坊华光电子信息产业集团公司在全市率先改制为股份制企业，更名为潍坊华光电子（集团）股份有限公司。公司由潍坊华光电子信息产业集团公司作为独家发起人，采用定向募集方式设立，总股本9026万股，其中，国有法人股4026万股，社会法人股4000万股，内部职工股1000万股。同年，潍坊华光电子（集团）股份有限公司在全国百家电子企业中的位次上升到45位，进入前50强企业行列。

1993年9月，潍坊华光电子（集团）股份有限公司与韩国金星情报通信株式会社、韩国乐喜一金星国际有限公司合资成立潍坊华金通信设备有限公司，主要研制开发HC-6000和HC-9000型全数字农话程控交换机及其他相关通信设备，合资经营年限20年（1998年11月，公司由于经营亏损占双方投入资本金65.47%，应合营外方多次提出终止合营合同的要求，经公司第六届董事会研究，潍坊市对外经济贸易委员会同意，终止公司合营合同，提前解散公司）。

1996年1月，潍坊市电子工业供销公司划归潍坊华光电子（集团）股份有限公司管理（1997年，鉴于潍坊市电子工业供销公司资不抵债，潍坊市不锈钢材料公司为公司最大债权人的实际，潍坊市政府批准公司并入潍坊市不锈钢材料公司）。1996年11月，潍坊华光电子信息产业集团公司进行改制。改制后的潍坊华光电子信息产业集团公司名称为潍坊华光集团有限责任公司（简称华光集团公司），为国有独资公司，市政府授权经营国有资产，享有资产受益、重大决策和选择经营者的权利，承担国有资产保值增值的责任。华光集团公司与成员单位，以资产为纽带，分为全资子公司、控股子公司和参股子公司。潍坊华光电子（集团）股份有限公司更名为潍坊华光科技股份有限公司，为华光集团公司的控股子公司，原股本结构中设置的国家股改为国有法人股，由潍坊华光集团有限责任公司持有。在改制和规范过程中，对原有的债权债务按照“债务随资产走”的原则，重新界定。其中，信贷关系由原潍坊华光电子（集团）股份有限责任公司一口对银行，变为潍坊华光集团有限责任公司、潍坊华光科技股份有限责任公司分别对银行。

1997年5月6—8日，潍坊华光科技股份有限公司向社会公开发行社会公众股5000万，募集资金2.67亿元，公司总股本变更为14026万股。5月26日，“华光科技”股票在上海证券交易所挂牌交易。翌年8月，公司以此为基数，实施每10股送6股的利润分配方案，总股本增为22441.6万股。

1997年下半年，以潍坊华光集团有限责任公司为主体，对部分电子信息企业进行兼并调整和资产重组，先后对潍坊录音机公司、潍坊录音磁带厂、潍坊电子注塑总厂、潍坊开关厂、山东半导体总厂（国营第八零七零厂）和昌乐县无线电散热器厂实行兼并。由潍坊华光集团有限责任公司和潍坊华光科技股份有限公司共同出资，分别组建为潍坊华光精密机械有限公司（国有控股企业）、潍坊华光电器有限公司、潍坊华光注塑有限公司（企业性质由集体改为国有）、潍坊开关厂（法人地位、企业性质、行业管理体制不变）、山东半导体总厂和昌乐县无线电散热器厂（法人地位、企业性质不变），与潍坊无线电八厂以有效资产出资组建潍坊华光电声仪表有限公司。至此，潍坊华光集团有限责任公司成为拥有全资子公司9家，控股子公司4家，参股子公司1家，资产14.2亿元、负债8.8亿元，净资产5.4亿元，生产经营各类通信设备、计算机及电子出版系统、机电一体化等高新技术产品和电子测量仪器、家用电器、录音机芯、电子注塑件等产品，经营进出口及房地产等业务的省重点企业集团之一。

1998年6月，潍坊无线电八厂因资不抵债，经潍坊市中级人民法院裁定宣告破产。1998年10月，山东省计委转发国家计委批复的“半导体发光器件外延工艺及管芯技术”项目由潍坊华光集团公司承担，山东大学、山东工业大学作为技术依托，开发期总投资7330万元，其中国家计委拨款2000万元。山东华光光电子有限公司注册资本5000万元，潍坊华光集团以现金出资3800万元，占总股本的76%，山东大学以高亮度发光二极管外延制作技术入股，作价800万元，占16%的股份，山东工业大学以高功率半导体激光二极管外延及管芯制作技术入股，作价值400万元，占8%的股份。1999年11月，潍坊华光集团公司与山东大学、山东工业大学三方合作，并在济南高新区合资成立山东华光光电子有限公司，占地2.2万平方米，建筑面积4800平方米，承担“半导体发光器件外延工艺及管芯技术”项目。

2000年，潍坊市政府决定将潍坊华光集团有限责任公司所持潍坊华光科技股份有限公司国有法人股转让给北大青鸟集团公司。同年3月12日，潍坊市政府、北大青鸟集团、潍坊华光集团在北京钓鱼台国宾馆草签科技开发和产业开发合作协议。

北大青鸟集团公司受让潍坊华光科技股份有限公司国有法人股以后，与潍坊华光集团有限责任公司对职工、资产、负担等进行剥离。潍坊华光集团有限责任公司对所属企业采取内部员工入股、经营者持大股的方式进行公司制改造，对职工进行妥善安置。1999年7月，潍坊开关厂因资不抵债，经潍坊市中级人民法院裁定宣告破产；2001年5月，重组为华光开关有限公司。2000年7月，潍坊华光注塑有限公司因资不抵债，经潍坊市中级人民法院裁定宣告破产；翌年5月重组为华光塑胶有限公司。2000年8月，潍坊华光精密机械有限公司改制为潍坊华光精工设备有限公司（含量具厂）。12月，潍坊开发区华光房地产有限责任公司、潍坊华光公共事业公司、潍坊华光运输分公司合并组成新的潍坊开发区华光房地产有限责任公司，并由潍坊华光集团有限责任公司、潍坊开发区华光房地产开发有限公司职工共同出资改制为潍坊开发区华光房地产开发有限公司。同月，潍坊华光电声仪表有限公司与潍坊华光进出口公司合并后改制为潍坊华光电子有限公司，2002年停业。2000年12月，潍坊华光实业发展有限公司、潍坊奔腾工贸有限公司合并组成的潍坊华光实业有限公司改制为潍坊华光科技发展有限公司。同月，潍坊华光电器有限公司改制为潍坊华光电子器材发展有限公司。2001年，昌乐县无线电散热器厂改制为华光散热器有限公司。2002年6月，山东半导体总厂因资不抵债，经潍坊市中级人民法院裁定宣告破产。2003年，山东半导体总厂重组为潍坊金苗电子科技有限公司。在金苗公司重组过程中，与深圳建邦光电实业有限公司合作组建潍坊安邦光电实业有限公司。

2003年3月，潍坊华光集团有限公司在山东华光光电子有限公司的全部股权（76%）转让给潍坊市投资公司。潍坊市投资公司受让潍坊华光集团有限公司在山东华光光电子有限公司的全部股权后，由山东瑞森华光光电子有限公司控股。

与全市电子信息产业深化改革同步，县域电子工业企业改革全面推进。1992年，诸城县无线电厂改制为诸城市电子股份有限公司（2002年，通过规范法人治理结构改为诸城市春光电子有限公司）。1993年，诸城市无线电零件厂采取集体入股形式，改制为诸城大元电子股份有限公司（1996年，公司撤制，职工入股转为风险抵押金；翌年3月，由于资不抵债宣告破产；1998年，由诸城市建筑工程公司整体收购重组为诸城市电子封装厂；2005年4月，改制为诸城市封装有限责任公司）。1997年7月，临朐县红光电器厂改制为临朐县汇英机械电器有限公司（2005年7月更名为潍坊汇英重机有限公司）。1999年3月，临朐华光电磁设备厂改制为潍坊华特磁电设备有限公司。2000年7月，山东高密分析仪器厂改制为山东高密彩虹分析仪器有限公司。同年12月，青州无线电变压器厂改制为青州市正和电子有限公司。2001年8月，诸城市大业集团仪表厂改制为诸城市新东方汽车仪表有限责任公司。2002年4月，昌邑市电业服务公司（昌邑无线电厂）改制为昌邑开元电气有限责任公司。2002年7月，山东虞鑫集团改制为山东蓝盾电子机械有限公司。同年，临朐县实验电器厂改制为临朐正源电气有限公司。

1995—2004年，先后有新旭电子（潍坊）有限公司（日方独资）、潍坊泉鑫电磁设备有限公司、潍坊海力电子有限公司（日方独资）、潍坊凯信电子有限公司、潍坊东升电子有限公司、潍坊怡力达电声有限公司（与香港合资）、潍坊金三利信息技术有限公司、山东三恩电子有限公司、楼氏电子（潍坊）有限公司（美方独资）、山东豪迈机械科技有限公司、潍坊华泰电子仪器有限公司、潍坊共达电讯有限公司（与香港合资）、昌邑佳声电子有限公司、潍坊贝通网络信息有限公司、山东兰凤科技有限公司、潍坊西江侯门行电子有限公司（韩方独资）、爱尔特电子有限公司（韩方独资）、诸城亿沣科技有限公司、潍坊锦添消防电子科技有限公司、中微光电子（潍坊）有限公司（美方独资）、歌尔电子有限公司（与台湾合资）等企业注册成立。到2005年，纳入全市电子信息产业管理的信息制造业和软件业企业59家。其中，市直7家；奎文区4家；潍城区2家；坊子区4家；高新技术开发区23家；诸城市5家；高密市3家；昌邑市2家；寿光市1家；安丘市1家；临朐县6家；昌乐县1家。

到2009年，全市纳入统计口径的规模以上企业178家，是2005年的3倍。到2012年，规模以上企业184家，主营业务收入331.97亿元。

第三节　重点产品

光机电一体化设备

电子出版系统（精密照排、轻印刷）　潍坊华光电子信息产业集团公司［后更名潍坊华光电子（集团）股份有限公司、潍坊华光科技股份有限公司、北大青鸟华光科技股份有限公司］生产。项目是国家、省、市“八五”重点技术改造项目，项目总投资1725万元，形成年产1000台（套）电子出版系统的生产能力，项目新增产值2.2亿元，新增利税2900万元。1992年3月，国家科委、国家统计局、国家气象局分别向各有关单位发出推荐使用华光电子出版系统的函。同年6月，华光V型彩色电子出版系统首批12套远销美国、法国等国家和中国香港，并在美国《侨报》一次排版传版成功，这是中国自行研制和生产的彩版系统首次进入国际市场。同年12月，华光V型系列电子出版系统获机电部一等奖。1992年，JTS200图文输出机获山东科技进步一等奖。同年，按照机电部的部署，实施“金海工程”，为国家最高决策机关提供先进的办公自动化系统。1993年9月，获中国报刊业发展成就博览会金奖。1994年11月2日，省电子工业局受电子工业部的委托组织通过对华光电子出版系统项目的验收。1995年，国家重大技术装备国产化基地技术改造项目被省经贸委列入全省百项重点技术改造项目之一，项目实际完成投资1873万元，新增设备仪器132台（套），新建科研开发中心3000平方米，形成年产1500套彩色电子出版系统的生产能力。1997年7月8日，通过省电子工业局组织的项目验收。1994—1997年，华光电子出版系统被评为山东省质量免检产品，1995年、1997年被评为“山东名牌”；1996年6月17日，华光PostScript汉字库通过国家新闻出版署、国家语言文字工作委员会和全国印刷字体工作委员会的鉴定。1998年，华光PostScript字库获山东科技进步三等奖。2003年3月，合作项目集成化计算机辅助图案设计制版系统（ICAPD）获国家科技进步二等奖。

胶印机及印后设备　1991年10月，潍坊录音机公司研制的D81系列小型胶印机完成三台样机的装配，同年11月通过省级技术鉴定，1992年开始批量生产。其中，D82胶印机双色功能的开发填补国内空白。产品1992年12月获得山东省科技进步三等奖；1993年8月，获得山东省优秀火炬项目奖；1993年8月，获得山东省高新技术及产品展交会金奖；1995年，获得山东省用户满意产品生产企业奖。1996年10月，公司研发试制后续机型WF47系列胶印机，并通过省级技术鉴定。2000年12月，WF47系列胶印机评为山东省优秀产品一等奖。

2000年7月始，华光精工设备有限公司研制开发列入国家“双高一优”重点项目、山东省重点技术创新和技术改造项目的HG52系列高档小幅面多色胶印机，2001年5月，完成产品样机试制，分单色、双色、四色3个品种。2000年8月始，研制开发印后自动化处理设备，2001年8月，完成样机试制，同年9月进入小批量生产阶段，产品具有配页、订书、折页和裁切功能，应用于政府文印、商业画册和商业票据等的印后处理。

计算机、通信传输设备

微型计算机　产品有华光286型、华光386型、华光486型，主要用于法院、检察院、工商、税务、学校等。1994年12月底停产。

载波设备　1991年5月，潍坊无线电厂研制成功“0+8”，产品利用载波原理，传输不同信号，还原成音频信号。翌年下半年，潍坊无线电厂并入潍坊华光电子（集团）有限公司改为华光无线电厂后，形成批量生产，当年扭亏为盈。产品随着光缆取代电缆，1996年停止生产。1995年10月，潍坊华光电子（集团）股份有限公司研究的DA—48型数字用户环路设备通过省电子工业局组织的生产鉴定。1998年7月公司生产的HOSC数字光纤用户环路系统被评为山东省优秀新产品奖。

网关设备　青鸟华光科技股份有限公司生产。产品主要是IPXC-30网关适配器：产品面向广电网和专网市场，能保证长时间稳定运行，掉电时能保存配置数据，来电时能自动恢复运行，具有良好的可维护性。2004年7月13日，通过省信息产业厅组织的生产鉴定。

程控交换机　潍坊华光电子信息产业集团公司、潍坊华光通讯有限公司生产。1991年，机械电子工业部批准潍坊华光电子信息产业集团公司实施程控交换机技术改造项目，并被省经贸委列入全省百项重点技术改造项目之一，项目实际完成投资2110万元，新增设备仪器374台（套），全部为国产设备，新建厂房面积4000平方米，形成年产程控交换机20万线的生产能力。（项目1995年11月24日省电子工业局受电子工业部委托组织通过对项目的验收）。同年，JKQ-3型程控交换机获全国行业评比一等奖，JKQ-9程控交换机创部优质奖。JK-4程控交换机1990年5月由山东省电子工业总公司确定立项，1991年10月，通过山东省电子工业局组织的生产鉴定；

1992年4月，列入邮电部1992年第一批优先推荐的话端局交换机型生产单位。同年，获潍坊市科技进步二等奖。JMD-1型程控交换机是广泛用于专线组网的交换汇接设备，具有长途专线自动汇接机和用户程控交换机的综合功能；1992年12月，通过省电子工业局组织的设计、生产鉴定；1993年12月，获山东省科技进步三等奖。JSQ-1型数字程控用户交换机由潍坊华光电子信息产业集团公司在引进消化国外先进机型的基础上，根据其特点开发设计。1992年由省经委立项，1993年5月，通过省电子局组织的生产鉴定。1991年12月，潍坊华光电子信息产业集团公司接产邮电部组织设计的优化机型HJD-256型程控用户交换机；1992年12月通过省电子工业局的生产鉴定。1994年7月，经邮电部批准，取得公用电信网进网证。JK-4A型程控交换机为端局机，可用于广大农村的乡镇支局，实现国际、国内长途，本局通话全自动，具备自动计时、计费、话务统计功能及自动测试、实时诊断维护功能。1991年，省经委下达科研任务；1992年，通过机电部通产司组织的鉴定；同年，被机电部评为科技进步三等奖；1993年，被评为山东省优秀新产品二等奖。1995年9月，PABX-Ⅲ程控电话交换机通过省电子局组织的生产鉴定。JSN-1A数字程控交换机系统软件采用嵌入式多任务操作系统VRTX/OS，以及面向对象的程序设计方法分层设计，1997年12月通过省电子工业局组织的技术鉴定；1998年7月，被评为山东省优秀新产品奖。JSN-1型数字程控局用交换机是全自动交换设备，产品1993年10月通过电子部科技与质量司组织的生产鉴定，1995年，被评为山东省科技进步三等奖；同年，被国家科委、劳动部、国家技术监督局、国家外国专利局、中国工商银行评为1995年度国家级新产品。1993年，公司生产的大容量无阻塞高速数字交换网络获国家发明专利，1998年综合数字网交换机单板同步交换器两次获得国家专利，1999年，面向ISDN的并行多功能单板智能交换器获教育部二等奖。1995年、1997年，潍坊华光电子（集团）股份有限公司的程控交换机及电子出版系统被评为“山东名牌”。潍坊华光通讯有限公司生产JSYZ-2000D智能型数字程控调度交换系统，2004年，信息产业部和国电通信中心分别颁发进网许可证。

移动集群系统　潍坊华光电子信息产业集团公司移动通信分公司生产。有150MHZ、230MHZ、350MHZ、450MHZ集群系统，800MHZ、900MHZ集群系统。JX-100用户线路集线器是根据“八五”期间城市家庭待装电话，电话线路不能满足需求的实际，提出的科研项目。1990年机电部和1990年省科技开发项目计划下达研制任务，1992年1月通过机械电子工业部通产司组织的技术鉴定。1992年，公司在引进信道机的基础上，又开发出JQ-1系列集群系统。对软硬件和系统组网功能进行开发，使系统运行智能化。1992年10月，通过省电子工业局组织的设计、生产鉴定。1994年，华光电子（集团）有限公司移动通信分公司推出JQ-2型集群系统，应用于150MHZ、450MHZ双频段双工系统，配备全双工手机、车载台，采用SFSK数字信令及分散控制方式来实现频道的自动选取，无专用控制信道。

半导体及光电子产品

2000年以前，山东半导体总厂生产，产品有硅高频小功率三极管和硅低频大功率三极管。2003年，深圳建邦光电实业有限公司在收购原山东半导体总厂的基础上，将原分布在全国六个城市的半导体器件制造分厂整合到安丘市潍坊安邦光电有限公司，公司有发光二极管生产线两条，三极管生产线四条，生产、销售半导体器件（直插式与贴片式发光二极管、晶体三极管、IC

等），年产各类大、中、小功率三极管20亿支，发光二极管6亿支。

2002年4月，山东华光光电子有限公司承担的国家计委“半导体发光器件外延工艺及管芯技术研究”项目全面完成。“AIGAINP高亮度发光二极管外延材料”“AIGAINP高亮度发光二极管管芯”“650纳米应变量子阱激光器外延材料及管芯技术”“大功率808纳米无铝应变量子阱激光器”通过中国科学院院士周炳琨、王占国、工程院院士沈得忠等国内光电子权威专家的技术鉴定，整体项目通过国家计委验收。公司主要产品有半导体激光二极管、LED（高亮度发光二极管）。

中微光电子（潍坊）有限公司主要产品有半导体发光二极管（LED）、激光二极管（LD）、光探测二极管（PD）、光电收发模块和光源驱动模块。

华光新能有限公司主要从事白光LED封装，产品功率可达1～5瓦，其1瓦LED单管发光效率可达80流明/瓦，形成月产6万支的能力。

山东兰凤科技有限公司自2003年6月开始生产全固态52纳米绿光激光器。2003年开始生产LFL-EP型共焦球面珐—珀扫描干涉仪。2004年开始生产635纳米红光激光器。2005年开始生产473纳米蓝光激光器。系列激光器有LFL-CW-532、LFL-CW-SLM-532、LFL-CW-LN-532、LFL-PL-532等型号，年生产能力2000支，到2005年生产量为3550支。

光传输设备由华光科技股份有限公司（后更名北大青鸟华光科技股份有限公司）、潍坊东升电子有限公司生产。1999年12月，华光科技股份有限公司生产的华光HLX-155/622型SDH光传输系统通过省经委组织的技术验收，2001年5月，被评为国家重点新产品奖。华光1型CATV光纤传输系统是在有线电视、电话和数据三网合一应用所构成的HFC接入网中传输模拟、数字或压缩数字图像用信息的公共传输平台，是有线电视传输的主要设备和综合业务接入网的基础设备。1997年8月项目通过省电子工业局组织的生产鉴定。1999年1月华光1550型CATV光纤传输系统通过省经贸委组织的生产鉴定，2000年被评为山东科学技术进步奖二等奖。潍坊东升电子有限公司生产光纤电视网络管理系统、光发射机、光接收机、无源光纤设备、光放大器（EDFA）等光传输设备。

2009年，光电子产业主营业务收入同比增长60%。山东华光光电子研制生产的高亮度半导体二极管芯片曾被誉为“我国半导体发光器件拥有了中国芯”。是年，山东浪潮华光光电子“半导体照明用外延片、管芯、器件与应用产品项目”列入国家发改委“国家信息产业振兴项目”，“高可靠性、低成本半导体激光器材料与器件工程化开发”和“基于SiC衬底的大功率GaN基LED制造技术”列入国家“863”计划。2009年，歌尔声学有限公司实现从电声器件向半导体照明产业的业务拓展，成立歌尔光电公司进军光电产业，LED大屏幕显示已投入生产。

节能及环保产品

锂电池 华光科技股份有限公司开发生产。1999年，省经贸委批准“引进锂离子二次电池电极制作技术及设备发展锂离子二次电池技术改造项目”“引进棱柱型锂离子二次电池组装技术及生产线发展锂离子二次电池技术改造项目”立项，项目总投资9928万元。项目引进电池生产线、电极制作生产线各1条，形成年锂离子电池500万支的生产能力。2001年11月，两项目通过省经委组织的项目验收。

1999年，国家发展计划委员会、信息产业部批准锂离子电池极板材料产业化技术改造项目立项。项目实际完成投资14760万元。项目建成正极材料生产车间、极板制造车间、极板材料试验车间、实验室。形成年产锂离子二次电池正极材料300吨、电极760万片生产能力。2003年8月，受国家发改委的委托，山东省计委组织通过项目验收。

油田含油污水电化学绿色（不加药）处理设备 临朐正源电气有限公司研发生产。2004年公司与胜利油田、中国石油大学、中国科学院大连化学物理研究所联合开展电絮凝、电气浮、电杀菌、电阻垢相结合的电化学（不加药）污水处理技术的攻关试验；2004年6月获得油田污水处理设备发明专利、油田污水处理设备实用新型专利、用于处理含油污水电絮凝装置实用新型专利、用于处理含油污水电气浮装置实用新型专利和用于电解极板除垢装置实用新型专利5项国家专利，科技类别列入省部级计划、山东省科技攻关计划，2005年产品开始投入生产。

智能化节能装置 诸城亿沣科技有限公司生产。公司与上海豫生智能节能设备有限公司合作开发ZJZ型智能化节电装置，2001年被列为火炬计划项目和“重点新产品”。同时，被科技部列为国家科技中小企业技术创新基金重点支持项目。2002年10月，获第十六届发明产品推广实施金奖。

电源 华光科技股份有限公司、潍坊锦添消防电子科技有限公司生产。华光科技股份有限公司生产的DZT-A型智能通信电源系列是专门为小型通信设备而设计的不间断电源系统。产品1996年通过省电子局组织的生产鉴定，1997年11月和1998年7月，两次获山东省经委优秀新产品奖。潍坊锦添消防电子科技有限公司生产的EPS消防（照明/动力）应急电源分为ZMS-1、ZMS-2、ZMS-3三大系列，用于为一级负荷和特别重要负荷用电及消防应急照明等提供第二或第三电源领域。

音视频产品

有线电视设备和器材 潍坊华光塑胶有限公司、山东半导体总厂、华光电子器材发展有限公司、潍坊东升电子有限公司、潍坊凯信电子有限公司生产。产品有调制解调器等前端设备、放大器、分支分配器和光接收机、光发射机、光放大器等光传输设备。2002年，潍坊华光塑胶有限公司、山东半导体总厂停止生产。

汽车收放音机 潍坊华光无线电厂、潍坊华光精密机械有限公司（后更名潍坊华光精工设备有限公司）、诸城春光有限公司生产。1995年初，潍坊华光无线电厂研制生产单声道、单波段TL-112收放音机，后因缺少调频功能被淘汰。1996年，又试制出TC212、TL212和TL-221CD双声道、立体声带CD插孔调频调幅收放音机，以及F-02放音机，1997年4月，分别经过山东省电子工业局鉴定。1997年10月，潍坊华光集团有限公司将华光无线电厂汽车收放音机产品、人员与潍坊华光精密机械有限公司的汽车收放音机生产线合并以后，TC-212、TL-221CD先后停产，又借鉴研制出TL-228、TL-228A数字显示调容式、调频、调幅、双声道、立体声收放音机和TL-228E、228D、228DA数字显示全电调式收放音机，2001年，产品通过有关部门鉴定。诸城市春光电子有限责任公司自1995年开始生产“菱花”牌汽车收放机，到2005年生产汽车收放机148万台（套）。

录音机芯 潍坊录音机公司（后更名潍坊华光精密机械有限公司、潍坊华光精工设备有限公司）及控股合资企业华天电子有限公司、昌邑佳声电子有限公司生产。潍坊录音机公司及控股合资企业华天电子有限公司主要生产汽车放音机芯（HX-51）、民用录音机芯（NTP、TN-33、TN-303系列），通过中国电子进出口公司和香港威利发公司代理，2001年初停止生产，对机芯加工设备进行拍卖。昌邑佳声电子有限公司主要生产TN-33、TN-303录音机芯。

录音、录像磁带　潍坊录音磁带厂（后更名潍坊华光电器有限公司）生产。潍坊录音磁带厂整体并入潍坊华光集团有限公司后，由潍坊华光电器有限公司生产。1998年，由加工复制、发行改为对外加工。

电视接收机机顶盒　北大青鸟华光科技股份有限公司、潍坊东升电子有限公司生产。北大青鸟华光科技股份有限公司采用LSI Logic公司的单芯片处理器SC2000/2005生产多功能数字有线电视机顶盒，支持播放通过Irdeto Access Version2方式加密的节目。产品于2004年7月13日通过省信息产业厅组织的生产鉴定。潍坊东升电子有限公司与青岛东升有线电视网络科研所共同研制并生产的DS2008—C1数字有线电视机顶盒于2004年11月投放市场。

仪器仪表

三用表校验仪　潍坊无线电八厂、潍坊五三厂（后并入潍坊华光电声仪表有限公司）、潍坊华光电声仪表有限公司（后改制为潍坊华光电子有限公司）、潍坊华泰电子仪器有限公司生产。1998年6月，潍坊无线电八厂破产后产品停产。2002年，潍坊华光电子有限公司停业后产品停产。潍坊华泰电子仪器有限公司成立后投资引进国外生产检测设备和工艺技术，有DO30型、DO30-Ⅰ型、DO30-Ⅱ型等多功能校验仪、DO30-Ⅲ+型交直流标准源等十几种产品。

分析仪器　山东高密彩虹分析仪器有限公司生产。产品共有2大系列，20多个品种，其中包括GF-EⅡ型生化分析仪，GF-D200型半自动生化分析仪，GF-D800型半自动生化分析仪，GF-2245型自动生化分析仪，GF-U180型尿液分析仪，GF-D200A型半自动生化分析仪，GF-D600型半自动生化分析仪等产品。1996-2002年，7590型单光束自动扫描分光光度计、GF-Ⅱ型钾钠氯分析仪、GF-B型、GF-D200型半自动生化分析仪、GF-986型全自动电解质分析仪、GF-D800型半自动生化分析仪、GF-2245型自动生化分析仪7种产品被国家经贸委评为“国家级新产品”；11种产品获“山东省科学技术进步奖”；1993年，GF-234C型自动化超微量分析仪和7590型单光束自动扫描分光光度计被国家列入“火炬”计划，并分别评为高新技术成果及产品展交会金奖。722型光栅分光光度计、723型分光光度计、GF-D200型半自动生化分析仪、GF-D800型半自动生化分析仪等产品多次在国际和国内招标中夺标。2003年在国家药品食品管理局对生化分析仪器生产厂家进行抽查中，是4家质量合格企业之一。

汽车仪表　诸城市新东方汽车仪表有限责任公司生产。2003年，公司研制的全数字化汽车仪表总成采用步进电机控制器及其控制方式，取代传统的机械及十字线圈方式带动指针的方法，于2005年获得国家发明专利，通过重庆汽车检测中心、天津汽车检测中心等机构的检测，并投入批量生产。自投入生产以后，年产达1.6万多台，实现销售收入1900多万元，利税280多万元。

其他电子元件

驻极体传声器　怡力达电声有限公司、共达电讯有限公司、楼氏电子（潍坊）有限公司、潍坊无线电八厂控股合资企业亚光电子有限公司、潍坊华光电声仪表有限公司、潍坊华光电子公司等企业生产经营。其间，亚光电子有限公司因潍坊无线电八厂破产与日方合资合同到期随之解体；2002年，潍坊华光电子有限公司停产。潍坊怡力达电声有限公司于1997年4月开始批量生产驻极体传声器；翌年6月，建立无尘车间和SMT贴片生产线，正式批量生产手机用驻极体传声器；2003年6月，引进进口模具加工设备；2004年1月，引进韩国驻极体传声器自动化生产线。年产各类电声器件2亿支左右。潍坊共达电讯有限公司建有大型高标准消声室和万级净化车间；2002—2005年，先后由韩国购进3台、由日本购进1台自动贴片机；2004年与南京东南大学联合研制一条全自动组装线，2005年3月，又自行安装1条全自动组装线；2005年2月，由韩国购进2台自动测试仪。楼氏电子（潍坊）有限公司是美国楼氏集团在潍坊投资的美商独资企业。2005年，潍坊市共销售驻极体传声器33986万支，出口21358万支，出口交货值17696万元，全国市场占有率约为40%～45%。2009年销售量达到14亿支。

蓝牙耳机 蓝牙耳机由潍坊歌尔电子有限公司2004年6月开始研发，并取得蓝牙耳机专利3项，2005年下半年，共生产6.28万支。2008年歌尔蓝牙品牌在全球蓝牙技术趋势及产品交流峰会上蝉联“十大中国蓝牙品牌”首位。

硅微传声器 硅微传声器是以硅晶片为原料，应用MEMS（微机电系统）技术加工而成的新型麦克风，是驻极体传声器（ECM）的替代产品。产品由潍坊歌尔电子有限公司研发。

受话器 怡力达电声有限公司、共达电讯有限公司、寿光广通有限公司生产。2001年，寿光广通有限公司停止生产。

电子变压器 青州正和电子有限公司（原青州无线电变压器厂）等生产。包括各种电源变压器、开关变压器、行推动变压器等产品。

电容器 诸城春光有限公司生产经营，分为普通交直流瓷介电容器和高压瓷介电容器。1991—2005年，生产高压电容器1544万支。

蜂鸣器 诸城春光有限公司和寿光广通有限公司生产。诸城春光有限公司压电陶瓷蜂鸣器系列以及蜂鸣器系列产品主要销往韩国、中国香港、欧洲等市场。寿光广通电器有限公司生产的蜂鸣器有35A-1、35A-2、57A、24A等品种，主要销往北京、天津、淄博等地。

电子散热器 90年代，华光散热器有限公司（原昌乐无线电散热器厂）生产。公司改制后通过逐年技术改造，形成集模具制作、铝型材挤压、冷冲加工、表面处理四道工序一条龙生产工艺流程，具备年产散热器2亿件、铝合金型材2000吨的生产能力。主要服务于日本东芝、三菱、夏普，TCL集团、海尔集团、小天鹅集团等国内外客户。

电子注塑件 潍坊华光注塑有限公司生产。“八五”期间，新开发厨房多用机系列、摩托车尾灯和转向灯。1991年，为青岛电冰箱厂研制生产的KAN-B6D电冰箱主控屏获“省优质产品”称号。至1995年，注塑制品已经形成年产2000吨的能力。“九五”期间，注塑制品转向为零星配套市场配套生产，经营举步维艰。潍坊华光注塑有限公司重组改制为潍坊华光塑胶有限公司后，先后开发“三轮摩托车”“小鸭热水器”“海尔电视”等塑料配件产品。

软盘片 即微型计算机用3.5英寸软磁盘等磁记录产品，潍坊华光数据技术有限公司生产经营。1990年12月开工投产，产品主要销往美国。至1998年经营亏损停产。1991—1998年，共计出口3.5英寸软磁盘4146万片，出口创汇1117.8万美元。

应用电子产品

防劫防盗系列产品 山东蓝盾电子机械有限公司生产经营。有运钞安全系统高压防劫装钞箱、可燃汽体报警器、出租车防劫保护器等20多种产品，其中10多种产品获取专利。2005年，“远距离机动车自动检查装置”通过公安部安全与警用电子产品质量监测中心检测合格。

光电整纬仪　潍坊华光电声仪表有限公司（后改制为潍坊华光电子有限公司）、潍坊华泰电子仪器有限公司生产。2002年华光电子有限公司停产。潍坊华泰电子仪器有限公司生产GDZ-B型、GDZ-C型一体化全自动光电整纬机，是为印染涂层及具有织物染整工序等企业必备的整纬自控设备。

电控设备　昌邑开元电气有限公司生产。主要生产直流电源调速装置、交流电机变频调速装置、PVC甲苯抽出机自动化监控系统、微机控制印花机对花系统、WM智能开关电源充电系统等。

金属探测及选除设备　潍坊华特磁电设备有限公司、潍坊泉鑫电磁设备有限公司、潍坊汇英机械电器有限公司生产。2003—2004年，格栅式除铁器、热管式电磁除铁器、永磁自卸除铁器、干式电磁除铁器分别获得国家实用新型专利。2002—2005年，华特磁电“金属探测及选除设备”获得“国家重点新产品”“山东名牌”“中国名优品牌”“全国质量、服务、信誉消费者可信产品”“全国消费者信得过产品”“全国质量稳定合格产品”“山东省免检产品”、《中国质量万里行》“诚信、维权”重点保护品牌（单位）、“中国第一知名磁选机第一品牌”“消费者首选知名放心品牌”称号，并于2005年5月列入国家火炬计划重点项目。

电子皮带秤　山东三恩电子有限公司、潍坊天晟电子科技有限公司、潍坊汇英重机有限公司生产。电子皮带秤是在皮带输送机上对散装物料进行连续计量的专用设备，主要应用于建材、热电、化工、冶金、煤炭、港口等行业。

应用软件

截至2005年，潍坊市共登记软件55个。2000年12月、2002年12月、2005年8月和2006年4月，青鸟华光科技股份有限公司、潍坊金三利信息技术有限公司、潍坊贝通网络信息有限公司和潍坊弗克斯电子信息技术有限公司分别被认定为软件企业。其中，青鸟华光科技股份有限公司被评为2001年和2002年度山东省优秀软件企业。“十一五”期间，全市拥有软件和信息服务企业100余家，13家企业通过计算机信息系统集成资质认证，80个软件获软件产品登记，91个软件获软件著作权登记。2012年软件业有企业50余家。

其他产品

半导体封装材料　诸城市封装有限责任公司生产封装用管壳。诸城市电子封装厂（诸城无线电零件厂）是军用元器件的专业化定点厂。生产电子器件封装外壳、滤波器外壳、功率电源管外壳、电子组件外壳及晶体管分立器件外壳等近300余个品种规格。光电生产线是国内唯一通过“贯彻国军标”合格验收的军标线。2003年10月和2005年10月，为“神舟”五号、六号航天工程提供间接配套。2005年10月17日，为庆祝“神舟”六号载人航天飞行任务圆满成功，信息产业部向为“神舟”六号载人航天工程提供间接配套外壳的诸城市电子封装有限责任公司致贺电。2005—2008年，光电器件成功应用于“神舟六、七号”载人飞船和“嫦娥一号”卫星的多个控制系统。

第四节　重点企业

歌尔股份有限公司

2001年，歌尔股份有限公司的前身“潍坊怡力达电声有限公司”成立，主要从事手机用Microphone的研发和生产。2002年，引进国外先进设备，开始从事Receiver、Speaker的研发和生产，成为国内能够同时提供手机用驻极体传声器与受话器和喇叭的专业制造商。2003年，公司购置世界先进的精密模具加工设备，成立模具中心，加快了产品的研发速度和能力。2004年，开启全球化发展路程，确定大客户战略、蜂窝式成长战略，推动企业快速发展。歌尔第一条有自主知识产权的自动化生产线研发成功并投入使用；并开发出第一款消费类电子产品——蓝牙耳机，公司产品线从微型电声元器件领域扩展到消费类电子产品领域；成立青岛歌尔声学公司。2005年，公司营业收入首次突破亿元大关；成立深圳歌尔声学公司。2006年，潍坊歌尔电声园综合楼启用，成立北京歌尔声学公司。2007年，公司股份制改革，由潍坊怡力达电声有限公司更名为歌尔声学股份有限公司。2008年，公司在深圳证券交易所成功上市，募集资金5亿元。同年公司销售收入突破10亿元。2009年，公司开始3D眼镜研发、生产。2010年，启动恒产恒心计划，电声园二期投入使用，电声园三期动工，光电园奠基。公司股票定向增发完成，募集资金5.2亿元。2011年，获批山东省省长质量奖，首次迈入中国电子元件行业十强。2012年，主要从事微型声学模组、传感器、微显示光机模组等精密零组件，虚拟现实/增强现实、智能穿戴、智能音响、机器人、无人机等智能硬件的研发、制造和销售，在多个领域建立全球领先的综合竞争力。歌尔研发布局全球。在美国、日本、韩国、丹麦、瑞典和北京、青岛、深圳、上海、南京、中国台湾等地区分别设立研发中心，以声光电为主要技术方向，通过集成跨领域技术提供系统化整体解决方案。第二次定向增发完成，募集资金23亿元，歌尔家园项目建设启动。2012年，公司主营业务收入68.97亿元，利税11.93亿元，利润11.7亿元。

山东共达电声股份有限公司

山东共达电声股份有限公司是专业的电声元器件及电声组件制造商、服务商和电声技术整体解决方案提供商，是国家级高新技术企业、中国电子元件百强企业。公司始创于2001年，自设立以来，专注于电声元器件产品的研发和制造，致力于成为世界一流的电声技术整体解决方案提供商，主要产品包括微型麦克风、微型扬声器/受话器及其阵列模组，广泛应用于移动通讯设备及其周边产品、笔记本电脑、平板电视、个人数码产品、汽车电子等消费类电子产品领域。

歌尔电子产业园生产车间　(2012年拍摄)

公司先后通过ISO 9001质量管理体系、ISO/TS16949汽车供方质量管理体系、ISO 14001环境管理体系、OHSAS18001职业健康安全体系、QC080000有害物质过程管理体系认证，在行业内树立具有影响力的品牌。

公司拥有“山东省企业技术中心”“山东省声学元件工程技术研究中心”，与中国科学院声学所成立“电声联合实验室”，在北欧设立共达电声欧洲研发有限公司。公司主要技术人员具有20余年的电声元器件研发和生产制造经验，研发团队经验丰富、团结、高效；拥有120多项专利。公司研发的一款产品被科学技术部、商务部等部委评为“国家重点新产品”，公司被山东省科学技术厅、山东省知识产权局认定为“中国专利山东明星企业”，两度获得“山东省科学技术奖”。公司在北京、深圳、上海设有国内销售服务分支机构，零距离、第一时间响应主要国际客户需求，提供最优质的产品和服务。2012年，成立美国分公司，在深圳成功上市，募集资金3.3亿元。

华光电子（集团）股份有限公司

1993年，华光集团公司率先改组为股份制企业。经山东省体改委批准，原潍坊华光电子信息产业集团公司改组为高科技股份制企业，定名为华光电子（集团）股份有限公司。公司是全国电子行业大型骨干企业，山东省重点发展的50家企业集团之一，也是全国300家最大股份制企业之一。在全国百强电子企业中居第四十位，获全国电子行业优秀企业（金桥奖）、国家科委“实施火炬计划先进高新技术企业”、山东省“工交财贸系统行业经济效益排头兵企业”等称号。1994年，公司完成工业产值11.33亿元，实现利税4019万元，实现销售收入3.49亿元。华光集团公司、录音机公司、国营八零七零厂被省主管局评为“管理效益年活动成绩显著单位”“科技开发先进单位”“质量管理先进单位”“出口创汇先进单位”“教育培训工作先进单位”。

1997年，“华光科技”股票上市。潍坊华光电子信息产业集团公司改制为国有独资形式的潍坊华光集团有限责任公司，重新组建了华光科技股份有限公司。

1998年，华光集团对县（市）属企业实施兼并。在1997年完成对市直企业实施兼并的基础上，又在企业自愿的原则下，完成对国营八零七零厂、昌乐无线电散热器厂2个县（市）属企业进入华光集团的方案论证，进行上报审批、组织实施、审计移交等工作，并按照市政府的统一组织完成对华光集团规范完善试点工作，使华光集团成为拥有5个全资公司、9个控股子公司和1个参股公司的大型企业集团，基本达到产权明晰的要求，法人治理结构和运作方式逐步规范化和科学化。

2000年3月12日，潍坊市政府、北京大学青鸟集团、潍坊华光集团正式签订合作协议。按照协议，潍坊市人民政府、北大青鸟集团、华光集团为推进科技资源优化配置、实施国家股权的退出，三方决定北大青鸟集团通过受让潍坊华光科技股份有限公司中28.7％的国家股（7881.6万股），以达到对华光科技的控股，并对其进行资产重组，以推动华光科技这一上市公司的进一步发展，将其建成中国广电网投资所需设备的供应基地和山东省广电网的投资主体。6月中旬，华光集团与北大青鸟集团人、财、物移交完毕，股权转让手续亦全部完成，使青鸟华光科技股份有限公司成为全市工业十大骨干企业之一。

2000年，华光精工设备有限公司、华光电子有限公司、华光科技发展有限公司、华光电子器材发展有限公司、华光房地产开发有限公司5家市属企业通过内部员工入股、经营者持大股的形式，全员买断企业存量资产，建立起法人治理结构，依法注册登记成立新公司。

“九五”（1996—2000年）期间，潍坊华光电子（集团）股份有限公司列全国高新技术百强企业，被国家科委评为“实施火炬计划先进高新技术企业”。全市一批新产品先后获得国家发明专利和部、省、市科技进步奖。华光V型彩色电子出版系统首批远销美国、法国等国家和中国香港地区，使中国自行研制和生产的彩版系统首次进入国际市场。程控交换机及电子出版系统被评为“山东名牌”，并获得首批“潍坊名牌”产品称号。潍坊华光集团公司控股子公司潍坊华光科技股份有限公司成为潍坊市最早的上市公司之一。

2001年，华光集团所属企业改制。潍坊华光集团在2000年对所属企业改制工作全面铺开并完成5家改制的基础上，又对3家企业进行了公司制改造和破产重组。至年底，华光集团所属9家企业中已有8家采用内部员工入股、经营者持大股、全员买断的形式进行公司制改造。按照各负其责、协调运转、有效制衡的原则建立起法人治理结构，成为自主经营、自我约束的民营法人实体。

青鸟华光科技股份有限公司成功实施股本结构变更。青鸟华光科技股份有限公司原股本22441.6万股，其中社会公众股9600股、法人股12841.6股。为加快公司锂离子电池及材料项目、机顶盒项目、数字音视频演播系统项目、IP电话网关等项目的改造进度，成功实施配股工作，按10：3配股比例、11.98元/股的价格，实际完成配股2880万股，募集资金3.31亿元。配股后青鸟华光科技股份有限公司总股本25321.6万股。

2002年，新的经济增长点开始形成。潍坊华光集团有限公司与山东大学共同投资组建的山东华光光电子有限公司承担的国家计委产业化前期关键技术研究项目“半导体发展器件外延工艺及管芯技术”全面完成，“AIGaInP高亮度发光二极管外延材料”“AIGaInP高亮度发光二极管管芯”“650纳米应变量子阱激光器外延材料及管芯技术”“大功率808纳米无铝应变量子阱激光器”取得圆满成功，通过中国科学院院士周炳琨、王占国和中国工程院院士沈得忠等国内光电子权威专家的技术鉴定，整体项目通过国家计委验收。华光精工设备有限公司研制的HG52四色胶印机和BMA3印后自动化处理系统，12月中旬分别通过国家印刷机械质量监督检验中心检验和省经贸委组织的专家认证，均达到国内领先水平。BMA3印后自动化处理系统还通过德国莱茵公司CE（欧洲合格评定）认证，标志着BMA3印后自动化处理系统从此可进入欧盟市场。

2003年，潍坊华光集团有限责任公司顺利转让在山东华光光电子有限责任公司的股权。山东华光光电子有限责任公司是潍坊华光集团有限责任公司于1999年11月与山东大学、山东工业大学（后合并到山东大学）合作承担国家计委“半导体发光器件外延工艺及管芯技术”项目，在济南高新区合资成立的高新技术企业。项目于2002年4月通过国家鉴定验收。

2012年，公司有全资企业6家，合资或控股企业5家，分公司（厂）12个。职工3800余人，其中工程技术人员1700余人。占地面积17.3万平方米，资产总额4.65亿元，净资产1.4亿元。公司的股本9026万元，其中国家股4026万元、法人股4000万元、内部职工股1000万元，分别占总股本的44.6%、44.3%和11.08%。

第五章　纺织服装行业

潍坊市纺织工业有着悠久的历史，早在清朝乾隆年间，就有“五千绣花女，十万织布机”之称。中华人民共和国成立后经过四十多年的发展，潍坊市成为化纤、棉纺织、印染、针织、毛纺织、麻纺织、服装及纺织机械等门类齐全的重要纺织工业基地。

1991—1994年，潍坊市纺织工业先后经过产权制度改革、改制、转型升级等，企业得到健康快速发展，生产的浆粕、粘胶纤维、棉纱、混纺纱、印染布、床上用品、针织衫裤、精纺粗纺呢绒、毛纱线、麻袋、高中低档服装、纺织机械及配件等20多大类系列产品，远销欧、美、日、东南亚、俄罗斯等50多个国家和中国港澳地区，行业发展良好、企业效益稳步提高。

1995—2000年，企业改革取得进展，经营稳定向好。全市纺织企业以建立现代企业制度为方向，以实行股份制、股份合作制等产权改革为重点，围绕“全面调整、减量增效、优化结构、产业升级”的发展思路，抓大抓好，先后有潍坊巨龙棉纺织厂等6家纺织企业改制为有限责任公司；组织开展“学亚星”活动，对照先进找差距，建制度、订措施、抓落实，使纺织企业的管理水平有了新的提高，涌现出巨龙化纤集团、华实集团、裕华集团等“学亚星”先进典型；狠抓扭亏增盈和促销压库工作，在国家出口政策调整、棉花价格上涨等市场变化的大环境下，纺织工业生产运行基本正常，生产经营稳定向好。

2001—2008年，全市纺织行业围绕实现超常规、跨越式，抓投入、抓改革、抓效益的战略目标，以提高经济运行质量和效益为中心，技改投入创历史最高水平，招商引资初见成效，行业发展势头良好，经济运行质量和效益明显提高，企业改革迈出新的步伐。2002年，昌邑市被中国纺织工业协会命名为“中国印染名城”“中国丝绸

中国柳疃丝绸文化博物馆　　(2012年拍摄)

之乡”；2003年，诸城市被中国纺织工业协会命名为“中国男装名城”；2007年，高密市被中国纺织工业协会命名为“中国家纺名城”。

2009年，全市纺织行业紧紧围绕“转方式、调结构”，以深化专业分工为目标，编制完成《潍坊市纺织服装产业转型升级规划》，行业思路由扩大规模、增加总量、做大做强转变为调整结构、发展高、精、特产品为主，加快企业转型升级步伐。培育孚日集团、新郎希努尔集团、耶利亚集团、山东桑莎制衣集团、山东仙霞服装和山东同大海岛新材料等一批龙头企业，拥有“新郎希努尔”“耶莉亚”“仙霞”“帅领”“昊宝”牌西服、“坦博尔”羽绒服、“孚日”牌家用产品、“同大”牌人工皮革、“十笏园”牌印染布、“泰山”牌化纤浆粕、“银旋”牌粘胶纤维、“龙”牌棉纱、“百合”牌坯布、“兰凤”“桑莎”牌针织内衣及“紫鸳”牌牛仔布等一批知名品牌。至2012年，纺织服装业成为潍坊市六大传统支柱产业之一。各项经济指标均居全省纺织工业前三位，织布、印染和粘胶纤维生产能力位居全省第一位，成为全省重要的纺织服装生产基地和出口加工基地。

第一节　生产经营

1991年，潍坊市乡及乡以上纺织服装行业工业企业365个，完成工业总产值38.46亿元，产品出口总值10.73亿元。全部职工全年平均人数112255人。

1991年以后，全市经过对企业的改组、调整，到1994年全部独立核算纺织服装行业企业309个，1994年底，全系统有近200种产品获省以上优质产品称号，其中国优质产品6种，完成工业总产值115.61亿元。纺织行业主要产品产量：纱6.29万吨，布7.64亿米，印染布2.68亿米，丝织品3022万米。1994年，系统“三资”企业实现销售收入12亿元，利税9000万元，出口创汇5000万美元。有3家企业拥有自营进出口权，完成自营进出口总值3360万美元，其中出口2160万美元，进口1200万美元。全系统有30家企业兴办具有二级法人资格的经济实体70个。三产实体上缴利润187.7万元，从业人员1400人，为企业节省工资基金及福利费用290.7万元，对分流消化企业富余职工和减轻企业负担起到重大作用。

1995年，围绕“全面调整、减量增效、优化结构、产业升级”，通过深化企业内部改革、强化管理、夯实基础、推进技术改造和技术进步、市场开拓，调整结构等工作，全行业得到稳定健康发展。全市纺织系统拥有棉纺织、化纤、印染、针复制、毛纺织、麻纺织、服装及纺织机械等县属以上纺织企业62家（其中大型企业12家），固定资产原值33亿元，职工70881人；完成销售收入42.3亿元，实现利税1.76亿元。1996年，全系统出口交货值19亿元，自营进出口企业增加8家，发展到11家，自营进出口4895万美元。

2004年，全行业530家规模以上工业企业实现销售收入265亿元，比上年增长36%；利税23亿元，比上年增长23%。主要产品产量：化纤浆泊14.8万吨，纱34万吨，布10.9亿米，服装2.4亿件。系统内市属纺织工业企业（40户）实现销售收入109亿元，比上年增长28%；利税10.3亿元，比上年增长15%。其中利润6亿元，增长30%；出口交货值37亿元，增长28%。纺织行业主要产品产量：纱38.3万吨，布15.5亿米，印染布16.2亿米，梭织衣服8511.77万件，针织衣服18556.65万件。

2005年，围绕实现超常规、跨越式，抓投入、抓改革、抓效益的战略目标，改善行业结构。市属系统内40家工业企业实现销售收入139

亿元，比上年增长24.23%；利税12.94亿元，增长14.41%，其中，利润7.4亿元，增长11.54%；出口交货值45亿元，增长20.59%。全年通过科技攻关、自主开发、消化吸收引进技术等方式，全行业先后开发完成省及省级以上项目9项，获市级科技进步奖项目5项，13个产品获国家级名优产品奖。

2007年，全市纺织行业主要产品产量：化纤浆粕27.7万吨，比上年增长6.2%，化学纤维18万吨，比上年增长5.3%；纱54.2万吨，比上年增长2%；布27.4亿米，增长7.3%；印染布17亿米，比上年减少3.1%；服装3.4亿件，比上年减少30.4%。

2009年，编制出台《潍坊市纺织工业调整振兴规划》，同时编制棉纺产业、印染产业、服装产业、家纺产业、化纤产业5个产业调整振兴规划。全市纺织行业纳入统计范围的960家企业，完成主营业务收入980亿元，比上年增长16.20%；完成利税76.9亿元，增长15.80%；出口交货值完成288亿元，减少9.43%。

2012年，全市规模以上纺织服装企业770家，完成工业总产值1525.16亿元，出口交货值181.14亿元，实现利税115.32亿元。全市纺织行业主要产品产量：纱93.08万吨，布45.26亿米，印染布13.89亿米，服装3.54亿件。

第二节　企业改制

1992年8月，市政府印发《关于转换企业经营机制进一步加快企业改革的意见》，全行业积极稳妥搞好股份制改革试点。1993年7月，市委、市政府印发《关于进一步加快企业集团发展的意见》，通过对企业进行改组改造，优化组合，加速生产要素和资产存量调整，全行业迅速崛起一批大型企业和企业集团，实现由粗放经营向集约经营的转变。到1995年底，企业集团发展到7家。其中潍坊巨龙化纤集团、高密化纤集团、诸城纺织集团、潍坊华实纺织品集团正发展成为跨地区、跨行业、多形式，集科、工、贸为一体的大型综合企业集团。企业集团占企业总数的11.3%，销售收入占50%，出口交货值占48%，利税占56.6%。

1995年，组建山东华润纺织有限公司。潍坊棉纺织厂剥离部分有效资产与香港华润合资组建山东华润纺织有限公司。1996年，组建潍坊巨龙针织厂。潍坊针织厂因资不抵债宣告破产，由组建的潍坊巨龙针织厂收购破产财产和安置全部职工后，并入潍坊巨龙化纤集团公司。组建山东海龙股份有限公司。将潍坊巨龙化纤集团公司有效资产剥离出来，以国有资产所有者控股，联合其他社会法人组建山东海龙股份有限公司，于12月在深交所挂牌上市交易。

1997年，全市纺织工业以资本运营为重点，盘活存量，优化增量，扩张总量，落实国家规范破产、鼓励兼并、减员增效、下岗分流的政策，行业结构调整效果明显。6家市属纺织企业列入潍坊市1997年优化资本结构试点单位。市属5家企业被实施兼并联合，使47490万元存量资产得到优化配置，7347人得到优化重组和合理分流。职工再就业工程开始启动，重点企业集团的职工再就业服务分中心挂牌运作。4月，潍坊第二印染厂兼并潍坊信丰经贸总公司后，潍坊信丰经贸总公司利用现有厂房和有利的地理位置优势开办“潍坊家具市场”和“潍坊文化市场”，开展多元化集约型经营，促进生产要素的优化组合。5月，潍坊第四棉纺织厂兼并潍坊染织总厂，组建成潍坊裕华纺织集团有限公司。其内部管理体制和运行机制由集团公司自主确定，并仍归市纺织工业公司行业管理。原潍坊染织总厂由裕华纺织集团有限公司组建成潍坊裕华染织厂；潍坊床单厂对潍坊织布三厂实施兼并，并进行资产重组，组建潍坊富泰家用纺织品集团有限公司，归市纺织工业公司行业管理。当年，潍坊织布三厂、潍坊毛纺织厂、潍坊第一纺织机械厂3家集体企业国有资产占企业实收资本的比例分别为52.24%、74.18%、76.8%，经市政府批准，认定为国有企业。

1998年，潍坊市政府以潍坊第二印染厂为依托，组建潍坊华实纺织印染集团有限公司并兼并潍坊棉纺织厂、潍坊纺织装饰公司和潍坊纺织工业技术培训中心3个企事业单位，授权华实纺织印染集团有限公司经营被兼并单位的全部国有资产，承担保值增值责任，潍坊棉纺织厂的银行债务划转到华实纺织印染集团有限公司。潍坊裕华纺织集团对潍坊毛巾厂实施破产收购，使闲置的厂房、设备得以利用，生产得以恢复，职工大部分得到安置。

1999年，全市市直纺织企业以建立现代企业制度为目标，以实行股份制、股份合作制等产权改革为重点，坚持从企业实际出发，多形式改制，先后有潍坊巨龙棉纺织厂、潍坊棉纺织厂、潍坊第二印染厂等6家纺织企业改制为有限责任公司。其中山东潍棉纺织有限责任公司、潍坊振兴纺织有限责任公司、潍坊金元针织有限责任公司3家企业法人代表持股100万元。通过改制，增强责任心和风险意识，加快技术改造步伐，形成新的经济增长点。1999年5月，潍坊毛纺织厂进入破产程序，10月19日破产终结，由山东潍棉纺织有限责任公司和潍坊振兴纺织有限责任公司分别收购潍坊毛纺织厂破产后有效资产751万元、安置职工727人，有效资产355万元、安置职工327人。1999年6月2日，山东华润纺织有限公司在潍坊成立。公司是由潍坊棉纺织厂与香港华润纺织品有限公司合资组建，注册资本1150万美元。其中，潍坊棉纺织厂出资345万美元，占股本30%；香港华润纺织品有限公司出资805万美元，占股本70%。1999年12月，潍坊巨龙针织厂从潍坊巨龙化纤集团公司剥离出来后改制成立潍坊金元针织有限公司。2000年，潍坊染织总厂实施破产后，依托厂房和设备，通过职工增资入股的办法，组建新盛染织有限责任公司和兰天染织有限公司，并分别收购潍坊染织总厂破产后的有效资产和接受安置全部职工。

潍坊联侨毛纺有限公司是1986年创立的全市第一家中外合资企业，合作期限15年，于2000年5月31日期满。合作方经协商中止合作。市政府派驻特别清算组，于2001年依据《公司法》要求得到妥善解决。

2002年，潍坊市直纺织企业16家全部进行公司制改革，成为有限责任公司或股份有限公司。2003—2005年，处理改制后遗留问题。原潍坊毛巾厂、潍坊富泰家纺有限责任公司、潍坊第二毛纺织厂、潍坊二印、潍坊裕华纺织有限公司、潍坊二印纺织印染有限公司、潍坊四棉纺织有限公司等多家企业，因资不抵债分别进入破产程序，企业均为原来企业改制后遗留下来没有处理的老企业，企业破产后，职工基本全部由改制后的新企业或通过招商引资进行重组企业接收，最大限度地安置破产企业职工上岗生产。

2012年，山东海龙股份有限公司实施破产重整，由央企中国恒天集团收购后并更名为恒天海龙股份有限公司，山东海龙及博莱特公司的破产重整工作取得重大阶段性成果。2012年11月2日，市中级人民法院作出《民事裁定书》，裁定批准《山东海龙股份有限公司重整计划》。根据重整计划的规定，有财产担保债权、职工债权、税款债权以现金方式全额清偿，普通债权以现金或经债权人同意后由第三方代偿的方式按比例清偿。山东海龙按照重整计划的规定向债权人履行完毕清偿义务，因债权人原因未领受的分配款项全额提存至管理人的银行账户；与重整计划执行相关的其他事项均实施完毕。12月26日，市中级人民法院作出《民事裁定书》，裁定山东海龙重整计划执行完毕，终结山东海龙重整程序。经深圳证券交易所批准，山东海龙股票于2012年12月28日在深圳证券交易所复牌。

第三节　技术改造

1991—1994年，全市纺织企业完成固定资产投资9亿元，建成152个工程项目。引进特宽幅印染线、无梭织机和自动落筒机等具有80年代末、90年代初国际先进水平的设备378台（套）。兴办“三资”企业68家，利用外资2500万美元，有56家投产。

1998年，巨龙化纤集团的粘胶短纤年产1万吨改造成3万吨生产线、裕华集团的清钢联纺织全流程生产线被国家经贸委列为“生产装备国产化样板生产线”，并在全国推广。

2000年，全行业把运用高新技术改造提升纺织传统产业作为企业技术进步的重点，在资金使用、项目选择上优先支持重点企业采用高新技术和先进适用技术进行系统改造，优化技术结构和产品结构，大力培植新的经济增长点，增强企业发展后劲。全年完成技改投入1.5亿元，新上项目23项，其中投资过千万元的大项目8项。巨龙化纤集团3万吨粘胶短丝、昌邑无纺布厂高档服装革和昌邑镍网厂12万支高钼镍网改造3个项目列入国债贴息技改项目，争取国债贴息资金2400万元。巨龙化纤集团1万吨长丝连续纺、振兴产业纺织有限公司新型宽幅底网造纸毛毯、高密化纤厂高模量短纤和华实集团多功能印染布4个项目被列为高新技术项目。巨龙化纤集团的粘胶短纤年产1万吨改造成3万吨生产线、裕华集团的清钢联纺织全流程生产线被国家经贸委列为“生产装备国产化样板生产线”，在全国推广。

2004年，全市纺织行业实施技改项目26项。完成投入19.9亿元，其中市直纺织企业完成9.7亿元。潍坊四棉引进250台喷气织机及新建纺纱5万锭，投资10亿元；巨龙化纤集团新建4万吨粘胶短纤，投资4.5亿元；潍坊博莱特有限公司新建4000吨涤纶帘子布，投资1.8亿元；孚日家纺引进78台剑杆织机，投资1.8亿元；诸城中纺金旭纺织公司新建5万锭项目，投资1.1亿元；诸城新郎公司新建年产400万套西服生产线，投资2亿元。

2005年，潍坊市纺织行业实施技改项目32项。完成投入17.9亿元，其中市直纺织企业完成4.2亿元。潍坊帛方引进250台喷气织机及新建纺纱5万锭，投资10亿元，8月投产；潍坊博莱特有限公司新建1万吨工业长丝，投资2.5亿元；孚日家纺家用纺织生产线，投资1.4亿元；山东同大集团投资8000万元新建海岛新材料生产线，诸城德利源新建1万锭亚麻生产线。

2006年，潍坊市纺织行业实施技改项目94项。完成投入17.8亿元，年新增销售收入52.8亿元。其中帛方纺织有限公司新增纱锭10万锭，投资10亿元，完成投资1.78亿元。诸城新郎服饰有限公司合资兴建家居批发市场，投资3亿元，完成投资1.68亿元。诸城中纺金旭有限公司建设高档精梳纱服装面料项目，投资2亿元，完成投资1.35亿元。诸城桑莎制衣有限公司建设2万吨针织项目，投资6亿元，完成投资4.6亿元。高密银鹰化纤有限公司建设年产3万吨优质粘胶短纤维，投资3亿元，完成投资1.5亿元，孚日家纺公司建设的毛巾一厂、三厂投资改造，投资3.56亿元，完成投资2.8亿元。

2007年，全行业实施技改项目45项。投资108亿元，完成投入50亿元。山东海龙股份有限公司3000吨水刺项目，投资3831万元，2007年12月竣工；年产4.5万吨粘胶纤维项目，投资4亿元，完成投资8000万元。山东海龙博莱特化纤有限公司年产1万吨帆布项目，投资1.22亿元，完成投资6600万元。帛方纺织有限公司工业园项目，投资3.18亿元，完成投资2.26万元。潍坊兰天服饰有限公司服装加工项目，投资2.2亿元。

2009年，全市纺织企业重点技改项目91项。投资138亿元，当年完成投资48亿元，新增销售收入265亿元。其中，新开项目58项，投资70.4亿元，当年完成投资25亿元，新增销售收入165亿元；续建项目33项，投资68亿元，当年完成投资23亿元，新增销售收入100亿元。

2010—2011年，全市纺织企业重点技改项目102项。投资146亿元，当年完成投资58亿元，新增销售收入285亿元。其中，新开项目62项，投资71.4亿元，当年完成投资28亿元，新增销售收入175亿元；续建项目38项，投资71亿元，当年完成投资33亿元，新增销售收入108亿元。

2012年，高度重视节能减排。强化节能工作组织领导，建立和完善资源节约责任机制、创新节能机制，提高能源综合利用水平。单位综合能耗逐年降低，各项节能减排指标均低于省、市预定目标。全年完成重点技改项目98项，投资113亿元；实施技术创新项目96项，投资9.7亿元，其中省级以上项目56项。

第四节　科技创新

新产品开发

1991年后，潍坊纺织工业坚持以科技进步为先导，以产品开发为龙头，狠抓科技成果转化为生产力这一基础工作，全行业科技成果有较快增长。1992年，山东同大（昌邑）集团有限公司研制JET1018X2100型镍网设备被评为国家级新产品，填补国内空白。1994年，高密化纤总厂生产的PS711棉浆粕产品，生产技术属国内首创。到1994年底，全系统完成科研、新产品开发和科技成果推广项目380项，其中填补省内以上空白项目95个，完成新花型、新花色1.5万个。新产品投产率85%，产值率10%。其中昌邑纺织机械厂的“高目数印花镍网”、潍坊第二印染厂的“微机控制交流变频器在印染设备上的应用”等38个项目填补省内空白。新产品投产率91%，产值率12.1%。4年获省科技进步奖项目数均占全省各市（地）纺织行业获奖数的1/3，在全省各市（地）名列首位。

1997年，高密化纤股份有限公司生产的卷筒式绒毛浆通过省级鉴定填补国内空白。1998年，潍坊第二印染厂开发的“抗菌阻燃绗缝制品”通过省经贸委组织的专家鉴定，属国内首创。产品采用抗菌阻燃纯棉面料绗缝而成，面料经过抗菌阻燃整理，具有抗菌、阻燃、防臭、防水功能。潍坊第二印染厂研制开发的“抗油拨水芳纶产品工艺研究”通过省经贸委组织的专家鉴定，填补国内空白。产品具有抗油拨水功能，可广泛用于公安、消防等一些特殊行业及部门。潍坊毛纺织厂开发的“底网造纸毛毯产品”通过省经贸委组织的专家鉴定。潍坊第四棉纺织厂开发的“40s×40s纯棉半精梳21条灯芯绒”通过省经贸委组织的专家鉴定，填补国内空白。潍坊第四棉纺织厂开发的“细旦丙纶短纤维纱线”通过省经贸委组织的专家鉴定。

1998年，巨龙化纤集团1万吨长丝连续纺、振兴产业纺织有限公司新型宽幅底网造纸毛毯、高密化纤厂高模量短纤和华实集团多功能印染布4个项目被列为高新技术项目；潍坊科隆纺织科技开发有限公司的环保纤维（Tyocell）产品开发及工艺研究获省科技成果进步奖；潍坊华实纺织集团的抗菌阻燃绗缝制品、纯棉纬弹印染产品获省优秀新产品奖，开发研制成功真丝精练废液综合利用、55.6dtex/12F细旦粘胶长丝、EMT经济型印花镍网、芳纶材料、棉/锦迷彩及其他印花工艺、纯棉防粘绒面料染整工艺、1.11dtex×38mm细旦粘胶短维、500.0dtex/75F、83.3dtex/18F细旦粘胶长丝等一系列工艺和产品。

2000年，山东同大集团研制开发的“PA6/PE共混海岛法超细纤维及人造鹿皮和聚氨酯高档衣料革产业化”项目分别获省科技进步二等奖、中国纺织工业协会科技进步一等奖、国家重点新产品。2001年，获国家知识产权专利，并被评为山东省十大专利发明之一。2180X640X185EMT经济型印花镍网被评为2002年度国家重点新产品。EMT型印花镍网获国家级火炬计划项目证书；研制的抽出分离级、喷淋镀网装置、狭缝式断纱打断器、光滑纱纺纱装置、细沙机四罗拉四皮圈牵伸分别获国家使用新型专利。2005年，生产的MTG、DMT型印花镍网分别获国家和省科技进步二等奖。

2006年，全行业承担完成多项“九五”国家重点科技攻关项目，获山东省科技进步一等奖、国家科技进步一等奖。先后开发完成省及省级以上项目13项，获市级科技进步奖项目11项，14个产品获国家级名优产品奖。其中海龙集团“年产45000吨粘胶短纤维工程系统集成化研究”项目获国家科技进步一等奖。成功开发科技含量和附加值较高的安芙赛阻燃纤维、纽代尔高强纤维、麻赛尔纤维等系列新产品，多项填补国内空白，两项处于世界领先水平。2008年，动物蛋白纤维素纤维技术获国家技术发明二等奖。

技术攻关

1991年始，全市纺织系统通过深入推行全面质量管理，广泛开展新产品开发与技术攻关活动，充分调动企业广大员工的积极性。1993年，潍坊化纤厂组织工程技术人员开展“以木浆代替棉浆”的技术开发攻关。运用正交试验法进行工艺试验，制定“二次浸渍工艺”方案使木浆代替棉浆获得成功，既解决原料不足的困难，又提高产品质量，年增经济效益106.1万元，获全国纺织总会优秀成果奖。1993年，潍坊第四棉纺织厂开展大卷装特宽幅装饰布的开发攻关活动，自行设计的卷布轮获国家专利，填补省内空白。产品布卷容量大（幅宽105寸，卷长823米）、质量好（下机质量100%）、成本低（产品不检验、不修织；每米节电8.52度、每卷节约1.04个工日、节布13.5米，合计每卷布节约216.32元）、便于后加工（码长，无接头，质量好；后加工效率高，成本低）。产品销往英国、澳大利亚和中国的香港、台湾等10多个国家和地区。到1994年，4年完成技术开发、攻关课题86项，经济效益840万元。

2001年，潍坊巨龙化纤集团开发的3万吨差别化粘胶短纤维项目是国家“九五”科技攻关重点项目，投资4.06亿元。2001年4月26日资金到位，年底达到试生产要求。其中“大容量黄化机和溶解机的工艺设备研制”“纺丝浴工艺及相应设备的研制”被评为“九五”科技攻关项目优秀科技攻关专题，是国内第一条单线生产能力达到3万吨的大容量、国产化、自动化粘胶短纤维生产线，国产化率95%，应用“二次浸渍”“高效低温溶解”“高效闪蒸”等十几项先进工艺，主要生产过程实现计算机自动控制。这一生产线不但可以生产棉型、毛型、中长型等常规品种，还能生产细且高湿模量等差别化粘胶短纤维。2004年，通过科技攻关、自主开发、消化吸收引进技术等方式，全市纺织行业先后开发完成省及省级以上项目7项。

2008年，全市纺织行业技术创新项目26个，投资16780万元，其中市直企业项目14个，投资10540万元。全年先后完成省级项目17项、市级15项。获得省级科技进步三等奖1项。

2009年，全市纺织行业实施技术创新项目86项，项目投资8.7亿元，中央、省级以上项目46项。获省级科技进步三等奖1项。

2010—2012年，全市实施技术创新项目96项。投资9.7亿元，其中省级以上项目56项。获省级科技进步三等奖1项。

技术中心建设

1997年，全市纺织工业加强技术中心建设，大力推进企业技术创新工程。部分大中型重点企业初步建立起技术开发机构，潍坊第二印染厂技术中心、潍坊第四棉纺织厂技术中心被确定为省级技术中心。新技术开发利用有新进展，4个项目被列为国家级重点技术开发项目和工业性试验项目。争取财政拨款1800万元，银行贷款4100万元。技术改造力度加大，全年在建项目14项，落实资金1.2亿元。

2002年，山东海龙股份有限公司技术中心认定为省级企业技术中心，2008年认定为国家级企业技术中心。2003年，新郎集团技术中心被评为山东省认定企业技术中心。2005年，山东同大集团有限公司先后被评为省级企业技术中心、博士后工作站。

至2009年，全市纺织行业获国家级技术中心1家，省级企业技术中心8家。

名牌产品

到2012年，全市纺织服装行业的重点企业主要品牌产品有山东海龙股份有限公司生产的“泰山”牌化纤浆粕、“银旋”牌粘胶纤维，孚日集团股份有限公司的“孚日”牌巾被系列产品，诸城新郎服饰有限公司的“新郎希努尔”牌西服，山东仙霞服装有限公司的“仙霞”牌西服，山东耶莉娅集团公司的“耶莉亚”牌西服，诸城桑莎制衣有限公司的“桑莎”牌针织内衣，潍坊第二印染厂的“十笏园”牌印染布等。

“新郎”产品 1995年，新郎集团股份有限公司确定走品牌兴企之路，将产品取名“新郎”，定位西装产品。1998年，将产品定位在“做普通老百姓穿得起的好衣服”，当年西装生产能力扩大到10万套。1999年公司进入全国服行业百强企业，从而确立公司在行业的领先地位。2004年2月，经国家工商行政管理总局批准，“新郎”商标被认定为中国驰名商标，9月新郎牌裤子被国家质监总局授予中国名牌。2006年西服套装被国家质监总局授予“中国名牌”产品。2007年公司被中国人民解放军总后勤部选定为省内唯一军官礼服定点生产企业。

孚日集团产品 2001年，孚日集团股份有限公司生产的“洁玉”牌巾被获山东省产品质量奖。2004年孚日集团股份有限公司“孚日”牌毛巾系列获全国首批毛巾星级产品标志使用权，为中国名牌产品和商务部重点培育发展的中国出口名牌。2005年被批准为山东省高新技术企业，被北京奥运会组委会认定为2008年奥运会特许生产和零售商。

同大集团产品 2001年，山东同大集团“风筝”牌印花镍网为山东名牌产品，“风筝”牌和“同大”牌印花镍网被评为中国知名品牌，“天王”牌无纺布为山东名牌产品，“同大”牌合成革为中国名牌产品、山东名牌产品。

“耶莉娅”商标 2000年后，耶莉娅集团先后在11个国家注册“耶莉娅”商标，发挥自身优势开展度身量体、单裁单制西服业务。“耶莉娅”商标为中国驰名商标，被商务部认定为重点培育和发展的出口名牌，“耶莉娅”牌西服为中国名牌产品。集团先后被多家部门和单位确定为团体西服定点生产厂。2010年，耶莉娅集团被批准为山东省高新技术企业。

“泰山”商标　2005年8月，山东高密银鹰化纤有限公司的“泰山”牌商标被山东省工商行政管理局认定为“山东省著名商标”。2009年1月，公司棉浆粕“泰山”商标被认定为“中国驰名商标”，成为中国棉浆粕行业第一个获得“中国驰名商标”的品牌。

第五节　企业管理

1991年以后，市纺织工业局在纺织职工中大力开展岗位培训、操作练兵、技术比武等活动，弘扬敬业精神，提高职工队伍素质，推动岗位操作技术的提高。全市纺织系统坚持每年开展保全、保养、钳工技术比武，织布保全技术大赛，梳棉、并条、粗纱3工种的操作技术比赛等大型活动，参赛选手达300多人次。1994年，在潍坊织布一厂、潍坊第四棉纺织厂、诸城第二棉纺织厂举办织布、粗纱、细纱等工种的操作演示会，各企业在演示中相互交流经验，切磋技艺，达到共同提高的目的。潍坊第四棉纺织厂信宝芹曾代表山东省参加全国首届细纱、织布两工种青工大赛的评判工作。潍坊棉纺织厂张玉梅、陈成爱曾代表山东省参加全国青工大赛，获“全国操作能手”称号。在纺织工业部及山东省组织各工种的技术能手验收中，潍坊棉纺织厂的谭桂红、刘艳芹，潍坊第四棉纺织厂的丁菁等27名职工被授予1991年“山东省技术能手”称号。潍坊第四棉纺织厂付存华获1992年纺织工业部设备维修“技术能手”称号。在省纺织厅举办的各工种辅导员学习班上，潍坊纺织系统200多人次获优级能手称号。

1997年，市直纺织企业普遍开展“远学邯钢，近学亚星，抓管理，增效益”的活动，制定落实降耗、增效、促销措施，实现管理效益550万元。

2009年，市经贸委印发《潍坊市纺织工业调整振兴规划》，积极倡导以孚日家纺、新郎服饰、仙霞西服、耶莉娅、山东海龙等骨干企业为龙头，重点发展西服、运动休闲服、家居用品、棉纺织品等产业，形成诸城、高密、寿光等纺织服装重点聚集区，突破高档服装面料织造和后整理技术，发展功能性纤维、差别化纤维、复合新型纤维和保健型纤维等产品，实现产业和产品的结构升级。

2012年，组织实施《潍坊市纺织服装产业转型升级规划》，全行业加大技改投入和科技创新力度，调整结构，发展高、精、特产品，全市规模以上纺织企业主营业务收入1500亿元，同比增长10.16%；工业增加值360亿元，同比增长13.27%；实现利税115亿元，同比增长11.65%；实现利润80亿元，同比增长10.08%；出口交货值400亿元，同比增长3.25%。

压锭任务

1998年，国家安排潍坊裕华纺织集团1.5万枚、潍坊瑞祥纺织集团7072枚的压锭任务，经过各级政府、行业主管部门和有关企业的努力，分别于1998年10月26日和1998年9月25日完成，相应获得专项资金450万元和212万元，企业安置分流因压锭下岗人员722人。1999年，山东省纺织工业厅下达潍坊的压锭改造任务顺利完成。潍坊第四棉纺织厂压减1.37万枚，诸城棉纺织厂压减5000枚。

安全生产

1991年起，市纺织系统全面落实安全生产责任，层层签订安全生产责任书；将“安全生产基础管理年和提升年”活动作为全年安全生产工作的主线，积极推进企业安全标准化的建设。2008年，以强化安全生产监管，确保完成安全生产责任为目标，全面落实安全责任，层层签订安全生产责任书；将“安全隐患排查治理年”活动作为全年安全生产工作的主线，制定印发《关于开展隐患排查治理年活动的通知》，确保安全隐患排查治理整改到位。各企业查出安全隐患1526项，整改1522项。年内38家纺织企业被省纺织协会评为安全生产“三无”企业，两家企业被评为市安全生产先进单位，市纺织工业办公室被省纺织协会评为安全生产先进单位，山东海龙和帛方纺织分别被确定为全省化纤和棉纺行业安全标准制定单位，市直纺织企业实现“杜绝较大事故发生，减少一般事故发生，力争实现无死亡、无重伤、无火灾”的安全责任目标。2011年，全系统查出安全隐患1873项，整改1870项，整改率99.84%。全年各企业安全教育培训员工9126人次，应急预案演练17次，参加演练2300人次，提高广大员工的安全生产意识和自我防范意识。2012年，市直企业进行安全教育培训员工9826人次，应急预案演练20次，参加演练2900人，持证上岗率达到100%。在节假日、“两会”和中共十八大期间，组织检查组深入企业检查安全隐患，全年排查出安全隐患2080项，整改率99.86%。市直企业在安全生产方面通过投入资金，配齐必要的安全设施、器材，有效减少安全生产事故发生的概率，市属纺织企业安全生产实现“三无”的任务目标。

退城进园

2002年，潍坊市政府印发《关于中心城乡企业“退城进园”，加快工业园建设的实施意见》，组织山东潍坊华润纺织有限公司、潍坊蓝天染织有限责任公司、潍坊新盛染织有限责任公司、山东潍棉纺织有限公司4家企业“退城进园”。在潍坊高新区新征土地876亩，投资5.4亿元。其中潍坊华润纺织有限公司“退城进园”项目征地320亩，于2002年7月举行奠基仪式，规划建设38万棉纺锭，有梭织机2000台。结合“退城进园”，潍坊蓝天有限公司与北京客商洽谈合资牛仔服项目、山东潍棉纺织有限公司与香港商谈合资气流纺项目、潍坊天昊巾被有限公司与外商洽谈投资200万美元的巾被服装项目，均达成协议并落地。

第六节　重点企业

恒天海龙股份有限公司

恒天海龙股份有限公司位于潍坊市寒亭区，前身为始建于1984年的潍坊化纤厂。1988年8月30日，由寒亭区央子镇盐场发起，采取社会募集方式成立潍坊海龙股份有限公司，募集资金600万元。1990年6月，经潍坊市纺织工业局和中国人民银行潍坊市分行批准，潍坊化纤厂以浆粕项目净资产1421万元，按公司每股净资产100元折成14.21万股，作为法人股。1992年4月，公司更名为山东潍坊海龙股份有限公司。1993年12月，公司被国家经济体制改革委员会确认为继续进行规范化股份制试点企业。1994年3月，对社会公众股按1：1比例配售780万股，募集资金1404万元，总股本5112.9万元。

1996年12月26日，海龙公司存量的社会公众股票在深圳证券交易所上市，是潍坊市首家上市公司，也是国内粘胶行业第一家上市公司。公司总股本为5112.9万股，其中流通股为1560万股。1997年7月公司实施1996年度利润分配方案，以总股本5112.9万股为基数，按10：5的比例向全体股东派送红股2556.45万股，总股本由5112.9万股增为7669.35万股。通过上市融资的方式，海龙公司基本解决资金困难，取得良好的经济效益。1998—2003年，海龙公司先后通过资产置换、二次配股、收购、租赁等形式，收购兼并一些企业，投资一批项目。

2003年11月，更名为山东海龙股份有限公司。时辖山东海龙博莱特化纤有限责任公司、山东海龙纺织科技有限责任公司、新疆海龙化纤有限责任公司等14个控股子公司。2006年5月，公司财税管理由潍坊市下放至寒亭区。公司主营粘胶长丝、粘胶短丝、棉浆粕和帘帆布。年生产能力为：粘胶短丝27万吨，粘胶长丝8千吨，棉浆粕25万吨，涤纶帘子布1.5万吨，高模低缩涤纶工业长丝1.2万吨。公司是中国粘胶行业的代表性企业，2002年被认定为省级企业技术中心，2008年被认定为国家级企业技术中心，具有完善的科研开发体系和完备的中试生产线。成功开发科技含量和附加值较高的安芙赛阻燃纤维、纽代尔高强纤维、麻赛尔纤维等系列新产品。动物蛋白纤维素纤维技术获2008年国家技术发明二等奖。承担完成多项“九五”国家重点科技攻关项目，获山东省科技进步一等奖、2006年度国家科技进步一等奖。是科技部认定的国家火炬计划重点高新技术企业，山东省高新技术企业，中国纺织工业协会“纺织科技型企业”。公司主导产品粘胶短纤维、高模低缩涤纶工业丝获“中国名牌产品”称号，产品销往东南亚、欧盟、中东、南美等20多个国家和地区。

2012年，中国恒天集团收购山东海龙股份有限公司并更名为恒天海龙股份有限公司，辖公司本部和安丘博莱特公司，职工5828人，其中工程技术人员500人。公司本部占地1332亩，地上建筑物面积约30万平方米，公司固定资产原值36.05亿元，净值18.65亿元，注册资本8.64亿元。

孚日集团股份有限公司

前身为高密毛巾厂，始建于1989年，员工472人，资产387万元，1994年获自营进出口权。1996年以补偿贸易方式购进96台国际先进水平的织机及配套印花机、染色机。1999年以抵债返租形式租赁高密龙兴塑料制品公司，先后收购宏业涤纶有限公司等10家破产企业，安排再就业员工近2000人。2001年，企业生产的“洁玉”牌毛巾被获山东省产品质量奖。2002年，企业改制为孚日家纺股份有限公司，投资25亿元建设孚日家纺工业园。2004年，更名为孚日集团股份有限公司。“孚日”牌毛巾系列获全国首批毛巾星级产品标志使用权，为中国名牌产品和商务部重点培育发展的中国出口名牌。2005年，公司资产34亿元，员工13800余人，年生产能力折合毛巾3亿条；实现销售收入32.10亿元，利税2.64亿元，其中利润1.65亿元，进出口总额3亿美元，其中出口1.8亿美元。公司主业销售收入连续9年、出口创汇连续6年保持全国同业第一位。2005年，被授予山东省高新技术企业，被北京奥运会组委会认定为2008年奥运会特许生产和零售商。2010年，公司技术中心成为“国家认定技术中心”，2010年、2012年“棉竹丝高档无捻套巾”“内嵌毛圈式毛巾及其制造工艺”被列入国家火炬计划项目。

2012年，公司主营业务收入82.03亿元，利税4.63亿元。

新郎希努尔集团股份有限公司

公司是以服装、家具经营制造为主业，集房地产开发、酒店、国际贸易等于一体的大型企业，创始于1992年。

1995年公司确定走品牌兴企之路，将产品取名“新郎”，定位西装产品。1998年，公司西装产能扩大到10万套。1999年，公司进入全国服行业百强企业，从而确立公司在行业的领先地位。2003年，公司技术中心被评为山东省认定企业技术中心。2004年2月，“新郎”商标被国家工商行政管理总局认定为中国驰名商标。2004年9月，新郎牌裤子被国家质监总局评为中国名牌。2006年，西服套装被国家质监总局评为“中国名牌”产品。2007年，公司被中国人民解放军总后勤部选定为省内唯一军官礼服定点生产企业。2010年，公司被评为山东省高新技术企业。2010年1月，经国家工商行政管理总局批准，“希努尔”及图商标注册被认定为中国驰名商标。2010年10月，希努尔男装公司成为山东省第一家成功登陆A股的服装企业。2010年10月15日，希努尔男装在深交所成功上市，成为江北首支自主品牌服装企业上市企业。是中国服装标准化技术委员会委员单位，公司先后参与制订国家标准2项，行业标准4项，参与审定国家标准6项，行业标准12项。先后获国家出口免验企业、全国重合同守信用企业、全国顾客满意十佳单位、AAAA级标准化良好行为企业、山东省高新技术企业等多项称号，是中国服装行业最具规模势力的企业之一。公司连续多年被全国服装标准化技术委员会评为“全国服装标准化技术委员会标准化工作先进单位”。

2012年，公司主营业务收入50.43亿元，利税13.51亿元。

耶莉娅集团

企业1981年成立，是集科、工、贸于一体的高档呢绒服装生产企业集团。1996年开始以自主品牌在日本、韩国等国家销售，2000年先后在11个国家注册“耶莉娅”商标，发挥自身优势开展度身量体、单裁单制西服业务。在日本设立3家度身定制专营店；在韩国合作开设度身定制专营店153家，月销售6000套；在美国洛杉矶开设专为好莱坞明星定制纯手工西服的爱迪专营店。“耶莉娅”商标为中国驰名商标，被商务部认定为重点培育和发展的出口名牌，“耶莉娅”牌西服为中国名牌产品。集团先后被多家部门和单位确定为团体西服定点生产厂。2005年，公司总资产1亿元，实现销售收入8.59亿元，利税0.68亿元，生产西服144万件。2010年被中国职业装协会评为“中国职业装十佳品牌”。

2012年，集团被中国服装协会评为“2012年服装行业百强企业”，公司主营业务收入14.23亿元，利税2亿元。

山东同大集团有限公司

企业系原昌邑纺织机械厂，为省内细纱机定点生产企业。1990年，转向以生产印花镍网和无纺布为主，1990年，研制的JET型镍网设备获省科技进步三等奖，MT991型印花镍网被评为纺织工业部优质产品。1992年，JET1018X2100型镍网设备被评为国家级新产品。1994—2005年，生产的MTG、DMT型印花镍网分别获国家和省科技进步二等奖，“风筝”牌印花镍网为山东名牌产品，“风筝”牌和“同大”牌印花镍网被评为中国知名品牌，2180X640X185EMT经济型印花镍网被评为2002年度国家重点新产品。EMT型印花镍网获国家级火炬计划项目证书；研制的抽出分离级、喷淋镀网装置、狭缝式断纱打断器、光滑纱纺纱装置、细沙机四罗拉四皮圈牵伸分别获国家使用新型专利。1994年，公司引进国际先进的针刺无纺布生产线进行无纺布生产。2000年，研制开发的“PA6/PE共混海岛法超细纤维及人造鹿皮和聚氨酯高档衣料革产业化”项目分别获省科技进步奖二等奖、中国纺织工业协会科技进步一等奖、国家重点新产品，2001年，获国家知识产权专利，并被评为山东省十大专利发明之一。生产的“天王”牌无纺布为山东名牌产品，“同大”牌合成革为中国名牌产品、山东名牌产品。

2002年，企业改制为山东同大纺织机械有限公司。2005年，更名为山东同大集团有限公司。公司先后被评为山东卓越绩效先进企业、省级企业技术中心、博士后工作站，获中国专利明星企业、高新技术企业称号。2005年，公司资产3.69亿元，职工1249人，实现销售收入5.03亿元、利润4567万元、出口交货值4350万元；拥有各种机械加工设备350台（套），年产各类纺织机械1000台（套）。

2012年，山东同大海岛新材料股份有限公司获得中国塑料加工工业协会、人造革合成革专业委员会和国家工商总局“中国生态合成革”“中国生态超细纤维合成革”生态革认证的企业，获准使用其注册商标。当年公司主营业务收入5.7亿元，利税2300万元。

山东银鹰化纤有限公司

公司前身为高密化纤厂，属国有企业，始建于1971年，主要从事特种棉浆粕、差别化粘胶短纤维、纤维素醚等系列产品的研发、制造和销售。建厂后，企业连续亏损13年。1983年始，企业一年扭亏，两年盈利，三年就弥补过去13年给国家造成的损失。到90年代初，企业发展成为拥有职工1500多人，固定资产7100多万元，棉浆粕年生产能力4万吨的国有大型企业和全国最大的棉浆粕生产企业。

1994年11月，高密化纤总厂改组为高密化纤股份有限公司。1997年12月，集团公司被列为全国1000家、全省111家国家重点扶持的国有大型企业之一。1997年，卷筒式绒毛浆通过省级鉴定，1999年6月，被国家科委认定为国家级新产品。2001年11月，公司“泰山”牌棉浆粕被授予“2001年中国国际农业博览会名牌产品”称号。2002年，由国有企业改制为民营企业，山东高密化纤集团有限公司改建为山东高密化纤股份有限公司。2003年12月，公司“泰山”牌粘胶纤维用棉浆粕被省质量技术监督局认定为“山东名牌”产品。

2004年3月，公司更名为山东高密银鹰化纤有限公司。同年4月，银鹰化纤在业内第一家进入新疆投资建厂，并在4年时间内连续3次投资，先后建起3条棉浆粕生产线，扩张产能13万吨，连同银鹰高密公司8万吨的出口浆产能，达到年产21万吨生产能力。2005年8月，“泰山”牌商标被山东省工商行政管理局认定为“山东省著名商标”。2006年9月，公司更名为山东银鹰化纤有限公司。2008年11月，公司“棉短绒清洁生产深加工工艺技术”被科技部列入2008年国家星火计划。2009年1月，公司棉浆粕“泰山”商标被认定为“中国驰名商标”。2010年7月，公司“棉短绒深加工——高纯度纤维素清洁生产技术”被科技部列入2010年国家星火计划。2010年11月，公司被省科学技术厅和省知识产权局联合授予“中国专利山东明星企业”称号。2012年2月，公司获“潍坊市市长质量奖”。同年3月，“国家功能性浆粕研发生产出口基地”正式在公司设立，标志着公司在功能性浆粕的研发、生产和出口方面均走在国内同行业前列。2012年11月，公司上报的项目“三醋酸纤维素用棉浆粕的研制”被省政府授予山东省科技进步二等奖。2012年，公司主营业务收入31.73亿元，利税1.25亿元。

第六章　化学工业

1990年，全市化工系统拥有县属以上企业48家，共有职工2.98万人，固定资产3.16亿元，涵盖有机化工、无机化工、化学肥料、化学矿、化学农药、橡胶加工、化工机械，以及其他化工产品8个行业；生产164种、800多个规格的产品，其中有49种产品获省以上优质产品奖，并形成一批出口创汇拳头产品，畅销日本、德国、英国、巴基斯坦、波兰、新加坡和中国香港等12个国家和地区。工业规模居全省第四位。

1991年以后，潍坊市化学工业不断深化企业改革，转换企业经营机制，强化企业管理，狠抓技术进步，推进产业产品结构的优化升级，形成一批优势产业和在国内外有影响的大型企业集团，开启了由化工大市向化工强市的转变之路。到1994年底，全市化学工业有县属以上企业39家，其中大型企业3家，中型企业21家；拥有鸢都化工集团总公司和潍坊亚星化工集团公司两家大型企业集团。全市化工企业固定资产原值24.7亿元，净值20.2亿元，职工32776人，形成化学肥料、化学农药、无机化工、有机化工、橡胶加工、化工机械和其他化工等7个行业，科研、设计、检测、教育配套的化学工业体系，成为全市国民经济的主要支柱产业之一。到2004年底，企业进行系统改造，生产装置规模进一步扩大，技术装备水平明显提高。氯化聚乙烯和离子膜烧碱等产品的生产工艺、技术装备处于世界先进水平；纯碱、合成氨和双氧水等产品的生产工艺、技术装备居国内领先水平。在产品上，形成以纯碱、氯化聚乙烯和化肥为代表的三大支柱产品，产品结构得到进一步优化。

2007年，全市化工行业有20家企业进入潍坊市百强工业企业行列，有5家企业进入全国石油和化工百强行列，有7家企业进入国家大型企业行列，有山东海化、亚星化学、天德化工3家企业上市，山东海化集团进入全国500强行列。山东海化集团溴素、溴化物、小苏打、三聚氰胺等8种产品年生产能力居全国首位，原盐、泡花碱年生产能力居亚洲首位，纯碱、氯化钙、硝钠盐年生产能力居世界首位，2007年完成销售收入227亿元，居全省地方化工企业之首。2012年，山东海化集团溴化物、小苏打、三聚氰胺等8种产品年生产能力继续居全国首位，原盐、泡花碱2种产品年生产能力继续居亚洲首位，氯化钙等3种产品年生产能力继续居世界首位。

第一节　生产经营

1991年，全市化学工业系统有乡及乡以上独立核算工业企业149家，固定资产原值15.56亿元，全部职工全年平均32706人，实现工业总产值（当年价）15.64亿元，实现产品销售收入14.9亿元。1991—1994年，全市化工系统县属以上化工企业的工业总产值平均每年以10%以上的速度递增，其中1991年递增率达28.7%；14种主要化工产品基本完成生产计划；4年出口交货值6.32亿元。1994年，全市化工系统完成工业总产值23.15亿元，比上年增长12.7%；完成销售产值27.6亿元，比上年增长27%，均创历史最高水平；完成工业增加值8.29亿元，比上年增长25%；实现利润15623万元，比上年增长21.8%；有10种主要产品产量比上年有较大幅度增长，其中纯碱、氯化聚乙烯、化肥、农药等产量均创历史最高水平。实现出口创汇2539万美元，比上年增长9.1%。兴办“三资”企业13家，实际利用外资2188万美元。

2000年，全市化工产业纯碱、溴素、氯化聚乙烯、双氧水、癸二酸、扑热息痛等产品的生产能力在全国同行业中名列前茅，其中氯化聚乙烯生产能力居亚洲第一位、世界第二位。

2006年，潍坊市化工行业拥有“鸢都牌”纯碱等16个省级以上名牌产品，形成海化集团、亚星集团、弘润石化、昌邑石化、联盟化工集团、泸河集团、振兴焦化、乐化集团和山东海王等一批化工骨干企业。全行业形成海洋化工、石油化工、煤化工、精细化工、橡胶加工、合成材料和有机化工六大优势产业；产品有纯碱、烧碱、原盐、溴素、溴化物、化肥、成品油、焦炭、轮胎等260多种。

2008年，全市化工行业主营业务收入过5亿元企业25家、过10亿元企业17家、过50亿元企业4家，其中山东昌邑石化有限公司101亿元、山东海化集团226.2亿元。

2010年，潍坊市化工行业以打造海洋化工、石油化工、煤化工三大产业集群特别是千亿级石化产业链为重点，努力推动全市化工行业科学发展、转型发展、可持续发展。全市化工行业形成海洋化工、石油化工、煤化工、精细化工、橡胶加工、合成材料和有机化工六大优势产业，纯碱、溴素、过氧化氢、氯化聚乙烯等产品在国际市场上占据重要份额。在北部沿海地区建成滨海区生态化工产业园、寿光渤海化工产业园、侯镇工业园、昌邑卜庄化工产业园4个化工专业园区，潍坊滨海经济技术开发区一直是全国最大的海洋化工生产和出口基地。骨干企业规模优势增强，年主营业务收入过100亿元的企业3家，过10亿元的17家。招商引资工作成效显著，先后吸引中国石化集团公司、中国海洋石油公司、中国化工集团公司等中央大型企业和日本JFE、德国朗盛、马来西亚金狮集团等国外大公司到潍坊化工行业投资，进一步提升行业技术水平和产品档次。

2011年，全市海洋化工完成主营业务收入1557.8亿元，比上年增长35.6%，占全市化工行业的77.9%。主要产品生产保持良好势头。全年主要产品产量：原油加工量750.84万吨，增长12.01%，占全省的12.48%；焦炭215.99万吨，增长27.67%；纯碱（碳酸钠）364.76万吨，基本与上年持平，占全省的82.9%；合成氨（无水氨）92.5万吨，增长8.34%，占全省的13.29%；化肥75.74万吨，增长5.02%；化学试剂247.29万吨，增长77.70%；化学药品原药16.54万吨，增长21.53%；橡胶轮胎外胎3432.84万条，增长6.29%，占全省的11.27%；水泥922.66万吨；降低0.88%；钢化玻璃71.54万平方米，增长51.66%；中空玻璃60.16万平方米，增长24.79%。到2011年底，全市化工行业主营业务收入过100亿元的企业达到4家（海化集团、弘润石化、昌邑石化、联盟化工），过10亿元的达到23家。亚星集团保持亚洲最大氯化聚乙烯生产厂家地位。

2012年，化工行业经济总量占到全市工业的23.5%，全市规模以上化工企业835家，职工人数13.33万人；完成总产值2560.39亿元，主营业务收入2239.63亿元，实现利税139.75亿元。石油化工与央企战略合作全面深入，经济效益快速增长，加工原油845.5万吨，增长12.6%，利润增长

88.3%；盐化工产品市场低迷，生产纯碱342.5万吨，下降6.1%，利润下降15.8%；橡胶轮胎业效益相对较好，利润增长19.8%。

1991—2012年潍坊市化工行业主要经济指标统计表

表7－6－1

年份	企业数（家）	职工数（人）	工业总产值（万元）	工业增加值（万元）	主营业务收入（万元）	利税（万元）	利润（万元）	统计口径
1991	149	32706	156430	—	148988	17590	5749	乡及乡以上独立核算企业
1994	39	32776	231500	82900	276000	34863	15623	县属及以上企业
1995	39	35434	262444	94506	347021	39395	22925	县属及以上企业
1996	37	35915	290329	107781	388664	43728	25812	县属及以上企业
1997	33	48102	361991	120116	401838	45255	17865	县属及以上企业
1998	26	48474	405602	130932	421930	44116	16362	县属及以上企业
1999	25	48885	449619	124297	441757	41813	12125	县属及以上企业
2000	25	44328	539543	150000	515000	56000	23000	县属及以上企业
2001	20	40549	609683	177000	544100	66100	29900	县属及以上企业
2002	18	36741	652700	205700	638100	65400	28900	县属及以上企业
2003	18	31636	806400	267410	877100	96300	59600	县属及以上企业
2004	18	31601	1128960	287000	1630000	172000	105000	县属及以上企业
2005	489	73589	5881619	1286700	4535000	459000	288000	规模以上企业
2006	510	75000	6469780	1415000	5443000	496000	302000	规模以上企业
2007	552	87000	8123000	1655550	8010000	726000	444000	规模以上企业
2008	645	109650	11389859	2674000	10600000	792000	529000	规模以上企业
2009	753	111369	14806817	3476200	12099600	940600	475800	规模以上企业
2010	800	125352	19396930	11238000	4148000	1174000	575000	规模以上企业
2011	810	127831	23276316	13373220	19996700	1282100	765100	规模以上企业
2012	835	133269	25603948	14844274	22396304	1397489	8377845	规模以上企业

第二节　技术改造

1991年以后，全市化工行业加大技改投入，推动行业加快发展。至1994年，A202氨合成催化剂达到国际先进水平，新型氯化聚乙烯（CPE）和冷冻胶粉填补国内空白，达到国内先进水平的5项，填补省内空白的40项，填补市内空白的33项。全市9家化肥企业全部实现合成氨蒸汽自给和两水闭路循环，取得良好的综合效益。在技术改造、技术引进和科技攻关中坚持高起点，敢于引进、消化、吸收世界先进技术和科技成果，以加快企业大跨度、跳跃式发展的步伐。1991年潍坊化工厂年产6000吨氯化聚乙烯工程投产后，取得很好的经济效益。1993年又独家买断德国赫司特公司的氯化聚乙烯生产技术，购进该公司的二手设备，动工建设年产9000吨的氯化聚乙烯工程，走出一条利用国际一流技术嫁接改造老企业的成功之路。工程于1995年7月建成投产，形成新的规模和优势。

1996年，全市化学工业在建的生产性建设项目33个，年底竣工17个，完成投资额32322万元，是当时历史上完成投资最多的一年，并有一批项目实现当年竣工、当年投产。当年新增工业产值1.6亿元，新增利税3400万元。科研工作完成开发项目11项、新产品15种，其中填补省内空白的有7项。当年实现新产品产值12455万元，新增利税2779万元。

1998年，全系统有生产性在建基建、技改项目27个，完成投资49814万元，其中年内完成投资37250万元。列入重点调度的14个项目，年内计划投资44468万元，到年底完成投资33731万元，占年度计划的76%。年内，亚星集团三期CPE工程、海化集团1000吨/年十溴联苯醚工程、寿光联盟化工集团二期尿素改造工程等10个较大项目竣工投产，完成投资26334万元，按设计能力年新增销售收入47449万元、新增利税13551万元。

1998年4月25日，潍坊亚星集团有限公司第三期年产1万吨氯化聚乙烯（CPE）技改扩建工程投料试车一次成功。该工程是国家经贸委“双加”（加大技术改造力度、加快技术改造步伐）重点项目，省、市“九五”重大建设项目，是亚星集团在充分消化吸收从德国赫司特公司引进的第一、二期CPE生产技术的基础上，自行创新设计完成的。与第一、二期CPE相比，具有建设周期更短、投资更少、工艺更趋先进合理的特点。装置除一部分关键设备必须进口外，大部分设备完成国产化、自制化改造。这一项目的建成投产，使亚星集团CPE总生产能力达到2.5万吨/年，居世界第二位。每年增加销售收入1亿多元，增加效益近4000万元。

2006年，化工行业固定资产投资继续保持较大增长幅度。全系统有在建项目43个，投资152.2亿元。其中，续建项目15个，新开工项目28个，全年完成投资73亿元。这43个项目全部完成后，新增销售收入389.7亿元，新增利润35亿元，税金21.5亿元。重点调度项目中，山东海化集团100万吨重油综合利用项目投资6亿元、山东昌邑石化有限公司100万吨渣油延迟焦化项目投资6亿元、潍坊亚星集团1.2万吨/年水合肼项目投资1.9亿元和山东杰富意振兴化工有限公司30万吨/年煤焦油加工项目一期工程投资3.93亿元等，均竣工投产。2008年，深入贯彻落实《中华人民共和国节约能源法》和《山东省节约能源条例》，严格落实目标责任制，加强管理，加快技术改造，重点产品综合能耗和污染排放有较大幅度降低。山东奥宝化工集团有限公司、寿光新龙电化集团、山东海化集团有限公司、山东联盟化工集团有限公司4家企业入围全国石油和化工行业110家节能减排先进单位行列。有13家企业被评为2008年度潍坊市环境友好企业。

2009年，全市化工行业围绕推进产业结构优化升级，实施重点项目241个，总投资368亿元，其中过亿元项目79个，过5亿元项目16个，过10亿元项目6个，高新技术项目7个，节能减排项目21个，资源综合利用项目36个，当年完成投资约97亿元。

2011年，全市化工行业以大项目、高新技术项目、节能减排项目、资源综合利用项目为重点，特别是围绕打造潍坊市千亿级石化产业链，积极推进项目建设，实施项目225个，其中过10亿元项目15个，高新技术项目50个，总投资726.8亿元。到年底，全市化工行业完成项目投入约109.5亿元。

2012年，潍坊市化工行业紧紧围绕转方式、调结构，以大项目、高新技术项目、战略性新兴产业项目、节能减排项目、资源综合利用项目为重点，积极推进项目建设。全市化工行业实施项目126个，其中续建项目65个、新开工项目61个，总投资458.9亿元，投资过5亿元项目33个。

第三节　自主创新

1991—1994年，全市化工行业按照增加能力上规模、技术装备上水平、节能降耗求效益的原则，挖掘内部潜力、走以内涵发展为主的道路，依靠新技术、新工艺、新设备、新成果，大力开发新产品。四年开发新产品81项，完成新产品产值97767万元，利税18045万元。

1995年，全行业拥有国家级企业技术中心2个、省级企业技术中心1个，市级企业技术中心16个，子午线轮胎、离子膜烧碱等高档次产品比例进一步提高。1996年，全市化学工业科研完成开发项目11项、新产品15种，其中填补省内空白的有7项，当年实现新产品产值12455万元，新增利税2779万元。

1998年，全市化工行业产品结构调整迈出大步伐。利用先进技术改造老企业。潍坊亚星化工集团有限公司引进德国赫司特公司氯化聚乙烯技术，对企业原有产品结构进行调整，取得成功。到年底，氯化聚乙烯在集团的销售收入中占55.3%，成为该集团的主导产品。化肥企业在加快开发新产品步伐、改变单一化肥产品格局的同时，对传统低浓度化肥进行改造，发展高浓度化肥，使高浓度化肥比重不断上升。到年底，全系统有生产高浓度化肥企业6家，占化肥生产企业的42.8%。年内全行业生产化肥237749吨，其中生产尿素127374吨、三元复合肥12675吨。以科技开发带动结构调整。年内有科技开发项目15个，其中新产品开发项目14个、技术成果推广项目1个。年内完成12项，其中填补国内空白两项（碳酸二甲酯及溴乙烷、B121型无铬一氧化碳高温变换催化剂）、国内先进生产工艺2项（十溴联苯醚、氯磺化聚乙烯）。实现新产品产值32918万元，新增利税8236万元。“海上潍坊”战略开始实施。对全市海洋化工进行规划，并开始付诸实施。重点发展盐碱及其深加工产品、溴及溴系列产品、苦卤化工产品和海洋生物化工产品。年内新开发海洋化工产品3项（碳酸二甲酯及溴乙烷、1000吨/年氢氧化镁、十溴联苯醚）。2000年，全行业建成国家级企业技术中心2个（山东海化集团技术中心、潍坊亚星集团技术中心）、省级企业技术中心5个，市级企业技术中心22个。

2012年，潍坊市化工行业拥有国家级企业技术中心2个、省级企业技术中心9个、市级企业技术中心57个，建立溴化物、溴系医药、溴化学品、均相离子膜、溴系阻燃剂等7处省级工程技术中心。山东默锐科技有限公司联合有关企业、高校和科研院所等18个单位组建卤水精细化工省级产业技术示范联盟，山东海化集团联合20多个单位共同组建海洋化工及石化盐化一体化省级技术创新示范联盟。行业自主创新能力实现大幅度提升。

第四节　企业管理

1991年后，潍坊市化工行业由计划经济向市场经济的转轨。由部门管理向行业管理转变，在抓好系统内化工企业指导的基础上，逐步把行业指导职能扩展到乡镇、私营化工企业，帮助指导企业健康发展。由综合管理向专业管理转变，改变原来综合管理的模式，把行业管理重点放在抓好行业发展规划、重点项目论证、组织技术攻关和新产品开发、新技术和新成果的推广应用、先进管理经验总结推广等方面，实现专业管理。在宏观管理方面，加强规划、指导、监督职能，及时贯彻执行国家的产业政策、产业布局和行业法规等，以确保全市化工行业的健康发展。在微观管理方面，加强协调服务职能，突出信息服务和技术服务，积极为企业提供新技术、新成果、先进管理经验、市场动态等方面信息，组织技术难题攻关。潍坊市农药协会年内组织人员深入全市农药企业调查研究，写出《潍坊市农药行业结构调整意见》供领导决策参考。潍坊市化学化工学会全年编印8期《化工信息》，及时将行业政策、新技术、管理经验、市场信息等印送乡镇以上化工企业，受到企业好评。

1998年，全市化工系统深入开展“管理效益年”活动，围绕提高经济效益，采取各项有效措施。推广亚星集团“购销比价管理”经验，引导企业增强成本意识和资金意识，以加强成本和资金管理为契机，全面强化各项基础管理工作。加强质量管理。青州化工股份有限公司、寿光联盟化工集团、海化集团天合有机化工公司3家企业认证工作进入内审阶段。加强工程项目管理。全系统推广亚星集团“运用网络技术、科学组织施工”的经验和寿光联盟化工集团“依靠自身积累，做好技改工作”的经验，为其他企业搞好项目建设起到推动作用。加强环境保护。对污染源进行限期治理，并加强对环保设施、规章制度执行情况的监督检查，做到治理与管理相结合，促进全系统环保水平的不断提高。1998年，全系统完成较大“三废”（废水、废气、废渣）治理项目和环保资源综合利用项目10项，总投资7200万元，实现直接经济效益1661万元，取得较好的环境效益、社会效益。加强安全生产管理。全系统有省级管理示范企业3家、市级管理示范企业6家。

1998年6月29日，省政府办公厅印发《关于在全省企业推广潍坊亚星集团购销比价管理经验的意见的通知》，将亚星集团购销比价管理经验向全省工业企业推广。亚星集团的物资购销比价管理，可在满足企业质量需求的前提下，通过比价实现低成本采购，同时争取较高价位销售。该办法突出在购销环节中的审核力度，把购销环节推到企业财务管理监控的重点位置上，使每一种物资和产品的价格行为都受到有效监控。该办法的实质，是把购销环节的管理纳入企业整个管理目标控制体系，使集中的权力分散化、隐性的权力公开化，相互监督制约，最大限度地防止和杜绝企业管理的漏洞。

2000年，全市化工系统深化“学邯钢、学海尔、学亚星”活动，围绕提高经济效益，抓各项基础管理工作，促进企业管理水平的提高。在全系统推广振兴焦化公司经验，堵塞管理漏洞，减少非生产性开支和费用。落实各项节能降耗措施，降低生产成本，增加经济效益，取得显著成效。据对24家企业调查统计，因成本费用降低而增加利润15986万元，占全部增利因素的58%。强化各企业资金效率观念，树立资金效益意识，完善对资金的管理。重点做好压缩两项资金占有工作，采取各种有效措施，减少货款拖欠，降低产成品占用，努力提高产销率和资金周转率。到年底，全系统两项资金占用为131364万元，同比下降16%。应收账款101609万元、产成品29755万元，同比分别下降19.6%和0.7%。两项资金占用占同期流动资产比例为30.9%，同比下降10个百分点。

2001—2012年，全市化工系统认真落实安全生产工作责任制，落实各项安全措施，杜绝“三违”（违章指挥、违章作业、违反劳动纪律）现象，确保安全生产。加强环境保护工作，严格执行环保法律法规，建设项目在严格执行“三同时”（同时设计、同时施工、同时投产）规定的基础上，老污染源得到有效治理。各企业废液、废气、废渣污染逐步实现达标排放的目标，做到经济效益、社会效益和环境效益的协调发展。

第五节　企业改制

从1999年下半年开始，亚星集团为优化资本结构，增强融资能力，彻底转换企业经营机制，加快对最大的控股子公司——潍坊化工有限公司的股份制改造工作，成立改制领导小组和工作小组，聘请中介机构，确立改制方案，由潍坊亚星集团有限公司作为主发起人，联合其他4家股东作为共同发起人，以发起设立的方式，将潍坊化工有限公司依法转制为潍坊亚星化学股份有限公司。2000年1月12日，潍坊亚星化学股份有限公司创立大会暨第一次股东大会召开，选举产生股份公司的董事会成员和监事会成员，董事会选举董事长并聘任总经理；经总经理提名，董事会又聘任其他高级管理人员，健全公司的法人治理结构。1月18日，潍坊亚星化学股份有限公司正式挂牌成立。

2000年，按照3年实现两个目标的要求，全系统25家企业中，有21家进行改制，改制率为84%。改制的企业中有限责任公司11家、股份有限公司10家。海化集团和亚星集团实行母子公司体制。

2008年9月3日，潍坊市国资委与中海石油炼化有限责任公司签署《关于山东海化集团有限公司之股权划转协议》。协议约定，潍坊市国资委将其持有的山东海化集团有限公司（简称“山东海化集团”）股权的51%无偿划转给中海石油炼化有限责任公司。变动前，潍坊市国资委是山东海化集团有限公司的第一大股东，持有海化集团80.3987%的股权，为公司的实际控制人；中国昊华化工（集团）总公司持有19.6013%的股权。山东海化集团有限公司持有山东海化股份有限公司40.3365%的股份，是股份公司的第一大股东。股权转让之后，潍坊市国资委、中海石油炼化和中国昊华化工总公司将分别持有海化集团29.3987%、51%、19.60%的股权。潍坊市国资委不再是山东海化集团有限公司的实际控股人，中海石油炼化有限责任公司将成为海化集团的控股股东，进而成为山东海化股份有限公司的实际控制人。

第六节　重点企业

山东海化集团

山东海化集团原名为山东潍坊海洋化工集团总公司，1995年8月15日由山东潍坊纯碱厂和山东羊口盐场为龙头组建而成。其中潍坊纯碱厂始建于1986年，是国家“七五”重点建设项目；羊口盐场始建于1958年，是全国三大海盐生产企业之一。

1998年，以海化集团母公司作为独家发起人，集中盐化板块优势产业，以募集方式设立山东海化股份有限公司。同年5月，“山东海化”股票在深交所上网发行，7月上市流通。2001年11月29日，中国昊华化工（集团）总公司对山东海化集团有限公司实施“债转股”，中国昊华化工（集团）总公司以“拨改贷”“特种拨改贷”“基建基金贷款”本息转作对山东海化集团有限公司的出资，增资后公司实收资本为5.54亿元，其中：潍坊市国有资产监督管理委员会出资4.46亿元，占公司注册资本的80.40%；中国昊华化工（集团）总公司出资1.09亿元（后转让给昊华资产管理有限公司），占公司注册资本的19.60%。

2009年9月，潍坊市国资委将所持海化集团51%的股权无偿划转给中海石油炼化有限责任公司；2010年底，中海石油炼化有限责任公司成功取得潍坊市国资委在北交所挂牌转让的所持海化的15.7%股权。海化集团的股权分布为：中海石油炼化有限责任公司控股66.70%、昊华海通投资管理有限公司19.60%、潍坊市国有资产监督管理委员会持股13.70%。

海化集团对区域内的海水资源、环境、产业进行科学规划、合理布局，积极探索海（卤）水合理开发、梯次利用、多次增值的新路子，实现海（卤）水的“一水六用”（用海水放养贝类、鱼虾等海产品；初级卤水放牧卤虫；中级卤水先送纯碱厂、硫酸钾厂供工艺冷却；化工工艺冷却的同时，吸收化工废热的中级卤水送溴素厂吹溴；吹溴后的卤水送到盐场晒盐；晒盐后的老卤生产硫酸钾、氯化镁等产品）。通过“一水六用”，海（卤）水中的有用物质基本上被“榨干吃净”，污水达到“零排放”，提高资源的集约化利用程度和生态经济综合效益，实现海洋化工界为之奋斗多年的“盐、化、养”一体化的目标，达到经济和环境的同生共赢。在“一水六用”的基础上，海化集团把产业结构调整、打造绿色生态产业链条作为工作重点，相继开发出碱系列、溴系列、苦卤化工系列、精细化工系列四大循环经济产业链条，即以原盐为原料生产纯碱、氯碱；以纯碱为原料生产硝酸钠、亚硝酸钠、小苏打、白炭黑、水玻璃；以制碱废液为原料生产氯化钙、氯化钠；以制盐苦卤为原料生产硫酸钾、氯化镁；以氯气为原料生产溴素、甲烷氯化物；以溴素为原料生产氢溴酸、溴化物等，从而形成上下游产品接续成链、关联产品复合成龙、资源闭路循环为特色的生态工业体系，实现产品及其废弃物在体系内的再资源化。2005年10月，海化集团被国家发改委等六部委确定为全国首批循环经济试点单位之一。

海化集团先后获得全国五一劳动奖状、山东省文明单位、山东省管理创新优秀企业等多项称号。公司主要产品纯碱、原盐、硝酸钠、亚硝酸钠等产品产能在全国同行业中排名第一，溴素（单厂）排名第四。2012年，集团主营业务收入167.53亿万元，利税9.59亿元。

山东昌邑石化有限公司

山东昌邑石化有限公司（以下简称昌邑石化）成立于1986年，2005年7月由中国化工集团公司对其进行资产重组，成为中国化工集团下属企业。公司职工1343人，占地面积5000余亩，全

海化广场及办公楼　　（2012年拍摄）

部资产145亿元。有各类主要生产装置20余套，是以原油和燃料油为原料生产国家标准汽柴油、液化气、丙烯、聚丙烯、苯、甲苯、二甲苯、MTBE、石油焦、硫磺等十几个品种的特大型石化企业，原料油一次性加工能力达到1000万吨/年，综合加工能力600万吨/年，配套设施齐全，产品质量均达到国家标准，是中国化工油气股份有限公司重要的油品和化工原材料基地。

昌邑石化印发《专利管理办法》《技改项目管理制度》等一系列规章制度，健全科技创新发展体制，形成科技创新项目从研发（引进）到应用全过程的有效管理机制，采用“引进消化吸收再创新”的模式开展科技创新工作，为科技创新提供良好的发展环境和充足的资源投入。昌邑石化获得国家授权专利41项，其中发明专利1项，并且昌邑石化应用的“冷再生剂循环技术重油催化裂化装置工业应用”获国家科技进步奖二等奖。昌邑石化每年生产和销售的成品油超过300万吨，产品销量约占国内成品油市场份额的1%。

昌邑石化位列中国化工企业500强第23位、潍坊市百强企业第3位，先后获国家级“守合同、重信用”企业、全国总工会“模范职工之家”、省环保局“达标排放单位”、省级“安全文化建设示范企业”、省级“节能突出贡献企业”、省级“节能先进企业”、省信誉评价“AAA级企业”、省级“环境友好企业”等称号。2012年，主营业务收入195.42亿元，利润4.62亿元。

山东联盟化工集团有限公司

山东联盟化工集团有限公司前身是寿光市化工总厂，坐落于寿光市，自1970年建厂以后逐步发展。

1991年，4万吨/年尿素装置开工建设，1992年4月20日一次开车成功。1994年，企业新上1万吨/年山梨醇生产线。到1996年，企业资产2.8亿元、实现工业总产值2.7亿元、销售收入4.6亿元、利税6015万元。1997年7月，化工总厂、磷肥厂、曲轴厂三厂合一，组建联盟化工集团。企业产品家族又增添了磷肥、复合肥、盐酸、硫酸等。当年总资产4.7亿元，并以销售收入4.35亿元首次跻身中国化工百强行列。1999年又以销售收入4.43亿元再次跻身全国化工百强行列。2000年，企业自行研制开发的2-丙烯酰胺基-2-甲基丙磺酸（AMPS）产品，填补国内空白，产品质量达到国际标准。2007年5月30日，20万吨/年高塔复合肥项目开车成功。至2010年，企业共投入近30亿元用于新项目开发和技术改造，形成煤化工、石油化工、生物化工齐头并进，有合成氨、尿素、复合肥、甲醇、山梨醇、汽油等产品20多种，总产量400多万吨，货物吞吐量近千万吨的规模。

2002年底，联盟化工集团由国有改制为民营企业。改制后第一年，销售收入便突破10亿元大关，利税和利润也双双突破亿元大关。2005—2006年，企业在科技工业园区内征地53.28万平方米，36万吨/年合成氨、60万吨/年尿素项目，20万吨/年淀粉项目，20万吨/年复合肥项目和2000吨/年AMPS项目相继开工，并于2007年6月全部完工。2007—2008年，石化公司和磷复肥公司相继实行整体搬迁。地点在侯镇工业园区内，2008年集团实现销售收入63.1亿元、利税8.8亿元、利润7.1亿元，同比分别增长56.1%、53.5%和54.7%。至2009年，整个联盟集团生产区占地面积221万平方米。至2012年，集团发展成为集煤化工、石油化工、生物化工于一体的综合性大型化工生产企业，是中国化工百强、中国企业千强、全国肥料制造业十佳企业之一。公司注册资本15193万元，员工7000余人。下辖山东联盟化工股份有限公司、寿光市联盟石油化工有限公司、山东天力药业有限公司、山东联盟磷复肥有限公司、山东联盟特种装备有限公司、寿光市新丰淀粉有限公司6个生产企业和山东联盟燃料有限公司、山东联盟物流有限公司、山东联盟置业有限公司、联盟销售公司和山东联盟国际贸易有限公司5个经营性公司。主要产品为：合成氨、尿素、复合肥、甲醇、硫酸、葡萄糖、维生素C、甘露醇、山梨醇、玉米淀粉。产品注册商标"联盟""占峰"，均为山东省著名商标。联盟牌尿素、复合肥产品是山东名牌产品，其中联盟牌是中国驰名商标。企业先后通过质量、环境、职业健康安全管理体系认证及尿素产品的认证。联盟化工集团已跻身"山东省200家重点工业集团""全国化工百强""全国化肥行业经济效益十佳"行列，分列"全国大企业集团竞争力500强"第421位、"全国私营企业纳税百强"第31位和"全国工业企业500强"第371位，并获"国家技术进步先进企业""国家节能先进企业""全国守合同重信用企业"等称号。2012年，主营业务收入124.34亿元，利润6.27亿元。

山东潍焦集团有限公司

山东潍焦集团有限公司是一家以煤化工为新兴产业，集科、工、贸为一体的国家大型现代化企业。位于昌乐县朱刘街道，成立于1971年。2012年，占地4000多亩，职工4000余人，总资产102.6亿元，下辖潍坊振兴焦化有限公司等3个全资子公司、潍坊振兴日升化工有限公司等7个控股子公司、山东杰富意振兴化工有限公司等5个参股子公司，拥有潍坊昌乐、枣庄薛城两大产业基地。主要产品有焦炭、炭黑油、工业萘、改质沥青、苯酐、PBT合成树脂、锂电池负极材料等40余种，产品畅销国内，还远销日本、韩国、美国、西欧、澳大利亚、印度及东南亚等几十个国家和地区。公司先后被国家统计局评为"全国炼焦行业效益十佳企业"，被国家税务总局评为"全国石油加工及炼焦业纳税百强企业"，是"全国民营企业500强""山东百强私营企业"。公司还获"中国AAA级重质量守信用企业""省级文明单位""山东省富民兴鲁劳动奖状""山东省管理创新优秀企业""山东省节能奖""山东省最具幸福感的企业"等称号。2012年，主营业务收入61.39亿元，利润2.96亿元。

潍坊亚星集团有限公司

生产厂区位于寒亭经济技术开发区，占地面积1200亩。公司始建于1921年，始称山东潍县裕鲁颜料股份有限公司，1956年企业实行公私合营，1965年成为全民所有制企业，1994年组建成立潍坊亚星化工集团总公司，1998年改制成立潍坊亚星集团有限公司，2004年潍坊市国资委将亚星集团49%的国有股权转让给潍坊亚星投资有限公司，2008年亚星集团通过增资扩股的方式引进两家韩国战略投资者，企业性质变更为中外合资企业。

企业拥有技术装备优势。建有氯化聚乙烯生产装置3套，合计年产能力16万吨；离子膜烧碱装置两套，合计年产能力12万吨；1.2万吨/年水合肼装置，1.2万吨/年偶氮二甲酰胺装置，12万吨/年双氧水装置，2万吨/年特种胶料装置，3万吨/年磷酸氢钙装置，2000吨/年高氯化聚乙烯装置各一套。建有热电锅炉装置，包括140吨/小时循环流化床锅炉3台、240吨/小时循环流化床锅炉1台、25兆瓦汽轮发电机组2台、15兆瓦汽轮发电机组1台。企业拥有自主创新优势。建立国家级企业技术中心，先后自行开发和生产了数十个化学新产品，其中8种新型化学材料获得国家级新产品或国家重点新产品奖，均填补国内空白。公司承担的"十一五"国家科技支撑计划重点项目课题《高性能橡胶型氯化聚乙烯绿色制造关键技术与应用研究》，鉴定结果表明该技术达到国际领先水平。自主开发的《5万吨/

年氯化聚乙烯生产技术及装备的开发项目》获国家科学技术进步二等奖、中国石油和化学工业一等奖。公司紧跟国家产业发展政策，不断调整产品结构和拉长产品链，打造出一条布局合理、资源节约、环境友好的循环经济发展之路，产品链独具特色。工业园内生产的烧碱用于制备水合肼，水合肼用来制备发泡剂；而生产烧碱产生的氯气又用于制备氯化聚乙烯和高氯化聚乙烯。工业园区公用工程配套齐全，建有十几套“三废”治理和资源综合利用装置，废水、废气经处理后全部达标排放。企业先后获全国五一劳动奖状、全国质量管理先进企业、中国化工行业技术创新示范企业、中华人民共和国海关信得过企业、国家AAAA级标准良好行为企业、山东省质量管理奖、山东省节能先进企业、山东省高新技术企业、山东省重合同守信誉企业等称号。

2012年，集团公司拥有固定资产净值13.6亿元，职工2300人。其中工程技术人员600人。拥有上市公司潍坊亚星化学股份有限公司等多家子公司。主营氯化聚乙烯、离子膜烧碱、水合肼、偶氮二甲酰胺、双氧水、胶料等产品。获中国驰名商标、中国化工行业知名品牌，氯化聚乙烯和烧碱产品被评为山东名牌产品，氯化聚乙烯产品国内市场占有率为35%，国际市场占有率为25%。年内，实现主营业务收入2.1亿元、税收4000万元。完成投资1000万元，新上脱硝工程；完成投资400万元，新上炉内脱硫工程。

山东新龙集团有限公司

山东新龙集团有限公司（简称“新龙集团”）前身为乡镇企业寿光县氯碱厂，主要产品有氯碱、热电、三氯氢硅、三氯乙烯、四氯乙烯、特种气体、山梨糖醇、低汞触媒等，属于寿光市特大型企业。

1988年4月，寿光县政府投资3000万元建设“寿光县电化厂”（后改名寿光县氯碱厂），8月建成投产，属集体企业，主要产品有液氯、烧碱、盐酸、漂白液、固碱等，当年实现产值950万元，销售收入815万元，创利税49万元。1990年、1995年、1997年，寿光县氯碱厂先后进行三次扩产，使产能由建厂初期的5000吨/年达到25000吨/年。1999年，烧碱产量提高到3万吨，全年完成销售收入4618.64万元，上缴税金349.1万元。2000年，投资2500万元建设自备热电厂，2001年9月自备热电厂建成投产发电。2001年共完成100%烧碱24104吨，生产液氯17699吨；截至12月底热电发电2004.3万千瓦时，生产蒸汽2.8万吨。2002年2月，企业实施股份制改造，寿光市氯碱厂改为寿光市新龙电化有限责任公司，使企业进入良性发展快车道。

2003年，投资6000万元建设热电厂二期工程，2003年8月建成运营，至年底热电机组发电9420万千瓦时，缓解企业发展用电问题。2004—2005年，集团实施多元化发展战略，扩大企业规模，投资2亿多元在集团西1.5千米处建设了PVC项目，2005年4月建成投产，至年底产出优等级PVC26000吨。2006年，投资1亿元建设PVC二期翻番工程，于2007年2月建成投产，使PVC产能由2005年的5万吨增加到12万吨。同期投资1.6亿元建设烧碱产量翻番扩产工程，2006年7月建成投产，使烧碱产能由年产6万吨增加到年产12万吨；投资3亿元建设热电厂三期技术改造项目，使企业具备满足发展所需要的电能。2007年，全年实现销售收入12亿元，利税1.3亿元，实缴税金5306万元，出口创汇180万美元，在寿光市工业企业综合排名中位居第7位，进入寿光前十强。

2008年，投资1亿元建设三氯氢硅项目，于2008年11月建成投产，产品纯度99.5%以上，质量达到国内领先水平。2009年，投资6亿多元建设集中供热项目和离子膜烧碱改造项目，2010年全部建成投产。2010年8月9日，新龙电化集团被推选为三氯氢硅行业协会会长单位。自2011年以后，先后建设三四烯项目、离子膜二期扩建项目、双氧水项目、特气项目，完善集团产业链条。

2012年在宁夏成立“宁夏新龙蓝天科技股份公司”。是年，主营业务收入33.13亿元，利润2.01亿元。公司先后获全国优秀化工企业、全国化工行业技术创新示范企业、全国守合同重信用企业、山东省清洁生产先进单位、山东省文明单位等称号，“新龙”牌商标被国家工商总局认定为中国驰名商标。

山东海王化工股份有限公司

前身是潍县第二盐场，始建于1979年11月；1984年企业改称为潍坊市寒亭区第二盐场；1995年6月14日，组建潍坊市寒亭盐业化工集团公司后，寒亭区第二盐场更名为潍坊市寒亭盐业化工集团公司第二盐场，属集团公司二级单位。是年秋，寒亭区第三盐场划归第二盐场；2003年1月27日，山东海王化工股份有限公司成立。

集团所处地域有丰富的地下卤水资源，地下卤水浓度12～16波美度，含溴量260～360克/立方米，且埋藏浅、易开采，在盐、溴、溴化工等方面有着得天独厚的资源优势。公司采矿面积23.6万平方千米，下设3个制盐分场、10个溴素厂、22条溴素生产线，原盐、溴素及溴素深加工产品达20多种。原盐生产能力120万吨，溴素生产能力2万吨，十溴二苯醚5000吨，十溴二苯乙烷5000吨，氰尿酸三聚氰胺1000吨，芳醛1000吨。

1998年初秋，投资500多万元建设第二化工厂年产1000吨溴素机组，设计能力1000吨。2002年3月，投资780万元建设年产3000吨的十溴二苯醚工程。2003年，在途经公司的大莱龙铁路上投资550万元修建1000米的海天铁路专用线。2004年投资1600余万元建设海王大厦办公楼及配套工程，2005年底交付使用。2004年7月13日，通过竞拍以703万元的价格购买寒亭盐场破产财产。2005年，公司投资近700万元新上塑苫45万平方米；对接管的原寒亭盐场全部滩田进行改造；化工厂新修水线8000米，新架线路8100米，上变压器10台，新增电力610千伏安，新打卤井120眼。2005年9月，海王公司与寒亭供电公司分别出资50%，成立注册资本6000万元的山东海恒化学有限公司，建设12万吨烧碱热电联产项目。2007年1月投产，全年生产液氯34800吨、烧碱40660吨、盐酸7800吨、次氯酸钠8944吨，热电发电总量12250千瓦时。全年实现销售收入1.3亿元，实缴税金702万元。2010年8月，公司出资600万元注册成立山东海王易通物流股份有限公司。建成大型仓库6个，总面积4万余平方米，硬化路面3万平方米，工程总投资2700万元。在临港物流园投资2320万元征地860亩。至2010年底，集团公司在东营投资5000万元，建设盐田16.6万公亩，原盐生产能力50万吨；两个溴素厂、四条生产线，生产能力3000吨。

2011年，投资3160万元，打卤水井1141眼，铺设玻璃钢管道29.6千米，新增负荷6090千伏安，新架高压线路12千米，低压线路33千米。2012年，集团公司投入资金3000多万元，新打卤井938眼，新上台架32个，架设高低压线路28千米，增加装机容量8600千伏安，铺设玻璃钢管道30多千米，保证6个化工厂的卤水供应，全年生产溴素17518吨，是2011年的110%，溴素产量为全国第一。2012年，集团公司注册成立“潍坊金泰新材料有限公司”，一期项目投资3000万元，年产10万立方米自保温砌块。

2012年，公司主营业务收入12.2亿元，利润8404万元。公司建立完善的技术创新体系和质量保证体系，拥有省级技术中心，实施"产、学、研"相结合的研发方式，并通过ISO 9001质量体系、ISO 14001环境管理体系和OHSAS18001职业健康安全体系认证。"世纪海王"牌工业盐和"风筝都"牌溴素分别被评为山东省名牌产品。公司现以原盐、溴化工为主导，房地产、金融、矿业、墙体保温新材料、绿化于一体的综合性民营企业，位列全国化工企业500强和潍坊市工业企业50强，并被认定为山东省高新技术企业，先后获得山东省优秀民营科技企业、山东省百佳民营企业、省盐业系统先进企业、省重信誉守合同企业、中国轻工行业制盐企业十强、山东省中小（民营）企业自主创新一等奖等称号。

中化弘润石化厂区　　（2012年拍摄）

中化弘润石油化工有限公司

始建于1993年，是潍坊市农委在青州市口埠镇创立的石化助剂生产企业，原名为潍坊弘润石化助剂总厂。2000年11月，改制为潍坊弘润石化助剂有限公司，2011年1月与中国中化集团合作成立中化弘润石油化工有限公司。是列入国家计划内的石化企业，潍坊市重点骨干企业，山东省百强企业。拥有资产248亿元，员工1600人。拥有350万吨/年蒸馏装置、220万吨/年重交沥青装置、50万吨/年重油催化裂化装置、140万吨/年渣油延迟焦化装置及日处理量1.5万余吨现代化大型污水处理装置等17套生产装置。形成以石油炼制及深加工、生产重交道路沥青为主业，精细化工与高科技产品并举的石化企业。经营范围涉及石油化工、重化工新材料研发等领域，主导产品有车船用系列0#–10#柴油（IV、V），92#、95#国V车用汽油、70#、90#、100#重交道路沥青与SBS改性沥青、液化石油气、丙烯、丙烷、MTBE等。2008年创建为山东省级企业技术中心。

第七章　建材工业

1991年，潍坊市建材行业有乡及乡以上独立核算企业267家，全年实现工业总产值8.7亿元、销售收入7.32亿元、利税10亿元、利润5027万元。建材工业基本形成多产业、多品种、多层次的结构体系，传统建筑材料和新型建筑材料协调发展的产品生产布局基本展开，形成水泥及水泥制品工业、建筑卫生陶瓷工业、矿物棉及其制品工业、石材及石材加工工业、防水密封材料工业、保温装饰材料工业、房建材料工业、非金属矿开采及加工业等主要生产门类，产品30多种。1995年，全市卫生洁具完成产量180.04万件，岩棉吸声板完成产量110.66万平方米，均居全省第一位，在全国属领先水平。到1995年底，全市卫生陶瓷工业完成工业总产值6820万元，销售收入5357万元，实现利税1404万元，其中利润872万元，分别比上年增长72%、19%、67%、137%。1998年，山东海化集团潍坊水泥厂利润突破千万元大关。

2007年，全行业完成工业总产值95亿元，同比增长32.9%；实现主营业务收入92亿元，增长33.3%；实现利税9.4亿元。其中利润总额5.7亿元，分别增长36.5%和42.3%。全市水泥企业30家，年生产能力1000多万吨，其中新型干法水泥占90%以上。卫生陶瓷企业有山东美林卫浴有限公司1家。山东美林卫浴有限公司是台商独资企业，注册资本1.5亿元，年产各种中高档卫生陶瓷240万件，产品为国家免检，85%出口，全年完成销售收入1.8亿元，实现利税2206万元。到年底，全市建材行业拥有规模以上企业224家，总资产54.1亿元，职工2.3万人。全市建材行业拥有金鲁丽牌胶合板1个中国名牌、美林牌卫生陶瓷、宇虹牌防水卷材等11个山东名牌。

2012年，全市建材行业主营业务收入394.87亿元，利税52.06亿元。

第一节　生产经营

1990年底，全市建材工业形成以水泥产业为主导、建筑卫生陶瓷、墙体屋面材料、大理石板材、岩棉及岩棉制品等共同发展的多产业、多品种的格局，有乡镇以上建材企业127家，从业人员1.95万人，实现产值2.9亿元，分别占全市乡镇以上工业的4.6%、4%和1.82%。其中系统内县以上企业34家，大型企业1家，中型企业6家。固定资产2.85亿元，创工业产值1.47亿元。自1991年后，全市建材企业深化内部改革，强化内部管理，全力开拓市场，生产经营快速发展，经济运行质量和效益不断提升。到1994年，全市建材工业形成水泥及水泥制品工业、建筑卫生陶瓷工业、矿物棉及其制品工业、石材及石材加工工业、防水密封材料工业、保温装饰材料工业、房建材料工业、非金属矿开采及加工业等主要生产门类，产品30多种，基本形成多产业、多品种、多层次的产业体系以及传统建筑材料和新型建筑材料协调发展的格局。全市有建材企业3200多家，从业人员16万人，固定资产原值11.5

亿元。系统内县属及县属以上企业27家（其中大中型企业10家），有职工13860人，固定资产原值60095万元。1994年，全系统完成工业总产值52257万元，4年年均递增18.7%。

1995年，全市建筑陶瓷、水泥制品、防水材料、墙体材料产量有较大幅度的提高。新型建筑材料获得快速发展，形成建筑卫生陶瓷、卫生洁具配套五金件、矿物棉及其制品工业等新的优势产业，多产业、多品种、多层次的工业体系得到进一步完善。系统内大中型企业增加到13家，占企业总数的50%，固定资产原值、利税等占全行业的80%左右，在全市建材工业中占绝对优势，发挥着强有力的骨干作用。全市全部建材企业固定资产原值达到15亿元，比上年增长30%；工业总产值达到100亿元，比上年增长25%，占全省同行业的10%，占全市工业的9%。全市全年矿物棉及制品工业完成工业总产值3608万元，工业增加值942万元，销售收入2534万元，实现利税291万元，分别比上年增长77%、61%、77%、277%。

1998年，全系统有县属及以上企业27家，其中大型企业3家、中型企业13家；职工14701人；资产总额16.83亿元。全行业主要有水泥及水泥制品、建筑卫生陶瓷、矿物棉及制品、非金属矿产及深加工制品、无机非金属新材料、房建材料6个分行业，主要产品有水泥、墙地砖、卫生陶瓷、岩棉吸声板、卫生洁具五金配件、门窗、UPVC管材（管件）等20余种。全系统县属及以上企业全年完成工业增加值17224万元，同比增长8.9%；完成销售收入51045万元；实现利税1955万元，同比增长7.7%。完成主要产品产量：水泥200.29万吨、卫生陶瓷270.73万标准件、墙地砖139.81万平方米、岩棉吸声板202.56万平方米、门窗10.04万平方米、水泥电杆33050支、亚克力浴缸25988件。

到2002年底，全市全行业限额以上企业有94家，资产20亿元，主导产品为水泥和卫生陶瓷，其他生产能力较大的产品还有墙地砖、岩棉吸声板、防水材料、门窗、装饰装修材料、UPVC管材（管件）等，形成多产业、多品种、多层次的工业格局。全市水泥企业24家，年生产能力533万吨，居全省第8位，最大水泥企业为潍坊（山水）水泥有限公司，年生产能力120万吨。卫生陶瓷企业有潍坊建陶厂，年生产能力280万标件，居全省第一位。全市发现的非金属矿有30多种，石灰石储量近40亿吨，集中分布于青州、临朐；膨润土储量仅坊子区就达近亿吨。

到2006年底，全市有规模以上建材企业220家，职工2.3万人，资产51亿元。潍坊山水水泥有限公司进入潍坊市工业50强。全行业水泥年生产能力900万吨。全行业招商引资3.2亿元，比上年增长5.6%。

到2012年底，全市建材行业规模以上企业300余家，建材行业规模以上企业完成主营业务收入394.87亿元，比上年增长41%；实现利税60亿元、利润42.29亿元，分别比上年增长74%、76%。

1995—2012年潍坊市建材行业主要经济指标完成情况统计表

表7-7-1　　　　单位：万元

年份	工业增加值	主营业务收入	利税	利润	统计口径
1995	19900	55000	6571	1296	县属及以上企业
1996	22300	61400	6900	1374	县属及以上企业

续表7—7—1

年份	工业增加值	主营业务收入	利税	利润	统计口径
1997	16632	52842	4840	1032	县属及以上企业
1998	17224	1045	1955	465	县属及以上企业
1999	18223	51700	3490	837	县属及以上企业
2000	14900	49000	3594.7	871	县属及以上企业
2001	59300	200000	16700	7177.5	规模以上企业
2002	64100	212000	16400	6677.6	规模以上企业
2003	76400	258900	26000	12500	规模以上企业
2004	126600	403000	41100	23500	规模以上企业
2005	1286700	4535000	459000	288000	规模以上企业
2006	187000	701000	64000	39000	规模以上企业
2007	248710	920000	94000	57000	规模以上企业
2008	342000	1300000	129000	82000	规模以上企业
2009	403560	1559000	145300	92700	规模以上企业
2010	474183	1839620	174360	112167	规模以上企业
2011	640147	2800500	344800	240300	规模以上企业
2012	870600	3948705	520648	355644	规模以上企业

1991—2012年潍坊市水泥产量统计表

表7—7—2

年份	产量（万吨）	增长（%）
1991	257	33
1992	308	21.7
1993	347.64	12.87
1994	399.79	15
1995	399.99	0.05
1996	397.4	6.1
1997	385	−3.1
1998	297.11	−5.4
1999	281.79	8.0

续表7—7—2

年份	产量（万吨）	增长（%）
2000	321.36	15.5
2001	353.95	18.2
2002	387.11	9.3
2003	459	18.3
2004	512.1	17.3
2005	628.40	13.1
2006	818.3	30.2
2007	839.6	4.8
2008	769.8	−7.4
2009	827.53	7.5

续表7—7—2

年份	产量（万吨）	增长（%）
2010	946.7	14.4
2011	985.20	4.07
2012	938.9	−4.7

第二节　产业结构调整

1991年后，随着改革的深化和技术进步的加快，全市建材工业产业结构得到优化。建筑卫生陶瓷、卫生洁具配套五金件、矿物棉及其制品等新型建筑材料工业与传统建筑材料水泥工业共同构成潍坊建材工业的4大支柱，改变产业、产品结构单一的落后局面。到1995年，全市水泥生产能力由上年的550万吨增加到600万吨，20万吨以上的企业有10家，其中30万吨以上的6家。425#水泥的比重由上年的54%上升到80%，525#水泥在水泥总量中所占比重也有提高，旋窑水泥实现零的突破。9家水泥企业顺利通过出口水泥质量许可证换证复查。潍坊水泥厂生产的潍坊牌425#R矿渣硅酸盐水泥获“山东名牌”称号。潍坊建陶厂通过技术改造，形成年产200万件高中档卫生陶瓷的能力，开发研制成功9402连体坐便器、豪华按摩浴缸等一批高档产品，使高档产品在产品总量中所占比重达到50%以上。“高档连体坐便器立浇一次成型”新技术成果获省建材行业科技进步一等奖。该厂还研制成功美丽黄、象牙黄、钴蓝、玛瑙红等多种色釉，色釉产品比重达到60%。该厂产品形成10大系列，有30多个花色、50多个品种。新上高密隆高、华翔，安丘兆峰、建陶等多条现代化程度高、工艺先进的生产线，产品初步形成高档次、大规格、多花色、多品种的格局，除原有的釉面砖、彩釉墙地砖等品种外，高档瓷质墙地砖也迅速发展起来，花色、品种增加到50多个。“鲁钟”牌墙地砖获“全国公认名牌产品”称号。釉面砖、墙地砖生产能力分别扩大到550万平方米、650万平方米。潍坊建材机械厂、潍坊建筑陶瓷厂通过合资，从中国台湾省引进先进的技术和设备，形成年产30万件配套五金件的生产能力。潍坊建材机械厂“60万件高档卫生洁具配套五金件项目”进入土建施工阶段，成为全国最大的卫生洁具配套五金件生产基地之一。矿物棉及制品工业。昌乐华乐集团总公司形成年产岩棉2.4万吨、岩棉制品3000吨、岩棉吸声板400万平方米的生产能力，分别比上年增长380%、50%、300%；主导产品岩棉吸声板形成二大类（干湿法、宽频带）、四大系列（明骨板、暗骨板、立体板、贴塑板），有30多个花色品种成为具有市场竞争力的拳头产品。

1998年，全市建材行业调整水泥产品结构。到年底，关停5条4.4万吨及以下生产能力的立窑生产线，开展青州“日产4000吨水泥熟料生产线”和潍坊水泥厂“日产2000吨水泥熟料基地技改工程”两个大型回转窑水泥项目的前期工作。重点抓混凝土空心砌块、轻质墙板等新型墙材和钙塑装饰板、发泡塑料装饰板、岩棉吸声板、塑料管材（管件）、塑钢门窗等产品的开发和生产。调整优化建筑卫生陶瓷产品结构，突出抓产品花色品种的增加、质量档次的提高，加快产品向中、高档方向的发展。

1999年，全市建材工业把关闭淘汰小水泥企业作为重要工作。市政府印发《潍坊市清理整顿小水泥厂实施意见》。各职能部门各负其责、相互配合，清理整顿工作进展比较顺利。通过环保、银行、电力、乡镇企业局等部门的互相配合，完成压缩小水泥生产能力31.2万吨的目标任务。2000年，顺利完成关闭淘汰小水泥生产线8条、35.2万吨生产能力的任务。

2002年6月15日，山水集团在昌乐建设的“日产2500吨新型干法水泥熟料生产线”项目建成投产，投资1.7亿元，被列入国家“双高一优”项目，填补潍坊市旋窑水泥的空白。潍坊山水水泥有限公司年产100万吨粉磨站扩建工程开工建设。鲁南水泥厂在青州建设的两条“日产6000吨新型干法水泥熟料生产线”项目，于9月2日签订合作意向。山水集团在安丘建设的两条“日产5000吨新型干法水泥熟料生产线”项目，开工建设。潍坊市新型干法水泥所占比例达到10%，水泥结构调整初显成效，水泥产品的市场竞争力显著增强。

2005年，全行业主导产品水泥年生产能力900万吨，其中新型干法熟料生产能力达到400万吨。建筑陶瓷年生产能力1.5亿平方米。卫生陶瓷年生产能力300万标准件，单产全省第一。高档、优质卫生陶瓷产品开发取得长足进展，北新集团潍坊建筑陶瓷厂高档卫生陶瓷生产能力达到300万件，拥有9个省级名牌。“美林牌”卫生陶瓷被评为山东省消费者满意产品、山东省免检产品。到2007年，全市水泥企业有30家，年生产能力1000多万吨，其中新型干法水泥占90%以上。2011年，全市水泥产量985.20万吨，钢化玻璃产量71.54万平方米，中空玻璃60.16万平方米。2012年，全市水泥产量938.9万吨。

第三节　技术改造

1991—1994年，全市建材行业完成技术改造项目43个，投资1.86亿元，新增产值2.95亿元，利税8264万元。潍坊水泥厂的“机立窑综合利用新技术技改示范项目”从1990年开工，1993年竣工，投资4158万元。采用石灰石小断面切取式均化，多股流新型生料均化库等新工艺新技术，创立“群窑大磨”的立磨水泥生产模式，使全厂年产规模达到80万吨。临朐胜潍水泥有限公司完成五级旋风预热器回转窑油井水泥生产线扩建工程，成功地生产出G级高抗油井水泥，填补潍坊市水泥生产的一项空白。潍坊建筑陶瓷厂完成的国家重点专项技改项目“200万件卫生陶瓷系统技术改造工程”和高档亚克力浴缸生产项目，使全市的建筑卫生陶瓷工业跨上新的台阶。

1996年，全系统列入计划的技改项目12个，其中一个省重点项目、两个部专项项目。完成技改项目10个，完成技改投资7277万元，形成卫生洁具、岩棉吸声板、潍坊牌水泥3大骨干拳头产品。昌乐岩棉吸声板厂投资6200万元的“138万平方米高档岩棉吸声板生产线”项目一次验收合格，并实现达产达标，使全厂生产能力、产品质量和档次均跃居国内领先水平。潍坊建陶厂“200万件卫生陶瓷系统技术改造工程”，投资3584万元，从澳大利亚引进一条具有国际先进水平的60米长微机自控隧道窑，使该厂形成年产200万件卫生洁具的生产能力，产品由中、低档为主发展为高、中档为主。当年，全厂完成工业总产值（按1990年不变价计）8054万元、销售收入6641万元、实现利润960万元，同比分别增长18%、24%、10%。潍坊建材机械厂“60万件高中档卫生洁具五金配件项目”投资7480万元，完成6800万元；引进外资385万美元全部到位，建成后项目每年实现销售收入1.8亿元、利润2875万元。卫生洁具五金配件与潍坊建陶厂形成配套优势，促进全市卫生洁具业的发展。荆山洼水泥厂与港商合资的“彩色水泥屋面瓦和彩色水泥地砖生产线项目”，投资1460万元，主机设备分别从意大利和西班牙引进，建成后年产彩瓦300万片、彩地砖45万平方米。

1997年10月15日，山东海化集团潍坊水泥厂日产2000吨熟料基地技改工程，项目建设规模为日产水泥熟料2000吨，水泥熟料质量满足生产

525#普通硅酸盐水泥的要求。项目投资39087.36万元（含外汇344万美元）。同年，中高档卫生洁具配套五金件项目竣工投产。年产30万件（套）中高档卫生洁具配套五金件项目由原潍坊建材机械厂与意大利伊姆乐公司合资建立，投资为900万美元，注册资本为700万美元（中方出资315万美元，占45%；外商出资385万美元，占55%）。主要生产技术和设备从意大利引进，每年产中高档卫生洁具配套五金件30万件（套）。项目1993年列为省重点项目；1994年由国家经济贸易委员会批准列为国家技改专项；1995年被列入潍坊市“双十（十大企业集团、十大拳头产品）工程”。1995年8月动工建设，1997年8月建成投产。

1997年10月24日，山东海化集团有限公司批准立项30万立方米商品混凝土搅拌站项目。项目由潍坊市散装水泥办公室负责建设，分两期建成，一期工程年产商品混凝土10万立方米；二期工程达到年产商品混凝土30万立方米的生产能力。生产工艺采用通常所用的湿法搅拌生产工艺，整个生产过程实行微机自动控制。一期工程投资1981.9万元，建成后年完成销售收入2600万元，实现利润389.11万元。

2001年5月，国务院批准新加坡白宫控股私人有限公司在青州独资建设“5000TD熟料水泥生产线”项目，项目投资10多亿元。

2002年，潍坊新型建材有限公司由潍坊发电厂投资兴建，投资4500万元，建设“年产10万立方米粉煤灰加气混凝土砌块生产线”和“年产8000万块粉煤灰砖生产线”各一条，利用电厂排放的粉煤灰生产新型墙体材料。到年底，项目完成投资4000余万元，第一条生产线竣工投产。

2004年，全系统开工建设项目11个，投资30亿元。其中，过亿元项目3个。青州中联鲁宏水泥有限公司6000吨/日水泥熟料生产线项目投资15亿元；安丘山水水泥有限公司5000吨/日水泥熟料生产线项目投资12亿元；潍坊三元铝业有限公司铝合金复合板带箔项目投资1亿元，投产后形成年产铝合金复合板带箔1万吨的生产能力；山东奥宝化工集团有限公司废渣磷石膏制新型墙体材料项目，投资3000万元，投产后形成年产建筑石膏粉10万吨，石膏板200万平方米的能力。

2006年，固定资产投资稳步增长。全系统有在建项目7个，投资22.1亿元。其中，续建项目3个，新开工项目4个。全年完成投资12.1亿元。在重点调度项目中，青州中联鲁宏水泥有限公司6000吨/日水泥熟料生产线总投资15亿元，一期工程竣工投产。

2012年，全市建材行业共实施项目60个，其中续建项目38个、新开工项目22个，总投资160.4亿元，投资过5亿元项目13个。

第四节　企业改革与企业管理

1991年后，潍坊市建材工业贯彻深化改革、扩大开放、促进发展的方针，突出抓企业产权制度的改革，除原有的全民所有制和集体所有制企业外，通过外引内联，新股份制、中外合资和外商独资等所有制形式的企业。1993年，诸城水泥厂以定向募集方式，组建诸城隆泰水泥股份有限公司，股本1380万元，其中国家股828万元、社会股90万元、职工股462万元，成为潍坊市第一家以这种方式设立的规范化股份制企业。1994年，全市县属以上建材企业中有8家实行股份制。中外合资企业主要有潍坊建筑陶瓷厂与韩国味元株式会社合资成立的山东潍坊美林窑业有限公司；与港台合资企业有潍坊建筑陶瓷厂与中国台湾庆福实业有限公司合资成立的潍坊摩立斯卫浴制品有限公司、潍坊砖厂与中国香港康泰贸易公司合资成立的方大石材有限公司等；港商独资企业主要有港商李兆峰兴办的“兆峰陶瓷有限公司”等。

1995年，全行业以建立现代企业制度为目标，按照“抓大放小”的总体思路，在深化企业改革方面迈出新的步伐。潍坊建陶厂被列为全市25户建立现代企业制度试点企业之一，清产核资、试点实施方案制订等前期准备工作顺利完成。原有的8家股份制企业进一步健全制度，理顺内部关系。潍坊金刚石工具厂、昌乐石灰石矿两家小型企业宣布破产。劳动、分配、人事三项制度改革进一步加快，全行业实行全员劳动合同制、干部聘任制；95%的企业改革工资分配制度，部分企业实行岗位技能工资；初步建立起职工能进能出、干部能上能下、工资能高能低的激励和约束机制。企业实现新旧机制的转换，由生产型向生产经营型和生产经营开发型转变。

1996年，面对市场疲软、资金紧张、原燃材料大幅度涨价等困难，全市建材行业深入开展以“远学邯钢、近学亚星、行业学山水（山东水泥厂）”为主要内容的管理效益年活动。各企业打破传统的管理模式，努力构筑以市场为导向、以财务管理为中心、成本管理为重点的新型管理机制。各企业把成本管理作为强化企业管理的突破口和“牛鼻子”，借鉴邯钢经验，实施“倒逼成本管理法”，形成“千斤重担众人挑，人人肩上有指标”的局面。广泛开展双增双节、劳动竞赛、技术比武、岗位练兵等群众性活动，调动广大职工群众参与管理的积极性，促进企业经济效益的提高。1996年，潍坊水泥厂实现利润304万元，高密水泥厂、潍坊砖厂等企业在上年严重亏损的情况下，实现扭亏为盈。

1998年10月26日，昌邑市水泥厂进行股份制改革，成立昌邑市富兴水泥有限责任公司（以下简称“富兴公司”）。昌邑市水泥厂是昌邑市属骨干企业之一，为中（一）型集体企业，始建于1970年。主要生产“岞山牌”325#、425#、525#火山灰质硅酸盐和普通硅酸盐水泥，年生产能力为37.6万吨。占地面积15.9万平方米，建筑面积27758平方米。职工668人，资产5172.4万元、净资产875.4万元。按照昌邑市委、市政府《关于深化企业改革的实施意见》的有关规定，以每股面值1元计算，将按政策性扣除之后的剩余净资产42.5万元折股42.5万股，并扩股247.612万股，设股290.112万股，全部出售给原企业内部职工。全部股份只设普通股，以记名股权证形式发放。原昌邑市水泥厂的土地及单身职工宿舍、食堂等生活服务设施由富兴公司租赁使用，其中土地租赁期50年，租赁费共219万元，分3年付清。

1998年，山东海化集团把全年实现利润1000万元的奋斗目标，按照“分割切块、倒逼成本、目标考核、责任到人”的原则，自上而下，层层分解落实，直到车间、班组、岗位和个人，形成一个完整的责任体系，增强广大干部职工的压力感、责任感。当年实现利税2004万元，同比增长224.9%；实现利润1115万元，比上年增加1761万元。堵塞原材料采购中的漏洞，实行货比三家、比价压价措施，全年节约采购费用450万元；依靠技术进步，大力开展资源综合利用，用价格低廉的长山渣、硝皮、粉煤灰等替代黏土、矿渣等材料，全年降低费用近200万元；对大型机电设备安装变频调速装置，全年节电200万千瓦时。

1999年，潍坊建筑陶瓷厂成建制划归中北新建材集团，建立北新建材潍坊产业园，并于11月28日按新机制正式运行。潍坊建筑陶瓷厂借助于北新建材集团的体制、资金、技术、市场网络、知名度以及先进的经营理念等优势，实现体制创新，建立现代企业制度。北新建材集团以潍坊建筑陶瓷厂为依托，加快卫生浴具、卫生厨具和化工建材系列产品的开发，实现住宅产业化的发展目标，实现低成本扩张。用3年多的时间，建成北新建材集团潍坊高新产业园。主要效益指标翻两番，年销售收入4亿元，利税8000万元。

2000年6月30日，中国潍坊长城门窗集团公司依法破产。中国潍坊长城门窗集团公司始建于1980年，占地243亩，在职职工1125人，固定资产原值6800万元、净值4400万元。中国潍坊长城门窗集团公司其“长城牌”产品为中国门窗第一品牌。但到2000年，企业负债3.17亿元，资产0.92亿元，资产负债率345%。2000年6月30日，由潍坊市中级人民法院裁定破产。

2002年，山东海化集团潍坊水泥厂成建制进入济南山水集团。山东海化集团潍坊水泥厂是一家资产2.59亿元，年生产能力120万吨，年创利税2000多万元的国有企业。济南山水集团是济南市政府直属大型国有水泥生产企业，年生产能力500多万吨，生产技术以新型干法预分解窑为主体，居全省水泥行业龙头地位。经潍坊市政府与济南市政府商定，2002年12月8日，潍坊水泥厂以国有资产无偿划转的方式成建制进入山水集团，成立潍坊（山水）水泥有限公司，潍坊市政府保留20%的股份，但不参与管理。

2002年，全行业把开展管理创新列为“一把手”工程来抓。推进企业信息化建设，多数企业开始启动上网工程，在经营管理的各个环节，不同程度地采用计算机辅助设计、办公自动化系统等信息技术和手段。深入推广学习海尔物流管理经验，各企业结合自身实际，推进现代物流管理，树立起现代物流新观念，努力探索创新人流、物流、资金流管理模式，重新整合生产经营业务流程，提高管理效率，降低经营成本。全行业以实施电子商务为切入点，深化市场部、营销网络、营销队伍“三大工程”建设，促进营销观念、营销体系、营销方式的全面创新，提高市场开拓能力。

2011—2012年，全行业深入开展“安全生产基础管理提升年”活动，建立班子成员分工包靠重点企业安全生产制度，狠抓企业安全生产监督检查，突出抓好重点行业、重点企业的安全隐患排查整治，多次对重点企业进行安全生产大检查。对排查出的各类隐患，督促企业明确责任，落实措施，限期整改，全市建材行业未发生重特大事故。

第五节　重点企业

山东华建铝业集团

山东华建铝业集团位于中国铝型材产业基地——山东临朐，是中国建筑铝型材和工业铝型材重点生产科研企业。企业始建于2000年，公司为中国建筑金属结构协会常务理事单位、中国建筑金属结构协会名誉副会长单位，中国建筑金属结构协会铝门窗幕墙委员会副主任委员单位，山东省建机协会常务理事单位、中国有色金属工业协会理事单位、中国质量检验协会会员单位、国家有色金属标准化技术委员会会员单位。

公司拥有先进的生产和科研设备，关键设备和核心部件分别从英国、法国、瑞士、日本、以色列引进。其中从法国引进萨麦斯氟碳漆喷涂生产线，从瑞士引进金马喷粉系统，技术性能国际领先，提升产品质量和产量。拥有潍坊市市级企业技术中心、潍坊市铝质型材工程技术研究中心，铝型材产品包括阳极氧化、电泳涂漆、粉末喷涂、氟碳漆喷涂、隔热等共150个系列1.2万多个品种，拥有国家专利近200项。公司铝合金门窗、铝木门窗、实木门窗年产能达100万平方米，自主研发的“家百利门窗幕墙系统”和“新木缘铝木复合门窗系统”，拥有完全的自主知识产权，引领建筑型材向经济、环保、节能方向发展的新潮流。公司先后参与《铝及铝合金阳极氧化一术语》《铝加工安全生产规范》《铝加工行业清洁生产水平评价标准》等十几项国家标准和行业标准的起草修订，凭借过硬的质量和优质的服务，华建产品销售网络覆盖全国，并出口亚、非、美、欧、大洋洲30多个国家和地区。先后参与CCTV大厦新址、北京首都国际机场扩建、首都图书馆、中国国家话剧院、美国驻华使馆、海关总署、国家环保总局、国家博物馆、北京奥运会场馆、全运会场馆、世博会场馆、亚沙会场馆等知名工程建设。

公司发展获得社会各界高度认可。2005年1月，被山东省科学技术厅、省知识产权局联合授予“中国专利山东明星企业”称号，2005年10月，产品被省质量技术监督局等评为“山东省名牌产品”，2006年被认定为国家免检产品，2007年获国家建材AAA质量服务信用企业称号，被中国建设机械总公司建筑门窗幕墙设计研究所、建设部建机门窗幕墙设计专家组委员会联合认定为中国节能型材创新企业十强。2009年12月，山东省质量兴省工作领导小组授予“山东省优质铝型材产品生产基地龙头骨干企业”称号。2010年11月，全国有色金属标准化技术委员会向公司颁发“技术标准优秀奖一等奖”证书。2011年获中国有色金属工业协会“有色金属产品实物质量金杯奖”、被山东省住房和城乡建设厅认定“山东省新型墙材建筑节能技术产品”。“华铝”商标2006年被认定为山东省著名商标。2011年被认定为山东省中小企业公共服务平台。2012年，被认定为国家高新技术企业，获国家守合同重信用企业、中国建筑铝型材二十强企业、全国建材行业先进集体、山东省建筑铝合金型材行业骨干企业称号。

同年7月，经山东省工商行政管理局批准登记，以山东华建铝业集团有限公司为母公司，正式组建“山东华建铝业集团”，厂区面积达到2200亩，铝型材年产能力35万吨。成为以铝型材生产经营为主，集铝型材、房地产、门窗幕墙、建筑胶业、机械制造、金融、投资、贸易、会展、技术服务于一体的大型企业集团。2012年，实现销售收入21亿元、上缴税金6092万元。公司通过OHSMS18001职业健康安全管理体系认证，被山东省质量技术监督局认定为标准化良好行为企业AAA级。

潍坊山水水泥有限公司

潍坊山水水泥有限公司是山东山水水泥集团有限公司下属的生产经营骨干企业，是山水集团发展战略和规划布局中的重要组成部分。公司前身潍坊水泥厂始建于1958年，2002年划归山东山

山东华建铝业集团　　　　（2012年拍摄）

水集团成立潍坊山水水泥有限公司。公司位于潍坊市潍城区乐埠山生态经济发展区。2006年该公司建成山水集团第一条4500千瓦/时回转窑余热发电项目，实现企业和社会双收益目标。到2012年，公司拥有日产2500吨新型干法回转窑优质熟料生产线和年产250万吨水泥粉磨站，是潍坊市最大的水泥生产企业。生产控制采用国际先进的DCS集中控制系统，质量控制采用荧光分析仪和先进的率值自动微机配料系统。技术装备先进、自动化程度高，检测手段完善，实现生产的集约化、规模化和数字化。

公司有完善的质量保证体系，公司制定并执行严于国家标准的企业内控质量标准，质量控制手段先进，曾获得"全国建材行业优秀化验室""山东省水泥行业优秀化验室""全国水泥化学分析大对比全优单位""山东省水泥品质指标大对比全合格单位"等称号。公司主要产品"山水东岳"牌P•O42.5R、P•O42.5、P•S•A32.5R、P•S•A32.5、P•C32.5水泥，产品广泛应用于高速铁路、高速公路、桥梁、高层建筑等重点工程。

2012年，公司员工1200人，固定资产6.3亿元，占地1725亩。产销水泥213万吨，生产熟料81.6万吨，水泥窑纯低温余热发电2610万千瓦时，完成销售收入6.07亿元，实现利税2.17亿元、利润1.33亿元。

临朐山水水泥有限公司

临朐山水水泥有限公司位于临朐县五井镇，紧邻青临高速公路和省道327、227，是山东山水集团所属生产经营骨干企业，是山水集团总体发展战略和潍坊区域水泥熟料生产规划布局的重要基地。公司成立于2008年7月，2009年底建成投产，到2012年底，员工450人，固定资产8.5亿元，占地面积500亩，拥有两条日产4000吨新型干法回转窑熟料生产线和年产100万吨水泥粉磨站，同时配套7.5兆瓦纯低温余热发电厂。公司主导产品"山水东岳"牌42.5R、42.5普通硅酸盐水泥，32.5R、32.5复合硅酸盐水泥是山东名牌、国家免检产品，广泛应用于铁路、高速公路、桥梁、高层建筑等重点工程。公司获得国家认可的生产许可证书和具有完善的质量保证体系，并通过ISO 9001质量管理体系、ISO 14001环境管理体系和OHSAS18001职业健康安全管理体系认证。生产过程全部实行DCS系统集中监控，实现生产的集约化、规模化和数字化。2012年，公司主营业务收入4.49亿元，利税1.38亿元，利润1.16亿元。

山东万山集团有限公司

山东万山集团有限公司于2004年组建，是一家股份制集团公司，集团总部坐落于昌乐县朱刘街道。集团主要产品有减水剂、化肥、甲醛、煤气、焦炭、煤焦油、非芳烃、氨水、硫酸铵、纯苯、甲苯、二甲苯、陶瓷釉、硅酸钠等十几个系列产品，广泛应用于建筑、农业、冶金、铸造、化工、医药、陶瓷、化肥等行业领域。先后通过ISO 9001：2000标准国际质量体系管理认证、ISO 14001环境管理体系认证、GB/T28001职业健康安全管理体系认证。"万山牌"被国家工商行政管理局商标局认定为"山东省名牌产品"万山集团先后被评为"国家级守合同重信用单位""中国建材企业500强""山东省建材工业品综合竞争10强"等。

2012年，公司建筑面积133.2万平方米，总资产36亿元，职工2300人。主营业务收入32.21亿元，利润6320万元。发展为涉及建筑材料、煤化工、物流运输、制釉产业、国际贸易等领域的大型现代化集团公司。下辖万山化工有限公司、巨野万山伟业化工有限公司、万山物流有限公司、万山煤炭有限公司、万山制釉有限公司、万山国际贸易公司等子公司。

第八章　煤炭工业

1991年后，潍坊煤炭工业发展较快。1995年，全市煤炭工业总产值实现3.86亿元，产品销售收入实现3.12亿元，利税实现1456.7万元。1999年，潍坊市按政策关闭小煤矿9处、压产9万吨，关井压产任务完成。2002年，潍坊市有煤矿11处，煤机厂2处，共生产原煤66.66万吨，产品销售率达100%。县（区）营以上企业完成工业总产值1.71亿元，完成产品销售收入2.47亿元；其中，市属煤矿（潍坊市五井煤矿、潍坊市朱刘店煤矿）完成工业总产值4211万元，产品销售收入1.09亿元，实现利税2836万元。2010年，生产原煤120万吨，控制在省下达的核定生产能力以内。到2012年，随着矿区煤炭资源的枯竭，按照国家“十二五”淘汰落后产能规划安排，潍坊大多数煤矿已经政策性关停，人员资产妥善分流和安置。

第一节　生产经营

1991—1994年，是全市煤炭工业由计划经济向市场经济的过渡时期，原煤产量、工业总产值、企业销售收入、全员效率、坑木消耗、安全生产百万吨死亡率等主要经济技术指标年年创出新水平。尤其1994年，煤炭企业虽面临资金紧张和实行增值税、职工调整工资、减利增支因素加大等困难，但生产、销售、效益仍呈现良好的运行态势。

1994年，县区以上煤炭企业实现工业总产值2.94亿元，比上年增长57.54%。其中坊子煤矿实现工业总产值2.12亿元，比上年增长78.16%；市、县属煤炭企业实现工业总产值8189.9万元，比上年增长21.21%。全市县区以上煤炭企业实际完成税额1084.9万元，比上年增长54.99%；亏损额399.5万元，比上年降低70.21%。其中山东坊子煤矿在减收增支1500万元的情况下，盈利230万元，实现减亏增盈2050万元，一举甩掉34年来一直亏损的帽子，连续两年被评为全国煤炭行业扭亏增盈先进单位；朱刘店煤矿强化企业全方位管理，消化增支因素539万元，实现利税362万元，增加193万元，比上年增长114%。全市县区以上煤炭企业实现销售收入2.81亿元，比上年增长11.89%。其中，山东坊子煤矿实现销售收入1.81亿元，比上年增长9.64%；市、县区属煤炭企业实现销售收入1亿元，比上年增长16.21%。全市原煤产量超年度计划18.78万吨，比计划产量提高17.39%，同上年基本持平。其中，山东坊子煤矿原煤产量完成45.34万吨，比上年提高2.95%。

1996年，全市县区以上煤炭企业实现工业总产值5.45亿元，比上年增长22.66%；其中坊子煤矿实现工业总产值3.68亿元，比上年增长27.02%。工业增加值实现1.25亿元，其中地方煤炭行业企业实现工业增加值8146.2万元，比上年增长37%。全市县区以上企业实现利税2567.9万元，比上年增长133.09%，其中地方煤炭行业企业实现利税1779.9万元，比上年增长61.56%。全行业实现利润总额实现216.3万元，其中地方煤炭行业企业实现利润总额166.3万元。坊子煤矿减亏增盈807万元，实现利润50万元。朱刘店煤矿销售收入实现3.60亿元，比上年增长15.33%，其中地方煤炭行业企业实现销售收入1.70亿元，比上年增长29.86%。

1997年，潍坊市煤炭行业原煤实际产量超计划9.12万吨，比年计划提高9.8%，其中市属企业原煤产量超计划26.5%，比上年增长6.6%。全行业县（区）营以上企业实现工业增加值11178万元，其中市属企业实现工业增加值4832万元，比上年略有增长；实现销售收入2.80亿元，其中市属企业实现销售收入9520万元，比上年增长5.2%；实现利税2736万元，其中市属企业实现897.5万元，比上年增长27.5%；实现利润96.5万元，其中市属企业亏损17.4万元，比上年减亏99.1万元。

2000年，潍坊市煤炭行业全年生产原煤88.33万吨，比上年压减8163吨。国有及县区属以上煤炭企业完成工业总产值（不变价）1.81亿元，实现销售收入2.11亿元。其中县区属以上地方煤炭企业完成工业总产值1.15亿元，实现销售收入1.61亿元，实现利税总额1037.8万元，分别比上年增长34.6%、23.9%和50%。

2001年，潍坊市煤炭行业全年生产原煤73.39万吨，比上年增长9.2%；产品销售率县营以上企业达99%，其中市属企业达100.2%；全市县营以上企业完成工业总产值（不变价）1.31亿元，比上年增长13.8%，其中市属4586.7万元，比上年增长22.4%；全年完成产品销售收入1.95亿元，比上年增长20.9%，其中市属企业9979.7万元，增长35.9%；实现利税3188.6万元，比上年增长207%，其中市属企业2425万元，比上年增长327%。

2003年，全市煤炭行业全年生产原煤110万吨，产品销售率达98%以上；完成工业总产值4.34亿元，比上年增长11%；完成产品销售收入4.56亿元，比上年增长10%；实现利税4980万元，增长16%。

2006年，全市生产原煤113万吨；工业总产值完成5.23亿元，增长17%；非煤产值18730万元，实现利税9320万元；2006年全市煤炭百万吨死亡率为1.74，低于省煤炭工业局下达的2.0的控制指标。全市煤矿已连续13年杜绝3人以上重特大伤亡事故。

2008年，全市煤炭行业生产原煤103.27万吨，实现销售收入6.79亿元，增长23.9%；利润7719万元，增长69%；是年，全市煤矿杜绝伤亡事故发生，实现了安全生产。是年底，全市煤矿实现安全生产32个月，创出全市建煤矿以来安全生产最好成绩。市煤炭冶金行业办公室被山东省煤炭工业局授予“安全生产先进单位”称号，被山东省政府安委会评为“全省安全生产先进单位”。五井煤矿有限公司坚持内涵发展、外延扩张，发展成为年实现销售收入2亿元，利税过3000万元的市级百强民营企业。2008年，五井煤矿在临朐县五井镇莲花山石灰岩矿区投资7000万元开工建设20万吨/年活性石灰项目，在产业结构调整方面迈出实质性步伐。

2011年，全市煤炭产量达到98.3万吨。“7·10”正东铁矿事故发生后，市委、市政府办公室印发《关于进一步深化矿业秩序整治加强煤矿和非煤矿山安全生产工作的通知》和《关于对全市煤矿实行停产整治的紧急通知》，从8月2日起，全市煤矿立即进行停产整治。其间，新方煤矿按程序由坊子区政府组织验收，于8月16日恢复生产。同时，积极促进和支持资源条件较好的煤矿与大企业集团合作，组织并促成市政府与山东能源集团的战略合作，以及五图煤矿与龙矿集团的实质性合作。对资源枯竭、达不到安全生产要求的煤矿，制定关停预案，逐步退出。2012年初，潍坊市人民政府与山东能源集团签署战略合作协议，五图煤矿由龙矿集团托管。

2012年，全市煤炭行业生产原煤70.07万吨，实现销售收入10.22亿元，利税9169万元，其中利润2127万元。

第二节 技术改造

1994年，全市县区以上煤矿加大技改投入，掘进总进尺、开拓进尺分别完成32965米、3314米，均完成年度计划进尺。朱刘店煤矿提高单进单产水平，实现掘进迎头8次上水平、1次上纲要和1次薄煤层采面上水平，创出年度进尺7320米和产量14.3万吨的新纪录。矿山专用机具列入计划考核的产品，均超额完成年度生产计划，其中钻头、链条实际产量分别比计划提高24.2%、95.4%。五图煤矿年产原煤7.5万吨，比上年提高15.38%。

2006年，临朐县五井镇煤矿和昌乐县五图镇西上疃二号煤矿列入2006年淘汰关闭矿井名单，上半年彻底关闭并依法吊销相关证照。五井煤矿有限公司跨区购买昌乐县五图十二号矿井所有权，并组织矿井技术改造，积极办理扩界增量等各项手续，为企业煤炭生产接续奠定基础。2009年，五图二号煤矿技术改造竣工投产。五图二号煤矿技术改造项目由潍坊市五井煤矿有限公司五图二号煤矿建设施工，自2006年3月立项对矿井进行12万吨年生产能力技术改造，2008年12月19日，山东省煤炭工业局组织有关人员，对潍坊市五井煤矿有限公司五图二号煤矿技术改造项目进行竣工验收，各主要生产系统和安全设施全部建成，26个工程项目全部完成。

2010年，昌乐县五图煤矿有限责任公司在经过前几年的地质勘探、技术论证等基础上，对矿区深部赋存3113万吨煤炭和3.2亿吨油母页岩进行规划设计，并得到省级《矿井技术改造初步设计》的批复。矿煤炭资源具有储量大、煤层厚、质量高等优点，是潍坊市境内近几十年来探明的最大整装煤田，该矿在完成储量核实报告、深部详查报告、环评报告、开发利用方案、采矿权扩界、采矿许可证等前期手续后，自2010年下半年矿井开始技改项目建设及压煤村庄搬迁等工作，计划矿井技改投资3亿元，服务年限25年，技改项目完成后，年产优质煤30万吨，产值1.8亿元以上。

2012年6月，开始对新方煤矿矿井运输系统改造，总投资7500多万元，新掘一斜井，将井下煤炭由矿车提升改为皮带直接运输至地面。把防治水、提升运输和顶板管理作为重点，坚持落实“部门监管责任、企业主体责任、治理整改责任”，对查出的隐患，做到“人员、责任、措施、期限、资金、方案”六到位，实行闭环管理，共查出隐患325条，全部整改到位。坚持依法行政，强化安全监督管理。广泛宣传安全法律法规和安全生产知识，强化职工培训工作，培训安全管理人员167人，特种作业人员621人，班组长126人。

第三节 重点企业

山东新方集团股份有限公司

1991—1994年，山东坊子煤矿调整产业结构，创造条件，实行企业发展战略重点的转移，开始了第二次创业，先后投入资金共6155万元，其中内部控潜、减亏增盈资金3171万元，职工募股资金884万元，引进外资1000万元，银行贷款1100万元。大幅度调整发展方向，跨行业、跨领域发展多种经营。先后创办和发展大小项目

80多个，150多种产品，如水泥、碳化硅微粉、矿泉水、预制件、矸石砖、空心砖、隔音板、煤矿小机械制修、镁铝合金门窗、高档聚酯家具、玻璃纤维、油墨及建筑安装、商贸流通、饮食服务、高新技术开发等项目，逐步形成煤炭、建材、矿泉水、碳化硅微粉4大支柱产业。注重选拔人才。从全矿500名具有大中专学历干部中，挑选200名年富力强、经验丰富、具有开拓精神的领导干部和专业技术人员到生产经营企业任职。先后引进技术、生产、销售专业人员79名；矿内招聘销售人员85名；先后派出120名干部职工去有关厂家、大专院校培训。1994年，全矿工业总产值达2.122亿元，其中多种经营产值占61.3%。从事煤炭生产之外的生产经营人员3800人，占全矿职工总数的68%。多种经营产值1.513亿元、利润1200万元。

进入21世纪，坊子煤矿由于包袱沉重，经营管理不善，亏损严重。潍坊市中级人民法院于2001年9月11日宣告山东坊子煤矿破产，2002年1月15日破产终结。对破产前8435名离退休及在职职工，通过实施分流政策，有1136人参加企业重组，5347人纳入地方离退休社会统筹，学校、医院等社会职能部门489人被移交到地方有关部门，1463人选择自谋职业。2002年7月，成立山东新方矿业有限公司，公司注册资本金2225万元，国有股份占20%。煤炭仍是主导产业，矿井保有储量6646万吨，能利用储量4255万吨，年生产能力仍在40万吨以上。非煤产业中，精细陶瓷、碳化硅系列微粉、“奇灵”牌矿泉水，都具有一定的发展潜力。

到2012年底，山东新方集团股份有限公司形成了传统产业（包括煤炭开采与交易、发电供热、新型建材及矿泉水生产）、高新技术产业（包括碳化硅原料、碳化硅精细微粉、碳化硅精细陶瓷的生产销售）、现代服务业（包括房地产开发与物业管理、现代物流和文化旅游产业）3个产业板块聚集发展的格局。

潍坊市五井煤矿有限公司

潍坊市五井煤矿始建于1958年，为市属国有中型企业，2004年11月经潍坊市人民政府批准改制为潍坊市五井煤矿有限公司。公司地址位于山东省临朐县境内。70年代末期煤炭产量最高年产达到50万吨，累计至2012年生产原煤1000多万吨。企业先后获煤炭部“全国地方煤矿十面红旗”称号，联合国技术合作部考察团专程两次到矿考察；山东省煤炭工业局授予“文明生产矿井”“质量标准化矿井”“安全生产先进单位”等称号；“井春”牌水泥产品被评为“首届中国金榜技术与产品博览会金奖”“山东省优质产品”。公司发展成为年实现销售收入过亿元，利税过两千万元的市级百强民营企业。2010年，企业实现销售收入12116万元，实现利税3362万元。形成“以年产原煤12万吨、特种水泥30万吨为骨干，设备制修、塑袋编织及三产服务为配套、多业并举”的经营格局。公司拥有资产总额12675万元，其中固定资产4672万元，流动资产5414万元。员工1867人，占地1090亩，煤炭年生产能力为15万吨。

2012年，潍坊市五井煤矿有限公司矿井政策性关停，人员资产妥善分流和安置。

潍坊市朱刘煤矿有限公司

潍坊市朱刘煤矿原为市属地方国有煤矿，位于昌乐县朱刘镇境内，始建于1970年10月，1976年10月投产，2001年改制为潍坊朱刘煤矿有限公司。设计生产能力15万吨/年，2006年核定生产16万吨/年。公司有员工1000余人。2010年度公司实现销售收入5892万元，上缴税金1264万元。2012年，按照国家“十二五”淘汰落后产能规划安排，潍坊朱刘煤矿有限公司矿井政策性关停，人员资产妥善分流和安置。

第九章　冶金工业

至1991年，潍坊市冶金工业主要冶金产品年产能力：铁矿石26万吨，铁精粉3.5万吨，生铁8万吨；钢8.5万吨，钢材10万吨；焦炭10万吨；黄金1万两。

2006年，按照突出转变发展模式、突出自主创新、突出质量和品牌、突出环境保护和资源节约、突出经济效益的原则，全市钢铁冶炼迅速扩大规模，提高产业集中度，重点开发热轧、冷轧板带等优质产品。到2010年，钢产量超过600万吨，实现销售收入超过300亿元，利税超过20亿元。

2012年，潍坊特钢、寿光巨能特钢、鲁丽钢铁3家企业全部纳入山东省钢铁工业“十二五”发展规划，为“十二五”期间全市钢铁企业发展提供了有力支撑。

第一节　钢铁生产

1991年，全市冶金系统有企业8家，其中6家为全民所有制企业、2家为集体所有制企业。按企业类型分，4家为中型企业，4家为小型企业。全行业有职工6687人，拥有固定资产总值1.3亿元。主要产品有矿石、焦炭、生铁、钢、钢材及耐火材料等。1991—1994年，共产钢28万吨、轧材33万吨、铁32万吨、焦炭35万吨，工业总产值分别为2.1亿元、2.12亿元、1.99亿元、1.86亿元；销售收入分别为1.86亿元、2.33亿元、4.3亿元、4.49亿元；利税分别为1801万元、2254万元、2832万元、2889万元。固定资产每年平均递增8.8%，职工人均收入每年平均递增19.7%。

1998年，全市规模以上冶金企业7家，实现工业总产值（当年价格）7.33亿元，工业销售产值（当年价格）6.91亿元，主营业务收入6.41亿元，利润总额1530万元，利税总额5336万元，全部从业人数年均5802人。

2001—2005年，鲁丽集团投资3亿元开发建设巨能特钢项目。鲁丽工业项目区规划占地3.5平方千米，开发2.5平方千米，属省级乡镇企业示范区，配套7.5万千瓦热电厂，为该项目区提供廉价的电力和热力，项目区路、电、供水、排水、热气、通信、宽带网配套齐全，有板材加工、钢铁冶炼、纸制品及包装等行业，适宜发展钢铁加工、机械制造、人造板加工、纸制品加工等相关产业。巨能电力集团积极采取“一业为主，多业并存”的发展思路，充分利用自身资源，开发建设巨能特钢等一批过亿元大项目。山东寿光巨能特钢有限公司下设炼铁厂、炼钢厂、轧钢厂。主要生产农机、化工、汽车、石油、机械制造等行业广泛应用的合金结构钢、齿轮钢、轴承钢等特种钢材，年生产特钢100万吨。

2001年，潍坊钢铁集团公司技改项目实际完成投资1.97亿元，增长49.4%，全年上缴税金8423万元，在全市大中型企业中排第十位。2002年，集团公司跨入全国大型企业和全市纳税十强企业行列，潍坊纳税过亿元的有2家，其中潍坊钢铁集团1.005亿元。2004年，全市重点钢铁企业共生产生铁187万吨，钢材175万吨，销售收入64亿元，实现利税6.6亿元。潍坊钢铁集团公司发展成为山东省四大钢铁企业之一，有职工3200余人，固定资产21亿元，占地面积1250亩。主要生产设施有：179立方米炼铁高炉2座，1186立方米炼铁高炉1座，120吨转炉1座，230平方米烧结机1台，75万吨自动化棒材生产线1条，60万吨自动化线材生产线1条，现代化物料场1座，2万立方米制氧站1座，6000千瓦发电机组2套等。形成年产钢材150万吨能力，主要产品有建筑用线材、普通圆钢、碳结钢和弹簧钢等。全年实际生产生铁60万吨，钢64万吨，钢材59万吨，实现销售收入21亿元，实现利税2.27亿元。

2005年，全市重点钢铁企业产生铁164万吨，钢材195万吨，销售收入75.2亿元，实现利税6.1亿元。全年完成招商引资2400万元。

2008年，重点统计的6家冶金企业生产钢材327万吨、铁229万吨；实现工业总产值211.9亿元，增长46.6%；利润6.6亿元，增长11.5%。2008年，潍坊钢铁集团公司生产钢材190.1万吨，实现销售收入87.3亿元，上缴税金4亿多元。

2012年，整个钢铁市场跌宕起伏，上半年延续2011年第四季度之后的疲软态势，7月起急剧下跌，每吨产品价格低点较年初高点跌幅达千元，9月起受国家利好政策及各大钢厂减产、限产影响，市场逐步回暖。潍坊冶金企业紧跟市场步伐，及时调整生产及供销策略，加强精细管理，在降本增效方面大做文章，取得较理想的成绩。潍坊特钢集团有限公司、山东鲁丽钢铁有限公司、山东寿光巨能特钢有限公司形成年产炼铁790万吨、炼钢870万吨能力，从业人员约1.73万人。2012年，全市冶金工业生产铁558万吨，钢541万吨；实现工业总产值260.42亿元，销售收入257.65亿元，利税11.38亿元。吨钢综合能耗603.74千克标煤，吨钢取新水3.28立方米；吨钢二氧化硫排放量0.886千克、烟粉尘排放0.388千克。

1991—2012年潍坊市冶金行业主要数据统计表

表7-9-1

年份	铁产量（万吨）	钢产量（万吨）	工业总产值（万元）	销售收入（万元）	利税（万元）
1991	8.5	8.13	28435	26366	1801
1992	8.2	8.02	26351	23318	2254
1993	10.4	8.3	44526	42951	2832
1994	11.1	7.4	47210	44946	3081
1995	—	—	—	—	—
1996	—	—	—	—	—
1997	—	—	—	—	—
1998	—	—	73342	69074	5336
1999	—	—	—	—	—
2000	—	—	—	—	—

续表7—9—1

年份	铁产量（万吨）	钢产量（万吨）	工业总产值（万元）	销售收入（万元）	利税（万元）
2001	—	—	—	—	—
2002	—	—	—	—	—
2003	—	—	—	—	—
2004	187	175	640520	638125	66235
2005	164	195	752123	748924	61412
2006	254	314	996587	979568	89697
2007	286	442	1429201	1408536	64251
2008	229	327	2119521	2095248	66236
2009	235	402	1943825	1936547	120425
2010	238	503	2759642	2726563	175246
2011	567	524	2896587	2857423	197231
2012	558	541	2604235	2576530	113845

第二节　技术改造

1991年以后，潍坊钢厂坚持以老厂为依托，内联外引，引进电炉及配套设备。1992年3月与中国香港伟兴公司成立合资“潍坊伟兴钢铁有限公司”，从英国引进35吨电炉—连铸全套设备。设备具有国内80年代先进水平，投产后，形成年产钢20万吨、钢材20万吨的能力，一定程度上缓解潍坊市钢材供应紧张的状况。35吨电炉厂址设在潍城区西郊小圩河境内，预留地2000亩，一期工程征地600亩。1994年12月，项目破土动工，到1995年8月开始实施第一期扩产改造工程，形成20万吨钢生产能力。1997年4月19日潍坊钢铁厂20万吨钢扩产改造项目竣工投产，完成固定资产投资1.5亿元，年实现销售收入5亿元、利税6000万元。

2005年，潍坊钢铁集团公司二期改造总投资25亿元，有5个子项目相继开工建设。项目建成后年新增钢材150万吨，实现销售收入75亿元，年利税8亿元。寿光巨能特钢有限公司新上40万吨棒材生产线，项目投资2.5亿元，项目完成后年销售收入16亿元，利税1.3亿元。

2007年，潍坊钢铁集团公司利用高炉煤气焦化煤气，炼钢转炉产生的煤气回收利用进行发电，160万吨高速线材技改项目累计完成投资8.8亿元。2007年列入省首批钢铁关闭淘汰落后产能计划之一的潍坊华阳钢铁有限公司64立方米高炉关闭淘汰工作基本完成。

2012年，潍坊特钢、寿光巨能特钢、鲁丽钢铁3家企业纳入山东省钢铁工业“十二五”发展规划，初步明确重点扶持潍坊特钢、鲁丽钢铁、巨能特钢等4家行业龙头企业千亿元投资计划，努力打造优特钢千亿级产业链条或产业集群。

第三节　企业改革与安全生产

企业改革

1991年，潍坊钢厂贯彻国务院《国营工业企业转换经营机制条例》，抓住机遇，加快人事制度改革，对行政领导干部实行招标、聘任。由厂长聘任的厂级行政领导班子，平均年龄45.5岁，有比较高的群众威信和领导能力。新班子提出“节能降耗，创水平，上台阶”的口号，坚持生产计划早安排，物资早准备，任务早落实，深入一线，现场办公，及时协调和解决生产中的突出问题，瞄准同行业先进水平和本企业历史最高水平，奋力赶超。转炉车间取得日产钢锭282.6吨的好成绩。二轧车间月月超额完成任务，并创造年产直径8毫米线材10434吨的历史最高纪录。同时，对全厂中层领导干部实行聘任制，签订《目标任务书》，并面向全厂职工，对一轧、三轧车间主任进行“招标式聘任”，把懂业务，年富力强，能带领广大职工团结实干的人推向领导岗位，使车间面貌焕然一新。一轧车间连续创造班产开坯307.71吨、日开坯849.91吨、月开坯14707.6吨的历史最高水平；三轧车间一改过去“产量低，废品多”的落后状况，创日产直径8毫米圆钢251.37吨、月产4100吨的历史最高水平。

2008年10月26日，潍坊市冶金行业协会成立，首批发展单位会员31家、个人会员2家。冶金行业协会组织全市冶金工业调整振兴规划的编制工作，为6家企业牵线搭桥解决产业链之间的供应与销售合作业务。组织开展银企对接活动，帮助企业做好融资工作，牵头与潍坊银行、担保公司合作举办“金融形势报告会暨企业资金需求座谈会”，40多家企业参加，签订贷款协议26份，融资近3亿元。初步探索出一条行业管理部门牵头，银行、企业、担保公司协作的“四位一体”的融资模式。组织开展冶金企业“管理创新年”活动，大力推进企业“管理理念、管理模式、管理手段”创新。

2012年，潍坊市成立钢铁企业兼并重组工作领导小组和办事机构，制订全市钢铁企业兼并重组方案，引导企业做大做强。

安全生产

1991年后，潍坊市冶金企业更加重视安全生产工作，全面落实安全生产责任制。层层落实安全责任，把生产、经营、奖金分配与安全生产挂起钩来。坚持每季度组织一次生产现场、工作现场安全生产大检查，消除事故隐患。同时加强安全生产教育。新工人入厂进行三级安全教育，否则一律不准上岗；对老职工定期进行重新培训和操作复审，做到持证上岗。同时定期进行安全知识竞赛活动，使全厂职工的安全意识进一步提高，逐步形成我要安全、我管安全的新局面。

益都铁厂狠抓企业管理和安全生产，始终坚持“安全第一，预防为主”的安全生产方针，全厂实现“四无”（无工亡、无重伤、无重大火灾，无重大设备事故）目标，多次被省冶金工业总公司授予安全生产先进单位称号，1994年夺得省公司“安全杯”。益都铁厂成立了以厂长为主任、党政工团参与的安全环保管理委员会，安全科长负责日常安全事务，各分厂分设安全环保领导小组，班组配备安全员，并随人员调离、生产结构变化随时调整。落实厂领导班子“要害岗位”的安全责任目标书，分别承包该厂的高炉、锅炉、煤气、油库、液化气站、发电机等岗位的安全责任目标，各分厂到班组也逐级进行分解承包，签订安全责任目标书，从厂长到职工按照责任制的安全职责列入考核内容，把生产、经营、奖金分配与安全生产挂起钩来，厂部和基层各单位实行安全奖罚制度，使人人受到安全指标、安全奖惩制度的约束。每月坚持组织一次生产现场、工作现场安全生产大检查，每次对查出的隐患和问题记录在档，及时下达事故隐患通知书，限期整改和整改后报告。对全厂204个灭火器定期更换灭火剂，煤气区多处设立煤气报警器。

2004年，全市冶金系统除配合上级主管部门进行20余次安全检查外，坚持每季度组织一次安全大检查，对重点企业不定期抽查，对查出的问题落实责任，限期整改。消除通风方面的违规违章现象，确保全市冶金企业安全度汛；建立隐患分级分类管理制度，将事故消灭在萌芽状态；提高安全生产保障；使全市冶金企业应急救援体系逐步规范化、制度化。加强安全知识培训，提高职工队伍技术业务素质。全年培训4000余人次。

2012年，全市冶金行业全面落实冶金安全生产法律法规，认真履行安全监管职责，定期研究部署安全生产工作，及时落实上级一系列指示和会议精神，促进企业安全生产健康发展。加强组织领导，层层落实安全责任。通过组织开展“安全责任落实月”活动，进一步促进各项责任制的落实。深入开展“安全生产基层基础管理深化年”活动，立足于“查大系统、治大隐患、防大事故”，每一季度突出一个主题，制定专项方案，开展专项整治，确保重大节假日、节会等安全生产。深入开展安全质量标准化建设，强化安全应急管理，扎实推进安全避险建设，进一步推进安全基础管理工作。

第四节　重点企业

潍坊特钢集团有限公司

公司前身为潍坊钢丝二厂，始建于1972年。1991年上炼钢项目，1994年经市、区两级政府协调，在坊子区原车留庄镇筹建新厂，更名为潍坊钢铁厂，第一期工程投资4.5亿元，引进具有国内同行业先进水平的钢铁冶炼和连铸连轧新工艺，生产能力达到60万吨/年，跻身全省四大钢铁企业行列。1999年，潍坊钢铁厂矿石烧结项目竣工投产。2001年，企业更名为潍坊钢铁集团公司实施改扩建二期工程，新上1200立方米高炉、120吨转炉、90万吨/年棒材生产线、230平方米烧结系统、8千米铁路专运线和1.5平方千米机械化料场，并引进先进的全自动化微机控制系统，达到150万吨/年钢生产能力。同年，三期300万吨/年优质钢及配套项目开工建设。2006年7月，80万吨/年焦化项目完工投产。在2006年冶金行业全国排序中，资本保值增值率、吨钢耗水、煤气回收利用率、污染物综合排放合格率、千人工亡率最低等5项指标均列第一。2007年9月，

特钢集团　　（2012年拍摄）

1300立方米炼铁高炉、12机12流连铸机生产线竣工投产，160万吨/年高速线材生产线建成投产后，年生产优质钢材160万吨，企业综合生产能力达300万吨/年，年实现销售收入100亿元，利税10亿元以上。

2008年，企业改制为潍坊钢铁集团有限公司。潍坊钢铁集团有限公司为全国1000家大型企业之一，中国制造业500强企业之一，山东省设备大型化装备上档次的三家大型企业之一，山东省百强企业之一。主要生产线材、普圆、碳结钢、合金钢和无缝管坯等产品。2009年企业划归潍坊高新技术产业开发区管理。2010年3月28日更名为潍坊特钢集团有限公司。2012年，生产生铁218万吨、粗钢227万吨、钢材219万吨，完成主营业务收入105亿元，同比增长34%；实现利税5.3亿元，同比增长28%；利润2亿元，同比增长11%。吨钢综合能耗654.09千克标煤，吨钢取新水3.67立方米；吨钢二氧化碳排放量1.6吨、二氧化硫排放量1.62千克、烟粉尘排放0.665千克。

山东鲁丽钢铁有限公司

公司前身为鲁丽集团有限公司钢厂，1993年成立，为鲁丽集团下属企业。1993年，主要装备有2×35吨电炉、排列式轧钢生产线一条，主要生产螺纹钢、型材。2002年，鲁丽集团有限公司钢厂改制成股份制企业，更名为山东鲁丽钢铁有限公司，其中鲁丽集团有限公司持股49%。鲁丽钢铁注册资本19770万元，资产总额50亿元，员工4000人。2003年，公司扩大生产规模，新上装备有1×50吨转炉、2×380立方米高炉、1×90平方米烧结机、排列式轧钢生产线一条，主要生产棒材、螺纹钢、型材。2007年，公司新上1×1080立方米高炉、1×180平方米烧结机、机械化原料厂。2009年，新上1×1080立方米高炉、1×120吨转炉、1×180平方米烧结机、连续式轧钢生产线2条，主要生产螺纹钢、管坯钢等，主要钢种有碳素结构钢、优质碳素结构钢、合金钢等。同时建设有1×60兆瓦高炉煤气发电和2×12兆瓦生物质发电机组以及钢筋加工配送中心。其中1080立方米高炉富余煤气热电联产项目与瑞典碳资产管理有限公司合作开发的CDM项目，2008年10月通过国家发改委批复，并顺利通过联合国DOE验收，2010年11月在联合国成功注册。公司于2010年5月对2×380立方米高炉、1×90平方米烧结机及相关配套设施进行全部停产，2011年6月底全部拆除完毕。2011年8月由山东省经信委验收完毕，完成国家下达的年度淘汰落后产能任务。2011年3月，被山东省冶金工业总公司评为“全省冶金有色行业安全生产工作先进单位”。2011年被《山东省钢铁工业“十二五”发展规划》确定为山东省重点扶持发展的钢铁企业，“支持鲁丽钢铁发展优质棒材，高强度螺纹钢筋，建设建筑用钢加工配送基地，实现产品和服务向下游延伸”。

2012年，公司通过质量、环境、职业健康安全“三合一”管理体系认证。为积极贯彻落实省住建厅、经信委《关于加快应用高强钢筋的实施意见》中“在建筑工程中加速淘汰335兆帕级钢筋，优先使用400兆帕级钢筋，积极推广500兆帕级钢筋”的要求，提前淘汰335兆帕级钢筋并加快高强度及抗震钢筋系列产品的生产，促进产品上档升级。当年，公司生产生铁230万吨、粗钢220万吨、钢材产量210万吨，完成主营业务收入87亿元、同比下降20.9%，实现利税4.6亿元、同比下降21.8%。吨钢综合能耗568千克标煤，吨钢取新水3.28立方米；吨钢二氧化硫排放量0.46千克、烟粉尘排放0.3千克。

山东寿光巨能特钢有限公司

2002年10月由山东寿光巨能控股集团有限公司投资建设，2003年10月建成投产，注册资金1.62亿元，占地142.04万平方米。公司是以生产特殊钢棒材和石油套管为主要产品的大型企业，公司有烧结厂、炼铁厂、炼钢厂、轧钢厂、钢管厂、动力厂6个生产分厂、18个职能部门，资产总额33.22亿元，公司员工3743人，其中专业技术人员463人。公司主要生产优质碳素结构钢、合金结构钢、管坯钢、抽油杆用钢、锚链钢、弹簧钢、轴承钢、碳素工具钢、汽车用钢、石油套管和管线管十一大系列产品，优特钢产品208个牌号，104个钢材规格、13个连铸坯规格、18个钢管外径规格，合金钢比达到75.42%，属于特钢企业。形成年产生铁250万吨、钢坯260万吨、钢材175万吨的生产能力，是山东省重要的特种钢生产基地，为中国钢铁工业协会、中国特钢企业协会、山东金属学会、潍坊市冶金行业协会会员单位。公司通过省级企业技术中心和国家实验室认证，拥有三项实用新型专利。公司生产的轴承钢、优质碳素结构钢、高强度螺栓用钢、船用锚链圆钢、石油天然气工业油气井套管获山东省名牌产品称号；锚链钢通过英国LR、日本NK、美国ABS、挪威DNV、法国BV、德国GL、韩国KR和中国CCS八国船级社认证；轴承钢材和钢筋混凝土用热轧钢筋获得国家质量监督检验检疫总局颁发的生产许可证；无缝钢管获得国家质量监督检验检疫总局颁发的制造许可证并取得美国石油协会（API）认证。公司获得中石油物资一级供应商准入证，取得中石化物资供应管理综合信息平台的准入资格，是中国石油装备（寿光）产业基地的重点企业。公司优特钢产品被列入省政府印发的《山东省钢铁工业调整振兴规划》中重点支持发展的产品系列，产品出口到日韩、中东、欧美、非洲等国家和地区，广泛应用于农机、石油、化工、铁路、矿山、汽车、船舶等机械加工制造行业。

2012年，公司生产生铁93.76万吨、粗钢95.95万吨、钢材90.33万吨；完成主营业务收入41亿元，同比增长29%；实现利税3.87亿元，同比增长86%；利润2亿元，同比增长198%。吨钢综合能耗589.15千克标煤，吨钢取新水2.91立方米；吨钢二氧化硫排放量0.58千克、烟粉尘排放0.2千克。

第十章 医药制造业

改革开放以后，潍坊医药企业规模效益不断增长。医药行业作为“朝阳产业”，吸引了大量社会资金投入，全市医药制造业逐渐形成化学原料药、医药中间体、化学制剂、中成药、医疗器械、制药机械、生化检测试剂等门类齐全的产业格局。化学原料药优势明显，占行业销售比重达80%，主导产品扑热息痛、甲氧苄啶年生产能力和产销量居世界首位，在国际上具有较强的竞争力；盐酸二甲双胍、磺胺甲噁唑、奥美拉唑、氯氮平、药用级葡萄糖等产销规模居国内首位。产品销售到100多个国家和地区。至2012年底，全市规模以上医药制造企业78家，实现工业总产值247.09亿元，主营业务收入249.73亿元，利税17.84亿元，利润13.29亿元。

第一节　生产经营

1991年，全市有医药制造企业10家，实现工业总产值1.15亿元，主营业务收入1.01亿元，利润534万元，利税1209万元，全市医药行业平均职工人数2801人。

1992年8月5日，山东潍坊医药公司组建成立山东潍坊医药集团总公司。同年，山东云门药业有限公司、山东广通叶绿素有限公司和潍坊三维生物工程集团有限公司建立。1993年，寿光制药厂建立。1994年，山东天达生物制药有限公司、山东天力药业有限公司建立。1994年底，全市医药制造企业17家，实现工业总产值4.12亿元，工业销售产值4.02亿元，主营业务收入2.47亿元，利润1235万元，利税2657万元，平均职工人数4314人。

1995年，青州尧王制药有限公司建立。1996年潍坊市康华生物技术有限公司建立。1998年，山东盛宏医药科技有限公司建立。至1998年底，全市规模以上医药制造企业16家，实现工业总产值6.78亿元，工业销售产值6.43亿元，出口交货值1.18亿元，主营业务收入5.48亿元，利润3057万元，利税7153万元，平均职工人数6302人。

1999年，诸城市浩天药业有限公司建立。至2000年底，全市规模以上医药制造企业21家，实现工业总产值6.45亿元，工业销售产值6.34亿元，出口交货值1.16亿元，主营业务收入6.51亿元，利润3819万元，利税8440万元，平均职工人数5393人。

2005年1月，环球施普乐医药（潍坊）有限公司建立。2007年8月，山东新和成药业有限公司建立。至2008年底，全市规模以上医药制造企业71家，实现工业总产值（当年价格）107.68亿元，工业销售产值104.9亿元，出口交货值18.98亿元，主营业务收入102.32亿元，利润10.44亿元，利税18.11亿元，平均职工人数13111人。

至2012年底，全市规模以上医药制造企业78家，实现工业总产值247.09亿元，工业销售产值240.7亿元，出口交货值27.84亿元，主营业务收入249.73亿元，平均职工人数达18828人。

1991—2012年潍坊医药工业规模以上制造业主要经济指标统计表

表7—10—1

年份	企业数（家）	工业总产值（万元）	主营业务收入（万元）	利税总额（万元）	利润总额（万元）	平均职工人数（人）
1991	10	11455	10154	1209	534	2801
1992	14	24862	14923	1708	1160	3449
1993	15	31760	26853	3075	2249	3844
1994	17	41196	24658	2657	1235	4314
1995	31	57837	45509	5131	2084	8045
1996	20	41363	35029	3717	1428	5896
1997	22	53368	41860	4915	2283	5411
1998	16	67847	54795	7153	3057	6302
1999	19	67693	48005	5312	3006	6258

续表7-10-1

年份	企业数（家）	工业总产值（万元）	主营业务收入（万元）	利税总额（万元）	利润总额（万元）	平均职工人数（人）
2000	21	64497	65135	8440	3819	5393
2001	23	81171	79787	8810	3498	5851
2002	21	86557	89616	10409	4673	5525
2003	24	118125	120430	13363	6326	5543
2005	49	326654	340997	48223	34689	7166
2006	54	406817	436827	49471	32927	7242
2007	56	641413	624124	87128	58362	9905
2008	71	1076811	1023246	181132	104362	13111
2009	86	1247464	1236110	151983	106888	14820
2010	88	1565537	1520970	132392	73511	15308
2011	74	2151919	2177111	174541	115000	15556
2012	78	2470888	2497333	178407	132930	18828

第二节 行业管理

1991年，潍坊医药公司会同有关部门在全市范围内开展治理整顿医药市场工作。重点是取缔非法药品经营，打击制售假冒伪劣药品的犯罪活动，理顺医药流通秩序，规范市场行为。至1994年底，共查处非法经营单位24家，个体药贩22人。

1997年，市、县两级医药管理局行使医药行业行政管理职能，对归口企业积极扶持，给予政策、技术等各方面的指导，促进归口企业健康发展，壮大医药经济实力。对全市23家药品生产企业、84家药品批发企业、77家药品零售企业的生产经营软硬件设施进行检查监督，换发“药品生产（经营）企业合格证”，促进生产经营条件的改善和提高。全年审查医疗器械产品标准7项，进行产品标准注册登记8个。全市医药系统开展“工业生产合格药，商业经营无假药”和药品价格、质量、服务“三承诺”活动，对净化医药市场，促进医药生产经营有序发展起到推动作用。市、县两级医药管理局和医药稽查大队（分队），与当地卫生、工商、公安、技术监督等部门密切配合，查处非法经营单位和个人。

1999年，全市医药行业重点进行纠正医药购销中不正之风工作。全行业组织全面自查自纠和试点抽验，对查出的收受和支出折扣进行处理。以医药管理局为主，联合卫生、工商、税务、物价、公安等部门，在全市范围内开展治理整顿医药市场活动，共查出非法经营药品的单位和个人109家，查封药品2142件，标值174.6万元。

2000年2月14日，设立潍坊市药品监督管理局，为市政府统筹管理全市药品监督管理工作的职能部门，是年3月22日正式挂牌。潍坊市医药管理局的行政管理职能移交潍坊市药品监督管理局，不再保留潍坊市医药管理局的牌子。2001年7月11日，潍坊市医药行业协会成立，挂靠潍坊市经济贸易委员会，会员单位39个。职责是积极、有序、高效地做好医药行业管理工作，充分发挥行业协会在行业管理中的作用。2002年8月29日，设立潍坊市医药行业管理办公室，2004年11月挂牌运行，为正县级事业单位，全额预算管理，受潍坊市经济贸易委员会委托，行使行业管理职能。至2012年底，市医药行业管理办公室累计编发《潍坊医药信息》41期、《医药经济运行简报》43期。大力宣传国家医药产业政策，交流推广先进企业管理创新、制度创新、节能减排等方面的典型经验，加强政府与企业、企业与企业之间的交流，促进企业经济发展方式转变，推动全市医药经济发展。

第三节 企业改革

1992年8月，山东潍坊医药集团总公司组建，由核心层、紧密层、半紧密层、松散层4个层次组成，为全民所有制企业，按大（二）型企业管理，具有法人地位。在潍坊市实行计划单列，享受县级固定资产项目审批权，归口潍坊市经济委员会，受市政府委托继续行使行业管理职能。医药集团核心层、紧密层由山东潍坊医药集团总公司一口对上，实行总包总挂，内部分包分挂。半紧密层、松散层单位的主要经济技术指标，实行“双轨”统计。

1993年3月，山东潍坊医药集团总公司被列为全省首批百家股份制试点企业之一。5月12日，山东潍坊医药集团总公司改组为山东潍坊医药集团股份有限公司，进行法人持股和内部职工持股的股份制试点。11月8日召开创立暨第一届股东代表大会。山东潍坊医药集团股份有限公司是以原集团总公司所属核心层，紧密层企业改组，由集团总公司独家申请和发起，采取定向募集方式设立的股份制企业，公司总股本9344.9万股，其中国有股5344.9万股，法人股3600万股，内部职工股400万股，募集资金6000万元。

1994年1月18日，省属医药流通企业潍坊药材采购供应站改制为山东国泰集团股份有限公司，注册资本5011.1万元，其中，国有股占37.92%、法人股占58.99%、个人股占3.09%。改制后的山东国泰集团股份有限公司由于经营管理不善，困难重重，难以为继，从1998年开始，各经营单位相继从山东国泰集团股份公司分立改制为独立法人，主要有潍坊金通医药有限公司、华润潍坊远东医药有限公司、山东华潍医药有限公司、山东国青医药有限公司、山东潍坊顺通医药有限公司（后改为潍坊隆顺和医药有限公司）。

1997年4月，全市医药行业大力实施资本运营战略。潍坊制药二厂兼并潍坊制药厂和潍坊制药三厂后，对原3家企业的人、财、物统一调整，进行资产重组，潍坊制药二厂更名为潍坊制药总厂，其企业性质和隶属关系不变，暂按大（二）型企业管理；12月，潍坊医药采购供应站和潍坊医药物资采购供应站进行强强联合，组建成新的潍坊医药采购供应站，使两站优势互补，内耗减少，效益增加，形成潍坊医药商业发展的龙头。1998年6月，寿光制药厂改制为寿光富康制药有限公司。12月，潍坊第四制药厂改制为安丘市鲁安药业有限责任公司。

1999年9月9日，潍坊医疗器械厂改制，更名为山东潍坊精鹰医疗器械有限公司改制采取按照资债相等原则，内部职工全部买断国有产权，经营者持大股的方式，注册资本104.67万元。潍坊医疗器械厂成为潍坊市市属企业改革首家试点单位和山东潍坊医药集团有限公司首家改制企业。

2000年11月20日，山东潍坊制药总厂因严重亏损，无力清偿到期债务，被潍坊市中级人民法院依法宣告破产还债。破产后企业重组为山东潍坊制药厂有限公司、山东潍坊欣力药业有限公司、潍坊康通动物保健品有限公司、潍坊金钟药业有限公司4家民营企业。重组后的企业一次性买断原企业土地使用权，建立股份合作制企业，自主经营、自我发展。改制后的山东潍坊欣力药业有限公司与山东经义医药有限公司协商合作，山东经义医药有限公司以土地和房屋投资406.23万元，控股70%。双方合作后，由于经营不善，亏损严重，职工不断上访。经市政府联合调查组查实，山东经义医药有限公司控股山东潍坊欣力药业有限公司虚假出资，经双方协商于2005年6月分离。因山东潍坊欣力药业有限公司已不具备重新启动生产的条件，在给予在职职工一次性经济补偿金后，停产解散，在职职工全部纳入失业保障体系，退休人员进入社区管理。2000年12月，寿光富康制药有限公司进行全面改制，建立起现代企业制度。

2002年2月8日，山东潍坊医药集团股份有限公司以中介机构评估和国资局确认的资产为基础，将潍坊中药厂90%的净资产出让给北京中证万融投资服务有限公司控股的北京生物科技有限公司（11741050元）。2月9日，潍坊中药厂与北京中证万融投资服务有限公司合作，在潍坊高新技术产业开发区注册成立潍坊沃华医药科技有限公司。2003年3月，北京中证万融公司又增资扩股1481万元。经山东省人民政府批准，潍坊沃华医药科技有限公司更名为山东沃华医药科技股份有限公司。2007年1月24日，山东沃华医药科技股份有限公司在深圳证券交易所挂牌上市，融资1.96亿元。

2002年12月19日，山东潍坊医药集团股份公司医药采购供应站实施改制。改制采取企业员工入股，经营者持大股的方式，募集股本1108万元，于2003年1月18日成立潍坊医药站有限责任公司。后经多方招商，最终确定与深圳海王生物有限公司合作，由深圳海王向潍坊医药站有限公司增资6000万元（其中现金4000万元，药品2000万元）。2003年3月21日，潍坊医药站有限责任公司正式更名为山东潍坊海王医药有限责任公司，整个改制及合作顺利完成。潍坊医药采购供应站改制后，山东潍坊医药集团股份有限公司分散在县市区的9家商业企业，规模小，风险大，已严重资不抵债。市属企业改革领导小组印发《关于同意潍坊医药集团所属九个县市区医药公司改制的预先批复》，同意各分公司分别进行改制。至2003年底，各县市区公司全部注册成立新公司，划归地方管理。

2003年8月14日，山东潍坊医药集团股份公司医疗器械采购供应站因严重亏损，已不能清偿到期债务，被潍坊市中级人民法院依法裁定破产还债。破产后由山东海王医药有限公司和潍坊金盛医疗器械有限公司按法定程序接收破产企业财产，安置企业职工。其中，山东海王医药有限责任公司安置在职职工116人、离退休人员15人和抚恤人员3人；潍坊金盛医疗器械有限公司安置在职职工15人；其他人员纳入失业保障体系。

2003年，山东广通叶绿素有限公司改制为山东广通宝医药有限公司。2004年6月4日，潍坊金钟药业有限公司因严重亏损，无力清偿到期债务，被潍坊市中级人民法院依法裁定破产还债。企业破产后因无力重组，也无单位接收，北厂区工业用地由市规划局按白浪河治理的规划设计要求变更用途，由市土地储备中心拍卖，土地拍卖价款全部用于兑付欠发的职工工资性款项和分流安置费用，在职职工全部纳入失业保障体系，退休人员进入社区管理。

2005年10月，潍坊医药职业中等专业学校改制，由改制后的潍坊医药职业中等专业学校接收原学校的全部资产和债务并安置全部职工，按照《中华人民共和国民办教育促进法》的规定，成为自负盈亏、独立承担民事责任的民办学校。至此，山东潍坊医药集团股份公司改制工作全面完成。

2007年5月，青州诚康医药有限公司被青州市人民法院依法宣告破产，此为山东潍坊医药集团有限公司所属企业改制后第一家被宣告破产的医药流通企业。同月，潍坊盛泰药业有限公司在美国OTCBB上市，成为昌乐县历史上第一家上市企业。

第四节　技术改造

1991年后，全市医药系统企业为了增加经济效益、提高产品质量、促进产品升级换代、节能降耗，不断加大技术投入，并采用新技术、新工艺、新设备等对现有设施、生产工艺条件等进行提升。1993年，山东潍坊制药厂投入750万元，对卡托普利进行扩产改造，生产能力由1991年的2吨增加到1994年的5吨。潍坊制药二厂投入1100万元对强力霉素进行扩产，生产能力由1991年的20吨增加到1994年的120吨；潍坊第四制药厂投入750万元对扑热息痛进行扩产改造，年产量由800吨增加到1000吨以上。1993年12月28日，潍坊中药厂主导产品心可舒车间技术改造项目立项。

1995年3月，潍坊医疗器械厂对制药机械车间进行大规模扩产改造，制药机械车间年生产能力由500台提高到770台，产品达到国内先进水平。1995年，潍坊制药二厂实施省重点项目强力霉素扩产工程。项目总投资2800万元，使强力霉素生产能力达到300吨，居亚洲第一，同时形成年产精制氢化物120吨的生产能力，1997年9月扩改工程全面建成投产。

1997年7月28日，潍坊中药厂国家中医药管理局专项重点工程心可舒车间改造项目建成投产。项目总投资1860万元，心可舒片新增生产能力6亿片/年，总产能15亿片/年。

1998年，潍坊第四制药厂投资1000万元，对扑热息痛原料药扩产改造，生产能力达8000吨/年，跃居全国第一位。11月2日，潍坊制药总厂卡托普利原料药车间一次成功地通过美国FDA验收，成为国内唯一通过美国FDA和GMP双重验收的卡托普利原料药生产企业。

1999年，全市医药行业共完成科技投入500万元，完成新产品开发13项，获国家级新药证书3个；完成重大工艺改进6项，完成新产品产值1.74亿元，新产品产值率达到21.6%。

2000年，山东天达药业有限公司粉针车间通过GMP认证，同时开发的植物生长促进剂“天达2116”通过国家863项目验收。安丘市鲁安药业有限责任公司的扑热息痛扩产项目实现当年建设、当年投产，使扑热息痛生产能力达到年产1.2万吨。当年，全市医药行业共完成技改投入8000万元，行业整体装备水平得到提高。

2001年，潍坊中药厂自筹资金600万元，完成固体制剂车间空气净化系统改造，片剂、水丸、蜜丸、包装设备改造和中药前处理车间搬迁改造。山东潍坊制药厂有限公司完成卡托普利原料车间扩产改造，生产能力由原来的月产3吨提高到5吨；潍坊金钟药业公司投资100万元，对强力霉素生产设备、工艺流程进行8项革新改造，对卡巴匹林钙车间按照国家GMP要求进行改造，新上散剂包装机，增加母液回收装置，为迅速启动生产奠定基础。寿光富康制药有限公司对原料药甲氧苄啶扩产，产量达到1600吨/年，成为世界上最大的甲氧苄啶生产企业，市场份额占全球的60%以上。潍坊盛泰药业有限公司投资1800万元对口服葡萄糖车间进行改造，采用先进的全酶法生产技术，生产能力由2万吨提高到5万吨。诸城市浩天药业有限公司扩大肌醇产能至

1200吨，成为世界最大肌醇生产基地，同时获得KOSHER认证。

2002年，山东潍坊制药厂有限公司投资400多万元按GMP要求对小容量注射剂车间进行改造。2003年，山东潍坊制药厂有限公司投资500万元，对多功能合成车间等3个车间进行全面改造，并全部通过国家GMP认证。潍坊盛泰药业有限公司无水葡萄糖项目通过药监局GMP认证，葡萄糖一车间投产。

2004年，全市医药行业完成投资3.6亿元，比上年增长111%。全年引进外资900万美元，内资8900万元。其中安丘市鲁安药业有限责任公司投资8000万元，新建扑热息痛车间，年增生产能力1.2万吨，形成2.4万吨生产能力。3月，投资新建采用国际先进制粒设备的复合扑热息痛车间正式投产。5月，扑热息痛生产线顺利通过欧洲EDQM现场核查。潍坊盛泰药业有限公司投资2000万元，新上年产20吨阿维菌素项目，与市投资公司等三方合作投资3000万元新建热电厂项目。寿光富康制药有限公司与瑞士汽巴公司合作投资1.2亿元，新建有机染料项目。山东潍坊海王医药有限责任公司与深圳海王共同投资6000万元建设物流配送中心一期项目。山东沃华医药科技股份有限公司由北京中证万融增资扩股1200万元，征地400亩，建设沃华医药工业园。潍坊盛泰药业有限公司与美国BIO-ONE投资合作，美方投资200万美元，控股51%。2004年2月，山东潍坊制药厂有限公司投资40多万元对水针、粉针、固体制剂车间冷冻系统进行改造。6月，投资200万元对青霉素钠车间上线进行改造，产量翻一番，并增加产品规格。9月，全资收购济南久创化学有限公司，并以第一大股东的身份参股潍坊海顺化学有限公司，建立自己的研发基地。

2005年，安丘市鲁安药业有限责任公司以扑热息痛原料药为主线，投资8200万元新建扑热息痛系列制剂生产线，投资2400万元开发成药项目。投资5000万元的两条大输液生产线于2005年9月18日开工建设。12月，复合扑热息痛生产线顺利通过德国巴伐利亚州政府GMP现场检查。盛泰药业有限公司在扩大葡萄糖规模的基础上，发展葡萄糖深加工产品，投资5000万元新建年产50吨阿维菌素生产线，启动年产24万吨淀粉项目。山东潍坊制药厂有限公司有7个新品种通过国家GMP认证，2个品种通过国家第二次GMP认证。诸城市浩天药业有限公司建成年产黄芩苷150吨生产线；肌醇年产能增加至1500吨。山东海王银河医药有限公司投资2300万元从奥地利KNAP公司引进商品拣选系统，实现拣选的自动化。2006年10月，山东潍坊制药厂投资100万元，对卡托普利车间进行扩产改造，卡托普利年生产能力达到90吨。12月，安丘市鲁安药业有限责任公司软胶囊生产线投入生产，年生产能力5亿粒。同月，山东沃华医药科技股份有限公司、寿光富康制药有限公司、潍坊盛泰药业有限公司通过市级企业技术中心认定。年内诸城市浩天药业有限公司黄芩苷年产能扩大至300吨。2007年6月，山东潍坊制药厂有限公司卡托普利原料首次获得欧盟COS证书。10月，投资300多万元，对小容量注射剂车间（包括水处理）进行改造。年内，诸城市浩天药业有限公司肌醇年产能扩大到3000吨。

2008年5月，山东潍坊制药厂有限公司脯氨酸回收车间完工并正式投入生产。11月，通过市级企业技术中心认定。年内，潍坊盛泰药业有限公司12万吨葡萄糖项目通过国家GMP认证；诸城市浩天药业有限公司肌醇年产能扩大到6000吨，并通过HACCP和FAML-QS认证。2009年2月，安丘市鲁安药业有限责任公司研发扑热息痛速溶片。3月，扑热息痛喷雾干燥制粒车间投产。5月，山东天力药业有限公司异VC钠项目开工。项目总投资8.5亿元，分两期建设，一期工程投资4.5亿元，建设5万吨/年山梨醇、1万吨/年异VC钠；二期工程投资4亿元，建设5万吨/年山梨醇、2万吨/年异VC钠。5月，山东盛宏医药科技有限公司新科技园开工建设，项目占地63340平方米，规划建筑面积37052平方米，建设期5年。6月，潍坊三维生物工程集团有限公司总投资6000余万元，建筑面积4600平方米的潍坊研发中心完成建设并投入使用。9月，寿光富康制药有限公司、山东沃华医药科技股份有限公司通过省级企业技术中心认定。10月，安丘市鲁安药业有限责任公司扑热息痛原料药和扑热息痛DC车间通过美国FDA认证。同月，山东天力药业有限公司、青州尧王制药有限公司通过市级企业技术中心认定。诸城市浩天药业有限公司新建年产500吨甜菊糖项目，进一步扩大黄芩苷年产能至800吨。

2010年5月，山东盛宏医药科技有限公司新科技园项目一期工程办公楼、5号、6号车间完成竣工验收。7月16日，山东天力药业有限公司VC项目一期工程投产。9月，安丘市鲁安药业有限责任公司、山东国邦药业股份有限公司、山东新和成药业有限公司通过市级企业技术中心认定。年内，潍坊盛泰药业有限公司40万吨淀粉技术改造项目启动；诸城市浩天药业有限公司年产500吨甜菊糖项目投产，肌醇新车间通过GMP国家认证。

2011年4月，安丘市鲁安药业有限责任公司扑热息痛原料药扩产项目正式投产。项目总投资2.2亿元，年生产能力由2.4万吨增加到4万吨，产能居世界之最。8月，山东潍坊精鹰医疗器械有限公司通过市级企业技术中心认定。12月，青州尧王制药有限公司通过省级企业技术中心认定。2012年，潍坊盛泰药业有限公司7万吨结晶糖扩产项目投产；11月，山东新和成药业有限公司通过省级企业技术中心认定。

第五节　产品研发

1991—1994年，科研开发步伐加快，全行业完成科研新产品75项，并全部试产。新产品产值由1991年的1671万元增加到1994年的7763万元。在开发的新产品中，有49项填补省内以上空白。推广应用新工艺、新技术6项，产生经济效益600万元。全市医药行业获省级以上技术进步奖13项，有7名科技人员获省局级以上专业拔尖人才称号。

1995年10月，潍坊三维生物工程集团有限公司酶免试剂盒推向市场。1995年，全市医药行业开发新产品18个，新产品产值完成7763万元，新产品产值率达22%。其中省级以上新产品14个，产值6271万元，产值率18%。

1996年9月，潍坊市康华生物技术有限公司开始研发生产TORCH系列酶免试剂。1997年7月，潍坊三维生物工程集团有限公司生化试剂盒推向市场。1998年，潍坊制药总厂自行研制的卡巴匹林钙原料和散剂获得国家新药证书，产品技改项目被列为山东省高新技术产业化首批启动项目。潍坊中药厂与中国预防医学科学院联合研制的胃幽门螺杆菌尿素霉诊断试剂盒获得新药证书，开始涉足生物技术领域。潍坊医疗器械厂与中国原子能科学研究院联合开发的前列腺炎治疗仪获得国家专利证书和生产许可证。

1999年，潍坊中药厂投资260万元，建成幽门螺杆菌尿素酶诊断试剂盒中试车间，并正式通过国家GMP认证中心专家组的检查，成为全国第一个通过审核的体外诊断试剂生产车间；山东华元生物工程公司利用自身国内首创的生物发酵法生产医用透明质酸；潍坊制药总厂的卡巴匹林钙和山东天达药业有限公司的美洛西林钠两个项目分别完成主体车间建设。

2000年，潍坊中药厂加强产学研联合，借助高等院校和科研单位力量，对疗效好且市场潜力大的琥珀消石冲剂、无糖感冒颗粒、橘红梨膏进行二次开发，与中国预防医学科学院联合开发的优生优育体外诊断试剂取得重大技术突破。当年全行业完成新产品开发8项。诸城市浩天药业有限公司建成第一条年产肌醇600吨生产线。潍坊市康华生物技术有限公司征地6.7亩，引进国外成熟的胶体金生产技术、开始研发生产金标渗滤法和金标层析法检测试剂。2000年12月，山东盛宏医药科技有限公司被认定为山东省高新技术企业，2007年9月，被科技部认定为国家重点高新技术企业。

潍坊市康华生物技术有限公司2001年开始研发化学发光仪及系列试剂，次年开始研发生化试剂。2003年4月，山东盛宏医药科技有限公司中药电磁仪列入国家火炬计划项目，8月，海洋螺旋藻上市；同年，寿光富康制药有限公司公司开发出新型热敏染料ODB-II。

2004年5月，山东盛宏医药科技有限公司研发的“育发黑发宝”上市。8月，潍坊市康华生物技术有限公司自主研发的早孕、排卵试纸条获得三类医疗器械注册证。12月，潍坊市康华生物技术有限公司公司通过ISO 9001国际质量体系认证和ISO 13485医疗器械质量管理体系认证。2005年4月，潍坊市康华生物技术有限公司自主研发的金标层析法“心肌梗塞三合一”诊断试剂成为国内首家获得医疗器械注册证的产品，同时获得省科技进步三等奖，并被国家发展和改革委员会列入国家诊断试剂高技术产业化项目。寿光富康制药有限公司开发了溴素、二溴醛，溴化钠等十多种原料中间体，形成以甲氧苄啶为主的溴素—二溴醛—甲氧苄啶—甲氧苄啶产业链。伊曲康唑等多种原料药完成生产工艺研究。

2006年1月，山东盛宏医药科技有限公司研发的葡萄籽胶囊上市。4月，潍坊市康华生物技术有限公司自主研发的孕中期唐氏综合征筛查系统成为国内首家获得三类医疗器械注册证的化学发光法产品。9月13日，山东潍坊制药厂有限公司获得“拉米夫定适合工业化的制备方法”“一种高纯度医药中间体酮酯的制备方法”“恩曲他滨适合工业化的制备方法”3个授权专利。

2007年1月，山东盛宏医药科技有限公司盛宏牌“自热透化带”获2007年中国百佳创业项目金奖。5月，被山东省科学技术厅和山东省知识产权局授予“中国专利山东省明星企业”称号。1月，潍坊市康华生物技术有限公司自主研发的金标层析法甲胎蛋白检测试剂成为国内首家获注册证的产品。潍坊市康华生物技术有限公司研发的肺炎支原体抗体测试条、肺炎支原体抗体检测卡、TORCH五联检测卡、孕中期唐氏综合征筛查系统等产品获得国家专利，被山东省科学技术厅和山东省知识产权局授予“中国专利山东省明星企业”称号。2008年6月，山东盛宏医药科技有限公司“新型彩屏电磁治疗仪”研发成功。12月，寿光富康制药有限公司奥美拉唑原料药及其肠溶微丸被列为国家火炬计划项目。

2009年，潍坊市康华生物技术有限公司自主研发的金标渗滤法肺炎支原体IGM抗体检测试剂成为国内首家获得三类医疗器械注册证的产品；研发的金标渗滤法EB检测试剂、酶联免疫法TORCH系列检测试剂、金标层析法TORCH五项联合检测卡、乙肝五项联合检测卡、乙肝表面抗原检测试剂、丙肝抗体检测试剂、艾滋病毒抗体检测试剂、梅毒螺旋体抗体检测试剂获得三类医疗器械注册证。2010年2月，寿光富康制药有限公司成为国家综合性新药研发技术大平台产业化示范企业。6月，“奥美拉唑改造关键技术”和“盐酸二甲双胍大品种改造关键技术”列入国家“十二五”重大新药创制科技重大专项。

2011年，潍坊市康华生物技术有限公司自主研发的同型半胱氨酸、胱抑素C等几种新生化试剂及金标层析法TORCH-IgG四联检测试剂、乙型肝炎病毒前S1/S2抗原检测试剂，以及金标渗滤法肺炎衣原体抗体检测试剂、肺炎支原体IgG抗体、胃幽门螺杆菌抗体检测试剂、解脲支原体抗体检测试剂、沙眼衣原体抗体检测试剂8种产品新获三类医疗器械注册证。

2012年2月，安丘市鲁安药业有限责任公司通过韩国食品药品监督管理局现场检查；3月，扑热息痛5号线通过山东省食品药品监督管理局新版GMP现场检查。2月，寿光富康制药有限公司制剂车间通过国家新版GMP片剂认证；11月，首批制剂产品氯氮平分散片正式投放市场；12月，奥美拉唑大品种关键技术改造项目获得山东省科技成果进步一等奖。同年9月5日，山东潍坊制药厂有限公司获得发明专利“拉米夫定及其中间体的制备方法”授权；11月28日，山东潍坊制药厂有限公司获得发明专利“一种可制备核苷磷酸类药物的化合物及其制备方法”授权。10月，山东盛宏医药科技有限公司“两通一透”疗法治疗静脉炎获新突破。12月17日，山东潍坊制药厂有限公司拉米夫定项目获得自主创新专项资金1000万元。潍坊市康华生物技术有限公司的金标法人类免疫缺陷病毒（HIV1+2）抗体检测试剂，在中国疾病预防控制中心组织完成的2012年全国胶体金法HIV抗体诊断试剂临床质量评估中获得第一名。

第六节　重点产品

山东沃华医药科技股份有限公司的主导产品“沃华心可舒片”，是国家专利产品、国家中成药优质优价品种、中国中药名牌产品。

安丘市鲁安药业有限责任公司以生产出口西药原料扑热息痛（对乙酰氨基酚）为主，年生产能力4万吨，生产能力居世界首位，“世界的扑热息痛在中国，中国的扑热息痛在鲁安”是全球制药企业对鲁安药业的一致评价。

寿光富康制药有限公司是国家重点高新技术企业、国家综合性新药研发技术大平台产业化示范企业，以生产化学原料药为主，其中甲氧苄啶（3000吨/年），产销量居全球第一，销量占全球市场份额70%以上；盐酸二甲双胍（3000吨/年）、磺胺甲噁唑（2000吨/年）、奥美拉唑、氯氮平4个原料药产销量居全国第一位。

青州尧王制药有限公司拥有生产剂型14个、中西药产品品种119个，主导产品为大容量注射剂，生产规模居省内前列。

潍坊盛泰药业有限公司以生产葡萄糖和药用淀粉生产为主，葡萄糖系列产品年生产能力45万吨，药用级葡萄糖产销规模居国内同行业首位。

山东天力药业有限公司是亚洲最大的糖醇生产商，葡萄糖生产能力达35万吨、山梨醇40万吨、甘露醇2万吨、麦芽糖醇4万吨，出口量在全国同行业企业中排名首位。

山东广通宝医药有限公司是全球最大的叶绿素系列产品和维生素K1系列产品的专业生产企业。

2010—2012年潍坊市医药工业主要产品产量一览表

表7-10-2

药品名称	生产企业	单位	年产量		
			2010年	2011年	2012年
磺胺甲嘧唑	寿光富康制药有限公司	吨	1487	1558	1396
奥美拉唑	寿光富康制药有限公司	吨	—	222	218
二甲双胍	寿光富康制药有限公司	吨	1125	1076	2505
甲氧苄啶	寿光富康制药有限公司	吨	2904	2174	2574
对乙酰氨基酚	安丘市鲁安药业有限责任公司	吨	21650	22110	26000
维生素K1	山东广通宝医药有限公司	吨	4	5	5
叶绿素铜钠	山东广通宝医药有限公司	吨	42	47	46
卡托普利	山东潍坊制药厂有限公司	吨	63	59	61
VC细粉	山东天力药业有限公司	吨	1804	10280	11669
甘露醇	山东天力药业有限公司	吨	6617	7872	8902
口服葡萄糖	潍坊盛泰药业有限公司	吨	56550	63355	64686
无水葡萄糖	潍坊盛泰药业有限公司	吨	14360	15019	25155
注射葡萄糖	潍坊盛泰药业有限公司	吨	38758	44087	52976
肌醇	诸城市浩天药业有限公司	吨	3053	3151	3657
黄芩苷	诸城市浩天药业有限公司	吨	221	116	235
心可舒片	山东沃华医药科技股份有限公司	万片	24580	38103	41930

第七节　重点企业

青州尧王制药有限公司

公司成立于1995年，是一家集中西药研发、生产、销售为一体的现代化制药企业。主要经营范围有大容量注射剂、粉针剂、片剂、硬胶囊剂、颗粒剂、丸剂、茶剂、散剂、凝胶膏剂、冲洗剂、口服液、合剂、煎膏剂、露剂14个生产剂型，119个批准文号，医疗器械注册证1个，药包材注册证8个，拥有16个现代化制药车间，全部通过国家GMP认证，是山东省最大的塑料大容量注射液生产基地，综合经济效益名列山东省医药行业前列。

1998年，公司参与国企改革，投资收购国营青州肉联厂，成立青州尧王食品有限公司，于2001年兼并国营青州中药厂，投资2亿元建设尧王工业园区，安排200多名下岗职工再就业，安置192名离退休干部，解决800多名贫困群众就业，培训技术工人300多人，使近2000人脱贫。长期义务管理、服务2230多人的青州市华龙社区，每年投资近百万元为其办理落实低保、医保等保障，实施道路维修、电力照明、地下排水等无偿服务，对当地的经济发展和社会稳定做出积极贡献。

2012年，公司投资10亿元，在青州市经济开发区新征土地800余亩，建设尧王制药扩产项目，并积极运作药厂上市，确立化学药品和中药两大方向的两大产业集群发展规划。以输液、粉针制剂为基础的化学药品部分，增加新产品、新剂型的生产。在原有中药基础上加大产品研发和品牌升级的投入，培育从药材种植到饮片、提取物、制剂生产直至自动发药系统的产业链，打造中药产业集群，实施中药现代化生产新技术，研发多类型新产品，实现中药饮片、配方颗粒、提取物、健康食品、中成药等多类别产品的工业化生产。企业先后获潍坊市百强民营企业、潍坊市工业百强企业、山东省企业技术中心、国家综合性新药研发技术大平台（山东）产业化示范企业、潍坊市工程技术研究中心称号，“尧王牌”大输液获山东省著名商标等称号，企业被认定为山东省高新技术企业。2012年，公司实现主营业务收入16亿元，利税5852万元，完成工业增加值6.98亿元。

寿光富康制药有限公司

公司前身为寿光制药厂，创建于1993年。1993年9月，山东寿光制药厂开始动工建设，1994年10月投产运营。1997年6月，更名为寿光富康制药有限公司。1997年，与华东理工大学合作，引进开发高压反应法生产新工艺，对主导产品甲氧苄啶的关键中间体进行新技术改造，企业当年扭亏为盈，开始走上发展的快车道。

2000年12月，企业在全市率先完成全面改制，建立起现代企业管理制度，此后销售收入、利税、利润、自营出口创汇等主要经济指标连续五年实现翻番，由一家小企业发展成为总资产5.3亿元的大型制药企业，跨入全国医药工业百强行列，多次被评为山东省A级纳税企业和AAA级信用单位。

2001年10月，原料药甲氧苄啶再次扩产，产能达到1600吨/年，产品规格从最初的BP98变到EP2005，工艺技术不断改进，质量不断提高，成本一路下降，使公司成为世界上最大的甲氧苄啶生产企业，市场份额占全球的60%以上。同时，企业投资建设的原材料基地——民康溴素厂正式试车投产。以后又投资1亿多元通过收购、租赁、协议包销、新建等形式，建立自己的溴素基地8个，使溴素生产能力增加到1.2万吨，保证了主导产品甲氧苄啶的原料自给自足。依托溴素资源优势，公司成为全国最大的溴化物生产出口基地。

2003年，公司开发一种新型热敏染料ODB-Ⅱ。2004年与瑞士汽巴公司正式签约成立瑞康精化有限公司，投资1650万美元建设900吨/年ODB项目，成为寿光市第一家与世界500强合作的企业。通过吸收利用Ciba的生产技术，使ODB工艺达到国际领先水平，产品质量跨入国际一流的行列，生产成本比原来下降2万多元/吨，年新增效益2000多万元，产品全部出口到欧美国家。同年，企业通过国家GMP认证和ISO 9001、ISO 14001、OHSAS180013个体系认证。2004年6月14日，鹤寿牌商标被评为山东省著名商标；2005年10月，鹤寿牌甲氧苄啶被评为山东省名牌产品。

2006年，企业开始涉足生物医药领域，与解放军301医院合作开发生物制剂——富康藻中宝，该产品具有降血糖和抗疲劳的双重疗效。2008年5月，奥美拉唑微丸生产线第一个成品药车间试生产，标志着公司由原料药开始向成品药发展。2006年12月，被认定为山东省溴系列医药化工工程技术研究中心。2008年12月，奥美拉唑原料药及其肠溶微丸被列为国家火炬计划项目。2010年2月，成为国家综合性新药研发技术大平台产业化示范企业；6月，“奥美拉唑改造关键技术”和“盐酸二甲双胍大品种改造关键技术”列入国家“十二五”重大新药创制科技重大专项；12月，批准设立“泰山学者——药学特聘专家”岗位，并引进“泰山学者——药学特聘专家”1人。

企业开发生产医药制剂、原料药、医药中间体、热敏染料、海洋生物5大系列60多个产品，产品65%以上出口，畅销美国、德国、英国、日本、韩国等60多个国家和地区，甲氧苄啶的产销量居全球第一，占市场份额70%以上，盐酸二甲双胍、奥美拉唑、磺胺甲噁唑、氯氮平4个原料药产销量分别居全国第一。

2011年3月，五个原料药品种通过美国FDA的现场检查。2012年2月，制剂车间通过国家新版GMP片剂认证；3月，两个原料药品种通过欧盟官方EDQM的现场检查；5月，被认定为山东省创新型企业；11月，首批制剂产品氯氮平分散片成功投放市场；12月，奥美拉唑大品种关键技术改造项目获得山东省科技成果进步一等奖。公司先后获“山东省知识产权优势企业”“潍坊市知识产权试点企业”称号。2012年，公司实现主营业务收入40.5亿元，利税3.55亿元，完成工业增加值8.56亿元。

安丘市鲁安药业有限责任公司

公司的前身为潍坊第四制药厂，1998年12月，改制为安丘市鲁安药业有限责任公司。公司以生产出口西药原料扑热息痛（对乙酰氨基酚）为主，年生产能力4万吨，流化床造粒复合扑热息痛年生产能力5000吨、喷雾造粒复合扑热息痛3000吨、扑热息痛固体制剂80亿片/粒，生产能力居世界首位，产品注册商标“鲁安”牌，产品执行最新版本的英国药典、美国药典、欧洲药典、日本药典和中国药典。公司引进世界先进制粒设备生产各种复合扑热息痛，可根据客户不同规格要求和配方进行生产不同规格的产品和委托加工制剂（包括扑热息痛可待因片）。公司持有欧洲医药质量理事会颁发的欧洲药典适用性证书（COS），已向美国FDA申报数个DMF文件，多次通过欧盟EDQM、德国巴伐利亚州政府和美国FDA的GMP现场核查，多年来屡次通过世界国际制药公司先后对公司进行GMP和健康环保（EHS）审计认证，并得到一致认可。公司建立完善了一系列标准管理规程，使员工和管理系统达到现行GMP和EHS要求。公司努力推进企业转型升级，持续抓好国际高端质量认证，着力搞好新品种研发，实现从原料药到成品药的转型，提高经济运行质量和效益。2012年，公司实现主营业务收入12.49亿元，利税5209万元，完成工业增加值1.39亿元。

山东沃华医药科技股份有限公司

山东沃华医药科技股份有限公司的前身为潍坊中药厂，2002年2月9日改制为潍坊沃华医药科技有限公司，后更名为山东沃华医药科技股份有限公司。公司股票于2007年1月24日在深圳证券交易所挂牌上市，融资1.96亿元。2008年8月8日，沃华医药完成定向增发，融资2.73亿元。

2008年，山东沃华医药科技股份有限公司投资1.7亿元，在山东省潍坊市高新技术开发园区建成现代化GMP中药产品基地，基地不仅装备了领先水平的全自动中药制造成套硬件，更有一大批拥有30年中药生产实践经验的老药工。整个基地不产生一滴废水，实现零污染排放。

沃华医药的独家原研产品“沃华心可舒片”为国家专利产品，国家中成药优质优价品种，中国中药名牌产品；2008年上市的“沃华脑血疏口服液”是国家批准的脑出血急性期独家治疗用药，被业内专家誉为这一治疗领域的“重磅级”新产品，是国家秘密技术品种，国家重点新产品，自主知识产权产品；2010年上市的专利新药通络化痰胶囊，源于脑血管领域权威专家王永炎院士的中风病“首选方”，是国家“863”计划、“十五”科技攻关课题、国家重大科技创新中药项目科技成果；2012年批准上市的“沃华参枝苓口服液”为原创性国家六类新药，是经国家批准用于治疗老年痴呆的中药复方药物，填补了国内外治疗老年痴呆中药复方制剂的空白，为国家专利产品，国家重点新产品，并列入2012年山东省自主创新重大专项计划项目。

沃华医药有144个中成药品种，涵盖13个中成药剂型。沃华医药的中药研究院与北京中医药大学、中国医学科学院药物研究所等6家科研院所直接建立长期合作关系，共同研发新药品种10多项，申请国家发明专利12项；取得专有技术6项。是国家博士后科研工作站、省级企业技术中心、省级工程技术研究中心，负责国家863科技攻关计划、“十一五”国家重大新药创制重大科技专项、国家火炬计划等科研课题10多项。

沃华医药多次被省食品药品监督管理局授予“质量明星企业”“放心药厂”等称号。多次被山东省工商局授予“重合同守信用单位”称号。获“山东省医药行业发展突出贡献企业”“山东省中药现代化示范企业”等称号。2012年，公司实现主营业务收入2.1亿元，利税4291万元，完成工业增加值9658万元。

潍坊盛泰药业有限公司

1999年2月，潍坊第五制药厂改制为潍坊盛泰药业有限公司，是山东省“高新技术企业”“农业产业化重点龙头企业”，潍坊市“工业百强企业”“农业龙头企业50强”之一。2007年5月在美国上市。公司集原料药和药用辅料的研发、制造、销售于一体，产品主要包括淀粉、葡萄糖、生物制品3大系列数十个品种。年可产淀粉系列产品80万吨、葡萄糖系列产品45万吨、生物制品5000吨。其中，药用级葡萄糖产销规模居国内同行业首位。公司秉持“做让客户最满意，人类最放心的原料药制造商”宗旨。建立健全完善的质量保障体系，在同行业中较早通过GMP、ISO 9001、HACCP、QS等系列认证，以过硬的产品质量、良好的服务保障，赢得国内外客户朋友的广泛赞誉，产品畅销全国近30个省（市、自治区），出口70多个国家和地区。

2010年开始，公司在持续做大做强淀粉、葡萄糖传统业务的同时，先后向变性淀粉、玉米油脂、液体糖产销及物流、商贸等新的业务领域拓展，初步形成医药原辅料、食品原辅料、食品添加剂、商贸物流四大业务板块，加快向现代化、集团化经营迈进。2012年，公司实现主营业务收入13.49亿元，利税7649万元，完成工业增加值2亿元。

山东潍坊精鹰医疗器械有限公司

山东潍坊精鹰医疗器械有限公司前身为潍坊医疗器械厂，创建于1958年。1991—1998年，公司主要产品有：电热恒温培养箱、电热恒温干燥箱、隔水式电热恒温培养箱、胶片干燥箱、电热蒸馏水器、重蒸馏水器、药品橱、吊瓶架、观片灯、器械台、手术凳。1998年，公司新研发多效蒸馏水机、纯水处理设备。公司主要产品为多效蒸馏水机、纯蒸汽发生器、纯化水处理设备、各种注射用水储罐、配料罐、浓缩提取设备、精酿啤酒设备、自动高效中药提取设备等。1999年9月，企业改制为山东潍坊精鹰医疗器械有限公司，是潍坊市市属企业改革首家试点单位和潍坊医药集团首家改制企业。

2010年1月，公司从潍坊市潍城区胜利西街搬迁至潍坊市奎文区庄检路2600号，建筑面积3.2万平方米，员工356人，注册资金2000万元。是潍坊市高新技术企业、中国制药装备行业协会会员单位。公司在同行业中率先通过英国摩迪认证公司ISO 9000国际质量体系认证，同时有压力容器设计许可证和压力容器制造许可证以及医疗器械生产企业许可证，公司技术中心通过潍坊市质量技术监督局验收，是国内同行业中资质最全、技术力量雄厚、市场占有率稳居前列的资深专业设计、制造制药器械厂家。

公司拥有原材料配送中心、金加工车间、多效水处理车间、罐体车间、食品机械车间等6个车间，有开平、覆膜、卷板、水刀切割、数控机床、数控中心、自动氩弧焊机、自动磨光机、自动抛光机等几百台技术先进的加工设备，有先进的原材料、产成品检测设备，为加工生产提供有力保障。2012年，公司实现主营业务收入9487万元，利税441万元，完成工业增加值1241万元。

第十一章　盐业

潍坊盐区，位于渤海莱州湾南岸，北纬36° 51′～37° 19′，东经118° 47′～119° 33′。海岸线长143千米，滩涂属淤泥沙质平原，面积14.72万公顷，其中地下卤水带面积11万公顷，占莱州湾沿岸卤水带面积的76.7%。盐区滩涂广阔，土质良好；蒸发量大，降水量小；地下卤水浓度高，储量大，埋藏浅，易开采，海盐生产条件优越。新中国成立后尤其是实行改革开放以后，潍坊盐业原盐及加工盐生产、溴及溴系列产品生产、苦卤化工生产等得到较大发展，成为全国最大的海盐及盐化工生产基地。

从90年代开始，全市盐业实施“以盐为主，盐化并举”的发展战略，加快产业结构和产品结构调整，在扩大原盐生产规模、提高原盐质量的同时，突出发展盐化工，先后新建一批溴素厂，并开发溴系列深加工产品，盐化工成为潍坊盐业的“半壁江山”。

1995年11月8日，潍坊市盐业生产开始由计划经济体制向市场经济体制转变，发展潜能得到充分释放，资源优势、规模优势和成本优势等得到充分发挥，促进了潍坊盐业的快速发展。2005年，在全市范围内采取兼并联合的方式，进行企业整合重组。对全市制盐企业生产资格重新确认，换发制盐许可证。全市制盐企业及业户从千余家调整整合为151家，每家企业原盐产能均达到5万吨/年以上。至2012年，全市有制盐企业37家，员工29832人。原盐生产面积4.13万公顷，结晶面积11044.5公顷，其中塑苫面积11005.9公顷，占结晶面积99.7%；年生产原盐1367万吨，生产面积单产3.31吨/公亩，结晶面积单产12.38吨/公亩。全年销售原盐1431万吨。生产盐化工产品32.05万吨，销售30.47万吨。其中，溴素产量8.16万吨，销售7.83万吨。全行业完成销售收入107.4亿元，实现两税入库11.2亿元，成为全市经济的支柱产业，保持全国最大盐及盐化工生产基地地位。

第一节　盐业资源

滩涂

潍坊盐区沿海滩涂南北宽平均16千米，总面积为14.72万公顷，可供开发用于盐田面积5.26

万公顷。

潍坊盐区滩涂地势平坦，南高北低，地面高程海拔1.7～3.9米，自西向东，羊角沟盐区、大家洼盐区、岔河盐区滩涂土质基本属黏性砂土（亚砂土），对整滩做池具有防渗性能及加固作用，适宜机械化作业。寒亭盐区、昌邑盐区滩涂土质属粉砂土，土质疏松，保水性差，整滩做池需进客土加固防渗，但砂土易沉降除混，卤清盐白，产品质量高。

2005年，由于北部沿海一带开发区建设，开始占用盐田。2012年全市被占用盐田面积6300公顷。2005年，山东龙震集团建设20.5千米围海大坝，围海建设盐田1600公顷。2006年，山东鑫环集团建设9.8千米围海大坝，围海建设盐田800公顷。至2012年底，全市有盐田面积4.13万公顷，潍坊盐区主要宜盐滩涂已基本利用。

地下卤水

分布　潍坊盐区地下蕴藏着丰富的高浓度卤水，地下卤水来源于海水，属浓缩海水。盐区地下卤水，在垂直方向的80米深度内分布着三个卤水层。第一层为潜水卤水层，俗称地表层，形成于距今8000年前的全新世晚期，卤水自西向东储存于黏性砂土（亚砂土）、粉砂土层中，厚度7米，底板埋深8～22米，浓度6° Be′～12° Be′，由于埋藏浅，易受大气降水等地表自然因素影响，水位、浓度变化较大。第二卤水层为上承压卤水层，形成于距今1.4万～2.4万年前的晚更新世中期，卤水储存于粉砂、细砂土层中，埋藏厚度8～22米，底板埋深22～44米，卤水浓度10° Be′～14° Be′。第三卤水层为下承压卤水层，形成于距今7万～10万年前的晚更新世早期。卤水赋存于黏性土层中，厚度15～25米，底板埋深70～80米，卤水浓度5° Be′。

潍坊盐区地下卤水在水平方向上，具有分带分块的特点（主要指潜水卤水层）。在南北方向，即由海向陆的分布：有近岸带、中间带、远岸带，浓度依次呈现低—高—低规律变化。近岸低浓度带，亦称现代卤水生成带，宽约8千米，地面高程在1.7米以下，因低潮频繁，卤水浓度低于10° Be′。中间高浓度带，宽约10千米。地面高程在1.7～3.9米之间，属高潮波及区域，卤水浓度在10° Be′以上，是地下卤水主要开采区，既适合生产原盐，又可生产溴素等盐化工产品。远岸低浓度带，位于卤水开采区以外，极少受高潮波及，宽约5～10千米，地面

海化集团盐场　　（2012年拍摄）

高程在3.9米以上，卤水浓度一般在10° Be′以下，远岸低浓度带边缘受陆源地下淡水的影响，有变淡的趋势，又称“地下卤水淡化带”，也是开采区的补给带。由于受海水进退侵袭、古海岸屈伸变化形成的洼地、潟湖的影响，莱州湾沿岸地下卤水浓度有一定的分块性。弥河下游区块浓度高达19.1° Be′，弥河河口处15.8° Be′，胶莱河下游西侧14.5° Be′。

储量　潍坊盐区蕴藏着丰富的地下卤水资源，卤水带面积11万公顷，占莱州湾沿岸“液态盐矿床”卤水带总面积的76.7%。按垂直方向80米深度和圈定5° Be′等值线范围内计算，地下卤水总储量为58.33亿立方米，占整个莱州湾沿岸卤水带卤水总储量的78.41%。其中：胶莱河—潍河区块为8.76亿立方米，潍河—丹河区块20.28亿立方米，丹河—弥河西支区块为18.91亿立方米，弥河西支—广利沟区块为10.37亿立方米。地下卤水静储折盐量以平均浓度计算约6.53亿吨，各卤水区块静储折盐量按上述顺序分别为1.04亿吨、2.41亿吨、2.15亿吨、0.92亿吨。山东省第四地质矿产勘察院2005年对潍坊市北部沿海地下卤水进行勘察，勘察结果：大于7° Be′地下卤水资源储量为43.5亿立方米，其中陆地35.2亿立方米，潮间带8.3亿立方米。据山东省制盐工业科学研究所1983年《山东省莱州湾沿岸地下卤水资源调查与实验研究报告》实验测算，每年每100公顷的潮间带海滩上平均可生成10° Be′卤水16万立方米。2005年，潍坊各盐区地下卤水平均浓度为：昌邑9.6° Be′，寒亭10.4° Be′，寿光和原潍坊滨海经济技术开发区均为9.7° Be′。

开采利用　80年代以前，地下卤水开采方式先后有开挖大土井、打砖管井、水泥管井。80年代以后，真空井被广泛采用，卤井逐渐加深至80米左右。从90年代开始，潍坊一些大型制盐企业探索出“一水多用”模式。其中，山东海化集团实现“一水六用”的资源综合利用模式，即海水放养贝类、鱼虾等海产品；初级卤水养殖卤虫；中级卤水先送纯碱厂、硫酸钾厂做工艺冷却，吸收化工余热的中级卤水送溴素厂提溴；提溴后的卤水送到盐场晒盐；晒盐的苦卤复晒生产低钠盐后生产硫酸钾、氯化镁等产品。卤水中的有用成分被充分利用，最大限度地避免废液排放对海域生态的破坏影响。

进入21世纪后，卤水资源被过快开采利用，地下卤水呈现逐渐枯竭趋势。2005年与80年代相比，地下水位平均由30～40米下降到70～80米，单井上水量平均由30立方米/小时～40立方米/小时下降到10立方米/小时～20立方米/小时，卤水浓度平均由12° Be′～15° Be′下降到9° Be～11° Be′，含溴量平均由300克/立方米～330克/立方米下降到200克/立方米～230克/立方米，部分盐区下降到200克/立方米以下。昌邑盐区卤水含溴量年均下降8克/立方米～10克/立方米。

地下卤水大面积、大规模的开采利用，致使地下卤水水位逐年下降。制盐及盐化工企业提取地下卤水的地点，由原来的场（厂）区以内，逐渐向周边延伸。从90年代末期开始，制盐企业采用在周边农田、河道及近海岸打井取水，利用地下管道输送到盐田供生产之用，最长输送距离达10千米左右。地下卤水开采区形成较大的地下降落漏斗，使北部海水和南部咸淡水源源不断地流向地下卤水开采区降落漏斗，咸淡水分界线发生北移。

第二节　原盐与加工盐

盐田建设

进入90年代以后，潍坊盐业发挥得天独厚

的地下卤水资源优势，不断进行盐田新建、扩建和技术改造，推广“新深长”结晶工艺和塑苫结晶池技术，全市盐田面积、原盐产量、质量和规模效益不断提高，发展成为全国第一产盐大市。原盐产量从1990年的211万吨，提高到最高水平2006年的1568万吨，2012年减为1367万吨，占全省总量的55.07%，占全国总量的21.99%。

在扩大洗粉盐、洗精盐生产规模的基础上，增加再制盐以及多品种营养盐、低钠盐、雪花盐、海花盐、海晶盐、味精盐、融雪盐、海水晶、沐浴盐、足浴盐、果蔬洗涤盐、畜牧盐等品种。

1991—2012年潍坊市盐田面积统计表

表7-11-1　　单位：公顷

年份	总面积	生产面积			
		合计	其中		
			结晶	蒸发	保卤
1991	42602.53	35329.26	6804.75	16233.12	919.44
1992	42117.29	35086.36	6750.35	15956.21	939.7
1993	45335.24	38341.74	7648.14	16955.24	889.31
1994	47238.7	38063.73	7598.34	16907.19	900.03
1995	46479.73	37367.02	7008.93	16278.51	912.53
1996	46876.04	36543.42	7143.36	16316.49	839.73
1997	47686.69	37393.4	7398.87	16279.37	904.87
1998	46492.44	36551.28	7145.24	16113.37	867.44
1999	46398	36951.1	7372.03	15760.37	881.68
2000	58664.01	47116.07	10592.46	19188.17	1804.18
2001	47514.62	38153.58	7794.37	16323.05	1006.89
2002	50203.49	41467.49	8701.24	17407.80	1082.32
2003	49955.07	41237.49	8982.33	16729.1	751.62
2004	54908.59	45742.04	9685.05	18091.65	1000.96
2005	53823.61	45617.12	11238.41	17457.89	1865.36
2006	52759.87	45516.35	10820.71	16255.7	2084.87
2007	51184.99	44171.11	12235.83	15551.58	1827.66
2008	51149.96	45491.13	13423.58	16714.79	1996.72
2009	52153.69	43868.82	13025.6	15649.2	1843.96
2010	51984.01	43710.46	10928.55	17781.74	2928.35

续表7—11—1

年份	总面积	生产面积			
		合计	其中		
			结晶	蒸发	保卤
2011	49255.55	42274.44	10736.94	17593.86	2950.71
2012	45909.95	41309.47	11044.5	20991.68	2439.01

原盐生产

1991年全市原盐产量359.65万吨。1992—2000年，由于全国原盐发展较快，原盐产大于销，产品积压，价格低位运行。2001—2006年，通过改制和发展民营经济，企业焕发了生机与活力，给盐业注入了新生力量。通过产销秩序整顿和组织结构调整，盐业经济运行质量得到提高，潍坊盐业快速发展。2006年，全市原盐产量1567.98万吨。

2007—2012年，潍坊盐业通过围海建坝，继续开发盐田，增加产能产量。北部沿海各类开发区建设占用盐田，使产能产量大幅度减少。2012年，全市原盐产量1367万吨。

1991—2012年潍坊市原盐产量统计表

表7—11—2　　单位：万吨

年份	产量	年份	产量	年份	产量
1991	359.65	1999	538.00	2007	1523.21
1992	420.10	2000	758.41	2008	1461.97
1993	452.20	2001	629.27	2009	1638.29
1994	412.81	2002	955.89	2010	1498.29
1995	212.72	2003	795.83	2011	1514.92
1996	470.89	2004	955.16	2012	1367.00
1997	568.78	2005	1345.97		
1998	313.92	2006	1567.98		

加工盐厂（车间）建设

再制盐 2001年，山东菜央子盐场投资4000万元改造年生产能力10万吨真空精制盐生产线，采用优质海盐做原料，经过溶解成饱和卤水，用纯碱、烧碱去除钙镁离子后沉淀过滤，经过四效真空蒸发罐蒸发、结晶、脱水、烘干、加碘、包装等工序，生产精制盐（再制盐）产品。2002年1月投产。

洗精盐 潍坊寒亭第一盐场（后更名为山东寒亭第一盐场）1989年新上2条洗精盐生产线，产能扩大到5万吨。1994年，投资81万元，改造产能扩大到7万吨。2002年建成烘干粉精盐厂。

2005年，通过革新、挖潜，产能8万吨。2008年，投资4051万元建成新食盐加工厂，产品集粉洗盐、粉精盐、海晶盐、多品种颗粒盐于一体，产能30万吨，其中粉精盐10万吨。

昌邑盐业公司于1998年5月投资98万元，成立山东昌邑盐化精盐厂，设计产能3万吨。2009年3月，投资1000万元新上一条年生产能力6万吨洗精盐生产线。2012年，洗精盐产量10万吨。

加碘盐 山东羊口盐场1996年8月年产10吨加碘盐项目被列为山东省全面加碘项目的子项目开工，投资1954万元，其中世界银行和中国开发银行贷款905万元，企业自筹资金1049万元，1997年8月1日试车一次成功。1998年9月，新增小包装机3台。2002年2月，投资16万元，建成末盐回收项目。2003年5月，投资234万元对原生产装置工艺进行技术改造，对洗涤、包装、脱水等设备进行更新，新增一道洗涤工序，安装干燥设备1套。

2001年山东莱央子盐场投资4000万元，建成现代化的精制食盐厂。2012年，加碘盐产能19万吨。

加工盐生产

洗粉盐 潍坊市洗粉盐生产企业有山东莱央子盐场、山东海化集团有限公司碘盐厂、山东寒亭第一盐场、昌邑灶户盐场、山东昌邑盐化精盐厂等。2012年全市洗粉盐产量109731吨。

洗精盐 潍坊市洗精盐生产企业有山东莱央子盐场、山东海化集团有限公司碘盐厂、山东寒亭第一盐场、山东昌邑盐化精盐厂等。1990年山东莱央子盐场生产的洗精盐获部优产品称号；2011年，山东昌邑盐化精盐厂生产的洗精盐在全国海湖盐检测中心开展的质量评比中获得三项优等成绩。2012年，全市洗精盐产量169244吨。

再制盐 潍坊市再制盐生产企业仅有山东莱央子盐场1家。2001年，开始生产再制盐，2005年，生产的“雪玉春”再制盐获山东省名牌产品称号。2011年，产量80547吨。

加碘盐 潍坊市加碘盐生产企业有山东莱央子盐场、山东海化集团有限公司碘盐厂、山东寒亭第一盐场、山东昌邑灶户盐场、山东昌邑盐化精盐厂等。山东海化集团有限公司生产的“渤羊牌”碘精盐分别于1999年、2000年、2003年获山东省名牌产品称号。2012年，全市加碘盐产量233688吨。

其他加工盐 潍坊市其他加工盐品种有：钙强化营养盐、锌强化营养盐、硒强化营养盐、铁强化营养盐、核黄素强化营养盐、低钠盐、味精盐、雪花盐、海晶盐、海花盐、融雪盐、海水晶、沐浴盐、足浴盐、果蔬洗涤盐、畜牧盐等。生产企业有山东莱央子盐场、山东海化集团有限公司、山东寒亭第一盐场、山东昌邑盐化精盐厂、潍坊盐业公司等。山东寒亭第一盐场生产的“白浪牌”海晶盐、海花盐分别于2009年11月和2010年3月被认定为中国绿色产品。

第三节 盐化工

自80年代末开始，潍坊实施“以盐为主、盐化并举”的发展战略，大力发展盐化工。

1988年，山东羊口盐场从英国引进1250吨/年溴素生产装置投入运行；岔河、灶户、潍北农场各年产500吨，莱央子、卫东盐场各年产1000吨吹溴厂投产。此后，全市相继新建、扩建大批溴素厂（车间）。溴素与原盐、对虾一并成为当时潍坊盐业的三大经济支柱。溴素深加工、溴系列产品生产亦得到相应发展。灭火剂系列产品、阻燃剂系列产品、医药中间体系列产品、染料中间体系列产品、农药中间体系列产品以及其他溴系列产品共发展到50余种，再加上钙、镁、钾系列产品，潍坊市成为全国最大的盐化工生产基地，盐化工也成为潍坊盐业的半壁江山。2012年，全市生产盐化工产品32.05万吨，盐化工产品销售收入71.84亿元，占盐业销售总收入的66.92%。

盐化工厂建设

硫酸钾建设工程 山东海化集团有限公司年产2万吨硫酸钾项目，是山东省重点环境保护和资源利用项目。1994年11月13日开工建设，1997年2月底土建工程基本完成，3月24日三效蒸发罐吊装就位，7月24日化工投料试车一次成功，8月1日产出合格产品。项目投资4897.71万元。潍坊银丰制盐有限公司于2004年7月对元明粉厂进行改造，改产硫酸钾，年生产能力2.6万吨。

溴素建设工程 自80年代末期“空气吹出、酸法吸收、尾气封闭循环”制溴工艺经过中间试验、扩大试验、工业性实验均取得成功后，进入90年代，潍坊市相继新建、扩建一大批溴素厂。至2012年，全市共有溴素厂（车间）51处，年生产能力8.23万吨。

2012年潍坊市溴素生产企业一览表

表7—11—3　　单位：吨

企业名称	生产能力	企业名称	生产能力
潍坊顺远化工有限公司	1000	寿光润达化工有限公司	1000
潍坊鑫源化工有限公司	2000	寿光宏宇化工有限公司	1500
潍坊容鑫化工有限公司	2000	寿光市海惠制溴有限公司	800
裕源集团寒亭化工厂	2000	寿光市福阳化工厂	300
潍坊富田化工有限公司	3000	寿光市林海化工有限公司	500
潍坊东鑫化工有限公司	1000	山东昌邑灶户盐化有限公司	4000
潍坊鑫汇化工有限公司	2000	昌邑民康制溴有限公司	4000
潍坊海王化工股份有限公司	6000	山东鸿昌化工有限公司	4000
省盐业科技公司寒亭化工厂	2000	山东裕源集团昌邑化工厂	4000
山东龙威实业有限公司	500	昌邑廒里盐化有限公司	4000
潍坊大成盐化有限公司	1400	昌邑市潍昌盐场	2000
海化集团	11250	山东鲁东化工有限公司	1000
潍坊鑫航	400	昌邑市浦东化工厂	1000
潍坊滨源化工有限公司	150	昌邑市廒丰盐业有限公司	1000
山东裕源集团化工建材厂	900	昌邑市银海盐化有限公司	500
寿光卫东化工有限公司化工厂	1500	昌邑市利源溴素厂	500

续表7-11-3

企业名称	生产能力	企业名称	生产能力
山东大地盐化有限公司	6000	昌邑市天龙盐化有限公司	500
寿光市富海经贸化工有限公司	500	昌邑市大海溴业有限公司	500
寿光市永康第一分公司	500	山东省潍北盐场化工厂	500
寿光市永康第二分公司	500	昌邑市昊龙盐业有限公司	500
寿光市龙潭化工厂	500	昌邑市青阜盐业化工有限公司	500
寿光鲁源盐化公司	500	寿光市富源化工有限公司	300
寿光市东信化工厂	500	寿光盛远基业有限公司	500
海虹化工厂	500	寿光市四海科技有限公司	300
寿光市泰和化工有限公司	500	寿光市豪源化工有限公司	500
潍坊寿光远大化工有限公司	1000	合计	82300

溴系列产品建设工程 1991年，山东羊口盐场灭火剂厂开工建设，1992年4月建成，生产“1211”灭火剂，年生产能力1000吨，投资198万元。自1992年7月至2003年8月，先后建设年产2000吨F22项目、年产1500吨干粉灭火剂项目、年产6000吨ABC干粉灭火剂项目。

阻燃剂系列产品建设工程 寿光县岔河盐场（后更名为山东大地盐化集团有限公司）于1997年建成年产能力1000吨四溴双酚A项目。2001年建成年产1000吨的十溴二苯醚项目。2003—2004年，增加生产能力1000吨。从2005—2011年先后投资2.57亿元，新上溴系列深加工产品3000吨，新型阻燃剂1万吨，乙撑双四溴邻甲苯二甲酰亚胺1500吨生产线和3000吨六溴环十二烷项目。

寿光卫东盐场于1995年建成年产能力150吨的十溴二苯醚生产车间，至2005年，建成5个车间19条生产线。2002年，建成十溴二苯乙烷一车间，年产量400吨。至2011年，产量5696吨。2004年底建成MCA生产车间，2011年，生产4669吨。2010年10月投资11820万元，于2012年建成DOPO阻燃剂中间体和500吨/年HQ项目。2011年8月对年产2000吨乙撑双四溴邻苯二甲酰亚胺项目进行改建，投资550万元。

山东海化集团有限公司于1997年6月建设年产1000吨十溴二苯醚项目，1998年投产。

山东潍坊龙威实业有限公司于2004年投资四溴双酚A项目2006年10月建成投产。2010年6月新建，设计产能1万吨。

山东菜央子盐场于1999年8月建成八溴醚建设工程。

染料中间体系列产品建设 山东昌邑盐化集团灶户盐场（后更名为山东昌邑灶户盐化有限公司）于1988年新建“2、4-二硝基-六溴苯胺”生产线，1989年5月建成投产，1997年产能扩大到5000吨。从2005—2007年先后投资3600万元，建设并投产色盐蓝、19#蓝和25#蓝3个染料中间体项目。2009年再次投资2000万元，于2011年建成并投产“2、4-硝基-6氯苯胺”项目，产能6000吨。同时有“2、6-二氯-4-硝基苯胺”项目于2012年建成并投产，投资1000万元，产能6000吨。“2，4-二硝基苯胺”项目，1991年11月投产，至2005年产能3000吨/年。2001年5月，“2、4二硝基氯化苯”建设项目投产，产能2000吨/年。2002年10月，硫化黑2BR建设项目投产，产能500吨/年。至2005年设计产能3000吨/年，2011年产量2000吨。2003年5月，溴氨酸建设项目投产，产能1000吨/年，至2005年设计产能1500吨/年。2011年产量1000吨。2004年5月，“2，4-二硝基-6-氯苯胺”项目投产，产能500吨/年，投资200万元，至2005年设计产能扩大到1000吨/年。2003年8月色盐蓝VB开工，2004年投产，设计产能500吨/年；2011年产量252.84吨。

山东大地盐化集团有限公司于2003—2004年建成年产2500吨“2、6-二溴-4-硝基苯胺”生产线。2004年生产961吨，2005年生产1033.6吨。从2007年5月到2008年11月先后3次投资1.9亿元新上染料中间体项目，增加生产能力2.5万吨。2003—2004年，建成年产800吨的1-氨基-4-溴蒽醌-2-磺酸钠项目。2004年生产708吨。

医药中间体系列产品建设工程 寿光岔河盐场1993年投资96万元建成年产250吨的二溴醛项目。1996年停产。从2004年3月至2010年12月先后投资2.81亿元，新上2个医药中间体项目，到2011年医药中间体项目产能12.32万吨。寿光卫东盐场1991年6月建成二溴醛生产车间，1992年产量60吨。1995年进行扩产，年产量1000吨。1997年停产。2001年4月，山东海王化工股份有限公司“3，4，5-三甲氧基甲苯”建设项目投产，产能300吨。2001年，山东海王化工股份有限公司辅酶Q0项目建成投产，产能100吨。2004年，山东昌邑灶户盐化有限公司与浙江横店家园集团合资建设氯霉素缩合物生产线，2005年5月建成并投产，设计年产能力500吨。2007年停产。1993年10月，寿光富康制药有限公司TMB（3，4，5-三甲氧基苯甲醛）建设项目开工，1995年1月投产，设计产能200吨，至2005年产能1600吨。1995年1月，寿光富康制药有限公司TMP（甲氧苄啶）建设项目投产，年生产能力200吨，至2005年产能1500吨。

农药中间体系列产品建设工程 昌邑市化工厂1992年投资80万元建成溴甲烷项目，7月投产，设计产能1500吨。2011年产量379吨。山东大地盐化集团有限公司于2005年投资250万元开工建设年产3000吨溴乙烷项目，2006年投产。从2007年5月至2008年12月，先后投资1.4亿元新上2个农药中间体项目，产能2100吨。2004年2月，山东潍坊龙威实业有限公司投资兴建宏宇化工厂，同年12月建成投产。其主导产品溴乙烷年生产能力1万吨。2004年2月，山东潍坊龙威实业有限公司建设溴丙烷项目开工，12月投产，产能1.5万吨。2012年底，寿光卫东化工有限公司5000吨/年溴丙烷项目投资650万元竣工投产，产能5000吨。

苦卤化工生产

氯化钾 潍坊市生产氯化钾的企业主要是山东羊口盐场。1968年建成氯化钾车间，后经技术改造，实现钾硝联产。1968—1996年，共生产氯化钾23882吨，1997年停产。

氯化镁 潍坊市生产氯化镁的企业只有山东羊口盐场。山东羊口盐场化工厂1971年建成氯化镁车间，1987年对氯化镁车间进行技术改造，将粉状氯化镁转产为片状氯化镁。

1991—2012年潍坊市氯化镁产量统计表

表7—11—4　　单位：吨

年份	产量	年份	产量	年份	产量
1991	8351	1999	52422	2007	90766
1992	34605	2000	53044	2008	101116
1993	40527	2001	46823	2009	91222
1994	33291	2002	69693	2010	92764
1995	36050	2003	93010	2011	94959
1996	38248	2004	96990	2012	96691
1997	41377	2005	89281		
1998	44769	2006	95373		

硫酸钾　潍坊市生产硫酸钾产品的企业有山东海化股份有限公司、潍坊银丰制盐有限公司。山东海化股份有限公司通过上市募集资金于1997年建成硫酸钾厂，设计年产农业用硫酸钾2万吨，工业氯化镁6.5万吨，精制工业盐1.2万吨。后经过技术改造，各种产品产量均有提高。潍坊银丰制盐有限公司于2004年7月开始生产硫酸钾，年生产能力2.6万吨。

1998—2012年潍坊市硫酸钾产量统计表

表7—11—5　　单位：吨

年份	产量	年份	产量	年份	产量
1998	10059.45	2003	19085.50	2008	22301.10
1999	4457.45	2004	20048.52	2009	19335.83
2000	14086.18	2005	19201.32	2010	20433.25
2001	13800.73	2006	21253.69	2011	17127.25
2002	17623.46	2007	20349.73	2012	17835.00

溴素

潍坊溴素生产始于1969年的苦卤蒸溴，1972年后，采用“空气吹出碱法吸收”工艺。1988年，采用空气吹出二氧化硫吸收工艺。其间，盐业科技人员通过研究试验创造出“空气吹出，酸法吸收，尾气封闭循环”制溴工艺技术，其生产工艺具有吸收工序采用捕沫吸收，封闭循环，系统阻力小，基建投资少，电耗省，蒸发废液用于原料酸化，充分利用热能，降低硫酸消耗等特点，其中尾气封闭循环消除了有害气体对大气的污染。该工艺技术的推广应用，为实现溴素大规模生产，并实现盐溴配套联产和卤水综合利用提供工艺技术保证。

进入90年代以后，潍坊溴素生产得到长足发展。山东羊口盐场生产的“山羊”牌溴素，1990年，在第二届北京国际博览会上获银质奖。山东海王化工股份有限公司“风筝都”牌溴素商标，2009年被评为山东省著名商标。2012年，全市溴素产量8.16万吨，占全省产量的80.19%。1991—2012年，全市生产溴素116.33万吨。

山东羊口盐场灭火剂厂一角　（2012年拍摄）

1991—2012年潍坊市溴素产量统计表

表7－11－6　　单位：吨

年份	产量	年份	产量
1991	6400	2003	56085
1992	10107	2004	57555
1993	13936	2005	79190
1994	19203	2006	96666
1995	21726	2007	97314
1996	27568	2008	90645
1997	26300	2009	93342
1998	35041	2010	94000
1999	36750	2011	85000
2000	36606	2012	81584
2001	40448	合计	1163326
2002	57860		

溴系列产品

灭火剂系列产品有“1211”灭火剂、氟利昂、干粉灭火剂、227灭火剂、BC干粉灭火剂、L199灭火剂等。阻燃剂系列产品有四溴双酚A、十溴二苯醚、十溴二苯乙烷、MCA（氰尿酸三聚氰胺）、八溴醚（OBE）等。染料中间体系列产品有“2，4—二硝基-6-溴苯胺”、“2，6-二溴—四硝基苯胺”、溴氨酸、色盐蓝VB等。医药中间体系列产品有“3，4，5-三甲氧基甲苯”、辅酶Q0、氯霉素缩合物、二溴醛、氨基酸盐等。农药中间体系列产品有溴甲烷、溴乙烷、溴丙烷等。其他溴系列深加工产品有溴酸钾、溴酸钠、溴化钠、溴化铵、溴化钙、溴化锌、溴化锂等。

其他盐化工生产

无水硫酸钠　潍坊市无水硫酸钠生产企业主要有寿光菜央子盐场、寿光岔河盐场、山东羊口盐场、寿光卫东盐场。由于市场需求减少，分别于1990年、1991年、1999年、2000年停产。

1991—2000年潍坊市无水硫酸钠产量统计表

表7-11-7　　单位：吨

年份	产量	年份	产量	年份	产量
1991	36	1995	13409	1999	10741
1992	5508	1996	16478	2000	2246
1993	15383	1997	17331	合计	106638
1994	10558	1998	14948		

氢溴酸　2011年，寿光卫东化工有限公司产量26793吨；山东昌邑灶户盐场和潍坊丹灵精细化工有限公司分别于1997年、1998年生产氢溴酸，生产能力均为500吨；山东海王化工股份有限公司2012年产量2.7万吨。

二苯醚　2012年，山东大地盐化集团有限公司产量1648吨。

氯化钙　2011年，山东海化股份有限公司氯化钙厂产量23.9万吨。2012年，山东潍坊龙威实业有限公司产量8万吨。

对甲基苯酚　2012年，山东菜央子盐场产量5380吨。

第四节　盐业企业

2001年盐业产销秩序整顿和企业组织结构调整前，全市有制盐企业和制盐业户（承包体）1000余家。2005年，以年产量5万吨为标准，整合为151家。2009年，以年产量30万吨为标准，进一步整合为38家。2012年，全市有制盐企业37家。

2011年潍坊市制盐企业基本情况表

表7-11-8

序号	获证企业名称	企业地址	生产面积（公顷）	生产能力（万吨）	固定资产（万元）	利税（万元）	职工人数（人）	销售收入（万元）
1	山东菜央子盐场	寿光市羊口镇南	1390.87	30	16166	6562	1260	36119
2	山东大地盐化集团有限公司	寿光市侯镇岔河村东	1486.67	30	78420	34672	2069	306337
3	寿光市道口联营盐场	寿光市营里镇道口	1341.72	35	605	7820	1400	15666
4	寿光卫东化工有限公司	寿光市羊口镇西	1660	35	22625	11484	1450	81511
5	寿光市海宁盐场	寿光市羊口镇	1600	30	7000	1425	580	4905
6	寿光市宇宏经贸有限公司	寿光市侯镇工业园北	1130	30	4598	2656	660	9954
7	寿光市岔河富源盐场	寿光市侯镇岔河村东	1766.55	42	735	2645	1500	12400
8	寿光市万泉盐化有限公司	寿光市	1299.64	30	—	—	—	—

续表7—11—8

序号	获证企业名称	企业地址	生产面积（公顷）	生产能力（万吨）	固定资产（万元）	利税（万元）	职工人数（人）	销售收入（万元）
9	寿光宏宇化工有限公司	滨海开发区老河口北	402	30	8956	1845	798	10306
10	寿光豪源化工有限公司	寿光市羊口镇	943.90	30	83732	34128	761	71751
11	山东默锐盐盟化工有限公司	寿光市羊口镇	1079	30	780	1418	780	6881
12	寿光对城盐业有限公司	寿光市迎宾路91号	1160	30	4400	1200	456	4900
13	寿光鲁胜盐业有限公司	寿光市岔河盐场	686.5	31	388	1060	372	9600
14	寿光市海源盐化发展有限公司	寿光市迎宾路91号	172	3	275	148	90	2851
15	山东昌邑灶户盐化有限公司	昌邑市柳疃镇北	1049.83	40	15533	9006	730	44672
16	山东裕源集团有限公司昌邑化工厂	昌邑市柳疃镇北	1066.14	45	6223	3700	1100	10000
17	山东昌邑廒里盐化有限公司	昌邑市卜庄镇北	1058.01	35	2400	4150	720	9300
18	山东省昌邑市龙池盐化有限公司	昌邑市龙池镇北	1376.60	65	8900	4100	650	12000
19	山东昌邑华盛盐业股份有限公司	昌邑市柳疃镇北	845.21	40	1200	3500	1080	10000
20	山东省昌邑市玉海盐化有限公司	昌邑市龙池镇北	702.92	30	4500	1300	740	4500
21	昌邑市滨海盐化股份有限公司	昌邑市卜庄镇北	906.2	35	17160	2380	420	5800
22	昌邑恒联盐场	昌邑市柳疃镇北	743.19	30	3450	2100	590	6000
23	昌邑青碱制盐有限公司	昌邑市龙池镇北	622.27	30	2400	2123	230	5377
24	昌邑市光大盐化股份有限公司	昌邑市柳疃镇北	1017.42	40	10000	2100	1100	8900
25	山东寒亭第一盐场	滨海经济开发区央子街道	613.23	35	25802	220	271	—
26	山东潍坊龙威实业有限公司	滨海经济开发区大家洼街道	1500	50	87417	13319	3202	—
27	山东海王化工股份有限公司	滨海经济开发区央子街道	2132.36	80	161322	20963	536	—
28	山东龙震集团有限公司	滨海经济开发区央子街道	1077.43	50	7802	1580	1250	—
29	山东潍坊海晶盐业股份有限公司	滨海经济开发区大家洼街道	1598.454	108	—	775	380	—
30	山东海化羊口盐场有限公司	滨海经济开发区大家洼街道	12230.61	200	36015	12269	1780	—
31	潍坊央子盐化集团公司	滨海经济开发区央子街道	1810.41	90	2392	2400	512	—

续表7—11—8

序号	获证企业名称	企业地址	生产面积（公顷）	生产能力（万吨）	固定资产（万元）	利税（万元）	职工人数（人）	销售收入（万元）
32	潍坊银丰制盐有限公司	滨海经济开发区大家洼街道	960	50	919	618	937	—
33	潍坊渤海水产综合开发有限公司	寒亭区丰华路33号	1592.14	80	6070	964	1500	—
34	潍坊鑫环盐化有限公司	滨海经济开发区央子街道	887.67	37	7513	2821	230	—
35	潍坊镇北盐场有限公司	滨海经济开发区央子街道	600	38.8	5485	2556	310	—
36	潍坊中友盐业有限公司	潍坊市向阳路付95	740	30	5086	4861	318	—
37	潍坊市银池盐化有限公司	滨海经济开发区央子街道	500	35	557	132	216	—

山东海化股份有限公司羊口盐场（原山东羊口盐场）

隶属于山东海化股份有限公司，位于渤海莱州湾南岸，潍坊市滨海经济开发区境内，始建于1958年。2012年，固定资产4.41亿元，盐田生产面积114.8万公亩，原盐年生产能力200万吨，原盐产量216.4万吨，实现利税13662万元。正式职工1711人，农民工2000人。下设8个制盐场和制卤场、复晒场等10个生产场。历经50余年的探索和实践，羊口盐场不断利用现代技术嫁接改造传统产业、收盐实现机械化、结晶实现塑苫化和管理实现信息化。为不断适应海化集团迅速增长的原料盐需求，根据滩田结构特点，通过内涵式（工艺创新和老盐田改造）和外延式（合理地将原制卤面积改建为生产盐田）两条腿走路的办法，不断扩大生产规模，大幅度提高原盐产能，发展成为亚洲最大的海盐生产企业。企业先后获全国先进基层党组织、推进企业技术进步腾飞金奖、全国思想政治工作优秀企业、全国盐业质检工作先进集体、全国先进集体、五一劳动奖状、中国轻工业知名企业产品优秀奖、全省盐业先进单位、山东省节能先进单位、省级文明单位、省级节能先进单位、省级

山东海化羊口盐场　　（2012年拍摄）

先进企业、盐业科技进步奖等称号。

山东大地盐化集团有限公司

位于寿光市东北部，渤海莱州湾南岸。前身为寿光市岔河盐场，始建于1956年，是以发展盐化工新兴产业为主导，集科、工、贸为一体的现代化大型企业集团。2012年，占地面积26.17平方千米，注册资本2.07亿元，资产40.61亿元，职工2036人，下设12个子公司、4个进出口公司、10个化工厂、7个制盐分场。产品50余种，原盐年生产能力100万吨、烧碱15万吨、氯气12万吨、PVC型材15万吨、白炭黑6万吨、工业溴1.5万吨、染料中间体1.5万吨、溴系阻燃剂1.2万吨、医药中间体1万吨，是全国最大规模的盐化工产品生产和出口创汇基地之一。2012年，实现销售收入41.93亿元，利税4.25亿元。先后获中国专利山东明星企业、山东省省级守合同重信用企业、全省盐业系统先进企业、省矿产资源整合先进矿山、省级企业实训基地等荣誉称号，是中国盐业协会常务理事单位、中国氯碱工业协会常务理事单位、山东省盐业协会副理事长单位。

山东潍坊龙威实业有限公司

位于潍坊滨海经济技术开发区内。公司成立于1984年，1999年改制。2012年，有职工6000余人，占地总面积200多平方千米，注册资本1.6亿元，资产总额19.86亿元，实现销售收入6.25亿元，利税6902万元。成为以原盐、溴素、溴化物、氯化钙生产、海水养殖、海水育苗、贝类养殖、冷藏加工、食品加工、海洋捕捞、海洋运输、汽车运输、建筑安装及综合服务于一体的大型民营企业。下设龙威制盐场、龙威寿光制盐场、寿光宏宇制盐场、沾化金华制盐场四大产盐基地，盐田面积近5000公顷，年产优质原盐200万吨；有4个溴素厂，年产溴素1万余吨。生产的工业盐、氯化钙获“国家名牌产品”称号。公司拥有自营进出口权，产品销往全国并出口日本、韩国、德国、美国、澳大利亚及东南亚等十多个国家和地区。先后获全国盐业系统先进企业、省盐业系统先进企业、山东省百强民营企业，省级农业产业化重点龙头企业、省级守合同重信誉企业、山东省农行AAA级信用企业、山东省文明诚信企业等称号。2003年被农业部确认为全国乡镇大型企业。

寿光卫东化工有限公司

由原国家大型骨干盐化企业寿光市卫东盐场整体改制组建，2003年12月27日成立。地处寿光市北部。公司占地面积22.5平方千米，2012年员工1469人，年可生产原盐39万吨、工业溴2500吨、氢溴酸5万吨、十溴二苯醚1万吨、RDT-3环保阻燃剂1万吨、溴丙烷5000吨、氰尿酸三聚氰胺（MCA）5000吨、新型无卤环保阻燃剂（FR-NP、FR-MP、APP、DOPO等）2万吨、RN8018溴氮结合型阻燃剂2000吨、工业六氟化硫1000吨、甘氨酸1万吨。公司属省级高新技术企业，是国内最大的阻燃剂开发生产基地。

公司奉行“质量第一，信誉至上、建设一流现代化化工企业”的宗旨，依托丰富的地下卤源优势，先进的高新技术优势和科学的内部管理优势，在狠抓原盐生产的同时，开发了溴及溴系列产品和跨行业的精细化工产品，阻燃剂的开发与生产在国内乃至国际阻燃剂市场占据重要地位，形成万吨生产能力，并覆盖国内市场。公司通过ISO 9001:2000国际质量体系、ISO 14001:2004环境管理体系、OHSAS18001:2007职业健康安全管理体系认证，拥有自营进出口权。“银光玉”牌系列产品畅销全国各地，出口欧美、日本、韩国、东南亚等国家和地区。2012年，公司资产8.63亿万元，生产原盐28.6万吨、十溴二苯醚0.6万吨、十溴二苯乙烷0.6万吨，实现销售收入12.8亿元，利税1.29亿元。

山东昌邑灶户盐化有限公司

公司位于昌邑沿海经济开发区中心区。公司前身为昌邑灶户盐场，始建于1958年，占地面积20平方千米，盐田生产面积1039公顷，资产5.38亿元。公司下设盐场、溴素厂、染料厂、进出口公司4个直属生产经营单位，8个合资（合作）公司，员工730人。2012年，生产原盐24.8万吨，溴素5000吨，其他盐化工产品2万吨，实现销售收入4.82亿元，利税6956万元。山东昌邑灶户盐化有限公司是昌邑市盐业龙头和骨干企业。1989年以后，公司优化发展环境，大力招商引资，引进资金2亿元，先后开发六溴苯胺、六氯苯胺、二硝基氯化苯、硫化黑、溴氨酸、色盐蓝、国旗红、氯霉素缩合物、氨基酸盐、19#蓝、25#蓝等染料中间体和医药中间体等两大系列10个品种。公司先后获得山东省一轻系统明星企业、山东省盐业系统先进企业、山东省守合同重信用企业、山东省首批诚信企业称号。

第五节　盐政执法

执法机构

1985年机构改革，潍坊市盐务局改为潍坊市盐业公司，1993年7月，潍坊市盐业公司增挂“潍坊市盐务局”的牌子，行使执法职能。潍坊市盐务局设立后，各县市区盐业主管部门也设立相应的盐政执法机构。主要负责集港站盐产品的监督检查工作；产区盐政执法机构主要负责对盐场销售盐产品的运销管理；销区市场稽查由供销社所属供销果品盐业公司的盐政机构负责。

1999年7月12日，盐政管理实现“统一领导，分级管理”。2001年9月20日，成立潍坊市盐务局盐政执法稽查大队，2002年3月15日，潍坊市盐务局盐政稽查大队更名为潍坊市盐务局盐政稽查支队，县市区盐政稽查中队更名为盐政稽查大队，职能不变。2003年1月9日，潍坊市盐务局、公安局成立打击非法经营食盐违法犯罪工作联合办公室，办公地点设在潍坊市盐务局。2005年春，潍坊市盐务局盐政稽查支队改组为两个大队，工作职能不变。2007年4月，成立潍坊市盐务局市场管理支队。2008年3月，潍坊市盐务局（盐业公司）内部机构进行改革调整，成立盐政管理办公室（盐政科与盐政稽查支队合署）。

2011年11月，潍坊市盐务局进行内部机构调整，盐政稽查支队与盐政管理办公室合并，市场管理支队撤销，其职能并入盐政管理办公室，至2012年底未变动。

盐政管理

1993年3月31日，潍坊市盐务局、土地管理局、农业局联合成立潍坊市划定盐场保护区领导小组，并印发《关于抓紧确定盐场保护区的意见》，领导小组办公室设在潍坊市盐务局盐政处。治理盐产品的私产、私运、私销，销售市场混乱，劣质工业盐流入食盐市场，偷税漏税等行为。1994年8月9日，潍坊市盐务局根据《关于进一步加强准运证使用管理的通知》《关于进一步加强盐运输管理的通知》要求，加强准运证的使用管理。1995年3月24日，潍坊市盐务局印发《关于加强市场用盐准运证使用管理的通知》，完善准运证制度，加强盐政管理。

1997年，市盐务局加强和规范盐政管理先后印发《关于使用碘盐防伪标志的通知》《关于控制市外进盐的通知》《加强食盐专营工作的通知》《食盐零售许可证管理办法》《集港站盐管理办法》《关于加强和规范盐政执法管理的通知》，对小工业盐和集港站盐实行证件管理；规范执法文书，制定盐政执法人员岗位责任、盐政稽查车辆管理办法等规章制度。1998年10月9日，市政府办公室印发《关于加强我市工业盐运销工作的通知》，各县市区盐务局按照文件要求，加强对工业盐运销管理，减少工业盐对食盐的冲击。

2003年3月，市政府成立潍坊市盐产品运销监管服务处，同时作为市盐务局内设机构。潍坊市盐务局抽调部分盐政执法人员组建由30人组成的工作机构，配备执法车辆3部，设立潍坊市盐产品运销监管服务大厅，合理确定盐产品运销港站，并实行动态管理。9月，潍坊市盐产品港站运销监管服务处撤销，执法人员并入潍坊市盐务局盐政稽查支队。2004年，对使用工业用精盐（高温盐）企业进行监督检查和规范管理。海化区盐务局派稽查人员进驻海化集团氯化钙厂和硫酸钾厂，对出厂的工业用精盐（高温盐）的车号、数量、准运证号码等项目进行详细登记。2006年5月，市盐务局在安丘市召开全市碘盐示范村建设现场会，推广安丘市碘盐示范村建设经验。

2007年8—9月，市盐务局盐政稽查支队组织学习《食盐专营办法》《山东省盐业管理条例》和最高人民检察院《关于办理非法经营食盐刑事案件具体应用法律若干问题的解释》等法律法规。要求用盐企业必须取得工商执照、税务登记，制定企业产品标准，不准超范围生产；企业产品必须到技术监督部门备案，生产的产品必须符合产品标准并注明氯化钠含量。同时要求用盐企业必须具备除原料盐以外的其他原料的合理库存；产品外包装必须印刷产品名称、产品标准批准号、单位名称、地址、电话。同时潍坊市盐务局还多方面了解和咨询，制定验收标准。寿光市盐务局制定《对各用盐单位和原盐加工企业具体管理办法》，加强对用盐企业的监管。

2009年，严格按照山东省盐务局印发的《关于转发食品药品安全委员会〈关于切实做好国庆节期间食品药品安全监管工作的通知〉的通知》，认真组织，抓好落实，确保节日期间的食盐供应及安全保障。加强对零售网点“四个一”（一牌、一证、一卡、一合同）建设和“A、B、C”三级动态化管理。根据市政府法制局、潍坊市监察局联合印发的《关于开展行政执法案卷评查活动的通知》，市盐务局开展盐业行政执法案卷评查，强化行政执法监督，规范行政执法行为。滨海经济开发区盐务局加强与公安、工商、税务部门的配合，开展联合执法行动。发动群众监督，对提供有效线索的举报者进行奖励。2010年，潍坊市盐务局获得“全省打击涉盐违法犯罪工作先进单位”称号。

2011年6月21日，根据市财政局印发的《转发山东省财政厅〈关于规范罚没收入收缴管理的通知〉的通知》，潍坊市盐务局对尚未使用的旧版“山东省代收罚没款收据”“山东省当场处罚罚没款非定额收据”“山东省当场处罚罚没款定额收据”等票据进行清理汇总，登记造册，报送市财政部门统一审核销毁；加强和规范票据的管理使用，定期对罚没专用票据的购领、使用、保管等情况进行检查。在盐业市场管理中，以宣传、教育和预防为主，盐政执法由稽查型向服务管理型转变。提高用户、食盐销售网点自觉守法购进合法渠道盐产品的意识，为创建安全稳定的盐业市场创造条件。突出保障农村市场食盐安全。特别针对边界地区、边远农村等盐政监管薄弱环节，积极与当地政府联系，宣传农村食盐安全重要性，对工作相对落后的村庄，专门调度、协调，提倡村委集中购进小包装食盐分销到各户中。建立长效机制，利用碘盐检测、入村入户和下乡赶集等形式，大力宣传碘盐科普知识，提高村民自觉抵制私盐意识。

2012年5月31日，市盐务局召开盐产品运销服务工作座谈会，加快建设盐产品运销自动化服务系统，推动全市盐业运销服务逐步走向规范化、正规化、现代化。

盐政稽查

1993年秋，潍坊盐区部分中间商违规销售工业用盐，用盐单位私自购进原盐，造成工业盐供销秩序混乱。山东省盐务局抽调潍坊、青岛等地执法人员开展盐业市场集中整治行动，至1994年3月，集中整治行动结束。根据中国盐业总公司《关于转发中央领导批示坚决杜绝私盐泛滥的函》和国务院副总理李岚清批示精神，潍坊市以产区、车站、码头为重点开展稽查行动。1995年春，山东省盐务局抽调产区部分盐政执法力量组成直属盐政执法大队，进驻昌乐开展盐业市场整顿治理，对经由潍坊境内铁路运输的盐产品进行稽查。潍坊市各县市区盐务局整顿盐业市场秩序，严厉打击私运、私销盐产品的违法行为。

1997—2000年，市盐务局会同工商、技术监督、物价等部门，开展“打假月活动”，对食盐批发企业进行突击检查，对私盐加工点和贩卖私盐行为进行严肃查处和重点整治。1998年，对昌邑流河、石埠私盐市场进行专项治理，共取缔私盐加工窝点18个、非法销售点20个，没收非法加工设备22台（套），收缴非法盐产品78吨。

2001年9月，市盐政稽查大队成立后，组织昌邑、安丘、高密等县市区盐政执法人员开展边界联合打假，重点查处边界附近的制售假盐窝点，净化食盐市场。翌年，潍坊市盐务局组织检查整顿活动，对辖区内的所有二级代（转）批点、零售点进行拉网式检查，对存在销售假劣盐行为的代（转）批点进行取缔并吊销零售许可证，对存在违规行为的业户，进行批评教育，按照相关法规进行处理；对部分碘盐覆盖率较低的地区，进行入户跟踪调查。2003年“非典型肺炎”疫情发生时期，出现食盐抢购现象，全市盐政稽查人员加大稽查力度，严厉打击涉盐违法行为，遏制私盐对盐业市场的冲击，维护盐业市场的稳定。盐政稽查工作以源头治理为主，重点查处其他工业用盐及海化辖区生产的工业用精盐（高温盐）对食盐市场的冲击。

2004—2005年，根据潍坊市公安局、盐务局“公安、盐政联席会议”部署，开展公安、盐政联合打击涉盐违法犯罪行为的专项行动、食盐市场大检查、整顿和规范盐业市场秩序专项行动。行动以非法经营食盐违法犯罪行为为主要打击对象，严厉打击假冒劣质食盐的加工窝点和私销假冒劣质食盐的单位和个人，重点打击长期从事私运私销、屡查屡犯、数量大、危害重的涉盐违法犯罪团伙；加强对化工副产盐生产企业和海水晶生产企业的监控，严防化工副产盐冲销食盐市场；对全市食盐代批点、零售点采取拉网式检查，对酱菜厂、畜牧养殖场等用盐单位进行重点检查，严防违规购销和跨地区冲销行为；加强对车站、码头等盐产品集散地的监管，防止工业盐冲销食盐市场。采取重点监控和全方位稽查相结合的办法，对私盐源头分兵把守，围追堵截，同时加强对各食盐代批点、零售点以及各用盐单位的检查清理。进一步规范全市食盐市场秩序，认真解决食盐市场管理中存在的问题。

2006—2007年，山东省盐务局组织全省17地市盐政执法人员进驻潍坊产盐区，开展源头治理行动。2006年，受供求关系影响，原盐价格下降，走私贩私行为抬头，各县市区盐务局会同当地公安部门，联合开展以盐产品生产厂家、定点二级代批点、零售点、边界市场、用盐单位、私盐窝点、集港站为整治重点的专项行动。从4月1日—6月30日，整合全市稽查力量，在全市组织开展整治盐业市场集中统一行动。以假冒小包装食盐窝点和私盐贩销团伙为打击重点，市、县两级稽查队伍联合查处涉盐违法案件11起，端掉私盐窝点8个。2007年6月7日—7月17日，潍坊市盐务局组织开展以源头治理为重点的产区联合执法集中整治行动，以市盐政稽查支队为主，抽调12县市区盐务局稽查力量组成盐政稽查支队直属队，分别进驻寿光、滨海、寒亭、昌邑4个原盐产区，细查生产、加工、批发企业的违规经营问题；普查摸排造假窝点，净化食盐市场；抓大案、要案的处理以及产销结合部盐产品的品种，查处违规行为。8月13日—9月20日，市盐务局盐政稽查支队协助寿光市盐务局对部分用盐企业开展专项行动进行规范治理。依法对存在问题的7家用盐企业下达责令改正通知书、停产整顿的通知，并对有严重违规行为的企业进行处罚。9月26日—10月6日，针对部分食品加工点、腌制点、中小饭店等使用不合格碘盐情况的严重问题，把产销接合部、城乡接合部和农村餐饮业、食品加工业、酱菜腌制业作为稽查重点逐一检查，在全市开展食盐市场整治。

2008年8月初至11月中旬，市盐务局组织开展源头治理专项行动。重点查处无制盐许可证生产原盐；无主体资格签订购销合同，假冒、借用合同；无经营资质的中介组织购销盐产品；冒用运销证件，不按核准的流向运销盐产品；以本企业的合同和证件，销售其他企业的盐产品；未经核准，擅自跨区域调运盐产品；在车站或港口改变盐产品的包装和用途，改变流向运输等违规违法行为。昌邑市盐务局召开34家制盐企业工作会议，对工业盐运销管理工作和源头治理作出全面部署；寿光市盐务局将盐区划为4个片区，有4个执法中队驻扎盐区开展稽查；寒亭区盐务局将执法人员分为4个中队，按片区深入宣传《山东省盐业管理条例》和市区两级政府的有关规定。各产区盐务局对当地制盐企业进行全面普查。全年的源头治理工作采取化整为零、灵活多变的工作方法，抓住重点，打破常规，根据某段时间、某个区域的异常情况突击行动，有针对性地进行稽查。执法工作重点前移，以节假日和非工作时间为主，市盐务局盐政稽查支队多次集中寿光、滨海经济开发区、昌邑、寒亭、高密、一分局、坊子、青州、昌乐等县市区盐务局盐政稽查中队，对昌邑、寒亭、寿光、滨海开发区制盐企业的坨存点、装车点、计量点和辖区内的车站、港口等进行突击检查。盐政稽查支队抽调相关县市区盐务局的执法人员，重点对寿光市辖区内的用盐企业进行全面检查，加强进盐管理、产品外包装标识管理、合同审查管理、其他原料的管理、产品流向管理、产销台账管理。

2009年3月，市盐务局盐政稽查支队开展对辖区加工用盐企业专项检查，并对存在违规现象的企业依法进行处理。10月10日，山东省盐务局盐政稽查总队直属队进驻滨海经济开发区开展源头治理专项行动。以烟台莱州、潍坊产区县市为重点进行稽查。2010年3月17日，山东省盐务局盐政稽查总队直属队再次进驻滨海经济开发区，昌邑市、寿光市、滨海经济开发区盐务局积极配合，在各自辖区内开展源头治理，加强对海水晶、水泥添加剂、融雪剂企业的用盐监管。10月，市盐务局专门开展秋季用盐检查。在山东省盐务局直属队的配合下，对滨海经济开发区的融雪剂企业进行检查，对未经当地盐业主管部门批准，私自购进原料盐的企业依法进行处罚。11月4日，市盐务局在滨海经济开发区开展对融雪剂企业用盐的全面治理整顿行动，规范企业购进原料盐行为，查处未经当地盐业主管部门（授权企业）的许可无计划私自购进原料盐；少报计划多进原料盐；一证多用的违规行为。

2011年4月25日—5月25日，市盐务局组织产区盐务局对辖区内其他用盐企业进行重点检查，规范产盐市区其他用盐企业的供盐渠道，防止生产用盐、半成品、产成品假冒食盐、其他用盐冲击市场。在中秋、国庆两节期间，市盐务局对全市食盐市场组织进行全面抽查。共抽查食盐零售点、食品加工及餐饮企业1200余个。主要针对食盐市场监督管理情况、食盐有序供应、食盐零售点的销售及存量、价格执行、品种投放等情况，通过明察暗访等形式进行。全市食盐市场秩序正常有序，价格到位、食盐零售点无假冒食盐销售，市场上品种齐全，存量不大，没有出现大量积压的现象。7月20日—9月30日，市盐务局组织产盐市区开展源头治理专项行动，保证盐业市场秩序的持续稳定，保障食盐市场安全和其他用盐、两碱用盐的有序供应。11月，进入蔬菜腌制旺季，受利益驱使私盐贩销有所抬头。市盐务局及时调整工作思路，开展腌制盐稽查专项行动，深入产盐市区狠抓源头治理，将涉盐违法行为消灭在萌芽状态。产区盐务局着重于源头治理，加大对重点区域的监控稽查力度；销区盐务局针对腌制季节的用盐特点，加强市场监管力度。12月，市盐务局印发《关于加强市场监管确保“两节”期间食盐市场安全的通知》，组织全市食盐节日稽查，确保元旦、春节期间广大人民群众的食盐安全。潍坊市盐务局获“山东省盐政管理工作先进单位”称号。

2012年9月1日—10月31日，市盐务局在全市范围内自开展为期两个月的秋季盐政稽查专项行动。整个行动通过加大源头治理、加强对腌制盐管理、强化市场管理、狠抓大要案查处、加强舆论宣传、加强夜间和节日值班、做好应急案件处置等措施加以保障，确保了“两节”期间的食盐安全。

2012年，全市共出动盐政执法人员4.44万余人次，出动公安人员370人次，查获涉盐违法案件2795起，查没各类盐产品1001.6吨，货值29.67万元，罚款146.15万元，取缔制假售假窝点19个，没收假冒食盐小包装袋2万余个，与公安等部门联合办案28起，移交司法机关处理案件23起。

盐政公安联合执法

1999年11月9日，市政府办公室印发《关于进一步完善盐业经营管理体制的通知》，制订全市盐业经营管理体制改革方案。12月2日，市政府召开全市盐业体制调整会议，部署调整全市盐业经营管理体制。

2001年4月，市政府印发《潍坊市实施〈山东省盐业管理条例〉办法》。市盐务局与市公安局成立打击非法经营食盐违法犯罪工作联合办公室，实现行政执法与刑事执法的结合，一些重大涉盐案件得到查处，重大涉盐案件犯罪疑犯受到法律的严惩，盐业市场得到净化。全市盐业系统每年利用“3·15”消费者权益日和“5·15”防治碘缺乏病日，对食盐专营和碘盐知识进行宣传，全民食用碘盐率和健康意识明显增强。10月9日，市公安局、市盐务局联合印发《关于全市盐政执法部门统一加入110社会联动体系的通知》，要求各县市区公安机关和盐务部门认真按照通知要求，切实提高认识，完善联动规章制度，抓好各项联动措施的落实。12月20日，山东省盐务局印发《关于配备“盐政110”执法车辆的通知》，对配备“盐政110”执法用车的车型、数量、采购等统一进行规范。

2002年3月，潍坊市盐政执法正式纳入“110”社会联动系统，资源共享。市盐务局制定《盐政执法联合联动规范》。建立盐政110联动指挥中心和值班室，在电台、电视台、报刊上公布值班电话号码。盐政执法机构负责人兼任指挥中心负责人；实行24小时值班，随时接收公安110指挥中心、上级盐政110联动指挥中心指令和群众举报、投诉。对重大案情处理完毕后，在4小时内将查处过程向公安110指挥中心和上级盐政110联动中心作出报告。每起案件或投诉，都做到接报、指挥、查处过程有记录、有有关人员签字等。严格按照与其他职能部门间案件移送规定处理涉盐案件，对于其他职能部门移送的涉盐案件，当地盐务局处理完毕后，将案件处理结果通报移交部门；涉盐违法案件超出盐政执法权限的，及时移交有管辖权的职能部门处理。建立健全盐政执法内部联合机制，各县市区间自主开展联合行动查处的案件，由辖区盐务局处理；市盐务局统一组织的联合行动中查处的案件，由市盐务局处理或由市盐务局指定辖区盐务局处理。对于跨区域的涉盐案件，及时报市盐务局，并向相关县（市、区）盐务局通报案情。对案件涉及的跨区域人员或物资，交由所在地盐务局处理，必要时联合公安等职能部门处理；对多个涉盐案件的并案，由市盐务局统一处理或指定相关县（市、区）盐务局处理。通过举办内容丰富、形式多样的110社会联动宣传活动，广泛发动、正确引导群众积极参与社会服务联合行动。

2003—2012年，市盐务局、市公安局按照山东省公安厅、山东省盐务局《关于成立打击非法经营食盐违法犯罪工作联合办公室的通知》，市县两级盐政执法机构与当地公安机关分别成立公安盐政打击非法经营食盐违法犯罪工作联合办公室，增强联合执法力度。全市盐政、公安平均每年联合查处案件100多起，公安部门出警近千人次，每年有多人因涉盐违法犯罪被刑拘或判刑。

第六节　食盐专营

1996年，经中国盐业总公司组织有关部门现场检查评定，寿光菜央子盐场、山东海洋化工（集团）有限公司碘盐厂、寒亭盐化集团第一盐场、昌邑盐化（集团）有限公司灶户盐场、寒亭区央子洗精盐厂、济南军区政治部洗精盐厂取得食盐生产许可证，成为国家食盐定点生产企业。1997年7月，市政府印发《关于确定食盐专营管理体制的通知》，明确市盐务局为市政府的盐业主管机构。1998年，市政府印发《关于加强食盐管理 确保全民食用合格碘盐的通知》，推广碘盐送销到户。

经营管理体制理顺后，市盐务局加大工作措施，全面落实国家对食盐专营的各项政策。确定管理规范、设备先进、质量可靠、布局合理的3家企业为国家食盐定点生产企业；建立食盐专营统一管理、统一计划、统一组织供应、统一结算、统一上交碘盐基金的“五统一”管理制度，使食盐专营政策逐步落实到位。

潍坊市是碘缺乏病区。1996年开始实施以食盐加碘为主的综合防治措施，并开始实行食盐专营。1997年，在全市全面普及供应碘盐，城乡居民碘盐覆盖率逐年上升。2009年，全市碘盐覆盖率97.98%，碘盐合格率96.82%，合格碘盐食用率94.84%。全市各县市区碘盐“三率”全部达标。2010年12月，成立由卫生、盐业、教育、工商等部门组成的实现消除碘缺乏病目标县级考核评估小组，对12个县市区碘缺乏病防治工作进行考评。通过考评，各县市区全部达到国务院《全国重点地方病防治规划（2004—2010年）》的要求。2011年通过省级考核，取得全省优秀等次。2011年，全市12个县市区全部实现消除碘缺乏病目标，全市食盐计划完成率、碘盐覆盖率和合格碘盐食用率每年都有大幅度提高，其中食盐计划完成率和碘盐普及率比普及碘盐前的1995年翻了一番多，连续多年超额完成国家食盐计划。至2012年，潍坊食盐专营和碘盐普及工作步入良性发展轨道，因碘缺乏而造成的下一代脑发育不良的危害性降至历史最低水平。

专营政策

山东菜央子盐场、山东海化集团有限公司碘盐厂、山东寒亭第一盐场、山东昌邑盐化精盐厂等食盐定点生产企业执行食盐指令性生产计划；潍坊盐业公司和12个县市区盐业公司执行食盐指令性销售计划。

价格管理。2003年1月3日，国家发展计划委员会《食盐价格管理办法》规定，食盐价格实行统一领导、分级管理。“食盐价格实行政府定价，按照食盐生产、经销环节分别制定食盐的出厂价格、批发价格和零售价格”。国务院价格主管部门负责制定或调整食盐的出厂价格、批发价格；省、自治区、直辖市价格主管部门制定或调整食盐零售价格和小包装费用标准。山东菜央子盐场、山东海化集团有限公司、山东寒亭第一盐场、山东昌邑盐化精盐厂等食盐定点生产企业执行国家制定的食盐出厂价格；市县两级盐业公司执行国家制定的批发价格；全市1万余家食盐零售店执行省价格主管部门制定的食盐零售价格。

许可管理。根据《食盐专营办法》规定，国家对食盐生产企业实行定点生产许可制度。非食盐定点企业不得生产食盐。《食盐专营办法》发布实施后，国家盐业主管部门验收核发食盐定点生产企业证书。

生产许可管理。1997年2月，潍坊市的山东羊口盐场、山东菜央子盐场、山东昌邑盐化集团有限公司灶户盐场、山东寒亭第一盐场、济南军区政治部驻潍坊海化开发区洗盐厂、寒亭区央子洗精盐厂6家获批国家食盐定点生产企业。

1998年底，国家对食盐定点企业进行两年一度的换证工作。2002年12月23日，国家经济贸易委员会公布2003—2004年度食盐定点生产企业名单中，有山东海化集团有限公司碘盐厂、山东寒亭第一盐场、山东菜央子盐场。2005年10月，经国家发改委检查验收，潍坊市有山东海化集团有限公司碘盐厂、山东寒亭第一盐场、山东菜央子盐场为食盐定点生产企业。2009年，工业与信息化部进行制盐许可换证验收，山东海化集团有限公司碘盐厂取消生产资格，山东昌邑盐化精盐厂被新确定为食盐定点生产企业，保留山东寒亭第一盐场、山东菜央子盐场。

批发许可管理。根据《食盐专营办法》规定，国家对食盐批发企业实施批发许可制度。从事食盐批发经营业务，必须依法申请领取食盐批发许可证，并按规定在当地工商部门领取食盐批发经营营业执照。至1998年底，国家轻工业局盐业管理办公室审批发放食盐批发许可证2485个，其中潍坊市确定11家盐业公司为批发企业，负责所辖区域的食盐批发供应。之后，按规定每3年换发一次食盐批发许可证。

运输许可管理。1996年2月，潍坊市盐业运输执行《山东省盐务局食盐公路运输准运证使用管理办法》。12月，执行《山东省食盐准运证使用管理办法（试行）》。1998年7月，执行山东省盐务局《关于集港站食盐调拨实行准运证的通知》。2002年2月，执行山东省盐务局《关于进一步加强日晒盐管理的通知》。2003年8月，执行山东省盐务局转发国家发展改革委盐业管理办公室《关于启用新版食盐准运证的通知》。2005年12月，执行山东省盐务局新修订的《山东省食盐准运证使用管理办法》。2009年9月，执行山东省盐务局再次修订的《山东省食盐准运证使用管理办法》。至2012年未变。

批发零售网点管理。1996年5月，按照“统筹规划、合理布局、方便群众”的原则，潍坊市县两级盐务局分别在辖区内确定商业批发、零售单位和个体业户食盐零售网点，并实行电话预约、送货上门制度。

2001年1月9日，市盐务局印发《潍坊市食盐零售许可证管理办法》。同年9月，市盐务局印发《关于进一步规范建设食盐代转批点的通知》对全市的食盐代转批点进行规范完善。大的乡镇驻地和农贸市场允许设置一到两家食盐代转批点。

2005年诸城、高密盐业公司尝试实行保价直供，直达终端营销模式，收到较好效果。2008年在全市推广，取消食盐代转批点。全市实现物流配送，送货上门，直达各零售终端。食盐零售许可网点的设置本着“设置均衡、布局合理、统筹兼顾、便于管理、服务到位、方便群众”的原则，按照“500人以下村设1个，500～1000人村设2个，1000人以上村设3个，特大村设4～5个”原则合理布局。

2006年起，实行村级管理目标责任制，零售点由盐业部门和村两委协商确定。其他村按照定额设置的原则办理。市县盐业主管部门认真做好食盐零售许可证发放的登记造册、汇总上报工作。按照潍坊市食盐流通改革的要求，开展对零售点“一牌、一证、一卡、一合同”的四个一管理，“一牌”即“潍坊市食盐特许零售点”牌子；“一证”即“食盐零售许可证”；“一卡”即“送货服务卡”；“一合同”即“购销合同”。“牌、证”均由市盐务局统一印制、发放，费用由各县市区盐业公司承担。同时，各县市区盐务局充分利用每次换发食盐零售许可证工作时机，整合食盐零售网点，完善营销网络，建立营销业务部，实行客户经理制，2009年，全市共建立食盐零售网点12431个，形成遍布城乡、方便群众、上下贯通、服务周到，横到边、竖到底的市、县、乡、村、站、点、户食盐营销网络，全面提升潍坊市的食盐专营水平。潍坊市盐务局在全市发放食盐零售许可证13511个。

专营措施

潍坊市盐业系统每年参加“3·15”国际消费者权益日活动。面对群众解答有关盐业法律法规、碘盐知识、真假碘盐识别、碘盐与健康等问题。

2009年7月，潍坊市盐务局与潍坊人民广播电台联合制作“盐业之声”专题节目正式开播。节目通过潍坊新闻广播每周准时与听众见面。节目开播两年时间，共播出100多期，形式由最初的每周一期3分钟，改为5分钟，重播一次。介绍盐业系统工作情况、工作动向、行业管理、盐政执法、食盐安全等，并先后增加“盐业局长专访”“用盐小常识”等内容，介绍盐业新产品及用途，普及科学用盐知识，加强盐业政策宣传，提高人民群众对食盐专营的认识水平。

《食盐专营办法》颁布后，山东省盐务局对食盐专营实行“五统一”（统一管理、统一计划、统一组织供应、统一结算、统一缴纳碘盐基金）管理。2001年1月4日，市盐务局印发《关于印发〈潍坊市食盐专营实施“五统一”管理暂行办法〉的通知》，并在全市统一食盐品种、包装形式，零售市场供应的食盐全部实现小包装化，其中入口食盐供应多品种营养盐、500克纸塑包装再制盐、500克复合膜包装粉精盐；居民腌制供应500克复合膜包装粉洗盐或1000克复合膜包装日晒盐；家庭畜牧养殖供应1000克复合膜包装日晒盐。其他任何盐种、包装形式均不得在零售市场上市。食品加工、腌制、酿造、饲料等企业用盐供应50千克大包装各类食盐，由盐业公司直接送货上门，严禁在市场流通。对于用盐量较少的家庭作坊、小食品加工摊点以及机关、学校、厂矿食堂和餐饮业等一律供应各类小包装食盐。采取以市公司配送中心集中分装与委托定点厂分装相结合的办法，实行定点分装供应。运距较远的县市区以市公司配送中心为主，产盐区及临近县市以定点厂为主，以此解决迂回运输、增加费用支出的问题。定点厂作为市配送中心的受委托点，其包装物由市公司统一提供，其成品盐由市公司统一调拨、统一结算。各类小包装实行全市统一批发价格。

2004年1月2日，市盐务局印发《食盐流通现代化工作方案》。提出用两年左右的时间，通过推行集中分装、统一配送、精简人员、减少环节、完善网络，强化市场管理、提高服务水平，做到物流、资金流、信息流的统一联动，实现食盐专营配送网络化、管理标准化、包装机械化、信息电子化、市场规范化、效益最大化的目标。全市盐业系统用一年的时间，建立起覆盖全市城乡较完善的食盐营销网络。用两年时间实现了全市盐业系统微机联网和计划执行、产销调运、货款统一结算、统计报表、食盐准运证的信息化管理。4月9日，市盐务局印发《关于严格食盐专营“五统一”结算纪律的意见》。2008年4月，印发《关于市区食盐、其他工业用盐“五统一”管理的试行规定》。为加快全市食盐流通现代化改革进程，实现市区一体化管理，对市区各类食盐、其他工业用盐的购进由潍坊市盐业公司仓储配送中心具体负责。市区各类食盐、其他工业用盐的销售结算业务统一上收市公司管理。

2006年12月8日，市政府印发《关于实行食盐专营村级管理目标责任制的意见》，把防治碘缺乏病工作纳入各级政府管理框架，普及碘盐供应，建立碘盐示范村。全市盐业系统加强目标、责任、考核三个体系建设，至年底有8807个行政村落实食盐专营目标责任制。小包装食盐人均用量达到科学用盐标准。2008年6月，市盐务局印发《关于进一步加强食盐专营社区管理的意见》，巩固城市社区食盐安全工作。全市各个城市社区通过建立行政执法、社区监管零售自律相结合的食盐市场监控网络，创建无无证经营行为、无假冒食盐、无走私食盐、无渠道外食盐、无非法批发食盐行为、无违价经营行为的“六无”社区，建立“社区引导、行业扶持、诚信经营、综合监督”的食盐经营模式，形成以村级和社区零售平台为基点，上下贯通、城乡一体、规范统一、快速便捷的市县村（社区）三级食盐送销服务网络。全市食盐专营社区化服务纳入了制度化、规范化的轨道。2010年，各县市区碘缺乏病防治目标实现全部达标。全市碘盐覆盖率97.98%，碘盐合格率96.82%，合格碘盐食用率94.84%，顺利通过碘缺乏病防治目标省级考评。

碘盐监测

从2004年开始，全市结合食品卫生检查、整顿和规范盐业产销秩序工作，开展多次碘盐常规监测。2007年2月7日，市盐务局制订《碘盐“三率”监测工作方案》，建立碘盐常规监测制度。全市每年组织两次对居民户常规碘盐监测普查，采用抽样检测方式。对用盐企业和零售业户，由各县市区盐务局自行组织定期或不定期的监测检查。严格按照《山东省碘盐监测方案》的有关要求开展碘盐监测工作。由盐务局与当地疾控中心（防疫站）、地方病防治办公室等部门共同完成，以疾控部门为主。潍坊市的监测工作坚持与入户宣传教育、碘盐送销工作密切配合；与碘盐示范村的建设和落实食盐专营村级目标管理责任制有机结合；与强化市场监控，打击私盐贩销窝点密切结合。对监测过程中发现的问题，通过制定切实可行的办法，进一步强化“宣传、送销、稽查、服务”为内容的碘盐营销服务，划片包干，积极干预。监测结果及工作措施及时反馈到当地政府和相关部门。作为相关部门“一把手工程”，对年度碘缺乏病防治不达标的，实行食盐专营工作一票否决，取消其评先、评优资格。

2009年，对全市12个县市区开展居民户食用盐随机抽样监测。共定量检测居民户食用盐3503份，非碘盐率为2.02%，碘盐覆盖率97.98%，碘盐合格率96.82%，合格碘盐食用率94.84%，碘盐中位数32（毫克/千克）。省检查组对昌乐县碘盐监测抽样进行复核，复核份数为30份，复核差值绝对值的平均值是2.34，复核差值绝对值的标准差是0.52，相对误差≤10%样品的百分比为93.33%，相对误差≤20%样品的百分比为

100%。潍坊市各县市区碘缺乏病防治阶段性目标顺利达标。省地方病防治工作领导小组办公室对2009年度全省碘缺乏病监测情况进行通报。潍坊市食盐专营和碘盐普及工作跨入全省先进行列，因碘缺乏而造成的下一代脑发育不良的危害性降至历史最低水平。

2010年4月20—21日，根据《全国重点地方病防治规划（2004—2010）》规定和省地方病防治领导小组以及省卫生厅、省发展改革委、省盐务局等部门的要求，山东省实现消除碘缺乏病目标考评团第三分团对潍坊市（青州市被抽查）进行综合考评验收。在青州市现场抽查5个村的食盐供应网点和100个居民户食用盐情况，对3所小学进行健康教育问卷调查，采集100个食盐盐样和100份8～10岁儿童尿样。经综合考评，青州市得分97.5分，标志着潍坊市各县市区碘缺乏病防治规划目标顺利实现。

食盐应急供应

2003年上半年，受全国非典型性肺炎疫情的影响，潍坊市发生食盐抢购风潮。

4月24日，潍坊食盐抢购首先从诸城市开始，迅速蔓延到潍坊市区及安丘、高密、昌邑等其他县市。特别是“五一”前后一段时间，全市12个县市相继爆发大范围的食盐抢购风潮，各食盐批零环节供应纷纷告急。全市复膜食盐日销量300吨以上达十几天，最多一天达到485吨，超过日常供应量的8倍以上。面对这场突如其来的抢购风潮，市盐务局成立协调领导小组，分赴各食盐抢购县市及食盐生产厂，现场办公，确保食盐保质保量供应。4月28日，印发《潍坊市盐务局关于加强市场监管确保碘盐供应的紧急通知》。并迅速采取措施，全力以赴保证供应。食盐分装厂加班加点，满负荷生产，千方百计扩大分装能力。将部分分装任务下放到各食盐抢购县，就近放销。对辖区各县的生产、批发、销售及市场动态情况实行24小时跟踪调度，重要情况随时上报。通过新闻媒体，广泛宣传潍坊盐业优势和充足货源优势，做好保证供应、稳定人心工作。对个别不法商贩哄抬盐价、囤积居奇、倒买倒卖等扰乱市场行为，露头就打，稳定食盐市场秩序。仅用5天时间就基本平息食盐抢购风潮。

2005年10月，潍坊市盐务局制定并实施《潍坊市食盐突发事件应急预案》，这是全省第一部市级食盐应急预案。各县市区盐务局普遍建立应对食盐突发事件应急机制、食盐市场监控机制，建立异常情况报告制度和与政府有关部门密切联系制度。重点做好组织货源、供应市场、加强调运、充实库存、食盐市场监管等方面的工作，加强对全市食盐分装、调运、销售、库存等环节的管理和本辖区内可能出现的食盐突发事件的应对措施。

2006年1月，市盐务局制定《重大食盐安全事故责任追究办法》，市县两级签订年度食盐安全责任书，全面建立食盐市场突发事件应急机制。2008年11月20日《潍坊市食盐供应应急预案》正式实施。进一步完善政府食盐储备制度和加强完善地方食盐储备工作。

2011年3月，受日本地震福岛核电站事故影响，很多市民担心海水受污染会影响到食盐的质量，并且误认为食用碘盐可预防核辐射，造成食盐大抢购。从3月16日开始，全国性爆发食盐抢购风潮，17日潍坊销售小包装食盐2286吨。市盐务局第一时间向全市各县市区盐政部门印发《关于密切关注市场变化　保障食盐市场供应的紧急通知》明传电报，密切关注全市各食盐批发企业食盐实行购进、销售、库存及市场变化情况，每天12时、17时两次调度制度，随时掌握全市食盐市场动态。迅速协调落实各食盐定点生产企业，组织货源、搞好衔接、安排调运，最大限度增加食盐市场投放量。采取优先保证大型商场、超市、学校、厂矿、机关食堂等销售主渠道和重要用盐单位，并协调市商务部门采取限量供应等应对措施。同时向各大超市、商店派驻驻店员，了解市场动态、供求变化，帮助商场协调货源，做好宣传引导工作。

经过17日晚从中央到地方各媒体的宣传说明工作，市民的恐慌情绪缓解。从18日起，潍坊市食盐的配送供应向大中型超市倾斜。各超市采取分批次间隔上架、限量购买等措施，既满足消费者的正常需求，又防止囤积、哄抬盐价行为。至18日晚，除个别县市区还有一些波动外，全市食盐市场基本趋于稳定。19日，潍坊盐业公司继续向市场超量投放食盐，各大中型超市食盐全面上架，市民购买基本达到正常水平，食盐抢购风潮基本平息。这次食盐抢购，全市共销售小包装食盐3182吨，是正常销量的15倍。

食盐定点生产企业

山东菜央子盐场　是山东省盐业集团有限公司的直属企业。2012年，食用盐年生产能力55万吨，其中精制盐10万吨、海晶盐10万吨、粉精盐5万吨、粉洗盐15万吨、日晒盐等15万吨。“雪玉春”牌食盐系列产品别认定为山东省著名商标、山东省名牌产品、中国绿色食品，畅销浙江、江苏、福建、湖南、上海、安徽等省外市场及省内17个地市100多个县市区，并大量出口美、日、韩、印、欧盟等国家和地区。

山东寒亭第一盐场　是山东省盐业集团有限公司的直属企业。1985年2月，生产粉洗盐。1987年生产粉精盐。2002年，建烘干粉精盐厂、粉洗盐厂，年产食盐20万吨；2007—2008年，投资4500万元建设新厂区，生产食盐能力达到30万吨；2007年，“白浪牌”商标被认定为山东省著名商标；2009年11月，“白浪牌”海晶盐被认定为绿色产品；2010年3月，“白浪牌”海花盐被认定为绿色产品。生产的“白浪牌”产品包括粉精盐、粉洗盐、味精盐、日晒盐、雪花盐、海晶盐等多个品种，销往北京、上海、山东、浙江、安徽、河南、广东、福建等13省市，出口日本、韩国等国家。至2012年，食盐生产能力35万吨。

山东昌邑盐化精盐厂　成立于1998年，利用昌邑盐业公司冷藏厂改造而成，设计年产能力3万吨。2009年，搬迁新厂区建成新的生产线，年生产食盐能力10万吨。品种有味精盐、粉精盐、粉洗盐等多个产品，其中“晶益牌”味精盐深受国内广大客户喜爱，远销美国、日本、韩国、俄罗斯等多个国家。

第七节　行业管理

管理机构

潍坊市、县市区两级盐业管理机构，先后经历产销分设和产销合一两个时期。

1991—2000年，市、县市区两级管理机构产销分设。

1991—1992年，潍坊盐业公司是由山东羊口盐场、潍坊盐业机械厂和昌乐、青州、潍坊3个盐运站以及潍坊盐业设计室6个单位组成的全民所有制企业。辖寿光、寒亭、昌邑3个产区盐业公司。3个产区盐业公司负责辖区内盐业行业管理。

1992年5月，经省体制改革委员会批准，组建潍坊盐业化工集团总公司。公司以潍坊市盐业公司与山东羊口盐场为核心层，保留潍坊市盐业公司牌子。1993年6月、7月分别经山东省盐务局、潍坊市政府批复同意，潍坊市盐业公司增挂“潍坊市盐务局”的牌子，一套机构，两块牌子。10月，昌乐盐运站由潍坊盐业化工集团总公司上划山东省盐业总公司。1994年12月，潍坊盐业化工集团总公司撤销，恢复潍坊市盐业公司建制，并挂潍坊市盐务局牌子。1995年8月，山东羊口盐场与潍坊纯碱厂合并，成立山东海化集团。同年9月，成立海化开发区盐务局（盐业公司），负责海化开发区的盐业管理、盐政执法。

1991—2000年，潍坊非产盐县市区食盐及其他工业用盐经营归供销社系统。1992年，潍坊市人民政府设立潍坊市区盐政管理办公室，作为市供销社的盐政执法机构，负责潍城区、奎文区、高新技术开发区盐政执法工作。随后各非产盐县市区亦成立盐政管理办公室。

1997年，省政府印发《关于确定食盐专营管理体制的通知》。7月23日，市政府印发《关于确定食盐专营管理体制的通知》，明确“潍坊市盐务局为潍坊市人民政府的盐业主管机构，统一负责全市的盐业行业管理、盐政执法和食盐专营的行政管理工作。产盐区寿光、昌邑、寒亭3市区的食盐专营管理工作由其盐业主管机构负责；非产盐区的诸城、高密、安丘、青州、昌乐、临朐、坊子7县市区食盐专营行政管理及盐政执法工作授权其供销合作社承担；潍城、奎文区（包括高新技术产业开发区）的食盐专营行政管理及盐政执法工作授权城区盐政管理办公室承担。”

1999年7月13日，省政府印发《关于调整和完善盐业经营管理体制的通知》，同年11月6日，市政府印发《关于贯彻鲁政发〔1999〕70号文件进一步完善盐业管理体制的通知》，文件规定：寿光、昌邑、寒亭3市（区）盐业公司与潍坊市盐业公司上划为省盐业总公司的直属企业；将非产盐县市区供销盐业公司从供销社分离出来，组成具有独立法人资格的盐业专营公司，为省市盐业公司的下属企业；潍坊供销盐业公司划归潍坊市盐业公司管理；潍坊市城区（潍城区、奎文区、高新技术产业开发区、生物经济开发区）的盐业行业管理、盐政执法和食盐专营管理工作，由潍坊市盐务局直接负责；海化开发区盐务局（盐业公司）划归潍坊市盐务局（盐业公司）管理，改为潍坊市盐务局海化开发区分局（分公司），为潍坊市盐务局的派出机构，授权行使海化开发区内的盐业行业管理、盐政执法和食盐专营的行政管理工作。

2000—2012年，市、县市区两级管理机构产销合一。

2000年7月，潍坊市盐业公司上划山东省盐业总公司管理，更名为潍坊盐业公司，同时加挂潍坊市盐务局牌子，为山东省盐业总公司直属的法人实体和潍坊市人民政府盐业主管机构。同年7月，潍坊市海化开发区盐务局（盐业公司）归潍坊市盐务局（盐业公司）管理，改称潍坊市盐务局海化开发区分局（分公司），为潍坊市盐务局的派出机构。授权行使海化开发区内的盐业行业管理、盐政执法和食盐专营的行政管理工作。同月，临朐盐业公司和坊子盐业公司的上划工作完成。

2001年2月，昌邑盐业公司、寒亭盐业公司的上划工作完成。3月，安丘盐业公司的上划工作完成。4月，潍坊市供销盐业公司划归潍坊盐业公司管理，更名为潍坊盐业公司城区分公司，负责潍坊市城区的盐业管理、盐政执法及食盐专营工作。8月，高密盐业公司的上划工作完成。12月，诸城盐业公司、青州盐业公司的上划工作完成。昌邑、寒亭盐业公司为山东省盐业公司和潍坊市盐业公司的直属企业，其他新上划的县市区盐业公司均为山东省盐业总公司和潍坊盐业公司下属企业，同时分别加挂各县市区盐务局牌子，为各县市区政府的盐业行政主管机构和盐业行政执法主体。

2002年7月，潍坊盐业公司海化分公司更名为潍坊海化盐业公司，同时加挂潍坊市海化开发区盐务局牌子。2003年9月，潍坊盐业公司城区分公司加挂潍坊市盐务局城区分局牌子，为潍坊市盐务局的派出机构。

2004年7月，组建昌乐盐业公司，为潍坊盐业公司的直属企业，系独立核算、自负盈亏的法人实体组织。同时加挂昌乐县盐务局牌子，为昌乐县政府的盐业行政主管机构和盐业行政执法主体。同年11月，昌乐盐业公司更名为潍坊盐业公司昌乐分公司，取消法人地位。

2005年12月31日，潍坊市海化开发区盐务局、潍坊市海化盐业公司更名为“山东潍坊滨海经济开发区盐务局、山东潍坊滨海盐业公司”。

2008年3月19日，撤销潍坊盐业公司（盐务局）城区分公司（分局），成立潍坊盐业公司（盐务局）第一分公司（分局）、第二分公司（分局），在坊子区成立潍坊盐业公司第三分公司。三个公司（分局）分别负责潍坊市奎文区、高新技术产业开发区辖区的经营管理业务（具体经营管理区域按市公司统一规划），潍坊市潍城区、经济技术开发区的经营管理业务（具体经营管理区域按市公司统一规划），潍坊市坊子区、峡山生态经济发展区的经营管理业务。

2008年10月，潍坊滨海盐业公司与潍坊市寒亭盐业公司整建制合并，成立潍坊市滨海盐业有限公司，为山东省盐业总公司的直属企业，统一负责滨海经济开发区和寒亭区的盐业生产、经营、批发业务。分别在滨海经济开发区加挂潍坊市滨海经济开发区盐务局的牌子，在寒亭区加挂潍坊市寒亭区盐务局的牌子，为两个区的盐业行政主管机构，分别负责调整后管理区域内的盐业行业管理、盐政执法和食盐专营的行政管理工作。

生产管理

1991年4月，潍坊市盐业公司成立4个小组，分别赴山东羊口盐场、寿光、昌邑、寒亭蹲点抓生产。帮助企业解决生产中的问题，并在全市盐业系统举行机械化收盐和机械化塑苫收放技术比赛。

1993年，山东潍坊盐业化工集团总公司为保证原盐工艺标准的贯彻执行，成立生产指挥部，在生产一线办公，加强生产管理，及时掌握生产动态。在结晶管理方面，做到量卤灌池，解决新灌池与越冬池、平晒滩与塑苫滩争卤的矛盾；坚持深卤结晶，全年保证结晶水深20厘米以上，旺产和伏季达到25厘米以上，保证稳定的结晶环境。全面推行深储薄赶制卤工艺，科学确定深存点和放薄面积，根据天气变化，合理安排放薄深度，彻底改变单元内淡水压滩的问题，充分利用蒸发量，缩短成卤周期，最大限度地满足结晶用卤需求。从4月开始，对执行工艺标准情况，每月检查一次。

2004年，市、县两级盐务局对证照不全的制盐的原盐生产实行统一管理，各产盐市区分别落实统一计量、统一开票、统一办证的“三统一”管理措施。对过去下发执行的有关优惠政策和规定进行认真清理，为建立正常的产销秩序，实现盐业经济的稳定繁荣和可持续发展奠定基础。停止新上原盐生产项目，停止在原盐扩产方面的招商引资活动。组织企业紧紧围绕提高单产、提高质量、增加品种、实现盐溴联产配套，投资近3亿元进行改造。全市塑苫面积达到7200公顷，占全部结晶面积的88%。

2007年5月，配合省盐务局组织开展重点海盐产区现场管理交流研讨活动。10月，组织全市8大制盐企业分别在寿光、滨海、寒亭、昌邑开展原盐产销情况检查交流活动，抽查44家制盐企业的原盐样品。

2010年，潍坊盐业加强生产管理，积极实施科技兴盐战略，增强企业自主科研开发能力，加大技改投入，以科技创新带动企业发展和效益提高。寿光卫东化工有限公司、龙威集团等制盐企业严格执行“新、深、长”工艺，所生产的原盐

90%以上供应离子膜法的氯碱企业，价格一直处在全市高位水平，成为全市原盐价格的引领者。2011年全行业实现销售收入过百亿元、“两税”入库过十亿元。

2012年，全市盐业系统全力以赴“稳增长”，积极推进“转调创”，行业经济保持了平稳增长态势，销售收入、“两税”入库均创历史新高。盐化工产品销售收入占行业销售总收入的66.92%，推动了行业规模的不断扩大。

结构调整

1995年5月，国家改进“两碱”工业用盐供销和价格管理办法，产销见面、合同订货、协商定价，原盐产销走向市场。潍坊盐业生产出现国营、集体、个体一起上，大、中、小盐场一起上的局面，企业数量迅速增加，生产规模迅速扩大。一些小而散的制盐企业和生产组织，缺乏产销统一的能力，生产业户廉价快卖维持再生产，经营业户竞相压价购销，引发过度竞争，造成盐价长期偏低；在缺乏科学合理统一规划的情况下，过度开采，造成卤水水位过快下降，卤度降低，给资源的有效综合利用造成新的矛盾。

为规范盐业市场，打击非法生产经营行为，为企业营造依法生产经营的良好环境，扭转潍坊盐业市场主体“多、小、散、乱”的局面，发挥整体优势，增强盐行业的市场竞争力，推动全市盐业由资源优势向规模优势和质量科技优势转变。2001年3月26日，潍坊市整顿盐业产销秩序领导小组成立。盐业产销秩序整顿从制盐企业组织结构调整入手，以实现规模生产、集约经营为目标，认真履行行业管理职能，保护和合理开采利用地下卤水资源。2007年，潍坊市紧密结合潍坊沿海开发战略，以推进制盐企业集约化发展、提高市场竞争力为重点，以制盐企业组织结构调整为突破口，以体制创新、科技进步为保障，加快产品结构产业结构调整步伐，不断提高产品质量，转变经济增长方式，实现资源节约和综合利用，构建循环经济增长模式，提升行业的核心竞争力。

组织结构调整　2001年，潍坊市各级盐业主管部门，全面开展盐业产销秩序整顿。采取“抓住两头、带动中间”的管理方法，源头治理、辖区管理和产销接合部重点稽查“三位一体”的执法保障体系得到落实。市政府分别召开全市盐业工作会议和全市盐业产区工作调度会议，加强全市盐业经济运行调度协调工作，全年主要经济指标增幅均达15%～20%以上，行业综合经济效益明显提高。全市盐业实现税收入库26422万元，同比增长22.9%。全市盐田塑苫结晶面积达到3900公顷，占全部结晶面积的60%，原盐优级品率提高到82.7%。溴及溴系列产品实现销售收入31270万元，同比增长23.3%。为提高盐业生产集中度，走集约化生产经营之路，构筑“大而强”的盐业生产经营格局，实现潍坊盐业由资源优势向规模效益优势的转变，市政府年内两次发出通知，分别就推进和规范盐业企业改革及加快盐业企业组织结构调整工作提出要求。12月1日，潍坊市政府决定，到2002年4月将全市现有的625家制盐企业调整压缩到70家左右，每个企业年生产能力达到5万吨以上，成为销售收入500万元以上的企业，要求在规定时间内分阶段全面完成调整任务。

2002年，组织和引导制盐企业增加投入，进行盐田改造，提高企业生产技术水平，全市塑苫面积达到4500公顷，占结晶总面积的64%，原盐优级品率达到82.4%。实施“科技兴盐”战略，多方筹集资金，加大盐化产业发展力度，全年投资1.6亿多元，建成投产5个重点项目。潍坊盐业以盐为主、盐化并举、突出发展盐化工，以盐化工拉动行业经济快速增长的局面逐步形成。

2003年，结合制盐许可证的申领，采取入股、购买、兼并等方式，对制盐企业进行联合重组，将原有的625家制盐企业和生产组织调整压缩到65家，年生产能力均达到5万吨以上。

2004年，开展全市集中整顿盐业产销秩序活动，调整重组小规模制盐组织480多家。寒亭区投资300多万元实施“北卤南调”工程，对溴素生产企业实行冬季停产措施；昌邑市严禁新上溴素开发项目，果断停止年初作出的700公顷虾池改建盐田规划和原有的滩涂开发招商引资优惠政策；寿光市新建4处溴素厂，保证溴盐配套联产；海化经济开发区按照发展区域循环经济思路，投资5000多万元，实行“一水多用”。全市原盐税外价格年初每吨110元，年底提高到每吨300元以上，全年平均提价每吨130元左右。

2005年4月6日，市政府印发《关于进一步加强盐业管理的有关规定的通知》，文件明确制盐、制溴企业从事生产经营活动，必须严格遵守审批管理规定，依法分别取得制盐许可证、采矿许可证、安全生产许可证和工商营业执照（三证一照），履行税务登记手续，证照不全或不符合规定的限期整改。其他用盐由市县两级盐业公司统一经营，价格执行政府指导价。对盐产品运销环节由产盐县市区盐业行政主管部门设立计量监管站，实现统一计量、统一办理有效证件。为保护和合理利用地下卤水资源，实行溴盐配套联产和原盐生产淡季休产制，制溴企业在每年12月1日至翌年2月28日一律停产、休产。6月15日，市政府办公室印发《潍坊市整顿和规范盐业市场秩序工作方案的通知》。7月18日，潍坊市整顿盐业产销秩序工作领导小组办公室印发《进一步规范完善联合体制盐企业经营管理办法》和《关于对无证照或证照不全制盐业户责令整改的工作意见》，按照抓好“四个一批”（发展壮大一批、规范完善一批、查处整改一批、取缔关闭一批）的整改思路和实行“五统一”（统一财务核算、统一对外签订购销合同、统一开具销售发票、统一结算货款、统一缴纳各种税费）管理的要求，规范完善制盐企业经营管理。对未经批准擅自开发盐资源、无证照或证照不全的制盐业户责令限期整改。潍坊市盐务局开展食盐市场清理整顿和开发生产领域的规范治理。自6月下旬开始启动整顿工作，8月1日开始进入集中整改阶段，8月31日整顿工作基本结束。结合全国盐业专项整治活动，严格市场准入，全面开展制盐企业“三证一照”的完善到位工作，全面清查无证照和证照不全的制盐组织，对已申领制盐许可证的109家制盐企业各类证照的申领情况进行核查，将全市千余家制盐企业和业户整合为151家。

2007年8月25日，市政府印发《制盐工业结构调整实施意见》。11月7日，市政府召开全市盐业结构调整工作会议，推进制盐企业向集约化、集团化方向发展。

2009年，全市制盐企业由151家进一步整合为38家，生产能力全部达到30万吨以上。年底，山东省盐务局对新整合的制盐企业全部进行检查验收。潍坊盐业公司通过制盐企业结构调整，整合100万吨的产能，投入资金在滨海经济开发区征地150亩，建设原盐储备基地，并成立山东潍坊海晶盐业股份有限公司。

2010年，潍坊盐业公司健全完善整合企业的法人治理结构，完善内部各项管理制度，积极推进整合企业的公司制改造步伐，使其真正成为产权明晰、自主经营、自负盈亏的公司制企业。5月20日，组织召开全市盐业转方式、调结构现场观摩交流研讨会，加快转变经济发展方式，推进产业结构优化升级；协调区域发展，合理配置资源；不断优化产品结构，提高资源的合理开发和综合利用水平，拉长产业链条，提高产品附加值；发展苦卤化工及深加工系列产品，在阻燃剂、医药中间体、染料中间体、农业中间体等精细化工产业方面形成规模，建成全国最大的海洋精细化工产业集群。9月27日，组织召开全市原盐质量现场会议，对全市原盐质量状况进行点评，推动全市原盐质量水平的提高，增强企业商标意识，鼓励企业争创名牌，提高品牌含金量、附加值，推动全市盐业“转方式、调结构”各项工作的有序开展。

2011—2012年，潍坊盐业继续深入贯彻落实国家发改委《全国制盐工业结构调整指导意见》，着力实施“转方式、调结构”。积极引导培育大型企业集团，引导盐业企业增加技术改造投入，推动盐业科技进步，提高盐业生产抵御自然灾害的能力和盐业资源的综合利用水平。各制盐企业立足盐业根本，发展循环经济，大力发展盐化工，拉长产业链，提升附加值。

产品结构调整　潍坊盐业产品结构调整走以盐为主、盐化并举、突出发展盐化工、以盐化工推动行业经济快速增长的路子。产品结构不断优化。产品品种发展到五大系列（多品种盐系列、钾系列、镁系列、钙系列、溴系列）包括工业溴、氯化镁、硫酸钾、溴系列灭火剂、阻燃剂、制冷剂、医药中间体、农药中间体和染料中间体等化工产品50余种，成为全国最大的盐化工生产基地。2012年，全市年产溴素8.16万吨，用于潍坊市溴素深加工的就达7万吨以上，实现深加工、多增值、系列化开发。在发展盐化工的基础上，有的制盐企业拉长产品产业链，向生产两碱领域拓展。在北部建立高新技术产业带，大力发展“三高一低”（高技术含量、高附加值、高出口创汇和低污染）精细化工产品，促进行业经济效益快速提高。是年，生产盐化工产品32.05万吨，销售30.47万吨，实现销售收入71.85亿元。

地下卤水开采秩序整顿　为改变部分产盐区只注重眼前利益，忽视有关法律规定，在缺乏科学合理统一规划的情况下，出台一些鼓励开发的政策，造成过度开采，致使地下卤水水位下降，卤度降低，卤水资源综合利用水平不高的状况。从2001年开始，市政府对地下卤水开采秩序进行整顿，规定每千吨溴素配套盐田不得少于450公顷，一律做到先溴后盐，盐溴联产，杜绝卤水空排，防止环境污染，实现资源综合利用。寒亭区率先出台《寒亭区加强卤水资源管理规定》。

2004年7月14日，市政府印发《关于进一步加强全市盐业产销管理工作的意见》，决定今后一个时期一律不再报批新建、扩建盐场。11月7日，市政府决定对地下卤水资源开采新上项目实行冻结。

2005年6月25日，寿光市政府出台《寿光市地下卤水资源管理规定》，加强地下卤水资源管理，实现卤水资源的有序开采、合理有效利用，提高资源的综合开发效益。全市全年少产溴素4696.7吨，少抽取地下卤水2113.5万立方米。在原盐生产淡季，地下卤水的综合利用率由整顿前的60%提高到95%以上。

2006年4月17—28日，寿光市政府组织有关部门，对群众举报和巡查发现的违法建设、违法开采的15家溴素厂逐一进行查处，所有违法开采、建设的溴素厂全部停产。4月30日，潍坊市盐务局会同市国土资源局，就寿北卤水（溴）资源开采秩序严重混乱展开调查处理。

2007年7月，昌邑市政府出台《关于进一步加强沿海经济开发资源和秩序的意见》，加大对卤水资源开采秩序的管理、管护力度，全面落实溴盐联产配套政策，提高卤水资源的综合利用率，防止资源浪费和环境污染。12月21日，潍坊市整顿盐业市场秩序工作领导小组办公室会同市经贸委、盐务局、国土局、环保局、工商局、沿海办对全市冬季溴素休产、限产工作进行现场督查，冬季溴素休产、限产的规定得到较好的落实。

至2012年，全市地下卤水开采走上法制化、规范化轨道。

制盐许可证管理

1990年3月2日，国务院《盐业管理条例》颁布实施，1992年，山东省相继出台《山东省实施〈盐业管理条例〉办法》和《山东省制盐许可证管理办法》。至1995年，潍坊市境内共有49家制盐企业获得制盐许可证。

2000年12月1日《山东省盐业管理条例》实施后，山东省盐务局对《山东省制盐许可证制度实施细则》进行修订，于2002年11月16日起执行。潍坊市盐务局对从事盐业资源开发、盐产品生产的企业，按照国务院《盐业管理条例》《山东省盐业管理条例》《山东省制盐许可证制度实施细则》的有关规定，会同有关部门逐一进行核查，符合条件和规定的，报山东省盐务局审核批准，并发放制盐许可证。

自2003—2005年，山东省盐务局先后发放4批制盐许可证。潍坊市盐务局按照《山东省制盐许可证制度实施细则》的规定程序，对制盐企业的申请材料进行审查，对质量保证体系进行检查，对产品质量进行检测，及时将有关材料上报省局。潍坊市经审核合格获得制盐许可证企业共151家。2010年，全市盐业企业组织结构调整后，山东省盐务局重新核发制盐许可证，潍坊市共有37家制盐企业获证得到制盐许可证。

第十二章　食品工业

中共十一届三中全会后，全行业认真贯彻执行党中央关于国民经济“调整、改革、整顿、提高”的八字方针和对外开放、对内搞活经济的政策，全市食品工业发展速度明显加快。90年代，食品行业驶入高速发展轨道，新企业、新项目、新产品不断涌现，发展的规模和质量大幅提升，呈现出潜力大后劲足的良好发展态势。2012年，全市食品行业依托潍坊市丰富的农副产品资源，初步形成以畜禽屠宰及肉类加工、粮食及油脂加工、果蔬加工为主，调味品及发酵制品加工、饮料酿酒加工、乳制品加工、食品添加剂及配料加工、方便食品加工为辅，门类齐全的产业体系。当年实现工业总产值1423.26亿元，实现利税总额100.02亿元。潍坊市是全国重要的农副产品生产加工基地和出口基地。食品工业重点优势行业——玉米深加工业，是全国重要的玉米淀粉、玉米淀粉深加工生产基地，具有亚洲先进的淀粉、变性淀粉生产企业和全球最大的肌醇生产企业。主要产品有：玉米淀粉、麦芽糖浆、玉米蛋白粉、玉米油、玉米胚芽粕、玉米皮粉、口服葡萄糖、麦芽糊精、山梨糖醇、食品级柠檬酸等系列产品。畜禽加工业在全国、全省具有明显的竞争优势。2012年，鲜、冷藏肉年产量266万吨。其中，外贸肉鸡产品销往全国各地及日本、韩国、欧盟、马来西亚等多个国家和地区，是全国主要的肉鸡出口生产基地之一。低温肉制品、调理食品产品国内市场占有率位居全国同行业前列；果蔬加工业是全国著名的蔬菜生产、交易、加工、出口基地，形成以寿光为主的蔬菜生产、交易、物流中心和以华裕实业有限公司、潍坊金椿食品、鲁丰集团等企业为主的低温脱水蔬菜、速冻蔬菜、保鲜蔬菜、AD（空气干燥）、FD（冷冻干燥）等蔬菜深加工产业。

第一节　生产经营

1991年，酿酒、食品属于潍坊市一轻工业系统重点优势行业，全市食品制造企业270家，实现工业总产值18.2亿元，饮料制造企业29家，实现工业总产值5.92亿元。

1994年，加快对酿酒行业的产品结构调整，突出“三白”（即景芝酒厂、坊子酒厂、寿光酒厂3家白酒厂）、“三啤”（寿光啤酒厂、潍坊啤酒厂、临朐啤酒厂3家啤酒厂），按照稳定白酒总量，压缩低档薯类酒和高度粮食酒产量，发展优质粮食酒和啤酒的思路，充分发挥“名牌”的辐射带动作用，促进了整个酿酒行业的健康快速发展。全市酒类花色品种增加到300多个，实现利税2.9亿元。1994年底，全市食品加工业186家，实现工业总产值52.8亿元；食品制造业82家，实现工业总产值10.3亿元；饮料制造业28家，实现工业总产值14.8亿元。

1996年，根据省、市关于加强水资源保护及污水治理的决定和环保责任书的要求，着力提升治污水平。在认真分析污染现状的基础上，制订了近期、中期和长期污染治理规划，对有关的酿酒厂提出限期治理达标排放的要求。并以临朐秦池集团公司和潍坊啤酒厂为重点，推广其治污经验。1996年底，省环保局、一轻总会在临朐秦池集团公司召开全省酿酒行业污水治理现场会。寿光酿酒总厂继实施“万头猪、千头牛”工程后，进一步加强开发，将固液分离后沼气的上清液进行生化处理，循环使用，达到零排放，真正变废为宝。1998年，全市食品加工业实现工业总产值75.6亿元，出口交货值12.6亿元，实现利润2.24亿元，全部职工从业人员年平均人数36257人。食品制造业实现工业总产值7.6亿元，出口交货值2.6亿元，实现利润2963万元，全部职工从业人员年平均人数8160人。饮料制造业实现工业总产值16.9亿元，出口交货值148万元，全部职工从业人员年平均人数16217人。

2001年，潍坊市酿酒、食品行业稳步发展，酿酒行业的白酒成为潍坊市支柱产业之一，当年生产能力12万吨，实现销售收入6.5亿元、利税1.3亿元。主导产品中有粮食酒、啤酒、淀粉、果酒。其中，景阳春系列酒、坊子板桥系列酒、云门春系列酒、秦池系列酒的产品质量均达到国内先进水平，连续多年被评为山东省名牌产品和山东省质量免检产品。通过“八五”“九五”以来的技术改造，企业装备水平不断提高，自主开发能力不断增强。有9家白酒企业通过省技术监督部门颁发的生产许可证，景芝酒厂、青州酒厂、寿光酒厂、寿光啤酒厂通过ISO 9000认证。景芝酒业公司白酒生产能力5万吨，实现销售收入34335万元，利税9300万元。食品行业的主导产品有加工糖、乳制品、冷却肉、低温肉制品、冻鸡、肉鸭、海狗油。产品产量：加工糖3万吨、乳制品2000吨、冷却肉6万吨、低温肉制品6万吨、冻鸡5000吨、肉鸭5000吨、海狗油50万瓶。冷却肉和低温肉制品采取先进工艺生产，产品先后获40多项省、部级大奖，是省流通领域免检产品，居国内先进水平，这些产品的生产过程由计算机自动控制，成套设备具有国内同行业先进水平，产品具有国际同类产品水平。重点企业诸城外贸集团公司、得利斯集团公司、安丘外贸集团公司、潍坊乐港食品有限公司等，成为潍坊市食品工业的龙头企业，年销售收入占全市食品工业的90%以上，产品在国内外市场占据一定份额，其中加工肉鸡4万吨，占全国出口总量12%；低温肉制品生产能力6万吨，产量列全国第一。

2005年，先后编制出台《潍坊市食品工业十一五发展规划》《关于加快潍坊市食品工业发展的实施意见》及《食品工业产业链实施意见》等一系列指导性文件，促进和引导食品工业的健康发展。2006年，全市食品工业完成主营业务收入482.9亿元。其中，农副食品加工业完成主营业务收入394.7亿元，食品制造业完成主营业务收入69.1亿元，饮料制造业完成主营业务收入19.1亿元，是全国有重要影响的农产品产销基地。主导产品中，鲜冻畜禽肉和蔬菜年加工出口量分别占全省的1/3和全国的1/10；白酒年产量占全省的1/6；淀粉年产量约占全国的35%；色素年产量占世界产销总量的1/3，加工规模居全国同行业之首。

2008年，全市食品产业和产品结构日趋合理，整体规模扩大，经济效益提高。全市食品工业完成主营业务收入759.5亿元，全市农副食品出口约3万批次，货值9.5亿美元。其中，食品工业销售收入过亿元的企业达50多家，年出口创汇过千万元的企业70余家，省级以上龙头企业28家，有6家企业获全国农业产业化龙头企业，诸城外贸集团被列入全国520家重点企业。

2009年，编制和实施《潍坊市食品工业调整振兴规划（2009—2011年）》，积极应对国际金融危机对食品行业的冲击。2010年，市政府印发《关于加快千亿级产业链发展的实施意见》，将食品加工业作为千亿级产业链之一。鼓励龙头企业建立原料生产基地或采用定品种、定标准、定收购等方法，与农民建立稳定的购销关系和合理的利益分配机制，推动农业产业化经营。诸城外贸、得利斯、新昌、乐港、美城、瑞福、好友、安丘外贸、昱合、金河等企业，建立自己的生产基地或与农民建立稳定的购销关系，形成互惠互利的利益共同体，实现共同发展。当年，全市规模以上食品企业688家，完成主营业务收入843.01亿元。

2012年，全市食品工业占规模以上工业的比重有较大提高，产业规模化、集约化、高端化发展水平明显提升。全市规模以上食品企业实现主营业务收入1449.89亿元，收入增幅高于全省3.52个百分点，占全市规模以上工业主营业务收入的13.7%。全市食品工业实现利税100.02亿元，占全市工业利税的11.67%。全市食品工业实现利润70.13亿元。主要产品产量：小麦粉107.73万吨，精制食用植物油21.77万吨，鲜、冷藏肉265.91万吨，乳制品24.28万吨，饮料酒44.17万千升，软饮料60.39万吨，乳制品24.28万吨。外贸出口稳步增长，全市食品行业克服原材料价格大幅上涨、市场跌宕起伏等不利因素影响，外贸出口增长较快。全年完成外贸出口交货值134.19亿元。全市食品行业外贸出口500万美元以上企业81家，出口1000万美元以上企业32家。

1991—1992年潍坊市全部乡及乡以上独立核算食品工业企业主要经济指标统计表

表7－12－1

年份	行业分类	企业数（家）	工业总产值（万元）	工业销售产值（万元）	全部职工年平均人数（人）
1991	食品制造业	270	182175	—	35436
	饮料制造业	29	59225	—	9669
1992	食品制造业	258	219629	203343	41355
	饮料制造业	27	72775	73621	9801

1993—1997年潍坊市全部独立核算食品工业企业主要经济指标统计表

表7—12—2

年份	行业分类	企业数（家）	工业总产值（万元）	工业销售产值（万元）	全部职工年平均人数（人）
1993	食品加工业	197	352085	—	30240
	食品制造业	82	57290	—	11974
	饮料制造业	27	96527	—	10133
1994	食品加工业	186	528001	527965	33954
	食品制造业	82	103396	97548	12889
	饮料制造业	28	147681	149941	10543
1996	食品加工业	155	736097	705153	38983
	食品制造业	64	106769	102634	12128
	饮料制造业	45	316539	316521	19610
1997	食品加工业	161	789863	770434	38475
	食品制造业	58	102174	98050	11006
	饮料制造业	37	236486	234809	18326

1998—2012年潍坊市食品工业主要经济指标统计表

表7—12—3

年份	行业分类	企业数（家）	工业总产值（万元）	工业销售产值（万元）	利税总额（万元）	利润总额（万元）	资产合计（万元）	全部从业人员年平均人数（人）
1998	食品加工业	100	756109	759554	32403	22395	—	36257
	食品制造业	31	76260	74290	5140	2963	—	8160
	饮料制造业	17	169074	163996	31768	—	—	16217
1999	食品加工业	103	825827	815048	40175	25900	709001	35163
	食品制造业	33	79011	80051	7199	4516	93219	8235
	饮料制造业	18	151286	148469	33412	1043	245281	15837
2000	食品加工业	92	929396	906680	37795	21598	755339	35083
	食品制造业	26	105623	104250	11136	7781	88489	8048
	饮料制造业	18	126742	121824	25137	423	191058	12422
2001	食品加工业	132	1175341	1160756	56430	34121	873155	36999
	食品制造业	28	93773	91345	9321	6258	72053	6444
	饮料制造业	20	119723	105586	12345	—	174789	10951

续表7-12-3

年份	行业分类	企业数（家）	工业总产值（万元）	工业销售产值（万元）	利税总额（万元）	利润总额（万元）	资产合计（万元）	全部从业人员年平均人数（人）
2002	食品加工业	142	1322610	1295952	63927	40221	977430	38375
	食品制造业	37	146041	140630	10408	6515	125953	8287
	饮料制造业	18	75604	72417	12244	—	155877	9558
2003	农副食品加工业	195	1629003	1591961	73765	48087	1303819	54686
	食品制造业	71	208636	204168	15074	9364	182747	11681
	饮料制造业	19	100264	96162	24786	8531	184194	8841
2005	农副食品加工业	400	3326746	3255279	161387	114101	1945588	78478
	食品制造业	98	589174	569503	40757	27992	348576	16487
	饮料制造业	37	155433	150582	35089	11826	185356	7111
2006	农副食品加工业	426	3908376	3825251	195180	131842	2192945	76512
	食品制造业	101	727645	714133	48320	32541	403934	16880
	饮料制造业	34	189284	184177	31216	12018	192496	7319
2007	农副食品加工业	427	5025867	4920257	239985	170658	2420044	84397
	食品制造业	101	918865	896007	76247	50097	529887	19822
	饮料制造业	34	233890	232361	39429	14781	205450	7547
2008	农副食品加工业	493	6029614	5932227	292912	201589	2682256	89679
	食品制造业	109	1284706	1254941	102034	67189	612325	19579
	饮料制造业	40	294555	291009	58900	24569	248149	7026
2009	农副食品加工业	511	6601178	6544019	350032	254630	2824483	100134
	食品制造业	131	1380416	1346390	107277	73695	714716	21721
	饮料制造业	46	351391	343601	68383	33524	246973	7964
2010	农副食品加工业	474	7659033	7581289	432002	315359	3252521	93242
	食品制造业	135	1752991	1734620	182619	127201	953539	21784
	饮料制造业	47	403436	398106	69098	28978	233311	8275
2011	农副食品加工业	405	9431971	9309252	537527	397013	3870406	93818
	食品制造业	109	1964079	1952042	193525	138157	1024163	21429
	酒、饮料和精制茶制造业	41	538062	530532	72878	30068	334067	8559

续表7-12-3

年份	行业分类	企业数（家）	工业总产值（万元）	工业销售产值（万元）	利税总额（万元）	利润总额（万元）	资产合计（万元）	全部从业人员年平均人数（人）
2012	农副食品加工业	421	11248893	11061528	676333	494537	4557132	95849
	食品制造业	111	2330836	2323610	236834	170270	1055552	23874
	酒、饮料和精制茶制造业	43	652916	642443	87051	36538	377732	8070

第二节 技术改造

90年代，潍坊市食品工业推动产业结构优化升级，鼓励企业加大对先进装备和自主创新的投资，以提高产品研发和精深加工能力为方向，提升设计、制造、装备和管理水平，逐步实现传统产业高新化转变。加强企业技术中心建设，支持引导企业、高等院校和科研单位采取多种合作形式共建企业技术中心和重点实验室等，健全完善以企业为主体、以市场为导向、产学研相结合的自主创新体系。1994年，潍坊啤酒厂从德国引进啤酒灌装生产线、食品行业的冷饮、冰糕、冰激凌等生产线在国内居领先地位，并达到国际先进水平。在酒精废醪液治理方面，先后探讨实施利用玉米酒精生产蛋白饲料，利用瓜干酒糟实施饲养工程等方法，成果显著。

2004年，畜禽加工龙头企业诸城外贸集团依靠科技进步，研制开发畅销国内外的多种熟食产品，熟食品生产能力年产8万吨，淀粉系列生产能力年产120万吨，并建立完整的质量控制体系，保证企业出口产品的质量安全。得利斯集团在国内率先研制出高蛋白低脂肪的“得利斯”牌低温肉，居国内领先地位。全市多数食品骨干企业建立技术中心、生物中心、工程中心，冷冻速冻、超临界萃取、真空包装、膜分离、超高温灭菌、微波、防伪等一大批新技术成果得到推广应用。2005年，全市食品行业完成技改项目77项，投资38.4亿元，成为全市工业新的经济增长点和六大支柱产业之一。

2006年，潍坊市有诸城外贸、得利斯集团、新昌集团3家食品企业争创为省级企业技术研发中心，景芝酒业、昱合食品、山东富氏等5家企业争创为市级企业技术研发中心。

2007年，山东富氏味业有限公司加大科技创新的步伐，酱油生产引进鲁氏增香耐盐酵母菌种，拥有低盐固态和高盐稀态两种工艺，实行固稀结合回浇工艺，提高酱油的风味，酱油的氨基酸态氮达到1.5克/100毫升，是国家特级酱油的2倍，实现产品的升级换代。食醋生产更换传统酿造工艺，使用葡萄糖液为原料，缩短发酵周期，降低生产成本。

2010年，全市食品行业强化创新发展理念，增强新产品开发能力。十笏园食品有限公司对企业进行大规模技术改造，新上一套国内一流的大型高档酱油压榨生产线，增加高盐稀态新工艺，生产出味极鲜酱油、酱油粉等高附加值产品，提升产品档次，提高企业竞争力。瑞福油脂调料有限公司以绿色、环保、健康为主旨，坚持低温、石磨、水代法制取香油，既最大量的保持芝麻的营养成分，又彰显芝麻香油浓郁的香味，打造出“崔字牌”芝麻香油第一品牌，产品行销全国各地，市场份额占全国的20%，占山东的70%，在芝麻香油行业有着重要的话语权。

2012年，全市食品行业有国家级企业技术中心1家，省级企业技术中心5家，市级企业技术中心10家，市工业设计中心3家。全市肉类加工、果蔬加工、淀粉及淀粉糖、色素、粮油加工等主要行业的龙头企业的技术装备水平达到国际或国内先进水平。

第三节　品牌建设

1991年后，潍坊市食品工业不断加大品牌的宣传力度，同时鼓励企业开发具有自主知识产权的产品，不断创造新的品牌产品。通过实施名牌战略，扩大潍坊食品工业的影响力和知名度，形成规模优势。1997年，景芝牌景阳春酒、奥蕾牌啤酒、齐民思牌白酒等被评为“山东名牌产品”。

1998年，全市一轻工业在突出抓品牌建设的基础上，重点加强景芝系列酒等名牌的培植，并与技术监督部门联手推出地产白酒名牌产品，均由单一产品发展为系列产品。至2004年，全行业形成以“得利斯”牌系列肉制品，“乐港牌”牌樱桃谷肉鸭、“圣玉”牌玉米淀粉，“新昌”“永昌”“美城”牌肉鸡产品，“崔字”牌香油，“景阳春”牌白酒等品牌为主的一大批名优产品，这些产品知名度高、市场占有率大，具有突出的比较优势和竞争优势。

2005年，全市食品行业大力实施培植一批优势产业、一批龙头企业、一批名牌产品的“三个一批”战略，全市食品企业新增中国名牌4个，山东名牌3个。积极鼓励企业产品开发和创新，麦田食品有限公司新开发的芙蓉月饼以精湛的做工、良好的品质、独特的风味获得“中国优质月饼”称号，实现潍坊焙烤类食品“零”的突破。

2006年，安丘外贸食品的“鲁丰”牌水果罐头获得中国名牌称号，这是潍坊历史上首次获得水果蔬菜类中国名牌。潍坊美城食品有限公司、新昌集团、富氏味业有限公司、安丘外贸、山东昌邑乾隆杯酒业集团等企业的11种产品获得山东名牌称号。十笏园食品有限公司和佳士博、紫鸾牧业申报山东著名商标。

2008年，围绕支柱产业建设，培植名牌企业。畜禽加工业一直是潍坊市食品工业的传统产业，为积极发展龙头企业，组织企业实施以产业化、标准化、国际化和龙头带动、市场带动、科技带动为主要内容的“三化三带动”战略，积极发展扶持龙头企业。同年，山东新昌集团与世界500强美国泰森食品有限公司签署合作协议。诸城外贸有限责任公司的“尽美”牌速冻调理禽肉熟食品、“尽美”牌玉米淀粉，诸城兴贸玉米开发有限公司的“兴贸”牌淀粉糖，山东新昌集团有限公司的速冻调理禽肉食品，山东巨能电力集团金玉米开发有限公司的“圣玉”牌玉米淀粉，安丘市外贸食品有限公司的“鲁丰”牌水果罐头，得利斯集团有限公司的“得利斯”牌鲜冻分割猪肉、低温肉制品8种产品获中国名牌称号，另有31种产品获山东名牌称号。

2011年，全市食品工业年出口创汇过千万元的企业70余家，省级以上龙头企业28家，有6家企业获全国农业产业化龙头企业。诸城市被评为“全国食品工业强县”，诸城市高端食品安全示范区被授予“全国食品工业产业集群示范区”称号，诸城外贸和得利斯集团被授予“全国食品工业优秀龙头食品企业”称号。

2012年，全行业拥有中国名牌产品8个，山东名牌产品35个，中国驰名商标19件。有11家企业被评为全国农业产业化龙头企业，73家企业被评为山东省农业产业化龙头企业。

第四节　重点企业

2012年，全市食品工业企业主营业务收入过亿元的企业259家，过10亿元的企业21家，过百亿的2家。其中，实现主营过亿元企业食品业务收入1259.4亿元、利税81.1亿元、利润56.0亿元，分别占规模以上食品企业的86.2%、83.4%、82.0%。其中，诸城外贸以主营业务收入128.2亿元列行业首位，得利斯集团以主营业务收入101.8亿元首次进入百亿元企业行列。

2012年潍坊市重点食品工业企业主要经济指标统计表

表7—12—4　　单位：万元

序号	企业名称	主营业务收入	利税总额	利润总额
1	诸城外贸有限责任公司	1281935	30273	9453
2	得利斯集团有限公司	1017614	49209	39255
3	潍坊英轩实业有限公司	447173	80034	51696
4	山东北联集团总公司	306270	25650	16611
5	山东寿光市天成食品集团有限公司	266862	24215	15190
6	潍坊乐港食品股份有限公司	241043	1588	1588
7	山东景芝酒业股份有限公司	240022	25141	4231
8	山东昱合集团食品有限公司	210900	35214	21210
9	山东泰森新昌食品有限公司	166018	—	—
10	山东省天惠食品有限公司	164397	4888	4182
11	诸城市润生淀粉有限公司	142041	13220	9705
12	山东柠檬生化有限公司	140002	6166	6108
13	诸城市万年食品有限公司	139926	11376	7522
14	山东惠发食品有限公司	137711	8396	6583
15	潍坊华宝食品有限责任公司	134840	11965	9696
16	诸城东晓生物科技有限公司	128361	12473	6589
17	山东万泉食品有限公司	121905	—	—
18	青州全成食品有限公司	119765	8794	8794
19	潍坊伊利乳业有限责任公司	118842	4657	4625
20	潍坊金椿食品有限公司	108948	10867	5434
21	山东亚太中慧集团有限公司	105705	2692	2681
22	潍坊市开发区华裕实业有限公司	97378	15385	11679
23	潍坊新时代食品有限公司	87364	6224	3898
24	潍坊中粮禽业发展有限公司	83698	—	—
25	山东佳士博食品有限公司	78810	12588	9653

诸城外贸有限责任公司

诸城外贸有限责任公司成立于1975年，总部在诸城市。属首批农业产业化国家重点龙头企业。先后被农业部、国家标准化管理委员会等部门评为“国家禽肉加工专业分中心”“国家农业标准化示范区”“省级重合同守信用企业”“山东省认定企业技术中心”，先后获得“中国屠宰及肉类加工业十强企业”“中国肉类食品工业50强”“国家食品工业重点企业”“山东省肉制品行业十大品牌企业”等称号。

1987年以后，公司实行贸工农一体化经营模式，探索出了符合企业实际的农业产业化道路。1995年底，《人民日报》记者艾丰专题采访潍坊市农业产业化经验，并于同年12月11日至14日在《人民日报》发表3篇述评文章和一篇社论，将潍坊农业产业化经营的理论、经验和实践介绍到全国，随后中央对公司推出的农业产业化经营模式给予肯定。为了配合公司确立的“公司+基地+农户”农业产业化经营模式，抓好源头生产和管理，提高产品在国内外市场的竞争能力，公司积极发展标准化生产，丰富农业产业化内涵，推进农业产业化升级，集中建设一批大规模自属商品养鸡场。1992—2004年，公司投资2亿多元，建成和改造55个大型标准化商品鸡饲养场，全部采用科学饲养方式，实现饲养源头的规模化、标准化。1998年，经国家质检总局批准，诸城外贸有限责任公司被确定为国家肉鸡生产标准化示范区，2001年示范区项目通过国家验收。与此同时，公司还有多项技术获国家专利，色素提取技术被列为国家级星火计划项目，自行研制的色素烘干设备、“贸工农一体化现代肉鸡生产技术研究与应用”科研项目、“肉鸡精深加工技术开发”“AA肉鸡良种繁育”技术、“AA肉鸡饲养防疫技术”均获外经贸部科技进步奖。2006—2010年，公司承担“食品安全关键技术研究与示范”重大科技专项，并顺利延伸进入“十二五”“禽类产品与制品质量安全控制技术研究与示范”课题，首批取得国家质检总局“无公害农产品标志”，“肉鸡生产标准化示范课题”被评为山东省科技进步二等奖、国家质检总局科技兴检二等奖；“尽美”肉鸡系列产品被中国消费者协会确认为“绿色推介产品”，获得“中国名牌”称号。2012年，公司实现主营业务收入128.19亿元，利税3.03亿元。

诸城外贸有限责任公司生鸡宰杀车间（2012年拍摄）

得利斯集团有限公司

得利斯集团1986年在诸城创立。公司不断延伸产业链，打造集良种猪繁育、标准化养殖、饲料生产、兽药防疫、生猪屠宰、肉制品加工、生物工程于一体的绿色食品产业体系，搭建起农业科技、畜牧科技、食品科技、生物科技四大产业平台。

被确定为首批农业产业化国家重点龙头企业、中国肉类十强企业、中国食品行业百强企业、中国最具市场竞争力品牌、山东省省长质量奖，得利斯低温肉制品和冷却肉双双获中国名牌产品，“得利斯”和“北极神”商标被认定为中国驰名商标，得利斯技术中心被认定为国家级技术中心，拥有博士后科研工作站和国家级实验室。

得利斯集团 （2012年拍摄）

得利斯集团致力于推进科技平台建设，其中农业科技平台基于150万吨粮油加工仓储物流基地，年可加工小麦20万吨、大豆50万吨、饲料50万吨，粮食仓储30万吨，打造成为北方大型粮油加工物流集散地和粮油储备基地。畜牧科技平台运用拥有自主知识产权的“欧得莱”品牌猪，采取“企业+合作社+养猪场”模式，建立36个生猪养殖合作社、400个标准化养猪场，年出栏优质商品猪160万头。食品科技平台从事生猪屠宰、冷却肉、发酵肉制品、低温肉制品、速冻调理食品加工。

1989年，公司在国内率先研制出中西合璧低温肉制品并进行工业化生产。2000年以后，投资建设500万头生猪屠宰体系，采用世界最先进工艺技术，按照欧盟动物福利标准和卫生标准进行生猪屠宰，倡导冷却肉科学消费理念。2010年1月6日成功挂牌上市。2011年，推出世界顶级肉食——“帕珞斯”发酵火腿。生物科技平台研究开发出北极神系列保健品，主导产品北极神海狗油，通过中华医学会组织的22家三级甲等医院的临床验证，被选为2008北京奥运会恭迎历任国际奥委会主席专用产品。以四大平台为基础，在行业内率先建立起基于RFID技术的从养殖、屠宰、分割、加工、仓储到冷链配送的全程追溯管理体系，并采用GPS冷链物流系统，实现产品质量的全面监控。在销售终端通过“追溯码”可以直接查询到产品从生产到销售的各种信息，保障消费者的知情权和选择权，形成从源头到终端，从田园到餐桌的绿色完整产业体系。2012年，集团实现主营业务收入101.76亿元，利税4.92亿元。

山东惠发食品股份有限公司

山东惠发食品股份有限公司是一家以集速冻调理肉制品研发、生产和销售于一体的大型食品加工企业，总部在诸城市。成立于2005年2月，于2012年6月整体改制为山东惠发食品股份有限公司。公司于2008年12月被认定为2008年（山东省）第一批高新技术企业。2010年6月，公司牵头发布《山东省企业联盟标准——速冻乳化肉制品》，标准为山东省第一个乳化肉制品行业标准，为国家级的速冻乳化肉制品行业标准制定奠定基础。2010年10月，由中国商业联合会、中国肉类协会、山东省肉类协会，召集行业内部分领军企业在惠发公司召开《肉丸》行业标准起草会议，公司作为主要起草单位之一参与标准的制定。《肉丸》行业标准（SB/T 10610—2011）于2011年11月1日起实施。“惠发”商标被国家工商总局认定为“中国驰名商标”。2012年8月，惠发与中国工程院孙宝国院士联合成立第一个国家级院士工作站。2012年，公司实现主营业务收入13.77亿元，利税8396万元。

山东佳士博食品有限公司

山东佳士博食品有限公司始建于2001年，坐落在山东省诸城市，是一家以生产、销售速冻调制食品为主的大型农业产业化重点龙头企业。2006年，佳士博商标被认定为山东省著名商标，佳士博食品有限公司被评为山东省食品工业协会常务理事单位；2007年，投资建设30万只蛋鸡标准化养殖场，成立山东佳士博农牧科技有限公司；2009年，佳士博产品获评山东名牌产品，农牧科技公司获“无公害农产品产地认证”，“安咯”鸡蛋被认定为绿色食品、无公害农产品；2010年与青岛农业大学成立联合研发中心，农牧科技公司被农业部认定为国家级蛋鸡标准示范场；2010年底，公司总资产3.43亿元、固定资产1.36亿元，有4处食品加工基地和4处食品研发中心，职工3000余人，是国内大型、专业的速冻调理食品生产基地和无公害绿色生态蛋鸡标准化示范基地之一。2011年，山东清宗清真食品有限公司成立，农牧科技公司与山东畜牧兽医职业学院建立战略合作，参与起草商务部《肉丸》行业标准；2012年，山东佳诚食品有限公司成立，佳士博公司被授予山东省农业产业化重点龙头企业、省级高新技术企业，与齐鲁工业大学共同建立联合研发中心。2012年，公司实现主营业务收入7.88亿元，利税1.26亿元。

山东景芝酒业股份有限公司

1948年，集景芝镇72家酿酒作坊于一体，创立山东景芝酒厂。1993年，经山东省体改委批准改为股份制企业。企业拥有三个生产厂区和一个现代生态酿酒产业园，一个齐鲁酒地文化创意产业园，以及以一品景芝为代表的芝麻香型系列，以景阳春为代表的浓香型系列，以景芝白乾为代表的传统酒系列，以年份景芝为代表的年份酒系列4大系列品牌。

1992年，景阳春被山东省质量技术监督局认定为质量免检产品。1993年，成立山东景芝酒业股份有限公司。在国家统计局按1993年利税总额统计指标排序中，公司列中国饮料制造行业百强企业第32名。1998年，获“山东名牌”暨“山东著名商标”称号。1999年，山东景芝集团公司改制成以安丘市经济开发投资公司和安丘市旅游局为股东组成的有限责任公司，公司名称为山东景芝集团有限公司。2001年，被评为全国食品行业质量效益型先进企业；2002年，通过中国方圆标志认证会ISO 9001质量管理体系认证，取得认证证书；2005年，获中国白酒工业百强企业称号；2011年被山东省人民政府授予第三届山东省省长质量奖。2012年，实现主营业务收入24亿元，利税2.51亿元。“景芝”“景阳春”两个商标先后被认定为中国驰名商标。

山东寿光天成食品集团有限公司

山东寿光天成食品集团有限公司始建于1980年，坐落在寿光市境内。2001年，企业改制，成立寿光市天成食品有限公司；2002年，投资成立寿光市天成宏利食品有限公司；2003年，成为山东省农业产业化重点龙头企业；2004年，投资成立寿光天成饲料有限公司、寿光市天成鑫利食品有限公司，寿光市天成食品有限公司第一种鸭厂；2005年，成立寿光市天成食品有限公司第二、三种鸭厂及第一孵化厂，公司“种养加一体化，产供销一条龙”的产业链条基本形成；2007年，投资成立寿光市天成隆利食品有限公司，寿光市天成食品有限公司第四、五种鸭厂及第二孵化厂；获“潍坊市百强工业企业”“山东省重点农产品加工骨干企业”称号；2008年，投资成立寿光市天成投资有限公司及寿光市天成食品有限公司第六、七种鸭场，被认定为“潍坊市畜牧标准化生产基地”；2010年11月12日，天成集团成立；2011年11月，天成集团子公司鑫利公司、隆利公司、饲料公司、宏利公司同时获得2011年潍坊市农业产业化重点龙头企业称号。2012年，寿光市天成食品有限公司实现主营业务收入26.68亿元，利税2.4亿元。

山东泰森新昌集团有限公司

山东新昌集团有限公司位于昌邑市新昌路北首，大型（二）企业，是中国食品工业（农副食品加工业）百强企业。1988年8月始建于昌邑县围子镇天成店村东，时称昌邑县粮食冷藏厂。2001年4月，改制为山东新昌肉食有限责任公司，2005年6月，成立山东新昌集团有限公司，下辖昌邑中粮新昌食品有限责任公司、昌邑新盛食品有限责任公司、山东盛德食品有限公司、山东源盛鸭业有限公司、昌邑新昌家禽有限公司、昌邑新昌饲料有限公司、昌邑宏达绒业有限公司、昌邑新昌盐化有限公司、昌邑鲁东化工有限公司、第一冷藏厂、第二冷藏厂、扒鸡厂12家企业。

1990年固定资产979.1万元，工业总产值2363.8万元，产品销售收入1825.1万元，利税65.3万元，职工年平均人数220人。1991年，与香港新港澳有限公司合资，投入208万美元，新建种鸡、商品鸡场；1995年，与中国粮油进出口公司合资，投资3200万元，新上肉鸡宰杀流水线；1999年投资7000万元，新上熟食品深加工项目；2002年投资4000万元，增加速冻方便食品加工项目；2003年投资1.3亿元，新上饲养加工一条龙项目，形成从种鸡种鸭养殖、孵化、饲养到饲料加工、宰杀加工、熟食加工、产品销售的生产经营体系；2004年投资3000万元，扩大饲料加工能力40万吨；2005年投入2.68亿元，建养殖场28个，大型种鸡场、孵化场各1处，新建屠宰加工厂、熟食加工车间各1处。公司主要从事畜禽产品、熟制品、速冻方便食品、水产品、饲料、鸭毛等产品的生产，产品销往日本、韩国、欧盟等国际市场和中国香港等国内市场。“新昌牌”系列产品被誉为中国名牌产品、中国肉类工业影响力品牌、中国国际博览会名牌产品、无公害农产品、山东省免检产品。公司被国家发改委、商务部等部委认定为“农业产业化国家重点龙头企业”；获全国“质量、信誉放心示范单位”、国家标准化良好行为企业、山东省卓越绩效先进企业、山东省食品安全诚信单位等20多项荣誉称号。

2009年8月31日，世界500强企业美国泰森食品有限公司与山东新昌集团有限公司合资成立山东泰森新昌食品有限公司。并于2011年5月完成美国泰森国际100%控股的独资直属企业。2012年，山东泰森新昌食品有限公司实现主营业务收入16.6亿元。

山东昱合集团

山东昱合集团2003年10月始建，位于寒亭区内，是一家集肉种鸡繁育、饲料生产、商品鸡饲养、肉鸡屠宰、食品加工、锅炉制造及出口贸易于一体的大型企业，下辖山东昱合食品集团有限公司、潍坊佳潍可食品有限公司、潍坊昱合畜禽有限公司、潍坊太宏饲料有限公司、潍坊禾兴养殖有限公司、青岛昱合幸福锅炉有限公司等公司。2004年，集团员工2000余人，其中，高中级管理人员及技术人员200多名。集团拥有从德国、韩国、美国、日本、荷兰等国引进的具有世界先进水平的饲养、孵化、食品加工等设备。同年，企业存养爱拨益加、哈伯德父母代肉种鸡90万套，年产商品代鸡苗9000万只，生产的鸡苗具有抗病力强、生长速度快、饲料转化率高等显著特点；生产各种预混饲料、浓缩饲料、配合饲料

20万吨，可向社会提供饲养肉鸡、蛋鸡、种鸡、猪、鸭、牛等使用的10大系列100多个品种的饲料产品；年屠宰肉鸡4000万只，加工肉鸡系列产品8万吨。产品被中国绿色食品发展中心认定为绿色食品A级，许可使用绿色食品标志，销售面向全国各地，并供应肯德基、麦当劳等全球著名快餐公司。2004年9月，被农业部等八部委授予“农业产业化国家重点龙头企业”称号；2004年12月，被山东省畜牧协会授予“山东省畜牧业综合实力五十强企业”称号；2005年3月，被山东省绿色食品发展中心授予“全省绿色食品示范生产基地”等称号；2012年，山东昱合食品有限公司实现主营业务收入21.09亿元，利税3.52亿元。

第十三章　电力

1991年，全市有发电厂37座，年发电量34559万千瓦时。2002年，潍坊电业局更名为潍坊供电公司，全市电业职工1.64万人，电业行政管理职能移交市经贸委。潍坊电网是山东省“西电东送”枢纽。至2012年底，潍坊电网拥有500千伏变电站4座、220千伏变电站32座、110千伏（35千伏）变电站278座，全面建成了以500千伏电网为重要支撑，以220千伏电网为骨干网架，110（35）千伏配电网深入负荷中心区，各级电网协调发展的具有信息化、自动化、互动化特征的坚强智能电网。全年全市发电厂86座，年发电量195.17亿千瓦时。

第一节　发电

90年代初，潍坊电网电源结构以火力发电为主，占比94.57%，水力发电占比5.43%。1991年5月，华电潍坊发电有限公司一期两台30万千瓦亚临界燃煤机组开工建设，分别于1993年9月和1994年10月投产发电，后经扩容改造单机容量为33万千瓦。2005年6月，二期两台67万千瓦超临界燃煤机组开工建设，分别于2006年10月和2007年6月投产发电。此后，新能源逐渐发展，

华电潍坊发电有限公司　（2012年拍摄）

到2012年，火力发电占比降至87.09%，水力发电占0.27%，风力发电占11.9%，生物质能发电占0.74%。2012年全市风力发电项目8个。分别为：国电潍坊滨海风电场工程项目，规划开发7.5万千瓦，投资5.48亿元。华能昌邑风力发电工程项目，规划开发9.9万千瓦，投资12亿元。华能潍坊风力发电有限公司寿光发电项目，规划开发4.95万千瓦，投资5.4亿元。华能潍坊风力发电有限公司寿光六期发电项目，规划开发2.55万千瓦，投资2.55亿元。华能新能源产业控股有限公司华能寿光风电场项目，规划开发4.95万千瓦，投资5.59亿元。安丘太平山风电有限公司中广风电场核太平山项目，规划开发4.93万千瓦，投资5亿元。中广核临朐县山旺镇风力发电项目，规划开发3.83万千瓦，投资3.4亿元。国华（诸城）风力发电有限公司风力发电项目，规划开发19.8万千瓦，投资18.15亿元。

2012年，全市电力装机容量达到489.4万千瓦。单机规模10万千瓦以上燃煤机组8台，占燃煤发电机组装机容量的63.3%。

2012年潍坊市10万千瓦以上火力发电机组统计表

表7－13－1　　单位：万千瓦

企业名称	建设地点	装机容量
华电潍坊公司	高新区	2×33、2×67
寿光巨能热电	寿光市	2×15.5
晨鸣热电	寿光市	2×15.5

1991—2012年潍坊电网发电厂统计表

表7－13－2

年份	发电厂数（座）	发电装机容量（千瓦）	发电量（万千瓦时）
1991	37	170504	34559
1992	37	175004	47609
1993	36	169004	48728
1994	34	157004	49549
1995	34	160804	68223
1996	32	177304	69942
1997	34	154804	70972
1998	37	208804	75677
1999	37	212554	85958
2000	38	824554	449809
2001	42	855304	450949
2002	45	956304	491093

续表7-13-2

年份	发电厂数（座）	发电装机容量（千瓦）	发电量（万千瓦时）
2003	56	1176554	510249
2004	59	1299054	647872
2005	64	1536054	701894
2006	71	2812434	926466
2007	76	3569684	1355852
2008	83	3612644	1448574
2009	89	3836644	1562507
2010	84	3961394	1601574
2011	84	4248384	1688914
2012	86	4873884	1951690

第二节　电网建设

主网建设

1991年，220千伏魏泉线建成投运。线路西起淄博220千伏魏家庄变电站，东至泉河站，全长125.37千米（潍坊局运行75.33千米）。4月，220千伏贾掖线（贾庄站至掖县站）开断进潍坊站，烟台地区掖县变电站改由潍坊站供电。9月，220千伏青州变电站扩建工程投运，新安装的变压器由退役薄绝缘变压器改造而成，容量为12万千伏安。

1993年1月，建成投运220千伏坊贾线和坊潍线。其中，220千伏坊贾线（潍坊新电厂至贾庄站）全长18.36千米，220千伏坊潍线（潍坊新电厂至500千伏潍坊站）全长8.73千米，从而解决潍坊发电厂的送出问题。6月25日，220千伏王家站（1992年4月建成）投入运行。一期工程投资2032万元，安装主变1台15万千伏安，220千伏电源由魏泉线开断进入。是年，对220千伏延庆变电站进行扩建，新增主变1台12万千伏安。相继建成投运220千伏坊高线、潍桃线，其中220千伏潍桃线1月7日投运，成为潍坊电网与烟台电网联络的又一动脉。

1994年，先后建成投运高密、万家、昌邑3座220千伏变电站。其中，220千伏高密站基建总投资5000万元，于2月3日投入运行，主变为1×12万千伏安，从潍坊发电厂至高密站220千伏线路（坊高线）全长68千米；220千伏万家站，8月4日投入运行，主变为1×12万千伏安，从潍坊发电厂至万家站220千伏线路（坊万线）全长74.26千米；220千伏昌邑站基建总投资3770万元，5月建成，12月29日投运，主变1×12万千伏安，线路—变压器组接线，500千伏潍坊站至昌邑站220千伏线路（潍昌线）23.2千米。是年9月13日，建成220千伏万照线（潍坊段运行长度21.89千米），实现与日照电网的220千伏连网，解决潍坊南部电网的单电源供电问题。

1996年11月，配合青岛电厂的送出工程，建成投运220千伏胶高线（潍坊局管辖14.27千米，45基杆塔），加强了潍坊电网与青岛电网的联络。1997年12月，潍坊发电厂最后一个送出工程——220千伏安丘变电站建成投运。一期投资

8000多万元，主变1×15万千伏安，线路—变压器组接线，由泉河站至安丘站220千伏线路（泉安线）全长23.31千米，有杆塔73基。

1998年11月，220千伏弥南变电站建成投运。工程总投资6700万元，安装1台12万千伏安的无励磁调压变压器，从青州站至弥南站220千伏线路（青弥线）37.01千米、杆塔116基。到1998年底，潍坊电网已有220千伏变电站10座，主变14台、174万千伏安，有220千伏输电线路23条、786千米，220千伏线路成为全市电网的主干网架。

1999年，完成220千伏王家变电站扩建工程，新增1台15万千伏安变压器。同时，将220千伏青贾线开断进王家变电站，原青贾线更名为青王线和贾王线。并新建潍坊发电厂至泉河站的220千伏线路（坊泉线），长度14.194千米。2000年8月，220千伏辛贾线开断进延庆站，原辛贾线更名为辛延线和贾延线。

2001年9月，220千伏五洲站竣工送电，工程总投资6227.31万元，安装主变1台、15万千伏安，220千伏坊贾线开断后双回进五洲站（2×1.2千米）。220千伏青州站2号主变（12万千伏安）更换为15万千伏安有载调压变压器。10月，220千伏贾庄站1号主变（12万千伏安）增容到18万千伏安，并对站内一、二次设备进行更换，提高供电能力和安全可靠性。11月，220千伏田柳站建成投产，主变1台、15万千伏安，220千伏贾延线开断到田柳站（2×35千米），工程总投资7997.76万元。

2002年7月，完成220千伏高密站扩建工程，新上2号主变12万千伏安。12月，完成昌邑站扩建工程，新上2号主变12万千伏安。

城网建设

1990年11月，位于坊子以东的110千伏穆村站建成投运，主变为1×1.5万千伏安，贾庄至穆村110千伏线路（贾穆线）21.4千米、杆塔93基。是年，完成35千伏西郊站的扩建改造，35千伏坊子站增容至1.5万千伏安。1991年4月，110千伏穆高线改造5.3千米。110千伏穆张线投运，线路长22.2千米，杆塔88基。

1992年，接管寒亭区35千伏沟西站，并将该站增容为主变2台、5650千伏安。是年12月24日，110千伏贾Ⅰ泉线和贾电线改造完成（贾电线开断进上虞河站），改造长度4.32千米。1993年6月25日，110千伏王朱线（王家站至朱刘站）建成投运，全长8.51千米。

1994年3月14日，110千伏市中站建成投运，缓解城区供电“卡脖子”问题。该站首次采用GIS组合电器，电源从110千伏泉南线双T接，其中，市中站前的1.75千米采用电缆进线，此为全市的第一条110千伏电缆线路。

1995年，因电网调整，原35千伏贾上Ⅰ线、上沟线、上潍线，改造合并为35千伏贾沟线，线路长度19.42千米，有杆塔176基。是年10月16日，110千伏王南线（王家站—南郊站）建成送电，全长7.3千米，并将110千伏泉南线双T接市中站处开断，形成泉中线和南中线，从而使南郊站、市中站实现环网运行，提高了供电的可靠性。12月25日，110千伏西郊变电站竣工送电，原35千伏西郊变电站退出运行。从王家站到西郊站的110千伏Ⅰ、Ⅱ双回（王西线）全线同塔架设，长度5.6千米，有杆塔38基。12月26日，位于高新技术开发区的110千伏赵疃站建成投产，110千伏贾Ⅰ泉线开断进入该站，形成了110千伏贾赵线（5.27千米、杆塔27基）和泉赵线（25.09千米、杆塔93基）。

1996年1月9日，把已经停运的35千伏贾西Ⅰ线14号杆至西郊站段改接到潍坊纸箱厂站，线路更名为35千伏贾星线（潍坊电业局所辖长度2.24千米、杆塔18基）。1月11日，原35千伏贾西Ⅱ线直接潍坊钢厂站，线路更名为35千伏贾钢线（潍坊电业局所辖线路长度6.23千米，有杆塔53基）。12月，在110千伏王南线、泉中线同塔处，双T接改造进市中站和南郊站，使市中站、南郊站均具备双电源供电条件。

1997年，由山东省电力局出资，收购寿光电业局在建的110千伏大家洼输变电工程，并于11月建成投入运行。110千伏大家洼站变电容量1×1.5万千伏安，从寿光上口站到大家洼站的110千伏线路（上大线）全长17.6千米。是年，还对35千伏坊子站进行扩建，新上Ⅱ主变、2万千伏安。坊子发电厂被关停。到1997年底，潍坊电业局所属变电站总容量达到326.25万千伏安，35千伏及以上输电线路长度达到1167千米，人均占有设备容量、线路长度均跃居全省地市级供电企业之首，潍坊电网成为国家大一级电网。

1998年，新建110千伏凤凰山站，主变1×3.15万千伏安，解决坊子凤凰山开发区供电问题。是年，还完成110千伏上虞河站易地重建，主变为2×4万千伏安。对原35千伏上虞河线南段进行改造，只接到廿里堡站，并更名为35千伏廿里堡线，线路全长8.72千米、杆塔69基。原从35千伏上虞河线T接的纸厂支线1～16#退出运行，改由廿里堡站出线，供潍坊造纸厂和潍坊柴油机厂用电，线路定名为35千伏纸厂线（全长4.11千米、杆塔42基）。11月，潍坊电业局所辖15条110千伏线路全部更换为XSH-100/110合成绝缘子。

1998年，国务院决定对城市电网进行大规模的建设与改造。潍坊城网被列入全国第一批改造计划，批准工程总规模为7.89亿元。这次城网改造，投资之多、规模之大、要求之严，在潍坊电网建设史上是从来没有过的。潍坊电业局专门成立城网建设与改造工程指挥部，组建城网改造管理办公室和工程审计、资金管理、物资供应、安全监查、设备招投标、工程验收6个专业工作组。制订工程管理办法、工程管理流程、工程经济合同管理办法、工程监理办法、工程招投标管理办法等一整套规章制度，并认真贯彻执行。到2001年10月31日，历时3年，城网建设与改造工程全部竣工。共新建、扩建东王、宁家、福寿、通济、穆村、赵疃、南郊、凤凰山、大家洼、太堡庄站等110千伏变电站10座，新建眉村、荆山洼、军埠、大柳、杏埠、中兴、道口等35千伏变电站7座，改造老旧变电站19座（220千伏泉河、贾庄、青州、万家，110千伏朱刘、西郊、上虞河、南郊、大家洼，35千伏坊子、沟西、大圩河、于河等），增加变电容量60.84万千伏安。新建（改造）35千伏及以上输电线路128千米、10千伏线路360千米，新建10千伏开闭所8个。新建（改造）低压配电台区288个、增加配电容量15.1万千伏安，改造城区居民“一户一表”7.1万户。建设光纤通信二、三期主干网433千米。是年底，通过国家电力公司组织的城网工程竣工验收，潍坊电业局被国家电力公司表彰为“全国城网改造先进单位”和“全国城网改造审计工作先进集体”。

2002年，经山东电力集团公司批准，利用城网结余资金实施北海路电缆改造工程。沿北海路新建110千伏、10千伏公用电缆通道5.4千米，新建10千伏专用电缆通道1.8千米；沿玉清街新建110千伏双回钢管塔线路2条，长度3.6千米。新敷设110千伏电力电缆2回，电缆总长度8千米；敷设10千伏电力电缆35.2千米，安装电缆专用接线箱、环网柜等设备20多台。拆除北海路路中央及两侧的架空电力线路12条，总长度31千米。全部工程于12月底完成，为北海路的高起点、高档次改造提供条件。

经过大规模城网改造后，潍坊城网的网架结构明显改善。2002年，潍坊市区形成以东、西、南、北4座220千伏变电站多路环网，110千伏变电站直接延伸至市区的高压供、配电新格局，变电站的分布更趋合理。220千伏、110千伏及35

千伏系统容载比分别达到1.8、1.9和1.8，均满足《城市电力网规划设计导则》的要求。110千伏变电站全部实现一主一备双电源供电，并安装备用电源自投装置。城区配电线路全部实现“手拉手”联络供电，60%的线路实现配网自动化。对一批“卡脖子”中低压线路、老旧设备进行改造更换，有效解决过去居民用电高峰有电用不上的困难局面。电网科技含量和现代化水平有很大提高。变电站运行20年以上的老旧设备全部更换完毕；设备完好率、开关正确动作率、继电保护及自动装置正确动作率、10千伏断路器无油化率、高耗能配变更换率均为100%；配网线路绝缘化率100%；城区变电站全部实现无人值班和光缆通信联网。电网调度自动化系统、配网自动化系统和GIS等新技术、新设备、新工艺，在城网改造过程中得到广泛应用。特别是配合市政建设，先后实施6条主要街道（和平中路、胜利东街、胜利西街、北宫东街、北宫西街、泰和中路）的电缆入地改造，使潍坊更显世界风筝都的风采。

提速工程

2003年，城乡电网建设全面提速。全年新建、扩建9座220千伏和110千伏变电站，增加变电容量46.9万千伏安；完成32个城网节余资金项目、8个220千伏变电站计量点改造和4个变电站综合自动化改造，投资3.5亿元。其中，新建220千伏宝都站的科技含量居全国领先水平，被山东电力集团公司确定为“样板工程”。新建110千伏志远站从开工到送电仅用110天，创造潍坊市110千伏变电站施工的最快纪录。

2004年，潍坊市新建、扩建变电站8座，增加变电容量29万千伏安；对220千伏王家、青州等4座变电站进行设备更换及综合自动化改造；完成东风街、北海路、三河治理等16项市政工程的线路入地和迁移改造。

2005年，220千伏寒亭、青州、王家、仁和、双埠、弥南、田柳和110千伏彩虹、市中、赵疃等工程顺利竣工送电。按期完成500千伏益都输变电工程民事协调及7条220千伏配套送出线路建设任务。全年建成投产变电容量108.41万千伏安、输电线路295千米，创造潍坊电网年度建设投产新纪录。配合市政建设完成全市69处电力线路迁移改造工程，被潍坊市政府记“城市建设集体三等功”。

“十一五”期间，电网建设投资62.5亿元，先后建设投产寿光、密州两座500千伏变电站，扩建（改造）500千伏益都站和潍坊站；新建（扩建）220千伏变电站19座，直供区新建（扩建）110千伏变电站20座。到2010年底，潍坊电网拥有500千伏变电站4座，220千伏变电站27座，直供电区35～110千伏变电站50座，公司拥有变电容量突破1000万千伏安、线路长度超2288千米。县公司共拥有35～110千伏变电站288座，变电总容量1012万千伏安，35～110千伏输电线路3931千米。潍坊电网500千伏和220千伏变电站数量位居全省第一，电网形成以4座500千伏变电站为中心的东、西、南、北供电区域，各供电区以220千伏为骨干主网架，110千伏电网覆盖负荷中心，分层分区，结构合理、安全可靠、调度灵活的地区电网。

2011年，潍坊供电公司35千伏及以上规划项目分别纳入“十二五”山东电网规划和全市发展规划，北部沿海电网纳入市政府专项规划。220千伏向阳、110千伏新港等25项工程投运。全省首座新建220千伏怡明智能变电站投产，夺得国家电网公司变电工程项目管理流动红旗。500千伏密州站先后获国家电网公司优质工程、中国电力优质工程和国家优质工程银奖，220千伏央港站、盘阳站获国家电网公司优质工程。全年电网投产35千伏及以上变电总容量239.45万千伏安、输电线路357.71千米。

2012年6月15日，山东电力集团公司与潍坊市人民政府签署《关于共同推进山东（潍坊）坚强智能电网建设战略合作协议》。双方将潍坊坚强智能电网发展规划分别纳入“十二五”山东电网发展规划、潍坊市国民经济与社会发展综合规划、土地利用总体规划和城乡发展规划。

2012年，潍坊供电公司在全省率先完成“一交两直”特高压前期工作。全年投产变电容量304万千伏安、线路679千米。220千伏怡明变电站等5项工程获“国家电网输变电优质工程”称号，220千伏福盛等3项工程获省电力集团公司“质量管理流动红旗”称号，110千伏甘棠业主项目部被省电力集团公司命名为“标准化样板项目部”。直供区智能配网覆盖率81.3%。

至2012年底，潍坊电网拥有500千伏变电站4座、220千伏变电站32座，均居全省第一位，初步形成网架结构合理、管理水平一流的坚强电网。

第三节　用电

用电水平

用电量　90年代初，全市年用电量为36.25亿千瓦时。此后用电量逐年增长。1994年全市用电量53.30亿千瓦时，1995年58.60亿千瓦时，2000年84.42亿千瓦时，2002年105.97亿千瓦时，是1949年的3676倍。到2012年，全市全社会用电量361.30亿千瓦时，为2002年的3.41倍，居全省第一位。

用电负荷　90年代后，随着潍坊电厂（新建）一期工程投产，潍坊电网的建设速度加快，全市用电紧张的状况逐步改善，至1995年用电最高负荷81.5万千瓦。1999—2000年进行大规模城、农网改造，电网规模迅速扩大，2000年最高负荷126.4万千瓦。2002年最高负荷142.7万千瓦。2012年电网统调最高负荷516.8万千瓦。

人均电量　1990年，全市人均用电量为429千瓦时。潍坊市先后实现村村通电和户户通电，1995年全市年人均用电量716千瓦时。1998年开始实施的“一户一表”工程，居民用电水平迅速提高，2000年人均用电量1000千瓦时，2002年人均电量1250千瓦时。2012年，全市人均用电量为4111千瓦时，为2002年的3.29倍。

工业用电

90年代初，全市（含冱售县）工业用电量近26.47亿千瓦时，其中轻工业10.27亿千瓦时、重工业16.20亿千瓦时。

“八五”（1991—1995年）期间，潍坊电厂投产，扩大潍坊电网供电能力。1995年全市工业用电量近41.78亿千瓦时（含冱售县），比1990年增长57.85%，平均年增长11.57%，其中轻工业16.88亿千瓦时、重工业24.89亿千瓦时。

“九五”（1996—2000年）期间，潍坊钢铁厂的投产及潍坊化肥厂、硝铵厂、化纤厂及化工厂等一批用电大户的相继增容，全市工业用电量高速增长。到2000年工业用电量60.69亿千瓦时（含冱售县），比1995年增长45.27%，平均年增长9.05%，其中轻工业26.82亿千瓦时、重工业33.87亿千瓦时。

2002年，工业用电量近77.09亿千瓦时（含冱售县），比2000年增长27.02%，其中轻工业36.99亿千瓦时、重工业40.09亿千瓦时。2012年，全市工业用电量为273.28亿千瓦时，居全省第三位。

农业用电

90年代初，全市10522个村庄全部通电，农村用电量达22.59亿千瓦时，人均用电量141千瓦时。

1990年及以后年份，按照国家新的行业分类划分说明，较1985年的统计口径发生变化，乡村居民生活用电和乡镇工业用电不在农村用电量中统计。具体用电结构是：农林牧渔水利业3.23亿千瓦时，其中农业2.03亿千瓦时、林业0.02亿千瓦时、畜牧业0.07亿千瓦时、渔业0.27亿千瓦时、水利业0.32亿千瓦时、其他0.53亿千瓦时；乡镇工业3.44亿千瓦时；乡村居民生活用电2.54亿千瓦时。

“八五”和“九五”期间，由于乡镇企业和个体民营企业的发展壮大以及农网改造的实施，不但先后实现自然村的村村通电和户户通电，而且提高了农村供电能力和质量。1995年的用电结构是：农林牧渔水利业4.75亿千瓦时，其中农业3.17亿千瓦时、林业0.02亿千瓦时、畜牧业0.23亿千瓦时、渔业0.06亿千瓦时、水利业0.26亿千瓦时、其他1.01亿千瓦时；乡镇工业7.19亿千瓦时；乡村居民生活用电4.81亿千瓦时。

2002年，全市农村用电量80.05亿千瓦时，人均用电量565千瓦时，为1966年的332倍。用电结构是：农林牧渔水利业近7.09亿千瓦时，其中农业5.43亿千瓦时、林业0.06亿千瓦时、畜牧业0.30亿千瓦时、渔业0.10亿千瓦时、水利业0.20亿千瓦时、其他0.99亿千瓦时；乡村工业17.90亿千瓦时；乡村居民生活用电9.42亿千瓦时。

2012年，全市农林牧渔水利业用电13.34亿千瓦时。具体用电结构是：农业2.21亿千瓦时，林业0.11亿千瓦时，畜牧业2.30亿千瓦时，渔业1.62亿千瓦时，农、林、牧、渔服务业7.10亿千瓦时；乡村居民生活用电23.35亿千瓦时。

生活用电

90年代初，全市城乡居民生活用电4.52亿千瓦时，占全市年用电量的12.47%，其中乡村居民生活用电2.54亿千瓦时、城市居民生活用电1.98亿千瓦时。

90年代以后，城乡居民生活用电增长迅速。1995年城乡居民生活用电8.77亿千瓦时，其中乡村居民生活用电4.81亿千瓦时、城市居民生活用电3.96亿千瓦时。

1998年开始实施的“一户一表”工程，对居民用电量的增长起到促进作用，2000年居民生活用电11.41亿千瓦时，占全市用电量的13.52%，其中乡村居民生活用电7.05亿千瓦时、城市居民生活用电4.36亿千瓦时。

2002年，居民生活用电量14.47亿千瓦时，占全市用电量的13.66%。其中乡村居民生活用电9.42亿千瓦时、城市居民生活用电5.05亿千瓦时。

2012年，居民生活用电39.57亿千瓦时，占全市全社会用电量的10.95%。其中乡村居民生活用电23.35亿千瓦时、城镇居民生活用电16.22亿千瓦时。

“三电”工作

计划用电　90年代以前，潍坊电量紧缺，在配电线路和大用户推行定时钟、负荷定量器，并实行计划用电责任包干制。1995年，对电力指标不足或新上用户出售用电权。同年，将电力定量器更换为无线电负荷监控装置，装置不仅能实时控制负荷，并且能实现远程抄表、监测企业用电状况等。从1998年开始，电力紧张的局面得到缓和，不再限制用电，电力供应开始从计划管理向市场化转轨。

2002年以后，潍坊电网供电能力大于用电需求。但是因全省机组临时故障维修增多、旋转备用容量不足，潍坊电网负荷缺额30万千瓦左右；2008年受奥运关停机组、缺煤等因素影响，潍坊电力缺口在70万千瓦左右。受电煤供应、全省装机容量影响，2010最大缺额63万千瓦，2012年最大缺额35万千瓦。潍坊电力调度控制中心严格按照市政府批复的有序用电方案，执行有序用电限额，采取移峰、错峰等措施，做到错峰不限电，限电不拉路，自2010年以后未实施拉路限电，切实保障居民用电和涉及公众利益、国家安全的重要客户的用电需求。

节约用电　1990年以前，全市节约用电的重点是高耗能设备改造和提高电网功率因数。1990年全年节约电量5616.4万千瓦时。90年代后，潍坊市三电办公室加强主要工业产品电耗定额的制定和管理，开展新产品的推广应用。1993年为贯彻执行GB12497-90《三相异步电动机经济运行》国家标准，市三电办公室与市技术监督局共同举办2期技术培训班，全市145人参加学习。是年，全市完成社会节电量8838万千瓦时。1994年，办理空调器使用许可证742台，计953千瓦，到年底全市完成社会节电量9227.8万千瓦时。1995年，开展全市首次"节电宣传周"活动，共发放宣传材料21.65万份，提高全民的节电意识。同年，全市推广应用节能灯200万支。2011年，推行"安全指导灵活、电费账目省心、营业业务省钱、停电检修省时"的"一活三省"供电服务模式，了解客户的生产经营情况和用电需求，帮助客户分析电费结构，向客户提出合理的用电方案，帮助客户节约电费，实现共赢发展。

安全用电　1990年以前，潍坊电业局设立用电监察人员，负责专线用户和公备线路用户的安全管理。1991年后，推行上网电工培训办法，先后培训电工3400余人。电工素质得到提高，用户事故逐年下降，以城区事故用电安全为例，1989年45起，1991年23起，1992年20起，1995年为16起。

1996年，开始对专线用户线路涂色标，防止用户和电业局工作人员误登线路问题的发生。1997年秋季检修，开始对10千伏专线以上用户电气设备采用涂RTV防污闪技术，有效地防止用户设备污闪事故。1998年11月，用户的电气设备预防性试验由一年改为3年一试，将一年两次的计划检修，改为动态检修。从2000年冬开始，每年抽调用户电气专业人员对各用电单位进行安全检查及评价，建立用户之间相互学习沟通的渠道。从1993年以后，对进网电工的培训考核均由用电检查部门负责；从2002年7月开始，改为潍坊供电公司协同市经贸委电力科共同组织实施。

电费电价

电价　1990年以前，潍坊对全市用电实行分类电价管理。

1993年和1994年，国家计委、电力部两次调整电力价格，即将煤炭运输加价并入电价，执行新的目录电价，取消趸售折扣办法，制订趸售目录电价。电价分类情况如下：直供分居民照明电价，非居民照明电价，非、普工业电价，大工业电价，农业生产电价。同时执行原《力率调整电费办法》和对部分产品生产用电实行优待，其中合成氨生产用电实行两次优待。趸售分居民照明电价，非居民照明电价，工业、非工业电价，农业生产电价。对趸售单位不实行大工业电价，但对合成氨生产用电免征还本付息加价。

1998年，潍坊执行的电价有以下调整：胜利油田等来油加工电量和趸售小火（热）电电量每千瓦时承担还本付息加价2分，地方小火（热）电电厂因发电量减少降低的差价以及用电附加费每千瓦时降低的0.5分和城建附加费每千瓦时降低的1分转作还本付息电价。居民电价由每千瓦时0.382元（含规定加收的基金、费用）提高到0.432元。计划外电量不再实行定向销售。

1998年以后，全国物价大检查清理整顿不合理的收费项目，对80年代以来各级政府出台的"电费附加"进行清理。当时的"电费附加"主要有7项：市政附加费、山东省电力建设债券资金、山东省电力建设基金、预收浮动电费差价、三峡基金、城网改造费、用电附加费，累加单价为0.104元/千瓦时。经过清理，1999年以后的电费附加，基本上只保留3种：三峡基金、市政附加、电建基金，全部电费附加的总和为0.037元/千瓦时。

2000年，山东电力集团公司相继出台各种优惠电价。启动困难大用户电价为0.4177元/千瓦时；城市一户一表居民生活用电采取梯段优惠，月用电量超过150千瓦时不超过300千瓦时的部分按9折计算，超过300千瓦时以上部分按8折计算；电锅炉优惠电价由原0.35元/千瓦时调整为0.3元/千瓦时；光亮工程实行平谷分时电价［其中，谷段电量电价，按一般照明电价的50%计收，另加三峡基金、农网还贷基金（即原电力建设基金）和市政附加费；其余时段按一般照明电价，另加收三峡基金、农网还贷基金和市政附加费］。

2002年，省发展计划委员会、省物价局、山东电力集团公司联合印发《关于实行城乡居民生活用电同价的通知》，自2002年4月1日起全省城乡居民生活用电到户电价均为0.52元/千瓦时。对城市居民一户一表用电继续执行超电量基数优惠政策。至此，潍坊地区的电价由目录电价、代收国家基金及附加、集资电厂还本付息加价、小火电差价4部分构成，其中前两项，全省统一；后两项，因各地集资办电和小火电容量的不同，而执行不同的标准。潍坊电厂集资办电还本付息加价，使潍坊电价高出全省平均水平6分钱。潍坊电厂从1994年投产后，省物价局核定的还本付息加价标准几经变更。1997年印发的《关于潍坊电厂一期电价及均摊收取电费的通知》，潍坊地区加价标准为每千瓦时7.756分，其他地区加价标准为每千瓦时1.675分。仅此一项，即高出全省平均加价水平6分钱。

各县市的小火电使当地的电价水平提高。2000年省物价局测算小火电加价时，奎文、潍城、坊子、寒亭4区无公用小火电厂，因而上述4区不受该政策影响，其余8个县市均因小火电厂的多少受到不同程度的影响。其中，受影响较大的县市是（按每千瓦时算）：寿光加价6分9厘、高密5分5厘、青州4分5厘、安丘4分3厘。

到2002年，全省各地市的电价（居民生活、中小化肥用电除外），由高到低依次排序是：青岛、威海、日照、临沂、潍坊，潍坊在全省排第5位，其余12个市的电价低于潍坊。

2007年12月4日，全市城乡用电分类同价后，农村低压电网维护费由城乡用户共同承担，大幅降低农村电价，适当提高城市电价水平。除居民生活用电、中小化肥生产用电外，各分类电价在原直供区城市电价基础上每千瓦时提高1.4分。

2012年潍坊市大工业用销售电价表

表7-13-3

用电类别	基本电价		电度电价（元/千瓦时）
	最大需量（元/千瓦/月）	变压器容量（元/千伏安/月）	
1～10千伏	30	20	0.5754
其中：电石、电解烧碱、合成氨、电炉黄磷	30	20	0.5654
中小化肥生产用电	30	20	0.3332
35～110千伏	30	20	0.5694
其中：电石、电解烧碱、合成氨、电炉黄磷	30	20	0.5594
中小化肥生产用电	30	20	0.3282
110千伏及以上	30	20	0.5594
其中：电石、电解烧碱、合成氨、电炉黄磷	30	20	0.5494
中小化肥生产用电	30	20	0.3192

2012年潍坊市非工业普通工业用电居民生活、农业生产销售电价表

表7－13－4

用电类别	电度电价(元/千瓦时)
35～110千伏	0.6705
一、居民生活用电	
不满1千伏	0.5469
1千伏及以上	0.4929
二、非居民照明用电	
不满1千伏	0.7336
1～10千伏	0.7256
35～110千伏	0.7246
三、农业生产用电	
不满1千伏	0.5160
1～10千伏	0.5100
35～110千伏	0.5010

2012年6月21日，山东省物价局印发《关于居民生活用电试行阶梯电价的通知》，决定自当年7月1日起试行阶梯电价。

居民用户每月用电量划分为三档，电价实行分档递增。第一档：电量每户每月210千瓦时及以下，执行现行电价；第二档：电量每户每月210～400千瓦时之间，在现行电价基础上，每千瓦时加价0.05元；第三档：电量每户每月400千瓦时以上，在现行电价基础上，每千瓦时加价0.3元。

电费抄核收　从1991年开始使用抄表器，抄表员在抄表后立即计算出电费额通知用户。但因当时计算电费的微机是单台运行，可靠性比较差，因此在用抄表器抄表的同时，抄表卡片一并保留，作为核对用户电费的依据（到1997年用电营业MIS系统运行正常后，抄表卡片全部停用，结束抄表员持卡片抄表的历史）。

1993年，开始实行银行储蓄所代收电费，同年7月试行与工商银行微机联网划拨电费。到1997年又恢复银电联网，但只有一部分用户的电费实行银行划拨，计划结算用户须到电业部门交费。1993年以后，租赁用电增加，开始出现破产企业，电费回收工作难度大，电费管理人员的工作量不断加大。1995年潍坊电业局成立电费回收工作领导小组，制定和规范欠费用户停电审批程序，多次修改计划结算电费办法。

1998年后，潍坊电业局在与客户签订的《供用电合同》中明确约定电费交付方式、结算时间、违约责任等内容，保证计划结算制度的推行。是年，开始试行预付费购电制，实行先交钱再用电的电费结算方式，对城市居民用户实行了“一户一表”改造，收费方式实行购电制，包括各电力营业厅以及银行储蓄网点均可办理购售电业务。

2010年，潍坊供电公司加快城乡“一户一表”改造进程，全市完成改造3.2万户。2011年，推进远程费控系统建设，完成3.7万户的一户一表改造及24万户低压集抄安装。2012年，建成营销GIS一体化平台，直供区用电信息采集覆盖率达100%，拓展多元化缴费渠道，基本形成城区10分钟缴费圈和农村缴费村村设点。

用电服务

行风建设　1988年，潍坊供电部门在全市倡议发起“全市跨行业优质服务竞赛”，在全系统开展纠正不正之风、改进供电服务作风和质量的行风建设活动中，并取得第一名的成绩。

1992年，潍坊电业局成立纠正行业不正之风办公室，对10个县局行风建设进行检查，加强农电工队伍培训，制定农村用电最高限价。1993年，潍坊电业局印发《潍坊市电力行业作风建设

意见》，对行风进行治理整顿。8月，潍坊电业局在全省电力系统行风建设和优质服务工作会议上作经验介绍。

1995年11月，潍坊电业局率先在全市推出承诺服务制度，向社会公布11条公开承诺。主要内容是：办电申请低压方案可在7天内答复；高压方案可以20天内得到答复；竣工验收合格，具备供电条件的接火送电时间，低压不超过5天，高压不超过10天；计划停电用户7天前得到通知；电话电费查询可立即得到答复；柜台办理业务等候时间不超过10分钟等。

1997年，在全市供电系统开展争创文明行业活动。1998年潍坊电业局在全市范围内深入开展“电力优质服务年”活动，实施“电力民心工程”。组建潍坊电业局客户服务中心。潍坊电业局与市公安局联合，开通“110报警联动系统”，为客户提供24小时的用电服务。是年，在全市8个部门、69个窗口单位进行的行业作风评议中，评为第一名。2005年，公司连续两年被评为“全省部门和行业作风建设先进单位”。

2000年1月23日，潍坊电业局召开“彩虹工程”新闻发布会，对在全市供电系统实施“彩虹工程”作出全面部署。主要做法是：外求监督，内抓处罚，花钱买批评、买意见。是年，各县供电局设立行风举报奖励基金，组建“彩虹工程”办公室、客户事务办公室、客户服务中心和电力抢修中心，公开服务热线电话，作出社会承诺，各供电营业场所均实行无周休日和24小时值班。

2000年，潍坊电业局先后召开客户关系委员会会议、行风监督员座谈会，听取大家对供电行风建设的意见和建议。并先后邀请市委、市政府、市人大、市政协、市纪委、省纠风办等领导来局检查指导工作。是年9月，市委宣传部组织潍坊电视台、潍坊日报社、潍坊人民广播电台等新闻媒体负责人专门召开“彩虹工程”专题报道协调会，对潍坊电业局实施“彩虹工程”的做法进行宣传。

2001年，潍坊电业局开展“电力市场整顿和优质服务年”活动，深入实施“彩虹工程”。向参加全市人大和政协会议的代表委员发出征求意见信，召开客户关系委员会第三次会议和首次大客户恳谈会。6月7日，在潍坊市组织的“窗口对话交流”活动中，潍坊电业局第一个参与，与社会各界坦诚交换看法。是年，国家电力公司对潍坊电业局优质服务年活动给予高度评价。

2002年，潍坊电业局深化“彩虹工程”、推进行风建设再上新台阶。7月16日，在潍坊市“行风在线”直播节目上发言。发布会结束后，潍坊电业局首家上线，解答群众的疑问，接受投诉。2002年底，潍坊供电公司把彩虹工程纳入正常管理，与生产经营任务同部署、同检查、同考核，把行风建设的有关制度、规定、程序、办法归入ISO 9001程序文件。2000年，潍坊电业局和12个县供电局在全省“万家企业评行风”活动中全部名列前茅，2001年、2002年潍坊电业局和各县供电局连续保持全市行风评议第一名。临朐县供电公司农电工王运福参加全省“彩虹工程”先进事迹报告会，并被国家电力公司表彰为全国“农电优质服务先进个人”。

2004年注册“鸢都彩虹”服务商标，实施品牌化供电服务。同年，在全省供电系统率先把“彩虹工程”的任务和目标纳入综合计划管理，导入ISO 9000管理体系，建立起“彩虹工程”常态运行机制。2005年“鸢都彩虹”被评为山东省服务名牌。

2008年，面对全市多年未遇的缺电局面，潍坊供电公司制订实施有序用电方案，加强电网调度和需求侧管理，共移峰转移电量2.4亿千瓦时，在电网负荷缺口最高达三分之一的情况下，确保全市电力有序供应。积极开展“金牌服务迎奥运”“阳光100优质服务”等活动，做到“限电不限真情、缺电不缺服务”。潍坊供电公司被评为“全国电力行业用户满意企业”。

2011年，建立抗旱保电“绿色通道”应急服务机制、强化电网运行管理。抗旱保电期间，全市农电系统共投入2022.85万元，成立保供电服务队219支，投入保电人员11857人次，消除灌溉设备缺陷2420处，提供发电车120台，临时架设灌溉配变179台/14770千伏安，临时架设10千伏线路70.88千米、低压线路255千米，“彩虹春雨”抗旱保电工作取得全面胜利。

2012年，潍坊供电公司大力实施95598光明服务工程，被评为2012年度“全国实施用户满意服务先进单位”，首批通过“山东省供电示范企业”验收。

农电“三为”服务 1991年6月，能源部印发《关于开展电力为农业、为农民、为农村经济服务达标竞赛活动的意见》。潍坊市农电系统“三为”服务达标活动全面启动。

1991年7月4日，能源部在山东召开全国“三为”服务达标现场会，与会代表到诸城现场参观，对潍坊市的农电“三为”服务达标活动给予肯定。

1992年，诸城供电局、寿光供电局成为首批部级“三为”服务达标单位。至1996年，青州、高密、寒亭、昌邑、昌乐、安丘、临朐等县供电局先后被能源部表彰为“三为”服务达标单位。

1997年，潍坊农电系统深入开展创建“供电所示范窗口”活动，巩固“三为”服务成果。到2002年，潍坊市有6个乡镇供电所通过国家电网公司的考评验收，有33个乡镇供电所通过省级考评验收。其中，诸城、寿光、青州、城区、坊子、高密供电局各建成一个国家级示范窗口，各县供电局建成3个省级示范窗口。

2004年，潍坊供电公司被省公司确定为全省“营销技术支持系统建设”试点单位；2006年，建成营销“一系统、四中心”（营销技术支持系统，电费结算中心、电能计量中心、客户服务调度中心、需求侧信息中心）。2006年，全省第一家新版95598电力客户服务系统在山东潍坊供电公司上线运行，为客户提供24小时在线提供用电咨询、信息查询、故障报修、投诉举报和业扩报装等多项服务。2007年，在全省第一家投运了磁卡式电表24小时自助售电系统，实现卡表客户全天候购电。

2011年，潍坊供电公司营销稽查监控系统在全省首家上线运行，实现对营销指标、业务流程、数据质量、服务资源的全面实时监控。同年，国家电网公司首家县级电力客户业扩工程招投标服务中心在高密公司建成，实现客户电力业扩报装工程关键环节信息透明、公开，维护客户合法权益。

第四节　农电

农电电网

进入90年代，各县市区借助主网的升级和扩容，加快县级电网建设。1991—1993年先后建成投运6座110千伏变电站和12座35千伏变电站。同时，各县市区根据《潍坊市农村电气化发展规划》（1985—2000年修订稿），重点加强农村配电网络建设。

1994—1998年，高密、万家、昌邑、安丘、临朐5座220千伏变电站相继建成投运。各县市区以220千伏变电站为依托，加快农网升级和扩容，电网装备和供电能力不断提高。至1998年底，全市共有农网变电站198座，变电总容量264.1万千伏安；35千伏和110千伏输电线路2739千米。

1998年10月，潍坊市农网改造工程开工，全市共批复投资计划11.95亿元。改造的重点是10千伏及以下配电线路，兼顾解决供电卡脖子问题。到2001年5月底，工程全部竣工，共新建（改造）110千伏变电站19座、新建35千伏变电站48座，新增变电容量61.95万千伏安；新建（改造）110千伏线路13条、93.5千米，35千伏线路29条、207.13千米，10千伏线路1438条、6066.84千米。全市9550个用电村全部改造完毕，改造配变台区11321个，改造低压线路21916千米，改造用电户230多万个。通过改造，解决了农村电网长期存在的设备老化、网络结构不合理、供电距离长、导线截面小等问题。农村低压线损率由原来的25%左右降至12%以下，农村照明电价平均由0.75元/千瓦时降到0.64元/千瓦时，全市一年可减轻农民负担1.2亿元。潍坊电业局被评为“全国农网改造审计工作先进集体”。寿光市供电局被评为“全国农网建设与改造先进集体”，青州供电局被评为“全省农网建设改造先进集体”。

2002年4月1日，全市实现城乡居民生活用电同网同价，每千瓦时0.52元。同年5月，潍坊市第二期农网改造工程正式启动，共批复投资计划5.05亿元；2003年6月底，工程全面竣工。经过第二期农网改造后，全市农村电网结构更加合理，供电能力提高，尤其是线路末端、边缘地带的电能质量得到明显改善，较好地满足各县市区加快经济发展的用电需求。

2004年，开展农网“回头看”活动，完成县城电网改造第一批项目计划。高密市供电公司被国家电网公司确定为农网科技示范县建设单位。2005年，建成高标准用电村示范村7200个。投资3.03亿元，按期完成第二批县城电网改造工程。2006年，9个县供电公司完成电网投资2.62亿元，县城电网建设改造顺利通过省电力集团公司验收。2007年，加快县域电网建设，新建、改造35千伏及以上变电站68座、输电线路436千米。

2008年，开展农村电网改造，投资4.18亿元新建、改造35千伏及以上变电站93座，10千伏及以上线路651千米，优化农村电网结构。

2009年，加大县级电网建设力度，全年投资5.18亿元，新增变电容量79.8万千伏安、输电线路150千米。2010年，县级电网投产变电总容量72.9万千伏安、输电线路140.5千米。

2011年，实施新一轮农网改造升级工程，有序推进改造升级三年计划，加快建设新型农网，圆满完成年度投资计划。2012年，诸城、青州智能配网建设顺利开展，投产农网改造升级工程527项，安丘110千伏永安工程、诸城侯家庄低压台区改造获“国家电网公司农网百佳工程”称号。

农电体制改革

1998年，国务院办公厅转发《国家经贸委关于改造农村电网改革农电管理体制实现城乡同网同价请示的通知》。1999年2月4日，国务院批转《国家经贸委关于加快农村电力体制改革加强农村电力管理意见的通知》，自此“两改一同价”（改革农电管理体制、改造农村电网、实现城乡用电同网同价）工作全面展开。同年4月，受山东电力集团公司委托，按照省政府办公厅印发的《山东省农电管理体制改革实施方案》要求，本着“三个不变”（产权隶属关系不变、财税体制不变、趸售方式不变）、“两个控制”（控制人员、控制工资总额）的原则，潍坊电业局与9个县市区政府签订《趸售县供电企业代管协议》。潍坊电业局对9个趸售县局正式实行代管。1999年8月，国家经贸委、国家电力公司在山东召开全国农村电力体制改革现场会议，与会代表到寿光市进行现场参观。

1999年，潍坊电业局推进农村电工管理体制改革，改变过去农村电工由村里管理的模式，实现电力部门对农电工的统一管理。截至2000年6月，改革全部完成。全市共设电工组742个，公开聘用农电工7140名，农电工人数比农电体制改革前减少50%左右。村级用电管理体制改革到位后，全市农村用电实现“五统一”（统一电价、统一发票、统一抄表、统一核算、统一考核）、“四到户”（销售到户、抄表到户、收费到户、服务到户）、“三公开”（电价公开、电量公开、电费公开）。农村电费收取由供电所直接微机开单到户，电费按月张榜公布。

2000年，潍坊电业局继续深化供电所改革，规范农电管理。各县供电局将供电站和变电站合二为一，改组为供电所，并按“两站合一、营配合一”的管理模式，制订《供电所管理实施细则》，明确供电所的管理职能。供电所的人、财、物由县供电局统一管理，财务实行收支两条线。供电所人员按国家电力公司制定的《供电企业劳动定员标准》，重新进行定员、定编、定岗、定责。2000年11月，共组建供电所202个，全市供电所的体改任务全面完成。2002年9月，乡镇供电所的体制改革全部通过省电力集团公司组织的验收。

2003年，全市9个县供电企业的行政职能移交和更名工作顺利完成，县供电企业顺利实现政企分开。2006年，圆满完成农村集体电力资产上收工作。2010年，全市9个县供电公司资产由代管顺利上划，全部成为山东省电力公司全资子公司。

农村电气化

1991年，潍坊各县供电局以村村通电、户户通电为重点，促进农村电气化建设。1992年12月，潍坊各县区实现行政村村村通电。1993年12月29日，全市最后一个无电村——临朐县吕匣镇双龙西山村通电。至此，潍坊市实现自然村村村通电的目标。

1994年，寿光、诸城、青州3县首批通过山东电力集团公司组织的农村电气化县考核验收，被能源部认定为农村电气化县。1996年，潍坊农电系统9个趸售县均通过国家能源部农村电气化县建设达标验收。1995年1月，全市实现户户通电。

1998年7月，诸城市昌城镇西老庄村率先建成潍坊市第一个电气化村。到2000年，全市建成并通过山东省电力集团公司命名的电气化村达到7个。

2002年，全市县及县以下用电量78.32亿千瓦时，比1998年增长54.26%。其中农村用电量为40亿千瓦时，人均全社会用电量1076千瓦时，分别比1998年增长64.6%、39%。

2007年，寒亭区建成新农村电气化县，全市共建成4个电气化镇和217个电气化村。2008年，昌邑建成电气化县，全市共建成9个电气化镇、503个电气化村。

2010年，建成新农村电气化县3个、电气化镇18个、电气化村1229个。2011年，9个县市区全部建成新农村电气化县。2012年，建成7个电气化乡镇、507个电气化村。

第五节　安全生产管理

规章制度

1991年，在企业标准化建设中，潍坊电业局开始编制《安全生产管理标准》《两票管理规定》《事故调查及统计报告管理规定》《安全用具管理办法》《安全生产奖惩规定》等安全生产方面的管理标准、工作标准和技术标准，加强安全生产的标准化管理。

1993年12月，电力部颁发《关于安全生产工作的决定》，强调各单位行政“一把手”是安全生产第一责任者。潍坊电业局（公司）每年调整公布一次安全第一责任者：局长（总经理）为全局（公司）第一安全责任者，各基层车间（公司）行政主要负责人为各车间（公司）安全第一责任者。

1995年前后，潍坊电业局制定《新建变电站投运前安全监察规定》《发承包工程和临时工安全管理规定》《多种经营安全生产管理工作规定》，重点加强对临时工和多产企业的安全管理。

1996年，山东省电力局印发《发供电单位各级人员安全生产职责》，规定发供电企业从行政主要领导到一线班组长的安全生产责任。1998年10月，潍坊电业局制定并公布《潍坊电业局、车间第一安全责任者和班组及各级安全员的安全职责》，完善各级人员的安全生产责任。

1998年，潍坊电业局通过开展ISO 9000质量体系认证，全面推行质量管理，修订《供电安全管理控制程序》《安全技术劳动保护措施管理规定》《安全活动管理办法》《安全培训管理规定》《安全生产奖惩细则》《劳动卫生管理规定》《锅炉、压力容器、气瓶安全管理办法》。1999年，潍坊电业局在实施“两网”改造中，制定《城农网改造工作安全措施典型要求》。同年，重新修订《安全生产奖惩细则》《安全生产小指标竞赛》等办法，加大对安全生产的奖惩力度。2000年，潍坊电业局修订完善《电气操作票工作票执行管理规定》《安全工器具管理细则》等安全管理制度。2001年，潍坊电业局根据集团公司创建无违章企业活动的要求，制定《反装置性违章考核管理办法》和《四类违章目录》。2002年，重新修订《潍坊电业局各级生产管理人员到位标准》。2011年，印发《潍坊供电公司电力客户现场工作安全管理实施细则》。2011年，印发《潍坊供电公司施工分包安全管理规定》。

2012年，公司制定或修订印发《两票（电气操作票、工作票）管理规定》《潍坊供电公司反违章管理工作实施细则》《潍坊供电公司生产现场各级人员到岗到位标准》等制度文件。

事故预防

1992年，山东省电力局印发《电气操作票、工作票执行规定》，潍坊电业局认真执行相关规定，对保证电气操作和检修工作安全起到重要作用。

2000年6月，潍坊电业局参照集团公司的规定，制定印发《潍坊电业局电气操作票、工作票执行规定》，规范操作票和工作票的使用和管理。

潍坊电业局（公司）由车间和局（公司）职能部室每月分别对“两票”的执行情况进行检查和考核。一查“两票”的使用率，主要检查“两票”执行规定在工作现场落实情况，是否按规定使用“两票”；二查“两票”合格率，主要检查“两票”的填写及使用是否认真，特别是执行中的合格率，使“两票”在安全生产中真正发挥作用。

“三制”是对电力生产运行岗位职工制定的保证安全生产的主要制度。在潍坊电力单位得到全面落实。“交接班制度”要求做到交接班双方列队进行交接，交班内容全面，记录齐全，接班人员严格把关，一一核对，不带着疑问接班。“巡回检查制度”要求巡视人员做到按巡视路线持卡巡视，巡视内容细化清晰，判断准确。巡视人员能正确判断设备非正常运行状态，及时汇报缺陷，严防巡视走过场和缺陷定性模糊现象。“设备定期试验轮换制度”要求运行管理单位制定设备定期试验轮换表，运行人员按试验轮换周期对设备进行试验、轮换，保证备用设备处于良好的备用状态。“三制”执行情况的检查与考核，由班站、车间、局（公司）职能部室或局

（公司）领导分级负责，自查与抽查相结合，重点检查相应的有关记录和现场设备的运行状态，考核对“三制”的认真执行程度。

风险分析卡制度

从2002年开始，潍坊电业局开始强化安全风险分析和制度落实。制定《潍坊电业局开展安全风险分析的暂行规定》，明确开展风险分析的范围、职责分工、审批程序，并根据工作任务，对风险分析卡实行分类管理和分级审核制度。2002年开始，分别制定220千伏变压器大修（安装）安全风险分析及控制措施、线路检修改造工程安全风险分析及控制措施、电气设备（变电）检修风险分析卡、电气设备（输电）检修风险分析卡、电气设备（配电）检修风险分析卡样板。

潍坊电业局规定，在编制检修工作“三措”时，必须针对每项工作编制风险分析卡，明确风险点和危险点，并提出防范措施，将安全管理由管理层拓展到操作层，形成层层加压，层层保证安全的工作局面。在运行管理上认真执行《电气设备倒闸操作风险分析及措施卡》等管理办法，做到倒闸操作标准化。并制定《关于供电生产中梯子使用管理规定》《关于在供电生产中吊车使用的补充规定》等一系列规章制度。

安全教育

1996年后，潍坊电业局每年定期组织干部职工进行参观，用现实的事故和教训教育警示干部职工。2002年开始，潍坊电业局（公司）开发安全管理网页，适时传递《安全通报》《安全周报》《安全简报》及各类安全文件。2010年，组织开展全员背诵安规活动，分层次、分专业举办各类专题讲座、演习，提升员工安全素质。

安全活动 2003年，潍坊供电公司开展“安全生产管理年”活动，全面推行风险分析和“标准化作业卡”制度。2004年，开展“安全规范行”活动，全面推行安全性评价、标准工作卡、看板管理等制度，规范管理行为和操作行为。2005年，实施安全生产“双控”能力提升工程，开展“电力建设安全年”活动，严格现场到位监督，严肃查禁违章行为，全年查处各类违章406人次。2007年，开展“百问百查”“反违章、除隐患，百日安全活动”，排查整改隐患299项。2008年，实施城网中低压项目优化调整和老旧设备更新改造，被中华全国总工会、国家安全生产监督管理总局联合授予“全国安康杯竞赛优胜企业”称号。

2012年，逐级落实安全责任，排查治理安全隐患648项，设备故障次数同比下降10.6%。

安全性评价 2000年，潍坊电业局开始推行安全性评价工作。成立以局长为组长的安全性评价领导小组和以分管生产副局长为组长的工作小组和8个专业查评组，分工负责各专业的全过程培训、指导、试点查评和代表局专家组进行全面检查和总结工作。组织车间、班站和有关管理部室学习《供电企业安全性评价》和《供电企业安全性评价查评依据》《安全性评价工作宣传培训教材》，专门聘请云南省安全性评价专家组的专家对车间主任、专工、班站长、安全员等200多人举办为期两天的专业培训，提高参加查评人员的安全生产管理水平。

潍坊电业局通过安全性评价全面查评工作，在生产设备、劳动安全和作业环境、安全管理3个方面的23个部分共发现问题2992项，其中普遍性重大问题146项，发现生产管理方面存在的问题36项，结合全局的安全生产现状评分为3298.56分，得分率71.55%。2001年，潍坊电业局研制开发“供电企业安全性评价专家管理系统”，于当年10月通过集团公司组织的科技成果鉴定，评为山东电力集团公司“2001年度科技进步二等奖”，并在全省供电企业全面推广应用。

电力设施保护

1991年，潍坊电业局与市林业局联合印发《关于处理电力线路与附近树木相互妨碍的通知》。1993年，潍坊电业局与市公路局联合下发《关于处理公路行道树与电力线路互相妨碍的通知》，妥善解决电力线路安全运行和绿化植树相互妨碍的矛盾，对全市的电力设施保护工作起到指导性作用。

进入2000年以后，外力破坏越来越成为影响电网安全运行的重要因素。2002年7月1日，潍坊市政府印发《关于开展全市电力线路安全生产专项大检查的通知》。7月1日到15日，在全市所有县市区开展电力线路安全生产专项检查治理，对影响电力输电线路安全的林木，进行全面的清理整改。全市共查出和消除影响电力线路安全运行的隐患28384处，基本实现全市电力线路走廊的安全畅通。

2003年，市政府印发《关于加强电力设施保护的实施意见》和《关于电力线路保护区内道路林带建设的紧急通知》。在"非典"期间，市政府召开"全市电力设施保护工作电视电话会议"。发挥"三级护线网"的作用，做好社会宣传工作，共张贴宣传材料23万余份，发放《护线手册》7000余本。在全市范围内开展"电力通道清理整顿"和"打击盗窃破坏电力设备、窃电犯罪"专项行动，改善电网安全运行的外部环境。

2004年，市政府印发《关于对全市电力线路保护区内重大隐患情况的通报》，并依照法定程序敦促违章业户进行整改，有效防止外力破坏事故的发生。

创建无违章企业

2001年以后，潍坊电业局在全局范围内召开"创建无违章企业"活动。相继制定印发《潍坊电业局反违章实施细则》《"四类违章"检查目录》《反装置性违章考核管理办法》以及无违章企业、无违章车间、无违章班组的评审标准与奖励办法等一整套内容充实、条目清晰、标准严格、操作性强的规章制度。在全局建立起以"无违章员工"保"无违章班组"，以"无违章班组"保"无违章车间"，以"无违章车间"保"无违章企业"的创建机制。2001年9月，山东电力集团公司在潍坊电业局召开装置性违章整改现场会，总结推广潍坊电业局的创建经验，并将该局220千伏五洲站、王家站作为装置性违章整改样板站。

2002年3月，潍坊电业局顺利通过山东电力集团公司组织的全省首批无违章企业的检查验收。是年8月，在济宁电业局召开的山东电力无违章企业命名表彰大会上，潍坊电业局被命名为全省电力首批"无违章企业"。

应急体系建设

2010年，潍坊供电公司建成市、县两级电网应急指挥中心，梳理修编应急预案33项，推进消防能力建设，提高突发事件处置能力。2011年，健全市县两级应急管理体系，在全省率先开展银东直流安稳系统动作反事故演习，有效应对"2・27""4・30"等极端天气侵袭，圆满完成迎峰度夏、风筝会等保电任务。

2012年，潍坊供电公司健全市县两级公司应急管理体系，《大型电网企业提升响应与保障能力的应急管理体系建设》获全国企业管理创新一等奖。圆满完成中共十八大、风筝会、鲁台会等保供电，被山东电力集团公司表彰为抗击台风"达维"功臣单位。

第六节　企业简介

潍坊供电公司

1991年，潍坊电业局为供电企业实体，同时行使潍坊市政府部门的职能。设管理科室15个，生产、经营车间（工区）7个。1997年11月、1998年12月，华潍潍坊发电有限公司、潍坊电力技工学校先后撤编，其离退休人员移交潍坊电业局管理。

2002年11月，潍坊电业局更名为潍坊供电公司，行政职能移交潍坊市政府经贸委。国网潍坊供电公司是国网山东省电力公司直属供电企业，截至2012年，潍坊供电公司下设9个职能部门、7个实施机构，有9个县供电公司、55个集体企业、132个供电所，职工人数1.64万人。

潍坊供电公司先后获得全国一流供电企业、全国文明单位、全国五一劳动奖状、全国模范劳动关系和谐企业、国家电网公司文明单位标兵等称号。

华电潍坊发电有限公司

华电潍坊发电有限公司位于潍坊市东郊，总装机容量200万千瓦，是山东电网主力发电企业，华电国际电力股份有限公司、山东发展投资控股集团有限公司、潍坊市投资集团有限公司按45%：30%：25%比例持股。

1991年5月，开工建设两台30万千瓦亚临界燃煤机组，分别于1993年9月和1994年10月投产发电，后经扩容改造单机容量为33万千瓦；2006年10月和2007年6月，两台67万千瓦超临界燃煤机组分别投产发电。公司一、二期工程均获“鲁班奖”，属全国火电行业首例。2012年，公司装机总容量为200万千瓦。经供热改造后，2012年供热能力达1200万平方米，供热面积达400万平方米，成为潍坊市最大且具有独立供热管网的热源企业。

公司自投产发电至2012年底，累计完成发电量900多亿千瓦时，资产总额增至41亿元。2012年，利润实现1.8亿元，上缴税金1.7亿元。2003年，公司获全国“安康杯”竞赛优胜企业称号；2006年，获全国企业文化建设优秀单位称号；2009年，分别获全国五一劳动奖状、全国精神文明建设工作先进单位称号；2010年，被评为全国电力行业优秀企业。1997—2012年，连续16年保持“山东省文明单位”称号。

1993—2012年华电潍坊发电有限公司发电情况表

表7－13－5　　单位：万千瓦时

年份	发电量
1993	51364
1994	237487
1995	395242
1996	389315
1997	388338
1998	319728
1999	314987
2000	359487
2001	350942
2002	337919
2003	313728
2004	365032
2005	378638
2006	404366
2007	756855
2008	885920
2009	938867
2010	1003428
2011	968531
2012	1074006

第十四章　烟草制品业

潍坊市烟草专卖局（公司）组建后，一直实行“政企合一”的管理体制。1993年开始，在经营管理体制上经历三次大的变革：1994年，潍坊市烟草专卖局（公司）以自身为核心企业，联合青州卷烟厂和淄博、滨州、东营3个市（地）分公司，组建跨地区、农工商一体化的潍坊烟草集团公司，后更名为东方烟草（集团）有限公司，集团公司机关与潍坊市烟草专卖局（分公司）机关合署办公。

1998年8月，山东省烟草行业实行综合配套改革，撤销区域性的东方烟草（集团）有限公司，成立专业化的东方烟草（集团）有限公司，主要负责全省烟叶生产经营的管理，对分支机构和烟叶复烤厂进行综合管理。集团机关党委同时行使鲁中分公司、复烤加工分公司、烟叶购销分公司机关的管理职能；同时，成立山东烟草购销（集团）有限公司潍坊分公司，与潍坊市烟草专卖局合署办公，负责全市烟草专卖执法管理和卷烟购销经营。

2000年8月，山东省烟草专卖局（公司）对管理体制进行调整，撤销专业化的东方烟草（集团）有限公司，组建山东潍坊烟草有限公司（简称“潍坊烟草公司”），与潍坊市烟草专卖局合署办公。下辖12个县市区烟草专卖局（分公司）。2005年9月，取消各县级分公司的法人资格，由潍坊烟草公司统一经营、统一核算、统一管理。实施“三统一”后，确立潍坊烟草有限公司的市场经营主体地位，理顺全市局（公司）系统的经营管理体制。

烟叶生产经营

1991—1996年，全国烟叶市场处于卖方市场。潍坊“三化”（良种化、规范化、区域化）生产一直走在全国前列，烟叶种植面积保持在40万亩左右。1997—2002年，随着全国烟叶种植“北烟南移”，买方市场全面形成，全市农业产业结构调整力度加大，高产高效作物逐渐兴起，给烟叶生产造成较大的冲击，烟农种烟积极性不高，烟叶面积连年下滑。2003—2006年，尽管烟叶生产连年下滑的趋势没有根本改变，但潍坊烟草系统通过加大扶持力度，解决烟农“不想种烟”的问题；通过建设防雹体系、烟田投保、设立风险基金等措施，解决“不敢种烟”的问题；通过大力实施科技兴烟措施，推广集约化育苗、优良品种、优质肥料、密集烤房，突破制约潍坊烟叶生产的一系列技术瓶颈，解决一部分烟农“种不出好烟”的问题；通过发展烟叶种植农场，解决“面积不稳”的问题；通过实施烟叶户籍化管理，解决“技术不到位”的问题；通过与工业企业联办生产基地，解决“产销衔接”的问题。全市的烟叶生产通过恢复性发展，呈现出止跌趋稳的良好态势。2007—2012年，试点推进现代烟草农业。潍坊烟叶生产以现代烟草农业建设为统领，依托烟基设施建设政策和烟叶生产生态村富民工程平台，创新发展“家庭农场+合作社”的生产经营组织模式，持续提升规模化生产、机械化作业、专业化服务及信息化管理水平。

卷烟销售网络建设

90年代初，由于全国供销系统经营管理体制出现重大变化，导致卷烟销售渠道不畅，烟贩活动猖獗，严重扰乱卷烟经营秩序。潍坊烟草公司在全行业率先开始自建下伸网点的探索。至1995年底，投资931万元，建立下伸网点143处，为全行业深化卷烟销售网络建设提供“样板”。从2000年开始，潍坊烟草公司陆续推行卷烟零售“一价制”“监销制”“城乡一体，全面访送分离”、加盟连锁、电子结算等新的经营措施和模式，全市卷烟网络建设工作重新焕发出新的活力。2001年，潍坊烟草公司在奎文分公司“访送分离”试点基础上，对各县市区城区实行卷烟销售“访送分离”工作。2002年，潍坊烟草公司印发《关于全面推行卷烟销售“访送分离”的实施意见》，在全市推行“城乡一体，访送分离”。2003年，潍坊烟草公司在卷烟销售网络建设方面推行电话访销、电子结算、集中配送、加盟连锁、均衡投放、客户关系管理“六大工程”。2004年，全市网建工作以山东省烟草公司下达的网建责任书各项指标为标准，重点抓好“四个细化工程”（细化市场、细化品牌、细化流程、细化服务），建立“四个评价体系”（网络运行质量评价体系、品牌培育评价体系、零售客户诚信等级评价体系、“四员”工作质量综合评价体系），实施“一个主攻”（30元、40元、50元价位卷烟），启动“一个市场”（婚嫁用烟市场），实行“一个抢占”（抢占零售终端），巩固和完善卷烟销售网络，提高市场控制力。2005年，潍坊烟草公司筹建电话订货呼叫中心，实现以市公司为经营主体的集中电话订货和“一库式”配送，实现卷烟经营的统一采购、统一销售、统一配送，推进传统商业向现代流通转变。2006年，召开全市卷烟网建、订单供货工作电视电话会议，正式启动全市“按客户订单组织货源试点”工作。2007年，确定“适度发展加盟连锁经营，全面推广使用‘中国烟草’卷烟展示柜，强化零售终端服务，提升‘中国烟草’商业品牌形象和价值”的零售终端建设工作思路，深入开展“零售终端建设年”活动。同时，全市实现“分拣到户、打码到条、一户一码”的卷烟分拣配送新模式，并对各基层单位辖区送货线路重新优化整合，降低运营成本，提升网络运行的质量。2008年，在全市推行智能终端和手机订货工作，在终端订货方式上进行有益探索。2009—2010年，围绕打造“潍坊名牌市场”的要求，对高端卷烟市场实行分类指导，精心选择具有代表性的卷烟零售店作为高端卷烟定点店，实施高端烟库存定量动态管理，搭建高端卷烟品牌培育平台。2011年，全面实施卷烟零售户致富工程，开展信息化网建工作创新，着力打造“网上订货、融资结算、库存管理、多元化经营”4个平台，成立卷烟零售商协会和900个互助小组。

1991—2012年省烟草公司
潍坊分公司经营情况统计表

表7—14—1　　单位：万元

年份	利税总额	利润
1991	17779	5097
1992	11640	3743
1993	12523	5956
1994	10414	2823
1995	21433	10970
1996	30613	14236
1997	32804	10158
1998	21572	6748
1999	19555	3246

续表7—14—1

年份	利税总额	利润
2000	12566	-2406
2001	13452	1959
2002	13310	3561
2003	12576	2424
2004	15829	6793
2005	26934	14731
2006	29603	13889
2007	53457	32606
2008	67577	37133
2009	87754	41369
2010	104226	43497
2011	121492	53499
2012	140475	55193

第一节　烟叶种植

潍坊市属暖温带半湿润季风气候，四季分明，光照充足、无霜期长、满足优质烟叶生长条件，是全国烤烟种植最适宜区和适宜区，是中国大陆最早成功栽培烤烟的地区。自1913年，英美烟草公司在坊子试种烤烟成功，开中国大陆种植烤烟的先河，迄今已有百年栽培历史。其间，潍坊烟叶种植面积几经起伏，至1982年达到历史最高峰，种植90.4万亩，此后，一直徘徊在70万亩左右。1993—2006年，随着农业产业结构调整以及烟叶种植布局调整，不适宜区、经济较发达地区的烟草种植面积减少。但烤烟面积、收购量、烟叶生产水平始终在全国占有重要地位。依靠特色鲜明、质量稳定的潍坊烟叶，潍坊烟草公司与国内40多家卷烟厂建立烟叶购销业务合作关系。2007年开始，潍坊烟叶生产以现代烟草农业建设为统领，依托烟基设施建设的政策和烟叶生产生态村富民工程的平台，创新发展“家庭农场+合作社”的生产经营组织模式，持续提升规模化生产、机械化作业、专业化服务及信息化管理水平。2008年，诸城市被国家烟草专卖局确定为首批现代烟草农业试点单位，2009年被国家烟草专卖局确定为整县推进试点单位。烤烟产业一直是潍坊农业产业体系重要产业。2012年，全市种植烤烟20.7万亩，种烟农场户6250户，收购烟叶27648.9吨，亩均产值3487元，户均收入11.5万元，实现税收1.31亿元。

1991—2012年潍坊市烟叶种植收购产量统计表

表7—14—2

年份	植烟县（市、区）	计划面积（万亩）	实际面积（万亩）	计划收购（吨）	实际收购（吨）	亩产量（千克）
1991	8	67.0	71.10	101500.0	103631.9	145.8
1992	8	67.0	72.38	101500.0	69056.4	95.4
1993	7	66.0	58.80	87800.0	53278.5	90.6
1994	7	66.0	43.23	87800.0	33200.0	76.8
1995	7	61.0	40.42	75000.0	45196.8	111.8
1996	7	48.5	40.83	59400.0	54831.7	134.3

续表7-14-2

年份	植烟县（市、区）	计划面积（万亩）	实际面积（万亩）	计划收购（吨）	实际收购（吨）	亩产量（千克）
1997	7	48.5	46.70	60000.0	69759.1	149.4
1998	7	35.0	34.28	42000.0	42036.3	122.6
1999	7	35.0	39.20	42000.0	42311.4	107.9
2000	7	30.4	34.51	42000.0	32530.0	94.3
2001	7	28.6	26.27	38840.0	18181.2	69.2
2002	6	23.5	20.50	33000.0	18636.5	90.9
2003	6	22.0	19.85	27500.0	22475.0	113.2
2004	6	22.0	18.56	26000.0	12687.4	68.4
2005	6	17.0	10.30	24000.0	11968.7	116.2
2006	6	16.0	13.00	21250.0	21108.5	162.4
2007	6	17.1	16.86	24500.0	24457.9	145.1
2008	6	17.1	18.94	24500.0	21574.2	113.9
2009	6	17.1	21.92	24500.0	35868.5	163.7
2010	5	8.75	8.75	13130.0	14048.2	160.6
2011	5	17.0	17.10	23600.0	21673.4	126.7
2012	5	20.9	20.69	25500.0	27648.9	133.6

种植品种

90年代初，潍坊烟草主栽品种为NC89、K326、中烟14及部分云烟85，所有种子由县级烟草公司统一预留、包装、出售。1999年，山东潍坊烟草公司在诸城市设良种繁育基地1处，专用于繁育优良品种，实现全市统一育种、统一供种。结合潍坊各植烟县市的土壤、气候、水分等实际，因地制宜，经过数年的栽培试验对比，筛选出较为适宜的优良品种，主要有：NC82、NC89、云烟85、中烟98、K326、中烟100等品种。2000年，优良品种育苗率已达到100%。到2005年，全市种植品种以中烟100、云烟85等品种为主。2009年，开始调整优化品种布局，大力推广以NC55为主的优质特色品种。2012年，全市以NC55、NC102、云烟87等品种为主，搭配种植鲁烟一号、中烟100、中烟203品种。

生产扶持

为稳定种植规模，提高烟叶质量和烟农生产积极性，实现全市烟叶的稳定生产，市烟草公司每年都拿出大量资金，对烟叶生产进行扶持，主要用于兴修水利工程、烤房新建改建、病虫害防治以及种子、肥料、地膜、试验项目等。同时，在国家烟叶收购政策之外，进行一定的价格补贴，对潍坊烤烟生产的稳定发展起到重要作用。扶持力度从1991年每亩几十元、上百元逐年增加，到2005年每亩实际扶持492元，有效降低烟农种烟成本，保障烟农植烟收入。2006年以后，烟草行业规范相关扶持政策，统一烟叶生产投入补贴政策。上等烟每千克补贴0.9元，中等烟每千克补贴0.75元，下低等烟每千克补贴0.5元。2007年，国家标准四十二级以内的烟叶，按照2006年国家收购价格，每千克上等烟补贴3.6元、中等烟补贴3元、下低等烟补贴2元。2008年调整为上等烟2.4元/千克、中等烟2.2元/千克、下低等烟1.2元/千克。市烟草公司统一烟叶生产投入补贴标准，各产烟县（市）不再单独制定相关政策。2009年，上等烟130元/担，中等烟120元/担，下低等烟70元/担。2010年，国家标准四十二级以内的烟叶每千克补贴2元。2011年，烟叶种植收购合同约定以内的上中等烟按每千克2元的标准补贴，下低等烟不予补贴。2012年，上中等烟每千克补贴2.8元，下低等烟不予补贴。2006—2012年，年亩均补贴531.3元。

1991—2005年潍坊市烟叶扶持情况统计表

表7－14－3

年份	煤炭（吨）	化肥（吨）	农药（吨）	补贴（万元）	其他（万元）
1991	—	849.74	84.28	654	2487
1992	—	1019.91	95.06	727	2373
1993	—	1296.35	95.08	480	651
1994	—	1644.24	75.1	1084	529
1995	—	1181.24	107.68	4055	958
1996	—	985.7	61.53	16287	2415
1997	—	950.88	128.52	15506	2457
1998	—	1686.93	94.83	12790	790
1999	—	2049.34	63.28	231	524
2000	—	746.68	74.48	217	465
2001	—	798.32	83.54	365	459
2002	—	960.96	89.51	490	604
2003	—	997.17	105	1306	746
2004	—	1323.8	175.3	1251	764
2005	5014	1259.49	184.69	3034	957

说明：1991—2005年因部分单位无法明确当时补贴的项目，故列为其他项，其他中还包括煤炭、化肥之外的补贴项目，如：农膜、育苗、保险等

2006—2012年潍坊市烟叶
生产投入补贴情况统计表

表7－14－4

年份	种植面积（万亩）	补贴总额（万元）	亩均补贴（元）
2006	13.00	9382	721.7
2007	16.86	8798	521.8
2008	18.94	6863	362.4
2009	21.92	5929	270.5
2010	8.75	6680	763.9
2011	17.10	7635	446.5
2012	20.69	13082	632.2

生产方式

农场化　90年代末期，潍坊市积极推进农业产业结构调整、高效经济作物兴起，种烟比较效益降低，农民种烟积极性受挫，烟叶种植面积下滑，最低谷时全市收购量不足24万担，烟叶发展难以为继。与此同时，农民收入途径增多，对土地依赖性降低，依法依规流转土地具备了现实条件。2003年，诸城烟草分公司发展起第一个烟叶家庭农场并取得成功，随后，潍坊烟草公司主要从模式、土地、管理、服务、风险5个方面，对烟叶家庭农场发展进行持续探索和积极实践。家庭农场凭借其农场化的生产方式和良好的规模效益发展不断壮大，解决传统烟叶生产方式落后、效益不高、面积不稳等问题。至2012年，全市50亩以上烟叶家庭农场878个，占种植面积的71.2%。

专业合作社　随着潍坊社会经济的持续快速发展和农业经济形势的不断变化，烟叶产业生产力得到跨越式发展，规模化种植水平大幅提升，成为全市农业经济的重要组成部分。与此同时，规模化种植与专业化服务、粗放式生产与特色优质化需求之间的矛盾也日益凸显，为突破烟叶生产发展瓶颈，国家烟草专卖局作出建设综合服务型烟农专业合作社的部署，山东省烟草公司出台综合服务型烟农专业合作社建设实施方案，积极推进烟农专业合作社建设。2008年2月，全市第一家烟农合作社在诸城市百尺河镇设立。2011年，全市发展综合性合作社34个、农机专业合作社79个。经完善整合，2012年全市烟农专业合作社共44个，其中综合型合作社34个、专业型合作社10个，配备专业队370支，专业服务人员8840人，入社烟农4254户，烟农入社率68%。

标准化　为推进潍坊烟叶标准化生产进程，提高潍坊现代烟草农业水平，潍坊烟草有限公司和潍坊市质量技术监督局于2007年向国家标准化管理委员会共同申报第六批国家级烟叶标准化示范区建设项目，并于2008年1月得到批准。自开展国家级烟叶标准化示范区建设工作后，市烟草公司认真贯彻落实《国家烟草专卖局关于全面推进烟叶标准化生产的意见》和山东省烟草公司有关要求，推进潍坊烟叶的标准化生产。2008年，制定印发《潍坊优质烤烟综合标准体系》，涵盖烟叶生产经营全过程，具有较高的系统性、完整性和地方特色。此后，每隔1～2年，市烟草公司都组织对地方标准和企业标准进行及时修订完善。在历经几次修订的基础上，截至2012年，《潍坊优质烤烟综合标准体系》共有标准220个。其中，引用国家标准29个、行业标准84个、地方标准8个、山东烟草公司标准30个，制定企业标准59个（管理标准28个、技术标准31个）。

生产技术

品种选育　2003年，潍坊烟草有限公司生产技术人员在K326的变异株中选育出一个新品种，在生产中表现出产量高、抗病性强、烟叶品质好的特点。2005年，在6个县（市）进行试验示范。该品种在2012年10月通过全国烟草品种审定委员会山东省烟草品种审定专家组审定，被确认为鲁烟1号［鲁审烟201201，选育单位：山东潍坊烟草有限公司、中国烟草遗传育种研究（北方）中心］。

育苗　90年代初期，因为生产条件和技术水平的限制，一般由烟农个体进行常规育苗，通常先在露地上做畦，播种后盖上塑料薄膜。另外，营养钵育苗也是培养壮苗的一种有效方法，对于提高移栽成活率，提高还苗率，促进早期生长，具有良好的作用，是抗旱移栽的重要技术措施，在潍坊烟区得到广泛应用。90年代中期，随着市场对烟叶质量要求的越来越高，烟农个体常规育苗已经不适应烟叶生产发展的需要。1995年，安丘烟草公司开始加工包衣种子。1997年，良种繁育基地在诸城成立后，开始进行工厂化大规模生产，有效提高烟苗质量。同年，潍坊烟草公司在各产烟县市进行大棚塑料托盘育苗技术的试验示范。塑料托盘育苗采用两段育苗方法，即母、子床育苗。首先在母床播种，待烟苗生长到小十字期时，假植到子床，在子床中生长直到成苗移栽。1998年大棚育苗技术开始推广。2000年，全市托盘育苗率已达60%。到2005年，大棚托盘育苗率达到100%。托盘育苗的特点主要表现在以下方面：有利于推行育苗科学管理，提高壮苗水平；能减少育苗用地，减少劳动强度，降低生产成本，其中育苗用地为普通育苗的1/4，营养土用量为1/30，育苗成本（包括用工）降低1/3；能控制育苗、成苗、移栽的时限，达到同一自然生态区育苗时间一致，壮苗水平一致，移栽时间一致，为大田均衡生产奠定基础；能有效控制成苗数量，稳定种烟面积，使计划种植落到实处，并为烤烟生产集体化、机械化提供条件。到2010年，全市全面实现集约化商品育苗。2011年，在高密等烟区逐渐加大漂浮育苗试验示范力度，2012年推广漂浮育苗500亩左右。截至2012年，潍坊烟区育苗方式以托盘假植育苗为主，辅以托盘直播育苗及漂浮育苗。

施肥　1991—1998年，潍坊地区主要施用烟草专用肥和叶面肥，并在局部地区进行饼肥和硝酸钾的施用试验。1998年，饼肥和硝酸钾在全市范围内得到推广施用。1999年，为改良土壤，提高烟叶质量，潍坊烟草公司开始推广施用淋溶土杂肥，并在全市范围内推广以“控氮、补磷、增钾、配微”为目标的立体平衡施肥技术。在氮肥用量上，中等肥力烟田亩施纯氮4～5千克，比原来减少0.5千克，每亩补磷10～20千克，每亩施饼肥20公斤以上，同时增施镁、硼等微量元素。2003年在昌乐进行田间小区试验，取得初步效果。2004年又在全区6个产烟单位进行田间小区试验。2005年在诸城、高密、昌乐、临朐、安丘、青州同时进行大区示范（每个示范点100亩左右）。2006年在诸城、高密、昌乐、临朐、安丘、青州6个产区同时进行推广。2012年，以土壤养分化验结果为依据，以亩产175千克为目标，科学合理确定施氮量，一般烟田亩施纯氮控制在4～5.5千克。施肥原则是控氮、稳磷、增钾、补充锌硼微肥，高肥力烟田氮磷钾适宜比例1∶1∶2.5～3.0；中肥力烟田为1∶1.0～1.2∶2.5～3.0；低肥力烟田为1∶1.2～1.5∶2.5～3.0。增加有机肥施用量，每亩施用豆饼30千克左右，并全面推行农宝营养胶发酵腐熟后施用。推行基肥、提苗肥与追肥、叶面喷肥相结合的立体施肥模式，将基肥和追肥比例由7∶3左右调整到5∶5左右。加强微肥施用，以均衡烟株营养，增强烟株的抗性。

栽培　1992—1994年，坊子区烟草公司开始试验烤烟地膜覆盖栽培技术。1995年开始，在各县市区公司试验示范地膜覆盖栽培技术；1996年，该项技术各县市区公司全面推广；到1998

年，该项技术基本得到普及。随后进行揭膜培土技术的试验，使地膜覆盖栽培技术得到完善和发展。2001年开始，潍坊烟草公司积极推行“宽行窄株”的种植规格，加大行距，即平原地区为120×50厘米，山区110×50厘米。通过生产实践，“宽行窄株”充分显现其优势，被广大烟农所认可。“宽行窄株”便于田间操作，通风透光，下二棚叶可烤性好，相应增加有效叶，减小上部叶厚度，相对提高下二棚叶及上部叶的可用性，增加中部叶比重，植株开秸开片，增加单叶重，烟叶质量显著提高。2002年，随着山东烟区烟田耕作方式改革技术研究与推广项目的开展，先盖膜后栽烟技术得到实施。2011年，开始探索推广膜下小苗移栽技术和“井窖式”移栽技术。2012年，在全市示范推广膜下小苗移栽技术。至2012年，两种盖膜方式并存。

田间管理 从90年代末开始，潍坊烟草公司逐步推广小型机械耕作和深冬耕（30厘米以上）技术，有效降低劳动强度，提高劳动效率和烟叶移栽及大田生长质量；积极推广晚打顶、多留叶技术，增加中部烟叶比例，提高烟农种烟效益；推广上部烟叶4～6片一次性采收技术，解决上部烟叶挂灰重、内在成分不协调问题。2011年开始，潍坊市烟草专卖局（公司）全面推广“不适用烟叶处理”技术措施。在有效留叶数内，对每株烟处理两片底叶和一至两片顶叶，对长度达不到40厘米的下部叶和长度小于35厘米的上部叶片，全部打掉处理。同时，对发育不良、病斑较多、烤后品质较差的不适用烟叶全部集中处理。在烟叶烘烤环节，重点落实鲜烟分级措施，对残伤程度超过20%、病斑严重、过熟、采生采青烟叶，通过鲜烟分类予以剔除。同时，对开展不适用烟叶处理的烟田进行补贴，具体补贴标准：2011年60元/亩，2012年75元/亩。

病虫害防治 1991—1995年，潍坊地区烟草主要病害为赤星病、野火病、角斑病、普通花叶病，少数烟田出现黑胫病。1996—2000年，通过选用优质抗病品种、培育无病壮苗和加强苗床田间管理等方式，赤星病的发病强度和广度逐渐缩减，但这一时期，黄瓜花叶病呈现增长趋势。2000—2009年马铃薯Y病毒病开始蔓延；2010年以后，黑茎病等根茎类病害、野火病、角斑病及病毒病成为主要病害。

具体防治措施除选用优质抗病品种外，主要通过加强苗床和田间管理，注重栽培防病，培育无病壮苗，以及田间及时中耕、培土、除草、浇水；合理搭配氮、磷、钾比例，提高烟株自身的抗病性。同时加强对重点病虫害的定点定时监控，搞好轮作种植，及时进行药物防治。潍坊烟草公司从2005年推广统防统治，2011年开始推广杀虫灯、粘虫板、诱捕器、苦参碱等绿色防控措施，2012年探索烟农合作社开展统防统治作业。潍坊地区的烟草虫害基本得到控制。

第二节　烟叶采收烘烤

1991—1995年，为有效提高鲜烟成熟度，潍坊烟草公司通过发放准采证的形式，对烟农采收烟叶进行管理。1997开始，全市开始提倡上部叶4～6片一次采收，提高上部烟叶的成熟度。2000年开始，考虑到不同着生部位、不同栽培条件、不同品种，烟叶成熟的外观特征差异大的现状，潍坊烟草公司提出“生不采，熟不漏”的原则，提倡、鼓励烟农按照部位自上而下逐叶采收烟叶，下部叶适熟早采，中部叶成熟采收，上部叶充分成熟后采收。

2010年前后，明确烟叶成熟采收的标准要求。烟叶成熟特征：下部叶，烟叶基本色为绿色，稍微显现落黄；主脉稍变白；茸毛部分脱落；采摘时声音清脆，断面整齐；叶龄55～60天。中部叶，叶片黄绿至浅黄色，叶耳呈黄绿色，叶尖、叶缘落黄明显；叶面稍皱，时有部分黄色成熟斑；主脉全部变白，支脉1/2变白；叶片自然下垂，茎叶角度增大；叶龄70天左右。上部叶，叶片和叶耳浅黄至淡黄色，叶面落黄充分、皱褶多，出现明显的黄色成熟斑；主脉全部变白，支脉2/3变白；叶尖下垂，叶边缘曲皱，茎叶角度明显增大；叶龄80～90天。采收要求：下部叶适熟早采，中部叶成熟采收，上部叶充分成熟采收，不熟不采，熟而不漏，一般烟株打顶后10～15天开始采收。下部叶采烤后，停7～8天采烤中部烟叶；中部烟叶采烤后，停10～12天采烤上部烟叶；上部4～6片叶待充分成熟后一次性采收。

绑烟与装炉方面。潍坊地区现在绑烟的方法主要有死扣、活扣和烟夹编烟3种。鲜烟叶采收后，采用烟竿或烟夹进行分类编烟，做到同竿（夹）同质，每竿（夹）编烟数量根据烟叶部位、大小、含水量等灵活掌握，每竿（夹）编鲜烟10～15千克，夹（编）烟密度均匀，不过量或欠量夹（编）烟。全房鲜烟要求同层鲜烟素质基本一致，当天采收、编烟、烘烤。同一烤房装品种、田间管理、部位、采收成熟度一致的烟叶，变黄快的鲜烟及过熟叶、轻度病叶装在顶层，质量好的鲜烟装在中层和底层，在观察窗口附近放置具有代表性的烟叶，便于掌握烘烤进程。

烟叶烘烤方面。从1992年开始，潍坊烟草公司对烤房进行标准化改造，到1996年，标准化改造基本完成。1998年在全区推广热风循环烤房和蜂窝煤烤房，在此基础上，2001年又在各产烟县（市）安排将卧式炉头改为立式炉头的炉灶改造试验。到2002年，全市立式炉改造已超过80%，立式炉能节煤20%～30%。2001年，在安丘开始安排气流下降式烤房的试验。这种烤房的特点是改变传统烤房气流由下而上，而改为由上而下循环流动。同年，在安丘贾戈乡建立烘烤试验基地，主要进行烘烤试验和新式烤房的引进试验。共有新型烤房47座，共7种类型；在诸城城关镇建综合试验站，主要进行品种、肥料和栽培试验及相关烘烤试验。2002年，全市新建（或改建）此类烤房397支。从2003年开始试验推广密集式烤房，其中诸城2座，高密1座，2004年开始全面推广，至2005年，共建619座，2009年全面推广密集烘烤工艺。

在烘烤技术上，潍坊烟草公司全面推行“三段式”烘烤工艺。根据烟叶烘烤过程的3个阶段，即变黄阶段、定色阶段、干筋阶段的特点，控制火势，调节排湿量，达到几个重要温度段烟叶变黄与干燥的协调，最大限度地提高烟叶烘烤质量。1996年，开始在潍坊各产烟县市试验推广。2002年，全部采用这一新烘烤工艺。2012年前后，烟区全面推广密集精准烘烤工艺。

第三节 烟叶收购

收购标准

1990年，在全国烟叶审样会上，形成40级《烤烟》国家标准（草案），并安排在河南、黑龙江、山东等部分乡镇进行试收购。1991年，临朐县率先全部实行40级试收购，诸城市、安丘市、昌乐县、青州市在部分乡镇进行试收购。1992年，潍坊市推行新标准收购的规模达到种植面积的80%；1993年，潍坊市全面实行新标准收购。

《烤烟》40级制国家标准自1992年发布实施后，于1998年和2000年分别进行两次修订，调整相关等级的品质因素规定，增加C4F、C4L两个等级，使《烤烟》国家标准成为42级制。潍坊市依据国家标准组织烟叶收购工作。

收购措施

1992年，全市推行微机收购，提高工作效率，降低收购司磅人员和结算统计人员的劳动强度，并解决人工司磅带来的磅秤不稳、斤两不准等问题。1993年，全市微机收购率达到100%。

1996—1997年，潍坊市对6个产烟分公司的部分烟站按照“封闭密码收购”的要求，对烟叶收购场所进行改造，推行封闭密码收购。工作程序主要由验证、初验编码、封闭定级、称重打单、付款等5个环节组成。1998年，潍坊市对所有烟站收购场所改造完毕，全面推行封闭密码收购。

2006年，潍坊在全市范围内全面推行“入户预检”制度。

2009年，潍坊市烟草专卖局在诸城市贾悦镇孟疃东、琅埠、杨家灌津、辛兴镇旭日及百尺河镇天清湾5个烟叶农场，开展烟叶分级与工场散叶收购试点工作，试点面积1734.4亩，合同收购量5228.62担。2010年，在诸城山东中烟程贾基地单元进行试点，合同种植面积1.61万亩，合同收购量4.83万担。2011年，继续在诸城山东中烟程贾基地单元进行试点，合同约定面积2.21万亩，计划收购量6.4万担。2012年，潍坊市专业化分级散烟收购面积计划为3.6万亩，在诸城5个基地单元实施，涉及烟农839户，计划收购烟叶10.6万担。

收购价格

1991—1994年，收购均价一直稳定在2.60～3.20元/千克之间。1995年，国家烟叶收购价格调整，收购均价达到4.24元/千克（含价外补贴），1996年为3.79元/千克（含价外补贴）。1997—1998年，全国烟叶超种超收，国家局相应调整收购价格，潍坊收购均价分别为2.24元/千克、2.81元/千克。1999年，全国烟叶生产工作渐趋规范，1999年和2000年的收购均价提高幅度较大，分别为6.52元/千克、6.26元/千克。2001年，为鼓励多产优质烟，减少下低等烟生产，提高上等烟价格补贴。2001—2007年，潍坊的烟叶收购均价始终保持在7～9元/千克。2008年，将原属于三价区的山东省烟叶收购价格调整为二价区，烤烟收购均价提高。2008—2010年，潍坊烟叶收购均价保持在12～14元/千克。2011年、2012年，国家对烟叶收购价格再次进行调整，适销对路的上等烟叶价格增幅较大。2011年，潍坊烟叶收购均价为16.16元/千克；2012年，潍坊烟叶收购均价为21.51元/千克。

1991—2012年潍坊市烟叶收购均价统计表

表7—14—5　　单位：元/千克

年份	收购均价	年份	收购均价
1991	2.90	2002	8.43
1992	2.68	2003	8.02
1993	2.93	2004	7.17
1994	3.12	2005	8.62
1995	4.24	2006	7.89
1996	3.79	2007	8.48
1997	2.24	2008	12.24
1998	2.81	2009	13.04
1999	6.52	2010	13.62
2000	6.26	2011	16.16
2001	7.89	2012	21.51

收购量

潍坊地区烟叶收购主要受国家收购计划、种植面积和当年生产情况等因素影响。1991—2012年间，最大收购量出现在2009年，全市收购烟叶205.43万千克；最小收购量出现在2005年，全市收购烟叶23.94万千克。2009年，全市烟叶丰产丰收，收购计划49万担，实际收购烟叶71.737万担，超出22.737万担。2010年，收购计划调减到26.26万担，实际收购28.87万担。2011—2012年，烟叶收购量趋于平稳。

1991—2012年潍坊市年烤烟收购情况统计表

表7-14-6

年份	收购量（千克）	上等烟（%）	中等烟（%）	下等烟（%）	收购均价（元/千克）
★1991	2054260	24.24	52.93	12.85	2.90
★1992	1362680	22.31	45.94	18.62	2.68
★1993	1055760	31.75	42.59	16.89	2.93
★1994	663040	44.25	30.06	11.65	3.12
★1995	903936	43.24	33.68	9.11	4.24
★1996	1096634	30.97	41.26	16.05	3.79
★1997	1395140	5.19	42.66	36.08	2.24
★1998	841480	11.17	49.20	32.03	2.81
★1999	854860	14.42	52.77	25.00	6.52
★2000	674320	14.32	54.53	21.54	6.26
2001	363624	22.83	69.83	5.18	7.89
2002	372730	24.23	57.61	17.15	8.43
2003	449500	31.10	55.88	12.55	8.02
2004	253748	16.32	63.09	19.86	7.17
2005	239374	32.67	47.38	19.95	8.62
★2006	21108500	22.11	54.91	21.45	7.89
★2007	24457865	27.96	47.87	18.20	8.48
★2008	21574163	41.57	42.51	12.29	12.24
★2009	35868465	29.94	50.33	18.40	13.04
★2010	14435115	37.76	46.30	13.66	13.62
2011	21673446	51.36	30.02	18.62	16.16
2012	27648936	57.26	36.77	5.97	21.51

说明：带★号者指当年收购中包括低等烟、级外烟，未在表中体现

第四节 烟叶复烤

1991年，潍坊地区拥有潍坊烟叶复烤厂、诸城烟叶复烤厂、临朐烟叶复烤厂、昌乐烟叶复烤厂、青州烟叶复烤厂、安丘烟叶复烤厂6家复烤加工企业，主要以加工本地烟叶为主。2012年，全市有山东烟叶复烤有限公司诸城复烤厂、山东烟叶复烤有限公司潍坊复烤厂以及安丘烟叶复烤厂3家烟叶复烤厂。

潍坊烟叶复烤厂

位于潍坊市奎文区廿里堡，是中国烟叶复烤行业建厂最早、规模最大的厂家之一，始建于1917年3月。1948年潍县解放后，于当年10月成立山东省大华烟草公司烤烟厂，1960年更名为山东省廿里堡烤烟厂，1982年更名为山东省潍坊廿里堡复烤厂，1986年11月更名为山东省潍坊烟叶复烤厂。1989年3月24日，山东省烟草公司确认潍坊烟叶复烤厂为中型一类企业。1990年12月，省经委、省统计局公布潍坊烟叶复烤厂为大型二类企业。1995年9月18日，山东省潍坊烟叶复烤厂更名为东方烟草（集团）有限公司潍坊烟叶复烤厂，隶属于东方烟草（集团）有限公司。1996年4月，更名为东方烟草（集团）有限公司潍坊物资购销分公司。1998年10月，更名为东方烟草（集团）有限公司潍坊烟叶复烤厂。2001年3月，更名为山东潍坊烟草有限公司烟叶复烤厂，隶属于山东潍坊烟草专卖局（公司）管理。2001年9月，山东省局（公司）、颐中烟草公司、潍坊烟草公司三方出资组建山东惠丰烟叶复烤有限公司，从原潍坊烟叶复烤厂分离出来，隶属于颐中烟草公司。2002年2月，东方烟草（集团）有限公司潍坊烟叶复烤厂注销，由省局（公司）、潍坊烟草公司投资组建山东廿里堡烟草复烤有限公司，主要从事烟草多元化经营，隶属于潍坊烟草公司管理。2002年8月更名为山东鑫叶经贸有限公司。2012年7月，更名为潍坊泰山壹伍叁贰实业有限公司。

90年代，建成一条6000千克/小时把烟挂杆复烤线、一条6000千克/小时打叶生产线。2000年，引进KG246-A型复烤机。2002年6月，对旧打叶机进行自动化控制改造。2005年，投资8600万元对安丘复烤厂6000千克/小时CMAS打叶生产线进行搬迁改造，改造后30万担打叶复烤线投入使用。2006年7月，“一种黄烟打叶在线光辊风选除杂机”获实用新型专利，利用风吸作用将黄叶中的杂物去除，达到消尘除杂。2011年，“一种碎烟末处理生产线”获实用新型专利，充分筛分1毫米以下碎烟末，烟末筛分规格齐全，加工出的各种规格碎末可以在烟草薄片制造中重新利用，筛分效率高。“一种结构改进的风选除杂装置”获实用新型专利，改进风选除杂装置，进一步提高除杂效果，使烟叶物料经过振动筛分后，落到集料带上的物料更加均匀，降低物料在集料带上的料层厚度，有效提高烟叶的筛分效果。“复烤企业利用冷凝水对过热蒸汽降温在利用系统”获实用新型专利，利用该系统装置在保持产品质量的前提下，节约蒸汽近20%。

2012年5月，山东烟草复烤企业和薄片生产企业重组整合，山东烟叶复烤有限公司对山东惠丰烟叶复烤有限公司实行人员划转、股权变更，设为直属的辅助加工生产点，更名为山东烟叶复烤有限公司潍坊复烤厂，隶属于山东烟叶复烤有限公司管理。

2012年，组织实施整体技术改造，新上两条12000千克/小时长高公司打叶复烤生产线，新上16000千克/小时秦皇岛复烤机、昆船三联预压机，对两条6000千克/小时小天鹅打叶复烤生产线的打叶机组进行搬迁，年打叶复烤加工能力达到120万担。“一种动态烟叶挑选线”获实用新型专利，通过多组铺叶台和切把刀对不同产地烟叶进行混合以及烟叶、烟把的分离，通过6组烟叶挑选输送机进行不同等级烟叶的挑选，有效解决不同等级烟叶挑选难度大、效率低的问题。截至2012年底，潍坊复烤厂有总资产7422万元，占地面积20.2万平方米；职工348人，其中在册在岗211人，退休、内退137人。

山东烟叶复烤有限公司诸城复烤厂

前身为诸城烟草分公司烟叶复烤厂。2002年8月，对两条打叶线进行自动化控制改造，并对设备进行较大技术改造，建成国际一流水平的质量控制中心。中心建筑面积3192平方米，设水分检测、物理结构检测、化学成分检测检测3个中心检测室，配备快速水分检测仪、化学成分连续流动分析仪、超声波清洗机、样品粉碎机等先进的检测仪器，于9月24日竣工并正式投入使用。2003年7月1日，由山东潍坊烟草有限公司和北京卷烟厂共同投资组建，山东京鲁烟叶复考有限公司（2011年3月更名为山东烟叶复考有限公司诸城复烤厂）注册资本6000万元。其中，潍坊烟草有限公司出资5400万元，北京卷烟厂出资600万元。2004年5月，公司对安丘复烤厂6000千克/小时打叶生产线进行搬迁改造，2005年12月投产。2005年，引进近红外光谱分析仪替代传统的连续流动分析仪对烟叶化学成分进行检测。2011年2月，组织实施整体技术改造，投资7602万元对一车间进行搬迁复烤生产线，投资825万元对二车间进行改造，投资1429万元配套实施道路、水、电、汽、管网等室外工程；合同总额合计为9856万元，专卖设备4813万元，2012年12月投产成功。

到2012年底，在职员工235人，旺季招用季节工1000人，占地19.3万平方米，有打叶复烤生产线两条，年加工能力120万担。

安丘烟叶复烤厂

始建于1987年，原名为安丘县出口烟叶复烤厂，隶属于山东潍坊烟草有限公司安丘分公司。厂址位于安丘市长安路中段（485号）。2002年，安丘烟叶复烤厂关停。2004年，山东京鲁烟叶复烤有限公司接手改造安丘复烤厂并建成6000千克/小时打叶复烤生产线。

临朐烟叶复烤厂

始建于1958年，1959年建成投产。2001年，临朐烟叶复烤厂关停处理。

青州烟叶复烤厂

始建于1975年，1985年并入青州卷烟厂，1987年投产，年生产能力1万吨。1995年6月，原东方烟草（集团）有限公司青州卷烟厂“八五”技改，青州烟叶复烤厂无偿划拨青州卷烟厂作为新厂址。青州复烤厂所有设备运往东方烟草（集团）有限公司潍坊烟叶复烤厂。

昌乐烟叶复烤厂

建于1990年，隶属于昌乐县烟草公司。2002年6月，昌乐烟叶复烤厂关闭，原有设备做报废处理。

第五节　烟叶仓储与调拨

烟叶包装、接收与仓储

烟叶包装　90年代，烟叶成包开始使用油压打包机，逐渐替代电动打包机。烟叶包装物料使用麻袋片、粗麻绳（草绳）、细麻绳、草帘（即秫秸帘子）等。每包净重75千克、60千克、50千克不等。1998年，一部分包装不再使用草帘。1996年，烟叶装卸采用滑板卸烟，避免摔包、滚包等现象。1999年，草帘包装全部淘汰，大部分采用竹帘子和麻袋包装。2000年开始，原烟包装不再使用竹帘子，只用2条麻袋片，外用三横一竖麻绳（草绳）捆扎进行包装，每包净重50千克。自2004年实行烟叶统一经营后，全市的烟叶包装规格和商标标签得到规范：烟叶装箱循环排把、叶片伸展、水分适中；每包净重50公斤；包长85～90厘米，宽60～70厘米，厚40～42厘米（上等烟叶可适当放宽）；捆扎用麻绳，三横一竖，横绳系扣在一侧，系活结；用细麻绳缝合，每包缝锯40个；包装卡片项目内容要求填写齐全，字迹清楚。2010年，各烟站配备液压升降皮带式烟包装卸机，减轻劳动强度，提高工作效率，减少烟叶造碎。

烟叶接收 2003年以前，潍坊复烤厂和各县级分公司复烤厂设质检科（组），质检员对调入的烟叶检验并分类，将不合格烟叶退回或者就地处理。

2004年，山东省烟草公司转换烟叶经营体制，决定由地市级烟草公司实行烟叶统一经营，确立地市级烟草公司的烟叶经营主体地位，各产烟分公司职能随之发生调整，成为烟叶生产和烟叶收购主体。同年，潍坊烟草公司设立诸城、廿里堡两个烟叶储运站，负责全市烟叶的内部交接和加工。2005年，为降低烟叶损耗，节约烟叶经营费用，根据全市烟叶的预计调拨流向和经营形势，设置诸城、廿里堡、临朐3处烟叶交接储运站，负责全市的烟叶交接、备货和调运。2006年，撤销廿里堡烟叶交接储运站，保留诸城、临朐两处烟叶交接储运站，负责全市的烟叶交接、加工和调运。2010年，潍坊烟草公司烟叶储运站在诸城建成。至此，全市的烟叶交接、储存和调运全部在诸城烟叶储运站完成。

原烟仓储 1991年，全市原烟仓储面积为24万平方米，2000年扩大至30万平方米，并保持至2002年。1995年，临朐分公司修建七贤（临时租用）、烟冢铺等两处露天货场，增加仓储面积3.5万平方米。2000年，高密分公司新建货场5000平方米，缓解因烟叶面积不断扩大而带来的仓储压力。2001年，诸城复烤厂建成1.21万平方米的原烟储存库，可一次性储存原烟6000吨。2010年，潍坊烟草公司烟叶储运站落成后，烟叶立体库面积达到2.8万平方米，可一次性储存原烟1.7万吨，完全满足全市烟叶储存、周转需要。

市场与调拨

90年代初期，全市烟叶市场稳定，市场主动权基本掌握在卖方手中。从1995年开始，全市烟叶种植面积迅速增加，产量骤然增大，到1997年，出现产大于销、供大于求的局面。1997—2000年，潍坊烟叶库存上升。到2000年底，库存高达62万担。2001年、2002年，潍坊烟草公司充分利用行业上级政策，广开销售渠道，消化库存烟叶。到2002年底，全市基本实现“零库存”，烟叶产销初步进入良性循环轨道。2003年9月，历年陈烟库存全部销售完毕，首次实现全市陈烟“零库存”。2003年底，调出新烟43.62万担，占全年收购量的96%。

2004年，全市烟叶生产遭受严重的自然灾害及罕见的烟草病害，收购量仅为25.37万担。2005—2008年，烟叶销售开始步入良性循环，产销趋于平衡。2009年，烟叶丰产丰收，潍坊烟草公司通过加大丰产烟叶的销售力度，在调拨年度基本完成丰产烟叶的销售。2010年以后，烟叶销售步入正轨，当年收购烟叶当年调拨完毕，基本上实现收购新烟“零库存”。

在烟叶销售市场方面，1991—2005年，潍坊烟叶在国内主要销往上海、广州、厦门、武汉、北京、杭州、张家口、蚌埠、深圳、保定等省外卷烟厂及济南、青岛、青州等省内卷烟厂。诸城、安丘、临朐、青州、昌乐5个县（市）为国家烟叶出口基地，通过山东烟草进出口公司，主要出口到日本、新加坡、印度尼西亚、德国、英国、菲律宾、埃及、俄罗斯、保加利亚、捷克斯洛伐克、墨西哥、比利时、荷兰等国家和地区，后扩大至美国、法国、意大利、瑞典、新西兰、马来西亚、澳大利亚、约旦等国家和地区。从1998年开始，通过新疆烟草进出口有限公司，向俄罗斯、哈萨克斯坦等国家出口烟叶、烟梗，争取最大经济效益。2006年开始，潍坊烟草公司严格执行国家局调拨计划，年度调拨计划年内全部调拨完毕，国内主要销往上海、山东、河北、浙江、福建、广东、江苏等省（市）工业企业。销往国外的烟叶由山东烟草进出口公司负责。

1991—2012年潍坊市烟叶销售统计表

表7—14—7

年份	销售	
	数量（吨）	平均价格（元/吨）
1991	77563	6541.71
1992	66070	6645.70
1993	77696	6724.16
1994	36311	8220.48
1995	48837	11154.37
1996	54913	12131.25
1997	54848	8536.79
1998	43626	13370.38
1999	44033	22669.71
2000	32567	17048.53
2001	34551	15784.96
2002	21603	17919.48
2003	27620	16028.62
2004	15492	18705.57
2005	6305	23703.60
2006	9543	20705.23
2007	25239	19717.10
2008	31119	22412.03

续表7—14—7

年份	销售	
	数量（吨）	平均价格（元/吨）
2009	18098	26417.28
2010	29920	31142.38
2011	11679	34210.98
2012	24401	40224.58

说明：此表格为财务部门数据，与调拨年度有差异

第六节　卷烟生产

生产工艺

1987年以前，青州卷烟厂卷烟工艺流程分为制丝、卷烟、包装（含滤嘴装接）3个过程。此后，经设备引进、技术改造，工艺显著进步。自1988年起，企业陆续引进MK-8、MK-95、超9、PROTOS等卷接机组，卷烟与接嘴为一体，单机即可完成，传统的重力落丝供给方式被吸附式送丝所取代。风送、空压、配电等诸多设备均按要求配置，增加科技含量。1988年以后，包装工序与仿制SASIB-6000型6000支/分包装机组，后又陆续引进德国B1软包包装机组（8000支/分）、FK350硬盒包装机组（7000支/分）。包装形式改为软式横包和硬盒装，包装工艺水平迅速提高。

1989年，青州卷烟厂投资3750万元，引进昆明船舶公司基于德国技术制造的仿HUANI3000千克每小时制丝线，以及与之相配套的变电、空压、制冷空调设备。1991年夏投入生产，全线采用RC4滚刀式切丝机、隧道回潮与烘丝机组合、在线膨胀干燥、定量喂料控制等多项新工艺、新技术。至此，企业制丝工序两条生产线均使用新型设备，实现制丝工艺过程计算机控制，定量计量与自动化以及膨胀烟丝的使用，有效提高制丝

工艺水平，整线绝大多数部位实现程序控制自动化。

1995年开始，青州卷烟厂投资15720万元，新建现代化工厂。到1996年10月，主业实现南厂整体北迁，生产设备基本更新换代。制丝工序使用昆明船舶公司基于德国HUANI公司制叶丝技术与意大利COMAS制梗丝技术所生产的5000千克每小时制丝生产线，叶丝采用片烟生产工艺流程，梗丝采用梗丝膨化新技术，增加烟丝填充值且降低焦油含量。电气控制采用德国西门子可编程控制器与微机计量控制，水分测试采用英国TM55红外仪，微机全程自控加香加料。其工艺布局更趋合理，流程更加科学。1998年，全线设置中央控制服务器中心，以监控微机，使用西雅特监控软件，实现对整个工艺过程的全程监控。同时，卷接设备使用国产ZJ17型卷接机组，逐步淘汰ZJ14型机组；包装设备用国产ZB25、进口GDX2，逐步淘汰6000型包装机组。至此青州卷烟厂进入真正意义上的现代化、高自动化的卷烟生产新阶段。

1997年以后，青州卷烟厂在郑州烟草研究院等科研单位具体帮助指导下，组织科技人员开展技术攻关，改进制丝过程温湿度调控控制和风送系统，使检测装置实现在线物料的温湿度参数微机监控；叶、梗、薄片、膨胀烟丝、回掺烟丝实现五丝掺配连锁控制，并采用制丝工艺非金属物质剔除装置等，有效提高烟丝制品质量与工作效率，实现由传统制丝方式到现代化制丝的飞跃。

制丝工序于1999年完成CO_2膨胀烟丝项目，使用英国英美烟草公司CO_2干冰膨化烟丝的新技术，利用液态CO_2对烟丝进行浸渍，在高温条件下使之迅速膨化，以提高其填充力，降低焦油含量，保证吸烟安全。2002年，梗丝在线成丝机创新项目立项，2003年5月通过山东省烟草公司技术鉴定，达到国内同行业先进水平。同年8月，获“中国专利与名牌博览会专利金奖”和“中国专利特别金奖”。

2003年，国内第一台YF14瑞龙卷烟存储输送系统安装、调试成功并用于生产。至2004年，卷烟工艺流程分为制丝、烟支卷制（含滤嘴装接）、烟支包装、膨胀烟丝和滤棒成型5个过程。2006年以后，经过技改和工艺技术设备优化改进，逐步实现系统化设计、精细化加工和智能化控制的集约生产方式，形成山东中烟公司品牌特色工艺。

2004年，安装YF14瑞龙卷烟存储输送系统4台。卸盘机、自动喷码机、自动封箱机、条包与烟箱输送系统相继用于生产，生产技术条件达到现代化水平。同年，CO_2压缩机加卸载阀控制单元研制并取得成功，使CO_2膨胀烟丝生产技术有了飞跃进步。

2007年10月，青州卷烟厂投资1.94亿元。技改主要项目为：制丝车间扩建，迁建烟叶配方库、辅料库、烟丝库、滤棒库等，新增建筑面积1.11万平方米；改造完善制丝生产线及配套设施，新增一条国产6000千克每小时制丝生产线，安装制丝设备338台（套）；新增制丝生产线集中控制系统1套；建设厂区道路、管线设施、安全消防及节能环保工程。项目完成后，年产50万箱生产能力保持不变。2009年9月，新制丝线及配方、成品、辅料、滤棒、烟丝库“一线五库”投入使用，技改项目全线运行。2012年3月14日，青州卷烟厂“十一五”技改项目通过国家烟草专卖局验收。

技术创新

1997年青州卷烟厂成立科研中心以后，围绕降低卷烟焦油含量，提高卷烟品质、满足市场需求，进行集中科研攻关，先后取得6项科研成果。2006年10月，山东烟草工业管理体制改革后，配方研制、管理工作划归山东中烟工业公司技术中心。

低焦油烤烟型卷烟项目 2001年，山东省烟草公司立项，并给以10万元的资金支持，交青州卷烟厂研发。厂长蔚严春组织研发人员12人，完成项目开发任务。新开发“软包世纪青州”，烤烟型卷烟焦油量达到12毫克/支以下，山东省烟草公司于2003年5月28日组织技术鉴定，符合国家局行业标准化要求。2003年9月，低焦油烤烟型卷烟项目获山东省企业优秀成果二等奖。

膨胀烟丝性能研究与应用 项目于2001年由山东省烟草公司立项，并给予20万元的资金支持，交青州卷烟厂研发。项目完成后，使膨胀烟丝在卷烟配方中配比达到最佳优化效果。项目由山东省烟草公司于2003年5月28日组织技术鉴定，2003年9月，获山东省企业优秀成果三等奖。

大比例提高山东烟叶在高档卷烟中的应用 2001年，由山东省烟草公司立项，给予10万元的资金支持，由青州卷烟厂组织力量，对山东烟叶在高档卷烟配方中的应用研究进行攻关，于2001年底完成项目。“软盒世纪青州卷烟”使用山东烟叶比例达50%以上。山东省烟草公司于2003年5月28日组织技术鉴定，9月，项目获山东省企业优秀成果三等奖。

低焦油“八喜”牌卷烟 2002年，由山东省烟草公司立项，扶持资金40万元，2005年4月完成。项目于2006年1月26日通过山东省烟草工业公司组织的专家鉴定，在实际生产中应用，使“富贵八喜”卷烟焦油含量由原来16.6毫克降至11.2毫克。

“八喜”牌卷烟降焦工程 2002年，由山东省烟草公司立项，山东省烟草公司扶持资金120万元。于2004年10月20日通过山东中烟工业公司技术鉴定，达到国内先进水平。项目完成后，八喜品牌系列产品焦油含量由原来的15.5毫克降至11.24毫克。

烟叶人工陈化新技术 2002年，由山东省烟草公司立项，给予扶持资金20万元，2005年5月完成。开发研制利用生物复合添加剂新技术，对烟叶进行陈化促进处理，缩短烟叶醇化周期，提升烟叶品质，在卷烟配方中应用后，产品综合质量稳定，感官质量得到改善。

2006年6月，《烟叶陈化新技术的研究》项目通过山东中烟工业公司鉴定。

产品品牌

1991—1993年，青州卷烟厂主要生产的卷烟牌号有：甲一级“青州”“星光”，甲二级“玉兰香”“金狮”“贵宾”“华夏宝”“鸢飞”，乙一级“云门”“时代”“飞龙”“龙女”“皇宫”“葆春”，乙二级“金玉叶”“宏伟”，丙一级“长胜”“天都”，丙二级“丰收”，丁级“珍珠鱼”，戊级“风车”“致富”等。其中“青州”“云门”“丰收”牌号卷烟产量较大。

1994年，青州卷烟厂成为集团龙头企业。在此期间主要生产“青州”“时代”“八喜”“云门”“远景”“好运来”“东方”“贵宾”“丰收”等牌号卷烟。

1996年9月，停止生产“丰收”“时代”等无嘴烟牌号；1998年，主要生产“东方”“八喜”“青州”“时代”等卷烟系列产品。

2004年，青州卷烟厂精简卷烟牌号，停止生产五类烟，并减少四类烟产量。主要生产“八喜”系列卷烟产品。2005年，青州卷烟厂率先实现一厂一品牌——“八喜”。2006年山东烟草工业管理体制改革之后，省内青岛、济南、青州、滕州4家卷烟厂合归山东中烟工业公司管理，各卷烟厂均不再有独立品牌。

卷烟销售

营销机构 1991年6月，青州卷烟厂调拨站成立。1992年9月，成立销售公司与青州卷烟厂调拨站合署办公。1994年1月，撤销青州卷烟调拨站和青州卷烟厂销售公司，其人员和销售业务划归潍坊烟草集团公司，遂更名为潍坊烟草集团公司青州卷烟厂调拨站。1998年8月，山东烟草购销集团公司成立，负责全省卷烟销售管理工作。东方烟草集团公司青州卷烟厂调拨站更名为山东烟草购销集团公司青州卷烟调拨供应站。1999年3月，青州卷烟厂供应科人员和业务划归青州卷烟厂调拨站管理。2000年1月，撤销山东烟草销售集团公司青州卷烟厂调拨供应站，成立颐中集团购销有限公司青州卷烟厂调拨站。2001年2月，青州卷烟厂撤销市场营销部，设立营销综合处；同年，“全包红八喜”上市，在鲁西、鲁西南和鲁东地区出现旺销趋势。2006年11月，青州卷烟厂营销职能上划山东中烟工业公司。2010年6月始，青州卷烟厂负责潍坊区域鲁产烟营销工作。2011年下半年，青州卷烟厂全面负责淄博、滨州、东营区域鲁产烟营销。青州卷烟厂负责四区域鲁产烟营销后，建立健全营销组织机构和管理机制，加强营销队伍建设，加快卷烟市场开拓与培育，扩大泰山品牌宣传，促进泰山品牌销量结构在鲁中市场的销售。

产品销售　1991—1997年，各年度销售总量38万箱左右。1997年之前，青州卷烟厂以四、五类烟为主，至1998年，四、五类烟销售量仍占销售总量的93.2%。1998—2005年，各年度销售总量基本保持在37.5万箱。1999年之后，销售结构逐步调整，至2003年11月，五类烟基本停止生产销售，四类烟总产量保持在50%左右；一、二、三类烟总量大幅上升。2000年前，“青州”“云门”“时代”“丰收”等均为青州卷烟厂的主销牌号，2001年后“八喜”品牌逐渐占主导地位。2002年，青州卷烟厂开始出口卷烟，当年出口马绍尔群岛、美国卷烟1700件。2003年销往泰国、菲律宾、中国香港共计卷烟2760件，实现销售额1935.62万元。2005年率先在全国实现一厂一品牌——“八喜”，形成以“贵宾八喜”为主导产品、覆盖全国19个省市的销售格局，在销量、结构、品牌、区域等方面均呈现前所未有的发展态势。2006年10月始，不再负责省外销售。2010年6月后，四区域（潍坊、淄博、滨州、东营）主销卷烟牌号是“泰山”“哈德门”，其中“泰山”为全国烟草行业重点骨干品牌。2011年7月后，青州卷烟厂负责潍坊、淄博、滨州、东营销售，销售总量逐年提升，2011年21.96万箱，2012年28.22万箱。

生产企业

山东中烟工业有限责任公司青州卷烟厂是潍坊卷烟生产企业，其前身为华东野战军随军卷烟社。1948年5月18日建厂，更名为国营益都卷烟厂。1986年，益都县改称青州市，企业即更名为青州卷烟厂。1991年以后，青州卷烟厂隶属体制几经变化。1995年11月，山东省烟草系统实行集团体制，青州卷烟厂划归东方烟草（集团）有限公司，更名为东方烟草（集团）有限公司青州卷烟厂。1998年8月，青州卷烟厂成建制划归颐中烟草（集团）有限公司，更名为颐中烟草（集团）有限公司青州卷烟厂。2006年11月，山东烟草工业管理体制改革，更名为山东中烟工业公司青州卷烟厂。2010年4月，更名为山东中烟工业有限责任公司青州卷烟厂。

青州卷烟厂具有现代化生产设备、工艺技术和营销载体，1991—2012年主要生产“八喜”“东方”“青州”“时代”“泰山”“哈德门”等牌号。其中，“八喜”被评为“全国卷烟优等品”“中国卷烟名牌烟标”和“山东省名牌产品”“山东省著名商标”；“青州”获中国烟草总公司“最畅销牌号”和“最受消费者信赖的山东产品”“山东省名牌产品”“山东省著名商标”等称号。产品畅销省内外广大市场，并出口美国、泰国等国家和地区。

青州卷烟厂先后获“全国文明单位”“全国质量效益型先进企业”“全国质量管理小组活动优秀企业”“中国质量万里行—全国先进单位”“全国守合同重信用企业”“山东省文明单位”“山东省富民兴鲁先进单位”“山东省消费者满意单位”“中国专利—山东明星企业”“山东省关心国防建设十佳单位”等称号。企业成功经验先后被十几家国家级和省级大众媒体宣传推广，其中经典部分被清华大学和中共中央党校分别编入《中国MBA案例》（中国发展出版社出版）和《领导干部MBA教程》。在继1998年通过ISO 9002质量保证体系认证之后，又先后于2001年和2006年顺利通过ISO 9001:2000质量管理体系复评认证和职业健康安全管理体系认证，开展质量、环境、职业健康安全及标准化管理体系建设，不断推进管理科学化、标准化、规范化。

2012年末，青州卷烟厂占地面积28.3万平方米，在岗员工1209人。有6000千克/小时制丝生产线、570千克/小时二氧化碳膨胀烟丝线及在线高温膨胀烟丝生产线、薄片烟丝生产线各1条，以及14组卷接包联合机组。企业年卷烟生产能力250亿支（50万箱）。2012年，生产卷烟219.5亿支（43.9万箱），实现生产总量、重点骨干品牌占比、泰山品牌占比、卷烟结构的全面突破。实现税金28.29亿元，入库税金27.74亿元，一直保持潍坊市纳税首位。

第七节　卷烟经营

1991—2012年，潍坊烟草公司平均每年销售卷烟25.2万箱，最低年份为2001年，销量是20.9万箱。2012年，销量达到33.6万箱，为最高年份。这一时期，潍坊烟草公司的卷烟销售额差异很大，总的趋势是年年增长，个别年份出现反弹。销售额最高的年份是2012年，为75.61亿元；最低是1991年，销售额为3.18亿元。这一时期卷烟销量稳步增长，销售额增长近23倍。

经营范围与管理权限

潍坊烟草公司主要负责购进卷烟、雪茄烟，并在辖区内进行批发销售。1991—2005年，年购进卷烟总量基本稳定在20万～25万箱之间；之后，呈现逐年递增态势，到2012年，突破33万箱。其间，高档卷烟的年购进量逐年稳步增长，产品档次稳步上升，购进均价从1991年的5.5元/条，增长至2012年的68.8元/条，增长11倍多。

青州卷烟厂　　（2012年拍摄）

1991—2012年潍坊市购进卷烟情况统计表

表7—14—8

年份	购进总量（箱）	其中						购进金额（万元）	购进均价（元/条）
		甲类（一类）	乙类（二类）	丙类（三类）	丁类（四类）	戊类（五类）	进口		
1991	217399	47968	92488	5.5	12800	18535	255	29638	5.5
1992	234843	73808	89831	6.2	12163	6097	66	36139	6.2
1993	240699	95720	79562	8.3	4534	4155	81	49917	8.3
1994	235073	112338	62895	9.4	846	2415	18	55405	9.4
1995	223259	13056	98876	11.1	49488	0	4	61929	11.1
1996	224047	15248	8306	11.9	85582	24441	4	66412	11.9
1997	219450	16980	14713	15.7	45725	1049	1	86080	15.7
1998	239149	21511	17463	17	29765	52	4	101597	17
1999	223525	20106	16322	17	26415	1450	8	94959	17
2000	230058	17266	8636	17.5	145580	35803	6	100542	17.5
2001	233986	13436	12598	18.5	149905	35855	0	108026	18.5
2002	194979	5453	6397	18.8	116408	26538	0	91655	18.8
2003	228208	6262	8414	20	150051	3063	34	114053	20
2004	237195	9522	10602	23.1	76207	2459	230	136980	23.1
2005	250764	11583	13197	25.1	109008	2800	427	157267	25.1
2006	264951	3177	3033	24.4	150005	84053	122	161419	24.4
2007	279692	5884	19402	33.7	137894	80805	201	235414	33.7
2008	286322	8447	34919	38.5	118642	75111	210	275406	38.5
2009	287047	9731	25502	44.2	128238	48689	381	316862	44.2
2010	317965	19274	10472	50.8	136207	54400	620	403752	50.8
2011	339530	35132	15687	60.7	92098	33303	377	515608	60.7
2012	331782	46729	17567	68.8	49732	26789	217	570977	68.8

说明：1995年起，甲类、乙类、丙类、丁类、戊类改为一类、二类、三类、四类、五类

1991—1994年潍坊市分类别卷烟销售情况统计表

表7—14—9

年份	总销量（箱）	比例	甲类		乙类		丙类		丁类		戊类		进口		销售额（万元）
			数量（箱）	比例	数量（箱）	比例	数量（箱）	比例	数量（箱）	比例	数量（箱）	比例	数量（箱）	比例	
1991	229475	100%	48570	21.17%	95541	41.63%	49071	21.38%	14021	6.11%	22036	9.60%	236	0.10%	31820
1992	233075	100%	71231	30.56%	90830	38.97%	52883	22.69%	12067	5.18%	5985	2.57%	79	0.03%	36924
1993	248334	100%	98804	39.79%	83583	33.66%	56448	22.73%	4981	2.01%	4340	1.75%	178	0.07%	52411
1994	248529	100%	120938	48.66%	64709	26.04%	59162	23.80%	1136	0.46%	2559	1.03%	25	0.01%	58058

1995—2012年潍坊市分类别卷烟销售情况统计表

表7—14—10

年份	总销量（箱）	比例	一类		二类		三类		四类		五类		无价类		进口		销售额（万元）
			数量（箱）	比例	数量（箱）	比例	数量（箱）	比例	数量（箱）	比例	数量（箱）	比例	数量（箱）	比例	数量（箱）	比例	
1995	216724	100%	14411	6.65%	119377	55.08%	43623	20.13%	39309	18.14%	—	0.00%	—	—	4	0.00%	72966
1996	222687	100%	16432	7.38%	15595	7.00%	136033	61.09%	54123	24.30%	501	0.22%	—	—	3	0.00%	100512
1997	226289	100%	19576	8.65%	21956	9.70%	156567	69.19%	28165	12.45%	—	0.00%	—	—	1	0.00%	137132
1998	240708	100%	24324	10.11%	24779	10.29%	163806	68.05%	27769	11.54%	26	0.01%	—	—	4	0.00%	117183
1999	224011	100%	15261	6.81%	10218	4.56%	28558	12.75%	131285	58.61%	38681	17.27%	—	—	8	0.00%	102914
2000	225289	100%	16603	7.37%	8129	3.61%	22700	10.08%	142005	63.03%	35844	15.91%	—	—	8	0.00%	107916
2001	209221	100%	13359	6.39%	10042	4.80%	23973	11.46%	132691	63.42%	29422	14.06%	—	—	17	0.01%	102331
2002	215966	100%	4394	2.03%	6854.6	3.17%	42901.2	19.86%	132152.8	61.19%	29663.4	13.74%	—	—	34.4	0.02%	118572
省内销售	210274	97.36%	3753.8	1.79%	5960.2	2.83%	39279.6	18.68%	132077.6	62.81%	29202.8	13.89%	—	—	—	0.00%	110376

续表7—14—10

年份	总销量（箱）	比例	一类		二类		三类		四类		五类		无价类		进口		销售额（万元）
			数量（箱）	比例	数量（箱）	比例	数量（箱）	比例	数量（箱）	比例	数量（箱）	比例	数量（箱）	比例	数量（箱）	比例	
省外销售	5657.6	2.62%	605.8	10.71%	894.4	15.81%	3621.6	64.01%	75.2	1.33%	460.6	8.14%	—	—	—	0.00%	8079
2003	226488.4	100.00%	5640.8	2.49%	9122	4.03%	57020.6	25.18%	152551.8	67.36%	2153.2	0.95%	—	—	25.6	0.01%	138933
省内销售	211960.6	93.59%	4734.6	2.23%	7392	3.49%	49907.2	23.55%	149034.4	70.31%	892.4	0.42%	—	—	—	0.00%	123114
省外销售	14502.2	6.40%	880.6	6.07%	1730	11.93%	7113.4	49.05%	3517.4	24.25%	1260.8	8.69%	—	—	—	0.00%	15723
2004	237291.8	100.00%	8648.8	3.64%	10109.8	4.26%	139006.4	58.58%	77359.4	32.60%	2167.4	0.91%	—	—	44.6	0.02%	174302
省内销售	217691.2	91.74%	7050.2	3.24%	7758.4	3.56%	130384.2	59.89%	72495.6	33.30%	2.8	0.00%	—	—	—	0.00%	151992
省外销售	19556	8.24%	1554	7.95%	2351.4	12.02%	8622.2	44.09%	4863.8	24.87%	2164.6	11.07%	—	—	—	0.00%	22138
2005	250244.4	100.00%	11835.4	4.73%	12961.4	5.18%	115022.4	45.96%	107669.4	43.03%	2755.8	1.10%	—	—	76.4	0.03%	208931
省内销售	222617.8	88.96%	9366.2	4.21%	10036.8	4.51%	102319	45.96%	100895.8	45.32%	0	0.00%	—	—	—	0.00%	175553
省外销售	27550.2	11.01%	2392.8	8.69%	2924.6	10.62%	12703.4	46.11%	6773.6	24.59%	2755.8	10.00%	—	—	—	0.00%	33115
2006	262462.4	100.00%	3263.7	1.24%	3031.1	1.15%	23494.7	8.95%	148816.6	56.70%	83769.5	31.92%	86.7	0.03%	49.7	0.02%	225667.5
省内销售	210166.6	80.07%	1447.3	0.69%	2052.1	0.98%	14546.7	6.92%	124342.5	59.16%	67777.7	32.25%	0.2	0.00%	—	—	—
省外销售	52246.0	19.91%	1807.0	3.46%	938.7	1.80%	8948.0	17.13%	24474.1	46.84%	15991.8	30.61%	86.5	0.17%	—	—	—
2007	274524.6	100.00%	5282.9	1.92%	5213.4	1.90%	36448.1	13.28%	146268.2	53.28%	81238.5	29.59%	73.5	0.03%	274.7	0.10%	304978.9
省内销售	176780.5	64.40%	834.3	0.47%	3153.8	1.78%	16693.7	9.44%	98171.4	55.53%	57927.2	32.77%	0.1	0.00%	—	—	—
省外销售	97469.4	35.50%	4406.7	4.52%	1949.6	2.00%	19631.7	20.14%	48096.7	49.35%	23311.3	23.92%	73.3	0.08%	—	—	—
2008	284261.2	100.00%	8768.3	3.08%	6750.1	2.37%	55138.4	19.40%	140970.5	49.59%	72574.9	25.53%	59.0	0.02%	217.7	0.08%	370074.6

续表7—14—10

年份	总销量（箱）	比例	一类		二类		三类		四类		五类		无价类		进口		销售额（万元）
			数量（箱）	比例	数量（箱）	比例	数量（箱）	比例	数量（箱）	比例	数量（箱）	比例	数量（箱）	比例	数量（箱）	比例	
省内销售	167672.7	58.99%	1338.5	0.80%	4072.8	2.43%	18315.3	10.92%	91135.1	54.35%	52811.0	31.50%		0.00%	—	—	—
省外销售	116370.7	40.94%	7417.8	6.37%	2648.8	2.28%	36645.8	31.49%	49835.4	42.82%	19763.9	16.98%	59.0	0.05%	—	—	—
2009	290074.3	100.00%	13744.7	4.74%	3760.2	1.30%	79731.0	27.49%	141503.7	48.78%	51291.7	17.68%	43.1	0.01%	371.5	0.13%	429570.3
省内销售	169709.1	58.51%	5017.6	2.96%	1326.3	0.78%	24294.0	14.32%	99086.5	58.39%	39984.7	23.56%		0.00%	—	—	—
省外销售	119993.7	41.37%	8699.1	7.25%	2333.2	1.94%	55194.1	46.00%	42417.2	35.35%	11307.0	9.42%	43.1	0.04%	—	—	—
2010	310181.8	100.00%	23265.7	7.50%	5086.7	1.64%	108696.1	35.04%	120771.2	38.94%	52332.8	16.87%	29.3	0.01%	428.7	0.14%	526639.7
省内销售	171378.2	55.25%	7502.6	4.38%	234.2	0.14%	40429.3	23.59%	85314.1	49.78%	37897.9	22.11%		0.00%	—	—	—
省外销售	138374.8	44.61%	15736.5	11.37%	4759.0	3.44%	67958.1	49.11%	35457.1	25.62%	14434.8	10.43%	29.3	0.02%	—	—	—
2011	330007.3	100.00%	40201.5	12.18%	8827.1	2.67%	170639.6	51.71%	77763.6	23.56%	32535.4	9.86%	40.0	0.01%	329.9	0.10%	686402.9
省内销售	174034.6	52.74%	10474.2	6.02%	161.6	0.09%	105494.7	60.62%	31380.4	18.03%	26523.7	15.24%		0.00%	—	—	—
省外销售	155642.8	47.16%	29711.5	19.09%	8535.1	5.48%	64961.4	41.74%	46383.0	29.80%	6011.7	3.86%	40.0	0.03%	—	—	—
2012	336043.6	100.00%	44817.4	13.34%	15235.9	4.53%	191414.5	56.96%	54772.3	16.30%	29769.4	8.86%	34.2	0.01%	428.3	0.13%	756128.4
省内销售	178944.5	53.25%	8832.4	4.94%	1117.9	0.62%	132671.9	74.14%	14346.7	8.02%	21975.5	12.28%	0.3	0.00%	—	—	—
省外销售	156670.8	46.62%	35966.8	22.96%	13954.2	8.91%	58496.3	37.34%	40425.7	25.80%	7793.9	4.97%	33.9	0.02%	—	—	—

省外卷烟调入

潍坊是一个以地产烟销售为主的地区，地产鲁产烟的销量一直占到总销量的80%以上，青州烟的销量最高曾占总销量的70%以上。潍坊省外烟市场传统上以石林、红梅等云南产的中低档卷烟为主，上海产的牡丹卷烟一直有相当大的影响力。2001年后，湖南、湖北、江苏、浙江等地的卷烟调入量增加，市场份额及影响力逐步扩大，但总体上看，仍以云南烟的影响力最大。

进口卷烟购进

潍坊市对于进口烟一直有一定的需求，但受计划所限，每年的调入量较少，销售的主要进口卷烟品牌为“555”、万宝路等。

1991—2012年潍坊市进口卷烟分销量统计表

表7—14—11　　单位：箱

年份	数量	年份	数量
1991	672	2002	0
1992	279	2003	34
1993	154	2004	230
1994	18	2005	427
1995	4	2006	50
1996	4	2007	275
1997	1	2008	218
1998	4	2009	371
1999	15	2010	429
2000	6	2011	330
2001	0	2012	428

销售网点建设

90年代初期，随着全国商业流通体制的变革，烟草行业多年来的代批、零售环节——供销社体制发生变化，不能继续承担代批和零售卷烟业务，潍坊地区在烟叶收购站设立自身的卷烟批发业务，在全国率先进行卷烟销售下伸网点的探索和实践。

1993年7月，潍坊烟草公司加快卷烟销售网络建设步伐。1994年10月，山东省烟草系统网点建设现场会在潍坊召开。当年，建成卷烟批发网点86个。

1995年，潍坊烟草分公司共建立自设卷烟销售下伸网点近130余个，其中设在乡镇100余个，设在县以上城市30余个，总投资900余万元，平均每处网点投资6.5万元。网点设置有3种模式：城市下伸网点；乡镇下伸网点；烟叶产区以烟叶收购站为依托，就地改建下伸网点。网点建设的投资方式有投资自建网点和租赁网点两种。9月13日，全国卷烟销售暨网络建设经验交流会在潍坊召开。当年，全市卷烟批发网点达到120个。

此后几年，全市卷烟批发网点一直维持在120个左右。2003年，随着全市卷烟销售访送分离工作的全面推行，潍坊卷烟批发网点逐步撤销。

卷烟配送

2001年1月，国家烟草专卖局为强化行业管理，理顺卷烟生产经营机制，规范市场秩序，促进行业健康发展，发挥市级公司一级法人单位管理与经营并存、相互促进的职能，全面实施卷烟销售“一价制”和“访送分离”营销方式。潍坊烟草公司在坊子区和青州市设立两处配送库，坊子配送库负责非青州产卷烟的收货入库、仓储养护、分拣打码和配送到县市区；青州配送库负责青州产卷烟的收货入库、仓储养护、分拣打码和配送到县市区。两处配送库将全市所有销售卷烟商品打码到条后，配送到各县级烟草分公司卷烟营销科。当时，两个配送库共有激光打码机9台，配送车辆9部，工作人员60人。

2004年12月，潍坊烟草公司印发《关于对全市现有配送部进行整合的实施意见》《关于做好有限公司集中配送前有关工作的通知》，对全市两个配送库进行整合，并逐步推行大物流配送的经营模式，实现以有限公司为单元的一库式集中配送模式。

2005年1月，坊子配送库和青州配送库合并成立卷烟营销中心配送部，负责全市所有营销卷烟商品的收货入库、仓储养护、分拣打码和配送工作。当时，修葺改建原鑫叶实业有限公司15、16号仓库作为工作库房，使用的设备仍是从坊子配送库和青州配送库转移过来的分拣设备，在原有人员基础上，又从临朐、安丘、昌乐、青州等县级分公司借调部分人员，共计80余人。

2006年5月，在原鑫叶实业有限公司建立配送部库房，潍坊奎文、潍城、坊子、寒亭4区实行从配送部统一配送到零售户的送货模式；其余县市卷烟仍实行由配送部配送到各县市分公司营销科，再由营销科配送到零售户。

2009年5月，潍坊烟草公司把距离市区较近的昌邑市、昌乐县全部送货人员调整合并到配送部，并对昌乐大部分零售户和昌邑全部零售户统一由配送部直接配送到户。同时，根据全市各县市区区域划分和地理位置，成立临朐、诸城、寿光、安丘、高密5个配送分部。

2010年1月，配送部库房对半自动普天分拣线进行改造并加装塑包机，降低职工劳动强度，提高工作效率。8月，进行配送部内部机构改制，在部门内按实际业务工作成立保管组、分拣组、运输组、综合组、财务组、信息组，并建立内部管理制度57项，对全员实行绩效考核，促进卷烟配送环节工作质量和服务水平的全面提升。

2011年，在配送部生产现场全面推行“7S（整理、整顿、清扫、清洁、安全、节约、素养）”现场管理，对物流现场的生产要素进行合理有效的计划组织、控制检测，加强对仓储、分拣、配送生产作业区的现场管理，促使工作环境更加优化，工作流程更加规范。

2012年1月，组织开展精益物流建设工作，围绕“精化流程、精确核算、精准运营、精到服务、精细管理”五项内容，多措并举，促进配送部整体管理水平大幅提升。5月，《送货线路智能优化系统》和《“3G”监控系统》全面运行，提升现代物流信息化管理水平，提高精准运营能力。

消费结构

潍坊地区的卷烟消费者吸食鲁产烟的时期较长，因此吸食习惯养成消费观念的地域性，人们大都喜欢吸食鲁产烟。2002年，潍坊地区鲁产烟的消费量占全部卷烟的比重为97%，达到峰值。随着社会经济快速发展，人民生活水平的不断提高，潍坊地区的居民生活水平得到很大的提升，卷烟消费形态开始发生变化，呈现出消费观念不断更新、消费结构不断优化、消费档次不断升级，卷烟消费逐步向中高档享受型消费迈进的态势，同时对卷烟的口味提出更高的要求。由于鲁产烟产量及产品受计划的限制，已经远远不能满足消费者的需要，因此消费者吸食省外烟厂卷烟的比重逐年增加，2012年省内卷烟比重占到总消费量的53%。同时，由于潍坊是农业大市，卷烟消费结构在省内居中下水平，2012年单条值为90元。

1991—2012年潍坊市人均消费量及档次情况表

表7－14－12

年份	人均消费量（条/人）	人均消费档次（元/条）
1991	6.67	5.55

续表7—14—12

年份	人均消费量（条/人）	人均消费档次（元/条）
1992	6.86	6.34
1993	7.53	8.44
1994	7.58	9.34
1995	6.63	13.5
1996	6.79	18.1
1997	6.86	24.2
1998	7.25	19.5
1999	6.67	18.4
2000	6.66	19.2
2001	6.18	19.6
2002	6.37	22
2003	6.68	24.5
2004	6.98	29.5
2005	7.36	33.4
2006	7.73	34.39
2007	8.08	44.44
2008	8.37	52.08
2009	8.54	59.24
2010	8.53	67.91
2011	9.08	83.20
2012	9.25	90.00

第八节　烟草专卖管理

1991—2006年，市县两级烟草专卖局设立专卖科，县级局专卖科与稽查大队合署办公，稽查大队下辖若干个稽查中队。各级烟草专卖局会同公安、工商、海关等执行部门，持续开展打私、打假、端窝打点、取缔非法卷烟批发市场等工作。2000年，市政府从整治烟草市场、培植传统税源的角度，成立全市卷烟市场综合治理领导小组，开展卷烟市场综合治理工作。从2000年下半年开始，市政府成立打击非法“三烟”领导小组，市长任组长，市委政法委书记任副组长，市政府秘书长任办公室主任，确立“以法治烟、以打开路、综合治理、规范市场”的新思路，出台一系列加强卷烟市场综合治理的法规性文件，建立起政府牵头组织，烟草、公、检、法、司等13个部门密切协作、共同参与的打击非法“三烟”工作机制，使专卖管理由单纯的部门行为提升为政府行为。2001年，全市统一行动，一举取缔8个非法卷烟批发市场，实现全市卷烟市场秩序的根本性好转。从2005年开始，潍坊市烟草专卖局突出“破大案、打大户、端网络”工作重点，扎实开展整治卷烟市场经营秩序专项行动，不断巩固卷烟经营群防群治的良好局面。

2007年，县级局按照“小机关、大执法”的建设要求，建立起“查、处、管、核”相对分离的专卖管理工作新机制。在县级局单独设立稽查大队，在较大的基层乡镇设立烟草专卖管理所，增强基层专卖稽查力量，将烟草专卖管理和服务延伸到基层乡镇。新体制下，潍坊市烟草专卖局（公司）把专卖作为重要的经济增长点狠抓不放，开展两轮卷烟市场整治“百日会战”专项行动，提高市场控制力。2010年，开展“拓荒”“精耕”工程，以及“利剑行动”和集中整治无照无证经营烟草制品、集中整治名烟名酒店等专项行动，取得重大战果。同时，开展专卖管理与控制体系建设，推动监管方式由“被动、粗放”向“主动、精准”的转变。2011年，继续完善联合打假协作机制，与公安系统召开联席会议，与工商部门建立市县所三级联动机制。同时，实施“拓荒扩户”和“经营信息”工程。

2012年，确立并落实拓宽信息渠道、转变监管方式、突出打源破网、提升执法效率的工作思路，在继续与公安、工商等部门协作的基础上，分别与邮政、铁路、通信等部门建立合作机制，优化打假环境。

机构设置和队伍建设

1991年，潍坊市烟草专卖局负责潍坊全市的烟草市场管理工作，与潍坊烟草分公司合署办公，内设专卖办公室。到1991年，设立潍坊市烟草专卖局市区办事处，与潍坊市区烟草分公司合署办公，同时，在青州市、诸城市、临朐县、昌乐县、安丘县、寿光县、昌邑县、高密县、五莲县设立烟草专卖局，与当地烟草分公司合署办公，各专卖局内设专卖办公室。全市烟草专卖人员74人。1992年12月，五莲县烟草专卖局划归日照市烟草专卖局管理。1994年设立坊子区烟草专卖局，1995年，分别设立潍城、奎文、寒亭区烟草专卖局。至2012年底，全市共有诸城市、临朐县、安丘市、昌乐县、高密市、青州市、昌邑市、寿光市、奎文区、潍城区、寒亭区、坊子区12个烟草专卖局。

1991年，潍坊市烟草专卖局下设各县（市、区）烟草专卖局，各专卖局内设专卖办公室。1995年末，全市烟草专卖人员170人。1998年后，专卖办公室改称专卖管理科。同时，潍坊市烟草专卖局成立烟草专卖稽查支队，县级局成立专卖稽查大队，与专卖管理科合署办公。2000年3月，根据山东省烟草专卖局《关于市地、县区局专卖管理机构设置、人员装备配备的暂行规定》，全市设立烟草专卖稽查中队40支，到年底，全市烟草专卖人员277人。实现对辖区卷烟经营户管理的责任到人、管理到户。2001年5月，全市447名专卖人员参加全国烟草专卖法律法规考试，取得优异成绩。2003年，潍坊市烟草专卖局制定印发《文明执法、热情服务、执法为民工作制度》。2004年，组织开展“文明执法年”活动，全面提高执法人员素质。2005年，全市烟草专卖人员606人。2006年，在市警官培训基地举办全市烟草专卖执法人员培训班。2007年4月，按照国家烟草专卖局《关于加强县级烟草专卖局专卖管理工作意见》和省局《关于加强县级局专卖管理工作的试点方案》精神，潍坊市烟草专卖局在全市设立49处专卖管理所，并在县级局设立专卖监督管理科、法制科、专卖稽查大队。建立职能分开、条块结合、互相监督的“查、处、管、核”管理模式，使县级局真正成为专卖执法主体和内部监管主体。

烟草专卖证照管理

1991年后，全市烟草零售许可证由各县市区烟草专卖局核准发放。烟草专卖批发许可证、准运证由国家烟草专卖局、省烟草专卖局核发。2003年，潍坊市烟草专卖局制定《潍坊市烟草专卖零售许可证管理办法》，提升许可证管理水平。自2003年12月—2004年3月，圆满完成2003版零售许可证换发工作，共换发许可证35506个。自2003年开始，全市对卷烟零售户逐步实施服务型监督管理。2005年，潍坊市烟草专卖局制定《潍坊市诚信等级管理办法》，以对零售户实施服务型监督管理为核心，稳步推进卷烟零售户诚信等级管理。2005年，潍坊市烟草专卖局制定《潍坊市卷烟零售点合理布局标准》，并经过公开听证，在《潍坊晚报》上刊登公布施行，为全市发放零售许可证提供标准和依据。为保证新《烟草专卖许可证管理办法》的顺利实施，潍坊市烟草专卖局印发《关于规范烟草专卖零售许可证办理有关问题的通知》，对许可证办理、归档进行统一要求。2007年3月5日开始，组织为期两个月的全市卷烟无证零售户规范入网专项行动。2008年12月—2009年3月，圆满完成2008版零售许可证换发工作，共换发许可证32668个。2011年3月潍坊市烟草专卖局印发的《潍坊市卷烟零售点合理布局指导意见》，各县市区烟草专卖局制定各自辖区的《卷烟零售点合理布局标准》，并分别经过公开听证后在《潍坊日报》《齐鲁晚报》《农村大众等》报纸上公告发布。2005年3月8日在《潍坊晚报》上发布施行的《潍坊市卷烟零售点合理布局标准》同时废止。

烟草专卖行政执法

1991年后，潍坊市的烟草专卖行政执法，主要通过卷烟市场稽查队伍执行。卷烟市场稽查队伍主要分为三级：市局设立稽查支队（与市局专卖科合署办公），主要负责监督检查行政区划内《中华人民共和国烟草专卖法》及有关法规贯彻执行情况；负责检查行业内外烟草专卖生产经营活动中的守法情况，协调查处违法、违规案件；负责组织和统一调动各稽查大队、中队在辖区内的市场清理整顿、道路稽查及打假、打私工作；上级局和领导交办、移交的专卖案件。县级局设专卖稽查大队（2007年以前与县局专卖科合署办公），主要负责辖区内重大的案件的集中查处，统筹、组织力量进行全面的市场清理整顿活动等。大队之下设专卖中队，设中队长1人，稽查人员2～3人。

2007年4月起，县级局下设专卖管理所，主要负责辖区烟草市场日常监督管理工作。设所长1人，内勤1人，市场管理员若干人。

卷烟市场稽查的日常行政执法工作为：向零售户宣传《中华人民共和国烟草专卖法》及其相关的法律法规；检查零售户是否亮证守法经营；检查是否经营非法卷烟，并依法进行查处；对客户经理、送货员的工作情况进行内部监管；查办辖区内涉烟违法案件；联合公检法、工商等部门，进行全辖区性的集中清理整治活动等。

卷烟市场管理整治

1992年10月中旬，市政府成立卷烟打假领导小组，常务副市长任组长，工商、烟草专卖、技术监督、卫生防疫等部门的领导为小组成员。同年，全市烟草专卖部门根据上级一系列打私指示精神，成立“打私”领导小组，加大打击走私力度。

1993年10月6日，市烟草专卖局、市公安局、市工商局、市税务局联合印发《关于青州卷烟非法批发市场取缔的通告》，同时组织联合行动对青州瓜市街卷烟非法批发市场进行全面清理整顿。10月10日，在青州市召开全市专卖管理现场会议，推广青州市取缔卷烟非法批发市场的经验。

1994年4月19日，在诸城龙城市场内查扣违法卷烟400余件，诸城龙城市场内的卷烟非法批发市场被彻底取缔。7月16日，昌邑石埠市场被彻底取缔。

1996年6月，结合潍坊烟草专卖管理和卷烟销售工作实际，在潍坊烟草系统全面推行卷烟“监销制”，开创烟草专卖管理工作新局面。1998年10月16日，省烟草专卖局、市烟草专卖局共同举办全省规模最大的一次销假行动，对24台（套）制假卷烟机械进行集中销毁。

1999年6月16日至9月底，全市开展以打私、打假、打击非法批发大户为主要内容的“端窝打点”专项整治，对制假、售假、匿假和地下藏烟窝点重拳出击，在重点综合集贸市场，专卖人员常驻。12月14日，市政府召开全市打假工作电视电话会议，决定到2000年2月底，开展严厉打击制售假冒卷烟专项行动。

2000年3月21日，市政府办公室转发市烟草专卖局、市工商局、市技术监督局、市公安局4部门《关于严厉打击制售假冒商标卷烟活动清理整顿烟草市场的通告》。3月23日，市政府召开全市卷烟市场综合治理工作会议，明确卷烟市场综合治理任务目标和要求。会后，各县市区均成立以县市区长为组长的领导小组和办事机构。

2001年3月，全市各县市区局在当地政府的领导下，在公安、工商等有关部门的配合下，共出动稽查车辆150余辆，执法人员1000多人次，分别开展集中统一行动，对所有非法卷烟批发市场进行清理整顿。青州瓜市街市场、安丘天下客市场、诸城龙城市场、寿光西关市场、临朐兴隆路、奎文潍棉市场、高密的小商品市场、潍城爱国路市场等8个非法卷烟批发市场全部关闭，487个非法卷烟经营大户被全部取缔，30多个“钉子户”被取消卷烟经营资格。《大众日报》以专版形式（《世纪之春奏豪歌》）对潍坊市卷烟市场综合治理情况进行报道。2001年6月19日，山东省烟草专卖局在潍坊召开专卖管理现场会，对潍坊烟草专卖管理工作给予高度评价：打击涉烟犯罪的追刑力度在全省最大，市场净化率在全省名列前茅。

2002年9月，潍坊市烟草专卖局、潍坊市公安局建立联合打击涉及烟草专卖品违法犯罪活动工作制度，分别签署“110联动协议”和“联合打击烟草专卖品违法犯罪活动合作协议”，将烟草专卖违法案件纳入“110”出警范围。同时，市、县两级公安局均派出两名以上公安人员常驻烟草专卖局，协助开展卷烟市场治理工作。

2002年12月—2003年3月，在全市开展以集中整治和严厉打击卷烟制假售假犯罪活动为主要内容的整顿和规范卷烟市场秩序专项整治“百日行动”，掀起潍坊市打击非法“三烟”工作的新高潮。2003年，开展潍坊市卷烟和烟叶市场集中清理整顿专项行动，对中秋、国庆“两节”期间市场进行清理。8月19日，在潍城区鸢都湖垃圾场举行假冒卷烟销毁活动，共销毁100余个牌号1459万支假烟，总标值349.4万元。

2005年，全市以“破大案、打大户、端网络”为工作突破口，开展整治卷烟市场经营秩序专项行动、非法经营烟叶专项行动和以打击假冒卷烟为重点的市场整治专项行动。2006年10月，潍坊市烟草专卖局被山东省烟草专卖局授予全省整治卷烟市场经营秩序和根治重点地区卷烟制假两个专项行动先进集体称号。

2007年7月6日，潍坊市综治办及相关部门召开全市开展集中整治货运站和高档卷烟经营场所非法经营烟草专卖品专项行动电视电话会议。2007年11月20日—2008年1月30日，市“三烟”办、公安局、交通局制订《潍坊市道路交通联合稽查整治非法运输烟草专卖品行动方案》，组织开展全市道路交通联合稽查整治非法运输烟草专卖品行动。

2009年6月5日，潍坊市烟草专卖局召开全市卷烟市场整治“百日会战”誓师大会，全面打响整治高档卷烟经营场所、整治货运中转站、整治非法卷烟运输渠道和整治制假原料等4个战役。

2010年1月1日—6月30日，潍坊市综治委、烟草专卖局自在全市开展烟草市场秩序集中整治“利剑行动”。当年，查处烟草案件5366件，案值2361万元。

2011年7月，潍坊市工商行政管理局、公安局、质量技术监督局、烟草专卖局联合在全市范围内启动打击假冒卷烟和规范烟草市场专项行动，严厉打击假冒卷烟加工、储运、销售违法犯罪活动，行动时间自2011年7月至12月。2012年6月，潍坊市烟草专卖局组织开展以打击非法运输烟草专卖品为重点的“鸢都利剑”道路稽查专项行动，市综治办、市公安局、市烟草专卖局参加行动。当年，全市查处烟草大案要案977起，案件690万元。

第九节　烟草科研与技术推广

科研机构与队伍建设

2008年以前，潍坊烟草公司科研工作零星开展。自2008年起，山东省烟草专卖局（烟草公司）部署开展创新型企业试点工作以后，科研工作逐步推开。潍坊市烟草专卖局（烟草公司）成立科学技术委员会，设管理（软科学）、卷烟流通、农业、岗位创新成果评审4个专业委员会。2011年12月，成立潍坊烟叶生产技术中心，负责全市烟草系统科技创新管理，下设综合管理部、科技研发部、技术推广部、检测分析部、企业战略发展研究部，设诸城、临朐2个实验站，在5个产烟分公司设5个技术推广站，在基地单元设9处科技示范园区。企业参与科技研发人员533人，其中潍坊烟叶生产技术中心配备专职人员25人，包括高级职称人员11人、中级职称7人；博士4人、硕士6人、本科15人，从有关科研院校（所）外聘专家15人。组建起了以首席专家和学科带头人为核心、学科搭配合理、创新能力较强的科技创新人才团队，并积极筹备国家局行业级烟叶生产技术中心认定工作。

科技项目成果

作为省烟草专卖局（烟草公司）创新型企业建设试点单位，潍坊市烟草专卖局（烟草公司）围绕创新驱动发展战略，先后承担中国烟草总公司、山东省公司重大重点项目，并根据企业发展实际，自主实施科技计划项目，自主创新水平逐步提升，企业核心竞争力日益增强。

自主选育推广烤烟新品种。2009年，实施“烤烟新品种鲁烟1号（ZC-01）的选育及推广应用”项目；2012年10月16日，ZC-01品种通过山东省烟草品种审定专家组审定，命名为“鲁烟1号”。该品种遗传性状稳定，大田生长整齐，长势强，叶片厚薄适中，分层落黄好，易烘烤。烤后原烟多橘黄色，油分较多，色泽鲜亮，外观质量好，内在化学成分协调。累计在全市推广种植12.53万亩，并在莱芜、淄博等地市推广。

研发推广适用育苗技术。1997年，开展大棚塑料托盘育苗技术试验示范；2002年，全市托盘育苗普及率达60%；2008年，实施“烤烟直播育苗技术的研究”项目；2010年，实施“烤烟穴盘直播育苗技术的推广应用”项目；2012年，全市推广直播育苗4万亩。

烟叶生产标准化。2008年，启动实施“第六批国家级烟叶标准化生产示范区建设”项目，编制适宜潍坊烟叶生产的综合标准化体系，推进先进技术成果标准化、烟叶质量安全追溯及检测等。2010年，潍坊烟区标准化生产覆盖率达到100%，顺利通过国家局烟叶标准化生产实效考评。2011年，获得“国家级烟叶标准化生产优秀示范区”称号。

烟草生产机械化。2008年，启动实施“烟草农业工程技术与智能化装备研究”项目，重点研发烟田耕整地、烟苗移栽、起垄施肥覆膜、植保、采收、秸秆拔除等系列机械设备，主要生产环节基本实现机械化作业。2009年，获省烟草公司科技进步特等奖。

密集烘烤智能化自动化。2004年，启动实施“烤烟适度规模种植配套烘烤设备的研究与应用”项目，先后成功推广立式炉头砖混结构密集烤房、生物质反烧炉头密集烤房等不同种类的密集烤房，探索出一套烟叶密集烘烤新模式，提高烟叶烘烤质量，促进全市烟叶烘烤设备的技术升级，推进了烟叶烘烤操作的智能化和自动化。2008—2010年，全市累计推广应用密集烤房1.2万座，烤能24万亩。

第十五章　乡镇企业　个体私营　民营经济

1991年，潍坊市民营经济主要由相对弱小且发展不完善的个体私营经济构成。随着乡镇企业的壮大成熟和改制转型，乡镇企业公有资产逐步退出，使其逐渐过渡成为潍坊市民营经济的主体。到2002年，乡镇企业改制完成，标志着全市民营经济发展到了一个新的历史起点，标志着乡镇企业这个称谓已经成为过去，取而代之的是以中小企业为主体的民营经济。2003年《中华人民共和国中小企业促进法》颁布实施，自2003年始，不再对乡镇企业进行专项统计。潍坊市政府统一使用“民营经济”统计口径，并出台扶持政策，优化发展环境，支持民营经济发展。随着政府支持政策不断出台和发展环境不断改善，全市民营经济在新起点上实现跨越式发展。至2012年，全市民营经济36.8万户，从业人员183.8万人，纳税额398.1亿万元。

第一节　乡镇企业

生产经营

1990年，潍坊市乡镇企业保持持续快速发展，形成工业、交通、建筑、饮食服务和农业企业为主的5大行业，全市乡办、村办、联户办、户办（“四个轮子”）企业13.41万家；固定资产原值36.7亿元，比“七五”初翻了一番多；企业产值由1985年的31.7亿元增长到120亿元，可比口径计算增长2.8倍，年均递增30.5%；乡镇企业实现利税14.2亿元，比1985年净增7.7亿元；安排农村剩余劳力97.2万人，占农村劳力总数的28.7%；全市乡镇企业中有5家国家二级企业，26家省级先进企业，87家省系统先进企业，238家市级先进企业；有1种产品获国家银质奖，74种产品获部优，90种产品获省优，30种产品填补国内空白。其中，乡镇工业成为全市乡镇企业的中坚力量。当年，全市乡镇工业完成产值94.6亿元，占全市工业总产值的54.6%，成为全市工业的“半壁江山”。

1992年，随着社会主义市场经济体制改革目标的确立，国家在税收、金融、外贸、投资体制等方面的一系列改革措施相继出台并逐步到位，营造了乡镇企业发展有利环境。同时，国有企业改革力度加大、经营机制转换步伐加快，乡镇企业的竞争对象、范围和领域都发生较大变化，过去所拥有的政策、机制优势相对减弱，乡镇企业发展也同时面临日益严峻的挑战。市政府自1992年连续五年分别印发《关于大力发展乡镇企业有关问题的决定（试行）》《关于大力发展乡镇企业有关问题的补充规定》《关于进一步加快乡镇企业发展有关问题的规定》《关于实施外向带动战略推动乡镇企业大投入、大发展、大提高的意见》《关于加快由乡镇企业大市向乡镇企业强市跨越的意见》，全市乡镇企发展速度明显加快，在全省的位次迅速上升。1992年4月，全市乡镇企业工业产值增幅为39.7%，6月，上升到64%，到10月，上升到66%。4月份首次超过全省平均增长速度后，在全省发展速度的位次由年初的第13位上升到10月份的第5位。乡镇企业总产值在1990年基础上，两年翻了一番。规模、效益显著提高。1992年全市有82个乡镇产值过亿元，其中坊子区有4个乡镇产值过亿元，占全区乡镇的44%；高密镇企业总产值突破10亿元，有7个村产值过亿元，15个村产值过5000万元，其中高密县南关村突破2亿元，有3家企业产值过亿元，6个企业产值过5000万元，并有29个联合体、个体企业产值过500万元。当年，全市乡镇企业实现纯利润13.4亿元，上缴国家税金6.26亿元，分别比上年增长23%和24%。

1993年，潍坊市乡镇企业完成总产值619.8亿元，占全市农村社会总产值的84%，其中乡镇工业产值471.6亿元，占全市工业总产值的69%，分别比上年增长141.5%和133.6%；实现利税52亿元，比上年增长138.3%，其中乡镇工业实现利税36亿元，比上年增长138.3%。

1994年，全市乡镇企业总产值957亿元、工业产值664.7亿元，出口交货值50.3亿元，分别比上年增长54.4%、40.9%和145.4%。在控制总量、遏制产值超速增长的同时，各级各企业注重成本核算，狠抓产品销售率、销售利税率、资金利税率、流动资金周转率等各项关键指标，促进经济效益提高，乡镇企业开始转向以提高经济效益为中心的轨道。在全国千家最佳经济效益乡镇企业中，潍坊市24家榜上有名。同时，各级坚持二、三产业并举，集体个体并举的发展方针，积极探索新的经营领域，大力发展第三产业，使三产出现向多元化、立体化、纵深化发展的趋势，涌现出海洋运输、联办铁路等新的经营项目，第三产业总收入108亿元，比上年增长25%，优化了全市乡镇企业的整体结构。当年全市乡镇企业实现利税65亿元，比上年增长25%。

1994年以后，潍坊市大力发展龙头企业，促进农业产业化进程。各县市区抓住农业主导产业和主导产品，以市场为导向，努力搞好深加工和规模经营，多数县市区初步形成市场牵龙头，龙头带基地，基地连农户，种养加、产供销一体化格局，把高产高效农业推向更高层次。1994年，山东得利斯集团仅宰杀生猪就达80万头，增加社会效益2500万元。青州市王坟华金星集团、寿光市孙集绿鲜食品有限公司等靠龙头企业带动千家万户，走出一条小车间、大工厂，小产品、大市场的发展路子。同时，各县市区把乡镇企业发展同小城镇建设紧密结合起来，发展相对集中的工贸小区，乡镇企业集中连片发展的趋势开始形成。安丘市赵戈镇投资4800万元规划建设工业小区，开工一年就整修道路4.2千米，铺设地下电缆7.8万米，有6家企业在小区投产。当年全市初具规模的乡镇企业工贸小区20多处，形成乡中有城，以城带乡，城乡一体，共同发展的格局。

与1991年相比较，1995年全市乡镇企业14.6万家，职工人数135.9万人，分别是1990年的1.02和1.4倍；总产值1291亿元，出口交货值64.5亿元，实现利税114亿元，分别是1990的9.6倍、12.9倍和8倍。1991—1995年，全市乡镇企业保持高速增长，企业规模、管理水平、技术装备、产品质量档次、人员素质等方面均有大幅提高。这一时期，是全市乡镇企业发展史上最好最快的时期，也是政府推动、政策扶持最有力的阶段。

1991—1995年潍坊市乡镇企业主要指标统计表

表7—15—1

年份	企业处数（家）	从业人员（人）	总产值（亿元）	出口交货值（亿元）	固定资产投资（亿元）	实现利税（亿元）
1991	143195	1041264	133.7	6.44	4.50	14.20
1992	161332	1156258	256.6	9.92	13.99	21.80
1993	204744	1376613	619.8	50.52	30.48	52.06
1994	251744	1681115	957	50.29	46.03	65
1995	146282	1358923	1291	64.53	49.89	114.00

从1996年开始的第二轮乡镇企业改制，使乡镇企业真正过渡成为全市民营经济的主体。1996年后，全市乡镇企业发展空间狭小，增长速度大幅下滑，效益下降。1995—1996年，乡镇工业企业增长速度分别为25%和27%。到1997年，全市乡镇工业增加值增幅只有13.4%，下降14个百分点。同时，结构性矛盾更加突出，开拓和启动市场难度加大；资金短缺，影响发展活力；企业亏损严重，生产经营困难加剧。1996年，全市实施乡镇企业改制，将原有集体股按照升值后的净值转让给企业，由企业根据职务高低、贡献大小确定不同的认购比例向职工发售；企业债务也由股东承担，分期还本付息，即“债务变股权”；企业领导层的持股比例增大，一般占总股本的51%。通过改制，解决长期困扰企业发展的老问题。

1996年，全市乡镇企业围绕加快由乡镇企业大市向乡镇企业强市的跨越目标发展，使整个乡镇企业呈现出稳步发展的态势，针对乡镇企业规模小、水平低问题，全市把加大资金投入作为发展主题，各级把投入重点放在骨干企业和重点项目上，抓出一批起点高的大项目，全年投资过千万元的项目57个，80%的建成投产。寿光市集中精力抓大的，集中资金上大的，集中领导促大的。全年完成投资53亿元，过千万元的项目达12个。通过投入拉动，一批骨干企业乘势而上，规模水平迅速提高。潍坊市有167家企业被农业部划为大中型乡镇企业。诸城市得利斯集团在全国建10个肉制品加工厂、在全省建10个基地的“双十工程”已完成过半。全年生产肉制品5万吨，消化生猪250万头。全市农副产品加工龙头项目投资达15亿元，使80%以上农副产品得以加工增值，促进农业产业化进程。各级把乡镇企业发展同小城镇建设紧密结合起来，集中连片开发，提高集聚效应。安丘市采取请专家规划、典型示范、政策引导、行政推动等措施来加快工贸小区建设，形成一批像景芝、赵戈、刘家尧等凝聚优势企业、优势产品的工贸小区，促进小城镇建设。2016年全市乡村两级企业完成工业增加值123.7亿元，比上年增长27.21%；销售收入过亿元的村和企业分别为85个和71家。

1997年，潍坊市积极深化乡镇企业改革，推进结构调整和科技进步，强化企业管理，努力开拓国内外市场，促进二次创业的开展。到年底，全市乡镇企业114858家，其中集体企业13515家，私有企业101343家；安排职工126万人。全市乡镇企业完成增加值201.2亿元，完成销售收入598.1亿元，实现利税57.8亿元，其中利润38亿元，实缴税金9.4亿元，出口创汇8.8亿美元，同比分别增长13.4%、9%、6%、5%、13.2%和1.4%。

1998年，随着亚洲金融危机的加深，买方市场的出现，给乡镇企业生产经营带来较大困难。全市积极采取应对措施，在深化改革、强化管理、开拓市场上狠下功夫，促进乡镇企业的持续发展。当年，潍坊年销售收入过500万元的乡镇企业完成工业增加值62.1亿元，销售收入178.6亿元，实现利税16.6亿元，分别增长16.8%、13.5%和12%。这3项指标分别占全市销售收入过500万元工业企业的47.4%、38.4%和38.6%。全市形成一批规模较大、带动力强、市场较好的区域性骨干企业。通过加大投入、联合兼并、嫁接改造等形式，培植一批骨干龙头企业，形成新的经济增长点。全市年销售收入过500万元的乡镇企业668家，其中省以上企业集团68家，230家企业被农业部划为大中型乡镇企业，得利斯、鲁丽、泸河、兴华4家企业被省政府确定为省级重点企业集团。1998年，寿光市投资2.7亿元，新上投资过千万元的大项目13个，全市利税过千万元的企业12家。寿光市的鲁丽集团投资6600万元新上的年产8万立方米的高档装饰板、贴面胶合板、单板生产线，全部建成投产，年产能力达到12万立方米，成为全国乡镇企业中最大的人造板生产企业。奎文区投入1.3亿元，支持钢铁厂、金宝、华鑫等10家骨干企业集团扩大规模，开发新产品，实现当年投资当年见效，乡镇企业各项指标均已占到全区工业的90%以上。

2000年，全市规模以上乡镇企业完成营业收入211.9亿元，增长17.1%，完成增加值58.5亿元，增长16.7%；应缴税金7.9亿元，增长16%，实现利润11.7亿元，增长17.6%，4项指标分别占全市乡镇工业的36%、34.8%、41.4%和33.1%。亏损企业由上年的317家减少到138家，亏损额713万元，同比下降77%。

2001年，潍坊市把发展乡镇企业作为农业结构调整、农民增收和扩大社会就业的重要拉动力量，不断推进乡镇企业结构调整、体制创新、科技进步和管理升级，促进全市乡镇企业稳定健康发展。全市乡镇企业完成增加值248.2亿元，其中乡镇工业完成200.5亿元，同比分别增长22.7%和21.6%；营业收入998.31亿元，其中乡镇工业企业766.4亿元，分别增长28.7%和32.6%；实现利润55.83亿元，其中乡镇工业企业46亿元，分别增长34.2%和37.1%；实缴税金21.9亿元，其中乡镇工业企业17亿元，分别增长11.7%和12.5%；出口交货值83.9亿元，其中乡镇工业企业79.3亿元，分别增长9.6%和18.2%。

到2002年底，全市乡镇企业23.2万家，从业人员159.3万人；完成增加值325亿元，其中工业企业255.6亿元，比上年分别增长33.2%和30%；营业收入1284亿元，其中工业企业980亿元，分别比上年增长31.5%和29%；出口交货值117.09亿元，其中工业企业110.45亿元，分别比上年增长40.3%和40.5%；实现利润77.2亿元，其中工业企业59.4亿元，分别比上年增长29.8%和29.6%；实缴税金28.3亿元，其中工业企业22.9亿元，分别比上年增长22.3%和25%。

1996—2002年潍坊市乡镇企业主要指标统计表

表7—15—2

年份	企业处数（家）	从业人员（人）	营业收入（亿元）	增加值（亿元）	出口交货值（亿元）	固定资产投资（亿元）	实现利润（亿元）	上缴税金（亿元）
1996	218089	1612302	548.70	223.68	72.02	47.18	36.19	8.30
1997	114858	1262346	598.10	201.19	73.10	43.43	38.00	9.40
1998	134901	1248663	886.30	215.24	68.57	27.82	55.80	17.40
1999	147066	1217709	764.04	188.08	58.17	24.34	44.54	19.07
2000	168610	1258623	850.36	214.34	81.15	34.68	51.80	19.60
2001	219080	1457712	998.31	248.22	83.91	107.28	55.83	21.90
2002	231720	1593107	1283.55	325.01	117.09	140.91	77.23	28.26

改革改制

1992年，潍坊市以深化企业改革为突破口，各级坚持一手抓发展，一手抓提高，针对乡镇企业的特点和市场经济的新形势，狠抓股份合作制的试点和推行。全市乡镇企业中有253家企业实行股份合作制，入股人数13936人，吸纳股金1.13亿元。寒亭区76家乡镇办企业中就有30家实行股份合作制。

1993年，潍坊市积极推进乡镇企业改制工作。当年组建股份合作制企业2178家，吸纳社会股金3.7亿元。同时将146家经营不善的集体企业拍卖、租赁给私人经营。

1994年，企业改制大面积展开，企业活力大大增强。对规模大、实力强的企业，积极进行公司制改造。全市有566家企业组建有限责任公司或股份有限公司，注册资本4.4亿元，吸收外部投资1.8亿元。同时，推进股份合作制。乡村两级实行股份合作制的企业4200多家，股本金额近30亿元，吸收外部资金6.7亿元，小型、微利企业的拍卖、租赁进展加快。到年底，拍卖企业849家，拍卖总额4.1亿多元。租赁制企业1321家，租赁额3.9亿多元。有315家企业实行有效兼并，兼并总额1.9亿多元。全年有2600多家乡镇办企业和19000多处村办企业，狠抓会计培训和新旧制度的衔接与转换，保证新会计制度的良好运作。全年全市仅县市区局一级成立的资产评估机构和临时机构，就对5000多家企业进行资产评估，评估资产金额40多亿元。大部分县市区立足当地技术、资源、产品优势，积极组建内联千家万户、外联国内外市场，集科研、生产、加工、销售于一体的跨地区、跨行业、跨所有制形式的企业集团、一大批企业集团应运而生。组建升级企业集团27家，以优势产品为龙头的市、县级企业集团60多家，通过聚散成群、集优成势，形成较强的规模优势，进一步增强抗御风浪的能力。

1996年，潍坊市把建立现代企业制度、重塑乡镇企业经营机制作为重要措施来抓。到1996年底，在全市18326家乡村集体企业中，改制的9026家，占总数的49%，全市从增强市场竞争能力出发，以提高经济效益为目的，以资产和资金联接为纽带，以优势企业、拳头产品为龙头，以高起点的增量投入带动存量的优化组合，并通过联合、兼并使资金和资产向优势企业集中，组建起规模大、竞争能力强、经济效益高的省级企业集团56家，全国乡镇企业集团28家。同时进一步突出股份合作制的深化，打破过去单一向职工有偿转让资产，开始扩大股东股份和控股，一改过去产权转让仅限于当地的做法，开始向市外、省外、国外转让产权，不仅吸纳更多的发展资金，而且在更大范围内实行资产重组，实现人、财、物等生产要素的优化配置。为甩掉亏损企业的沉重包袱，解决弱小企业效益低下的问题，采取“卖、租、并”等多形式改制，活化资产4.7亿元。在拍卖、租赁、兼并的3838家企业中，有2962家实现扭亏增盈，增盈面占77%。在改制中各级普遍重视改制企业的资产评估和管理，有5个县市区成立资产评估中心，控制集体资产流失，保证集体资产保值增值。

1997年，企业改制措施由软变硬，发展活力显著增强。各级把深化改革作为促进“二次创业”的重要环节来抓，围绕发展抓改革，抓好改革促发展，力度强，创造出许多富有成效的经验，使整个乡镇企业呈现出多元化改革的新特点，股份制和股份合作制改革不断深化完善。诸城得利斯、泸河轮胎，昌乐乐化，安丘登峰，寿光鲁丽、华宝、建桥冷藏厂等企业，按上市或上柜公司要求积极进行筹备，尤其是北汽福田公司进展顺利。以盘活沉淀资金为目标，多元化资产重组成效显著。全市坚持从实际出发，因企制宜，分类指导，不搞“一刀切”。对经济效益好、管理水平高的，以搞活资本经营为目的，选择改革形式；对小微亏企业实行拍卖、抵押承包、租赁兼并等多元化形式资产重组；对资不抵债的实行分离重组、拍卖、租赁或依法破产。全年向社会公开拍卖企业521家，拍卖资产4.58亿元；租赁企业1950家，租赁资产19.2亿元；兼并企业235家，兼并资产3.04亿元；对26家长期亏损、挽救无望的企业，依法进行破产。

1998年，以产权制度改革为重点的企业改制取得较大进展。在“抓大放小”方针的推动下，围绕从根本上搞活乡镇企业，加大产权制度改革力度。全市7671家乡村集体企业改制6054家，占乡村集体企业的82%，涉及资产158.6亿元，收回资金8.9亿元；乡镇办企业和村办企业的改制面分别达到89.5%和76.3%。诸城、青州、安丘、潍城等县市区积极学习南方先进省市的改革经验，从本地实际出发，大胆探索，不断创新，企业改制工作进展快，成效大。特别是诸城市在前几年改制的基础上，集中抓了增量扩股、量化积累扩股、债务扩股、扩大社会法人股，调整股本结构向企业经营者集中的“四扩一调”（四扩：内部职工增资扩股、转让银行贷款扩股、明晰量化新增资产扩股、吸收社会法人资金扩股；一调：调整股权设置，优化股本比例结构）改革，筹措发展基金6280万元，激发企业活力，增强企业发展后劲。昌乐乐化集团采取兼并、购买、合资控股等办法，走低成本扩张的路子，先后控股南昌造漆厂，租赁、购买、兼并了县五金厂、包装制品厂、酒厂等4家企业，与县矿山机械厂合资兴办了医疗器械公司，激活资产4000多万元，安排下岗职工1000多人。

经过1993年、1996年两次大的改制，到2001年底，全市乡镇企业改制面99.5%，其公有资本逐步退出，改制后乡镇企业成为潍坊市民营经济发展的主体。

2002年底，全市乡镇企业由单一股份合作制形式向股份有限公司或有限责任公司发展，改制成规范的股份制企业326家。其中，股份有限公司33家，有限责任公司293家。寿光墨龙、高密孚日家纺、青州液压件、诸城四达、安丘景芝建工、昌乐乐化漆业、潍柴7家企业，经省政府批准，改组为股份有限公司。由单一的向职工有偿转让产权，转为向社会法人、国外公司转让产权发展。山东华鸢食品有限公司，将全部资产80%

的股份有偿转让给外商，外商以530万美元买下企业并控制产权和经营权，产品价格翻了一番，企业利用吸纳的外资，又投资建一座新厂。由单一的集体（企业内部职工）控股向持股多元化发展。诸城实行“先出售，后股份”的办法，将90%的乡镇办企业和77.2%的村办企业改造成股份合作制企业。昌乐县对乡镇办企业进行产权制度改革，形成“持股个人化，经营班子控大股”的格局。由企业内部职工持股的封闭式股权安排向社会法人同时持股的股权安排发展，实现股权结构多元化。一些规模较大的企业采取定向募集，自行向社会个人发行股票，并开始按规范的上市公司标准和要求运作，创造条件争取使企业股票上市交易。诸城得利斯、泸河轮胎、昌乐乐化、安丘登峰、寿光鲁丽、华宝、建桥冷藏厂等企业，按照上市或上柜公司要求进行改制。

科技进步

1992年，潍坊市以深化企业改革为突破口，把大力开展横向经济技术联合，引进技术和人才，弥补乡镇企业先天不足，作为上水平、上档次的关键措施来抓。全市乡镇企业与6971所（个）大专院校、科研单位、城市厂矿企业建立技术协作关系，引进招聘各种技术人才9873名，开展技术协作项目11650个，引进资金4.8亿元。积极开发新产品，调整产品结构，提高产品档次，占领国内外市场。全年开发新产品310项，其中填补国内空白14项，省内空白53项，获农业部科技进步奖一项，国家星火奖一项，省市科技进步奖14项，省市星火计划奖22项，省优秀新产品奖8项。把强化人才开发和培训作为提高企业整体素质的重要环节来抓。办起9所函授中专，招收学员3997名，并有13967家企业办起技术夜校，并有7家企业创办大中专班，1992年，培训职工69008人，用于智力投资518万元。

1993年，全市落实新上和技改项目3805个，投入资金30.5亿元。1994年，全市乡镇企业通过向上争、向下集、向外引、向内挖，投入资金近46亿元，落实新上和技改项目3494个，其中投资过千万元的大项目81个，一大批强乡（镇）、强村、强企业迅速形成。到年底，乡镇企业产值过3亿元的乡镇达到120个，过10亿元的达到20个，过30亿元的1个；企业产值过亿元的村达到30个，过3亿元的4个，过8亿元的1个；工业产值过亿元的企业达到30家，过2亿元的12家，过3亿元的5家。涌现出高密民用科技园、寿光侯镇胶合板厂、诸城车辆制造厂、山东齐鲁钢铁集团公司等一大批在全省、全国同行业有较大影响的骨干企业。山东得利斯集团在全省建立10个屠宰基地，在全国从北到南建立10个分厂的“双十工程”取得较大进展。全市乡镇企业形成“群山遍地起，业已见高峰”的发展格局。

1994年，全市乡镇企业在建技改项目1801项，投入资金22.52亿元，整个乡镇企业呈现出依靠科技进步加快发展的新趋势。侯镇胶合板厂投资5000万元新上中密度胶合板、刨花板等5个技改项目，使胶合板年产量达到3万立方米，全年完成产值3亿元，实现利税5000万元。诸城市车辆制造厂成建制并入北汽摩公司，引进资本1.2亿元，当年新上3万台农用车生产线，1995年形成销售收入10亿元、利税1.5亿元的规模。积极开展横向经济技术联合，广泛引进技术、资金、人才，高点起步，跳跃发展。1994年，全市有近两万家乡村集体工业企业找到技术靠山，有的企业与多家大专院校、科研单位建立技术合作关系，使大批科研成果、高新技术在乡镇企业开花结果。高密市南关村，1993年以后先后与中国原子能科学院、国家科委等10多处大专院校和科研机构联合，引进资金3.2亿元，建起占地870亩，包括38项高新技术成果和8个高科技项目在内的发达科技园，1994年，有7个项目竣工投产，成为国家科委确认的第一个“民用科技带头园”“样板园”。山东登峰焊接集团先后与劳动部、化工部、铁道部和10多所（个）大专院校、科研机构建立密切合作关系，聘请30多名全国知名焊接专家担任顾问，开发出250种高新产品和替代进口产品，成为全国焊接企业的佼佼者。1994年，全市乡镇企业开发填补县以上空白产品500多项，其中填补国内空白15项、省内空白30项。

1996年，全市新增工业产值的67%来自科技进步，大规模地开展技术改造，促进工装水平的提高。全年完成技改项目1723项，技改投资35亿元，占固定资产总投资的70%。各级把科技进步作为加快跨越的支撑点，加大科技含量的发展比重。昌邑市从突出地方特色、行业优势出发，加快纺织工艺装备改造，完成技改投资5.4亿元。重点抓北洋集团、后官、青阜染织等8个投资过千万元的项目，购进国内外一流设备200多台（套），工装水平显著提高。潍坊鑫达集团五上北京争取到全国十大科研项目之一的红泥塑料铝合金防水卷材项目，一期工程投资1200万元，年增产值3000万元，利税600万元。全市全年开发填补县以上空白产品987项，其中填补省内空白46项，国内空白15项，有2项获国家部委科技进步奖。把人才开发作为科技进步的重点来抓，发挥各级培训学校作用，培训各类专业技术人员7.6万人次，与山东大学、山东工程学院等大中专院校联合开办8个大中专班，有561人参加大中专脱产学历教育。全年又有520人被评为工程师职务。各级在狠抓在职技术人才培训的同时，多渠道招聘引进人才，在住房、交通、工资、职位上给予优厚待遇，全年，200多名大中专生到乡镇企业工作，有90多名外籍技术人员常驻乡镇企业。全市招聘引进各类高中级专业人才39826名。

1997年，全市乡镇企业用于技改投资36.65亿元，完成技改项目1249个。其中，投资过千万的技改项目有75个。昌邑市为拉长纺织优势，围绕25万台老织机更新成无梭织机，是年投资4.2亿元搞技改，使无梭织机发展到1000多台。加快新产品开发，促进新技术的应用。年内，全市开发新产品998项，其中29项填补国内空白或达到国际先进水平，52项填补省内空白或达到国内先进水平，形成一批新的经济增长点。加大投入上名牌，狠抓宣传创名牌的具体措施，使得利斯火腿、耶莉娅服装、鲁丽人造板、乐化油漆、泸河轮胎、登峰焊条、银象曲轴等企业规模增大，质量提高，竞争实力显著增强。临朐县的“霸天”管材、“风筝”铝门窗、“柔娜”毛巾、“豪士”银具、“星冠”重车五种产品被山东省质检协会认定为社会推荐产品。通过动员大中专毕业生到乡镇企业工作，以及在住房、交通、工资、职位上给予优厚待遇，共招聘、引进各类高中级专业技术人才1万多名，为乡镇企业的发展注入了潜在活力。

1998年，为逐步改变乡镇企业设备陈旧、产品技术含量低的状况，各级多渠道筹措资金，加大技改投入。全市乡镇企业技改投资26亿元，开工技改项目1332个，有993个项目竣工投产，其中投资过千万元的51个，有青州天虹彩印、寿光鲁丽扩产等13个投资过2000万元的项目投产达产。高密天达药业、安丘3V集团等一批高新技术企业不断发展壮大。昌邑市投资4.2亿元对万台老织机进行技术改造，发展无梭织机1000多台；该市塑料机械厂引进高新技术改造企业，实现生产、设计数控化，已开发出18项国家专利产品，有16项获省科技进步奖。到2000年，潍坊市销售收入过500万元以上的乡镇企业发展到751家，规模企业拉动能力明显增强。

2002年，坚持企业形象定品牌，加大技改扩品牌，狠抓品牌发展战略，创造了在国内市场有影响的驰名商标和家喻户晓的名牌产品。得利斯肉制品、耶莉娅服装、洁玉毛巾、乐化油漆、三工橡胶、旋风气缸盖、红叶地毯、金河纺织等在国内形成具有较高知名度。山东泸河集团通过打品牌优势，在同行业竞争激烈的形势下，不断强化科技创新，提高产品质量，赢得信誉，使企业规模不断壮大，发展到总资产3.2亿元，总产值7.3亿元，集生产、科研、贸易、服务于一体的跨行业、跨地区的大型企业，进入“全国乡镇企业技工贸总收入100强”行列。

外向型经济

1990年，潍坊市乡镇企业成为出口创汇的生力军。全市出口创汇乡镇企业发展到1119家，并有116家企业出口交货值过百万元，3家企业出口交货值过千万元。当年，全市乡镇企业出口交货值5亿元，比1985年增长10倍，平均每年递增62.6%，占全市出口交货值的35.6%，成为发展外向型经济的重要依托力量。

1992年，全市出口创汇乡镇企业发展到1200家，出口交货值突破10亿元，比上年增长55.3%，涌现出潍坊红星食品厂、诸城碳酸钡厂等22家出口交货值超过千万元的创汇大户企业。

1993年，全市乡镇企业通过各种渠道发展“三资”企业260家，总投资2.2亿美元，合同利用外资7526万美元。完成出口交货值20.5亿元，比上年增长118.3%。

1994年，全市乡镇企业签订“三资”企业合同215个，总投资2.9887亿美元，合同利用外资1.5293亿美元。同时，狠抓成交项目的建设和外资到位，全年新办的“三资”企业投产率达64.2%，外资到位率51.1%。寒亭区朱里镇与日本、新加坡合资的精品蔬菜加工项目，总投资5600万元，被省列为100个重点建设项目之一。昌邑商标厂、高密市维纳斯服装有限公司全年完成出口产品交货值1亿元以上。临朐县洼子村与美国伟成国际有限公司，项目总投资980万美元，办成新立克石材项目，外方投资占90%。高密市维纳斯服装有限公司与韩国合资，引进350台先进设备，生产的十大系列服装全部出口，全年完成出口交货值1.2亿元。

1996年，根据国内外市场日趋一体化的新形势，全市实行“三外”（外资、外贸、外经）齐抓，“四轮”（外贸企业、生产企业、三资企业、民营企业）齐上，加快与国际市场接轨。通过努力改变软硬投资环境，抓住青交会、鲁台经贸洽谈会在家门口召开的机遇，上下动员，精心组织，并积极组织参加马来西亚产品展销会，采取组团出国招商引资等措施，全年办成“三资”项目70个，合同利用外资8000万美元。在招商引资中，由重数量开始向重质量转变，狠抓合同签约率、利用外资率、项目开工率和投产达产率，从而办成一批利用外资比例大，项目建设快的合资项目。寿光银龙塑料制品公司与香港合资生产无滴膜项目，总投资6000万元，外方投资的285万美元一次到位，仅用半年就建成年产无滴膜1.3万吨，创利税3000万元的规模般放市场后产品供不应求。在招商引资的同时，实行技术、设备、管理办法同步引进，对乡镇企业全面嫁接改造，走出一条借外壮内的发展新路。高密市通过招商引资，引进国际90年代新设备410台（套），新工艺、新技术58项，有50名外籍技术人员常驻乡镇企业，32家涉外企业引进借鉴外商的企业管理办法。全市以876家创汇企业为阵容，以173家创汇过千万元的企业为骨干，通过组织企业积极参加各种产品展览会、交易会，在国外设窗口、办企业13家，办成自营进出口权企业23家，加快出口创汇步伐。全年出口创汇8.93亿美元，同比增长15%，有5家企业创汇过亿元。

1997年，对外交往路子由窄变宽，合作领域日趋扩大。办成一批外商投资比例高，利用外资数额大，技术水平高的项目。诸城得利斯集团与加拿大合资生产的北极神保健品项目，总投资过亿元，一期工程10月建成投产，年增销售收入32亿元，利税4亿元。重视对“三资”项目的管理，使合资项目办一个成一个，赢得外商信誉，从而使外商一再追加投资。当年签订的合资项目，有14家是外商追加投资兴办的。如寿光市银龙塑料制品公司的二期工程，就是外商追加投资3000万元兴办的。在利用外资的同时，更加注重技术、设备、人才和管理办法的同步引进。全市年内引进国外先进设备264台（套），新技术46项，有100多名外籍技术人员常驻乡镇企业，三分之一的台资企业采用外商的先进管理办法。多渠道发展出口创汇，涌现出一批创汇大户。为提高出口产品质量，广大企业积极采用ISO 9000系列标准组织生产，有5家企业取得质量认证，38家企业取得自营进出口权。年内出口交货值过亿元的企业达6家，过千万元的突破200家。高密毛巾厂取得自营进出口权后，大力开拓韩国、加拿大等国际市场，全年出口创汇突破千万美元。

1998年，全市乡镇工业产品产销率95%，47家企业获自营进出口权，完成出口创汇2.57亿美元。高密市积极开拓国际市场，出口交货值过千万元的企业发展到28家。至2000年，潍坊市乡镇企业出口交货值81.15亿元。

2001年，全市完成出口交货值83.9亿元，其中自营出口28.3亿元。山东洁玉纺织有限公司投资1.5亿元搞技改，完成投资1.2亿元，进一步增强了创汇能力，全年完成营业收入6.8亿元、出口创汇6867万美元、上缴税金8305万元、实现利润9224万元，分别比上年增长14.7%、12.2%、76.3%和26.8%。

2002年，全市乡镇企业抓住外贸出口形势良好的有利时机，充分发挥“三资”企业和自营进出口权企业的作用，出口蔬菜220个品种，畜肉深加工30多种，出口25个国家和地区。潍坊市乡镇企业出口交货值117.09亿元。

企业管理

1992年，全市乡镇企业系统狠抓承包经营责任制的完善，使企业灵活经营机制更加适应市场竞争的新形势。在全市推行利润包干滚动增值办法，突出解决分配问题和用工问题，使企业经营者有更大的主动权，狠抓干部岗位培训、学历教育，举办培训班13期，培训干部1120名。以质量管理、现场管理为突破口，狠抓各项基础管理。针对有些乡镇重上轻管的苗头，突出抓建章立制，使职工干有所循、干有所得，在乡镇企业中形成不讲资格讲贡献的竞争局面，促进全市乡镇企业整体素质的提高。

1996年，针对产品市场竞争激烈价格上不去，而原材物料等成本加大的实际，狠抓成本管理和资金管理。以诸城市为现场召开由分管县市区长参加的全市乡镇企业管理工作会议，推广诸城市“倒逼成本管理法”经验，使这一成功经验迅速被广大企业采纳。以青州市为现场召开由各县市区投资效益现场会，促进在建项目的管理，使在建项目普遍呈现出产出比例大、工程周期短、经济效益高的新特点。针对非生产性开支大的状况，强化以审计为重点的监督手段，有效地控制非生产性开支。寿光市对全市乡镇集体企业实行一年两次普遍审计，制定《关于严格控制乡镇党委、政府及所属企业非生产性支出的决定》，有效地遏制讲排场、摆阔气、乱消费，花钱大手大脚的现象。高密市对重点村和企业实行收费卡制度，刹住“三乱”（乱收费、乱罚款、乱集资摊派）风。针对重上轻管、忽视经济效益的问题，在全市大力推行领导目标岗位责任制，并突出效益指标，把立足点放到提高经济效益上来。昌乐县推行厂长（经理）目标经营风险金抵押的12家重点企业无一亏损，经济效益明显提高。针对忽视职工思想道德教育的现象，加强以人为本的管理。把培植企业精神，造就一支宏大的职工队伍，作为加快发展和根本动力来抓。在168家销售收入过2000万元的骨干企业，全面开展职工思想道德教育，培训骨干3.1万人，培训人数在全省列第一位。狠抓土小企业的治理整顿和安全生产。关停污染重的66家土小企业，其中小造纸46家。强化安全生产培训，有1400名厂长（经理）和100名安全检查员，领取省劳动厅和省乡镇企业管理局颁发的安全资格证书和安全检察证书。通过强化企业管理，有233家企业基础管理和现场管理达标，有34家企业被市政府表彰为“管理工作先进单位”。全市乡镇工业实现利税55亿元，其中利润率38.8亿元，同比分别增长19.8%和22.8%；工业产品产销率96%；资金利税率和成本利润率分别为22.16%和8.1%。全年乡村两级集体企业上缴乡镇以上财政（包括税收和集资）25.7亿元，支付职工工资49亿元，职工福利、利息支出、支农、建农等各项社会性支出31亿元。

1997年，在昌邑市召开全市乡镇企业管理工作现场会议，动员全市乡镇企业系统广大干部职工深入开展向管理要速度、要效益、要市场、要水平活动。各级主管部门作为乡镇企业集体资产的第一责任人，积极担当起管好用好乡镇企业集体资产的重任，均相继成立资产评估和管理机构，有138人取得农业部颁发的资产评估资格证书。各级评估管理机构积极开展资产评估、产权界定和产权登记工作，评估额18.1亿元，清产核资额59.9亿元，有3个县市区完成乡村集体企业的产权登记。为提高财务管理水平，市乡镇企业局与市财政局联合举办电算化培训班，有54家重点企业实现财务管理微机化。在全市推广诸城市“倒逼成本法”，使三项资金占用过大得到有效解决。各企业以现场管理为突破口，努力改变乡镇企业脏乱差的状况。临朐塑料建材厂，从现场管理入手，推行全质管理，开发新产品在没有国家标准的情况下，高标准、严要求创造质量标准体系，被化工部认可推广。突出抓审计工作，对全市乡镇办企业和重点村办企业进行一次普通审计，有的放矢地解决管理中存在的问题。坊子区通过审计，发现三项资金占用过大等问题，组织力量在全区开展一次清收欠款和清仓压库活动，盘活资金1400多万元。

1998年，全市有11家企业获得ISO 9000系列质量认证，4家企业通过省系统示范企业考评，6家企业分别被省经委晋升为设备管理二、三级企业。临朐县塑料建材厂由于管理水平较高、产品质量比较好，被确定为省、市系统管理示范企业，坊子裕川集团多年来一直重视管理工作，依靠良好的产品质量和企业信誉，赢得了国内外客户的信赖，香港新机场建设使用的铸造配件都是由这个集团生产的。

2000年，潍坊市把大力发展个体私营经济作为发展乡镇企业的重要一翼来抓，实现速度效益同步增长。全市乡镇企业完成营业收入850.4亿元，同比增长12%；完成增加值214.3亿元，同比增长8%；实现利税74.52亿元，缴纳税金19.6亿元，同比分别增长8%和8.9%；实现利润51.8亿元，其中工业企业35.2亿元，同比分别增长15.3%和17.2%。

2001年，在经济全球化的新形势下，全市乡镇企业把强化企业管理、实现管理创新作为增强企业核心竞争力的关键。面对国际国内两个市场的激烈竞争，不断学习借鉴国内外先进经验，在夯实基础管理的同时。运用先进技术特别是计算机和网络信息化手段，改造传统工艺流程，提高了加工过程的自动化控制水平和成套设备、组合加工设备的集成化程度，提高了劳动生产率。加强人才队伍建设，把引进和培养人才作为迎接入世挑战、出奇制胜的第一要素，着力培养和引进具有国际交往能力及追求高新技术能力的优秀人才，增强了企业发展后劲。采取学习培训、出国考察、学术交流等形式，对全市500名市级以上乡镇企业家进行WTO、安全、新会计制度等方面的培训，提高了企业家的整体素质。

2002年，全市共有5家企业进入全国重点农业龙头企业行列，有14家企业进入省重点龙头企业行列，各类农产品加工龙头企业的年加工转化能力达1117万吨，实现销售收入187.7亿元，上缴税金4.7亿元。全市有70多万农村劳动力直接成为龙头企业的员工，30多万人成为开拓市场的新型经纪人，有11万农民获得“绿色证书”，6万多名农民获得技术职称。

第二节　个体私营经济

1978年中共十一届三中全会后，潍坊市个体私营经济不断繁荣发展。1991—1994年，全市个体工商户、私营企业和从业人员均以10%以上的速度递增。1992年8月，潍坊市政府召集10名个体、私营企业者和市直有关部门负责人座谈讨论发展个体私营经济问题。1993年5月，市委、市政府召开全市个体私营经济工作会议，表彰60名先进个体工商户和20户文明私营企业。1994年4月，市人大常委会作出《关于大力发展个体私营经济的决议》。1994年12月，经省政府批准，全省第一个省级个体私营经济试验区在青州市设立。1994年，放手发展个体私人企业，使个体私人企业成为最有活力的经济增长点，涌现出一批私营企业大户。总资产过千万的私人企业有24家，产值过亿元的3家。临朐县冶源镇1994年工业产值过千万元的个体企业达到8家。拥有固定资产2500万元的大江企业集团，又投资1500万元。诸城市凉台乡的私人股份合作制企业——潍坊环宇油漆工业有限公司，形成年产油漆8000吨、产值5000万元、利税250万元的规模。涌现出安丘刘家尧玻璃钢、寒亭朱里电热毯、泊子皮革制品、昌邑围子和坊子穆村铸件、临朐营子铝合金、高密张鲁皮件和劳保用品、坊子眉村塑料编织袋、昌乐五图蓝宝石、青州王坟果品加工、寿光台头油毡纸和橡胶管、昌邑饮马的小带等一批私人企业群体，通过聚散成群、联小成大，依靠产品优势，逐步发展壮大，形成一乡一业一村一品、一户带多户、多户带全村、一村连多村的发展路子。寒亭区私人企业主李传孝利用产品优势，吸引外商投资25万美元，成立潍坊鹏飞空调设备有限公司，产品直接出口。青州市尧王制药有限公司与香港共同投资3000万元，引进先进设备和工艺办药厂，形成产值过亿元、利税过千万元的规模。

1995年3月，国家工商局在青州市召开全国个体私营经济工作现场会议，这是国家工商局首次在县级市组织召开现场会，全国15个省、市、自治区工商局的分管副局长参加会议。1995年，潍坊市新发展个体工商户93553户，新增从业人员161607人；新发展私营企业1861家，新增从业人员54270人。全市个体工商户27.4万户，从业人员58.95万人，分别比上年增长10%和14.8%，个体工商户户数位居全省各地市之首；私营企业5574家，从业人员9.4万人，分别比上年增长35.2%和42.5%，私营企业户数居全省第三位。个体私营经济资金投入增加，经营规模扩大。全市个体工商户注册资金16.5亿元，比上年增长17.14%；私营企业注册资金12.2亿元，比上年增长63.3%。涌现出一大批规模大、效益好的大户，全市注册资金过30万元的个体私营大户达千户，其中资金过百万元的达250家，科技型私营企业达750家，有46家私营企业与外商办起合资合作项目。私营企业集团9家，其中冠省名称的私营企业集团达3家，占全省的一半。

1996年，坚持“四轮”（外贸企业、生产企业、三资企业、民营企业）驱动，二、三产业并举。全市个体工商户注册资金19.5亿元，私营企业注册资金17.4亿元，分别比上年增长17.79%、42.77%，完成产值120亿元，营业额179亿元，商品零售额119.9亿元。全市私营企业注册资本过百万元的超过171家，过500万元的26家，过千万元的18家；私营企业集团公司16家，其中冠省名称的3家。全市个体私营企业中有科技型企业710家，其中有医疗、农药、化工等专业科研所10余个，潍坊市哮喘病研究所和潍坊麻凯肝病研究所在省内外均形成一定影响。各级把放手发展个体私营企业作为繁荣农村经济的重要措施来抓，采取政策扶持，合理规划，正确引导，强化服务和管理等措施，使当年的个体私营工业产值增长超过集体企业9.6个百分点。涌现出像安丘大江集团、高密人造板厂、青州万山红花卉等50个资产过千万元的个体私营大户以及坊子穆村铸造、青州尧王制药、寒亭空调设备等一批大型外向型私营企业。各级从繁荣农村市场出发，立足当地产品优势，积极搞好配套服务设施，建起昌邑石埠半岛食品城、安丘景芝商贸城、临朐营子铝合金型材等一批“买全国卖全国”的大市场，搞活流通环节。高密市发达集团在青岛市中山路繁华地段投资3亿元，8个月建起32层、建筑面积5.5万平方米的发达商厦，不仅在全省引起轰动，而且为乡镇企业拓宽发展领域带了好头。

1997年，全市个体工商户31.8万户、69.8万人，分别比上年增长7.5%、10.2%；私营企业8100家、13.7万人，分别比上年增长15.3%、16%。全市个体工商户注册资本（金）20.9亿元，增长7.6%，户均注册资金6576.2元。实现总产值64.8亿元，营业收入16.9亿元，分别比上年增长0.1%和13.2%。注册资本100万～500万元的达211家，500万元以上的私营企业46家，分别比上年增长23.4%、76.9%。科技型私营企业700余家，与外商合作的49家，组建私营企业集团26家，其中冠省名称的4家。注册商标178件，涌现出一批在全省或地方颇有知名度的产品商标，其中青州傅氏食品有限公司的“傅氏”商标获山东省著名商标提名奖。

1998年，潍坊市委、市政府制定《关于加快个体私营经济发展的意见》，把个体私营经济作为国民经济的重要组成部分，在鼓励各类人员从事个体私营经济、鼓励参与国有企业改革等方面给予全方位支持，并把个体私营经济纳入国民经济和社会发展规划。11月，市政府印发《潍坊市对个体私营业户实行统一收费暂行办法》。办法规定，对全市范围内的各类市场、商业街、个体私营经济园区内的个体私营业户实行统一收费，禁止任何单位和部门自行进入收取。是年全市个体工商户发展到33.39万户、74.96万人，分别比上年增长4.98%、7.44%；私营企业8640家、14.69万人，分别比上年增长6.67%、7.05%。个体私营经济注册资金达46.51亿元，比上年增长7.9%；从业人员近90万人，占全市人口总数的10.8%；实现总产值130.74亿元，实现社会消费品零售125.3亿元，分别占全市国内生产总值和社会商品零售额的16.9%和54.7%；上缴税金4.7亿多元，占全市地方财政收入的16%。

1999年，全市个体私营经济继续保持良好的发展势头。全市个体工商户发展到34.3万户，从业人员78.2万人，注册资金21.68亿元，分别比上年增长2.8%、4.3%、8%；私营企业发展到9256家，从业人员15.2万人，注册资本32.36亿元，分别比上年增长7.1%、3.4%、22.4%。

全市个体私营经济共上缴税金5.15亿元，比上年增加0.95亿元，占地方财政收入的16.5%。各类个体私营经济专业园区发展到218个、专业村671个、产业镇44个，共吸纳个体私营业户7万余户，从业人员23万多人。

2000年，全市召开300人大会，总结交流发展民营经济的先进经验，提出全市加快个体私营发展思路。是年3月，中共潍坊市委、市政府印发《关于加快个体私营经济发展的决定》，在全市引起强烈反响；4月，由市政府主要领导任组长、市五大班子分管领导任副组长，26个市直部门主要负责人为成员的潍坊市个体私营经济发展委员会成立（简称市个私委）；5月，市个私委召开第一次全体会议，26个成员单位相继出台扶持配套措施。同年，筛选34家个体私营大户，市五大班子领导与其建立联系制度。当年，全市个体工商户37.6万户，从业人员90.8万人，注册资金26亿元，比上年分别增长9.6%、16.2%和17.9%；私营企业1.1万家，从业人员28.1万人，比上年分别增长18%和85%；私营企业注册资本51亿元，比上年增长55.2%；完成增加值165.8亿元，营业收入684亿元，分别增长25.4%和23.4%；上缴税金12.9亿元，增长35.6%，占全市地方财政收入的31%。全市注册资本过100万元的723家，500万～1000万元的75家，过1000万元的63家，均比上年有大幅度增长。

2002年，潍坊市委、市政府把大力发展民营经济作为富民强市的战略措施，召开高规格的会议进行广泛发动；制定政策肃清思想障碍，大力实施深化改革促动、招商引资拉动、培植大户带动、建设载体牵动、优化环境推动的“五动”战略，促进全市民营经济的快速、持续、高效发展，有效地拉动经济增长，促进所有制结构调整。是年个体私营业户13.8万户，增长65%；从业人员51.1万人，注册资金112亿元，增长34.4%，实缴税金13.4亿元，增长21.3%；完成增加值313.5亿元，增长40.7%；营业收入1241亿元，增长39.3%；利润75.5亿元，增长35.3%。民营经济增加值占全市GDP的比重达到44%，提高3个百分点，民营经济上缴税金对地方财政收入的贡献率由33%增加到35%。当年全市民营经济新上项目4004个，完成投资140.9亿元，其中1000万元以上的项目395个，过亿元的项目32个。

第三节　民营经济

为规范民营经济统计，从2003年起，潍坊市统计局采用“民营经济”统一口径统计并对外公布。

2003年以后，潍坊市委、市政府把民营经济列入全市经济工作的“六个战略重点”和“三大杀手锏”之一，不断探索新形势下加快民营经济发展的新路子，市委、市政府先后制定印发《关于进一步加快民营经济发展的决定》《关于在全市民营经济组织中进一步开展争创“百强民营企业”“百佳个体工商户”活动的意见》《关于加快服务体系建设促进民营经济发展的意见》等政策措施，加强领导，强力推进，民营经济一年一个新台阶，发展速度逐年加快，企业规模不断扩大，成为拉动全市经济增长的最大亮点。到2006年底，全市注册民营业户18.3万户，比年初增加7500户；注册从业人员新增14.6万人，总数93.5万人；注册资金631.5亿元，同比增长22.4%；完成增加值905.2亿元，占GDP的比重为52.6%；纳税115.9亿元，占全市税收的71.5%；完成有效投入820.4亿元，占全社会固定资产投资的71.9%，新上和在建投资过亿元的项目183个。私营企业3.1万家，增加4300家；注册资金405.5亿元，增长26.2%。规模以上民营企业达3900家，其中销售收入过10亿元的企业达25家，过50亿元的5家，过百亿元的1家。科技型民营企业发展到1850家，其中高新技术企业259家，拥有15个中国名牌、4个中国驰名商标。

2007年，市政府印发《潍坊市中小企业促进办法》，标志着中小企业发展进入法制化、规范化的轨道。到2007年底，全市注册民营业户19.2万户，同比增长4.9%；注册资金820.6亿元，增长30%；从业人员112.2万人，增长23%；上缴税金143.2亿元，增长35.9%，占全市税收总额的比重达到69.1%；完成固定资产投资979亿元，同比增长24.4%。全市规模以上民营企业4016家，同比增加115家，其中销售收入过10亿元的企业达33家，过50亿元的7家，过百亿元的1家。全市科技型民营企业发展到1850家，其中高新技术企业262家，省以上研发中心261处；民营企业已拥有27个中国名牌、8件中国驰名商标，102个山东省名牌产品、97件山东省著名商标。

2008年，面对国际金融危机、国内自然灾害等各种难以预料、历史罕见的重大挑战和考验，全市认真贯彻《山东省中小企业促进条例》和市政府《潍坊市中小企业促进办法》，大力推进“四五六工程”，即组织实施企业自主创新、创业辅导、中小企业成长、产业集群提升“四个计划”，全力打造金融协作、信息化建设、创业辅导、公共技术服务、法律援助“五大平台”，全方位创建学习创新型、品牌效益型、资源节约型、环境友好型、本质安全型、和谐进步型“六型企业”，市政府印发《关于支持中小企业又好又快发展的意见》，确保中小企业平稳健康发展。2008年，全市注册民营业户21.2万户，比上年增长10.7%；从业人员121.2万人，比上年增长8.5%；注册资金942.7亿元，比上年增长14.9%；上缴税金173.1亿元，比上年增长20%，占全市税收总额的69.8%。

2009年，全市注册民营业户25.34万户，比上年同期增长19.5%；从业人员147.44万人，增长24.1%；注册资金1246.48亿元，增长32.2%；上缴税金206.37亿元，增长18.3%，占全市税收总额的72.84%。民营经济全年实现纳税过200亿和注册资本过千亿的历史性“双突破”。全市担保公司发展到67家，新增15家；注册资金25.6亿元，新增9.9亿元；担保贷款62.5亿元，新增33.8亿元。全市年营业收入过10亿元的产业集群达到34个，过100亿元的3个。建立市级创业基地37个，其中省级4个。

2010年，全市注册民营业户29.6万户，比上年增长16.7%；从业人员164.7万人，比上年增长5.5%；注册资金1526亿元，比上年增长22.4%。非公有（民营）经济纳税额266.6亿元，比上年增长29.2%，占全市税收总额的72.7%。全市担保公司发展到77家，比上年新增10家；注册资金32.2亿元，新增6.6亿元；担保贷款85.2亿元，新增22.7亿元。认定市级以上产业集群22个，其中省级2个（滨海盐及盐化工、昌乐珠宝）；市级以上特色产业镇35个，其中省级13个。

2011年，市委、市政府引领广大中小企业沉着应对因国际市场需求不足、世界经济增长乏力以及国内宏观调控、融资形势变化造成的冲击，推动民营经济转型发展、科学发展。全市民营经济注册户数33.3万户、从业人员171万人、注册资金1914.4亿元，分别比上年同期增长12.5%、4.4%和25.5%；民营经济实现纳税额328.9亿元，比上年同期增长23.4%，占全市税收总额的73.4%。全市担保公司发展到91家，注册资金达到39.8亿元，担保金额达到81.2亿元，担保企业7826家。全市特色产业集群35个，其中省级4个；市级特色产业镇51个，其中省级13个。全市培育认定“一企一技术”示范企业80家，有6家企业被省中小企业办公室认定为“一企一技术”研发中心。先后组织30家企业参加“2011中国乡镇企业对俄名优商品推介会”、17家企业参展“第八届中小企业产品博览会”，参展数量和质量均位居全省前列。成功举办“潍坊—纽约州中小企业经贸合作洽谈会”，签订合作备忘录，山东恒远利废技术发展有限公司与纽约州艾尔·沃斯环境技术有限公司签订合作协议。

2012年，市委、市政府以建设“市区一体化”平台为契机，着力推动建立市、县（市）、产业集群（创业基地）三级中小企业公共服务平台体系，大力实施中小微企业培育提升工程，促进民营经济和中小微企业持续健康发展。全市民营经济36.8万户、从业人员183.8万人、注册资金2218.6亿元，同比分别增长10.6%、8.6%和15.9%；纳税额398.1亿元，增长13.9%，占全市税收总额的75.8%；完成民间投资2217.7亿元，增长25.7%，占全市投资总额的73.6%。中小企业发展到5.8万家，其中中型4058家、小型3.2万家、微型2.2万家。全市担保机构发展到99家，注册资金48.7亿元，其中融资性担保公司57家；开展担保业务9882笔，在保企业8944家，担保金额达90.3亿元，同比增长21.7%。依托市“12343”民生服务大厅成立潍坊市中小企业服务中心，并在全省率先筹建潍坊市“一企一技术”展示中心，参展企业均为“独门绝活”，拥有专利技术，首批参加展示企业149家，产品206件。重点培育“一企一技术”中小企业105家，市级以上“一企一技术”研发中心发展到44个、创新企业21家，其中省级分别达到13个和9家。全市市级以上产业集群发展到30个，其中省级7个；市级特色产业镇60个，其中省级13个。各类小企业创业辅导基地已达52家，省级小企业创业辅导基地10家，市级42家，培育小企业5091家，创造就业岗位14.9万个。2002—2012年，潍坊市人民政府先后9次表彰潍坊市民营企业家，共表彰985人。

2002—2012年潍坊市优秀民营企业家一览表

表7－15－3

年份	表彰项目	表彰单位	表彰数量
2002	第八届潍坊市乡镇企业家	潍坊市人民政府	119名
2005	第九届潍坊市优秀民营企业家	潍坊市人民政府	140名
2006	第十届潍坊市优秀民营企业家	潍坊市人民政府	147名
2007	第十一届潍坊市优秀民营企业家	潍坊市人民政府	100名
2008	第十二届潍坊市优秀民营企业家	潍坊市人民政府	99名
2009	第十三届潍坊市优秀民营企业家	潍坊市人民政府	96名
2010	十四届潍坊市优秀民营企业家	潍坊市人民政府	105名
2011	十五届潍坊市优秀民营企业家	潍坊市人民政府	99名
2012	第十六届潍坊市优秀民营企业家	潍坊市人民政府	80名

2012年潍坊市重点民营企业名单

表7—15—4

企业名称	成立年份	企业简介	主要产品、项目
山东联盟化工集团有限公司	1997	集煤化工、石油化工、生物化工于一体的综合性大型化工生产企业	联盟牌尿素复合肥产品
北汽福田汽车股份有限公司诸城汽车厂	2005	北汽福田汽车股份有限公司的事业部之一，是中国最大的工程车制造基地	瑞沃、时代金刚、时代骁运、时代威龙系列工程车、平板车；瑞沃中驰、时代中驰混凝土搅拌车、环卫车、加油车等专用车
诸城外贸有限责任公司	1975	全国农业产业化经营重点龙头企业，中国500强企业之一	“尽美”牌速冻调理禽肉熟食品、“尽美”牌玉米淀粉、“虎”牌饲料、“兴贸”牌饲料、“兴贸”牌淀粉糖
鲁丽集团有限公司	1987	经国家经贸委批准组建的以板材、钢材、出口贸易等为主导产品（产业）的国家大型森工企业，下设钢铁公司、木业公司、胶合板厂、进出口公司等10多家企业	“金鲁丽”板材系列产品
得利斯集团	1986	以生产“得利斯”系列低温肉制品、冷却肉和“北极神”系列纯天然海洋生物制品为主的高科技食品专营集团、国家大型一档企业	“得利斯”系列产品、“北极神”系列产品
山东寿光鲁清石化有限公司	2000	主要产品有液化石油气、丙烯、聚丙烯、甲基叔丁基醚（MTBE）、沥青、轻芳烃、重芳烃、国标汽油、柴油等石油化工产品	“鲁清牌建筑沥青”“鲁清牌聚丙烯树脂”
歌尔声学股份有限公司	2001	中国股票市场中市值最大的声学企业、国家高新技术企业，主营业务为电声器件、电子配件和LED封装及相关产品的研发、生产和销售，歌尔蓝牙耳机ODM业务和3D眼镜业务量均居世界第一	主要为全球顶级厂商三星、苹果、LG、松下、索尼、谷歌、微软、缤特力、思科等提供产品与服务
新郎希努尔集团	1992	以服装、家具经营制造为主业，集房地产开发、酒店、国际贸易等一体化的大型企业	希努尔男装
潍坊英轩实业有限公司	1997	全球著名的柠檬酸生产企业和国内最大的特级酒精生产企业	柠檬酸系列产品
山东潍焦集团有限公司	1971	以发展煤化工为主，集科、工、贸为一体的国家大型现代化企业，产品广泛应用于冶金、化工、医药、食品加工等行业领域	焦炭、炭黑油、工业萘、改质沥青、粗酚、对甲酚、食品添加剂碳酸氢铵、纯苯、甲苯、二甲苯、甲醇等二十余种

续表7-15-4

企业名称	成立年份	企业简介	主要产品、项目
山东世纪阳光纸业集团有限公司	2000	大型包装纸生产企业，主导产品为白面牛卡纸、轻涂白面牛卡纸、纸管原纸及高级瓦楞纸，年生产能力120万吨	主导产品为白面牛卡纸、轻涂白面牛卡纸、纸管原纸及高级瓦楞纸
山东大地盐化集团公司	1956	以发展盐化工新兴产业为主导，集科、工、贸等为一体的现代化大型企业集团	“井泉”牌工业盐、“艳珊”牌工业溴
潍坊特钢集团有限公司	1995	主要生产高速线材、特钢棒材、焊丝三大系列	线材有冷镦钢、胎圈钢丝、高压胶管用钢丝八大品种50多个规格；棒材有碳结钢、合结钢、管坯等八大品种50多个规格；焊丝有普通气体保护焊丝、埋弧焊丝、高强度焊丝、桶装焊丝等
山东全福元商业集团	1981	跨地区、多业态、综合性的商贸集团	集团以超市、百货、家电、家居等零售业态为主导，涵盖物流配送、房地产开发、金融业
山东墨龙石油机械股份有限公司	1986	专业从事石油机械设计研究、加工制造、销售服务和出口贸易的上市公司，是中国四大石油集团公司的供应商	油管、套管、石油专用无缝管、抽油杆、抽油泵、抽油机、潜油电泵、注液泵及各种井下工具等

第四节　载体建设

产业集群

潍坊市产业集群发展始于1992年开始的乡镇企业、民营经济园区建设。在以骨干企业膨胀拳头产品发展园区和发挥特色产业优势发展园区过程中，逐步促进产业集群化聚集发展。2008年，山东省政府印发《关于加快产业集群发展的意见》，明确从2008年起，使用省级中小企业发展专项基金扶持产业集群发展。同年，潍坊市中小企业局编制《潍坊市中小企业产业集群发展规划》，对产业集群发展现状与趋势、发展战略与目标、区域空间布局与调整和政策与措施等作出安排，规范产业集群发展。2009年，在昌乐召开全市中小企业产业集群发展现场会议，统一全市发展产业集群思想认识，明确目标任务和下一步工作措施。2010年，潍坊市中小企业办公室制定《关于进一步加快产业集群发展的意见》，明确到2012年的发展目标、发展产业集群的八大重点和四项措施。同年，制订《全市重点产业集群发展实施方案》，对寿光市防水材料产业集群和昌乐珠宝首饰产业集群进行重点扶持，从而带动全市产业集群快速发展。到2012年，全市培育认定防水材料、纺织印染、珠宝饰品、铝型材等7个省级产业集群；集群内经营业户发展到10800户、从业人员91万人，实现销售收入5100亿元、利税480亿元。营业收入过50亿元产业集群发展到25个、100亿元的18个、500亿元的2个。

盐化及石化　依托海化集团、大地盐化、海天生物、海能化学、新龙电化、亚星化学等骨干企业和盐化工、溴素、苦卤化工、海洋生物化工4大系列产品，形成以两碱、溴素为主导产品，以碱、溴延伸产品为基础的盐化工产业集群。依托北部沿海土地及昌邑石化、弘润石化、鲁清石化、联盟化工、海化集团等炼油企业，培植从炼油、乙烯、丙烯、芳烃等原料产品到精细石化产品、化工新材料、橡塑助剂等产业，形成石化产业集群。

橡胶塑料　以山东银宝轮胎集团、华东橡胶、跃龙橡胶为龙头，以寿光台头及周边地区的橡胶轮胎产业为重点，形成橡胶产业集群。以潍坊现代塑胶有限公司、昌乐前卫塑料制品有限公司为龙头，形成PVC管材、塑料包装制品等塑料制品产业集群。

机械装备　抓住建设半岛制造业基地的机遇，以汽车、内燃机、拖拉机、农用机械、工程机械、纺织机械、造纸机械、印刷机械、化工机械制造产业为重点，形成青州的液压机械，诸城的汽车、装备制造，高密的机械装备，寿光的石油机械、汽车及配件制造，昌邑的机械制造，临朐的磁电装备，潍城的机械制造加工、节能环保，寒亭的机械装备制造，安丘的机械装备制造和昌乐的重工机械装备制造等产业集群。

纺织服装　积极发展化纤，强化棉纺，壮大针织，扩展装饰用布，逐步提高服装、家居装饰等纺织成品在纺织业中的比重，加强产品设计以及系列产品的配套开发，着力提高产品竞争力，形成了昌邑家纺产业，高密制鞋产业、家纺产业，诸城纺织服装产业，安丘纺织服装产业，潍城服装家纺产业和寿光窗帘窗饰特色产业等产业集群。

食品加工　以得利斯等食品加工龙头企业带动农村种养业的发展，形成诸城的食品产业，寿光的蔬菜及食品加工产业，安丘的食品加工产业，昌乐县红河镇的食品加工产业和潍城的食品调料加工产业等食品及肉制品深加工产业集群。通过政府推动，龙头企业带动，在青州形成食品及果品加工产业集群、昌邑卜庄镇发展肉食品加工产业集群。

新材料　依托临朐华建铝业、伟盛建材、朝日不锈钢等骨干企业，形成临朐铝型材产业集群。以寿光台头镇防水产业园为载体，以宏源防水材料、宇虹新型防水材料、汇源建材、京九防水材料有限公司等为龙头，形成国内最大的防水材料产业集群。以潍坊弘润包装材料有限公司为龙头，形成青州真空镀铝材料产业集群。以山东盛宝玻璃钢、华能冷却水技术股份有限公司等企业为龙头，以建筑、化工、船舶、机械、电子行业使用的玻璃钢产品为重点，形成安丘新安街道玻璃钢产业集群。以山东山水水泥集团有限公司、潍坊市金伟达钢结构工程有限公司等为龙头，形成昌乐朱刘建材产业集群。以潍坊华美精细技术陶瓷有限公司为龙头，形成坊子碳化硅产业集群。

电子信息　以山东共达电声股份有限公司为龙头，形成坊子区电声器件产业集群。以高新区光电子产业园为载体，大力发展半导体照明、光通讯、光伏发电等产品，形成光电子产业集群。以鑫易电声、汇川电子和欧信电器、歌尔精密制造为依托，重点开发新型元器件、数字音频设备、场效应管、集成电路等产品以及自动化装备和控制系统，形成安丘市电子信息产业集群。

工艺美术　围绕珠宝、乐器、工艺雕塑、地毯等产业优势，培育形成临朐地毯、临朐红木及工艺雕塑、昌乐珠宝玉石加工、昌乐电声乐器等产业集群。

2010—2012年潍坊市省级产业集群情况表

表7-15-5

序号	产业集群名称	企业数	从业人员		营业收入		利税		认定年份
		总数（家）	总数（人）	同比（%）	总数（亿元）	同比（%）	总数（亿元）	同比（%）	
1	滨海区盐及盐化工产业集群	289	37500	5	216	3	27.5	2	2010
2	昌乐县珠宝首饰产业集群	1600	52000	5	400	7.5	3.7	6.8	2010
3	临朐县铝型材产业集群	126	23000	11	290	19.5	18	20.1	2011
4	寿光市防水产业集群	421	84000	3	135	10	12	10	2011
5	诸城市轻卡汽车及配件产业集群	436	43475	10	645	16.2	58.4	26.3	2011
6	高密市制鞋产业集群	1425	115000	8.5	115	9.5	10.5	14.1	2012
7	昌邑市纺织用品产业集群	1158	55600	3.2	492.1	12.3	45.2	10.4	2012

2012年潍坊市市级产业集群情况表

表7-15-6

产业集群名称	企业数（家）	从业人员（人）	产业集群名称	企业数（家）	从业人员（人）
临朐铝型材产业集群	126	23000	昌邑市家纺用品产业集群	1274	50650
临朐磁电装备产业集群	107	15500	昌邑市机械制造产业集群	488	28167
临朐工艺美术产业集群	65	9600	昌邑市盐及盐化工产业集群	55	9249
高密市制鞋产业集群	1315	106000	坊子碳化硅产业集群	68	4140
高密市家纺产业集群	704	125000	坊子山东电子信息产业园区	26	4850
青州市镀铝材料产业集群	200	20000	寿光市海洋化工产业集群	135	12000
青州液压工程机械产业集群	360	15104	寿光石油机械装备产业集群	82	4882
诸城汽车产业集群	429	39522	寿光市木制品产业集群	68	20000
诸城食品产业集群	367	33596	寿光防水材料产业集群	426	80000
诸城服装产业集群	364	37759	寿光市橡胶轮胎产业集群	51	50000
诸城装备制造业产业集群	374	22800	寒亭机械装备制造业	56	12200
潍城区节能环保产业集群	150	6950	昌乐县珠宝产业集群	2100	52000

续表7—15—6

产业集群名称	企业数（家）	从业人员（人）	产业集群名称	企业数（家）	从业人员（人）
潍城机械制造加工配套产业集群	420	16200	昌乐县红河镇食品产业集群	70	20000
滨海盐及盐化工产业集群	262	35030	昌乐县乐器产业集群	106	21000
安丘市新安街道玻璃钢产业集群	198	21000	昌乐县塑料制品产业集群	421	16000

特色产业镇

1991年以后，在市场机制的推动下，潍坊市特色产业镇从无到有，不断壮大发展，逐步形成“以镇域园区为载体、以龙头企业为依托、以名牌产品为核心、以招商引资为手段”的集聚化发展模式，成为推动民营经济发展的重要力量。2007—2008年，山东省中小企业办公室印发《关于实施特色产业提升计划的意见》、山东省人民政府印发《关于加快产业集群发展的意见》，提出对特色产业镇进行培育扶持。2007年，潍坊市中小企业办公室印发《潍坊市重点特色产业镇认定暂行办法》和《潍坊市民营特色产业提升工作计划》，每年对特色产业镇进行指导培育和认定。2012年，全市特色产业镇发展到58个，其中省级13个。昌邑纺织印染成为全国17座纺织城之一，青州王坟果品加工成为“中华山楂加工第一镇”，昌乐营丘成为全国小拖拉机生产基地、鄌郚乐器成为出口乐器专业镇。同时，青州黄楼花卉、高密安全防护用品、高密姜庄纺织、诸城肉制品、寿光胶合板、安丘玻璃钢、坊子碳化硅、杨家埠风筝、昌乐五图蓝宝石、青池沙发、潍城节能环保、高新歌尔光电等产业，成为全市民营经济中最有生命力的特色规模群体。

2007—2010年潍坊市省级特色产业镇一览表

表7—15—7

序号	乡镇名称	特色产业	认定年份
1	临朐县东城街道	铝型材、不锈钢	2007
2	高密市姜庄镇	纺织	2007
3	诸城市昌城镇	肉类加工	2007
4	寿光市侯镇	海洋化工	2007
5	昌乐县鄌郚镇	电声乐器	2007
6	寿光市台头镇	防水材料	2008
7	诸城市百尺河镇	精密铸锻业	2008
8	昌乐县营丘镇	机械铸造	2008
9	昌邑市柳疃镇	纺织印染	2008
10	安丘市凌河镇	蔬菜加工	2008

续表7—15—7

序号	乡镇名称	特色产业	认定年份
11	寿光市上口镇	窗帘窗饰	2010
12	诸城市密州街道	轻卡车配件	2010
13	青州市王坟镇	果品加工业	2010

说明：2011—2012年，山东省没有评定省级特色产业镇

2007—2012年潍坊市市级特色产业镇一览表

表7—15—8

乡镇名称	特色产业	乡镇名称	特色产业	乡镇名称	特色产业	乡镇名称	特色产业
临朐县东城街道	铝型材、不锈钢	诸城市昌城镇	肉类加工	安丘市新安街道	玻璃钢	寿光市化龙镇	胡萝卜加工
城关街道	纺织服装	诸城市百尺河镇	精密铸锻业	滨海区央子街道	原盐、溴素	寒亭区开元街道	商贸物流
临朐县五井镇	优质碳酸钙	诸城市密州街道	机械装备	昌邑市柳疃镇	纺织印染	寒亭街道	机械装备制造业
临朐县冶源镇	汽车配件	诸城市桃林镇	茶叶	昌邑市围子街道	机械铸造	寒亭区固堤街道	现代医药食品
临朐县城关街道	磁电	诸城市辛兴镇	淀粉	昌邑市卜庄镇	食品加工	寒亭区高里镇	水煮猪鬃、染鬃
高密市密水街道	制鞋	诸城市林家村镇	纺织服装工艺品加工	昌邑市下营镇	化工	昌乐县城关街道	电子散热器
高密市朝阳街道	劳保产业	诸城市石桥子镇	木器加工	昌邑市饮马镇	纺织	昌乐县红河镇	食品
高密市姜庄镇	纺织	诸城市枳沟镇	装备制造	坊子区凤凰街道	电子信息产品制造	昌乐县营丘镇	机械铸造
高密市夏庄镇	精细农产品加工	诸城市舜王街道	食品机械	坊子区九龙街道	铸造加工	昌乐县鄌郚镇	电声乐器
高密市井沟镇	木板加工	潍城区望留街道	科教文化	坊子区坊城街道	现代物流	昌乐县城南街道	塑料产业
青州市王坟镇	果品加工业	潍城区于河街道	装饰建材	高新区新城街道	光电产品	昌乐县朱刘街道	钢结构
青州市弥河镇	工业机械产业	潍城区乐埠山生态经济区	机械精深加工	寿光市侯镇	海洋化工	昌乐县乔官镇	胶合板
青州市东夏镇	机械配件加工业	潍城区军埠口镇	机械制造	寿光市上口镇	窗帘窗饰	峡山区王家庄街道	蔬菜加工
青州市黄楼街道	花卉产业	潍城经济开发区	农机装备	寿光市田柳镇	盐化工	共计58个	
青州市庙子镇	新型建材	安丘市凌河镇	蔬菜加工	寿光市台头镇	防水材料		

创业基地

潍坊市创业基地从无到有、创建发展。2007—2012年潍坊市中小企业局先后制定印发《关于加快小企业创业辅导基地建设的意见》《2010年潍坊市小企业创业基地建设工作方案》《关于进一步加强小企业创业基地建设的通知》《关于“十二五”期间加强小企业创业基地建设的意见》和《潍坊市示范创业辅导基地评选标准和办法》，对创业基地建设的原则、总体目标、主要形式、基础条件、评优标准和推进措施进行明确和规范，创业基地的发展壮大，在创办小企业、开发新岗位、以创业促就业中发挥重要作用。2012年，全市市级以上小企业创业辅导基地49个，其中省级10个，主要涉及机械、化工、医药、纺织、节能环保、软件、机电、食品、物流等领域。

2007—2012年潍坊市级小企业创业基地名单一览表

表7-15-9　　单位：个

区分	市级	省级	基地名称（★为省级）	认定年份
寿光	4	2	寿光侯镇项目区★	2007
			寿光市上口镇包装制品加工区	2009
			寿光渤海化工园	2009
			寿光市软件园小企业创业基地★	2010
诸城	14	2	诸城市密州街道密东小企业创业辅导基地	2007
			诸城市舜王街道小企业创业辅导基地	2007
			诸城市龙都中小企业机电装备创业服务基地★	2008
			诸城市皇华镇中小企业创业服务基地★	2008
			诸城市中小企业食品加工创业服务基地	2008
			诸城市密州中小企业机电创业服务基地	2008
			诸城市昌城镇中小企业创业服务基地	2008
			诸城市辛兴中小企业纺织服装创业基地	2008
			诸城市枳沟镇中小企业创业服务基地	2009
			诸城市贾悦镇中小企业创业服务基地	2009
			诸城市百尺河中小企业创业服务基地	2009
			诸城市林家村镇中小企业创业服务基地	2009
			诸城市龙都街道土墙创业服务基地	2010
			诸城市相州镇中小企业创业服务基地	2010
高密	1		高密市醴泉街道小企业创业基地	2008
青州	4	1	青州市云门山办事处小企业创业辅导基地★	2007

续表7—15—9

区分	市级	省级	基地名称（★为省级）	认定年份
青州	4	1	青州弥河项目区	2009
			青州科技企业孵化器	2010
			青州市机械加工创业基地	2010
昌邑	3		昌邑市奎聚街办小企业创业辅导基地	2007
			昌邑市鼎基工贸发展有限公司小企业创业基地	2012
			昌邑市北孟镇经济发展服务中心	2012
安丘	1		安丘市玻璃钢小企业创业基地	2010
昌乐	6	2	昌乐县城关街道北关创业基地★	2008
			昌乐县中国宝石城★	2008
			昌乐县红河镇红河创业基地	2009
			昌乐县东徐中小企业创业辅导基地	2010
			山东昌乐电动车创业基地	2010
			昌乐营丘镇木器加工小企业创业基地	2012
潍城	7		潍城豪德贸易广场小企业创业辅导基地	2007
			潍坊天成阀门有限公司小企业创业基地	2007
			潍坊创意西街	2009
			潍坊鸿腾科技创新基地	2010
			潍坊市新纪元建筑装饰材料市场	2010
			鲁东钢材加工小企业创业基地	2011
			潍坊恒盛小企业创业基地	2011
临朐	3	1	临朐县科技创业大厦★	2010
			临朐县鞍韂山小企业创业基地	2011
			临朐县创业孵化基地	2012
奎文	1	1	银海恒基大厦小企业创业辅导基地★	2007
寒亭	2		潍坊市寒亭区北海工业园	2009
			潍坊市寒亭区高新技术产业孵化基地	2010
坊子	1		山东北方国际物流中心创业辅导基地	2010
高新区	1	1	潍坊生物医药小企业创业辅导基地★	2012
经济开发区	1		潍坊经济开发区高新技术产业园	2011

第五节　管理和服务机构

潍坊市乡镇企业管理局、潍坊市中小企业局（办公室）

潍坊市乡镇企业的行政管理机构是各级政府主管乡镇企业的职能部门，实施对企业的规划、指导、协调、服务工作。1991年至2001年8月23日，市级管理机构为潍坊市乡镇企业管理局。2001年8月24日，设置潍坊市中小企业办公室（保留潍坊乡镇企业管理局的名称），挂市个体私营经济发展委员会的牌子。2003年2月，市委、市政府《关于进一步加快民营经济发展的决定》明确规定，“市县两级都要成立中小企业局（加挂民营经济发展委员会的牌子），为民营经济主管部门，作为政府序列部门对待”。市中小企业办公室负责全市乡镇企业、个体私营经济的规划、指导、协调、服务工作，为正县级行政机构，由市经济贸易委员会管理。撤销市乡镇企业培训中心、市乡镇企业资产评估管理中心和市乡镇企业家协会办公室，成立市个体私营经济发展中心（正科级事业单位），实行全额预算管理，人员编制20名；原市乡镇企业局机关服务中心更名为市中小企业办公室机关服务中心（正科级事业单位），实行差额预算，人员编制8名。2003年4月2日，潍坊市中小企业办公室改为潍坊市中小企业局，挂民营经济发展委员会牌子，为政府序列部门。2010年5月6日，潍坊市中小企业局更名为潍坊市中小企业办公室，并入潍坊市经济和信息化委员会，保留党组，干部管理作为独立单位对待。市中小企业办公室内设4个行政科室和潍坊市个体私营经济发展中心、潍坊市中小企业办公室机关服务中心2个事业科室，在编职工41名。

潍坊市民营企业家联合会

潍坊市乡镇企业家协会于1989年1月成立，2007年更名为潍坊市民营企业家联合会，是全市乡镇企业和乡镇企业家的群众性社团组织。1989—2007年，先后评选推荐10批乡镇企业家和民营企业家，共1252名。发挥联系企业的纽带和桥梁作用，组织开展学习培训，不断提高企业家素质。组织企业家外出考察，开拓发展视野。先后组织和带领企业家出国考察学习40多批、近600人次。加大舆论宣传力度，创造良好的发展氛围。在报社、电台、电视台开辟“乡镇企业家园地”“乡镇企业精英颂”“乡镇企业家风采”等栏目，编辑出版3部《潍坊市乡镇企业家列传》，印发290多期《潍坊市乡镇企业家通讯》。帮助企业引进各类人才710多名，争取各级扶持资金1030万元，引进新技术、新成果3600多项。建立健全分会机构，延伸服务功能，先后协调和帮助11个县市区成立县市区乡镇企业家分会。帮助企业家融资，18年来为企业争取贷款430多亿元。

2007年6月，潍坊市乡镇企业家协会更名为潍坊市民营企业家联合会。更名后的潍坊市民营企业家联合会是乡镇企业家协会的延伸和继承，更具广泛的代表性、包容性和深厚的基础性。协会每年召开一次全体理事大会，每季召开一次常务理事例会，并根据情况随时召开会长会议决策重大事宜。到2012年，联合会有会长、副会长45名，常务理事94名，秘书长1名，副秘书长若干，理事510名，任期均为5年。

潍坊市好风中小企业生产力促进中心

潍坊市好风中小企业生产力促进中心成立于2007年1月，注册资本15万元，工作人员35人，其中具有专职中高级职称人员25人，业务主管部门为潍坊市中小企业办公室。中心为山东省中小企业社会化服务示范单位，下设创业辅导部、信息化建设部、金融协作部、法律服务部、民营企业家联合会办公室等部室。主要为中小企业成长开展创业辅导、网络信息化及网站建设、中小企业融资、信用评价、科技教育、质量环境、安全生产、人才培训等服务。中心与潍坊“12343”民生服务大厅合作，建设“潍坊市中小企业公共服务平台”，于2011年底建成启用，被工业和信息化部和省中小企业局列为第一批窗口服务平台（省级公共服务示范平台）。平台面积2000平方米，内设“中小企业服务大厅”，有48家服务机构入驻。服务大厅采取“8+2”服务模式，设立8个服务模块和2个体验、展示中心。8个服务模块分别是信息化建设、融资担保、科技创新、创业辅导、法律咨询、财务会计、市场开拓、人力资源服务；2个体验展示中心分别是潍坊市中小企业信息化体验中心、中小企业“一企一技术”展示中心。中心运营后，先后为中小企业融资达100亿元；培训2万名成长型中小企业管理者；服务6万个体私营业户和4000多家规模以上中小企业，在服务发展中小企业、开拓创新服务领域方面做出突出贡献。

潍坊市志

（1991—2012）

中共潍坊市委党史研究院
（潍坊市地方史志研究院） 编

下册

方志出版社
Publishing House of Local Records

下 册

第二十编 政 法

第二十一编 军 事

第二十二编　人力资源　社会保障

第二十三编　民　政

第二十四编　教　育

第二十五编　科学技术

第二十六编　文　化

第二十七编　风筝文化　节会

第二十八编　卫生　体育

第二十九编　社会生活

第三十编　县市区概况

第三十一编　开发区概况

人　物

附　录

索　引

编后记

龙头蜈蚣

第二十编

政　法

2012年11月30日，潍坊市举行“市十大法治人物”颁奖典礼

第一章 公安

90年代，潍坊公安坚持“打防结合、以防为主”，积极推进以治安管理创新为主要特征的警务模式，在110接处警、巡逻防控、流动人口和出租房屋管理等多个领域推出一系列适应社会主义市场经济及动态化社会环境的改革举措。21世纪初，潍坊公安推行以警务机制创新为主要特征的警务模式，开始由传统警务向现代警务的转型进程，启动110、119、122“三台合一”报警服务模式。以“三基”（抓基层、打基础、苦练基本功）工程为抓手，强化基层基础建设。2011年，市政府办公室印发《关于深入推进社会治安防控体系建设的意见》，用三年时间在全市构筑起动态立体防控体系。市公安局出台《潍坊市公安机关社会治安防控体系建设规范（试行）》《潍坊市公安检查站建设规范（试行）》，分级分类合理布建治安检查站和治安卡点，连点成环，建立起环中心城区、环潍坊周边两道防控圈。国务委员、公安部部长孟建柱等领导先后到潍坊调研，对潍坊公安治安防控和队伍建设给予充分肯定。市公安局两次立集体二等功，先后被授予“全国奥运安保工作先进集体”“全国实施社区和农村警务战略先进市公安局”“全省优秀公安局”等称号。

第一节 机构与队伍

1991年，潍坊市公安局下设政治侦察科、经济文化保卫科、治安行政管理科、刑事侦察科、通讯科、技术侦察科、预审科、政工科、老干部科、办公室、行政管理科、外事管理科、纪律检查组、法制科、交通管理处、收审所、警卫处、消防支队、边防保卫分局、公安干校、武警支队。1994年2月，成立潍坊市公安局巡逻警察支队和刑事警察支队，副县级单位。12月，警卫处由副团级调整为正团级。1997年6月，市公安局设办公室、指挥中心、政治侦察科、经济文化保卫科、治安管理科、户政管理科、技术侦察科、预审监管科、通讯科、计算机管理监察科、出入境管理科、行政装备科、法制科、审计科、宣传科、信访科、政治处［挂机关党委办公室牌子，内设人事科、组织教育科、直属单位政治工作科（简称直工科）、离退休干部科］、刑事警察支队、巡逻警察支队、交通警察支队、警卫处、消防分局、边防分局、公安干校。9月，预审监管科更名为监管科，预审职能由局机关移交市公安局刑事警察支队。10月，撤销峡山水库公安局，设立潍坊市公安局峡山水库分局，正科级规格，列公安序列，为潍坊市公安局的派出机构。1998年1月，设立督察科，挂“市公安局警务督察大队”牌子。市公安局交通警察支队加挂市公安局公路巡逻民警支队牌子。10月，指挥中心由正科级调整为副县级规格。11月，成立潍坊市公安局市级机关保卫处，副县级规格。2000年1月，成立市公安局经济犯罪侦查支队，为副县级建制。2005年10月，将奎文、潍城、寒亭、坊子分局和高新技术产业开发区、经济技术开发区、海洋化工高新技术产业开发区分局由正科级规格调整为副县级规格。将市公安局治安管理处、行动技术处分别更名为市公安局治安警察支队、市公安局行动技术支队，规格由正科级调整为副县级。将市公安局交通警察支队由副县级规格调整为正县级规格。撤销奎文、潍城、寒亭、坊子看守所和治安拘留所，设立市看守所、市公安局行政拘留所。2005年12月，将潍坊市公安局行政拘留所更名为潍坊市拘留所。2006年4月，成立市公安局国内安全保卫支队，副县级规格。12月，市公安局开发区分局更名为市公安局高新技术产业开发区分局；市公安局经济技术开发区分局更名为市公安局经济开发区分局；市公安局潍坊海洋化工高新技术产业开发区分局更名为市公安局滨海经济开发区分局。2008年5月，将潍坊市公安局机场分局更名为潍坊市公安局交通分局。将市公安局交通分局、市公安局峡山生态经济发展区分局、市公安局车辆管理所的规格由正科级调整为副县级。2009年4月，将潍坊市警官培训基地更名为潍坊市人民警察训练基地，规格由副县级调整为正县级。2010年5月，市公安局设秘书处、调研处、指挥调度室、机要处、情报信息综合处、人事处、组织教育处、直工处、离退休干部处、警务督察处、信息通信处、监所管理处、公共信息网络安全监察处、出入境管理处、装备财务处、后勤管理处、法制支队、宣传处、控申信访处、边防分局、消防分局、警卫处等内部机构；设交通警察支队、国内安全保卫支队、经济犯罪侦查支队、刑事警察支队、治安警察支队、技术侦察支队、特警支队、看守所、市级机关保卫处等直属机构。设奎文分局、潍城分局、坊子分局、寒亭分局、峡山分局、交通分局等派出机构。

第二节　治安管理

1991年1月—2001年10月，潍坊市公安局内设治安行政管理科。2001年10月，治安行政管理科更名为治安警察支队。市公安局治安管理部门充分发挥职能作用，积极参与社会治理、平安潍坊建设，扎实推进各项治安管理工作，在全省市级公安机关治安系统主要业务工作考核中，始终位居全省前列。先后被公安部表彰为“全国奥运治安保卫攻坚战先进集体”“全国治安系统‘五防’专项行动先进集体”和“全国整治油气田及输油气管道生产治安秩序专项行动先进集体”，被省公安厅记集体二等功。

特种行业管理

旅馆业治安管理　1991年，在全市开展旅馆业清理整治工作，取缔无证经营旅馆13家，停业整顿46家。落实旅馆业校验身份证制度，年内，从旅馆业查获违法犯罪嫌疑人337人。1995年，全市特种行业户新发、换发“特种行业许可证”。2000年5月，省公安厅转发公安部《旅馆业治安管理信息系统标准》，将潍坊市等12个地市中100张床位以上宾馆作为首批试点推广单位。2002年3月，市公安局印发《潍坊市旅馆业治安管理信息系统管理规定》等文件，对40个床位以下旅馆业推行安装旅馆业治安信息登记专用机。2006年，市公安局印发《关于进一步加强旅馆业治安管理信息系统建设和使用管理工作的通知》，各地建立本地旅馆业字典库，系统建设应用责任到所、到人。是年底，系统覆盖率达100%。2007年8月，全市旅馆业治安管理信息系统实行短信报警功能。2007年11月，市公安局印发《关于深入推进旅馆业治安管理信息系统建设的意见》，在全市20张床位以下小型宾馆安装使用“语音拨号平台”。至2008年上半年，实现全市旅馆系统覆盖率100%。2009年，市公安局将接待旅客住宿洗浴单位纳入旅馆业治安管理。自2007年8月至2012年底，全市通过旅馆业治安管理系统发现逃犯并报警1362次。

印章业管理　1991年始，执行民政部、公安部《社会团体印章管理的暂行办法》（2000年1月19日废止）。1992年，对180家刻字业落实规范化管理制度。1993年，按照国务院《关于国家行政机关和企事业单位印章的规定》，在全市组织开展印章备案登记管理工作。1994年，组织开展全市刻字业集中整治行动，严厉打击伪造印章犯罪活动，取缔非法刻字业户13户，查处违法犯罪嫌疑人15人。2003年10月，市政府制定《关于在全市推广应用印章业治安管理信息系统的意见》，批转各县市区政府执行。2005年，市公安局会同市工商局、市民政局、市质监局联合印发《关于推广应用上网防伪印章的通知》，全面推广应用印章业治安管理信息系统。2011年，市公安局会同市机构编制委员会办公室、市民政局等八部门联合下发《关于进一步加强全市印章治安管理信息系统建设的意见》，明确各职能部门职责，规范印章刻制系统备案管理工作，打击伪造印章和利用伪造印章进行的违法犯罪活动。2012年9月，市公安局按照《山东省事业单位印章管理办法》要求，部署进一步加强事业单位印章管理，并推广应用入网防伪印章刻制。至年底，全市保留公章刻制企业1家、公章刻制审批代办点16处，并全部接入印章治安管理信息系统。2012年，全市刻制入网防伪印章3737枚。

废旧金属收购业管理　1991年，落实省公安厅《关于对废旧物资收购业进行调查摸底的通知》，对全市废旧金属收购业进行全面调查摸底，年内取缔非法收购业户25户，停业整顿26户。1993年5月1日，市公安局、市工商局、市计划委联合印发《关于废旧金属管理问题的通知》，实行持证收购和登记制度。1994年，落实《废旧金属收购业治安管理办法》，4—6月开展为期3个月的废旧金属收购业清理整顿行动，查处违章收购户71户，停业整顿4户，吊销执照4户，取缔20户，查处违法犯罪嫌疑人22人，收缴赃款和赃物折款20万元。1995年，对全市废旧金属收购业管理工作进行改革试点，将个体经营的废旧金属收购站点挂靠到有经营权的市区国营物资或供销部门的再生资源或废旧物资回收公司名下，双方签订经营协议，并与公安机关签订治安责任书。7月31日，该项改革在全市推行。2007年12月，对废旧金属收购业实施备案管理。2008年5—7月，全市开展为期三个月的废旧金属收购站点专项整治，进一步增强废旧金属收购业依法备案意识。2009年8月28日，根据国务院《关于加快发展循环经济的若干意见》和商务部《关于加快再生资源回收体系建设的指导意见》等文件，市政府印发《关于加快再生资源回收体系建设的意见》。2010年7月7日，市政府办公室印发《潍坊市再生资源回收体系建设规划（2010—2012）》。市公安局根据规划要求，指导各地加强废旧金属收购管理，推动建立废旧金属行业协会，对废旧金属收购业户进行备案、培训、管理。对符合条件的业户统一发放《废旧金属收购业备案证明》。至2012年底，全市共备案废旧金属收购业户1163户。

枪爆危化物品管理

枪支管理　1991年2月，市公安局印发《关于坚决制止党政干部违反规定佩带枪支问题的紧急通知》，清理收回党政干部手枪14支。1992年12月25日，市公安局印发《关于进一步严格民用枪支管理工作的通知》，自1993年1月1日起，各类射击运动枪支一律由市公安局签发购买证。

1994年6月13日，全面禁止保安服务公司经营各类枪支。1995年11月4日，严格执行公安部《关于严厉打击涉枪犯罪活动强化枪支管理工作的通知》要求，严禁保安公司、劳动服务公司等单位经营枪支，不再核发猎枪购买证和持枪证，剩余的猎枪购买证一律上交省公安厅，对地方批准的民用枪支生产厂立即查封，生产出口的民用枪支严禁内销。1996年，宣传贯彻《中华人民共和国枪支管理法》，对全市公务用枪及民用枪支进行清理登记，组织开展非法枪支专项整治。1997年，撤销北京汽枪厂潍坊分厂、上海汽枪厂潍坊分厂。同年11月，对全市公务用枪人员调查摸底和集中培训考核。1998年1月，全市开始办理新版持枪证和枪证。1999年10月1日，启用新版公务用枪持枪证和枪证，原发的持枪证和枪证作废。2006年5月25日，全市开展枪支管理信息系统建设工作，全面落实公务用枪管理制度、监管责任和监管措施，排查治理配枪单位安全隐患，严格整治枪支保管、使用中存在的问题，严厉打击、严密防范涉枪违法犯罪活动。在全市范围内对全部公务用枪进行摸底、核对和集中清理。开展缉枪治爆专项行动、枪支弹药安全大检查行动和集中收缴非法枪支弹药行动、集中销毁军用枪支弹药行动及枪爆物品大排查行动，加强武器库规范化建设，确保枪支弹药的绝对安全。

爆炸物品管理 1991年，全市有民用爆破器材生产企业4家，年生产雷管4000万枚，炸药4000吨。使用、储存、销售民爆器材单位1902家；烟花爆竹生产厂8家，季节性小作坊近100家，个体户4000余户。1992年，对全市烟花爆竹生产企业及作坊开展全面检查，严禁买卖氯酸钾。1993年5月10日，设置民用爆破器材管理办公室。1993年8月17日，市供销社和市公安局联合印发《关于加强烟花爆竹安全经营管理的通知》，烟花爆竹统一由土产杂品公司经营，其他单位和个人不准从事批发业务。1994年11月21日始，对城市拆除爆破工程实行规范化管理。1995年后，在全市“三小”（小煤窑、小矿山、小采石场）企业比较集中、爆炸物品用量比较大的乡镇，逐步建立爆炸物品管理服务站，至2003年2月，全市建立民爆站27个，全市爆炸物品实现制度化、规范化和经常化管理。1995年7月7日，市政府第34次常务会议审议并通过《潍坊市城区内禁止燃放烟花爆竹暂行规定》。1996—1999年，组织开展爆破施工、炸药生产单位治理整顿及爆炸危险物品清理整治工作。1997年4月，昌乐华夏爆破研究所、潍坊天兴爆破工程有限公司和潍坊太阳岛经贸公司爆破工程处3家爆破施工单位被撤销。1999年，全市批准成立4家爆破施工单位。2000年5月，对全市9家烟花爆竹生产企业进行年检。7月18日，潍坊市财贸办和市公安局联合印发《关于加强民用爆破器材经营管理工作的通知》，民爆器材经营单位必须与生产企业签订购销合同，经当地公安机关审查后，持公安机关出具的运输证和购买证到生产企业采购民爆器材。2006年5月25日，全市部署建立民用爆炸物品信息管理系统。2007年7月，开展民用爆炸物品检查收缴工作。2012年7月，全市烟花爆竹流向管理信息系统建成使用，烟花爆竹道路运输许可证、焰火燃放许可证开具均纳入信息化管理。

危险化学品管理 1992年，开始化学品分类、标签协调和信息交流等方面的工作。国务院第52次常务会议通过《危险化学品安全管理条例》，2002—2008年，全市依据国务院第52次常务会议通过《危险化学品安全管理条例》条例，开展对危险化学品安全管理工作。2009年，印发《潍坊市公安局安全生产隐患排查整治和督促检查工作方案》。全市各级公安机关在深入开展“安全生产基础管理年”“安全生产责任落实年”和“打非、治违、抓责任”三个活动的同时，以强化对重点问题、重点地区、重点单位的检查整治攻坚为突破口，以防爆炸、防枪击、防制贩、防盗抢、防流失为重点，认真开展枪爆剧毒危险物品安全监管和隐患排查治理工作。2010年，根据公安部《关于上海世博会期间对向上海或者途经上海运输枪支弹药、爆炸、剧毒等危险物品进行严格管控的通知》和《关于加强中国2010年上海世博会期间寄递物品安全监管工作的通知》等文件精神，在全市组织开展对内所有危险物品从业单位进行安全检查，逐一签订安全管理责任书，落实安全责任，督导有关单位严格执行危险物品运输的有关规定。严格对进入上海的车辆、人员、物品的安全检查，严防非法危险物品流入上海。2012年5月，全市公安机关对硝酸铵生产销售企业组织排查，加强硝酸铵管控。2012年9月起，全市公安机关将硝酸铵纳入民用爆炸物品信息管理系统，强化流向登记管理。

公共场所管理

1991年，《山东省公共场所治安管理办法》（简称《办法》）发布实施。4月7日，市公安局印发《关于认真贯彻执行〈办法〉的意见》，广泛宣传《办法》，对公共场所进行调查摸底，逐家进行登记。当年，全市有公共场所6000余家，从业人员1万余人，核发“公共场所安全审查合格证”6000份，其中，饭店2103家、理发店2157家、射击场3家、舞厅637家、健身房17家、电子游戏厅219家、录像点457家、体育场37家、其他370家。

1996年9月，市政府印发《潍坊市城区限制养犬暂行规定》，1997年1月1日起施行。2000年2月，市公安局、市交通委员会、市工商局联合印发《潍坊市关于加强出租汽车治安管理的通知》，要求出租车行业建立健全各项安全管理制度，抓好各项防范措施的落实。出租车必须安装经公安机关鉴定合格的密封隔离装置，安装城市机动车防盗防劫联网报警系统（简称CAS），自2000年7月1日起，对出租车不安装密封防盗防劫隔离装置的报警防盗设施的，由公安机关发出隐患通知书，限期整改，逾期不整改的，由公安交警部门暂扣行驶证，交通部门暂扣其营运手续，停业整改。全市公安机关按照“打防结合，预防为主”的方针，大力加强公安防控体系建设。2005年12月1日，隆重举行街面巡控工程启动仪式。

2009—2012年，全市公安机关配合有关部门开展联合执法专项行动，集中整治食品、药品、煤炭、油气、国土资源、水资源、沙资源等领域的违法犯罪行为，保障社会生产和人民群众生活安全。

2005年12月1日，市公安局举行街面巡控工程启动仪式

大型活动管理

自1991年起，市公安局担负全国、全省“两会”期间以及全国普通艺术专业考试潍坊考区报名考试和历届潍坊国际风筝会开幕式、焰火晚会、龙舟大赛、鲁台经贸洽谈会等大型文化、体育、经贸活动的安全保卫工作，每届出动警力3000余人次。各级各部门认真落实

2008年4月20日晚，第二十五届潍坊国际风筝会开幕式暨《儒风泰山之夜》大型综艺晚会在潍坊市体育场举行。全市抽调2400名警员投入安保工作

“谁主管、谁负责”的安全责任制，制定安全保卫工作方案，明确安全保卫工作的指导思想、组织领导、工作措施和要求，对活动举办地进行多次现场勘查和安全大检查，及时发现市体育场看台、放飞场等主要场所存在的安全隐患35处，下发整改通知书17份，提出具体的改进意见，保证了各项活动的顺利进行。1999年，完成潍坊市市区中华人民共和国成立50周年庆祝活动、首届“中国青年农业科技成果推广商洽会”、中百“佳乐家超市”开业庆典活动安全保卫工作。2000年，完成新疆喀什地区民族歌舞团赴潍坊慰问演出活动安全保卫工作。2001年6月，完成全省农业科技大会安全保卫工作。2005年，完成山东半岛城市群春季人才招聘暨潍坊大中专毕业生双向选择洽谈会的安全保卫工作。2006年9月1—25日，“砺剑—防空2006”演练第二阶段实兵实弹军事演练在济南军区潍北某地进行，市公安局制定《“砺剑—防空2006”军事演练安全保卫工作方案》，确保了演习现场的绝对安全和演习期间各项重大活动的顺利进行。2007—2009年，先后完成山东省2007年大中专毕业生应用型与高职类就业招聘会、喜迎2008北京奥运万人放飞表演活动、潍坊市奥体公园体育场启用仪式暨第十一届全国运动会测试赛、第十一届全国运动会火炬潍坊境内传递活动、潍坊市纪念五四运动80周年暨欢迎54685部队进驻潍坊大型文艺晚会、中国足协杯足球赛潍坊赛区比赛等安全保卫工作。2010年12月，按照公安部《关于进一步加强大型群众性活动安全保卫工作的紧急通知》，认真开展大型活动场所安全隐患大排查工作。2010—2012年，完成第二十七届至二十九届潍坊国际风筝会、第十六届至十八届鲁台经贸洽谈会、省外院校艺术类专业招生考试、市人民广场元宵节大型焰火晚会等重大活动安全保卫任务。

打击黄赌犯罪

1991年，市公安局查处治安案件5331件，查获传播淫秽物品团伙1个5人。1992—1993年，在全市范围内连续开展以整治“路边店”为重点的严厉打击卖淫嫖娼、色情服务活动专项斗争，共抓获各类违法犯罪嫌疑人1030人，其中介绍、容留妇女卖淫人员51人，卖淫196人，嫖娼362人，流氓分子41人，传播淫秽物品、赌博等不法分子44人，其他336人。依法提请逮捕12人，劳教23人，收审56人，治安处罚800人，其他处理133人。

1994年，查处涉黄案件302起623人，查处涉赌案件38起146人，依法处理有卖淫嫖娼问题的“路边店”72家（其中取缔18家、停业整顿46家、罚款8家）。在全市开展“扫黄打非”统一行动，出动车辆250辆次，人员1220人次，查处非法复制出版物案件9起47人，查缴非法出版物6900册（其中淫秽出版物246册），取缔无证经营户183家，查处传播淫秽物品案件69起142人，收缴淫秽物品2413件。

1996年，开展“禁赌禁娼”工作，共查处卖淫嫖娼案件528起、违法人员842人，查处介绍容留妇女卖淫案件85起、违法人员104人，查处传播、制贩淫秽物品案件98起、违法人员153人，收缴淫秽物品163件。开展集中整治电子游戏机娱乐场所专项行动，自行拆毁游戏设施的游戏厅92家，公安机关依法取缔电子游戏厅36家，收缴机器648台。

1998年，开展查禁取缔卖淫嫖娼专项斗争，共破获案件396起，其中组织容留卖淫嫖娼案件31起，卖淫嫖娼案件43起，赌博案件33起，贩卖淫秽物品案件12起，其他治安案件90起，刑事案件187起，查处违法犯罪嫌疑人442人，其中卖淫女72人、嫖客68人，介绍容留卖淫嫖娼犯罪嫌疑人11人，其他违反治安管理人217人，其他刑事犯罪嫌疑人74人。

1999年，开展两次禁娼禁赌专项斗争，查获卖淫嫖娼案件223起，查处违法人员440人，查处赌博案件71起，查获赌博人员251人。对按摩服务场所进行专项整治，全市共停业整顿172家，取缔33家，对25家拒不整改的场所强行拆除违章设施。在秋季禁娼禁赌专项行动中，共查获卖淫嫖娼案件41起，赌博案件71起，抓获违法犯罪嫌疑人360人，收缴非法出版物1448本，收缴盗版VCD2537盒，收缴淫秽录像带、光盘213盒。

2000—2004年，针对娱乐服务场所，组织3次强化治安管理、严打涉黄涉赌违法犯罪专项行动，共清查各类场所1.34万家，其中停业整顿800家，限期整改1489家，取缔887家，查处“黄赌”案件683件，收缴淫秽物品800余件，查处涉案人员907人。

2009年，开展“扫黄打非”专项行动，共清查出版物市场225家，清查印刷、复制企业907家，收缴非法出版物29.96万册（张），盗版光盘2.37万盘，淫秽光盘8.1万盘，其他非法出版物856册（盘）。

2012年，全市开展为期三个月的打击整治利用电子游戏机赌博违法犯罪专项行动，共破获利用赌博功能的电子游戏机赌博的刑事案件17起，刑事拘留25人，取保候审27人，提请逮捕2人；查处利用赌博功能的电子游戏机赌博的治安案件31起，行政拘留99人，捣毁电子游戏机赌博窝点124处，收缴各类有赌博功能的电子游戏机624台。

户籍管理

居民身份证管理 1985年后，潍坊市开始建立和实行居民身份证制度。1987年，在潍城、坊子、寒亭和青州开展居民身份证的制发试点工作，发证范围主要是16周岁以上的人员。1988年，换发居民身份证工作全面铺开。1994年7月起，制作居民身份证启用新的标准照片。1995年7月始，在全市启用新的防伪居民身份证。2005年，潍坊市开始换发第二代居民身份证。当年，全市共上传制证信息47.18万条，通过市公安局审验46.12万条，上传省公安厅制证中心43.57万条，完成省公安厅下达总任务的145%。至2012年底，全市累计制发第二代居民身份证约771万个，居民身份证在全市得到广泛应用。

人口信息管理 潍坊市人口信息管理系统建设自1995年起步。当年，全市共录入813.1万人的人口信息，占总人口数的97.4%。

1999年，全市户籍派出所全部建成常住人口信息管理系统，录入820.6万人人口信息，建成县级系统8个。8月，公安部、省公安厅确定潍坊为人口信息“百城联网”城市，11月，完成“百城联网”任务。2000年3月，全部完成县级网建设。

2002年，全市公安系统全部完成常住人口信息系统的建设，实现派出所、县局、市局三级联网。

2005年，制订《潍坊市人口信息管理系统升级改造实施方案》，印发《关于对各县市区人口信息管理软件进行升级改造的通知》，组织人员对12个县市区200个派出所近800万人口的软件升级改造工作，实现对各地人口数据的汇总合并。

2006—2007年，集中组织开展第二代身份证换发和重人重号、民族、出生年月三项信息清理、核对、录入工作。2012年6月，潍坊市内启动“网上户口迁移”业务。户口迁移由原来的迁出、迁入业务两步变为在人口管理系统内通过网上的业务信息确认、审批等流转，实现一站式办结的迁移办理模式。

第三节　刑事侦查

1991年，全市公安系统贯彻依法从重从快打击严重刑事犯罪分子的方针，共破获刑事案件7390起，其中破获重特大案件93起，重特大案件破案率92.1%。破获临朐“7·15”两名女教师被杀案、寿光李某某一次杀死杀伤7人特大杀人案等一批重特大案件。1991年8月至1993年，组织开展为期3年的反盗窃专项斗争，破获一大批扒窃、盗窃案件。1992年，全年共查获盗窃犯罪嫌疑人1381人，破获盗窃案件1169起，其中重大盗窃案件128起，查获盗窃团伙135个、591人，全年盗窃案件立案数同比下降29.4%。1992—1995年每年组织开展打击车匪路霸和抢劫出租车犯罪活动，保障交通运输安全。

1993年，破获各类刑事案件7507起，同比上升7.9%。1994年，破获各类刑事案件8332起，同比上升9.9%。破获寒亭“11·10”爆炸案、昌乐“4·6”劫持杀害出租车司机案、潍城“7·21”绑架人质案、临朐“11·18”一次杀死杀伤11人特大杀人案等重特大案件。开展对流窜犯罪和团伙犯罪的专项打击和打击破坏油田、铁路电力设施专项斗争，共打掉犯罪团伙322个，抓获团伙成员1314人，破获案件4022起。1995年，对抢劫犯罪开展大兵团会战，下半年同类犯罪环比下降13.9%。开展打击被拐卖妇女、儿童犯罪专项斗争，抓获各类在逃人员324人。1991—1995年，全市年均勘查各类现场4000余起，检验鉴定结果在1.45万起案件侦破中发挥重要作用。

1996年5—7月，开展“严打”斗争集中统一行动，对有组织犯罪、带黑社会性质的团伙犯罪、流氓恶势力犯罪以及爆炸、杀人、抢劫、绑架等严重暴力犯罪重点打击。一举捣毁了以魏某某、袁某某、赵某某为首的3个带有黑社会性质的犯罪团伙，抓获团伙成员104人，破获杀人、抢劫、盗窃、流氓等系列案件50余起。8月，与中国刑警学院联合举办为期9个月的刑事技术培训班，从全市挑选60名优秀民警赴沈阳深造，培养刑侦人才。

1997年起，推进侦查预审一体化，强化侦查责任制。全市公安系统全部完成侦审合一工作，全部建立了覆盖社会面的责任区刑警队。扎实推进驻片工作，全市共建立驻片中队63个，其中80%以上驻进责任区。开展冬季、春季严打专项斗争，围绕风筝会、香港回归、中共十五大安全保卫，开展4次集中统一行动。刑警支队与有关县市区刑警大队通过串并案侦查，一举破获30多起系列性尾随小学生入室抢劫案。

1998年，落实市内五区并案制度和全市重大案件串并制度。串并破获郑某某、邵某某、王某某等人17起系列抢劫出租车案件，王某某、郭某某等人系列持枪抢劫案件等一批有影响的大案。组织开展以“百日严打斗争”和“百日安全防范”为主要内容的“双百”活动，打击盗抢机动车、盗窃自行车、抢夺、拎包犯罪专项斗争。全市现场勘查率达到98.5%，提取率和利用率达到88%、70%。是年，全市刑事案件破案数突破1

万起。

1999年，市公安局将追逃专项斗争作为确保国庆50周年庆典安全的重要举措，共抓获逃犯679人，其中被网上通缉的472人。把有组织犯罪作为打击重点，成立由局长和分管副局长挂帅的专案组，一举摧毁城区4个影响大、危害大的黑社会性质的犯罪团伙，抓获团伙成员71人，依法起诉42人，破获各类刑事案件84起，缴获各类枪支5支、汽车2辆和其他物品一宗。是年，市公安局刑警支队被省公安厅记集体二等功。2000年，组织开展打击人贩子、解救被拐卖妇女儿童专项斗争，破获案件1457起，抓获人贩子112人，处理买主1928人，解救妇女2246人、儿童18人。破获致7名出租车司机死亡、3人重伤、1人轻伤的特大恶性杀人案件，抓获犯罪嫌疑人程某某。是年，市公安局刑警支队被省公安厅记集体二等功。

2002年，积极推进由案到人向由人到案破案模式的转变，组织开展冬季行动、春季攻势、破案会战、网上追逃、打击两抢、反扒打流等7次专项斗争和15次大集中统一行动，侦破刑事案件8708起，抓获犯罪嫌疑人3262人，分别占全年总数的50.6%和49.9%。2003年，破获“2002·12·30”中石化清池第28加油站杀人、抢劫、放火案，寿光“4·16”杀人焚尸案，昌邑“9·5”杀人碎尸案，安丘“12·11”杀人案，坊子“6·9”投毒案、潍城“10·16”杀人焚尸案等一批重特大案件。开展争创无黑恶犯罪市区活动，打掉曲某某、杨某某恶势力犯罪团伙，抓获团伙成员70余人，破获刑事案件138起。打掉以李某某、李某某为首的黑恶势力犯罪团伙，抓获成员30人，破获案件70余起。2001—2003年，在全市开展为期三年的严打整治斗争，共破获各类刑事案件5.17万起，抓获犯罪嫌疑人2.13万人，打掉犯罪团伙1479个5533人，缴获赃款及赃物折款共计2530余万元。2003年，市公安局刑警支队被中央政法委、中央综治委授予“全国严打整治斗争先进集体”称号。

2004年2月至年底，组织开展侦破命案专项行动。全市共侦破包括潍城“1·22”鸢都湖杀死两人案、奎文“10·11”杀死两人案、昌邑“10·28”某冷藏厂两名职工被杀案等在内的涉命案件175起，现行命案侦破率为93.09%；攻克寒亭“1998·12·20”李某某夫妇被杀案等5起命案积案，抓获外省命案再调人员6人。从3月至年底，组织开展“打击盗抢机动车犯罪专项行动”，破获盗抢机动车案1223起，抓获犯罪嫌疑人843人，缴获赃车1106辆。

2005年，市公安局刑侦部门坚持“打黑除恶”与“打霸治痞”相结合，打掉犯罪团伙701个，抓获团伙成员2647人，其中涉黑涉恶犯罪团伙9个，犯罪成员83人。2006年，破获现行涉命案件152起，侦破涉命积案16起。市县两级公安机关分别抽调精干力量，在刑警支队和县市区刑警大队成立打击有组织犯罪专业队，成为全省第一个专门设立打黑除恶专业队的市级公安机关。2007年，市区两级公安机关仅用8小时就破获“9·11”特大持枪杀人案，市委、市政府专门召开庆功大会予以表彰。破获“3·17”特大贩毒案，当场缴获海洛因911.5克。

2008年2月起，组织开展为期八个月的“打盗抢、抓逃犯”专项斗争。开展3次全市规模的追逃集中行动。2—9月，共抓获各类网上在逃人员2880人，其中外省在逃人员675人，本省外市在逃人员412人，公安部督捕的十三类案件重点在逃人员224人，带破各类刑事案件3310余起。11月，在全市范围内集中组织开展打黑除恶专项行动。打掉以李某某为首和以王某某、吴某某为首的黑社会性质犯罪团伙，打掉各类犯罪团伙

560个，抓获团伙成员2000余人。市公安局刑警支队被省公安厅授予“2008年度全省刑侦工作先进集体”称号。2009年，为有效遏制侵财犯罪、流窜犯罪多发的势头，组织开展打击侵财犯罪专项斗争和集中行动，全市侵财犯罪案件发案数同比下降3.5%。是年11月，市公安局刑警支队被省公安厅授予“全省公安机关刑事技术工作示范单位”称号。

2010年，落实公安部“既破大案，也管小案”的要求，在全市部署开展打击防范“两抢一盗”犯罪大会战，共侦破现行侵财犯罪案件1.45万起。针对刑事犯罪出现的新动向，加大对网络贩枪案件的打击力度。成功破获公安部督办特大非法制造、买卖枪支、弹药案件部督“4·8”专案，涉及全国29个省、市、自治区的270余个县市区，抓获涉案人员360余人，查实涉枪案件720余起。8月，市区两级公安机关密切配合，一举破获涉及山东省各地30余所高校的特大盗窃高校笔记本电脑案件，带破案件300余起，涉案价值150余万元。成功侦破全国“打拐”专项行动挂牌督办案件——高密“8·8”刘锡睿被抢案，受到公安部刑侦局表扬。市公安局刑警支队被省公安厅授予“全省打黑除恶先进单位”“全省打击侵财犯罪工作先进单位”“全省刑事科学技术工作先进单位”等称号。

2011—2012年，开展“打黑恶、反盗抢”安民行动，保持对刑事犯罪活动的主动进攻态势。其间，破获刑事案件4.39万起，抓获犯罪嫌疑人2.3万人；捣毁犯罪团伙845个、抓获成员2926人。捣毁黑社会性质团伙9个，打掉涉恶团伙69个，抓获团伙成员573人。2011年5月26日至12月15日，开展为期7个月的网上追逃专项督察“清网行动”，深入推进全警追逃，提升追逃成效，抓获各类网上在逃人员3482名，抓获在逃人员总量在全省位居前列。2012年，侦破潍城“2012·3·8”杀人碎尸案等现行命案88起，现行命案破案率达98.9%。开展缉捕重大在逃人员攻坚行动，追回故意杀人在逃人员20人，故意杀人在逃人员数量下降39.22%。年内，破获涉枪案件44起、其中部督案件1起，抓获涉案人员67人，缴获各类枪支50支、制式子弹136发、制式弹夹181个，其他各种口径的弹头、弹壳、底火等制弹材料6万余件及枪支零部件一大宗。5月14日和6月2日，刑警支队分别在市公安局和市人民广场展示缴获的大量涉案赃物，取得良好的社会效果。组织开展为期一年的“飓风”行动，捣毁黑社会性质犯罪团伙4个，打掉涉恶团伙37个。

附：典型案例

寒亭“1994·11·10”特大爆炸案 1994年11月10日下午4时22分，潍坊市卫生职工中专（驻寒亭）教学办公楼一楼发生爆炸，造成5人死亡，25人受伤。案件发生后，省委书记赵志浩作出重要指示，要求坚决迅速破案，严肃处理。省委常委、副省长陈建国连夜赶到寒亭，市委书记齐乃贵、市长王大海等市领导赶到案发现场指挥，省公安厅、市公安局领导始终战斗在第一线。成立破案指挥部，抽调全市骨干民警150余名，分成五个工作组（现场勘查、法医检验、调查走访、审查审讯、情况控制），全面展开工作。获取大量证据后，指挥部认定本校职工于某某（男，37岁，被当场炸死）系本案犯罪嫌疑人。经查明，该于系本校电工，因工作岗位变动导致个人利益受损，对校领导产生怨恨，蓄意报复，向他人购买炸药雷管后自行制作爆炸装置，利用工作便利将爆炸装置提前安装到会场，10日召开教职工会议时，于在会场内，引爆爆炸物，造成重大伤亡。

滨海“1999·12·28”特大恶性杀人案　1999年12月28日晚，滨海经济开发区东大家洼村村民任某某、孙某某夫妇及其子女一家四口在家中被害，死因均系颅脑损伤。“12·28”灭门惨案是滨海历年来性质最恶劣、危害最严重的特大案件。案发后，市公安局抽调周围县市区精干力量组成40余人的专案组，进行长达4个月的艰苦排查，共排查年龄段男性2万余人。但由于受当时条件因素所限，未能及时破获此案。随着市公安局DNA检测技术取得重大进步，2012年9月，市公安局刑科所DNA技术人员对现场提取到院内方砖进行重新检验，检出男性人血成分，确定为犯罪嫌疑人所留。技术人员在将该嫌疑人Y-STR数据输入Y基因库时，模糊比中侯镇泊头子村村民张某某，又通过加测Y-STR位点，推断嫌疑人与张某某有极近的父系亲缘关系。随后，办案民警围绕张某某及周围家系开展调查摸排及采血工作，最终认定嫌疑人。2013年3月18日晚，在寿光市侯镇泊头子村将涉嫌故意杀人的犯罪嫌疑人张某某（男，37岁，寿光市侯镇泊头子村人）抓获。经审查，其对1999年12月28日晚，到滨海开发区东大家洼村被害人任某某家实施抢劫时，将其一家四口杀害并抢劫现金2100余元的犯罪事实供认不讳。

特大系列持枪抢劫杀害出租车司机案　2000年1月21日至2月10日，潍坊市和青岛、淄博等地连续发生了11起持钢珠枪抢劫杀害出租车汽车司机的恶性案件，犯罪嫌疑人以租车为由，先后将王某某、丁某某、王某等11人驾驶的出租车骗乘至偏僻路段进行抢劫，致7人死亡、3人重伤、1人轻伤。该案涉案广、发案多、危害大，给当地人民群众带来很大恐慌。省市领导高度重视。市公安局把此案作为2000年一号大案，调集市公安局及县市区局1800余名民警，出动警车1.5万余台次，排查机关、企事业单位3200余个，人员20多万名。2月29日，在青岛市公安局的配合下，专案组经过连续38昼夜的艰苦奋战，成功将犯罪嫌疑人程某某（男，45岁，潍坊某弓弩有限公司临时工）抓捕归案。程某某归案后，对其为谋取钱财疯狂抢劫杀人的作案事实供认不讳。潍坊市中级人民法院经依法审理，判处被告人程某某死刑，剥夺政治权利终身，并处没收个人全部财产。

清池“2002·12·30”特大杀人抢劫纵火案　2002年12月30日凌晨5时许，潍坊高新区清池镇潍石路中国石化潍坊第28加油站发生一起特大恶性杀人、抢劫、纵火案。该站职工王某某（女，21岁）、庄某某（男19岁）分别在加油站厨房和营业室内被杀，加油站营业室及部分房屋被烧毁，庄某某尸体被焚烧，站内1.9万元现金被抢走。由于案发地点地处交通要道旁边，给沿途人民群众和加油站经营单位和业主造成恐慌，影响非常恶劣。市公安局刑警支队和坊子、开发区、寒亭分局联合成立40余人的专案组，经过50多个昼夜的连续作战，于2003年2月20日晚，将犯罪嫌疑人侯某某（男，38岁，寒亭区河滩镇宏伟村人，清池镇食天居饭店店主）抓获。经审讯，侯某某如实供述了为谋取钱财，实施杀人、抢劫、纵火的犯罪事实。

昌邑“2004·12·11”围子农村信用社南宫分社特大持枪抢劫案　2004年12月11日，昌邑市围子农村信用社南宫分社发生一起特大持枪抢劫案，犯罪嫌疑人持猎枪窜至该社营业室抢劫现金21.15万元后潜逃。案发后，省委副书记高新亭，省长助理、省公安厅厅长曲植凡等领导相继作出批示，要求尽快破案。省市各级领导多次到现场指挥破案。全体参战民警不怕疲劳、连续作战，周密摸排每一条案件线索，共排查村庄229个、企事业单位699个、门头房1997个，人员30余万人，采集血样296份、捺印指纹5119份，收缴各类枪支295支。2006年4月，昌邑市公安局召开全体民警大会和专案组会议，全局全警参与，经过2年6个月的艰苦工作，2007年5月17日，在饮马镇山阳村口处将犯罪嫌疑人王某某抓获。在铁证面前，王某某如实交待了窜至围子农村信用社南宫分社持枪抢劫的犯罪事实。

潍城“2007·9·11”特大持枪杀人案 2007年9月11日晚11时左右，在潍城区爱国路南首莹莹旅馆内和望留街道柴家村连续发生持枪杀人案，犯罪分子持自制手枪连续杀人，造成3死3伤，随后逃离现场。案发后，潍城公安分局组织200余名警力开展侦破工作，第一时间锁定了犯罪嫌疑人姜某某（男，42岁，潍城区望留街道楼子村人）。市公安局组织1500余名警力迅速赶赴现场，对犯罪嫌疑人进行围捕。9月12日8时许，民警在望留街道麓台村一玉米地内发现犯罪嫌疑人姜某某，随即将其重重包围。姜某某走投无路，畏罪开枪自杀。

“4·8”特大非法制造、买卖枪支弹药案件 2011年1月，经市公安局刑警支队周密侦查，掌握了郝某某（男，28岁，坊子区人）非法制造、买卖枪支的犯罪线索，随即成立专案组全力开展侦查工作。经查，2009年12月以来，郝某某通过查阅相关论坛和登录QQ群获取枪支制造技术，从江苏张家港、山东聊城等地购买无缝钢管400余千克，将无缝钢管加工制造成带膛线的气枪枪管，在网上通过一些“涉枪”QQ群，向全国29个省（自治区、直辖市）170余个县（市）的买主销售枪管200余支，非法获利20万余元。4月8日，公安部将该案列为部督案件，成立“4·8”专案指挥部，省公安厅成立“4·8”案件侦办工作组，以潍坊市公安局为主，全面负责此案的侦办工作。专案组共梳理涉案线索719条，破获涉枪案件700余起，其中非法制造枪支弹药案6起、非法买卖枪支弹药案230起、非法持有枪支弹药案400起、其他案件200起；共抓获涉案人员800人，共缴获气枪、仿真枪560支、气枪铅弹10.32万发、枪支零部件234件、制造枪管设备1套、制造子弹设备4套。

李某某组织、领导、参加黑社会性质组织案 2011年，全国“打黑办”向潍坊市反映李某某等人涉嫌违法犯罪的涉黑线索。市公安局责成安丘市公安局抽调精干力量展开先期侦查，获取了其犯罪证据。2012年5月1日，安丘市公安局将犯罪嫌疑人李某某（男，42岁，安丘市兴安街道城里村村委主任）抓获。随后，市公安局刑警支队牵头成立专案组，先后抓获该涉黑团伙成员55人，破获刑事案件53起，缴获涉案枪支6支、车辆42台，冻结赃款400余万元。经查，李某某自1999年涉足拆迁业以来，以舜安公司为依托，先后雇

公安部“4·8”特大非法制造、买卖枪支弹药案缴获的大量枪支弹药

佣、拉拢和网罗多名有前科劣迹人员从事违法犯罪活动，建立了一个以李某某为组织者、领导者，以社会不法人员、部分村委工作人员和舜安公司部分人员共同参加的黑社会性质组织。该组织通过串通投标、恶意抬高或压低工程价格、控制建筑垃圾运输市场，甚至殴打、威胁竞争对手等手段，打压、排挤其他拆迁队伍；雇佣社会闲散人员采取殴打、威胁、恐吓等手段驱逐“钉子户”，逐步控制安丘的拆迁市场；操纵控制基层村政权，利用贿选和扰乱村委办公秩序，恶意攻击原村委负责人，在当地造成恶劣影响。鉴于该案案情重大，全国“打黑办”于2012年4月26日将其列为全国挂牌督办案件。10月29日，李某某涉黑犯罪团伙案侦查终结。以组织、领导、参加黑社会性质组织罪等13项罪名移送诸城市人民检察院审查起诉。

第四节　经济犯罪侦查

1991—1999年，市公安局内设经济文化保卫科，主要职能是负责企事业单位内部安全保卫，经济犯罪相对较少，其打击职能归刑警。

2000年，市公安局成立经济犯罪侦查支队，负责侦办重特大经济犯罪案件，研究经济犯罪发展趋势和规律特点，监督、指导全市经济犯罪侦查工作和内部安全单位防范。经济犯罪案件管辖范围由原来的76种增加到86种。

2001年，市经侦支队成功破获全省首起侵犯商业秘密案件，抓获范某某、张某、丁某某、王某等8名犯罪嫌疑人。经查，范某某等8名犯罪嫌疑人从原公司离职前，违反公司保密规定利用职务便利窃取公司技术和资料，后又成立公司，进行侵犯原公司商业秘密的生产经营活动，造成原公司经济损失804万元。3月23日，范某某、张某、王某等5人被依法处理。

2003年，成功侦破“3·11”特大非法经营和非法出具金融票据案，一举抓获李某等31名涉案犯罪嫌疑人，挽回经济损失1.29亿元，公安部、省委、省政府给予高度评价。本案涉案金额达100多亿元，是新中国成立后潍坊市发生的最大的一起金融犯罪案件。

2004年，成功侦破山东巨力股份有限公司欺诈发行股票案。经查，自1999年起，山东巨力股份有限公司采用虚开发票、虚增产量、少转成本、费用账外处理、成品报废不及时入账等手段，虚增利润2.4亿元，骗取配股资格，实施配股，给国家造成重大损失。侦查员历经3个月，辗转十几个省，收集上万份证据资料，查清了巨力公司犯罪事实，抓获主要犯罪嫌疑人王某某、张某某、李某某、谭某某。

2005年，开展打击传销犯罪和变相传销犯罪集中行动，在市区开展统一收网行动，取缔传销窝点218个，控制传销人员3683人，抓获B级传销头目2人，传销骨干分子96人，刑事拘留犯罪嫌疑人3人，治安拘留50人。

2007年，成功侦破“2·6”特大虚开增值税专用发票案，查处涉案人员3000余人，涉案企业2000余家，移送起诉犯罪嫌疑人42人，涉案金额5.1亿元，追缴税款5000余万元，《山东法制报》、潍坊电视台等多家媒体进行了报道。

2008年，成功侦破高某某、刘某某涉嫌虚开用于抵扣税款的农副产品收购发票案。犯罪嫌疑人高某某、刘某某虚开山东省潍坊市农业产品收购统一发票5815份，且直接开向农户。侦查人员分赴全国11省市44个县市区进行调查取证，询问证人246人次，调取税务机关证明材料187页，调取书证2.1万余份，形成审计报告2份、税务鉴定报告2份，证人证言、书证、证明材料、鉴定结论，犯罪嫌疑人供述等证据材料共122卷，最终形成完整的证据链，顺利移送起诉，挽回全部经济损失。是年，以“抓头目、端窝点、毁网络”为目标，以城区和城郊接合部为重点，组织开展打击传销专项行动60余次，捣毁传销窝点110余个，解救受骗群众70余人，清退、遣返、教育传销人员5400余人，刑事拘留11人，提请逮捕8人，其中“A”级3人、“B”级1人。同年，市公安局经侦支队着力推动经侦专业教学研究和经侦实战工作的有机融合，与中国刑事警察学院经侦学达到联合共建协议，9月25日，双方在潍坊市公安局经侦支队举行了协议签字仪式。

2009年，组织开展打击假币犯罪“09行动”，假币收缴数量、立破案、抓获上网在逃人员、宣传等各项工作指标均居全省前列。在全省率先完成“假币收缴量超过同期全市金融机构假币临柜收缴量”任务，遏制了假币犯罪案件在全市蔓延的势头。是年，经侦支队支队长王伟被评为“全国公安机关打击假币‘09行动’先进个人”。

2010年，组织开展打击发票犯罪专项行动，成功破获李某某、刘某某等特大印制、销售假航空运输电子客票行程单案和潍城“5·20”印制假发票案等18起制售假发票案件，捣毁印制、储藏假发票窝点16个，收缴假发票368万余份。是年，潍坊市被公安部评为“2010年全国公安机关深入打击整治发票犯罪专项行动十强城市”，潍坊市在专项行动中创新提出的“印刷机器销售查控法”技战法被公安部以公安简报形式在全国推广。

2011年，组织开展打击银行卡犯罪专项行动，成功侦破全国首起破解银行卡卡号排列编辑规律伪造信用卡诈骗案件，抓获犯罪嫌疑人王某某，当场查获涉及全国28个省110多个地市180余家银行的磁条类银行卡532种627张。及时发现当时全国各地银行发行且仍在大量使用的磁条类借记卡存在的技术缺陷和安全隐患，避免了更大的损失。

2012年，组织开展打击经济犯罪“破案会战”，发起多领域、全方位打击经济犯罪的凌厉攻势。发起全省集群战役2起、全国集群战役4起，侦破公安部部督案件25起、大要案件368起。公安部副部长刘金国3次作出批示表扬。以整治非法集资犯罪为切入点，组织开展为期四个月的整治非法集资专项行动，破获一批大案要案，其中潍坊市侦办的刘某某特大非法集资案被评为全省十大典型案例。

2008年9月25日，潍坊市公安局经侦支队与中国刑事警察学院经侦系签订联合共建协议

第五节　出入境管理

2011年3月，潍坊市公安局出入境管理处被中华全国妇女联合会、全国妇女"巾帼建功"活动领导小组授予"巾帼文明岗"称号

1993年7月1日起，省公安厅将公民因私出国和公民因私赴台审批权限下放至市公安局。1995年，在全市范围内推行落实基层出入境管理职责工作，形成以分县局为龙头，派出所为桥梁，村委会、居委会为基础的三级管理网络，扭转了散居社会面入境人员户口漏报、迟报或不报的被动局面。2000年8月1日，在全市启用97版中华人民共和国普通护照。2002年4月22日，与潍坊监狱狱政科一起押送提前释放的美籍诈骗犯谢某某至北京国际机场，将其驱逐出境，此为全市首例、全省第二例对外国人实行驱逐出境强制措施。2003年，建立起不批准出境人员通报备案系统、特殊身份人员登记备案系统。9月17日，潍坊市实施公民按需申领护照制度，符合条件的在10个工作日内办结。是年，审查批准公民因私出国（境）申请8774件，办理临时入境人员住宿登记8745人次。

2007年10月，潍坊市公安局出入境管理处被公安部授予"全国文明窗口"称号。图为公安部出入境管理局局长崔之崑（前排右一）到潍坊揭牌

2005年1月10日，全市正式施行《外国人签证和居留许可工作规范》，启用新版证件。2006年4月10日起，全市正式启用2005版往来港澳签注，实施《往来港澳通行证和签注受理、审批、签发管理工作规范》。2007年1月1日，启用97-2版护照、2006版护照贴纸备注及出入境通行证（本式、单页）。10月1日，市公安局新建出入境接待大厅正式投入使用，总面积800平方米。2008年4月，市公安局出入境管理处被中华全国妇女联合会授予"全国三八红旗集体"称号。2011年8月，在奎文、潍城、高新三区公安机关出入境管理部门开设公民出国（境）证件申请受理点。2012年3月15日，全市启用电子普通护照。2012年1—4月，在全市开展在华滞留毗邻国家妇女专项行动，发现长期在华滞留毗邻国家妇女8人。当年，全市共办理涉外案事件73起86人，其中非法就业4起16人、非法入境3起3人、非法居留50起51人，违反住宿登记管理7起7人，

其他涉外案事件9起9人。

第六节　交通管理

1991—2012年，是潍坊市道路交通大发展、交通流量大增长、交通管理大突破的历史时期。全市机动车从12.4万辆增长至275万辆；道路通车里程从1431千米发展至2.33万千米，其中高速公路从无到有，通车里程达到350千米；公安交警队伍(含协警)由1472人增至4439人。

交通秩序管理

1992年，市公安局推进道路交通管理工作向社会化方向发展，建立乡镇交警中队17个、安全联组705个。1993年，市政府发布实施《潍坊市市区交通管理暂行规定》，全市市区交通管理纳入依法管理轨道。1995年，打破全市重点国省道定点管理模式，建立道路交通巡查制度。是年，全国范围内广泛开展学习济南交警活动，潍坊市掀起大练基本功、强化勤务管理、提高执法水平、树立交警良好形象的热潮。1996年，改革交通管理勤务方式，实行“流动巡逻、以动制动、有违则纠、无违则巡”的勤务方式，70%以上的警力分布到路面上。强化秩序管理，将农用运输车、拖拉机等纳入管理范畴。1997年，市政府成立由公安、建设、规划、交通、工商等部门成员组成的道路交通安全管理委员会，形成各负其责、各尽其职、齐抓共管的综合治理格局。同年，开发出第一套交通事故处理程序软件，研制出全省首家左转弯信号加数显控制技术。1998年，市交警支队对市区交通安全设施进行统一规划。在奎文、潍城辖区实施勤务制度改革，试行“高峰守点、平峰巡线、巡逻为主”的点、线、面相结合的勤务模式，改变了由民警站岗台固定管理交通的模式。1999年，针对交通违章多、道路不畅通顽症，在市区8处主要路口安装“电子眼”，并采取严控、严查、严处的“三严”管理措施，加强道路交通安全管理。开展创建“平安大道”活动，以寿光至北京“绿色通道”（寿光段）为重点，联合治安、刑警、派出所等部门，处置发生在公路上的治安案件150起，刑事案件30起。

2000年，按照“抓农村、促教育，组建安全村、降低交通事故”的工作思路，创建1021处“交通安全村”，成立238所“交通安全示范学校”，组建13个“机动车驾驶员协会”和398个驾协工作站。建立“平安大道交警服务站”，中央电视台、《人民日报》《大众日报》等多家新闻媒体在全国、全省予以报道。2001年，继续深化“平安大道”建设，建设12个警务工作站和交通智能监控系统。至2002年，服务站民警巡逻里程达70余万千米，查纠机动车违章20万起，处置刑事案件176起，治安案件527起。利用“交通智能监控系统”为破获各类案件提供线索811条，破获交通肇事逃逸289起，抓获违法犯罪嫌疑人471人，抢救事故伤员1376人。全市创建平安大道路段事故数、肇事逃逸事故同比分别下降35%和54%。

2003年，针对城区拓宽改造道路多，道路交通秩序乱的现状，市政府印发《潍坊市市区道路交通管理暂行规定》，大刀阔斧地进行交通秩序整治。2004年，围绕“城市管理一年大变样”的工作目标，开展“文明走路、礼貌行车”城市文明交通活动，实行交通违法车辆每日通报和抄告制度，营造安全畅通的市区道路交通环境。2005年，结合文明城市、卫生城市、环保模范城市创建工作目标，投资1590万元，完善交通安全设施建设。以东风街、胜利街、北宫街、北海路、四平路“三街两路”为重点，建立高标准停车场57处，采取市场化运作，规范停车场管理。

2006年，市交警支队在城区推行“网格化”勤务管理模式，以网格定责任，由点串线，由线及面，构建点线结合、条块联动的“网格化”勤务管理机制。山东省委书记、省人大常委会主任张高丽等考察1号警务工作站，给予高度评价。2007年，按照“力量往基层使，工作往实里干”的工作思路，深入推进“三基”（抓基层、打基础、苦练基本功）工程建设，将坊子、寒亭交警大队理顺到支队垂直管理，整合直属单位后勤机构，下放宣传教育、轻微事故处理、“五小车辆”挂牌办证等职能。是年，交警支队完成指挥中心一期建设，将电视监控系统、路口电子警察系统、机动车驾驶人管理信息系统、交通违法处罚系统、城区交通诱导系统、警务工作站交通智能监控系统等进行初步整合。奎文、潍城、坊子、青州、寿光、诸城、高密、临朐等县市区相继新建、改建监控室和监控中心，安装卡口、电子监控、测速设备、电子警察等科技设施，加快全市智能化交通管理步伐。2009年，市政府适应现代化城市管理需要，投资4800万元，加强城市交通智能管理系统建设，建成35处路口信号控制系统、15处VIP监控系统、80处闯红灯监控系统、33个事件检测系统、19处卡口系统、12处超速监测抓拍系统、50套GPS车辆定位和14块交通诱导屏。是年，潍坊市被公安部、住房和城乡建设部评定为全国“实施畅通工程”模范管理城市；市公安局交警大队车辆管理所被评为全国“优秀车辆管理所”。

2010年，市交警支队以实施“畅通工程”为载体，加强对城区小街背巷、次干道、支路的管理，打通“微循环”，合理优化、完善城市路网功能，提高道路通行能力。将全市交通信号灯放行顺序统一调整为先直后左，在交通流量大的路口施划待转区和机非分离护栏，改直角路口为弧形路口，减少人行横道的宽度，提高通行率。2011年，推进社会管理创新，推出涵盖车驾管、交通事故处理、交通安全宣传等5类26项便民服务新举措，得到社会各界广泛赞誉。2012年，在城区交警中队推行数字警务室、警用装备室、交通事故快速处理、交通违法现场处罚、中队工作规范“五位一体”的勤务管理模式。开展“两街一路两站”示范创建活动，动员和组织社会各界支持、参与交通管理。是年，建设启用道路交通智能二期工程，在中心城区50余处路口安装

2009年，潍坊市被公安部、住房和城乡建设部评为“实施畅通工程模范管理城市”

2009年，潍坊市公安局交警大队车管所被公安部评为全国“优秀车辆管理所”

514个高清电子警察、230余处路段安装高清监控球机，主城区交通路口全部实现高清监控无缝覆盖。

交通事故预防和处理

1991年，全市筹集资金76万余元，建设物体隔离3150米，施划标线680千米，安装标志147面。1994年11月始，在奎文区、潍城区试行《道路交通事故处理简易程序》，1995年在全市范围全面推开。1996年，道路交通事故处理实行现场勘查情况公开、责任认定公开、调解处理公开和处理结果公开“四公开”制度，自觉接受社会监督。

1997年，开通“122”交通事故报警服务系统，提高事故处理的快速反应能力。同年，实行简易程序处理，全市使用简易程序处理事故5936起，占处结交通事故总数的35%。1998年，成立“122”社会联动服务中心，在外围乡镇布设“122”出警点30处，实现城区5分钟、外围及时到达事故现场的社会承诺。至1999年底，全市通过“122”交通事故联动处置交通事故2112起，救治伤员1052人。

2000年，实行交通事故案件回访制度，采取一案一访、上门回访、案后评议等，开诚布公地接受对事故处理的意见和建议，全年共公开责任认定事故1462起，公开调节赔偿各类事故2622起。2001年，市公安局在全市境内62处交警中队、平安大道交警服务站和高速公路及国、省道收费站进行布控，率先在全省构筑道路交通肇事逃逸案件查缉网络，全年通过查缉网络直接查破逃逸事故156起，协助周边地市查扣肇事逃逸车辆42辆。2002年，市公安局、市安监局联合印发《关于落实交通安全责任做好道路交通事故预防工作的意见》，建立齐抓共管、全社会共同参与的道路交通事故防范机制。2003年，市交警支队落实市公安局《事故调研与防范工作制度》，采取事故专项调查和个案剖析等工作制度，有针对性地开展交通事故防范工作。2005年，以客车超员、超速等严重交通违法行为和剧毒、爆炸等危险化学品运输安全为重点，组织开展预防道路交通事故专项整治。2006年，规范交通事故认定、审核制度，积极推行零距离办案，打造事故处理阳光工程。2007年，公安部专门在潍坊召开全国交通事故处理工作现场会，在全国推广潍坊市道路交通事故处理工作经验。

2008年，市交警支队以奥运安保为抓手，开展涉牌涉证、危化品运输、农村道路交通秩序等集中整治行动，全力预防道路交通事故发生，交通安全形势明显好转，事故四项指标降到10年来的最低水平。2009年，组织对全市道路交通安全隐患进行排查，排查事故多发的隐患点段1008处，应设置而没有设置中间隔离设施的公路712.3千米、城市道路530.73千米。2010年，推行交通事故快速处结，对无人员伤亡，当事人对事故认定、事故损失调解处理无异议的交通事故，由路面执勤民警当场处结，年内当场处结交通事故6702起。2011年，把交通肇事追逃工作作为维护社会和谐稳定的切入点和落脚点，强力推进清网行动，成功侦破1起公安部挂牌督办案件，抓获本地清网行动前网上在逃人员90人。2012年，全省道路交通事故处理工作现场推进会在潍坊市召开，潍坊市道路交通事故处理工作先进经验在全省推广。

交通安全宣传

1991年，国务院颁布实施《道路交通事故处理办法》后，市公安局组织开展为期半年的大型交通安全图片潍坊巡展，参观群众10万余人。1993年，首次在电视台、广播电台开辟交通安全专题栏目，全年录制交通安全专题片75期。1995年，在潍坊经济电台开办“交通旋律”栏目，每天早上8:00

至9:00，通报交通安全状况，宣传采取的重大管控措施。是年，与市保险公司、潍坊电视台联合举办“交通安全保险杯新闻宣传月”活动。

1996年，市交警支队针对学生群体开展安全宣传教育，建设“助学护送岗”70多个。是年4月1日至7日全国第一个交通安全宣传周期间，全市交通民警走上街头、深入乡镇农村，大张旗鼓地进行交通安全宣传。1997年，强化交通管理工作和交警队伍建设的宣传力度，有重点地对122事故报警服务、综合执法、车管窗口单位服务等进行集中报道。1998年，组织开展“安全伴你行”活动。

2000年，在坊子区成立潍坊市第一所交通安全教育学校，在潍城、奎文建立分校。对交通违章达到一定分值的机动车驾驶员进行交通法规和相关知识教育、培训。2003年，在潍坊电视台、交通音乐台、《潍坊日报》分别开辟《道路与法》《交警直播室》《交警传真》栏目，以大众喜闻乐见的方式宣传交通管理工作，曝光不文明交通违章行为。2004年5月1日，《中华人民共和国道路交通安全法》正式实施后，全市举办5次集中宣传活动，发放各种宣传材料90万份，巡回展出道路交通安全法宣传图板8600块。2005年，继续深化进单位、进社区、进企业、进学校、进家庭“五进”交通安全宣传活动，全面实施制作一套交通安全宣传教育挂图、制作一套交通安全宣传教育光盘、制作一套交通安全宣传教育招贴画、出版一本交通安全宣传教育手册、做好交通安全宣传“五进”宣传片评选、召开一次全市交通安全宣传“五进”活动现场会、做好省级优秀交通安全村社区学校和企业的推进上报、开展一次讨论、组织一次实践活动、印制一张年画“十个一”工程，形成全社会共同参与、职能部门积极引导、宣传形式多样的宣传格局。

2007年，以“保护生命，平安出行”为主题，首次在互联网上建立交通安全网站，在全市建设15处交通事故现场模拟展台，开展一系列多层次、全方位、立体化的宣传教育活动。2008年，在报纸、电视台、电台开办《话说交通》栏目。2009年，以“五五”普法宣传活动为契机，将《山东省实施〈中华人民共和国道路交通安全法〉办法》纳入普法工作计划，扩大道路交通安全法律法规的覆盖面和群众的知晓率。是年，在全国率先建成中小学生交通安全教育基地，开创中小学生交通安全宣传教育的新模式。

2010年，市委宣传部、市文明办、市公安局等八部门联合印发《潍坊市文明交通行动计划实施方案》，开展争创“文明交警”“创建全国文明城市，争做文明市民”和“畅通安全行”等主题宣传教育活动。全市共设置宣传站

2011年，潍坊开通交警《说道》栏目

点228处，开设交通安全课568次，播放专题片670场次，发放宣传材料150万份，受教育群众达300万人。2011年，市交警支队与潍坊电视台、潍坊广播电台合作，开通《说道》和《潍坊交警直播室》栏目，在新浪网、腾讯网开通“潍坊交警”官方微博，构建社会化宣传大格局。2012年，成立山东省第一个交警公关专职机构——潍坊市交通警察公共关系办公室，打造出全国首个交警系统政务微博立体层级服务体系——“潍坊交警微博矩阵”。

车辆和驾驶人管理

1991年，全市共办理新车挂牌6327辆，培训汽车驾驶员8778人，检验各类机动车5.59万辆，审检驾驶员6.78万人。1992年7月，投资800多万元，建成潍坊市机动车辆驾驶员培训中心。同年9月，对车管业务进行改革，对一般车辆、驾驶员过户或转籍，简化手续，随到随办，将大小客货车以外的所有车辆及驾驶员挂牌、考核权和通行证办理权等全部下放到县市区。1993年，购置30部电脑，输入汽车档案4.74万份，驾驶员档案1.06万份，全市车辆和驾驶人管理进入信息化时代。同年3月，正式组建培训大队，严格教学管理，为社会输送大批合格驾驶人员。同年9月，建成潍坊市第一条机动车检测线，至年底，检测机动车1800辆。1994年9月1日起，启用、换发“九二”式机动车牌证。

1995年，在车管窗口推行公开业务办理流程、公开收费标准、主动接受群众监督“两公开、一监督”制度，将车辆挂牌、驾驶员办证、车辆及驾驶员转籍过户、考试标准、收费标准、收费项目等全部上墙公开。1997年，建成“驾驶员交通法规及相关知识”微机化考试室。1998年，组织对进口机动车进行清理整顿，清理各类进口机动车档案1036份。是年，成立潍坊市驾驶员协会，协助公安交警部门加强对驾驶员的管理、教育、监督和服务。1999年，在全省率先推出微机选号挂牌新举措，启动“鲁V”号段。是年，狠抓县级车管所规范化达标创建工作，先后有7个县级车管所通过省公安厅验收，达到县级规范化车管所标准。

2000年，开展车辆管理改革，清理打击非法中介。实行微机选号，把号牌号码全部对社会公开。2003年，出台车驾管工作一系列便民利民服务新举措，在金宝汽车销售市场设立车管综合服务大厅，实行机动车挂牌两次选号制度，将大车挂牌业务下放到大队等，服务水平进一步提升。2005年，对办理的车辆和驾驶人牌证进行一次全面清理，逐档核对，排查违反规定办牌办证和为盗抢车办理入户的嫌疑档案，有效堵塞车辆管理方面的漏洞。2006年，机动车辆迅猛增加，为满足群众需要，率先在全省实行“九二式”机动车号牌自选，实现社会公共号码资源共享。2007年，下放车驾管业务办理权限，将小型汽车注册登记业务下放到具备条件的县市区车管所办理。是年12月，新建市车管所业务大厅正式启用，实现一窗式办公、人性化服务和信息化管理。2009年，建成并启用机动车驾驶人考试中心，实现机动车驾驶人考试电子化、自动化，提高了考试质量，把严了预防道路交通事故的“第一道防线”。同年，市车管所开通业务预约服务电话。

2010年，对车驾管服务窗口进行进一步整合，开通网上车管所。是年，市公安局车管所被公安部评定为全国一等车辆管理所。2011年，建成集业务监管、远程查验、声讯服务于一体的机动车驾驶人信息服务中心。2012年，全市全面实施机动车环保检测工作，对机动车安检线、环检线两线合一，实行机动车环保、年审一站式检测。同年，在市车管所大厅及城区主要汽车4S店增加车辆购置税征收网点，代征车购税，实现车驾管大厅“一条龙”服务。

第七节　公安法制

复议应诉

1991年1月1日国务院《行政复议条例》实施后，市公安局开始行政复议工作，利用复议手段化解行政争议。1991—2012年，共受理行政复议案件1355起，其中维持826起，撤销155起，变更46起，当事人撤回复议申请257起，作其他处理71起。对复议的案件，注重保护当事人合法权益，基本做到定纷止争、案结事了。及时认真开展应诉工作，推行公安机关负责人出庭应诉制度和案件主办民警旁听庭审制度，大力推进法治公安建设。2009年，潍坊市公安局被省公安厅评为“全省公安机关行政复议应诉工作先进集体”。

执法规范化建设

2008年9月，市公安局认真落实全国公安厅局长座谈会（南京会议）精神，全面推进执法规范化建设。是年，市公安局被省委政法委评为“公正执法先进单位”。2009年8月7—8日，全省执法规范化建设推进会暨现场观摩会议在昌乐召开，推广执法制度建设经验。是年，市公安局被评为“全省五五普法依法治理中期先进单位”。2010年初，市委、市政府转发全市公安机关执法规范化建设“三年规划”。2010年4月，市公安机关在全省率先试点应用“警综平台”，并在全省公安局处长会议上做网上办案演示。11月，全国执法规范化建设座谈会在潍坊召开，潍坊市公安局被命名为“全国公安机关执法示范单位”，为全国首批命名的10个地市级公安机关之一。2011年，继续大力推进执法规范化建设。是年，11月市公安局法制支队被公安部记集体一等功、被省公安厅记集体二等功。2012年9月，中央政法委“聚焦执法公正”集中宣传活动采访团来到潍坊，对公安执法规范化建设进行实地专题采访和集中宣传报道。

2011年11月，潍坊市公安局法制支队被公安部记集体一等功

2010年11月，全国公安机关执法规范化建设工作座谈会在潍坊召开

2010年起，公安部、省公安厅建立执法示范单位评选机制。执法示范单位每两年评选一次，2010年11月评选第一届执法示范单位。至2012年底，全市共有13个单位被命名为全国、全省执法示范单位。

潍坊市公安机关被命名为全国、全省执法示范单位一览表

表20—1—1

时间	全国执法示范单位	全省执法示范单位
2010年11月	潍坊市公安局 寿光市公安局	安丘市公安局 安丘市公安局开发区派出所 寿光市公安局稻田派出所 高密市公安局刑警大队 潍坊市公安局奎文分局经侦大队
2012年11月	寿光市公安局 昌乐县公安局法制大队 安丘公安消防大队	潍坊市公安局奎文分局新华路派出所 诸城市公安局舜王派出所 潍坊市公安局高新技术产业开发区分局东明路派出所

法制队伍建设

2001年10月，市公安局法制科更名为法制处。2002年，市公安局法制处被省公安厅评为“全省法制工作先进集体”。2003年，青州市公安局法制科与刑警二大队合并成立法制大队，率先实现队建制。2006年，潍坊城区公安分局法制科统一更名为法制大队。2010年，市公安局法制处更名为法制支队，按照执法勤务机构标准落实警力、经费和装备保障。将执法主体建设作为执法规范化建设的基础性工作，大力加强执法教育培训。2009年起，全市启动高端人才培养战略，鼓励民警参加司法考试和中高级执法资格考试。至2011年，全市203名民警通过司法考试，占民警总数的2.6%，通过数量和比例均居全省第一名。至2012年底，全市市县两级公安机关法制部门全部完成队建制改革任务，全市共有法制民警204人，专兼职法制员470人。

第八节　网络安全保卫

90年代后期，信息网络在全市社会生产生活及各行各业中的应用日益广泛和普及。市公安局网络警察支队大力开展维护信息网络安全，打击网络违法犯罪活动。2006年，发现处置本地各类网上违法信息700余条。查处网上刑事案件12起，治安案件35起，协助外地公安机关抓获违法犯罪嫌疑人10人。2007年，发现处置本地各类网上违法信息1万余条。破获诈骗、故意伤害、淫秽色情等违法犯罪案件10起；协助破获刑事案件70余起，抓获网上在逃人员81人，协助寿光市公安局和高新区公安分局破获杀人案件3起，抓获命案在逃人员4人，协查案件线索40余条，跨市协查40余条。2008年，发现处置本地各类网上违法信息2.5万余条。主侦违法犯罪案件20起，破获17起；配侦案件243起，破获227起；抓获违法犯罪嫌疑人312人，其中上网在逃人员246人、命案在逃人员17人。

2009年，发现处置本地网上违法信息4528条。受理主侦刑事案件120起，抓获犯罪嫌疑人135人；配侦案件355起，抓获529人，其中上网在逃人员409人、命案在逃人员40人。在全市联通、百盛建立警务室，在1100余家重点网站上建立“虚拟警察”和“报警岗亭”，全年接警412起，其中网络诈骗257起，网民求助35起，其他非涉警类举报82起。是年，市网络警察支队被省公安厅记集体二等功。

2010年，发现处置本地各类网上违法信息2730条。主侦网络违法犯罪案件103起，抓获违法犯罪嫌疑人225人；协助侦破刑事案件748起，抓获嫌疑人960人。破获全省首例利用手机wap网站传播淫秽色情、跨国视频裸聊敲诈勒索案件。10月，完成潍坊市公安局互联网信息监控中心建设，成为全国首家通过公安部等级化达标建设的监控中心。完成电子数据检验鉴定实验室建设，达到国家“三级实验室”标准。开展信息网络安全检查和全市整治网上淫秽色情、非法销售警用品信息集中清理整治专项行动，检查单位180余家，发现整改安全隐患15处。完成二代身份证实名上网管理系统建设，研发网吧身份证件扫描识别管理系统，破解网吧一代身份证、驾驶证、护照、无磁二代身份证等有效证件不能上网的难题。

2011年，发现处置本地各类网上违法信息2.2万余条。主侦破获违法犯罪案件200余起，抓获违法犯罪嫌疑人473人，配合其他警种单位破获案件522起，抓获违法犯罪嫌疑人553人，其中上网在逃人员198人。成功破获部督“9·23”国家执业医师资格考试题泄露案和“9·24”全国一级建造师考试题泄露案。9月，公安部全国互联网信息监控中心达标建设现场会在潍坊市召开。

2012年，发现处置本地各类违法信息7183条。主侦破获各类违法犯罪案件373起，抓获违法犯罪嫌疑人941人，配侦破获案件478起，抓获各类违法犯罪嫌疑人723人。破获“7·19”非法获取公民个人信息案、“5·11”特大网络组织卖淫案等重大案件。潍坊市公安局电子数据检验鉴定中心通过中国合格评定国家认可委员会（简称CNAS)现场评审，成为山东省首个通过CNAS现场评审的地市级公安局电子数据检验鉴定实验室（全国第四家）。“互联网综合应用平台”通过省公安厅科技成果鉴定,获山东公安科学技术进步一等奖。“电子数据远程取证与协同分析平台”通过省公安厅科技成果鉴定，获山东公安科学技术进步二等奖。是年，网络警察支队被省公安厅记集体二等功。

第九节 监所管理

潍坊市辖区内设立潍坊市看守所、潍坊市拘留所和市辖青州市、诸城市、寿光市、安丘市、昌邑市、高密市、临朐县、昌乐县8市（县）9个看守所和9个拘留所（2008年4月设立的潍坊市滨海区拘留所于2012年12月停用）。潍坊市公安局内设监所管理处，是全市监所业务指导部门，为市公安局一级单位（正科级）。1997年9月，按照公安部“侦审合一”的工作部署，公安预审职能与侦查职能合并，市公安局预审监管科仅保留监管职能，更名为潍坊市公安局监管科。2001年1月，更名为潍坊市公安局监所管理处。

看守所

1991—2005年，城区公安分局监管大队分管各城区看守所工作。2005年，市公安局将奎文、潍城、坊子、寒亭四区看守所整合组建潍坊市看守所，承担潍坊市区两级公安、检察、法院等部门办理的刑事案件犯罪嫌疑人、被告人羁押以及留所服刑罪犯教育改造任务，2008年，市看守所狠抓队伍管理与执法规范，实现监所安全和队伍无违纪的工作目标，被省公安厅记集体二等功。2011年9月，市看守所在“清网行动”中工作成绩突出，公安部“清网行动”领导小组组长、副部长刘金国作出“奖励山东省潍坊市看守所”的重要批示。市看守所加强安全管理，狠抓深挖犯罪，协助侦破命案

2005年12月1日，潍坊市看守所揭牌启用仪式

6起，省公安厅督办案件1起。其中，民警党好松侦破抓获的枣庄籍嫌疑人杨某是潜逃多年的命案在逃人员，受到公安部副部长刘金国的表扬。市看守所被省公安厅记集体二等功。2012年11月，完成8个县（市）看守所女性在押人员的转入收押工作，并开始承担全市女性犯罪嫌疑人、被告人、罪犯的收押管理。2011—2012年，市看守所被公安部评为“全国一级看守所”。

拘留所

1991—1994年，潍坊市设潍城、坊子、寒亭3个治安拘留所。1994年，增设奎文治安拘留所。2005年，撤销奎文、潍城、坊子、寒亭治安拘留所，设立潍坊市公安局行政拘留所。2005年12月，根据公安部要求将市潍坊市公安局行政拘留所更名为潍坊市拘留所。2006年6月，潍坊市拘留所在潍城区建成并投入使用。2010年起，潍坊市拘留所推行管理教育新模式。2012年，贯彻落实《拘留所条例》规定，严格规范民警的执法行为。2006—2012年，潍坊市拘留所连续7年被认定为二级拘留所。

第十节　110接处警服务

1996年前，市公安机关受理报警服务工作由值班人员承担，没有固定、统一的受理接警电话号码对外公布。

1996年9月，潍坊市公安指挥中心和110报警服务工作开始筹划、组建，市公安局印发《关于加强110报警服务系统建设的意见》，从指导思想、运行机制、指挥系统、规章制度、硬件建设、组织领导等六个方面提出具体明确的要求。1996年底，青州、高密、昌邑、寿光、安丘5个公安局组建公安指挥中心；市公安局及13个县市区公安局110报警服务系统全部开通运行。110报警服务台开通运行后的两个多月时间内，全市110共接警处警6700多次，抓获违法犯罪嫌疑人700余人，破获各类案件800多起，为群众排忧解难1653次。1997年，市委、市政府将市公安局110建设经费纳入财政预算。1997年6月25日，市委、市政府印发《关于共建110报警服务系统的通知》，对全市110社会联动提出建设性规范意见。1997年6月底，初步建立起统一、集中、权威、高效的指挥体系，配备109名24小时坚守岗位的接警及指挥调度人员。14个县市区全部开通具有显示主叫号码及所在位置、自动录音、现代化程度较高的110报警服务台，其中市公安局与潍城、奎文、坊子、寒亭、高新技术开发区5个公安分局的110报警服务台实现两级接警、三方通话。昌邑、高密、青州、寿光、诸城市公安局开通350兆无线集群通讯设备；青州、

2007年，潍坊市公安局对110指挥大厅升级改造，实现市区110、119、122“三台合一”，城区八区统一接警、统一调度

昌邑、高密市公安局建成闭路电视监控系统；诸城市公安局建成微机辅助决策信息系统。1997年，在全市实施金融系统营业网点与公安110自动报警联网工程。

1998年1月22日，市公安局和中国人民银行潍坊分行联合召开市区金融系统与公安110自动报警联网现场会。1998年4月30日，市委、市政府召开深化全市110社会服务联动工作动员大会，印发《关于潍坊市110报警服务社会联动工作的实施意见》，成立110报警服务社会联动领导小组。市公安局联合邮电、医疗、供水、环保、工商、供电等部门向社会各界发出加强社会联动共建潍坊110的倡议书。1998年上半年，实行24小时值班备勤，认真履行“有警必接、有难必帮、有灾必救、有求必应”的承诺，达到城区5分钟、郊区15分钟、农村和边远地区及时赶赴现场的要求。1998年底，全市与110联动单位已达305个，建立机动抢修、救助、服务队伍170支，配备机动队员1325名、车辆227部，形成以公安110指挥中心为龙头。各有关部门积极参与的110配合联动大格局和社会化公共救援体系。全市通过110破获刑事案件3317起，抓获违法犯罪嫌疑人7643人；救危助困8178次，挽救群众生命2898人。

2000年3月，110报警服务台正式受理人民群众对公安机关和人民警察的电话投诉。2002年12月，市县级公安机关启动110、119、122“三台合一”报警服务模式。2005年，在市公安局110指挥中心设立指挥长，赋予直接指挥权、先期处置权、装备器材征用权、合成作战权等权限，加强指挥调度，提高了快速反应能力和整体作战水平。2005年12月，市公安局正式启动城区治安防控体系街面巡控工程，市区两级公安机关464名公安民警和保安队员、43部警车，配备GPS卫星定位系统和必需的警用器械、通信设备，投入到37个巡控区，开展365天24小时全天候不间断治安巡逻。与110电子地图实时联网，就近接受调度进行先期出警，提高了公安机关快速反应能力。2007年，市公安局指挥大厅进行升级改造。10月19日，市公安局新指挥大厅一期工程建成启用，顺利实现市区110、119、122“三台合一”。2009年11月，市公安局召开全市公安机关110规范化建设现场推进会议，全面推动潍坊市110接处警规范化建设。2010年11月，全国公安机关执法规范化建设工作座谈会在山东召开，潍坊市公安局110指挥大厅作为会议观摩点，得到公安部和各省、市、自治区公安机关领导的充分肯定。2011年，建设统一指挥、协调有序的多媒体报警服务平台，建设短信报警服务平台，接收群众手机短信报警；拓展社会报警服务渠道，将金融等单位触发报警接入市公安局指挥大厅。2012年，全市年接处警35.1万余起，直接指挥抓获各类现行违法犯罪人员4275人，救助服务群众3.16万人次。

第十一节　公安科技和信息化

1991年，潍坊市公安局部署开展公安专网标准化整治工作，对计算机“六四”病毒进行全面清查，保证公安专网的正常运行。1992年，完成公安专网标准化整治工作并通过验收。1995年，筹建350兆集群通信系统。1996年，筹建指挥中心110报警服务平台。2002年，启动“金盾工程”，完成市公安局机关局域网、三级网会议电视系统建设；完成第十九届潍坊市国际风筝会、全省农业产业化工作会议、全省政法队伍建设会议等通信保障任务。2003年，推进机关办公自动化，完成省公安厅安排的密码设备换代工作。2004年，14个“金盾工程”（一期）通信基础设施项目开始建设。2008年，完成全市公安三级网改造任务，建成全市公安可视指挥系统、请求服务平台和公安信息网络运行管理平台。2009年，对全市公安三级网、四级网、350兆无线集群系统进行扩容升级改造，完成全市公安三级可视指挥通信系统和接入网视频会议系统建设，实现对县级公安机关的可视指挥调度，建成国家A级信息中心机房。2010年，省公安厅推进“六大平台”建设，潍坊市公安局信息通信处被公安部确定为全国唯一的边界接入平台互联网链路接入试点单位；搭建完成部门间信息共享服务平台，建设移动警务应用平台、警务综合应用平台并投入使用。建设警用地理信息基础应用平台，被公安部确定为试点典型进行推广。2011年，市公安局被公安部确定为全国唯一一家“北斗项目”地市级示范应用单位，移动警务平台和图像信息综合应用平台被确定为全省试点单位。2011年3月，全国公安机关警用地理信息基础平台建设工作督导暨现场会在潍坊市召开。5月，潍坊市公安局信息通信处被省公安厅记“全省公安机关推进信息化建设集体二等功”。2012年5月，“全省公安移动警务系统建设工作部署会”在潍坊召开。12月，市公安局被公安部评为“‘十一五’国家科技支撑计划全国警用地理信息基础平台示范单位”；市公安局信息通信处在全省公安科技管理工作考核中排名第一，获2012年度“全市公安机关突出贡献奖”。

第十二节　消防管理

1991年起，消防法律法规逐步建立健全，各级党委、政府越来越重视消防工作，消防监督管理逐步规范，按照确定重点单位的原则和标准，落实三级管理制度，狠抓防火安全责任制的落实和重大隐患的整改，开展多种形式消防宣传教育，全市社会群众消防安全意识、消防法制观念逐渐提高，部队灭火救援能力得到长足发展，社会面火灾形势相对稳定。1991年11月，召开全市建筑工程消防审核工作会议。1994年6月，组织召开全市企业专职队伍管理现场推进会。1995年1月，潍坊交通信息广播电台“消防之声”专题节目首播。之后开设消防专题——“消防你我他”。在消防晚报开设“消防之窗”，形成消防宣传听之有声、看之有像、读之有文的立体化格局。1996年，市政府投资600余万元为消防支队购买火场运输车、火场照明车及52米消防云梯车等消防装备。1998年，市消防支队向全社会推出10条承诺，实行挂牌服务。2000年，全面实施消防法，提高全民消防意识，在市建立“潍坊消防网站”。2003年10月，参加全国城市社区消防建设暨小城镇消防规划建设工作会议的代表到潍坊

2008年，潍坊消防支队在昌邑市救援落入冰窟的群众

2011年，潍坊消防支队在青州市一地下原油池爆炸火灾现场灭火

市观摩指导，潍坊市的城镇消防规划以其科学的布局、超前的规划和很强的操作性，受到与会代表的好评。2004年，市消防支队研制发明的水驱动水炮方向调节器和滤波管式水枪，分别获得公安部、省公安厅科技成果一等奖。2004年7月，召开全市创建“平安潍坊”消防工作现场会议，将消防建设列入市政府政务工作督查内容。2005年6月，加快“平安潍坊”建设，加强人员密集场所消防安全扑救初期火灾能力、组织疏散逃生能力“两个能力”建设，总结推广先进典型经验，在潍坊富华国际会议中心召开全市加强人员密集场所消防安全“两个能力”建设现场会议。2006年2月，深入开展“基层基础建设年”活动，在高密市公安消防大队召开全市公安消防部队正规化建设推进会。

2008年，“5·12”四川汶川特大地震灾情发生后，市消防支队按照公安部消防局和省公安厅消防总队的命令，迅速派出两支救援队。75名官兵奔赴灾区一线，经过8天7夜的连续奋战，同山东省消防总队救援队一道，成功从废墟中救出8人，搜救遇难人员52人，疏散被困群众2700人，上缴埋压现金30万元。2009年4月，认真宣传贯彻新消防法，加强消防安全宣传，市委、市政府在富华国际会展中心举行全市消防安全宣传年启动仪式。2009年5月，潍坊市应急救援队伍成立大会暨揭牌仪式在市公安消防支队特勤中队举行。当月，

2012年，潍坊消防支队在滨海组织开展灭火救援演练

全省公安消防部队灭火救援攻坚专业队伍建设工作会议在市公安消防支队特勤中队举行，潍坊支队介绍攻坚力量建设及专业应急救援队伍建设先进经验。2010年4月，“全省公安消防部队打造铁军训练观摩会”在寿光消防大队举行，观摩潍坊支队打造铁军训练科目演示，介绍打造消防铁军建设先进经验。2010年7月，市政府举行消防综合训练基地暨特勤大队开工奠基仪式。2011年7月，市政府印发《关于表彰潍坊市公安消防支队的通报》，给予消防支队记集体二等功。2012年10月，《潍坊市中心城市消防专项规划》专家评审会在潍坊市召开，通过对《潍坊市中心城市消防专项规划》的评审。

第十三节　边防管理

潍坊市公安边防支队为正团职建制，隶属山东省公安边防总队领导，同时受潍坊市公安局业务领导，具有人民警察和武警部队的双重属性。部队按地方行政区划设置机构，沿海市、区设边防大队，沿海乡镇设边防派出所。2012年，支队机关设司令部、政治处、后勤处3个部门，下辖昌邑、滨海2个边防大队，6个边防派出所。管辖海岸线长140千米，陆地面积742平方千米，海域面积1400平方千米，分布在寿光、昌邑、滨海两市一区6个沿海乡镇。辖区行政村32个，常住人口1.22万户3.5万人，流动人口1.3万余人，出海船舶1271条，渔船民8422人。有港口、码头、停泊点21处，各类企事业单位、行业场所等140余家。1991—2012年，共查破刑事案件251起，查处治安案件635起，打击处理违法犯罪嫌疑人838人。

1990年后，潍坊市沿海地区部分农民弃农从渔，渔船民剧增，沿海和海上各类治安问题增多。边防支队突出抓好“反偷渡、反走私、反毒品”斗争，加强沿海船舶和渔船民边防治安管理，依法打击防范各类违法犯罪活动，保持了沿海及海上治安稳定。

1992年，省政府颁布《山东省沿海集体和个人船舶边防治安管理办法》。之后几年，边防部门加大渔船民边防治安管理力度，严格船舶证件发放、换发和船舶变更登记手续，对所有渔船和渔船民建立“一船一档、一人一卡”。同时，利用渔船冬、伏休渔时间，深入渔船民开展当前形势、法律法规、爱国主义等内容的宣传教育，渔船民受教育率达100%。

1995年，开展评选“优秀船长”和“遵纪守法船”活动，促进海上安全生产和边防管理工作的开展。同年，组建潍坊市海上保安服务公司，从事海上安全有偿服务，沿海港口、停泊点有船管员昼夜看管，海上有治安巡逻队定期巡逻，形成点线面结合的立体防范网络。

1997年8月，根据沿海治安形势和服务海上经济发展需要，在羊口、央子边防派出所开通了全天候海上“110”报警业务，由边防民警和海保队员组成两支海上“110”机动队，查处海上案件，救助遇险船舶，开展渔船民管理服务等。

2000年后，船舶生产作业方式发生变化，出现买卖租借船舶多、雇佣外地船员多、变更频繁、流动性大等新情况，边防管理难度加大。边防支队加大教育管理、海上清查力度，协调渔政、海事等部门加强海上联合执法，清理取缔“三无”船舶。此后，船舶、渔船民信息库逐步建立，渔船民边防管理走上信息化之路。随着沿海经济开发建设，边防陆地辖区治安形势日趋复杂，各类案件矛盾逐渐增多，支队把外来人口管理作为重点，摸排人口底数，加强落地管控，广泛布建信息员，收集情报信息，及时预警控制。

2000年，市公安局边防支队官兵开展沿海港口码头巡逻检查

2002年7月，潍坊市公安局边防保卫分局名称取消，启用潍坊市公安边防支队名称，与中国人民武装警察部队潍坊市边防支队名称同时使用。12月，组建青乡（2003年改称柳疃）、龙池两个边防派出所，均为正营级。2003年，潍坊市海上保安服务公司撤销，各边防派出所推动建立渔民协会等群众性船管组织，指导各村队、厂企建立治保会、保卫科等联防组织，开展形式多样、富有实效的治安联防活动。10月，北部沿海遭遇风暴潮袭击，支队出动警力160余人次，经过20多个小时奋战，成功救助80余名被潮水围困民工。

2004年，调整边防派出所警务责任区运行机制，合理布建警务室，建立健全责任区民警培训、考核等机制，在辖区村居、企事业单位建立治保组织，加强人口、公共场所管理。2005年始，把实施爱民固边战略作为中心工作，累计创建爱民固边模范村36个，先后选派36名民警兼任辖区村（居）村干部，帮扶困难儿童7人。此后，走访成为边防民警的重要基础工作，对辖区群众每年走访一遍。同年，以开展保持共产党员先进性教育活动为主线，大力加强部队思想政治建设，组织“大练兵”活动，实施社区警务和业务规范化建设两大战略，圆满完成“和平使命—2005”中俄联合军演等重大安保任务，受到军地各方充分肯定。

2006年，开展群防、维稳、爱民、执法“四大战役”，深化治安秩序整治，圆满完成“利剑—防空2006”军事演习等重大安保任务。深化警务机制改革，边防大队与边防派出所实现警力整合，建立警务室9个。以央子边防派出所为试点单位，实施科技强警战略，建成覆盖全镇的电子监控网络。8月，央子边防派出所在全省边防部队爱民固边先进事迹报告会上做经验介绍。2007年3月，北部沿海遭遇强风暴潮袭击，支队出动警力130余人次，紧急转移渔船民、盐场养殖场务工人员3500余人，救助群众6人，处置险情4处。4月，全省边防部队爱民固边工作座谈会在潍坊召开，央子边防派出所作为参观现场做经验介绍。10月，省委政法委在寒亭区召开“平安建设”座谈会，央子边防派出所做典型发言。成功侦破“2007·8·16”特大组织他人偷渡韩国案，以鲍某、陈某某为首的6人组织偷渡犯罪团伙全部落网，处理涉案偷渡人员68人。严密组织，圆满完成了中共十七大边防安保重大任务。

2008年，紧紧围绕“平安奥运”目标，强化重点人员摸排、治安隐患整治、海上治安清查等措施，启动央子爱民固边模范街道创建工作。争取地方支持，加大信息化建设投入，建成羊口、央子2处海防监控站，安装辖区监控系统87

套、探头356个，形成“点线面”结合、“人物技”并重、“打防控”并举的立体防控格局。2009年，投资600余万元，建成潍坊市级海防监控中心。加强村镇、渔港等重点部位技防监控建设，支队出台《服务经济社会发展便民利民十项措施》，形成爱民固边模范村、街道、渔港等多层创建格局。4月，市公安边防支队全力抗击“2009·4·15”风暴潮，成功营救109名被困群众，受到公安部及省委、省政府等领导批示肯定。圆满完成全运会、首届潍坊滨海风筝冲浪赛和中华人民共和国成立60周年大庆等重大边防安保任务。

2010年后，近海滩涂养殖、海上渔业生产等规模不断扩大，受历史传统和现实经济利益交织影响，涉海矛盾纠纷逐渐高发。寿光与东营广饶、昌邑与烟台莱州以及寿光与滨海等界域，滩涂使用争议时有发生，甚至发生了“2011·5·4”致人伤亡案件。边防支队与东营、烟台边防部门建立边界维稳协作机制，通过联席会议、互通信息、边界联合巡逻，全力维护边界区域稳定。成功侦破“2009·12·17”组织他人偷渡香港案，抓获“蛇头”8人，处理偷渡人员52人。支队被表彰为“全省反走私工作先进集体”。

2011年，开展大走访开门评警活动和“十小民心工程”。柳疃边防派出所化解太平庄村盐场承包纠纷的做法，形成“太平庄模式”，收入全省边防部队《化解社会矛盾典型经验汇编》。5月，《山东省沿海船舶边防治安管理条例》颁布实施，开展条例宣传月和“港船管理强化年”等活动。侦破“2011·2·11”“2011·7·19”组织他人偷渡韩国案，抓获组织者11人。

2012年，以中共十八大安全保卫为主线，开展海上治安清查等专项行动，新建昌邑县级海防监控中心和下营海防监控站，处置寿光与广饶边界纠纷的经验做法在全省边防情侦会议上推介。深化“海上党旗红”工程，推出品牌标识，政治建警、队伍管理更加规范高效。市公安局印发《关于加强和改进公安边防派出所工作的意见》，在经费保障、装备配备、基础建设等方面破解部队发展难题。年内，2个边防派出所和3名民警被公安部边防局表彰为“爱民固边先进单位”和“先进个人”。

第十四节　教育训练

学历教育

1993年，潍坊市人民警察训练基地学历教育实行“3+1”模式，即校内教学时间3个学期，校外教学实践1个学期。当年，为山东省淄博人民警察学校代培40人。1995年，为山东省淄博人民警察学校代培50人。1997年，继续为淄博警校招收委培生，培训普通中专生30人，成人中专生393人。依托山东公安专科学校，招收大专证书和大专函授班各1个，共计65人，培养民警学员137人。1998年，招收成人中专生269人，山东公安专科学校大专证书班50人。2000年，潍坊市公安干部中等专业学校停止中专学历教育，专门承担全市在职民警培训任务。至2001年底，共代培各类中专生650余人。

民警训练

1992年，民警培训以举办在职民警普法学习班为主，共举办5期，培训民警256人。1993年，先后举办预审干部训练班、经济保卫干部训练班和法律专业训练班，培训在职民警和企业保卫干部340人。1997年，完成全市新警培训、警衔晋升培训、军转干部培训任务，培训465人。2003年，先后举办警司晋升警督培训班、军转干部培训班、4期执法素质培训刑警队班、3期执法素质培训派出所班，共培训659人。2006年，培训5期

2012年，潍坊市公安局组织反恐处突训练

派出所所长培训班、2期副科级干部培训班、2期交刑警队长骨干培训班、3期司进督培训班，共培训632人。2010年，落实公安部“三个必训”（民警上岗前必训，职务、警衔晋升前必训，基层一线民警每年实战必训）的要求，针对公安工作的最新动态、最新需求，创新教育训练内容，组织教官围绕“现代警务理念研究与应用”等七个专题进行突破，成立课题攻关组，深入基层调研，开展理论研讨和科研攻关，形成新课题8个，及时应用于民警训练，收到良好效果。9月6日，承办公安部第十一期全国县级公安机关法医骨干培训班，培训来自河南、山东两省法医干警342人。11月，在北京召开的全国公安教育训练工作会议上，潍坊市人民警察训练基地获“全国公安教育训练工作先进集体”称号。2011年10月，在全省警务实战教官技能比武中，全市警务实战教官代表队获得团体第一名。其中3人代表山东省公安机关参加全国公安机关警务实战教官技能比武，勇夺全能枪手射击比武团体第一名，获全国公安特级实战教官、全能实战教官称号。是年，市人民警察训练基地获“省级文明单位”“全省政法系统先进基层单位”称号。2012年，中国科学院心理研究所潍坊警察心理训练培训基地正式揭牌，配合开展“山东公安教育训练平台”建设工作，警务实战技能、特种驾驶、心理训练三大特色训练项目初步形成。

2012年，中国科学院心理研究所“潍坊警察心理训练培训基地”揭牌

第二章　检察

90年代，全市检察机关直接受理贪污贿赂罪案及其他经济罪案举报，重点查处贪污贿赂大案和县处级以上领导干部犯罪要案。加强刑事立案监督、侦查监督、审判监督，引导公安机关等侦查部门依法侦查取证。强化对法院刑事诉讼判决以及民事行政诉讼判决、裁定的法律监督，保障国家法律的统一正确实施。

2000年后，全市检察机关加大查处贪污贿赂和渎职侵权等职务犯罪案件力度，推动反腐败斗争深入开展。加强以防止错捕错诉、漏捕漏诉为重点的诉讼监督，强化对刑事案件的立案、审判、执行等环节监督和不服民事、行政判决裁定申诉案件监督，维护法律的公正实施。深化检务公开，推行办案工作程序公开和“告知”制度；实行审查批捕和公诉方式改革，推行主诉、主办检察官办案责任制，落实控告申诉案件首办责任制，将监督贯穿办案的全过程，各项检察工作齐头并进。

1991—2012年，潍坊市人民检察院（简称市检察院）先后受到省级以上表彰奖励33次。其中，最高人民检察院记集体一等功4次；授予荣誉称号3次，表彰为全国检察机关先进集体4次；被省委、省政府表彰为先进单位3次；被省人民检察院记集体一等功9次，记集体二等功2次，表彰为全省检察机关先进集体8次。

第一节　机构与队伍

机构

1991年，市检察院下辖潍城、坊子、寒亭、青州、诸城、寿光、安丘、高密、昌邑、昌乐、临朐11个区（县）检察院，内设审查批捕处、审查起诉处、经济检察处、法纪检察处、监所检察处、控告申诉检察处、刑事技术处、办公室、政治处、法律政策研究室。8月，市检察院成立反贪污贿赂局，撤销经济检察处、经济侦查大队；

2011年7月，市检察院举行人民监督员选任大会

新设民事行政检察处，依法对人民法院的民事审判活动及行政诉讼活动实行法律监督。1994年8月，奎文区检察院、市检察院派出机构——城郊地区人民检察院成立。9月，市检察院监察处成立。1997年7月，设立行政装备处、司法警察支队。11月，税务检察工作不再由检察机关管辖，自1988年成立的税务检察室撤销。2001年12月，市检察院法纪检察处改名为渎职犯罪侦查局，政治处改称政治部，审查批捕处改称侦查监督处，审查起诉处改称公诉处。2002年1月，市检察院成立预防职务犯罪处。2006年2月，市检察院设立职务犯罪大案要案侦查指挥中心。5月，渎职犯罪侦查局更名为反渎职侵权局。2007年9月，市检察院信息中心成立，为市检察院所属专业单位。2008年4月，检察委员会秘书处与法律政策研究室分设，同时更名为检察委员会办公室。2009年7月，公诉处分设为公诉一处、公诉二处。2010年7月，侦查指挥中心办公室更名为案件管理中心。11月，增设检务督察办公室。

2011年4月，设立人民监督员办公室；9月，设立潍坊高新技术产业开发区人民检察院，为潍坊市检察院派出机构。

1991—2012年潍坊市检察院检察长任职情况表

表20－2－1

姓名	任职时间	姓名	任职时间
李学义	1983.4—1993.3	王福金	1993.3—1998.3
孙孺声	1998.3—2002.12	王卫东	2002.12—2011.12
杨洪旭	2011.12—	—	—

队伍

1991年，全市检察机关实有972人，其中检察员783人、助理检察员61人、书记员50人、法警45人、其他人员33人。市检察院实有137人，其中检察员117人、助理检察员8人、书记员5人、法警4人、其他人员3人。1997年，全市检察机关干警1202人，其中大专及以上学历（含专业证书）355人，本科以上学历245人；检察员1014人、助理检察员163人。市检察院干警173人，其中大专及以上学历（含专业证书）107人，本科以上学历33人；检察员149人、助理检察员14人。1999年4月，首次评定全市在职检察官976人，其中三级高级检察官6人、四级高级检察官118人、一级检察官210人、二级检察官227人、三级检察官199人、四级检察官197人、五级检察官19人。2003年6月，聘请潍坊学院法学系主任、教授刘桂宗等7名专家，组成市检察院专家咨询委员会。2007年，选任首批由市人大常委会任命的9名人民监督员。至2012年底，全市检察干警1325人，其中市检察院197人，检察长、副检察长5人，检委会委员13人，检察员89人，助理检察员30人，书记员7人，法警8人，其他干部33人。

第二节　刑事检察

审查批捕

1991—1994年，全市检察机关积极参加“严打”专项斗争，重点打击严重危害社会治安的杀人、爆炸、强奸、抢劫、重大盗窃以及犯罪团伙的骨干分子。对“严打”中的重特大案件和影响较大的案件，坚持提前介入、快捕快诉，加快办案节奏。严把案件质量关，严格区分罪与非罪、此罪与彼罪的界限，确保案件定性准确、程序合法，防止错捕漏捕。4年共受理公安机关提请批捕各类刑事案件10273人，经审查批准逮捕9500人，不批准逮捕536人，追捕漏犯53人。1995年，参加市委组织的“春季严打攻势”“整顿夏季治安秩序”行动，依法从重从快打击杀人、抢劫、强奸、盗窃和带有黑社会性质的团伙犯罪，受理公安机关提请批捕2965人，经审查批准逮捕2720人，其中重特大案犯1460人。1996年，受理公安机关提请批捕3493人，经审查批准逮捕3180人。

1997年，适用修改后的刑事诉讼法，审查批捕工作发生较大变化。当年受理公安机关提请批捕2452人，经审查批准逮捕2219人，其中重特大案犯1353人，不批准逮捕215人。1998年，坚持和完善各项办案制度：专人阅卷、集体讨论、检察长或检察委员会决定制度，讯问犯罪嫌疑人制度，案件复查、检查制度，案件请示汇报制度，备案审查制度等，确保案件质量。全年受理公安机关提请批捕3040人，经审查批准逮捕2686人，不批准逮捕323人。

2001—2002年，在全国范围内开展连续两年的“严打”整治斗争中，全市检察机关成立“严打”整治领导协调小组，制定《潍坊市人民检察院“严打”整治斗争实施方案》《全市批捕部门坚持“严打”方针及“两个基本”原则迅速开展“严打”整治斗争的通知》及《关于全市起诉部门积极参加“严打”整治斗争有关问题的意见》等文件，对“严打”整治斗争期间的批捕、起诉工作作出具体规定。“严打”中，对公安机关移送的案件，只要案件基本事实清楚、基本证据确凿，依法快捕快诉，特别对“三类”重点案件，集中精干力量，坚持优先办理，审查批捕、起诉的平均办案时间，分别缩短了3天和5天。两年共受理公安机关提请批捕7098人，经审查批准逮捕6566人，不批准逮捕523人，批捕重特大案犯1353人，重特大案件提前介入率100%。

2005年，为提高办案质量，市检察院对下级院请示的群体性案件，因与司法工作人员、行政执法人员发生冲突而引发的案件，新罪名的案件以及基层院意见分歧较大的案件严格把关，对重大影响案件及时派员介入或督办。全年共受理提请逮捕刑事案件2710件4282人，批捕刑事犯罪嫌疑人2513件3980人，不批准逮捕165件318人。2006年，开展“打黑除恶”和“治理商业贿赂”专项活动，加强与公安机关的联系、配合，坚持案案提前介入，及时提出侦查取证建议，固定相关证据，从快批捕，确保案件质量。当年，共受理各类刑事案件2847件4259人，经审查批准逮捕2596件3843人。

2007年，市检察院和市公安局联合印发《关于进一步规范逮捕工作的意见（试行）》，对全市逮捕工作统一规范。3月，省检察院将这一做法在全省推广。是年，共受理各类刑事案件2795件4329人，经审查批准逮捕2533件3942人，其中批捕黑恶势力犯罪、严重暴力犯罪，盗窃、抢夺、抢劫等多发性犯罪案件1137件1915人。2009年5月，召开全市侦查监督部门创新工作会议，积极探索建立快速办理轻微刑事案件工作机制，推进未成年人犯罪案件批捕方式改革，推行不捕理由说明制度，提高办案质量和效果。

2010年，印发《潍坊市检察机关关于侦查监督、监所检察部门在侦查监督工作中建立联动制度的意见（试行）》，加强侦查监督、监所检察部门在侦查监督工作中的联动，使侦查活动监督关口前移，扩大监督知情权，确保检察机关对公安机关对看守所羁押犯罪嫌疑人侦查活动的全程监督。与市公安局联合印发《关于进一步规范逮捕工作中逮捕必要性说明工作的意见（试行）》，在对案件作出不批准逮捕的同时对不捕理由进行说明，附有书面的《不捕理由说明书》，使公安机关对刑事案件被害人能够全面阐述不捕理由，消除被害人的误解和疑惑。

2012年，积极参与社会管理创新，利用掌握本地区犯罪情况的优势，走进第一现场、走近民众生活、走访相关单位，深入了解问题的实质和根源，提出有针对性地强化管理、预防犯罪的治理整改建议，构建打击预防犯罪的长效机制。市检察院向发生多起贷款诈骗案的商业银行发出检察建议，通报犯罪的手段、方式，落实整改措施。

1991—2012年潍坊市检察机关审查逮捕案件情况统计表

表20-2-2　　单位：人

项目 / 年份	受理案件	批准逮捕	不批准逮捕	追捕人数
1991	2496	2306	135	9
1992	2371	2215	128	
1993	2441	2218	136	7
1994	2965	2761	137	37
1995	2965	2720	130	56
1996	3493	3180	198	53
1997	2452	2219	215	27
1998	3040	2686	323	20
1999	3281	2943	290	23
2000	3340	2981	315	47
2001	3857	3561	346	48
2002	3241	3005	177	44
2003	3545	3300	151	52
2004	4014	3665	238	86
2005	4282	3908	318	138
2006	4259	3843	372	123
2007	4329	3942	390	125
2008	3976	3490	461	130
2009	3969	3410	560	145
2010	3670	3071	605	265

续表20—2—2

年份＼项目	受理案件	批准逮捕	不批准逮捕	追捕人数
2011	3994	3081	875	93
2012	4241	3097	1163	73

审查起诉

1991年，坚持依法“从重从快”和“一要坚决、二要慎重、务必搞准”的方针，严格行使起诉权、免诉权，依法严厉打击严重刑事犯罪。全市检察机关受理公安机关移送审查起诉案件3172人，经审查，提起公诉2539人，免诉317人，不起诉7人。1992年，继续坚持依法从重从快的“严打”方针，把杀人、抢劫、强奸、重大伤害、爆炸等暴力犯罪和重大盗窃、车匪路霸、流氓团伙作为打击重点，与公安、法院密切配合，坚持提前介入，依法快诉，不在检察环节贻误战机。是年，在审查环节提前介入案件118件次。1994年，受理公安机关移送审查起诉案件3927人，提起公诉3041人，免诉438人，不起诉2人。

1996年，调整充实起诉部门力量，由年初的124人增加到155人。开展法庭举证、示证、质证等法庭辩论岗位练兵活动，使公诉队伍适应因庭审方式的变化对公诉工作的要求。全年受理公安机关移送审查起诉案件4733人，提起公诉3641人，免诉751人。1997年，市检察院印发《关于加强备案审查工作的通知》，规定凡不诉案件都要经市检察院研究同意，并提出十种情况不能作不诉决定。当年基层检察院提请不诉处理71人，经市检察院研究作不诉决定52人。全年受理公安机关移送审查起诉案件3234人，经审查提起公诉2598人。1998年，坚持行之有效的起诉工作办案制度，采取定人员、定案件、定时间的方法，严把案件事实关、证据关和处理关，起诉案件一审有罪判决率达到100%，是全省唯一没有无罪判决的地市，《检察日报》报道了办案经验。严格执行“两法”（修改后的刑法、刑诉法）规定，履行告知义务，向有关诉讼参与人告知应享有的各项权利。共告知犯罪嫌疑人4774人次，告知被害人1324人次，接待律师1050人次。

1999年，实行庭审方式改革，市检察院先后在青州、安丘、昌邑进行主诉检察官试点工作，选拔主诉检察官24名。市检察院举办检察官法庭辩论赛，选拔优秀选手参加省院比赛，获全省第一名。2000年，实行主诉检察官办案责任制，全市36人被聘为主诉检察官。开展庭前证据开示、普通程序简化审、未成年人案件审查起诉方式、多媒体示证等改革。市人民检察院制定《推行主诉检察官办案责任制实施细则》《潍坊市人民检察院公诉案件证据开示实施意见》等六项制度，提高了公诉效果和质量。全年受理移送审查起诉案件3258件4612人，提起公诉2960件4111人，不起诉17件25人。

2003年，对于社会影响大、群众关心的“三类重点”犯罪及严重破坏社会主义市场经济秩序的犯罪案件，公诉部门加强与公安机关的联系，提前介入引导侦查取证，完善固定证据，将大量的工作完成在审查起诉之前，提高办案效率。全年受理公安机关移送审查起诉案件3780件6009人，提起公诉3400件5153人。起诉重特大刑事犯罪嫌疑人1165人，起诉破坏市场经济秩序犯罪案件95人。2004年，市检察院制定《侦诉协同实施办法》，加强公诉部门与反贪、渎侦部门的配合，加快办案速度，提高办案效率，保证公诉办案质量。当年，受理公安机关移诉4277件6613人；受理自侦部门移诉238件303人，审查后提起公诉4110件5784人。

2005年3—5月，开展春季严打整治集中行动，对严重影响群众安全感的“两抢一盗”等多发性犯罪，打架斗殴、寻衅滋事等街头犯罪，公共场所及公交线路上的扒窃犯罪，带黑社会性质的团伙犯罪以及黄赌毒等社会丑恶现象进行重点打击。共受理移送审查起诉案件4932件7747人，提起公诉4215件6433人。2008年4月，召开全市公检法死刑案件质量联席会议，对办理死刑案件过程中存在的难点和争议分歧问题进行磋商，对现场勘查、刑事科学技术鉴定、书证的收集固定及非法证据的排除、瑕疵证据的补救等问题进行深入探讨。会议会签《潍坊市中级法院、检察院、公安局提高死刑案件质量会议纪要》，对死刑案件的办理提出统一的证据标准要求。当年，全市公诉部门共受理各类刑事案件5431件8047人，审查后提起公诉4855件7175人。

2009年，推行“推门听庭”监督工作机制。由市检察院组织的庭审监督小组，不定时间、不定案件、不提前通知、不打招呼，随时挑选正在开庭的案件，作为旁听人员走进庭审现场，动态监督公诉人的出庭质量。2010年，全市公诉部门受理各类破坏社会主义市场经济秩序、侵犯财产、贪污贿赂和渎职犯罪案件1676件2834人，依法提起公诉1498件2413人。6月，对自侦案件诉讼进展情况实行每周一报制度，对诉讼进度较慢的基层院重点督办，当年受理自侦案件202件251人，依法提起公诉196件244人。

2011年，市检察院与市中级法院联合出台《潍坊市内四区未成年人犯罪分案起诉有关规定》。自3月起，市内四区未成年人犯罪案件实施分案起诉，由潍城区法院未成年人法庭集中受理，四区人民检察院分别与对应区公安机关会签了有关文件。同年，在临朐和寿光举行量刑建议示范庭和座谈会，市检察院与市中级法院联合会签《量刑程序指导意见》，对公诉案件检察机关向法院提出量刑建议提出指导意见。

2012年，市检察院设立未成年人刑事检察工作办公室，加强对全市未成年人刑事检察工作的领导。3个基层院设立独立编制的未成年人刑事检察科，其余基层院全部成立未成年人刑事检察办公室。全年受理未成年犯罪案件121件205人。尝试分案起诉、社会调查、犯罪记录封存、附条件不起诉等创新手段，维护未成年人的合法权益。

2012年1月，潍坊、东营检察机关举行公诉论辩对抗赛

1991—2012年潍坊市检察机关审查起诉案件情况统计表

表20—2—3

项目 年份	受理案件（人）	提起公诉（人）	免予起诉（人）	不起诉（人）	追诉（人）	抗诉（件）	改判（件）
1991	3172	2539	317	7	3	3	—
1992	2885	2351	279	4	5	1	—
1993	2757	2223	271	4	2	1	—
1994	3927	3041	438	2	33	2	—
1995	3949	2966	413	—	58	1	—
1996	4733	3641	751	6	55	1	—
1997	3234	2598	—	51	13	7	—
1998	3774	3224	—	19	6		—
1999	4259	3804	—	24	41	3	—
2000	4612	4111	—	25	91	6	3
2001	5902	5182	—	69	100	1	—
2002	5434	4750	—	82	90	1	—
2003	6009	5153	—	66	141	3	2
2004	7053	5784	—	65	154	2	—
2005	7747	6433	—	19	292	3	3
2006	7862	6738	—	28	277	8	2
2007	8156	6885	—	66	315	7	3
2008	8047	7175	—	51	360	6	3
2009	8092	7029	—	45	363	10	6
2010	7539	6467	—	63	501	37	30
2011	8519	6930	—	69	368	33	19
2012	13112	7770	—	84	352	37	23

说明：1997年修改后的刑事诉讼法取消“免予起诉条款”

侦查监督

1991年，侦查监督参与现场勘验180次，讯问被告274次，参加案件分析会167次，认定公安机关提请逮捕2人不构成犯罪，追捕漏犯24人。1992年，开展以“防错防漏、纠正违法”为重点的侦查监督活动。是年，不批准逮捕128人，追捕漏犯15人。1994年，防止错捕102人，纠正违法行为120次，追捕漏犯37人。1997年，不批准逮捕215人，追捕漏犯27人，追诉漏犯13人，漏罪96条。

2003年，工作对不构成犯罪的案件依法作出不批准逮捕决定74件131人，不起诉决定70件93人。对应当逮捕、起诉的案件，依法追捕漏犯52人，追诉漏犯185人。2004年，在深挖余罪漏犯中，追捕64件86人，追诉74件154人。2005年，侦查监督工作注重抓捕前和捕后两个延伸，注意防止错捕，积极纠正漏捕，确保侦查活动依法进行。全年追捕漏,138人，发现和纠正违法行为150件次，全部通知侦查机关依法纠正。对人民群众要求公安机关立案、检察机关经审查认为不符合立案条件的，帮助息诉罢访25件。对法院正确的判决裁定，做好申诉人的服判息诉工作，帮助息诉48件。

2007年，侦查监督重点放在严重违反程序法、严重侵犯人权等问题的监督上，不断强化纠正漏捕工作力度，保证侦查活动依法进行。共追捕漏犯123人，审查批准延长羁押期限126人，书面纠正侦查机关违法5件，并由侦查机关全部纠正。2009年，追捕漏犯145人，审查批准延长羁押期限99人。2010年，建立信息共享制度，印发《潍坊市检察机关关于侦查监督部门与公诉、反贪、反渎、控申部门、城郊地区人民检察院在侦查监督工作中建立联动信息共享制度的意见（试行）》。对办案中发现的案件线索，及时移送侦查监督部门。市检察院侦查监督处会同城郊地区检察院走访潍坊监狱、潍北监狱和潍坊市劳教所，与监管人员座谈交流，调取被关押人员的检举揭发材料，发现监督案件线索200个，按照管辖向各基层院分流查办，已结案的向监狱和劳教单位反馈处理结果。监督公安机关立案310件，监督公安机关撤销案件114件，追捕漏犯147人。

2012年，开展“事实不清”不捕案件专项检查活动，通过调查摸底发现，2010—2011年全市检察机关受理审查批捕案件5682件7664人，其中以“事实不清、证据不符合逮捕条件”不予批准逮捕139件220人。所有以“事实不清”不予批准逮捕的案件，均随案移送了补查提纲。公安机关根据补查提纲进行补充侦查。证据达到移送起诉标准的，直接移送起诉。没有达到移送起诉条件的，做撤案处理。

立案监督

1995年，根据《中华人民共和国刑事诉讼法》开展立案监督。当年，立案监督以防错防漏为主要内容，重点纠正有罪不究、以罚代刑等。1996年，对有罪不究、以罚代刑的刑事案件依法纠正22件，其中建议公安机关立案侦查17件，直接立案查处5件。1997年，修改后的刑诉法开始实施，刑事立案监督的主要方式，不再是直接立查，而是监督公安机关立案。立案监督的重点是公安机关有案不立、有罪不究、以罚代刑的案件。当年侦查监督部门受理立案监督案件23件25人，按法律程序向公安机关发出要求说明不立案理由通知书，要求说明不立案理由，对经审查认为不立案理由不能成立的17件18人，通知公安机关立案侦查，公安机关全部立案。对侦查活动中的违法行为，及时提出纠正意见。

2003年，以群众反映强烈的有法不依、执法不严、执法不公等突出问题为监督重点，规范监督程序，确保监督效果，共受理立案监督案件185件要求公安机关说明不立案理由，公安机关主动立案182件，通知公安机关立案3件。2004年，依法监督公安机关立案159件173人，其中监督抢劫、强奸、重伤害等重大案件24件29人。2005年，共受理立案监督案件线索187件，审查后全部要求公安机关说明不立案理由，公安机关主动立案182件，通知公安机关立案1件，公安机关执行通知立案1件。2006年，开展制售假冒伪劣商品、侵犯知识产权犯罪立案监督专项行动，共监督公安机关立案14件，监督公安机关立案3件“涉霸”案件。建议自侦部门立案7件7人，监督公安机关撤销案件29件34人。

2007年，立案监督工作的重点是社会危害性大、人民群众反映强烈、严重影响社会稳定和谐的案件，加强对不应立案而立案案件的监督，纠正滥用刑事手段插手民事经济纠纷、违法立案等问题。全年监督公安机关立案127件，建议自侦部门立案3件，监督公安机关撤销案件20件。2009年，监督公安机关立案97件，建议自侦部门报请立案1件，监督公安机关撤销案件44件。2011年，开展对行政执法机关移送涉嫌犯罪案件专项监督活动。9月，市检察院与市政府法制办公室、市公安局、市监察局联合印发《潍坊市行政执法与刑事司法相衔接工作实施办法（试行）》。全市共调阅行政执法机关行政处罚案件卷宗311册，建议移交侦查机关立案21件，监督立案5件。监督公安机关立案63件，监督公安机关撤销案件37件，纠正漏捕93人，书面纠正侦查活动的违法问题138件。2012年，利用侦查监督部门与监所检察部门工作联动机制、侦查监督部门与公诉、反贪、反渎、控申、城郊院等部门的信息共享机制、在讯（询）问工作中两项监督案件线索投诉机制和信息共享机制等，强化和规范对刑事立案活动、侦查活动的监督制约，扩大案源渠道，实现从取得线索到监督成案的高效率。全年共监督立案121件195人，监督撤案47件55人，追捕73人，纠正违法154件次，建议行政执法机关向公安机关移送涉嫌犯罪案件公安机关立案54件58人。

审判监督

1991年，全市起诉部门审查判决书副本1511件，提出抗诉3件，对法院在审判活动中的违法行为，提出纠正意见53件次。1993年，起诉部门把漏罪漏犯和赃款赃物的处理作为审判监督重点，共追捕漏罪51条，追诉漏犯35人，对公安机关预审、法院审判活动中的违法行为，提出纠正意见348件次，提出抗诉2件。1996年，向公安机关提出纠正意见320件次，追诉漏犯55人、发现漏罪135条。对追诉的案犯法院均作有罪判决。1998年，以法院确有错误的判决、裁定提出抗诉作为审判监督的重点，向中级法院提出抗诉2件，经法院审理均予以改判。1999年，提出抗诉4件。2004年，审判监督工作对认为不当的刑事判决裁定，依法提出抗诉3件，改判1件，发回重审1件，依照审判监督程序提请抗诉省检察院支持1件。2005年，依法提出抗诉3件，法院改判2件。2008年，依法提出抗诉6件，2件发回重审，1件改判。2010年，向法院按照审判监督程序提出抗诉案件3件3人，其中1件改重，2件发回重审，按照二审程序向法院提出15件17人。2011年，全年共提出刑事抗诉34件，法院采纳抗诉意见18件。2012年，对法院确有错误的判决和裁定提起抗诉35件，法院改判以及改变事实和发回重审10件。

第三节 贪污贿赂犯罪检察

1991年8月，市检察院成立反贪污贿赂局，全市共立查经济犯罪案件446件，其中贪污案件158件、受贿案件177件、挪用公款案件33件、大要案112件。

1992年5月，市检察院召开反贪污贿赂侦查工作会议，集中力量查办大要案，推动全市反腐败斗争向纵深发展。全市共立查各类经济犯罪案件314件，其中贪污贿赂案件187件，占立案总数的59.6%；大要案86件，占立案总数的27.3%，为国家挽回经济损失525万元。1993年，反贪工作以查办党政机关、司法机关、行政执法机关和经济管理部门（简称“三机关一部门”）工作人员贪污贿赂案件为重点，以查办大案要案为主攻方向，立查了一批数额大、影响深的贪污贿赂大要案。全年共立查各类经济犯罪案件382件，其中贪污贿赂案件188件，大要案196件。配合工商、税务等部门，查处了一批制售假冒伪劣商品和偷税抗税案件。

1995—1996年，采取“五个延伸”方法：即加强组织领导，确保主要精力向第一位工作延伸；确定主攻方向，查办案件向“三机关一部门”延伸；加大打击力度，将斗争重点向大案要案延伸；强化侦查意识，查办案件向“窝案”“串案”延伸；强化质量意识，查办案件向高标准、高质量延伸。共立查各类经济犯罪案件1046件，其中贪污贿赂案件505件，大要案780件，为国家挽回经济损，3769.1万元。在严厉打击经济犯罪的同时，大力开展反腐败工作。全市共建立预防经济犯罪联系点173个，向发案单位提出检察建议239份，召开情况通报会、上法制课、法律咨询等1000多场次，受教育人数52万多人。

1997年，修改后的刑法、刑诉法颁布实施后，全市检察机关严格执行法律规定，重点查办国家工作人员职务犯罪案件，特别是吏治腐败和司法腐败案件。全年共立查各类经济犯罪案件477件，其中贪污贿赂案件235件、大案398件、要案12件、严重亏损国有企事业单位犯罪案件131件，农村基层干部涉嫌犯罪138人，为国家和集体挽回经济损失2871万元。1998年，落实中共中央关于深入反腐败、惩治贪污贿赂等经济犯罪斗争的指示精神，坚持依法、文明、安全办案。全年立查经济犯罪案件200件，其中贪污贿赂案件105件、大要案174件、“三机关一部门”和金融系统犯罪50件。

1999年5月，市委成立市预防职务犯罪工作领导小组，在全市重点部门和国有企业深入开展预防职务犯罪工作，办案工作取得大突破：第一次立查受贿个案案值190余万元的案件；第一次利用高科技手段和侦查谋略成功进行境外取证；第一次通过外事途径和公安部门、国际刑警组织联手成功在境外追捕犯罪嫌疑人；第一次通过通缉、布控、边控手段的综合运用在较短时间内将4名携款潜逃的犯罪嫌疑人抓获归案。是年，全市立查各类经济犯罪案件205件，其中贪污受贿案件119件、大要案86件，为国家和集体挽回经济损失2123.5万元。

2000年12月，市检察院成立职务犯罪大案要案侦查指挥中心，逐步形成上下一体、信息畅通、指挥有力、协调高效的侦查办案运行机制。2001年，反贪部门把查办职务犯罪案件特别是社会关注、群众反映强烈的大案要案作为工作的重中之重，不断提高大要案比例、案件的侦结率、起诉率、有罪判决率。全年立查贪污贿赂等职务犯罪案件209件，为国家挽回直接经济损失1965.5万元。

2000年，充分发挥职务犯罪大要案侦查指挥中心的作用，探索新形势下运用侦查谋略、技巧突破案件的新途径、新方法，强化初查意识、证据意识和传讯“12小时”的灵活运用，强化科技装备和科技手段，提高侦查水平和破案能力。全年立查贪污贿赂等职务犯罪案件205件，其中大案要案151件，占立案数的73.7%。2003年，全市检察机关把查办贪污贿赂等职务犯罪作为履行职责、服务大局的主要形式和重要手段，集中精力，强化措施，加大办案力度，集中查办有震动、有影响的大案要案。全年立查贪污贿赂等职务犯罪案件186件，其中大案158件、要案4件，共为国家挽回经济损失2751.2万元。

2004年，市检察院制定《关于充分发挥检察职能，为干事创业、加快发展创造良好法治环境的意见》，围绕国有企业转轨改制出现的问题，深入查办国企人员借机损公肥私、索贿受贿、贪污挪用造成国有资产严重流失的犯罪案件132件147人，为国家挽回经济损失3000余万元。全年共立查贪污贿赂等犯罪案件193件250人，其中大案要案114件155人。2005年，全年立查贪污贿赂等职务犯罪184件227人，大案要案125件172人，其中要案5件5人。2007年，坚持防逃与追逃结合、规劝与震慑结合、常规与技侦结合，多次与公安等有关部门沟通协调，研究工作方案，落实追逃措施，先后将6名犯罪嫌疑人缉拿归案。查办城镇建设领域商业贿赂犯罪36人，是全省专项工作查办案件最多的地市之一。

2008年，加强规范化建设，对全市反贪工作文书进行集中统一和规范，组织编写《反贪办案常用法律文书、工作文书规范样本》，对全市反贪工作法律文书及办案程序中常见的错误和问题以及如何规范纠正等分片组织全体干警进行讲评培训，办案规范化明显提升。是年，全市共立查贪污贿赂等职务犯罪案件166件168人，其中大案要案166人，占立案总数99%。立案数额10万元至50万元的48人，50万元至100万元的10人，100万元以上的4人。2009年，开展扣押冻结款物专项检查工作，制定《潍坊市检察机关内部执法办案监督办法》《潍坊市人民检察院扣押、冻结款物管理实施办法》等扣押、冻结、处理涉案款物制度。全年立查贪污贿赂犯罪案件139件184人。

2010年，严格执行《关于直接受理案件侦诉协同实施办法》，加强与公诉部门联系配合，主动邀请提前介入侦查，共同完善、固定证据，达到卷宗证据中“亲笔供词、讯问笔录、视听资料”三种证据齐全。全市立查案件145件174人，其中大案129件，要案5人，大要案占立查案件数量的96%。2011年，全市检察机关始终把反贪工作放在服务大局、保障民生的大视野中谋划，突出查办涉农职务犯罪、工程建设领域职务犯罪、行政执法人员职务犯罪，促进党风廉政建设和反腐败斗争深入发展。全年立查贪污贿赂等职务犯罪案件145件191人，其中大要案139件179人。2012年打破部门界限，加强反贪、反渎、法警部门协作，整合调配办案骨干力量，打攻坚战，强强联合，以反渎引反贪，以反贪促反渎，形成办案合力，实现人员、设备、信息共享。全市检察机关共立案侦查贪污贿赂等职务犯罪案件123件165人，其中贪污案29件56人，贿赂案65件67人，挪用公款案26件36人，巨额财产来源不明案1件1人，私分国有资产案2件5人，要案5件。

1991—2012年潍坊市检察机关立查经济犯罪案件统计表

表20-2-4

项目 年份	受理案件（件）	立案侦查（件）	其中					要案（件）	挽回经济损失（万元）
			贪污（件）	贿赂（件）	挪用公款（件）	偷税抗税（件）	其他（件）		
1991	613	446	158	177	33	59	19	2	605.5
1992	449	314	110	77	23	46	58	1	525
1993	539	382	137	45	55	45	100	1	811
1994	635	459	152	79	96	79	53	6	1600.3
1995	669	519	152	118	91	129	29	4	1365.5
1996	751	527	113	122	52	216	24	7	2403.6

续表20-2-4

项目 年份	受理案件（件）	立案侦查（件）	其中					要案（件）	挽回经济损失（万元）
			贪污（件）	贿赂（件）	挪用公款（件）	偷税抗税（件）	其他（件）		
1997	796	477	132	103	96	—	146	12	2871
1998	305	200	67	38	79	—	16	2	2359.4
1999	284	205	78	41	85	—	1	6	2123.5
2000	278	208	98	49	60	—	1	12	2689.8
2001	255	211	75	53	78	—	5	7	1965.5
2002	292	205	79	67	58	—	1	3	2922.4
2003	237	186	68	80	36	—	2	4	2751.2
2004	213	193	79	69	44	—	1	4	2646.2
2005	193	184	66	71	47	—	—	5	3562.6
2006	172	164	62	80	22	—	—	7	1969.3
2007	173	173	51	103	18	—	1	9	1653.4
2008	166	166	59	78	29	—	—	4	3260.9
2009	139	139	50	75	13	—	1	2	2457.9
2010	145	145	46	76	23	—	—	5	2097.9
2011	145	145	48	84	13	—	—	2	2628.9
2012	124	123	29	65	26	—	3	5	11045.3

说明：1997年后，偷税抗税案件不属于检察机关管辖

第四节　渎职侵权犯罪检察

1991年，全市检察机关把查处刑讯逼供、徇私舞弊、“人质型”侵权、玩忽职守、重大责任事故等五类案件作为重点。先后查办非法拘禁案件27件、刑讯逼供案件3件、诬告陷害案件2件、玩忽职守案件16件、重大责任事故案件8件，为国家和集体挽回经济损失94.2万元。1992—1995年，针对渎职犯罪多为过失犯罪、“侵权”案件多发生在农村的实际，与有关单位建立联系点65个。加强与纪委、公安机关联系，建立健全法纪案件信息网络制度，多方位掌握和发现案件线索，办案数量逐年提高。4年共立查渎职侵权案件386件，逮捕74人，提起公诉206人。

1996年，转变办案思路，从过去偏重于正面接触犯罪嫌疑人转到秘密初查，扫清外围；从偏重于犯罪嫌疑人口供转到全面收集证据；从偏重于使用强制措施、强取强攻转到正面攻坚、迂回突破。全年立查渎职案件154件，协助解救人质23人。1997年，随着修改后《中华人民共和国刑法》《中华人民共和国刑事诉讼法》的实施，渎职犯罪主体限定为国家机关工作人员，主要是对国家机关工作人员侵犯公民人身权利、民主权利和渎职犯罪依法追究法律责任，对非国家机关

工作人员的渎职犯罪案件不再受理。当年查办国家机关工作人员渎职案件162件，其中非法拘禁案件30件、玩忽职守案件56件、徇私舞弊案件8件，逮捕11人，移送起诉135人。1998年，积极探索新形势下办案的新路子和新领域渎职犯罪的法律特点。认真执行最高人民检察院“九条卡死规定”和省院“六个绝不允许”，进一步完善责任制、错案追究等监督机制,严把调查关、立案关、采取强制措施关、处理关，做到不失职、不越权，全方位查办法纪案件，集中优势兵力打歼灭战。全年立查渎职案件26件，其中非法拘禁案8件、玩忽职守案9件、重大案件14件、特大案件5件。

1999年，市检察院充分利用新闻媒体，在市区繁华地带设立宣传点，散发宣传材料，接受群众咨询，大力宣传检察受案范围，增强人民群众同渎职犯罪作斗争的自觉性。全年立查渎职案件16件，其中非法拘禁案2件，玩忽职守案5件，徇私舞弊案件6件，重大案件9件，特大案件2件，逮捕3人。2000年，按照最高人民检察院关于加强渎职侵权检察工作30条规定要求，全市检察机关把“四类”案件（党政机关工作人员特别是县处级以上领导干部玩忽职守、滥用职权犯罪案件；司法人员枉法追诉、枉法裁判、刑讯逼供犯罪案件；负有管理市场、维护社会主义市场经济秩序、保护经济安全职责的行政执法人员滥用职权、徇私舞弊不移交刑事案件等犯罪案件；国家机关工作人员利用职权实施的非法拘禁、报复陷害、破坏选举等侵犯公民人身权利和民主权利的犯罪案件。特别是刑法规定的新罪名、新领域渎侦犯罪案件）作为查办重点，全年立案查处15件。2001年，市县两级检察院加强联合，共同办案。对全市影响大、查处难的大案要案，由市院直接立案侦查。获取主要证据后，交基层院办理。对基层院有震动、群众反映强烈，通过实行主办、督办、协办与提办相结合的办案方式，推动全市渎侦工作的开展。当年，全市渎侦部门共受理国家机关工作人员渎职侵权案件线索83件，从中立案侦查44件，其中滥用职权类案11件，玩忽职守类案23件，徇私舞弊类案3件，非法拘禁案7件。

2002年，开展清理积压线索、清理久侦不结案件和案件质量大检查的“双清一查”专项行动，市检察院成立“双清一查”专项行动领导小组，制定具体行动实施方案，对2000年以来立查的渎职侵权案件进行清理检查。全年受理国家机关工作人员渎职侵权案件线索56件，从中立案侦查39件，其中渎职案件23件，包括滥用职权类7件，玩忽职守类10件，徇私舞弊类6件；侵权案件16件，包括非法拘禁案12件，非法搜查案4件。2003年，受理国家机关工作人员渎职侵权案件线索59件，从中立案侦查32件，其中渎职案件16件，侵权案件16件。重大案件13件，特大案件17件，要案1件。

2004年，全市检察机关建立以市检察院为主体、基层院为基础的案件侦查工作机制，对重大复杂案件，由市检察院统一指挥协调，围绕查办国家机关工作人员侵犯人权犯罪专项活动，积极开展查办侵权犯罪专项活动。全年共受理国家机关工作人员渎职侵权案件线索68件，侦查终结35件50人，提起公诉29件45人；提起公诉的案件法院已作有罪判决24件40人。2005年，全市检察机关紧密结合“平安潍坊”建设，注重从基层、从群众身边、从引发群众涉法上访较多领域排查线索，立案查办人民群众反映强烈的案件。4次派员参加市委、市人大组织的联合调查组，调查交办案件12件。是年，市检察院渎侦局被最高人民检察院表彰为全国检察机关严肃查办国家机关工作人员利用职权侵犯人权犯罪专项活动先进集体。全年共受理国家机关工作人员渎职侵权案件线索56件，从中立案侦查50件53人。其中，渎职案件17件19人，侵权案件33件34人，重大案31件32人，特大案13件15人。2006年，重点查办破坏社会主义市场经济秩序渎职犯罪，全市立查各类渎职侵权案件32件53人，包括渎职案件18件26人，侵权案件14件27人，重特大案件28件48人，占立案数的90.5%。

2007年5—6月，开展反渎职侵权工作宣传月活动，多形式、多渠道宣传检察机关查办渎职侵权犯罪情况，加深人民群众对渎职侵权犯罪的社会危害性认识。全市立查各类渎职侵权案件34件62人，立案件数和人数与上年同期相比分别提高6%和17%，包括渎职案件30件53人，侵权案件4件9人。8月，在全省反渎职侵权侦查工作会议上，市检察院反渎局被评为全省检察机关“十佳反渎职侵权局”。2008年，把严肃查办破坏环境资源犯罪和危害能源资源与生态环境渎职犯罪作为重点，量化目标，落实责任，探索新领域新罪名办案新方法。市检察院反渎局因成绩突出，被省检察院授予“先进集体”称号。全年立查各类渎职侵权犯罪案件37件46人，包括渎职案件33件41人，其中滥用职权类案15件22人、玩忽职守类案17件18人、徇私舞弊类案1件1人；侵权案件4件5人，全部为重特大案件。

2009年4—6月，开展环境污染和土地整理资金调查，成立12个调查组，以“走、看、查、访、谈”等方式，对辖区内的环境污染现状进行全面摸底调查。7—9月，对土地整理资金使用情况进行调查。是年，全市检察机关立查各类渎职侵权犯罪案件47件54人，其中滥用职权案26件26人，玩忽职守案11件11人，徇私舞弊案4件4人，侵权犯罪案6件13人。2010年，在农村开展查办涉农职务犯罪专项工作，在城市开展工程建设领域突出问题专项治理工作。集中开展查办房地产开发、惠农资金落实和土地管理三个领域职务犯罪专项行动(“两线三点”)，开展查办破坏环保渎职犯罪专项行动。全市检察机关立查各类渎职侵权案件49件53人，全部为重特大案件，包括滥用职权案11件11人、玩忽职守案29件29人、侵权案9件13人。

2011年，市检察院成立推动诉讼及社会诚信体系建设工作领导小组，印发《潍坊市人民检察院关于推动诉讼及社会诚信体系建设的实施意见》，积极查办和预防发生在诚信体系建设过程中的渎职犯罪。全年立查各类渎职侵权案件38件53人，全部为重特大案件，包括滥用职权案8件9人，玩忽职守案22件22人，侵权案8件22人。2012年，全市检察机关以开展严肃查办危害民生民利渎职侵权犯罪专项工作为总抓手，集中查办损害农民利益和群众权益、工程建设领域、行政执法人员以及司法人员渎职侵权犯罪，维护人民群众的合法权益。全市共立查各类渎职侵权案件46件53人，其中重特大案件42件49人，包括滥用职权17件19人，玩忽职守25件25人，侵权案4件9人。

第五节　职务犯罪预防

2000年12月13日，最高人民检察院颁布《关于进一步加强预防职务犯罪工作的决定》后，全市各级检察机关在不断加大查办职务犯罪案件力度的同时，更加重视预防职务犯罪工作，努力从源头上遏制腐败现象滋生蔓延。2002年1月，市检察院与有关重点行业和部门建立工作联系点，制定联席会议、信息交流与反馈、警示教育和案件线索移交等制度，率先在全市金融系统成立预防职务犯罪工作指导小组，与工商银行潍坊分行、农业银行潍坊分行、交通银行潍坊分行等6家银行、2家保险公司会签预防职务犯罪工作的意见，系统预防工作迈出新步伐。

2003年8月26日，市检察院召开全市预防职务犯罪工作会议，对做好全市预防职务犯罪工作提出具体要求。市检察院与市建设局等6个单位会签联合开展预防职务犯罪工作的意见，与金融系统、税务系统、水利部门、交通部门等召开预防职务犯罪座谈会。坚持工程预防，参与北海路、宝通街、高崖水库除险加固工程、峡山水库防渗坝工程等20个工程的招投标、物资采购、工程质量等环节的监督。坚持个案预防，针对发案单位暴露出来的问题和漏洞，采取“五个一制度”（一案一建议、一案一分析、一案一教育、一案一整顿、一案一回访）工作法，帮助其建章立制。全市个案预防193件，提出检察建议216份，协助发案单位建章立制1392条。2004年，市检察院开展系统预防，到省第四地质勘察院、潍坊网通公司、市药监局、市教育局、市卫生局等12个单位进行法制教育，受教育人数1548人次。参加市水系联网工程、东风西街建设工程、东明路樱前街人行道铺装工程、市区绿地绿化工程等14项工程的招投标活动。2005年，加强个案预防，重点对山东秦池酒厂窝案进行个案预防，从酒厂由兴旺走向衰败的发展历程，深入剖析原因，帮助建章立制，形成的调研材料，被最高人民检察院检察长贾春旺批转。5月，与工商银行潍坊分行联合下发开展第四次“法制教育月”活动实施方案，配合分行对各支行进行督导检查。市检察院先后参与投资1.2亿元的市区青年路、潍州路、和平路改造和城区绿化等重点工程项目的专项预防。全市检察机关预防部门发现案件线索88件，直接移送36件，初查后移送24件，自查28件。2006年4月27日，市检察院召开全市行贿犯罪档案查询工作会议，从即日起对全市各部门提供行贿犯罪档案查询服务。至11月底，全市381个单位查询49次。8月，省人民检察院组织全省检察机关预防部门开展《优秀检察建议》和《典型案例》评比活动，市检察院推荐的6份《优秀检察建议》和《典型案例》获得一、二等奖。2007年3月，市检察院与市烟草专卖局会签《共同开展职务犯罪预防工作的意见》。5月，市检察院与工商银行潍坊分行开展“第五个法制宣传月活动”期间，联合召开案件分析会，开展“排雷”（消除隐患）活动。6月，市检察院和市地税局联合召开“检税共建经验交流暨加强地税财务管理工作会议”，交流在地税系统开展预防工作的经验做法。市检察院对投资33亿元的荣乌高速公路潍坊段、投资30亿元的青莱高速公路潍坊段、投资15亿元的潍坊市文化艺术中心建设、投资3.4亿元的国省道改造和社会关注的市政重点工程建设开展预防工作。

2008年，市检察院贯彻落实《最高人民检察院与有关主管部门关于在预防职务犯罪工作中加强联系配合的意见》，深入交通、公路、水利、政府采购、市政设施建设等重大投资建设项目，强化预防措施，推动打造“阳光工程”。市检察院预防处先后参与投资15亿元的潍坊市文化艺术中心工程、投资5亿元的潍坊市奥体中心建设、投资3.4亿元的国道206路面改造工程、投资6亿元的白浪河上游湿地建设等十多项重大工程招投标监督。坚持把行贿犯罪档案查询工作作为防范商业贿赂职务犯罪的有效手段，把行贿犯罪档案查询工作作为工程项目招投标、公共采购、信贷审批、保险理赔、公司上市审核、政府采购等活动中的必经程序。全市检察机关共受理查询申请1890次，被查询单位8488个、被查询个人1064人，其中市检察院受理查询申请131次，被查询单位1440个。2009年，开展惠农资金落实情况专项调查活动，全市检察机关成立调查小组43个，参与调查146人，共走访政府部门61个、走访乡镇97

个、走访行政村874个，涉及惠农资金15.6亿多元。调查中共发现问题53个，提出纠正意见61条，协助健全制度78项，提出检察建议13件。在市检察院办公楼建成警示教育展览室和放映室。各县市区检察院建成13个警示教育展览室，配备兼职讲解员38人。2月11日，市检察院警示教育展览室正式对外开放。到11月，接待全市党政机关、企事业单位等119个单位1.1万余人参观。《检察日报》等多家新闻媒体分别报道市检察院利用警示教育展览室开展警示教育的情况。3月25日，中纪委驻最高人民检察院纪检组长莫文秀、省检察院检察长国家森等考察参观市检察院警示教育展览室，给予高度评价。

2010年3月，市检察院警示教育展览室被表彰为全市“优质服务项目”，市检察院和5个基层检察院警示教育基地被定为市廉政文化建设示范点。结合市直单位开展春训、廉政教育活动等时机，先后为市烟草公司、工商系统、政法系统、经贸系统、教育系统等上警示教育课17场，听课人数5100多人次。积极开展重大工程建设领域专项预防工作，全市检察机关先后对青临高速公路、鲁台会展中心、奥体公园、文化艺术中心、滨海拦海大坝等30多项重点工程开展专项预防工作，涉及工程建设资金155多亿元，节约建设资金8236万余元。开展工程领域的预防调查128项，开展预防咨询3300多次，发现隐患26处，发出检察建议103件，帮助建章立制517项。全年共开展行贿档案查询3329次，被查询单位1.33万个。2011年5月24日，全国检察机关惩治和预防渎职侵权犯罪展览潍坊巡展活动开幕，巡展活动共7天，市领导、县市区、市属开发区和市直机关共1.24万人参观展览。深入开展工程建设领域专项预防工作，先后对青临高速公路、鲁台会展中心、滨海拦海大坝等40多项重点工程开展专项预防工作，涉及工程建设资金205多亿元，节约建设资金5236万余元。

2012年，开展对重点领域有影响的重大工程和重大项目的预防工作，全市检察机关先后对青临高速公路、鲁台会展中心等36项重点工程开展专项预防工作，涉及工程建设资金200多亿元，节约建设资金8236万余元；开展工程领域的预防调查128项，开展预防咨询383项，发现隐患215处，发出检察建议63份，帮助建章立制517项。全年共开展行贿档案查询2991次，涉及1.09万个单位，发现招投标活动中的违法行为23次。加强警示教育，利用全市21个预防职务犯罪警示教育展览室开展预防职务犯罪警示教育1589场次，受教育人数达到8.3万人。组建预防警示教育宣讲团，在党政机关、乡镇街道等组织宣讲团巡回宣讲260场，听众2.35万人。

第六节 刑事执行检察

刑事判决、裁定执行检察

1991年，全市检察机关认真贯彻“改造第一，生产第二”的方针，着重加强对刑事判决、裁定执行情况的监督，主动参与劳改单位的减刑、假释、保外就医等活动，列席劳改单位研究减刑假释1205人次，建议不予报请减刑假释37人次。1992年1月，最高检察院对潍坊看守所连续7年无超期羁押和延伸看守所检察的经验进行总结。1993—1994年，按照刑法、刑诉法和最高法院《关于办理减刑、假释案件具体应用法律若干问题的规定》的要求，强化对减刑、假释工作的法律监督，共参加研究减刑、假释会议77次，办理减刑、假释3698人次，提出检察建议82条。1994年8月，城郊地区检察院成立后，专门对刑事案件判决、裁定的执行和监狱、看守所、劳动改造机构、劳动教养机构的活动是否合法实行监督。

1995年，市检察院监所检察部门对全市1990—1994年办理的173名保外就医人员进行全面认真复查，10人被重新收监。1996年，配合“严打”斗争，给被监管人员上大课，进行提审教育，敦促被监管人员检举揭发余罪，提供犯罪线索，获得犯罪线索513条，有关部门从中破获案件130件。加强检察院派驻机构建设，在全市2处监狱、1处劳教所和11个看守所共设置检察室15个，其中驻看守所检察室11个、驻监狱检察室3个、驻劳教所检察室1个。1998年，认真贯彻最高检察院、最高法院、公安部、司法部《关于依法加强对管制、剥夺政治权利、缓刑、假释和暂予监外执行罪犯监督考察工作的通知》精神，对2158名监外执行犯进行2次普遍检察，对检察发现的8名暂予监外执行条件消失的罪犯，依法交付监狱执行。

2001年，最高检察院全面启动争创派驻检察室规范化达标晋级活动。市检察院对全市16个派驻检察室达标情况进行全面检查，4个单位达到一级规范化检察室标准，8个单位达到三级标准，4个单位达不到等级标准。2002年，全市4个检察室被评为省级规范化检察室，7个检察室被评为市级规范化检察室。5月30—31日，全国检察机关纠正超期羁押经验交流现场会在潍坊召开，最高检察院和9个省、直辖市人民检察院的领导出席会议。潍坊市连续16年无超期羁押的工作经验，得到最高检察院领导和与会代表的高度评价。

2003年，市检察院与市公安局联合印发《关于加强在押人员收押管理工作的通知》，严把入所健康检查关，加强在押人员日常卫生防疫管理，对已决犯做好送交执行，确保“出口”畅通，防止看守所收押不符合条件的现象发生。对看守所收押、会见、劳动、使用戒具、留所服刑等多个环节，加强监督检察，共纠正违法收押、违法会见、不符合规定留所执行、体罚虐待、违法使用戒具、劳动时间过长等各类违法65件，其中书面纠正10件。2003年9月和2004年2月，昌乐看守所和临朐看守所发生两起在押人员非正常死亡事故，调查发现看守所存在失职、渎职问题，查获2起看守所人员玩忽职守犯罪案件。2003年10月29日，在北京召开的全国检察机关监所检察工作会议上，潍坊市检察院被最高人民检察院记集体一等功。

2005年4月，立案查处昌乐县看守所监管民警阚某利用职务之便，为被羁押犯罪嫌疑人提供通信工具与外界联系并索取、收受贿赂的犯罪案件。8月，依法查处高密市看守所荆某（及同案犯赵某）利用职务之便，收受在押人员及朋友钱物，提供通信工具、传递有关文书等帮助犯罪分子逃避处罚犯罪案件。9月9日，在全国监所检察部门加强查办职务犯罪案件工作电视电话会议上，最高人民检察院对潍坊市采取“交叉调查”办法获取案件线索的做法给予充分肯定并进行推广。2006年，立案查处潍坊监狱监管干警职务犯罪案件7件8人，其中要案5人，潍坊监狱原监狱长邵某单独或伙同其情妇隋某贪污、受贿案，被列为最高人民检察院重点督办案件之一。坚持预防为主，完善和严格执行行之有效的监督防范机制，从源头上杜绝和遏制超期羁押现象的发生，全市连续22年无超期羁押。

2008年4月，按照省检察院部署，潍坊作为减刑假释专项检察活动试点单位，对2008年全年减刑假释工作先期开展试点。突出计分、呈报、裁定（决定）三个环节的全面同步监督，重点对职务犯罪等七种罪犯刑罚变更执行情况进行检察，落实对七类罪犯逐人建档的要求。对发现的超间隔期减刑、假释问题，向监狱提出纠正违法20件，监狱全部采纳整改。2009年4—9月，开展为期5个月的“看守所监管执法专项检查活动”，对全市9处看守羁押的2661名在押人员逐人进行体表检查。结合问卷调查内容，对重点人员个别谈话，对“牢头狱霸”行为予以严厉打击。提出纠正意见53条，检察建议14件，全部进行了纠正整改。与法院、监狱协商，选取5批45名服刑罪犯举行减刑假释裁定公开听证会，市中级法院主持，监狱机关作为提请机关提出减刑假释建议并举证，城郊人民检察院作为法律监督机关出席听证会发表检察意见。2010年，立查刑罚执行和监管活动中的职务犯罪10件11人。开展犯罪预防，城郊检察院对投资1亿元的市劳教所新所建设工程全程参与监督。

2011年，开展全市看守所械具禁闭使用情况专项检察，依法建议并督促监管机关对不符合规定的械具全部封存，对不符合设计规范的禁闭室限期整改，对检察中发现的使用管理违法和不规范问题提出纠正违法17条，检察建议20件。加强监外执行检察和社区矫正检察，对监外执行交付脱节，社区矫正机构乱收费，社区矫正人员未建立档案、无矫正措施，监外执行条件消失未收监执行，监外执行期满不宣布等问题进行重点监督和纠正，提出书面纠正违法90条，协助建立帮教组织229个。对检察中发现的6名严重违反监外执行规定的监外执行罪犯，及时提出纠正意见收监执行。2012年6月，最高检察院组织开展优秀检察日志评选活动，青州市人民检察院驻青州市看守所检察日志被评为“全国检察机关派驻监管场所检察室优秀检察日志”，入选检察日志范文，是山东省唯一获此殊荣的检察日志。城郊检察院驻潍北监狱检察室检察日志被省检察院评为“全省检察机关派驻监管场所检察室优秀检察日志”。

执法检察

1991年，加强对看守所羁押人犯时限监督，严格收押、登记手续，杜绝无证收押或手续不全先行羁押等非法收押现象。对监管改造场所安全防范检察1035次，提出检察建议302条，消除事故隐患24件。对在押犯进行服法教育，上法制课31次，个别教育715次，通过教育犯人揭发犯罪线索451条，从中立案51件，抓获犯罪分子61人。1994年，市检察院与市公安局、市中级法院联合印发《关于抓紧对看守所人犯消化处理的通知》，制定35条具体措施，加快由于“严打”押犯剧增的消化处理。1996年，开展专项调查活动，对留所执行犯273人的执法情况、保外就医罪犯183人的执法情况、看守所内“牢头狱霸”情况以及1994—1996年10月间减刑罪犯3766人和减刑劳改的329人执行情况进行调查，掌握第一手材料，采取针对措施，防止超期羁押。

1998年，加强对生产、外工、通信、接见、律师会见等环节的监督，防止串供、翻供。加强安全检察，自行检察1382次，检察长检察146次，联合检察189次，提出安全防范建议117条，消除重大事故隐患109件。1999年，掌握被监管人员的思想动态，有针对性地进行思想教育，上大课209次，受教育2.14万人，个别提审教育4225次4262人，转化重危分子44人。2000年，加强对监外罪犯执行情况检察，对2500名监外罪犯进行两次普遍检察。协助建立健全帮教组织301个，对不符合监外执行条件和条件消失的8名罪犯，依法交付监狱执行。对监管活动中的违法行为，提出书面纠正意见13起，均被公安执行机关采纳。

2001年，针对“严打”整治斗争中新收押犯罪人员增多、情况复杂、转化难度大等问题，认真做好转化工作，对重点、危险犯罪分子采取法制教育、促心教育，防止事故发生，稳定狱内秩序。2004年，开展“减刑、假释、保外就医专项检查”活动，对2002至2004年办理案件，逐人逐案进行清查，重点是原任县处级党政领导职务罪犯、死刑缓期执行罪犯、无期徒刑罪犯、累犯、涉黑犯，以及在当地有震动、有影响、有社会背景的罪犯减刑、假释、保外就医背后的问题。共清查减刑4172人，假释1544人，保外就医49人。另外，一并清查法院决定暂予监外执行17人。

2005年，市检察院在高密开展社区矫正试点，在完善社区矫正检察制度方面进行尝试。2007年7—10月，中央政法委等五部门联合部署开展核查纠正监外执行罪犯脱管漏管专项行动。全市两级政法部门联合成立领导小组，办公室设在市人民检察院监所检察部门，查清法院裁决核查范围内监外执行罪犯约1.5万人。将外省市执行监外执行人员678人发往外地，接收外省市发来的监外执行人员786人。2009年，针对个别看守所违法截留余刑一年以上已决犯问题，驻所检察室严把监督关口，一律不批准一年以上留所服刑，全市监所检察部门共针对看守所违法留所服刑、未在法定期限内交付执行以及法院长时间不送达执行法律文书等行为提出纠正28件。

2010年，全市检察机关认真执行《减刑假释监督程序细则》，落实刑罚变更执行重点监督和同步监督机制，对职务罪犯等“九类罪犯”逐人建档、重点监督，对计分、呈报、裁决定环节开展同步监督，参加监管单位呈报减刑、假释、暂予监外执行研究会议34次，审查呈报、提请和裁定、决定减刑、假释、暂予监外执行案件7183人次，提出纠正意见83条。2011年，全市驻看守所检察室全部实现与看守所监控联网，实现监管执法信息实时交换共享。2012年，加强刑罚变更执行同步监督，全年共审查减刑、假释、暂予监外执行呈报、提请、裁定、决定材料6857人次，列席提请呈报研究会议30次，对法院听证程序审理的10期64人减刑、假释案件派员出席法庭，进行现场监督。

重新犯罪检察

1991年，在“严打”专项斗争中，办理重新犯罪案件5件5人，全部提起公诉，法院依法作出加刑判决。1992年，监管改造场所被监管人员脱逃犯罪较为严重，全市发生脱逃犯罪11件23人，其中在押服刑犯8件16人，在押人犯2件6人，被劳教人员1件1人。市监所检察部门先后办理7件14人，起诉13人，免诉1人。1996年，依法严厉打击“牢头狱霸”，从重从快办理重新犯罪案件34件46人，其中监外执行犯重新犯罪16件16人。1999年，监外执行犯重新犯罪6件6人，批捕4件4人，依法起诉6件6人，法院全部作出有罪判决。

2000—2003年，全市检察机关将打击重新犯罪作为工作重点，办理重新犯罪案件84件110人。2004年，加大立案监督力度，监督监外罪犯又犯罪案件查处，共办理立案监督案件11件11人，向公安机关发出《要求说明不立案理由通知书》11件，公安机关直接立案9件，说明理由2件。2004年，依法批捕重新犯罪案件59件91人，起诉62件106人，不批准逮捕3件3人。市检察院起诉的监外罪犯抢劫、杀害出租车司机恶性案件，两名被告人均被判死刑立即执行。

2008年，市检察院市公安局联合印发《关于共同严厉打击被监管人员在监管场所又犯罪活动的实施办法（试行）》，对留所服刑人员在执行期间又犯罪依法立案监督5件5人。2010年，在看守所全面实行检察官约见制度，对发现和预防在押人员犯罪发挥重大作用。全市监所检察部门办理监外执行罪犯又犯罪批捕77人，起诉114人，立案监督同案犯1人。

对申诉不服判决检察

1991—1998年，全市监所检察部门受理劳改、劳教、刑满就业人员及其家属申诉147件，自行查处133件，转交有关部门办理14件。2001年，受理申诉9件9人，控告1件1人，举报5件5人。2002年，受理查处罪犯及其家属的申诉、控告案件16件，其中立查5件，受理举报1件，受理的上访案件未发生重复上访。2003年6月，最高人民检察院重新调整服刑人员申诉案件的管辖范围，部分服刑人员申诉案件由检察院控告申诉处办理。当年共受理申诉15件15人，立查2件2人，控告4件4人，举报3件3人。

2009年，市检察院依法对5起在押人员控告、申诉案件进行查处。指导昌邑市检察院妥善处理昌邑市看守所发生的一起留所服刑罪犯自缢身亡引起的家属上访事件。对3起在押人员死亡事件，及时介入调查取证，开展现场监督。2010年2月，潍北监狱一名罪犯突然死亡，家属对其死亡原因提出疑义，驻潍北监狱检察室检察人员在第一时间赶到现场，委托市检察院技术处进行尸体解剖和法医鉴定。因调查取证及时合法，其家属最终认可法医鉴定结论，平息了矛盾纠纷。

第七节 控告申诉检察

1991—1993年，全市检察机关按照“分级负责，归口管理”的原则，依法办理控告申诉案件6956件，受理来信来访7773件次，其中来信5712件，来访2061人次。

1994年，按照《人民检察院复查刑事申诉案件的规定》，控审部门把不服检察机关不捕、不诉、免诉决定的申诉案件作为重点，对受理的88件申诉案件，立案复查7件，维持原决定4件，改变原决定2件，办理省检察院、市人大常委会等领导机关交办的申诉案件45件，均查结上报。12月2日，最高人民检察院通过《人民检察院刑事赔偿工作办法（试行）》，对办理确认、受理、复议、执行刑事案件作了具体规定。1995年5月，市检察院在控告申诉检察处设立刑事赔偿工作办公室。至当年底，诸城、青州、高密、潍城、临朐、寿光等6个县市区检察院在控审科设立刑事赔偿工作办公室。到1996年底，各基层院刑事赔偿工作办公室全部成立。当年，全市共受理涉及刑事赔偿的案件3起，经审查依法给予赔偿的1起。

1997—1998年，按照最高人民检察院《人民检察院举报工作规定》，重点抓举报的宣传、初查、线索管理、反馈、奖励等工作。召开新闻发布会4次，电视专题报道7次，出动宣传车66辆次，深入基层巡回宣传51次，举办举报讲座137场。全市拥有奖励基金58.9万元，奖励举报有功人员28人。加强对举报线索的管理，建立健全严格、保密、高效、有序的线索管理机制，坚持一个窗口对外，做到受理、管理、分流、反馈四统一。

1999年，在全市开展“举报宣传周”活动，组织300名干警上街，制作宣传图板100多块，出动宣传车30多辆，发放宣传材料4万余份。活动中受理群众举报69件，接受群众法律咨询800余人次。实行检察长接待日制度，妥善处理告急上访和集体上访，做好息诉息访工作。全市两级检察长共接待来访1500人次，全部做了妥善处理。2000年，认真办理人大常委会交办的案件及人大代表反映的举报、控告和申诉材料，对办结的案件及时答复代表，对未办结的及时向代表反馈进展情况，为维护社会稳定服务。全年共受理各类刑事申诉案件422件，立案复查39件，市检察院办理刑事申诉案件6件。查处上级交办要结果案件176件。是年，市检察院和诸城、高密3个检察院被评为全国检察系统文明接待室，诸城、高密、青州、临朐、安丘5个检察院被评为省级文明接待室。

2001—2002年，按照市委《开展信访百案百结活动实施方案》部署，开展处理控申积压案件活动。对最高人民检察院、省检察院规定的四类案件和市委规定的“三访”问题、重点案件、重点单位进行排查摸底，对检察环节上的各类控申举报积压案件逐人逐案进行登记分析，责任落实到具体承办人，做到“一定三包”，即定任务、包调查、包处理、包做息诉息访工作。至2002年11月底，全市检察机关无积压案件。

2003年，坚持检察长接待日制度，两级院检察长接待群众来访111人次。市检察院参加市委政法委组织的联合接访4次，受理上访案件3件，均作了妥善处理。8月，开展“信访专项治理月”活动，认真排查、解决管辖内信访问题，妥善处理重复访、告急访6件。两级检察院共受理群众来信来访1560件，其中集体上访9件。组成23个工作组，分赴问题突出的乡镇、村庄、厂矿、企业进行专项调查和集中整治，解决群众反映强烈的问题。

2004年2月，抓住全国集中处理涉法上访案件和信访突出问题的有利时机，集中办理涉法上访案件，对排查出的11起重点申诉案件，6月底全部按期办结。5—9月，根据最高人民检察院、省检察院分别印发的《关于开展不起诉案件专项复查活动的通知》精神，组织开展对全市2003年度不起诉案件的阅卷复查和清理纠正活动，对62件绝对不起诉、相对不起诉、存疑不起诉案件进行复查。全年受理来信来访1469件，妥善处理集体上访、告急信访8件。

2005年，开展集中处理涉检信访专项活动，对排查出的127件涉法上访案件，逐案建立台账，年内全部息访息诉。对市人大交办的5起案件，认真依法办理，做到件件有结果有回音。全年共受理群众来信来访1146件，均依法作出妥善处理。是年，诸城市检察院控申举报接待室被高检院授予全国检察机关“文明接待示范窗口”称号，市检察院和高密、安丘两个基层院控申举报接待室被高检院授予全国检察机关“文明接待室”称号。

2006年，积极化解矛盾纠纷，开展“到省进京零上访”活动，全年没有发生进京涉检上访案件。全年受理各类信访1181件，其中来信1062件，来访119件；电话107件，网络2件；举报984件，控告354件，申诉205件；集体访5件，告急访2件。对检察机关管辖的符合立案条件的5件复查刑事申诉案件，依法予以维持2件，改变原决定1件，不予抗诉2件。依法初查615件，其中移送立案67件。

2007年6月11—15日，开展“举报宣传周”活动，全市检察机关出动干警180名，设宣传点13个，出动宣传车21余辆次，制作举报宣传图板80余块，发放宣传材料5万余份，接受群众法律咨询360人次，受理群众举报案件8件，控告案件5件，刑事申诉案件3件，民事申诉案件5件。认真抓好群众信访工作，全市两级检察机关共受理各类信访958件，其中来信877件，来访81件，电话98件，网络9件；举报960件，控告356件，申诉165件；集体访1件，告急访2件。

2008年7月，市检察院开通民生检察服务热线，接听群众热线电话233个，其中属于检察机关管辖的举报控告14个，不属于检察机关管辖的举报电话3个，咨询电话216个；受理网络控告举报案件线索24件，法律咨询1件。全年共受理各类信访898件，其中来信787件，来访111件；电话37件，网络32件；举报809件，控告319件，申诉114件；集体访3件，告急访1件。

2009年，组织开展涉检信访积案化解年专项活动和涉农涉检信访大排查大息诉活动，全市共排查出涉检信访积案25件。全市基层院在社区（乡镇）建立下访巡访工作室273个，聘请信访联络员或法律督导员308名。组织开展刑事审判法律监督专项检查活动,全年共受理不服法院刑事裁判信访案件18件，立案复查3件，其中市检察院复查1件，临朐县检察院1件，诸城市检察院1件。市检察院向市中级法院提出再审建议1件，其余2案不予抗诉。

2010年，组织业务部门推行涉检信访评估预警制度，对所办刑事案件和自侦案件实行三级评估预警，全市共评估各类案件2993件，发出预警90件。认真贯彻落实中央政法委、省委政法委、省检察院关于加强刑事被害人救助工作的精神，全市检察机关为12人落实救助款5.5万元，为7人落实最低生活保障金。

2011年5月，市检察院印发《关于在全市控申检察部门实行“九字工作法”，努力提高做群众工作能力的意见》，在全市大力推行“点对点、案对案、面对面”的“九字工作法”，提高做群众工作的能力。把刑事申诉检察作为化解社会矛盾的重要举措，全年共立案复查刑事申诉案件16件，通过审查纠正原处理意见1件，向法院发出再审检察建议1件，提起抗诉1件；审查结案5件。积极开展刑事被害人救助工作，为14人落实救助款15万余元，为2人落实最低生活保障金。

2012年，针对控申干警将承担出庭抗诉职责的新要求，加强与公诉部门的沟通，安排控申干警出庭观摩公诉、抗诉案件的庭审活动。全市共立案复查刑事申诉案件46件，其中提起抗诉1件，改判1件，改变检察机关原决定2件。全市共受理各类群众来信来访875件，其中来信756件，来访119件；电话网络384件，检察长接访28件，均妥善处理，全市实现涉检进京“零上访”。

1991—2012年潍坊市检察机关控告申诉案件情况统计表

表20—2—5

项目 年份	受理信访（件）	举报线索（条）	移送立案（件）	申诉受理（件）	申诉审查处理（件）
1991	3140	2192	232	296	295
1992	2174	1444	204	189	189
1993	2459	1889	254	122	122
1994	2139	1677	211	88	87
1995	2067	1877	281	122	122
1996	3348	2257	157	103	103
1997	590	2173	100	105	85
1998	3436	2564	29	229	34
1999	2612	1908	26	327	46
2000	2439	1789	34	422	39
2001	2005	1585	35	302	55

续表20-2-5

年份＼项目	受理信访（件）	举报线索（条）	移送立案（件）	申诉受理（件）	申诉审查处理（件）
2002	2711	2000	36	416	58
2003	1560	1556	43	1092	1092
2004	1469	1469	74	889	889
2005	1146	1146	59	725	725
2006	1181	1181	70	615	615
2007	958	958	69	517	517
2008	898	897	45	474	474
2009	902	898	35	604	604
2010	1011	1008	45	701	701
2011	961	928	24	717	717
2012	875	858	40	634	634

第八节　民事行政检察

1991年 8 月23日，市检察院设立民事行政检察处，对法院生效裁判监督、审判程序监督和执行活动监督。1992年1月，市检察院要求各县市区检察院设立民事行政检察机构。潍城区检察院、诸城市检察院率先设立民事行政检察科。市检察院举办为期10天的全市民事行政检察干部学习班，之后，开始受理案件。全年受理不服法院判决、裁定的民事行政案件9件，其中经济纠纷6件、行政案件2件、民事案件1件。通过说服劝解，申诉人自动息诉6件，市中级法院指定异地法院再审1件。

至1993年底，全市11个基层院设立民事行政检察科，配备专职人员25人。市检察院民事行政检察处加强办理民事行政案件指导，建立健全案件分类受理工作制度和处理民事申诉案件制度，民事行政检察工作逐步走上正轨。全市全年共受理不服法院判决、裁定案件10件，其中经济纠纷4件、行政案件3件、民事案件3件。申诉人息诉7件、法院办理2件。

1994—1997年，市检察院印发《潍坊市人民检察院受理民事行政申诉案件暂行规定》和《常见民事行政申诉案件的概念、特征和处理这类案件运用的法律法规条文》等文件，加强办案指导。通过新闻媒体，加大宣传力度，增强民事行政检察知名度，促进民事行政检察工作深入发展。4年全市受理不服已生效的法院判决、裁定案件450件，经审查立案205件，市检察院提出抗诉22件，向省检察院提请抗诉38件，法院改判7件。

1998年，把提请抗诉、建议提请抗诉、直接抗诉作为重点，把具有同等法律效力确有违反自愿原则、事实原则、合法原则的调解纳入抗诉范围。全年共受理不服法院判决、裁定的各类案件358件，立案审查152件，提请抗诉和建议提请抗诉110件，向省检察院提请抗诉19件，市检察院向市中级法院提出抗诉27件；法院开庭再审16

件，改判12件；提出检察建议19件。1999年，受理不服法院判决、裁定的各类案件298件，立案审查167件，提请、建议提请抗诉127件，市检察院向市中级法院提出抗诉52件，经法院再审并收到改判决定30件。

2000—2001年，针对民事行政检察专业性强、涉及领域广、新型案件多等特点，采取选派人员参加培训班、基层院交叉审查提请抗诉案件、召开案件讨论会、开展案件复议、推广先进经验等形式，加强检察干警的政治、法律、经济、科技等方面的学习，提高干警的理论水平和业务能力。全年民行检察部门共受理不服法院生效判决、裁定的民事行政申诉案件733件，立案审查407件，市人民检察院提请和建议提请抗诉338件，抗诉案件再审改判72件。

2002年，市检察院探索以支持起诉方式保护国有资产有效途径，在试点的基础上，6月在安丘市召开全市民事行政支持起诉工作经验交流现场会，对侵害国家利益案件提起诉讼和支持起诉工作进行动员部署。严把案件证据关，变以往单一的抗诉方式为抗诉和检察建议并举，在提高原审改判率和检察建议的采纳率上下功夫。全市共受理不服法院民事行政判决、裁定的申诉案件339件，经审查立案212件；提请和建议提请抗诉168件。市检察院共审查提请抗诉案件141件，其中向市中级法院提出抗诉77件；向省检察院提请和建议提请抗诉29件，抗诉和提请抗诉案件共计106件，是历年来最多的。2003年，全年共受理不服法院民事、行政生效判决、裁定的申诉案件307件，立案224件。市人民检察院共审查提请抗诉案件178件，其中向市中级人民法院提出抗诉77件，向省人民检察院提请和建议提请抗诉31件，抗诉和提出检察建议的案件，法院开庭再审抗诉案件50件，调解结案17件，改变原判22件。

2004年，运用个案再审检察建议开展诉讼监督，对检察建议监督的具体程序与法院进行协商，简化办案程序，缩短办案周期，节省司法资源，缓解民行检察工作“倒三角”的不合理状态。全年共受理民事行政申诉案件364件，立案218件，提请建议提请抗诉184件。市检察院审结基层院提请抗诉案件183件，其中，向市中级法院提出抗诉105件，向省检察院提请和建议提请抗诉31件，被采纳24件。法院再审审结民事行政抗诉案件50件，其中调解结案12件，改判34件，维持原判4件。对决定不抗诉的47件民行申诉案件，均作了息诉处理。在全省检察机关民事行政检察再审检察建议工作座谈会上，潍坊市检察院民事行政检察处作经验介绍。

2005年，认真落实《关于调整人民检察院直接受理案件侦查分工的通知》精神，将查办审判人员贪污、受贿、枉法裁判等违法犯罪行为，作为民事行政检察工作的重点和强化监督的重要手段来抓。5月，市检察院和市中级法院会签《关于在民事行政诉讼中应用检察建议的意见》，规范和推动检察建议监督工作的开展。全年共受理民事行政申诉案件313件，立案审查239件，提请、建议提请抗诉205件。市检察院向市中级法院提出抗诉82件，法院再审审结52件，其中改判32件，调解结案14件。向省人民检察院提请抗诉48件，建议提请抗诉2件，被采纳39件。共提出再审检察建议74件，法院采纳69件。2006年，全年对认为确有错误的民事、行政判决裁定向市中级法院提出抗诉95件，向省人民检察院提请抗诉71件，发出再审检察建议77件，抗诉和提出检察建议的案件经法院开庭再审和进行调解改变原判决98件。

2007年，市检察院印发《关于深入贯彻上级院工作部署进一步加大查办职务犯罪工作力度的通知》，对全市民事行政检察部门加强自侦工作做出部署，查处审判人员涉嫌职务犯罪3件5人，立案1件1人，对大量不抗诉、不提请抗诉，不立案和终止审查的案件坚持因案施策，释法说理，做好服判息诉工作。全市检察机关共受理民事行政申诉314件，提请抗诉111件，提出再审检察建议被采纳改变原判决51件，市检察院办结基层院提请等案件197件，其中提出抗诉96件（民事95件、行政1件），提请和建议提请省院抗诉74件。

2008年，市检察院和昌乐、潍城、奎文、诸城等县市区检察院积极与法院联合会签《关于加强民事、行政案件执行监督的规定》《关于民事行政案件执行监督的意见》，推动民事执行监督的规范开展。全市民事行政立案审查321件，提请抗诉讼134件，建议提请抗诉103件,市检察院办结基层院提请案件237件，其中提出抗诉124件，提请省院抗诉79件，法院改判26件,调解15件。2009年，共受理民行申诉案件277件，立案审查249件，向法院提出抗诉91件（民事90件、行政1件），经再审改判38件，调解结案18件。

2010年，积极构建多元化监督格局，灵活运用再审检察建议，促使法院纠正错误判决、裁定或诉讼中的违法情形，全市提出再审检察建议36件，法院采纳25件，再审改判25件。坚持把抗诉作为民事行政检察监督的中心任务，将有限的民事行政检察资源，发挥最大的监督效能。全市检察机关共受理民事行政申诉案件226件，立案审查196件，对认为确有错误的判决、裁定，依法提出抗诉79件，提请省检察院抗诉56件。

2011年3月，最高人民法院、最高人民检察院对执行监督、调解监督、督促起诉、公益诉讼、行政执法监督和诉讼违法调查等新型民行业务做出新的规定，全市民事行政检察部门通过培训班、研讨会、自学和集中学习相结合等方式，全面学习理解规定基本精神和具体内容，各项业务规范展开。当年，全市共受理民事行政申诉案件444件，立案审查191件，提出抗诉48件，法院再审审结抗诉案件56件，其中，改变原判39件，撤销原判发挥重审2件，调解11件。

2012年，开展督促起诉工作，防止国有资产流失，全市办理督促起诉案件171件，实际挽回或避免经济损失3.31亿元。《中华人民共和国民事诉讼法》修改后，全市民事行政检察部门开展执行监督工作，办理民事执行监督案件33件。针对立案、送达、保全及督促程序、特别程序等诉讼环节违法情形，探索开展监督的方式方法，以程序公正保障实体公正，全市监督纠正诉讼活动违法情形47件。

1991—2012年潍坊市检察机关民事行政检察统计表

表20-2-6　　单位：件

项目 年份	受理	立案	提请抗诉	建议提请	提出抗诉	再审改判	审查和解	检察建议	建议再审
1991	—	—	—	—	—	—	—	—	—
1992	9	—	—	—	—	—	—	1	—
1993	10	—	—	—	—	—	—	2	—
1994	20	—	—	—	—	—	—	1	—

续表20-2-6

项目 年份	受理	立案	提请抗诉	建议提请	提出抗诉	再审改判	审查和解	检察建议	建议再审
1995	25	21	6	—	—	—	—	6	—
1996	175	85	18	10	8	—	—		—
1997	230	99	38	21	14	7	—	5	—
1998	358	152	70	40	27	12	—	19	—
1999	298	167	80	47	52	30	—	—	—
2000	407	210	100	74	62	36	—	—	—
2001	326	197	94	70	55	36	—	—	—
2002	339	212	100	68	77	29	—	—	—
2003	307	224	108	70	77	22	17	—	35
2004	364	218	110	74	105	34	12	—	39
2005	313	239	126	79	82	32	14	—	74
2006	315	243	71	43	95	98	16	—	77
2007	314	262	111	86	96	51	18	—	51
2008	343	321	134	103	124	26	15	—	56
2009	277	249	85	67	91	38	18	—	42
2010	226	196	56	34	79	25	12	—	36
2011	444	191	44	29	48	39	11	—	28
2012	292	190	30	17	84	42	19	—	24

第三章　法院

90年代后，全市法院适应新审判形势需要，充分履行惩治违法犯罪、化解社会矛盾、促进经济发展、维护社会稳定的基本职能，全面推进司法改革，大力加强队伍建设和基层基础建设，各项工作取得新发展。1992年，潍坊市中级人民法院（简称市中级法院）在全国中级法院中首家被最高人民法院荣记“集体一等功”。1993年，在全国率先实行“竞争上岗、优化组合、双向选聘”为主要内容的人事制度改革。1998年始，探索“大立案”审判流程管理改革，被最高人民法院推广，并纳入《人民法院五年改革纲要》。1999年，市中级法院被最高人民法院首批授予“全国法院模范集体”称号。2001年，庭前证据展示等刑事庭审改革经验，经最高人民法院推荐，于2002年被联合国列为赞助项目。2002年后，全面推开简易民事案件“即审”机制，普通程序民事案件“简案简审简写”收效明显。2005年，全市法院在全市选任421名人民陪审员，参与审理案件703件，陪审1025次。2007年始，广泛开展法官进社区、进学校、进企业、进军营、进机关“五进”活动，推动完善以“党委统一领导、相关部门联动、法院积极主导、信息资源共享、诉求渠道畅通、人民群众受益”为核心内容的多元纠纷解决机制。2010年始，建立诉讼诚信体系，至2012年，全市法院诉讼信用信息库储存信息共6.04万条。

1991—2012年，全市法院参与社会治安综合治理，审结一审刑事案件7.54万件、11万人；审结一审民事案件56.07万件，年均结案25488件；审结一审商事纠纷案件45.84万件，诉讼标的额633.6亿元；受理一审行政案件4.8万件，审查执行非诉行政执行案件4.95万件；执结各类执行案件1.86万件，标的额38.2亿元。

第一节　机构与队伍

市中级法院

1991年，市中级法院设刑事审判第一庭、刑事审判第二庭、民事审判庭、经济审判庭、告诉申诉庭、办公室、研究室、政治处、执行庭、法医技术室、行政审判庭、监察室（与纪检组合署办公）、党委办公室。1993年2月，设立经济审判第二庭。1997年6月，设立立案庭、审判监督庭。

1997年，市中级法院内设机构有刑事审判第一庭、刑事审判第二庭、民事审判庭、经济审判第一庭、办公室、研究室、政治处、执行庭、纪检组、法医室（2002年2月改称技术室）、行政审判庭、监察室、党委办公室、经济审判第二庭、立案庭、审判监督庭、赔偿委员会办公室、计划财务装备处（与办公室合署办公）、司法警察支队。2002年2月，设立民事审判第三庭，是省法院确定的5个知识产权一审案件管辖权法院之一，负责潍坊、淄博、东营、滨州等地知识产权一审案件的管辖。

2002年，市中级法院内设机构有办公室（与行政装备管理处合署办公）、政治部、立案庭、刑事审判第一庭、刑事审判第二庭、民事审判第一庭、民事审判第二庭、民事审判第三庭、民事审判第四庭、行政审判庭（与赔偿委员会办公室合署办公）、审判监督庭、执行局（内设执行一庭、执行二庭）、政研室（与审判委员会办公室合署办公）、法警支队、监察室。2011年8月，审判委员会办公室改为审判管理办公室。

2012年，市中级法院内设机构有21个，即办公室（与行政装备管理处合署办公）、政治部（内设组织人事处、法官管理处、教育培训处、离退休干部处）、机关党委、立案庭、刑事审判第一庭、刑事审判第二庭、刑事审判第三庭、民事审判第一庭、民事审判第二庭、民事审判第三庭、民事审判第四庭、行政审判庭、赔偿委员会办公室、审判监督庭、执行局（内设执行一庭、执行二庭）、研究室、技术室、法警支队、信访办、审判管理办公室、监察室。

基层法院

1991年，市中级法院下辖潍城区、坊子区、寒亭区、青州市、诸城市、五莲县、寿光县、安丘县、高密县、昌邑县、昌乐县、临朐县12个基层人民法院。全市法院设人民法庭286个。

1992年12月，五莲县划归日照市。1993年6月，寿光县人民法院更名为寿光市人民法院。1994年1月，安丘县人民法院更名为安丘市人民法院。1994年5月，高密县人民法院更名为高密市人民法院。1994年5月，增设奎文区人民法院。1994年6月，昌邑县人民法院更名为昌邑市人民法院。

1998年开始，对人民法庭“一乡一庭”模式进行改革，按“三五处乡镇一处法庭”重新设置，将全市人民法庭撤并为52个。2012年12月，增设高新技术产业开发区人民法院。

1991—2012年市中级法院院长任职情况表

表20—3—1

院长	任职时间
隋华堂	1991.9—1996.3
程茂仁	1996.3—2007.3
张爱云（女）	2007.3—

队伍

1991年，全市法院干警1265人，其中市中院129人，各基层法院1136人，具有大专文化以上程度的占57%。

2012年，全市法院干警1769人，其中市中院218人，各基层法院1551人，均为大专以上文化程度，有141人取得硕士学位。涌现出以“全国模范法官”马海兰为代表的一批先进典型。

第二节 审判改革

1991—1992年，全市法院在公路、环保、矿产、建委、土地等行政执法机关设立29个巡回法庭，建立31个行政审判联系点，支持行政管理机关依法行政。

1993年，着力解决农村深化改革过程中出现的新矛盾，市中院及时总结推广青州法院的实践经验，成立在乡镇党委领导下由法庭管理、基层政法部门和有关单位参加的农村基层法律服务组织——民间纠纷协调委员会，将矛盾化解在基层。全市251处人民法庭，协同有关部门指导基层组织解决各类纠纷1.4万起，预防矛盾激化案件367起。在全市开展“排查纠纷、化解矛盾、指导基层”理顺农村法律关系活动，解决836个重点村庄存在的影响干群关系、影响群众生产生活的纠纷和案件。市委在昌邑县召开现场会，推广这一做法。1994年，全市法院抽调670余名审判干部，组成142个巡回法庭，深入到861个重点村庄，配合党委、政府依法调处纠纷，建立健全农村各项管理制度，加强村支部和村委班子建设，受到基层干部群众的欢迎。

1995年，全市法院从保证公正审判、提高办案效率出发，积极推行审判方式改革。普遍实行立审分离、审执分立、和审监分开三项制度，进一步明确案件受理、审判、执行、再审的职责，保证审判案件各环节有序运行。

1996—1997年，全市法院以公开审判为重点，积极推行审判方式改革。在刑事审判中，围绕“庭前只进行程序性审查，对案件事实的认定必须通过庭审；控、辩、审职责分明，法官处于主导地位；只就起诉指控的事实进行审理，对证据不足的不能认定为有罪；积极引导自诉人依法履行举证责任，充分保护被害人的合法权益；正确适用简易程序，防止和减少案件积压”等“五个环节”，制定新的审判方式操作规程，扎实开展试点改革工作。在民事、经济审判中，围绕“强化庭审功能、强化当事人的举证责任、强化合议庭职责”等“三个强化”，规范办案程序，增强透明度，提高庭审水平。在行政审判中，围绕“整个审判活动必须紧紧围绕审查被诉具体行政行为为重心，强化被告的举证责任，进一步健全行政审判的裁判方式”等“三点要求”，进行积极探索。

1998年，全市法院推行“立案准备庭”，法官庭审前不接触当事人，完善“主审法官制”，对审判人员明确职权、义务和应承担的责任；探索“分级分类管理”做法，实现庭长、审判人员、书记员、法警之间行政管理与审判管理的分离，审判工作趋于规范。实行“大立案、精审判、强执行、重监督”审判模式，得到最高院肯定。

1999年，全市法院完善庭审公开制度，与市电视台联办“现在开庭”等直播栏目；深入探索审判组织负责制和法官责任制，层层落实审判权；改革裁判文书，强化法律载体的教育功能；进行人民陪审工作试点，确保群众行使国家权力和参与国家管理。在全市法院交流推行寿光法院“大立案”和审判流程管理制度，把案件受理、审判、执行等各个环节纳入规范化轨道，被省高院、最高院推广，并被最高院确定为当年及第二年的全国法院改革重点。

2000年，全市法院在全省最早实现一、二审案件和再审案件除法律规定外全部公开开庭和公开宣判。在全省率先推行“审判长（独任审判员）选任制”，在强化合议庭职责、合理配置审判权力、推行院（庭）长办案制等方面进行了有益实践。

2001年，全市法院规范完善诉讼调解制度，最大限度运用调解手段化解矛盾纠纷，全年民事案件调解率达到49.4%，高出全省10多个百分点。积极推行“简易民事案件即审”改革，使群众在最短时间内实现合法权益，推行该项改革较早的诸城法院当年审结民事案件7415件，同比增长59.4%，立案当天审结的占18.1%。这些做法得到最高院和省法院的充分肯定。继续深化完善“大立案”审判流程管理经验探索和审判长选任制和合议制改革，积极探索庭前证据展示制度改革，对部分案件实行普通程序简化审理。这项改革比较成功的寿光法院当年刑事案件适用庭前证据展示187件，占全市刑事收案的63%，全部当庭审结，无一上诉和抗诉；民事案件适用872件，一次开庭成功率达98%，审限同比缩短4.7天。最高院领导多次到潍坊指导，全国人大、最高人民法院、最高人民检察院、司法部在潍坊就此专门召开研讨会，给予充分肯定。

2002年，全市法院推行法院内部机构改革，撤销原经济审判庭，建立起与三大诉讼法相对应的刑事、民事、行政三大审判体系。深入探索以庭前证据展示、庭前调解为内容的审前程序改革，取得重大突破，其中“庭前准备改革”被联合国计划开发署列为赞助项目，并派员实地考察，在司法界产生积极反响。2003年，全市法院建立健全以审委会为主体的审判宏观指导、以立案庭为主体的审判流程管理、以审监庭为主体的审判质量监督、以执行局为主体的执行工作管理、以政工和纪检监察为主体的法官队伍管理、以司法行政部门为主体的后勤保障“六个机制”。2004年，全市法院探索向人民法庭派驻法警制度，实施以警长负责制为核心的外勤警务化改革，得到省高院充分肯定。市中院指导寿光法院探索“刑事证据开示制度”改革。2005年1月，最高人民法院、最高人民检察院、英国文化协会和部分高校专家在寿光专门召开研讨会。强化对审判工作的宏观指导，制定实施《审判形势分析》《二审改判、发挥重审案件分析通报》等制度。

2005年，市中级法院“执行程序化”改革和“外勤警务化”改革、寿光法院“刑事证据开示制度”、高密法院“审前程序和预审法官制度”、昌邑法院“绩效数字化管理考核”等各项改革措施，均得到上级法院的肯定和推广，在全省乃至全国产生了积极影响。2006年，市中级法院从解决群众反映的“申诉难”“执行难”等热点问题入手，相继进行“宽进严出”再审立案模式、“可视化庭审监督”“三分离、四限制、五管理”执行流程管理等改革探索，得到省市级人民法院充分肯定，先后在第21次全省法院工作会议等10个会议上作典型发言，省法院先后在潍坊召开5个现场会予以推广。

2007年，广泛开展法官“五进”活动（进社区、进农村、进学校、进企业、进机关），推动建立多元化纠纷解决机制，实现诉讼调解与人民调解、行政调解对接，使大量矛盾纠纷在诉前化解，呈出基层调解纠纷数量上升、法院受理案件下降的可喜变化。对比，中央电视台专题予以报道。2008年，全市法院以法官“五进”活动为载体，把司法功能向诉前拓展、向判后延伸，拉长了司法服务“链条”，构筑起全方位、立体式的“党委统一领导、相关部门联动，法院积极主导、信息资源共享，诉求渠道畅通、人民群众受益”多元纠纷解决新格局。全市基层组织调解纠纷3.25万起，同比增长8.3%，其中法院通过案例指导、民调窗口调解等途径，使1.18万多起纠纷化解在诉前。在全省法院收案上升12.2%的形势下，全市法院诉讼收案同比下降7.8%。最高人民法院常务副院长沈德咏将这一做法定为多元纠纷解决机制的“潍坊模式”，这是“司法为民的重要举措”，称赞“潍坊中院找准了法院作为化解矛盾纠纷积极推动者的职能定位”。新华社、中新社、《人民法院报》、《山东通讯》等给予深度报道。

2009年，全市法院加强调度指导，组织观摩点评，推进诉讼与非诉讼相衔接的矛盾纠纷解决机制建设。织密综治网络、民调网络、信息网络，全面推进诉讼与非诉讼“网络衔接”，集聚化解矛盾纠纷的社会合力；完善运行机制，坚持优势互补，提供后盾支持，全面推进诉讼与非诉讼“职能衔接”，实现矛盾纠纷的梯次滤化；加强组织机构对接，促成解纷方式对接，实行现场一线对接，全面推进诉讼与非诉讼“路径衔接”，畅通化解矛盾纠纷的

2002年，潍坊市中级人民法院深入探索以庭前证据展示、庭前调解为内容的审前程序改革，取得重大突破。图为最高人民法院专门在潍坊召开审前准备工作调研座谈会

渠道。最高人民法院常务副院长沈德咏批示“潍坊经验又有新的发展并取得明显成效”；省委副书记刘伟批示，要“使潍坊法院这一经验在全省开花、结果”，省人大常委会常务副主任高新亭、省高院院长周玉华、市委书记张新起等领导也相继批示肯定。省高院在潍坊召开现场会推广“潍坊经验”。在中国社会科学院举办的中外协商性纠纷解决机制国际研讨会上，市中级法院作专题发言。2010年，最高人民法院常务副院长沈德咏再次批示：潍坊的经验具有代表性和说服力，为人民法院发挥司法职能作用，深入推进三项重点工作提供了典型参照。最高人民法院院长王胜俊要求最高法院办公厅和《人民法院报》；要大力宣传潍坊这样的典型，推开他们的经验。

2010年，着眼推进诚信社会建设，积极构建诉讼诚信体系，在法院内部全面征集审判、执行、信访、司法鉴定各个环节中当事人虚假作证、转移财产、逃避执行的失信信息。市、县市区两级法院形成涉及976个公民，748个法人的失信信息库。加强法院与金融、公安、房管、工商等相关征信系统的充分对接，通过新闻发布、信息查询等方式对外披露失信当事人的信息，加强对诉讼参与人的诚信约束，增强其守信意识，为社会管理创新注入了活力。市中院指导青州法院先行试点该项工作，并在青州召开现场会予以推广。

2011年，全市法院进一步完善诉讼与非诉讼相衔接的矛盾纠纷解决机制。8月，省委政研室专题调研组到潍坊调研。中央政法委、山东省委先后以《潍坊法院主动担当矛盾化解的社会责任》为题印发参阅件或调研报，新华社、《人民法院报》等中央媒体予以重点报道，最高人民法院将其作为司法改革的“成功范例”向全国法院推介，并以这一机制的主要内容为基础，制定相关司法解释。加强诉讼诚信信息的征集评定，建立诚信诉讼提示、承诺制度，研发专门软件，设立诉讼诚信信息库，在司法过程中全面收集当事人、代理人、中介机构等诉讼参与人的30余种失信行为，科学评定其信用等级并存入信息库。加强与社会征信体系的衔接互动，分别与人民银行潍坊市中心支行和市银监局、经信委、工商局、国土局和住建局会签文件，与相关诚信监管部门建立联席会议制度，重点在金融、商务、房管、企业登记等领域，开展交流合作，共享信息资源，促进诉讼诚信与社会诚信建设的协调联动。加强诉讼诚信信息的管理应用，通过提供查询、有限披露和新闻发布等途径，为各界提供信息查询、向相关征信部门披露失信信息、公布典型失信案例；根据这些信用信息，有关部门对相应的失信企业或个人实施限制贷款、限制出境、限制高消费等惩戒措施。诉讼诚信体系建立后，当事人主动履行生效判决裁定的意愿不断提高，自动履行率连年上升6.3和2.8个百分点，执行效能明显提升，执行结案率连年上升1.2和1.9个百分点。市委要求全市各级各部门以诉讼诚信体系建设为切入点，加快推进社会诚信体系建设，并将诚信建设纳入综合治理考核。22个综合治理成员单位制订参与诉讼和社会诚信体系建设的意见，形成覆盖全市的社会诚信体系建设的初步框架。最高人民法院向全国法院转发潍坊市中级法院的情况报告，中央政法委2011年《政法动态》第24期予以刊发，《人民日报》《大众日报》《人民法院报》等新闻媒体作深度报道。

2012年，通过推动建立新的调解队伍、加强对诉外调解员的有效指导、拓展纠纷解决的新渠道三项措施，继续完善诉调对接机制建设。4月，最高人民法院将潍坊两级法院确定为诉调对接试点法院。6月，新华社《国内动态清样》以专刊刊发潍坊市的经验做法，最高人民法院院长王胜俊等各级领导作出批示肯定，省高级人民法院在潍坊召开现场会向全省予以推广。7月，最高人民法院专题调研组到潍坊调研。中央政策研究室以报告形式刊发潍坊市中级法院的做法。8月，市中级法院在最高人民法院试点工作会议上做经验介绍。9月，市委召开全市推进诉调对接化解纠纷工作会议，对先进集体和个人进行表彰。诉调对接机制写进了修改后的《中华人民共和国民事诉讼法》。11月，最高法院主办的《中国审判》杂志以专刊形式向全国法院予以推介。12月，市中级法院在全国法院执行工作会议上作经验介绍。以诚信诉讼为主要内容的诚实信用原则写进当年8月全国人大常委会通过的民诉法修正案。

第三节 刑事审判

全市法院充分发挥专政职能作用，坚决依法惩治各类刑事犯罪。1991—2012年，全市法院新收一审刑事案件7.54万件，审结7.51万件，判决罪犯10.03万人，其中未成年罪犯6447人，判处死刑、死缓、无期徒刑和5年以上有期徒刑的2.3万人。新收二审刑事案件4353件，审结4351件。

严重刑事案件

1994年，市中级法院依法审理王某某等带有黑社会性质的特大犯罪集团案，针对该案犯罪人数多、社会关注的特点，在侦查阶段即派员提前介入，了解案情，案件起诉后，抓紧时间，快审重判，依法对9名罪大恶极的犯罪分子处以死刑，社会反映强烈。1996年，市中院对刘某某“3·15”系列抢劫强奸案、封某某抢劫银行、杀害英雄杜常礼案进行依法审理，严惩了犯罪分子。2000年，依法审理程某某抢劫出租车司机、非法制造枪支案。此案致7人死亡，3人重伤，1人轻微伤，严重危害社会治安秩序，影响极其恶劣。市中院依法当庭判处程某某死刑。同年，张某某、李某某等43名成员带有黑社会性质的特大犯罪团伙案。犯罪分子长期在城区作案，先后犯有抢劫、绑架、强奸、故意伤害、敲诈勒索、聚众斗殴、寻衅滋事、盗窃、非法拘禁等13种罪行，性质非常恶劣，社会危害极大。市中院依法判处张某某、李某某等4名主犯死刑，其余罪犯也受到应有处罚。2003年，依法对从河南流窜潍坊的刘某某等13人盗窃、破坏农村电力设备犯罪团伙进行审理。其在城区和寿光等地疯狂作案36起，造成国家直接经济损失18.9万余元，间接经济损失333.9万余元。市中院依法判处13名罪犯死刑和有期徒刑。2004年，市中级法院依法审理胡某某、陈某某等犯罪团伙案，其团伙从淄博流窜到潍坊，多人多次入室盗窃、抢劫、猥亵、轮奸妇女，罪行极其严重，情节十分恶劣，分别被依法从重从快判处死刑和死刑缓期二年执行。2011年，市中级法院从严从快判处李某某等21人流窜作案200余起、抢劫盗窃700余万元的重大团伙犯罪案件。

1991—2012年潍坊法院严重刑事案件一审结案统计表

表20-3-2　　单位：件

年份	故意杀人罪	故意伤害罪	抢劫罪	强奸罪
1991	113	192	174	193
1992	84	238	174	203
1993	89	243	217	136
1994	71	391	282	158
1995	101	337	266	165
1996	89	435	334	203
1997	70	371	193	113
1998	75	520	272	152
1999	74	620	302	134
2000	76	685	274	112
2001	73	613	394	123
2002	67	740	402	167
2003	64	743	365	145
2004	72	810	461	130
2005	65	877	484	130
2006	72	959	546	140
2007	51	979	510	132
2008	80	1107	446	108
2009	56	1091	400	151
2010	67	967	296	127
2011	77	1121	207	165
2012	69	1194	208	201

普通刑事案件

1996年，市中级法院依法审理倪某某等虚开增值税发票案件，被告人在担任潍坊市九州实业公司家电分公司业务经理期间，伙同他人虚开增值税发票销、进联655份，货款及税款总额19.7亿元，市中院依法判处倪某某死刑，最高人民法院专门就此召开新闻发布会。2003年，依法审理被告人王某某借“青岛经济技术开发区东营华通公司”之名，谎称经营石油以高额投资回报为诱饵骗取潍坊某经济发展投资公司投资款300万元案件。市中级法院依法以合同诈骗罪判处其有期徒刑11年，并处罚金5万元。

2005年，根据山东省高级人民法院指定，市中级法院对广受社会关注的济宁市原副市长兼济宁市高新技术产业开发区管理委员会主任李某受贿一案进行公开审判，被告人李某犯受贿罪被依法判处无期徒刑，剥夺政治权利终身，并处没收个人全部财产。1991—2012年，全市法院共审结经济犯罪和破坏社会主义市场经济秩序犯罪1832件，依法判处贪污、贿赂、挪用公款、侵占等经济犯罪案件5152件7211人。

1991—2012年潍坊法院贪污受贿案件一审收结案统计表

表20-3-3　　单位：件

年份	贪污罪		受贿罪	
	收案	结案	收案	结案
1991	118	110	96	85
1992	71	111	30	56
1993	57	71	11	11
1994	129	147	51	49
1995	153	148	82	78
1996	140	150	104	104
1997	37	40	49	54
1998	23	23	24	31
1999	68	55	28	22
2000	64	62	23	27
2001	62	63	37	33
2002	54	59	43	44
2003	65	66	71	73
2004	63	59	63	64
2005	58	60	58	54
2006	60	63	64	66
2007	44	48	98	97
2008	47	42	76	76
2009	57	62	80	81
2010	49	48	85	80
2011	43	39	78	77
2012	46	47	53	56

“严打”斗争

1991年，全市法院在“严打”斗争中，严厉打击杀人、抢劫、强奸、爆炸、流氓等严重刑事犯罪案件，共判处重大刑事案件837件1377人，其中处以无期徒刑及以上刑罚的117人。全市法院针对刑事发案的新动向，开展“反盗窃、促防范”专项斗争，审结重大盗窃、流窜盗窃和入户盗窃579件，依法判处犯罪分子972人。严厉打击严重经济犯罪，审结贪污、受贿、投机倒把、偷税抗税、诈骗等经济犯罪案件302件，依法判处罪犯466人，其中数额在万元以上或职务在副科级以上干部的大要案70件，通过追缴赃款物、判处罚金、没收财产等，为国家、集体挽回经济损失260万元。

1995—1998年，深入开展“扫黄打非”。打击“车匪路霸”等一系列专项斗争。5年间，市中院共审结重大刑事案件800余件，判决罪犯2000余人。

2001年，中央召开全国社会治安工作会议，作出在全国范围开展“严打”整治斗争和整顿规范市场经济秩序工作的重大部署，提出在两年内实现社会治安明显进步，市场秩序明显好转的目标。全市法院与检察、公安机关密切配合，全力投入“严打”整治斗争，成立“严打”整治斗争领导小组，统一组织、集中领导。抽调130余名干警充实到“严打”斗争第一线，始终把斗争锋芒对准那些有组织的犯罪、带黑社会性质的团伙犯罪、车匪路霸和流氓恶势力犯罪，对准爆炸、杀人、抢劫、绑架等严重暴力犯罪和盗窃、抢夺等多发性犯罪，组织“打黑除恶”“涉枪涉爆”“打击两抢一盗”“打击非法三烟”“打击贩卖假币”“打击非法传销”等专项行动。2001—2002年，全市法院共审结各类一审刑事案件7173件，判处罪犯1万余人。其中属于“严打”整治范围的三类重点犯罪案件2861件5062人。在审结的刑事案件中，判处5年以上有期徒刑直至死刑的2067人，占全部罪犯的21.6%。一批严重危害社会治安的犯罪分子受到严惩。市中院一审的黄某某、林某某、刘某某、江某某、江某、吴某某特大入户抢劫案中，2人被判处死刑，4人被判处死缓。曲某某、杨某某等29人涉黑团伙敲诈勒索、寻衅滋事、故意伤害犯罪案件，被青州法院依法严惩。“严打”整治后，全市刑事案件发案幅度出现连续下降趋势，人民群众对社会治安状况的满意和基本满意率达到90%以上。

第四节　民事审判

随着经济社会发展和公众法律意识的增强，民事诉讼案件逐年增多。1991年，一审民事案件收案7837件。2012年，收案5.56万件，是1991年的7.1倍。1991—2012年，全市法院共新收一审民事案件82.19万件，结案81.64万件。新收案件中，婚姻家庭案件13.94万件，“四养”案件1.03万件，继承债权纠纷（合同纠纷）案件49.25万件。

婚姻家庭案件

1991—2012年，婚姻家庭案件上升趋势明显。1991年，婚姻家庭案件收案4223件。1996年，突破6000件。到2012年，婚姻家庭案件收案8675件，是1991年的2倍多。在婚姻家庭案件中，离婚案件绝对数始终处于高位，1991—2012年，全市法院共新收离婚案件12.27万件，占婚姻家庭案件的88.0%；共审结离婚案件12.24万件，其中判决离婚的1.79万件，判决不离婚的1.28万件，调解离婚的5.33万件，调解不离婚的2.03万件。

1991—2012年潍坊法院离婚一审案件统计表

表20-3-4　　　　单位：件

年份	收案	结案	判决离婚	判决不离婚	调解离婚	调解不离婚
1991	3635	3636	340	55	2094	768
1992	3645	3624	306	61	2268	702
1993	3424	3450	346	64	2120	627
1994	3818	3792	351	99	2288	657
1995	4374	4350	466	140	2557	722
1996	4820	4709	644	207	2719	627
1997	5472	5342	899	403	2710	643
1998	5547	5494	1099	675	2058	498
1999	5753	5741	1342	815	1863	767
2000	5761	5723	1471	956	1912	543
2001	5504	5514	1135	905	1998	690
2002	5479	5615	968	745	1504	523
2003	5645	5572	1093	1028	1849	822
2004	5948	5820	1093	877	2152	917
2005	5694	5608	790	669	2401	976
2006	5824	5968	832	596	2443	1345
2007	6585	6696	824	571	3049	1267
2008	6790	6978	724	790	2926	1455
2009	6688	6717	598	593	3194	1362
2010	6967	6994	639	673	3121	1504
2011	7446	7429	864	638	3095	1741
2012	7865	7669	1051	1246	2940	1102

继承案件及“四养”案件

继承案件 1991—2012年，继承案件总体呈上升趋势。全市法院新收继承案件3661件，审结3643件。其中，法定继承收案2361件，占全部继承收案的64.5%；结案2346件，占全部继承案件的64.4%。继承案件收结案自2006年后迅速增长，2006—2012年，全市法院共新收继承案件1752件，审结1766件，结案数约是1999—2005年的两倍。

“四养”案件 1991—2012年，全市法院共

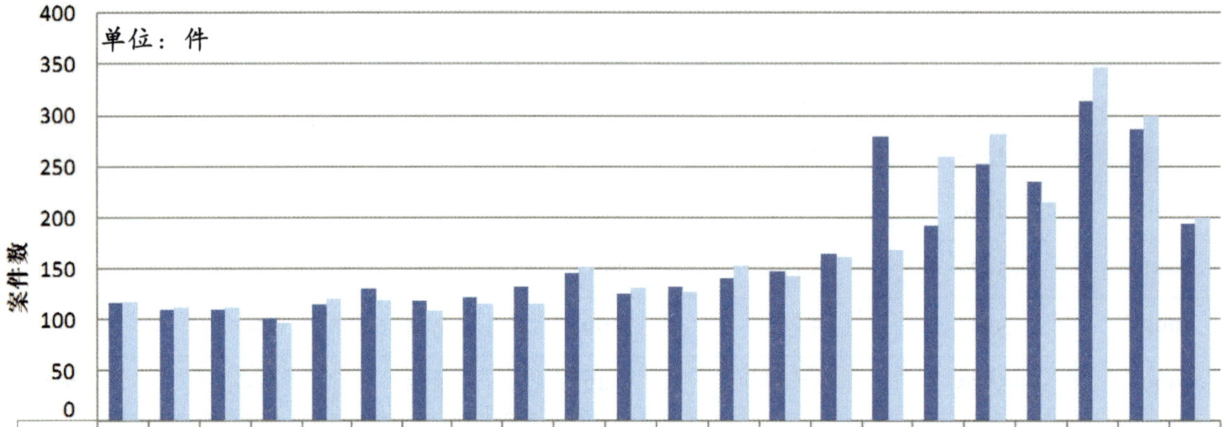

年份	1991	1992	1993	1994	1995	1996	1997	1998	1999	2000	2001	2002	2003	2004	2005	2006	2007	2008	2009	2010	2011	2012
■收案	116	109	110	101	114	131	119	121	132	146	125	132	141	147	165	280	192	252	235	313	287	193
■结案	117	112	111	96	120	119	108	115	115	150	130	127	153	143	161	168	259	281	215	346	299	198

图20—3—1 1991—2012年潍坊法院继承案件一审收结案统计图

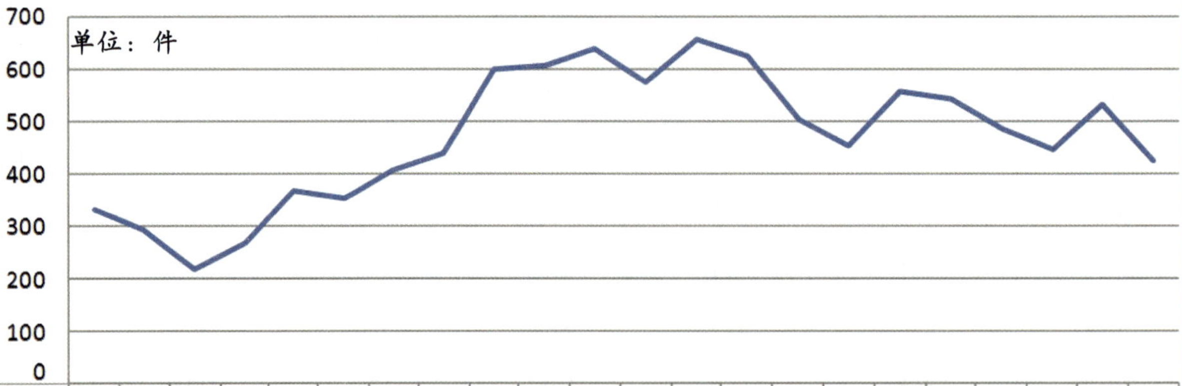

年份	1991	1992	1993	1994	1995	1996	1997	1998	1999	2000	2001	2002	2003	2004	2005	2006	2007	2008	2009	2010	2011	2012
—收案	334	294	218	270	369	354	407	438	601	607	638	576	657	624	504	452	556	544	484	447	533	425

图20—3—2 1991—2012年潍坊法院“四养”案件一审收案统计图

新收“四养”（抚养、赡养、扶养、收养）案件10332件，结案10294件。2003年，“四养”案件收案达657件。2003年后，“四养”案件一审收案呈下降趋势。2012年，一审收案425件，是1991年的1.27倍。全市法院从有利于发扬尊老爱幼、增进家庭和睦的风尚出发，按照权利人的实际需要和义务人的实际负担能力，做好说服教育与规劝疏导工作，促使双方自愿达成协议妥善处理。对“四养”案件做到及时受理、及时审理、及时执结，赡养费可以先予执行。

债务纠纷案件

1991—2001年，全市法院共新收一审债务纠纷案件9.92万件，审结9.73万件。1996—1997年，债务纠纷案件大幅上升。1996年，收案8017件，结案7807件，同比分别上升77.2%和74.7%。1997年，收案1.18万件，结案1.14万件，同比分别上升47.4%和45.7%。2001年，收案1.9万件，结案1.83万件。2002年，人民法院司法统计报表进行改革，重新划分民事债务案件，分别列入权属纠纷和合同纠纷进行统计。

民间借贷纠纷案件

2002年，全市法院共新收一审借款合同纠纷案件10030件，结案10150件，其中民间借贷纠纷收案4869件，结案4938件，分别占比48.5%、48.7%。2002—2012年，全市法院共新收一审借款合同纠纷案件11.74万件，结案11.64万件，其中民间借贷纠纷收案5.28万件，结案5.18万件，分别占45%、44.5%。对民间借贷纠纷案件的审理，全市法院按照自愿、互利、公平、合法的原则，依法保护合法的债务关系，对债务人有清偿能力故意拖欠不还的，强制按约定清偿；债务人确有经济困难的，说服债权人适当减免利息、让债务人分期偿还。依法保护合法债权债务，对不合法的债权债务不予保护。

损害赔偿案件

一审赔偿案件　1991年，全市法院新收一审赔偿案件558件，结案554件。1992—1994年，赔偿案件一审收案1488件，结案1498件。1995年，民事赔偿案件收结案开始大幅增长，全年共新收一审赔偿案件885件，结案842件。1996—2000年，全市法院共新收一审赔偿案件1.15万件，结案1.11万件，是1991—1995年收结案的4倍。2001—2010年，全市法院新收一审赔偿案件7.61万件，结案7.55万件，收案数是十年前的5.3倍。2011年，一审赔偿案件收案1.92万件，结案1.87万件，达到20年来最高值。2012年，赔偿案件收结案比2011年略有下降，全年共新收一审赔偿案件1.79万件，结案1.69万件，收结案分别是1991年的32倍和31倍。

人身损害赔偿案件　1991年，全市法院共新收一审人身损害赔偿案件395件，结案388件；财产损害赔偿案件收案163件，结案166件。1991—1995年，人身损害赔偿案件一审收案2245件，结案2213件；财产损害赔偿案件一审收案686件，结案681件。1996—2000年，人身损害赔偿案件一审收案9851件，结案9540件；财产损害赔偿案件一审收案1608件，结案1529件。2001—2005年，人身损害赔偿案件一审收案2.15万件，结案2.06万件；财产损害赔偿案件一审收案2415件，结案2350件。2006—2012年，人身损害赔偿案件一审收案8.58万件，结案8.46万件；财产损害赔偿案件一审收案3507件，结案3575件。

1991—2012年潍坊法院赔偿案件一审收结案统计表

表20—3—5 单位：件

年份	人身损害赔偿		财产损害赔偿	
	收案	结案	收案	结案
1991	395	388	163	166
1992	340	348	113	112
1993	370	365	97	93
1994	438	446	130	134
1995	702	666	183	176
1996	969	918	241	235
1997	1348	1262	274	261
1998	2054	2030	269	253
1999	2503	2427	399	371
2000	2977	2903	425	409
2001	3088	2995	459	470
2002	3085	3084	566	576
2003	3594	3553	377	389
2004	5470	4918	507	464
2005	6260	6020	506	451
2006	6558	6596	520	495
2007	7755	7755	473	556
2008	9258	9590	473	465
2009	10443	10475	415	421
2010	15595	15508	673	669
2011	18610	18081	594	590
2012	17570	16551	359	379

劳动争议案件

1991—1993年，全市法院共新收劳动争议案件9件，结案8件。1993年10月后，该类案件从经济审判庭受理改为民事审判庭受理，劳动争议案件一般实行先仲裁后立案审理的程序。1991—2012年，全市法院共新收一审劳动争议案件10641件，结案10584件。

1991—2012年潍坊法院劳动争议案件一审收结案统计表

表20－3－6　　　　单位：件

年份	收案	结案
1991	3	2
1992	3	3
1993	3	3
1994	18	16
1995	11	12
1996	43	36
1997	26	27
1998	95	92
1999	121	96
2000	356	323
2001	362	340
2002	472	498
2003	882	803
2004	813	865
2005	1133	1149
2006	785	797
2007	788	777
2008	942	992
2009	958	958
2010	858	824
2011	957	980
2012	1012	991

第五节　商事审判

1991—1992年，全市法院清理制约经济发展的“三角债”，帮助国营大中型企业和地方骨干企业摆脱困境，对数额大、时间长、影响大企业借助经济手段无法解决的“三角债”，依法受案，抽调审判人员组成巡回法庭，通过诉讼手段加以解决。其间，全市法院共帮助企业清理“三角债”3.63亿元。1998—2002年，全市法院加大调节经济关系力度，加快商事审判节奏，五年间审理各类商事纠纷案件12.42万件，是1993—1997年的1.7倍，诉讼标的额达137.6亿元。2003—2010年，全市法院依法审结一审商事案件22.66万件。2006—2010年，开展“司法助推企业发展”实践活动，组织163名法官深入2780家企业调查走访，落实防范经营风险、规范劳动用工等方面的措施33项，为企业发展创造了良好的法制环境。2010—2012年，全市法院依法审结各类合同、票据、证券等商事一审案件3.51万件。1991—2012年，全市法院共审结一审商事纠纷案件45.84万件，诉讼标的额633.6亿元。

买卖（购销）合同纠纷案件

《中华人民共和国合同法》颁布前，买卖（购销）合同称为购销合同，买卖合同纠纷案件在经济纠纷中占有较大比重。1991—1995年，全市法院共新收一审买卖合同纠纷案件28434件，结案28073件。1996—2000年，收案34672件，结案34725件。2001—2011年，全市法院新收一审买卖合同纠纷案件91512件，结案92531件。2012年，收案5501件，约是1991年的2倍，结案5217件。

农村承包合同纠纷案件

1991年，全市法院新收农村承包合同纠纷案件2191件，结案2198件。1992—1996年农村承包合同收案呈下降趋势，共收案4233件，结案4184件。1997年，收案2189件，是1996年的3倍，结案2200件。1998—2003年，农村承包合同案件收结案总体呈上升趋势，收案36989件，结案37172件。2004—2012年，农村承包合同纠纷案件呈下降趋势，共收案26519件，结案

27027件。1991—2012年，全市法院新收农村承包合同纠纷一审案件69932件，审结70581件。

建设工程合同案件

1991年，全市法院新收一审建设合同纠纷143件。

1991—1995年，建设工程合同纠纷案件一审收案1205件，结案1157件。1996—2000年，建设工程合同纠纷案件一审收案2509件，结案2420件。2001—2005年，建设工程合同纠纷案件一审收案3230件，结案3171件。2006—2012年，建设工程合同纠纷案件一审收案4544件，结案4546件。2012年，收案615件，是1991年的4.3倍。1991—2012年，全市法院共新收一审建设合同纠纷案件11488件，审结11294件，收结案数量总体呈上升趋势。

破产案件

1991—1994年，全市法院破产案件数量较少，共收案9件，结案7件。1995—2000年，一审破产案件收结案增长较快，共计收案181件，结案149件。2001—2010年，收案277件，结案266件。2011—2012年，破产案件收结案数量有所减少，共收案8件，结案24件。1991—2012年，全市法院新收一审破产案件475件，审结446件。其中1994年，市中级法院审理的潍坊印染厂破产一案，是当时全省数额最大的破产案件，破产额近亿元，债权债务关系十分复杂，法院在较短的时间内理顺了债权人关系并及时审理完毕。1998—2002年，市中级法院加强与有关部门的联系，注重实现“无震荡”破产，其间，依法审结潍坊啤酒厂、染织总厂、银河集团、制药总厂、市肉联厂等企业破产案件200余件，破产金额162亿元。

知识产权案件

1991—2001年，知识产权一审收案213件，结案188件。2002年，市中级法院成立民三庭，统一管辖潍坊市一审知识产权民事纠纷案件。2004年，根据最高人民法院指定，市中级法院拥有了专利案件一审管辖权。2005—2012年，市中级法院审理山东起重机厂有限公司与山东山起重工有限公司侵犯企业名称纠纷案件，是国内第一起涉及企业简称法律保护问题的案件，对此后同类案件的审理及最高院司法解释的制定起到示

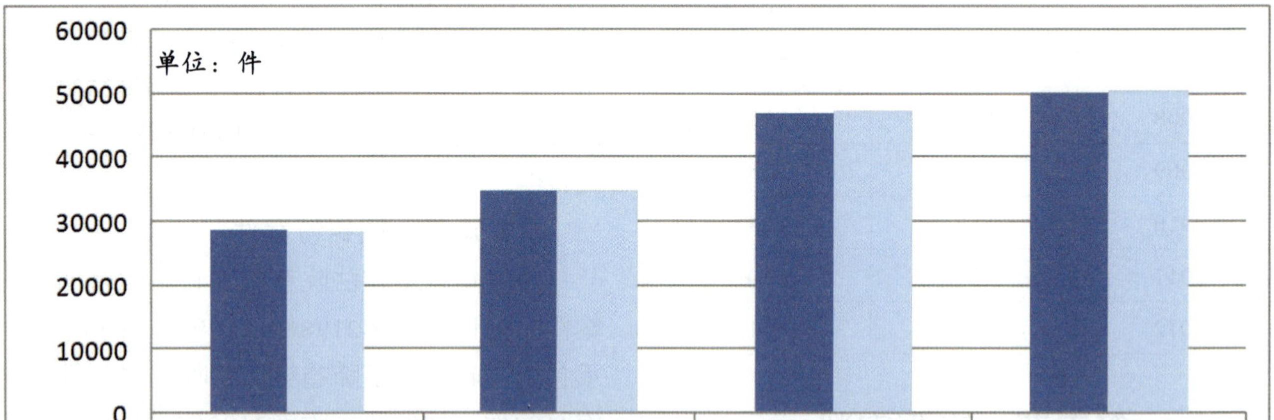

	1991-1995年	1996-2000年	2001-2005年	2006-2012年
收案	28434	34672	46850	50163
结案	28073	34725	47264	50484

图20—3—3 1991—2012年潍坊法院买卖合同一审收结案统计图

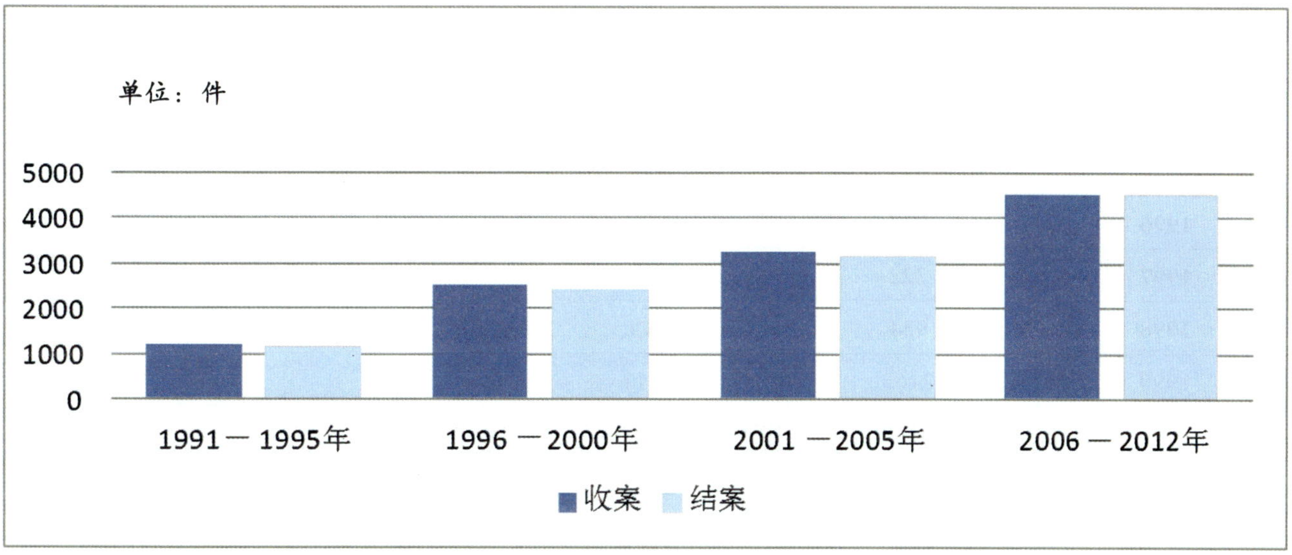

图20—3—4 1991—2012年全市法院建设工程合同一审收结案统计图

范作用，被最高人民法院评为2010年度中国知识产权审判50大典型案例。1991—2012年，全市法院知识产权一审收结案呈上升趋势，收案2104件，结案2078件。

第六节 行政审判

1991—1995年，全市法院共新收一审行政案件1041件，结案1005件；新收二审行政案件541件，结案528件。1996—2000年，行政一审收案6503件，结案6465件；二审收案435件，结案430件。2001—2005年，行政诉讼案件进入快速增长时期，一审收案15119件，结案15161件；二审收案975件，结案974件。2006—2012年，一审收案23945件，结案23975件；二审收案927件，结案913件。1991—2012年，全市法院共新收一审行政案件46608件，结案46606件；二审行政案件收案2878件，结案2845件，审查非诉行政执行案件49506件。

1991—2012年潍坊法院行政审判收结案统计表

表20—3—7 单位：件

年份	一审		二审	
	收案	结案	收案	结案
1991	69	71	11	9
1992	103	101	2	2
1993	136	132	19	14
1994	289	263	483	476

续表20—3—7

年份	一审		二审	
	收案	结案	收案	结案
1995	444	438	26	27
1996	517	509	62	57
1997	722	692	58	59
1998	934	914	64	50
1999	2165	2111	122	126
2000	2165	2239	129	138
2001	2299	2282	94	93
2002	2880	2902	141	131
2003	3648	3589	224	232
2004	3428	3516	246	241
2005	2864	2872	270	277
2006	2747	2755	179	177
2007	3299	3298	156	169
2008	3838	3850	149	149
2009	3889	3894	110	97
2010	3585	3587	107	110
2011	3725	3729	99	101
2012	2862	2862	127	110

公安类行政案件

1991—1998年，公安类行政案件一审收结案总体呈上升趋势。1991年，收案16件。1998年，收案220件，是1991年的13.8倍。1999—2012年，公安类行政案件总体呈下降趋势。1999年，收案41件，结案43件。2000年，收案171件，结案168件。2001—2005年，收案620件，结案632件。2006—2012年，公安类行政一审案件收案464件，结案465件。1991—2012年，全市法院共新收公安类行政案件2112件，结案2108件。

城建类行政案件

1991—2000年，城建类行政案件一直低位运行，10年间，共收案248件，结案236件。2001—2005年，从城建类行政案件总体呈上升趋势，共收案646件，结案644件。2006—2007年，城建类行政案件高位运行，2年间收案1320件，结案1318件。2008年，收结案直线下降，收案128件，结案139件。2009—2010年，城建类行政案件收结案数有所反弹，收案827件，结案826件。2011—2012年，呈下降趋势，收案352件，结案357件。1991—2012

年，全市法院共新收一审城建类行政案件3521件，结案3520件。

土地行政案件

全市土地行政案件收结案总体呈上升趋势。1991年，收案20件。2012年，收案494件，约是1991年的25倍。1991—2000年，收案313件，结案317件。2001—2010年，收案5622件，结案5624件，约是十年前的18倍。2011—2012年，收案1504件，结案1504件。1991—2012年，全市法院新收一审土地行政案件7449件，结案7445件。

2002年5月，由加拿大人类学专家、律师阿兰（中），联合国计划开发署法律官员黎作恒（左一）、中国外经贸部项目官员曹琳（右一）组成的联合国计划开发署专家组到潍坊考察“大立案”及庭前准备工作改革情况

国家赔偿

1995年1月1日《中华人民共和国国家赔偿法》实施之后，全市法院陆续审理包括行政赔偿、司法赔偿在内的国家赔偿案件。1995年，审结国家赔偿案件9件。1996年，结案骤增，全年审结19件。1997年，审结17件。1997年4月29日，最高人民法院印发《关于审理行政赔偿案件的若干规定》，进一步规范行政赔偿的标准和程序。1998—2012年，国家赔偿案件结案36件。1991—2012年，全市法院共审结一审赔偿案件97件。

第七节　立案信访

立案

1991年，全市法院从解决群众“告状难”入手，正确、合法、及时地处理好诉到法院的各类民事案件。凡是人民群众起诉到法院的案件，只要符合受案条件的，均认真负责地立案审理。全年共受理婚姻、债务、赔偿、土地、林木、水利、房屋宅基等初审民事案件8104件，审结7899件。1993年，共审理上述初审案件7056件，妥善解决涉及1.2万多农户的集团诉讼案件36件，维护了社会安定。

1995年，完善“立审分离”工作机制。即向法院起诉的案件，全部由告诉申诉庭审查立案，人民法庭实行本庭与告申庭收案双轨制。在全市推行该机制，杜绝过去部分案件立案不及时、拖案结案等现象，解决群众“告诉难”问题，受到当事人欢迎。1996年，市中级法院的告申工作经省高院综合考核，列全省前三名。

1998年，在全市法院推广“大立案、精审判、强执行、重监督”审判模式，得到最高人民法院肯定。1999年，在全市法院推行寿光法院“大立案”和审判流程管理制度，把案件受理、审判、执行等各个环节纳入规范化轨道，被省市院、最高院推广，并被最高人民法院确定为当年及第二年的全国法院改革重点。

2000年，全市法院建立立案大厅，实行“柜台式”作业。“一条龙”服务，方便群众诉讼。市中级法院被省市级法院评为“立案工作先进单位”。健全完善“大立案”流程管理，全面实行立案庭统一立案，并对案件从受理、审判、结案、审理期限等全过程落实监督、管理措施的做法得到最高法院充分肯定，并被确定为全国法院改革的重点和突出内容，纳入《人民法院五年改革规划纲要》。

2003年，市中级法院制定《落实司法为民，实施便民诉讼三十条措施》，进一步完善“远程立案”机制，在辖区设立“便民法庭”“流动法庭”“假日法庭”，在偏远山区实行“全时制”工作制度，把“司法为民”的触角最大限度延伸到基层。2004年，继续落实“远程立案”机制，积极开展司法救助，为符合法定条件的1245起案件当事人减、免、缓诉讼费494.5万元，使经济困难的群众打得起官司。

2006年，全市法院继续完善“远程立案”、“双轨制”立案、“网络立案”等便民立案措施，建立“诉讼指导”“风险告知”“法律释明”等制度，设置“流动法庭”“假日法庭”，“车载法庭”进行“巡回审理、就地办案”，便利人民群众运用法律武器保护自身合法权益。对此做法，中央新闻媒体作了重点报道。

2007年，全市法院强化立案职能，推行“便民导示”“法律释明”“风险告知”等措施，切实保护当事人诉权。2008年，“便民导示”“风险告知”“诉讼指南”“法律释明”等多项便民利民的经验做法，被纳入省高院制定的《便民诉讼20条措施》。2009年，严格执行省高院《便民诉讼20条措施》，按照“制度健全、功能完善、设施齐备、服务到位”的要求，加强“立案信访窗口”建设，强化诉讼指导和立案调解。继续推行“马锡五审判方式”，组织实施“千案千庭下乡”，对2430起案件实行远程立案和巡回审判，为当事人提供便捷的司法服务。

2010年，完善便民诉讼机制，加强立案信访和人民法庭“服务窗口”建设，提供“一站式”服务，畅通群众参与诉讼的“绿色通道”。传承“马锡五审判方式”，鼓励法官适应农时，走出法庭，携卷下乡，开展巡回审判，及时公正地为当事人解决纠纷，减轻当事人的奔波劳苦。加强对弱势群体的司法保护，减缓免诉讼费55.6万元。2011年，加强立案信访窗口建设，设立诉讼服务中心，实行立案送达、查询咨询、判后答疑、信访接待的“一站式”服务。开展法官“五进”活动，实行远程立案、巡回审判，群众参与诉讼更加便利快捷。

2012年，推进诉讼服务中心标准化建设，着力构建人民法庭、法官联系点和巡回审判点三位一体的便民服务网络，全年远程立案5902件，巡回审判3340件，畅通了司法服务的“绿色通道”。加大司法救助力度，为当事人减缓免诉讼费162万元。

信访

1991—2012年，全市法院共处结来信来访7.6万件（人）次，其中，来信1.4万件次，来访6.2万人次。其间，市中院根据上级部署，落实“诉访分离”制度，印发《关于实行诉访分离的具体意见》，将信访职能从立案分离出来，设立单独的信访办公室，先后出台《潍坊市法院立案信访工作考核办法》《信访预约制度》《信访接待听证实施方案办法》《信访工作办法》和信访工作“第一责任人”等规章制度，促进了全市法院信访工作的开展。

1991—2012年潍坊法院处结来信来访件(人)次一览表

表20—3—8

年份	来信（件次）	来访（人次）
1991	1102	490
1992	663	4536
1993	434	3508
1994	388	3626
1995	568	2982
1996	874	3022
1997	843	3654
1998	764	3221
1999	354	3426
2000	312	6696
2001	355	4201
2002	1107	5682
2003	602	8308
2004	2323	5189

续表20—3—8

年份	来信（件次）	来访（人次）
2005	1854	1076
2006	600	468
2007	418	375
2008	147	334
2009	107	203
2010	38	56
2011	42	37
2012	359	745

第八节 审判监督

1997年前，审判监督工作主要由告诉申诉庭负责。1997年6月，市中级法院根据最高人民法院“立审分立”“审监分立”的要求，在机构改革中率先设立审判监督庭，各基层法院也相继成立审判监督庭。此后，申诉、再审案件由审判监督庭办理。

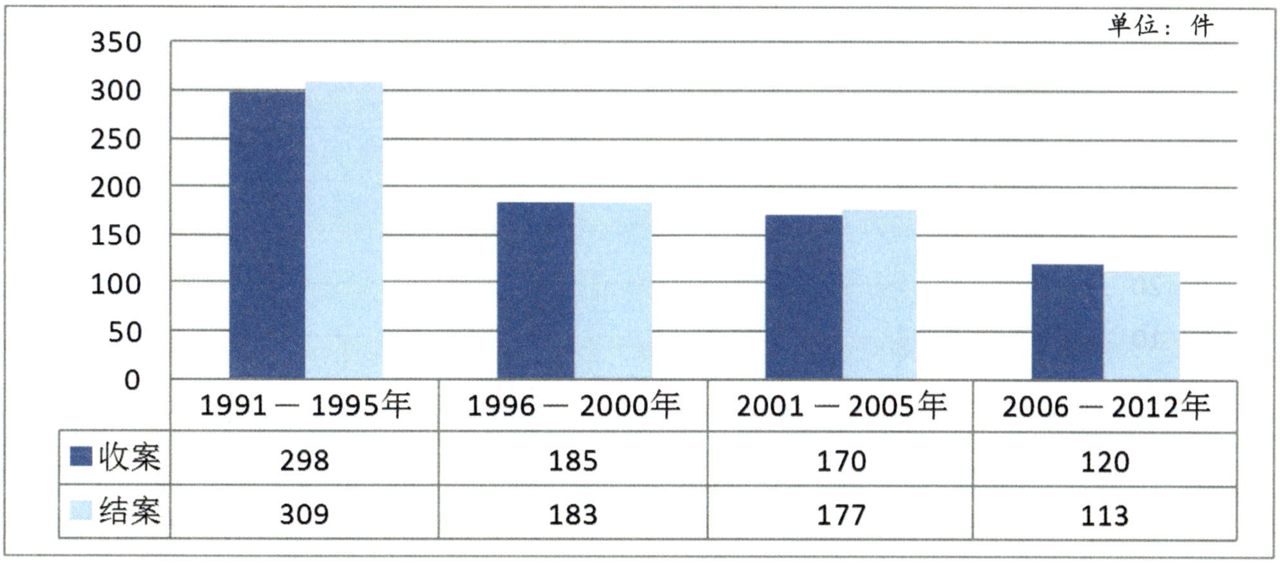

图20—3—5 1991—2012年潍坊法院刑事审判监督案件统计图

审判监督案件

刑事审判监督 1991年，刑事审判监督案件收案40件，结案41件。1992年，刑事审判监督案件收结案大幅上涨，收案110件，结案113件。1993—1996年，刑事审判监督案件收结案呈下降趋势，其间，收案170件，结案175件。1997年，收案82件，结案78件。1998—2000年，刑事审判监督案件收结案基本稳定，其间，收案81件，结案85件。2001—2012年，总体呈下降趋势，收案290件，结案290件。1991—2012年，全市法院刑事审判监督收案773件，结案782件。

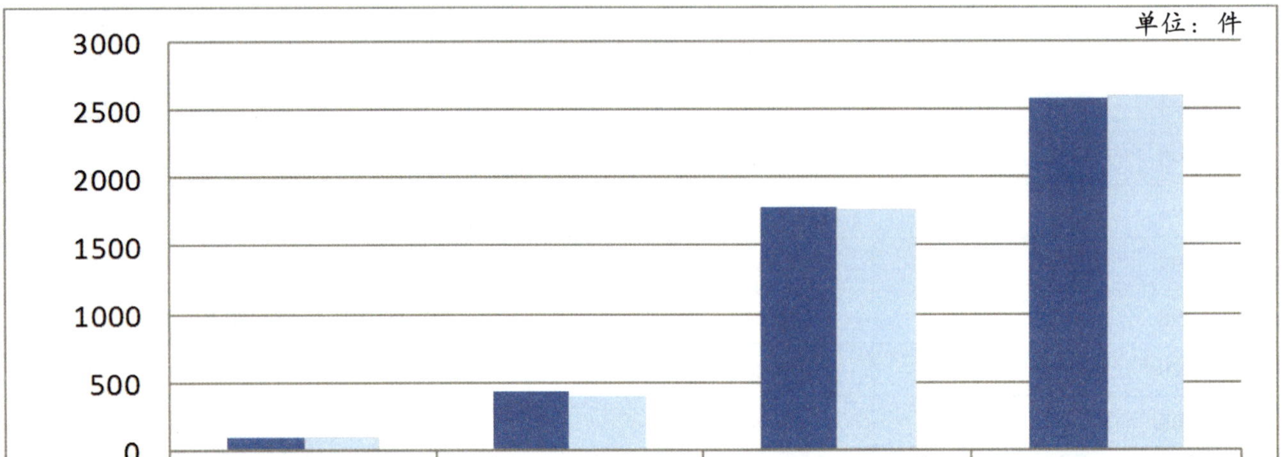

	1991—1995年	1996—2000年	2001—2005年	2006—2012年
收案	91	431	1793	2584
结案	87	387	1765	2606

图20-3-6 1991—2012年潍坊法院民事审判监督案件统计图

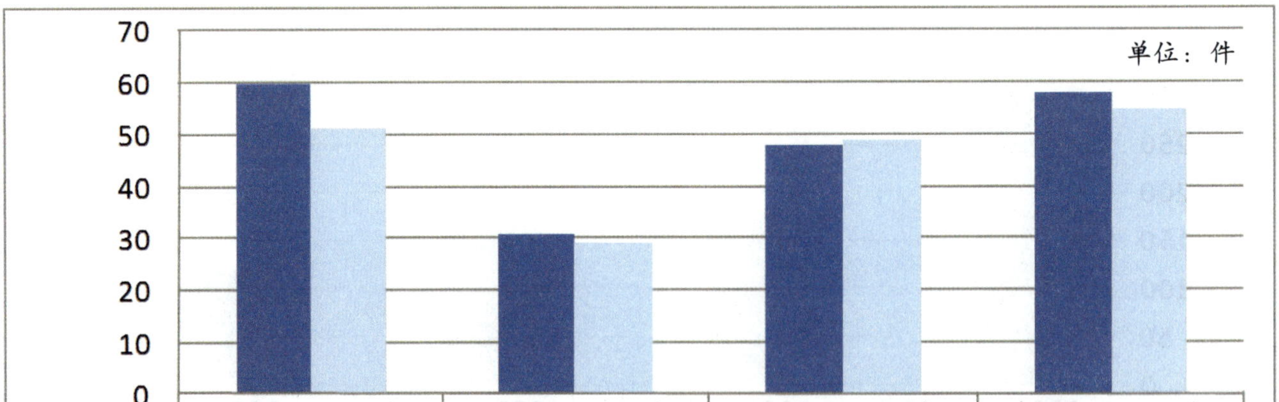

	1991—1995年	1996—2000年	2001—2005年	2006—2012年
收案	60	31	48	58
结案	51	29	49	55

图20-3-7 1991—2012年潍坊法院行政审判监督案件统计图

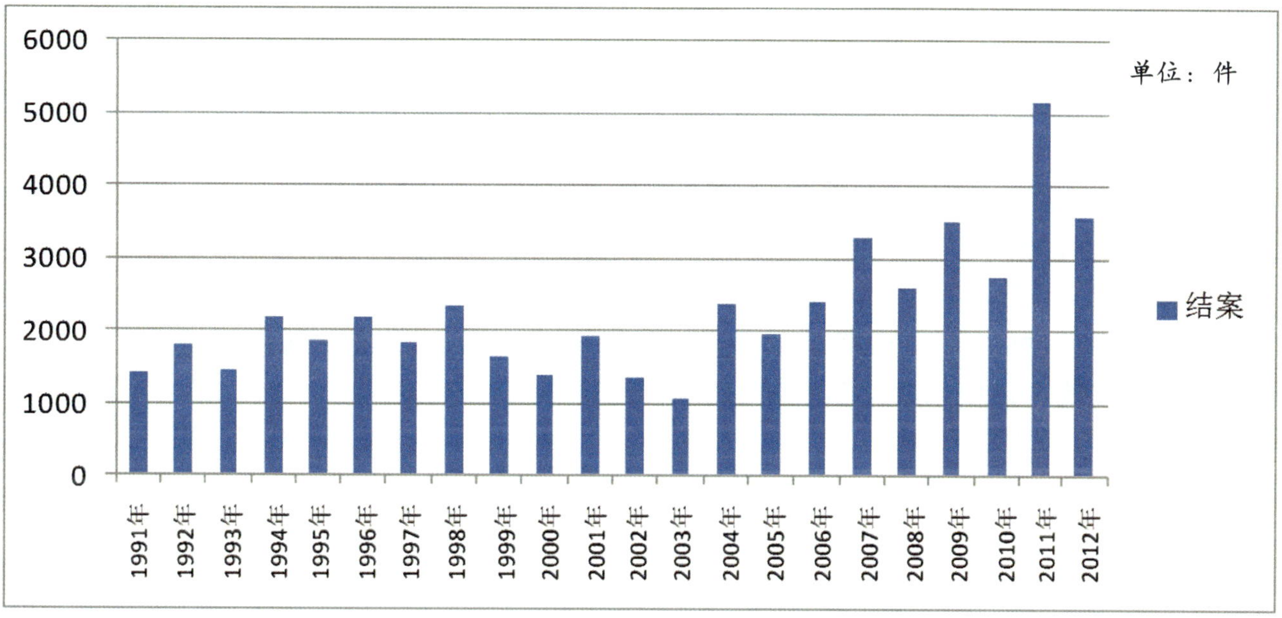

图20－3－8 1991—2012年潍坊法院减刑假释结案统计图

民事审判监督 1991—1998年，民事审判监督案件收结案总体呈上升趋势，但一直维持在较低水平，其间，收案219件，结案210件。1999—2004年，民事审判监督案件收结案大幅增长，其中，1999年收案112件，结案112件。到2004年，收案423件，结案398件。2005—2010年，民事审判监督案件收结案在350～450件之间，其间，共收案2357件，结案2400件。2011—2012年，民事审判监督案件收案581件，结案587件。1991—2012年，全市法院民事审判监督收案4899件，结案4845件。

行政审判监督 1991—1995年，行政审判监督案件收案60件，结案51件，其中，1994年，行政审判监督案件收案54件，结案46件。1996—2000年，行政审判监督案件呈缓慢上升趋势，其间，收案31件，结案29件。2001—2005年，行政审判监督案件收结案基本稳定，收案48件，结案49件。2006—2012年，收案58件，结案55件，其中2010—2012年，行政审判监督案件收结案下降明显，2012年，收案3件，结案3件。1991-2012年，全市法院行政审判监督收案197件，结案184件。

减刑假释

1991—2012年，全市法院贯彻执行最高人民法院《关于办理减刑假释案件具体应用法律若干问题的规定》《关于办理减刑假释案件几个问题的意见》，加强办案督导与法律指导，把好呈报关、核实证据关、适用法律关和程序关，确保案件质量。其间，办理减刑假释案件50034件。

第九节 执行

1991年，全市法院为应对“执行难”问题，从强化领导、完善内部执行机制入手，坚持以法制教育为主、强制措施为辅的原则，分类实策，大力强化执行工作。全年共受理各类案件818件，执行标的额4700余万元。同时，根据行政执法部门的请求，对阻碍城市建设和国家重点项目建设的“钉子户”，依法强制执行。

1992年，全市法院普遍建立执行庭，坚持审判与执行相结合，80%以上的审结案件当年得到执行。抽调925名法院干警，在全市开展声势较大的执行大会战。1993年，共执结各类案件3934件。根据行政执法部门的请求，对阻碍城市建设和国家重点项目建设的67个“钉子户”，依法强制执行。

1994年，全市法院进一步完善法院内部执行机制，加强审判与执行的衔接，在审判阶段坚持审执结合，全年共执行各类案件1.53万件，执行标的额4亿多元。1995年，全市法院实行“审执分立”，完善法院内部执行机制。认真对待执行效果，慎重适用和严禁滥用扣押、查封、冻结等强制措施，对于藐视法律、逃避债务的当事人，坚决依法采取强制措施，维护法律严肃性，达到办案法律效果、政治效果、经济效果和社会效果的有机统一。全年共执行各类案件1.25万件，执行标的额5.7亿多元。

1996年，全市法院全面强化执行工作，除人民法庭自审自执部分外，仅执行庭就执行各类案件8079件，执结7450件，执行标的额4.4亿元。1997年，全市法院继续加大执行工作力度，共执结各类案件58334件，标的额达20.9亿元。1998年，开展清理执行积案行动，执结各类案件1.41万件，标的额12.9亿元，受到省高级人民法院通报表彰。1999年，开展“执行年”活动，执结各类案件2.63万件，标的额22.4亿元。2000年，全市法院共执结各类案件3.6万件，标的额32.4亿元。探索改革执行工作管理体制，形成“辖区案件执行统一管理、统一协调，跨辖区以委托执行为主”的工作格局。年内成立执行工作局，着力解决“执行难”问题。

2001年，全市法院从完善机制、提高效率、扩大效果入手，努力做好执行工作。共执结各类案件2.87万件，执行标的额24亿元。2002年，采取集中执行、公告执行、开庭执行、提级执行等一系列有效方式，探索债权凭证、逾期易人等改革措施，全年共执结案件2.71万件。

2003年，全市法院进一步完善统一管理、统一协调、统一指挥的“三统一”工作机制，探索推行以“实施权层级化、裁判权公开化”为内容的“两权两化”改革，强化执行措施，加大执行力度，提高执行工作的整体效益。全年共执行各类案件3.18万件，实现企业债权26.2亿元。新华社、《人民日报》、中央电视台等13家中央新闻单位组成采访团，专门到潍坊对全市法院执行工作进行采访报道。

2004年，全市法院扎实开展集中清理未结执行案件活动，努力实现当事人合法权益。全年共执结各类案件3.19万件，涉案标的额35.8亿元。2005年，采取提级执行、公开执行、交叉执行等措施，依法对故意逃避执行、拒不执行法院裁判的犯罪行为进行刑事制裁，共执结各类案件2.92万件，执行标的额21亿元。

2006年，全市法院建立执行工作联动机制和威慑机制，采取集中执行、媒体曝光、依法追究拒不执行判决裁定罪等措施，共执结案件3.12万件，为当事人实现合法债权20亿元。2007年，共执结各类案件2.64万件，实现债权22.8亿元。筹集252万元建立起执行救助基金，发放救助款49.7万元。

2008年，全市法院全面推行“多元联动、多维推进”执行工作机制，执结案件2.58万件，执结率达95.8%，实现债权22.8亿元。2009年，针对“执行难”问题，深化完善“党委领导、人大监督、政府支持、法院主办、各界配合”的执行工作长效机制，共执结各类新收案件1.95万件，实现合法债权17.6亿元。全面开展“集中清理执行积案”活动，依法执结有财产案件5491件，重点案件2378件，对58523件无财产执行案件进行全面清理，最大限度维护当事人合法权益。

2010年，全市法院加大执行力度，开展创建“无执行积案先进法院”和“委托执行案件”专项清理活动，完善执行快速反应、联动威慑、分段集约式执行机制，强化提级执行和指定执行，执结各类案件1.46万件。利用3个月时间，对历年来涉及农村信用社的7926件申请执行案件进行集中清理，清理标的额13.6亿元。2011年，执结各类案件1.71万件，实现当事人债权37.5亿元。2012年，完善执行联动、威慑机制，强化指定执行、提级执行和督办工作，用足用好查封、扣押、拍卖等强制措施，为当事人追回债权32.2亿元，实际执结率、执行标的到位率分别为98.7%和89.2%，保证了当事人的合法权益。加大司法救助力度，为225名特困申请执行人提供救助金383.3万元，彰显了司法的人文关怀。

附：典型案例

林某某盗窃状元卷等文物重大案件 林某某，男，24岁，辽宁省庄和县人，原系青州市博物馆保卫干事。1991年4月25日、5月3日夜间和8月3日中午，林某某利用值班之机，3次进入青州市博物馆北展厅一级文物库房，采取关闭警报器、撬铁皮柜等手段，盗窃馆藏文物明代赵秉忠状元殿试卷、汉代宜子孙谷纹玉壶、小型玉璧、鎏金铜编钟等文物20件。其中国家一级文物2件，三级文物6件，一般文物10件，新产品2件。案件发生后，全国震惊。青州市公安局全力侦破，迅速将林某某抓获归案，并将盗窃的大部分文物追回。市中院受案后，依法开庭进行审理。查明：林某某盗窃文物后，于1991年6月至8月13日，先后倒卖17件，获利4.58万元，致6件文物未能追回，给国家造成严重损失。1991年12月30日，市中级法院以盗窃罪一审判处林某某死刑。经省高级法院核准，于1992年2月21日将林某某执行死刑。

“千家诉讼”案件 该起集团诉讼案件的原告涉及临朐、青州、昌乐、沂水、莒县5个县市、34个乡镇、178个行政村、4707户农民，诉讼标的额达42万元。案件的被告是临朐蔬菜良种场，法定代表人是临朐县七贤镇韩家庄农民韩某某。该场创办于1985年，建场后，在省农科部门的支持下，由良种场提供亲本，附近的农民繁育大白菜良种，然后由良种场收购和销售。1990年后，良种场经营每况愈下，拖欠农民的种子款越来越多，农民讨债无望，开始流露出过激情绪，有的写信上访，有的准备用土办法“私了”，有的向法院提起诉讼。鉴于这起案件涉及面广，为保护农民的合法权益，临朐县法院立案后，发布公告，要求债权人集中时间到指定地点进行登记。面对众多原告的诉讼请求，法院依法查封被告财产、冻结银行存款；聘请审计部门对该良种场生产经营情况进行审计，摸清被告经营状况；根据原告举证，赴外地对被告存款及投资情况进行调查；走访气象部门查询1990年、1991年两年收种季节降雨情况。经查证，被告实欠农民款330万元，亏损近200万元。主要原因是被告经营管理不善，但也有原告未按合同期限交种、错过销售季节及收种季节阴雨连绵不可抗力的因素。根据多数权利人意见和本案实际，一方面动员原告做出必要让步，争取一次性处理完毕。另一方面督促被告通过变卖财产、多渠道借贷、催收贷款、发展生产等途径积极筹措还款资金。被告至开庭前共向法院交款62万元。1994年9月5日，临朐县法院依法开庭公开审理此案。在审判人员的主持下，原、被告双方当事人本着实事求是、互谅互让的原则，达成调解协议，使这一“千家诉讼”案件得以圆满解决，依法保护了农民的合法权益，维护了社会稳定。

山东海龙股份有限公司破产重整案 2010年和2011年，受整体市场环境及经营问题的影响，山东海龙出现经营危机及债务危机，公司连续两年亏损，面临退市危险。2012年3月1日，中国建设银行股份有限公司潍坊寒亭支行向市中院提出申请，要求依法对山东海龙进行重整。5月18日，经山东省高级人民法院、最高人民法院和中国证监会批准，市中级法院裁定受理中国建设银行股份有限公司潍坊寒亭支行对山东海龙的重整申请。7月18日，山东海龙重整案第一次债权人会议对债权表进行了核查，会后，市中级法院根据管理人的申请，裁定确认山东海龙无异议债权表。10月29日、30日，山东海龙重整案出资人组会议及第二次债权人会议分别召开，表决通过山东海龙重整计划。11月2日，市中级法院裁定批准山东海龙重整计划，终止山东海龙重整程序，重整计划进入执行阶段。12月26日，市中级法院裁定确认山东海龙重整计划执行完毕，终结重整程序。12月28日，山东海龙股票正式复牌。

上诉人（原审原告）谭新军与被上诉人（原审被告）潍坊市建设局、被上诉人（原审第三人）潍坊兴霖置业有限公司城建行政许可案 2004年11月30日，被上诉人兴霖公司向被上诉人潍坊市建设局申请办理房屋拆迁许可证，市建设局审查相关材料后认为兴霖公司符合颁发拆迁许可证的条件，于2005年5月18日为兴霖公司颁发了房屋拆迁许可证，允许兴霖公司在潍城区和平路以西、新建工艺美术大楼以南、西市场三街以北的区域内实施拆迁。上诉人系拆迁区域内的居民，认为兴霖公司申请办理拆迁许可证提交的必需资料不完备、不符合法律规定；被告市建设局违反行政许可法的规定，未举行听证等法定程序，请求法院撤销该拆迁许可证。另查明，兴霖公司向市建设局缴纳2000万元，由市建设局监管，用于保障被拆迁户的安置。市中级法院审理认为，市建设局向兴霖公司颁发拆迁许可证基本符合法律规定，但由于审查不严，缺少“金融机构出具的拆迁补偿安置资金证明”，程序上未履行听证告知义务，造成该许可行为违法。但被许可的行为已经实施，兴霖公司已与700多户被拆迁户中绝大部分达成协议，大部分房屋已被拆除，再行听证告知义务已无意义，且旧城改造符合公共利益的需要，若撤销建设局的许可行为，将会给被拆迁户和兴霖公司造成重大损失。为此，根据《最高人民法院关于执行〈中华人民共和国行政诉讼法〉若干问题的解释》的规定，应当依法确认建设局颁发拆迁许可证的行为违法，并责令市建设局采取相应的措施，保障2000万元的监管资金用于拆迁安置，切实保护被拆迁人的合法权益，维护社会和谐、安定。原审判决认定事实不清，适用法律错误，依法应予改判。上诉人的上诉理由部分成立，应予支持。依法判决：一、撤销潍坊市奎文区人民法院（2006）奎行初字第82号行政判决；二、被上诉人潍坊市建设局2005年5月18日为兴霖公司颁发的拆许字（2005）第14号房屋拆迁许可证违法。潍坊市建设局采取相应的补救措施。

第四章　司法行政

1991—2012年，市司法局不断深化法制宣传和依法治理工作，推动全市民主法制建设；积极开展法学教育，为社会输送法律人才；大力开展法律服务，保障和促进地区经济发展；逐步加强基层基础工作，发挥在维护城乡基层稳定中的重要作用；进行社区矫正试点，主动做好安置帮教工作；扎实开展劳教工作，稳步提高教育改造质量；为维护社会稳定、打击和预防违法犯罪做出了重要贡献。不断加强队伍自身建设，树立和保持司法行政干警的良好形象。全市司法行政系统在普法依法治理、基层工作、法律服务、法律援助、劳教等方面，创造出多项有重要影响典型经验，走在了全省乃至全国的前列。1992年、1994年、2000年，市司法局三次被省司法厅记集体二等功。1995年、2007年，两次被省司法厅授予“全省司法行政系统先进集体”荣誉称号。2008年，被省委政法委授予践行社会主义法治理念先进单位。2009年，被省委政法委、省社会治安综合治理委员会授予“十一运”社会稳控与安保工作先进集体称号。

第一节 机构与队伍

潍坊市司法局

1991年，潍坊市司法局内设8个科室。1997年、2001年、2011年，潍坊市市级机构改革，先后3次对市司法局主要职责、内设机构和人员编制等作出调整。至2012年底，市司法局内设10个职能科室：办公室、政治处（挂警务科、国家司法考试办公室牌子）、法制宣传科、律师管理科、公证管理科、基层工作科、劳教工作管理科、司法鉴定管理科、社区矫正科、政策法规科。配备政法专项编制47人。配备局长1人，副局长3人，政治处主任1人，正科级领导职数12人，副科级领导职数11人。

1995年8月3日，山东省司法厅授予潍坊市司法局集体二等功庆功大会会场

直属机构

1991年，潍坊市司法局下属3个副县级事业单位：潍坊市劳动教养管理所（简称市劳教所）、潍坊市法律顾问处、潍坊市公证处。同年4月，潍坊市法律顾问处改名为潍坊市律师事务所，同时挂“潍坊市涉外律师事务所”的牌子。1994年10月，潍坊市政法干部培训中心成立，挂山东省政法管理干部学院潍坊教学分部的牌子，为正科级自收自支事业单位，该中心于2006年11月撤销。1995年5月，潍坊市律师事务所更名为潍坊鸢都律师事务所。1996年3月，市劳教所确定为正县级规格。1997年3月，成立潍坊市法律援助中心，为全额预算管理的正科级事业单位。2000年，律师事务所脱钩改制，同年12月，潍坊鸢都律师事务所事业单位资格注销，收回编制39人。2001年8月，成立潍坊市司法局机关服务中心，为差额预算管理正科级事业单位，2005年12月8日撤销。2007年7月，潍坊市公证处更名为潍坊市昌潍公证处。2012年底，潍坊市司法

局下属3个单位：潍坊市劳教所（正处级行政机构）、山东省潍坊市昌潍公证处（副处级差额拨款事业单位）和潍坊市法律援助中心（正科级全额拨款事业单位）。

县市区司法局

1991年，市司法局辖潍城、寒亭、坊子、益都（后改称青州）、临朐、安丘、诸城、五莲、高密、昌邑、昌乐12个县市区司法局。1992年12月，五莲县司法局划归日照市司法局。1994年8月，成立奎文区司法局。2004年5月，乡镇街道司法所实行以县市区司法局为主、乡镇（街道）为辅的管理体制。2012年底，全市共有县市区司法局13个，其中县司法局2个，县级市司法局6个，区司法局4个，开发区司法局1个，公证处12个，法律援助中心12个，乡镇司法所133个，社区矫正办公室6个，司法调解中心5个，“12348”指挥中心1个。

2012年底，全市累计下达政法专项编制851名，实际分配827名，实有在职人数612人；分配事业编制178名，实有在职人数169人；实有工勤人员70人。

第二节　普法教育

组织保障

1991年3月11—15日，潍坊市召开全市政法工作会议，对“二五”法制宣传教育工作进行部署。1996年，市委印发《潍坊市委、潍坊市人民政府关于批转〈潍坊市在公民中开展法制宣传教育的第三个五年规划〉的通知》，召开“三五”普法依法治市动员大会，表彰“二五”普法期间的先进个人、先进集体，部署“三五”普法、“二五”依法治市工作任务。2000年，市普法领导小组印发《潍坊市“三五”普法依法治理工作检查验收实施办法》，组成由8个市领导带队的检查组，对12个县市区、2个开发区、8个党(工)委进行全面系统普法和依法治理工作检查。

2001年，市十三届人大常委会第二十一次会议审议通过“四五”普法和2001—2005年依法治市规划。市委、市政府转发市委宣传部、市司法局《关于在全市公民中开展法制宣传教育的第四个五年规划》，市委印发《潍坊市2001—2005年依法治市规划》。8月11日，召开全市普法依法治理工作会议，对“三五”普法“二五”依法治市规划的实施情况进行总结表彰，对实施“四五”普法和“三五”依法治市规划进行动员部署。10月15—21日，全市开展“四五”普法宣传周活动，营造普法和依法治理的舆论氛围。2005年，组成6个验收组，对全市12个县市区、3个市属开发区、17个市直部门的“四五”普法依法治理工作情况进行全面考核验收，验收对象全部达标。2006年6月22日，市第十四届人大常委会第二十一次会议审议通过“五五”普法和2006—2010年依法治市规划。8月1日，市委、市政府转发市委宣传部、市司法局《关于在全市公民中开展法制宣传教育的第五个五年规划》，市委印发《潍坊市2006—2010年依法治市规划》。召开全市普法依法治理工作会，对“五五”普法和2006—2010年依法治市工作作出部署。2010年8月20—30日，由市领导带队的6个检查组对全市12个县市区、4个市属开发区、38个市直部门、企业、学校的“五五”普法依法治理工作情况进行全面考核验收，验收单位全部达标。11月13—15日，省“五五”普法依法治理检查验收组对全市进行“五五”普法依法治理检查验收，先后抽查市行政审批中心、市工商局、昌乐一中、昌乐县西魏村、阳光纸业、寿光市东关村、潍坊科技职业学院、寿光法院、寿光农产品物流园9个不同类型的单位，抽检单位全部通过达标验收。

2011年6月，市十五届人大常委会第二十一次会议作出《关于在全市公民中开展第六个五年法制宣传教育的决议》《关于〈潍坊市2011—2015年依法治市规划〉的决议》，审议通过《潍坊市2011—2015年依法治市规划》。9月，市委、市政府转发《市委宣传部、市司法局关于在全市公民中开展法制宣传教育的第六个五年规划》。9月23日，召开全市普法依法治理工作会议，传达贯彻全省普法依法治理工作会议精神，表彰普法依法治理工作先进单位和先进个人，部署安排全市“六五”普法依法治理工作。市委副书记崔建平出席会议并讲话。

“二五”普法至“六五”普法期间，全市各级党委、政府根据工作需要调整充实全民普法依法治理工作领导小组，建立以成员单位普法工作责任制和领导小组议事规则为主要内容的制度体系，组织开展内容丰富、形式多样的普法宣传活动，促进普法工作的开展全市先后制发普法依法治理相关文件580件，编发普法简报720余期，召开各类普法依法治理工作会、现场会、调度会、联席会300余次。2012年6月7日，《法制日报》头版头条刊发潍坊市普法工作经验做法。

普法宣传

阵地建设　“二五”至“六五”普法期间，全市大力加强普法宣传阵地建设，建立普法一条街、普法一条路、普法一面墙、普法广场，制作宣传橱窗，建成普法一条街7800条，普法墙1.2万余块，百余部法律法规得到有效宣传。2003年后，在全市范围开展“法律进社区”活动，全市90%的社区达到一个法制宣传栏、一个图书室、一支法制宣传教育志愿者队伍、每季度上一堂法制课的“四个一”要求。

法制宣传　1991年起，市普法办依托“12·4”法制宣传日、“3·15”消费者权益保护日、安全生产月等平台，组织开展形式多样的集中法制宣传活动。先后会同潍坊日报社举办“泸河杯”“中百杯”“北汽福田杯”法律知识竞赛，组织开展“喜迎奥运、与法同行”“全民全运、法治同行”等主题宣传活动，建成专门的普法网站，多角度全方位地宣传法律知识及普法动态。2001年2月，市普法办联合潍坊电视台等新闻媒体，对全市的普法依法治理工作情况进行系列采访报道，组织法律服务人员深入安丘景芝、昌乐鄌郚、青州五里、昌邑双台等地开展大型“送法下乡”活动。2004年3月、2005年4月全市集中开展建设“平安潍坊”法制宣传月活动，支持和推动全市平安建设。

2010年5月，在寿光市举办全国法制宣传漫画作品展，展出优秀作品200余幅，参观人数50余万人次。结合农村换届选举，加强选举法、村民委员会组织法的宣传教育，举办村“两委”成员培训班1500余期。加强普法队伍建设，举办普法骨干培训班1178期，培训普法骨干2万余人次，法制宣传队伍扩大到2.37万人。各县市区普法讲师团深入机关、学校、农村、企业开展法律宣传服务活动，受教育人员达520多万人次。共举办企业经营管理人员培训班581场次，法制讲座7680余次，为各类企业办理法律服务事务3万余件。积极开展送法上门活动，发放学法资料1000多万份，解答群众法律咨询1000多万人次。昌邑市编印《农村法制教育百题百案例》1万余册，免费送到群众手中。诸城市开展“百场电影下乡”活动，让广大群众在休闲娱乐中受到法制熏陶。青州市组织普法讲师团，深入全市20多家重点企业开展法律宣传服务活动，受教育职工达2万多人次。

2012年，利用电视台、报社、网站以及城区33条线路、500辆公交车显示屏等平台，布建一批标准醒目、内容丰富的公益法制宣传广告或标识，增强宣传效果。

2010年5月8日，全国法制宣传漫画作品展在寿光举办。司法部副部长张苏军（中），省委常委、政法委书记柏继民（右二）出席开展仪式

切相关的法律法规，增强公职人员和执法人员的法制观念。2009年9月，在全国领导干部学法用法电视电话会议上，寿光市作为唯一县级单位作典型发言。

2012年，按照“谁执法谁普法，谁主管谁负责”原则，将普法宣传责任按区域和职责落实到各县市区和执法单位，强化普法办的组织、协调、督导、考核职能。制定法制宣传教育工作责任分工，将117部常用法律法规的宣传责任逐一明确到41个成员部门，形成齐抓共管的合力，《法制日报》头版头条刊发潍坊市普法工作经验做法。

领导干部学法用法 1994年10月，市普法办组织全市1547名副县级以上领导干部和中二型以上企业负责人进行“二五”普法综合法律知识考试并通报考试结果。建立党委中心组学法日制度和领导干部会前学法制度，落实领导干部普法考核证制度。坚持定期举行法制讲座，市级领导干部法制讲座每年2次。1997年始，市人大常委会每年对市政府、市中级人民法院、市人民检察院拟任的副县级以上干部进行法律知识考试。2003年4月，市委办公室、市政府办公室转发市委组织部、市委宣传部、市司法局《关于进一步加强领导干部学法用法工作的实施意见》，推动领导干部学法用法工作的制度化、规范化建设。“二五”普法后，市普法办年年组织全市科级以上干部进行普法考试，参考率始终保持在95%以上。全市各级各部门认真落实国家公务员、司法和行政执法人员法律知识培训、考试考核、持证上岗等制度，在机关事业单位普遍实行普法执法责任制，制定年度学法方案和学习、检查等制度，组织机关干部职工系统学习公务员法、行政许可法、行政处罚法、行政复议法及与工作密

青少年法制教育 1991年，全市中小学法制副校长或法制辅导员达到34%。1996年，全市开展青少年学生“学法、知法、守法”系列活动，全市近60万名学生参加了法制演讲、法律知识竞赛、百题进万家等活动。2003年6月，市教育局、市司法局、市综治办、团市委联合印发《关于加强青少年法制教育工作的意见》，明确青少年法制教育工作的任务和措施，狠抓计划、教材、课时、师资“四落实”，深化“警校共建”，开展特色鲜明的青少年法制教育活动。到2005年底，全市94%的中小学实现法制教育“四落实”，96%的中小学聘请了法制副校长或法制辅导员，基本形成以课堂教育为主，学校、家庭、社会三位一体的青少年法制教育格局。

2010年5月，在全市开展《中华人民共和国未成年人保护法》集中宣传教育月活动，为保持校园持续安全稳定营造良好的氛围。2011年，在市直学校发放《潍坊市普法依法治理宣传册》3

万余册，对青少年进行普法宣传。

第三节　依法治理

1991年，在全市基层开展依法治理工作，181个乡镇（街道）、7358个村（居）、1204家厂矿企业、691所学校、84个机关单位成为达标单位。1994年，推进基层行业依法治理向纵深发展，进一步扩大治理面，依法治村、校、厂、店、街、乡镇的比例分别占总数的99%、98.9%、99%、88.2%、100%、100%。1996年，在农村地区，以依法治村为重点，大力开展民主化、法制化管理，实行“两化一保障”，即村务管理民主化、经济关系契约化和司法保障。全市涌现出寒亭“依法减负”、昌乐“两公开一监督”、安丘“民主管理和依法治村”、诸城“三化管理”等先进典型。坊子区村（居）事务契约化管理模式，作为新时期基层民主管理的先进经验在全国推广，获得首届全国村务公开管理制度创新提名奖。2002年8月13日，在昌乐县召开全市学习推广昌乐“双治工程”经验现场会，推广以法德教育、弘扬正气、双向制约、双星管理、建章规范为主要内容的“双治工程”。该做法先后被新华社山东分社、山东电视台等多家媒体刊载、播出，在2002年召开的全省农村基层民主法制建设经验交流会上，昌乐县作经验介绍。

2003年后，探索开展“信用守法村户”创评活动，建立“诚信守法褒奖，失信违法惩戒”的农村社会信用制度，走出一条法制与金融结合、服务“三农”、维护社会稳定、促进经济发展的新路子。开展创建“民主法治示范村”活动，9个村居被评为“全国民主法治示范村”、89个村居被评为“全省民主法治示范村”，位居全省前列。围绕民族宗教问题，加强民族村（居）的民主法制建设。2003年，全省召开民族村（居）民主法制建设经验交流会，青州市作典型发言。加强依法治校、依法治企工作，涌现出了诸城市、青州市等依法治校先进地区和潍坊八中、昌乐二中、潍坊电厂等多个先进典型。2004年6月18日，召开全市依法治校现场会，推广诸城的治校育人“五化”（科技化、规范化、网络化、法制化、人文化）经验。

2008年6月，市全民普法依法治理工作领导小组转发省全民普法依法治理工作领导小组《关于开展法治城市、法治县市区创建活动的实施意见》。2010年，印发《关于全面开展法治创建活动的意见》《法治创建考核办法》等一系列文件，印发《法治创建考评细则》，用法治指数考评各单位法治创建工作成效。2010年6月24日，在寿光市召开全市法治创建工作现场会，进一步部署推进法治创建工作。全市市努力打造“法治政府”“阳光政府”和行政复议体制改革的做法被称为“潍坊模式”。以“民主法治示范村”创建等活动为载体，积极开展基层依法治理，在农村开展“双治（依法治理和以德治理）工程”“信用守法村户”“契约化管理”等活动，不断提升社会各项事业法治化管理水平。2010年，潍坊市首创的社区工作网络化布局模式成为全国、全省社区工作新典型，在全省社区工作经验交流会上予以推广。

各级政府大力推行依法行政工作，认真开展行政规范性文件的制定、审核、备案及清理工作，80%以上的政府部门实行了法律顾问制度。针对社会热点难点问题，多次开展专项治理，一大批热点、难点问题得到较好解决。2012年4月，市普法办委托市社情民意调查中心，对各县市区和市直单位普法依法治理工作群众满意度和部分法律群众知晓率进行电话调查，对全市普法依法治理工作成效进行评估。

第四节 法学教育

1994年，潍坊市政法干部培训中心成立，与市司法局法规教育科合署办公。1997年3月，占地37亩的潍坊市法学教育培训基地建成并投入使用。

党政干部法律专业学历教育

1999年，市委批转市委组织部、市委宣传部、市委政法委、市人事局、市司法局、市普法办六部门《关于对全市科级以上领导干部进行法律专业学历教育的意见》，规定凡45岁以下未取得法律专业大专以上学历的党政机关副科级以上领导干部，必须利用3年时间系统学习法律，有条件的企事业单位副科级以上领导干部也可以报名参加学习，取得学历后作为提拔使用的重要依据。7月，召开全市党政干部法律专业学历教育工作动员大会，报名工作在各部门、各单位、各县市区迅速展开。全市共有4283名学员参加报名学习，居全省第一。10月，全市党政领导干部法律专业学历班举行开学典礼。至2006年培训中心撤销，全市4283名党政领导干部参加法律专业学习。

司法行政干警轮训

1998年4月底至5月底，市司法局对全市280余名司法所长、500余名执业律师和公证员、各县市区司法局基层科科长及“148”法律服务人员进行系统轮训。2000年3月，市司法局印发《关于对全市司法行政干警轮训的实施意见》，全市司法行政干警、律师、公证员利用15天左右时间，采取全脱产方式参加系统培训，重点学习宪法、行政诉讼法、行政处罚法、国家赔偿法及与工作相关的专业法律、法规。2001—2005年，对全市1313名司法行政干警和法律服务人员进行轮训，其中县市区司法局机关403人、律师330人、公证员79人、基层法律服务所及潍坊市司法局局属单位人员501人。至2006年培训中心撤销，培训在职司法行政干警3300余人次。

法律业务培训

1994—1998年，潍坊市司法局与山东政法管理干部学院联合办学，在潍坊成立山东政法管理干部学院潍坊教学分部，开设法律专业大专、本科函授班和专科脱产班，函授班学制3年，脱产班学制2年，共为政法机关和社会培养法律人才669名，其中专科461名、本科208名。1995年起，市司法局与中国政法大学联合举办4期基层人员高等教育“专业证书”教学班，从35岁以上人员中招收学员，每期一年半时间，学习刑法、民法等10门课程。全市109名基层法律工作者、人民调解员、企业法务人员参加学习并取得专业证书。2002年，与青岛大学合作，组织全市尚未达到学历要求的律师和基层法律工作者参加法学函授本科班学习，全市110名人员参加了学习。2005年7月，第一批97名学员顺利毕业。至2006年培训中心撤销，培养法律专、本科毕业生4500余人。

第五节 律师

律师机构

1991年初，全市共设有潍坊市法律顾问处以及潍城区、坊子区、寒亭区、益都县、高密县、诸城县、安丘县、寿光县、临朐县、昌邑县、五莲县、昌乐县13个律师机构。是年4月，各法律顾问处更名为律师事务所。更名前法律顾问处为全额拨款的事业单位，改称律师事务所后，机构性质发生较大改变，其中自收自支的3个、全额拨款的2个、其他形式的8个。1991—2005年，新建律师事务所43个，撤并律师事务所9个。全市律师事务所分为合伙、合作、国资三种组织形式并存。

2000年，国资律师事务所脱钩改制。当年，全市20个国资所中18个完成改制，由国资所改制为合伙所。2008年，全市合作制律师事务所改制，23个合作所中21个改制为合伙所。2009年，完成全部合作所改制工作。2009年3月4日，潍坊市首个个人律师事务所——山东圣龙律师事务所在寿光成立。之后，个人律师事务所逐步发展。至2012年底，全市共有律师执业机构95家，其中国资所2家、合伙所62家、个人所29家、公司律师事务部2家。

律师队伍

1991年，全市共有执业律师61人，其中二级律师9人、三级律师24人、四级律师28人。1991—2005年，市司法局大力吸纳新的律师人才，发展律师近500人，清理律师队伍中的不合格人员及不适应律师执业的人员123人。截至2012年底，全市执业律师960人。其中专职律师913名、兼职律师33名、公司律师14名。

1991—2012年潍坊市律师机构和人员统计表

表20—4—1

年份	律师机构总数（个）	国资所数（个）	合伙所数（个）	个人所数（个）	合作所数（个）	公司事务部数（个）	律师人数（人）
1991	13	10	3	—	—	—	61
1992	17	11	4	—	2	—	98
1993	21	12	5	—	4	—	134
1994	27	14	6	—	7	—	180
1995	29	16	7	—	6	—	201
1996	31	17	8	—	6	—	220
1997	33	18	9	—	6	—	230
1998	32	18	8	—	6	—	260
1999	30	20	7	—	3	—	289
2000	34	2	18	—	14	—	320
2001	31	2	19	—	10	—	342
2002	36	2	19	—	15	—	374
2003	39	2	22	—	15	—	442
2004	43	2	25	—	18	—	491
2005	47	2	24	—	21	—	507
2006	51	2	24	—	24	1	525
2007	51	2	25	—	23	1	532

续表20－4－1

年份	律师机构总数（个）	国资所数（个）	合伙所数（个）	个人所数（个）	合作所数（个）	公司事务部数（个）	律师人数（人）
2008	58	2	53	—	2	1	572
2009	71	2	56	12	—	1	607
2010	81	2	55	21	—	2	784
2011	88	2	59	25	—	2	857
2012	95	2	62	29	—	2	960

律师业务

1991年，全市律师为413家国家机关、企事业单位和公民担任法律顾问，办理刑事辩护824件，诉讼代理1133件，非诉讼代理5258件，解答法律咨询2.54万人次，为有关单位和当事人避免和挽回经济损失7788.5万元，业务收费875.63万元。此后，律师业务每年均比上年有较大增长。至2005年，法律顾问、刑事辩护、诉讼代理、非诉讼代理法律事务、解答法律咨询年均增长达3.1%、10%、11%、17%、9.3%，律师业务收费年均增长达21%。

2006年后，全市律师业务由传统的诉讼业务扩展到公司上市、股权转让、金融证券等非诉讼事务，基本覆盖现代经济社会生活各个领域。2012年，全市律师为党政机关、企事业单位和公民担任法律顾问2392家，受理各类诉讼非诉讼案件9354件，业务收费5264.16万元，为有关单位和当事人避免和挽回经济损失21亿余元

律师管理

1991年，全市律师事务所实行以效益浮动工资为主的激励机制，建立以合同制为形式的人事管理制度，完善以法规制度为内容的监督制约机制，把办案质量、职业道德等与经济效益挂钩，调动人员的工作积极性，防范问题的发生。1994年，市政府办公室转发《市司法局、市工商局关于加强法律服务机构统一管理的意见》，市委办公室、市政府办公室转发市司法局、市委组织部、市财政局、市人事局《关于深化律师工作改革的意见》，进一步推动律师工作改革。11月4日，潍坊市律师事务所（潍坊市涉外律师事务所）与美国洛杉矶远东法律事务中心签署合作协议，互相委托办理诉讼和非诉讼和解、提供商务见证、法律、商务咨询、资信证明等法律事务，开创了潍坊市律师与国外律师合作的先河。

1998年，市司法局建立分级律师管理体制，明确划分市县两级司法行政机关管理权限和职责范围，先后印发《潍坊律师公约》《十六项承诺》《市直律师事务所管理办法》《外设业务机构管理办法》《潍坊市文明律师事务所标准》，完善管理制度。2000年，市司法局与市公安局开展联合执法，查处冒充律师及未经批准擅自从事有偿法律服务的事件，净化法律服务市场。2003年，在全市实行律师事务所指导实习律师资格制度，加强执业律师准入管理。同年，开展律师职业道德和执业纪律评查活动，组织全市律师进行诚信宣誓。2004年，开展律师队伍集中教育整顿，对问题比较严重的2个律师事务所、10余名执业律师进行了严肃处理。联合公安机关依法取缔非法法律服务机构3处、查处冒充律师从事非法有偿法律服务事件6起。2006年，与市信访局联合印发

《潍坊市律师参与涉法信访工作实施细则（试行）》，建立律师参与涉法信访工作协调机制。与潍坊市律师协会联合印发《关于组织全市律师积极为建设社会主义新农村办事的实施意见》，成立由107名律师参加的潍坊律师社会主义新农村建设法律服务志愿团，为社会主义新农村建设提供法律服务。

2007年1月28日，山东鸢都英合律师事务所主任高明芹被全国总工会、司法部、中华全国律师协会授予“全国维护职工权益杰出律师”荣誉称号，获得全国五一劳动奖章，受到党和国家领导人的接见。2008年，聘请最高人民法院高级法官及上海市知名律师到潍坊授课，选派2名律师赴美进行反倾销业务学习培训，为全市市律师队伍培养高层次法律服务人才。10月12日，山东求是和信律师事务所被中华全国律师协会评为“全国优秀律师事务所”。

2010年，在律师队伍中开展警示教育活动。完善律师事务所考核办法，依法查处、取缔非法办公地点2处、清理非律师工作人员5人，对1家律师事务所做出行政处罚。2011年，开展律师队伍职业道德集中教育。印发《潍坊市申请律师执业人员实习考核实施办法》，严把律师队伍“入口关”。制定《律师事务所重大法律事务信息报告制度》，加强对律师事务所办理重大法律事务的监督指导。

2012年，市委办公室、市政府办公室转发《市司法局关于进一步加强和改进律师队伍建设的意见》。同年，在全市律师事务所开展“规范化建设年”活动，围绕律师事务所基础设施建设、制度建设、台账管理、党建工作、档案管理等7大类28项内容，开展为期一年的集中规范化建设，全市律师事务所规范化建设水平显著提升。

律师协会

组织建设　1993年9月，召开潍坊市律师协会成立大会，会员181名，会议选举第一届理事会理事21人、常务理事7人，李明忠当选为会长，于树本、罗荣祥当选为副会长。2000年3月9日，召开潍坊市第二次律师代表大会。会议通过关于执行《全国律师协会章程》等决议，选举产生了新一届律协班子和各专门委员会。

协会活动　2006年，潍坊律师协会组织律师参加山东省律师辩论大赛，潍坊市代表队获全省第一名，包揽2个最佳“辩手奖”和3个“优秀辩手”奖，并获最佳“组织奖”。2008年4月，成立“潍坊市军地服务中心”，依法维护国防利益和军人军属合法权益。2009年，积极开展“为企业解困法律服务月”活动，组建“为企业解困法律服务月”法律服务队65个，走访企业600余家。2010年，成立“黄河三角洲高效生态经济区律师服务团”和“半岛蓝色经济区律师服务团”等专业服务团队，为企业提供全过程、跟踪式法律服务。同年，中华全国律师协会、中国城郊经济研究会主办，潍坊市律师协会与中华全国律师协会民事委员会共同承办的“统筹城乡发展中的法治与律师实务研讨会”在潍坊召开，市司法局就推动“一村一律师”制度的实践及成果、山东求是和信律师事务所就农村集体经济组织产权改革法律实务等做典型发言。2011年，开展“律师服务企业月”活动，成立公司业务、金融业务等五个特色法律服务团，组织律师为企业的经营管理进行“法律体检”，对企业生产经营人员进行法律培训，受到企业的好评。正东矿业公司发生透水事故后，迅速组织法律服务团跟进服务，为事故的善后处理提供法律支持。2012年，潍坊市首次推荐山东鸢都英合所律师裴桂峰赴贵州参加为期一年的全国“1+1”中国法律援助志愿者行动。组织开展“律师进百企包千村联万户”活动，积极引导律师法律服务向企业深入、向农村延伸、向基层倾斜。

2010年9月4—5日，由中华全国律师协会、中国城郊经济研究会主办，中华全国律师协会民事专业委员会、潍坊市司法局、潍坊市律师协会承办的“2010统筹城乡发展中的法治与律师实务研讨会”在潍坊富华国际会议中心举行

1991—2012年，潍坊律师协会给予2家律师事务所通报批评、2家律师事务所训诫的行业处分，给予6名执业律师通报批评的行业处分。组织开展各类专项业务培训24期，受训人员5400余人次。邀请全国法学界、法律实务界著名专家进行授课，组织律师参加全省、全国、赴外等高端培训，推动全市律师理论、业务向新层次、高端业务领域发展。

第六节　公证事务

公证机构

1991年，全市共设有潍坊市公证处、潍坊市第二公证处（1988年4月以前称潍城区公证处）、潍坊市第三公证处（1988年4月以前称寒亭区公证处）、潍坊市第四公证处（坊子区公证处）、益都县公证处（后改称青州市公证处）、高密县公证处、诸城县公证处、安丘县公证处、寿光县公证处、临朐县公证处、昌邑县公证处、五莲县公证处（1992年划归日照司法行政系统）、昌乐县公证处等13家公证机构。1999年1月和9月，先后成立潍坊市第五、第六公证处，分别由市高新技术开发区司法局、奎文区司法局管理，同时接受市司法局的监督与指导。2001年，经省司法厅批准将第五公证处予以注销。2006年7月，潍坊市进行公证机构体制改革，将13个公证处进行更名，其中地区市级公证处5个、县公证处2个、县级市公证处6个。2010年3月15日，经省司法厅批准，设立潍坊市昌潍公证处滨海经济开发区公证室。至2012年底，全市公证人员137人，其中公证员67人、公证员助理24人、其他工作人员42人。具有硕士学历10人、本科学历99人、大专学历23人、高中学历5人。

公证管理

1994年，市司法局转发《山东省公证员执照注册管理暂行办法》，每年及时办理公证员工作执照注册的申报工作。1996年3月，实行公证机构改革，在全市所有公证处实行主任负责制，增强了公证机构的内部活力。2004年7月，在全市公证系统开展“严格公证程序、规范执业行为”活动。2005年8月起，在全市公证系统推广使用公证业务软件，提高了公证机构的办公现代化水平。2006年，潍坊公证处被全国老龄办、公安部、司法部命名为全国老年维权示范岗。2008年，成立“公证专家咨询组”，创建业务指导网络信息平台。4月，在全市开展公证行业信息化建设。2009年，加大公证信息网络平台建设力度，公证业务办证软件单机版全部调升为网络版。2011年，开展“零错证、零投诉、零上访”活动，全市各公证机构制定完善质量管理、错假证撤销备案和责任追究、公证质检员岗位管理、主任考核及公证机构综合实力评价等制度。开展全市公证办证软件使用操作演练检查，全市55岁以下公证员全部电子流程出证，电子流程办证率达到100%。2012年，在全市公证机构推行双休日、节假日正常办证制度。出台《潍坊市公证质量监督检查办法》。省司法厅和省物价局在潍坊市召开全省公证服务收费情况调研座谈会。9月初，潍坊市顺利完成公证系统VPN网关联网建设，实现公证网络“三级联网”。

1991—2012年潍坊市公证业务统计表

表20—4—2

年份	办理公证（件）				拒绝公证（件数）	制止不法经济活动		接待来访（人次）	处理来信（件）
	合计	国内经济公证	国内民事公证	涉外及港澳台		件数	涉及金额（万元）		
1991	137116	47096	89402	618	11	9	26	9586	32
1992	138658	48121	90029	508	23	18	68	7859	22
1993	140337	47256	92079	1002	19	8	21	10988	41
1994	141348	49337	90730	1281	33	23	106	8851	33
1995	147226	49179	96552	1495	51	16	98	9784	29
1996	200237	57911	140605	1721	27	31	30	10648	75
1997	292098	68653	221419	2026	73	12	240	10648	118
1998	280481	42812	235311	2358	148	27	3853	85602	140
1999	165843	10918	152097	2828	93	12	524	45651	239
2000	155517	39344	112549	3624	143	36	6322	58597	95
2001	82093	30771	44916	6406	282	33	716	137350	67
2002	68060	10827	51166	6067	279	24	380	56071	50
2003	53238	11327	35888	6023	127	53	663	42626	68
2004	31005	4085	21505	5415	144	20	217	16668	23
2005	25931	3555	16498	5878	218	45	7542	13378	49
2006	30605	3059	17870	9676	763	131	17377	29234	351
2007	39412	4786	21181	13445	578	49	1520	24885	11
2008	38838	3408	21712	13718	549	70	3860	21695	13
2009	36292	4054	20781	11457	474	69	850	15608	14
2010	38763	4118	23978	10667	670	122	788	20508	9

续表20—4—2

年份	办理公证（件）				拒绝公证（件数）	制止不法经济活动		接待来访（人次）	处理来信（件）
	合计	国内经济公证	国内民事公证	涉外及港澳台		件数	涉及金额（万元）		
2011	47184	6695	29798	10691	611	140	1308	35521	8
2012	53610	8403	34934	10273	648	185	4850	58052	28

公证员管理

2006年，组织学习《中华人民共和国公证法》《2006年全国公证岗位培训大纲》《公证程序规则》《公证机构执业管理办法》《公证员执业管理办法》《公证法释义》，开展社会主义荣辱观教育和社会主义法治理念教育活动。2007年，举办全体公证员和公证员助理培训班，学习《中华人民共和国物权法》《中华人民共和国企业破产法》等新出台的一系列法律法规。开展“公证服务新农村建设”“公证为构建社会主义和谐社会服务”主题实践活动，举办“公证与和谐社会”主题征文活动。2010年，组织公证实务培训、公证业务问答、统计报表培训。派2人参加司法部组织的高级公证员培训，为省公证协会推荐、输送公证讲师团成员4人，派4人赴3地市培训讲课。2011年，组织两批共8人参加司法部举办的公证员任职前培训，派出1名公证员参加司法部举办的高级公证员培训，派1名公证员参加司法部举办的网络保全师资培训。2012年6月30日，在潍坊职业学院举办全市公证业务培训班，全市各公证机构负责人、公证员、公证员助理、公证辅助人员共122人参加培训。组织2批3名公证人员参加司法部组织的公证员任职前培训，派1名公证员参加司法部举办的高级公证员培训。

公证协会

1996年6月4日，潍坊市公证员协会成立。李明忠任协会会长，于树本、赵正来、杨金正、刘爱芳任副会长。2011年12月8日，潍坊市公证员协会召开第二次代表大会，会议审议通过潍坊市公证员协会正式更名为潍坊市公证协会。会议听取审议了第一届理事会工作报告，审议通过了《潍坊市公证协会章程》（修改稿）。会议选举王毅任第二届会长，邵波、孙建云、常承科、张晓梅任副会长。

1991—2012年，潍坊市公证协会举办各类培训班21期，培训人员892人次，选派公证人员参加司法部、省司法厅培训及活动200余人次。

第七节　基层法律服务和人民调解工作

司法助理员

1991年，全市290个乡镇（街道）配备司法助理员972人，属司法行政编制的310人。2005年，全市190个乡镇（街道）配备司法助理员461名，属司法行政编制314名、地方行政编制46名、其他101名。2004年起，市司法局对全市司法所进行收编管理，至2005年底，对全市所有司法所实现收编管理，取消司法助理员，改称司法所工作人员。

司法所

1991年，全市共设有司法所290个，人员972人，管理上受乡镇（街道）领导，业务上受上一级司法行政机关指导监督。1992年，实行机构改革，全市撤销司法所114个，司法所总数减少到176个。1994年，被撤销的114个司法所全部得到恢复。同年，市司法局组织实施司法所规范化建设，20%的司法所达到省级和市级规范化标准。1996年，市司法局制定市级文明司法所标准，在全市开展文明司法所创建活动。11月，市司法局组成4个检查组，对申报“省级规范化司法所”的单位进行验收，51个司法所通过验收并被省司法厅评为“省级规范化司法所”。1997年6月，市司法局在寿光市田柳镇召开全市司法所规范化建设会议，推动全市司法所规范化建设。2000年6月14—15日，全省基层司法行政工作会议在寿光召开。2004年7月，市委办公室、市政府办公室转发《市司法局关于加强“第一道防线”建设 维护社会稳定工作的意见》，加强司法所建设。2006年，高密市司法局率先开展具有自有产权的司法所办公场所建设，先后在仁和镇、夏庄镇、姜庄镇新建3座面积约为500~600平方米的司法所办公楼，结束了全市司法所无独立产权办公场所的历史。10月，市司法局组织为期3天司法所建设点评活动，促进全市司法所规范化建设深入开展。2007年，潍坊市再次对行政区域规划进行调整，全市司法所由190个缩减为117个。2008年4月，市机构编制委员会印发《关于乡镇街道司法所编制问题的通知》，编定乡镇（街道）司法所一般定编3人，8万人口以上或工作任务特别重的乡镇可增配1~2人。2009年，高密市司法局开展以司法所规范化建设为核心的基层司法行政阵地建设，经验做法在《潍坊日报》（内参）和市委办公室《三原件》刊发。8月10日，市司法局制发《关于加强基层司法行政阵地建设的意见》，基层司法行政阵地建设在全市范围全面实施。9月7—8日，全省加强基层司法行政阵地建设研讨会在高密市召开，省司法厅领导及山东大学、山东政法学院等理论界人士参加研讨会。

2012年，通过接收军转干部和公务员考录等方式，不断充实基层工作队伍，优化素质结构。至2012年底，全市司法所共有人员421名，全部为大专以上学历。

人民调解

1991年，全市共建有人民调解组织1.17万个，其中一类调委会7060个、二类调委会4155个、三类调委会469个，调解人员8.04万人。初步实现“五有”（有人民调解委员会标识牌、有相对固定的工作场所、有人民调解委员会印章、有调解及回访记录簿、有统计台账）“四统一”（统一人民调解员证、统一人民调解委员会标识牌、统一人民调解委员会徽标、统一人民调解委员会印章），做到“组织、制度、工作、报酬”四落实。当年，全市各调解委员会调解纠纷111.72万件，防止民转刑案件2428件，防止群体性上访1839起，发挥了维护稳定的第一道防线作用。

1994年10月25—27日，全省第二次防激化表彰会在昌邑市召开。全省各地市司法局局长、基层科（处）长、受表彰的先进集体和先进个人代表120余人参加会议。潍坊市、昌邑市、昌邑市围子镇等8个单位和个人做典型发言。会议对昌邑市构筑“大民调”格局、综合治理民间纠纷的经验做法给予了充分肯定。

1995年8月6—7日，司法部基层司领导到昌邑市调研司法行政工作，对昌邑市构筑“大民调”格局的做法给予高度评价。

2005年5月24—25日，省委、省政府在昌乐县召开全省矛盾纠纷排查调处工作经验交流会。推广昌乐县“调解组织网络化，司法所、调解中心建设规范化，工作运行程序化，管理手段信息化”的成功经验。2007年，市司法局在全省司法行政工作会议上就人民调解工作做典型发言。

2008年，市司法局先后印发《关于在春节、全国“两会”期间集中开展矛盾纠纷排查调处活动的通知》《关于集中开展矛盾纠纷排查调处专项活动的通知》《关于对全市司法行政系统安全稳定工作进行督查的通知》《关于做好奥运期间信息报送和检查工作的通知》，组织开展专项矛盾化解和督查等活动。2009年4月15日，召开全市深化多元纠纷解决机制工作会议，推广多元化调解模式。5月22日，市司法局转发坊子司法局、坊子区劳动和社会保障局《关于进一步加强企业人民调解工作的意见》，推广加强人民调解工作的经验。12月9日，召开深化完善诉讼与诉讼相衔接的矛盾纠纷解决机制建设专题工作会议，促进多种调解形式的衔接。

2010年11月30日，市司法局组织全市人民调解法知识竞赛，寿光市代表队获得一等奖。2011年，市委办公室、市政府办公室印发《关于进一步做好新形势下人民调解工作的意见》，为人民调解工作长远发展建立政策支撑。自3月始，组织开展为期一年的“争当人民调解能手”活动。各调解组织积极参与，16人被表彰为全省人民调解能手。市司法局和高密、寿光、安丘、昌乐、临朐5县市司法局被中华全国人民调解员协会表彰为全国人民调解工作宣传工作先进单位。

2012年，在全市部署开展评选规范化人民调解委员会、十佳人民调解委员会和十佳人民调解员工作。5月17日，召开全市规范化调委会命名表彰大会，司法部基层工作司和市政府、市政协领导出席会议。

至2012年底，全市共建立人民调解委员会8687个，其中村居设调委会7327个、镇街设调委会1211个、专业性行业性调委会149个。共有人民调解员6.33万人，其中村居调委会5.72万人、镇街调委会4885人、专业调解员1215人。

基层法律服务

1991年，全市有基层法律服务所（1991年前称为法律服务站）290个。基层法律服务所与司法所合署办公，工作人员1078人，其中司法助理员310人、调配干部43人、聘用专职人员667人、聘用兼职人员58人。1994年，临朐县在全市率先试行司法所和基层法律服务所分离，8个乡镇在年内完成了分离工作。1994年后，各县市区陆续对司法所和基层法律服务所进行了分离。2000年12月25日，市司法局、市物价局联合对基层法律服务所的收费标准进行界定。到2001年，全市共有基层法律服务所225个，基层法律服务工作人员978人。183个基层法律服务所成为独立事业单位法人，实行自收自支的164个，171个基层法律服务所实现与司法所的分离。

2009年11月，市司法局部署恢复基层法律服务所工作，推进司法所与基层法律服务两所有机结合。年底，恢复基层法律服务所25个。2010年5月，开展为期一年的基层法律服务所规范化建设年活动。9—11月，对全市基层法律服务所规范化建设年活动开展情况进行督查。

2012年4月，市司法局在全市开展基层法律服务工作者“服务民生年”活动。9月，印发《关于进一步加强基层法律服务管理工作的意见》。11月，举办基层法律服务所主任培训班和新录用法律服务工作者岗前培训班。至2012年底，全市基层法律服务所163个，基层法律服务工作者887名，与司法所合署办公的110个，担任乡镇（街道）政府、事业单位、村（居）委会法律顾问2587家，担任各类企业和经济组织法律顾问1539家，担任其他组织的法律顾问516家。

基层法律服务工作者协会、人民调解员协会

1996年3月15日，召开全市基层法律服务工

作者协会和人民调解员协会成立大会。会议听取并审议协会筹备工作报告，通过协会章程，选举产生第一届理事会，在理事会上选举产生常务理事、会长、副会长、秘书长、副秘书长。1998年5月14日，召开第二届潍坊市基层法律服务工作者协会和潍坊市人民调解员协会会议，会议增补协会副会长、秘书长、副秘书长、常务理事。2007年2月25日，潍坊市基层法律服务工作者协会召开第三届第一次理事会，进行协会选举工作。2008年6月10日，市基层法律服务工作者协会部署开展“法律服务和法律援助工作为构建社会主义和谐社会服务”主题实践活动。2011年11月，召开基层法律服务工作者协会第四次会员代表大会，选举协会领导成员。

第八节　司法鉴定

司法鉴定机构

2003年4月，潍坊市第一家面向社会提供司法鉴定服务的司法鉴定机构——潍坊医学院附属医院司法鉴定中心成立。2005年10月1日，全国人大常委会《关于司法鉴定管理问题的决定》实施后，全市司法鉴定机构快速增加，至2012年底，全市司法鉴定机构共19家，其中，法医类13家、建设工程类2家、交通类2家、会计税务类1家、文书鉴定1家。业务范围涉及法医临床、病理、毒物、物证、精神病、建筑工程质量、会计、税务、文书和交通事故车辆技术等10多个类别，基本保证了潍坊市的司法鉴定需要。

潍坊市司法鉴定机构统计表
（截至2012年12月31日）

表20—4—3

机构名称	人员数量（人）	成立时间
潍坊医学院附属医院司法鉴定中心	31	2003.4
潍坊求是建筑工程司法鉴定所	13	2004.6
潍坊龙城司法鉴定所	25	2005.1
潍坊机动车评估司法鉴定所	6	2005.1
潍坊海润德司法鉴定所	7	2005.1
潍坊泰诚建筑工程司法鉴定所	18	2005.1
潍坊凤城法医司法鉴定所	24	2005.5
潍坊安城法医司法鉴定所	26	2005.5
潍坊昌乐法医司法鉴定所	23	2005.6
潍坊圣城法医司法鉴定所	18	2005.6
潍坊青州法医司法鉴定所	18	2005.8
潍坊临朐法医司法鉴定所	18	2005.8
潍坊昌邑法医司法鉴定所	22	2005.9

续表20—4—3

机构名称	人员数量（人）	成立时间
潍坊市精神卫生中心司法鉴定所	14	2006.6
潍坊市坊子区仁康医院司法鉴定所	7	2006.6
潍坊渤海司法鉴定所	6	2006.7
山东交通职业学院司法鉴定所	17	2007.6
潍坊鑫诚司法鉴定所	6	2007.9
潍坊盛泰司法鉴定所	9	2009.9

2003—2012年潍坊市司法鉴定机构业务情况统计表

表20—4—4

年份	刑事公诉（件）	刑事自诉（件）	民商事用（件）	其他类（件）	业务收费（万元）	鉴定咨询（件）
2003	3	—	93	1	10.10	401
2004	11	27	476	6	48.21	745
2005	25	31	991	12	102.20	1188
2006	152	70	3289	46	237.80	1805
2007	181	78	3606	45	279.62	2097
2008	242	94	4783	70	373.06	2515
2009	283	95	7992	81	421.80	1502
2010	205	45	8783	295	778.37	1910
2011	216	69	9879	340	981.17	1789
2012	201	56	9910	212	990.30	1980

司法鉴定管理

2003年前，司法鉴定管理职能不在司法行政部门。2003年4月，市第一家面向社会服务的司法鉴定机构——潍坊医学院附属医院司法鉴定中心成立后，司法鉴定工作开始纳入司法行政部门管理。

2004年，市司法局组织司法鉴定管理人员到公检法技术部门进行学习培训。利用“12·4”普法宣传日进行司法鉴定宣传，提高群众对司法鉴定的认知度。

2005年，市司法局根据潍坊司法鉴定实际，坚持“统一规划、合理布局、慎重发展、注意质量”原则，广招技术人才，大力发展鉴定机构。全市司法鉴定机构由2004年的2家，发展到14家，位居全省第一。

2006年，开展司法鉴定规范化建设年活动，建立健全机构内部管理制度，规范司法鉴定程序和司法鉴定人执业行为，按标准购置配齐鉴定所需仪器设备，统一规划鉴定机构的接待室、办公室、检查室和档案室等场所。对全市司法鉴定机构进行司法鉴定体制改革以来的第一次执法大检查，对14家2005年以前设立的鉴定机构，重新进行审核上报，换发新证。鉴定机构规范化建设上了一个新台阶。

2007年，开展司法鉴定管理年活动，对鉴定机构基础设施、仪器设备、制度建设、队伍素质、鉴定质量、执业行为和档案管理的标准进行细化和规范。根据《司法鉴定程序通则》，统一规范司法鉴定案卷材料样式，建立司法鉴定诚信执业档案。

2008年，开展司法鉴定质量年活动，从“抓队伍、强管理、保质量”入手，着力提高鉴定质量和司法鉴定公信力。4月，成立潍坊市司法鉴定协会，召开协会第一届全体代表大会，建立司法鉴定行政管理与行业管理相结合的模式。

2009年，开展文明司法鉴定所、优秀司法鉴定人评比竞赛活动，评选出4个文明司法鉴定所和10名优秀司法鉴定人。推行司法鉴定人选优淘汰制，对19名不能正常参加鉴定活动的司法鉴定人进行调整，把22名专业水平高、思想品德好、愿意从事司法鉴定工作的优秀人才吸收进司法鉴定人队伍。推进司法鉴定机构认证认可工作，在3家机构先行试点，对15家鉴定机构的30名内审员进行培训。

2010年，在临朐法医司法鉴定所举办全市司法鉴定机构资质认定工作推进会。开展鉴定机构能力验证和资质认定工作，2家机构通过省级资质认定专家组现场评审，潍坊医学院附属医院司法鉴定中心李茂竹被司法部表彰为全国优秀司法鉴定人。

2011年，建立司法鉴定机构和司法鉴定人电子档案。同年，市委政法委将司法鉴定工作纳入群众工作考核的重要指标，市政协法制委员会对司法鉴定工作进行专题调研。

2012年，实行《潍坊市司法鉴定机构负责人约谈制度》。是年，全市1家机构通过国家级认证认可，8家机构通过省级资质认定；6家机构参加9个项目的能力验证，通过率100%。是年内，4个鉴定机构和12名司法鉴定人受到省市表彰。

第九节 社区矫正和安置帮教

社区矫正

2007年，潍坊市社区矫正工作开始试行。7月30日，市委办公室、市政府办公室印发《潍坊市社区矫正试点工作意见》。8月，市委、市政府在高密市召开全市社区矫正工作现场会，部署开展社区矫正工作试点工作。8—10月，市社会治安综合治理委员会、市中级法院、市检察院、市公安局、市司法局组织开展核查纠正监外执行罪犯脱管漏管专项行动，将脱管人员纳入管理。

2008年3月31日，市社区矫正工作委员会办公室印发《关于进一步推进社区矫正工作方案》。4月，市司法局分片组织召开社区矫正工作调度会议，对工作落实情况进行督导。

2009年12月，市司法局对全市25周岁以下服刑在教青少年和服刑在教人员未成年子女进行排查摸底，排查出服刑在教青少年860名，服刑在教人员未成年子女578名。

2010年3月25日，市司法局、市中级法院、市检察院、市公安局联合印发《关于在全市试行社区矫正工作的实施意见》。3月31日，市政府召开全市社区矫正工作会议，对试行工作进行部署。9月26日，市司法局、市中级法院、市检察院、市公安局联合印发《关于对未成年刑事被告人开展庭前社会调查及进行社区矫正工作的实施意见》，对未成年刑事被告人开展庭前社会调查作出部署。10月，市司法局、市中级法院在高密市、寿光市对未成年人庭前社会调查工作进行试点。

2011年，市社区矫正领导小组，印发《关于进一步加强社区服刑和刑释解教人员管理的通知》，与市中级法院一起到高密、寿光等地进行考察试点，部署开展非监禁刑判前社会调查工作。

2012年，在全市范围内开展社区矫正和刑释解教人员大排查、大走访专项活动。3月、6月、11月对各县市区贯彻落实《社区矫正实施办法》情况进行3次督查。印发《关于进一步加强社区矫正和刑释解教人员管理工作的通知》。2012年底，全市15个县市区131个乡镇、街道开展了社区矫正工作，8个县市区单独设立社区矫正办公室；建立教育基地20个、公益劳动基地72个、就业基地43个。

安置帮教

1991年，潍坊市重新调整刑释解教人员安置帮教工作领导小组成员，在全市范围组建帮教队伍，形成工作网络，安置帮教工作机制在有效运转中得到加强。

2005年2月，市社会治安综合治理委员会刑释解教人员安置帮教工作领导小组印发《关于进一步加强刑释解教人员安置帮教工作的意见》，明确“帮教社会化、就业市场化、管理信息化、工作职责规范化”的总体要求。潍坊市及县市区建立安置帮教工作办事机构15个，工作人员52人。以司法所为依托，建立乡镇（街道）安置帮教工作站、村居建立安置帮教小组、企事业单位建立安置帮教小组。对符合低保或社会救济条件的刑释解教人员，落实有关社会保障措施；对农村籍的刑释解教人员及时落实责任田，划分住房宅基地等。刑释解教人员安置率达70%以上，重新犯罪率控制在3%以下。11月，坚持“法制教育与思想道德教育、面上帮教与重点帮教、组织帮教与家庭帮教、正面教育与解决困难相结合”的做法得到省司法厅充分肯定。高密市司法局《完善机制强化措施把安置帮教工作提高到一个新水平》的经验材料在全省刑释解教人员安置帮教工作经验交流会上进行了交流。2006年，市司法局在全市启用刑满释放解除劳教人员安置帮教工作管理软件，开启安置帮教工作信息化建设。2007年12月，昌邑市司法局在康达实业有限公司率先建立安置帮教基地，省司法厅、市委政法委领导等参加揭牌仪式。

2010年3月，市委办公室、市政府办公室转发市社会治安综合治理委员会《关于进一步做好刑满释放解除劳教人员安置帮教工作的意见》。4月26日，市社会治安综合治理委员会对市刑释解教人员安置帮教工作领导小组成员进行调整。6月24日，市委、市政府在寿光召开全市刑释解教人员安置帮教工作会议，部署进一步推动刑释解教人员安置帮教工作的任务措施。8月，市人民政法委和市司法局组成联合督查组，对安置帮教工作情况进行专项督查。11月24日，寿光市4家企业举行“牵手工程”实训基地揭牌仪式，进一步带动全市安置帮教基地建设。

2011年，市司法局指导各县市区全面启用刑释解教人员信息管理系统，组织工作人员进行操作技能培训。协调有关部门为刑释解教人员落实有关安置、就业政策，督促各地加大工作力度，依托各类企业建立安置帮教基地，增强吸收接纳能力，指导各安置帮教基地加强规范化建设。当年全市新增45处安置基地，增长400%，其中市级安置基地2处。

2012年，通过“政府购买服务”的方式，聘用社会工作者192人。广泛调动社会力量参与安置帮教工作，组建起一支由大学教师、律师、企业家等1566人组成的帮教志愿者队伍，促进了安置帮教工作顺利开展。

第十节 律师资格考试和国家司法考试

律师资格考试

1986年，全国律师资格考试首次举行，两年一考。1993年后，调整为一年一考。2000年，第十二次全国律师资格考试结束后，该考试取消，取而代之的是国家司法考试。潍坊市律师资格考试工作由市司法局负责组织实施，1992—2000年，全市750人通过考试，为潍坊市律师事业发展储备了大量法律专业人才。

1992—2000年全国律师资格考试潍坊考区报名及合格情况统计表

表20—4—5

年份	报名人数（人）	合格人数（人）	通过率（%）
1992	332	27	8.13
1993	475	42	8.84
1994	647	166	25.66
1995	1087	61	5.61
1996	1138	27	2.37
1997	745	95	12.75
1998	818	109	13.33
1999	967	86	8.89
2000	1213	137	11.29

国家司法考试

2002年3月30—31日，市司法局在潍坊新华中学和山东省纺织工业学校组织首次国家司法考试。全市报名人数为1926人，211人通过，通过率11%。2003年，国家司法考试时间调整到10月11日、12日。全市报名总人数减少为765人，考点缩减为1个，地点在潍坊新华中学。2004年，国家司法考试实行网上预报名，考试总分由400分调整为600分。2006年，《中华人民共和国公证法》实施，要求公证员必须通过国家司法考试。当年报名人数突破千人，增加到1040人。2008年，大学三年级学生可以报名参加考试。报名人数出现较大增长，达到1580人。2009年，报名人数增加至1830人，考点增加1个，分别为潍坊新华中学和潍坊市奎文实验初中，考试时间为9月19日、20日。潍坊市国家司法考试工作组织严密，受到省司法厅通报表扬。11月，全省司法考试工作现场会在潍坊市召开。

2010年，潍坊考区在全省率先实行“净考”+安检模式。市司法局统一为考生提供考试文具，构筑安检门、无线电信号监测车、金属探测仪、屏蔽仪以及无线耳机探测仪等五位一体的防范体系，确保考试平稳、安全、顺利。2011年，全市报名人数突破2000人，达到2112人。8月1日，市政府办公室印发《关于建立国家司法考试联席会议制度的通知》，建立国家司法考试联席会议制度。9月11日，召开第一次联席会议，明确各成员单位分工。考试时间为9月17日、18日，考点调整至潍坊市第七中学。

2012年，国家司法考试统一实行网上报名，潍坊考区报名人数为2058人。考试时间为9月22日、23日，考点为潍坊市第七中学。6月，市司法局被省司法厅表彰为国家司法考试工作先进单位。10月，司法部国家司法考试司就国家司法考试联席会议制度到潍坊进行调研。12月，潍坊市司法局被司法部表彰为国家司法考试工作先进集体。

2002—2012年国家司法考试潍坊考区报名及合格情况统计表

表20—4—6

年份	报名人数（人）	合格人数（人）	通过率（%）
2002	1926	211	11.00
2003	765	91	11.90
2004	747	101	13.52
2005	885	120	13.56
2006	1040	116	11.2
2007	1170	180	15.4
2008	1580	267	16.9
2009	1830	310	16.9
2010	1994	387	19.4
2011	2112	256	12.1
2012	2058	291	14.1

第十一节　法律援助

队伍建设

1997年，潍坊市法律援助中心成立，为全额拨款正科级事业单位，编制8人。1998年12月18日，潍坊市法律援助中心正式揭牌。

1999年9月，市司法局分别与市老龄委、市残联设立法律援助联络中心，并挂牌运行。2000年9月8日，市司法局与市妇联、团市委联合印发《关于进一步做好妇女法律援助工作的通知》《关于进一步做好未成年人法律援助工作的通知》，在市妇联、团市委设立妇女法律援助联络中心和未成年人法律援助联络中心。10月，市法律援助中心在潍坊学院组建第一支大学生法律援助社会志愿者队伍，首批共10人。2003年8月2日，成立由市委副书记任主任、市委政法委书记任副主任，各有关部门主要负责人为成员的潍坊市法律援助委员会。2003年10月，全市12个县市区全部设立法律援助中心。2006年3月，市法律援助中心在山东潍坊监狱成立“法律援助基地”，组织市直律师事务所律师为服刑人员提供法律咨询，为符合条件的服刑人员提供法律援助。2007年5月，市法律援助中心在潍坊医学院建立“法律援助志愿者工作站”，发挥大学生法律援助志愿者作用，利用节假日开展法律援助活动，为大学生走向社会提供锻炼平台。2008年3月，市人大常委会组织部分常委及市人大代表利用3天时间分两组考察全市法律援助工作。在市人大五届二次常委会会议上，市司法局代表市政府汇报全市的法律援助工作。5月，市法律援助中心在山东求是和信律师事务所建立“农民工法律援助维权工作站”。各县市区也全部成立“农民工法律援助维权工作站”，接受农民工法律咨询，承办市县两级法律援助中心指派的农民工法律援助案件。6月，市法律援助中心与市公安边防支队建立法律援助工作协作机制，成立法律援助工作站，为广大部队官兵及其亲属提供法律服务。9月，市委、市政府调整充实潍坊市法律援助委员会，进一步加强全市法律援助工作领导。

2003年起，潍坊市、县两级法律援助机构先后在全市191个乡镇（街道）建立法律援助工作站，在全市9097个自然村、447个居委会设立兼职法律援助联络员。2009年5月，与市总工会、团市委、市妇联、市老龄委、市残联分别签订工作合作协议，成立法律援助工作站，加强法律援助工作站点的机构建设、制度建设、队伍建设、业务建设和基础建设。至2012年底，全市法律援助机构人员编制64人，实有人数71人，其中，具有律师资格的43人，法律专业本科以上文化程度的58人。

制度建设

2002年，市政府第三十二次常务会议通过《潍坊市法律援助办法》，于2002年11月1日起施行。2004年9月，市法律援助中心被司法部授予第二届“全国法律援助先进集体”称号。2005年10月，市司法局与市民政局、市财政局、劳动、市社会保障局、市国土局、市建设局、市卫生局、市档案局、市工商局联合转发国务院九部委《关于贯彻落实法律援助条例、切实解决困难群众打官司难问题的意见》，解决相关部门对法律援助案件减免收费问题。同年12月，市司法局与市中级法院、市检察院、市公安局联合转发司法部等四部门《关于刑事法律援助工作的规定》，拓展刑事法律援助工作的领域。实行法律援助案件量化管理，制定《县级法律援助机构考核项目》，年初定任务量，年底考核。建立质量监督制度，通过对指派案件的跟踪回访、个案汇报、发放征求受援人和法官意见卡、案件归档及对归档案卷确认等级等措施，提高援助案件办案质量。民事、行政案件只要符合援助条件的都提供援助，法院指定的刑事辩护案承办率达100%。市县两级法律援助中心加强与劳动仲裁、公安、法院、检察院等部门加强沟通，完善民事诉讼法律援助和司法救助的衔接机制。出台一系列法律援助规章制度，明确法律援助的职责和范围，理顺法律援助的程序和流程，推进了法律援助工作规范化。降低法律援助门槛，扩大法律援助覆盖面，凡是有“低保证”的群众，可以直接申请法律援助；凡是涉及工伤保险、待遇纠纷追索、劳动报酬以及农民工的案件，无需开具经济困难证明就可获得法律援助。加大监督力度，提高法律援助办案质量。市法律援助中心成立后，市县两级法律援助中心办理的法律援助案件全部合格，其中优秀率达45%。

2009年，重点为下岗失业人员、未成年人、妇女、老年人、残疾人提供法律援助。2010年5月，市法律援助中心制作“法律援助绿卡”“法律援助便民手册”20万份，发放给困难群众。公民持法律援助绿卡，可直接获得法律援助。2011年5月，开通“12348”法律服务专线，并将专线作为创建全国文明城市的一项重要内容列入考核测评体系。

2012年，市司法局印发《潍坊市法律援助案件质量监督办法》，设立质量监督岗，配备案件质量监督员，对全市法律援助案件实行100%全程监督。组织开展“法律援助案件质量监督年”活动，全市法律援助案件未出现质量投诉，当事人满意率98%，基本满意率为2%。

至2012年底，全市共办理法律援助案件3.39万件，其中刑事案件8203件、民事（行政）案件2.57万件。来人来电咨询20万人次，受援对象3.5万人。

经费保障

2005年，市司法局与市财政局联合印发有关文件，解决律师办理法律援助案件的办案补贴经费，将法律援助经费全部列入同级政府财政预算。2012年，全市法律援助财政拨款为185余万元，经费短缺问题得到较大缓解。强化办理法律援助案件的经费保障，市县两级法律援助机构全部发放办案补贴，保证了法律援助工作的正常开展。

法律援助宣传

1998年后，市县两级法律援助中心注重通过新闻媒体宣传法律援助工作，采取发放宣传材料、上街宣传咨询等形式，提高法律援助知晓率。2006年10月—2007年1月，市法律援助中心组织律师开展“法律服务百日行”活动，进社区、进农村、进企业、进机关、进学校，到繁华路段宣传法律援助知识。其间，接受群众咨询6000余人次。2008年10月，市司法局、市人社局、市建设局联合开展“关爱农民工，创建平安和谐企业”主题活动，签约100家企业，为农民工提供法律援助，简化受理程序，维护农民工合法权益。2009年1月，为纪念潍坊法律援助工作开展十周年，精选十年来全市法律援助百件优秀案例及法律援助活动的图片，编辑出版10万余字的《潍坊法律援助案例选编》。2010年3月，市县两级法律援助中心在全市范围开展“走千村进万户，法律援助促和谐”主题活动，用3至5年的时间，走访辖区内所有村（社区），为基层群众提供法律援助。5月，组织开展“法律援助便民服务”主题活动，举办全市法律援助信息管理系统集中培训，推进法律援助信息化网络建设，实现一体化管理，提高工作效率和服务能力。10月，市司法局印发《关于进一步加强法律援助工作的意见》，首次对市直律师事务所的办理法律援助案件数量进行分配。2011年6月，组织全市各级法律援助机构开展“法律援助宣传月暨千名律师赶大集”活动。各级法律援助机构组织广大律师、基层法律工作者和法律援助人员首先在寿光开展“千名律师赶大集”活动启动仪式。省法律援助中心领导道现场指导并参加寿光、临朐、昌乐等县市区开展的律师赶大集专项活动。2012年，在全市范围组织开展“法律援助为民服务创先争优年”便民服务主题活动，维护弱势群体合法权益。

第十二节　劳教

警察培训

市劳教所积极抓好警察教育培训工作，建立教育培训长效机制，以提高业务技能、身体素质和增强处置突发事件能力为着力点，努力提升警察队伍的整体素质。1992年4月，制定《干警岗位培训实施办法》，进行适应性培训，考核合格颁发岗位职务培训合格证，作为任职和晋升依据。1993年5月，组织文秘、营销等岗位培训和护卫警培训。1994年10—11月，开展“警体技能训练”活动。1995年，按照全省劳教干警“八五”培训计划，进行岗位培训。1999年下半年至2002年上半年，开展警察基本素质教育，经省劳教局考核，全所警察理论考试及格率达100%，警体技能考核成绩优良。2003年12月，对全所警察进行向国家公务员过渡培训，参加了市人事局统一组织的过渡考试。2004—2011年，开展经常性“岗位大练兵”活动，组织中队长、指导员、管教内勤、专兼职教师、生产安全员等岗位培训。2010年1月—2011年1月，组织开展“执法大培训，岗位大练兵”活动。2012年9月，组织全体警察分5批到市国防训练基地进行封闭式警体轮训。同年，与驻地人民医院建立协作关系，组织医务人员分三期进行每期半年的专业学习培训。2007年始，鼓励警察参加国家心理咨询师资格培训与考试，至2012年底，共26人获得心理咨询师资格证书，其中，三级心理咨询师22人，二级心理咨询师4人。

教育矫治

思想政治教育　1991年始，对劳教人员按照“财产型”“滋扰型”“淫乱型”划分，使用司法部劳教局编印的《财产型罪错矫治课本》《滋扰型罪错矫治课本》《性罪错矫治课本》组织实施分类教育。在教育转化工作上，注重对劳教人员的个别谈话教育，将其列为考核警察实绩内容之一。每名干警对分管劳教人员每月谈话不少于15人次。对重危人物、难改人员重点进行个别教育，做好转化工作，承包干警每月谈话不少于4次。谈话教育专用记录簿做到有记录内容、有处理意见和谈话效果，市教改所教育科每月底进行检查。2011年初，创新个别谈话教育模式，在全省率先开展“周记·评语”活动，建立《周记》手册。5月，在劳教人员生活区安装“心桥信箱”，开展预约谈话活动。2012年12月，编辑出版《点亮心灵之灯——潍坊市劳教所周记评语实录》。

文化教育与技术培训　1991—2012年，300余名文盲、半文盲劳教人员获得昌乐县教委颁发的文化教育单科合格证书。按照“立足改造思想、着眼解教就业、服务所内生产、因人因地制宜”原则，对在岗从事生产劳动的劳教人员进行岗前培训，对特定人群（教前无技术专长、具有初中以上文化、年龄40岁以下、教期一年以上），进行职业技术培训。1991—2012年，先后举办平菇栽培、果树栽培、养殖、缝纫、烹饪、电工、锅炉操作等技术培训班，3000余人获得昌乐县劳动部门颁发的就业训练结业证书。2006—2012年，394名劳教人员获得由市、县劳动技能鉴定中心颁发、国家认可的职业资格证书，提高了解教人员回归社会的适应能力。

心理矫治与引导　1991年，市劳教所在全省率先成立心理教研室，聘请潍坊医学院社科部、医学心理研究室和昌潍师专教育心理学研究室4名教授为兼职教师。1992年，选择相应比例的劳教人员，试用《恶习矫治录》，开展有针对性的心理咨询和心理矫治。1996年6月，向省劳教局、市委政法委、市司法局呈报心理矫治专题报告。2000年，制定《对劳教人员进行心理咨询的意见》，并对从事心理矫治的干警进行业务培训。2003年，增设劳教人员心理卫生教育课。2004年，选派人员参加省劳教局与大华心理职业培训学校联合举办的心理咨询培训。在教务处和各大队设劳教人员心理咨询室，配备心理咨询员，对全所劳教人员进行心理健康教育，全部建立心理健康档案。2007年4月，加入潍坊市心理咨询师协会，取得心理咨询师资格的4名警察成为会员。2008年9月，《新生月报》改版为《潍坊劳教报》。2011年始，探索以“弟子规”为主要内容的传统文化主题教育，开展“感恩•诚信教育”文化月活动。

社会帮教　1992年，市劳教所与潍坊轴承厂、民主东居委会、东关街道办事处建立“帮教安置联系点”，聘请三个单位的相关负责人为校外辅导员。1993年，与济南经十路小学结为“共建”单位，开展“童心暖冰心，学‘金星’做新人”活动。1997年，向劳教人员亲属寄送共同做好教育挽救公开信。2002年、2004年，先后与高密市政府、安丘市政府有关部门举行联合帮教大会。2012年11月，联合昌乐县人社局到市劳教所为劳教人员作就业形势分析和指导报告，赠送书籍和文体活动用品。经常邀请政法部门领导和社会上的先进典型、英模人物作报告，引导劳教人员悔过自新。在“请进来”的同时“走出去”为社会服务，自1998年，挑选劳教人员组成“心灵之悔”报告团，先后应邀到学校、部队、社区作忏悔报告，开展警示教育，共30余场次，受到社会多方面肯定。

生活医疗保障

生活保障 1995年，市劳教所根据省财政部、省司法部《关于印发在押罪犯伙食、被服实物标准的通知》精神，执行劳教人员伙食实物标准。1998年8月，市劳教所将劳教人员主食由定量供应改为放开供应。劳教人员伙食安排实行制度化管理，改善调剂伙食。1999年，市劳教所通过省劳教局组织的“生活卫生达标”考核验收。2003年7月，实行劳教人员生活费、生活服务站收支公开制度。每月底，由财务科、直属中队负责核算当月情况并张榜公布。2006年9月，劳教食堂实行每餐食品24小时留样备份制度。2008年，实施《劳教食堂食品加工精细化细则》，实行值班警察跟踪监督签字制度。2011年3月，管教区内停止使用代金券，启用“一卡通”电子消费系统。自2012年，劳教食堂配备专门的食品留样冷藏柜，实行每餐食品48小时留样备份。

医疗保障 设置医务室，共8名医务人员，专职负责劳教人员的防病治病工作。2000年，建成面积304平方米医务楼，购进心电图机、电热恒温箱、离心机和部分化验器材以及电冰箱、洗衣机等，医疗条件明显改善。2003年7月，建立劳教人员健康档案制度。自2004年1月，对新收容劳教人员进行艾滋病筛查。2008年，与昌乐县人民医院建立劳教人员就医绿色通道，保证急重病号及时救治。2010年1月，在管教区设立劳教人员病号集中输液室。2009—2012年，先后购进心电图机、超短波治疗仪、中频治疗仪、血糖仪等医疗设备。2012年9月起，聘请昌乐县人民医院专家定期到所巡诊和技术指导，救治急重症劳教人员。

第二十一编

军　事

潍坊军分区办公大楼全景

潍坊地扼山东内陆腹地通往胶东半岛咽喉，政治、经济、军事地位十分重要，历来为兵家必争之地。1991—2012年，驻潍坊部队和潍坊军分区高度重视思想政治建设，积极开展各项政治教育活动，始终在思想上、政治上、行动上与党中央保持高度一致。顺应国家改革开放历史潮流，大力推动军事变革，狠抓以战备训练为中心的各项工作落实。持续加强国防后备力量建设，不断对民兵组织进行调整改革，突出抓好“民兵干部队伍”“民兵专业技术分队”和“民兵应急分队”建设，民兵预备役部（分）队平时应急、战时应战能力素质不断增强。积极对国防动员规模与结构、动员体制机制、动员方式方法进行改革创新，国防动员领导体制、国防教育、人民防空和交通战备建设日趋完善。中共潍坊市委、潍坊市人民政府大力支持国防和军队建设，不惜人力、物力和财力，扎实开展拥军优属工作。驻潍坊部队官兵视驻地如故乡、视人民如亲人，大力支援地方建设，努力践行全心全意为人民服务宗旨。

第一章　军事机构

第一节　军分区

潍坊军分区、各县市区人武部为本地区军事领导机关和同级地方党委军事部兼同级人民政府兵役机关，平时负责辖区人民武装工作和国防后备力量建设，领导民兵预备役工作、兵役工作和国防动员工作；战时领导和指挥辖区民兵预备役就地作战及担负战争勤务等。

1981年7月，昌潍军分区改称为潍坊军分区。1986年1月，军分区机关整编，撤销科建制。1997年11月，军分区机关重设科的编制。司令部设作训、军务装备和动员科；政治部设组织干部和宣传保卫科；后勤部设战勤和供应科。1998年9月，潍坊警备司令部由71375部队移交军分区。2004年12月，潍坊军分区设司令部、政治部、后勤部，辖潍城区、奎文区、坊子区、寒亭区、青州市、安丘市、寿光市、昌邑市、高密市、诸城市、临朐县、昌乐县12个县级人民武装部和第一、二、三、四、五5个军队离职干部休养所。

1991—2012年潍坊军分区历任副师职以上领导干部一览表

表21－1－1

姓名	职务	任职时间
熊金洲	司令员	1985.12—1992.10
周懋文	司令员	1992.10—1996.4
张洪林	司令员	1996.4—1997.8

续表21—1—1

姓名	职务	任职时间
郭德启	司令员	1997.8—2003.3
卞长伟	司令员	2003.3—2009.7
陈兆信	司令员	2009.7—2010.12
张宁东	司令员	2010.12—2011.10
谷兴利	司令员	2011.10—2012.12
万伟锋	司令员	2012.12—
朱敬恪	政治委员	1985.12—1995.02
程庆同	政治委员	1995.2—1999.8
刘洪清	政治委员	1999.8—2003.3
田东流	政治委员	2003.3—2006.3
曲新佩	政治委员	2006.3—2010.4
刘汉杰	政治委员	2010.4—
蒋玉德	副司令员	1983.6—1991.11
王凯兴	副司令员	1987.9—1998.3
苏太勇	副司令员	1990.2—1995.12
冯久喜	副司令员	1996.3—1999.10
王庆秀	副司令员	1996.8—1999.2
井光德	副司令员	1997.2—2003.2
黄信江	副司令员	1998.9—2004.2
刘兴忠	副司令员	2001.9—2005.11
张福庆	副司令员	2003.6—2004.10
李志超	副司令员	2003.5—
孟庆宣	副司令员	2004.2—2011.10
王柱田	副司令员	2005.1—2012.9
明宝春	副政治委员	1990.12—1993.10
白连友	副政治委员	1997.7—2000.6
吴鲁沂	副政治委员	1999.2—2007.7
魏世坤	副政治委员	2003.5—2011.6
刘善信	副政治委员	2005.7—2011.12

续表21-1-1

姓名	职务	任职时间
徐延田	副政治委员	2012.3—
王庆秀	参谋长	1985.12—1996.8
井光德	参谋长	1996.8—1997.2
毕可仕	参谋长	1997.2—1999.2
王凤林	参谋长	1999.2—2003.5
张福庆	参谋长	2003.5—2004.10兼
于 波	参谋长	2004.10—2006.7
沈雁军	参谋长	2006.7—2008.12
王德礼	参谋长	2008.12—2013.12
马有顺	政治部主任	1988.7—1997.7
白连友	政治部主任	1997.7—1999.12兼
曲新佩	政治部主任	1999.12—2006.3
曹元怀	政治部主任	2006.3—2010.10
李树春	政治部主任	2010.10—

1986年7月，潍坊军分区将所辖潍城、坊子、寒亭3个区，安丘、寿光、临朐、昌乐、昌邑、高密、诸城、五莲8个县和青州市人民武装部移交地方，改为地方建制，级别为副县级，称山东省××县市区人民武装部，受同级地方党委、政府和潍坊军分区双重领导。

1987年7月，诸城县人民武装部改称诸城市人民武装部。1993年3月，五莲县人民武装部改隶日照军分区领导。1993年6月，寿光县人民武装部改称寿光市人民武装部。1994年1月、5月、6月，安丘县人民武装部、高密县人民武装部、昌邑县人民武装部分别改称安丘市人民武装部、高密市人民武装部、昌邑市人民武装部。

1994年9月，潍坊市设立奎文区，以原潍城区人民武装部为基础，析编为潍城区人民武装部和奎文区人民武装部。

1996年4月，潍城、坊子、寒亭、奎文4个区，青州、安丘、寿光、昌邑、高密、诸城6个市，临朐、昌乐2个县人民武装部由地方建制收归中国人民解放军建制，称中国人民解放军山东省××县市区人民武装部，为正团级单位，受潍坊军分区和同级地方党委双重领导。

2012年，全市仍设4个区、6个市和2个县人民武装部。

第二节 驻潍坊部队

潍坊市为军事重地，1991—2012年，潍坊市境内驻有不同级别的军事机关和不同军种、兵种的中国人民解放军部队和中国人民武装警察部队。

陆军第26集团军 1999年4月18日，进驻潍坊市。

54691部队　1978年9月，进驻安丘县。1986年10月，由安丘县迁移到潍坊市奎文区。1999年3月，调离。

71375部队　1969年12月—2011年12月，驻防潍坊市。

71602部队　1957年2月—2003年10月，驻防潍坊市。

72456部队　1956年4月，在昌邑县（今昌邑市）组建，至2012年驻潍坊市昌邑市。

71155部队　1999年3月，进驻潍坊市坊子区。

71290部队　1999年3月，进驻潍坊市安丘市。

54692部队　1978年9月—1998年7月，驻防诸城。

54693部队　1978年9月—1998年7月，驻防安丘。

54694部队　1978年9月，进驻诸城县。1986年10月，由诸城县迁移到安丘县。1998年3月，调离。

54697部队　1978年8月—1998年7月，驻防潍坊坊子。

54698部队　1978年8月，进驻潍坊市坊子区。1998年3月，调离。

71305部队　1969年2月—2011年2月，驻防潍坊市。

54951部队　1984年8月，进驻昌乐县。1985年11月—1998年9月，驻防临朐县。

71827部队　1957年2月—2003年10月，驻防潍坊市潍城区。

71350部队　1957年2月—2003年10月，驻防潍坊市。

71648部队　1957年2月—2003年10月，驻防潍坊市。

71696部队　1957年2月—2003年10月，驻防潍坊市。

71989部队　1957年2月—2003年10月，驻防昌乐县。

71450部队　1972年12月—2003年2月，驻防青州市。

72900部队　1959年6月，在益都县（今青州市）组建。从组建至2012年，驻防青州市。

94590部队　1969年6月，进驻潍县（今奎文区）。

94552部队　1955年7月，进驻潍县。2004年12月，调离。

94235部队　1969年6月，进驻潍县（今奎文区）。

94333部队　1969年6月，进驻潍县（今奎文区）。

94303部队　1969年6月，进驻潍县（今奎文区）。

94595部队　1967年，进驻高密县（今高密市）。

94285部队　1978年，进驻诸城县（今诸城市）。

94243部队　1994年9月，进驻潍坊市诸城市。

94484部队　1998年，进驻潍坊市高密市。

第三节　军校　医院　干休所

第二炮兵青州士官学校　1978年1月，该校搬迁至山东省益都县（今青州市）。1993年3月，整编为第二炮兵指挥学院青州分院。1999年7月，成立第二炮兵青州士官学校。2012年5月，转隶第二炮兵工程大学（驻青州市）。

中国人民解放军第89医院　1949年8月，中国人民解放军第89医院移防进驻潍坊特别市坊子区。1998年2月，迁至潍坊市潍城区。

中国人民解放军海军第401医院青州分院 1952年，海军402医院在益都县（今青州市）筹建，1954年竣工使用。1994年11月，海军402医院改为海军401医院青州分院。

潍坊军队离职干部休养所 1991—2012年，潍坊市共有8个军队离职干部休养所。分别是：海军潍坊干休所、空军潍坊干休所、兰州军区潍坊市安丘市干休所、潍坊军分区第1干休所、潍坊军分区第2干休所、潍坊军分区第3干休所、潍坊军分区第4干休所、潍坊军分区第5干休所。

第二章　兵役

1991年—2012年，潍坊市人民政府每年依据《中华人民共和国兵役法》组织开展兵员征集工作。兵役机关在每年兵员征集工作中，扎实抓好征兵宣传、体格检查和政治审查工作，为部队输送优质兵员。全市广大适龄青年，踊跃报名参军，积极投身国防事业。

第一节　兵役机构

潍坊军分区和各县市区人民武装部兼任同级人民政府兵役机关，在上级军事机关和人民政府领导下，负责本区域兵役工作。潍坊市成立市、县市区征兵领导小组，组长由各级政府分管武装工作的副职领导兼任，副组长由军分区参谋长、县市区人武部部长兼任。成员分别由军分区司、政、后一名领导，县市区人武部军事科、政工科、后勤科科长和地方的宣传、公安、卫生、教育、财政、交通、民政、监察局、劳动和社会保障等有关职能部门一名领导兼任。主要负责协调本级地方有关部门共同做好征兵工作；部署年度征兵任务；研究解决征兵工作有关问题；检查、指导征兵办公室开展工作。征兵领导小组下设征兵办公室，具体负责组织实施征兵工作。1991—2012年，潍坊市、县市区两级兵役机构建立例会、集中办公、值班、请示报告和总结评比等制度，高标准完成了兵员征集任务。

第二节　兵员征集

兵役登记

1991年，山东省政府、省军区印发《关于进行兵役登记和结合兵役登记确定预征对象的通知》。全市各级兵役机关把兵役登记与征兵工作结合进行，自9月17日至9月底，逐级培训登记骨干，使其明确登记范围、对象、方法，对广大适龄青年进行广泛宣传教育和思想发动，适龄青年人人参加登记报名。1996年6月，落实《山东省兵役登记办法》，对兵役登记工作进行规范。1998年6月，潍坊军分区在安丘市景芝镇召开全市兵役登记工作现场会，传达贯彻总参谋部《关于认真做好平时征兵准备工作的通知》《山东省兵役登记办法》，军分区部门以上领导和各县市区人武部部长、军事科科长参加会议。会议总结推广的“设站正规化、人员专业化、程序规范化、器材标准化”经验被山东省军区转发。1999—2012年，每年6—9月，各县市区兵役机关采取进站登记、上门登记、网上登记等方法，组织适龄青年进行兵役登记，确定预征对象，为年底兵员征集摸清底数，打牢基础。

征兵宣传

1991年，全市各级兵役机关把征兵宣传教育纳入全民国防教育轨道，提高全民国防观念，形成爱军、拥军、积极报名参军良好氛围。1994年5月，结合庆祝第二部兵役法颁布10周年，潍坊市委、市政府和军分区联合组织开展征兵宣传活动。1997年，潍坊市分管副市长和军分区首长组织召开宣传部、电台、电视台、报社等单位联席会议，研究部署征兵宣传教育和报道的具体计划和措施，全方位进行征兵宣传教育。1999年，市县两级领导采取电视讲话、刊登文章等方式，在全市营造征兵宣传氛围。2001年10月26日，为市征兵办公室确定的首个“征兵宣传日”，各级领导走上街头分发宣传提纲，开展咨询活动。主要街道拉起过街横幅，宣传车进行流动宣传。活动期间，注重加强对新修改后《征兵工作条例》的宣传，大力宣传加强国防建设与经济建设的关系和重大意义，增强适龄青年依法服兵役的自觉性。《潍坊日报》《潍坊晚报》和电台、电视台等主要媒体开辟专栏，及时对征兵工作进行报道。2002—2012年，每年10月26日，市委、市政府四大班子主要领导和军分区首长，走上街头向市民发放宣传材料，接受记者采访，回答群众提问。市、县两级有关领导还采取发表电视讲话、撰写署名文章、答记者问等形式讲解征兵工作政策法规，开展爱国主义和革命传统教育，激发适龄青年积极报名参军，投身国防建设。市和县市区征兵办公室每年编辑征兵工作简报，及时通报情况，转发好的经验做法。

体格检查

1991年，潍坊军分区按照设站科学化、管理制度化、组织程序化、器材标准化、人员专业化要求，对全市征兵体检工作进行统一规范，更新部分体检器械，明确新的体检方法和标准。2001年，高密市圆满完成全国征兵体检试点调研任务。2002年，潍坊市在国防教育中心对各县市区参加体检和政审的业务骨干共130余人进行业务培训。2003年，山东省实行新颁布的《应征公民体检标准》和《应征公民体检办法》，潍坊军分区组织各县市区人武部有关人员进行征兵体检信息化管理系统集训，组织征兵体检和政审人员进行业务培训，研究新情况，掌握新标准，制定新措施。全市12个体检站投入1200余万元，更新设施器材。2005年，潍坊市寒亭区和昌乐县担负山东省征兵体检心理测试先行试点，积极探索掌握心理检测软件操作运用、评判标准和心理防范技术等，圆满完成试点先行任务。2006—2012年，针对体检标准调整变化情况，每年组织各县市区业务骨干进行培训，按照征兵体检站信息化管理要求，更新配套设施和器材，科学合理地铺设网络，提高体检站的正规化、自动化水平，确保体检工作质量。

政治审查

1991年始，各县市区人武部严格按照上级关于做好征兵政治审查的指示精神，积极配合公安部门做好征兵政审工作。2004年10月，按照上级规定，进一步加大政审力度，改奎文、潍城、坊子、寒亭“四区”联审为全市联审，全面防范阻止劣迹青年混入部队，保证了新兵政治质量。2005年，市征兵办公室政审科组织力量开发政治审查软件，与公安系统网络联接，提高了征兵政审质效。2006—2012年，市县两级征兵办公室严格执行《征兵政治审查工作规定》，每年联合公安系统对政审人员进行培训，对初定兵员认真进行政治核查，确保入伍新兵政治质量。

2004年12月，潍坊市新兵入伍欢送大会

集结送兵

1991年起，应征青年被批准入伍后，各县市区人武部普遍对新兵进行简明扼要的军队光荣传统、遵守纪律、安全乘车等役前教育，同接兵部队办好交接手续，共同制定新兵输送计划，按规定时间起运新兵。2002年，山东省军区赋予潍坊市367人征接兵工作改革试点任务。接受任务后，军分区确定6个县市承担试点任务，研究探讨接兵部队不参与体检、政审和定兵只负责接兵到部队的征兵程序和工作方法。各试点单位严格政策规定，强化责任意识，保证了征集新兵的质量。1991—2012年，市、县区两级每年都为第一批入伍新兵，隆重举行欢送新兵入伍大会，地方党委、政府领导和军分区、人武部领导到会并致辞。

第三章 国防动员

潍坊市高度重视国防动员工作，市国防动员委员会认真贯彻国家军事战略方针，积极开展国防动员工作，主动协调军队与政府、经济与军事、人力与物力关系，精准统计国防动员潜力，努力提高平战转化能力，不断增强国防实力。

第一节 组织领导

1991—1997年，潍坊市国防动员工作由中共潍坊市人民武装委员会组织实施。主任由市委书记担任，委员会办公室设在军分区司令部，军分区参谋长兼任办公室主任。1997年6月，潍坊市成立国防动员委员会，保留市人民武装委员会，与市国防动员委员会为一个机构两块牌子。主任由市委书记担任，委员会办公室设在军分区司令部，军分区参谋长兼任办公室主任。国防动员委员会秘书组办公室设军分区司令部，负责处理市国防动员委员会的日常事务和组织协调工作，秘书长由军分区参谋长担任，副秘书长由市政府副秘书长担任。2003年，中共潍坊市委、市人民政府、军分区印发《关于进一步加强国防动员工作的意见》，增设市国防动员委员会综合办公室，设在军分区司令部，负责处理市国防动员委员会日常事务和组织协调工作。同年11月10日，在市科技局设立科技动员办公室。1998—2012年，市国防动员委员会根据领导职务变动情况和任务形势变化，及时调整国防动员办事机构。

第二节　主要工作

1991年始，潍坊市把国防动员作为中国特色社会主义建设事业的重要组成部分，纳入全市国民经济和社会发展计划，结合改革开放实际，加强民兵预备役、人民防空和交通战备建设，扩大战备物资储备，完善国防动员机构，增强国防实力。1997年，建立《潍坊市国防动员委员会工作制度》，明确《潍坊市国防动员委员会各办公室工作职责》，完善《潍坊市兵员动员预案》《潍坊市城市防空袭方案》《潍坊市交通战备预案》《潍坊市国防经济动员预案》。潍坊军分区、人武部制订相应的计划、方案，确保在战时及时将动员潜力转化为战争实力。2001年，市国防动员委员会对全市的人民武装、人民防空、经济动员和交通战备等有关国防动员潜力数据进行全面采集和统计。2002年6月，在诸城市召开潍坊市国防动员暨人武部正规化建设现场会，对全市国防动员工作进行部署。2003年5月16日，在国防综合基地召开潍坊市国防动员委员会第三次全体会议，潍坊市委、市政府、军分区印发《关于进一步加强国防动员工作的意见》和《关于加强和改进城市民兵工作的意见》，明确国防动员工作机构、运行机制、保障机制、组织领导等问题，对城市民兵编组布局、民兵政治工作、民兵训练、民兵武器装备管理和经费保障办法提出具体要求。2006年，潍坊市经济动员办公室被济南军区国防动员委员会表彰为“济南军区‘十五’期间国民经济动员工作先进单位”。2008年，潍坊市经济动员办公室圆满完成向汶川地震灾区紧急调运救灾药品的任务，被国家发改委、解放军总后勤部、国家药监局评为“国民经济动员规范化建设三年达标活动先进单位”。2010年，潍坊市国防动员委员会积极探索国防动员体系规范化建设新模式。9月13—16日，济南军区在潍坊召开国防动员体系规范化建设会议，会议成果被济南军区首长肯定为“山东模式、潍坊标准”。2012年，召开全市武装工作会议，举行预备役军官授衔仪式，开展“党管武装好书记”和关心国防建设“双十佳”评选表彰活动。是年，潍坊市委书记、军分区党委第一书记许立全被评为“全国国防动员建设2012年度人物”。

2010年9月14日，济南军区国防动员体系规范化建设会议在潍坊召开

第四章　国防后备力量建设

潍坊市国防后备力量由民兵和预备役组成。1991年始，潍坊军分区多次对民兵组织进行调整改革，落实编制，优化编组，充实骨干，提高民兵军政素质。开展预备役士兵登记统计，组织预备役军官授衔。预编预备役部队，建立各种民兵专业技术分队和民兵应急分队，逐步将民兵预备役部队建成一支平时能应急、战时能应战的国防后备力量。

第一节　领导体制

党管武装

1985年始，将市、县党委书记兼任军分区、县市区人武部第一政委、党委第一书记制度，改为只兼任军分区、人武部党委第一书记。地方基层同级党委（支部）书记一般兼任民兵营（连）教导员、指导员。军分区和人武部一名主要领导担任地方同级党委常委，一名主要领导参加同级政府市长办公会，乡镇、街道办事处武装部部长为同级党委委员。在县以上人民政府建立国防动员委员会（人民武装委员会），地方党委定期召开常委“议军会议”。1991—2012年，潍坊市、县两级党委每年召开常委议军会议，听取军分区、人武部关于上年度武装工作情况汇报，研究解决驻军各部队反映的各类困难和需求，讨论加强后备力量建设的具体工作意见，制定落实措施。各部门密切配合，保证党管武装的各项工作落实。

军事系统垂直领导

1986年7月—1996年3月，县市区人民武装部移交地方，改归地方建制，配备地方干部，工作任务不变，军事上服从军事系统垂直领导的制度不变。1996年4月，各县市区人民武装部收归军队建制，配备现役军官，实行军地双重领导制度。潍坊军分区、各县市区人武部作为本地区军事领导机关和同级地方党委军事部门兼同级人民政府兵役机关，平时负责辖区武装工作和后备力量建设，领导民兵预备役工作、兵役工作和国防动员工作；战时领导和指挥辖区民兵预备役就地作战及担负战争勤务等。

第二节　民兵

1991—2012年，潍坊军分区按照上级统一部署，结合本地区实际，对民兵组织多次进行调整改革，民兵组织随时代要求不断发展完善。

组织建设

1993年，潍坊军分区对全区民兵组织进行第三次调整改革。同年7月27日，潍坊市委、市政府和军分区召开城市民兵工作座谈会，总结推广新形势下加强企业民兵工作的经验做法。1998年，进一步深化民兵工作调整改革，对全区民兵组织进行第四次调整改革。潍坊军分区和各县市区人武部共派出15个工作组，到58家改制企业、106个乡（村）、17个部（委、办、局）进行专题调研。2001年，潍坊市在全省深

2010年7月31日，潍坊市坊子区新建女子光电伪装民兵连

化城市民兵工作调整改革座谈会上，介绍《转变思想、改进方法、提高城市民兵建设质量》的经验做法。2002年12月—2003年2月，以提高民兵质量建设为核心，突出抓好“民兵干部队伍”“民兵专业技术分队”“民兵应急分队”人员编组和装备配备为主要内容的全市民兵组织整顿工作。其间，军分区派出11个检查组，对全市12个县市区的民兵组织整顿工作进行检查验收，民兵组织基本达到编组合理、机构健全、人员落实。2003年9月26日，市委、市政府和军分区在寿光召开全市海上民兵建设座谈会，研究加强全市海上民兵建设具体措施。2005—2012年，按照“优化编组结构，完善体制编制，充实骨干力量，理顺工作关系，落实各项保障，促进全面建设”的要求，每年上半年对民兵组织进行整顿。在保持全市基干民兵规模的基础上，对步兵分队、应急分队、专业技术分队、对口专业分队的构成比例进行调整，增加专业技术分队数量及人数，增加科技含量高的对口专业分队数量及人数，增加与民兵遂行任务相一致的分队数量及人数。

军事训练

1991年始，潍坊军分区对民兵军事训练进行一系列调整改革，对民兵训练任务、训练对象、训练内容和训练形式等进行较大调整。在训练内容上，突出战时应战和平时应急两个重点。在训练对象上，突出抓好抓专武干部、基干民兵连、排长和教练员训练。在训练方法上，采取定向挂钩训练、模拟训练、实兵演练等方法，不断提高训练质效。在训练形式上，由乡镇分散训练，逐步过渡到在县市区民兵训练基地成建制集中驻训，做到训练人员、时间、内容和效果“四落实”。立足做好军事斗争准备，每年制发《军事工作指示》《军事训练计划》。各县市区人武部采取“岗位自训、送出带训、集中培训、考核比武”等方法，扎实抓好民兵干部、应急分队、专业技术分队和对口专业分队训练，逐步走开基地化、模拟化、信息化训练新路子，民兵军事训练步入制度化、规范化轨道。军分区每年组织军事训练普考和抽考，通报表彰训练先进单位和个人，潍坊军分区和县市区人武部多次被济南军区和山东省军区表彰为军事训练先进单位。

1998年始，潍坊军分区以新时期军事战略方针为统揽，以“打赢”为目的，以“学科学，科学练”为中心，立足现有条件，突出抓好高科技知识学习、人才培养、新装备训练和战法研究。充分利用科学技术发展成果，为训练内容、方法、手段注入高科技含量，不断提高民兵科技参战、科技支前、科技保障能力。2006年，编写30余万字的教材和教案，不断加大专业技术分队和

2007年7月6日，潍坊军分区民兵教练员参加全国民兵新大纲集训规范化教学课目演练

对口技术专业分队训练力度，经验做法被总参、济南军区和山东省军区总结推广。2007年7月，筹备和保障全国《民兵军事训练与考核大纲》集训观摩会，受到总参谋长梁光烈上将和与会代表赞誉。是年，潍坊军分区被总参谋部表彰为全国民兵训练先进单位。2008年，组织全市基层武装部长集训，大力培养按纲施训明白人。2009年，组织基层部长封闭式集训和民兵预备役教练员比武竞赛。2010年1—4月，按照先分散后集中的步骤，层层组织教练员集训考核和比武竞赛，经验做法被省军区转发，中央电视台军事农业频道和《中国国防报》做了专题报道。2011年，军分区严格挑选23名骨干，进行3个月封闭式集训，在省军区岗位练兵比武活动中获得4枚金牌、13枚奖牌，金牌和奖牌总数列全省各军分区之首。2012年，组织新任职基层武装部部长封闭式集训，培养军事训练明白人、带头人。同年，参加省军区预备役部队现役军官比武，获得优异成绩。

政治教育

1991年，民兵政治教育由军分区、人武部负责计划协调，通过党、团组织和群众团体来实施。教育方法主要通过订阅报刊杂志和收听广播，组织民兵进行阅读自学教育；利用集中训练时机，组织民兵进行专题集中教育；利用电视、微机和手机，进行网上远程教育和微信适时教育。教育内容主要围绕党的路线方针政策、国防观念和革命传统等方面展开。潍坊军分区组织民兵政治教育经验多次被济南军区和山东省军区总结推广。1997年，结合香港回归和庆祝建军70周年，对民兵进行爱党、爱军、爱社会主义教育。1999年，对民兵进行庆澳门回归和庆祝中华人民共和国成立50周年教育。2000年，对专武干部和民兵进行“三个代表”重要思想教育，使专武干部和民兵深刻理解思想内涵，全心全意为人民服务。2001年，在民兵中深入开展“讲学习、讲政治、讲正气”“科学发展

2011年2月16日，诸城市人武部组织民兵预备役部队抗旱

观”等学习活动，不断提高民兵政治觉悟。2006年，以深入学习贯彻科学发展观为核心内容，扎实抓好民兵理论武装。2008年，积极开展“坚定中国特色社会主义信念，有效履行我军历史使命”主题教育活动。2009—2011年，积极开展培育革命核心价值观主题教育，深化中共十七大和十七届五中、六中全会精神学习。2012年，扎实开展“赞颂科学发展成就，忠实履行历史使命”主题教育。

带建活动

1991年，军分区和各县市区人武部在基层民兵组织中广泛开展“一兵带一家，一排带一组，一连带一村”的带建活动。1996年，组织基层民兵开展“创建民兵富民工程”“做合格卫士、当义务哨兵”和“扶贫攻坚，救济解难”活动。2000年9月，军分区组织召开全市民兵预备役人员带头参加两个文明建设工作会议。10月，市委、市政府和军分区印发《关于深入做好民兵预备役人员带头参加社会主义物质文明和精神文明建设工作的意见》，从提高思想认识、强化工作措施、加强组织领导等方面提出明确要求。2001年后，军分区和各县市区人武部积极开展帮扶贫困村活动，经验做法被山东省军区和济南军区转发，军分区被省委、省军区党委表彰为“全省人武系统帮扶工作先进单位”。2004—2012年，军分区组织全区民兵预备役人员积极投身于“平安潍坊”建设活动，“潍坊经验”被山东省委、济南军区和山东省军区转发。

第三节　预备役

预备役士兵登记

1984年5月，新《中华人民共和国兵役法》颁布后，潍坊军分区全面开展预备役士兵登记工作。2001年，军分区和各县市区人武部建立士兵预备役系统数据库，将退伍军人类别、专业名称、号码及本人所在单位、联系方式等录入微机系统。2003年，对全市2000年度以前服预备役的退伍士兵进行重新登记统计。2004—2012年，各县市区人武部每年对应服民兵预备役人员进行登记造册，准确掌握预备役人员数质量和分布情况。

预备役军官授衔

1991年始，每年军队干部转业期间，部队团以上单位根据转业干部政治表现、年龄、身体状况，确定是否转服预备役，做好转业干部转服预备役审批、专业名称和专业编号确定及教育工作。转业干部回潍坊市后，军分区和所属区县人武部会同地方组织人事等部门，按照登记工作程序，组织本辖区内的转业干部进行军官预备役登记统计。1996年，学习贯彻中央军委《关于评定授予预备役军官军衔工作的指示》。1998年10月，依据济南军区《预备役军官登记工作实施细则》，为全市符合条件预备役军官评授军衔。2012年10月，军分区组织预备役高射炮兵团第一政委任命暨预备役军官任职授衔仪式，公布新入队预备役军官任职和授衔命令。

预备役部队建设

2004年12月28日，陆军预备役高射炮兵团

2009年9月10日，潍坊军分区组织潍坊预备役高射炮兵团进行实兵实装快速动员演练

在潍坊组建。市委、市政府、潍坊军分区和各县市区人武部坚决执行上级指示命令，认真扎实做好各项基础性工作。2005年，潍坊预备役高射炮兵团组建完毕，当年形成战斗力。2006年，组织预备役人员进行成建制高炮专业训练，历时70多天。2009年，完成全团实兵实装快速动员演练。2010年，参加济南军区“前卫—2010”“单元合成”演练和“联合—210”演习，提高了部队遂行任务能力。2011年，预备役高炮7名现役军官和6名预任军官参加省军区岗位练兵大比武，取得1个单项第一、7人次进入前6名的好成绩。2012年，参加省军区预备役部队现役军官考核比武，取得6个单项第一的优异成绩，奖牌和金牌数量在全省预备役团中名列第一。

2012年7月12日，潍坊市高新区组织召开2012届大学生军训动员大会

第四节　学生军训

1988年始，潍坊市按照“统一领导，分级管理，按级负责”的要求，在市委、市政府的统一领导下，由军分区司令部和市教委联合成立学生军训办公室，组织领导全市军训工作。每年对全市各类大专院校、普通高中、职业高中（中专）一年级新生进行军事训练。军事训练计划由军事机关拟制，驻潍坊部队、各县市区人武部与受训学校具体组织实施。军训时，学校组织军事教员组成军训班子或军训队，具体承办军训事宜。军训教员以部队现役官兵和民兵教练员为主，数量不足时，从专武干部和退伍军人中择优挑选。潍坊市驻军和武装警察部队主要承担大专院校军训任务。

1991年，学生军训科目为基础知识、队列训练、射击训练等。2000年，高等院校学生主要进行军队条令条例、军事思想、军兵种知识、现代军事科技知识、军事地形学、连以下分队战术和轻武器射击等训练；高中生主要进行解放军性质、任务和军队三大条令教育和队列动作、轻武器射击、手榴弹技掷、单兵战斗动作、城市防空知识、战场救护等基本军事知识等教育训练。2001—2012年，潍坊市除组织对高等院校、中等学校和高中学生训练外，每年还组织部分初中学生军训，同时在部分小学高年级开展学生军训试点，主要进行毛泽东军事思想、军队宗旨、解放军简史教育和队列训练等。

第五章　国防教育

潍坊市各级党委、政府和军事机关高度重视国防教育工作，全面贯彻党中央、国务院、中央军委指示和国家法律、法令，认真践行全民参与、长期坚持、讲求实效方针，积极适应形势发展，扎实开展各种形式国防教育活动，形成军事机关主抓，地方有关部门配合，社会各界积极参与的良好局面。

第一节　组织领导

1990年6月，潍坊市国防教育领导小组更名为国防教育委员会。市国防教育委员会主任由市委副书记、市长兼任，副主任由军分区司令员、政治委员和一名副市长兼任，委员由市委办公室、市政府办公室、市委宣传部、市教育局、市民政局、市广电局、市总工会、团市委、市妇联、潍坊日报社和军分区司令部、政治部、后勤部及驻军部队等单位一各分管领导组成。国防教育委员会在军分区政治部设立办公室，各县市区国防教育委员会参照市国防教育委员会机构的设置。乡、镇普遍成立国防教育领导小组，在县市区国防教育委员会领导下开展工作。2003年，市国防教育委员会并入市国防动员委员会，在军分区政治部成立政治动员办公室，与国防教育办公室一个机构两个牌子，负责全市国防教育日常工作和战时政治动员工作。至2012年，潍坊市和12个县市区普遍建立由政府主要领导挂帅，宣传、教育、民政、人武部门、驻军，以及工、青、妇等群众团体参加的国防教育委员会。

第二节　教育活动

1991年9月，全国中小学国防教育现场会在潍坊召开，总结推广潍坊市“结合各科教学、渗透国防教育”的经验做法。1993年，市教委被省国防教育委员会评为“国防教育先进单位”。

1994年，全市各级党委、政府积极开展第一个“全民国防教育活动月”活动。宣传部门和新闻单位把国防教育纳入全民宣传教育范畴；民政部门把拥军优属活动作为国防教育重要载体，教育部门把国防教育贯穿到教学活动中。潍坊军分区和诸城市人武部在全国国防教育理论研讨会上被评为“订刊用刊先进单位”。市国防教育委员会在全国“迎接建国45周年国防知识竞赛”活动中被评为“全国国防知识竞赛先进单位”。1995年2月，军分区与市委党校联合制发《在全市党校系统领导干部轮训中进一步加强国防教育实施意见》，对教育内容、教育方法、师资配备等作出明确规定。结合纪念世界反法西斯战争和抗日争胜利50周年，扎实开展第二个“全民国防教育活动月”活动。昌邑、高密在青少年中开展“看百部优秀影片、读百部优秀图书、唱百部优秀歌曲”为主题的“三百”教育活动，广大青少年学生的爱国主义精神、民族自强精神和革命英雄主义精神得到熏陶升华。1996年，落实“三项教育制度”（基干民兵每年四课、普通民兵每年两课，参训民兵教育时间不少于训练总时间的10%），组织广大民兵预备役人员开展国防知识竞赛等活动，增强民兵的职能意识。1997年，组织开展百万军民国防知识竞赛，完成答卷125万份，潍坊市荣获全国“强我国防、兴我中华”加强全民国防教育系列活动组织工作先进单位荣誉称号。1999年，组织全市大中小学生参加全国迎国庆万校国防教育活动。2000年，潍坊各县市区报刊、电台、电视台开设“国防之声”“绿色方阵”等栏目，广场、街道、路口等场所设立宣传栏、宣传口号，国防教育宣传呈多媒体化。同年，诸城市国防教育委员会获得全国万校国防教育活动组织奖。

2001年4月28日，《中华人民共和国国防教育法》颁布实施后，全市各级各部门强化领导责任，健全教育制度，优化教育活动，培养教育典型，完善教育管理，全面普及和加强国防教育，全市国防教育保持持续发展的良好局面。寿光市组织全市军民参加国防教育法知识竞赛活动，经验做法被山东省军区总结推广。2002年，在全市将国防教育纳入地方党校教学内容，掀起国防教育热潮，增强广大干部群众的国防观念和忧患意识。2003年，坚持固本强基，打牢国防动员的基础。在潍坊市国防综合基地投资100多万元，建起国防教育展室，成为潍坊市开展全民国防教育工作的重要阵地。潍坊市确定每年8月为“全民国防教育活动月”，并以制度的形式长期坚持。

2005—2012年，每年在全市组织开展关心国防建设先进单位、先进个人“双十佳”“党管武装工作好书记”、民兵预备役部队建设先进单位和先进个人评选表彰活动。全市先后开展向下岗不失志为党分忧、为民尽力、为军争光的全国模范军转干部刘坤洲、新时期“好军嫂”王惠萍等先进典型学习活动，宣传具有时代风貌的先进典型，教育和激励广大人民群众。市教育委员会等100多个单位先后被省、市表彰为先进单位；100多位关心、支持国防建设的好书记、好厂长、好经理、好政委、好部长先后被省、市表彰为先进个人。

第三节 阵地建设

1995年10月市委常委议军会和1996年市政府第48次常务会决定，由市政府投资1400万元，新建潍坊市国防教育训练中心。1996年10月，开始施工。1998年4月，一期工程竣工投入使用。1999年8月，潍坊军分区投资20余万元，改建电化教室。市国防教育训练中心建成后，成为市全民国防教育前沿阵地；为市党政机关组织“国防日”和“军事日”活动100余次，全市9000多名干部在此进行国防教育；为潍坊学院、医学院及各中小学校1.3万余名大中小学生进行军训；开办国防教育骨干培训班5期，培训教员200余人；组织军事夏令营50次，训练学生7000余人；举办国防教育展览110次，接待各界群众2万余人；接待兄弟地市、友邻单位参观学习30多批次。

1995年，奎文区廿里堡街道办投资500万元，建成奎文区金宝国防教育基地。国防教育区面积3600多平方米，内置退役军用飞机、坦克、高炮、地炮等兵器，国防教育展窗40多平方米。基地建成后，每年有100多万人次到此参观游览，参加军事训练，学习国防知识，接受国防教育。1998年，该基地被省国防教育委员会审定为省级国防教育基地。

1991—2012年，奎文区、高密市、诸城市、青州市、寿光市、昌邑市、安丘市、昌乐县、临朐县人武部在当地人民政府大力支持下，相继投资新建或改建民兵训练基地（训练中心），并以此为平台构建本地国防教育基地。全市城乡基层武装部、民兵营（连）部、民兵活动室和民兵之家建有国防教育专栏，成为基层国防教育场所。同期，市教育局联合市文明办、团市委、市科协在全市组织开展中小学生国防教育社会实践基地推荐工作。经县市区推荐、专家筛选，确定潍坊市和各县市区烈士陵园、王尽美纪念馆及著名革命前辈故居、牛头镇抗日武装起义纪念碑、蔡家栏子抗日武装起义纪念碑等著名起义旧址共300个场所为潍坊市中小学生国防教育社会实践基地。

第六章　拥政爱民

驻潍坊部队官兵牢记人民军队性质和宗旨，视人民为亲人，把驻地当故乡，积极支援地方经济建设，积极参加抢险救灾，积极为群众办好事、办实事，促进了潍坊繁荣发展和社会稳定。

第一节　抢险救灾

救护人民群众

1994年8月，54694部队1营2连战士王松在安丘市刘家尧镇驻训时，为抢救一落水老人光荣牺牲。第26集团军批准王松为革命烈士，追记一等功，追认为中共党员。济南军区授予王松“舍己为人的好战士”称号。

2003年7月15日上午10时20分左右，由济南开往青岛的K493次列车疾驰而来，正在路轨上玩耍的5岁男童戴陆军被吓呆，在千钧一发之际，72706部队光缆维护分队抢修班战士武乐乐奋不顾身地冲过去，将戴陆军推出路轨，武乐乐当场壮烈牺牲。济南军区授予武乐乐“舍己救人英雄战士”称号。

2012年5月13日，青州经济开发区学校初一学生王鸿昊和同学在南阳河畔玩耍时，不慎滑落河中。此时，第二炮兵工程大学士官学院干部沈星陪3岁的女儿在河边玩耍，看到有人落水，沈星迅速跳入河中救人。因事发处的河堤是个大斜坡，水下的青苔非常滑，虽然沈星一次次奋力将

2012年11月7日，“热爱人民好军官沈星”铜像在青州市南阳河畔落成

王鸿昊托出水面，但是几次都没有成功。当竭尽全力最后一次将王鸿昊托出水面时，一位垂钓者把他拉到岸上，而沈星因体力耗尽沉入水底，献出了年仅31岁的宝贵生命。青州市追授沈星“见义勇为勇士”称号；共青团中央、全国青联追授沈星“中国青年五四奖章”；第二炮兵追授沈星“热爱人民好军官”称号。2012年，沈星获由总政治部主办、解放军电视宣传中心承办、全军政工网和中国军网协办评选的2012年度“践行当代军人革命核心价值观新闻人物特别奖”，同时获中央电视台《感动中国》和《齐鲁晚报》共同举办的2011—2012年度“凡人歌·山东十大凡人善举”特别奖。青州市将烈士牺牲地的一座桥命名为沈星桥，并在桥边树立沈星雕像。2013年2月，沈星被中华全国青年联合会、中华儿女报刊社等联合评选为“2012中华儿女年度人物”；2013年9月，沈星被中宣部、中央文明办、总政治部全国总工会、共青团中央、全国妇联联合评选为“第四届全国道德模范”“见义勇为模范”。

抗洪救灾

1999年8月10—13日，高密市连降特大暴雨，多处水库、河堤决口，洪水泛滥，124万亩农田和212个村庄被淹，1700多间房屋倒塌，29万人口被困。94595部队接到高密市求援电话后，迅速组成“警卫战士突击队”“党员干部突击队”“精神文明标兵连”“青年突击队”“青年猛虎队”“共青团员先锋队”“特别能吃苦、特别能战斗”7支突击队，在15分钟内紧急集合完毕。150名官兵乘8辆汽车，迅速赶往柏城镇、李家营镇抗洪第一线。大吕庄地势低洼，2500名群众被洪水围困。官兵们涉水10多千米路，背的背、架的架、拉的拉，一个一个地把群众转移到安全地带。在组织村民转移途中，突遇一条1米多深、3米多宽的暗沟，老弱妇幼无法通过。担负突击队任务的警卫连17名官兵在副连长殷剑芳带领下，奋不顾身地跳入水沟，用身体组成人墙，其他人肩背手托，帮助村民撤离危险区。场务连4名战士涉水往返近20千米，将一位瘫痪在床的老大娘救到安全地带。第二分队在李家营镇为寻找1名被洪水冲走的群众，3名官兵冒着被洪水冲走的危险，奋不顾身地跳进3米多深的激流中。经过连续奋战，终将被洪水围困的群众全部转移到安全地带。8月12日上午11时30分，胶河大堤河崖镇匡家庄段先后3处决口，洪水腾起巨浪，狂泻而下，直接威胁着下游30个村庄3万多名群众的生命和财产安全。94595部队再次接到高密市委、市政府的求援电话，在营区指挥的部队长李进华不顾一夜没合眼，又率第二梯队紧急赶赴匡家庄堵决口。经过军民连续30多个小时奋战，终于战胜洪水，堵住了决口。在这次抗洪抢险中，94595部队共出动兵力1100余人次、车辆100余台次，搬运土石方4000余立方米，救助灾民3000余人，官兵为灾区群众捐款1.05万元。

同年8月，诸城市三里庄水库和潍河相州段多处大堤决口，发生历史上百年一遇的特大洪涝灾害。54692部队出动兵力1700余人次、运输车56余台次，发扬不怕苦、不怕累、连续作战的精神，圆满完成抗洪抢险任务，受到驻地政府和人民群众的高度赞扬。诸城市人武部按照市防总的统一部署，组织市民兵应急连和有关乡镇民兵应急排积极参加抗洪抢险，保护人民群众生命财产安全，把损失降到最低点。94285部队派出200余名官兵参加抗洪救灾，冒着生命危险抢救出6名遇险群众。

2008年7月23—24日，71375部队某部官兵紧急出动，赶赴潍坊峡山水库执行抗洪抢险任务。共出动兵力442人，车辆15台，装土石35万余袋，运送土石26万余袋，奋力修筑了一条长300

2008年7月23—24日，71375部队官兵在峡山水库抢险护坝

米、宽1米、高1.2米的固堰坎，保证了人民群众生命财产安全。

抗旱救灾

1999年3月10日—6月17日，94590部队为全省人工增雨，共保证10个作业日，12飞行架次。2000年，94590部队从3月1日—7月31日，克服困难，全力保障人工增雨作业。共保障11个作业日，12飞行架次。2001—2012年，为缓解全省旱情，94590部队共出动车辆900多台次，各类保障人员2000多人次，保障人工降雨飞机17架次。

2011年，军分区针对全市特大旱情，成立以司令员张宁东、政治委员刘汉杰任组长的抗旱救灾领导小组，组织广大民兵预备役人员积极参加抗旱救灾。全市民兵预备役人员浇灌田地3万多亩，打机井299眼，清淤沟泥8.5千米，维修机器15余台，送水1115吨，维修蓄水池300多个。民兵气象专业分队坚持24小时值班，成功实施人工降雨20余次，发射降雨弹260余枚，缓解了农田旱情。其中，寿光市人武部针对21.3万亩冬小麦受旱、重旱面积达20万亩的实际，2次召开基层武装部部长会议，部署抗旱工作，动用民兵、预备役人员1864人，在稻田镇，维修养水站2处，寻找打井地点12处，铺设管道1521米，打机井9眼。在台头镇维修养水站1处，寻找打井地点11处，铺设管道1314米，打机井8眼。在洛城街道维修养水站1处，寻找打井地点9处，铺设管道1984米，打机井7眼。在孙家集街道维修养水站3处，寻找打井地点18处，铺设管道1128米，打机井15眼。临朐县人武部从2月10—28日，落实机械、人员、物资“三到位”，出动车辆55台次，派出民兵267人次，为九山、寺头、沂山3个镇的8个村提供人畜吃水285吨。

抗击风灾和风暴潮

2003年10月12日，寿光市16名海水养殖场员工被海潮围困达26个小时，生命危在旦夕。接到求援电话后，71375部队干部窦京才带领10名老战士，火速赶往现场，将遇险群众全部营救上岸。2007年3月4日，莱州湾出现自1969年以来最强的一次风暴潮。龙池武警边防派出所接到紧急警报后，全体官兵迅速行动，及时帮助养殖户转移物资，救助8名被困人员。3月5日，昌邑市人武部组织民兵800余人，参加抗击风暴抢险行动，完成保护昌邑北部沿海防潮大堤的艰巨任务。

2009年4月15日，柳疃武警边防派出所官兵经过6个小时连续奋战，成功解救55名被风暴潮围困的钻井工人。同日，大家洼武警边防派出所救援小分队，经过8个多小时全力营救，成功将停靠在潍坊港附近3名渔民救起。同年4月22日凌

2009年4月15日，武警潍坊市边防支队官兵救助被风暴潮围困群众

晨4时许，鲁垦渔1096号渔船因锚缆绳被大风刮断，船上3名船员被困海中。央子武警边防派出所民警迅速出警，对被困人员进行救援，成功将被困船员救出。

2010年4月28日，昌乐县遭受大风袭击，县人武部迅速启动应急预案，组织100余名民兵到城南街道帮助群众抢修风灾受损大棚，降低了群众经济损失。2011年8月7—10日，昌乐县受9号强台风“梅花”外围影响，多次遭受暴风雨袭击，城乡接合部多处严重积水，部分村庄和农田内涝成灾，人民群众生命财产受到极大威胁。根据县委、县政府指示，县人武部于7日、10日先后两次紧急组织32名干部职工和民兵应急分队790人次，动用车辆机械30多台次，参加排涝抢险任务，转移群众670人，疏通沟渠1280米，抢运物资2000多件，保护科技作物示范田1000多亩，受到当地政府和人民群众高度赞誉，救灾事迹被中央电视台军事频道报道。

支援汶川抗震救灾

2008年5月12日14时28分，四川汶川发生里氏8.0级特大地震。驻潍坊第26集团军坚决执行党中央、中央军委和胡锦涛主席命令，迅速派出专业救援队紧急赶赴灾区进行抗震救灾。共出动兵力1.38万余人次、直升机149架次、各型车辆1100余台次，输送人员963人、运送物资184.5吨、洗消1530余万平方米、回收黄磷24.1吨，医治群众5900余人，保障2.26万余人次淋浴，为夺取抗震救灾全面胜利作出了贡献。

2008年5月13日22时08分，市消防支队接到总队开赴抗震救灾前线预备通知，市委书记、市人大常委会主任张新起批示要求抗震救灾队伍“有令必行，有求必应，去之能战，战必建功”。市委副书记、市长许立全，市委副书记崔建平，市公安局党委书记、局长黄潍连等领导接到报告后，立即赶到消防支队，专题听取准备工作汇报，现场协助调集救灾物资，仅用50多分钟，45名抗震救灾队员，携带救援装备器材和生活用品，集结完毕，整装待发。潍坊军分区应市政府要求，组织潍坊预备役高炮团，紧急调拨7顶帐篷和供50人使用的野炊用具，支援潍坊消防支队赴汶川抗震救灾。参加抗震救灾的第一批救援队员，立即赶赴济南机场集结，直飞成都。14日14时，第二批抗震救灾救援队30名官兵赶赴四川抗震救灾第一线。在汶川抗震救灾期间，消防官兵们冒着余震、塌方、暴雨、泥石流等险情，发扬不怕牺牲、不怕疲劳、连续作战的精神，毫不畏惧，冲锋在前，全力抢救废墟下的生命，搜救、疏散被困群众，经受了血与火的洗礼、生与死的考验。经过8天7夜连续奋战，成功从废墟中救出8人，搜救遇险（难）人员52人，疏散被困群众2700人，上缴埋压现金30万元。支队受到上级表彰并立集体三等功，75名官兵全部立功受奖。

第二节　支援地方建设

支援重点工程建设

1992年5月，71375部队出动兵力2000余人，劳动日2.5万个。援建济青高速公路，1992年冬，潍坊市和潍城区公路局决定修筑“大五”(大圩河至五工地)路。71602部队克服工训矛盾，义务承担从挖朽树、筑路基到铺灰土（三层)的全部任务，先后出动兵力3000余人，合工日5万余个，搬动土石10余万立方米，保证了施工队按计划铺设油面。1993年，71375部队积极支援峡山水库给水工程建设。工程竣工时，市人民政府赠予部队“峡山水库给水工程建设突出贡献单位”锦旗。同年8月，市开展创建卫生城活动。71375部队派出官兵300人、装载机1台、汽车8辆，突击3天，向郊外运送各种垃圾580立方米，铺水泥路面3000多平方米，栽种草坪3800平方米。94590部队先后派出飞机15架次，分别为市建委、潍坊柴油机厂、潍坊棉纺织厂、潍坊烤烟厂等单位进行空中摄像。1994年底至1995年初，71602部队出动2000余名官兵，主动担负白浪河健康桥至铁路桥800米河段的清淤任务。干部战士在零下十几度的大雪天，撬开冰层，清除臭气熏天的污泥浊水。白浪河两岸群众深受感动，市委书记齐乃贵带领市四大班子的领导到现场慰问。1996年，71375部队受领支援地方光缆施工任务，于3月29日起，分三批冒雨开进施工地域，经过23天的紧张施工，4月22日全线竣工。共开挖电缆沟76千米（其中坚石约10千米，软石约20千米，普通土46千米），铺设普通光缆73沟公里。施工部队被青岛邮电传输局誉为“攻坚善拼搏、质量信得过”单位。

1997—2000年，71602部队先后出动车辆430余台、兵力近8000人次，参加驻地植树造林、污河清理、道路整治等50多次施工任务，植树1.4万余株，修整道路120余千米，挖水渠60余千米，清理垃圾1.3万余吨。2000年，94285部队参加植树活动，共植树5000余株。出动120人，8辆车，参加诸城市环境整治。4月，94303部队出动人员220人次，车辆5台次，到市烈士陵园清理垃圾、平整路面。出动200人次、车辆5台次，到南苑街清理垃圾、平整路面、打扫卫生。出动180人次，车辆4台次，到奎文区政府植树1200余株，到“民航路”植树1200余株。2001年2月，94303部队先后出动人员200人，车辆12台次，到奎文区、潍城区春节民间文艺会演现场协助维持秩序。3月，出动人员58人，车辆5台次参加潍坊市组织的市青少年共建绿色家园活动暨市青少年绿色行动基地奠基仪式，挖树坑54个，植树54株。7月，出动车辆22台次，人员45人到奎文区参加会议保障。同年4月，诸城驻军利用3个劳动日，组织500名官兵，出动20台次车辆，到诸城市三里庄水库植树7000余株。2002年3月，诸城驻军出动官兵170人，参加驻地三里庄水库筑坝工程。7月，组织120名官兵，车辆8台次，参加驻地西外环卫生整治。同年，第二炮兵士官学校为配合驻地党委政府搞好城市建设，主动请战，先后参加驻地南阳河治理、市区地下管道改建、仰天山溶洞开发、南环路综合整治、云门山绿化、花卉博览会开幕式演出等10余个重点工程项目和活动。2002年5月29日至6月1日，东营出现大范围冰雹天气。94590部队及时跟进调配空域，保障东营市发射火箭9枚、炮弹8845发，防止了冰雹灾害的发生。省政府赠送94590部队“久旱增雨喜降甘霖，保障有力心系人民”锦旗一面。94285部队组织官兵积极参加“平安山东”“创建生态市，共建生态林”以及共创文明村镇、文明社区等活动，协助驻地完成胶济铁路、水上公园等重点工程建设，搬运土方1.2万立方米，清理淤泥3000立方米。先后参加诸城市南部山区、相州镇等地方的绿化美化，共植树3.8万余株，为驻地争创全国双拥模范城、创建文明村镇等做出重要贡献。

2008年5月15日，武警潍坊市消防支队支援汶川抗震救灾救援队奋战在一线

1991—2012年，驻潍坊官兵踊跃参加“全国助残日”“西部献爱心”“慈心一日捐”“保卫母亲河——黄河”“送温暖献爱心”“捐助灾区群众”及捐资助学等活动。

支援教育事业

1991—2012年，驻潍坊部队组织官兵对学生进行军事训练和国防教育，开展一系列公益性活动，支援潍坊教育事业。71217部队、71602部队、71375部队和94590部队每年派出官兵帮助潍坊医学院、潍坊师专、鲁能职业学校、潍坊牧校、潍坊纺织学校、潍坊华侨幼师等大中专院校和中学进行学生军训，增强青年学生国防意识和组织纪律观念。同时各部队还派出校外辅导员为驻地学校上法制和革命传统教育课，派出车辆和人员，帮学校运煤拉菜。每逢重大节日，部队领导到学校走访慰问，赠送书刊、电脑、学习机、篮球架、乒乓球桌等学习用品和文体器材。驻潍坊部队组织广大官兵与驻地学校结成共建共育对子，以交纳特殊党费团费、“讲公德、献爱心，支援教育事业”等形式，开展“援助希望小学，救助失学儿童”等活动，并在临朐县建立一所“八一希望小学”。

支援地方开好风筝会

1991—2012年，驻潍坊各部队全力支援潍坊国际风筝会，主动承担各种急、难、繁、重任务，保证风筝会顺利召开。94590部队积极保障潍坊市联合航空公司飞机飞行，协助完成风筝会开幕式跳伞表演和空中录像任务，受到市委、市政府的赞扬。71217部队、71602部队多次承担风筝会大型团体操表演任务，受到中外人士赞誉。71602部队600名官兵在潍坊国际风筝会上表演的“火龙”和花棍舞，受到中外观众一致好评。每年风筝会期间，71375部队都派出400多官兵到主会场、放飞场及主要街道担负警卫值勤任务，保证风筝会的安全。

服务群众

为群众防病治病 1990年6月，潍坊土产公司3人乘车去北京办事，途中不幸发生车祸，2人受重伤，生命垂危，因事发地医疗条件所限，驻潍坊某部立即派出飞机前往出事地点将伤员运

1999年7月，驻潍坊解放军第89医院骨科专家王成琪为人民群众义诊

回潍坊，使伤员及时得以救治。2000年—2012年，94303部队医院每月派出医疗小分队深入驻地南家村、南屯村、敬老院等地义务为群众巡诊，共接受咨询1420多人次，抢救危重病人26人次，减免医疗费3万余元。71602部队医院结合驻地附近乡镇实际，开展“医疗扶贫工程”，为特困群众发放“医疗扶贫卡”，对持卡到医院就诊住院者，减免8项基本收费项目中的50%。定期派出医疗队，上门为驻地群众开展防病治病服务咨询，与地方医院协作举办健康教育、计生教育、优生优育咨询展览等活动，帮助培训乡村卫生人员。解放军第89医院利用节假日组织人员到地方为孤寡老人理发、洗衣服、打扫卫生、整理房间，组织医疗服务队，由医疗专家带队走上街头、深入街道社区，义务为人民群众查体看病。

便民服务活动 1991年起，71217部队每年组织千余名官兵开展为民服务活动，为驻地群众修理各种车辆、农机具、各种家用电器，为群众理发和技术咨询，受到当地群众欢迎。71375部队结合开展学雷锋活动，利用元旦、“八一”、春节前后，组织各种便民服务队走上街头，深入工厂、农村，为群众提供义务服务。2000年后，94590部队官兵先后出动车辆200余台次、官兵2000多名开展便民活动，共组织25次大型便民活动，为驻地群众修理家电农机具500余件、车辆150台，为群众义务理发1000余人次、看病1600余人次，抢救危重病人50余人次。2000—2012年，94303部队为驻地贫困群众累计捐赠10万多元的款物。常年坚持开展为驻地村农送温暖活动，所属某分队官兵，不论人员如何变化，十几年来风雨无阻，精心细致照顾驻地3名孤寡老人，村民交口称赞，潍坊电视台对此进行专题报道。94590部队积极开展“绿化第二故乡”活动，完成潍坊市组织的白浪河、鸢都湖、青年路、烈士陵园整治等绿化工程，共植树2000余株、种植草地3000多平方米、清理垃圾千余吨，改善了城市环境。94285部队每年农忙期间，组织官兵为驻地军烈属、五保户抢收抢种。每年3月，组织11支共青团青年志愿者服务小分队深入驻地乡村街头和五保户家庭，提供上门服务，开设医疗、家电维修、修理自行车、理发等7个服务项目。部队3个学雷锋小组常年到驻地五保户家庭帮助解决生活难题，定期为3位孤寡老人种菜、挑水、砍柴、打扫卫生。《空军报》等媒体予以宣传报道。

第七章　武装警察

中国人民武装警察部队潍坊市支队主要担负以执勤处突为主的内卫勤务任务。1991—2012年，潍坊武警支队在维护社会治安、抢险救灾、打击犯罪、执行各种临时勤务等方面做出重要贡献，获山东省“拥军优属、拥政爱民”先进单位等称号。2001—2009年，潍坊武警支队连续9年被山东省武警总队表彰为基层建设先进支队。至2012年，支队下辖3个大队、19个中队、3个直属单位。

第一节　军事训练

技术科目训练

1993年，武警潍坊支队围绕处置各类突发事件这一中心，在支队教导队举办“神枪手”培训班，参训人员46名，37人获“神枪手”证书。1996—1997年，组织建制班军事训练比武，在部队掀起苦练军事技术热潮，训练质量明显提高。2000年9月，参加（武警）总队军事大比武，经过激烈对抗，武警潍坊支队获得2项团体第1名，4人获得单项第1名，1人获得单项第2名，1人获得单项第3名。2007年，深入开展勤训轮换和“五小练兵”（小场地、小块时间、小辅导、小群练兵、小情况处置）活动。是年，教导队教员耿佩孚被总部表彰为优秀教练员。2012年9月，举办“五种力量”（执勤力量、反恐力量、处突维稳力量、抢险救援力量、后勤保障力量）建设成果展示，促进军事训练的深入开展。

2012年2月23—26日，武警潍坊支队组织新兵徒步行军拉练

战术科目训练

1994年，武警潍坊支队为加强和规范军事训练，组织军事干部进行教学法集训，集中学习武警总队印发的《军事训练若干规定》《贯彻落实军事训练若干规定验收标准》和教学法基础知识，重点进行队列、擒敌、军体、单兵战术等课目教学。2000年，为进一步搞好战术课目训练，加强基础设施建设，投资建成新教导队综合训练场。战术科目训练质量明显提

2009年8月28日，武警潍坊支队举行全国第十一届运动会安保出征誓师大会

高。2005年，投资30余万元，新建训练大棚，完善库室，使教导队成为功能齐全、配套设备良好的训练基地。2006—2009年，主要依托训练基地开展战术科目训练。2010年，突出反恐训练，针对特种装备特点，开展针对性训练。2011—2012年，强化人装结合训练，提高部队遂行多样化任务能力。

勤务科目训练

1992年9月，中国人民武装警察部队在武警潍坊支队召开执勤战备现场会，观摩支正规化建设、执勤业务演示和。2000年5—9月，举办4期勤训轮换集训，用80个训练日，完成9个训练课目，培训干部骨干500余人。2005年，以《正规化执勤检查验收标准》为依据，组织开展正规化执勤等级评定活动。2007年，大力开展勤务训练，支队机关和多个中队被评为正规化执勤一级单位。2011—2012年，严格落实并开展针对性训练，提升组勤模式，勤务质量。

第二节　政治教育

1991年，武警潍坊支队党委坚持“着眼建设，贯穿教育，注重帮助，普遍提高”的原则，制定《加强基层党组织建设实施办法》，对基层党支部建设和思想政治教育统一做出规划。1992年，组织传达学习邓小平南方谈话，开展以学习党史为主课的深化社会主义信念教育。1993年，组织官兵认真学习贯彻中共十四大精神。1994年，组织开展“先锋队意识”教育。1995年，深入开展爱国奉献、革命人生观、尊干爱兵、艰苦奋斗教育，将教育同学习孔繁森、纪念抗日战争胜利50周年活动结合起来，推动教育深入开展。1996年，支队党委制定《党委学习制度》，党委中心组采取集中学习和自学相结合形式，系统学习邓小平党建理论、新时期军队建设思想和中国特色社会主义理论。1997年，支队党委把理论学习作为加强党委班子和部队思想政治建设的重要任务，精心组织，狠抓落实，理论学习蔚然成风。1998年，武警潍坊支队在党委机关中进行保持昂扬精神状态教育，提高党委“一班人”的思想觉悟和政治水平。1999年，在部队开展“永远做党和人民的忠诚卫士”教育和“迎澳门回归”为主题的“爱党、爱国、爱武警”教育及法纪教育，激发官兵的爱国热情。2000年，分三批在基层党组织开展以“讲学习、讲政治、讲正气”为主要内容的“三讲”教育，提高党员党性观念，增强基层党组织凝聚力、战斗力。2001年，以纪念建党80周年为契机，以做党和人民忠诚卫士为主题，深入扎实进行党的光辉历史、“九五”光辉成就、“十五”光明前景教育和“赞扬辉煌业绩，强化军魂意识”为主题的形势政策教育。结合当年发生的中美南海撞击事件和“9·11”恐怖袭击等重大事件，认真开展“爱党爱国爱武警”教育、革命气节教育和法纪教育。2002—2003年，深入开展密切内部关系教育和“积极适应中国特色军事变革要求，争做党和人民忠诚卫士”教育。2004—2005年，在党员队伍中广泛开展“党员先进性”教育，增强官兵当好忠诚卫士的自觉性。2006年，深入开展“强化警魂意识，培育战斗精神，永远做党和人民的忠诚卫士”教育。2007年，参加全武警部队“学党章、知党章、用党章”知识竞赛活动，获“组织奖”。2008—2009年，扎实开展“忠实履行新世纪新阶段历史使命，永远做党和人民的忠诚卫士”教育和“坚定理想信念，忠实履行使命，永远做党和人民忠诚卫士”主题教育。组织正反辩论、歌咏比赛等配合活动，坚定官兵高举旗帜、听党指挥、履行使命的政治信念。

2010—2011年，扎实开展培育当代革命军人核心价值观主题教育。注重提高政治教员“四会”能力，参加武警总队授课比赛，取得个人、总评2个第1名。2012年，深入开展“坚定理想信念、忠实履行使命，培育当代革命军人核心价值观，争做党和人民的忠诚卫士”主题教育，教育引导广大官兵进一步坚定理想信念，忠实履行职责使命，坚定不移做中国特色社会主义的建设者、捍卫者。

第三节　内卫勤务

警卫

1999—2012年，武警潍坊支队多次完成党和国家领导人、重要外宾到潍坊视察、考察或进行友好交往时驻地的警卫任务及交通安全保卫任务。完成市、省全国性重要会议安全保卫任务80余次。完成潍坊国际风筝会、寿光国际蔬菜博览会和鲁台经贸洽谈会警卫任务40余次。

看押看守

1991—2012年，武警潍坊支队担负省监狱、省潍北监狱和全市看守所看押看守任务，成功制止多起罪犯自杀和脱逃，连续15年未发生执勤责任事故。

第四节　处置突发事件

1995年11月6日，武警潍坊支队抓获杀死杀伤公安干警的特大持枪劫车刑释分子林某某。1996年10月31日，击毙昌乐县崔家乡丁家营村犯罪分子宋某某，缴获单管猎枪1支、子弹4发、自制炸弹4枚、匕首和三棱刮刀各1把，解救人质3名。2000年3月2日，临朐县发生一起暴力劫持人质案件。临朐县武警中队迅速出动4名官兵，随公安干警赶赴现场，解救人质1名并抓获罪犯。2007年9月11日，出动100名兵力，携带武器弹药设卡围捕杀死3人、重伤3人的逃犯姜某，成功完成捕歼任务，该犯在公安和武警强大威慑下畏罪自杀。2008年1月18—19日，武警潍坊支队出动9名兵力，连续奋战14小时，协助公安干警成功抓捕4名特大持枪抢劫杀人犯罪嫌疑人，缴获仿左轮式手枪2支、子弹6发、赃物1宗。参战官兵机智勇敢无一伤亡。2010年2月8日，协助公安机关处置一起持刀劫持人质事件，抓获犯罪嫌疑人1名，缴获刀具1把，成功解救人质。2011年4月5日，昌乐县武警中队协助公安机关成功抓获1名持刀杀人犯罪嫌疑人，缴获刀具1把。

第五节　后勤保障

生活保障

武警潍坊支队充分发挥“蔬菜之乡”“种养殖之乡”的区位优势，大力发展农副业生产，提高官兵生活质量。2006年3月，市委、市政府在寿光召开全市武警部队“四配套”（执勤设施、训练设施、文体设施、生活设施）建设会议。地方政府和用兵单位积极帮助基层中队解决自身难以解决的问题，改善基层官兵工作、生活和执勤训练条件。2007年，完成基层单位厨房生进熟出“一条龙”建设。2008年，因地制宜发展农副业生产，全年生产收益补入伙食23万元。2009年，举办司务长、驾驶员、炊事员和军械员培训班，提高后勤队伍素质能力。2010年，落实伙食管理制度，加强精细化管理。2011—2012年，严格落实党委理财、财务审计、司务长集体办公和轮岗交流等制度，审计主官和司务长39人次，对22名司务长进行交流。

战勤卫勤保障

1991—2012年，武警潍坊支队以执勤和处置突发事件为中心，按照“后勤变前勤”要求，研究制订《保障预案》，认真做好各类物资应急准备，在完成执勤、处突、反恐、抢险救灾等任务中，确保车辆、枪弹、伙食、医疗和宿营保障到位。加强支队卫生队、大队卫生所、中队卫生室三级医疗机构建设，采取送出训练和岗位练兵等形式，提高医疗水平，确保官兵身体健康。

营房建设

武警潍坊支队大力推进部队基础设施建设，先后完成、高密、青州和临朐营房新建搬迁工作。2007年，市委、市政府划拨60亩土地，用于武警潍坊支队指挥中心和直属营房建设。2008年8月1日，支队指挥中心正式启用。

2008年8月1日，武警潍坊支队指挥中心正式启用

第八章　人民防空

1991年始，全市认真落实国家人民防空委员会提出“长期准备、平战结合、全面规划、重点建设”的人防建设方针，按照平战结合、与城市建设相结合的要求，有计划有步骤地狠抓人防建设，从单纯注重战时使用转变为平战结合，从单一重视人防工程建设转变为注重各项人防建设全面发展。1997年始，全市认真贯彻《中华人民共和国人民防空法》，人防工作步入法制化轨道，组织指挥高效快捷，工程建设快速发展，防空袭和人员疏散等应急预案更加完善，通信、警报实现现代化，人防宣传、人防执法等工作迈上新台阶。2000年，潍坊市被国务院、中央军委确立为国家二类重点城市。2005年，潍坊市被评为全国人民防空先进城市。2010年底，潍坊市人防办被评为全国人民防空先进单位。

第一节　组织机构

市人民防空委员会

市人民防空组织始建于1948年6月，时称潍坊特别市防空委员会。1984年1月，潍坊地区人民防空委员会及办公室改称为潍坊市人民防空委员会（简称市人防委）和潍坊市人民防空办公室（简称市人防办）。1991—2012年，潍坊市人民防空委员会主任由市长担任。

市人民防空办公室

市人防办是市人防委的办事机构，受市政府和潍坊军分区的双重领导，业务受省人防办指导，具体负责全市人民防空工作。

1991年1月—1996年9月，市人防办由市城乡建设委员会管理。1996年10月，市人防办由副县级调整为正县级，归市政府办公室管理，设秘书科（同时挂财务科牌子）、工程管理科、指挥通信科，行政编制15人。2010年3月，市人防办为市政府工作部门，行政编制11人。

县市区人民防空办公室

2002年，青州市、寿光市、安丘市、昌邑市、临朐县、昌乐县成立人民防空办公室。2003年，诸城市、高密市成立市人民防空办公室。县市区人民防空办公室受县市区人民政府和人民武装部的双重领导，业务受潍坊军分区和市人防办指导，具体负责本县市区人民防空工作。

第二节　工程建设

1991年后，全市按照《潍坊市人防建设与城市建设相结合规划（1989—2000）》和《山东省实施〈中华人民共和国人民防空法〉办法》，在主城区建设一批平时经济效益高、战时防护能力强的骨干工程。1991年8月，省人防委（扩大）会议召开，潍坊市市长在会上作“积极开展相结合工作，增强城市发展能力”的经验介绍。1992年10月，市政府印发《潍坊市人民防空工程维护管理暂行规定》。1993—1999年，一大批结建人防工程相继竣工并投入使用。1999年度，潍坊市被国务院、中央军委确定为国家二类防空重点城市。2001—2003年，市人防办深入贯彻《中华人民共和国人民防空法》，在济南军区率先实施“口部战略”，一些口部建设竣工并投入使用，市人防办的做法和经验得到省人防办、济南军区和国家人防办的肯定与推广。2003年，市人防办获“山东省人防建设先进单位”称号。2005年10月，潍坊市被评为全国人民防空先进城市。2006年，引入社会奖励资金建设人防工程8.7万平方米。2007年，市人民防空教育基地对棉纺厂早期人防工程进行改造，建成6个展厅和1个多媒体报告厅，设置展板130块，陈列珍贵照片500余幅，实物模型46例，利用现代传媒和声光技术，展示人民防空各个历史时期的重大变革和重要事件及防灾救援知识，介绍自然灾害和人为事故预防及应急处置等内容。至2012年，全市共建成人防工程41个。

第三节　指挥通信

防空预案

1993年6月至12月，市人防办组织对《潍坊市防空袭预案》进行修订。在指导思想上，由原来立足于早打、大打、打核战争转变到充分考虑人民防空平战结合与城市建设相结合；调整防空袭部署和人防工程建设规划；增加潍坊高新技术产业开发区人防工程建设计划和战时潍坊市可能毁伤分析及应对措施。1998年11月，以人民防空法为依据，以中央军委新时期战略方针为指导，以应对高技术局部战争条件下的敌空袭为基点，贯彻“着眼强防，积极防护、力争打赢”的指导思想，修订《潍坊市防空袭预案》。2001年4月，省军区司令部和省人防办确定在潍坊市组织制订区、街道防空袭方案试点。2002年6月，全市完成4区17个街道防空袭方案，实现市、区、街道三级方案完善与配套。同年7月，全省“制订区、街道防空袭方案”会议在潍坊召开，市人防办介绍经验做法。

指挥平台

2000年5月，市人防办依据国家《人民防空指挥所指挥自动化建设标准》，建设人防地面指挥中心，研发“潍坊市指挥自动化软件系统”，实现数据管理、文电传输、公文处理、态势标绘、态势演播自动化处理及辅助决策的自动化，2003年，对指挥自动化系统进行升级。3月，根据国家、省关于“十五”期间国家人防重点城市建设地下人防指挥所的要求，建设市级人防指挥所。2004年6月15日，人防指挥所竣工并投入使用。10月，市人防办组织研制《防空防灾机动指挥系统》（以下简称机动指挥系统）。该系统以牵引车为动力，以方舱为载体，配备若干个子系统。从此，基本构成“三位一体”（地面指挥中心、地下指挥所、机动指挥系统）的指挥保障平台。

2007年10月，机动指挥系统获军队科技进步三等奖。2009年12月，潍坊市所辖6市2县人防办全部建成防空防灾应急指挥车。2010年初，机动指挥系统纳入潍坊市国防动员委员会机动指挥控制系统。

演练演习

1993年11月，市人防办在潍坊化工厂（亚星集团）组织“化学事故应急救援演习”，省人防办组织全省各人防重点城市人防办人员现场观摩。2008年12月6日，省防空防灾“两防一体、两建同步”现场会在潍坊召开，国家人防办、济南军区、山东省副省长、省军区、省人防办以及各军分区分管首长、各地市分管副市长和人防办主任出席会议并观摩潍坊市救援综合演练。2010年6月22日，市人防机动指挥系统参加省军区军事斗争准备检验评估试点验收观摩和国防动员规范化体系建设演练。9月14日，市人防办承办济南军区在潍坊举办的“济南军区国防动员体系规范化建设观摩研讨活动”现场会，济南军区、山东省委等领导出席会议并观看演习。10月25日，市人防办派员并带防空防灾机动指挥系统参加济南军区组织的“联合210”演习。

通信警报

1991年2月，市人防办根据省政府、省军区《关于实行人防音响警报设施维护社会化管理的通知》精神，对全市安装的13台防空警报器移交相关单位实施社会化管理。维护单位指定专人维护，人防办定期检查、培训。1996年10月，为庆祝《中华人民共和国人民防空法》发布，组织防空警报试鸣。1998年6月，市政府决定每年6月15日为潍坊市城区防空警报试鸣日。12月，市政府发布《潍坊市城区人民防空警报设施管理规定》60号令，防空警报管理步入规范化轨道。警报信号分为4种，分别为预先警报、空袭警报、灾情警报、空袭解除警报。音响覆盖率、覆盖面积达到规定要求。市人防办使用自主研发的RFJK-Ⅳ型控制设备，实现利用防空警报、广播、电视、移动通信、传呼、固定电话网发放防空警报的信号统控切换，提高了控制的可靠性、先进性。1999—2006年，新增警报器43台。2007—2012年，更换警报器49台。至2012年，警报器总数为113台。

2010年10月25日，潍坊市人防办参加济南军区“联合210”演习

第四节 人防宣传教育

1991年，全省中学“三防知识教育制度化、规范化教学经验交流会”在潍坊召开，市人防办介绍开展“三防”知识教育的经验，潍坊五中、七中作现场教学示范。1992—1994年，潍坊市市区内开设人防教育课的学校20所，受教育学生2.3万人，1994年7月，为纪念国务院、中央军委颁布《人民防空条例》10周年，市委、市政府、市人大、市政协、潍坊军分区的主要领导在《潍坊日报》上分别为纪念活动题词，发表署名文章，在电视台发表电视讲话。同时，利用报纸、广播电台分别组织“知识竞赛”和“有奖抢答”活动。组织市区13所中学开展街头宣传纪念活动，持续15天。1996年12月，开展“庆祝《人民防空法》发布宣传周”活动，《潍坊日报》在专版上全文刊登《人民防空法》，市委副书记、市长王大海发表署名文章。市“四大班子”、军分区首长和人防办领导答电视台、电台记者问。举办中学生人防知识演讲比赛和人防知识有奖竞赛，开展声势浩大的街头宣传活动，受教育人数约40万人。

1998年10月，市人防办组织《山东省实施〈人民防空法〉办法》发布宣传周活动，受教育人数10万余人。2000年，以人防建设50周年和第四次全国人民防空会议召开为契机，编辑《潍坊人防50周年画册》，与潍坊电视台联合制作《潍坊人防建设50年巡礼》专题片。2002年，市委党校增设人防知识教育课。2005年7月，举办全市人防教育教员培训班，编印大中专学生及成人教育的《人民防空知识读本》，12月，济南军区人防工作会议在潍坊召开。2006年10月，市国防动员委员会组织召开市“四大班子”、国动委成员单位、49个市直部门单位负责人参加的人民防空法颁布10周年座谈会，共商人民防空有关问题。2010—2012年，全市13所党校、68所中学（含县市区以及市区4所中专学校）开设人防知识教育课，人防教育纳入国防教育体系，初步建立起市人防办、市教育局、学校“三位一体”的教学体系。

第五节　人防执法

1991—1999年，人防执法存在缺少地方法规和没有执法队伍等问题，执法成效不佳。2000年4月27日，国家计委、财政部、国动委、建设部联合印发《关于规范防空地下室易地建设费的规定的通知》。2001年5月26日，中共中央、国务院、中央军委颁布《关于加强人民防空工作的决定》，随之潍坊市委、市政府、军分区出台《关于加强人民防空工作的决定》。2003年1月，市人防办成立专门的执法机构——人防监察站，分成3个执法组，划区分片开展人防执法，执法效能不断提高。2008年后，按照市政府、军分区《进一步推进人民防空事业发展的若干意见》开展执法工作，全市人防执法水平和能力进一步提高。2011年4月，市人防办组织开展全市防空地下室建设管理专项执法检查，规范防空地下室建设管理。2011年12月，市人防办顺利通过省人防办的执法检查验收。2012年11月，市人防办组织开展全市落实人民防空法综合执法检查，推动全市人民防空事业健康发展。

第二十二编

人力资源 社会保障

2006年2月，山东半岛城市群（潍坊）春季人才交流洽谈会在金宝国际会展中心举办

一、市人事局组织机构沿革

1984年1月，潍坊地改市，潍坊地区人事局改为潍坊市人事局，核定编制30人，内设办公室、干部调配科、奖惩任免科、科技干部科、工资福利老干部科、编委办公室、军队转业干部安置办公室。1985年5月，撤销科技干部科。1988年9月，增设调研室，增加行政编制5人。1990年5月，设立退休干部管理科，增加行政编制3人；科技干部科由科委移交，行政编制增至47人。1990年12月，潍坊市机构编制委员会办公室明确为正县级单位。

1991年8月，市企业职改办撤销，工作划归市职改办，增加行政编制2名。1991年9月，市编委办公室内部设立两个科，综合计划科、机构编制科。1993年3月，国外智力引进管理职能移交人事局，在“引进国外智力领导小组办公室”挂“潍坊市外国专家办公室”的牌子，增加行政编制5名。1995年2月，市编委办公室综合计划科更名为行政编制科，机构编制科更名为事业编制科。1997年1月，成立大中专毕业生分配办公室，为市人事局内设机构。

2001年潍坊市人事局核定编制59名，内设办公室、研究室、录用流动科（挂综合计划科、市人才市场管理办公室牌子）、公务员管理科（挂教育培训科牌子）、工资福利与离退休科、专业技术人员管理科（挂市专业技术职务评审中心牌子）、毕业生就业科（对外称大中专毕业生就业办公室）、行政机构编制科（挂编办秘书科牌子）、事业机构编制科（挂市事业单位登记管理办公室牌子）、市军官转业安置办公室和市外国专家办公室共11个科室。

2004年5月，设立人事争议仲裁办公室，为市人事局内部机构，增加行政编制3名。2006年9月，增设教育培训科、监督检查科，为市人事局内部机构。

2010年4月，原市人事局、市劳动和社会保障局合并为潍坊市人力资源和社会保障局（潍坊市外国专家局）。

二、市劳动局（劳动和社会保障局）组织机构沿革

1984年1月机构改革，潍坊地改市，潍坊地区劳动局改为潍坊市劳动局，核定编制30人，内设办公室、计划调配科、工资科、锅炉科、培训就业科、劳动保护科、安全监察室（对外挂潍坊市安全委员会办公室、市劳动局矿山安全监察室两个牌子）等7个科室。1984年，增设安全科，撤销劳动保护科、安全监察室。1986年9月，成立仲裁办公室。1986年建立保险处（副县级）；1986年，核定编制48人，内设办公室、计划统计科、劳动力管理科、工资科、培训科、锅炉科、劳动安全监察科、仲裁办公室。1987年建立潍坊市劳动安全监测站和劳动安全教育中心；第三技工学校改为青州市技工学校。1988年经上级批准成立机关党委、纪委。1989年成立机关工会和劳动大厦。1990年成立机关团委；1990年5月增设信访科，成立服务技校，1990年10月增设调研科。

1991年在劳动力管理科挂潍坊市劳动局外资企业劳动管理科牌子；设立政工科，与办公室合署。1992年成立党委办公室，与政工科合署。1995年成立劳动监察科。

1999年5月，更名为潍坊市劳动和社会保障局。2001年8月，核定编制42名，配备局长1名、副局长3名、纪检组长1名，科长（主任）9名、机关党支部专职副书记1名、副科长（副主任）7名。设办公室、组织人事科、政策法规科、规划财务科、劳动关系科（挂外商投资企业劳动管理科牌子）、培训就业科（挂市技工学校招生与就业指导办公室牌子）、劳动争议处理科（挂市劳动争议仲裁委员会

办公室、信访科牌子）、社会保险科、监察监督科9个职能科室。

2004年5月，增设工伤保险科，配科长1人、副科长1人。2007年6月，在规划财务科加挂社保基金监督科牌子，在工伤保险科加挂市企业职工劳动能力鉴定委员会办公室牌子。

2010年4月，原市劳动和社会保障局、市人事局合并为潍坊市人力资源和社会保障局（潍坊市外国专家局）。

三、市人力资源和社会保障局组织机构沿革

2010年4月，原市人事局、市劳动和社会保障局合并为潍坊市人力资源和社会保障局（潍坊市外国专家局），机关行政编制62名，配备局长1名、副局长4名，市外国专家局（外国专家办公室主任）1名（副县级），市公务员管理办公室主任1名（副县级），正科级领导职数21名、副科级领导职数11名。设办公室、组织人事科、政策法规科、规划财务科、就业促进科（挂高校毕业生就业科和农民工工作科牌子）、市军官转业安置办公室、职业能力建设科、专业技术人员管理科、事业单位人事管理科、劳动关系科、工资福利科、养老和失业保险科（挂农村社会保险办公室牌子）、医疗和生育保险科、工伤保险科（挂市劳动能力鉴定委员会办公室牌子）、监察监督科、市劳动人事争议调解仲裁委员会办公室、外国专家办公室、市公务员管理办公室（职位管理和考录科、考核奖惩科）等18个科室。

2011年1月，撤销内设的劳动人事争议调解仲裁委员会办公室，核减科级领导职数1正1副。2011年7月，所属市直绩效考核办公室由事业单位改为内设科室，增配正科级领导职数1名。

第一章　人事

潍坊市积极稳妥地推进事业单位人事制度改革，全面加强公务员队伍建设和转业军官安置制度建设，转换用人机制、搞活用人制度、整合人才资源，公务员分类管理、培训、考核深入开展，公务员管理科学化、法制化水平和队伍整体素质明显提高。开展公开遴选公务员试点和做人民满意的公务员活动，公务员作风建设不断加强。初步建立事业单位岗位设置管理制度、公开招聘制度、人员聘用制度，公开招聘制度实现全覆盖。军转干部安置工作不断加强，军官安置制度初步建立，企业军转干部保持总体稳定。

第一节　干部人事管理

1990—1996年，潍坊市各级机关吸收录用工作人员主要途径仍为组织选调，由机关人事部门从优秀应届毕业生或者国有企事业单位工作人员中通过组织考察择优录用。2004年，潍坊市人事局制定《市属机关企事业单位人员调配暂行办法》，明确潍坊市属机关企事业单位人员调配原则、条件、程序及审批权限。2006年4月，印发《潍坊市事业单位公开招聘人员暂行办法》，规范全市事业单位人员公开招聘。同年7月，潍坊市首次实行事业单位人员公开招聘。之后，除政策性安置外，潍坊市各级各类事业单位新进人员全部实行公开招聘。

1989年始，潍坊市实行计划分配、考试考核、双向选择相结合方式，安置军转干部，团职干部实行指令性分配，营以下和技术干部进机关安置，采取“双考”办法择优录用，进企事业单位实行“双向选择”。1998—2000年，深化“双选双考”办法，强化安置措施，加大安置力度。2001年，潍坊市人事局被评为“全国军转安置工作先进单位”。2003年始，对所有进入机关事业单位的营以下军转干部实行考试考核，按考核考试总成绩公开由军转干部按照用人计划依次挑选安置单位。2005年开始，对市区安置的军转干部进行考试考核（正团任职不满三年、副团职、营以下和技术干部）。2009年，对在潍坊市区安置的军转干部，按“市区统一，公平竞争”原则确定安置去向，以考试考核成绩选择单位，打破市直和市辖区界限，军转干部选择去向和单位空间进一步扩大。2012年，按照“考试考核、公开选岗”安置办法，在全市范围推进“阳光安置”办法落实。

1991—2012年潍坊市军转干部接收情况统计表

表22-1-1　　　　单位：人

年份	草案													实际接收													随调随迁家属
	合计	计划安置						自主择业						合计	计划安置						自主择业						
		小计	师职	团职	营职	连排职	技术	小计	师职	团职	营职	连排职	技术		小计	师职	团职	营职	连排职	技术	小计	师职	团职	营职	连排职	技术	
1991	276	276	—	55	106	41	74	0	—	—	—	—	—	273	273	—	54	105	41	73	0	—	—	—	—	—	317
1992	275	275	1	44	75	74	81	0	—	—	—	—	—	274	274	1	44	75	73	81	0	—	—	—	—	—	118
1993	471	471	1	74	194	94	108	0	—	—	—	—	—	469	469	1	73	195	93	107	0	—	—	—	—	—	463
1994	351	351	—	78	126	71	76	0	—	—	—	—	—	351	351	—	78	126	71	76	0	—	—	—	—	—	135
1995	423	423	—	107	172	61	83	0	—	—	—	—	—	423	423	—	107	172	61	83	0	—	—	—	—	—	323
1996	373	373	3	105	149	42	74	0	—	—	—	—	—	373	373	3	105	149	42	74	0	—	—	—	—	—	238
1997	409	409	1	101	138	71	98	0	—	—	—	—	—	407	407	1	99	138	71	98	0	—	—	—	—	—	311
1998	441	441	2	108	159	79	93	0	—	—	—	—	—	441	441	2	108	159	79	93	0	—	—	—	—	—	233
1999	832	832	1	115	303	237	176	0	—	—	—	—	—	830	830	1	115	303	237	174	0	—	—	—	—	—	368
2000	734	734	2	104	232	240	156	0	—	—	—	—	—	734	734	2	104	232	240	156	0	—	—	—	—	—	332
2001	348	312	—	54	111	86	61	36	—	11	6	17	2	346	312	—	54	111	86	61	34	—	11	6	—	17	65
2002	289	234	—	69	74	45	46	55	—	19	15	—	21	289	234	—	69	74	45	46	55	—	19	15	—	21	148

续表22－1－1

年份	草案													实际接收													随调随迁家属
	合计	计划安置						自主择业						合计	计划安置						自主择业						
		小计	师职	团职	营职	连排职	技术	小计	师职	团职	营职	连排职	技术		小计	师职	团职	营职	连排职	技术	小计	师职	团职	营职	连排职	技术	
2003	338	252	—	55	92	59	46	86	—	22	34	—	30	329	243	—	54	89	57	43	86	—	22	34	—	30	153
2004	775	664	—	64	200	246	154	111	—	32	35	—	44	774	664	—	64	200	246	154	110	—	32	35	—	43	139
2005	617	523	—	62	174	173	114	94	—	9	33	—	52	595	507	—	62	164	168	113	88	—	9	33	—	46	124
2006	688	631	—	73	205	189	164	57	—	7	16	—	34	685	631	—	73	205	189	164	54	—	7	16	—	31	89
2007	466	412	—	50	111	148	103	54	—	12	5	37	—	465	412	—	50	111	148	103	53	—	11	5	—	37	47
2008	472	415	—	55	101	154	105	57	—	5	8	—	44	448	394	—	52	94	150	98	54	—	5	8	—	41	34
2009	343	310	—	51	98	82	79	33	—	5	7	—	21	317	285	—	47	91	75	72	32	—	5	7	—	20	39
2010	248	205	—	43	88	39	35	43	—	3	11	—	29	238	196	—	39	85	39	33	42	—	3	11	—	28	33
2011	302	255	—	47	117	36	55	47	—	9	11	—	27	278	233	—	46	103	34	50	45	—	9	11	—	25	23
2012	325	273	—	58	125	37	53	52	—	7	15	—	30	316	265	—	56	122	37	50	51	—	7	14	—	30	35

第二节　公务员管理

公务员录用

1997年，公务员制度全面入轨运行后，新进机关公务员全部实行“逢进必考”，不再实行个别调配。公务员考试录用推行结构化面试，主要考察考生逻辑思维、语言表达、组织协调、人际沟通、创新应变、决策能力等。面试考官7人，由市级机关事业单位领导干部组成。2001年，潍坊市组织第二次公务员考试录用工作。2008年，潍坊市在全省率先实行公务员面试考官异地交流制度。经多次上报和沟通，山东省公务员主管部门批复潍坊市市直38个事业单位、县市区208个事业单位为参照管理事业单位。2010年，潍坊市进一步加大从基层选拔考录公务员力度，积极探索建立吸纳基层和生产一线优秀人才进入公务员队伍渠道。面向社会招考市级机关录用计划中，用于招录具有两年以上基层工作经历人员的计划数原则上不低于面向社会招考计划总数的60%。同时，允许县以下机关工作5年以上，或在公务员岗位上获得年度考核优秀等次，并累计工作2年以上的县以下机关公务员，可以报考上级机关公务员职位。2011年，对应届硕士、博士研究生（非在职）报考年龄进行适当放宽，由原来35周岁以下放宽至40周岁以下。同时，对由山东省实施的“选聘高校毕业生到村任职”“三支一扶”计划和“大学生志愿服务西部计划”等服务基层项目人员，实行定向考录。建立面试考官培训和执业资格制，先后举办两期公务员录用面试考官培训班，共培训考官300多名。

公务员培训

积极开展公务员在职培训，举办各类公务员专门业务知识和更新知识培训班327个，培训公务员1.52万人次。

公务员考核

1995年，印发《机关工作人员年度考核暂行办法》，公务员考核包括平时考核和年度考核，年度考核根据德、能、勤、绩、廉等方面，分为优秀、称职、基本称职和不称职4个等次。

公务员奖惩

1993年，国务院颁发《国家公务员暂行条例》；2007年，人事部颁布《行政机关公务员处分条例》；2008年，颁布《公务员奖励规定（试行）》。奖励有嘉奖、记三等功、记二等功、记一等功、授予荣誉称号5种；行政处分有警告、记过、记大过、降级、撤职、开除6种。潍坊市遵照条例、规定对公务员进行奖惩。1995—2012年，全市共有3.05万人次受到嘉奖，6823人次记三等功，1137人次记二等功，407人次记一等功，332人次被授予荣誉称号，452人次受到行政处分。2012年，市委组织部、市人社局制定《潍坊市不称职认定办法》，明确不称职公务员的具体标准。

2009年，中组部、中宣部、人力资源和社会保障部、国家公务员局组织评选第七届全国“人民满意的公务员”活动，潍坊市市长助理、市政府党组成员、山东省援建北川工作指挥部新县城建设组组长崔学选被授予“全国人民满意的公务员”称号。2010年，潍坊市中级人民法院民事审判第一庭副庭长马海兰被山东省人民政府授予全省“人民满意的公务员”称号；潍坊市教育局被省政府授予全省“人民满意的公务员集体”称号。

第三节　人才资源开发

智力引进

1993年3月20日，引进国外智力职能从市科委移交市人事局，并成立引进外国专家智力办公室。主要职能是负责引进国外专家和智力及派出培训。2010年4月，按市编委批准“三定”方案，市外国专家办公室为隶属于潍坊市人力资源和社会保障局(挂潍坊市外国专家局牌子)副县级内设行政机构，主管国外智力引进和国际人才交流工作。1993—1994年，分别与美国、日本、德国等13个国家的24个专家组织建立业务联系。1994年，组织工程技术和管理人员82人到美国、日本、意大利、德国、韩国、以色列等9个国家和中国香港地区参加对口培训，探索赴外培训路子。1995—1996年，加强对引智工作新情况研究，提出“上下结合，引进与派出并举，引进专家与引进项目并举”思路，先后与74个国外专家组织建立联系，扩宽引智渠道。1997年，成立潍坊市国际人才交流协会服务中心，探索引专家、引项目、引资金、送出去培训的“三引一送”引智路子，瞄准全市优势产业和重点项目，大力开展引智工作。1998年，引进项目和专家数量列全省第一。

1999—2001年，为耶莉娅服装集团总公司引进的日本专家中川甲子雄、潍坊万豪纸业集团引进的德国专家乌尔里希·科维次被省政府授予“齐鲁友谊奖”。2001年，适应加入WTO需要，在德国建立潍坊市国外人才培训基地，组织首批20名中青年干部赴德参加经济管理知识培训。同年12月，创办全国外专宣传第一刊《外专之窗》。2002年，为潍坊柴油机厂引进的德国专家阿尔布莱特·弗劳尔、寿光市圣园种业有限公司引进的俄罗斯专家尤里·阿里西耶夫被省政府授予“齐鲁友谊奖”；选派59人赴德国、新加坡、美国等国进行专业培训学习。2003年，为耶莉娅服装集团总公司引进的日本专家佐藤典子被省政府授予“齐鲁友谊奖”。为寿光市蔬菜高科技示范园申建成功全市第一家国家级农业引智示范园（全省仅2家），新建成省级农业引智示范园4个，省级示范园总数达到8个。2004年，为山东新郎希努尔股份有限公司引进的意大利专家索力诺·特拉纳被省政府授予“齐鲁友谊奖”。引进国外新技术、新品种104项，新建成省级农业引智示范园2个，省级示范园达到10个。2006年，在引智工作领域推进依法行政，首次对54家聘请外国文教专家聘请单位进行年检。2007年，市政府发布《潍坊市外国专家“鸢都友谊奖”实施办法》，同年有8名外国专家被市政府授予首届“鸢都友谊奖”。国家外专局首次参与主办2007年中国（寿光）国际蔬菜博览会，省外专局首次参与主办2007年中国（昌邑）北方绿化苗木博览会。2008年，潍坊市外国专家办公室被人社部、国家外专局评为“全国引智系统先进集体”“全国引智宣传工作先进单位”(地级市中唯一获奖单位)。2009年，为福田雷沃国际重工股份有限公司引进的日本专家堀井恭之被国务院授予“友谊奖”，为潍坊市第一个获此殊荣的外国专家。2011年，在潍外国专家“友谊奖”质量和数量居全省第一。2012年，组织举办第四届“鸢都友谊奖”评选工作，10名外国专家被潍坊市政府授予“鸢都友谊奖”。为山东杰富意振兴化工有限公司引进的日本专家国武幹生被省政府授予“齐鲁友谊奖”，2个项目获批国家高端外国专家项目、1个项目获批国家软件与集成电路引智专项项目、3个项目获批省高端外国专家项目。

高技能人才培养

2003年，第一次全国人才工作会议首次提出“高技能人才”概念。2004年始，潍坊市通过项目实施，引导企业重视和加强高技能人才培养工作，被山东省人社厅列为首批“金蓝领”项目培训试点城市。省财政每培训一人补助1000元，市财政配套600元。2006年，潍坊市开始组织举办全市职业技能大赛，引导和发动各行各业广泛开展技术比武、岗位练兵活动，为广大技能劳动者提供展示技艺风采的舞台，把竞赛办成技能人才工作的交流会、宣传会、动员会，形成尊重劳动、崇尚技能、鼓励创造的社会氛围。2012年，全市职业技能大赛竞赛工种达到100多个，参加竞赛人数20多万人。

留学回国人员创业

2004年9月，潍坊市留学回国人员创业服务中心成立，年底前在市政协信息库的基础上，建立潍坊海外留学人才信息库，收录2263名潍坊籍海外留学人员基本信息。2005年举办首届“百名博士潍坊行活动”。2006年9月，组织召开第二届海峡两岸人才与科技成果交流洽谈会暨“百名博士潍坊行”活动，共邀请院士、博士等180多名，参会企业740多家，发布项目1600多个，提供招聘职位8000余个，到会人员1万余人。2007年9月至2009年9月，举办了三、四、五届“百名博士潍坊行”活动。为适应工作需要，2008年4月，潍坊市留学回国人员创业服务中心更名为潍坊市留学人员回国工作办公室，同时挂潍坊市留学人员和专家服务中心牌子。2009年，潍坊留学人员创业园顺利通过省检查评估，实现省人社厅与市政府共建。2010年，“百名博士潍坊行”活动通过“潍坊市海内外高端人才与技术网上引进平台”升级为“潍坊市海内外高端人才与技术网上引进活动”。2011年，潍坊留学人员创业园被评定为山东省海外高层次人才创新创业基地和省级人才管理改革试验区。2012年，成功举办“2012年中国（潍坊）创新创业峰会”，邀请来自13个国家的180多名海内外高层次创新创业人才和30家创投机构代表参会，举办创新创业论坛、创业鹊桥会、人才—项目—创投洽谈对接活动，组织中国食品谷发展论坛和生物医药、电子信息、装备制造论坛，召开海外人才工作站站长座谈会，与来自13个国家的留学人员签署建立14处海外人才工作站协议。与62名高层次人才签署合作项目66个。

毕业生安置

1991—1997年，潍坊市教育局负责全市大中专毕业生就业指导服务工作。1998年2月，成立潍坊市大中专毕业生就业指导中心，为市人事局所属全额预算管理的正科级事业单位，与市人事局大中专毕业生分配办公室合署办公，主要负责全市大中专毕业生就业指导，组织交流毕业生供需信息，培训毕业生分配和就业指导工作人员，开展咨询服务和调查研究工作。

2011年10月，潍坊市高校毕业生就业洽谈会在中国国际人才市场潍坊市分市场举行

2009—2012年潍坊市毕业生接收情况一览表

表22－1－2　　　　单位：人

毕业年份	接收大中专毕业生数	学历层次			
		研究生	本科	专科	中专
2009	39092	1067	13123	18399	6503
2010	35980	1248	12202	17083	5447
2011	36902	1745	10629	19642	4886
2012	35392	2188	11753	17161	4290

第四节　专业技术人员资格考试

1991年，潍坊市对23个系列20余万人进行考核，并对专业技术职务评聘情况进行调查统计。1992年，按山东省人事厅要求，潍坊市人事局制定《全市企事业单位专业技术职务评聘工作程序》，重新建立各系列初、中级评审委员会，专业技术职务评聘工作进入正常化管理轨道。1993年6月，潍坊市人事局考试中心正式成立，为市人事局所属科级事业单位，主要负责全国统一组织的专业技术资格考试和执业资格考试业务，以及社会化考试考务组织工作。同年统一组织职称外语等级考试、经济专业技术资格考试和统计专业技术资格考试。1994年以后，积极推行职称工作政务公开，晋级对象，凡不经民主推荐、民主测评，群众评议赞成票不超过2/3者，不得晋升。实行专业技术岗位数、任职条件、推荐办法、申报人述职、申报人评审材料、推荐人员名单公开。授权诸城市、寿光市中小学教师中评委，负责评审本地中小学教师中级专业技术职务任职资格。1995年，探索改进评审办法及措施。首先在卫生系统实行量化打分试点，对评审结果，采取“先公开、后公布”办法。同年始，在小学教师中实行选升中学高级教师、民办教师纳入经常化评审办法。1997年，深化量化打分评审办法，实行“先公开，后公布”的异议期制度，受到人事部肯定，并在全国推广。

1999年，推行专业技术职务社会化评审试点，成立“潍坊市专业技术职务评审中心”，为事业单位，中介性质，主要任务是负责全市专业技术职务评审组织工作，专业技术职务评审，逐步成为以专家为主体、学术性质的社会化评价行为，市直有145个事业单位实行评聘分开。2000年，潍坊市将省授权评审的工程高级纳入评审中心组织评审。2001年，建设山东省第一个人事考试网站。同年，实行职称工作督察员制度，深化交流外地评委办法，全面实行评聘分开。2004年，根据人事部、信息产业部文件要求，山东省决定实施计算机技术与软件专业技术资格（水平）考试，并将其纳入专业技术人员职业资格证书制度统一规划。2005年，全市职称评审和管理工作，逐步推广使用职称评审管理系统，潍坊市被确定为全省人事考试网上报名两个试点单位之一，并成功组织进行人事考试网上报名试点工作。

2007年，依据专业技术职务试行条例和上级通知规定，须具备一定外语水平才能参加评聘相应专业技术职务人员，均按照要求参加全国统一组织的职称外语考试。同时区别对待，符合相应免试条件的可不参加职称外语考试，符合放宽条件的可放宽外语成绩要求。2008年开始，在全市推行事业单位岗位设置管理。2009年，教育部、人社部印发《关于印发深化中小学教师职称制度改革试点指导意见的通知》，潍坊市被确定为全国3个深化中小学教师职称制度改革的试点市之一，正式开始部署改革试点工作。2010年，积极推进深化中小学教师职称制度改革试点工作，潍坊经验在全省推广。同年7月，潍坊市人事考试中心与潍坊市职业技能鉴定中心正式合并为潍坊市人事考试中心，加挂潍坊市职业技能鉴定中心牌子，为市人社局所属副县级事业单位，在全省范围内率先实现考试鉴定一体化。2011年，在经济资格考试中潍坊市在全省首次使用指纹验证技术。2012年，全市共评审通过高级专业技术职务资格1230人，中级专业技术职务资格1153人。

1993—2012年潍坊市专业技术人员资格考试获证人数统计表

表22－1－3

考试名称	首次开考年份	获证人数
职称外语等级考试	1993	139370
计算机技术与软件专业技术资格（水平）考试	1993	1071
经济专业技术资格考试	1994	15872
国际商务师执业资格考试、外销员从业资格考试	1994	75
监理工程师执业资格考试	1994	1290
会计专业技术资格考试	1994	31359
统计专业技术资格考试	1994	1666
执业药师执业资格考试	1995	1931
一级注册建筑师执业资格考试	1995	50
二级注册建筑师执业资格考试	1995	143
房地产估价师资格考试	1995	276
审计专业技术资格考试	1995	652
注册资产评估师执业资格考试	1996	283
一级注册结构工程师执业资格考试	1997	288
注册税务师执业资格考试	1998	789
造价工程师执业资格考试	1998	936
企业法律顾问执业资格考试	1998	332
二级注册结构工程师执业资格考试	1999	99
价格鉴证师执业资格考试	2000	146

续表22-1-3

考试名称	首次开考年份	获证人数
注册城市规划师执业资格考试	2000	83
质量职业资格考试	2001	1126
土地登记代理人职业资格考试	2001	118
出版专业技术人员职业资格考试	2002	96
注册土木工程师（岩土）执业资格考试	2002	48
计算机应用能力考试	2002	132427
房地产经纪人资格考试	2002	168
卫生专业资格考试	2003	35061
注册咨询工程师（投资）执业资格考试	2003	170
二级、三级翻译专业资格（水平）考试	2004	15
注册安全工程师执业资格考试	2004	1267
一级建造师资格考试	2004	1669
注册电气工程师(发输变电)执业资格考试	2005	19
注册电气工程师(供配电)执业资格考试	2005	63
注册公用设备工程师(给水排水)执业资格考试	2005	57
注册公用设备工程师（暖通空调）执业资格考试	2005	42
注册公用设备工程师(动力)执业资格考试	2005	7
注册化工工程师执业资格考试	2005	15
注册土木工程师(港口与航道工程)执业资格考试	2005	0
环境影响评价工程师职业资格考试	2005	52
注册设备监理师执业资格考试	2005	30
注册环保工程师执业资格考试	2006	31
管理咨询师职业水平考试	2007	23
投资建设项目管理师职业水平考试	2007	13
社会工作者职业水平考试	2008	1018
注册土木工程师(水土保持)执业资格考试	2008	5
注册土木工程师(工程移民)执业资格考试	2008	1
注册土木工程师(工程地质)执业资格考试	2008	0
注册土木工程师(水工结构)执业资格考试	2008	7

续表22-1-3

考试名称	首次开考年份	获证人数
注册土木工程师(工程规划)执业资格考试	2008	4
招标师职业水平考试	2009	202
一级建造师相应专业考试	2009	184
物业管理师资格考试	2011	406
广告专业技术人员职业水平考试	2011	33
一级注册计量师资格考试	2011	30
二级注册计量师资格考试	2011	39
注册测绘师资格考试	2011	21
通信职业技术资格	2012	144
合计		371322

第五节　职业技能鉴定

1994年4月，潍坊市职业技能鉴定培训中心正式成立，选定潍柴集团、中百集团及海化集团等大型企业为全面推行职业资格证书试点单位。1998年，正式使用职业技能鉴定考务管理系统，实现无纸化办公。2003年，以新职业鉴定为切入点，广泛发动各大职业院校及企业职工参与全国统一职业技能鉴定。2006年5月，自主开发智能化考试系统，建成潍坊市技能鉴定智能化考试中心。2006年9月，潍坊市技能鉴定智能化考试中心，更名为潍坊市职业技能鉴定中心，实现“考培分离”。2009年，全市实现智能化鉴定全覆盖。2010年7月，与原潍坊市人事考试中心合并为潍坊市人事考试中心，加挂潍坊市职业技能鉴定中心牌子，在全省范围内率先实现考试鉴定一体化。2010年11月，启动在线考务管理系统，数据与省中心同步，实现证书统一查询、统一管理。2012年，全年完成职业技能鉴定9万人次，新职业鉴定报名1.2万人次，首破万人大关，首次组织开展茶艺师、插花员新职业鉴定考试。全市所有鉴定机构建立智能化理论考场。

第六节　干部工资与福利

工资制度改革

1992年，按省人事厅《关于国家机关事业单位部分职务变动人员工资问题的处理意见》规定，为全市国家机关事业单位1985年至1992年11月底前晋升科员、助理工程师及以上人员，从1992年12月1日起提高一级工资，人均月增8元。1993年10月1日起，国家对机关和事业单位现行工资制度进行改革。1994年，按照山东省人民政府《关于贯彻执行〈国务院关于机关和事业单位工作人员工资改革问题的通知〉的通知》、省人事厅《关于印发机关事业单位工作人员工资制度改革若干问题的处理意见的通知》关于工资改革的政策规定，全市15.32万人参加工资改革，人均月增资157.79元，比工资改革前增长51.79%。其中国家机关3.66万人，人均月增资137.44元，增长42.48%；事业单位11.66万人，人均月增资

164.18元，增长54.96%。

1999年，根据人事部、省人事厅文件精神，为全市机关事业单位工作人员从1999年7月1日起调整工资标准。

2000年，根据人事部及省人事厅文件精神，为全市机关事业单位工作人员从1999年10月1日起晋升一档职务工资。2003年，全面落实工资、离退休政策和福利政策，完成4次较大范围增资工作。按照国务院办公厅《转发人事部财政部关于2003年7月1日调整机关事业单位工作人员工资标准和增加离退休人员离退休费三个实施方案的通知》和省政府办公厅《转发省人事厅省财政厅关于2003年7月1日调整机关事业单位工作人员工资标准和增加离退休人员离退休费三个实施方案的通知》要求，自7月1日起调整全市机关事业单位工作人员工资标准、增加离退休人员离退休费。完成全市21万多名工作人员增资方案审批备案工作，为市直近3万名工作人员调整工资标准。2006年，对全市公务员工资制度改革、规范津贴补贴做出部署。初步拟定事业单位人员收入分配制度改革意见，与公务员工资制度改革同步推进事业单位收入分配制度改革。

2006年7月1日起，按照《中华人民共和国公务员法》要求，公务员实行统一职务与级别相结合的工资制度。在改革公务员工资制度的同时，同步推进事业单位收入分配制度改革。在事业单位建立岗位绩效工资制度，使工作人员收入与其岗位职责、工作表现和工作业绩相联系。岗位绩效工资包括岗位工资、薪级工资、绩效工资和特岗补贴4部分。对专业技术人员和管理人员设置65个薪级，对工人设置40个薪级，对不同岗位规定不同的起点薪级，每年考核合格，可升一个薪级工资。

津贴补贴

1993年1月1日起，为全市机关事业单位工作人员增发开放城市补贴，标准为每人每月20元。市委、市政府研究决定，1994年1月1日起，为全市机关事业单位在职工、工作人员每工作一天发给误餐补贴1元。1995年，完成工资制度改革后首次机关事业单位工人技术等级考核工作，全市共有16958人参加技术等级考核，经严格考试、考核，为合格的16607人颁发合格证书，并兑现工资待遇。按国务院、中央军委《关于确定军队转业干部工资待遇问题的通知》规定，为1994年、1995年两年的转业军官套改地方工资；按省人事厅、省财政厅、省公安厅《关于全省公安机关交通警察实行防毒防尘津贴的通知》规定，为全市交通警察实行防毒、防尘津贴；按人事部、财政部《关于人民警察实行警衔津贴问题的通知》规定，为全市首次评定授予警衔的在职人民警察实行警衔津贴；同时为殡葬职工、特殊教育工作者、信访工作人员发放岗位津贴。组建潍坊市机关事业单位工人技术等级考核办公室，制定《潍坊市机关事业单位工人技术等级考核暂行办法》，对全市1.6万多名技术工人进行技术等级考核和复核。

2007年，根据中央、省统一部署，会同纪检等部门印发《潍坊市规范公务员津贴补贴实施方案》，清理归并津贴补贴项目，理顺资金来源，统一发放办法，从制度上规范津贴补贴秩序，消除各地区、各部门津贴补贴发放混乱的现象，公务员收入分配秩序进一步规范。2010年，市人力资源和社会保障局会同财政部门印发《关于调整市直机关和事业单位津贴补贴标准实施方案》，7月1日起，调整市直机关公务员津贴补贴和事业单位工作人员岗位补贴标准。2011年，进一步规范机关事业单位工资和岗位津贴补贴管理，与市纪检、组织、监察、财政、审计部门联合印发《关于开展规范津贴实施情况自查工作的通知》，组织开展市级机关津贴补贴实施情况自查自纠工作，重点自查有无新增津贴补贴项目、提高津贴补贴标准、扩大津贴补贴发放范围等问题，以及规范后津贴补贴项目归并及各职级标准执行情况、国家统一规定的津贴补贴政策执行情况、保留的改革性补贴执行情况等。

福利

1991—1994年，干部福利费每年按机关干部工资总额2.5%提取，由市财政随工资发至各单位掌握使用。1995年，市人事局、财政局联合印发《关于市直机关工作人员福利费管理使用的通知》，1月起，由市财政按机关工作人员每月8元拨入机关福利费专门账户，由市直机关福利委员会统一掌管使用，主要用于解决工作人员及其赡养亲属的生活困难、疾病医药费困难、死亡丧葬困难和其他特殊困难。1997年起，每年组织市直机关科级以下工作人员及退休人员进行身体健康检查。2002年，市委、市政府印发《关于安排市直机关工作人员年休假有关问题的通知》，每年按规定落实年休假制度。印发《关于市直机关事业单位职工年休假的实施意见》，2008年1月1日起，在市直机关及事业单位全面实行职工带薪年休假制度。2008年，印发《关于事业单位工作人员和离退休人员死亡一次性抚恤金发放办法的通知》，事业单位工作人员和离退休人员死亡一次性抚恤金标准调整为：因公牺牲为本人生前40个月基本工资或基本离退休费，病故为本人生前20个月基本工资或基本离退休费。2012年，与民政、财政部门联合印发《关于国家机关工作人员及离退休人员死亡一次性抚恤金发放有关问题的通知》，自2011年8月1日起，国家机关工作人员及离退休人员死亡，一次性抚恤金发放标准调整为：烈士和因公牺牲的，为上一年度全国城镇居民人均可支配收入的20倍加本人生前40个月基本工资或基本离退休费；病故的，为上一年度全国城镇居民人均可支配收入的2倍加本人生前40个月基本工资或基本离退休费。

第二章　劳动

1991年后，潍坊市把扩大就业、促进创业作为保障和改善民生的头等大事，大力实施就业优先和创业带动就业战略，多渠道增加就业岗位，全方位优化创业环境，逐渐形成“创业促进就业、就业维护稳定、稳定激发创业”的良性循环，呈现出“创业有动力、就业有潜力、城市有活力”的良好局面。

第一节　劳动就业

劳动力市场建设

1990年以前，全市11个县市区基本建有劳务市场，普遍建立职业介绍中心（所），开展职业介绍工作。1994年，劳务市场统称为劳动力市场，载体仍为职业介绍中心。同年，潍坊成功申办世界银行“劳动力市场和职业培训体系”

建设贷款项目，并成为国内5个项目试点城市之一。1999年，潍坊市被劳动和社会保障部列为全国100个“三化”试点城市之一，2002年又列为第二批推进试点城市。同年4月，潍坊市职业介绍中心改为市直及五区（奎文、潍城、坊子、寒亭、高新技术开发区）联合的潍坊市劳动力市场。2006年12月，新建的山东潍坊人力资源市场正式启用，成为覆盖全市所有资源、上下贯通、城乡一体、规范统一、快速便捷的就业信息平台，为城镇新增劳动力、大中专技校毕业生、农村劳动力、残疾人、复退军人和随军家属、被征地农民等各类人力资源，开展求职登记、就业匹配、录用备案、技能鉴定、失业登记、劳动保障事务代理“一站式”服务。市人力资源市场先后荣获2008—2009年度、2011—2012年度全国人力资源和社会保障系统优质服务窗口称号。

下岗失业人员再就业

1993—1998年，国有企业深化改革，产业产品结构不断调整，企业人员大量富余，全市先后出现10万多名下岗职工。1995年，市政府印发《关于实施再就业工程的意见》，以妥善解决失业职工、破产企业职工、严重困难企业职工和企业富余职工的基本生活和再就业问题，支持企业深化改革，保持社会稳定。到1998年底，12个县市区全部建起再就业服务中心，96个系统主管部门和企业集团建立分中心，有下岗职工的企业全部建立职工再就业工作站，并在全市范围内实施“五三三”（设立五清台账，建立三项制度，提供三项服务）下岗职工管理办法。建立“下岗证”和“再就业优惠证”制度，使下岗职工享受到包括税费减免在内的一系列优惠政策，促进了下岗职工尽快实现再就业。1998—2003年，全市累计进中心的10.4万名企业下岗职工中有10.3万人通过各种渠道分流安置和实现再就业，再就业率达99%，高出全国18个百分点。2003—2012年，全市共安排再就业资金1.21亿元，用于岗位补贴、社会保险补贴、职业培训补贴和职业介绍补贴、劳动力市场建设等。

1997—2003年，全市劳动保障部门共参与680多家企业改革改制工作，分流安置职工8万多人，其中关闭破产企业250多家。对破产后无法重组企业，积极创造条件，帮助寻找收购单位，分流安置职工。对吸纳原破产企业职工60%以上的重组企业或收购单位，给予社会保险方面的优惠政策。2003年，潍坊市印发《关于进一步加强失业人员再就业培训工作的通知》。截至2012年，全市共培训失业人员58.76万多人次，培训后就业率达到70%以上，41.13万多人次实现再

2010年2月，山东外派劳务技师培训基地揭牌仪式在潍坊技师学院举行

就业。

农村劳动力转移就业

1991年后，农村就业和城市就业开始直接交汇，除就地就近转移就业外，省内省外转移步伐明显加快。潍坊市通过打破城乡分割体制，逐步建立市场经济体制下新型城乡关系，加快实施统筹城乡就业，取消对农村劳动力进入城镇就业的不合理限制，引导农村富余劳动力在城乡、地区间有序流动。1998年，潍坊市取消农村劳动力进城就业的政策限制和不合理规定，通过不断简化农民跨区域就业和进城就业各种手续，优化农村劳动力就业环境，发挥市、县、街道（乡镇）、社区4级就业服务体系信息量大、管理规范、信誉度高的优势，设立免费服务窗口，提供职业指导、职业介绍、就业信息、政策咨询和维权服务。2004年，市财政局、市劳动和社会保障局、市农业局联合印发《关于对潍坊市市区农村剩余劳动力转移就业实施培训的通知》，保障农村劳动力培训工作开展，农村劳动力转移培训规模逐年加大。至2012年底，全市共开展农村劳动力转移培训52.9万人次。

创业管理

1991—1995年，个人自主创业（主要指城镇个体工商户）基本由工商行政管理部门等负责管理。1995年，随着城镇下岗失业职工出现，市政府制定《关于实施潍坊市再就业工程的意见》，意见规定，失业职工组织起来就业或自谋职业，在领取营业执照后，经本人申请，可将其应享受的失业救济金（失业保险金）、医疗补助一次性发给本人，作为生产经营扶持资金。市劳动（人社）部门对自主创业人员始有扶持政策，开始介入创业工作。1998年后，随着再就业服务中心建立，劳动部门对自主创业者开始实行政策扶持。潍坊市职工再就业服务中心在全省率先出台并实施“下岗证”制度，明确规定，凡下岗职工自谋职业或组织起来就业，可享受免费就业创业培训、税费减免等优惠政策。2008年，随着《中华人民共和国就业促进法》颁布实施，市人社部门把创业列为工作重点全力推动。2009年，潍坊市人民政府办公室印发《关于进一步做好促进以创业带动就业工作的意见》，将创业优惠政策扩展到5项20条。至此，全市开始扩大小额担保贷款覆盖面，放宽反担保条件，将贷款额度由2万元~20万元提高到5万元~200万元；为创业者发放创业培训补贴、社保补贴、一次性岗位补贴；为创业者提供税费减免、放宽工商注册登记条件，完善创业服务体系，全面优化创业环境。2012年始，在潍坊市中心城区高标准规划建设中国潍坊国际人才创业孵化中心和山东半岛大学生创业孵化中心，面向外国专家、海外留学回国人员、海外高层次人才和

2010年4月，在潍坊技师学院举办的全市职业技能大赛比赛现场

大学生，重点吸纳知识与技术密集性高、技术含量高、吸纳人员多的创业企业。同时，指导推动各县市区加强创业载体建设，新建各类创业孵化器115个，市级以上各类创业孵化基地（园区）达到22家,其中省级11家。

第二节　劳动工资

企业工资分配制度改革

1992年，全市开始进行劳动制度综合配套改革试点。在工资分配上，完善工效挂钩，搞活内部分配，实行职工收入与标准工资脱钩，与岗位技能和劳动贡献挂钩，并逐步向岗位技能工资过渡。同年，山东省劳动局《转发劳动部〈关于进行岗位技能工资制试点工作的通知〉的通知》，潍坊市开展岗位技能工资试点，诸城市水泥厂等单位作为全省首批岗位技能工资试点单位，推行“一脱两挂”工资分配改革。1993年后，全市逐步建立起“两个低于”（工资总额增长低于经济效益增长幅度，职工平均工资增长低于劳动生产率增长幅度）等工资总量管理模式。1997年，继续改进企业工资宏观调控办法，加强对工资总量宏观调控，采取以工效挂钩、自主确定工资总额、工资总额包干等措施确定企业年度工资总量的办法，出台经营者收入年度报批办法，指导企业建立以岗位测评、考试考核及体现劳动技能、责任、强度、条件和贡献为主的基本工资分配制度，初步规范用人单位工资支付行为。2000年，完成工效挂钩企业1999年度基金清算及2000年工效挂钩方案审核，为2.4万名职工办理工资调整、变更、定级。2001年后，劳动保障部门不再对企业工资进行审批，政府对企业工资管理进一步向宏观调控过渡，企业自主分配权力进一步释放。

企业工资宏观调控

2001年起，全市基本建立起以最低工资标准制度、企业工资指导线制度、企业薪酬调查和信息发布制度、企业工资集体协商制度等为主要内容的企业工资宏观调控体系。

最低工资标准制度　1994年，山东省首次公布最低工资标准为每人每月170元，各市地可据此按照上下不超过省定标准20%的幅度，具体测算本市地的最低工资标准，并按规定程序报省平衡审定，批准后由市地公布并执行。潍坊市自此开始实施最低工资标准制度。2001年起，省政府公布小时最低工资标准，为非全日制劳动者维护合法权益提供依据。

1995—2012年潍坊市执行企业最低工资标准一览表

表22—2—1　　单位：元

实施时间	文件依据	县市区	月最低工资标	小时最低工准
1995年1月1日	鲁政发〔1994〕21号	潍城、奎文、寒亭、坊子	180	—
		其他县市区	150	—
1996年9月1日	鲁政发〔1997〕2号	潍城、奎文	240	—
		其他县市区	200	—
1999年7月1日	鲁政发〔1999〕95号	潍城、奎文、寿光	320	—
		其他县市区	260	—

续表22-2-1

实施时间	文件依据	县市区	月最低工资标	小时最低工准
2001年7月1日	鲁政发〔2001〕68号	潍城、奎文、寿光	370	2.22
		其他县市区	340	2.04
2002年10月1日	鲁政发〔2002〕79号	潍城、奎文、寿光	410	2.85
		其他县市区	380	2.64
2005年1月1日	鲁政字〔2004〕932号 潍政发〔2005〕12号	潍城、奎文、寿光	470	4.1
		其他县市区	420	3.7
2006年10月1日	鲁政字〔2006〕216号 潍政发〔2006〕71号	潍城、奎文、寿光	540	4.8
		其他县市区	480	4.2
2008年1月1日	鲁政字〔2007〕258号 潍政字〔2008〕9号	潍坊市	620	5.5
2010年5月1日	鲁政字〔2010〕74号 潍人社发〔2010〕21号	奎文区、潍城区、坊子区、寒亭区、诸城市、寿光市	920	9.6
		其他县市区	760	7.8
2011年3月1日	鲁政字〔2011〕33号	奎文区、潍城区、坊子区、寒亭区、诸城市、寿光市	1100	11.5
		其他县市区	950	9.8
2012年3月1日	鲁政字〔2012〕33号	奎文区、潍城区、坊子区、寒亭区、诸城市、寿光市	1240	13
		其他县市区	1100	11

企业工资指导线制度　企业工资指导线包括上线（预警线）、基准线、下线。1997年，按山东省劳动厅转发劳动部《关于印发〈试点地区工资指导线制度试行办法〉的通知》要求，潍坊市开始企业工资指导线试点，市政府印发贯彻企业工资指导线的实施意见，实行企业落实工资指导线备案制度，指导企业保持合理的工资增长水平。

1999—2012年潍坊市企业工资指导线一览表

表22-2-2

年份	基准线	上线	下线
1999	22.3%	26.3%	18.3%
2000	8%	12%	4%

续表22-2-2

年份	基准线	上线	下线
2001	10%	16%	6%
2002	9%	15%	4%
2003	10%	16%	4%
2004	9%	15%	5%
2005	10.5%	16.5%	5.5%
2006	11%	17%	6%
2007	16%	24%	8%
2008	15%	22%	7%
2009	9%	15%	4%
2010	15%	23%	6.5%
2011	15%	23%	6.5%
2012	15%	22%	6%

企业薪酬调查和信息发布制度　作为劳动保障部确定的山东省5个试点城市之一，潍坊市自2001年起，开始“在岗职工工资和人工成本”调查试点，每年对各类企业中不同职业(工种)工资水平进行调查、分析、汇总、加工，发布各类职业(工种)工资价位。2010年，潍坊市被人力资源和社会保障部确定为全国企业薪酬调查试点城市，开始企业薪酬调查。

企业工资集体协商制度　2000年11月8日，劳动和社会保障部《工资集体协商试行办法》发布实施，2002年，潍坊市开始工资集体协商试点，当年落实试点单位9家。2006年后，工资集体协商试点单位逐步增多，工资集体协商制度进一步落实。2010—2012年，市协调劳动关系三方单位印发关于开展工资集体协商要约行动的系列文件，推动工资集体协商制度落实。

国有企业负责人薪酬制度改革

2000年，市委、市政府印发《关于建立国有企业经营管理者激励约束机制试行意见》，全市国有企业经营者开始实行年薪制，之后不断进行完善和调整。到2004年，年薪制主要由基薪、风险收入、风险收入增长额3部分组成。2007年开始，按照中共中央“建立企业职工工资正常增长机制”“逐步扭转收入分配差距扩大的趋势”等精神，调整上缴税金总额增长幅度调整系数，把一般职工工资增长情况纳入风险收入考核体系，并占风险收入增长额的80%。2010年，潍坊市劳动和社会保障局与潍坊市人事局合并成立潍坊市人力资源和社会保障局，按照“三定方案”，国有企业负责人薪酬管理相关职能划归潍坊市国资委。

第三节 劳动关系协调

劳动合同

劳动合同制度 1992年，潍坊市开始进行以劳动、工资、保险为主要内容的三项制度改革试点，推行全员劳动合同制度。当年，诸城市、潍城区和市直8个企业进行试点。1994年3月，市政府印发《关于在全市全面进行区域性劳动制度综合配套改革的通知》，推动各县市区全员劳动合同制度落实。1994年底，全市实行全员劳动合同制职工达50余万人。1995年，全员劳动合同制度覆盖面扩大到“三资”企业、乡镇企业、私营企业、个体企业。1998年，扩大到机关、事业单位工勤人员，并做好各类人群扫尾工作，促进制度逐步落实。2002年，《潍坊市关于依法规范劳动关系有关问题的通知》要求：驻潍坊所有单位和与之建立劳动合同关系的劳动者，不分户口性质，不受区域限制，都应当与劳动者履行就业手续、签订劳动合同、缴纳各种社会保险；取消“临时工”用工形式，统一实行劳动合同制度，单位用工统一按短期用工或长期用工进行管理。2010年，市人社局、市总工会、市企业联合会、市企业家协会联合印发《潍坊市全面推进小企业劳动合同制度实施专项行动计划实施方案》，决定利用3年时间，以中小企业为重点，全面促进劳动合同制度落实。

劳动合同管理 1989年，潍坊市劳动局会同财政、物价等部门联合印发《潍坊市劳动合同鉴证暂行办法》，劳动合同鉴证工作普遍展开。1994年，潍坊市在全省率先推行劳动合同“一条龙”管理办法，把劳动合同签订、鉴证、转移、缴纳社保等纳入规范化管理。2008年11月，潍坊市劳动和社会保障局印发《潍坊市劳动用工备案办法》，劳动用工备案制度取代劳动合同鉴证制度。同时，依托人社部统一开发的劳动用工备案管理信息系统，逐步建立覆盖市县的劳动用工数据库。2009—2012年，全市劳动用工备案数量逐年增加，截至2012年底，全市劳动用工网上备案企业达到11857家、职工63.1万人，劳动用工动态监管机制更加健全。

2009—2012年潍坊市劳动用工备案情况统计表

表22－2－3

年份	用人单位总数（家）	备案职工总数（万人）
2009	3773	24.35
2010	4529	26.46
2011	8633	61.00
2012	11857	63.10

集体合同制度 1995年，潍坊市开始推行集体合同制度。1999年，随着《山东省企业集体合同条例》实施，全市集体合同制度逐步建立完善。2010年，市人力资源和社会保障局、市总工会、市企业联合会（企业家协会）联合印发《关于深入推进集体合同制度实施彩虹计划的意见》，发挥协调劳动关系三方机制作用，决定利用3年时间，集中促进集体合同制度落实。到2012年底，全市各类已建工会企业普遍签订集体合同。

劳动仲裁

2005年11月14日，潍坊高新技术产业开发区成立潍坊市第一家劳动争议仲裁院；12月7日，昌邑市成立劳动争议仲裁院。同年，制订下发《关于积极预防和妥善处置群体性事件工作预案》，劳动争议预防预警机制进一步完善。2008年，与市中级人民法院、市司法局、市总工会、市企业家联合会等部门联合下发文件，指导建立基层劳动人事争议调解组织。2010年，将劳动争议仲裁委员会与人事争议仲裁委员会合并组建为劳动人事争议调解仲裁委员会，仲裁机构实体化建设取得重大进展，全市各县市区全部成立劳动人事争议仲裁院。2011年1月24日，经市编委办公室批准成立潍坊市劳动人事争议仲裁院，为财政全额拨款副县级事业单位，隶属于潍坊市人力资源和社会保障局。2005—2012年，连续8年被省人力资源和社会保障厅评为调解仲裁工作先进单位。

1991—2012年潍坊市劳动人事仲裁受理案件情况表

表22—2—4

年份	全市受理案件数量（件）	结案率（%）
1991	62	97
1992	78	97
1993	79	98
1994	78	97
1995	110	98
1996	145	98
1997	193	99
1998	244	98
1999	372	97
2000	461	99
2001	471	98
2002	1260	97
2003	1542	98
2004	1997	99
2005	2554	99
2006	2199	98

续表22—2—4

年份	全市受理案件数量（件）	结案率（%）
2007	2218	99
2008	3352	98
2009	3831	99
2010	3453	99
2011	3068	99
2012	3992	99

劳动监察

1995年4月27日，市劳动局成立劳动监察科，制定印发《潍坊市劳动监察工作规章制度》。9月12日，市政府颁布《潍坊市劳动监察规定》，规范全市劳动监察工作。1996年9月14日，潍坊市劳动监察大队成立，为潍坊市劳动局所属全额预算管理正科级事业单位。2000年5月15日，潍坊市劳动和社会保障局及诸城市、临朐县、昌乐县、坊子区、寿光市劳动和社会保障局被山东省劳动和社会保障厅评为1999年度劳动保障监察工作先进单位。8月19日，潍坊市劳动和社会保障局设立监察监督科。2002年1月21日，全市统一配备劳动保障执法服装，建立劳动保障监察与公安“110”联动机制。2004年9月13日，成立市劳动和社会保障监察处，规格为副县级，同时撤销劳动保障监察大队，人员划归市劳动和社会保障监察处。2005年，市劳动和社会保障局监察处被劳动和社会保障部等四部委评为2006—2007年度全国农民工工资支付情况专项检查先进单位和全国清理整顿劳动力市场秩序专项行动先进单位。2010年3月9日，全省劳动保障监察工作暨“两网化”试点现场会议在潍坊市召开。2011年4月21—22日承办人力资源和社会保障部、国际劳工组织合作在潍坊市召开的“劳动世界挑战与劳动保障监察对策座谈会”；9月19日市劳动保障监察处被人力资源社会保障部等三部门表彰为全国清理整顿人力资源市场秩序取得突出成绩单位。2012年3月28日，推广使用劳动保障监察管理信息系统全国统一软件，开启全面信息化工作；12月被省人社厅表彰为全省人力资源社会保障系统先进集体。

2005—2012年潍坊市劳动监察情况一览表

表22-2-5

年份	检查单位户数（户）	涉及职工人数（万人）	查处案件数（件）	支付工资金额（万元）	追缴社保费金额（万元）	补签劳动合同（万份）
2005	14983	188.2	4018	2165.93	10040	7.17
2006	7327	117	2520	3290.2	17457.3	4.3
2007	9401	131.71	1415	1718.17	11655.9	10.8
2008	10342	159.85	4103	2039.62	14000	17.7
2009	11325	108.06	4189	2083.73	6398.97	7.65
2010	20303	137.99	4349	1595	5650	12.97
2011	27095	328.52	6003	2031.32	7984.5	11.13
2012	31783	192.03	9615	2848.25	4440	8.74
合计	132559	1363.36	36212	17772.22	77626.67	80.46

第三章 社会保障

潍坊市将保障和改善民生摆在首位，加快推进社会保险制度建立健全改革完善。特别自90年代起，潍坊市社会保障事业快速发展，全面建立起养老、医疗、失业、工伤和生育保险在内的社会保险制度体系，城乡各类人员相继纳入保障范围，社会保险覆盖面不断扩大，筹资渠道逐步拓宽，基金支撑能力显著增强，享受社会保障待遇人数迅速增加。

第一节 养老保险

企业职工基本养老保险

1991年12月，市政府发布《潍坊市固定职工退休费用社会统筹暂行办法》，1992年1月1日起执行。企业固定职工开始参保，对全民所有制单位和集体所有制单位统筹基金实行单独核算分别提取，均以上年度单位劳动工资年报中固定工月平均工资总额为基数，全民单位按18%，集体单位按24%缴纳统筹基金。全市养老保险基金收缴办法和退休费支付标准统一。1992年7月起，潍坊市将全民、县以上集体企业城镇户口临时工纳入养老保险统筹范围，解决临时工养老问题。1993年1月，省政府印发《贯彻国务院关于企业职工养老保险制度改革的决定的通知》，对养老保险制度改革的目标、模式、资金来源、基金管理等问题作出系列规定。1993年12月，《潍坊市企业职工社会养老保险办法》颁布实施，企业固定工自1993年1月开始个人缴纳养老保险费，单位缴纳比例为23%，个人缴纳比例为2%，实行养老保险费社会统筹，养老金计发办法改由社会性养老金和缴费性养老金两部分组成，全市企业职工基本养老保险制度社会统筹模式初步建立。1995年9月，省政府印发《贯彻国务院关于深化企业职工养老保险制度改革的通知》，确立“社会统筹与个人账户相结合”的改革原则。同年12月，市政府颁布《潍坊市企业职工社会养老保险办法补充规定》，调整各类企业职工基本养老保险缴费比例，用人单位均按本单位职工工资总额的22%，职工个人均按月实得工资的3%，缴纳基本养老保险费。并自1996年1月起，按职工个人缴费基数的11%建立个人账户，养老金计发改为社会性养老金、缴费性养老和个人账户养老金三部分组成。1997年12月，省政府印发《山东省统一企业职工基本养老保险制度实施办法》，对企业和职工个人缴费比例、个人账户记入比例、基本养老金计发办法等作进一步规定和统一。1998年12月，市政府颁布《潍坊市企业职工社会养老保险办法补充规定》，进一步完善统一企业职工养老保险制度，规定从1999年1月起，全市职工基本养老保险缴费比例统一调整为：职工按本人上年度月平均实得工资5%缴纳，企业按职工个人缴费工资之和的20%缴纳，职工个人缴费比例以后两年提高一个百分点，最终达到8%。并对养老金计发办法进行统一。

2003年7月，全面贯彻落实《山东省人民政府关于扩大企业基本养老保险覆盖范围有关问题的意见》，潍坊市将城镇各类企业（含不在城镇的国有和县以上集体企业、外商投资企业）及其职工，城镇个体工商户及雇工，采取各种灵活方式就业的人员以及自由职业者纳入企业职工基本养老保险参保范围，基本实现全覆盖。2005年12月，国务院印发《关于完善企业职工基本养老保险制度的决定》；2006年8月，省政府印发《山东省完善企业职工基本养老保险制度实施意见》，从改革基本养老金计发、规范统一城镇个体工商户和灵活就业人员参保政策、逐步做实基本养老保险个人账户、规范完善基本养老保险省级统筹等作进一步规范和统一。2007年6月，市政府印发《关于认真贯彻鲁政发〔2006〕92号文件进一步完善企业职工基本养老保险制度的意见》，明确统一企业缴费比例为20%，职工个人缴费比例为8%，并自2006年1月起，个人账户规模调整为8%。2010年1月1日起，对参加城镇企业职工基本养老保险人员跨省（自治区、直辖市）和省内跨市（设区的市、含养老保险省直管企业）流动就业，基本养老保险关系转移接续，按《国务院办公厅关于转发人力资源社会保障部财政部城镇企事业

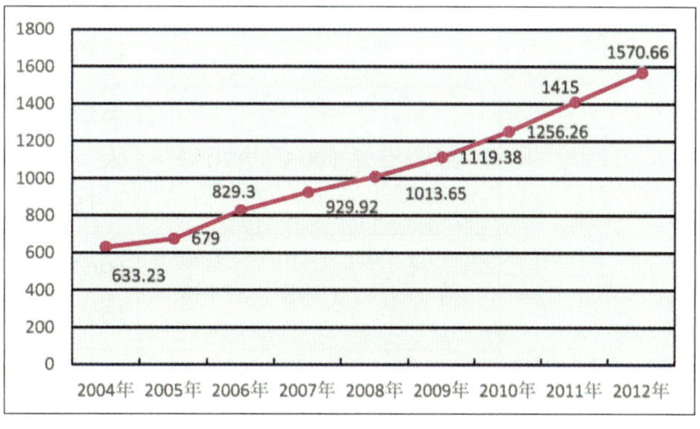

图22—3—1　2004—2012年潍坊市离退休人员（含退职等）人均养老金增幅图

职工基本养老保险关系转移接续暂行办法的通知》和山东省《关于转发人力资源社会保障厅财政厅山东省企业职工基本养老保险关系转移接续实施办法的通知》有关政策办理。2011年11月，全市14359名城镇未参保集体企业退休人员全部纳入养老保险统筹，其养老问题得以解决。

2005—2012年，养老金实现8连涨，从2004年的人均633.23元涨到2012年的人均1570.66元，增幅达到148%，年均增长18.50%。

1990—2012年潍坊市养老保险待遇调整情况表

表22—3—1

项目	执行文件	基本内容
增加离退休金	鲁政发〔1990〕20号	离休费最低保证数；给1957年以来未升过级的离退休人员增发一个工资级差的离退休费；给离退休人员普调一个工资级差的离退休费；退职人员增发8元退职生活费。（贯彻国发〔1989〕83号）
	〔91〕鲁劳险字003号	未参加1985年工改的离休职工（含老工人）每人每月增加生活补贴15元，退休职工每人每月增加生活补贴10元。其中本人级差分别大于15元或10元的，按一级级差增加；参加了1985年工改至1989年9月底以前离退休的职工，执行企业工资标准的，每人每月增加生活补贴8元，其中本人半级级差大于8元的，按半级级差额增加。执行机关、事业单位结构工资制的，按结构工资制职务工资标准的一个级差额增加
	鲁劳发〔1992〕578号	1992年底前离退休人员，连续工龄每满1年发给1元的离退休金；增发10%至65%。1993年1月1日后离退休的人员，增发10%。（贯彻国发〔1992〕29号）
	鲁政发〔1994〕86号	1993年底以前办理了离退休手续的人员，增发30元至100元。离休人员再增发5%至20%（贯彻国发〔1994〕9号）
	鲁劳发〔1994〕367号	1993年底以前办理了离退休、退职手续的人员，1993年按10%进行调整，1994年按11%进行调整
	鲁劳发〔1994〕381号	①中华人民共和国成立前老工人按离休人员增加待遇；②退职人员的退职费，参照退休人员的标准执行。（贯彻鲁政发〔1994〕86号和鲁劳发〔1994〕367号文的补充文件）
	鲁劳发〔1995〕270号	中华人民共和国成立前参加革命工作，1993年1月1日至9月底期间离休、退休人员，增发本人月基本养老金的25%、10%。（贯彻鲁劳发〔1992〕578号文件的补充文件）
	鲁劳发〔1995〕271号	1993年9月底以前离休、退休、退职的人员，按本人月基本养老金的15%增加养老金。（1995年正常调整机制）
	鲁劳发〔1996〕220号	企业离休人员与机关事业单位离休人员的离休金水平相平衡；退休、退职人员一般按15%增加。（1996年正常调整机制）

续表22-3-1

项目	执行文件	基本内容
增加离退休金	鲁劳发〔1998〕31号	退休、退职人员按省或市地1996年职工平均工资增长率的40%至60%增加。特殊情况下也可低于40%；离休人员（含老工人），与当地机关事业单位同类人员（同职务、同时期）离休金水平相持平。（1997年正常调整机制）
	鲁劳社发〔1999〕82号	离休人员（含老工人）按70元+本人月养老金的9.5%增加。不足120元的按120元增加；退休人员按40+本人月养老金的7%增加；退职人员按35元+本人月退职生活费的5%增加。（1999年正常调整机制）
	鲁劳社〔2001〕52号	从2001年1月1日起，为2000年12月31日前离休人员增加养老金。离休干部，正厅级增231元，副厅级190元，县处（含副处）级163元，科级及以下140元。中华人民共和国成立前老工人，红军时期增加163元，抗日战争时期增加140元，解放战争时期增加121元。（贯彻劳社部发〔2001〕12号）
	鲁劳社〔2002〕12号	从2001年10月1日起，为2001年9月30日前离休人员增加养老金。离休干部，正厅级增加300元，副厅级245元，正处级196元，副处级152元，科级及以下124元。中华人民共和国成立前老工人，红军时期增加150元，抗日战争时期增加130元，解放战争时期增加110元。（贯彻劳社部发〔2001〕21号）
	鲁劳社〔2002〕13号	从2001年7月1日起，为2000年12月31日前退休、退职人员，按本人养老金的7%增加养老金。其中，退休人员增加额低于50元的，按50元增加；退职人员增加额低于40元的，按40元增加（贯彻劳社部发〔2002〕3号）
	鲁劳社〔2002〕50号	从2002年7月1日起，为2001年12月1日前退休、退职人员按本人养老金的5.5%普调，同时适当提高部分人员的养老金。（贯彻劳社部发〔2002〕16号）
	鲁劳社〔2004〕51号	自2004年7月1日起，为2003年12月31日前退休、退职人员增加养老金。普遍调整第一部分按27.5元增加，第二部分按本人月基本养老金的3.6%计算增加。在普遍调整的基础上，再适当提高下列人员的养老金：①1953年12月31日前参加工作的退休人员，每人每月再提高25元。②1993年9月30日前退休的人员（不含1953年底前参加工作的），每人每月再提高15元。③1999年7月1日至1999年12月31日之间退休的人员，每人每月再提高15元
	鲁劳社〔2006〕46号	①2005年调整自2005年7月1日起，对2004年12月31日前退休、退职人员增加养老金。第一部分按34.4元增加，第二部分按本人月基本养老金的3.1%计算增加。②2006年调整自2006年7月1日起，对2005年12月31日前退休、退职人员增加养老金。第一部分按60.9元增加，第二部分按本人月基本养老金的5.8%计算增加。③退职人员第一部分按退休人员的80%计算增加，第二部分与退休人员相同增加

续表22-3-1

项目	执行文件	基本内容
增加离退休金	鲁劳社〔2007〕48号	自2007年7月1日起，为2006年12月31日前已按规定办理退休、退职人员增加养老金。①普遍调整第一部分增加绝对额49.8元，第二部分按本人2006年12月基本养老金的5.2%提高；在普遍调整的基础上再对下列人员进行适当提高，对有高级职称人员和年龄在70周岁以上人员适当提高。②对1953年12月31日前参加工作的退休人员和1993年9月30日退休的人员适当提高。③退职人员第一部分按退休人员的80%计算增加，第二部分和退休人员一样
	鲁劳社〔2008〕3号	自2008年1月1日起，为2007年12月31日前已按规定办理退休、退职人员增加养老金。①普遍调整第一部分增加绝对额49.8元，第二部分按本人2007年12月基本养老金的4.6%提高；在普遍调整的基础上再对下列人员进行适当提高，对有高级职称人员和年龄在70周岁以上人员适当提高。②对1953年12月31日前参加工作的退休人员适当提高。③退职人员第一部分按退休人员的80%计算增加，第二部分和退休人员一样
	鲁劳社〔2009〕5号	自2009年1月1日起，为2008年12月31日前已按规定办理退休、退职人员增加养老金。①普遍调整第一部分增加绝对额80.8元和，第二部分按本人2008年12月基本养老金的3.7%提高；在普遍调整的基础上再对下列人员进行适当提高，对有高级职称人员和年龄在70周岁以上人员适当提高。②对1953年12月31日前参加工作的和1993年9月30日退休的人员适当提高。③退职人员第一部分按退休人员的80%计算增加，第二部分和退休人员一样
	鲁人社发〔2010〕5号	自2010年1月1日起，为2009年12月31日前已按规定办理退休、退职人员增加养老金。①普遍调整第一部分增加绝对额94.5元，第二部分按本人2009年12月基本养老金的4.4%提高；在普遍调整的基础上再对下列人员进行适当提高，对有高级职称人员和年龄在70周岁以上人员适当提高。②对1953年12月31日前参加工作的退休人员适当提高。③退职人员第一部分按退休人员的80%计算增加，第二部分和退休人员一样
	鲁人社发〔2011〕4号	自2011年1月1日起，为2010年12月31日前已按规定办理退休、退职人员增加养老金。①普遍调整：第一部分每人每月增加110元；第二部分按本人2010年12月本人月基本养老金的4.5%计算增加。②适当倾斜：对具有高级职称的、1953年12月31日前参加工作的、原工商业者和70岁以上退休人员适当倾斜。③退职人员调整：第一部分每人每月增加88元；第二部分和退休人员相同
	鲁人社发〔2012〕15号	自2012年1月1日起，为2011年12月31日前已按规定办理退休、退职人员增加养老金。①普遍调整：第一部分每人每月增加160元；第二部分按本人2011年12月本人月基本养老金的4%计算增加。②适当倾斜：对具有高级职称的、对1949年1月1日至9月30日参加革命工作的和70岁以上退休人员适当倾斜。③退职人员调整：第一部分每人每月增加144元；第二部分和退休人员相同

1978—2010年潍坊市离退休、退职人员补助补贴调整情况表

表22-3-2

项目	执行文件	基本内容
补助补贴	〔1978〕鲁劳薪字第222号	离退休人员不超过2元粮价补贴
	〔1985〕鲁财预字22号	离退休、退职人员肉价补贴，省辖市（包括县级市、市辖区，不包括市属县）每人每月补贴5元，县及乡镇，每人每月补贴4元
	鲁政发〔1988〕62号	离退休、退职人员4种主要副食品价格补贴，省辖市（包括县级市）每人每月10元（禁食猪肉民族12元），县城及乡镇每人每月8元（禁食猪肉民族10元）。（贯彻国发〔1988〕23号）
	鲁财行字〔1992〕第77号	离退休、退职人员煤价补贴，每人每月5元
	〔1986〕鲁人老字第2号	离休干部每人每月12元特需补助费
	〔1986〕鲁人老字第7号	退休、退职人员，每人每月发给生活补助费8元
	鲁劳发〔1994〕60号	离休、退休人员交通补贴每人每月10元；洗理费男每人每月15元，女17元；图书补助费每人每月15元
	〔1989〕鲁人福字2号	离退休、退职人员冬季宿舍取暖补贴每人每年24元
	〔1992〕鲁劳险函字第2号	500元丧葬补助费
	鲁劳社〔2003〕53号	丧葬补助费由500元提高到1000元
	鲁人社发〔2010〕38号	企业退休（职）人员取暖补贴标准每人每年1100元；企业离休人员取暖补贴标准按照县级每人每年1826元、科级每人每年1494元计算

城乡居民基本养老保险

1991年10月31日，市政府印发《关于开展农村社会养老保险试点工作的通知》，决定在全市开展农村社会养老保险工作。11月4日，民政部印发《关于在山东省潍坊市开展农村社会养老保险试点的函》和《关于同意将潍坊市潍城区等十二个县市区列为全国农村社会养老保险试点县市区的批复》，潍坊市12个县市区被民政部确定为全国农村社会养老保险试点县市区。

1994年2月15日，市政府印发《关于成立潍坊市农村社会养老保险事业管理处的通知》，决定成立潍坊市农村社会养老保险事业管理处，为副县级事业单位，隶属于民政局。1999年6月，市农村社会养老保险事业管理处由市民政局整体划转至市劳动和社会保障局。

2008年，潍坊市在高新区南张营村进行新型农村养老保险试点。2009年9月，国务院印发《关于开展新型农村社会养老保险试点的指导意见》，当年底，寿光市被国务院确定为首批国家级新农保试点县。2010年，试点范围扩大到潍坊市9个县市区，坊子区（含峡山区）获批国家级新农保试点县市区，奎文区（含高新区）获批省级新农保试点县市区。2010年8月9日，市政府印发《关于开展新型农村社会养老保险试点的实施意见》，指导全市新型农村社会养老保险（简称“新农保”）试点工作开展。2010年底，

2010年12月，潍坊市在全国率先实施城乡一体化居民养老保险制度

潍坊市被省政府确定为新农保全覆盖城市之一。2011年1月12日，市政府召开全市新农保试点工作会议，新农保试点范围扩展到全市，所有16个县、市、区（含4个市属开发区）全部开展试点工作。4月6日，市委召开第125次常委扩大会议，研究通过《关于调整全市新型农村社会养老保险基础养老金标准》工作方案。同年，诸城、安丘、昌邑、临朐、昌乐5个县市被纳入第二批国家试点范围，国家级新农保试点县市区达8个（含1个市属开发区）。2011年，全市城乡居民养老保险参保人数达到452.7万人，基础养老金标准为每人每月55元。比全省提前一年、比全国提前两年实现全覆盖。全市122万名60周岁以上参保居民开始领取养老金，当年累计发放养老金6.44亿元，发放率100%。2012年4月，潍坊市人民政府《关于开展城乡居民社会养老保险试点的实施意见》要求，建立个人缴费、集体补助、政府补贴相结合的城乡居民养老保险制度，实行社会统筹和个人账户相结合，与家庭养老、社会救助、社会福利等其他社会保障政策相配套，保障城乡居民老年基本生活。7月，实现城乡居民社会养老保险国家试点全覆盖。同年9月，潍坊市人力资源和社会保障局被国务院授予“全国新型农村和城镇居民社会养老保险工作先进单位”荣誉称号。11月，潍坊市社会保险事业管理中心被山东省政府授予“全省新型农村和城镇居民社会养老保险工作先进单位”荣誉称号。2012年，全市16个县市区（开发区）、127个镇（街道）、1889个社区构筑起上下联通、覆盖城乡，包括机构名称、人员配备、办公场所、牌匾制作、硬件配置、台账设置、资料印发、制度规范、考核办法“九统一”的市、县、乡、村4级公共服务平台。

2009—2012年潍坊市城乡居民养老保险情况表

表22-3-3

年份	参加养老保险人数（人）	领取养老保险人数（人）	基金收缴（万元）	支付养老金总额（万元）	人均养老金（元/月）
2009	1144365	157214	15743	4521	24
2010	1504332	322566	55206	18301	47

续表22—3—3

年份	参加养老保险人数（人）	领取养老保险人数（人）	基金收缴（万元）	支付养老金总额（万元）	人均养老金（元/月）
2011	4527063	1219865	191058	64396	44
2012	4611042	1282734	150431	95929	62

第二节　医疗保险

职工基本医疗保险

1996年5月，国务院办公厅《转发国家体改委等四部委〈关于职工医疗保障制度改革扩大试点意见〉的通知》中，潍坊市被确定为国家试点城市，开始职工医疗制度改革探索。2000年10月24日，市政府发布《潍坊市城镇职工基本医疗保险实施办法》，自2000年12月1日起施行。

大额医疗保险　2001年5月2日，市政府办公室《关于印发〈潍坊市公务员医疗补助暂行办法〉〈潍坊市城镇职工大额医疗保险暂行办法〉〈潍坊市企业补充医疗保险指导意见〉的通知》规定，从6月1日起，实行大额医疗保险制度，使职工在基本医疗保险基础上获得更多医疗保障。2010年4月、2012年3月，市政府先后对职工大额医疗保险政策进行微调，根据基金运行情况，提高大额医疗保险筹资水平和最高支付限额等。

公务员医疗补助　市政府办公室《关于印发〈潍坊市公务员医疗补助暂行办法〉〈潍坊市城镇职工大额医疗保险暂行办法〉〈潍坊市企业补充医疗保险指导意见〉的通知》规定，2001年6月1日起，建立公务员医疗补助制度，保障公务员医疗待遇水平。2010年4月、2012年3月，市政府先后对公务员医疗补助政策进行调整，提高公务员医疗补助待遇，公务员医疗补助按单位公务员工资总额的2.5%筹集，由单位承担。

企业补充医疗保险　市政府办公室《关于印发〈潍坊市公务员医疗补助暂行办法〉〈潍坊市城镇职工大额医疗保险暂行办法〉〈潍坊市企业补充医疗保险指导意见〉的通知》要求，2001年6月1日起，建立企业补充医疗保险制度。规定参加潍坊市基本医疗保险的企业（含财政零补助的事业单位），凡有条件的可根据本单位实际情况，建立企业补充医疗保险。企业补充医疗保险不实行社会统筹，具体补助比例自行确定，由单位或行业管理。

2000—2012年潍坊市城市城镇职工医疗保障情况表

表22—3—4

年份	参加医疗保险人数（人）			缴纳医疗保险费（万元）	支付医疗保险金额（万元）
	总数	其中			
		在职职工	退休职工		
2000	35107	30313	4794	1807	1903
2001	401839	333262	68577	10329	4421

续表22-3-4

年份	参加医疗保险人数（人）			缴纳医疗保险费（万元）	支付医疗保险金额（万元）
	总数	其中			
		在职职工	退休职工		
2002	505997	415553	90444	27398	
2003	594658	480417	114241	34876	25794
2004	713837	565708	148129	49670	42415
2005	789564	621611	167953	60616	54782
2006	881608	694342	187266	72737	59382
2007	985513	769578	215935	89598	81376
2008	1103392	863361	240031	119657	97896
2009	1175687	921785	253902	159657	126214
2010	1270070	995384	274686	203441	163552
2011	1369591	1073322	296269	255385	200353
2012	1488412	1167841	320571	273138	236519

居民基本医疗保险

2008年6月2日，市政府印发《潍坊市城镇居民基本医疗保险暂行办法》，潍坊市城镇居民基本医疗保险制度正式建立。全市城镇居民基本医疗保险实行统一政策。其中，奎文区、潍城区、坊子区、寒亭区、高新技术产业开发区、经济技术开发区、滨海经济开发区、峡山生态经济发展区实行市级统筹，其他各县（市）分别运作，条件成熟时逐步过渡到市级统筹。2010年11月，奎文区结合“村改居”综合配套改革，率先在全市实现城镇居民医保和“新农合”两项制度并轨，将4.7万名“新农合”参保人员并入城镇居民医疗保险范围。2012年12月6日，市政府办公室印发《关于城镇居民基本医疗保险市级统筹的实施意见》，市级统筹模式实现统筹范围和项目、缴费标准、待遇标准、基金征缴管理和使用、经办管理流程、信息管理系统“六统一”。城镇居民医保和“新农合”两项制度顺利并轨。

第三节　生育保险

2001年6月，市政府印发《潍坊市企业职工生育保险办法》，潍坊市企业职工生育保险正式实施。生育保险实行属地管理，各县市区根据相关规定自行确定生育保险费征缴比例和生育医疗费定额标准。生育保险基金按照“以支定收、收支基本平衡”原则筹集，生育保险费全部由企业负担，从企业管理费用中列支，缴费比例按企业职工实得收入的0.8%~1%征缴。产假天数：女职工正常生育产假为90天，难产的增加15天；多胞胎生育的每多生育一个婴儿增加15天；晚育的增加60天。2012年8月，市政府印发《潍坊市企业职工生育保险市级统筹办法》，生育保险在全市范围内实行统筹管理，在参保范围、缴费比例、待遇标准、基金管理、经办流程、信息管理等方面实现“六统一”，缴费比例统一按1%收取。建立生育保险统筹基金上解和调剂制度，各县市区按征缴计划的5%上解调剂金。

2001—2012年潍坊市生育保险情况表

表22-3-5

年份	参加生育保险人数（人）	女性参保人数（人）	缴纳生育保险费（万元）	享受生育保险待遇生育人数（人次）	生育保险基金支出（万元）
2001	152507	—	174	—	109
2002	185826	—	754	—	593
2003	237988	108235	1108	2921	943
2004	262678	106868	1382	3134	1173
2005	384305	157091	2263	4136	1613
2006	424922	190493	3358	5292	2288
2007	471395	196639	4308	5759	2843
2008	525118	219922	6498	6536	3359
2009	563310	235055	8767	6838	3917
2010	612858	257699	11353	8977	5829
2011	668210	279662	15009	10737	8193
2012	709402	294214	16299	13305	11945

第四节 工伤保险

1995年，《潍坊市企业职工工伤保险暂行办法》及潍坊市劳动局《关于贯彻〈潍坊市企业职工工伤保险暂行办法〉具体问题的处理意见》实施，职工在工作中受伤，需要劳动保障部门完成工伤认定、作出劳动能力鉴定，工伤职工按伤残、护理等级享受伤残待遇。1996年1月1日，潍坊市及所属县区启动工伤保险工作，逐步完善各项工伤保险政策。2004年1月1日，市政府印发《关于贯彻落实〈山东省贯彻《工伤保险条例》试行办法〉的意见》，出台工伤保险工作相关配套执行政策。2005年11月15日，潍坊市劳动和社会保障局、财政局、卫生局、安全生产监督管理局联合印发《关于调整工伤保险基准费率的通知》。2006年，潍坊市社会劳动保险事业处印发《关于铁路系统企业参加工伤、生育保险的处理意见》，潍坊市劳动和社会保障局印发《潍坊市农民工工伤保险暂行办法》。2007年，潍坊市劳动和社会保障局印发《关于建立工伤保险储备金的通知》，潍坊市劳动和社会保障局、人事局、民政局、财政局联合印发《关于转发〈关于事业单位、民间非营利组织工作人员工伤有关问题的通知〉的通知》。2008年，潍坊市劳动和社会保障局、财政局、卫生局、安全生产监督管理局联合印发《关于实行工伤保险浮动费率有关问题的通知》。2009年，潍坊市劳动和社会保障局印发《关于企业“老工伤”人员纳入工伤保险统筹管理的通知》。2010年，潍坊市政府印发《关于印发〈潍坊市工伤保险市级统筹办法〉的通知》。2011年，市人力资源和社会保障局、市财政局、市国有资产监督管理委员会、市监察局联合印发《潍坊市国有企业老工伤人员等纳入工伤保险统筹管理工作方案》。

从2010年12月31日起，潍坊市工伤保险实行市级统筹，统筹层次由县、区统筹提高到市级统筹。参保行业逐步扩展，先后将灵活就业人员、机关、参照公务员法管理单位工作人员纳入参保范围，工伤保险职业人群制度上实现全覆盖。至2012年，全市参加工伤保险人数1204375人。

2001—2012年潍坊市工伤保险情况表

表22－3－6

年份	参加工伤保险人数（人）	享受工伤保险待遇人数	享受伤残待遇人数（人）	因工伤死亡人数（人）	供养直系亲属人数（人）	工伤保险基金支出（万元）
2001	418234	—	1869	—	—	1228
2002	399968	—	2814	—	—	1569
2003	425214	3280	2709	72	499	2393
2004	455457	3439	2838	78	523	2303
2005	494653	3890	3252	71	567	2750
2006	537833	4514	3740	100	674	3456
2007	590488	5356	4421	195	740	4538
2008	697085	5823	4801	169	853	6096
2009	911838	7043	5951	148	944	7550
2010	1081321	7343	5870	232	1241	10470
2011	1159595	8688	7095	195	1398	15387
2012	1204375	9955	8147	221	1587	23291

第五节　失业保险

1992年，潍坊市贯彻山东省劳动局《关于对关停企业被精简职工实行待业保险的通知》，全市失业保险待遇享受范围进一步扩大。到1992年底，全市有2351家单位参加失业保险，参保53.51万人，共为210人发放失业保险金1.2万元。1993年起，全市失业保险覆盖范围不断扩大，由原来的仅限于国有企业、县以上集体企业和国家机关事业单位的合同制工人，逐步扩大到外商投资企业的中方职工、实行企业化管理的事业单位职工和其他各种所有制企业中经劳动部门办理录用手续的所有职工。根据规定调整失业保险费征缴基数，将收缴标准由原来按企业全部职工标准工资总额的1%改为按职工工资总额的1%缴纳。1998年7月1日始，失业保险费征缴比例由原来按工资额的1%征收，提高到按3%征收。

1999年，贯彻国务院《失业保险条例》和省政府《关于实施〈失业保险条例〉有关问题的通知》，潍坊市先后制定出台一系列配套政策，规范和促进失业保险工作。市政府印发《关于进一步做好失业保险工作的通知》，加大失业保险扩面征缴工作力度；市劳动和社会保障局、财政局、人事局先后印发《关于事业单位参加失业保险有关问题的通知》《关于切实做好机关和事业单位失业保险费征缴工作的通知》，对机关事业单位参加失业保险作明确规定。失业保险覆盖范围由原来的国有企业、集体企业等逐步扩大到本行政区域内的城镇企业、事业单位和民办非企业单位及其职工、国家机关除公务员以外的职工、社会团体及其专职人员、有雇工的城镇个体工商户及其雇工。

2003年，《山东省失业保险规定》将参保范围扩大到驻鲁部队所属机关、事业单位中的无军籍职工。2005年4月起，全市逐步实现社会保险费“一票征缴”，各类社会保险采用同一缴费票据、同一缴费基数、统一征缴收费，进一步强化基金征缴，从根本上避免各险种分别缴纳导致缴费基数存在差异、参保单位重养老轻失业保险现象。同年，失业保险金标准为278元/月。2007年7月，山东省劳动和社会保障厅正式批复潍坊市开展适当扩大失业保险基金支出范围试点工作。2009年4月，潍坊市失业动态监测报告制度在全市范围内统一实施。失业动态监测由专人负责，选择125家企业进行重点监测，定期上报监测数据和动态分析报告，动态分析经济波动期内劳动者就业、失业状况，从源头上预防出现大规模失业。

2010年10月，市政府印发《潍坊市失业保险市级统筹办法》；市人社局印发《潍坊市失业保险市级统筹具体问题的处理意见》，同时与市财政局联合印发《关于失业保险市级统筹基金财务结算处理意见》，全市失业保险实行市级统筹，失业保险费征收能力和基金承受能力得以提升。同年12月，实行降低失业保险费费率政策。全市共认定困难企业595家，稳定岗位19.7万个。共拨付社保补贴和岗位补贴2.59亿元。2012年，失业保险金标准提高到830元/月。

第四章　机构编制管理

潍坊市按照精简、统一、效能的要求，优化行政资源配置，创新体制机制，减轻财政负担，提高行政效率，为全市经济社会发展提供机构编制保障。

第一节　行政机构编制管理

党政群机关机构设置（变动）审批

1991年，《潍坊市机构编制管理规则》规定，市直党政群工作机构的机构设置、职能配置由市编制委员会审议并提出意见，提请市委、市政府研究决定。市直各部门内部机构和编制员额调整，由市编委办公室负责，市直各部门内部机构设置、人员编制总体方案由市编制委员会审定。1998年9月，《潍坊市机构编制委员会工作规则》规定，市直党政群机关及派出机构和授权行使行政管理职能的其他机构的设置或调整意见，由市机构编制委员会审议，报请市委或市政府决定。市直党政群机关及派出机构和授权行使行政管理职能的其他机构的职能配置、内部机构和人员编制整体方案，由市机构编制委员会审定批准。市编委办公室负责审定市直各部门内部机构和人员编制的个别增减调整。2003年12月，《潍坊市机构编制委员会工作规则》规定，市直党政群机关及派出机构和授权行使行政管理职能的其他机构的设置或调整意见，由市机构编制委员会审核，报请市委常委会研究批准，其中党委、政府工作部门的设置、调整或撤并按法定程序报省审批。市直党政群机关及派出机构和授权行使行政管理职能的其他机构的职能配置、内部机构设置和人员编制核定及调整意见，由市机构编制委员会审定批准。市直各部门内部机构和人员编制的个别增减调整，由市编委办公室负责审定，报经编委会主任同意后按程序予以审批。2007年8月，《潍坊市机构编制管理暂行办法》对机构编制管理进行全面梳理规范。其中规定，市级党政群机关工作部门、议事协调机构的办事机构、部门管理机构、派出机构的设立、合并、撤销、更名，由市机构编制委员会审议，经市委、市政府同意后，报省机构编制委员会或由省机构编制委员会报省委、省政府批准；市级党政群机关工作部门的职能配置、内部机构和人员编制方案，由市机构编制委员会审定批准；市级党政群机关工作部门内部机构、人员编制和内部机构领导职数的个别调整，由市编委办公室负责审定，报经编委会主任同意后按程序予以审批。

内设机构编制管理

1996年6月，《潍坊市市级机构改革实施意见》要求：部门内设机构分工不宜过细，层次不宜过多。内设机构职能交叉的要坚决裁并，职能相近和工作量不大的应合并设置。市直党政部门内设机构总量要精简20%左右。精简重点为机关内部自我管理和自我服务以及随着职能转变工作任务正在减少和弱化的科室。精简后业务科室应占科室总数的70%以上。除上级明文规定外，部门内部机构一律称科、室，为正科级；低半格机构其内设科室为副科级。一般不设4人（不含4人）以下科室，除部门领导和工勤人员外，8人（不含8人）以下部门原则上不设内部机构。8人的可设两个科室；8人以上的，根据工作需要，每多4人可增设1个科室。

2001年5月，潍坊市《关于市级党政机关机构改革“三定”工作的意见》要求：按照精简、统一、效能原则，科学确定内部机构，在现有基础上精简20%左右。部门内设业务科室占科室总数的比例在70%以上；部门内部机构按每满4人设置1个科室原则掌握（不含部门领导和工勤人员），一般不设4人（不含4人）以下科室，8人（不含8人）以下部门原则上不设内部机构，8人以上的，根据工作需要，每4人分设1个科室。

2007年8月，《潍坊市机构编制管理暂行办法》规定：市级党政群机关工作部门内部机构要综合设置。合署办公部门，其内部机构可分别设置。机关党务群团办事机构要合并设置。机关自身党的基层组织和纪检监察机构按照有关规定设立，其办事机构一般不单独设置，可与机关组织人事机构合并设置；机关工、青、妇等群团组织，按照有关章程设立，但不单独设置办事机构。部门内部机构按照每满4人设置1个科室的原则掌握（不含部门领导和工勤人员），一般不设

4人（不含4人）以下的科室。8人（不含8人）以下的部门原则上不设内部机构。

2010年1月，潍坊市印发《关于市政府机构改革“三定”工作的意见》，要求：按照精简、统一、效能原则，合理设置内部机构，调整科室设置应不突破现有个数。政府部门内部机构除上级有明确要求外，一律称科、室，为正科级；低半格机构的内部科室，其规格与工作部门的科室相同，也为正科级。保证业务科室占科室总数的比例在70%以上。部门内部机构按照每满4人设置1个科室的原则掌握（不含部门领导和工勤人员），一般不设4人（不含4人）以下的科室。8人（不含8人）以下的部门原则上不设内部机构；8人以上的，根据工作需要，一般每4人分设1个科室。

人员编制与领导职数管理

人员编制管理　1991年《潍坊市机构编制管理规则》规定，全市各级党政群机关人员编制总额分配方案和国家机关年度职工人员与工资计划分配方案由市编制委员会审定。

1996年6月，《潍坊市市级机构改革实施意见》要求：按各部门职能任务和精简原则，在省里核定的编制总额内，重新核定各部门人员编制。市直机关（含开发区）核定行政编制2200名，比现有人员编制精简27.03%。市级机关编制分配，严格按照中央规定的市委机关12%，政府机关77%，人大、政协机关及民主党派、工商联和工、青、妇机关11%的比例执行。实行合署办公的纪律检查委员会、监察局分别占党委、政府系统的编制。机关后勤服务人员应逐步从机关分离出去，向社会化服务过渡，后勤人员与机关在一起的，编制数不得超过机关编制的10%。

2001年5月，《关于市级党政机关机构改革“三定”工作的意见》要求：按照精简、统一、效能原则，合理划分部门职能，重新核定人员编制。市委、市政府各工作部门、部门管理机构和议事协调机构的办事机构行政编制，在原定编制基础上，按市委机关15%、市政府机关30%的比例统一精简后，再根据部门职能任务变化情况进行适当调整。其中合并组建的部门和由工作部门、部门管理机构改为内设机构的，其人员编制精简比例应不低于45%；未单设后勤服务机构的，按机关行政编制的10%核定工勤人员编制。

2010年1月，《关于市政府机构改革“三定”工作的意见》要求：严格控制人员编制，确保市级行政编制总量不突破中央核定的行政编制总额，其中新合并组建的部门，其人员编制按原部门（单位）核定编制之和70%的比例重新核定；市政府各工作部门不再核定工勤编制，现有工勤人员按“按人控编、减人减编”原则，逐步消化。市级领导编制继续实行单列，由市编委统一管理。机关工作人员担任人大、政协专职常委后实行编制单列，占用市级机关总编制。现任领导职务达到规定年龄改任非领导职务者和提前离岗、长期离职培训等人员，按照实有人数单列编制，不占所在单位编制。

领导职数管理　1996年6月，《潍坊市市级机构改革实施意见》要求：市级党政部门一般配部门正职1人、副职2人，个别工作量大、业务面宽的综合部门可增配副职1人。纪律检查委员会领导职数和干部职级配备，按有关规定执行。政府部门、社会团体除非党干部担任正职的外，一般不配专职党组（党委）书记。

2001年5月，《关于市级党政机关机构改革“三定”工作的意见》要求：市委、市政府工作部门领导职数一般配备2~3名，工作量大、业务面宽、编制在30人以上的部门可增配副职1名；议事协调机构的办事机构，参照以上原则确定；部门领导机构领导职数，一般配备1正1副，最多不超过3职；比照省里情况，个别专业性较强的政府工作部门，可配备相当于部门副职的技术领导1名。

2010年1月，《关于市政府机构改革“三定”工作的意见》要求：市政府工作部门和部门管理机构的领导职数一般配备2~3名，工作量大、业务面宽的综合管理部门可增配副职1名；比照省里情况，个别专业性较强的政府工作部门，可配备技术领导1名；合署办公的部门，分别核定领导职数。市政府工作部门党组（党委）书记、副书记分别由担任行政职务的党员干部兼任，除非党干部担任正职外，一般不配备专职党组（党委）书记，专职党组（党委）副书记由组织部门按照实际工作需要配备。机关党务工作较重、在职党员30人以上的部门，可配备机关专职副书记（正科级）1名。纪律检查委员会（监察局）派驻机构实行统一管理后，政府工作部门不再配备专职纪检组长（书记）。

第二节　事业机构编制管理

机构设置

1991年，《潍坊市机构编制管理规则》明确规定了机构编制管理的基本原则，为日常的编制管理提供了基本依据，在实际工作中凡是涉及机构编制问题的报告一律先由市编委提出意见。1998年9月，《潍坊市机构编制委员会工作规则》规定，市机构编制委员会负责审定批准市直相当于副县级及以上事业单位的职能配置、内部机构和人员编制，审定批准市属相当于科级及以下事业单位的机构设置、职能配置和人员编制，按规定权限审定批准县市区事业单位的机构设置；市机构编制委员会办公室负责审定市属相当于副县级及以上事业单位的内部机构以及市属相当于科级及以下事业单位的设置、调整，负责事业单位登记日常工作。2003年12月，《潍坊市机构编制委员会工作规则》规定，市机构编制委员会统一管理全市事业单位的机构编制以及事业单位登记管理工作，审核市属并审核批准县市区事业单位机构编制立项计划，按照核准的立项计划审核全市相当于副县级及以上事业单位的设置或调整意见，其中副厅级及以上事业单位按程序报省审批；市机构编制委员会办公室在核准的立项计划内审定市属相当于副县级及以上事业单位的内设机构以及市属相当于科级及以下事业单位的设置、调整，报经委员会主任同意后按程序予以审批。

2007年8月，市委、市政府印发《潍坊市机构编制管理暂行办法》，对机构编制管理进行全面梳理规范，进一步明确管理机关、管理权限、审批程序，以及机构、职能、编制、领导职数等管理规定。办法规定，事业单位根据经济、政治和社会发展需要，坚持政事分开、事企剥离、精干高效原则，实行总量控制与分类管理。设立事业单位，应当科学规划、合理布局、注重规模效益、发挥综合功能，按照“撤一建一”或“多减少增”的原则实行总量控制，新增设单位应当符合经济社会发展需要，具备职责任务明确，举办主体明确，资金来源合法、稳定，有必要工作场所，有所需资质等条件。事业单位经费来源分为财政拨款、财政补贴、经费自理三种；名称一般称院、校、所、台、站、馆、社、中心。办法对事业单位内部机构设置进行了规定，行政支持类事业单位内部机构比照行政机关内部机构设置；社会公益类事业单位内部机构按照管理类不少于4人、业务类不少于6人设置一个科室的原则掌握。

人员编制管理

1991年，按照机构编制管理要求，根据事业单位本身的特点和经费来源等因素，对事业单位实行分类管理：对行政延伸性事业单位的机构编制比照行政机关的管理办法进行“严管”；对文教、科研等由财政全额拨款的事业单位，根据事业的发展和地方财力状况，实行统筹管理，进行宏观控制；对事业性质不强、内部实行企业化管理的事业单位，按照总量控制与支持发展相结合的适度控制原则“松管”。1998年9月，《潍坊市机构编制委员会工作规则》规定，市机构编制委员会办公室审定市属事业单位的人员编制。2003年12月，《潍坊市机构编制委员会工作规则》规定，市机构编制委员会办公室审定市属事业单位的人员编制，报经委员会主任同意后按程序予以审批。2005年，市编办印发《关于设立引进高层次人才专项编制的试行意见》，设立高层次人才专项编制，按照“按人定编、编随人走、编制单列、实名管理”的原则进行使用，并对适用范围、编制来源、办理程序进行了规范。2006年2月，市编委印发《职能弱化事业单位实行编制缩减的意见》，将“上级已有明确规定应予撤销、现在正准备撤销或正处在过渡时期的”等五类情形的事业单位认定为职能弱化事业单位，并对这类单位人员编制逐步进行缩减，以有效控制事业单位人员编制，为事业单位改革创造条件。2007年8月，《潍坊市机构编制管理暂行办法》进一步明确事业单位编制管理，事业单位均使用事业编制。人员编制依据编制标准核定；无编制标准的，根据发展规模、职责任务等，参照同类事业单位的同等情况核定；规模较大的事业单位，可分期核定。职能弱化的事业单位实行编制柔性管理办法，即按人控编、减人减编、只减不增、适时调整；待其职能消失或转移后，由机构编制部门提出撤销或合并意见。事业单位引进的签约五年以上的高层次人才，使用高层次人才专项编制。高层次人才专项编制实行“按人定编、编随人走、编制单列、实名管理”办法，从撤并和精简压缩的事业单位所收回的编制中调剂解决。办法明确，事业单位人员编制不得与党政群机关和其他组织人员编制混合使用。

领导职数管理

2007年8月，《潍坊市机构编制管理暂行办法》明确事业单位领导职数配备。科级及以下事业单位，编制员额7名以下的，一般配备1～2名；编制员额8～15名的，一般配备2～3名；编制员额16名以上的，一般配备3～4名。县级以上事业单位，编制员额15名以内的，一般配备1~2名；编制员额16～30名的，一般配备2～3名；编制员额31名以上的，一般配备3～4名。个别工作量大、专业性强、编制员额100名以上的社会公益类事业单位，可增配副职1名。事业单位内部机构领导职数，一般1个内部机构配中层1正1副。个别工作量大、业务面宽的，行政支持类6名以上、社会公益类10名以上的，可增配副职1名。事业单位一般不配备专职党委（总支、支部）书记，另有规定的除外。工青妇等群团组织的负责人，按章程经选举产生，由单位工作人员兼任，不单独核定领导职数和明确职级待遇。

第五章　机构改革

1991年后，潍坊市根据中央和省部署，先后于1993年、1998年、2003年、2008年，进行4次行政管理体制和机构改革。同时，积极推进人大机关、政协机关、群团机关、民主党派机关机构改革和事业单位管理体制改革。

第一节　党政机构改革

1993年5月，潍坊市县乡机构改革首先启动，并于年底全部结束。改革的指导思想是转变职能、理顺关系、精兵简政、提高效率。改革后，全市11个县市区共设党政群工作机构450个，比改革前775个减少325个，精简41.9%。其中，党委机构60个（不含纪委、机关党委），比改革前129个减少69个，精简53.5%；政府机构286个，比改革前516个减少230个，精简44.6%；群团等其他机构104个，比改革前130个减少26个，精简20%。11个县市区党政群机关实有人员7450人，比改革前11061人减少3611人，精减32.6%；县直各部门领导干部1592职，比改革前2677职减少1085职，领导职数精简40.5%。

乡镇管理体制改革主要是进一步简政放权，理顺关系。改革后，乡镇机关共设内部机构1891个，比改革前2629个减少738个，精简28.1%；乡镇人员16762人，比改革前27400人减少10638人，精简38.8%。

1996年6月，市委印发《潍坊市市级机构改革实施意见》，潍坊市市级机构改革正式开始，1997年8月结束。改革后，市级党政工作机构共设置51个，比改革前64个减少13个，精简20.3%。改革后党政工作机构中，市委工作部门7个，派出机构1个；市政府工作部门43个。另设部门管理机构8个，其中，市委老干部局、市信访局为市委工作部门管理机构；市政府法制局、市政府调研室、市政府民族宗教事务局、市人民防空办公室、市物价局、市国有资产管理局为市政府工作部门管理机构。市委、市政府各工作部门共设置内设机构412个，比改革前503个减少91个，精简18.09%。市级各党政群机关核定行政编制2200人，实际分配2150人，比改革前2882人减少732人，精简25.4%。共核定市直部门领导职数281人，比改革前实有部门领导职数350人减少69人，精简19.71%；核定部门中层领导职数882人，比改革前1058人减少176人，精简16.64%。

1998年机构改革，为改革开放以来机构变动较大、人员调整较多的一次，改革自上而下、分部门分系统进行。2000年，市县乡机构改革全面启动。2001年6月，市委印发《中共潍坊市委机构改革实施意见》和《潍坊市人民政府机构改革实施意见》，出台人员分流、部门职能关系等配套性文件。市级党政机构改革于2001年9月全部结束，县乡两级机构改革2002年3月基本完成。改革后，市委工作机构设置9个，另设部门管理机构2个；市政府工作机构由47个减为38个，精简19.15%；市级党政机关行政编制由1851名减为1358名，精简26.63%。其中，市委机关由418

名减为355名，精简15%;市政府机关由1433名减为1003名，精简30%；部门内设机构由403个减为328个，精简18.6%，共理顺职能206项。县级政府机构共设置277个，比原有360个减少83个，精简23%，其中区政府工作机构设置19个左右，县级市政府工作机构设置25个，县政府工作机构设置24个；县级党政机构人员编制由7518名减为5854名，精简22.1%。乡镇党政机构由平均9个减至4个，精简幅度55.6%，乡镇行政编制精简20%，事业编制精简48.3%。

2003年，机构改革的目的是进一步转变政府职能，改进管理方式，推进电子政务，提高行政效率，降低行政成本；重点是深化国有资产管理体制改革，完善宏观调控体系，健全金融监管体制，继续推进流通体制改革，加强食品安全和安全生产监管体制建设。2004年9月，市委、市政府印发《关于县市区政府机构改革的意见》；同年11月，印发《关于潍坊市人民政府机构改革的实施意见》。市级将市计划委员会改组为市发展和改革委员会；将市安全生产监督管理局由市政府直属机构调整为市政府工作部门；组建市城市管理行政执法局，为市政府负责城市管理综合行政执法工作的工作部门；将市规划与国土资源局分设为市国土资源局和市规划局；将市房产管理局、市级机关事务管理局退出政府工作部门序列；设立金融证券业发展协调办公室，归口市政府办公室。调整后，市政府工作机构仍为38个。县级统一调整安全生产监管机构，改组发展计划局，更名计划生育机构和规范国有资产监督管理机构设置。

2008年，国务院领导的自上而下的政府工作机构改革，重点是根据各层级政府主要职责，合理调整和设置机构，调整和完善垂直管理体制，进一步理顺和明确权责关系，深化乡镇机构改革，加强基层政权建设。2010年1月，市委、市政府印发《潍坊市人民政府机构改革实施意见》，坚持精简统一效能，上下基本对应，因地制宜，统筹兼顾、突出重点、分步实施、稳妥推进，围绕深化行政管理体制改革总体目标，积极探索实行职能有机统一的大部门体制。组建市经济和信息化委员会、人力资源和社会保障局、商务局、住房和城乡建设局、交通运输局、城市管理行政执法局、文化广电新闻出版局、文化市场综合执法局，单设市机构编制委员会办公室，调整国有资产监督管理委员会、政府民族宗教事务局、政府法制办公室、人民防空办公室、金融工作办公室、食品药品监督管理局、旅游局、政府研究室等部门设置。改革后，市政府设置工作部门36个、部门管理机构2个，市政府直属事业单位16个。县（市）政府设置工作部门24个，区政府设置工作部门20个。

第二节　人大机关、政协机关、群众团体、民主党派机关机构改革

人大、政协机关机构改革

1996年，市委印发《潍坊市市级机构改革实施意见》《关于潍坊市各级人大机构改革的实施意见》《关于潍坊市各级政协机构改革的实施意见》，对各级人大、政协机关机构改革作出初步部署。2002年，党政机构改革后，市委召开会议部署市，县两级人大、政协和群众团体机关机构改革，印发《关于市县两级人大、政协和群众团体机关机构改革的实施意见》，要求市级人大、政协机关人员编制精简15%，县市区级人大、政协机关人员编制精简12%。同时对市级人大、政协内部机构设置和领导职数作明确具体要求。

群众团体机关机构改革

1996年《潍坊市市级机构改革实施意见》要求，社团机构改革的重点是理顺社团之间、社

团与党政部门之间关系，逐步克服行政化倾向，一般不套用行政机关级别。其内设机构要综合设置。除工、青、妇外，其他社团不使用行政编制。2002年8月，市委《关于市县两级人大、政协和群众团体机关机构改革的实施意见》要求，各级群众团体机关改革，要加强党的领导，完善领导和管理体制，理顺关系，合理划分职责，改进运行机制，克服行政化倾向，精干内部机构，精简人员编制，市级群众团体机关精简20%，县级精简15%。

民主党派机关机构改革

1996年，《潍坊市市级机构改革实施意见》规定，民主党派按有关规定设置。民主党派机关机构改革，要有利于坚持和完善中国共产党领导的多党合作和政治协商制度，有利于民主党派的自身建设和更好地履行参政议政、民主监督职能。其内设机构要体现精干高效原则，人员编制不作精简。工商联机关机构改革，参照民主党派机关进行。

第三节　事业单位改革

1991年后，潍坊市事业单位改革主要有分类管理、转企改制、去行政化、分类改革4个方面。

分类管理

1993年，在政府机构改革同时，事业单位分类管理逐步开展。10月20日，潍坊市印发《关于对事业单位进行分类管理的通知》，明确将事业单位分为企业化经营、自收自支、差额预算管理、全额预算管理4种类型，在机构编制等方面采取不同管理方法和政策。制定由事业单位提报、主管部门审核、市编办和市财政局会同有关部门审定公布的工作程序，开展对市属事业单位分类划定。潍坊市印发《关于冻结机构编制的紧急通知》，根据事业单位类型，提出分类控制事业单位机构编制。对行使行政职能的机关延伸性事业单位，无论经费渠道如何，一律按行政机关的管理办法实行冻结；财政全额拨款事业单位，一律不再增加编制，有空编需进人的，从市直党政机关事业单位调整解决；实行财政差额补贴事业单位，一般不再增加编制，确需增编的，所增编制经费自理；实行企业化管理事业单位，可根据事业发展需要和编委下达的人员、工资计划合理安排其发展。各类事业单位要求升格的，一律不予审批，确需调整的，可结合机构改革一并研究，严格禁止事业单位变相增设机构或扩大编制。1994年，全市5224家事业单位全部完成分类，共涉及14.37万名在职职工。其中，企业化经营单位283家、1.12万人，人员占7.8%；自收自支单位712家、1.17万人，人员占8.1%；差额预算管理单位1440家、3.06万人，人员占21.3%；全额预算管理单位2789家、9.07万人，人员占62.80%。1995年，在分类基础上，结合市级机构改革，全市进一步推进事业单位改革。目的是实行政事分开，使事业单位成为面向社会服务的独立法人，建立符合事业单位发展规律、充满生机活力的管理体制和运行机制，减轻财政负担。重点是严格控制财政拨款事业单位；大力发展为国民经济和社会发展需要、在经费上实行自收自支和企业化管理的事业单位；坚决压缩不适应国民经济和社会发展需要，任务严重不足以及长期不出成果、效益差的事业单位；鼓励有条件的全额拨款事业单位转为定额补贴、定额补贴转为经费自理；适当合并设置过于零散、规模过小的事业单位。3月30日，对事业单位按职能进行分类，依据其工作性质和担负任务分为机关延伸性单位、机关附属机构、经营服务单位和公益福利单位4种类型。

2007年，潍坊市对市属事业单位再次进行分类。遵循政事、事企、事社分开，按功能确定类别和精简、统一、效能原则，结合机构分类，清理、整合和规范现有机构，合理调整结构布局，优化资源配置，提高事业单位整体效能，将事业单位分为行政支持类、社会公益类、经营开发服务类3种类型。到2008年，完成市直全部333家市属事业单位分类，其中行政支持类174家、约占当年总数的52%，社会公益类159家、约占总数的48%。

转企改制

2003年，潍坊市组建生产经营服务类事业单位改革领导小组，选取5家试点单位，开始推进事业单位改革改制工作。

2003—2004年，潍坊市生产经营服务类事业单位改革领导小组办公室先后印发《关于生产经营、科研开发、中介服务和符合推向市场条件社会公益类事业单位改革改制的指导意见》《关于生产经营服务类事业单位改革改制的补充意见》，根据生产经营服务类事业单位规模、资债情况、经营业绩、发展潜力等，确定具体改制形式。规模大、经营业绩好、发展有潜力的可改制为有限责任公司或股份有限公司；中小单位改制实行国退民进、民有民营，一般可改制为有限责任公司、合伙企业、私营企业；部分社会公益类事业单位，也可改制为民办非企业单位；对严重资不抵债而无法实施改制的，经批准可实施资产重组或其他形式的改制。同时对转制单位人员待遇作出较为详细规定，明确人员编制、工资制度、档案身份、养老保险、医疗保险、住房公积金和住房补贴等政策，并对股份及股权设置、改革改制后企业法人治理结构、资产处置、中介收费、优惠政策等作出规定。

2006年，市委、市政府确定实行领导包靠责任制，印发《关于对市属事业单位改革实行领导责任制的通知》，对领导、部门的职责任务、协调配合以及责任追究进行明确规定。同年，市事业单位改革领导小组印发《关于对市属事业单位进行清理整合的通知》《关于分解落实市属事业单位改企转制和清理整合任务的通知》；市纪检监察、财政、人社部门分别牵头印发《关于严明纪律保证事业单位改革顺利进行的通知》《关于对市属事业单位清理整合中国有资产管理有关问题的处理意见》《关于撤并划转事业单位的人员安置意见》，事业单位改革政策制度体系进一步完善。

转企改制范围为生产经营、科研开发、中介服务和符合推向市场的社会公益类事业单位（不含学校）。改革工作按典型引路、分类指导、循序渐进、稳步推开的原则，分三步进行：调查摸底，选择改革改制单位；制订方案，组织实施；总结完善，检查验收。具体程序分为组建改革改制领导小组，清产核资、审计评估和产权界定，制订改革改制方案，召开职工大会或职工代表大会通过改革改制方案并形成决议，筹集股金、制定章程，申报审批，召开创立大会并进行注册登记等7项。转企过程中，条件相对成熟的生产经营类事业单位，直接转企并改制为股份有限公司、有限责任公司、合伙企业、私营企业等；不具备直接转企改制条件的，区别不同情况，分别采取重组改企、合并改企、企业兼并、嫁接改造、承包租赁、改为国有企业等多种方式。至2012年底，潍坊市直共转企改制事业单位92个。

分类改革

2011年，潍坊市贯彻落实《中共中央、国务院关于分类推进事业单位改革的指导意见》。2012年3月6日，市委、市政府召开市事业单位改革领导小组第一次会议，审议并原则通过潍坊市《关于贯彻鲁发〔2011〕16号文件精神分类推进事业单位改革的实施意见（讨论稿）》，研究部署下步改革工作。3月20日，市委市政府《关于贯彻鲁发〔2011〕16号文件精神分类推进事业单位改革的实施意见》印发，提出全市事业单位改革的指导思想、基本原则和总体目标，在清理规范基础上科学划分事业单位类别，按照改革目标要求分类推进事业单位改革，并完善支持公益事业发展相关政策，新一轮事业单位分类为开端的事业单位改革开始稳步推进。

至2012年底，潍坊市完成事业单位清理规范工作，其中市直撤销事业单位2家、转企改制3家、合并16家；完成市直事业单位模拟分类，为分类推进事业单位改革打好基础。

去行政化

2004—2005年，潍坊市先后开展中小学和公立医院取消行政级别工作。2004年，潍坊市推行以校长职级制为核心的中小学去行政化改革。市委办公室、市政府办公室印发《关于推行中小学校长职级制度的实施意见》，明确要求取消中小学校行政级别，在全市中小学推行校长职级制度，按照“脱钩、分类、转制、搞活”的原则，充分调动中小学校长的积极性和创造性，增强中小学校活力和自我发展能力；建立起符合中小学教育特点和校长成长规律的新型管理体制，加快培养和造就一支精通教育、善于治校的高素质学校领导干部队伍。改革范围包括市县两级教育行政部门所属全日制中小学校、职业学校、普通中专、特殊教育学校、乡镇（街道）中心学校。2007年，改革范围扩大到其他系统所属中等职业学校，原有正县级5所、副县级23所、正科级111所、副科级204所、股级216所学校，全部取消行政级别并实行校长职级制度。

2005年，潍坊市《关于进一步加快卫生事业发展与改革的意见》明确要求：政府继续办的公立医院要改革管理体制，进一步明确所有权，扩大经营权，强化监督权，切实履行好提供基本医疗服务等主要职能；符合推向市场条件的公立医院，要引入市场机制，逐步实行多元化产权制度改革，建立完善法人治理结构，使其成为自主经营、自负盈亏、自我发展、自我约束的法人实体；鼓励社会资源投入，发展多种所有制形式医疗服务机构，以开放促改革，以增量活存量。改革干部制度，实行院长聘任制，取消公立医院（包括政府独资、控股或参股的医院）行政级别。同年，市直公立医院取消行政级别。各县市区根据各自具体情况，逐步推进公立医院去行政化。

第四节　事业单位干部人事制度改革

2007年，潍坊市召开事业单位推行人员聘用制度工作会议，全面部署人员聘用工作。2008年，潍坊市印发《潍坊市事业单位岗位设置管理实施方案》《潍坊市事业单位岗位设置管理试点工作实施办法》《关于事业单位专业技术岗位兼职审批有关问题的通知》《潍坊市事业单位专业技术岗位竞聘上岗实施意见》等，构建起事业单位岗位设置管理政策体系。2009年，潍坊市印发《潍坊市事业单位专业技术岗位竞聘上岗实施意见》，对事业单位专业技术岗位竞聘上岗实施范围、评价方法、竞聘程序、聘期管理以及组织实施等作出明确规定。2011年3月，潍坊市贯彻中共中央、国务院《关于分类推进事业单位改革的指导意见》，绝大多数事业单位与工作人员均按有关规定签订聘用合同，全面落实聘用合同制度，把聘用合同作为事业单位人事管理的基本依据，基本建立起以合同管理为基础的用人机制。根据《事业单位实行人员聘用制度暂行办法》和《事业单位聘用合同（范本）》规定，各县市区按照市里统一部署，认真组织事业单位在职人员的聘用备案工作。到2012年底，全市4878个事业单位全部实行人员聘用制度，聘用备案16.1万余人，事业单位人员聘用制度实现全覆盖。

第二十三编

民　政

潍坊市社会福利院　（2012年拍摄）

1991年，市民政局机关编制总额38名，内设10个职能科室：办公室（财务科合署）、政工科、信访科、优抚科（挂潍坊市双拥办牌子）、复员退伍军人安置办公室、军队离退休干部安置办公室、基层政权科、社会科（潍坊市农村社会养老保险办公室合署）、民政科、社团登记管理科（对外称潍坊市社会团体管理办公室）。下设11个事业单位：潍坊市残联办公室、潍坊市地名管理委员会办公室、潍坊市农村社会养老保险办公室、潍坊市社会福利院、潍坊市荣复军人医院、潍坊收容遣送站、潍坊市军用饮食供应站、潍坊市民政局福利汽修站、潍坊市烈士陵园管理所、潍坊市收容遣送站、潍坊市民政事业综合服务公司。10月，潍坊市荣复军人医院（从青州市迁至潍城区）与潍坊市复退军人医院合并。

1993年4月，增加行政编制2名。6月，市残疾人联合会内设4个副科级部室，事业编增至15人，设专职理事长1人，副理事长2人，副科级中层4人；成立潍坊市灵山公墓管理处，为正科级事业单位，实行企业化管理，编制20人。8月，将原潍城区殡仪馆与寒亭区殡仪馆合并，组建潍坊市殡仪馆，正科级事业单位，编制40人，配领导职数3人。

1994年2月，成立潍坊市社会福利生产管理办公室，与基层政权建设科合署办公。3月，成立潍坊市农村社会养老保险管理处，为副县级事业单位，编制10人，设保险处主任1人，副主任1人，内设业务科、资金管理科、办公室3个副科级科室。经费自收自支，原与社会科合署的“潍坊市农村社会养老保险办公室”撤销。

1996年，核定编制43名，内设办公室（挂潍坊市信访接待室牌子）、政工科、计划财务科、救灾救济科、优抚科（潍坊市双拥领导小组办公室与其合署）、社会事务科、社团管理科、基层政权建设科（挂社会福利科牌子）、市退伍军人和军队离退休干部安置办公室。

2000年，潍坊市民政事业综合服务公司更名为潍坊市福利彩票发行中心，仍挂社会福利有奖募捐委员会办公室牌子；潍坊市烈士陵园管理所更名为潍坊市烈士陵园管理处。

2001年，市民政局机关编制总额38名，其中行政编制34名（含离退休工作人员编制2名），工勤人员编制4名。内设办公室（挂信访接待室牌子）、组织人事科、计划财务科、优抚科（挂市拥军优属拥政爱民工作领导小组办公室牌子）、市退伍军人和军队离退休干部安置办公室、救灾救济科（挂市城乡居民最低保障工作办公室牌子）、基层政权和社区建设科（挂社会福利科牌子）、社会事务科（挂市地名委员会办公室牌子）。下设9个事业单位。

2001年11月，潍坊市复退军人接待站挂潍坊军用饮食供应站牌子，人员调整为全额预算管理10名、自收自支30名。

2003年6月16日，拆除潍坊市殡仪馆。将昌邑市殡仪馆、寿光市第一殡仪馆、昌乐县殡仪馆收归市民政局直接管理，分别更名为潍坊市第一殡仪馆、潍坊市第二殡仪馆、潍坊市第三殡仪馆。成立潍坊市殡葬管理处，直接管理三处殡仪馆，并负责指导全市殡葬工作。7月，潍坊收容遣送站更名为潍坊市救助管理站。8月，潍坊市社会福利院加挂市儿童福利院牌子。

2004年5月，市民政局福利汽修站改革改制。采取职工入股，经营者持大股的形式，改制为有限责任公司。

2005年10月，注销市民政局福利汽车维修站，收回事业编制30名，取消原定正科级规格。

2006年4月，成立潍坊市拥军优属拥政爱民工作领导小组办公室，为民政局所属事业单位。市民政局优抚科所挂的市拥军优属拥政爱民工作领导小组办公室牌子同时摘掉。11月，注销潍坊灵山仙庄管理处的事业单位性质，收回事业编制20名，取消原定正科规格。11月，潍坊市复退军人医院整建制并入潍坊市荣复军人医院（保留潍坊市复退军人医院牌子）；注销潍坊市复退军人接待站的事业性质，收回事业编制30名；保留潍坊军用饮食供应站，正科级规格，全额预算管理；成立潍坊市军队离退休干部管理服务中心，正科级规格，全额预算管理。

2007年11月，成立潍坊市慈善总会办公室，正科级规格，编制4名，全额预算管理。

2008年5月，将潍坊市军队离退休干部管理服务中心的规格由正科级调整为副县级。8月，慈善总会增配专职副会长（副县级）1名，负责日常工作。

2010年，市民政局机关行政编制33名，内设8个职能科室：办公室（挂信访接待室牌子）、组织人事科、规划财务科、优抚科、市退伍军人和军队离退休干部安置办公室、救灾救济科（挂社会救助科牌子）、基层政权和社区建设科（挂社会福利和慈善事业促进科牌子）、社会事务科（挂市地名管理委员会办公室牌子）。下设14个事业单位。12月，潍坊市灵山仙庄管事处恢复自收自支事业性质。

2011年1月，市民间组织管理办公室更名为市社会组织管理办公室，定为副县级规格，配领导1正1副。6月，成立市区划地名办公室，正科级事业单位，财政拨款。8月，成立潍坊市儿童福利院，为副县级事业单位财政拨款，定编32名，配1正2副；潍坊市双拥办内设综合科和联络科2个科，配科级领导职数2正2副。至年底，市民政局机关行政编制33名，内设8个职能科室：办公室（挂信访接待室牌子）、组织人事科、规划财务科、优抚科、市退伍军人和军队离退休干部安置办公室（挂优抚科牌子）、社会救助科、基层政权和社区建设科、社会福利和慈善事业促进科、社会事务科（挂市地名管理委员会办公室牌子）。下设17个事业单位。

2012年，市民政局机关行政编制33名，配局长1名、副局长3名、正科级领导职数10名（含机关党总支专职副书记1名）、副科级领导职数6名。内设8个职能科室：办公室（挂信访接待室牌子）、组织人事科、规划财务科、优抚科、市退伍军人和军队离退休干部安置办公室（挂优抚科牌子）、社会救助科、基层政权和社区建设科、社会福利和慈善事业促进科、社会事务科（挂市地名管理委员会办公室牌子）。下设17个事业单位：潍坊市双拥工作领导小组办公室、潍坊市区划地名办公室、潍坊市社会组织管理办公室、潍坊市慈善总会办公室、潍坊市荣复军人医院、潍坊市社会福利院、潍坊市儿童福利院、潍坊市救助管理站、潍坊军用饮食供应站、潍坊市军队离退休干部管理服务中心、潍坊市福利彩票发行中心、潍坊市革命烈士陵园管理处、潍坊市灵山仙庄管理处、潍坊市殡葬管理处、潍坊市殡仪馆、潍坊市第二殡仪馆、潍坊市第三殡仪馆。

1991—2012年，潍坊市民政工作从单纯救助和服务特殊群体向救助全社会困难群体和服务全体人民转变。社会救助、防灾减灾救灾、拥军优属、优待抚恤、烈士褒扬、退伍军人和军队离退休干部安置、基层政权和社区建设、社会工作、社会福利和慈善事业、养老服务、社会组织管理、婚姻管理、殡葬改革、儿童收养、流浪乞讨人员救助、行政区划、地名管理等职能任务不断增加，工作领域不断拓展，全市民政事业不断发展、服务水平不断提高。

第一章　社会救助

1991—2012年，潍坊市以城乡最低生活保障、特困人员供养、灾害人员救助、医疗救助、教育救助、住房救助、就业救助、临时救助为主要内容，加强救助制度建设，逐步形成社会力量参与为补充的社会救助体系。

第一节　社会救济

城乡居民最低生活保障

1996年1月，《潍坊市城市居民最低生活保障暂行办法》规定，城市居民中无依无靠、无生活来源、无劳动能力的“三无对象”；无固定职业、无固定收入、无法定赡养或扶养义务人，或法定赡养、抚养义务人确无履行义务能力，不能维持基本生活者；领取失业救济金期满或不符合失业救济条件的失业人员家庭中，无法定赡养和抚养义务人，或法定赡养、抚养义务人确无赡养、抚养能力，生活困难者；工资低微，家庭赡养、抚养系数高，或有病患人员致使生活难以维持者；其他收入达不到最低生活保障线的家庭纳入低保范围。凡符合保障条件的城市居民人均生活收入达不到当年城市最低生活保障线的，其差额部分从社会保障金中予以补助。各地最低生活保障线根据群众生活需要和财政承受能力确定。城市保障资金由市、区两级财政各负担50%，其他县市由同级财政负担。从1月起，奎文、潍城、寒亭、坊子、安丘、临朐6县市区实施城镇居民最低生活保障制度。城市居民最低生活保障线为：2人以上户每人每月95元，“三无对象”、单人户每人每月105元。临朐、寿光2县（市）同时实施农村最低生活保障制度，凡家庭人均月收入不足最低生活保障线的，政府予以救济。1998年，全市有11个县市区实施城乡居民最低生活保障制度，共发放保障金288.2万元，救济困难群众2.23万人，8000多人同时享受到配套优惠政策，减免住房、医疗、就学等费用85万元。1999年7月1日起，城市低保最低生活保障标准提高到130~170元。其中中心城区和寿光、诸城为170元，其他县（市）为130元。2000年，市政府印发《关于进一步加强全市社会救助制度建设的通知》，各县市区党委、政府成立领导协调组织，动员社会力量参与，以城乡居民最低生活保障为主、社会互助和临时救济为辅的社会救助制度初步建立。

2002年，民政部门在组织全市摸底调查基础上，将所有符合条件的下岗失业困难职工家庭纳入城镇低保范围，并逐步完善农村低保制度。2002年，全市在保人数达3.33万人，新增2.48万人，其中潍城、奎文、坊子、寒亭4区保障1.65万人，新增1万余人，基本实现应保尽保。全市农村低保保障2.9万余人，年发放保障金744万元。

2003年，市政府办公室印发《关于进一步做好城市低保普查摸底工作的通知》，市民政局牵头组织对全市开展城市低保普查摸底。全市城镇低保人数达到4万余人，同比增加1万多人，其中新纳入困难企业职工5663人，基本实现应保尽保。根据省政府部署，7月至10月市政府在青州、昌邑两市开展农村救济制度试点，探索建立以落实农村低保证、五保供养证、灾民救济卡为主要内容的新型农村救济模式。11月，市政府在青州召开现场会，印发《关于进一步做好农村居民最低生活保障制度工作的通知》，对农村低保资金来源、申请审批、发放办法等作出明确规定。全市基本建立起以农村低保和五保制度为主体，以临时救济和专项救助为辅助，社会互助为补充的新型农村救济制度，全市纳入低保农村贫困群众3.12万多人。2004年，全市农村基本建立起以“两证一卡”（农村低保证、五保供养证、灾民救济卡）为主要内容的新型农村救济制度。

2005年，城市低保大范围提高保障标准，其中奎文、潍城、坊子、寒亭4区和滨海、高新两个开发区保障标准从170元提高到190元。全市累计发放低保金2807.8万元，较2004年增长23.78%；人均月补差增长到66元。农村“两证一卡”制度不断完善，全市纳入低保农村贫困群众3.8万多人，较2004年增长4518人。各县市区普遍提高保障标准，经济条件较好的超过800元，其中经济开发区达到1200元。

2006年，农村低保、“五保”、医疗救助三项制度建设步伐加快。市政府印发《关于进一步做好农村居民最低生活保障工作的意见》《关于进一步做好农村五保供养工作的意见》《关于建立和实施农村医疗救助制度的意见》，城乡社会救助体系进一步完善，城市低保继续保持动态管理下应保尽保。当年全市支出保障金3328.1万元，保障3.68万人；市财政投入农村低保救助金1106万元，低保标准全部达到或超过800元，保障范围扩大到4.83万人。

2007年，民政部门对全市进行全面摸底调查基础上，实施农村低保提标扩面。保障人数扩大到13.66万人，其中增加农村低保8.83万人，同比增长183%。2008年，进一步完善城市低保、农村低保、农村“五保”、城市医疗救助、农村医疗救助、灾民特困户救助、慈善互助、住房救助、教育救助、法律救助10项救助制度，城乡低保基本实现应保尽保。建立城乡低保标准自然增长机制，中心城区城市低保标准按照上年度居民食品类消费指数增长加2%幅度调整，农村低保标准按照上年度农民人均纯收入增长幅度调整。中心城区城市低保标准从1月起，由原来每人每月235元提高到275元；农村低保标准提高到每人每年900元以上，保障13.2万人。

2009年，全市在保城乡低保对象16.7万人，同比增加1.2万人，发放低保金达1.8亿元。该年起，城乡低保按各县市区经济社会发展水平分别确定低保标准。其中，标准最高的中心城区和诸城、寿光两市城市低保标准提高到280元，人均月补助达到170元；农村低保标准全部提高到每人每年1000元以上，人均月补助达到70元。

2010年，城乡低保、“五保”供养和医疗救助纳入市政府对县市区、开发区科学发展观考核体系，印发《关于进一步提高全市城乡低保标准的通知》，全市城市低保标准提到每人每月240～330元，农村低保标准提到每人每年1200～1800元。全市城乡低保对象达25.7万人，比年初增加9万人。其中城市低保对象增加到4.9万人，农村低保对象增加到20.8万人，城乡低保覆盖率全面超过全省平均水平。

2011年，全市县市区、开发区再次大幅度提高城乡低保标准，城市低保标准提到每人每月300~380元，农村低保标准提到每人每年1800~2200元。市政府印发《关于完善社会救助和保障标准与物价上涨挂钩联动机制的通知》，根据物价上涨指数，合理发放低收入居民价格补贴资金，3次发放物价补贴款763万余元。

2012年，城乡低保工作列入对县市区科学发展考核内容。潍坊市中心城区城市低保标准提高到每人每月不低于400元，其他县市不低于每人每月360元。中心城区农村低保标准提高到每人每年不低于2300元，其他县市提高到每人每年不低于2000元。全市农村低保平均标准达每人每年2259元，平均补差达每人每月138元。全市农村低保平均补助率达73.4%，完成年初确定的低保补助率70%的目标。全市共有城市低保3.48万人、农村低保19.48万人，全年共发放低保等救助金4.72亿元。

1996—2012年潍坊市城镇居民最低生活保障统计表

表23－1－1

年份	城镇低保人数（人）	其中：失业人员家庭数（户）	最低生活保障线标准（元／月）	城镇低保金年支出（万元）	备注
1996	—	—	95~105	—	
1997	2437	—	95~105	81.9	四区
1998	2360	—	95~105	118.6	四区
1999	4361	—	130~170	279	四区
2000	5813	780	170	433.3	四区
2001	17062	—	170	831.4	
2002	33310	8896	170	2170.8	
2003	40409	11550	170	2345.3	
2004	40375	15162	170	2312.7	
2005	39022	15379	1月起170~190	2990.7	
2006	36746	15026	170~190	3328.1	
2007	36793	14453	1月起190~220 7月220~230 8月起230~235	4803.6	
2008	36451	16913	1月起235~260	6881.8	
2009	37256	15086	1月起260~280	7448.1	
2010	49306	20368	1月起280~330 12月起300~330	11391.9	
2011	40272	18556	300~330	11025.9	
2012	34810	13129	1月起330~360 11月起360~400	12564.1	

2002—2012年潍坊市农村居民最低生活保障统计表

表23-1-2

年份	农村低保人数（人）	农村低保庭数（户）	农村低保市标准（元／年）	农村低保年支出（万元）
2002	29243	10858	—	540
2003	31215	14118	—	557.2
2004	33753	15510	—	722.9
2005	38271	17884	1月起800	805.1
2006	48279	21819	800	1553.4
2007	136607	68440	900	4794
2008	132290	70134	不低于900	8820.6
2009	131038	74101	不低于900~1000	10579
2010	214968	110990	1月起，不低于1000~1200 12月起，不低于1200~1300	20509
2011	201430	110665	1月起，安丘、临朐不低于1600，青州、昌邑、高密、昌乐不低于1800，其他不低于2000	26576
2012	194828	116770	1月起，城区、诸城、寿光不低于2300，其他不低于2000 11月起，城区、诸城、寿光不低于2300，其他不低于2000	34640

农村五保供养和敬老院建设

1991年，潍坊市全面落实国务院《农村五保供养工作条例》，将老年、残疾或者未满16周岁的村民，无劳动能力、无生活来源又无法定赡养、抚养、扶养义务人，或者其法定赡养、抚养、扶养义务人无赡养、抚养、扶养能力的，纳入农村“五保”供养范围，在吃、穿、住、医、葬方面给予生活照顾和物质帮助，保障农村“五保”供养对象正常生活。当年全市农村“五保”对象17747人。其中，集中供养“五保”对象9282人，集中供养率达52.3%。270个乡镇实现“五保”统筹。全年共新建敬老院房屋1048间，新增床位1028张。其中，昌乐县投资387.4万元，新建扩建敬老院482间。山东省民政厅在青州市东坝乡敬老院召开全省敬老院建设工作现场会。年底，全市共有乡村敬老院645处，其中乡镇敬老院279所。当年，有15所乡镇敬老院被评为省级文明敬老院，全市省级文明敬老院累计达63所。

1992年，全市共有乡村敬老院660所，其中乡镇敬老院262所。床位1.16万张，工作人员2038人。农村集中供养“五保”对象9798人，集中供养资金871.2万元。1993年，全市乡村敬老院645所，收养“五保”对象9282人，集中供养率达52.5%。其中乡镇敬老院245所。全市乡镇敬老院以副补院收入达150万元，人均收入

160元。1994年，全市开展“五保”对象普查，新增“五保”对象4041人，全市“五保”对象达19366人。1995年，全市乡村敬老院521所，其中乡镇敬老院246所。床位9803张，集中供养“五保”对象9068名，占总数的47%，共有工作人员1743名，供养水平年人均1060元。1996年，潍坊市获评省级模范敬老院6所。1997年，全市新建敬老院11所，扩建40多所。其中临朐县新建、改建敬老院13所。全市集中供养“五保”对象7500多人，入院率37.8%。全市有3所敬老院被评为省级模范敬老院。1998年，3所敬老院被评为省级模范敬老院。全市439所乡村敬老院集中供养五保对象7714人。

1999年，全市敬老院有417所，工作人员1390人，床位8140张，集中供养人员7368人，集中供养资金1263万元。当年，开展敬老院等级管理试点，有6所敬老院被评为山东省一级敬老院。

2000年始，全市敬老院进入撤并期，各地开始将村办敬老院逐步向乡镇敬老院集中。2003年，全市基本建立起以农村低保和“五保”制度为主体，以临时救济和专项救助为辅助，社会互助为补充的新型农村救济制度。对5304名分散供养的“五保”对象实行定期定量救济。

2004年，对全市农村“五保”对象进行全面普查，统一建立农村“五保”对象档案。全市共有“五保”对象2.67万人，其中集中供养3300人，分散供养2.34万人。对3904名分散供养“五保”对象实行定期定量救济。全市共有敬老院188所，依托“星光计划”，各地先后投入2300多万元，对部分乡镇敬老院进行改造扩建。7月，省政府办公厅印发《关于进一步做好农村五保供养工作的通知》，要求在解决好应保未保和提高保障标准的基础上，切实建立省、市、县、乡四级分担的农村“五保”供养机制，改乡村集体供养为财政为主供养。潍坊市建立起市、县、乡三级财政供养为主，村级根据经济情况适当负担的“五保”资金负担机制。在农村税费改革不断深化的情况下，全市平均集中供养水平仍保持在2200元左右。

2005年初，在寿光进行省、市、县、乡4级财政负担“五保”供养新机制试点，指导当地政府出台《农村五保供养工作暂行办法》，召开现场会向全市推广；在青州开展农村“五保”供养制度试点，将农村分散供养“五保”供养对象全部纳入农村低保予以全额保障，并由民政部门筹措专款免费将“五保”对象纳入新型农村合作医疗，解决“五保”对象看病难问题，并在全市逐步推广。同年，将全市“五保”供养对象姓名、家庭人口、住址、供养方式等信息录入微机，建立全市“五保”对象档案。年底，全市共有“五保”供养对象2.67万人，其中分散供养2.34万多人，敬老院集中供养3300人。以敬老院上等级为契机，全市投入2300多万元，新建敬老院33所，改建扩建100多所。省级敬老院达80所，其中省一级敬老院15所，二级敬老院38所，三级敬老院27所。当年，全市共有敬老院187所，其中乡镇办129所，村办71所，集中供养率达到25.4%。

2006年，潍坊市出台《关于进一步做好农村五保供养工作的意见》，分散供养标准提到每人每年不低于900元、集中供养标准每人每年不低于1900元。市财政安排“五保”供养资金700万元，对各县市区分别按10%、20%、50%补助。新建、改建和扩建敬老院110多所。全市“五保”对象2.3万名，“五保”对象集中供养率达46.7%。

2007年，市委、市政府将乡镇敬老院建设作为新农村建设重点，各县市区将“五保”供养列入当地政府为民办实事，全市开展评选“十佳乡镇敬老院”活动。全市投入资金2.1亿元，新建和改扩建敬老院。对应建未建敬老院的40个乡镇每月一调度、每季度一检查、每半年一通报，建立台账，实行销号制度。年底40所新建敬老院全部竣工并投入使用。全市117个乡镇建有156所敬老院，“五保”对象集中供养率提高到72.1%。

2008年，全市投入3亿多元，新建和改、扩建敬老院120多所。市政府把农村“五保”供养标准提高150元纳入县市区、开发区社会事业指标考核体系，供养标准较大幅度提高，其中集中供养标准达2200元，分散供养标准达1200元，高新区、奎文区集中供养标准超过4000元。

2009年，进一步加大中心敬老院建设力度，全市“五保”集中供养率达81.3%，13个县市区总计投入建设资金近4亿元，其中寿光市中心敬老院投资8000万元。2010年，探索建立农村“五保”供养标准自然增长机制，全市“五保”集中供养率达83.9%。2011年，全市“五保”老人供养1.74万人，其中，集中供养1.39万人，分散供养3043人，集中供养率82.1%。供养标准较大幅度提高，集中供养每人每年3776元，分散供养每人每年2120元。高新、滨海区集中供养标准超过6000元。

2012年，全市农村“五保”集中和分散供养标准分别提高到每人每年4097元和2653元，高出全省153元和10元。全市共有“五保”老人1.58万人，在敬老院供养1.26万人，集中供养率79.95%。全年共发放“五保”供养资金6079.3万元，其中集中供养资金5329.7万元，分散供养资金749.6万元。

扶贫救助

1991年，潍坊市对具有一定劳动致富能力的贫困户采取扶持发展生产的“造血型”救助方式，帮助脱贫致富。全年在扶户3.25万户，其中新扶户1.3万户，脱贫1.88万户。7月，在寿光召开全市农村社会保障网络建设现场会，推动农村救灾扶贫、优抚安置、老年人保障、残疾人保障、婚丧改革服务5个社会保障服务网络建设。到年底，全市有272个乡镇建立起5个保障网络。

1991—1998年，全市对有生产能力的常年困难户给予资金或实物扶持，帮助发展家庭副业，扶持救助各类困难户20.64万户脱贫，政府投入扶贫救助资金6950.7万元。1985年起，全市开始建立发展县乡两级救灾扶贫基金会、村级互助储金会，到1992年，全市各类救灾扶贫基（储）金会达到5058个，积累资金总额达5130万元。1998年底，全市基（储）金会减少2083个，基金金额减至1922万元。1999年，全市救灾扶贫基（储）金会机构全部清理。

1991—1998年潍坊市扶贫救助情况表

表23—1—3

年份	建立社会网络乡镇（个）	扶贫情况				社会保障基金会	
		新增扶贫（户）	新增脱贫（户）	年末在扶（户）	发放救灾扶贫款（万元）	个数	资金金额（万元）
1991	272	29700	18800	13700	—	—	—
1992	269	20474	24446	9735	—	5058	5130
1993	269	20173	19905	8403	1452.6	4362	2758.2

续表23—1—3

年份	建立社会网络乡镇（个）	扶贫情况				社会保障基金会	
		新增扶贫（户）	新增脱贫（户）	年末在扶（户）	发放救灾扶贫款（万元）	个数	资金金额（万元）
1994	243	15561	15508	8906	320	4065	2555.3
1995	239	13096	14275	7727	3686	4037	2537.8
1996	236	13153	13811	7069	452.1	3908	1663
1997	236	12358	12171	7256	—	2054	2053
1998	236	12138	13366	6028	1040	2083	1922

2000年，广泛开展多种社会帮扶活动。全市结成帮扶对子2.2万多对，投入各类社会救助资金1200多万元，救助困难群众8.5万余人。2001年，社会力量与贫困户结成帮扶对子4.7万对，投入扶贫救助金和实物折款4900万元。2011—2012年，随着社会救助体系的进一步完善，全市贫困户全部纳入城乡最低生活保障范畴，并通过临时救助、医疗救助等综合救助方式，解决贫困群众生活困难。

医疗救助

2004年之前，潍坊市没有开展专项医疗救助，贫困家庭医疗救助通过临时救助的方式解决。

2004年2月18日，省人民政府办公厅转发省卫生厅等部门《关于进一步做好新型农村合作医疗试点工作的指导意见》，要求在2005年底以前建立起农村医疗救助制度。在财政将医疗救助资金列入预算的同时，从2004年起，省里每年从留成的福利彩票公益金中提取3%，市、县两级也参照省里做法提取一定的比例，用于贫困家庭医疗救助。同年，全市农村救助9900人，其中，农村医疗救助4950人，资助参加合作医疗4800人，农村困难户大病医疗救助150人。另外，对全市386名困难企业军转干部进行大病救助，发放救助金86.7万元。

2005年，市政府在寿光召开全市推进社会救助体系建设工作会议，明确提出构建以城乡低保、“五保”供养、医疗救助等七项社会救助制度为主要内容的新型社会救助体系。出台《潍坊市城区城市低保对象医疗救助办法》，印发《潍坊市城区城市对象医疗救助实施细则》，对医疗救助申请、审批、资金管理等作出明确规定。当年，安排120万元专项救助金，率先在中心城区开展医疗救助。在农村，医疗救助困难群众1.69万人次，资助参加合作医疗1.33万人次，困难户大病医疗救助3662人次。

2006年，全市农村医疗救助困难群众5.95万人次，资助参加合作医疗5.58万人，困难户大病医疗救助3718人。资助城市困难群众参加医疗保险4735人，城市“三无”救助2800人。

2007年，全市投入170.6万元，救助大病城市低保对象550人。其中，中心城区为398户城市低保家庭报销医疗费用110万元。全面建立农村医疗救助制度，投入救助金230多万元，帮助6.7万多名贫困群众加入新农合。

2008年，潍坊市在全省较早建立城市医疗救助制度，市财政每年安排120万元救助资金，城市低保对象凭“城市居民最低生活保障证”等有效证件到市人民医院等16所定点医疗机构就医，免除普通门诊挂号费，常规化验和一般性检查费减免10%，住院费和大型医疗设备检查费减免15%。住院治疗，根据个人实际负担额，按25%至50%比例报销，最高每人每年1万元。同时规定对患有特殊慢性病的，统一按40%比例报销。个别家庭特别困难、医药费支出巨大的，每人每年最高可给予2万元特别医疗救助金。针对部分无钱就医的家庭，推出城市医疗医前救助制度，向城市贫困家庭提前发放救助金，变事后救助为事前救助。出台《关于建立和实施农村医疗救助制度的意见》，结合新型农村合作医疗制度实施，对农村低保户、"五保户"、重点优抚对象等特困群体，个人负担部分从医疗救助金中解决，免费加入新农合，同时对享受新农合补助后医疗负担仍然较重、造成生活困难的，再给予救助。城乡医疗救助，推出医前救助制度，简化审批程序，提高救助比例，全市发放城市医疗救助金210万元，救助困难家庭853户。

2009年，进一步降低救助门槛，简化程序，提高比例，救助城乡患大病困难群众5400多人次；农村医疗救助困难群众5.92万人次，其中资助参加合作医疗5.58万人；资助城市困难群众参加医疗保险4735人，城市"三无"救助2800人。

2010年，城乡低保、"五保"供养和医疗救助制度纳入县市区、开发区科学发展观考核体系，对医疗救助"一站式"即时结算进行试点，发放城乡医疗救助金2000多万元，资助17.7万名城乡低保户、"五保户"、特殊优抚对象加入城乡医疗保险；救助困难群众1.08万人次，其中救助城市困难群众2612人。

2011年，救助城乡患大病困难群众4779人；资助21.83万名城乡低保户、"五保户"、特殊优抚对象参保参合，资助2921人参加城城镇医疗保险。

2012年，全市共支出城乡医疗救助金5372.8万元，其中资助低保户参合资金1359.7万元、参保资金67.5万元，资助16.92万名农村困难群众参保参合，资助城市困难群众参保3349人。救助城乡患大病困难群众4779人，城市"三无"人员184人。寿光、诸城、高密、昌乐、安丘、临朐等12个县市区实施医疗救助"一站式"即时结算。寿光、诸城列入全国、全省重特大疾病医疗救助试点市。

其他救助

1992—1996年，全市对城乡常年困难户和"60年代精简退职职工"等困难群众实行分类救助，其中对散居孤老残幼和精简退职职工实施重点救助，其他给予临时适当救助，救助最多年份1992年，全市救助7.93万户，25.61万人。

1992—1996年潍坊市困难户和精减退职职工救济情况表

表23—1—4

年份	困难户（万人）	散居孤老残幼（万人）	集体供养		临时救济（万人次）	定期定量救济（人）	退职老职工救济（人）	集体补助困难户金额（万元）
			（人）	金额（万元）				
1992	25.61	1.25	9759	685.42	—	141	1808	225.09
1993	14.47	1.1	8930	718.2	—	141	1774	251.58
1994	14.73	1.2	8989	770.7	5.04	3667	1679	565.2
1995	12.51	1.23	9068	984.1	4.67	2868	1623	241.6
1996	11.77	1.38	—	—	4.98	6575	1890	340.7

1997年，全市救济城乡困难居民2.54万人，发放救济款420万元。其中，救济城市贫困居民2459人，发放救济款98万元；救济农村贫困居民2.29万人，发放救济款322万元；救助定期救助城乡散居孤老残幼人员1.44万人，发放救济款300万元。1998年，救济困难群众3.73万人。其中，救助定期救助城乡散居孤老残幼人员1.54万人，发放救济款233万元。临时救助城市困难户596户，农村困难户2万人。另有0.8万人同时享受到配套优惠政策，减免住房、医疗、就学等费用85万元。1999年，救助定期救助城乡散居孤老残幼人员1.31万人，发放救济款230万元。临时救助城镇困难户4463户，发放救济金38万元。

2000年，市政府印发《关于进一步加强全市社会救助制度建设的通知》，各县市区党委、政府加大救助力度，初步建立起以城乡居民最低生活保障为主线，以社会互助和临时救济为重要补充的社会救助制度。城乡社会救助制度框架初步形成。2001年，全市建立经常性捐助接收中心13个，接收款物价值500多万元。市委、市政府决定，从2002年起每年12月定为全市“扶贫济困送温暖募捐月”。全年临时救济城镇居民7689人。

2003年7—10月，市政府在青州、昌邑两市开展农村救济制度试点，探索建立以落实“两证一卡”（农村低保证、五保供养证、灾民救济卡）为主要内容的新型农村救济模式。全年开展临时救济3.25万人次，其中城镇居民2349人次，农村居民3.01万人次。全市募集款物价值2100多万元，其中支援全市防“非典”活动募集770多万元，支援菏泽灾区募集210多万元。春节和国庆节期间，市县两级筹集专款630万元，发放赈济面粉4500多吨，救济困难群众30余万户。

2004年，开展临时救济2.36万人，其中城镇居民6484人，农村居民1.71万人。在农村，基本建立起以“两证一卡”为主要内容的新型农村救济制度。全市共投入救灾救济资金3600多万元，其中省以上1860万元。发放赈济面粉2300吨，棉衣棉被100多万件，救济困难群众30多万人次。开展“慈心一日捐”活动，募集捐款842万元，其中市直228万元。利用捐款和福利彩票公益金开展大规模助学活动，全市共救助大中小困难学生2.76万人。

2005年，市政府在寿光召开全市推进社会救助体系建设工作会议，明确提出构建以城乡低保、“五保”供养等七项社会救助制度为主要内容的新型社会救助体系。市直及部分县市区成立慈善救助超市，开展“慈心一日捐”“冬衣暖人心”等捐赠活动。全年募集款物价值1960万元，其中市直580万元。全市共投入救灾救济资金2200多万元，发放赈济面粉3500吨，衣被5万余件，救助困难群众30多万人次。高密、昌乐、青州成立救助站。各地还广泛开展住房、教育、就业、司法等救助和援助活动，其中利用慈善捐款和福彩公益金资助贫困学生4000多人。全市开展临时救济5259人次，其中城镇居民2150人，农村居民3109人。

2006年，市政府印发《潍坊市廉租住房和救济住房管理办法》，初步建立起贫困家庭廉租住房制度。全市筹集专款1500万元，发放赈济面粉7000多吨，救济困难群众11万余户。潍坊市和青州、高密先后成立慈善总会。全市开展“送温暖、献爱心”捐赠活动，共募集各类款、物价值4300多万元，其中“慈心一日捐”募集善款3300多万元，比上年增长135%。发放救助物品价值3000多万元，同时组织开展面向城乡贫困群众的义务诊疗、赠送药品、捐赠洗衣机等活动。组织“福彩慈善助学”活动，从福利彩票公益金和“慈心一日捐”善款中拿出

90多万元，资助650名特困大学生和特困教师。开展临时救济7535人次，其中城镇居民4735人，农村居民2800人。

2007年，社会救助城乡统筹，协调发展，全市共投入救灾资金2800万元，发放赈济面粉1.12万吨，衣被10万余件，救助困难群众30余万户。

2008年起，市财政每年安排140万元廉租住房补助金，对中心城区城镇低保家庭中的无房户和人均居住面积低于15平方米的，发放租赁住房补贴。并将廉租住房保障对象由城市低保对象延伸到城市低保边缘家庭。教育救助，从慈善资金和福利彩票公益金中安排400余万元，对当年考入大学的特困学生予以救助。法律救助，市里出台《潍坊市市级法律救助办案补贴管理办法》，实行法律救助办案补贴，免费帮助城乡低保户、重度残疾人等弱势群体运用法律武器维护自身权益。全市发放救灾面粉7632吨，救助特困群众28.2万人次、特大病灾户3700多户。

2009年，各级投入临时救助救济款物价值4300多万元，救助各类贫困群众30多万人次。投入福彩公益金和慈善捐助资金670万元，救助特困大学生2663人；帮助1473名城镇低保户落实廉租住房或经济适用房，对8700名农村低保户和困难优抚对象进行危房改造。开通“民政救助直通车”，设立“1603666”热线服务电话，24小时受理接听困难群众诉求。

2010年，开展临时救济4.09万人次，其中城镇居民614人次，农村居民4.03万人次。潍坊市筹措资金700万元，招标采购面粉2700吨，连同县市区配套部分，全市共计发放赈济面粉等款物价值2700多万元，救助各类困难群众30多万人次。

2011年，市政府印发《关于完善社会救助和保障标准与物价上涨挂钩联动机制的通知》，根据物价上涨指数，合理发放低收入居民价格补贴资金。开展临时救济10388人次，其中城镇居民1791人，农村居民8597人。

2012年，市政府对全市城乡低保家庭学生和孤残学生实施高中免费教育，民政部门配合有关部门，扎实做好全市城乡低保家庭学生和孤残学生高中免费教育工作。全市建成经常性社会捐助接收中心、站点380多个，募集各类款物价值500余万元；开展“爱心一日捐”活动，募集捐款850多万元。市级发放救灾款1440万元，发放赈济面粉7000多吨。

第二节　救灾工作

市内救灾救助

1991年，全市遭受干旱、风雹、洪涝、龙卷风、病虫害等灾害，直接经济损失6.7亿元，市级下拨救灾款120万元，各地财政拨出救灾资金2000多万元，各级计划、物资等部门拨出部分救灾化肥、柴油等，保证灾民生产急需。

1992年，全市遭受干旱、暴雨、冰雹、龙卷风、风暴潮等灾害，农作物受灾面积72.7万公顷，直接经济损失15.6亿元。重旱期间，市委、市政府提出保人畜吃水、保果树的救灾方针。各级和社会各界纷纷捐款捐物，市委、市政府发动支援抗旱和沿海救灾捐助活动，并派工作组到农村帮助救灾。市直单位和个人捐献款物价值686万元，县以下捐款和财政拨款3300多万元。

1993年，全市遭受风雹、低温冷冻灾害，直接经济损失9.1亿元。全市发放自然灾害救济款451万元，救济灾民6万余人。

1994年，全市遭受干旱、风雹、洪涝灾害，直接经济损失7.3亿元。全市发放自然灾害救济款365万元，救济灾民5万余人。

1995年，全市出现暴雨日数38个站次，大范围暴雨天气过程4次，直接经济损失5.5亿元。全市发放自然灾害救济款841.1万元，扶持2.2万户受灾群众发展生产，恢复重建。

1996年，全市共出现8次冰雹灾害，直接经济损失10.3亿元。市县两级财政列支自然灾害救济事业费310万元，全年发放自然灾害救济款865.5万元，救济灾民30余万人，扶持2.1万户贫困户发展生产。

1997年，全市遭受严重干旱及台风、风雹灾害，直接经济损失11.9亿元。各级民政部门积极开展救灾救济工作，下拨中央和省救灾专款678.5万元，市县两级财政投入1413万元，维护灾区稳定和保障困难群众基本生活。全市收到捐助款576万元和价值450万元的衣用物资、衣物，及时支援灾区。市民政局拨救灾款16万元，临朐县和沂山乡配套部分资金，集中为下龙湾村32户倒塌房屋村民重建住房。

1998年，全市多次遭受洪涝、风雹等灾害袭击，87万人受灾。全市共接受中央和省救灾款440万元，市、县两级拨发救灾款644万元。市政府集中资金加工一批面粉，用于元旦和春节期间困难群众生活救助。

1999年，全市发生严重冬春连旱，部分地区遭受冰雹袭击，高密、诸城出现特大洪涝灾害，直接经济损失16.8亿元。潍坊市下拨救灾救济款物420万元，诸城、高密市各级投入救灾款1220万元，捐赠款物1880万元。

2000年，全市干旱严重，多次发生风雹、洪涝灾害。农作物受灾面积61.5万公顷，受灾人口417万人，直接经济损失22.3亿元。面对严重灾情，发放救灾款895万元，其中335万元购买面粉2550吨，直接发送各县市区困难群众手中。

2001年，全市上半年持续干旱，并出现严重低温冷冻灾害，下半年出现阴雨连绵、风雹和洪涝灾害，直接经济损失13.9亿元。市县乡三级下拨救灾款825万元，投入临时救济款1130.5万元。全市设立捐助站点322个，活动开展仅半年，收到社会各界捐款435.37万元，衣被等物品20.7万件，所有款物全部发往灾区。

2002年，全市灾情严重，干旱、低温冷冻灾及风雹灾害造成直接经济损失83.9亿元，其中旱灾造成直接经济损失46亿元。受灾人口483.8万人，47.3万人、9.3万头大牲畜饮水困难。全市各级民政部门抽调大量人力物力，历时20多天，开展有史以来最大规模农村困难群众调查摸底工作，掌握贫困群众底数。市县乡三级发放救灾救济资金3200万元。其中，市级购买7000吨面粉，元旦前后全部发放到灾民和贫困户手中。3月，全市开展“募捐月”活动，募集款物232万元。开展“爱心一日捐”活动，募集捐款800多万元。

2003年，境内遭受风暴潮、风雹、低温冷冻、旱灾、台风、洪涝等多重自然灾害，直接经济损失达18.54亿元，全年因灾需救助人口41.29万人。全市各级投入救灾资金2800多万元，其中，中央下拨1191.1万元，灾民基本生活得到有效保障。春节和国庆节期间，市县两级筹集专款630万元，发放赈济面粉4500多吨，救济困难群众30余万户。紧急调拨70多万件衣物发往各县市区灾区。

2004年，全市发生低温冷冻、风雹和洪涝等多种自然灾害，较大灾情十多次，农作物受灾18万公顷，直接经济损失8.1亿元。全市共投入救灾救济资金3600多万元，其中省以上1860万元。发放赈济面粉2300吨，棉衣棉被100多万件，救济困难群众30多万人次。

2005年，全市多次遭受低温冷冻、风雹等自然灾害，农作物受灾17.6万公顷，造成直接经济损失近10亿元。全市共投入救灾救济资金

2005年春节前夕，潍坊市开展困难群众救助和走访慰问活动

2200多万元，发放赈济面粉3500吨，衣被5万余件，救助困难群众30多万人次。全市组织开展“慈心一日捐”捐款和慈善捐物活动，募集资金1100万元、物品价值200多万元，全部用于城乡贫困群众救助。

2006年，全市多次发生低温冷冻、风雹、干旱等灾害，造成农作物受灾27万公顷，直接经济损失11亿元。全市投入抗旱资金1.8亿元，投入抗旱劳力82万人，新打机井13万眼，泵站568处，抗灾设备16万台（套），先后投入救灾款物3600多万元用于农村救助，救助灾民贫困群众33万余人次。其中，市统一购买2800吨面粉，发放到受灾群众手中。

2007年，全市多次发生风暴潮、低温冷冻、风雹、暴雨、干旱等自然灾害，直接经济损失4.9亿元。市委、市政府下拨救灾资金和物资共计达1500多万元，灾民口粮、住房等困难得到解决。市委、市政府安排购买赈济面粉2250吨，春节前发放到灾民和城乡困难群众手中。

2008年，全市先后发生低温冷冻、干旱、风雹和洪涝等灾害，受灾人口78万人，直接经济损失约8.4亿元。潍坊市争取上级救灾资金820万元，全部于因灾生活困难群众救助。筹资470万元采购面粉2000吨，全部发放到灾区困难群众和城乡贫困户手中。

2009年，全市先后多次发生严重低温冷冻、风雹、干旱等自然灾害，玉米、大豆、棉花、花生、果树等受灾严重，直接经济损失约11.7亿元。全市投入救灾救济款物6300多万元，救济灾民和困难群众32万多人次。市里集中采购2000吨面粉，春节前全部发放到灾区困难群众和城乡贫困户手中。市级投入500万元，对市救灾物资储备仓库维修改造，提高救灾储备能力。

2010年，全市先后遭受寒潮、雪灾、风雹、洪涝等自然灾害，受灾人口约127.69万人，农作物受灾面积7.68万公顷，直接经济损失约37.7亿元。6月初，市政府成立潍坊市减灾委员会，建立灾害信息员制度，深入现场查灾核灾，争取上级和市财政配套资金1300多万元，全部发放到受灾群众。筹措资金700万元，招标采购面粉2700吨，连同县市区配套部分，全市共计发放赈济面粉等款物价值2750多万元，救助各类困难群众30多万人次。

2011年，全市先后遭受旱灾、风雹、洪涝等多种自然灾害，农业、工矿企业及基础设施等遭受重大损失。7月10日，峡山区正东矿业公司透水事故发生后，民政部门连夜向灾区运送帐篷30顶、雨衣100件、棉被100床、夏凉被100床、五合板100张。全年共投入救灾资金2461万元，救灾物资价值1297万元，帮助灾区恢复重建，确保灾民生产生活稳定。

2012年，全市先后遭受风雹、洪涝、台风等多种自然灾害，受灾人口达146万人，直接经济损失达26亿元。“达维”台风灾情发生后，市里及时启动二级应急响应，青州市、临朐县启动一级应急响应，根据灾情需要紧急调运帐篷200顶，棉被800床，毛毯600条。财政部门开辟绿色拨付通道，第一时间下拨救灾资金200万元，市慈善总会立即从募集善款中出资200万元拨付临朐、青州。达维台风期间，各级共投入救灾救助资金和物资1.3亿元，其中中央救灾资金投入1000万元，省级救灾资金投入600万元，市级救灾资金投入518万元，受灾县市区救灾资金投入1.1亿元。全年共争取各级救灾资金5008万元，其中中央财政救灾资金3842万元，省级财政救灾资金648万元，市级财政救灾资金200万元，接受救灾捐赠资金318万元，灾民基本生活得到保障。

对外救灾援助

1993年7—8月间，菏泽、济宁等地发生特大洪涝灾害，潍坊市积极响应上级号召，组织捐助活动，共募集款物价值278.19万元予以支援。潍坊市政府、市民政局、潍城区政府、市气象局、潍坊拖拉机厂被中共山东省委、山东省人民政府表彰为抗洪救灾先进集体，潍坊大江集团郑学江、潍坊华和拉链公司陈忠和被评为山东省抗洪救灾先进个人。

1994年9月中旬，潍坊市委、市政府组织开展“向贫困地区捐送衣被”活动，募集衣被119.5万件，其中83万件支援临沂地区蒙阴县，其余部分支援当地贫困群众。

1996年8月，全市开展救灾捐助对口支援灾区活动，捐献款物达427万元，其中向滨州送去价值130万元救灾物资，向新疆贫困地区送去价值107万元救灾物资，衣被10.7万件，向省民政厅上缴捐款190万元。

1998年，为支援遭受严重洪涝灾害的长江、嫩江、松花江流域人民抗洪，全市开展救灾捐助活动，近万个单位、130多万人参与捐献款物，价值达9600余万元。市民政局被民政部表彰为全国民政系统抗洪救灾先进集体。

2003年，潍坊市组织2600多件衣物发往菏泽灾区，1.5万余套棉被对口支援西藏南木林县，为支援菏泽灾区募集资金210多万元。

2005年，实施“爱我西藏，支援西藏”阳光计划，加工棉被4700床，援助西藏灾区藏民越冬。

2008年，“4•28”特大铁路事故发生后，潍坊市死亡5人、重伤68人，市政府迅速组织力量赶赴临淄现场进行抢救，做好善后工作。“5•12”四川汶川特大地震发生后，潍坊市第一时间拿出100万元捐赠到灾区，全市接收捐赠款物2.7亿元，积极协调运力，向地震灾区运送食品、药品、矿泉水、衣物、活动板房、防雨彩条布等救灾应急物资470个车皮，价值9000多万元。入冬后，积极组织开展“送温暖、献爱心—向地震灾区捐赠棉衣被”活动，潍坊市向包扶的桂溪乡、贯岭乡灾区运送棉衣被2.2万余件。

2010年年初，西南5省严重干旱和青海玉树地震发生后，全市共接收捐赠资金3581万元，捐物折款615多万元。向云南旱区捐款100万元，捐物折款200万元，直接运往玉树灾区物资折款460万元。

救灾物资储备

2007年1月，市政府决定建设市救灾物资储备仓库。从福彩公益金中出资1700万元，购买山东海王银河医药公司在潍城区仓南街马良冢子村附近的原医药仓库（9个仓库总建筑面积7412.6平方米）。2007—2008年，进行一期维修改造，改造后4个大型仓库全面投入使用，救灾物资储备库初具规模。仓储区储存各类救灾捐赠物资，分类设帐篷区、棉衣区、单衣区等分功能区。同时设立救灾捐赠物资加工区，对社会捐赠物品，先行消毒、分类、打包，然后进行储存，保证入库救灾物资干净整洁。2008年“5·12”汶川特大地震发生后，储备库在抗震救灾中成为中转站、转运站、接收站。2009—2010年，分别投入500万元，对市级救灾物资储备仓库进行全面维修改造，存放上万件衣服及部分帐篷、棉被等。各县市开始筹建救灾物资储备库或采取不同的方式储存部分救灾应急物资。

潍坊市在做好捐赠物资储备管理的同时，积极做好救灾应急物资的专业储备工作。2009年，建设市级救灾物资储备库1个、市级防灾减灾培训基地2个、县级救灾物资储备分库8个。2012年，与12家企业签订救灾物资储备协议。全市仓库储备帐篷、毛毯、棉衣、折叠床、应急灯、发电机、冲锋衣、救生衣、应急广播系统、移动照明、折叠桌椅等救灾应急物资，价值约1840万元。同年，在全市建立起救灾应急物资社会储备制度，全市共储备袋类370万条，土工布4.3万平方米，钢管等261吨，砂石料等51.3万立方米，电缆6710米，照明工具1312只，发电机17组，橡皮船17艘，冲锋舟4艘，机动船13艘，各类救生器具4830件，具备基本的抢险救灾保障能力。

救灾指挥管理

潍坊市按统一指挥、综合协调、分级负责、属地管理为主的原则，建立健全自然灾害应急管理体制和军地协同、部门联动、运转高效的运行机制。2007年，潍坊市成立自然灾害应急救助指挥领导小组，市政府分管领导任组长，市直有关部门主要领导任成员，领导小组办公室设在市民政局，负责日常救灾组织协调工作。2010年6月，潍坊市政府成立减灾委员会，为综合防灾减灾救灾协调指挥机构，由1名副市长任主任，成员单位31家。督促全市120个镇（街道）全部建立救灾应急领导小组。党政军领导靠前指挥、各级减灾委综合协调、基层应急救灾指挥机构具体负责、相关部门互动、军地联动的组织指挥体系不断健全完善。

潍坊市组织力量支援汶川地震灾区恢复重建
（2008年拍摄）

潍坊市支援汶川地震灾区恢复重建指挥部
（2008年拍摄）

第二章　社会福利

1991—2012年，潍坊市创新理念，强化措施，统筹推动社会福利工作，初步建立起以居家为基础、社区为依托、机构为支撑的适度普惠型社会养老服务体系，为全市养老提供了基本保障；建立起督查、督导与扶持并举的福利企业管理机制，推动福利企业转型升级和健康发展；稳步推进福利彩票发行，为全市福利事业发展提供有效的资金支持；进一步完善城市“三无”人员养老与孤残儿童育养专业机构设施，提高了城市特困人员供养能力和水平。

第一节　养老服务体系建设

1991—1993年，全市仅有潍坊市社会福利院和潍城区社会福利院2个国办福利机构，床位350张，收养三无人员不足300人。

1994年，民办养老机构开始萌芽，发展至1999年底，全市已有民办养老机构5个，床位291张，入住社会老年人约200人。

2000年，社会福利社会化进程加快，全市有各种社会力量兴办的养老托老机构45个，床位720多张。2001年9月，全市社会福利社会化工作会议召开，“社区老年福利服务星光计划”正式启动，34个老年社区养老和活动场所为首批资助对象，总投入约2700万元。当年，民办社会福利机构发展到30多个，床位800多张。2002年，35个项目为首批资助对象，共投资2800多万元，6月底前全部建成并投入使用。2002年5月，《潍坊市社会福利机构管理办法》规定，各级人民政府应当将社会福利事业纳入国民经济和社会发展计划，逐步增加对国有社会福利机构投入，鼓励和扶持社会力量兴办社会福利机构。2003年5月，第二批资助项目67个全部建成并投入使用，总投资8200万元。2004年，“星光计划”基本完成，共建成养老服务设施项目167个。全市福利机构发展到41个，床位增加到1700多张。2005年，加大福彩公益金投放力度，社会福利设施改建步伐加快。市儿童福利院新征地14亩，并完成规划设计；潍城区福利院新建2600平方米综合院民楼，床位110张，并配备先进医疗服务设施；市荣复军人医院新建康复楼。全市城区民办福利机构发展到36个，床位1275张，入住900多人。2006年，全市投入本级福彩公益金1678万元，吸纳各类社会资金3600多万元，用于福利院、敬老院以及社区福利机构改建扩建。2008年，全市养老福利机构发展到59家，床位4500多张；多数县市区建成或在建县级老年福利服务中心。2010年底，全市社会化养老服务机构发展到74家，床位9314张，比年初增加1232张。2012年，全省养老服务体系建设工作会议在潍坊市召开。养老服务机构建设网络化、扶持政策配套化、投资主体多元化、服务手段信息化、运行模式多样化的“五化”经验被《中国社会报》誉为“潍坊模式”。至2012年底，全市共有养老服务机构196个，床位5.2万张。

第二节　福利企业和福利彩票

1991年，全市福利企业448处，共有职工17427人，安置残疾人员7291人，占生产人员的51.8%，完成产值6.25亿元，实现利润4347万元。县以上民政部门直属福利企业23家，完成产值3446万元，实现利润252万元。全市福利企业出口创汇937.2万元，提取社会福利基金167.9万元。福利院、优抚医院等福利单位实现由封闭型向开放型、由单纯供养型向供养康复型转变，内部活力和自我发展能力增强。1997年，全市社会福利企业发展到509家，安置残疾职工8921人，全市减免税金4500万元。2000年，积极推进福利企业改制，全市306家福利企业，85%完成改制。2003年，全市193家福利企业安置残疾职工7200多人，年销售收入12.5亿元。2004年，全市169家福利企业安置残疾职工4800多人，年退免税8071.3万元。随着市场经济发展，传统人力密集型福利企业逐步关闭转型，至2012年底，全市有福利企业52家。

1991—2012年，福利彩票发行坚持“扶老、助残、救孤、济困”宗旨，诚信经营、安全运营，规范管理，至2012年底，全市累计发行福利彩票103.39亿元，为国家筹集公益金31.57亿多元。资助福利院、敬老院、孤儿院、优抚医院、社区服务中心、星光计划等各类社会福利和社会公益项目1000多个。

第三节　社会福利院

1991年，潍坊市社会福利院在编职工27人，在养人员80人。建有办公楼、院民楼，建筑面积4500平方米。1992年，潍坊市社会福利院为增加收入，改善残疾人员生活福利条件，创办潍坊市社会福利院福利化工厂。1993年，潍坊市社会福利院综合门市部更名为潍坊市社会福利院综合经营公司，主营轮胎，兼营其他机动车配件，独立经营，自负盈亏。1994年，潍坊市社会福利院实行内部三项制度改革，定岗定编定职责，优化组合，人员压缩20%。1996年，投资26万元购置2吨锅炉1台，解决福利院基本取暖问题。对收养人员宿舍进行全面整修改造，投资3万余元，改建儿童部，设宿舍、学习室、娱乐室、健身房、治疗室。提高孤残儿童生活待遇，由原来每人84元提高到114元。1997年，潍坊市社会福利院设立门诊部。工作人员16人，床位130张，收养人员85人。1998年5月，潍坊市社会福利院工作职责改为收养城镇非农业户口的“三无对象”，对110救助的弃婴，按规定及时妥善做好安置。9月15日，投资115万元，占地1300平方米老年楼开工建设。1999年，福利汽修厂和潍坊市社会福利院完全分开。2001年，潍坊市社会福利院床位数达200张，在院养员120人。建筑面积1980平方米的儿童楼开工建设。2002年7月13日，潍坊市社会福利院盲童高宝被长春大学特殊教育学院针灸按摩专业录取，成为潍坊市社会福利院走出的第一个孤残儿童大学生。10月，儿童楼交付使用。2003年，加挂市儿童福利院牌子，与社会福利院合署办公。2004年3月，潍坊市社会福利院首次接受被拐卖儿童临时庇护任务。2005年4月，潍坊市社会福利院在安丘大盛建立家庭寄养基地，首批寄养儿童6名。2006年6月，新征原坊子酒厂工业用地9333.38平方米。2007年，市社会福利院老年楼竣工。2012年底，开办资金由709.13万元增加到1447.65万元，潍坊市社会福利院占地面积88亩，建筑面积3万平方米，有职工75人，其中在编16人，聘用59人，共有养员247人。其中“三无”人员187人，社会代养人员60人。

第四节　儿童福利院

2003年，经市政府批准，潍坊市社会福利院加挂潍坊市儿童福利院牌子，潍坊市儿童福利院与潍坊市社会福利院合署办公。2008年6月，作为民政部“蓝天计划”首批资助项目、潍坊市保障民生重点工程，市儿童福利院新院在高新区开工建设。2010年10月，正式投入使用，新院占地40亩，建筑面积1.8万平方米，总投资1亿多元，容纳孤残儿童500人。2011年，潍坊市儿童福利院正式成立，为副县级社会福利事业单位，直属潍坊市民政局。负责接收、安置全市城乡生活无着的孤儿、弃婴和残疾儿童，对特殊儿童提供临时庇护养育，对儿童服务工作者、志愿者及有特殊需求的残疾儿童家庭提供技术和服务支持。2012年4月21日，中央政治局常委、中央纪委书记贺国强到院视察。是年底，儿童福利院有工作人员90人，其中在编32人，聘用58人，收养儿童269人。

第三章　基层自治组织建设

1991—2012年，潍坊市基层政权建设不断加强，社区建设创新发展，城乡社区服务设施改造提升，建成社区综合服务中心1216个，90%以上社区实现居民信息动态管理。推行城市社区“大党委”制，将村居、社区经济组织和驻区单位党组织全部纳入管理范畴。组织指导村委会和居委会换届选举。建立村务监督委员会，编修以维护妇女权益为重点的村规民约。农村社区建设“诸城模式”和“城中村”综合配套改革经验在全国推广。诸城市、寿光市和坊子区被评为全国村务公开民主管理先进单位。

第一节　基层政权建设

1991年，市民政局印发《关于在全市农村开展村民自治示范活动的通知》，要求各县市区搞好村民自治示范活动试点工作。1992年，全市普遍开展村民自治示范活动，有5531个村实行村级规范化管理、4080个村建立村民档案管理制度。安丘县被省民政厅授予“全省村民自治示范县”称号。贯彻实施《中华人民共和国城市居民委员会组织法》，潍城区建立居委会和辖区单位联系议事会制度，得到省民政厅和民政部肯定。1993年，开展第四届村（居）民委员会换届选举，到1994年1月15日基本结束，全市9589个村，有9277个完成换届选举，村民参选率达94%。1995年，市民政局下发通知，确定从1995年起，对全市村民自治示范单位分级进行验收和命名表彰。1996年，开展第五届村（居）民委员会换届选举。1998年12月，市政府下发《关于做好第六届村委会换届选举工作的通知》，市委、市政府召开全市村委会换届选举工作会议，第六届村民委员会换届选举至1999年6月基本结束，全市9398个村有9333个村进行换届选举。2000年，开展第六届居民委员会换届选举。

2001年，开展第七届村民委员会换届选举，

2002年6月基本结束，应换届9530个村（居）委会，完成换届选举9315个。2004年，开展第八届村委会换届选举，全市应换届村委会9123个，到2005年2月底，完成换届选举9020个。潍坊市印发《关于进一步健全完善村务公开和民主管理制度的实施意见》，要求进一步健全完善村务公开制度、民主决策制度、民主管理制度、民主监督制度。7月，省委、省政府在昌乐县召开全省村务公开民主管理工作会议，昌乐县作典型发言，并现场观摩村务公开现场，推广潍坊市全方位、全过程村务公开民主管理经验。

2006年，全市开展村务公开民主管理示范单位创建活动。2007年，开展第九届村委会换届选举，11月底，全市已换届村委会9031个，占99.2%。寒亭区“运用现代网络手段深化村务公开民主管理制度”和坊子区“村级事务管理契约化”获全国村务公开民主管理制度创新提名奖。2009年2月，寿光被评为全国村务公开民主管理示范单位。4月8日，市民政局、市妇联联合下发《转发鲁民〔2009〕18号进一步加强新形势下妇女参加村民委员会工作的通知》，要求充分认识广大农村妇女在村民自治实践中的重要作用，切实维护农村妇女在基层民主政治建设中的权益。7月，市民政局与市纪委、市委组织部等10部门印发《关于转发鲁民〔2009〕34号文件开展村务公开和民主管理“难点村”治理工作的通知》，要求建立健全“难点村”治理工作机制，提高村务公开民主管理整体工作水平。10月26日，市委办、市政府办印发《关于完善全市村级组织运转经费保障机制的意见》，明确做好村级组织运转经费工作的指导思想、任务目标，严格界定保障范围，明确经费保障责任，合理确定保障标准。

2011年3月，开展第十届村委会换届选举，6月底基本结束。3月16日，市委办公室、市政府办公室印发《关于印发〈关于在全市农村建立村务监督委员会的实施意见〉的通知》，要求在全市农村建立村务监督委员会，明确村务监督委员会工作职责、产生程序、权利与责任。2012年3月31日，全省村务公开民主管理工作会议在潍坊召开，市民政局作典型发言。6月，诸城市获全国村务公开民主管理示范单位荣誉称号。12月31日，潍坊市委、市政府印发《关于进一步做好村级组织运转经费保障工作的意见》，以建设服务型基层党组织为目标，大力培育村级集体经济新增长点，确保村级组织正常运转，满足农民群众对村一级公共服务日益增长的需求。

2011年4月26日，诸城市百尺河镇百尺河社区召开第十届居民委员会选举大会

第二节　城市社区建设

90年代，借鉴先进地区经验，潍坊市对社区党建、社区管理、社区服务等体制机制进行探索和实践。1991年，潍坊市城市基层工作主要以居民委员会为主，并逐步开始探索社区化服务。1992年10月14日，潍城区印发《潍城区社区服务三年发展规划（1992—1994年）》，社区服务做法在全省社区服务经验交流会作典型介绍。1998年，成立潍坊市社区服务工作协调委员会。1999年12月12日，市委、市政府印发《关于加强城市社区建设的意见》，城市社区建设步伐加快。以1000户左右为宜，合理调整居委会辖区规模，设置居委会职数3~5人，确定以社区服务、社区经济、社区卫生、社区治安、社区文化等方面建设为主要职责；12月15日，召开全市城市社区建设工作会议，推进全市城市社区建设。到90年代末，全市社区服务范围、内容不断扩大，设施不断增多，社区服务队伍发展壮大，社区互助活动广泛开展，社区服务管理不断加强。各县市区城市社区，逐步建立起职责明晰、制度健全的社区组织体系，项目齐全、设施完备的社区服务体系，以及系统科学、配套完善的社区管理体系。

2003年1月22日，市民政局印发《关于命名全市社区建设示范街道和示范社区的决定》，命名奎文区广文街道等7个街道为全市社区建设示范街道，奎文区东关街道后门街社区等18个社区为全市社区建设示范社区。11月12日，转发省民政厅、省文明办《关于组织参加“万家社区图书室援建和万家社区读书活动”的通知》，促进城市基层组织建设和学习型社区建设，丰富和活跃社区居民文明健康的文化生活，促进城市社会的文明进步。2006年9月5日，市民政局印发《全国减灾示范社区创建标准》，增强社区群众减灾意识，提高自救能力，避免或减轻灾情危害，保障人民群众生命财产安全。

2007年6月19日，市委、市政府印发《关于加强和改进城市社区工作的意见》，要求进一步加强城市社区建设、管理和服务工作，不断提高社区工作整体水平，全面推进和谐社区建设。明确区级社区服务中心不低于3000平方米，街道级社区服务中心不低于1000平方米。规范社区工作人员职数配置，每300户配备1人，最低不得少于5人。社区工作经费每千户每年不少于1万元，社区干部生活补贴不低于上年度所在地在岗职工平均工资水平。2007年6月27日，市民政局、市财政局联合印发《关于中心城区社区居委会工作经费、社区干部生活补贴等发放管理有关问题的通知》，对社区工作经费和社区干部生活补贴的数额和发放标准做出具体规定。2008年3月，市委、市政府印发《关于命名表彰2006—2007年度文明单位、文明村镇、文明机关、文明和谐社区和精神文明建设先进工作者的通报》，授予奎文区东关街道中和街社区等44个社区“文明和谐社区”荣誉称号。2010年3月，省民政厅命名奎文、潍城、寿光为“城市社区建设示范区（市）”；命名奎文区广文街道等6个街道为“城市社区建设示范街道”；命名奎文区梨园街道樱园社区等21个社区为“城市社区建设示范社区”。市委、市政府印发《关于命名表彰2008—2009年度文明和谐单位、文明和谐村镇、文明和谐机关、文明和谐社区和精神文明建设工作先进个人的通报》，授予奎文区大虞街道红旗社区等50个社区“文明和谐社区”称号。

2010年4月19日，市政府印发《关于加快社区服务业发展的若干意见》，进一步扩大就业，改善民生，加快全市社区服务业发展。9月29日，市委办公室、市政府办公室印发《关于进一步深化和谐社区建设的意见》，制定潍坊市深化和谐社区创建活动三年总体目标。2012年3月28日，调整潍坊市社区建设工作领导小组成员，领导小组办公室设在市民政局。5月16日，启用全国统一标识“中国社区”。至2012年底，全市共有城市社区233个，工作人员1793人。

第三节　农村社区建设

2007年，潍坊市适应农村改革发展新形势，积极推进农村社区建设。按照民政部《关于做好农村社区建设试点工作推进社会主义新农村建设的通知》精神，市委、市政府确定试点先行、积极推进工作思路，指导诸城市、寿光市、青州市、高密市、潍城区、寒亭区等县市区进行农村社区建设试点。潍坊市社区工作领导小组制订《潍坊市农村社区建设规划》，提出农村社区建设指导思想、基本原则和总体目标，要求按“确立一种主导模式、明确五项基本功能、理顺五种共建关系、完善三大服务体系、健全四个运行机制”组织实施农村社区建设。把“多村一社区”确定为主导模式，要求按照方便服务管理、尊重群众意愿和最大限度集约利用公共资源原则，根据各地农村的自然环境、风俗习惯、经济社会发展水平和生产方式的不同，科学规划建设农村社区。以2.5千米左右半径，由区域内的几个村组成一个社区，同时选择一个经济条件较好、基础设施较为完善、人口较多的村确定为中心村，在中心村建立社区服务中心。要求县市区因地制宜，分类指导，村庄密集平原地区，一个社区可覆盖7~10个村；村庄稀疏偏远山区，一个社区可覆盖5~6个村；地处边远、居住分散、自然条件较差村庄，在尊重群众意愿前提下适当撤并，逐步实现农村社区聚集发展。

2008年，市委、市政府印发《关于加快推进农村社区建设的意见》，提出“一年大发展、二年全覆盖、三年上水平、持续完善提高”工作思路，要求合理规划布局农村社区，经济条件较好、面积较大、居住人口较多村，可建设“一村一社区”；经济条件一般、居住较分散村庄，提倡依托中心村，实行“多村一社区”。市委、市政府在诸城市召开全市农村社区建设经验交流会，参观诸城市农村社区建设现场。是年6月，全省农村社区建设现场会在诸城市召开，推广诸城市农村社区建设“政府主导、多方参与、科学定位、贴近基层、服务农民”的经验做法。7月，市委、市政府印发《关于学习推广诸城经验进一步加快推进农村社区化建设的通知》，要求各县市区、各有关部门把农村社区化建设纳入全市重点工作任务强力推进，认真解决好农村社区有人办事、有钱办事、有地方办事问题，大力抓好以党组织为核心的农村社区各类组织建设，积极拓展农村社区服务功能和领域，切实加强对农村社区化建设的组织领导。随着农村社区建设的快速推进，全市逐步形成各具特色的社区建设模式：诸城市以乡镇机构合并后乡镇为单位，对所辖村进行重新整合，划分农村社区。每个社区一般半径2~3千米，涵盖5~6个村、1000~2000户；每个社区确定一个基础条件较好、经济实力较强村为中心村，在中心村设立社区服务中心，建设服务设施，为社区范围内村民提供服务。青州市以合并前原乡镇为基础，乡镇规模小的，以原乡镇范围为一个社区，在原乡镇驻地建社区服务中心；乡镇规模大的，除乡镇驻地外，再选择1～2个实力较强村作为中心村，成立2~3个社区。平原村服务半径3～4千米，覆盖10个村、3000户左右，山区村服务半径6～8千米，覆盖12个村、3000户左右。高密市以乡镇机构合并前原乡镇为单位，在原乡镇驻地设立中心社区，原乡镇所辖村以原工作片为单元设立分社区，一个工作片设一个社区，分社区受中心社区领导；合并后的镇（街道）设2～3个中心社区，10～15个村设一个分社区。上述三种社区模式，以诸城市小社区最为典型。

2009年6月20日，市委办公室、市政府办公室印发《潍坊市农村社区建设基本标准》，明确农村社区建设模式、建设规划、空间布局、基本功能、服务设施、服务体系、社区组织和社区工作者队伍、运行机制、管理体制等。要求以社区中心村为重点，服务半径为2～3千米，一般覆盖4~6个村庄，农民群众步行到社区服务中心不超过30分钟。明确农村社区不是一级行政组织，其功能定位是服务，主要是为社区居民提供基本公共服务和生产生活服务，受政府和社会团体委托，进行必要的社会管理，寓管理于服务之中，发挥社区载体作用，促进当地经济、政治、文化和社会发展。要求发展农村社区要同步设立社区党组织，社区党组织在乡镇（街道）党工委的直接领导下开展工作。6月22日，市委办公室、市政府办公室印发《潍坊市农村社区建设考核办法》，对各县市区、市属各开发区农村社区建设全覆盖情况、农村社区服务中心运行情况进行考核。7月29日，诸城市被民政部命名表彰为首批“全国农村社区建设实验全覆盖示范单位”。诸城农村社区建设做法，被誉为多村一社区“诸城模式”。10月10日，市委办公室转发市委组织部《关于全面推进农村社区党建工作的意见》，要求在规划建设农村社区中同步建立社区党组织，每届任期3年，原则上与所辖村党组织同步换届。2009年下半年，各县市区先后完成农村社区建设任务，提交了农村社区建设实验全覆盖示范单位申请报告，提交报告的县市区（开发区）达到13个。

2010年2月，潍城区、寒亭区、坊子区、高密市、寿光市、昌乐县被民政部命名为“全国农村社区建设实验全覆盖示范单位”。8月，市委、市政府印发《关于进一步提升农村社区建设水平的意见》，要求强化农村社区组织建设、工作者队伍建设、基础设施建设；提升农村社区服务水平、管理水平、信息化水平；积极稳妥推进“合村并点”工作。9月，市委办公室、市政府办公室印发《关于进一步深化和谐社区建设的意见》，要求加强以社区党组织为核心的组织体系建设；完善以民生需求为导向的新型社区服务体系；推进以节能环保为重点的基础设施配套建设；深化以文明和谐为主

寿光市羊口镇齐庄社区服务中心　（2009年12月拍摄）

导的社区平安建设；加强以提高居民综合素质为主旨的社区文化建设；加强以高效便捷惠民为目标的社区信息化建设。各县市区全面落实“一区一警”，健全村（社区）公共安全防范体系。农村社区结合村务公开民主管理，利用村务公开栏、信息网站、门户网站等，以群众喜闻乐见的形式，多渠道、大范围开展宣传。组织开展“平安社区”“零案社区”“文明社区”“双拥社区”“卫生服务示范社区”“综合减灾示范社区”“群众性文化社区”“零失业社区”“文体活动先进社区”等创建活动，为居民群众打造社会治安良好、生活环境优美、公共服务健全、精神文化丰富的社区环境。

2011年1月19日，青州市被民政部命名为“全国农村社区建设实验全覆盖示范单位”。各县市区积极推进社区治理创新，到2012年底，形成了诸城市“四务公开、五制管理”、坊子区“一约三会”等社会治理模式。

第四节　社会工作

潍坊市社会工作起步于2007年，奎文区、青州市被民政部确定为全国社会工作人才队伍建设试点地区。2009年，潍坊市社会福利院被民政部确定为全国社会工作人才队伍建设第二批试点单位。2011年，潍坊市社会工作协会筹备办公室成立。“探索建立现代社会工作制度”被确定为潍坊市综合配套改革试点重点项目。潍坊市人才工作领导小组办公室、市委组织部、市民政局、市人社局联合印发《关于开展“潍坊市优秀社会工作者（和谐使者）”评选活动的通知》，在全市评选100名优秀社会工作者（和谐使者）。9月，省民政厅、市政府共同推进潍坊市综合配套改革试点，加快民政事业创新发展。11月22日，全省社会工作专业人才队伍建设座谈会在潍坊召开。在潍坊市民政局开展的“潍坊民政双百调研”中，社工人才组《在城乡社区服务中加强社会工作人才队伍建设的研究》被列为潍坊市社会科学规划重点课题。2012年11月，潍坊市社会工作协会成立。中国社会工作协会与神华公益基金会合作开展的“神华爱心行动”项目落户潍坊，免费治愈低保家庭或经济贫困家庭0~18岁先天性心脏病儿童78名。“探索建立现代社会工作制度”第二次被确定为潍坊市综合配套改革试点重点项目，全市社会工作服务标准化建设示范试点工作正式启动，首批试点社区为奎文区东关街道苇湾社区、诸城市龙都街道土墙社区、寿光市圣城街道向阳社区及高新区新城街道北苑社区，首批试点单位为潍坊市社会福利院。诸城市社会工作协会、寿光市社会工作协会相继成立，昌邑市成立社会工作专业人才队伍建设领导小组。潍坊市有两名社会工作者被中国社会工作协会评选为“2012年度中国最美社工”。

第四章　拥军优属和双拥创建

1991年6月，潍坊市双拥工作领导小组正式成立，负责对全市双拥工作的领导、组织、协调和指导。各县市区双拥工作领导小组相继成立，并在民政部门设双拥工作办公室，配备相对固定工作人员负责双拥工作。2006年4月，成立市双拥办，为市民政局所属副县级事业单位。2011年8月，市双拥办调整为行政编制，市民政局局长兼任主任，另配专职副主任，内设综合科、联络科。

第一节　拥军优属

1991年，在市双拥工作领导小组指导下，全市正式开始全国、全省双拥模范城（县）创城活动。1992年12月5日，市政府印发《关于进一步做好拥军优属工作的几项规定》，对随军、随迁家属就业安置、部队干部子女就学、部队企业生活和发展、部队物资供应和后勤保障、优抚政策落实以及军队转业、退伍军人安置、为军人提供社会服务等作出规定，明确提出“各公园对军人免费开放，各收费公厕对军人免费”。

1993年8月28日，青州市投资150万元修建通往青州市区步兵某团的柏油路通车，此路被国务委员、国防部部长迟浩田命名为“双拥路”。

1994年1月，全市开展“双拥活动月”活动，大力宣传双拥知识，组织开展走访慰问活动。1995年12月4日，省军区、省民政厅在高密市进口汽车维修中心举行山东省退伍军人培训基地落成典礼。中央军委副主席、国防部部长迟浩田上将为基地题词“军营作奉献，转业创辉煌”。1995年12月14日，企业负责人薛令山出席全国百名优秀复员退伍军人企业家会议，受到江泽民、李鹏、刘华清等党和国家领导人接见；1996年，薛令山被中央军委命名为“全国十佳预备役学雷锋标兵”，被山东省评为“关心国防建设十佳人物”；1997年被评为“山东省模范复员军人”，1998年薛令山事迹被八一电影制片厂拍摄成专题片《一个退伍兵的情怀》。

1996年和1998年4月，市委、市政府先后印发《潍坊市拥军优属工作的若干规定》《关于加强拥军优属工作的意见》，将双拥工作任务分解落实到有关部门和单位，使驻军干部家属就业安置、子女入托上学、水电粮油供应等问题得到较好解决。同年，解放军第89医院从坊子区搬迁至潍城区，各级政府特事持办，妥善解决新营区水、电、气“三通”以及子女上学、户口迁移等问题；12月，驻潍坊某步兵师与驻莱阳26军调防，市里专门成立领导小组，深入部队了解情况，制订保障方案，投资242万元为新营区铺设通信管线，拿出60万元整修营房，协助部队搞好营区房地产管理。1999年，以创建全国双拥模范城（县）、迎接中华人民共和国成立50周年为动力，在全市广泛开展“爱心献功臣行动”。全市各级财政投入和社会捐赠达1000多万元，减免优抚对象集资提留2000多万元，结对帮扶4100多户，安排孤老优抚对象1010人进敬老院“光荣间”，“三老”优抚对象生活难、住房难问题基本得到解决，治病难问题明显缓解。按中央关于军队不再经商办企业决策，接收军队移交企业28家，干部职工658人，承担债务5000多万元。2000年8月24日，市委、市政府印发《关于进一步加强双拥工作的意见》，明确提出创建全国双拥模范城目标，把双拥工作纳入法制化轨道，依法维护军队和优抚对象的合法权益。12月，市政府印发《关于进一步做好军队干部随军家属劳动就业和社会保障工作的通知》，明确在部分县市区和市直事业单位中采取考试考核办法，对部分上属单位安置计划实行有偿转移。

2001年8月，专门成立军粮供应中心，全市共有专、兼军粮供应站12个。支持部队“温暖工程”建设，帮助驻潍坊部队解决冬季取暖问题。市委、市政府印发《关于进一步做好随军家属就业安置工作的意见》《关于进一步做好随军家属劳动就业和社会保障工作的通知》，采取政府干预，专门对随军家属进行指令性集中安置。1999年到2001年，全市采取指令集中安置办法安置随军家属1085人。

2002年2月2日，市政府《关于进一步做好拥军工作几个具体问题的通知》明确规定，现役军人在市内游览非经营性公园及旅游景点、名胜古迹，凭军人身份证明或部队团以上机关证明，门票免费。4月13日，市政府印发《进一步做好军队干部随军家属劳动就业和社会保障工作几个具体问题的意见的通知》，决定成立随军家属就业安置专门服务机构，对随军家属进行集中安置，对未安排工作无收入随军家属，从2001年1月1日起给予补助，市财政每人每月补助50元，由军分区、人武部负责发放；6月，市委、市政府、军分区做出《关于开展向新时期军转干部的楷模刘坤洲同志学习的决定》。同年，刘坤洲被授予“山东省劳动模范”称号；2003年8月4日，被授予“全国模范军队转业干部”称号。2002年7月26日，山东省妇联、省民政厅印发《关于追授王惠萍“新时期好军嫂”荣誉称号的决定》，好军嫂王惠萍（坊子区眉村人）事迹报告会在济南南郊宾馆举行。市委、市政府和潍坊军分区做出向王惠萍学习的决定，并组织报告团巡回演讲。

2003年，全市开展“千家企业拥军行动”和“万户奔小康帮扶行动”，潍坊柴油机厂送教上门，帮助部队培养技术人才；送服务上门，随时保障部队装备精良完好；送技术上门，协助驻军进行技术攻关和技术革命；送紧缺物资上门，帮助驻军解决实际问题。市双拥办、市福彩中心联合开展“福彩心连心·文化献军营”走访慰问活动。同年4月和11月，市政府先后印发《关于推进军队后勤保障社会化的实施意见》和《潍坊市农村优抚对象优待办法》，协助部队落实营房、医疗、交通等社会保障措施，派出工作组对双拥工作、落实优抚政策情况进行督查。

2005年5月30日，驻军与市委、市政府、军分区召开军地联席会，确定对安置确实有困难和企业下岗的随军家属，给予一定生活补助，并免费开办随军家属培训班，提高就业技能和竞争能力。8月，以保障“和平使命—2005”中俄联合军演为中心，掀起大规模拥军支前热潮。全市投入上千万元，全方位支持，全过程保障，清海域、修道路、扩机场，圆满完成支前任务。市交通局、市公路局、市建设局共投入建设资金6133万元，先后对7条军演道路及靶场、飞机场进行新修、维修和改造。部队进驻后，市县乡党政领导及有关部门，先后十几次走访慰问部队官兵，共赠送慰问品价值560万元。演习结束后，8月31日，省委、省政府召开表彰大会，潍坊市做典型发言，并有35个先进单位和35名先进个人受到通报表彰。9月22日，市委、市政府、军分区召开表彰大会，对在军演拥军支前工作中做出突出成绩的76个先进单位和82名先进个人予以通报表彰。

2006年，“前卫—206B”军事演习在潍坊举行，潍坊市成立演习保障领导小组，为部队提供全方位保障。市双拥工作领导小组印发《关于开展军民共建社会主义新农村活动的意见》，对开展建设新农村活动进行部署；潍坊市印发《关于发放随军配偶未就业无收入期间生活补助金的通知》，对随军配偶享受补助的范围和标准进行明确，市财政当年拿出40多万元给未安置和下岗失业随军家属落实每人每月100元生活补助费。全市深入开展“军民共建社会主义新农村、援建军营图书室”等活动，坊子区援助2万多元，为驻地部队购买各类图书1100多册。

2007年2月5日，市委、市政府召开支持部队建设现场办公会，现场解决营区建设及环境治理和转业干部、随军家属安置问题。同年，市委、市政府以强化国防意识为主旨，组织市直机关5000多名领导干部和工作人员，利用一年半时间分期分批进行全员军训，强化国防意识，打造团队精神，锻炼健康体魄。奎文、坊子、安丘、高密、昌邑、临朐等县市区先后开展军训活动。

2008年，市财政先后投入200余万元，用于改善“小散远”部队官兵工作和生活条件；青州市支持步兵某团和青州士官学院新建营区建设，帮助整修道路，兴办引水工程。印发《潍坊市关于加强“两新组织”双拥共建工作若干规定》，推动全市“两新组织”（新社会组织、新经济组织）拥军规范化、制度化。5月，随军配偶未就业无收入期间生活补助金标准由100元调整为每人每月150元。2006年至2008年上半年，市财政累计发放生活补助金110.185万元；全市开展关爱抗震救灾、清除浒苔、青岛奥运安保、苏丹维和官兵家庭活动，各县市区共投入资金20余万元，走访慰问军人家庭200余户，送温暖、献爱心，帮助解决生产生活中实际困难。潍坊市投资40余万元为空军某部铺设污水管道并纳入白浪河湿地建设统一进行整治。青州市积极参与驻军营区国防建设，完成拆迁居民70户，企业12家，征地132亩，保证重点国防工程建设和部队营区建设。昌乐县投资200万元，修建“拥军路”3千米，彻底解决部队进出靶场道路问题。

2009年6月，随军家属未就业生活补助标准由150元调整为210元。潍坊市先后印发《潍坊市军地相互通报工作细则》《市双拥工作领导小组成员单位双拥工作职责》《市双拥工作领导小组成员单位双拥工作目标考核办法》《潍坊市双拥工作领导小组成员单位联络员工作意见》，双拥工作制度建设进一步加强；印发《潍坊市社区双拥工作基本标准》《关于进一步推进双拥工作社会化的通知》，对全市“两新组织”拥军和双拥工作社会化进行规范引导；以奎文区“双拥进社区、军民共和谐”活动为起点，在全市推动开展双拥进社区活动；把解放军第89医院纳入定点医疗单位，减免海军干休所暖气改造费70多万元；开展关爱受阅部队和全运会安保部队官兵家庭活动，帮助解决生产生活中的实际困难。

2010年5月26日，市委、市政府印发《关于进一步做好拥军工作有关事宜的通知》，现役军人在市内游览公园及旅游景点、名胜古迹实行门票免费，义务兵凭军人身份证明、残疾军人凭残疾证明免费乘坐市内公交汽车。5月28日，潍坊市举行出租车“拥军车队”启动仪式，现役军人市区3千米范围内免费乘车，超出3千米按表计价。6月10日至7月10日，全市开展“双拥宣传月”活动。6月24日，市政府印发《关于落实相关政策进一步做好拥军优抚安置工作的通知》，明确义务兵优待标准提高到每人每年3600元左右，将退役士兵自谋职业一次性补助金、城镇退役士兵待安置期间生活补助费和培训费列入财政预算；6月底，市民政局、市财政局联合印发《关于进一步做好随军家属就业安置工作的意见》，明确未就业随军家属生活补助标准不低于300元。8月1日，潍城区西关前进街社区双拥工作站被评为全省拥军工作社会化十佳双拥工作站；奎文区广潍集团双拥培训中心被评为全省拥军工作社会化十佳双拥服务实体。全市组织开展双拥工作领导小组部队成员单位帮扶重点优抚对象、地方成员单位重点帮扶特困军人家庭“双帮扶”活动，帮扶家庭70户，送慰问品、慰问金35万元。11月16日，市人力资源和社会保障局举办首届“2010年驻潍部队随军家属就业技能培训班”，230多名随军家属参加培训。该年，全市建有社区双拥工作站985个，专兼职工作人员2433人，志愿者队伍999个，人员1.1万人，双拥服务实体达190余个。

2011年1月28日，市委、市政府、军分区联合印发《关于表彰全市关心国防建设双“十佳”的通报》。开设潍坊市双拥工作网站，各县市区分别开通双拥网站。八一期间，市民政局和高新区民政局向潍坊武警支队赠送电脑20台。

2012年3月，市政府、军分区印发《关于做好义务兵家庭优待金发放工作的通知》，要求2010年冬季入伍士兵第二年度和2011年冬季入伍士兵第一季度家庭优待金于2012年6月底前全部发放到位，发放标准按照各单位上年度农民人均纯收入水平执行。同年在市新闻媒体开设“鸢都子弟兵”栏目，全面反映潍坊双拥工作情况。2012年6月，海军把国产最新型054A型导弹护卫舰550舰正式命名为“潍坊舰”，7月，市委主要领导赴上海参加“潍坊舰”下水仪式，赠送慰问金30万元。

第二节　双拥创建活动

1991年始，潍坊市持续开展争创“双拥模范城（县）”活动。12月，青州市、安丘县被评为省级双拥模范城（县），潍城区被评为双拥先进区。1992年12月，潍坊市被命名为双拥先进市，潍城区被命名为省级双拥模范区。1994年6月，潍坊市被命名为省级双拥模范城；年底，71350部队被中宣部和总政治部联合表彰为全国双拥模范先进单位。1995年11月，青州市、安丘市、潍城区、昌邑市被命名为省级双拥模范县市区；潍坊市命名市级双拥模范县市区7个。1997年1月，安丘市被命名为全国双拥模范城。同年安丘市景芝镇被中宣部、总政治部表彰为军民共建社会主义精神文明先进单位，安丘市贾戈街道马家庄村民徐凤英被评为省拥军优属模范。1999年，潍坊市、安丘市、青州市、高密市、诸城市、昌邑市、临朐县被命名为省级双拥模范城（县）。2000年1月，潍坊市首次被命名为全国双拥模范城。2003年1月，潍坊市及青州市、诸城市、安丘市、昌邑市、高密市、临朐县被授予全省双拥模范城（县）称号。2004年，潍坊市被命名为全国双拥模范城。2008年1月，潍坊市、青州市被命名为全国双拥模范城，昌邑市人民政府被命名为全国爱国拥军模范单位。潍坊市及青州市、诸城市、安丘市、昌邑市、高密市、寿光市、临朐县被授予全省双拥模范城（县）称号。2009年1月，市民政局局长孟祥志作为全国双拥模范城、全国双拥先进单位和个人代表出席2009年军民迎新春文艺晚会，受到党和国家领导人接见。2012年2月，潍坊市再次被评为全国双拥模范城，实现创城“四连冠”目标，潍坊市及奎文区、潍城区、青州市、诸城市、寿光市、安丘市、昌邑市、高密市、临朐县、昌乐县被授予全省双拥模范城（县）称号；市民政局、坊子区双拥办、青州市民政局被评为省爱国拥军模范单位。

第五章　优抚安置

1991—2012年，全市优抚安置工作扎实推进、优待抚恤水平稳步提高。先后多次提高残疾军人、老复员军人等优抚对象抚恤和生活补助标准，大幅提高抚恤定补、优抚对象住院费补助比例和定额门诊补助标准，在全省率先实施优抚对象医疗费“一站式”结算全覆盖。义务兵家庭优抚金提高到当地上年度农民人均纯收入标准，并按时足额发放。组织开展烈士精神进校园活动。零散烈士纪念设施实现集中管护，建立起烈士纪念设施保护管理长效机制。按期顺利完成退役士兵、军休人员、无军籍职工和伤病残退役士兵接收安置任务。及时足额发放退役士兵自主就业补助金。实施退役士兵免费职业技能培训行动，落实军休干部政治和生活待遇，创建温馨军休、幸福军休、和谐军休、文化军休服务品牌。

第一节　优待

1991年，潍坊市落实国务院《军人抚恤优待条例》,各县市区根据当地经济发展情况，制定优待金与当地人均纯收入同步增长的具体措施，城乡义务兵家庭优待金逐年提高。1992年，80%以上乡镇制定配套办法，城乡义务兵家庭优待金、优待标准、优待面逐步提高和扩大。1993年，全市共发放优待金2964万元，优待5.8万户，户均511元。1994年，农村义务兵优待金每户平均1040元，比1993年提高22%。1997年，市政府办公室印发《关于理顺市区城镇义务兵优待金统筹有关问题的通知》，规定城区军属优待金标准1997年不低于750元。是年，义务兵家属优待金全市平均达1700元。1998年始，每年开展“爱心献功臣”活动，优抚对象生活、住房难问题基本解决。1999年，减免优抚对象集资提留2000多万元。

2004年10月，新《军人抚恤优待条例》施行，提高军人社会地位，军人抚恤优待优厚于一般社会成员。2008年，深入开展“爱心献功臣”活动，从福彩公益金中拿出60万元，救助1000名老优抚对象。2010年，圆满完成200名重点优抚对象康复疗养任务。至2011年，城镇义务兵家庭优待金全市平均1459.4元，农村义务兵家庭优待金全市平均2762.5元。2011年8月1日，新修订的《军人抚恤优待条例》施行，义务兵家庭优待金标准大幅提高。9月15日，市委、市政府与潍坊军分区联合印发《关于进一步加强和改进新形势下征兵工作的意见》，按城乡一体、同役同酬原则发放义务兵家庭优待金。2012年，义务兵家庭优待金大幅调整标准，“八一”前，潍坊市为8136个义务兵家庭发放优待金7916万元，全市平均标准为9181元。

第二节 抚恤

1991年，潍坊市拨发资金14.78万元，为353名有困难的退伍军人解决住房困难。1993年，开展帮助优抚对象“解三难、奔小康”活动，拨款9.35万元，为129人解决住房困难。1994年，全市统筹烈军属优待金3500多万元，烈属每户年平均发放965元，比1993年提高16.5%。1994年，烈属优待户年均966元，军属优待户年均1040元，同时开展帮助优抚对象“解三难，奔小康”活动，优抚对象生活难、住房难、治病难问题得到较好解决。1998年，落实国务院办公厅《关于加强优抚工作的通知》，在安丘市进行抚恤补助标准自然增长机制和优待金县级统筹制度试点，为解决优抚对象生活难、住房难、医疗难问题摸索新经验。1999年，全市各级财政投入和社会捐赠达1000多万元，结对帮扶4100多户，安排孤老优抚对象1010人进敬老院“光荣间”，“三老”优抚对象生活难、住房难问题基本得到解决，治病难明显缓解。

2001年，潍坊市完成优抚安置对象和优抚事业单位普查，为完善优抚政策提供依据。2003年，全市范围内普遍建立起抚恤补助标准与人民生活水平同步提高的自然增长机制，优抚对象的合法权益得到切实保障。2004年10月1日，新修订《军人抚恤优待条例》实施，全市加大优抚对象抚恤补助标准自然增长机制落实力度，理顺优抚对象自然减员经费管理使用体制，青州、寒亭、昌邑等地配合农村新型医疗合作制度建设，开始建立重点优抚对象医疗保障机制。2005年，各县市区普遍建立起运作规范、标准较高的优抚医疗保障制度，缓解“三老”优抚对象医疗难。市、县两级制定抚恤定补优抚对象医疗保障办法，解决优抚对象医疗难问题，并及时对优抚对象信息系统进行更新。自2007年8月1日起，根据《山东省民政厅关于落实优抚对象和部分军队退役人员有关政策的实施意见》要求，潍坊市为在农村的和城镇无工作单位且家庭生活困难的参战退役人员和参加核试验军队退役人员发放生活补助，补助标准为每人每月100元。2010年，潍坊市印发《关于调整一级至四级残疾军人护理费标准的通知》，一级至四级残疾军人护理费标准全面大幅度提高，复退军人精神病康复防治网络运转高效，为患者巡诊送药。2012年，部分县市区落实优抚对象医疗费“一站式”结算服务。

2012年底，潍坊市部分优抚对象等人员抚恤和生活补助标准再次提高，调整后的在乡老复员军人生活补助标准为：抗战时期入伍的老人每年不低于6880元，其他时期入伍的每人每年不低于6380元。带病回乡退伍军人生活补助标准为每人每月285元。在农村的和城镇无工作单位且家庭生活困难的参战退役人员生活补助标准达到每人每月285元。不符合评残和享受带病回乡退伍军人生活补助条件，但患病或生活困难的农村和城镇无工作单位的其他军队退役人员提高生活补助标准达到每人每月285元。新中国成立前加入中国共产党的农村老党员和未享受离退休待遇的城镇老党员生活补贴标准调整为：1937年7月6日前入党的，达到每人每月455元；1937年7月7日至1945年9月2日入党的，达到每人每月395元；1945年9月3日至1949年9月30日入党的，达到每人每月315元。

第三节 退伍士兵安置

1991年，潍坊市对应安排工作的1399名退伍义务兵和转业志愿兵进行妥善安置，拨发资金

14.78万元、木材58立方米，为353名退伍军人解决住房困难，退伍军人军地两用人才开发使用率达95.4%。1993年，全市共接收安置退伍军人和复员干部5568名，全部进行妥善安置。拨款9.35万元，帮助困难农村退伍军人修建房屋344间，为129人解决住房困难。

1994年，在坚持按系统分配任务、包干安置基础上，实行双向选择、包底安置，拓宽安置渠道，保证退伍军人第一次就业。军地两用人才开发使用率达98%。寿光市被民政部和解放军总政治部评为全国培养开发使用军地两用人才先进单位，退伍军人薛令山、蔡绪旺被授予全国军地两用人才先进个人称号。1995年，采取双向选择与指令性安置相结合办法，妥善安置城镇义务兵和转业志愿兵2280名。1996年，较好完成1742名城镇义务兵和870名转业志愿兵安置任务，农村退伍军人两用人才开发使用率达98%。1997年，为2018名城镇退伍义务兵和转业志愿兵安置工作。1998年，劳动力市场供过于求，退伍安置出现困难，各级进一步加大指令性安置力度，全市2300多名转业志愿兵和城镇退伍义务兵及时就业。1999年，完成2800多名退役士兵安置任务。2000年，完成3100多名退役士兵安置任务。

2001年，在部分县市区和市直事业单位中采取考试考核办法，对部分上属单位安置计划实行有偿转移作尝试和探索。2002年，采取“指令性安置一部分、鼓励自谋职业一部分、双向选择市场调剂安置一部分、考试考核安置一部分”办法，拓宽安置渠道，较好完成全市2358名退役士兵安置任务。2003年，继续推行安置就业与自谋职业相结合，进一步深化安置办法改革，对市直安置退役士兵进行专门培训，全部实行考试考核、自主择业、阳光安置办法。2004年，继续推行“三公开一监督”阳光安置办法，即公开安置政策、公开安置计划、公开考试考核成绩，完成年度退役士兵安置任务。市直退役士兵自谋职业率达到36%。2005年，全面落实“三公开一监督”考试考核办法，全市1890名城镇退役士兵得到妥善安置。筹集退役士兵自谋职业保障金612万元，全市自谋职业率达到36%，较上年提高6个百分点。

2006年，全市1605名城镇退役士兵得到妥善安置。全市筹集退役士兵自谋职业保障金973.9万元，自谋职业率达到40%。2010年，做好退役士兵接收安置工作，圆满完成全市3994名退役士兵接收任务，对需在城镇安置工作的1216名城镇退役士兵和转业士官，实行考试考核的阳光安置办法。全市退役士兵自谋职业率达到63%。

2012年，全市共接收退役士兵4365人，其中选择政府安排工作的1528人，选择自主就业的2837人，全市事业单位计划数达133人。发放自主就业退役士兵一次性补助金5750万元。免费培训退役士兵2922人。

第四节　军队离退休干部安置

1991年，全市12处军休所均达到省民政厅规定标准。1993年，全市接收安置军队离退休干部663名。1994年，军休干部生活待遇按军队统一项目和标准执行；医疗费用由中央财政按标准拨给地方财政，纳入安置地公费医疗体系统筹管理，不足部分由地方财政解决；住房由地方政府建设改为军队负责解决军休干部房源。1997年，潍坊市第4批军休干部住房建设全部完成。

2002年8月，奎文区第二军休所成立。2004年，拓宽军休干部安置渠道，将批次交接改为年度计划交接；医疗保障除离休干部继续享受实报实销外，退休干部比照安置地国家机关公务员参加医疗保险，同时享受医疗照顾和医疗补助；军休干部生活待遇经费由中央和军队共同保障，医疗和服务管理经费纳入安置地政府预算；军休干部执行军队统一住房制度，住房补贴与货币补差相结合。2006年，接收安置军队离退休干部92人；11月，成立潍坊市军队离退休干部管理服务中心，为副县级事业单位，负责2005年以后移交潍坊市市直军休干部接收安置和服务管理。2005年，诸城市军队离退休干部休养所获民政部首批“全国和谐军休家园”称号，先后被国家民政部、原解放军总政治部表彰为“全国先进军休所”“全国军休先进单位”。2011年，高密市军队离退休干部休养所被民政部表彰为“全国和谐军休家园”。诸城市、高密市、安丘市、青州市、昌邑市军休所和奎文区军休二所获“山东省星级军休服务管理机构”称号。至2012年底，全市共接收军队退休干部358人。至2012年底，全市共接收军队退休干部358人。

第五节　烈士褒扬

潍坊市烈士陵园

潍坊市烈士陵园建于1951年，共有6个瞻仰点，分别为革命烈士纪念碑、革命烈士纪念馆、革命烈士纪念碑亭、潍县战役烈士墓区、抗美援朝烈士墓和革命烈士卧碑区，是潍坊市开展革命传统教育和爱国主义教育的重要阵地。1991—2012年，先后被命名为市级“青少年革命传统教育基地”和省级“爱国主义传统教育基地”；2009年3月被民政部命名为“全国重点烈士纪念建筑物保护单位”；2012年被省精神文明委员会评为省级文明单位。至2012年12月，潍坊市革命烈士陵园共安葬有1695名革命烈士。

烈士纪念馆始建于1969年，1992年7月27日进行修缮。2000年7月15日启动改造烈士纪念馆工程，2001年建成。

烈士纪念碑是陵园的标志性建筑，2000年建成。碑身高26米，碑的正面刻有“革命烈士纪念碑”七个金色的大字。

2004年，将坊子区烈士陵园并入潍坊市烈士陵园，在烈士纪念馆北侧建造一处卧碑，碑下埋葬抗美援朝烈士骨灰，碑上刻抗美援朝烈士名单。2012年，启动零散烈士墓集中管理工作，将潍城区、奎文区、坊子区、高新区零散烈士迁入市烈士陵园集中管理。

革命烈士纪念碑亭建于1983年，碑亭的石碑上刻有1117名烈士的姓名，大部分烈士牺牲在潍县战役中。

王尽美烈士纪念馆

1991年5月，经中央宣传部、中共山东省委、中共潍坊市委批准修建了王尽美烈士纪念馆，7月1日奠基动工，1992年7月1日建成并对社会开放。总占地面积为4.5万平方米，纪念馆建筑面积为810平方米，绿化面积达80%以上。该馆建筑造型新颖典雅，主馆坐落一正方形台基上，为正方体两层平顶楼式建筑，建筑高度13.74米，四面大门互相对称，整个建筑以海兰曲瓦罩顶，与蓝天同为一色，内外花岗岩石贴壁，象征王尽美千秋永在、万古不朽。大门两侧的两面象征党旗，53级石阶寓意王尽美是一大代表，把27岁年轻而宝贵的生命献给了中国人民的革命事业。陈云为纪念馆题写馆名，门厅迎西镶嵌着董必武《忆王尽美同志》的诗篇。1995年6月，王尽美烈士纪念馆被中共潍坊市委命名为“青少年活动基地”，同年9月被共青团山东省委命名为“山东省青少年教育基地”，10月被中共山东省委命名为“山东省爱国主义教育基地”。2007年6月，被山东省委组织部命名为“山东省党员教育基地”。2011年5月，被济南军区命名为“革命传统教育基地”，同年8月，被山东省纪委命名为“山东省党风廉政教育基地”。王尽美烈士纪念馆是全市乃至全省进行革命传统教育、爱国主义教育和党员教育的重要阵地和中心，在精神文明建设中发挥着巨大作用。

其他纪念设施

2001年，安丘市革命烈士陵园、青州市烈士陵园、临朐县烈士陵园被批准为“山东省省级重点烈士纪念建筑物保护单位”。

2010年，全市开始实施零散烈士纪念设施集中管理。至2012年底，共完成5585座零散烈士墓的搬迁工作，占全市零散烈士纪念设施集中管理任务量的96.5%。

第六章　社会组织管理

1990年5月，市民政局设立社团登记管理科，负责市级社会团体的登记管理，同时对县级民政部门的社团登记管理工作进行业务指导。1991年8月，经市编委批准，市民政局社团管理科可对外称“潍坊市社会团体管理办公室”。1997年12月，市社会团体登记管理科更名为市社会团体和民办非企业单位管理科，增加民办非企业单位登记管理职能。2001年8月，根据市社会团体和民办非企业管理科更名为市民间组织管理办公室，为市民政局所属事业单位，核定事业编制8名。2010年2月24日，市委决定依托市民政局成立中共潍坊市委社会组织工作委员会。5月底，12个县市区全部建立社会组织工委，实现社会组织党建工作归口管理。2011年1月，市民间组织管理办公室更名为潍坊市社会组织管理办公室，为副县级规格。2012年3月，经市编办批准，市社会组织管理办公室设综合科和监察科2个内部机构，为正科级规格。

第一节　社会组织登记管理

1991年3月，全市民政部门统一对社会团体清理整顿和复查登记，全市共申报登记社团2551个（市级349个）。12月，为首批通过清理整顿的94家社会团体颁发登记证书。

1992年2月，潍坊市社会团体清理整顿结束，复查合格、注册登记1254个，暂缓登记558个，解散655个，合并82个，取缔1个，移交省民政厅登记管理1个。

1993年，民政部门开始对社会团体进行年度检查，全市875个社会团体参加年检；12月，全市统一颁发社会团体统一代码证书。1994年12月底，全市共有社会团体1635个，其中法人社团162个，非法人社团1473个。

1996年8月，中共中央办公厅、国务院办公厅《关于加强社会团体和民办非企业单位管理工作的通知》指出，民间组织包括社会团体和民办非企业单位两种组织，肯定民办非企业单位的社会地位，强调各级民政部门是民间组织的登记管理机关，明确民间组织由登记管理机关和业务主管单位双重负责的管理体制。

1998年，对社会团体清理整顿，分两批清理400个社会团体，注销181个社会团体；1999年，依据《社会团体登记管理条例》，要求此前注册登记的非法人社团须在一年内重新进行登记，符合法人条件的登记为法人社团，不符合法人条件的予以注销。集中登记结束后，全市社会团体共488个，其中市级201个，县级287个。同年，对全市气功类社团进行清理，气功组织由15个减少到2个。

2000年下半年开始，根据《民办非企业单位登记管理暂行条例》，民办非企业单位复查登记工作在全市全面展开。至2001年4月，全市民政部门共登记民办非企业单位3677个，其中性质为法人的1760个，性质为个体的1903个，性质为合伙的14个。潍坊市为全省登记进度最快的市，全省民办非企业单位复查登记工作现场会在青州召开。通过注册登记，民办非企业单位取得合法地位。

2001年，开展民办非企业单位法规知识宣传月活动，印发宣传材料2万多份；全面开展民办非企业单位复查登记，全市共复查登记民办非企业单位3466家，其中市直81家。截至12月底，全市在民政部门注册登记的社会组织总数为4056个，其中社会团体590个、民办非企业单位3466个。市民政局直接管理的社会组织322个，其中社会团体241个、民办非企业单位81个。

2002年，全市民办非企业单位首次与社会团体同步年检；全面开展社会团体分支（代表）机构复查登记工作，共复查登记444家分支（代表）机构；着重培育发展行业性社团，行业性社团在社团发展总量中达到67.5%；启用民间组织信息管理系统；降低农村经济协会登记准入标准，临朐、昌邑被确定为全省农村经济协会试点县。截至12月底，全市在民政部门注册登记的社会组织为4033个，其中社会团体533个、民办非企业单位3500个。市民政局直接管理的社会组织308个、其中社会团体202个、民办非企业单位106个。

2003年，组织开展民间组织管理“执法年”活动，全市注销、撤销社团71个、民办非企业单位270个；5月，社会组织登记注册全部纳入市政务服务中心集中办理。

2004年，集中完成农村经济协会复查登记，加快培育发展农村经济协会，市政府办公室印发《全市农村经济协会复查登记工作实施方案》，适当降低准入标准，简化登记程序，对暂时达不到登记条件的进行备案，并允许设立分支（代表）机构，跨区域发展会员。当年，全市共登记农村经济协会387个，备案1259个，是全省数量最多的市。

2005年，市政府印发《关于加快组建工业行业协会的意见》，确定用1~3年时间，建立起适应全市工业经济发展、按市场化运作的行业协会体系。全市行业性社团发展到343个，农村经济协会419个，这两类社会团体占全市社会团体总数的65%；建立社会团体秘书长述职和培训制度，市管80个社团分批作集中述职；在全市民办非企业单位中开展诚信创建活动，广大民办非企业单位开展一系列社会公益活动，积极回报社会。

2006年，中共十六届六中全会通过《关于构建社会主义和谐社会若干重大问题的决定》，首次提出了“社会组织”概念，市民政局对社区民间组织状况进行调查，探索对社区民间组织降低登记门槛、简化审批程序，全面进行登记，赋予法律地位；举办首次市管社团秘书长培训班，200多位秘书长参加培训；全市有2个民办非企业单位受到民政部表彰，有12个社团、14个民办非企业单位、12个农村经济协会受到省民政厅表彰。

2007年，市民政局先后印发6个规范性文件，对社会组织评比表彰、财务、会费、内部治理等方面进行规范；颁发市管社会组织会计任职资格证书，逐步实现财务人员持证上岗。截至12月底，全市在民政部门注册登记的社会组织总数为4789个，其中社会团体1178个、民办非企业单位3611个。市民政局直接管理的社会组织573个，其中社会团体255个、民办非企业单位318个。

2008年，市政府印发《关于促进社区社会组织规范发展的意见》，对社区社会组织实行登记备案双轨制，全市登记（备案）社区社会组织153个；汶川地震后，向全市社会组织发出《为抗震救灾致全市社会组织的倡议书》，全市社会组织共捐款5430.5万元，捐献物资价值211.52万元。

2009年，深入开展社区社会组织普查登记（备案）工作，落实“一级登记（备案），三级管理”的社区社会组织管理模式；市级及各县市区实现网上制作社会组织证书；社会组织登记所有环节实现零收费，社会组织成立、变更、注销登记的办理时限由法定60日缩短到7个工作日。

2010年，联合物价部门和财政部门对社会团体乱收费和“小金库”进行清理整顿。截至12月底，全市在民政部门注册登记的社会组织总数为4128个，其中社会团体1399个、民办非企业单位2729个。全市登记（备案）社区社会组织1185个，其中登记394个、备案791个。市民政局直接管理的社会组织702个，包括社会团体276个、民办非企业单位426个。

2011年，市民政局与奎文、潍城、高新3区民政部门联合开展执法检查，历时三周，发放社会组织宣传资料286份，发出限期登记通知书111份，收缴打着社团名义进行商业活动的铭牌2块，查处以周易研究为名开展封建迷信活动的非法社会组织5个。

2012年，市政府印发《潍坊市行业协会管理办法》，结合社会组织年检，实现市管行业协会在住所和资产方面与主管单位脱钩；全面开展社会组织财务审计，开始由会计师事务所对社会组织进行财务审计；8月，完成社会组织电子档案建设工作；坊子、青州、昌邑试点开展社会组织直接登记，共直接登记社会组织3个，诸城对公益慈善类社会组织登记采取加字号办法，建立潍坊市第一家社会组织发展中心，第一期进驻社会组织5个，是山东省最早的县级社会组织孵化器。截至12月底，全市在民政部门注册登记的社会组织2647个，其中社会团体1199个、民办非企业单位1448个。市民政局直接管理的社会组织704个，其中社会团体256个、民办非企业单位448个。

第二节　社会组织党建工作

2002年，组织对社会团体党组织建设情况进行摸底。全市共建立社会组织党组织39个，其中市直12个。

2009年，成立全市社会组织开展学习实践科学发展观活动指导小组，指导社会组织开展学习实践科学发展观活动。全市4789个社会组织参加活动，涉及9600多名党员。2010年2月，全市社会组织学习实践活动按计划结束。学习活动期间，全市社会组织建立党组织614个。市级及12个县市区全部建立社会组织工委，实现社会组织党建工作的归口管理；社会组织业务主管单位建立社会组织党委，规定连同兼职党员超过3名的社会组织可以建立党组织；指导全市社会组织党组织和党员深入开展创先争优、强堡垒做先锋活动。以“服务社会比奉献，促进和谐争先锋”为载体，广泛开展创建党建示范点、党员服务先锋岗等活动。

2011年，在全市社会组织中部署开展以服务农村、服务企业、服务社区、服务民生为主要内容的服务社会比奉献活动，促进社会组织创先争优活动深入开展；建立社会组织业务管理与党建管理有机融合工作机制，形成社会组织登记与党组织建设一同审批、一同年检、一同换届、一同表彰的“四个一同”工作模式；开展“建组织、扩覆盖”集中行动，市、县两级在业务主管单位中建立社会组织党委（总支）110个，建立社会组织党组织902个，社会组织党的组织覆盖率达到41.3%。

2012年11月，召开全市社会组织创先争优总结表彰大会，市民政局与市人社局联合，对50个社会组织创先争优先进党组织、50名社会组织创先争优优秀共产党员及6个社会组织创先争优活动先进单位进行表彰；市社会组织党工委及高密市等4个县市区社会组织党工委被表彰为“山东省社会组织创先争优活动先进单位”；全面启动社会组织党员发展工作；完成全市社会组织党组织分类定级和党建信息台账建设工作；全市共建立业务主管单位社会组织党委（总支）128个，实现应建尽建。全市2720个社会组织建立党组织1306个，覆盖社会组织1664个，覆盖率达61.2%。

第七章　勘界与地名管理

1991—2012年，潍坊市行政区划遵照“科学、审慎、稳妥”的原则，科学组织实施，区划设置布局日趋合理；县级行政区域界线全面勘定，平安边界建设工作成效显著，边界矛盾纠纷得到及时化解，边界地区长期和谐稳定；地名公共服务体系建设日趋完善，地名规范、地名规划、地名标志、数字地名工作取得长足发展，地名管理工作逐渐步入规范化、标准化、信息化轨道。

第一节　区域勘界

1991年，潍坊市陆域边界线总长2570千米，其中市界（县段）17条，总长1116千米；县界25条，总长1464千米。1997年3月2日，成立由市民政、规划国土、水利、水产、林业、矿产、公安等部门为成员单位的勘界工作领导小组，负责全市勘界工作组织协调和指导工作，办公室设在市民政局，负责勘界日常工作。3月17日，印发《潍坊市勘定县级行政区域界线实施方案》。3月28日，市政府印发《关于贯彻执行国务院和省政府指示精神开展县级行政区域界线勘定工作的通知》，全面部署县级行政区域界线勘定工作。1997年初至2002年7月底，全面勘界基本完成，全市共勘定县级行政区域界线42条，三交点29个，埋设界桩210棵，形成勘界资料500余套。2003年6月—2009年12月，先后完成安丘坊子（安丘市南流镇划归坊子区管辖）、奎文坊子（坊子区清池街道整建制划归奎文区管辖）、寿光寒亭（寿光市大家洼街道划归寒亭区管辖）及峡山库区（涉及坊子诸城、坊子高密、坊子安丘、坊子昌邑）区划调整后变更的部分县级行政区域界线勘定工作，共勘定界线411.4千米，埋设界桩27棵。

1997—2002年，勘定县级行政区域界线，7处难度较大争议段妥善解决。老塌河至羊角沟地段（广饶寿光线），该线全长100多千米，有几十处争议，争议点主要集中在寿光市化龙镇和广饶县大码头乡；1997年，省勘界办在广饶、寿光先后3次组织双方解决该线上6处较大争议；1998年10月13日，省勘界办在寿光组织双方解决老塌河以东到老羊角沟的边界争议；2001年4月6日，省勘界办在广饶组织双方解决9处勘界遗留问题，100多千米边界线全部贯通。胶河农场界线争议（高密胶州线），争议地段位于高密市大栏乡与胶州市马店镇接壤处，长1.8千米，面积790亩；1997年勘界，双方对土地接边线发生争议；2002年6月28日，省勘界办向双方下达“以胶河北大坝北堤脚为两市行政区域界线”裁决意见，完成高密胶州线勘定。墙夼水库界线争议（五莲诸城线），争议地点墙夼水库东大坝，长约5千米，面积3700多亩；1994年，省政府《关于墙夼水库管理权属问题的通知》对水利争议作裁决；2002年6月28日，省勘界工作领导小组“以水库北崖及东大坝南堤脚为两市县行政区域界线”协调意见，对墙夼水库地段边界走向进行裁决。西堰石坝界线争议（莱州昌邑线），争议地点胶莱河西堰石坝北，长约3.5千米，面积约4平方千米；1996年，莱州昌邑线勘界开始，2000年，双方同意省勘界办“西堰石坝以北两市的界线以两大坝中心为界”协调意见，莱州昌邑线全线贯通。田齐王陵文物争议（临淄青州线），争议地点位于青州市东高镇张石羊北至邵庄镇朱石羊西，在约3千米地段上有6座田齐王陵，青州市与临淄区对其中的四王冢和二王冢权属有争议；2001年10月30日，省勘界办在临淄召开协调会，提出“以管辖现状划界”意见；同年11月12日，省勘界工作领导小组下发《关于临淄青州线四王冢、二王冢地段边界走向及有关问题的处理意见》，对争议予以裁决。黑旺铁矿矿产争议（青州淄川线），争议地点位于淄河河床及河西岸黑旺铁矿，南北长4千米，东西宽1.8千米，面积约4平方千米；省勘界办提出“将淄河以西争议区内约1500亩土地划给青州管辖”协调意见，双方达成共识，并签订边界走向协议书。平度、莱州、昌邑“三交点”争议，争议地点平度市大苗家村防潮坝以北，泽河与胶莱河交界处以南，长约2.5千米，约2000亩荒滩地；1999年4月，省勘界办提出“从泽河与繇家沟交汇处往西至胶莱河中心为三市‘三交点’位置，边界走向为从泽河与繇家沟交汇处往东至十二孔桥中心，再从十二孔桥中心向南沿泽河大堤东堤角到防潮坝，再沿防潮坝北堤脚向东至两市边界”协调意见；2001年5月30日，省勘界办在莱州组织三方协调会，三方同意省勘界办意见。

2005—2012年，按《山东省县级行政区域界线联合检查实施办法》要求，落实县级行政区区域界线3年一检任务，共组织3轮17条市级（县段）、25条县级边界线联合检查任务，实地勘察界线里程7663.8千米。

第二节　地名管理

地名普查

2009年10月10日，国务院办公厅印发《关于开展第二次全国地名普查试点的通知》，寒亭区、寿光市、昌邑市被确定为第二次全国地名普查试点单位。2010年5月26日，潍坊市成立第二次地名普查试点领导小组；7月，各试点市区参照成立第二次地名普查试点领导小组，设立办公室，负责本地区第二次地名普查试点工作组织领导。2011年4月15日，全省第二次全国地名普查试点工作电视电话会议召开，寒亭、寿光、昌邑全面开展第二次全国地名普查试点工作。

地名公共服务

1992年11月3日，市政府印发《潍坊市地名标志暂行规定》。2005年，全市启动实施地名公共服务工程，争取5年时间完成“地名规范、地名规划、地名标志和数字地名”4个专项任务。同年，潍坊市区率先完成城区标准地名标志设置工作。2006年，全市开始国家地名数据库建设。2010年底，市民政局组织编制完成《潍坊市城市地名总体规划（2010—2020）》；完成市县两级地名数据库建设任务，全市入库地名信息52504条；全市各县市区城市建成区及乡级以上政府驻地均按要求完成地名设标工作。2011年9月，《潍坊市城市地名总体规划》入选民政部《地名规划选编》，为全国八大示范样本之一。同年11月4日，潍坊市被民政部命名为第一批全国地名公共服务示范市。2012年1月起，组织《中华人民共和国政区大典·山东卷》潍坊部分编纂工作，涉及参与组稿市县部门（单位）800余个，参与编辑审校人员1000多人。共收纳词条132个，约56万字，全方位展示潍坊市市、县、镇三级政治、经济、文化、社会、历史、环境和自然条件等方面情况。

第八章　社会事务

1991—2012年，潍坊市稳步推进社会事务管理工作，依法履行婚姻登记机关职能，推行市、区（县、市）集中办理婚姻登记业务；依法开展收养清理、统计、登记，推行收养工作规范服务；依法开展殡葬改革，不断完善殡葬基础设施，提升殡仪服务能力，推行基本实现殡葬公共服务均等化服务；依法开展救助管理，不断拓展服务功能，推行开放、自愿和人性化服务，全市社会事务工作实现了服务管理法制化、服务信息智能化，服务规范标准化，服务态度人性化。

第一节　婚姻登记

1991年，市政府印发《关于禁止借办理婚姻登记搞搭车收费的通知》，制止乱收费现象。全市办理结婚登记75477对，登记率95.8%。1992年，在城市推行市区集中办理婚姻登记做法。186个婚姻登记处被省民政厅定为达标单位。当年全市结婚登记75041对，离婚739对，涉外婚姻登记9对。1993年，结婚登记69888对，离婚登记999对，涉外登记16对。

1994年1月1日，《山东省婚前健康检查管理办法》实施，要求申请结婚登记公民，必须进行婚前健康检查。2月1日，《婚姻登记管理条例》施行。1997年，《山东省婚姻登记管理办法》颁布实施，婚姻登记由乡镇办理改为县级以上民政部门统一办理。自1998年10月1日以后，凡由乡镇、街道办事处办理的婚姻登记，一律视为无效。1999年，民政部印发《关于开展婚姻登记管理行政执法检查的通知》，进行为期一年的婚姻登记管理行政执法检查。潍坊市有6个婚姻管理单位获“山东省先进婚姻登记管理处”称号，4名婚姻登记员被评为“山东省先进婚姻登记员”。2000年，全市办理国内结婚登记61091对，离婚登记1393对，出具婚姻状况证明843件，涉港澳台结婚登记52对。

2003年10月1日，《婚姻登记条例》施行，取消办理婚姻登记需由单位、村民委员会或居民委员会出具婚姻状况证明，婚前医学检查由强制改为自愿，双方当事人持户口簿、居民身份证、本人无配偶以及与对方当事人没有直系血亲和三代以内旁系血亲关系的签字声明办理结婚登记。自愿离婚的，双方持户口簿、居民身份证、结婚证、离婚协议书办理离婚登记。结婚证、离婚证丢失或损毁的，可到原登记机关一方户口所在地婚姻登记机关申请补领结婚证、离婚证。2009年，潍坊市有6个婚姻登记处被命名为“全省婚姻登记规范化建设达标单位”。2010年，举办潍坊市首届婚姻登记颁证仪式比赛，13名颁证员参赛。2011年7月25日，全省婚姻登记系统正式联网，婚姻登记实现实时在线登记。10月8日，设立峡山生态经济发展区公共事业局婚姻登记处。2012年，《山东省婚姻登记颁证工作规范》颁布实施。潍坊市举办全市婚姻登记颁证员培训，32名登记员参加培训。根据《山东省民政厅关于清理婚姻登记历史数据的通知》，对婚姻登记电子档案进行全面清理。

第二节　殡葬管理

1991年初，民政部在潍坊召开“全国殡葬行业上等级研讨会”，以潍城殡仪馆为样板开始等级试评。1993年6月，第一家经营性公墓“潍坊市灵山公墓管理处”正式成立，公墓占地350亩。

1994年1月，撤销潍城区殡仪馆，与寒亭区殡仪馆合并，组建成立潍坊市殡仪馆。殡葬服务范围为潍城区、奎文区、坊子区、寒亭区，年火化遗体7000多具。同年5月，全省公墓建设现场会在潍坊市召开，潍坊市民政局作典型经验介绍。1995年11月13日，潍坊市灵山公墓管理处更名为潍坊市灵山仙庄管理处。

2001年12月，省民政厅批复同意高密、诸城市建设园林式经营性公墓，倡导小墓穴、不留坟头、深埋骨灰、树葬、草坪葬等多种安葬方式。2003年6月，调整市直殡葬管理体制，潍坊市殡仪馆因拆迁与昌邑市殡葬管理所、寿光市第一殡仪馆、昌乐县殡仪馆重组，分别成立潍坊市第一殡仪馆、潍坊市第二殡仪馆、潍坊市第三殡仪馆。2004年1月1日，潍坊市殡葬管理处正式履行管理职能，对市属殡仪馆实行直接管理，对各县市区殡葬管理所（殡仪馆）进行业务指导。市直属3个殡仪馆正式运行，服务范围为潍城区、奎文区、坊子区、寒亭区，昌乐县、昌邑市北部和寿光市南部地区。同年4月，潍坊市第一殡仪馆更名为潍坊市殡仪馆。

2005年，南部山区少数镇村出现遗体土葬回潮现象。市政府印发《关于加强殡葬管理严禁土葬回潮和乱埋乱葬的通知》，要求加强殡葬管理，制止土葬回潮和乱埋乱葬行为。市民政、国土、工商、公安、物价等部门组成联合调查组，进行重点检查整治。2009年4月，市直3个殡仪馆对潍坊城区特别困难群众实行优惠。12月，高密市殡仪馆被省民政厅评为“省级殡葬改革示范单位”，潍坊市殡仪馆职工王玉华获“富民兴鲁劳动奖章”。2010年7月始，市民政局每年拿出50万元，设立殡仪济困基金，对“五保户”、低保户、伤残军人、烈士等，从遗体运输、消毒、火化、骨灰盒等基本丧葬费凭相应证件全免；对持有村居委会证明，镇、街道盖章确认的困难户，实行减免优惠。同年，规划建设昌邑、寿光、潍城3处县级公益性公墓，开发墓穴2.5万个，寒亭、经济区两处县区级骨灰纪念堂，建设骨灰寄存格位3.28万个。2011年11月21日，高密市殡仪馆被民政部评为“全国殡葬改革示范单位”，潍坊市殡仪馆被省民政厅评为“省级殡葬改革示范单位”。12月，潍坊市殡仪馆、高密市殡仪馆通过国家ISO 9001质量体系认证。同年，高密、寿光、诸城等9县市区制定困难群众殡葬救助办法，困难群众殡葬难题基本解决。2012年3月，诸城市殡仪馆被民政部评为“全国殡葬改革示范单位”。潍坊市殡仪馆被民政部评为“群众满意窗口”和“行风建设示范单位”。

第三节　收养登记

1992年4月1日，《中华人民共和国收养法》施行。《收养法》实施以前的潍坊市由公证机构办理收养协议公证，《收养法》实施后的改由民政部门办理收养登记。1999年4月1日，修改后的收养法施行，收养人年龄由年满35周岁改为年满30周岁。收养孤儿、残疾儿童或者社会福利机构抚养的查找不到生父母的弃婴和儿童，可以不受收养人无子女和收养1名的限制。不满14岁丧失父母的孤儿、查找不到生父母的弃婴和儿童、生父母有特殊困难无力抚养的子女可以被收养，孤儿的监护人、社会福利机构、有特殊困难无力抚养子女的生父母可以做送养人，收养人应同时具备无子女、有抚养教育被收养人的能力、未患有在医学上认为不应当收养子女的疾病。当事人协议解除收养关系的，应当到民政部门办理解除收养关系登记，收养人在被收养人成年以前，不得解除收养关系，但收养人、送养人双方协议解除的除外，养子女满10周岁以上的，应当征得本人同意。1999年5月25日，民政部发布《中国公民收养子女登记办法》《外国人在中华人民共和国收养子女登记办法》《华侨以及居住在香港、澳门、台湾地区的中国公民办理收养登记的管辖以及所需要出具的证件和证明材料的规定》，明确中国公民收养子女或者协议解除收养关系的登记机关为县市区民政局；华侨及居住在香港、澳门、台湾地区的中国公民在内地收养子女的登记机关为市、地民政局；外国人来中国收养子女的登记机关为省民政厅。2000年，潍坊市对各县市区收养登记工作人员进行上岗培训。2001年，对各县市区收养登记工作进行全面检查，对收养登记处建设及收养登记条件、程序等进行全面检查及交流。2003年，落实民政部《收养登记档案管理暂行办法》，全市对收养登记档案进行规范。2008年，落实民政部《收养登记工作规范》，收养登记工作程序更加规范。2009年，贯彻执行民政部等五部委《关于解决国内公民私自收养子女有关问题通知》，对全市范围内1999年4月1日—2009年4月1日未经办理收养登记手续私自收养子女问题进行集中清理。

1997—2009年潍坊市收养登记办理情况表

表23-8-1

年份	国内收养登记（例）	备注
1997年以前	6	含1997年以前，《收养法》施行以后收养登记
1998	32	
1999	47	
2000	281	其中涉台登记1例
2001	379	
2002	416	其中涉台收养1例
2003	451	
2004	515	
2005	438	其中涉台收养1例
2006	496	
2007	481	
2008	437	
2009	514	

第四节 收容遣送与救助管理

1991年，国务院《关于收容遣送工作改革问题的意见》规定，将收容对象扩大到无身份证、暂住证和务工证的流动人员，要求居住3天以上的非本地户口公民办理暂住证，否则视为非法居留，须被收容遣送。1995年6月，山东省在潍坊市召开全省收容遣送工作座谈会。1996年，全国收容遣送工作现场经验交流会在潍坊市召开。1997年4月，潍坊市流浪未成年人保护中心建成，用于开展流浪未成年人救助保护。1999年，潍坊市民政局将市捐助办设在山东省潍坊收容遣送站。2001年，收容遣送各类收容对象3000余人次，募集各类衣物等折款20余万元。2002年，潍坊收容遣送站集收容遣送、流浪儿童救助保护、社会捐助“三位一体”，全年共收容遣送各类收容对象3798人次，募集各类衣物折款23万余元。

2003年6月，国务院发布《城市生活无着的流浪乞讨人员救助管理办法》，《城市流浪乞讨人员收容遣送办法》同时废止。7月，民政部发布《城市生活无着的流浪乞讨人员救助管理办法实施细则》。8月1日，山东潍坊收容遣送站正式更名为潍坊市救助管理站，承担全市生活无着的流浪乞讨人员（包括流浪未成年人）救助管理工作。全年共救助各类救助对象1200人次，募集各类衣物9万多件，折款300万余元。2004年，做好经常性社会捐助工作，开展街头主动救助，全年共救助各类救助对象1152人次；募集捐款1万元、各类衣物5500余件。

2005年1月，省民政厅、省财政厅下发《关于调整优抚社会福利事业单位经费开支标准的通知》，将救助管理站被救助人员伙食费标准由每人每天6元提高为8元。同年6月，潍坊市救助管理站被民政部列为跨省救助站，除承担本地区救助管理工作外，负责接回、接收本地区的特殊流出的困难救助对象并将其护送返乡；接收省内其他救助管理站移送的跨省特殊困难救助对象。8月，市民政、财政、卫生、公安、城管5部门联合印发《关于进一步加强城市生活无着的流浪乞讨人员救助管理工作的通知》，进一步明确救助的对象、原则及程序，明确各部门职责，对流浪乞讨人员医治安置和建立健全救助管理网络提出明确要求。全年共救助各类救助对象1204人次。2006年，全市共救助各类救助对象1400余人次。

2010年，潍坊市救助管理站加强救助管理网络建设，建立以救助管理站为中心，社区救助点为依托，街头巡回救助为补充的救助网络体系，开展“进社区、进繁华路段，送温暖、送爱心”活动，实现街头救助经常化。全年救助各类服务对象2561人，其中危重病人15人，精神病人166人。2011年，救助各类服务对象2619人，其中危重病人5人，精神病人75人，未成年人134人。2012年2月，贯彻民政部等八部门《关于在全国开展“接送流浪孩子回家”专项行动的通知》，建立由市政府牵头的流浪未成年人救助保护工作联席会议制度，加强流浪未成年人救助保护工作。全年共救助各类服务对象2820人，其中危重病人13人，精神病人67人，未成年人39人。同年，潍坊市救助管理站成为首批“国家三级救助管理机构”。

第九章　慈善事业

潍坊现代慈善事业正式起步于90年代。进入21世纪后，全市各级慈善组织开拓进取，共同努力，慈善事业快速发展，并逐步形成党委、政府推动，以慈善总会为骨干，社会公益组织参与的具有潍坊特色的慈善事业发展模式。

第一节　慈善总会

2006年1月6日，潍坊市慈善总会成立暨第一次会员代表大会召开，潍坊市慈善总会正式挂牌。2007年11月，设立潍坊市慈善总会办公室，为潍坊市慈善总会日常办事机构。2009年4月，潍坊市出台《关于进一步加快发展慈善事业的意见》，各县市区相继成立慈善总会。2011年，潍坊市慈善大会和潍坊市慈善总会第二次会员代表大会召开。为20家最具爱心慈善企业、88家爱心慈善企业、26名最具爱心慈善个人、40名爱心慈善个人、40个慈善工作组织先进单位、10个最具影响力慈善项目，颁发“潍坊慈善奖”，为设立慈善专项基金2000万元以上单位颁发证书。2012年，以市、县市区慈善总会为主体，以乡镇（街道）慈善分会和社区（村居）慈善工作联络站为基础的慈善组织网络基本形成。全市各县市区、市属各开发区共131个镇（街道）成立慈善分会，成立社区（村居）慈善工作站2385个。开展“朝阳助学”“夕阳扶老”“康复助医”“爱心助残”“情暖万家”五大慈善救助工程和20多个慈善救助项目，慈善救助体系逐渐形成。到2012年底，共筹募慈善款物5.22亿元，救助城乡困难群众50.6万人次。

第二节　慈善活动

1990年始，潍坊市慈善工作主要由市民政局救灾救济科承担，负责接收日常社会爱心捐赠，开展临时性慈善救助，赈灾救助等。2004年始，每年在全市开展“慈心一日捐”活动，动员全社会通过捐赠一天的收入、设立企业冠名基金等形式，奉献爱心，参与支持慈善事业。2006年，开展“送温暖、献爱心”捐赠、“福彩慈善助学”活动，救助困难群众和特困师生1万多人次。2008年，开展向汶川震区募捐活动，为灾区募集款物2.2亿多元。2010年，为西藏、新疆捐赠价值1600万元的药品，开展甘肃舟曲山洪泥石流和西南地区干旱灾区募捐活动，共计募集资金3881.38万元。

2011年4月，创新开展“定点选项冠名赞助”慈善捐助活动，通过慈善组织实施赞助的单位和个人96个，惠及老年、儿童福利机构68家，除义工服务外，共募集善款829.4万元。5月，启动“慈心一日捐”活动，全市共有6000多个企事业单位，60余万人参与活动，全市共接收捐款2774万元，设立社区居民互助基金334万元，市新设立慈善基金2.44亿元。8月，市教育局、市计生委、团市委、市妇联、市慈善总会联合开展贫困大学生救助活动，共筹资680万元，救助2175名贫困大学生。台商刘竹承捐资33.4万元救助贫困大学生31人。10月20日，市级首家慈善医院在潍坊市中医院成立。11月，德润企业集团设立5000万元敬养基金，出资130万元，开展“银屏惠老”活动，购买1000台电视机，分别为潍城、寒亭、安丘、高密、临朐、昌乐6个县市区35个镇（街道、社区）敬老院、老年服务中心免费赠送安装26英寸液晶电视机。山东海王银河医药有限公司向诸城市敬老院、福利院捐赠价值150多万元的药品。12月，开展为潍坊市环卫工人送温暖活动，送去1700件价值50万元羽绒服。

潍坊市组织开展“同系爱心结”慈善捐助仪式　（2007年拍摄）

2012年，开展情暖万家活动，筹集资金930万元，为全市13.19万户城乡低保户、农村“五保户”、城市“三无”人员和孤儿，每户送10千克面粉和慰问金。继续开展“慈心一日捐”活动，全市募集款物1亿多元，新设立企业冠名基金1.4亿元。开展定点选项冠名赞助活动，落实救助金1838.3万元，义工服务1.2万人次。

开展“扬帆工程”，救助大学毕业生238名。7月，启动大学生救助工作，共救助贫困大学生2896名，发放救助金884.7万元。安丘市人民医院眼视光中心、大众网、《齐鲁晚报》共同主办2012年“爱心光明行”大型公益慈善活动，为全市100位贫困白内障患者实施复明手术，100名困难家庭近视孩子进行矫治手术。台风“达维”袭击潍坊后，市慈善总会向受灾群众发放慈善救灾款436.18万元。

2006—2012年潍坊市慈善总会收支情况统计表

表23—9—1　　单位：万元

年份	收入	利息	支出	累计结余	备注
2006	544.2	2.07	87.11	459.16	
2007	661.65	10.42	245.39	885.84	
2008	19932.2	57.7	19568.9	1306.84	其中创始基金850万元
2009	390.01	46.88	318.41	1425.32	其中创始基金900万元
2010	3189.26	26.89	1768.33	2873.14	其中创始基金1360万元 专项基金700万元
2011	669.84	35.5	851.74	2726.74	其中创始基金1360万元 专项基金700万元
2012	1775.53	31.93	1205.6	3328.6	其中创始基金1360万元 专项基金700万元
合计	27162.69	211.39	24045.48	3328.6	其中创始基金1360万元 专项基金700万元

第二十四编

教　育

高密市恒涛双语学校编创的篮球操　（2012年拍摄）

1991—2012年，潍坊市坚持教育立市、教育兴城，始终把教育事业摆在优先发展的战略位置，以全面深化教育综合改革为动力，深入推进体制机制创新，大力发展素质教育，教育事业实现长足发展。先后承担基础教育课程改革、校长职级制、教师职称、中考招生、职业教育创新发展、教师人事管理6项国家级改革试点，以及省政府和省教育厅的15项改革任务。2010年，被教育部确定为全国十大教育改革典型。

第一章　基础教育

第一节　学前教育

1991年，各县市区陆续完成学前教育管理权由妇联向教委移交工作，在全省率先完成幼儿教育工作管理体制改革。1992年初，全市共有幼儿园7596所，其中规模3个班以上422所、6个班以上32所；共有教职工15174人，其中园长、专任教师14290人；幼儿园总班数11210个，在园幼儿311890人，入园（班）率52%。1993年起，潍坊华侨幼师面向农村幼儿教师招生，开全省乃至全国先河。2000年，在全省幼儿普及体操工作推广录像带评比中，潍坊市各县市区共获6个一等奖，潍坊市教委获全省唯一组织奖。

2001年，全市幼教系统围绕“科学规划、典型带动、因地制宜、分步实施”办园思路，研究制定《潍坊市现代化教育示范幼儿园标准》，全市有6所幼儿园通过省级示范幼儿园验收；潍坊市直机关幼儿园被评为全省十佳幼儿园；有7所幼儿园被评为潍坊市现代化教育示范幼儿园。2003年，全市学前教育中心教研组成立，重点开展课程改革研究。组队参加全省幼儿基本体操和艺术体操比赛，获全省总成绩第一名和优秀组织奖。2004年，市教育局学前教育（幼儿教育）管理与基础教育科合署办公。是年底，全市幼儿园（所）有3141所，3～6周岁在园幼儿194295人，入园率88.3%，比上年增长4.3%；学前一年在园幼儿73226人，入园率为99.4%。全市幼儿教师9681人，其中专任教师7543人，学历达标率92.3%。

2005年，明确市区部分幼儿园的教育教学管理体制，进一步明确市、区教育行政部门对市区部分幼儿园的业务指导职责。开展清理整顿非法幼儿园工作。全市幼儿园（所）发展到3246所，3～6周岁在园幼儿158212人，入园率为92.9%，比上年增长4.6%；学前一年在园幼儿74231人，入园率99.4%。全市幼儿教师9768人，其中专任教师7571人，学历达标率93.7%。2006年，推行审批注册制度，建立合格幼儿园媒体公告机制。对幼儿园教学用书、幼儿辅助读物和玩教具的使用作出硬性规定，明确要求不得超出《潍坊市幼儿园教学用书、幼儿辅助读物和玩教具推荐目录》范围。

2008年，全市共有幼儿园2590所，在园幼儿14.7万人，3～6周岁幼儿入园率和学前一年幼儿入园率分别达88.7%和99.6%。全市幼儿园共有教职工9410人，其中园长1088人、专任教师

7396人；全市有2所省级十佳幼儿园，63所省级实验示范幼儿园，259所市级示范幼儿园。2009年，全市新建、改扩建幼儿园投资达2.19亿元。在农村初步构建起以统一“布局规划、经费管理、业务管理与指导、教师聘用与考核、办园水平评估”等五项工作为主要内容的镇村一体化管理体系，实现农村幼儿园管理工作规范化。

2010年，全市用于幼儿园改扩建资金达5亿多元，其中2.03亿元用于镇（街道）中心幼儿园建设，2.97亿元用于其他幼儿园建设。全市共新建、改扩建幼儿园345所，其中公办及集体办幼儿园新建87所，改扩建169所；民办园新建31所，改扩建58所；全市80%以上镇（街道）中心幼儿园达到省级示范幼儿园建设标准。2011年，市政府教育督导室将幼儿园建设、新教师引进和落实教师待遇等三项重点工作，列入年底对县市区政府重点教育工作督导评估指标体系，明确规定新进教师中幼儿教师比例要达到15%。市教育局、财政局联合印发《关于对潍坊市低保家庭儿童、孤残儿童实施免费入园工作的通知》，弱势儿童接受学前教育的政策保障体系初步形成，山东省教育厅网站、《中国教育报》分别予以宣传报道。

2012年，全市投资7.87亿元，新建改扩建标准化、普惠性幼儿园396所，其中新建158所，新增优质学位4.7万个；全市镇（街道）中心幼儿园提前一年全部通过省教育厅验收，学前三年入园率达到92.4%。到2012年底，全市共有各级各类幼儿园1724所，专任幼儿教师1.17万人，在园幼儿22.23万人。

第二节　九年义务教育

1991年12月，高密市通过省、市政府评估验收，在全省率先普及初等义务教育。1992年11月30日—12月18日，诸城市、寿光市通过省政府“基本普及九年义务教育，基本扫除青壮年文盲”综合评估验收，在全省和全国率先普及九年义务教育。1994年，诸城市、寿光市、高密市、潍城区、奎文区、昌邑市6个市区普及九年义务教育。

1995年1月8日，市委、市政府印发《潍坊市实施〈中国教育改革和发展纲要〉的意见》。市委、市政府先后主持召开“两基”（基本普及九年义务教育、基本扫除青壮年文盲）实施工作调度会、教师住房建设会、中小学管理体制改革会、教师节庆祝表彰会、学习宣传教育法座谈会等一系列专题会议，并建立党政主要领导定期走访、联系学校制度，对教育工作优先研究、优先决策、重点支持，把教育摆上优先发展战略位置。寒亭、坊子、青州、安丘、昌乐5县市区投资3.5亿元用于普及九年义务教育，并通过省政府评估验收。小学适龄儿童入学率达99.61%，小学毕业生升学率达97.42%。配合普及九年义务教育，科学调整全市中、小学布局，小学由1990年5715所压缩到1995年4534所，校均规模由1990年119人提高到1995年195人；初中由1990年662所压缩到1995年487所，校均规模由1990年509人提高到1995年863人。

1996年7月12日，临朐县通过省政府“普九”工作评估验收。至此，全市12个县市区圆满完成“两基”任务，基础教育总体水平迈上新台阶，被省评估组评价为“实施水平在全省是高的”。9月10日，市委、市政府召开全市实现“两基”庆祝表彰大会，系统总结“普九”成绩和经验，表彰奖励为实现“普九”做出突出贡献的12个县市区、30个部门、50个乡镇、100名先进个人、60名尊师重教先进个人。诸城、寿光两市被国家教委命名为实施“两基”工作先进县（市）。《山东教育报》以“铸造跨世纪丰碑”

为题，在头版以整版篇幅报道潍坊市全面完成“普九”的成功经验；《中国教育报》也在头版介绍潍坊经验。是年，全市有34所中小学创建为潍坊市规范化学校、16所中小学创建为山东省规范化学校，全市省、市级规范化学校总数达215所；有4所学校被省教委命名为山东省校园语言学校；有11所学校被省艺术教育委员会命名为山东省艺术教育示范学校。

1997年，市教委制定印发《潍坊市小学坚持依法治教实施素质教育十条规定》，并将“十条规定”印制3万余份，张挂到全市所有小学，接受学生、家长和社会对学校实施素质教育的监督。分别召开省、市级重点普通高中素质教育研讨会和乡镇中心初中、中心小学素质教育研讨会，总结推广高密一中等一批中小学深化教育改革，实施素质教育的经验。1998年，市教委以解决初中上学难为重点,实行“一县一策”分类指导，在全市初中在校生比上年增加5.2万人情况下，初中入学率仍保持在99.8%。省政府“两基”复查组在对寒亭、昌乐两区县9个乡镇33所中小学和14所乡镇农民文化技术学校重点抽查后认为，潍坊市在1996年以较高标准实现“两基”目标后，工作力度不减，部分指标又有较大提高，整体实施水平又上新台阶。潍坊市制定《潍坊市初中学校坚持依法治教实施素质教育十条规定》,组织进行规范办学行为大检查，对10所存在不规范办学行为学校重点进行查处，并将其中5所严重违背“双十条”规定学校进行全市通报。至年底，全市有省级规范化学校58所、市级规范化学校288所、县级规范化学校1500所，省、市级规范化学校乡镇覆盖率达60%以上。省教委在潍坊市召开全省省级规范化学校建设现场培训会议，总结推广潍坊做法，全省各地市400多名校长参观考察现场。

2000年，市委、市政府印发《关于进一步加快教育改革和发展的决定》，提出今后10年全市教育改革和发展任务、目标和措施，明确提出大力巩固“两基”、加快发展“两高”（高中阶段教育、高等教育）战略重点。义务教育得到巩固提高，各项监测指标均高于全省规定标准，当年，全市小学、初中入学率分别达100%和99.8%，巩固率达99.9%和99.3%。努力化解初中入学高峰期，全市初中招生达179561人，在校学生达601943人，比上年增加38739人。小学布局调整进展较快，撤并农村小学310余所，学校平均规模比原来扩大近一倍，教育质量明显提高。小学招生进入平稳期，全市招生达83943人，在校学生649067人。

2001年，通过优化学校布局和学制调整等办法，积极化解初中入学高峰问题。全市共撤并小学460所、撤销教学点286个，使小学由上年2703所减少到2243所、教学点减少到124个，新建初中15所。中小学心理健康教育工作取得新进展，有3个县市区和31所学校被确定为“省级心理健康教育实验基地”，200多名教师参加省教育厅组织的专业培训，成为学校心理健康教育骨干力量。高密市被确定为“全国基础教育课程改革实验区”，奎文区、潍城区、寿光市、诸城市被确定为“全省基础教育课程改革实验区”。

2002年，市委、市政府印发《关于推进县域基础教育均衡发展的意见》，落实农村义务教育“以县为主”管理新体制，12个县市区中小学教师工资全部实现由县级财政统一发放。义务教育逐步实现从“五四”学制向“六三”制过渡，仍实行“五四”学制诸城市、寿光市、昌邑市确定改制意见，诸城市一次性改制完成，另两市逐步过渡至2004年全部完成。深入开展基础教育课程改革，努力实现由着力提高学生考试分数到着力促进学生全面发展、由教师讲授为主到以学生自主学习、合作探究为主，由一元评价到多元评价、由奖励性评价向发展性评价的转变。积极创建中小学生实践基地，潍坊市中小学生科技创新教育实践基地建成投用，高密、寿光、诸城、昌邑、青州、安丘等县市的学生社会实践基地陆续建成、投入使用。承办全国校本课程开发与建设现场观摩研讨会。有8项课题经教育部、中国教育学会批准立项，其中“发展性教学评价的研究”被确定为教育部“十五”重点课题；有86项课题经省教育厅批准立项，其中被确定为省级重点课题的有33项，占全省重点课题数的七分之一。

2003年，坊子区、寒亭区、青州市、安丘市、昌邑市、临朐县、昌乐县7个县市区作为第二批省级义务教育新课程改革实验区开始进行新课改实验。至此，全市所有县市区全部实施义务教育新课程改革。3月，印发《潍坊市初中学业水平考试及高中招生录取指导意见（试行）》《潍坊市高中招生录取指导纲要（试行）》和《关于建立教师推荐诚信制度的实施意见》，正式启动中考招生制度改革，得到教育部、省教育厅肯定。12月1日，潍坊作为全国唯一地级市代表，在教育部召开的“全国义务教育课程改革研讨会”上介绍经验。

2007年，深化课程改革，全面打造“自主·互助·学习型”课堂，克服教师满堂灌现象，把更多的时间还给学生；丰富学校课程、实践课程，开发“引桥”课程，让课程更加适合每个孩子发展的需要。2007年全国创新教育大会在潍坊召开，推广潍坊市“自主·互助·学习型”课堂教学模式。在教育部召开的全国中考经验交流会议和省政府召开的全省中小学素质教育工作会议上，推广潍坊市中考招生制度改革、阳光60分健身课程、课堂教学改革等9个方面的典型经验。在全国中小学电脑制作活动和机器人比赛中获奖数量连续3年保持全国同级地市首位。新华社、中央电视台、《中国教育报》《人民教育》等先后报道潍坊市素质教育做法。在全国率先研究制定《潍坊市中小学生综合实践活动基地课程建设指导意见》，对中小学综合实践活动基地的课程进行定位，明确课程的目标、内容、开发、实施及评价等内容，全国校外联席会议办公室以简报形式予以转发。

2008年，以满足学生个性化需求为导向深化课程改革，开发“励志修身、体验感悟、实践探究、心理疏导与家庭教育课程”四大系列560多种课程，在全市初中毕业年级全部开设12课时的“人生规划与职业指导”课程；“千名名家进校园”课程把民间知名艺人、非物质文化遗产代表性传承人等请进校园，累计4586位名人专家走进初中校园，全市建立“名人”档案8590份；大力开展社团课程建设，所有城区初中和一半以上的农村初中分别达到每100人、150人拥有一个社团的目标；80%以上学校开发体育节、艺术节、读书节、风筝节等节日课程；开发社区服务课程，组织中小学生“走进社区，服务社会，感悟人生，成就未来”。

2009年，全面推行以“综合评价、多次考试、等级表达、多元录取”为主要内容的中考招生制度改革，综合素质评价内容覆盖初中阶段学习生活的各个方面，评价结果与语、数、外三门学科等值对待。全市有50%以上的考生至少有一门学科获得A等，大批学生受到成功的激励，为学生个性化成长营造宽松的环境。2011年，在全市中小学普遍建立起“学生成长导师制、学情会商制度、家长学生评议教师制度、毕业生去向考核制度、家长参与学校监督管理制度”等维护学生基本权益的保障制度，引导学校把育人为本落到实处。保障家长参与教育权利，全市所有中小学全部建立起校级、年级和班级三个层面的家长委员会，涌现出临朐辛寨初中等一批家长委员会工作先进典型。在潍坊一中等8所学校开展开放办学试点工作。促进学校更加关注弱势群体学生的教育和成长，全年投入资金1.86亿元，资助救助贫困学生19.6万人次，实现“应助尽助”；引导学校更加关注学生全面发展，使每个学生置于经常的关注之下。

2012年，全市3721名留守儿童全部落实“教师妈妈”；为4.6万名进城务工人员子女逐一建档，入学、升学与当地居民一视同仁。筹资2.5亿元，资助家庭经济困难学生26.4万人次，全部实现“应助尽助”。两次召开市区教育主管部门协调会议，进一步明确进城务工人员子女入学的范围和条件，为进城务工人员子女入学提供更加便利的条件。充分发挥教育惠民服务热线的作用，积极做好进城务工人员子女入学相关政策的咨询。全市共有208所城区义务教育阶段学校接收1.3万名进城务工人员随迁子女，入学率100%。印发《关于在城乡义务教育学校开展委托管理工作的实施意见》《关于加强义务教育优质教育资源共享机制建设的通知》，着力构建以内涵均衡发展为特色的义务教育均衡发展模式，形成城乡一体化、城乡共同体、集团化办学、教育联盟、教育学区、名校建分校等多种优质资源共享模式。至2012年，全市有447所农村学校与城区优质学校实现资源共享；评选出“十大教育资源优化提升创新项目”全市推广，并在“全国义务教育均衡发展标准研究”会议上做典型介绍；义务教育学校招生进一步控制跨区择校行为，严格执行跨区择校审批制度，建立跨区择校通报制度；召开市区义务教育学校招生新闻发布会，并通过多家新闻媒体，对义务教育招生政策进行广泛宣传，保证学生家长的知情权。

2001—2012年潍坊市小学教育情况表

表24—1—1

年份	学校数（所）	班数（个）	毕业生数（人）	招生数（人）	在校生总数（人）	教职工数（人）	专任教师数（人）
2001	2243	18190	142556	94595	603098	38755	36391
2002	2018	17192	111595	108092	598479	38874	36452
2003	1833	16304	131496	109678	575494	39380	36677
2004	1740	16261	91346	103426	587047	40211	37675
2005	1616	15996	87520	93996	592445	39277	36782
2006	1454	15762	83154	90364	603736	39977	37387
2007	1383	15473	96484	91148	602097	39871	37237
2008	1347	16016	109039	85336	582385	39798	37228
2009	1201	15756	111164	82686	554658	40055	37830
2010	1057	15098	105341	88524	539043	39376	37400
2011	1015	14872	97170	103805	546461	38899	37352
2012	946	14779	91489	108104	550124	38307	36850

2001—2012年潍坊市初中教育情况表

表24-1-2

年份	学校数（所）	班数（个）	毕业生数（人）	招生数（人）	在校生总数（人）	专任教师数（人）
2001	442	11078	173045	143256	564172	33750
2002	403	8363	181011	112902	490345	32047
2003	386	7647	180949	131310	437026	30228
2004	381	6777	144541	91017	379079	28052
2005	374	6197	131353	88429	335996	26165
2006	361	5494	132581	86101	289675	25495
2007	352	5196	113473	96735	271997	25605
2008	348	6071	88646	110825	294817	25300
2009	325	6739	86322	111708	320108	26569
2010	309	6885	97131	105919	328517	26503
2011	301	6529	110240	93643	310966	26793
2012	292	5935	110082	89301	283613	25908

第三节　普通高中教育

1991年，潍坊市自本年秋季入学的高中一年级开始，全部实行普通高中毕业会考制度。1996年，全市积极开展普通高中办学体制改革试验，深化普通高中招生收费制度改革，市政府批准在省市重点中学进行公办民助教育试点，制定《关于加强中小学公办民助班管理的几点意见》，提高普通高中缴费上学比重，开普通高中“一校两制”先例，每年可为全市普通高中增加政策性投入3000多万元。

1997年，潍坊市继续深化普通高中办学体制改革，积极探索“民办公助”“公办民助”、国有民办等多种办学体制。确定实施重点中学龙头带动战略，加快重点中学建设步伐，先后在高密一中、诸城一中和潍坊一中3次召开省市重点中学校长会议，专题研究部署省、市级重点中学改革和发展问题，进一步加大争创全国千所示范校工作力度。1996年至1997年底，全市用于重点学校建设资金超过1亿元，有5所重点中学办学条件接近全国千所示范校标准要求；有6所学校建起体育馆；4所学校拥有投资百万元以上的校内电视台。

1999年，潍坊市按照“高中突破、三三联动、科研先行、区域推进”工作思路，全面实施素质教育。市教委制订高中坚持依法治教实施素质教育“十条规定”，并召开新闻发布会，接受舆论监督；对10所严重违反规定学校进行查处，初步建立起素质教育监督检查机制。深化中考招生制度改革，继续推行“评挂结合、一考多取”，全市10万多名初中毕业生全部实现一次考试、多家录取。加强教育现代化、信息化建设，全市能够应用计算机教学学校达920多所，教学用微机达2.1万台。高密一中等7所学校被教育部和省教委确定为素质教育实验学校；寿光市、诸城市被省教委表彰为素质教育先进县（市）。潍坊市有5项“九五”教育科研重点课题通过山东省教育科学规划办公室组织的专家鉴定，其研究成果分别居省内先进或领先水平。

2000年，全市贯彻落实《潍坊市规范普通高中办学行为十条规定》和新课程计划，一些学校不同程度存在的加班加点、课程不全、课时不足等违规现象得到纠正。进一步强化普通高中会考功能，严肃会考纪律，顺利完成全年3次会考任务，并为2.73万名学生办理毕业证书，为4.5万多名高一新生注册学籍和考籍。加快高中阶段教育学校建设，新建寿光现代中学、诸城密州学村、昌邑文山中学、高密康成中学、临朐实验中学等10多所规模大、档次高、设施一流普通高中学校，为全市基本普及高中教育奠定坚实基础。普通高中招生达4.57万人，扩招近1万人，在校学生达11.34万人，比上年增加1.72万人；初中毕业生升入高中阶段学校比例达65%以上，由1997年2.5万人增加到4.5万人。坚持调整、改革、提高原则，中等职业教育稳中求进。职业高中、中专招生达到2.6万人，名列全省第一；普通中专招生达到1.12万人，在校学生达3.97万人；有1900多名职业中专毕业生对口升入高等职业院校，升学人数名列全省前茅。教育部和山东省教育厅先后在潍坊市召开全国中小学民族团结教育活动试点经验交流会、全省普通高中教育改革与发展研讨会、全省运用现代教育技术推进素质教育研讨会、全省中等职业学校招生工作现场会和全省教育督导工作经验交流会等10多次现场会议，推广潍坊市教育工作经验。

2001年，普通高中教育深化办学体制改革，鼓励支持社会力量参与办学，诸城一中、高密五中等7所学校进行“学校国有、校长承办、机制民营”改革试点。潍坊市教育局被教育部命名为国家级艺术教育示范市和国家级体育工作示范市。

2002年，潍坊市教育局印发《关于2002年中考招生工作的意见》，重点改革完善考试内容、方式和录取办法，增加英语口语考试，加大竞赛类活动奖励和加分力度，对中考命题质量进行评估。改革市区高中招生办法，扩大高中学校招生自主权，将理化生实验、信息技术、英语口语、特长生加试的考试权力下放至第一志愿招生学校，由招生学校组织考试，市教育局监督进行。2003年12月，潍坊市教育局印发《关于新课程背景下教育教学管理机制创新的意见》，作为新课改背景下教育教学制度创新工作的指导性文件，启动高中新课程实验工作。

2004年7月，市委、市政府在高密市召开现场会，推动农村高中进城战略实施，提出力争用2～3年时间实现80%农村高中学校进城。9月，潍坊市作为国家首批实验区全面进行普通高中新课程实验。年内结题鉴定省级课题5项，市级课题35项，“中小学办学效益评估研究”被中央教育规划办批准为国家规划课题。10月，顺利通过教育部高中课改评估。全市共有普通高中68所，其中农村高中32所，占总数的47%。全市普通高中年招生能力6.5万人，其中农村普通高中2万人。

2005年，召开全市基础教育课程改革经验交流会，总结推广高密市等一大批课改工作先进县市区和学校的典型经验。完善与新课程相匹配的中考改革，按照考试分数用等级表达、将学生综合素质纳入录取依据、扩大高中招生自主权的原则，研究制定中考改革意见，实行推荐录取、综合录取、特长录取相结合的录取方式，并将中考改革扩大到高密市、奎文区、潍城区、坊子区、

2009年5月19日，山东省农村艺术教育工作现场会在临朐召开

寒亭区5个市（区）。2006年，扩大到全市12个县市区。

2008年，全市72所普通高中有45所实现在城区办学，有77.5%的高中生在城区接受优质高中教育。建立普通高中督导责任区制度，把全市64所高中划分为两大责任区、12个直接责任区，由市级督学、县市区教育局局长各负其责，县级教育局班子成员每人包靠一所学校。省教育厅以正式文件推广潍坊做法。2010年，深化初中升高中招生考试录取方式改革，进一步发挥中考对中小学全面实施素质教育的导向和保障作用。探索有特殊才能考生选拔与培养办法，加强对有特殊才能学生的培养，探索特殊人才培养新机制，在部分普通高中学校进行特殊才能学生的培养试点工作。试点学校招生录取工作平稳、顺利结束，全市8所试点学校从486名报名考生中，择优录取124人。进一步完善综合素质评价制度，规范评价项目和程序，新华社、《大众日报》《齐鲁晚报》《山东教育报》等给予宣传报道。潍坊市代表山东省参加全国第三届中小学生艺术展演活动，被教育部授予优秀组织奖。同年，潍坊市被教育部评为全国艺术教育工作先进单位。

2011年，全市申报省级规范化学校复评6所高中学校、12所义务教育学校，有15所学校新申报市级规范化学校。修订《潍坊市普通高中星级学校创建评估方案》，组织完成2009—2011学年度普通高中星级评估，在《潍坊日报》公布结果，引起全市普通高中学校及社会关注。开展普通高中星级督导评估做法在枣庄召开的全省教育督导工作会议和在乌鲁木齐召开的全国教育督导协作会议分别作典型发言。潍坊市印发《关于进一步加强活动育人课程建设的通知》，以励志修身、体验感悟、实践探究、家庭教育及心理健康教育四大系列课程为基础，初步构建起必修与选修相结合的活动育人课程体系。全市中小学每校平均开发4.1门活动育人课程。组织开展活动育人课程示范校、第二届中小学活动育人精品课程评选活动。在2011年山东省素质教育论坛上，潍坊市做关于活动育人课程建设典型发言。

2012年，潍坊市将高中段和市教育局直属学校第一批88名校长后备人才培养培训纳入年度培训计划，推荐4名优秀校长参加全省高中校长示范培训班。组织优秀校长参加新学校论坛，组织优秀后备人才参加北京十一学校挂职培训。全市50所普通高中争相参加第二轮星级学校创建活动，新评选出五星级学校8所，四星级学校2所，三星级学校13所，二星级学校13所，一星级学校10所。

2001—2012年潍坊市普通高中教育情况表

表24—1—3

年份	学校数（所）	班数（个）	毕业生数（人）	招生数（人）	在校生总数（人）	专任教师数（人）
2001	76	2204	31877	50991	131361	8984
2002	78	2561	36016	61959	157708	10171
2003	79	2847	44482	66131	179477	11151
2004	76	3079	50625	67228	194382	11604
2005	71	3258	60538	64603	200051	12066
2006	68	3277	67333	63090	195711	12567
2007	66	3268	67672	59373	192093	12835
2008	63	3171	69743	52886	174360	13255
2009	53	3181	62096	51713	163257	13365
2010	51	3155	57218	58156	161832	12872
2011	47	3300	52367	64373	172149	13528
2012	50	3577	50187	68180	190234	13998

第四节　特殊教育

1991年，全市基本普及盲、聋哑、弱智儿童初等教育，特殊教育学校发展到14所，其中特殊师范学校1所、盲校1所、弱智学校2所、聋哑学校10所；残疾儿童入学人数达6725人，其中盲童86人、聋哑儿童771人、弱智儿童5868人。初步形成中心城市有盲校、聋哑学校、弱智学校和特殊师范学校，县县有聋哑学校（部分县正在筹建弱智辅读学校），乡镇有弱智班，普通小学有弱智儿童随班就读的特殊教育办学体系。2000年底，全市特教学校中已有1所省级规范化学校，3所市级规范化学校，7所县级规范化学校。在7月召开的全省特殊教育总结表彰会议上，潍坊市有6人被省教育厅表彰为全省特殊教育先进工作者，有2所学校被表彰为全省特殊教育先进单位。2001年，投资200多万元按省级规范化学校标准建设的诸城市特殊教育学校投入使用；高密市聋哑学校新校搬迁改造工作顺利完成。潍坊聋哑学校将特殊教育向学前和高中段教育延伸，举办学前班1个、招收儿童16人，办高中补习班1个、招收学生11人。2006年，依托潍坊聋哑学校筹建潍坊市特殊教育职业中等专业学校，大力发展职业教育，培养听障学生一专多能，“双证”毕业、就业。

2012年，全市特殊教育学校课程建设研讨会召开，研究构建适合残疾学生成长的课程体系；加强特殊教育骨干教师队伍建设，对全市376名特殊教育骨干教师进行培训；为所有1460名残疾儿童建立健康成长档案，并全部免除生活费；特别关爱自闭症儿童，探索自闭症儿童教育办学体制新模式，潍坊盲校与潍坊前展儿童教育中心开展合作办学。

2001—2012年潍坊市特殊教育情况表

表24-1-4

年份	学校数（所）	班数（个）	毕业生数（人）	招生数（人）	在校生总数（人）	教职工数（人）	专任教师数（人）
2001	12	116	214	198	1907	564	369
2002	12	120	225	148	1771	565	365
2003	12	130	184	328	1846	571	387
2004	12	130	236	151	1807	564	396
2005	12	134	191	236	1828	568	412
2006	12	144	224	320	2024	581	424
2007	12	140	234	208	1994	573	436
2008	12	137	239	260	2116	566	438
2009	12	135	191	193	1773	559	446
2010	12	138	237	255	1744	548	442
2011	12	134	168	179	1437	534	438
2012	12	137	179	222	1461	534	442

第五节　家庭教育

2002年8月10日，潍坊市教育局邀请“知心姐姐”卢勤在潍柴文化宫为中小学生家长作首场公益报告，“亲子共成长”工程拉开帷幕。2002—2004年，共举办10场“亲子共成长”更新家庭教育观念系列报告会，市教育局将专家报告汇编成《亲子共成长家庭教育专家报告集》。2004年，市教育局设立“1603003”中小学生成长服务热线，遴选学生成长导师为学生解惑答疑。2005年12月30日，由潍坊众多家长撰写的教子经验《亲子共成长—潍坊市家庭教育系列丛书》出版，获山东省第八届精神文明建设“精品工程”优秀图书奖。

2006年1月，市教育局印发《关于进一步加强中小学家长学校工作的指导意见》，在基础教育科成立潍坊市家庭教育和心理健康指导中心；3月，潍坊市“校长如何指导家庭教育”培训班举行，2000名校长参训，开始全面推进“亲子共成长”工程，全市确定70所“亲子共成长”工程重点推进实验学校；3～6月，15位国内知名家庭教育专家在潍坊举办70场“和谐教育、和谐家庭”报告会，参与家长10万余人；11月，市教育局印发《关于深入实施“亲子共成长”工程的通知》；12月，“亲子共成长”工程重点推进实验学校达400所，家长学校骨干教师、班主任、心理教师等培训工作全面展开。2007年，“亲子共成长”工程作为潍坊市委“十大教育惠民工程”之一，得到市民认可；5月，《光明日报》、中央电视台相继报道潍坊家庭教育经验；5月和9月，举办第一届“家庭教育农村行巡回报告活动”，100位家庭教育专家和家庭教育志愿者在

170个乡镇举办报告会301场，参与家长逾60万人。同年9月，全市1300余所学校全部开设家长课程。2008年1月，“亲子共成长”工程作为典型在山东省素质教育工作会议上进行大会交流；2月，《中国教育报》刊发《“亲子共成长”把学校教育延伸到家》《谁为农家点亮希望之灯》等重点报道；4月，出版《牵手两代—亲子课程》，共14本，是第一套为0～18岁孩子家长编写的分年级、成体系的家长教育课程；8月，潍坊中小学生成长导航站成立，潍坊市中小学生成长热线并人。2009年5月，举办第二届“家庭教育农村行巡回报告活动”，以“感恩母亲，理解儿童”为主题，幼儿段36场、中小学段120场，参与家长40余万人，创编《共成长》内部刊物，后期更名为《亲子共成长》杂志，季刊，搭建师生家长心灵交流平台；6月，《人民日报》、中央电视台、人民网等国家级媒体相继对“亲子共成长”工程予以报道；9月，潍坊行知家庭教育和心理健康指导中心创编并拍摄70集家庭教育情景剧（AB剧）。2010年9月，第十三届海峡两岸家庭教育学术研讨会在潍坊举行，潍坊市教育局承办，大会主题为“学校开展家庭教育的理论与实践”。2011年11月，“亲子共成长艺术团”成立；同年，进行幸福三人行家庭课程和家庭教育大讲堂实验。

2012年5月，举办第三届“家庭教育农村行巡回报告活动”，以“父亲的责任”为主题，举办124场中小学家庭教育报告会，参与家长17余万人；8月，市教育局印发《关于进一步加强中小学家长委员会工作的实施意见》；12月起，潍坊市教育局在市区开展“父母讲堂”教育惠民系列公益讲座，每季度举办一次。同年，出版《小脚丫心灵之旅》全套146集动漫剧和《小脚丫心灵之旅》动漫访谈剧，分幼儿、小学和初中三个学段。

第二章　高等教育

1991—2012年，市委、市政府统筹协调解决驻潍坊高校发展中遇到的困难，潍坊市高等教育得到健康快速发展。驻潍坊高校与时俱进、积极创新办学模式，提高教育水平，提升科研力量，形成布局合理、特色鲜明的专业群体。从2007年开始，建立驻潍坊高校联席会议制度，市长任会议召集人，主要研究解决高等教育特别是高职教育发展中的重大问题。2009年5月，省教育厅正式批准设立青岛科技大学高密校区，校区由青岛科技大学整体规划、统一招生、统一管理。2010年11月，市机构编制委员会批复在市教育局挂潍坊市高等教育办公室牌子。2012年，全市普通高校16所，全日制专科以上在校生120088人，高校教职工10132人，其中专任教师7165人。

第一节　省属高校

潍坊医学院

潍坊医学院溯源于19世纪末20世纪初潍县乐道院设立的乐道院医护学校和潍县美国长老会医

院。1951年，昌潍中心卫生院在潍坊筹建山东省昌潍医士学校。1958年，扩建为昌潍医学院，1987年，更名为潍坊医学院。

1958年，学校开始本科教育；1986年，获硕士学位授予权；1998年获留学生招生资格。2008年，学校以优秀成绩通过教育部本科教学工作水平评估，人才培养质量和办学特色得到教育部专家组肯定。2012年，获批为服务国家特殊需求博士人才培养项目单位。学校是山东省人才培养特色名校建设单位，全国“卓越医生教育培养计划项目”试点高校，临床医学国家虚拟仿真中心建设单位，山东省高等学校协同创新中心建设单位。是教育部批准的本科临床医学专业（英语授课）来华留学生招生学校、卫生部脑卒中筛查与防治基地、卫生部辅助生殖技术培训基地、全国麻醉学基础理论培训基地、国家临床药物试验机构、国家级全科医生培养基地、国家住院医师规范化培训基地。山东省基层卫生管理干部培训中心、山东省公共卫生预警与处置指导中心设在学校。

2012年，学校占地面积119.9万平方米，总建筑面积63.03万平方米，图书馆藏书230余万册。固定资产总值11.29亿元，其中教学、科研仪器设备资产值2.39亿元。学校面向全国31个省（市、自治区）招生，有在校全日制博士、硕士研究生1000余人，本科生1.6万余人，留学生近500人。设有16个院（系）、24个本科专业。有附属医院17所，省级研究生联合培养基地10个。有国家级特色专业4个、省级特色和品牌专业9个、省级精品课程群8个、省级精品课程46门。建有国家级临床医学虚拟仿真实验教学中心和3个省级普通高等学校实验教学示范中心。有服务国家特殊需求“公共卫生危机管理博士人才培养项目”1个，6个硕士学位授权一级学科，52个二

潍坊医学院浮烟山校区南门　（2012年拍摄）

级学科硕士点。有“泰山学者”设岗学科1个，省级重点学科（实验室）8个。省医药卫生重点学科2个，省医药卫生重点实验室9个，省中医药重点学科（重点实验室）2个，省临床重点专科11个，省中医药重点专科1个。“健康山东”重大社会风险预测与治理项目为山东省高等学校协同创新中心自主培育建设项目。主办中国学术期刊综合评价数据库来源期刊《潍坊医学院学报》，向国内外公开发行。

中国工程院院士谢立信、于金明为学校名誉院长。学校聘有泰山学者1人，泰山学者海外特聘专家5人，享受国务院政府特殊津贴9人。有全国模范、优秀教师8人，省级教学名师8人，省市级专业技术拔尖人才32人。有博士研究生导师8人，硕士研究生导师596余人。有省级教学团队5个。应用药理学科研创新团队是山东省高校优秀科研创新（培育）团队。

学校注重对外交流与合作，先后与美国、加拿大、澳大利亚、乌克兰、日本、韩国、尼泊尔、印度等国家的院校及教育研究机构建立友好校际关系和合作关系。聘请60余名国外知名专家、教授为学校荣誉教授、客座教授。留学生生源国家拓展至亚非欧美23个国家。

潍坊学院

潍坊学院是2000年3月经教育部批准，由潍坊高等专科学校和昌潍师范专科学校合并，并入山东渤海进修学院有关教育资源组建的一所省属全日制综合类普通本科高校。

昌潍师范专科学校肇始于1951年10月创建的青岛教师进修学院。1958年，青岛市以青岛教师进修学院为依托创办青岛师范专科学校。1960年9月，昌潍师范专科学校正式挂牌成立。1961年7月，青岛师范专科学校与建立于1958年的昌潍体育学校、建立于1959年的昌潍艺术学校、建立于1959年的昌潍幼儿师范学校一起，并入昌潍师范专科学校。1978年12月，教育部批准昌潍师范专科学校为全日制普通高等专科学校。1983年下半年，学校升格为副厅级单位。1991年，学校设党委机构8个、行政机构16个；有教职工577人，其中专任教师261人；有全日制在校生2518人，函授、夜大注册生530人。1995年，学校在山东省高校教学工作检查评估中被评定为A级。

潍坊高等专科学校的前身是山东广播电视大学昌潍行署工作站，建于1979年2月。1983年4月，山东广播电视大学昌潍行署工作站更名为山东广播电视大学潍坊地区分校；同月，山东省政府批准建立潍坊职业大学，与山东广播电视大学潍坊地区分校联合办学。1991年，学校内设机构14个；有教职工222人，其中专任教师113人；有全日制在校生313人，函授、夜大注册生457人。1992年3月，潍坊市财税职工中专并入潍坊职业大学；4月，潍坊职业大学改建为潍坊高等专科学校；10月，学校升格为副厅级单位。1997年3月，被确定为全国示范性高等工程专科重点建设学校。

1994年，潍坊市委、市政府决定建设一所民办公助形式的股份制高校——渤海大学。学校实行股份制形式的管理体制和董事局领导下的校长责任制。董事局主席齐乃贵，副主席王玉芬、刘玉兰、李慧信、王秀娟、董法进、卢志强。7月，成立渤海大学筹备处。12月，在潍坊高新技术产业开发区开工奠基，渤海大学分大学校园和大学产业区两部分，共占地3300亩，投资2.2亿元。其中大学校园区占地1000亩，总建筑面积16万平方米。1995年，完成建筑面积8万平方米。1996年，面向潍坊地区招收应届高中毕业生1005人。在校生学习期间通过函授、自学途径取得高等学校毕业证书，毕业后在潍坊市享受全日制普通高校毕业生同等待遇。1998年7月，经教育部备案同意，渤海大学列为全省高等教育文凭考试试点学校，并由省教委正式定名为“山东潍坊科技教育进修学院”。1999年3月，更名为山东渤海进修学院。2000年3月，并入潍坊学院。新组建的潍坊学院利用原渤海进修学院土地。

2000年3月，教育部同意潍坊高等专科学校、昌潍师范专科学校合并建立潍坊学院；5月，山东省政府明确潍坊学院为正厅级单位，系本科层次的普通高等学校，实行省、市双重领导，以潍坊市为主的管理体制。2001年，学校占地面积66.67公顷，设中层机构45个，其中党政群团机构16个、教学机构21个、教辅机构2个，其他机构6个；有教职工1218人，其中专任教师596人（含具有高级职称人员347人）；有全日制在校生9477人，函授、夜大注册学生5331人。2003年，创建于1978年的潍坊纺织技工学校并入潍坊学院。2007年，学校以优良成绩通过教育部本科教学工作水平评估。2008年，以“高分双优”成绩通过省委高校工委德育工作和校园文明建设评估。

2009年，被确定为山东省首批研究生联合培养基地。2011年3月，山东省潍坊幼教特教师范学校整体并入潍坊学院，同年，学校被确定为国家教育改革试验区首批试点建设的山东省教师教育基地。

2012年，山东省政府调整潍坊学院管理体制，实行省市共建、以省为主管理体制，由省教育厅主管。同年，学校被确定为国家特殊教育师资培养培训基地。

山东信息职业技术学院

山东信息职业技术学院办学历史最早可追溯到1979年2月成立的潍坊市电子工业局电大教学班，后与潍坊录音机总厂电大班合并成立潍坊市电子工业局电视大学，相继建立潍坊市电子工业局职工学校、潍坊市电子工业职工中等专业学校。1985年5月22日，山东省政府批准以潍坊市电子工业职工中等专业学校为基础，设立山东省潍坊电子工业学校，学校正式转为省属全日制普通中专。1987年7月6日，经山东省政府批准，正式更名为山东省信息工程学校。2002年7月，山东省政府批准成立山东信息职业技术学院，升格为普通高等学校，由山东省经济和信息化委员会和省教育厅主管。学院是教育部批准的“国家示范性软件职业技术学院”首批建设单位，总参谋部、教育部确定的定向培养直招士官试点院校，山东省“3+2”对口贯通分段培养本科招生试点院校，山东省示范性高职单独招生试点院校；是国家首批“电子信息产业高技能人才培养基地”以及“全国信息产业系统先进集体”“山东省职业教育先进集体”“山东省德育工作优秀高校”“山东省文明校园”“省级服务外包人才培

山东信息职业技术学院 （2010年拍摄）

训基地”“省级劳务外派培训基地”“潍坊市文明和谐单位”。

2012年，学院有奎文和滨海两个校区，占地面积67公顷，建筑面积23万平方米，馆藏图书59.01万册，电子图书3110GB，设现代化实验室、实训室、多媒体教室以及电子实训生产线，各类实验实训仪器设备达8000多台（套），校外实训基地90余个，数字化智慧校园实现学院教学、管理、服务手段现代化。学院有教职工624人，中高级职称以上教师占专任教师80%以上，副高级以上职称教师87人，硕士及以上学位教师100多人，“双师”型教师占专业课教师的60%以上。设有计算机系、信息系、电子系、管理系、软件系、航空系和基础教学部，在校生1万余人。

山东畜牧兽医职业学院

山东畜牧兽医职业学院1955年建于泰安，1960年迁至潍坊，历经山东省泰安畜牧兽医技术训练学校、山东省泰安畜牧兽医学校、山东畜牧兽医学院、山东省潍坊畜牧兽医学校、山东省畜牧兽医学校等发展阶段。2002年，升格为山东畜牧兽医职业学院。学院占地面积42.67公顷，建筑面积8.5万平方米，固定资产总值6845万元，教学仪器设备总值745万元；教职工291人，全日制在校生5385人，设有7个系部，5个专业。

2010年6月，学校牵头成立山东省畜牧职业教育集团，11月，被教育部、财政部确定为国家骨干高职院校立项建设单位。

2012年10月，学院占地面积109.34公顷，建筑面积25.96万平方米，固定资产总值2.6亿元，教学科研仪器设备总值5977万元，图书馆面积1.7万平方米，藏书43万册；全日制在校生8726人，成人教育注册生88人，教职工489人，专任教师380人，其中教授15人，副教授71人，博士、硕士共121人，拥有国家级教学团队1个，省级教学团队4个。设有7个系部，15个专业，建有6个省级品牌和特色专业，7门国家级、省级精品课程。1994—2012年，学校先后与韩国、加

山东畜牧兽医职业学院　　(2009年拍摄)

拿大、法国、英国等国的有关高校建立友好校际关系。

山东科技职业学院

山东科技职业学院前身为昌潍纺织工业学校，创建于1978年10月。1987年8月，划归山东省纺织工业厅领导，更名为山东省纺织工业学校。1992年，学校校舍建筑面积2.1万平方米，占地面积7.2公顷，固定资产512万元，拥有教职工135人，在校生993人。

2001年8月，山东省政府批复山东省纺织工业学校成建制改建为山东纺织职业学院，属专科层次的全日制普通高校，由省教育厅与省经济贸易委员会双重领导，为副厅级事业单位。同年底，学院在校生达3200人，专业26个，图书20万册，占地面积41.7公顷，建筑面积9.5万平方米，固定资产总值10871万元。

2003年7月，学院正式确定在潍坊市西南部浮烟山东北侧建设新校区，规划用地133.34公顷。2004年3月，新校区启用。2004年12月，学院顺利通过省人才培养水平评估专家组验收，“产学结合”“国际交流与合作”被确认为学院的两项办学特色。2006年3月，学院牵头组建山东省纺织服装职业教育集团。2006年4月24日，经省政府批准更名为山东科技职业学院。2008年9月，学院被正式确定为2008年度“国家示范性高等职业院校建设计划”立项建设院校。2011年9月，学院示范院校建设项目顺利通过教育部、财政部验收，正式成为国家示范性高职院校。2012年11月第五届国家示范性高职院校建设成果展在学院举行，学院获“突出贡献奖”。

2012年，学院占地面积167公顷，办学涉及纺织服装、外语、经济管理、机械、土木、生物与化学、信息、水产、艺术传媒、汽车等10余个领域49个专业，在校生12094人，教职工636人，建筑面积41.5万平方米，图书藏量77.3万册，固定资产5.7亿元。获国家级教学成果二等奖1项、省级教学成果奖4项，全国纺织职业教育教学成果奖一等奖1项、二等奖2项。专业教师承担合作企业的科技开发与技术服务项目189项，师生申报专利175项，其中发明专利49项。与美、英、韩等17个国家和地区的118家国外高校建立友好合作关系，其中15个国家留学生在校就读。

山东科技职业学院　　　　（2012年拍摄）

山东经贸职业学院

山东经贸职业学院前身为山东省昌潍供销学校，1977年9月创建于潍坊。1981年7月，学校更名为“山东省潍坊供销学校”。1991年5月，学校被潍坊市教委等部门授予职业教育先进集体称号。1994年8月，经山东省人民政府批准，山东省潍坊供销学校更名为“山东省潍坊贸易学校”。

山东经贸职业学院　　　　(2012年拍摄)

1997年10月，学校被全国供销总社评为先进教育集体；1997年1月，学校被山东省中专教育评估领导小组评为“省部级重点普通中专学校”。2000年5月，学校被教育部评为国家级重点中专学校。2002年11月，经山东省供销社、潍坊市人民政府批准，潍坊市供销技工学校合并到山东省潍坊贸易学校。2003年7月，经山东省人民政府批准，独立升格为“山东经贸职业学院”。2012年11月，被山东省教育厅、山东省财政厅确定为山东省首批技能型人才培养特色名校。

山东交通职业学院

山东交通职业学院前身是昌潍地区交通局于1973年12月25日在寿光县城创建的昌潍地区交通技工学校。1981年，更名为潍坊地区交通技工学校。1982年10月，更名为山东省公路运输潍坊技工学校。1987年6月，设立山东省潍坊汽车运输学校，与山东省公路运输潍坊技工学校合署办公，隶属于山东省交通厅。1989年6月，更名为山东省潍坊交通学校，9月，更名为山东省潍坊交通技工学校。2000年5月，更名为山东省交通工程学校。2002年7月，改为山东交通职业学院。

学校实行山东省交通运输厅与山东省教育厅双重领导、以山东省交通运输厅为主的管理体制，坚持立足交通行业、服务区域经济、紧密融合企业、培养技术技能人才的办学定位和校企融通、全程合作的办学模式，是教育部首批现代学徒制试点院校、交通运输部高等职业教育示范院校、全国定向培养海军、公安消防士官试点院校、山东省首批技能型特色名校、山东省“3+2”对口贯通分段培养本科生试点院校、山东省现代学徒制试点院校、山东省混合所有制改革试点院校。

学校实行院系两级管理体制，设有车辆工程系、公路与建筑系、管理与信息系、机电工程系、航海系、交通工程系、基础应用系、科学与人文部等教学机构，开设汽车运用与维修技术、道路桥梁工程技术、物流管理、工程机械运用技术、汽车营销与服务、汽车电子技术、计算机应用技术、道路运输与路政管理、电子商务、建设工程监理、数控技术、计算机网络技术、土木工程检测技术、机械设计与制造、市场营销、机电一体化技术、应用电子技术、汽车车身维修技术、工程造价、焊接技术及自动化、建筑工程技术、航海技术、轮机工程技术、新能源汽车运用与维修、物联网应用技术、汽车制造与装配技术、会计、船舶电子电气技术、城市轨道交通工程技术、城市轨道交通运营管理、高速铁路客运乘务、国际邮轮乘务管理、空中乘务、工业机器人技术、老年服务与管理等35个专业。至2012年学校拥有中央财政支持建设的重点专业4个，山东省特色专业7个，中央财政重点支持的实训基地1个，交通运输部示范性实训基地1个。设有交通事故司法鉴定所、公路工程检测中心、物流研究所、交通工程实验中心等科研和技术服务机构。

学校坚持开放办学，与社会各界开展广泛合作，先后与福田戴姆勒、德国宝马、上海大众、德国巴斯夫、保时捷、东风雪铁龙、东风日产、东风标致、德国博世、福田重工、宅急送、山东路桥集团、中铁十局等国内外知名企业建立紧密校企合作关系，形成“厂中校”“校中厂”“混合所有制”“现代学徒制”“订单培养”“定向培养”“合作技术开发”等稳定合作形式。在课程建设、教材编写、师资培养、员工培训、实习就业等领域进行广泛而又深入的合作。教学仪器设备、教学装备达国内职业院校一流水平，在全国职业院校技能大赛中，获一等奖13项，二等奖14项，三等奖10项；在全省职业院校技能大赛中，获得一等奖22项，二等奖12项，三等奖25项。学校毕业生与就业岗位比一直保持在1∶4以上，特色主干专业达1∶7以上，有的超过1∶10，连续4年就业率超过98%，被省政府评为“山东省普通高校毕业生就业工作先进集体”。

2012年，学校拥有中心校区、北校区、东校区和泰山校区4个校区，占地86.67公顷，全日制在校生1.6万余人，教职工865人，全国交通运输职业教育教学名师1人，全国交通高等职业教育专业带头人3人，省级教学团队5个，省级教学名师4人，山东省“十大优秀教师”1人。学校建筑面积44.7万平方米，固定资产7.2亿元，教学、科研仪器设备资产值1.5亿元，图书88万余册。

山东工业技师学院

山东工业技师学院是山东省人力资源和社会保障厅直属的国家级重点技工院校。学院始建于50年代，1978年，开办技工教育，坚持立足工业，面向社会，突出特色，服务就业办学宗旨，加强基础，注重实践，突出技能，全面发展，成为以培养技师和高级技工为主要目标的高技能人

山东工业技师学院　　（2012年拍摄）

才培养基地。

2012年，学院设浮烟山校区和奎文校区，浮烟山校区规划占地66.67公顷，开发40公顷；规划建筑面积16.5万平方米，完成12万平方米。奎文校区占地1.47公顷，建筑面积1.2万平方米。

学院设有机电工程系、数控技术系、印刷工程系、轻化工程系、信息工程系、基础教学部5系1部教学机构，开设机电一体化、电气自动化、汽车检测与维修、数控加工技术、模具设计与制造、印刷技术、造纸技术等25个专业（工种），其中，全省百强专业2个，省级重点专业3个，市级重点专业8个。在校生1万余人，教职工340人，专职教师260人。一体化教师180人，硕士及本科学历人员占90%以上。先后有40多位教师获国家、省、市“优秀教师”“十佳教师”“学科带头人”“教学能手”“职业培训先进个人”“先进教育工作者”等称号，编写的数十本教材分别由劳动出版社、中国轻工业出版社等出版发行，成为国内技工院校通用教材。

2012年，学院师生在国家和省市技能大赛中取得国赛三等奖1个，省赛一等奖9个、二等奖5个、三等奖4个，市赛一等奖2个、二等奖4个、三等奖3个。北大方正电子公司“教学科研合作基地”、海信制冷实训中心在院设立。同年，学院被人力资源和社会保障部确定为“国家级高技能人才培养基地”和“一体化教学改革试点院校”。

第二节　市属高校

潍坊职业学院

潍坊职业学院为市属公办全日制普通高职院校，学院前身为1958年建校的昌潍农校。2001年7月，经山东省政府批准，昌潍农校与潍坊市职工大学合并组建潍坊职业学院。2010年11月，潍坊第一职业中等专业学校（潍坊市对外经济贸易学校）、潍坊师范学校（潍坊市海洋化工学校）整建制合并到潍坊职业学院。2010年3月，学院滨海校区奠基。

学院开设“3+2”高职本科专业3个、高职专业53个，五年一贯制专业17个、中职专业22个，其中7个专业被确定为山东省高等学校特色专业。建立实施校企合作“三级联动”机制，先后与200余家企业建立长期稳固合作关系。学院建有3门国家精品资源共享课程，39门省级精品课程；3处中央职业教育实训基地，1处省财政支持实训基地；1项国家级教学成果奖，12项省级教学成果奖，参加全国、省市技能大赛获奖600余项。

学院设有数控、植物组培快繁、现代物流信息等11个市级工程技术中心、4个市级重点实验室和6个院级研究所。被确定为全省继续教育试点本科院校，是全国农业职业技术教育培训示范基地、山东省高校技能人才培训基地、山东省基层农技人员培训基地、省级阳光工程培训基地、省级现代农业技术培训基地、潍坊市干部教育培训基地、潍坊市领导干部考试测评基地和潍坊市农村科技致富带头人培训基地，年均培训2万余人次。

学院国际交流与合作日趋广泛，同世界50多所高校开展联合办学、学术交流等活动，派出10批次学生赴国（境）外留学研修，派遣150余名教师赴美国、德国、韩国、加拿大、新加坡等国家考察学习，先后引进外籍教师40余人，有外国留学生50余人。学院先后被授予全国科教兴农先进学校、全国职业教育先进单位、全国学校规范化管理示范单位、山东省教书育人先进单位、山东省德育工作优秀高校、山东省依法治校示范学校、省级文明校园、省级花园式单位、省级文明单位等称号。

2012年，学院分滨海、奎文两个校区，占地166.67公顷，建筑面积47万平方米，教学科研仪器设备总值达1.2亿元，图书馆藏书100多万册，全日制在校生2.1万余人，其中高职生1.5万余人。有教职工1000余人，其中正高级专业技术职务34人、副高级专业技术职务293人，博士、硕士437人。拥有泰山学者1名、国家“万人计划”教学名师1名、国家级高校教学名师1名、省级高校教学名师7名、全国农业职业教育教学名师7名；建有国家级教学团队2个、省级教学团队6个，100多人次获全国、省、市优秀教师及“富民兴鲁”劳动奖章、专业技术拔尖人才等称号。

潍坊技师学院

潍坊技师学院为全日制非学历教育高等职业技术院校，市政府直属事业单位。2004年，经劳动和社会保障部、山东省政府批准，整合原潍坊市劳动局第一技工学校、潍坊市劳动局第二技工学校、潍坊市服务技工学校、诸城市技工学校组建成立潍坊市高级技工学校，2009年经省政府批准，改建为潍坊市技师学院。

学院以培养技师和高级技工为主要目标，同时承担企业在职职工高技能人才和各类职业教育培训机构师资培训任务。是全国总工会就业培训基地、山东省首批高职院校与技师学院联合培养试点单位、山东省首批新型学徒制试点单位、山东省过程化评价改革试点院校、山东省酒店服务管理专业群建设项目示范基地、山东省技师培训基地、山东省外派劳务技师培训基地、潍坊市高技能人才公共实训基地。先后被授予全国职业技术教育先进单位、省职业教育先进单位等称号。

学院秉承“质量立校，特色强校、合作兴校”办学理念，坚持以特色求发展、以创新求出路、以合作求突破，积极推进校企、校际、校地、校所四个合作，培养的学生在省、市技能大赛中屡获佳绩。累计向社会输送各类技能人才10多万人，成为潍坊市重要的技能人才培训基地。

2012年，学院规划占地59公顷，建筑面积11万平方米，实验实训设备总值达6000余万元。

潍坊技师学院　（2012年拍摄）

注册学生8000余人，教职工339人，其中专职教师167人，高级职称89人，中级职称104人。省首席技师1人，市首席技师8人。设有数控技术、机械加工与维修、机电一体化、汽车维修、市场营销、会计电算化、电子商务、物流、餐饮旅游与酒店管理、学前教育等20多个专业。

潍坊教育学院　　(2003年9月拍摄)

潍坊工程职业学院

1950年，山东省立青州中学师范部独立为山东省益都师范学校，校址由培真书院旧址、广德书院旧址、冯家祠堂旧址三部分组成，三院毗连，占地7.13公顷，有平房599间，楼房两座，八角亭一座，各院均有体育场。1951年，定为省重点师范，直属省教育厅。后昌潍地区各县办师范并入，成为全省办学规模较大的一所普通师范学校。

1978年3月，益都师范学校改建为昌潍教师进修学院，举办高等专科教育，隶属于昌潍地区教育局。1983年1月，省政府批准更名为潍坊教育学院。1984年2月22日，教育部备案为潍坊教育学院。1991年底，校园总占地面积7.42公顷，建筑面积10998平方米，固定资产总值4987万元，教学仪器设备总值81万元，图书馆面积600平方米，藏书20万册；设有11个二级教学系室，开设12个成人专科师范专业；有教职工260人；成人脱产大专在校生446人，成人函授大专在校生1417人。1998年，成为山东省政府批准举办高职教育的首批试点院校。2008年5月19日，学院被确定为“首批潍坊市教育国际交流与合作基地”；10月，被山东省教育厅批准为“接受外国留学生资格学校”。

2010年3月，经省政府批准，转制改建为潍坊工程职业学院，成为普通高等职业学校。2011年5月，教育部同意将潍坊工程职业学院予以备案。

2007—2012年，学院先后与韩国京畿工业大学、日本One Purpose国际学院、台湾东南科技大学、美国雪兰社区学院、新加坡英皇商业教育学院和英国华威学院等13所高校建立友好校际关系。学院先后获得全国学校规范化管理示范单位、山东省高职高专院校和成人高校人才培养工作水平评估优秀院校、山东省普通高等学校毕业生就业工作先进集体、山东省高等学校招生工作先进集体、山东省档案工作先进集体、山东省古籍保护工作先进单位、山东省精神文明单位、科教兴潍先进单位、潍坊市花园式单位等称号。

2012年底，学院总占地面积80公顷，建筑面积18.8万平方米，固定资产总值1.16亿元，教学仪器设备总值3842万元，图书馆面积2.51万平方米，藏书70.37万册；设有12个教学系（院、部），开设32个高职专业和13个中职专业。拥有1个国家级专业实训基地、19门省级精品（特色）课程、2个中央财政重点支持专业、6个省级特色（品牌）专业、3个市级特色（重点）专业、3个省级教学团队、4项省级教学成果。建有110多个校外实训、就业基地；有教职工482人，其中教授18人，副教授61人，博士和在读博士7人，硕士140人，讲师86人，高级职称88人；高职在校生5871人，中职在校生2757人，成人函授专科在校生2969人。

潍坊护理职业学院

潍坊护理职业学院成立于2011年，在原山东省益都卫生学校和潍坊卫生学校基础上合并组建而成。学院分三个校区办学，主校区是新建校区，位于青州市云驼风景区内，首期规划40公顷，建筑面积13万平方米，2011年投入使用，主要承担大专教学任务。原来两所卫校作为分校区，继续保留，分别位于青州和潍坊城区。学院办学历史可追溯到清朝末年。益都校区前身是英国浸礼会创建于清光绪十一年（1885）的青州医学堂，是齐鲁大学医科的前身学校、山东近代医学教育的源头、山东护理教育的发端。潍坊校区前身是清光绪十五年（1889）美国基督教北长老会在潍县创办的乐道院医护学校，是为“中华护士会”最早提供护理产科类教科书的学校之一，学校所在的乐道院，是齐鲁大学文理学院的发祥地之一，也是日军侵华期间亚洲最大的外侨集中营之一的潍县集中营所在地。至2012年12月，校园占地52.13公顷，建筑总面积21.3万平方米。学院开设护理、口腔医学技术、药学等11个大专专业，在校生1.3万多人，生源遍布全国各地。有专兼职教师500多人，专任教师80%以上具有中高级技术职称。学院建有附属医院3所、养老护理院1所，省级以上财政支持的实训基地2个，高标准实验室116个，教学仪器设备总值6000多万元。

第三节　民办高校

潍坊科技学院

2001年9月，经省政府批准、教育部备案，在山东经济职业技术进修学院、潍坊市化工学校、寿光市中等专业学校、寿光市成人中等专业学校、寿光市第一职业中专5校合并的基础上，建立潍坊科技职业学院，为专科层次全日制普通高校。2008年4月，经教育部批准，在潍坊科技职业学院基础上建立潍坊科技学院，为本科层次全日制普通高校。

潍坊护理职业学院　　　　(2012年拍摄)

学校坐落于寿光市，校园占地133.33公顷，校舍建筑面积70多万平方米，教学科研仪器设备总值2亿元，馆藏图书130万多册。教职工1700多人，其中副高级职称及以上教师达525人，硕士及以上学历教师1100人，双师型教师345人，3人评为山东省首席技师，4人获“富民兴鲁”劳动奖章、齐鲁巾帼发明家称号，校级学科带头人17名，16人受聘为东北师范大学、沈阳工业大学、山东农业大学、山东师范大学等高校博导硕导。2012年，学校设有16个二级学院，开设38个本科专业，38个专科专业，形成以工学为主体、农学为特色，工学、农学、理学、法学、文学、管理学、教育学、艺术学等多学科协调发展的学科体系。

山东师范大学历山学院

2005年6月，经教育部和山东省政府批准设立的普通全日制本科高校。学校位于青州市，占地66.67公顷，建筑面积近30万平方米。学校设有文学院、外国语学院、经济管理学院、新闻与传媒学院、艺术学院、新能源工程学院、电子与信息工程学院、新松机器人学院、生物与化学学院、教育学院、继续教育学院、马克思主义学院12个二级学院和数理学部、体育部，设有31个本科专业，17个专科专业，涵盖文学、理学、工学、管理学、经济学、教育学、艺术学等7大学科门类。2012年，有教职工511人，其中专任教师502人，教授39人，副教授82人，具有博士学位教师56人，具有硕士学位教师185人，其中长江学者2名、泰山学者1名。

潍坊工商职业学院

2005年8月，省政府批复同意在新郎科技教育培训学校基础上建立潍坊工商职业学院，为民办专科层次全日制普通高校。2012年，学校占地80余公顷，建筑面积26.1万平方米，馆藏纸质图书55万册、电子图书70万册，建有102个校内实验实训室和90多个校外实训基地，总资产6.7亿元。是年，全日制专科在校生9467人，教职工496人，其中副高以上职称171人，中级职称304人，“双师素质”教师212人，具有硕士、博士学位的教师220人。学院组织机构健全，设有3个二级学院，5个教学系，3个公共课、基础课教学部，10个科研院所；开设39个专科专业，面向全国9个省（自治区）招生；拥有山东省与教育部共建潍坊国家职业教育创新发展实验区特色品牌专业4个，中央财政支持重点建设专业3个；山东省级特色专业3个，省级联合精品课程群2个9门课程，省级教学团队1个。

山东海事职业学院

2011年3月，省政府批复同意在山东华洋航海专修学院和潍坊海运专修学院基础上，建立山东海事职业学院，是由潍坊市政府主导、社会力量参与举办的山东省首所混合制普通高职专科院校。学院占地54.8公顷，校舍建筑面积22万平方米，教学仪器设备4500余万元，纸质图书46万册，实验实训室60余个，专任教师310人，全日制在校生7600余人。学院按照“一海、二港、三配套”的专业群建设思路，围绕地方社会经济转型发展，突出国际标准、特色发展，开设航海技术、轮机工程技术、港口与航运管理、机电一体化技术、物流管理、会计、国际邮轮乘务管理、电子商务、空中乘务、无人机应用技术、烹调工艺与营养等20余个高职专科专业和部分五年制大专专业。

第三章 职业教育和继续教育

2011年3月，市委、市政府印发《关于加快教育体制机制改革全面实现教育现代化的决定》，提出加快构建发达的职业教育体系，围绕增强职业院校学生就业技能和为全市重点产业发展提供人才支撑，探索实现学历直升和互通，建立包括技工教育在内的以中等职业教育、专科职业教育、应用型本科教育、专业学位研究生教育为主体，相互衔接、协调发展的现代职业教育体系。2012年3月，教育部与山东省政府在北京签署《关于支持黄河三角洲高效生态经济区和山东半岛蓝色经济区发展战略共建潍坊国家职业教育创新发展试验区的协议》，赋予潍坊建设现代职业教育体系先行先试的重要使命。

第一节 职业教育

1991年，全市有中等专业学校23所，在校学生15773人；职业中学66所，在校学生35143人；中等职业学校在校生占整个高中段在校生总数的54%。全市职业学校共设置17大类63个专业。4月，市委、市政府召开全市职业教育工作会议，扩大职业教育影响，明确职业教育办学方向。到1994年，先后有昌邑职业中专、寿光职业中专、安丘职业中专、潍坊第一职业中专、诸城职业中专、昌乐职业中专6所职业中专被国家教委认定为省级重点职业中专。9月，在全省教育工作会议上，潍坊市作“适应市场经济需要，大力发展职业教育”典型发言。1994年底，潍坊市普通中专（含省属驻潍的）全部达到合格标准，其中昌潍农校、山东牧校、潍坊艺校被评为首批国家级重点中专学校；全市普通中等专业学校24所，在校生23441人；职业中学79所，在校生5.61万人；中等职业学校在校生占整个高中段在校生总数的62%。

1995年，潍坊市各县市区继续加大职教投入，重点加强龙头骨干学校建设，各项投资达8000万元。第一、二批省级重点学校顺利通过复评验收，青州市第一职业中专等7所学校被省教委认定为省级重点职业高中。诸城市职业中专、寿光市第一职业中专、昌邑市职业中专、潍坊第一职业中专、安丘市职业中专5所学校高标准通过国家级重点职业高中验收。全市职业学校向集团化方向发展，毕业生对口从业率达90%以上。各级各类职业学校发挥各自优势，积极为农村经济建设服务，获省级科研成果8项，推广实用技术216项，发表科普文章1560多篇，培训农村实用技术人才22万多人次。在青岛召开的全国部分省市农业职业教育研讨会全体代表专程到潍参观3所职业学校，潍坊市教委作《大力实施“双动一唱”工程，积极为农村经济建设服务》典型发言。围绕实施农业产业化战略，调整专业设置达20多个门类。职业高中、中专招生达19180人，在校生56139人；各类中等职业技术学校在校生占高中阶段在校生总数比例达62.5%。到年底，全市职业高中（中专）完成招生1.92万人；各类中等职业学校在校生9.7万人，比“七五”末增长近1倍，占高中阶段在校生总数的比例达62.5%，比“七五”末提高9个百分点。全市职业高中（中专）达75所。

1996年，省政府批准成立潍坊市对外经济贸易学校，驻潍普通中专学校达18所。涌现出昌潍农校、山东牧校、潍坊艺校3所国家级重点和山东纺校等6所省部级重点学校，被称为“潍坊中专教育现象”。国家教委派出考察组，对驻潍坊中专学校进行全面考察，认为潍坊中专学校改革和发展走在全国中专学校前列。全市职业教育积极实施重点带动工程，迅速建起一批规模大、条件好、效益高的重点职业学校。诸城职业中专、寿光职业中专、昌邑职业中专、潍坊市第一职业中专、安丘职业中专5所学校以优异成绩通过国家教委组织的评估验收，被国家教委正式认定为国家级重点职业中专。潍坊第一职业中专被批准为潍坊对外经济贸易学校，全市国家级重点职业中专全部实现“一校两制”。国家教委在潍坊开展职业学校学生健康教育试点工作，这是在全国地市一级确定的唯一试点单位。省教委分别在潍坊第一职业中专和诸城市职业中专召开全省职业学校语文、数学和政治教研中心成立大会，并举行三个中心挂牌仪式。潍坊第一职业中专成为全省语文、数学教研中心校，诸城职业中专成为全省政治教研中心校。同年12月8—11日，国家教委职教司在潍坊召开中等职业学校贯彻中共十四届六中全会决议、加强职业道德教育研讨会，来自全国28个省、市、自治区的中等职业学校领导、教师和职教行政部门负责人共120人出席会议。1996年底，全市有普通中等专业学校25所，在校生3万人；职业高中69所，在校生5.7万人。1997年，全市有普通中等专业学校25所，职业高中71所，技工学校24所；各级各类中等职业技术学校在校生占高中阶段在校生总数的比例达62%；潍坊市中等职业学校毕业生当年就业率达90%以上，对口就业率达80%以上。全市所有职业中专、高中（含举办职业中专班的其他类学校）全面建立毕业会考制度，完善职业学校评价制度，严格职业学校学籍管理、规范教学秩序、提高教学质量。全市4063名计算机专业普通中专、职业中专（高中）毕业生参加计算机应用能力等级考核，一次合格率71.89%，总体合格率达95%以上。开展中等职业学校优秀毕业生对口升学改革试点，从职业中专（高中）应届毕业生中选拔优秀毕业生对口升入高校职教师资班。潍坊科技教育培训学院（原潍坊渤海大学）从应届职业中专、高中毕业生中招收30名学生，毕业后在潍坊市范围内与普通高校毕业生享受同等待遇。开展普通中等专业学校专业评估，对潍坊市对外经济贸易学校、经济学校、工业学校、机械工业学校、化工学校等5所普通中专学校39个专业进行评估。

1998年，全市中等职业学校减少11所，每校在校生增长30%；职业教育继续发展壮大，各级各类中等职业技术学校在校生13.6万人，3万多名职业中专、成人中专毕业生走上生产第一线，170多万名青壮年劳力受到各种科技培训；30所学校60个专业面向下岗职工培训，全年共培训2540多名下岗职工。职业学校招收普通高中毕业生2400人,占总招生数的10%左右,成为中等职业教育新的增长点；综合高中试点工作全面展开。完善职业学校招生办法，对特殊专业允许提前招生，实行集中与分散相结合；认真做好高职班招生发动、组织工作，有259名职业中专毕业生被录取，发展高职、拉动中职初见成效。全市用于职业学校内部设施的投入达1120余万元。

依据经济建设需求，对部分专业进行调整，全市财经类专业招生计划由1997年的2700人压缩为2300人，实际招生1800人；新增开物业管理、国际互联网等一批新专业。1999年，潍坊市普通中专招生15089人，比原计划扩招3300人，在校生39335人；职业高中招生20137人，在校生61665人。到年底，全市各类中等职业学校在校生总数达13.8万人，占高中阶段在校生总数的比例达60%。进一步加大职业学校招生权重，把职业学校招生任务完成情况作为考核乡镇教委、初中学校工作的重要内容，抓高职招生，拉动中职发展，全市有1470多名学生报考高职学校，实际录取721人，突破计划200多人。重点推进骨干职业学校建设，全市国家级和省级重点职业学校分别达8所和15所，省级以上重点学校数居全省首位。

2000年，普通中专招生11204人，在校生39730人；职业高中教育稳中求进，招生人数达2.2万人。5月，教育部审批公布960所首批国家级重点中等职业学校，潍坊市有7所职业中专和7所普通中专名列其中，总数占全省的七分之一，全市国家级重点中等职业学校发展到18所。全市30所重点学校的50个专业被认定为重点专业。建立中等职业学校毕业生就业服务机构，在市职业教育教研室成立“潍坊市中等职业学校毕业生就业服务中心”，以提供中等职业学校毕业生就业信息服务为宗旨，指导毕业生正确择业、就业，同时负责对毕业生进行岗前技能培训。实施提前招生，全市职业中专（高中）招生人数突破2.6万人，比上年增加3000多人。7月，省教育厅在潍坊市召开全省中等职业学校招生工作现场会。2001年，进一步理顺市属中等专业学校管理体制，潍坊商校、纺织技校、财会中专学校划归教育系统管理，潍坊职工中专合并到潍坊第一职业中专，新组建潍坊幼教特教师范学校。职业高中招生2万多人，名列全省前茅。进一步加大中等职业学校招生制度改革力度，完善“初四学生分流，中等职业学校春、秋两次招生”办法，形成市、县教委导流，乡镇教委、初中学校分流，中等职业学校引流的中职学校分流招生模式。全市中等职业学校招生总数突破4.8万人，其中职业高中招生达2.2万多人，实现中等职业学校与普通高中在校生人数的比例保持1：1的目标。深化农村职业学校改革，加快农村专业设置调整步伐，支持农村职业学校编写乡土教材，允许农村职业学校采取灵活多样的办学形式和学制，教育部职业教育中心研究所在潍坊市举办全国职业学校农科教结合研修班。县、乡、村三级成人教育办学网络建设，采取“上挂、横联、下辐射”办学形式，对广大农村劳动者和农村党员干部进行实用技术培训，全年参训人员达150多万人次。教师运用信息技术手段实施教学，全市60%以上职业学校建起校园网。2002年11月12日，市政府召开全市职业教育工作会议，印发《关于大力推进职业教育改革与发展的决定》，提出潍坊市“十五”期间职业教育改革与发展的目标任务和政策措施。7月，国务院召开全国职业教育工作会议，潍坊市教育局被教育部、劳动和社会保障部、国家经贸委联合表彰为“全国职业教育先进单位”。

2003年，全市各级各类中等职业学校调整为103所（其中普通中专18所，技工学校16所，职业中专、高中61所，成人中专8所），在校生达到14.34万人（其中职业中专、高中在校生7.18万人）；建成独立设置的高等职业学院7所，另有8处骨干中等职业学校获准招收“3+2连读高职班”，全市高等职业教育在校生规模达1.98万人；农村成人教育在为农服务中得到巩固提高，乡镇中心成人学校发展到139所，其中省级规范化学校149所，占全省总数的1/4。市财政自2003年起每年拨出100万元资金专项用于职业学校重点专业建设，23所中等职业学校的23个专业被确定为“首批市级重点建设专业”。推进综合高中和高中分流试点，建立普高、职高互联通道，有6300余名中等职业学校毕业生考入高等职业学院（校）深造，其中本科上线人数超过500人。

2004年，全市各级各类中等职业学校有103所，其中普通中专18所，职业中专、职业高中61所，成人中专8所，技工学校16所；国家级重点中等职业学校19所，省部级重点职业学校17所。招收新生3.9万人（不含技校），其中职业中专（高中）2.4万人，成人中专2648人，普通中专1.3万人。潍坊市一职专等3所学校被列为山东省国家技能型紧缺人才示范性培养培训基地院校，青州一职专的机电技术等6所学校的6个专业被省教育厅列为第二批省级教学改革试点专业；在省教育厅公布的职业教育“十百千工程”（10处实训基地名单、100所骨干示范性学校、1000个示范专业）建设方案中，潍坊职业学院被列为农林专业实训基地，潍坊商校等10所学校被列为骨干示范学校，潍坊一职专等10所学校的10个专业列入首批骨干示范专业（点）。全市中等职业学校毕业生就业率达95％以上，对口就业率超过80％。有7324人参加高职升学考试，上线人数6450人，其中本科907人，占全省本科上线人数的23.6％。

2005年，市委、市政府启动新一轮中等职业学校布局结构调整，实施职业教育“2431”工程，每个县（市）建设一所占地面积200亩、建筑面积4万平方米、在校生3000人、实习实训设备总值1000万元的职教中心，全市职业教育整体办学水平大幅提高。潍坊市中等职业教育招收新生4.6万人，其中职业中专（高中）3.1万人，成人中专3028人，普通中专1.2万人，中职在校生达到12.8万人。农村成人教育在为农服务中得到巩固提高，省级规范化乡镇中心成人学校达138所，占全省总数的1/4。在全国职业教育工作会议上，潍坊第一职业中专被授予“全国职业教育先进单位”称号。2006年，潍坊市各级各类中等职业学校有102所。国家级重点中等职业学校19所，省部级重点职业学校17所。中职招收新生4.7万人，其中职业中专（高中）3.2万人，成人中专3028人，普通中专1.2万人，中职在校生达14.5万人。在全市职业学校机电、计算机、财经三大类专业率先实施学分制改革，进而扩大到30所职业学校、20多个专业，单一学制开始打破，学分制管理稳步推行，开始建立起灵活、多样、开放的学习制度。职业教育实训基地建设成果明显，潍坊商业学校、潍坊一职专、潍坊海洋化工学校等8所学校建设制冷、计算机网络技术、海洋化工等8个与潍坊经济建设密切相关的专业实训基地，并申报9个省级职业教育实训基地。全面推进小实训点建设，全市各类职业学校共建设各种小实训点1000多个。

2007年，全市中职学校发展到60所，在校生11.4万人，职业教育发展方式出现明显转变。创新市区职业教育管理方式，组建职教集团工作展开，旨在发展县市职业教育的“2431”工程进展顺利。《人民日报》等媒体报道潍坊市“打造半岛技能人才高地”经验。2008年，全市各级各类中等职业学校有53所。其中，中等技术学校7所，中等师范学校2所，职业中专、职业高中39所，成人中专5所。在校学生12.3万人。潍坊市中等职业教育学校多渠道招生54601人，占高中段招生数的比例为51.0%，比2007年提高25.86个百分点，首次提前实现国家规定的职普招生比例大体相当的招生目标。

2009年，全市中等职业学校59所，在校生12.5万人。建立驻潍高校联席会议制度，促进职业院校与1235家大中型企业建立密切合作关系。实行“中高职一体化”办学，发挥高职院校集群优势，改革职业院校培养目标、教学内容和人才培养模式，提升职业院校师生职业素养和技能水平。建立校企责任区制度，聘用314名校企联络员，联系走访工业、农业、商贸、信息企业2818家，征集企业5.2万人的用人需求信息。建立起涵盖60所大中专院校、20多万名在校生和2000多家企业的毕业生信息资源库和企业用人信息资源库，实现校企人才供求直接对接，年内帮助3万多名大中专学生成功就业。2010年，全市中等职业学校43所，在校学生15万人，中等职业学校总计招生6.5万人，比2009年增加2000多人。职业教育办学条件继续提高，安丘、昌邑两市职业教育中心启动建设，全市8个县（市）有7个建成或在建职教中心。潍坊商业学校、诸城技工学校成为首批国家中等职业教育改革发展示范学校。9月，市发改、教育、人社三部门正式启动中等职业教育基础能力建设（二期）工程。

2011年起，争取中央资金4200万元，市县校筹资1.619亿元，重点建设昌邑职教中心、寿光工贸职业中专等7所中等职业学校综合实训楼。举办2010年全市职业院校技能大赛，设13个专业类别44个比赛项目。潍坊市政府承办山东省2010年职业院校技能大赛，其中中职组设9个专业类别31个比赛项目，高职组设5个专业类别5个比赛项目，分别在潍坊市8所中高职院校举行，潍坊市参赛再获一等奖总数和团体总分双第一。参加全国职业院校技能大赛获一等奖8个（占全省总数的61.5%）、二等奖12个（占全省总数的54.5%），三等奖9个（占全省总数的69.2%）。2010年2月，市人大十五届三次会议通过关于建立潍坊市职业技能竞赛基地的议案，规划建设30个专业职业技能竞赛基地，承担省市两级职业院校技能大赛比赛及训练、建设院校及其他院校本专业学生实习实训、师资培训、职业技能鉴定等功能。市政府出台《关于加强职业技能竞赛基地建设着力打造特色品牌专业的意见》，从2010年开始，面向机械装备、纺织服装、海洋化工、食品加工、造纸包装、电子信息及现代服务业、现代农业等全市支柱产业和新兴产业，在全市职业院校评审认定30个装备条件好、师资水平高、与产业发展符合度较高的特色品牌专业。深化校企合作，2010年面向2746家企业开展人才技术需求调查，挖掘企业岗位需求7.1万人，推动各院校主动与企业对接。山东畜牧兽医职业学院牵头成立山东畜牧兽医职教集团，成员单位92个。潍坊职业学院积极与有关中职学校、企业对接，筹建潍坊市机械装备制造业职业教育集团。省教育厅批准成立民办非学历教育培训机构鲁台教育交流中心，为鲁台两地职业院校、中小学教师之间交流活动和学生赴台学习研修等两岸院校交流合作牵线搭桥、提供服务。驻潍坊5所职业院校的41名学生赴台湾相关院校进行为期5个月的研修。成功举办鲁台教育合作暨职业院校长研讨会，台湾高校56人和省内院校等共约150人与会，会上共签署合作协议或意向38个，其中潍坊院校共签订协议或意向21个。

2011年，全市中等职业学校44所，在校学生17.5万人。创办国家级职业教育创新发展实验区经教育部同意，列入国家动态调整计划。全国职业教育技能大赛基地落户潍坊，潍坊市成为全国三大承办地之一。在全国职业院校技能大赛中职组比赛中，潍坊市夺得22枚金牌，占全省金牌总数的84.6%；银牌18枚，占全省的60%；铜牌11枚，占全省的37.9%。全市团体总分列江苏、上海、宁波之后，居全国第4位。5月18日，由山东省教育厅、山东省台办和潍坊市政府共同主办，台湾海峡两岸教育交流促进协会、潍坊市教育局和潍坊市台办共同承办的第一届“台鲁教育合作交流论坛”在台湾南开科技大学举办，两岸部分职业院校负责人及职业教育工作者等共计60余人出席合作交流论坛。6月14—16日，2011年全国职业院校技能竞赛中职组现代财会专业技能竞赛在潍坊商业学校成功举办。潍坊市幼教特教师范学校合并到潍坊学院成立二级学院。3所海运学校、2所卫校、2所师范、1所中职通过资源整合提升办学层次，实现了“高中职一体化”办学。中职招生继续保持良好势头，全市招生5.2万人，连续两年保持全省第一。全面促进校企合作，探索建立职业院校董事会领导下的校长负责制度，在市属职业院校成立由有关部门、企业参与的学校董事会，确定潍坊商业学校为办学体制改革试点学校，组织部分企业董事讨论制定潍坊商校董事会章程；结合创建国家中职改革发展示范校，改制旅游系和培训处，面向社会开展有偿服务。

2012年，全市有中等职业学校42所，在校生17.5万人，招生62276人。全国中职会计技能大赛在潍坊商校会计实训基地举办，省级技能大赛八个专业大类的比赛由潍坊市承办。在2012年全国职业院校技能大赛中，潍坊市获得14枚金牌，占全省金牌总数的61%，团体总分和金牌总数连续4年位居全省第一；在省级技能大赛中，潍坊市获得全部95个一等奖中的35个，位居全省各地市首位。寿光市职业教育中心学校、安丘市职业中等专业学校、临朐县职业中等专业学校入选2012年度国家中等职业教育改革发展示范学校建设计划，占全省的六分之一。全市中职学校基础能力建设投资9.65亿元，15所国办中职学校全部达到省级规范化学校标准。投资近4000万元建设20个专业公共实训平台；全省43个职业院校技能大赛比赛项目，共有34个落户潍坊特色品牌专业实训基地。校企合作向深层次发展，首都旅游集团及旗下6家企业到潍洽谈餐旅领域校企合作、联合培养事宜；诸城职业中专与新郎服饰有限公司共同承办2012年山东省职业院校服装技能大赛；诸城福田汽车职业中专与诸城冠泓数控装备有限公司携手承办2012年山东省职业院校现代制造技术技能大赛并冠名“冠泓数控”杯；山东交通职业学院与宝马汽车公司共建宝马山东培训基地；山东信息职业技术学院与大唐移动通信设备有限公司合作共建山东产学研一体化教育实训基地。

第二节　成人教育

1991年，全市各级教育部门进一步加强岗位培训工作，对企业管理干部突出以建立现代企业制度为主要内容的普遍性培训和财税金融、计划、投资、外贸等经济体制改革方面的专题培训；对专业技术人员突出知识更新、补缺、拓宽、深化培训；对工人技术人员突出岗前培训、岗位技术培训和项目配套培训。11月，全省职工文化教育现场会在潍坊召开，市教委作“抓好职工高中教育，促进职工教育全面发展”典型发言。1993年，诸城、寿光2市通过省政府扫盲验收。

1994年，高密、昌邑、潍城3市（区）通过省政府扫盲验收，坊子、寒亭、安丘、青州、昌乐、临朐6县市区顺利通过省、市两级政府扫盲验收。全市累计扫除青壮年文盲近17万人，青壮年非盲率由第四次人口普查时的95%提高到99.6%，超出国家标准4.6个百分点。到年底，全市有2500名厂长（经理）参加国家统考，合格率达99%；车间主任培训参训4115人，班组长培训参训2万人。各单位把岗位培训与等级培训、考工晋级、评聘工人技术有机结合，全市每年参训人数都保持在100万人以上，平均每个职工提高实际技能三级。全市共组织8.2万人次参加学习，单科结业6.3万人次，毕业8100人。全市各类成人中专学校发展到35所（县办成人中专9所、职工中专23所、公安干部中专1所、农广校1所、中华会计函授高校1所），校舍面积达10万多平方米，开设专业80多个，配备专职教师1091名，聘请兼职教师3000余名。在校新生4.5万人，累计招收新生12万人，毕业生8万人。

1995年，潍坊市贯彻落实《中国教育改革和发展纲要》，提出到2000年基本扫除青壮年文盲。1996年，以现代企业家队伍、转岗人员、乡镇企业职工培训为主要内容，全市狠抓干部职工职业道德教育和职工创造力开发培训、计算机能力等级培训，年培训职工120万人次，计算机能力等级培训2000多人。

1997年4月，全省成人教育工作座谈会在潍坊召开，会议号召“远学苏南，近学潍坊”，以此为动力，全市加大成人教育工作力度，成人教育得到稳步发展。全市有5所成人职工中专学校被评为省级示范校，有70所乡镇成人教育中心学校基本达到省级规范化学校标准。全市各类成人中专学校招生1.2万人，在校生3.5万人；乡村成人文化技术学校紧密结合当地实际，大力开展实用技术培训，年累计培训农村劳动力170多万人次，培训回乡初高中毕业生10万多人。

1998年，市教委印发《关于开展下岗职工再就业培训工作的意见》，确立30所学校60个专业向社会开放，各县市区也根据要求确立一批条件好的职业学校和成人中专参与培训。到年底，全市有2540余名下岗职工接受培训，重新就业。印发《关于大力开展回乡初、高中毕业生实用技术培训的意见》，进一步加强对回乡初、高中毕业生技术培训，全市有7万多名应届初、高中毕业生每人接受1～2门实用技术培训，做到“双证”离校。

2000年，支持农村职业学校编写乡土教材，调整教学内容，及时将生产中应用的新技术、新工艺、新方法补充到教学中，改变教学与农业生产脱节的现象。允许农村职业学校采取灵活多样的办学形式和学制，放宽入学条件。积极引导农村职业学校建设生产实习基地，发挥其在技术应用和生产管理方面的先进、示范作用，办成当地产业技术示范中心。

2001年，全市农村成人教育工作的重点是县乡村三级成人教育办学网络建设和规范化乡镇成人学校建设。对成人学校建设工作进行专门部署，对乡镇成教中心校进行督促检查。加强回乡初高中毕业生培训，对初四学生进行分流，充分利用成教资源，减轻初中压力，扩大初中招生能力，解决初中生辍学问题。大力推行对农村青壮年农民和农村党员干部实用技术培训，参训达150多万人次，使青壮年农民掌握了一技之长。

2003年，农村成人教育在为农服务中得到巩固提高，乡镇中心成人学校发展到139所，其中省级规范化学校49所，占全省总数的1/4，县乡村三级办学网络得到健全，为农业发展、农村繁荣、农民致富提供有力的智力支持。

第三节　社区教育

2002年，潍坊市开始社区教育试点工作。把职业学校和成人学校纳入一体化管理，对招生、教学进行统筹规划，职教、成教两张皮现象得到扭转。部分职业学校将学历教育向下延伸，在乡镇成人中心学校设立教学点，满足农民接受更高层次教育需要。乡镇中心校和村校作为职业学校的技术传播基地，组织开展农村实用技术培训。加强督导检查、规范办学行为，组织有关专家组成评估组对全市办学单位进行评估，对不合格单位进行通报批评，限期整改。2003年，从函授站审批手续是否完备、函授站组织管理机构是否适应、函授站在校生和毕业生情况、主办院校对函授教学组织管理是否符合教育部规定、函授教育日常管理是否严格规范、函授站面授辅导和教学质量状况、函授站学费收取和经费使用情况是否符合国家规定等7个方面，对44个驻潍坊普通高校函授站点进行年审。2004年，认真贯彻落实国务院《关于加强和改进社区服务工作的意见》教育部《关于推进社区教育工作的若干意见》和山东省人民政府《关于加强和改进社区工作的意见》，不断深化各项措施,全市社区教育工作取得显著成绩。2005年，初步建立完善社区教育网络，各县市区把创建社区教育网络工作列入政府工作重要任务目标，纳入当地教育和社会发展规划，成立由政府主要领导和教育部门参加的社区教育领导小组，不断加大投入，初步形成以社区学院（社区教育中心）为龙头，街道乡镇社区学校为骨干，居民小区办学点为基础，社区内各类学校以及文化、体育、科技场馆等资源面向社会开放的三级社区教育网络。2006年，各级社区教育学校基本配备专职教师，并聘请有专业特长的社会人士担任兼职教师，或者从职业院校、科研院所等机构选拔人员组成讲师团。充分利用社区内的各类教育资源和教育方式、各种媒体和信息技术，开展多形式、多层次的教育培训，全面提升公民素质，促进经济发展。同时，积极开展丰富多彩的文化、体育、艺术、健康、法制等社会文化生活教育，使社区教育成为提高居民生活质量、促进和谐社会建设的重要阵地。

2008年，诸城市由成人教育牵头，统筹职业教育、成人教育和基础教育资源，三教联动，深入开展社区教育，为农村社区建设提供强有力的人才支撑和智力支持。奎文区充分发挥教育工作优势，整合社区资源，大力实施学校与社区共成长工程，促进全区和谐社会建设。潍城区整合辖区内教育资源，实施“文化信息资源共享工程”，多部门联合，分类指导，对社区居民进行岗位培训、科学普及和政策、公德教育，推动两个文明建设。奎文、潍城区和青州市被确定为省级社区教育实验区。10月22日，在诸城召开全市社区教育工作现场会，推广诸城以成人教育为载体开展社区教育的经验做法。

2011年，全市社区教育工作重点是依托民办教育培训资源，促进市民教育开展，引导培训机构开展市民教育，向社会提供公益服务。坚持公益性，坚持“高标准建设、高效能管理、高品质服务”，把市民学校构建成沟通政府与市民的桥梁和继续教育的有效载体，促进全民学习、终身学习的学习型社会建设，促进人的全面发展，推动和谐社会建设。

2012年，市教育局印发《关于充分利用教育培训资源开展市民教育的通知》，设立200所市民学校，制订《潍坊市市民学校评估标准》，引导民办教育培训机构转变发展理念，由单纯进行教育培训转向服务和回馈社会，举办健康知识、文明礼仪、法律知识、家政服务、文体活动、书法绘画、远程网络等教育培训。

第四章　教师

第一节　教师队伍

1991年，潍坊市在小学教师学历培训基本完成后，有计划、有步骤地开展小学教师继续教育工作。1992年下半年，潍坊市将高师函授教育、卫星电视教育和自学考试三者合为一体，开始大规模中学教师“三沟通”学历培训。全市共有专科学员2.2万人，本科学员3000多人，学员总数占全省的六分之一。到1994年底，全市小学、初中、高中教师学历达标率分别为94.05%、55.54%、41.86%，比1991年分别提高18.15、28.44和12.26个百分点。公、民办教师工资待遇逐年提高，拖欠教师工资现象基本杜绝。

1995年，师范教育进一步发展，昌潍师专1万平方米综合大楼竣工使用，潍坊教育学院办学条件也有明显改善，两校招收民师专科自费生1400名。潍坊师范、诸城师范基本达到省级规范化中师标准，向省提出验收申请。为适应现代化教育教学需要，潍坊市中师学校在全省率先增设英语和计算机两门必修课。加强教师职业道德建设，在抓好正常师德教育基础上，利用暑假在全市统一开展以学法、用法、执法为主要内容的集中学习教育整顿活动，教师法制观念逐步增强，职业道德水平明显提高，共有628人获得部级劳模和国家级、省级、市级优秀教师、优秀教育工作者称号。

1996年，市政府决定在完成省下达3700名民转公计划指标的基础上，再从市控指标中划出3000人用于民办教师转公办，全市民办教师人数减至1.9万人。当年，全市有17名教师获曾宪梓教育基金会民办教师奖，其中二等奖3人、三等奖14人；安丘市一中教师曹洪昌获香港柏宁顿（中国）教育基金会第二届“孺子牛金球奖”杰出奖，获奖金10万元。

1997年，实施“名师”工程，注重选拔和培养学科带头人、教学能手和教学骨干，全市省级教学能手达54人、市级教学能手840多人。组织教学能手送课下乡活动，选拔65名省市级教学能手深入到12个县市区举行公开课、示范课，听课教师达2.5万多人次。教师节期间，组织以潍坊市人民勋章获得者王焕新，全国孺子牛金球奖杰出奖获得者曹洪昌，特级教师王金茂和国家、省级优秀教师高永利、史学坤为成员的优秀教师报告团到各县市区巡回报告，弘扬教师甘于清苦、敬业爱岗、为人师表、教书育人、无私奉献精神。当年，有两名教师被评为省级师德标兵，10名教师被评为市十佳师德标兵，585名教工被评为省、市级优秀教师或先进教育工作者；1517名教师晋升为中、高级专业技术职称。

1998年，市教委制定《潍坊市跨世纪教师素质工程实施意见》，对全面加强教师队伍建设作出整体规划。全市小学、初中、高中教师学历达标分别为97.87%、86.64%和62.34%，跨入全省先进行列。有18名教师被评为全国优秀教师和教育工作者，有32名教师被省政府授予特级教师称号，有420多名教师被评为各级各科教学能手。圆满完成省下达民转公指标6500人，全市民办教师人数减至9500人。

1999年，积极推进学校用人制度改革，初步建立起“评聘分离、竞争上岗、优胜劣汰”的用人制度。全市有560名不能胜任教学工作教师下岗，并结合农村小学合班并校，清退代课教师1.2万多人。全市小学、初中、高中教师学历达标率分别为98.97%、88.09%和65.02%。加强校长队伍建设，有近千名中小学校长到北京、上海等教育先进地区进行考察学习。试行中小学教师职称评聘分开，实行红卡（评聘分开）、绿卡（评聘结合）制度。开展“讲师德、做师表、树正气”活动，弘扬敬业爱岗、教书育人、无私奉献精神，全市有73人被评为省级优秀教师或优秀教育工作者，430人被评为市级优秀教师或师德标兵。

2000年，市教委组织全市10万名教师开展为期10天的“端正教育思想，明确教育方向”大讨论，在广大教师中进一步确立素质教育理念。全市小学、初中、高中教师学历达标率分别为99.19%、88.47%和70.47%。2001年，市委、市政府印发市教育局等5部门《关于深化市直学校内部管理体制改革的意见》，市教育局召开市直学校、单位深化内部人事制度改革动员会，市直各学校制定内部体制改革方案，重点是全面推行教师聘任制、结构工资制和校长职级制，打破“铁饭碗”、破除“大锅饭”、拉开分配档次，个人报酬与工作实绩挂钩，实行优教优酬，激发教师教书育人积极性。各县市区通过实行人才招聘、下乡支教、择优进城、待岗培训、师范类毕业生择优录用等办法，增强教育内部活力。市教育局制定下发《潍坊市中小学教师“十不”行为规范》，建立明察暗访制度，把中小学教师职业道德教育全员培训作为工作重点，加大舆论监督。2002年，实施优秀教师示范工程，首次组织评选市级特级教师，市政府印发关于评选表彰特级教师的决定，全市共表彰市级特级教师59名。小学、初中、高中教师学历达标率分别为99.2%、91.7%、73.4%；小学教师拥有专科以上学历、初中教师拥有本科以上学历比例分别达50.7%、22.2%。2003年，全面实施评聘分开，放开评审指标限制，只要符合相应教师职务条例规定就可申报教师职称，同时下放评审权限，青州、诸城、寿光、安丘、高密等县（市）负责本区域内中小学教师职务评审。2004年，加大引进本科毕业生力度，年内接收928人。“百名外教进校园”工程，引进外籍教师638人。建立全国第一个教育硕士（学士）流动工作站，并从在读教育硕士中选拔7人进站工作。依托有一定研究基础、较强研究力量的学校组建“虚拟研究所”，整合研究力量，集中解决教育教学问题，实现资源共享，全市初、高中有186个虚拟研究所，共承担41个课题。2005年，实施“人才兴教”战略，通过资格认证准入、菜单式选择、强化行政监管的模式，搭建教师培训新平台。批准建立潍坊教育学院、潍坊市教科院、山东—巴伐利亚职教师资培训中心、新世纪培训中心等4家市级教师教育培训机构。加大优秀本科毕业生引进力度，全年共接收1501人，择优选拔30名英语教师进行境外培训。实施“百名外教进校园”工程，引进外籍教师138人。推进“中小学校长提高培训工程”，两次组织市区中小学校长150人到上海师资培训中心进行培训。2006年，开展教师学历提高教育，全市小学、初中、高中教师学历达标率分别为99%、92%和73%。加大优秀本科毕业生引进力度，推进“农村小学校校新进一名大学生计划”，到农村小学支教任教的达538人，占农村小学总数的47%。择优选拔30名英语教师进行境外培训，“百名外教进校园”引进外籍教师138人。2007年，推进教师继续教育管理体制改革，将教师参训情况纳入对县市区教育工作综合督导评估和学校办学水平评估。举办系列名师名校长培养培训班，组织开展名师送教下乡和创新型名师评选活动，提高广大农村教师实施素质教育的能力和水平。

2009年初，人力资源和社会保障部、教育部把潍坊市作为职称改革试点城市。全市共有81010名教师按照新的职务层级进行过渡。2010年8月，潍坊市被国家教育体制改革领导小组再次确定为全国深化中小学职称改革试点市，全市81321名中小学教师实现职称平稳过渡，17位中小学教师被评为正高级教师，教师职称改革试点实现新突破。

2011年，潍坊市全面建立市对县市区、各县市区对所属学校的办学满意度测评制度和师德考核前置审核制度。建立起包括8.77万名中小学教师师德考核信息库。在年度省市教学能手、市政府教学成果奖等所有市级以上评先树优中全部进行师德“体检”，对达不到“优秀”等次的严格实行“一票否决”。

2012年，全市教育系统积极稳妥完成第二轮岗位竞聘，中级、高级教师评审通过率相比往年有显著提高。全市引进新教师1900多人，市直学校招聘工作按照“先面试、后笔试”的新机制招聘新教师24名。从职称评定、评先树优等多方面完善制度举措，切实加强和完善2006年以来引进的5700余名农村学校新进教师的管理和服务工作。免费师范类毕业生继续保持100%就业率。中小学教师职称改革各项制度落实到位，圆满完成第二轮中小学教师职称评聘工作，全市1.1万名教师晋升到高一级岗位。是年12月，潍坊市中小学教师职称改革经验在省政府召开的全省深化中小学教师职称制度改革工作会议上推广。

第二节　教师培训

1991年到1994年底，全市有1.2万名小学教师参加培训。第一批中小学校长岗位培训基本结束，有1794名小学校长、1299名初中校长、380名高中校长取得岗位职务培训合格证书。

1995年，全市参加“三沟通”（高师函授、卫星电视高师、自学考试三结合）培训学习教师达2万多人。全面完成中小学校长岗位培训任务，同时，市、县分别举办初中、小学后备干部培训班，培训管理骨干300多人。

1997年，组织部分乡镇教委主任和初中校长到北京师范大学、华东师范大学国家校长培训中心学习。1998年，潍坊市被省教委确定为省级中小学教师继续教育实验区。扎实开展小学教师基本功训练，全市先行通过省教委抽查验收。组织1.2万名中小学教师参加助学自考招生入学考试。1999年4月，组织中小学校长和教育行政干部200余人，到教育部高级教育行政学院参加培训；6月，承办全省中小学德育工作报告会，潍坊150余人及省内其他市地近500人参加培训；7月，组织省市重点中学英语教师20余人到教育部高级教育行政学院参加英语听力和口语强化培训；8月，承办全省省级普通话水平测试员培训班，全市126人参加培训，103人通过考核获得等级证书和测试员资格；11月，组织全市特教管理干部和特教学校校长30人到济南参加特教管理干部讲习班。2000年，组织中小学教师开展计算机全员培训，1.9万名教师通过培训考核取得初级以上达标证书。选拔推荐69名中小学骨干教师参加国家级培训、573名骨干教师参加省级培训。举办初中校长提高培训班16个，培训校长658人。

2001年，开展以中小学教师计算机全员培训和骨干教师培训为重点的继续教育，全市教师中有4.38万人通过计算机应用能力初级水平考核，达标率50%以上；有150名教师参加国家级和省级骨干教师培训。2002年，市教育局制定《潍坊市中小学教师继续教育学分制管理规定（试行）》，全市中小学教师计算机应用能力达到初级以上水平的占97%；有600余名教师参加市级骨干教师培训；有903名中小学校长参加不同形式的培训，其中107名高中（职业中专）校长接受省教育厅组织的任职资格培训。

2004年，开展教师学历提高教育，全市有46.3%的小学教师达到专科及以上学历，17.6%的初中教师达到本科及以上学历。制订印发《市区校长三年培训规划》，先后组织200名校长分赴华东师范大学和上海师范大学进行培训。举办第一期初中校长提高培训班，有82人完成学业并颁证；建立中小学校长论坛制度并成功举办两期。2005年，市教育局对培训严格进行审查，规范学分登记制度，全方位整合师资资源，使培训内容、形式、师资、服务更具针对性，更能满足校长、教师成长需求。通过邀请美国华裔教育家谢佐齐博士，举办中美合作常态课堂教学研究与培训班等，培训校长2890人次、新课改教师1.5万人次。“培训单位与学员双向选择，市场化运行”新机制初步构建。

2006年，发挥4家市级教师教育培训机构作用，加大教师培训力度。全年先后举办10期校长培训班，培训校长3000多人；举办教师培训班21期，培训教师7000多人，涉及职业道德、计算机技能、基础教育新课程、英语能力等。“培训单位与学员双向选择，市场化运行”新机制基本建立。2007年，广泛开展“菜单”式培训，确定100名校长和1000名骨干教师为培养对象，进行“菜单”式提升培训，年内资助10名名师出版专著。建立300多名师、名校长组成的专家资源库，利用专家资源对全市教师进行个性化培训。

2012年，加强幼儿教师队伍建设，全市新进正式在编幼儿教师231人。组建15个市级幼儿园教师培训实习基地，完成所有幼儿园园长第一轮全员培训，对全市200名骨干幼儿教师进行培训。严格园长准入管理，健全园长任职资格制度，对全市1098名公办及公办性质幼儿园园长进行为期1周任职资格培训与考试。

第三节　激励保障

1991年，潍坊市开始有计划、有步骤地加大教师激励保障制度建设。1995年，潍坊市制订到20世纪末改善教师住房条件规划，在投资、征地、规划设计、施工等方面出台一系列优惠、优先政策，教师住房建设步伐明显加快。是年，全市投入6900余万元，建成教师住房12.9万平方米。民办教师月均工资达200元左右。

1996年，实行教师职务评聘，有394人晋升为中学高级教师，1189人晋升为中学一级教师，288人晋升为小学高级教师。按权限分别为驻潍坊大中专院校141名讲师、10名高级讲师、35名教授、12名副教授办理职称评聘手续。按教师资格过渡办法为全市79363名中小学教师办理资格过渡。教师待遇进一步改善，全市投入1.5亿元，新建教师住宅楼25万平方米，建成14个独立设置小区。

1997年2月18日，市政府召开全市第二次教师住房建设工作经验交流会议，印发《潍坊市人民政府转发市教委等六部门关于加快解决教职工住房问题报告的通知》，要求各级政府成立由政府主要领导任组长的“教职工住房建设领导小组”，确定全市到2000年教职工家庭人均居住面积达到12平方米，成套率达到90%以上。通过各级财政安排专款、住房资金专项贷款实行倾斜、勤工俭学收入提出一定比例、以成本价向教师出售、提倡企业和社会捐资等多渠道筹集建房资金。在征用土地、免缴城市基础设施配套费等8项费用（基金）和纳入“安居工程”等7方面实行优先优惠政策。年内全市教职工住房投入资金8780多万元，建成住房144540平方米。在省政府召开的第三次全省教职工住房建设工作经验交流会上，潍坊市被省政府教职工住房建房领导小组表彰为“教职工住房先进市”。

1998年，潍坊市各级各类学校筹集资金近1亿元，新开工建设教师宿舍楼60多幢，解决2000多户教职工住房问题，人均居住面积超过11平方米，成套率达80％以上。1999年，依法做好教师待遇落实工作，对教师工资发放实行动态检测，全市教师工资基本做到及时、足额发放。

2002年，市教育局制定中小学教师骨干系列管理办法，开展评选“十佳优秀校长”“百名优秀班主任”活动，全市获得市级以上优秀教师、教学能手称号教师达1.5万多人。2004年，印发《关于表彰十佳校长十佳教师优秀教师优秀教育工作者优秀校长的决定》《关于表彰“红烛奖”和“优秀教育世家”的通报》，召开全市庆祝第二十个教师节暨表彰大会，首次评选表彰潍坊市“十佳”校长和“十佳”教师，表彰50名“优秀校长”、400名“优秀教师”、50名“优秀教育工作者”、28名“红烛奖”获得者、15户“优秀教育世家”。择优选拔100名英语教师进行境外培训。

2005年，教师节期间，全市评选表彰潍坊市第二届特级教师。1名校长被评为“中国职教百杰校长”，1名校长入选山东省2005年度“十大教育创新人物”。2006年，评选首届“潍坊名师”30人，每人享受科研津贴2万元；表彰“十佳百优”班主任，1名班主任入选山东省十大教育创新人物。

2007年，制定《潍坊市年度教育创新教师评选意见》，在全市评选表彰潍坊市年度教育创新型教师30名；1名教师获全省十佳创新型教师，1人获提名奖。制订《名师名校长培养实施方案（2007—2010）》，建立名师名校长培养培训长效机制。12月28—29日，山东省名师成长研究会在潍坊市举行成立大会，推广潍坊市通过建立名师工作室引领区域教师加速成长的经验。通过评选表彰奖励教学成果政府奖和创新燎原奖等措施，大批学校和教师受到激励，整体素质得到迅速提升。

2012年，市教育局先后印发《关于严禁中小学校及在职教师从事有偿补课的意见》和《关于建立中小学师德零投诉前置制度的通知》，确定9月为师德建设活动月，强化师德教育，厉行师德规范。完善学生、家长评价教师和评先树优师德前置审核制度，全市中小学教师师德考评优秀率提高到56.5%，增加7.95个百分点，师德优秀教师增加近8000人，有18名教师在各项评比中因“师德”不达标被“一票否决”。在省教育厅首次组织的对地市教育行风评议中，潍坊市位居全省第一。

第五章　教育教学改革

潍坊市以创造适合学生成长的教育环境为目标，按教育教学规律和学生成长规律办学、教学；坚持目标导向、问题导向，破除传统教育弊端；以体制机制改革推动教育质量提升，调动“校长办学、教师教学、学生学习”三个积极性，逐步实现教育体制变革，不断加快教育现代化进程。

第一节　管理体制改革

校长职级制改革

2001年，潍坊市印发《关于深化市直学校内部管理体制改革的意见》，在市直学校试点推行校长职级制。2003年，市委、市政府印发《关于深化中小学人事制度改革的意见》，大力推行中小学校长选聘职级制、教职工聘用聘任制、岗位目标责任制、岗位结构工资制和工资总额动态包干制等多项人事制度改革。2004年9月17日，市委、市政府印发《关于推行中小学校长职级制度的实施意见》，并于10月12日召开全市推行中小学校长职级制度管理工作会议，中小学校长职级制度全面启动。12月27日，在全国中小学人事制度改革工作座谈会上，潍坊市作为全国唯一地级市作“创新管理机制 启动学校活力”典型发言，教育人事制度改革经验在全国推广。2005年，校长职级制全面深化，全市935名正副校长档案全部由组织人事部门划转到各级教育行政部门，495名校长被确定职级，市直学校校长全面进行交流轮岗。2009年，市教育局会同市人事局、市财政局印发《关于深化中小学校长职级制改革的意见》，对建立科学的校长选聘制度、校长级等管理、校长任职资格、校长学年度考核和任期考核相结合的考核制度、多方面参加的校长选任评审委员会等作出规定。2011年8月28日，市委、市政府转发市委组织部等四部门《关于深化和完善中小学校长职级制改革的实施意见》，在全国率先建立起校长后备人才、专家遴选、职级评定、绩效薪酬、延长任职以及校长与教育部门交流、教育局局长专业资格等系列制度，初步建立起专家办学制度体系。同年11月16日，潍坊市中小学校长职级制改革获“第二届全国教育改革创新特别奖”，成为全国连续两届均获特别奖的唯一地市。2012年，校长职级制改革各项制度落实到位，全市遴选后备校长人才1006名，认定校长职级1152名，落实职级绩效工资1600万元。潍坊市改革校长教师管理机制、加强教师队伍建设的做法在国务院和省政府召开的教师工作会议上做典型经验介绍。

依法自主办学

2009年，按照“主管部门依法宏观管理，学校按章程自主办学，社会参与评估与监督”的要求，市教育局组织专家和部分学校校长形成《关于加快建立现代学校制度的指导意见》初稿，对构建现代学校制度提出指导意见。同年，市教育局印发《潍坊市中小学教代会工作规程》，加强教代会制度标准化建设，充分发挥教代会参与学校管理的作用；印发《潍坊市中小学（幼儿园）校务公开工作规范》，指导各级各类学校做好校务公开工作，建立校务公开目标责任制；召开全市校务公开现场经验交流会。2011年始，潍坊市在各县市区部分学校开展自主办学试点，全面推广坊子区“管、办、评分离”经验。

第二节　社会力量办学

1996年，潍坊市各级党委、政府和教育行政部门认真贯彻实施《中国教育改革和发展纲要》，坚持“积极鼓励，大力支持，正确引导，加强管理”十六字方针，加强社会力量办学管理，全市民办教育事业蓬勃发展。至年底，全市社会力量办学单位达170多个，开设专业70多个，在学人数达4.5万人。1997年，建立健全学校审批制度、招生广告审查制度、财产财务管理制度和监督检查督导评估制度，进一步规范办学行为，对全市各级各类社会力量办学单位进行年度检查和清理整顿，维护社会力量办学声誉。到1997年底，全市社会力量办学单位180多个，专业设置70多个，在学人数达5万余人。2000年，对1999年社会力量办学单位年检情况进行通报，撤销14个不合格办学单位，对10个基本合格单位进行限期整顿处理。市教委制定印发《关于做好2000年度全市社会力量办学年检工作的通知》，从办学方向、办学条件、教学管理、财务管理、学校安全、办学效益6个方面对社会力量办学单位进行年检。实行高教自学考试社会助学许可证制度。要求各县市区教委于每年初将各级各类社会教育机构的办学基本情况和潍坊市社会力量办学备查表、登记汇总表及时上报市教委审查备案。市教委组织人员对全市30个普通高校驻潍函授站、成人高校校外班和拟设立的6处高校函授站进行检查评估，加强对函授站和校外班的管理。对申请办学的单位，按照国家规定设置标准严格审查校舍、资金、师资等办学条件和办学者的办学目的、办学思想、管理水平等情况。加强对社会力量办学单位办学财务的监督，委托审计师事务所对社会办学单位的资产和财务状况进行审计。加强对社会办学招生广告的管理，市教委与市委宣传部、市工商局、市物价局联合下发加强各类招生广告管理的通知，对招生计划申报、招生广告审批、收费管理等作出明确规定，维护社会办学秩序。

第三节　招生就业制度改革

中考改革

1998年，潍坊市教育局把高密市确定为中考改革试点市，允许高密市自行命题，与全市统一时间进行考试和录取。2002年，印发《关于2002年中考招生工作的意见》，重点改革完善考试内容、方式和录取办法，增加英语口语考试，加大竞赛类活动的奖励和加分力度。改革中考命题，对中考试题质量进行全面调研，以确定今后命题方向。潍坊市教育局用以新课程的目标观、教育观、教学观、学生观、质量观作指导，逐步总结形成新课程背景下中考招生命题的基本理念、考试命题的指导思想和基本原则。2003年3月，印发《潍坊市初中学业水平考试及高中招生录取指导意见（试行）》《潍坊市高中招生录取指导纲要（试行）》《关于建立教师推荐诚信制度的实施意见》3个规范性文件，为实施新课程改革提供保障和支持。为配合新课程改革，潍坊市出台中考改革政策，把中考改为“初中学业水平成绩考试”，把升学压力化解到初中三个学年。2004年，根据教育部《国家基础教育课程试验区2004年初中毕业与普通高中招生制度改革的指导意见》要求，组织开展与新课改相配套的中考制度改革，并在高密市进行试点。2005年，扩大试点范围，开始在5个县市区实施中考改革；2006年，在12个县市区全面推开。2007年，将普通高中招生指标的50%直接分配到服务区内的初中学校。将体育与健康由考查科目调整为考试科目，实行统一考试，形成以“多次考试、等级表达、综合评价、诚信推荐、自主录取、社会参与”为核心的中考招生制度。

普通高中毕业会考制度改革

1992年，完成会考制度基本建设，并在实践中不断完善。1997年，考试制度逐渐成熟，考试成果得到普遍接受并被广泛应用。考试功能除作为学生毕业的重要依据，也开始向高校招生靠拢，普通高中毕业会考合格列入普通高等院校的报考条件。2004年起，山东省作为首批实验省份进入新一轮普通高中课程改革，毕业会考也根据需要转变为学业水平考试。考试的作用除继续作为学生毕业的必要条件外，更加注重对于高中教育教学行为的调控和检测。考试次数增加，内容更加丰富，形式也更加多样。高校招生录取时，高中学生学业水平考试成绩开始发挥重要参考作用。2006年6月，山东省举行第一次普通高中学生学业水平考试，科目为思想政治、语文、外语、数学、历史、地理、物理、化学、生物9个学科和信息技术的必修课程。学业水平考试成绩按照实际考分和等次记录在普通高中学生发展评价报告（纸质与电子系统）和省、市学业水平考试计算机管理系统中。考试成绩等第分A、B、C、D四级，分别为优秀、良好、合格和不合格。学生在校期间可以多次参加同一科目考试，成绩按最高的一次记录。不能按时毕业的学生，离校后允许参加二次考试。2012年11月3日，潍坊市教育局转发《山东省教育厅关于进一步加强普通高中学生学业水平考试工作的意见》，成立潍坊市普通高中学生学业水平考试指导委员会，实行指导委员会领导下的科室、单位分工负责制。

普通高校招生考试制度改革

1994年，高考实行“3+2”考试科目改革，考试科目由原来文科考6门、理科考7门改为文理科均考5门，即文科考语文、数学、外语、历史、政治，理科考语文、数学、外语、物理、化学。1995年，除农业、师范外的本科招生计划不再分到市地，实行本科招生计划面向全省划定统一录取分数线。省属本科院校除师范、农业院校外，其他院校中的本科专业全部实行招生计划“并轨”。1996年，除师范和农业院校外的本、专科专业全部实行招生计划“并轨”。高考实行标准化考试的标准分数报告制度，高考成绩以标准分数形式公布。1997年，所有高校本、专科招生计划全部实行“并轨”。本科全部招生计划面向全省招生，划定统一录取分数线。填报志愿在成绩公布后进行。2000年，本科录取分重点本科批与一般本科批，重点本科是部委属院校和进入“211工程”院校，其他本科院校为一般本科。招生计划分配到市地（不含提前批和本科一批），分市地划线录取。2001年，高考成绩恢复以原始分数的形式公布。高考报名条件放宽，年龄不限、婚否不限。取消高中中专层次招生。师范类专科计划不再分配到县市区。2002年，高考实行“3+X”考试科目改革，“3”为语文、数学、外语，“X”为综合科目，分文科综合、理科综合。2007年，高考科目实行“3+X+1”，增加基本能力测试，文综和理综分值由300分降为240分，基本能力测试卷面分值100分，并以卷面得分的60%计入总分，高考总分不变。取消跨省之间借考规定，考生一律回户口所在地报名考试。2008年起，山东省普通高校录取的本省新生，入学后一律不再办理户口迁移；被外省普通高校录取的山东考生，可自愿选择是否办理户口迁移手续。2010年，山东省普通高校招生首次实行网上报名、网上填报志愿及分批征集志愿模式。2011年，潍坊市建设完成高考标准化考点，全部考场实现远程网上巡查。2012年起，普通高校招生实行分类考试办法，即春季高考和夏季高考。春季高考首次面向普通高中毕业生招生。春季高考和夏季高考的报名、考试与录取工作分开进行，允许考生相互兼报。

2011年4月，国家教育咨询委员会推进素质教育改革调研组到潍坊调研

第四节　评价制度改革

2004年，潍坊在高密市开始中考改革试点，将初中学生综合实践活动课程以10分纳入中考。2005年7月，潍坊市被教育部确定为全国中考改革试点市。组织在5个县市区推广试点，将综合素质评价结果纳入中考，由初中学校评价，高中招生学校再根据学生标志性成果进行认定，在学业考试成绩等级相同情况下，优先录用综合素质评价等级高的学生，实行"硬参考"。2006年，在全市12个县市区全面将综合素质评价结果纳入中考。2008年，进一步明确综合素质评价程序和要求，规范高中学校认定及结果使用。将综合素质等级与高中招生录取"硬挂钩"，综合素质与语文、数学、英语三门学科等级等值对待。2009年，综合素质评价结果纳入高中招生录取，并与语数英学科等值对待，实现真正的"硬挂钩"。2010年始，健全学生成长档案，进一步完善评价方式，推行"学期评价"和"毕业评价"结果备案制度；进一步加强对普通高中学校综合素质认定工作的监管。

第五节　教学研究与改革

课程改革

1992年，国家教育委员会颁布《九年义务教育教学大纲》，潍坊市"六三制"学校多使用人民教育出版社编写的教材，"五四制"学校多使用北京师范大学编写的教材。1992—1996年，市县两级教研室组织各种形式的义务教育教学大纲和教材、教法培训。1992年国家教育委员会颁布的《九年义务教育小学初级中学课程计划》中列有活动课程，但教学中没有得到应有重视。1997年，潍坊市普通教育教研室制订《关于加强义务教育活动课程教学的意见》，规范全市活动课程教学。2001年，教育部颁布新课程标准，开始新一轮基础教育新课程改革实验，高密市被确定为"全国基础教育课程改革实验区"，在小学、初中起始年级使用义务教育课程标准实验教科书。

奎文区、潍城区、寿光市、诸城市被确定为“山东省基础教育课程改革实验区”，于2002年在小学、初中起始年级使用义务教育课程标准实验教科书。2002年，组织开展全市校本课程开发与评选活动，承办全国校本课程开发与建设现场观摩研讨会，组织小学小课题研究活动，总结交流各县市区小学开展研究性学习的经验做法，评选表彰先进单位和优秀成果。2003年12月，潍坊市作为全国唯一的地级市代表，在教育部召开的“全国义务教育课程改革研讨会”上介绍经验。2008年，市教育局组织开发并实施“励志修身、体验感悟、实践探究、心理疏导与家庭教育课程”4大系列课程，其中有“人生规划与职业指导课程”“千名名家进校园课程”“学生心理导航课程”等品牌课程。在全市初中毕业年级全部开设12课时的“人生规划与职业指导”课程，指导学生正确认识自我，选择适合自己的人生道路。大力开发“千名名家进校园”课程，把民间知名艺人、非物质文化遗产代表性传承人等请进校园，让学生从成功人生中吸取人生成长的动力，有4586位名人专家走进初中校园，全市建立“名人”档案8590份。大力开展社团课程建设，所有城区初中和一半以上的农村初中分别达到每100人、150人拥有一个社团的目标。80%以上的学校开发了体育节、艺术节、读书节、风筝节等节日课程。开发社区服务课程，组织中小学生“走进社区，服务社会，感悟人生，成就未来”，多元化课程体系构建学生成长的立交桥。2010年，由潍坊市教育科学研究院牵头，在临朐、寿光、潍城、奎文、坊子、高新6个县市区（开发区）的12所学校开展“小学课程整合的理论与实践研究”，项目组引导实验学校教师以国家课程“科学”“品德与社会”等为主体，将地方课程“环境教育”“安全教育”“传统文化”等与校本课程中的相关内容，通过删减、融合、增补、重组，形成“主题模块”实施教学。

教学改革

1991年，潍坊市《小学课堂教学研究》结集出版，包含语文、数学、思想品德、自然、地理、历史6个学科的教学模式雏形，供广大一线教师学习使用。从1988年到1998年，全市90%以上的初中和半数以上的小学，以及市县两级教研室的教材研究、教学研究、评价研究、管理研究、教师培训等教研活动均围绕着目标教学展开，目标教学理论对全市小学、初中、高中影响广泛，对“双基”（基础知识、基本能力）落实起到较好作用。1990年2月，山东省教育委员会印发《关于试行中小学管理水平评估标准的通知》，潍坊市普通教育教研室制定《普通小学教学常规》《普通中学教学常规》，并印发到各县市区，以提高中小学教学管理水平，加快学校管理科学化进程。1993年，潍坊市教委《关于深化初中教学改革大面积提高教育教学质量的意见》，以《中国教育改革和发展纲要》为指导，以教学工作为中心，全面实施课程方案，大力推行单元达标教学，强化素质教育，大面积提高教学质量。1994年9月，潍坊市教委转发潍坊市普通教育教研室《关于开展综合文科教学实验的意见》，要求各普通高中积极开展综合文科（也叫横向文科，即综合多学科知识解决文科问题）教学实验，探索先进教法，提高教学质量。11月，市教委印发《关于加强实验教学的意见》，要求加强对实验教学的组织领导，搞好实验队伍建设、实验室建设和仪器设备的保管与维修，加强实验教学管理，提高实验教学质量。1996年6月，潍坊市普通教育教研室印发《普通小学学科教学常规》《普通初中学科教学常规》《普通高中学科教学常规》，用以规范各学科教学。小学学科教学常规包括思想品德、语文、数学、社会、自然、体育、音乐、美术、劳动、复式教学、活动课11门课程，初中学科教学常规包含思想政治、语文、数学、英语、物理、化学、生物、历史、地理、体育、音乐、美术、劳动技术、活动课14门课程，高中学科教学常规包含思想政治、语文、数学、英语、物理、化学、生物、历史、地理、体育10门课程。这些学科教学常规大都从教学计划、备课、上课（或课堂教学）、作业与课外活动设计、学业成绩评价、教学研究6个方面提出了要求。潍坊市普通教育教研室制定《小学课堂教学评价标准》《初中课堂教学评价标准》《高中课堂教学评价标准》《小学学校教学水平评价标准》《初中学校教学水平评价标准》，用以提高全市的课堂教学、教学管理水平。印发《关于普通中小学教学能手评审工作的实施意见》，规定每两年举办一次评审，每次高中、初中、小学所有学科总限额277名，并规定评审原则、条件、标准、组织实施办法、名额分配、工作纪律等。1999—2004年，全市启动创新教育研究，在继承目标教学精髓基础上，首先从课堂改革开始，提出“让学生成为课堂的主人”“把课堂的时间还给学生”。课堂改革努力改变“三中心”（课堂中心、书本中心、教师中心），以奎文区幸福街小学、临朐龙泉小学为基地，由目标教学评价发展成发展性评价和多元评价。两项改革均与新课程改革相配合，评价改革以潍坊二中为基地，研究针对学生的发展性评价；以坊子区实验学校为基地，研究针对教师的面谈式发展性评价；以中考改革为突破口，研究针对学生的综合素质评价。

2012年，潍坊市与教育部基础教育课程教材发展中心签署协议，共建国家整体推进素质教育示范实验区，在质量检测、课程改革、学业评价等制度方面进行系统性、整体性、协调性改革探索，为实现“轻负担、高质量”提供保障。全市普通高中教育教学质量连续11年名列全省第一。潍坊市“依靠制度创新区域整体推进素质教育”的经验被教育部确定为全国十大教育改革先进典型之一。

第六章　教育行政

1991—2012年，潍坊市教育投入大幅增加，办学条件得到根本改善。2012年，教育经费总投入达138.07亿元，占财政总支出比例连续7年位居全省首位。2006年始，潍坊市先后实施中小学校舍安全工程、义务教育薄弱学校改造工程、提升市区中小学建设工程、解决中小学“大班额”工程，累计投入资金107亿元，新建和改造校舍面积236万平方米，城乡学校面貌焕然一新。

第一节　教育经费

1991—2012年，潍坊市教育经费总投入实现大幅增长，由1991年3.61亿元增加到2012年138.07亿元，年均递增19.43%。其中国家财政性教育经费投入，由1991年3.25亿元增加到2012年119.87亿元，年均递增19.21%。事业收入由1991年1300万元增加到2012年16.22亿元，年均递增29.98%。民办学校举办者投入、社会捐赠和其他经费投入由1991年的2300万元增加到2012年的1.98亿元，年均递增22.49%。同期，潍坊市教育经费总支出大幅快速增长，由1991年的3.61亿元增加到2012年的136.49亿元，年均递增19.38%。其中人员经费支出由1991年的2.01亿元增加到2012年的69.81亿元，年均递增19.19%；公用支出由1991年的1.46亿元增加到2012年的66.64亿元，年均递增21.32%。

财政性教育经费占国内生产总值的比例波动上升，由1991年的1.49%增长到2012年的2.81%；预算内教育经费支出占财政支出的比例达到20%以上，居全省前列。

1991—2012年潍坊市教育经费投入情况表

表24－6－1　　单位：万元

项目/年度	教育经费投入					
	总计	国家财政性教育经费（包括预算内教育经费、教育费附加及基金等）	事业收入	民办学校举办者投入	社会捐赠	其他
1991	36074.5	32473.8	1314.5	0	0	2286.2
1992	43379.7	37689.1	3311.6	0	0	2379
1993	59795.8	44940	5826.2	18.7	6983.8	2027.1
1994	91373.2	64853.4	7060.2	272.4	15432.5	3754.7
1995	119298.3	78955.3	12174.1	1267.5	22269.5	4631.9
1996	130993	99831.5	13912.8	1004.7	13661.9	2582.1
1997	140517.1	109786.6	14708.9	3199.3	9986.4	2835.9
1998	162122.6	119049.1	28908.4	1919.9	4168.1	8077.1
1999	185479.8	132843.8	38288.8	1703.6	6796.3	5847.3
2000	209854	146226.6	44337.5	1293.1	10751.7	7245.1
2001	236200	159100	56100	1000	9100	10900
2002	264984.8	176338.2	71029.9	1026.8	6194.8	10395.1
2003	285944.2	187442.8	83661.9	731.3	3170.5	10937.7
2004	342949.1	216508.3	102617.1	4908.1	2770.8	16144.8
2005	390557.7	249853.8	112198.4	13588	1730.8	13186.7
2006	428568.5	283172.3	116151.1	15294.2	4941.3	9009.6
2007	556447.8	406852.8	128627.5	6351	3881.8	10734.7
2008	682803.9	532804.3	124295.7	574.2	3416.2	21713.5
2009	768792.8	617442.6	137988.3	170	4016.1	9175.8
2010	963473.1	781532.3	165658.1	3357.4	4100	8825.3

续表24-6-1

年度\项目	教育经费投入					
	总计	国家财政性教育经费（包括预算内教育经费、教育费附加及基金等）	事业收入	民办学校举办者投入	社会捐赠	其他
2011	1225393.6	1031938	177409.3	628.5	5385	10032.8
2012	1380665	1198670.8	162150.2	1611.7	4955.5	13276.8

1991—2012年潍坊市教育经费支出情况表

表24-6-2　　单位：万元

年度\项目	教育经费支出			
	总计	人员经费支出	公用支出	基建支出
1991	36074.5	20060.9	14598	1415.6
1992	43379.7	20918.2	20659.5	1802
1993	59795.8	33109.3	17249.5	9437
1994	91373.2	51660.2	22972.5	16740.5
1995	119298.3	56726.9	32619.5	29951.9
1996	130993	75128.1	37143.7	18721.2
1997	140517.1	82494.2	41753.6	16269.3
1998	162088.6	93117.4	50341.7	18629.5
1999	182278.7	105420.4	57802.8	19055.5
2000	207169.9	120872.5	67575.5	18721.9
2001	236361.7	134528.1	81094	20739.6
2002	265595.2	159132.6	91412.8	15049.8
2003	281216.6	173073.3	93833.8	14309.5
2004	336850.4	202536.5	105241.9	29072
2005	397095.7	230559.6	119798.7	46737.4
2006	432233.5	269766.6	135498.7	26968.2
2007	561359.3	352192.7	197469.3	11697.3
2008	680171.8	457057	221235.1	1879.7
2009	754074.4	532114.1	220503.9	1456.4
2010	970602.4	602590.6	367711.8	300
2011	1217539.8	676812.8	539392	1335
2012	1364875.3	698066.6	666408.7	400

第二节　教育设施

1988—1995年，潍坊市“普九”进入全面推进阶段，小学由1990年5715所调整为1995年4259所，校均在校生规模由119人提高到206人；初中由1990年662所，调整为487所，校均在校生规模由509人提高到863人。潍坊市1996年全面实现“两基”目标。1996—2000年，通过调整学校布局，全市小学由4259所压缩至2703所，校均在校生规模由206人增加到240人；初中由487所调整至427所，校均在校生规模由863人增加到1410人。

2001年，启动中小学危房改造工程，通过优化学校布局和学制调整等办法，积极化解初中入学高峰问题，全市共撤并小学460所、撤销教学点286个，小学由2703所减少到2243所、教学点减少到124个，小学布局得到进一步优化。新建初中15所，办学效益提高。2002年，全市累计投入2500万元，12个县市区建成教育信息中心机房，组建潍坊市教育城域网。2003年，全面实施校园网达标工程，到年底全市建成校园网597处，高中达81%，初中达56.9%，小学达17%。2004年，建立健全中小学校舍维修改造长效机制，市级每年安排1000万元，与省补助部分捆在一起，按项目管理和“以奖代补”原则进行分配。全市有1089处校舍维修改造项目竣工，面积34.03万平方米，28处项目学校在建，在建面积10.75万平方米，共完成投资1.62亿元，其中县级财政投入4920万元，乡镇投入5110万元。全市更换水泥檩条校舍1.12万间，完成规划改造任务的156%，全部消除2005年底前鉴定的D级危房。至2006年底，累计筹集危改资金1.7亿元，消除危房31.5万平方米,新建校舍25.6万平方米，改扩建校舍6.4万平方米，维修校舍8万平方米。全市共撤并小学934所，其中撤并完全小学493所，教学点441个；异地新建小学42所，共保留1811所，其中普通完小1740所，教学点71所，平均每所小学覆盖人口5000人，平均服务半径1.9千米以上。原有初中427所，全市按规划共撤并初中52所，易地新建初中6所，实际保留初中381所，初中覆盖人口3万人，平均服务半径5千米。

2008—2011年，全市实施“211”工程（热水、热饭、取暖、改厕）的农村中小学共计105所，投入资金1.76亿元，其中省、市专项资金4400万元，县级投入资金13202.4万元，受益学生127816人，其中寄宿生55513人。2009年，实施中小学校舍安全工程，2010年，完成938所中

90年代的操场跑道

2000年以后的塑胶跑道

小学新建改建和加固任务。2011年，所有县市区全部编制完成《县域中小学幼儿园布局规划（2011—2020年）》。2005年，启动“311”工程，用三年时间创建300电脑制作特色学校，100座机器人实验室教学示范校，10所信息学奥林匹克竞赛金牌学校。2008年，实现所有学校校园网100%达标。2009年，投资75万元，建成潍坊市数字应用服务平台。建成首座中小学动漫实验室，2010年，被中央电教馆列为全国首批5个动漫实验室之一。到2011年，共建成105所动漫实验室学校。2011年，建成全省最大中小学数字图书馆，引进国内五大图书供应商的数字图书及音像资源，并将跨库搜索引擎、电子图书、音像资源、期刊、论文、硕博论文、会议论文等整合到一个平台下，实现一站式登陆。图书馆首期工程包括读秀学术搜索引擎、11万册电子图书、近万个数字视频、2200余种基础教育数字期刊、近300种各类基础教育和重要综合类报纸、180多所著名大学的优秀硕博论文和重要会议论文。投入2.7亿元，新购置教学用机2万台，学生用机、教师用机总数达157515台，达到省配备标准，在全省率先完成班班通工程。

2012年，重点完成461所农村小学基本办学条件标准化建设任务，累计投入资金10.66亿元（不含新征建设用地投入），其中，校舍建设投入7.44亿元，建设校舍面积34万平方米；体育运动场地投入9800万元，建设田径场地面积60万平方米、篮球场地230片、排球场地160片、室外乒乓球场地900（台）；学校内部教育装备投入2.24亿元，新增实验教学仪器41万件、图书124万册、计算机19570台、其他现代教育技术设备5500件、音体美器材15万件、新增安保设备8700件、其他设施设备8.7万件、更新教室照明灯具4.1万只。到2012年底，全市中小学图书室（馆）1125个，阅览室2357个，藏书室1337个，资料室710个，图书3507.2万册，电子图书1043.28万册。

2012年，全市中小学（教学点）1345所，中小学实验室及辅助用房、功能教室共5466个。全面启动普通中小学办学条件标准化建设工作，对义务教育农村小学进行整合，优先解决农村小学办学条件薄弱、城乡发展不均衡问题。新增农村小学实验教学仪器208677件，价值765.06万元，其他义务教育中小学实验教学仪器394588件，价值754.14万元。是年，市政府将“多形式配备新型安全校车1500辆，基本实现全覆盖”列入当年《政府工作报告》10件民生实事之一，全市新型安全校车达1767辆，基本满足学生乘坐安全校车上下学需求，在全省率先实现安全校车全覆盖。推动学校安全标准化建设。全市76所高中段学校、296所初中、944所小学、928所幼儿园均通过县市区安全标准化达标学校验收。

第三节　教育督导

1991年，潍坊市大力推动“两基”工作，确立争取基本普及九年义务教育和基本扫除青壮年文盲的工作重点，全市召开“两基”工作推动会议，制订相关工作计划和日程配档表，争取在五年之内将工作落实到市县乡村各个层面，达标完成此项任务。1992—1995年，全市督导工作以“两基”工作达标为重点，大力推动各项工作落实，各级政府对教育投入力度空前，市“两基”工作走在全国前列。同时，各学龄段教育从幼儿园、义务教育、普通高中、职业教育、残障（聋哑）儿童教育等各项工作成绩喜人。1996年，潍坊市全面通过国家“两基”验收。

2001年11月，组织对县市区教育工作督导评估，主要内容包括教育经费、教师工资、中小学危房改造、信息技术、教育水平5项。2002年6月，市教育局印发《关于规范市区初中小学教育教学行为的意见》，建立随访督导制度，规范市区办学行为。将市区37所中小学校分成督学责任区，组织20多名督学，对责任区学校的教育教学行为进行随访督导。7月，市委组织部、市教育局、市政府教育督导室联合印发《关于将县市区教育工作情况纳入县市区党政领导政绩考核内容的通知》。

2006年，市教育局印发《关于建立潍坊市教育督导责任区制度的通知》，构建市、县两级督导责任区，其中市级督导责任区3个，12个县市区和3个市属开发区建立县级督导责任区76个，市县两级责任区督学共201名。2007年5月，省教育督导评估团对潍坊市教育工作进行综合督导评估。2008年，市教育局印发《关于建立普通高中督导责任区制度的通知》，对全市普通高中学校进行五项重点工作督导评估。4月，省教育督导评估团对潍坊市教育工作进行综合督导评估。10月，潍坊市创新教育管理评估中心成立，潍坊市教育局与教育督导巡视团签订“购买教育督导评估和教育投诉事项调查事务服务协议书”。

2009年7月29日，市政府办公室印发《关于建立督学责任区制度的意见》，要求全市设立市、县两级督学责任区，每个市级督学责任区一般负责1～2个县市区。每个县级督学责任区一般负责20～30所中小学、幼儿园或培训机构。责任区督学为市、县两级教学研究人员和教育行政部门业务科室的工作人员，实现对全市所有中等及以下学校的全面监督、指导和服务。

2011年4月，省教育督导评估团对潍坊市教育工作进行综合督导评估。9月，市政府办公室印发《关于成立潍坊市教育督导委员会的通知》，潍坊市成立教育督导委员会，由市长任主任，分管副市长任副主任，成员包括编制、教育、财政、人社等有关部门主要负责人，以及担任人大代表和政协委员中的部分知名企业家、教育专家、各级各类学校和基层干部代表等。

2010年4月12日，全国督学责任区制度建设经验交流暨现场会议在潍坊召开

2012年，市教育局督导室认真贯彻落实国家、省教育改革和发展规划纲要以及市委、市政府《关于加快教育体制机制改革全面实现教育现代化的决定》，坚持育人为本，全面实施素质教育，以促进教育公平为重点，以提高教育质量为核心，持续加大教育事业投入。2012年9月，潍坊市被国务院表彰为全国“两

基”工作先进市。

第四节　管理机构

市教育局

1996年，潍坊市教育委员会机关编制总额为63人（含市纪委派出纪工委编制3人），其中工勤人员编制6人。市教育委员会设主任1人、副主任3人、教工委副书记1人，纪工委书记1人；正科级领导职数12人、副科级领导职数10人，下设12个科室。

2001年，潍坊市教育委员会更名为潍坊市教育局，市教育局机关编制总额50名，其中行政编制45名，工勤人员编制5名。配备局长1名、副局长3名、党委副书记1名、纪委书记1名、总督学1名，科长（主任）11名、机关党总支专职副书记（正科级）1名、副科长（副主任）10名，下设11个科室。

市招生考试办公室

1983年12月，潍坊地区招生办公室与潍坊地区自学考试办公室合并成立潍坊市招生考试办公室。1987年确定为科级事业单位，定编20人。1994年2月，机构规格调整为副县级。同年12月，定编27人，下设综合科、招生科、自考科、行政科4个副科级科。2002年4月，内设综合科、招生科、自考科、会考科、行政科5个科，为正科级科室。2005年6月，增设信息科。至2012年底，市招生办人员编制27人，下设综合科、招生科、自考科、会考科、行政科、信息科6个科。

市实验教学研究中心

1975年12月，昌潍地区教学仪器管理站成立，为正科级规格。1994年8月调整为副县级规格，内设综合科、图书科、仪器科3个科，编制17人。2011年8月，更名为潍坊市实验教学研究中心。2012年12月，内设科室调整为综合科、实验教学研究科、课程开发与资源科、质量监测评估科4个科，编制缩减为16人。

市教育科学研究院

1987年2月，潍坊市教学研究室更名为潍坊市普通教育教学研究室，正科级规格，编制27人，内设办公室、小学组、初中组、高中组。1990年6月升格为副县级，同年11月定编为34人，内设办公室、高中组、初中组、小学组、幼教组、教育科研组6个副科级科室。2002年4月，加挂潍坊市语言文字工作委员会办公室牌子，编制37人，内设综合科、高中教学研究科、初中教学研究科、小学教学研究科、教育科学研究科、幼儿教育与特殊教育教学研究科、语言文字工作科7个科，均为正科级规格。2004年10月，潍坊市普通教育教学研究室更名为潍坊市教育科学研究院，编制增为50人，增设市区教育教学研究中心和基础教育课程改革中心两个内部机构，教育科学研究科更名为潍坊市教育科学研究所。2008年4月，增设艺体教学研究科、教师发展中心和学业水平考试中心3个正科级内部机构。2009年5月，学业水平考试中心更名为教育教学质量监测中心。2011年4月，成立市中小学生健康成长研究室（对外称“潍坊市中小学生健康成长研究中心”），增编10名。

市电化教育馆

1984年8月成立，为科级事业单位，编制8人。1994年2月，调整为副县级事业单位。2002年4月，市电化教育馆内设综合科、研究科、信息科3个正科级科室，人员编制12名。

第二十五编

科学技术

潍坊市科技馆

1991—2012年，潍坊市科技战线继续深化科技体制改革，认真实施“科教兴潍战略”和“高新技术产业化、传统产业高新化、国民经济信息化”三化战略，充分发挥科技法规规范作用、科技计划引导作用、科技奖励激励作用、科技园区带动作用，推动全市科技进步和经济发展。全市共有2923个项目列入国家级、省级科技计划，争取上级资金13.8亿元。市级科技计划共实施3960个项目，项目经费累计1.9亿元；获得国家科学技术奖16项，省科学技术奖748项，评定市科技进步奖2093项；共建成科技示范园712处，省级科技园区3处，国家农业科技园区1处；全市高新技术企业达384家，总数居全省第二位。2012年，全市实现高新技术产业产值2899.5亿元，占规模以上工业总产值的比重为27.32%。全市建成市级以上孵化器13家，其中国家级孵化器4家、省级孵化器6家，居全省第一位。共认定产业基地8家，其中国家高新技术产业基地1家，国家火炬特色产业基地7家，初步形成以电子信息、生物医药、海洋化工、新材料、动力机械、汽车制造等新技术领域为专业特色的国家产业基地。潍坊市被科技部确定为全国“十城万盏”半导体照明应用工程、“十城千辆”节能与新能源汽车示范推广试点城市，连续6次被评为全国科技进步先进市。

第一章　科研机构

潍坊市的科技体制改革，是在1985年国务院作出《关于科技体制改革的决定》之后，于1987年从改革科研单位拨款制度入手开始。1991—2012年期间的科技体制改革，坚持党的科技方针，坚持改革与发展并重，突出创新体系和创新机制建设，使全市科技战线的实力、活力明显增强，机关的管理水平亦有显著提高。截至2012年，全市拥有国家统计序列的国家、省和市属科研机构13家，共有从业人员608人，其中从事科技活动人员423人；全市民营科技企业发展到1526家，民办科研机构发展到1136家，涉及医药、生物工程、新材料、电子信息、节能环保、化工、机械等十几个行业和高新技术领域，从业人员达到1.5万人，其中各类科技人员超过1万人。

第一节　科技组织机构

1991年，潍坊市科学技术委员会（简称市科委）行政编制35人，下设办公室、政工科、计划科、成果科、工业科、农业科、管理科、外事科8个科室。

1997年1月，市科委机关编制总数为36人（含纪委派驻纪检组编制2人），工勤编制4人。下设办公室、政工科、科技计划科、科技管理科、成果科、工业科、农业科、科技外事科8个科室。

2001年8月，市直机关机构改革，市科委更名为潍坊市科学技术局（简称市科技局），编制总额31人，其中行政编制28人、工勤编制3人。下设办公室、科技管理科、发展计划科、科技成果科、工业科、农村与社会发展科、国际合作科

7个科室。

2010年4月至2012年底，机关行政编制缩减为27人，下设办公室、科技信息调研科、科技管理科、发展规划科、科技成果科、高新技术发展及产业化科、农村科技科、社会发展科技科、科技合作科9个科室。

第二节　国有科研机构

1991年，全市国有科研机构13家，其中社会公益类7家：潍坊市农科所、潍坊市林业科学研究所、潍坊市水产研究所、潍坊市环境保护科学研究所、潍坊市农业机械研究所、潍坊市医学科学研究所、潍坊市科学技术情报研究所；技术开发类6家：潍坊市动力所、潍坊市纺织科研所、潍坊市化工研究所、潍坊市技术开发中心、潍坊市新技术研究所、潍坊市工艺美术研究所。

1991年，市机械局直属潍坊市动力所组建为潍坊市机械设计研究院。1992年，潍坊市纺织科研所进入潍坊棉纺织厂,不再作为独立科研机构。1994年，潍坊市农科所更名为潍坊市农业科学院。1995年，潍坊市化工研究所进入海化集团，更名为山东海化集团海洋化工研究院。1996年，潍坊市医学科学研究所进入潍坊市中心血站，更名为潍坊市血液研究所，成为市中心血站内设机构。1997年，潍坊市工艺美术研究所转制为企业并入金艺集团，主要从事风筝扎制、刺绣、核雕等，不定期组织工艺美术展览等社会活动。2002年，潍坊市林业科学研究所与潍坊市林业站合并，组建潍坊市林业科技推广站。2003年，原省科技厅直属从事粘接技术研究的科研机构山东省特种粘接技术研究所下放潍坊市代管。潍坊市水产研究所组建为山东省潍坊市海洋环境监测中心站，职能逐渐从水产科研转型为海洋与渔业监测、海域动态监管、海洋观测预报等。2004年，潍坊市机械设计研究院转制为企业，主要从事润滑设备研发。2005年，潍坊市技术开发中心、潍坊市新技术研究所实施事业单位改革，收回编制、撤销单位、人员分流。2008年，山东省特种粘接技术研究所转制为企业，潍坊市环境保护科学研究所改制为潍坊市环境科学研究设计院有限公司。

2012年，全市拥有纳入国家统计序列的国家、省和市属科研机构13家，其中国家科研院所实验基地1家：中国水产科学研究院下营增殖实验站；省属科研机构2家：山东海洋化工科学研究院、山东省化学纤维研究所；市属科技机构10家：潍坊市科学技术情报研究所、潍坊市教育科学研究院、潍坊市农业科学院、山东省潍坊市海洋环境监测中心站、潍坊市农业机械研究所、潍坊市血液研究所、潍坊市技术开发中心、山东省特种粘接技术研究所、潍坊市机械设计研究有限责任公司、潍坊市工艺美术研究所。共有从业人员608人，其中从事科技活动人员423人。

附：科研机构选介

中国水产科学研究院下营增殖实验站　1980年建站，由中国水产科学研究院主管，主要职能是开展渤海渔业资源调查与评估、重要经济品种种质资源保护与利用，主要工作任务是鱼虾蟹贝等重要经济海洋生物人工育苗、养殖和增殖放流技术研究、示范与推广。实验站占地面积64.9公顷，拥有鱼虾蟹贝等各类良种培育研究车间9座，水体总计9000多立方米；检测分析中心（综合实验室）1座，大型仪器设备10台（套）；各类室外试验池塘10多个，面积60多公顷。先后被命名为山东省名特优水产养殖示范基地、山东省渔业示范园、省级潍坊青蛤原种场，山东省渔业资源修复行动梭子蟹、中国对虾增殖站，市级青蛤、毛蚶、牙鲆、半滑舌鳎增殖站，部级水产健康养殖示范场等。人员编制35人，2012年，有职工36人，其中在职职工20人。在职人员中大中专以上学历人员13人，专业技术人员10人，主持参加重大科研项目20多项，其中与黄海水产研究所合作的“中国对虾渤海人工标志放流研究”获农业部科技进步三等奖，“山东北部斑节对虾全人工养殖试验”获山东省科技进步三等奖；与潍坊市水产研究所合作进行的“对虾工厂化人工孵化育苗”获潍坊市科技进步三等奖。

山东省化学纤维研究所　是原山东省纺织工业厅所属以合成纤维实用技术研究与产品开发为主的科研事业单位。2012年，有职工159人，年科技收入3000万元。设有化纤与化工工艺研究室、化纤与化工机械研究室、仪表与工业自动化研究室、中心化验室等6个研究部门，山东省化纤情报中心、山东省产业用纺织品调研中心、《山东化纤》《山东纺织经济》杂志编辑部4个情报与信息部门，山东省特种化学纤维中试基地、潍坊化纤高新技术开发公司等产业。

山东省海洋化工科学研究院　隶属于山东省轻工业协会，是专业从事海洋化工研究开发的省级科研机构，被列入山东半岛蓝色经济区18家海洋科技领域国家级创新平台之一。2012年，拥有职工650人，其中事业编制119人，具有中高级技术职务专业技术人员50名，拥有国家级研发平台1处，省级重点实验室、生产力促进中心、中试基地、行业检测站、工程技术研究中心等省级研发平台6处，高层次研发团队4个。在海洋新材料（离子膜、水性功能单体）、海洋精细化工（阻燃剂、高品质无机盐）、卤水综合利用3个领域处国内领先水平。领办创办山东天维膜技术有限公司、天一化工有限公司、潍坊科麦化工有限公司等高新技术企业，企业总资产6.6亿元。

潍坊市教育科学研究院　市教育局直属全额拨款副县级事业单位。2012年，有职工63人，内设13个科室，主要从事中小学、幼儿教育教学研究，每年承担教育系统内科研课题几十项。

潍坊市农业科学院　市政府直属正县级公益一类事业单位，被农业部评为全国百强农业科研单位。2012年，有科技人员101人，其中具有高、中级技术职务60人，享受国务院特殊津贴11人，山东省有突出贡献中青年专家5人，潍坊市专业技术拔尖人才10人。全院设置作物、蔬菜、植物保护、果树花卉、生物技术、土壤肥料等10个研究所。拥有总价值约200万元的仪器设备30台套，图书4万余册。建院40多年，共取得科研成果230余项。110多项成果获国家、省、市级奖励，其中有5项填补国内空白。经国家和省级审定定名农作物新品种36个，形成以芦笋、豆类、小麦、玉米、花生、蔬菜为主导的优良品种优势。

潍坊市农业机械研究所　成立于1963年，为市经信委主管的副县级差额拨款事业单位，人员编制55人，2012年，有职工29人、中高级职称10人，主要从事农业机械化技术研究与推广。

第三节　民营科研机构

1995年4月18日，潍坊市民营科技园在坊子凤凰山高新技术产业开发区奠基，到2003年，兴办高新技术企业200家，全市民营科技企业752家。2001年，潍坊市新成立民营科技企业30家，全市民营科技企业达1050家。2002年5月27日，潍坊市民营科技促进会成立。2002年底，全市民营科技企业发展到1121家，84家经省认定为高新技术企业，占全市高新技术企业的63%，初步形成电子信息、海洋化工、生物医药、新材料等高新技术产业群。青州尧王生物制药科技园、寿光民营科技园被批准为省级民营科技园区。

到2012年，全市民营科技企业发展到1526家，其中328家民营科技企业被认定为高新技术企业。全市民办科研机构发展到1136家，其中市属民办科研机构430家，涉及医药、生物工程、新材料、电子信息、节能环保、化工、机械等十几个行业和高新技术领域，从业人员达到1.5万人，其中各类科技人员超过1万人。

第二章　科技投入与计划

1991—2012年，潍坊市充分发挥科技计划对科技活动的导向功能、科技资源的优化配置功能、对科技人员积极性的激励功能、对经济发展的推动功能，科技计划立项数量及投入经费逐年加大，在计划管理方面取得较大进展。1991—2007年，政府收支分类体系改革之前，潍坊市以科技三项经费为标志的科技投入，由1991年的158万元增长到2007年的1517万元。政府收支分类体系改革后，财政科技拨款按照功能分类包括科学技术支出科目和其他功能支出中用于科学技术的经费。2008—2012年，市级财政科技拨款由2008年的15314万元，增长到2012年的32984万元。全市共有2923个项目列入国家级、省级科技计划，争取上级资金13.8亿元。市级科技计划共实施3960个项目，项目经费累计1.9亿元。

第一节　科技投入

科技三项费用（新产品试制、中间试验和重大科学研究项目的补助费），主要用于科技发展计划项目所需经费的补助，少量拨给县市区科委和市直有关局，作为科技开发经费（简称切块经费）。随着经济的发展，1991—2007年，政府收支分类体系改革之前，潍坊市以科技三项经费为标志的科技投入逐年增加，由1991年的158万元增长到2007年的1517万元。

1991—2007年潍坊市科技投入情况表

表25-2-1

年份	市级科技三项经费（万元）	同级财政支出（万元）	占比（%）
1991	158	14487	1.09
1992	166	15736	1.05
1993	170	24876	0.68

续表25-2-1

年份	市级科技三项经费（万元）	同级财政支出（万元）	占比（%）
1994	180	38017	0.47
1995	300	42015	0.71
1996	459	48140	0.95
1997	526	57216	0.91
1998	578	59610	0.97
1999	580	55500	1.05
2000	670	56570	1.18
2001	724	63523	1.14
2002	796	69660	1.14
2003	900	73150	1.23
2004	990	89980	1.10
2005	1110	109500	1.01
2006	1250	151580	1.1
2007	1517	184008	1.1

2007年，政府收支分类体系改革后，财政科技拨款按照功能分类包括科学技术支出科目和其他功能支出中用于科学技术的经费。科学技术支出科目分设9款：科学技术管理事务、基础研究、应用研究、技术研究与开发、科技条件与服务、社会科学、科学技术普及、科技交流与合作、其他科学技术支出。其中，基础研究、应用研究经费包括用于从事基础研究、应用研究科研机构的运行经费、重点基础研究规划、自然科学基金、重点实验室及相关设施、重大科学工程、社会公益研究、高技术研究等；技术研究与开发经费包括应用技术研究与开发、产业技术研究与开发以及科技成果转化与扩散研究等经费。2008—2012年，市级财政科技拨款不断增加，由2008年的15134万元，增长到2012年的32984万元。

2008—2012年潍坊市科技投入情况表

表25-2-2

年份	市级财政科技拨款（万元）	同级财政支出（万元）	占比（%）
2008	15314	256056	5.58
2009	15674	429862	3.84
2010	22437	627832	3.57

续表25-2-2

年份	市级财政科技拨款（万元）	同级财政支出（万元）	占比（%）
2011	26838	788210	3.40
2012	32984	954248	3.45

2002—2012年潍坊市全社会研发投入情况表

表25-2-3

年份	全社会研发投入（万元）	地区生产总值（亿元）	占比（%）
2002	36813.9	866.99	0.42
2003	39002	995.06	0.39
2004	43421.4	1199.01	0.36
2005	44498.3	1460.66	0.3
2006	78880.6	1720.88	0.46
2007	131017.4	2056.02	0.64
2008	342064.6	2475.63	1.38
2009	464313.7	2707.23	1.72
2010	607110	3134.5	1.94
2011	703536	3593.44	1.96
2012	887533	4074.64	2.18

第二节　科技计划

1991—1994年，市科委争取科技经费4.75亿元，其中市财政拨款970万元，国家、省科委拨款875万元，争取科技贷款3.37亿元，建立科技发展基金300万元。共实施市级科技发展计划472项，三项经费投入674万元，科技投入年平均递增30%以上。县市区技术开发研究经费达612万元、科学事业费706万元。

1995年，全市实施各类科技计划365项，匹配项目补助经费540万元；市级科技计划99项，市级科技三项经费达到300万元，比1994年的180万元增长66%。

1996年，科技投入进一步增加，全市实施市级以上各类科技计划项目465项，科技经费达到1.5亿多元；其中市级科技计划项目140项，项目经费459万元，国家、省科委拨款720万元，争取科技贷款1.42亿元；县市区科技三项经费达到1068.1万元。

1997年，全市在经济发展重点领域组织实施各类科技计划项目276项。其中国家级30项，省级120项，市级126项。争取和安排科技经费1195万元，其中市级科技三项经费526万元，科技贷款1.08亿元。

1998年，全市共组织实施市级以上各类科技计划226项，安排资金7603万元，其中列省以上各类计划项目106项，争取资金7025万元，市级项目120项，经费578万元，列省以上各类科技计划项目数、资金数全省首位。

1999年，全年市一级科技三项经费预算620万元，达到占财政支出1%的最低法定比例。全市12个县市区科技三项经费有较大幅度增长。全年共组织实施省级以上科技计划184项，争取国家和省科技拨款1930万元。以加强技术创新和推动科技合作为重点，组织实施市级科技计划135项，市级经费580万元。

2000年，安排实施科研攻关、高新技术产业化、中小企业技术创新基金等科技计划项目160项，争取落实科技无偿经费2246万元，其中争取省以上各类科技计划项目54项，争取无偿资金1576万元，争取科技贷款1.5亿元。实施市级项目106项，市级科技三项经费670万元。

2001年，组织实施市级以上科研攻关、高新技术产业化、中小企业技术创新基金等各类科技计划项目283项，无偿支持企业科技经费3300万元，其中争取省级以上计划项目118项，争取无偿资金1700多万元。下达2001年潍坊市科学技术发展计划165项，市级经费724万元，同时安排高新技术产业化项目贷款贴息900余万元。

2002年，潍坊市青鸟华光电池有限公司“低成本双复合锰酸锂的研究和中试”“混合电动客车用锂离子电池组及其管理模式的研究”、北汽福田潍坊模具厂“产品及其模具的协同设计与制造”、科园新能源技术开发研究公司“太阳池集成供热技术研究”、潍坊市农科院“智能化农业信息处理系统”5个项目列入国家“863”计划，潍坊亚星集团有限公司“三元复合驱采油用表面活性剂工业生产的研制”、诸城兴贸玉米开发有限公司“普通玉米淀粉深加工产品开发”、寿光市“蔬菜安全关键技术应用综合示范”3个重大项目列入国家“十五”科技攻关计划。

2006年，潍柴动力股份有限公司“面向机械行业产业链协同电子商务服务平台示范工程”项目列入国家科技支撑计划，“大功率车用柴油机开发”“重型载货汽车专用CNG发动机产品开发”等项目列入国家“863”计划。

2007年，山东晨鸣纸业集团股份有限公司“混合阔叶林漂白化学热磨机械浆制浆及应用关键技术研究”、山东海化集团有限公司“轻质超细造纸涂布专用碳酸钙关键技术研究”等项目，列入国家科技支撑计划。

2008年，潍柴动力股份有限公司“潍柴客车混合动力重型柴油机研发”“潍柴LNG专用发动机”项目列入国家“863”计划。寿光市新世纪种苗有限公司“园艺作物节能栽培工程技术集成与产业化示范”项目、潍坊亚星集团有限公司“高性能橡胶氯化聚乙烯绿色制造关键技术与应用研究”项目列入国家科技支撑计划。

2009年，山东浪潮华光光电子有限公司“高可靠性、低成本半导体激光器材料与器件工程化开发”项目列入国家“863”计划，山东信得科技股份有限公司“病毒性疫苗规模化生产关键技术研究与示范”项目列入国家科技支撑计划。

2011年，盛瑞传动股份有限公司“AT自动变速器试验检测关键技术研究”“AT自动变速器与发动机和整车的匹配标定技术研究”“AT自动变速器工程化及产业化关键技术研究”“AT自动变速器机械和液压系统工程化关键技术研究”4个项目、潍柴动力股份有限公司“工程机械用串联式混合动力系统开发”“商用车用并联式混合动力系统开发”2个项目、山东日科化学股份有限公司“节能门窗用耐候高性能塑料型材的研究开发及应用示范”项目列入国家科技支撑计划，歌尔声学股份有限公司“CMOS-MEMS 集成麦克风”项目列入国家“863计划”。

2012年，潍坊新力超导磁电科技有限公司“超导磁选机关键技术开发”、盛瑞传动股份有限公司“AT自动变速器工程化及产业化关键技术研究”、潍柴动力股份有限公司“商用车用并联式及工程机械用串联式混合动力系统开发”3个项目列入国家科技支撑计划。山东天维膜技术有限公司“面向酸碱回收的膜材料规模化制备及应用技术”、山东浪潮华光光电子有限公司“SIC衬底外延制备高效白光LED技术”、潍柴动力股份有限公司“高压共轨重型柴油机关键技术研究”3个项目列入国家“863”计划。

1991—2012年，市级科技计划立项数量及投入经费实现大幅增长，全市共有2923个项目列入国家级、省级科技计划，争取上级扶持资金、科技贷款，科技基金、贷款贴息等经费合计达13.8亿元。市级科技计划共实施3960个项目，项目经费投入累计达1.9亿元。

1991—2012年潍坊市级科技计划立项情况表

表25-2-4

年份	市级计划立项数（项）	项目投入经费（万元）
1991	136	158
1992	158	166
1993	107	170
1994	71	180
1995	99	300
1996	140	459
1997	126	526
1998	120	578
1999	135	580
2000	106	670
2001	165	724
2002	146	796
2003	152	900
2004	154	990
2005	197	1110
2006	140	1278
2007	191	1017

续表25-2-4

年份	市级计划立项数（项）	项目投入经费（万元）
2008	213	1320
2009	247	1490
2010	293	1690
2011	336	2050
2012	521	1925
合计	3960	19077

第三章　科技合作与交流

1991—2012年，潍坊市针对全市优质、高端创新资源不足的现状，高起点、高层次开展国内外科技合作与交流，推动合作方式创新、合作平台建设、科技项目合作方面，提升全市科技创新能力。国际科技合作方面，承担联合国援助华北水资源管理项目，建设乌克兰卢甘斯克中国农业高科技示范园，举办3届中印信息技术合作论坛暨IT经贸洽谈会，建成国际科技合作基地2处。国内科技合作方面，与中科院等单位签署多项合作协议，组织参加第六届深圳高交会等对接活动，达成多个科技项目合作。至2012年底，潍坊市同46个国家和地区建立国际科技交流与合作关系，争取和执行联合国援助计划、政府间科技合作、国际组织援助项目等146项，引进国外技术专家117人，派出科技团组57个，接待外国专家、科技人员121人。与中科院、中国工程院、清华大学等著名高校、科研单位对接洽谈951次，达成合作意向1200多项，成立院士工作站31家、产学研合作基地126家。潍柴、新立克、中狮等一批企业在北京、上海、南京等地建立研发中心。

第一节　国内科技合作与交流

1998年，潍坊市将国内科技合作列入市委、市政府及市级科技行政部门重要议事日程，当作科教兴市战略措施来抓。同年6月，市长王玉芬带领市直有关部门及12家企业负责人赴京与中科院洽谈技术引进与合作。市政府分别与中科院签署《关于联合促进科技成果产业化的协议》，与山东大学签署《关于进行科学技术合作的协议》。双方本着友好合作、互惠互利原则，在人才培养、科技成果转化、产学研结合等方面，广泛开展多种形式的全面合作。2003年，组织召开“农业院士专家与潍坊现代农业项目对接会”，中国农业大学、北京林业大学12名院士、专家到潍坊，举行现代农业科技报告会，签署28项农业科技项目合作协议，聘请关君蔚院士等12名专家为潍坊市农业科技顾问。诸城兰凤集团与清华大学研制成功国家“863”计划产品蓝绿光激光器，并出口美国、日本等国家和中国台湾地区。引进华南理工大学副校长、长江学者瞿金平教授的国家“863”新材料项目，落户潍坊高新区。潍坊中云机器有限公司与北京化工大学联合开发研制Ö1500mm双壁波纹管生产线，跻身国际同行业四强之列。

2004年，组织参加第六届深圳高交会。潍坊市22家高新技术企业在深圳高交会上，签订合同（协议）35个，项目总投资17.8亿元。全市90%以上大中型企业与多家科研院校建立合作关系。2005年，成功举办海峡两岸人才与科技成果交流洽谈会，邀请清华大学、北京大学、中国科学院等国内50多所知名高等院校、科研院所专家100多名，展示各类科技成果1800余项，达成科技项目合作协议280多个，并有6位院士、专家被聘为市政府经济工作顾问。组织中国工程院农业院士潍坊行活动，中国工程院副院长沈国舫等29名院士、专家就潍坊市农业产业化、标准化生产和农业现代化建设提出前瞻性、战略性指导意见，并确定联合建设全国十大农业科技创新示范基地。

2006年，潍坊市与中国科学院、清华大学、中国农业大学、山东海洋工程研究院等科研院所和高等院校签订科技合作协议。围绕“三北”（潍坊“三北”指辖区内寿光市、昌邑市和寒亭区北部靠海部分，地处莱州湾南畔，共4000多平方千米）开发，组织“市院携手兴三北”科技活动，邀请高层次专家20多人次到潍坊进行咨询和指导。以高新技术项目招商为重点，成功举办第二届海峡两岸人才与科技成果交流洽谈推介会，邀请博士、专家180多名，参会企业740多家，签订重大项目22项，投资总额12亿元，并有8位院士、专家被聘为市政府经济顾问。在深圳举办潍坊（深圳）高新技术项目招商恳谈会，700多名海内外客商与潍坊企业进行交流洽谈，签定高新技术项目协议、合同62项，总投资额86.5亿元，协议利用市外资金72.6亿元。

2011年，山东省百名专家企业行活动在潍坊启动

2007—2010年，以“科技接轨、携手创新、共赢发展”为主题，加快青岛潍坊科技合作，潍坊市科技局与青岛市科技局签订“关于进一步加强交流合作的接轨协议”，确定双方合作方向和重点。举办海峡两岸高端人才科技创新与合作、（青岛）潍坊创新合作、潍坊（深圳）高新技术项目推介、光电子产业等洽谈会，协议引进资金7亿多元。举办2009（青岛）潍坊周蓝色

经济创新体系合作洽谈会，与青岛高校及科研机构在海水养殖、海洋化工等领域签署合作协议21项。组织举办（青岛）潍坊市投资说明会暨招商项目推介会、深圳高新技术项目招商恳谈会、光电子产业等洽谈会，进行重点招商,引进市外资金3080万元。

2010—2012年，组建山东省蔬菜工程技术研究中心、默锐化学、潍坊英轩实业有限公司等31个院士工作站，其中华特磁电建成潍坊市首个省级综合院士工作站，全省仅设4个。

截至2012年底，与中科院、中国工程院、清华大学等著名高校、科研单位对接洽谈951次，达成合作意向1200多项，成立院士工作站31个、产学研合作基地126处。潍柴、新立克、中狮等一批企业在北京、上海、南京等地建立研发中心。

第二节　国际科技合作与交流

1991—1994年，同30个国家和地区建立国际科技交流与合作关系；争取和执行联合国援助计划、政府间科技合作、国际组织援助项目等36项，引进国外技术专家48人。1995年，与16个国家和地区建立国际科技合作关系，争取和执行政府间科技合作计划16项，引进国外技术专家39人。1996年，执行国家及省国际科技合作项目12项；派出科技团组8个，接待外国专家、科技人员21人。1997年，执行政府间科技合作项目14项，引进外国专家28人。1998年，先后执行中意良种肉牛繁育等政府间科技合作项目8项，引进智力12人次，派出团组6个。1999年，执行中法皮埃蒙特肉牛繁育生产体系等政府间国际科技合作项目3项，其中中法皮埃蒙特牛繁育杂交优势最佳的高密特肉牛，实现年产良种肉牛胚胎1800枚，生产配套良种肉牛胚胎1200枚。

2000—2002年，争取2个潍坊市企业赴阜新项目，科技部拨款200万元。潍坊市“乌克兰卢甘斯克中国农业高科技示范园”纳入中乌政府间科技合作计划。中国、荷兰在北京签署“山东寿光温室项目”科技合作谅解备忘录。2002年5月，举办“百名留学人员归国创业赴潍科技考察活动”，共邀请在海外留学两年以上、具有硕士以上学位留学人员126人，带来电子信息、新材料、机电一体化、生物工程、环保、机械、农艺学、医药医疗等领域项目152个，与全市企事业单位共签署协议或合作意向161项。市政府分别与欧美同学会、北京留学人员商会签订科技经济合作协议。为拓宽政府间国际合作渠道和驻外大使馆项目渠道，潍坊市先后与驻日本、匈牙利、罗马尼亚、保加利亚、俄罗斯、乌克兰、泰国、芬兰、瑞典、加拿大、美国等使馆科技处建立长期业务联系，为国际科技合作打下良好基础。当年，潍坊市申报的“保护地栽培技术国际培训班”项目，列入科技部发展中国家国际培训计划。

2003—2005年，加强与印度合作，连续举办3届中印信息技术合作论坛暨IT经贸洽谈会，洽谈磋商在潍坊市合作建立“中印软件产业合作基地”，通过《中印信息技术合作潍坊宣言》，建立“中国—印度信息技术合作基地”，签署软件开发、软件培训、企业信息化系统等合作协议96项。

2010—2012年，潍坊市重点建设科技部国际科技合作基地，潍柴动力和华光精工2个项目列入科技部国际科技合作计划，盛瑞传动、潍柴动力建成国家级国际科技合作基地，大耀新材料等5家企业建立山东省国际科技合作研究中心。盛瑞8AT作为全国13个重大项目之一，列入科技部国际合作重大专项，推动山东科技职业学院承担日本国际协力机构志愿者项目。组织实施潍柴M26柴油机、盛瑞8AT等4个国际科技合作重点项目，其中盛瑞传动世界首款前置前驱8挡自动变速器正式投产下线，打破国际垄断，迈入批量生产阶段。

至2012年底，潍坊市同46个国家和地区建立国际科技交流与合作关系，争取和执行联合国援助计划、政府间科技合作、国际组织援助项目等146项，引进国外技术专家117人，派出科技团组57个，接待外国专家、科技人员121人。

第四章　科技进步与成果

潍坊市将加快科技进步作为推进产业结构调整和产业升级的重要支撑，围绕创新能力提升和技术装备升级积极开展工作。大力推进科技创新平台建设，初步形成国家、省、市三级有机衔接的企业创新平台体系。坚持“自主创新、重点跨越、支撑发展、引领未来”方针，增强自主创新能力，实行高新技术产业开发区建设、运用高新技术改造传统产业和培植高新技术生长点三线全面推进，实施高新技术产业赶超战略和建设创新型城市决策部署，电子信息、生物医药、海洋化工、新材料、动力机械、汽车制造等高新技术产业群体进一步壮大。多方面对国家产业基地、科技企业孵化器、农业科技园区等新型发展模式进行扶持，加快科技成果推广应用，使其向现实生产力转化。1991—2012年，潍坊市获国家科学技术进步奖16项，省科学技术进步奖748项，评定市科技进步奖2093项。

第一节　创新平台建设

1991—2004年，潍坊市深化科技体制改革，实施“科教兴潍战略”和“高新技术产业化、传统产业高新化、国民经济信息化”三化战略，积极推进科技创新平台建设。到2004年，全市有384家限额以上企业建立科技研发机构，拥有科技人员7814名，研发新产品1073个。

2005年，企业研发机构发展到430多个，建设省级工程技术研究中心15个，与中国科学院、中国工程院建立长期性合作关系,建立产学研基地35处，建立起高新技术创业服务中心、民营科技促进会、技术市场服务中心、生产力促进中心、科技咨询服务中心等400多个科技中介机构，以“产学研”为重点的科技合作平台初步形成。

2006年，市科技局印发《潍坊市工程技术研究中心暂行管理办法》，启动市级工程技术研究中心建设，当年新建市级工程技术研究中心54个。

2009年，省科技厅启动依托企业建设省重点实验室工作，市科技局印发《潍坊市重点实验室管理试行办法》，组建市级企业重点实验室7家。潍柴商用汽车动力系统总成工程技术研究中心被科技部确定为国家工程技术研究中心，实现潍坊国家工程中心“零”突破。2010年，诸城外贸等4家企业获批组建全省第一批省级企业重点实验室。

2012年，全市省级以上工程技术研究中心发展到117个，其中国家级1个，68家省级中心通过验收。盛瑞传动国家工程技术研究中心顺利入围科技部综合评审。市级工程技术研究中心达407个。全市共建成省级以上重点实验室13个，其中企业重点实验室10个，分别为内燃机可靠性重点实验室、山东省畜禽产品质量与安全控制重点实验室、基因重组蛋白质药物与微生物酶企业重点实验室、山东省大型收获机械关键技术重点实验室、山东省脑血管中药研究与开发重点实验室、山东省酿造食品生物发酵技术重点实验室、山东省汽车非轮胎用橡胶材料重点实验室、山东省电声技术重点实验室、AT自动变速器关键技术企业重点实验室、磁力应用关键技术装备企业重点实验室。学科重点实验室3家，分别是海洋精细化工重点实验室、山东省整形与显微修复技术重点实验室、山东省多光子纠缠与操纵重点实验室。研究范围包括生物医药、电子信息、新材料、先进制造、现代农业等重点领域。市级企业重点实验室130多个，初步形成国家、省、市三级有机衔接的企业创新平台体系。

第二节　高新技术开发及产业化

2000年前，潍坊市着重发展高新技术及其产业、利用高新技术改造提升传统产业；2001年，实施“高新技术产业化、传统产业高新化、国民经济信息化”三化战略，走新型工业化道路；2008年后，以自主创新为重点，实施高新技术产业赶超战略，加快建设创新型城市。

政策支持

1990年11月，市政府印发《1990—2000年“科教兴潍”纲要》，把用现代技术改造传统产业、积极发展高新技术产业作为战略重点，并设立科教兴潍贡献奖，对作出重大贡献和取得显著效益的先进集体和个人给予奖励，授予荣誉称号。

1996年，市政府印发《关于加强科技进步的决定》，进一步加快开发区建设，重视运用高新技术嫁接改造传统产业，认真培植高新技术产业及其生长点，积极实施火炬计划。

2000年，潍坊市相继召开全市高新技术产业化工作会议和全市科技工作会议，市政府出台《关于进一步扶持高新技术产业发展的若干规定》和《潍坊市高新技术产业规划》，决定市财政每年拿出2000万元，用于高新技术产业贷款贴息。

2001年，市委、市政府全面部署实施以“高新技术产业化、传统产业高新化、国民经济信息化”为内容的“三化”战略，确立以信息化带动工业化的发展方略。

2008年，制定《关于鼓励支持高新技术产业加快发展的有关政策规定》，开展高新技术企业认定，经认定的企业享受三免两减优惠：免进口关税、进口环节产品税、增值税，减按15%征所得税、出口产品减按10%征所得税。

高新技术企业认定

1991—1996年，全市高新技术企业仅有78家；1997—2007年，全市各级高新技术企业迅速发展到354家，其中国家级31家。2008年，科技部、财政部和国家税务总局联合发布《高新技术企业认定管理办法》《高新技术企业认定管理工作指引》，对高新技术企业进行重新认定，全市有80家企业被认定为高新技术企业。2009年后，潍坊市每年平均认定高新技术企业90家左右。至2012年底，全市有高新技术企业384家，居全省第二位。

高新技术产业发展

1991—1994年，潍坊市以发展高新技术及其产业为战略重点，实行高新技术产业开发区建设、运用高新技术改造传统产业和培植高新技术生长点三线全面推进，组织实施国家和省级火炬计划项目71项，开发高新技术产品287种，发展高新技术企业50家，培植高新技术生长点24个。国家级潍坊高新技术产业开发区完成基础投资23.9亿元。

1995年，以发展高新技术为重点，在电子信息、石油机械、纺织等优势产业领域，组织实施科研攻关、新产品开发、火炬计划项目87项，推广应用新技术、新工艺、新材料200多项。全市有18家企业或科研单位被认定为高新技术企业或高新技术产业生长点，全市高新技术产品达300余种，年产值逾30亿元。1996年，安排实施科研攻关、火炬、推广计划项目93项，其中高效节能内外螺纹铜管、600吨/年发酵甘油、卡托普利新药等5个项目被列入国家火炬计划，智能化电子印花分色系统、无铬高变催化剂列入国家“863”计划和“九五”重大科研攻关计划，实现潍坊市承担国家级高层次科研项目零突破。全市有78家企业被认定为高新技术企业，25家企业被认定为高新技术产业生长点，高新技术产品达350余种。1997年，重点推进寿光造纸厂、潍坊亚星等15家企业运用高新技术嫁接改造传统产业试点工作，全市共组织实施火炬、新产品开发等各类计划190项，开发SBP宽带超节点信息交换平台、超细纤维仿真衣料革等50多个高新技术产品，其中国家级新品18个。全市高新技术企业发展到82家，潍坊高分子研究所等25家科研单位和企业被认定为高新技术生长点。1998年，以培植发展高新技术企业、支持骨干企业集团和中小企业技术创新为主攻方向，加大争取上级投资力度，新立克集团等企业的BOPET薄膜、CTB56TH—D多功能抽油泵等4个项目列入国家新产品试制计划；安丘机械厂的造纸污水处理碱回收设备等15个项目列入省高新技术产业发展计划、高新技术发展基金计划、重大科研攻关计划。高新技术企业发展到90家，高新技术企业生长点25家，高新技术产品350多种。

1999年，认真实施“工业强市”发展战略，以国有大中型企业为重点，以造就工业优势为目标，在电子信息、海洋化工、节能与环保、新材料等5个领域安排市以上工业科技发展计划95项，其中列入国家和省计划36项。组织实施企业技术创新示范工程，“美络西林纳”“印花镍网”等6个项目列入国家首批中小企业技术创新计划。潍坊市被省科委确定为省级技术创新试点市。省科技厅对原认定高新技术企业进行复核，重新认定全市高新技术企业64家，高新技术企业生长点25家，高新技术产品350种。

2000年，加强高新技术新兴产业培育，新上锂离子电池、电容膜、数字音视频演播系统、抗菌卫生陶瓷等高新技术产业项目82项，高新技术产品增加到400多种，高新技术企业达70家，对高新技术企业认证采取专家论证，并开始实行动态管理。2000年7月21日，市委、市政府召开全市高新技术产业化工作会议，研究部署加快高新技术产业发展的任务和措施，市委、市政府印发《关于进一步扶持高新技术产业发展的若干规定（讨论稿）》《潍坊市高新技术产业发展规划（讨论稿）》。

2001年，加强高新技术研究和新产品开发，推进工业科技创新。华光锂电池等5个项目列入国家“863”计划、“十五”科技攻关计划；组织实施国家和省中小企业技术创新计划20项。全市高新技术企业发展到101家，开发高新技术产品430多种。全市限额以上企业30%建立研发机构，有12家被认定为国家和省级企业技术中心。2002年，在强化技术创新基础上，重点进行制造业信息化建设，非专一性酶制备dp6-16甲克胺、小型四色胶印机等7个项目列入国家和省创新基金。晨鸣集团、潍坊模具厂、潍坊柴油机厂等多家制造企业进行信息化改造。全市高新技术企业发展到133家，高新技术产品达500多种。2003年，省委、省政府把发展高新技术作为经济发展的“三大亮点”之一，规范高新技术产业产值统计制度，潍坊市高新技术产业实现产值128亿元，占规模以上工业总产值比重为10.3%，较上年提高3.32个百分点。全市电子信息、海洋化工、生物医药、新材料等高新技术产业群体进一步壮大。

2004年，潍坊市进一步加大扶持力度，高新技术产业发展实现新突破。全市高新技术产业完成产值240.7亿元，同比增长67%，占规模以上工业总产值比重为13.21%，比上年提高2.9个百分点。2005年，市委、市政府把高新技术产业发展纳入全市经济发展综合考核指标体系，高新技术及其产业发展进入合力推动、快速发展新阶段。全市完成高新技术产业产值427亿元，同比增长79.81%，占规模以上工业总产值比重为15.88%。2006年，坚持把高新区作为带动全市高新技术产业发展的龙头，提出“一年大突破、三年成规模、五年创一流”奋斗目标，举全市之力，优先发展，高新区高新技术产业产值占工业总产值的比重达75%。全市完成高新技术产业产值780.3亿元，同比增长34.25%，占规模以上工业总产值的比重达为22.08%，比上年提高6.2个百分点。2007年，市委、市政府提出“坚持整体追赶、局部超越，选择优先目标全力突破，努力实现提高创新能力的跨越，力争用五年左右的时间，使高新技术产业达到全省一流水平，成为工业经济的主要支撑力量”的工作目标，是年，全市共完成高新技术产业产值1113.2亿元，同比增长34%，占规模以上工业总产值的比重达25.3%，比上年提高3.2个百分点。

2008年，市委、市政府大力组织实施高新技术产业赶超战略，坚持“自主创新、重点跨越、支撑发展、引领未来”方针，增强自主创新能力，推动产业结构调整升级。全市完成高新技术产业产值1526.9亿元，总量在全省较上年前进2个位次，占规模以上工业总产值的比重达28.1%，比上年提高2.8个百分点，增幅居全省第二位。

2009年，电子信息、新能源、生物技术、软件信息等新兴产业初具规模。电子信息产业快速发展，LED产业规模达40亿元，形成较为完整的产业链。在机械装备、纺织服装、石油化工、食品加工、造纸包装等传统支柱产业领域，深入实施制造业信息化科技工程，企业自主创新能力和核心竞争力明显增强。潍柴动力、北汽福田等4家企业被省科技厅认定为山东省制造业信息化“两甩”（甩图纸、甩账表）示范企业。全市完成高新技术产业产值1846亿元，占规模以上工业总产值的比重达30.4%，比年初提高2.3个百分点，总量居全省第4位。

2010年，潍坊市重点培育发展新信息、新材料、新医药、新海洋、新能源及电动汽车、半导体照明等新兴产业。7月，潍坊市被科技部批准为国家半导体照明工程产业化基地。高新区成功获批国家知识产权试点园区，国家半导体照明工程潍坊高新技术产业化基地、国家火炬计划潍坊电声器件特色产业基地获科技部批复。传统产业高新技术改造进程加快，在机械装备、纺织服装、石油化工、食品加工、造纸包装等传统支柱产业领域，深入实施制造业信息化科技工程，企业自主创新能力和核心竞争力明显增强。全市实现高新技术产业产值2614亿元，同比增长31.9%，占规模以上工业总产值的32.9%，增幅居全省第一。2011年，潍柴动力创建为国家级创新型企业，山起重机、富维薄膜等14家企业创建为省级创新型（试点）企业，总数达33家。歌尔声学、沃华医药等7家企业被认定为国家火炬计划重点高新技术企业，总数达28家。创新型半导体发光产业集群建设获科技部批复，半导体照明产业形成完整产业链，大功率LED路灯应用数量突破10万盏，居全国首位。汽车制造、合成材料制造、专用化学产品制造、轮胎制造等产业产值达1192.75亿元，超过全市高新技术产业总产值的1/2强。潍坊市新口径高新技术产业产值2349.7亿元，同比增长30.1%，占规模以上工业总产值比重为24.9%。

2012年，盛瑞传动股份有限公司等20家企业被确定为省创新型企业，豪迈科技股份有限公司等21家企业被确定为省创新型试点企业。11家企业认定为国家火炬计划重点高新技术企业。高新区入驻落户企业达130家，形成电子信息、生物医药、机电一体化、新材料“四大产业集群”。寿光卤水综合利用、诸城汽车及零部件产业等3家基地新建成为国家火炬特色产业基地，总数达7家。电声器件产业基地形成以歌尔声学为龙头，10多家企业为骨干，60余家中小配套企业组成完整产业链条的电声器件产业集群，发展成为全国最大、全球第三的驻极体传声器生产基地，其中硅微传声器受话器占国内市场份额45%以上。全市实现高新技术产业产值2899.5亿元，占规模以上工业总产值的比重为27.32%，比上年提高1.46个百分点，增幅高于全省0.6个百分点。

产业基地建设

1991年起，潍坊市高度重视产业基地建设，坚持实施创新驱动发展战略，加强顶层设计，强化资源整合，从政策、资金、科研项目、研发平台、科技奖励等多方面对国家产业基地进行扶持，特色基地内关联企业加快聚集，技术水平不断提高，产业规模不断扩大。至2012年，共认定产业基地8处，其中国家高新技术产业基地1处，国家火炬特色产业基地7处，初步形成以电子信息、生物医药、海洋化工、新材料、动力机械、汽车制造等新技术领域为专业特色的国家产业基地。

科技企业孵化器建设

2002年，潍坊市第一家科技企业孵化器——高新技术创业服务中心投入运行。2003年，潍坊高新技术创业服务中心被科技部认定为国家科技企业孵化器。2009年，潍坊高新区生物医药科技产业园被科技部认定为国家科技企业孵化器。2010年，潍坊软件园被科技部认定为国家科技企业孵化器；潍坊高新区电声器件产业孵化器被山东省科技厅认定为省级科技企业孵化器。潍坊市科技局印发《潍坊市科技企业孵化器认定考核暂行办法》。2011年，潍坊经济开发区科技企业孵化器被科技部认定为国家科技企业孵化器；潍坊高新区光电产业园被山东省科技厅认定为省级科技企业孵化器；诸城高新技术孵化器、奎文区科技企业孵化器、潍坊滨海区秉成科技企业孵化中心被潍坊市科技局认定为市级科技企业孵化器。2012年，潍坊高新区宝兴孵化器管理中心被科技部认定为国家科技企业孵化器；山东寿光中印软件园发展中心、青州旗城科技企业孵化中心、山东省呼叫中心与信息服务科技企业孵化器被山东省科技厅认定为省级科技企业孵化器。至年底，全市建成市级以上孵化器13家，其中国家级孵化器4家，居全省第一位；省级孵化器6家，居全省第一位。孵化总面积达156.4万平方米，在孵企业1445家，累计毕业企业646家，培育出以歌尔声学等为代表的一批行业领军企业。

第三节　科技兴农

农业科技计划

1991年起，潍坊市先后组织实施“开发南北，提高中间”发展战略、实施“农业良种化工程”、注重可持续发展、提高农业经济效益等阶段性目标，逐步向农业产业化、标准化、国际化方向发展。

1991—2003年，共有589个项目列入省以上计划，争取资金1.28亿元；潍坊市级计划安排农业项目624项，投入资金2916万元。2003年，组织实施国家、省、市各类农业与社会发展领域科技计划42项，其中争取山东省科技攻关计划10项，省农业良种产业化开发10项，市级项目22项。诸城外贸集团玉米淀粉深加工、安丘景芝小城镇建设2个项目列入国家“十五”科技攻关。针对“非典”等疫情，潍坊市的疫病预警系统建设项目中标，被列为全省试点市。

2004年，重点组织国家、省、市各类农业与社会发展领域科技计划70项，有25项列入国家、省科技发展计划（国家级7项、省级18项），争取省级以上计划资金805万元。“优质专用农作物新品种选育及繁育技术研究”“法国伊拉兔适应性养殖研究”“寿光国家级蔬菜科技示范园专家大院技术服务体系建设”“国家农业园区科技服务体系模式及政策研究”列入国家“863”、十五重大科技攻关专项计划、国家农业科技成果转化基金计划、国家星火计划、国家农业科技开发计划，农村信息化建设试点计划获国家滚动资金支持。“蔬菜食品安全关键技术应用示范”“心可舒二次开发研究”“寿光蔬菜高科技示范园”“诸城牧工商特色科技示范园”4个项目通过竞标，分别列入2004年度山东省重大科技计划和科技园区发展计划，获支持资金220万元。2005年，组织实施国家、省、市各类农业与社会发展领域科技计划58项，有25项列入国家、省科技发展计划（国家级2项、省级23项）。其中“干法变性玉米淀粉新产品研发”“禽类安全生产技术研究”“小麦新品系选育”等分别列入山东省重大科技攻关计划、农业科技成果转化基金计划；“普通玉米淀粉深加工产品开发”和“禽类安全生产技术研究”两个项目通过竞标，列入2005年度山东省重大科技计划，分别获得支持资金120万元。

2006年，全市组织实施国家、省农业科技计划项目35项，争取国家、省级科技计划项目经费1342万元。其中福田雷沃重工股份有限公司“新型水稻联合收割机技术研究与开发”“水稻机械样机开发与试验”“新型自走式玉米联合收获机研究与示范”，诸城兴贸玉米开发有限公司“玉米淀粉糖、系列变性淀粉与多元醇开发及产业化示范”，诸城得利斯集团“畜禽屠宰加工设备与骨血产品开发及产业化示范”，寿光蔬菜产业集团公司“寿光蔬菜安全关键技术应用综合示范区”项目，诸城市政府承担的“粮食丰产工程计划项目——国家粮食科技示范工程诸城示范县”等7个项目列入国家“十一五”重点科技支撑计划；山东华晨生物科技有限公司“农业基因工程抗菌肽研究与创制”和得利斯集团有限公司“基于RFID技术的食品安全追溯系统研发与示范”项目列入国家“863”计划；寿光蔬菜高科技示范园“设施蔬菜结构与品种对比试验”列入国家科技园区计划；诸城兴贸玉米开发有限公司“玉米淀粉深加工技术”列入国家农业科技成果转化资金计划；寿光新世纪种苗有限公司“农业特色创新工程寿光主栽蔬菜品种”列入山东省自主创新重大科技专项攻关计划。

2007年，全市组织实施国家、省农业科技计划项目28项，争取国家、省级科技计划项目经费1000万元。诸城外贸公司“畜禽安全质量控制技术”、寿光市生产力促进中心“蔬菜安全质量控制技术”、寿光蔬菜产业集团“设施菜地污染技术集成与示范”、诸城得利斯集团公司“基于RFID技术的食品安全追溯系统的研发与示范”4个项目，获国家“十一五”科技支撑计划立项扶持。诸城得利斯集团公司“安全优质猪肉生产关键技术集成熟化及可追溯产业链示范”列入山东省重大科技专项计划。2008年，全市组织实施国家、省农业科技计划项目16项，争取国家、省级科技计划项目经费860万元。其中潍坊市农科院和寿光蔬菜高科技示范园承担国家“十一五”重大科技专项计划专项“园艺作物节能栽培工程技术集成与示范”，雷沃福田重工集团承担山东省自主创新重大成果转化项目“雷沃谷神4YZ-3型多功能自走式玉米收获机”。2009年，全市组织实施国家、省农业科技计划项目18项，争取国家、省级科技计划项目经费720万元。引进和培育农业新品种100多个，研究推广新技术160多项。诸城市被科技部列入科技富民强县专项行动计划。

2010年，全市实施“瑞士莎能奶山羊养殖繁育基地建设及产业化开发”等富民强县专项资金计划及“早熟甜油蟠桃新品种的选育与开发”等省农业良种项目、农业科技成果转化重大项目。实施科技特派员农业科技项目53个，引进新品种82个，推广新技术62项。2011年，组织实施农业科技成果转化等各类重大项目23项，获得上级无偿经费支持1770万元。青州华盛承担省刚刚启动的科技型种业创新重大专项。

2012年，组织实施农业科技支撑、农业良种、科技惠民、富民强县等重大项目60余项，争取资金5880万元。设施蔬菜关键技术集成与示范项目，作为全省唯一列入全国扶持范围农业项目，获得资金600万元。选育引进农业新品种1200多个，研究开发新技术840多项。

农业科技园区

1991年，为推动寿光蔬菜产业发展，开始试点建设农业科技园区，随后各县市区相继建设各类农业科技园区。2002年，全市建设农业科技园区154家。2003年，全市农业科技示范园发展到536个，潍城大正特种动物养殖基地新批准为省级特色农业科技示范园。突出抓好昌邑、寒亭绿化苗木科技示范园建设，绿化苗木产业初具规模。2004年，制定印发《潍坊市农业科技示范园区管理办法（暂行）》，认定12家市级农业科技示范园区。全年新增投入15亿元，建设县级以上较大规模的农业科技园区107家，实现技工贸收入28亿元，形成集农业科技试验、示范与培训服务于一体，产加销一条龙，与现代农业相适应的发展格局。2005—2006年，建成国家级寿光蔬菜高科技示范园区，省级昌乐西瓜、诸城得利斯、大正特种养殖等4个农业特色科技示范园区，成为现代农业发展的导向性、示范性工程。寿光市蔬菜高科技示范园以进军科技前沿、发展高新农业为宗旨，与中国农业大学联合成立中国农业种子研究院。2007年，全市建设国家级、省级科技示范村1个（寿光三元朱村）；省级科技示范镇1个（高密市柴沟镇）；市级科技示范镇5个（安丘凌河镇、昌邑柳疃镇、高密河崖镇、青州黄楼镇、昌乐尧沟镇）、科技示范村5个（寿光三元朱村、奎文大虞村、诸城得利斯村、高密逄戈庄村、寿光桑家村）。山东寿光农业高科技示范园区通过国家第一阶段现场验收。得利斯牧工商一体化特色园区、中华西瓜科技园等两个省级特色科技示范园区通过省级验收并挂牌。潍坊高新区建设全省第一个省级中药现代化科技企业孵化器。峡山生态经济可持续发展实验区被省科技厅批准为省级可持续发展实验区。2009年，寿光国家级蔬菜高科技示范园正式通过科技部验收。组织编制黄河三角洲（潍坊）和峡山国家可持续发展实验区等发展规划，确定具体发展目标和重点发展产业链及产业集群。2010年4月，黄河三角洲（潍坊）被科技部批复为“国家级可持续发展实验区”；12月，峡山生态经济开发区通过国家专家组“国家可持续发展实验区”评审。寿光农业高科技示范园，创建为国家级科技园区。

2012年，寿光市纳入黄河三角洲国家现代农业发展“一城两区百园”战略部署。农业园区建设以寿光为基础，委托省农科院编制省级农高区建设规划。潍坊高新区国家级可持续发展实验区创建工作进展顺利，通过科技部等20部委评审。

农业信息化

2009年，山东省被科技部、中组部、工信部联合批复确定为第一个农村农业信息化示范试点省。是年底，在潍坊市开展农村农业信息化建设工作。2010年，建设蔬菜智能监控系统，在寿光蔬菜产业集团农业科技示范基地，通过安装空气温湿度、CO_2浓度、光照、视频图像采集等设施，可进行数据采集上传，通过蔬菜智能监控系统就可以监测到示范点30多个温室内空气温湿度、土壤温湿度、光照、CO_2浓度等实时数据，可以通过视频监控大棚内设备运行、作物生长和病虫害等情况，并通过手机和网络实现远程控制，实现智能调整控制湿帘风机、浇水施肥、内外遮阳、顶窗侧窗、加温补光等设施，保证大棚环境最适宜作物生长，为蔬菜花卉优质、高产、高效、健康发展创造条件。在寿光蔬菜产业集团农业科技示范基地，选择100个棚建设智能监控系统，覆盖面积27.6万平方米。建成网上农业技术查询和网络咨询服务系统，潍坊市农科院开通为民服务热线（2118557），在峡山区、坊子区、寒亭区、昌邑市、安丘市等农业主产区设立10个信息咨询服务点，农民通过远程网络视频系统，足不出户就可与专家进行面对面交流。2011年，建设蔬菜产业信息服务系统，设蔬菜资讯、栽培技术、病虫害防治、蔬菜市场、科技服务、基层站点等10多个大栏目，整合中国蔬菜视频医院、植保大典、中国寿光蔬菜指数、党员远程教育等网络资源，为农民提供农业科技一站式全方位信息服务。与慧风植保所共同开发手机智能服务系统，以手机为载体，方便快捷为菜农提供棚内数据浏览、种植技术查询、在线病虫害诊断、农产品交易查询、技术培训等服务。2012年，建设信息基层服务站，依托各级党员远程教育站点、农业科技园区、农业龙头企业、专业合作组织等机构，选择有较好信息化服务经验、服务人才基础和农业信息技术应用的县市区，配套落实计算机、打印机等办公设施，利用站点开展信息服务，覆盖全市几十万农户。

2012年潍坊市农业信息服务站点建设情况表

表25－4－1

序号	站点名称	所在地	产业类型
1	临朐县农业技术推广站	临朐县城山旺路61号	花生
2	临朐广润农化有限公司	临朐南环路农资市场B区1-2号	花生
3	临朐含笑果蔬专业合作社	临朐县沂山镇李户庄	花生
4	临朐合忠花生专业合作社	临朐县沂山镇蒲沟村	花生
5	临朐沂生源花生专业合作社	临朐县沂山镇常庄	花生
6	山东亚太中慧集团第三十八鸡场	昌乐县新昌路525号	家禽
7	山东亚太中慧集团第二十六鸡场	昌乐县新昌路525号	家禽
8	昌乐县国启特种养殖专业合作社	昌乐县红河镇张家下坡村	家禽
9	青州市高柳镇崔家村养鸡场专业信息服务站	青州市高柳镇崔家村	家禽

续表25—4—1

序号	站点名称	所在地	产业类型
10	青州市高柳镇郑家村养鸡场专业信息服务站	青州市高柳镇郑家村	家禽
11	青州市何官镇路光肉鸭场专业信息服务站	青州市何官镇张家营村	家禽
12	青州市何官镇华兴蛋鸡场专业信息服务站	青州市何官镇杨营村	家禽
13	青州弥河卓伟蛋鸡场专业信息服务站	青州市弥河镇关家村	家禽
14	山东佳士博农牧科技有限公司	诸城市昌城镇北	家禽
15	诸城市百尺河镇中水泊南场	诸城市百尺河镇中水泊村	家禽
16	诸城市舜王街道程戈庄西场	诸城市舜王街办程戈庄村	家禽
17	诸城市舜王街道程戈庄东场	诸城市舜王街办程戈庄村	家禽
18	诸城市龙都街道邱七吉北场	诸城市龙都街办丘家七吉村	家禽
19	诸城市石桥子镇刘家庄鸡场	诸城市石桥子镇刘家庄村	家禽
20	诸城市皇华镇寿塔中场	诸城市皇华镇寿塔村	家禽
21	诸城市石桥子镇小里户鸡场	诸城市石桥子镇小里户村	家禽
22	诸城市桃林镇松元鸡场	诸城市桃林镇松元村	家禽
23	诸城市祥润肉鸡养殖场	诸城市桃林镇下洼沟村	家禽
24	诸城市润生淀粉有限公司	诸城市辛兴镇	粮食
25	诸城市兴贸玉米开发有限公司	诸城市辛兴镇	粮食
26	山东食惟泰粮油食品有限公司	诸城市昌城镇	粮食
27	诸城市中丰粮油物流有限公司	诸城市开发区	粮食
28	得利斯农业科技股份有限公司	诸城市昌城镇得利斯工业园	粮食
29	苗木大户 昌邑市围子镇立辉苗木场服务站	昌邑市围子镇	林木花卉
30	农业龙头企业 金丝达林木花卉站点	昌邑市奎聚街办	林木花卉
31	农业龙头企业 昌邑市花木场服务站	昌邑市都昌街办	林木花卉
32	青州市世纪金塬花卉公司专业信息服务站	青州市黄楼街道泉子村	林木花卉
33	青州市文明园艺场专业信息服务站	青州市黄楼街道辛庄村	林木花卉
34	青州市花之缘花木有限公司专业信息服务站	青州市黄楼街道卢李村	林木花卉
35	青州市恒亮花卉盆景园专业信息服务站	青州市黄楼街道东夏落村	林木花卉
36	青州市翠林园艺场专业信息服务站	青州市黄楼街道卢坊村	林木花卉
37	青州市新卉园艺有限公司专业信息服务站	青州市黄楼街道西夏落村	林木花卉

续表25－4－1

序号	站点名称	所在地	产业类型
38	青州千卉盆景苗木专业合作社专业信息服务站	青州市弥河镇	林木花卉
39	青州市亚泰农业科技有限公司专业信息服务站	青州市弥河镇黄泥沟村	林木花卉
40	青州市德利农林科技有限公司专业信息服务站	青州市谭坊镇郑母南山林场	林木花卉
41	青州市谭坊镇西郑村专业信息服务站	青州市谭坊镇西郑村	林木花卉
42	龙头企业 山东宏大生姜市场有限公司服务站	昌邑市都昌街办	农产品物流
43	青州市绿龙蔬菜农产品物流专业信息服务站	青州市高柳镇北石塔村	农产品物流
44	诸城市颐康蔬菜专业合作社	诸城市昌城镇后道口	农产品物流
45	山东诸商股份公司农产品和农资服务中心	诸城市兴华西路1号	农产品物流
46	诸城市天益供销发展有限公司	诸城市密州街道栗行	农产品物流
47	诸城市田源丰农业生产资料经营中心	诸城市密州街道安家铁沟村北	农产品物流
48	山东惠发食品有限公司	诸城市开发区	农产品物流
49	临朐县果树站	临朐县城新华路25号	苹果
50	临朐县光生果蔬专业合作社	临朐县九山镇政府驻地	苹果
51	临朐县九山镇林业站	临朐县九山镇政府驻地	苹果
52	临朐县寺头镇林业站	临朐县寺头镇政府驻地	苹果
53	临朐县樱冠园大樱桃专业合作社	临朐县城关街道月庄村	苹果
54	诸城市科技信息服务中心	诸城市兴华东路19号	生猪
55	诸城市绿源食品有限公司	诸城市密州街道十里堡	生猪
56	山东信得科技股份有限公司	诸城市开发区	生猪
57	诸城市德丰饲料厂	诸城市龙都街道	生猪
58	山东恒基农牧机械有限公司	诸城市皇华镇范家庄子村	生猪
59	诸城市得利斯生猪专业合作社	诸城市得利斯工业园	生猪
60	得利斯集团有限公司技术中心	诸城市昌城镇得利斯工业园	生猪
61	山东亿泰农牧科技发展有限公司	诸城市南外环东600米	生猪
62	山东亿泰农牧科技发展有限公司良种猪场	诸城市林家村镇大麻沟村	生猪
63	得利斯道明精液中心	诸城市相州镇道明村西	生猪
64	得利斯同路饲料公司	诸城市昌城镇得利斯工业园	生猪
65	得利斯中疃猪场	诸城市昌城镇中疃村南	生猪
66	得利斯农牧集团预混料部	诸城市得利斯工业园	生猪

续表25-4-1

序号	站点名称	所在地	产业类型
67	兆田西瓜专业信息服务站	昌乐县唐吾前泉村	蔬菜
68	纪中瓜果专业信息服务点	昌乐县唐吾田家洼	蔬菜
69	清风岭菠菜专业信息服务点	昌乐县清风岭村	蔬菜
70	振民果蔬专业信息服务站	昌乐县唐吾镇杏山村	蔬菜
71	宝城敬相瓜菜专业信息服务站	昌乐县宝城街道尧沟田家庄村	蔬菜
72	山东创科种苗专业信息服务站	昌乐县经济开发区罗家庄村112号	蔬菜
73	昌乐县池子甜瓜信息服务站	昌乐县城南街道池子村	蔬菜
74	宝石沟信息化示范专业信息服务站	昌乐县乔官镇孟家淳于村	蔬菜
75	山东省原野蔬菜种植专业信息服务站	昌乐县红河镇	蔬菜
76	山东凤凰岭果蔬专业信息服务站	昌乐县红河镇	蔬菜
77	山东省朱汉果品专业信息服务站	昌乐县红河镇朱汉村	蔬菜
78	寿光市桑圣蔬菜专业合作社	寿光市桑家村	蔬菜
79	寿光市励志蔬菜专业合作社	寿光市北环路与昌大路交叉路口西	蔬菜
80	寿光市洛城街道斟都果菜专业合作社	寿光市洛城街道斟灌村委	蔬菜
81	寿光市富民蔬菜专业合作社	寿光市洛城街道浮桥村	蔬菜
82	寿光市财旺果蔬专业合作社	寿光田柳镇李家庄子村	蔬菜
83	寿光市研祥蔬菜专业合作社	寿光椒园社区	蔬菜
84	寿光市燎原果菜专业合作社	寿光市稻田镇府驻地	蔬菜
85	山东洛城农发有限公司	寿光市东环路与圣城街交叉路口东200米	蔬菜
86	山东省寿光蔬菜产业集团	寿光市蔬菜大厦	蔬菜
87	山东省寿光市三木种苗有限公司	寿光市文圣东街与东环路交叉口东800米	蔬菜
88	山东中蔬农业科技服务有限公司	寿光市软件园	蔬菜
89	山东得峰生化科技有限公司	寿光市开发区科技工业园	蔬菜
90	寿光市彩椒协会	寿光市西环路北首	蔬菜
91	寿光市蔬菜病虫害防治协会	寿光蔬菜科技博览会西600米路南	蔬菜
92	寿光市慧风植物保护研究所	寿光市软件园	蔬菜
93	寿光市绿能瓜果菜专业合作社	寿光市稻田镇蒋营村	蔬菜
94	山东省蔬菜工程技术研究中心	寿光市现代农业示范园区	蔬菜

续表25—4—1

序号	站点名称	所在地	产业类型
95	寿光市洛城街办屯西村	寿光市洛城街办屯西村委	蔬菜
96	潍坊市滨海水产科技有限责任公司服务站	昌邑市下营镇	水产
97	农业龙头企业 昌邑廒得利水产养殖有限公司服务站	昌邑市下营镇	水产
98	昌邑市三新海洋苗业试验场服务站	昌邑市下营镇	水产
99	农业龙头企业 昌邑海丰水产养殖信息服务站	昌邑市下营镇	水产
100	农业龙头企业 昌邑浩源水产养殖信息服务站	昌邑市下营镇	水产
101	昌邑赛石容器花木有限公司	昌邑市围子镇	林木花卉
102	昌邑市林木种苗站	昌邑市区	林木花卉
103	山东海惠集团有限公司	寿光市营里镇	水产
104	寿光市赋海贝类养殖有限公司	寿光营里镇老河口	水产
105	寿光市鑫生水产养殖专业合作社	寿光市林海博览园	水产
106	山东富航水产科技有限公司	寿光双王城生态经济开发区	水产
107	冠宇生态水产养殖场	寿光市双王城生态经济开发区	水产
108	寿光海源水产养殖专业合作社	寿光市营里镇东黑冢子村	水产
109	寿光市祥润水产养殖场	寿光市营里镇宋家村	水产
110	潍坊海恒威渔业集团	寿光市亿佳集团有限公司	水产
111	海诺渔业专业合作社	寿光市营里镇道口工业园	水产
112	寿光鑫生养殖专业合作社	寿光市圣城街道北郭村	水产
113	高密市柏城镇畜牧兽医监督管理站	高密市柏城镇	肉牛
114	高密市阚家镇畜牧兽医监督管理站	高密市阚家镇	肉牛
115	高密市夏庄镇畜牧兽医监督管理站	高密市夏庄镇	肉牛
116	高密市姜庄镇畜牧兽医监督管理站	高密市姜庄镇	肉牛
117	高密市密水街道畜牧兽医监督管理站	高密市密水街道	肉牛
118	高密市井沟镇畜牧兽医监督管理站	高密市井沟镇	肉牛
119	高密市胶河生态发展区畜牧兽医监督管理站	高密市胶河生态发展区	肉牛
120	高密市柴沟镇畜牧兽医监督管理站	高密市柴沟镇	肉牛
121	高密市大牟家镇畜牧兽医监督管理站	高密市大牟家镇	肉牛
122	高密经济开发区畜牧兽医监督管理站	高密经济开发区	肉牛

续表25-4-1

序号	站点名称	所在地	产业类型
123	潍坊吉祥植物油有限公司	高密市周戈庄驻地	花生
124	高密市井沟镇花生专业信息服务站	高密市井沟镇张家墩村	花生
125	高密市神泉山农副产品专业合作社	高密市胶河生态发展区驻地	花生
126	高密市新春油脂有限责任公司	高密市胶河生态发展区驻地	花生
127	潍坊鑫翔生物科技有限公司	高密市柴沟镇土庄村	花生
128	高密市高农生产资料连锁有限公司	高密市夏庄镇泽安大道东1517号	农资配送
129	安丘鲁派食品有限公司	安丘市柘山镇政府驻地	花生
130	安丘市金生源花生专业合作社	安丘市柘山镇大老子一村	花生
131	安丘市南夏家沟花生专业合作社	安丘市柘山镇南夏家沟村	花生
132	安丘市五龙山花生专业合作社	安丘市吾山镇工业园	花生
133	安丘市柘山镇张家宅村花生专业合作社	安丘市柘山镇张家宅村	花生
134	安丘市盛大农产品交易市场有限公司	安丘市兴安街道	农产品物流
135	安丘市金海养猪场	安丘市官庄镇坡庄	生猪
136	安丘市龙金养猪场	安丘市兴安街办周家下庄村	生猪
137	安丘润邦生猪产销专业合作社	安丘市经济开发区刘家尧	生猪
138	安丘市新安养殖专业合作社	安丘市大汶河开发区大埠后村	生猪
139	安丘市舜和养猪专业合作社	安丘市景芝镇庆安北村	生猪
140	潍坊万鑫食品有限公司	安丘市凌河镇食品工业园	蔬菜
141	安丘市安达植保有限公司	安丘市商场路中段	蔬菜
142	安丘市双丰果蔬种植专业合作社	安丘市兴安街办三里店子村	蔬菜
143	山东鲁丰集团有限公司	安丘市和平西路	蔬菜
144	潍坊健川食品有限公司	安丘市开发区	蔬菜
145	安丘市东方红食品有限公司	安丘市凌河镇	蔬菜
146	安丘市金田食品有限公司	安丘市潍安路南首	蔬菜
147	福克斯（中国）食品有限公司	安丘市景芝镇	蔬菜
148	潍坊汇润食品有限公司	安丘市开发区	蔬菜
149	安丘市奥源食品有限公司	安丘市凌河镇	蔬菜
150	安丘市姜蒜批发市场	安丘市兴安街道黑埠子村	蔬菜
151	安丘市三芝食品有限公司	安丘市兴安街道	蔬菜

续表25-4-1

序号	站点名称	所在地	产业类型
152	安丘市渤海食品有限公司	安丘市凌河镇	蔬菜
153	潍坊市东海食品有限公司	安丘市凌河镇	蔬菜
154	三通食品（潍坊）有限公司	安丘市凌河镇	蔬菜
155	高密市夏庄镇畜牧兽医监督管理站	高密市夏庄镇孟家屯村	肉牛
156	高密市夏庄镇畜牧兽医监督管理站	高密市夏庄镇仪家村	肉牛
157	高密市夏庄镇畜牧兽医监督管理站	高密市夏庄镇台家村	肉牛
158	高密市夏庄镇畜牧兽医监督管理站	高密市夏庄镇夏庄村	肉牛
159	高密市夏庄镇畜牧兽医监督管理站	高密市夏庄镇小寄庄村	肉牛
160	高密市夏庄镇畜牧兽医监督管理站	高密市夏庄镇张家村	肉牛
161	高密市夏庄镇畜牧兽医监督管理站	高密市夏庄镇高家店村	肉牛
162	高密市夏庄镇畜牧兽医监督管理站	高密市夏庄镇杜家店村	肉牛
163	高密市夏庄镇畜牧兽医监督管理站	高密市夏庄镇栾家店村	肉牛
164	高密市夏庄镇畜牧兽医监督管理站	高密市夏庄镇郭泊子村	肉牛
165	高密市夏庄镇畜牧兽医监督管理站	高密市夏庄镇沙吾村	肉牛
166	高密市夏庄镇畜牧兽医监督管理站	高密市夏庄镇郭南直村	肉牛
167	高密市夏庄镇畜牧兽医监督管理站	高密市夏庄镇张南直村	肉牛
168	高密市夏庄镇畜牧兽医监督管理站	高密市夏庄镇宋泊子村	肉牛
169	高密市夏庄镇畜牧兽医监督管理站	高密市夏庄镇大石桥村	肉牛
170	高密市夏庄镇畜牧兽医监督管理站	高密市夏庄镇郭家屋子村	肉牛
171	高密市夏庄镇畜牧兽医监督管理站	高密市夏庄镇刘家台子村	肉牛
172	高密市夏庄镇畜牧兽医监督管理站	高密市夏庄镇东流口子村	肉牛
173	高密市夏庄镇畜牧兽医监督管理站	高密市夏庄镇王新屯村	肉牛
174	高密市夏庄镇畜牧兽医监督管理站	高密市夏庄镇郭家官庄村	肉牛
175	高密市夏庄镇畜牧兽医监督管理站	高密市夏庄镇管家庄村	肉牛
176	高密市夏庄镇畜牧兽医监督管理站	高密市夏庄镇刘一村	肉牛
177	高密市夏庄镇畜牧兽医监督管理站	高密市夏庄镇刘二村	肉牛
178	高密市夏庄镇畜牧兽医监督管理站	高密市夏庄镇刘三村	肉牛
179	高密市夏庄镇畜牧兽医监督管理站	高密市夏庄镇綦家村	肉牛
180	高密市夏庄镇畜牧兽医监督管理站	高密市夏庄镇曙光村	肉牛

续表25-4-1

序号	站点名称	所在地	产业类型
181	高密市夏庄镇畜牧兽医监督管理站	高密市夏庄镇十里堡村	肉牛
182	高密市夏庄镇畜牧兽医监督管理站	高密市夏庄镇张一村	肉牛
183	高密市夏庄镇畜牧兽医监督管理站	高密市夏庄镇张二村	肉牛
184	高密市夏庄镇畜牧兽医监督管理站	高密市夏庄镇张三村	肉牛
185	高密市夏庄镇畜牧兽医监督管理站	高密市夏庄镇张四村	肉牛
186	高密市夏庄镇畜牧兽医监督管理站	高密市夏庄镇王家官庄村	肉牛
187	高密市夏庄镇畜牧兽医监督管理站	高密市夏庄镇杜一村	肉牛
188	高密市夏庄镇畜牧兽医监督管理站	高密市夏庄镇杜二村	肉牛
189	高密市夏庄镇畜牧兽医监督管理站	高密市夏庄镇杜三村	肉牛
190	高密市夏庄镇畜牧兽医监督管理站	高密市夏庄镇赵家官庄村	肉牛
192	高密市夏庄镇畜牧兽医监督管理站	高密市夏庄镇龙王官庄村	肉牛
193	高密市夏庄镇畜牧兽医监督管理站	高密市夏庄镇李家官庄村	肉牛
194	高密市夏庄镇畜牧兽医监督管理站	高密市夏庄镇栾家官庄村	肉牛
195	高密市夏庄镇畜牧兽医监督管理站	高密市夏庄镇西李家苓芝村	肉牛
196	高密市夏庄镇畜牧兽医监督管理站	高密市夏庄镇西门家苓芝村	肉牛
197	高密市夏庄镇畜牧兽医监督管理站	高密市夏庄镇西王家苓芝村	肉牛
198	高密市夏庄镇畜牧兽医监督管理站	高密市夏庄镇管家苓芝村	肉牛
199	高密市夏庄镇畜牧兽医监督管理站	高密市夏庄镇东王家苓芝村	肉牛
200	高密市夏庄镇畜牧兽医监督管理站	高密市夏庄镇河崖社区	肉牛
201	高密市姜庄镇畜牧兽医监督管理站	高密市姜庄镇綦家庄村	肉牛
202	高密市姜庄镇畜牧兽医监督管理站	高密市姜庄镇姜庄一村	肉牛
203	高密市姜庄镇畜牧兽医监督管理站	高密市姜庄镇姜庄三村	肉牛
204	高密市姜庄镇畜牧兽医监督管理站	高密市姜庄镇姜庄五村	肉牛
205	高密市姜庄镇畜牧兽医监督管理站	高密市姜庄镇东范家庄村	肉牛
206	高密市姜庄镇畜牧兽医监督管理站	高密市姜庄镇南栾家城子村	肉牛
207	高密市姜庄镇畜牧兽医监督管理站	高密市姜庄镇西王家城子村	肉牛
208	高密市姜庄镇畜牧兽医监督管理站	高密市姜庄镇彭家城子村	肉牛
209	高密市姜庄镇畜牧兽医监督管理站	高密市姜庄镇隋家屯村	肉牛
210	高密市姜庄镇畜牧兽医监督管理站	高密市姜庄镇李仙村	肉牛

续表25—4—1

序号	站点名称	所在地	产业类型
211	高密市姜庄镇畜牧兽医监督管理站	高密市姜庄镇仁一村	肉牛
212	高密市姜庄镇畜牧兽医监督管理站	高密市姜庄镇仁二村	肉牛
213	高密市姜庄镇畜牧兽医监督管理站	高密市姜庄镇仁三村	肉牛
214	高密市姜庄镇畜牧兽医监督管理站	高密市姜庄镇梁家屯村	肉牛
215	高密市姜庄镇畜牧兽医监督管理站	高密市姜庄镇顺南村	肉牛
216	高密市姜庄镇畜牧兽医监督管理站	高密市姜庄镇顺北村	肉牛
217	高密市姜庄镇畜牧兽医监督管理站	高密市姜庄镇任屋村	肉牛
218	高密市姜庄镇畜牧兽医监督管理站	高密市姜庄镇旗一村	肉牛
219	高密市姜庄镇畜牧兽医监督管理站	高密市姜庄镇旗二村	肉牛
220	高密市姜庄镇畜牧兽医监督管理站	高密市姜庄镇旗三村	肉牛
221	高密市姜庄镇畜牧兽医监督管理站	高密市姜庄镇西辛村	肉牛
222	高密市姜庄镇畜牧兽医监督管理站	高密市姜庄镇尤家集村	肉牛
223	高密市姜庄镇畜牧兽医监督管理站	高密市姜庄镇谢家庄村	肉牛
224	高密市姜庄镇畜牧兽医监督管理站	高密市姜庄镇莳二村	肉牛
225	高密市姜庄镇畜牧兽医监督管理站	高密市姜庄镇张家长村	肉牛
226	高密市姜庄镇畜牧兽医监督管理站	高密市姜庄镇孙家长村	肉牛
227	高密市姜庄镇畜牧兽医监督管理站	高密市姜庄镇伊家长村	肉牛
228	高密市姜庄镇畜牧兽医监督管理站	高密市姜庄镇李家长村	肉牛
229	高密市姜庄镇畜牧兽医监督管理站	高密市姜庄镇后屯村	肉牛
230	高密市姜庄镇畜牧兽医监督管理站	高密市姜庄镇伏家口子村	肉牛
231	高密市姜庄镇畜牧兽医监督管理站	高密市姜庄镇王干坝西村	肉牛
232	高密市姜庄镇畜牧兽医监督管理站	高密市姜庄镇卞家屯村	肉牛
233	高密市姜庄镇畜牧兽医监督管理站	高密市姜庄镇刘家口子村	肉牛

第四节 科技兴海

1991年，潍坊市以海洋化工和海水养殖为重点，推进海洋科技创新，加快实施科技兴海战略，海洋科技快速发展，全市有6个海洋项目获批省科技攻关项目，1个项目获批省星火计划，共获支持资金70万元；12个项目列入市科技发展计划，安排经费40.6万元。

1992年8月，省政府在寿光召开“科技兴海”现场办公会，国家科委、国家海洋局、省科委、省财政厅、省各大银行负责人出席会议，确定全市8个海洋化工项目列入省科技兴海开发计划，争取贷款3480万元、周转金200万元作为开发基金。

1994年10月，全国科技兴海经验交流会在潍坊召开，国家科委副主任邓楠及沿海12个省市、4个计划单列市政府及有关部门负责人参加，潍坊市介绍科技兴海工作情况和发展目标，与会人员参观羊口盐场和潍坊纯碱厂。

1995—1996年，以发展海洋化工高新技术为重点，狠抓卤水资源转化及溴系列产品深加工，实施科研攻关、火炬、科技兴海计划项目33项。苦卤综合利用开发1万吨/年硫酸钾项目的成功，为国家综合利用苦卤开辟新途径，潍坊市海洋化工业作为新兴支柱产业初露锋芒。

1997年，重点支持无水溴化锂、医药中间体等10多种产品研制与开发，潍坊市被国家五部委确定为全国科技兴海示范基地。

1998—2001年，全市有100吨/年食用壳聚糖技术、180吨/年氯代退热冰、300吨/年溴胺酸等8个项目列入省科技兴海计划，落实拨款97万元。确定以寿光为依托建设溴系阻燃及感光助剂基地、以寒亭为依托建设溴系医药中间体生产基地，争取上级主管部门政策资金支持。围绕海洋绿色化工新技术和新产品研究，实施系列化项目开发，氢溴酸、溴化锂、十溴二苯醚等，取得较大规模效益，年新增产值3亿元，利税6000万元。

2002年，全省海洋化工研讨会确定潍坊市科技兴海工作重点及方向。2003—2004年，食品安全关键技术研究、刺参海水滩涂人工养殖等一批重大项目取得良好效果。争取海洋领域国家项目6项，经费支持14万元；争取海洋领域省项目22项，经费支持143万元，贷款2300万元，其中科技兴海专项8项，经费支持56万元；安排市级科技计划4项，经费支持23万元。

2005—2008年，全市有40多家海洋化工企业与国内外20多家高等院校、科研机构建立长期稳定合作关系。通过产学研合作和引进消化吸收再创新，截至2006年底，创新研发新技术80项。山东海化集团与中国石油天然气总公司研究院合作开发建设年产2万吨硫酸钾项目。山东海王化工公司与青岛科技大学联合成立山东海王溴化物研究中心，延伸卤水—原盐—溴素—溴化物产业链，先后开发生产出30多种产品，涉及医药中间体、染料中间体、阻燃剂三大领域，有10多种产品填补国内空白。寿光海洋化工公司自主研发的八溴醚产业化项目，形成年产8000吨生产能力，居全国第一位，企业年新增销售收入1.9亿元、利税2500万元。加强海洋渔业科技研究与开发，推动创新成果转化，渔业科技进步贡献率达50%。建设国家级、省级标准化示范基地4处，认定无公害水产品生产企业23家、34万亩，认证产品25个。获国家星火计划1项，省自主创新成果转化1项，获得经费支持240万元，省科技攻关项目1项，经费支持16万元。深入实施“科技兴海”战略，大力推进海洋科技创新，取得重大海洋科技创新成果20多项，实现海洋产业增加值210亿元。建成以山东海王化工为依托的潍坊滨海项目区，以山东默锐为依托的寿光渤海精细化工产业区和以海天生物化工为依托的昌邑沿海经济发展区等4大园区，区内海洋化工企业发展到340多家，产品达8大系列50多个品种。滨海经济区被科技部认定为国家科技兴贸创新基地。

2009年，围绕建设山东半岛蓝色经济区，确立“举全市之力突破北部”战略思路，突出发展蓝色制造业、浅海养殖业、临港产业、滩涂开发、海水综合利用等蓝色经济主导产业。2010年，默锐化学建成省级院士工作站，山东兄弟科技股份有限公司建成山东省无卤阻燃剂工程技术研究中心，培育认定海洋类高新技术企业6家。全市拥有海洋企业研发机构100多家，其中市级以上工程技术研究中心40多家。以山东省海洋化工研究院为依托的海洋化工公共研发平台和信息服务平台初见成效，产学研合作不断深入。组建由山东墨锐化学牵头的卤水精细化工产业技术创新战略联盟和由山东海化集团牵头的海洋化工及石化盐化一体化产业技术创新战略联盟，并被认定为省级示范联盟。全年实施市级以上海洋科技计划项目30多项，山东兄弟科技股份有限公司高分子型环保阻燃剂BPS产业化、寿光富康制药有限公司甲氧苄啶（TMP）大品种改造列入山东省自主创新成果转化重大专项。山东天维膜技术有限公司面向工业废酸回收系列阴离子交换膜产业化及工业应用等16个项目获市级以上科技进步奖励。

2011年，编制出台《潍坊市蓝色经济区发展规划》，规划1000平方千米产业发展区、1000平方千米生态优化区和600平方千米现代农业区，着力打造滨海新城，特色化工基地、装备制造业基地、新兴产业基地、现代物流基地、科教创新基地和山东半岛蓝色经济区海陆统筹发展主要增长极。全年争取省级以上海洋类科技计划30项，其中国家级计划项目8项，省级科技计划22项；安排市级海洋类科技计划21项。获市级以上科技进步奖励7项，其中国家级专项奖励1项；省级科技进步三等奖1项。全市海洋界申请专利16件，其中发明专利13件、实用型专利3件。获得授权专利33件，其中发明专利17件、实用型专利16件。新培育认定海洋类高新技术企业7家。建成山东省无卤阻燃剂工程技术研究中心，寿光富康制药有限公司成为“国家综合性新药研发技术大平台产业化示范企业”，并获批药学特聘“泰山学者”岗位。

2012年，《潍坊市蓝色经济区发展规划》《潍坊滨海海洋经济新区发展规划》获省政府批复实施。中外合作产业园内落户投资12亿元工业机器人项目、投资10亿元电动汽车关键部件项目和投资12亿元生物医药项目。山东半岛蓝色经济工程研究院获省科技厅正式批复。默锐化学获批青岛国家海洋科学研究中心卤水高新技术产业孵化基地。寿光卤水综合利用产业基地获批为国家火炬计划特色产业基地。基地内开发新产品12个，实现工业总产值290亿元，利税32亿元。组织实施国家“863”、国家重大新药创制科技专项、省科技自主创新成果转化等各类海洋科技计划项目43项，争取经费6000万元。组建卤水精细化工、海洋化工及石化盐化一体化等10余家产业技术创新战略联盟。卤水精细化工产业技术创新战略联盟升级为国家级产业联盟。

第五节　医药科技开发

1991—1995年，全市安排医药卫生市级科技发展计划项目42项，经费支持33万元，争取省计划项目21项，获经费支持7万元。1996—2000年，安排市级项目126项，经费支持105万元，争取省计划项目16项，获经费支持34万元。2001—2005年，安排市级项目175项，经费支持124万元，争取省计划项目9项，获经费支持47万元。2006—2009年，安排市级项目415项，经费支持120万元，争取省计划项目17项，获经费支持49万元。

2010年，利用国家综合性新药研究开发技术大平台人才、技术和设备优势，促进新药科研成果在企业的产业化，为医药工业转方式、调结构、培育新药产业群提供科技支撑，潍坊市寿光富康制药有限公司被省科技厅认定为“国家综合性新药研发技术大平台（山东）产业化示范企业”。

2011年，安排市级项目92项，经费支持30万元，争取省计划项目4项，获经费支持50万元。

2010年6月8—9日，生物医药产业创新发展论坛在富华国际会议中心举行

1991—2012年，潍坊市在医疗卫生领域组织实施新技术推广和应用研究1000多项，经费支持641万元，建设医疗卫生研发平台3家。

2012年，安排市级项目82项，经费支持32万元，争取省计划项目1项，获经费支持10万元。为实施泰山学者建设工程，加快全省国家综合性新药研发技术大平台建设，省委、省政府确定潍坊市富康制药的柳红、高新区生物园的曾钢2人为"泰山学者—药学特聘专家"。加强医疗卫生研发平台建设，潍坊市高新区生物医药产业园获批国家综合性新药研发技术大平台山东创新药物孵化基地；潍坊医学院获批山东省整形与显微修复技术重点实验室，潍坊市人民医院被认定为潍坊市消化系统肿瘤（学科）重点实验室。

第六节　科技成果

成果鉴定

1994年，国家科学技术委员会重新发布《科学技术成果鉴定办法》，1995年，山东省科委出台《关于贯彻国家科委〈科学技术成果鉴定办法〉的意见》，明确规定市（地）科委成果管理机构归口管理、监督所辖地区的科技成果鉴定工作。1991—2012年，潍坊市通过省、市科技成果鉴定项目5400余项。

成果奖励

1986年12月，潍坊市政府发布《潍坊市科学技术进步奖励试行规定》，每年组织评审市级科技进步奖。2005年，制定《潍坊市科学技术奖励办法》。1991—2012年，潍坊市获国家科学技术奖16项，省科学技术奖748项，评定市科技进步奖2093项。

1991—2012年潍坊市获国家科技奖成果情况表

表25-4-2

成果名称	主要完成单位	获奖时间（年）	奖励名称及等级
中等功率R100系列柴油机的设计与开发	潍坊华丰机器厂	1991	国家科技进步奖二等奖
毛下脚废料再生利用研究	潍坊第三毛纺厂	1991	国家科技进步奖三等奖
山东省瘦肉猪生产配套技术研究	五莲县农牧局	1991	国家科技进步奖三等奖
园网印花制网设备国产化	青州纺织机械厂	1992	国家科技进步奖三等奖

续表25－4－2

成果名称	主要完成单位	获奖时间（年）	奖励名称及等级
GJC系列高速精密间歇传动机构	诸城锻压机床厂	1993	国家科技进步奖三等奖
新疆维吾尔等多民族文字信息微机综合处理技术与开发	潍坊华光集团公司	1993	国家科技进步奖三等奖
棉花下脚料回收机	潍坊市寒亭第一棉油厂科研所	1993	国家技术发明奖四等奖
MTG型高目印花镍网的研制	昌邑市纺织机械厂	1995	国家科技进步奖三等奖
合成氨生产蒸汽自给节能技术	寿光化工总厂、化工部小合成氨设计技术中心站、潍坊市化工局	1995	国家科技进步奖三等奖
利用尸体角膜内皮细胞活性率判定死后经过时间的研究	高密县公安局	1995	国家技术发明奖三等奖
QHZ型油罐挥发气回收装置	山东潍坊生建压力容器厂	1996	国家科技进步奖三等奖
面向ISDN的并行多功能单板智能交换器	潍坊华光科技股份有限公司	1999	国家技术发明奖三等奖
25M2预挂式真空过滤机	山东省安丘市机械厂	1999	国家科技进步奖三等奖
年产45000吨粘胶短纤维工程系统集成化研究	山东海龙股份有限公司	2006	国家科技进步奖一等奖
PA6/PE共混海岛法超细纤维及人造麂皮的系列化产品开发和产业化	山东同大海岛新材料有限公司	2006	国家科技进步奖二等奖
重型高速发动机关键技术及产业化	潍柴动力股份有限公司	2012	国家科技进步奖二等奖

1991—2012年潍坊市获省科技奖二等奖以上成果情况表

表25－4－3

成果名称	主要完成单位	获奖时间（年）	奖励名称及等级
棉短绒二次提取工艺	诸城市棉油加工厂	1991	山东省科技进步二等奖
GF234A型生化超微量自动分析仪	高密分析仪器厂	1991	山东省科技进步二等奖
医用高压氧舱	潍坊市医用氧舱制造厂	1991	山东省科技进步二等奖
食品级PVC硬质扭结膜原料国产化研究	潍坊市塑料九厂	1991	山东省科技进步二等奖
园网印花制网设备国产化	青州纺织机械厂	1991	山东省科技进步二等奖
SDFA304型高速并条机	诸城市第二纺织机械厂	1991	山东省科技进步二等奖
CHT12B型集装箱吊运机	山东工程机械厂	1991	山东省科技进步二等奖
5LZ197型螺杆钻具及4LZ172型螺杆动力钻具的研制	潍坊生建机械厂、潍坊蛟龙机械厂	1991	山东省科技进步二等奖
潍坊市中心城市规模研究	潍坊市国土办	1991	山东省科技进步二等奖
华光V型电子出版系统和JTS200激光图文输出机的研究	潍坊计算机公司	1992	山东省科技进步一等奖

续表25-4-3

成果名称	主要完成单位	获奖时间（年）	奖励名称及等级
耐低温聚氯乙烯密封（LTS-PVC）材料	山东五莲县塑料总厂	1992	山东省科技进步一等奖
山东省东亚飞蝗蝗区勘查及尖翅蝗、笨蝗发生规律及防治技术的研究	五莲县植保站、潍坊市植保站	1992	山东省科技进步二等奖
县级农业区划滚动研究	寿光县农业区划委员会	1992	山东省科技进步二等奖
果树滴灌技术的研究与示范	安丘县水利局	1992	山东省科技进步二等奖
棉花下脚料回收工艺研究	潍坊市寒亭第一棉油厂	1992	山东省科技进步二等奖
新型中成药心可舒片、快胃片、通痹片的研究	潍坊市医药研究所、潍坊市人民医院、潍坊中药厂、潍坊医学院	1992	山东省科技进步二等奖
喉全切除术后发音钮的研制及临床应用	潍坊市人民医院	1992	山东省科技进步二等奖
浓香型白酒有了菌种选育及新窖老熟工艺的研究	山东景芝酒厂	1992	山东省科技进步二等奖
特艺编绣品生产工艺的研究	安丘县工艺品厂、潍坊市工艺美术公司	1992	山东省科技进步二等奖
新型化纤原料造纸毯研究与开发	潍坊毛纺织厂	1992	山东省科技进步二等奖
JT4035型集装箱龙门起重机研制	山东起重机厂（青州）	1992	山东省科技进步二等奖
GJC系列高速精密间歇传动机构	诸城锻压机床厂	1992	山东省科技进步二等奖
中空纤维束N2-H2膜法提取高浓氢	高密县化肥厂	1992	山东省科技进步二等奖
XPFH-1型斜井跑车防护装置	潍坊市朱刘店煤矿、潍坊市计算机公司仪器厂	1992	山东省科技进步二等奖
贸工农一体化现代肉鸡生产加工技术研究及应用	诸城市对外贸易集团公司	1993	山东省科技进步二等奖
200型榨油机制油生产工艺研究	潍坊市寒亭第一棉油厂科研所	1993	山东省科技进步二等奖
牙根形态及其根管的应用解剖学研究	山东省益都卫生学校	1993	山东省科技进步二等奖
肝门部胆管癌的外科治疗及合并门静脉切除的研究	潍坊市人民医院	1993	山东省科技进步二等奖
盐酸安非拉酮片剂、前列舒丸、新肤螨灵霜的研究与试制	潍坊制药二厂	1993	山东省科技进步二等奖
计算机辅助用红外、紫外、荧光光谱新方法在药物分析中的应用研究	潍坊市药品检验所	1993	山东省科技进步二等奖
JT2000型微机控制肉鸡加工成套设备	诸城市轻工机械厂	1993	山东省科技进步二等奖
天然山楂果汁加工工艺研究	临朐县山楂科研和产品开发中心	1993	山东省科技进步二等奖
糖化酶及耐高温活性干酵母在普通大曲酒生产中的应用与活性干酵母在白酒生产中的应用	山东景芝酒厂、山东坊子酒厂	1993	山东省科技进步二等奖
超高聚合棉浆粕PCS2400的研究	高密化学纤维总厂	1993	山东省科技进步二等奖
DGB中温变换催化剂	临朐县催化剂总厂	1993	山东省科技进步二等奖

续表25－4－3

成果名称	主要完成单位	获奖时间（年）	奖励名称及等级
单层单跨（35米）部分预应力混凝土框架设计	潍坊第四棉纺织厂	1993	山东省科技进步二等奖
抗疲劳饮料研究	潍坊市医药研究所、潍坊市体育运动学校	1993	山东省科技进步二等奖
利用尸体角膜内皮细胞活性率判定死后经过时间的研究	高密县公安局	1994	山东省科技进步二等奖
压延铝箔及复合纸	山东省卷烟包装材料实业公司	1994	山东省科技进步二等奖
麦汁一段冷却节能新技术研究	寿光啤酒厂	1994	山东省科技进步二等奖
MTG型高目印花镍网的研制	昌邑县纺织机械厂	1994	山东省科技进步二等奖
高档抗静电精仿呢绒产品研制	潍坊第二毛纺织厂	1994	山东省科技进步二等奖
CBZb型系列浮动轴式高压齿轮泵研究	青州液压件厂	1994	山东省科技进步二等奖
感光剂溴化钾	寿光市盐业化工厂	1994	山东省科技进步二等奖
混凝土空心小砌块砖建筑成套技术及装饰施工技术研究	诸城市建筑安装公司	1994	山东省科技进步二等奖
KYGG－1Z矿用一般型高压真空开关柜的研制	安丘电器厂	1994	山东省科技进步二等奖
连铸结晶器的研究	潍坊结晶器厂	1994	山东省科技进步二等奖
潍河流域水污染控制系统规划研究	潍坊市环保局	1994	山东省科技进步二等奖
高档水松原纸和高档水松纸的研制	山东省卷烟包装材料实业公司	1995	山东省科技进步二等奖
高强度、高性能印刷复合卷筒玻璃纸	潍坊玻璃纸厂	1995	山东省科技进步二等奖
余热型溴化锂吸收式制冷机	潍坊第二轻工机械厂	1995	山东省科技进步二等奖
万家安系列隐蔽式保险柜的研制	诸城市桥头建筑公司保险柜厂	1995	山东省科技进步二等奖
交流变频同步调速技术在印染设备上的应用	潍坊第二印染厂	1995	山东省科技进步二等奖
QHZ型油罐挥发气回收装置	山东潍坊生建压力容器厂	1995	山东省科技进步二等奖
整间预应力叠合楼板设计与应用	潍坊市建筑设计研究院、潍坊市建安公司预制构件厂、诸城建筑公司预制构件厂	1995	山东省科技进步二等奖
二灰砂桩地基处理新技术	寿光市第二建筑工程公司	1995	山东省科技进步二等奖
克瘟宁综合防治鸡传染病的研究	寿光市外贸种鸡场	1996	山东省科技进步二等奖
三疣梭子蟹全人工养殖技术研究	山东省寿光海惠水产总公司	1996	山东省科技进步二等奖
Ⅰ型糖尿病的免疫异常与免疫抑制治疗研究	潍坊市人民医院	1996	山东省科技进步二等奖
蓝仔冰啤产品的开发研制	山东卢堡啤酒有限公司	1996	山东省科技进步二等奖
玻璃钢漆轻质板门扇	诸城市建筑安装股份有限公司木器厂	1996	山东省科技进步二等奖

续表25-4-3

成果名称	主要完成单位	获奖时间（年）	奖励名称及等级
LCF系列流化床式超细气流粉碎分级机	山东青州水泵厂	1996	山东省科技进步二等奖
DGW-1低伤害高效固砂稳定剂	安丘市增塑剂厂	1996	山东省科技进步二等奖
城市地下管网管理信息系统	潍坊市城市建设档案馆	1996	山东省科技进步二等奖
县长决策支持系统设计与应用	寿光市农业区划服务中心	1996	山东省科技进步二等奖
万亩果园微喷灌技术开发研究	潍坊市水利局、昌乐县水利水产局、诸城市水利水产局、寿光水利局	1997	山东省科技进步二等奖
带皮筋膜蒂耻骨瓣入路尿道外前列腺切除术的临床研究	寿光市人民医院	1997	山东省科技进步二等奖
金属性印刷原纸	青州造纸股份有限公司	1997	山东省科技进步二等奖
FGX6型塑料防盗盖旋盖机	安丘市轻工机械厂	1997	山东省科技进步二等奖
LW457-JB型离心机	山东青州市南张石油机械厂	1997	山东省科技进步二等奖
25㎡预挂式真空过滤机	山东省安丘市机械厂	1997	山东省科技进步二等奖
长螺旋钻机成孔注浆成桩技术	潍坊建筑安装工程公司	1997	山东省科技进步二等奖
潍坊市卤水资源开发和海洋化工产业发展对策的研究	潍坊市科学技术委员会	1997	山东省科技进步二等奖
鲁芦笋一号的选育与应用	潍坊市农业科学院	1998	山东省科技进步二等奖
浸润门静脉区域的癌肿整块切除的临床研究	潍坊市人民医院	1998	山东省科技进步二等奖
高真空镀铝塑模材料	青州铝箔纸总公司	1998	山东省科技进步二等奖
真丝接枝增重整理	诸城市印染厂	1998	山东省科技进步二等奖
锲式桩端扩大器扩孔技术	山东省寿光市第二建筑工程公司	1998	山东省科技进步二等奖
夏大豆新品种鲁豆十一号	山东省潍坊市农业科学院	1999	山东省科技进步二等奖
水土保持持续发展的治理开发与研究	潍坊市水利局	1999	山东省科技进步二等奖
潍坊市云水资源开发与人工增雨作业技术研究	潍坊市人工降雨防雹办公室	1999	山东省科技进步二等奖
一步法化学交联管生产机组	潍坊市塑料机械厂	1999	山东省科技进步二等奖
用电营业无笔化作业系统	山东省潍坊电业局	1999	山东省科技进步二等奖
华光7型彩色电子出版系统	潍坊华光科技股份有限公司	1999	山东省科技进步二等奖
水厂自动控制网络系统	潍坊市自来水总公司	1999	山东省科技进步二等奖
肠系膜上静脉的基础解剖与临床应用对比研究	潍坊市人民医院	2000	山东省科技进步二等奖
高档低定量涂布纸	山东晨鸣纸业集团股份有限公司	2000	山东省科技进步二等奖
束状超细纤维聚氨酯高档衣料革	昌邑市无纺布厂	2000	山东省科技进步二等奖

续表25—4—3

成果名称	主要完成单位	获奖时间（年）	奖励名称及等级
华光1550型CATV光纤传输系统	潍坊华光科技股份有限公司	2000	山东省科技进步二等奖
1.5万吨/年新工艺硬质湿法造粒炭黑工业化技术	青州化工股份有限公司	2000	山东省科技进步二等奖
全雄芦笋新品种培育	山东省芦笋研究开发推广中心	2001	山东省科技进步二等奖
复合氨基低聚糖农作物抗病增产剂	山东天达生物制药股份有限公司	2001	山东省科技进步二等奖
氯化聚乙烯生产设备大型化及配套工艺的开发	潍坊亚星集团有限公司	2001	山东省科技进步二等奖
鸡脾转移因子的开发研究	诸城市信得药业有限责任公司	2002	山东省科技进步二等奖
蔬菜工厂化育苗中心建设相关技术研究	寿光市蔬菜高科技示范园	2002	山东省科技进步二等奖
原位去带盲结肠膀胱术的实验研究与临床应用	潍坊市人民医院	2002	山东省科技进步二等奖
涂布新闻纸	山东晨鸣纸业集团股份有限公司	2002	山东省科技进步二等奖
彩棉纺织整理加工工艺技术研究及系列产品开发	潍坊科隆纺织科技开发有限公司	2002	山东省科技进步二等奖
1.33detx×38mm高湿模量粘胶短纤维的开发	山东潍坊海龙股份有限公司	2002	山东省科技进步二等奖
UPVC空壁内螺旋消音管材、管件及其成型装备技术开发	潍坊塑料建材有限公司	2002	山东省科技进步二等奖
工厂化施工节能型楼房新技术	诸城市中协建筑新技术开发有限公司	2002	山东省科技进步二等奖
肉鸡生产标准化示范区建设	诸城市质量技术监督局	2002	山东省科技进步二等奖
阀鼓式真空洗浆机及精浆机恒功率控制技术	安丘汶瑞机械制造有限公司	2002	山东省科技进步二等奖
工程车辆铰接转向理论及新型系列铰接转向装载机开发	山东工程机械厂	2002	山东省科技进步二等奖
年产2万吨粘胶短纤维工艺与设备研究	山东潍坊海龙股份有限公司	2003	山东省科技进步一等奖
县域耕地质量调查评价技术及应用研究	青州市土壤肥料工作站	2003	山东省科技进步二等奖
产品数据管理与成本预测系统开发	北汽福田车辆股份有限公司潍坊模具厂	2003	山东省科技进步二等奖
绿豆系列新品种选育与推广	山东省潍坊市农业科学院	2004	山东省科技进步二等奖
公安机关办案流程管理暨执法监督信息系统	山东省安丘市公安局、潍坊申奥科技有限公司	2004	山东省科技进步二等奖
出口禽肉产品关键技术研究与应用	潍坊出入境检验检疫局、诸城外贸畜禽公司	2005	山东省科技进步二等奖
潍白系列大白菜新品种选育与推广	山东省潍坊市农业科学院	2005	山东省科技进步二等奖
再生障碍性贫血有关免疫发病机制及治疗研究	潍坊市人民医院	2005	山东省科技进步二等奖

续表25-4-3

成果名称	主要完成单位	获奖时间（年）	奖励名称及等级
耐压高频的高剥离耐水解超纤鞋材基布	山东同大海岛新材料有限公司	2005	山东省科技进步二等奖
WD61546柴油机研制开发	潍柴动力股份有限公司	2005	山东省科技进步二等奖
产品模具分布式协同设计及快速开发系统	北汽福田车辆股份有限公司潍坊模具厂	2005	山东省科技进步二等奖
日光温室建造与无公害蔬菜生产技术标准化研究	山东寿光蔬菜产业集团有限公司	2006	山东省科技进步二等奖
智能化农业信息服务平台研建与开发应用	潍坊市农业科学院、潍坊市科技情报研究所	2006	山东省科技进步二等奖
干细胞癌SCT表现特征与相关基因/因子的关系研究	潍坊医学院	2006	山东省科技进步二等奖
下肢损毁伤多元组织缺损修复与胫骨长段骨坏死重建系列研究	中国人民解放军第八十九医院	2006	山东省科技进步二等奖
普通玉米淀粉深加工产品开发	诸城兴茂玉米开发有限公司	2006	山东省科技进步二等奖
创一流同业对标二维对标体系研究	潍坊供电公司	2007	山东省科技进步一等奖
滨海平原海水入侵动态监测技术与数值模拟研究	寿光市水利局	2007	山东省科技进步二等奖
双旋转乳腺皮瓣在乳腺癌保乳治疗中的应用	潍坊医学院附属诸城市人民医院	2007	山东省科技进步二等奖
速生杨新型碱性过氧化氢机械制浆（P-RCAPMP）技术	山东晨鸣纸业集团股份有限公司	2007	山东省科技进步二等奖
速生杨节能减排关键制浆技术研究	山东晨鸣纸业集团股份有限公司	2008	山东省科技进步一等奖
福田雷沃欧豹TN2654大型轮式拖拉机	福田雷沃国际重工股份有限公司	2008	山东省科技进步二等奖
小麦新品种潍麦8号选育与推广	山东省潍坊市农业科学院	2008	山东省科技进步二等奖
日光温室蔬菜有机基质型无土栽培技术的研究	寿光市蔬菜高科技示范园管理处	2008	山东省科技进步二等奖
重型商用车电控柴油机开发平台及蓝擎系列柴油机	潍柴动力股份有限公司	2009	山东省科技进步一等奖
蜡染专用印花镍网	山东同大镍网有限公司	2009	山东省科技进步二等奖
法斯特墙体挂板PVC复合（XPS板）外墙外保温系统	诸城市宏基工贸有限公司	2009	山东省科技进步二等奖
系列固定型金属密闭开关设备	诸城市科信电力工程有限公司	2009	山东省科技进步二等奖
井下煤仓清仓机器人研制与应用	昌乐县运达机械厂	2009	山东省科技进步二等奖
萝卜种质创新与新品种选育及应用	山东省潍坊市农业科学院	2009	山东省科技进步二等奖
三疣梭子蟹种质资源评价与快速生长新品系选育	昌邑市海丰水产养殖有限责任公司	2009	山东省科技进步二等奖
肥胖儿童ApoE与ACE基因多态性DNA序列测定的临床研究	潍坊医学院	2009	山东省科技进步二等奖

续表25—4—3

成果名称	主要完成单位	获奖时间（年）	奖励名称及等级
光磁电子导航仪的研制及临床应用	潍坊市三维骨科医疗器械研究所潍坊市中医院	2009	山东省科技进步二等奖
PP纳米碳酸钙汽车内板面的研制与开发	山东福润塑业股份有限公司	2009	山东省科技进步二等奖
循环式永磁搅拌器	山东华特磁电科技股份有限公司	2009	山东省技术发明二等奖
出口农产品GAP技术标准体系研究与应用	潍坊市植物保护站	2010	山东省科技进步一等奖
低温超导技术在除铁器上的应用	山东华特磁电科技股份有限公司	2010	山东省科技进步一等奖
可降解竹炭再生纤维素纤维应用研究及功能性生态纺织品开发	山东海龙股份有限公司，潍坊齐荣纺织有限公司	2010	山东省科技进步二等奖
KT605双层通道（DLP）可变截面涡轮增压器	寿光市康跃增压器有限公司	2010	山东省科技进步二等奖
油田带压修井装置	山东临朐乾成石油机械有限公司	2010	山东省科技进步二等奖
“自然—人工—数字”耦合动态水网体系建设与水资源适应性管理技术	潍坊市水利局	2010	山东省科技进步二等奖
速生杨高得率浆的酶精制和配抄高档铜版纸关键技术	山东晨鸣纸业集团股份有限公司	2011	山东省科技进步一等奖
设施蔬菜节能高效栽培工程关键技术研究与集成示范	寿光市新世纪种苗有限公司，山东省潍坊市农业科学院	2011	山东省科技进步一等奖
可食性全降解食品包装材料工业化制造	诸城兴贸玉米开发有限公司	2011	山东省科技进步二等奖
细旦、超柔、高性能卫生用纺熔非织造材料	山东俊富非织造材料有限公司、山东省非织造材料工程技术研究中心	2011	山东省科技进步二等奖
膨胀玻化微珠保温防火砂浆及其制备技术	山东创智新材料科技有限公司	2011	山东省科技进步二等奖
高压比跨声速涡轮增压器研制及应用	潍坊富源增压器有限公司	2011	山东省科技进步二等奖
罐式煅烧炉高温煅后焦余热利用关键技术研发与应用	潍坊联兴碳素有限公司	2012	山东省科技进步一等奖
奥美拉唑大品种关键技术改造	寿光富康制药有限公司	2012	山东省科技进步一等奖
废纸纤维分级生产高端高附加值包装纸与纸板集成技术	山东世纪阳光纸业集团有限公司	2012	山东省科技进步二等奖
低粘度辛烯基琥珀酸淀粉酯氧化法生产工艺研究	诸城兴贸玉米开发有限公司	2012	山东省科技进步二等奖
三醋酸纤维素用棉浆粕的研制	山东银鹰股份有限公司	2012	山东省科技进步二等奖
数字硅微麦克风	歌尔声学股份有限公司	2012	山东省科技进步二等奖
高分子量聚乙烯/聚丙烯树脂纺粘非织造材料	山东俊富非织造材料有限公司	2012	山东省科技进步二等奖
活性染料湿固色系统技术研究及产业化应用	孚日集团股份有限公司	2012	山东省科技进步二等奖
WP6电控柴油机开发	潍柴动力股份有限公司	2012	山东省科技进步二等奖

续表25－4－3

成果名称	主要完成单位	获奖时间（年）	奖励名称及等级
无卤环保磷基类阻燃功能材料制备的新工艺体系与规模产业化开发	山东兄弟化工科技股份有限公司，青岛科技大学	2012	山东省科技进步二等奖
新型生物农药武夷菌素的研制及应用	潍坊万胜生物农药有限公司	2012	山东省科技进步二等奖
鹅源草酸青霉果胶酶工艺及应用技术	潍坊中科嘉亿生物饲料科技有限公司	2012	山东省科技进步二等奖

第五章　科技推广与普及

第一节　组织机构

科协机构

1991年，潍坊市科学技术协会（简称市科协）机关设办公室、科普部、学会部；直属企事业单位有科技咨询服务中心、科技培训中心、对外科技服务中心、法律咨询服务部和威特科技发展公司。1993年，县级科协撤并，其职能由县科委承担。1997年5月，潍坊市科协第四次代表大会召开，63人当选为市科协委员。县级科协普遍恢复建立，乡镇科协逐步建立健全。1999年，全市255个乡镇（街道）恢复建立科协组织，乡镇科协专、兼职干部达501人。2003年8月，潍坊市科协第五次代表大会召开，出席大会正式代表297名，72人当选为市科协委员。2004年4月，市委办公室印发《潍坊市科学技术协会机关主要职责、内部机构和人员编制方案》，确定市科协机关主要职责、内设机构、人员编制。2009年10月14日，潍坊市科协第六次代表大会召开，111人当选为市科协委员。2012年底，市科协机关编制13人（含工勤编1人），内设4个部室，下设科技馆（公益一类副县级）事业单位。市科协所属市级学会、协会、研究会共37个，共成立各专业委员会127个，会员17035人，其中单位会员714个，个人会员16321人。

潍坊市科技馆

2005年7月，市科技馆筹建办公室成立，正科级规格，实行全额预算管理，编制3名。2012年，潍坊市科技馆筹建办公室更名为潍坊市科技馆，升格为副县级，事业编制18人，设办公室、展教部、青少部、技术部4个部室。

第二节　科学普及

科普宣传

1990年，市人大常委会确定每年5月为潍坊市科普宣传月。至1995年，市科协、市委宣传部牵头，联合市直18个部门，举办过5届全市科普宣传月活动，累计举办各类科技培训班3000余期，培训30余万人次；举办各种科技讲座8500余场次，听众20余万人；组织赶科普大集1200余场次；举办科技展览160余场；放映科教电影、科技录像3100余场次；印发科技资料100余万份；组织60多个科技服务队，派出400余名科技人员下乡，开展技术服务活动；组织举办科技知识竞赛8次；有针对性地引进推广实用技术130余项。运用广播电视、报纸等新闻宣传手段，总结宣传优秀科技工作者1000余人。1995年5月，潍坊市第6个科普宣传月期间，全市共举办科技讲座232场次，听众约5万人；举办各类技术培训班1034期，培训12.67万人；赶科技大集280余次；举办科技展览35场次，展出版面近千块；放映科教电影、科技录像2085场次；发放科技资料13万份（册）；组织20多个科技服务队，派出200余名科技人员深入基层开展科技咨询服务和送技术下乡活动；引进推广新技术、新成果63项；通过新闻宣传媒介宣传科技先进典型和个人121个。与市广播电台联合开办科普热线电话节目，组织专门力量，对全市科普工作特别是农村科普工作现状、存在问题进行调查研究。

1999年5月，全市共举办各类培训班和技术讲座1509期，培训13.6多万人次；举办科普展览216场次；发放科普图书及小册子14万册；组织赶科普大集226次；组织科技下乡492次，引进新技术、新成果、新品种706项。市科协与潍坊电视台、潍坊日报社联合开设《十年科普巡礼》专栏，播出科技致富典型、科普先进人物等科普专题片33期，科普专稿16期。组织开展“科普一条街、科普大集、科普画廊”等一系列群众喜闻乐见的科普宣传活动。2000年5月，市科协与市委宣传部联合举办“崇尚科学文明，反对迷信愚昧”展览，历时40余天，在12个县市区巡回展出，参观者达36万余人。宣传全市科技先进典型人物30个，潍城区被评为全省科普示范城区，11处科普示范基地被命名为第三批山东省科普示范基地。潍坊医学院成立青年科协，并组织开展“走进科学园地，拥有科学精神”大型科普活动。昌潍农校生物工程中心被命名为“全省首批科普教育基地”，潍坊市新华中学等6所学校被命名为“山东省科普示范学校”。

2001年，市科协与潍坊市全民健康促进会组织崇尚科学、拒绝邪教图片展；与市教委、市环保局举办“潍坊市第六届青少年生物与环境科学实践活动”，评出优秀项目有36项；与市教委、市青少年科技辅导员协会共同举办“中小学生创造活动”，共收到作品297件，评出获奖作品166件。5月，科普宣传月期间，市科协与市少工委、市教委等部门联合组织开展首批少年科学院小院士评选活动，并成立潍坊市少年科学院。市科协被评为全省青少年科普工作先进集体。

2003年，组织编撰科普小册子《传染性非典型肺炎科普知识问答》，就人们关心的22个问题进行解难释疑，并购置3万多套科普挂图、科普图书和科普光盘，发放到各县市区和广大乡村。在科普宣传月活动中，突出防“非典”主题，组织力量就预防、控制“非典”，撰写系列科普文章，举办防“非典”培训班，发放科普宣传资料，组织巡回科普展览，宣传防“非典”科普知识。

2004年5月，市委办公室、市政府办公室印发《关于深入开展“五月科普宣传月”活动的意见》，活动期间，共举办各类培训班和科技讲座3792期；推广新技术840多项；发放科技书籍、科普挂图、明白纸600多万份；培训各类技术人员96万多人次，解决农民生产中技术难题4200多项。5月12日科技活动周期间，市科协组织38个学会和4家厂矿科协200余人开展科普上街宣传活动，展出《纳米科普常识》《防震减灾科普宣传》等科普展板。2006年，组织开展“科普集约化工程”“五月科普宣传月”、全国“科技活动周”和全国“科普日”活动。9月17日全国“科普日”，市科协联合潍坊移动通信公司和潍坊联通公司向全市200多万个手机用户免费发送科普短信。组织全市200个学术团体的科技工作者，深入农村、社区、企业、学校、街道进行科普宣传。通过市场化运作，投入50多万元，组织编印《节能常识》《蔬菜病虫害防治》等科普手册60万册，免费向市民发放。2011年，大力推进全国科普示范县市区创建，经过申报推荐、积极创建、检查验收等环节，坊子区、临朐县、昌乐县、寿光市、安丘市5个县市区被授予“全国科普示范县市区”称号。

2012年，开展流动科技馆“县县通”和科普大篷车进校园活动。从4月中旬开始到年底，流动科技馆和科普大篷车在全市中小学校园进行巡回展览。组织实施“科普村村通”宣传栏改造提升工程，在“五区”（奎文、潍城、坊子、寒亭、高新）范围内开展科普村村通宣传栏改造提升工程，新建的每个组团由4块不锈钢科普宣传栏组成，总长11米。11月27—29日，全省科普工作会议在潍坊召开，潍坊市科协做大会典型发言。

科普活动

1994年，全市农村各类专业技术研究会发展到1427个。其中诸城市后官庄绿宝蔬菜协会、寿光市三元朱蔬菜研究会、昌乐县鄌郚管帚研究会、临朐县养蜂协会等被推荐为全国“百县千会”试点农研会。全市有31个农研会被省挂牌命名为“省先进农研会”。诸城市后官庄绿宝蔬菜协会会长张志芳分别于1992年和1994年两次参加全国农研会经验交流会并作大会发言。在全市中小学中深入开展青少年计算机比赛、“生物百项”和“小创造、小发明、小论文”活动，青少年计算机比赛获省奖17人次，获全国奖2人次；生物百项活动获省奖19项，并受委托代表山东省参加全国比赛，获全国奖7项；小创造、小发明、小论文获省奖24件（篇），获全国奖7件（篇）。

1995年，重点推进全国“百县千会”试点，全面推广试点经验做法，推动全市农研会向联合体方向发展。参加中国科协、国家教委等部门联合举办的生物百项竞赛活动，全市共征集作品114件，有45件获市级奖励；上报省16件，有12件获奖，其中一等奖2件、二等奖2件、三等奖5件、探索奖1件、优秀活动奖1项、优秀组织奖1项。市科协联合七部门举办潍坊市首届中学生科普知识电视大奖赛，潍坊七中获团体总分第一名，潍坊一中、三中分别获团体第二、三名，有12名学生获个人奖。潍坊七中组队参加全省中学生科普知识电视大奖赛，获三等奖，市科协获优秀组织奖。市科协、市教委与市青少年科技辅导员协会共同举办青少年启迪杯信息学（计算机）奥林匹克竞赛、第五届全市青少年生物和环境科学实践竞赛、中小学生创造发明活动竞赛等科技活动，全市有32万名中小学生参加，征集作品69件，论文2万余篇。10月，市科协牵头与市教委、团市委联合举办“潍坊市庆国庆迎回归99大型世界珍稀蝴蝶标本科普艺术展览暨有奖征文活动”，共展出来自美国、巴西等国家和中国台湾地区稀有蝴蝶品种380个、4000多只，参观者2万人。

1996年5月10日，组织首届全市中学生科普知识竞赛，历时3个月，20万名中学生参与，评出个人奖1620名，其中一等奖20名、二等奖100名、三等奖500名、优秀奖1000名；6个单位获优秀组织奖。1997年，组织“百万农民大行动”酵素菌技术大奖赛，全市有100万人参与，建立酵素菌示范村480个、示范户2.8万个、示范场120个。围绕“人口、资源、环境与可持续发展”主题，开展科普大集活动，发放科普宣传资料3.3万份、书籍150多本，悬挂标语、横幅100多幅，接受1万多人咨询。组织第四届青少年生物百项活动，评出一等奖4项、二等奖8项、三等奖13项；择优送省参评，获二等奖4项,三等奖8项。组织全市信息学（计算机）竞赛，有972人参加。

2001年，继续在广大农村开展“讲精神文明、比科技致富、建科普先进乡（镇）、村”活动，市、县两级科协以传播新技术、新成果、新品种为重点，突出“实际、实用、实效”原则，积极开展各种形式科技培训，市级学会举办培训班160多期，培训人员近2万人，其中继续教育培训5000余人。各县市区以农技协、科普示范基地为依托开展技术培训，积极组织开展“科技下乡”活动，市、县两级科协和学会组织服务团200多支，科技人员8600多人次，到全市12个县市区、191个乡镇（街道）、6128个村进行科技下乡活动，直接受益群众达60多万人次。

2002年，贯彻落实《中华人民共和国科学技术普及法》和《山东省科协条例》，突出重点，注重实效，根据全市农业“三化”要求，发挥科普示范基地、农技协等组织作用，利用农科教结合、科技宣传、咨询、示范等多种形式，引导广大农民走现代化农业发展之路。潍坊市有5个乡镇、10个村、3处科普示范基地被命名为省级科普先进乡镇、村、基地。

2003年，在全市各社区举办各类科普展览20次，19.3万人受益；寒亭区被确定为“全省科普示范城区”，并奖励3万元。寿光、昌乐、昌邑、诸城、潍城、寒亭成为省级科普示范县区。参加全省第11届青少年科技辅导员论文征集活动，潍坊市获一等奖8篇，二等奖4篇，三等奖5篇；从中推荐参加全国评选，潍坊市获二等奖2篇，三等奖6篇。

2004年，开展“科普宣传月”“科技活动周”“科教进社区”和创建“科普示范县”活动。全年共举办科普讲座62场，举办科普报告会71场，举办各类科普展览20次，社区科普竞赛、科普文艺演出19场，累计张贴、发放宣传画、明白纸、科普小册子等科普宣传资料10万余份。重点抓昌乐、寿光、昌邑3县（市）“全国科普示范县”和临朐县“全省科普示范县”创建工作，昌乐县创建全国科普示范县的经验和做法，得到中国科协高度评价，并在《大众科技报》和《科普动态》杂志上作专题介绍。市科协命名表彰20个科普示范乡镇，40个科普示范村，19处科普示范基地，17个科普示范社区，25个科普示范企业。全市省级科普示范基地达24处。市科协与教育部门联合举办潍坊市青少年科技创新大赛和潍坊市青少年信息学奥林匹克竞赛，全市科技创新大赛收到作品352件，200件作品获市级奖励，11名中小学教师获优秀辅导教师奖；潍坊市青少年信息学奥林匹克竞赛，5000余名中学生参赛，其中2000余名中学生参加市级竞赛，近200名中学生获市级奖励。承办全国青少年信息学奥林匹克联赛山东赛区竞赛，全省17个市360名中学生参赛。潍坊市53名优秀选手参加比赛，占全省参赛人数1/7。开展“企业科技创新竞赛”活动，组织全市220处企事业单位科协、1.7万余人参与，完成技术攻关1286项，提出科技建议8700多条，被企业采纳6000多条；开发新产品286项，举办各类培训班365期，培训3万余人，竞赛活动累计为企业创造经济效益8.9亿元。结合实际编印8套、16万册科普“口袋书”。市科协与北汽福田开展“潍坊市农机科技下乡宣传月活动”，途经12个县市区、300余个乡镇村庄，行程1200余千米，被誉为“流动的科普快车”，得到省政府肯定，要求在全省推广活动经验。

2005年2月，组织实施全市“科技工作者关爱工程”，利用企业赞助资金，为全市1200余名“优秀科技工作者”和“先进科普工作者”每人办理了1份人身综合保险和1份家庭财产保险，每人保额14.9万元，总保额1.8亿元。省科协在全省推广潍坊做法。是年，市科协在山东福田重工、金宝集团、北方纺织等企业建起培训基地，组织开展企业职工职业技能培训，6月初到10月底，在山东福田重工农业装备事业部总装二车间进行试点，对1100名一线直产工人、辅产工人、检验员和售后服务人员，开展职业技能培训，30名优秀企业工人获企业技师称号。下半年，对200名优秀企业工人分别授予初、中、高不同档次“企业技师”称号，得到多家企业关注和效仿，为企业职工职业技能培训探索出一条新途径，新华社以“山东诞生首批企业技师”为题发通稿。成功举办全市青少年“科技创新大赛”和“信息学奥林匹克竞赛”，并参加省级、全国大赛。在第二十届山东省青少年科技创新大赛中，全市共有18人（15名学生、3名教师）、47件作品获奖，其中一等奖10件，二、三等奖37件。在第二十二届全国中学生奥林匹克物理竞赛活动中，全市共有46名学生获奖，其中一等奖14名、二等奖31名，获奖人数占全省近1/5，寿光一中获“金牌学校”称号，全市青少年科技活动参与率达85%以上。

2007年，成功举办全市青少年“科技创新大赛”和“信息学奥林匹克竞赛”，参加山东省青少年科技创新大赛，有44项作品分别获省一、二、三等奖，其中12项作品获大赛一等奖。2008年，评选表彰第一批农村科普带头人30名，首设潍坊市“科普园丁奖”、承办第二十三届山东省青少年科技创新大赛，获省级比赛一等奖12项，占全省的1/4，寿光一中3名同学获青少年科技创新奖，并获保送上大学或高考加分奖励，1名辅导教师获“高士其科普奖”。诸城、寒亭被命名为第三批“全国科普示范县市区”，“科普示范县市区”创建面达75%以上。

2009年，承办第十八届中国儿童青少年威盛中国芯计算机表演赛山东省赛区赛事，组织第二十四届潍坊市青少年科技创新大赛，参加第二十四届山东省青少年科技创新大赛，全市共获奖36项，其中一等奖10项、二等奖15项、三等奖11项。在第九届全国“明天小小科学家”活动评选中，寿光郑智杰获全国二等奖，是自第一届至第九届山东省唯一获得二等奖以上奖项的学生。

2010年，组织第二十五届全市青少年科技创新大赛，择优推荐参加山东省青少年科技创新大赛，共有93项（件）作品获奖，获奖数量占全省获奖总数的1/5；2名中学生获中国第十届明天小小科学家奖励。

2011年，在组织市级青少年科技创新大赛基础上，择优推荐参加全省青少年科技创新大赛，共获奖38项，占全省的1/6，有13件作品推荐参加全国青少年科技创新大赛。承办中国少年儿童威盛计算机山东赛区表演赛，来自济南、潍坊、淄博、日照、临沂等地市的235名优秀选手在昌乐二中参加竞赛，产生一等奖73名，其中潍坊市获奖53名。举办潍坊市第九届中小学电脑机器人大赛，有177个代表队、420余名队员参加。全市建成高标准机器人实验室109所。开展全市中小学自制教具和幼儿园自制教玩具大赛，共收到作品498件，获奖160余件。开展第二届科技创新成果奖、科普园丁奖、科技标兵评选活动，全市有2所学校被授予“山东省科普示范学校”，5个单位被评为山东省科技教育工作先进单位，5人被授予全省优秀科技辅导员，6人被评为优秀组织者。

2012年，承办第二十一届中国儿童青少年威盛计算机表演赛山东分区决赛，评出一等奖109名、二等奖91名、三等奖79名，潍坊市选手共获奖219项，占全省获奖总数的78%。承办第十二届山东省青少年机器人大赛，12个地市195支参赛队500多名选手在潍坊育华学校参加比赛，潍坊市有37支参赛队获省一等奖，18支代表队获省二等奖，10支代表队获省三等奖。举办第二十七届全市青少年科技创新大赛，择优推荐参加省创新大赛，118件参赛作品获奖，其中一等奖39项，有13件作品推荐参加全国青少年科技创新大赛。开展青少年科普报告百校行和科普大讲堂，邀请“中国科学院老科学家演讲团”教授专家，分别在奎文、潍城、峡山、寒亭、临朐、青州等地的中小学举办涉及天文、航天、生物、能源等方面的科普报告会。

“讲比”活动

1994年，市委宣传部、市科协全面部署“讲精神文明，比科技致富，建科普文明乡（镇）村”活动，年底全市有9个乡（镇）、31个村被省命名为科普先进乡（镇）、村。在厂矿企业科技人员中，开展“讲理想、比贡献”活动。至1994年底，参加“讲、比”活动3万余人，累计提出科技建议1.5万余条，被采纳实施4000余条；技术推广、攻关立项2500余项，完成1500余项，每年为企业创经济效益近亿元。潍坊玻璃纸厂保温剂攻关小组、潍坊柴油机厂科协自动化试验台研制组，被中国科协、国家计委、国家经贸委授予全国“讲、比”竞赛活动先进集体称号，潍坊柴油机厂科协自动化试验台研制组荣获第五届全国“讲比”竞赛活动“奉献杯”奖。全市有11个先进集体、11名先进个人和21个优秀项目获省“讲、比”竞赛活动奖。

1995年，狠抓“讲、比、建”活动组织实施、检查评比和命名挂牌工作，经验收，列入创建计划的38个乡镇和603个村全部达到科普先进乡（镇）村标准，并命名挂牌。共推广普及新技术、新成果941项，创经济效益2亿元；38个科普先进乡镇科技因素在经济增长中所占比重达50%以上。市属16个厂矿企业科协2763名科技人员参加“讲理想、比贡献”活动，共提出科技建议509条，被采纳实施276条，创经济效益426万元；技术攻关立项680项，当年完成499项，其中50万元以上重大科技成果项目21项，创经济效益6211万元；完成新产品开发49项，创经济效益2352万元。1996年，“讲、比、建”活动带动整个农村科普工作开展，全市共命名表彰38个市级科普先进乡镇，有45个乡镇被列入1996—1997年度创建计划。全市科普先进乡镇共举办各类技术培训班1572期，培训各类人才近2万人，印发各种技术资料40万份，推广普及新技术、新成果508项，创经济效益2亿多元。城镇厂矿企业，以“讲理想、比贡献”竞赛活动为动力，发动科技人员献计献策，市属厂矿科协5000名科技人员参加，提出科技建议1511条，被采纳实施802条,创经济效益2051万元；技术攻关立项453项，完成309项；完成新产品开发31项，创经济效益2779万元。

1997年，全市5780名科技人员参与“讲理想、比贡献”活动，共提出科技建议2866条，被采纳实施1630条；立项攻关678项，完成503项，创经济效益9636万元。市科协、市经贸委等5部门对1993年4月至1997年3月“讲、比”成果进行评比表彰，共评出一等奖30项、二等奖54项、三等奖114项；向省推荐19项，获一等奖4项、二等奖3项、三等奖10项。

1998年，继续在村镇开展“讲、比、建”活动，全市有4个乡镇、8个村被山东省科协命名为省级科普先进乡镇、村，45个乡镇、652个村被市委宣传部、市科协命名为市级先进科普乡镇、村。推广新技术、新成果1463项，创经济效益2.6亿元；培训各类技术人员52.8万人次。市属16个、县属63个厂矿企业科协近万名科技人员参加“讲理想、比贡献”活动，全年技术攻关立项968项，完成726项；提出科技建议4856条，被采纳并组织实施3200条；交流技术论文1200余篇，累计为企业增创经济效益1.3亿元。1999年，市属16个、县属79个厂矿企业科协1万多名科技人员参加“讲理想、比贡献”活动，全年“厂会协作”立项149项，完成129项，创经济效益5600万元。

2000年，突出技术创新主题，在市属16家、县属79家厂矿企业中开展“讲理想、比贡献”活动和“金桥工程”，8000多名科技人员参加。帮助企业技术攻关立项526项，完成398项；提出科技建议1626条，被采纳1282条；交流技术论文1422篇；举办科技人员知识更新班、下岗职工技术培训班共578期，培训4.29万人次；“讲、比”活动累计为企业增创经济效益近6.3亿元。2003年，提科技建议12300余条，被采纳并实施的11780多条；技术攻关立项3126项，完成2719项。有4家企业、6名个人获全省企业科普工作先进集体和先进个人称号。潍柴科协在全省企业科普工作会议上做典型发言。

金桥工程

1992—1994年，全市共选立“金桥工程”项目350余项，其中中国科协重点管理项目3项、省科协重点管理项目11项。经过3年实施，完成项目283项。1994年，全市有2个单位、3个项目分获省“金桥工程”组织奖和优秀项目奖。1995年选立项目300多个，其中中国科协重点管理项目2个，山东省科协重点管理项目6个，市科协重点管理项目22个。全年共完成项目257个，其中市以上重点管理项目18项。1996立项36个，完成25项。寒亭区科协组织实施的“精品蔬菜加工技术”项目和昌邑市科协组织实施的“富脉霖”推广项目被推荐为省优秀项目。2000年，完成“金桥工程”项目3项，年增利税943万元，节约资金566万元。2001年，实施金桥工程项目3项，增加效益720万元，节支6180万元。

科技咨询

1991—1994年，科协系统科技咨询服务机构共完成各类技术咨询服务合同3705个，合同额达987.05万元，实现利税5396万元。先后组织科技人员参与科技咨询服务活动2万余人次。1995年，完成各类技术服务合同1352个，合同额291.68万元,实现利税1996.5万元。组织1.35万人次的科技人员参加各类技术咨询服务活动，累计培训各种技术人才5363人。1996年，市科协组织开展以技术开发、技术转让、技术咨询、技术服务为主要内容的“四技”服务活动和献计献策活动，共提科技建议1152项，被采纳414项；引进技术项目156项，其中海外技术项目25项；开发新产品项目1176项；推广新技术167项；决策咨询项目195项；完成各种技术合同1426个，实现合同额412万元。2000年，完成各类技术合同1639项，实现合同额500余万元。2001年，共签订科技咨询合同1526项，合同额400万元。2004年，潍坊市科技咨询服务中心改制成立潍坊市科技咨询业协会。全年完成技术合同1865项，实现合同额2000余万元，上缴税金20多万元。2007年，为潍柴动力股份有限公司、福田雷沃国际重工股份有限公司等80余家企业开展环境评价、设备安装、技术引进、技术转让等科技咨询业务100余项、实现合同额3000余万元。2008年，为福田重工、新方矿业、潍柴零部件、共达电讯等企业开展工程咨询、节能评估、环境影响评价咨询服务，完成各类技术合同526项，实现合同额1000余万元，上缴税金30余万元。争取省“金桥工程”立项3个。2009年，完成各类技术合同80多项，有两项被省“金桥工程”表彰为优秀项目。2011年，为潍柴动力、北汽福田、紫鸢牧业等企业提供科技咨询服务，实现合同额50余万元。完成省科协金桥工程立项3个，市科技咨询中心获省金桥工程优秀组织奖。

科技培训

1992年，中国农村致富函授大学潍坊市中心分校成立，各县市区设分校。至1994年，累计招生1.5万余人，结业1.2万余人。各级科协组织及所属团体采取各种形式每年培训科技人才约20万人次。1994年，举办各类培训班360余期，培训3万多人，其中继续教育培训1.2万人。1995年，举办短期培训班16期，培训科技人员1200余人；培养大专毕业生400多人，在校生1000多人。市级各学术、科普团体和厂矿科协，举办各类技术培训班1400余期，培训技术业务骨干8万余人。各级科协年内共完成20万人次培训任务。1996年，与西安理工大学、首都经贸大学联合办学，招收学历证书班学员201人。

科普村村通工程

2005年，根据省科协、省财政厅关于在全省用3年时间组织实施“科普村村通工程”的统一部署（在每一个行政村建造一处面积不低于12平方米，以铝合金和PVC扣板为主要原料的“科普村村通宣传栏”，由省科协、省财政厅统一印制科普挂图，免费发放悬挂，每年4期，每期8张）。潍坊市采取典型引路、点面结合、政府扶持、市场运作等措施，到12月底，共筹资650余万元，建成“科普村村通”宣传栏6598个，占全市行政村总数的65.9%，市科协与市邮政局联合印发《关于加强“科普村村通”宣传栏管理的意见》，制定《潍坊市“科普村村通”宣传栏管理办法》，并与大众保险公司签订“科普村村通”宣传栏集体投保合同，使“科普村村通”宣传栏在建设、使用和管理上有可靠保障。2006年6月底，全市提前一年半完成“科普村村通工程”建设任务，并通过省科协、省财政厅组织的核查和验收。为提高城区广大居民科学文化素养，市科协组织实施“科普示范街工程”和“科普村村通工程”，2006年全部完成。

秸秆生物气化技术

2006年，潍坊市科协组织秸秆生物气化技术研制、试点工作取得成功。2007年，市科协成立潍坊市秸秆生物气化技术推广协会，自主研发的秸秆生物气化炉获3项国家专利，并通过省级科技成果技术鉴定。通过科普惠农工程实施，获国家和省奖励资金95万元。2008年，联合潍坊烟草公司研制开发秸秆生物气化环保烤烟炉，申请国家专利8项。

第三节　学会学术交流

1991—1994年，市级学术团体共举办各种学术交流活动1510次，交流论文12460篇；参加国际学术会议6次；邀请国外学者、专家到潍讲学、交流14次。1991年起，市委、市政府同意设立“优秀科技论文奖”，全市进行3届评选，累计评出优秀学术论文一等奖80篇，二等奖309篇，三等奖500篇。1994年，设立市“优秀科技建议奖”和“自然科学青年科技奖”。市农科院刘全贵、市建筑设计院崔荣平、昌邑纺织机械厂李长明等分别获1990年、1992年山东省自然科学青年科技奖。

1995年，举办学术交流活动155次，交流论文8889篇；组织国内科技考察11次，71人参加；举办科技讲座825场，听众26573人；举办科技展览7次，观众2万余人；出版学术论文集16种，发行5150册，组织科普宣传活动42次，推广新技术64项，引进技术项目21项。组织两个团组赴美国和加拿大进行民间科技交流活动；选派5名科技人员到日本和加拿大进修和培训学习。青州市环境监测站蒋德春、潍坊华光电子（集团）股份有限公司郑铁民、山东诸城外贸集团公司窦立功、山东省益都卫校岳保利、山东景芝酒业股份有限公司于振法等获1995年度山东省青年科技奖。

1996年，举办学术交流117次，参加人数1.5万人，交流论文5783篇；组织学术考察124次，参加人数1084人，其中国外考察14次，参加人数

43人。市珠算协会承办首届世界珠算大会；市农学会配合中国农学会，在诸城市召开中国农业产业化研讨会，全国各地200余名代表参加会议；市图书馆学会图商结合、文企联姻，举办“万邦杯”优秀读者评选活动，21名优秀读者受到表彰奖励。

1997年3—12月，市科协组织对1994年1月至1996年12月900余篇论文、专著、考察报告进行初评和复评，评出一等奖24篇、二等奖60篇、三等奖273篇，并向省推荐优秀论文30余篇。

1998年，组织学术交流活动118次，参加人数7450余人，交流论文4360余篇；举办学术讲座288次，听众1万余人次；300余人参加省级以上学术交流活动，提交论文400余篇，在省级以上学术刊物上发表论文800余篇。市科协与市通信学会联合组织因特网演示会和169信息港开通新闻发布会，市委、市政府领导及市直中型以上企业负责人观看演示。1998年，共预选、派出研修生和接收回国研修生4批8人。市科协与市委组织部、市人事局、市财政局、团市委联合组织潍坊市第二届青年科技奖评选活动，43人获潍坊市青年科技奖，为获奖者颁发潍坊市新长征突击手、青年标兵荣誉证书，对培养青年科技人才做出突出贡献的单位授予“青年科技人才工程”先进单位称号。有8名省、市青年科技奖获得者被评为市级拔尖人才。市科协、市教委与市青少年科技辅导员协会共同举办全市1998年青少年信息学（计算机）竞赛，有13个代表队的39名选手参加，评出高中组一等奖3名、二等奖8名、三等奖12名；初中组一等奖3名、二等奖4名、三等奖6名。参加全省青少年信息学奥林匹克竞赛，获二等奖1个、三等奖1个、优胜奖1个。组织部分学会与困难企业结对帮扶，全年有4对厂、会签订合作协议。举办下岗职工技术培训班182期，培训2万余人次。

1999年，举办学术活动124次，参加人数8200多人，交流论文5000多篇，承办国家、省学术交流会议9次。举办学术讲座1037次，听讲人数2.7多人；举办培训班100多期，培训6200多人。市科协共派出和接收回国研修生3批共12人。同年5月，市科协接待朝鲜科技联盟代表团，双方就加强民间科技交往，拓宽合作方式达成协议。

2000年，市科协对市级学会、协会、研究会进行清理审查，多数学会对会员进行重新登记。各学会举办学术交流、学术讲座47次，提报论文近1000篇。市科协与市委组织部、市人事局等5部门联合开展第三届青年科技奖评选活动，全市有30名青年获奖。市、县两级科协及学会共组织科技下乡服务团318个，下乡科技人员7000多人次，引进新项目427项、新品种862个，送科普图书17万册，累计赶科普大集500多次。

2001年，围绕全市经济建设重点和难点问题，确定10项重点课题，举办两次综合性学术交流活动。组织水利、气象、海洋与水产、环境保护、农学、建筑等学会，就潍坊市水资源合理配置及优化保护进行专题研讨，形成打破流域界限、实现水系联网、充分利用洪水资源等方面建议。召开全市无公害蔬菜研讨会，就如何使用切合实际的无公害标准、无公害生产配套栽培技术、无公害生产的行政措施及建立健全无公害监测体系、品牌意识宣传教育等进行研讨。市级学会举办学术交流、学术讲座近200次，提报论文7000余篇；出国交流40余次，参加人员200多人；提科技建议100多条，被采纳60多条；接待来访团组30多个，计1000余人。

2002年，市级学会开展学术交流、学术讲座136次，参加人数8000多人，交流论文7000多篇；出国交流30余次，参加人员近200人。市科协与市农学会联合组织潍坊市农业方面专家，就全市无公害蔬菜生产进行调研、论证、研讨，提出无公害蔬菜生产的具体对策和措施，形成科技工作者建议上报市委、市政府。市县两级科协和学会共组织服务团200多个，科技人员1万多人次，到全市12个县市区、186个乡镇（街道）5128个村进行科技下乡活动，共推广新项目280多项，新品种560多个，送科普图书12万册，科普挂图1500套，直接受益群众200多万人次。市科协与市委组织部联合，在全市广泛开展党员实用技术知识竞赛活动，推动农村党员“学科技，用科技，努力争做科技致富带头人”活动的开展。派员参加赴中国台湾地区、澳大利亚科普考察团，为招商引资和国际（地区）间科技合作打下良好基础。

2003年，市科协会同市委组织部、市人事局、团市委、市财政局开展“潍坊市第四届青年科技奖”和“潍坊市第七届优秀学术论文”评选，15人获青年科技奖，评出优秀论文130多篇。市抗癌协会举办全省肿瘤学术会议，邀请中国抗癌协会主席徐光炜和北京、济南专家学者以及俄罗斯原子能研究院6名教授到会作专题讲座和交流。市老年科技工作者协会协助潍坊旭程工贸（进出口）有限公司完成英国UKAS质量管理体系认证并获证书。潍坊市“厂会协作”行动被省科协评为优秀项目。

2004年，提出“经营学会”全新理念，得到省科协肯定，市科协成为全省6个“学会工作先进集体”之一。指导市农经、建筑、电机工程等学会开展“经营学会”工作，得到中国科协肯定，《大众科技报》对潍坊市经营学会工作专门进行重点宣传。组织海洋与渔业学会对潍坊市北部沿海地区咸水资源进行调研，形成调研报告及科技建议，被省科协列为重点学术活动项目。举办学术报告、专题讲座及研讨会48次，参加人员3000余人。

2006年，成立潍坊市科技工作者法律服务中心、潍坊市科技工作者婚介服务中心和潍坊科普旅行社。与有关部门联合开展“青年科技奖”“优秀学术论文”“科技创新成果”等奖项评选活动。

2007年，市科协印发《学会改革意见》《学会综合评价办法》《学会优质服务项目推荐评选办法》，开展市级学会“优质服务项目”创评，增强学会服务能力。组织有关学会和企业开展“厂会协作”，新结对子8对，创经济效益1.1亿元。组建成立潍坊市茶文化协会、心理咨询师协会和潍县萝卜研发中心等。开展学术交流活动200余次，交流论文近万篇。

2008年，组织第六届潍坊市青年科技奖和第九届潍坊市优秀学术论文评选，50名青年科技工作者和224篇优秀论文受表彰奖励，2人获山东省青年科技奖，2人被纳入中国科协高层次人才库。开展市级学会优质服务项目创评活动，表彰优质服务项目12个。组织学术交流活动98次（期），发表学术论文961篇，市建筑学会、医学会、市心理咨询师协会组织会员赴四川地震灾区进行灾后心理干预，向灾区捐赠图书3537册，价值59773元。全市有8个县市区健全老年科技工作者协会组织、会员2万多人，共开展各类培训和咨询服务77期（次），印发老专家建议4期，评审推荐离退休科技工作者晋升高级技术职称121人。

2009年，围绕建设山东半岛蓝色经济区、胶东半岛高端产业聚集区和黄河三角洲高效生态经济区，组织有关学会和科技工作者深入开展研讨交流，提出“利用滨海资源优势，发展高科技环保产业”和“推广浅海阀式扇贝养殖技术”等科技建议。“潍坊市园林绿化科技发展对策研究”和“构建县域民营小微企业自主创新机制研究”2个课题被省科协确定为学术重点项目。

2010年，创设潍坊市自然科学优秀学术成果奖，每两年评选一次。联合市委组织部、市人社局等部门评选表彰“潍坊市第四届优秀科技工作者”、第七届潍坊市青年科技奖、第二届潍坊市农村科普带头人各30名，对优秀科技工作者给予记三等功奖励；申报推荐的2人获“全国优秀科技工作者”、3人获山东省青年科技奖，潍坊学院大学生数学建模协会等10个社团获“全省优秀大学生科技社团”，7人获“省优秀社团干部”称号。

2011年，开展“建组织、扩覆盖”集中行动，成立市科协社会组织党委，建立健全24个市属学会党支部，完善社会组织党建工作台账和年报制度，基本实现市级学会党建工作全覆盖。成立全国首家地市级科学探险协会——潍坊市科学探险协会；筹建潍坊市蒙台梭利教育研究协会；建立市科协学会工作飞信群；成立市科协群众工作领导小组。

2012年，推荐全市优秀科技工作者参与第五届全国优秀科技工作者、山东省十大杰出护士和山东省百佳护士等评选工作，有10人获全国、全省先进。组织开展潍坊市第八届青年科技奖、十大名医、名护和优秀学术论文暨自然科学优秀学术成果奖评选。

第四节　全民科学素质教育

全市全民科学素质教育始于2007年。2007年，市科协召开潍坊市全民科学素质工作领导小组第一次全体（扩大）会议，成立全民科学素质教育研究会，举办“学习贯彻十七大精神，实施科学素质纲要”知识竞赛和“节约能源资源、保护生态环境、保障安全健康”大型科普展。

2008年，组织实施全民科学素质教育专家报告会、“人文科学名师讲坛”系列活动。举办“大型载人航天及陆海空现代兵器科普教育展”、全市首届大型艺术灯会暨科普展和首届中国（潍坊）国际现代农业成果博览会。开展“建设新农村，科技进万家”科技下乡和全民科学素质工作优质服务项目创评活动，实施《全民科学素质行动计划纲要》项目化管理，择优表彰16个先进单位和29个“优质服务项目”。

2009年，开展以提高公众安全意识、保障安全健康为主题的“科普惠民安全健康”活动，巡回全市12县（市、区），历时5个月，组织集中宣传活动61次，受益群众约10万人。举办全市“节能减排全民行动”大型科普展和“建设资源节约型环境友好型社会”大型科普知识宣讲报告会，邀请中国科学院孙万儒教授作专题报告。表彰19个先进单位和25个实施科学素质工作“优质服务项目”。

2010年，围绕“节约能源资源、保护生态环境、保障安全健康”主题，举办“节能低碳、绿色家园、文明生活”大型科普展。召开全市纲要工作领导小组全体（扩大）会议，调整充实纲要工作领导小组，分4个督查组对市直26个成员单位、12个县市区、4个开发区进行全面督查。投资10万元对全市科普宣传栏进行维修改造，建立健全宣传栏管护制度，向基层免费印发科普挂图10万份。坊子区黄旗堡街道科普工作站被确定为全国科普示范站，昌乐县“建立健全农民科技培训长效机制”入选中国科协百县百项科普示范特色建设专项。在全国农民科学素质网络竞赛活动中，潍坊有322人获奖，青州市科协、昌乐县科协分别获全国县级优秀组织二等奖。

2011年，调整科学素质纲要工作领导小组，召开潍坊市全民科学素质工作领导小组第五次全体（扩大）会议，审议2011—2012年潍坊市全民科学素质工作计划。承办山东省百名专家企业行活动，12名专家与10多家企业签订合作意向15个。

2012年，市全民科学素质工作领导小组印发《深入贯彻落实纲要，扎实推进科普基础设施建设的意见》，成立潍坊市科普传媒中心和惠民金桥科普文化传媒有限公司，专门负责全市科普基础设施建设，在奎文、潍城、高新、诸城4个市（区）先行试点，安装300个科普显示屏。建立健全选址定点“台账”，市场化运作建设大型LED科普显示屏。

第六章　知识产权

1991—2012年，潍坊市知识产权事业经历从小到大的发展过程，知识产权创造、运用、保护和管理各项工作获得长足发展，先后被国家知识产权局确定为知识产权质押融资试点市和全国知识产权工作示范城市。知识产权管理体系逐步健全，市知识产权局调整为政府直属局，12个县（市、区）全部设立知识产权管理机构。知识产权政策机制日趋完善，市政府设立专利奖，知识产权创造能力稳步提高，年专利申请量由1991年的353件提高到2012年的11115件，其中年发明专利申请量由1991年的37件提高到2012年的2512件。2012年，全市拥有中国专利·山东明星企业163家，数量居全省首位。全市30多家企业开展专利权质押融资工作，贷款总额达3亿多元。在全省率先建成“知识产权信息综合服务平台”，并与全市各县市区知识产权管理部门和重点企业建立联网，为95家企业免费建立行业专利数据库，为260多家企业提供行业专利信息预警分析。设立中国（潍坊）知识产权维权援助中心，在全省率先成立专利执法支队，自主开发建成全国首个“12330”知识产权举报投诉与维权援助综合服务平台，其经验做法在全国推广。

第一节　管理机构

1989年9月，潍坊市首次成立专利行政管理机构——潍坊市专利管理处（副县级事业单位），负责全市的专利行政管理和执法保护工作，隶属于市科委。1990年12月，撤销潍坊市专利管理处，成立潍坊市专利管理局，正县级规格，全额拨款事业单位，内设办公室、专利管理科、专利法规科、市场管理科，编制员额总数21人。2001年8月，潍坊市专利管理局更名为潍坊市知识产权局，正县级规格，全额拨款事业单位，内设办公室、市场管理科、专利管理科、法规科；编制21人。2008年10月，潍坊市知识产权局调整为参照公务员法管理事业单位，正县级规格，内设办公室、专利管理科、市场管理科、法规科、专利信息科；编制员额总数21人。2009年5月，潍坊市知识产权局由隶属潍坊市科学技术局调整为直属市政府领导，并增设党组。2010年10月，潍坊市知识产权局5个科室更名为办公室、协调管理科、规划发展科、法律事务科、专利信息科。潍坊市和下辖12个县市区全部成立知识产权局，3个市属开发区全部设立知识产权管理机构。

第二节 知识产权创造与运用

专利申请、授权与实施

1991年后，潍坊市各级党委、政府和知识产权管理部门，出台一系列鼓励资助专利申请与实施政策，激发广大发明人专利申请热情，促进专利创造与运用，是年专利申请353件，同比增长48.95%。其中发明专利申请37件，同比增长5.71%，占申请总数的10.48%。

1992年，专利申请446件，同比增长26.35%。其中发明专利申请35件，同比增长-5.41%，占申请总数的7.85%。1993年专利申请451件，同比增长1.12%。其中发明专利申请31件，同比增长-11.43%，占申请总数的6.87%。1994年专利申请603件，同比增长33.70%。其中发明专利申请46件，同比增长48.39%，占申请总数的7.63%。1995年，专利申请575件，同比增长-4.64%。其中发明专利申请31件，同比增长-32.61%。累计专利申请总量2965件。1996年，专利申请757件，同比增长31.65%。发明专利申请32件，同比增长3.23%。累计专利申请总量3722件。1997年，全市专利申请857件，比上年增加100件，同比增长13.21%，累计专利申请总量4579件，发明专利申请39件，同比增长21.87%。1998年，全市专利申请量952件，同比增长11.1%，累计专利申请总量5531件。1999年，专利申请1076件，同比增长13.03%，累计专利申请总量6607件。2000年，专利申请量1077件，其中发明专利申请45件。全市累计专利申请量7684件，其中发明专利848件，发明专利授权累计92件。2001年，专利申请1147件，同比增长6.50%，授权917件。其中发明专利申请46件，授权6件。累计专利申请量8831件。2002年，专利申请991件，授权793件。其中发明专利申请71件，同比增长54.35%，发明专利授权9件，同比增长50%，累计专利申请总量9822件。2003年，专利申请1130件，同比增长14.03%；授权853件，同比增长7.57%。其中发明专利申请79件，授权11件。累计申请专利10952件。2004年，专利申请1583件，同比增长40.09%；授权913件，同比增长7.03%。其中发明专利申请201件，同比增长154.43%；发明专利授权43件。国外专利申请4件；全市累计专利申请量达12535项。2005年,专利申请2249件，同比增长42.07%。专利授权929件，同比增长1.75%。其中发明专利申请320件，同比增长59.20%，占申请总数的14.23%；发明专利授权36件。2006年，专利申请2753件，同比增长22.41%，专利授权1369件，同比增长47.36%，国外专利申请6件。其中发明申请503件，发明专利授权46件。2007年，专利申请3895件，同比增长41.48%，授权2089件，同比增长52.59%。其中发明专利申请524件，同比增长4.17%，发明专利授权95件，同比增长106.52%。2008年，专利申请4858件，同比增长24.72%，专利授权2586件，同比增长23.79%。其中发明专利申请623件，同比增长18.89%。发明专利授权141件，同比增长48.42%。专利授权量位居全省第四位。2009年，专利申请5458件，同比增长12.35%，专利授权3546件，同比增长37.12%。其中发明专利申请582件，同比增长-6.85%，发明专利授权168件，同比增长19.15%。2010年，专利申请6520件，同比增长19.46%；专利授权4797件，同比增长25.28%。其中，企业申请2817件，同比增长52.6%，企业申请所占比例居全省第二位。其中，发明专利831件，发明专利授权202件，同比增长20.24%。2011年，全市专利申请8582件，同比增长31.63%，专利授权4923件，同比增长2.63%。全市累计专利申请46850件，专利授权26629件，均列全省第4位。2012年，全市申请专利11115件，同比增长29.52%，授权专利7386件，同比增长50.03%；专利申请量和授权量均列全省第5位。其中，发明专利申请2512件，授权400件，增幅分别为44.62%和29.87%，企业专利申请6312件，增幅35.98%；大专院校专利申请321件，增幅26.88%。

专利权质押融资

2010年至2012年底，全市开展专利权质押融资企业近30家，贷款总额近2亿元。专利权质押融资为创新型中小企业解决资金紧张、加速知识产权市场转化、提升企业核心竞争力起到积极推动作用。潍坊市经验做法被《中国知识产权报》进行深入报道。2011年，帮助山东科灵空调设备有限公司等多家企业，通过专利权获潍坊银行质押贷款，为企业开辟融资渠道，缓解企业融资难题。2012年2月23日，市知识产权局会同中国人民银行潍坊市中心支行出台《潍坊市专利权质押贷款管理暂行办法》。10月16日，潍坊市获批“国家知识产权质押融资试点城市”。

专利项目评选奖励

1991年，潍坊市化工研究所台相林发明农药杀虫杀螨剂专利“灭杀毙（专利号CN87100162）”获第二届中国专利金奖。同年8月2日，潍坊市第二届“十佳专利项目”和“优秀专利项目”评选结果公布，青州铝箔纸总厂“用于真空镀铝前的原纸预处理胶”、诸城棉油加工厂“壳绒分离机”、潍坊钢管厂“用于金属工件的粉体涂料流化床”等10项专利被评为潍坊市十佳专利项目；潍坊市人民医院“全喉切除术后发音纽”、青州水泵厂“能正反方向旋转的离心式水泵”、李正坤“一种减轻触电伤害的单相变压器”等10项专利被评为潍坊市优秀专利项目。

1993年11月15日，潍坊市专利管理局公布国家、省、市第三届专利优秀奖评选结果，山东省潍坊生建机械厂“双作用增压注水泵”获中国第三届优秀奖专利项目；山东省潍坊生建机械厂“螺杆钻具马达总成装置”“油田用高压注污水泵液力端装置”、潍坊市寒亭第一棉油厂“棉花下脚料循环清理机”等10项专利获得山东省第三届优秀奖专利项目；诸城市第三棉油加工厂“土废绒清理回收装置”、山东景芝酒厂“酒瓶”、昌乐县电影公司“壁挂式风机盘管空调器”等7项专利获潍坊市第三届优秀奖专利项目。

1995年3月17—22日，中国专利局在北京展览馆举办“中国专利十年成就展”，潍坊市组织18项专利（产品）技术参展，有8个项目获奖。其中昌乐电影事业总公司“壁挂式风机盘管空调器”和诸城造纸机械厂“LG-II型完全离解除砂机”获金奖；潍坊市家电研究所“万能自动电热锅”、潍坊市电磁科研所“绿霸牌JB-QB-42A二总线火灾自动探测报警系统”、潍坊鲁中应用技术研究所“跳跳球”、坊子轻工机械厂“新一代塑钢门窗生产线”获银奖；山东双鑫制盖有限公司“一种双封易开盖”和安丘职工新技术交流站“HP导电膏”获优秀奖。8月8日，山东省第四届专利奖评比揭晓，潍坊市有10项专利获奖，其中潍坊生建机械厂“QHZ型油罐挥发气回收装置”获金奖；王剑波“锅炉汽水复用节能泵”、潍坊市日用机械化学公司摩托车配件厂“摩托车铝合金车轮”、诸城市商业贸易公司“食品包装盒”、诸城市造纸机械厂“ZBK螺旋转子真空泵”、山东诸城恒兴机器股份有限公司“农用三轮车变速箱”、昌乐县硝酸盐厂“利用稀硝酸生产硝酸钾的方法”、潍坊钢管总厂“涂塑护栏板”、山东潍坊纯碱厂“传质塔泡沫位测量管路”、孙华明“药液汽泡药过滤式终端过滤器”获优秀奖。

2009年12月29日，山东华特磁电科技股份有限公司“超强永磁旋流搅拌器”获第十一届中国专利优秀奖。2010年11月10日，山东景芝酒业股份有限公司“芝麻香型白酒生产工艺”获第十二届中国专利优秀奖。2011年11月2日，潍坊盛瑞动力机械科技有限公司、变速器研发有限公司联合研制的“可动力换挡多挡变速器”获第十三届中国专利金奖；山东梦金园珠宝首饰有限公司“一种黄金饰品焊接方法”获第十三届中国专利优秀奖。

2012年11月15日，山东华特磁电科技股份有限公司、中国科学院高能物理研究所“低温超导强磁除铁器”获第十四届中国专利优秀奖。12月10日，经潍坊市专利奖评审委员会严格评审，公布“第一届潍坊市专利奖获奖项目”，授予“发动机倾斜试验设备及发动机倾斜试验台”等3个专利项目一等奖；“保温一体化外墙板材料”等5个专利项目二等奖；“3-甲胺基-1，2-丙二醇的合成方法”等10个项目三等奖。12月30日，山东省知识产权局公布第十三届山东省专利奖获奖项目，其中山东矿机迈科建材机械有限公司“编组运坯机”获第十三届山东省专利奖一等奖；山东华特磁电科技股份有限公司“循环式永磁搅拌机”、潍坊大耀新材料有限公司“一种硫化锌长余辉发光粉的制备工艺方法”获第十三届山东省专利奖二等奖；山东潍坊龙威实业有限公司“白蛤肉香辣酱的加工方法”、歌尔声学股份有限公司“一种硼酸锌的制造方法”等7个潍坊市企业专利获第十三届山东省专利奖三等奖。

第三节　知识产权管理与示范

企业专利管理

1991年，潍坊市经委、市科委和市专利管理局联合印发《关于进一步加强企业专利工作的通知》，分期分批对全市500家重点企业专利工作进行指导、检查、验收，并在全市开展创建专利先导型企业活动。全市500家重点企业有70%启动专利工作，做到专利机构、专利干部、专利档案、专利开发、专利保护、专利效益六落实，有50家企业被评为专利先导型企业，15家企业获“山东省专利明星企业”称号。12月17日，诸城市棉油加工厂、潍坊纯碱厂、潍坊钢管厂被山东省专利管理局评为1991年度专利工作先进企业。1992年5月24日，市专利管理局对潍坊市第二批启动专利工作企业进行检查指导。9月，青州水泵厂代表潍坊市出席在沈阳召开的全国国有大中型企业专利工作经验交流会，并做经验介绍。1993年12月，潍坊纯碱厂出席在北京召开的第五次全国专利工作会议并作书面发言。在抓好市、县属大中型企业的同时，注意抓小型企业和乡（镇）、村办企业专利工作，开展创建专利乡（镇）和专利村活动，制订专利乡（镇）和专利村标准，培植10个专利乡（镇）和5个专利村，带动全市专利工作开展。

1995年，全市有15家企业被评为潍坊市专利明星企业，市级专利明星企业达30家。12月，制定《潍坊市1996—2000年专利工作计划纲要》。1996年6月，根据国家专利局《关于进一步开展企业专利试点工作的通知》精神，在全市确定80家企业开展专利试点工作，从机构人员落实、一奖两酬兑现、专利获得与管理、专利保护、专利培训、专利实施与专利许可贸易、专利档案建立与专利文献利用等确定试点内容，提出试点要求，定期组织检查，及时总结经验，推动企业专利工作开展。11月1日，经专利明星企业评审委员会评审，授予潍坊市日用器械厂等20家企业“第二批中国专利潍坊明星企业”称号。

1997年，潍坊市、县两级专利管理机构对全市500家重点企业专利工作实行分类指导，开展专项培训活动，80%以上企业专利工作启动，80家企业开展专利工作试点，企业专利产品利税在总利税中平均达30%以上。潍坊企业专利申请量大幅度上升，由1996年占总量30%上升到50%，有44家企业加入山东省企业专利工作协会，28家企业获“山东省专利明星企业”称号。

1998年，潍坊市、县两级专利管理机构与有关部门共同协作，实施企业专利试点工程。按照《企业专利试点方案》，在全市各重点工业企业进行建章立制、宣传培训、信息利用、专利申请与实施、专利战略运用等方面试点。山东海化集团被国家知识产权局和国家经贸委列为全国专利试点企业；寿光市稻田镇、潍城区北关街道办事处、诸城市西老庄村被山东省专利管理局分别命名为“山东省专利镇（街办）”和“山东省专利村”；全市有17家工业企业被确定为创建“海尔式”企业示范单位；全市80家专利试点企业专利申请量大幅增长，占全市企业专利申请总量的50%以上。专利实施效益明显，实现利税16亿元，其中寿光市兴达集团研制的保健内衣等3种专利产品全部投产，出口十多个国家，当年实现产值1.1亿元，利税1000多万元。潍坊石油机械厂引进一项专利技术，生产JWZG空气干燥器，产品供不应求，当年实现销售收入3000多万元，利税500多万元。

2000年，企业专利申请156件，占总申请量的17%以上。组织企业和专利发明人参加有关专利技术博览会，促进专利技术实施，有20多家单位60多个项目参加全国专利技术博览会展览。北京、曲阜专利技术博览会，潍坊市有6项专利产品获金奖，12项获创新奖，签订合同和意向书40多份，合同金额500多万元。

2001年4月19—21日，举办潍坊市首届专利产品展示会，共有100多家企事业单位300多项专利技术和产品参加展出，现场产品销售额35万元，签订意向合同100多项，合同交易额1300多万元；印发宣传材料4万份，提供法律咨询1.2万多人次。配合山东省知识产权局举办厂长经理培训班，近500名厂长经理参加培训。举办6次知识产权报告会，派出业务骨干深入企业和县市区举办专利知识讲座，参加人员上千人次。组织89家企业参加各类展览会、专利技术洽谈会。培育市专利明星企业50家、“中国专利山东明星企业”35家，发展发明协会会员单位41家。

2002年6—8月，组织全市工业企业知识产权状况调查，调查企业216家，涉及机械、化工、纺织、电子、医药、建材等多个领域。2003年，帮助企业建立专利数据库，为专利权人和企业牵线搭桥，组织企业参加各类专利技术博览会、专利技术洽谈会等。深入企业解难答疑，及时解决专利申请、专利保护和专利实施中遇到的问题。开展专利实施状况调查，历时三个月走访企业155家，调查实施专利项目810项。落实专利资助政策，全年资助专利申请376件，其中发明专利33件，实用新型201件，外观设计142件，支付资助金21.7万元。资助专利实施项目11项，支付资助金50万元，争取山东省知识产权局资助专利实施项目1项，到位资助金16万元。全年共组织100多家企业的110个专利项目分别参加在昆明举办的中国国际专利与名牌博览会，在曲阜举办的“第四届中国专利高新技术产品博览会”和在厦门举办的“第十四届全国发明展览会”，签订意向合同40多项，合同交易额800多万元。培育中国专利山东明星企业17家。青州卷烟厂“梗签在线成丝机”专利项目获第七届山东省专利金奖；昌乐机械总厂有限公司“双级真空硬塑挤出机”、刘希山“中药提速器”、单既建“一种型煤返烧炉”、山东同大纺织机械有限公司“细纱机器皮圈牵伸机构”专利项目获第七届山东省专利创新奖。

2004年，加强对专利明星企业实施专利战略的指导，帮助企业建立和完善专利管理工作制度，筛选部分优秀专利项目，经专家评审、实地考察后给予扶持，促进专利技术实施。组织6个优秀专利项目参加在青岛举办的第二届中国国际专利与名牌博览会，坊子区“消烟除尘脱硫净化器”项目荣获金奖。组织企业参加由国家知识局和山东省政府在曲阜联合举办的“中国专利与新技术博览会”。编辑印发《专利之星》一书，全面介绍专利明星企业开展专利工作的经验。2004年度对128家企业进行统计，其中高新技术企业、民营科技企业和专利明星企业共118家，占总数的92%。此128家企业，实施专利技术883项，创产值1123898万元、利税82523万元、创外汇22748.5万美元；签订专利（申请）合同41项，成交额4688万元。

2005年，先后召开潍坊市发明协会成员会议、潍坊市优秀发明人和创新工作者座谈会，召集企业管理者征求意见和建议，相互交流，互相学习。6月23日，在寿光举行28家“中国专利·山东明星企业”授牌、揭牌仪式。8月3日，推荐昌乐县、坊子区、山东豪迈机械科技有限公司、山东盛宏医药科技有限公司为山东省知识产权试点单位。9月12—15日，第十五届全国发明展览会在北京开展，市知识产权局组织诸城、昌乐、奎文18家企业36个优秀专利项目参展，其中部分项目成为展览会亮点。11月9日，昌乐县、坊子区被确定为全省第一批知识产权工作县市区级试点市，山东豪迈机械科技有限公司被确定为全省第一批知识产权工作试点企业。

2006年，全市规模以上企业实施专利的有550家，实施专利项目2605个，专利产品销售收入达325亿元，创利税31.33亿元，创汇11.67亿美元。树立“依靠知识产权腾飞的企业”10家，新培育“中国专利山东明星企业”25家，全市“中国专利山东明星企业”94家，位居山东省第一位。7月，潍坊市作为国家知识产权试点城市独立组团参加第三届中国国际专利与名牌博览会，组织全市30家企业37项专利与名牌产品参展，通过宣传、洽谈，达成技术合作意向20多项，签定技术转让合同2项，合同金额1000多万元，有4个项目获金奖。寿光市的山东仙霞集团在博览会上被评为“中国专利优秀企业”，寿光市知识产权局被授予“中国国际专利与名牌博览会最佳组团奖”。12月31日，山东省首届“发明创业奖”评选，潍坊华特磁电设备有限公司王兆连、潍坊扬帆机械有限公司刘晓华获山东省首届“发明创业奖”特等奖（山东当代发明家）；山东鸿泰建设集团有限公司刘俊喜、安丘市科技开发中心刘建华、潍坊市大元实业有限公司季元升、潍坊中云机器有限公司张其智、潍坊蓝盾电子机械有限公司张发胜、山东日科化学有限公司赵东日、山东华元建设集团刘季林、山东省潍坊市坊子区方莹建筑节能研究所刘志伟、潍坊鸿旺工贸有限公司王效华、潍坊海特塑料有限公司周晓辉、山东华明建设科技有限公司吕泽明、潍坊市寒亭区如意器具厂李成蛟等12人获山东省首届“发明创业奖”优秀奖；潍坊红阳药业有限公司林海、潍坊富源增压器有限公司徐作森、潍坊市潍微科技有限公司潘柯等23人获山东省首届“发明创业奖”提名奖。

2007年5月8日，全市有北新集团山东潍坊建筑陶瓷厂、山东板桥酒业有限公司、福田雷沃国际重工股份有限公司、昌乐县电器设备总厂、得利斯集团有限公司等69家“中国专利山东明星企业”称号予以保留；有寿光金鹏玩具有限公司、山东山工机械有限公司、山东双鑫实业有限公司、潍坊塑料建材有限公司、山东兴创纸业集团有限公司5家予以撤销；新认定潍坊共达电讯有限公司、山东日科新材料有限公司、潍坊歌尔电子有限公司、潍坊华光通讯有限公司、山东山海玻璃制品有限公司等25家。

2008年8月，市知识产权局与市经济贸易委员会联合开展“潍坊市依靠专利腾飞示范企业”评选活动，山东华特磁电科技股份有限公司、山东豪迈机械科技股份有限公司、福田雷沃重工股份有限公司、歌尔声学股份有限公司等10家企业获“潍坊市依靠专利腾飞示范企业”称号。全市4184家规模以上工业企业中，有1718家企业设立知识产权管理部门，占规模以上工业企业的41%。12月17日，山东省科学技术厅、山东省知识产权局对“中国专利山东明星企业”进行复查和认定，潍坊市有84家“中国专利山东明星企业”称号予以保留，10家予以撤销，新认定39家。

2009年，新培育“中国专利山东明星企业”39家，全市专利明星企业达123家，居全省首位。市政府印发《关于加强重大经济活动知识产权审查工作的通知》，发挥知识产权制度在推动经济增长和社会发展中的作用，避免因知识产权问题导致重大经济损失，实现知识产权工作与经济社会发展有机结合。

2010年，全市拥有全国企事业知识产权试点示范创建单位2个、省知识产权试点企业3家，拥有“中国专利山东明星企业”146家。省知识产权局批准山东省光电产业知识产权信息平台由潍坊市立项筹建。4月25日，建立潍坊市企业知识产权联络员制度。12月28日，公布第一批“潍坊市知识产权试点示范企业”，确定山东海龙股份有限公司等7家企业为试点企业，潍柴动力股份有限公司等7家企业为示范企业。高密豪迈机械科技股份有限公司被评为“全国企事业知识产权试点单位”；福田雷沃重工获批“全国企事业知识产权示范创建单位”。山东华元建设集团和山东华特磁电有限公司进入“山东省企事业单位专利创造能力培育单位”。

2011年，开展第二批企业知识产权试点示范工作，评选出具有典型带动作用的市级知识产权试点示范企业17家；昌乐县、坊子区完成省知识产权示范单位复查；凤凰山高新技术园区被评定为省知识产权园区。2011年底，全市共拥有市级以上知识产权试点示范单位40个，试点园区2个，中国专利山东明星企业146家。12月27日，公布第二批“潍坊市知识产权试点示范企业”，确定山东华特磁电科技股份有限公司等5家企业为潍坊市知识产权示范企业，确定潍坊华光精工设备有限公司等12家企业为潍坊市知识产权试点企业。

2012年，华特磁电有限公司低温超导强磁除铁器专利项目获第十四届中国专利优秀奖。新培育“中国专利山东明星企业”60家，累计培育163家。新获山东省专利一等奖1项，二等奖2项，三等奖7项。市政府设立“专利奖”，并开展首届专利奖评选工作，共有18个项目获奖，其中一等奖3项、二等奖5项、三等奖10项。12月20日，公布第三批“潍坊市知识产权试点示范企业”，确定潍坊华光精工设备有限公司等10家企业为潍坊市知识产权示范企业；确定山东惠发食品有限公司等10家企业为潍坊市知识产权试点企业。

国家级试点示范城市创建

1992年2月1日，国家专利局批复同意潍坊市作为“首批全国专利工作试点城市”。2004年，潍坊市被国家知识产权局确定为“国家知识产权试点城市”。2006年12月，潍坊市通过国家知识产权局试点城市考察组的综合评定验收。2007年6月15日，潍坊市被国家知识产权局确定为国家知识产权示范城市创建市。12月31日成立市创建国家知识产权示范城市工作领导小组，加大宣传力度，强化专利执法，深入企事业单位服务，完善信息平台，加大资金扶持和奖励力度，提高企业和广大发明人发明创造和申请专利的积极性，全社会知识产权意识普遍提高，创新能力明显增强，专利申请量和授权量较快增长。2008年12月25日，市政府特邀国家知识产权局专利管理司司长马维野作实施知识产权战略辅导报告。12月30日，市政府召开市知识产权工作领导小组第二次全体会议，确定并分工落实国家知识产权示范城市创建任务目标。2009年3月13日，市政府召开全市知识产权工作暨创建国家知识产权工作示范城市调度会议。5月25日，第20次市政府常务会议研究全市创建国家知识产权示范城市有关问题。8月25日，国家知识产权示范城市评定专家组对潍坊市示范创建工作进行验收考核。11月17日，潍坊市被授予“国家知识产权工作示范城市”称号。

2012年10月16日，潍坊市获批“国家知识产权质押融资试点城市”。

第四节　知识产权保护与维权

专利行政执法

潍坊市专利行政执法工作起始于1992年，设有专利纠纷审理厅、专职执法科室，配有执法车辆、执法设备和执法人员，县市区配有专利行政执法人员，全市统一执法服装。1992年，围绕“全国专利工作试点城市”工作，加强知识产权法律知识宣传培训，召开各县市区、市直各有关部门和大中型企业负责人参加的专门会议，及时编印有关知识产权宣传材料和关于保护知识产权谅解备忘录、潍坊专利工作文件汇编2000多册，组织发动各企事业单位领导和工程技术人员近700名，参加省专利局委托举办的知识产权函授班，提高知识产权保护意识。

1994年，市人大常委会以及市科委、市专利局负责人多次作专利报告并在广播电台现场解答知识产权保护问题。全市共向报纸、广播电台、电视台投稿190多篇，采用130多篇。全市受理专利纠纷案件11件，查处假冒专利行为3件，维护专利人合法权益。

1995年2月，坊子区设立专利管理局，全市县市区专利管理机构达11个。全市共查处假冒专利行为10件，受理专利纠纷案件7起。1996年，潍坊市、县两级专利管理机关进一步加强专利管理和执法工作。贯彻《中华人民共和国行政处罚办法》，对专利行政执法主体资格、处罚程序、决定执行等问题做具体规定，全市专利行政执法步入正轨。全年共查处假冒专利行为210多件，处理专利纠纷案件20多件，为专利权人挽回损失200多万元。

1997年，潍坊市专利管理局成立“案件审理委员会”，制定《贯彻行政处罚法的实施意见》《专利纠纷处理规程》《专利合同认定规则》等规范性文件，并制发有关法律文书表格；修订《执法责任制实施方案》；组织4次法律知识考试；选派部分业务骨干参加国家、省、市行政执法业务培训。全年审结专利纠纷案35件，结案率和无差错率均达100%。8—9月，市、县两级专利管理机关开展“专利执法月”活动，对辖区内商品流通领域假冒专利行为进行集中查处，共检查带有专利标记商品1036种，其中有假冒行为商品255种。为防止假冒专利商品进入市场，市、县两级专利管理机构建起专利产品计算机检索网络，首批18家商业企业入网，27家商店获“经销专利产品信得过单位”称号。

1998年5月，潍坊市人大常委会派出检查组，对全市专利执法情况进行全面检查。组织执法人员资格考试，在全市范围内开展查处假冒专利行为活动，到年底，全市共查处假冒专利行为300多件。在《山东省专利保护条例》实施后，受理各种专利纠纷案件9件，结案7件，为专利权人挽回经济损失200多万元。

1999年，全市开展严肃查处假冒专利行为专项活动，检查商业流通领域带有专利标记产品2264种，其中假冒专利行为产品543种，约占24%；查处生产领域假冒专利行为13件。全年受理各种专利纠纷案件17件，结案15件，结案率达88%。检查广告媒体单位44家，查验有关专利及专利产品广告38件，其中涉嫌假冒专利行为6件。2000年，全年共受理各类专利纠纷案件14件，处理结案11件，结案率达80%。全年检查26家商业企业，检查出带有专利标记产品468个，其中涉嫌有假冒专利行为产品104个，立案查处22件，结案16件。

2001年，市知识产权局配备执法车，统一执法服装，设案件审理庭，成立专利案件审理委员会，增加执法人员，执法科室增至2个，直接从事执法干部增加至10人。全年处理专利案件22件，在商业流通领域检查带有专利标记商品1648个，查处假冒专利行为386件，依法立案处罚268件，当年结案208件，罚款入库31万元。2002年，全年共检查标有专利标记产品1268个，查处假冒专利行为立案361件；处理专利纠纷30件，有效地保护专利权人的合法权益。

2003年4月20—25日，市知识产权局派出专业人员，进驻鲁台经贸洽谈会，现场受理专利权人和消费者咨询、举报和投诉。同时，指导寿光市知识产权局派出专业人员进驻菜博会现场提供法律服务。全年查处假冒专利行为207件，处理专利侵权纠纷案24件。

2004年，受理专利侵权纠纷案件30件，结案24件。对流通企业上报1428种标有专利标记产品给予免费检索，对36家商业企业3200多种标有专利标记产品进行监督检查，查处假冒专利行为122件。市知识产权局与市公安局联合成立打击侵犯知识产权违法犯罪领导小组，印发《打击侵犯知识产权违法犯罪办公室职责及相关制度》等文件。2005年，共受理专利侵权纠纷案件34件，结案30件，结案率达88%，与市工商局、公安局联合办理专利侵权案件2件。共检查商业企业38家，检查带有专利标记产品2320种，对涉嫌假冒专利行为立案查处171件。在“保护知识产权专项行动”中共出动执法人员432人次，检查大型商场、批发市场76个，检查带有专利标记产品5630件，查处假冒专利行为296件。

2006年，市知识产权局开展以专利为核心的知识产权专项保护行动，联合工商、版权等部门定期开展打击知识产权侵权行为，检查商场34处、医院6家，检查标有专利标记商品、药品1891个，立案88起，对情节严重的假冒专利行为下达处罚决定8起。共受理专利侵权纠纷立案38起，结案37起。在全省率先制定完善《潍坊市专利纠纷调处工作规程》和《潍坊市查处假冒冒充专利行为规范》，执法人员日常执法有章可循。6月底，省知识产权局在潍坊市召开全省专利行政执法工作会议，市知识产权局做经验介绍，并被评为全省专利行政执法工作先进单位。

2007年，市知识产权局会同工商、版权、公安等部门形成执法合力，联合县市区知识产权主管部门，有效遏制和打击知识产权领域违法行为，保护知识产权所有人合法权益。共调查处理专利纠纷案件40起，结案36起，结案率达90%。检查带有专利标记产品2569件，立案81件，结案81件。与县市区联合执法80次，出动执法人员500多人次，被国家知识产权局授予“全国知识产权执法先进集体”称号。

2008年，市知识产权局充分发挥知识产权工作领导小组作用，会同工商、版权、公安、法院等部门制定联合执法行动机制和方案，结合国家知识产权局部署的“雷雨”“天网”等专项行动，有效遏制和打击违法行为。全年共受理专利侵权纠纷案件55件，结案50件，结案率达90%以上。共检查带有专利标记产品2800余件，查处违法行为案件29件，结案率100%。

2009年1月，国家知识产权局批准潍坊设立中国（潍坊）知识产权维权援助中心。市知识产权局开通并启用知识产权维权援助公益服务热线“12330”，涉及知识产权保护的各执法单位加强联系协作，建立健全“横向互动、上下联动”专利行政执法机制。全市共调处专利纠纷案件39件，出动执法人员500多人次，检查带有专利标记产品2600余件，查处假冒专利行为案件2件，接受和移送外地案件2件。市知识产权局获2009年度“全国知识产权部门和公安机关知识产权执法保护先进单位”称号。2010年，全市调处专利纠纷案件42件，查处专利违法行为8件，有效净化和规范市场环境。2011年，开展专项检查127次，出动执法人员3500余人次，检查带有专利标记商品5700余件，对183种商品下达整改通知书，受理专利纠纷案件52件，查处假冒专利行为案件234件。

2012年，针对医药、食品、家电等商品流通领域开展专项检查，查处假冒专利行为案件68件，受理专利纠纷案件23件。鲁台经贸洽谈会暨海峡两岸食品博览会期间，组织专利执法人员进驻展会，开展专利执法和知识产权维权宣传咨询活动。修订《潍坊市专利执法规程》，统一配备执法服装和执法车辆，专利行政执法更加规范、更具影响力。

知识产权维权援助

潍坊知识产权维权援助中心于2009年1月由国家知识产权局批准成立，同年4月开通5部“12330”知识产权举报投诉热线电话，维权援助工作全面展开。2011年，投资70万元，自主集成开发建设线上线下一体化“中国（潍坊）12330知识产权举报投诉与维权援助综合服务平台”和120多平方米服务大厅，支持有条件县市区建立分中心和分平台，全方位开展知识产权举报投诉与维权服务工作。

2009年至2012年12月，维权援助中心通过平台网络、“12330”电话系统和面访等方式，受理举报投诉案件115件，解答维权援助、知识产权信息与法律法规等咨询2600多人次，网上移交转办专利等知识产权案件115件，提供维权援助专利信息和法律状态检索报告180多件，跨地区跨中心受理、转交知识产权投诉案件18件。受县市区知识产权局、驻潍院校和企业委托，分期分批举办知识产权保护和专利信息利用培训班23期，累计培训人员3100多人次，“12330”呼入总量达5700多人次。与工商行政管理部门、电子商务管理部门、电子商务园区和网络经营管理部门建立协作机制，对审批备案的电商企业网店定期汇总，实现信息共享；由维权援助中心与电商企业签订网络专利产品监管服务协议，建立专利产品上网前检索报送登记制度，并免费为其提供专利产品信息检索和分管人员专利知识培训。奎文、安丘、诸城、寒亭设立知识产权维权援助和举报投诉分中心。

第五节　知识产权宣传与培训

1991年，潍坊市专利管理局组织举办首次“山东省企业厂长（经理）及专利工作者潍坊函授班”；组织有5000余人参加的专利工作试点城市专利法考试。1992年，市专利管理局举办山东省知识产权培训班潍坊函授班。1996年，分别举办两期知识产权暨专利保护研讨会，全市12个县市区和市直有关单位140多人参加学习和研讨。1997年7月，安丘市供销联社与安丘市专利管理局联合举办供销系统专利知识培训班，社属各商厦及13家工业企业、32个基层社87人参加培训。1999年，市专利管理局先后派员到临朐、安丘、奎文等县市区开展专利知识讲座，参加培训人员达1000余人。市专利事务所与省专利信息网顺利联网，全年为各单位提供专利信息2000多条。

2000年，市专利管理局与新闻媒体全面合作，在全国有关报刊上撰文发表宣传稿件17篇；与潍坊电视台联合制作一期《法制与经纬》节目，利用专利纠纷处理案例，宣传专利保护工作。在“3·15”集中查处冒充专利行为活动中，邀请潍坊有线电视台和《潍坊晚报》记者跟踪报道。全年编印《专利工作简报》15期。创办《潍坊专利》，增加专利信息量，面向全市厂长、经理和基层领导宣传专利知识和专利制度。市专利管理局派出专人，在北汽集团、动力机械厂、造锁集团公司及部分县市区企业举办知识产权法律知识讲座。6月，联合有关部门举办全市厂长、经理知识产权法律知识函授班，有475人参加函授培训。2001年，潍坊电视台播出专利工作新闻和专题节目14次，报纸刊登相关文章20余篇。印发《给全市厂长经理的一封信》《给全市中小学生的一封信》，印发《潍坊专利》5期，“3·15”期间上街发放宣传材料1万份，专利产品展示会期间印发宣传材料4万份，提供法律咨询1.2万多人次。全年举办专利、知识产权培训班36期，培训人员达6100余人次。2002年，潍坊电视台、《潍坊日报》等新闻媒体记者，多次就专利工作对市知识产权局进行专访，“3·15”消费者权益日、“4·26”世界知识产权日，“5·18”科技宣传周等活动期间，发放介绍专利知识宣传材料2万余份。青州市知识产权局与《青州日报》共同举办知识产权知识竞赛，市知识产权局与青州卷烟厂联合举办“八喜杯”专利知识有奖竞赛，收到很好宣传效果。

2003年，召开全市专利工作会议，举行中国专利山东明星企业揭牌授牌仪式等，邀请专家讲授专利知识，近600名各级领导、厂长经理和发明人、设计人参加学习培训。2004年，市知识产权局向全市企业单位发出致厂长、经理的一封信，着重就专利工作的重要性及如何保护好自己的知识产权，特别是就如何解决专利纠纷方面的相关知识进行宣传、引导。并借助新闻媒体进行宣传，与《潍坊晚报》联合开办《以案说法》专栏，对近年专利纠纷中的10个典型案例进行宣传报道。在“3·15”消费者权益日和“4·26”世界知识产权日期间，组织大规模的专利法律知识宣传和专利执法活动，印发《知识产权法规》等一系列宣传材料，分赠企事业单位和一些发明人。组织开展多层次、多形式的专利培训教育活动，培训人员达800多人。2005年4月25日，市委宣传部、市知识产权办公会议办公室联合召开“潍坊市知识产权保护新闻发布会”，发布全市有关专利、商标、版权等方面的知识产权保护状况，市各大新闻媒体派记者参加并作详细报道。2006年4月20—26日，市知识产权局在全市范围内开展“2006年知识产权宣传周”活动，活动主题为“实施知识产权带动，建设创新型省份”。2007年4月20—26日，市知识产权局在全市范围内开展“2007年知识产权宣传周”活动，活动主题为“实施知识产权战略，促进创新发展”。9月16—18日，市知识产权局在坊子区举办全市知识产权系统全体干部业务培训班，主要就专利行政执法、专利申请资助政策说明、县域知识产权工作思路及专利文献检索基本知识进行系统培训。

2008年4月20—26日，市知识产权局举办纪念“4·26”世界知识产权日宣传周广场宣传活动，并在全市范围内开展2008年“保护知识产权宣传周”活动，活动主题为“保护知识产权，促进创新发展”；9月22—27日，在诸城市举办全市知识产权系统专利行政执法人员培训班，主要对《中华人民共和国专利法》及实施细则、

《国家知识产权战略纲要》、专利行政执法等进行培训；11月18—22日，“2008·第二届中国专利周”期间，市知识产权局举办“全市知识产权管理人员培训班”，具体培训内容为知识产权保护与经济发展、专利管理与专利战略、专利文献信息利用及企业专利管理与专利战略研究。12月25日，市政府举办国家知识产权战略专题报告会，邀请国家知识产权局专利管理司司长马维野作“国家知识产权战略”专题报告。2009年4月24日，为庆祝“4·26”第九个世界知识产权日，市知识产权局、市工商局联合在市政府前广场举办“保护知识产权，促进创新发展”万人签名活动。2010年4月20—26日，潍坊市知识产权局举办“潍坊市知识产权宣传周”活动，主题为“创造·保护·发展”，组织全市专利明星企业和高新技术企业在人民广场举行大型户外宣传活动，以市政府名义举办领导干部知识产权培训班，市局与各县市区知识产权局联合开展专利执法活动，与高新技术开发区知识产权局联合举办“歌尔杯”知识产权知识大赛、知识产权有奖征文活动，开展知识产权进校园等活动。2010年11月7—13日，第四届中国专利周活动主题为“运用专利制度，推动发展方式转变，促进创新型城市建设，”在风筝广场举行知识产权宣传咨询活动，并在高新区创业中心举办知识产权业务培训班。2011年4月20—26日，“4·26”世界知识产权日期间，潍坊市知识产权局在驻潍各高校举办专利知识讲座，培育大学生的知识产权意识；与《潍坊晚报》联合举办潍坊动力专题报道，通过报道知识产权典型事例，展现知识产权在企业发展中的作用，对存在的不足进行深度剖析；联合各县市区开展打击侵犯知识产权和制售假冒伪劣商品专项行动；联合潍坊电视台《聚焦》栏目组，对全市知识产权优势企业进行宣传报道；9月8日，市知识产权局在高新区举办潍坊市企业知识产权培训班，培训内容“企业知识产权管理、企业专利信息利用”，培训对象为专利明显企业负责人、企业知识产权联络员等；11月9—15日，举办潍坊市2011年专利周活动，主题是“实施专利战略、推动创新发展”。

2012年4月20—26日，组织全市知识产权宣传周活动，主题为“培育知识产权文化，推动创新潍坊建设”。宣传周期间，组织全市专利明星企业和高新技术企业举行大型户外宣传活动，以展板、实物、现场介绍、操作演示、发放宣传材料等形式，向公众展示企业自主知识产权成果；潍坊电视台、《潍坊日报》《潍坊晚报》等主流媒体重点宣传知识产权重大决策部署、工作措施、取得的成效及知识产权助推经济转型促进社会发展典型事例，突出知识产权工作在创新潍坊建设中的支撑作用；开展知识产权宣传进机关、进企业、进学校、进社区、进家庭活动；以潍坊知识产权综合服务平台为依托，分期分批举办高新技术企业专利信息利用培训班；组织开展知识产权专项执法活动，联合县市区组织开展专项执法检查工作，打击侵犯知识产权和制售假冒伪劣商品行为，开展展会知识产权保护行动。8月24日，举办“潍坊市专利代理人资格考试考前指导班”。11月29日—12月5日，市知识产权局举办潍坊市2012年专利周活动，主题为“专利保护创新、智慧改变生活”。

第六节　知识产权信息服务与平台建设

2006年，围绕创建知识产权试点示范城市工作，积极搭建服务功能完善、数据库齐全、设备先进、线上线下一体化知识产权信息化服务中外专利数据库综合公共服务平台。依托平台设施、服务功能和数据库，为政府、企事业单位、广大发明人和社会公众，提供专利利用人才培训、专利信息检索分析等全方位多功能服务。潍坊知识产权信息综合服务平台，由潍坊市知识产权局自主集成设计开发，会同潍坊高新技术开发区管委会与国家知识产权出版社联合建设，配备有国家知识产权出版社开发的中外全领域专利数据库系统，是具备国家级专利信息服务功能的综合性平台。专利数据库包括“九国两组织”（中、美、英、日、德、法、瑞士、俄、韩；世界知识产权组织、欧专局）专利数据在内的200多个国家和港澳台地区，近9000余万条。同时结合潍坊实际，增设汽车、电子信息、石油化工、装备制造、轻工业、医药制造、生物化工、海洋产业、绿色技术等九大行业专题专利数据库。平台集专利检索、分析预警、产业导航、在线翻译、评估交易、“12330”网上呼叫服务、举报投诉与维权援助、网上远程培训、多部门联动协同等多种服务功能为一体，可以及时为社会各界特别是全市高新技术企业创新发展和新兴产业导航提供有力服务支撑。

2006年11月2日，国家知识产权局批准设立“中国（潍坊）农业机械装备业知识产权信息中心”，配备中外农业机械装备业专利专题数据库平台。2010年11月26日，省知识产权局批准在潍坊市建设“山东省知识产权信息服务平台潍坊分平台”。2011年6月，市知识产权局会同潍坊高新区光电产业园，整合优势资源，共同搭建“潍坊光电产业专利数据库服务平台”“潍坊知识产权信息综合服务平台”，并设立“潍坊市知识产权信息综合服务平台中心”。与全市15个县市区、开发区知识产权管理部门和部分企业建立联网服务，为200多家企业提供行业专利信息预警分析，免费为社会公众和企事业单位提供专利信息检索、咨询，开展知识产权系统和企业专利信息利用培训，全年培训人员2600人次。2012年11月29日，潍坊市知识产权局、潍坊高新技术开发区与国家知识产权出版社三方共同签订“专利信息应用与服务战略合作”协议，依托国家知识产权局优势信息资源，积极打造技术领先、数据库全面、服务功能完善的知识产权信息综合服务平台，为建成国家级信息综合服务平台奠定坚实基础。

2009—2012年，分期分批组织举办企业、科研机构专利信息利用实战培训班36期，培训企业技术研发人员3600多人次；发布机械、电子、化工、农业种植新技术和新机具行业前沿专利预警信息86个；提供企业新产品研发立项行业前沿专利信息分析报告139份；帮助社会公众、企事业单位和科研机构检索专利信息1.93万多件（次）；受理解答各类知识产权法律知识咨询3.15万多人次。

第七章　防震减灾

潍坊市位居中国东部最大断裂带——郯庐强震带和诸城至惠民中强地震带上，具有发生破坏性地震的地质构造背景，历史上曾发生过多次破坏性地震。潍坊市重视防震减灾工作，围绕预防，积极应对，主动作为，全力抓好地震监测预报、震害预防和应急救援等基层基础工作。1991—2012年，在防震减灾工作考核中，潍坊市一直位居全国、全省前列。

第一节　地震监测预报

地震监测

1990年5月，潍坊市地震局成立，由潍坊市地震办公室与潍坊地震监测中心台合署办公。

潍坊地震监测中心台，1988年8月建成井下摆测震观测，与1990年10月建成的云门山测震无线传输子台及1991年9月建成的沂山测震无线传输子台共同组成潍坊测震遥测台网。2002年6月，潍坊市数字化震情会商系统建成。2005年8月，潍坊中心台井下摆测震数字化改造，并建成强震观测。2007年6月，建成接收15个测震台站数据的全省首个市级虚拟地震台网。2008年5月，地震监测台网实施升级改造，实时接收潍坊及其他市共40个测震台站监测数据。2012年1月，潍坊市地震宏观观测视频监控平台建成投入使用，实现台站、地震现场与台网中心及应急指挥中心实时信息传输。

安丘地震台。1993年由常家庄搬迁至金冢子镇冯家坊子村村西。1994年12月，安装TJ-1型体积式应变仪。1998年6月，ZD9A大地电场和地震电磁辐射观测仪投入观测。1998年9月，安装MDC断层测量仪。2001年4月，安装TJ-2c型体积式应变仪。2005年，安装强震观测仪器。2006年10月，安装数字化测震仪和FHD质子磁力仪。

昌邑地震台。1998年8月，鲁02井优化改造，安装数字水位、水温仪。2010年5月—2011年7月，昌邑地震台新建606平方米办公楼。2011年7月，昌邑台深井摆测震观测投入使用。

滨海地震台。1992年11月，海化地震台（现滨海地震台）建成井下摆测震观测。2006年9月，新打303.35米井，2007年1月安装数字化测震和强震设备。

峡山水库强震台。2005年10月投入观测。2005年11月，诸城昌城井建成观测房，安装水位、水温观测仪；2006年11月，增加中国地震局地壳所设备进行水位、水温对比观测。临朐上林强震台，2006年6月投入观测。

临朐鞍达山台微震观测及贾悦、稻田、柳疃强震观测于2006年9月开始运行。

2006年7—10月，高密地震台完成基建施工，2008年6月，实现微震和强震观测。2008年5月，诸城巴山台、安丘五龙山台微震投入观测。2008年10月—2009年3月，昌邑GNSS基准站完成建设。2011年1月，寒亭地震台建成微震和强震观测。2011年8月，昌乐首阳山台建成微震和强震观测。2011年3—10月，留山地震台完成基建施工。

监测预报科研

1991年后，随着计算机应用和测震、前兆分析软件普及，逐步开展测震资料和前兆资料的科学系统分析，形成比较完善的地震趋势研究报告等成果。1998年5月，《1995—1998年度震情会商会报告》获山东省地震局科技进步三等奖。2001年6月，《前兆数据报送》获山东省地震局科技进步奖三等奖。2002年6月，潍坊市地震局制定震情会商工作制度，明确市、县震情会商工作程序、内容和要求。2003年4月，《潍坊市地震局数字化震情会商系统》获山东省地震局防震减灾优秀成果奖二等奖。监测预报中心获2006年度全国地震监测预报工作优秀集体。2007年5月，《潍坊地震趋势研究报告（2002—2006）》获山东省地震局防震减灾优秀成果奖三等奖。2008年，《中科光大地下流体观测系统观测数据图形显示软件开发》获山东省地震局防震减灾优秀成果奖三等奖。2011年6月，《交直流二次隔离防雷直流电源系统开发》获山东省地震局防震减灾优秀成果奖二等奖。2011年10月，《潍坊市地震构造图（1：10万）研究与编制》获潍坊市科学技术进步奖二等奖。

地震活动

1991—2012年，潍坊市行政区内共发生2级以上地震61次，其中3级以上7次。

1991—2012年潍坊市ML2.0级以上地震统计表

表25—7—1

序号	发震时刻					震中位置			震级（ML）
	年	月	日	时	分	纬度	经度	地点	
1	1991	05	23	16	54	36° 03′	119° 33′	诸城	2.2
2	1992	03	07	23	07	36° 54′	118° 39′	寿光	2.6
3	1992	10	27	12	00	36° 26′	118° 45′	临朐	2.4
4	1995	07	04	13	28	36° 22′	118° 58′	昌乐	2.4
5	1995	12	02	19	02	36° 07′	119° 33′	诸城	2.1
6	1996	02	10	10	45	36° 20′	118° 46′	临朐	2.2
7	1996	05	21	04	02	36° 27′	118° 33′	临朐	2.2
8	1996	07	05	03	16	36° 01′	119° 03′	诸城	2.6
9	1996	08	07	17	34	36° 00′	119° 15′	诸城	2.0
10	1996	08	16	09	23	36° 22′	118° 45′	临朐	2.4
11	1996	09	04	09	00	36° 30′	118° 37′	临朐	2.3
12	1996	09	09	04	49	37° 02′	119° 24′	昌邑	2.3
13	1996	10	15	00	33	36° 07′	119° 07′	诸城	3.0
14	1997	06	16	17	06	36° 25′	118° 54′	昌乐	2.3
15	1997	07	22	10	37	36° 23′	118° 54′	昌乐	2.4
16	1997	07	22	13	50	36° 23′	118° 54′	昌乐	2.3
17	1997	07	24	22	37	36° 23′	118° 54′	昌乐	2.3
18	1997	07	25	00	48	36° 22′	118° 54′	昌乐	2.4
19	1997	11	03	07	02	36° 10′	119° 09′	安丘	3.4
20	1997	12	20	04	34	36° 16′	119° 33′	高密	3.7
21	1998	08	24	02	38	36° 14′	119° 18′	安丘	2.5
22	1999	11	20	08	34	36° 12′	119° 00′	安丘	3.2

续表25-7-1

序号	发震时刻					震中位置			震级(ML)
	年	月	日	时	分	纬度	经度	地点	
23	2000	05	11	06	24	36° 15′	118° 33′	临朐	2.5
24	2001	04	15	04	58	36° 48′	119° 03′	潍坊	2.5
25	2001	07	30	12	27	36° 08′	119° 22′	诸城	2.5
26	2001	08	10	01	01	36° 17′	119° 03′	安丘	2.4
27	2001	10	24	05	01	36° 15′	118° 33′	临朐	2.2
28	2002	01	19	01	39	36° 27′	118° 16′	青州	2.0
29	2002	12	24	23	08	36° 45′	118° 52′	昌乐	2.4
30	2003	04	01	06	24	36° 08′	119° 16′	诸城	3.0
31	2003	04	01	06	25	35° 59′	119° 24′	诸城	2.3
32	2004	01	06	17	07	37° 00′	119° 07′	潍坊	2.2
33	2004	06	29	08	30	36° 30′	119° 43′	高密	2.9
34	2004	08	24	21	18	36° 44′	118° 52′	昌乐	2.2
35	2004	09	29	14	02	36° 49′	118° 28′	青州	2.4
36	2005	01	21	10	24	36° 09′	119° 24′	诸城	3.1
37	2005	04	02	05	42	36° 37′	118° 54′	昌乐	2.7
38	2005	04	30	19	42	36° 48′	118° 52′	寿光	2.2
39	2005	05	27	20	07	36° 49′	118° 52′	寿光	2.3
40	2005	10	25	18	32	36° 52′	118° 46′	寿光	2.4
41	2006	02	09	19	40	36° 05′	119° 18′	诸城	2.7
42	2006	04	14	19	08	36° 44′	118° 24′	青州	2.4
43	2006	04	25	23	53	36° 38′	118° 16′	青州	2.8
44	2006	05	04	23	01	36° 46′	118° 48′	寿光	2.5
45	2006	07	17	07	26	36° 42′	118° 24′	青州	2.3
46	2007	07	09	08	28	36° 24′	118° 22′	临朐	2.8
47	2007	07	30	17	00	36° 32′	118° 33′	临朐	2.2
48	2007	08	02	16	17	36° 58′	119° 33′	昌邑	3.7
49	2007	10	03	04	45	36° 04′	119° 24′	诸城	2.2
50	2007	10	10	06	34	36° 42′	118° 19′	青州	3.1
51	2007	12	10	22	37	36° 40′	118° 52′	昌乐	2.8

续表25-7-1

序号	发震时刻					震中位置			震级(ML)
	年	月	日	时	分	纬度	经度	地点	
52	2008	01	07	13	37	36° 40′	118° 54′	昌乐	2.1
53	2008	04	03	00	38	36° 53′	119° 01′	潍坊	2.3
54	2008	04	12	12	46	36° 42′	118° 16′	青州	2.5
55	2008	05	12	06	42	36° 39′	119° 22′	潍坊	2.0
56	2008	09	04	16	41	36° 04′	119° 25′	诸城	2.2
57	2010	11	05	12	59	36° 00′	119° 16′	诸城	2.0
58	2011	05	20	18	32	36° 13′	118° 55′	安丘	3.6
59	2011	06	17	22	14	36° 14′	118° 57′	安丘	2.2
60	2012	03	24	02	26	36° 45′	118° 18′	青州	2.0
61	2012	06	09	17	03	36° 38′	118° 14′	青州	2.1

说明：统计表数据来源为山东省地震局所提供地震目录

第二节　震害防御

工程抗震设防管理

2003年，市政府将地震行政审批事项纳入市级行政审批服务中心，并将市地震局纳入城市规划委员会成员单位。7月，潍坊市设立公共行政服务中心，市地震局为全市第一批进驻中心窗口单位，地震行政审批纳入基本建设管理程序，建设项目地震审批意见作为项目立项前置要件之一。各县市区地震局陆续在当地政务服务中心设立窗口，开展地震行政审批服务，全市办理各类地震行政审批服务事项近万件。2009年5月1日新修订的《中华人民共和国防震减灾法》和2010年12月1日新修订的《山东省防震减灾条例》施行后，学校、医院、幼儿园等人员密集场所建设工程抗震设防要求按提高一档确定。2012年11月，潍坊市地震局及奎文、潍城、青州、诸城、寿光、昌邑、昌乐、临朐9个地震行政审批服务窗口被省地震局命名为“山东省地震行政审批服务红旗窗口”。

地震安全性评价

1991年，为增强建设工程抗御地震灾害能力，潍坊市开始工程地震工作。1992年，市政府印发《潍坊市工程地震工作管理暂行规定》，要求所有工程项目，在可行性研究、编制初步设计前期工作中，建设单位或筹建机构应向地震部门提出申请，由市地震局提交工程场址地震安全性评价报告，以此作为可行性研究报告的附件和设计部门的依据。1998年3月1日《中华人民共和国防震减灾法》、1999年10月25日《山东省防震减灾条例》颁布实施，全市防震减灾管理工作步入法制化轨道。1998年，潍坊市印发《潍坊市地震安全性评价管理办法》，规范建设工程项目审批手续，在规定范围内的建设项目，没有地震部门地震安全性评价报告，计划、建设、规划、国土等部门一律不得办理审批手续，经地震部门批准确定的抗震设防要求，设计、建设、施工单位必须严格执行。1991—2005年，全市共对89项重大建设工程进行地震安全性评价。2006年，成立潍坊康平工程地震研究所，负责全市地震安全性评价工作。至2012年，先后完成重大建设工程地震安全性评价420项。

地震活断层探测与地震小区划

1993年，为青州市42平方千米城区进行地震小区划工作。1995年，为诸城市48平方千米城区进行地震小区划工作。2006年12月，潍坊市防震减灾“十五”重点项目“潍坊市城市活断层探测与地震危险性评价”通过中国地震局专家组验收，2007年1月22日有关专家到潍坊进行成果汇报。该项目总投资1150万元，其中国家、省地震局投资700万元，潍坊市政府投资450万元，由山东省地震工程研究院、潍坊市地震局共同参与实施，项目主要内容为探测潍坊市城区地下活断层位置，进行地震危险性评价，完成潍坊市中心城区120平方千米地震小区划，建立潍坊市防震减灾动态管理系统和基础数据库等。项目对潍坊市城市活断层的空间分布及其活动程度、危害性分析给出明确结论，为城市规划建设提供科学依据。

2006—2012年，寿光等6县市主要城区完成地震小区划工作，为一般建设工程审核、城市建设科学合理规划、国土综合利用、地震灾害快速评估等提供重要依据。

地震安全示范工程建设

2006年，全市组织开展农村民居抗震设防情况抽样调查，积极推进农村民居地震安全工程建设。2008年，省地震局组织开展地震安全示范社区创建活动；12月，省农村民居地震安全工程建设现场会在诸城市召开。2009年，全市12个县市区全部建起农村民居地震安全示范工程，开展示范试点并召开现场观摩会议；10月，奎文区樱园社区成为全省首批命名的7个“山东省地震安全示范社区”之一。之后相继有昌邑市邢家社区、安丘市青云花园社区等14个社区获省命名。2010年5月，省地震局在全省组织开展防震减灾基层基础工作示范县试点，诸城市、奎文区被列入全省首批10个试点单位之一。2012年12月，省地震局组成专家验收组对试点单位进行验收并发文命名。诸城市辛兴镇徐家芦水村、昌乐县三和社区被公布为省级农村民居地震安全示范工程。

第三节　地震应急

机构队伍

至1996年底，潍坊市及12个县市区全部成立防震减灾工作领导小组，负责组织、协调、指导、监督全市防震减灾及地震应急工作。到2005年，电信、电力、交通、城建、自来水、煤气等行业和大型企业、次生灾害源单位，均按要求建立地震应急队伍。2006年，市地震局与团市委联合发文，推进地震应急救援志愿者队伍建设，全市登记注册地震应急救援志愿者达1.2万余人。2009年，依托市公安消防支队组建潍坊市地震灾害紧急救援队，在市政府统一领导下承担应急救援任务。2011年，组建潍坊市地震应急专业救援队并于5月10日在风筝广场举行成立授旗仪式；10月下旬在全省地震系统应急救援技能竞赛中获第二名。

应急预案

1991年，制订《潍坊市地震局震情快速反应方案》，1996年，修订为《潍坊市地震局地震应急预案》；1998年，制订《潍坊市震后早期趋势快速判定工作预案》；1999年，指导各县市区完成《地震灾情速报实施细则》；2006年，制订《潍坊市地震系统地震应急预案》。1996年，制定印发《潍坊市破坏性地震应急预案》，2001

年，进行修订，2006年，修订为《潍坊市地震应急预案》，2012年，再次进行修订。

2001年起，督促指导市防震减灾工作领导小组成员单位，学校、医院、重点企业、大型商场、宾馆等重要公共场所开展地震应急预案的编制工作。全市12个县市区及防震减灾工作领导小组成员单位均编制地震应急预案。

应急保障

2000年，潍坊市及各县市区地震部门全部建立防震减灾计算机网络系统，配备现代化仪器设备和地震应急车辆，建立覆盖全市地震应急有线、无线通信网络。2002年，潍坊市数字化地震会商系统建设全面完成并通过鉴定验收。2003年，按省地震局要求，开展潍坊市地震应急数据库建设。2006年，建设潍坊市地震应急指挥中心。2009年，全市各县市区陆续开通“12322”防震减灾热线。2011年，潍坊市地震应急指挥中心进行升级改造，建立一体化、可视化地震应急指挥技术平台，实现震情、灾情、应急指挥决策快速响应。

避难场所

2007年，潍坊市地震局率先启动应急避难场所建设，到2010年初，全市建成地震应急避难场所20余处，确保每个县市区至少拥有1处，总面积达600多万平方米，可容纳300多万人紧急避险。先期建成的坊子区凤凰广场应急避难场所承担2007年11月全国地震应急救援工作会议应急避难场所功能演练，是全国地震应急避难场所首次现场演练。

2010年，结合创建“中国人居环境奖”，规划建设建成区地震应急避难场所125处、280余万平方米，人均避难场所面积达2.38平方米，并顺利通过住房城乡建设部专家组验收。其中奎文区风筝广场和坊子区凤凰广场通过省示范工程验收专家组验收，达到国家Ⅰ类地震应急避难场所建设标准。

应急处置

1995年9月20日，临沂市苍山县发生5.5级地震，市地震应急流动台接省地震局通知后，先于省地震局和其他地市地震局于当晚第一个到达现场并立即投入正常观测，被省地震局授予先进集体称号并获奖励。2001年9月19日，渤海湾4.8级有感地震波及潍坊，市地震局立即做出应急反应，将相关情况迅速向市委、市政府汇报，召开全市地震局长、地震台长以及业务负责人紧急震情会商会议，市地震局应急流动台、全市各专业台站和群测网点立即进入高度戒备状态，密切监视震情发展，确保最大限度捕捉地震异常，为政府决策提供依据。

2011年5月20日18时32分，安丘市辉渠镇（北纬36.2度，东经118.95度）发生里氏3.6级有感地震。震后潍坊市地震局迅速反应，立即启动应急预案。震后10分钟，市监测台网迅速确定三要素，通过手机短信形式向市委、市政府及防震减灾工作领导小组成员单位负责人发送，形成会商意见报市委、市政府值班室。震后20分钟会同安丘市地震局迅速派出现场工作队赶往现场进行调查。调查确定宏观震中位于辉渠镇西、郚山镇东至大盛镇东南一带，烈度五度弱，极震区走向北北西，极震区室外多数人有感，室内物体晃动，门窗作响，个别房屋出现天棚掉土及墙体掉落外皮，个别居民桌上酒瓶有翻倒，个别水井震后井水发浑。地震有感范围为安丘市辉渠镇、郚山镇、大盛镇、柘山镇、凌河镇、官庄镇、安丘市城区，昌乐县红河镇、高崖镇、鄌郚镇，临朐县沂山镇，诸城市孟疃镇、马庄镇，沂水县圈里乡、富官庄乡、马站镇共15个乡镇。地震震级较小，无人员伤亡和财产损失。市地震局现场处理及时，宣传到位，未引起社会恐慌，较好地维护了当地正常生产、生活秩序。

应急准备

1996—2012年，市地震局会同有关部门开展地震应急工作检查6次，迎接全国地震应急工作检查1次，省地震应急工作检查1次，地震系统开展地震应急演练8次，参加省地震局组织的地震应急演练4次。2007年6月30日，鲁中地震应急协作联动区正式成立，并在潍坊市召开首次联席会议。

第四节　宣传教育

1991年后，市地震局与潍坊人民广播电台做《行风在线》节目百余次，接群众电话咨询上千次。开通为公众提供防震减灾科普知识及咨询服务“12322”防震减灾服务热线，解答群众震情信息、地震科普知识、地震异常、地震预测与谣传、地震监测设施保护、防震常识、紧急避险意识、自救互救、灾后注意事项等疑问。2003年，建立市地震局门户网站，向广大人民群众公布地震监测、震害防御、地震应急三大工作体系进展，地震科普知识、山东及邻区地震灾情等。联合潍坊电视台播放地震科普动画，采访地震专家，利用媒体普及地震科普知识。2009年，市地震局编制《潍坊市防震减灾工作40年》宣传画册及宣传片光盘。2003—2012年，建设省级地震科普示范学校74所，市级地震科普示范学校76所。

第五节　防震减灾法制建设

1998年3月1日《中华人民共和国防震减灾法》（简称《防震减灾法》）颁布实施，2009年重新修订施行。1998年始，全市地震系统每年举办1~2次法制培训班，7次参加全省法律知识培训班。1999年10月、2001年8月，市人大常委会、市政府组织开展2次全市范围地震执法检查。是年，市地震局设立法规科，建立执法队伍，开展行政执法工作。2002年，成立潍坊市地震行政复议办公室，开展地震行政复议、行政诉讼工作，建立完善相关法制制度及法律文书，并配合县市区规范开展地震行政执法活动。2003年11月,中国地震局、山东省地震局组成联合执法检查组到潍坊进行防震减灾执法检查，对《防震减灾法》落实情况、建设工程抗震设防标准执行情况、学校、医院等重点单位地震应急准备情况等进行检查指导。2012年，全市有73名地震行政执法人员通过考核取得执法证。至2012年，全市共组织《防震减灾法》《山东省防震减灾条例》《破坏性地震应急条例》《地震预报管理条例》《潍坊市地震安全性评价管理办法》等法律法规宣传活动20次，科普下乡活动8次。

第八章　气象

潍坊市气象局以天气预报、气候预测、人工影响天气、干旱监测与预报、雷电防御、农业气象等为主要服务项目，负责潍坊区域内气象事业发展规划的制定及气象工作的组织实施。

第一节　机构队伍

1991年，潍坊市气象局设办公室、业务科、政工科、气象台、服务科以及潍坊市人民政府人工降雨办公室。1993年，合并办公室、政工科、业务科成立综合办公室，成立产业科。1994年撤销综合办公室，办公室、政工科、业务科独立办公。1996年增设潍城区气象局、潍城区人工降雨办公室。1997年5月，市政府办公室公布调整后的人工降雨防雹领导小组成员。1998年3月，潍坊市气象局机构改革，确定设立办公室、人事科、业务科、气象台、人工降雨办、服务科、避雷检测中心7个科室。2000年7月17日，潍坊市政府批准成立潍坊市防雷办公室，并将其列为潍坊市安全生产委员会成员单位。2001年12月，市气象局机构改革，设办公室、业务科技科、人事教育科、政策法规科、产业科、后勤服务中心、科技服务中心、防雷中心、人工降雨办公室。2006年5月，全国气象部门进行业务技术体制改革，市气象局设办公室、业务科技科、人事科（监察审计室、精神文明办）、政策法规科（防雷减灾管理办公室）、潍坊市气象台（潍坊市海洋气象台）、潍坊市气象科技服务中心（潍坊市专业气象台）、潍坊市雷电防护技术中心、潍坊市气象局财务结算中心、潍坊市人民政府人工影响天气办公室；6月20日，撤销潍城区气象局及潍城区人民政府人工降雨防雹办公室。2011年9月，山东省气象局批复设立潍坊市现代农业气象服务中心。2012年，市气象局机构设置有办公室（应急办、精神文明办）、业务科技科、人事科（监察审计室）、政策法规科、潍坊市气象台、潍坊市气象科技服务中心（潍坊市专业气象台）、潍坊市雷电防护技术中心、潍坊市现代农业气象服务中心、潍坊市气象局财务核算中心、潍坊市人民政府人工影响天气办公室。辖寒亭气象局、青州市气象局、诸城市气象局、寿光市气象局、安丘市气象局、高密市气象局、昌邑市气象局、临朐县气象局、昌乐县气象局9个县级气象机构。潍坊市气象部门在职职工128人，其中干部123人、工人5人；硕士学位8人，大学本科80人，大学专科20人；高级工程师13人，工程师50人，助工及技术员64人。

2010年3月1日，昌乐雪灾

第二节　气象预报与服务

关键时期气象服务

1997年，全市出现历史罕见特大干旱，气象部门认真分析和整理历史资料，向市政府提供可靠的抗旱指挥决策依据。9711号台风影响期间，气象局早预报、早汇报、早服务，及时向市委、

2012年8月2日，“达维”台风过境青州，王坟镇暴雨引发山洪

市政府和市抗旱防汛指挥部提供气象信息，在抗台（风）抢险斗争中发挥重要作用。1998年，长江流域、嫩江流域发生百年不遇特大洪水，全市气象部门做到服务组织、人员、技术和装备保障四落实，重要天气出现时，主动、及时、准确、科学、高效地为全市安全度汛提供气象保障服务。1999年8月11日，高密、诸城市出现历史罕见特大暴雨，诸城市24小时降雨量619.7毫米，在三里庄水库是否需要泄洪的关键时刻，气象部门作出未来48小时无大降水，水库不需泄洪的预报和建议。2000年8月31日，受12号台风“派比安”外围影响，青州市出现建站以来24小时降水量227.7毫米历史极值，业务人员昼夜监视台风变化，为全市防台风决策提供可靠依据。2001年，针对春末夏初严重干旱，及时撰写“小麦干热风预报及服务”的技术材料，呈报给生产指挥部门，提供各种气象信息，起到良好参谋作用。7月末至8月初，全市出现大范围强降水，全体气象职工昼夜坚守工作岗位，及时向市委、市政府提供天气信息，确保全市防汛工作万无一失。8月中旬，主汛期结束，市气象局及时向市委、市政府及有关部门提出建议，注意拦截径流和蓄水，收到良好效果。

2002年，及时为市委、市政府及生产指挥部门提供“小麦干热风预报及服务”“春秋播预报气象服务”等技术材料和适时气象信息。6月始，全市出现有气象记录以来同期特大干旱，气象部门及时向市委、市政府和全市人民提供气象信息，使干旱带来的损失降低到最小程度。9月中旬在全市秋播会上，市气象局根据全市干旱发展状况提出“合理调整冬小麦种植布局，无水浇条件的旱作农田、丘陵、山地等今年不宜播种小麦，来年条件适宜时种植春作物，以提高综合经济效益”的生产建议，得到市政府的采纳。2003年，气象部门准确预报4月17—18日大范围春季暴雨、5月19日大范围强冰雹、10月11—12日大风和风暴潮天气过程及秋季连阴雨天气过程，向当地政府和有关部门及时提供气象服务和对策建议。2005年，气象部门开展72小时、10天中期滚动指导预报、短期灾害性天气及次生灾害落区预报业务。开展短时和临近精细化天气预报，增强中小尺度灾害性天气预报预警能力。与市环保局、市国土局联合发布空气质量预报、地质灾害气象预报。与市环保局、水文站等实现资料共享，建立潍坊烟区防雹减灾体系。开展100米高度垂直梯度风观测。9号台风“麦莎”影响潍坊期间，向市委、市政府、市防汛抗旱指挥部等提供重要天气公告8期80余份，通过广播、电视、报纸、短信、12121声询、气象网站、街区电子显示屏等发布预警信息6次。全年为市政府传送重要天气预报信息260余条。

2007年3月3—5日，北部沿海出现严重风暴潮，7月18日、8月7日、8月10—12日、8月17

日、9月20日等暴雨，潍坊市气象局均进行提前预报和服务，并与国土资源局联合发布地质灾害预警。2012年，潍坊市共出现9次冰雹、9次强降水、3次台风天气过程（达维、布拉万、海葵）。市气象局全年共发布重要天气预报26期、专项气象服务83期、台风信息快报10期、雨情信息190份、预警信息60期，地质气象灾害3次，短期气候预测与农事建议9次，台风动向专题报告3次，召开新闻发布会6次，春播秋播期间未来一周天气分析等专项材料3份，包括其他决策气象材料共计180余份。

重大活动气象服务

1991年始，气象部门每年为潍坊国际风筝会提供气象服务。1993年始，气象部门每年为鲁台经贸洽谈会提供气象服务。1994年，第十一届潍坊国际风筝会期间，气象台提前5天预报开幕式有雨，市政府采纳人工消雨作业试验建议，开幕式当天，飞机在云海中穿行10小时之久，在潍坊市上游筑起一道拦截雨区东移无形长城，保证开幕式如期举行，此次试验填补了省内人工消雨作业空白。1997年，气象部门为潍坊港建设和小清河综合治理工程提供较为准确气象服务。1998年，气象部门为山东省第十九届运动会提供气象服务。1999年，气象部门为99农副产品展销会暨经济技术洽谈会做好气象服务工作。2000年开始，气象部门每年为中国（寿光）国际蔬菜科技博览会提供气象服务。

2001年，青州、安丘、昌乐3个市县气象局，分别为青州花卉节、安丘民俗节、昌乐宝石节提供气象服务。2004年，气象部门为寒亭首届风筝年画艺术节提供气象服务。2005年，气象部门为“和平使命——2005”中俄联合军事演习提供气象服务，市委、市政府、潍坊军分区授予市气象局“和平使命—2005”中俄联合军事演习拥军支前先进单位荣誉称号。2006年，“砺剑—防空2006”军事演习在潍坊北部沿海举行，市气象局圆满完成军事演习气象保障任务。2007年，为潍坊杯足球邀请赛做好预报服务工作。2011年，气象部门为全国农业机械展览会提供气象服务。

气象设施现代化建设

1997年，气象综合应用业务系统（9210工程）全面完成并投入业务试运行。1998年，气象卫星综合应用业务系统投入业务运行。预报体制进行重大改革，建立以数值预报产品为基础，以Micaps系统为平台的新一代天气预报业务流程。设立正班、副班、领班席位制，实现微机化办公。2000年，9210系统全面实现业务化，完成信息传输路由的改变，气象信息实现自动化传输，时效性和准确性大幅度提高。2001年，开展中尺度数值预报技术研究，完成对MM5中尺度模式本地化改造，有效提高灾害性天气和降水天气预警能力。2003年，潍坊市海洋气象台正式挂牌成立。2004年，全市建立省—市天气预报可视化会商系统，天气预报准确率和服务能力大幅提高。2005年，进一步完善山东兴农网、潍坊气象信息网，向广大农民提供丰富适用的气象信息。切实做好春播、麦收、秋种等关键农事季节专题气象服务，建立干旱监测、预警和评估业务系统。全市投入30万元，新购置微机20余台，充实到业务一线，5月，自主研发的市—县可视化会商系统投入业务运行，全市实施“等效雷达”工程，市—县雷达资料实现联网共享。2006年5月，潍坊天气会商系统升级，提高天气预报服务能力。2007年，山东省气象局、潍坊市政府共同投资200余万元，对市气象台预报会商室进行改造升级，安装3×4DLP大屏幕。

第三节　气象业务

地面观测

全市共建有8个国家一般气象观测站、1个国家基本气象站。国家一般气象观测站承担项目有：云、能见度、天气现象、气压、气温、湿度、风、降水、雪深、雪压、日照、蒸发（小型）、地温、冻土，一般站每天08、14、20时3次定时观测，向山东省气象台拍发省区域天气加密电报。

国家基本气象站（潍坊市寒亭气象局），在一般站承担观测项目基础上，增加电线积冰直径、厚度与重量观测、深层地温观测（40、80、160、320厘米）和E-601大型蒸发观测，每天02、08、14、20时（北京时）4次定时观测，拍发天气报告；进行05、11、17、23时补充定时观测，拍发补充天气报告；参加全球气象资料交换；承担0—24小时航空、危险天气发报任务。1999年7月开始，正式使用《地面气象测报软件》AHDM4.1版查算、编报、编制报表；2000年1月1日，通过网络传输气表-1的观测数据文件；2012年4月1日开始，停止向山东省气象台拍发省区域天气加密电报，观测数据改用长Z文件24小时传输。

2002年开始建设大监站地面自动观测站，2004年全市9个县局全部建设完成并投入使用，结束地面气象要素人工观测历史，实现地面气压、气温、湿度、风向风速、降水、地温（包括地表、浅层和深层）自动记录并形成小时数据文件（A文件）和分钟数据文件（J文件）。原人工站所有仪器作为备份仪器保留。

特种观测

2003年1月，增加紫外线、酸雨观测。2006年9月安装model-612型水质监测仪，开展地下水位深度、盐度、电导率等生态气象自动观测项目。2008年9月始，先后在寒亭区气象局、临朐县气象局、安丘市气象局、诸城市气象局、昌邑市气象局、昌乐县气象局、高密市局安装7个GPS\MT监测站，增加水汽通量观测。2006年6月在昌邑市气象局、2009年6月在寒亭区气象局安装闪电定位仪，并开始雷电观测。2008年底，在昌邑市柳疃镇皂户盐场、潍坊市滨海区央子镇、寿光市羊口镇安装70米梯度风（10、30、50、70米）观测塔，2009年4月开始观测风向、风速、气压、气温，所有观测数据直接发往省局。

雷达观测

1975年6月应用711模拟天气雷达；1991年12月，应用改装后711数字化雷达；1997年4月应用711B数字化天气雷达；2004年5月CTL-713C数字化天气雷达投入业务运行。

区域自动气象站

2006—2007年，按5千米格距全市集中建设区域自动气象站139个；2008—2012年陆续建设区域自动气象站11个。其中2要素站81个，4要素站46个，6要素站11个，7要素站2个，单雨量站10个。

信息网络传输

1993年3月，开通省—市数据传输专线，实现计算机自动填图；1994年3月，开通无线数据传输和市—县无线收发，建成卫星云图地面接收系统；1995年2月，建成局域网并于1999年进行NT局域网改造；1996年5月，省—市数据传输专线改造成为四线，建成卫星VSAT系统（9210工程）；1999年11月，市—县分组网建成，气象资料通过分组网、卫星传输；2003年6月，建成2M SDH省—市宽带线路，2004年3月，建成市—县2M SDH宽带线路，5月开通省—市—县气象视频会商系统，2006年5月建成GPRS（CDMA）无线传输网络，2006年8月，将省—市宽带线路升级为2+4M SDH，2008年升级为6+6M SDH。2007年5月，将单收站（PCVSAT）升级为新一代卫星数据广播接收系统（DVB-S），2008年4月，建成风云二号静止卫星数据及产品处理系统。2008年7月，潍坊移动气象台安装调试完成。2010年建成市—县3G VPDN备份链路，2011年完成中国气象局新一代卫星数据接收系统（CMACast）建设，2012年市—县线路升级为10M MSTP线路。

农业气象服务

1991年，全市共有潍坊、高密、临朐、安丘4站为农业气象基本站，1993年，调整寒亭为国家农业气象观测站、高密为省农业气象观测站，主要有小麦、玉米、棉花等农作物观测和物候观测。农业气象服务主要是编发农气墒情报、农气旬月报；每年制作土壤墒情报表及农作物生长发育期报表；向当地政府及有关单位提供农作物春秋播预报、土壤墒情及农事建议。2001年6月，建成农业气象情报业务系统及灾情收集上报系统，开展气象灾害调查评估业务。2006年，开展设施农业观测和服务，制作季、年气候影响评价。参加全市第一、二、三次农业气候区划和气候资源普查。2011年9月，成立潍坊市现代农业气象服务中心，负责全市农业气象服务工作。先后在昌乐、临朐、青州开展“气象为农服务专项试点工作”。2009—2011年，先后完成各县局10个自动土壤水分观测站建设，观测深度为0～10厘米、10～20厘米、20～30厘米、30～40厘米、40～50厘米、50～60厘米、70～80厘米、90～100厘米8个层次，观测内容包括各层土壤的土壤体积含水量、土壤相对湿度、土壤重量含水率、土壤有效水分贮存量；先后完成青州、寿光、昌乐6个设施农业观测站建设，观测内容为气温、地温、空气湿度、辐射、二氧化碳等。

气象科研与创新

潍坊市大力实施气象科技创新驱动发展战略，取得多项科研成果，其中获中国气象局科技进步三等奖一项，山东省科技进步二等奖、三等奖各一项，潍坊市科技进步二等奖五项、三等奖三项，山东省气象科学研究与技术开发三等奖一项。

第四节　人工影响天气

1991年后，潍坊市先后购进双“三七”高炮64门，布设在全市的11个县市区，全市拥有双“三七”高炮94门。市人工降雨防雹办公室先后购进10部火箭发射车，配备713数字化雷达、雷电探测仪、气象预报产品接收系统、卫星云图接收系统等先进的实时监测设备，建立预警、监测、指挥、通信、效果评估5个系统，形成整套人工影响天气作业系统，人工影响天气作业更加科学有效。1991年3月，潍坊市人工降雨办公

2011年1月28日，市气象局实施增雪作业

火箭增雨作业　　（2009年10月拍摄）

室、临朐县人工降雨指挥部被评为全省人工降雨防雹先进单位。1992年4月28日，市政府印发《关于进一步做好人工降雨防雹工作的通知》。1995年5月2日，市政府第31次常务会议研究通过《潍坊市气象管理办法》，规定市气象局受政府委托负责人工影响天气组织、管理和技术指导，各级政府要加强人工影响天气工作，气象部门要以防灾减灾为宗旨，积极进行人工增雨、防雹、消雾、防霜等工作的组织管理与技术指导。1996年5月5日，全省人工防雹现场会在滨州召开，市人工降雨办公室做“加强指挥系统建设，提高防雹作业效益”典型发言。9月18日，市政府办公室转发市人工降雨防雹领导小组《关于增设炮点扩大人工防雹防护区的意见》，决定新购置双“三七”高炮30门，新增炮点30个，购置WR-1B火箭车2部，防护面积由400万亩扩大到600万亩。1997年5月5日，市政府印发《关于进一步做好人工降雨防雹准备工作的紧急通知》，要求进一步提高认识，严格值班制度，抓紧落实经费，加强火炮管理、确保安全，严阵以待，不失时机地组织好人工降雨防雹作业。1999年，市政府投资为8个县市统一配备8辆人工增雨防雹火箭发射车，配备XDD03型雷电探测系统1部，指挥车1部，增强全市防灾减灾能力。

2000年，潍坊市遭受历史上少有旱灾，全市共组织人工增雨防雹作业18次，发射炮弹5000余发，火箭弹90多枚，其中防雹作业6次，增雨作业12次，减少经济损失6000万元。2002年冬，潍坊市首次进行人工增雪作业，取得圆满成功，潍坊市人工影响天气由季节性转变为全年性。2005年，市人工降雨办公室联合部分县市人降办与烟草公司建立黄烟生产防雹体系，开展黄烟防雹专项服务，并拨款新购高炮3门。2008年，为确保奥帆赛开（闭）幕式人工消（减）雨工作顺利进行，省人工影响天气办公室下拨5部火箭发射装备，诸城、安丘、昌邑、高密4市处于第一道防线，圆满完成作业点人员再培训、设备检修、安全保卫等工作。2012年8月，潍坊市人工影响天气办公室被评为全省人工影响天气工作先进集体。年内在临朐沂山布设增雨地面燃烧炉一部。1991—2012年，年均人工增雨（雪）约5000万立方米，防雹减灾效益达约6000万元。

第五节　科技服务

天气预报专业服务

1991年，开展“警报器”专业气象服务业务，企事业用户通过气象警报接收机收听气象部门发布的天气预警预报服务信息。1992年，开展“高频电话”专业气象服务及施放气球庆

潍坊应急移动气象台　（2012年拍摄）

典服务。1995年9月，气象服务电话121开通，1999年9月，市气象局服务科开始提供信息支持。1996年，制作电视《天气预报》节目在潍坊电视台播出。2001年，成立专业气象台。2002年，潍坊气象网www.wf121.com上线，互联网专业气象服务取代“警报器”和“高频电话”。2003年3月，手机气象短信服务上线。2006年，影视节目获“第六届华风杯全国电视气象节目观摩评比”无主持人预报类综合三等奖。2006年6月，成立潍坊市气象科技服务中心。2007年8月，建立“潍坊重大灾害天气决策气象预警服务平台”。2008年1月7日，有主持人电视《天气预报》节目播出。2011年5月，与移动、联通、电信3家通信运营商签订“重大气象灾害预警短信息全网免费发布合作协议”。2011年11月，购入高清摄像机1台，并对演播室制作间进行改造。2012年3月，完成基于移动MAS系统的重大气象灾害预警决策短信息服务平台升级。

雷电防护专业技术服务

1995年9月，成立潍坊市防雷设施检测中心。1998年，成立潍坊市防雷中心，2006年6月，更名为潍坊市雷电防护技术中心（简称“中心”），中心在职人员10人，其中大学本科以上学历5人，高级工程师1人，工程师4人，助理工程师5人。中心于2002年6月首次通过省技术监督局计量认证，取得计量认证合格证书，主要开展对建（构）筑物、易燃易爆场所防雷装置安全检测，对新建（构）建筑物防雷装置设计审核和竣工验收，雷击事故鉴定，防雷科普宣传等工作。至2012年，中心与市安委会、市教育局、市建设局、市公安局、市交通局等职能部门密切配合，深入开展防雷减灾服务，每年为1000多家单位提供防雷安全检测服务。

第六节　气象法制建设

1995年5月，市政府印发《潍坊市气象工作管理办法》。2003年6月，成立气象行政执法支队；7月，在市公共行政服务中心设立气象行政许可服务窗口，受理升放无人驾驶自由气球或者系留气球活动审批、升放无人驾驶自由气球、系留气球单位资质认定、防雷装置设计审核和竣工验收许可工作。2005年3月，市气象局与市建设局、规划局联合印发《关于加强气象探测环境保护的通知》。至2012年，共出动执法212次，办理行政许可1967件。

龙头蜈蚣

第二十六编

文　化

潍坊市博物馆　（2012年拍摄）

1991—2012年，全市文化事业进入新的历史阶段。全市文学艺术创作取得显著成就，各类作品如雨后春笋，大量涌现；以举办潍坊国际风筝会等重大节会为发展契机和示范引动，群众文化活动逐步形成长效化、品牌化；以“文化下乡”为内容的“民心工程”惠及城乡民众。到2012年底，全市登记在册各类不可移动文物4099处，其中全国重点文物保护单位6处、省级文物保护单位40处、市级文物保护单位153处；有9个项目列入国家级、13个项目列入省级、114个项目列入市级非物质文化遗产名录，并建立起较为完备的非物质文化遗产保护体系；共成立各类博物馆、纪念馆13个；共有图书馆12个，馆藏图书达300余万册；共有文化馆13个；共有影城影院24家、银幕122块，放映收入3867.8万元，位居全省第5位，全国城市第72位；文化产业异军突起，2012年文化产业投入647亿元，占全市固定资产投资的21.5%；档案资源不断丰富，管理日益规范，服务能力进一步增强。

2012年，潍坊市被中宣部、文化部、国家广播电视总局和新闻出版总署4部委联合授予全国文化体制改革工作先进单位称号；被文化部授予全国文化市场综合行政执法先进单位称号。

第一章　文学艺术

1984年，潍坊市文化局设办公室、政工科、文化艺术科、文物科4个科室；1992年，潍坊市文化局撤销文物科，设立文物管理委员会办公室；1995年，潍坊市文化局撤销文物管理委员会办公室；1997年，潍坊市文化局新增文物管理科；2001年，潍坊市文化局政工科改为组织人事科。2010年3月机构改革，划入原市新闻出版局、原市广播电视局行政管理职能，成立潍坊市文化广电新闻出版局（挂市版权局牌子），内设7个职能科室：办公室、组织人事科、政策法规科、文化艺术科、文化产业科、文化市场管理科、广播影视新闻出版管理科（挂版权科牌子），机关行政编制28名，配备局长1名，副局长3名，正科级领导职数7名、副科级领导职数5名，下属市文物事业管理处、市图书馆、市博物馆、市艺术馆、市文艺创作室、十笏园博物馆、市京剧院、市歌舞剧院、市吕剧院9个事业单位，编制401名。2012年，市京剧院、市歌舞剧院、市吕剧院整体改制为企业，组建潍坊市演艺有限公司，由潍坊广播影视集团直接管理。2012年6月，潍坊市文广新局广播影视新闻出版管理科分设为新闻出版管理科（挂版权科牌子）和广播影视管理科，增配科长1名。

1991—2012年，是潍坊市文学艺术创作的繁荣时期，小说、散文、诗歌、戏剧、音乐、舞蹈、曲艺等各类作品百花齐放、百家争鸣，产生一批如长篇小说《蛙》（作者莫言，2011年获第八届茅盾文学奖）、吕剧《碧水长流》（作者牟家明，潍坊市吕剧院演出，2001年获第八届全国精神文明建设“五个一工程”作品奖）、小品《收购苦恼》（作者张玉臻、孙永利，临朐县文化馆演出，1995年获文化部“群星奖”银奖）等在全国产生广泛影响的精品力作，涌现出一批如诺贝尔文学奖获得者莫言、剧作家牟家明、音乐家吴超凡等在全国有影响力的文学艺术名家。

第一节 文学创作与文学评论

1991年起，市文化局和各县市区文化局先后设立创作室（科），从事专业创作或文学创作指导工作。各级创作机构采取举办文学创作培训班、作家下基层采风、召开作品研讨会、设立作品扶持奖、举行新书发布会、举办文艺作品征集评奖活动等措施，支持文学创作，培育创作人才，打造文学精品，一批思想性与艺术性较高的文学作品脱颖而出，文学创作队伍不断壮大。至2012年，全市共创作小说、诗歌、散文、报告文学、影视文学、网络文学、文艺理论研究作品233篇部，其中，长篇小说29部，中篇小说（集）10部（篇），短篇小说（集）30部（篇）、诗歌（集）39篇（部）、散文34篇、报告文学（集）35篇（部）、电影文学剧本2部、电视文学剧本3部、儿童文学集1部、网络文学2篇、文学理论研究48篇。

小说

产生广泛影响的有王文章的农村三部曲《花落归根》《花落花开》《花落无声》。其中《花落花开》2008年获潍坊市“精品工程”奖；王炜的《来自布达拉宫的感动》2010年获潍坊市首届“风筝都文化奖”；李江涛、王国玮合著的《青州民间传说》2011年获山东省文化艺术科学优秀成果一等奖；王威的短篇小说《死亡游戏》2010年获第二届万松浦·《佛山文艺》文学新人奖、短篇小说《樱花盛开的日子》2011年获山东省《当代文苑》杂志社颁发的最佳年度创作奖。

诗歌、报告文学

孙瑞诗集《孙瑞抒情诗百首》1999年获潍坊市“精品工程奖”、诗集《热土》2007年获山东省文化厅2007年度“五一文化奖”文学作品一等奖；马传盈、宋力强、田辉合著的报告文学《青州书画艺术及收藏》2010年获山东省文化艺术科学优秀成果一等奖。

影视剧本

牟家明与他人合作编写电视剧本《女人也是人》，由广西电影制片厂拍摄，1992年先后获山东电影节“龙山杯”优秀故事片奖、上海农村题材电影节“腾飞奖”、广西文化厅“铜鼓奖”；牟家明与他人合作编写的电影剧本《莫忘那段情》由广西电影制片厂拍摄，1994年获全国农村题材优秀故事片奖；王汝凯主笔创作十八集电视连续剧剧本《娘要嫁人》，1995年由潍坊电视台拍摄，1996年获山东省精神文明建设“文艺精品工程奖”，同年获山东省第八届优秀长篇电视剧二等奖（一等奖空缺）；王汝凯主笔创作的九集电视剧剧本《人间重晚情》，1996年由长春电影制片厂拍摄、中央电视台播放，1997年获山东省精神文明建设“文艺精品工程奖”。

文学理论研究

王云峰《共同保护我们美好的家园》，2000年获全国论文一等奖、《论郭家庄秧歌戏》2003年6月获山东省文化艺术科学优秀成果奖一等奖；冯蜂鸣《冯蜂鸣探索红楼梦》，2006年12月获山东省文化艺术科学优秀文化成果二等奖；张晓青《浅论民间舞蹈“月宫图”的艺术特色》，2009年获山东省文化艺术科学优秀成果二等奖。

儿童文学、网络文学

有韩志亮儿童诗集《蜜蜂蜇了花朵》，马爱娟《莫言，不仅是作家还是书法家》《莫言的毛笔字：大气、真有趣》3部作品问世。

1991—2012年潍坊市长篇小说主要成果一览表

表26—1—1

作品（著作）名称	作者	发表（出版）报刊（社）	发表（出版）时间	获奖情况
《潍坊民间故事》	王汝凯（合作）	山东友谊出版社	1991年	—
《春华秋实》	魏金永	华艺出版社	1991年	—
《女犯》	王兆田	百花文艺出版社	1992年	—
《周晓民》	王兆田	青岛出版社	1992年	—
《古今传奇》	王云峰	山东文艺出版社	1995年5月	—
《血染英岭坡》	王云峰	古今故事报411—415期连载	2000年11月	—
《汉武帝》	王汝凯	黑龙江人民出版社	2001年	—
《隋炀帝》	李英明	黑龙江人民出版社	2001年	—
《武则天》	魏金永	北方文艺出版社	2001年	—
《宋徽宗》	董云卿	黑龙江人民出版社	2001年10月	—
《隋炀帝》	李英明	台湾新潮社文化事业有限公司	2003年	—
《杨贵妃》	高志辰	黑龙江人民出版社	2003年	—
《陈圆圆》	高志辰	黑龙江人民出版社	2003年	—
《花落归根》	王文章	中国文联出版社	2003年12月	—
《西施》	董云卿	北方文艺出版社	2003年4月	—
		台湾经典人物馆	2004年10月	—
《唐明皇》	魏金永	黑龙江文艺出版社	2005年	—
《赵匡胤》	董云卿	北方文艺出版社	2005年2月	—
《女皇武则天》	董云卿	北方文艺出版社	2005年4月	—
《李世民大帝》	董云卿	北方文艺出版社	2005年4月	—
《成吉思汗》	董云卿	北方文艺出版社	2005年11月	—
《烟霞明宫》	冯蜂鸣	泰山出版社	2006年	—
《财神花蠡》	董云卿	北方文艺出版社	2006年12月	—
《官商胡雪岩》	董云卿	北方文艺出版社	2006年12月	—
《花落花开》	王文章	大众文艺出版社	2007年10月	2008年5月获潍坊市“五个一精品工程奖”
《花落无声》	王文章	大众文艺出版社	2008年10月	—
《黑雪》	袁　敏	作家出版社	2009年11月	—

续表26-1-1

作品（著作）名称	作者	发表（出版）报刊（社）	发表（出版）时间	获奖情况
《来自布达拉宫的感动》	王炜	东方出版社	2009年3月	2010年12月22日，获市委宣传部、市人力资源和社会保障局第一届“风筝都文化奖”
《青州民间传说》	李江涛 王国玮	青岛出版社	2010年10月	2011年12月获山东省文化艺术科学优秀成果一等奖
《林则徐》	穆陶	山东文艺出版社	1995年3月	获国家八五长篇小说奖、山东精品工程奖
《林则徐》繁体版	穆陶	台湾实学社出版社	1998年1月	—
《红颜怨》繁体版	穆陶	台湾实学社出版社	1999年1月	—
《屈原》台湾版	穆陶	台湾实学社出版社	2002年10月	同年获台湾第三届罗贯中历史小说奖
《屈原》大陆版	穆陶	《人民日报》海外版选载	2003年4月	获山东精品工程奖
《落日》	穆陶	山东文艺出版社	1998年7月	获山东精品工程奖
《永乐皇帝》(上、下)	韩钟亮	黑龙江人民出版社	2001年9月	—
《永乐大帝》	韩钟亮	北方文艺出版社	2006年1月	—
《貂蝉》	韩钟亮	黑龙江人民出版社	2003年4月	—
《曹操》	韩钟亮	北方文艺出版社	2005年10月	—
《感觉》	孟庆龙	作家出版社出版	2004年	—
《赤色炼狱》(上、下)	孟庆龙	作家出版社出版	2007年	—
《夏日拯救》	北晨	中国言实出版社	2012年5月	—
《大顺遗恨》	北晨	中国戏剧出版社	2002年12月	潍坊市精品工程入选作品
《上帝无言》	北晨	作家出版社	2005年6月	—
《乐道院集中营》	马道远	上海锦绣文章出版社	2009年7月	—
《乐道院的钟声》	邓华	团结出版社	2008年	—
《百年沧桑》	肖明尧	山东人民出版社	2011年12月	—
《女人四十》	铃兰	济南出版社	2012年1月	出版社重点选题
《泗渡》	姚凤霄	中国文化出版社	2003年10月	—
《神医李莪华》	李树高	中国国际文化出版社	1994年	—
《县委书记》	李树高	中国文联出版社	2001年	潍坊“精品工程”奖
《乡镇干部》	胡培玉	文化艺术出版社	2007年7月	2007年获山东省第八届精品工程奖
《铁火花》	李彩华	山东文艺出版社	2012年	—
《地瓜秧》	李彩华	《当代小说》	2010年	新锐青年文学三等奖；风筝都文化奖

1991—2012年潍坊市中短篇小说主要成果一览表

表26—1—2

作品（著作）名称	作者	发表（出版）报刊（社）	发表（出版）时间	获奖情况
《神泉》	王汝凯	山东文艺出版社	1992年	—
《私了》	王汝凯	《山东文学》	1992年第10期	—
《大天小地》	刘　岩	山东文艺出版社	1993年	—
《黄元御的故事》	王云峰	南海出版社《名人故事》	1995年8月	—
《雨夜鬼拨门》	王云峰	《古今故事报》86期	1996年5月	—
		《民间故事选刊》12期	1996年12月	—
《美梦恨》	王云峰	《北国风》第2期	1998年4月	—
《好日子》	于维国	中国文联出版社《宝梳》	2002年6月	—
《戏法儿》	于维国	中国作家出版社	2007年8月	—
《高原美妇人》	于维国	中国作家协会作家出版社	2009年6月	—
《瞎汉装》	王汝凯	《山东文学》	1993年3月第3期	1993年12月，获“景阳春杯优”秀小说奖
《扁嘴孙伏羊》	王汝凯	《山东文学》	1994年3月第3期	—
《锔子樊笃四》	王汝凯	《山东文学》	1994年11月第11期	—
《井台戏女》	王云峰	南海出版社《名人故事》	1995年8月	—
《老陈》	马新义	《山东文学》	1996年第3期	—
《悬念小说集》	冯蜂鸣	作家出版社	2000年	—
《槐根》	王　威	《当代文苑》	2006年第5期	2006年12月获由山东省当代文学院颁发的2016全省女作者优秀小说奖
《樱花盛开的日子》	王　威	《当代文苑》	2007年第4期	2011年12月获山东省《当代文苑》杂志社颁发的2011年最佳年度创作奖
《泰和寺的故事》	冯蜂鸣	中国文联出版社	2008年	—
《幸福的巧克力》	王　威	内蒙古人民出版社	2010年1月	—
《死亡游戏》	王　威	《当代小说》（上）	2010年第9期	2010年12月获第二届万松浦·《佛山文艺》文学新人奖（小说类）
《花开的声音》	王　威	《山东文学》（上）	2010年第12期	—
《大河汤汤》	王　威	《当代小说》（上）	2011年第6期	—

续表26—1—2

作品（著作）名称	作者	发表（出版）报刊（社）	发表（出版）时间	获奖情况
《遍地爱情》	王 威	《青海湖》（正刊）	2011年第10期	—
《良辰美景奈何天》	王 威	《山东文学》（上）	2012年第3期	—
《散香》	韩钟亮	山东文艺出版社	1996年8月	—
《捂住嘴巴笑》	韩钟亮	《时代文学》	1997年2期	—
《夏天的感觉》	韩钟亮	《山东文学》	2001年7期	—
《红草》	芳 洲（郑海翔）	《十月》	1991年2期	—
《热的冬》（第一部）	芳 洲（郑海翔）	《十月》	1993年3期	—
《苦笑》	芳 洲（郑海翔）	《当代作家》	1994年5期	—
《归去来》	芳 洲（郑海翔）	《当代作家》	1996年1期	—
《红尘一叶》	芳 洲（郑海翔）	《长城》	2003年4期	—
《晕眩》	芳 洲（郑海翔）	《十月》	1994年6期	—
《相信上苍吧》	苇青青（陈雪梅）	《山东文学》	2011年第3期	—
《遗爱》	张建平	《山东文学》	1994年5	—
《心之旅》	张建平	《山东文学》	1995年11月	—
《雾》	张建平	《青岛文学》	1998年7月	—
《雪茫茫》	张建平	《山东文学》	1998年7月	1998年7月获《山东文学》社优秀作品奖
《家园》	张建平	《山东文学》	2000年2月	—
《老师》	张建平	《山东文学》	2001年1月	获同年山东省委宣传部建党80周年征文三等奖
《树上的鱼》	张建平	《山东文学》	2009年9月	—
《走的与飞的》	张建平	《山东文学》	2011年3月（下）	—
《十七岁 》	北 晨	《山东文学》	1995年4月	—
《空碑》	北 晨	《山东文学》	1995年9月	—
《北晨短篇小说选》	北 晨	《中国文联出版社》	2000年3月	—
《馒头》	北 晨	《山东文学》	2000年8月	“微山湖杯”全国文学征文短篇小说一等奖

续表26-1-2

作品（著作）名称	作者	发表（出版）报刊（社）	发表（出版）时间	获奖情况
《笼中人》	北 晨	中国文联出版社	2005年6月	潍坊市精品工程入选作品
《干姐》	孟庆龙	中国三峡出版社出版	2001年	—
《雍和宫的雪》	陈炳熙	上海文艺出版社	1996年4月	—
《流动演员》	陈炳熙	山东文艺出版社	1989年3月	—
《市场街的夜》	陈炳熙	百花文艺出版社	1996年11月	—
《痴娘》 《村主任的后代问题》	官旭峰	入选“中国当代微型小说方阵”	2010年山东卷	—
《土殇》	官旭峰	入选《2010名家作品排行榜》文集	2010年	—
《等你来敲门》	官旭峰	《山东文学》	2012年第7期	—
《繁梅幽香》	曾繁梅	济南出版社	2012年12月	潍坊第三届风筝都文学奖
《小说二题》 （含《商聘》《古槐》）	韩瑞华	中国文联出版社《中国实力作家精品概览》	2002年6月	入选
《绿萝》	姚凤霄	《时代文学》	2011年12月	—
《白刀子 红刀子》	姚凤霄	《山东文学》	2012年5月	—
《白刀子 红刀子》	姚凤霄	《小说选刊》	2012年6月	列入全国小说概览
《谭海钩奇》	周庆武	山东友谊出版社	1996年12	潍坊市精品工程提名奖
《票房子》	张劲松	《人民文学》	1991年2	山东省小说一等奖
《大赦》	张劲松	《花城》	1992年3	—
《河东河西》	张劲松	《花城》	1992年4	—
《雪谣》	张劲松	《青岛文学》	1992年5	—
《坐堂先生》	张劲松	《时代文学》	1992年3	—
《司徒小兵》	张劲松	《花城》	2012年3	风筝都文化奖
《我梦中的白桦林》	梁守德	远方出版社	2004年9月	2003—2007年度潍坊市精神文明建设“精品工程”奖
《蝴蝶湖之夏》	梁守德	《国土资源文学》	2005年12月	第四届宝石文学奖
《闲冬》	胡培玉	《山东文学》	1998年第10期	—
《对门》	胡培玉	《山东文学》	1999年第6期	同年被《小小说选刊》选载

续表26—1—2

作品（著作）名称	作者	发表（出版）报刊（社）	发表（出版）时间	获奖情况
《罢官》	胡培玉	《山东文学》	2001年第5期	同年被《中篇小说选刊》《湖南文学》转载获山东省纪念建党80周年中篇小说一等奖
《边缘人》	胡培玉	《山东文学》	2003年第5期 2004年《中篇小说选刊》增刊第1期转载	—
《斗法》	胡培玉	《山东文学》	2005年第6期	—
《闲冬》	胡培玉	大众文艺出版社	2011年11月入选《中篇小说选刊》最具实力作家方阵	—
《土地爷》	郭建华	《山东文学》	1991年3月	—
《小说三题》	郭建华	《山东文学》	1991年3月	年度优秀小说奖
《半亩园》	郭建华	《山东文学》	1992年3月	—
《桥》	郭建华	《山东文学》	1995年9月	齐鲁小说展优秀小说奖
《智者千虑》	郭建华	《山东文学》	1996年11月	—
《三十未立》	郭建华	《山东文学》	1999年4月	—
《话说钥匙王》	郭建华	《山东文学》	1999年10月	中华人民共和国成立五十周年优秀作品奖
《山东无死槐》	郭建华	《山东文学》	2000年5月	—
《蓝包袱》	高玉宝	《当代小说》	2001年6月	—
《哥伦比亚之旅》	高玉宝	《青春》	2006年10期	—
《冷香》	高玉宝	《时代文学》	2010年4期	—
《圈》	张国柱	漓江出版社《2004中国年度微型小说》	2005年1月出版	—
《草丛中的钥匙》	张国柱	《青海湖》	2007年第2期	—
《寻狗》	张国柱	《山东文学》	2007年第12期	—
		《山大文学院校庆110周年纪念文集——创作卷》	2011年10月	—
《地里长出一棵花》	张国柱	《百花园》	2010年第4期	2008全国小小说新秀选拔赛30强
《夹心饼干》	李彩华	《当代小说》	2012年第5期	—

1991—2012年潍坊市诗歌主要成果一览表

表26—1—3

作品（著作）名称	作者	发表（出版）报刊（社）	发表（出版）时间	获奖情况
《爱》	王云峰	《作家报》502期	1998年7月	—
《心景花园》	孙英杰	作家出版社	1998年10月	—
《孙瑞抒情诗百首》	孙　瑞	远方出版社	1998年	1999年12月获1998—1999年度潍坊市“精品工程奖”
《小狗周岁宴庆》	孙　瑞	《诗刊》	1999年	—
《青州五十年诗选》	孙瑞、张雯主编	远方出版社	1999年	—
《牵　手》	孙瑞、张雯主编	远方出版社	2001年	—
《沁园春·生日抒怀》	李锡赓	中国文联出版社	2002年	—
《热土》	孙　瑞	中国文学出版社	2004年	2007年6月获得由山工省总工会、山东省文化厅、山东省文联颁发的2007年度“五一文化奖”文学作品一等奖
《左手春天右手诗篇》	孙英杰	中国文联出版社	2005年8月	—
《推开春天的窗户》	孙瑞、张雯主编	黑龙江人民出版社	2006年	—
《海岱新咏》	孙　瑞 张景孔	中华诗词出版有限公司	2008年	—
《诗配画选登》（刘大为画马爱娟诗）	马爱娟	《文艺报》美术书法专刊	2008年9月13日	—
《新格律诗一百首》	孙　瑞 刘　鹏	中国文联出版社	2009年	—
《诗意人生》	马爱娟	中国文联出版社	2009年4月	—
《党旗颂》	王云峰	中国文联出版社《党照亮中国》	2011年7月	2011年12月获庆祝中国共产党建党九十周年鲁迅文学奖
《小村今昔》	王云峰	中国作家出版社《中国诗词精英大典》	2012年7月	—
《古寺春晓》	王云峰	中国作家出版社《中国诗词精英大典》	2012年7月	—
《沁园春·颂党》	王云峰	中国作家出版社《中国诗词精英大典》	2012年7月	—
《水调歌头·颂国六五华诞》	王云峰	中国作家出版社《中国诗词精英大典》	2012年7月	—
《笑影远去》	陈显荣	山东文艺出版社	1991年	获潍坊市第二届文艺创作奖一等奖

续表26-1-3

作品（著作）名称	作者	发表（出版）报刊（社）	发表（出版）时间	获奖情况
《武松又过景阳冈》	陈显荣	收入诗刊社编《1991年诗选》，人民文学出版社	1991年8月	1991年优秀诗文奖三等奖
《辣椒歌》《陈显荣讽刺诗选》	陈显荣	百花文艺出版社	1992年12月	获潍坊市新时期优秀文艺成果奖
1994年儿童诗《看浪花》《语文》第四册、“九年义务教育六年制小学教科书”《语文》第四册	陈显荣	编入“九年义务教育五年制小学教科书”人民教育出版社	1994年12月	—
《逝去的彩云》	王耀东	百花文艺出版社	1992年6月	—
《折一枝菩提送给你》	王耀东	国际文化出版公司	1994年	—
《插翅膀的乡事》	王耀东	人民文学出版社	2000年11月	—
《草帽下的玫瑰》	王耀东	时代文艺出版社	2005年3月	—
《岁月无悔》	王耀东	四川民族出版社	1994年8月	—
《牵牛花》	苇青青（陈雪梅）	《诗刊》	2006年3月	—
《归来吧 那片海》	苇青青（陈雪梅）	《上海诗人》	2009年2月	—
《相思树》	苇青青（陈雪梅）	《校园诗选》	1994年5月	获1994全国青年诗歌大赛佳作奖
《大宇宙》	苇青青（陈雪梅）	黄河出版社	2009年8月	潍坊市精品工程奖
《心帆集》	苇青青（陈雪梅）	中国文联出版社	2000年5月	潍坊市精品工程奖
《雪梅诗集》	苇青青（陈雪梅）	时代文艺出版社	2003年1月	潍坊市精品工程奖
《星辰远歌》	苇青青（陈雪梅）	长征出版社	2003年12月	潍坊市精品工程奖
《田字格里种生字》（外一首）	韩志亮	《诗刊》	2009年6月	该诗在2012年中央宣传部、中央文明办、教育部、共青团中央、全国妇联等五部委联合组织的第三届全国优秀童谣大赛中获二等奖，并谱曲录制传唱。后选入山东省教研室编写、经教育部基础教育课程教材发展中心审定的小学一年级下册《心理健康》教材以及《中国儿歌大系》等
《亲爱的泥土、村庄，亲爱的人》	韩志亮	时代文艺出版社	2010年1月	中国作家协会中国作家杂志社中国作家金秋笔会一等奖

续表26—1—3

作品（著作）名称	作者	发表（出版）报刊（社）	发表（出版）时间	获奖情况
《妹妹的心事》（外一首）	韩志亮	《中国校园文学》	2012年7、8月合刊	其中一首《成语》被11期《儿童文学选刊》转载
《邻家妹妹》	韩志亮	《儿童文学》	2012年10月	12期《儿童文学选刊》转载，后选入《儿童文学50年魅力诗汇》。作者因该诗当选2010年《儿童文学》“全国十大魅力诗人”称号
《小诗一束》（4首）	韩志亮	《星星》诗刊	2012年10月	—
《野玫瑰花》	王存玉	广西民族出版社	1997年5月	—
《讽刺诗一束》五首	王存玉	绿风（诗歌双月刊）	2001年第4期	—
《行香子·友邻》	郭顺敏	《中华诗词》	2012年10月	—
《红梅、墨梅》	郭顺敏	《中华诗词》	2012年11月	—
《明日黄花》	邓 华	中国文联出版社	2000年	—
《睫毛雨》	庞立臣	百花文艺出版社	1991年1月出版	—
《诗经里的房子》	高 文	中国戏剧出版社	2008年12月	—
《泗渡春天》	高 文	中国文史出版社	2006年12月	—
《棉布上的光》6首	高 文	《诗刊》	2006年6月	—
《喧嚣之下宁静的河流》	高 文	《诗刊》	2009年9月	—
《诗经里的房子》9首	高 文	《诗选刊》	2011年2月	—
《高文的诗》8首	高 文	《诗选刊》	2010年6月	—
《高文的诗》4首	高 文	《扬子江诗刊》	2012年2月	—
《光阴碎影》3首	高 文	《星星诗刊》	2007年2月	—
《黄旭升诗选》（五首）	黄旭升	《中国作家》	2009年8月	—
《一面旗帜》	黄旭升	《山东文学》	2009年11月	获《新世纪文学选刊》二等奖
《酒杯里的男人》	黄旭升	《山东文学》	2010年1月	获《山东文学》诗歌奖二等奖
《诗印年轮》	梁化刚	中国戏剧出版社	2012年9月	—
《乡情》	于正军	《诗刊》青年版	1994年1月	—
《乡梦》	于正军	《农民日报》	1994年6月12日	入选《中国百年诗人新诗精选》
《秋夜》（外一首）	于正军	《星星诗刊》	1995年5月	入选《中国百年诗人新诗精选》

续表26—1—3

作品（著作）名称	作者	发表（出版）报刊（社）	发表（出版）时间	获奖情况
《秋天的思念》（外二首）	于正军	《山东文学》	2010年7月	—
《很想歌颂一只蜜蜂》	于正军	《时代文学》	2011年5月	入选《诗探索2011年度诗选》
《五律·潍河踏青》三首	姚凤霄	《中华诗词》	2011年6月	—
《沁园春·庆建党九十周年》	姚凤霄	《鸭绿江》	2011年7月	—
《咏白玉兰》律诗四首	姚凤霄	《中华诗词》	2012年4月	—
《借助一滴水的力量》	曹　成	《山东文学》	2012年11月	—
《曹成的诗》	曹　成	《青海湖》	2007年4月	—
《故乡的酒》	曹　成	入选作家出版社《景芝神酿杯全国诗词大赛作品集》	2007年7月	优秀奖
《三个代表》	曹　成	入选作家出版社《纪念臧克家百年诞辰全国诗词大赛作品集》	2005年12月	入围奖
《潍水走笔》	曹　成	大众文艺出版社	2010年10月	—
《眼睛》	张　雯	《青年作家》	1991年第4期	—
《热爱》	张　雯	百花文艺出版社	1992年10月版	—
《三打白骨精》	张　雯	《人民文学》	2006年第2期	—
《等待温柔》	张　雯	《山东文学》	2010年第4期	—
《怀念冬季》	丁元忠	文联出版社	2006年11月	—
《荷塘月色》	孙　瑞	《时代文学》	1994年第3期	获《时代文学》杂志社1994年“滕公杯”全国诗歌大赛三等奖
《诗人》（外一首）	孙　瑞	《中国文化报》	1995年9月	获《当代小说》杂志社2006年首届“新诗文杯”全国精短文学大奖赛三等奖
《热土》	孙　瑞	中国文学出版社	2004年6月	获山东省总工会、山东省文化厅、山东省文联2007年度“五一文化奖”文学作品一等奖
《十八个手印摁下之后》	孙　瑞	《诗刊》	2007年10月	文化部文化信息网2001年中华“八喜杯”诗歌征文三等奖
《撕开》（外一首）	邵纯生	《人民文学》	2002年12月	—
《纯生诗选》	邵纯生	中国作家出版社	2004年	—

续表26—1—3

作品（著作）名称	作者	发表（出版）报刊（社）	发表（出版）时间	获奖情况
《花体字》	邵纯生	《诗刊》	2004年12月	—
《虚构》	朱建霞	《当我们唱起这些歌》江西出版社	2012年1月	—
《我爱上这个静静的午后》	朱建霞	《上海诗人》	2012年第1期	—
《是谁叫醒了月亮》	朱建霞	《2011年诗探索年度诗选》漓江出版社	2011年1月	—
《流动的芳华》	朱建霞	《散文诗中国二十一世纪十年经典》中国文联出版社	2012年2月	—
《花瓣儿包裹透明的心》（外一首）	朱建霞	《山东文学》	2009年6月	—
《流水时光》	朱建霞	《中国当代诗库2008卷》《诗刊》社编		—
《朱建霞诗选16首》	朱建霞	《山东30年诗选》	2009年	—
《女孩，请听我说》	牧　文	哈尔滨出版社	1991年3月	—
《华夏龙魂》	牧　文	中国文联出版社	2003年10月	潍坊市精品工程奖
《大禹之歌》	牧　文	中国文联出版社	2008年3月	山东省五一文化奖一等奖
《大舜之歌》	牧　文	文化艺术出版社	2009年12月	高密市精品工程奖
《谁动了我的琴弦》	迟玉红	《参花》	2012年第四期	—
《佛》《暮归》《春联》《野草》	迟玉红	《参花》	2012年第10期	—
《露珠》《花谢了》《眼睛》《恋》	迟玉红	《纪实中国》	2012年5月	—

1991—2012年潍坊市散文主要成果一览表

表26—1—4

作品（著作）名称	作者	发表（出版）报刊（社）	发表（出版）时间	获奖情况
《彩霞的故乡》	高志辰	中国工人出版社	1991年	—
《悲痛中的怀念》	马新义	《作家报》	1991年2月	—
《峥嵘铁骨斩乱麻》	于维国	作家出版社《金色人生》	2009年6月	—
《黄河东流新曲》	高志辰	中国广播电视出版社	1993年	—
《魂系军旅梦依然》	马新义	《军营文化天地》	1996年第5期	—
《小绿哨》	李锡赓	中国文联出版社	2000年	—
《法眼观象》	徐化冰	时代文艺出版社	2001年	—

续表26—1—4

作品（著作）名称	作者	发表（出版）报刊（社）	发表（出版）时间	获奖情况
《走进玮平》	王汝凯	《戏剧丛刊》	2007年第4期	—
《徐瑄散文集》	徐化冰	大众文艺出版社	2008年6月	—
《九州之首 丝路源头 东方花都》	马爱娟	《中国文化报》	2009年4月28日	—
《艾香入肌骨 灸疗医百病》	马爱娟	中国文化艺术出版社《古风遗韵》	2009年6月	—
《青州根雕艺术》	马爱娟	中国文化艺术出版社《古风遗韵》	2009年6月	—
《鲁地放歌》	王　威	山东文艺出版社《勘探之路》	2009年6月	—
《面朝大海》	王　威	山东文艺出版社《勘探之路》	2009年6月	—
《隆盛糕点 传承经典》	马爱娟	中国文联出版社《潍水流觞》	2011年6月	—
《千载桂香飘古州》——青州桂花盆景艺术	马爱娟	中国文联出版社《潍水流觞》	2011年6月	—
《巴山吟》	韩钟亮	《山东文学》	2008年第2期	—
《走在故土》	王耀东	山东文艺出版社	1991年	—
《梦里寻他千百度》	王耀东	新华出版社	1996年12月	—
《海峰军旅文集》	阎海峰	解放军文艺出版社	2001年	—
《吹牛与数牛》	孙贵颂	《半月谈》	1996年7期	1996年《半月谈》三等奖
《诸葛大名垂宇宙》	孙贵颂	《文学报》	2001年12月6日	—
《狼的另一面》	孙贵颂	北京师大出版社	2005年8月	—
《寻思快乐》	孙贵颂	《读者》	2006年8期	—
《宇宙之门》	苇青青（陈雪梅）	团结出版社	2011年8月	—
《有了书房》	张建平	《大众日报》	1999年9月13日	—
《南关路纪事》	张建平	《光明日报》	1999年9月16日	同年获光明日报“三为杯”辉煌50年征文三等奖
《心灵的家园》（3篇）	韩志亮	《山东文学》	2001年7月	—
《秉烛而行》	韩志亮	光明日报出版社	2008年12月	获中国散文学会，中国散文学会写作中心，华夏博学国际文化交流中心2010年全国散文作家论坛征文大赛图书奖

续表26－1－4

作品（著作）名称	作者	发表（出版）报刊（社）	发表（出版）时间	获奖情况
《公款吃喝账谁算过》	韩志亮	《人民日报》	2012年1月31日	—
《岁月消磨的记录》（上、下册）	孟庆龙	中国文联出版社	2005年	—
《大学讲堂上的莫言先生》	牛钟顺	《大众日报》	2012年12月	—
《梦圆居六记》	王学坚	中国文联出版社	2007年4月	—
《欲说还羞李清照》	郭顺敏	济南出版社	2014年5月	入选《我们都爱李清照》文化散文集
《美的荟萃》	王存玉	百花文艺出版社	1995年1月	—
《北海探幽》	邓 华	团结出版社	2010年	—
《半岛随笔》	邓 华	作家出版社	2011年	—
《和顺人生》	张德民	中国戏剧出版社	2005年	—
《凡梅》	曾繁梅	山东文艺出版社	2003年11月	—
《纸条的故事》	仪修文	齐鲁晚报	2000年4月6 日	—
《最美的关系》	仪修文	济南出版社	2011年12月	—
《洗脚，亲情的燃烧》	傅彩霞	《联合日报》	2005年2月5日	首届“孟郊奖·慈母心游子情”全球华语散文大赛佳作奖
《铃兰芳菲》	铃 兰	黄河出版社	2009年5月	—
《风中鼓笛者》	韩瑞华	《当代散文》	2002年第4期	—
《相约雪舞》	韩瑞华	《当代散文》	2003年第2期	—
《老屋》	韩瑞华	《当代散文》 《民间》双月刊	2004年8月 2004年第2期	—
《华清池揽胜》	韩瑞华	《文学世界》	2004年第6期	—
《乡村的月亮》	韩瑞华	大众文艺出版社	2009年1月出版	—
《幸福启航》	姚凤霄	中国戏剧出版社	2009年8月	—
《自怡园的鸭鸭》	胡海波	《中华文艺家》	2011年8月	—
《中学日记》	李万瑞	中国文化出版社	2011年	—
《第二故乡》	李万瑞	中国文化出版社	2011年	—
《生如夏花》	李万瑞	中国文化出版社	2010年	—
《融雪煮茶》	李万瑞	中国文化出版社	2012年	—
《山姐儿》	曹 成	《联合日报》	2003年4月24日	—

续表26－1－4

作品（著作）名称	作者	发表（出版）报刊（社）	发表（出版）时间	获奖情况
《生活就是这样》	曹　成	《联合日报》	2003年5月15日	—
《师魂》	张克奇	《散文》	1999年第3期	—
《击中我生命的那些碎片》	张克奇	《散文海外版》	2006年第3期	山东省“五一”文化奖、潍坊市“精品工程奖”
《南山问路》	张克奇	《读者原创版》	2007年第8期	—
《生命的点滴禅意》	张克奇	《黄河文学》	2008年2/3期	—
《和一棵树说了一下午话》	张克奇	《雨花》（A版）	2008年5月	—
《山里人家》	张克奇	《中国铁路文艺》	2008年9月	—
《物语》	张克奇	《山东文学》	2011年8月	—
《空山里的疼痛》	张克奇	《散文选刊》	2012年第4期	—
《周庆武作品集》	周庆武	大众文艺出版社	2008年7月	—
《问路迷牛寺》	周庆武	《国土资源导报》	2003年8月4日	—
《陆师罢矿》	周庆武	《中国矿业报》	1998年3月11日	—
《一张旧照片上的青春往事》	丁元忠	《博爱》	2008年9月	—
《背叛，或者重建》	丁元忠	《大地文学》	2011年6月	—
《被拒绝的浪漫》	毛金鹏	《中国海洋石油报》	2012年2月12日	—
《秋风劲草》	李树高	《作家文摘》	2005年	—
《郑板桥何以爱竹》	李树高	《世界文艺》	2006年	—
《好妻是福》	梁守德	《羊城晚报》	2010年4月	重庆市全国廉政故事大赛一等奖
《关于茶和仪式感》	祝红蕾	《散文》	2011年12期	—
《我暗恋过的老师》	祝红蕾	《山西文学》	2003年7月	选入《我最喜爱的中国散文》
《举手投足之间》	祝红蕾	《辽宁青年》	2004年5月	选入《2007年新疆维吾尔自治区中考语文试卷》《高考语文试题与研究》
《陪父亲戒烟》	祝红蕾	《文化月刊》	2007年第12期	—
《锯掉的木头能开花》	祝红蕾	《读者原创版》	2006年第1期	—
《浓荫掩隐》	刘学刚	《21世纪年度散文选·2010散文》	2011年1月	—
《蛙声的道路》	刘学刚	《2011年中国精短美文精选》	2012年1月	—

续表26—1—4

作品（著作）名称	作者	发表（出版）报刊（社）	发表（出版）时间	获奖情况
《洪沟河南岸的草》	刘学刚	《中国铁路文艺》	2012年第1期	—
《路上的风景》	刘学刚	知识出版社	2011年10月	—
《走西口过年的昌邑人》	李发宁	《齐鲁晚报》	2012年2月3日	—
《我的父亲和母亲》	李彩华	新世纪文学选刊	2008年	—
《不能打扰的时间》	胡明宝	《少年文艺》（江苏）	2009年第9期	—
《管老师饭》	胡明宝	《山东青年》	2010年第3期	—
《飞翔在阳光里》	胡明宝	《雨花》（少年）	2012年第6期	—
《50岁，母亲成了“打工妹”》	尹金民	《当代小说》	2009年7月	首届真情人生全国纪实散文大赛三等奖
《军嫂的心事》	王会涛	《前卫文学》	1991年第6期	—
《土地情结》	王会涛	《北方文学》	1992年第1期	—
《盐碱滩涂》	王会涛	《辽宁日报》	1993年6月22日	—
《北洼记事》	王会涛	《中国化工报》	1994年11月26日	—
《半随缘》	宋兆梅	《大江日报》	2012年2月18日	—

1991—2012年潍坊市报告文学、纪实文学主要成果一览表

表26—1—5

作品（著作）名称	作者	发表（出版）报刊（社）	发表（出版）时间	获奖情况
《世界在我们手中》	王兆田	黑龙江人民出版社	1991年	—
《彩霞的故乡》	高志辰	中国工人出版社	1991年	—
《黄河东流新曲》	高志辰	中国广播电视出版社	1993年	—
《从教路上执着人》	王洪泉	《联合日报》	2000年1月	—
《深深的足迹》	于维国	红旗出版社	2005年	—
《阅读春天的童话》	王汝凯 李英明	山东文艺出版社	2007年	—
《青州现象》	冯殿佐	中国文史出版社	2008年8月	—
《海化的旋律》	杨钦民 张勤业	新华出版社	2008年12月	—
《世纪腾越》	朱建华	作家出版社	2009年4月	—

续表26－1－5

作品（著作）名称	作者	发表（出版）报刊（社）	发表（出版）时间	获奖情况
《青州书画艺术及收藏》	马传盈 宋力强 田　辉	青岛出版社	2010年10月	2011年度山东省文化艺术科学优秀成果一等奖
《执着》	冯殿佐	中国言实出版社	2012年8月	—
《泸水滔滔》	韩钟亮	中国经济出版社	2002年2月	—
《血总是热的》	张建平	《文学评论家》	1991年1月	—
《老雷的哲学》	张建平	《法制日报》	1991年3月24日	—
《他们不相信命运》	张建平	《文学评论家》	1991年5月	—
《图板上的梦》	张建平	《山东文学》	1991年3月	—
《一日长于十天》	张建平	《山东文学》	1992年6月	—
《播种希望》	张建平	《山东文学》	1993年2月	—
《开拓，那不尽的路》	张建平	《山东文学》	1999年6月	—
《真诚雕刻为民碑》	张建平	《光明日报》	2003年11月1日	—
《陈寿荣传》	陈炳熙	山东文艺出版社	2000年5月	—
《释迦牟尼》	孙文圣	黑龙江美术出版社	2006年	—
《陈介祺传》	邓　华	齐鲁书社	2012年	—
《我眼里的他》	曾繁梅	《中国财政》	2011年11月	财政部征文二等奖
《踏遍青山人未老》	周庆武	中国经济出版社	1997年12月	
《揽绿》	李桂华	远方出版社	2010年3月	寿光农圣文化奖一等奖
《马保三传奇》	李树高	黄河出版社	1992年	光明日报特等奖
《灵魂塑造灵魂》	李树高	《人民文学》	2001年第4期	—
《冠世榴园情思》	李树高	《世界文艺》	2005年第4期	中宣部等“弘扬民族精神”一等奖
《汶川·国土英雄谱》	梁守德	中国大地出版社	2009年入选大型报告文学集《一级响应》	中国图书特别奖
《生死大营救》（合作）	梁守德	作家出版社	2012年10月	“第五届宝石文学奖”报告文学奖
《山川英雄》（合作）	梁守德	中国广播电视出版社	2012年12月	—
《敢立潮头唱大风》	于正军	大众文艺出版社	2009年10月	第二届“新视野”杯全国文学有奖征文大赛一等奖
《责任与担当》	于正军	《山东文学》	2010年3月	—
《巾帼创业带头人》	于正军	《时代文学》	2010年7月	—

1991—2012年潍坊市儿童文学创作主要成果一览表

表26－1－6

作品（著作）名称	作者	发表（出版）报刊（社）	发表（出版）时间	获奖情况
长篇童话《蝎子与青蛙》	黄　鑫	白山出版社	2012年	—
魔幻小说《魔石日记》	黄清春	《少年文艺》	2011年	—
魔幻校园小说《偷换记忆的枕头》	黄清春	《小学生故事与作文》	2012年	—
童话《巫婆、大大和小小》《小石头的故事》	黄清春	《小学生故事与作文》	2012年	—

1991—2012年潍坊市电影文学主要成果一览表

表26－1－7

作品（著作）名称	作者	发表（出版）报刊（社）	发表（出版）时间	获奖情况
电影剧本《那年，在北海道……》	牟家明	《影视文学》	1995年	1995年10月获山东省委宣传部“纪念抗日战争胜利五十周年”征文奖
电影剧本《大地为鉴》	王良瑛 王　威	内蒙古远方出版社	2012年3月	—

1991—2012年潍坊市电视文学主要成果一览表

表26－1－8

作品（著作）名称	作者	发表（出版）报刊（社）	发表（出版）时间	获奖情况
电视剧本《娘要嫁人》	王汝凯	中国广播电视出版社	1996年	—
电视剧本《花好月儿圆》	王文章	大众文艺出版社	2009年10月	—
二十集电视连续剧本《大地为鉴》	王良瑛 王　威	内蒙古远方出版社	2012年3月	2012年2月获潍坊市优秀文艺作品征集活动影视剧类一等奖

1991—2012年潍坊市网络文学主要成果一览表

表26－1－9

作品（著作）名称	作者	发表（出版）报刊（社）	发表（出版）时间	获奖情况
《莫言，不仅是作家还是书法家》	马爱娟	人民网、中国作家网	2012年10月15日	
《莫言的毛笔字：大气，有真趣》	马爱娟	中国日报网	2012年12月17日	—

1991—2012年潍坊市文学艺术理论、评论主要成果一览表

表26-1-10

作品（著作）名称	作者	发表（出版）报刊（社）	发表（出版）时间	获奖情况
《潍坊文化通鉴》	王汝凯（合作）	齐鲁书社	1993年	—
《牟家明和他的〈女人也是人〉》	王汝凯	《影视文学》	1992年	—
《生活、人物与诗情——魏金永小说集〈春华秋实〉读后》	马新义	《作家报》	1993年10月	—
《中国民间艺术精品选》	邹治方	亚太国际出版有限公司	2000年1月	—
《海阔凭鱼跃》	王洪泉	《山东文学》	2000年4月	—
山东省优秀中青年书法家系列丛书《邹治方书法篆刻集》	邹治方	黄河出版社	2001年2月	—
《舞蹈教育亟待走出误区》	吴洪印	学苑出版社《现代教育》第三辑（国家级）	2003年	—
《切勿饮鸩止渴》	王洪泉	《中国艺术报》	2003年1月	—
《现代企业文化发展的现状与思考》	王洪泉	《现代企业教育》	2006年1月	—
《加强基层群众文化工作　促进社会主义精神文明建设》	王洪泉	《山东文学》	2006年5月	—
《冯蜂鸣探索红楼梦》	冯蜂鸣	泰山出版社	2006年	2006年12月获山东省文化艺术科学优秀文化成果二等奖
《声乐教学中的语音性》	张希顺	《群众艺术》	2007年12月	
《浅谈国家公务员的职业道德和行为规范》	李瑞兰	《群众艺术》	2008年第2期	2008年12月在山东省艺术馆组织的评比中获三等奖
《浅论民间舞蹈“月宫图”的艺术特色》	张晓青		2009年	2009年度山东省文化艺术科学优秀成果奖二等奖
《张锦湖》	徐中立	山东人民出版社	2009年9月	—
《民国时期山东教育界爱国名流杜友棻事略》	徐中立	教育杂志出版社	2009年10月	—
《鄑邑春秋》	徐中立	中国戏剧出版社	2010年5月	—
《清末民初著名教育家、社会活动家王鸿一》	徐中立	教育杂志社	2010年9月	—
《大窑土陶》	徐中立	中国文联出版社	2011年6月	—
《成武县同盟会员孙介人》	徐中立	团结出版社	2012年12月	—
《高密民间“四宝”丛书》	邹治方	文化艺术出版社	2010年8月	—

续表26－1－10

作品（著作）名称	作者	发表（出版）报刊（社）	发表（出版）时间	获奖情况
《鞓红漱玉》	冯蜂鸣	中国文联出版社	2011年	—
《武帝躬耕千载颂》	李瑞兰	《全国非物质文化遗产论文集》	2011年	—
《昌邑民间剪纸》	马玉龙	山东省群众艺术编辑部	2011年1月	—
《昌邑民间歌舞郭家庄大秧歌戏》	马玉龙	山东省群众艺术编辑部	2011年1月	—
《神韵与古典舞》	李瑞兰	《群众艺术》	2011年第4期	—
《农村音乐文化的繁荣与产业化运作的探索》	李瑞兰	《群文荟萃》	2012年	2012年12月，山东省艺术馆、山东省群众文化学会年度评比二等奖
《涧边文丛》	穆　陶	中央文献出版社	2007年8月	2008年获“山东刘勰文艺评论著作奖”
《走向辉煌之梦》（诗论集）	王耀东	内蒙古人民出版社	1994年11月	—
《一步之间》（王耀东空间诗学笔记）	王耀东	国际炎黄出版社	2002年2月	—
《躲在天堂里的眼睛》（论文集）	王耀东	中国文联出版社	2006年10月	—
《中西象棋差异论》	孙贵颂	上海文艺出版社	2009年5月	—
《孔融让梨与罗尔斯分粥》	孙贵颂	上海文艺出版社	2009年5月	—
《分解胜利》	孙贵颂	华东师大出版社	2009年9月	—
《八旗子弟与官二代》	孙贵颂	花城出版社	2012年1月	—
《原则上》	孙贵颂	长江文艺出版社	2012年1月	—
《现代散文分析》	张士廉 许临星 马增芳 蔡万江	陕西人民出版社	1981年11月	—
《现代散文选读》	商景元 许临星 张士廉	山东教育出版社	1982年5月	—
《峻青创作论稿》	许临星 安家正	华东师范出版社	1991年9月	—
《走向实用的美学》	于培杰 许临星	山东教育出版社	1992年2月	—
《峻青散文选集》序言	许临星	百花文艺出版社	1995年	—
《青少年美育丛书》	于培杰 许临星	山东教育出版社	1997年	—

续表26—1—10

作品（著作）名称	作者	发表（出版）报刊（社）	发表（出版）时间	获奖情况
《现代散文选读》	商景元 许临星 张士廉	山东教育出版社		1998年获山东省第四届精品工程奖，同时获潍坊市精品工程奖
《评严复与西学的传播》	刘献彪	《昌潍师专学报》第3期	1994年8月15日	—
《徐福与文化交流》	刘献彪	《昌潍师专学报》第1期	1995年2月15日	—
《我心中的戈宝权先生》	刘献彪	《岱宗学刊》第1期	1998年2月15日	—
《走在比较文学普及的途路中》	刘献彪	《中国比较文学》第3期	2000年7月20日	—
《比较文学教程》	刘献彪	中国青年出版社	2001年4月	2002年山东省教育科学优秀成果三等奖
《中国比较文学艰辛之路》	刘献彪	人民日报出版社	2005年6月	—
《新时期中国比较文学编年史稿》	刘献彪	中国档案出版社	2005年7月	—
《中国比较文学学科理论的新进展》	刘献彪	《江汉论坛》第7期	2006年7月15日	—
《聊斋境界》（文学评论集）	陈炳熙	湖南美术出版社	2003年5月	—
《古典短篇小说艺术新探》（文学评论）	陈炳熙	华东师范大学出版社	1991年9月	—
《潍坊文化通鉴》	张在湘 蔡万江	山东友谊书社	2009年	—
《中国新诗论稿》	刘方泽	新天出版社	1992年12月	—
《新时期文艺论稿》	刘方泽	百花文艺出版社	1994年6月	—
《别具特色的乡间楼阁》	刘方泽 逄春阶	《人民日报》	1992年12月	—
《行吟山水　依依乡情——浅谈李肇星先生的怀乡诗》	庞立臣	《大众日报》	2001年7月	—
《苏州作家研究——叶弥卷》	张　立 范　嵘	复旦大学出版社	2008年8月	2010年10月获潍坊市第十八次社会科学优秀成果奖二等奖
《尊严的捍卫具有何等的力量——由叶弥小说〈天鹅绒〉说起》	张　立	《大众文学》	2008年11月	—
《迷失的蝴蝶——叶弥中篇小说〈小女人〉赏析》	张　立	《当代文坛》	2009年1月	2011年2月获省委宣传部评选的山东省刘勰文艺评论奖
《潍坊市校园文化研究》	李万瑞	中国文化出版社	2012年	—

第二节　艺术创作

潍坊市文学艺术界联合会，成立于1984年6月，初期内设办公室、文学创作室、协会工作部、潍坊书画院4个部室（院）。1997年10月，潍坊书画院更名为潍坊市文学艺术界联合会书画院，文艺创作室更名为潍坊市文学艺术界联合会文学创作室。2004年，市文联进行机构改革，机关主要职责、内部机构和人员编制重新确定。潍坊市作家协会与潍坊市文联合署，市文联、市作协机关设置办公室、组织联络部、文学院、书画院4个部室（院）。市文联、市作协机关事业编制总额16名。潍坊市文联实行团体会员制，至2012年12月，全市共有潍坊市作家协会、潍坊市美术家协会、潍坊市音乐家协会、潍坊市书法家协会、潍坊市摄影家协会、潍坊市舞蹈家协会、潍坊市民间文艺家协会、潍坊市电视艺术家协会、潍坊市楹联艺术家协会、潍坊市中外舞蹈交流协会、潍坊市硬笔书法家协会、潍坊市曲艺家协会、潍坊市酒文化研究会、潍坊市画廊协会、万印楼印社15个市级专业文艺家协会。

书法

潍坊市书法家协会　成立于1984年12月。2012年，有会员1250名，其中中国书法家协会会员97名，山东省书法家协会会员473名。

书法篆刻展研　1998年5月，为庆祝潍坊市建市50周年，举办“潍坊市书法篆刻展”，展出作品400余件，并编辑印刷作品集在开幕式首发。2000年9月，第七届中日书法联展在潍坊市博物馆开幕。为配合联展，向日方展示中国书法对传统的理解和表现，市书协举办首届临帖人展。2001年4月，潍坊市书协与市文联共同承办由潍坊市政府、中国书协篆刻委、山东书协、山东印社共同主办的“全国篆刻艺术展”。展览得到中国文联、中国书协、西泠印社大力支持，中国文联党组书记高占祥，中国书协副主席、篆刻委主任李铎对展览作出批示，中国书协主席沈鹏为展览题写展标。展览收到全国名家及作者捐赠、投稿篆刻原石近千件，共评出等级奖60件。中国书协、山东书协、山东印社领导出席开幕式，开幕式首发作品集和纪念卡。展览首次在国内篆刻展览中展示篆刻原石及其他一些有创意的展览形式，《中国书法》《书法报》《书法导报》对展览作专题报道，刊发作品和评述。2005年7月，市文联、市书协与西泠印社、山东印社等单位联合举办“陈介祺学术思想研讨会”。全国各地及海外专家学者60余人会聚潍坊，交流学术研究论文30多篇。由西泠印社出版的《陈介祺学术思想及成就研讨会论文集》同时在会上首发。

国际交流　1998年、2000年、2005年先后与日本国习字研究社举办三届联展，接待访华书法研修，举办现场挥毫交流会，组织摩崖石刻观摩和美术探讨，参观民间艺术表演，使国外艺术家了解中国文化的博大精深。潍坊市3次组团，分别由郑金兰、王庆德带队赴日本、韩国考察文化艺术，交流书法技艺。协助外事部门接待国外艺术团队，组织会员作品参加对外文化交流。

绘画

潍坊市美术家协会　成立于1988年1月。2012年，有会员1552名，其中中国美术家协会会员42名，山东省美术家协会会员270名。

年画创作　潍坊市新年画创作，鼎盛于80年代，式微于90年代。这一时期的年画创作，主要分为两大类：一类是在传统民间年画基础上，汲取五六十年代的相似年画创作经验，进行更进一步创作探索，作品力图保留民间年画的主要特征，并强调创新，作品主要参与各类学术展览；另一类是在各出版社根据现时市场需求安排的月份牌年画创作，作品艺术特点是汲取西洋古典绘画造型手法。

中国画创作 80年代以前，潍坊市中国画创作相对较弱，到1994年10月第八届全国美展以前的40多年中，全市尚无一件完整的中国画作品入选每五年一届的全国美展。潍坊市美协成立后，对中国画在潍坊发展提高采取侧重扶持措施，举办专业理论研讨，每年组织秋季国画写生活动，组织专门国画创作班等。1994年第八届全国美展和1999年第九届全国美展中，潍坊市入选8件中国画作品，1994年，市美协专门为第八届全国美展举办参加人数最多、持续时间最长、创作过程最充分、详尽和细致的一次国画创作活动，取得入选第八届全国美展5幅国画作品好成绩，实现潍坊在全国最高展事中国画作品零的突破。1999年春夏期间，市美协在潍坊美术学校坊子创作基地举办为期3个月以国画创作为主的综合创作研修班，在第九届全国美展中共入选作品13件，其中国画入选3件。其中于新生创作的人物画《吉祥腊月》获第九届全国美展银牌奖，成为山东省有史以来获奖等次最高的中国画作品。

摄影

潍坊市摄影家协会 成立于1998年1月6日，2012年，有会员2637名，其中中国摄影家协会会员47名、山东省摄影家协会会员490名。

全国摄影艺术展（国展） 1997年，高大庆作品《太阳河》在第十八届国展获艺术类优秀奖；2002年，韦良涛作品《奇妙的光》在第二十届国展获记录类优秀奖；2004年，韦良涛作品《天鸭晨歌》在第二十一届国展获艺术类优秀奖；2012年，王宁作品《巧遇》在第二十四届国展获记录类优秀奖。

山东省摄影艺术展（省展） 2004年，杜崇林作品《联通宝贝》参加第八届省展获联通类金奖；2009年，李育正作品《赶路》参加第九届省展获纪实类金奖，张景国作品《劳动者之歌》获纪实类银奖，樊伯玉作品《高原女儿》获人像类银奖，李琳琳作品《渴》获环境生态类银奖，张文南作品《香港晨曦》获环境生态类铜奖；2011年，张景国作品《乡村喜事》参加第十届省展获纪实类金奖。

山东省泰山文艺奖 2008年，唐国志作品《咱当兵的人》获第一届山东省“泰山文艺奖”摄影类三等奖；2009年，李强作品《链接人生》获第二届山东省“泰山文艺奖”摄影类三等奖；2010年，张景国作品《劳动者之歌》获第三届山东省“泰山文艺奖”摄影类二等奖；2012年，王宁作品《巧遇》、李育正作品《赶路》、常城作品《忙秋》获第五届山东省“泰山文艺奖”摄影类三等奖。

国际摄影艺术展 2005年，唐国志作品《咱当兵的人》参加中国第十一届国际摄影艺术展获铜奖。

民间文艺

潍坊市民间文艺家协会 成立于1988年8月，2012年，有会员449名，其中中国民间文艺家协会会员50名、山东省民间文艺家协会会员76名。

木版年画展研 自2008年4月开始，潍坊市文联和潍坊市民协借助文展会这个舞台，开始举办“民间文艺博览会”，广泛邀请全国各地民间艺术大师来潍展出精品力作，与潍坊当地名家同台竞技。2010年4月第三届文展会期间，市文联邀请中国民协主办 “建国以来历届获奖年画精品展”“全国木版年画联展”，以及中国民协、潍坊市人民政府、山东省民协、寒亭区人民政府共同举办的“中国（杨家埠）木版年画座谈会”等引人注目的活动，吸引了中国民协以及全国各地民协等专家学者和著名艺术家的积极参与。中国民协分党组成员、秘书长向云驹出席座谈会并作报告。潍坊木版年画研究最有成绩的当属“山花奖”获得者张殿英父子。1998年，张殿英、张运祥在青云山民俗游乐园创办“青云山年画馆”，以“木版年画靠我们传承而发展，我们靠木版年画出新而生存”为宗旨，完成“农家乐”的创作；试印成功失传的印金、粉印和拱花，全面恢复古代年画的印制技术，解决年画核褙跑色的难题，印出泡在水里不跑色的年画。2003年，张殿英将收藏的年画画版编辑印制《山东潍县年画》14卷，为中国最大的手工水印木版年画集，原版印刷10卷，缩刻本4卷，收录民间年画中各种形式和内容的代表作品。

民间文艺作品获奖情况 于新生年画《喜船》2001年获中国美协主办的全国第六届年画展银奖；王洪武年画《称千斤》2001年获中国美协主办的全国第六届年画展银奖；张殿英的《保护木版年画三大件》获2004年“中国第五届民间艺术山花奖·民间工艺奖”金奖；逄建明的年画《长命百岁》2004年获中国美协主办的第二届中国农民画展金奖；于建学的年画《地头》2004年获中国美协主办的第二届中国农民画展优秀奖；杨志滨年画《新吉庆有余》2004年获中国美协主办的第二届中国农民画展优秀奖；2012年张运祥获“中国第十届民间文艺山花奖”。

第三节 表演艺术

京剧

1991年，潍坊市京剧团共80人，在职65人，为全民事业单位。其中行政管理人员5人、业务人员60人，高级职称6人、中级职称30人、初级职称25人。2001年，更名为潍坊市京剧院。2012年7月，潍坊市京剧院合并归入潍坊艺术剧院有限公司。

1991年4月，举办潍坊世界风筝都全国京剧演员邀请赛（第一届群英会），著名京剧表演艺术家张君秋、杜近芳、宋昌林等近百位京剧名家荟萃潍坊，联袂演出《钓金龟》《红灯记》《乌盆记》等剧目，全国政协主席李瑞环观看演出。潍坊市京剧团演员王长生获《乌盆记》最佳演员奖，刘安娜获《贵妃醉酒》最佳表演奖，李春燕获《卖水》优秀演员奖，孙诚获《碰杯》优秀演员奖。同年5月，李淑兰、朱新华参加中央电视台戏曲演员电视大奖赛，《春秋配》《乌盆记》分别获“荧屏奖”。同年5月，刘安娜参加山东电视台全国中青年京剧演员电视选拔赛，获《贵妃醉酒》表演奖，李迎春、张金波获“荧屏奖”。

1992年4月，成功承办潍坊世界风筝都第二届“中国京剧优秀表演艺术家群英会”。同年，魏金勇改编传统京剧《新武家坡》，王长生饰薛平贵，李燕春饰王宝钏，赴天津参加文化部组织的全国京剧青年团队新创剧目展演，王长生获优秀表演奖、李春燕获表演奖。同年夏，京剧院复排大型革命现代京剧《沙家浜》《回春曲》《陈少敏》等剧目。

1993年4月，成功承办潍坊世界风筝都第三届“中国京剧优秀表演艺术家群英会”。同年9月，京剧院5名演员参加赴奥地利中国潍坊民间艺术展览风筝艺术节，在维也纳麦得林广场参加“狮子舞”“闹龙宫”“清唱”等活动，共演出5场。

1994年1月，大、中、小演出结合，将队伍一分为二，演出一队组织上山下乡为观众送戏；演出二队从1月4日起，赶赴深圳中国民俗文化村，历时3个月，演出270场，受到深圳观众称赞。同年4月，参加山东省“双凤杯”京剧青年演员比赛，李淑兰获一等奖，李伟、郭文华获二等奖，孙诚、李迎春获三等奖，宫春白获优秀奖。

1995年12月，青州市京剧团排演的新编历史剧《刘姥姥醉酒》（编剧穆世生），在山东省第五届文化艺术节会演中获编剧二等奖、导演一等奖、演员二等奖。1996年，安丘市京剧团排演的大型京剧《为了明天》（编剧牟家明）获山东省“演出百场”奖；1997年，该团排演由牟家明编剧的大型现代京剧《盛世硝烟》，获田汉戏剧奖剧本三等奖。

1998年，经潍坊市政府批准，京剧团选派40名年龄10～15岁学员，于1999年8月赴天津艺术学校，学习6年，培养后备传承人才。1998年12月，京剧院创作编排大型古装京剧《驼山寺》，参加第六届山东省文化艺术节，获优秀编剧奖、导演奖、舞美设计奖；王长生、李燕春获表演一等奖，薛葆元获作曲二等奖。同年12月，郭文华在山东省新剧目调演中获演员二等奖。

2000年10月，根据全国劳动模范、中共十六大代表王乐义带领农民致富先进事迹，创作现代京剧《生命的台阶》，参加山东省第八届文化艺术节，获演出一等奖。

2001年，李淑兰获全国京剧青年演员展演一等奖。同年，李伟、孙传红在山东省京剧青年演员电视大赛中获优秀表演奖；在“哈药六杯”全国京剧青年演员电视大奖赛中均获“荧屏奖”。

2002年4月，在潍坊国际风筝会期间，举办第十一届中国京剧群英会和“鸢都春之韵”两台大型文艺晚会，取得圆满成功。2003年4月，成功举办“第十二届中国京剧群英会”和“潍州之春”两台大型文艺晚会。2004年4月，风筝会邀请河北省歌舞剧院到潍演出7场，邀请天津艺校到潍坊演出2场京剧折子戏。同年，潍坊市京剧院录用20名艺校毕业生，其中京剧表演17人、演奏3人。

1991—2012年，共举办27届“中国京剧优秀表演艺术家群英会”，一批中青年演员得到锻炼成长，京剧艺术创作表演繁荣。市京剧团为潍坊国际风筝会举办“鸢都春之韵”“明珠盛世”“奎丰奇之夜”“崔字牌香油之夜”等大型文艺晚会，将潍坊文化传播到世界，促进中外文化交流。潍坊市京剧院排演各种题材现代戏、新编历史戏、优秀传统戏200余出，在北京、上海、天津、深圳、温州、济南、青岛、烟台等全国大中城市和厂矿、农村、部队，巡回演出153场，观众16.8万人次。

吕剧

1991年，市吕剧团在编人员45人。2001年9月1日，更名为潍坊市吕剧院。2012年，吕剧院在编59人，其中正高级职称3人、副高级职称9人、中级职称29人、初级职称17人。

1991年，市吕剧院举办潍坊国际风筝会“鸢都乐”文艺演出，以吕剧团作为班底，邀请侯耀文、杨少华、李玲玉、郭达、蔡明、倪萍等知名艺人同台演出。吕剧联唱《赞潍坊》、吕剧《相聚在潍坊》、吕剧表演唱《四个张小六、四个李二嫂》演出成功。同年，参加山东省中青年戏曲大奖赛，秦霞《井台会》获二等奖；孟春红《宝玉哭灵》片段获三等奖；张佳丽《江姐》片段获优秀奖。同年，改编话剧《生命之光》。

1991—1993年，市吕剧团排演剧目《皇后泪》《生命之光》《少年王尽美》《借年后传》《仇大姑》《麦苗郎》《胡林抢亲》《王定保借当》《奇婚记》。1992年，为景芝酒厂创作一台专题文艺节目，参加山东省白酒节做专题演出。同年6月，全体演员乐队参加潍坊人民广播电台《少年王尽美》全剧录音。

1994年，排演吕剧《龙凤峪》，获潍坊市“精品工程”奖。1995年，排演大型现代吕剧《憨歌》，参加山东省第五届艺术节，获剧目二等奖。1996年，大型现代吕剧《根的呼唤》，获山东省吕剧会演剧目二等奖。1997年，张效忠在吕剧电视戏曲《大地情深》中饰赵玉祥，获全国第五届电视戏曲“金鹰奖”最佳演员奖。

1998年，排演大型现代吕剧《春暖桃花

村》，参加第六届山东艺术节，获剧目一等奖，张效忠、孟春红获表演一等奖。同年，该剧获山东省第五届“精品工程”奖。

1999年，尹文军获山东省文化厅首届器乐大赛优秀演奏奖。同年，由国家新闻出版署批准，市吕剧团将《墙头记》《喝面叶》《双玉禅》《胡林抢亲》《寻子记》《王小赶脚》《王定保借当》《廉锦凤》《挂画》《喜荣归》《鸿雁传书》《井台会》12部传统剧目和3部现代戏《李二嫂后传》《李二嫂改嫁》《江姐》（高山古城一折）录像并制成VCD光盘向全国发行。同年，排演大型现代吕剧《碧水长流》，12月底赴济南向山东省委汇报演出。

2000年，《碧水长流》在潍坊市、寿光、青州、临朐、诸城、高密、昌邑、寒亭等地巡回演出。同年，大型现代吕剧《李二嫂后传》应邀参加第二届上海国际艺术节，潍坊地方戏首次登上国际艺术殿堂，并赢得中外观众好评。同年，大型现代吕剧《春暖桃花村》被评为1998—1999年度潍坊市精神文明建设“精品工程”作品奖，同年获山东省第六届艺术节演出一等奖。

2001年，应中纪委、文化部邀请，大型现代吕剧《碧水长流》《李二嫂后传》赴京在全国政协礼堂向中央领导汇报演出，中央电视台综艺频道和戏曲频道等多次播放演出实况。同年，该剧获第八届全国精神文明建设“五个一工程”作品奖，市吕剧院被文化部授予“全国文化先进集体”荣誉称号。同年，该剧又获山东省第六届精神文明建设“精品工程”特别奖，潍坊市吕剧院被山东省文化厅通报表彰，潍坊市委为潍坊市吕剧院记集体二等功一次，张亚宁、隋永毅记个人二等功一次。经省纪委批准，《碧水长流》全省巡回展演，市吕剧院先后到日照、五莲等30多个地市演出。

2002年，大型现代吕剧《李二嫂后传》获潍坊市1999—2001年度精神文明建设“精品工程”作品奖。同年，应潍坊军分区邀请，创作排练由李英明编剧的现代大戏《无悔人生》，把新时期好军嫂王惠萍事迹搬上舞台，受到普遍好评。

2004年，大型现代吕剧《李二嫂后传》获山东省第七届精神文明建设“精品工程”奖。同年7月，在全省吕剧中青年演员比赛中，市吕剧院获3个一等奖，3个二等奖。2005年，“七一”期间，中央电视台在黄金时段播出吕剧院创作演出的吕剧报告剧《王乐义》，成为央视播出吕剧院的第三个剧目；9月，编排大型现代吕剧《王乐义》，并在全市巡回演出。2006年，市吕剧院创作演出《李二嫂后传》获山东省第七届精神文明建设“精品工程”入选作品奖。2007年，大型现代吕剧《李二嫂后传》应邀参加东营首届吕剧艺术节精品剧目展演。2008年，吕剧《王乐义》获山东省精神文明建设“文艺精品工程”奖。2009年，据崔学选事迹创作的大型现代吕剧《情洒北川》演出。

2012年4月，刘家声、徐鹏编剧，栾胜利作曲，史萍、刘兴金、吕学芹、孙温文、郝元新等演出的大型现代吕剧《李二嫂的新故事》开始创作排练，列为中国第十届艺术节参赛剧目。

除潍坊市吕剧院外，昌邑、临朐、寒亭、青州等县市区吕剧团活跃于乡镇（街道），以表演群众喜闻乐见的传统戏曲为主，丰富群众文化生活，传承吕剧表演艺术。

至2012年，先后排演优秀传统剧目和现代戏200多部，保留代表剧目有《王汉喜借年》《小姑贤》《墙头记》《姊妹易嫁》《龙凤面》《喝面叶》《双玉禅》《寻子记》《王小赶脚》《井台会》《李二嫂改嫁》《李二嫂后传》等，演出1万多场。

茂腔

茂腔最初为民间哼唱的小调，又称“肘子

鼓”，有200多年历史，主要活跃于高密、诸城、安丘等地，有14个剧目，代表剧目有“四大京”（《东京》《西京》《南京》《北京》）、“八大记”（《罗衫记》《玉杯记》《绣鞋记》《火龙记》《金簪记》《钥匙记》《风筝记》《丝銮记》）等，唱腔委婉幽怨，生活气息浓郁，唱词口语化，简单易学，伴奏乐器简单，久演不衰，成为流行于潍坊的传统地方戏曲。

1991年，高密市茂腔剧团共54人，为全民事业单位。其中，行政管理人员3人，业务人员51人，具有高级职称1人，中级职称12人，初级职称10人。1992年，高密茂腔剧院排演现代戏《瓜园情》，由山东电视台拍摄成舞台戏曲片，在山东电视台播放。1993年，潍坊市政府决定高密市茂腔剧团更名为潍坊市茂腔剧团。茂腔《根的呼唤》获山东省“精品工程奖”（1995年，推荐参评“曹禺戏剧文学奖”获提名奖）。《盼儿记》《根的呼唤》两部大戏均被长春电影制片厂改编拍成故事片，于1994年前后在全国公开发行放映。1995年，潍坊市茂腔剧团与高密市影剧院合并成立高密市艺术剧院。其间，茂腔剧团创作演出大型历史戏《黑牡丹》，大型古装戏《林娘》《春江月》《南京殿》《三子争父》《莫愁女》《马前泼水》《梁山伯与祝英台》《女驸马》等，排演现代戏《倒霉大叔的婚事》《李二嫂后传》《桃花与杏花》《焦裕禄》等剧目。2009年7月，中央电视台戏曲频道“燕升访谈——戏苑百家”高密茂腔专辑正式播出,是高密茂腔继1990年晋京演出后，第二次进京，走上中央电视台屏幕，向全国电视观众展示高密茂腔的艺术魅力。2011年10月，根据传统茂腔《墙头记》改编的动漫剧，连续在高密电视台播放7次，并在当年山东省高考试题中，作为考察考生“文化创新”知识点试题。

2006年5月，高密茂腔被国务院列入首批国家级非物质文化遗产保护名录。2012年，依托高密市茂腔剧团，建立非物质文化遗产传习所（高密茂腔），并被潍坊市命名为“高密茂腔传承基地”。

除国有剧团高密茂腔剧团外，在高密还活跃着鸿展、大柴等20多个业余庄户剧团，有各类茂腔艺术传承人500人左右。高密茂腔有近百部深受观众喜爱的优秀传统茂腔剧目。2008年后，全市各类茂腔表演团体先后创作反映群众生产生活《洼里人家》《换婆婆》《灶王搬家》《牛板筋》《高密是个好地方》《城乡环卫是一家》等10多部现代茂腔剧。至2012年，高密市茂腔剧团发展到91人，成为潍坊唯一国有剧团。

周姑戏

流行于临朐、青州等地，有200余年历史，其前身为肘鼓戏，虽与淄博五音戏、青岛茂腔同属一个母体，但唱腔和曲牌截然不同。主要唱腔是“周姑正调”，分快、慢两种，另外还有“喊娃娃”“扑灯蛾”“呀油调”“过仙桥”“五齿耙”等曲牌。行腔用板、鼓、小锣伴奏。周姑戏代表剧目有《双生赶船》《梁祝下山》《王二卖草》《闹学》《崔寡妇上坟》《亲家婆顶嘴》《思春》等40余出。周姑戏最兴盛时期是19世纪末20世纪初，仅临朐境内就有专业和季节性班社10多个，业余子弟班遍布全县。三四十年代，由于战乱和灾荒，周姑戏班解体，周姑戏唱腔销声匿迹。进入21世纪，在党委政府和文化主管部门支持下，临朐周姑戏得到较好保护和传承。

2000年起，周姑戏得到较快发展。随着传统剧目得到挖掘，新编剧目不断涌现，临朐县、青州市大大小小20多支民间演出队伍活跃于乡村，每年演出700多场，深受当地百姓喜爱。2009年，临朐周姑戏被列为第二批省级非物质文化遗产项目。2012年4月，临朐县文化馆创作的小戏《珍贵礼物》获得首届山东省地方戏新创小戏展演大赛三等奖、最佳编剧奖、最佳男演员奖。

1991—2012年潍坊市戏剧创作与展演成果一览表

26—1—11

作品（著作）名称	作者	类别	发表（出版）报刊（社）	发表（出版）时间	演出或参赛情况	获奖情况
《盼儿记》	牟家明	大型现代戏曲	—	—	1991年由高密茂腔剧团晋京演出	1993年1月获“中国人口文化奖”、获文化部嘉奖
《陈少敏三请徐公》	王汝凯 牟家明 李英明	大型现代京剧	《戏剧丛刊》	1991年第5期	1994年由潍坊市京剧团演出	—
《东京》	孙洪菊饰演赵美蓉	茂腔	—	—	1991年12月参加山东省地方戏中青年演员大赛	一等奖
《对花枪》	夏美华饰演姜桂芝	茂腔	—	—	1991年12月参加山东省地方戏中青年演员大赛	二等奖
《我们是朋友》	李英明	话剧小品	《戏剧丛刊》	1992年第1期	—	—
《走向延安》	冯蜂鸣	六场京剧	—	—	1992年，青州市业余演员与青州京剧团联合演出	—
《弄潮的人》	牟家明	大型现代吕剧			1992年由昌邑吕剧团演出	
《女人也是人》	牟家明（合作）	电影故事片	—	—	1992年先后参加山东电影节和上海农村题材电影节	1992年获山东电影节“龙山杯”优秀故事片奖，获上海农村题材电影节“腾飞奖”，1992年12月获广西文化厅“铜鼓奖”
《罗衫记》	肖秀花饰演郑月素	茂腔	—	—	1992年10月参加由潍坊文化局、潍坊电视台组织的潍坊市中青年戏剧演员大奖赛	二等奖
《龙凤峪》	王兆田	大型吕剧	中国戏剧出版社	1993年	1993年由潍坊市吕剧团演出	—
《根的呼唤》	牟家明	大型现代戏曲	中国戏剧出版社	1994年	1993年由高密茂腔剧团演出	1994年1月获“曹禺戏剧文学奖”提名奖
《芝麻官断案》	高密市艺术剧院	茂腔现代戏	—	—	1994年9月山东省首届水利艺术节演出	特等奖

续表26－1－11

作品（著作）名称	作者	类别	发表（出版）报刊（社）	发表（出版）时间	演出或参赛情况	获奖情况
《盼儿记》	高密市艺术剧院	茂腔现代戏	—	—	—	1994年11月获国家计划生育委员会、中国人口文化促进会颁发的第二届中国人口文化奖（飞龙杯）二等奖
《华之光》	冯蜂鸣	四幕话剧	—	1995年	在青州、潍坊、济南、安徽淮北等地，演出60多场。由二炮邀请晋京演出	—
《根的呼唤》	高密市艺术剧院	茂腔现代戏	—	—	—	1995年2月获山东省1994年度精神文明建设精品工程入选作品
《在门口》	李英明	话剧小品	—	—	1995年12月参加“重钢杯全国百优小品大赛”	一等奖
《为了明天》	牟家明	大型现代京剧	—	—	1995年由安丘剧团演出	1996年2月获山东省“演出百场”奖
《娘要嫁人》	王汝凯	十八集电视连续剧	—	—	1995年由潍坊电视台拍摄播放	1996年2月获省“精品工程奖”，1996年12月获山东省第八届优秀长篇电视剧二等奖
《盛世硝烟》	牟家明	大型现代京剧	《戏剧丛刊》	1996年	1996年由安丘京剧团演出	1997年2月获华东田汉戏剧奖剧本三等奖
《东京》	孙洪菊饰演赵美蓉	茂腔	—	1996年	山东省地方戏曲邀请赛	一等奖
《对花枪》	夏美华饰演姜桂芝					
《千里姻缘》	牟家明	快板小品	—	—	1997年中央电视台《综艺大观》栏目播出	—
《蜜月》	牟家明	小品	—	—	1997年由山东省京剧团演出	—

续表26—1—11

作品（著作）名称	作者	类别	发表（出版）报刊（社）	发表（出版）时间	演出或参赛情况	获奖情况
《瓜果飘香》	牟家明	大型现代吕剧	—	—	1997年由平度吕剧团演出500余场，1998年应财政部之邀晋京演出	1998年2月获青岛市剧本特别奖
《东京》	孙洪菊饰演赵美蓉	茂腔	—	—	1997年10月参加山东省电视大奖赛	铜奖
《驼山寺》	冯蜂鸣	八场京剧	—	—	1998年由潍坊京剧院演出	—
《憨哥》	牟家明（合作）	大型现代吕剧	—	—	1998年由潍坊市吕剧团演出	—
《花龙潭》	王汝凯	电影文学剧本	《戏剧丛刊》	1999年第5期	—	—
《三九桃花开》	王兆田	现代大戏	《戏剧丛刊》	1999年第5期	—	—
《寻找担保》	王汝凯	大型现代话剧	《戏剧丛刊》	1999年	2000年2月山东省第八届舞台剧本评奖	三等奖
《陈少敏三请徐公》	牟家明	大型现代京剧	—	—	2000年由安丘京剧团演出	2001年2月获山东省艺术节剧本创作一等奖
《傍晚，爸等儿子回电话》	王汝凯	独幕话剧	—	—	2001年9月参加山东省政法系统会演	一等奖
《碧水长流》	牟家明	大型现代吕剧	—	—	2000年由潍坊市吕剧院晋京演出	2001年12月获全国“五个一工程”奖
《生命的台阶》	王汝凯 李英明 秦景林	大型现代京剧	《戏剧丛刊》	2003年第6期	2002年由潍坊市京剧院演出	2004年2月获第八届山东省文化艺术节创作三等奖。2009年12月获山东省“精品工程奖”
《郑国渠》	郭建华	十场京剧	《戏剧丛刊》	2003年第六期	—	—
《无悔人生》	李英明 王汝凯 戴丽娜	大型现代吕剧	《戏剧丛刊》	2003年第6期	—	—
《为求担保》	王汝凯 王永新 李英明	戏曲电视剧文学剧本	《戏剧丛刊》	2003年第6期	—	2003年12月获中国戏剧文学奖铜奖
《望江亭》选段	李秋兰	戏曲	—	—	2003年参加省戏剧家协会、省电台票友大赛；2004年12月参加第二届中国戏曲演唱红梅大赛山东赛区比赛	获票友大赛最佳演唱奖；红梅大赛山东赛区比赛一等奖

续表26－1－11

作品（著作）名称	作者	类别	发表（出版）报刊（社）	发表（出版）时间	演出或参赛情况	获奖情况
《状元媒》	李秋兰	戏曲	—	—	2004年8月山东省赛区德艺双馨大赛；2008年6月文化部“和平杯”大赛	德艺双馨大赛金奖、和平杯大赛获山东赛区金奖
《烟霞明宫》	冯蜂鸣	戏剧	泰山出版社	2006年	—	—
《牟家明获奖剧作选》	牟家明	戏剧剧本集	中国戏剧出版社出版	2006年	—	—
《养猪记》	李英明（合作）	小戏曲	《戏剧丛刊》	2007年第4期	—	—
《春满人间》	张树宝 刘金玲	吕剧	—	—	2007年度山东省群众文艺作品征集评选	二等奖
《两棵树》	王星营 杨晓芹	吕剧	—	2007年12月	获2007年度山东省群众文艺作品征集评选	一等奖
《女起解》	李秋兰	戏曲	—	—	2008年1月中央电视台戏曲频道《过把瘾》栏目擂台赛；2010年6月文化部举办的和平杯大赛	擂台赛优胜奖；和平杯大赛山东赛区金奖
《娄山关》	李秋兰	戏曲	—	—	2008年1月参加中央电视台戏曲频道《过把瘾》栏目擂台赛	优胜奖
《开播之前》	李学文 刘景贤	戏剧	—	—	2008年4月山东省社会文化“星光奖”评选活动	优秀奖
《潍县县令郑板桥》	李英明 王汝凯	大型新编历史剧	—	—	2009年2月参加山东省文化厅“庆祝建国60周年重点剧本评选”	优秀剧本奖
《家园》	张晓青 李爱华	戏剧	—	—	2010年10月“第十届华东六省一市戏剧小品大赛”	银奖
《对花枪》	孙秀芝饰演姜桂芝	茂腔	—	—	2011年7月参加山东省庆“七一、迎十艺”地方戏青年演员大奖赛	二等奖
《铁税官》	王云峰	小吕剧	2011年11月	—	2011年11月“中华颂”第三届全国小戏小品曲艺大展	二等奖
《换婆婆》	高密市艺术剧院	茂腔现代小戏	—	—	2012年7月参加山东省首届地方戏新创作小戏展演	三等奖

歌舞　曲艺

潍坊市歌舞剧院始建于1960年，原为潍坊市文工团；1984年，改称潍坊市歌舞团；2001年9月，更名为潍坊市歌舞剧院，隶属于潍坊市文化局，为全民所有制事业单位，高级职称5人，副高级职称11人，中级职称24人，初级职称25人。

1991年6月，潍坊市歌舞团在原昌潍地委大礼堂创作演出潍坊市庆祝建党70周年大型文艺晚会《红旗颂》。同月，创作演出大型民俗交响舞剧《风情颂》。同年7月，剧团赴杭州市滑稽剧团学习，改编并演出《爆炸滑稽音乐会》，赴青岛、平度、崂山等地演出40余场。同年8月，参加山东省第三届文化节汇报演出。同年9月，乐队担任全国农民歌手大奖赛伴奏，获大赛组委会颁发优秀伴奏奖。同年，由市艺术馆周建群、徐成艳编舞，李晓霞、高银霞演出的《高密三绝》，获中国粮油总公司直属单位首届文艺会演优秀奖；并于同年12月获山东省经贸委迎新春职工文艺调演二等奖。

1992年2月，由魏金永为团长的潍坊市人民政府代表团（共42人）赴爱沙尼亚访问演出，历时两个月，演出获得成功。

1993年12月，在昌潍地委大礼堂创作演出潍坊市纪念毛泽东诞辰100周年文艺晚会《我的祖国》。

1994年5月，应淄博市文化局邀请，为淄博市首届陶瓷琉璃艺术节演出大型文艺晚会《万沣之光》。同年，市群众艺术馆郭兆明舞蹈《飞起的梦》获山东省第三届“小飞天”儿童舞蹈比赛创作一等奖。寒亭文化馆编排的民间舞《齐鲁雄兵》由中央电视台录制并于黄金时段播放，在中央电视台《山东行》栏目中作为文化片头向欧美38个国家和地区播放。昌邑市文化馆张延汾小品《难以承受的无所谓》获全国业余小品创作大赛二等奖。孙乐文的小品《缺口》获首届全国业余小品创作百优赛表演二等奖。

1995年4月，中国剧协举办“95重钢杯”百优小品电视大奖赛，潍坊创作演出的小品《缺口》（编剧孙乐文，导演郦子柏、王文苑，表演韩忠孝、高政）获三等奖。同年8月，在潍州剧场与潍坊艺校联合创作演出潍坊市纪念世界反法西斯和中国抗战胜利50周年大型文艺晚会《为了和平》。9月，参加潍坊市第二届“企业之声杯”文艺大奖赛，魏少杰编排歌伴舞《在中国大地上》获三等奖。同月，为潍坊市委政法委“社会治安综合治理专题综艺晚会”创作演出《为了这方热土》。10月，在市体育馆为山东省第三届农民运动会举办开幕式《金秋之光》文艺晚会。同年11月，为潍坊邮政局创作演出专题文艺晚会，向各县市区邮政干部职工慰问演出20余场。配乐诗朗诵《生命的彩虹》（编剧秦景林、高政，表演李静），相声《雄鹰赞》（编剧赵传经、刘月明，表演刘月明、赵传经），小品《养儿防“恼”》（表演高政、马永平、赵传经、韩忠孝）获广泛好评。同年12月，参加山东省第五届文化艺术节，演出创作剧目无场次话剧《邵述衡》（编剧张延芬，导演王观光、柴振铎），演员王天文、高政、陈玉华获表演二等奖，该话剧在潍坊市区演出30余场。是年，临朐县文化馆张玉臻、孙永利合演小品《收购苦恼》参加文化部举办的全国戏剧小品大赛，获全国“群星奖”银奖，张玉臻、孙永利分别被山东省文化厅记一等功、二等功。

1997年6月，在山东省群众文艺创作大奖赛中，寿光市羊口文化馆夏金亭的小品《前途》和民间故事《妙手回春》获二等奖。7月，在潍柴文化宫与潍坊艺校联合创作演出潍坊市庆祝香港回归文艺晚会《梦圆九七》。8月，向苏州市滑稽剧团学习演出儿童喜剧《一二三，起步走》，该剧在潍城、奎文、昌邑、高密、诸城、安丘、昌乐、寿光、青州以及淄博、莱芜、莱州等地演出268场，成为剧院有史以来演出场次最多、效益最好、社会影响最大的剧目。同年，临朐县文化馆张玉臻、王秀芹合演小品《特殊任务》在第五届华东地区（城阳杯）戏剧小品大赛中获一等奖，并于1999年在“金狮奖”第三届小品比赛中获三等奖。

2000年9月，市歌舞团代表市计生委参加由省计生委、省文化厅主办的山东省计生文艺调演，配乐诗朗诵《誓言》（编剧高政，作曲杨祖光，表演李静、刘月明、张倩倩）；小品《上访》（编剧张延芬，表演韩忠孝、马永平、谭丽君）获一等奖。舞蹈《解放》（表演魏少杰）获二等奖。同年10月，市歌舞团为市计生委编排计生专题综艺晚会“婚育新风进万家”，在全市各县市区进行慰问巡演，配乐诗朗诵《誓言》，小品《上访》《退亲》，舞蹈《解放》等，受到好评。同年，市群众艺术馆杨祖光的音乐剧《海力布》《二小放牛郎》，舞蹈《风筝魂》，课本剧《小萝卜头》获山东省中小学文艺会演一等奖。参加文化部在北京举办的全国部分省市农村题材小戏调演，临朐县文化馆编演的小吕剧《借媳妇》参演。临朐县文化馆组织辅导排练的快板剧《晒粮》，先后到安丘、青岛等地巡回演出，并于2002年晋京参加公安系统全国文艺调演获三等奖。昌乐县文化馆李迈山、王建华小品《大夹子》获山东省戏剧电视小品大奖赛二等奖。同年12月，高密市文化馆张自照表演的山东快书《刘大妈私访》获山东省曲艺会演群文组二等奖。由诸城市文化馆孙乐文创作的小品《缺陷》《张罗锅打假》和《如此成名》分获山东省第三届戏剧小品评选一、二、三等奖。

2001年1月，为工商银行潍坊支行编排“相约新世纪”专题综艺晚会，并到全市各县市区进行慰问演出，小品《储户永远是上帝》，相声《铁大门》等获观众普遍好评。同年9月，参加山东省第七届文化艺术节，市歌舞剧院创作的现代话剧《真情无悔》，获编剧一等奖（张延芬），导演一等奖（杨坤，特邀），演出一等奖，舞美设计二等奖（韩鲁，特邀），胥志刚（特邀）、高政、李静、赵传经、吴京泽、宋洋获表演二等奖。随后在全市部分县市区、乡镇巡回演出50余场。

2002年，王德信小品《精简》获第二届全国剧本小品征文大赛二等奖。在全国儿童剧会演中，市群众艺术馆杨祖光创作的舞剧小品《老奶奶的故事》获金奖。

2003年1—3月，创作排练现代话剧《风筝谣》。3月，潍坊市歌舞剧院被中国人口文化促进会吸收为团体会员。7月，话剧《风筝谣》获山东省计生委、文化厅主办的2003全省人口文化文艺节（剧）目戏剧一等奖。9月，参加潍坊市“国税杯”反腐倡廉文艺会演《清风颂》电视颁奖晚会，音乐诗剧《他是一面旗帜》获一等奖［编剧高政，作曲夏德友，导演侯素珍，表演张倩倩、冷冬（特邀）、李耀］。10月，为潍坊市工商局创作演出《红盾之歌》专题综艺晚会，并到12县市区进行巡演。11月，现代话剧《风筝谣》获由国家计生委、文化部、国家广电总局、全国妇联、中国文联、中国作协、中国人口文化促进会七部委主办的第十一届中国人口文化奖（华东杯）话剧金奖。

2004年4月18—21日，潍坊市歌舞剧院举办第二十一届潍坊国际风筝会艺术节大型综艺晚会《美林之春》。8月，在潍柴文化宫创作演出纪念邓小平诞辰100周年大型综艺晚会《百年小平》。9月，为庆祝人大成立50周年，创作演出电视文艺晚会《辉煌历程》，在潍坊电视台直播。是年，李惠霞舞蹈《女钟馗》获山东省技能比赛一等奖。梁明指导的民乐合奏曲《希望》获首届中国少年儿童艺术节一等奖，并获指导特别奖。

2005年1—3月，市歌舞剧院赴潍柴、市自来水公司、工商银行潍坊支行、昌乐、安丘、临朐、胶州、东营等地演出。4月上旬，为配合全市保持共产党员先进性教育活动，排练《党旗在召唤》大型文艺晚会，在潍州剧场演出后广获赞誉。7月，参加山东省暨潍坊拥军慰问团，向“和平使命”——2005中俄演习部队进行慰问演出。同年8月，为纪念潍县集中营解放60周年在潍柴文化宫创作演出大型文艺晚会《放飞和平》。

2006年，市歌舞剧院相继举办纪念建党85周年、长征胜利70周年文艺演出。完成市委、市政府部署的为江泽民到潍坊文艺演出、风筝会市长论坛文艺演出、全国品牌万里行山东潍坊活动日启动仪式文艺晚会、山东省高等教育论坛文艺晚会以及广饶县西刘桥乡文化艺术节、潍坊市建设系统第三届“昌大杯”青年歌手大奖赛颁奖文艺晚会、北汽福田重工庆国庆大型文艺晚会、青州市庆国庆歌咏晚会、世纪泰华广场五周年庆典晚会、山东交通职业学院欢迎省人才培养工作水平评估汇报演出、滨州职业学院建院50周年庆典晚会、山东财政监督业务培训班联欢晚会、寒亭供电系统庆国庆歌咏晚会、潍坊供电系统庆国庆职工文艺会演等十几台大型文艺演出。

2007年10月，在青岛举办2007（青岛）潍坊周期间，第十三届鲁台经贸洽谈会在潍坊隆重开幕，邀请青岛市歌舞剧院海信交响乐团到潍坊举办题为《扬帆青岛 放飞潍坊》大型视听交响音乐会，取得圆满成功。

2008年4月，全国烟草行业第四届文艺会演在武汉举行，市歌舞剧院组织78人大型舞蹈队伍，创作排练5个大型舞蹈，参加全国会演并全部获奖，在山东省各地安排巡回演出17场。同年，剧院先后举办全市京剧票友大赛暨韩国脸谱节选拔赛、与市音乐家协会联合举办管弦乐比赛、为纪念改革开放30周年举办剧院歌唱演员杨娟个人独唱音乐会、青岛潍坊周等活动。2009年，参加或举办的大型演出有：东营市元宵灯会演出、潍坊市投资公司20周年庆典晚会、奎文区建区15周年晚会、市财政局国庆歌咏比赛、潍坊市新年音乐会等规模及社会影响较大的演出活动。

2010年，先后举办高密市春节联欢晚会、市政协迎新春茶话会演出、市财政局迎新春联欢会、北汽福田“黄岛迎新春年会”、曲阜孔子艺术节开幕式、风筝会大型杂技晚会、东营黄河影剧院庆七一晚会、坊子区财政局“财政之光”消夏文艺晚会、奎文区社区艺术节开幕式演出、安丘鲁安药业30周年庆典晚会、市财政局“和谐家园文明之夏”文艺晚会、二十六集团军鸢都国防颂演出、安丘计生委纪念公开信文艺晚会、章丘艺术节开幕式演出、莱阳梨艺术节开幕式演出等。同年10月，在富华国际俱乐部举办“纪念潍坊市歌舞剧院（潍坊市文工团、潍坊市歌舞团）成立50周年庆典大会”。

2011—2012年，市歌舞剧院先后举办济南烟草系统迎新春联欢晚会（演出阵容近100人）、潍坊歌尔公司10周年庆典、风筝会期间“中信之春”大型综艺晚会、潍坊投资公司庆祝中国共产党成立90周年晚会、昌乐县迎新春联欢晚会、青州市迎新春联欢晚会、高密市迎新春联欢晚会、胜利发电厂迎新春联欢晚会、市财政局迎新春联欢晚会、东营龙居镇桑葚采摘暨黄河文化节开幕庆典演出（4场）、第二十九届潍坊国际风筝会《潍坊之星》大型综艺晚会（4场）、东营市胜中区迎“七一”文艺晚会、潍坊经济开发区双阳街道办事处成立庆典暨庆祝中国共产党成立91周年大型歌舞晚会、潍坊首届森林音乐会等10多场较大规模演出活动。

1991—2012年，市歌舞剧院排演歌剧、话剧、舞剧30余部，歌舞晚会200余台。上演歌剧有《江姐》《小二黑结婚》《洪湖赤卫队》《哑姑泉》《窦娥冤》《红珊瑚》《宦娘》《甜酸苦辣》等。创作剧目有歌剧《海韵》，话剧《邵述衡》《真情无悔》《风筝谣》，舞剧《风情颂》《风流一代》，话剧《雷雨》《一双绣花鞋》《于无声处》《秋海棠》《枫叶红了的时候》《喜事的烦恼》《救救她》《谁是强者》《阿混新传》《甜酸苦辣》等。

音乐

1991—2012年，全市音乐创作和表演艺术成就显著，50多首歌曲和戏剧音乐获省以上大奖。1993年，在中国文联、中国音协举办的“中外建三峡杯”中国工人歌曲征集活动中，临朐县文化馆参加演出的歌曲《愿把青春献祖国》获三等奖、《花香带来满庭芳》获优秀作品奖，同时在中央人民广播电台播出。1993年，寒亭区文化馆歌手徐健演唱的歌曲《辉煌的十年》获全省纺织系统会演一等奖。1994年，临朐县文化馆谭建国作曲的歌曲《黄河口》获中华歌会征歌金奖，歌曲《献给人间一片爱》获“中国潮”行业歌赛金奖，并由中央电视台播放；1997年，谭建国作曲《春风桃李之歌》获全国行业金曲展评金奖；《女儿心》获山东省群众文化创作三等奖，由中央人民广播电台播放。潍坊市文艺创作室作曲家先后有30多首歌曲获省以上音乐奖、创作奖。其中《迈向新时代》1992年获文化部“金孔雀奖”、《情洒梨园》获山东省广电厅一等奖，《多彩的旋律》《金色的飞旋》入选1994年“中国潮金曲”，《故乡人》1996年获省文联优秀创作奖，《祝福你祖国跨世纪的生日》获1998年省文联作曲银奖，《相思中华》获优秀创作奖。《我和大海是朋友》获1998年山东人民广播电台优秀创作奖。《走向辉煌》获1999年山东省群文学会一等奖、《情寄黄河口》2006年获中国音协全国征歌优秀奖。1995年，由中国戏剧出版社出版个人歌曲集《吴凡歌曲99首》。1991—1996年，先后为大型京剧《盛世硝烟》《驼山寺》《陈少敏三请徐公》、电视连续剧《女税官》等剧目音乐作曲，并有多首歌曲在省以上专业丛刊发表。2000年7月，高密市文化馆张洪宾作曲、文化局魏修良作词歌曲《再创辉煌新世纪》获建党80周年全国征歌一等奖，并于2002年3月获1999—2001年度潍坊市精品工程奖。

2012年7月，潍坊市歌舞剧院与潍坊市京剧院、潍坊市吕剧院合并组建潍坊艺术剧院有限公司。是年，全市有中国音乐家协会会员38人，山东省音乐家协会会员206人，潍坊市音乐家协会会员806人，获省以上音乐类作品奖36件。全市有650名音乐家从事音乐教学与艺术传播工作，共培训音乐人才8000余人次。

附：莫言获诺贝尔文学奖

莫言，原名管谟业，山东高密人，1976年参军入伍。1985年5月，短篇小说《黑沙滩》获“《解放军文艺》优秀作品奖”。1986年3月，短篇小说《枯河》获“《北京文学》奖”。中篇小说《红高粱》在《人民文学》1986年第3期发表，10月，获总参谋部首届“新长征文学奖”一等奖。1987年6月，散文《马蹄》获“《解放军文艺》优秀作品奖”；7月，报告文学《大音希声》获总参谋部第二届“新长征文学奖”；中篇小说《红高粱》，被读者推选为年度“我最喜爱的作品”第一名，1987年获全国优秀中篇小说奖。1988年2月，由莫言等编剧、张艺谋执导电影《红高粱》获西柏林第38届电影节最高奖——金熊奖，引起世界对中国电影关注；6月，中篇小说《红高粱》获"《解放军文艺》优秀作品奖"；8月，长篇小说《红高粱家族》获第二届"全国图书金钥匙奖"；9月，中篇小说《狗道》获第三届"《十月》文学奖"荣誉奖。1989年3月，短篇小说《白狗秋千架》获台湾联合报小说奖；中篇小说《红高粱》获《中篇小说选刊》奖。5月，中篇小说《复仇记》获"1984—1986年度《青年文学》创作奖"；9月，中篇小说《高粱酒》获总参谋部首届文艺奖。

1992年5月，报告文学《一夜风流》获总政文化部报告文学优秀奖；8月，报告文学《一夜风流》获第四届"全国报纸副刊好作品"二等奖。1994年12月，报告文学《千万里追随着你》获"中华人民共和国45周年国防现代化征文"二等奖。1995年12月，散文《望星空》获"浙江南浔杯散文大奖赛"一等奖；《丰乳肥臀》被首届"大家·红河文学奖"评委一致评定为首奖作品，奖金10万元，为当时全国颁给作家的第一个大奖，也是当时中国第一高额文学奖。

1996年2月，莫言编剧、张瑜主演、严浩导演的电影《太阳有耳》获第46届柏林电影节银熊奖。1997年10月，散文《我的大学梦》获国家教委高校学生司和中国教育报联合征文一等奖。

1999年10月，中篇小说《牛》获"广厦杯·《东海》文艺奖"银奖；中篇小说《牛》被《小说月报》1998年第9期选载，12月，获第八届"《小说月报》百花奖"。2000年，《红高粱家族》被《亚洲周刊》选为"20世纪中文小说100强"第18名。2001年，美国著名文学评论杂志《今日世界文学》（World Literature Today）评《红高粱家族》为全世界40部杰出作品之唯一中文小说；是年2月，莫言获第二届"冯牧文学奖"；3月，长篇小说《檀香刑》由作家出版社出版，后获台湾联合报2001年十大好书奖（读书人年度文学类最佳书奖）；9月，报告文学《你坐在我的对面》获最高人民检察院"金鼎奖"一等奖；10月，短篇小说《沈园》获第九届"《小说月报》百花奖"；11月，话剧《霸王别姬》获第七届中国戏剧节编剧奖。是年，长篇小说《酒国》（法文版）获法国"Laure Bataillin"（儒尔·巴泰雍）外国文学奖。

2002年，长篇小说《檀香刑》获首届"鼎钧双年文学奖"。2003年7月，杂文《一碗羊肉面与五万元红包》获"新世纪《北京文学》奖二等奖"；11月，据莫言短篇小说《白狗秋千架》改编、霍建起导演的电影《暖》获第23届中国电影

莫言　(2012年拍摄)

金鸡奖最佳故事片奖、第23届中国电影金鸡奖最佳编剧奖。同月，电影《暖》获第16届东京电影节金麒麟和优秀男演员奖；短篇小说《冰雪美人》获第十届“《小说月报》百花奖”；“庐山·《小说选刊》”组织投票，莫言被评选为读者最喜爱的“新世纪十大小说家”之一。

2004年3月，莫言获法兰西文化艺术骑士勋章；4月，长篇小说《四十一炮》获第二届“华语文学传媒大奖·年度杰出成就奖”；10月，短篇小说《月光斩》获茅台杯《人民文学》最佳短篇小说奖。

2005年，莫言获第30届意大利NONINO国际文学奖。《小说九段》入选《2005中国最佳短篇小说》。短篇小说《月光斩》获首届“蒲松龄短篇小说奖”。

2006年7月，日本福冈政府宣布，把“第17届福冈亚洲文化奖”大奖授予中国作家莫言。2007年1月，《亚洲周刊》公布，莫言长篇小说《生死疲劳》为“2006年十大好书”之一；3月，《生死疲劳》入选中国小说学会“2006年度小说排行榜”榜首，入围首届“曼布克亚洲文学奖”。是年7月，《生死疲劳》获第二届“红楼梦奖”首奖；12月，《生死疲劳》获2007年“‘福星惠誉杯’《十月》优秀作品奖”。2008年10月，《生死疲劳》获美国俄克拉荷马大学纽曼文学奖。2011年8月，长篇小说《蛙》获第八届茅盾文学奖。

2012年10月11日19时（瑞典当地时间10月11日13时），瑞典首都斯德哥尔摩瑞典皇家科学院常务秘书彼得·英格伦代表瑞典诺贝尔委员会宣布，中国作家莫言获得2012年诺贝尔文学奖。

第二章 文化设施

2012年，全市10个县市区被评为省级、国家级“社会文化先进县”，其中全国“社会文化先进县”4个。有市级图书馆、艺术馆、博物馆各1处，其中市图书馆、艺术馆为国家一级馆，博物馆为国家二级馆。有县级文化馆12处，其中一级馆4个、二级馆4个、三级馆1个。有县级图书馆11处，其中国家一级馆4个、二级馆2个、三级馆3个；诸城、青州图书馆被评为山东省“读者喜爱的图书馆”，潍坊市图书馆元宵灯谜会、诸城市“两公里读书圈”阅读服务、青州市读书节等3项服务活动被评为山东省“图书馆特色服务品牌”。

第一节 图书馆

潍坊市图书馆

始建于1948年，馆址位于十笏园。先后称潍坊特别市市立图书馆、潍坊市市立图书馆、潍坊图书馆、潍坊市图书馆。先后迁址胡家牌坊街33号、东风大街187号、东风大街352号、米市街48号。1984年1月，该馆由县（市）级公共图书馆升格为地（市）级公共图书馆。1986年2月，潍坊市政府决定兴建新馆，规划占地面积8300平方米。1988年7月15日，新馆一期工程——综合图书楼正式开工兴建。综合图书楼整体四层局部五层，建筑面积5960平方米，总投资590万元。1989年，入藏上海古籍出版社影印出版《四库全书》。1990年9月30日，综合图书楼落成，新馆正式对外开放。依靠现代信息技术和计算机网络设备，全面实现图书馆业务管理自动化、网络化。1997年，引进ILAS5.0图书馆业务管理系统，建立电子阅览室，入藏《毛泽东评点二十四史》。1998年元旦，开通运行图书馆业务自动化系统和多媒体阅览查询系统。2000年，扩大并装修全新电子阅览室，建立并开通潍坊市图书馆网站。

2002年，开始建设中国数字图书馆潍坊分馆，采购全文数字图书资源1万条；入藏《四库全书存目丛书》《四库全书存目丛书存目补编》。馆藏古籍文献1850册，代表性古籍善本有清代稿本（清）郭麐撰《潍县金石志》八卷和明成化十年刻本（金）韩道昭撰《改併五音类聚四声篇》十五卷。收藏各类地方文献3600种、5600册。馆藏文献资源建设以特色馆藏建设为目标，逐步形成以轻纺、机械、电子、化工文献为重点，工具书品种繁多以及丰富的古籍和潍坊地方文献为特色的多种载体形式并存的馆藏文献资源体系。

2003年1月，中国数字图书馆潍坊分馆正式开放。电子阅览室进行第二次改造升级。同年，引进ILASⅡ2.0（网络版），全面完成图书馆业务自动化管理系统升级。采访、编目、流通、书目检索及办公全面实现自动化、网络化管理，逐步建立起内容丰富、精确高效的馆藏文献书目数据库和多媒体地方文献数据库“潍坊市民俗艺术集锦”。除文献查阅外，其他图书报刊文献的借阅全面实行开架管理，开架率达85.3%。向读者开放所有阅览室，实行全天候服务、免费阅览、资料代查、代借代还、预约借书、上门服务等。2005年，馆藏文献总量累计达35.1万册。视听资料、电子出版物、数字化文献达11771（册）件。订阅期刊788种、报纸140种。

至2012年，市图书馆设借书室、报刊阅览室、少儿阅览室、电子阅览室、文献查阅室、地方文献查阅室、古籍文献查阅室、过报过刊查阅室、盲人阅览室等读者服务窗口。馆藏古籍文献198种、1826册。收藏各类地方文献7547种、8624册。形成以地方史志、文史资料、地方党史为重点的地方文献资源体系，馆藏文献总量累计达61.67万册。视听资料、电子出版物、数字化文献达158424（册）件，自建特色数据库及购买并存储在本地的数字资源24T。订阅期刊1150种、报纸214种。

奎文区图书馆

建于2004年8月，馆址奎文区新华路北首，馆舍建筑面积2000多平方米，上下两层，设采编室、借书室、盲人有声读物阅览室、报纸期刊借阅室、少儿阅览室、电子阅览室、读者活动室和辅导部8个功能部（室）。图书馆拥有台式计算机及桌椅20套，服务器3台、百兆网络交换机2台、磁盘列阵1台、4路KVM切换器1台、机柜1个、DVD外置刻录塔1台、扫描仪1台、投影机1套、UPS电源设备1台、功放机1台、有源音箱1台、卫星接收系统1套、打码机1台、图书数码防盗系统1套、激光打印机2台、条码打印机1台、盲人阅读机1台。2012年，共有书架116节、期刊架14节、报架14个、目录橱3个，阅览座席共117个。馆藏图书20.1万册，接待读者7.5万人次。

寒亭区图书馆

成立于1981年，馆址位于寒亭区益新街286号。1986年，区政府投资10余万元对图书馆进行整修，馆舍建筑面积800平方米，设有少儿阅览室、借书室、阅览室、资料室、采编室、辅导室6个服务窗口。少儿阅览室面积60平方米，书刊3000余册。借书室面积200平方米，藏书4万余册，有政治、文学、历史、经济等26类图书供读者借阅。阅览室面积80平方米，有各类杂志60种，报纸26种供读者阅览。资料室面积100平方米，存有各类过期期刊1.8万册。采编室面积40平方米，负责新书购进后整理加工。辅导室面积30平方米，负责基层图书室业务辅导工作。2012年，举办图书下乡、科普展览、灯谜竞猜、名人书画展等活动8场，观众达到5000人次。馆藏图书10.2万册，接待读者4万人次。

坊子区图书馆

原名坊子文化馆图书室，1984年7月，从文化馆分离，成立坊子区图书馆，馆址位于三马路64号文化馆院内，有房屋6间。1995年6月，坊子区图书馆迁址长宁街68号区文化艺术中心四楼，馆舍面积600平方米，内设馆长室、办公室、采编部、借阅室、期刊部、辅导部等部室。至2012年，坊子区图书馆在职人员14人，建筑面积3100平方米，总投资1800万元。藏书量6.06万册。

安丘市图书馆

建于1988年，建筑面积2080平方米，馆址位于安丘市永安路159号。1994—2005年，安丘市图书馆连续三次被文化部评为“国家二级图书馆”。安丘市图书馆一层为借书室、中文书库、电子阅览室、多功能展览厅。借书室配有多媒体触摸查询机、图书防盗仪检测等设备。中文书库馆藏图书17.7万册。多功能展览厅可常年举办各类展览、开展各类读者活动。二楼为办公区和阅览室、中心机房、过期期刊室。阅览室座席306个，年订购报刊300种。过期期刊室藏有中华人民共和国成立以来《人民日报》《大众日报》等众多具有收藏价值的过期报刊。中心机房配备磁盘阵列、服务器、ups不间断电源等设备。三楼为采编室、资料室。资料室藏有具有较高研究价值各类文献和地方文献2万册。附属建筑为多媒体教室和电子阅览室。多媒体教室面积配有卫星信息接收设备、投影仪等。电子阅览室配有电脑30台、空调2台。2012年1月，组织举办送春联下乡活动，为基层群众送对联400余副。2月，举办元宵灯谜活动，参与群众达1000余人次。12月，建成多功能展厅免费开放，并举办中国著名画家熊晓东美术作品展，参观群众数千人。2012年，馆藏图书15万册，接待读者15万人次。

诸城市图书馆

始建于1974年7月。1996年12月，新馆动工兴建，1999年9月26日竣工启用。新馆占地面积3143平方米，总建筑面积3822.5平方米，馆址位于诸城市和平街60号。新馆全部配置钢制书架，新置标准阅览桌凳和计算机管理系统。内设采编部、外借部、报刊部、少儿部、特藏部、参考咨询部、盲人有声读物室、全国文化信息资源共享工程诸城支中心（含主机房、电子阅览室、多媒体教室）、资料室、过期报刊查阅室、办公室（兼复印）等11个服务窗口，融外借、阅览、咨询服务、信息开发与传递于一体，馆藏图书24.6万册，阅览座席400个，其中成人阅览座席340个，少儿阅览室座席60个。计算机48台，光纤接入100Mbps。2009年12月，依托图书馆集群化管理系统，实现以市图书馆为总馆、镇（街道）图书馆为分馆、社区图书室为馆藏地点的总分馆制“一卡通”服务，237个图书馆（室）图书通借通还，资源共享。2012年，办理“一卡通”借书证11万个，累计年接待读者117万人次，年流通图书72万册（次）。在镇（街道）社区建立13个图书流动站，流通图书万余册。图书馆有24部古籍入选《山东省珍贵古籍名录》，114部古籍入选《潍坊市珍贵古籍名录》。

高密市图书馆

1993年5月，高密市图书馆迁至原市经济委员会办公楼内，建筑面积1600平方米。馆内设办公室、财务室、采编辅导室、档案室、学习活动室、图书外借室、报纸阅览室、期刊阅览室、儿童阅览室、特藏室、图书资料室、报纸资料室、过刊库。一层为艺术展览中心，主要展览民艺四宝；二层为办公区；三层为图书外借室、采编室。图书外借室有防盗仪器1部，安装有interlib图书自动化管理系统电脑1台，采编室有录入图书用电脑1台，检索柜1个；四楼有期刊阅览室和报纸阅览室，期刊阅览室有阅览桌椅及电脑1台，报纸阅览室有报纸阅览架并配备有电脑1台；五楼为电子阅览室，有电脑20台，用于接受全国文化信息资源共享工程资源的主机1台，及投影仪、音响等设备。馆藏古籍有明代万历年间刻本《世说新语（八卷）》、清代康熙年间刻本《书经体注大全六卷》《杜工部集二十卷》《宋欧阳文忠公全集》《钱牧斋先生笺注杜工部集》、乾隆年间刻本《李太白文集三十六卷》等。至2012年，馆藏图书25万册，全年读者人数和图书流通量激增，日均到馆人数达1000余人。同年设2处机关分馆。

临朐县图书馆

成立于1978年，有书库、借书室各3间。1986年，县政府拨款44万元建设图书馆新馆，1987年年底新馆建成，1988年7月1日开馆，正式对外开放接待读者。图书馆新馆建筑面积1667平方米，仿古庭院式建筑，东、南、北向均为一层建筑，西向为三层建筑，中庭植花草竹树，环境优雅。设书库、报刊库、成人阅览室、少儿阅览室、借书室、资料室、采编室、辅导部和办公室。至2005年底，图书馆总藏书量为12.75万册。主要馆藏图书为《四库全书》。2012年，馆藏图书17.4万册，接待读者12万人次，送图书下乡活动共14次，送图书2000余册。

寿光市图书馆

1990年动工兴建，1992年10月正式对外开放，位于寿光市迎宾路131号。新馆共4层，馆内设有图书室、阅览室、资料室、采编室等。实用面积达2500多平方米。馆藏图书6.5万册，《毛泽东点评二十四史》《大百科全书》等大型图书为镇馆之宝。2012年，图书馆新进图书8万余册，完成稻田镇和洛城街道两个分馆图书配送试点，每个分馆配备图书1万册，定期轮换。2012年，馆藏图书68万册，接待读者9.2万人次。

青州市图书馆

始建于1956年10月，原为益都县图书馆，1986年3月，更名为青州市图书馆。青州市图书馆新馆位于青州市范公亭东路夏辛路口，2009年11月动工，为地上5层建筑，建筑面积1.3万余平方米，总投资6500余万元。馆藏资源371457册（种），年均新购藏8000余册，有效借书证7200个，阅览座席320个，其中少儿阅览室座席60个，电子阅览室拥有130台高配置电脑。馆内设有采编部、辅导部、借阅部和办公室；设有借阅服务区、儿童活动区、休闲娱乐区、培训教学区等；对外服务窗口有书刊外借室、报刊阅览室、少年儿童借阅室、资料查阅室、电子阅览室、多媒体教室、视障阅览室等；建有少年儿童图书馆、青州市“尼山书院”、青州市古籍博物馆等。1994年，从首次国家公共图书馆评估定级始，青州市图书馆连续5次被评为“国家一级馆”。古籍和地方文献馆藏多达1万余册；古籍善本1905册，珍藏有《佛母大孔雀明王经》《渔洋诗话》等珍贵典藏古籍，其中《冯光禄诗集》入选国家珍贵古籍名录，《房可壮诗文集》等103部古籍入选山东省珍贵古籍名录。在第二届中国节庆创新论坛暨2011中国品牌节会上被评为“中国最负盛名文化艺术节”，被山东省文化厅评为“山东省公共图书馆特色服务品牌”。2012年，馆藏图书37.6万册，接待读者30万人次。78部古籍入选第二批《山东省珍贵古籍名录》，被山东省文化厅评为“山东省古籍保护工作先进单位”。

昌邑市图书馆

成立于1956年6月，是潍坊市最早单独建制的县级图书馆。图书馆聘请同济大学规划设计院根据国家《公共图书馆建设标准》规划设计，建在市文化中心A区，建筑面积6197平方米，有纸质藏书22.5万册，电子图书50万册，阅览座席900余个；拥有图书、报纸、杂志、特藏、视听文献、数据库等各类文献资源，内容涉及各行业各学科。依靠现代化计算机网络设备，全面实现业务办公自动化及无线网络全覆盖。馆内拥有设施完善的读者服务大厅、阅览室、借书室、特藏书库、尼山书院、政府公开信息查阅点等，配备可供读者使用的计算机、查询机、阅报机、自助办证借还机等先进设备。为读者开通手机图书馆，只要携带具有无线网卡的手提电脑以及拥有WI-FI功能的手机或PDA，可在全馆范围内随时随地灵活便捷地享受免费下载网络服务，浏览使用各种数字资源。2012年，昌邑市图书馆已成为一处具有外借、阅览、咨询服务、信息开发、社会教育、文化交流等多功能的全新型现代化公共图书馆，馆藏图书22.4万册，接待读者2.2万人次。

奎文新华书店　　（2010年拍摄）

第二节　新华书店

1991年，潍坊市新华书店下辖寿光、诸城、安丘、临朐、青州、高密、昌乐、昌邑、寒亭、坊子、五莲、潍城共12个县市区店，共有员工726人，服务网点85个，营业面积不足9000平方米，年销售总额5259万元。全市发行《毛泽东选集》1-4卷超过9万套，受到省委宣传部、出版总社的表彰。

1992年，潍坊市新华书店批销中心成立，组建成立潍坊市图书公司，为辖区及周边近20个县市区店提供一般书发行服务。1992年底五莲县店划出。1993年6月26日，以潍城区新华书店为基础组建的潍坊市兴书实业总公司成立，下设潍城区新华书店、潍坊市新华车辆配件厂、潍坊市潍城区新华机电设备供应站、潍坊年画书刊批销中心、潍坊音像书店、华夏时装店。

1994年，新华书店干部和人事管理收归省新华书店统一管理，企业干部一律实行聘任制，改革用工制度，实行全员合同制。改革分配制度，贯彻“按劳分配、多劳多得”的原则。1997年10月，增设海化店。1998年1月，潍城店与市店合并，市店总部由潍州路695号迁至1996年开建、1998年建成的潍城区东风西街亚星桥西334号集办公营业为一体的11层6000平方米图书大厦。

2005年，对图书大厦进行扩建，新增营业面积3000平方米。2001年市店在奎文胜利街、文化路交叉口东北角建成3层营业面积2300平方米书城。2002年12月，海化店撤销。2005年5月，投资6190多万元、经营面积达53992.33平方米的山东新华书店鲁东发行中心投入运营。2011年，市店在高新区建成营业面积4200平方米总部办公和营业一体高新店。12月31日，为全面推进企业股改上市，新华书店对内退、离退人员进行实质剥离，对不良资产进行剥离。

1991—2012年，全市累积集中发行青少年爱国主义读书教育活动用书170多万册；积极参与全市1500多处“农家书屋”建设，赠送图书、书架，优惠配备图书；打造“一站式教育服务商”，落实教材“课前到书，人手一册”。2012年年末，服务普通高校13所、中等职业学校42所、普通高中50所、初中292所、小学946所、幼儿园1724所，幼儿及学生154.2万人。2012年，市店不重复图书品种超过8.5万种。潍坊市新华书店下辖寿光、诸城、安丘、临朐、青州、高密、昌乐、昌邑、寒亭、坊子10个县市区店，共有员工601人，服务网点整合为21个，营业面积23079平方米，年销售总额31545.6万元。

1991—2012年潍坊市新华书店图书发行情况统计表

表26—2—1

年份	课本及教材类销售额（万元）	一般图书及其他类销售额（万元）	总销售额（万元）	册数（万册）
1991	1697.01	3561.99	5259.00	4000.65
1992	1915.70	4274.46	6190.16	4177.39
1993	2504.65	4576.40	7081.05	4477.12
1994	3462.45	4003.90	7466.35	4074.41
1995	5345.94	5482.75	10828.69	5046.33
1996	9051.21	9810.39	18861.60	5218.82
1997	10490.51	12721.71	23212.22	6200.01
1998	11261.39	11597.23	22858.62	6083.61
1999	11213.58	11800.93	23014.51	5534.86
2000	10125.90	10883.55	21009.45	4738.00
2001	10805.62	9742.99	20548.61	4010.76
2002	12386.34	9659.19	22045.53	3904.57
2003	13703.74	9599.98	23303.72	4067.61
2004	17141.12	7081.29	24222.41	3992.74
2005	16798.71	8476.54	25275.25	3524.33
2006	17066.71	6289.30	23356.01	3863.08
2007	16634.78	5513.20	22147.98	2908.15

续表26-2-1

年份	课本及教材类销售额（万元）	一般图书及其他类销售额（万元）	总销售额（万元）	册数（万册）
2008	16928.02	6451.11	23379.13	3022.58
2009	18021.61	6118.83	24140.44	3211.37
2010	21384.34	6292.88	27677.21	3404.49
2011	26350.33	7412.12	33762.45	3493.92
2012	22768.57	8777.03	31545.60	3505.54

第三节 博物馆

1991年，全市有潍坊市博物馆、潍坊风筝博物馆、山东临朐山旺古生物化石博物馆、青州市博物馆、诸城市博物馆。1992年7月王尽美烈士纪念馆建成开放；1993年4月陈介祺故居陈列馆建成开放；1993年8月，寿光市博物馆建成开放；1994年3月，安丘博物馆建成开放；1995年6月，高密博物馆建成开放；1997年5月，昌邑市博物馆建成开放；2007年6月，十笏园博物馆建成开放；2008年，郭味蕖美术馆建成开放。至2012年，全市共有博物馆13家。

潍坊市博物馆

潍坊市博物始建于1962年9月。1984年11月，市政府将其划为地市级博物馆，由潍坊市文化局管理。1988年8月，调整为副县级规格。根据全国统一部署，组织实施全市文物普查，共调查、登记不可移动文物4099处，登记文物数量居全省第二位。先后主持或参与胶县三里河遗址、诸城呈子遗址、寿光边线王遗址和青州龙兴寺佛教造像窖藏等在全国或全省均具有重要影响的重大考古发现。其中，青州龙兴寺佛教造像窖藏为1996年全国十大考古发现之一。

2012年，博物馆占地2.47公顷，建筑面积18670平方米，设陈列展览区、公共服务区、文物库房区和办公区，配有多媒体、电子显示屏等现代化设施。展馆面积1.1万平方米，展陈面积8000平方米，设有潍坊简史、馆藏书画、民俗及民间艺术、石刻艺术长廊等多个固定陈列，并有腾云阁、三楼精品展区等举办临时展览。

至2012年底，博物馆馆藏文物1.5万余件，其中国家一级文物34件、二级文物75件、三级文物700件，藏品涵盖陶器、瓷器、玉器、青铜器、书画、古籍、碑帖、拓本、印章、石刻、化石、民俗服饰及饰品、近现代革命文物等各大门类。编辑、出版《文博研究》系列丛书3辑，创办《潍坊文

潍坊市博物馆潍坊简史陈列 (2012年拍摄)

潍坊市博物馆古字画陈列　　（2012年9月拍摄）

博》，独立编著、主编、参编或组织编写《胶县三里河》《郑板桥在潍县》《郑板桥书画集》《潍坊文化三百年》《潍坊古代文化通论》《山东区域文化通览·潍坊文化通览》等专著20余部，发表学术论文、考古报告、简报400余篇，获国家、省、市级优秀科研成果奖80余项。

潍坊风筝博物馆

坐落在世界风筝都纪念广场南侧，占地1.3万平方米，建筑面积8100平方米，1989年4月正式对外开放。设有风筝历史文化展、潍坊风筝精品展、世界精品风筝展、中国精品风筝展、风筝综合功能展、潍坊国际风筝会、民间艺术演示厅、影视厅。展出1000余只风筝精品、300余件风筝资料及照片、文字、绘画、复制品等。2006年11月，被山东省旅游局评定为AAA级旅游景区。

十笏园博物馆

位于潍坊市胡家牌坊街中段，坐北面南，青砖灰瓦，主体砖木结构，总建筑面积约2000平方米。十笏园始建于明代，原为明朝嘉靖年间刑部郎中胡邦佐故宅。清光绪十一年（1885）被潍县首富丁善宝以重金购得，被称作“丁家花园”。1988年，国务院公布为全国重点文物保护单位。2007年6月，成立潍坊十笏园博物馆（挂潍坊市文物店牌子）。2008年4月，潍坊十笏园博物馆正式成立，潍坊市文物店整建制并入，馆址位于十笏园内。2009年9月，潍坊十笏园博物馆推出《诰封丁太母陈宫人七秩寿序》碑刻陈列。11月，在十笏园内设立潍坊籍著名山水画家徐培基艺术陈列馆。2010年始，收集整理文人墨客咏十笏园诗文，刻碑上墙。2011年5月，央视大型电视连续剧《年画》在十笏园拍摄。2011年冬，将东部部分民居复原陈列为老人房、少妇房和女儿房，春节前向观众开放。2012年3月，潍坊市政府投资1300万元，对十笏园古建筑群进行大规模维修，历时一年半，完成十笏园东部园区、主要景区以及关帝庙、孔融祠等全部古建房屋和地下排水系的维修，共计修缮古建房屋117间。

安丘市博物馆

位于安丘老城区西北角汶河南岸，坐北朝南，占地面积9661平方米，建筑面积1648平方米。内设9个展室，1个接待室。藏品计19类2000余件，均来自安丘市境内。重要藏品有新石器时代玉铲、玉钺、玉璇玑，大汶口晚期陶鬶、陶背壶，商代石镰，汉代石砚等。其他珍品有商代陶爵，西周铜鼎、铜鬲，春秋时期的铜罍、铜鼎、铜壶、铜匜，汉代石龟，北齐石刻菩萨立像，清代玉山以及明清著名书画家张瑞图、仇英、诸升、刘墉等人的书画作品。博物馆院东侧陈列东汉时期大型画像石墓（董家庄汉画像石墓）。

高密市博物馆

始建于1995年6月，与高密市文物管理所合署办公。原馆设在凤凰公园内，面积1200平方米；新馆位于文体中心，2009年5月建成，建筑面积4200平方米，与图书馆、文化馆等组成高密标志性文化建筑。内设历史名人馆、民俗厅、文物厅、年画厅、高密近现代史展厅等。新馆设施先进，布局合理，具备陈列展览、科学研究、文物保护三大基本功能。

山东临朐山旺古生物化石博物馆

1981年6月13日，山东省山旺古生物化石保管所成立，同时挂山东省山旺古生物化石陈列馆牌子。1985年4月4日，陈列馆正式落成，总占地1万平方米；1987年2月28日，更名为山东省山旺古生物化石博物馆。1994年，二期工程动工，1995年底竣工，1996年8月正式启用，总投资360万元，建筑面积2120平方米。山旺化石为博物馆主要陈展，有产地沙盘景观复原、山旺硅藻类构造、形成化石原因等。山旺化石经研究鉴定有十几个门类700余属种。2002年9月25日，山旺化石博物馆石佛造像展开展。2006年9月，山旺化石博物馆民俗文物展正式开展。石刻长廊展由廊亭和长廊组成，南北长达30米、宽2.5米，陈列唐代经幢、石虎、汉碑和汉画像石等30余件珍贵石刻文物；现代书画展展出临朐籍书画家作品100幅；奇石陈列展出有红丝石、五彩石、太湖石、紫金石、燕子石、钟乳石等10多个系列80多个品种。

青州博物馆

始建于1959年。新馆1984年奠基，1989年正式对外开放，占地2.8公顷，建筑面积1.2万平方米，陈列面积达7000平方米，分8个展厅对外展出。馆藏文物5万余件，明代赵秉忠殿试卷、东汉“宜子孙”玉璧、战国玉人、龙兴寺遗址出土佛教造像为镇馆之宝。1996年10月，青州博物馆南邻龙兴寺遗址出土窖藏佛教造像400余尊，造像年代跨越北魏、东魏、北齐、北周、隋、唐、北宋几个朝代近500年，被评为1996年全国十大考古新发现之一及中国二十世纪百项重大发现之一，引起国内外轰动，先后在北京、上海、香港、台湾以及美国、日本、德国、瑞士、英国、俄罗斯、法国等地举办大型专题展和精品展。2008年，被评为国家一级博物馆。

寿光市博物馆

寿光县博物工作始于1958年。1989年，建成四合院式仿古建筑，建筑面积2300平方米。1993年，更名为寿光市博物馆。2007年，投资3.5亿元建设寿光市文化中心，寿光市博物馆位于文化中心三楼。2009年底，新馆正式投入使用。博物馆建筑面积7600平方米，设有办公区、展览区、观众休息区、贵宾接待室、小型学术报告厅等，配有多媒体、电子显示屏等现代化设施。馆藏文物超过14万件，钱币占比例最大，陶器为收藏主要特色，青铜器以益都侯城出土纪国青铜器为代表。展厅面积4000平方米，“简史陈列”厅展示寿光自远古至清代不同时期历史文物；“专题陈列”厅展示馆藏字画精品、古钱币、佛教造像、盐业、文庙和王高塔、近现代人物等；“机动展厅”曾举办世纪海洋公园主题展、佛教作品展、田园情韵书画展等。

博物馆先后与北京大学考古文博学院、山东省文物考古研究所、潍坊市博物馆等共同发掘边线王遗址、双王城盐业遗址、后胡营遗址等。2009年3月，双王城盐业遗址群被列为2008年度全国十大考古发现之一；9月，获2007—2008年度国家文物局颁发田野考古二等奖。2010年11月，被评为潍坊市第三次全国文物普查工作先进单位。2011年，被评为潍坊市文博科研先进单位。

诸城市博物馆

成立于1958年5月，馆址在城里南阁街（原康生旧宅），1962年撤销，1975年恢复。1980年春，博物馆迁至大华路（今东关大街150号）新址。2010年8月19日，迁至诸城市和平北街125号。博物馆建筑面积3万平方米，展厅面积2.2万平方米，占地5.87公顷，总投资3亿元。设办公区、展览区、观众休息区、贵宾接待室、小型学术报告厅等五大功能场所，配有多媒体、电子显示屏等现代化设施。馆藏文物50177件，其中国家一级文物89件、二级文物258件、三级文物1499件。佛教造像为收藏主要特色。有诸城通史、书画揽珍、石刻艺术、佛造像艺术、陶瓷艺术、文房珍宝、远古奥秘、诸城非物质文化遗产展、根雕艺术展、诸城规划展和诸城历代名人展等11个单项陈列展厅。文物库房4000平方米，分铜铁器库、石器库、佛教造像库、陶器库、瓷器库、玉器杂项库、字画库、古籍库、近现代文物库。

2011年5月，诸城市博物馆“诸城佛教造像陈列”获全国第九届十大陈列展览精品新材料、新技术运用奖，成为全国唯一获奖县级博物馆。

昌邑市博物馆

始建于1996年12月，1997年5月建成开馆，占地面积2.85公顷，建筑面积5500平方米。设办公区、展览区、观众休息区、贵宾接待室等功能场所。展厅面积2200 平方米，分民俗厅、历史厅、文物厅、丝绸厅、陈干厅。馆藏文物8.7万余件，以书画、碑帖、碑刻为收藏特色。其中国家一、二、三级珍贵文物272件，商代青铜重器“邓共盉”、明代“饕餮纹白玉碗”、清代“黄元御医术手稿”等享有较高声誉。先后与山东省文物考古研究所共同发掘辛置墓地、鄑邑故城遗址、唐央盐业遗址等。其中昌邑市盐业遗址群被列为2010年度全国十大考古发现，东周时期01号制盐遗址、14号盐井群及105号盐灶等重要遗迹作为“黄河三角洲盐业考古国际学术研讨会”考察现场，接待中国、美国、加拿大、法国、德国、墨西哥及中国港台地区等海内外盐业考古领域专家学者、媒体记者80余人。2011年，被评为“山东省文物保护工作先进集体”。

陈介祺故居陈列馆

位于潍城区芙蓉街北首万印楼，1992年批复成立，1993年4月正式开馆对外免费开放。陈列馆有陈介祺收藏金石文物古建筑两座：“万印楼”和“十钟山房”。国画艺术大师刘海粟题写“万印楼”匾额，书法艺术大师启功题写“陈介祺故居陈列馆”匾牌。1992年6月12日，山东省人民政府批准公布“万印楼”为省级文物保护单位。陈列馆建筑面积377平方米，设办公区、展览区，展厅面积210平方米，分“金石人生，宗仰海内”“贡献杰出，功垂后世”“学术领域，奉为山斗”三部分，系统展示陈介祺从事古文物搜集、整理、收藏、研究及拓本、考释、专著、书札等成果。

王尽美烈士纪念馆

1991年5月，经中共中央宣传部、山东省委、潍坊市委批准修建。1992年7月1日正式落成开馆。该馆位于诸城城南三里庄水库坝北高坡，占地面积3.47公顷，“王尽美烈士纪念馆”馆名为陈云题写。一楼门厅映壁铜字镶嵌董必武题写“忆王尽美同志”，正厅矗立王尽美汉白玉全身站像，一、二、三展室陈列历史文献、照片资料、文字资料及部分实物，第四展室陈列江泽民、陈云、彭真、乌兰夫、徐向前、聂荣臻等党和国家领导人，山东省委领导及许多老一代革命家亲笔题词；介绍王尽美革命业绩书籍刊物和以各种文艺载体编纂的戏剧脚本与剧照。

1992—2012年，接待党和国家领导人、各省市及本地干部群众约80余万人次。1994年11月，被中共山东省委宣传部命名为“山东省爱国主义教育基地”。2007年6月，被山东省委组织部命名为“山东省党员教育基地”。2011年5月，被济南军区命名为“革命传统教育基地”。同年8月，被山东省纪委命名为“山东省党风廉政教育基地”。

郭味蕖美术馆

山东省首家“民办公助”性质美术馆，由政府划拨文化用地、郭味蕖后人筹资建设，2008

年落成开馆。美术馆建筑面积3600平方米，造型古朴典雅，与郭味蕖故居“疏园”相邻。美术馆分上、下两层，上层长期展示郭味蕖生平事迹和学术、艺术成果，下层常年接纳各类艺术展览活动。

第四节　文化馆

潍坊市艺术馆

成立于1973年3月，时称山东省昌潍地区艺术馆，馆址位于潍坊市奎文区行政街23号，建筑面积2106平方米。1988年8月，更名为潍坊市群众艺术馆，由正科级调整为副县级规格。1997年11月，加挂潍坊画院牌子，设办公室、文艺部、社文部、少儿部、美术部、摄影部6个正科级部室，编制45人。2007年7月，更名为潍坊市艺术馆，同时挂潍坊市非物质文化遗产保护中心牌子。负责组织全市重大节庆活动和群众文化活动，培训、辅导群众文化骨干，繁荣群众文艺创作，研究群文理论，发掘和整理非物质文化遗产等。主要从事音乐、舞蹈、美术、书法、曲艺、戏剧、摄影、文学、非物质文化遗产保护9个门类的艺术创作、辅导与培训。

奎文区文化馆

成立于1952年，原为潍坊市文化馆；1984年，潍坊地改市后改为潍城区文化馆；1994年，奎文区成立后，整建制划转为奎文区文化馆。2003年，奎文区文化馆被文化部评定为“国家一级文化馆”。2008年，因白浪河改造搬迁至奎文区胜利东街4919号。文化馆设文艺部、美术部、摄影部、办公室、文艺创作室和非物质文化遗产保护中心。2012年，共举办各类晚会12场，组织辅导文艺活动30余场，参加活动演员700余人，观众3.5万人次。

寒亭区文化馆

建于1987年，占地面积4380平方米，建筑面积2000平方米，设3个业务部和办公室，内有展览厅、排练厅、多功能厅等群众文化活动场所。展览厅面积260平方米，设移动展板40张，展柜20张，及观众休息服务区和艺术展廊。排练厅面积260平方米，配有可调混合音响装置，环绕立体声道。多功能厅面积300平方米，舞台台口宽10米，台深6米，可移动座椅120张，可容纳200人观看小型文艺演出，也可用于200人以内小型会议。2012年，举办展览、讲座、培训等8期，向基层群众普及科学文化知识，提升文化艺术，参与群众达2000人次。组织开展群众喜闻乐见的文化活动15场，指导群众业务文艺团队建设，辅导和培训群众文艺骨干300余人次。

坊子区文化馆

成立于1948年，1949年停办。1952年8月1日，潍坊市人民文化馆坊子分馆正式开馆；1953年，改称坊子文化馆；1957年，改称潍坊市第二文化馆；1984年，划归坊子区并更名为坊子区文化馆。1995年，坊子区政府投资建成文化艺术中心，文化馆迁至长宁街文化艺术中心二楼、三楼，馆舍面积1300平方米，设办公室、文艺辅导部、创作室、美术摄影部。

安丘市文化馆

始建于1951年6月，馆址位于县城东小关祠堂。1988年，安丘市文化馆单独建馆，迁至永安路173号，馆舍建筑面积2826.6平方米，院内活动场地800平方米。主体办公楼建筑三层，一层为舞蹈排练厅、档案室、书画室。舞蹈排练厅面积约200平方米，地面铺设木质地板，配有液晶电视、多功能音响、把杆、练功镜、空调等；书画室面积约为100平方米，分设书画教室和儿童画室，配有教学桌椅、投影仪、空调等；二楼为办公区和画室，办公区设办公室、文学科、美术科、音乐科、舞蹈科、戏剧曲艺科、摄影科、艺术考级办公室等职能科室。画室面积约200平方米，分设国画教室和素描教室，配有教学桌椅、投影仪、空调等；三层为琴房，面积约200平方米，配有电子琴、钢琴、电钢琴、古筝等乐器。2012年举办舞蹈、音乐、书画、美术等培训班23期，培养基层文化人才600人次，开展文化进社区、进校园、进企业活动30余次，参与群众达5000人次。

诸城市文化馆

建于1951年4月，馆址设诸城西关大街，有房屋20间，下设文艺、宣传、图书3个科室。1972年，文化馆迁到城里沧湾西侧，仅有几间平房。1978年冬，增建二层楼一座，面积630平方米，内设接待室、电视室、排练室、展览室、办公室、美术组、音乐舞蹈组、小说戏剧组、曲艺组等，开展文艺辅导、创作、培养新秀等工作。2005年12月，经过3年建设，重新投入使用。文化馆大楼建筑面积达2979.2平方米，设办公室、文艺创作室、艺术辅导部、美术辅导部、书法辅导部、摄影辅导部，有舞蹈培训中心、文学辅导中心、非物质文化遗产普查保护中心、高档综合展厅等，与诸城市书法美术协会、诸城市摄影家协会、诸城市音乐家协会合署办公。2012年，免费培训项目有声乐、舞蹈、器乐、曲艺、美术、书法、摄影、诗词、国学班9大类，每周18个班次，常年办班，并形成“舜帝故里少年培育工程”“舜琴遗韵诸城派古琴传承基地”“记录龙城摄影培训创作基地”“龙城神韵少儿合唱基地”4大新开展的免费服务品牌。

高密市文化馆

1976年，高密市政府拨款建设，砖混钢架结构建筑，建筑面积2000平方米，馆址位于高密市顺河路613号。文化馆主要由非物质文化遗产展厅、书画展厅、多功能厅等组成。1981年农业展览馆、文化馆、展览馆三馆合一，更名为文展馆，1989年7月，高密县文展馆更名为高密县文化馆，1994年5月，撤县设市后改称高密市文化馆。

临朐县文化馆

建于1951年，馆址位于县城新华路33号。2002年，自筹资金320万元，在原地翻建办公商住综合楼一幢，建筑面积共4200平方米，其中一楼795.42平方米归文化馆使用。馆内设有音乐教室、舞蹈辅导培训室、戏曲辅导培训室、美术书法辅导培训室、书画展厅、演艺厅、“非遗”中心、图书阅览室、多功能活动室、琴房等活动场所，配有舞台演出各类设备器材，成为多功能的文化设施。

寿光市文化馆

1991年开工兴建，1992年落成开馆，投资200万元,建筑面积2012平方米。文化馆为四层仿古建筑，外观宏伟壮丽，造型酷似岳阳楼。设有书画展览厅、排练厅、歌舞厅、电子琴教学室、艺术幼儿园、老年活动室等9个厅室，馆内配有开展群众文化活动必备器材和设施。全楼四层，一层演出厅，二层展览厅，三层排练厅，四层跳舞厅。演出厅面积200平方米，1994年改建成游艺厅，有台球桌6台，游戏机5台。后又改建成文苑酒店；南侧两间60平方米，为文化装饰服务部。大门北侧一间27平方米，为创意设计部。二楼为书画展厅180平方米，展壁、展板配备齐全。艺术幼儿园占100平方米，其他200平方米为各部室办公区。三楼舞蹈排练厅180平方米，画室80平方米；书画院占3间共60平方米。电子琴培训教室80平方米。四楼为舞厅，面积225平方米，音响灯光配备齐全。2008年，被文化部命名为国家一级馆。2010年，馆址迁至寿光市文化中心，新馆面积5000平方米，组建少儿舞蹈队、中老年舞蹈队、农民艺术团和业余京剧队等群众文艺团体，每年举办舞蹈、声乐、器乐、书法、绘画等艺术培训班和比赛。

青州市文化馆

前身为益都县文化馆，始建于1950年3月。1978年，益都县委、县政府决定以原文化馆为基础偏南侧选址，在偶园街中段新建青州市文化馆。1979年，重建后的青州市文化馆建筑面积1080平方米。2009年11月，开工建设青州市文化中心，新建成的青州市文化馆坐落于青州市文化中心东侧，建筑面积6040平方米，共4层，成为集办公、群众文化辅导培训、群众性文化活动开展以及免费开放等功能于一体的综合性文化活动中心。根据国家一级文化馆建设标准，馆内设有综合排练厅、舞蹈排练厅、书画展厅、多媒体教室、音乐制作室、文艺团体活动室、美术创作室、美术教室、美术档案室、乐理教室、声乐教室、古筝教室、民乐活动室、戏剧活动室、钢琴室、文学摄影活动室、报告厅、会议室、馆史陈列室、资料档案室、未成年人活动室、老年人活动室等数十个功能室，可开展文化活动辅导、业余文艺培训、文学艺术讲座等业务，为市民参与文化活动、享受公益文化服务等全面免费开放并提供便利。2011年11月，青州市文化馆被文化部评定为国家一级文化馆。

昌邑市文化馆

位于昌邑市文化中心B区，建筑面积5270平方米。成立于1951年3月，属公益性事业单位。设有演出排练中心、艺术展览中心、老年艺术活动中心、少儿艺术活动中心、多媒体展示厅、艺术陈列馆、美术书法展览厅、非物质文化遗产展览厅，以及美术、摄影、音乐、戏曲、曲艺培训室等。2012年，开设广场舞、戏曲、美术、摄影、声乐、器乐、文学等辅导培训班20余期，举办戏曲票友大赛、优秀群众文艺展演、消夏晚会、送戏下乡等活动20余场，参与群众达2万余人次。

第五节　影剧院

潍州剧场

位于东风西街，1990年动工兴建，1994年完成主体土建工程，1995年9月完成主厅、贵宾厅、会议厅等局部装修，投入使用。剧场占地面积8800多平方米，建筑面积1万平方米。主体为一楼、二楼大厅，建筑群体中心前厅是观众厅和舞台。观众厅附设化妆室、会议室、贵宾厅等。观众厅共有1200个座椅，其中前区72个为沙发式活动座椅，视线设计合理。舞台台口高9米，宽14.7米。舞台大幕紫红色对开，电动、手动两用。电影放映室设在剧场二楼观众厅后区，有国产松花江牌5505型放映机2台。

寒亭影剧院

寒亭区政府于2004年投资360万元新建，建筑面积2500平方米，是集电影放映、大型会议及文艺演出等为一体的综合活动场所。影剧院前厅面积400平方米，一楼设观众休息服务区和展厅，二楼为放映室，有台式功放机1台，变压器两台，松花江牌5501型35毫米胶片放映机一套。放映室两侧有可容纳30人的会议室各一间。观众厅面积2000平方米，座位1030个，视线设计合理，配有可调混响装置、环绕立体声道。观众厅前舞台面积220平方米，观众厅东西两侧设有贵宾室及化妆室、道具室。2012年，影剧院通过招商引资形式，出租场地建设3D电影城，加入山东奥卡新世纪院线，实现全国同步上映影片，新建影城包括3个放映厅，共计276个座位，1台2K设备，2台1.3K设备。

坊子电影城

原称坊子电影院。1984年6月，坊子区电影发行放映公司成立。2004年5月，区电影发行放映公司自筹资金600余万元，在影院原址实施电影城改建工程。2005年3月完工，11月正式投入使用，并更名为坊子电影城，改建后的电影城建筑面积980平方米，灯光、音箱、座椅、卡拉OK和自助商超便利店一应俱全。除放映厅，还设有多功能娱乐厅，以满足群众的不同文化需求。2008年12月，坊子电影城停止营业。

安丘影视城

原名安丘影院，始建于1977年11月，1979年7月竣工并投入使用，建筑面积1200平方米，院址在安丘市商场路中段。内设美工室、办公室、配电室、经理室、会议室、机房、电影录像厅、电子游戏室等功能室。1988年，影院座席由硬木改为软座，计1030个。机房配备松花江5502型35毫米放映座机2台、放映扩音机1台、整流器1台、倒片台1台、幻灯机1台、495型柴油发电机1台、配电盘1个和宽银幕设备，可放宽银幕、立体声电影。2000年12月，电影公司投资100万元对影院进行装修改造，座椅增加到1300座，增设中央空调，改善观影条件。装修改造后安丘影院改名为安丘影视城，可承接大型会议及歌舞演出。2001年2月正式营业，并实现影片24小时不间断循环放映，2004年停止营业。

诸城影剧院

始建于1979年8月，1980年7月落成启用。2009年10月拆除重建。2012年8月建成并投入运营。重建后的影剧院位于市中心广场（广场路1号），主体占地4400平方米，总建筑面积13015平方米，主体建筑高度31.75米，共有6层，其中一层和负一层为影剧院。拥有2K科视数字放映机，先进数码立体声音响设备，超大银幕。影剧院采用线上线下售票，高效、快速便捷，满足不同观众购票需求；加入山东奥卡新世纪院线公司，影片上映时间与全国同步，经营方式灵活多样。从2012年8月运营到年底，票房收入达66.57万元。

高密市艺术剧院

由高密市政府投资600万元置地24亩，高密市建设局以经营城市的方式筹资建成。2001年7月动工兴建，2002年12月竣工启用。整个建筑高22米，宽40米，长100米，建筑面积9385平方米，总投资1891万元，为三层砖混钢架结构。剧院建筑面积6300平方米，一、二楼的东西两侧和三楼主要是办公区域和排练厅，一楼东侧北部和舞台后台各有一处贵宾接待室，二楼前厅东侧为一处容纳80～100人的小型会议室。后台有化妆间6间，420平方米，可容纳200人同时化妆，更衣室2间，50平方米，化妆间有音视频监控设备。观众厅分为上下两层，共有698个舒适的沙发式座椅，配有暖气和空调。舞台台口高9米，宽12米；主台深16米，宽22米，高9米，建筑面积352平方米；两侧副台各深12米，宽10米，建筑面积240平方米。灯光音响控制室设在观众厅最后端。电影放映室设在二楼观众厅后区，有放映机2台。

青州市云门剧院

青州市云门剧院于1985年10月动工兴建，1986年5月对外正式营业。位于范公亭西路，占地面积1300平方米，建筑面积1396平方米。2012年10月，青州市云门剧院开始改造提升，在原基础上新建一座仿古式建筑，总占地1.58万平方米，总建筑面积1.97万平方米，总高度29.16米。剧院内有座席924个，观众厅的设计标准采用国际上现代化剧院的标准，台口宽16.8米，高8.5米，智能化吊杆41道。剧院全部按中型剧院标准配套，设有接待室、化妆间、服装间、道具间、候场室、排练厅、休息室、淋浴室等，总电力负荷2250千瓦。青州云门剧院在1989年、1992年被山东省文化厅评为“山东省先进演出场所”。

第六节　文化中心

昌乐文化中心

位于县城利民街与新昌路交会处，在昌乐县文化馆原址翻建。1988年8月奠基，1990年7月建成，同年10月投入使用。总建筑面积2005平方米，整体呈L形，共4层。主楼沿街，一楼为商铺房，对外出租。二楼、三楼为办公、文艺辅导及文化服务场所。四楼为琴房、字画装裱室、“泥土书屋”。“泥土书屋”内存著名作家浩然大量珍贵照片、主要著作样书及部分手稿，设置沙发、床铺、写字台等，供浩然到昌乐居住、写作之用，并对外开放，接待参观。副楼为4个各120平方米的大厅。一楼为影视厅，配备投影录放机和观众座椅。二楼为歌舞厅，有灯光、音响、舞池等设施，可容纳120余人。三楼为游艺厅，配有多种游艺设施。四楼为书画展览厅，可举办各种形式的展览。1993年4月，出于招商引资需要，昌乐县政府将昌乐文化中心大楼出售给台商。

寿光市文化广场

2003年6月动工兴建，2004年6月19日竣工，投资3200余万元，占地2万余平方米。位于寿光市银海路东侧。设施有文化超市、多功能文化休闲厅、休闲电影超市、天天剧场、豪华舞厅、大型KTV音乐广场等。内有网吧、音像店、画廊、健身房、艺术培训等一批文化产业项目，同年，喜庆中心对外承包，改建为圣水源俱乐部。2005年10月，寿光市大众文化产业发展有限公司与百货大楼合作组建“百大文化城”，在文化广场开办文化超市，实现强强联合，优势互补。

第三章　社会文化

1991年起，潍坊市以举办潍坊国际风筝会等重大节会为契机，以节会文化活动为示范，带动群众文化活动进一步繁荣发展，全市群众文化活动逐步形成长效化、品牌化、地域特色化发展趋势。2012年，全市组织开展以“魅力潍坊·浓情四季”为主题系列活动，分别由“放飞春天、文明之夏、欢乐金秋、温暖冬韵”四大板块组成，各类文化活动贯穿全年、遍布城乡、惠及基层，形成“周周有活动、月月有演出、节日有庆典、人人都参与、无处不欢乐”的生动局面。

第一节　群众文化活动

1991年，青州市举办第一届蜜桃节，大型开幕式由团体歌舞和团体操组成，200余人民间打击乐为序曲，4场团体歌舞《桃花迎春》《桃山惊雷》《桃乡风情》《桃云献寿》，最后燃放焰火，参演1868人。潍城区文化馆编辑出版《潍城民间文学集成》，收集潍城古今故事300多个。同年，临朐县文化馆聘请中国剧协《剧本》杂志社主编颜振奋、戏剧组组长杨雪英到临朐授课，60多名戏剧作者参加学习，创作戏剧作品习作41件，受到专家好评。同年6月，高密外贸职工艺术团隋斌演出的舞蹈《激流勇进》获中国粮油总公司直属单位首届文艺会演二等奖，并获山东省经贸委迎新春职工文艺调演一等奖；同年6月，高密市文化馆首次举办庆祝建党70周年文艺晚会，此后每间隔数年举办一次文艺晚会。1991年10月，商羊醉鼓乐团在高密酿酒厂成立，演奏员50名，引进山西太原鼓乐演奏艺术，具有威风锣鼓风格，先后参加第九、十、十一、十五届潍坊国际风筝会开幕式表演及首届山东省农民艺术节开幕式表演，曾专程赴潍坊寒亭为28国驻华使、领馆馆员专场表演，多次获市级以上表彰奖励。高密福泰集团军乐团成立于1991年冬，有成员45名，先后参加高密市春节街头文艺大展演、高密撤县设市、庆祝澳门回归街头文艺大游行等市内大型活动。

1992年，青州市举办第二届蜜桃节，开幕式歌舞表演分别为《畅想》《腾飞》《希望》，民间文艺队伍表演及31部各具特色的彩车绕场表演，并举办焰火晚会。同年元宵节，高密市推出电动、声、光一体的立体灯展，灯区设在高密市人民政府门前广场至市中心时代广场，每晚观灯市民万余人，并在高密市体育广场举办焰火晚会。

1993年9月，高密民间工艺品展在文化馆二楼展厅举办，19个乡镇、县直3个系统征集作品205件，入展164件，经评比获奖32件，其中一等奖1件。同年，市文化局、市歌舞团举办“纪念毛泽东同志100周年诞辰”文艺晚会——《我的祖国》。

1994年1月，潍坊市举办首届“五莲特曲杯”京剧票友大赛，寒亭文化馆杨玉堂演唱京剧《凤还巢》选段，获潍坊市委、山东人民广播电台、五莲酒厂共同颁发的最佳奖。为配合学习英模活动，临朐县邀请济南市话剧院赴临朐演出大型话剧《徐洪刚》，县直各部门、企业、学校近3万人观看演出。4月，潍坊市博物馆举办“潍坊民间艺术精品展”“市直文化系统书画展”“九四艺术灯会”等系列展览，参观5000余人次。同月，潍坊市图书馆与市文化局、市新闻出版局联合举办“地方文献展览”，共展出地方文献精品2200余种，2500余册。

1995年，奎文区举办庆祝奎文区建区1周年书法摄影大赛和书画笔会，潍坊书画界著名人士陈寿荣、张镜远、张建时等20余人现场创作。

1996年正月十四日晚，首次组织全市11县市区50余支民间文艺表演队伍，在潍坊市城区举行全市民间文艺表演暨龙灯大赛。4月，潍坊市博物馆举办“山东文博系列书画及摄影家联谊会员作品全省巡回展”，展出作品200件。同月，潍坊市图书馆举办“潍坊人文与自然景观摄影展”。12月，组织举办首届潍坊市少儿文化艺术节，历时9天，共有9个艺术门类赛事，节目

孩子们放飞风筝（寒亭区杨家埠）　　（2010年拍摄）

2012年潍坊市优秀群众文艺节目展演

十一届三中全会召开二十周年大型文艺晚会”等重大活动。同年，举办潍坊市第二届春节民间文艺表演暨龙灯大赛。

1999年4月，潍坊市博物馆举办“鲁迅生平展”，展出鲁迅生平图片资料200余幅；同时举办“十大元帅生平展”。同月，举办“第二届世界风筝都全国文物展销会”“迎澳门回归潍坊市首届景德镇大型陶瓷展销会”。9月16—20日，青州市在青州博物馆门前广场举办《祖国颂》大型歌咏合唱比赛，共有39个单位，7000余名干部职工登台演唱；9月27日，举行大型颁奖晚会。是年，市文化局组织举办大型文化活动18项，承办庆祝新中国成立50周年大型文艺晚会和大型焰火晚会。为庆祝澳门回归祖国，组织举办文艺调演、大型文艺晚会和大型图片展览，组织潍坊艺校83名优秀学生排演舞蹈节目，赴澳门参加大型文体表演“濠江欢歌”演出等4项重大庆祝活动。抗议以美国为首的北约轰炸中国驻南联盟使馆野蛮暴行，市文化局组织全市电影发行放映部门停止发行放映美国进口影片，并组织开展百部爱国主义国产优秀影片集中展映。诸城市为抗洪救灾组织义演活动，8天义演22场，观众达4万多人，募集赈灾款560多万元。临朐县文化局在红叶旅游观光月和山东省第三届赏石展期间举办多种文化艺术活动。潍城区组织举办“崇尚科学，破除迷信”广场文艺演出、文艺节目巡回演出。昌乐县委组织部、宣传部主办“民心工程”宣传，演出人员数十名，并组成宣传队伍，到县直、乡镇、厂矿、企业、部队、农村进行宣传演出。为庆祝

530余个，书画、摄影作品620余件，参赛学校146所，参赛演员近3000人。同年，文化部群文司、山东省文化厅、临朐县人民政府在北京中国美术馆主办“山东省临朐县山旺化石、奇石、年画展”，中央军委副主席、国务委员兼国防部部长迟浩田，全国政协副主席万国权及原中顾委常委、国防大学政委李德生出席开幕式并剪彩，中央电视台、新华社等新闻单位先后报道。

1997年4月，潍坊市图书馆举办“名人书画展”。1998年2月，高密福泰集团军乐团参加潍坊市第二届民间文艺大展游；诸城市文化馆臧恒望的年画作品《闹花灯》获山东民间艺术展一等奖。4月，潍坊市博物馆与市技术监督局联合举办“首届酒文化大展”，组织县市区7家大型白酒、啤酒企业参展，先后接待海内外旅游观光团体92个，参观4000余人次。同月，青州市举办健美操大赛，全市12个系统、29支队伍、600余人参赛。5月，高密福泰集团军乐团参加青岛市五一游园表演。是年，市文化局举办庆祝潍坊建市50周年大型文艺晚会、山东省第十九届运动会开幕式大型表演“齐鲁雄风”以及“纪念中共

中华人民共和国成立50周年，青州市委、市政府举办大型文艺晚会、歌咏大会、大型焰火晚会、升国旗仪式及书画、摄影展等十项庆祝活动。

2000年4月，潍坊市博物馆与北京故宫博物院在潍坊联合举办“慈禧太后生活用品展”，展出分“娱乐生活”“垂帘听政”“宗教信仰”“万寿庆典”4部分，参观人数5000余人次。同月，潍坊市文物店在市博物馆举办“第三届世界风筝都全国文物展销会”，全国20多家文物单位和文物爱好者以及日本等国家和中国台湾地区文物爱好者2000余人参展。

2001年4月，潍坊市博物馆举行“世纪宝鼎”剪彩仪式。该鼎由市博物馆仿古铜研究所与有关专业人员协力合作设计铸造，历时半年。鼎通高2.1米，寓意21世纪，鼎内刻有铭文，记述市博物馆新馆筹建始末。同时，在新馆一楼东展厅举办“北京故宫清代宫廷文物精品展”，展出清代宫廷艺术及各种生活文物精品100余件（套）。同月，潍坊市图书馆与市书画联谊会联合举办“田茂怀画虎展”，展出绘画精品90余幅，参观者千余人次。潍坊市文物店在市文物店分店举办“云门春杯上海书画精品展卖会”，展出上海朵云轩、上海文物店提供的谢稚柳、张大千等书画作品百余幅。同时，与集文斋画廊联合在市新华书店画廊举办“中国人物实力派画家个人联展”，展出田黎明等画家作品50余幅。

2002年，奎文区文化局主办“喜迎十六大”社区文化展演活动，历时3个月，共举办文艺演出131场，表演节目1781个，举办社区书画摄影展览17个，展出作品1977件。4月，潍坊市博物馆举办“全国青少年大型科普人文知识展”，为全市中小学生提供综合科普教育宣传。同时举办潍坊市建市以来首次“异国风情人体摄影艺术展”。举办由市博物馆自行创作的“潍坊民俗展览”，该展分民间生活用品和民间艺术两部分，共有展品400余件。2002年起，临朐县委宣传部、县文化局及部分企业主办“文明之夏”广场文化活动，观众每年达2万余人（次）。

2003年，市委宣传部、市文化局分别在潍州剧院广场、国贸大厦广场举办“文明之夏”大型综艺晚会。青州市文化馆举办“献智尊宝”杯青少年才艺大赛，参赛400余人。奎文区举办“奎文区第二届群众文化艺术节”。潍坊市群众艺术馆在市工人文化宫举办大型文艺晚会——“民族魂”，邀请大庆市歌舞团演出。

2004年4月，潍坊市博物馆大厅举办“潍坊市民间艺术——婚俗展”，参观4000余人次。同时，在潍坊市博物馆腾云阁展厅举办“今日中国

临朐县“出彩蒋峪人”广场舞大妈演出之前定妆　(2011年拍摄)

潍坊十笏园杯舞狮锣鼓争霸赛现场 （2012年拍摄）

新貌作品100余幅。同年，潍坊市博物馆举办首届国际岳飞文化年会“翰墨精忠杯”“当代华夏实力派中国书画和民间工艺美术精品岳飞文化大联展”，参展作品来自韩国、日本、美国、加拿大等国家和中国台湾、香港地区的社会知名人士和岳飞后裔。同年，潍坊市博物馆与中科院海洋研究所联合举办“大型海洋生物展览”，共展出海洋生物标本1000余种，观众达1.2万人次。奎文区举办第三届群众文化艺术节。潍城区成立“潍州艺术团”，吸纳团员50余名，开展拥军、下乡等义务演出10余场。

美术展”，集中全国200余位艺术家精品力作，展现当代中国美术现状和发展方向，共展出油画66幅、国画38幅、雕塑18件。在高密市庆祝中华人民共和国成立55周年“盛世和声”京剧票友演唱会上，文化馆京剧票友社演出京剧选段33个。同年，潍坊市歌舞剧院在潍柴文化宫举办纪念邓小平诞辰100周年文艺晚会《百年小平》，并在潍坊电视台演播厅录制“庆祝人民代表大会成立50周年电视文艺晚会——辉煌历程”。同年，奎文区组织举办建区10周年大型文艺晚会。潍城区举办“板桥老酒坊杯”声乐曲艺大赛。坊子区先后举办“情满福田”文艺晚会、“先进性教育”专题晚会、“文明共建”文艺晚会、“庆七一”首届红色经典歌曲歌手大赛、“平安坊子”文艺晚会、迎国庆文艺晚会等十几场大型广场文化活动，并选派优秀节目参加潍坊市“八喜杯”四进社区广场文化活动。高密市举办“王树花扑灰年画作品展”，展出作品近百件。

2005年4月，潍坊市博物馆与市直机关党工委、市青年摄影家协会、市城建局等单位联合举办“魅力潍坊摄影展”，展出反映潍坊城市

2012年，潍坊风筝会、寿光菜博会、青州花博会、昌乐宝石节文化活动，诸城、安丘市村镇文化活动，高密市、临朐县群众文艺创作活动，潍城区、奎文区社区文化活动，坊子区、寒亭区广场文化活动等形成品牌化，构建起以“魅力潍坊·浓情四季”为主题的系列活动，分别由“放飞春天、文明之夏、欢乐金秋、温暖冬韵”4大板块组成，“周周有活动、月月有演出、节日有庆典、人人都参与、无处不欢乐”，各类文化活动贯穿全年、遍布城乡。

第二节　文化下乡

1991年，市文化局出台文化下乡实施方案，深入开展文化下乡工作，举办“文化之春”“文化宣传月”等活动，宣传普及先进文化。

1992年，市文化局组织各县市区深入农村、社区调研，并慰问老英模、老党员，推动文化下

乡工作向深层次开展。1996年，临朐县文化局为普法教育宣传，特邀黑龙江省鸡西监狱新生歌舞团到临朐各乡镇、县直学校、企业演出“忏悔之声”，观众近10万人。1997年，市文化局按照中宣部等十部委联合下发的《关于开展文化科技卫生“三下乡”活动的通知》要求，联合宣传、科技、卫生等部门下乡开展活动100多次，参加群众500多人次。

1998年，市文化局在全系统组织开展以“文化下乡”为主要内容的“民心工程”活动。市京剧团、吕剧团、歌舞团组建“民心工程”艺术团，赶排文艺节目，深入农村、部队、建设工地、渔港码头及行业基层慰问演出，全年演出100余场，观众达10万人次。市电影公司组织一批优秀影片，为农村电影放映提供充足片源；与潍坊拖拉机厂联合组建电影放映队，先后到河南、河北、黑龙江等地巡回放映130余场，观众达15万人次。市图书馆积极开展共建辅导活动，帮助驻潍坊某部建起“潍坊图书馆拥军分馆”，赠送各类图书4000余册，发展军营读者1000余人；在潍坊生建机械厂建立“潍坊图书馆育新分馆”，赠送各类图书34种、8726册。市博物馆派出书画装裱专家到高密市姜庄镇组织举办书画装裱培训班，100余人参加培训。

高新区农家书屋　　(2012年拍摄)

1999年，组织全市10个专业剧团和众多乡镇剧团、宣传队、庄户剧团、家庭剧团积极开展送戏下乡、送文化下乡、送电影下乡、送图书下乡、送文艺辅导下乡活动，深入全市农村、厂矿企业、部队、建设工地、渔港码头进行演出。市电影公司组织放映科教片3000多场。临朐县邀请安丘市艺术团到各乡镇中小学及县直学校专场演出，进行普法宣传教育，共演出36场。

2012年，全市深入实施重大文化惠民工程，年均放映农村公益电影7万多场，演出“一村一年一场戏”5000多场，更新补充农家书屋800多个。高密市冯家村农家书屋等被评为“全国优秀农家书屋”。安丘市京剧团等被评为全国服务为民、服务基层文化建设先进集体。

第四章　报纸　刊物

第一节　报纸

1991年，潍坊市出刊《潍坊日报》，为中共潍坊市委机关报。是年，开展坚持四项基本原则和社会主义思想教育宣传，刊发消息、通讯、言论等330多篇。突出建党70周年报道，对先进基层党组织、优秀共产党员先进事迹，及时采写编发。开展“质量、品种、效益年”活动宣传，及时报道活动中涌现的先进典型、新经验、新成果。组织大中型企业宣传，全面报道潍坊市工业企业典型的成就和经验。加强“科技是第一生产力”宣传，开设专栏报道科技推广典型，通过“农村科技”专版刊登推广农业生产新技术。发挥舆论引导作用，开设《读者来信》专版和《监督哨》《曝光台》等专栏，促进有关问题及时整改和处理。

1992年，突出邓小平南方谈话和中共十四大精神宣传，共刊发有关消息、通讯640多篇，各类评论和理论文章90多篇。进一步强化经济宣传，围绕市委确定的经济建设打好“五个硬仗”战略部署进行系统宣传，组织深化企业改革、转换企业经营机制、扩大对外开放、发展第三产业、建立市场体系、发展高产高效农业、减轻农民负担等一系列宣传，发表消息、通讯和评论、理论文章1500多篇，并开设专栏系统介绍国内各地经济建设和改革开放的成功经验。加大改革宣传力度，重点组织转换经营机制、转变政府职能、走向市场，以及县乡级机构改革等系统性报道，对科技、教育、文化、卫生等各项事业改革成果和经验做全面报道。

1993年，组织深化改革、发展外向型经济、加强农业、发展第三产业、科教兴潍等宣传，集中组织全市外向型经济、改善投资环境、制定优惠政策、吸引外资、吸引人才等报道，为改革开放、发展经济营造良好舆论环境。认真组织反腐倡廉、党的建设、民主与法制建设、精神文明建设等宣传，弘扬正气，维护社会稳定。

1994年1月1日，《潍坊晚报》正式创刊，形成“一社两报”格局。是年，开展社会主义市场经济体制宣传，通过访谈、系列报道、述评等形式，报道工业各领域和各行业改革情况，国有大型企业改革探索和实践。组织农业产业化、乡镇企业和小城镇建设的宣传。开展潍坊国际风筝会宣传，精心策划“风筝会十年走笔”系列报道。组织首届鲁台经贸洽谈会宣传报道，刊发稿件30多篇。突出党的建设和精神文明建设宣传，组织党建典型报道，加大对整顿农村基层党组织的宣传，报道市煤炭工业公司刘惠武、驻潍坊某部战士王松等先进典型舍己救人事迹。

1995年，开展国企改革“抓大放小”宣传，突出调整产业结构、组建企业集团、构筑规模优势等方面宣传，全面系统介绍诸城推行股份合作制改革经验。及时宣传潍坊市委、市政府实施农业产业化战略决策，报道各县市区推动农业产业化做法。开展银行向商业化转轨宣传，对完善社会保障体系、探索商业企业流通模式进行深入报道。开设《鸢都长镜头》《风筝会漫笔》等栏目，展示风筝会带给潍坊的变化及城市建设和招商引资成就。突出宣传全市各级党组织加强党的组织建设、思想建设、作风建设的重要意义和好经验、好做法，采用多种形式报道邵述衡、段志军、张学刚、王建章等英雄模范人物的感人事迹。

1996年，开展“建设现代化大潍坊”大型宣传，立足潍坊“九五”国民经济和社会发展计划及2010年远景目标纲要，调动编辑、记者50余人，采访100多个部门和单位，组织召开10多次大型座谈会，历时近3个月，发稿84篇，15万字，配发照片33幅，全方位、多角度展示建设现代化大潍坊的宏伟蓝图，获市委、市政府“精神文明建设特别奖”。组织“抓大放小搞活国有企业”“山东名牌战略采访”“扭亏企业巡礼”等系列宣传报道，全面系统介绍潍坊工业在转换机制中发展的成就和经验。围绕实施农业产业化战略、做好农业和农村工作三篇文章，集中搞好转变农业增长方式、提高农业效益的宣传。针对建设半岛商贸城，对转制后的金融、税务等部门在新形势下积极拓展业务的经验进行总结报道。开设《我说做文明市民》专栏，引发读者就如何遵守社会公德、职业道德、家庭美德，做一个现代文明人展开热烈讨论。开设《精神文明礼赞》专栏，报道一批基层单位和普通干部职工的精神文明事迹。开设《热点透视》专栏，分别就环境污染、打假、建筑质量、农民负担反弹、医疗行业乱收费、封建迷信等一系列群众关注的热点难点问题展开调查分析，起到正确引导的良好作用。

1997年，开展中共十五大宣传，《潍坊日报》全面刊发会议报道，开展新闻策划，采写编发重头稿件，进行深入报道，在全市掀起学习十五大精神热潮。开设《深化改革、振兴国企》专栏，剖析一些抓大放小企业典型，组织农业产业化系列报道。消息《农业产业化大旱之年显威力》在《潍坊日报》发表后，《大众日报》加编者按并在头版头条刊发。2月19日，邓小平逝世，前后共刊发30多个版，全面报道邓小平的丰功伟绩。7月1日香港回归，在《潍坊日报》一版显著位置开辟专栏，先后刊出40多期，发表反映全市干部群众迎接香港回归稿件240多篇。推出杜希乐、张福林、刘忠勇、谭振亮、刘振义、刘汉波等十几位各条战线的英模人物报道。设置《大力实施再就业工程》栏目，及时刊登市委、市政府关于下岗职工再就业的优惠政策，对下岗职工进行正确引导。

1998年，开展民心工程、争创国家卫生城市、纪念改革开放20周年宣传。对海化集团、金宝集团进行典型宣传，反映海化集团在资本运营、企业管理、优化产品结构方面的典型经验，推动全市工业企业“远学海尔，近学海化”活动开展。搞好抗洪救灾宣传，连续刊发长江、嫩江、松花江抗洪前线军民奋战洪水英雄事迹，集中报道全市人民弘扬抗洪精神、捐助灾区的好做法。推出优秀村支书张洪泉、抗洪英雄岳福勇、优秀税务干部周士永、山村教师董登平、乡村医师孙明广等典型。关注下岗职工再就业，继续办好“大力实施再就业工程”专栏，开设《下岗职工自述》《众手铺就再就业路》《再就业信息桥》等栏目。拿出重要版面和大量篇幅，对群众关心的热点问题进行调查分析和专题报道。

1999年，开展庆祝中华人民共和国成立50周年、“三讲”教育宣传。组织振兴国企、开拓农村市场，迎接澳门回归宣传。坚持正确舆论导向，提高日报可读性、服务性，改造专版专栏，扩大读者群和党报影响力。

2000年，开展迎接新千年、实践“三个代表”重要思想、迎接加入世贸组织宣传，配合促进党的中心工作开展。开展企业改革与发展、农业高新技术走廊建设及开拓农村市场宣传。除风筝会、鲁台会宣传以外，又组织创办寿光菜博会宣传。

2001年，开展迎接新世纪、走向新世纪，深入开展农村“三个代表”重要思想学习教育活动，纪念建党80周年和学习江泽民“七一”讲话，经营城市，迎接“加入WTO”和应对“加入WTO”等主题宣传。开展企业改革调整、招商引资、农业产业化现场会宣传。利用消息、通讯、综述、深度报道、系列评论、图片报道等形式，对风筝会、鲁台会、寿光菜博会进行全方位、立体式报道。推出潍坊晚报新闻110热线专版，关注社会问题，反映百姓心声，解决群众困难，拉近与读者的距离。

2002年，开展“新世纪、新成果”建设成就，转变作风年、政府提速，深化诚信教育、信用潍坊，纪念中国共产党成立81周年，深化民心工程、为民服务联动等主题宣传。开展招商引资、经营城市、发展民营经济、工业加大投入宣传，积极稳妥推进农村税费改革宣传、潍坊放心食品进京展销对接会宣传等。紧扣人民群众普遍关心的热点、难点、疑点问题，挖掘新闻背后的新闻，事实背后的事实，提升报道分量。

2003年，开展学习贯彻中共十六大精神和中共十六届三中全会精神宣传，及时宣传和解读会议精神，报道全市各行各业在落实会议精神上的新举措、新亮点、新成效。组织防治“非典”宣传。对市委、市政府“全党抓经济、重点抓工业、关键抓投入、突出抓招商”重要指导思想，以及抓好“四个关键问题”“六个战略重点”“三大杀手锏”等关系全局的战略决策，及时进行宣传报道。突出全市党政军民抗击特大风暴潮及刘坤洲、王乐义等先模人物宣传报道。

2004年，开展贯彻落实科学发展观，“爱我潍坊，做文明市民”等重大主题宣传。围绕招商引资、做强做大现有企业、大力实施“三个一批”战略、发展民营经济、农业“三化三带动”、整治城市环境、加强城市管理等，对全市经济社会发展取得的成绩进行多角度、全方位、立体化宣传。对风筝会、鲁台会、菜博会、文展会、（青岛）潍坊周等重大节会进行全方位、立体式报道，扩大节会影响力和知名度。《潍坊日报》推出“新视点”“记者乡村行”“新闻聚焦”，《潍坊晚报》推出“新闻110”“特别报道”“热点新闻”“大话体育”等专版专栏，《潍坊晚报》增加“房周刊”“车周刊”“新周刊”，更加贴近市民和生活实际。

2005年，对保持共产党员先进性教育活动进行重点宣传。把经济工作宣传作为主线，开辟系列专栏，刊发一批有深度有分量文章。组织创建文明城市、建设“文明潍坊”“平安潍坊”宣传。《潍坊晚报》组织策划“纪念潍县集中营解放60周年”专题报道，推出系列消息、长篇通讯。在《潍坊晚报》新闻110开设“曝光台”“立此存照”等栏目，并与市政12319服务热线连线，及时解决老百姓提出的一些热点、难点问题。

2006年，对贯彻落实全市领导干部会议精神、贯彻落实中共十六届六中全会精神、建设社会主义新农村等进行全面宣传。围绕奋力推进又好又快发展、贯彻落实全市经济工作会议精神等，先后刊发重要新闻报道300多篇次。组织重走长征路、徒步白浪河、沿范长江足迹采访中国西北角、无锡寻亲等重大采访活动。拿出版面，开设专栏，大容量、大篇幅刊登民生新闻，及时反映社情民意，《潍坊晚报》主办并派记者全程跟踪采访“关爱母亲河，呵护我家园”徒步考察白浪河活动，受到广大读者关注。

2007年，围绕城市建设、中共十七大、北部沿海开发等，搞好重大主题宣传组织策划。“和谐创建”宣传，分“和谐创建·记者农家行”“和谐创建·记者社区行”“科学、和谐、率先发展·记者沿海行”三个系列，派出记者深入基层采访，推出系列重头稿件，把全市和谐创建中的新思路、新举措、新成效及时全面介绍给广大读者。以改版、扩版为切入点，更新办报理念，按照市场要求和读者需要定位栏目和内容，及时反映社情民意，报纸可读性、娱乐性、服务性进一步增强。

2008年，对城市建设、城市绿化、纪念改革开放30周年、北京奥运会、残奥会等重大主题，组织20多次较大的宣传活动。组织策划“文化建设采风”大型采访活动，开设专栏，刊发反映县市区及开发区在发展文化事业和文化产业方面好典型、好经验的新闻稿件和新闻图片60多件。围绕北部沿海开发，经济建设，应对金融危机挑战、促进经济又好又快发展等经济主题，开展全方位宣传。组织策划北京奥运会宣传，《潍坊日报》《潍坊晚报》奥运专刊版面创新受到省委宣传部通报表彰，抗震救灾和援建工作宣传在社会上产生重大影响。

2009年，突出新中国成立60周年、十一届全运会、应对金融危机宣传。重点组织对崔学选、王伯祥先进典型报道。组织“庆祝建国60周年——辉煌画卷”系列宣传。突出对广大人民群众关心的热点难点问题报道，在防治手足口病、甲型H1N1流感、应对寒冷天气、冬季供暖等方面加大宣传报道力度。

2010年，对报纸进行全新改版，对版面定位、内容设置、组版规则、版式风格、编辑流程进行改革和规范。围绕中心，服务大局，推出一系列专题、专栏、专版，集中力量进行重大主题、重大活动、重大典型宣传。组织实施贯彻“转方式、调结构”重要部署，落实市委“一三六四一”重点任务目标等一系列以经济发展为主线的主题宣传活动。

2011年，组织策划中国共产党成立90周年、中共十七届六中全会等重大主题、重大活动、重大典型和重要会议的宣传。组建特别报道队伍，搞好重大事件对外宣传，先后有30余篇新闻稿件在《人民日报》、新华社、《大众日报》等媒体刊载。创新开展“走转改”活动，精心组织“编辑记者下基层”主题实践，开设专版、专栏、专题，广大编辑记者深入村庄、社区、企业蹲点，采写编发基层鲜活新闻、现场新闻600余篇。

2012年，对中共十八大精神、“四个潍坊”建设、“蓝黄”两区建设等组织主题宣传，先后在中央和省级主流媒体刊发宣传潍坊的重点稿件30余篇。与香港《大公报》合作推出《潍坊新闻》专版，对市委、市政府中心工作和风筝会、鲁台会、文展会、第二届中国画节等活动作重点报道，扩大潍坊对外影响力。

第二节　刊物

1993年底，全市有国内统一刊号期刊2种、刊型连续性内部资料出版物7种。至2002年，全市有国内统一刊号期刊6种、刊型连续性内部资料出版物11种。至2012年底，全市有国内统一刊号期刊4种、刊型连续性内部资料出版物31种。

国内统一刊号期刊

《中国烟草科学》　中国农业科学院烟草研究所、中国烟草总公司青州烟草研究所主办，农业部主管。1979年创刊，原刊名称《中国烟草》，1997年更名为《中国烟草科学》。季刊，16开本，48码。至2006年底，共出刊108期。2007年7月，《中国烟草科学》编辑部由青州市迁至青岛市。

《农家生活》　1990年3月，山东省出版总社潍坊分社交潍坊市新闻出版局《农家生活》编辑部编印。山东科学技术出版社出版，32开本，48码。1993年第1期起，由32开本改为16开本，48码。2000年12月，出版者变更为农家生活杂志社。至2003年底，共出刊247期。2004年1月，《农家生活》停刊。

《山东纺织经济》　山东省化学纤维研究所、山东省纺织企业管理协会主办，山东省纺织工业协会主管。1984年创刊，双月刊，16开本，48码。2002年3月，编辑部由济南迁至山东省化学纤维研究所（所址潍坊市）。至2012年底，共出版170期。

《潍坊学院学报》　潍坊学院主办，山东省教育厅主管。2001年9月创刊。原潍坊高等专科学校与昌潍师范专科学校合并为潍坊学院后，由

《潍坊高等专科学校学报》更名为《潍坊学院学报》。双月刊，16开本，120码。至2012年底，共出版138期。

《潍坊医学院学报》 潍坊医学院主办，山东省教育厅主管。1979年创刊。原为刊型连续性内部资料出版物，1991年5月批准使用国内统一刊号，双月刊，16开本，80码。至2012年底，共出版156期。

《潍坊教育学院学报》 潍坊教育学院主办，山东省教育厅主管。1988年6月创刊，原为刊型连续性内部资料出版物，1999年5月批准使用国内统一刊号，季刊，16开本，80码。至2012年底，共出版100期。

刊型连续性内部资料出版物

《潍坊通讯》 中共潍坊市委主办、主管。2002年1月出刊，月刊，大16开本，48码，期印数2000册。

《党风与廉政》 中共潍坊市纪律检查委员会主办、主管。1994年1月出刊，月刊，16开本，48码，期印数3000册。

《潍坊宣传》 中共潍坊市委宣传部主办、主管。1987年1月出刊，月刊，16开本，56码，期印数1500册。

《潍坊农村工作》 中共潍坊市委农工办主办，中共潍坊市委主管。2008年5月出刊，月刊，16开本，48码，期印数1000册。

《潍坊市政府公报》 潍坊市人民政府办公室主办，潍坊市人民政府主管。2008年7月出刊，月刊，大16开本，70码，期印数3000册。

《潍坊政协》 中国人民政治协商会议潍坊市委员会研究室主办，中国人民政治协商会议潍坊市委员会主管。2007年4月出刊，双月刊，大16开本，64码，期印数1000册。

《潍坊党政干部论坛》 中共潍坊市委党校主办，中共潍坊市委主管。2008年5月出刊，双月刊，大16开本，64码，期印数1000册。

《潍坊家庭》 潍坊市家庭教育研究会主办，潍坊市妇女联合会主管。2001年5月出刊，双月刊，16开本，48码，期印数3500册。

《风筝都》 潍坊市作家协会主办，潍坊市文学艺术界联合会主管。2001年1月出刊，双月刊，16开本，64码，期印数5000册。

《时代论坛》 潍坊市社会科学院主办，潍坊市社会科学界联合会主管。1986年1月出刊，双月刊，16开本，96码，期印数2000册。

《潍坊人文自然遗产》 潍坊市人文自然遗产保护与开发促进会主办，中国人民政治协商会议潍坊市委员会主管。2006年11月出刊，季刊，大16开本，64码，期印数2000册。

《潍坊保健》 中共潍坊市委保健委员会主办、主管。2008年4月出刊，半月刊，8开本，32码，期印数1000册。

《潍坊公安》 潍坊市公安局主办、主管。1995年11月出刊，月刊，16开本，30码，期印数5000册。

《鸢都人口》 潍坊市计划生育协会主办，潍坊市人民政府主管。2006年10月出刊，双月刊，16开本，36码，期印数2000册。

《潍坊审计》 潍坊市审计学会主办、潍坊市人民政府办公室主管。 2009年6月出刊，双月刊，大16开本，56码，期印数600册。

《小学生》 潍坊市新闻出版局主办、主管。1993年2月出刊，月刊，32开本，48码，期印数8000册。

《潍坊科技》 潍坊市科学技术局主办、主管。2001年5月出刊，双月刊，大16开本，48码，期印数3000册。

《潍坊知识产权》 潍坊市发明协会主办，潍坊市知识产权局主管。2006年2月出刊，双月刊，大16开本，48码，期印数1000册。

《潍坊畜牧》　潍坊市畜牧协会主办，潍坊市人民政府主管。2009年3月出刊，月刊，16开本，44码，期印数1000册。

《潍坊企业》　潍坊市企业联合会主办，潍坊市经济和信息化委员会主管。1985年1月出刊，季刊，大16开本，48码，期印数2000册。

《新闻天地》　潍坊日报社主办、主管。2006年12月出刊，月刊，大16开本，72码，期印数3000册。

《山东交通职业学院学报》　山东交通职业学院主办、主管。2006年12月出刊，季刊，大16开本，80码，期印数1000册。

《山东科技职业学院学报》　山东科技职业学院主办、主管。2006年7月出刊，季刊，大16开本，84码，期印数1000册。

《山东畜牧兽医职业学院学报》　山东畜牧兽医职业学院主办、主管。2006年1月出刊，季刊，大16开本，100码，期印数300册。

《潍坊高等职业教育》　潍坊职业学院主办、主管。2005年9月出刊，季刊，大16开本，80码，期印数1000册。

《潍坊幼教特教》　潍坊市教育局主办，潍坊市人民政府办公室主管。2008年12月出刊，双月刊，16开本，48码，期印数1000册。

《潍坊科技学院学报》　潍坊科技学院主办、主管。2006年12月出刊，季刊，大16开本，96码，期印数1000册。

《超然台》　潍坊市地方文化研究会主办、主管。2003年7月出刊，季刊，大16开本，64码，期印数5000册。

《潍坊金融》　潍坊市金融工作办公室主办、主管。2012年2月出刊，月刊，大16开本，48码，期印数5000册。

《潍坊绿化》　潍坊市绿化委员会、潍坊市林业局主办，潍坊市林业局主管。2012年2月出刊，季刊，大16开本，60码，期印数1000册。

刊物监督管理

主编例会　2001年7月起，全市实行期刊主编季度例会制度，学习贯彻党的路线、方针、政策和有关法律法规，总结部署工作任务，交流期刊编辑出版情况，促进全市期刊坚持正确导向，提高出版质量。

重点审读　2001年7月起，对全市期刊、刊型连续性内部资料出版物实行重点审读，审读办刊导向是否正确，是否遵守办刊宗旨和期刊管理规定，出版是否符合国家有关规定和标准等。每季度编发审读通报，有针对性地提出改进意见，杜绝期刊和刊型连续性内部资料出版物出现政治错误、版面事故以及易产生负面社会影响问题。

量化考核　2003年1月起，对全市期刊社、刊型连续性内部资料出版物编辑单位实施目标量化考核，主要考核舆论导向、遵纪守法、编排质量、内部管理、广告发行和工作成果6个方面，年终按考核分数参加省、市组织的评先创优活动。

质量评估　2001年1月起，根据新闻出版总署《报纸（社会科学期刊）质量管理标准》，每两年对全市社会科学期刊、刊型连续性内部资料出版物进行一次质量评估分级。各期刊社（编辑部）写出评估报告，潍坊市进行初评，报山东省新闻出版局评估。

年度检验　2001年1月起，根据新闻出版总署《报纸（期刊）年度检验办法》，每年由潍坊市在规定时间内对全市各期刊社（编辑部）年检报告进行初审，报山东省新闻出版局核验。

第五章　广播　影视

第一节　机构

1991年，潍坊市广播电视局对全市广播电视行使行政和行业管理职能。2001年6月，经潍坊市委、市政府批复，潍坊市广播电视局牵头组建潍坊市广播电视总台，与潍坊市广播电视局合署办公，对潍坊人民广播电台、潍坊电视台实行"一级法人，二级管理"，受潍坊市政府委托经营潍坊人民广播电台、潍坊电视台、潍坊市广播电视网络中心、潍坊广播电视报社4个单位的国有资产，并负责其宣传管理、人事管理、规划决策、资产运营和所得收益。2009年4月10日，经潍坊市事业单位改革领导小组批准，成立潍坊广播影视集团，与潍坊市广播电视总台一个机构、两块牌子。2010年2月21日，潍坊市广播电视局改建为潍坊广播影视集团，内设潍坊人民广播电台、潍坊电视台两个宣传机构，下设潍坊广播电视报社、潍坊转播台、潍坊市电影发行放映公司、山东天泽网络科技有限公司、潍坊星光少儿艺术文化传播有限公司，参股潍坊中影电影城有限公司、潍坊艺术剧院有限公司；同年9月8日，经国家广播电影电视总局批准，潍坊市广播电视总台更名为潍坊广播电视台。潍坊广播影视集团下属单位有：潍坊人民广播电台、潍坊电视台、潍坊广播电视报社、潍坊转播台、潍坊市电影发行放映公司、山东天泽网络科技有限公司（潍坊传媒网）、潍坊星光少儿艺术文化传播有限公司、潍坊艺术剧院有限公司。

第二节　广播

潍坊人民广播电台

1985年5月18日，潍坊人民广播电台正式开播，建发射塔1座，发射功率1千瓦，覆盖半径50千米，呼号为"潍坊人民广播电台"，每天播音7.5小时。1992年9月，在全省率先建立经济台，首次实行主持人直播大板块节目模式。1996年6月，潍坊人民广播电台成立交通音乐台。至此，潍坊人民广播电台拥有新闻、经济、交通音乐3个广播频率，开始形成较完备的系列台格局。

2001年，潍坊市广播电视总台成立，潍坊人民广播电台成为市广电总台所属二级法人单位，专业频率数量进一步扩大。2004年2月18日，以"长篇评书+健康服务"为节目特色的健康娱乐频率开播。2005年12月，与北京人民广播电台、青岛人民广播电台合作成立潍坊音乐广播FM88.7正式开播。2009年6月18日，经济频率更名为爱家广播频率，FM107.1故事戏曲频率同日正式开播。2011年7月2日，成立FM89.9欢乐调频。

2012年底，潍坊人民广播电台拥有FM100.2新闻广播、FM93.3私家车广播、FM107交通广播、FM88.7音乐广播、FM93.8故事广播、FM88.1资讯音乐之声6个频率，每天播音120多个小时，声音覆盖潍坊全境。

技术装备　1995年5月，发射机更换为10千瓦电子管中波发射机和3千瓦电子管调频发射机，发射覆盖面扩大。2000年后，技术装备逐步实现自动化、网络化、数字化、智能化。2001年3月，投资20余万元购置英芙美迪A3硬盘播出系统，实现新闻、经济、交通3套节目硬盘数字网络化播出，结束传统磁带播出方式。2004年2月，投资60余万元更换新一代数字直播调音台，采编播系统全部实现数字化。2005年11月，浮烟山调频发射台建成并投入使用，天线实际发射高度240米，基本实现调频广播在全市行政辖区全覆盖。2008年9月，投资300多万元购置启用新一代大型直播车。

新闻类节目　1991年，电台新闻节目开设《我为风筝城添光彩》专栏；1992年，新开办《新闻与综合》节目；9月26日，潍坊电台经济频道开播《经广新闻网》早新闻节目，在潍坊首开新闻节目直播化先河。1993年1月1日起，电台节目改为主持人直播大板块形式，《经广新闻网》开设新闻监督类小栏目——《938监督台》，此为潍坊广播界第一个新闻监督类栏目。1994年，新闻类节目设置，除全天设6档《新闻》节目外，在每周二、五增设《鸢都人》节目，周日增设《鸢都一周要闻》节目，经济频道《经广新闻网》中《938监督台》由主持人接听热线电话改为由值班记者走进直播间接听热线电话。1995年，新闻节目以早间《1161新闻》大板块为主，全天安排7档新闻。1996年，潍坊人民广播电台全面实行系列台管理体制，新闻台沿用原人民台播出频率；6月18日，交通音乐台正式开播。1997年，潍坊人民广播电台联合全市10家县市区电台录制《迎接香港回归大型系列专题报道——东方之珠》，共100集。2002年7月19日，新闻频道开办《行风在线》节目，以"替政府分忧，为百姓解难"为宗旨，每周二、五7:30—8:00邀请市直22个部门主要负责人轮流走进直播室，通过热线电话解答听众问题。2003年，新闻频道《行风在线》改为每周一、三、五7:30—8:00播出，周二、四、六设"行风回音壁"，反馈问题。2004年，《行风在线》上线部门增加到41个，被评为"山东省广播十佳栏目"。健康娱乐频道开播后设置新闻节目《鸢都早报》，每天7:00—7:20播出。2005年，《行风在线》由新闻单频道播出改为新闻频道直播，经济、交通音乐、健康娱乐频道同步转播。2006年6月，与大连台合作，制作播出"齐鲁新闻行——直播潍坊"特别节目；首次推出"直播鲁台会"特别节目，新闻频率和经济频率并机直播，"第一时间、第一现场"报道鲁台会盛况。2007年1月，新闻频率开办民生新闻类节目《新闻天天报》。2008年12月24日—2009年1月12日，策划组织以关注地震之后灾区群众第一个春节冷暖为主题的"情系北川·我们和你在一起"大型公益活动，报道组赴川采访15天，发回报道70篇，制作播出4期特别节目和异地直播节目。2010年2月23日、24日，潍坊电台分别对市政协十一届三次会议和市十五届人大三次会议开幕进行现场直播，在潍坊广播史上尚属首次；9月1日，新闻频率与海峡之声新闻广播首次合作，并机直播第十六届鲁台经贸洽谈会开幕式及台商大会；9月13日，新闻频率开办民生新闻节目《市民热线》。2011年10月10日，组织近20名编辑记者参与"记者走基层"专项行动，播发报道50多篇。

2011年，创新思路，探索依靠社会力量办广播路子，与各界加强合作， 7月7日，交通广播与潍坊市交警支队合作开办交警直播室启用；10月9日，由新闻广播与市交通运输局联合制作的《潍坊交通》栏目正式开播；12月5日，爱家广播与潍坊高新区管委会联合开播《魅力高新》栏目。

2011年6月8日，与潍坊电视台一起组织庆祝建党90周年"红色中华·重温经典电影故事"大型异地采访活动，派出4名记者参加南北两路采访，行程8600千米，跨越9个省份，寻访《红日》《铁道游击队》《闪闪的红星》《地道战》等18处电影故事拍摄地，撰写、回传近30篇，全方位、立体化宣传报道红色电影故事发生、拍摄地今昔变化，展现中国共产党革命奋斗历史。

2012年4月20日，第十三届中国（寿光）国际蔬菜科技博览会开幕，潍坊电台联合中央人民广播电台“中华之声”、寿光“菜都之声”圆满完成本届菜博会现场直播。四路记者通过现场连线报道，第一时间将菜博会的新技术、新品种、新工艺，用声音形象地展现给听众。6月15日，首次联手港澳媒体，与中央电台、香港电台三地同步直播大型特别节目《城市新跨越：风筝之都·魅力潍坊》。潍坊市作为中央台遴选的全国15家新型地方电台之一和2012（香港）山东周全省唯一重点推介的城市，这次直播是国家级和香港媒体首次对潍坊进行全方位宣传报道。市委副书记、市长刘曙光，中国城市发展研究院研究部副主任白南风，潍坊著名民俗文化学者齐鲁滨做客直播室，共同解读潍坊的城市精神、发展战略和文化底蕴。中央电台华夏之声、香港之声，香港电台普通话台，潍坊电台的新闻、爱家、交通、城市四个频率都同步进行了直播。7月，《五区政风行风热线》正式开播，节目由市纠风办、市电台统一组织，奎文、潍城、坊子、寒亭、高新区五区纠风办具体实施，五区轮流上线，区级领导和热点部门主要负责人走进直播间接听电话，为群众解难释疑。

社教、服务、文艺类节目 1991—2012年，潍坊电台先后开播《今日风筝都》《社教园地》《鸢都纵横》《经广体育》《经广法制园地》《祝你平安》《黎光体育》《成功起跑线》《女性故事》《959国学堂》等社教类节目；《经济天地》《千家万户》《1161热线服务台》《潍水两岸》《职业金桥》《十笏夜话》《财经时间》《说股论市》《福彩之声》《消费广场》《您好TAXI》《933生活帮助热线》《交警在线》《违法车辆查询》等服务类节目；《空中彩虹》《戏曲舞台》《白浪河之夜》《第一音乐时间》《983广播广场》《音乐微博》等文艺类节目。

潍坊转播台

潍坊转播台1963年成立，主要转播中央人民广播电台和山东人民广播电台第一套节目，试验干扰境外电台广播。这是潍坊地区最早的广播电视播出机构，由山东省广播电视局管理；1970年昌潍地区广播事业局成立后，潍坊转播台由地区局与省局共管。潍坊人民广播电台成立后，潍坊转播台又发射其中波节目。2001年潍坊市广播电视总台和2009年潍坊广播影视集团成立后，潍坊转播台成为其下属单位。潍坊转播台建台初期，占地17.8公顷，位于奎文区通亭街；2008年7月，根据潍坊市规划和事业发展要求，经潍坊市委、市政府批准，迁建于昌乐县经济开发区，占地18.17公顷，建筑面积4000平方米，建自立铁塔4座，2009年11月投入使用。至2012年底，成为国内一流的中波转播台。

第三节　电视

潍坊电视台

1984年9月26日，潍坊电视台成立，副县级规格；10月1日，《潍坊新闻》作为潍坊电视台第一组栏目和唯一自办节目正式播出，潍坊电视台被列入国家新闻建制。1994年，机构规格调整为正县级；9月，潍坊电视台第二套节目开播。1997年5月，潍坊市广播电视微波站并入潍坊电视台。2001年，市广播电视总台成立，潍坊电视台成为市广电总台所属二级法人事业单位；9月，投资1亿元、高20层、建筑面积2.6万平方米电视中心大楼竣工启用，设5个演播室；同年，原潍坊有线电视台和原市电台家庭生活频道整合并入潍坊电视台，组建新潍坊电视台。2006年12月，调整编制为215人。2011年11月，调整内设机构为编委会、办公室、总编室、监审室、节目部、物业部、大活动部、专题片工作室、外联部、新闻综合频道、经济生活频道、广告中心、技术中心、科教频道、公共频道、商务频道、图文频道等37个。

新闻栏目　《潍坊新闻》栏目由开播初每期5分钟调整为10分钟，播出时间由每周二、四改为每周一、三、五3次播出；同时开播《道德与法制》《艺苑花絮》《荧屏百灵》等新闻专题类自办栏目；每年自办春节文艺晚会，并在省台、中央台播出；及时报道历届潍坊国际风筝会盛况，完成历届市人代会、政协会报道任务。

文艺活动　1991年，举办《艺苑花絮》100期纪念文艺晚会；与市老干局、老年协会联合举办“长寿杯”文艺大奖赛；联合举办庆“七一”卡拉OK大奖赛。1994年，组织第三届“红花杯”少儿音乐舞蹈电视大赛，并制作“今朝花更红”“六一”晚会。1996年，推出每周直播大型综艺栏目《鸢都大看台》。2006年，举办“我心中的魅力潍坊”“文明交通影像大赛”“3·15消费者权益日纪念盛典”“俯瞰新潍坊大型航拍”“全市庄户剧团大赛”等活动。2008年，举办“万众一心众志成城——潍坊市抗震救灾募捐义演”，共募集社会各界捐款1960多万元。2012年，举办首届“观众喜爱的主持人”评选活动，收到社会投票45万余张，评出“十佳十优主持人”。贴近群众，推出“社区欢乐行”“舞出幸福来”等主题活动，主持人、记者、编辑走进社区，与市民观众面对面，同台演出共欢乐。

设施建设　1991年，投入140万元新装一辆转播车，为省内地市台第一家。1996年，潍坊电视台获“全省优胜发射台”十连冠；摄录编辑设备实现VO-9800、9850机型向BETACAM SP、MII的更新，并逐步向DVCPRO、DVCAM等数字化设备过渡，非线性编辑系统大量投入使用，电视制作技术水平提高。1998年，投资400万元购买6讯道电视转播车，按广播级标准进行配置。2001年9月，根据电视事业发展需要，原潍坊有线电视台合并到潍坊电视台，隶属于潍坊市广播电视总台领导，技术事业建设方面大大提速，潍坊电视台发展进入快车道。潍坊广播电视总台成立后，制作、播出设备逐步进行数字化升级改造，建成并投入使用5个演播室，购入6讯道高清转播车，在省内第一个应用全数字硬盘播出系统，到2002年，潍坊电视台节目通过无线发射和有线光缆传输，覆盖整个潍坊地区和周边部分地市，直接受众达1000万人。

电视剧创作　1991年，潍坊电视台录制的三集电视连续剧《马保三》在省台和中央台综合频道节目中播出；5月，该剧获山东省第五届优秀电视剧评比三等奖。拍摄电视剧《暖流》。14集电视剧《郑板桥》被广播电影电视部授予“飞天奖”提名荣誉奖。1992年，电视剧《李清照》《点燃的心灵》开拍；电视剧《屏幕后的喜剧》《剪花娘娘》获山东省第六届电视剧评委会三等奖。1993年，《郑板桥》《乡韵》《喜歌》等20部（集）电视剧和专题片译制成英、法、日语通过南海有限公司发行到美国等各国电视台播出，其中《喜歌》获第五届全国电视文艺星光奖一等奖。1994年，拍摄4集电视连续剧《东方朔》、2集电视剧《两个矿工和一个女人》、2集电视剧《一天24小时》。1995年，18集电视连续剧《娘要嫁人》，被山东省、潍坊市分别评为“五个一”精品工程奖；拍摄完成2集电视剧《大麦岛》《胶州大秧歌》。2月，6集电视剧《濠里人》获山东省委宣传部“精品工程”奖；3月，4集电视剧《东方朔》被山东省第七届优秀电视剧电视文艺评奖委员会评为二等奖、《一天24

小时》获三等奖。《娘要嫁人》被潍坊市委评为“精品工程”入选作品，获山东省长篇电视剧二等奖（一等奖空缺）和山东省“精品工程”奖，并推荐参加中宣部精品工程奖评比。电视艺术片《过大年》《剪花娘娘》《喜挂红灯过大年》获第三届潍坊市文艺奖二等奖。

1996年2月，拍摄单本剧《缺席裁判》、上下集电视剧《女俘》。3月，18集电视剧《娘要嫁人》被山东省第八届优秀电视剧电视文艺评奖委员会评为“精品工程”奖。4月，《影视文学》杂志介绍潍坊电视台电视剧制作经验。

1997年6月，在农业部第六届农业电影电视“神农奖”评选中，潍坊电视台选送的电视民俗艺术片《过大年》获银奖。8月11—31日，第十五届中国电视“金鹰奖”戏曲电视剧评奖在潍坊市举办，潍坊电视台拍摄的2集吕剧《大地情深》获单本戏曲电视剧一等奖。

1998年3月，30集电视连续剧《郑板桥外传》在北京钓鱼台国宾馆举行开机仪式。7月8日，中央电视台影视部、山东电视剧制作中心、潍坊电视台电视专业工作者参加电视剧《纺织女工》开机仪式。12月，8集儿童剧《快乐七八岁》被第十六届中国电视“金鹰奖”组织委员会评选为中国电视“金鹰奖”优秀儿童电视剧奖。

1999年，在中国第十九届电视剧“飞天奖”评选中，潍坊台与中央电视台联合摄制的电视剧《纺织女工》获三等奖；8月，《纺织女工》被中国电视“金鹰奖”组织委员会评选为中国电视“金鹰奖”优秀短片电视剧奖。

2002年4月，22集电视剧《京都疑云》被山东省广播电视局、山东省第十四届优秀电视艺术奖评委会评为山东省第七届“精品工程”奖。

2003年，潍坊电视台与中央台影视部联合拍摄电视连续剧《我是一个兵》在济南开机，2004年3月，该剧被山东省广播电视局、山东省第十四届优秀电视艺术奖评委会评为优秀电视艺术奖戏曲电视剧类一等奖；4月，该剧在中央电视台播出。

2005年9月，潍坊电视台与北京中视远图科技有限公司、北京汇才投资有限公司联合拍摄电影《悬天涯事件》。

2006年开始，根据发展需要，潍坊电视台电视剧部撤销，潍坊电视台电视剧创作随之结束。

潍坊有线电视台

1993年，随着国内有线电视起步，潍坊市广播电视局将原潍坊广播器材厂改建为潍坊有线电视台，为市广电局所属正科级事业单位，主要经营有线电视工程安装和维修，销售电子产品及通信设备，负责全市有线电视网络规划、建设、维修、管理和节目传输，制作播出有线电视节目。2001年11月，按国家广电总局有线电视网台分离要求，潍坊有线电视台节目制作和播出业务及人员并入潍坊电视台，其余业务组建为潍坊市广播电视网络中心，为潍坊市广播电视总台下属单位，主要从事全市有线电视工程建设和网络拓展业务，广电网络配套设备经营、租赁及广电网络全套技术咨询和技术服务。2007年9月，潍坊市广电网络中心开始启动全市广播电视由模拟信号到数字信号的整体转换工作。2008年1月，潍坊广播影视集团整合潍坊市广电网络中心组建成立山东天润网络股份有限公司，继续开展数字电视整体转换工作。2010年12月，山东天润网络股份有限公司被山东广电网络公司整合，更名为山东广电网络有限公司潍坊分公司，正式退出潍坊广播影视集团管理序列。

第四节　电影

影院

1991年，全市有放映单位1049个。其中文化系统影院15座、影剧院3座、开放俱乐部4个，集镇影剧院54座，其他973个。全市投放35毫米影片新节目186个，拷贝312个；16毫米影片新节目90个，拷贝601个。全市各类放映单位放映16.8万场，观众1.32亿人次，实现放映收入962.81万元，发行收入396.41万元，在山东省16个地市中居青岛、济南之后排名第三位，创历史最好成绩。1995年，全市放映场次下滑至1.79万场，观众142万人次，放映收入396.8万元，发行收入188.7万元。到2012年底，潍坊城区营业影城8家，分跨6条电影院线，共有银幕50块，各县市区有影院16家，共有银幕72块，电影票房达3471万元，列青岛、济南、淄博、烟台之后，位居全省第5位，全国城市第72位。

发行放映

1991年，围绕庆祝中国共产党成立70周年，着重抓好献礼影片宣传发行放映工作。全市先后投放35毫米献礼影片14个，放映7601场，观众401.61万人次。《焦裕禄》《开天辟地》《大决战》（第一部 上下集）《大决战》（第二部 上下集）《周恩来》等8部重点献礼影片实现放映收入190余万元，发行收入近100万元。同年，全市农村电影放映网整顿，70%以上乡镇实行电影预收费制度，放映难、收费难问题基本解决，农村电影放映下滑势头得到遏制，全年完成发行收入120万元，居全省首位。7月，全国城市影院优秀宣传橱窗评比，青州市影剧院获一等奖，安丘县电影院获三等奖。8月，全市组织参加“科技兴农—全国第二届农林科教电影汇映活动”（至1992年4月，1419个电影发行放映单位，放映农林科教片3.21万场，观众2657万人次）。9月，开始在全市22个县（含县）以上城市电影院及对外营业出售电影票影剧院、礼堂、开放俱乐部征收国家电影事业发展专项资金。在全国电影行业为庆祝中国共产党成立70周年举办的献礼影片展映活动中，潍坊市电影发行公司、昌乐县电影院被广播电影电视部授予“优胜集体”称号，孙洪敦、吕序夫、魏庆云、范丰会被授予“优胜个人”称号，并出席在北京举行的表彰大会，受到李瑞环等中央领导接见。

1992年1月，潍坊市电影评论学会成立。同年8月，潍坊市电影发行放映公司由中型（二）企业调整为中型（一）企业。11月，16毫米影片发行权正式下放给县市区电影公司，各县市区电影公司可自行购买16毫米影片拷贝。潍坊市电影发行放映公司历时3年，研制成功“DY-A型智能放映控制系统”，该系统实现影院电影放映控制智能化、自动化和现代化，并获国家专利。

1993年4月15日起，全市实行新电影票价。1994年4月，市电影公司调整全市有关放映单位影片供应和片租结算管理办法。同年5月，直接从中影公司购买少量进口影片；同年9月，山东齐鲁影业股份有限公司成立，潍坊市电影公司投入股金20万元，成为18个股东之一。

1995年，面对电影市场疲软滑坡局面，市电影公司与县区电影公司、影院签订全年业务指标合同，狠抓《红蕃区》《真实的谎言》等8部大片放映，在全市城乡广泛开展百部爱国主义教育影片放映活动，全市放映1.79万场，观众142万人次，放映收入396.8万元，发行收入188.7万元。

1996年，山东齐鲁影业有限公司实行首轮院线发行放映，潍坊影院、安丘影院、青州影院3家加入，分账影片由山东齐鲁影业有限公司直接排映，买断版权影片由市电影公司排映。同年，市电影公司对全市城市影院、影剧院及对外开放俱乐部分类实行全部分账发行结算和包死任务基数外加分账发行结算两种发行结算形式。

1997年3月，各县市区电影公司办理“电影发行经营许可证”和“电影放映经营许可证”。同年7月，全市各大影院开展“庆回归百场香港电影展映月”活动。全市城乡电影院和放映队全年放映10万余场，观众达310万人次。同年8月，潍坊影院（1972年8月开业，由原新华影剧院迁建）开始拆除搬迁，至1998年年初重新开业。1997年12月，市文化局研究制定全市35毫米影片经营管理实施方案及电影专项资金上缴实施办法，控制全市电影市场下滑趋势。

1998年9月1日，文化影剧院正式开业，装备国际先进水平杜比环绕6声道数码立体声环音系统。1999年，市文化局组织全市电影发行放映部门停止发行放映美国进口影片，并组织开展百部爱国主义国产优秀影片集中展映活动。

2001年，潍坊市电影发行放映公司投资140万元对原办公楼进行大规模改造，建成拥有5个放映厅和8个自选电影包间的山东首家电影超市——中天电影城，4月15日开业，至年底实现经营收入85万元。至年底，全市电影市场转换基本完成，除少数几家处于半停业状态外，绝大多数县市区电影经营恢复正常运转。

2002年，国内电影发行放映院线制正式施行，7月，中天电影城加入山东奥卡新世纪电影院线，成为全市首家加入院线的多厅影院。

2009年3月5日，全市电影行政管理职能由市、县市区文化部门调整划归各级广电部门，所属电影企业一并划转，电影管理体制进一步理顺。

2010年1月，潍坊广播影视集团与中影影院投资有限公司共同投资600万元建设的潍坊中影国际影城正式开业，该影城经营面积1186平方米，5个数字厅（4个3D厅、1个2D厅），设座席505个，为中影集团在山东省投资建设的首家现代化多厅影院。22日，原市广播电视局由原来的国有参股型有限责任公司改为潍坊广播影视集团相对控股的有限责任公司，改制后潍坊广播影视集团作为具有独立社会法人资格的运营主体，与市广播电视总台合署办公，一个机构、两块牌子，为市政府直属事业单位，按照现代企业管理体制运转。

2011年12月20日，改制后潍坊市电影发行放映有限公司举行成立揭牌仪式。至此，成立于1959年4月，具有50余年发展史的国有潍坊市电影发行放映公司正式改制为国有参股型有限责任公司，其中潍坊广播影视集团持30%国有股，电影公司内部员工持有70%个人股。

农村公益电影放映工程

2007年12月3日，山东省农村电影放映工程启动仪式在青州黄楼镇东坝村举行，潍坊市农村电影放映工程同时全面启动。全年省市县三级财政共支付潍坊市农村电影放映补贴款总计263.5万元。9—12月，组建农村电影放映队157个，购买胶片影片37部，数字影片88部。全市共放映公益电影15869场，约348万人次观看。

2008年4月28日，由潍坊市投资公司、潍坊市电影发行放映公司及部分县市区电影公司共同出资组建的潍坊新农村数字电影院线有限公司正式成立，具体负责全市农村数字电影放映的协调组织工作。2008年后，全市农村数字电影放映工程遵循“市场运作、企业经营、政府购买、群众受惠”方针，形成以潍坊新农村数字电影院线有限公司为龙头，以县级电影发行放映管理站为主体，以农村电影放映队为基础的农村数字化电影发行放映网络，以露天流动放映与室内固定放映相结合、免费放映与有偿放映相结合，胶片放映与数字放映相结合并逐步向数字放映过渡，不断扩大农村电影覆盖面，至2010年，全市8983个行政村覆盖率100%，全市公益电影放映场次107796场，基本实现全市一村一月放映一场电影目标。2011年，全市农村公益电影放映数字化全面实施，至2012年底，全市农村公益电影全部实现数字化放映。

广场、社区电影放映节

潍坊市广场、社区电影放映节，为市委宣传部牵头、各相关部门联合主办，由市电影公司、各县市区电影公司电影及相关放映单位承办的大型公益性电影文化惠民活动，该活动起源于2010年开展的电影进社区，作为当年潍坊市首届社区文化节的一部分，当年6—10月，潍坊市电影发行放映公司组织专业电影放映队深入全市中心城区的30个社区开展公益电影放映活动，累计放映600余场，观众达15万人次。2011年，继续在全市开展庆祝中国共产党成立90周年百部优秀影片展映活动，活动范围扩大至市区及各县市区中心广场、大型社区等，累计放映1500余场，观众达40万人次。2012年，举办百部优秀影片展映暨首届潍坊广场、社区电影放映节，活动范围进一步扩大至全市城区院线影院、潍坊市区及各县市区、市属各开发区有条件的广场、社区、学校、工地及福利机构等，6—10月，累计放映2000余场，观众达60万人次。

第六章　文物古迹

潍坊市是中国历史文化名城，文物遗存丰富。全市第三次文物普查共登记各类不可移动文物4099处，其中全国重点文物保护单位6处、省级文物保护单位40处、市级文物保护单位153处。全市批复成立各类博物馆、纪念馆13个，其中综合性博物馆7个，风筝、民俗、古建筑、古生物化石、传统工艺等专题类博物馆6个。青州市博物馆为全国唯一一家入选首批国家一级博物馆的县级综合性博物馆，潍坊市博物馆为国家一级馆，临朐山旺古生物化石博物馆、诸城市博物馆为国家二级馆。全市馆藏品51.9万余件（套），其中珍贵文物7000多件（套）。

第一节　古遗址

齐长城遗址（临朐段）

位于临朐县南部，为东周齐国防御墙体遗址。齐长城在临朐境内有主、复两线。主线全长54620米，西从龙王崮自沂源县入临朐境，东出邵家峪东山入沂水境；复线全长6840米，以沂泉村南山为起点至太平山入安丘境。两线共61460米，历经156座山头、40余个村庄。其中，遗址43490米，占70.8%。临朐县境内齐长城墙体构筑99.8%为土筑或土石混筑，只有个别段落为石块砌筑。现存墙体高度大部分在1~2米，少数段落2~3米；墙基宽多在3~5米，少数5~8米。

1977年，山东省革命委员会公布为省级重点文物保护单位；1987年，被联合国教科文组织列入世界文化遗产名录；2001年，国务院核定公布为全国重点文物保护单位。

齐长城遗址（安丘段）

自安丘西南部与临朐、沂水交界太平山入境，沿与沂水分界线东行，至青石胡同后完全进入安丘境内，然后向东转南至浯河出境，与沂水复线第二段相接。途经郚山、柘山、辉渠、石埠子四镇，跨越石门顶、石虎山、磨山、大车山、紫草山、城顶山、摘药山等75座山峰，全长46550米，有遗址3.9万米，占总长度的83.7%。长城依山势修建，沿线地质为玄武岩、火山岩、麻岩、黏土、砂土等，构筑用料多就地取材，或石块垒筑，或沙土夯筑，或以山体陡崖为城。

《竹书纪年》载："周显王十八年（前351）齐筑防以为长城，齐宣王时，复向东修至海滨。"《齐记》载："齐宣王乘山岭上筑长城，东至海，西至济州千余里，以备楚。"安丘段属齐长城东段，应是齐宣王时期及以后修建。

齐长城安丘段是主线长城，是最早修建的段落之一。该复线长城、自临朐与沂水交界处脖根腿南山向东北行至临朐、安丘交界处太平山，进入安丘境内，沿主要山峰东行南折过浯水，达安丘与沂水界处卧牛城，进入沂水境内，与沂水长城线会合。2001年6月，国务院公布为全国重点文物保护单位。

齐长城遗址（诸城段）

诸城境内长城建于战国时期，用以防楚，又称"齐楚长城"，西始于皇华镇尚庄村西南花拉山，向东经石人山、七泉山、马羊山、大沟山、小沟山，至韩家沟村南岭。以上长城遗址为诸城市和五莲县分界线，当地群众称"长城岭"。由韩家沟村南岭向东，越过诸（城）户（部）公路，进入皇华镇境。穿过庙子村，经黄崖前村北岭，翻越望海楼山进入桃林乡，向东跨过诸（城）日（照）公路，越黄牛山入林家村镇，东翻马山主峰，越磊石山主峰，经太平安村前，石河头村北长城岭，跨过央（子）赣（榆）公路和吉利河，穿过大洼、近枝子、竹园等村，在台家沟村东南约1500米处"穷汉岭"上进入胶南市境。齐长城遗址在诸城境内途经3处乡镇，20余个村庄；跨过3条公路，10余条河流；翻越146座山头，全长49.85千米，其中保存遗址38.52千米。另诸城西南部墙夼水库大坝东端、墙夼村南岭与五莲县交界处，还存有一段齐长城遗址，现存高0.3～0.8米，基宽2米，长约1100米。2001年，国务院公布为全国重点文物保护单位。

西朱封遗址

位于临朐县城关街道西朱封村，北距县城约5千米，坐落在弥河西北岸一级台地上，河流从遗址东部和南部环绕流过。台地高出河床约6米，高出地面2～3米，现存面积约60万平方米。1982年文物普查时，遗址已遭到严重破坏，被破坏区域主要集中在墓葬区，即"银子崖"。出土有完整陶器、石器、玉器等，普查组仅征集到其中一部分遗物。此后，临朐县博物馆多次调查该遗址，采集和征集完整器物百余件，其他残损器物难以计数。1987年、1989年，山东省文物考古研究所与中国社会科学院考古研究所山东队曾分别对该遗址进行发掘，清理3座龙山文化时期高等级大型墓葬，出土大量随葬品。其中，陶器以蛋壳陶高柄杯和磨光黑陶罍最为精美；玉器以冠形笄和人面纹笄最具特色，代表龙山文化时期海岱地区琢玉工艺最高水平。遗址中采集的遗物还有商代甗足、鬲足，西周蝉纹罐、鬲，东周鼎、罐，汉代豆、盘等。1979年，临朐县革命委员会公布为县级重点文物保护单位；2000年，市政府公布为市级重点文物保护单位。

萧家庄遗址

位于青州市谭坊镇萧家庄西北，遗址高出地面约3米，西临弥河，断崖处高近10米，遗址长、宽各约500米，总面积25万平方米。1965年10月，北京大学历史系考古实习队发现并开沟试掘。昌潍地区文物复查小组、中国社会科学院考古研究所山东队、益都县博物馆等单位多次复探。遗址保护较好，采集有龙山文化时期陶觯、陶甗、鼎足、石铲、石刀、石凿、石锛，商代铜钺、骨铲、陶篦及西周至汉代部分遗物。1977年12月23日，山东省革命委员会公布为全省第一批重点文物保护单位。

田家楼遗址

位于安丘市大盛镇田家楼村东北50米，属大汶口龙山至商周文化遗存。遗址东西长600米，南北宽300米，总面积约13.8万平方米，文化层厚约3米。遗址西部为大汶口文化遗存，有灰坑及红烧土。中部及东部为龙山、商周遗存。土质多为黄土，部分黑土。采集到大汶口文化红陶鼎足、红陶鼎口沿，龙山文化黑陶豆、黑陶鼎、蛋壳黑陶高柄杯残片，商代夹砂红陶鬲，周代灰陶鬲足、陶豆柄、豆盘等标本。该处遗址延续时间长，面积大，采集标本特点突出，具有鲜明时代特征，对研究安丘西部大盛河流域史前文化具有很高价值。1992年6月，省政府公布为省级重点文物保护单位。

郑家下庄遗址

位于安丘市兴安街道郑家下庄村北河边台地，东西最长385米，南北最宽350米，面积65260平方米，文化层厚3.5米。遗址北、西侧由于河水冲刷形成断崖，深可达10米。遗址南部为黄土，有灰坑及红烧土，北部靠近水库地方为黑土，灰土遍地。遗址西侧有汉代文化遗存。遗址西侧为川里院河，北侧紧挨川里院水库，东侧一条小河沟，河沟东侧为一低矮山岭。采集到大汶口文化白陶鬶足、夹砂红陶鬶鋬、龙山文化夹砂红陶鼎足、商代夹砂红陶甗、周代夹砂灰陶罐等，从采集标本来看，此处遗址为大汶口、龙山、商周文化遗存，该遗址延续时间长，出土文物价值高，对研究安丘西南川里院河流域史前文化具有很高价值。1992年6月，省政府公布为省级重点文物保护单位。

郚城遗址

位于安丘市凌河镇李家西郚村东。该遗址属河边高台地，南北长510米，东西宽290米，面积129420平方米。遗址东部因砖厂破坏形成断崖。文化层厚4米，地表及以下2米为战国、汉代文化层，2米以下为商周、龙山文化层，底部夹杂大汶口文化层。有灰土、红烧土、兽骨、人骨等。土质为黄褐土。迈步河从遗址东南向东北流过，南500米为西部南山，北距汶河1500米。采集到大汶口文化石斧、龙山文化夹砂红陶鼎足、商代红陶鬲足、灰陶鬲足、周代灰陶豆柄、圆瓦当、汉代灰陶圆瓦当以及隋代青釉瓷罐口沿、青釉瓷豆盘等标本。此处遗址既是大汶口、龙山、商周古文化遗址，亦是春秋至隋代古城遗址，时代延续性强，对安丘西南一带纪国郚城的研究具有很高价值。1992年6月，省政府公布为省级重点文物保护单位。

第二节　古建筑

青州真教寺

坐落在青州市城区东关回族聚居区昭德街中段。元大德六年（1302），丞相伯颜后裔创立，明朝成化、正德，清朝康熙、雍正、乾隆年间以及民国时期都进行过多次维修。1982年，真教寺经过初步整修并开放，成为当地信教群众礼拜和游人参观的著名场所。1992年6月，被山东省人民政府公布为省级重点文物保护单位。

真教寺全寺占地面积6000余平方米，建筑面积1600多平方米。按伊斯兰教所有礼拜寺都必须背着圣地麦加“克尔白”规定，真教寺坐西朝东，由低到高，拾级而上。主体建筑大门、二门、礼拜殿、望月楼（宣礼楼）排列在一条东西中轴线上，配殿左右对称，三进院落，具有中国宫殿式建筑特点，同时体现阿拉伯建筑艺术特色。院内古柏银杏点缀，给人以幽深肃穆之感。

青州真教寺历史悠久，为中国元代三大伊斯

兰教寺之一。青州真教寺布局典雅，结构严谨，雕饰精美，功能齐全，是一组优秀的民族建筑群。其建筑艺术深受中西文化交流影响，具有丰富的历史信息和深厚的文化内涵。青州真教寺对研究伊斯兰教传播和发展、回族的迁徙历史都具有很高学术价值。

衡王府石坊

位于青州市城区南部、山东省益都卫生学校院内。明成化二十三年（1487），宪宗朱见深封第七子朱祐楎为衡王。弘治年间（1488—1505）在青州南阳城兴建衡王府。明嘉靖年间（1522—1566），在衡王府南侧增建石坊两座。两座石坊形制相同，均为四柱三门式结构，南北相距43.5米，每坊各由32块巨石构筑而成。石柱南北两侧镶有圆雕蹲龙，每坊8尊。中门上方各嵌巨石匾额，皆剔地阳文楷书，南坊为“乐善遗风”“象贤永誉”，北坊为“孝友宽仁”“大雅不群”，匾额四周均饰浮雕二龙戏珠图案。

明亡，衡王府被夷为平地，地上建筑仅存两座石坊。1987年，青州市政府将石坊附近居民迁出，辟为街头公园，免费对游人开放。1990年，衡王府石坊被公布为青州市重点文物保护单位。1992年6月，衡王府石坊被公布为山东省重点文物保护单位。2003年，山东省益都卫生学校投资修建衡王府石坊园，设立铁栏围墙进行保护。

太平崮建筑群

位于临朐县城关街道寨子崮村南约1000米太平崮山顶，由奎星楼、文昌阁、太山行宫、药王庙、逄山祠组成，建筑面积23平方米，保护面积4000平方米。年代为清代。主体建筑奎星楼，呈正六边形，直径2米，高约3.1米，建筑面积9平方米；盛世文明碑：“为大清嘉庆二十四年新建文昌阁、奎星楼碑记”；文昌阁南北长1.85米、东西宽1.65米、高2.7米、建筑面积3.05平方米，刻有“祥光昭圣代，瑞气启文明”，横匾“钟灵毓秀”；太山行宫南北宽1.7米，东西长2米，通高2.8米，建筑面积4.4平方米，刻有“遵崇同地极，润泽遍东方”，横匾“太山行宫”；药王庙南北宽1.7米、东西长1.86米、通高2.8米，建筑面积3.16平方米，刻有“调元复赞化，酌定又斟灵”，横匾“药王庙”；逄山祠南北宽1.6米，东西长1.8米，高2.6米，建筑面积2.88平方米，刻有“咸灵昭冥漠，云雨润苍生”，横匾“逄山祠”。古建群全部采用青石砌筑，顶部刻有猫头、筒瓦等样式出厦。1984年，临朐县人民政府公布为县级重点文物保护单位。2012年，市政府公布为市级文物保护单位。

东白塔陈氏家庙

位于昌邑市龙池镇东白塔村内，砖木结构，始建于清雍正三年（1725），雍正五年（1727）竣工。2012年，存大门1座、正厅3间、耳房2间。正厅坐北朝南，正梁上有清光绪二十三年（1897）四月重修墨书题记。大门东向，门楣上有成多禄书“陈氏家庙”匾额。正厅山墙外东西两侧各有石碑1幢，西边为祝椿年书陈干与王正廷“论青岛土地权书”及陈干“威案函电”碑，东边为陈干撰、万其谊书“陈氏宗祠”碑。院内冲大门西墙下有康有为、章太炎为陈干题词碑1幢。

傅振邦故居（含墓园）

位于昌邑市奎聚街道虫埠村内，砖木结构。2012年，前院存正厅5间、东厢房3间、南屋4间、大门1座；后院存正厅3间，保存一般。

傅振邦（1814—1883），字维屏，号梅村，虫埠村人。道光丙申科武进士，历官云南、直隶、湖北提督，诰封建威将军、光禄大夫，谥“刚勇”。《清史稿》有传。傅振邦墓位于虫埠村西北，东西宽60米，南北长150米，面积9000平方米。墓葬封土早年夷毁，现存石牌坊残件一宗、石马2件、御祭碑2件、石狮1个。墓园建于清光绪九年（1883）。与傅振邦合葬的有傅振邦妻一品夫人范氏、张氏。附葬墓2座，为傅振邦长子荣禄大夫、一品衔、南阳府知府傅凤飏及其妻一品夫人赵氏、高氏、陈氏、王氏、顾氏合葬墓，傅振邦次子朝议大夫、赠太仆寺卿衔，原直隶州知州傅凤翔（衣冠冢）及其妻恭人杨氏、张氏之墓。保存一般。

万印楼

1993年4月8日，成立陈介祺故居陈列馆。陈介祺（1813—1884），字寿卿，号伯潜，山东潍县城里人（今潍城区），后因收藏青铜器“曾伯簠”，自号“簠斋”，晚清金石学家、古文字学家。1992年6月，“万印楼”被省政府公布为省级重点文物保护单位。陈介祺故居陈列馆位于潍城区芙蓉街北首，1993年4月落成开馆。国画艺术大师刘海粟题写“万印楼”匾额，书法艺术大师启功题写“陈介祺故居陈列馆”匾牌。陈列馆占地377平方米，有陈介祺收藏金石文物的古建筑“万印楼”和“十钟山房”。

寒亭西杨家埠木版年画旧作坊

位于寒亭区西杨家埠村，明、清时期建造。杨家埠年画旧作坊“吉兴号”，吉兴画店主人杨子强明崇祯十三年（1640）建，清代、民国重修。院落占地面积239.4平方米，北屋5间，腰屋3间，南屋3间，砖木石结构。主体结构基本保持原貌，架梁和基础较好，局部瓦件脱落。杨家埠年画旧作坊“德盛恒号”（原恒顺号），清代乾隆年间画店主人杨美建，位于西杨家埠村前街，筑土赤台建院，大门向南，门前15层石制台阶，俗称高大门，院落占地面积390.5平方米，北屋5间，南屋5间（大门过道两旁是望屋）东西厢房各3间，砖木石结构。2007年6月，省政府公布为第三批省级文物保护单位。

于氏宅院

位于寒亭区寒亭街道寒亭二村，共有明清四合院20余套，占地5000多平方米，现开放10套，为寒亭区保存较为完整的典型明清北方四合院群落，“老寒亭街”望族于氏家族祖宅。潍坊解放初期，于氏宅院作为地主家产，部分没收为国有，部分土改分给村民居住。1950年，潍北县政府进驻其中的国有部分。1951年秋，潍北县政府急迁固堤，腾出此房作为傅作义部队整编驻地。1952年秋，潍北县政府重搬回于氏宅院。1953年，撤销潍北县建制，合并后的新潍县从望留搬入于氏宅院。至1955年，潍县县政府从此迁出，县文化局下属单位文化馆和图书馆驻此。1983年，寒亭区成立文管所，将此作为办公场所。2008年起，寒亭区先后投资300余万元，先期对部分建筑按“修旧如旧”原则进行修缮保护，并按于氏家族发展脉络，充实老家具、轿子、轿车子、铁瓦车、古战车、织机、石碾、石磨等生产生活用品400余件。大院内设置“于氏家族史展馆”“于氏名人馆”“生产生活用品展馆”“于家学堂展馆”“于氏账房”“于占鳌故居”等10余个展室。2007年6月，省政府公布为第三批省级文物保护单位。

沂山东镇庙

东镇庙始建于西汉，自宋朝初年迁于沂山东麓九龙口。虽经历代重修，至清末民初，所存古建仅有鼓楼和后殿，但各时期遗址特别是宋代祭台、大殿柱础石遗迹大部分建筑基址保存较好，作为镇山文化遗存，有着较高的考古价值。东镇沂山历代屡有增封，祀典不废，加之雄伟秀丽，历代大家名士纷至沓来，观光览胜，留下大量的碑碣铭文，遍布东镇庙庭院，丛立如林，形成蔚为壮观的东镇碑林。据光绪三十一年（1905）不完全统计，有古碑360余幢。碑碣大小不一，最高者近7米，低者1米左右；时代早至西汉，晚至清末，原有御碑数幢，余为御遣钦差和地方官祭告东镇所留及大家名流游览沂山题咏。碑文有诏书、题词、祭文、记、诗歌、散文等。2007年6月，省政府公布为第三批省级文物保护单位。

庵上石坊

位于安丘市石埠子镇庵上村，建于清道光九年（1829），是庵上村马若拙为其嫂王氏所建节孝坊。相传由江苏扬州艺人李克勤、李克俭兄弟及8名弟子历经14年建成。石坊为4柱3楼式，坐东朝西，通高9.13米，南北宽9.25米，东西最宽处1.60米。正间面阔2.85米，次间面阔1.13米。共用石材171块，主要为泥质石灰岩石。石坊居中牌匾东西两侧分别镌刻“圣旨”2字，正面正楼匾刻“贞顺留芳”4字，题跋为“旌表儒童马若愚妻王氏节孝坊”，背面正楼匾为“节动天褒”4字，题跋与正面相同。次楼匾正背两面分别刻“大清道光”“己丑岁建”8字。石坊采用浅浮雕、高浮雕、透雕、圆雕等多种技法，内容丰富多彩，既有神话传说中的仙人异兽，又有体现社会风土人情的场景画面。1992年6月，被省政府公布为省级重点文物保护单位。

第三节　古墓葬

安丘董家庄汉画像石墓

原址在凌河镇董家庄村北。1959年，因兴修牟山水库，由山东省文物管理处派员发掘并拆迁至县城。1963年，在县城北关果园（今安丘市博物馆院内）复原。为全国迄今发现规模最大汉画像石墓之一，其年代属东汉晚期。

该墓由甬道和前、中、后三室及两个耳室组成。南北长14米，东西宽7.91米。除甬道以砖铺地外，其余全部用预制石材构筑。共用石材224块，其中103块刻有画像，组成画面69幅，面积达147平方米。

墓中画像构图复杂，内容丰富，形象生动，技法多样，集汉画像石艺术之大成。画像内容以奇禽异兽为主，神话传说、社会生活和历史故事题材较丰富。画像分别采用浅浮雕、高浮雕、透雕、凹面阴线刻等不同技法，瑰丽多姿。特别是墓室中轴线上3根石柱，用高浮雕和透雕技法，刻出众多奇异神话人物和神兽，被著名考古学家俞伟超誉为“罕见的汉代艺术杰作”。该墓作为研究汉代政治、经济、文化的珍贵资料，载入《中国大百科全书·考古学》卷。1979年8月，安丘县政府公布为第一批县级重点文物保护单位。2006年12月，省政府公布为省级文物保护单位。

北齐崔芬墓

位于临朐县冶源镇海浮山南坡。墓葬东临弥河，西接镇政府驻地，东南面冶源水库，北靠海浮山，封土已毁。1986年4月2日，县缫丝厂建厂房时发现，墓葬坐北朝南，平面略呈“甲”字形，墓向南偏东30°，石灰石砌筑。由墓道、甬道及墓室组成。墓顶距地表1.6米，墓底距地表5.75米。墓室弧方形，特制整齐石条构筑，石灰勾缝，每边长3.6米，内有石棺床。墓顶成覆斗形,四角攒尖。北壁与西壁下沿设龛，门洞开在南壁中央，石构甬道南北两端皆设双扇石门，门高1.45米，宽1.15米。墓室内壁及甬道两侧绘有敷彩艳丽壁画，分门吏武士图、日月星象图、四向守护神图、墓主出行图、屏风人物图等22幅，约20平方米。出土文物有墓志一合，彩绘泥甬一组（多粉毁），及青瓷八鼻罐、鸡首壶、豆、碗，环绕式神兽铜镜、铜铃、剪边五铢钱、铁环等。墓志载，崔芬（503—550），字伯茂，清河东武城人（今山东武城县），出身名门望族，东魏末年任南讨大行台都军长史、威烈将军，卒于北齐天保元年（550），次年葬于“冶泉之阴、浮山之阳”，终年48岁。

1991年，临朐县政府公布为县级文物保护单位。1992年，省政府公布为省级重点文物保护单位。2006年，国务院公布为全国重点文物保护单位。

田齐王陵

位于青州市和淄博市临淄区交界处，为战国时期齐国田氏国君的陵墓，田齐王陵主要包括二王冢、四王冢及附近陪葬墓。二王冢为田齐侯剡、田桓公午之墓（一说春秋时的桓公和景公墓墓区）。1988年，被国务院公布为全国重点文物保护单位。为一基二坟象山形异穴并葬墓，在长方形陵台上东西并列两个方基圆坟。台壁作三级台阶状内收。陵台底东西296米，南北172米，台顶东西230米，南北110米，高16米。西墓方基三层，基底东西88米，南北75米。基顶东西30米，南北40米，高10.5米。圆坟底径21米，平顶，径10米、高5米，通高31.5米。附有陪葬墓。东墓距西墓50米。方基一层，基底东西53米，南北59米。基顶东西50米，南北45米，高5.5米。圆坟底径31米。平顶，径8米、高5米。通高26.5米。附近有陪葬墓多座。四王冢又名“四豪冢”，俗称“四女坟”。《齐记补遗》认为是田齐时期的齐威王、齐宣王、齐湣王、齐襄王。四冢东西排列，婉转相连，巍峨雄伟，十分壮观。最西端为齐威王墓，方基长122米，宽109米，圆丘径48～49.8米；东侧为齐宣王墓，方基长122米，宽110.4米，圆丘径56～59米；再东为齐湣王墓，方基长128米，宽131米，圆丘径53～56米；最东为齐襄王墓，方基长112米，宽117米，圆丘径41~43米。田齐王陵是中国现存规模最大的先秦诸侯王陵墓葬群，被誉为“东方金字塔”。

高家朱村汉代古墓群

位于诸城市东北部、百尺河镇高家朱村北1千米岭埠上。1973年文物调查时，尚存29座。1980年，第二次全国文物普查时，仅存19座。现存古墓散落在南北1500米、东西2000米范围内，北与高密接壤，东与下（营）海（青）公路相邻。分6排，东西向排列。由北向南，第一排4座，第二排4座，第三排5座，第四排1座，第五排2座，第六排3座，墓群保存基本完好。因墓群所在岭地名“龙埠”，故称“龙埠墓群”。现存古墓封土大小不一，小者近平地，大者高10米，底周长90米，远眺似土岭。1992年6月，省政府公为省级重点文物保护单位。

程家沟古墓（田和墓）

位于青州市邵庄镇程家沟村南，由主墓及陪葬墓组成。两座墓葬依山而建，南北相对，形制相同，大小悬殊。主墓封土为方基圆坟类型，陵台有3级台阶，底边东西200米、南北175米，台顶东西115米、南北60米，高15米，台顶坟堆呈长椭圆形，底东西70米、南北30米。平顶，东西55米、南北8米、高6.8米。通高21.8米。封土为分层夯筑，夯层厚15~40厘米，夯土中含有大量石渣、砖瓦。陪葬墓俗称“皇冢”，陵台方基两层，底东西35米、南北25米。台顶东西20米、南北13米、高3.8米。长圆形坟堆，底东西12.5米、南北10米。平顶，东西8米、南北5米、高1米。通高4.8米。1965年，在封土中发现石门一扇。《齐乘·古迹二》载“田和冢，在（青州）府北二十里普通店”；光绪《益都县图志·古迹志》载“田和墓，在城西北十二里程家沟庄前。《旧志》谓在普通店者。普通，乃乡社之总名”。据旧志可知此墓为战国时期田齐开国国君田和之墓。1990年，被公布青州市第一批重点文物保护单位；1992年6月，省政府公布为省级重点文物保护单位。

明状元马愉墓

位于临朐县东城街道朱位村南偏西约1000米丘陵上。该墓坐西向东，神道两侧有碑碣、石人、石马、石羊等，均倒塌残损。墓封土残高2.5米，直径5米。墓前有清康熙三十七年（1698）九月其八世孙刻立墓碑一通，高1.95米，宽0.70米。正面刻“明状元谥襄敏马学士之墓”，其旁镌刻马愉历任官职。碑阴刻为其立碑及书丹的八世孙六人姓名、立碑时间。2000年4月，被市政府公布为市级文物保护单位。

第四节　古石刻　古生物化石

北齐胁侍菩萨像

安丘市凌河镇郚城遗址出土，共两尊。一尊通高67.2厘米、宽17.5厘米，重7861克，石灰石质地，圆雕立像，头戴由佛教吉祥物组成的透雕花冠，冠两旁宝缯较长，头顶挽髻，面相圆浑，宽额、弯眉、眼微睁，高鼻小嘴，唇线清晰，两大耳下垂，耳垂坠花饰。外着披帛，内穿长裙，右手贴胸向前，左手上举托一宝瓶，手戴钏，肩部有圆形物饰，下有飘带，左肩上有一尖状物，颈佩连珠状项链两圈，外圈项链下接由圆珠、穗状、珊瑚、胜、宝相花等组成的璎珞，跣足立于莲蕊之上。另一尊高65厘米、宽15.5厘米，重7541克，石灰石质地，圆雕立像。头戴由佛教吉祥物组成的透雕花冠，冠两旁宝缯较长，头顶无髻，面相圆浑，宽额、弯眉、眼微睁，高鼻小嘴，唇线清晰，两大耳下垂，耳垂坠花饰。外着披帛，内着长裙，右手贴胸前掌心向下，拇指中指食指捻一圆珠状物，左手断下，手戴钏，肩部有圆形物饰，下有飘带，颈佩连珠状项链两圈，外圈下接由圆珠、穗状、珊瑚、胜、宝相花等组成的璎珞，跣足立于莲蕊之上。1991年，两尊菩萨像均被确定为国家二级文物。

宋代石棺

安丘市石埠子镇雷家清河村西出土。1994年，原庵上镇政府将石棺迁于庵上石坊院内。2009年6月，移至安丘市博物馆院内。石棺主人胡琏夫妇，年代宋绍圣三年（1096）。石棺外观呈面阔3间殿堂形式，有上下两块巨石雕琢扣合而成。通高2.27米，长2.40米，宽1.56米。石棺台基刻三层覆莲，下部四壁刻男女侍从人物9人，上部一侧中间雕刻一幅升仙跪拜图，图左下阴刻铭文20字，右侧窗棂上方刻题记260字，棺顶为五脊庑殿式。

平等庵碑刻

位于安丘兴安街道七里庄村西150米，西外环路西侧。因其上有清代张在辛隶书、刘正宗、憨山老人书法以及长洲吴方来刻石，传为“三绝碑”。两碑均坐西朝东，东侧石碑高190厘米、宽86.5厘米、厚23.5厘米，碑座长112厘米、宽60厘米，东面为“众会碑记”，刻众善人题名，西面上部有清张在辛、刘正宗、憨山老人书法。西侧石碑高205厘米、宽99厘米、厚19.5厘米，碑座长125厘米、宽73厘米、厚30厘米。东面为“青州府安丘县七里庄平等庵分贝堂藏经记”碑，清康熙十七年（1678）寿光魏之佳书，长洲吴方来镌。

石羊官庄村石刻

位于安丘市新安街道石羊官庄村南黄山西街北侧，有石羊、石虎等。石羊长110厘米、高86厘米、宽36厘米，石虎长130厘米、高75厘米、宽47厘米。石刻风格大致与西石马村刘鄩墓石刻风格相近，应属五代时期。

清嘉庆重修桥记碑

位于安丘市辉渠镇东辉渠村东300米龙护桥东北角。碑刻坐北面南，高158厘米、宽70厘米、厚28厘米；碑座长104厘米，宽64厘米，厚40厘米。正面上部楷书“重修桥记”，自右向左书写；下部右侧记修桥事宜，并有“嘉庆十一年荷月三日李振西撰”字样；左侧记载捐款者姓名。

北朝佛教石刻造像

1988—1990年，修建诸城市体育中心时在工地出土，共发现佛教造像残体300多件，建筑遗物50余件，其中较完好躯体、头像100余件，造像部分带有铭文纪年，属东魏至北周的北朝时期。造像为圆雕、浮雕，以圆雕居多，造型精美，雕刻细腻，是南北朝佛教造像运动“黄金时期”精品。背屏式造像，多为一佛二菩的三尊像组合，主佛在中央，跣足踏嘉莲，左右有两条龙，翘首吐莲茎、莲叶，形成二胁侍菩萨站立的莲台座，体现佛教中国化以龙为护法神形象特点，构图优美匀称，浮雕与线刻完美结合。

山旺古生物化石保护区

位于临朐县山旺镇山旺村，形成于1800万年前地质历史上的中新世早期。因地层由许多薄如纸张的硅藻土页岩组成，古人曾形象地比喻为“万卷书”，以其盛产精美完好、门类齐全的古生物化石而闻名遐迩，素有“化石宝库”之称，被誉为“世界之最”。特别是山旺山东鸟、硕大临朐鸟的发现，填补中新世鸟类化石的空白。东方祖熊、三角原古鹿是中新世时期保存最为完整的化石标本。经研究定名700余种，其中三分之二的属种已经灭绝。1977年，被省革命委员会公布为第一批省级文物保护单位；1980年，被国务院批准为国家自然重点保护区；2002年，被国土资源部批准为国家地质公园。

第五节　名胜古迹

十笏园

位于潍城区胡家牌坊街中段，坐北向南，青砖灰瓦，主体是砖木结构，总建筑面积约2000平方米。因占地较小，喻若十个板笏之大而得其名。十笏园始建于明代，原是明朝嘉靖年间刑部郎中胡邦佐的故宅。后于清光绪十一年（1885）被潍县首富丁善宝以重金购得，被称作“丁家花园”。1988年，国务院公布为全国重点文物保护单位。其范围包括十笏园园林区及其以东、以北清代民居和关侯庙、孔融祠，占地面积1.04万平方米，古建房屋200余间。有“鲁东明珠”之称。

公冶长书院

位于安丘市石埠子镇孟家旺村北500米书院山上，相传为孔子弟子公冶长读书处。公冶长祠岁久渐圮，历代曾多次重建和维修，存有碑刻两通。一通为明万历三十五年（1607）“先贤公冶子长读书处”碑，一通为清康熙十五年（1676）“重修公冶子长祠堂记”碑。书院南两株银杏树，传为公冶长手植。另有青云寺、迷牛寺石塔构件和隋唐石羊。青云寺在书院西侧，始建年代无考，历代重修亦存碑刻两通。一为清道光九年（1829）“重修庙碑记”碑，一为清道光二十九年（1849）“重修书院山青云寺记”碑。1984年，安丘县政府将公冶长书院公布为县级重点文物保护单位；1988年拨专款重建公冶长祠，新建正厅5间及过道、影壁、院墙，建碑亭保护碑刻，在银杏树边设置铁栏杆。2012年公冶长书院被潍坊市政府公布为潍坊市级文物保护单位。

郭味蕖故居“疏园”

郭味蕖故居（疏园）为著名国画家、美术教育家、美术史论家郭味蕖居潍时旧宅。1992年，潍城区政府出资对“疏园”进行修缮，成立郭味蕖故居陈列馆。陈列馆占地750平方米，由南北两个院落17间清代砖瓦房组成。1997年，该馆成为中国书画家纪念馆联合会成员。2006年12月，省政府公布郭味蕖故居“疏园”为省级文物保护单位。

第六节 考古

考古发掘

1995年6月，临朐县文物博物馆抢救性发掘寺头镇王坟沟村北明衡宪王墓。该墓葬早年被盗，出土青砖“朱书”碑和青石墓志各一合，残存随葬器物有白瓷小罐、孔雀绿釉瓷缸、金珠、玉片、“开元通宝”铜钱、海兽葡萄镜等器物。

1996年10月底，青州龙兴寺窑藏佛教造像出土后不久，山东省文物考古研究所临淄工作站对出土造像的窖藏及相关地域进行普探，发现了多处建筑遗迹。2010年9月，省考古所再次进行重点勘探，取得重要成果。在遗址勘探区域内，共发现20个（组）遗迹单位。这些遗迹单位可大体分为三大部分，中轴线三座主建筑、遗址西北遗迹群和东北遗迹群。中轴线三座主体建筑，前、中建筑均为大型建筑，后建筑较小，不知其功能，其北部现博物馆南厅处应有相关大型建筑，此地曾出土大型的鸱吻。西北遗迹群中间有主体建筑，左右各有偏房，南部有亭阁，再向南有东西二对称相对较大的建筑。东北区遗迹推测为建筑回廊遗迹。通过几次的考古勘探工作，大体了解该遗址的建筑布局。

2001年，山东大学东方考古研究中心、寿光市博物馆联合对大荒北央遗址进行试掘。发掘面积100平方米。此为全国较早对鲁北盐业遗址进行发掘，因规模较小，没有解决盐业生产流程问题。《考古》2005年12期有专文介绍。

2003—2005年，由瑞士苏黎世大学、山东省考古研究所、山东临朐山旺古生物化石博物馆联合对临朐县寺头镇小时家庄村西山前台地白龙寺遗址进行考古发掘。小时家庄白龙寺遗址发掘是中国和瑞士在文物方面的首次合作，也是山东省同国外考古部门合作的第一个项目。

2008年4月至2010年底，北京大学考古文博学院、山东省文物考古研究所、寿光市博物馆联合对双王城盐业遗址群进行考古发掘。中国考古学会理事长张忠培、北京大学考古文博学院院长赵辉、中国社会科学院考古研究所教授徐光冀、北京大学考古文博学院教授李水城、刘旭等现场考察指导。此次发掘，全面揭露了殷商晚期到西周早期完整的制盐作坊单元及金元时期制盐工艺流程。商周时期制盐作坊由卤水井、卤水沟、各类坑池、大型盐灶、储卤坑和灶棚组成。金元时期制盐遗存有盐井、盐灶、卤水沟、过滤沟、储硝坑及半地穴式房屋等。2008年，《考古》杂志专文介绍。

商周文化研究

安丘市博物馆通过对辉渠镇老峒峪村出土商代铜戈和郚山镇贾孟村出土西周铜鼎、铜鬲的研究，揭示了安丘商周时期文化面貌。1994年，安丘柘山镇东古庙村发现一座古墓，出土青铜器、陶器、玉器共200余件。由贾德民、辛保键、李志远合写《安丘出土一批春秋青铜器》，在1994年9月18日《中国文物报》发表，论证青铜器具有莒国青铜器风格特点，在学术界引起广泛关注。2012年7月，由刘冠军、李景德合写《山东安丘柘山镇东古庙村春秋墓》，在《文物》发表，详细介绍了出土文物的情况。

秦汉文化研究

董家庄汉画像石墓发掘、复原后，1992年，安丘县文化局、博物馆编纂《安丘董家庄汉画像石墓》一书，由济南出版社出版，完整详细介绍墓中60多幅画像，对墓葬年代、画像内容、艺术特色及墓主人等相关问题进行深入探讨，1993年获山东省第九次社会科学优秀成果三等奖。

第七章　非物质文化遗产

潍坊历史久远，非物质文化遗产丰厚。有风靡世界的潍坊风筝；拥有600年历史杨家埠木版年画；被专家学者誉为民间艺术“三绝”的高密扑灰年画、剪纸、聂家庄泥塑和高密茂腔；潍坊红木嵌银漆器、精致核雕、活灵活现的布老虎、古朴隽永的铸铜印、美轮美奂的“潍绣”；被称为“化石乐器”的青州挫琴、富有马背民族风韵的满族八角鼓；元代流传至今载歌载舞的昌邑“小章竹马”；源于贾思勰《齐民要术》的宏源老酒制曲技艺；流传民间的大舜、玉皇大帝、柳毅、伯夷与叔齐、姜子牙、公冶长、李左车、刘伯温、汉武帝、李清照传说等。2004年，中国加入联合国教科文组织《保护非物质文化遗产公约》。2005年，国务院办公厅印发《关于加强我国非物质文化遗产保护工作的意见》，潍坊市按“保护为主、抢救第一、合理利用、传承发展”方针，成立非物质文化遗产保护组织，开展非物质文化遗产挖掘、保护和传承工作。2006年始，全市各县市区全面开展物质文化遗产项目挖掘、申报，先后有“潍坊风筝”等9个项目列入国家级非物质文化遗产名录，“潍坊嵌银”等13个项目列入省级非物质文化遗产名录，市政府公布两批共114个项目列入市级非物质文化遗产名录。2007年，出版非物质文化遗产名录专辑《守望精神家园》。到2012年，全市初步建立起比较完备的有潍坊特色的非物质文化遗产保护体系。

第一节　非遗保护机构与名录

非遗保护机构

2005年12月，潍坊市文广新局组建潍坊市非物质文化遗产保护中心办公室，办公室设在潍坊市艺术馆。2006年，市政府建立非物质文化遗产保护联席会议制度。2007年7月，市艺术馆同时挂潍坊市非物质文化遗产保护中心牌子。各县市区陆续设立非物质文化遗产保护中心办公室，除青州市独立设置外，均挂靠文化馆。

国家级非物质文化遗产名录

2006年5月20日，“潍坊风筝”“杨家埠木版年画”“高密扑灰年画”“茂腔”被国务院公布为第一批国家级非物质文化遗产名录。同年5月24日，全市非物质文化遗产普查工作启动，经近两年田野普查和挖掘整理，全市收集整理非遗资源线索7000多条，整理各类项目近千项，12个县市区完成一套普查资料汇编丛书、一个档案资料室、一个珍贵实物陈列厅、一个数据库“四个一”建设。12月，潍坊嵌银、柳疃丝绸、景芝酒酿造技艺、潍坊刺绣等13个项目被列入山东省首批非物质文化遗产名录。2008年6月7日，“秃尾巴老李的传说”“诸城派古琴”“潍坊核雕”“聂家庄泥塑”“高密剪纸”入选第二批国家级非物质文化遗产名录。2011年5月13日，“柳毅传说”“舜的传说”“青州花毽”“孙膑拳”“漆器髹饰技艺（潍坊嵌银髹漆技艺）”入选第三批国家级非物质文化遗产名录。

省级非物质文化遗产名录

2009年9月27日，《山东省人民政府关于公布第二批省级非物质文化遗产名录和第一批省级非物质文化遗产扩展项目名录的通知》发布，潍坊市共有10大类21项入选第二批省级非遗名录。

潍坊市第一、二、三批国家级非物质文化遗产代表性项目名录

表26-7-1

县市区	序号	名称	类别	级别	批次、时间
寒亭区	1	杨家埠木版年画	传统美术	国家级	国1/2006.5
寒亭区	2	潍坊风筝	传统技艺	国家级	国1/2006.5
高密市	3	高密茂腔	传统戏剧	国家级	国1/2006.5
高密市	4	扑灰年画	传统美术	国家级	国1/2006.5
潍坊市直	5	潍坊核雕	传统美术	国家级	国2/2008.6
诸城市	6	秃尾巴老李的传说	民间文学	国家级	国2/2008.6
诸城市	7	诸城派古琴	传统音乐	国家级	国2/2008.6
高密市	8	聂家庄泥塑	传统美术	国家级	国2/2008.6
高密市	9	高密剪纸	传统美术	国家级	国2/2008.6
寒亭区	10	柳毅传说	民间文学	国家级	国3/2011.5
青州市	11	青州花毽	传统体育游艺与杂技	国家级	国3/2011.5
诸城市	12	舜的传说	民间文学	国家级	国3/2011.5
安丘市	13	孙膑拳	传统体育游艺与杂技	国家级	国3/2011.5
潍坊市直	14	潍坊嵌银髹漆技艺	传统技艺	国家级	国3/2011.5

潍坊市第一、二批省级非物质文化遗产扩展项目名录

表26-7-2

项目类别	序号	编号	项目名称	申报地区或单位
民间文学	158	I-18	大舜传说	诸城市
	168	I-28	公冶长传说	诸城市
				安丘市
	170	I-30	柳毅传说	潍坊市寒亭区
传统音乐	189	II-22	挫琴	青州市

续表26—7—2

项目类别	序号	编号	项目名称	申报地区或单位
传统舞蹈	195	III—23	地秧歌	高密市
	198	III—26	小章竹马	昌邑市
	200	III—28	月宫图	寿光市
	208	III—36	闹海	寿光市
传统戏剧	213	IV—24	周姑戏	临朐县
曲艺	217	V—13	东路大鼓	安丘市
传统体育、游艺与杂技	227	VI—13	孙膑拳	安丘市
	234	VI—20	青州花毽	青州市
传统美术	248	VII—37	高密半印半画年画	高密市
传统技艺	250	VIII—23	崔字小磨香油传统技艺	潍坊市
	251	VIII—24	棒槌花边技艺 （青州府花边大套）	青州市
	257	VIII—30	潍坊仿古铜铸造技艺 （潍坊仿古青铜器铸造技艺、潍坊市奎文区仿古铜印铸造技艺）	潍坊市 潍坊市奎文区
	263	VIII—36	高密菜刀工艺	高密市
	267	VIII—40	桑皮纸制作技艺	临朐县
	272	VIII—45	青州井塘村石砌房民居建筑技艺	青州市
	283	VIII—56	宏源白酒传统酿造技艺	寿光市
传统医药	296	IX—7	董家骨科正骨疗法	安丘市

市级非物质文化遗产名录

2006年，60个项目被市政府批准公布为首批市级非物质文化遗产名录。潍坊市成为省内率先公布市级名录的地市。2008年12月16日，市政府公布第二批市级非物质文化遗产名录54项。2011年4月18日，市政府公布第三批市级非物质文化遗产名录50项和第一批、第二批市级非物质文化遗产扩展项目名录7项。

潍坊市第一批市级非物质文化遗产项目名录

表26-7-3

项目类别	序号	编号	项目名称	申报县市区或单位
民间文学	1	Ⅰ-1	仓颉造字的传说	寿光市
	2	Ⅰ-2	庄农日用杂字	临朐县
	3	Ⅰ-3	秃尾巴老李的传说	诸城市
	4	Ⅰ-4	云门献寿的传说	青州市
	5	Ⅰ-5	梁祝的传说	诸城市
	6	Ⅰ-6	方山爷的传说	昌乐县
	7	Ⅰ-7	常山雩泉的传说	诸城市
	8	Ⅰ-8	黑龙沟的传说	诸城市
民间美术	9	Ⅱ-1	杨家埠木版年画	寒亭区
	10	Ⅱ-2	高密扑灰年画	高密市
	11	Ⅱ-3	高密剪纸	高密市
	12	Ⅱ-4	聂家庄泥塑	高密市
	13	Ⅱ-5	潍坊核雕	潍坊市
	14	Ⅱ-6	高密半印半画年画	高密市
	15	Ⅱ-7	昌邑剪纸	昌邑市
	16	Ⅱ-8	鸟字头字画	诸城市
民间音乐	17	Ⅲ-1	诸城派古琴	诸城市
	18	Ⅲ-2	龙虎斗打击乐	青州市
	19	Ⅲ-3	诸城孟疃民歌	诸城市
	20	Ⅲ-4	汉王山民歌	诸城市
民间舞蹈	21	Ⅳ-1	小章竹马	昌邑市
	22	Ⅳ-2	高密地秧歌	高密市
	23	Ⅳ-2	月宫图	寿光市
	24	Ⅳ-2	昌乐大葛狮子	昌乐县
戏曲	25	Ⅴ-1	茂 腔	高密市
	26	Ⅴ-2	临朐周姑戏	临朐县
曲艺	27	Ⅵ-1	东路大鼓（安丘派、诸城派）	安丘市 诸城市
	28	Ⅵ-2	诸城竹板快书	诸城市

续表26-7-3

项目类别	序号	编号	项目名称	申报县市区或单位
民间手工技艺	29	Ⅶ-1	潍坊风筝	潍坊市
	30	Ⅶ-2	潍坊嵌银工艺	潍坊市
	31	Ⅶ-3	景芝酒酿造工艺	安丘市
	32	Ⅶ-4	柳疃丝绸工艺	昌邑市
	33	Ⅶ-5	潍坊刺绣工艺	潍坊市
	34	Ⅶ-6	潍坊仿古铜工艺	潍坊市
	35	Ⅶ-7	红丝砚制作工艺	临朐县
	36	Ⅶ-8	青州石雕工艺	青州市
	37	Ⅶ-9	黑陶制作工艺	安丘市
				诸城市
	38	Ⅶ-10	高密菜刀制作工艺	高密市
	39	Ⅶ-11	高密大红纸制作工艺	高密市
	40	Ⅶ-12	诸城邱家庄条编工艺	诸城市
	41	Ⅶ-13	安丘花磕子工艺	安丘市
	42	Ⅶ-14	潍城小磨香油工艺	潍城区
	43	Ⅶ-15	寒亭猪鬃加工工艺	寒亭区
	44	Ⅶ-16	坊子白酒酿造工艺	坊子区
	45	Ⅶ-17	云门陈酿工艺	青州市
	46	Ⅶ-18	昌邑白酒酿造工艺	昌邑市
消费习俗	47	Ⅷ-1	临朐全羊宴制作工艺	临朐县
	48	Ⅷ-2	高密炉包制作工艺	高密市
	49	Ⅷ-3	景芝三页饼制作工艺	安丘市
	50	Ⅷ-4	烧肉制作工艺	诸城市
				安丘市
	51	Ⅷ-51	高密大蜜枣制作工艺	高密市
	52	Ⅷ-52	昌乐马宋饼制作工艺	昌乐县
	53	Ⅷ-53	诸城汉王山刘罗锅辣丝制作工艺	诸城市
	54	Ⅷ-54	七姐妹年糕制作工艺	安丘市
	55	Ⅷ-55	诸城杠子头碗碗大火烧制作工艺	诸城市
岁时节令	56	Ⅸ-1	二月二龙抬头	寒亭区
	57	Ⅸ-2	诸城财神节	诸城市
民间信仰	58	Ⅹ-1	寒亭盐神节	寒亭区

续表26—7—3

项目类别	序号	编号	项目名称	申报县市区或单位
文化空间	59	Ⅺ-1	祭舜大典	诸城市
游艺	60	Ⅻ-1	安丘五棍棋	安丘市

潍坊市第二批市级非物质文化遗产项目名录

表26—7—4

项目类别	序号	编号	项目名称	申报地区
民间文学	1	Ⅰ-1	大舜的传说	诸城市
	2	Ⅰ-2	柳毅的传说	寒亭区
	3	Ⅰ-3	公冶长的传说	诸城市、安丘市
	4	Ⅰ-4	孝子王裒的传说	昌乐县
	5	Ⅰ-5	伯夷、叔齐与首阳山的传说	昌乐县
	6	Ⅰ-6	玉皇大帝在峡山的传说	峡山区
	7	Ⅰ-7	白浪河源头的传说	昌乐县
	8	Ⅰ-8	饮马池的传说	昌邑市
	9	Ⅰ-9	没尾巴老李在高密的传说	高密市
	10	Ⅰ-10	姜太公与营丘故城的传说	昌乐县
	11	Ⅰ-11	牛沐寺与牛沐钟的传说	安丘市
	12	Ⅰ-12	二郎神担山的传说	青州市
	13	Ⅰ-13	李清照买书	青州市
	14	Ⅰ-14	状元与貔子精	青州市
	15	Ⅰ-15	范公井的传说	青州市
	16	Ⅰ-16	敞口山楂的传说	青州市
	17	Ⅰ-17	刘伯温在峡山的传说	峡山区
	18	Ⅰ-18	李左车的传说	安丘市
	19	Ⅰ-19	姜太公垂钓九龙涧	坊子区
	20	Ⅰ-20	汉武帝躬耕巨淀的传说	寿光市
民间美术	21	Ⅱ-1	青州根雕艺术	青州市
	22	Ⅱ-2	安丘泥人	安丘市
民间音乐	23	Ⅲ-1	青州挫琴艺术（筑琴）	青州市
	24	Ⅲ-2	诸城喇叭吹打乐	诸城市

续表26－7－4

项目类别	序号	编号	项目名称	申报地区
民间舞蹈	25	Ⅳ－1	芯子灯	青州市
	26	Ⅳ－2	撅灯官	高密市
	27	Ⅳ－3	闹海	寿光市
	28	Ⅳ－4	花棍舞	高新区
曲艺	29	Ⅴ－1	青州满族八角鼓	青州市
民间手工技艺	30	Ⅵ－1	寿光传统制盐技艺	寿光市
	31	Ⅵ－2	青州红丝砚技艺	青州市
	32	Ⅵ－3	青州井塘村石砌房民居建筑技艺	青州市
	33	Ⅵ－4	纸坊桑皮纸制作技艺	临朐县
	34	Ⅵ－5	潍坊铜印铸造技艺	奎文区
	35	Ⅵ－6	青州府花边大套	青州市
	36	Ⅵ－7	侯镇神曲制作技艺	寿光市
	37	Ⅵ－8	清真酱牛肉制作技艺	青州市
	38	Ⅵ－9	无忌席编织技艺	诸城市
	39	Ⅵ－10	王高虎头鸡制作技艺	寿光市
	40	Ⅵ－11	莲馨香传统技艺	安丘市
消费习俗	41	Ⅶ－1	岔道口小篓八宝咸菜制作技艺	诸城市
	42	Ⅶ－2	齐民大宴烹饪技艺	寿光市
	43	Ⅶ－3	望留全驴宴制作技艺	潍城区
人生礼俗	44	Ⅷ－1	安丘婚礼	安丘市
民间信仰	45	Ⅸ－1	孙膑崇拜	昌邑市
	46	Ⅸ－2	羊口开海节	寿光市
	47	Ⅸ－3	云门山庙会	青州市
	48	Ⅸ－4	灵山庙会	坊子区
	49	Ⅸ－5	枳沟庙山庙会	诸城市
传统医药	50	Ⅹ－1	李氏艾灸疗法	青州市
	51	Ⅹ－2	董家骨科正骨疗法	安丘市
游艺、传统体育与竞技	52	Ⅺ－1	青州花毽	青州市
	53	Ⅺ－2	高密地龙经拳	高密市
	54	Ⅺ－3	孙膑拳	安丘市

潍坊市第三批市级非物质文化遗产项目名录

表26—7—5

项目类别	序号	编号	项目名称	申报地区
民间文学	1	Ⅰ-29	张择端的传说	诸城市
	2	Ⅰ-30	丁耀亢的传说	诸城市
	3	Ⅰ-31	窦光鼐的传说	诸城市、安丘市
	4	Ⅰ-32	阎氏五世七进士的故事	昌乐县
	5	Ⅰ-33	尧与朱丹的传说	昌乐县
	6	Ⅰ-34	嫦娥奔月的传说	寒亭区
	7	Ⅰ-35	杞国的故事	坊子区
	8	Ⅰ-36	蚕丝韵言	临朐县
	9	Ⅰ-37	寿光民谣	寿光市
	10	Ⅰ-38	孟姜女的传说	安丘市
	11	Ⅰ-39	凤凰山的传说	坊子区
传统舞蹈	12	Ⅲ-9	庄氏九头船	奎文区
	13	Ⅲ-10	荷花秧歌	寿光市
	14	Ⅲ-11	百鸟朝凤	寿光市
	15	Ⅲ-12	阴阳鼓	高新区
传统体育、游艺与竞技	16	Ⅵ-5	潍坊地功拳	潍城区
	17	Ⅵ-6	潍坊四通捶拳	潍城区、奎文区
	18	Ⅵ-7	赛鹤拳	安丘市
传统美术	19	Ⅶ-15	潍县砖雕	寒亭区
	20	Ⅶ-16	潍坊布玩具	寒亭区
	21	Ⅶ-17	草编（寿光草编草碾子）	寿光市
	22	Ⅶ-18	柳编（高密柳编）	高密市
	23	Ⅶ-19	龙灯扎制（仉家龙灯扎制技艺）	寿光市
	24	Ⅶ-20	高密割花	高密市
	25	Ⅶ-21	面艺（昌邑面艺、诸城面艺）	昌邑市、诸城市
	26	Ⅶ-22	盆景技艺（青州桂花盆景艺术）	青州市
	27	Ⅶ-23	潍坊面塑	潍城区

续表26-7-5

项目类别	序号	编号	项目名称	申报地区
传统技艺	28	Ⅷ-41	青州剪刀制作技艺	青州市
	29	Ⅷ-42	传统糕点制作技艺（春堂八宝糕、隆盛清真糕点、潍县糕点）	昌乐县、青州市、寒亭区
	30	Ⅷ-43	土陶制作技艺	寿光市、昌邑市
	31	Ⅷ-44	方吕鸟笼制作技艺	寿光市
	32	Ⅷ-45	营丘太公香制作技艺	昌乐县
	33	Ⅷ-46	昌乐金首饰制作技艺	昌乐县
	34	Ⅷ-47	葛家烟火制作技艺	坊子区
	35	Ⅷ-48	花丝首饰制作技艺	潍城区
	36	Ⅷ-49	潍坊朝天锅制作技艺	奎文区
	37	Ⅷ-50	盛氏木杆秤制作技艺	安丘市
	38	Ⅷ-51	朱汉手工地毯制作技艺	昌乐县
传统医药	39	Ⅸ-2	通经引药法	青州市
	40	Ⅸ-3	偏瘫丸制作技艺	青州市
	41	Ⅸ-4	溢圣膏药	青州市
	42	Ⅸ-5	中医正骨疗法（庄氏正骨、华疃正骨、殷氏金铠甲正骨、徐氏手法正骨、张氏接骨散）	奎文区、寒亭区、安丘市、青州市、坊子区
	43	Ⅸ-6	将军丹制作技艺	潍城区
	44	Ⅸ-7	郄秋浦医术医方医案	昌乐县
	45	Ⅸ-8	桃园黄病丸子	青州市
民俗	46	Ⅹ-9	年俗（高密年俗）	高密市
	47	Ⅹ-10	沂山祭祀文化	临朐县
	48	Ⅹ-11	景芝大集	安丘市
	49	Ⅹ-12	寿光礼仪习俗	寿光市
	50	Ⅹ-13	崇山拴孩子习俗	昌乐县

潍坊市市级非物质文化遗产名录扩展项目

表26—7—6

项目类别	序号	编号	项目名称	申报地区	批次
传统美术	1	Ⅶ-1	木版年画（高密木版年画、安丘木版年画）	高密市、安丘市	第一批
	2	Ⅶ-3	剪纸（青州剪纸）	青州市	第一批
	3	Ⅶ-4	泥塑（黄家庄泥塑）	潍城区	第一批
	4	Ⅶ-10	石雕石刻（昌乐石雕石刻）	昌乐县	第一批
传统戏剧	5	Ⅳ-1	茂腔（马司茂腔）	坊子区	第一批
传统技艺	6	Ⅷ-28	传统制盐工艺	昌邑市	第二批
民俗	7	X-8	庙会（金山庙会、雹泉庙会）	昌乐县、安丘市	第二批

第二节 国家级项目及代表性传承人

潍坊风筝

潍坊风筝兴于明初，盛于清代，至清乾隆年间已成为当地重要手工业之一。风筝种类由以明代板子为主，逐步形成以硬翅风筝为主，长串“蜈蚣”为最，软翅风筝为巧，筒子风筝为奇的体系。潍坊风筝以造型合理、色彩鲜艳、起飞平稳、富有民间乡土气息自成一家。反映内容、表现形式、绘制技法、色彩运用以及放飞等，都有鲜明地方艺术特征。潍坊风筝在中国风筝史上占有重要地位，2006年，入选第一批国家级非物质文化遗产名录。

杨家埠木版年画

杨家埠木版年画兴于明初，盛于清代乾嘉年间，有600多年历史。杨家埠木版年画不受自然约束，以丰富想象力，用浪漫主义、概括、象征和寓意手法表现主题；构图完整、饱满、匀称；造型夸张、简练、粗犷、朴实，形象俊美、鲜明，易被接受。杨家埠木版年画为全国三大木版年画之一，2006年入选第一批国家级非物质文化遗产名录。

杨家埠木版年画国家级代表性传承人杨洛书，1927年生，潍坊市寒亭区西杨家埠村人，同顺德画店第十九代传人，联合国教科文组织“民间工艺美术大师”、名誉博士。代表作品版画四大名著《水浒》《西游记》《红楼梦》《三国演义》画册，《古代帝王图》《东周列国传》《济公传》长卷及《二十四孝》六条屏等。2008年，获“首届山东省泰山文艺奖·艺术突出贡献奖”。2009年，被评为全国非物质文化遗产保护先进工作者。

高密扑灰年画

世界独特画种，被誉为“中国一绝”，经几百年发展，形成独特艺术感染力和粗犷、豪放、率真、大器美学特征，仅存高密一地。1984年，应邀晋京在首都博物馆展出。1987年，中央电视台到高密现场采访制作成专题片向海内外播放。扑灰年画作画，先用烧炭化的柳枝打好草稿，然后用手笔描下来，再用白纸拓掉，一稿可拓扑多张，“扑灰”由此得名。其画面夸张朴拙，线条勾描粗犷豪放，着色板块鲜明艳丽，人物造型简单舒畅，画面寓意深刻感人，人、景、物陪衬逼真适当，细腻点一丝不苟，粗放处大笔涂狂，萝卜礚花装饰好看，明油罩盖富丽堂皇。代表作品有《姑嫂闲话》《踢毽子》《财神》等。2006年5月，被列入第一批国家非物质文化遗产名录。

高密扑灰年画国家级代表性传承人吕臻立，1953年10月生于高密，受家庭熏陶，自幼随父亲学画扑灰年画，系高密扑灰年画世家吕氏画派第六代正宗传人。秉承传统题材风格，并在色彩、人物线条等方面，借鉴吸收国画绘画技巧，大胆创新，历经几十年实践，采众家之长，逐渐形成独特画风。

高密茂腔

属山东地方戏四大系统中肘鼓子系，唱腔委婉幽怨、质朴自然，唱词纯朴感人、通俗易懂，乡土气息浓郁，被誉为“胶东之花”，俗称“拴老婆橛子戏”，在广大农村有着深厚的群众基础。流行于潍坊、青岛、日照等地，最初是民间哼唱小调，大约清道光年间广泛流传于山东半岛一带。流传过程中，吸收本地花鼓秧歌、苏北柳琴戏等唱腔和形式，形成尾音翻高八度新唱腔，当地群众称“打冒”或“打呜”。后又取其谐音“茂肘鼓”，最后定名茂腔。1990年，高密茂腔剧团应邀晋京演出现代茂腔戏《盼儿记》，颇受好评。2006年，高密茂腔被列入首批国家级非物质文化遗产名录。

潍坊核雕

潍坊核雕是历史传承久远的一门独特民间工艺，在全国核雕艺术中独树一帜，自成一脉。艺人们以桃核作材料，巧妙利用自然麻纹，精心设计，因材施艺，或雕成鸟、兽、舟船，或雕为人物、故事，玲珑剔透，高雅别致，流传越久，其质越美。扇坠、念珠、耳环、手串、纽扣等，既蕴含吉祥祝福意，又有点缀装饰效果，鬼斧神工核雕精品成为核雕爱好者的珍藏品。2008年被列入国家级非物质文化遗产名录。

潍坊核雕国家级代表性传承人王绪德，山东潍坊人，1942年生，1962年毕业于潍坊市工艺美术学校，一直在潍坊市工艺美术研究所从事桃核雕刻，师从考功卿，系世界雕刻协会会员，中国工艺美术学会成员、山东省工艺美术大师。在继承传统、总结前辈雕功基础上，形成粗犷中见细致、细微中见精神的艺术风格，其代表作品《核舟》《马拉轿车》《百万雄师过大江》等，多次在国内获奖。

潍坊嵌银髹漆技艺

潍坊红木嵌银髹漆是以名贵红木、天然漆和金银丝为主要原料，在红木器具上精工雕刻、镶嵌金银丝的独特制作技艺。作为独特的民间工艺品，嵌银漆器有一套完整复杂的制作工艺。选材必须用硬度较高，木质细腻木材，多为红木，所

潍坊核雕在北京2009技艺大展上

以叫红木嵌银漆器。最早用本地枣木，云南檀木、楠木，海南黄花梨。近代多为从东南亚国家和非洲进口紫檀、黑檀、花梨、鸡翅木、酸枝木等。经分割、胚胎制作、精雕细刻、镶嵌金银丝、反复打磨，最后上漆，先对器具上色上灰，再涂以七遍大漆，最后把金银丝上的漆色除去，使器具显出固有本色。2011年，被列入国家级非物质文化遗产名录。

聂家庄泥塑

高密聂家庄泥塑，粗犷夸张、简练概括，格调大红大绿，具有汉唐文化富丽堂皇、丰盈憨实和青铜文化粗犷放达、种类丰富的特征。是全国泥塑艺术中独具型、色、声、动四大特点的泥塑品种，造型大胆夸张，稚拙憨朴，着色鲜艳醒目，表神写意，加之能动会叫的独特技艺，赋予传统泥塑艺术别具一格东方神韵。作品销往美国、韩国、新加坡、墨西哥等国家和中国台湾地区。2008年，被列入国家级非物质文化遗产名录。

聂家庄泥塑国家级代表性传承人聂希蔚，字秀山，1938年9月生于高密市姜庄镇聂西村，是聂家庄泥塑第二十代传人，潍坊市民间艺术协会理事，山东省民间文化杰出传承人，中国民间文化杰出传承人，自幼受家庭熏陶，10岁开始随父亲制作泥塑，至今已有50余年。

高密剪纸

高密剪纸构思精巧，具有浓厚的生活气息，善用阴剪和阳剪手法，巧用黑块和细线，善使锯齿纹和光滑面，有定规而不拘束，剪出粗犷而精巧、简约而不单调、质朴而灵秀、生动又传神的艺术效果。“粗中有细的金石味”是高密剪纸区别于其他地区剪纸的重要特征。1993年，高密县被文化部授予“中国民间艺术（剪纸）之乡”称号，数名高密剪纸艺人应邀出国展演，被誉为“中国魔剪”。2008年5月，高密剪纸被列入国家级非物质文化遗产名录。2010年，高密剪纸入选联合国教科文组织“人类非物质文化遗产代表作名录”。

没尾巴老李的传说

诸城没尾巴老李的传说可追溯到宋朝。熙宁七年（1074），苏轼知密州（诸城），大旱无雨，便到常山祈雨，很灵验，大雨倾盆。正当苏轼高兴时，百姓便传话给他说：“不是您祈雨感动上天，今日是五月十三，没尾巴老李他娘忌日，大雨是没尾巴老李给娘上坟哭的眼泪。”苏轼大惊。从此，便有谚语在诸城流传：“大旱三年，忘不了五月十三。”之后，没尾巴老李的故事越传越广，越传越神。明初，山西移民到诸城黑龙沟村附近的人，听到没尾巴老李的传说后，都把自己的居住地命名黑龙沟，新出了赵家黑龙沟、孙家黑龙沟、刘家黑龙沟、小黑龙沟、大黑龙沟等一溜黑龙沟。没尾巴老李的传说中的没尾巴老李四方游历，救民助民，舍己为人，这正是中华民族历来所倡导的团结和睦、互帮互助的传统美德。2008年被列入国家级非物质文化遗产名录。

诸城派古琴

诸城派古琴，形成于19世纪初，被誉为中国著名古琴流派之一。诸城派古琴立调体系以三弦为宫而以律吕命调，其艺术风格细致、含蓄、质朴、流畅；节奏固定、标准统一，划分节奏并附有简谱。诸城古琴以《长门怨》《秋风词》《关山月》为独有曲操。琴谱有王冷泉辑《琴谱正律》，载琴曲21首；王既甫、王心源、王秀南祖孙三代相传《桐荫山馆琴谱》，载琴曲16首；王露辑《玉鹤轩琴谱》，载琴曲30首；王宾鲁传《梅庵琴谱》，载琴曲14首。诸城派古琴主要代表人物有王浦长（字既甫）、王雩门（字冷泉）、王作祯（字心源）、王露（字新葵）、王宾鲁（字燕卿），人称“诸城琴史五杰”。2006

年，列入国家级非物质文化遗产名录。

舜的传说

舜，号有虞氏，史称虞舜，姚姓，名重华，生于诸城城北诸冯村。中国远古五帝之一，父系氏族社会晚期部落联盟首领。史传他仁义孝道、温良谦让，终因四方部落推举，辅尧王摄政。摄政期间，忠于职守，深得民心，尧王禅让位于他。《孟子·离娄篇》中说："舜生于诸冯，迁于负夏，卒于鸣条，东夷之人也。"范文澜《中国通史》载："舜号有虞氏，《孟子·离娄篇》说舜生于诸冯（音平ping、山东省诸城县），卒于鸣条，东夷之人也。"郭沫若《中国史稿》云："舜生于诸冯（今山东诸城），卒于鸣条（今河南封丘东）。"诸城民间流传着多个关于大舜的故事，主要有大舜出生、大舜名字由来、后母陷害、尧王访舜等。2011年被列入国家级非物质文化遗产名录。

柳毅传说

柳毅传说故事在寒亭区朱里镇柳毅山周边地区流传甚广，自唐迄今，已流传1000多年。主要有天池祈雨说、海眼淘池说、民间祭拜说、告贫报应说、评书系列说、除夕守岁说、生日过节说、黄河摆渡说等，信众遍及鲁东鲁北地区。2011年，入选国家级非物质文化遗产名录。

青州花毽

青州花毽由蹴鞠演化而来，有2000多年历史，毽子色泽艳丽，制作完美精良，青州风土民情、山川景物等与花毽名称、花样紧密结合，花样达108种。踢毽讲究身形架步优美、心意相随、眼到脚到、反应灵活、人随毽舞、毽随人转。既有舞蹈柔美之姿，又有武术阳刚之气,灵巧多变、刚柔相济、扣人心弦，有极强的震撼和感染力。2011年，入选国家级非物质文化遗产名录。

孙膑拳

孙膑拳又称"大架拳"，又有"二节腿""长袖拳"之称，武技与兵家思想有机融合，是中国武术起源较早的拳术之一。安丘是孙膑拳主要流传地，其技术和理论体系完整，具有散手、武术精华之特点。孙膑拳现存3个完整套拳路为32手（中架），64手（小架），96手（大架）。孙膑拳古朴雄浑，尤重技击，侧身应战，手脚并用，三出一主，招式可连，动作舒展，可放长击远、猛打快攻，节奏分明，方法清晰，以勇见长。2011年，入选国家级非物质文化遗产名录。

第三节　非遗著作与学术研究

2007年，组织编著《守望精神家园》，全书

2012年6月，第七个全国文化遗产日，潍坊市非遗项目代表性传承人在潍坊市博物馆开展拜师收授仪式

28万字，图文并茂，重点介绍潍坊市60个非物质文化遗产项目。2009年6月，编辑出版第二批市级非遗名录专辑《古风遗韵》，全书50万字。2010年6月，《潍水文化生态保护实验区建设规划研究》获山东省艺术科学重点课题立项；8月，《潍坊民间艺术文化生态研究》被评为省级优秀课题，列入文化部2009年立项课题。2011年6月，《潍水流觞》专辑出版，重点介绍第三批市级非遗名录项目50项；10月，《潍坊市非物质文化遗产校园传承研究》获山东省艺术科学重点课题立项。

非遗保护工作开展以来，全市编辑出版《潍坊文化简史》《潍坊文化三百年》《潍坊风物》《乡土瑰宝》《风筝的学问》《高密民间艺术瑰宝》等100余部专业论著和《守望精神家园》《古风遗韵》《潍水流觞》等200多部记录介绍潍坊传统文化的项目丛书。

第四节　潍水文化生态保护实验区

2010年9月19日，《潍水文化生态保护实验区规划纲要》通过文化部专家论证；11月，潍水文化生态保护实验区获文化部批准设立。潍水文化生态保护实验区（以下简称“保护区”），地处山东半岛西部，以潍坊市行政区域所属4区（奎文、潍城、寒亭、坊子），6市（青州、诸城、寿光、高密、安丘、昌邑），2县（昌乐、临朐）为地缘范围，总面积1.61万平方千米，海域面积1400平方千米，人口927万人。历史上属“海岱文化圈”，是齐文化继承与传播的中心区域。融农耕文化、渔盐文化、手工文化和商贸文化为一体的潍水文化，具有鲜明的半岛性复合型文化特点。

2012年底，编制完成《潍水文化生态保护实验区总体规划》。保护区历史厚重，自古重文尚武、规制从礼、文化开放、传承有序，具有众多物质与非物质文化遗产资源和浓郁的民俗与民间文化传统。保护区有国家森林公园 7 个，国家湿地公园 5 个；国家级文物保护单位17处，省级文物保护单位168处，国家级和省级历史文化名城各1座、不可移动文物50万件（套）；拥有联合国“人类非物质文化遗产代表作名录”项目2项，国家级非物质文化遗产代表性项目14项，省级代表性项目72项，市级代表性项目232项，县级代表性项目1025项；国家级代表性传承人6名、省级38名、市级233名，县级901名；获命名国家级非物质文化遗产生产性保护基地1个、省级非物质文化遗产生产性保护基地5个，3个县市区被评为“中国民间文化艺术之乡”。

全市建有潍坊风筝博物馆、青州市非遗博物馆、潍坊红木嵌银博物馆等30余个非遗综合性专题博物馆、展示厅，建成285个规范化非遗项目传习所、10个非遗传承示范基地、6个校园传承教育基地、30个面积1000平方米以上非遗综合性传习中心，建成一批村级非遗展示室，打造杨家埠民俗大观园、高密东北乡红高粱影视基地、中国现代风筝产业基地、景芝酒文化展示中心、青州宋城文化园区等20多个以非遗展示传习为主题大型文化园区。建设具有传统文化风格十笏园文化街区，融聚博物馆、美术馆、郑板桥纪念馆、非遗孵化器、大师工作室、民间工艺一条街等众多传统文化项目。

开展古琴全国巡演、“乡音乡韵”说唱大赛、民间文艺表演大赛、传统工艺大展等活动，诸城派古琴、潍坊核雕等60多个非遗濒危项目得到有效抢救，并重新焕发生命力。在全市启动非物质文化遗产口述史调查工程，组织近百人调查队伍，对232项市级非遗项目进行口述史调查和文本归档。投资200多万元建立保护区非遗数字

2011年4月，潍水文化生态保护试验区授牌

化管理系统，聘请专业团队对潍坊风筝等重点项目进行专项调查记录。

实施非遗传承“百乡千人扶持计划”，组织全市百名传承人收徒4000多人，每年培训传承人和业务骨干500多人次。实施“九千绣花女”潍坊刺绣培训工程，组织举办潍坊核雕大讲堂、民间手绘年画培训班等免费非遗技能培训，培育壮大传承队伍。开展非遗进校园，编著校园传承教材，在1000余所中小学开设传统美术、传统技艺、传统武术教学，占全市中小学校总数的85%，每年有5万多名中小学生参加非遗学习、教育活动。制订《非物质文化遗产校园职业化教育方案》，与潍坊市商业学校、潍坊市聋哑学校签订校园职业化教育协议，非遗教育进入职业化。针对潍坊地区手工业发达，生产性保护项目众多特点，通过传承人群培训、技术职称评定、赛事荣誉评选、市场经济引导等方式，形成传承人群社会激励机制，建立技艺大师、代表性传承人、从业者三级形态传承人梯队。保护区拥有国家级工艺美术大师4名、省级51名、市级225名，省级传统技艺大师4名，市民间艺术大师20名，市级工艺美术名人176名，核雕技艺大师3名、核雕技艺名师10名。全市手工艺从业者4万多人，风筝、年画、剪纸等民众普遍参与项目从艺者均达数千人。

依托每年一度国际风筝会、文展会、鲁台会、菜博会、花博会等大型节会，设立潍坊民间工艺产品展销区，展会年均销售额达亿元以上。通过山东聚匠网、中国印象商城潍坊店、好品潍坊等推广销售平台，向世界各地推销具有潍坊地域特色非遗产品和非遗衍生品。山东景芝酒业、山东华艺雕塑等数千家文化企业通过公司网站和销售网店，建立传统文化网络推广系统，为文化产业链链接和加固发挥重要作用。融文化展示、文化旅游、文化体验、文化产品销售于一体，着力打造以传统文化项目为主题文化旅游区，推广潍坊民间艺术产品。促进产业发展和劳动就业。2012年，保护区有传统工艺类企业和家庭作坊1847个，年产值达210多亿元，安排就业总人数4.9万人。

第八章 工艺美术

潍坊工艺美术门类众多，特色鲜明。临朐雕塑、红丝砚独树一帜，寒亭杨家埠年画、传统风筝绚丽多彩，高密剪纸、泥塑、扑灰年画独具特色。潍坊风筝、杨家埠木版年画、高密扑灰年画、潍坊核雕、聂家庄泥塑、高密剪纸、潍坊嵌银漆器7项被列入国家非物质文化遗产项目名录；潍坊仿古铜器、潍坊刺绣等35个项目被列入山东省非物质文化遗产名录。在2008年公布的山东省首批19位民间文化杰出传承人中，潍坊独占13位。其中杨洛书、都传恭、聂希尉、范祚信被评为全国民间文化杰出传承人。潍坊市工艺美术研究所、盛壮红木嵌银有限公司等单位被山东省工农业旅游示范点评定委员会命名为“山东省工业旅游示范点”。2008年，山东省经贸委开展全省工艺美术特色产业基地认定工作，潍坊市被认定为山东省风筝产业基地、临朐县为山东省工艺雕塑产业基地、杨家埠为山东省年画产业基地。2011年，全市规模以上工艺美术企业实现销售收入86.7亿元，同比增长66.5%；实现利税6.14亿元，增长36.6%；利润4.05亿元，增长37.9%。2012年，全市规模以上工艺美术企业实现销售收入138.65亿元，同比增长56.31%；实现利税7.02亿元，增长17.7%；利润4.61亿元，增长20.4%。全市规模以上工艺美术企业74家，从业人员4万多人，带动农村加工队伍15万多人。全市拥有国家级、省级、市级工艺美术大师共86人，其中国家级工艺美术大师2人，省级工艺美术大师24人，市级工艺美术大师60人。

第一节 刺绣染织

青州府花边

青州府花边俗称棒槌花边，因开始在青州府生产，故名。1900年，英国传教士康寿宁夫妇从意大利引进图样和原料，利用农村的廉价劳动力，从事花边生产，逐渐形成自己的特色。青州府花边以织工细腻、技术精湛、图案美观、色泽素雅而被称为“抽纱之王”。主要品种有茶垫、盘垫、桌布、床罩、琴布、被单套、服装、茶几套、沙发垫、镶件等。

传统生产以作坊为主，不成规模。1949年中华人民共和国成立以后，花边生产飞速发展，寿

青州府花边大套——风筝

光、临朐、昌乐相继建厂，潍坊市成为全省花边主要生产基地。盘垫、台布、花边服饰等多品种、多规格生产，富有民族风格和地方特色。青州府花边系山东省特有的传统出口产品。青州府花边工艺制作流程及方法：先将花样图纸固定在圆形的“包”（一种用小麦秸秆编成的圆盘）上，然后在花样上插上大头针，由牵挂在大头针上缠绕棉线的“棒槌”编织而成。“棒槌”是用木头制作，一般长约十几厘米，一头缠线，一头挂着珠子（珠子主要是为了坠线，有稳定的作用）。用“棒槌”的多少一般视情况而定，如果花样很复杂要用几十对，织花的妇女拨弄着几十对“棒槌”，使棉线相互交叉，从而织出美丽的图案，必要时还要有钩针作为辅助工具。织花的常用手法有密布、方结、介花、双稀等，这些手法交替使用织成各种花样。

1999年，青州市抽纱厂改制为山东青州鲁绣抽纱有限公司，是青州府花边生产的主要厂家，在职职工1000人，生产设备600台（套），固定资产1.1亿元，厂外加工人员500余人，是全国轻工出口先进企业，产品销往50余个国家和地区。2012年，全市从业人员已达万人，实现销售收入4亿元。

潍坊刺绣

潍坊刺绣，相传于明朝在民间较为普遍。当时主要用于服饰的美化，绣制品多为自用。潍坊刺绣工艺兴盛于清光绪至民国时期（1875—1937）。据《潍县志稿》记载：“潍县绣工始于清光绪初年，其时因年岁不登，生活艰难，妇女学习南绣者日多，初仅作装饰之用，如套袖、裙子、枕顶之类，嗣后技术日精，凡围屏喜帐、戏衣等皆能绣制，其优美胜过南绣。自清末至今县中以营货致富者不下数十家。”潍坊刺绣通过学习南绣，其技艺达到相当高的水平。

据《潍县志稿》记载：“仅民国二十九年，调查经营绣货业的行业共有34家，当时最有影响的是同祥号，创始人李约翰，潍县九曲巷人”，这一时期，绣工发展很快，不论城镇农村，家家户户，以母教女，以姊带妹，形成绣花风气，以绣花女工之多，遍及潍县九乡，素有“九千绣花女”之美誉。

潍坊刺绣——双喜图

潍坊刺绣的构图简练、朴实、匀称，有较强的装饰性，给人以质朴和庄重之感。潍坊刺绣的图案纹样以对称、自由、连续、散点形式为多，用构图朴实、匀称、夸张的表现手法，达到绣品用工不多而丰满、严谨、庄重的效果。潍坊刺绣有着自己的传统性，它起源于民间，乡土气息甚浓。潍坊刺绣取材非常广泛，许多自然景物皆可作为刺绣纹样，以象征寓意的表现手法，充分表达人们的美好愿望和理想。

1956年，潍坊刺绣厂成立，通过技术革新，刺绣工艺迅速提高，主要产品有戏衣、寿衣以及室内装饰品等。2000年，潍坊刺绣厂改制为潍坊梦佳服饰绣品有限公司，以其为代表的潍坊刺绣产业拥有床上系列用品、服饰绣品、机绣花边、刺绣布等4大系列100余个品种，远销日本、美国、西欧、中东、南非等100余个国家和地区。

2006年，潍坊刺绣工艺被山东省人民政府命名为首批省级非物质文化遗产项目。手工艺人丁培玲、李素贞、赵福琴等大师带徒传承技艺，利用轮训班、培训班、传习所等多种形式系统培训人才，涌现李银凤等一大批技艺人才。据不完全统计，2012年，潍坊刺绣从业者达上万人，使“九千绣花女”这一历史盛况得以重现。

麻布绒绣

潍坊麻布绒绣最初由潍县人侯旭东于20年代初从烟台引进生产。

2007年，潍坊市工艺美术研究所聘请山东省工艺美术大师丁培玲到所任职，成立丁培玲麻布绒绣工作室，聘请宋春燕等老艺人带徒传授技艺，培养了王春香、黄昕等30余人技艺人才。新上绒绣制作木架20余台，为各大宾馆、展馆、大型企业制作大型绒绣100余幅。其中为市公安局交警支队制作的绒绣宽5米高10米，是国内最大的麻布绒绣。

麻布绒绣作品齐白石《骏马图》、刘大为《草原风情》分别在2009年、2010年山东省工艺美术博览会上获得金奖；为著名作家峻青绘制的肖像，得到作家本人及家属高度评价；绣制的郎世宁作品四条屏，在潍坊市民间工艺品陈列馆永久珍藏。

麻布绒绣——猫

茧绸

1997年起，潍坊海孚丝绸有限公司筹集资金300多万元，培养技术骨干，改善生产条件，扩大生产规模，组织三处生产加工基地，设立十几处加工点，恢复传统手工木织机100台，生产员工500人，年产茧绸2万匹，形成系统的轻丝、练染、织造生产管理网络。茧绸以其独特的质地、身骨、手感、光泽和艺术风格，成为国务政务礼品和国外高端客户的定制产品，先后获中国工艺美术协会“金凤凰”金奖和“百花杯”金奖，入选世界手工艺理事会“杰出手工艺品徽章认证项目”。

蚕绸——传统茧绸

2012年，以潍坊海孚丝绸有限公司为传承中心，生产基地达到十几处，产品近百类，茧绸产品销往日本、韩国、欧美等十几个国家和地区。

潍坊地毯

潍坊以生产TA型地毯为主，此类地毯，国外多用黄麻和人造纤维为原料，潍坊则用国产优质棉纱和优良绵羊毛进行精工制作，产品挺实敦厚、结构紧密、质朴大方、经久耐用。潍

潍坊男工地毯

坊地毯经过手工剪制，花纹清晰，有立体感，犹如浮雕。化学水洗又使潍坊地毯色泽鲜艳，毯面柔润，并有一定的防虫效果。此外，潍坊制作的艺术挂毯，把大自然的风光，画家笔下的佳作以及摄影师的精彩镜头编织在上面，是人们装饰住房、点缀客厅佳品。

潍坊地毯始产于1958年。当时全市只有棉毛合作社的一个车间生产手织地毯，职工120余人，年产1000平方米左右。1966年，潍坊地毯厂正式成立，职工500余人，年产量4万平方米左右。1987年，规模逐渐壮大，职工发展到1000余人，农村加工网点140多个。1989年在北京国际博览会上，该厂九十道男工地毯、机织地毯、胶背地毯分别获得金质奖。1990年，九十道男工地毯获第九届中国工艺美术品百花奖银杯奖（国家银牌），当年，潍坊地毯厂年产值4200万元，职工1400余人，创汇800万美元，成为全市出口创汇重点企业。1995年，潍坊地毯厂的九十道男工地毯在中国第十一届地毯交易会上被外商评为同类产品第一名，获景泰蓝奖杯。

第二节　工艺雕刻

潍坊核雕

核雕是中国特有的民间艺术。以桃核、杏核、橄榄核、山胡桃壳为原料，精雕细刻而成。由于体微艺精，被誉为“鬼工神技”。潍坊的核雕与嵌银、仿古铜、年画、铜印、风筝齐名，皆为国之瑰宝。

清朝末年，诸城著名核雕艺人张大眼在北京宫廷刻朝珠、捻珠、手串、佛珠等名噪一时，功成名就后，返潍传承技艺。首先传授予潍县都渭南，都渭南又将绝技传授给儿子都兰桂。1915年，都兰桂以作品“马拉古代轿车”获得巴拿马万国博览会奖章。1933年在全国铁路沿线生产货品展览会上获特别奖。据潍城区政协文史委资料记载，1956年，毛泽东主席63岁生日时，由周恩来总理安排为毛泽东主席制作红木嵌银百寿杖，手杖顶部由都兰桂和考功卿刻制二龙戏珠核片，作品独特、工艺精湛，得到中央领导的高度评价。

核雕老艺人考功卿又授徒王绪德，师徒二人

核雕——马拉车

在传承前人技艺基础上，广泛汲取融汇同行业及诸工艺美术工作者的经验和特长，苦心经营，把核雕艺术推到一个新的阶段。与此同时，邢友弼、裴曰信等老艺人相继传承技艺，推进核雕事业的发展。潍坊核雕于2008年被国务院列入国家级非物质文化遗产项目名录，并以精湛的艺术表现力和独特的艺术风格成为中国北派核雕艺术的代表。王绪德被评为国家级非遗核雕传承人，都传恭、邢友弼被授予“山东省工艺美术大师”称号；裴曰信被授予“山东省工艺美术名人”称号，他们分别成为潍坊核雕4个不同流派的代表和领军人物。

2008年，市政府出台发展工艺美术产业的意见，极大促进工艺美术事业和核雕产业的发展。成立核雕专业委员会，已拥有会员500余人，遍布全国各地，涌现出众多优秀人才，田洪波、张国华、孙业刚、王开明、战常伦、刘斌等成为传承核雕技艺的中坚力量，形成保护传承和发展的团队合力。他们打破原来传统创作方法的束缚，与时俱进，拓宽思路，开创出各类新的题材，新的内容和新的技艺，促进核雕艺术的创新发展。

2012年，全市从业人员700余人，实现销售收入7000万元。

红丝砚

红丝石，因其底色红黄相参，具有红丝黄纹而得名。唐中和年间始采于青州府益都县黑山，后陆续开采于临朐县老崖崮。用红丝石制砚，名红丝砚。唐宋时期被誉为四大名砚之首。历史上最早开采红丝砚的地点在当时的青州府益都县黑山，当年开采红丝石的矿洞至今犹存。洞口上刻“红丝山洞”4个大字，下刻“天下之砚四十余品，青州红丝砚第一”。

红丝砚主要产地集中在临朐县老崖崮村附近，市场上销售或加工的红丝砚多采用该地红丝石制作。自唐宋以来，历代都对红丝石进行过开采和加工，但受历史的局限以及红丝石资源稀少，开采难度大等原因，红丝砚加工一直未形成规模。

中华人民共和国成立以后，当地艺人根据历史记载，经过全面调查，终于在老崖崮周围又开采出理想的红丝石，加工红丝砚，从此红丝砚重获新生，形成有序开采和规模生产。

1978年，山东省在北京举办以红丝砚为主的鲁砚展，观众达20万人次。刘海粟、黄永玉、吴作人、黄胄、蒋兆和、赵朴初、李一氓、沈从文、李苦禅、启功等到现场参观，并题写赞词、赋诗作画以示庆贺。在2000年第八届中国文房四宝艺术博览会上，“老崖崮”牌红丝砚被评为全国十大名砚之一。

2008年，市政府将红丝砚列为工艺美术产业发展十大支柱产业之一。2010年10月，临朐县被中国轻工业联合会、中国文房四宝协会命名为“中国红丝砚文化产业基地”。潍坊市工艺美术协会成立红丝砚专业委员会，相继在临朐县举办三次红丝砚技艺大赛和红丝砚名人名作展。2012年，全市红丝砚从业者500余人，年销售收入5000万元。

红丝砚——佛手砚

金属雕塑

潍坊雕塑工艺发达，特别是2000年后，随着城市发展及社会事业的需要，潍坊雕塑产业快速发展。山东华艺雕塑艺术有限公司成为全市雕塑产业的领军企业。该公司已形成18万平方米厂区，20余位高级设计师，190多名专业技术人员的规模，在全国大型雕塑企业中名列前茅。2009年，被山东省文化厅授予“山东省文化产业示范基地”；2012年，获“中国专利山东明星企业”“山东轻工联社系统工艺美术行业十佳品牌典范企业”“山东省轻工联社十佳品牌典范企业”“国家文化产业示范基地”等称号。公司是山东省工艺美术学院、内蒙古师范大学等十几所高等院校的教学科研实践基地，获国家专利28项，产品畅销国内，出口美国、日本、西班牙等十几个国家和地区，被评为“山东名牌”。《和平》《风筝情》《和谐·吉祥》等36件作品在全国和省级展览中获奖，大型民俗情景组合群雕《百子闹鸾》获山东省“泰山文艺奖一等奖”，《龙凤呈祥》获中国（长春）民间艺术博览会民间艺术品金奖。到2012年底，企业经营收入6600万元，实现利税1800万元 。

临朐县成为潍坊市雕塑产业发展中心，2012年，有生产企业120家，从业人员6000人，年销售收入2亿元。

金属雕塑——福禄祥瑞

第三节　潍坊红木嵌银漆器

潍坊红木嵌银漆器，是在红木制成后的胎器上镶嵌金、银装饰，再髹以生漆而后成器，整个生产过程由设计、选料、木加工、雕饰、刻磨、镶嵌金、银丝、髹清七道主要工序组成，每道工序又分为若干个小工序，一件器物在设计定样后，由开料、选料开始到整件器物完成，工序要求时间40天左右，是一个精细繁杂的系统工程，要求每道工序都必须精心操作，稍有不慎，前功尽弃。

潍坊红木嵌银漆器制胎选用缅甸花梨木（学名大果紫檀）作为主要用材，镶嵌的金、银丝纯度在99.9%以上，生漆采用纯天然的大木漆，按明代黄成所撰《髹饰录》中对漆器的分类，红木嵌银漆器应属“填嵌门”一类，所用的“揩漆”技艺是已有六七千年历史的传统髹漆技艺。

1915年，一代宗师田炳睿制作的《西湖十景》在美国旧金山万国巴拿马博览会上获得“最优奖”。孙中山逝世后，嵌银老字号“际兴成”受国民政府之托，为中山陵制作“天下为公”红木嵌银匾额，摆放在南京中山陵。1960年，为人民大会堂山东厅制作巨型红木嵌银立屏《青岛海滨》；1975年红木嵌银漆器——博古套八文具获“全国轻工业部优秀产品”称号；1978年邓小平将红木嵌银漆器八博古文具作为国礼，赠给日本首相田中角荣；1988年嵌银老艺人魏聿功被授予“中国工艺美术大师”称号；1989年7月，红木嵌银漆器博古文具、红木仿青铜文具被轻工部定为中国工艺美术珍品，并由中国工艺美术馆永久收藏；1995

红木嵌银漆器——盛世宝鼎

年，中南海外国元首会客厅涵元殿选用红木嵌银漆器雕龙沙发配套；2011年被国务院列入为国家级非物质文化遗产项目名录。

红木嵌银漆器为潍坊主要的文化支柱产业之一，城区主营红木嵌银漆器的店铺四百余家，从业人员五千余人，生产红木嵌银漆器的企业不断涌现。

潍坊嵌银厂作为老字号生产企业，企业规模、产品品种位居行业第一。2011年实现销售收入2300万元，产品远销20多个国家和地区。

潍坊盛壮红木嵌银厂组建于2005年，生产规模发展迅速，产品多元化，具备年生产近万件（套）的生产能力。2011年实现主营业收入2000余万元，创利税500万元，被山东省旅游局确定为“工业旅游示范点”，25种产品获国家外观专利证书。

潍坊图腾红木嵌银有限公司在挖掘传统工艺技法，追求产品品质上努力不懈，承古创新，兼收并蓄，使产品质量、数量大幅度提高，创新品种已达200余项。

2012年，全市从业人员达2万人，实现销售收入2亿元。

第四节　花画工艺品

拓片

潍坊拓片兴起于元代，以建于元初的潍县玉清宫内的碑碣为主要资源基地。明清以来，潍县庙宇充衢盈街，为拓片生产提供良好的条件。尤以郑板桥任潍县县令期间，提倡文教，文风大盛，很多人仰慕板桥，爱其字画，但其手迹难得，故多拓片复制。清代，金石学家陈介祺，长于墨拓，对潍县拓片艺术影响极大。陈介祺住潍县35年，以他为首拓印拓片数万件，著有《仿古别录》，对拓片的工艺作了总结，促进了拓片工艺的发展。

潍坊拓片大都由碑碣石刻、金铜陶器刻字或木板雕刻为版本捶制而成。拓片以墨色为主，另有银朱、石青、石绿、深蓝等色。制作方法是先

拓片——兰亭序

把拓制之原件洗净拭干，敷以绵性纸张（多用宣纸）然后喷雾滋润，用扑包微加拍压，使纸与物匀称相符，再用扑包反复击拍，使色泽均匀一致，晾干后揭下即成。整个工艺过程要求精巧、细致、轻盈、洁净。

旧时代的潍县城，主要拓碑庙宇园林有玉清宫、侯庙、十笏园等处。从业者常拓的有兰竹石、“难得糊涂”，图片的经营制作属于小型作坊式。1949年中华人民共和国成立后，党和政府对工艺美术及时提出“保护、发展、提高”的方针，潍坊市工艺美术研究所请回早已改行的老艺人谭子福，对拓板等实物资料尽力回收，增加皇府召碑，使拓片艺术得以发展。1979年，潍坊市工艺美术研究所编印的《郑板桥书画拓片集》，出版后受到国内外爱好者的欢迎。

1997年，潍坊市工艺美术研究所恢复拓片工作室，新刻制木版“十二生肖图”“年年有余”“大吉大利”木版，整理收回石碑40余块，整理修订刘墉的木版、郑板桥的梅兰竹菊300余块，由潍坊市工艺美术大师孙彩云、丁珊珊等人负责拓片制作、传承。

2005年，由中国科技馆联合潍坊市工艺美术研究所，在美国、新加坡等地举办巡回展。2011年参加山东省第五届工艺美术博览会，拓片作品《梅兰竹菊》获金奖。2011年重拓青鱼长1.9米、重104.5千克，珍藏在潍坊市民间陈列馆。

葫芦烙画

葫芦烙画又称烙画葫芦，又名工艺葫芦、文玩葫芦。始自唐，成于宋，兴于明清，从明朝起始有文字记载。至清朝乾隆年间，已达到很高的专业水平，成为供皇家赏玩的御用珍品。由于“葫”与“福”字谐音，民间常以其象征福禄吉祥、大富大贵，“葫芦”谐音“福禄”，带给人们祈福纳祥的美好意愿，葫芦形体优美，色泽金黄，寓意吉祥，观赏者很多，并为大儒名家所推崇。

潍坊葫芦烙画技艺传承人丁承效，继承祖传技艺，精于版画和葫芦烙画，成立“仁和轩葫芦艺术工作室”，传承推广这一古老的传统技艺。2012年9月在山东省第四届文化创意产业交易会上获山东省“最杰出的二十位民间工艺大师”称号，2012年10月第八届中国工艺美术精品展获“鲁王工坊杯”山东省工艺美术“金奖”。

寿光葫芦世家农业开发有限公司成立的三宝葫芦艺术馆，占地6000平方米，葫芦品种百余种，在葫芦上研制开发烙画艺术品，人物、动物、透雕、浮雕，应有尽有，栩栩如生。馆藏上万件葫芦作品，其中的“天人合一，和和睦睦”为主题的葫芦艺术品作为国礼赠送给圣马力诺元首及各国外宾，获得各方高度评价。2012年，全

葫芦烙画——长寿图

市葫芦烙画有从业人员400余人。

木版年画

木版年画——文财神

杨家埠木版年画是一种流传于杨家埠的传统民间版画。其制作方法简便，工艺精湛，色彩鲜艳，内容丰富。每年春节年画题材都会更换一次，许多新思想、新事物出现之后，马上就能够在年画中反映出来，对社会的进步起到促进作用。另外，杨家埠木版年画还间接记录下中国民居和民间社会生活的情况，对于中国古代文化的研究有参考价值。杨家埠木版年画乡土气息浓厚，制作工艺别具特色，与天津杨柳青、苏州桃花坞并称中国木刻年画三大产地，2006年5月20日，杨家埠木版年画经国务院批准，列入第一批国家级非物质文化遗产名录。

杨家埠木版年画，历史悠久，始于明朝末年，繁荣于清代，迄今已有400多年的历史。明代是木版年画发展成熟阶段。那时西杨家埠村就“家家印年画，户户扎风筝”。建于明崇祯十三年（1640）的“吉兴号”年画作坊，面积239.4平方米，房屋11间，至今保存完好，为省级文物保护单位。明末，因战乱遭到破坏。清代前期，年画得以恢复和发展。清代乾隆年间，是木版年画商品化高度发展的繁荣昌盛时期。清末民初，木版年画开始“以变图存”的革新，更适合人们已经改变的欣赏习惯。

杨家埠木版年画分钩描、刻版、印刷3道工序，初期为小案子坐印，后改为大案子站印。首先用柳枝木炭条、香灰作画，名为“朽稿”，在朽稿基础上再完成正稿，描出线稿，反贴在梨木版上供雕刻，分别雕出线版和色版。再经过调色、夹纸、兑版、处理跑色等，手工印刷。年画印出来后，还要再手工补点上各种颜色进行简单描绘，以使年画显得自然生动。

中共十一届三中全会以后，杨家埠木版年画出现新的发展势头。每年生产年画1000多万张，远销世界80多个国家和地区。1980年春节，天津杨柳青、寒亭杨家埠、苏州桃花坞在潍坊市十笏园举办三地年画联展，为广大美术工作者和观众提供观摩、学习的机会。1983年春节，中国美术馆展出杨家埠年画。同年，杨家埠年画赴美洲、欧洲、非洲的9个国家巡回展览。1987年，民间艺人杨福元应邀到新加坡作木版年画的画、刻、印表演。到90年代，一批杨家埠年画艺人先后前往巴西、日本等国家作现场表演，深受好评。

2002年，具有200年历史的“同顺德”画店的正宗传人、76岁的年画民间艺人杨洛书被联合国教科文组织授予“民间工艺美术大师”称号。

2007年6月9日，国务院总理温家宝观看文化部主办的中国非物质文化遗产专题展，面对张殿英制作的32米长的《农家乐》木版年画，温家宝赞扬“构思得好”。

杨家埠木版年画陈列馆设在杨家埠村内一座仿明清式四合院建筑，1988年修建，馆房面积500平方米。

2012年，全市从业人员达1000余人，实现销售收入9000万元。

扑灰年画

高密的扑灰年画，是中国民间年画艺术中的

扑灰年画——麒麟送子

一种。它以独特的制作工艺、独特的艺术风格和独特的艺术源流，在年画艺术中独树一帜，别具一格，被评为高密三绝之一，是国家级非物质文化遗产代表性项目。

高密的扑灰年画是在写意国画的母体中孕育成长起来的，起源于明朝初年，距今已有500年的历史。始创者是高密北乡公婆庙村的王姓人家，起初他们从外地移民而来，迫于生计，遂从事画业，荒年为了糊口，便临摹一些文人字画和庙宇画壁上市出售。后来慢慢以文人画和庙宇壁画为基础，大胆改革制作手段，创造出了最原始的扑灰年画。

通过扑灰法制作出来的年画，民间艺人俗称“抹画子”，制作者根据构思题材内容，打好腹稿之后，首先用柳枝烧制成柳枝碳条勾出轮廓，即描绘出粉稿，然后扑抹在裱好的双层窗户纸上，这叫做扑抹，是第一道工序。第二道工序是手绘，扑抹是基础，手绘是关键，手绘又包括大涮狂涂、细心巧画、勾金涂描等步骤。初期作品，大多数以神像、花卉为主。明代中叶，花卉、神像等作品已行销于世。

中华人民共和国成立后，扑灰年画得到迅速的发展，成为人们喜闻乐见的装饰工艺品。特别是1991年，中央电视台将高密扑灰年画拍摄为中国一绝，登上大雅之堂之后，扑灰年画有质的发展和提升。扑灰年画的品种已达200余种，“八仙过海”“红楼梦”等人物，“梅兰竹菊”等年画大量畅销，并出口新加坡、马来西亚、泰国等20多个国家和地区，从业人员1000余人，年销售收入8000万元。代表人物吕蓁立、王树花等。

第五节　特种工艺品

仿古青铜器

潍坊仿古青铜器始于清代，据《潍县志稿》载：“潍县东关李姓所仿三代秦汉彝器，佳者可乱真。”清代中期，仿古铜的研制初具规模，从业者达20余家，产品多达300余种，产品销往上海、天津等地以及日本、欧洲诸国。1937年日军入侵后，销路阻塞，艺人跳行转业，仿古铜器濒临灭绝。

仿古铜——齐鲁风情迎荷瓶

中华人民共和国成立后，仿古铜器陆续恢复生产。1956年潍坊市工艺美术研究所将已改行的仿古铜艺人玄祖基调入该所，成立研制小组，玄祖基带徒传艺，使仿古铜技艺得以延续，相继开发了金、银、嵌金、嵌银、墨漆古、出土锈、家藏锈等仿制手法，批量生产，参加全国、省市展览，屡获好评。1979年，试制成功了浮雕古铜器与红木漆器相结合的屏风、挂屏，开辟新的应用途径。制作的四扇博古挂屏在山东省工艺美术博览会上荣获设计创新一等奖，制作的马踏飞燕荣获全国旅游产品银奖，青铜器艺人季传志复制的西周晚期青铜器毛公鼎被省博物馆收藏陈列。尤其是潍坊汉金铸就坊青铜器研究中心，赵益民在继承发展传统工艺的基础上，打破老旧一成不变的规矩，从开模制形到制备铸胚，再到着锈三位一体，有机地吸收了大工业精铸工艺优点，解决仿古铜模型易变、不准确，纹饰不精美达不到要求，铸胚粗糙，后加工费时费力，到着锈色泽单一，时间长，不逼真等弊端，创造了复合模具，使生产拉形达到百分之百的标准，提高到人工产量的40倍，并先后研发出以《祖辛方鼎》为首的博古系列，以大、中、小号的《毛公鼎》为首的海峡情系列，以《户守》为品牌的电铸铜壁饰系列等五大系列120个品种，同时为多家省内博物馆和窗口单位仿制大量的青铜器作为收藏或长期展示之用。

1997年，为迎接澳门回归，赵益民等历时8个月，为省政府设计制作了大型铸铜礼品《齐鲁风情迎荷瓶》。该作品高1999毫米（即澳门回归之年），重880千克（寓山东8800万人民），由山东省政府颁发成绩突出证书，赵益民先后获得七项外观设计国家专利，一项实用新型国家专利。2000年获香港中华专利技术博览会组委会授予的中华专利技术发展成就奖。

仿古青铜器生产已成为全市工艺美术行业的一大亮点。2012年，从业人员30余人，年销售收入5000万元。

布玩具

潍坊布玩具是民间传统艺术之一，富有浓郁的生活气息和情趣。潍坊城乡妇女常常缝制一些内容活泼的禽兽花卉和生活用品，来美化生活和表达自己的美好愿望，后来逐渐商品化。在漫长的发展过程中，逐渐形成造型简练、色彩明快、装饰性强、质朴优美的独特风格，赢得国内外人士的喜爱，跻身于世界工艺美术之林。

潍坊布玩具品类繁多，工艺精巧。它是用彩色丝绸、绢缎、绒布、皮毛、彩线、金银线、空心珠等，经过复杂细致的手工劳动，精心缝制而成。将形、色、情、意融为一体，构思新奇，夸张合理，具有对比鲜明、造型生动逼真等特点。

潍坊布玩具主要以各种动物为题材，造型高度夸张，神似胜于形似。如小红马突出头部形象，表现扬鬃奔腾的神态；布老虎体现“十斤老

布玩具——狮子滚绣球

虎九斤头”的特点，头大眼黑，嘴巴微笑，显得憨厚天真；“牧童短笛”，舍弃牛的四肢，突出敦实的形体，与坐在牛背上盘腿吹笛的娃娃形成鲜明对照，富有淳朴的田园情趣和浓郁的乡土气息。

潍坊工艺美术研究所设计室主任郝桂君设计的狮子滚绣球是潍坊布玩具的代表作。狮子身着绿色缎子礼服，配以红、白、黑花纹，头戴铜铃，嘴角弯弯向上，顽皮地滚动绣球，既威风凛凛，又洒脱活泼。1978年被评为全国工艺美术十种优秀产品之一。《人民中国》《山东画报》等十几种画刊发表照片，并印成明信片和纪念邮票。郝桂君被尊称为“布玩具之母”，并被联合国教科文组织评为世界一百巧手之一，出席在北京召开的世界妇女代表大会。

潍坊天成风筝有限公司为布玩具生产的主要厂家，生产布玩具近百个品种，从业人员80余人，全年销售收入300万元。生产传统玩具的主要传承为寒亭东南堤的孙爱美母子，其女孙秀兰被授予“山东省非遗传承人”称号。

潍坊杰士玩具有限公司是出口长毛绒玩具的主要厂家，1988年获中国工艺美术百花奖优质产品奖。2009年长毛绒玩具获省工艺美术博览会金奖，年生产能力500万件，销售收入2000万元。

至2012年，潍坊布玩具品种发展到300多种，每年出口40万件，畅销英、美、日、法等十几个国家和地区。

面塑

潍坊面塑，俗称江米人，是用江米面和面粉加水、品色和成面团蒸熟后捏制而成。工具简单，有批刀、小剪刀、梳子等花纹印章、骨簪、塑刀等。题材多为人物、鱼虫、鸟兽等，表现形式分签举式、盒装式、微型面塑三类。色彩鲜艳、形象生动、售价低廉，深受群众欢迎。

旧时，潍坊境内常有民间面塑艺人，于农闲时挑箱而出，云游城乡边做边卖。1985年，潍坊工艺美术研究所招收青年面塑艺人王琴到研究所工作。王琴创作了不少面塑高档作品，题材多以中国传统民间故事为主，如《秦香莲》《穆桂英》《童子献寿》等，尤以塑造古装人物见长。尽管人物身高仅10厘米左右，表情、神态及装饰却刻画入微。作品参加山东省及全国工艺品展并获奖。1987年，王琴随山东省及山东省人民政府在联邦德国举办的山东物产展作技艺表演受到赞扬，时任山东省副省长马世忠曾将她的面塑《童子献寿》赠送给联邦德国慕尼黑州长。1994年8月—1995年3月，王琴随中国古代科技及传统工艺展团赴美国作面塑表演，美国三大电视台之一的CBS向全国播放。

面塑——八仙过海

潍县花灯——喜庆有余

潍坊工艺美术协会面向社会挖掘人才，培养人才，先后向社会推出王美、曹进金等20余名面塑从业者。面塑艺人王美承袭其姐王琴的技艺，大胆创新，独树一帜，在原有的基础上，创新近300余个品种，如《木兰从军》《金陵十八钗》影响潍坊历史的四大名人、反映风筝题材的《风筝情》、反映儿童时光的《情趣》、反映现代社会的模范人物《交通民警》《孔繁森》《焦裕禄》等，在中国民间文艺家协会等单位组织的第六届中国民间艺人节上，王美被评为民间十佳艺人，荣获中国工艺美术博览会金奖。2011年，在甘肃平阳由中国文联举办的民间艺术节活动中，王美被评为“民间艺术家”。

与此同时，潍坊市工艺美术协会举办非遗文化进校园和民间艺术进校园活动，先后在潍坊医学院、潍坊学院、潍坊聋哑学校、潍坊新华中学等十几处大中专院校担任辅导老师，传授技艺，培养面塑技艺学员200余人。2004年，潍坊面塑先后在法国、马来西亚、新加坡作为重点展演项目予以推出。

潍县花灯

潍县花灯始于明代，品种繁多，大致分为吊灯、壁灯、立灯、手灯、腰灯、转灯等。从造型上看，潍县花灯既有飞禽走兽，又有瓜果虫鱼、人物花卉，除点缀年节的花灯外，还有用于喜庆和日常使用的灯笼，最盛时，潍县的扎灯和裱糊店有三四十家。每年正月初六至正月十五，在城里大十字口两侧有花灯市，式样繁多，任人选购。民国时期，艺人杨万善扎制的老猫灯、麒麟灯最受儿童喜爱，十分抢手。吊灯及悬挂的花篮灯、荷花灯，多属于大众型，悬于大门、客厅、牌坊等处。壁灯是悬挂在墙上的灯，如“福”字灯，多斜方形式正方形，中嵌“福”字，有吉祥之意。立灯是置于书桌、案头的小型灯，有各种动物、植物和几何造型。腰灯整体分两段，玩耍时，在儿童腹部和背部前后全拢起来，系在肩上，如马字灯，看上去好像骑于马背，儿童骑马跑圆场。

潍县花灯的制作是以竹或铁丝扎制骨架，用彩纸、绵纸、绸缎、绢纱裱糊，外施彩绘，贴剪纸图案等。中华人民共和国成立后，随着科学的发展，人民物质文化生活的提高，花灯的花色品种、工艺装饰等较过去有新的发展。人们充分利用现代材料，结合彩色灯泡、电子仪器、音响技术等，将传统材料工艺与现代材料和工艺融为一体，制作出大批新式花灯，如“红楼梦故事”“白蛇传”“水浒故事”“孔雀开屏”“新龙舟”等，规格有小型、中型、大型、特大型。造型有花鸟、鱼虫、人物等，每年元宵节晚上，以燃鞭炮开始，伴着满街花灯，合着吹打乐器，大街上踏高跷、耍龙灯、跑旱船，气氛极为热烈。

潍坊国际风筝会和工艺美术节的年年举办，促进了潍坊彩灯的发展，艺人辈出、种类繁多。潍坊市工艺美术大师李梅制作的花灯，有200余个品种，人物、花卉、动物，应有尽有，屡次在山东省工艺美术博览会上获奖。潍坊市工艺美术研究所老艺人庄道修制作的蒺藜灯，独具风采，别树一帜，用蒺藜灯布展的北宫桥，成为潍坊一道亮丽风景。

潍县花灯在传统工艺发展的同时，创新占有主要位置。潍坊天成风筝有限公司，集思广益，大胆创新，用灯展点缀潍坊的节庆佳日。在风筝会期间，大型巡游；在春节期间，用巨型龙骨制作的千米长龙，成为人们争相观看的亮点。同时，潍坊的灯展也进入全国各大城市，并走出国门。2004年，潍坊市工艺美术研究所在新加坡裕华公园举办大型彩灯风车展，在当地引起巨大轰动，几十家新闻媒体争相报道。潍坊的彩灯发展已进入繁荣时期，十笏园庙会、老潍县印象在春节期间，20余万人争相观看。

2012年，全市从业人员达1000余人，实现销售收入5000万元。

剪纸

潍坊剪纸历史悠久，代代相传，延习至今。特别是昌邑、高密等县市，剪纸艺人遍及千家万户。剪纸艺术分剪与刻两种。艺人们将图描在纸上用剪刀剪下或用小柄刀剜刻，熟练艺人也有的成竹在胸，不需描图而直接剪刻的。题材有动植物，人物故事等各种图案。传统作品有《西厢听琴》《许仙游湖》《莲花生人》《八仙》《麒麟》等。潍坊剪纸集胶东剪纸秀美精巧、玲珑剔透和鲁西剪纸天真质朴、稚拙憨厚之特长，形成自己独特的艺术风格。主要特点是：构思精巧，有浓厚的生活气息；造型稚拙，风格淳朴；线条布局有笔墨情趣；形象夸张而不失真。

剪纸——欢庆盛世

中华人民共和国成立后，昌邑市农民新品不断推出，50年代，陈光宗的《放鸭》《葡萄一河》相继在《人民画报》画刊登载。1983年，昌邑剪纸《刘海戏金蟾》《新的里程》等作品参加中华人民共和国成立以来最大的启程仪式剪纸联展，获奖名列前茅。1984年6月，在首都博物馆举办的山东高密民间艺术展览受到国内外艺术家的赞赏，其大部分作品被中国民间艺术博物馆收藏。山东省工艺美术大师齐秀花的剪纸秉承高密民间剪纸的独特风格，经过数十年的探索琢磨，形成自己独特的艺术风格，其作品以精巧的构思见长，构图夸张变形不失真，块与线形成黑白灰色调，对比强烈并富有韵律感，线条挺拔、浑厚粗犷，富有浓重的金石意味。线条刚劲挺拔不失细腻流畅，造型稚拙粗犷而不显呆板，超越纯民间剪纸的平面化，增添立体感，所剪动物粗犷中含清秀，稚拙中藏精巧，玲珑剔透，淳朴可爱，散发出浓郁的乡土气息，其作品《十二生肖图》由中国邮政局印制的明信片全国发行。作品《金鸡报晓》选为鸡年明信片图案。山东省工艺美术大师齐秀芳，受家庭熏陶，8岁学艺，几十年持之以恒，传承高密民间剪纸的独特风格，多次应邀出访德国、英国进行文化艺术交流，传播中国传统文化艺术，中央电视台多次进行专访报道。2009年在人民大会堂“百花迎春”中国文学艺术界春节大联欢现场表演“祖国万岁”，引起极大轰动。

国家级非遗项目高密剪纸代表性传承人范祚信，其作品取材广泛，技法融江南剪纸之纤巧和江北剪纸之粗犷于一炉，具有中国画中“大写意”的韵味，并运用对立统一的手法，运用阳剪和阴剪手法，巧用黑块和细线，善使锯齿纹和光滑面，有定规而不拘束。剪出粗犷与精巧，简约而不单调，质朴而灵秀，生动又传神的艺术效果。作品被中国艺术馆收藏 。1991年，范祚信《中国民间十二生肖剪纸》由辽宁人民艺术出版社出版发行。

潍城区剪纸艺人郭忠梅、刘晓刚，以自己的独特方式和创新题材充分展示老潍县的艺术风格，相继创作上千幅剪纸作品，受到广泛好评。夫妻双双被评为潍坊市工艺美术大师、山东省工艺美术名人。

潍坊的剪纸已成为全潍坊人骄傲的文化品牌，成为全国工艺美术产品的一大亮点。2012年，全市从业人员300余人，实现销售收入5000万元。

黑陶

高密黑陶已有500多年的历史，在漫长而曲折的历史进程中，这一古老的工艺不断得到继承和发展，形成独特的艺术风格。高密黑陶采用河道沉积多年的淤泥为原料，全部以手工拉坯、雕刻、压磨，土窑烧制而成。

高密刘存志自幼跟随舅舅学习黑陶制作技艺，并创办存志陶艺社，在传承原有的黑陶工艺基础上，创新作品150多个。他制作的黑陶艺品造型古朴典雅，美观别致，高贵凝重，色泽以自然烧制而成，有极大的艺术感染力和表现力，完全达到古艺品黑如漆、亮如镜、硬如瓷、声如铮的境界。其中之极品蛋壳陶，质如其名，壁厚不过0.3厘米，最薄者可在0.1厘米左右，掂之飘忽若无，实属罕见。它既有高雅的观赏价值，更具超值的收藏价值，作品多次获奖并被文博单位和个人收藏。

1978年以后，黑陶产业进入快速发展期，先

黑陶——陶艺罐

后在高密、诸城、安丘等县市有研发基地，生产作坊不断涌现，逐步形成潍坊独特的风格和品牌。2012年，全市从业人员200余人，实现销售收入3000万元。

蓝宝石

蓝宝石

蓝宝石是潍坊工艺美术行业的支柱产业，也是潍坊闻名世界的瑰宝。现已查明，昌乐县北部450平方千米的新生代火山玄武岩中，蓝宝石蕴含量达数亿克拉。昌乐蓝宝石具有晶体粗大、品形完好、颜色纯正、易开采加工、原生矿与砂矿并存等特点。储量质量不仅居全国六大蓝宝石矿之首，而且可与澳大利亚、泰国蓝宝石媲美，是世界上罕见的四大蓝宝石矿床之一。昌乐县因此也被誉为中国“蓝宝石之乡”。

蓝宝石色美、透明，与金刚石、红宝石、祖母绿并称世界四大名贵宝石。昌乐蓝宝石具有玻璃光泽，明显的生长纹和色带，硬度摩氏9级，部分蓝宝石含有特异包裹体，经加工可成为星光和猫眼宝石，宝石原石到首饰戒面的加工过程是决定蓝宝石价值的关键环节。

宝石加工大致分3个阶段：切割，打磨，抛光。上乘的宝石原料，精确的加工技术，使昌乐出现许多价值连城的稀世珍品。2012年，全县珠宝业从业人数4万余人，从事珠宝产业的企业250多家，年宝石加工能力600万克拉，饰品400万枚，昌乐已成为江北规模最大的24K黄金、白金和10K镶金饰品的专业批发市场，是全国最大的珠宝首饰集散地之一，年交易额在20亿元以上。昌乐的梦金园已成为全国最大的黄金饰品加工基地。

2012年潍坊市国家级、省级工艺美术大师名录

表26－8－1

序号	姓名	单位	大师级别	从事专业
1	张殿英	安丘青云山民俗游乐园年画馆	中国工艺美术大师	木版年画
2	卜范增	青州鲁绣抽纱有限公司	中国工艺美术大师	花边大套
3	张运祥	安丘青云山民俗游乐园年画馆	山东省工艺美术大师	木版年画
4	曹进金	安丘青云山管理处	山东省工艺美术大师	烙画
5	王守虎	青州鲁绣抽纱有限公司	山东省工艺美术大师	花边大套
6	孟庆时	临朐鲁艺红木家具有限公司	山东省工艺美术大师	红木雕刻

续表26-8-1

序号	姓名	单位	大师级别	从事专业
7	傅绍相	山东华艺雕塑艺术有限公司	山东省工艺美术大师	工艺雕刻
8	闫金鹏	临朐红丝砚研究会	山东省工艺美术大师	红丝砚
9	傅绍祥	临朐中国红丝砚研究会	山东省工艺美术大师	红丝砚
10	高星阳	临朐县红丝石工艺品研究所	山东省工艺美术大师	红丝砚
11	张国庆	临朐县雅石轩	山东省工艺美术大师	红丝砚
12	刘希斌	临朐中国红丝砚研究会	山东省工艺美术大师	红丝砚
13	张　建	临朐县博砚斋	山东省工艺美术大师	红丝砚
14	王照峰	高密密水街道卞家庄	山东省工艺美术大师	核雕
15	王全战	昌乐开发区三利艺术团烙画研究所	山东省工艺美术大师	烙画
16	丁福臻	潍坊梦佳服饰绣品有限公司	山东省工艺美术大师	刺绣
17	王　琴	潍坊轻纺城四楼墨丹画廊	山东省工艺美术大师	面塑
18	都传恭	潍城区于河镇都家村	山东省工艺美术大师	核雕
19	陈连志	潍坊嵌银厂	山东省工艺美术大师	嵌银
20	商克功	潍坊嵌银厂	山东省工艺美术大师	嵌银
21	王效贵	潍坊晖腾工艺品有限公司	山东省工艺美术大师	玩具
22	王德培	潍坊新丰红木嵌银厂	山东省工艺美术大师	嵌银
23	刘延伦	潍坊新丰红木嵌银厂	山东省工艺美术大师	嵌银
24	高明贵	潍坊市博物馆	山东省工艺美术大师	剪纸
25	王绪德	潍坊市工艺美术研究所	山东省工艺美术大师	核雕
26	季传志	潍坊市工艺美术研究所	山东省工艺美术大师	青铜器
27	丁培玲	潍坊市工艺美术研究所	山东省工艺美术大师	麻布绒绣
28	王锡光	潍坊永顺丰红木家具有限公司	山东省工艺美术大师	嵌银
29	庄玉华	潍坊市盛壮红木嵌银厂	山东省工艺美术大师	嵌银
30	颜克臣	潍坊杨家埠民间艺术大观园	山东省工艺美术大师	年画
31	邢友弼	潍坊百货大楼退休	山东省工艺美术大师	核雕
32	张国华	国华核雕工作室	山东省工艺美术大师	核雕
33	范景佩	潍坊市工艺美术研究所	山东省工艺美术大师	风筝
34	蔡光庆	山东华艺雕塑艺术有限公司	山东省工艺美术大师	雕塑
35	别世杰	高密市老泉斋书画社	山东省工艺美术大师	扑灰年画
36	张方圆	方圆剪纸艺术工作室	山东省工艺美术大师	剪纸

续表26—8—1

序号	姓名	单位	大师级别	从事专业
37	齐秀芳	秀芳剪纸艺术作坊	山东省工艺美术大师	剪纸
38	齐秀花	齐秀花剪纸研究所	山东省工艺美术大师	剪纸
39	赵益民	潍坊市陈介祺故居陈列馆	山东省工艺美术大师	仿古青铜器
40	孙海东	潍坊海孚丝绸有限公司	山东省工艺美术大师	染织
41	李银凤	银凤刺绣艺术手工作坊	山东省工艺美术大师	刺绣
42	王　美	王氏面塑工作室	山东省工艺美术大师	面塑
43	孙鼎万	青州龙兴寺造像艺术传习所	山东省工艺美术大师	工艺雕塑·石雕
44	刘光宝	醉艺斋工作室	山东省工艺美术大师	工艺雕塑·木雕
45	刘言波	临朐县华夏根艺馆	山东省工艺美术大师	工艺雕塑·木雕
46	高东亮	青州市古州名砚堂	山东省工艺美术大师	工艺雕塑·刻砚
47	孙风海	凤海雕刻艺术工作室	山东省工艺美术大师	工艺雕塑·刻砚
48	刘文远	临朐正文堂工艺品馆	山东省工艺美术大师	工艺雕塑·刻砚
49	冯曰宝	临朐凹石斋砚雕工作室	山东省工艺美术大师	工艺雕塑·刻砚
50	杜吉清	青州市清砚斋砚艺馆	山东省工艺美术大师	工艺雕塑·刻砚
51	张中杰	青州鲁绣抽纱有限公司	山东省工艺美术大师	抽纱
52	王芳君	青州鲁绣抽纱有限公司	山东省工艺美术大师	抽纱

第九章　文化产业

2007年12月，潍坊市委宣传部设立文化科（加挂文化体制改革和文化产业发展办公室牌子），负责指导全市文化产业发展工作。2009年5月，设立潍坊市文化体制改革和文化产业发展办公室，为市委宣传部内部机构，正科级规格。2010年11月，潍坊市文化体制改革与文化产业发展办公室调整为市委宣传部所属事业单位，副县级规格。2010年12月，潍坊市文化体制改革与文化产业发展办公室设立综合科、业务科。

1991—2007年，全市文化产业处于“从无到有”的起步阶段，市县两级宣传文化系统设置专门负责文化产业管理机构或科室的很少。各地积极挖掘文化资源优势，通过打造特色节展会、建设文化市场和园区、引进培育重点文化产业项目及企业等措施，探索适合本地文化产业发展的新模式。从1993年开始，寿光、安丘、临朐等县市区多次被评为“全国文化先进县”。1994年，当时山东省内最大的游乐园——潍坊富华游乐园对外营业。1995年，临朐县被文化部、人事部授予“全国文化模范县”称号。昌邑市被命名为“中国丝绸之乡”。

2008—2012年，潍坊市文化产业工作进入快速发展阶段。2009年、2011年、2012年潍坊市三次被中宣部、文化部等五部门表彰为全国文化体制改革先进地区。2010年、2012年两次被省委、省政府表彰为全省文化体制改革先进市。持续实施重点文化企业、文化产业项目和园区带动战略，开展文化产业发展“大项目年”活动，截至2012年底，在山东省重点文化企业、重点文化产业项目和园区（基地）中，潍坊市共有5家企业、3个项目和1个园区，总数位列全省第二名。2008—2012年，全市完成文化产业投资2228.14亿元。2012年，全市文化创意产业增加值为197.5亿元，同比增长19.5%，占GDP比重为4.92%。2012年全市文化产业投入647亿元，占全市固定资产投资的21.5%，核心层投入528.27亿元，同比增长50.1%。

第一节　重点文化企业、文化产业项目和园区

1994年，山东省内最大的游乐园——潍坊富华游乐园对外营业。1998年，“中国宝石城”获得国家工商总局正式命名，为国内唯一冠“中国”字号的国家大型珠宝玉石专业批发市场。2004年，寿光日报社改制为寿光日报传媒有限公司。潍坊市文化企业联合会成立，首批会员单位近300家。2009年，设立潍坊市级文化产业发展专项资金。组建成立潍坊报业集团、潍坊广播影视集团和潍坊市国有文化资产经营公司，市县两级成立了文化广电新闻出版局和文化市场综合

2009年富华会展中心第二届民间文艺博览会

执法局。在全国文化市场综合执法改革经研究会上，潍坊市作为典型交流发言。昌乐县鄌郚镇被中国乐器产业协会认定为“中国电声乐器产业基地”。2010年，杨家埠民俗艺术有限公司入选第四批国家文化产业示范基地。2011年，潍坊银行与中信信托有限责任公司携手合作，推出首个艺术品质押融资产品“金鼎1号艺术品信托计划”。中仁文化、惠影科技被评为“山东省文化企业30强”。

2012年，市直文艺三院（市京剧院、市吕剧院、市歌舞剧院）完成转企改制，组建成立潍坊艺术剧院有限公司。潍坊广告创意产业园被评为国家广告产业园区。山东金宝集团有限公司、诸城中国龙城旅游投资有限责任公司入选国家级文化产业示范基地。山东（潍坊）重点文化产业项目集中开工仪式在青州市举行。潍坊高新区获批

山东省首家国家级电子商务示范基地。山东中动文化传媒有限公司原创的三维动漫《精灵萝卜娃》获山东省第十届“文艺精品工程”优秀作品奖。高密市借助莫言获得诺贝尔文学奖的热潮，启动东北乡文化旅游区项目建设。2012年11月28日，省政府印发《关于公布保留的权益类交易场所名单的通知》，确定潍坊文化产权交易中心有限公司作为全省首批获准保留的10家权益类交易场所之一。

第二节　重点文化市场

杨家埠民俗文化产业园

位于寒亭区杨家埠旅游开发区内，园区以艺术交流、文化旅游、创意研发、商业会展、休闲娱乐为主要产业发展方向，以渤海路民俗文化商业街为发展轴线，包括：以创意研发、制作培训、市场销售为主体的风筝年画文化创意产业区，以杨家埠民间艺术大观园景点为重点的特色民俗文化旅游观光区，以风筝年画生产销售为主导的杨家埠民间工艺品产销区，以民俗文化特色社区建设为载体的民俗风情居住区。杨家埠民俗文化产业园于2008年9月建成，至2012年，有风筝、年画等民俗文化企业168家，从业人员超过1.2万人。

中国宝石城

中国宝石城筹建于1993年，位于昌乐经济开发区，是国家工商总局批准命名的、国内唯一冠“中国”名称的大型珠宝交易市场。至2012年，市场内有珠宝首饰加工经营业户728家，拥有梦金园、蓝天等十余个国家驰名商标和省著名商标，汇集了蓝宝石、黄金、钻石、白银、玉器等上百种珠宝产品，从业人员5000余人，年加工宝石1000多万克拉、各类首饰数亿枚、黄金100余吨，交易额突破300亿元。先后被评为国家AAAA级旅游景区、全国竞争力百强市场、中国珠宝艺术品十大品牌市场、山东省规范化文明诚信市场等。依托以中国宝石城为基地的蓝宝石产业，昌乐县被评为中国珠宝玉石首饰特色产业基地、中国珠宝产业基地、中国蓝宝石之都。

齐鲁文化古玩城

齐鲁文化古玩城位于潍坊市健康东街与四平路交汇处，2008年1月开业，建筑面积2万平方米，入驻商铺220余家，集中古玩字画、各类玉石、钱币、瓷器、红木家具等业态，是山东省三大书画、古玩市场之一。每逢节假日和周末，古玩城里设摊位交流交易，来自全国各地的客商和藏友们赶文化大集、寻宝、淘宝，已成为潍坊市新的人文景观。

大虞文化村

大虞文化村位于奎文区与虞河路488号，始建于2003年，2008年起对原有花鸟市场和古玩楼等载体进行改造提升，总投资1.2亿元，总占地130亩，建筑面积10万平方米，经营业户达310余家，有虞鑫花卉城、大虞古玩楼、书画工作室、大虞书画院、大虞美术馆等载体设施，是一处集花卉、鱼鸟、古玩、字画、奇石、民俗工艺品销售、非物质文化遗产传承、书画创作交流、紫砂收藏鉴赏、专业展览展示及休闲文化等为一体的综合性文化产业园区。

青州书画艺术城

位于青州市云门山路中段，成立于2006年10月，营业面积达8500平方米。一至五层为商铺，六层设有700平方米美术馆展厅，展示各类书画精品及艺术品。书画艺术城主要以古今名人书画交流经营为主，兼营古玩杂项、根艺、文房四宝、红木家具等等各种文化产品。

高密小康河文化市场

2007年，小康河文化市场是高密市首个综合性文化市场，地处苏州街商业区中南段，西邻小康河文化休闲景观带，周边优美的景色与浓厚的文化氛围相得益彰。市场集文化产品研发创作、展示交流、销售收藏于一体，布局合理，功能完善。市场总经营面积5000多平方米，经营范围主要包括国家级非物质文化遗产保护项目扑灰年画、剪纸、聂家庄泥塑以及木版年画、古玩字画、珠宝玉器、根雕盆景、民间手工艺术品多个等种类。

第三节　重点产业

书画

潍坊历史悠久，文化底蕴深厚，特别是书画艺术源远流长，先后涌现出张择端、郑板桥、陈介祺、刘墉、郭味蕖、于希宁、刘大为等。1991—2012年，潍坊市注重挖掘利用资源优势，通过做大市场规模、支持兴建专业画廊和美术馆、引进培养高端产业人才等措施，全市书画产业形成“重点突破，多点开花”格局。2012年，全市有各类画廊、书画室2000多家，规模较大的画廊500家左右，每年书画交易额近200亿元。

民间艺术品

潍坊市是历史悠久的手工业名城，工艺美术历史悠久，底蕴深厚，门类齐全。临朐雕塑、红丝砚独树一帜；寒亭杨家埠年画、传统风筝绚丽多彩；高密剪纸、泥塑、扑灰年画民风淳厚；昌邑草编、安丘绢花独具特色。风筝制作主要集中在潍坊市区，奎文、潍城、寒亭、坊子是主产地。雕塑门类齐全，涵盖不锈钢、石雕、浮雕、木雕等各类雕塑工艺制作，全市有雕塑企业120余家，从业人员9000余人，年创社会效益4亿元。红丝砚是中国四大传统名砚之一，主产地在青州和临朐。红木嵌银漆器是潍坊特有手工艺品。人民大会堂、中南海、天安门城楼等地均采用该产品，并且是党和国家领导人赠送外国友人和出访礼品。潍坊是中国三大年画产地之一，主产地为寒亭杨家埠和安丘青云山民俗游乐园年画馆。高密扑灰年画也是年画中的一个古老品种，是世界上独特的画种，高密三绝之一，被誉为“中国一绝”。泥塑陶艺主要集中在安丘、昌邑、高密、寿光等地。

2012年，全市规模以上工艺美术企业实现销售收入138.65亿元。全省工艺美术系列品种51项，潍坊市占有28项。全市拥有国家级工艺美术大师2人，省级工艺美术大师50人，市级工艺美术大师160人，全市工艺美术从业人员4万余人。

广告创意

2010年，潍坊市获中国国际广告节长城奖铜奖2件、入围奖14件；获黄河奖入围奖5件；获山东省第十三届广告节“泰山奖”广告大赛金奖2件。2011年，潍坊广告创意产业园经批准成立，占地面积19.5万平方米，项目总投资26.8亿元。潍坊广告创意产业园入园业户达180余家。2月，被省政府确定为三个省级重点扶持的广告产业园区之一，4月，举行授牌仪式。潍坊广告创意产业园被财政部和国家工商总局确定为全国“开展现代服务业试点，重点支持发展广告业”全国9个试点单位广告园区之一。2012年，共有15件广告作品获第十九届中国国际广告节长城奖、黄河奖大奖，55件作品在省第十四届广告节“泰山杯”广告作品征集中获奖。全市有广告资质企业11家，占全省广告资质企业的12.04%。其中国家一级广告资质企业2 家，二级广告资质企业5家，三级广告资质企业4家。

文化装备及产品制造

潍坊文化生产能力发达，涉及面广泛。歌尔股份有限公司是国家重点高新技术企业，是文化与科技融合发展的典范，产品包括应用于智能手机、平板电脑、智能手表等智能移动终端产品，游戏主机、虚拟现实等娱乐终端产品，以及智能家居等领域，主要为3C领域全球顶级厂商提供软硬件产品与服务，客户涵盖三星、索尼、谷歌、微软、脸谱、华为、腾讯等。惠影科技、共达电声、科苑电子等一批集研发、生产、销售于一体的文化科技公司，市场反应良好。华艺雕塑是国家级文化产业示范基地，是山东省规模最大的专业雕塑园林企业、全国五大城雕企业之一，雕塑生产年产值达1亿元。昌乐县大力发展黄金珠宝产业和乐器产业，2012年，全县拥有梦金园、蓝天、赛菲尔等5个中国驰名商标，爱蒂娜、戴丽姿等7个山东省著名商标；乐器生产及配套企业已发展到80多家，其中22家拥有自营进出口权，产品包括电吉他、电贝司、萨克斯、数码钢琴、音箱等8大系列400个花色品种，年产值30亿元，销往美国、韩国等30多个国家和中国台湾地区。

第十章　文化市场管理

自1991年起，娱乐业歌舞厅、电子游戏厅、网吧、音像制品发行等发展较快，至1994年底，全市有文化经营项目实体2300多家，其中歌舞厅（卡拉OK厅）99家、游乐场25家、电子游戏厅233家、桌台球537家、图书报刊发行356家、音像发行（放映）558家、画廊画店15家、印刷（复印）经营384家，形成包括演出市场、电影市场、娱乐市场、音像市场、美术市场、文物市场、出版市场及艺术培训市场等在内的综合性文化市场。至2012年底，全市行政主管部门登记在案文化经营单位3112家，其中歌舞娱乐场所309家、电子游艺场所123家、网吧685家、出版单位113家、印制企业1213家、出版物发行单位652家。

第一节　管理机构

潍坊市文化市场管理委员会

1989年7月，潍坊市文化市场管理委员会成立（简称“管委会”），成员单位有市文化局、市广播电视局、山东省出版总社潍坊分社、市公安局、市工商行政管理局、市教育委员会。管委会是全市文化市场专门领导机构，主要职责是贯彻落实党和国家文化市场管理方针、政策、路线，组织实施对文化市场统一管理，协调和监督各有关部门执行文化市场政策法规，指导文化市场稽查，推动文化市场发展。管委会下设办公室，具体处理管委会的日常工作。

潍坊市文化市场管理办公室

1989年8月，成立潍坊市文化市场管理办公室，为科级事业单位，隶属市文化局领导。具体负责对全市各县市区文化市场管理机构进行政策、业务指导；负责全市文化经营活动的管理；负责审批、管理市直单位开办的文化娱乐项目，办理专业和业余艺术表演团体巡回演出业务；负责全市文化系统音像发行、放映、租赁、销售单位的审批和管理；负责电影发行、放映单位监督管理，协助市新闻出版局指导县（市、区）书刊市场管理。负责书画、文物及其他文化市场经营活动的管理；负责全市文化市场稽查队伍建设，依法查处非法经营活动；负责全市文化市场经营和管理人员培训考核。

县市区文化市场管理机构

根据潍坊市委、市政府和市文化市场管理委员会部署，1989年开始，各县市区文化市场管理委员会相继建立，并相应成立行使行政管理权的职能机构，专门负责各自行政区域内的文化市场执法工作，执法人员共计28人。

第二节　执法机构

潍坊市文化市场稽查队

1989年12月27日，潍坊市文化市场稽查队正式成立，为文化市场管理执法机构，主要任务是依法监控文化市场，矫正和打击文化市场不良、非法行为，及时清除文化垃圾和精神毒品，促进文化市场健康发展。稽查范围主要包括：营业性文艺演出，文化娱乐经营，美术品收售、展销、拍卖等经营活动，音像制品的批发、零售、出租和放映，文物经营活动，电影发行、放映，书刊经营活动，业余文化艺术培训，其他文化经营活动等。

全市首批文化市场稽查队员共118名，其中市稽查员16名，县市区稽查员102名。乡（镇）稽查员1990年开始聘任，至1992年7月，共聘任乡（镇）稽查员250名。市、县市区两级稽查员均由各级文化市场管理委员会办公室及管委会成员部门有关职能科室人员组成，由市文化市场管理委员会审批聘任公布，稽查证加盖市文化市场管理委员会印章。同时，向市、县市区文化市场管理委员会领导成员发放文化市场检查证，检查证加盖市政府公章。

1993年5—6月，市、县市区两级文化市场稽查员换发由山东省文化厅统一制作的文化市场稽查证。同时，对市、县市区两级稽查队进行调整。新聘任稽查员全部由在岗的文化市场专职管理人员和市、县市区文化局长及分管文化市场的副局长担任。文化市场稽查队由潍坊市文化市场管理委员会办公室统一领导。各级文化市场稽查队均按行政区划履行稽查职能。

潍坊市文化市场综合执法局

1990年3月，潍坊市新闻出版局成立，为正县级规格事业单位，编制21人。1994年8月，增设潍坊市新闻出版稽查队，为正科级事业单位，编制15人。1995年8月，潍坊市版权局挂牌成立。1997年1月，经潍坊市人民政府授权行使有关行政管理职能，编制21人，所属《农家生活》杂志社、潍坊市新闻出版稽查队为正科级事业单位。2001年9月，局内增设市“扫黄”工作领导小组办公室，版权科挂法规教育科牌子，编制22人；潍坊市新闻出版稽查队编制10人。

2009年4月6日，撤销潍坊市文化局、潍坊市新闻出版局、潍坊市广播电视局，组建潍坊市文化广播电视新闻出版局。将原文化局、广播电视局、新闻出版局行政执法职能剥离，组建潍坊市文化市场综合执法局，同时挂潍坊市“扫黄打非”工作领导小组办公室、潍坊市文化市场管理办公室、潍坊市文化市场综合执法支队牌子，为潍坊市政府直属行政支持类事业单位，正县级规格。2010年3月21日，核定事业编制26名。

市政府授权潍坊市文化市场综合执法局负责全市文化市场综合执法工作，主要职责为查处演出和娱乐、网吧及互联网上网服务、电子游戏、美术品销售、文物经营等活动中的违法行为，查处图书、报纸、期刊、音像制品、电子出版物、网络出版、计算机软件等方面的违法违规出版活动和印刷、复制、出版物发行中的违法违规经营活动，查处违法安装和设置卫星电视接收设施，管理违法接收、传送和播放电影电视，监督查处广播电视广告经营活动违法行为，查处盗版侵权行为等。

2009年，全市12个县市区相继成立文化市场综合（行政）执法局，为隶属当地政府正科级全额拨款事业单位，编制10～20人。

第三节　管理措施

娱乐市场管理

1992年起，全市街头流散台（桌）球经营活动急剧增加，至1993年，全市有3000多台（桌）球参与经营活动。为加强对台（桌）球经营活动管理，实现合理布局，合法经营，规范管理，1993年5月10日，潍坊市文化局对台（桌）球经营场所条件、管理费、禁止赌博等问题作出明确规定，特别规定在距中小学校200米半径内不得设置台球室及流散台（桌）球经营点，除节假日不得向中小学生开放。

1989年，电子游戏机兴起。至1993年底，全市有电子游戏机经营场所100余家。1994年，全市停止审批电子游戏经营项目。1995年，市文化局、市公安局、市工商行政管理局联合制定出台《潍坊市营业性电子游戏机娱乐场所管理办法》，对全市电子游戏机市场进行全面整顿，杜绝电子游戏机娱乐场所的非法娱乐项目。1998年，全市对电子游戏机市场进行重点整治，有奖类电子游戏机被全部取缔。2000年，全市利用3个月时间开展电子游戏专项治理活动，共出动稽查人员1424人次、车辆681台次，收缴电路板1000余块，取缔违规电子游戏经营场所257处，全市电子游戏经营场所压缩90%以上。至2012年，台（桌）球和电子游戏基本退出文化市场。

演出市场管理

1992年，全市演出团体主要有潍坊市歌舞团、潍坊市京剧团、潍坊市吕剧团、安丘市京剧团、诸城市艺术团、高密市艺术剧院等。1993年7月，为表彰先进、倡导文明服务，潍坊市文化局对文化经营单位多次组织评比活动。潍坊市图书馆舞厅、鸢飞大酒店卡拉OK厅、东新酒店舞厅被评为全省文明舞厅。是年12月17日，市政府办公室《转发市文化局关于加强演出市场的意见的通知》，明确规定文化部门是演出管理工作的主管部门，强调演出许可证制度，规定巡回演出和组合（团）演出的批办程序，并对演出票价、分成、演出纠纷仲裁，演出管理费缴纳、募捐性、赞助广告性演出及违法违章演出查处等作明确规定，保障文化部门特别是专业艺术表演团体在演出市场的主渠道地位。1996年，全市10个专业文艺表演团体全年演出近2000场。1998年，贯彻《营业性演出管理条例》，扶持发展高雅文化，提高演出市场品位和档次，促进演出市场进一步繁荣。全年专业剧场、夜总会及各县市区引进各类文艺表演370场次。

2000年，全市9个专业文艺表演团体全年常规演出达2500场。2001年，经市委、市政府批准，潍坊市吕剧团、潍坊市京剧团、潍坊市歌舞团撤团建院，分别更名为潍坊市吕剧院、潍坊市京剧院、潍坊市歌舞剧院。是年，全市9个专业文艺表演团体共演出达2000余场，观众达20余万人次。2004年，市文化市场管理办公室以查处非法演出案件为重点，集中整顿全市演出市场，营业性演出活动进一步得到规范，演出市场日趋活跃，演出质量明显提高。风筝会期间，文化市场管理办公室对各演出场所进行安全生产检查，同演出场所签订安全生产责任书；演出期间进行不间断巡回检查，确保各台口演出安全。至2012年底，全市共有16家营业性文艺表演团体。

网吧市场管理

90年代末，潍坊市网吧市场开始形成，信息产业部门为互联网上网服务经营场所行政主管部门，由邮电、移动通信等通信部门负责提供互联网上网接入服务。2001年，建成三级监控平台，对全市网吧业户逐台微机安装文化经营软件——净网先锋，实现对浏览信息全程监控，基本杜绝浏览黄色网站等不健康信息问题。2002年起，网吧由文化行政主管部门主管，通过对网吧专项治理，完成职能调整交换、调查摸底和重新审核登记。是年，市文化行政主管部门对全市536家网吧发放文化经营许可证。2003年，全市通过压缩总量、控制规模、加强监管，对全市网吧进行一系列集中整治，在市区通过兼并、收购、股份制等形式对现有网吧进行整合，建立连锁经营机构，建设管理平台，对违规网吧进行清理淘汰，网吧市场逐步走向正轨。奎文区、潍城区、高新技术开发区和经济技术开发区内网吧，由原来240家压减到127家。2004年，市政府召开全市网吧专项整治动员大会，市政府与市直有关部门和各县市区签订层层管理责任书。各县市区均建立网吧专管员制度，成立文化、工商、公安部门执法人员组成的联合执法队伍，对包干区域内网吧，重点是城乡接合部、县城和农村乡（镇）的网吧进行清查；对中心城区网吧经营实现24小时监控。是年5月，全市开展网吧专项整治统一行动周活动，各级文化部门执法人员对辖区内网吧进行拉网式清查，全市共清查网吧1000余家次，取缔黑网吧2家，查处违规经营网吧8家。全市有47家网吧加盟山东万佳网络文化有限公司，通过加盟连锁，网吧经营更加文明、安全、合法和有序。2005年起，全市推广网络监控技术，所有网吧都安装文化经营管理软件，并加强对网吧经营业户的法律知识和业务技能培训，与网吧经营业户签订守法经营责任书。潍坊市文化局协同公安、消防、工商、教育等部门，组织召开10所大中专院校负责人参加的校园网络专项整治工作会议，对校园网管理提出明确要求，有效遏制网络文化市场长期存在的未成年人进入、超时营业等群众关心的热点难点问题。2006年后，随着个人家用电脑日益普及以及互联网上网终端的多元化，互联网上网服务企业发展空间逐渐受到挤压。至2012年底，全市持有文化经营许可证的网吧566家。

音像市场管理

1990年起，音像出租点、放映点和音像制品发行量逐年增多，潍坊音像市场初具规模。新华书店增设音像制品销售网点，民营发行单位大量增加。1990年5月，全市对音像放映单位进行压缩整顿。文化系统放映单位由105个压缩到85个，有20个放映单位因布局不合理、条件不完备、个体承包等原因被取消。是年8月，全市停止放映镭射电影，对原有激光视盘和镭射电影放映设备予以封存。至1993年底，全市共有录像放映点105处、录像发行站19个、音像制品销售点53处。1996年，对音像市场进行集中清理整顿，共查扣非法录像带4349盒、没收1285盒，音像市场进一步净化。

2001年，全市录像放映点全部关闭。同年，开展音像市场法制宣传日活动，在城区建立潍坊爱书人电子配送超市，7个县市区建立正版音像制品经营批销中心和连锁经营店，初步建立起正版音像制品经营网络，从最初流行歌曲、传统戏曲、电影电视等系列文化音像制品，到后来健身塑体、瑜伽练习、婴幼教育、商业讲座、文化论坛等系列音像制品，进一步满足消费者需求，保护广大消费者权益。全年全市文化市场执法稽查5500多人次，查处举报案件70余起，没收电影拷贝2个，非法电脑板976块、非法音像制品3.6万余盘。

2002年，国务院发布《音像制品管理条例》，按照“从严审批、控制总量、合理布局、打扶并举”要求，文化市场管理办公室协同公安、工商部门，清理整顿全市音像制品市场，取缔非法经营点117个。2005年，经过治理整顿，全市音像制品经营店40家，并统一到潍坊“爱书人音像图书有限公司潍坊分公司”和“潍坊市新源音像有限公司”批发中心进货，正版音像制品市场占有率提高，非法音像制品泛滥现象得到遏制。

2006年开始，随着计算机互联网快速普及，全市音像制品发行量出现较大幅度下降，各类电子出版物在市场上大量发行，文化市场执法部门不间断地对盗版音像制品及电子出版物进行整治清理。2009年，潍坊市共查缴各类非法音像制品20057盘、非法电子出版物1.1万盘。

至2012年底，全市音像制品及电子出版物复制发行单位共有48家。其中，音像复制单位有潍坊华光电子器材发展有限公司音像厂；经营规模较大的音像及电子出版物发行单位有京广文化广场、潍坊市新华书店、奎文新华书城、潍坊科技市场、山东京广书城、世纪泰华集团有限公司和山东潍坊百货集团股份有限公司四平路中百佳乐家超市等。

第四节　执法队伍

队伍建设

1990年12月17日，市政府印发《关于加强全市文化市场管理的意见》，理顺文化市场管理体制，明确部门职责分工。市、县市区两级文化市场管理机构不断加强稽查队伍建设，集中进行执法培训，集中开展稽查活动，组织学习外地文化市场稽查管理先进经验，突出机构体制规范化、运行机制规范化、执法行为规范化和执法保障规范化建设。1998年，全市开展文化市场法制年活动，以加强法制建设为重点，进一步加强执法队伍建设。2011年，全市文化市场综合执法工作办案数量和质量从无到有，实现历史性突破；执法标识、执法证件、执法服装、执法车辆、执法文书实现五个统一；执法领域、市场门类、获得省以上奖项实现全覆盖；锻炼队伍、树立形象、打开局面的工作目标全面实现。是年，在全省文化市场行政执法案卷评比中，潍坊市有3个执法案卷分获一、二、三等奖。2012年，市、县两级都成立独立建制的文化市场综合执法机构，市局加挂文化市场综合执法支队牌子。是年，潍坊市文化市场综合执法局被中宣部、文化部、国家广播电视总局和国家新闻出版总署联合授予全国文化体制改革工作先进单位称号；被文化部授予全国文化市场综合行政执法先进单位称号。

法规培训

1998年，对全市文化市场执法人员分期分批进行培训，有60人取得岗位资格证书。在山东省文化市场执法人员法律法规知识竞赛中，潍坊市代表队获第三名。2000年，全市开展法规教育年活动,分期分批对新闻出版管理人员、印刷企业和出版物发行单位的重点岗位人员、报刊社及连续性内部资料出版物编辑部负责人进行集中培训，共举办法规培训班24期，以会代训115次（期）,培训人员3099人次。2002年，互联网上网服务经营场所开始由文化行政主管部门主管，全市对1000名网吧经营者进行培训，考试合格者发放资格证书和上岗证。2009年，按“政治强、业务精、作风硬、纪律严、形象好”要求，采取自学、培训、考试、比赛、案例点评及考察学习等一系列措施，使执法人员熟练掌握通用、专业法律法规规章和政策，具备基本业务知识和办案技能。2010年，全市重点开展市、县两级执法人员法律法规和业务知识强化培训。10月，举办全市文化市场行政执法人员法规培训班，对全市200多名文化执法人员进行集中培训，对执法考试合格者发放“执法证”。2011年3月，全市60余名执法骨干参加文化市场综合执法办公系统应用培训班，学习经营单位信息管理、执法办案管理、法律法规管理、公文信息管理、执法信息管理、行政许可公示、检索报表管理以及系统管理等知识技能。是年9月，全市160余名文化市场综合执法人员参加全省统一组织的“中华人民共和国文化市场综合行政执法证”考试。2012年7月，在全省文化市场行政执法技能比赛中，潍坊市代表队复赛获第4名，单项技能网上办案第2名，1人获三等奖，决赛获集体三等奖。是年，全市共培训执法人员900多人次，对在编的205名执法人员全部核发执法证件；先后举办网吧、艺术品、娱乐场所、印刷、发行、报刊、广电等经营单位负责人法规培训班，邀请省、市有关专家授课，培训文化市场从业人员4500多人次。

第五节　执法行动

1991—1994年，全市共查缴非法出版物20万余册（张），其中淫秽出版物1954册（张）；非法录像带2451盘，其中淫秽录像带61盘；非法录音带6850盘。取缔无证经营的图书摊点179个、无证经营的音像放映点63个。查处非法出版案件19起，抓获不法分子93人，行政拘留32人，劳教5人。查缴部分淫秽扑克及淫秽显影画片、封建迷信品，并取缔部分搞封建迷信活动摊点。

1995年，全市共出动检查人员1650人次、车辆350台次。检查音像批发零售单位572家、音像出租点74个、音像放映点390个、书刊经营单位537家、娱乐场所126处。取缔3个违法演出团、63个无证经营点。查缴非法录像带5280盘（其中淫秽录像带80盘）、录音带3800盘、书刊1万余册（其中淫秽书刊35册）、LD唱盘550盘、VCD视盘519盘、CD唱片219张、电脑磁盘50张、电子游戏卡68盘、境外卡通连环画4720张。拆除违禁游戏机电脑板35块。查处淫秽录像放映点3个。配合公安机关抓获违法犯罪嫌疑人4人。

1996年，全市共查缴非法书刊1.6万余册（其中淫秽书刊38册）、非法音像制品34811盘，查处淫秽录像放映点3个，取缔无证经营点6个，配合公安机关抓获犯罪嫌疑人6人。

1997年，全市组织开展集中行动3次，对出版物市场进行集中检查。查缴非法书刊2.5万余册、非法音像制品和电子出版物1万余盘（盒）。1998年，全市组织开展3次集中行动，共出动检查人员3650人次、车辆1050台次。查缴非法书刊6000册（其中政治性非法书刊256册）。查缴非法音像制品和电子出版物5724盘（其中淫秽VCD光盘20盘）。取缔无证书刊经营点21个、无证印刷厂2家。审结非法出版案件8起，处理举报案件15起。

1999年，全市共出动检查人员3411人次、车辆912台次。检查书刊发行单位1023个、音像电子出版物发行单位1016个、印刷企业908家。查缴非法书刊1.35万册（其中政治性非法书刊180册、淫秽色情书刊1231册、封建迷信出版物511册）、非法音像制品和电子出版物1.36万盘、淫秽色情光盘683盘、非法DVCD光盘9526盘。取缔无证书摊48家、无证音像租赁点59个。关停录像放映厅5家、电子游戏厅2家、印刷厂4家。查处非法印刷案件5起、贩卖租赁淫秽光盘案件5起。21名违法人员受到公安机关的治安处罚。是年9月，开展出版物市场专项治理活动，查缴非法书刊4000余册、非法音像电子出版物6000余盒，查处传播淫秽色情VCD案件3起。

2000年，在全市开展电子游戏专项治理活动，全市共出动检查人员1424人次、车辆681台次，受理群众举报案件20余件，取缔违规电子游戏经营场所257处，查缴电路板1000余块，全市电子游戏经营场所压缩92.4%。2001年，全市组织开展清理整顿城区人民路工业品城等六个重点部位集中行动、打击盗版软件集中行动、制止使用盗版教材行为集中行动、清理整顿小报小刊专项行动、整顿规范印刷市场秩序专项活动和查缴政治性非法出版物集中行动，共出动检查人员5049人次、车辆2200台次，查缴非法图书3.53万册（其中政治性非法图书812册、淫秽色情图书441册）。查缴非法音像制品和电子出版物7.04万盘。查处违法违规单位28个，行政处罚26个。

2002年，全市共出动检查人员3276人次，检查出版物经营店（摊点）3046家，取缔非法经营店（摊点）290家。查缴非法书刊9.69万册，其中盗版书刊9.66万册、政治性非法出版物216册、淫秽色情书刊123册。查缴各种非法音像制品和电子出版物5.52万盘,其中走私盗版和其他音像制品5.51万盘、淫秽色情音像制品107盘。查处违法违规单位24家，行政处罚29个。是年11月4日，由市“扫黄”办牵头组织新闻出版、文化、公安、工商、教育、市政等有关部门，在潍坊凤凰纸业有限公司对2002年查缴的5万余册非法出版物进行公开销毁。

2003年，全市组织开展以查堵政治性非法出版物、解决出版物集散场所问题、打击盗版教材教辅读物为重点的集中行动，共查缴非法书刊3.99万册（其中政治性非法出版物423册）、非法音像制品29.64万盘（其中淫秽色情音像制品247盘）、盗版电子软件8700盘、盗版教材教辅读物2.12万册。查处贩卖淫秽出版物案件50余起，刑事拘留3人，治安处罚54人，判刑4人。

2004年，全市共出动检查人员6284人次。取缔非法书摊（店）95个。查缴非法图书20.57万册（其中政治性非法出版物363册）、非法音像制品9.67万盘（其中淫秽色情音像制品2.77万盘）、非法电子出版物1.08万盘、非法口袋本图书1.69万册。行政处罚136人，拘留1人，判刑1人。

2005年，全市共出动检查人员6557人次、车辆3300台次，检查出版物经营店（摊点）8218家次。查缴非法出版物22.14万册（盘），查处非法出版活动案件23起。2006年，全市集中开展“反盗版百日行动”，并对依法查缴的11余万盘盗版音像制品和电子出版物进行了集中公开销毁。同时加大对重点地区、重点场所、重点部位和大案要案的查处力度，全市共组织集中检查行动240余次，出动检查人员6514人次、车辆3310台次，检查出版物经营店（摊点）8318家次。共查缴各类非法出版物33.87万册（盘），查处非法出版活动案件22起。

2007年，全市共组织集中行动240余次，出动检查人员6626人次、车辆3430台次，检查出版物经营店（摊点）8452家次。共查缴各类非法出版物9.74万册（盘），查处非法出版活动案件15起。

2008年，全市共组织集中检查行动335次，出动检查人员8563人次、车辆4512台次，检查出版物经营店（摊点）1.13万家次，查缴各类非法出版物10.87万册（盘），查处非法出版活动案件41起。

2009年，全市共组织集中检查行动424次，出动检查人员9352人次、车辆4860台次，检查出版物经营店（摊点）12904家次，共查缴各类非法出版物16.46万册（盘），查处非法经营案件267起，其中移送公安机关4起。

2010年，集中开展“扫黄打非”专项行动、打击盗版音像制品专项行动、打击手机网站传播淫秽色情信息专项行动、地理信息市场专项整治活动、印刷企业清查行动、文化市场暑期整治行动、迎世博“扫黄打非”专项行动、迎亚运“扫黄打非”专项行动、出版物市场集中整治和打击网络侵权盗版专项治理“剑网行动”等10个专项治理行动，政治性非法出版物、淫秽色情出版物以及侵权盗版等各种非法出版物受到有力查处和打击；重点地区、重点部位、出版物集中经营场所存在突出问题得到有效整治；印刷企业及报刊、内部资料得到进一步整顿和规范。是年，全市共出动检查人员1.29万人次、车辆1610台次，检查网吧6575家次、歌舞娱乐场所1367家次、电子游戏厅350家次，营业性演出活动1855家次，艺术品市场171家次，互联网文化经营单位6家次。共查缴各类非法出版物14.42万册（盘），查处非法经营案件345起，行政处罚345人，移交司法机关判刑6人。

2011年，全市组织开展文化执法“亮剑行动”，突出净化文化环境、创建文明城市主题，以依法查处文化、广电、新闻出版、版权等领域违法违规案件为重点，以规范市场秩序、净化文化环境、繁荣文化事业、满足人民日益增长的文化需求为目标，“亮剑行动”实行分片责任制、区域轮回执法和案审会制度，全市累计出动执法人员76686人次，检查经营单位38216个（次），责令整改2451个（次），受理举报573件，立案调查1165件，移交案件6件，办结案件1026件，责令停业整顿42家次，吊销许可证9家，移交司法机关行政拘留2人、判刑2人。

2012年，全市组织开展“正版化年”活动，以“净化文化市场、建设文化潍坊”为主题，以依法查处文化（文物）、广电、新闻出版、版权等领域侵权盗版违法违规活动为主要内容，严厉打击盗版文化制品制售活动，逐步建立统一开放、竞争有序的文化市场经营秩序，形成“拥护正版、抵制盗版”社会风气。全市按行政区域划分为4个执法区，4个执法组按季度实行区域轮回执法。实行案审会制度，对查处的所有案件，均由案审会集体讨论决定，做到公开、公正，有效避免执法随意性和执法权力个人化、利益化等不良现象。是年，全市办结案件3680件，网上办案数量居全省前列。

第六节　“扫黄打非”工作

1990年，成立潍坊市新闻出版局，受市委、市政府委托，监督管理全市出版物市场，开展“扫黄打非”（扫除淫秽色情、封建迷信等危害人们身心健康，污染社会文化环境的文化垃圾；打击非法出版物）工作。1991年，为加强对“扫黄打非”工作领导，潍坊市清理整顿图书报刊市场领导小组及办公室更名为潍坊市“扫黄”工作领导小组和潍坊市“扫黄”工作领导小组办公室（仍设在市新闻出版局）。1994年，设立潍坊市新闻出版稽查队，“扫黄打非”专职队伍诞生。1995年，潍坊市版权局挂牌成立，“扫黄打非”业务范围进一步拓展。1997年起，各县市区委宣传部新闻科相继加挂新闻出版管理办公室牌子。2001年，市新闻出版局机关增设市“扫黄”工作领导小组办公室，市新闻出版局挂市“扫黄”工作领导小组办公室牌子。各县市区党委、政府将“扫黄打非”列入政府工作报告，定期调度，健全机构，保障经费，为“扫黄打非”工作提供组织和物质保障。2005年3月23日，全省“扫黄打非”工作现场会在潍坊召开，潍坊市做典型发言。

至2005年6月底，全市12个县市区先后成立独立建制的新闻出版管理办公室，同时加挂“扫黄”工作领导小组办公室牌子。

2009年，组建潍坊市文化市场综合执法局，同时挂潍坊市“扫黄打非”工作领导小组办公室牌子，市文化局设立“扫黄打非”工作科（挂举报受理中心牌子）。同年，全市12个县市区相继成立文化市场综合（行政）执法局，同时挂“扫黄打非”工作领导小组办公室牌子。

2012年，制定《潍坊市“扫黄打非”工作领导小组责任制度》，出台《潍坊市“扫黄打非”

工作量化考核实施意见》，统一行政执法使用的检查（询问）笔录、证据登记保存清单、罚没收据、行政处罚告知书、行政处罚决定书等35种文书，“扫黄打非”工作走上制度化、规范化、科学化轨道。

1991—2012年，全市各级“扫黄打非”工作机构始终保持主动进攻高压态势，严格责任落实，强化日常监管，严查大案要案，广泛宣传报道，加强工作保障，“扫黄打非”工作成效显著。全市共组织集中整治行动1.2万次，检查出版物经营店面（摊点）24.79万家次，共查缴各类非法出版物104万件，查结非法经营行政案件9660起，被政法部门劳教5人，判刑65人。刘悦著、刘肖宁等11人被授予全国“扫黄打非”先进个人称号。

第十一章　档案

1991—2012年，潍坊市档案部门建立完善“覆盖人民群众的档案资源体系、方便人民群众的档案利用体系、确保档案安全保密的档案安全体系”，档案资源不断丰富，管理水平不断提升，服务能力进一步增强，档案馆、档案室工作日益规范。由各级档案行政管理部门实行统一管理，形成以机关、企事业单位档案工作为基础，以各级各类档案馆工作为主体，各项档案工作全面推进的档案事业体系。

第一节　档案机构

潍坊市档案机构

1984年4月，全市机构改革撤销潍坊市档案局，成立潍坊市档案处，保留潍坊市档案馆，为副县级单位，处、馆合署办公。1985年9月，撤销潍坊市档案处，恢复潍坊市档案局，列政府部门序列；原潍坊市档案馆保留，为市直正县级事业单位，局、馆合署办公。1994年7月，潍坊市档案局实行局、馆合一，一个机构两块牌子。1996年7月，潍坊市市级机构改革，潍坊市档案局由局馆合一改为以馆为主，挂档案局牌子，授权

潍坊市档案馆大楼　　（2010年6月拍摄）

行使行政职能，为市委办公室领导下的正县级事业单位。此后，各县市区档案局陆续参照市档案局模式进行机构改革。2001年6月，潍坊市机构改革，市档案馆仍为市委办公室领导的事业单位，挂档案局牌子，行使有关行政职能。2008年6月，潍坊市档案馆（局）划为参照公务员法管理事业单位，人员参照公务员法管理。

县市区档案机构

1992年12月，五莲县划归日照市管辖；1994年5月，设立潍坊市奎文区。至此，全市综合档案馆（局）13个。其中市级1个，县市区级12个；市级城建专业档案馆1个；全市专职档案工作人员296人。

2012年底，全市档案管理体制基本确定为由局、馆合一改为以档案馆为主体，挂档案局牌子，授权行使有关行政管理职能，归口各级党委办公室领导，列为各级党委直属事业单位。

第二节 档案资源建设

1991—2012年，全市各级档案部门加大档案资源建设力度，完善档案进馆范围，加强对进馆档案接收，不断强化档案资料征集，创新特色档案、名人档案、专项档案征集方式，档案馆馆藏数量大幅增加，门类不断扩大，馆藏结构更加优化，地方特色更加突出。制定档案标准规范，加强业务培训指导，明确单位档案室收集范围和归档要求，确保各级各类档案室档案归档完整性、系统性。

档案接收

1996年、2010年，市档案馆两次开展市直单位档案接收进馆工作，分别接收1990年以前档案2.57万卷和2005年以前7.9万卷（件）档案；各县市区档案局根据各自实际情况，制定本区域单位档案接收进馆计划，分别组织接收1990年至2004年度不等档案进馆。进馆档案门类主要包括文书、科技、会计、审计、统计、普查、实物档案等20多种。同时，在历次全市机构改革中，及时做好对撤并单位档案接收进馆工作。

档案征集

1991年以后，全市各级综合档案馆在组织接收档案进馆同时，丰富优化馆藏，突出地方特色，广泛开展档案征集活动。到2012年，征集到各种门类、各种载体大量档案资料，包括在重大活动、重大事件中形成的文字、影像等档案资料及荣誉表彰实物档案；地方特色名优产品、名胜古迹档案资料；反映当地历史文化、地方文献、名人政要、族谱契约、非物质文化遗产及散存在民间珍贵的档案资料等。市档案馆建立潍坊国际风筝会档案和名人档案，设立潍坊荣誉室；青州档案馆建立古青州档案；高密档案馆建立剪纸、泥塑、扑灰年画三绝档案；临朐档案馆建立奇石档案、沂山国家森林公园档案；寿光档案馆建立菜篮子工程档案；昌邑档案馆建立华侨、丝绸档案；寒亭档案馆建立年画、风筝、布玩具档案等。

档案归档

全市各级档案室档案资源建设，主要收集本单位形成和收到与本单位业务工作有直接关系的需要立卷归档的文件材料。市档案局制定了一系列文书档案、科技档案管理的规范性文件，对档案室档案收集归档工作作出明确规定，归档工作逐步规范化、制度化。2000年12月，国家档案局颁布《归档文件整理规则》，对文件材料立卷进行改革，文书档案整理由传统文件立卷改为文件级整理（“卷”改“件”），2002年起，全部进馆档案由“卷”改为“件”统计。潍坊各级档案部门认真执行上级业务标准和要求，每年组织文档人员立卷和文件材料整理培训班，加强业务指导，确保机关、企事业单位按期完成档案收集整理归档工作，强化档案资源前端控制。

档案馆藏

2012年，潍坊市档案馆馆藏档案158个全宗，共113923卷、125242件档案，声像档案171盒（盘），照片档案17427张，底图14190张，实物档案284件，馆藏资料46327册。

市档案馆馆藏档案158个全宗分为文书档案、科技档案、专门档案（包括会计档案、审计档案、统计档案、监察档案、信访档案、证章档案、风筝会档案、亡故干部档案、影片照片档案等22个门类）。中华人民共和国成立前档案7个全宗，3010卷，时限为1920—1949年。其中革命历史档案5个全宗，1698卷。主要是中共昌潍、南海、滨北地委和专署组织领导人民进行抗日战争、解放战争所形成文件材料，记载支前动参、土改复查、生产救灾、治安剿匪、乡政建设等史实。日伪、国民党统治时期档案1312卷。主要是1933—1947年汪伪莱潍道尹公署及所属公署、警察所、保安大队等，国民党第八督察专员公署及所属各县县政府、警察局、自卫队、法院等和部分宗教组织、道会门形成的档案，内容涉及风物民俗、官员任免、乡民整训、保甲组编、户籍调整、治安整肃、诉讼刑狱、税收捐敛、田赋稽征、工商业、农业、水旱疫情、禁烟查赌、缉查逃兵、抓丁筹饷以及政务、办学、宗教等方面。

中华人民共和国成立后档案151个全宗，110913卷、125242件，时限为1949—2005年。包括中共昌潍、潍坊地委和专署，中共潍坊市委、潍坊市人民政府及各部、委、办、局（公司）档案。有中共昌潍、潍坊地（市）委，昌潍专署、潍坊市政府长远工作规划、年度工作计划、总结，行政区划、组织机构建立调整方案、通知，昌潍（潍坊）地（市）农业、工业、基本建设、财贸、交通、文教卫生、科学研究等各项事业发展规划、计划、方针、政策及地（市）委、专署（政府）所属各部、委、办、局（公司）形成的反映其职能活动的文书档案、专门档案。

馆藏录音、录像、电影片171盒（盘），内有1935年拍摄的无声电影片《潍县大观》，记录国民党潍县军政要人进行军政活动、考察市政、工商、教育情况以及潍县工业生产、交通运输、市区建设、中小学校的概况。中华人民共和国成立后形成的电影片、录像带，主要反映全区（市）工业、农业、财贸、科研、文教卫生发展情况；照片档案17427张，包括党和国家领导人视察潍坊时照片，历任昌潍（潍坊）地委、市委，专署、市政府领导和一些重要会议、重大活动、重大事件照片。

馆藏资料46327册。主要是图书、期刊、报纸及地方资料等。比较重要的有：明嘉靖年间纂修《青州府志》，清康熙十一年（1672）纂修《益都县志》，清乾隆二十五年（1760）纂修《潍县志》，1915年纂修《安丘新志》，1920年纂修《安丘续新志》，1935年纂修《昌乐县志》及1983—2012年纂修的部分县市区志和部门、行业志等。

2012年底，全市各级综合档案馆馆藏各门类档案1779个全宗，共1022838卷、154907件档案，声像档案4072盒（盘），照片档案138836张，底图24663张，实物档案1869件，馆藏资料225852册。

第三节　档案管理

1991—2012年，全市各级档案馆、档案室建立健全各项规章制度，档案管理日益规范化、科学化；新建、改建一批档案馆，配备先进设施设备，档案保管条件有较大改善；各级档案部门在做好档案馆及机关、企事业单位档案工作同时，不断拓展档案工作领域，积极开展农村、社区、重点项目及民生等领域档案工作；推进档案信息化管理和数字档案馆建设，档案现代化管理水平不断提高；积极开展全市档案工作定级升级、规范化目标管理和档案综合管理考核活动，全面提升档案馆、档案室管理水平，为档案服务利用和功能发挥奠定基础。

档案馆业务管理

1991年起，全市各级档案馆加强基础业务建设，推进档案信息化，档案保管条件有较大改善。2008年、2010年和2011年，寿光档案馆、潍坊市档案馆、诸城档案馆分别晋升为国家一级档案馆；2009—2012年，潍城、寒亭、高密、青州档案馆先后晋升为国家二级档案馆。

档案保管 1991年，坊子区档案馆楼正式竣工，并通过市级优良工程验收。同年，市档案馆对档案库房窗户进行密封。1998年，市委、市政府机关东迁后，市审计局办公楼划归市档案局、馆使用（建筑面积2560平方米），原档案馆楼改造后作为档案库房，局、馆总面积达4350 平方米。1999年，青州市投资38万元对档案库房进行整修改造。2004年，潍城区档案馆建新馆，建筑面积2015平方米。2006年，安丘建成新档案馆，建筑面积3000平方米；寒亭档案馆搬迁并改扩建，建筑面积900平方米。2007年，寿光建新档案馆，建筑面积5000平方米。2008年，原水利培训中心大楼改扩建新潍坊市档案馆。新馆于2009年12月建成并搬迁，占地6000平方米，建筑面积8860平方米，由政府公开信息查阅服务中心、档案信息利用服务中心、智能化控制中心、档案展览中心、数字档案管理中心、档案加工处理中心和档案保管中心7部分组成。内设中央空调、自动监控、防火防盗、恒温恒湿控制及计算机管理系统等。2009年，诸城新建档案馆，建筑面积5575平方米。2012年，昌乐建新档案馆，建筑面积3000平方米。全市综合档案馆建筑面积38052平方米。其中，档案库房面积16503平方米。

随着档案馆新建和改扩建，各档案馆陆续配备档案保管保护各种设施设备，安装视频防盗监控系统、防火报警系统、温湿度自动调控系统、自动排风系统等；档案装具由铁（木）橱换成容量更大的密集架；库房按防火、防盗、防水、防潮、防虫、防鼠、防尘、防强光、防有害气体要求配备设备，加强档案保护；设置电子信息查阅、政府公开信息查阅、图书阅览等场所，基本配齐满足利用者需求的现代化管理设施设备。

档案整理 1990年以前，全市各档案馆基本完成馆藏档案整理。1991年起，档案整理主要是征集进馆档案和新进馆不合规范档案及资料、照片、声像档案等。全市各级档案馆共整理档案10万余卷。市档案馆对馆藏4万卷档案进行检查，整理不符合要求档案961卷，分类整理1万余册资料。1993年整理潍坊风筝会照片300余张，1994年整理破产企业档案484卷，1998年整理电影海报7000余张。各县市区档案馆针对馆藏档案、资料情况进行不同程度系统整理。全市还对馆藏破损老化档案及时进行恢复抢救，至2012年，共抢救1318卷、546件。

检索工具编制 1986年，潍坊市、县档案目录中心基本建成。到1990年底，全市13个综合档案馆共编制各种卡片100多万张，打印全引目录4000多册。基本形成以潍坊市档案馆为中心馆室相通、馆馆相连的全市档案检索网络体系，馆藏档案基本实现文件级检索。到1995年，全市编制档案检索工具24 种，5000 多册，著录卡片1万张。潍坊市档案馆建立全市档案目录中心，保存全市各馆801个全宗4317册全引目录；县市区馆收存县市区直机关、街办档案室目录，形成地方档案目录中心。1997年，开始对馆藏文件级目录录入计算机工作；2000年，全市各档案馆建立机读目录数据库11个，共输入文件级目录208万条。2001年，基本完成全部馆藏文件级目录输入工作，全市建成档案机读目录中心。2007年，全市共完成400万条档案机读目录数据录入。2010年，潍坊市档案馆完成档案目录数据库、全文数据库、照片数据库和多媒体数据库建设，数字档案馆基本建成并开通运行，查阅利用档案资料实现计算机全息检索。

2012年，全市综合档案馆编制手工目录：案卷目录6469本，全引目录12644本，归档文件目录40本，专题目录1035本、卡片325303张，重要文件目录4728本、卡片358231张。机读目录：案卷级465.75万条，文件级434.99万条。

档案鉴定　1992年5月6日，潍坊市档案局、安丘县档案局承担的“地方档案馆档案综合鉴定方法”课题通过省档案局专家鉴定，并获省档案局科技进步二等奖。之后，在安丘召开全市档案综合鉴定现场会，推广安丘县档案馆经验作法，各馆档案综合鉴定工作相继展开。同年，潍坊市档案馆开始对昌潍地委等重点全宗档案进行综合鉴定试点，至1993年，共鉴定档案1万卷。1999年，全市开展馆藏革命历史档案鉴定、著录和档案整理工作，共鉴定档案3.7万卷，并对应销毁档案进行销毁。随着馆藏档案数字化，2011年，市档案馆开始对所有数字化档案是否开放进行全面鉴定，至2012年底，共鉴定档案23万余件。

档案室管理

1991年起，积极做好机关、企事业单位档案管理工作同时，拓展档案服务领域，开展农业农村、城市社区、社会保障等方面档案工作，档案管理不断向基层、向民生领域延伸。

机关、企事业单位档案管理　全市各级档案行政管理部门不断加强对机关、企事业单位档案管理工作的规范与指导，先后制定出台一系列有关档案工作的标准、办法和实施意见等规范性文件，使档案工作有法可依，有章可循。每年组织文档人员立卷和文件材料整理培训班，督导全市机关、企事业单位按期完成文件材料立卷和整理归档，从源头上确保档案资源齐全完整和系统整理。1991—2012年，各级档案行政管理部门认真组织全市机关、企事业单位积极参加全省档案工作定级升级、规范化目标管理和档案管理考核活动，按国家、省局档案管理考核标准，加强业务指导，先后有一大批机关、企事业单位档案工作跨入国家级、省级先进行列。

农业农村档案管理　1995年，潍坊市档案局制定全面开展村级建档工作规划和实施方案，印发《关于全面开展村级建档工作的实施意见》和《村级建档工作先进乡镇、档案管理先进行政村评定办法》，分期分批组织实施，要求村级建档工作与全市农业农村工作总体目标同步进行。到1997年底，全市共有9400多个行政村完成农村建档工作，建档率达95%以上，建立文书、科技、会计、村民、户籍、声像等门类档案460多万卷册，档案管理成为农村工作有机组成部分。1997年，市档案局与市委宣传部、政法委、农委等7部门联合印发《深入开展农业农村档案工作的通知》，对建档领域、建档内容、机构建设全面部署，推动农业农村档案工作开展。各县市区建立健全农村财务、农业产业化经营、农业科研和农业技术推广、农村基层组织建设、土地延包、小城镇建设等方面档案，全市农业农村档案工作全面发展。到2000年，全市254个乡镇机关80％实现综合管理，9700个行政村全部建档，600多家乡镇企业档案工作实现规范化管理。潍坊市被国家档案局确定为乡镇企业档案工作联系点。

2001年，潍坊市档案部门重点开展乡镇机关、龙头企业、科技示范园、特色种养殖档案管理工作，取得显著成效，国家档案局在潍坊召开全国农业农村工作现场经验交流会。2002年，市档案局会同主管部门对农村养老保险档案、农村税费改革档案进行规范管理。联合农保部门制定《农村养老保险档案管理办法》，全市8个县市区规范农村养老保险档案管理，建档3万多卷册。潍坊农保档案管理经验全省推广。印发《做好农村税费改革文件材料整理归档工作意见》，共建档5万卷册，农村税费改革档案实现规范管理。到2003年，12个县市区农村养老保险档案全部实现规范化管理，市、县、乡、村4级建立健全农村税费改革和养老保险档案管理体制。2005年，农业产业化档案工作被确定为国家档案局联系点。2006年，制定农业产业化龙头企业档案工作规范和村级档案业务标准，着力加强农村财务档案、合同档案、农业科技档案等重点档案建设。2007年，潍坊市档案局印发《新农村建设档案工作实施方案》，档案建设、管理、利用三者并举，为农民增收、农业发展、农村和谐提供服务。2008年，围绕建立农产品追溯、农村劳务输出、农村经济合作组织和农业科技档案工作，在寿光、诸城、安丘开展新农村建设档案工作试点，安丘市档案局《出口食品农产品质量安全区域化建设档案管理暂行规定》，成为全国第一个区域化建设档案管理规范性文件。10月，全省农业农村档案工作现场会在寿光召开，对寿光市全面推进新农村档案工作给予充分肯定。2009年，制定出台《潍坊市新农村建设档案工作示范乡镇、示范村创建活动实施办法》，明确新农村建设文件材料归档范围、分类方案及示范乡镇、示范村评定标准。寿光市被确定为全省3个争创“全国新农村建设档案工作示范县”之一。

2010年，市委办公室、市政府办公室印发《关于加强社会主义新农村建设档案工作的意见》，市档案局与农工办、民政局联合印发《创建潍坊市新农村建设档案工作示范乡镇、示范村实施方案》，全市创建新农村建设档案工作示范镇、村全面展开。2011年，寿光市创建成为全省首家“全国社会主义新农村建设档案工作示范县”。安丘市围绕农产品出口和产业化发展，制定全国首个《出口食品农产品区域化建设档案管理办法》。坊子区开展农村村务契约化档案服务，荣获全国“政府十大创新奖”。寿光、诸城、安丘、坊子、寒亭等县市区将档案工作纳入新农村建设考核内容。2012年，全省社会主义新农村建设档案工作示范县创建活动推进会在寿光市召开，对潍坊市做法给予充分肯定。同年，诸城市创建为“全国社会主义新农村建设档案工作示范县”。全市12个镇（街道）通过省级示范镇（街道）验收，成为“全省社会主义新农村建设档案示范镇（街道）”。7个镇（街道）通过市级示范镇（街道）评审，成为“潍坊市社会主义新农村建设档案示范镇（街道）”。

城市社区档案管理 2003年起，潍坊市社区建档工作逐步展开，市档案局与民政部门联合发出加强社区建档工作的通知，组织有条件的社区进行试点工作，指导全市30个社区开始建档。2005年，制定《潍坊市城市社区档案管理试行办法》，市委办公室、市政府办公室转发市档案局《关于做好城市社区档案工作的意见》，对全面建设城市社区档案工作进行部署，围绕党的建设、行政管理、文化教育、环境卫生、综合治理、户籍管理、计划生育、劳动就业、社会保障等健全社区各类档案，为社区管理和社区居民提供便捷档案服务。2008年，《潍坊市社区档案管理办法》正式出台，在奎文区召开全市社区档案工作现场会，推广樱园、苇湾、幸福街3个社区档案规范化管理经验。与市民政部门联合发出通知，在全市组织开展社区档案规范化管理等级评定活动，规定把社区档案规范化管理作为创建和谐社区的必备条件之一。市区社区全部建立包括党员档案、低保档案、再就业档案等门类齐全的社区档案，并加强社区档案规范化管理考核。2009年，34个社区被评为全市社区档案规范化管理先进单位。

社会保障档案管理　1991年起，全市各级档案主管部门指导市、县两级社保部门建立完善社保档案管理制度和规范，健全档案管理网络，理顺档案工作机制，积极做好养老保险、医疗保险、失业保险、工伤保险、生育保险、最低生活保障以及新型农村合作医疗等领域的档案工作。2002年，市档案局指导8个县市区规范农村养老保险档案管理，建档3万多卷册。2005年，市档案局与劳动保障部门联合印发医疗保险、社会养老保险、农村养老保险档案管理办法，建设离退休职工综合档案室，建立下岗职工档案数据库和劳动用工信息档案数据库，确保档案资源集中统一管理。2008年，市档案局与市社保中心联合印发《潍坊市社会保险档案管理办法》和《关于进一步加强社会保险档案管理工作的意见》，在市社保中心开展社会保障档案工作试点，以点带面、整体推进，全市社会保障档案工作逐步实现科学化、规范化管理。

档案信息化建设

90年代，全市各级档案馆陆续开始采用计算机管理。进入21世纪，以数字档案馆（室）建设为核心，开始档案信息化进程。2001年，潍坊档案信息网站建成并开通。2003年，把全市档案系统局域网建设和档案信息上网列为工作重点，将馆藏革命历史档案和开放档案目录、编研资料、档案信息等及时在档案信息网上公布。继续开展馆藏档案全息和条目录入工作。2004年，潍坊市档案信息化建设列入全市信息化建设规划，与市政府电子政务建设同步进行，电子公文归档和档案信息化建设所需经费列入全市电子政务建设总体预算。制定潍坊市电子文件归档与管理规范、电子档案管理技术标准、档案馆（室）目录数据库交流标准，对电子文件收集、整理、归档、移交作出具体规定，并将电子文件收集管理工作纳入单位信息化规划和办公自动化范畴，从源头上保证数字档案信息的完整、系统、安全、有效。2007年9月，潍坊市档案馆（局）设信息技术科，成立潍坊市档案信息化工作领导小组，指导全市档案信息化工作。全市共完成档案机读目录数据录入400万条。2008年，数字档案馆建设全面展开。重新修订《潍坊市数字档案馆项目建议书》并通过市信息化领导小组办公室审查论证。2010年，建成目录数据库、全文数据库、照片数据库和多媒体数据库，数字档案馆基本建成并开通运行。2011年，市委办公室、市政府办公室印发《关于加强数字档案馆建设的意见》，要求各县市区2015年之前全部完成数字档案馆建设。2012年，市委督查室、市政府督查室对全市数字档案馆建设推进情况进行专项督查。诸城档案馆基本建成数字档案馆并开通运行。

第四节　档案开发利用

1991—2012年，全市各级档案馆积极向社会开放档案，不断开发档案资源，通过接待查阅、提供咨询服务、举办档案陈列展览、编辑公布档案史料等方式积极提供利用服务。全市综合档案馆普遍被命名为爱国主义教育基地。建立现行文件利用中心和政府公开信息查阅中心。全市各级档案部门大力开发档案信息资源，共有700多个项目获得山东省开发利用档案信息资源成果奖。

开放利用

1991—2012年，全市档案馆向社会开放档案923个全宗，201357卷；开放档案目录案卷级12

小学生走进潍坊市档案馆，接受爱国主义和革命传统教育
（2012年6月拍摄）

万条，文件级15300万条。各档案馆（室）通过接待查阅、网络查档、函电代查、送档上门、节假日预约查档等方式，积极开展档案利用服务。这期间，全市各级综合档案馆共接待查档者25.6万人次，提供档案资料116.2万卷（件、册）次。

2011年，开始举办档案馆开放日活动，潍坊市档案馆分别以“追寻城市记忆，体验档案文化”和“捐赠档案，利国利民”为主题举办2次档案馆开放日活动，邀请广大市民走进档案馆感受档案文化，体验档案查阅服务。2012年，市县联动，举办“档案馆·掀起你的盖头来”为主题的第三个档案馆开放日，全市举办各类活动40项，1100多名社会各界群众参加。

现行文件利用中心和政府公开信息查阅中心

全市综合档案馆建立现行文件利用中心和政府公开信息查阅中心，收集可以公开的现行文件和政府公开信息集中对外开放，积极向社会提供规范、权威且时效强的“红头文件”。2002年6月，市委办公室、市政府办公室印发《关于做好现行文件和文件目录报送工作的意见的通知》，潍坊市档案馆当年收集146个市直机关、企事业单位1998年以来制发的现行非密政策性文件、具有重要参考价值的公开文件以及法规文件等4676份，建成潍坊市现行文件利用中心，集中对外开放。到2003年，县市区现行文件利用中心在各地档案馆相继建成并对外开放，公开各类现行文件3万余份。2009年，在档案馆建立政府信息公开查阅服务中心，对政府及各职能部门面向社会公开的文件、事项，设立专门场所，提供查阅服务。市政

潍坊市档案馆政府公开信息电子查阅大厅　（2010年9月拍摄）

府办公室印发《关于加强政府信息查阅中心建设的意见》。2010年1月，潍坊市政府公开信息查阅服务中心在市档案馆建成，利用服务大厅500平方米，分纸质文件查阅区和电子文件查阅区，设置25台计算机提供电子文件查阅。各县市区档案馆建成当地政府公开信息查阅服务中心。

爱国主义教育基地建设

1997年起，潍坊市及各县市区综合档案馆加强爱国主义教育基地建设。1998—2000年，诸城、潍城、寿光、高密、青州、安丘、临朐、昌邑、寒亭、昌乐档案馆先后被当地县市区委、政府命名为县级爱国主义教育基地。2000年11月，潍坊市档案馆被市委宣传部确定为市级爱国主义教育基地。2009年，潍坊市档案新馆设立展览中心，2010年，该中心建成“记忆潍坊——大型档案史料展”常设展览。图文物并茂、声光电结合，展出照片档案520幅，实物档案资料810件，设置电视多媒体5块循环播出“潍县大观”“潍县战役”等档案史料专题片。1991—2012年，潍坊市档案馆自办或联合举办“潍坊市档案工作成就展”“改革开放二十年潍坊档案事业成就展”“庆祝中华人民共和国成立五十周年大型图片展”“文学创作成果及档案成就展”“爱国主义教育展览”“开放的潍坊摄影展”“血与火的记忆——纪念抗日战争胜利60周年档案史料图片展”“改革开放30周年摄影展”“历届潍坊国际风筝会藏品展”“古城沧桑——馆藏老照片展”等20个展览。利用档案史料，先后协助配合中央电视台和潍坊电视台拍摄《潍县集中营》《二战华工》《潍县战役》等电视专题片。

档案编研

1992年，潍坊市档案馆开始编辑《潍坊大事记》，每月1期，分送市领导和市直各部门。1994年起，各县市区档案馆普遍开展《大事记》编写工作。1999年，潍坊市档案馆与《潍坊晚报》联合开办《档案与社会》专栏，刊出26期，连续刊载潍县解放前后及潍坊特别市等档案史料。2008年,与潍坊日报社联合开办《潍坊市建国60周年大事回眸》档案专栏，参办潍坊市纪念中华人民共和国成立60周年专刊，刊发稿件32篇，照片44幅，公布历史档案史料4.6万字。2011年，在《齐鲁晚报》开设《红色潍坊——纪念建党90周年》专栏，联合《潍坊晚报》举办“纪念辛亥革命100周年”纪念特刊。2012年，在《齐鲁晚报》开设《潍坊往事》专栏，刊发档案文史文章40篇，30余万字。全市共编纂《档案馆指南》《档案全宗介绍》《潍坊历届党代会资料简介》《潍坊百年灾情史料汇编》《天南地北潍坊人》《新时期潍坊历史大事记（1978—2006）》《潍坊企业家名典》《兰台文集》《档案文集》《百年潍坊掠影》《回眸潍坊六十年》《潍坊往事》《郑板桥诗书画精粹》以及民国《潍县志》（全卷）等档案资料200多种。

第五节　档案法制建设

潍坊市各级档案行政管理部门深入学习、宣传、贯彻《档案法》和《档案法实施办法》以及《山东省档案条例》等法律法规，坚持依法治档、科学管档，全市档案法规体系不断健全完善，依法监督管理档案的职责进一步强化，积极开展档案法制宣传教育，全社会档案意识和档案法制观念不断增强，档案法制建设扎实推进。

档案法规体系建设

1987年，《档案法》颁布实施，档案事业进入依法治档的新阶段。1996年，《山东省档案条例》颁布实施，潍坊市档案局以《档案法》和《山东省档案条例》为依据，结合潍坊实际，建立健全档案法规和标准体系。1991—2012年，市档案局以提请市委、市政府“两办”或联合业务主管部门或单独发文的形式，先后制定出台《发文工作规范》《文书立卷工作规范》《档案馆接收档案工作规范》《潍坊市机关档案工作暂行办法》《潍坊市企业档案管理暂行办法》《音像档案管理暂行办法》《照片档案管理试行规范》《潍坊市股份制企业档案管理办法》《国有企业资产与产权变动中档案处置意见》《关于加强农村养老保险档案管理办法》《加强农村税费改革档案管理意见》《小城镇建设档案管理办法》《潍坊民营企业档案管理办法》《潍坊市破产、改制企业档案处置办法》《潍坊市重点建设项目档案登记、验收办法》《潍坊市城市社区档案管理办法》《加强民生档案工作意见》《潍坊市新农村建设档案工作示范乡镇（街道）、示范村（农村社区）标准》《关于在构改革中加强档案管理的意见》以及关于县市区、市直机关企事业单位《档案工作考核标准》等一系列档案管理规定和业务标准，与国家、省档案法规标准一起构建起相对完善的档案法规体系。

依法监督检查

1992年，市档案局成立档案执法监督领导小组，设立3名执法监督检查员，各县市区档案局均设立执法监督检查员，初步建立起全市执法监督网络。1994年，市档案局核定行政编制10人，各县市区档案局相应增设行政编制，市、县两级档案局被同级政府明确为档案行政执法主体，在全市开展档案执法监督检查。1991—2012年，潍坊市各级档案行政管理部门采取定期检查与专项检查相结合，普遍自查和重点抽查相结合等多种方式，加大档案监管和行政执法力度。坚持联合执法监督机制，市档案局提请市人大教科文卫委员会组成专门检查组、联合主管部门多次对县市区、市直机关企事业单位以及上市公司、重大建设项目、农业农村档案工作等进行档案执法监督检查，实施《档案执法监督检查通知书》制度，加强对部门单位档案工作的监督，依法查处档案违法案件，全市形成依法管理档案事业良好环境。

档案法制教育

1991年起，潍坊市各级档案部门将档案法律法规学习作为机关、企事业单位档案工作人员业务培训和上岗培训内容，每年举办不同形式的档案法律法规学习班、档案执法人员培训班，年均培训人员1000余人次。至2012年，全市共有168人取得省政府法制部门颁发的行政执法证件。积极开展社会普法宣传活动，每年“6・9”国际档案日、“9・5”《档案法》颁布日、“12・4”法制宣传日，全市各级档案部门都采取召开档案法制建设研讨会、新闻媒体发表领导讲话或刊文、街头宣传咨询、张贴档案宣传画、举办档案展览和档案法律法规知识竞赛等形式，积极开展档案法律法规知识宣传活动，全社会档案法制意识不断增强。

第六节　档案宣传工作

1991—2012年，全市各级档案部门不断加强档案宣传工作，充分利用报纸刊物、广播电视、信息网络等媒体，通过举办展览、拍摄专题片、业务工作报道、公布档案史料等形式，全方位、多渠道、立体化地开展档案宣传工作，全市档案工作得到了全面展现。

报刊宣传

1990年8月，潍坊市档案局创办《潍坊档案信息》，成为全市档案工作信息宣传交流平台。1994年《山东档案》开办潍坊档案工作专页。1997年，《中国档案报》刊发潍坊档案工作专版，2000年该报以《功在当今、惠及后世的壮举》为题对潍坊农业农村档案工作给予全面报道。2001年，《人民日报》华东版头版报道潍坊农业产业化档案工作。县级以上报纸、刊物对全市有关档案工作宣传报道2000余次。

广播电视宣传

1992年，潍坊市档案局摄制《潍坊市档案事业纵横》录像片；1995年，录制《平凡中的辉煌》电视片；1996年，在潍坊广播电台举办第十三届国际档案大会有奖知识竞答活动；2000年，配合潍坊电视台录制播放企业和农村档案管理利用情况专题片；2008年，协助潍坊电视台拍摄3集电视剧《潍县战役》；2009年，协助中央电视台拍摄《华工军团》纪录片。每年《档案法》颁布周年之际，邀请市领导就档案工作发表广播、电视讲话。

网络宣传

2001年，潍坊档案信息网站建成并开通，栏目设置不断更新，信息内容日益丰富。到2012年，各县市区档案局普遍建立档案信息网站，全市档案信息网站点击量不断攀升。各级档案部门不断向山东档案信息网等网站投稿，较好宣传全市档案工作。

第七节 档案队伍建设

1991—2012年，潍坊市档案教育逐步形成学历教育、在职继续教育与岗位业务培训相结合的档案教育体系，积极开展档案专业技术职务评聘工作，全市档案队伍结构不断优化，工作人员素质大幅提高。2012年，市、县档案行政管理部门和档案馆有专职档案人员296人，大专以上学历274人，占92.5%。107人取得中级以上档案专业技术职务，其中研究馆员3人、副研究馆员29人、馆员75人。

学历教育

1993年，省委党校、省委干部教育领导小组办公室、省档案局联合开办全省档案系统文秘档案专业业余大专班、本科班学历教育，潍坊作为教学点组织开展招生、教学管理工作。至2006年，共招收学员12期，先后共有3326人获本专科学历，全市档案人员学历层次有较大提升。1994—1995年，市档案局与市大中专自费生办公室联合在潍坊第一职业中专开办文秘档案专业中专自费生班，全日制，学制3年，共举办2届，招收学员68名。

继续教育

1992年，潍坊市档案局组织参加了“全国档案干部继续教育电视讲座”的学习和结合职称考试举办古代汉语培训班，全市共有1680 人参加学习培训。此后，积极组织全市档案干部参加市组织人事部门举办的专业技术人员继续教育的学习，实行学分制，逐步将继续教育和职称评聘、专业技术人员考核等有机结合，充分调动广大档案干部参加继续教育学习的积极性和自觉性。

岗位培训

全市各档案局按照“统一培训，统一考试，同一颁发岗位资格证书”要求，加强在职档案人员持证上岗培训。1991—2012年，全市共举办持证上岗培训班100多期，累计培训学员1.3万余人次。

业务培训

全市档案人员业务培训，主要有文书立卷、业务标准、法律法规、宣传报道、专题业务培训等。1991—2012年，全市举办档案业务各类培训班500多期，培训人员3.3万多人次。全市各级档案部门还多次选派业务骨干参加国家、省档案部门组织的业务培训，提升档案专业管理水平。

档案职称

1992年4月，省档案局印发《档案专业职务岗位设置意见》，档案专业职务设管理员、助理馆员、馆员、副研究馆员、研究馆员5个职位，并规定各个职位任职条件。1993年，潍坊市档案局组建档案专业技术职务中、初级评审委员会，推荐晋升高级专业职务人员12名，评审晋升中级专业职务人员250名，晋升初级专业职务人员365名。2012年，全市共有2843人晋升高、中、初级档案专业技术职务。

学术科研

潍坊市档案学会成立于1986年，挂靠市档案局，为市委、市政府领导下的学术团体。1995年、2001年、2008年分别召开潍坊市档案学会第二、三、四次会员代表大会，选举产生新一届档案学会理事会。至2012年，潍坊档案学会先后组织机关档案管理、企业档案管理、开发区档案管理、档案法制建设、农业农村档案工作、改制企业档案管理、档案现代化建设、档案信息管理、档案开发利用、民生档案、新农村建设档案工作、档案文化建设、档案数字化建设、家庭档案建设和公共档案馆建设等方面研讨会40余次，交流学术论文1600多篇，评选出优秀论文500多篇。全市共组织召开档案各类学术理论研讨会170余次，撰写学术理论文章2300 多篇，其中在省以上刊物上发表580余篇，编印出版书刊100余种。全市共有5项科研成果获“国家档案局科技进步奖”，21项成果获“山东省档案局科技进步奖”，219项成果获“山东省档案学优秀成果奖”。

第十二章　社会科学

潍坊市社科联是市委领导下的学术性社会团体，挂潍坊市社会科学院牌子，内设办公室、学会科普部、科研部、编辑部4个部室。1991—2012年，市社科联紧紧围绕市委、市政府决策部署开展工作，履行重大应用对策研究、社科评奖、课题立项、社科普及职责，建设基层社科联16家，举办社科普及周9届，出版社科书籍12种，研究课题9项，发表文章18篇，资助出版项目5项，立项课题140项，举办社会科学优秀成果评选18次。

第一节　社科组织

1998年以前，潍坊市社科联所属社科类学会、协会、研究会55家，会员约1.8万人。市社科联负责对全市社科类社团组织进行管理指导，成立社科类社团组织由市社科联审批。1998年，国务院《社会团体登记管理条例》颁布后，民政局负责社团组织审批、登记、年审等管理工作。1997年，中共山东省委宣传部、山东省社会科学界联合会联合下发文件，要求在有条件的大企业和县市区建立社科联，潍坊市陆续在大企业、县市区、党校、高校、职业院校中建立社科联，至2012年，全市共建基层社科联组织16家。

山东海洋化工集团公司社会科学界联合会，1997年7月16日成立，是潍坊市第一家企业社科联。昌邑市社会科学界联合会，1997年12月3日成立，是潍坊市第一家县（市）级社科联，不设编制，工作人员由市委宣传部内部调剂，有市社科联主席1名。潍坊医学院社会科学界联合会，

2003年成立，挂靠院党委宣传部，宣传部部长主持社科联工作，工作人员2名。潍坊学院社会科学界联合会，2003年成立，挂靠院党委宣传部，有社科联副主席1名、秘书长1名、办公室主任1名。潍坊职业学院社会科学界联合会，2004年成立，挂靠院科研处，由1名副院长分管社科联工作，秘书长1名、工作人员2名。潍坊工程职业学院社会科学界联合会（原为潍坊教育学院社会科学界联合会），2007年成立，挂靠院科研处，有社科联秘书长1名，工作人员1名。潍坊市委党校社会科学界联合会，2008年成立，挂靠校科研处，有社科联主席1名，副主席1名，工作人员2名。青州市社会科学界联合会，2009年3月21日成立，正科级全额拨款事业单位，隶属于市委宣传部，编制3名，配备主席、副主席各1名，工作人员2名。奎文区社会科学界联合会，2009年成立，正科级事业单位，编制3人，区社科联、文联合署办公，有社科联主席1名、兼职人员2名、工作人员1名。潍城区社会科学界联合会，2009年成立，正科级事业单位，编制5人，区社科联、文联合署办公，有社科联主席1名、兼职工作人员1名。寒亭区社会科学界联合会，2009年成立，正科级事业单位，编制3人，有社科联主席1名，兼职工作人员2名。高密市社会科学界联合会，2009年成立，正科级事业单位，编制4人，有社科联主席1名，专职工作人员1名，兼职工作人员1名。临朐县社会科学界联合会，2009年成立，正科级事业单位，编制5人，社科联、文联合署办公，有社科联主席1名，副主席1名。安丘市社会科学界联合会，2009年5月1日成立，隶属于市委宣传部，为市委所属正科级事业单位，编制5名，社科联、文联合署办公，有社科联主席1名、工作人员1名。山东畜牧兽医职业学院社会科学界联合会，2010年成立，挂靠院科研处，有兼职社科联主席1名，兼职副主席3名，工作人员2名。寿光市社会科学界联合会，2012年12月19日成立，隶属于市委宣传部，编制2人，挂靠寿光市文学艺术界联合会，有专职副主席1名、兼职人员3名。

第二节　社科普及

2004年以前，社科普及工作主要通过举办理论研讨会、宣传阵地开展。2004年4月，根据省委宣传部、省社科联部署，各地错时举办社会科学普及周。

第一届社会科学普及周

2004年4月7日举办开幕式，主题是“普及社科知识，打造人文潍坊，弘扬科学精神，提高市民素质”。主要开展主题论坛、报刊专版和墙报专版、现场宣传咨询、“育人杯”社科知识竞赛、专家报告和讲座、图片展览、理论研讨等活动。

第二届社会科学普及周

2005年5月21日举办开幕式，主题是“普及社科知识，建设文明潍坊，弘扬科学精神，构建和谐社会”。全市社科类学会、协会、研究会，9所高等院校以及潍坊市委党校和部分中专学校，1000多位专家、教授和社会科学工作者，走上街头，走进社区，进行宣传咨询活动。共制作展板106块，发放宣传材料2.3万余份，接待咨询5500余人次。同时，运用网站、杂志等多种形式宣传先进性教育活动，普及社科知识，成立潍坊市首个社会科学教育基地。

第三届社会科学普及周

2006年6月26日举办开幕式，主题是“围绕树立和落实科学发展观这一主线，着眼于增强科普工作的实效性”。潍坊市社科联在全省率先建立“齐鲁讲坛”潍坊分坛，先后创建“潍坊学院分坛”“潍坊市委党校分坛”和“潍坊市金融分坛”。“潍坊学院分坛”邀请著名社科理论专家、博士生导师、省社科联副主席包心鉴，作《我国发展的关键时期与科学发展观的重大创新》学术报告。与市委宣传部、《潍坊晚报》、中国人民银行潍坊中心支行联合举办“纪念建党85周年——社会科学与征信知识”有奖竞赛；组队参加省委宣传部、省委高校工委、省社科联、齐鲁电视台联合组织的全省“纪念建党85周年——马克思主义理论与社会科学知识”竞赛。

2008年5月20日，潍坊市社科普及周活动开幕式暨推动文化大发展大繁荣系列讲座首场报告会在潍坊学院举行

第四届社会科学普及周

2007年5月17日举办开幕式，主题是“贯彻落实市第十次党代会精神，科学发展，共创和谐”。举办“齐鲁讲坛——潍坊分坛”普及型讲座，中山大学生命科学院副院长、教授王金发作“现代教学理念的创新”讲座；举办“齐鲁讲坛——潍坊分坛”专家报告会，省社科联党组书记、常务副主席、著名民俗学专家刘德龙作《社会转型期民俗文化现状和发展趋势》学术报告；市社科联与山东省社科联、山东省民俗学会、市委宣传部、潍坊学院联合举办“中华吉祥文化与和谐社会构建”学术研讨会。科普周期间，全市共举办科普活动28项。

第五届社会科学普及周

2008年5月20日在潍坊学院举行开幕式，主题是“提升人文素养，建设文化强市”。推出“推动文化大发展大繁荣系列讲座”，山东省委原副书记、省政协原副主席王修智作《齐鲁文化与山东人》报告；山东省政协副主席、致公党山东省委主委、山东师范大学副校长、齐鲁文化研究中心主任、博士生导师王志民作《中国早期文明的“重心”——齐鲁》报告；山东省社科联党组书记、著名民俗学专家刘德龙作《齐鲁文化与山东民俗》报告。科普周期间，全市共举办各类讲座等100多场，听众达10万余人次，涵盖机关、企业、学校、社区等各个方面。10月，在潍坊召开的全省社科普及工作现场会上，市社科联推出的“推动文化大发展大繁荣系列讲座”被省委宣传部、省社科联评为山东省社会科学普及周活动“重大招标示范项目”，全省仅此1项。

第六届社会科学普及周

2009年5月22日开幕，是全省3个分会场之一。主题是“应对金融危机，服务经济社会发展”。推出“应对金融危机，服务经济社会发展”等高端系列讲座，山东大学经济研究院院长、博士生导师黄少安，山东省委政策研究室副巡视员王侠，中国人民银行济南分行副行长、山东省金融学会常务副会长王敏分别作《世界金融危机走势与山东经济发展对策》《化危为机，推动我省产业结构优化升级》《对当前两个热点问题的解读与思考》学术报告。科普周期间，各县市区、市直有关部门、高校等单位，采取专家报告会、理论研讨、知识竞赛、专题展览、广场宣传、街头咨询等多种形式，开展各种社会科学知识宣传普及，共组织活动90多项。

第七届社会科学普及周

2010年5月20日开幕，是全省4个重点分会场之一。主题是“推动学习型社会建设，服务经济社会发展”。推出“人人学习、终身学习”系列讲座，中国人民银行总行参事魏本华在金融系统作《中国外汇储备管理》学术报告；山东省委原副书记、省政协原副主席王修智在山东交通职业学院作《齐鲁文化与山东人》报告。重点推出社科知识咨询活动，市直有关部门和驻潍高校80多名专家参加，咨询活动内容涵盖心理健康、网瘾戒除、升学就业、法律法规、文明礼仪、金融理财、金融诈骗防范、交通安全、保健养生、汽车驾驶与维修、病虫害防治、园林园艺、种养殖技术等30多个方面。

第八届社会科学普及周

2011年5月25日在高密市开幕，是全省6个重点分会场之一。主题是“宣传‘十二五’规划，服务科学发展”。聘请潍坊市社科专家基层行首批35位社科专家，推出“十二五”发展暨“三区”（山东半岛蓝色经济区、胶东半岛高端产业聚集区、黄河三角洲高效生态经济区）建设高端讲座。科普周期间，市、县两级联动，贴近现实、贴近群众、贴近生活，举办报告会、讲座、社科知识咨询、展板展览等系列活动。市社科联被省委宣传部、省社科联表彰为“山东省社会科学普及周活动先进单位”。

第九届社会科学普及周

2012年5月15日在寿光市开幕，是全省6个分会场之一。主题是“提升公众人文素养，推动文化强市建设”。推出“提升公众人文素养，推动文化强市建设”系列讲座，山东师范大学文学院院长助理、副教授孙书文作《文化强国战略下的文化产业发展》专题辅导。开展的主要活动有报告会、讲座、社科知识咨询、展板展览等。

第三节　社科研究

1991—2012年，全市社科研究方式主要有编纂社科书籍、组织课题研究、撰写理论文章、资助出版项目等。共出版社科书籍12种，研究课题9项，发表文章18篇，资助出版项目5项。

1991—2010年潍坊市社科书籍编纂情况一览表

表26－12－1

书名	作者	出版社	出版时间	字数	备注
中等城市改革初探	齐乃贵 黄　剑 贺惠邦	山东人民出版社	1991年1月	9.6万	山东省哲学社会科学“七五”期间重点研究课题
企业管理纵横谈	黄　剑 杨永来 张瑞业	中国广播电视出版社	1991年3月	25万	
实用行政管理辞典	邹立健 黄　剑 王本理 王秀禄	中国广播电视出版社	1991年8月	100万	潍坊市社科联与潍坊市行政管理学会联合编写

续表26—12—1

书名	作者	出版社	出版时间	字数	备注
潍坊市社会科学名人辞典	黄　剑 杨永来 张瑞业	黄河出版社	1993年4月	40万	
潍坊游子	黄　剑 王秀禄 张　磊	黄河出版社	1994年3月	34万	潍坊市社科联与潍坊市行政管理学会组织编写
跨世纪探索（一）	赵文禄	中国人事出版社	1996年6月	250万	
跨世纪探索（二）	赵文禄	中国人事出版社	1998年4月	280万	
鸢都之光	赵文禄	青岛出版社	2000年10月	362万	
心里领导学说	赵文禄 李　一	青岛出版社	2001年6月	50万	
新世纪探索——全国理论创新文论	赵文禄	中国社会科学出版社	2001年7月	300万	潍坊市社科联、山东省社科联、山东社科院、中共潍坊市委宣传部等单位联合编辑
丘壑录	王事懿	中国广播电视出版社	2004年8月	15万	
行政救济法律知识与典型案例	张兰友 李家松 李清环	山东人民出版社	2010年12月	24万	2009年度山东省社会科学普及读物出版资助重点项目

1997—2012年潍坊市社科研究课题一览表

表26—12—2

课题名称	起止时间	负责单位/人员	备注
潍坊市人才资源开发战略研究	1997年9月—1998年9月	中共潍坊市委组织部、潍坊市人事局、潍坊市社科联	该课题由1个总报告、10个专题报告和3个子课题报告组成，共50万字
建立县市区领导干部岗位职责规范及考核评价标准问题研究	2001年	中共潍坊市委组织部、潍坊市社科联	该课题是中共潍坊组织部承担的中共中央组织部重点研究课题，报告共10万字。被中共山东省委组织部评为2001年度组织工作优秀调研成果一等奖
知识经济与人的现代化	2001年	赵文禄	山东省哲学社会科学“十五”规划重点研究资助项目
潍坊城市竞争力研究报告——基于〈中国城市竞争力报告〉的解读	2007年	市社科联 潍坊学院	该报告呈报时任市委书记张新起后，11月26日张新起作出批示：“报告体现了认真、客观、负责的精神，可发市级领导、各县市区主要领导、相关市直部门主要领导、两办及研究室阅研”

续表26—12—2

课题名称	起止时间	负责单位/人员	备注
和谐社会建设评价体系研究——基于潍坊市社会“和谐度”评价	2012年	潍坊市社科联、潍坊学院、中共潍坊市委党校、潍坊市统计局	该课题是2007年中共山东省委宣传部“省委重大理论与实践问题研究课题管理项目”（项目编号：SDLL070809），2007年度山东省哲学社会科学规划领导小组“山东省社会科学规划研究项目”（批准号：07CSHJ09）
潍坊市文化产业发展专项规划（2008—2015）	2008年	市社科联	
潍坊城市竞争力研究报告——基于纵向比较与横向对照的分析	2009年5月—2009年12月	市社科联 潍坊学院	时任市委常委、宣传部部长刘明珂对报告作出批示：“该报告以国际化视野，对我市竞争力进行了纵横对比，观点令人信服，体现了较高的研究水平。建议对城市竞争力进行持续专项研究，以更好服务于潍坊的科学发展。”市委书记张新起对该报告作出批示：“有参考价值，实际上潍坊并不强，应乘势而上，再苦干大干巧干，科学发展三五年，可以开创新局面，各市级领导参阅。”市委办公室以参阅件印发市委、市政府、市人大、市政协等各市级领导
构建现代企业和谐劳动关系探索研究——以山东豪迈公司为例	2010—2011年	潍坊市社科联、中共潍坊市委党校	中共潍坊市委领导交办的调研项目，潍坊市市级立项课题
推进社会管理转型研究	2012年	潍坊市社科联、潍坊学院、潍坊市人社局	潍坊市“2012年全市重点调研课题”

1997—2009年潍坊市社科联撰写论文一览表

表26—12—3

论文名称	发表杂志	作者	备注
对精神文明建设两个认识问题的剖析	《山东社会科学》1997年第6期	张瑞业	
应充分估计社会主义代替资本主义历史进程的长期性	《理论学刊》1998年第8期	张瑞业	

续表26—12—3

论文名称	发表杂志	作者	备注
对“消灭剥削”问题的再认识	《学术交流》1998年第5期	张瑞业	
经济全球化与社会主义的命运	《齐鲁学刊》2000年第6期	张瑞业	2002年获潍坊市“精品工程”理论文章奖
人才是知识经济的支撑点	《东岳论丛》2002年第1期	赵文禄	
新科技革命视野下对“两个必然”的解读	《齐鲁学刊》2002年第3期	张瑞业	中国人民大学复印报刊资料《社会主义论丛》2002年第10期全文转载，2004年获山东省社科优秀成果三等奖
以会展经济推动区域经济发展	《理论前沿》2002年第6期	黄　婧	
关于健全权力监督机制的构想	《理论前沿》2003年第17期	张瑞业	人大复印报刊资料《中国共产党》2003年第11期全文转载，2008年获潍坊市“精品工程”理论文章奖
资本主义基本矛盾的全球化扩展及其发展趋势	《社会主义研究》2003年第3期	张瑞业	人大复印报刊资料《社会主义论丛》2003年第8期全文转载
对剥削问题的几点看法	《理论学刊》2003年第2期	张瑞业	
当代资本主义变化发展新论	《山东社会科学》2003年第3期	张瑞业	
经济全球化与当代资本主义的走向	《东岳论丛》2003年第3期	张瑞业	
“保护合法的非劳动收入”的理论价值和实践意义	《内蒙古社会科学》2003年第3期		
论新社会组织党的群众工作	《理论学刊》2006年第5期	吴爱军	
论公务员队伍能力建设	《山东社会科学》2006年第9期	吴爱军	
制度是基础，政策是保障——由中国粮食市场相对稳定的思考	《社科纵横》2008年第12期	尹在赋	
推进文化建设必须以科学发展观为指导	《社科纵横》2009年第1期	尹在赋	
中国现行教育在人的培养中的人文缺失	《社科纵横》2009年第4期	尹在赋	

从2012年开始，潍坊市社会科学学术委员会设立潍坊市社会科学普及读物出版资助项目，鼓励全市社会科学工作者加强社会科学普及研究，编写社会科学普及读物。经由市社会科学学术委员会办公室组织申报，共申报项目33项，经过初评、专家评审、市社会科学学术委员会审定，共有5项社会科学普及读物出版资助项目准予立项：潍坊医学院胡善菊《以经济学思维看世界》、潍坊学院李淑燕《大众旅游审美读本》、潍坊学院王守伦《潍坊民俗文化丛书》、潍坊工商职业学院徐培富《龙·圣·人——潍坊地域文化》、潍坊学院王家忠《解开您心灵的结——心理分析100问》。

第四节　重点课题管理

2005年12月，市委办公室、市政府办公室印发《潍坊市社会科学规划重点研究课题管理办法》，正式设立潍坊市社会科学规划重点研究课题，并将该课题明确为潍坊市社科类市级课题，对潍坊市社会科学规划重点研究课题确定、申请与批准、课题管理、鉴定验收、经费资助与管理等有关事项作出明确规定。

2009年9月，潍坊市社会科学学术委员会、潍坊市社科联启动以“三区”建设为主题的潍坊市社会科学规划重点研究课题。全市共申报课题101项，经初评、专家评审、潍坊市社会科学学术委员会审定，共有 50项课题获准立项。其中财政资助课题15项，自筹经费课题35项。立项课题范围包括“三区”建设的发展战略、功能定位、产业布局、人才培养、投融资等多个方面。

2010年，共申报课题 241项，经初评、专家评审、潍坊市社会科学学术委员会审定，有110项课题获准立项，其中财政资助课题20项，自筹经费课题90项。2011年，共申报课题254项，经初评、专家评审、潍坊市社会科学学术委员会审定，有111项课题获准立项，其中财政资助课题12项，自筹经费课题99项。2012年，共申报课题467项，经初评、专家评审、潍坊市社会科学学术委员会审定，有180项课题获准立项，其中财政资助课题15项，自筹经费课题165项。

第五节　成果评奖

1991年，潍坊市举办第三次社会科学优秀成果评选；2005年12月，《潍坊市社会科学优秀成果奖评选办法》发布，对评奖对象与范围、评奖条件与标准、评奖程序与方法、评委组成与职责、授奖与奖励管理、奖金与经费来源以及其他有关事项做出明确规定。1991—2012年，潍坊市社会科学优秀成果评选共举办18次，评出一等奖198项，二等奖1490项，三等奖1702项。

1991—2012年潍坊市社会科学优秀成果奖评选情况统计表

表26—12—4　　单位：项

届次	评选时间	一等奖	二等奖	三等奖	备注
第三次	1991年3月	3	21	54	专著19项，论文59项
第四次	1992年12月	3	11	71	
第五次	1995年12月	8	36	46	
第六次	1997年12月	14	59	59	荣誉奖10项，优秀奖23项
第七次	1998年12月	10	62	72	荣誉奖2项，优秀奖36项
第八次	1999年12月	7	60	72	荣誉奖15项，优秀奖21项
第九次	2001年4月	5	76	68	荣誉奖11项
第十次	2002年9月	6	105	47	荣誉奖6项，优秀奖11项
第十一次	2003年6月	3	105	60	荣誉奖7项
第十二次	2004年7月	9	90	46	荣誉奖7项，优秀奖15项

续表26—12—4

届次	评选时间	一等奖	二等奖	三等奖	备注
第十三次	2005年7月	8	114	83	优秀奖27项
第十四次	2006年	7	152	76	优秀奖8项
第十五次	2007年	15	100	150	
第十六次	2008年	20	99	147	优秀奖79项
第十七次	2009年	20	100	145	优秀奖144项
第十八次	2010年	20	100	161	优秀奖140项
第十九次	2011年	20	100	164	
第二十次	2012年	20	100	181	优秀奖107项

第六节　阵地建设

1991—2012年，潍坊市社科联先后编印《潍坊论坛》《时代论坛》《社会科学动态参阅》，并开通“社科天地”网站。

《时代论坛》

1991—1997年为《潍坊论坛》，每年4期。1997年更名为《时代论坛》，至2006年，每年4期；2007—2011年，每年6期。2011年，《时代论坛》停刊。1991—2011年，共出刊94期。

“社科天地”网站

2002年10月建成开通，主要栏目有社科评奖、社科普及、通知公告、课题研究、机关党建、社会科学动态参阅等。

《社会科学动态参阅》

2007年3月创刊，为内部资料性刊物。发送范围是市五大班子领导、市直各部门主要负责人、各县市区委书记、县长（市长、区长）、副书记、宣传部部长、有关事业单位、大企业主要负责人。2007—2012年，共出版154期。

第二十七编

风筝文化 节会

潍坊世界风筝博物馆

第一章　潍坊风筝

潍坊风筝历史悠久、底蕴深厚，至晚在明代已具有一定规模。清道光以后，潍坊风筝的制作借鉴了传统中国画和木版年画的艺术表现手段，并融合吸收了各地风筝制作的特色，逐渐形成自己独特的风格，产品远销山东、河北、江苏、河南、湖北等地，年销量达20万只。潍坊风筝由于在文化内涵、表现形式、绘制技法、色彩运用以及放飞等方面所具有的鲜明地方艺术特征，使其在中国风筝文化史上占有重要地位。2006年5月，潍坊风筝被列入第一批国家级非物质文化遗产名录；12月被列入山东省第一批省级非物质文化遗产名录。

第一节　历史渊源

潍坊风筝的历史，可以追溯到春秋时期的思想家墨翟制作的“木鸢”，至今已有2000多年的历史。墨翟居鲁山（今潍坊境内青州西南一带）时受天空中盘旋的鹰鹞启迪，遂“斫木为鹞，三年而成，飞一日而败”，这“木鹞”便是世界上有记载的最早的木制风筝。后来，他的学生鲁国公输般（鲁班）“削竹为鹊，成而飞之”，制成木鹊飞往宋国侦察敌情。造纸术发明后，开始以纸做风筝，称为“纸鸢”。改用纸糊后其制作简便，费用也大为降低，故而迅速传入民间并由此传播到世界各地。英国著名学者李约瑟在其《中国科学技术史》中，把风筝列为中华民族向欧洲传播的重大科学文明之一。

潍坊风筝在宋代开始流行，明清两代是其发展的鼎盛时期。据记载，早在明代，“本邑每逢寒食，东门外，沙滩上……板桥横亘，河水初泮，桃李葩吐，杨柳烟含，凌空纸鸢，高入云端”。到清代乾隆年间，放风筝更是成为当地清明的一种遍及民间的节俗。《潍县志稿》载：“清明……小儿女作纸鸢、秋千之戏。”这一风俗，曾给乾隆十一年起在潍县任过7年县令的郑板桥留下了很深的印象，他在离潍多年后仍以“纸花如雪满天飞”这样的诗句来怀念他记忆中潍县，道出了当年潍县人放风筝的盛况。潍坊地区所修许多地方志和地方文献中都记载了清明时节放风筝的情景。清道光年间，潍县金石学家、诗人郭麐也曾写下：“一百四日小寒食，冶游争上白浪河。纸鸢儿子秋千女，乱草新来春燕多”，生动记述了清明时节，人们到白浪河两岸春游踏青放风筝的热闹情境。

潍坊风筝起初大都是自制自放或馈赠亲朋，后逐渐发展为商品，至清代乾、嘉年间，仅潍县城里就有风筝作坊十几家，并出现了相当规模的风筝集市。清末，潍坊形成固定的风筝市场，并涌现出一大批手艺高超的风筝艺人，全国许多地方的商贾都来潍坊购买风筝。清末民初潍县诗人裴星川在其竹枝词中写道：“风筝市在东城墙，购选游人来去忙。花样翻新招主顾，双双蝴蝶鸢成行”，形象地描绘了潍坊一带清明时节风筝专卖市场的盛况。

近代以来，潍县进入工商业快速发展的时

期，也由此成为潍坊风筝发展的黄金阶段，当时风筝名家荟萃，人才济济，涌现出了潍坊风筝11家，即以杨家埠村的杨同科为代表的杨家埠风筝和城区的康家风筝（康万香）、孙家风筝（孙永春）、郭家风筝（郭乃馨）、胡家风筝（胡敬珠）、牟家风筝（牟丹）、韩家风筝（韩连溪）、杨家风筝（杨万善）、唐家风筝（唐洪飞、唐洪亮）、陈家风筝（陈善庭）、张家风筝（张衍禄）。风筝生意兴隆，北京、济南、邯郸、沧州等地的商人均至潍县订货洽谈。如，1924—1934年间，是张家风筝（张衍禄）的鼎盛时期，除北京、天津的购货外，济南趵突泉的宝和嵌银号，专门经营张家的潍坊风筝。孙永春的“庆春风筝社”于1928年前后在北京有专门店铺经营，在济南经三纬一路的万德山风筝店和普利门里都有其代销店。《沧州县志》卷四载有当地商人出售潍坊风筝的字号，有“春记”和“风鸢店”2家。在一些地方民歌中也有体现，如临沂民歌即有“清明去踏青，放起大蜈蚣，潍坊风筝真有名”的唱词。由于放风筝活动的普及，民间有了举办风筝赛会的要求。30年代，潍坊举办3次大的风筝赛会。1933年首届潍坊风筝赛会举办并宣称以后每两年举行一次，1935年、1937年均如期举行比赛。1937年七七事变后，潍坊于1938年陷落，风筝赛会停办，潍坊风筝也遭遇厄运。

中华人民共和国成立后，党和政府十分重视潍坊风筝的发展。1956年，潍坊市工艺美术研究所聘请潍坊著名风筝艺人胡景珠、杨同科、孙永春等传授风筝技艺。1958年，潍坊风筝开始登上国际舞台，当年有上百只风筝飞向海外。此后，潍坊风筝相继在日本名古屋、法国巴黎、加拿大蒙特利尔等地展销，吸引了外国友人的关注。改革开放后，潍坊风筝进一步焕发了生机。80年代，中国经济社会的快速发展，使潍坊风筝进入又一个历史繁盛期。1984年，潍坊市政府决定每年举办潍坊国际风筝会，至2012年已连续举办27届，并建成世界上最大的风筝博物馆。1988年，潍坊被13个国家和地区的风筝协会负责人一致推举为“世界风筝都”；翌年，国际风筝联合会在潍坊设立，奠定潍坊在国际风筝活动中的地位。

第二节　题材内容与造型分类

潍坊风筝在长期发展、借鉴、融合的过程中，逐渐形成选材讲究、造型优美、扎糊精巧、形象生动、绘画艳丽、起飞灵活的艺术风格，具有极高的历史价值、文化价值和艺术价值，犹如一颗璀璨的明珠，放射出熠熠光彩。

题材内容

潍坊风筝的题材丰富、内容广博，“纸鸢其制不一，于鹤、燕、蝶、蝉各类外，兼作种种人物，无不惟妙惟肖，奇巧百出。”因此，举凡鸟兽虫鱼、花卉草木、人物百戏等，皆可为风筝；生活中象征吉祥如意的祥瑞蝙蝠、仙鹤童子、孔雀开屏、凤凰展翅，民间传说中嫦娥奔月、八仙过海、天女散花、麻姑献寿，群众喜闻乐见的吉庆有余、莲生贵子、五谷丰登、五子夺魁等都成为潍坊风筝的题材。这些不同的题材通过潍坊风筝加以表现，受到群众的广泛欢迎。根据不同的题材内容，在表现方式上亦有所区别，一类是色彩淡雅的文人画风格，这是自近代以来形成的一个风筝绘画流派，在绘制上有独具的特点，观赏价值极高；另一类是色彩艳丽的民间绘画风格，主要受杨家埠木版年画影响，构图布局重大色块浓抹，产生了热烈明快的艺术氛围，这种独特的绘画方式，放飞于空中，形象格外逼真，具有特殊的空间观赏效果。

造型分类

潍坊风筝按照造型可分为串式、筒子、硬

翅、软翅、板子等。潍坊风筝在扎制方面，不重自然形似，而求以形写神。其扎制方法虽力求简洁，少则竹条3根，多不超过7根，但讲究竹条均匀、骨架周正、左右对称、重心拴线，形象简练，立体感强。明代潍坊风筝以板子风筝为主，后逐步形成了以硬翅风筝为主，以串式风筝为最、软翅风筝为巧、筒子风筝为奇的造型体系。串式风筝，是把数只形状相同的风筝串连在一根或多根线上，升力强，气势恢宏，具有生动活泼、活灵活现的艺术表现力，代表作是龙头蜈蚣风筝。杨家埠风筝老艺人杨同科扎制的龙头蜈蚣风筝，长360米，腰筒直径70厘米，为此类风筝最大者。筒子风筝，亦称立体风筝，多采用折叠结构的骨架，由一个或几个圆形、方形或其他形状的立体形体组成。硬翅风筝，这种风筝的翅子是固定的形式，由两根横竹扎成骨架，中间竖长方形固定两翼，糊上面料，形成三角风兜，有较好的起飞性和稳定性。软翅风筝，升力片是用一根竹条构成，翅下端为软体，升至天空，两翼飘动，栩栩如生，表现主题多为飞鸟、昆虫、金鱼等。板子风筝，以平面造型为主，升力片就是主体部分，四边有竹条支撑，形状多八角、菱形、正方形、四边形等，多加有飘尾，以求平衡，代表作为八卦风筝。

第三节　传统流派

潍坊是中国风筝的发祥地。潍坊风筝以古朴典雅、工艺精湛而誉满全国，蜚声海外。潍坊风筝在漫长的发展过程中，由于市场需求，以及风筝艺人和广大风筝制作者、爱好者的不同生活阅历、不同文化层次和不同趣味追求，形成了潍坊风筝的两大主流派别：杨家埠派（传统民间派）和潍县城派（传统艺匠派）。前者以大众性和民间性居于龙头地位，而后者以其精致性和创新性见长。因而使潍坊风筝有了“粗货”“细货”之分：“粗货”指以杨家埠风筝为代表的乡间批量生产的供民间娱乐的商品风筝，“细货”指当时潍县城里风筝艺人制作的供仕宦乡绅、文人墨客赏玩的风筝精品。

杨家埠派（传统民间派）

传统民间派风筝主要是相对宫廷风筝和艺匠风筝而言的。杨家埠风筝作为传统民间派风筝的典型代表，具有民俗性扎制、商品性销售和群众性放飞的特点。其产品质优价廉，面料一般采用纸质，绘画多采用杨家埠木版年画手法，工艺粗犷、色彩艳丽，一般用“品色”绘画，年画画法的色泽鲜艳、对比强烈，“品色”图案在空中放飞的展示效果好。在明代，杨家埠风筝是用当地新产的苇子和高粱秸作骨架扎糊而成的。因此，最早的风筝便是“八卦”“七星”“筛子”等。杨家埠人扎制风筝有着得天独厚的条件，他们把印制年画剩余的纸头、颜色用来糊绘风筝，既经济又方便，所以，村里几十家画店在经营木版年画的同时，都扎制一些迎合民俗的风筝。久而久之，杨家埠的风筝和木版年画成了密不可分的姊妹艺术。在清代，风筝和年画一样，是杨家埠农民家庭中主要副业生产之一。乾隆年间，仅西杨家埠村就有30余家画店从事风筝生产，年产风筝4万余只。杨家埠著名风筝艺人杨同科，掌握100多种风筝的画法和10多种风筝的扎法，被人们誉为“风筝王”。

潍县城派（传统艺匠派）

由于风筝专卖市场的出现，专职风筝艺匠应运而生。他们根据不同顾客群体的特殊要求，加之城内文人、画家参与风筝的绘制乃至设计制作，绘制水平不断提高，扎制工艺愈加精巧，花样品种不断翻新，使风筝制作出现了十分考究的精品。另外，在朝代更迭期间，宫廷风筝艺人流落民间，也促进了艺匠派风筝的发展和提高，使其带有宫廷风筝庄重、华贵的特点。潍县城派风筝扎制考究，画工精细，造型逼真，立体感强，面料一般用丝绢，绘画多采用工笔画法，不但适用于放飞，也是室内装饰陈设玩赏的高档工艺品，具有较高的艺术欣赏价值。到清同治年间，潍县城内就有专业风筝店铺30多家。善扎飞禽走兽风筝的陈善庭（1822—1874）；善扎立体式风筝的牟秀兰（1854—1914）；善扎龙头风筝的胡敬珠（1893—1964）等，都是当时颇有创意和影响的风筝艺术家。民国时期，又有于晓棠、胡景珠、孙德绍、郭兰村、陈寿荣等酷爱风筝的艺人和画家，其扎制的风筝极有艺术水平和文化品位，件件为上品和精品。城派风筝对潍坊风筝事业的发展，起到了良好的促进作用，它使潍坊风筝从一般的玩具，上升为有价值的工艺品，使潍坊风筝文化的底蕴更加深厚。

杨家埠风筝与潍县城派风筝，是潍坊历史上相辅相成的两大风筝流派。潍县城派风筝融合了杨家埠风筝的造型夸张简练、年画意味浓厚的特点；杨家埠风筝则吸收了城派风筝的扎制精细、重于创新、体现国画神韵的优长。其在以各自独特的艺术风格和审美价值吸引着不同层次的风筝爱好者、牵动着国内外目光的同时，相互学习借鉴、彼此吸收融汇并共同发展繁荣。

1984年潍坊国际风筝会举办以来，尤其是90年代以来，由于广大美术工作者、科技人员、工人、城镇居民踊跃参与风筝活动，以及越来越多的专业风筝艺人刻意求新，充分发挥现代工艺、现代科学技术的优势，在继承传统风筝的基础上，创造出崭新的现代风筝，形成潍坊风筝新的流派——现代创新派。现代创新派风筝的主要特点是重视新材料、新工艺的运用，造型简洁、明快、清新，制作精致、巧妙，具有鲜明的时代性。

第四节　风筝产业

伴随着潍坊国际风筝会的成功举办，潍坊风筝出现供不应求的局面，生产风筝的工厂开始出现。1991年，全市仅有风筝生产厂家七八家。其中，规模比较大的专业厂家有潍坊风筝厂、杨家埠风筝厂等，同时还有兼产其他工艺品的潍坊工艺美术研究所、潍坊友谊工艺品厂等。到2012年，杨家埠风筝厂、潍坊风筝厂、天成飞鸢风筝公司、潍坊翼龙风筝工艺品厂、潍坊凯旋风筝制造有限公司、潍坊信天翁特技风筝厂等成规模的风筝制作企业发展到200多家，从业人员达2.2万人，全国市场占有率约为80%，国际市场占有率超过65%，年销售额超10亿元。全市拥有自主出口权的风筝企业7家。潍坊风筝产品除在当地销售外，国内的北京、上海、义乌等地是其主要的营销集散地；在国外，已远销欧美、东南亚等40多个国家和地区。

潍坊的风筝产业呈现出块状集聚发展态势，主要集中于奎文、潍城、寒亭、坊子4区。坊子区王家庄子村和寒亭区杨家埠村已形成主要的生产加工基地，寒亭区杨家埠大观园成为主要的风筝旅游展示销售地；奎文、潍城2区除聚集了70多家风筝厂家外，还拥有风筝实体经销零售店300余家，其他县（市、区）亦有分布。全市涌现出一批风筝产业领军企业，如，潍坊凯旋风筝公司与国外风筝制造商合作，引进先进技术，聘请国外专家技术人员，自主开发新产品，产品远销20多个国家和地区；潍坊天成飞鸢风筝公司以生产经营传统风筝为主，并在继承与创新上做好结合文章，使该厂的风筝品牌在海内外都有广泛影响。这些企业的经营者还经常代表潍坊参加国际性的风筝展示和表演比赛，不但提高自身知名度，促进风筝产品营销，而且广泛宣传了潍坊的风筝文化。

全市各风筝企业在传统风筝和现代风筝的生产上各有侧重。传统风筝生产以杨家埠风筝为代表，在制作工艺上分为硬翅、软翅、板式、串式、筒子式和特技等六大类，主要有龙头蜈蚣、大鹰、蜻蜓、金鱼等300余个品种。现代风筝生产以潍坊凯旋风筝公司、坊子区王家庄子村等为代表，主要是依据订单组织生产运动类、广告类、大型软体类等风筝。传统风筝以内销为主，现代风筝以外销为主。至2012年底，运动风筝、动力风筝、冲浪风筝等高端、高附加值的风筝生产开始起步，产量逐年增加，市场前景较好。

潍坊天成飞鸢风筝有限公司

企业始建于1992年，前身为潍坊市寒亭区寒亭天成风筝厂，2008年注册成立潍坊天成飞鸢风筝有限公司，2011年注资成立潍坊天成飞鸢进出口有限公司，是一家集风筝设计、生产、销售、展览为一体的文化产业公司。公司占地5000多平方米，拥有自主品牌商标“飞鸢”牌及多项产品专利，有民间工艺美术大师4人，高级技工10余人，生产技术工人100余人，主要产品有各类传统风筝、现代风筝和广告风筝100多个品种，可承揽各种广告风筝设计、制作。产品远销至欧洲、美洲、澳洲及东南亚等许多国家和地区，并多次应邀到亚洲、欧洲、美洲等一些国家参加风筝比赛及风筝邀请赛，深受海内外同行及客户的好评。通过多年不断的努力、探索、创新、发展，天成飞鸢风筝走向了多元化、产业化、规模化、创新化的生产道路。从1998年公司首次参加潍坊国际风筝会风筝大赛起，连续参加历届国际风筝会，创作的风筝作品多次获奖。公司现为潍坊工艺美术协会、潍坊民间艺术家协会会员，潍坊风筝协会、潍坊风筝产业协会指定生产厂家，潍坊市工艺美术协会风筝产业基地、非物质文化遗产传承基地。

潍坊凯旋风筝制造有限公司

公司从20世纪80年代的家庭作坊起步，到2000年初实现管理机制的转变，成为一家股份制企业。公司占地1万平方米，拥有经贸部颁发的进出口企业资格证书，是潍坊风筝产业界最大的股份制生产企业兼出口企业之一。公司从单一的制作传统风筝开始，转向加工各类现代风筝，主要有软体类、特技类、充气类大风筝，各种形状的三维风筝等。

公司常年应邀参加各国的风筝赛会，展示各类带有浓厚中国特色的民族风筝，如龙头蜈蚣等。公司生产的凯旋风筝造型奇特，放飞稳定，深受各国人士的喜爱，各国电视台争相宣传报道，宣传了潍坊风筝都的魅力。公司自主创新研发的软体充气风筝2008年北京奥运会五个福娃风筝，颜色靓丽，结构完美，主题贴合时代要求，在各风筝会上展出后反响强烈。潍坊凯旋风筝制造有限公司因其不断创新的理念和能力，在世界上享有很高的声誉，带动潍坊风筝产业迅速发展壮大，形成了以凯旋为龙头的中国风筝产业的繁荣发展，为中国风筝业的发展作出贡献，成为中国风筝产业的风向标。

第二章　潍坊国际风筝会及风筝赛事

第一节　潍坊国际风筝会

1984年，潍坊成功举办第一届潍坊国际风筝会。借助风筝会这一独特文化载体，潍坊加强和外界的联系。1988年，在第五届潍坊国际风筝会上，潍坊被推举为“世界风筝都”，并将国际风筝联合会总部留在潍坊。每年一届的潍坊国际风筝会，国际风筝联合会的成员国和地区均派代表队到潍坊参加竞赛和表演，逐渐形成独具特色的风筝文化和风筝经济。2004年春，潍坊国际风筝会被列入联合国教科文国际民间艺术组织文化遗产和世界民间重点文化交流活动。

潍坊国际风筝会是改革开放以来国内坚持时间最长，成效显著的重大节会之一。潍坊国际风筝会坚持创新办会、开放办会、举全市之力办会的理念，遵循“风筝牵线、文体搭台、经贸唱戏”的宗旨，坚持“与时俱进、敢于扬弃、科学设置、追求高效”的理念，正确处理“继承与创新、形式与内容、成本与效益”的关系，注重风筝、文化、旅游与经贸的有机结合，弘扬以风筝为代表的地方文化，搭建合作、交流、发展的平台。1991—2012年，潍坊国际风筝会共举办22届，规模、档次不断提升，影响力不断扩大，已成为潍坊市最有价值，最有影响，最有代表性的城市节会品牌。到2012年，潍坊国际风筝会先后获“中国最具影响力十大节庆”“改革开放30年最受关注的30个节庆”等称号，为打造城市品牌，弘扬风筝文化，加强国际交流和合作，促进潍坊市经济社会发展作出了积极贡献。

第八届潍坊国际风筝会暨第一届全国风筝比赛

于1991年4月1日至10日举行。中共中央顾问委员会常委李雪峰、中央宣传部部长王忍之等领导，来自17个国家和地区的22支风筝代表队参加此届风筝会。此届风筝会开幕式突破了历届风筝会开幕式大型团体歌舞的模式，举办了大型时装文艺晚会《万紫千红总是春》，将舞台艺术与团体艺术有机结合，集歌舞、时装、杂技、健美、交谊舞等形式于一体，博得了中外宾朋的好评，为开幕式的举办与发展做出了新的尝试。

第九届潍坊国际风筝会

于1992年4月20—25日举行。此届风筝会正式启用了新开辟的浮烟山风筝放飞场。中共中央政治局常委李瑞环等领导和11个国家和地区的来宾及观众4万多人参加此届风筝会开幕式、“蓝天杯”风筝自由赛、水园灯会、大型工业产品展览会、风筝游览大山会等重大活动。经贸洽谈活动活跃，引进科技项目45个，签订贸易合同近1000份，总成交额15.68亿元。

第十届潍坊国际风筝会

于1993年4月20—25日举行。全国人大常委会副委员长李沛瑶、全国政协副主席孙孚凌等领导参加此届风筝会。来自29个国家和地区的1300多名来宾参加此届风筝会，来宾人数超过了以前任何一届。此届风筝会成功地组织了开幕式、焰火晚会、国际风筝放飞大表演、鸢都一自贡大型艺术灯会、第三届全国风筝比赛等重大活动和五大类、十八项大型文化体育活动，参加国际、国内重大风筝比赛的风筝达1.1万只。这些风筝普遍起飞性能好、构思巧妙、工艺精湛，如潍坊钢厂扎制的“千手观音”立体风筝，总裱糊面积468平方米，总重量300千克，堪称世界之最。此届风筝会期间，共签订利用外资合同60多个，合同外资额2.96亿美元，出口成交额725.6万美元。

第十一届潍坊国际风筝会

于1994年4月20—25日举行。中共中央政治局常委宋平，中共中央政治局委员、山东省委书记姜春云，全国政协副主席钱伟长、洪学智等参加此届风筝会。来自34个国家和地区的来宾及港澳同胞1206人参加此届风筝会。国外风筝放飞队37支，国内各省市风筝放飞队23支，潍坊市直和县市区放飞队120多支。中外来宾1万多人，潍坊市群众、学生5万多人参加风筝放飞表演。放飞风筝中有特大风筝、巨型风筝100多只，特技风筝1000多只，特美风筝3800只。此届风筝会开幕式把传统的体育模式改为剧场艺术、广场艺术和电视艺术有机结合的大型文艺晚会，取得了良好效果。在风筝会开幕式的带动下，第四届全国京剧表演艺术家群英会、煤海之光大型灯会、潍坊企业形象文体大观园、《今夜星光灿烂》等大型文艺晚会好戏连台，异彩纷呈。另外，还在全市实施“不夜城”工程，为招商引资和发展第三产业创造了良好的环境。此届风筝会期间，组织了工业产品、农副产品、经济技术洽谈会、游览大山会等18个大型经济技术贸易活动。截至4月23日，全市共签订合同1670多份。

第十二届潍坊国际风筝会

于1995年4月20日开幕，历时5天。中共中央政治局候补委员、全国人大常委会副委员长王汉斌，全国人大常委会副委员长李锡铭等领导参加此届风筝会。到会的中外来宾2万多人，其中港澳台同胞及外宾2200多人。参加风筝会的国外风筝代表队共40支，分别来自16个国家和地区。隆重推出“九五狂欢”大型综合文艺晚会、第三届中国京剧表演艺术家群英会、全国小品电视大赛等13台好戏。全市共签订利用台资外资合同项目150个，合同台资外资额4.4亿美元；签订利用台资外资协议306个，签订外贸出口成交合同额1.05亿美元；签订外派劳务协议7个，协议外派人数742人；签订兴办海外企业协议19个。内贸成绩突出，总成交额27.9亿元。风筝会期间，有境外18家新闻单位、44名记者和国内250多名记者到会进行采访，共发稿750多件。新华社对外部、《人民日报》（海外版）、中新社、中央人民广播电台等高层次新闻单位对外发稿30多篇。日本、美国等国家和地区的新闻媒介都详尽地报道潍坊国际风筝会的盛况。

第十三届潍坊国际风筝会

于1996年4月20日开幕，历时5天。第十三届潍坊国际风筝会中外来宾2万多人，其中港澳台同胞及外商1400多人。来自19个国家和地区的中外风筝代表队有149支，其中国外和港澳台代表队36支、314人；韩国安养市，澳大利亚吉普斯兰市，日本国东村山市、日向市等6个友好城市代表团共104人参加风筝会。4月21日，前往浮烟山观看风筝放飞表演的观众达20多万人，近2万人参加了放飞表演。在市区大型文化场所退出“潍州之春”“鸢都乐”“风筝都中国京剧群英会”等十几台文艺晚会，举办中华民族传统庆典艺术节、临朐山旺古生物化石展、人文与自然景观摄影艺术大展等活动。

第十四届潍坊国际风筝会

于1997年4月20日开幕，历时5天。全国人大常委会副委员长布赫，全国政协副主席何鲁丽等领导出席开幕式。参加国际风筝大赛的有韩国、日本、澳大利亚、以色列、新西兰、美国、法国、丹麦、加拿大、英国、印度、德国、马来西亚等24个国家和地区的49支代表队，参赛队员302人。风筝会期间的一系列文化活动丰富多彩，吸引力强。组织中外游客5万多人次游览潍坊民俗风情的“千里民俗旅游线”。风筝会期间，市区开展“不夜城”工程，运用现代化光电技术装饰市区街道、建筑物，充分展示潍坊洁净、文明、繁荣的城市风貌。潍坊市与澳大利亚东吉普斯兰市建立友好城市关系。

第十五届潍坊国际风筝会

于1998年4月20日开幕，历时5天。全国政协副主席毛致用、国家体育总局局长伍绍祖、原潍坊特别市市长姚仲明等领导出席开幕式。以德国费赖辛地区专员曼夫里德呻白斯、俄罗斯安娜市长尼娜·瓦西里耶夫娜、日本国日向市副市长高木章次、日本国东村山市副市长原史郎等为团长的6个友好城市代表团共计290人参加风筝会。参加此届风筝会的中外来宾2万多人。此届潍坊国际风筝会本着“隆重、节俭、求实”的原则，全市上下齐心协力，严密组织，达到了预期目的。参加此届风筝会的中外风筝代表队共有150支。其中，来自22个国家和地区的风筝代表队62支，755人；国内代表队22支，300多人；潍坊市代表队66支，1000多人，大小风筝2000多只。4月21日，前往浮烟山放飞场参与风筝放飞表演的群众2万多人，观众近25万人。风筝会期间，举办国际书画大展、全国名人书画大展、全国热气球邀请赛、全国文物展销会、全国钓鱼邀请赛等6项重大文体活动，全市11个剧场分别推出“龙腾虎跃闹鸢都”“黄河风情”“想变成人的猫”等歌舞、杂技和音乐剧。

第十六届潍坊国际风筝会

于1999年4月18日至21日在潍坊举行，历时4天。国家体育总局、国际风联、中国风协及山东省的有关领导出席大会，美国、德国等28个国家和地区的风筝代表队参加风筝比赛。风筝会以政府主办、社会参与为基础，遵循“风筝牵线、文艺搭台、经贸唱戏”的宗旨，采取风筝与文化、体育、旅游、经贸相结合的办法，努力实现“倾力民心工程，以会养会、服务百姓”的办会方向，举办了开幕式、潍坊风筝选拔大赛、国际风筝大赛、万人放飞表演、文体娱乐和经贸6项活动。此届风筝会开幕式采取文艺与体育结合的方式，表演形式以国家明星足球队与山东元老足球表演赛为主，取代历届惯用的大型团体歌舞表演，创造性地将歌舞、鼓乐、足球运动及烟花等表演形式融为一体，取得了很好的场地表演效果，令人耳目一新。4月19日，在白浪河上举行了龙舟竞渡活动，这是潍坊市首次进行龙舟比赛，也是山东省首次进行的龙舟比赛。

第十七届潍坊国际风筝会

于2000年4月20日在市体育场举行开幕式。全国政协副主席周铁农等领导出席大会，观众3万多人。4月21日，国际风筝大赛在浮烟山放飞场举行。来自美国、澳大利亚、英国、加拿大、法国、德国等21个国家和地区的400多人、56个风筝代表队，以及北京、南京和潍坊的10支国内代表队参加比赛。经过激烈角逐，日本国白根代表队获最大风筝奖，潍坊队获最长风筝奖，韩国艺术联合会代表队获最佳风筝奖。风筝会期间，举办了50多个景点连为一体的民俗旅游、高科技农业观光旅游、沿街灯展、剧场文艺演出、龙舟大赛、全国钓鱼邀请赛等活动；举办鲁台经贸洽谈会、游览大山会、工业产品贸易会、旅游产品展销会、旅游产品展销会、奇石展销会、寿光国际蔬菜博览会、花卉种子展示会、外商投资说明会和百货文化名优商品交易会9项经贸活动。全市共签订利用外资合同、协议项目75个，合同协议外资额1亿多美元。

第十八届潍坊国际风筝会

于2001年4月20日在市体育场开幕。全国人大常委会副委员长蒋正华、中共中央组织部原部长张全景等领导出席。举办由市政府主办、市电视台和省电视台承办的大型文艺晚会。4月21日，举行了第十八届风筝会和第七届鲁台会重点项目签字仪式，共签订投资项目52个，项目总投资1.7亿美元。

第十九届潍坊国际风筝会

于2002年4月20日在市体育场开幕。全国政协副主席孙孚凌等领导和来自美国、英国、加拿大、韩国、日本等国家和地区的70余支风筝代表队及4万多名观众参加开幕式。此届风筝会的突出特点是，6项重大文体活动全部通过招标由企业冠名、赞助、承办，通过市场化运作经营节会，成功解决办会资金，实现以会养会，以会强会。至此，风筝会的运作步入更加良性循环的轨道。

第二十届潍坊国际风筝会

于2003年4月20日至5月5日在潍坊举行。此届风筝会开幕式大型文艺演出《飞翔的潍坊》于4月20日下午在浮烟山放飞场举行，这是风筝会开幕式第一次在下午举行，此次演出由中央电视台文艺中心负责承办。 风筝会期间，举办首届潍坊美食节、国际风筝大赛、潍坊风筝大赛暨万人自由风筝大放飞活动，第二届潍坊狂欢巡游活动以及鲁台经贸洽谈会、寿光蔬菜博览会、全国钓鱼比赛、临朐奇石展销会等多项经贸和文体活动。

第二十一届潍坊国际风筝会

于2004年4月20日在潍坊举行开幕式。此届风筝会由国家体育总局、国际风筝联合会、国家旅游协会、国际民间艺术组织、中国风筝协会、中国贸促会等单位和潍坊市人民政府联合主办。全国政协副主席王忠禹等领导参加开幕式，来自21个国家和地区的37支风筝代表队及国内的33支风筝代表队参加此届风筝会。风筝会期间，举办了“世界风筝小姐”选拔大赛，从国际风联67个会员国中选拔67名选手，从国内各省（自治区、直辖市）选拔69名选手，参加组委会组织的比赛及各项活动。风筝会还组织了开幕式大型文艺演出、国际国内三大风筝赛事、维也纳皇家乐团演出、舞蹈表演暨大型焰火晚会等30多项重大文体活动；举办2004年中日韩投资论坛、潍坊国际风筝会暨欧美客商投资洽谈会、招商项目签字仪式、世界杰出华商代表团潍坊行、卡特彼勒公司全球供应商考察等主要经贸活动，以及世界风筝都旅游商品交易会、旅游项目推介会及旅游产品订货会、鸢都美食节等主要旅游活动等。

第二十二届潍坊国际风筝会

于2005年4月20日在潍坊举行。此届风筝会由潍坊市人民政府和国家体育总局、国际风筝联合会、国家旅游局、农业部、商务部、科技部、中国市长协会、中国风筝联合会共同举办，全国政协副主席阿不来提·阿不都热西提等领导出席开幕式。与中央电视台联合主办开幕式文艺演出“《同一首歌》走进潍坊”大型演唱会，演出荟萃国内外歌坛明星、新秀和一流的艺术家，贯穿传统与现代，引领怀旧与时尚，突出风筝文化和打造城市品牌。风筝会期间，举办城市节庆与城市品牌创建中外市长论坛。论坛由中国市长协会和潍坊市人民政府共同主办，有115个国内外城市市长或副市长及部分要员参加论坛大会，8个城市的市长或副市长作重点发言或即席演讲。来自马来西亚、澳大利亚、波黑、俄罗斯、法国、韩国、加拿大、以色列、日本、美国等20多个国家，市长和随员近700人参加大会并观摩风筝会。此届风筝会成功组织首届世界风筝锦标赛、2005全国风筝锦标赛、潍坊风筝大赛三大赛事，并举办全国旅游商品交易会暨首届世界风筝都旅游节、马来西亚文化周活动。

第二十三届潍坊国际风筝会

第二十三届潍坊国际风筝会暨首届中国旅游电视周于2006年4月20—30日在潍坊举行。全国人大常委会副委员长韩启德，全国政协副主席李蒙等领导出席大会。此届风筝会共组织三大板块的20余项活动，主要有风筝方面的世界风筝都纪念广场落成典礼，国际风联成员国代表大会，第二届世界风筝锦标赛，第二十三届潍坊国际风筝会开幕式暨首届中国旅游电视周庆典晚会，中国（寿光）国际蔬菜科技博览会，市区万人风筝放飞，市区民间娱乐等活动；旅游电视周方面的中国旅游电视文化博览会、彩车大巡游、首届中国旅游电视周颁奖晚会、旅游电视嘉年华、中国旅游电视文化高峰会、2006世界和国家地质公园可持续发展论坛、CCTV-4《走遍中国》栏目潍坊系列报道、2006年中国旅游电视委员会年会等；招商方面的世界风筝都国际经济合作论坛，中国化工协会工作论坛，系列招商项目洽谈会。招商引资大项目签约仪式，潍坊市招商资源推介展等。

第二十四届潍坊国际风筝会

于2007年4月20日开幕，筹委会安排“风筝主题业务活动”“旅游文化活动”“经贸招商活动”三大板块近20项活动。风筝主题业务活动主要有风筝会开幕式“放飞春天”大型文艺演出、第三届世界锦标赛、2007年国际运动风筝邀请赛、潍坊风筝大赛、海峡两岸青少年风筝文化交流活动和迎五一万人放飞活动。旅游文化活动有中外百家旅行社潍坊行活动、精品线路踏线活动、第二届世界风筝都旅游节暨展览会、“潍坊行・风筝情”专场文艺晚会和第八届寿光科技蔬菜博览会。经贸招商活动有2007海外知名华商潍坊行、潍坊市高新技术项目对接洽谈会、中日韩经贸合作论坛及洽谈会、潍坊沿海经济开发招商说明会、潍坊市物流业招商说明会、潍坊市服务业招商说明会、合作项目签约仪式和花卉产业高层论坛。风筝会期间共接待国内外来宾6750人，其中境外1564人；共签订经贸类合作项目149个，合同利用市外资金225.8亿元；签订旅游合作协议300多份。

2007年4月，第二十四届潍坊国际风筝会放飞活动

第二十五届潍坊国际风筝会

于2008年4月20日至5月1日举行。全国人大常委会

副委员长司马义·铁力瓦尔地，国家体育总局副局长、国际风筝联合会主席冯建中等领导出席大会。风筝会期间，全市共接待国内外参会客商2299人，其中境外客商708人，境内客商1591人；洽谈项目600多个，其中签订合同项目181个、合同利用市外资金279.3亿元，分别比上届增长21%和24%，创历史最好水平。

第二十六届潍坊国际风筝会

于2009年4月20日开幕。全国政协副主席罗富和等领导及中外嘉宾出席此届风筝会。此届风筝会本着节俭办会、务求实效、丰富多彩、促进和谐发展的原则，突出风筝文化，突出对台招商和旅游招商等重点内容，有力地促进经济、社会和文化又好又快发展。风筝会期间，全市共签订协议、合同利用市外资金项目138个、资金260.4亿元。其中，高新技术产业项目18个，合同利用市外资金106.95亿元；现代服务业项目17个，合同利用市外资金62.92亿元；文化旅游业项目6个，合同利用市外资金20.49亿元。

第二十七届潍坊国际风筝会

于2010年4月20日开幕。全国人大常委会副委员长蒋树声等领导出席风筝会开幕式。潍坊风筝大赛有89支代表队参赛，比上年增加17支。扎制创新风筝质量过硬，反映地方特色、民俗文化、体现世博题材的风筝多，并且创新风筝占全部参赛风筝的30%以上。4月18日—21日举行的第三届文展会上，还举办了全国木版年画联展、中华人民共和国成立以来历届获奖年画作品展等全国性大展。此届风筝会招商推介活动共有168位国内外客商参加，其中境外客商38人，主要来自美国、德国、意大利、乌克兰、新加坡等国家和中国香港、中国台湾等地区。活动期间，洽谈合作项目39个，合同、协议利用市外资金283亿元。其中，黄河三角洲区域项目14个，合同利用市外资金88.4亿元。

第二十八届潍坊国际风筝会

于2011年4月16日晚在潍坊学院体育馆开幕。全国政协副主席、九三学社中央副主席王志珍，国家体育总局副局长、国际风联主席冯建中，中国城市经济学会第一副会长王茂林等领导和嘉宾参加开幕式。此届风筝会围绕风筝、文化、旅游经贸“三大板块”，将举行中外夜光风筝邀请赛、风筝锦标赛、放飞表演、焰火晚会、狂欢大巡游等一系列精彩活动。4月17日晚，风筝会期间重要活动之一的“风筝情”第七届潍坊全民健身狂欢大巡游在市人民广场前举行。此次活动共有5个部分，即“和谐盛世”“星光灿烂的竞技体育”“丰富多彩的群众体育”“日趋完善的体育设施”“蓬勃发展的体育产业”。

第二十九届潍坊国际风筝会

于2012年4月21—29日举行。此届风筝会遵循“风筝牵线、文体搭台、经贸唱戏”的办会宗旨，按照创新办会、务求实效的总体要求，围绕加快“四个潍坊”建设，突出国际性和潍坊特色，先后举办风筝、文化、旅游、招商4大板块的10项主题活动和多项分项活动。全国人大常委会原副委员长司马义·艾买提等领导出席风筝会。此次风筝会共有67个国家和地区的110支代表队和国内30个省（市、自治区）的80余支代表队参加。在此届风筝会招商引资重点项目签约仪式上，对29个大项目进行了集中签约，合同利用市外资金227.1亿元。

第二节　全国风筝比赛

潍坊国际风筝会的成功举办，对全市乃至全国风筝运动和风筝文化的普及发展都起到积极推动作用。1986年，潍坊起草的《风筝竞赛规则》被国家体委群体司批准试行，并受国家体委的委托于1986年至1990年连续举办全国第一届至第五届风筝邀请赛。1988年，国家体委把风筝列入正式体育竞赛项目。1990年下半年，经过5年试验和实践，国家体委正式批准《风筝竞赛规则》。

1991年第八届潍坊国际风筝会，潍坊在风筝邀请赛的基础上举办第一届全国风筝锦标赛，将放风筝由一项传统的民间活动正式纳入国家体育比赛项目。这是《风筝竞赛规则》发行后，首次举办的全国正式比赛。1994年8月第二版《风筝竞赛规则与裁判法》正式颁布，2002年新一版《风筝竞赛规则与裁判法》颁行。

1991—2012年，每年一届的潍坊国际风筝会期间，均举办各类风筝比赛，参赛国家和队伍显著增加，参赛风筝数量和质量显著提升。通过举办各类风筝赛事，引领风筝运动朝着规范化、规模化、大众化、组织化、市场化方向发展，对于保护传承发展优秀民间传统文化、服务全民健身和全民健康发挥了重要作用。潍坊在加强风筝赛事的组织建设、制度建设、文化研究和文化传播、宣传外联，以及加大赛事组织力度、加强风筝执裁人员培养、提升赛事执裁水平等方面也取得显著成绩，积累丰富经验。

1991—2012年，潍坊先后承办4届全国风筝比赛。第一届全国风筝比赛于1991年4月1—5日在潍坊举行。来自全国16个省市，2个行业体协的30支代表队193名运动员参加比赛。1993年4月20—25日，第十届潍坊国际风筝会期间，潍坊成功组织第三届全国风筝比赛，参加国际、国内重大风筝比赛的风筝达1.1万只，这些风筝普遍起飞性能好、构思巧妙、工艺精湛。第五届、第七届全国风筝比赛分别于1995年4月、1997年4月在潍坊举行。

第二届、第四届、第六届、第八届、第九届全国风筝比赛分别在北京和广东阳江、湖北武汉和江苏南通、大庆石化总厂、四川大邑、江苏连云港举行；第十届、第十一届全国风筝比赛在贵阳举行。

第三节　世界风筝锦标赛

2005年，经国家体育总局批准，首届世界风筝锦标赛在第二十二届潍坊国际风筝会期间成功举办，标志着世界风筝运动迈向更高水平，进一步提升了风筝会的档次和影响力。至2012年，世界风筝锦标赛伴随每年一度的潍坊国际风筝会成功举办8届，成为吸引大批优秀中外风筝选手参与的高端国际品牌赛事。

首届世界风筝锦标赛

2005年4月20日召开的第二十二届国际风筝会成功组织首届世界风筝锦标赛。比赛突出奥运主题，规范竞赛规则，首次将风筝比赛列入国家体育总局确认的竞技项目，增强竞技性和观赏性，来自美国、法国、澳大利亚、丹麦、印度、文莱、韩国等40个国家和地区的近50支代表队和国内30支风筝代表队，参加了最大、最高、特技团队、特级个人、最长、打斗、软体、空中效果等8个项目的角逐。冠军分别由中国、美国、韩国、日本、奥地利以及中国台湾、中国香港等代表队获得。

第二届世界风筝锦标赛

2006年4月21日在潍坊浮烟山国际放飞场开赛。来自50多个国家和地区的70多支风筝代表队参加比赛，迎接“北京2008奥运会”题材的风筝成为此次比赛的一个亮点。

第三届世界风筝锦标赛

2007年4月21日在浮烟山放飞场开赛。来自美国、英国、日本等26个国家和地区的42支代表队，14支运动风筝代表队，以及潍坊各县（市、区）、市直部门、有关企业的59支代表队参加比赛。此届大赛评选出来自美国、新西兰、日本、英国的4位风筝友谊使者，其中3位10次以上到潍坊参加国际风筝会。

第四届世界风筝锦标赛

2008年4月19日至22日在浮烟山国际风筝放飞场举行。来自28个国家和地区的48支代表队以及20支中外运动风筝代表队参加比赛。经过激烈角逐，潍坊代表队夺得最高风筝奖，马来西亚代表队获得传统类风筝第一名，瑞士代表队获得空中效果奖第一名，新西兰代表队获得软体风筝类第一名，荷兰代表队获得运动风筝类第一名。

第五届世界风筝锦标赛

2009年4月21日在浮烟山国际风筝放飞场举行，此届赛事包括竞技风筝比赛和特色风筝表演赛2项内容。来自澳大利亚、日本、美国、德国、阿根廷等23个国家和地区的40多支高水平风筝代表队以及国内15个省市的专业放飞队代表队参加比赛。

第六届世界风筝锦标赛

2010年4月22日在浮烟山放飞场开赛，27个国家和地区的50个代表队、200多人参赛，国内有16个省、直辖市的29支代表队、160多人参赛。国际、国内风筝代表队数量、档次、参赛风筝质量水平、比赛激烈程度均超过往届，经过激烈角逐，分别决出了打斗风筝比赛、团体运动风筝规定动作赛、团体运动风筝芭蕾赛、最长风筝赛、最大风筝赛、最佳软体风筝赛、最佳空中效果赛、优秀传统风筝赛8个项目的前三名。其中，潍坊市代表队获优秀传统风筝比赛第一名。

第七届世界风筝锦标赛

2011年4月17日在浮烟山国际风筝放飞场开赛。来自29个国家和地区的97支代表队参赛。在为期两天的比赛中，各国风筝高手在竞技风筝、特色风筝比赛中一争高低。

第八届世界风筝锦标赛

2012年4月22日在浮烟山国际风筝放飞场开幕，共有国际风筝联合会60多个会员国和地区的100多支代表队，以及国内30多个省市区的80余支代表队，近千人参赛。前期参加潍坊风筝大赛进入决赛的1156只风筝、来自各代表队的百条龙头蜈蚣风筝同时进行放飞表演，各种各样的龙头风筝将天空装点得分外绚丽。

第四节　潍坊滨海国际风筝冲浪公开赛

风筝冲浪是世界上最具观赏性和挑战性的水上运动，这一运动结合了水上滑板和空中风筝的娱乐性，使人在高空风筝的牵引下在海上冲浪，被称为“本世纪最有趣的运动”。

潍坊滨海国际风筝冲浪公开赛于2009年创办，每年一届，至2012年成功举办了4届。该赛事由国家体育总局社会体育指导中心、国际风筝联合会风筝冲浪委员会、潍坊滨海经济技术开发区管委会主办。每届都吸引了国内外众多风筝冲浪选手参赛，赛事知名度和影响力逐年提高，成为国内最具影响力的风筝冲浪赛事之一。

中国潍坊滨海国际风筝冲浪公开赛由中国潍坊滨海国际风筝冲浪邀请赛发展而来。2009年、2010年，潍坊滨海经济技术开发区凭借海岸线长，海域水域开阔，海滩平坦无暗礁，风能资源丰富、风向稳定的有利条件，成功举办了两届国际风筝冲浪邀请赛。

2011年，在借鉴前两届成功经验的基础上，通过全方位的提升，不仅赛事实现由国际邀请赛向国际公开赛的升级，而且在风筝冲浪基地建成了融合古、今、中、外风筝冲浪及海洋运动元素的沙雕主题公园，彰显出潍坊滨海国际风筝冲浪独特的文化特色。

2011中国潍坊滨海国际风筝冲浪公开赛暨第三届中国潍坊滨海国际风筝冲浪邀请赛，于2011年8月20—22日在潍坊滨海“欢乐海” 国际风筝冲浪基地举行。此届比赛吸引来自美国、英国、俄罗斯、荷兰、澳大利亚、新西兰、南非、印度尼西亚、韩国、马来西亚、泰国、阿根廷、巴西等30多个国家和地区的40多名运动员，以及国内18个省市的30多名风筝冲浪运动精英。

2012中国潍坊滨海国际风筝冲浪公开赛暨第四届中国潍坊滨海国际风筝冲浪赛，于2012年8月18—21日在潍坊滨海“欢乐海”国际风筝冲浪基地举行。来自中国、泰国、英国、德国、波兰和中国香港的近50名风筝冲浪高手分别参加竞速、花样2个项目的角逐。此届大赛由国家体育总局社体中心、国际风筝联合会、潍坊滨海经济技术开发区管委会主办，滨海开发区旅游局承办，将体育赛事、风筝文化、沙滩运动、蓝色经济融为一体，使活动更具特色，内容更加丰富，更具现代气息。

第三章　潍坊世界风筝博物馆

潍坊世界风筝博物馆是中国第一座大型风筝博物馆。为全面、客观地体现风筝所独有的题材广泛、造型优美、绘画精细、色彩艳丽的风格，重现国际风筝会的盛况，弘扬风筝文化，展示借助“风筝牵线，文化搭台，经济唱戏”这一模式全市各行各业发生的巨大变化，市政府决定于1987年7月1日破土动工建设当时世界最大的专业风筝博物馆。1989年4月1日正式建成开放，隶属市旅游局管理。1997年10月，成建制进入潍坊新力克集团公司。2003年11月，复归属市旅游局管理。

第一节　建筑规模

潍坊世界风筝博物馆由潍坊市建筑设计院设计，占地1.3公顷，建筑面积8100平方米，建筑外观选取潍坊龙头蜈蚣风筝的造型特点，屋脊是一条完整的组合陶瓷巨龙，屋顶用孔雀蓝琉璃瓦铺成。整个建筑造型似蛟龙遨游长空，伏而又起，设计风格在国内独树一帜，是“世界风筝都”的标志性建筑。

第二节　馆藏与展览

风筝博物馆旨在收藏、陈列古今中外的风筝珍品及有关风筝展的文物资料。展览以翔实的风筝文物资料以及影像、照片、文字、绘画、复制品等，全面展示风筝的历史文化、现代文化、国际文化及延伸文化，充分体现中华民族灿烂文化所独具的艺术魅力，成为传播和弘扬风筝文化的艺术交流中心。展览有1000余只立体、板式、硬翅、软翅、串式五大类风筝精品以及300余件翔实的风筝文物资料。

馆内设有风筝历史文化展、潍坊风筝发展概况、世界精品风筝展、中国各地流派风筝展、潍坊国际风筝会等7个展厅和1个多功能厅。分别介绍风筝的历史、应用及沿革发展，潍坊风筝的流派及分类，国外风筝展，国内风筝流派，精品风筝及国际风筝会等内容。

第一展厅为风筝的历史文化展，主要介绍风

筝起源的传说、风筝始于中国、什么是风筝、风筝的军事应用、风筝的科学探索、风筝的沿革发展。第二展厅为潍坊风筝发展概况，主要展示潍坊风筝流派的形成、潍坊风筝十一家、潍坊风筝明星介绍。第三展厅为世界精品风筝展，主要展示国外风筝发展简史，朝鲜、韩国风筝，日本风筝、马来西亚风筝、欧美风筝等。第四展厅为中国精品风筝展，主要陈列中国风筝流派情况。第五展厅为风筝综合功能展，主要介绍风筝比赛规则、风筝放飞原理、风筝健身功能等。第六展厅为潍坊国际风筝会，主要介绍潍坊国际风筝会、国外风筝会、风筝品牌效应、世界风筝都——潍坊等。第七展厅为本土民间工艺展厅。多功能厅分为两部分：第一部分为多媒体展示，设巨幕投影（详细介绍风筝的历史起源、沿革发展及潍坊国际风筝会等内容）、全息投影（利用虚拟成像投影技术真实再现老潍县街市上的热闹场景）、触摸电脑游戏；第二部分为民间工艺体验区，聘请专业艺人对潍坊本土民间工艺艺术（风筝、年画、剪纸等）现场演示，并配以室内无风风筝放飞表演。游客在领略艺术魅力的同时还可在艺人的指导下亲手完成自己喜欢的风筝、年画、剪纸等作品。

第三节　旅游接待

潍坊于1984年举办第一届风筝会，到2012年已经成功举办29届。潍坊国际风筝会的成功举办，使潍坊世界风筝博物馆也受到党和国家领导人的关注，江泽民、李鹏、朱镕基、贾庆林、李岚清、李长春、罗干等党和国家领导人先后到馆内参观，对丰富多彩的风筝文化称赞不已。1991—2012年，共接待国内外游客约60万人次。俄罗斯电视台、韩国KBS电视台、美国旅行记者、中国中央电视台、凤凰卫视、山东卫视、河北卫视、辽宁电视台等，以及马来西亚《南洋商报》、台湾《中国时报》、香港媒体考察团等国内外主流媒体对风筝博物馆进行采访拍摄。

第四章　节会活动

潍坊的节会活动起步于80年代，发展于90年代，繁荣于2000年以后，2010年开始呈现出明显的会展经济特征。1984年4月1日，举办的第一届潍坊国际风筝会开潍坊节会活动、节会经济的先河。通过举办国际风筝会，潍坊积累了丰富的办会经验，趟出一条独具特色的办会道路，为其他节会的举办提供借鉴。潍坊所属县市区也纷纷结合各自实际，进行有益探索。1991年，临朐县创办第一届红叶经贸联谊会，后发展为红叶文化节，至2012年已成功举办16届红叶文化节。“风筝牵线，文体搭台，经贸唱戏”的潍坊办会模式，享誉全国。

1994年，潍坊另一个品牌节会——鲁台经贸洽谈会成功创办。2000年，潍坊第三个品牌节会中国（寿光）国际蔬菜科技博览会成功创办。2000年开始，潍坊节会经济进入繁荣期，风筝会、鲁台会、菜博会3个节会的品牌效应凸显，影响力持续扩大。在3个品牌展会的带动下，潍坊一大批专业展会应运而生，并逐步发展壮大，各类中小专业展会和消费类展会繁荣发展。到2012年底，潍坊市拥有潍坊国际风筝会、鲁台经贸洽谈会、中国（寿光）国际蔬菜科技博览会、中国（潍坊）文化艺术展示交易会、中国画节、中国（青州）花卉博览交易会、中国（昌乐）国际宝石节、中国（昌邑）北方绿化苗木博览会、杨家埠风筝年画艺术节、中国（诸城）大舜文化节、中国（高密）红高粱文化节等一大批在国内外享有盛誉的重要节会活动。

第一节　中国（寿光）国际蔬菜科技博览会

为充分展示寿光和国内外蔬菜的优良品种、优质产品，促进蔬菜产业化、标准化和国际化进程，加快农民增收和农业农村发展步伐，同时加强地区间交流与合作，促进蔬菜产业科技进步，1999年，寿光市委、市政府决定，于2000年开始，每年4月20日—5月30日在著名的中国蔬菜之乡——寿光市举办中国（寿光）国际蔬菜科技博览会，至2012年成功举办13届。

节会组织

指导思想：以服务“三农”为目的，以现代农业科技为支撑，按照突出特色、坚持创新、注重实效的总体要求，打造“国内一流、国际知名”的国际化农业展示交流平台。坚持“政府主办、专业组织、市场运作、社会参与”的运作思路，统筹国际国内两个市场两种资源，广泛开展招商引资活动，扩大经贸合作，促进区域经济发展；全面汇集展示、交流、推广国内外蔬菜产业领域的新技术、新品种、新成果、新理念，加快农业科技创新和成果转化；丰富展会内容，深化蔬菜与科技、文化的融合，以精彩的蔬菜文化创意和系列科技、文化交流及专题研讨等活动，辐射带动区域旅游、文化产业发展，增强展会效果。通过一系列举措不断提高菜博会的市场化、专业化、国际化水平，扩大“中国蔬菜之乡”品牌优势，为建设“品质寿光”注入更加强劲的展会效能，为加快转变农业发展方式、推动现代化农业发展发挥更大作用。

主题：绿色·科技·未来。

举办时间、地点：每年4月20日—5月30日，寿光蔬菜高科技示范园（寿光国际会展中心）。

办会主体：

1.主办单位：农业部、商务部、中国国际贸易促进委员会、山东省人民政府、中国农业科学院、国家标准化管理委员会、中国农业大学。

2.协办单位：部分外国驻华大使馆、国际组织、商协会、国内外涉农企业。

3.承办单位：山东省农业厅、省商务厅、省贸促会、省农科院、省质量技术监督局、潍坊市人民政府、寿光市人民政府。

组织领导：成立菜博会组织工作委员会，组委会主任由寿光市市长担任，负责菜博会重大问题的决策和重大事宜的协调，组委会办公室在组委会领导下，具体负责菜博会组织筹备工作。

主要展示内容

以蔬菜及相关产业的最新科技成果、前沿实用技术、名优稀特品种产品以及蔬菜文化为主要展示内容。

1.主展区：

包括11个展馆及现代化冬暖式大棚、拱棚蔬菜优质高效生产示范区和蔬菜博物馆、蔬菜采摘园、广场展位区等。

（1）1号展馆：总面积51000平方米，为招商展位区。

（2）2号展馆：总面积5000平方米，举办全市规模以上优秀企业精品展。

（3）3号展馆：总面积8500平方米，为景点式管道组合栽培展示馆。

（4）4号展馆：总面积8500平方米，为果树高科技栽培展示馆。

（5）5号展馆：总面积10000平方米，为蔬菜廊架园艺展示馆。

（6）6号展馆：总面积10000平方米，西区4000平方米，4月20日—5月3日，举办房产展示交易会；5月8—20日，举办山东省盆景精品邀请展。东区6000平方米，为生态园林餐饮区。

（7）7号展馆：总面积10000平方米，为蔬菜无土栽培种植模式展示馆。

（8）8号展馆：总面积10000平方米，为蔬菜文化艺术景观展示馆。

（9）9号展馆：总面积10000平方米，为最具推广价值蔬菜品种种植展示馆。

（10）10号展馆：总面积10000平方米，为蔬菜前沿栽培技术集成展示馆。

（11）11号展馆：总面积3050平方米，为基质栽培展示馆。

（12）现代化冬暖式大棚、拱棚蔬菜优质高效生产示范区。

（13）蔬菜博物馆：总面积3000平方米。

（14）蔬菜采摘园：总面积20000平方米。

（15）广场展位区：分类设置室外展位，按日用小商品区、餐饮副食区、小型汽车展区、现代农机装备展区、新能源设备展区以及休闲娱乐区等进行科学合理规划。

2.分展区：

共12个，展示寿光农业产业化、标准化、国际化和园区建设水平。

活动安排

1.新闻发布会：4月初，召开菜博会新闻发布会，邀请中央驻鲁和省市级新闻媒体记者和旅行社参加。5月30日，召开菜博会新闻成果发布会。

2.中华农圣文化节。4月20日—5月30日举办。围绕展会主题，传承农圣文化，突出蔬菜特色，开展丰富多彩、群众喜闻乐见的文化艺术活动，展示寿光深厚的农耕文化底蕴，繁荣地区文化产业。

3.项目推介及签约仪式。4月20—30日，组织开展投资贸易洽谈、项目推介、签约仪式等活动。寿光市直各部门、各镇（街道）等积极筛选相关项目，在菜博会期间举行项目签约活动，同时结合各自特色举办专场推介会。

4.中华农圣文化国际研讨会。4月23—24日举办，广泛邀请国内外相关学者、研究机构等，围绕传统农业的传承、发展和现代农业的新问题、新技术、新思路、新对策及设施农业、蔬菜产业的发展现状、发展趋势等主题进行学术研讨交流。

5.农技培训。菜博会期间，通过现场举办实用技术培训班、召开新品种新技术推广会等活动，对广大参会农民进行实用技术培训，提高农民的科技素质。

6.中国（寿光）文化产业博览会。5月8—20日举办。融合寿光本地及周边地区的文化特色，举办丰富多彩的文化展览及活动，创造文化商机，拉动文化消费，打造文化产业交流、合作和贸易的平台，推动全市文化产业的大繁荣大发展。

节会效应

中国（寿光）国际蔬菜科技博览会的成功举办，对于促进农业和农村经济发展，有效解决“三农”问题，加快社会主义新农村建设步伐，具有积极的推动作用。

菜博会举办期间，自始至终得到全国各地广大农民的积极响应，农民成为展会的主角。来自世界各地的新思想、新观念，让农民群众解放了思想，增长了见识，开阔了眼界，菜博会为广大农民群众提供了一个崭新的信息交流平台。菜博会作为一个窗口，把世界一流的品种和技术送到了农民的田间地头，广大农民群众在与高新技术品种零距离的接触中，增强了对前沿技术的认识，学到了实实在在的致富本领。几年来，寿光已有10余万农民获得“绿色证书”，20多万农民取得“农民技术员”称号，并有5000多名农民应聘到全国20多个省市区任蔬菜技术员。菜博会期间，许多参展农民，展示自己的产品，签订协议合同，完成了现场交易。广大农民群众学会了推介自己，把众多新技术、新品种推上市场。菜博会成为农民接轨市场、把握市场的崭新课堂。

菜博会坚持“绿色·科技·未来”主题，始终把推广应用农业新品种、新技术，推进农业标准化生产作为展会的重要任务，加快了农业科技成果的转化，促进了特色农业、高效农业、标准化农业在传统农业中的比重，提高了农业综合效益，加快了农业产业化进程。以菜博会为平台，新品种、新技术的推广步伐明显加快。寿光市建设了多个国家级农业生产基地、10多个外资农业示范基地和500多个农业示范园区，先后引进推广了300多项国内外新技术、1500多个新品种和100多种种植新模式，每年通过菜博会普及到全国各地的新品种达到200多个。

菜博会独特的展览展示与蔬菜园林景点相结合的模式，带动了农业观光旅游业的大发展，成为菜博会和农业农村经济发展的一个新的增长点。依托强大的农业产业优势，以一年一度的菜博会为依托，寿光将蔬菜观光打造成游客开眼界、学科技、休闲娱乐的农业观光知名品牌，特别是带动了蔬菜高科技示范园、林海生态博览园等园区的升级改造，成为寿光农业观光旅游黄金线，每年参观人数百万余人。农业观光旅游业较强的产业渗透性和互动性，对改变传统农业种植模式，围绕游客吃、住、行、游、购、娱等需求开辟就业新路，促进农村富余劳动力转移等具有重要作用。

菜博会举办期间，人流、物流、信息流、技术流、资金流高度汇集，促进了城乡对接、一二三产业融合。连续16届菜博会，寿光共签订合资及独资项目1000多个，其中，既有农业项目，也有工业项目、服务业项目，保障了寿光一二三产业的连续性投入，拉动了当地经济快速增长。蔬菜流通和农产品加工业的发展，既扩大了农村劳动力的转移，又拉长了农业产业链条，提高了农业综合效益。

借助菜博会效应，寿光以“生态、园林、绿色、环保”为主题，高起点规划、高标准建设、高效能管理、高效益经营，城市功能日益完善，城市化进程明显加快，城建水平不断上档升级，初步构建起了现代化中等城市的新框架，并先后被授予“中国优秀旅游城市”“国家园林城市”“国家环保模范城”等称号。菜博会积聚的人气，带来了巨大商机，对三产的拉动作用日益明显，使第三产业成为寿光经济发展最具活力的领域之一。商贸、餐饮、娱乐、旅游、交通、房地产蓬勃兴起，繁荣了城市，活跃了经济，提高了群众的生活质量。

第二节　杨家埠风筝年画艺术节

寒亭杨家埠风筝以取材广泛、造型优美、想象丰富、色彩艳丽、构图质朴简洁和形象鲜明生动自成一家，富有神韵和艺术魅力，成为世界风筝爱好者心中的“中国民间艺术名品”。杨家埠木版年画具有浓郁的乡土气息和淳朴鲜明的艺术风格，题材广泛，内容丰富，以象征、寓意、夸张的表现手法展现了人们企盼幸福、吉祥、美好生活的愿望；具有艺术欣赏和史料收藏价值，是国内外民间艺术爱好者的收藏珍品。

2004—2012年，寒亭以“政府引导、市场运作、民间参与”的模式和“风筝年画牵线、文化旅游搭台、经济贸易唱戏”的思路，成功举办9届杨家埠风筝年画艺术节和杨家埠风筝年画艺术系列活动，对寒亭区经济和社会各项事业的发展起到促进作用，成为潍坊国际风筝会和潍坊文化艺术展示交易会的重要组成部分。杨家埠风筝年画艺术节获第二届中国节庆创新论坛暨2011中国品牌节会颁奖会授予的“中国最负盛名文化艺术节”称号。寒亭区分别于2011年4月、11月，分别被中国民间文艺家协会和文化部命名为“中国年画之乡”和“中国民间文化艺术之乡”。

第一届杨家埠风筝年画艺术节

2004年4月18日上午，艺术节开幕式在杨家埠民间艺术大观园内南广场举行。活动内容有民俗表演、风筝年画艺术展、“千女扎风筝、百案印年画”活动、地方戏演出、寒亭书画名人代表作品展、陕西户县农民画展、世界风筝小姐杨家埠巡游。

第二届杨家埠风筝年画艺术节

2005年4月18日上午，艺术节开幕式在杨家埠民间艺术大观园放飞场举行。活动内容有风筝艺术展、年画艺术展、工艺品展、剪纸展、中国第三届楹联学会书画名家作品展、摄影展、有奖征文大赛。开幕式由山东卫视承办，特邀著名歌唱家、相声表演家艺术与中央军乐团联袂演出。

第三届杨家埠风筝年画艺术节

2006年4月18日上午，艺术节开幕式暨山东省农民书画美术作品展、寒亭区旅游产品展、工业产品展、农业产品展开展仪式在杨家埠旅游文化商品城举行。活动内容有首届杨家埠风筝年画旅游纪念品设计大奖赛评选揭晓活动、潍坊市文化产业发展研讨会、全国青少年同撰“和谐”嵌字联书法选拔赛以及群众性文艺演出等。

第四届杨家埠风筝年画艺术节

2007年4月18日上午，艺术节开幕式暨民间文化艺术作品展、中央美院国画系师生作品展及寒亭书画作品展开展仪式在杨家埠民间艺术大观园东门外举行。活动内容以民间文艺汇演、民间文化艺术品展览为主。

第五届杨家埠风筝年画艺术节

2008年4月18日上午，艺术节开幕式在杨家埠民间艺术大观园放飞场举行。活动内容有杨家埠风筝、木版年画被国务院列入国家首批非物质文化遗产授牌仪式，潍坊民间年画收藏创作展及《杨家埠孤本年画全集》《八十七神仙卷》首发式，大型民俗文化演出及“十大展会”（年俗文化展、婚俗文化展、烟标展、传统生产生活器具展、计划经济票证展、潍坊民间年画收藏创作展、第二届潍坊市领导干部书画艺术交流展、民俗扑克展、山东大鱼盘暨陕西凤翔年画版收藏展、鞋文化艺术展）、“五项活动”（民俗曲艺暨民间文娱活动展演、旅游开发项目推介发布会暨“百家旅行社参观杨家埠”活动、全国最佳邮票评选活动、“圆友杯”魅力寒亭摄影展、全国第二十五届钓鱼邀请赛），首次将“展、赛、演”的形式引入艺术节。

第六届杨家埠风筝年画艺术节

2009年4月18日，艺术节开幕式在杨家埠民间艺术大观园放飞场举行。活动内容有大型文艺演出、美食展、民间特色商品展、风筝年画展、古玩奇石展、当代中国最具市场潜力书法家书法展、潍坊市精品婚纱摄影展、“一元起价”千元商品现场拍卖会等。

第七届杨家埠风筝年画艺术节

2010年4月19日，艺术节开幕式在杨家埠民间艺术大观园招财广场举行。活动内容有“杨家埠大清邮局”揭牌仪式和《中国杨家埠木版年画研究》首发式及文艺演出，民间艺术展示暨民间文艺展演，文化商贸推介暨展销、展示、展演，千名书画艺人集体创作“新寒亭”万米书画长卷，“一元起价”千元商品现场拍卖会；全国木版年画联展、新中国成立后历届获奖年画作品展、中国（杨家埠）年画高峰论坛、潍坊市第四届硬笔书法暨寒亭区书画作品展、大型晚会。

第八届杨家埠风筝年画艺术节

2011年4月15日，第八届杨家埠年画艺术节暨第四届中国（潍坊）风筝产品交易会开幕式在杨家埠大观园招财广场举行。此次风筝年画艺术节与第四届中国（潍坊）风筝产品交易会同时举办。活动内容有寒亭区“中国年画之乡”授牌仪式、潍坊杨家埠民俗艺术有限公司“国家文化产业示范基地”揭牌、书画作品展和大型晚会等。

第九届杨家埠风筝年画艺术节

2012年4月18日，艺术节暨交易会开幕式在杨家埠大观园招财广场举行。活动内容有“寒亭区与潍坊学院战略合作协议”文本交换仪式、山东省文化厅授予杨家埠民俗艺术有限公司为“山东省文化产业示范基地”授牌仪式、第五届中国（潍坊）风筝产品交易会、“翰墨丹青咏画乡”书画展、“相约柳毅山暨臧克家诗歌散文奖”笔会、“走进寒亭”民俗摄影研讨会。实现杨家埠风筝年画与书画、摄影、文学艺术的跨界融合。

第三节　中国（昌邑）北方绿化苗木博览会

中国（昌邑）北方绿化苗木博览会是中国北方绿化苗木及园林行业全面展示发展最新成果、研讨苗木业发展趋势、交流生产信息、推动苗木交易的高端峰会，具有综合性、专业性、权威性的特点。以苗木园艺企业信息交流、产品交易为重点，广泛开展国内外苗木业合作，搭建产需平台，促进科技信息交流，推动文化旅游、招商引资等快速发展。2003—2012年，中国（昌邑）北方绿化苗木博览会成功举办10届，自2009年开始成为由国家林业局、山东省政府主办的国家级花木盛会。

2003山东省（昌邑）苗木交易会

2003年10月18—20日举行，由省林业局、潍坊市政府主办，省林木种苗站、潍坊市林业局和昌邑市政府承办，以“绿色、环境、科技”为主题，参展单位380家，签订苗木购销合同312份，交易额1.32亿元；签约招商引资项目21个，项目总投资5.93亿元。

2004中国（昌邑）北方绿化苗木博览会

2004年9月19日—10月7日举行，由全国绿化委员会办公室特别支持，省绿化委员会、省林业局、潍坊市政府主办。国家林业局、省政府、省林业局、潍坊市政府等有关领导出席开幕式。此届展会以“以人为本，建设生态家园”为主题，参展单位428家，签订购销合同620多份，交易额1.18亿元；签约招商引资项目27个，总投资7.26亿元。

2005中国（昌邑）北方绿化苗木博览会

2005年9月19日—10月7日举办，省绿化委员会、省林业局、潍坊市政府、美国俄勒冈州苗木协会主办，省林木种苗协会、潍坊市林业局、昌邑市政府、潍坊金丝达实业有限公司承办。国家林业局、省林业局、潍坊市等有关领导出席开幕式。展会以传播绿色文化、构建和谐社会为主题，参展单位612家，签定苗木购销合同630多份，交易额3.15亿元；签订招商引资项目17个，总投资13.66亿元。

2006中国（昌邑）北方绿化苗木博览会

第十一届中国园林花木信息交流会、2006中国（昌邑）北方绿化苗木博览会，于2006年9月19日—10月7日举行，由全国绿化委员会特别支持，中国花卉报社、省林业局、潍坊市政府主办，昌邑市政府、潍坊市林业局、潍坊金丝达实业有限公司承办。国家林业局、省林业局、潍坊市等有关领导出席开幕式。参展单位680多家，来自国内18个省市，参展参会客商4700余人，专业观众3万多人。会议签订苗木购销合同1300多份，交易额3.15亿元；签约招商引资项目19个，总投资7.7亿元。

2007中国（昌邑）北方绿化苗木博览会

第十二届中国园林花木信息交流会、2007中国（昌邑）北方绿化苗木博览会于2007年9月19—21日举行。展会共吸引参展客商单位700多家，有日本、美国、比利时、德国等国家的20家国外大型企业，中国农业大学、浙江林科院、山东农业大学等8家园林高校前来参展,参会参展客商5000余人，专业观众3万多人，观众超过20万人次，会议期间签订苗木购销合同1300份，签约招商引资项目19个，总投资7.7亿元，外方资金6.2亿元，其中境外项目2个，合同利用外资1980万美元。

2008年中国（昌邑）北方绿化苗木博览会

于2008年9月19—21日在昌邑绿博园举行，由国家林业局国有林场和种苗工作总站、省林业局、省外国专家局、中国花卉报社、潍坊市政府主办，昌邑市政府、潍坊市林业局承办。展会由综合活动、展览展示、信息交流、文化宣传、经贸洽谈5个板块组成。设置展位600个，组织参展企业600家以上，分设国外园林企业、园林高校、园林媒体和十佳苗圃4个展区。其中国外展位20个，园林高校10个，全国十佳苗圃10个，园林媒体10家，专业观众超过5000人。在园林企业参展上有较大突破，努力促成苗木生产企业与规划设计施工企业的对接。由园林规划设计施工单位组成的观摩、洽谈、采购团队100个以上。

2009年中国（昌邑）北方绿化苗木博览会

2009年中国（昌邑）北方绿化苗木博览会、第十四届中国园林花木信息交流会，于2009年9月21—23日在昌邑绿博园举行，由国家林业局、国家外国专家局和省政府主办，国家林业局国有林场和种苗工作总站、省林业局、省外国专家局、中国花卉报社、潍坊市政府、昌邑市政府承办。此届展会展示园林绿化苗木、速生苗木、经济苗木、园林机械、科技成果等。会议共吸引参展客商单位700多家，浙江、江苏、安徽、黑龙江、大连、内蒙古等20多个省市的苗木企业参展，参会参展客商5000余人，观众超过10万人次，会议期间签订苗木购销合同1500多份，交易额3亿多元。

2010中国（昌邑）北方绿化苗木博览会

2010中国（昌邑）北方绿化苗木博览会、第十五届中国园林花木信息交流会，于2010年9月19—21日在昌邑绿博园举行，由国家林业局、国家外国专家局和省政府主办，国家林业局国有林场和种苗工作总站、省林业局、省外国专家局、中国花卉报社、潍坊市政府、昌邑市政府承办。展会主推容器苗产品，全面展示园林绿化苗木、速生苗木、经济苗木、园林机械、科技成果等。设置展位500个，组织参展企业600家以上。会议期间观众超过10万人次，签订苗木购销合同1300多份，交易额3亿多元。

2011中国（昌邑）北方绿化苗木博览会

2011中国（昌邑）北方绿化苗木博览会、第十六届中国园林花木信息交流会，于2011年9月21—23日举行，由国家林业局、国家外国专家局、省政府主办，国家林业局国有林场和林木种苗工作总站、中国花卉报社、省林业局、省外国专家局、潍坊市政府、昌邑市政府承办。合作媒体有：绿色时报社、中国花卉报社、中国绿化苗木网、中国园林网、中国绿化杂志社、中国时创杂志社等15家。展示容器苗产品、中高档植物盆景、各类园林绿化苗木、经济苗木、园林机械、园艺资材、花木生产技术和科技成果等。展位设置580个，组织参展企业600余家，其中大型园林机械生产企业20家、国外花木企业10家。展会期间，参会观众超过10万人，签订购销合同近2000笔，合同交易额3亿多元。

2012中国（昌邑）北方绿化苗木博览会

2012中国（昌邑）北方绿化苗木博览会、第十七届中国园林花木信息交流会，于2012年9月21—23日举行，由国家林业局、国家外国专家局、省政府主办，国家林业局国有林场和林木种苗工作总站、中国花卉报社、省林业厅、省外国专家局、潍坊市政府、昌邑市政府承办。国家林业局和省政府领导出席开幕式和国家级苗木交易市场奠基仪式，参加苗木交易会、全国中国画名家作品展等活动。此届绿博会设1个室内展区，4个室外展区。总展出面积2万平方米，布置展位630个，分绿化苗木展区、园艺资材展区和水生植物（盆景）展区三大类。参展企业700多家，分别来自国内21个省市和荷兰、日本等国家，是历届绿博会展位最多的一届。绿博会期间，专业观众超过10万人。为期3天的绿博会，达成苗木购销合同1300多份，合同交易额3亿多元。

第四节　中国潍坊国际汽车展示交易会

2004年，山东金宝集团投资5000万元兴建2万平方米的金宝国际会展中心，并于2005年起，在中国汽车工程学会的指导下承办潍坊（金宝）汽车博览会。

金宝国际会展中心坐落于经济发达、交通便捷的潍坊市奎文区廿里堡辖区内，地处潍坊市政府规划的“十里汽车长廊”黄金腹地，与潍坊民航机场相距1千米。会展中心对面即是金宝宾馆、金宝汽车站、金宝乐园；周边配套建有“齐鲁第一禅”的潍坊金泉寺、金如愿食品集团、金宝双语小学、金宝幼儿园、金宝国际旅行社、金宝拓展公司、金宝机动车检测站、金宝二手车市场等。完善齐全的配套、经典到位的布局，为会展经济的发展、潍坊（金宝）汽车博览会的举办提供了“吃、住、行、游、购、娱”一体化服务，成就了潍坊（金宝）汽车博览会独有的区位资源优势。

办会宗旨

潍坊（金宝）汽车博览会以“绿色、科技、品牌、影响力”为主题，以“汽车为媒、节会搭台、扩大交流、合作共赢”为宗旨，以突出汽车文化，打造高端交流平台，创新汽车产业流通方式，促进车业健康快速发展，力争将潍坊（金宝）汽车博览会打造成为国内知名、国际有影响的品牌展会为目标，通过市场化和专业化运作，不断提升办会水平，以更新的理念、更专业的服务、更浓厚的氛围和更活跃的促销活动，促进会展业与城市文化、城市经济的有机结合，促进潍坊市汽车流通服务业的健康快速发展，推动奎文真正发展成为全市的汽车会展中心、汽车文化中心、汽车商务中心、汽车旅游中心，从而全面提升潍坊会展业的综合实力，助推潍坊地区汽车服务行业的快速发展。

历届盛况

2005年4月16—19日，由中国汽车工程学会、潍坊市政府主办，奎文区政府、市广播电视总台、市汽车流通行业协会协办，山东金宝集团有限公司、潍坊广播电视报社承办的2005（首届）中国潍坊汽车展示交易会在金宝国际会展中心举行，48家汽车经销商参展，汇集“老爷车”、轿车、微型车、商务车、越野车、皮卡、客车、行业专用车、大型装载车（户外）等150多个国内外知名汽车品牌亮相国际会展中心，是潍坊有史以来第一次大规模汽车、配件、汽车用品展示交易会。4天时间，参观者8.2万人次，实现交易额3.13亿元，销售各种汽车2380台，签订购车合同600多台，达成意向400多台。展会期间，为进一步扩大博览会影响范围，提高知名度，同时举办“世界汽车百年史”“中国汽车五十年”图片展、少儿书画大赛、摄影大赛、潍坊人最喜爱的车型和“看车展、游乐园、中大奖”等六大主题活动，将文化活动与汽博会完美融于一体，使参观者在饱览众多名车的同时，感受精彩活动带来的快乐，品味汽博文化的无穷魅力。会展以其特有的形式为企业品牌展示、信息收集、贸易洽谈、技术交流、市场拓展搭建了平台，扩展了金宝汽车会展品牌的社会影响力。

2005—2012年，潍坊（金宝）汽车博览会每年4月、10月各举办一届，连续成功举办16届。到2012年的第十六届潍坊（金宝）汽车博览会，参展商家70家，参展品牌多达200多个，观展人数突破12万人次，交易额超7亿元。

历届潍坊（金宝）汽车博览会展会情况一览表

表27—4—1

名称	时间	参展企业（家）	参展品牌（个）	参观人数（万人）	交易额（亿元）
2005（首届）中国潍坊汽车展示交易会	2005.4.16—19	48	150	8.2	3.13
2005金秋中国潍坊汽车展示交易会	2005.10.21—23	50	152	8.6	3.6
2006（首届）中国潍坊国际汽车博览会	2006.4.15—18	56	154	8.8	3.9
2006金秋中国潍坊国际汽车展示交易会	2006.10.20—22	56	160	9	4
2007（第二届）中国潍坊国际汽车博览会	2007.4.14—6	60	162	9.1	4.2
2007金秋中国潍坊国际汽车展示交易会	2007.10.19—21	62	180	9.1	4.5
2008（第三届）中国潍坊国际汽车博览会	2008.4.11—13	65	182	9.3	4.7
2008金秋中国潍坊国际汽车展示交易会	2009.10.17—19	68	186	9.6	5
2009（第四届）中国潍坊国际汽车博览会	2009.4.17—19	70	190	9.8	5.2

续表27-4-1

名称	时间	参展企业（家）	参展品牌（个）	参观人数（万人）	交易额（亿元）
2009金秋中国潍坊国际汽车展示交易会	2009.10.16—18	70	200	9.8	5.3
2010（第五届）中国潍坊国际汽车博览会	2010.4.16—18	75	200	10	6
2010金秋中国潍坊国际汽车展示交易会	2010.10.15—17	78	200	10	6
2011（第六届）中国潍坊国际汽车博览会	2011.4.15—17	80	200	10	6
2011第十四届潍坊（金宝）汽车博览会	2011.10.14—16	80	200	10	6.2
2012第十五届潍坊（金宝）汽车博览会	2012.4.12—15	90	220	12	6.4
2012第十六届潍坊（金宝）汽车博览会	2012.10.18—21	70	200	12	7

服务保障

潍坊（金宝）汽车博览会的声名远播，吸引越来越多的汽车经销商和生产厂家的高度重视和直接参与，为进一步提升博览会的知名度和辐射范围，为广大参展商家提供更加完善的服务保障，达到合作共赢的目的，金宝会展中心适时进行了扩建改造和规模提升。2011年，会展中心投资数百万元进行展厅扩建，展厅室内面积扩展至2.8万平方米，同时，对用电、消防等设施设备进行更新和完善，从而使硬件配套更加完备，并在厅内安装大型LED屏，无偿为参展商家提供展示品牌的机会。展会现场还搭建了潍坊电视台透明直播间和展会服务中心，潍坊电视台在透明直播间内进行现场直播，各新闻媒体在展会服务中心内进行现场的实时追踪报道，通过电视、网络、电台、平面等宣传方式打造一个海、陆、空全覆盖的全方位立体宣传阵容。

博览会期间，为保证整个展会的安全、顺利、有序进行，金宝会展中心进行严密细致的组织安排，制定车博会期间的应急救援预案，并成立专门的车展指挥部，下设工作小组，进行专项事务处理。用电安全方面，自参展商入场开始，

2012年第十六届潍坊（金宝）汽车博览会开幕式

由专业电工每日进行跟踪服务，确保每一个用电环节不出现任何问题；接待方面，由20名专业的礼仪小姐进行引领工作；展会安全方面，组织安保人员协助公安、特警、消防、交警等现场执勤，保证道路交通通畅，人员出入安全，为广大参展商提供了全方位、多元化的服务。

第五节　中国（潍坊）文化艺术展示交易会

中国（潍坊）文化艺术展示交易会（简称文展会）自2008年开始在潍坊市每年举办一届，至2012年已成功举办5届。文展会与中国画节已成为潍坊市常规性节会，成为加快全市文化产业发展、推动文化强市建设的重要平台，成为广大市民和文化艺术爱好者翘首期盼的文化艺术盛会。文展会秉承弘扬先进文化、展示特色文化、提升市民素质、推动文化发展的办会理念，致力于打造一流文化产业展示交流合作高端平台。2012年12月，中国画节·文展会获第三届中国节庆创新论坛2012节庆中国榜“最佳传承弘扬传统文化节庆”奖。

首届文展会暨2008中华全国新人新作集邮展览

首届文展会于2008年4月19—21日在潍坊富华国际展览中心举行。此届展会由中国民间文艺家协会、中华全国集邮联合会、省文化体制改革和文化产业发展领导小组、省文化厅、省广播电视厅、省新闻出版局、省文联、潍坊市政府共同主办，潍坊市委宣传部、潍坊日报社、市广播电视局、潍坊市新闻出版局、市邮政局共同承办。共设置特色文化和文化产业发展成果展区，民间工艺品、古玩展区，书画艺术展区，邮展展区四大板块，500多个展位，吸引全国各地2000多个展销商、著名文化企业和品牌产品参展，展会交易额2.4亿元，推出文化产业合作项目180个，签订合同项目23个，融资额达51亿元。

中国（潍坊）第二届文化暨旅游展示交易会

第二届文展会于2009年4月19—21日在潍坊富华国际展览中心举办。此届展会由省委宣传部、省文化厅、省旅游局和潍坊市人民政府共同主办，由潍坊市委宣传部、潍坊日报社、市文化局等单位联合承办，共设置旅游资源与县（市、区）文化成果展区、民间工艺品展区、古玩展区、陶瓷展区、现代文化展区、书画展区、历届风筝会藏品展区、精品图书展区八大版块。展会在各县（市、区）、城区重点文化场馆、文化市场设立12个分会场，集中展示潍坊风筝年画文化、东夷文化、民俗文化、晏子文化、恐龙文化、蓝宝石文化、奇石文化等。参观观众18.3万人次，交易总额2.6亿元，28个文化产业项目签约，融资达54亿元。

中国（潍坊）第三届文化艺术展示交易会暨全国木版年画联展

第三届文展会于2010年4月18—21日在潍坊富华国际展览中心举行。此届展会由中国画学会、中国艺术研究院、中国美协中国画艺委会、中国工艺美术学会、省委宣传部、大众报业集团、省文化厅、省文联、中国宜兴紫砂收藏鉴赏专业委员会、潍坊市政府主办。共设置全国木版年画联展、新中国成立以来历届获奖年画作品展、潍坊特色文化展、书画展、民间艺术展、主题收藏展、当代艺术生活展、精品陶瓷展八大板块，参展商800多家，展位1000多个，到场观众与客商累计21.4万人次。总成交额3.2亿元，其中书画艺术展区成交1.76亿元，占成交总额的一半以上。全市共有31个文化产业项目与外地客商签订合同，融资额达56亿元。展会期间还举办第二届群众艺术节、中国画发展高峰论坛、中国紫砂收藏鉴赏高峰论坛等系列展览交易、合作交流、论坛研讨活动。

中国（潍坊）第四届文化艺术展示交易会

第四届文展会于2011年4月16—18日在潍坊富华国际会展中心举办。此届展会由中国画学会、中国油画学会、中央数字电视书画频道、中国美协中国画艺委会、中国艺术研究院中国画院、省委宣传部、省文化厅、省文联、潍坊市人民政府等联合主办，由潍坊市委宣传部、潍坊报业集团、潍坊市文化广电新闻出版局、潍坊市文联、潍坊市旅游局、潍坊广播影视集团、潍坊市文化市场综合执法局共同承办。共设置中国画名家邀请展、潍水文化展、民间艺术展、时尚艺术展、民间收藏展、精品陶瓷展、精品图书展、玉石文化展八大板块。参会展商1500多人，展位640多个，参观观众与客商累计13.4万人次，总交易额5.6亿元。此届文展会最大亮点是首届中国画节的成功举办，囊括了当时中国画坛近千名知名艺术家的3000余幅中国画精品。展会期间还举行国家级“潍水文化生态保护实验区”授牌仪式和潍坊文化产权交易所揭牌仪式、中国画发展高峰论坛和优秀参展作品评选活动等20多项系列活动。

中国（潍坊）第五届文化艺术展示交易会

第五届文展会于2012年4月19—23日在潍坊富华国际展览中心举办。此届展会由中国美术家协会、中国民间文艺家协会、中国画学会、中国工艺美术学会、中华砚文化发展联合会、山东省委宣传部、山东省文化厅、山东省文联、中国宜兴紫砂收藏鉴赏专业委员会、潍坊市人民政府主办，由潍坊市委宣传部、潍坊市文化广电新闻出版局、潍坊报业集团、潍坊广播影视集团、潍坊市文化市场综合执法局、潍坊市文联、潍坊市社科联、中国宜兴紫砂收藏鉴赏专业委员会山东分会、潍坊银行承办。共设置第二届中国画节展区、潍坊市文化建设成果展、中国名砚精品展、中国紫砂精品展、民间艺术精品展、时尚艺术展、古典家具及木雕根艺展、中国玉文化展、陶瓷艺术展、现代工艺美术精品展十大版块，参展客商1300余家，参观人数14万人，实现交易额4.1亿元。展会期间还举行了开幕式、首届“潍水之春”群众文艺汇演、项目洽谈、拍客大赛以及包括中国画论坛、中国紫砂收藏鉴赏高峰论坛、中国砚文化论坛和中国（潍坊）民族艺术产业高峰论坛等主题文化论坛等各项活动。

第六节　中国画节

中国画节是中国首个以“中国画”命名的大型艺术节庆活动，由中国画学会、中国美术家协会中国画艺委会、潍坊市人民政府等主办，潍坊市委宣传部、潍坊报业集团等单位承办。自2011年开始,与中国（潍坊）文化艺术展示交易会同期举办。

首届中国画节

于2011年4月19—21日在潍坊富华国际展览中心举办。展区面积6000平方米，累计参观人数13.4万人次，书画交易额4.98亿元。此届画节由中国美协中国画艺委会、中国艺术研究院、中国国家画院、解放军美术创作院、省委宣传部、省文化厅、省文联、潍坊市人民政府主办。这是首次在潍坊举行的全国性中国画艺术活动，也是新中国成立以来首次以中国美协名义举办的中国画专题文化艺术活动。展区内设置主题展、名家个人专题展、军旅画家特别展、港澳台特别邀请展、潍坊籍艺术家展、艺术机构邀请展等六大展区，同时在郭味蕖美术馆、中百美术馆等艺术展馆设立分展区。近千位当代中国画知名艺术家和实力派画家的3000余件中国画精品展出，包括当代中国画大家及凤凰岭书院等中国画培训机构的导师和香港、台湾等地艺术名家的作品，近现代中国画名家齐白石、李苦禅、关山月的作品真迹也在此届画节展出。

第二届中国画节

于2012年4月19—22日在潍坊富华国际会展中心举办。展览面积9600平方米，展出1200余名艺术家的近4000幅中国画精品，累计参观人数18.5万人，国画作品交易额5.27亿元。此届画节主展区设置中国画学会创会成员作品展、当代中国画名家个人特别展、中国画名家扇面精品展、中国画学会学术推荐展、中国画情景展、港澳中国画名家邀请展、全国各地艺术机构展、山东省和潍坊市艺术家特别展八大板块，其间还举办知名艺术家笔会、中国画发展高峰论坛、中国画欣赏专题讲座、中国画发展媒体恳谈会等活动。

第七节　临朐红叶文化节、奇石文化节

中国（临朐）红叶文化节

石门坊，亦称石门房，又名石门山，位于临朐城西10千米，山势曲结南向，两峰对峙如门，故名。红叶黄栌，遍布山岗峡谷。每值深秋，霜打红叶，泼染山红；丛栌间柏，漫红嵌黛，丹青丽雅，瑰丽如画。

1991年10月14日，临朐第一届红叶经贸联谊会举办。1991—1995年，临朐县坚持旅游与经济联姻，成功举办5届红叶经贸联谊会。自1996年始，沿承每年秋天举办红叶经贸联谊会的传统，逐年扩大规模，由经贸联谊会发展为旅游投资观光月，后发展成红叶文化节。截至2012年，中国（临朐）红叶文化节成功举办16届。

中国（临朐）红叶文化节自1996年举办，一般在每年的9月30日—11月15日，成为临朐对外展示悠久历史文化、优美自然风光、良好投资环境的重要载体，“红叶”品牌成为临朐做大旅游产业的金字招牌。

红叶节期间，在石门坊景区内进行情歌大赛、集体婚礼、婚纱秀、舞蹈、魔术等演出，以及书法、绘画展览、摄影大赛等文化交流活动和招商会、投资洽谈会等经贸活动。

通过举办红叶文化节，以红叶为媒、旅游牵线，提高了石门坊风景区乃至整个临朐的知名度，吸引中外游客前来观光旅游。同时，通过举办书画、根雕、盆景、奇石展览和开展民间艺术、文艺演出等活动，使传统文化与丰富的旅游资源融为一体，形成了独具特色的临朐文化旅游新格局。

中国（临朐）奇石文化节

临朐县地处山区，奇石资源丰富，文化底蕴深厚。临朐赏石文化、赏石产业知名度较高，在全国赏石界享有“南柳（州）北（临）朐”的美誉。临朐县被评为首批中国观赏石之乡、中国红丝砚文化产业基地。

临朐赏石文化历史悠久，境内已发现大汶口和龙山等石文化遗址210余处，其中西朱封龙山文化遗址曾出土玉冠饰、玉簪、玉钺等玉石器，三国时期的雌雄石虎，用临朐青石雕刻，体量大、形态生动逼真。海浮山发现的北齐崔芬墓壁画26幅中16幅有山石盆景。

临朐赏石资源丰富，境内发现利用的有造型类、图纹类、矿物晶体类、化石类等四大类，包括奇石文化节：红丝石、五彩石、太湖石、山旺化石、沂山石以及紫金石、枣花石、水纹石、水晶石、钟乳石、嵩山玉、鱼籽石、燕子石、龟石、千层石、墨松石、上水石、文字石、鱼骨

石、天景石等20多个品种。

奇石文化节自1996年开始举办，多在10月上、中旬。自2009年后，调整为9月下旬，至10月中旬结束，时间为1个月，其间有国庆节长假，有利于增加人气，扩大交流交易。奇石文化节由县政府会同中国观赏石协会和省协会等主办，县观赏石协会、县国土资源局、相关街道办事处、奇石文化城承办，县文广新局、县广电中心、县旅游局协办。历届都印发活动方案，成立由分管副县长任主任的组委会，由组委会办公室和奇石文化城办公室具体负责筹备工作。

临朐奇石文化节自创办以来，坚持以“繁荣赏石文化，发展特色产业”为宗旨，坚持“奇石搭台，经贸唱戏”和“广交石友、诚信经营、交流文化、繁荣经济、创新发展、实现共赢”的理念。

每届奇石节会都组织不同方式和类型的文化活动。主要有观赏石精品评奖展览、红丝砚精品展或创作展、观赏石文化论坛、观赏石鉴评、红丝砚文化艺术讲座、红丝砚制作艺术经验交流、观赏石红丝砚专著发行及文艺演出等系列文化活动。先后出版《潍坊人文自然遗产——临朐赏石专辑》《九十方美石献给党》大型画册、《百人故事》《中国名砚——红丝砚》《石趣》等10多部观赏石专著和画册。

通过举办节会，扩大流通渠道，增加奇石名砚的交易量。每年节会期间增加的营销额在5000万元以上。同时，吸引外地经营业户前来展销。展销业户来自湖北、安徽、广西、江苏、四川、广东、辽宁、福建、河南等省区，达200多家。

临朐奇石节会的举办，提高了临朐奇石的知名度，收到“石焕五彩、名扬九州、影响海外”的效果，至2012年，从事奇石开采、加工、吊装、批发、外出展销的人员达2万多人，培养出一批国家级观赏石鉴评师、观赏石价格评估师。先后建成中国奇石城、临朐奇石文化城等，形成“买全国，卖全国，买世界、卖世界”的奇石经营格局。

第八节　中国（寒亭）潍县萝卜文化节

潍县萝卜又称“高脚青萝卜”，因产于原潍县，故称“潍县萝卜”。寒亭区作为原潍县区域的组成部分，潍县萝卜亦是当地特产。潍县萝卜是中国萝卜秋萝卜类型中的优良品种，肉色翠绿，生食脆甜多汁，并具香辣口味，被誉为“水果萝卜”。20世纪70年代，萝卜种植面积666.67公顷，产量1000万千克。1988年，总产量达到1500万千克，潍县萝卜进入北京、广州、大连等市场，并远销至东南亚各国和中国香港地区。到2007年，潍县萝卜种植面积达800公顷，经济效益达4800万元。2000年11月，寒亭区对潍县萝卜注册“潍县”牌商标，并在中国国际农业博览会上获得名牌产品称号。2004年10月，通过中国绿色食品发展中心绿色食品A级产品认证。2006年被认定为首批山东省名牌农产品。2010年8月，成为黄河三角洲高效生态经济区十大品牌优质农产品。2011年2月，在国家工商总局成功申报“潍县萝卜”地理标志商标。2012年，潍县萝卜获“中国果菜十大驰名品牌”称号，成为全国具有较高知名度和影响力的农产品品牌。

为扩大潍县萝卜的社会效益，带动相关产业的发展，寒亭区委、区政府决定，从2008年开始，每年10—11月举办中国（寒亭）潍县萝卜文化节。2011年，中国（寒亭）潍县萝卜文化节被第二届中国节庆创新论坛暨2011中国品牌节会组委会评为“中国最具影响力品牌节会”。

第一届中国（寒亭）潍县萝卜文化节

2008年11月24—28日，首届中国（寒亭）萝卜文化节在寒亭区寒亭街道潍县萝卜交易大厅开幕。首届潍县萝卜节秉承“政府主导，社会参与，市场化运作”的方式办节。农产品交易大厅设展位200个，参加会展的企业200家，展出的农产品有320余种；益民合作社农业观光休闲采摘园，占地66.67公顷的，为萝卜文化节提供采摘、体验、观光休闲于一休的活动场所，文化节期间接待游客3万余人；俊清合作社种植示范园，占地66.67公顷，主要是展示大田萝卜的精种管理，让与会客商了解大田栽培萝卜的种植特点和生长习性。首届文化节共举办6项主要活动：邀请省、市电视台新闻媒体记者报道萝卜节盛况，专场演出和潍县萝卜形象大使选拔赛，区内30余家龙头企业、合作社等进行潍县萝卜及相关产品的推介、赠送活动，开展潍县萝卜及系列深加工产品评优大奖赛，组织市民走进农业观光休闲采摘园开展萝卜采摘活动，观赏特色品种萝卜。

第二届中国（寒亭）潍县萝卜文化节

2009年10月24—27日，第二届中国（寒亭）潍县萝卜文化节在潍县萝卜交易中心开幕。此届萝卜节突出“科技文化、观光采摘、商贸推介”三大特点，举办农业科技成果展览展示、都市农业论坛、潍县萝卜茶艺评优、招商引资项目洽谈签约、商贸推介、游园采摘系列活动。节会期间，举办“2009年度十佳潍县萝卜”评选活动，新奇特农业产品展示推荐活动，都市农业论坛，潍县萝卜北京总经销处成立签约仪式，潍县萝卜购销洽谈签约、农机具展销、农资下乡、家电下乡、汽车展销等活动。

第三届中国（寒亭）潍县萝卜文化节

2010年10月29—31日，第三届中国（寒亭）潍县萝卜文化节在潍县萝卜科技文化馆广场举行，社会各界、萝卜种植大户及媒体记者在内共3000人参加。此届萝卜文化节由世界批发市场联合会亚太地区工作组和全国城市农贸中心联合会主办，寒亭区人民政府和潍坊卓信实业集团有限公司承办。此届萝卜节采取“政府协调、市场运作、企业参与、部门协作”的办节模式，突出“商贸活动带动、科技文化推动、观光旅游拉动”三大特点。节会期间举办专题采访、萝卜文化产业化暨寒亭区都市农业发展战略研讨会、潍县萝卜及系列深加工产品评优大奖赛、农业项目签约、潍县萝卜采摘及赠品发送等系列活动。包括中央电视台和人民网在内的20余家新闻媒体对萝卜节进行采访报道。此届文化节建成占地3000平方米的潍县萝卜文化科技馆、农产品检测中心和万吨恒温保鲜库。共销售萝卜3100吨，签订销售意向2万吨。签约以潍县萝卜深加工、产品购销、萝卜物流为主的现代农业项目9个，总投资近5亿元。

第四届中国（寒亭）潍县萝卜文化节

2011年10月28—30日，第四届中国（寒亭）潍县萝卜文化节在潍县萝卜交易中心举行。此届萝卜节以“小萝卜大产业，增效益惠民生”为办节主题，社会各界、萝卜种植大户和新闻媒体记者共4000余人参加，国内10余家知名媒体进行报道。萝卜文化节期间，潍坊卓信实业集团有限公司、山东品维潍县萝卜产业有限公司等近30家单位组织各自的萝卜、西瓜、小米、大姜等品牌特色农产品，在潍县萝卜科技文化馆进行集中展示推介。吸引来往客商2000余人次，达成农业项目意向11个，投资规模近5亿元，其中潍坊禹皇湿地农产品购销合作社被中国食品行业精英峰会聘为“理事单位”。潍县萝卜“十佳”评优小组对25家单位选送的潍县萝卜进行公开评比，最终评出寒亭区俊清蔬果专业合作社萝卜、潍坊汇美农业科技有限公司萝卜、寒亭区固堤西瓜协会萝卜等潍县萝卜“十佳”产品。共接待各界人士、城

2009中国（诸城）大舜文化节开幕式演出在市博物馆广场举行

乡居民3万余人，带动潍县萝卜直销4500余吨，签订销售意向逾3万吨，以自然生态、休闲旅游、科技文化为特色的现代农业成为此届萝卜节的亮点。

第五届中国（寒亭）潍县萝卜文化节

2012年10月26—28日，第五届中国（寒亭）潍县萝卜文化节在潍坊市寒亭农产品交易市场举行。萝卜节以“文化搭台，经贸唱戏，提升产业，创新发展”为办节主题。开展新闻发布会、开幕式、专场文艺演出、系列产品推介、潍县萝卜评优大奖赛、潍县萝卜采摘等6项节庆活动。新华社、中央电视台、《齐鲁晚报》等10家媒体及时对萝卜节的有关情况进行报道。新华社刊发新闻通稿，国内各大城市潍县萝卜经销处负责人及新闻媒体记者共约3000人参加。萝卜文化节期间，接待各界人士、城乡居民3万余人，潍县萝卜直销达6000余吨，签订供销协议40余份，签订销售意向4万余吨；特色农产品直销1000余吨，签订供销协议20余份，其中大姜供销1000吨的供销意向协议8份，签订销售意向1万余吨；达成农业项目投资意向13份，投资额5亿元。利用“两园、一馆、一市场”等资源，结合农业生态旅游，打造潍坊市城郊旅游观光农业示范点。

第九节　诸城大舜文化节、国际烧烤美食节

中国（诸城）大舜文化节

诸城是中国古代“三皇五帝”之一虞舜的诞生地。《孟子·离娄下》记载“舜生于诸冯，迁于负夏，卒于鸣条，东夷之人也”。著名史学家范文澜和郭沫若分别在《中国通史》和《中国史稿》中明确指出“舜生于诸冯（山东诸城县）”。山东诸城是舜帝故里，在史学界已得到认可。

诸城市委、市政府高度重视大舜文化的历史价值和现实意义。2004年10月恢复重建舜庙，2005年5月竣工开放。舜庙占地1.33公顷，为仿明清建筑风格，包括至德殿、睿妃殿、启贤殿，以及钟鼓楼、大舜孝行碑亭、大舜德化碑亭等。以舜庙为基础，周边配套建设历山观虹阁、德泽普施坊、百官桥等景观设施，成为研究大舜文化、祭奠先贤德祖、弘扬道德文明、开展爱国爱家活动的重要基地。

为进一步挖掘大舜文化的时代内涵，传承历史文明，推进中华民族共有精神家园建设，加快构建和谐社会，实现经济社会又好又快发展，诸城市委、市政府在充分调研论证的基础上，决定从2009年开始，每年举办一届大舜文化节。9月，设立中国（诸城）大舜文化节办公室，负责大舜文化节筹办及开展大舜文化研究、宣传和开发等工作。至2012年，中国（诸城）大舜文化节

连续成功举办4届。

文化节期间，诸城先后与湖南省舜文化研究会、山西晋城舜文化研究会进行学术交流，参与由省文化厅、十艺节山东省筹委会群文及美术部、山东大舜文化研究会、济南市委宣传部、诸城市政府共同举办的《大哉虞舜展》。由大舜文化节办公室编辑出版《诸城大舜故事》获潍坊市社会科学研究成果三等奖。由大舜文化节办公室根据《诸城大舜故事》和当地有关大舜的传说创作诸城茂腔《孝闻天下》。

中国（诸城）大舜文化学术研讨会

2009年7月7日，首届大舜文化节开幕，主要举办了祭舜大典、大舜文化学术研讨会、《欢乐中国行》文艺演出、国际烧烤节、名胜古迹旅游推介会、道德模范评选等活动。首届大舜文化节的成功举办，强化了“大舜是诸城人、诸城是舜帝故里”的社会认同，在社会各界引起强烈反响。

2010中国（诸城）大舜文化节于2010年9月28日—10月7日举办，举办开幕式、大舜文化学术研讨会、舜德之光综艺专题晚会、国际烧烤节、特色旅游推介会、道德模范评选表彰活动。此届大舜文化节在保持大舜文化节主要活动连续性的基础上，重点在大舜文艺节目创编、学术研讨、旅游推介等方面做了深化，进一步提升诸城作为“中国龙城，舜帝故里”的知名度、美誉度。

2011中国（诸城）大舜文化节于9月28日—10月7日举办，举行大舜文化节开幕式暨中国文联、中国视协“送欢乐·下基层”文艺演出、明德·和融——全国中国画名家邀请展、中国（诸城）食品博览会、中国（诸城）国际烧烤美食节、“魅力龙城”金秋旅游休闲汇、诸城市第三届“十大道德模范”表彰大会、天涯共此时——中秋超然台诗词朗诵晚会等活动。此届中国（诸城）大舜文化节活动举办层次高，群众参与性强，特别是中国文联、中国视协“送欢乐·下基层”文艺演出、明德·和融——全国中国画名家邀请展的举办，受到群众的热烈欢迎。

2012中国（诸城）大舜文化节于2012年9月28日—10月7日举办，举行中国（诸城）大舜文化节开幕式暨歌舞剧《大舜》演出、明德·和融——第二届全国中国画名家邀请展、苏轼“中秋词”暨中秋文化研讨会、诸城市文化艺术展示交易会、舜德千秋——大舜文化图片展、诸城市道德模范评选表彰、超然明月诵中秋——诸城市第三届诗词朗诵会、“得利斯”—中国（诸城）食品博览会、秋季中国（诸城）国际烧烤美食节、“相约金秋·乐享龙城”旅游休闲主题周、“华都富林”杯·首届《唱响龙城》电视之星大奖赛决赛、第三届社区文化节等活动。此届文化节突出了大舜文化与中秋文化、群众性文艺活动的有机结合，在表现大舜文化主题、扩大群众参与等方面有了新的突破。

中国（诸城）国际烧烤美食节

诸城烧烤历史悠久。据考证，诸城在汉代即形成独特的烧烤工艺并达到一定的规模，以后历代皆有发展，苏轼、刘墉、郑板桥等历史名人皆与诸城烧烤结下了不解之缘，并流传着许多美丽的传说。时至今日，诸城烧烤在继承传统烧烤工艺的基础上，又推陈出新，改良烧烤工艺，扩大烧烤的种类，使烧烤逐渐形成了一门新兴产业。诸城特色烧烤以其规模之大、品种之多、影响之远、风味之美，堪称“中国烧烤之乡”。2006年10月，诸城烧烤申报为潍坊市非物质文化遗产。

为弘扬诸城特色饮食文化，展示龙城风采，促进世界各地饮食文化的融合与交流，2009—2012年，在诸城刘墉板栗园举办4届烧烤美食节。巴西、韩国、日本等国外风味名吃，新疆、上海、广州、青岛、大连等地餐饮名吃及诸城当地得利斯、惠发、外贸、佳士博等知名食品企业进行烧烤食品展示。

2009中国（诸城）国际烧烤节，现场布置国际、国内、本地3个烧烤区，邀请的烧烤烹饪制作企业规模大，层次高，范围广。分别有国际烧烤企业10家，国内特色烧烤企业5家，国内餐饮、旅游类院校15家，省内烧烤企业40家，市内企业20家。出席开幕式的有全国政协、省政府及潍坊市委，市政府领导；中国食文化研究会、中国民间文艺家协会相关领导；阿盟、保加利亚、尼泊尔、索马里、比利时、苏丹、土耳其等国驻华使馆的代表；《人民日报》、新华社、中央电视台、等新闻媒体进行宣传报道。此届烧烤节历时18天，客流量达50万人次，营业额近2000万元。

2010中国（诸城）国际烧烤节，历时15天，客流量24万人次。此次活动由中国烹饪协会和诸城市政府共同举办。6个国家的邀驻华使节以及《中国旅游报》、《大众日报》、山东电视台、山东人民广播电台等新闻媒体的领导、记者参加开幕式。节会期间，青岛歌舞剧院举办2场文艺演出，诸城舜龙艺术团举办13场专场演出。来自新疆、济南、青岛等省市的10家市外烧烤企业参加节会，诸城共有25家烧烤企业参加节会活动。活动期间，现场设置沙滩桌280张、座位1700个，200多名烧烤制作者现场表演、制作，烹制等国内外不同特色风味的烧烤美食。吸引来自省内外的烧烤爱好者前来参加活动。

2011年正式更名为中国（诸城）国际烧烤美食节，增加特色美食展览销售等新元素，历时18天。其间举办烧烤美食服务、板栗采摘、文艺演出等系列活动。有21家国内外企业参加节会活动，140多名烧烤制作师现场表演、制作，烹制国内外特色烧烤美食，客流量27万余人次。

2012中国（诸城）国际烧烤美食节，历时18

2012中国（诸城）国际烧烤美食节开幕式演出

天，围绕“美食，让生活更精彩”这一主题，通过烧烤美食制作展示、综艺演出、休闲食品展销、食品安全讲座、烹饪绝活表演等丰富多彩的活动，为广大群众、社会各界奉上一场异彩纷呈、美味丰盛的烧烤美食文化盛宴，加快本土饮食文化与国内外饮食文化的融会贯通，进一步倡导健康安全饮食新风尚。现场32个企业摊位，销售食品种类以烧烤为主。邀请中华特色小吃团16个摊位，展销的老北京雪梨汤、台湾一口蟹、绍兴臭豆腐、云南香草饭等不同风味的美食广受欢迎。烧烤美食节期间，现场客流量近30万人次。

第十节　中国（青州）花卉博览交易会

青州的花卉种植历史悠久。1978年以后，拥有悠久历史的青州花卉栽培迅速发展起来。自1993年开始，以青州万红花卉有限公司成立为标志，花卉种植面积迅速扩大，成为当地农户致富的主导产业，陆续出现了一批花卉专业村、专业户和龙头企业，逐步由小而散向专业化、集约化种植转变。2001年后，以举办首届花卉交易会为标志，青州市委、市政府加强对花卉产业的扶持和引导，拓展销售网络，优化品种结构，提高组织化程度，初步形成集“产、研、销”于一体的产业化体系，被省林业局确定为山东省花卉交易会永久会址。以2007年6月成功取得第七届中国花卉博览会举办权为标志，按照“错位办会，突出产业，扩大影响，拉动经济”的理念，规划建设了占地60平方千米的“东方花都生态城”、占地35平方千米的花卉博览园和占地333.33公顷的省级花卉高科技园，成立山东省仙客来研究所、蝴蝶兰组培中心等高科技研发机构，并设立花卉产业发展区党工委、花卉发展区管委会以及花卉产业发展管理局，使花卉产业逐步转入现代化高科技发展轨道，青州花卉的品牌影响力不断扩大。

从2001年开始举办花卉博览交易会，每年一届，至2012年连续成功举办14届，取得较好社会效益和经济效益。从2012年开始，青州逐步转变政府主导的办会模式，按照“室内专业会展、室外花卉旅游，企业承办、政府支持”的思路，重点突出“花卉”和“旅游”两个核心元素，实现了向专业展会的成功转型。

中国（青州）花卉博览交易会每年在国庆节前后举办，会期10天。参展企业从第一届的以青州市及周边县市花卉企业为主，到荷兰、日本、德国、韩国、美国等30余个国家（地区）及国内的共2万余家花卉企业参展。

中国（青州）花卉博览交易会，始终坚持“以花为媒，共图发展”的办会宗旨，由过去的“政府主导、社会参与、市场运作”办会模式逐步转变为以市场运作为主，实现了向专业展会的成功转型。历届花卉博览交易会均获得成功，取得巨大的社会效益和经济效益。

中国（青州）花卉博览交易会创办之初，由青州市政府主办、黄楼镇政府承办，是一个县级展会。2002年、2007年青州市分别承办第三、四届山东省花卉博览会，并被山东省林业局、省花协确定为山东省花卉交易会永久性会址。

围绕青州花卉产业发展，每届花博会期间都邀请国内花卉专家到青州举办花卉产业发展高峰论坛或专题报告。2005年，《中国花卉报》社、全国仙客来研究会、青州市人民政府作为主办单位，共同举办第三届全国仙客来生产与营销高级研讨会，来自日本、美国、荷兰和国内的近70名仙客来生产与营销方面的专家、学者、客商齐聚青州，就仙客来国际国内市场动态、仙客来的生产与管理进行交流，为青州仙客来的生产与营销，带来了新的信息与技术。2006年，山东省花卉企业家协会成立大会暨山东省花卉产业发展高峰论坛、浙江森禾种业公司新闻发布会等活动举行。2007年，举办山东省兰花、插花艺术、根雕艺术、赏石艺术及花肥、花药、花械、花盆展。专家立足国内国际花卉业发展的形势，着眼于青州花卉生产的实际，从花卉发展方向、目标、措施等方面进行认真研讨，对青州市确定的以市场为导向，以科技为支撑，以流通为纽带，以效益为目标，实施“大花卉”发展战略，进行充分论证，为青州花卉产业大发展奠定了坚实基础。

2009年在青州市举办的第七届中国花卉博览会，由国家林业局、中国花卉协会和山东省政府主办，全国绿化委员会、国家林业局、财政部、科技部、铁道部、农业部、商务部、海关总署、国家质检总局等九部委作为支持单位，成立了由全国政协副主席罗富和任名誉主任委员的高规格组委会。会展期间，国家多个部委、中国花协以及各省、市、自治区的领导莅临参观。此届规格高、规模大、影响广、拉动作用明显，成为历史上最成功的一届中国花卉博览会。青州花博会由县级规模和水平办到省级、国家级规模和水平，实现了办会的“三级跳”，成为青州市对外交流的一张亮丽名片和对外开放、招商引资的最佳平台。第七届中国花卉博览会创意策划了花与文化、花与生活、花与旅游、花与科技、花与经贸、会期重要活动等六大板块共46项活动，每一项活动都内容充实、精彩纷呈，充分体现了“人文花博、现代花博、科技花博、和谐花博”的理念。其中“中华情·花舞青州”和颁奖盛典“精彩中国·魅力青州”的成功演出，开创了花博会的先河。

2010年，第十届中国（青州）花卉博览交易会举办中国青州花都之旅启动仪式暨2010世界旅游小姐年度冠军总决赛入城仪式、第十届中国（青州）花卉博览交易会暨第四届山东省花卉交易会开幕式及2010世界旅游小姐年度冠军总决赛颁奖盛典、“十年花博 十年辉煌”研讨会、2010世界旅游小姐青州景点巡游等16项活动。其中，2010世界旅游小姐年度冠军总决赛和世界旅游小姐青州景点巡游活动是此届花博会的亮点，108个国家的佳丽云集青州，游景点、进农家，品味青州历史文化，体验花都现代生活。世界旅游小姐连同随行人员，共数百名外宾参加花博会，是青州花博会历史上参会外宾最多的一届。

2011年，第十一届中国（青州）花卉博览交易会举办开幕式暨文艺演出、海峡两岸花卉发展论坛、第八届青州花卉文化艺术节、第三届山东省根艺赏石博览会、“青州市花卉专业人才”评选、第十一届中国（青州）花卉博览交易会暨第五届山东省花卉交易会招商引资项目签约仪式、闭幕式等9项活动。此届花博会的开幕式文艺演出一改往年“全部演出阵容外请”的模式，以反映青州特色文化为主题，充分展示青州人的精神风貌，以及经济建设、社会发展的辉煌成就。花博会期间，成功举办“我爱花都”儿童手绘百米长卷活动、“美在花都”艺术摄影大赛等一系列活动。

2012年，第十二届中国（青州）花卉博览交易会暨第六届山东省花卉交易会秉承“新市场、新机制、新花博”的理念，采取市场化运作模式，引入专业会展公司合作办会，开创了花博会举办新局面。此届花博会室内展区举办了“花卉上的中国特展”和“时尚花艺展”，从花卉的时尚和文化两个角度进行延伸，充分展示青州花博会的专业性、文化性、社会性和博览性。“花卉上的中国”这一角度的展示是在国内展会的首次亮相，体现青州花博会走在国内花卉类展会的前列。此届花博会还首次融入世界标志性园艺景观和花卉新品种，吸引国外多家花卉企业前来参展，展现出青州花博会越来越大的影响力。

第十一节　中国（高密）红高粱文化节

高密历史悠久，文化底蕴深厚，素有“三贤四宝”之乡（三贤：晏婴、郑玄、刘墉；四宝：高密茂腔、高密剪纸、聂家庄泥塑、扑灰年画）的美誉。改革开放后，高密的经济和各项社会事业均有长足发展，1993年进入全国百强县，是文化部命名的“中国民间文化艺术之乡”，有4项非物质文化遗产项目列入国家级保护名录。

20世纪80年代，高密籍作家莫言创作小说《红高粱》，向世人展示高密人朴实厚重、不屈不挠、爱恨分明、谦逊热情的生命特质。随着经济社会的发展，这种“红高粱”特质升华为高密文化的象征，各种特色的传统文化元素汇集成独具特色的“红高粱”文化。进入21世纪，高密市委、市政府提出建设经济强市、文化名市，进一步提升经济发展软实力。2010年，借助“红高粱”这一品牌创办“中国（高密）红高粱文化节”，以进一步发掘地方历史文化资源，传承弘扬传统文化。文化节秉持“弘扬先进文化、体现地域特色、传承人文精神、促进经贸合作、提升城市品位”的办会理念，成为展示高密文化和经济社会发展成果、加强对外交流与合作的重要节会品牌，进一步提升了高密在国内外的知名度和美誉度。2012年莫言获得诺贝尔文学奖后，“红高粱”文化品牌美誉度更加凸显。

首届中国（高密）红高粱文化节

于2010年9月26日在高密市文体公园开幕。此届节会以“红高粱之约”为核心主题，旨在荟萃高密民间文化艺术，打响红高粱品牌。主要组织举办了“红动中国·唱响高密”大型文艺演出、非物质文化遗产精品展、电视纪录片《中国民俗映像》开拍仪式等一系列活动。中国作家协会主席铁凝、著名作家莫言，中国电影家协会、中国民间美术专业委员会、中国传媒大学、省作家协会的领导及省内外专家学者出席开幕式。

第二届中国（高密）红高粱文化节

于2011年9月24日—10月7日举行。以弘扬晏子文化为主题，秉承高端文化研究与民俗文化展示相结合的办会理念，组织举办晏子文化暨高密文化产业发展研讨会、莫言作品研讨会、中国（高密）红高粱诗歌大赛等一系列活动。著名作家莫言，文化部、省作家协会的领导及省内外专家学者出席开幕式。

第三届中国（高密）红高粱文化节

于2012年10月29日—11月3日举行。此届文化节以喜迎中共十八大为主题，以莫言获诺贝尔文学奖为契机，秉承加强与高等院校、文化机构合作，开展主题文化讨论和研究，展示文化发展成果，推动文化与经济互相促进、协同发展的办会理念，组织举办《电视之夜》大型文艺晚会、高密民间文艺团体大展演、《丹青高密》当代中国画名家精品展、高密扑灰年画珍品展、高密市重点文化建设项目推介会等23项主题文化活动。中国作家协会副主席、2012年诺贝尔文学奖获得者莫言，省委宣传部、省文化厅、中国艺术研究院的领导及省内外专家学者出席开幕式。

龙头蜈蚣

第二十八编

卫生　体育

潍坊市人民医院门诊楼　（2012年拍摄）

1991年，全市有各级各类医疗卫生机构1034个、床位1.6万张、卫生技术人员2.02万人。通过不断改革发展，全市卫生服务体系逐步健全，医疗卫生服务能力显著增强，人民群众健康水平和健康保障水平明显提高。到2012年底，全市有各级各类医疗卫生机构6796个、床位5.09万张、卫生人员8.59万人，其中卫生技术人员6.8万人；全年接诊3434万人次，出院病人175.65万人次；资产总值164.46亿元。建筑面积387.27万平方米，其中业务用房252.57万平方米；万元以上设备23202台，总价值30.7亿元。

1991—2012年，潍坊市体育事业快速发展，经常开展的群众体育项目有50多项。1997年潍坊市被国家体委授予“全国群众体育先进单位”。竞技体育成绩辉煌，涌现出奥运冠军和一大批优秀运动员。体育设施先进，体育产业得到蓬勃发展。

第一章　卫生行政

第一节　管理机构

1991年10月，潍坊市卫生局编制58人，其中行政编制31人，事业编制27人。设内部科室13个，其中行政科室8个，事业科室5个。分别为办公室（党委办公室）、人事科（老干部管理科）、医政科、爱卫办（防疫科）、药政科、科教科、中医科、计财科、地方病防治办公室、公费医疗办公室、保健委员会办公室、医学会办公室、红十字会办公室。

1994年，潍坊市卫生局编制42人，其中行政编制22人，事业编制20人。内设办公室、政工科、医政科、计财科、药政科、科教科、中医科7个行政科室；爱卫会办公室、地方病防治办公室、干部保健办公室、公费医疗办公室、红十字会办公室、医学会办公室6个事业科室。

1997年3月，市卫生局机关编制为33人，其中工勤人员编制3人。设办公室（挂党委办公室和社会治安综合治理办公室牌子）、人事科（挂老干部科牌子）、计财科、医政科、防疫科、药政科、科教科、中医科8个行政科室。

2001年8月，市卫生局机关编制总额31人，其中行政编制28人，工勤人员编制3人。设办公室、人事科教科、规划与财务科、卫生法制与监督科（挂政策研究室牌子）、基层卫生与妇幼保健科、医政科（挂医疗机构管理办公室牌子）、疾病控制科、中医科（挂市委保健委员会办公室牌子）8个行政科室。撤销潍坊市地方病防治领导小组办公室和中共潍坊市委干部保健委员会办公室（市公费医疗办公室），分别收回事业编制5人和7人。撤销药政科，药检职能并入潍坊市药品监督管理局。机关事业单位人员医疗保险职能（原公费医疗部分）移交给潍坊市劳动和社会保障局。同年，成立潍坊市卫生局120指挥中心，为正科级全额预算管理事业单位，定编10人。成立潍坊市卫生局机关服务中心，正科级差额预算管理事业单位，定编5人。

2005年10月，成立潍坊市卫生局卫生监督处，副县级规格，全额预算管理，核定编制35人。潍坊市爱国卫生运动委员会办公室规格调整为副县级，人员编制6人。潍坊市红十字会由市卫生局代管调整为市政府领导联系，会长由市政府有关领导兼任，配专职副会长（副县级）1人，核定市红十字会机关人员编制4人。同年，潍坊市卫生局机关编制73人，其中行政编制28人，事业编制45人。

2009年，设立潍坊市新型农村合作医疗办公室，为市卫生局正科级行政支持类事业单位，编制6人。12月，潍坊市卫生局增设市保健办公室，挂市委保健委员会办公室牌子，为市卫生局内部机构，正科级规格。

2010年5月，将餐饮服务许可、餐饮服务环节食品安全监管和保健食品、化妆品卫生监督管理职责划转给市食品药品监督管理局；划入市食品药品监督管理局食品安全综合协调、组织查处食品安全重大事故职责；将医疗事故鉴定、免疫规划接种异常反应调查诊断和鉴定的技术性、事务性工作交给事业单位或中介组织。市卫生局机关行政编制29人。

2012年底，潍坊市卫生局实有公务员25人、参公管理人员36人、事业编制人员26人。设置办公室（挂政策研究室牌子）、组织人事科、规划财务科、卫生应急与疾病控制科（挂市突发公共卫生事件应急指挥中心办公室牌子）、食品安全综合协调科、基妇与社区卫生科（挂药物政策与基本药物制度科牌子）、医政与医疗服务监管科、中医药管理科、市保健办公室（挂市委保健委员会办公室牌子）9个职能科室以及潍坊市爱国卫生运动委员会办公室、潍坊市新型农村合作医疗管理办公室、潍坊市医学会办公室、潍坊市红十字会办公室、潍坊市卫生局120指挥中心、潍坊市卫生局卫生监督处6个机关辅助性事业单位。

第二节　医政管理

医疗管理

医疗机构管理　1990年，潍坊市启动医院等级评审试点工作，1992年全市铺开。1998年，根据卫生部要求，医院等级评审工作暂停。至此，潍坊市共创建三级甲等综合医院1所，三级乙等综合医院1所，三级甲等中医医院1所，二级甲等综合医院12所，二级甲等中医医院7所。其中潍坊市人民医院首批创建为三级甲等医院。2003年，潍坊市开展“满意在医院”活动。2005年起，潍坊市按卫生部和省卫生厅要求，开展为期4年以病人为中心、以提高医疗服务质量为主题“医院管理年”活动，促进医院规范化管理。

医疗质量管理　2001年起，全市每年对二级以上医院至少开展两次比较系统全面的医疗质量检查，内容涵盖门诊、急诊、病房、医技科室等医疗服务重点部门。2002年，全市强化卫生行政部门对医疗质量的准入把关和监督管理，强化医疗机构对医疗质量的制度落实和控制；重点加强病历质量，病理科、检验科、急诊科和整体护理病房建设；落实检查、督导、交流和通报措施。同年，市卫生局组织召开全市卫生系统质量行动大会，启动质量管理体系认证工作，并确定首批16个贯标认证试点单位。同年，按省卫生厅统一部署，在全市开展医疗质量管理效益年活动。2006年1月，潍坊市印发《关于加强会诊和外购药品管理的通知》，规范医师会诊行为，加强对药品、医用耗材外购管理。3月，在全市开展创建“医德医风示范医院”活动；6月，在全市开展惠民医疗服务活动，市第六人民医院被确定为市级惠民医疗服务定点医院，各县市区分别确定各自县级惠民医疗服务定点医院。2007年，组织成立急诊、病理、药事、临床输血、护理、医院感染6个专业质量控制中心，加强对重点专业质量控制。2008年，全市二级以上医院全面推进市级标准化门诊、急诊、手术室、ICU、血透室和护理服务示范病房等标准化创建工作。2009年起，潍坊市按卫生部统一部署，为期4年医院管理年活动转入“医疗质量万里行”活动。每年组织全市临床、护理、院感、药学、检验、医院管理等方面专家，对全市二级以上综合医院、中医院、妇幼保健院及部分专科、民营医疗机构“医疗质量万里行”活动开展情况进行督导检查。2010年，省卫生厅大型医院巡查暨医疗质量万里行、基层医疗机构规范服务行动督导组对潍坊进行全面检查。2011年，潍坊市专家组对全市16所二级以上综合医院、8所中医院、4所专科医院和2所一级医院抗菌药物临床应用情况进行专项督导检查。省卫生厅通报2011—2012年度全省临床检验结果“一单通”名单，潍坊市37所医院参与检验结果省级室间质评。2012年，印发《潍坊市医院评审办法（试行）》《潍坊市医院评审专家库管理办法（试行）》，举办全市医院评审启动培训班，为医院评审提供保障。

医疗纠纷处理　1987年6月，潍坊市成立市、县两级医疗事故技术鉴定委员会，负责辖区内医疗单位医疗事故技术鉴定工作。鉴定委员会人选由卫生行政部门提名，报请同级人民政府批准。2002年9月，潍坊市公布医疗事故争议尸解定点机构和专门人员，筹建潍坊市医学会医疗事故技术鉴定工作办公室，成立医疗事故技术鉴定专家库，制定医疗事故技术鉴定工作程序和行政处理制度。2008年10月，潍坊市印发《关于建立部门联动机制切实维护医疗机构正常诊疗秩序的通知》，进一步规范医疗纠纷处理程序，严厉打击扰乱正常医疗秩序不法行为。

医院感染管理　1991年，潍坊市印发《关于进一步加强医院感染管理的意见》，要求各县市区尽快成立医院感染管理领导小组，各级各类医院尽快成立医院感染管理委员会（或小组），配备专职或兼职人员，并明确责任，使之真正成为医院感染管理的工作实体。1995年1月，潍坊市建立医院感染监控网，监控中心设在潍坊市人民医院医院感染管理办公室。全市二级以上综合医院参与医院感染监控网络信息上报。同年2月，市卫生局成立潍坊市医院感染管理委员会，负责对全市医院感染工作的检查、指导和协调。2003年，经过传染性非典型肺炎（SARS）防控，卫生行政部门和医疗机构更加重视对医院感染管理的组织建设，到2005年，全市三级、二级医疗机构中医院感染专职人员持证上岗率分别为100%和80%。2007年，成立市卫生局医院感染专业质量控制中心，负责医院感染质量控制、业务培训、指标监测等工作，中心挂靠潍坊市人民医院和解放军第89医院。2012年，全市28个二级以上医疗机构中，设独立院感科室的22个，占78%；按250张床位比一人配备院感管理人员的14个，占50%。

药事管理　1992年8月，潍坊市转发《全省进一步严厉打击制售假劣药品统一行动方案》，对打击制售假劣药品工作领导、步骤、方法、时间安排提出明确要求。1996年4月，潍坊市人大常委会教科文卫委员会、市卫生局联合对全市贯彻落实《中华人民共和国药品管理法》情况进行检查。1999年9月，潍坊市印发《关于加强乡镇卫生院药品购用管理的通知》，对加强组织管理、规范药品采购渠道等作出明确要求。2002年，潍坊市确定县级以上地方卫生行政部门（含中医药行政管理部门）负责本行政区域内医疗机构药事管理工作；二级以上医院成立药事管理委员会，其他医疗机构（诊所、中医诊所、民族医诊所、卫生所、医务室、卫生保健所、卫生站除外）可成立药事管理组，监督、指导本机构科学管理药品和合理用药。2003年，《潍坊市抗生素应用规范（试行）》印发，提出抗生素“三线”分类方法，制定专科用药指导方案，实施临床用药统计公示制度，推动全市抗生素临床应用规范化。2008年，市卫生局组建临床药学专业质控中心，以潍坊市人民医院和市中医院为挂靠单位。2011年，组织开展麻醉药品印鉴卡复核换证，组织对全市53个麻醉药品、第一类精神药品购用印鉴卡持有单位进行抽查验收，保证特殊药品购用安全。同年，下发《潍坊市抗菌药物联合整治工作实施方案》，开展抗菌药物应用联合整治行动。2012年，对全市20余个持有“麻醉药品和第一类精神药品印鉴卡”医疗机构的40余项变更项目进行逐一审核变更。同年12月，潍坊市人民医院、益都中心医院代表潍坊市接受省卫生厅组织的全省抗菌药物临床应用专项整治暨药物临床试验管理工作专项检查；同时，组织市级专家对全市二级以上综合医疗机构进行抗菌药物临床应用专项检查，全市抗菌药物临床应用水平大幅提升。

血液管理

管理体制 1984年，潍坊市批准成立市血站。1988年，潍坊市成立公民义务献血领导小组。1991年，潍坊市血站加挂“潍坊市红十字中心血站”牌子，主要负责城区血源管理及血液采集、贮存、供应等工作。1994年6月，潍坊市成立血液质量管理领导小组，负责采供血过程中血液质量监督和管理。1995年2月，市卫生局成立潍坊市血液质量管理委员会，办公室设潍坊市红十字中心血站，负责采供血机构评审、血液质量监督、指导和输血工作日常管理。同年，青州市中心血库成立。1996年，诸城、高密、临朐中心血库成立；奎文、潍城、坊子、寒亭、寿光、安丘、昌邑、昌乐由潍坊市红十字中心血站实行统一管理血源、统一采血、统一供血；青州、诸城、高密、临朐输血分别由当地县中心血库负责。1998年10月1日，《中华人民共和国献血法》正式实施，市政府献血领导小组更名为潍坊市献血工作委员会。2006年9月1日起，诸城、临朐、高密3处中心血库撤并，潍坊市红十字中心血站供血范围覆盖到除青州市外其他县市区。2007年7月，潍坊市成立临床输血专业质量控制中心，挂靠潍坊市人民医院和潍坊市红十字中心血站。是年，青州中心血库撤并，潍坊市红十字中心血站成为全市唯一集采供管于一体、输血医疗与输血研究相配套的输血专业机构和临床输血指导中心，对潍坊市100多个临床用血单位进行统采统供。2010年6月，为进一步规范管理，为临床用血提供便利，全市建立起县级储血库运行体系，在12所二级以上综合医院设置县级储血库，把以各县中医院为主的15个医疗机构设置为血液直供点。

血液采集 1989年，潍坊市印发《个体献血

潍坊血站 （1994年拍摄）

潍坊市中心血站综合业务楼　　　　(2003年10月拍摄)

员管理暂行办法》，进一步规范对个体献血者管理。同年，全市开始实行公民义务献血制度，当年实现义务献血2800人次。1993年11月，潍坊市对个体献血者进行统一编号管理。1998年10月1日，潍坊市首台无偿献血流动采血车正式启用。同年，无偿献血达16628人次。献血工作实现由政府计划指标献血向街头自愿无偿献血过渡，一次献血200毫升向400毫升过渡，临床用血由全血向成分血过渡，献血人群由城市向农村过渡。2000年，潍坊市无偿献血突破5万人次，80%的医疗用血来自无偿捐献。2007年，全年共采集血液22吨，91%血液来自街头无偿献血。2008年，无偿献血进入自觉自愿献血阶段，取消政府指令性计划，血液全部来自公民自觉自愿献血，潍坊市实现无偿献血70016人次，采全血23.5吨，单采血小板3267单位，满足临床用血。2009年6月，潍坊市成立无偿献血志愿服务队，有队员80名。到2012年底，全市以由流动人员无偿献血为主、固定无偿献血者为辅、爱心血库为补充的无偿献血新机制逐步形成，临床用血100%来自街头自愿无偿献血。2000—2012年，在卫生部每两年一度无偿献血表彰活动中，潍坊连续6次被授予“无偿献血先进城市”称号。

第二章　医疗卫生体制改革

全市卫生系统坚持与时俱进，解放思想、实事求是，更新观念、转变职能，完善服务体系，创新体制机制，加强内部管理，大胆探索和深入推进公立医院、基层卫生、医疗保障、药物制度等各个领域的改革，人民群众看病难、看病贵、看病不方便、看病不放心问题得到逐步解决。

第一节　公立医院改革

1991年以前，潍坊市医疗系统改革核心是革除长期存在的“独家办”卫生体制，推进多渠道、多形式办医，提高医疗机构服务效率，着重解决看病难、住院难、手术难问题。

1992年5月，市政府召开全市卫生改革经验交流会；6月，潍坊市印发《关于进一步深化卫生改革的若干意见》，全面部署深化卫生改革，重点用足、用好、用活时有卫生改革政策，改革卫生管理体制和干部人事制度，扩大医疗卫生服务范围和卫生投资渠道，完善卫生投资机制。潍坊3所一级医院、3所二级医院、1所三级医院参与全省医院分级管理试点，经评审全部达到甲等医院标准。12月，全省医院分级管理工作现场经验交流会在潍坊召开。从1994年开始，连续7年开展“医疗质量管理年”和“医疗质量院院行”活动，评选潍坊市“十佳医院”“十佳乡镇卫生院”“百名优秀医务工作者”，医疗质量进一步提高。

1997年4月，市委、市政府印发《关于卫生改革与发展的决定》，并召开全市卫生工作会议，总结中华人民共和国成立以来特别是改革开放以来卫生工作取得的成绩和经验，确定到2010年全市卫生工作的指导思想和奋斗目标，研究制定新形势下进一步发展卫生事业的政策措施，全市卫生改革发展进入新阶段。

2000年12月，市政府召开全市城镇医药卫生体制改革工作会议，批转市体改办、市卫生局等10部门《关于城镇医药卫生体制改革的实施意见》，有关部门联合制订8个配套文件，全面推进落实城镇医药卫生体制改革。2001年，在全市卫生系统启动“三纵连五横，质量认一证”为主要内容的“质量行动”，重点实行卫生工作全行业管理。市政府印发《潍坊市区域卫生规划》《潍坊市医疗机构设置“十五”规划》《潍坊市卫生工作全行业管理办法》，实行医疗机构分类管理，将现有医疗机构分为非营利性和营利性两类进行管理，政府不举办营利性医疗机构；完善社区卫生服务体系，将城区医疗机构划分为综合医院、专科医院和社区卫生服务组织，逐步建立“大病进医院、小病在社区”的新型医疗卫生服务体制；改革药品收支管理办法，实行医药分开核算、分别管理制度；改革卫生监督体制，合理划分卫生监督与卫生技术服务职责，对原有机构适当精简、归并、调整；改革卫生事业补偿机制，完善卫生经费管理政策。

2005年12月，市委、市政府印发《关于进一步加快卫生事业发展与改革的意见》，加快发展公共卫生事业和公立医疗机构；积极推进卫生事业改革，进一步明确所有权，扩大经营权,强化监督权；改革公立医院干部制度，取消公立医院行政级别，实行院长聘任制、任期制、年薪制和年度考评制；改革公立医院分配制度，实行工资总额制和岗位工资制；改革公立医院监管制度，实行国有资产托管制、总会计师制度和财务科长轮岗制以及收支预算审批制、建设项目报批制；加强卫生行业监管，确保国有资产安全，依法监管公共卫生和医疗服务市场，加强药品和医疗服务价格监管，纠正卫生行业不正之风。潍坊结合实际，自我探索公立医院管理体制和内部运行机制改革，主要做法被称为医改“潍坊模式”。

2009年12月，市委、市政府印发《关于进一步深化医药卫生体制改革的实施意见》，市政府印发《潍坊市医药卫生体制改革近期重点实施方案（2009—2011）》，召开全市深化医药卫生体制改革工作会议，对包括公立医院改革试点在内的新医改五项重点改革任务作出全面部署。2010年2月，卫生部、国务院医改领导小组办公室下发《关于确定公立医院改革国家联系试点城市及有关工作的通知》，潍坊被列为全国公立医院改革16个国家联系试点城市之一。同年7月，市委召开第九十八次常委会，研究通过《潍坊市公立医院改革试点实施方案（修订稿）》；8月31日，市委、市政府印发《潍坊市公立医院改革试点实施方案》，明确公立医院改革试点，坚持公立医院公益性质和主导地位，进一步完善服务体系、改革体制机制、加强内部管理和完善公立医院服务体系、加快构建多元化办医格局、改革公立医院管理体制、改革公立医院补偿机制、改革公立医院内部运行机制；9月1日，潍坊市公立医院改革试点启动大会召开，国家联系试点工作正式启动。2011年1月，市卫生局召开医疗惠民行动新闻媒体见面会，向全市公布20项惠民便民措施；2月，全国公立医院改革分工协作机制工作会议在潍坊召开；3月，市政府召开全市推进公立医院改革试点工作会议，确定重大体制机制改革在市中医院“先行先试”；6月28日，市政府印发《关于加快推进公立医院综合改革试点的指导意见》，在全市所有市、县两级公立医院全部推开综合改革试点；12月，市医改领导小组印发《关于进一步促进和发展医疗联合体的指导意见》。2012年，市政府印发《潍坊市“十二五”期间深化医药卫生体制改革规划暨实施方案》，对2012年到2015年医改工作作出统一部署。同年6月，卫生部、国务院医改办、财政部印发《关于确定县级公立医院综合改革试点县的通知》，确定首选311个县（市）开展试点，潍坊市的青州、诸城、寿光、安丘、高密、昌邑6市和临朐、昌乐2县被列为全国县级公立医院综合改革试点县（市）；7月、10月，潍坊市人民医院、市中医院院长聘任暨委托经营管理责任书签订仪式先后举行，两院综合改革进入全面推进、深入推开新阶段；12月，市政府办公室印发《关于加快推进县级公立医院综合改革试点工作的指导意见》，潍坊市作为公立医院改革国家联系试点城市和拥有8个全国县级公立医院综合改革试点县（市）的地级市，公立医院改革全面推开；市医管会委托卫生部医院管理研究所对市中医院“先行先试”工作进行第三方评估；潍坊市被卫生部确定为公立医院改革国家联系试点城市“分工协作机制”协作组牵头单位。到2012年底，全市建立起34个医疗联合体，主要做法被吸收到卫生部草拟《医疗联合体试点方案》中，20项便民惠民措施得到全面落实。

第二节　医疗保障制度改革

公费医疗

1989年，潍坊市制定《潍坊市市直单位公费医疗管理试行办法》，确定全市公费医疗实行“一包”“两定”“三挂钩”政策，将经费包干给定点医院和有条件的享受单位管理使用；定医疗点、定经费标准；经费开支与医院、享受单位、享受本人挂钩。1994年，全市共有市、县两级13个承担公费医疗定点医疗单位和部分实行公费医疗经费包干享受单位。

1999年，以“实行属地管理，参加范围为城镇所有用人单位及其职工；基本医疗保险费由用人单位和职工双方共同负担；基本医疗保险基金实行社会统筹和个人账户相结合”为主要内容的城镇职工基本医疗保险制度在潍坊建立，公费医疗制度被取代。同年，城镇职工基本医疗保险划归市劳动部门管理。

合作医疗

1991年，潍坊市重新启动农村合作医疗，全市有800个自然村恢复合作医疗制度。1992年，潍坊市印发《关于进一步深化卫生改革的若干意见》，要求年底全市70%乡镇实行合作医疗，到年底覆盖率达66.4%。1993年，全市乡镇办合作医疗发展到165处、村办合作医疗749个，受益486万人，占农村人口的63.4%。1994年，全市发展乡镇办合作医疗175个、村办合作医疗749个，受益508万人，占农村人口的66.1%。1996年，潍坊市各县市区把兴办农村合作医疗作为建立农村社会保障体制的突破口，全市合作医疗覆盖人口558万人，占农村居民总人口80.06%，被人民群众誉为“民心工程”。1998年，潍坊市合作医疗覆盖率达86%，合作医疗筹资数额、报销比例分别比1997年提高2～3元和15～20个百分点；安丘市被卫生部确定为世界卫生组织第三阶段合作医疗课题研究项目市。2000—2002年，农村经济体制改革不断深化，农户上缴合作医疗费出现困难，农村合作医疗没有形成新的可靠的筹资和运行机制，合作医疗运行停滞，新型农村合作医疗进入探索阶段。

新型农村合作医疗

2001年，潍坊市先期开展农民健康保障制度探索，将青州市王母宫、谭坊、弥河3个乡镇原来的合作医疗过渡为“两级风险（不能导致贫困疾病为一级风险，能导致贫困疾病为二级风险）、三方筹款（农民个人、定点医院、乡镇财政）、四面规范（资金筹集、资金管理、资金使用、医疗服务）”的农民健康保障制度。2002年，青州市扩大到9个乡镇，参保258827人，筹资总额418.5万元，受益205095人次。随后，安丘等县（市）部分乡镇开展以镇为单位新的合作医疗试点。村集体、乡镇政府财政拿出少量引导资金，筹资以农民个人为主，人均5～10元。参合农民在乡镇卫生院就诊，可按比例报销一定数额医疗费，补偿比一般在20%，封顶线一般在6000元左右。

2003年，潍坊市在全省范围内率先试点新型农村合作医疗，全市参加合作医疗（简称参合）农民99.31万人，参合率16.22%，人均筹资额20元，其中个人缴纳10元，各级政府补助10元。青州被列为首批省级新农合制度试点县。2004年，全市参合农民286.3万人，参合率47.5%，人均筹资额为20元，其中个人缴纳10元，各级政府补助10元。寿光市被纳入省级试点。青州、寿光两个省级试点市的参合率分别达70.84%和87.9%。

2005年，为进一步扩大试点，市政府召开专题会议，确定3年内全市新农合要实现“198”和“两个三分之一”目标，即覆盖面以县为单位达100%，以乡镇为单位达90%，以户为单位达80%；筹资额度有1/3乡镇达到农民年卫生费用的1/3。全市覆盖率达到66.7%；参合农民403.07万人，参合率63.13%；人均筹资额20元，其中个人缴纳10元，各级政府补助10元。诸城、昌乐相继被纳入省级试点。

到2006年，青州、寿光、昌乐、诸城、高密、安丘、昌邑7个县（市）被列入省级新农合制度试点，其余县市区、市属开发区被列入市级试点，潍坊市比全国提前两年、比全省提前一年实现全覆盖。2007年，潍坊市12个县市区和各市属开发区全部纳入省级试点。2008年，全市参合农民624.91万人，参合率提高到97.11%；人均筹资提高到79元，政府补助和个人缴纳额分别为64元和15元；参合农民受益778.51万人次，受益率达124.58%；全市住院、门诊实际补偿比提高到30.79%和22.88%。

2009年，潍坊市印发《关于完善新型农村合作医疗补偿方案的实施意见》和《关于巩固和发展新型农村合作医疗制度的实施意见》，全市新农合工作进入巩固发展新阶段。全市统一实行住院统筹加门诊统筹模式，参合农民达621.5万人，参合率99%，人均筹资达104元，其中个人缴费24元。2010年，参合农民达622万人，人均筹资140.85元，其中各级政府补助107.4元。

2011年，全市共有625.83万人参合，参合率99.99%，高于全省医改目标4.99个百分点。各级财政补助标准从每人每年110元提高到每人每年200元，个人缴费由每人每年30元提高到每人每年50元。印发《潍坊市提高重大疾病新农合保障水平工作实施方案》，全面推开提高重大疾病医疗保障水平试点工作，病种由7种增加到30种，报销比例提高到70%以上，最高封顶线达农民人均纯收入的20倍左右，不低于15万元。全面推行以总额预付制为基础的支付方式改革，同时加大按病种、按床日和按人头付费改革力度，控制医疗费用不合理增长。全市所有县市区均为支付方式改革省级试点单位。

2012年底，全市共609.26万人参合，参合率100%，高于全省医改目标5个百分点。各级财政补助标准从每人每年200元提高到每人每年240元。个人缴费由每人每年50元提高到每人每年60元。全市基金总额达18.7亿元，较2011年增长20%。住院补偿比进一步提高，在一、二、三级定点医疗机构分别达80%、70%~85%和60%，国家基本药物和中医药补偿比再提高10个百分点。儿童先心病等30多种纳入重大疾病补偿范围疾病，不设起付线，补偿比80%；高血压、糖尿病等13种疾病纳入特殊慢性病补偿范围，发生的门诊可补偿费用执行同级医院住院补偿比。参合患者当年补偿封顶线提高到15万元，重大疾病分病种设置封顶线，最高30万元。全市政策范围内住院、门诊报销比例分别达76.7%和60.42%。全市建立县乡级新农合定点医疗机构互认制度。各县市区与邻近县市区一、二级定点医疗机构签订服务协议，建立网络直报点，纳入本县统一管理。全市首批试点共15个县市区，20余个县级、70余个乡级定点医疗机构实现互认。全市建立新农合诚信等级评价制度，根据定点医疗机构执行新农合政策法规综合诚信状况，在同一级别范围内，按照统一评价内容、标准和程序，将全市16个市级、54个县级、230个乡级、4000余个村级新农合定点医疗机构全部纳入评价范围，评定为A、B、C、D四类，分级分类采取不同措施进行监督和管理，加强和规范医疗服务监管和行为，有效控制医药费用不合理增长。全市大病保障工作不断推进，采取“20+”模式，首先保证将上级要求的20类重大疾病纳入大病保障范围；其次将病情较重、医疗费用高、农民负担重且诊断明确、疗效确切的先天性巨结肠、先天性尿道下裂、脑垂体瘤等30种疾病选择性纳入重大疾病保障病种范围，各县市区根据实际情况有针对性选择病种实施，保证病种总数达30种以上。纳入大病保障疾病，不设起付线，报销比例80%，分病种设置封顶线，最高30万元。全年共为24421名大病患者共计29698人次报销医疗费用1.6亿元。

第三节　基层卫生改革

乡村卫生改革

2001年以前，潍坊市将乡镇卫生院人事权、财权、管理权下放至乡镇政府管理，建立以块为主、条块结合管理体制。到2001年底，全市有188所乡镇卫生院划归乡镇政府管理，占乡镇卫生院的78.3%；全市建成具有专科特色卫生院57所，各种医疗联合体53个。2002年，市政府办公室转发市体改办等六部门《关于农村卫生改革与发展的实施办法》，乡镇卫生院全部上划到县级政府管理，其人员、业务、经费等由县级卫生行政部门按职责管理，经费预算指标相应上划到县级财政。2005年12月，市委、市政府印发《关于进一步加快卫生事业发展与改革的意见》，明确乡镇卫生院划归县级管理。到2008年底，全市乡镇卫生院基本完成上划县级政府管理。2009年，市委、市政府印发《关于进一步深化医药卫生体制改革的实施意见》，明确要求“政府在每个乡镇办好一所卫生院”“要严格界定服务功能，按照规定使用适宜技术、适宜设备和基本药物，为广大人民群众提供低成本、高效率服务，保持公益性质”。2011年，市政府印发《关于加快推进基层医疗卫生机构综合改革的实施意见》，明确提出建立公益性管理体制、竞争性用人机制、激励性分配机制和长效性补偿机制4项任务目标，推进基层医疗卫生机构管理体制和运行机制改革。到2011年底，全市103个政府办基层医疗卫生机构全部完成综合改革任务，全市乡镇卫生院、社区卫生服务中心共有7692人通过竞争上岗并签订为期3年聘用合同。同年，各级财政共拨付补助资金3.2亿元，其中中央奖补资金976万元、省级财政3375万元、市级财政1873万元、县级财政2.6亿元。2012年，按省卫生厅基层医疗卫生机构综合改革“回头看”要求，组织全市对基层医疗卫生机构综合改革实施情况进行全面认真检查梳理，及时总结完善，进一步巩固改革成果。

潍坊市为城乡居民建立健康档案，开展公共卫生服务　（2010年拍摄）

乡村卫生一体化管理

1991年，寿光实行“三证、三制、五统一”（“三证”即行医许可证、药品使用许可证、大输液许可证；“三制”即聘任制、工资制和退休制；“五统一”即村卫生室的党务、政务、业务、财务、药品均由乡镇医院统一管理）制度，探索出村办乡管新模式，潍坊市开始推广寿光模式。1992年底，全市实行村办乡管乡镇达210个，占总数的85.2%；同时，把乡村医生纳入正规化管理，规定报酬不低于村干部水平，稳定乡村医生队伍。1992—1994年，潍坊市不断推进乡村卫生一体化管理，创出院办院管、村办院管、院村联办等多种模式。

1996年，全市推行以潍城区符山为代表的院办院管模式为主导、院村联办和村办院管为补充的改革发展模式，全市实现乡村卫生一体化管理乡镇达213个，统一管理率达88.5%。

1999年，农村卫生工作贯彻市政府《潍坊市乡村卫生一体化管理办法》，进一步实行农村卫生综合目标管理责任制，院办院管模式乡村卫生一体化覆盖率达70%。2000—2001年，农村卫生全市一体化管理率达96.6%。

2001年6月开始，在全市农村建立以乡镇卫生院为龙头，村卫生所以统一法人、统一标识、统一管理、统一性质参与，集防治于一体，集团化连锁式的乡村卫生服务组织模式，到2003年10月底，全市12个县市区的120个乡镇推行集团化、连锁式乡村卫生服务组织模式，按《潍坊市农村卫生工作目标责任书》规定标准建起村卫生所1289个，占全部村卫生所的25%左右。2005年开始，农村卫生改革全力推行以乡村卫生服务一体化管理为载体的集团化发展、连锁式经营新路子。2008年底，全市村卫生室纳入乡村卫生一体化管理率达75%。到2012年底，全市乡镇卫生院实施乡村卫生一体化管理率达100%，全市村卫生室纳入乡村卫生一体化管理率达93%。

城乡医疗联合体

2006年始，潍坊市探索县乡村“三位一体”（县、乡、村三级医疗卫生机构由县级医院统一管理）资源整合改革，促使县级卫生资源向农村合理流动，在全市城乡全面推行城乡医疗联合体组建工作。到2012年底，全市12个县市区、4个市属开发区和8所市属公立医院实现全覆盖，共发展形成医疗联合体34个，龙头医院为医疗集团、联合体核心层，其他医疗卫生机构按不同加入方式分别为紧密层、半紧密层或松散层。

城市社区卫生服务管理体制改革

潍坊市社区卫生服务始于80年代末。1994年，市区内各医院为提高医疗市场覆盖率，纷纷在居民小区设置分支机构，开展医疗保健服务。1997年，市政府印发《关于做好社区卫生服务工作的意见》，全面启动城市社区卫生服务工作。2001年，潍坊市运用市场手段发展社区卫生服务，规定不分单位性质、隶属关系、所有制形式，只要达到准入标准，就允许举办社区卫生服务机构，调动社会资本投资举办社区卫生服务机构积极性。2004年，市政府办公室印发《潍坊市中心城区社区卫生服务机构设置规划》，设定机构数量、遵循原则和服务内容。2006年，提出“疾控办社区”发展思路，以公共卫生、妇幼保健等专业机构为依托，延伸举办社区卫生服务机构，构建公共卫生服务和基本医疗服务网络，社区卫生服务体系初步形成。2007年，市政府印发《关于进一步加强中心城区社区卫生工作的意见》，部署建设城市社区卫生服务体系工作任务目标及保障措施。2008年，社区卫生工作在“政府购买服务”新的投入补偿机制推动下，坚持以“政府主导、公益性质、市场机制、购买服务”发展理念和“双百双零”工作目标（社区卫生服务机构和基本公共卫生服务项目覆盖100%，城区居民基本公共卫生服务零收费和基本药物零加成），构建“十分钟就医圈”，在中心城区实行面向社会招标准入社区卫生服务举办主体，改变社区卫生服务机构“政府办，政府养”低效率做法。2008年7月，山东省政府购买城市社区公共卫生服务工作现场会在潍坊召开，总结推广潍坊市实施“政府购买”发展社区卫生事业的经验做法。同年，奎文区被列为山东省社区卫生服务工作重点联系城市。到2012年底，潍坊市全面完成省卫生厅制定的社区卫生服务体系三年建设规划，共建成达标社区卫生服务机构188处，其中社区卫生服务中心35个、社区卫生服务站153个，业务面积达8万平方米。

第四节　基本药物制度改革

探索实施社区基本药物制度

2008年，潍坊市开始在社区卫生机构全部配备和使用社区基本药物，根据社区居民常见病、多发病诊疗需要，首先确定70种社区基本药物，包括急性病、慢性病和急救用药三大类。2009年，将药物目录扩展到360种。潍坊市遴选出信誉好、资质高、规模大的17家企业作为全市社区用药供应商。各社区卫生服务机构与药品供应企业签订药品质量合同，明确药品供应企业确保药品质量的责任。

普及国家基本药物制度

2010年3月，按省政府统一部署，选择奎文、高新、寿光、诸城、昌邑开展国家基本药物制度试点，77家政府办基层医疗卫生机构纳入先行实施基本药物制度范围。同时将奎文、潍城、坊子、寒亭、高新、滨海等社区卫生服务机构由实行社区基本药物制度过渡到统一实行国家基本药物制度。2011年1月1日起，全市所有县市区的267个政府办基层医疗卫生机构实行基本药物制度，实现政府办基层医疗机构全覆盖。

在纳入规划村卫生室实施基本药物制度

2011年，潍坊市印发《关于贯彻落实鲁政办发〔2011〕53号文件进一步加强乡村医生队伍建设的实施意见》，要求2011年底前全市纳入省、市统一规划设置的3185个村卫生室全面推行国家基本药物制度，并实行进度月报和每月督查调度，确保基本药物制度有序实施。

完善药品采购

2001年，潍坊市开始实施药品集中招标采购，市、县两级同步开展，市卫生局组织城区8所医疗机构开展联合招标，经过二次招标，取得较好效果，药品价格下降约40%左右。2003年起，医疗机构自行组织招标。2008年3月，潍坊市印发《市直卫生单位招标采购管理暂行规定》，要求各单位建立招标采购组织，市直卫生单位基本建设、万元以上修缮项目、仪器设备、交通工具、大宗办公家具、药品、医用耗材、取暖用煤、物业管理、学校教材、公寓用品及其他金额较大购置要公开招标采购，实行招标结果备案制度。2010年上半年，山东省药品网上采购平台开通，全省首次药品招标工作完成，并开始网上采购。潍坊市63所县及县以上政府办医院和国有控股企业举办的非营利性医院参加全省药品网上采购。到2012年，潍坊市全部实施国家基本药物制度，按国家规定配备和使用基本药物。

第三章　医疗

潍坊市主要从医疗机构与队伍、医疗治疗管理、医疗纠纷处理、医疗技术管理、医疗感染管理、药事管理、医技管理等环节入手，由卫生行政部门依照相关法律法规及有关规定对其相关领域实施行政管理活动。

第一节　医疗机构与队伍

1992年，全市有医院、卫生院302所（个），仅有医生、护士等卫生技术人员21358人；到2012年底，医院、卫生院优化调整到269所，卫生技术人员增加到67950人，较好地满足人民群众医疗卫生需求。

1992—2012年潍坊市医院、卫生院及卫生技术人员情况表

表28—3—1

年份	医院、卫生院(所)	卫生技术人员(人)
1992	302	21358
1993	279	21175
1994	289	21681
1995	290	22683
1996	289	20084
1997	289	21208
1998	289	21657
1999	289	22479
2000	282	27447

续表28—3—1

年份	医院、卫生院(所)	卫生技术人员(人)
2001	251	27167
2002	270	27003
2003	267	28103
2004	262	24263
2005	254	29612
2006	265	27745
2007	261	33246
2008	244	43756
2009	234	47544
2010	244	50414
2011	258	65251
2012	269	67950

1998年起，大专以上毕业生进市直医疗卫生单位不再实行分配，而是在严格设岗、控制编制的基础上实行全员考试，择优录用。2003年底，市卫生局直属单位12个，干部职工3499人，其中博士4人，硕士54人，本科1009人。2010年3月，潍坊市卫生局、市委组织部、市人社局联合印发《市属卫生事业单位公开招聘人员暂行办法》，“下放”在编人员招聘权限，考试由组织、人事部门会同卫生行政部门组织，也可经组织、人事部门同意，由卫生行政部门自主组织。同时规定“高层次创新人才、学科带头人、专业技术拔尖人才以及其他急需高层次人才定向引进，使用高层次人才专项编制；博士研究生、紧缺专业硕士研究生直接到高等院校、科研院所考选”（即校园招聘）。同年，市属6个医疗卫生单位从23所重点高校引进博士5名，硕士80名。2012年底，市卫生局直属单位在职干部职工5640人，其中专业技术人员4917人，具有博士学位人员47人，硕士学位685人。

第二节　医疗技术

潍坊市人民医院病房楼　（1998年拍摄）

西医

1991年后，潍坊市医疗卫生事业进入快速发展时期，医疗新技术、新方法不断应用于临床，以肝移植、肾移植、心脏大手术、微创手术等为代表的高难度技术项目呈现明显成长势头。2000年后，人体器官移植、心血管介入等技术在潍坊市逐步开展。2006年7月1日，卫生部《人体器官移植技术临床应用管理暂行规定》正式实施，开始对器官移植技术实行技术准入和人体器官移植技术临床应用论证制度管理。

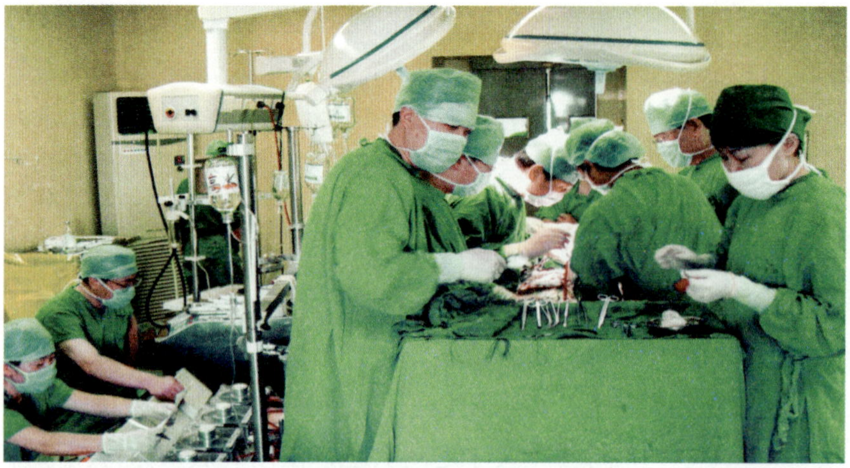

2006年2月24日，省医药卫生重点专业——潍坊市人民医院神经外科与中心实验室共同开展的首例干细胞移植治疗脑功能损伤手术获得成功

构符合申报要求，予以推荐上报。同年5月，潍坊市妇幼保健院人类辅助生殖技术“夫精人工授精”通过省卫生厅复审；11月，省卫生厅现场审核批准潍坊市人民医院试运行开展夫精人工授精技术。2012年，对全市16个县级医疗机构的心血管介入技术能力、诊疗规范情况以及诊疗现场等进行督导检查，印发《关于加强全市医疗技术临床应用管理工作的通知》，对医疗技术准入、技术分类分级管理、建立技术档案、技术应用授权管理等作出全面规定。

同年，潍坊市人民医院通过卫生部专家委员会技术评估，成为潍坊市唯一的肾移植技术指定医院。2007年，潍坊市全面加强对全市医疗机构器官移植技术临床应用监管，坚决杜绝无资质开展人体器官移植技术行为。2008年，继人体器官移植技术之后，心血管病介入诊疗技术也被纳入准入技术范围，实施重点监管，潍坊市组织潍坊市人民医院、潍坊市中医院、益都中心医院开展三级医院心血管介入诊疗技术现场评估，完成心血管介入诊疗技术准入工作。2009年8月，潍坊市印发《关于对全市医疗机构手术开展情况进行调查的通知》，将各不同专业手术按难度分为甲乙丙丁四类，对手术开展情况进行统计摸底。2010年起，加强医疗机构血液透析室规范管理和内镜诊疗技术临床应用管理。同年，潍坊市妇科内镜诊疗技术、血液透析技术临床应用资格准入工作陆续开展。2011年，按照卫生部办公厅《关于印发心血管疾病介入诊疗技术管理规范（2011年版）的通知》要求，组织已开展心血管疾病介入诊疗技术的有关医疗机构进行自查，重新申报该项技术。经初审，潍坊市人民医院等19个医疗机

中医和中西医结合

90年代起，潍坊市各级中医医院为提高中医诊疗水平，拓宽服务领域，创新中医诊疗技术，在临床实践中弘扬中医特色，实施中西医结合发展。潍坊市中医院开展的脑血肿碎吸术、脑室外引流术、脑脊液置换术、静脉注射溶栓术以及脑梗塞去骨减压术等已广泛应用于临床，运用小剂量尿激酶治疗短暂性脑缺血发作、进展性中风取得较好的疗效。该院中风科突出中医特色，在中风病诊治中实行急性期中西医相结合、恢复期与后遗症期药物与针灸推拿相结合、治病与早期康复相结合、内治与外治相结合、治病与预防相结合，“五个结合”中医疗法渗透在各个诊疗环节中，充分显示出中西医结合治疗中风病的优势。骨伤科突出中医“动静结合”原则，在继承完善前辈各种闭合复位手法技巧基础上，研制出各种外固定支架以及近20种大、中、小夹板，四肢骨折病人临床应用率达50%以上，保证骨折愈合和功能锻炼同步进行。在急、重症中风患者的抢救治

疗方面，神经外科成功开展了“内窥镜辅助、CT引导微创法治疗丘脑出血”“内窥镜辅助锁孔技术治疗高血压脑出血”等高难度手术，收治病种已从单纯的脑血管病扩大到神经系统疾病，如神经系统变性病、周期性麻痹、周围神经病、癫痫、颅内肿瘤等，并取得满意疗效。肛肠科对环状痔、复杂性肛瘘的治疗上有独到之处，创新出“生肌玉红膏用于痔瘘术后换药”“保留齿状线及皮瓣矫正新术式治疗环状痔”等多种特色疗法；多间隙肛周脓肿一次性根治术、嵌顿痔的急诊手术及肛裂、内痔、混合痔、直肠与黏膜脱垂的注射疗法均取得很好的效果。针灸科对各种常见病如中风后遗症、颈椎病、腰腿痛、风湿等在继承传统针灸方法基础上，结合现代手段，开展穴位注射、电针、中药穴位离子导入等疗法，临床效果明显提高。到2012年，潍坊市各中医医院在以中医疗法治疗疾病为主的基础上，通过不断探索研究，基本形成了中医治疗与西医治疗互相结合、互相促进、互相融合、互为补充的疾病治疗模式。

中药自制剂　潍坊市中医院先后研制部分中药自制剂，并于2003年获得省药监局注册批件。1994年，中风科经市卫生局注册，先后筛选出一批疗效高、副作用小的专方专药——中风1至4号活血通络擦剂；2000年，肛肠科研制紫参消痔坐浴洗剂，逐步探索形成有中医特色、对肛肠系统疾病有效的自制剂治疗体系。同年，针灸科采用针灸结合中药内服治疗重症面瘫、中风后遗症；以经络理论为依据，采用梅花针叩刺皮部治疗失眠。心内科研发补元胶囊用于心梗及心梗后心功能恢复。2005年，该院研制冠心病系列夏橘化瘀胶囊，适用于冠心病发作期及缓解期。

中西医结合技术应用　2006—2012年，以潍坊市中医院为重点，在内分泌科、心内科、风湿免疫科、肾内科、老年病科、针灸科、康复科、消化内科等主要疾病诊疗方面取得新成效，中医诊疗技术也有创新发展。内分泌疾病，开展中药复方治疗糖尿病及其并发症，提高治疗效果，改善患者生活质量。心内科疾病，以中医“整体观念”为指导，对不同个体进行“辩证施治”，形成一套独具特色的中医诊疗体系。风湿免疫性疾病，以具有磁疗、热疗、水疗、药疗、足底反射治疗等综合作用的足腿浴治疗器为载体，配合辨证用药，使药液中有效成分透过皮肤被毛细血管吸收，经血液循环直达病处，达到治疗疾病的目的。肾内科疾病，根据中医经典“天人相应”“天地相应”“天时相应”理论，创造性提出“三维自然治肾疗法”，采取节气时令、攻补兼施、内外治疗结合办法，制订用于治疗肾病、糖尿病肾病、急慢性糖尿病、急慢性肾衰等系列方剂，临床应用取得很好效果。针灸疾病治疗，开展埋线减肥及治疗癫痫等顽固性慢性病症，特点为疼痛小、诊疗次数少。疾病康复治疗，主要采取中西医结合康复疗法，传统推拿治疗与现代康复手法相结合。开展中药熏蒸治疗肩手综合征，在现代康复手法与传统推拿疗法基础上配以中药熏蒸与外洗，促进水肿吸收与功能恢复。消化内科疾病，潍坊市中医院探究慢性胃病西医胃镜下表现与中医舌诊、中医辨证的相关性，为慢性胃病诊断指标提供依据，进一步提高慢性胃病诊断准确率。

中医医疗机构　1991—2012年，潍坊市对中医医疗机构实施全行业管理，强化农村中医药工作管理，发展中医医院，加强综合医院和基层医疗卫生机构中医药临床科室建设，全市各级各类医疗机构中医药工作得到较快发展。

1986年开始，潍坊市在各县市建设1所中医医院。1991年，昌邑、五莲中医院建成开

90年代潍坊中医院全貌

诊，潍坊市初步形成县县有中医院、乡乡有中医门诊格局。中医床位总数增加到1105张，中医药人员达2364名。同年，市政府印发《关于加强中医工作的意见》，对加强中医机构建设、加速中医人才培养做明确规定，为中医事业发展提供倾斜政策。1993年，诸城、青州、昌乐、高密等中医院共计1.22万平方米病房楼竣工。1996年，潍坊市中医工作以医院分级管理为主线，加强示范中医院、重点中医院建设，以中医专科、急诊科建设为突破口，加强配套建设。同年，新建医疗业务用房6000平方米，新增加500万元医疗器械；县级以上综合医院都设有中医科。2009年，市政府印发《关于扶持和促进中医药事业发展的意见》，为促进中医药事业发展提供有利政策平台。到2012年底，全市拥有中医医院8所，包括三级中医院1所，二级中医院7所；实际开放床位达3867张，共有中医药人员5000余人。

农村中医药管理　1996年开始，潍坊市以创建农村中医工作先进县为目标，推动农村中医药事业发展。同年，高密市被评为国家级农村中医工作先进县建设单位。2002年，诸城、寿光市分别被评为国家级和省级农村中医工作先进县（市）。同年9月，全市乡医中医药知识与技能培训工作全面启动，首批2000名乡医参加培训。2005年起，潍坊市广泛开展中医适宜技术推广工作，中医适宜技术乡镇覆盖率达100%。开展乡医中医药知识与技能培训，潍坊市将12368名乡医全部轮训一遍，考试合格率达90%以上。80%以上村卫生室可提供以中医为主或中西医两法的中医药服务。2007年，开展首批中医特色乡镇卫生院和中医特色村卫生室遴选工作，确定10所市级中医特色乡镇卫生院和10个中医特色村卫生室建设单位，建设周期3年，2010年，顺利通过评估。到2012年底，潍坊市社区卫生服务中心和乡镇卫生院中80%以上设有中医科、中药房；社区卫生服务站和村卫生室中60%左右村卫生室或社区卫生服务站能用中西医两法治疗常见病、多发病，村卫生室中医药应用率25.3%。

重点专科　潍坊市重点中医专科建设工作始于1997年，潍坊市中医院中风科、诸城中医医院眼科被确定为山东省第一批重点中医专科建设单位。同年，按照“以专科促发展、中西医并重”的发展思路，潍坊市开展市级重点中医专科建设工作，评审确定12个重点中医专科建设单位。潍坊市中医院脑病科、骨伤科先后于2002年、2007年确定为国家级重点中医专科，是潍坊仅有的2个国家级重点中医专科。至2012年底，潍坊市共有国家级重点中医专科2个，国家级农村医疗机构针灸理疗康复特色专科5个，农村医疗机构中医民族医特色专科（专病）建设项目单位1个，省级重点中医专科5个，山东省名中医专科1个，市级重点中医专科（专病）47个。

第三节　护理管理

1991年，潍坊市开展医院护理分级管理工作，制定各级医院分级管理标准、医疗护理文书评价标准，逐步做到管理标准化、工作制度化、操作技术常规化。潍坊市县以上医院和50%的乡镇卫生院消毒供应室、手术室、急诊科、治疗室、抢救室达到规定建设标准。同年，潍坊市医院有64%的病区实行责任制护理。1992年，潍坊市县级及以上医院病房、手术室、供应室、治疗室、服药室、抢救室、监护室均达到标准化管理，护理技术合格率达94%，基础护理合格率为97%，一级护理合格率达95%，病人注射全部达到一人一针一管。1994年，潍坊市开始执行卫生部《护士管理办法》，每年进行一次护士执业资格考试。1997年，潍坊市开始实行以病人为中心的系统化整体护理，到1998年5月，共建立整体护理模式病房63个。2000年，全市县市区卫生局均配备护理专干，二级以上医疗机构全部成立护理部，绝大多数医院设有专职护理副院长，形成分管副院长领导下的护理部主任、科护士长、护士长三级护理垂直领导体系和护理部、护士长两级管理体系。2001年，全市在各级各类医院实施“一问一卡三告知（一声问候，一张巡视卡，告知病情、告知用药、告知注意事项）”活动，推广使用输液巡视卡，增加病人用药透明度。2002年，潍坊市在二级以上医院推行ISO 9000国际质量体系管理。2007年7月，市卫生局成立护理质量控制中心，挂靠潍坊医学院附属医院。2010年，开始责任制整体护理新阶段，实行分组责任包床制，每名护士分管病人不超过8个。同年，潍坊市在全市二级以上医疗机构启动推进以责任制整体护理为主要内容的“优质护理服务示范工程”活动。2012年，潍坊市二级以上医疗机构均建立完善医院护理管理委员会、护理部质控组织、科室护理质控小组三级质控体系。到2012年底，全市二级以上医院优质护理服务病房（责任制整体护理病房）开展率达100%，实现全覆盖。

第四节　急诊急救

急救体系建设

2000年前，潍坊市尚未形成统一的院前急救指挥调度体系。2001年，在潍坊市卫生局成立120指挥中心，逐步对全市院前急救实行统一指挥调度。调度范围首先覆盖奎文、潍城、坊子、寒亭4区和高新技术开发区，调度指挥潍坊市人民医院、潍坊市中医院、潍坊医学院附属医院、中国人民解放军第89医院等中心城区13家院前急救联动医院。2003年，开始在偏远乡镇设置联动急救点。同年，制定《潍坊市院前急救规范》，要求急救车辆做到人员、技术、设备、药品4配套，救护车统一标识、随车医护人员着工作装。2004年7月，将全市12个县市区二级医院急救呼救服务全部并入潍坊市120指挥中心，实现全市急救服务无盲点目标，日均接听求助、咨询电话由成立初不到100个上升到2000余个，调度量明显加大；11月，对120调度平台进行升级扩容，满足全市院前急救需求。2005年1月，潍坊市紧急医疗救援中心在原120指挥中心急救调度系统基础上组建完成。新建的市紧急医疗救援中心，承担全市院前急救和意外伤害、自然灾害、恐怖事件、传染性疾病、急性中毒等事故的紧急医疗救治指挥任务。2011年，市120指挥中心被卫生部、共青团中央授予2009—2010年度“青年文明号”。到2012年，全市城乡联网联动医院、急救点达58家（个），急救半径更加合理有效。

院内急救

1992年后，全市二、三级医院普遍设立急诊科，一级医院设急诊室。二级以上医院急诊科病床数占医院总床位的5%～10%。1998年12月，全市三级医院急诊科设立ICU室和CCU室。全市各医院急诊科（室）建立业务主管副院长直接领导下的管理体制，急诊科（室）实行科主任、主治医师二级负责制。2000年后，潍坊市全面加强院内急救建设，建立健全就诊范围、急诊分诊制度、抢救制度、首诊负责制和急诊科（室）工作制度、值班与交接班制度、护理制度、查对制度、转诊转院制度、消毒隔离制度、药品器械管理制度、救护车管理使用制度等21项制度。2008年7月，全省急救工作会议在潍坊市召开，潍坊市急诊急救工作逐步规范化、标准化。2009年，市政府印发《潍坊市社会急救医学管理办法》，对院前急救体系、急救医疗规范及责任追究提出明确要求。2012年，全市共接听“120”急救电话46.9万个，调度出车13万次；新配救护车36辆，全市急诊急救水平进一步提高。

第五节　大型医用设备

1995年11月，潍坊市转发卫生部《大型医用设备配置与应用管理暂行办法》，按照规定，各医疗机构配置CT、MRI、X-刀、Y-刀、正电子发射断层扫描装置、超高速CT（UFCT）、眼科准分子激光治疗仪、医用直线加速器8种大型医用设备在配置前需报省卫生厅批准，取得“大型医用设备配置许可证”后，方可购置。1996年，转发《X-射线计算机摄影装置（CT）等大型医用设备配置与应用管理细则》。

2005年3月1日起，执行卫生部、国家发改委、财政部《大型医用设备配置与使用管理办法》，大型医用设备管理品目分甲、乙两类，甲类由卫生部管理、审批和发证，乙类大型医用设备由省卫生厅管理、审批和发证。

2007年3月，根据省卫生厅《山东省乙类大型医用设备配置规划》，结合潍坊实际，市卫生局印发《潍坊市乙类大型医用设备配置计划》，在不突破省卫生厅规划控制数量的前提下，规定潍坊市大型医用设备配置标准、配置总量，在全市组织实施。上半年，根据潍坊市乙类大型医用设备配置计划，对潍坊市现有大型医用设备进行调查摸底，对符合标准的大型医用设备报省卫生厅办理配置手续。

2008年2月，市人民医院申请购置PET-CT、回旋加速器、大平板血管造影机（DSA）各1台，市卫生局对申报资料进行初审，上报省卫生厅审核。同年，经卫生部批准，同意该院配置PET-CT1台。3月，临朐县人民医院申请更新直线加速器、配置DSA各1台；8月，市肿瘤医院申请配置CT1台；寿光市人民医院、昌乐县人民医院配置医用直线加速器各1台；9月，昌邑市人民医院申请配置医用直线加速器1台；10月，安丘市人民医院申请更新CT、MR各1台，市卫生局初审，报省卫生厅审批。

2009年11月，省卫生厅批准潍坊市肿瘤医院配置CT1台、寿光市中医院配置MR1台、寿光市人民医院配置LA1台、诸城市人民医院配置ECT1台、高密市中医院配置DSA1台。

2010年，向省卫生厅转报高密市人民医院购置医用电子直线加速器、数字减影血管造影装置（DSA）、64排螺旋CT各1台，更新磁共振成像系统1台。青州市人民医院购置医用电子直线加速器、磁共振成像系统各1台。潍坊市人民医院需要购置X线电子计算机断层扫描装置（CT）2台、医用核磁共振成像设备（MRI）2台、单光子发射型电子计算机扫描断层仪（SPECT）1台、数字减

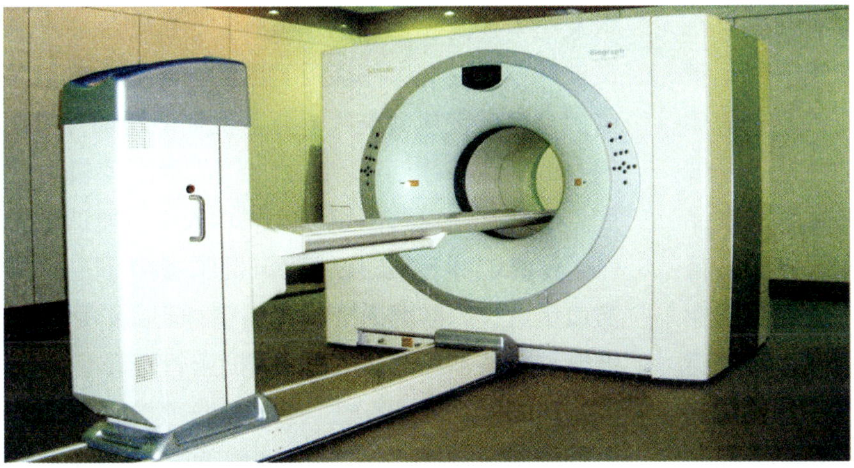

2010年4月28日，潍坊市人民医院投资3500万元引进的高端医疗设备西门子64排高清PETCT正式启用

影血管造影X线机（DSA）2台、医用直线加速器（LA）2台和体部伽马刀1台。同年12月，省卫生厅批准潍坊市2010年上报设备购置申请。

2011年7月，省卫生厅批复昌乐县人民医院、昌邑市人民医院配置X线电子计算机断层扫描装置（CT）各1台、批复安丘市人民医院配置医用核磁共振成像设备（MRI）1台、批复昌邑市人民医院、潍坊市第二人民医院配置医用直线加速器（LA）各1台、批复潍坊市中医院配置单光子发射型电子计算机扫描断层仪（SPECT）1台、批复昌乐县人民医院配置数字减影血管造影X线机（DSA）1台。

2012年12月，省卫生厅批复益都中心医院配置X线电子计算机断层扫描装置（CT）1台、批复安丘市人民医院配置（更新）X线电子计算机断层扫描装置（CT）2台、批复安丘市人民医院、昌乐县人民医院配置医用核磁共振成像设备（MRI）各1台、批复安丘市人民医院配置数字减影血管造影X线机（DSA）1台。

第四章　卫生法制与卫生监督

伴随着卫生事业改革与发展的步伐，潍坊市卫生法制与监督不断建设完善。特别是卫生监督体制改革后，实行许可、监督、稽查三段分开，有机结合的管理运行模式，潍坊市卫生法制与监督工作进入新阶段。到2012年底，各县市区卫生局基本建立起县市区卫生局卫生监督大队和乡镇卫生监督中队，承担辖区内的卫生监督综合执法任务，覆盖市、县、乡三级的卫生监督执法体系逐步完善。

第一节　卫生法制

卫生普法宣传

潍坊市坚持每年开展“12·4”全国法制宣传日教育活动，设立卫生法律宣传咨询点，现场接受群众咨询并讲解有关卫生法律知识；组织散发宣传资料；在醒目位置悬挂宣传标语等。在网站上开设政策信息专栏，及时上传国家新颁布的卫生法律法规；认真开展“法律五进”（即进机关、进乡村、进社区、进学校、进企业）活动，增强执业人员法律知识，提高依法执业水平。2004年，开展以“尊重生命，保护劳动者健康”为主题的职业病防治法宣传周活动；同年11月，以“关注农民工食品安全”为主题，开展《中华人民共和国食品卫生法》（简称《食品卫生法》）宣传周活动。潍坊市各级卫生监督机构每年都对食品卫生、公共场所卫生、职业卫生、医疗机构、执业医师等各项卫生执法监督内容、标准和程序分门别类进行汇总，以明白纸形式发放到被监督单位；把卫生监督抽检结果、公共卫生预警公告及其他相关内容，按各阶段工作重点向社会公示，接受监督。

卫生行政许可

1992年，卫生部《消毒管理办法》颁布实施。受省卫生厅委托，市卫生局对潍坊市消毒产品生产企业生产现场进行初审，同时对从事消毒产品生产人员进行预防性健康体检及卫生知识培训，体检、培训合格者发放健康体检及卫生知识培训合格证明。1993年，卫生部《护士管理办法》《国外医师来华短期执业管理办法》颁布实施，市卫生局依法具体负责护士执业首次注册和再次注册，国外医师在华短期执业许可。1994年，卫生部《医疗机构管理条例》和《中华人民共和国母婴保健法》颁布实施，市卫生局负责市管西医、中西医结合医疗机构、市管中医医疗机构、母婴保健技术服务单位执业许可及人员资格认定许可。1995年，《食品卫生法》颁布实施，市卫生局依法对市直管单位从事与卫生管理有关的生产经营服务等活动进行卫生许可。1997年，建设部、卫生部《生活饮用水卫生监督管理办法》颁布实施，市卫生防疫站负责市直管供水单位卫生许可工作。受省卫生厅委托，市卫生局对潍坊市涉及生活饮用水卫生安全的产品生产企业生产现场进行初审，同时对供水单位供水、管水及从事涉及生活饮用水卫生安全的产品生产人员进行预防性健康体检及卫生知识培训，体检、培训合格者发放健康体检及卫生知识培训合格证明。2000年，市卫生行政部门负责医疗机构开展气功活动许可和从事医疗气功人员资质认定工作。2005年，市公共行政审批服务中心卫生局窗口负责“麻醉药品、第一类精神药品购用印鉴卡”许可工作。2008年，《护士管理条例》颁布实施，将原来护士执业许可的“护士首次注册”“护士再次注册”，调整为“护士执业注册”“护士延续注册”“护士执业变更注册”。2009年，《中华人民共和国食品安全法》颁布实施，根据监管职能分工，食品加工企业卫生许可划归质量技术监督管理局，食品经营企业卫生许可划归工商局，餐饮服务企业许可暂由潍坊市卫生局实施。2010年，卫生监督职能调整，餐饮服务企业许可划归潍坊市食品药品监督管理局，年底经市政府审查，潍坊市卫生系统保留的审批事项有11项卫生许可事项、3项服务事项。

卫生行政处罚

2005年以前，全市卫生监督执法工作受市卫生局委托由市卫生防疫站承担。2005年底，市卫生局监督处成立。2006—2012年，潍坊市市直系统共立案处理各类卫生行政处罚案件598起。

卫生监督稽查

2002年，潍坊市卫生系统建立内部法制监督制度，对卫生监督员和监督执法过程进行全面监督检查。2005年，潍坊市卫生局卫生监督处成立。2006—2012年，每月一次对市级执法队伍进行着装风纪稽查、执法作风稽查，累计84次；每年2次开展执法案卷质量稽查，累计稽查行政执法案卷70卷。每年一次开展对各县市区执法队伍着装风纪、执法作风稽查以及执法案卷质量稽查，累计稽查行政执法案卷720余卷。

第二节　卫生监督

监督体制

1995年，《食品卫生法》颁布实施，将执法实施主体由各级卫生防疫站改为卫生行政部门。潍坊市卫生监督体制改革，于2005年底完成市级改革任务，2007—2008年，基本完成县级改革任务。组建潍坊市卫生局卫生监督处，建立卫生行政部门与卫生监督机构“局处一体”管理体制；撤销潍坊市卫生防疫站，整建制转为潍坊市疾病预防控制中心，同时将卫生监督执法职能划转卫生监督处。

监督机构

卫生监督体制改革前，公共卫生监督职能由潍坊市各级卫生防疫站负责。2005年12月，撤销原潍坊市卫生防疫站，成立潍坊市卫生局卫生监督处，为局属事业单位，副县级规格，全额预算管理，核定人员编制35名。2007年11月，撤销各县市区卫生防疫站，组建卫生监督和疾病预防控制机构，分别承担辖区内卫生监督综合执法和疾病预防控制任务。到2012年底，潍坊市级创立“局处一体、三段分开、综合执法、专业推动”监督执法管理运行模式，卫生监督覆盖职业卫生、放射卫生、公共场所卫生、生活饮用水卫生、学校卫生、传染病防控、消毒卫生、医疗机构监管、执业医师监管、母婴保健机构监管及母婴保健、从业人员监管等方面。

监督队伍

1996年，潍坊市共有卫生监督员195名。从2002年起，对卫生监督员实行聘任、培训、监督、纪律、着装、装备、规范、文书“八统一”管理。2008年，潍坊市市、县卫生监督体制改革完成，县市区卫生局卫生监督大队和乡镇卫生监督中队基本组建完成。到2012年底，全市共有卫生监督员1280人。

监督信息报告

1989年起，卫生部对卫生监督信息报告工作进行规范，开始实行卫生监督监测报告制度。2005年12月以前，潍坊市卫生监督信息报告工作由潍坊市卫生防疫站承担。2006年，卫生监督信息报告工作由潍坊市卫生局卫生监督处承担。2007年起，卫生监督信息报告方式从手工书面上报逐步向计算机网络报告发展，使报告信息更加及时、真实、准确和完整。制定潍坊市《卫生监督信息报告管理办法（试行）》，为信息报告提供工作保障；建立全市信息报告质量管理员通讯网，随时沟通解决遇到的问题，制作《卫生监督信息报告手册》PPT，帮助全市监督机构信息报告工作人员充分理解信息卡的内容，准确地上报卫生监督数据；每年组织开展全市卫生监督信息管理员培训，加大信息化工作投入，有重点地开展卫生监督信息化建设工作。到2012年底，全市卫生监督机构共报告卫生监督信息卡32151次，其中建设项目卫生报告卡21次，被监督单位信息报告卡4881次，经常性监督信息报告卡24704次，监督监测信息报告卡2275次，案件查处信息报告卡270次。潍坊市各级卫生监督机构实现由传统工作模式到信息化管理模式转变，建立起覆盖全市的卫生监督信息化队伍。

食品卫生监督

1995年10月，《食品卫生法》实施，潍坊市卫生局行使食品卫生监督职责，设立食品卫生监督员并发给证书。2005年12月，潍坊市卫生局卫生监督处成立，相应的食品卫生监督职能划转到卫生监督处承担。2012年1月，潍坊市卫生局将承担的食品安全综合协调职能、组织查处重大食品安全事故等职责和相关档案材料移交至潍坊市人民政府食品安全管理办公室。潍坊市卫生系统食品安全职能转向以技术支撑为主，承担组织全市食品安全风险监测、食品安全事故处置工作。

职业卫生监督

1990年，各县市区卫生防疫站相继开展驾驶员职业健康查体工作。1997年开始实施“三卡四表”（“三卡”为尘肺病报告卡、农药中毒报告卡、职业病报告卡；“四表”为有毒有害作业检测汇总表、有毒有害作业接触工人职业健康检查汇总表、职业中毒事故现场调查表、职业病诊断鉴定相关信息汇总表）报告制度。2000年，潍坊市宣传贯彻《山东省职业病防治条例》，实施“职业健康监护证”制度。2002年12月12日，潍坊市职业卫生工作会议在高密市召开，推广高密市“企业为主、职工为本、监督为盾”的工作经验，潍坊市政府下发《关于切实加强职业卫生工作的通知》。2005年，职业卫生监管职能由潍坊市卫生局卫生监督处负责。2008年，根据省卫生厅统一部署，潍坊市全面实施以给企业送一部“职业病防治法”手册、对劳动者开展一次职业卫生知识培训、指导企业建立一套职业卫生档案管理系统、与企业签订一份落实“职业病防治法”责任书为主要内容的职业卫生监督管理“四个一”工程。2009年8月5—18日，受河南张海超“开胸验肺”事件影响，市卫生局组织对存在职业病危害的市管21家企业的职业病防治工作进行全面监督检查。对检查中发现的违法问题当场行政处罚20家，下发卫生监督意见书20份、共98条，责令限期整改。2010年，根据省卫生厅卫生监督所《山东省职业卫生“六进”宣传活动指导意见》精神，在全市范围内组织开展职业卫生宣传进企业、进职业技术学校、进社区、进农村、进交通站点和进劳务市场的“六进”宣传活动。同年12月，潍坊市被省卫生厅确定为山东省3个重点职业病哨点监测地区之一，市里选定高密市作为潍坊市首个县市区，率先开展重点职业病哨点监测工作。2011年4月，印发《潍坊市职业健康监护专项整治工作方案》，在全市范围内组织开展以“加强职业健康监护，保障劳动者健康权益”为主题的职业健康监护专项整治工作。全市共监督检查有毒有害企业923家，处罚违法企业18家，罚款11.7万元。同年8—12月，按《关于开展全省职业健康状况调查工作的通知》要求，在全市组织开展职业健康状况调查工作。1991—2012年，全市共诊断职业病825例，开展职业病诊断鉴定2起。

放射卫生监督

1987年至2005年12月，潍坊市放射卫生监督执法与放射监测职能在潍坊市卫生防疫站。1996年，潍坊市卫生防疫站购进FJ-427A热释光剂量仪，创建热释光剂量学实验室，正式开展放射工作人员个人剂量监测工作。1999年，在高密、潍城、安丘、诸城等县市区开展“建筑材料放射卫生许可证”试点和推广工作，共发证21家。2006年3月，首次将放射诊疗工作按诊疗风险和技术难易程度分为放射治疗、核医学、介入放射学和X射线影像诊断4类进行管理。2005年12月，放射卫生监督执法职能划归市卫生局卫生监督处，放射卫生监测等技术服务职能划归潍坊市疾病预防控制中心。

2006年3月1日起，全面换发“放射诊疗许可证”。2007年6月，市卫生局组织对各县市区的“放射诊疗许可证”发放情况进行检查；9月，市卫生局召开潍坊市放射卫生工作会议，通报潍坊市“放射诊疗许可证”发放工作检查情况。2008年5月，为提高对核与放射事故的应急处置能力，市卫生局成立核与放射事故应急队伍，加强应急演练，确保奥运会和残奥会期间潍坊市不发生放射事件；8月，对潍坊市医疗机构放射性同位素进行摸底调查，全市使用放射性同位素医疗机构共有21个。2006—2010年，市卫生局办理放射卫生行政处罚案件35起。2011年，根据卫生部办公厅《关于印发〈2010年“医疗质量万里行”——放射诊疗防护专项监督检查工作方案的通知〉》要求和省卫生厅安排，市卫生局组织对全市开展放射治疗工作的医疗机构进行专项监督检查，全市共检查放射治疗单位18个，立案处罚5个，当场处罚1个。2012年3月，根据《山东省医用辐射防护监测网试点工作方案》部署，组织全市8个医疗机构（潍坊医学院附属医院、寿光市人民医院、潍坊市肿瘤医院以及奎文区5个一级医疗机构）参加全国医用辐射防护监测网试点。

公共场所卫生监督

2005年之前，公共场所卫生监督职能由市卫生防疫站承担。2005年5月，对全市公共场所实行量化分级管理。加强对“五小”单位（小饭店、小旅馆、小洗浴店、小理发店、小商店）监管。2005年12月，公共场所卫生监督职能由市卫生局卫生监督处承担。2006年5月，潍坊市召开国家级公共场所卫生监督量化分级管理试点工作会议，启动公共场所卫生监督量化分级管理。2009年，印发《潍坊市全面实施公共场所卫生监督量化分级管理制度工作方案》，全市推行公共场所“五四”（四加强、四统一、四建立、四及时、四做到）制监督管理模式，“四加强”即加强公共场所经营单位卫生安全第一责任人意识，加强经营单位自身卫生管理，加强从业人员卫生知识培训，加强经营单位与监督部门之间的联系。“四统一”即统一在公共场所内正面悬挂“公共场所卫生许可证”，统一在公共场所内正面悬挂量化分级公示牌，统一在公共场所内正面悬挂卫生管理制度，统一配发一套卫生管理档案盒。“四建立”即建立公共场所卫生管理和卫生档案制度，建立洗化用品、消毒产品等索证制度，建立台账登记制度，建立化妆品、消毒产品等进货入库检查验收制度。“四及时”即公共场所环境要及时清扫，公共用品、用具要及时消毒，客用物品要及时更换并做好记录，突发公共卫生事件要及时报告。“四做到”即公共场所经营单位必须做到配备一名专职或兼职卫生管理员；做到每月开展一次卫生管理自查，并做好登记；做到从业人员定期健康查体、定期培训，保持良好个人卫生，操作时穿戴整洁工作服帽；做到公共场所经营单位设置独立的密闭消毒间，并配备足够数量的消毒设施，消毒程序符合卫生要求，消毒设施运转正常。在实际推行工作中，做到加强组织领导、规范卫生许可、规范技术指导、规范动态管理，并做到“四结合”，即把推行“五四制”与公共场所专项整治，与公共场所卫生监督量化分级管理，与创建国家卫生城市，与城乡环境综合整治、城市精细化管理、满意在卫生、创先争优等活动相结合。2012年，继续深化公共场所卫生监督量化分级管理工作，全市共有住宿业、美容美发业、沐浴业、游泳场所四类公共场所单位2112家，评审率达100%。同年，印发《潍坊市公共场所卫生监督抽检计划》，共抽查公共场所单位84个。

生活饮用水卫生监督

1991年始，市卫生防疫站每年对城镇区域内单位自备井和蓄水池水质进行定期监督检测，同时对潍坊市自来水公司和各县市区自来水公司水源水、出厂水、管网末梢水进行检测，对潍坊市农村集中式供水和分散式供水水源进行摸底调查，每年对部分单位和村庄水质进行检测。1992年始，潍坊市、青州市、诸城市卫生防疫站加入全国448个城市生活饮用水水质检测网络，对潍坊市、青州市、诸城市自来水公司水质定期检测，每年将检测结果统计整理及时上报省卫生防疫站。1995年，市卫生防疫站被山东省卫生防疫站评为山东省城市饮用水卫生检测工作先进单位，12人被评为1992—1994年度工作先进个人。同年，寿光、高密、安丘、昌邑市卫生防疫站也加入检测网络，昌邑市卫生防疫站同时承担农村饮用水检测任务。1997年1月，市对供水单位实行卫生许可制度。2005年12月，生活饮用水卫生监督职能由市卫生局卫生监督处承担。2008年，潍坊市对生活饮用水供水单位水质检测机构和生活饮用水情况进行调查。2009年6月，潍坊市推行生活饮用水卫生监督量化分级管理制度。2010年，根据省卫生厅要求，潍坊市对生活饮用水集中式供水单位量化分级管理工作进行调整，进一步深化生活饮用水卫生监督量化分级管理工作。2011年，根据市政府办公室《关于开展农村生活饮用水工程水质普查工作的通知》要求，开展农村生活饮用水水质普查和专项整治工作，历时4个月，调查村庄8000余个，供水工程4000余处（包括单村分散式供水），检测水样1.3万余份，覆盖人口640余万人，为全市改水工作提供科学依据。2012年，根据《潍坊市农村生活饮用水专项整治工作方案》要求，对辖区内全部农村生活饮用水公共供水单位的卫生管理、现场快速检测、供水单位卫生许可情况等进行专项整治，建立完善供水单位监督管理档案。

化妆品卫生监督

1990年1月，潍坊市设立化妆品卫生监督员，具体工作由市卫生防疫站承担。1992年，省卫生防疫站在诸城日用化工厂召开全省化妆品卫生监督管理现场会议，推广潍坊市化妆品卫生监督管理经验。1993—2004年，潍坊市建立并实施外埠化妆品索证制度，即外地产化妆品到潍坊销售，必须到潍坊市卫生防疫站进行销售备案。1996年起，潍坊市开展宾馆客用化妆品监督检查，建立宾馆客用化妆品索证管理制度，规范宾馆客用化妆品进货渠道。1997年，潍坊市开展散装化妆品和赠品化妆品监督检查。1998年，潍坊市开展美容美发化妆品专项整治，重点检查销售化妆品生产企业是否取得卫生许可证，特殊用途化妆品是否取得卫生部特殊用途化妆品卫生许可批件，化妆品标签说明书是否规范等。2004年，随着行政许可法实施，流通领域化妆品索证抽检制度废止。2005年12月，化妆品卫生监督职能改由市卫生局卫生监督处承担。2007年4—9月，潍坊市开展化妆品卫生专项整治活动。2009年11月，化妆品监管职能随职能划转到市食品药品监督管理局。

学校卫生监督

1991年，全市开展教学卫生、体育卫生及健康教育工作，举办校医保健教师培训班。潍坊市是全省首家全面开设健康教育的地市，健康教育工作在全省、全国专业工作会议上作经验介绍。1992—1993年，全市开展学校卫生试点县和健康教育活动，建立健全学生健康档案。1994年，青州、安丘被省卫生厅、省教委确定为农村学校卫生工作试点县。1992年、1995年，潍坊市分别对市直及部分县市区26所中小学校进行卫生学调查。1998年，潍坊市加强眼镜卫生质量监督监测工作，年内共计核发“卫生许可证”164个、“验光资格证”258个。2000年，开展眼镜卫生监督和监测，对全市眼镜店实行分级管理。学校卫生综合监督档案建档率达95%以上，学校健康教育课开课率达97%，学生主动使用含氟牙膏和保健牙刷者达70%以上。是年，全市开展学生预防性健康查体38万人，采集学生食堂餐饮具样品检测469份。2001年，潍坊市各中小学校共配有专兼职保健教师2985名。同年，眼镜卫生监督职能移交技术监督部门。2003年，潍坊市制定《学校实施食品卫生监督量化分级管理实施方案》，年内新发、复核学校食堂卫生许可证51个。2005年12月，学校卫生监督职能由市卫生局卫生监督处承担。2007年12月，市卫生局与市教育局联合开展学校食堂卫生专项整治。2008年6月，在寿光市召开全市食品卫生工作现场会议，部署学校食堂标准化建设任务。2009年11月，学校食堂食品安全监管职能移交到市食品药品监督管理局。印发《潍坊市学校卫生监督抽检计划》，对13所高等院校、1018所中小学进行监督检查。

传染病卫生监督

1989年9月，《中华人民共和国传染病防治法》颁布实施。潍坊市卫生防疫站为传染病卫生监督机构，设立传染病卫生监督员，负责管辖范围内传染病卫生监督工作。每年按照国家、省、市传染病防治工作计划开展传染病卫生监督工作，对各县市区进行督导检查。2005年12月，相应的传染病卫生监督职能由市卫生局卫生监督处承担。2008年5—9月，全市组织各县市区开展手足口病等夏季传染病防控卫生监督检查。同年，对医院、妇幼保健院等医疗机构的院内感染工作及医疗废物处置工作进行监督检查。2009年，潍坊市印发甲型H1N1流感防控卫生监督工作应急预案。2010年3月，开展春季传染病防控卫生监督检查，重点检查潍坊市医疗、疾控、学校及托幼机构。同年6—8月，开展病原微生物实验室生物安全监督。2011年，根据《潍坊市基层医疗卫生机构超范围接种疫苗专项检查工作方案》要求，对全市15个县市区基层医疗卫生机构接种疫苗情况进行专项检查，提高接种单位开展预防接种的法制意识，规范预防接种行为。2012年，根据《潍坊市2012年病原微生物实验室监督检查工作方案》要求，组织对全市病原微生物实验室进行摸底检查，建立健全监管档案。

消毒卫生监督

1992年，市卫生防疫站为消毒卫生监督机构。1992—2005年，按照省、市工作计划，每年开展环境消毒监督监测、消毒产品监督监测、一次性医疗用品监督监测等工作。2005年5月，潍坊市对消毒产品监管和许可进行调整，不再将专用于人体足部、眼睛、指甲、腋部、头皮、头发、鼻黏膜等特定部位的具有消毒和抗（抑）菌功能的产品，以及口罩和避孕套纳入消毒产品进行受理、审批和监管；2006年，全年监督监测医疗机构81个，对空气、物体表面、手表面、消毒剂、紫外线灯管进行监测，监测覆盖率100%。同年，潍坊市组织对一次性妇女用品专项整治，对生产经营企业卫生许可证、产品包装说明书进行监督检查。2007年5—6月，潍坊市组织开展消毒产品生产企业专项整治，对56家消毒产品生产企业进行监测，覆盖率100%，监测合格率100%；监测托幼机构9处，检测覆盖率100%，监测合格率90.33%。2008年始，潍坊市对餐具集中消毒服务机构进行专项整治，建立起餐饮具集中消毒服务机构抽检、监督、指导服务长效监管模式。5月底，根据支援四川地震灾区抗震救灾工作要求，组织各县市区对辖区内消毒产品生产企业进行监督检查。2009年，潍坊市成立餐饮具消毒服务机构专项整治小组，并将监督检查项目进行量化，制订“餐饮具消毒服务机构监督检查评分表”，印发《潍坊市开展整治消毒产品违法宣传疗效和添加药物专项行动方案》，部署对各县市区药店、卫生用品店进行全面监督检查。2010年2月，潍坊市卫生局对全市餐饮具消毒服务机构进行整治，抽检单位25个，进行现场检查并采样检测，检测结果全部合格。是年，对二氧化氯发生器生产销售企业开展专项整治工作。

医疗卫生监督

1987—2005年，医疗卫生监督职责是对医疗机构监督和打击非法行医等工作。2005年5月，潍坊市开展打击非法行医专项行动，全市共出动执法人员11752人次，出动执法车辆2487辆（次）；依法查处存在违法经营的医疗机构530个，责令整改456个，警告453户次，吊销“医疗机构执业许可证”26个，取缔非法行医医疗机构338个。2006年，潍坊市继续开展打击非法行医专项行动，开展专科医疗机构清理，逐步把打击非法行医向农村延伸，打击以药店坐堂医、以咨询名义开展诊疗活动、未取得医疗机构执业许可证擅自行医的科研机构、未经批准开展医学美容的其他机构等各种形式的非法行医，全面净化医疗市场。2007年，潍坊市在全市开展门诊、诊所类医疗机构专项清理整顿活动，共清理整顿门诊、诊所类医疗机构920个，撤销42个。2008年，潍坊市印发《潍坊市医疗机构行政许可工作规范》，对医疗机构行政许可工作进行整顿和规范。2009年3月，潍坊市对全市中医医疗机构进行综合监督检查。同年，对全市诊所“六统一”（统一诊所命名、统一诊疗科目、统一诊所负责人准入条件、统一执业许可证有效期限、统一实行专家组评审和量化评分制度、统一诊所门头牌和内部监督台）建设情况进行督导检查。同年，组织开展打击无证行医和非法采供血专项行动。2010年9月，在全市范围内开展打击非法行医违法医疗广告和医疗美容专项整治行动。同年，组织开展以“规范医疗服务市场，保障群众医疗安全”为主题的民营医疗机构执法检查活动，全市共检查民营医疗机构187个，对34个进行责令整改，对12个给予警告。2011年，全市开展监督巡查工作，共巡查单位199次，监督覆盖率100%；同年10—11月，对15个县市区和开发区的卫生行政部门和75个规范化诊所进行检查；规范化诊所建设经验在全省推广。2012年，全市对大中型医疗机构依法执业开展综合执法检查，共检查大中型医疗机构59个，监督覆盖率达100%，医疗市场秩序得到维护；同年，深入开展打击非法行医工作，诊所规范化建设工作深入推进，各县（市、区）规范化诊所建设达标率达95%以上，在全省名列前茅。

预防性卫生监督

1990年，潍坊市启动预防性卫生监督工作。2000年，为确保潍坊市城区二期引水工程安全卫生，对高崖水库、牟山水库、白浪河水库及工程沿线土壤、地下水、农作物进行污染监测调查，完成引水工程卫生学评价工作。2005年12月，预防性卫生监督工作划归市卫生局卫生监督处。2007年3月，市卫生局与市发改委、市经贸委联合下发《关于加强建设项目职业卫生审查工作的通知》，对加强部门协作，提高职业卫生审查率及建设项目职业卫生审查内容和要求进行明确规定。同年8月31日，市卫生局组织专家对山东世纪泰华集团有限公司泰华城三期项目的公共场所、食品卫生进行竣工验收。该项目是潍坊市疾病预防控制中心自2006年获得省卫生厅首批公共场所卫生评价资质认可以来所评价的第一个建设项目，也是市卫生局首次组织对公共场所卫生和食品卫生建设项目进行专家评审验收。1996—2012年，全市共完成建设项目选址和可行性研究129项、工程初步设计审查310项、竣工验收274项，完成职业病危害预评价报告审核163项，职业病危害控制效果评价审核218项。

第五章　疾病防控与卫生应急

1991—2012年，潍坊市疾病控制与卫生应急工作贯彻预防为主方针，坚持“疾病控制抓规范，卫生应急抓能力，所有工作抓落实”思路，建立健全市、县、乡（镇、街道）、村（社区）四级工作体系，加强传染病管理、免疫预防、重点传染病防治和地方病、寄生虫病、慢性病预防控制以及突发公共事件医疗卫生救援工作，重点传染病逐步得到控制，实现无重点传染病暴发目标，圆满完成重大活动卫生应急和保障任务。

第一节　疾病预防控制

疾病预防控制机构

1991年起，潍坊市卫生防疫站先后增设药械科、财务科、学校卫生科、预防性卫生监督科、质量管理科、艾滋病防治科等科室。2005年12月16日，疾控体制改革，撤销潍坊市卫生防疫站，成立潍坊市疾病预防控制中心，核定人员编制125名，为公益一类事业单位，正县级规格，挂潍坊市公共卫生技术服务中心牌子，设17个内设机构，即办公室、组织人事科、财务科、总务科、药械科、传染病科、慢性非传染性疾病科、性病与艾滋病科、地方病科、免疫预防科、职业病科、食品营养与学生保健科、消杀科、公共卫生监测科、健康教育科、检验科、门诊部。中层职数17正20副。2012年，市疾病预防控制中心增设生物制品管理科，内设科室18个，中层职数为18正21副。2012年12月底，潍坊市疾病预防控制中心实有工作人员138人，其中研究生25人、本科学历57人、大专学历29人、中专及以下27人。共有专业技术人员115名，其中正高级职称4名、副高级18名、中级41名、初级及以下52名。

报告与管理

法定传染病报告　潍坊市疫情报告管理工作始于1956年，根据上级工作安排，报告相应传染病。1978年9月，根据《中华人民共和国急性传染病管理条例》，对规定管理的甲、乙两类25种传染病开展逐级上报工作；1996年10月，根据卫生部《关于加强传染病报告和管理的有关新规定》，将新生儿破伤风、肺结核由原来的丙类法定传染病调整为乙类法定传染病开展报告；2004年，根据国家修订后的第二部《中华人民共和国传染病防治法》（简称《传染病防治法》），对规定的甲、乙、丙三类共37种法定传染病进行网络直报；2008年5月，根据卫生部《关于将手足口病纳入法定传染病管理的通知》，将手足口病列入《传染病防治法》规定的丙类法定传染病进行网络直报；2009年又将甲型H1N1流感纳入传染病防治法规定管理的乙类法定传染病。法定传染病报告病种经历数次调整，截至2012年，从《中华人民共和国急性传染病管理条例》规定的甲、乙两类25种调整为《传染病防治法》规定的甲、乙、丙三类39种。

1991—2012年，潍坊市甲类法定传染病仅报告霍乱1种，累计报告45例；乙类法定传染病报告最多为2004年报告19种、累计报告142111例；丙类法定传染病从2004年实行网络直报后开始报告，历年来最少报告5种，最多报告7种，累计报告59472例。

1991—2012年潍坊市甲乙丙类传染病发病种类及例数统计表

表28-5-1

年份	甲类		乙类		丙类		甲乙丙类	
	种类（种）	发病例数(例)	种类（种）	发病例数(例)	种类（种）	发病例数(例)	种类（种）	发病例数(例)
1991	—	0	15	9529	—	0	15	9529
1992	—	0	14	7757	—	0	14	7757
1993	—	0	13	4961	—	0	13	4961
1994	1	15	14	4727	—	0	15	4742
1995	1	10	14	5520	—	0	15	5530
1996	—	0	12	5608	—	0	12	5608
1997	—	0	16	7154	—	0	16	7154
1998	1	4	17	6730	—	0	18	6734
1999	1	11	18	8498	—	0	19	8509
2000	—	0	18	7136	—	0	18	7136
2001	1	5	13	6064	—	0	14	6069
2002	—	0	15	4908	—	0	15	4908
2003	—	0	15	5348	—	0	15	5348
2004	—	0	19	8417	5	232	24	8649
2005	—	0	16	8092	6	2234	22	10326
2006	—	0	16	7100	6	2481	22	9581
2007	—	0	15	6037	5	1995	20	8032
2008	—	0	16	5751	7	2760	23	8511
2009	—	0	17	5386	7	14159	24	19545
2010	—	0	17	5545	7	15039	24	20584
2011	—	0	17	5945	7	11512	24	17457
2012	—	0	17	5898	6	9060	23	14958

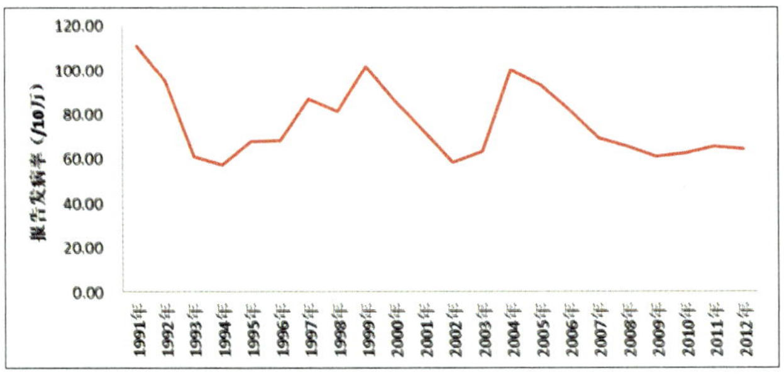

图28—5—1　1991—2012年潍坊市甲乙类传染病发病率示意图

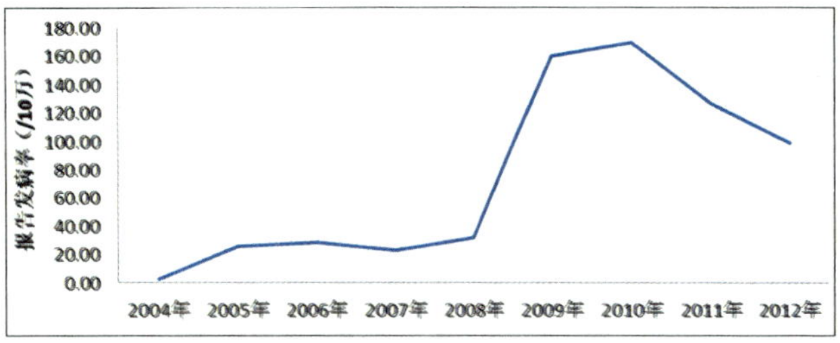

图28—5—2　2004—2012年潍坊市丙类传染病发病率示意图

潍坊市甲乙类传染病发病率波动呈现下降趋势，从1991年110.87/10万下降至2012年64.42/10万。丙类传染病自2004年有监测以来，通过逐步规范报告和监测病种的增加，报告发病率明显上升。

疫情监测网络建设　1991年始，传染病疫情监测历经逐级统计汇总上报、逐级收集个案上报、网络个案直报3种模式。到2012年底，全市256个乡镇级以上医疗卫生机构全部配备传染病直报微机与疫情报告管理人员，配有专、兼职疫情报告管理人员476人。

重点传染病防控

传染性非典型肺炎　2003—2004年，潍坊市政府成立市非典防治工作领导小组办公室，市卫生局成立非典防病大队，各级疾控机构成立非典防病分队。全市各级各类防病队员共计1367人。2003年11月5日启用“全国传染性非典型肺炎疫情监测网络直报系统”。截至2005年，全市累计监测53791人次，监测发热病人39600人次，报出零病例报告表2680张；潍坊市16个县级以上医疗机构非典预警监测45万人次，监测发热呼吸道病例54729人次，发热肺炎病例6940人次。2005年，随着全国无病例报告，全市非典防控工作以常规监测为主。截至2012年底，全市无非典确诊病例。

流行性感冒　2009—2010年，甲流流行期间，潍坊市疾控中心组建4支卫生应急队，执行24小时值班制度。市政府拨款200万元，配置疾控、医疗应急储备物资，投资300万元在市疾控中心建设流感病毒检测实验室并纳入国家流感监测网络。全市6452个各级各类医疗机构开展流感样病例症状监测，2009年，累计报告监测就诊病人4388411例，其中发热病人107683例，流感样病例11968例，未出现大的流感暴发疫情。

人感染高致病性禽流感　2004—2012年，全国共报告人禽流感确诊病例37例，死亡20例，潍坊市未有人感染高致病性禽流感病例。

肠道传染病防控

霍乱　潍坊市分别在1994年、1995年、1998年、1999年、2001年有霍乱病例报告，共报告病例45例。2001年后全市再无霍乱疫情报告。

手足口病　2008—2012年，全市共报告手足口病35577例，重症病例863例，死亡2例。

自然疫源性疾病防控

流行性出血热（出血热）　1991—2012年，全市共报告出血热病例17479例，死亡106例。1994—2001年，出血热出现发病高峰，共报告12216例。2006—2011年，疫情较为平稳，共报告938例。2012年，有升高趋势。

布鲁氏杆菌病　1993年起，潍坊市布鲁氏杆菌病疫情出现快速增长趋势，1993—2012年，潍坊市共报告199例，无死亡病例。2010年后疫情

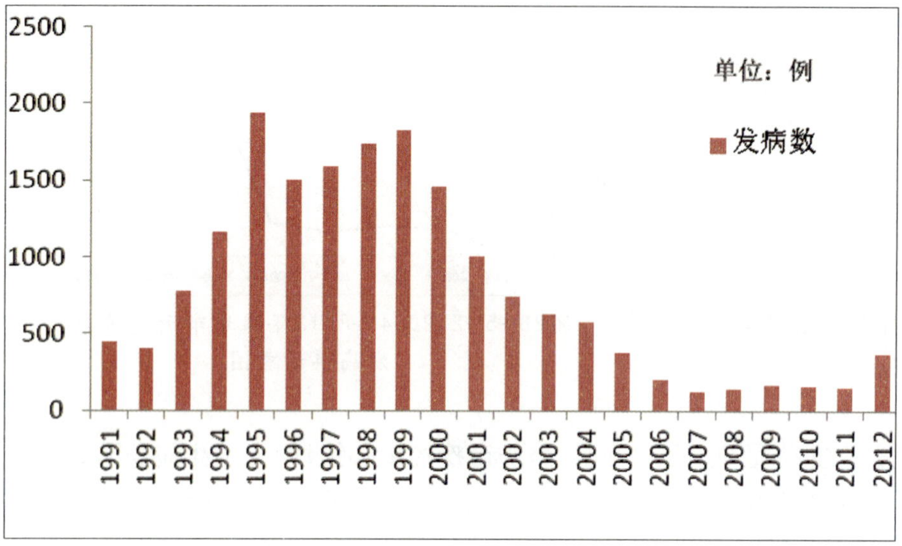

图28-5-3 1991—2012年潍坊市出血热发病数统计图

快速上升，2012年报告50例，报告发病数持续增加，疫情上升明显。

地方病防控

碘缺乏性地方性甲状腺肿防控 碘缺乏病尿碘监测，1989—2012年，共开展8~10岁儿童或育龄妇女尿样检测8次，采集日间任意一次尿样2639份。其中2000年前3次，尿碘中位数在66~95ug/L，提示人群体内碘营养水平总体上相对不足；2000年后5次，尿碘中位数均在100ug/L以上，且尿碘值小于50ug/L比例远低于20%,全市人群体内碘营养水平总体上相对充足。甲状腺肿大监测，1991—2012年，全市共调查8~10岁儿童56743人，甲状腺肿大7109人（触诊法或B超法），甲肿率为12.53%，2000年后甲肿率呈下降趋势，2002年后均低于5%。

居民户碘盐检测 1991—2001年，全市居民户食盐含碘量定性测定累计监测80891份，合格碘盐71310份，合格率88.16。2002—2006年，检测10处碘盐批发企业碘盐共430批，批质量合格率91.63%。2008年后各项监测指标相对稳定，均在90%以上。

水碘含量调查 2008年，全市开展水碘调查工作，共调查149个乡镇（街道）、7150个村（居委会），采集居民户生活饮用水水样9136份，全市水碘含量在0.01~94.13μg/L，水碘含量中位数为5.02μg/L，以县为单位，各县（市、区）均存在碘缺乏地区和适碘地区（村水碘中位数大于10μg/L且小于150μg/L），无高碘地区（水碘中位数大于150μg/L）。全市共有5192个村水碘含量小于10μg/L，占90.28%，适碘地区与碘缺乏地区互相交错分布，表明全市外环境水碘分布特点是总体上以碘缺乏地区为主，存在适碘地区，无高碘地区，适碘地区主要呈点状分布于碘缺乏地区间。

综合性调查 2003—2008年，全市共开展4次综合性调查，水碘含量均在10μg/L以下、甲状腺肿大率均在5%以下、尿碘中位数在100μg/L以上、碘盐合格率和防治知识知晓率均在90%以上。表明潍坊市外环境仍是碘缺乏地区，人群中地方病疫情有效控制，发病

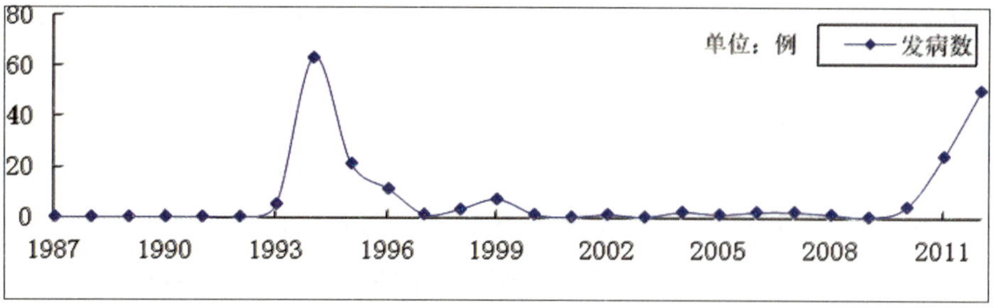

图28-5-4 1991—2012年潍坊市布病发病数统计图

率较低，人群碘营养水平相对充足。

饮水型地方性氟中毒防控

1991—2012年，全市共调查8~10岁儿童87470人次，检出氟斑牙17500人次，总检出率20%，调查成人164197人次，检出可疑氟骨症病人5253人次，总检出率3.2%，儿童氟斑牙和成人氟骨症检出率与病区改水明显负相关，在年度分布上大致呈下降趋势。2005—2007年，11个病区县调查已报废和正常使用改水工程1586个，调查病区村1037个，共采集水样11501份，水氟含量超标（氟含量＞1mg/L）改水工程481处，超标病区村327个，11病区县均有超标改水工程和病区村分布。

克山病和大骨节病防控

1992—1993年，经省级评估小组确认潍坊市克山病和大骨节病防治达到卫生部提出的基本控制目标。1995年12月，潍坊市通过国家大骨节病防治专家组考核验收，大骨节病防治达到基本控制标准。2011年4月，通过省级评估，各项指标达到《全国重点地方病防治规划（2004—2010年）》目标。

免疫预防

第二、三个85%达标验收　1991、1995年，潍坊市分别通过世界卫生组织、联合国儿童基金会、卫生部、省卫生厅对第二、三个85%目标（第二个85%的目标：在1989年底以前以县为单位实现十二月龄内儿童脊髓灰质炎、麻疹、百白破三联、卡介苗四种疫苗接种率达到85%。第三个85%的目标：1995年实现以乡为单位1周岁儿童卡介苗、脊灰疫苗、百白破疫苗、麻疹疫苗接种率达到85%）的审评验收。

免疫规划实施　2008年，开始实施扩大国家免疫规划，至2012年，市、县两级免疫规划工作经费全部落实到位。1991—2012年，全市免疫规划疫苗报告接种率达95%以上。纳入计划免疫的一类疫苗逐级免费发放。2006—2012年，二类疫苗全部实行省、县、乡逐级供应。到2012年，连续34年无白喉病例报告、连续21年无脊髓灰质炎野病毒病例；麻疹、15岁以下甲肝、乙肝、乙脑、流脑控制在历史最低水平；百日咳、流行性腮腺炎等均为散发病例，发病率处在较低水平。

免疫规划针对传染病防控

脊髓灰质炎　1991—2012年，全市未发生脊髓灰质炎野病毒病例。

麻疹　1991—2012年，全市对8个年龄组开展6次麻疹强化免疫，共接种406万人次；全市发病率一直维持在2/10万以下。

病毒性肝炎　甲型病毒性肝炎，1992年开始接种甲肝疫苗，接种率在95%以上；至2012年，发病率维持在1/10万以下。乙型病毒性肝炎，1992年，开始将乙肝疫苗纳入计划免疫管理，到2012年，接种率保持在95%以上。2009—2011年，对1994—2001年出生未免疫或未全程免疫儿童实施乙肝疫苗补种，完成13.82万人份（41.46万人次）补种任务。

流行性脑脊髓膜炎　1991—2012年，全市适龄儿童流脑疫苗免疫接种率始终保持在90%以上。

流行性乙型脑炎　1991—2012年，乙脑疫苗接种率保持在95%以上。

艾滋病防控

1992年6月，北京出入境检验检疫局从外派塞拉利昂归国劳务人员中检测出潍坊市首例艾滋病病毒感染者，该病例既是潍坊市本土首例、也是山东省首例艾滋病病毒感染者。从1992年至2012年底，全市艾滋病疫情总体处于低流行水平。

慢性病防控

死因监测　2009年6月，市卫生局首次部署死因监测工作。监测结果：2009年，全市死因

监测报告率按6‰粗死亡率计算，粗死亡率为551.22/10万。前5位死因为心脏病、恶性肿瘤、脑血管疾病、呼吸系统疾病、意外伤害。2010年，全市粗死亡率为618.50/10万，前5位死因为心脏病、恶性肿瘤、脑血管疾病、呼吸系统疾病、损伤与中毒。2011年，全市粗死亡率为642.08/10万，前5位死因为心脏病、恶性肿瘤、脑血管疾病、呼吸系统疾病、损伤与中毒。2012年，全市粗死亡率为659.65/10万，前5位死因为心脏病、恶性肿瘤、脑血管疾病、呼吸系统疾病、损伤与中毒。

全民健康生活方式行动 2009年4月，潍坊市开展以“和谐我生活，健康中国人”为主题的全民健康生活方式行动。到2011年底，潍坊市各县市区均启动全民健康生活方式行动。

慢病项目有序开展 2011年，潍坊市开始承担为期五年的省部联合减盐防控高血压项目。到2012年底，在高密市、寿光市完成项目基线调查1024人，调查发现，日均调味品食盐摄入量为12.5克；2012年，潍坊市承担山东省脑卒中高危人群筛查与干预项目。到2012年底，在潍城区、临朐县共完成初筛20492人，筛出高危人群3244人并进行干预。

慢性病综合防控示范区创建 2010年，潍坊市开始国家级、省级慢病综合防控示范区创建。2011年，高密、潍城、寿光被省卫生厅命名为省级慢病综合防控示范区。2012年，高密市被卫生部命名为国家级慢病综合防控示范区。临朐、青州、昌乐、诸城被省卫生厅命名为省级慢病综合防控示范区。

精神卫生防治

1991年底，全市精神卫生机构14个，其中市级2个、县级12个；精神卫生专科机构3个，以精神科形式附属乡镇医院机构11个。到2012年12月，全市14个精神卫生专科机构中，8个机构设立社防科，社会防治人员32名，全市从事精神卫生技术人员547人。初步形成以市精神卫生中心为龙头，以县级精神病防治机构为骨干，以乡（镇）卫生院和乡村医生为基础的三级防治网络。

1991—2012年，潍坊市精神疾病治疗由单纯药物治疗发展为以药物治疗为主，心理治疗、行为治疗、工娱治疗、音乐治疗、生物反馈治疗等多种治疗方式为辅的综合治疗模式，治中有防，防寓于治，防治结合，治愈率达50.2%，好转率达40.78%，总有效率达90.98%，9.2万名精神疾病患者恢复健康，走向社会。

第二节 卫生应急

应急组织体系

1991年，潍坊市制订修订应急预案，建立健全应急体制、机制和法制。2003年10月，潍坊市明确市卫生局负责开展突发事件监测、预测、预警、调查、控制、防护、健康教育等工作。2005年12月，市卫生局组建突发公共卫生事件应急办公室，各县市区、开发区卫生局成立应急办公室。2008年，市卫生局被确定为市政府处置突发公共卫生事件的单项指挥部，建立应急指挥与管理平台。2011年，启动应急示范区创建工作，组织开展山东省卫生应急示范县（市、区）创建，诸城、青州市通过省卫生厅考核验收，被命名为首批山东省卫生应急示范县（市、区）。2012年，继续组织开展卫生应急示范区创建工作。诸城市被卫生部命名为首批“国家卫生应急综合示范区”；寿光、安丘市被命名为“山东省卫生应急综合示范县（市、区）”。

卫生应急准备

卫生应急预案 2003年，潍坊市制订并启动《潍坊市非典防治应急处理预案》《潍坊市预防非典消毒技术方案》。至2010年底，全市编制印发综合性卫生应急预案2部、单项应急预案15部，初步建立起比较完整的市、县、乡镇（街道）三级政府卫生应急预案体系。2012年，加强突发公共卫生事件应急指挥与决策系统建设，完成市级卫生应急指挥与决策系统视频交换平台安装建设并顺利投入使用。

卫生应急队伍　为确保科学有效处置突发公共卫生事件，潍坊市从2006年开始组建卫生应急处置队伍。至2012年底，潍坊市成立传染病防控、中毒控制、医疗救治、预测预警4个专家组和应对重大传染病疫情、不明原因疾病、食品安全、化学中毒、辐射事故、恐怖事件、重大自然灾害、海上搜救8类综合应急队伍及消杀大队，卫生应急队伍建设日益完善。

卫生应急装备与物资储备　2003年，潍坊市建立“非典”防治物资储备库，共计储备消毒剂13.96吨、消毒液41.94立方米、隔离衣2500余套、口罩5500余个，防护镜、隔离面具、乳胶手套、鞋套和雨靴等若干，满足应急工作需要。

2005年，潍坊市制订《潍坊市卫生应急装备标准》《潍坊市卫生应急物资储备计划》，统一装备储备标准，市、县两级分别在疾控机构和综合医院建立疾病控制和医疗救治两类物资储备库。2008年，四川汶川发生特大地震灾害，潍坊市筹资为市疾控中心购置美国进口的防辐射服和A、B、C防化服，装备优质的防生物服，进口能现场快速检测30余种化学毒物的检测仪和辐射检测仪。至2012年底，全市市、县、乡镇（街道）有关医疗卫生单位均建立起较为完善的物资储备和管理制度，全市应急物资储备体系日益健全。

监测预警　2003年春，潍坊市制订并启动《潍坊市非典防治应急处理预案》《潍坊市预防非典消毒技术方案》，向社会开通“95120”咨询电话，医院设发热门诊、观察室、隔离病房等。2009年，潍坊市组建完成公共卫生预警系统，建立常态运行、预警应急、支持保障“三位一体”公共卫生运行与应急系统，实现法定报告传染病疫情和突发公共卫生事件的即时预警和长期预警。至2012年底，全市277个医疗机构（包括综合医院、专科医院、行业医院、私营医院、军队医院及社区卫生服务机构）及疾控机构、卫生监督机构全部落实“专室、专机、专人”公共卫生信息报告管理模式，使法定报告传染病疫情和突发公共卫生事件相关信息网络直报系统覆盖面和直报率均达100%。全市各级各类医疗机构、学校、药店、机关、企事业单位、村（居）等单位设立公共卫生综合监测点626个，实行日报告制度。

卫生应急处置

日常突发公共卫生事件处置　2006年，市县两级疾控机构及各级医疗机构、卫生监督机构全部落实“专室、专机、专人”公共卫生信息报告管理模式，依托中国疾病预防控制信息系统，按时报送法定报告传染病疫情和突发公共卫生事件相关信息，全市突发公共卫生事件应急处置工作不断完善。2006年，全市共接报达到突发公共卫生事件相关信息报告标准的突发传染病疫情、中毒等事件182起，全部进行现场处置，经确认均不构成突发公共卫生事件。2007年，全市共接到突发公共卫生事件相关信息375起，共造成598人发病，其中15人死亡，全部进行现场处置。2008年，全市共接到突发公共卫生事件相关信息310起，共造成640人发病，其中18人死亡，全部进行现场处置。2009年，全市共接报达到突发公共卫生事件相关信息报告标准的传染病类突发公共卫生事件19起221例，5例死亡，非职业性一氧化碳中毒事件137起，发病237例，死亡4例，全部进行现场处置。2010年，全市共报告突发公共卫生事件相关信息110起224例，死亡10例，均为散发病例，未构成突发公共卫生事件。2011年，全市接报涉及健康安全的各类突发公共卫生事件相关信息80起，发病人数163例，接报突发公共事件医疗卫生救援信息9起，按预案和程序全部予以处置，并按期报告。2012年，组织有关专业机构对接报的63起突发公共卫生事件相关信息、11起突发公共事件医疗卫生救援信息进行有效处置，并按有关程序进行报告。

重大突发公共（卫生）事件处置 非典防治（参见重点传染病防控）。

三鹿奶粉事件。婴幼儿奶粉事件发生以后，潍坊市开展患儿筛查、医疗救治工作。至2008年12月3日，全市共筛查患儿66963例，累计上报初认患儿474例，省卫生厅审核确认399例。

胶济铁路特大交通事故。2008年4月28日，淄博路段发生铁路特大交通事故，潍坊市共派出工作人员和医务人员150多人，工作车辆20多部，救护车24部，对33名潍坊籍伤员进行救护工作，没有发生因伤死亡、致残问题。

支援汶川抗震救灾。2008年5月12日14时28分，四川汶川发生特大地震。从2008年5月到2009年底，潍坊市先后派出抗震救灾医疗队5批共54人、对口支援医疗队8批共140人，共诊治各类病人1.6万余人次，实施手术922人次，救治重症病人230人次；实施卫生防疫1460次，卫生监督780户次；培训当地医护人员1320人次，提供健康咨询1.2万人次；捐赠药品及设备价值130多万元。

第六章　爱国卫生与红十字事业

潍坊市各级爱卫组织在不同的历史时期，根据全市经济社会发展规划和卫生工作方针、政策，结合地方实际，通过组织开展除“四害”、改水改厕、卫生创建、城乡整洁等一系列工作，为改善卫生状况，降低疾病传播，提高人民健康水平，促进两个文明建设和经济社会发展发挥了巨大的不可替代的作用。

红十字会事业以发扬“人道、博爱、奉献”的红十字精神，保护人的生命和健康，促进人类和平进步事业为宗旨，遵循红十字运动“人道、公正、中立、独立、志愿、服务、统一、普遍”的七项基本原则，不断完善红十字会组织，加强社会服务和救灾救助等红十字会重要职能，红十字会工作发挥着日益重要的作用。

第一节　爱国卫生

爱国卫生组织管理

1991年，潍坊市、县两级分别建立爱国卫生运动委员会（爱卫会）。各街道办事处、居（村）委会设专兼职人员管理爱国卫生工作。全市各部门、企事业单位均成立爱国卫生组织，设专兼职人员具体负责，全市爱国卫生组织网络健全，达到“无缝隙”覆盖。

潍坊市把爱国卫生工作列入社会经济发展规划，先后制定出台《潍坊市市区水源地管理办法》（1993年）、《潍坊市公共场所禁止吸烟管理规定》（1998年）、《潍坊市环境空气质量功能区划分规定》（2001年）、《关于加快中心城区公厕和垃圾转运站规划建设管理的意见》（2002年）、《潍坊市实施城市管理相对集中行政处罚权规定》《潍坊市蓝天工程计划》（2003年）、《潍坊市爱国卫生管理办法》《潍坊市城市市容和环境卫生管理办法》《潍坊市除四害管理办法》《潍坊市市区门前三包责任制管理办法》（2004年）、《潍坊市城市节约用水管理办法》《关于加强市区林木绿化管理的补充规定》《关于加强农业面源污染防治工作的意见》（2005年）、《关于村村通自来水工程的实施意见》（2006年）、《关于加强物业管理工作的意见》《关于进一步加强中心城区环境卫生管理提高环卫保洁质量的实施意见》（2007年）、《潍坊市养犬管理规定》《关于加快市区农贸市场改造升级的意见》《关于进一步加强农村环境保护工作的实施意见》《关于加强生活饮用水卫生管理工作的通知》（2008年）、《关于依法规范取缔中心城区露天烧烤大排档和违法店外餐饮的通告》（2009年）等一大批行政管理规范性文件。同时，确定每年4月为爱国卫生月，其他月第一周周六为“全民环境卫生日”，坚持实行门前“三包”责任制和项目工作制，将爱国卫生工作检查纳入规范化、制度化轨道。

卫生城市、卫生单位创建

省级卫生城市创建　1990年，市政府成立“创城”工作领导小组，全面展开创城工作。同年8月，经山东省爱卫会检查团考评，青州、诸城两市达到省级卫生城标准；10月，潍坊市组织检查团对创城工作进行检查，确认昌邑、安丘、昌乐、寿光、五莲5个县达到市级卫生城标准，其中昌邑已达到省级卫生城标准。1991年，潍坊市被山东省爱卫会命名为省级卫生城市，潍城、安丘、昌乐3县（区）同时被评为省级卫生城市。1992年，寿光、临朐顺利通过省级卫生城市验收，青州市建成全国卫生城市。同时，将卫生城市创建工作向乡村推进，开展创建卫生乡镇活动。1993年，高密通过省级卫生城验收。1994年，全市建成省级卫生城市10个：青州市、诸城市、昌邑市、潍城区、安丘市、寿光市、昌乐县、临朐县、高密市、寒亭区。同年，大规模开展冬春两季集中灭鼠活动，降低鼠密度。1995年，坊子区被山东省爱卫会命名为省级卫生城区。至此，潍坊所有县市区均创建为省级卫生城市（区），并逐步开展更高级别卫生创建工作。

全国（国家）卫生城市创建　1992年，青州市在全国城市卫生大检查中成绩优异，被评为全国卫生城市。1995年，潍坊市属4区在全国卫生城市检查验收中，取得全省第一的好成绩，潍坊市首次、青州市再次获全国卫生城市称号。1996年，全市积极开展冬春季灭鼠活动，家鼠、野鼠分布密度分别控制在1%和2%以下。1998年，全市积极开展“创城迎查”及省运会筹备工作。在全国卫生城市评比中，潍坊市在山东省地级城市中获第一名，继续保持全国卫生城市称号；寿光市首次被评为全国卫生城市。全国爱卫会对潍坊市及青州、寿光进行表彰。1999年，全国爱卫会决定，不再进行全国性的城市卫生检查评比活动，“全国卫生城市”的检查评比成为历史。

2003年，潍坊市提出创建国家卫生城市目标，10月15日，市政府召开创建国家卫生城市动员大会，印发《潍坊市创建国家卫生城市工作方案》。2004年，潍坊市成立市长挂帅的创城领导小组，召开创城再动员大会，市政府同有关单位签订目标责任书，相继出台一系列加快国家卫生城市创建文件，全面推动各项创建工作。5月，建成全国灭鼠先进城市；9月，建成全国灭蝇灭蟑先进城市。同年8月，市政府出台《潍坊市爱

2008年6月23日，潍坊市创建国家卫生城市命名表彰大会召开

国卫生管理办法》《潍坊市市容和环境卫生管理办法》《潍坊市市区“门前三包”责任制管理办法》，城市卫生管理有章可循，更加规范。2005年8月，省爱卫会对潍坊市创城工作进行检查考核，确认潍坊市基本达到《国家卫生城市标准》，同意上报全国爱卫会对潍坊市创城工作进行考核；11月，邀请全国爱卫会专家到潍坊市进行现场指导和调研，专家对潍坊市创城工作给予充分肯定。2006年，潍坊市创城工作进入全面整治阶段，市创城办组织全市进行大规模持续的专项整治活动。7月，全国爱卫办副巡视员徐惠民一行6人到潍坊进行创城调研指导，并组织专家进行创城专业培训。10月，潍坊市基本通过全国爱卫办第一次暗访检查。12月，在市区正式启动餐饮业餐具统一集中消毒工作。2007年，全面开展市区旧居民区改造、道路改造、排水改造和绿化亮化等重点工程，开工建设市区13个旧小区、45条背街小巷改造工程，全面启动市区“三拆一绿”（潍坊市对中心城区公共供水管网覆盖范围内的水塔、集中供热区域内的烟囱以及主次干道的沿街单位、居民小区围墙进行全面拆除，并对拆除腾空地段和黄土裸露地面进行全部绿化）工作，重点解决露天烧烤整治、摊点群早夜市规范管理等11项创城重点难点问题。6月，潍坊市创城工作基本通过全国爱卫会暗访检查，顺利进入技术评估阶段。8月，开始创城工作档案整理及高标准创城整治活动。12月，潍坊市创城工作顺利通过全国爱卫办技术评估。2008年3月，全国爱卫办对潍坊市创城工作进行全面考核鉴定。4月10日，全国爱卫会正式命名潍坊市为国家卫生城市。2009年，潍坊市顺利通过全国除“四害”先进城市复审。2010—2011年，潍坊市结合创建全国文明城市和人居环境奖城市，积极开展城区环境卫生整治提升工作，进一步巩固国家卫生城市创建成果。2012年，潍坊市顺利通过国家卫生城市首次复审，被重新确认为国家卫生城市。

卫生单位创建　1992年起，潍坊市开展创建卫生街道、乡镇、村、社区等活动。1994年，全市创建卫生乡镇69个。1997年，全市建成市级卫生乡镇104个。2001年，市级卫生乡镇、卫生村庄分别达152个和135个。2004年，全市有5个乡镇、9个村、7个居民小区分别达到潍坊市爱国卫生示范乡镇、示范村庄、示范居民小区标准。2006年，潍坊市开展创建卫生先进单位、卫生乡镇、卫生村、卫生户和卫生居民区活动，9个乡镇、14个村和14个居民小区，分别通过潍坊市爱国卫生示范乡镇、村庄和居民小区的验收。创建国家卫生先进单位1个，省级卫生先进单位18个，省级卫生乡镇4个，省级卫生村9个，省卫生户11个。2007年，潍坊市创建市级爱国卫生示范乡镇（街道）13个，市级爱国卫生示范村庄（社区）29个，市级爱国卫生示范居民小区14个。2008年，潍坊市命名市级爱国卫生示范乡镇（街道）13个，市级爱国卫生示范村庄（社区）30个，市级爱国卫生示范居民小区14个。2009年，潍坊市新创建市级爱国卫生示范乡镇（街道）8个，市级爱国卫生示范村庄（社区）27个，市级爱国卫生示范居民小区15个。2010年，潍坊市爱卫办开展评选“十佳卫生镇”“十佳卫生街道”“十佳卫生村”“十佳卫生社区”活动，起到较好的示范带动作用。2012年，潍坊市爱卫办组织开展卫生创建活动，有17个单位被评为省级卫生单位，16个村纳入省级卫生村审核范围。

改水改厕

改水　1990年，潍坊市水利部门提供技术、财政部门安排专项经费进行改水。同年，寿光、寒亭两县区被评为山东省农村自来水建设先进县。1991年，潍城、昌邑、坊子、高密4县区达到省卫生改水先进县标准。1992年，潍坊市改水工作以加强自来水工程建设和管理为重点，自来水普及率达49%。1995年，全年建成防氟改水工程1530个，完成1970个村改水任务，150万人用上符合卫生标准的低氟水。1996年，潍坊市以除氟改水为主，共修建、改建、扩建改水工程40个，完成60个村改水任务，480万人用上安全卫生水。昌邑、潍城、坊子、安丘、奎文5市（区）通过省爱卫会农村自来水建设先进县考核验收。1997年，潍坊市共完成防氟改水和卫生改水9081个村，720万人用上符合卫生标准安全卫生水。2001年，农村卫生改水受益人口增加，自来水普及率达80.1%。寿光市、昌邑市、安丘市、坊子区、奎文区、潍城区、临朐县、寒亭区、青州市获全国农村自来水普及工作先进单位称号。2005年，潍坊市探索适合市场经济体制下农村改水运行机制，引导社会力量投资，走城乡联合、村企联合、个人投资以及股份制等多种形式改水路子，调动各方面积极性，加快农村普及自来水步伐。同时，积极开展防氟改水工作，降低氟危害。市政府设立降氟改水专项经费30万元，列入财政预算，用于支持高氟区村庄新建降氟改水工程，并对存在问题的改水工程进行改造。2006年，高密市6镇20.2万名群众结束饮用高氟高盐水的历史。2008—2010年，由中央财政拨款，全市开展农村饮用水安全集中供水工程水质监测工作，每年度分丰水期和枯水期两次进行监测。2008年，监测105个集中供水工程；2009年，监测122个集中供水工程；2010年，监测229个集中供水工程；2011年，监测230个集中供水工程。2012年，开展农村饮用水安全工程水质卫生监测，对全市260个监测点的1040份水样进行采样检测。

改厕　潍坊市农村改厕工作遵循“政府组织、部门负责，财政补贴、多方筹资，社会参与、群众动手，因地制宜、分类指导”原则，各级政府加大投入，加快农村改厕进程。1992年，潍坊市共建造卫生厕所32.7万座，占总户数的10%。1994年，安丘被评为全国17个农村卫生改厕先进县之一。1995年，潍坊市建成高标准水冲式厕所53座，新建垃圾无害化处理场、粪便无害化处理场和污水处理厂。2002年，潍坊市卫生厕所普及率达77.7%。2003年，国家农村改厕项目县潍城、青州、安丘完成卫生改厕1200户，补助资金18万元。2006年，潍坊市争取国家农村改厕专项资金22.5万元，在青州、昌邑、高密3市开展农村改厕项目，新建卫生厕所986个。2008年，潍坊市争取国家农村改厕专项资金50万元，在青州、诸城、临朐、高密4县市开展农村改厕项目，新建农村无害化厕所2000个。2009年，潍坊市争取国家改厕专项资金75万元，在青州市、高密市、诸城市、临朐县、寒亭区开展农村改厕项目，共建农村无害化厕所2500座，中央拨付项目补助资金由每座厕所250元提高到300元。2010年，潍坊市争取国家农村改厕专项资金165万元，在青州、诸城、临朐、高密、安丘、寿光、寒亭7个县市区开展农村改厕项目，新建农村无害化厕所5500个。2012年，组织潍城、寒亭、坊子、寿光等13个县市区全面完成8500户农村改厕任务，全市农村无害化卫生厕所建设进程进一步加快。

2010年5月，潍坊市"健康潍坊行动"启动仪式举行

病媒生物防治

灭鼠 1990年5月，省灭鼠专家审评小组对潍坊市12个县市区进行审评，确认潍坊市成为省级无鼠害市。1991年，全市组织两次全民统一灭鼠，村内、村外鼠密度分别下降到1%和2%以下。1992年，潍坊市坚持经常性灭鼠活动，并于春秋两季开展两次集中灭鼠，投药510千克。据35个监测点报告，鼠密度均控制在标准以下，流行性出血热发病率下降到全省最低水平。1993—1995年，潍坊市保持无鼠害市称号。1998年，潍坊市加强剧毒鼠药管理，查处剧毒鼠药1500千克。2001年，青州、临朐、昌乐3个县（市）被列入全省流行性出血热重点管理县（市）。2007年，中心城区6区开展集中灭鼠活动，顺利通过全国爱卫会对潍坊市国家卫生城市技术评估，所有被查单位未发现鼠害痕迹。2008年，潍坊市灭鼠工作达标，顺利通过全国爱卫会对潍坊市国家卫生城市综合验收。2009年，中心城区6区开展集中杀灭"四害"活动，灭鼠工作达标，顺利通过全国除"四害"先进城市复审。2012年，组织开展春、冬两季城乡集中灭鼠活动，发放消杀药品10612千克，落实消杀措施，控制四害密度，巩固并提高灭鼠灭蝇灭蟑控蚊先进城市成果。

灭蝇控蚊 1990年，结合第八届潍坊国际风筝会和争创"齐鲁杯"活动，潍坊市开展4次大规模爱国卫生突击活动，清除垃圾、消灭蚊蝇，健全卫生制度，保持清洁，城乡卫生面貌大为改观。1991年，潍坊市组织集中消杀蚊蝇，"四害"密度控制在国家规定标准之内。1997年，潍坊市圆满完成全年鼠、蚊、蝇密度监测任务，获全省媒介昆虫及鼠类控制先进集体称号。1998年，潍坊市开展蚊蝇密度监测，蚊、蝇密度达卫生城市标准。2004年，潍坊市举办"两控一灭"技术培训班，对重点单位和重点部位多次重复投药，蚊蝇密度控制在国家标准范围内。2007年，潍坊市中心城区6区开展集中灭蚊蝇活动，顺利通过全国爱卫会对潍坊市国家卫生城市技术评估。2008年，潍坊市中心城区6区灭蝇控蚊工作达标，顺利通过全国爱卫会对潍坊市国家卫生城市综合验收。2009年，潍坊市中心城区6区开展集中杀灭"四害"活动，灭蝇控蚊工作达标，顺利通过全国除四害先进城市复核。2012年，潍坊市开展夏秋季集中消杀蚊蝇蟑活动，巩固提高灭鼠灭蝇灭蟑控蚊先进城市成果，推动国家卫生城市复审工作。

灭蟑　2004年，潍坊市首次开展蟑螂侵害性调查。2006年，在中心市区开展蟑螂密度调查，涉及宾馆、饭店、食堂、小区等重点场所，其中有5处场所监测到蟑螂，全部为德国小蠊。2007年，中心城区6区开展集中灭蟑活动，所有被查单位未发现蟑迹，顺利通过全国爱卫会对潍坊市国家卫生城市技术评估。2008年，潍坊市灭蟑工作达标，顺利通过全国爱卫会对潍坊市国家卫生城市综合验收。2009年，潍坊市中心城区6区开展集中杀灭“四害”活动，灭蟑工作达标，顺利通过全国除“四害”先进城市复审。2012年，潍坊市开展夏秋季集中消杀蚊蝇蟑活动，巩固提高灭鼠灭蝇灭蟑控蚊先进城市成果。

健康教育

1991年，潍坊市农民家庭健康教育现场会在高密召开，推广高密健康教育试点经验。全市有11个县市区开展农民家庭健康教育工作，共计88处乡镇323个村，培训家庭保健员65328人。1992年，潍坊市小学开设健康教育课。1993年，市卫生防疫站和潍坊日报社成功举办防疫风采征文活动。同年，潍坊市小学、中学全部开设健康教育课，并将课程列入教学大纲。1995年，潍坊市将健康教育作为爱国卫生重要内容之一，开展以“健康教育大街”为主体的社会健康教育，并纳入卫生检查考核标准。东风大街建成市区第一条健康教育大街。同时，开展健康教育村、医学科普村创建活动，共创建健康教育村328个，医学科普村729个。深入开展控烟教育，市健康教育所、市爱卫会、市控烟协会在全市开展争创无烟单位活动，潍坊市市长王玉芬签发《关于禁止在公共场所吸烟》市政府令。1998年，在创建卫生城活动中，潍坊市先后建立健康教育示范小区24处，健康教育大街7条，设立宣传牌400多块，开展医院健康教育、工厂健康教育和学校健康教育。中小学健康教育开课率均保持在100%。2001年，全市先后开展“4·25”计划免疫宣传日、“世界无烟日”“九亿农民健康教育行动”和“食品卫生法宣传周”等集中宣传活动。2004年，配合国家卫生城市创建，积极开展城区健康教育活动，在城区建成3条健康教育大街，组织沿街单位建立固定宣传栏83块，创建健康教育示范小区8处。2008年，为创建国家卫生城，全市发放健康教育传单9种、印刷品5.6万份。2009年，市政府开展“全民健康行动”，倡导全社会居民关爱身心健康，从身边小事做起，养成良好生活习惯，远离不健康消费行为，免费发放“限盐勺”“控油壶”等物品30万套，健康处方80万份。2010年5月，市政府组织社会各界在风筝广场举行“健康潍坊行动”启动仪式。截至2012年，全市共举办“健康潍坊行动”大型宣传活动120余次，出动宣传车600多台次，制作发放宣传品50多种共100多万份，制作各种不同内容展板3000多块，制作宣传标语、条幅约5300条。同时，制定实施《潍坊市全民健身实施计划（2011—2015）》，发展县、乡、村三级体育组织网络，加强公共体育设施和城乡体育设施建设。先后举办潍坊市第一届和第二届全民健身运动会。风筝会期间，组织开展全民健身大巡游活动，2012年全民健身狂欢大巡游参与表演方队56支，参加表演人员1.2万人。定期举行潍坊市全民健身月活动以及全民健身日活动，全市每年举办全民健身系列活动700余场（次）。

第二节　红十字事业

红十字组织

潍坊市红十字会　1992年2月，潍坊市红十

2008年汶川特大地震后，潍坊卫生防疫队伍在灾区工作

字会召开第四次会员代表大会，选举成立由68人组成的第四届理事会。2003年2月，潍坊市红十字会召开第五次会员代表大会，选举成立由88人组成的第五届理事会。2005年10月，潍坊市红十字会管理体制由市卫生局代管调整为市政府领导联系，会长由市政府领导兼任，配专职副会长（副县级）1名。到2012年底，市红十字会办公室，定编4人，参公管理。

志愿服务 1987—2004年，潍坊市各级红十字会参加志愿服务达94211人次。2005年起，潍坊市在全市大的医疗机构、高中等院校、血站建立16个红十字志愿者服务基地。到2009年，全市红十字会志愿服务达75132人次。2010年4月，青海玉树发生地震，潍坊市红十字会志愿者到灾区参加救灾服务，长达1个月。

卫生救护 1992—2001年，全市在部分公路沿线逐步建立红十字救护站，向社会提供救护服务。2005年，潍坊市红十字救援中心成立。2011年，潍坊市红十字会联合潍坊医学院师生200名志愿者同时现场展示心肺复苏急救技术，并作为中国红十字总会“万人心肺复苏演练”分会场，申报吉尼斯世界纪录。2012年，开展应急救护培训和健康知识普及工作，举办应急救护培训班8期，培训持证急救员416人。

救灾 1991—2002年，潍坊市局部地区时有旱涝冰雹灾情发生，市红十字会累计派出医疗队95支1617名医务人员共为灾区群众治病19243人次。2003年，潍坊市红十字会为菏泽洪涝灾区募捐救灾物资总值17万元。2005年，潍坊市红十字会开展援助印度洋地震海啸灾民募捐活动，接收捐款90万元。2008年，“5·12”四川汶川特大地震发生后，全市红十字会共接受款物合计2541.05万元。2009年8月，“莫拉克”台风重创台湾中南部，潍坊市红十字会共募集支援资金5.39万元。2010年4月，潍坊市红十字会为西南地区旱灾募捐2.13万元。为青海玉树地震举办10场募捐活动，全市红十字会共募捐152.3万元，物资价值142.6万元。2012年8月，台风“达维”给青州、临朐等市县造成灾害，市红十字会发放中国红十字会总会下拨棉被1000床、家庭包1000个；发放山东省红十字会捐赠面粉18.65吨，总价值40.05万元。

救助 1991年至2010年底，募捐箱共募集捐款5万元。2011年，市红十字会组织开展“红十字博爱送万家”活动，共发放慰问金及物资总价值约13万余元，受益群众近400人；为全市26名白血病患儿办理求助手续，10名患儿获红基会小天使基金每人3万元医疗救助。2012年，市红十字会继续开展博爱送万家活动，共发放慰问金及物资总价值约6万余元，受益群众近千人；为全市46名白血病患儿、8名先心病患儿办理救助手续，18名白血病及先心病患儿获中国红十字基金会专项救助50余万元。

医学捐献

遗体（器官、角膜）及造血干细胞捐献　2003年，潍坊市红十字会为潍坊市第一位志愿捐献遗体者昌邑市龙池镇一位残疾人办理登记手续，潍坊电视台全景新闻栏目做相关报道。2005年5月，潍坊市红十字会举办全市“遗体器官捐献志愿行动”启动仪式，造血干细胞志愿捐献报名登记100人，5人登记志愿捐献遗体。到2012年，全市累计登记遗体、角膜志愿捐献者115名，22人成功实现捐献；造血干细胞志愿者资料入库数据达8430份，累计实现造血干细胞捐献22例（其中跨国2例）。

无偿献血　1998年《中华人民共和国献血法》实施，潍坊市红十字会利用“5·8”世界红十字日开展无偿献血宣传活动。2000年，潍坊市获全国无偿献血先进城市称号。2002年，潍坊市全部实现街头无偿献血。到2012年底，全市临床用血全部来自无偿献血，临床供血合格率始终保持在100%。

第七章　基层卫生与妇幼保健

1991—2012年，潍坊市农村卫生、城市社区卫生等基层卫生工作得到快速发展。妇幼保健重点抓好体系建设、质量管理、母婴保健技术、妇幼保健、信息监测、出生医学证明管理、健康教育等，妇幼健康水平不断提高。

第一节　基层卫生

农村卫生工作

农村卫生服务网络建设　1990—1992年，潍坊32所中心卫生院纳入山东省重点建设项目，分3年实施，资金由省、市、县、乡四级财政承担，省财政每个中心卫生院补助5万元。1993年，潍坊市启动农村卫生“三项建设”，核心是集中资金，分期分批改造、建设乡镇卫生院、县级卫生防疫站、县级妇幼保健站基础设施，目标是实现无危房，房屋、设备、人才三配套。历时3年，至1996年底，90%以上乡镇卫生院实现“一无三配套”目标，县级卫生防疫站和妇幼保健站全部达到配套建设标准。1997年，“三项建设”通过卫生部评估。2000年，“三项建设”计划全面完成。是年，全市甲级卫生室达73.2%。2005年底开始，山东省全面实施“360工程”，加强全省360所中心卫生院建设，潍坊市有35所乡镇中心卫生院纳入建设范围。在“360工程”基础上，山东省又启动实施“1127工程”，对全省其余条件较差的1127所乡镇卫生院进行全面改造，潍坊市有26所中心卫生院、96所一般卫生院纳入建设范围。2007年11月，山东省对潍坊市“360”“1127”工程验收，全部达到建设标准。2005年起，潍坊市实施农村卫生“525工程”建设规划，到“十一五”末，在全市农村建设50个县级医疗卫生机构、200所标准化乡镇卫生院和5000个左右的标准化村卫生室。到2008年，全市41个县级医疗卫生机构和153所乡镇卫生院，基本达到标准化建设要求。2008年12月起，启动中央投资医疗卫生服务体系建设项目，所需资金由中央投资，省、市、县按比例配套，实行专户管理、专款专用。潍坊市有9个乡镇卫生院项目被列入建设计划，总投资771.5万元，其中中央投资410万元；总建筑面积2.04万平方米。2009年，潍坊市有21个项目纳入中央投资项目，包括县级医院建设项目3个、乡镇卫生院建设项目15个、社区卫生服务中心建设项目3个，总投资1.34亿元，其中中央投资4347万元；建筑面积11.08万平方米。2010年，潍坊市有24个项目纳入中央投资项目，包括县级医院建设项目2个、乡镇卫生院建设项目10个、社区卫生服务中心建设项目4个、村卫生室建设项目8个，总投资1.06亿元，其中中央投资4834.2万元；建筑面积7.56万平方米；全市5000个村卫生室标准化建设任务全部完成；2563个村卫生室通过省财政投资评审中心验收。截至2011年底，全市有3185个村卫生室通过省财政厅评审验收，村卫生室服务能力提高，农村居民就医条件有较大改善。

农村卫生队伍建设 1985年1月，“赤脚医生”达到医士水平的称“乡村医生”，达不到医士水平的称卫生员。1987—2003年，乡村医生执业管理工作不断规范。2004年，全市组织13913人分别参加省级、市级和县级乡村医生执业注册考试。到2005年底，全市完成13913名乡村医生注册工作，并将证书发放到乡村医生手中。2008年，新注册乡村医生1207名。潍坊市启动乡村医生卫生保健专业中专学历教育工作，潍坊卫校和益都卫校被省卫生厅、省教育厅定为招生学校，参加学习人员必须是在岗乡村医生，具有县级卫生行政部门核发的“乡村医生执业证书”、年龄在45岁以下且在村卫生室工作3年以上，非在岗乡村医生不得报考。2009年，全市组织开展乡村医生注册考核工作，共有乡村医生14264人参加考核，考核合格13837人，合格率97%。是年，潍坊市开始实施“卫生强基工程”，安排部署对口支援工作，确定支援医院和受援医院的支援关系。2010年，全市组织2008名考生参加全省乡村医生执业资格考试，有1215人考试合格。全市重点卫生院共有243名技术骨干参加培训，一般卫生院共有853名技术骨干参加培训，培训合格率均达100%。2011年，村卫生室实施国家基本药物制度后，潍坊市逐步建立乡村医生多渠道补偿机制，乡村医生收入主要来自农民人均25元基本公共卫生服务经费中40%的补助、每个诊疗人次收取6元一般诊疗费的劳务补助和每名乡村医生每年6000元基本药物专项补助，根据乡村医生提供服务的数量和质量，经绩效考核后予以补偿。同时积极引导乡村医生参加新农保，有条件县（市）组织乡村医生参加其他形式养老保险。至2012年底，全市村卫生室工作人员共有1.49万人，其中有乡村医生执业证书的1.33万人，占89.7%；执业（助理）医师1123人，占7.6%。

2012年底，全市有1953名乡村医生报名参加中专学历教育；11176人参加新型农村养老保险，1544人参加其他形式养老保险；全市25所县级医院对口支援179个基层医疗卫生机构，基本实现县级以上医院对基层医疗卫生机构对口支援全覆盖。

初级卫生保健 1990年，潍坊市制订《潍坊市实施初级卫生保健概略规划（1990—2000年）》，提出力争1995年实现以县为单位县县分类达到初级卫生保健最低限标准；2000年达到国家提出的8项卫生指标，实现全市农村人人享有卫生保健的目标，争取成为全省初级卫生保健先进市。1991年，初级卫生保健工作在全市范围内展开，安丘、诸城两个示范县率先起步，寿光、高密、昌乐、昌邑、潍城5个试点县承先启后。计划免疫、传染病防治、妇幼保健、健康教育等各项工作，都以初级卫生保健指标中相应任务为前提而开展。年底有283所乡镇卫生院75%的面貌发生改变；有48所卫生院普遍有200毫安以上X光机、B超、救护车等较大型医疗设备，实现人员、设备、房屋、技术四配套，成为区域性卫生业务指导中心。1992年，有7个县（市）实现初级卫生保健达标或基本达标，分别受到卫生部和省卫生厅表彰奖励，其中安丘县被评为全国初级卫生保健达标先进县。1993年6月，国家计委、财政部、卫生部、农业部联合在潍坊召开全国农村卫生建设经验交流会，推广潍坊市经验。1994年，全市85%的乡镇卫生院完成改貌建设任务。1995年，寿光代表潍坊市和山东省顺利通过卫生部、国家计委、农业部、国家环保局和全国爱卫会五部委组织的“中国农村2000年人人享有卫生保健”普及阶段中期评估，巩固和扩大了全省第一个达标市（潍坊市）成果。诸城、寒亭、昌邑分别代表潍坊市通过国家和省农村卫生三项建设工作中期评估。1997年，全市有43个乡镇达到初级卫生保健合格乡镇规划标准。安丘、寿光被评为全国初级卫生保健先进县。2000年，全市初级保健合格乡镇达204个，占乡镇总数的85%。2006年，潍坊市组织县市区开展农村初级卫生保健发展纲要中期评估自评工作。评估内容包括政府支持、农村卫生机构建设、疾病控制、卫生监督、妇幼保健、环境卫生、健康教育、新型农村合作医疗、居民健康水平等共12类41项指标。2009年，全市启动农村居民健康档案建档工作，提供9项基本公共卫生服务项目。2010年，全市累计农村居民健康档案建档288.46万人，建档率为44.5%，超过省定30%目标；在农村发放健康教育资料332.92万份，举办健康教育讲座2.5万人次。2011—2012年，巩固新时期农村初级卫生保健发展纲要落实成果，并不断融入相关农村卫生工作，《中国农村初级卫生保健发展纲要（2001—2010年）》得到全面落实。

城市社区卫生服务工作

全科医学队伍　90年代起，随着社区卫生服务逐步发展，社区全科医学教育不断取得新进展。2008年起，潍坊市级财政每年投入50万元，连续3年对社区卫生人才培养进行专项资金补助，用于社区卫生技术人员岗位培训和社区卫生管理人员集中培训。同年，潍坊市按期完成省级社区卫生技术人员培训基地建设任务，省卫生厅评审公布潍坊市2处理论培训基地、4处临床（公共卫生）培训基地和3处社区卫生实践基地。2008—2010年，全市共举办培训班7期，培训全科医师238人、社区护士230人、公共卫生医师35人，培训完成率100%。2012年，组织全市134名基层医务人员参加了为期1年的全科医生转岗培训。

基本医疗服务　2008年3月，全国普及基本医疗卫生制度试点工作在潍坊市中心城区全面启动。根据居民需求和政府财力状况，市卫生局设计“基本医疗服务包”，确定“基本医疗服务包”项目，主要内容为8项基本检查项目（体温、脉搏、呼吸、心率、血压、身高、体重等一般检查和糖尿病患者血糖检测）、7项基本治疗项目（肌肉注射、静脉输液、静脉注射、皮试、皮下注射、物理降温、冷热湿敷）、3项基本康复项目（拔火罐、超短波电疗、红外线治疗）、65岁以上老年人每年1次健康查体和523种基本药物。2009年，市卫生局、市财政局全面开展基本医疗项目成本测算，确定人均补偿标准。在综合考虑项目服务成本基础上，确定“基本检查项目”和“基本治疗项目”由社区卫生机构免费提供，“基本康复项目”费用按国家规定标准的60%向居民收取，老年人健康查体免费，523种基本药物全部按招标价格“零差率”销售。2009年起，社区卫生机构服务成本由政府按服务人口每人每年10元标准“购买服务”。2010年，潍坊市进一步优化政府购买“基本医疗服务包”实施方案，将“65岁以上老年人查体”项目进行调整充实，根据需要增加B超、心电图等辅助检查项目，提高查体项目受益率。同年，市财政局将政府购买基本医疗服务补助标准提高至年人均25元。2011年起，在中心城区乡镇卫生院推行政府购买基本医疗服务，政府财政按服务人口年人均40元标准进行补助，市、区两级财政按5∶5比例负担。2012年，继续推进政府购买基本医疗服务。

基本公共卫生服务 2007—2009年，潍坊市按《山东省政府购买城市社区公共卫生服务项目及绩效考评标准（试行）》要求，在城市社区卫生服务机构全面开展包括卫生信息管理、社区健康促进、疾病预防控制、重点人群保健及公共卫生应急等10个项目，每个项目分为A、B、C三类子项目，按年人均10元标准进行补助。2009年起，潍坊市实行基本公共卫生服务绩效考核，考核结果与经费补助挂钩，作为管理服务人员奖惩及核定绩效工资依据，建立信息公开制度，考核情况向社会公示。到2010年底，潍坊市城乡居民健康档案建档率达85%以上，高血压、糖尿病患者系统化管理率达85%以上，基本公共卫生服务项目得到全面落实。为提升城市社区卫生服务机构建设档次，潍坊市启动创建全省第一批星级城市社区卫生机构。2010年，潍城区南关街道社区卫生服务中心、曹家巷社区卫生服务站和寒亭区运河西社区卫生服务站获首批“山东省社区卫生星级机构”称号。同时，印发《潍坊市示范社区卫生服务机构创建方案》，2010年年底，潍坊市共有20家机构创建为市级示范社区卫生服务机构。到2012年底，基本公共卫生补助经费由2009年人均15元提高到25元，全市城乡居民健康档案建档率达86.08%，电子档案建档率达81.72%；高血压、糖尿病和重性精神疾病患者管理人数分别达91.39万人、17.31万人和5.8万人。

第二节　妇幼保健

妇幼保健体系建设

90年代始，潍坊市妇幼卫生工作坚持“以保健为中心，保健与临床相结合，面向群体，面向基层和预防为主”方针，相继开展以妇幼保健机构分级达标、爱婴医院创建为主题妇幼保健体系建设，妇幼保健工作不断加强。1997年，全市有妇幼保健机构15个，妇幼保健专业技术人员380人，乡镇妇幼医生810人，女乡村医生3780人，妇幼保健员3251人。2001年，潍坊市成立潍坊市妇幼卫生工作领导小组，办公室设在潍坊市妇幼保健院，承担全市妇幼保健业务管理和技术指导工作。2008年，潍坊市建立妇幼卫生目标责任考核和妇幼卫生依法监管“两个机制”，推进妇幼卫生管理法制化、规范化。至2012年底，全市有妇幼保健机构14个，其中市级妇幼保健院1所、县级妇幼保健院9所（奎文、寒亭、青州、诸城、寿光、安丘、高密、昌邑、昌乐）、县级妇幼保健站4个（潍城、坊子、临朐、滨海）。

爱婴医院创建

1993年，潍坊市启动爱婴医院创建工作。10月，潍坊市妇幼保健院被联合国儿童基金会、世界卫生组织、中国卫生部授予山东省第一批、潍坊市首家“爱婴医院”。1994—1995年，全市有11所医院达到“爱婴医院”标准。1997年，全市有13个医疗保健单位和131所乡镇卫生院分别达到“爱婴医院”和“爱婴卫生院”标准。到1998年底，全市有50所医院、199所乡镇卫生院建成“爱婴医院”和“爱婴卫生院”。1999年，潍坊市创建为爱婴市。2008年，潍坊市成立婴幼儿喂养监督评估组，定期组织对各地爱婴医院管理及婴幼儿喂养进行检查评估、分析反馈，爱婴医院管理形成常态化。

妇幼保健机构等级评审

1991年，潍坊市启动妇幼保健机构等级评审，开展甲级妇幼保健站创建工作，年底，昌邑、安丘、诸城3个妇幼保健站建成山东省“甲级妇幼保健站”；昌乐、临朐、五莲等7个县市区妇保站达到“甲级站”标准。1992年，全市建成甲级妇幼保健站10个。1995年，全市有5处妇幼保健站达到省建设标准、6处达到省“甲级站”标准。之后10余年间，妇幼保健机构等级评审暂停。2011年6月，潍坊市妇幼保健院通过全省三级甲等妇幼保健机构评审；2012年12月，诸城、寿光、安丘市妇幼保健院通过全省二级甲等妇幼保健机构评审。

妇幼卫生保健

1991年，潍坊市开展以优生优育为中心的妇幼保健系列化服务工作，母婴保健保偿达30383人，围产期保偿投保达25557人。全市共有215个乡镇开展保偿，占乡镇总数的80%。全市孕产妇和婴儿死亡率降至国家规定目标以下。同年9月，全国优生咨询会议在潍坊市召开。2001年，全市对16.8万名妇女进行妇女病防治检查，对查出的患者采取相应治疗措施。2007年7月，由中国初级卫生保健基金会捐赠的为期三年的免费妇女病普查项目在昌乐县启动，捐赠红外线乳透仪、B超、电子阴道镜、聚焦妇科治疗仪价值共40万元医疗设备。至2008年底，共为6个镇及县直部分单位实行免费普查8257人。至2012年，全市累计为23560人进行免费普查。

儿童保健

1992年，潍坊市重点为7岁以下儿童提供从胎儿期到青春期医疗保健服务。1996年6月，按儿童生长发育阶段和不同年龄段心理特征，潍坊市开展健康宣传，重视新生儿保健工作，建立产后访视制度，开展小儿智能发展早期检查、干预、训练。2000年，潍坊市妇幼保健院建立潍坊市第一家新生儿科，设床位30张，主要收治全市新生儿黄疸、早产儿、极低出生体重儿等疾病。2005年3月，与北京大学联合实施婴幼儿唇腭裂流行病学研究项目，举办儿童孤独症流行病学及

潍坊市妇幼保健院门诊　　（1999年拍摄）

2005年9月29日，潍坊市妇幼保健院妇儿医院开业庆典

干预治疗培训班，邀请美国及国内有关专家授课。同年4月，开展儿童血铅筛查工作。2006—2008年，全市陆续新增儿童专家门诊、儿童生长发育科、早期智能开发及早教门诊、生长发育障碍门诊、儿童心理行为门诊、膳食营养门诊、常见病防治门诊、喂养困难门诊、视力筛查门诊、儿童眼科门诊、儿童耳鼻喉科门诊、儿童口腔门诊等儿保服务项目。2007年6月，市卫生局、市妇儿工委办公室、市残联联合开展潍坊市“健康宝宝，幸福家庭一预防出生缺陷系列宣传活动”。2010年4月，全市加强对托幼机构手足口病防控工作，降低托幼机构手足口病发病率。2012年底，潍坊市基本实现《中国儿童发展规划纲要》确定的主要目标。

妇幼卫生管理与服务

2001年，全市加强助产医疗机构产科质量建设，对产科工作实行准入制，并实行乡镇卫生院产科动态管理。2003年2月，市卫生局复核评审，公布全市首批乡镇卫生院一、二、三级产科名单，其中一级产科26处，二级产科、三级产科各75处。2006年3月，组织开展妇幼保健知识及产科技能大赛。2012年，开展首次县级妇幼卫生绩效考核，并对考核情况进行通报。至2012年12月底，全市孕产妇、婴儿和5岁以下儿童死亡率分别下降到4.73/10万、3.13‰和3.95‰，出生缺陷发生率为4.96‰，好于全省平均水平。

人类辅助生殖技术管理

2000年12月，潍坊市妇幼保健院成立潍坊市第一家生殖医学中心。2002年3月，潍坊市第一例试管婴儿诞生在市妇幼保健院。到2005年底做试管婴儿406例。2006年5月，潍坊市妇幼保健院经省卫生厅批准为潍坊市夫精人工授精试运行单位，2007年12月批准正式运行。潍坊医学院附属医院生殖医学中心成立于2001年4月；2004年5月，省卫生厅批准潍坊医学院附属医院为夫精人工授精技术试运行单位；2012年11月，潍坊医学院附属医院被批准为全国辅助生殖技术培训基地。

出生缺陷干预

婚前医学检查 潍坊市婚检工作始于1992年，昌邑市率先开展。1994年，潍坊市婚前检查工作全面展开，婚前健康检查形成制度化管理。到2002年，全市婚前医学检查率达82.66%。2005年，昌乐县妇保院积极协调妇联、民政、计生等部门，探讨落实婚前医学检查的有效办法和途径，率先在全市推出婚前医学检查基本项目免费措施。2008年，部分县市区实行免费婚前医学检查。2009年起，全市实行免费婚前医学检查。

产前诊断及产前筛查 2000年，潍坊市确定由市妇幼保健院承担全市唐氏综合征等产前筛查工作，产前诊断委托山东省立医院、齐鲁医院进行。2004年，潍坊市妇幼保健院建立遗传诊断实验室，陆续开展外周血染色体核型分析、羊水细胞染色体核型分析等产前诊断工作。2005年5月，潍坊市妇幼保健院通过省卫生厅产前诊断资质审核，全市产前筛查、产前诊断工作逐步展开。2008年起，全市实行免费唐氏综合征筛查工作。

新生儿疾病筛查 1988年4月，潍坊市在昌乐县进行遗传病及非遗传病先天性残伤调查，调查总人数490898人，查出遗传病患病人数417人，为全国优生咨询工作经验交流会在潍坊召开提供现场。1996年5月，潍坊市新生儿疾病筛查中心正式成立，挂靠市妇幼保健院。2001年起，全市陆续开展新生儿疾病筛查工作，主要筛查病种为甲状腺功能低下和苯丙酮尿症。到2005年12月，全市14个县市区和开发区先后开展新生儿疾病筛查工作，共筛查新生儿292703人，筛查率达90.16%。筛查出PKU患儿31人，先天性甲状腺机能低下患儿55人，阳性患儿治疗有效率达98%。2008年，新生儿疾病筛查在全市全面铺开。2012年，潍坊市新生儿疾病筛查病种由“两病”增至“四病”，全年共筛查96251例，筛查率为99%。高新区对新生儿免费开展5种新生儿疾病筛查，区财政每人次补助200元，成为全市首个开展新生儿疾病免费筛查区。

新生儿听力筛查　2001年10月，潍坊市妇幼保健院率先在全市开展新生儿听力筛查，并于2004年被省卫生厅确定为潍坊市新生儿听力筛查诊断中心试点单位。2006年2月，潍坊市妇幼保健院等31处医疗保健机构通过市卫生局新生儿听力筛查技术考核验收，规范开展新生儿听力筛查工作。到2010年，全市新生儿听力筛查率达94.43%。2004—2010年，全市共筛查447033人，确诊听力障碍儿童347人，干预143人。2012年，潍坊市听筛率达96%。

出生医学证明管理　2001年，潍坊市明确“出生医学证明”由市级卫生行政部门指定有关单位进行监管、订购、发放等，并对“出生医学证明”补发手续及收费标准作出明确规定。2005年8月，潍坊市正式启用新版“出生医学证明”。2009年1月，潍坊市统一取消和停止收取“母婴三证”工本费。2010年起，潍坊市实行“出生医学证明”管理使用年报制度。

第八章　卫生支农与对口支援

第一节　卫生支农

1989年，潍坊市印发《关于大力开展卫生支农活动的通知》，对潍坊市卫生支农工作进行安排部署。2002—2004年，市卫生系统先后组织市人民医院、市中医院、市妇幼保健院、市肿瘤医院、市市直机关医院等局直医疗机构的医务人员分别到临朐县寺头镇、潍城区大柳树镇、潍城区符山镇开展义诊活动，3年共派出医务人员68名，为7900余名群众诊治疾病。2005年1月，市卫生系统组织市人民医院、市中医院、市妇幼保健院、市肿瘤医院、市市直机关医院等医疗机构28名医务工作人员，到昌邑市双台镇开展卫生下乡活动，为3200名群众进行诊疗服务，向群众发放药品价值近5万元。2006年，市卫生系统组织市人民医院、市中医院、市妇幼保健院、市肿瘤医院、市市直机关医院24名医务工作人员到寒亭区固堤镇开展卫生下乡活动，为3100名群众进行查体义诊、治疗等，为群众免费发放药品价值近8万元。2007年2月，市卫生系统组织带领24名医务工作人员到临朐县杨善镇开展卫生下乡活动，为2900名群众义诊，免费发放药品价值约6万元。2008年1月，市卫生系统组织市人民医院、市中医院、市妇幼保健院、解放军89医院26名医务工作人员到临朐县冶源镇进行集中下乡义诊，为2700名群众诊疗疾病，送医送药，宣传医学科普知识。同年12月，市卫生系统再次组织潍坊市人民医院等5家局直医院27名医疗工作人员，到临朐县五井镇开展下乡义诊活动，诊疗3500人次。

第二节　对口支援

潍坊市对口支援采取派出去请进来、业务挂钩、聘请专家、组织讲学、专业技术协作、举办各种培训班等多种方式。2008年，潍坊市结合医改新政策，将万名医师支援农村建设、卫生下乡等工作有机结合起来，采取驻点帮扶、远程医疗和骨干培训等多种形式进行对口支援。2009年，潍坊市将卫生强基工程与“万名医师支援基层”“卫生下乡”以及各医院自行开展的院间技术合作相结合，整合一切有效资源，提高工程的实效性与长效性。到2012年，全市卫生系统实现帮扶单位（市县乡三级）89个，受帮扶单位（含村卫生室）324个；各帮扶单位累计派出专业人员1108人次，派出高级职称人员543人次，中级职称人员603人次；派出人员累计完成41929个工作日，完成门诊377405人次；帮扶单位免费接收受帮扶单位进修人员446人次。

第九章　医学教育与科研

医学教育包括学校教育和继续医学教育。1991—2012年，潍坊市卫生局直属3所卫生学校坚持“以社会需求为导向，以就业为中心，培养具有创新精神，实践能力强的实用型医药卫生技术人才”的办学方针，大力开展学校教育。潍坊市按照继续医学教育的有关政策要求，采取多种教育形式，积极开展住院医师规范化培训、乡镇卫生院全科医师规范化培训，加快卫生职业技能型紧缺人才的培养、培训和提高，加强医学科研工作，促进全市卫生事业的改革和稳定发展。

第一节　医学教育

学校教育

90年代，潍坊市学校教育主要通过山东省益都卫生学校、山东省潍坊卫生学校、潍坊市卫生职工中等专业学校进行。1991年，潍坊市积极开展医学教育，多渠道、多层次办学，招收普通中专、职工中专和卫生职业中专生1403名，并开通卫生技术人才流向农村基层渠道。1992—1997年，潍坊市全面实施“科教兴医”战略，建立以市属卫校和县级卫校为基地的医学教育体系，6年间共向医疗卫生单位输送毕业生近6000人，充实壮大卫生队伍。1998年，潍坊市各级卫生学校开始实行学分制和全员考试，考试大纲编印完成。年内下达进修计划377人，完成1446名职业中专毕业生验印发证工作。组织乡村医生系统化、正规化培训，乡村医生教育评估工作完成自评，为迎接省级评估验收做准备。2005年，潍坊市卫生局直属3所卫生学校，共计完成招生7000名。2006—2008年，3所卫生学校招收普通中专学生、大专学生，举办各类培训班、预科班、普通中专学历教育班，培训中、西医人才、护士、乡村医生等共计26180人。2011年3月11日，省政府印发《关于同意建立潍坊护理职业学院的批复》，同意批准建立潍坊护理职业学院。2012年

4月，潍坊市编办印发《关于调整潍坊护理职业学院机构编制事项的通知》，确定潍坊护理职业学院直属市政府管理。

继续医学教育

2002年11月，潍坊市规定全市继续医学教育对象是各级各类医疗卫生机构中完成毕业后医学教育或具有卫生技术职务的卫生技术人员，参加继续医学教育是卫生技术人员应享有的权利和履行的义务。2005年，潍坊市举办继续医学教育活动项目学科专业（一级学科）覆盖率达100%；年度共审核学分2213人次，合格率93.7%；9月，通过省卫生厅组织的继续医学教育评估检查。同年，市卫生局被省卫生厅评为山东省卫生科技教育工作先进集体。2007年，全市卫生专业技术人员学分达标率95%。到2012年，全市各县（市、区）开展远程继续医学教育工作覆盖率100%，各乡镇远程继续医学教育参学率达95%，全市举办继续医学教育活动项目学科专业（二级学科）覆盖率达100%。

第二节　医学科研

医学科研管理

1992年，市财政局批拨医疗科研专项经费7万元。1995年，潍坊市组织实施“科教兴医”战略。到2010年，潍坊市卫生系统共获得各级科研立项1145项，其中国家级10项、省级87项、市级1048项。2012年，全市受理医疗卫生科研项目209项，评审后下达科研计划101项，其中设有资项目30项、无资项目71项。年内获潍坊市科技进步一等奖11项、二等奖227项、三等奖98项，获山东省科技进步奖1项。

科研成果转化

2001年9月，卫生部第二轮面向农村和基层推广技术十年百项计划和2001年度省医药卫生科技成果转化与推广项目开始接受申报，潍坊市签订省卫生厅、省科技厅项目合同5项。2008年2月、7月、10月，省卫生厅共举办三期“卫生部十年百项”适宜技术推广培训班，潍坊市共组织50余人接受培训。2010年4月，潍坊市组织申报省卫生厅卫生强基工程第二批适宜技术推广项目9项。同年7月，潍坊市人民医院《内镜微创治疗消化系统疾病》和潍坊市中医院《光磁电子导航仪的研制及临床应用》两个项目被列为山东省卫生强基工程第二批适宜卫生技术推广项目。2012年，潍坊市妇幼保健院、潍坊市人民医院人类辅助生殖技术先后通过省卫生厅专家组评估，正式运行“夫精人工授精”等生殖技术。

医学重点学科

2003年，潍坊市共有17所医院33个学科被确定为A、B级重点学科建设单位。2007年，潍坊市确定第一批共28个市级医学重点学科。2011年4月，确定30个学科为潍坊市第二批市级医学重点学科。至2012年，全市共有6个山东省医药卫生重点专业、2个山东省医药卫生重点专业建设单位、2个省临床重点专科。

中医药科研教育

中医药科研　1992年，潍坊市开始进行中医药科研立项工作。市卫生局共批列中医科研计划11项，其中有7项科研成果申报国家中医药管理局和山东省科委科技进步奖。1995年，共批列中医科研计划7项，组织鉴定成果1项。1996年，申报中医科研课题省卫生厅3项、市科委3项、市卫生局4项。2002年，共有3项课题获市级科技进步奖，二等奖1项、三等奖2项；中医药科技发展计划，市科技局列2项，市卫生局列10项。2003年，有5项获市科技进步奖，7项列市卫生局课题。2004年，市科技局列8项课题，市卫生局列7项，2项获省中医药学会中医药科技进步二等奖，2项获市科技进步二等奖，3项获市科技进步

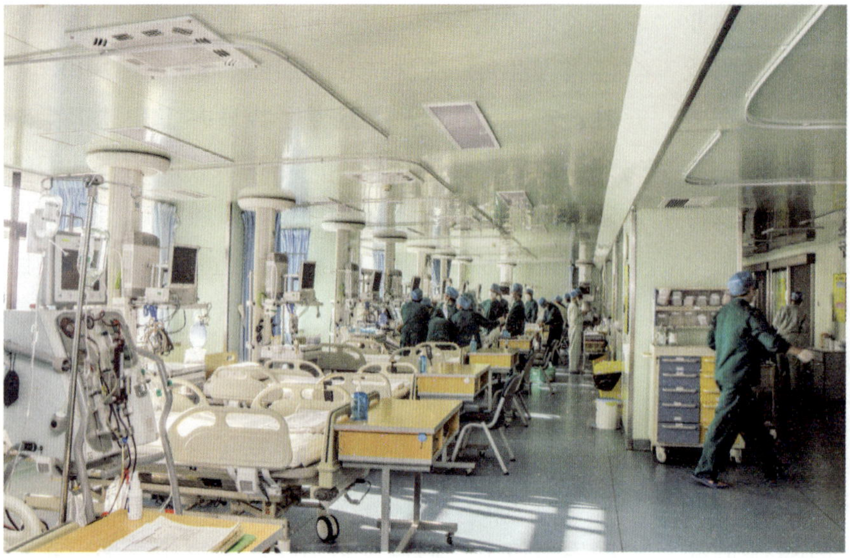

2010年12月，潍坊市人民医院重症医学科被正式确定为“国家临床重点专科建设项目”

三等奖。2005年，共申报课题25项，其中列省2005—2006年度中医药科技发展计划2项、市科技局6项、市卫生局13项。2006年，市卫生局共批列中医药科研课题10项，组织申报2006年山东省中医药科学技术奖，申报8项，其中获二等奖1项、三等奖2项。2007年，共申报中医药科研计划24项，经专家评审、办公会研究确定19项立项科研。2008年，共申报中医药科研计划42项，经专家评审，确定30项立项科研。经国家中医药管理局中医药继续教育委员会批准，潍坊市有1个项目获准为2008年国家级中医药继续教育项目，经省继续医学教育委员会审核批准6个项目为2008年省级中医药继续教育项目。同年，经山东省中医药科技奖励委员会评审，潍坊市共获山东中医药科学技术二等奖2项，三等奖2项。2009年，共申报中医药科研计划40项，确定28项立项科研，其中一类科研5项、二类7项、三类16项，第一、二类科研分别给予3000元、1000元经费支持，科研所在单位按照1：3比例予以匹配。潍坊市有10个项目列为2009年省级中医药继续教育项目；9项科研确定为山东省2009—2010年度中医药科技发展计划，共给予3万元科研经费支持；同年，潍坊市有2项科技项目确定为山东中医药科学技术奖三等奖。2010年，潍坊市共申报中医药科研计划27项，确定20项立项科研；有10个项目列为2010年省级中医药继续教育项目，2个项目列为国家级中医药继续教育项目。2011年，潍坊市申报中医药科研计划26项，对中医药科研实施分类管理，第一、二类科研分别给予3000元、1000元经费支持。1个项目列为国家级中医药继续教育项目，6个项目列为省级中医药继续教育项目，1项科研课题被省卫生厅、省中医药管理局确定山东省“十二五”及2011—2012年度中医药科技发展计划项目，3项科研课题获山东中医药科技成果类三等奖，1部论著获山东中医药学术著作奖三等奖。2012年,潍坊市中医药科研计划，共申报61项，经专家评审,确定45项立项科研，实施分类管理，一、二类科研分别给予3000元、1000元经费支持。经国家中医药管理局中医药继续教育委员会批准，共有2个项目列为2012年国家级中医药继续教育项目，11个项目列为省级中医药继续教育项目。经山东中医药科学技术奖评审委员会评审和奖励委员会审定，有1项中医药科技成果获得2012年度山东中医药科学技术奖二等奖，5项成果获得三等奖。

中医药人才培养　潍坊市中医自学考试从1988年开始至2005年结束，共培养中医药人员2000余人。2003年，潍坊市乡医中医药知识与技能培训工作全面展开，2019名乡医参加并完成培训。2008年，乡医中医药知识与技能培训合格率达100%。2003—2008年，共培训乡医3000

余人。2005年，潍坊市开始乡医中专学历教育，到2012年，共培养乡医400人。2007年，开始4部经典（《黄帝内经》《伤寒论》《金匮要略》《温病条辨》）考试，到2012年，共有4000余人通过考试，合格率达98%。

中医药学术继承　1956年，潍坊市中医院首先开展中医带徒，主要采取分科跟师传、帮、学的方法，直到真正把名老中医的技术专长全部继承。1991—1994年，全国第一批老中医药专家为潍坊市培养学术继承人1名；1997—2000年，全国第二批老中医药专家为潍坊市培养学术继承人1名；2002—2005年，全国第三批老中医药专家为潍坊市培养学术继承人1名；2008—2011年，全国第四批老中医药专家为潍坊市培养学术继承人4名。

2006年1月，潍坊市启动老中医药专家学术经验继承工作，确定20名具有丰富、独到的学术经验和技术专长的中医药专家为指导老师，20名具备较扎实理论基础、较全面专业知识和一定实践经验的青年医生为学术继承人。2009年，潍坊市确定第二批15名老中医药专家学术经验指导老师、15名继承人，开始为期3年的学术经验继承工作，并设立王法德、王景彦中医工作室，对其学术经验进行系统整理。

第十章　体育

1991—2012年，潍坊体育事业进入快速发展时期。群众体育丰富多彩，经常开展的项目有田径、足球、篮球、排球、乒乓球、羽毛球、风筝、钓鱼、健身秧歌、健身腰鼓、健身气功、健身球操、太极拳（剑）、象棋、围棋、柔力球、台球、门球、气排球、毽球、跳绳、抖空竹、桌式足球、健步走、马拉松、自行车骑行、健美操、瑜伽等50多项。1997年，潍坊市被国家体委授予“全国群众体育先进单位”称号。竞技体育成绩辉煌，先后向国家输送谭宗亮、林伟宁、邢慧娜、奚爱华、刘霞、成昌松、邓红蕾、岳园、杨方旭、孟强、杨曼、刘海萍等一大批优秀运动员，在第二十七、二十八、二十九届奥运会上，连续三届奥运会夺得金牌，创造了同一城市不同运动员、不同项目奥运夺冠的纪录。体育产业蓬勃发展，体育俱乐部大量涌现，体育彩票实现跨越，稳居全省第三名。体育设施实现更新换代，新建潍坊市奥体公园体育场、潍坊学院体育馆、潍坊一中体育馆、高密市体育中心、诸城市体育馆、昌乐县体育场、寿光市体育场、临朐县体育场、安丘市体育场等一大批体育场馆，设施先进。体育健身设施覆盖率高，“中心城区十分钟健身圈”“县（市）十五分钟健身圈”“121农民健身工程”等方便群众健身。

第一节　体育管理机构

1991年，潍坊市体育运动委员会下设办公室、训练竞赛科、群众体育科、财务科。2001年，潍坊市体育运动委员会更名为潍坊市体育局（简称市体育局）。2012年，市体育局机关行政编制15名，设办公室、训练科、群众体育科、竞赛科。下设潍坊市体育总会、潍坊市老年人体育协会办公室（2012年，潍坊市老年人体育协会办公室挂潍坊市社会体育指导中心牌子）、潍坊市体育中心、潍坊市体育运动学校、潍坊市重点竞技体育学校、潍坊市游泳中心7个事业单位。

第二节　群众体育

全民健身

1991年5月，寿光、昌邑两县通过全国体育先进县检查验收，被国家体委命名为全国体育先进县。1995年9月15日，市委、市政府召开贯彻落实《中华人民共和国体育法》《全民健身计划纲要》动员大会。1996年，全市各级共举办各类体育比赛活动1602次，参加人数30多万人。6月，组织全民健身宣传周活动，市区1万多名机关干部、教师、学生和离退休干部走上街头，开展全民健身宣传，其间举办乒乓球擂台赛、广播体操表演赛、健身纳凉晚会等活动。1997年，全市共举办大型健身活动36次，参加人数2万多人。潍坊市体委等10个单位被国家体委授予“全国群众体育先进单位”称号，臧瑞秀等7人被评为“全国群体活动先进个人”。全市县级全民健身活动1260次，参加人数100多万人次。常年参加体育活动人数占总人口的35%。1998年，全市共组织大型体育活动36次，参加人数2万多人。市体委制订《全民健身工程实施方案》，开展全民健身工程示范区建设。1999年，潍坊市体委被山东省体委表彰为振兴山东体育做出突出贡献单位，并授予全省“全民健身宣传周”优秀组织奖。

2000年，潍坊市先后组织奔向新世纪长跑、百万妇女健身活动、全市体育先进乡镇乒乓球赛、市直机关篮球赛、新闻记者保龄球赛、“五四”青年健身娱乐赛、老年人太极拳表演赛、老年人文体表演大赛等活动30多次，参加人数10万余人。潍坊市老年体协免费举办3期太极拳培训班，培养活动骨干1000多人。市体委对全市6个县市区、30个单位近万名干部、职工、学生进行体质测试。社会体育辅导员队伍得到发展，全市等级社会体育指导员达2000余人。2001年，全市先后组织庆祝中国共产党成立80周年“百万妇女”健身启动仪式，老年人台球、门球比赛和全市老年人太极拳剑表演，举办“移动通讯杯”篮球邀请赛、“世达杯”中学生足球赛、“广播电视杯”市直机关乒乓球比赛，举办市直机关首届田径运动会、趣味运动会、篮球比赛等全民健身活动36次。2002年，大力开展全民健身月活动。组织全市“文明之夏”和“体育进社区”活动，参加健身活动人数每天达12万人

2007年，潍坊市开展全民健身迎奥运活动

潍坊市民在篮球场健身　　(2006年拍摄)

百万农民迎奥运等系列活动；组织举办第四届全民健身节，开展具有不同规模全民健身活动300余项；完成1万余人体质监测任务。潍坊市市直系统全体机关人员全员军训，分批开展体质监测活动，提高参训人员锻炼效果。同年，潍坊市政府召开全民健身基层工作会议，重点研究解决全民健身基层组织建设等方面问题，计划利用2～3年时间，逐步健全全民健身组织，在县（市、区）全部成立体育总会，在乡镇、街道成立文化体育广播中心（或文体站）以及体育协会，在社区和村（居）成立全民健身领导小组和文体大院，发展各种形式健身俱乐部、健身指导站点和晨晚练点，组织带动群众体育活动开展。2008年，以“全民健身与奥运、全运同行”为主题，开展系列大型群众体育活动，带动全民健身运动开展。国家体育总局授予潍坊市体育局“2008年全民健身活动先进单位”“2008年全民健身活动优秀组织奖”称号。2009年，举办全民健身节、龙舟比赛、市直机关田径运动会、白浪河越野长跑赛等各类体育活动300余项。

次。2003年，潍坊市率先在全省恢复市直机关工间操制度，举办大众健美操、广播操、太极拳等培训班，日活动人数达45万人。

2004年，市组织实施青少年、职工、妇女、农民、老年人等五个“百万人群”健身活动。市政府将6月定为“全民健身月”，将6月10日定为“全民健身节”。市组织开展以“体育健身设施、体育健身指导、体育科普知识宣传”为主要内容的“体育三下乡”活动，促进农村体育发展和农民体质水平提高。2005年，全市以农村、社区、职工、妇女、少年儿童体育为重点，广泛组织开展全民健身活动，先后举办市直机关万人健步行活动、第二届全民健身节万人长跑活动、第二届全市老年人运动会等40余项大型文体活动以及500余次小型活动演出。全市等级社会体育指导员达4000余人。全市开展第二次国民体质监测活动，面向各年龄段采集样本4000份。2006年，举办第三届“全民健身节”，开展万人长跑比赛等健身活动。2007年，潍坊市突出奥运会、全运会大型庆祝活动，组织举办“庆奥运倒计时一周年”健步行、“十一运会倒计时两周年”庆祝、

2010年，成立潍坊市国民体质监测中心，抓好市、县两级体质监测活动，指导市民科学健身，全年完成1万余人监测任务。2012年，组织开展体育健身活动500余项，举办潍坊市第二届全民健身运动会、“风筝情”全民健身狂欢大巡游、市直机关运动会、第一届中国·潍坊武术文化节、山东省“百县篮球、千乡乒乓球、万人象棋”大赛潍坊赛区比赛等大型活

动，并开展体质监测“进社区、进乡镇、进农村、进机关企事业单位、进学校”等活动。至2012年，全市有注册登记国家级社会体育指导员27人，一级社会体育指导员444人，二级社会体育指导员1272人，三级社会体育指导员9613人。阎修敏、李莉、赵静等9人被表彰为全国优秀社会体育指导员。

老年体育

1990年12月，潍坊市老年体协第二届代表大会召开，选举潍坊市老年体协第二届委员会，通过《潍坊市老年人体育协会章程》。1992年，潍坊市参加全省老年人台球比赛，获团体第二名，李乃义获男子单打比赛B组冠军，徐迎春获女子组冠军。1994年10月，承办全省老年人太极拳（剑）观摩表演大会。1996年1月，召开市老年体协第三届代表大会，选举产生潍坊市老年体协第三届委员会。1997年10月，举办潍坊市老年人运动会，25个代表团、1400多人参加。同年，在全省老年人台球比赛中，潍坊市代表队获团体总分第二名，李乃义获男子单打A组冠军。同年，潍坊市老年体协被评为“1997年全国老年工作先进集体”。1999年，市老年人代表队获省象棋比赛团体冠军，围棋比赛获团体亚军。

2001年9月，潍坊市承办山东省第八届老年人太极拳（剑）比赛。同年，潍坊市老年体协获“全国群众体育先进集体”称号。2002年5月，市老年体协第四届代表大会召开，选举潍坊市老年体协第四届委员会，通过潍坊市老年人体育协会章程。市老年人代表队参加省健身球操比赛获优秀奖；健身秧歌，太极拳、剑比赛获最佳奖；台球、象棋比赛获团体总分第二名。9月，代表山东省参加全国城市门球比赛获团体总分第二名。2003年，市老年人代表队参加省太极拳、剑比赛获最佳奖；台球比赛获团体冠军。2004年，市老年人代表队参加省台球比赛获得团体、个人A组、B组3个项目金牌，门球比赛获第二名，健身秧歌比赛获最佳奖，健身球操比赛获规定动作一等奖，自编动作获二等奖，太极拳、剑比赛获42式太极剑第一名、42式太极拳第二名，男子参加两个单项都获得冠军。同年，市老年体协获全省老年体育先进单位称号。

2005年，举办潍坊市第二届老年人运动会，22个代表团、1500多名运动员、裁判员和表演队伍参加比赛，设太极拳（剑）比赛、健身秧歌比赛、乒乓球比赛、台球比赛、门球比赛、健身球操比赛、趣味运动会7个竞赛项目。3月，承办全省老年人台球比赛。9月，潍坊市代表省老年体协参加全国老年人太极拳（剑）比赛，获集体42式太极拳第二名，刘润福获男子陈式太极拳竞赛套路第二名，闫秀敏获男子42式太极拳第三名。市老年体协代表队参加省台球比赛获第一名，省男子42式太极剑竞赛获套路集体第一名，男子陈式太极拳个人获第一名，女子42式太极剑获第二名。同年，市老年体协再次被国家体育总局评为全国群众体育先进单位。

2006年8月，市委办公室、市政府办公室印发《关于进一步加强老年体育工作的意见》，对各县市区老年体育工作提出指导性意见。潍坊市组织17支代表队200余名老年人参加山东省首届老年人运动会台球、地掷球、乒乓球、钓鱼、田径、太极拳剑、象棋、门球、柔力球、健身球、健身秧歌、桥牌等13个大项、84个小项比赛，获“优秀组织奖”和“体育道德风尚奖”。同年，市老年体协获“全省群众体育先进单位”称号。2007年，市老年体协获山东省先进体育社团称号。2008年，市老年体协代表队参加山东省老年人台球（斯诺克）比赛，获团体第二名，个人A

组第四名，B组第二名；代表山东省老年体协参加国家体育总局、全国老龄工作委员会办公室、中国老年体协组织的第一届全国老年人健身大会女子气排球比赛获铜奖。

2009年9月，举办潍坊市第三届老年人运动会，共设13个大项，全市12个县市区及部分市直单位共24个代表团107个代表队2000余人参加比赛。同年，市老年体协获“参加第一届全国老年人体育健身大会贡献奖”“山东省先进体育社团”“全市敬老模范单位”等称号。2010年，组队参加山东省第二届老年人运动会象棋、围棋、健身秧歌、腰鼓、健身气功、柔力球、台球、乒乓球、门球、气排球、太极拳（剑）、健身球操、田径、传统项目展示、地掷球共14项比赛，获集体项目金奖6个、银奖8个、铜奖9个；个人项目金奖42个、银奖57个、铜奖26个；1个代表队获优秀表演奖，10个代表队获体育道德风尚奖。潍坊市被授予省第二届老年人运动会“优秀组织奖”“优秀赛区奖”和“体育道德风尚奖”。承办山东省第二届老年人运动会风筝放飞项目比赛，9支代表队120余名运动员、裁判员、新闻记者以及工作人员参加比赛。2011年3月，承办全省老年人气排球教练员、裁判员培训班，全省106名裁判员、教练员参加；10月，承办全省老年人气排球比赛，全省10个地市的21支代表队231名运动员、裁判员和教练员参赛。2011年、2012年，市老年体协连续两年被评为“山东省全民健身活动先进单位”。2012年6月，承办全国老年气排球教练员、裁判员培训班和全国老年人气排球交流活动，全国各地100多名学员参加培训；全国气排球交流活动历时6天，全国各地19支代表队200余名运动员、裁判员和教练员参加。参加省老年台球比赛，获团体第一名。同年，老年体协被省体育局评为“2012年全民健身活动先进单位”“山东省先进体育社团”。

至2012年，全市建有各级老年人基层体育协会2379个，体育辅导站（点）2432个，各种健身队伍4545支，老年体协会员64万余人，经常开展的项目有门球、台球、乒乓球、象棋、钓鱼、太极拳（剑）、健身气功、健身球操（舞）、健身秧歌、健身腰鼓、柔力球、地掷球、桥牌、万步走（用计步器）、扑克、围棋、老年迪斯科、广场舞、气排球、抖空竹等20多个。

残疾人体育

1991—1994年，潍坊市伤残人体育运动处于刚刚起步阶段，基础较弱。直到1995年9月，潍坊市伤残人体育代表团参加在东营举办的山东省第三届残疾人运动会，获金牌10枚、银牌5枚、铜牌7枚，团体总分第五名，较第二届伤残人运动会上升3个名次。1999年，参加山东省第五届全国残疾人运动会选拔赛，潍坊市获金牌和总分第一名。2001年，建成盲人门球训练基地。临朐县聋哑姑娘魏芳芳、肢残运动员丁二伟，诸城市残疾人运动员王洪志分别获“远南”运动会选拔赛女子5000米、男子10000米、男子SH1级气步枪卧式60发射击冠军。市直女子盲人门球队获全国盲人门球锦标赛亚军。奎文区肢残运动员张杰获得“远南”运动会选拔赛乒乓球男子单打冠军，并参加在台北举行的“2001年远东及南太平洋地区残疾人乒乓球排名赛”，为中国代表队拿到有史以来第一枚残疾人轮椅乒乓球男子组比赛金牌。

2006年，参加全省第七届残疾人运动会，潍坊市残疾人乒乓球获团体总分第一名。潍坊市女子盲人门球队代表山东省在第七届全国残疾人运动会预选赛暨2006年全国盲人门球锦标赛上获得亚军，并取得第七届全国残疾人运动会入场券。潍坊市残疾人女运动员杨国靖在全国第七届残疾人运动会预选赛暨2006年全国残疾人田径锦标赛女子组F37级脑瘫选手标枪比赛中，以25.37米成绩打破该项目世界纪录。2008年，潍坊市伤残人乒乓球运动员林焕作为潍坊市唯一名残疾人代表，成为北京奥运会圣火传递济南站火炬手。同年，潍坊市有3名运动员、1名教练员参加北京残奥会，夺得1枚银牌，创造潍坊市在残奥会和全国在女子盲人门球项目最佳战绩。2008年5月，林焕在保加利亚世界乒乓球聋人锦标赛上获得2金1银优异成绩，被授予山东省劳动模范、潍坊市劳动模范和潍坊市青年突击手称号。为活跃残联系统干部职工生活，市残联成功举办“庆七一，迎奥运”第二届乒乓球比赛，全市15个县市区（开发区）残联共16支代表队100余人参加比赛。潍坊市政府被省政府授予“振兴山东残疾人体育突出贡献奖”，市残联被省政府授予“世界残疾人体育锦标赛”“第九届远南残疾人运动会和第七届全国残疾人运动会”突出贡献奖，潍坊市2名优秀残疾人运动员、1名教练员分别被授予“山东省劳动模范”“富民兴鲁劳动奖章”等称号；4名运动员、教练员和残联、体育局多名工作人员分别立一、二、三等功，市残联被省评为2004—2007年度全省体育先进单位。

农民体育

1991年8月，市体委、市农委组队参加在淄博举行的山东省第二届农民运动会，取得团体总分第二名，金牌总数第五名好成绩。1995年10月，潍坊市成功承办山东省第三届农民运动会开、闭幕式及田径比赛，潍坊市农民体育代表团获金牌总数、奖牌总数和团体总分3个第一名。1996年10月，潍坊市组队代表山东省参加全国第三届农运会田径、乒乓球和风筝比赛，获金牌7枚,受到省政府表彰。1999年，参加全省农民运动会，潍坊市获总分第一名。

2000年，潍坊市组队代表山东省参加全国第四届农民运动会，田径队获15枚金牌，团体总分第4名；风筝代表队获1枚金牌、2枚银牌、3枚铜牌，团体总分第五名。2004年9月，全国第五届农民运动会风筝比赛在江西省宜春市丰城区举行，潍坊市王立中、杨云胜、马庆华、张国浩、马家福、马琳6名运动员，代表山东省参加全国第五届农民运动会风筝项目放飞比赛，获3个一等奖、6个二等奖、2个三等奖及团体一等奖。2008年9月，全国第六届农民运动会风筝比赛在福建省泉州市举行，潍坊市刘国民、汤华光、丁枢茂、丁忠胜、马厚俭、马琳6名运动员，代表山东省参加全国第六届农民运动会风筝项目放飞比赛，获4个一等奖、7个三等奖。2012年7月，全国第七届农民运动会风筝比赛在河南省南阳市举行，潍坊市杨汝光、张仲范、马传真、石永光、汤华光、赵后娟6名运动员，代表山东省参加全国第七届农民运动会风筝项目放飞比赛，获4个一等奖、3个二等奖、6个三等奖、2名运动员获道德风尚奖、团体三等奖。

少数民族体育

1991年9月，青州市珍珠球代表队代表潍坊参加山东省少数民族运动会获冠军，同年12月代表山东省赴南宁市参加全国少数民族传统体育运动会。1992年9月，组队参加全国少数民族运动会，石建伟获盲B3级女铅球、铁饼第二名和跳远第三名；冯自强获盲B2级男子标枪第二名。1995年，组队参加山东省和全国第五届少数民族传统体育运动会，其中珍珠球队获全省第一名、全国第八名。1999年，全省少数民族体育选拔赛，潍坊市获总分第四名。2007年4月25—29日，潍坊市55人组队参加第七届全省少数民族传统体育运动会，获金牌2枚、铜牌13枚，一等奖1个、二等奖3个，两个表演项目分获一、二等奖，潍坊市获“优秀组织奖”，2个单位和2人分获山东省民族体育先进集体和个人称号。选调潍坊市珍珠球队代表山东省参加第八届全国少数民族传统体育运动会。2011年4月17—18日，潍坊市组队参加山东省第八届少数民族传统体育运动会押加、毽球和表演项目比赛，获表演项目一等奖、押加第二名、毽球第四名。9月，潍坊学院幼教特教师范学院202名学生参加全国第九届少数民族运动会开幕和闭幕式演出，受到第九届民运会组委会和贵州省领导肯定和高度赞扬。2012年，澳门中华民族传统体育协会举办“首届澳门国际武术节”，青州籍武术习练者沙学周武术套路锦标赛陈氏太极拳、八极拳、推手对练3个项目均获第一名。

第三节　体育竞赛

举办潍坊市运动会

1991—2012年，潍坊市共举办5届综合运动会，参赛运动员41964人，裁判员3606人，其中1人次打破世界纪录，1人次超1项世界青少年纪录，218人次打破市纪录。

潍坊市第十四届至十八届综合运动会一览表

表28—10—1

届别	时间	举办地点	代表团数	比赛项目	参加人数		破纪录情况	团体成绩前三名
					运动员（名）	裁判员（名）		
十四	1993.9	在青州市开幕，潍坊市体育馆闭幕	11个县市区，63个行业	20个大项（行业组6个），286个小项	3425	506	田径：有4人次打破3项市最高纪录；有27人打破13项市年龄组纪录；射击：有1人超1项世界青少年纪录；5人次破4项市最高纪录；举重：有6人次破5项市最高纪录	县市区组：1.潍城、2.昌乐、3.诸城；行业组：1.潍坊市教委、2.潍坊柴油机厂、3.潍坊市税务局
十五	1997.9	在诸城市体育中心开幕	12个县市区，63个行业	23个大项（行业组9个），308个小项	3436	538	有1人超一项世界纪录，有12人33次破市纪录，有39人破32项市年龄组纪录	—
十六	2003.9	潍坊	12个县市区，63个行业	29个大项（行业组项目10个），784个小项	5018	768	125人次破26项市最高纪录，3队破3项射击单项团体市最高纪录	县市区组实得金牌：1青州2昌乐3安丘；实得总分：1昌乐2安丘3青州；综合金牌：1昌乐2昌邑3青州；综合总分：1昌乐2安丘3高密

续表28-10-1

届别	时间	举办地点	代表团数	比赛项目	参加人数		破纪录情况	团体成绩前三名
					运动员（名）	裁判员（名）		
十七	2007.7	潍坊	12个县市区，63个行业	30个大项（全民健身项目10个），718个小项	12020	885	36人次破21项市最高纪录	县市区组实得金牌：1诸城2青州3昌邑；实得总分：1诸城2青州3潍城；综合金牌：1高密2寿光3青州；综合总分：1高密2诸城3青州
十八	2011.8	潍坊	36	40个大项（全民健身项目19个），962个小项	18065	909	3人次破1项市最高纪录	县市区组实得金牌：1寿光2高密3诸城；实得总分：1诸城2寿光3高密；综合金牌：1寿光2高密3诸城；综合总分：1寿光2诸城3高密

承办全国、省重大比赛

1991—2012年，潍坊市共承办全国、省重大比赛（会议）81次，其中综合性比赛5次，单项比赛70次。

1992—2012年潍坊市承办省以上重大比赛情况一览表

表28-10-2

比赛名称	时间	项目	参赛（会）人数（人）	成绩情况
第四届全国体育科学大会	1992.12		480	—
山东省少年越野长跑、竞走锦标赛	1995.4	越野、竞走	368	潍坊市代表队夺得5枚金牌、4枚银牌和3枚铜牌，获男、女团体冠军
山东省第六届中学生运动会	1995.5	田径、篮球、排球、足球	2680	1.青岛，2.淄博，3.潍坊，4.烟台，5.枣庄，6.济南

续表28－10－2

比赛名称	时间	项目	参赛（会）人数（人）	成绩情况
山东省第三届农民运动会	1995.10	篮球、乒乓球、中国式摔跤、田径、中国象棋等9个大项	5000	潍坊市代表团名列榜首。其中乒乓球比赛，潍坊市代表队获得男、女团体冠军、男子单打冠军、女子单打亚军
全国百县田径运动会暨利迪尔纪念运动会	1995.11	田径	4000	—
山东省“希望杯”少年女子举重比赛	1996.6	举重	236	潍坊市体校和潍坊巨力集团组成潍坊代表队，夺得金牌18枚，获团体总分第一名
全国少年拳击锦标赛	1996.7	拳击	456	潍坊市运动员分获1金3银
“樱桃杯”中日女排友谊赛	1996.8	排球		日本和歌山县青少年女子排球队到潍坊市访问，与市体校女子排球队举行友谊赛
潍坊市“利迪尔”少年田径精英赛	1996.10	田径	306	—
中国乒协潍坊英才培训基地挂牌仪式	1997.12	乒乓球	64	—
山东省第十九届运动“云门春杯”竞走预赛暨山东省“云门春杯”少年越野长跑竞走比赛	1998.4	越野	—	—
山东省第十九届运动“齐民思杯”女子田径预赛	1998.6	田径	689	潍坊代表队获团体总分第三名
“农信杯”中韩乒乓球对抗赛	1998.9	乒乓球	136	—
山东省第十九届运动会	1998.10	田径、游泳、体操、举重、排球、篮球、足球、自行车等24个大项	22000	潍坊市代表团共获得金牌120.5枚，银牌56.5枚，铜牌91枚，总分2622分，金牌数、总分数列全省第四。有14人25次破6项。山东省青少年纪录，有6人17次破5项省最高或全国青年纪录，有2人4次破3项全国最高纪录
中韩足球对抗赛	1999.3	足球	164	鲁能泰山队以0比1负于韩国富川SK足球队
中哈篮球对抗赛	1999.6	篮球	184	—
2000年维达杯全国排球联赛潍坊赛区（女排）	2000.1	排球	75	山东永安女排俱乐部齐鲁晚报队以3：1的比分主场战胜客队浙江南都女排俱乐部队

续表28—10—2

比赛名称	时间	项目	参赛（会）人数（人）	成绩情况
2000—2001年鲁能杯中国乒乓球超级联赛	2000.6	乒乓球	62	—
中朝女排对抗赛	2000.7	排球	73	—
“东方杯”2000年全国女子篮球俱乐部联赛（北方赛区）	2000.10	篮球	—	—
篮球邀请赛	2001	篮球	—	—
“世达杯”中学生足球赛	2001	足球	—	—
山东省柔道锦标赛	2002.4	柔道	—	—
2002“鲁能杯”中国乒乓球俱乐部超级联赛山东潍坊赛区	2002.5	乒乓球	—	—
全国青少年手球锦标赛	2004	手球	—	—
全国中学生和业余体校锦标赛	2004	田径、篮球、排球、足球	—	—
全国青少年排球联赛（乙组）	2004.7	排球	259	—
山东省柔道锦标赛	2004	柔道	—	—
山东省男子排球锦标赛	2004.9	排球	280	—
山东省手球锦标赛	2004	手球	—	—
中英国际男篮对抗赛	2005	篮球	—	—
全国中等城市柔道比赛	2005	柔道	—	—
全国少年田径锦标赛	2005	田径	—	—
2005—2006年步步高全国排球联赛（北航男排主场）	2005.8	排球	—	—
山东省第二十一届运动会古典跤预赛	2006.4	古典跤	368	—
全国青年柔道锦标赛	2006.7	柔道	586	—
中国“潍坊杯”雅马哈国际青少年足球邀请赛	2006.8	足球	462	—
“佐田杯”第十三届全国大学生乒乓球锦标赛	2006.8	乒乓球	845	—
2006—2007年步步高全国排球联赛潍坊“新昌绿鸽”赛区	2006.10	排球	—	—
中哈国际男排挑战赛	2007	排球	—	—
全国U17少年篮球比赛	2007.4	篮球	—	—
第十五届全国软式排球宿将赛	2007.10	排球	—	—
全国第六届城运会古典跤预赛	2007.11	古典跤	—	—

续表28—10—2

比赛名称	时间	项目	参赛（会）人数（人）	成绩情况
全国第六届城运会女排预赛	2007.6	排球	—	—
山东省女排锦标赛	2007.10	排球	—	—
2007—2008年安踏全国排球联赛（北航男排主场）	2007.8	排球	—	—
山东省传统项目学校排球比赛	2007.11	排球	—	—
2008—2009年安踏全国排球联赛（山东男、女排主场）	2008.8	排球	—	—
全国青年古典跤锦标赛	2008	古典跤	341	—
山东省击剑锦标赛	2008	击剑	—	—
山东省排球锦标赛	2008	排球	—	—
山东省篮球锦标赛	2008	篮球	—	—
中华人民共和国第十一届运动会（女排9—12名决赛）	2009.10	排球	—	—
中华人民共和国第十一届运动会（女篮9—12名决赛）	2009.10	篮球	—	—
中华人民共和国第十一届运动会（女足5—8名决赛）	2009.10	足球	382	—
山东省第二十二届运动会男子排球预赛	2010.3	排球	—	—
山东省第二十二届运动会篮球预赛（甲组）	2010.3	篮球	—	—
山东省第二十二届运动会游泳预赛	2010.5	游泳	480	—
中国潍坊“希望杯”国际青少年足球联赛	2010	足球	—	—
中韩足球挑战赛	2010	足球	—	—
中日足球对抗赛	2010	足球	—	—
全国古典跤青年赛	2010	古典跤	—	—
中韩跆拳道交流表演赛	2011.1	跆拳道	120	—
全国U16排球锦标赛	2011	排球	—	—
全国U17男子篮球比赛	2011	篮球	—	—
全国女足U16锦标赛	2011	足球	—	—
山东省男子排球锦标赛（甲乙组）	2011.5	排球		—
山东省篮球锦标赛（甲组）	2011.5	篮球	480	男子组：1威海2济南3潍坊4青岛；女子组：1济南2临沂3烟台4潍坊

续表28—10—2

比赛名称	时间	项目	参赛（会）人数（人）	成绩情况
全国第七届城运会男排预赛	2011.6	排球	—	—
山东省击剑锦标赛	2011.8	击剑	320	—
山东省排球冠军赛	2011.11	排球	246	—
山东省跆拳道（男子）锦标赛	2012.4	跆拳道	548	1潍坊2滨州3泰安4济南5济宁6宋江武校7淄博8烟台
山东省击剑锦标赛	2012.5	击剑	—	—
全国女子足球联赛	2012.5	足球	—	—
全国青年古典式摔跤锦标赛	2012.7	摔跤	486	—
第三届中国★潍坊“希望杯”国际青少年足球联赛	2012.7	足球	—	—
全国青少年男子排球冠军赛	2012.7	排球	410	—

参加全省赛事

1991年，潍坊市组队参加省级比赛，获金牌65枚、银牌46枚、铜牌31枚。1992年，组队参加省“希望杯”比赛，获金牌21枚、银牌22枚、铜牌29枚，6人打破8项省年龄组纪录，46人打破61项市年龄组纪录。1995年，潍坊市组队参加省以上比赛，获金牌69枚、银牌67枚、铜牌42枚。

1992—2010年潍坊市（籍）运动员参加山东省运动会情况表

表28—10—3

届别	时间	地点	参赛获奖情况
十六	1992.5	淄博	参加15个项目比赛，获金牌24枚，银牌34枚，铜牌34枚，团体总分和金牌总数均为全省第七名
十七	1994.6	济南	获金牌38枚、银牌32枚、铜牌26枚，总分居全省第五位。金牌、总分连同专业组计算，居全省第五位
十九	1998.9	潍坊	参加19个项目比赛，夺得金牌120.5枚、银牌56.5枚、铜牌91枚，金牌、总分数列全省第四。14人25次破6项山东省青少年纪录；6人17次破5项省最高或全国青年纪录；2人4次破3项全国最高纪录。市体校举重队夺得25枚金牌、1枚银牌、3枚铜牌。9支代表队获体育道德风尚奖，潍坊市体育代表团被评为体育道德风尚奖代表团
二十	2002.9	济南	全市466名运动员参加19个大项715个小项比赛，共夺得金牌123.72枚、银牌69枚、铜牌82枚，金牌和团体总分均居全省第五位。1人1次超世界纪录和全国纪录；3人4次打破山东省纪录；26人次达运动健将；50人次达一级运动员

续表28—10—3

届别	时间	地点	参赛获奖情况
二十一	2006.9	烟台	共夺得180.5枚金牌，总分3511.25分，自行车、女子举重、皮划艇、赛艇、排球、手球、中长跑等项目列全省第一位，荣获体育道德风尚奖
二十二	2010.9	淄博	560名运动员参加田径、赛艇、篮球、排球、足球、手球、摔跤、游泳等23个大项、600个小项决赛，获金牌174.75枚、银牌50.5枚、铜牌59.5枚，团体总分4623.5分，居专业组全省第四名，业余组全省第五名。男、女排球和女子足球、男子手球4个集体项目夺得冠军，中长跑、皮划艇、赛艇、体操等项目继续保持全省领先水平

参加国际、全国赛事

1991—2012年，全市共有41名运动员参加国际性和全国性比赛104项（次），夺得奥运金牌3枚，银牌1枚，其他比赛金牌45枚。

潍坊市（籍）运动员参加国际、全国赛事成绩表

表28—10—4

姓名	性别	项目	成绩	比赛名称	时间（年）	地点
成昌松	男	小轮车	铜牌	第十届全国运动会	2005	南京
		自行车团体竞速	金牌	第十一届全国运动会	2009	济南
		自行车团体竞速	金牌	第十六届亚运会	2010	广州
		自行车男子团体	第六名	第三十届奥林匹克运动会	2012	伦敦
邓红蕾	女	BMX小轮车	铜牌	第十届全国运动会	2005	南京
台晓虎	男	跳水个人全能	金牌	世青赛	2012	澳大利亚
		5米台	银牌	世青赛	2012	澳大利亚
王文娜	女	双人同步10米台	金牌	第九届亚洲游泳锦标赛	2012	迪拜
隋婷婷	女	自行车山地个人赛	第四名	第十一届全国运动会	2009	济南
马　斌	男	篮球	第七名	U17世界青年锦标赛	2012	立陶宛
高　明	女	柔道-63公斤级	银牌	国际公开赛	2005	青岛
			金牌	国际公开赛	2006	青岛
			银牌	世界军体赛	2006	克罗地亚
			铜牌	世界军人运动会	2007	印度
			铜牌	世界军人运动会	2001	巴西
			第五名	第十一届全运会	2009	滨州

续表28—10—4

姓名	性别	项目	成绩	比赛名称	时间（年）	地点
白　磊	男	柔道+100公斤级	第七名	世界军体赛	2006	克罗地亚
白　磊	男	柔道无差别级	第六名	第十届全运会	2009	滨州
王　强	男	柔道-73公斤级	铜牌	国际公开赛	2005	青岛
王　强	男	柔道-73公斤级	铜牌	国际公开赛	2006	青岛
王　强	男	柔道-73公斤级	银牌	第二名　国际公开赛奥运会积分赛　2007年	2007	青岛
王家海	男	赛艇轻量级四人单桨	第五名	第十一届全国运动会	2009	日照
王家海	男	赛艇轻量级八人单桨有舵手	铜牌	世界赛艇锦标赛	2012	保加利亚
梁洋洋	男	赛艇轻量级四人双桨	铜牌	世界赛艇锦标赛	2012	保加利亚
王　强	男	赛艇轻量级四人单桨	第五名	第十一届全运会	2009	日照
张伟平	女	赛艇八人单桨有舵手	铜牌	世界赛艇锦标赛	2010	德国
周　静	女	赛艇公开级四人双桨	金牌	亚洲赛艇锦标赛	2011	韩国
刘海萍	女	200米双人皮艇	第7名	世界杯	2010	法国
刘海萍	女	1000米单人皮艇	第四名	世界杯	2011	德国
刘海萍	女	1000米单人皮艇	金牌	亚洲锦标赛	2011	伊朗
刘海萍	女	500米四人皮艇	第五名	世界杯	2012	波兰
邢慧娜	女	5000米	银牌	第九届全国运动会	2001	广州
邢慧娜	女	10000米	铜牌	亚运会	2002	釜山
邢慧娜	女	10000米	第七名	世界锦标赛	2003	巴黎
邢慧娜	女	10000米	金牌	第二十八届奥运会	2004	雅典
邢慧娜	女	5000米	金牌	第十届全运会	2005	山东
林伟宁	女	女子举重69公斤级	金牌	第五届世界青年锦标赛	1999	美国
林伟宁	女	女子举重69公斤级	金牌	亚洲锦标赛	1999	武汉
林伟宁	女	女子举重69公斤级	银牌	全国锦标赛	2000	湖南
林伟宁	女	女子举重69公斤级	金牌	第二十七届奥运会	2000	悉尼

续表28—10—4

姓名	性别	项目	成绩	比赛名称	时间（年）	地点
奚爱华	女	八人单桨有舵手	银牌	第九届全运会	2001	广东
		单人双桨	银牌	第十届全运会	2005	江苏
		四人双桨赛艇	金牌	第二十九届奥运会	2008	北京
		四人双桨赛艇	银牌	世界杯	2006	波兰
		四人双桨赛艇	第四名	世界锦标赛	2006	英国
		四人双桨赛艇	金牌	世界杯	2007	荷兰
		四人双桨赛艇	铜牌	世界锦标赛	2007	德国
		八人单桨有舵手	金牌	第十一届全运会	2009	山东
		四人单桨无舵手	金牌	第十一届全运会	2009	山东
谭宗亮	男	自选手枪慢射	金牌	世界锦标赛	1998	西班牙
		气手枪	第十一名	第二十七届奥运会	2000	悉尼
		气手枪	金牌	世界杯	2000	悉尼
		自选手枪慢射	金牌	世界锦标赛	2002	芬兰
		自选手枪团体	金牌	世界锦标赛	2002	芬兰
		气手枪	金牌	世界杯	2002	美国
		自选手枪慢射	金牌	世界杯总决赛	2002	德国
		气手枪	铜牌	世界杯总决赛	2002	德国
		气手枪	金牌	第十四届亚运会	2002	釜山
		自选手枪团体	金牌	第十四届亚运会	2002	釜山
		气手枪	金牌	世界杯	2003	德国
		气手枪	银牌	世界杯	2003	克罗地亚
		气手枪	银牌	世界杯总决赛	2003	意大利
		气手枪	第九名	第二十八届奥运会	2004	雅典
		手枪慢射	金牌	世界杯	2004	泰国
		气手枪	银牌	世界杯	2004	希腊
		气手枪	银牌	世界杯	2004	曼谷

续表28—10—4

姓名	性别	项目	成绩	比赛名称	时间（年）	地点
谭宗亮	男	气手枪	金牌	世界杯	2005	韩国
		手枪慢射	金牌	世界杯	2005	美国
		气手枪	金牌	世界杯	2005	德国
		手枪慢射	金牌	世界锦标赛	2006	克罗地亚
		气手枪团体	金牌	世界锦标赛	2006	克罗地亚
		气手枪	银牌	世界杯总决赛	2005	德国
		气手枪	金牌	世界杯	2006	意大利
		气手枪	金牌	世界杯	2006	德国
		10米气手枪个人	金牌	第十五届亚运会	2006	卡塔尔
		10米气手枪团体	金牌	第十五届亚运会	2006	卡塔尔
		50米手枪慢射团体	金牌	第十五届亚运会	2006	卡塔尔
		手枪慢射	铜牌	世界杯总决赛	2007	泰国
		50米手枪	银牌	第二十九届奥运会	2008	北京
		10米气手枪	银牌	第十六届亚运会	2010	广州
		10米气手枪	银牌	第九届全国运动会	2001	广州
刘　霞	女	女子举重63公斤级	金牌	第十四届亚运会	2002	釜山
		女子举重63公斤级	金牌	世界锦标赛	2002	波兰
		女子举重63公斤级	银牌	世界锦标赛	2003	加拿大
		女子举重63公斤级	金牌	亚洲锦标赛	2003	秦皇岛
		女子举重63公斤级	金牌	亚洲锦标赛	2004	哈萨克斯坦
		女子举重63公斤级	铜牌	世界锦标赛	2005	卡塔尔
徐　翔	女	飞碟	金牌	世界杯总决赛	1995	德国
高蓓蓓	女	500mk2	金牌	十二届亚运会	1994	日本
祝玉琴	女	小口径手枪	铜牌	第十届亚运会	1986	韩国
		小口径手枪	金牌	第五届全运会	1983	上海
成昌松	男	自行车男子团体	金牌	第十六届亚运会	2010	广州
岳　园	女	女子沙滩排球	银牌	第十六届亚运会	2010	广州
孙文勇	男	5000米	金牌	第十届全运会	2005	江苏
		3000米障碍	银牌	—	—	—
		3000米障碍	金牌	第十一届全运会	2009	山东

续表28—10—4

姓名	性别	项目	成绩	比赛名称	时间（年）	地点
孙文利	男	1500米	金牌	第十一届全运会	2009	山东
		3000米障碍		第十届全运会	2005	江苏
李玉鹏	男	足球男子乙组		第十一届全运会	2009	山东
李语庆	男	手球	银牌	第十一届全运会	2009	山东
杜在超						
翟乾坤						
毕美清						
袁　野						
马　俊	男	手球	银牌	第十一届全运会	2009	山东
王旭东						
张培龙						
刘正松						
王　帅						
晋晓梅	女	足球	金牌	第十一届全运会	2009	山东
张振强	男	足球	金牌	第十一届全运会	2009	山东
刘　浩	男	排球	铜牌	第十一届全运会	2009	山东

第二十九届奥运会男子50米手枪亚军谭宗亮

世界锦标赛女子63kg级举重冠军刘霞

第二十七届奥运会于2000年9月15日—10月1日在澳大利亚悉尼举行，图为潍坊籍女子69kg级举重冠军林伟宁

第二十九届奥运会于2008年在北京举行，图为潍坊籍赛艇冠军奚爱华

第二十八届奥运会于2004年8月14—29日在希腊雅典举行，图为潍坊籍万米长跑冠军邢慧娜

第四节　机构与队伍

体育运动学校

至2012年，全市共有潍坊市体育运动学校、潍坊市重点竞技体育学校、潍坊市游泳运动学校、高密市体操学校、昌乐县竞技体育学校、临朐县竞技体育学校、诸城市体校等体育专业运动学校等16所，其中市级体校4所、县级体校12所，开展田径、排球、举重、摔跤、拳击、射击、足球、跆拳道、橄榄球、手球、击剑、自行车、皮划艇、赛艇（皮划艇）、柔道、乒乓球、武术套路、武术散打、篮球、网球、帆船帆板、羽毛球、游泳、跳水、体操25个项目。

20世纪90年代潍坊市体育运动学校

潍坊市体育运动学校　1996年10月,被山东省体委和国家体委命名为“山东省高水平后备人才基地和国家高水平后备人才基地”，同时被评为全国业余训练先进集体。2004年，有教练员37人，其中正高级职称2人、副高级职称9人、中级职称12人、初级职称12人，谭宗亮、林伟宁、邢慧娜、奚爱华、刘霞、孙文利、孙文勇等50余名优秀运动员先后入选国家队。被国家体育总局命名为“国家高水平体育后备人才基地”（2009—2012年）、中长跑国家田径奥林匹克高水平后备人才基地。2010年，被评为山东省业余训练先进单位。同年，被评为第十一届全国运动会参赛工作先进集体。

潍坊市重点竞技体育学校　1994年成立，2002年，被市体育局评为“潍坊市体育工作先进单位”；2006年，被评为“全市民族团结进步模范集体”；2007年，参加第二十一届省运会，获“振兴潍坊体育贡献奖”；2009年，被国家体育总局确定为“国家高水平体育后备人才基地”，被山东省体育局授予“业余训练先进单位”“山东省青少年体育工作先进单位”“竞技体育工作贡献奖”称号。2010年，被评为“第十一届全国运动会参赛工作先进集体”“山东省业余训练先进单位”“2010年度竞技体育贡献奖”“山东省乒乓球业余训练先进单位”；2011年，参加山东省第二十二届全运会，被授予“振兴潍坊体育贡献奖”；2012年，被命名为“山东省优秀运动队后备人才训练基地（赛艇、皮划艇）”“山东省优秀运动后备人才训练基地（网球）”。有教练员19人，其中副高级职称5人、中级职称5人、初级职称9人，先后输送成昌松、邓红蕾、隋海婷、赵健、刘海萍、高明、白磊等30余名优秀运动员。

潍坊市游泳中心　1993年成立。2005年4月，市游泳中心获国家体育总局命名“全国先进游泳池馆”称号，潍坊市获“全国游泳之乡”称号。2012年，有教练员6人，其中副高级职称1人、中级职称2人、初级职称3人，先后向国家队输送甄超、代腾飞、王永超、刘超、台晓虎5名优秀运动员，向山东省输送体操、蹦床、跳水等优秀运动员122名。

高密市少儿体操学校　2000年成立。2002年,高密市少儿体操学校被山东省体育局命名为“山东省优秀后备人才培训基地”。2003年5月，经潍坊市体育局批准挂潍坊市体操学校牌子，有教练员9人，其中副高级职称1人、中级职称5人、初级职称1人。2011年，被山东省体育局授予“山东省青少年体育工作先进单位”称号，涌现出全国先进个人2人，潍坊市劳模3人，潍坊市先进个人6人，高密市劳模3人。

寿光市竞技体育运动学校　1987年成立，教练员11人，文化课教师16人，9个训练项目。

诸城市竞技体育学校　1979年成立，2008年撤并，2012年3月重组，有教练员25人，管理人员5人，18个训练项目。

昌乐县竞技体校　1985年成立。2012年有教练员14人，文化课教师21人，9个训练项目。

青州市竞技体育学校　1989年成立青州市业余体校，1994年改名为现名。2012年有教练员29人，管理人员4人，19个训练项目。

安丘市体育运动学校　1987年成立。2012年有教职工48人，9个训练项目。

高密市竞技体育学校　1974年成立。2012年有教练员15人，文化课教师14人，13个训练项目。

临朐县竞技体育学校　1972年成立。2012年有教职工26人，教练员10人，文化课教师14人，6个训练项目。

体育协会

1992年8月31日，潍坊市体育总会成立，为正县级全额预算事业单位，到2012年，有单位会员29个，个人会员69名。全市16个县（市、区）（含4个市属开发区）有10个成立体育总会，多数单设编制3~4人，个别由体育局内部事业编制调剂使用，均配有专职或兼职主席，经费单列。全市单项体育协会、研究会及各种体育社团组织达500多个，其中市属协会30余家、俱乐部100多家。市属协会有潍坊市网球运动协会、潍坊市老年人体育协会、潍坊市羽毛球协会、潍坊市钓鱼协会、潍坊市武术协会、潍坊市棋类运动协会、潍坊市冬泳协会、潍坊市电子竞技协会、潍坊市排球运动协会、潍坊市乒乓球运动协会、潍坊市体育舞蹈交谊舞运动协会、潍坊市锣鼓运动协会、潍坊市太极拳协会、潍坊市航模海模运动协会、潍坊市保龄球协会、潍坊市四通捶研究会、潍坊市螳螂拳研究会、潍坊市毽球协会、潍坊市残疾人体育协会、潍坊市足球运动协会、潍坊市体育记者协会、潍坊市信鸽协会、潍坊市高尔夫球协会、潍坊市游泳协会、潍坊市篮球运动协会、潍坊市健美协会、潍坊市球迷协会、潍坊市拳击协会、潍坊市马拉松协会等。

1995年，市体育总会举办第一届山东省“利迪尔杯”县级田径运动会。1996年，市体育总会举办“利迪尔杯”潍坊中等专业学校越野长跑赛，利迪尔国际基金会秘书长出席运动会。1997—1998年，市体育总会举办滨州、淄博、青岛、潍坊4地市篮球联谊赛。1998年，市体育总会举办山东省4地市乒乓球联谊赛，到2000年又有烟台、枣庄等地市加入，举办“山东省8地市联谊赛”，山东省8地市联谊赛总共举办10届。2000年，市体育总会举办潍坊市首届健身小姐电视大赛，在全省地市级体育总会中首次实现赛事直播；同年11月，市体育总会会同市健美操协会在潍坊电视台黄金时段推出《大众健身操》栏目，每天滚动播出两次，介绍和讲授大众健身操基本动作和套路，向广大市民传播健身操知识。2007年10月，市体育总会承办全国体育舞蹈俱乐部联赛，3000多名全国各地选手参赛，比赛场面壮观；同年承办山东省轮滑冠军赛、山东省体育舞蹈锦标赛两项省级比赛。2008年2月,市体育总会在潍坊市风筝广场举办“龙腾狮跃闹元宵”活动；7月，举办2008年潍坊市武术锦标赛；10月，组队参加“科达杯”第一届黄河口半程马拉松全国邀请赛。2009年，市体育总会承办“迎十一运”篮球、乒乓球、中国象棋潍坊选拔赛，倒计时100天文体表演活动，全民健身日健步行、全民健身摄影展等活动。2010年，市体育总会加强中外青少年友好交流，打造潍坊国际体育品牌，与市体育局联合举办首届中国潍坊“希望杯”国际青少年足球联赛，27个国家64支队伍参赛。同年，市体育总会承办“体彩杯”山东省第二届百县篮球、千校乒乓球、万人象棋（潍坊赛区）3项比赛。2011—2012年，市体育总会与市体育局联合举办两届中国潍坊“希望杯”国际青少年足球联赛。2010—2012年，市体育总会共举办三届山东省“百县篮球、千乡乒乓球、万人象棋”潍坊赛区县级初赛和市级预赛，唱响“人人热爱体育、全民健身强体”主旋律。

各单项协会举办的活动有：市武术协会潍坊市武术文化节，市足球协会“迎春杯足球比赛”“潍坊市五人制足球赛”，市排球协会“排协杯排球比赛”，市乒乓球协会“潍坊市迎春杯乒乓球比赛”，潍坊市保龄球联谊赛，棋类协会潍坊市围棋升段赛、潍坊市象棋棋王赛、潍坊市国际象棋定级赛等。太极拳协会太极拳展演和全民健身项目展演、比赛成为全市品牌比赛项目。

体育人才队伍

1991—2012年，潍坊市共培养国家级裁判员35名，其中排球6名、足球1名、乒乓球2名、田径6名、篮球4名、拳击2名、手球4名、武术1名、国际式摔跤2名、橄榄球1名、射击3名、体操2名、网球1名；国家一级裁判员名185名，其中田径10人、拳击6名、体操6名、柔道8名、网球5名、篮球21名、排球33名、武术14名、跆拳道5名、击剑4名、手球8名、国际式摔跤13名、自行车2名、赛艇皮艇3名、橄榄球3名、乒乓球18名、足球12名、游泳8名、举重6名；国家二级裁判员3200名左右。

至2012年，潍坊市体育局共申报一级运动员189名，审核批准办理二级运动员1875名。

第五节　体育设施建设

体育场馆

1991年，全市设有体育场、体育馆、游泳馆、室外游泳池、排球训练房、乒乓球房、网球场、门球场、旱冰场、灯光球场、射击场等体育场馆264家。1995年4月，潍坊市体育场三期主体工程完成，新增观众看台2万座；7月1日，潍坊市游泳馆竣工并投入使用，填补潍坊

潍坊市奥林匹克体育公园　　（2009年拍摄）

市长期无标准室内游泳设施空白。1996年4月，环体育场道路及广场路面硬化完成；10月，市射击馆竣工投入使用；12月，安丘市、临朐县各投入1000多万元兴建体育中心，国家体委副主任刘吉、省体委主任曹学成等参加临朐县体育中心开工奠基仪式。2009年，投资10亿元，建成可容纳4.5万名观众的潍坊市奥林匹克体育公园体育场和4800座的潍坊学院体育馆，场馆设施先进、功能齐全，可承办国际性大型体育赛事。9月，承办第十一届全运会女子足球、女排比赛部分场次比赛。2011年，根据城市建设总体规划，位于鸢飞路的市体育运动学校、市竞技体校、市体育中心、游泳中心及所属体育设施拆除。2012年，市委、市政府决定在滨海区新建市体校和竞校，规划用地1000余亩，总建筑面积20余万平方米，投资5.7亿元，新校规格高、配套完整、功能齐全，集教学、训练、办公、生活于一体，具有国内一流水准。至2012年，全市共有全民健身体育设施2884处，其中体育场92座、体育馆42座、游泳馆6座、室外游泳池22处，灯光球场、保龄球、门球、羽毛球、乒乓球、网球、非标准体育场、旱冰场、台球、篮球、健身房、瑜伽等全民健身设施2722处。诸城、寿光、高密、昌邑、青州、安丘、临朐等县市建成体育场馆9座。全市各级各类学校和企事业单位新建体育馆32座、体育场48处。

全民健身工程

1998年，筹资30万元，在早春园小区、芙蓉街、鸢飞小区建设4条健身路径，每条路径配备活动器材10多种；建起室内健身房及篮球场、羽毛球场，形成3个社区体育示范点；各体育场馆向社会开放，为群众参加活动提供时间、设施和技术辅导；8月，对市体育场馆和体育公园实施破墙建绿工程，新开辟绿地5700多平方米，配设沿街路照明灯和音乐喷泉，美化体育活动场所环境。2000年，青州、诸城建成社区全民健身路径4条，全市累计达16条，配备各种体育器材200多件；潍坊市奥林匹克体育公园破土兴建。2001年，新建女子举重训练馆，改造游泳馆，体育公园建设初具规模，硬化整修市体育广场地面；实施全民健身工程，新开辟建设路径14条，新增健身器材180多件。2002年，投资40万元，在诸城市九龙河公园新上第五批全民健身工程项目，配置各类健身器材101件；第六批全民健身工程项目在潍坊市体育公园管理处和寿光市文家街道办事处建设；坊子凤凰健身广场被评为山东省全民健身精品工程。2003年，全市共建设全民健身工程8处，总投资100余万元，其中省级健身工程1处，总投资80万元；筹建国民体质测定示范站，建成100平方米监测室并配备价值10万余元监测器材；与国内体育器材生产商英派斯集团达成协议，筹建潍坊市全民健身活动中心。2004年，建设健身路径37条，投入资金近百万元，完成1个县级、16个乡级、20个村级健身路径建设，公共健身设施少、群众健身难状况缓解。2005年，完成安装健身路径16条，配套设施320件。

2006年，配合社会主义新农村建设，筹集资金近230万元，建成农民健身工程222个，其中包括“121”健身工程（即为县市区每个体育示范村建设篮球板1副、乒乓球台2个和健身路径1条）100个，青州市和奎文区特色健身工程2处，完成国家发改委、国家体育总局在潍坊市试点工程40个，省、市农民健身工程80个。2007年，在8个县（市）启动实施“四个一工程”，即每个县市至少建有一个标准塑胶跑道田径场、一个体育馆、一个标准游泳池（馆）和一个全民健身中心；筹集经费近1000万元，为1504个村安装健身器材。全市共有2128个村安装体育健身设施，占行政村总数的23.7%。2008年，抓住承办全运会契机，搞好迎全运群体设施建设，着力打造城市社区“10分钟健身圈”和农村社区“半小时健身圈”。完成农民体育健身工程5130余处，使配有体育设施行政村比例达58.55%。张面河、虞河沿岸体育设施安装基本完成。县市区建成2处健身广场、2处社区健身苑、4处乡镇文体活动中心和1处体育健身公园。2009年，投入各级体彩公益金600万元，在400个行政村实施农民体育健身工程，打造“中心城区10分钟健身圈”，完成城区公共健身工程13个、城乡社区规模以上健身工程60个。2010年，投入各级体彩公益金600万元，在500个行政村实施农民体育健身工程。2012年，全市各级共投入资金1167万元，为81个乡镇、622个行政村、90个社区配套安装体育场地设施，并建成1处县级全民健身活动中心（临朐县全民健身活动中心）和2处健身步道（青州市龙潭湖户外健身基地和潍城区乐埠山登山步道）。

第六节　体育彩票

2000年6月，电脑型体育彩票在潍坊正式上市,年度销售500万元。2001年10月，随着中国足球彩票在12个省市推广，潍坊足球彩票年销量达2200万元。2002年9月，山东省体育彩票管理中心潍坊分支站成立，由山东省体彩中心垂直管理，潍坊体彩销量达6500万元。2003年7月，潍坊分支站更名为山东省体育彩票管理中心潍坊分中心，是年销量达3200万元。2004年，全年销售体育彩票2877多万元，总销量列居全省第5位。2005年，市体育局给各县市区体育局制定详细的销售目标任务考核和奖惩措施，实行体育彩票公益金分配与任务完成情况挂钩政策，全年实现电脑体育彩票销量2.08亿元，比2004年增长9倍多，在全省17地市中稳居第四位。2006年，实施“占县下乡”终端扩容战略，全年新增终端机220台，终端总数达489台，体育彩票实现销售量1.16亿元。2007年，全年共销售电脑体育彩票1.53亿元，居全省第四位。2008年，积极实施“决胜终端”战略，全年新增终端机61台，投注站总数上升至562家，实现销售收入1.66亿元。2009年，全市体育彩票销售总额达3.36亿元，增幅达103%，创年销量历史最高纪录，居全省第四位。2010年，加强公益宣传，开展“六一”爱心捐助、“公益体彩”消夏文艺晚会、送电影下乡、救助“排球男孩”等公益活动，体彩全年共销售4.64亿元，总销量位居全省第三位，增幅35.9%，位居全省第一。2011年，全市体育彩票共销售7.51亿元，总销量位居全省第三位，增幅62%。2012年，潍坊体彩销量达10.08亿元，总销量居全省第三位，增幅34%。

第二十九编

社会生活

丰富多彩的社区文化

第一章　社会主义精神文明建设

潍坊市不断加强社会主义精神文明建设，以思想道德建设为主线，结合潍坊实际坚持传承红色基因，继承发扬传统美德；以各种形式创建活动为载体，探索新形势下精神文明建设新途径，提高市民文明素质，改善城乡人民群众生活环境，提升城乡文明品位和形象，为全市经济建设和社会进步提供精神动力和智力支持。

1982—1990年，为潍坊市精神文明建设探索发展阶段。自1982年开始，在深入开展以“五讲四美三热爱”（讲文明、讲礼貌、讲卫生、讲秩序、讲道德，心灵美、语言美、行为美、环境美，热爱祖国、热爱社会主义、热爱共产党）为主要内容的“全民文明礼貌月”的同时，开展以“建文明城市、创文明单位、做文明市民”为主要内容的群众性精神文明建设活动。1990年9月10日，潍坊市精神文明建设协调委员会办公室升为正县级单位，负责全市精神文明建设协调指导工作，归口市委宣传部领导。到1990年，全市共有79个单位被命名为省级文明单位，450个单位和11个乡镇被命名表彰为市级文明单位、文明乡镇。

1991—1999年，潍坊市精神文明建设逐步完善，规范化发展。1992年，在全市广泛开展“我为风筝城添光彩做贡献”活动。1993年，在全社会首次公开评选“十佳单位”和“十佳个人”。1998年，首次评选表彰“潍坊市百佳文明市民”“潍坊市百佳文明家庭”。1993—1999年，在市直“窗口”行业、党政机关、执法监督部门，连续组织7届“文明杯”跨行业优质服务竞赛活动。

2000年，市文明委对32个执法监督部门首次组织“行风万人评”活动。2001年，市委、市政府号召在全市迅速掀起为民服务联动新高潮。为民服务联动的做法，得到中宣部、中央文明办和省委宣传部、省文明委的高度关注，7月，省文明委在诸城市召开全省创建文明行业工作座谈会，总结推广这一做法。2004—2008年，组织开展丰富多彩的行业文明创评活动，促进行业群众性精神文明建设。以公共行政审批服务中心和市长公开电话为重点的政务服务平台进一步完善，广泛组织开展服务品牌建设工作，一批各具特色的行业服务创建品牌初步形成。2009—2012年，组织开展文明和谐示范窗口创评活动、实施“文明交通行动计划”；不断完善志愿服务机制建设，形成由文明办指导协调、志愿者协会组织管理、统筹社会志愿服务的工作机制；大力推进志愿者招募注册工作，进一步壮大志愿者队伍，深入开展主题志愿服务活动。

第一节　思想道德建设

潍坊市积极组织和开展社会主义思想教育、“三德”（社会公德、职业道德、家庭伦理道德）教育、爱国主义教育、广场文化和“三下乡”等系列活动，构筑思想道德教育平台，吸引全市各层次广大群众积极参与，在引导人们树立建设有中国特色社会主义共同理想和正确的世界观、人生观、价值观，提高思想道德和科学文化素质等塑造社会主义新人的工作方面起到积极作用。

公民思想道德建设

1991年，全市城乡广泛开展社会主义思想教育活动。1992年，开展“解放思想、更新观念、转变职能、强化服务”大讨论活动。1993年，组织开展学习邓小平建设有中国特色社会主义理论、发展社会主义市场经济教育活动，统一干部群众思想，增强建设有中国特色社会主义的自觉性。1994年，大力加强“三德”教育。市文明委组织编发14万字的《文明市民读本》，作为基本教材在全市散发3万多册；报纸、电台、电视台开辟专题、专栏，围绕“三德”展开讨论，宣传一批先进典型；通过举办各类培训班，以集中培训和岗前班后分散教育相结合的方法，开展正面教育，全市接受教育培训的人员达200万人次。1997年，在全市开展邓小平理论和党的基本路线教育活动，开展爱国主义、集体主义、社会主义及社会公德、职业道德、家庭美德教育。全市近25万名党员参加大型“三讲”教育知识竞赛。大张旗鼓地宣传一批党建工作先进单位的经验和一批优秀共产党员的先进事迹，特别是大力宣传全国十佳青年卫士、昌邑市国税局共产党员谭振亮的典型事迹，引起很大反响。在农村，进一步推广和完善思想政治工作“进家入户”的经验，同时开展以贯彻落实中共十五大精神为重点的农村集中教育整顿活动。在企业，围绕职工关心的热点难点问题，尤其是在企业“抓大放小”、股份制和股份合作制改造、所有制结构调整过程中出现的热点问题以及劳动力就业问题，有针对性地开展思想政治工作。

1998年，重点开展邓小平理论和中共十五大精神的教育，爱国主义、集体主义、社会主义教育，弘扬新时期创业精神和抗洪精神的教育。在广大城乡深入开展全民读书活动，健全读书用书制度、图书管理制度和图书发行网络。同时，加强民主法制教育和纪律教育，增强全民法律意识。开展中共十一届三中全会召开和改革开放20周年纪念宣传教育活动，举行省改革开放20周年先进典型报告团来潍巡回报告会，组织全市党员干部和中学生参加全省改革开放20周年时事政策知识竞赛。组织建市50周年理论研讨会、文艺晚会和庆祝大会，制作大型画册、编辑纪念文集、拍摄电视专题片，对广大干部群众进行生动的党的基本路线教育。

1999年，全市上下抓住庆祝新中国成立50周年、澳门回归“两件大事”，运用召开座谈会、形势报告会、举行集会和知识竞赛、文艺演出、升国旗宣誓等多种形式，大规模组织群众性的活动，突出加强对广大干部群众的爱国主义、集体主义、社会主义教育。广泛开展崇尚科学、反对迷信和歪理邪说、移风易俗、“全民读书”等群众性“学科技、用科技、讲文明”系列活动。围绕深入实施《潍坊市市民文明公约》和《潍坊市市民“十不”行为规范》，在全市推广潍城区实施居民“一日文明行为规范”和奎文区开展市民“文明自律承诺”的经验做法，广大市民的文明素质有新的提高。

2000年，全市各级党组织在着力加强日常思想政治工作的同时，积极响应中共中央总书记江泽民“致富思源、富而思进”的号召，运用开展集中教育活动、组织报告团巡回演讲和文艺演唱等多种形式，开展“双思教育”，引导广大干部群众饮水思源，克服小富即满、小富即安等错误思想倾向。加强科学思想教育，充分利用文化大院、电化教育小分队等各类文化教育阵地和队伍，加大科学精神和科学文化知识教育力度。引进由中央文明办和中国科协联合制作的高层次的

《崇尚科学文明、反对迷信愚昧》大型图片展览，在全市巡回展出，揭露邪教歪理邪说，宣传马克思主义唯物论、无神论，弘扬科学精神。启动实施全市文明素质教育工程，发行《文明公民读本》5万多册。

2001年，潍坊市文明委以“三个代表”重要思想为指导，深入贯彻江泽民“七一”重要讲话、中共十五届六中全会精神，认真落实以德治国方略和《公民道德建设实施纲要》，按照“常规性工作争一流、突破性工作出成果、基础性工作上水平”的总体思路，把思想道德建设放在突出位置,大力加强社会公德、职业道德、家庭美德建设。

2002年，潍坊市文明委积极组织各级文明单位开展学习教育活动。在全市兴起学习“三个代表”重要思想的新高潮。市县两级分别召开理论中心组读书会，举办“三个代表”重要思想理论骨干培训班，成立宣讲团。在领导干部和广大群众等各个层面组织开展一系列主题教育。6月，组织开展解放思想大讨论。围绕破除“左”的、计划经济的、封建传统的陈旧观念，通过学习考察、专题讨论、典型剖析、建言献策、整改落实等环节，集中解决思想观念问题。在大讨论中，参加的文明单位达3226个，参加人员达30多万人，发放学习材料15100多份。

2006年，把学习邓小平理论、“三个代表”重要思想和科学发展观，以及中共十六届五中、六中全会精神作为精神文明建设的首要任务。组织开展《江泽民文选》学习活动，先后多次邀请中央高层次专家到潍坊作辅导报告，举办学习中共十六届六中全会精神理论骨干培训班，组建理论宣讲团，深入基层开展一系列理论宣讲活动。3月，召开学习中共中央总书记胡锦涛“八荣八耻”讲话座谈会，起草《关于深入学习实践社会主义荣辱观加强思想道德建设的实施意见》及《目标任务分工》，对全市的宣传教育实践活动进行部署，在全社会掀起学习实践社会主义荣辱观的热潮，使“八荣八耻”的观念深入人心。

2007年，市文明委大力加强思想道德建设，全面启动和创新群众性和谐创建活动，着力解决群众关心的“三最”问题，和谐创建“潍坊模式”，受到省委、省文明委领导和中央、省级主流媒体的充分肯定和宣传推广。2012年，潍坊市以“修身律己，做文明人”主题教育实践活动为突破点，广泛开展多种形式的精神文明建设活动，推动社会主义核心价值体系的宣传普及，提升城乡文明程度。

未成年人思想道德建设

1991—1994年，以学习邓小平建设有中国特色社会主义理论和中共十四大精神为主要内容，对全市青少年进行爱国主义、集体主义、社会主义和法制教育，“学雷锋精神、做四有青年”实践教育活动和以学习、信仰、实践社会主义为主题的“共青杯”千队竞赛活动，丰富思想教育的内容，使青少年的思想道德素质明显增强。

1994—1997年，在深入贯彻实施中共中央《爱国主义教育实施纲要》基础上，在青少年中组织实施“三百爱国主义教育工程”（百部优秀影片、百部优秀图书、百首优秀歌曲），完善爱国主义教育基地功能，并向省申报第二批爱国主义教育基地。市委宣传部组织编辑《百部优秀影视片观看指导》《百部优秀图书阅读指导》《百首优秀歌曲集》《百首优秀歌曲录音带》，下发到全市各大中小学校25万份（套）。各级电台、电视台、电影公司、图书馆等单位积极配合，广泛传播“三百”的内容，在全市青少年中掀起争相看、读、唱“三百”的热潮。

2004年，潍坊市认真贯彻落实中央和省、市未成年人思想道德建设工作会议精神，先后出台《关于进一步加强和改进未成年人思想道德建设的意见》《近期为未成年人办的十件实事》《加强和改进未成年人思想道德建设工作督查方案》等有关文件，加大未成年人思想道德建设工作的力度。突出抓为未成年人办的十件实事,认真落实各种公益性文化设施和场所对未成年人免费开放，对全市未成年人活动场所进行一次集中清理整顿，新命名14处青少年教育基地；开展网吧和电子游戏厅等娱乐场所的专项治理活动，加大对盗版教材、教辅读物和淫秽图书、有害卡通图画、游戏软件的查缴力度，全年共出动检查人员2953人次，收缴各类非法出版物96545件，净化文化市场；各新闻媒体开设专栏、专题，开展大规模的宣传战役，对十件实事的进展情况进行动态报道和系列报道。市广播电台开办的《行风在线——托起明天的太阳》《花季风铃》，市电视台的《智慧英雄》等栏目，受到广大青少年的喜爱。在加强学校教育的基础上，广泛开展小公民道德建设、希望工程、春蕾计划、“社区青少年远离毒品”等实践活动。加大家庭教育的力度，开展以“为国教子，以德育人”为主题的“争做合格父母，培养合格人才”实践活动和家庭教育新观念宣传实践系列活动等；加强辅导员队伍建设，成立由132位老专家、老同志组成的未成年人思想道德教育校外辅导员队伍。

2005年，狠抓十件实事的落实，加强未成年人爱国主义教育和文明礼仪教育，在全市部署开展“心系祖国健康成长”读书实践活动。利用暑假时间，在全市大中小学生中开展“文明潍坊，从我做起”暑期社会实践活动，丰富未成年人的假期生活，在提高道德素质和实践能力上发挥积极作用。4月，召开全市未成年人思想道德建设研讨会，对新时期加强少年儿童思想教育的方式方法进行深入探讨。全市共筹资84.41万元，开展希望工程救助活动，救助大中小学生2600多名。组织开展“亲子共成长”更新家庭教育观念系列活动，成立潍坊市家庭教育指导中心并组建讲师团，为各家长学校提供指导和服务，造就一支专兼结合的家庭教育师资队伍；举办“亲子共成长”系列报告会，提升家长的现代家教能力和水平。

2006年，继续抓好未成年人办的十件实事的落实。认真落实各种公益性文化设施和场所对未成年人免费开放；开展网吧暑期专项治理以及“倡导网络文明，创建绿色网吧”活动，加大对盗版教材、教辅和淫秽图书、有害卡通图画、游戏软件的查缴力度，净化未成年人的成长环境。围绕提高家长素质、规范家长学校，深化推进“亲子共成长”工程，营造良好的家庭教育环境。建立关心下一代工作组织1011个，专兼职工作人员7077人，“五老”志愿者队伍36200人。进一步巩固未成年人德育阵地建设，全市共建成中小学生综合实践活动基地9处，每年接待参加实践活动的学生10万余人。经验文章《潍坊市建立校外活动与学校教育衔接工作机制》被中央文明办《未成年人思想道德建设工作简报》刊发。

2007年，以“感受新变化、迎接十七大”为主题，开展“中小学弘扬和培育民族精神月”活动；以提高青少年心理健康水平为目标，对全市中小学、中等职业学校心理健康教育专兼职教师和班主任进行系统培训；结合时事政治教育，广泛开展“知荣辱树新风”“同享知识、喜迎奥运、共建和谐”“争做文明小市民”等读书和道德实践活动；在家庭贫困学生、外来务工人员子女、留守儿童等八类特殊学生群体中实行成长导师制、开展“师生共成长”关爱活动。在家庭中开展“争做合格父母，培养合格人才”和“同学习、共成长”读书实践活动，组织更新家庭教育观念巡回报告会和亲子“1+1”道德建设实践系列活动，邀请全国知名专家教授举办家教公益讲座16场次，受益家长1万余人。大力实施社会文化环境“净化工程”，开展“绿色网吧”创建活动，促进网吧有效监管和规范运营；加大文化市场治理力度，对学校周边、车站、景点、夜市等重点部位实行无缝隙清理整顿，收缴各类非法出版物68200多册（盘），取缔非法经营摊点（店）55个，为未成年人成长营造良好的社会环境。

2008年，在全市组织开展第三届未成年人思想道德建设工作创新案例征集评选活动，征集创新案例100余项，推荐申报10项创新案例参与全国、全省评选。潍城区的“学生校长”、诸城市的“新‘六艺’、新天地、育新人”、寿光市的“班级银行”等入选省级创新案例。设立30个主题实践活动联系点，组织未成年人参加道德实践体会感言收集活动，在互联网上开展以“做一个有道德的人”为主题的我推荐、我评议活动，组织青少年参加全国百万青少年“我承诺：做一个有道德的人”网上签名活动。11月，市文明办被中央文明委授予全国未成年人思想道德建设工作先进单位称号。

2009年，制定印发《潍坊市净化社会文化环境工作任务分工》和《潍坊市净化社会文化环境工作集中整治行动实施方案》。4月14日，召开全市净化社会文化环境动员大会，协调工商、公安、文化、教育、文化市场执法、广播电视管理等部门开展专项督查活动，对全市网吧、网络、荧屏声频、校园周边环境进行集中综合整治，优化社会文化环境。制定印发《潍坊市未成年人思想道德建设测评分工责任制》，4—6月，抽调精干力量，组建材料整理、实地考察、问卷调查、网络媒体调查、模拟测评等专门工作小组，精心准备各项迎查工作。10月，省文明委授予潍坊市全省未成年人思想道德建设工作先进城市称号。

2010年1月26日，召开全市未成年人思想道德建设经验交流会议。1月，市文明委会同市委宣传部、潍坊学院、中国移动潍坊公司联合组织开展“放飞梦想”绿色手机文化创作传播活动，广大干部群众特别是青少年踊跃参与，取得良好社会效果。开展农村未成年人活动场所建设工作经验得到中央文明办、省文明办肯定。4月，召开全市“亲子共成长”工程推进工作会议，大力推进实施“亲子共成长”工程。8月，“中华诵·2010全国中小学生夏令营”在潍坊寿光世纪学校开营。

2011年，围绕庆祝中国共产党成立90周年，印发《关于开展“童心向党”歌咏活动的通知》，积极组织未成年人广泛传唱歌颂党、歌颂伟大祖国、歌颂中国特色社会主义的优秀歌曲；组织开展优秀童谣网上投票推荐活动，向省文明办推荐优秀童谣4首；组织开展“中华诵·经典诵读”活动。未成年人思想道德建设工作测评成绩居全省第一名，潍坊市和所辖5个区、市被评为全省未成年人思想道德建设工作先进城市。

2012年，广泛开展“美德少年”“文明小公民”评选等系列活动；积极推动社区儿童俱乐部和乡村学校少年宫建设，建成乡村“学校少年宫”808个，在2011年8所乡村“学校少年宫”列入中央财政扶持名单的基础上，新增中央和省财政支持乡村“学校少年宫”各6所；未成年人思想道德建设工作测评成绩居全国地级市第二名。

道德模范评选及诚信建设

2002年，全市广泛组织开展“深化诚信教育，建设信用潍坊”活动，市委召开“建设信用潍坊”活动新闻发布会，全市7个行业百家企事业单位发布诚信宣言。在全市广泛组织诚信知识竞赛、征文比赛、演讲比赛、学习培训、诚信歌词征集、诚信大讨论等形式多样的诚信学习教育活动，吸引和动员群众广泛参与。编印下发《诚实守信教育读本》。市级主要新闻媒体分别开设《建设信用潍坊》专栏，刊播社论、评论、言论消息、访谈，推出专版专题，充分宣传诚信建设的意义、进展和成效，在全市形成声势浩大的宣传态势。全市以创造优良消费环境、市场环境、投资环境为目标的创建文明诚信单位、文明诚信企业、文明诚信村户活动广泛开展。在全市三产服务业评选命名40家文明诚信单位。文明信用户创评活动在潍坊市全面推开，全市共评选出文明信用户23.35万个，信用村1160个，信用镇54个。市文明委评选表彰30个全市诚信建设组织工作先进单位和92个文明诚信示范单位。中央文明办和山东省文明委对“建设信用潍坊”的做法给予充分肯定，全国创建文明行业座谈会和全省精神文明建设工作会议，均对“建设信用潍坊”活动给予充分肯定。《经济日报》《大众日报》给予宣传报道，山东电视台新闻联播对“建设信用潍坊”的经验做法作连续宣传报道。

2003年，市文明委以推广临朐县文明信用户创评经验为切入点，重点抓农村的信用建设。市文明办经过深入调查研究，形成《农村精神文明建设的生命力在于做好为经济建设服务这篇大文章》的调查报告，总结推广临朐县文明信用户创评的做法。市文明委在临朐县召开现场会，全面推广文明信用户创评经验。围绕寿光品牌蔬菜，大做“诚信蔬菜”的文章，广泛开展“五信”创建活动，即文明信用菜农、文明信用蔬菜村、文明信用蔬菜基地、文明信用农业龙头企业、文明信用经营业户等创建活动。文明信用户的创评，受到中宣部、中央文明办的高度重视，中宣部、中央文明办作两次推介。中央电视台《焦点访谈》、新华社、《农民日报》、《大众日报》等先后进行重点报道。

2004年，按照省文明办部署，在企业中开展“文明诚信百佳企业”评选活动，共有9家企业被授予山东省“文明诚信百佳企业”称号，总数在全省列第4位。在农村，重点推广临朐县创评文明信用户的经验，取得很大成效。全市文明信用户达47.2万个，文明信用村1608个，文明信用镇58个，发放农户贷款89.6亿元，帮助74万多农户发家致富，实现农村经济发展和精神文明创建互相促进，协调发展。在9月召开的全省农村文明信用工程座谈会上，临朐县文明信用户创评的经验被介绍和推广。

2007年，引导干部群众积极践行公民道德规范。广泛开展市级道德模范评选、表彰工作，积极组织参加全省、全国道德模范评选活动，寿光市三元朱村党支部书记王乐义被评为全省、全国道德模范，高密市姚哥庄镇林业站长李荣获全国道德模范提名奖和全省道德模范称号，潍城区城关街道十笏园社区退休干部刘德基等5人获全省道德模范提名奖。

2008年4月10日，在潍坊新闻网设立《我推荐、我评议身边好人》专栏，启动网络推荐、评议身边好人活动，网民参与推荐评议5万余人次。5月，在全市部署开展道德模范巡讲活动，组织全国、全省道德模范及提名奖获得者和市、县级道德模范进社区、进村镇、进校园、进企业、进机关、进军营。全年推荐各级推荐评选身边好人860人，县级道德模范160人。

2009年，潍坊市召开全市道德模范命名表彰大会，对10名道德模范、1名特别奖获得者、37名提名奖获得者进行表彰，组织拍摄《道德之光》11集专题片，在电视台、电台、日报、晚报集中宣传报道，组织道德模范发起开展群众性“共铸品行、勇克时艰”签名践行活动。2010年，持续组织开展身边好人学习宣传活动，王乐义、李学海等道德模范和5名身边好人参加中央文明办在日照市举办的大型交流活动。

2011年，组织开展第三届全市道德模范暨身边好人评选活动。共表彰市级道德模范10名、潍坊好人62名。推荐产生第三届全国道德模范提名奖获得者1名、全省道德模范2名，13人入选“中国好人榜”。先后在济南、潍坊、高密等地举办王钦峰先进事迹报告会3场，引起良好社会反响。5月，承办中宣部、中央文明办主办的“全国道德模范故事汇”2场。6月25日，开展“全国道德模范和身边好人现场互动活动”。潍坊市道德模范代表王乐义、李学海参加全省道德模范座谈会并作会议发言，被《大众日报》全文刊发。

2012年，建成各类道德讲堂695个，开展活动3200余场次，直接参与群众超过30万人次；评选产生“潍坊好人”205名，推荐上报“山东好人”43名，其中5人入选“山东好人——每周之星”，2人被评为“中国好人”；建立“乡村学校少年宫”808个，其中20个进入中央和省财政扶持名单。

第二节　群众性精神文明创建活动

行业精神文明创建活动

1990年底，全市已有79个省级文明单位、450个市级文明单位、11个市级文明乡镇。在1991年开展社会主义思想教育、1992年开展“解放思想、更新观念、转变职能、强化服务”大讨论和“我为风筝城添光彩做贡献”等活动基础上，1993年，潍坊市精神文明建设协调委员会办公室在市直“窗口”行业、党政机关、执法监督部门开展首届“文明杯”跨行业优质服务竞赛活动，在全社会公开评选“十佳单位”和“十佳个人”，全市范围的行业精神文明创建活动步入快速发展轨道，到2001年连续组织开展9届“文明杯”跨行业优质服务竞赛活动。

1995年，潍坊市文明委组织市直商业、供销、旅游、服务、金融、交通、邮电、电业、市政公用、医疗卫生、环境卫生等“窗口”行业和党政机关、监督执法部门广泛开展第三届“文明杯”跨行业优质服务竞赛活动，参赛单位175个，参赛的干部职工55950人，10个单位获“十佳单位”称号，10人获“十佳个人”称号，9个单位和10人分获“先进单位”和“先进个人”称号。

1997年，潍坊市召开全市“讲文明、树新风”活动动员大会，在城区集中开展以“四比四赛”（比“十不”规范、赛文明言行，比净化美化、赛环境卫生，比职业道德、赛服务质量，比依法治理、赛交通秩序）竞赛活动。在窗口单位开展以讲“两德”、创“三优”，大力贯彻实施以《潍坊市市民文明公约》为主要内容的“我为风筝城添光彩”暨第五届“文明杯”跨行业优质服务竞赛活动。1998年，首次评选表彰“潍坊市百佳文明市民”“潍坊市百佳文明家庭”。

1999年2—10月，在党政机关、执法监督部门和“窗口”服务行业继续组织开展以讲“两德”（社会公德、职业道德）、创“三优”（优良秩序、优美环境、优质服务）为主要内容的第七届“文明杯”跨行业优质服务竞赛活动。

2000年6—12月，组织全市32个执法监督部门首次开展文明执法竞赛活动。年底，市文明委对参加文明执法竞赛活动的部门组织“行风万人评”，市直部门中的市国税局、市检察院、市财政局、市计生委、市公安局、市地税局、市技术监督局、市建委、市交通委、市工商局10个单位和县市区中的青州市建委、临朐县地税局、寿光市财政局、诸城市卫生局、安丘市国税局、昌邑市国税局、高新技术开发区国税分局、奎文区工商分局、昌乐县财政局、高密市国税局10个单位，被评为全市文明执法竞赛活动“十佳单位”。从市直部门和县、市、区评选出文明执法竞赛活动“十佳个人”。9月，市文明委在诸城市召开全市创建文明行业工作现场经验交流会议，总结推广诸城市实施行业为民服务联动的基本做法和经验。

2001年，潍坊市组织开展“我为风筝城添光彩”暨第九届“文明杯”跨行业优质服务竞赛活动。以第十八届潍坊国际风筝会、庆祝建党80周年的有利时机，在全市范围内广泛组织开展以讲“两德”、创“三优”为主题，以比践守“公约”、赛文明言行，比净化美化、赛环境卫生，比职业道德、赛服务质量，比依法治理、赛交通秩序为主要内容的“我为风筝城添光彩”活动。市1200多个单位近30万干部群众踊跃参加，掀起争做文明市民、创文明社区、建文明城市的新高潮。市委、市政府印发《关于在全市推广诸城行业为民服务联动工作经验的意见》，号召在全市迅速掀起为民服务联动新高潮。为民服务联动的做法，得到中宣部、中央文明办和省委宣传部、省文明委的高度关注，给予充分肯定。7月，山东省文明委在诸城市召开全省创建文明行业工作座谈会，总结推广这一做法，山东省文明委下发《关于在全省学习推广诸城市为民服务联动工作经验的决定》。8月，新华社、《人民日报》、中央人民广播电台、中央电视台、《光明日报》《经济日报》等中央新闻媒体，集中进行重点报道，把为民服务联动经验向全国推出，在全国形成广泛影响。为庆祝建党80周年，大规模组织城市面貌综合治理活动。组织各“窗口”服务单位开展“满意在潍坊、奉献在岗位”活动，掀起文明优质服务的热潮。

2002年，在各行业基层单位广泛开展争创文明窗口、文明班组、文明柜台、文明科室和争当文明职工、文明标兵活动。在交通系统开展创建文明样板路、文明客运线路、文明客运班车、文明客运出租车活动。在市政管理系统开展“文明执法塑形象”活动。在企业开展争创职业道德“双十佳”活动。潍坊市进行为民服务联动深化推广工作。12个县市区和3个开发区，以执法监督部门和“窗口”服务单位为龙头，完善区域为民服务联动网络，市直部门以公安110、卫生120、工商315、交通800、信访1234和电业、建设、质监、税务、市政、城建、环保、物价等行业部门为龙头，在全市范围内完善各行业为民服务联动网络。全市有1600多个单位参加为民服务联动，开通为民服务热线800多条，配备2000多部电话和1300多台微机，配备直达服务快车5000多辆，建立1800多支专业服务队伍，专业服务人员近3万人。

2003年，开展企业评议部门（单位）活动。组织限额以上企业、外来投资企业和部分个体私营企业共3000多家，对80个部门（单位）及其机关工作人员进行民主评议，将评议结果反馈到相关部门（单位），并在新闻媒体公布。

2004年，市文明委充分发挥城市中窗口服务单位、行政执法部门、社会公用事业单位的作用，深入开展文明行业创建活动。行政审批制度改革进一步推进，各级各部门严格落实服务承诺制，全面推进政务公开，行政效率明显提高。“12345”市长公开电话，构筑起以“12345”市长公开电话为中心，覆盖城乡、连接千家万户的电话便民服务网络。2004年共受理群众来话117.74万件次，日均3000余件次，总办结率为98.25%、反馈率达100%、群众满意率达98.85%，为政府与人民群众的交流沟通架起桥梁。开展每半年一次的“双评”活动，共有228人次被反映存在问题，对连续两次评议倒数的部门负责人给予诫勉警告，有效地促进行风的转变。

2005年，以优质、高效和规范化服务为重点，为民服务联动网络不断拓展、形式不断深化，形成“五变五化”的新经验；以市长公开电话和公共行政审批服务中心为重点的服务平台进一步完善；服务监督进一步强化，市县两级机关效能监察中心和经济发展软环境投诉中心共受理群众投诉2941件，查结率达99.5%，处理有关责任人员266人次；以“行风在线”、新闻110、潍坊行风监督网站为主体的舆论监督成效显著；企业“双评”活动进一步深化。

2006年，以公共行政审批服务中心和市长公开电话为重点的政务服务平台进一步完善；以“行风在线”、新闻110、聚焦栏目、潍坊行风监督网站为主体的舆论监督成效显著；继续开展企业“双评”活动，有效地促进行风的转变。

2007年，开展“倡导文明行车，构建和谐交通”主题教育和专项治理活动，对重点路段和重点车辆严管严查，开展“和谐警队”“和谐行政执法队”“争创和谐示范岗”创评活动，全市评出文明交通先进县市区5个、文明路口15个、文明公交车10台和文明出租司机100名。召开全市推进服务品牌建设现场会，推广高密市服务品牌建设经验，制定实施《关于全面推进为民服务承诺暨服务品牌建设的意见》，在全市范围内广泛组织开展服务品牌建设工作，“12319”市政服务热线、潍坊人民广播电台的“行风在线”、市供电公司“彩虹工程”等一批各具特色的行业服务创建品牌初步形成。

2008年，市文明办与市工商局、市教育局、市环保局、市体育局、市药监局、市农村信用联合社等十几个部门，联合组织开展文明诚信民营企业和个体工商户标兵评选活动、绿色社区体育先进社区创评活动、文明规范药店创评活动、城建行业文明规范管理先进单位服务标兵评选活动和农村信用社文明服务评比认定等丰富多彩的行业文明创评活动，促进行业群众性精神文明建设。11月，召开全市创新公共服务、深化和谐创建工作会议，对公共服务部门提高服务质量和水平、认真解决“三最”问题做出部署安排。

2009年，组织开展文明和谐示范窗口创评活动。与市交通局、市市政管理局联合评选表彰文明出租车、文明公交车、文明驾驶员，与市公路局联合评选表彰文明收费窗口，与市工商局联合创评文明市场，与市政府金融办联合开展创评文明服务窗口系列活动。组织开展文明市民评选活动。制定实施《关于组织开展文明市民评选活动的意见》，在全市范围内评选100名举止文明、讲究公德、为人友善、热心公益、爱岗敬业、群众公认的文明市民，2012年该项活动进入综合评审阶段。

2010年，实施“文明交通行动计划”。3月，与市交警支队等六部门联合推进“文明交通行动计划”，突出整治交通秩序，对车辆乱停乱放、乱调头、闯红灯和行人横穿马路、攀越护栏等不文明交通行为进行集中整治，城区交通秩序明显改善。志愿服务机制建设不断完善。市文明委印发《关于在全市深入开展志愿服务活动的意见》，12月，市编办批复在市文明办设立志愿服务工作科，形成由文明办指导协调、志愿者协会组织管理、统筹社会志愿服务的工作机制。

2011年3月7日，组织召开“讲文明树新风”志愿服务活动视讯会议，部署全年志愿服务工作。大力推进志愿者招募注册工作，进一步壮大志愿者队伍。截至2011年底，中心城区完成登记注册的志愿者19万余人，占城区总人口的10.5%。2012年深入开展主题志愿服务活动，围绕文明城市创建工作大局，坚持组织开展文明交通、文明宣传、环境卫生清扫和关爱“空巢老人”等志愿服务活动。

农村精神文明建设

1991年8月，省委、省政府提出在全省开展创建精神文明建设工作先进县市区活动，全市各县市区层层制订规划，逐项分解任务，分线包干，落实责任，组织开展一系列具有地方特色的群众性精神文明创建活动，全市农村普遍开展“争创文明村、文明户”活动。1994年，开展移风易俗教育。针对社会上的陈规陋习、封建迷信、丑恶现象时有抬头的实际，有针对性地开展以“八提倡、八反对和十个禁止”为主要内容的移风易俗宣传教育活动。在坚持正面教育为主的同时，组织“扫黄、打非、除六害”专项斗争，有效地清除社会垃圾，净化社会环境。8月，中共中央宣传部在潍坊召开农村精神文明建设工作座谈会，充分肯定取得的成绩。

1999年，在全市推广临朐县把工作基点放在农户、以创评文明户为突破口、全面推动农村精神文明建设工作上水平的经验。在全市农村广泛开展倡新风活动，发放张贴画5万多张，评选表彰市级倡新风模范户1925个、省级倡新风模范户1045个。全市建成全国级文明村、镇3个，省级文明村、镇5个，市级文明村、镇101个。

2000年，各地针对农村工作实际，普遍在培育试点村镇、树立样板的基础上，推行临朐县创评文明户的经验做法。

2001年，共组织全市文化系统优秀演员下乡演出2600余场，为农民举办各种专场晚会110多场。市、县电影公司共放映爱国主义、集体主义、科技影片6000多场，受教育群众达40多万人。市图书发行、管理部门为乡镇、村捐赠图书2万多册，帮助建立农村图书室1000多个。市、县两级科技部门共组织科技下乡服务团320个，组织科技人员9500多人次到全市196个乡镇、街道，共6200个村进行科技下乡活动，直接受益群众达200万人次。先后派出巡回医疗队104支、卫生技术人员800余人次，为基层举办技术培训班41期，培训农村卫生技术人员1670名、义务诊治病人2.5万余人。

2004年，在农村重点推广临朐县创评文明信用户的经验，取得很大成效。全市文明信用户达47.2万个，文明信用村1608个，文明信用镇58个，发放农户贷款达89.6亿元，帮助74万多农户发家致富。组织开展“文明一条街”建设活动。各地结合农村实际，以“三清、五化、十建设”为目标。全市建成“文明一条街”4500多条，占整个村庄总数的47%以上。

2005年，扎实开展文明生态村镇创建活动。突出重点，大搞环境卫生整治；结合“文明一条街”建设和村村通工程，硬化道路2500多千米，9471个村全部通汽车；大搞村庄的绿化、美化，栽植树木10万余棵，新增绿化面积200多万平方米。省委宣传部把寿光市建设文明生态村镇的经验作为重大典型在省级主要新闻媒体推广，全年建成“文明一条街”6300多条，占整个村庄总数的53%以上。

2006年，组织各县市区文明办及有关单位人员赴河北承德就文明生态村建设进行考察学习；对寿光市加强新农村建设的情况进行调研，形成《以培育新型农民为着力点 推进社会主义新农村建设》调研报告，省文明委以文件形式给予转发。9月，与市林业局、市绿化委员会联合召开全市“创绿色家园、建富裕新村”行动现场会。“文明一条街”建设继续深化，“星级文明户”“文明信用户”“好婆婆”“好媳妇”等创评活动广泛开展。

2007年，全面推进社会主义新农村建设。组织开展“告别焚烧秸秆陋习，倡树文明环保生产方式”活动、“百企联百村、共建新农村”活动，提高城乡文明共建水平。2008年，全市广泛组织开展“文明祭祀、移风易俗”主题教育实践活动。2009年10月，诸城市在全国农村精神文明建设工作会议上作《狠抓农村社区文明中心村创建 加快城乡文明一体化进程》的典型发言。3月和8月，省委宣传部、文明办和中央宣传部、文明办先后组织省级和中央主要媒体，对诸城文明中心村创建工作经验进行集中采访宣传。

2010年5月21日，诸城农村社区文明中心村建设经验入选山东省《农村精神文明创建工作典型经验评析》。11月，诸城农村社区文明中心村建设经验入选全国《农村精神文明创建工作典型经验评析》一书，是全省入选4个典型之一。

2011年9月，召开全市生态文明乡村建设现场会议，市委、市政府印发《关于加强生态文明乡村建设的意见》。积极引导广大农民争当“星级文明户”“文明信用户”“好婆媳”“好夫妻”，倡导村民和睦相处。在全省社区精神文明建设工作会议上，潍坊市作典型经验介绍。

精品工程和群众文化演出活动

1995年，潍坊市设立潍坊市精神文明建设“精品工程”奖，并进行首次评选和表彰。有40件作品获奖，30人分获十佳理论、新闻、文艺工作者称号，有6个单位获组织工作奖，299件作品分别获得潍坊市文艺奖、社会科学优秀成果奖、新闻稿件奖和对外传播奖。风筝会期间，全市共举办“潍州之春”“璀璨群星”等17台大型文艺晚会及“中华民族传统庆典艺术节”。成功组织纪念长征胜利60周年大型文艺晚会，纪念红军长征胜利60周年合唱会，庆祝建党75周年“党的颂歌”演唱比赛、电影晚会，潍坊市首届少儿艺术节，“黄河颂”歌舞晚会，城市文化广场展演等大型社会文化活动。组织全市各级宣传、文化、广播电视、农业、新闻出版、共青团、妇联、科协等部门，扎实地开展文化下乡活动，全市各级剧团共演出400余场，观众达50万人次；捐赠图书3万册；播出36台广播晚会、30多部（集）电视剧；400多个农村放映队在农村巡回放映电影3000余场，观众达200万人次。市委宣传部获山东省“文化下乡”组织工作奖，有4个单位获先进单位称号，7人获先进个人称号。

1996年，在全省第三届精品工程评选中潍坊市有8件作品获奖，市委宣传部获组织工作奖，并实现“三连冠”目标。全市第二届精品工程评选，分别评出理论、文艺、新闻、外宣“十佳作品”和十佳理论工作者、十佳文艺工作者、十佳宣传干部、十佳播音员和节目主持人。

1997年，在连续三次获全省“精品工程”奖的基础上，全市“精品工程”保持良好的发展势头。在全省第四届“精品工程”评选中，共有7件作品获奖。

1998年，以多部优秀作品为重点，以迎接中华人民共和国成立50周年为契机，组织实施“精品工程”。一批爱国主义题材的长篇小说、戏剧、歌曲、广播剧、电视剧作品在全国获奖。新闻、外宣方面也推出一批有影响、有分量的作品。国际风筝会期间，组织10余台层次高、规模大、效果好的文艺演出，组织以“纪念郭味蕖先生诞辰九十周年艺术大展”为重点的一系列艺术活动。举办庆祝建市50周年大型文艺晚会，与山东电视台联办《星光50′》潍坊建市50周年专场文艺晚会。配合市委实施民心工程，举办“情系民心”大型文艺晚会。组织文化、科技、卫生“三下乡”活动，推动农村文化事业发展。坚持一手抓繁荣，一手抓管理，坚持不懈地抓好文化市场管理工作，开展专项治理和集中行动，确保全市文化市场健康发展。

1999年，全市推出一大批思想性、艺术性、观赏性相统一的力作，有些作品在全省全国评奖中获得大奖，并产生很好影响。在全省开展的“精品工程”评选活动中，全市有12项作品被评为精品，列全省第二名，是潍坊市历年来成绩最好的一年，市委宣传部获全省“精品工程”组织奖。以春节、风筝会、纪念五四运动80周年，特别是国庆50周年、迎澳门回归和新千年到来为契机，组织40多项文化活动。全市各级各部门广泛深入地开展文化、科技、卫生三下乡活动，规模大、效果好，深受广大群众的欢迎。全年共组织电影下乡38000多场次、剧团下乡5000多场次，送书10万余册，组织科普讲座857场。

2001年，大型现代吕剧《碧水长流》和《李二嫂后传》晋京汇报演出，《碧水长流》获全国第八届“五个一工程”奖，实现潍坊在全国“五个一工程”评选中零的突破。文学作品《槐园》、歌曲《山里的妹子爱兵哥》、广播剧《爸爸是座山》等一批作品入选全省精品，《民间孤本年画》获全省对外传播精品奖。8月上旬至9月上旬，精心设计并组织开展“文明之夏”系列活动。活动期间，共组织各种演出活动182场次，参加演出的单位100多个，参加演出的人员2万多人，观众30多万人次。

2002年，潍坊市文明委在总结2001年活动经验的基础上，在全市城区组织开展“文明之夏——四进社区”活动，在2个月的时间里，全市共组织广场文艺演出1200多场次，参加演出的单位800多个，参加演出人员10万多人次，观众达100万人次；广场电影放映3000多场次，观众达160万人次；科教、文体、法律、卫生进社区活动1600多次，参与活动的科教、文体、法律、卫生工作者1万人次。2003年，市文明委在保持“文明之夏”活动传统特点的基础上，活动范围进一步扩大，活动内容更加丰富，活动从内容到形式更注重“贴近实际、贴近群众、贴近生活”，城区共组织广场文艺演出109场次，电影放映82场次，各种体育健身活动200场次。市直及各区的346个单位参加演出活动，演职人员2万多人次，观众80多万人次。

2006年，认真实施公民道德教育。贯彻落实《公民道德建设实施纲要》，实施公民道德建设工程。围绕第四个“公民道德宣传日”，通过文艺演出、知识竞赛、读书征文等形式，大力宣传和倡导20字基本道德规范；坚持不懈地开展爱国主义、集体主义、社会主义和社会公德、职业道德、家庭美德教育，加强文明新风和移风易俗教育，努力培育文明道德新风尚；围绕纪念建党85周年和红军长征胜利70周年，精心组织开展丰富多彩的主题教育活动。继续深入开展“文明之夏”系列活动，以宣传贯彻社会主义荣辱观为主题，坚持科教、文体、法律、卫生四进社区，全市共组织广场文艺演出1000余场次，观众达100万人次。

2008年8月，在坊子区举办“文明之夏”现场观摩活动，组织开展“十佳文化广场”“优秀文化广场”“优秀广场文艺节目”评选和“百部电影社区行，健康和谐进万家”电影进社区活动，评选表彰优秀文化广场10个，优秀广场文艺节目26个，组织工作先进单位26个。2009年，市文明委组织“迎国庆、迎全运、讲文明、树新风”群众性文明践行活动。深入开展“我们的节日”主题文化活动。清明节、端午节、中秋节期间，协调教育、团市委等有关部门组织开展中华经典诵读、祭奠革命先烈、网上祭英烈和节日民俗文化活动。

2010年，开展“我们的节日”主题活动。3月23日，转发实施省文明办《关于在2010年深入开展“我们的节日”主题活动的通知》，在清明节、端午节、中秋节、七夕节、春节、元宵节等传统节日前组织开展系列活动。连续第十年举办“文明之夏”广场文化活动，全市组织广场文艺演出千余场，参演人员5万多人次，观众100多万人次。

2011年5—10月，组织开展第二届社区文化节活动，共开展各类文化活动1000余场次，其中大型文艺汇演200余场次，文艺展演展示活动100余场次，京剧擂台赛等文化活动60余场。国庆节前后，广泛组织动员机关、企事业单位工作人员、学生开展“向国旗敬礼——做文明有礼的中国人”网上签名寄语活动，社会各界群众寄语30多万条。

2012年，在春节、清明节、端午节、中秋节、重阳节等传统节日期间广泛组织开展“我们的节日”主题活动，深入开展内容丰富、形式多样的群众文化活动。

第三节　文明城市与文明单位（村镇、社区）创建

1991年8月，省委、省政府提出在全省开展创建精神文明建设工作先进县市区活动，全市各县市区组织开展系列具有地方特色的群众性精神文明创建活动。同时，加强对文明单位创建活动的管理，制定《潍坊市文明单位验收考核细则》，实行百分考核，做到定量定性管理相结合，提高文明单位创建活动的质量。1994年8月，中共中央宣传部在潍坊召开具有现场性质的农村精神文明建设工作座谈会，充分肯定了取得的成绩。

文明城市创建

1993年5月10日，临朐县被命名为全国文化先进县；同年，寿光、青州、高密、安丘4市被评为全省第二届精神文明建设工作先进县市区。1996年，争创全省第三届精神文明建设工作先进县市区活动取得显著成效，潍坊市的寿光、临朐、安丘、青州、高密、诸城6个县市榜上有名，其中寿光市被确定为全省4个创建张家港式文明城市的带头县市之一。

1998年，市文明办组织开展“讲文明、树新风”活动,在环境卫生、交通秩序、文明言行、服务质量等四个方面取得新成效。

1999年，按照省文明委的统一部署，潍坊市在城区范围内广泛开展创建省级文明城市活动。市文明委制定印发《开展创建文明城市活动的意见》和《市直暨潍城、奎文、坊子、寒亭区和高新技术产业、生物技术开发区创建文明城市活动责任制度》，成立创城领导小组和专门工作班子，从人大代表、政协委员、民主党派、机关干部和其他社会知名人士中聘请100名创建文明城市活动社会监督员。

从2000年2月开始，在全市范围内组织开展以比践守“公约”、赛文明言行，比净化美化、赛环境卫生，比职业道德、赛服务质量，比依法治理、赛交通秩序为主要内容的“我为风筝城添光彩”活动。7月，潍坊市被省委、省政府授予“全省创建文明城市工作先进城市”称号。

2001年，潍坊市组织开展创建全省第五届精神文明建设工作先进县市区评选活动。山东省委、省政府命名表彰诸城、寿光、高密、临朐、昌乐、坊子等6个县、市、区为全省第五届精神文明建设工作先进县市区。

2002年，以创造优美环境、优良秩序、优质服务为目标，开展文明城市创建活动，印发创建文明城市工作实施意见，成立创建文明城市工作领导小组，实行部门分工责任制，着力解决存在的突出问题，全面提高市民综合素质和城市文明程度。2004年，潍坊市扎实推进创建全国文明城市的各项工作，有7个县市区被评为“全省第六届精神文明建设先进县、市、区”，接近全省受表彰总数的十分之一。

2005年，围绕建设“文明潍坊”，大力实施发展环境优化、公民素质提升、先进文化繁荣、生态文明建设、文明品牌创建、爱心奉献倡树“六大工程”。重点开展省级文明城市创建活动。成立以市委书记、市长任组长的创建工作领导小组，设立办公室和六个创建小组；下发《关于建设“文明潍坊”，创建文明城市的实施意见》《创建文明城市实施方案》和《创建文明城市目标任务分工》等一系列文件。建立督导检查

制度，加强督促检查，严格落实责任。共整理创城档案材料306卷，组织检查百余次，把创城工作的各项任务切实落到实处。在省测评组组织的考查测评中取得良好成绩，潍坊市被评为省级创建文明城市先进城市。

2006年，为保证文明创建工作的扎实有效，切实加强对各级各类文明单位的建设和管理。对全市所有省、市级文明单位、文明村镇、文明机关、文明社区进行三次大规模的考核验收，潍坊市3个单位被评为全国级文明单位，2个村被评为全国文明村，5个单位被评为全国精神文明创建工作先进单位，4个村镇被评为全国文明村镇创建工作先进单位；有省级文明单位157个，省级文明村镇32个，省级文明机关35个；市级文明单位390个，市级文明村镇137个，市级文明机关182个，市级文明社区30个。

2007年，全面推进文明城市创建工作。市文明委组织开展群众性创建国家卫生城市、国家环保模范城市、中国优秀旅游城市和适宜人居城市等主题教育和实践活动，广大市民踊跃参与。深化“爱心家园、平安家园、文明家园、人文家园、生态家园、和谐家园”建设，大力推进文明和谐社区、文明单位、文明楼院、文明和谐家庭创评活动，新增省级各类文明单位67个，市级各类文明单位778个。2008年3月26日，召开全市争创文明城市、深化和谐创建动员大会。7月2—4日，潍坊市文明城市创建工作顺利通过省测评组考核验收。8月22日，山东省委、省政府通报表彰潍坊市为省级文明城市，并推荐申报潍坊市为全国创建文明城市工作先进城市。

2009年，市委常委会通过《2009年全市和谐创建工作要点》，策划并协调相关部门组织开展2009年和谐创建“六大行动”。2月，中央文明网刊发潍坊市文明城市创建工作纪实《一切为百万市民的幸福》；3月，《大众日报》、山东电视台、山东人民广播电台等省级新闻媒体对潍坊市文明城市创建工作进行集中宣传报道。10月，市长许立全参加“百位市长创建文明城市网上谈”活动。10月11日，全国城市公共文明指数测评结果公布，潍坊市在全国84个地（区、县）级文明城市和先进城市中名列前31位。

2010年，市委常委会第84次会议，专题研究文明城市创建工作。会议决定，全力争创全国文明城市，加强对创城工作领导，加大对创城工作保障投入力度，组织开展全民文明月活动。3—4月，组织开展潍坊市第一个全民文明月活动。突出整治城市公共环境，查改问题6大类、23项、520余个，城市环境面貌显著改观。11月8日，新华社发布2010年文明城市迎测情况。参加全国测评的117个全国文明城市和创建工作先进城市中，潍坊市城市公共文明指数测评成绩为全国第6名，列山东省第2位（上年分列第31名、第7位）；未成年人思想道德建设工作成绩为全国第5名，列山东省第1位。12月，潍坊文明网页面通过中央文明办审核，同意接入中国文明网联盟试运行，成为山东首个接入中国文明网联盟的城市文明网站。

2011年3月26日，市委、市政府召开创建全国文明城市中国人居环境奖动员大会，全面启动“两城”同创工作，部署开展群众性集中整治行动。全市以“四项整治、四个提升”为主要内容，进行大规模群众性的市容市貌综合整治工作。6月，潍坊市迎接山东省文明办组织的省级文明城市测评，取得省内地级市第2名的优异成绩。各县、市、区积极争创省级文明县市区，寿光市创城工作经验被省委宣传部、省文明办作为重大典型集中宣传。奎文区、潍城区、青州市、诸城市、寿光市、高密市等6个区市被省委省政府命名为省级文明县市区，寒亭区、昌邑市等2个区市入选省级创建文明城市工作先进县市区。

2012年8月，市委、市政府印发《关于创建全国文明城市的实施意见》，对创建全国文明城市工作进行全面部署，以市容环境、交通秩序、社区环境、校园周边、社会文化环境和窗口服务行业为重点开展集中排查和整治行动，集中解决一批主次干道、背街小巷、公园广场、车站和校园周边等场所存在的突出问题。12月初，经中央文明委同意，潍坊市进入第四届全国文明城市测评范围，在2012年度全国城市文明程度指数测评和未成年人思想道德建设工作测评中，成绩分别列全国同类城市第6名和第2名，为创建全国文明城市打下了坚实的基础。

文明单位创建

1991—1994年，全市共命名表彰市级以上文明单位676个，其中市级文明单位554个；各种形式的精神文明共建点达到1595个。

1996年，市文明办加强省级文明单位推荐工作，有12个单位被省文明委命名为省级文明单位，并予以表彰。全市进行1996—1997年度市级文明单位的评选工作，对500个单位进行命名表彰。

1997年，制定文明小区的标准和验收考核细则，召开全市创建文明小区工作现场会，推广潍城区和奎文区的经验；开展百佳文明市民、百佳文明户的评选活动及创建文明民族村（居委会）活动。文明创建活动形成齐抓共建的格局，军民共建、警民共建、工农共建及双拥等活动深入开展。景芝镇和驻潍某部获中宣部、解放军总政治部联合表彰的全国“军民共建精神文明先进单位”称号。安丘市黄旗堡镇被中宣部确定为全国创建文明村镇活动示范点，潍坊市有14个单位被省文明委确定为全省文明行业示范点、8个单位被确定为全省城乡文明示范点。

1999年4月，全市有27个单位被省文明委命名为1998年度省级文明单位。在中央文明委首次命名表彰的全国精神文明创建工作先进单位中，潍坊市电业局、潍坊市自来水总公司等8个单位受到表彰奖励，总数在全省名列前茅。市文明办与潍坊电视台联合举办“文明之星”事迹展播活动，评出优秀电视展播片一等奖1个，二等奖2个，三等奖3个，优秀奖14个。

2000年，全市有100个单位被省文明委命名为1999年度省级文明单位，其中新增省级文明单位15个，复查合格省级文明单位85个。全市36个乡镇（街道）、8个小区、512个单位被市委、市政府分别授予1998—1999年度“市级文明乡镇（街道）”“市级文明小区”“市级文明单位”称号。

2001年，组织开展2000年度省级文明单位评选工作，在组织各地各系统认真做好自查推荐的基础上，专门组织力量进行逐一考核验收，并通过《潍坊日报》向社会公示，让文明单位评选工作接受社会和群众的监督，进一步增强评选工作的透明度，确保文明单位的先进性和示范性。山东省文明委命名表彰2000年度省级文明单位，全市有106个单位获省级文明单位称号，数量居全省第四位。2002年，潍坊市有117个单位被山东省文明委表彰为省级文明单位，33个单位被山东省文明委表彰为山东省文明行业示范点和城乡文明示范点，612个单位被潍坊市委、市政府表彰为市级文明单位。全国精神文明创建工作先进单位达到10个，全国精神文明建设示范点达到3个。2004年，对2002—2003年度市级文明单位进行复查评选，经过严格审核验收，全市“市级文明单位”达663个，296人被授予“潍坊市精神文明建设工作先进工作者”称号。

2005年，潍坊市对文明单位创建标准和管理办法进行重新修订完善，使各类创建活动进一步规范化、制度化，走上科学发展的轨道。下发文明单位、文明机关、文明村镇考核标准，开展

2004—2005年度市级文明单位评选活动。2005年，有3个单位被评为全国文明单位，2个村被评为全国文明村，5个单位被评为全国精神文明创建工作先进单位，4个村镇被评为全国文明村镇创建工作先进单位；有146个单位被评为省级文明单位，17个村镇被评为省级文明村镇，19个机关单位被评为省级文明机关。

2008年，组织开展各级各类文明单位和全市精神文明建设先进工作者评选表彰和审核申报工作。年初，命名表彰2006—2007年度市级文明单位、村镇、机关和文明和谐社区777个，其中文明单位407个、文明村镇140个、文明机关186个、文明和谐社区44个，潍坊市精神文明建设先进工作者285个。7月，复查和推荐申报全国文明单位8个，全国精神文明创建工作先进单位31个，全国文明村镇5个，全国创建文明村镇工作先进村镇10个。11月，新申报省级文明单位25个、文明村镇22个、文明机关12个、文明社区18个。各级文明单位在抗震救灾斗争中，踊跃捐款捐物，在全省募捐义演晚会上捐款1280多万元。

2009年，潍坊市组织开展对全省、全国文明单位、省级文明城市和先进城市授牌活动，提升社会各界创建文明单位、文明机关、文明村镇、文明社区和文明城市的荣誉感和积极性。359个省级文明单位复查合格继续保留荣誉称号，新增省级文明单位73个。初选市级文明单位800个，其中新增市级文明单位382个。2010年，组织开展省级文明单位自查复查评选活动，415个省级文明单位复查合格继续保留荣誉称号，新推荐申报省级文明单位77个。与市交通局、市政管理局、公路局、工商局、金融办等部门联合组织开展文明出租车（公交车）、文明驾驶员、文明市场、文明服务窗口系列创建创评活动，推动行业文明建设健康发展。

2011年，修订完善《潍坊市文明单位考核办法（试行）》，严格考核要求，细化考核标准。7月，组织开展国家级文明村镇、文明单位评选推荐活动。下半年，组织开展2011年省级文明单位（村镇、社区）和2010—2011年度市级文明单位（村镇、社区）推荐申报和检查评比活动。2011年，全市新增全国文明村镇1个、全国文明单位4个，省级文明单位（村镇、社区）79个。

2012年，进一步加强文明单位建设管理，研发文明创建网上动态管理系统，探索建立日常管理为主的文明单位管理考核机制。市文明办与市直有关部门联合组织开展“文明交通示范街（路、站）创建活动”、文明交通“彩虹行动”、“争创文明诚信窗口，争当文明诚信标兵”活动、文明餐桌行动等群众性文明创建活动，有效提升市民文明素质和行业服务水平。

文明村镇（社区）创建

1991年开始，随着全省创建精神文明建设工作先进县市区活动的开展，全市各县市区的群众性精神文明创建活动也开展起来。1994年8月，中共中央宣传部在潍坊召开具有现场性质的农村精神文明建设工作座谈会，对取得的成绩给予充分肯定。

2000年，总结推广临朐县农村精神文明建设特别是创评文明户的经验做法。安丘市黄旗堡镇作为全国创建文明村镇活动示范点得到中央文明办的充分肯定。2001年，组织开展创建文明小城镇、文明社区、文明行业示范点活动。在全市组织开展创建市级文明行业示范点活动，树立一批行业精神文明建设的示范点，并充分发挥其示范带动辐射作用，推动全市的行业精神文明建设再上新水平。潍坊市被省文明委命名表彰创建文明社区示范点5个、创建文明行业示范点5个。安丘市景芝镇被中宣部、中央文明办命名为全国文明小城镇示范点，为全省7个全国文明小城镇示范点之一。

2002年，文明村镇创建活动广泛开展，寿光市、奎文区南屯村被中央文明委表彰为全国创建文明村镇工作先进市和全国创建文明村镇工作先进单位。积极推进科教、文体、法律、卫生“四进社区”活动，分别制定下发实施意见，推动活动的经常化开展。开展“绿色社区”创建活动。以“服务人民、奉献社会”为宗旨，创建“十佳行业”活动深入开展。

2003年，潍坊市深入开展“科技、文化、卫生、法律”四进社区活动。积极推动在县市区、乡镇、农村规划实施文明示范一条街（路）建设，带动城乡文明程度的整体提高。2004年，市文明办把建设文明一条街、一条路和文明社区作为重点工作共评选出“潍坊市文明示范街（路）”11条，“潍坊市文明示范广场”8个。通过各类文明创建活动，使市民在创建活动中潜移默化地受到教育，自觉规范行为，有效地提高文明素质。

2006年，潍坊市以“六大家园”建设为重点，组织开展文明和谐社区创建活动。活动开展以来，全市有30个社区被评为市级文明和谐社区，39个社区被评为全市“文明和谐社区创建工作先进单位”，14个社区被评为“市级绿色社区”。2007年，寿光、奎文、昌邑分别进行的和谐村庄、和谐社区、和谐单位的试点工作，在创建内容和形式、推进机制和措施、评估标准和体系等方面，为全市提供经验。市农工办的“百企百村结对共建”活动、市总工会建设农业产业工会保护农民工权益、团市委开展“青少年和谐创建十大主题行动”、市妇联“和谐家庭大讲堂”、市药监局打造和谐系统“七个平台”、市供电公司“五园建家”等经验做法，特色鲜明，分别被省或中央主管部门肯定推广。

2008年4月，报请省文明委将诸城市作为乡村文明建设重大典型宣传推广。中央文明办专职副主任王世明专程到诸城考察，对诸城市创建文明中心村的经验做法给予高度评价，中央和省文明办将诸城文明中心村建设经验作为下一年重大典型进行推广。

2012年，深入推进实施“乡村文明行动”，寿光、昌邑两市被表彰为首批“乡村文明行动”省级示范县市区，5个乡镇被评为省级示范镇。

第二章 城乡居民生活

1991—2012年，居民生活实现由解决温饱到总体上达到小康的历史性跨越，居民收入持续增长，生活质量进一步提高，生活水平显著改善。城镇居民人均可支配收入由1991年的1683元增加到2012年的25817元，增长14.3倍；农民人均纯收入由1991年863元增加到2012年的11797元，增长13.7倍。

第一节 城镇居民生活

多年来，潍坊市始终坚持把增加居民收入、改善人民生活作为各项工作的出发点和落脚点，着力构建与经济发展水平相适应的收入增长机制，积极创造条件，拓宽增收渠道，使城镇居民收入呈现总量不断扩大、结构明显优化的良性运行格局。

城镇居民收入

1991年后，全市以经济发展为主线，城镇居民收入持续增长，增收的渠道日益拓宽，收入来源向多元化过渡；收入结构不断优化。据潍坊居民家庭抽样调查资料显示：潍坊城镇居民人均可支配收入由1991年的1683元增加到2012年的25817元，增长14.3倍，年均增长13.9%。从时间来看，主要分为三个阶段：

1991—1996年的高速增长阶段。随着中共十二届三中全会《关于经济体制改革的决定》等政策的不断落实，政府鼓励全民、集体、个体、外商等不同所有制经济进行合作、合资、联合，使城镇居民可支配收入保持高速增长，除1991年增速低于10%之外，1992—1996年，每年增幅都在12%以上。

1997—2002年的波动增长阶段。在此期间，受自然灾害频发、东南亚金融危机等因素影响，城镇居民收入不断增加，但增长幅度波动较大。1998年、1999年年均增长0.8%，为1991—2012年的最低点，至2002年时达到7538元，是1996年的1.4倍。

2003—2012年为快速增长阶段。在这10年间，政治、经济、文化等各方面继续深化改革，居民财富快速积累，城镇居民人均可支配收入增速均在10%~15.8%之间，呈现出平稳较快增长态势，2012年时达到25817元，是2002年的3.4倍。此期，城镇居民的财产净收入由无到有，比重不断提高；由2003年的不足百元，迅速增长至2012年的1101元。

从80年代开始的职工保障制度转型，到20世纪末基本建立养老保险体系，使城镇居民转移性收入增长得到保障。从2000年开始转移性收入比重稳步上升，至2012年时转移性收入比重达到16.9%。

从2000年开始，潍坊个体工商业开始进入一个快速发展阶段，城镇居民经营净收入高速增长。城镇居民收入呈现出以工资性收入、经营净收入为主的收入格局。经营净收入比重逐渐增加，2012年达到2555元，与2002年相比增长14.9倍，远远高于可支配收入增幅，占可支配收入的比重由2.1%上升到9.9%。

城镇居民消费

1991—2012年，城镇居民生活发生重大变化。居民生活从温饱逐渐迈向小康，20世纪末全市总体平均生活水平跨进小康社会的初级阶段。进入新世纪，居民生活逐步走向富裕，向全面小康社会推进。潍坊城镇居民生活变迁，主要有以下几个特征：

（一）膳食结构更加健康。90年代最初几年，城镇居民消费主要以满足生存为主，吃饭问题在生活消费支出中占有重要地位。随着收入的不断增加，食品消费由吃饱向吃好转变，品种更加丰富，营养更加全面，膳食结构向营养、科学、健康食品发展。据抽样调查：2012年潍坊城镇居民人均食品支出4902元，比1991年增长6倍。其中肉禽蛋水产品支出1015元，增长3.9倍；蔬菜支出430元，增长3.9倍；干鲜瓜果类支出570元，增长11倍；糕点、奶及奶制品支出397元，增长7.6倍；在外饮食支出1075.3元，增长37.4倍。

（二）住房面积大幅增加。由于中国长期以来实行的是低租金和分配住房的制度，在1997年以前公房仍是工薪阶层选择的主要消费方式。“九五”以后，国家把解决居民住房问题放在突出的位置，积极推进住房制度改革，建设“安居工程”，加快住房商品化的步伐，延续几十年的实物性、福利性分房体制彻底结束，住房分配货币化制度全面实施。随着收入的增加，居民居住面积不断扩大，室内配套设施更加安全、卫生、舒适。2012年，人均居住面积26.25平方米，比1991年增长149.5%。

（三）衣着穿戴更加靓丽。1991年，潍坊城镇居民年人均衣着支出仅240元，衣着消费的档次较低，以购买布料加工成衣为主，衣着材料支出占38.9%。随着居民的消费观念发生变化，各种款式花色的服装为城市居民生活增添亮丽的色彩，成衣化倾向成为主流，衣着品位提高，品牌意识增强，对于款式的追求也向新潮、时尚和个性化发展。2012年，潍坊城镇居民人均衣着消费支出2243元，比1991年增长8.3倍。其中，服装支出1613元，增长16.8倍；衣着材料支出15元，下降84.1%。

（四）耐用消费品档次提高。在改革开放初期，由于城镇居民的消费主要以满足基本生存为主，对家庭设备用品的需求档次较低，主要是自行车、手表、缝纫机为代表的低层次消费品。随着收入的不断增长，城镇居民购买家庭设备用品的档次不断提高，以电冰箱、彩色电视机、洗衣机为代表的新“三大件”成为城市居民家庭消费的主流。在彩色电视机、电冰箱、洗衣机的需求基本达到饱和后，空调器、微波炉、淋浴热水器等又成为城市居民家庭设备中新的消费目标。抽样调查资料显示：2012年潍坊城镇居民人均家庭设备用品及服务支出1135元，比1991年增长5.5倍；百户拥有空调器101台，淋浴热水器82台，微波炉66台、照相机59架、电冰箱111台、彩色电视机108台、洗衣机94台、家用电脑92台。

（五）汽车快速进入寻常百姓家庭。进入90年代，继自行车和公交车之后，摩托车以其省力、快捷而迅速普及。2000年后，汽车快速进入寻常百姓家庭，成为新的消费热点，助力车以其轻便、省时、省力逐步占据摩托车的位置，得到上班族的青睐。方便、快捷的交通工具尤其是家用汽车数量的不断增加，带动车辆用燃料及零配件、车辆维修费、使用税等支出也随之增长。据抽样调查，2012年潍坊城镇居民人均交通支出2328元，比2001年增长15.1倍；百户拥有家用汽车达到33.3辆，助力车52.4辆。

（六）通信方式更加方便快捷。计算机与通讯技术的不断创新和全球化浪潮推动通信和网络的大力发展，通信方式变得越来越多样、便捷，电话和手机迅速普及成为居民消费的一大热点，城镇居民用于交通和通信方面的消费支出是生活消费支出中增长最快的一项，在各类消费性支出中的位次由1991年的第8位上升到2012年的第2位。百户拥有移动电话达到211.4部，固定电话60部，接入互联网的计算机71.4部。

（七）教育消费逐年提高。随着政府对义务教育阶段的投入不断加大，居民对教育的重视程度逐步提高，教育支出快速增加，1991—1993年，人均教育支出由33元迅速增加到100元。随着潍坊教育事业发展迅速，教育结构不断优化，为居民提供多种接受教育的途径；同时，居民更加注重对子女和自己综合素质的提高，用于教育方面的投入加大，参加教育的形式呈多元化发展，除参加正规学校教育之外，还有各类培训班、家教班等。抽样调查资料显示，2012年，潍坊城镇居民人均教育支出740元，比1991年增长21.4倍。其中，参加各类培训班的支出人均达到254元，课本及参考书支出23元。

（八）医疗保健意识进一步增强。由于实行公费医疗，1991年城镇居民用于医疗保健方面的实际支出较少，人均18元，其中大部分的费用是药品费。随着医疗保障体系的改革、收入水平的不断提高及医疗条件的逐步改善，城市居民自身保健意识逐渐增强，对保健器具、滋补保健品的需求不断增加。据调查资料，2012年，城市居民人均医疗保健支出1401元，比1991年增长78倍。其中，保健器具、滋补保健品支出245元，占医疗保健支出的17.5%。

第二节 农村居民生活

潍坊是农业大市，始终坚持“多予、少取、放活”方针，把增加农民收入放在农村经济工作的突出位置，不断加大粮食直补、良种补贴、农资补贴等各种补贴力度，并从2005年开始率先取消农业税，农民税费支出大幅减少，农民负担明显减轻，农村经济快速发展，农民收入显著增加。1991年，潍坊市农民人均纯收入仅为863元。1993年，潍坊市农民人均纯收入突破1000元，1995年突破2000元，1997年突破3000亿元。1998—2003年，农业发展进入“瓶颈期”，农民增收压力较大，农村居民收入年均增幅均低于6.5%，其中2002年最低仅增长1.8%。2004年以后，潍坊市通过发展特色农业、品牌农业、农村二、三产业，不断增加农业附加值，农民增收效果明显。农民收入结构不断优化，由以家庭经营收入为主要来源，逐步发展为以工资性收入和家庭经营收入为主，财产性和转移性收入为辅的收入结构，增收的渠道不断拓宽。2004—2012年，农村居民收入年均增幅超过10%，2011年增幅最高为17.3%，2012年农村居民人均纯收入11797元。

1991—2012年潍坊市居民收入情况表

表29－2－1

年份	城镇居民人均可支配收入		农民人均纯收入	
	额度（元）	增幅（%）	额度（元）	增幅（%）
1991	1683	8.6	863	13.0
1992	1998	18.8	972	12.6
1993	2714	35.8	1238	27.4
1994	4147	52.8	1734	40.1
1995	4672	12.7	2270	30.9
1996	5565	19.1	2893	27.4
1997	5811	4.4	3076	6.3
1998	5859	0.8	3260	6.0
1999	5904	0.8	3331	2.1
2000	6307	6.8	3437	3.2
2001	7303	15.8	3579	4.1
2002	7538	9.6	3643	1.8
2003	8317	10.3	3921	7.6
2004	9297	11.8	4438	13.2

续表29—2—1

年份	城镇居民人均可支配收入		农民人均纯收入	
	额度（元）	增幅（%）	额度（元）	增幅（%）
2005	10318	11.0	5017	13.1
2006	11846	14.8	5508	9.8
2007	13716	15.8	6278	14.0
2008	15691	14.4	7072	12.6
2009	17267	10.0	7695	8.8
2010	19675	13.9	8872	15.3
2011	22508	14.4	10409	17.3
2012	25817	14.7	11797	13.3

农村居民收入

1991年以来，潍坊农村社会经济的发展变化与党和国家的农村政策有着高度的关联性，农业生产快速发展，农民收入大幅增长。总体上讲，大致可以分为以下几个阶段：

第一阶段：1991—1996年，前三年平稳发展、后三年快速发展阶段。农民人均纯收入由1991年的863元增加至1996年的2893元。这一时期国家采取深化农村改革、调整工农业产品比价关系、增加对农业的投入和构建市场经济体系等一系列政策措施。在这些政策的促进下，一是使粮食生产再上一个台阶。1994年全市粮食总产量跃上500万吨，达522.6万吨。二是农副产品价格上涨给农民带来实惠。三是由计划经济向社会主义市场经济的过渡，使经济活力明显增强，为农民外出务工提供机遇。

第二阶段：1997—2003年缓慢发展阶段。面对国民经济陷入严重的通货膨胀局面，国家加大宏观调控力度，物价上涨得到有效遏制，并于1998年实现软着陆。在控制通胀政策的惯性作用下，国民经济又走向另一个极端——通货紧缩。主要表现在产品供过于求，农产品出现结构性过剩，由卖方市场转为买方市场，内需不足，市场物价持续回落。伴随着东南亚金融危机，国内出口受阻，又进一步加剧通货紧缩的局面。在这一宏观背景下，农民人均纯收入增速逐年回落，从1997年的6.3%回落到2002年的1.8%。

第三阶段：2004—2012年农村社会经济全面发展阶段。这期间，中央连续下发指导“三农”工作的1号文件。同时与之相配套的是取消农业税，提高农业补贴等政策措施相继出台，促进农村经济快速发展。这一时期，潍坊农民人均纯收入年均增速12.5%，农民人均纯收入在2011年突破万元大关后，至2012年达到11797元，是2003年的3倍。除2006年、2009年两年收入增速略低于10%以外，其余年份增速均在10%以上。

在农民收入逐年增加的同时，收入结构也发生明显变化，由以前的以单一种植业收入为主，向多元化、多渠道收入结构发展。2012年，潍坊市农民农业经营净收入5042元，占农民人均纯收入的42.7%；工资性收入5135元，占纯收入的43.5%，财产性收入198元，占纯收入的1.7%，改变过去收入单一的局面。

农村居民消费

农民生活水平显著提高，农村面貌焕然一新。随着居民生活水平的不断提高，农民消费也逐步从传统的基本生活消费向营养型、享受型消费转移，饮食结构中主食支出比重下降较多，在外饮食及肉、禽、蛋、奶等消费支出增长较快，膳食结构继续向营养型发展。2012年，潍坊市农村居民用于主食消费支出349元，占食品消费支出的14.8%，肉、禽、蛋、奶消费299元，占食品消费支出的21.2%，与90年代相比有很大变化，反映潍坊市农村居民生活水平的大幅度提高，已经由贫困到温饱并逐步迈向富裕生活。

人均住房面积不断增加，住房质量显著提高。2012年农村居民人均住房面积达36.8平方米，其中砖木结构的房屋（砖瓦房）面积由1978年的人均5平方米提高到2007年的27.4平方米，到2012年时下降至人均24.3平方米；2012年钢筋混凝土结构的房屋人均12.3平方米，楼房已进入农村百姓家庭，住房结构也由砖木结构逐渐向钢筋混凝土结构提升，住房质量显著提高。

家用电器基本普及。90年代，彩色电视机等家用电器在潍坊农村凤毛麟角。随着收入的不断增长，居民购买家庭设备用品的档次不断提高，以电冰箱、彩色电视机、洗衣机为代表的新“三大件”成为农村居民家庭消费的主流。2007年底，山东省率先试行家电下乡政策，对农民购买家电进行补贴，也进一步促进农村家电的普及。据农村住户抽样调查资料显示，2012年潍坊市农村居民每百户拥有彩色电视机109台、洗衣机90台、电冰箱94台。

交通、通信持续发展。90年代的农村道路建设得较为滞后，很少有客车通往乡镇及以下地区，农村仅个别家庭拥有自行车。随着居民收入的不断增加，农民拥有的摩托车、固定电话数量先增后降，家用汽车、移动电话等消费品数量由无到有、由少到多。现在的农村柏油路、水泥路四通八达，公路客车、乡村班车、摩托车非常普遍，部分家庭拥有汽车；固定电话和移动电话普及到千家万户。据抽样调查资料显示：2012年全市农村居民每百户拥有摩托车53辆，生活用汽车23辆，固定电话41部，移动电话196部，家用计算机33台。

新型合作医疗惠及全市农村居民。通过个人出一点，国家财政和地方财政分别双倍补贴的办法，基本公共卫生服务逐步均等化，解决农村居民过去小病不治，大病治不起的困难局面，初步改善农民的医疗状况。到2012年底，潍坊市农村合作医疗覆盖率达到全面小康标准，新农合保障水平进一步提高,参合率达到99.97%，人均筹资额提高到308元。国家基本药物制度实现乡、村和城市社区基层“全覆盖”。

第三章　老龄事业

潍坊老龄工作起步于80年代中后期。1991—2012年，潍坊市委、市政府高度重视老龄工作，先后制定出台一系列加强老龄工作、推动老龄事业发展和保障老年人合法权益的政策措施；健全完善市老龄委组织、议事督查等各项工作制度和工作推进机制。全市范围形成重视老龄工作、发展老龄事业的良好局面。全民人口老龄化意识和法治观念进一步增强，助推老龄事业发展的环境不断优化，敬老养老助老社会氛围进一步浓厚，老年人生命质量和生活水平不断提高，实现老龄工作与经济社会的协调发展。

第一节　老年人口状况

潍坊市老年人口从1990年的85.01万人增加到2012年156.63万人，呈现出老龄化来势迅猛、发展速度加快的特点。尤其是1994—2012年，潍坊市人口老龄化进入快速发展时期。

1990年全国第四次人口普查时，全市总人口857.12万人。其中，60岁以上老年人85.01万人，占总人口的9.91%，65岁以上老年人54.95万人，占总人口的6.41%。

滨海区老年中心

2000年全国第五次人口普查时，全市总人口849.53万人，其中，60岁以上老年人96.28万人，占总人口的11.45%；65岁以上老年人72.22万人，占总人口的8.5%。

2010年全国第六次人口普查时，全市总人口908.62万人。其中，60岁以上老年人148.78万人，占总人口的17%；65岁以上老年人91.77万人，占总人口的10.1%。

截至2012年底，全市60岁以上老年人156.63万人，占总人口的17.63%。根据联合国统计标准，潍坊市于1994年与山东省同步，先于全国6年进入人口老龄化社会。

第二节　老龄组织建设

市级老龄工作机构建设

机构沿革　1987年9月19日，潍坊市老龄问题委员会成立，下设办公室作为常设办事机构，挂靠市劳动局，确定事业编制5人，设主任1人，副主任1人，工作人员3人。

1988年8月17日，根据省委组织部、省编委文件精神，市编制委员会印发《关于充实加强市老龄委办公室的通知》，将潍坊市老龄问题委员会办公室确定为潍坊市政府的直属正局级单位，下设秘书科、调查研究科、咨询服务科3个内设机构，人员编制由5人增至12人。

1989年10月，根据山东省老龄问题委员会文件精神，潍坊市老龄问题委员会更名为潍坊市老龄委员会，其办事机构也相应更名为潍坊市老龄委员会办公室。

1996年，潍坊市老龄委办公室科以下工作人员通过潍坊市公务员过渡考试，整体过渡为公务员。

1997年3月15日，潍坊市政府办公室印发《潍坊市老龄委员会办公室机构编制方案》，确定潍坊市老龄委员会办公室为市政府直属正县级事业单位，人员编制13人（其中工勤编制2人），设主任1人、副主任2人、科长3人。

2001年7月，潍坊市老龄委员会更名为潍坊市老龄工作委员会，潍坊市老龄委员会办公室更名为潍坊市老龄工作委员会办公室。

2008年，市委组织部、市人事局公布潍坊市第一批参照公务员法管理的单位，潍坊市老龄工作委员会办公室于2008年4月28日参照公务员法管理。

机构建设　市老龄委办公室把加强老龄机关干部队伍自身建设放在重要位置，不断强化调查研究，建立深入基层联系群众和专题调研制度，每年都确定专题组织全体干部职工进行集中调研，全面提升干部职工理论研究水平。先后有数十篇文章在全国老龄办和山东省老龄办组织的年度调研以及山东省老年学学会年会中获奖，并被市以上多家媒体刊用。注重制度建设，全面提升机关管理水平。坚持用制度管理人、约束事、规范工作程序。2010年9月，健全完善以规范机关管理、提高工作效能、增强服务能力为主要内容的各项制度、办法、规定39项，首次形成《潍坊市老龄工作制度汇编》，对加强机关建设，提高工作效能发挥积极的作用。

市老龄办历任领导班子不等不靠，积极作为，牢固树立“一切为老年人，为一切老年人”的思想观念，团结和带领机关全体同志，通过采取走出去、请进来、强化事业培训和理论学习等形式，以及深入细致的思想政治工作，不断激发老龄干部队伍干事创业的内在动力。对外，大力叫响“家家有老人，人人都会老，人人都敬老，社会更美好”和“真心实意爱老、设身处地为老、千方百计惠老、尽心尽力助老”的部门口号。对内，确立“孝老不能等、敬老不过分、助老无止境”的工作理念，努力打造“风正、气顺、心齐、劲足、业兴”的部门精神，全面推进“学习型、创新型、服务型、廉洁型、和谐型”机关建设，不断优化干部队伍结构，充分调动全体干部职工的工作积极性、主动性和创造性，老龄干部队伍为老服务能力和水平显著提高。市老龄办先后获省、市老龄工作先进单位和市级文明单位荣誉。机关党支部多次被评为潍坊市市直机关先进基层党组织，塑造了良好部门形象。

基层老龄组织建设

1991年12月2日，市政府印发《潍坊市老龄事业五年发展计划》，要求各县市区老龄委配备办公室工作人员，各乡镇（街道）老龄委配备专职工作人员。

2003年起，加大对基层老龄工作的领导力度，在基础条件较好的乡镇、街道和村庄社区持续推进基层老龄工作规范化管理工作。

2007年，潍坊市各级把建立健全基层老龄工作机构摆在突出位置来抓，全市12个县市区重新设立老龄委，70个乡镇49个街道设立老龄委和老龄委办公室，9424个行政村（社区）普遍设立老年人工作委员会，较好地解决基层老龄工作有人管、有人干的问题。

2009年，基层老龄组织规范化建设得到进一步加强。潍坊市老龄办印发《2009年度县市区目标责任考核实施意见》，明确工作目标，量化考核标准，使老龄工作有部署、有检查、有考核，形成一级抓一级，层层抓落实的机制。

2012年，市政府办公室印发《潍坊市老龄事业发展“十二五”规划》，明确全面提升基层老龄组织规范化建设水平，明确“到‘十二五’末，成立老年协会的城镇社区争取达到95%以上，农村社区达到80%以上，逐步实现基层老龄组织全覆盖”的任务目标。

第三节　老龄工作宣传

为提高全市各界对老龄工作和人口老龄化严峻形势的认识，形成积极应对人口老龄化的共识，潍坊市各级不断加强老龄化形势、老龄政策和敬老爱老舆论宣传。通过强势宣传，潍坊市各级党委政府对加强老龄工作、发展老龄事业更加重视，使关爱老年人、关注老龄工作、支持老龄事业成为社会各界和全体公民的行动自觉，为推进工作开展营造良好的舆论环境。

积极宣传引导，增强全民老龄意识。注重从增强老龄意识入手，加大宣传力度，提高全社会对老龄工作重要性的认识。在老人节期间进行集中广泛宣传。1988年，潍坊市委、市政府确定10月为全市尊老、敬老、爱老宣传活动月后，每年的老人节都开展不同形式的庆祝和宣传月活动。

充分发挥新闻媒体的舆论导向作用。市老龄办从最初创办《潍坊老龄工作》内部刊物、广播电台开播《晚霞金辉》和《枫叶正红》老年栏目，《潍坊晚报》开辟“老人天地”专栏、《潍坊广播电视报》开展“世纪老人话沧桑”征文活动等，进入“十二五”时期，又先后在《潍坊日报》《老年生活报》《善者》《潍坊保健报》以及潍坊电视台、潍坊广播电台、潍坊老龄网站等媒体，开辟《老有所养》《潍坊银龄》《幸福老龄》等专版、专栏和专题宣传报道，形成月有重点、周有亮点、每日有热点的强有力宣传态势，让社会各界更多地了解、关注、支持老龄工作。2012年3月，为搭建起老龄工作对外宣传的平台，组织筹建老龄工作门户网站。

注重老年法规政策的宣传教育。2001年，潍坊市司法局发挥司法行政工作职能，将《中华人民共和国老年人权益保障法》和《山东省老年人权益保障条例》作为重要内容列入“四五”普法规划，实施普法教育。潍坊市电视台、《潍坊晚报》等单位，充分发挥新闻媒体的宣传作用，通过制作专题片、开辟专栏等形式，大力宣传涉老法规政策和老有所为、尊老爱老的典型事迹，使老年人权益保障等工作得到进一步加强。

全面推进孝德文化建设。2010年，市老龄办会同市文明办、市民政局、市教育局、团市委、市妇联印发《关于开展“孝文化进社区、进校园活动”的通知》，决定在全市开展“孝文化进社区、进校园活动”活动，进一步培养社区居民和广大青少年知孝义、明孝道、聚孝心的优良品德。自2010年起，市老龄办联合市文明办等10部门向市直机关全体干部职工发出倡议，广泛开展

"孝行潍坊·我先行"活动。先后编印《弟子规易解》《孝德教育读本》6万余册，免费向社会发放。2011年6月，组织举办全市首届孝文化寿文化书画艺术展，广大书画爱好者踊跃参展，有力地推动全市孝德文化建设。

2012年9月23日—10月23日，在全市开展以"关爱老人，孝行潍坊"为主题的"敬老月"活动。市委、市政府主要领导在《潍坊日报》联名发表《致全市老年人和老龄工作者的慰问信》；在全市范围内动员社会各界开展走访慰问敬老院、社会福利院、老年公寓等涉老服务机构及城乡贫困老年人、本单位老干部、老职工送温暖活动；市委、市人大、市政府、市政协、市纪委等领导带队走访百岁老人、老党员、老劳模、特困老人、五保老人；对老龄工作先进单位、先进个人进行表彰；市老龄办整合全市老年文艺资源，于10月17—23日在潍坊市人民广场举办庆祝老人节老年文化周活动，丰富老年人的精神文化生活。

第四节　老年人权益保障

1990—2012年，潍坊市相继出台一系列惠老助老政策，将新增财力重点向老年民生领域倾斜，各级党委、政府都将发展老龄事业列入重要议事日程，纳入当地经济社会发展总体规划和年度计划，为老龄事业发展提供可靠政策保障。

优待老年人政策

1993年，各县市区在1992年试办农村老年学校的基础上，每个乡镇办一所老年学校，定期组织老年人学习时事、政治、科技、保健等方面的知识，对发展老年教育事业产生积极的推动作用。1995年5月，潍坊市对年满70岁以上的老年人发放老年优待证。1998年，市政府办公室《关于贯彻落实〈山东省优待老年人规定〉的通知》规定：对年满75岁以上老年人免除医院就诊挂号费、诊查费；70岁以上老年人免费乘坐城区公共汽车；对全市百岁以上老年人发放每人每月不低于80元的长寿补贴资金由各级财政解决。2001年，潍坊市对80岁以上老年人普遍进行一次义务健康查体，并建立老年人病史档案。2003年，市政府印发《潍坊市优待老年人规定》，明确70岁以上老年人免交乡村公益事业金，不承担村级兴办集体公益事业出资义务；每年组织医护人员为90岁以上老年人免费进行体检；老年人凭老年优待证进入公园免购门票，60～70岁老年人进入风景名胜区、旅游景点和文化宫、俱乐部、图书馆、博物馆、科技馆、美术馆、展览馆、纪念馆等公共文化娱乐场所，门票费一律实行半价，70岁以上老年人免费；社会公共体育场所都对老年人开放；乘坐市内公共汽车，65岁以上老年人半价优惠，70岁以上老年人免费；对百岁以上老年人，每人每月发给不低于100元的长寿补贴金，资金由当地县市区财政负担。2006年起，潍坊市市财政对百岁老人，每人每月发给100元长寿补贴金。

维护老年人权益

1991—2012年，潍坊市强化积极应对人口老龄化的法治理念，在全市大力宣传老龄工作、老龄事业发展的新要求、新任务，不断提高各级对老龄工作社会性质、地位、作用的认识，提高全体公民学法、知法、守法、用法意识，增强全社会依法保护老年人合法权益、支持老龄工作和发展老龄事业的法治观念。

1990年，全市结合落实《山东省保护老年人合法权益的若干规定》，231处乡镇（街道）、8229个村（社区）制定了保护老年人合法权益的《实施细则》和《村规民约》。

1992年，全市重点开展虐待老年人案件的查处工作，较好地维护老年人的合法利益。1995

年，全市总结推广昌乐县签订赡养协议书和高密市仁和乡为80岁以上老人过生日等做法，全市36.7万户签订赡养协议，家庭协议兑现率达95%以上。

1998年，全市建设老年学校234处、老年活动场所3822处，为老年人学习和生活提供方便。1999年，潍坊市老龄办设立“潍坊市老年人法律援助联络中心”，向需要法律援助的特困老人发放“三优”（优先、优质、优惠）服务卡，各县、市、区及部分乡镇也相继成立“老年人法律援助联络中心”。

老年人防电信诈骗宣传

2001年、2002年，潍坊市设立老年法规咨询点1200个，举办老年法规讲座、座谈会、学习班600余次；为2346名老年人提供法律援助，减免律师服务费22万元；老龄部门调解涉老纠纷案件4135起；各级法院立案涉老案件1252起，审结1026起，减免诉讼费13.67万元；乡镇以上老龄部门受理和接待老年人来信来访3585件（起）。

2005年，潍坊市各级老龄工作机构与司法部门联合成立老年人法律援助联络站。2006年，全市各级老龄组织和相关成员单位普遍建立老年法律援助联络中心，主动为老年人提供法律援助，有效地缓解老年人告状难、打官司难的状况。公安系统开展针对老年人的道路交通安全、自防自护教育活动，提高老年人的安全防护意识和能力。工商系统通过举办“12315”消费者维权普法宣传等活动，积极维护老年消费者的合法权益。2009年，潍坊市各级老龄、司法部门建立健全基层老年法律服务组织，开展各类司法救助和法律援助。2011年，潍坊市、县、镇三级普遍建立法律援助联络中心，为老年人提供法律援助和法律服务。

第五节　社会化养老体系建设

1991—2012年，随着潍坊市经济快速发展、人民生活水平不断提高、医疗卫生条件日益完善，全市老龄化速度加快、高龄化趋势明显、人口老龄化与经济发展不同步，导致老有所养和为老服务准备不足，面临的形势比较严峻。为解决全市老年人的“老有所居、老有所养”问题，潍坊市从理论和实践的结合上建体系、搭框架，推出了一系列具有特色的养老模式，初步形成以基本养老保障为前提、居家养老为基础、社区养老为依托、机构养老为补充的社会化养老服务体系。

养老金

全力保障企业离退休人员等老年人的基本生活。对企业离退休人员养老金按时足额并实行社会化发放，确保每月规定时间，离退休人员可以就近在银行、邮局网点领取养老金，做到一天不拖、一分不少。同时，为让离退休人员享受到全市经济改革发展和社会进步的成果，潍坊市政府适时适度提高养老待遇水平，确保企业离退休人员生活水准不受影响。2011年6月1日起，潍坊新型农村养老保险在全市实现全覆盖，农村60岁以上老年人和城市没有参加机关事业养老保险和企业社会养老保险的老年人，按时领到财政发放的基础养老金。

鹤翔安养中心综合楼

养老服务体系

1989年，潍坊市在农村广泛开展签订《家庭赡养协议书》工作。赡养协议要求，老年人的生活标准略高于其子女的生活标准。1991年，全市有36.2万户家庭签订家庭赡养协议书，在37.58万应签户中，签订率达到96%，有效保障老年人合法利益。1997年10月9日，潍坊市政府表彰青州市王母宫镇等10个单位为敬老养老模范乡镇（街道）、诸城市城关镇岔道口村等10个单位为敬老养老模范村（社区）。

2009年3月27日，潍坊市老龄办、市发展和改革委员会、市教育局、市民政局、市财政局、市劳动和社会保障局、市建设局、市卫生局、市人口和计划生育委员会、市国家税务局、市地方税务局联合转发省11部门《关于大力发展居家养老服务的意见》的通知，在全市倡导大力发展居家养老服务，要求有关部门单位通力协作，不断提高养老服务水平。

2010年，潍坊市老龄办会同潍城区老龄办及有关方面，指导潍坊华都颐年园老年服务中心成立潍坊市首家社会养老机构基层党组织和老年人服务管理、生活监督委员会，并在全市推广其经验和做法，该中心后被授予“全国养老服务行业十大标杆示范单位”称号。潍坊市老龄办会同市人社局联合制定《关于开展养老服务业职业培训和鉴定工作的意见》。市老龄办积极争取山东省老龄办和有关方面的支持，指导华都颐年园老年服务中心成功创建全省首家养老服务职业培训学校，并于8月7日举行揭牌仪式。11月，潍城区被命名为“全国养老服务示范单位”。

华都颐年园老年服务中心外景

2011年6月，根据山东省老龄委的统一部署，潍坊市老龄委《关于印发〈潍坊市开展“银龄居家乐工程”试点工作实施方案〉的通知》要求积极整合社会资源，在奎文、潍城两区的10个社区开展“银龄居家乐工程”试点工作。依托市区的养老机构、志愿者组织、社区老年服务站和老年会所以及附近的餐饮、便利店等，开展居家养老服务。

2012年，潍坊市率先在全省实施以居家养老服务为主要内容的“银龄居家乐工程”，在成功试点的基础上在全市推广；6月，潍坊市政府办公室印发《关于推动社会化养老服务机构发展的意见》，按照“统筹规划、政府引导、市场运作、购买服务”的原则，逐步建立起以居家养老为基础、社区养老为依托、机构养老为支撑的新型养老服务体系。12月，山东省社会养老服务体系建设工作会议在潍坊召开，潍城区、安丘市、诸城市被评为全省养老示范单位。

银龄安康工程

2009年2月起在全市实施，受到社会各界和老年人的欢迎。2010年，全市投保老年人27.2万人，出单保费406万元，承保金额32.48亿元；2011年，出单保费730.59万元，比上年增长80%；2012年，全市投保老年人57万余人，投保率和承保额分别比上年提高54%和74%。年度内有1804名老年人出现意外伤害，理赔金额708万元，商业保险对提高老年人养老保障水平的作用日益显现。

第六节　老年活动

为给老年人更多的精神关爱，让越来越多的老年人实现老有所乐、老有所为，积极搭建“老有所乐”平台，发动老年人参与文艺汇演、书法、美术、摄影大赛，适合老年人的各种体育竞技比赛，展现老年人健康向上精神风貌的文体活动，不断丰富老年人的精神文化生活，提高生活质量。

松兴屯老年活动中心

1991年10月5日，市老龄委与市委组织部、市委老干部局、市广播电视局、潍坊电视台联合举办“长寿杯文艺表演电视大赛”，对活跃老年人的精神、文化生活起到积极促进作用。1991—2012年，为丰富老年人的精神文化生活，组织开展文艺演出、法律咨询、医疗保健、运动会、书画展、摄影展、花卉展等适合老年人身体特点的系列活动，促进老年人的身心健康。1997年，适逢全国开创老龄工作十周年。潍坊召开全市老龄工作十周年庆祝表彰大会，表彰10个敬老养老模范乡镇（街道）、10个敬老养老模范村（社区）和109个老龄工作先进单位、102名敬老爱老先进个人。2002年老人节期间，全市召开座谈会、茶话会或联欢会976场（次），各级领导分别走访全市86名百岁老人和34886名高龄老人及特困老人、部分城乡老年福利服务机构，送去慰问品、慰问金545.6万余元；举办门球赛126次，书画等艺术展280余次，钓鱼比赛20余次，文艺演出（汇演）300余场次，太极拳（剑）比赛90次，老年健身舞表演赛90次，参加各种文体活动的老年人达6万余人，有2000余名老年人的书画作品参展；组织老年人外出参观、旅游达11万人；全市广泛开展尊老敬老献爱心活动，各级卫生部门

诸城市文联到敬老院举办专场演出

为4万余名老年人进行免费查体。

2010年8月，潍坊市成立鸢都银龄艺术团（山东省老年艺术团潍坊分团），通过整合全市老年艺术人才资源，不断加强对老年文化体育团体的指导、服务管理工作，更好地推动和指导基层老年文化活动的开展。2012年各县市区将加强老年文体组织建设作为老年文化建设的重要载体。所属镇（街）、村居（社区）普遍建有老年人活动场所，经常开展丰富多彩的老年人活动，实现活动的经常化、制度化。

第四章　残疾人事业

1990年8月，潍坊市残疾人联合会（简称市残联）成立，至1990年底，全市有潍城区、高密县、临朐县、五莲县、青州市、安丘市、诸城市、坊子区和23个乡镇、街道成立残联。1993年5月，市残联升格为副县级单位，由市民政局代管。1994年底，全市12个县、市、区政府残疾人工作协调委员会全部成立。2008年，潍坊市残疾人工作协调委员会更名为潍坊市残疾人工作委员会。2004年2月起，潍坊市残联为正县级单位，配备理事长1人、副理事长2人，人员参照国家公务员法管理。

根据第二次全国残疾人人口抽样调查结果对比分析，截至2012年底，潍坊市共有残疾人55.8万人，占全市总人口的6.07%。其中，视力残疾6.6万人，占11.82%；听力语言残疾15.3万人，占27.46%；肢体残疾18.6万人，占33.25%；智力残疾2.9万人，占5.36%；精神残疾3.6万人，占6.39%；多重残疾8.8万人，占15.72%。全市残疾人口中，城镇残疾人口13.93万人，占24.96%；农村残疾人口41.87万人，占75.04%。0～14岁的残疾人口2.6万人，占4.66%；15～59岁的残疾人口23.5万人，占42.10%；60岁及以上的残疾人口29.7万人，占53.24%。

1991—2012年，全市残疾人事业发展经历从无到有、从小到大的过程，残疾人教育、就业、康复、扶贫、宣传等各项事业得到长足发展。市残联充分发挥自身代表、服务、管理的职能，积极维护残疾人的合法权益，努力为残疾人搞好各项服务，全市残疾人的生存质量和发展环境实现天翻地覆的变化。

第一节　残疾人就业、培训和扶贫

残疾人就业

1992年，各级残联兴办经济实体，安置残疾人就业，全市共建经济实体14处，产值300多万元，实现利润37万元，安置136名残疾人就业。1994年，全市残疾人企业发展到28处，完成产值1129.8万元，实现利税107.68万元，安置125名残疾人就业。

1995年，全市福利企业发展到531处，新办劳动就业服务企业33处，安置8936名残疾人就业。全市各级残联兴办经济实体58处，其中残疾人劳动就业服务企业47处，实现利税670万元，安置390名残疾人就业。大力支持残疾人个体开业，全市残疾人个体户发展到3500余户。

1996年，市政府出台《潍坊市分散按比例安置残疾人就业暂行规定》，在坊子、诸城、寿光开展按比例就业的试点工作。

1998年，市政府出台《潍坊市分散按比例安排残疾人就业办法》，对残疾人分散就业工作作出明确规定。1999年，全市分散按比例安置残疾人就业工作全面展开，12个县市区全部建立劳动服务机构，共安置386名残疾人就业。

2000年，通过各种形式安置1269名残疾人就业，其中分散安置128名，扶持残疾人个体开业360名，集中安置781名。市直及各县市区均成立残疾人就业服务中心，开展劳动能力评估、就业咨询、职业培训。市政府出台《潍坊市发展个体私营经济规定》，将优惠残疾人个体私营经济条款列入其中，各级残联配合协调工商、税务、银行等部门，在残疾人个体户申办营业执照、落实经营场地等方面，帮助解决困难，共帮助个体开业的残疾人选择项目19个，争取贷款190万元。全市制造业、加工业、养殖业、按摩业、维修业等行业的残疾人个体私营业户共计1960户，固定资产1030多万元，年创产值约9600多万元，上缴利税约980多万元。

2001年7月27日，市政府发布《潍坊市按比例安排残疾人就业办法》，各县市区和市直部门开展按比例安置残疾人就业工作，普及率达到100%。全年共安置残疾人1151名，其中按比例安置496名，集中安置441名，扶持残疾人个体从业214名。2009年，出台《潍坊市残疾人自主创业实施方案》，通过开展自主创业培训、选择开发创业项目，扶持自主创业的残疾人120名，发放扶持资金55万元。2010年，开展“残疾人就业援助月”活动，全市举办专场招聘会15次，向用人单位推荐登记残疾失业人员1469名，帮助825名求职者与用人单位达成用工意向，走访残疾人家庭637户，援助342名残疾人实现再就业。开展“共享阳光——情系鸢都·携手创业”残疾人自主创业工程，共扶持260名残疾人通过自主创业实现就业，发放扶持资金52万元。

2011年，实施“共享阳光——情系鸢都·携手创业”自主创业工程，投入资金150余万元，扶持新建20处市级优秀基地，帮助200名残疾人自主创业。2012年，全市扶持新建20处市级优秀基地，投入资金80万元，帮扶221名残疾人自主创业。

残疾人教育和培训

1991—1995年，全市特殊教育逐步发展并取得显著成效。到1995年，全市特教学校发展到13处，适龄残疾儿童入学率达到90%以上。

1996年，市教委与市残联联合印发《关于落实〈山东省残疾儿童少年义务教育“九五”实施方案〉努力提高我市特殊教育水平的意见》，明确目标和指导原则，提出任务指标和主要措施。1997年，开展残疾人职业培训工作，依托社会力量举办家电维修、裁剪缝纫、钟表修理等各类适合残疾人的培训班，提高残疾人就业技能。

1998年，针对残疾人文化层次较低的问题，结合残疾人生理特点和劳动市场需求，首次对残疾人免费进行电脑培训，全市共2900名残疾人得到技能培训。市残联分别与团市委、市妇联开展“希望工程”和“春蕾行动”，救助贫困残疾失学儿童少年464名。全市特教学校在校学生总数1896名，残疾儿童少年入学率达到95%以上。1999年，全市坚持先培训后就业的原则，举办电脑操作、实用会计、摩托车维修、电气焊、制冷维修等多种形式的培训班，共培训各类残疾人2926名，为残疾人就业创造条件。

2009年，全市举办29期培训班，免费培训残疾人3278人次，培育扶持19处残疾人就业扶贫基地和职业技能培训基地，发展50余个培训和扶贫项目，安置2150余名残疾人就业，辐射带动2430余户残疾人家庭脱贫。2010年，加大残疾人创业扶持力度，重点培养扶持10处市级优秀残疾人就业培训扶贫基地，依托各类基地免费培训2120名残疾人学习技能，安置1560名残疾人就业。在寿光工贸职业学院举办首届潍坊市残疾人职业技能竞赛，98名选手参加技能竞赛和技艺展示。

2011年，出台《潍坊市残疾学生和贫困残疾人子女助学办法》，实现全市残疾学生和贫困残疾人子女助学政策的全覆盖,当年共为中心城区322名学生发放补助金51.6万元。市政府将“全市残疾儿童、低保家庭子女实行免费入园”列为政府为民办好的十件实事之一，为136名残疾儿童发放免费入园助学券。全市举办各类职业技能和农业实用技能培训班123次，免费培训残疾人2626人次。

2012年，加大残疾学生和贫困残疾人子女救助力度，全市共为1134名残疾学生和2350名贫困残疾人子女发放助学补助资金309万元。

残疾人扶贫

1997年，全市加大残疾人扶贫工作力度，全市各级争取康复扶贫贷款200万元，安置残疾人就业200余人，帮助他们逐步摆脱贫困。1998年，争取国家康复扶贫贷款430万元，扶助贫困残疾人3390名，其中2400人摆脱贫困，680人步入富裕行列。

1999年，扶贫解困工作力度进一步加大，加强小额信贷专项扶贫力度，为奎文、潍城、坊子、寿光、青州、安丘6个县市区申请专项扶贫贷款270万元，建立7个扶贫基地，扶助1600名残疾人开展种植、养殖、加工、修理修配等见效快、周期短、效益好的项目，解决1300名残疾人的就业问题。

2008年，实施危房改造工程，投资1215万元，为全市1150户农村贫困残疾人新建和修缮住房，该工程作为市委市政府为民办好的十件实事之一，被市委评为优质服务项目。

2009年，残疾人社会保障水平继续提高，符合条件的贫困残疾人全部纳入最低生活保障范围。全市城乡3.2万名残疾人享受到最低生活保障待遇；城镇集中就业、按比例就业的在职残疾职工均参加基本养老、失业、工伤和生育保险；继续开展贫困残疾人危房改造工程，为854户农村贫困残疾人危房户实施房屋改建或改造。

2010，市政府《关于开展新型农村社会养老保险试点的实施意见》规定：“对农村重度残疾人等缴费困难群体，县、市、区政府应为其代缴最低缴费标准的养老保险费”“未参加其他社会养老保险的城镇居民纳入新农保制度”。组织开展“共享阳光——阳光家园”示范创建活动，全市建立残疾人托养机构23处，机构集中托养残疾人1079名，居家托养残疾人753名。助残日期间，市残联向部分家庭生活贫困的下肢残疾人捐赠轮椅400辆。继续实施残疾人危房改造项目，完成1530户，潍坊市被省残联评为“十一五”期间“温馨安居工程”建设先进单位。

2011年，社会保障再上台阶，全市共为112925名低保重度残疾人发放生活补贴7775.56万元。以“阳光家园”示范区和示范机构创建活动为契机，推动全市残疾人托养工作稳步开展，全市托养机构69处，机构托养残疾人1487名，居家安养残疾人1367名。

2012年，市政府办公室印发《关于推动社会化养老服务机构发展的意见》，将残疾人托养服务纳入政府公共服务体系。全市开展残疾人托养服务的各类托养机构111处，机构托养残疾人1962名，居家安养残疾人1868名。

第二节　残疾人康复

1992年，山东省确定潍坊市为白内障复明工作自查市，潍坊市成立由市民政局、市卫生局、市残联和眼科专家组成的检查验收小组，共完成白内障复明手术1368例。

1994年8月，市残联在市人民医院建立低视力门诊，为市盲校28名低视力患者进行检查并验配助视器。10月，在市福利院建立智残儿童康复站。1995年，补碘工作在全市9个县、市、区的113处乡镇全面展开，在大力宣传碘缺乏病危害的基础上，为198542名新婚育龄妇女及0～2岁的婴儿补用碘油和碘丸。当年，潍坊市与台北市曹仲植基金会开展“一对一”轮椅捐赠活动，为322名肢体残疾人捐赠轮椅。

1996年,全市共完成白内障复明手术1757例，是省下达任务的123%，实现脱盲率99.6%、脱残率94%。1997年,为提高聋儿语训的教学水平，各县、市、区根据各自的特点，采取多种形式办班，共计语训聋儿33名。

1998年，全市共完成白内障复明手术2527余例，其中人工晶体植入术1749例，脱盲率99.45%，脱残率90.66%。完成小儿麻痹症矫治手术131例，为29名低视力患者验配助听器，新收训聋儿91名，其中进入普幼、普小27名，培训聋儿家长178人次，培训康复管理干部和智残儿童家长46名。

1999年，在省残联和国际红十字会的大力支持下，“视觉第一中国行动”潍坊项目，为312名特困白内障患者免费实施白内障复明手术，免除各种费用78.6万元，手术成功率100%，人工晶体植入率95%。此项目被市委、市政府评为“1999年度民心工程优质项目”。当年助残日期间，省残联和潍坊市政府为部分肢体残疾人颁赠轮椅400辆。

2000年，潍坊市建立全国第五家、地级城市第一家普及型假肢矫形器装配站，共为65名贫困肢残人员减免费用安装假肢，减免金额5.8万元，此项工作被评为“2000年度民心工程优质服务项目”。助残日期间，市残联为全市400名贫困残疾人捐赠价值40万元的轮椅。

2001年，市政府出台《潍坊市聋儿早期干预工作的意见》，有效解决广大农村和贫困家庭聋儿佩戴助听器困难的问题，提高聋儿的康复效果。2003年10月，市残联与台北市曹仲植基金会联合向全市部分家庭生活贫困的下肢残疾人捐赠轮椅300辆。2006年10月，市残联与台北市曹仲植基金会联合向部分家庭生活贫困的下肢残疾人捐赠轮椅400辆。2007年，根据《潍坊市残疾人事业“十一五”发展纲要》，为300名贫困白内障患者免费实施复明手术。为进一步加大智残儿童救助力度，市残联动员社会力量兴办潍坊市康维培智中心，目的是通过开展有针对性的康复训练，使智障者、脑瘫残疾儿童开展运动、感知、认知、语言交往、生活自理等基本生活培训，改善自身功能障碍，努力提高他们的生活质量。9月20日，康维培智中心在奎文区樱园社区举行成立仪式。助残日期间，向部分家庭生活贫困的下肢残疾人捐赠轮椅400辆。

2008年，根据省残联“万名聋儿启聪项目”实施方案，为200名0～14岁聋儿免费配发助听器。为30名贫困肢体残疾儿童免费实施矫治手术，并适配矫形器等辅具，进行术后训练，对150名肢体残疾人进行社区康复训练。12月，市残联与台北市曹仲植基金会联合向贫困肢残人捐赠轮椅400辆。

2009年，为使潍坊市更多的重度听力残疾儿童得到资助，回归有声世界，对全市聋儿进行筛查评估，推荐符合条件的聋儿有计划、有步骤地实施免费人工耳蜗植入手术。此次共筛查摸底0～5岁重度聋儿46名，为以后开展此项工作打下良好基础。10月，市残联与台北市曹仲植基金会联合向贫困肢残人捐赠轮椅400辆。

2010年，市委、市政府印发《关于加快推进残疾人事业发展的实施意见》，规定将9类残疾人康复项目纳入新农合支付的诊疗项目范围，并根据当地实际，适当扩大纳入保障范围的医疗康复项目、延长支付时限、提高报销比例。市残联协同市财政局、市教育局制定《潍坊市残疾人学生和贫困残疾人子女助学办法》，规定年龄在14岁以下的残疾儿童少年，在经市残联认定的康复训练机构进行训练，当年累计3个月以上6个月以内的，每人每年补助训练费1000元，累计6个月以上的每人每年补助训练费2000元。

2011年，市委、市政府在《县市区、市属开发区2011年度科学发展综合考核办法》中，将“残疾人康复中心的建设工作和财政部门应按辖区人口人均0.8元的标准投入残疾人社区康复工作”纳入考核内容，有力推动残疾人康复工作发展。助残日期间，市残联与省残疾人福利基金会联合向300名贫困肢残人颁赠轮椅。

2012年，积极组织开展“千名启智工程”，选定康维培智中心、星辰孤独症中心、爱伦启智中心为潍坊市“千名启智工程”示范点，全面开展智障儿童康复训练。助残日期间，市残联与市财政局联合举办“共享阳光 助行工程”活动，向200名贫困肢残人颁赠轮椅，为100名残疾人发放免费假肢安装救助卡。

第三节　残疾人文化体育活动

1991—2012年，潍坊残疾人文化体育活动坚持以普及参与为主，以特教学校、残疾人集中的福利企业及社区残疾人协会为依托，充分发挥基层残疾人组织作用，开展健残融合、形式多样的群众性文体活动，丰富残疾人精神文化生活。残联组织与文体部门协调，开放场所、设施，实现资源共享，提供特殊服务，帮助残疾人融入社会。

1995年，市残联与市教委、市文化局、市广播局联合组织参加第二届山东省盲、聋校学生艺术汇演录像带评比，市盲校器乐合奏《没有共产党就没有新中国》获一等奖。1996年，在山东省第三届残疾人艺术汇演中，潍坊市选送的文艺节目《二泉映月》《同一片蓝天下》《修电视》《让世界充满爱》《快乐的小主板》《谁说女子不如男》分获一、二、三等奖。市残联与市文化局等单位联合举办潍坊市第五届残疾人艺术汇演，14支代表队共34个节目参加演出，选拔《光明颂》等7个节目参加全省第五届“福彩杯”残疾人艺术汇演，其中《光明颂》获一等奖和创作奖，诗朗诵《扬起生活的风帆》获二等奖，舞蹈

《算一算》、京剧《铡美案》获三等奖。1997年，潍坊市盲人乐手杨涛器参加全省第四届残疾人文艺录像评比，其风琴独奏获一等奖，被推荐参加第四届全国残疾人艺术汇演，为潍坊市争得荣誉。1999年9月，潍坊市承办山东省第五届残运会，以23金、32银、18铜的成绩获得团体总分第一名。

2003年，在全国第六届残运会上，潍坊市残疾人运动员取得奖牌1金、6银，被山东省政府授予“振兴山东省残疾人体育突出贡献奖”。2004年9月，在雅典举办的第12届世界残奥会上，潍坊市运动员张杰获得乒乓球TT8级别的铜牌，被山东省政府授予一等功，获得“潍坊市青年五四杰出贡献奖章”。2005年，举办第六届潍坊市残疾人艺术汇演，全市15个代表队178名演员参加声乐、器乐、舞蹈、喜剧小品四大类44个节目的比赛，并选取8个优秀作品34名演职人员组成代表队，参加第六届全省残疾人艺术汇演。诗剧小品《圣爱》获一等奖，被省推选参加第六届全国残疾人艺术汇演节目，获三等奖。2007年5月，在全国第七届残运会上，潍坊市残疾人运动员取得4金、4银、3铜共11枚奖牌，被山东省政府授予“振兴山东省残疾人体育突出贡献奖”。2008年，以潍坊市残疾人运动员王瑞雪、鞠贞、范菲菲为主力的国家女子盲人门球队获得北京残奥会亚军，被省政府授予集体一等功，潍坊市被中国残联授予“2008北京残奥会工作先进单位”称号，被省委、省政府授予“残疾人体育突出贡献奖”称号。

2009年，举办潍坊市第七届残疾人艺术汇演，共有262名残疾人演员组成14个代表队，表演35个节目，参加声乐、器乐、舞蹈、戏剧小品4个类别比赛，男声独唱《三套车》、舞蹈《千手观音》、钢琴独奏《C小调奏鸣曲》、小品《跳跃前行》分别获得4个参赛类别的一等奖。2010年6月18—20日，“生命之友·博士得杯”全市第八届残运会在潍坊学院举行，全市17支代表队303名运动员参加13个大项106个小项的比赛。2011年，市残联与市图书馆联合印发《关于成立潍坊市残疾人阅读指导委员会并组织残疾人开展读书活动的通知》，建立市、县残疾人阅读指导委员会，组织残疾人开展读书活动，加强残疾人文化建设。

2012年，围绕“加强残疾人文化服务，保障残疾人文化权益”的主题，组织开展“科华杯”第四届潍坊市残疾人书画艺术作品展、残疾人歌手大赛等系列活动。9月，在伦敦残奥会上女子盲人门球队队员王瑞雪、范菲菲、鞠贞获得银牌，被山东省政府授予集体一等功。9月28日由潍坊市残联、市体育等主办，寿光市政府承办的全市第八届残疾人运动会在潍坊科技学院举行，共17支代表队170余运动员参加7个大项53个小项的比赛，为潍坊市首次在县级举办的全市残运会。

第四节　残疾人基础设施建设

1991—2012年，全市各级残联把基础设施建设作为残联“一把手”工程放到重要位置，争取支持，强化措施，把残疾人基础设施建设任务落到实处。

1998年，在市政府和社会各界的关心支持下，潍坊市残疾人综合服务中心大楼完成主体工程建设。安丘市、昌乐县残疾人活动中心开始着手筹建。

1999年，市残联制订《潍坊市残疾人综合服务设施建设方案》。当年，全市已建和在建的残疾人综合服务设施达9718平方米，其中，潍城区、奎文区、坊子区、诸城市、高密市、寿光市已建4954平方米，达到计划应建设施任务数的

52.7%。

2000年，潍坊市残疾人综合服务中心建成并全面投入使用，成为潍坊市为残疾人提供服务和保障的重要阵地。至2008年，全市12个县市区中已建残疾人综合服务设施的有8个，面积最小的800平方米，最大的4114平方米，合计总面积15976平方米。

2009年，全市已建残疾人综合服务设施总计13处，市级1处，12个县、市、区各1处，合计总面积24365.9平方米。

2012年，省政府将“推进市县残疾人康复中心和托养中心建设”确定为“为民办好的35件实事”之一。市委、市政府召开专题会议，研究部署市级残疾人康复托养中心建设工作，对新建成的奎文区社会福利中心闲置楼房进行考察，达成初步的划拨购买协议。

第五节　助残活动

1992年，组织开展第二次全国助残日活动，围绕“走进每一个残疾人家庭”主题，走访12个县市区的35个社会福利企业、6所特殊学校、123个残疾人家庭，为残疾人送温暖、办实事。

1994年，助残日期间，利用报刊、电视、电台等新闻媒体对残疾人事业进行集中宣传并开办专题节目，市委、市人大、市政府、市政协、市纪委领导分头走访市聋儿语训学校、市盲校等残疾人集中的单位。

1995年，全市建立起“市级有通讯联络站、县级有通讯报道组、基层有通讯报道员”的三级残疾人工作通讯报道网络，开始编印专门反映残疾人工作的刊物《残疾人工作动态》。5月开始，常年在潍坊人民广播电台开设“生命之光”专题节目，宣传残疾人事业发展成果和残疾人先进典型。助残日期间，全市各级各部门共走访残疾人特困户754户，特教学校19处，残疾人较集中的单位81个，发放价值10500元的慰问品。

1997年，全国助残日期间，全市残联系统围绕“助残与自强”主题开展丰富多彩的助残活动，走访慰问1400户残疾人家庭和残疾人集中的98个社区单位，发放慰问金10万元。1998年，围绕“扶贫解困”主题，全市组织开展全国助残日、红领巾助残、青年志愿者行动等活动。潍坊市推荐的“永不褪色的追求”“八年助残报党恩”参加山东省残疾人专题广播节目展播评选，分别获得一等奖和二等奖。

1999年，围绕“视觉第一中国行动”主题，全市开展助残日活动，组织残疾人科技成果展和书画展，其中有14项科技成果参加省级评选，获得2个一等奖，6个二等奖。2000年，在全国助残日、国际残疾人日等重大残疾人节日期间，市残联组织新闻记者深入基层报道潍坊市残疾人事业发展成果，在市级媒体刊播稿件600多篇，引起社会各界广泛关注。“九五”期间，潍坊市《中国残疾人》和《三月风》征订工作突出，被评为全国、全省宣传发行先进单位。

2001年，市广播电台将残疾人专题节目更名为“同一片蓝天”，市残联邀请部分残疾人参加开播座谈会，并在新闻频道每周播出两次。助残日期间，市残联组织市电视台、有线电视台、《潍坊日报》等新闻单位组成记者采访团，围绕助残日主题和残疾人劳动就业工作，深入寿光鲁丽集团等安置残疾人工作做得好的企业进行现场报道，制作专题节目对潍坊市残疾人事业发展成果进行宣传。

2005年，围绕“平等共享，促进残疾人就业”助残日主题，在《潍坊日报》、市电视台、市广播电台连续一周播出“依法收取残疾人就业保障金，保障残疾人合法权益”“关爱残疾人，促进平等就业”等公益广告，在市公交车做为期3个月的助残日主题车体广告宣传。

2007年，围绕“保障残疾人权益 共建和谐社会”助残日主题，积极宣传《中华人民共和国残疾人保障法》及全市残疾人事业发展动态，组织盲人按摩回报社会活动。《潍坊日报》、市电视台、市广播电台连续5天滚动播出“保障残疾人权益，共建和谐社会”公益广告，在《潍坊日报》刊登《保障残疾人权益，共建和谐社会》的专题文章。

2009年，市残联与市委宣传部、市人事局、市广电局、潍坊日报社五部门（单位）共同举办评选活动，评选出潍坊市首届十大残疾人自强模范、十大扶残助残优秀集体、十大扶残助残先进个人。2010年5月，围绕“加大扶持与救助力度，帮扶农村贫困残疾人”主题，由新华社山东分社、中国新闻社、《大众日报》《齐鲁晚报》、山东卫视、省广播电台、《潍坊日报》《潍坊晚报》、潍坊电视台、潍坊人民广播电台等媒体记者组成的省、市记者团集中采访潍坊市残疾人事业发展状况，以丰富生动的形式对第二十次全国助残日活动进行详尽的宣传报道。

2011年5月17日，市残联、市民政局在市人民广场共同主办“科华·祝福2011”首届潍坊市残疾人集体婚礼，来自全市的18对新人在社会各界爱心人士的见证下，誓约今生、永结同心。

第五章　民族

潍坊市是山东半岛地区少数民族最集中的地市，也是全省民族工作重点地市之一。1991—2012年，全市各级党委、政府认真贯彻实施党的民族政策，积极落实政府颁布的民族工作条例，为少数民族办实事、做好事、解难题，不断推进民族团结进步事业，促进多民族大团结，少数民族政治地位、生活水平不断提高，共享社会主义大家庭温暖。

第一节　少数民族分布

1990年第四次人口普查时，全市居住着39个民族，其中汉族人口最多，占全市人口的99.72%。少数民族38个，有24402人，占全市总人口的0.28%。少数民族中人口最多的是回族，为19788人，占全市少数民族人口数的81.09%；其次是满族，为3285人，占全市少数民族人口数的13.46%。人口在100人至300人的民族有朝鲜族、蒙古族、哈尼族、壮族、彝族。其余31个民族人口均不足100人。至1997年，全市有40个少数民族，总人口2.5万人，占全市总人口的0.3%。其中，人数最多的少数民族是回族，有2万人，占全市少数民族人口总数的80%；人口最少的是哈萨克族，有1人。

潍坊市域内的民族分布是以汉族为主体的大散居、小聚居。少数民族在潍坊市的分布特点是，80%以上分布在城镇，近20%分布在农村。在城镇的自成街道，在乡村的自成村落。1988年少数民族居住情况是，少数民族乡1个——青州市云峡河回族乡。少数民族聚居的村庄27个，共有少数民族人口12682人，占27个村庄全部人口的45.49%。27个少数民族村中，少数民族人口数占80%以上的村8个，占20%～80%的13个，20%以下的6个。青州市北城村是全省唯一的满族聚居村。

据2010年第六次人口普查统计，全市共有回、满等少数民族50个，人口3.47万人，占全市总人口的0.38%。其中，人数最多的少数民族是回族，为2.23万人，占全市少数民族人口的64.3%；其次是满族，为4913人，占全市少数民族人口的13.1%。80%以上的少数民族人口分布在城镇，近20%分布在农村。全市少数民族人口千人以上的街道3个，民族村（社区）25个。

第二节　少数民族经济

1991—1994年，针对全市民族经济工作面临的新问题，潍坊市政府民族宗教事务局（以下简称市民族宗教局）通过为民族企业牵线搭桥，提供信息服务，有出口产品的少数民族企业发展到10多家。其中青州北城鲁青服装厂出口服装100万套，创汇400万元；青州清真罐头厂出口冻牛肉280吨，创汇210万元。青州市北城、南营等民族村，经济发展迅速，而远离城镇的临朐青坪峪、青州上黄峪等民族村，则发展较慢。为尽快帮助贫困村致富，采取了以城带乡、富村帮穷村等措施，并将每年10万元的民族补助款向贫困村倾斜。1994年，帮助青州市上黄峪村多方筹集资金建成1座民族团结桥；帮助东坝镇坡子村、西十里村打了机井；帮助云峡河回族乡云峡河村修通了村路。为促进民族经济的发展，潍坊把青州市城区东南部确定为民族经济发展区，并在财力、政策上给以扶持。在帮助该区开辟了穆斯林农贸市场后，1994年拿出2万元，用于穆斯林聚居区的建设，使民族经济发展呈现出可喜的局面。1994年，青州市24个少数民族村和4个民族街道居委会工农业总产值达8亿元，实现利税3400万元，分别比1993年增长74%和70%。少数民族群众的人均收入达到1724元，比1993年增加456元。

1995年，全市24个民族村和4个街道居委会，工农业总产值达到11.66亿元，实现利税4600万元，分别比1994年增长46%和35%。少数民族人均收入2336元，比1994年增加600多元，超过全市平均水平300多元。青州北城鲁青服装厂出口服装120万套件，创汇500万元；青州罐头厂出口冻牛肉600吨、罐头450吨，创汇220万元；青州市民族工艺服装厂出口礼拜帽250万顶，创汇60万元。潍坊、青州两级当年拨付扶贫款10多万元，帮助青州五里镇上黄峪、东坝镇坡子和西十里等村修桥、铺路、引自来水。

1996年，全市农村少数民族人均纯收入达到3307元，比上年提高41.57%，比全市农民人均纯收入高出514元。24个少数民族村（居）工农业总产值达到16.79亿元，实现利税2828万元。潍坊市两个民族龙头企业中国大业集团（青州市南营回族村办）和山东华旗集团总公司（青州北城满族村办）注册资金2.5亿元，固定资产总值1.4亿元，从业人员4404人，少数民族职工占30%。市、县两级当年为发展民族经济投入资金30万元，其中市财政投入8.5万元，重点扶持云峡河回族乡和上黄峪、坡子、青平峪3个相对贫困的回族村，帮助发展养殖业和水电等基础设施建设。对少数民族贫困户、特困户进行了调查摸底，制定128个贫困户、380口人提前两年脱贫的扶贫规划和措施。

1997年，确定青州市云峡河回族乡，郭桥、上黄峪、坡子回族村，临朐青平峪山区贫困村和128个少数民族贫困户为帮扶对象，重点帮助解决水、电问题和发展种植、养殖业。市、县两级共投入少数民族发展资金89万元。市民族宗教局筹措资金18万元，从鲁西南引进小尾寒羊51只，在郭桥回族村建立示范基地，年底发展到90只；为云峡河回族乡地毯厂争取“新增发展资金”40万元，用于技改项目；投入2.2万元，帮助上黄峪回族村建起石料加工厂，当年发挥效益；投入2万元帮助坡子回族村电增容后，调动了群众打井的积极性，农用机井由原来的8眼增加到21眼，保证了粮果用水。青州市投资600万元建成穆斯林农贸市场。南营回族村的大业集团公司，投资3000万元新建红箭鞋业公司；该村年实现产值2.05亿元，村民人均收入4308元。青州市北城鲁青服装厂、清真罐头厂、回民罐头厂、民族工艺服装厂等民族企业，全年完成出口产值4440万元，创汇2790万元。全市24个民族村（居）工农业总产值19.69亿元，实现利税7200万元，分别比上年增长17%和11%。农村少数民族人均收入3996元，比上年增长20.83%。少数民族贫困人口减少了1/3。

1998年，少数民族扶贫攻坚取得新成效。在继续实施的“鲁羊扶贫工程”中，两次为云峡河回族乡引进鲁西小尾寒羊120只，使全乡21个行政村，村村有了养羊带头户。从市民族宗教局小尾寒羊基地调出小尾寒羊20只，扶持临朐青平峪村的3个回族贫困户。市民族宗教局争取资金62.5万元，用于扶持回族乡及6个民族村的水电路基础设施建设和发展种养项目。青州市委、市政府制订了帮助回族乡发展的10项具体措施，除一次拿出120万元改善乡机关办公条件和修建将军山路外，还每年拿出20万元支持该乡的经济发展。组织19个民族企业加入省少数民族经济发展促进会。引进优质梨枣苗3000株，帮助民族乡建起梨枣示范园。投入5640元，帮助78个农村少数民族贫困户解决生产、生活中的困难。

1999年，潍坊市把“发展经济富民”作为民族工作的重点，从省民委和有关部门争取少数民族扶持款295.5万元，重点帮助青州云峡河回族乡和8个相对贫困的民族村搞好水电路基础设施建设和发展小尾寒羊。其中，省、市、县三级投入54万元，为地处青州贫困山区的上黄峪回族村修了出村路，彻底解决“行路难”问题；一次从省里争取到60万元的无偿资金用于修建民族乡将军山路；争取省“鲁羊扶贫工程”款5.5万元，扶持40多户少数民族群众饲养小尾寒羊，使小尾寒羊的年底存栏量达到1600只。全市100多家乡、村（居）民族企业固定资产总值3.1亿元，实现利税1900万元，民族村（居）工农业总产值19亿元，少数民族农民年人均纯收入达到3677元。

2000年，潍坊市配合省民委进行一个半月的民族工作大调研。在青州北城满族村建起“鲁羊示范园”，并争取省民委把“鲁羊开发基地”建在了此园。青州市“民族扶贫启动工程”实施。全年为发展鲁羊争取资金54.5万元，少数民族群众饲养鲁羊2700只。从省政府有关部门争取资金21万元，市、县、乡配套资金99万元，用于回族乡、村硬化路面、打井和农田基本建设。

2001年，协助青州市从北城鲁羊开发基地调羊210只，帮助五里镇3个回族村的160户群众上了鲁羊项目。向山东省民族事务委员会争取12万元额度的调羊计划。争取协调省、市、县三级投入少数民族发展资金95.4万元，配套资金169万元，用于民族乡村的水电路基础设施建设。组织8家民族企业12种产品参加了深圳民族产品交易会。2002年，为发展潍坊市民族经济和各项社会事业，省、市、县三级政府投入资金183万元，扶持民族乡、村水电路基础设施建设和发展养殖业。

2003年，市民族宗教事务局配合山东省政府民族工作调研组，就潍坊市少数民族经济、教育发展状况进行调查。争取省、市两级政府扶持资金50万元，配套资金408万元，完成5条乡、村道路等10个建设项目。在第十二批包村工作中，市民族宗教事务局向所包扶的云峡河回族乡5个民族村投入资金和物资折款134.58万元。继而又争取向云峡河回族乡派进第十三批包村组，对5个村包扶3年。从民族村选派5名养殖骨干参加山东省民委举办的少数民族养殖技术培训班。为青州正泰食品有限公司申报了“国家民委少数民族特需用品定点生产企业”。为青州新奥食品厂创造条件，参加首届中国清真食品博览会，会上签订100万元的销售合同，“圣奥”食品被评定为“首届中国清真食品博览会推荐名优产品”。

2004年，全市争取山东省少数民族扶贫开发资金28万元、少数民族中小学设施改造资金25万元。为卢店民族村投入资金16万元、争取地方配套资金55万元，新上变压器、远程教育终端接收设备，铺设卢郭路西段水泥路面，协助引进合计1100万元的工副业项目3个，使卢店民族村实现了工副业项目零的突破。2005年，全市争取省少数民族发展资金23万元、少数民族教育资金30万元，对8个民族村的水电路基础设施建设和3处民族学校重点扶持。开展对口帮扶，市直4个包村组向云峡河回族乡投入资金、物资折款计96.9万元。协助云峡河回族乡改称云门山街道，拓展了发展空间。

2006年，制订《潍坊市少数民族经济社会事业“十一五”发展规划》。争取省重点扶持项目5个、扶持资金25万元，争取省民族教育资金25万元，主要用于8个民族村和9所民族学校的水电路基础设施建设。在市直机关包村工作中，第十三批的5个包村组向云峡河回族乡3年累计投入资金和物资折款107.35万元，自2006年7月开始的第十四批又向云门山街道（原云峡河回族乡）派出5个包村组。2008年，争取省少数民族发展资金40万元，扶持青州云门山街道云河路硬化工程和临朐县冶源镇冶南村肉鸭养殖项目；拨付市少数民族发展资金13万元，扶持青州、临朐少数民族村（社区）基础设施项目建设；协助民族特需用品定点生产企业潍坊杜姆斯纺织有限公司贷款2000万元，为企业节省利息约40万元。

2009年，为民族用品定点企业争取贴息贷款3500万元，企业受惠54余万元。潍坊中粮禽业发展有限公司等3家清真食品生产企业新增为全国少数民族特需商品定点生产企业。2010年，争取少数民族发展资金65万元，用于扶持青州市2个民族村（社区）的基础设施建设。为2家企业争取优惠利息贷款5780万元，企业年受惠140余万元。

2011年，加大对少数民族村（社区）的扶持力度，争取上级专项资金80万元，扶持少数民族村居生产生活基础设施建设和满族特色村（社区）文化保护工程；为民品企业（少数民族特需商品生产企业）争取国家贴息贷款6900万元，企业受惠200万元；建立“中国（寿光）少数民族蔬菜大棚技术培训基地”，搭建起东西部地区民族团结的友谊平台，对西部少数民族地区的经济社会发展起到极大的促进作用。

2012年，争取到省少数民族各类发展资金250万元，同比增长212.5%；全市少数民族发展资金由20万元增加至50万元，有力地促进少数民族经济社会各项事业发展。帮助民品企业争取国家贷款贴息224.8万元。确定山东益寿、诸城外贸、昌邑华晨纺织、山东红叶地毯4家企业为“十二五”期间全国少数民族特需商品定点生产企业。

第三节　少数民族教育、文化、体育、卫生事业

1991—2012年，全市少数民族教育、文化、体育、卫生事业蓬勃发展。1991—1994年，在民族群众集居的村落，建立2所民族小学。通过加强民族学校和师资队伍建设，使少数民族学校达到了“六配套”标准。在大中专院校招生工作中，认真执行对少数民族考生的降分录取政策，每年全市有20多名少数民族考生被录取。1992年4月，举办潍坊市首届少数民族书画根雕展，参展作品198件，全国政协副主席杨静仁（回族）、全国人大常委会委员、民委副主任爱新觉罗·溥杰（满族）等都为画展题词祝贺；同年，潍坊代表队参加山东省举办的民族知识大奖赛获三等奖。在少数民族传统体育活动中，1991—1992年潍坊市在山东省珍珠球比赛中均获冠军；1991年，以潍坊代表队为主组成的山东代表队，在全国第四届少数民族传统体育运动会上获铜牌；青州市被评为全国少数民族体育先进单位，这是全省唯一获此荣誉的单位。少数民族医疗人才不断涌现。青州中医院回族医师马胜所写论文《黄帝内经脑髓理论初探》，在美国中国医学科学国际针灸学术会议上得到专家们的好评，被聘为该学术组织最年轻的名誉副教授。

1995年，市民族宗教局同市教委一起，对各民族学校的校舍改造、师资培训、教学质量等情况进行全面检查，发放民族教育补助款6万余元；帮助青州偶园回族中学，云门山南路回民小学新建2栋教学楼；配合教育部门录取少数民族中专以上学生43名。组队参加山东省和全国第五届少数民族传统体育运动会，其中珍珠球队获全省第一名、全国第八名。在潍坊市十笏园为回族画家举办了画展。青州北城满族民俗馆破土动工。组织青州市首届少数民族京剧大奖赛，省、市电视台等新闻媒介对此作了专题报道。发动少数民族积极参加潍坊市政协、统战部举办的纪念抗日战争胜利50周年书画展和“八一”政协拥军活动。

1996年，组织29幅作品参加全省少数民族书画展，获4个二、三等奖。精选3个节目参加全省民族文艺调演，获优秀组织奖和金、银、铜奖。推选2个反映潍坊市少数民族新姿的电视专题片参加全国“骏马奖”的评选。

1997年，有37名少数民族学生考入大中专院校。举办全市少数民族庆香港回归书画展。全省少数民族武术比赛在青州市举行，潍坊队获团体总分第三名。召开了全市少数民族干部工作经验交流会。制定印发《潍坊市“三五”普法期间民族法制宣传教育规划》，在全市党政机关和领导干部中开展了民族法制知识竞答活动。在24个民族村（居）、4613个民族户中开展了精神文明创建活动。

1998年，在全市范围内组织历时8个月的民族法律法规知识竞答活动，参答者逾7000人次，其中科级以上党政机关干部就有227人。在全市24个民族村（居）、4613个农村民族户中开展了精神文明创建活动，对涌现出的8个文明村（居）和100个少数民族文明户进行表彰。反映青州东门里居委会主任赵忠芹（回族）先进事迹的电视专题片，在全省范围内播放，并被评为全国“骏马奖”入围作品。省电视台对南营回族村、北城满族村在省人大、省政协两会期间进行了宣传。向省政府推荐2个民族团结进步先进集体和4名民族团结进步先进个人。在全省范围内组织的少数民族毽球、陀螺比赛、摄影展中，潍坊均取得好成绩。

1999年，青州市委、市政府印发《关于进一

步加强民族工作的有关规定》，从市财政预算中每年列支民族地区补助费不低于16万元，民族教育、卫生、文化、体育事业费20万元，少数民族专项救济金2万元；列支民族乡发展专款20万元，连续三年不变，加大对少数民族教育、卫生、文化、体育事业的扶持力度。组队参加全省少数民族传统体育比赛并取得好成绩，在第六届全国民运会上，为山东队夺得唯一银牌。为庆祝中华人民共和国成立50周年和迎接澳门回归，举办民族工作成绩图片展；组织参加全省民族宗教界美术书法展，获优秀组织奖；举办全市民族宗教界美术书法展。会同市教委部署全市中小学开设民族常识教育课。

2000年，在全市进行“三五”民族普法检查验收和民族政策、法律法规宣传月活动。会同市教委在青州市进行民族团结教育试点工作，全国中、小学民族团结进步教育现场会在青州市召开。在山东省第二届少数民族文艺调演中，潍坊市5个节目获奖。对130名考生进行少数民族资格审查，48名考生被高等院校录取。2002年，青州市举办民族团结教育艺术节，开展文艺表演、花毽比赛、书画展及民族工艺品小制作和颁奖大会等系列活动。

2003年，全市对298名少数民族考生进行登记上报，有120名考生被各类大学录取。举办第三届少数民族书画展，参展作品100多幅，推荐28幅作品参加省第六届少数民族书画展；在全市范围内开展贯彻实施《山东省清真食品管理规定》宣传日活动；举行青州市首届民族团结进步文艺演唱会；在《潍坊日报》开辟“团结进步奔小康先进集体、先进个人”宣传栏，分五期作了报道。青州北城社区党委书记伊国华（满族）参加了全省少数民族先进代表演讲团。在第六届山东省少数民族传统体育运动会上，潍坊市参赛的5个项目取得19金2银7铜的好成绩，花毽队获优秀表演奖，潍坊市代表队获“体育道德风尚奖”，青州市民宗局和张国平（回族）分别被评为省民族体育先进集体和先进个人。潍坊市的珍珠球项目代表省参加全国第七届少数民族运动会，沙健（回族）获优秀运动员奖。2004年，圆满完成新疆喀什地区歌舞团到潍坊演出、首届中国56个民族青少年艺术人才大赛山东赛区进京获奖选手在诸城电视汇报演出的协调服务工作，以及全省民族古籍（回族卷）的收集上报任务。争取射弩、武术、珍珠球成为全省少数民族传统体育布点项目。

2006年，全市少数民族适龄儿童入学率、小学升初中率均达100%，对315名少数民族考生进行登记上报，高考录取率达62.2%。组团参加第三届山东省少数民族文艺调演，选送25幅作品参加第六届山东省少数民族书画展并获优秀组织奖。

2007年，争取少数民族发展资金65万元，支持青州市民族村基础设施建设和民族中小学改善办学条件。举办少数民族书画展、民族工作成就图片展和民族团结进步歌舞晚会。组织参加第七届全省少数民族传统体育运动会，获金牌2块、铜牌13块，一等奖1个、二等奖3个，两个表演项目分获一、二等奖，潍坊市获“优秀组织奖”，2个单位和2人分获山东省民族体育先进集体和先进个人称号。组建珍珠球队代表山东省参加第八届全国少数民族传统体育运动会。开展阿语学校和伊斯兰教经文学校（班）、民族村（社区）民主法制建设、高职高校开设清真餐厅情况等专项工作调研。

2008年、2009年，争取省民族教育扶持资金70万元，省、市少数民族发展资金75万元，支持少数民族教育发展，用于民族中小学改善教学条件。2011年，组织参加山东省第八届少数民族运动会，获得表演项目一等奖和优秀组织奖。

自2011年起，在全市设立13个城市民族工作示范窗口，进一步健全城市少数民族服务和管理体系，促进了城市少数民族人口就业、住房、子女入学及社会保障等民生问题的解决。省民委到潍坊市专题调研城市民族工作，并召开座谈会，对潍坊市的工作给予高度评价。潍坊市“城市伊斯兰教工作”获“全省民族宗教工作创新奖”。

第四节　民族团结进步创建活动

1991—1994年，潍坊市民族团结进步工作取得新进展。1994年2月，共青团青州市委和青州市包装装潢材料厂厂长分别被授予山东省各民族团结进步先进集体和先进个人称号；1994年9月，青州市委、市政府被评为全国民族团结进步先进集体，2名个人被评为全国民族团结进步先进个人；1994年12月，青州市南营村等3个单位和5名个人，被评为山东省民族团结进步先进集体和个人。1995年初，市民族宗教局深入临朐和青州市少数民族聚居贫困区调查摸底，对特困户发放慰问金5000多元。

1999年，在第三次全国民族团结进步表彰大会上，青州市委、市政府被国务院授予“全国民族团结进步先进集体”称号。在山东省第四次民族团结进步表彰大会上，潍坊市政府民族宗教事务局和云峡河回族乡党委、政府被省政府授予“全省民族团结进步先进集体”称号，4人获“全省民族团结进步先进个人”称号。

2001—2012年，连续12年每年一次组织民族团结进步宣传月活动，在全市广泛开展民族团结进步宣传和民族团结创建活动，取得显著成效。2001年，召开全市民族工作会议暨潍坊市第一次民族团结进步表彰大会，有20个集体、30名个人受到市政府表彰。潍坊市政府民族宗教局和青州市民委主任分别被国家民委授予全国民委系统法制宣传教育先进集体和个人。2002年，在全市民族团结进步模范村（社区）创建活动中，南营、北城等12个民族村（社区）受到山东省表彰。

2003年，市教育局、潍坊一中、青州市民族宗教事务局、青州市教育局、青州市云门山南路回民小学5个单位和28名个人被省教育厅、省民委评为全省民族教育民族团结进步教育先进集体和先进个人。2004年，分别有14个村（社区）被评为省、市民族团结进步模范村（社区）。青州市作为全省民族村（社区）民主法制建设巡讲团成员介绍经验。举办民族工作成就图片展、少数民族干部座谈会、民族团结京剧演唱会，2170人参加“泰山民族杯”民主法制知识竞赛活动。

2005年，青州市政府被国务院表彰为“全国民族团结进步模范集体”，潍坊市财政局、青州市云峡河回族乡人民政府、青州市昭德街道办事处3个单位和5名个人被省政府表彰为“山东省第五次民族团结进步模范集体和个人”。2006年，潍坊市召开市委民族工作会议暨第二次全市民族团结进步表彰大会，20个模范集体和42名模范个人受到市政府表彰。市委、市政府印发《关于进一步加强民族工作促进民族团结进步事业发展的意见》。举办由各县市区分管副县市区长、统战部分管副部长、民宗局长等120人参加的民族工作理论讲座。

2009年，全市民族宗教工作会议召开，9个模范团体和16名模范个人受到表彰。举办全市民族宗教界人士迎新春茶话会和全市民族宗教界庆祝新中国成立60周年文艺汇演。

2010年，全市民族宗教工作会议召开，29个工作先进单位和15名先进个人受到表彰。是年10月，全市有3个集体和6名个人被省政府表彰为“全省民族团结进步模范集体”和“模范个人”。潍坊市2个少数民族社区被评为2010年度全省“民族团结进步和谐乡（镇）村（居）社区”。2011年，潍坊市召开全市民族宗教工作会议，13个模范集体受到表彰。召开全市民族团结进步创建工作座谈会，总结交流创建工作经验；开展全市第11次民族团结进步宣传月活动，举行“宣传月活动启动仪式”；邀请省民委主任为全市领导干部作了民族宗教工作形势报告；分片召开民族团结进步工作座谈会。

2012年，调整充实全市民族宗教工作领导小组，民族宗教相关工作列入全市社会管理综合治理考核内容。在全市第12次民族团结进步宣传月期间，举行“民族团结进步新闻发布会”、召开全市城市民族工作现场推进会。把企业、村庄、社区、乡镇、学校等窗口行业作为开展民族团结进步创建活动的主阵地、主渠道，积极主动地开展创建活动。全市有3个单位被省委宣传部、省委统战部、省民委命名为全省民族团结进步创建活动示范单位，3处场所被确定为全省民族团结进步教育基地。

第五节　少数民族干部

少数民族干部是党和政府联系服务少数民族群众的重要桥梁和纽带，是做好民族工作的骨干力量。1991—2012年，全市少数民族干部队伍不断壮大，参政议政机会不断增多。到1993年，全市少数民族干部822人，占全市干部总数的0.5%，比1980年增长近3倍，其中有县级干部8人、科级干部40人、专业技术人才536人。少数民族人大代表、政协委员在各级人大、政协中的名额有所增加。1993年底，有县级以上人大代表50多人，政协委员60多人。1996年，全市少数民族干部共930名，比上年增加108名，其中大专以上学历的占42.7%，女干部占34.9%，党员干部占41.9%；在乡镇以上党政机关的少数民族干部108名，其中任县、科级职务的39名，占36.1%；全市576名少数民族专业技术干部中，中级以上职称的175名，占30.4%。推荐2名优秀少数民族后备干部参加省委党校培训；选派8名少数民族科级干部到基层挂职锻炼、扶贫和社教；为3个少数民族千人以上的镇配备了少数民族领导干部。中共青州市委在全省培养选拔少数民族干部工作会议上作了典型发言。1998年，选调20名副科级以上少数民族干部到市委党校参加培训；对少数民族干部采取基层挂职、包村扶贫、参加教育整顿等形式进行实践锻炼；向大专院校输送少数民族学生37人；青州市人大、政协在领导班子中均配备了1名少数民族干部；青州市民委增配1名满族副主任。2001年，选派11名少数民族干部进党校进行培训，配合有关部门选拔3名副县级少数民族干部。

2003年，市委组织部、市委统战部、市民族宗教事务局制定出台《潍坊市培养选拔少数民族干部三年（2003—2005）规划及实施意见》；对全市少数民族公民在县级以上党代会及人大、政协换届工作中的政治安排情况进行摸底。开展新形势下城市民族关系调研活动，形成《潍坊市城市民族工作情况报告》。2004—2012年，市委、市政府积极制定计划，落实措施，持续做好德才兼备的少数民族干部培养选拔工作。

第六节　尊重和保障少数民族风俗习惯

尊重少数民族风俗习惯，是民族平等、民族团结的重要内容。1991—2012年，全市少数民族风俗习惯进一步受到尊重和保障。

1993年10月，为使穆斯林吃上放心的清真食品，市民族宗教事务局支持市伊斯兰教协会与寒亭一中冷藏厂联合创办“潍坊市清真冷冻肉食品定点厂”；为解决穆斯林吃饭难的问题，除建起民族饭店、南山大酒店、清真饭庄等大型饭店外，还办起100多家清真饮食点。为保证清真食品的质量，对全市清真饮食市场不定期地进行整顿。1993年9月，市政府颁布《潍坊市清真食品生产经营管理暂行办法》（潍政办〔1993〕50号）；1994年7月，青州市工商局、民委等部门联合对青州市112家经营清真食品的门店、摊点进行检查整顿，对不按宰牲规定宰牲、不悬挂“清真”标牌、出售穆斯林禁忌食品的18家不法经营户给予停业整顿、吊销执照等处罚。1995年10月，市政府召开10个有关部门参加的协调会，专门研究贯彻落实《潍坊市清真食品生产经营管理暂行办法》的意见。2002年，对全市350家清真食品生产经营企业进行全面大检查，对存在的问题及时妥善地作了纠正和处理。潍坊市政府为潍坊清真寺追加建设资金40万元。2003年，举办贯彻实施《山东省清真食品管理规定》培训班；协助有关部门筹资10万元建起清真油坊；严肃查处2起假冒“清真饭店”事件。2004年，潍坊清真寺落成启用。2006年，市民族宗教事务局、市工商局联合印发《关于进一步加强清真食品生产和经营登记管理有关事项的通知》。

1994年11月，为适应穆斯林群众的居住习惯和特点，开始兴建全省第二家穆斯林居住小区。2008年，市民族宗教事务局协调有关部门妥善解决潍坊城区回民公墓遗留问题、市清真寺的排污难题和附近车站设立站牌问题；投资200万元建起清真寺广场；在全市开展清真食品专项检查活动，取缔1处违规经营点、对13处责令限期改正、要求2处调整商品摆放位置。

2012年，市民族宗教事务局发挥市伊斯兰教协会的积极作用，依托潍坊清真寺设立城市少数民族服务中心；指导协会做好全市清真食品的监制和服务工作，为全市清真食品生产企业开拓国内销售市场和出口东南亚以及世界伊斯兰国家开辟了绿色通道。

第六章　宗教

潍坊是一个多宗教共存之地。佛教、道教、伊斯兰教、天主教、基督教在潍坊都有传布。潍坊历史上的寺庙道观等宗教活动场所，大多依山临水而建，有着各不相同的建筑风格，具有丰富的历史文化内涵，成为宝贵的文化旅游资源。潍坊宗教文化已成为潍坊优秀传统文化的重要组成部分，对潍坊文化、艺术、建筑等繁荣发展做出积极贡献。1996年，青州龙兴寺窖藏佛教造像的出土，在国内外引起强烈反响，被国内外学术界和宗教界公认为改写中国佛教史和美术史的重大发现，并被评为“1996年全国十大考古新发现”和“中国20世纪100项考古大发现”。

1991—1994年，潍坊市认真贯彻落实宗教政策及《山东省宗教活动场所管理办法》，全市宗教事务管理步入法制化轨道；落实宗教房地产政策，解决宗教存在的难点和重点问题，保护宗教界的合法权益；调查和纠正违反宗教政策的现象，制止和打击违法犯罪，抵制境外敌对势力的渗透活动；加强对宗教界和信教群众的爱国主义和社会主义教育，扩大宗教方面的对外友好交往，巩固和发展宗教界的爱国统一战线，确保全市宗教活动基本正常和宗教界的稳定。全市涌现出一批基层宗教工作先进集体和先进个人，1993年12月9日寒亭区民族宗教科被国务院宗教局授予先进集体称号。1995年，全市完成宗教活动场所登记工作，共依法登记宗教活动场所238处。2003年11月25日，潍坊清真寺通过竣工验收，耗资近百万元，位于白浪河与福寿东街交汇处西北角，为阿拉伯风格建筑。该清真寺有大殿和南、北配殿组成，各两层，大殿两层、配殿一层半在地上，建筑面积598平方米。2005年8月4日，潍坊市天主教两会在潍坊市福寿西街2499号为新建成的天主教堂举行圣堂庆典。新堂占地3860平方米，建筑面积1050平方米。该教堂原在潍城区南关街道民生街，因城市规划迁此重建。这是潍坊市城区唯一的天主教堂。到2012年，潍坊市依法登记并开放的宗教活动场所336处，爱国宗教团体26个。

第一节 宗教信仰自由

宗教发展及现状

2002年，潍坊市191处乡镇（街道）中，有190处有信教群众，有信教群众的乡镇（街道）占全市乡镇（街道）总数的99.5%。其中，信教群众相对集中、有活动场所的98处，占乡镇（街道）总数的51.3%。全市9495个行政村（社区），有信教群众的4748个，有信教群众的村（社区）占全市村（社区）总数的50%，其中信教群众相对集中、有活动场所的874个，占有信教群众村（社区）总数的18.4%。全市90%以上的信教群众、宗教活动场所在农村。

到2012年，全市依法登记并开放的336处宗教活动场所中，佛教20处、道教4处、伊斯兰教清真寺7座、天主教23处、基督教282处。全市26个爱国宗教团体中，全市范围的6个：潍坊市天主教爱国会、天主教青州教区民主管理委员会，潍坊市基督教三自爱国运动委员会、基督教协会，潍坊市伊斯兰教协会，潍坊市佛教协会；县市区的20个：青州市、昌邑市、临朐县、安丘市天主教爱国会，青州市伊斯兰教协会，奎文区、潍城区、寒亭区、坊子区、安丘市、青州市、寿光市、昌邑市、临朐县、昌乐县、诸城市、高密市基督教三自爱国运动委员会，青州市、寿光市、临朐县佛教协会。教职人员176人，其中天主教13人（神甫6人、修女7人）、基督教100人（牧师25人、教师1人、长老50人、传道员24人）、伊斯兰教20人（阿訇17人、海里凡2人、师娘1人）、佛教39人（全部为比丘）、道教4人（乾道2人、坤道2人）。信教群众16万余人。

潍坊市爱国宗教团体历次换届情况表

表29-6-1　　单位：人

团体名称		届别	日期	代表人数	选举结果				
					主任	副主任	秘书长	副秘书长	常务委员
天主教	爱国会	四	2003.5.15	60	1	3	1	1	6
	教务委员会		—	—	1	4	1	1	7
基督教	三自爱国运动委员会	七	2003.4.25	86	1	7	1	6	17
	协会	四	—	—	1	7	1	6	17
	三自爱国运动委员会	八	2007.10.28	86	1	2	1	2	18
	协会	五	—	—	1	2	1	2	18
	三自爱国运动委员会	九	2013.12.12	105	1	2	1	3	13
	协会	六	—	—	1	2	1	3	9
伊斯兰教协会		四	2003.4.18	48	1	2	1	3	5
佛教协会		一	2007.7.31	53	1	—	1	—	7

爱国宗教团体建设

2004年1月，青州市成立佛教协会，释传悟任会长，这是中华人民共和国成立以来，潍坊市成立的第一个佛教爱国团体。2004年11月，潍坊市成立佛教协会筹备委员会，释传悟任主任。2007年7月，潍坊市佛教协会成立，释照东任会长。2005年9月，临朐县成立佛教协会，释传悟任会长。2009年8月，寿光市佛教协会成立，释正德任会长。

潍坊宗教界人士在全国、全省历届爱国宗教团体任职情况表

表29-6-2

姓名	任职情况
陈光旭	中国基督教三自爱国运动委员会第五、六、七、八届，中国基督教协会第三、四、五、六届委员会委员；山东省基督教三自爱国运动委员会第五届、山东省基督教协会第三届委员会委员；山东省基督教三自爱国运动委员会第六、七、八、九届副主任，山东省基督教协会第四、五届委员会副会长，山东省基督教协会第六、七届委员会常委
张崇德	中国基督教爱国运动委员会第四届、中国基督教协会第二届委员会委员，山东省基督教三自爱国运动委员会第五届、山东省基督教协会第三届委员会常委
王云南	山东省基督教三自爱国运动委员会第五届、山东省基督教协会第三届委员会委员

续表29-6-2

姓名	任职情况
王荣光	山东省基督教三自爱国运动委员会第五届、山东省基督教协会第三届委员会委员
陈崇诚	山东省基督教三自爱国运动委员会第五、六届，山东省基督教协会第三、四届委员会委员
赵亚伯	山东省基督教三自爱国运动委员会第五、六、七、八届、山东省基督教协会第三、四、五、六届委员会委员
王复兴	山东省基督教三自爱国运动委员会第六、七、八届，山东省基督教协会第四、五、六届委员会委员；山东省基督教三自爱国运动委员会第九届、山东省基督教协会第七届委员会常委
刘效欣	山东省基督教三自爱国运动委员会第六、七、八届，山东省基督教协会第四、五、六届委员会常委
丁智远	山东省基督教三自爱国运动委员会第六届、山东省基督教协会第四届委员会委员
张夕瑞	山东省基督教三自爱国运动委员会第七、八、九届，山东省基督教协会第五、六、七届委员会委员
石乐新	山东省基督教三自爱国运动委员会第九届、山东省基督教协会第七届委员会常委
韩玉萍	山东省基督教三自爱国运动委员会第九届、山东省基督教协会第七届委员会委员
孙知宾	山东省天主教教务委员会第三届委员会常务委员、副主任，第四届委员会顾问；天主教爱国会第五届委员会常务委员、副主席
王正平	山东省天主教教务委员会第三届、第五届委员会委员，山东省天主教爱国会第五届、第七届委员会委员
张新祥	山东省天主教教务委员会第三、四届委员会常务委员
聂文督	山东省天主教教务委员会第三届委员会常务委员、天主教爱国会第五届委员会委员
李心法	山东省天主教教务委员会第四、第五届委员会常委，第六届教务委员会委员；山东省天主教爱国会第六届委员会常务委员，第七、八届委员会委员
孙文君	山东省天主教教务委员会第五届委员会委员、副秘书长，第六届委员会委员，第七届委员会常委；山东省天主教爱国会第七届、第八届委员会委员，第九届委员会常委、副秘书长
孙德政	山东省天主教教务委员会第六届委员会委员，山东省天主教爱国会第八届委员会委员
孙德志	山东省天主教教务委员会第七届委员会委员，山东省天主教爱国会第九届委员会委员
李英林	山东省天主教教务委员会第七届委员会委员，山东省天主教爱国会第九届委员会委员
马忠辉	山东省伊斯兰教协会第四、五、六、七、八届委员会常委
李新平	山东省伊斯兰教协会第四、五、六、七届委员会常委，第八届委员会常委、副秘书长
丁志伟	山东省伊斯兰教协会第四、五、六、七届委员会委员
沙长孝	山东省伊斯兰教协会第七届委员会委员
杨名对	山东省伊斯兰教协会第七届委员会委员
马　俊	山东省伊斯兰教协会第八届委员会常委
释照东	山东省佛教协会第四届理事会常务理事
释本悟	山东省佛教协会第五届副会长
释常文	山东省佛教协会第五届理事会常务理事

潍坊爱国宗教团体、场所及宗教教职人员获得称号表

表29—6—3

年份	荣誉称号	受奖数量（个）	表彰单位
2004	全省文明宗教团体	2	山东省委统战部 山东省宗教局
2007	为构建社会主义和谐社会做贡献活动先进集体	40	潍坊市民宗局
	为构建社会主义和谐社会做贡献活动先进个人	60	
2009	全省和谐宗教活动场所	43	山东省宗教局
2010	全省和谐宗教活动场所	28	山东省宗教局
2011	全国创建和谐寺观教堂先进集体	2	中央统战部 国家宗教局
	全国创建和谐寺观教堂先进个人	1	
	全省创建和谐寺观教堂先进集体	3	山东省宗教局
	全省和谐宗教活动场所	24	山东省宗教局
2012	全省和谐宗教活动场所	11	山东省宗教局

宗教教职人员社会保障工作

2012年5月，市民宗、人社、财政、民政和卫生等五部门联合印发《关于妥善解决宗教教职人员社会保障问题的意见》，积极推进宗教教职人员社会保障工作，理清了各种保险的具体办理条件、程序。基督教教职人员52人参加医疗、养老保险；伊斯兰教17名教职人员全部参加医疗保险（新农合）；佛教教职人员有1人参加新农合，5人参加养老保险；天主教7名教职人员参加医疗、养老保险。

宗教界人士参政议政

注重保障信教群众在政治生活中享有的平等权利，积极推荐宗教界代表人士担任各级人大代表和政协委员，代表广大信教群众参政议政。2012年宗教界人士市级政协委员9人，1人担任常委；县级政协委员42人，9人担任常委。

第二节　宗教事务管理

学习贯彻《宗教事务条例》

2005年，抓好《宗教事务条例》的学习、宣传和贯彻实施。《条例》颁布后，立即召开宗教工作领导小组会议，20个成员单位负责人集体学习了《条例》。2月24日，召开全市民族宗教工作会议，对各县市区政府分管副县市区长，统战部部长，法制局局长，民宗局局长；市属各开发区、潍坊医学院、潍坊学院分管领导；各乡镇（街道）分管负责人；市宗教工作领导小组成员和市直有关部门负责人，共300人进行培训。《条例》颁布后，立即组织全市宗教工作干部和爱国宗教团体负责人收听收看；之后，又3次组织全市宗教工作干部和爱国宗教团体副秘书长以上负责人集体原文学习《条例》，并就各章节进行了辅导。协助全市性各爱国宗教团体举办6期宗教教职人员及堂点

负责人培训班，培训人员500人。通过宗教政策法规宣传月、举办培训班、制作宣传标牌、开辟宣传栏、宗教政策法律法规进教堂等形式对信教公民和不信教公民进行宣传教育。市民宗局及时印制《条例》单行本5000册、宣传牌1000张，辅导材料600份，分发到了市宗教工作领导小组成员，各县市区委、政府，市属各开发区，市直部门，各高等院校，各乡镇（街道），党委统战部、政府民宗局（道），各宗教团体、宗教活动场所和宗教教职人员，并将宣传牌制镜上墙。

2012年，重点抓好新颁布《山东省宗教事务条例》的宣传。开展宗教政策法规学习宣传月活动，印制新颁布的《山东省宗教事务条例》单行本4000余册、宣传牌500块；分期分批举办4期宗教教职人员培训班，培训宗教教职人员和宗教活动场所负责人200余人次；分教别召开学习贯彻《山东省宗教事务条例》座谈会，促进了《条例》的深入学习，提高了教职人员遵纪守法的自觉性。

规章制度建设

建立定期听取全市性宗教团体工作汇报制度、全市性宗教团体负责人联席会议制度等，督促各爱国宗教团体建立完善《学习制度》《领导班子议事规则》《负责人廉洁自律守则》《重大事项报告制度》等。2005年，首先协助市基督教两会重新修订完善潍坊市基督教两会《关于加强与各县市区基督教三自爱国会联系的制度》《两会负责人廉洁自律守则》《驻会领导班子议事规则》《驻会人员学习制度》《财务管理制度》《卫生防疫制度》《消防安全制度》等14项制度，然后在试点的基础上向全市各宗教团体进行推广，从而有力地促进了宗教内部管理的制度化、规范化。2008年，制定《潍坊市爱国宗教团体重大事项报告制度》《潍坊市宗教团体领导班子及领导成员考核办法（试行）》，并在基督教率先试行对全市基督教宗教团体负责人和教职人员考评制度；2009年，制定《市级宗教团体及宗教活动场所财务管理暂行规定》等制度；2010年，制定《汉传佛教教职人员资格认定办法实施细则》；2012年，建立审批宗教活动“三见面、把五关”制度（“三见面”：与县、市、区民宗局局长见面、与举办活动的场所主要负责人见面、与承办单位主要负责人见面；“把五关”：把好宣传报道、程序日程、外请宗教教职人员、参与活动党政领导干部、后续宣传报道五道关口）。

宗教活动场所审批

2005年4月，《宗教活动场所设立审批和登记办法》施行。潍坊市自2005年5月起，根据《宗教事务条例》和《宗教活动场所设立审批和登记办法》，依法对宗教活动场所实施审批管理。2011年，依法审批临朐法云寺、诸城万佛寺、寿光慈圆寺3处佛教活动场所，全市五大宗教活动场所达到333处。2012年，依法审批佛教活动场所1处，基督教教堂迁建1处。全市共有99个宗教活动场所进入全省和谐宗教活动场所行列，完成首批108名教职人员的备案工作。截至2012年，共依法审批设立其他固定宗教活动处所30处，上报省宗教局审批设立、改建、迁建寺观教堂11处。

宗教活动场所登记

2003年至2005年5月期间，依据《宗教活动场所管理条例》和《宗教活动场所登记办法》，依法登记宗教活动场所2处。2005年5月起，按照《宗教事务条例》和《宗教活动场所设立审批和登记办法》，对新设立的宗教活动场所进行审批和登记管理。至2012年底，潍坊市共有依法登记宗教活动场所336处。

宗教活动场所年度检查

2002年至2005年5月，按《宗教活动场所年度检查办法》的规定，潍坊市每年对依法登记的宗教活动场所年检合格率均为100%。2005年5月起，不再实施宗教活动场所年度检查，对筹备设立宗教活动场所按照行政审批事项进行管理；宗教活动场所完成筹备后，由场所管理组织向所在县级人民政府宗教事务部门申请登记。

宗教教职人员认定备案

2003年，潍坊市首次对115名基督教教职人员进行认定，其中牧师18名、长老87名、传道员10名、神学生1名。2006年12月，国家宗教事务局令第3号发布《宗教教职人员备案办法》，自2007年3月1日起施行。2010年7月，印发《关于集中组织开展宗教教职人员资格认定和宗教活动场所财务管理办法试点活动的实施意见》，制定《汉传佛教教职人员资格认定办法实施细则》，首先集中开展全市佛教教职人员认定备案试点工作。2011年起，对道教、天主教、基督教、伊斯兰教教职人员进行认定备案工作。截至2012年底，对176名教职人员进行了认定备案。

宗教活动场所财务监督

2010年1月11日，国家宗教事务局第7号令公布《宗教活动场所财务监督管理办法（试行）》，自2010年3月1日起施行。2010年7月，潍坊市印发《关于集中组织开展宗教教职人员资格认定和宗教活动场所财务管理办法试点活动的实施意见》，利用3年时间集中开展宗教活动场所财务监督管理办法试点工作。2012年，印发《关于开展宗教活动场所财务监督管理考核验收工作的实施意见》，对各县、市、区宗教活动场所财务监督管理工作进行考核验收。通过专项治理活动，市、县宗教团体中，23个全市性、全县性宗教团体财务管理规范，均在银行设立单位结算账户，设立财务小组和专门会计，建立了规范的财务管理制度并于每年接受民政局年检时由专业审计事务所进行财务审计；全市大多数宗教活动场所财务管理规范，建立相对完善的财务监督管理制度，成立财务管理小组进行民主管理，设立财务档案，实行奉献箱“三把锁”管理，对固定资产登记造册，定期清查盘点，推广了依托宗教团体对场所财务实行“双代管”经验。

整顿基督教活动秩序

把清理整治基督教私设聚会点问题作为工作重点，常抓不懈。2008年、2010年，分别开展2次专项治理活动，2006年开展“回头看”活动，巩固了活动成效，建立起长效机制。通过加强团体班子、制度、人员队伍建设，强本固基，切实加强宗教团体自身建设；通过建立健全考核制度体系、宗教工作网络和联席会议制度，构建综合治理格局。坚持分类处置，加大治理力度，对具备一定条件，无其他违法活动，信教群众开展正常宗教活动确实需要，由当地宗教工作部门进行必要的整顿，帮助建立健全民主管理组织和各项规章制度，完善相关条件，依法补办设立批准、登记手续，予以开放，共开放此类场所4处；对信教人数较少，附近没有依法登记的基督教堂（点）、一时又难以依法设立的，采取“以堂带点”的办法，由附近已开放教堂临时管理10余处；依法取缔违反《宗教事务条例》、具有违法犯罪活动点4处。

抵御境外渗透组织和制止非法宗教活动

2003年至2012年，潍坊市加强部门配合，积极构建抵御渗透齐抓共管格局，筑牢了抵御渗透防线，维护了宗教领域稳定。依法查处和取缔境外渗透的非法宗教组织，制止非法宗教活动30余起。

第三节　引导宗教与社会主义社会相适应

和谐宗教活动场所创建

2008年，潍坊市率先开展宗教活动场所规范化建设活动。2009年起，潍坊市按照省宗教局统一部署，层层落实责任，注重结合，完善规章制度，扎实开展创建活动，使宗教界自律建设得到加强，宗教活动场所规范有序，宗教关系和睦和谐，宗教界为经济社会发展做贡献更加自觉。潍城区北宫基督教堂、诸城市基督教慕义堂被评为首届全国创建和谐寺观教堂先进集体，高密市基督教三自爱委会主任赵永泉被评为先进个人；东关基督教堂、白浪河清真寺、寿光市基督教三自爱国会被评为全省创建和谐寺观教堂先进集体；潍城、诸城、高密、寿光、寒亭、昌邑市民宗局被评为全市和谐宗教活动场所创建工作先进单位。至2012年底，全市106处宗教活动场所被评为省级“和谐宗教活动场所”。

基督教神学思想建设

2004年，潍坊市基督教两会成立神学思想建设推进领导小组。2003—2012年，潍坊市基督教两会相继举办4次神学思想建设研讨会，分别围绕“构建和谐社会，建设社会主义新农村”“促进和谐”“同心同行”“爱国·和谐·奉献”等论题进行研讨，撰写研讨文章72篇。通过研讨加强了神学思想建设，进一步调动起基督教教职人员挖掘教义教规中的积极因素为社会主义建设服务的自觉性。

基督教界纪念中国基督教三自爱国运动委员会成立60周年

2010年9月7—8日，潍坊市基督教在诸城市慕义堂举办庆祝三自爱国运动会发起60周年“爱国爱教”主题演讲比赛，共有300余人参加活动。演讲人员以教职人员为主，共34人参加演讲角逐，演讲内容突出了爱国爱教的主题。9月10—12日，潍坊市基督教两会在寿光市齐宝斋艺术馆举办为期3天的“庆祝三自爱国运动发起60周年”书画展。书画展以庆祝三自爱国运动60周年为主题，以歌颂祖国繁荣昌盛、弘扬基督教文化，抒发爱国爱教情怀，展现基督教界的精神风貌，促进基督教与社会和谐，积极与社会主义社会相适应，宣传爱国爱教为主旋律，共征得150余名作者的书画作品250多件。

天主教民主办教

2003—2012年，潍坊市立足实际，多措并举，以思想教育为前提，以完善制度为保障，以队伍建设为基础，以主动服务为支撑，以慈善服务为平台，积极推动天主教民主办教。指导市天主教两会建立学习制度，有组织、有计划地开展爱国主义教育及法律法规、时事政治的学习，不断提高大家思想觉悟及爱国、爱教、守法的自觉性，使“集体领导，民主管理，相互协商，共同决策”的民主办教原则深入社长教友思想中。不断健全教区民主管理委员会，届中调整2名年轻神甫担任两会副秘书长，储备了后备人才。指导天主教两会成立财务管理委员会、公益慈善与社会服务委员会、司铎谘议委员会等民主管理组织，完善《堂区财务制度》《堂区学习会议制度》等管理制度。组织召开神职人员“双月”座谈会，每年举办1次至2次堂区骨干力量培训班，定期选送教职人员参加全国、省组织的培训，组织团体负责人到外地考察交流、开阔眼界，学习民主办教先进经验和做法。

教育培训

把教育培训作为加强宗教教职人员队伍建设的重要手段，不断提高宗教教职人员爱国爱教和遵纪守法意识。2003—2012年，潍坊市天主教11名神甫、基督教34名牧师、伊斯兰教3名阿訇、佛教10名比丘参加全国、省组织的学习培训。潍坊市组织教职人员、宗教活动场所负责人、信徒骨干培训班34期，受训人员3000余人；组织市基督教爱国会负责人到湖南韶山进行革命传统教育。

2010年起，把每年9月确定为全市宗教界“爱国爱教”宣传教育活动月。2010年，分教别组织了“爱国爱教”主题演讲比赛。2011年，在全市宗教界开展“同心同行”主题爱国主义教育活动，效果良好。2012年，中共十八大召开后，引导广大教职人员认真学习中共十八大精神，分不同专题开展座谈讨论，加深了对中共十八大精神的学习理解。

公益慈善事业

潍坊市宗教界高举爱国爱教旗帜，发扬济世利人、扶危济困优良传统，积极参与和开展各种公益慈善活动。2005年，在援助印度洋地区地震及海啸灾民中，市民宗局及各宗教团体捐款22841.5元；救助回族学生文超“骨髓移植”手术献爱心活动中，民宗系统捐款12.79万元，其中佛教筹委会捐款10.2万元。2006年，在全市宗教界深入开展“我为构建社会主义和谐社会做贡献”活动，临朐县紧密结合社会主义新农村建设，在宗教界开展“爱国、守法、致富、奉献”主题活动，做到信徒“家家有项目、人人有活干、年年增收入”，效果明显；寿光市开展“一帮一”“争当合法致富带头人”和“科技法律进教堂”活动，使400多户信教群众走出困境。2008年，在南方雪灾和四川地震发生后，全市宗教界踊跃捐款110多万元，全市佛教居士还为市社会儿童福利院捐款、衣物折价合计4万元。2009年，全市宗教界自发捐款5万元，帮助四川北川羌族自治县桂溪乡水城、林峰2个村解决人畜饮水问题。

2012年，开展首届“宗教慈善周”活动，参加省宗教局开展的以“弘扬优良传统、促进社会和谐”“慈悲济世、促进发展”等为主要内容的慈善征文活动，获二等奖1篇、三等奖1篇、优秀奖2篇；组织宗教界开展义诊、助学、养老等慈善活动，募集善款30余万元用于扶危济困、救助病患。

全市宗教界积极开展慈善养老事业，主动服务社会。2005年6月，寿光信望爱老人院破土动工；2007年，临朐县以琳老年公寓成立；2008年，临朐县光启安老院开建；2008年9月，安丘市福乐托老院正式投入使用；2010年6月，高密市圣德托老院投入使用；2012年，寒亭区灵光爱老院开始筹建。至2012年，全市宗教界兴办慈善养老机构8家，拥有各类床位768个，入住老人500位。2012年，安丘市福乐托老院获“全国百家杰出养老服务机构奖”和“山东省敬老模范”称号，被中国基督教两会评为“公益慈善事业先进集体”。

第四节　宗教对外友好交往

国外宗教友好代表团及人士来访

2003—2012年，来自美国、英国、加拿大、韩国等4个国家的宗教界人士共31批300余人到潍坊市参观考察，主要参观考察潍坊市基督教会，高密教会、临朐教会、北宫教堂和基督教界兴办的社会福利项目临朐县爱德医院、爱德托老院，寒亭区高里诊所等，促进了潍坊宗教团体的建设与发展，宣传党和国家的宗教信仰自由政策。

市外国内宗教团体及人士来访

2003—2012年，来自辽宁、江苏、浙江、甘肃、宁夏及山东济南、青岛、烟台、临沂、枣庄、聊城等地的15批80余名佛教、伊斯兰教、基督教界人士到潍坊市参观青州市真教寺、广福寺、龙兴寺，及市基督教协会等宗教活动场、机构。

宗教团体及宗教人士出访

2003年3月23—30日，临朐县爱德医院院长赵亚伯赴美国参加美国长老会国际卫生项目部举办的社区卫生和社会服务研讨会。2006年9月16—22日，潍坊市基督教两会主任访问韩国临理会。2010年6月6—12日，潍坊市基督教两会组团对韩国进行为期1周的访问。

龙头蜈蚣

第三十编

县市区概况

张面河景观带桃源修竹景区　（2007年拍摄）

第一章　奎文区

第一节　建置区划

境域

奎文区位于山东半岛西部、渤海莱州湾南部，地处北纬36°35′00″～36°45′00″、东经119°03′45″～119°18′45″。北、东北毗邻寒亭区，南、东南与坊子区接壤，西以白浪河为界，与潍城区相望。1994年，奎文区行政区划面积78平方千米，南北最大直线距离17.2千米，东西最大直线距离10.2千米，边线长80.07千米。2011年1月，奎文区行政区划面积187.78平方千米。至2012年12月，总面积187.8平方千米，边界线长130.41千米，其中直辖面积57.58平方千米（其他为潍坊高新技术开发区）。

建置

奎文区古属东夷文化的发祥地。远在5000年前就有人类在此居住，记载有原始社会大汶口文化、龙山文化遗址。据历史记载，奎文境域历史上不同时代管辖归属不同。夏属三寿国，商属莱国，周为齐国属地，秦属胶东郡（一说齐郡），汉属青州北海郡胶东国，晋改属齐郡。隋开皇十六年（596）分北海郡置潍州。隋大业三年（607）州废，复置北海郡。唐武德二年（619），复置潍州。明洪武十年（1377）潍州降为县，属莱州府。潍县之名由此确定，并一直沿用。1948年潍县解放，成立潍坊特别市（省直辖）。1949年6月潍坊特别市改称潍坊市，仍为省辖市。1950年，撤销潍坊市。1951年重建潍坊市，为县级市，隶属昌潍专区（先后沿革为昌潍地区和潍坊地区）。1983年10月，撤销潍坊地区和县级潍坊市，改设地级潍坊市，实行市管县体制。市区设潍城区、坊子区、寒亭区。1994年，经国务院批准，潍坊市以白浪河为界将原潍城区划分成两个区，河东设立奎文区，河西为潍城区。

区划

1994年，原潍城区白浪河以东的东关、东园、院校、新城4个街道，大虞、廿里堡、梨园3个镇和军埠口镇的刘家沙窝、李家沙窝、南家、郭家、孙吕家、高家涧头院、武家涧头院7个村及寒亭区郭家官庄镇的李家朱茂、杜家朱茂、玄家朱茂、辛庄、王家谭里、小南谭、西金马、东金蘇、韩家谭里9个村划归奎文区。

1994年12月9日，经潍坊市政府批准，奎文区由原来的7处街道（镇）调整为9处街道：设立南苑街道，辖8个居民委员会和2个村民委员会；撤销梨园镇，设立樱桃园街道，辖19个村民委员会；撤销东园街道，设立北苑街道，辖4个居民委员会和4个村民委员会；东关街道由原辖的17个居民委员会调整为辖21个居民委员会；院校街道由原辖的24个居民委员会调整为辖15个居民委员会和2个村民委员会；撤销大虞镇，设立大虞街道，由原辖的22个居民委员会调整为辖7个居民委员会和11个村民委员会；新城街道（由潍坊高新技术产业开发区管理）由原辖的7个村民委员会调整为辖15个村民委员会；撤销廿里堡镇，设立廿里堡街道，辖16个村民委员会和3个居民委员会。

1998年4月9日，将廿里堡街道的茂子庄村划归南苑街道管辖。同年12月30日，撤销院校街道，设立潍州路街道。至1999年底，奎文区直辖8个街道，共63个村民委员会、70个居民委员会。

2000年4月28日，奎文区樱桃园街道更名为梨园街道。2003年1月25日，将原奎文区梨园街道所辖的西河北、河北张庄、东三甲、三官庙、十甲、山后王家、山后徐家、东河西8个村划归新城街道（潍坊高新技术产业开发区管理）管辖。将原奎文区大虞街道的邢石村，北苑街道的三娘庙村，划归潍坊市农业高新技术产业开发区管理。2003年6月12日，设立潍坊钢厂工业园，由奎文区管理。以潍坊钢铁集团公司地址为核心，潍坊钢厂工业园规划建设用地西侧以潍安路为界，北侧以胶济铁路及后车留庄村界为界，东侧和南侧以工业园所属村为界。包括坊子区车留庄镇的蔡家楼、于家庄、上埠、向阳、孙家庄子、东黄门庄、西黄门庄、东曹庄、虾蟆屯、三岔河、后车留庄、渭阳12个村，面积15平方千米，人口6616人。2003年7月21日，撤销坊子区车留庄镇，将原车留庄镇的蔡家楼、于家庄、上埠、向阳、孙家庄子、东黄门庄、西黄门庄、东曹庄、虾蟆屯、三岔河、后车留庄、渭阳、于家官庄、中官庄、张家官庄、谷家石门、董坊、东单家埠、西单家埠、高铁官庄、李村21个村划归清池街道管辖，将调整后的坊子区清池街道整建制划归奎文区（潍坊高新技术产业开发区管理），其中，蔡家楼、于家庄子、上埠、向阳、孙家庄子、东黄门庄、西黄门庄、东曹庄、虾蟆屯、三岔河、后车留庄、渭阳12个村由奎文区直辖。2004年2月18日，清池街道的蔡家楼、于家庄子、上埠、向阳、孙家庄子、东黄门庄、西黄门庄、东曹庄、虾蟆屯、三岔河、后车留庄、渭阳12个村从清池街道划出，设立奎文区钢城街道，面积17.4平方千米，人口6652人。奎文区直辖9个街道、65个村民委员会、52个社区居委会。2007年8月31日，撤销南苑街道、钢城街道。将原南苑街道改为南苑生活管理服务中心，其管辖范围并入廿里堡街道。钢城街道改为钢城经济发展区，其管辖范围并入廿里堡街道。奎文区直辖7个街道、65个村民委员会、44个社区居委会。2008年，北苑街道的社区居委会由4个调整成3个。奎文区直辖7个街道、65个村民委员会、43个社区居委会。

2009年5月，将原廿里堡街道钢城经济发展区的12个村划归潍坊高新技术产业开发区管理，将原潍坊高新技术产业开发区新城街道的十里堡、赵疃、南胡、南胡东、南胡西、北胡6个村和新华、圣利2个社区居委会划归奎文区直辖，成立北海路商贸经济发展区，其管辖范围并入大虞街道。调整后奎文区直辖7个街道，共59个村民委员会、44个社区居委会。2010年8月，奎文区全面实施“村改居”工作，各街道对辖区村（居）委会进行调整。调整后，大虞街道（含北海路商贸经济发展区）辖22个社区居委会，北苑街道辖6个社区居委会，潍州路街道辖15个社区居委会，广文街道辖7个社区居委会，梨园街道辖15个社区居委会，廿里堡街道辖25个社区居委会。

2011年1月，设立奎文区北海路街道，将北海路商贸经济发展区并入大虞街道的南胡、南胡住南、南胡住东、南胡住西、北胡住、赵疃、十里堡、北宫东、卧龙东10个社区居委会划归北海路街道管辖。至2012年12月，奎文区辖大虞、廿里堡、梨园、东关、潍州路、北苑、广文、北海路、新城、清池10个街道；新城、清池2个街道面积110.8平方千米、人口18.93万人，由高新技术产业开发区管理。奎文区直接管理面积57.58平方千米，设8处街道、2个经济发展区。

人口　民族

1994年12月之后，奎文区辖大虞、北苑、广文、东关、樱桃园、院校、廿里堡、南苑、新城9个街道（由潍坊高新技术产业开发区管理），共有常住人口125587户，总人口262165人，人口出生率12.49‰，自然增长率9.19‰；已婚育龄妇女58370人，占总人口的22.26%。2003年，区划调整，奎文区新增钢厂工业园、清池街道（由潍坊高新技术产业开发区管理），共有常住人口130525户，总人口478048人，人口自然增长率7‰。2009年，区划调整，将钢城经济发展区划给潍坊高新技术产业开发区管理，从潍坊高新技术产业开发区划出北海路至新华路之间的区域，成立北海路商贸经济发展区由奎文区直辖。2010年，全区（含潍坊高新技术产业开发区和潍坊市经济开发区）共有常住户数151442户，常住人口492406人，比1994年增加230241人（主要是区划调整新增人口）；人口出生率7.75‰，自然增长率4.52‰，分别比1994年下降4.74‰和4.68‰；已婚育龄妇女64885人，占总人口的13.18%。2010年第六次全国人口普查结果（2010年11月1日零时的数据）：全区常住户数14.06万户，常住人口44.34万人，男女性别比为104.24∶100。2012年，人口出生率7.75‰，死亡率3.23‰，自然增长率4.51‰。

奎文辖区民族构成以汉族为主。据1997年人口统计，全区共有少数民族24个，1153人；其中以回族、满族、蒙古族、朝鲜族、壮族人数较多。2010年，全区有22个少数民族，共1190人，占全区人口总数的0.24%；其中，人数比较多的是满族、回族、蒙古族、朝鲜族和壮族。2012年，全区有29个少数民族，共1465人，占全区人口总数的0.33%。

第二节　自然环境

地形

奎文区位于潍坊市中部偏北，地势由南向北倾斜，海拔7～66.1米，属于洪积、冲积平原。境内无山，平均海拔26米。南高北低，最高点为凤凰山（实为丘陵）北坡，海拔66.1米，其他大部为平原，为向渤海过渡的倾斜坡度0.2%左右的平坦地带。

气候

奎文区地处北温带东亚季风区域内，西接广阔的大陆，东领山东半岛，是暖温带季风型半湿润大陆性气候。其特点是：冬冷夏热、四季变化分明。春季风多雨少，早春冷暖无常，常有“倒春寒”出现，晚春回暖迅速；夏季炎热多雨，温度高湿度大；秋季天高气爽，气候宜人，晚秋多干旱；冬季干燥寒冷，北风频吹。年平均气温12.3℃左右。奎文区境内历年平均降水量654毫米，但年际变化较大，1994—2012年，区境历年最大降水量1210.6毫米（1996年），历年最小降水量仅252.4毫米（2002年）。年平均日照时数2528.5小时。

河流

境内有3条自然河流，分别为白浪河、虞河和张面河。河流基本呈南北流向。3条河流境内全长34.5千米。

土壤

奎文区境内土壤主要有褐土、潮土两大土类。其中，褐土土类分布占到全部的90%。褐土土类下分褐土亚类、潮褐土亚类2个亚类，潮褐土亚类在全区分布最广，几乎遍及各街道。潮土土类主要分布在白浪河两侧的浅平洼地。

植被

奎文区境内植被以栽培农作物为主，如小麦、玉米、蔬菜等，主要分布在南部廿里堡街道。其次为林木，主要有柳、槐、桐、榆、柏、苹果、桃子等。由于土壤的垦殖，区内自然植被残存极少。

自然资源

据2008年的土壤普查结果，奎文区境土地总面积5757.85公顷。其中，可利用的土地面积654.47公顷，占总面积的11.4%。至2010年12月，已利用的土地面积644.73公顷，占总面积的11.2%，其中，耕地346.08公顷，占总面积的6%，占可利用土地面积的52.9%。历年白浪河、虞河平均径流量（按3个流量计算）9460万立方米。由降水、河流补给年平均地下水补给量1345万立方米，除去蒸发诸因素，水资源总量10805万立方米。按全区耕地面积计算平均每公顷占有地表径流量10350立方米。随着城市建设的扩展和工农业用水的猛增，自1994年建区始，水资源就出现不足。2000年之后，年平均降水偏少，水利工程拦储无水，主要依靠境外水库引水。境内无野生大型猛兽及野生大型植食性动物，以饲养家畜家禽为主。2012年，境内饲养的畜禽有2类5个品种，以猪、鸡为主；全区木本植物有98种，分属48个科，78个属。

第三节　经济发展

1994年，全区实现地区生产总值7.4亿元，完成全社会固定资产投资2.5亿元，实现地方财政收入3673万元。2012年，全区实现地区生产总值175.21亿元，比上年增长9.5%。全区实现公共财政预算收入20.02亿元，比上年增长17.1%；国地两税占二、三产业增加值比重16.5%，非公有经济纳税额占税收比重达89.6%。

农业

1994年，农业以种植业、畜牧业为主，粮食总产量1.82万吨，蔬菜总产量4.26万吨。小麦是奎文区的主要粮食作物，播种面积居粮食作物之首。1994年，全区小麦种植面积30413亩（含新城街道）。随着城市发展和农业结构调整，呈逐年下降趋势。2003年，全区小麦播种面积下降到8000亩。自2005年起，奎文区对种粮农民实行粮食补贴。当年小麦播种面积14875亩，发放粮食补贴资金19.3万元。2008年，小麦种植面积保持在1万亩左右。2009年，实行小麦良种价格补贴政策，并对良种补贴面积实行统一供种，由竞标企业负责供种，所供品种主要为济麦22号。2010年，全区小麦播种面积仅有2700亩。玉米是奎文区的第二大粮食作物。1994—2008年，播种面积从29183亩（含新城街道）下降到8000亩。2010年，全区玉米播种面积2700亩。2012年，农林牧渔业总产值完成10564万元。其中农业产值完成567万元，畜牧业产值完成9285万元。粮食总产量1993吨，蔬菜总产量1176吨。各项惠农政策全面落实，完成粮食直补23.6万元，落实农机购置补贴156万元，补贴机具74台（套），农机跨区作业实现收入150万元；小麦良种补贴、玉米良种补贴项目实现全覆盖。

工业

1994年，奎文区有直属工业企业7家，为集体经济形式。潍坊市五星公司所属企业4家，乡镇企业18家，村办企业245家，个体联户570家，多为私营和个体经济形式。主要分布在钢铁、造纸、机械、纺织等行业。2000年，奎文区将销售收入500万元以上的企业作为限额以上企业，进行重点调度。2003年，潍坊市在坊子区原车留庄镇设立钢厂工业园，由奎文区管理。2004年，成立钢城街道，拓展了工业发展空间。2007年，潍坊市把26家原市属规模以上企业管理权限下放奎文区。2008年，全球金融危机严重影响工业经营，主要指标增幅大幅下滑。2009年，钢城经济发展区（2007年，区划调整，由钢城街道更改）划归潍坊高新技术产业开发区管理，潍坊钢铁集团有限公司、潍坊凤凰纸业有限公司2个企业随同钢城经济发展区一并划出，奎文区工业总体规模和产业结构发生重大变化。针对钢城片区划转后新的经济形势，及时调整发展规划和工作重点，加快发展城市工业，推进转型升级、集中优势资源，着力培植新的骨干企业，工业发展形势总体稳定。至2010年12月，全区工业基本形成以机械制造、纺织服装和高新技术三大产业为支柱，骨干企业和成长型企业为新增长极，以及楼宇工业等迅速发展的城市工业新格局。2011年，全区工业总产值完成80.7亿元，其中31家规模以上工业企业完成总产值68.7亿元，实现主营业务收入67.3亿元，实现利税2.4亿元。2012年，全区工业总产值73.6亿元。其中31家规模以上工业企业完成总产值60.1亿元，规模以上工业实现主营业务收入62.6亿元，工业产品产销率达99.5%。

对外经贸

全区出口商品主要有纺织服装、化工产品、洗化用品、机电产品、农产品5大类，其中，纺织服装类商品出口占62%，化工产品占11%，洗化用口占8%，机电产品占10%，农产品占6%，其他占3%，主要出口到日本、东南亚、欧洲、中东、美国、非洲、韩国、南美洲等国家和地区。全区进口商品主要有化工原料、纺织服装辅料、机床机电产品、煤炭矿石4大类。1994年，按照“三外齐上，外资突破”的发展要求，重点抓招商引资和项目落实。新批三资企业22家，合同外资额827.7万美元，实际利用外资313万美元。三资企业累计62家，开工投产26家，开工投产率41.9%。1996年，潍坊樱桃园集团总公司、潍坊市制钳厂2家企业取得自营进出口权，自营进出口业务实现零的突破，出口创汇152万美元。1997年，累计出口创汇1204.3万美元。2000年，面对中国即将加入世贸组织的新形势，加强对国际经济走势和国家产业政策的研究，调整出口产品结构，扩大出口创汇，把优化出口产品结构和调整产业结构结合起来，提高出口竞争力。抓住“入世”给劳动密集型产品带来的新机遇，大力培育发展纺织、服装重点企业，提高产品质量，扩大出口规模。“九五”（1996—2000年）期间，累计批准利用外资项目44个，合同外资额1377.6万美元，实际利用外资1021.2万美元；全区获得自营进出口权的企业达到10家。五年累计出口创汇4646万美元。发展了纺织、服装、机电等一批骨干出口企业，出口渠道日趋稳定。2004年，重点突出境外和港台招商活动。全区新批利用外资项目26个，合同外资6520.15万美元，实际利用外资4536万美元。全区完成出口创汇8647万美元，其中，“三资”企业出口创汇4414万美元，自营进出口企业出口创汇3887万美元。2010年，对外贸易平稳运行，全区有出口企业302家，出口创汇完成5.06亿美元。其中，三资企业46家，出口创汇完成9997万美元；自营出口企业256家，出口创汇完成40572万美元。2012年，全区进出口总额9.1亿美元。其中出口总额6.2亿美元；进口总额2.9亿美元。合同利用外资5040万美元，实际到账外资3012万美元。完成企业境外投资项目2个，新增境外投资额8114万美元，对外承包劳务营业额5682万美元，外派劳务821人次。

交通　邮电

奎文区地处山东省潍坊市中心城区，有6条高等级公路贯穿境域，境内的潍坊民航机场航线直达5个大型城市，铁路公路密布、四通发达、交通便利。1994年，全区县乡级公路共8条。2003年，全区有8个街道通柏油路，56个村通公路。至2010年，全区县乡公路共10条，全长31.1千米，路面硬化里程30.5千米；1994年，全区有货运车辆1002辆，6080吨位，车辆类型以普通货车及拖拉机为主。1995年，全区货运量170.8万吨，货物周转量57871万吨千米。2009年，全区共有货运车辆5038辆，26802吨位。同年，全区新增货运车辆1008辆，6084吨位。至2010年12月，全区有货运车辆5915辆，35366吨位，全年完成货运量931万吨；1994年9月，组建成立奎文区客车公司，拥有客车130台。至2010年12月，奎文区客车公司拥有客车130台，日发班次380个，其中，跨地（市）线路19条，地（市）内线路17条。全区客运量1082万人次，旅客周转量47816万人千米。至2010年12月，开通52条省际班车线路，日均发送班次可达963个，可发送旅客1.25万名左右。1994年9月建区时，仅有出租汽车80辆。至2010年12月，全区登记在册的出租汽车522辆，有495辆出租车进行了油改气，占出租车总数的94.8%。胶济铁路横穿奎文区境，自白浪河至北海路，全长约5.7千米，奎文辖区南部有坊子铁路支线6.4千米。坊子铁路支线设有廿里堡火车站，属货物运输支线车站，主要运输煤炭、冷冻食品等物资。2011年，全区出租、长途客运和危险品车辆全部安装GPS卫星定位系统，实现了全时跟踪监控。全年完成公路建设工作量1476万元，公路通车里程88.5千米，公路密度达每百平方千米155.3千米。至2012年末，全区拥有客货营运车辆6725部，其中出租车525部。全年共完成货运量1041万吨，增长5.8%；完成客运量1164万人，增长2.7%。2012年完成公路建设工作量616万元，公路通车里程90.3千米，公路密度达每百平方千米158.4千米。公路养护质量不断提高，扩建、改造、修复城市道路面积2.1万平方米，里程碑、百米桩等沿线附属设施均完整、标准。综合好路率国道、省道均达到100%，县乡公路达到97.6%。

1994年奎文建区后，推动邮政业务不断发展，辖区内提供国内货运、国际货运、海运物流、航空运输、进出口等多种类别的货运物流。至2010年，潍坊邮政大力提升“邮运网、投递网、营业网、信息网”运营效能，“11185”邮政客服热线和邮政在线全面开通使用。1994年奎文区建区后，报纸发行量167.6万份，种类632多种。至2010年，发行量达920.4万份，种类达1000多种，其中，《潍坊广播电视报》《齐鲁晚报》《潍坊晚报》等报纸发行量位居前列。1994年奎文建区后，函件业务健康发展，函件年进口32.2万多件，出口28.5万多件。至2010年，函件年进口63.5万多件，出口58.6万多件。1999年12月拆除电传机，改用电报分集器，通报电路改用C3当地网；公用电话业务始于1991年。1993年，在学校、商店等流动人口密集的地方安装无人值守磁卡电话。2001年，城区沿街公用电话由无人值守的卡式电话取代。至2010年12月，奎文辖区安装有人值守卡式电话1543部，无人值守IC电话477部，有人值守公话话吧2580个，校园网“201”电话5132部。2001年2月，开始筹建小灵通工程。至2010年12月，用户发展至23453户。1996年11月，潍坊联通移动通信在奎文区正式启动；2010年12月，共建设开通183个数字移动通信基站，自办营业服务网点7个，用户11万余人（其中，2G电话7万余部，3G电话3万余部）。1997年，潍坊移动通信正式启动，至2010年12月，自办营业网点11个，用户17万余人。2002年10月，潍坊电信公司开始办理移动电话业务。2002年12月，开通数字移动通信基站，容量为236个载频，2011年初，建设有7800个信道，自办营业网点3个，用户9万余人。1992年，潍坊联通光缆传输网在奎文区开始实施，1993年实现全覆盖；1999年4月，政府上网工程启动；1999年12月，辖区第一家网吧正式开业运营；2000年8月，企业上网工程启动；2011年6月，奎文辖区互联网用户近5万户。1997年5月，潍坊电信公司在奎文辖区内网络通信正式启动；1997年12月，采用拨号上网的方式发展用户；2000年8月，政府上网工程启动，应用“一线通”技术，在用户电路上加装调制解调器，使通话与上网同时进行；2005年9月，辖区第一家网吧正式开业运营；2003年10月，企业上网工程启动，全区开通ADSL宽带业务，接入设备120套，采用ADSL及ADSL及LAN方式，发展宽带网络用户，组建教育网、公开医疗网等30多个大型专业网络；2003年12月，政府网站开始实施建设。2012年12月，全区IP城域网基本实现全覆盖，用户可以就近接入宽带上网。

商贸流通

1994年，全区贸易流通格局是以国有集体企业为主导，个体私营经济为补充。全区有国有贸易流通企业6家，商品零售网点21个，营业面积20708平方米，从业人员1628人；有集体商贸流通企业6家，经营场所面积4.61万平方米，从业人员1045人。主要是潍坊市百货公司（含潍坊友谊商场）、潍坊市东方商业总公司、潍坊劳动保护用品公司、潍坊市奎文区蔬菜公司、潍坊市汽车站饭店、潍坊庆丰楼等，年营业额9445万元。至1997年底，全系统共有区属企业6个，经营网点19处，营业面积5.71万平方米，职工总数1672人。奎文区的农贸市场主要是摊点群和农村大集，辖区共有7处。1994—1997年，共投入商业网点建设资金4200万元，新建商业网点 8 处，改造商业网点 4 处，改造和新增营业面积 2 .3万平方米，全系统完成商品购进总值19290万元，完成商品销售总值28824万元，上缴税金899万元。2005年，奎文区初步形成三个层次的城市商业服务网络，即以四平路胜利东街至福寿东街路段和泛泰华区域为中心的市级商务中心；以新华路东风东街交叉口为中心的次级商务中心；以社区为单元的社区便民服务网点群。全区商业网点面积达到50万平方米，人均商业面积1.3平方米。具有一定规模的商业网点（含市场）共158处。购物中心营业面积3000平方米以上的大中型商业零售网点14处，全区营业面积1000平方米以上的大中型餐饮休闲服务网点45处，各类专业批发市场14处，200米以上的商业街10条。基本形成了大中小配套、高中低相结合、中心集中、点面联系、具有较强辐射力的市场和商业网点发展网络。至2005年12月，全区社会商品零售总额26.83亿元，为1994年的4.5倍，商品市场交易额113亿元，为1994年的23.6倍。全区商贸服务业呈现出蓬勃发展的良好局面。2006年，全区商业形态规划38个大中型零售网点，17条（段）商业街，20个大中型商业交易市场，12个大中型生鲜超市、农贸市场，3个物流园区和1个会展中心。至2010年12月，全区商业网点达到8800多处，其中，5000平方米以上的大型商业网点18处，逐步形成了泰华城商圈和新华路商圈。2011年，全区商业网点达到8936处。各类餐饮和休闲娱乐网点发展到1300个，从事与物流有关的企业108家，注册资金百万元以上的16家。2012年，航空物流中心、康惠医药物流中心等一批大型物流企业繁荣发展。2012年，全区社会消费品零售总额完成97.6亿元（仅法人单位零售额，不含产业活动单位零售额）。2012年，全区各类餐饮和休闲娱乐网点发展到1650个，从事与物流有关的企业190家，注册资金百万元以上的35家，航空物流中心、康惠医药物流中心等一批大型物流企业繁荣发展。以星河国际轻纺城、金宝汽车城、南下河水产批发市场为代表的各类商品市场发展到28处，市场总占地140公顷，其中亿元以上商品交易市场8处，年交易额达到172亿元。

城乡建设

1994年，奎文城区道路路面状况参差不齐，道路狭窄、短小，道路两旁多未建设人行道、绿化带，排水、路灯设施不全，路面人车混行现象较普遍。1994年起，奎文辖区开始为城市居民集中供热。1996年起，大规模的城市交通网建设开始进行。至1997年，施工建设了北海路北段、新华路、文化路、虞河路、潍州路北段、四平路中段、鸢飞路7条主干道，城区骨干交通网络基本形成。1998年之后，进一步加快城市道路建设步伐，道路拓宽、改造工程全面启动。1998年6月，潍坊民用电力公司成立，隶属潍坊电业局客户服务中心，“一户一表”工程开始正式实施。至2002年底，城区“一户一表”用户达到8.65万户，其中，奎文区4.26万户。1998—2001年，潍坊市第一批城农网改造工程结束，奎文区网架结构明显改善，变电站分布更趋合理，城区主要街道实现电缆化供电。2003—2009年，本着“贯通轴线、提升干道、完善外环、拓展出口”的工作要求,高标准改建扩建了东风东街、胜利东街、新华路、文化路北段、四平路北段、双羊街、庄检路等主干道。1994—2000年，先后改造建设13条背街小巷，累计新建和改造道路总长度4.7千米，总面积5.1万平方米，完成投资560万元。2004年8月，中心城区天然气置换工程开始实施。奎文辖区从2005年开始“一户一表”改造，至2010年底，累计改造2.3万户。2001—2009年，全区道路建设投资1.87亿元，改造建设67条背街小巷，较好地改善了城区道路状况。1994—2010年，变电站运行20年以上的老旧设备全部更换完毕，设备完好率、开关正确动作率，继电保护及自动装置正确动作率、10千伏断路器无油化率、高耗能配变更换率均达到100%；配网线路绝缘化率达到100%；城区变电站全部实现无人值班和光缆通信联网。至2010年底，区内主要道路总长68千米，总面积186.5万平方米。2010年，投资4000万元，完成11条背街小巷的改造，改造面积19万平方米。是年，奎文辖区新建管网29千米，改造管网4.5千米，共完成工程投资额1120万多元；城市用水普及率达99%，人均日生活用水量56升；自来水出厂水质合格率达100%，管网水水质合格率达100%，水质综合合格率达100%。至2010年底，全区有供热企业8家，新铺设供热管线9千米，新增供热面积100万平方米，供汽能力达到170吨/小时，奎文辖区集中供热总面积1303万平方米，集中供热率达93.3%。至2010年底，奎文辖区燃气用户8.4万户，用气总人口25.2万人，城市气化率达66.7%。其中，液化气用户1.2万户。2008—2010年，对全区212家单位庭院和139家居住小区实施了绿化达标。2011年，全区完成重点项目征收面积100余万平方米，完成11条背街小巷改造，3个旧小区改造，楼房改造260栋，受益群众10余万人。新增绿化面积15万平方米，树木成活率和保有率均达到95%以上，进一步提升了中心城区生态档次。2012年，人均占有公共绿地面积19.4平方米，树木成活率和保有率均达到98%以上。规范整治门头字号、广告牌匾261处、4620平方米，沿街建筑物立面清洗粉刷9310平方米。投资350余万元，新购环卫专业车辆11部。开展城乡环境卫生综合整治，清理城乡接合部积存垃圾7万余立方米。

环境保护

1994年建区前，境内3条河流，因接纳企业排放的工业废水和城市生活污水，受污染严重，主要污染物化学需氧量、石油类、氨氮均超标。煤烟型污染是境内环境空气污染的主要特征，大气环境质量主要污染物为二氧化硫，其次为总悬浮颗粒物。1994—1997年，根据“管、限、迁”三步并进的工作要求，对市区内几个较大的大气污染源进行限期治理，全区累计改造锅炉、窑炉100台次，占锅炉、窑炉总数的90%左右。2001—2005年，廿里堡街道、南苑街道等辖区的7家锻造厂停产关闭。至此，区内无大型烟尘、废气污染源。1994—1997年，全区工业废水治理累计投资653万元，建成污水处理设施13（台）套，形成日处理废水2万吨的能力。2010年，新建工业企业废水治理项目6个，完成投资7291.76万元。至2012年，工业废水处理率、工业废气处理率、烟尘控制区覆盖率均达到100%，工业固体废物综合利用率达到98.4%，区域环境噪声覆盖率达到84.6%。

第四节　社会事业

科技

1995年10月，制定《潍坊市奎文区科学技术进步奖奖励试行办法》；2008年11月，经过修订，印发《潍坊市奎文区科学技术奖励办法》，科技成果管理工作走上制度化、规范化的轨道。1994年9月—2010年12月，全区共登记科技成果102项。其中，获省科技进步奖、星火奖和软科学奖16项，获市科技进步奖67项。1998年起，开始进行全区科学技术进步奖评审奖励工作，每两年进行评审奖励一次。1998—2010年，共进行5次全区科学技术进步奖评审。共评出优秀科技成果112项。其中，一等奖21项，二等奖40项，三等奖51项。1994年，全区仅有区属科研机构1家，有民营科研机构30余家。至2010年12月，全区共有各类科研机构101家，其中，国家级工程技术研究中心1家，省级工程技术研究中心4家，市级工程技术研究中心9家，区属科研机构1家，民营科研机构82家，专利事务所等科技中介组织4家。2010年，全区拥有各类专业技术人才11908人，每万人拥有技术人员1073人，比2007年增长25.08%。全区有20多家企业与清华大学、中国科学院、山东大学等国内知名高等院校、科研院所建立了长期稳定的合作关系，通过“科企联姻”开发新产品80多种，解决企业技术难题100余项，加快了企业产品的更新换代步伐。2012年，全区共取得主要科技成果11项，达到国内先进水平和填补国内空白2项，达到省内先进水平9项。全年共安排和承担各类科技计划项目52项，其中市级以上项目4项，安排区科技计划项目48项。获市级以上科技进步奖14项。当年申请专利580件。全区建立省级工程技术研究中心3家，市级工程技术研究中心12家。2012年，全区以控制设备、化工产品、新材料等为主导产品的高新技术产业企业8家，其中工业总产值过亿元的3家。全区高新技术产业产值占规模以上工业总产值比重达35.9%。

教育

1994年，全区共有幼儿园62所，小学16所，普通中学10所，职业学校3所，特殊教育学校1所。2010年，奎文区共有各级各类学校36所，其中，初中5所，九年一贯制学校5所，小学24所，中等职业教育1所，特殊教育学校1所。全区各类学校教职工总计2775人，在校学生35220人。全区有幼儿园88所，幼儿教师1456人，在园幼儿11423人。2012年，全区共有普通小学25所（不含分校），在校生26266人；普通中学9所，在校生9522人；特殊教育学校1所，在校生103人。各类学校共拥有在职教职工2768人，其中专任教师2281人。有幼儿园84所，在园幼儿11960人，3～6周岁幼儿入园率达到98%。适龄儿童入学率100%，在校生巩固率小学、初中均为100%。全区市级以上规范化学校22所，占中小学总数的79%。举办了奎文区中小学第五届科技节，投资260余万元完成11处学校校舍维修改造工程。

文化

1994年建区时，全区有文物古迹观音阁、九曲巷2处，近现代纪念建筑颜氏先祠、赵家抗日遗址、庄龙甲故居、王全斌故居、乐道院遗址5处。2004年4月，对全区文物进行普查、发掘，申报2处市级文物保护单位。2006年，重点挖掘整理了“潍坊红木嵌银漆器”项目，列入市级非物质文化遗产保护名录，并成功申报省级非物质文化遗产保护项目。2007年10月，乐道院遗址被公布为潍坊市第二批重点文物保护单位。2010年1月，潍坊铜印铸造技艺列入山东省非物质文化遗产保护项目。2011年7月，奎文区政府公布的第一批奎文区文物保护单位共7处。到2012年末，全区拥有国家级文化产业示范基地1处、市级文化产业示范基地4处，全省重点文化企业1家，全市风筝都文化奖“优秀文化企业”2家，风筝都纪念广场获山东省第九批“十佳文化广场”称号。

1996年6月，奎文区电影放映队成立，至2012年，电影放映场次近1000场，观众逾30万人次。2007年，全市开始进入数字信号有线电视时代，2010年奎文区数字电视用户约12万户。2012年创新建成“农民工书屋”和“农民工流动书屋”，央视《焦点访谈》等重要新闻媒体进行宣传报道。全区文化“五大工程”（全区农家书屋、街道综合文化站和社区文化中心、数字化公益电影放映、公共电子阅览室、广播电视村村通）建设成效显著，实现100%全覆盖。到2012年末，奎文美术馆和奎文画院建成并投入使用，填补全区无公益性美术馆的空白；区图书馆被文化部命名为“国家一级馆”，跨入全国先进馆行列；出版发行《奎文古韵》，全区8件文艺作品获省级奖励。

旅游

2001年，全区接待国内外游客65万人次，旅游总收入850万元。至2010年，先后开发鸢都湖公园和潍坊植物园，扩建金宝乐园和潍州乐园，新建各类景点200多个，与富华游乐园相衬托，形成了各具特色的旅游景观。到2012年，全区拥有国家AA级以上景区、景点5处，全年接待国内外游客482万人次，旅游总收入达18.27亿元。

医疗卫生

1994年，奎文区有潍坊市第二人民医院、安定医院、南郊医院、东城医院、奎文阁医院5家区属医院。1995年，奎文阁医院并入潍坊市第二人民医院。1999年，奎文区妇幼保健站与奎文区东城医院合并成立奎文区妇幼保健院。2002年，奎文区安定医院更名为奎文区新华医院。2005年，奎文区南郊医院更名为奎文区中心医院。至2010年12月，全区有医院（医务室）18家，社区卫生室77家，个体诊所117家。至2010年12月，全区共有万元以上医疗器械180余（台）件，百万元以上8件。2011年末，全区拥有各级各类医疗卫生机构210处，床位1367张，卫生技术人员2156人；社区卫生服务中心5处，社区卫生服务站21处，进一步健全了城市卫生服务网络。2012年底，全区210处各级各类医疗卫生机构，有床位1541张，卫生技术人员2357人。积极抓好疾病预防控制工作，全区儿童计划免疫“七苗”（卡介苗、麻疹疫苗、脊髓灰质炎疫苗、百白破三联疫苗、乙肝疫苗、乙脑疫苗、流脑疫苗）接种率达95%以上。全年无甲类传染病及死亡传染病病例发生，乙类传染病报告发病率102.18/10万，丙类传染病5种999例，报告发病率283.54/10万。

体育

1994年建区之后，体育专职教师和体育专业学校毕业的教师逐年增多。至2010年12月，全区有体育教师286人，其中小学专兼职体育教师252人，初中专兼职34人。1995年5月，建区之后的首届中小学田径运动会在市体育活动中心召开，全区30所初中和小学全部参加。1995年4月，奎文区派出4支代表队参加第十二届潍坊国际风筝大赛，分获第一名和第四名的好成绩。此后，每年都派出代表队参赛。1998—2000年，连续三年获得团体三等奖。2001—2010年，连续获得团体二等奖。其间有多次获风筝创新奖。2011年，组团参加潍坊市第十八届运动会暨潍坊市第一届全民健身运动会比赛项目14个，获金牌39枚，银牌17枚，铜牌20枚，一等奖3个、二等奖4个、三等奖3个。2012年，组织开展“奎文区全民健身月暨奎文区第三届全民健身运动会”活动，67个代表团近6000名运动员参赛。全区共参加市级以上比赛项目3个，获金牌27枚、银牌21枚、铜牌23枚。

人民生活

1994年，全区城镇居民年人均可支配收入4147元，农民年人均纯收入1812元。2010年，全区城镇居民年人均可支配收入19675元，是1994年的4.7倍，年均增长23.4%；农民年人均纯收入9417元，是1994年的5.2倍，年均增长26.23%。至2010年12月，全区百户城镇居民家庭拥有空调96台，照相机59架，洗衣机104台，电冰箱110台，彩色电视机118台，淋浴热水器89台，家用电脑82台，家用汽车19辆，固定电话72部，移动电话214部；百户农民家庭拥有彩色电视机82台，洗衣机71台，电冰箱61台，空调44台，照相机36架，家用汽车12辆，固定电话52部，移动电话136部。2012年，城镇居民人均可支配收入25817元，城镇居民人均消费性支出16100元。

第五节　乡镇（街道）概况

大虞街道

1994年8月，潍城区大虞镇成建制划归奎文区组建奎文区大虞镇。同年12月，奎文区行政区划调整，大虞镇改为大虞街道，为正科级规格，位于潍坊市奎文区北部。街道辖区面积7.88平方千米，辖7个经济合作社、9个社区。人口6.58万人。2012年，完成地方财政收入14976万元，居民人均纯收入11396元。

梨园街道

1994年8月，潍城区梨园镇成建制划归奎文区组建奎文区梨园镇。同年12月，奎文区行政区划调整，梨园镇改为樱桃园街道，为正科级规格，位于潍坊市奎文区东南部。2012年，街道辖区面积5.6平方千米，辖16个社区，16948户，人口5.1万人。2012年，完成地方财政收入9351万元，居民人均纯收入10480元。

广文街道

1994年12月，新成立奎文区广文街道党工委、办事处。街道辖区面积4.22平方千米，辖6个社区，33563户，8.6万人。2012年，完成地方财政收入1.17亿元，城镇居民人均可支配收入25871元。街道获得全国安全社区、市镇域科学发展先进街道、中国人居环境奖创建及城市建设先进单位、安全生产工作先进集体、群众工作先进单位等称号，为全省城市社区党风廉政建设、省“村改居”规范化管理、市纪检监察系统党风室工作等座谈会提供现场。

东关街道

1994年8月，潍城区东关街道成建制划归奎文区。位于潍坊市奎文区中部，东起虞河，西到白浪河，北至北宫东街，南接民生东街。街道辖区面积5平方千米，辖9个社区，3.6万户，人口12.2万人。2012年，居民人均纯收入25817元。2012年底，街道建成商务楼宇31座，总建筑面积86万平方米，注册资金30万元以上的企业438个，其中总部型企业50个。先后获省级文明单位、全国社区睦邻文化建设工程示范街道、第一批全国人口和计划生育依法行政示范街道、全国安全社区、山东省“十佳中心文化广场”等称号。

北苑街道

1994年8月，潍城区东园街道成建制划归奎文区。同年12月，奎文区行政区划调整，奎文区东园街道更名为北苑街道，为正科级规格，位于潍坊市奎文区西北部。街道辖区面积6.13平方千米，辖则尔庄、丁家、沙窝、卧龙、金都5个社区，17925户，人口3.2万人。2012年，完成地方财政收入6690万元。推进总投资90.2亿元、规划建设面积421.8万平方米的虞河生活城、金都时代新城等20个重点项目实现连片开发；4000平方米的街道社区服务中心投入使用；街道获“全国安全社区”称号。

潍州路街道

1994年8月，潍城区院校街道划归奎文区，改为奎文区院校街道，为正科级规格。位于潍坊市奎文区中西部，西起白浪河，东到鸢飞路，南至宝通街，北接民生街，环境秀丽，交通便捷，地理位置优越。街道辖区面积6.1平方千米，辖15个社区，24848户，人口7.8万人。2012年，完成地方财政收入11625万元，居民人均纯收入23017元。

经济开发区（廿里堡街道）

1994年8月，潍城区廿里堡镇划归奎文区组建奎文区廿里堡镇。同年12月，奎文区行政区划调整，廿里堡镇改为廿里堡街道，为正科级规格，位于潍坊市奎文区南部。2002年11月，经山东省人民政府和国家发改委批准，设立奎文区城南工业园区，与廿里堡街道合署办公，实行以奎文区城南工业园区为主、街区合一的管理体制。内设党政办公室、财政办公室、经济发展局（农村工作办公室）等机构。2009年4月26日，由正科级调整为副县级，仍与廿里堡街道合署办公，内设主任1名，副主任1名，行政编制35人，事业编制74人。2009年11月26日，奎文区城南工业园区内设机构为党政办公室、财政办公室、经济发展局、建设管理局、社会事业局等机构；2010年5月7日，奎文区城南工业园区更名为山东潍坊奎文经济开发区。街道辖区面积25.7平方千米，辖25个社区，8652户，总人口5万人。2012年，开发区完成地方财政收入1.28亿元，居民人均纯收入10419元。

北海路街道

2009年5月，潍坊市区划调整，奎文区新成立北海路商贸经济发展区。奎文区北海路街道（北海路商贸经济发展区）位于潍坊市奎文区东部，东至北海路，西至新华路，南至张面河，北至通亭街。辖区面积3.1平方千米，辖10个社区，2.65万户，常住人口6.3万人。2012年，完成固定资产投资10.1亿元；实现地方财政收入6603万元；招商引资项目12个，到位资金6.2亿元；居民人均纯收入9761元。辖区内现有商务楼宇18座，服务业企业350家，从业人员近3万人，初步形成了新华路商业片区、沿北海路商务片区、十里堡商贸集聚片区3个各具特色的现代服务业经营区。

第二章　潍城区

第一节　建置区划

境域

潍城区位于山东半岛西部，居潍坊市中部，地处北纬36°35′01″～36°49′33″、东经118°55′54″～119°06′30″。东跨白浪河与奎文区接界，东南与坊子区毗连，西南、西与昌乐县相邻，西北与寿光市接壤，北、东北与寒亭区毗邻。1991年，潍城区行政区域面积368.2平方千米。1994年，白浪河以东区域划归新设立的奎文区，潍城区行政区域面积缩减至289.56平方千米，东西最大横距14.23千米，南北最大纵距26.44千米，边界线总长121.17千米。2003年，潍城区的18个行政村划归潍坊经济开发区管理，潍城区直辖区域面积调整为269.54平方千米。至2012年，潍城区行政区域面积、直辖区域面积分别为289.56平方千米、269.54平方千米。

建置

夏为平寿国，商属莱国，西周、春秋、战国为齐国领地，秦属胶东郡。西汉置平寿县，隶属青州刺史部北海郡。东汉置平寿县，隶属青州刺史部北海国。三国魏、西晋置平寿县，隶属青州北海国。东晋十六国，境域为后赵、前燕、前秦、后燕、南燕相继占据。南朝宋、北朝魏置平寿县，隶属青州北海郡。北朝齐废平寿县并入下密县，隶属青州高阳郡。隋开皇三年（583），罢郡存州，置下密县，隶属青州。隋开皇十六年（596），设立潍州，州治下密；隋大业三年（607），废潍州设北海郡，改下密县为北海县，隶属北海郡。唐武德二年（619），复设潍州，境域分属平寿县、北海县，隶属潍州。唐武德六年（623），境内为北海县，隶属潍州。唐武德八年（625），废潍州，境内为北海县，隶属河南道青州。宋、金、元置北海县，先后隶属京东东路潍州、山东东路潍州、益都路潍州。明洪武元年（1368），撤北海县并入潍州，隶属青州府。明洪武九年（1376），潍州改属莱州府。明洪武十年（1377），降州为县，始称潍县，隶属莱州府。明洪武二十二年（1389），潍县直属莱州府平度州。清初循明旧制，清雍正十二年（1734）降平度为散州，潍县直属莱州府。1914年裁府，潍县隶属胶东道，1925年改属莱胶道。1927年国民政府废止“道”制，以省领县。1928年6月国民党山东省政府成立后，潍县直属山东省。1937年后，隶属山东省第八行政督察区。1948年4月潍县解放，以潍城、坊子、望留等地组建潍坊特别市，隶属山东省。同年8月复置潍县（即新潍县），隶属昌潍专区，境域大部归属潍县，其余归属潍坊特别市。1949年6月潍坊特别市改称潍坊市，仍隶属山东省，境域分属潍县、潍坊市。1950年撤销潍坊市，境域归属潍县。1951年1月，复置潍坊市（县级），隶属昌潍专区，境域分属潍县、潍坊市。1958年11月，撤销潍县并入潍坊市，境域归属潍坊市。1962年1月潍县析出，市、县分置，嗣后至1983年，境域分属潍县、潍坊市，先后隶属昌潍专区、昌潍地区、潍坊地区。1983年8月，撤销潍坊地区和潍县，潍县行政区域并入潍坊市，潍坊市组建为地专级省辖市。同年10月，将原潍坊市（县级）和原潍县辖区划分为潍城区、坊子区、寒亭区3个县级行政区。1994年9月，在白浪河以东设立奎文区（县级），白浪河以西仍为潍城区（县级），隶属潍坊市。

区划

1991年，潍城区辖廿里堡、望留、符山、大柳树4个镇，河西、于河、杏埠、军埠口、大虞、梨园6个乡，城关、南关、东关、西关、北宫、东园、院校7个街道，有306个行政村、101个居民委员会。1992年7月，大虞乡、梨园乡、于河乡撤乡设镇，撤销河西乡，设立北关镇。1993年2月，大虞镇7个行政村划归潍坊高新技术产业开发区管理。3月，成立潍坊外商投资开发区。9月，军埠口乡、杏埠乡撤乡设镇。1994年，撤销北关镇和北宫街道，设立北关街道。同年6月，白浪河以东的大虞、梨园、廿里堡3个镇，东园、东关、院校3个街道，军埠口镇10个行政村划归新设立的奎文区。区划调整后，潍城区辖于河、杏埠、符山、望留、大柳树、军埠口6个镇，城关、南关、西关、北关4个街道，有235个行政村、44个居民委员会、2个家属委员会。1997年3月，北关街道与潍坊外商投资开发区实行街区合一体制。2001年3月，撤销杏埠镇，其行政区域并入于河镇；撤销大柳树镇，其中17个行政村划归符山镇、13个行政村划归军埠口镇、1个行政村划归望留镇。2003年1月，北关街道3个行政村和于河镇15个行政村划归潍坊经济开发区管理。3月，北关街道与潍坊外商投资开发区分离，不再实行街区合一体制。5月，成立潍坊鸢都湖—浮烟山综合开发区。2005年12月，潍坊外商投资开发区更名山东潍城经济开发区。2007年9月，撤销军埠口镇、符山镇、于河镇、望留镇，设立于河街道、望留街道，成立军埠口工业园区、乐埠山生态管理区。于河街道与山东潍城经济开发区实行街区合一体制，望留街道与潍坊鸢都湖—浮烟山综合开发区实行街区合一体制。同年，军埠口工业园区改称军埠口综合项目区，乐埠山生态管理区改称乐埠山生态经济发展区。2008年6月，于河街道与山东潍城经济开发区分离，不再实行街区合一体制。至2012年，潍城区辖于河街道、望留街道（与潍坊鸢都湖—浮烟山综合开发区街区合一）、北关街道、西关街道、南关街道、城关街道6个街道，山东潍城经济开发区1个省级开发区，军埠口综合项目区、乐埠山生态经济发展区2个区属管理区，有169个行政村（不包括划归潍坊经济开发区管理的18个行政村）、83个社区。

人口 民族

1991年，潍城区户籍总人口（含尚未成立的奎文）55.17万人，其中非农业人口29.6万人，男女性别比为105.22：100，人口出生率11.23‰，死亡率5.1‰，自然增长率6.13‰。1993年，户籍总人口57.52万人，其中非农业人口31.4万人，男女性别比为104.91：100，人口出生率9.2‰，死亡率4.43‰，自然增长率4.77‰。1994年区划调整后，全区户籍总人口32.78万人，其中非农业人口14.24万人，男女性别比为105.49：100，人口出生率10.14‰，死亡率5.23‰，自然增长率4.91‰。2000年，户籍总人口36.54万人，非农业人口18.84万人，男女性别比为102.89：100，人口自然增长率6.31‰。

2010年，户籍总人口36.48万人（含划归潍坊经济开发区管理的18个村），男女性别比为100.66：100，人口自然增长率4.3‰。2012年，户籍总人口36.45万人（含划归潍坊经济开发区管理的18个村），男女性别比为100.36：100，人口自然增长率4‰，人口密度1296人/平方千米。

1990年，潍城区汉族人口558271人，占总人口99.83%；少数民族有回族、满族、朝鲜族、蒙古族等11个，人口968人，占总人口的0.17%。2000年第五次人口普查，全区汉族有382294人，占总人口99.77%；少数民族有回族、满族、朝鲜族、蒙古族等23个，895人，占总人口的0.23%。2010年第六次人口普查，全区汉族有414021人，占总人口99.74%；少数民族有回族、满族、朝鲜族、蒙古族等35个，1097人（男性549人、女性548人），占总人口的0.26%。

第二节　自然环境

地形

地势南高北低，呈较平缓倾斜状，海拔高度192～13.5米。境域西南部为丘陵，占全区总面积的27.1%，有符山（浮烟山）、五党山、明宗山、黑山、七窝落山、凤台山、四泉山、孝迹山、火山、行山等10余座，分布在大于河两岸，西南东北走向，系泰沂山脉尾闾。境内其他区域均为洪积冲积平原，占全区总面积的72.9%，地势较缓平，属流水地貌。境内最高点位于西南部五党山，海拔192米；最低点位于西北部槐埠村，海拔13.5米。

气候

属暖温带季风型半湿润大陆性气候。四季分明，雨热同季，光照充足。春季南北风向交替频繁，风多、雨少、干燥，早春冷暖多变且常有倒春寒，晚春气温回暖迅速且日较差大；夏季盛行西南风，酷热多雨，降水集中，高温潮湿，常有雷雨、大风、冰雹；秋季空气湿度减小，秋高气爽，晚秋多干旱；冬季寒冷干燥，盛行偏北风，少雨雪。1991—2012年，年平均气温12.9℃。1993年年平均气温最低11.7℃，2007年年平均气温最高13.6℃。年平均降水量为577毫米。降水量年际变化较大，2006年年降水量最少为312毫米，2011年年降水量最多为874.5毫米。年平均日照时数2401.7小时，年日照百分率平均54.1%。初霜（秋霜）平均日期为10月下旬，终霜（春霜）平均日期为4月下旬，无霜期169～232天。

河流

境内有白浪河、小于河、大于河、白杨河、长清河5条河流，境内总长度81.37千米。由南至北流向的河流4条，自东而西依次是白浪河、小于河、大于河、白杨河，其中白浪河境内长24.3千米，大于河境内长22.23千米，两条河流纵贯全境，均由昌乐县入境，出境进寒亭区；小于河境内长18.5千米，白杨河境内长11.4千米，两条河流分别发源于境内中部和西部，均出境进寒亭区。从西到东流向的河流有长清河1条，全长4.94千米，发源于境内南部，入境内白浪河水库。

土壤　植被

境内土壤有棕壤、褐土、潮土、砂姜黑土4种类型，分别占土壤总面积的0.51%、91.6%、3.97%和3.13%。

境内植被属华北平原植被类型。有栽培植被和自然植被。以栽培植被为主，主要栽培农作物，间以林果。自然植被较少，仅在山坡、河道、路沟、村边有少量温带落叶阔叶疏林灌丛植被、草甸植被、沼泽植被等。

自然资源

1991年，潍城区行政区域土地总面积3.68万公顷，其中耕地面积1.93万公顷。1994年区划调整后，行政区域土地总面积调整为2.9万公顷,其中耕地面积1.58万公顷。2003年，境内18个行政村划归潍坊经济开发区管理，直辖区域土地总面积2.7万公顷，其中耕地面积1.19万公顷。2012年，直辖区域内有农用地1.59万公顷，占直辖区域土地总面积的58.9%。1991—2012年，年平均地表水资源量2334.6万立方米，年平均地下水资源量3405.3万立方米，全区蓄水工程年平均利用量2334.6万立方米。境内植物资源和动物资源以人工栽培的植物、饲养的动物为主。矿产资源主要有膨润土、蓝宝石、石英砂、建筑用砂、石灰石、矿泉水、煤等。

第三节　经济发展

1991—2012年，潍城区国民经济持续增长，第一产业、第二产业、第三产业协调发展，三次产业比例不断优化。1991年，全区实现地区生产总值7.69亿元，全社会固定资产投资1.95亿元，社会商品零售总额8.58亿元，地方财政收入1.01亿元。三次产业构成比重为19.7：56.5：23.8。1993年，全区实现生产总值16.85亿元，全社会固定资产投资完成5.6亿元，社会消费品零售总额13.01亿元，地方财政收入1.32亿元。三次产业构成比重为11.9：57.9：30.2。1994年区划调整后，全区生产总值10.2亿元，全社会固定资产投资3.94亿元，社会消费品零售总额9.05亿元，地方财政收入0.46亿元。三次产业构成比重为15.7：51.0：33.3。至2012年，实现地区生产总值187.5亿元，全社会固定资产投资完成160.4亿元，社会消费品零售总额达到105.9亿元，地方财政收入12.84亿元。三次产业构成进一步调整优化，构成比重为4.5：44.9：50.6。

农业

1991年，农业以种植业为主，农作物播种面积（含尚未成立的奎文）2.87万公顷，粮食总产量15.19万吨。1992年，围绕发展高产高效农业，进一步提高农业综合经济效益。1993年，开始实施农业产业化战略，确定以发展农业龙头企业带动为主、其他新型农业经营主体为辅的农业产业化发展思路，大力发展高产优质高效农业。1994—1997年，围绕实施农业产业化战略，调整优化农业内部产业结构，发展高产优质高效特色农业，初步形成花卉、蔬菜、畜牧、果品等优势产业。1998—2002年，按照“区域化布局、规模化发展”的思路，加大农业结构调整力度，粮经比例达到3.5：6.5。花卉、苗木、蔬菜、特种养殖等主导产业发展较快。农业龙头企业发展到30余家，辐射带动作用进一步增强。2003—2007年，深入实施以农业产业化、标准化、国际化和龙头带动、市场带动、科技带动为主要内容的“三化、三带动”战略，涉农企业发展到241家，其中7家进入潍坊市百强行列。2008—2012年，都市农业形成新亮点，大洋生态村、安联开心农场等都市农业项目初具规模，休闲农业、旅游农业、观光农业得到较快发展。2012年，全区农业产业化市级以上重点龙头企业发展到21家，各类农民专业合作经济组织发展到102家。全年农业总产值14.35亿元，粮食总产9.72万吨。

工业

1991年，全区有工业企业（含尚未成立的奎文）2334家，其中乡镇以上工业企业160家。全部工业总产值16.47亿元（现价）。1991年后，实行工业改革、改组、改造、管理四位一体，积极转变经济增长方式，产品结构不断优化，工业经济效益和经济运行质量逐年提高。1993年，对潍坊蓄电池厂和潍坊氧气厂两家工业企业进行股份制改革试点。1994年区划调整后，潍城区提出“工业立区”的指导思想，着力培植骨干企业和优势行业。1998年，在区属工业企业开展转换企业经营机制、建立现代企业制度为目标的企业改革。2001年，开始以产权改革为核心进行企业改革，在保证国有、集体资产不流失的前提下，进一步理顺企业产权关系，提高资产质量，建立健全企业法人治理结构，形成资本构成个人化、股权结构集中化、持股形式多样化格局，企业经济运行质量和经济效益逐步提高。2004—2005年实施“三个一批”（壮大一批支柱产业、发展一批大型企业集团、培育一批知名品牌）战略，全区工业经济的整体实力和竞争力进一步提高。2005年，全区有规模以下非国有工业企业单位3260个，有规模以上工业企业203家。至2008年，全区基本完成以产权制度改革为重点的企业改革，6家企业实施退城进园，巨力股份重组工作基本完成。2009年，大力推进企业股份制改造，完成改制企业7家。此后至2011年，全面提升以企业为主体的科技创新体系建设，机械装备、纺织服装、食品加工、新型建材等主导产业加快上档升级。2012年，深入实施工业强区战略，以高新节能环保为方向，推进园区建设、骨干培养和高新改造，高起点规划建设12平方千米的乐埠山高新产业园，潍坊雷诺特动力设备有限公司、山东富特空调设备有限公司等18家高新节能企业扩建提质，实施总投资36.8亿元的55个重点技改项目。是年，全区有工业企业873家，完成全部工业总产值319.6亿元（现价）；有规模以上工业企业83家，实现工业总产值287.9亿元（现价），主营业务收入291.8亿元，利润总额11.7亿元，利税总额18.7亿元。

商贸流通

1991年，全区社会商品零售总额（含尚未成立的奎文）8.58亿元，其中：对居民销售7.56亿元，对社会集团销售0.24亿元，对农民农业生产资料销售0.78亿元。90年代后，积极发挥潍城区作为潍坊市中心城区的优势，优化布局，调整结构，拓展内涵，深入挖掘传统商业底蕴，持续打造新型商业业态。至2007年，基本构建起现代商贸服务业与传统商贸服务业并存发展的新格局。商务经济、总部经济等新型业态不断涌现，现代物流配送、连锁经营、仓储式商场、大型综合超市、购物广场等商贸流通服务业发展迅速，批零贸易业、住宿餐饮业、休闲娱乐业等遍布城区。人民商城、盛和步行街、中百大厦、潍坊百货大楼、万家福超市、佳乐家超市福寿店、樱桃园商城等大型商场坐落在潍城城区，形成潍坊市区最大最繁华的商业区。在城区西部规划建设了鲁东物流中心，搭建起以潍坊豪德光彩贸易广场为龙头的现代物流发展框架。此后至2011年，全面推进现代服务业高端发展，在中心城区建成了金沙城市广场、福润得大厦等一批城市综合体和商务楼宇，潍城区被确定为全省服务业综合改革试点区。2012年，现代服务业发展成效显著，全区114个投资过亿元的服务业重点项目进展顺利，茶文化博览交易中心、泰华金泰广场、万锦国际广场等大型商贸项目建成投入运营，鲁东物流中心建成面积达到560余万平方米，聚集专业物流企业79家，成功创建为“中国物流示范基地”，潍坊创意产业园获批国家级广告产业园区，西街99、西街68两大创意经济孵化器初步建成，创意西街改造提升基本完成。全区完成服务业增加值94.9亿元，占地区生产总值的比重达到50.6%；实现服务业税收17.4亿元，占全部税收的63.5%。潍城区被省政府评为全省服务业发展绩效考核先进单位。是年，全区社会消费品零售总额达105.6亿元，过亿元商品交易市场4处，成交金额达91亿元，以人民商城、豪德光彩贸易广场、樱桃园商城、新纪元市场等骨干市场为主的市场体系不断完善，经营规模不断扩大，辐射能力明显增强。

交通运输

潍城区地理位置优越，扼山东省东西通道咽喉，自古即为登、莱、青古道枢纽。改革开放以后，潍城区成为鲁东、鲁西及山东半岛南北之间的转道中心，道路纵横交错，交通发达，运输便利，形成了四通八达的陆上交通网络。潍坊火车站位于城区，胶济铁路东西横穿境域。1994年区划调整前后，胶济铁路在境内全长分别为21.7千米、12千米。

1991年，潍城区公路通车里程总计158.7千米。全区有干线公路（国道、省道）4条，全长75.4千米。其中，国道2条：烟汕线16.2千米，荣兰线23.4千米；省道2条：潍九线16.3千米，潍高线19.5千米。全区有县乡公路（县道、乡道）83.3千米，其中县道42千米、乡道41.3千米。1993年，全区公路通车里程总计274.1千米。全区有干线公路5条，全长96.9千米。其中，国道3条：济青高速公路16千米，烟汕线17.1千米，荣兰线27.8千米；省道2条：潍九线16.5千米，潍高线19.5千米。全区有县乡公路177.2千米，其中县道43.4千米、乡道133.8千米。全区公路旅客运输量165.1万人次，旅客周转量14586万人千米；公路货物运输量469.4万吨，货物周转量30050万吨千米。

1994年区划调整后，潍城区公路通车里程总计246.1千米。全区有干线公路4条，全长68.7千米。其中，国道2条：济青高速公路13.2千米，荣兰线19.5千米；省道2条：潍九线16.5千米，潍高线19.5千米。全区有县乡公路177.4千米，其中县道42千米、乡道135.4千米。全区公路旅客运输量21.72万人次，旅客周转量138.72万人千米；公路货物运输量410.3万吨，货物周转量7655万吨千米。至2012年，全区公路通车里程总计277.6千米。全区有干线公路5条，全长73千米。其中，国道2条：青银线16.5千米，荣兰线22千米；省道3条：潍九线15.1千米，潍高线10.7千米，潍胶线8.7千米。全区有县乡公路204.6千米，其中县道68.4千米、乡道136.2千米。全区公路旅客运输量1184万人次，旅客周转量51938万人千米；公路货物运输量649万吨，货物周转量214461万吨千米。

1991年，全区有村道312.2千米，其中砂土路303.3千米、柏油路8.9千米。1994年区划调整后，全区有村道226.3千米，其中砂土路221.1千米、柏油路5.2千米。2002年，全区村道达到240.4千米，其中砂土路223.5千米、柏油路16.5千米。2003年，全面实施“村村通油路”工程。至2007年，全区实现村村通柏油路。

邮政通信

1991年至1998年9月，全区邮政业务由潍坊市邮电局管理。1998年10月，潍坊市邮政局、电信局分别成立，邮政、电信分营，此后潍城区境内邮政业务由市邮政局管理。至2005年，境内的邮政营业网点服务范围遍及城乡。城区网点主要设在交通干道、商业街道、居民聚居区附近，乡村网点主要设在有关街道办事处所在地、行政村及厂矿企业等。截至2012年底，潍城境内有营业网点12个，其中自有网点5个、租赁网点7个。全区营业网点平均服务面积24.17平方千米，平均服务人口4.03万人，年业务量85.87万件，办理储蓄业务38.87万笔，年业务收入1073.93万元。

1991年至1998年9月，全区通信业务由潍坊市邮电局管理。1991年，境内开通程控电话。1994年初，全区乡镇全部接入C4本地通信网，实现乡镇电话自动化。1995年，境内电话号码由6位升至7位，接入C3本地通信网，形成城乡、长途市话一体化电话通信网，开办国内国际长途直拨电话业务，开办160、168声讯业务及数据交换、可视电话等业务。1995年，省数字数据

（DDN）网潍城汇接点开通，并逐步覆盖潍城区全境。1997年，全区实现村村通电话。1998年10月，潍坊市邮政、电信分营。此后至1999年7月，潍城区境内通信业务由市电信局管理。1999年7月，潍坊市移动通信与固定通信分营，山东移动通信公司潍坊分公司正式成立，潍坊市电信局更名为潍坊电信公司，推行现代企业制度，实施企业化运作。2002年11月，潍坊电信公司改称潍坊市通信公司。2003年6月，中国电信集团公司山东省潍坊市电信分公司（简称潍坊电信）成立，于次年在潍城设区级分公司，隶属潍坊电信。2003年10月，潍坊市通信公司重组为潍坊网通公司。2007年，山东移动通信公司潍坊分公司更名为中国移动通信集团山东有限公司潍坊分公司（简称潍坊移动）。2008年10月，潍坊联通公司（该公司成立于1996年7月）、潍坊网通公司融合重组为联通公司，2009年3月更名为中国联合网络通信有限公司潍坊市分公司。至2012年，潍城区境内通信业务主要由潍坊电信、潍坊移动、潍坊联通经营，潍坊电信通信网络、潍坊移动通信网络、潍坊联通通信网络覆盖潍城区全境。

城乡建设

1991年，城区有主要道路17条，街巷324条，城区绿化覆盖面积14公顷，住宅建筑面积384万平方米。1992年，城区道路硬化率达到98%，城乡绿化覆盖率28%，潍城区被评为全国平原绿化先进单位。1994年区划调整，城区有主要道路14条，街巷147条，城区绿化覆盖面积17公顷，住宅建筑面积353万平方米。区划调整后至1997年，城乡建设和管理进一步加强，城乡基本建设完成投资6.5亿元，其中城区竣工项目155个，面积51.5万平方米。1998—2002年，城市基础设施建设完成重点工程150余项，基本完成北宫西街、胜利西街等15条主要道路拓宽改造工程，区内国道、省道与17条县乡公路均达到优良公路标准，全区75%的村庄通柏油路。旧城旧村改造加快，完成苗圃、松园子街、白浪河公园等区域的征迁改造，开发商品房和经济适应住房246万平方米，城区人均居住面积21.8平方米。近郊18个村基本完成综合改造。2003—2007年，共组织实施城建重点项目86个，累计完成投资11.8亿元，完成征迁面积180万平方米。全区16个城中村开工建设，6个村基本完成改造。完成长胜小区、中和街小区等10个小区的改造提升和郭宅街、北门大街等109条背街小巷的整治维护，城区居民生活居住环境明显改善。新农村建设稳步推进，实现村村通柏油路、村村通有线电视，95%的村用上自来水，农村生产生活环境明显改善。2008—2011年，城市建管统筹推进，人居环境不断完善，以打造生活品质之城为目标，坚持生态带动、设施先行、高端建设、全域开发，城市功能品质不断提升。投资6.2亿元，完成31条道路绿化和75个单位庭院、67个居民小区的绿化提升，城市绿化率达到42%。对乐埠山、浮烟山、白浪河上游实施大规模绿化，奥体公园、白浪绿洲湿地公园等一批功能性项目相继建成。铺开茂华紫苑公馆、香颂湾等36个高品质社区建设，新增现代化商住面积481万平方米。投资1500余万元，对城市建成区范围以外的所有村居实施城乡环卫一体化管理，实现生活垃圾日产日清和无害化集中处理。2012年，坚持全域开发、组团突破，统筹推进滨湖、利昌等重点片区开发，加快十笏园片区、月河楼片区等6个旧城片区和小许家、颜家、孙家等28个城中村改造，引进绿城、恒大等一批高端城市运营商，铺井翡翠华庭、圣菲漫步等27个高端商住区与贵和苑、金河等7个现代化农村社区建设。推进和平南路、潍胶路等6条道路扩建改造，启动总投资10亿元的大于河综合整治工程。

环境保护

1991—1996年，全区累计完成环保投资1440万元，完成污染治理项目99项。全区万元产值工业废水排放量由1991年的31.4吨下降到1996年的4.8吨，工业废水处理率由1991年的53.9%提高到1996年的59.9%。1996年，全区工业废水排放达标率为60%以上，城区大气总悬浮微粒年日平均值0.375毫克/立方米，二氧化硫年日平均值0.153毫克/立方米，区域环境噪声平均值56.3分贝，交通干线噪声平均值66.7分贝。1997年，对部分污染严重的企业实施关、停、并、转。1998年起，加强环境保护工作，加大环境保护投资力度，至2002年环境保护工作取得较大进展，污染物排放总量得到有效控制，全区主要污染物化学需氧量、烟尘、二氧化硫年排放量分别低于总量控制指标的35%、43%和40%。工业污染防治成效明显，47家重点工业污染源废水、废气排放达标率、工业固体废物综合利用率、工业废水处理率、工业废水排放达标率均达100%。环保设施运行率达99%，排污费开征面达100%。2003年，围绕环保目标责任制、创建环保模范城市、碧水工程计划和蓝天工程计划整体推进环境保护工作。开展城区大气污染综合治理，对城区1吨/时及以下燃煤设施限期淘汰。强化污染源监督监测，完成水、废气、噪声等监测数据3030个，重点督查工业废水、废气达标排放情况。2005—2006年，水和空气污染防治并重，烟尘控制区和噪声达标区覆盖率达100%。2007—2012年，进一步加强环境保护工作，持续加大环境保护投资。工业废水治理设施处理能力由2007年的0.49万吨/日提高到2012年的0.77万吨/日，工业重复用水率由2007年的51.64%提高到2012年的85.75%，工业废水治理设施由2007年的11套增加到2012年的16套；工业废气治理设施处理能力由2007年的12.95万标立方米/时提高到2012年的53.9万标立方米/时，工业废气治理设施由2007年的20套增加到2012年的56套。

第四节　社会事业

科技

1991年，全区取得科技成果22项，其中7项填补国内空白或达到国内先进水平；开展“科技兴农”示范乡镇、示范村和示范户活动，全区有19个村和695户达到示范村和示范户标准。1993年，通过“科技进步先进县（区）”验收，全年有4项科技成果达到国内先进水平或填补国内空白。1994年3月，潍城区被国家科委授予“科技进步先进县（区）”称号。1994—1997年，实施科技项目93项，取得科技成果22项，其中12项达到省级以上先进水平。申请国家专利81项，实施率达60%。民营科技企业发展到56处，固定资产达到2.4亿元。1998—2002年，实施各类科技计划150项，取得科技成果40项，其中32项达到省级以上先进水平。申请专利315项，实施率达50%。工业技改投入累计完成8.9亿元，开发新产品219种，其中有117种填补省内空白。2003年，组织实施各类科技项目21项，有15项列入市级以上科技计划，6项列入国家科技计划，潍坊六合微粉有限公司的高品质碳化硅微粉、潍坊扬帆机械有限公司的双辊挤浆机项目列入科技部中小企业创新基金项目。高新技术企业发展到9家，年产值达到3.9亿元。2005年，全区科技事业持续发展，科技进步对全区经济增长的贡献率达到56%。2007年，全区有各类专业技术人员1.9万人，其中高中级专业技术人员0.68万人；拥有各类科技示范基地50余家，省以上高新技术企业16家，有高新技术产品20多个，民营科研机构达到70多家；科技进步对经济增长的贡献率进一步提高，规模以上工业高新技术产品产值占总产值的比重达到21.2%。2008—2011年，科技创新能力和科技综合实力进一步提高，以企业为主体的科技创新体系建设全面提升，市级以上企业技术中心和工程技术研究中心发展到29家，省以上高新技术企业16家，院士工作站2家，实施160个技术改造项目。2012年，新增院士工作站1家，全区达到3家。拥有省级以上企业技术中心和工程技术研究中心7家。规模以上工业企业科研机构达到29家，实施科技项目159个，专利申请111件。全区有各类专业技术人员3.03万人，其中高中级专业技术人员0.91万人。

教育

1991年，全区有普通中学27所，学生19063人；普通小学197所，学生48552人；职业中学3所，学生1476人；特殊教育学校1所，学生83人。各类学校共有教职工4894人，其中专任教师4079人。全区有幼儿园181所，在园儿童7961人，幼儿园教职工547人。1994年区划调整，白浪河以东67所学校划归新组建的奎文区。全区实施“两基”（基本普及九年义务教育、基本扫除青壮年文盲）步伐加快，通过省政府“两基”达标验收，成为全国首批“两基”达标区。1994年底，全区有普通中学18所，学生15489人；普通小学129所，学生28115人；职业中学2所，学生2282人。共有教职工3449人，其中专任教师2930人。有幼儿园和学前班169所，幼儿园儿童及学前班学生共5970人，有教职工276人，其中专任教师252人。1995—1997年，共投入资金4063万元，完成校舍改造工程35项，完成建筑面积7.3万平方米。1996年，被市委、市政府授予“‘两基’工作先进区”称号。1997年，全区高考本专科上线人数183人，是1994年的3.7倍。1998—2002年，加强基础教育，适龄儿童入学率、普及率、巩固率均达100%。素质教育全面推进，被省教育厅确定为“山东省艺术教育重点科研基地”。校舍改造累计投入资金6180万元，完成校改面积9万余平方米。教育资源配置得到优化，辖区内3处高中合并组建成新七中，创办全区第一所民办公助学校——潍坊外国语学校。2003—2007年，先后投资9100万元，实施10项校改工程，累计向各类高等院校输送优秀毕业生7430人。2008—2011年，累计投资1.6亿元，新建、改建、扩建潍州外国语学校、潍坊八中等16处中小学校。2012年，实施福安小学、于河实验中学等6处学校新建、扩建，完成潍坊三中、区实验小学等8处学校的加固工程，以“名校带新校”模式组建潍坊外国语教育集团。是年，全区有普通中学13所，学生16556人；普通小学37所，学生25960人；特殊学校2所，学生283人。境内有中等职业学校8所，学生36911人。共有专任教师3796人。

文化

1991年，潍城有区广播电台1个、乡镇广播站10个，乡镇通播率100%。城区有线电视联网2万余户。建成全市第一家调频立体声电台。乡村级电视站3个，安装闭路电视的村10个。全区有村居文化室256个，电影放映单位50个。1992年，3个乡镇、4个街道被市政府表彰为社会先进文化乡镇、街道，建成文化娱乐中心2处，郭味蕖故居陈列馆落成并开馆。1993年4月，陈介祺故居陈列馆落成并开馆。1995—1997年，坚持文化工作繁荣和管理两手抓，全区90%的镇（街道）被评为省级或市级文化先进镇（街道）。实施广播电视精品工程，共有31件广播电视作品获得市级以上奖励。农村有线电视联网工程建设成效明显，全区6个镇全部建立地面卫星接收站。1999年，完成省政府赠送澳门特别行政区政府礼品——大型仿古青铜器“齐鲁风情迎荷瓶”的设计制作任务。2000年，建立区、镇（街道）、村（居）三级文化人才网络，基层文化生活更加活跃。2001—2003年，深入开展文化下乡活动，到镇、街道巡回演出36余场，电影放映330余场，举办“文明之夏”等各类广场文化活动110余场。2004年，社区文化进一步发展，全区30多支表演队在城镇与农村的广场和社区大院演出4200多场。2005年，4个镇驻地有线电视可收看32套电视节目。开通有线电视行政村95个，农村有线电视用户发展到1.1万户，覆盖全区农村人口达40%。2006年，农村有线电视实现村村通。2008年，城市社区全部配套文化活动场所，40%的村建立文化大院。7月，郭味蕖美术馆开馆。2009年，推进文化管理体制改革，整合组建区文化旅游新闻出版局、文化市场综合行政执法局。对辖区内不可移动文物进行全国第三次文物普查，建立信息档案。2010年，成立潍城区文物事业管理所，负责全区的文物保护管理工作。区档案馆成为全市第一个国家二级馆，全区社区文化活动中心达标率100%。2011—2012年，加强和健全城乡公共文化服务体系，深入开展乡村文明行动，全区街道综合文化站全部达到市定标准。开通有线广播电视村、电视人口覆盖率均达100%。

2012年，全区有全国重点文物保护单位1个：十笏园；省级文物保护单位3个：万印楼、郭味蕖故居“疏园”、潍城城隍庙；市级文物保护单位4个：松园子街民居、潍县城墙、玉清宫、北大于河村石桥；区级文物保护单位2个：麓台村邢国玺诗石碑、公孙弘墓。境内古文化遗址有平寿遗址、徐家遗址、陈家遗址、东毕家遗址、大崖头遗址、姚官庄遗址、郭家城章遗址等。

医疗卫生

1991年，全区拥有各类医疗卫生机构52个，床位834张，卫生技术人员1144人，村级卫生室205个。1992年，深入实施初级卫生保健，加强区、乡（镇）、村三级保健网络建设。卫生技术人员达到1504人，村级卫生室发展到270个，其中达到村级甲级卫生室标准的占75%。1994年区划调整后，拥有各类医疗卫生机构38个、床位787张。推行和完善农村合作医疗制度，建成省级初级卫生保健达标区。1994—1997年，推行以镇村卫生组织一体化为主要内容的农村卫生管理体制改革，区、镇、村三级医疗保健网络进一步巩固发展。开展群众性爱国卫生运动，1997年被省人事厅、爱卫会授予爱国卫生工作先进集体称号。1998—2002年，连续五年获省“爱国卫生先进集体”称号。市立医院、市立二院合并，创办全省一流水平的口腔专科医院。社会卫生服务网点设置全面规范，医疗市场监督执法力度加大。加强连锁式卫生服务网络建设，区、镇、村三级医疗服务网络逐步建立健全。2003年，防治“非典”工作成效显著，全区无一例“非典”病例发生，潍城区委、区政府被省委、省政府授予“防治非典型肺炎工作先进集体”称号。2003—2007年，公共卫生和医疗服务体系逐步完善，新型农村合作医疗制度全面推行，参合率达到98.7%。2008年，投资1600万元对街道、村、社区卫生服务机构进行标准化改造，新型农村合作医疗参合率达到100%。2008—2011年，全面加强公共卫生服务体系建设，对城市社区卫生服务中心、街道卫生院和村卫生室进行功能提升，财政投入2520万元购买城市社区公共卫生和医疗服务；新型农村合作医疗报销比例由2007年的55%提高到85%，报销封顶线由2007年的2万元提高到10万元；全面实施国家基本药物制度，为群众节省药费498万元。2012年，全区有卫生机构422个、床位3090张，卫生技术人员3229人，其中执业（助理）医师1302人、注册护士1275人。实施国家基本药物制度的医疗机构范围延伸扩大到省、市统一规划建设的77处村卫生室，深化医疗联合体建设，创新社区家庭医生签约式服务，成功创建全国社区中医药工作先进单位。

体育

1991年，潍城区有体育场1个，体育馆1个，室外游泳池场地5个，固定看台灯光球场场地1个，乒乓球训练房场地1个；有少儿业余体校1所，体育传统项目布局学校12所。1993年，在第十四届市运动会上，夺得金牌89枚、银牌50枚、铜牌32枚，名列榜首。1994年，组队代表潍坊市参加第十七届省运动会，获金牌2枚、银牌1枚、铜牌2枚。1996年，组建区竞技体育运动学校，举办第五届全区运动会。1998年，组队代表潍坊市参加第十九届省运动会，参赛武术散手和跆拳道项目，其中武术散手比赛获团体总分第四名，进入全省四强。2001年，承办山东省青少年武术散手锦标赛。开展体育下乡活动、全民健身和广场健身活动。承办潍坊市首届太极拳比赛。2003年，选派524名运动员参加第十六届市运动会，获金牌100枚，有34人次破18项全市最高纪录。同年8月，全国中学生、业余体校手球联赛在潍城举行，来自北京、上海、安徽、山东等28个手球队参加联赛。2005年、2006年，在潍坊市少年儿童锦标赛中，潍城区连续两年金牌数和奖牌总数均列全市第一，金牌数分别为67枚、85枚，奖牌总数分别为160枚、177枚。2008年4月，潍坊奥林匹克体育公园体育场开工建设，于2009年6月正式投入使用，获2010年度国家优质工程银质奖。2009年，建设14条农民健身路径和1处全民健身广场。2011年，参加潍坊市第十八届运动会，获金牌28枚、银牌26枚、铜牌14枚。2012年，组队参加市锦标赛的跆拳道、乒乓球、武术、游泳、网球等项目比赛，共取得可计算奖牌118枚。中小学体育联赛取得好成绩，区实验中学男子篮球代表队夺得省级联赛第五名。

人民生活

1991年，全区职工47341人，年工资总额9345.6万元，年人均工资2033元。城镇居民年人均生活费收入1594.66元，年人均生活费支出1399.64元；农村居民年人均纯收入939元。1994年区划调整后，全区职工30596人，年工资总额12914.9万元，年人均工资3968元。城镇居民年人均生活费收入3853元，年人均生活费支出3033元；农村居民年人均纯收入1785元。嗣后，随着改革开放不断深入，城乡居民收入稳步增加，生活水平持续提升，至2005年，全区在岗职工20217人，年工资总额24971万元，年人均工资12352元。城镇居民人均可支配收入10200元，人均消费性支出7660元，人均住房建筑面积28.7平方米；农村居民人均纯收入5485元，人均生活性消费支出3896元，人均住房建筑面积31.3平方米。截至2012年，城乡居民生活水平显著提高，生活质量明显改善，全区在岗职工（含派遣工）43176人，年工资总额173411.2万元，年人均工资40164元。城镇居民人均可支配收入25817元，人均消费性支出16100元，人均住房建筑面积36.9平方米；农村居民人均纯收入12445.3元，人均生活性消费支出6888元，人均住房建筑面积32.5平方米。

第五节　乡镇（街道）概况

于河街道

位于潍城区西北部，因流经境内的大于河得名。青银高速公路东西横贯境域，都家村是被国务院授予“全国老艺人”称号的核雕艺人都兰桂故里，流饭桥村是地方名吃“杠子头”火烧起源地。街道办事处驻地冯家村。1991年，称于河乡，辖47个行政村。至2012年，于河街道辖35个行政村，总人口3.01万人。2012年，实现公共财政预算收入1560.3万元，农村居民人均纯收入11533元。

望留街道

位于潍城区南部，因境内望留村得名。地势略微西高东低、南高北低。西南部为丘陵，有浮烟山、明宗山等山埠；其他地域地势较平缓。境内浮烟山休闲旅游度假区环境优美，融自然风光和人文景观于一体，是潍坊近郊一处旅游胜地。中国风筝放飞基地（潍坊国际风筝会放飞场）位于境内浮烟山麓。街道办事处驻地望留村。1991年，称望留镇，辖32个行政村。至2012年，望留街道（潍坊鸢都湖—浮烟山综合开发区）辖59个行政村和孙家1个社区，总人口4.86万人。2012年，望留街道（潍坊鸢都湖—浮烟山综合开发区）实现公共财政预算收入3719.7万元，农村居民人均纯收入10450元。

北关街道

位于潍城区东北部，因地处北关得名。地势较平缓。潍县萝卜原产地位处辖区内，东夏庄周围100公顷土地是潍县萝卜原产地保护区。街道办事处驻地北园社区。1991年，称河西乡，辖40个行政村。1994年，撤销北关镇，设立北关街道。至2012年，北关街道辖安顺31个社区，总人口5.95万人。2012年，实现公共财政预算收入4794.5万元，农村居民人均纯收入12410元。

西关街道

位于潍城区中部，因地处西关得名。行政区域面积16.67平方千米。街道办事处驻地月河社区。1991年，西关街道辖13个居民委员会。至2012年底，西关街道辖19个社区，总人口5.74万人。2012年，实现公共财政预算收入4765.8万元，农村居民人均纯收入12296元。

南关街道

位于潍城区东部，因地处南关得名。潍坊火车站位于境内，胶济铁路横贯东西。辖区内“状元胡同”闻名遐迩，清末状元曹鸿勋和王寿彭诞生于此。街道办事处驻地西市场社区。1991年，南关街道辖11个居民委员会。1994年，原北关镇12个村划入南关街道。至2012年，南关街道辖22个社区，总人口4.62万人。2012年，实现公共财政预算收入5015.8万元，农村居民人均纯收入1.3万元。

城关街道

位于潍城区东部，因地处古潍县城里得名。城关街道历史文化璀璨悠久，人文资源积淀厚重，历史上潍州、潍县治所设于辖区内。境内有国家级重点文物保护单位十笏园，有省级文物保护单位陈介祺故居万印楼、郭味蕖故居疏园和城隍庙。街道办事处驻地城隍庙社区。1991年，辖12个居民委员会。1994年，新增5个居民委员会，共辖17个居民委员会。至2012年，城关街道辖10个社区，总人口3.84万人。2012年，实现公共财政预算收入2150.4万元，城镇居民人均可支配收入25817元。

第三章　坊子区

第一节　建置区划

境域

坊子区位于山东省中部偏东，山东半岛西侧，潍坊市区东南部，地处东经119°03′～119°33′、北纬36°21′～36°45′。东邻昌邑市、高密市，西接昌乐县、潍城区，南靠安丘市，北依奎文区、寒亭区。东西最大横距41.1千米，南北最大纵距42.7千米，总面积906.6平方千米，其中坊子区面积412平方千米、峡山生态经济发展区面积494.6平方千米。区级机关于1996年由坊子镇六马路西段路北（坊城街道）北移至沟西镇韩尔庄李家村前（凤凰街中段路北）。北去潍坊市政府驻地6千米，西距山东省会济南市194千米，胶济铁路、济（南）青（岛）、潍（坊）莱（阳）高速公路和国道206、省道804、221、222穿越区境，西去潍坊机场3千米。

建置

坊子历史悠久，约在5000年前的原始氏族社会，就有人类聚居。夏建青州斟鄩国、淳于国。商为营州莱国地。周、春秋，属幽州，杞国。战国时为齐地。秦代属齐郡、琅琊郡。西汉时分属北海郡斟县、桑犊县、乐都县、淳于县地。东汉、三国皆属北海郡（国）平寿县。晋初属青州齐国，后属北海国（郡）平寿县。南北朝时属青州北海郡平寿县和高阳郡。北齐天保七年（556）改北海郡为高阳郡，平寿县并入下密县，境域属之。隋开皇元年（581）恢复北海郡，设北海、下密两县。开皇六年（586）置潍水县。开皇十六年（596）置潍州。大业三年（607）废州，改下密为北海，又改潍水为下密，境域属之。唐武德二年（619）复潍州，境属北海、潍水、汶阳县。武德六年（623）裁并，废14县，仅留北海、营丘、下密3县，境属北海县。武德八年（625）惟留北海县，境域属之。宋代属京东东路潍州、北海县。元代为中书省益都路潍州北海县地。明洪武元年（1368）属莱州府潍州。洪武十年（1377）降州为县，境属潍县。清朝属莱州府潍县。1914年裁府，山东改为四道，属胶东道潍县，境为邓村、辛冬、南流、水坡、廿里堡、牛埠、蔡家集区地。1925年改四道为十一道，潍县属莱胶道。1928年废道，潍县直属山东省。1933年潍县划分为十区，境域为二、六、八、九、十区地，部分属安丘县、昌乐县。抗日战争时期属潍县。1945年中共潍南县委成立，境内解放区属之。1947年，境域大部为潍南县眉村区、太公堂区、下密区、张营区、马宿区、虾蟆屯区、南流区和油房区。坊子镇附近属游击区和国民党潍县统治区；黄旗堡、荆山洼分属安丘、昌乐。1948年4月潍县城解放，坊子镇一带属潍坊特别市坊子市区，后改为潍坊市第四区；其他乡镇属潍南县。1950年潍南县撤销，并入潍北县。1953年潍北县并入潍县。以后行政区划虽经多次变更，但境域大部分地区仍属潍坊市（县级）和潍县，仅黄旗堡、南流、荆山洼一带属安丘县、昌乐县。1983年10月，潍坊地区改建为潍坊市（省辖市），组建坊子区。

区划

区境由原潍坊市坊子街道、宁家沟乡，原潍县眉村、穆村、涌泉、清池、车留庄、沟西、埠头公社和新组建的荆山洼乡（安丘县刘家窑公社13个村、昌乐县崔家庄公社9个村）组成。1984年5月，坊子区辖坊子镇、清池镇、穆村镇、荆山洼镇，沟西乡、眉村乡、车留庄乡、涌泉乡、宁家沟乡、埠头乡。1985年，撤销宁家沟乡并入坊子镇，同时将埠头乡东部5个村划归坊子镇。1990年，坊子区辖坊子镇、清池镇、穆村镇、荆山洼镇、沟西乡、埠头乡、车留庄乡、涌泉乡、眉村乡4镇5乡。1992年1月，设立坊城街道。1992年12月31日，撤销沟西乡，设立沟西镇；撤销车留庄乡，设立车留庄镇；撤销眉村乡，设立眉村镇；撤销埠头乡，设立埠头镇。1998年8月，设立凤凰街道。2000年4月，撤销涌泉乡。大庄家等18个村划归清池镇；徐家庄等8个村划归车留庄镇；朱家营等7个村划归穆村镇；翟家埠等10个村划归眉村镇。2001年3月，坊城街道更名恒安街道。撤销坊子镇、埠头镇、沟西镇，原坊子镇夹河套、东王家2个村和原沟西镇英庄等4个村划归恒安街道；同时设立长宁街道，原坊子镇石河园等19个村和原埠头镇前埠头等4个村划归长宁街道；原埠头镇张家柳沟等25个村划归荆山洼镇；原沟西镇北沟西等3个村划归凤凰街道；原沟西镇岳家等18个村划归车留庄镇。2003年1月，清池镇更名清池街道。车留庄镇陈家油坊等15个村及凤凰街道山后郑家、彦坊2个村划归清池街道。清池街道由潍坊市高新技术开发区代管。6月，安丘市南流镇划归坊子区。7月，撤销车留庄镇，蔡家楼等21个村划归清池街道；郭家等16个村划归凤凰街道；小站等4个村划归穆村镇。是月，清池街道划归奎文区。8月，设立坊安街道。由凤凰街道南店等7个村和南流镇西王松村等16个村组成。2007年8月，撤销恒安街道、长宁街道、荆山洼镇，成立坊城街道；撤销南流镇，并入坊安街道；撤销穆村镇、眉村镇，成立九龙街道。9月，安丘市黄旗堡镇、赵戈镇，昌邑市太保庄镇划归坊子区。是年，坊子区辖1镇8街道，即黄旗堡镇、凤凰街道、坊城街道、九龙街道、坊安街道隶属坊子区；王家庄街道、太保庄街道、峠山街道、郑公街道行政区划属坊子区，隶属峡山生态经济发展区管理。2009年5月，将昌邑市饮马镇的48个村和北孟镇的3个村划归坊子区太保庄镇管辖，是月，将高密市阚家镇27个村和井沟镇的7个村划归坊子区太保庄镇管辖，将诸城市相州镇8个村划归坊子区太保庄镇管辖，将安丘市景芝镇的14个村划归赵戈镇管辖。2010年5月，撤销黄旗堡镇，设立黄旗堡街道。2011年11月，撤销赵戈镇、太保庄镇，分别设立王家庄街道、太保庄街道。2012年8月8日，设立坊子经济发展区。

人口　民族

1991年，全区总人口241827人，其中农业人口202076人、非农业人口39751人，人口密度每平方千米664人，其中坊子镇人口密度最大、每平方千米1805人。人口主要分布在坊子、清池、穆村、荆山洼镇和沟西、埠头、眉村、涌泉、车留庄乡。2003年，车留庄镇撤销，其中21个村划归清池街道；是年，清池街道划归奎文区，安丘市南流镇划归坊子区。坊子区总人口239544人，比区划调整前的2002年减少12662人，人口密度每平方千米662人。2007年，安丘市黄旗堡镇划归坊子区。是年，坊子区总人口295500人，其中农业人口163300人、非农业人口132200人、人口密度每平方千米717人，其中坊城街道人口密度最大、每平方千米898.54人。人口主要分布在凤凰、坊城、九龙、坊安街道和黄旗堡镇。2012年，坊子区总人口312632人，其中男性159275人、占50.9%，女性153357人、占49.1%，人口密度每平方千米758人。

2010年，全区汉族人口312416人，占全区总人口的99.82%；少数民族23个，人口548人，占0.18%。其中，蒙古族38人、回族43人、藏族10人、维吾尔族1人、苗族29人、彝族110人、壮族10人、布依族4人、朝鲜族24人、满族106人、瑶族6人、白族2人、土家族15人、哈尼族42人、傣族5人、黎族4人、傈僳族49人、佤族14人、高山族3人、拉祜族4人、纳西族1人、羌族26人、俄罗斯族2人。

第二节　自然环境

地质

坊子区位于华北地台鲁西断隆沂沭断裂带北部，潍坊凹陷内，地层属华北地层区鲁西分区潍坊地层小区的东北部边缘，太古界古老岩系组成区内之结晶基底，元古界、古生界、中生界及新生界地层不整合于基底之上，境内大部分地区被第四系覆盖，各时期地层均有发育。由老至新为太古界泰山群；元古界震旦系土门群；古生界寒武系；中生界侏罗系、白垩系青山组、坊子组、王氏组；新生界第三系、第四系。不同时期的地层发育程度差异较大，中生界、新生界地层较发育，中生界以前地层分布零星。坊子区处在汞丹山凸起与潍坊凹陷衔接地带，经历了多次构造运动，褶皱构造和断裂构造十分发育。褶皱在区内分为基地褶皱和盖层褶皱两类，主要有背斜和向斜两种形式；断裂构造主要有坊子——上游帚状构造、坊子煤田张断组、杨家坡断层（南北向断层）及原貌保存较少的东西向构造。区内地质构造特点，明显受沂沭断裂带及其派生构造控制。

地貌

坊子区位于鲁中山区北部，总体地形南高北低，南部为低山丘陵，北部为开阔冲积平原，东部为潍河、汶河冲积平原，最高点在坊城街道的灵山，海拔212.6米，最低点在九龙街道王家庄子东北，海拔11米，相对高差200余米。低山丘陵区岩石大部裸露，冲沟相对发育，第四系残坡积物及冲积物沿河谷分布。分为丘陵、平原两个地貌类型，低山丘陵、缓埠岭、倾斜高平地、微倾斜平地、河谷平原、缓岗6个微地貌单元。境内无大山，仅有低山孤丘14个。系泰沂山脉尾闾，呈西南东北走向，大部分为土石山。主要有：灵山、蟠龙山、黄山、铁山、荆山、兴隆山、马司岭、磨箕山、常令公山、凤埠顶、太公堂山、凤凰山、葫芦埠、石埠山。

气候

坊子区属暖温带半湿润季风气候区，具有明显的大陆季风气候特征，大陆度为62.9%。其主要特点是春暖、夏热、秋凉、冬寒，四季分明。春季，空气干燥，多风少雨，气温回升快，温度变化大，常有干旱和“倒春寒”；夏季，易受季风影响，温度高、湿度大、炎热多雨，雨热同季；秋季，凉爽，间有秋旱或连阴雨；冬季，寒冷，北风频吹，雨雪稀少。通常以平均气温作为四季划分的标准。春季候平均气温10～22℃；夏季候平均气温>22℃；秋季候平均气温10～22℃；冬季候平均气温<10℃。区境历年平均降水量为591.5毫米，差异较大。丰水年最大降水量1249.8毫米（1964年），枯水年最小降水量仅241.5毫米（2002年）。年内降水夏季最多，占年降水量的63%；冬季最少，占年降水量的4.6%。雨季一般自6月底或7月初开始，至8月中、下旬结束。

河流

境内有河流15条，分别是白浪河、孝妇河、虞河、凤翔河（酱沟河）、白沙河、涨沔河、夹沟河、潍河、土楼子河、汶河、渭水河、沸溪河、曹村河、石桥河、龙王涧，分属潍河、虞河、白浪河三大水系。多属雨源型季节性河流，源短流急，大部为南北走向，仅渭水河自西向东流。2012年，区境有水库19座，其中小一型2座，小（2）型17座。

土壤　植被

土壤　1991年，坊子区耕地面积410785亩，占总面积的75.5%。境内土壤大体分为棕壤、褐土、潮土3个土类，棕壤面积9365亩，占耕地面积的2.28%；褐土面积375325亩，占耕地面积的91.37%；潮土面积26095亩，占耕地面积的6.35%。2012年，全区耕地面积473320.16亩，占总面积的76.57%，其中，棕壤面积8686.36亩，占耕地面积的1.84%；褐土面积359936.22亩，占耕地面积的76.04%；潮土面积104697.58亩，占耕地面积的22.12%。

植被　坊子区属暖温带落叶阔叶林区，华北平原植被类。受境内地形地貌的影响，分为4个植被类型。由于土地多垦为农田，自然植被残存较少，栽培植被占绝对优势。常见的栽培阔叶树种有杨、柳、刺槐、槐等52科96属230余种。草本植物为温带草丛，常见的杂草有狗尾草、马绊草、蒲公英、苦菜、白茅、远志、半夏等23科50余种。

自然资源

土地资源　1991年，坊子区土地总面积542480亩。其中可利用的土地面积410812亩，占总面积的75.7%；非可利用的土地面积131668亩，占总面积的24.3%。2012年，全区土地总面积618395.25亩。其中，耕地359023.2亩，占土地总面积的58.06%；园地5524.05亩，占土地总面积的0.89%；林地22233.9亩，占土地总面积的3.61%；草地6894.9亩，占土地总面积的1.11%；城镇村及工矿用地145514.25亩，占土地总面积的23.52%；交通运输用地28889.4亩，占土地总面积的4.67%；水域及水利设施用地39324亩，占土地总面积的6.36%；其他土地10991.55亩，占土地总面积的1.78%。

矿产资源　坊子区矿产资源比较丰富，已发现15种矿产，主要种类有煤炭、砖瓦黏土、膨润土、沸石岩、珍珠岩、建筑（水泥）用灰岩、建筑用砂、陶粒土、陶（瓷）土、矿泉水、铁等，其次有重晶石、钾长石、蓝宝石、软质黏土等。其中，煤炭、膨润土、建筑（水泥）用灰岩为区优势矿产，在当地经济中占有重要地位。1994年，区内有矿山企业81处，从业人员6200人，矿产品加工企业58家，矿业工业总产值14.5亿元；2012年，有生产矿山企业4处，其中煤矿2处、水泥用灰岩企业1处、矿泉水企业1处，从业人员4765人，年产矿石量78.42万吨，工业总产值31013万元，利税总额920万元。

水资源　根据分布情况，地下水可利用量分别按平原和丘陵演算，多年平均3644万立方米。地表水可利用量，依据拦蓄工程情况计算，现有地表水资源量2417万立方米。水资源可利用总量6061万立方米。

生物资源　坊子区气候温和，兼有平原丘陵，适宜多种动、植物生长。不仅有人工栽培的植物、饲养的动物，而且有较丰富的野生动、植物资源。随着现代科学的发展和生产的深化、人口的繁衍，生物资源的变化日趋明显。总的趋势是：野生动、植物资源品种大幅度减少，经济价值高的野生动、植物已向人工饲养和栽培方向转化。

自然灾害

旱灾　旱灾是区境最常见的自然灾害，俗语说“十年九旱”。旱灾又分为春旱、初夏旱、伏旱和秋旱。尤以2002年受严重干旱和恶劣气候影响最大，全年粮食大幅度减产，农业总产值仅完成41009万元，比上年下降4.9%，其中粮食完成7.32万吨，比上年减少31.9%；水果完成3542吨，比上年减少56%。

涝灾　暴雨是水涝灾害的主要因素，一般出现在7、8月。据多年数据统计，境内发生涝灾的频率为8%，平均12.5年一遇。涝灾又有夏涝、秋涝之分。据多年资料统计，区境夏涝平均5.7年一遇，频率为17.5%；秋涝6.7年一遇，频率为15%。

冰雹　区境雹灾一般发生在4—11月，多年平均2年一遇，频率为50%；年内多集中在春、夏之交的5、6月，占年频率的71%。

低温连阴雨　多年统计，低温连阴雨春季出现频率为35%，夏季为73%，秋季为91%。

风灾　1991—2012年，区境大风平均年29天，最多达81天，最少8天。4月最多，平均5.3天，最多时17天；9月最少，平均0.9天。1991年7月8日，清池镇马宿村遭受特大龙卷风袭击，6000亩农作物全部倒伏，1500间民房受损，全村断水电，直接经济损失150万元。全区14个单位和部门积极支援救灾，3天该村群众恢复生产生活。13日，区委决定对高建荣等130名救灾成绩显著者通报表彰。

霜冻　区境初霜一般出现在10月中旬，最早出现在10月上旬，最晚出现在11月上旬；晚霜一般出现在4月中旬，最早3月上旬，最晚5月上旬。2002年4月24日晚，区境发生一场历史上罕见的严重低温霜冻灾害，最低气温达-5℃。全区15.11万亩小麦，绝产0.57万亩，减产50%以上的6.8万亩，减产50%以下的7.74万亩，直接经济损失25%～30%；果树1.5万亩，受灾1万亩，幼果受冻率达80%；桑园4000亩，受灾3000亩，仅车留庄镇受灾达2000亩，直接经济损失60万元。

雨凇　亦称“冰凌”，一般出现在1月中、下旬或2月上旬，频率为23.5%，平均4.3年一遇。

虫灾　境内农作物有害生物有2个纲，8个目、94个种，初步统计共有害虫430余种。1991—2012年，病虫草鼠累计发生面积2757.26万亩，成灾面积13.2万亩，绝产面积0.31万亩。

第三节　经济发展

2012年，全区实现地区生产总值104.28亿元，是1991年的26.6倍。其中，第一产业实现增加值7.14亿元，是1991年的8.6倍；第二产业实现增加值59.85亿元，是1991年的27.7倍；第三产业实现增加值37.29亿元，是1991年的40.1倍。全区三次产业比重由1991年的21.2∶55.1∶23.7调整为2012年的6.8∶57.4∶35.8。

农业

1991—2012年，坊子区农业快速发展，全区坚持以发展现代农业为主题，以调整农业经济结构为主线，以繁荣农村经济为首要任务，以农民增收为核心，用工业化、城市化的思路和措施抓

玉泉洼生态观光园

农业、农村工作；走服务城市、服务市民，城乡协调发展之路，围绕减少农民、富裕农民，扶持发展农村龙头企业，加强农产品基地建设，培育农民专业合作组织；大力发展农村二、三产业，建立健全农村劳动力转移机制；加快民营经济发展，让更多的农民进城务工，农业、农村工作全面发展。

1991—2012年，坊子区在稳定粮食生产的同时，狠抓多种经营，初步形成粮食、蔬菜、果品、食用菌、动物饲料等主导产业。2012年，全区农作物播种面积51.24万亩，粮食总产17.9万吨。农业产业化龙头企业发展到89家，农产品加工企业108家，建成有一定规模的粮食、肉类深加工龙头企业16家。是年，全区农业生产总值达14.3亿元，比1991年增加12.48亿元。其中，农业产值10.82亿元，林业产值0.14亿元，牧业产值3.12亿元，渔业产值901万元，农民人均纯收入11920元，比1991年增加11002元。

工业

2012年，全区75家规模以上工业企业，完成工业总产值208.68亿元，同比增长5.34%；实现主营业务收入216亿元，同比增长5.77%；实现利税14.8亿元，其中利润11.28亿元，同比分别降低12.74%和14.65%。有26处企业主营业务收入过亿元，19处企业利税过千万元。有市级技术中心6家，省级技术中心3家，国家级企业技术中心1家。

福田雷沃重工股份有限公司

机械工业 1991年，区内有机械工业企业160处，主要产品有几十个部类、300多个品种。年产值5860万元，利税671万元。至2012年，坊子区有规模以上机械制造工业企业52处，完成主营业务收入112亿元，利税7亿元，利润6.4亿元。其中，福田雷沃重工、裕川内燃机配件、帅克机械、富源增压器、前进齿轮箱等8家企业主营业务收入过亿元。

轻工业 1991年，坊子区轻工业主要有纸业、酿酒、塑料、饲料加工、制药、食品加工、印刷等，完成工业总产值1.58亿元，销售收入9987万元，利税1313万元，利润757万元，上缴税金614万元。2012年，中粮禽业、六和饲料、风筝面粉、中基饲料、三元乳业、新和盛等骨干食品企业完成产值30.6亿元，主营业务收入31.8亿元，同比分别增长17.26%和1.35%；实现利税6342万元，利润3681万元。恒安纸业、恒安心相印等4家纸制品企业完成产值25亿元，主营业务收入22亿元，利税4亿元，利润3.1亿元。

电子工业 1991年后，电子行业快速更新换代，潍坊无线电三厂破产，其他电子企业相继停产倒闭。1995年，新旭电子（日本独资）落户坊子区沟西镇；2001年，潍坊共达电讯在凤凰山产业园建厂投产；后安晶电子、荣泰锅炉、凯信电子等企业在坊子相继建成。2012年，规模以上电子企业5家，完成主营业务收入8.2亿元，利税1亿元，利润0.7亿元。共达电声、新旭电子年主营业务收入过亿元。

建材工业 1991年，区内有砖厂、瓦厂、水泥厂、陶瓷厂、石灰厂、建材厂等建材企业138家，年工业产值7141万元，占坊子区工业总产值的15.3%。2012年，坊子区规模以上新型建材企业3家，年产值6.7亿元，实现主营业务收入6.27亿元，同比分别增长14%和13.76%。

纺织服装工业　1991年，坊子区纺织服装企业完成工业产值2000万元，实现利税183万元。2012年，坊子区纺织服装规模以上企业6家，年主营业务收入12.5亿元，利税4986万元，利润2455万元。

煤炭工业　1991年后，小煤矿受设施、设备、技术及煤炭资源的限制相继关闭。2002年，山东坊子煤矿破产重组，成立山东新方矿业集团，实行属地管理，移交坊子区。2007年，坊子区有新方矿业、鲁光矿业2处煤炭开采企业，年产煤炭70万吨，实现主营业务收入4.4亿元，利税5748万元，利润2520万元，税金3736万元。2012年12月，鲁光矿业关停。

乡镇企业、民营业户　1991年，全区乡镇工业完成产值51359万元，实现利润4282万元。2012年，全区注册民营业户发展到11738户，注册从业人员65746人，民营经济完成产值22.82亿元、销售收入21.68亿元、利润12.3亿元。

商业贸易

1991年后，国有、集体商业所占市场份额逐年下降。同时，各种所有制、各种成分的经济组织和个体私营参与经营，除计划分配的商品按照计划渠道调拨外，其他产品可直接进入市场。1993年，实现了由计划经济向市场经济的转轨，基本建立起社会主义市场经济发展要求的运营机制。2005年，全区新建、改建农村综合服务网点227处。2007年，全区商业网点发展到9242处，从业人员32120人；集贸市场42处，集市贸易额2.15亿元；社会商品零售总额16.79亿元，第三产业在地区生产总值中的比重由1991年的23.7%增至31.2%。积极开拓国内、国外两个市场，外贸、外资、外径“三外”项目逐年增加。2012年，全区审批增资项目5个，合同利用外资11836万美元；办理三资企业34家，实现外贸进出口66142万美元，同比增长10.5%。是年，新增进出口企业16家，完成对外承包工程合同额4020万元。截至2012年底，第三产业在地区生产总值中的比重由1991年的23.7%增至35.8%。

交通运输

1991—2012年，坊子区交通事业快速发展。到2012年底，区内公路通车里程787.62千米，其中国道2条、34.32千米，省道3条、35.34千米，县乡公路33条、201.6千米，村道362条、516.3千米，形成了“七纵八横”的公路主框架。2000年后，个人联户、公司化经营趋势进一步明确，个体经营者陆续归并到具备一定资质的专业运输公司中经营。2012年，全区拥有货运服务企业62家，货运车辆1799辆，完成货运总量升至823万吨；拥有客运企业1家，出租车公司1家，市内公交线路10条，客运线路1条，客运班车7辆，实现客运总量335万人。

2003年，胶济铁路复线开始电气化改造，2006年9月8日全面竣工，改造后列车最高时速达200千米，成为山东省第一条实现电气化的铁路线。胶济铁路复线区境长36.6千米，设潍坊东站、黄旗堡站、太保庄站和昌邑站。

坊子火车站建于1902年，为德国二级标准建筑。自80年代中期以来，随着胶济铁路复线工程开通，坊子火车站被北移的胶济铁路主线彻底抛弃，遂改为近端式车站，级别也由二等站降为三等站，1990年又降为四等站，到2012年底，每天早晚一班蒸汽机车牵引的通勤列车经过。

2002年12月，淄博至青岛天然气管道建成投产，境内长23千米。2008年5月，山东青岛市黄岛区至济南成品油输油管道（鲁皖二期）建成投产，境内长26千米。2011年5月，山东泰安—青岛—威海输气管道建成投产，境内长10千米。2012年11月，山东青岛市黄岛区至潍坊市滨海区重质液体化工原料（原油）输送管道建成投产，境内长7千米。

邮政通信

1991—1997年，坊子邮政电信合营，称坊子区邮电局。1998年9月，坊子区邮电局实行邮电分营，坊子区邮政局挂牌成立，邮政业务年收入达641.47万元。2007年，全区乡村自行车投递段32条，全长1850千米，设信报站9500个，邮政业务年收入1449.71万元，是1998年业务收入的2.26倍。2012年，邮政机构改革，管理职能权限划归潍坊市邮政管理局。

1991—2012年，是坊子通信事业快速发展时期。1999年7月，坊子移动通讯业务自区电信局析出，称坊子移动公司。2000—2012年，坊子移动公司完成基站310处，基本实现全区网络的立体覆盖，移动用户发展到31万户。2001年7月15日，坊子区联通公司成立。2001—2012年，坊子联通公司总投资2.1亿元，全面加快网络建设，提高网络覆盖率，在网客户达7.2万余户。2004年5月，中国电信集团公司坊子电信分公司挂牌成立，至2012年，坊子电信共接入电话8000户，宽带1.2万户。2012年，全区电话交换总容量达12万门，固定电话8万户，移动用户36.9万户，宽带5.4万户。

城乡建设

1991—2012年，是坊子区城乡建设快速发展的时期，城区框架基本形成,排水和防汛设施不断完善，绿化覆盖率不断提高，城市公共设施建设、改造发展迅速，城区居民的居住条件和环境得到改善，小城镇建设长足发展，镇（街）发展变化较大。经过几次区划调整，城乡建设步伐不断加快，城乡面貌显著改善。

坊子城区建设大体分为三个阶段：1991—1995年，老城区作为坊子区政治、经济、文化中心，城市建设投入较大，发展速度较快；1996—2002年，坊子区行政重心北移，新城区成为城市建设重点；2003—2012年，对老城区基础设施进行大规模改造、重建、配套，对老、破、旧危房进行大面积拆迁，城市环境、规模有明显改观，老城区建设再次进入快速发展阶段。完成北海路等道路综合改造提升，实施虞河、白沙河综合治理，提高了城市品位和城市价值。

1991—2012年,按照统一规划、合理布局，综合开发、配套建设的原则，先后开工建设美的亚城市广场、新怡园、鲁光家园、凤凰太阳城、恒信领海国际、柏丽花园、金色龙泉、龙居甲苑等住宅小区，随着房地产开发的逐步扩大和市场的准入，山东可林奇房地产有限公司、山东亚特尔房地产开发有限公司、潍坊恒信建设集团等房地产开发公司入驻坊子，实施房地产开发建设，加快了坊子区城市化建设进程。至2012年，全区房地产开发建设面积213.6万平方米，完成投资43.6亿元。

小城镇建设长足发展，镇（街道）区变化较大。经过几次区划调整，区境1个发展区5个街道、272个自然村（270个村民委员会）和24个城镇居民委员会，全部按照因地制宜的原则制定或调整了街道（发展区）、村（居）发展建设规划。2007年，镇、村实有公共建筑面积32.04万平方米，生产性建筑面积92.9万平方米。260个村用上了自来水，受益人口223811人，占总人口的93%。2012年，全区镇村硬化道路达到1367.1千米。

环境保护

1991—1995年，坊子区环境保护工作从主要依靠行政措施推进，发展到行政、经济、法律、舆论多措并举，整体推进；污染防治由点源治理发展到区域流域综合整治；结合改善城区布局，调整产业结构，对污染企业实行治、关、停、并转、迁，环保工作的广度和深度有了新的拓展；多年环保措施的持续落实效应逐步显现，环境质量呈现改善提高的趋势。

1996—2000年，以水和大气污染防治为重点，采取一系列措施，改善环境质量。实施“一控双达标”工程，全区重点工业污染源实现达标排放；加快集中供热、集中供气、城市交通、园林绿化等环境基础设施建设，城区大气环境质量有较大改善；开展对各类噪声源的监控和治理，较好地改善了城区声环境；实施环境保护目标责任制，着力构建上下左右联动的大环保工作格局；严格依法征收排污费，逐年加大环境保护投入；不断强化环保机构建设，充实扩大环保队伍，提高执法人员素质，为全区经济建设提供优越的环境条件。

2000年后，通过开展国家园林城市、国家卫生城市、国家环保模范城市、文明城市等多种创建活动，环境意识深入人心。2005年11月，潍坊市被评为全国第50个国家环保模范城市。2006年2月，坊子区被市委、市政府授予“潍坊市创建国家环境保护模范城市先进单位”称号。

2007—2012年，全区环保工作落实总量减排、环境质量改善和污染源达标排放三个目标，“十一五”规划确定的各项指标全面完成。水环境质量明显改善，全区所有河流全部稳定达到恢复鱼类生长目标，与“十五”末期相比，2010年河流主要污染物化学需氧量、氨氮、出水COD浓度全部达到规划控制目标，城市集中式饮用水源地水质达标率达到100%，全区燃煤机组脱硫设施配套率达到100%。

第四节　社会事业

教育

1991—1995年，全区投资2200万元，新建教学楼、图书实验楼12幢，平房3000余间，总建筑面积10万平方米。2001—2007年，拆除D级危房3107平方米，改造C级危房8648平方米。2002年始，实现网上办公、教育信息发布和信息交流、教育资源共享和互联网访问。2007年，开通网上教研平台，建成坊子区中小学课程主题网络资源库，有潍坊市中小学电脑制作活动特色学校11所，潍坊市机器人示范学校3所。2012年，全区共投入1.5亿元，大力推进校安工程和标准化学校建设，参与验收的20处学校中有6处达标。是年，全区中、小学藏书1001519册，其中中学藏书400608册、小学藏书600911册，总价值1502.3万元，初中生达到人均42册，小学生达到人均34册。截至2012年，全区有合格幼儿园38处，其中潍坊市示范园3处、山东省示范园3处；全区有小学42处，在校学生21809人，另有3处私立学校，全为九年一贯制学校，小学部1417人；全区有初中学校5处，在校学生8631人，另有3处九年一贯制私立学校，初中部842人。全区有高中学校2处，在校生6224人。

科学技术

1991—2012年，坊子区列入市级以上科技计划项目270项，其中国家级45项，省级124项，市级101项，争取国家、省、市科技经费2410.8万元。1991—2012年，坊子区共取得各类科技成果992项，200多项达到国内先进水平；全区有331项获区级以上科技进步奖，其中国家级1项、省级24项、市级64项、区级240项；举办各类科技报告会、研讨会、论证会、学术会等62场次，参加人员12000人次，交流和发表科技论文136篇。邀请国内外知名专家教授到坊子作学术报告110多场次，组织区内优秀科技人员外出学习、考察、交流850人次。同时与国内外科研单位、大专院校建立产学研合作机构30多处。积极组团参加各级组织的科技博览会、科技成果交流会等41次，推介科技成果770项。2012年，全区有专业技术人员20122人，万人拥有数达670人。共评聘专业技术职称13966人次，其中高级职称1123人次，中级职称3606人次，助理级职称7110人次，员级职称2127人次。评出农民和乡镇企业技术人员2815人次，其中高级95人次，中级286人次，助理和员级2434人次。

文化

1984年7月，成立坊子区图书馆。2007年，在潍坊四中建设坊子区图书馆新馆，建筑面积3100平方米，总投资1800万元，藏书量7.6万册。2013年10月，被评为国家一级馆。1984年12月，成立区文化馆。1995年6月，文化馆迁址长宁街68号文化艺术中心二楼、三楼，馆舍面积1300平方米。2007年，在职人员19人，其中中级职称7人。2011年11月11日，区文化馆被评为国家一级馆。1991—2012年，坊子区在省级以上刊物发表小说23篇，诗歌、散文32篇，其他类作品17篇。

1991年10月，在潍坊市长寿杯文艺表演电视大赛中，李乐起、姜玉秀表演的西河大鼓《全国人民心相连》获优秀节目奖。1999年9月，在潍坊市第三届职工文艺汇演中，李乐起、姜玉秀表演的西河大鼓《老两口逛潍坊城》获表演二等奖。2000年10月，在潍坊市第四届职工文艺汇演中，李乐起、姜玉秀表演的西河大鼓《搞对象》获创作三等奖。2001年，区文化馆欧阳光亮创作的国画《晨钟》入选全国书画展，并获一等奖；2002年，该作品获文化部“群星奖”优秀奖。是年，区文化馆侯柏秀年画《童趣》入围“第六届全国年画奖”。2003年，在潍坊市文化局组织的“新世纪新人新作大赛”“潍坊市绘画、书法、摄影百杰系列评展”活动中，获一等奖1件、二等奖1件、三等奖2件；有3人被评为“潍坊市百杰书画家”。2006年，王志隆在潍坊市“纪念红军长征胜利70周年书画展”中获一等奖。1991—1999年，坊子城乡每逢节假日、农闲时节，都有曲艺节目演出，山东快书、山东柳琴等曲艺节目深受群众的喜爱。2000年始，区文化局每年定期举办大型歌唱比赛。区文化广场建成后至2007年，文化广场舞池接纳跳舞者43.2万人次。

医疗卫生

1991年，境内医疗机构有坊子区人民医院、坊子区中医院、9处乡镇医院和解放军第89医院、坊子煤矿医院、坊子铁路医院。1995年，区人民医院、坊子煤矿医院创建为二级甲等医院。1998年2月，解放军第89医院迁址潍坊市潍城区。2012年，全区拥有各类医疗卫生机构160处。其中，区人民医院1处，街道卫生院4处、分院2处，城市社区卫生服务站6处，妇幼保健机构1处，皮防站1处，疾病预防控制中心1处，民营医院3处，村卫生室103处，厂矿卫生室6处，个体诊所32处。1991年，坊子区有卫生工作人员484人。2007年，全区有卫生工作人员814人。坊子区对所有取得执业医师资格和执业助理医师资格的医师实行注册管理，对全区护士人员进行统

潍坊四中

潍坊市坊子区人民医院新院

理。2007年，全区参合农民157986人，参合率95.92%。至2012年底，全区共建立居民健康档案238590份，其中城镇居民建档76801份，建档率达94.8%，农村居民建档149757份，建档率达63.2%。

体育

1991年，坊子区体育设施有400米田径场2个，200米以上田径场17个，篮球场100个，排球场12个，门球场6个。2001年8月，由国家和省、市、区政府共同投资600万元，建成坊子区凤凰健身广场，占地40公顷，安装各类健身器材78件，为全省两个全民健身精品工程之一。2007年，国家和省、市、区政府投资1200万元对凤凰健身广场进行改造升级，成为全省唯一先行建设的县级健身广场样板工程。2006年5月，仿照NBA，借鉴CBA，创办坊子区FBA篮球联赛。首届FBA联赛共注册俱乐部8个、球员120余名，于5月开始，8月结束。此后连年举办，规模和影响力不断扩大，被评为全省“县级特色全民健身项目”。2007年，又创办了坊子区乒乓球俱乐部联赛，与FBA并称为坊子区两大联赛。2010年5月，“全国桌式足球公开赛”在坊子区坊茨小镇举行，坊子区被国家体育总局社会体育指导中心命名为“全国桌式足球推广示范基地”。2011年1月，国家体育总局社会体育指导中心批准成立全国桌式足球推广委员会，并将办公地点设在坊子区。至2012年底，全区建成室外公益性体育健身场所155处，村（社区）体育设施覆盖率达到52%；全区28个社区全部配备了体育健身器材，社区体育设施覆盖率达到100%。

一管理。2002年，对全区执业医师实施注册，有注册医师200余人、注册护士300余人。2012年，全区有注册护士590人、注册医师505人。

农村合作医疗经历了两个时期，即旧农村合作医疗和新型农村合作医疗。1995年，全区各乡镇以乡镇办形式开展合作医疗，对农村就医患者实施医药费用减免补偿。1998年9月，除坊子镇卫生院继续实行合作医疗外，其余乡镇均因筹费困难而停办。2005年，坊子区新型农村合作医疗办法，在眉村镇、凤凰街道进行试点。2006年，眉村镇、凤凰街道新型农村合作医疗试点工作结束，并通过省审计厅对医疗资金运行情况的审计。2006年始，坊子区针对农民“看病难、看病贵”“因病致贫”“因病返贫”等问题，实行三个“三位一体”（区、镇街、村三位一体，管理、培训、服务三位一体，预防、治疗、保健三位一体），推行城乡医疗卫生一体化管理新模式。2004—2006年，全区农民看病、村级卫生室门诊比例分别为75.32%、76.55%和75.59%，到区医院住院比例为61.37%、62.59%和60.81%。2008年，区人民医院全部托管街道卫生院，实行一体化管

人民生活

1991—2012年，实现了由温饱型向小康型的历史性跨越。1994年，率先在全省达到小康县市区标准。2012年，城镇在岗职工人均工资收入39651元，按当年价格计算，比1991年增长20.3倍，年均增长15.7%；农村居民纯收入11920元，按当年价格计算，比1991年增长12倍，年均增长13%；城乡居民人均储蓄存款余额22771元，比1991年末的730元增加22041元，增长31.2倍，年均增长17.8%。居民人均生活消费水平从1990年的841元增加到2012年的8002元，提高8.5倍，年均增长11.3%。

凤凰健身广场

第五节　乡镇（街道）概况

凤凰街道

位于坊子区北部，面积32平方千米，辖23个村（社区），9个城市社区，人口4.3万人。街道先后实施了韩尔庄王家、小吴家、西白羊埠等8个村（社区）城中村改造，推进了虞河、白沙河综合治理工程，规划了九纵六横城市路网，城区形象不断提升。建立山东（坊子）电子元器件产业园，新规划山东测绘地理信息产业园，形成产业集群化、园区高端化的发展格局。建设山东交通职业学院、潍坊四中等院校及区人民医院等医疗机构，引进钧翰国际四星级酒店、中百佳乐家等服务业项目，构建功能完备、配套齐全的现代化城市格局。2012年，实现地方财政收入7047万元，农民人均纯收入12258元。

FBA篮球联赛

坊城街道

位于坊子区西南部，面积65.67平方千米，辖51个行政村（社区），2.02万户，9.3万人，耕地面积1812公顷。2012年，完成地方财政收入4695.5万元，农民人均纯收入12065元，比上年增长33%。规划了占地2000亩的机械装备制造园，引进建设了总投资15亿元的奥腾冷弯等6个先进制造业项目。积极打造潍州路商贸物流产业带，引进建设交运物流园大型商贸物流项目10个，投资总额92亿元。加快坊茨小镇规划开发，先后被评为AA级旅游景区、山东省十大影视拍摄基地、中国油画院写生基地、全国桌式足球推广示范基地。

坊茨小镇

坊安街道

位于坊子区中部，原为南流镇，2003年6月由安丘市整建制划归坊子区，2003年8月，凤凰街道的7个村与南流镇的16个村组成坊安街道。2007年9月，南流镇撤销，与原坊安街道合并成立新的坊安街道，政府驻地设在南流。街道总面积90.65平方千米，辖59个行政村，5.3万人，耕地面积5466.7公顷。2012年，完成地方财政收入977.3万元，农民人均纯收入10859元。被农业部等单位授予“中国芦笋之乡”“山东省科普示范基地”“山东省最佳休闲乡镇”“山东省旅游强乡镇”等称号。

九龙街道

位于坊子区东部，面积123平方千米，辖76个行政村，2.16万户，7.2万人，耕地面积5513公顷。2012年，实现地方财政2212.2万元，农民人均纯收入12071元。

山东测绘地理信息产业园

黄旗堡街道

位于坊子区东南部，东、南部与峡山生态发展区隔潍河相邻，西同与安丘市相接，辖50个行政村，5.4万人，耕地面积3866.7公顷。2007年9月，黄旗堡镇整建制由安丘市划归潍坊市坊子区管辖；2010年6月，黄旗堡镇整建制撤镇设街道。2012年，完成地方财政收入894万元，农民人均纯收入12172元。

第四章　寒亭区

第一节　建置区划

境域

寒亭区为潍坊市辖中心城区之一，位于山东省中部偏东，北纬36°42′~37°15′，东经118°53′~119°25′。区境东与昌邑市毗邻，南与奎文区、潍城区、坊子区接壤，西与寿光市相连，北濒渤海莱州湾。南北最长60.75千米，东西最宽49.13千米。全区行政区划陆地总面积1301平方千米，海洋面积510平方千米（寒亭区陆地面积623平方千米，潍坊滨海经济技术开发区陆地面积678平方千米，海洋面积510平方千米）。

建置

寒亭历史悠久，早在7000多年前的后李文化时期，就有人类在此繁衍生息。夏代为伯明氏封地。商周时期属莱国。西周、春秋、战国属齐国。秦属胶东郡。西汉置平寿县，境域属青州刺史部北海郡平寿县。东汉属青州刺史部北海国。三国魏、西晋，属青州北海国。晋及十六国，境域为后赵、前燕、前秦、后燕、南燕先后占据。南北朝，属青州北海郡平寿县。隋朝，境内置下密县，属北海郡。唐初沿隋制，属河南道青州北海县；742年，改青州为北海郡，属北海郡北海县；758年，北海郡复为青州，属青州北海县。五代十国，境域属青州北海国。北宋属河南道京东东路潍州北海县。1126年，金灭北宋，京东东路改称山东东路，属山东东路潍州北海县。元属益都路潍州北海县。明洪武十年（1377），降潍州为潍县，属莱州府平度州潍县。清初袭明制，雍正十二年（1734），平度州降为散州，潍县从平度州划出，区境属莱州府潍县。1913年实行省、道、县三级制，属胶东道潍县，1925年改属莱胶道潍县。1927年国民政府废止“道”制，以省领县。1928年6月国民党山东省政府成立后，潍县直属山东省。1937年后，属山东省第八行政督察区。

1948年4月潍县解放，随后将潍县城、坊子、城南廿里堡等地组建潍坊特别市。1948年8月，将望留办事处4个区、潍南县4个区、潍北县2个区划出，合并建立潍县（新），县政府驻望留街，区境大部分属昌潍专区潍北县境。1950年3月，撤销潍南县，其辖区并入潍北县，县人民政府仍驻孙家杨孟村。6月，潍北县人民政府移驻寒亭街（今寒亭街道寒亭二村于家大院），潍北县属胶东区西海专区。1951年6月，潍北县人民政府迁至固堤街；1952年12月，迁回寒亭街原址。1953年8月，撤销潍北县，其辖区并入潍县（新），复称潍县，县人民政府由望留街迁至寒亭村，寒亭始称为潍县，隶属昌潍专区。1958年11月，撤销潍县，其辖区并入昌潍专区县级潍坊市。1961年12月，恢复潍县建制，县人民政府仍驻寒亭村，属昌潍专区。1983年10月，撤销潍县建制，以原潍县11处公社为基础建立寒亭区，区政府驻寒亭镇，为地级潍坊市3个市辖区之一。

区划

1991年，寒亭区辖寒亭、央子、固堤、高里、双杨店、朱里6个镇，泊子、南孙、肖家营、东庄、郭家官庄、里疃6个乡。1992年1月，设立城区街道；撤销东庄乡，设立河滩镇；撤销里疃乡，设立张氏镇；撤销郭家官庄乡，设立郭家官庄镇。时辖城区街道，寒亭、央子、固堤、高里、双杨店、朱里、河滩、张氏、郭家官庄9个镇，泊子、南孙、肖家营3个乡。2001年2月，肖家营乡撤销，所辖禹王台等9个村划入南孙乡；韩家庙子等3个村划入央子镇；报庄子村划入泊子乡；郭家官庄镇和张氏镇合并成立开元街道。3月，寒亭镇和城区街道合并成立寒亭街道；设立杨家埠旅游开发区，由寒亭街道代管。时辖寒亭、开元两个街道，高里、双杨店、固堤、央子、河滩、朱里6个镇，南孙、泊子2个乡。2003年1月，开元街道双庙等共25个村划归潍坊农业高新技术开发区（今潍坊经济开发区）。2007年8月，央子镇撤镇设街道；固堤镇、泊子乡合并成立固堤街道；双杨店镇、南孙乡并入高里镇；河滩镇并入朱里镇。时辖寒亭、开元、固堤、央子4个街道，高里、朱里2个镇。9月，寿光市大家洼街道划入潍坊滨海经济开发区。辖寒亭、开元、固堤、央子、大家洼5个街道，高里、朱里2个镇。2008年3月，将固堤街道报庄子等5个村划入央子街道后，央子街道整体划归潍坊滨海经济开发区；潍坊经济开发区及其所辖北城街道划入寒亭区。寒亭区时辖寒亭、开元、固堤、北城4个街道，高里、朱里2个镇。2009年6月，开元街道陈家官庄等4个村划入寒亭街道。2010年5月，高里、朱里镇撤镇改街道。

2012年5月，高里街道潘家等26个村，北城街道永宁官庄等5个村，共31个村成立潍坊开发区双杨发展区。开元街道东里疃等9个村，北城街道北杨等13个村，共22个村成立潍坊经济开发区张氏发展区。

人口　民族

1991年，寒亭区共97303户、350587人；其中男性18041人，女性170186人。全年新出生人口3827人，出生率10.9‰；死亡2346人，死亡率6.7‰；净增人口1481人，自然增长率为4.2‰。非农业、农业人口分别为41757人、308830人，占全区总人口比例分别为11.9%和88.1%。2000年，第五次全国人口普查统计，寒亭区接受大学专科（含）以上教育的9286人，占3.03%，接受高中（含中专）教育的39010人，占12.71%。2007年，寒亭区非农业人口195911人，农业人口145779人，非农业人口占到全区总人口的57.3%。2008年，潍坊经济开发区划归寒亭后，寒亭区人口出生率在9‰～10‰之间，死亡率在5.8‰左右。2012年，据寒亭区公安户籍统计数据，寒亭区共119154户、345608人，其中男性173294人，女性173333人；迁入2168人，迁出1282人。据寒亭区计生人口统计数据，出生率11.6‰，死亡率5.6‰，人口自然增长率5.0‰。

1990年，寒亭区辖区内汉族人口345388人，少数民族人口213人。2000年，汉族人口355142人，占总人口的99.8%，少数民族26个803人。2010年，全区共有汉族人口326924人，占总人口的99.83%，少数民族27个551人，占全区总人口的0.17%。

第二节　自然环境

地形

寒亭区属鲁西北泛滥平原和鲁中南中低丘陵洪积扇地貌。地势南高北低，最高点在朱里街道柳毅山，海拔48米。东南部高平地，中部平原，北部洼地。主要可分两大部分：海拔5米以上中南部地区，面积558平方千米，占总面积66.6%，自然比降1/500，多系洪积冲积而成流水地貌。其中，海拔15米以上泰沂山洪积扇尾倾斜平原，包括倾斜高平地、倾斜平地、潍河河谷平原、潍河天然堤、沿河阶地、缓岗等微地貌；海拔15米以下至5米以上，系由潍河、虞河、白浪河、弥河等河流冲积而成冲积平原；在洪积扇尾与冲积平原交界处形成东西不连贯的交接洼地；冲积平原北部南孙等有大面积冲积湖形成的河间浅平洼地；河流改道及泛滥形成冲积平原上河滩高地；多数平坦地带为缓平坡地。海拔5米以下滨海平原，为第四系全新统海退地带，地势低洼缓平，面积279.9平方千米，占总面积33.4%，自然比降1/5900。其中海拔3米以上为滨海缓平低地或浅平洼地；3米以下为滨海滩地；海拔1.2米为海岸线，为粉砂淤泥质海岸。

气候

寒亭区地处中纬度，属暖温带半湿润大陆性季风气候，气候温和，四季分明，雨量集中，寒暑变化明显。春季回暖快、风力大、蒸发强，经常出现春旱。春季平均气温12.7℃，平均日照时数712.3小时，降水量88.1毫米。6月底、7月初进入雨季。盛行偏南风，经常受热带海洋气团的影响，天气炎热、湿润多雨、对流旺盛，易产生大风、雷雨、冰雹等天气。受南方气旋影响时产生大到暴雨，偶有台风侵袭带来大风暴雨。夏季平均气温25.2℃，日照时数616小时，降水量365.8毫米。秋季受极地大陆气团控制，气温下降，降水骤减，多秋高气爽天气，平均气温13.9℃，日照时数578.9小时，降水量110毫米。冬季气候寒冷干燥，盛行偏北风，经常受冷空气侵袭，出现偏北大风并伴有降温，偶有南方暖湿气流北上与冷空气汇合，产生雨雪天气。冬季平均气温-0.9℃，日照时数502.2小时，降水量28毫米。

河流

寒亭区境内有潍河、白浪河、虞河3条主要河流。

潍河由朱里街道东南堤村东南入境，至朱里街道北港溑村东北出境，是寒亭区昌邑市的界河。1991年，潍河境内9千米，流域72平方千米。2012年，潍河境内9.28千米，主河槽底宽300～500米，排洪流量每秒4500立方米。

白浪河由张氏街道东贾庄西入境，流经张氏、开元、寒亭、固堤、高里街道，至潍坊滨海经济技术开发区央子街道入渤海莱州湾。1991年，区境内42.50千米，流域397平方千米，主河槽底宽50～100米，堤距200～1700米。2012年，区境内42.50千米，支流主要有桂河、干河、大圩河。

虞河由开元街道入境，流经张氏、开元、固堤街道，至潍坊滨海经济技术开发区西利渔村东北汇入渤海莱州湾。1991年，区境内56.25千米，流域209平方千米，流量每秒207立方米。2012年，境内65.30千米，流域301平方千米，主河道排洪能力每秒98～207立方米，支流有利民河、浞河、瀑沙河、阜康河、夹沟河（丰产河）。

土壤

寒亭区境内耕地类型分褐土、潮土、盐土、砂姜黑土等4个土类，10个亚类、17个土属、62个土种。

褐土分布在洪积冲积扇缘下部，海拔高度在15米以上，成土母质多为黄土，洪积、冲积物，极少为玄武岩安山岩类母质。主要集中在开元街道、寒亭街道、朱里街道及双杨发展区南部。面积18.4万亩，占耕地总数的19.7%。

潮土是主要土壤类型，直接形成于河流沉积物上，土体层次明显，质地分选清楚，呈中性至碱性，多分布在冲积平原（海拔5～15米）和潍河河谷平原，主要分布在朱里、寒亭、开元、固堤、高里5个街道，面积65.64万亩，占土壤的

50.7%；耕地33.88万亩，占耕地总数的63.3%。

盐土是海相沉积而成，地势低平，海拔5米以下，土壤中含有大量的可溶性盐，一般是钠离子，钙离子、氯离子、硫酸根离子、碳酸根等离子组成，以氯化物为主，硫酸盐次之，主要分布在原央子街道全部和高里街道、固堤街道，43.08万亩，占土壤总面积的33.3%；耕地7.68万亩，占耕地总面积的14.3%。

砂姜黑土分布在洪积扇缘以下与冲积平原交接处的低洼地区。耕性良好，养分含量中等，表层为后期覆盖的黄褐或灰褐色土壤质土，下部为灰黑色较粘的黑土层，底部有灰白色的砂姜层，通体石灰反应强烈，主要分布在高里及寒亭街道2.39万亩，占土壤总面积的1.8%；耕地1.43万亩，占耕地面积的2.7%。

境内土壤pH值一般为中性或弱碱性，全区耕层土壤平均pH7.69。土壤质地主要有紧砂土、砂壤土、轻壤土、中壤土、重壤土5种。耕层土壤溶重平均为每立方厘米1.33克，在适宜范围内，但变幅较大，为每立方厘米1.09～1.49克。亚耕层容重平均为每立方厘米1.45克，变幅每立方厘米1.27～1.70克。

植被

1991年，区境内有6个植被类型。自然植被残存极少，主要以人工栽培植被为主。植被覆盖由南向北递减。北部沿海地区海拔2.80米以下，主要是以灰碱蓬、盐地碱蓬（俗称“黄须菜”）为主的一年生草本群落；海拔2.80～3.10米为多年生灌草群落，灌木为柽柳，草本植物主要有茵陈蒿、獐毛、盐地碱蓬等；海拔3.10米以上至咸淡水分界线分布着盐生、非盐生乔木、灌木、草本植物群落，乔木树种主要有刺槐、绒毛白蜡、枣、白榆、旱柳等，灌木主要有柽柳、紫穗槐等，草本植物主要有罗布麻、白茅、芦苇、马唐等。东南部丘陵区以落叶阔叶树木为主，上层乔木主要是杨树、刺槐等；灌木主要是黄荆、酸枣等；下层草本植物主要是菅草、苔草、狗尾草等。至2012年，区境内未发现野生植被和野生林木种质资源。

自然资源

1989年，寒亭区土地资源调查土地总面积为9.09万公顷，农用地5.46万公顷，占土地总面积的60%；建设用地1.48万公顷，占土地总面积的16.3%；未利用地2.15万公顷，占土地总面积的23.7%。耕地4.02万公顷，占全区土地总面积的44.2%。2012年，全区土地总面积5.66万公顷，其中农用地4.51万公顷，占总面积的79.7%；建设用地1.06万公顷，占总面积的18.7%；未利用地880公顷，占土地总面积的1.6%；其中耕地3.36万公顷，占全区土地总面积的59.5%。

寒亭区水资源分布不平衡，年内降水多集中于6—9月，占全年降水量的60%以上。供水总量0.67亿立方米，其中地下水源供水量0.44亿立方米，地表水源供水量0.23亿立方米；农业用水量0.31亿立方米，工业用水量0.28亿立方米，生活用水量0.05亿立方米，公共及生态用水量0.03亿立方米。寒亭区万元GDP取水量39.55立方米，万元工业增加值取水量32.71立方米。全区地下淡水多年平均总补给量为每年1.22亿立方米，可开采资源量为每年10.21亿立方米，区域平均开采资源模数每年每平方千米23.78万立方米，但是全区地下水实际开采量为1.35亿立方米，区域开采模数为每年每平方千米30.92万立方米，平均开采潜力指数0.76，已处于轻度超采状态。

寒亭区矿产资源相对贫乏，探明储量的矿种较少。据《潍坊市寒亭区矿产资源总体规划（2001—2010）》，到2000年底，共发现矿产10种，占潍坊市已发现矿产的12.30%，占全省已发现矿产的6.66%。探明储量的矿种有煤、石油、天然气、膨润土、沸石岩、建筑用砂、天然卤水、溴，共8种，占潍坊市已探明储量矿产的12%，占全省已探明储量的7.69%；已发现无探明储量的矿种有煤、砖瓦用黏土、建筑用砂3种，区内累计发现矿床（点）产地34处，其中能源矿产2处，非金属矿产27处，水气矿产5处，其保有资源储量居全市前10位的矿产5种。全区探明的矿产资源总量较小，保有储量19535万吨（不含水气矿产、砖瓦用黏土、建筑用砂），约占潍坊市的12%，占全省0.3%，列潍坊市第6位。2011—2012年，寒亭区未编制矿产资源规划。

第三节　经济发展

1991年，寒亭区地区生产总值7.64亿元，第一、二、三产业增加值分别为2.54亿元、3.88亿元、1.22亿元。全社会固定资产投资9658万元；社会消费品零售总额2.04亿元；财政总收入4008万元；城乡居民储蓄存款3.06亿元。在岗职工平均工资2037元；农民年人均纯收入945元。1992年，第三产业增加值首次超过第一产业增加值。1994年，受国家分税制改革和县（区）级财政体改革的影响，仅完成财政收入4687万元。1998年，实现财政收入10019万元，第一次跨入全国财政收入过亿元县（区）行列。2006年，全区地区生产总值首次突破50亿元，达到59.79亿元；2011年突破100亿元，达到139.06亿元。2012年，寒亭区实现地区生产总值154亿元，比上年增长11.7%；实现公共财政预算收入10.37亿元，比上年增长18.1%；完成全社会固定资产投资178亿元，比上年增长22.1%。

农业

1991年，寒亭区农业主要粮食作物以小麦、玉米、大豆、地瓜、高粱、谷子为主，种植面积4.55万公顷，总产量27.07万吨。经济作物以棉花、烟叶、花生、油菜籽为主，种植9500公顷，总产量1.57万吨。果类总产量3617吨。肉类1.42万吨、蛋类0.43万吨、奶类1万吨。海洋捕捞鱼、虾、贝类总产量0.36万吨，海、淡水养殖1506.67公顷，产量1188吨，产值913万元。农机总动力21.64万千瓦，农用拖拉机及运输车辆5680台。

1994—2002年，寒亭区实施农业产业化战略，经过产业调整，粮食作物比重下降，经济作物比重上升，形成“一乡一品，一村一品”为主要特征的农业种植模式。瓜类以西瓜、甜瓜为主，种植面积逐年增加，到2002年，寒亭区西瓜、甜瓜等瓜类种植面积为1474公顷，总产量8.73万吨。以番茄、辣椒、大姜、芦笋、圆葱为主的蔬菜作物种植面积7168公顷，总产量37.47万吨。

2012年，寒亭区以小麦、玉米、大豆、地瓜为主的粮食作物播种总面积4.52万公顷，产量31.73万吨；以棉花、花生、油菜籽为主的经济作物播种面积4148.46公顷，产量5294.63吨。建成万亩“潍县萝卜”、万亩大姜、万亩花卉苗木、万亩西瓜、万亩甜瓜“五个万亩”标准化基地。瓜类种植面积1796公顷，产量8.18万吨，蔬菜种植面积2472公顷，产量13.05万吨。以苹果、葡萄、桃、梨、杏、柿子、樱桃为主的果类产量7.19万吨。肉、蛋、奶类产量分别为4.17万吨、0.32万吨、2.93万吨。农机总动力87.48万千瓦，农用拖拉机及运输车40915台。

工业

1991年，区属工业企业18家，其中国有企业5家，集体企业13家，工业所属企业开发新产品41种，其中5项填补国内空白。21项填补省内空白，7项填补市内空白。2003年，全区完成工业总产值60.51亿元，实现销售收入55.53亿元，利税5.08亿元。2004年，工业系统组织实施工业“43020”工程（4大骨干行业，30家重点企业和

20个拳头产品），到年底，30家重点企业完成销售收入24亿元，实现利税2亿元，分别占120家限额以上企业的61.7%和62.5%。完成工业总产值43.43亿元，实现主营业务收入41亿元，实现利税3.6亿元，实现利润1.79亿元。2011年，实施“工业强区”战略和工业振兴“1030”（10大骨干企业和30强中小企业）计划，机械制造、纺织服装、精细化工、生物医药、造纸包装、食品加工六大产业链初具规模，工业经济迈上新台阶，全区规模以上工业企业实现主营业务收入337亿元。2012年，2000万元规模以上企业126家，主营业务收入389亿元，实现利税22.05亿元，利润11.91亿元。规模以上工业增加值、主营业务收入分别比上年增长16.2%和16.8%。传统产业技术改造投资占到工业投资的90%以上。实施自主创新“产学研”合作项目47个，80%以上的企业建立研发中心，新增市级以上企业技术中心和工程技术研究中心5家、高新技术企业2家、市级企业重点实验室2家。

商贸流通

1989年，寒亭区社会商品零售总额2.23亿元，其中国营及集体商业1.66亿元、个体经济0.39亿元、其他经济0.18亿元。2000年，全区社会消费品零售额9.04亿元，其中国营及集体商业1.71亿元、个体经济5.93亿元、私营经济0.90亿元、其他经济0.45亿元。2012年，服务业增加值占地区生产总值的比重为36.6%，比上年提高2个百分点，增幅位居潍坊市第二名。商业服务业营业网点遍布城乡，有大型商场6个、专业市场13个、农贸市场集市44个。限额以上消费品零售总额27.71亿元，其中城镇26.91亿元、乡村0.79亿元。

寒亭区对外开放始于80年代。1991年进一步扩大对外开放，对外贸易发展势头强劲。1992年，外经外贸业务由原来的单一农副产品出口扩大到机械加工、纺织服装、盐化工等。至1994年，全区完成外贸出口交货值1.82亿元。1999年，实施全民招商策略。2001年，潍坊经济开发区及各镇街经济园区相继建成并转入功能开发阶段，各种招商引资政策相继出台，招商引资走上快速发展轨道。2008年，全区引进外资项目集中落户经济技术开发区和海洋化工开发区，外经外贸业务稳步发展。2010年，现代制造业产品成为外经贸的主要业务，年出口总额18657万美元，进口总额18599万美元；合同利用外资3872万美元，实际利用外资3107万美元。至2012年，境内80%规模以上企业获得自营进出口经营权，年出口总额35967万美元；进口产品达40余种，进口总额26396万美元；全年合同利用外资9856万美元，实际利用外资3766万美元。

交通　邮电

寒亭区是潍坊市中心城区之一，区位优势明显，交通便捷。1991年，区境内有央赣路、烟潍公路、潍石公路3条东西交通干道与区境连接。1993年，济青高速公路建成通车，设潍坊出口。1997年、2008年，潍莱高速、荣乌高速公路相继建成通车并从境内通过，境内高速公路通车里程28.33千米，形成由南向北3条平行高速公路布局。2003—2007年，寒亭区实施“村村通”工程，新修和改造村道364.4千米，357个行政村实现村村通公路。到2012年，境内有5条国道、3条省道、12条县道、35条乡道，通车总里程435.76千米；9条城乡客运线，8条公交线路，运营车辆82台，日均客运量2万人次；公路货运量1047万吨，周转量292810万吨千米。

1992年，潍坊市邮电局寒亭分局更名为寒亭区邮电局，投递线路总长1130千米；信函邮件、快递包裹、报刊发行、汇兑等传统业务平稳增长。1998年，邮电分营以后，寒亭邮政加快局所升级改造，改善群众用邮环境，邮政社会综合满意率达到98.66%；优化业务结构，先后拓展商业信函、专送广告、特快专递、国际快件、集邮等业务。2005年后，随着传统业务萎缩，开始发展分销物流、电子商务等新业务。至2012年底，邮政营业网点覆盖全区，全年实现业务收入1206万元。

1991年以后，是寒亭通信事业起步和快速发展的时期。1998年以前，以无线电报、长途电话、农村电话等传统业务为主，由邮电局负责运营。1998年，邮电分营，寒亭区电信局成立，以无线寻呼、移动电话为代表的新业务开始发展。1999年，电信局移动业务析出，新成立中国移动寒亭分公司。2001年，中国联通寒亭分公司成立。2002年，铁通公司进入寒亭发展固话、宽带业务。2005年，中国电信潍坊分公司到寒亭设立分支机构。至此，全区固话、移动、宽带市场开始多家经营，电信资费大幅度下降，各项业务齐头并进，步入发展快车道。至2012年底，区内主要有中国联通、中国移动、中国电信3大运营商在寒亭设立的分支机构，电信业务总量12615万元；年末固定电话机96291部，其中城区电话机69020部，农村电话机27271部；年末移动电话数247096户，国际互联网用户数22207户。

城乡建设

1991年，寒亭区城区规划面积仅为3.51平方千米。通过三轮城市总体规划并依法付诸实施，到2012年，城区建成区面积45.6平方千米，比建区时扩大13倍；城区道路由原来的“3街5路”（东西为街，南北为路），通车里程仅为16.77千米，柏油路面通车里程仅8.37千米，街道狭窄，路况较差的状况，建成“21街17路”，通车里程103千米，铺装路面221万平方米，排水管道总长231千米；人均绿化面积达到26.4平方米，是1991年的13.2倍；天然气管道从无到有，城区共铺设管道42千米，用户1.48万。2001年以前，城区住宅多为单位宿舍楼，2002年，温亭花园小区建成后，全区房地产业开始升温，商业住宅小区、城中村改造成果显著，2006—2012年，住宅小区建设提速，共建成规模化住宅小区18个，建筑面积155万平方米；规划完成城中村改造33个，批复23个，落实安置小区24个，城区住宅小区总建设面积169万平方米；共建成55个商业开发项目，累计建筑面积138万平方米。1994年，寒亭区开始创建名优工程，到2012年底，全区共有名优工程31处。

第四节　社会事业

科技

1991年以后，区委、区政府先后实施“科教兴寒”战略、“三化”战略，从“科教兴寒”领导小组成立到《寒亭区科教兴寒实施方案》等一系列文件印发与实施。推动寒亭科技事业发展。1994年，12个乡镇均成立科技服务站（队）和群众性专业技术研究会。2002年5月，区政府印发《关于进一步做好高新技术人才引进和使用工作的意见》，出台系列人才引进使用优惠政策；2003年，实施“百万农民星火科技培训行动”。2010年，以现代农业关键技术和成果转化为重点，推进农业高端化、有机化、精细化建设。至2012年，全区拥有初级以上职称专业技术人员12599人，具有高级技职称的科技人员954人，中级职称的4587人。1991—2012年，寒亭区组织实施市级以上科技计划项目227项。其中，国家级31项，省级计划85项，市级各类计划111项。传统产业改造力度加大，技改投资占到工业投资90%以上。自主创新能力不断增强，实施“产学研”合作项目47个，80%以上企业建立了研发中心，工业技改和企业技术研发投入61亿元。新增市级以上企业技术中心和工程技术研究中心5家、高新技术企业2家、市级企业重点实验室2家，被认定为“山东省知识产权示范单位”。

1990年，寒亭区专利申请完成10件，实现专利申请量零的突破。2012年，专利申请达到698件，专利授权达到342件。

教育

1991—2012年，是寒亭教育事业大改革和大发展时期。学前教育实行政府主导、社会参与、公民办并举办园体制；基础教育实行分级办学、分工管理体制；小学和初中由“五、三”学制改为“五、四”制，后又改为“六、三”学制；学校内部管理实行“校长负责制、岗位责任制、教师聘任制”。大中专毕业生分配由区人事局与教育部门直接分配，改为“公开招考、逢进必考”制度；推进招生制度改革，取消小学升初中统一考试；1996年起高考实行普通高中毕业证、会考证“两证合一”制度。采取各级财政拨款和学校自筹资金近10亿元，新增校舍面积近40万平方米，配置教学仪器价值5178.23万元，竣工69个校舍安全工程，建成9所普惠性标准化幼儿园，配备新型安全校车68辆。全区中小学顺利通过潍坊市标准化学校达标验收。2010年，被评为山东省艺术教育示范县（市区）。2012年，全区有高中1所，在校生5183名，教职工504人，其中专任教师359人；初中9所，在校生8848名，教职工1020人，其中专任教师982人；小学51所，在校生17231名，教职工1286人，其中专任教师1239人；幼儿园54所，在园儿童7418名，教职工401人，其中专任教师293人。全区先后有7所小学和5处初中被评为市级规范化学校，1所小学被评为省级规范化学校。

文化

1990年4月，区文化馆创作《寒亭区民间文学集成》，传承区内历史文化遗产。杨洛书被联合国教科文组织授予国际“民间工艺美术大师”，胡世明被中国根艺美术协会学术资格高评委确认为“中国根艺美术大师”学术资格。2002年10月，寒亭区被文化部授予“民间艺术之乡”称号。2005年4月，杨家埠被文化部列为中国民族民间文化保护工程专业试点单位（全省仅此一家，全国29家）。美术、书法、篆刻、摄影、音乐舞蹈等多种艺术形式，丰富城乡文化生活；根雕、篆刻、刺绣、剪纸，推陈出新，有了较大发展。群众性文化活动丰富多彩，群众文化群众办、喜闻乐见共联欢，每逢新春、节日庆典，区内开展多种形式文艺演出。1999—2012年，每年举行消夏文艺晚会。卡拉OK、广场舞、健身操、太极拳、扇子舞、太极剑等多种表演方式，活跃在村头、街巷、公园。广播电视事业快递发展，《杨洛书的年画人生》《飞黄腾达》《潍县萝卜话古今》等专题片，在全国县级农业电视节目评比中分别获得一、二、三等奖。农村有线电视数字化整体转换全面完成，建成第一座3D数字影院。成功举办9届杨家埠风筝年画艺术节、5届潍县萝卜文化节。档案实现网络化管理，2009年8月区档案馆被评为国家二级档案馆，2012年9月通过省新农村档案工作示范区验收。“非遗”保护工作坚持“保护为主、抢救第一、合理利用、传承发展”方针，将“非遗”挖掘保护与传承利用相结合，把“非遗”保护传承与文化旅游产业相结合，“非遗”四级名录体系完善，非物质文化遗产保护成效显著；杨家埠民间艺术大观园被命名为国家级文化产业示范基地和山东省非物质文化遗产生产性保护示范基地。

1989年7月建成杨家埠民间艺术大观园，1995年成为山东省千里民俗旅游线十佳景点之一。2012年，全区有1处AAAA级景区、2处AA级景区。

医疗卫生

1991年，全区有区级医疗机构3所，乡镇卫生院12所，厂矿医院3所。有西医684人，中医42人，乡村医生普遍拥有“山东省卫生技术人员执业证书”。1992年，寒亭区达到省级食品卫生达标县区标准，获得“山东省食品卫生达标县区”称号。开展爱国卫生运动把除害防病、改水改厕与创建卫生城市结合起来。1995年，寒亭区被省爱卫会命名为省级卫生城市。2002年，开始推行“三方筹款、四面规范”新型农村合作医疗制度，农民以户为单位自愿参加。农村合作医疗制度不断完善，综合性社区卫生服务网络和乡村卫生一体化管理体系逐步健全。2012年，全区有22处卫生服务机构，床位数1329张，从业人员1343人，其中卫生技术人员1145人。承担为辖区居民提供健康教育、预防、保健、康复、计划生育技术和一般常见病、多发病诊疗服务，城区“十分钟”就医圈形成。街道卫生院达到一级甲等医院标准。当年完成急门诊134.8万人次、住院病人3.1万人次。全区参合农民210162人，参合率稳定在100%。基层医疗卫生服务体系日趋完善，寒亭街道社区卫生服务中心创建为山东省星级社区卫生服务中心。

1991—2012年，通过计划免疫、传染病防控，全区传染病疫情总体平稳，发病率处于全市较低水平，无重大传染病暴发流行。其中2010年，承接4个国家级高血压及心血管病防治项目，并按照要求及时完成结题。

体育

寒亭区学校体育、职工体育、农民体育蓬勃发展。涌现出邢慧娜、高蓓蓓等世界知名运动员。“我运动、我健康、我快乐”“天天活动，人人健康”成为社会时尚，群众健身运动遍地开花。依据《国民体质测定标准》，人们的身体素质得到明显提高。在校学生普遍达到《国家学生体质健康标准》要求，符合优秀标准人数比例达30%以上。体育设施、体育产业有明显改善和发展，2004年，邢慧娜获得雅典奥运会一万米金牌。2012年，全区有田径运动场60处、足球场15处、早晚体育锻炼集结点140处、乒乓球室230个、棋牌室100多个，各村都有活动健身场所。成功举办3届全民运动会和2届全民健身运动会。体育彩票销售6120万元，增幅居全省前列。

人民生活

1991年，寒亭区在岗职工年平均工资2037元；农民年人均纯收入945元，农民年生活消费支出628元。1996年，农民人均纯收入3004元，年均增长26%，城镇在岗职工工资5124元，达到小康区水平。2006年，农民人均纯收入5932元，消费支出3952元，支出占收入的66.6%；城镇在岗职工工资收入15079元，消费支出主要以食品、交通通讯、居住、文教娱乐、医疗保健为主，70%的城镇居民住上楼房，手机、电脑进入家庭，旅游成为城镇居民生活时尚需求。2008年，寒亭区城市化水平达43%，城区绿化覆盖率37.5%，全区“新农合”和“城合”参合率分别为99%和57.5%，年末城乡居民储蓄余额52亿元，人均储蓄15403元。农村居民外出务工人数增加，非农产品收入持续增长，2012年，农村居民人均纯收入11814元，人均生活消费支出5940元，食物支出占消费总支出比重下降。城镇居民年平均工资35406元，95%的居民住上楼房，人均居住面积26平方米。轿车成为居民普通交通工具。全区居民储蓄余额685.35亿元。

第五节　乡镇（街道）概况

寒亭街道

寒亭街道是寒亭区委、区政府所在地。1992年1月，成立寒亭区城区街道，辖9个居委会。2001年2月，撤销寒亭镇、城区街道，合并设立寒亭街道。2007年，设海龙社区。2008年，设杨家埠旅游开发区，西三角埠、东三角埠、齐家埠、南埠子、西杨家埠、东杨家埠6个村划入杨家埠旅游开发区。2009年，设泰祥社区；北柴埠营、南柴埠营划归开元街道。2010年，由开元街道徐家楼、唐家朱茂、朱家谭里庄、陈家官庄4个村划归寒亭街道。2011年，发展都市农业，大棚蔬菜、花卉、萝卜、脆瓜等现代农业种植533.33公顷。2012年，辖区面积63.03平方千米，人口8.69万人，辖42个农村居委会，9个城市社区居委会，耕地5.6万亩。地方财政收入2980万元，农村居民人均纯收入11703元。增加都市农业400公顷，建设北纸房、青岛苏贝尔（寒亭）、潍坊华裕3个蔬菜示范园和潍坊开轩花卉现代农业示范园区。

开元街道

2001年3月，郭家官庄镇和张氏镇合并成立开元街道，位于寒亭城区西部，是寒亭区中心城区街道之一。2003年3月，杏冢子、西小营、东小营、东贾庄一、东贾庄二、店子、双庙、北杨、范家庄子、宋家庄子10个村划归潍坊经济技术开发区。2009年6月，唐家朱茂、徐家楼、朱家谭里庄、陈家官庄4个村划归寒亭街道。2012年6月，张氏一、二、三、四、五5个村划归潍坊经济技术开发区，寒亭街道南柴埠营、北柴埠营村划入开元街道。2012年，街道管理面积46平方千米，辖29个农村居委会，3个城市社区居委会，乡村人口2.58万人，耕地1666公顷。实现财政收入3172万元，农村居民人均纯收入12415元。是潍坊市委、市政府重点项目“中国食品谷”核心区所在地。

固堤街道

2007年9月，泊子乡、固堤镇合并设立固堤街道，位于寒亭区北部。面积152平方千米，辖73个行政村，人口6.8万人，耕地8466公顷。2012年，完成地方财政收入1150万元，农村居民人均纯收入11605元。大棚西瓜、葡萄等高效农业种植480公顷，是闻名的“西瓜之乡”。

高里街道

2010年6月，撤销高里镇设高里街道，位于寒亭区西部，下辖高里社区、双杨社区、南孙社区。2012年6月，双杨社区划归潍坊经济开发区。2012年，实现地方财政收入1096万元。农村居民人均纯收入10955元。高里山药、芦笋、鲫鱼、鸭蛋、毛蟹、小枣、洋香瓜、小香米被誉为“高里八宝”。

朱里街道

2010年5月，朱里镇与河滩镇合并成立朱里街道，位于寒亭区东南部，面积112平方千米，人口6.4万人，耕地6866公顷，辖88个行政村。2012年，实现地方财政收入1020万元。是“万亩大姜”种植基地。

杨家埠旅游开发区

1986年5月，在杨家埠明清古村址基础上，建成杨家埠风筝年画厂，1989年7月，杨家埠风筝年画厂更名为杨家埠民间艺术大观园，10月，杨家埠木版年画研究所成立。2000年，民间艺术大观园建成仿古建筑东大门。2001年3月，以杨家埠民间艺术大观园为核心区，成立杨家埠旅游开发区，由寒亭街道办事处代管。2006年，杨家埠年画和以杨家埠发源地为代表的潍坊风筝被国务院列为首批国家非物质文化遗产。12月，杨家埠民间艺术大观园通过国家AAA级验收及AAAA级初评。2008年8月，成立杨家埠旅游开发区党工委，管委会调整为独立单位，不再由寒亭街道代管；辖齐家埠、南埠子、西杨家埠、东杨家埠、东三角埠、西三角埠6个行政村，发展以年画、风筝为代表的文化、旅游产业。2011年4月，开发区管委会升格为副县级。

杨家埠民间艺术大观园，是以年画、风筝文化产业为代表独树一帜的民俗旅游胜地，国家AAAA级旅游景区、全国农业旅游示范点、56个最具民族特色的风景区、中国低碳旅游示范区和国家文化产业示范基地。杨家埠旅游开发区，是中国民间艺术之乡、中国年画之乡，辖区特有的木版年画和风筝，都被列入第一批国家级非物质文化遗产名录。2012年，开发区占地5.9平方千米，有居民2443户、6719人，耕地337.87公顷。杨家埠民间艺术大观园被授予“山东省文化产业示范园区”称号；杨家埠风筝年画商业街被认定为“首批山东特色商业街”。

第五章　青州市

第一节　建置区划

境域

青州市位于山东半岛西部，北纬36° 24′～36° 58′，东经118° 11′～118° 46′。西与淄博市临淄区、淄川区毗连，北与东营市广饶县接壤，东北和东分别与寿光市、昌乐县为邻，南接临朐县。东西最大距离54千米，南北最大距离60千米。全市面积1569平方千米，辖4个街道、8个镇，79个居委会997个行政村，1127个自然村。市政府驻王府街道。直线北至北京400千米，西至济南140千米，东至潍坊市中心60千米。

建置

青州市的前身依次是广县、临淄县、益都县。秦置郡县，今市境属临淄郡，因秦无《地志》，境内置县无考。西汉初年，在今市境内置广县，县城在今城区西南瀑水涧西侧。两汉、三国魏和西晋，今市境中心地带为广县。广县西汉属齐郡，东汉属齐国，东汉末年、三国魏属青州、齐国，西晋属徐州、东莞郡。西晋永嘉五年（311），在今城西（尧王山东南）筑广固城，临淄县随青州、齐郡移治，广县并入临淄县。临淄县据今市境中心地带与西部，属青州、齐郡，三级政权同治广固城。东晋义熙六年（410），平广固城，在南阳河北岸筑东阳城，为青州刺史治，临淄县治纳入其中。北齐天保七年（556）临淄县裁撤，临淄县南部并入益都县，北部设立高阳县，把原在今寿光市境内益都县治所移至东阳城。金天会（1123—1137）中期，益都县治所迁南阳城。从北齐天保七年至清末，益都县隶属于治所在同一座城池的上级政权先后是齐郡（北齐、北周）、青州（隋、唐）、北海郡（隋、唐）、青州（北宋）、益都府（金）、益都路（元）、青州府（明、清）等。1912年中华民国建立，北洋政府行政建置初沿清制。1913年废府、州，设道，实行省、道、县3级制。益都县属胶东道（驻烟台）。1925年益都县改属淄青道所辖。1927年裁道，国民政府以省领县。1928年6月国民党山东省政府成立后，益都县直属山东省。1938年，山东省设鲁西、鲁北、胶东3个行署，并划分为17个行政督察区，益都县属第八行政督察区。1945年改鲁北、鲁西北、鲁西、鲁南、鲁中、鲁东6个政府办事处，益都县属鲁中办事处，直至1948年3月解放。1948年3月，益都县再次解放。1948年7月，在县境弥河以东成立益临县，属昌潍专区。1948年8月，城区恢复青州市建置，益都县驻地迁五里堡村，青州市、益都县归中共中央华东局领导（益都县行政隶属山东省）。1948年12月，益都县由省直辖改属昌潍专区。1949年1月，撤销青州市，并入益都县，县委、县政府再次移驻城区。1949年10月，中华人民共和国成立，益都、益寿、益临三县同时并存。益都县和益临县属昌潍专区，益寿县属清河专区。1950年5月益寿县划归昌潍专区，昌潍专区机关迁潍坊市。1952年6月，撤销益寿县、益临县，部分地区并入益都县。益都县仍属昌潍专区，1967年属昌潍地区，1981年7月属潍坊地区。1983年10月潍坊地区撤销，设潍坊市（地级），益都县归潍坊市管辖。1986年3月，撤销益都县，建立青州市（县级），以益都县行政区域为青州市行政区域，由潍坊市代管。

区划

1991年，青州市辖益都、弥河、王坟、庙子、文登、五里、东高、高柳、朱良、口埠、东夏、谭坊、郑母等13个镇和云峡河回族、石河、钓鱼台、孙旺、杨集、上庄、莲花盆、观音沟、邵庄、普通、石家车马、王母宫、苏闻、阳河、何官、徐集、苏埠屯、宋池、赵坡、黄楼、东坝、杨家庄、大王等23个乡。1991年12月，青州市行政区划调整，撤销13个乡，辖益都、弥河、王坟、庙子、文登、五里、东高、高柳、朱良、口埠、东夏、谭坊、郑母等13个镇和云峡河回族、杨集、邵庄、普通、王母宫、何官、黄楼、东坝、杨家庄9个乡。1992年6月，口埠镇蔡家等5个村划归王母宫乡管辖。1993年10月，王母宫、黄楼、东坝、普通撤乡设镇，撤销益都镇，以原益都镇行政区域分别设立青州市益都、王府、昭德3个街道。1994年6月，杨家庄、何官、邵庄撤乡设镇，撤销杨集乡，行政区域划归庙子镇管辖。1994年9月，益都街道任七里村划归王母宫镇管辖。2001年2月，撤销文登镇，行政区域并入邵庄镇。撤销杨家庄镇，原杨家庄镇大陈家庄村等6个村划归东坝镇管辖，侯庙村等14个村划归东夏镇管辖。2004年5月，五里镇王家庄等8个村划入云峡河回族乡。2005年8月，撤销云峡河回族乡，以原云峡河回族乡行政区域设立云门山街道；撤销东坝镇设立东坝街道；撤销王母宫镇设立王母宫街道。2007年5月，撤销东坝街道，原东坝街道所辖23个村划归黄楼镇管辖，13个村划归云门山街道管辖。撤销昭德街道，所辖25个社区居委会划归云门山街道管辖。2007年8月，撤销五里镇，原五里镇行政区域划归王府街道管辖，街道工作机关驻原五里镇工作机关驻地；撤销东高镇，原东高镇行政区域划归益都街道管辖，街道工作机关驻原东高镇工作机关驻地；撤销朱良镇，原朱良镇行政区域并入高柳镇，镇工作机关驻原朱良镇工作机关驻地；撤销普通镇，原普通镇行政区域并入邵庄镇，镇工作机关驻地不变；撤销口埠镇，原口埠镇行政区域并入何官镇，镇工作机关驻地不变；撤销郑母镇，原郑母镇行政区域并入谭坊镇，镇工作机关驻地不变；撤销王母宫街道，原王母宫街道8个村，东夏镇15个村并入黄楼镇，镇工作机关驻地不变；王母宫街道34个村并入东夏镇，东夏镇工作机关驻原王母宫街道工作机关驻地。2010年5月，撤销黄楼镇，以其原行政区域设立黄楼街道，办事处工作机关驻原黄楼镇政府驻地。

人口　民族

1991年，全市总人口为866474人，其中，男性440569人，女性425905人。出生14607人，死亡4956人，自然增长率11.14%。2000年第五次人口普查结果表明：全市平均人口密度为每平方千米570人。西南部低山丘陵区人口275585人，占全市总人口30.8%，平均每平方千米355人，比全市平均密度少215人；中部和北部平原区人口576227人，占全市总人口的64.4%，平均每平方千米806人，比全市平均密度多236人；东南部岗丘区42656人，占全市总人口的4.8%，平均每平方千米547人，比全市平均密度少23人。2010年第六次人口普查结果表明：全市平均人口密度每平方千米599人。西南部低山丘陵区人口271545人，占全市总人口的28.9%，平均每平方千米350人，比全市平均密度少249人；中部和北部平原区人口628890人，占全市总人口的66.9%，平均每平方千米880人，比全市平均密度多281人；东南部岗丘区39920人，占全市总人口的4.2%，平均每平方千米512人，比全市平均密度少87人。2012年，全市总人口为918635人，其中，男性463002人，女性455633人。出生9588人，死亡7279人，自然增长率2.49%。

2000年，第五次人口普查表明：全市有汉、回、满、蒙古等35个民族，其中汉族869693人，占总人口97.23%；回族21212人，占总人口2.37%；满族2712人，占总人口0.31%；蒙古族147人；藏族16人；维吾尔族6人；苗族70人；彝族85人；壮族23人；布依族21人；朝鲜族24人；侗族22人；瑶族8人；白族60人；土家族24人；哈尼族83人；傣族80人；黎族1人；傈僳族53人；佤族33人；畲族1人；拉祜族12人；水族4人；东乡族1人；纳西族18人；景颇族17人；土族7人；达斡尔族5人；布朗族2人；佬族1人；阿昌族10人；怒族7人；鄂温克族1人；塔塔尔族1人；鄂伦春族6人；其他民族2人。2010年第六次人口普查表明：全市有汉、回、满、蒙古等35个民族，其中汉族916322人，占总人口97.44%；回族20654人，占总人口2.20%；满族2865人，占总人口0.30%；蒙古族92人；藏族12人；维吾尔族5人；苗族37人；彝族54人；壮族9人；布依族6人；朝鲜族21人；瑶族5人；白族1人；土家族32人；哈尼族23人；哈萨克族1人；傣族75人；黎族9人；傈僳族24人；佤族19人；畲族2人；高山族2人；拉祜族13人；水族1人；东乡族1人；纳西族16人；景颇族19人；土族1人；达斡尔族1人；布朗族2人；仡佬族1人；锡伯族6人；阿昌族13人；怒族4人；鄂伦春族7人。

第二节　自然环境

地形

青州市地形地貌特征呈多样性。处于鲁中山区和鲁中平原交接地带，地势由西南向东北呈缓坡倾斜，最大高差931.1米。地形地貌特征可分为3类：西南部石灰岩低山丘陵区，面积为746.5平方千米，占全市总土地的47.8%。该地区地地貌复杂，海拔高度多在150～750米之间，以三县顶为最高峰，海拔954米。由于山高坡陡，水资源贫乏，自然条件较差，对农业生产造成很大限制。北部和东部山麓平原区，面积为691.1平方千米，占全市总土地44.2%。与山区接壤地带多为海拔100米左右低丘，地势从西南部向东北部逐渐倾斜，成为广阔沃壤，最低点在何官张高村北，海拔仅16米。北部分布有浅平洼地与槽状洼地，有过历史积水过程。平原地区土地肥沃，土层深厚，水资源丰富，是理想农业土壤。东南部玄武岩岗丘区，面积125.6平方千米，占全市总土地8%。该区岗丘坡度较缓，海拔多在60～200米范围内。在岗丘之间有部分平地，水资源较缺乏，土地垦殖利用率高于低山丘陵区。地下有花岗石资源，玄武岩岗丘为最古老地貌之一，经过千百万年风化，地表形成沙丘，适合果树、花卉、花生等植物生长。

气候

青州市地处中纬度地区，属北温带亚湿润气候区，大陆性季风性气候明显，四季分明，热量丰富，降水中等，雨热同期，对农作物生长有利。因境内地形复杂，导致光、热、水状况地域性差异。全市处在南北方气流频繁交汇，有时因冷暖气团激烈对流，带来剧烈天气变化，形成暴雨、大风、冰雹、高低温、连阴雨、旱、涝等多种灾害性天气。全市年平均日照时数2435.3小时，最多2755.7小时（1997年），最少2178.6小时（2007年），年平均日照百分率55%。全市1991—2012年平均年气温为13.7℃，年平均气温最大值14.6℃（2006年、2007年），最小值12.7℃（2010年、2011年），由于市境内地形复杂，各地气温差异较大。全年各月平均温度差异很大，最热7月份，月平均气温26.9℃，最冷1月份，月平均气温-1.8℃，年较差28.7℃。一年内，夏季降水最多，平均395.4毫米，春秋季次之，冬季最少，平均35.1毫米，冬春季降水年际变幅最大。全市气压年平均值1010.6百帕，累年12月平均气压最高1021.6百帕，7月份最低997.6百帕。全市年平均地面（0厘米）温度15.3℃，7月最高，平均30.0℃，1月最低，平均-2.1℃。年平均相对湿度60%。全市处在东亚季风区，季节变化明显。春季风速最大，且西南风较多，从12月到次年2月，主导风向为西北风，4—8月主导风向为东南风，其他各月均以西南风为主导风向。初霜期出现在10月中下旬至11月上旬，终霜期在3月下旬至4月上旬。无霜期平均207天，最长248天，最短170天。年积雪日数最多39天（2001年），最少4天（2007年）。最长年冻土日数120天，出现于1995年11月21日—1996年3月19日。最大冻土深度45厘米，出现在2011年1月26日和1月27日。

河流

青州市地形复杂，汛期雨量集中，利于河流发育。境内河流分属弥河、小清河两大水系，过境河流有弥河、淄河两条。庙子、邵庄、益都、高柳等镇（街道）属小清河水系流域，主要有淄河、仁河、北阳河、裙带河、茅津河、王钦河、乌阳河、龙泉河、跃龙河等河道。东部地区属弥河水系流域，主要有大石河、小石河、南阳河、洗耳河、尧河等河道。主要河流多属雨源型季节性河流，一般年份，春季河道干涸，汛期水流较急，易给两岸造成洪涝灾害。

土壤　植被

青州市地处暖温带半湿润季风气候区，夏秋在成土过程中占主导地位，发育形成主要土类——褐土。在市境西南部海拔750米以上山间谷地上，因降雨量增加，温度较低，蒸发量较小，淋溶作用加强，使石灰岩覆盖层沙页岩风化母质发育演变为棕壤土类；在北部平原地区低洼处，地下潜水长期参与成土过程，发育形成潮土土类；局部地区在积水影响下，表层沼泽化，底层有较强的钙积作用，形成砂姜黑土土类。青州市土壤共分4个土类、10个亚类、15个土属、57个土种，以褐土为主，潮土次之，棕壤和砂姜黑土有少量分散分布。自全国第二次土地调查开始，青州市于2009年建立土地利用现状数据库，对全市土地资源有详实备案。2012年底，全市农用地占全市总面积比例72.37%，其中耕地占全市总面积49.26%，主要分布在何官、谭坊等镇东北部平原地区。建设用地占全市总面积比例14.63%，主要分布在王府街道、益都街道、云门山街道和东夏镇等市中部和北部地区。未利用地占全市总面积比例13%，主要分布在西南山区王坟、庙子和邵庄等镇。

2012年青州市有木本植物82科、123属、229种。主要用材树种有刺槐、杨树、泡桐、侧柏、柳树、白榆、楸树、臭椿等；经济树种主要有苹果、梨、桃、杏、李、柿、枣、山楂、板栗、葡萄、石榴、核桃、花椒、香椿、银杏等；林下灌木主要有黄荆、胡枝子、紫穗槐、酸枣；草本以黄草、白草、狗尾草居多。列入国家级重点保护植物有5种，其中银杏、水杉2种为国家I级重点保护植物；中华结缕草、野大豆、紫椴3种为国家II级重点保护野生植物。列入“濒危野生动植物种国际贸易公约”的植物有兰科植物3属3种，即无柱兰属无柱兰，羊耳蒜属羊耳蒜，绶草属绶草。列入《中国珍稀濒危植物红皮书》植物有4种，分别是刺楸、蒙古栎、杜仲、黄芪。

自然资源

2012年底，全市农用地占全市总面积比例72.37%，其中耕地占全市总面积49.26%，主要分布在何官、谭坊等镇东北部平原地区。建设用地占全市总面积比例14.63%，主要分布在王府街道、益都街道、云门山街道和东夏镇等市中部和北部地区。未利用地占全市总面积比例13%，主要分布在西南山区王坟、庙子和邵庄等镇。市境内已发现各类矿种25种，矿产地（含矿点、矿化点）38处，集中分布在西南部和东南部街道、镇。其中有色金属矿产有金、铜、铅（伴生银）3种，黑色金属矿产有铁1种，建筑材料及非金属矿产主要有石灰岩、黏土、花岗石、河沙、膨润土、钾长石、玄武岩；冶金辅助原料矿产有白云岩1种，能源矿产有泥煤1种，宝石及工艺美术矿产有蓝宝石、红丝（砚）石、雕刻石料、怪石（太湖石）、燕子石5种，水汽矿产有矿泉水、地热水。已探明储量矿种6种，其中金属矿产有铁和铅2种，非金属矿产有石灰岩、黏土、花岗石和矿泉水4种，探明矿产地38处。

大气降水是青州市地表水主要来源，其次是弥河入境客水。全市多年平均地表水资源量33613万立方米，P=20%为49279万立方米，P=50%为29085万立方米，P=75%为17717万立方米，P=95%为9717万立方米。全市多年平均地下水资源量21594万立方米，P=20%为26787万立方米，P=50%为20554万立方米，P=75%为17195万立方米，P=95%为13575万立方米。全市多年平均地表水资源量33613万立方米，地下水资源量21594万立方米，重复计算量3740万立方米，水资源总量51467万立方米，平均资源模数32.8万立方米/平方千米。全市多年平均地表水可利用量4084万立方米，地下水可利用量15460万立方米，水资源可利用总量19544万立方米。据1999年《青州市陆生野生动物资源调查报告》显示，境内共有兽及两栖类17种，隶属10科；鸟类64种，隶属29科，总计共有陆栖脊椎动物81种（含亚种）。

自然灾害

境内自然灾害主要有旱灾、水灾、雹灾、风灾、霜冻和雪灾。除霜冻和雪灾外，其他4种灾害发生率较高。干旱是境内主要灾害。全年干旱虽极少，但季节性干旱和连季干旱却经常发生。全市洪涝灾害主要出现在雨季（6—8月），暴雨引发短时局地性灾害，且常伴有大风。1991—2012年共出现暴雨42次，年平均暴雨日数1.7天。冰雹主要发生在春末夏初或夏秋之交，平均每年2～3次。一般持续时间较短，但灾害性较大。霜冻发生于秋末至春初，给晚秋作物及春苗造成危害，终霜冻比初霜冻的出现机率稍高。

第三节　经济建设

工业

1991—1993年，青州市工业的重心在新建企业、扩大规模的外延式数量扩张和企业改制上，以民营企业为主的上千家工业企业快速成长。1994年后，随着企业经济总量的提高，工业经济的重心走上外延式增长与内涵式提高并重的发展之路。1995—1999年，境内工业经过多次内部体制变更、运营机制转换和产权制度改革，以民营企业为主体、骨干企业为支撑、众多小型企业为基础的工业经济格局初步形成。2000年后，坚持走“工业立市”道路，机械装备、石油化工、烟草包装成为境内工业的三大主导产业，其主营业务收入占规模以上工业企业的60%以上。

2003年，工业增加值突破100亿元。2006—2010年，规模以上企业主营业务收入每年增加100亿以上。2004—2012年期间，8位企业家获得青州市人大常委会授予的“人民功勋”称号。2010年后，经济开发区、猩山经济区和卡特彼勒工业园“一园两区”成为振兴工业的三个重要平台，借助平台的建设，大力发展生物、新能源和高端装备制造业，坚持走新型工业化道路，着重抓好企业创新能力建设，推进企业技术改造和技术进步，培植工业新的增长点，规模以上企业达到563家。加大高能耗、高污染企业的治理，开展节能减排，淘汰落后产能，实施可持续发展战略。2012年全市规模以上企业518家，从业人员71176人，完成工业总产值1333亿元，实现主营业务收入1312.5亿元，实现利税总额113.9亿元，利润总额57亿元。高新技术企业发展到57家，潍坊市级以上工程技术研究中心50处，重点实验室11处，实施技术创新项目135项，完成技术创新投资6.2亿元。

农业

青州市自然条件优越，农业历来发达。90年代，以家庭承包经营为基础、统分结合双层经营体制保持稳定，土地承包期延长30年，极大调动农民生产积极性。发展形成“农户—龙头企业—市场”经营模式，农业产业化经营不断发展，走在潍坊乃至全省前列。在稳定粮油生产同时，从政策扶持、土地利用、市场建设、配套服务等方面支持发展温室大棚设施农业，掀起一场“白色革命”，科技对农业增长贡献率提高，蔬菜、瓜类、花卉等大棚设施农业发展迅速，“两高一优”（高产、优质、高效）农业蓬勃发展。进入21世纪，向标准化生产、产业化经营发展，全市形成以高柳镇为中心茄子生产区，以谭坊镇为中心西瓜生产区，以东夏镇、黄楼镇为中心大姜生产区，以东夏、弥河镇为中心食用菌生产区，以谭坊、何官镇为中心辣椒生产区，以何官镇为中心胡萝卜生产区，以弥河滩两岸为中心青州银瓜生产区，以西南山区为中心绿色旱菜生产区。2010年，全市蔬菜种植面积首次超过小麦种植面积，成为第一大经济作物，蔬菜产业成为农业主导产业和农民主要经济来源。2012年，蔬菜种植面积37.6万亩，产量136.8万吨，菜农人均收入超过2万元。建成多处农业示范园区和多家农业龙头企业，农民专业合作社等新型经济组织发展壮大，禽畜养殖实现产业化、集约化、标准化发展。青州市着力发展特色农业、品牌农业、绿色农业、有机农业，打造青州农业品牌，已发展到现代农业阶段，农民收入持续提高。先后获得全国粮食生产先进县、国家绿色农业示范区、全国蔬菜生产重点县、全国节水增产重点县建设先进集体、全国林业突出贡献奖先进单位、全国农牧渔业丰收奖、全省农业综合开发先进单位、全省基层农技推广体系建设先进单位、全省农田水利基本建设先进市、山东省农机技术推广先进单位、潍坊市农业产业化先进单位等称号。

花卉产业

90年代初期，青州市花卉产业主要以农户零散种植、传统培育、集市销售为主，品种单一，规模小，仅以家庭副业存在。1993年，青州万红花卉有限公司成立，黄楼花鸟鱼等花卉专业市场开始形成，花、粮比较效益日益明显，花卉种植面积日益扩大，出现一批花卉专业村、专业户和龙头企业，花卉由小而散向专业化、集中化种植转变。2001年，以青州市花卉交易会举办为标志，花卉种植面积不断扩大，品种结构日益合理，科技水平和设施设备日益提升，组织化、专业化程度不断提高，销售网络进一步拓展，初步形成了生产、科研、销售、流通、服务较为齐全的产业体系。到2007年，全市花卉种植专业村130多个，专业户1.5万户，销售收入超过18亿元。2009年，以成功举办第七届中国花卉博览交易会和第四届山东省花卉博览会为标志，青州花卉产业快速向现代花卉业迈进。2012年，占地1360亩的青州（国际）花卉创业园建成投入使用。同年，青州市花卉种植面积突破6万亩，100多个品种4亿株（盆），远销全国20多个省、市、自治区，青州成为全国最大花草生产基地。

旅游业

90年代，青州市把旅游资源优势向经济产业化优势转变，作为新经济增长点培育，制定一系列发展大旅游、振兴大三产、加快旅游产业化进程政策措施，进一步完善旅游产业链条。1999年开始，青州市重点打造“一城六区三带五群”大旅游格局。2001年，青州市摘得中国优秀旅游城市桂冠，迈入全国138个优秀旅游城市行列。2003年，青州市十次党代会和十五次人代会上，明确提出把旅游产业培育成全市国民经济支柱产业。2005年以后，全力推出“东方花都、佛国寿山”特色旅游品牌，推动传统旅游业向现代旅游业发展。2010年，青州市提出“旅游立市”发展战略。到2012年，青州市有全国A级景点9处，升级旅游度假区1处，国家重点名胜风景区1处，国家级森林公园2处，国家地质公园3处，国家级水利公园1处，国家级工业旅游示范点1处，省级旅游强乡镇3处，省级旅游特色村2处，打造形成“佛寿文化”旅游区、“古城文化”旅游区、“山地森林”休闲度假文化旅游区、“东方花都”休闲文化旅游区、“齐文化”旅游区五大特色文化旅游片区，全市旅游总收入占GDP比例超过12%。

书画产业

90年代初期，青州市出现少数书画装裱店兼营商品画，书画市场初露端倪，以决澜画社（经营古董古字画）、艺隆斋（以做广告牌为主，兼营字画）、宝瀛斋（以集邮为主，兼营字画）为代表。2000年6月，青州市钰铧文化市场成立，集聚画廊经营业户30余家，成为青州周边乃至全国书画交易、交流中心，全国各地书画艺术家、爱好者、经营者慕名而来，开展业务洽谈、经验交流、学术研讨等活动，青州书画市场发展进入第一个高潮。2006年3月，青州书画艺术城投入使用，入住专业画廊60余家，书画市场开启规模发展模式。同年，青州市画廊协会成立，书画艺术展览、交流、交易活动有序开展。2007—2012年，青州君怡都书画古玩城、大明衡王城、北门里古街书画市场、泰丰书画古玩城、宋城、宝鼎书画艺术城、中国中晨（青州）国际文化艺术小镇等书画市场相继建成投入使用。至2012年，青州市共有画廊860余家，书画从业人员5.5万人，书画年交易额120亿元。

对外经贸

1993年以前，青州市出口商品依靠外地有对外贸易经营权的公司收购出口。1994年后，青州市外贸公司获得自营进出口经营权，开始对外贸易自主经营，全市外贸出口开始放量增长。1992年，山东国际经济技术合作有限公司通过青州市劳动服务公司招收赴韩劳务23人，开启青州劳务输出的先河。2008年8月，青州市外派劳务服务中心被商务部确定为全国首批中韩雇佣许可制劳务合作地方公共服务机构，负责山东省中韩雇佣制劳务合作工作。2011年7月，山东成行国际经济技术合作有限公司被省商务厅授予对外派遣各类劳务人员资质，并顺利申请成为省级外派劳务培训机构，成为青州市第一家取得对外劳务合作经营资格证书及山东省外派劳务培训机构证书的公司。1993年，青州市利用外资首次突破1000万美元大关。随着对外经济技术合作逐步深化，1998年，青州市前进实业公司在新西兰设立兆悦国际有限公司。自此，青州市企业陆续走出国门设立种植、加工企业，承揽境外工程。2006年，青州市制定《关于加强外经贸工作的决定》，把扩大开放作为经济工作的战略重点，对外经济贸易工作进入快车道。当年全市自营进出口企业发展到75家，完成进出口额达到1.3亿美元，派出各类劳务人员860人，青州市首次获得全省对外开放先进单位称号。2012年，全市进出口总额达到4.2亿美元，首次突破4万亿美元大关，其中出口总额3.5亿美元，进口总额0.7亿美元。

交通邮电

90年代，铁路、公路建设步伐加快，建设等级不断提高，境内第一条高速公路济青高速公路建成通车，行政村实现汽车通行。运输市场繁荣发展，个体运输异军突起。建成电话市，进入移动通信、互联网时代。2000年以后，各级政府加大投入，胶济铁路客运专线建成运营，青临高速公路建成通车，实现村村通柏油路。宽带速率不断提高，各行各业广泛应用。电子商务、特快专递迅速发展。至2012年12月，全市公路通车里程2506.10千米，其中，高速公路58.99千米，国道32.63千米，省道181.40千米，农村公路2235.20千米，一级公路265.19千米，二级公路240.10千米。大型桥梁33座，中小型桥梁195座。国家干线铁路2条，地方铁路2条，多条铁路专用线。线路客运班车287辆，运营线路54条，年客运量1644万人次，客运周转量80255万人千米。货运汽车1.18万辆，年货运量2610万吨，年货运周转量803689万吨千米。公交运营线路69条500千米，运营车辆326辆，年运营里程2000万千米，客运量3000万人次。出租车469辆，从业人员780人。公共自行车1万辆。全市宽带互联网用户15.64万户，移动电话用户104.30万户，固定电话用户15.15万户。

1991年，青州市有农村邮路2条、城区邮路1条，总长度322千米。2007年10月，邮路由自办改为公交公司承包委办邮路，邮运计划未变。2009年10月后，邮路外包，由外包公司负责邮路运行。2012年，市内邮路仍采用外包方式，农村邮路2条、城区邮路1条，3条邮路全长336千米，投递里程3653千米。1991年，邮政投递承担普遍服务职能，投递党报党刊、公民信函类邮件、义务兵免费信件等。同年，开办特快专递业务，当年出口业务量0.9万件。1997年起，设立发行投递公司，对发行投递业务实行专业化经营管理，主要业务范围包括报刊、函件、包裹投递业务。2010年7月，青州邮政速递物流公司正式开办国内特快专递收件人付费业务（以下简称收件人付费业务）。收件人付费业务通达268个市、1281个县，其资费标准按照国内特快专递邮件标准资费执行，不附加其他费用。同年11月，青州邮政速递物流公司更名为山东省邮政速递物流有限公司潍坊市分公司青州市营业部。2012年，青州市邮政局内设2部（市场经营部、监督检查与安全保卫部）1室（综合办公室）1办（渠道办），8个业务部门（金融业务局、保险理财部、集邮公司、分销业务局、函件广告局、发行投递局、报刊零售公司、电子商务局），下辖26个邮政支局。邮政从业人员316人。设立邮件处理中心1个，生产场地500余平方米，邮政便民服务站526个，邮政三农服务站41个，邮政报刊亭8个。

商贸物流

改革开放后，商贸流通企业逐步加快改革步伐，商业、粮食、供销、物资等公有企业相继引入招标承包机制，推行集体承包，同时放开集贸市场，不断由计划经济向市场经济转变。1994年，青州市商业系统对所属中小型零售门店全面推行国有民营、公有私营、公私合营改革。1997年，青州国有商业全面进入了产权制度改革时期，到2004年7月，以商业大厦破产为标志，所属19家国有商业企业全面完成改制工作，组建成立了新的股份合作制有限责任公司。1998年，供销社所属90%以上的企业资产被过付或依法拍卖。2000—2006年，物资集团总公司对10家改制企业的职工进行安置，对效益较好的3家企业进行了改制，尚有12家单位因缺少资金未能完成改制，物资集团总公司保留数名留守人员负责尚未改制企业的管理，并由市财政拨付资金维持运转。2006年4月，青州市国有粮食购销企业改革完成。2004年以后，青州商业逐步进入以民营经济为主导的历史新时期。伴随着全市经济的快速发展，商业网点遍布城乡，新兴业态层出不穷，国内外贸易日趋繁荣。到2012年，全市城区大型综合购物中心和商场超市发展至11家，乡镇营业面积较大型商场超市近20家，全市商业网点发展到4万家。全市专业批发市场54处，集贸市场154处，物流配送站点1200多家。实现社会消费品零售总额157.8亿元。

城乡建设

90年代，青州市旧城拆迁改造仅限小范围“拆旧改丑”。2006年，市民休闲娱乐中心拆迁建设工程顺利完成，全市大规模拆迁改造步伐速度加快。2006年起，编制古城保护修复总体规划，2010年，启动古城拆迁征收，至2012年，完成古城一期工程拆迁征收，保护修复100多条古街巷、10处历史文化建筑。1991—2012年，青州市不断提升城市管理水平，加强生态园林城市建设，构建市域大环境绿化体系，综合整治流经城区河道和重点小流域，建设垃圾填埋场、粪便无害化处理厂、污水处理厂，实现城乡环卫一体化，人居环境明显改善。至2012年，城市绿地总面积2475万平方米，绿化覆盖率46.2%，人均绿地面积25.7平方米。1992年起，青州市城镇住房制度改革不断深化，逐步取消住房福利分配，建立住房公积金制度。2005年起，房地产业快速发展，多元化户型住宅小区相继建成。至2012年，全市基本形成以廉租住房、经济适用房、公共租赁住房和棚户区改造为主的住房保障体系，共有房地产开发企业15家，开发规模900多万平方米，建成住宅小区100余个，商业用房开发规模130多万平方米。1991年起，青州市镇村道路、交通、供电、通信、供水等基础设施建设步伐加快，生态环境建设不断加强，农村人居环境显著改善。至2012年，共配套建设新型社区污水处理设施16处，管网7处，公路通车总里程1991千米，实现村村通柏油路。

环境保护

1991—1995年，青州市废气治理开始安装水膜除尘设施。五年废气治理累计投资503.1万元，建成废气治理项目14个，工业废气排放总量303亿标立方米，工业废气净化率为42.02%。1995年，关闭污染严重、治理难度大的益都建材厂。1996—2000年，关停4.4万吨以下的立窑水泥生产线，市泡花碱厂搬迁出城区，卷烟厂、造纸厂、桑蚕育种场、酒厂等所有燃煤锅炉全部安装脱硫设施，工业废气排放总量为166.6亿标立方米，工业废气净化率为86.76%。2001—2005年，工业污染源治理力度加大，先后对影响城市大气环境质量的电石厂、水泥厂和泡花碱厂分别予以搬迁和关闭，对位于城区的12家企业的铸造、锻造车间全部予以搬迁。“十五”期间，全市工业废气排放量为233亿标立方米，与“九五”相比，二氧化硫排放量降低了14%，烟尘排放量增加了2.82%，粉尘排放量降低了67.12%。2007年起，污染减排成为环保工作的主线。关闭水泥、钢铁企业4家，关停拆除炼铁企业31家共43支炉子。2008—2009年，实施“蓝天行动”工程，关闭取缔污染企业99家。

1991—1992年，青州市完成污染源治理项目17项，新增废水处理能力1105吨/日。1993—1996年，取缔小电镀21处，对28处污染较重的化工、造纸等企业下达了限期治理任务，关停小造纸企业15家。1996年，在抓好各厂矿企业污水治理的同时，开始建设日处理能力达2万吨的城区城市污水综合处理厂，1999年1月正式通过省级环保部门验收。1997年，青州造纸股份有限公司序批式活性污泥法废水处理设施投入运行，日处理黑液及中断水7400吨。云门春酒厂厌氧处理发酵工程建成投用，日处理综合废水1000吨。2000年，潍坊益都中心医院医疗废水综合处理工程投运，废水全部达标排放。2001—2005年，关停辖区内草浆造纸生产线，北阳河水污染负荷下降60%。2003年，市政府印发《青州市饮用水源地保护区污染防治管理办法》，对位于保护区范围内的水污染企业进行搬迁、关停。2005—2010年，关闭小造纸、小化工等污染企业100多家。对省控重点河流北阳河实施“关、停、限、建、管”多项措施，北阳河COD、氨氮浓度由2005年的342mg/L、80mg/L下降到了60mg/L、6mg/L以下。2005—2009年，山东美陵中联环境工程有限公司并购改造原城市污水综合处理厂污水处理项目，新建3万吨/日污水处理项目，扩建改造后污水处理规模达到5万吨/日，外排水质达到《城镇污水处理厂污染物排放标准》（GB18918-2002）中的一级B标准，在治理城区生活废水污染、改善南阳河水环境方面起到重要作用。2007—2008年，清源污水净化有限公司2万吨/日污水处理工程建成并完成技术改造。2010年12月，中化弘润石油化工有限公司中水回用工程投运，年减少外排水量142.08万吨，年分别减少化学需氧量69.46吨、氨氮排放量2.06吨。2011年，淘汰关闭造纸、化纤、印染等行业的落后企业15家，关停各类“土小”项目76家。2012年，关闭搬迁“四河四水源地”范围内河流直排口29个，辖区内33家涉水企业和污水处理厂完成污染治理再提高工程，当年化工行业及新上项目的废水处理全部达标排放。1991—2012年，青州市被省环保局列为全省生态建设示范县，被国家环保总局命名为国家级生态示范区，被省人力资源和社会保障厅、省环保厅授予“山东省‘十一五’主要污染物总量减排目标考核先进单位”称号。

第四节　社会事业

科技

1991年起，青州市确定实施项目带动战略，促进科技与经济紧密结合，全市每年申报安排一批专项科技计划项目。1993—1998年，全市共安排科技计划243项。其中：承担国家级5项，省级31项，潍坊市级27项，并有3个项目列入山东省海洋化工项目，实现青州在海洋化工项目上的突破。推广应用新技术、新工艺、新材料512项，被山东省认定为工业科技成果推广示范县（市）。1996年，实施本市级科技计划20项、潍坊市级7项、省级1项、国家级1项，取得科技成果42项。同年，青州市在全国科技实力百强县评比中名列第19位。1997年，承担“S7系列特种节能变压器”“轻体板多功能防盗门开发”2个国家星火项目。“S7系列特种节能变压器”项目由青州电力变压器厂承担，总投资500万元，产品符合GB6451-86、GB1094-85要求，于当年12月通过鉴定验收。“轻体板多功能防盗门开发”项目由中国星火总公司青州轻体板联合制品总厂承担，总投资

1100万元，项目于1998年底完成。1998年，实施潍坊市级以上科技计划项目25项，其中国家级5项、省级12项、潍坊市级8项。全市安排科技项目23项，其中工业项目8项、农业项目12项、社会发展项目3项。进入21世纪后，青州市重点发展机械装备、电子信息、新材料、光机电一体化、高效节能等领域。2004年至2013年共安排市本级科技发展计划152项。2005年4月、2008年5月和2010年5月，青州市三次召开全市科学技术大会。2011年，吉青化工“纳米级低水硼酸锌超细粉体材料”项目先后列入山东省科技型中小企业创新发展专项扶持资金和国家科技型中小企业技术创新基金计划，争取无偿资金120万元。2012年，山东省华盛农业股份有限公司承担省自主创新专项“高端蔬菜种子国产化研究与产业化开发”，获批省扶持资金1000万元。1993年、2011年青州市两次获得“全国科技进步先进市”称号。

教育

1991年,青州市共有幼儿园841所、小学629所、初中84所、普通高中9所、中等职业学校12所、特殊教育学校1所、普通中专2所和高校2所，在校学生17万人，教职工1.3万人。1991年7月，全市乡镇中心校改为乡镇、街道教育委员会，隶属乡镇政府领导。同年，青州市被潍坊市定为义务教育试点县。1992年4月，撤销青州市教育局、青州市成人教育局，成立青州市教育委员会。同年8月，青州市实验幼儿园创建为“省级实验幼儿园”。2000年，青州市义务教育阶段学制进行重大调整，全市义务教育阶段学制由“五三”制调整为“六三”制。2002年，青州市机构改革，市教育委员会改为青州市教育局。2006年10月，第二批校长职级评聘，71名中小学校长落实职级工资。同月，青州二中新校建成启用，原青州二中、青州七中、青州九中、益都中学整体并入。2010年，青州市实行幼儿园注册审批制，撤并不达标幼儿园226处。同年11月，第三批校长职级评聘，87名中小学校长落实职级工资。2011年9月，青州市聋哑学校新校竣工交付使用。2012年5月1日开始，青州市特殊教育学校施行学生免费就餐。2012年，青州市共有幼儿园196所、小学101所、初中32所、普通高中3所、特殊教育学校1所、职业中专3所和高校3所，分布在全市13个镇、街道、开发区，在校学生13万人，教职工1.7万人。

文化

1991—2012年，青州市文学创作、戏剧、影视、音乐、舞蹈、书画、摄影等文化艺术作品成果丰硕。每年在春节、元宵节、国庆节等重要节日，青州市组织民间队伍展演、全市文艺汇演、群众文化艺术节等群众文化活动。1994年9月，青州人民广播电台开通调频广播，全天播音3小时30分，信号覆盖120千米。同年10月，青州文学创作者联合会成立。1996年1月，《青州报》更名为《青州日报》，每周出刊7期，年订阅量3.6万份。1997年4月，青州市书法协会、市美术工作者协会分别更名为青州市书法家协会、青州市美术家协会。2003年12月，《青州日报》停办注销。2004年2月，青州市创办内部报刊《青州新闻》，同年8年，更名为《青州通讯》。2005年，“青州市花卉艺术节”被山东省文化厅评选为社会活动知名品牌。2006年，成立青州市文化行业协会。2008年开始，青州市每年举办全民读书节活动，累计参与人员超过50万人次，两次被山东省文化厅授予“全国全民阅读先进单位”。2007年12月，青州市农村公益电影放映工程拉开帷幕，年均放映电影1万场次。2009年，青州电视台实现所有频道播出自动化。2012年，青州市十大民营文艺团体成立。同年，青州市组织文化惠民演出1000余场。

医疗卫生

90年代以来，青州市卫生事业取得了长足的发展，各项指标均成倍增长。1991—2012年，城区益都中心医院、青州市人民医院、青州市中医院三家综合医院职工总数由791人增长到3190人，床位由900张增长到2449张，建筑面积由4.16万平方米增长到17.12万平方米，年门（急）诊由39.3万人次增长到112.31万人次，年住院由1.86万人次增长到9.32万人次，高级医疗专业人员由21人增长到309人。乡镇医疗机构发展迅速，疾病控制逐步走上规范，爱国卫生力量不断加强。其间，每年协调全市各部门积极创建国家卫生城市，并保持定期复审、随机暗访等各种考核合格达标，保持全国卫生城市称号。医院用药经历了药材公司单一渠道供药加自制制剂，过渡到多渠道市场采购，对村卫生室代购分发，最后过渡到省级网上统一采购，药品零差价进价销售。2012年6月，青州市被卫生部确定为全国县级公立医院改革综合试点市，青州市人民医院被确定为公立医院改革试点医院。2012年，全市有市属大型医疗机构4处，镇（街）中心卫生院6处、卫生院7处，村（社区）卫生室679处，社区卫生服务机构15处，个体诊所7处，中医卫生所29处，牙科诊所64处，另有小型综合医院7所，驻青医疗机构4家，卫生工作人员9127人，开放病床4852张，固定资产81917.8万元，总建筑面积32.81万平方米，拥有万元以上设备2659台，百万元以上设备70台。

体育

90年代，青州市体育事业得到较快发展。1991年以后，全市百人以上的机关、企事业单位普遍成立体育领导小组，有锻炼场所，购置了必要体育器材。1993年，青州市被国家体委命名为全国群众体育先进县。1996年，全国第四次场地普查（截止到1995年12月31日），青州市有各类体育场地697个，其中篮球场297个、排球场195个、田径场105个、乒乓球室80个、门球场15个。1997年4月，35人被推荐为青州市第一批三级社会体育指导员。1998年9月，成功举办青州市老年运动会。2000年4月，青州市设立10台电脑体育彩票终端。2001年11月，青州市被国家体育总局授予1996—2000年度全国群众体育先进单位。2001—2005年，全市群众体育发展较快，花毽协会、信鸽协会等民间体育协会、俱乐部纷纷成立，太极拳、太极剑、健身操等体育健身项目得到推广。2004年，第五次全国体育场地普查（截止到2003年12月31日），青州市有各类体育场地501处，其中标准体育场地325处，非标准体育场地176处。2005年，青州市被国家体育总局授予2001—2004年度全国群众体育先进单位。2007年，开展“奥运在我心中，我与奥运同行”活动，组织9项群众性体育赛事。2009年，青州市被国家体育总局授予2005—2008年度全国群众体育先进单位。2009年9月，青州市体育中心建成投入使用。2011年11月，青州市制定《青州市全民健身实施计划（2011年—2015年）》。同年，举办第一届全民健身运动会。2012年，举办第二届全民健身运动会。同年12月，被国家体育总局授予2012年全民健身活动先进单位。

人民生活

1991—2012年，城镇居民收入呈现出总量不断扩大、结构多元化新格局。1993年，国家取消城镇居民粮油供应证，放开粮食市场。城镇居民消费支出依次为食品、衣着、家庭设备、文教娱乐等。1998年住房制度改革后，全市城镇居民住房由单位分配变为个人购买，居住占消费支出比重增大。21世纪初，城镇居民收入显著增加，节能环保意识增强，交通通讯消费成为热点。2006年始，城镇居民人均可支配收入年增长率在13.3%以上。2007年，城镇居民消费支出依次为食品、交通通讯、居住、文教娱乐、衣着、医疗保健、家用设备等。70%居民户住上单元楼。饮食中粮食、蔬菜类一般食品支出下降，营养类肉、蛋、奶、水产品、糕点消费量增加。节假日外出旅游成为一种新时尚。2012年，城镇居民消费支出依次为居住、食品、文体娱乐、交通通讯、家电设备、衣着、医疗保健等。90%城镇居民住上楼房，有的住上高档别墅，人均居住面积35.8平方米。2012年，每百户城镇居民家庭摩托车拥有量为50辆，每百户城镇居民家庭助力车拥有量144辆。家用轿车消费进入快速发展期，越来越多的中高收入家庭和年轻人已经把购买轿车当成首要消费目标。

90年代，农民消费支出结构比重由大到小依次为食品、居住、文教娱乐、衣着、家庭用品及服务、医疗设备、交通通讯等。影响居民消费的食品比重有所下降，文化教育娱乐和医疗消费支出比重上升，消费方式日趋多样化。农民饮食结构中粮食、蔬菜等一般食品消费量下降，肉、禽蛋、水产品、奶制品等营养类消费量开始上升。新建住房变高、变宽，多为前出厦、铝合金玻璃门窗。农民着装由买布缝制变为购买成衣。彩电、电冰箱、洗衣机、摩托车开始进入农家。1992—1996年，农村外出务工人员渐增，农民人均纯收入年增长率34.3%。1997—2002年，农副产品出现结构性过剩，导致价格徘徊，农民人均纯收入增长放缓。2002年，全市农民人均纯收入3460元，比上年增长2%。进入21世纪，农民消费支出构成按比重依次为住房、食品、文教娱乐、交通通讯、衣着、医疗保健、家庭设备等。农民食品消费支出所比重进一步下降，住房、交通通讯、医疗保健衣着支出不断增加。农村养老保险、医疗保险等保障性消费成为农民新的消费热点。2003—2012年，国家取消农业税，对种粮农民实行资金直接补贴，增加购置农机补贴，农业现代化程度不断提高，农业结构调整优化，高效、特色、有机农业快速发展，经济效益显著提高。特别是随着二、三产业的迅猛发展，农民工资性收入大幅度增加。

第五节　乡镇（街道）概况

王府街道

位于青州市城区中西部，面积143.5平方千米，辖18个城市社区、84个行政村，1.94万户，人口11.5万人，耕地面积4.12万亩。2012年，全街道完成公共财政预算收入7880万元，比上年增长34.9%；农民人均纯收入12731元。

王府街道拥有坦博尔服饰、北联集团、泰丰城建、力王电力等规模以上工业企业40多家，拥有民营科技创业园、莲花盆电子工业园等镇级工业园3家，国家和省级高新技术企业2家。其中“坦博尔”被评为中国名牌和中国驰名商标，力王电力自主研发的“悬式复合玻璃绝缘子”获山东名牌称号。人民商场、大利群等老牌商贸企业不断做大做强，青都国际饭店、盛宏假日酒店、青州宋城、义乌小商品城等一批新型服务企业快速成长。辖区内风景名胜荟萃，有范公亭、博物馆、偶园、驼山滑雪场等景点，打造形成以“三村一山”为主体的西南山区生态特色旅游线，产业竞争力不断增强。新建20多个高档住宅小区，成立4个城市网格化社区，社会管理和服务水平持续提升。驻地城市化进程不断加快，构筑形成了四纵四横“井”字形路网框架，以富贵养生苑托老中心为核心的项目建设扎实推进，全力打造集休闲、旅游、托老、居住于一体的青州市西南次中心。全面关停石灰窑、黏土砖厂和矿山企业，改造提升镇村道路62.8千米，完成路域绿化美化和荒山造林近万亩，生态环境大为改善。现代农业上档升级，是全国最大的蜜桃生产基地和干鲜果生产加工集散地，青州蜜桃荣获国家地理标志商标。桑蚕新品种繁育中心、羊奶加工等一批优质农业项目建设全面铺开。

益都街道

位于青州市西北部，辖区面积56.1平方千米，辖13个社区、39个行政村，24053户，人口8.4万人，耕地面积4.02万亩。2012年，完成公共财政预算收入9498万元，农民人均收入13898元。

益都街道先后规划建设经济开发区益都项目区、镇区工业起步区,新上龙马新能源、尧王大输液等项目，建成3家省级高新技术企业，培育新能源、生物制药等新兴产业。拥有尧王制药等年纳税过百万企业10余家。引进中晨物流园等2家投资过10亿元市场，工业原材料城等大型市场投入运营，形成309国道物流产业带。新上天保工贸钢板型材等项目，向生产性物流迈进。城市形象极大改善。联升富贵苑等花园式小区相继入住，提升背街小巷硬化亮化绿化水平，设立5处网格化大社区，推进精细化管理。规划建设5大功能区，形成“井”字形道路体系，中医药服务楼投入使用，正在建设为民服务中心等5大中心。拥有10家潍坊市级以上农业龙头企业，带动发展马官水貂等特色农业基地，形成以309国道、吕东路为轴心的花卉苗木产业带。

云门山街道

位于青州市中心城区，东临花卉发展区、南接云门山生态文化旅游区，总面积67.8平方千米，辖63个行政村，6个居委会，人口8.8万人，其中，回族群众1.69万。企业300多家，其中规模以上工业企业49家，省级高新技术企业7家，出口企业28家。

云门山街道辖区交通便利，有五纵五横10条主要干道。旅游资源丰富，有云门山、驼山、广福寺、元代真教寺、昭德古街等名胜古迹，其中云驼风景区为国家AAAA级景区，昭德古街入选首批中国历史文化名街。工业基础良好，形成了以卡特彼勒山工为龙头，以卡特彼勒工业区为载体的高端工程机械制造产业聚集区。现代商贸服务业发展迅速，形成了大润发、中百佳乐家、泰丰购物广场为代表的现代商贸综合体，以海天干鲜货、瓜市副食品、传信楼服装鞋帽为代表的专业市场物流群。城市建设与管理水平较高，以中央商务区、世纪泰华城、亿丰时代广场为代表的东部新城建设初具规模，海岱苑、益王府等新型“网格化”城市社区管理服务水平不断提升。街道生态秀丽、宜商宜居，是青州市旅游、居住中心和新崛起的经济、商贸中心。2012年，云门山街道先后被评为山东省民族团结进步先进集体、山东省爱国卫生模范街道等称号。

黄楼街道

位于青州市东部城区，面积90平方千米，辖96个行政村，2.1万户，人口8.4万人，耕地面积8.8万亩。2012年，完成公共财政预算收入4454万元，农民人均纯收入11112元。

黄楼街道素有“中国花木之乡”“仙客来之乡”之美誉，先后获得省级卫生镇、省级文明镇、山东省农业生态观光旅游示范区、山东省最具竞争力旅游强镇、全国科普惠农兴村先进单位等多项荣誉称号。2012年被潍坊市确定为“小城镇建设示范镇”。自2001年以来，连续成功举办12届花卉博览交易会，是2009年第七届中国花卉博览会举办地。2012年，全街道花卉种植面积达5.5万亩，发展花卉专业村52个，从业人员5.5万多人，种植业户1万多户，年产盆花2.4亿盆，花卉专业运输车1600多辆，花卉年产值36亿元，拥有占地面积20万平方米的中国北方花卉交易中心和占地35万平方米的智能温室花卉高科技园，年交易额56亿元，成为全国闻名的南花北运、北花南移中转站，长江以北最大的花卉生产基地和集散中心。

弥河镇

位于青州市城区南部，面积110平方千米，辖77个行政村，2万户，人口5.3万人，耕地面积4.8万亩。2012年，完成公共财政预算收入4519万元，农民人均纯收入11143元。

弥河镇全域规划为北部工程机械工业片区、东部现代农业片区、西南生态文化旅游片区和中部综合服务区等四大片区，形成“一城四区”的产业发展格局。工业发展提速增效。加快卡特彼勒工业园弥河项目区建设，落户云内动力、欧泰隆重工、雷泰塑胶等13个过亿元项目，总投资47.3亿元，现已全部动工建设。现代农业提档升级，以中华盆景园、青州（国际）花卉创业园、山东华盛育种育苗中心等农业示范园区为依托，积极调整和优化农业产业结构，实现了农业增效、农民增收。旅游产业亮点凸显，坚持彰显文化特色与强化产业支撑并重，以云门山生态文化旅游项目和九龙峪生态度假区为依托，打造西南生态旅游文化片区、东部花卉文化旅游片区、中部文化产业聚集区和弥河文化生态休闲带的“三区一带”文化旅游发展大格局，全面打响“山水之间、文化弥河”旅游品牌。

王坟镇

位于青州市西南部，面积229.6平方千米，辖100个行政村，1.4万户，人口4.98万人，耕地面积4.49万亩。2012年，完成公共财政预算收入1100万元，农民人均纯收入9811元。

王坟镇生态环境优良，自然资源丰富。有仰天山国家森林公园、逄山森林公园、八喜谷生态农业观光园、清风寨风景区等旅游景点，年接待游客60余万人次。王坟镇是著名的干鲜果品生产基地，拥有通过QS认证的果品加工企业130多家，年产山楂系列制品8万吨，占全国山楂制品市场份额的70%左右，被誉为“中国山楂制品第一镇”。王坟镇加快果品加工业发展，做大做活生态文章，提升镇村建设水平，统筹推进各项社会事业，全力打造“生态家园、旅游胜地”，全镇经济社会呈现出科学发展、跨越发展的良好态势。获得全国首批生态建设示范区、中国优秀乡村旅游目的地、山东省环境优美乡镇等多项称号。

庙子镇

位于青州市西南部，面积195.3平方千米，辖68个行政村，12186户，人口3.98万人，耕地面积3.2万亩。2012年，完成公共财政预算收入2760万元，农民人均纯收入10225元。

2012年，庙子镇社会各项事业都取得显著成效。现代工业方面，完成庙子和楚家峪两个工业园区建设，打造工业转调示范区，共引进企业19家，投产达效11家。生态农业方面，流转土地6000亩，新建万亩苗木、万亩核桃、万亩林果、万亩杜仲四大经济林基地。旅游产业方面，建成开放泰和山、黄花溪和昭阳洞3个风景区，全年接待游客60万人次，旅游总收入近1亿元。小城镇建设方面，制定镇区向北、向东扩展的规划，拓展城镇发展空间，基础设施建设不断完善，城镇化水平不断提升。社会事业方面，全部完成校安工程、镇村道路建设、环卫一体化和平安亮化工程，完成90%以上村庄的安全饮水工程，植树造林8300亩163万株，敬老院配套设施得到进一步完善。

邵庄镇

位于青州市西部，与齐鲁石化毗邻，面积164.8平方千米，辖92个行政村，2.03万户，人口6.89万人，耕地面积7.96万亩。2012年，实现公共财政预算收入6948万元，农民人均纯收入达到10431元。

青州市猛山经济发展区自2006年11月在邵庄镇开工建设，规划总控制面积146平方千米，以汽车及机械装备制造、新能源开发、新型材料加工为主导产业，全力打造生态、科技、新型工业园区。截至2012年，已形成猛山、杏木山、月山、江淮、稷山五大项目区，基础设施配套基本实现“七通一平”，入驻江淮汽车、英科医疗制品等项目82个，建成投产企业48家，总投资360亿元。台头、文登两个镇级工业园落户企业47家。邵庄镇属齐鲁文化圣地，历史文化悠久，文物古迹众多。境内石灰石、铁矿石资源丰富，有省内储量最大的褐铁矿。林果、畜牧养殖等有机农业初具规模，是有名的“柿子之乡”“冬雪蜜桃之乡”。环境优美，有尧王山、黑山、雀山等旅游风景区。

高柳镇

位于青州市北部，面积96.6平方千米，辖71个行政村，15836户，人口5.8万人，耕地面积9.48万亩。2012年，农民人均纯收入11113元。

高柳镇地处三市四县交界，交通条件便利，区位优势明显。现代农业发展迅速，形成有机蔬菜、畜牧养殖、粮食生产为主的高产高效农业格局。工业发展初具规模，依托阳河工业园，搭建了招商引资新平台，形成机械制造、钢结构加工、塑料农膜、精细化工等产业体系。社会事业稳步发展，教育、就医、道路、居住等民生改造工程全方位推进，形成和谐发展的良好局面。

何官镇

位于青州市东北部，地处青州、寿光、广饶三县交界，东北与寿光相邻，西北与东营接壤，总面积115平方千米，辖74个行政村，19700多户，人口7.2万人，耕地面积13.8万多亩。镇区内交通便利，青银、东红高速公路交汇于境内，羊临路、济寿路穿境而过，青羊铁路横贯南北。2012年，居民人均纯收入10441元。

2012年，全镇工业经济发展迅速，强力推动口埠工业园、南张机械工业园、何官工业园扩容提升，园区内吉青化工、京青科技、方正机械、南张石油机械等高新技术企业不断壮大。现代农业持续上档升级，有机农业特色鲜明，成立农民专业合作社88家，注册有“京青”牌、“地力生”牌辣椒、茄子等11个国家级绿色食品商标和“京青”牌辣椒等10个国家级有机食品商标。村镇基础设施完善，第三产业繁荣昌盛，社会事业长足发展。

东夏镇

位于青州市东北部，面积91.2平方千米，辖72个行政村，13300户，人口4.8万人，耕地面积7.24万亩。2012年，完成公共财政预算收入1757万元，农民人均纯收入10981元。

东夏镇交通便捷，长深高速、309国道、羊青路穿境而过；依托交通区位优势，规划建设了东夏物流园，7家过亿元物流项目入驻园区，逐步形成以山东港天物流为龙头，以镇区为依托、辐射周边省市的集成品油、煤炭、木材、铝土、天然气、粮食等完整的多元化物流体系。依托机械配件加工的传统优势，形成以镇区工业园为中心，以二府工业园、堂子工业园和309国道沿线工业区为代表的机械配件聚集区。现代农业提档升级，大棚蔬菜、有机大姜种植已成规模，花卉苗木产业成为镇重点扶持的新型主导产业。小城镇建设水平不断提升，镇区休闲广场投入使用，王小新型示范社区建设走在全市前列。

谭坊镇

位于青州市东部，面积162平方千米，辖114个行政村，2.6万户，人口9.8万人，耕地面积15万亩。2012年，完成公共预算财政收入3189万元，农民人均纯收入12656元。

谭坊镇是农业大镇，现有优质瓜菜生产面积13.5万亩，高档花卉、苗木、果品面积1.5万亩，素有“中国瓜菜第一镇”和“状元故里、花卉之乡”之称。工业经济迅猛发展，建成东山工业园、两路工业园、八里工业园三大镇工业园区，限额以上企业达到52家，形成了农产品加工、机械加工制造、金属制品、高新技术等七大产业集群。第三产业日益蓬勃，镇区有高木小镇、东方佳苑、怡佳苑社区、隆客商城、正泰商城以及各类瓜菜、劳务、农资等大型社区、专业市场30余处，是周边地区重要的生活必需品的配给中心、价格生成中心。状元文化、香山文化等历史文化底蕴丰富，南山观林、香山看海、弥河泛舟农业生态旅游日渐升温，是山东省中心小城镇、山东省生态镇、全国一村一品示范乡镇。

第六章　诸城市

第一节　建置区划

境域

诸城市位于山东半岛东南部，泰沂山脉与胶潍平原交界处，地理坐标为北纬35°42′23″～36°21′05″、东经119°0′19″～119°43′56″。东与青岛黄岛区毗连，南与五莲接壤，西与莒县、沂水为邻，北与安丘、高密交界。诸城东西最大横距66.5千米，南北最大纵距72千米。2007年10月，潍坊市成立峡山水库生态管理区，将相州镇北部尚家庄、南张洛、后凉台、前凉台、逄家庄、北戈庄、徐家庄、新村等8个村划归峡山水库管理局管辖。2012年，诸城总面积2168平方千米。

建置

诸城历史悠久。汉代置县，始称东武，隋唐宋元为密州治所。明洪武二年（1369），省密州，改密州治为诸城县治，隶属青州府。清袭明制，诸城县仍属青州府。1913年后，诸城县属胶东道。1925年后，属莱胶道。1928年后，直属山东省。1945年，诸城属山东省第十七行政督察区。1943年7月下旬，诸城县抗日民主政府成立，属滨海专区滨北行署。此后，境内相继建立诸莒边县、诸胶边县、潍东县等抗日民主政权，均隶属滨北行署。1945年9月9日，诸城县人民政府宣告成立，属滨海行政公署滨北专区。中华人民共和国成立后，诸城县先属胶州专区，1956年3月改属昌潍专区，1970年属昌潍地区，1981年7月属潍坊地区，1983年10月属潍坊市。1987年7月1日，撤销诸城县，建立诸城市。诸城市为县级市，直属山东省，潍坊市代管。

区划

诸城于1987年7月1日撤县设市。全市辖13个镇，22个乡，1340个村（居）民委员会。至2012年底，区划经过多次调整，乡镇数量整体呈逐渐缩减趋势。

1994年9月，撤销吕标乡，设立吕标镇，其行政区域和人民政府驻地不变；撤销凉台乡，设立郭家屯镇，以原凉台乡的行政区域和相州镇北部的丁家沙窝等11个村为郭家屯镇的行政区域，镇人民政府驻郭家屯。

1996年3月，将解留镇政府驻地迁至新九台村并更名为九台镇；撤销箭口乡、朱解乡、万家庄乡，设立箭口镇、朱解镇、万家庄镇，其行政区域、人民政府驻地不变。同年12月29日，撤销马庄乡，设立马庄镇，其行政区域和人民政府驻地不变。

2001年2月，撤销山东头乡，其行政区域并入桃林乡；撤销石河头乡，其行政区域并入桃园乡；撤销石门乡，其行政区域并入瓦店镇；撤销万家庄镇、箭口镇，其行政区域整建制合并组成舜王街道，办事处驻地万家庄；撤销吴家楼乡，将该乡中北部的吴家楼等34个村划归石桥子镇，南部后家疃等7个村划归程戈庄镇，西南部的小程家庄子村划归马庄镇；撤销城关镇，将原城关镇扶淇河以东的65个村（居）委会的管辖范围，设立密州街道，原镇驻地为办事处驻地，将原城关镇扶淇河以西的38个村委会管辖范围设立龙都街道，办事处驻地店子园。

2007年2月，撤销朱解镇、吕标镇、九台镇，其辖区分别并入密州街道、龙都街道、舜王街道，3个街道办事处驻地分别迁入北朱解、东吕标、新九台。2007年5月，撤销郭家屯镇、郝戈庄镇，其辖区分别并入相州镇、皇华镇。2007年8月，撤销马庄镇、孟疃镇，其辖区并入贾悦镇；撤销桃园乡、瓦店镇，其辖区并入林家村镇；撤销程戈庄镇，将其辖区北部的龙石头河等27个村划归石桥子镇管辖，其南部的西小庄子等26个村划归舜王街道管辖。2007年10月，将相州镇北部尚家庄等8个村划归峡山水库管理局管辖。

至2012年底，诸城市辖13处镇街、1个省级经济开发区，235个社区、其中农村社区208个。

人口　民族

1991—2012年，随着社会经济发展和计划生育基本国策的深入实施，诸城市人口状况变化较大。

人口规模有效控制。虽有外迁人口回流，外籍人口内移等增长因素，但人口再生产类型已达到更替水平以下，由“高出生、低死亡、高增长”转变为“低出生、低死亡、低增长”，人口自然增长率总体呈下降趋势。2012年，全市出生9738人，人口出生率和自然增长率分别为8.91‰和2.88‰。据公安部门统计，全市年末户籍总人口1087982人。人口构成相应调整。人口年龄中位数升高，老年人口比重增加，人口素质趋向优化。

人口流动幅度的上升，境内少数民族增加到29个。

第二节　自然环境

地形

诸城市位于山东半岛泰沂山脉与胶潍平原交界处，地势南高北低，自南而东为起伏较大的山岭地带，间有若干谷状盆地，西部、中部及北部，系大片波状平原，属胶莱冲积平原南部的潍河平原，其边缘有低缓山丘分布。

山区集中在市境南部和东南部的皇华镇、桃林镇以及林家村镇的南部，地表多为棕壤土类，总面积657.08平方千米，占全市总面积的

30.1%。丘陵主要分布在皇华镇、桃林镇、林家村镇的低山周围，龙都街道、密州街道、枳沟镇的南部以及市境东北、西北两部的平原间及其边沿。丘陵面积493.36平方千米，占全市总面积的22.6%。市境西部及中部向北，潍、渠两河及其支流沿岸为波状平原，另有丘陵间平原，低山间谷状盆地和带状河谷小平原，主要分布在相州、昌城、百尺河、辛兴、贾悦、石桥子6镇，密州、舜王、龙都和枳沟等镇（街道）的大部亦为平原地带。

境内海拔百米以上山头60余座，大都集中在市境东南部，属泰沂山余脉之马耳山脉，故多呈东西走向。山体多为花岗岩、片麻岩。

气候

诸城市地处鲁中山区东南部，属暖温带大陆性季风区半湿润气候，冬季寒冷干燥，春季干旱风大，夏季炎热多雨，秋季秋高气爽，四季分明。

气温最冷月1月，月平均气温-1.9℃，最热月7月，月平均气温25.7℃。降水年际变化大，年内分配不均，旱涝灾害时有发生。年日照总量2391.7小时，占可照时数54%。年平均风速3.3米/秒，最多风向南南东。年蒸发量1615.9毫米。年平均无霜期209天。最大冻土深度45厘米，出现在1980年2月。年平均雷暴日数25天。

主要气象灾害有大风、冰雹、暴雨、雷暴、台风、干热风、霜冻等。大风灾害主要发生在冬春季和夏季；冰雹灾害主要出现在4月下旬到6月，9月；干热风主要出现在5—6月中旬，正是小麦抽穗到成熟期，容易造成小麦减产。

河流

诸城河流众多，分为潍河水系、吉利河水系、胶莱河水系。发源于市境内的百尺河、芦河、扶淇河、太古庄河、尚沟河、非得河、荆河和发源于临朐县的渠河，以及发源于五莲、莒县的闸河呈叶脉状汇集于潍河，形成全市以北流水为主的潍河水系，全市有87%的面积属于潍河流域。其次是市境东南部南流水的吉利河水系；另外，东北部北流水的五龙河、胶河，属胶莱河水系。全市较大的河流有36条，分别为潍河、哨子河（汉王河）、店子河、枳沟河、太古庄河、马兰河、涓河、尚沟河、扶淇河、铁沟河、益民河、芦河、百尺河、非得河、渠河、贾悦河、韩庄河（天井河）、旭光河、扶河、展村河（塌山河）、淇河、栗行河、桃园河、岳水河、九龙河、羊角沟、韩信沟、闸河、荆河、拐庄河（水墩河）、倒漾河、朱龙河（刘庄河）、五龙河、吉利河（纪里河）、桃林河（友谊河）、潘池河。

土壤

土壤类型。诸城市位于山东半岛东南部，南、东、西三面环山岭，中、北部为平原，属冬冷干燥、夏热多雨、四季分明的季风区域大陆性气候。因气候、地形地貌、母岩和成土母质、水文条件的影响，形成不同的土壤类型。根据《山东省第二次土壤普查土壤工作分类暂行方案》的分类原则，诸城土壤共划分4个土类、10个亚类、17个土属、70个土种，土壤总面积2653318亩。

土壤物理性状。诸城土壤表层质地以壤质为主，其次为砂质土和部分石渣土。壤质土有轻壤土、中壤土、重壤土。轻壤土，面积1465870亩，占土壤面积的55.25%，轻壤土砂粘适中，疏松绵软，耕性良好，供肥供水性能好，适合各种作物生长；中壤土，面积546620亩，占土壤面积的20.60%，主要分布在平原地带，保肥保水性能好，供肥供水性能一般；重壤土，面积40155亩，占土壤面积的1.51%，主要分布在西北部低洼平原地带，质地黏重，通透性差，适耕期短，保肥性强，供肥性差。

植被

诸城市属暖温带落叶阔叶林区。由于受自然及人类活动的影响，原始地带性植被不复存在，现有植被多为人工植被或次生植被。该地区气候条件优越，土壤类型多样，适生植物种类较多。由于实行植物保护和人工栽培，植被逐步得到恢复和发展。

自然植被。为保护山区林木资源，对重点山场林区实行森林管理制度。除原有的桃林林场外，至2012年底，相继建设9处森林公园。其中竹山、马耳山为省级森林公园，大山为潍坊市级森林公园，救主山、磊石山、障日山、卢山属县级森林公园。其他山区丘陵地带，除人工种植地面外，均为以杂草为主，间有乔、灌、藤类植物的自然植被。

人工植被。在潍河、渠河、百尺河、涓河、太古庄河等河流沿岸，营造杨树用材林，沿河林木覆盖率达90%以上。境内青兰高速公路、206国道、胶新铁路、薛馆路、央赣路、平日路等交通干线及县乡路、园区路等均实行绿化美化。农田基本实现了林网化，农村的空闲地带及宅院内外、街旁巷侧亦遍植林、果及观赏植物。在城区，道路绿化率100%，相继建成沧湾、岔道口、恐龙、潍河等6处公园，设立65处街头小游园，机关和企事业单位亦实现了绿化、美化，潍河公园被命名为国家水利风景区。

2012年，诸城市林木覆盖率达36.6%。

自然资源

土地资源。诸城市位于山东半岛泰沂山脉与胶潍平原交界处，地势南高北低，自南而东为起伏较大的山岭地带，间有若干谷状盆地，西部、中部及北部，系大片波状平原，属胶莱冲积平原南部的潍河平原，其边缘有低缓山丘分布。洼地、水面分布于境内各地。全市土地总面积2168平方千米，山区、平原和丘陵各占三分之一。其中农用地179341.2公顷，建设用地24653.3公顷，未利用地11141.3公顷。

矿产资源。诸城已发现的主要矿种有明矾石、沸石、钾长石、金红石、重晶石、陶瓷土、膨润土、黄铁矿、砖瓦用黏土、页岩、河砂、建筑石材等17种。其中，金红石、石榴子石、云母三矿种，为诸城特色矿种，沸石、膨润土、重晶石、陶瓷土矿种，在全省矿产资源中占有重要地位。17个矿种中，除黑色金属金红石外，其余皆为非金属矿产。经地质部门正式勘探并提交储量的有沸石岩、明矾石、金红石、河砂、瓷土、膨润土、重晶石、黄铁矿。

水资源。根据《山东省水功能区划》，诸城位于山东省水功能一级区划中的潍河潍坊开发利用区。境内多年平均降雨量754.3毫米，多年平均水资源总量5.61亿立方米，多年平均水资源可利用量4.67亿立方米。诸城水资源主要依靠降水，时空分布不均匀、年际变化大，人均占有水资源量仅530立方米，不及全国人均水资源量的1/4，低于国际公认的人均1000立方米的缺水警戒线，从降水情况看，诸城水资源量仍有继续减少的趋势。

动植物资源。全市有各种脊椎动物264种。其中：鱼类67种、两栖类8种、爬行类11种、鸟类161种、兽类17种。脊椎动物中有国家一级保护动物1种，二级保护动物18种，山东省重点保护动物43种。有植物种类约368种，其中藻类植物7门、8纲、16目、30科、46属、56种；维管植物81科、223属、312种。维管植物中水生维管植物21科、26属、78种，陆生维管植物60科、197属、234种。

第三节　经济发展

诸城是国务院确定的全国沿海对外开放城

市。1991—1995年，诸城以深化产业结构调整为中心，加强农业，提高工业，加快发展第三产业，用先进技术装备改造传统产业，大力推进现代化进程。深入实行以家庭联产承包为主的责任制，积极发展社会化服务体系，强化服务功能，初步建立起统分结合的双层经营体制。深化农业内部结构调整，突出发展创收、创汇农业和生态农业。加大农业综合开发力度，增加农业投入，大力推广农业科技，农村经济全面发展。1995年，完成农业总产值32.8亿元，农村经济总收入163.2亿元，5年分别平均递增14.2%和58.9%；完成工业总产值189.3亿元，乡镇以上工业实现利税4.8亿元，5年分别递增44%和43.3%。

1996—2000年，全市着力巩固提高第一产业，大力发展第二产业，积极发展第三产业，国民经济和社会事业取得巨大成就。2000年，完成生产总值83.5亿元，年均增长11.1%。三次产业的比例由1995年的30.3∶45.5∶24.2转变为23.8∶45.9∶30.3，各产业内部比例关系亦逐步趋于合理，经济结构开始向新的层次演进。全市农村经济总收入达到276.3亿元，五年平均增长11.1%。全市国有及年销售收入500万元以上的工业企业实现销售收入118亿元，五年平均增长12.5%；实现利税7.7亿元，年均增长11.5%。培植起食品和淀粉、农用汽车和摩托车、纺织和服装、建筑和新型建材、新闻纸和包装材料、化工和橡胶等六大主导产业，初步形成特色突出、优势明显的工业结构。

2001—2005年，全市上下全力推动经济跨越式、高质量发展，全面建设小康诸城。2005年，实现地区生产总值208亿元，人均地区生产总值达到19480元，实现地方财政收入9.5亿元，成功实现重进“全国百强”的奋斗目标，列“全国综合发展百强县（市）”第76位。农业产业化不断深化，全市农村经济总收入达到622亿元，年均增长17.6%。工业经济快速增长，规模以上工业实现销售收入479亿元、增加值105亿元、利税33.2亿元，年均分别增长32.3%、32.5%和33.9%；56家企业利税过千万元，其中7家过亿元。

2006—2012年，诸城全市上下以科学发展观为统领，以创先争优为动力，坚持全域一体、城乡统筹，加快转变发展方式，倾力保障改善民生，全市经济社会实现又好又快发展。2012年，完成地区生产总值581.6亿元，实现财政总收入69.6亿元、公共财政预算收入47.3亿元，县域经济基本竞争力列全国百强县第33位。

农业

2012年，全市完成农林牧渔业总产值111.8亿元，按可比价计算，比上年增长5.4%，其中农业总产值为36.7亿元，牧业总产值为71.4亿元，分别增长2.6%和6.9%。粮食总产再创历史新高，全年粮食总产量90.1万吨，增长3.9%。林业生态建设取得明显成效，林木覆盖率达到36.6%。

工业

2012年，全市701家规模以上工业企业累计完成工业总产值1947亿元，实现主营业务收入1907.8亿元，利税167.2亿元，利润119.5亿元。全市工业产销率达到98.4%。全年完成工业投资114.1亿元，占全市固定资产投资的32%。主导产业支撑作用明显。汽车、服装纺织、装备制造、食品加工等四大主导产业主营业务收入、利税、利润占全市规模以上工业比重依次为84%、80.6%、80.3%。骨干企业运行平稳。全市有286家企业销售收入过亿元，有256家企业利税过千万元。

商贸

2012年，全市实现社会消费品零售额187.4亿元，其中限额以上企业消费品零售额84.7亿元。外经外贸形势较好。实现进出口总额16.4亿美元，其中出口12.7亿美元。

交通邮电

2012年，交通基础建设力度加大。投资2亿元，新建改建农村公路235千米。其中4个重点建设项目，总里程8.54千米，分别是密州街道卢山环山大道、工业大道北延、龙都街道土墙工业园横三路西延段、人民路东延,城乡路网结构得到进一步优化。客运服务体系进一步完善。深入推进城乡客运公交化试点，全面加快客运班线的公交化改造，36条农村客运班线的公交化改造基本完成。客货运输全面发展。全市完成公路客运量2646万人；客运周转量12.9亿人千米；货运量2209万吨；货运周转量74.3亿吨千米。邮政电信业稳步发展。全市完成邮政业务总量3220.2万元。全市电信企业实现电信业务总量58429万元。移动电话用户发展到106.2万户，固定电话年末用户达到19.0万户。

城乡建设

2012年，城市建设步伐加快。全市城市建成区面积达到45.4平方千米。基础设施建设稳步推进。对龙都街进行了拓宽改造，完成东关大街和东城区纵四路的挖补罩面工程，完成密州商城南首小巷等6处背街小巷综合整治工作。完成博物馆段、横四路段、东武街段等3处积水点改造，对存在淤积现象的雨水管道进行疏通。旧城改造有序进展。完成旧城改造拆迁土地2136亩，新开工安置楼82栋、封顶91栋，新开工高层楼宇58栋、封顶95栋。完成小城镇建设投资54亿元，新增道路面积92.01万平方米，新增绿地面积203.55万平方米；完成农房建设1.4万户，镇街驻地拆迁土地1427亩，危房改造1448户。

环境保护

2012年，环境保护取得明显成效。着力解决危害群众健康、影响可持续发展的突出环境问题，污染防治和生态建设取得明显成效。严格执行新建项目“三同时”制度，严厉查处各类违法行为，全年审批项目445个，拒批不符合产业政策的项目18个，环评执行率达到100%。城区空气质量优良天数计354天。通过了省级生态市核查验收，是全省2012年唯一通过命名的省级生态市；密州、龙都、舜王3处街道获省级生态乡镇命名，辛兴社区、得利斯社区、北相州社区获省级生态村命名。

第四节　社会事业

科技

2012年，共组织实施各级各类科技计划项目62项，推广新技术成果91项，组织鉴定省、潍坊市级科技成果22项，获得省科技进步奖4项，潍坊市科技进步奖29项。全市按新办法认定的省级以上高新技术企业达到47家，其中，新增省级高新技术企业6家，高新技术产业产值占规模以上工业总产值的比重达到36.6%。新增省院士工作站2家、省级工程技术研究中心4家、省级产业技术创新战略示范联盟3家。民营科技企业和各类科研所达到306家。全市共申请专利1295件，其中，发明专利申请301件、实用新型专利708件，全市累计专利申请6600余项。授权量719件。全市共创建“中国专利山东明星企业”26家。

教育

2012年末，全市共有各类学校164所，幼儿园276所。全市小学招生16283人，毕业11840人，在校学生76771人，学龄儿童入学率和小学在校学生巩固率均达100%；普通高中招生8301人，毕业6632人，在校学生23426人；普通初中招生11570人，毕业13552人，在校学生37119

人；中等职业教育学校招生7123人,毕业7026人,在校学生21851人；高等学校招生1378人，毕业2341人，在校学生5169人；特殊教育学校招生39人，毕业16人，在校学生146人；在幼儿园受教育的幼儿27318人。

文化

2012年，新诸城影剧院投入使用，启动了镇街文化广场建设和全省数字农家书屋建设试点，全市13处镇街、235个社区全部建成高标准、规范化的综合文化站和社区文化活动中心，“两公里文化服务圈”进一步深化完善。市图书馆、博物馆、名人馆、超然台、文化馆全年免费接待45万人次；全面推广总分馆制“一卡通”联网借阅。举办了“龙城舜韵”文明之夏广场文艺演出、社区文化节等一系列活动，活跃了群众的文化生活。非物质文化遗产的挖掘、保护和传承有序推进，建立“非遗”传习所8处，“非遗”传承保护基地20个。文物鉴定、保护和开发力度不断加大，新鉴定国家三级以上文物1265件。全市数字电视整体转换工作全部完成，数字电视用户发展到22万户。中国龙城旅游投资有限责任公司被评为第五批国家文化产业示范基地。

医疗卫生

2012年，全市医疗卫生机构拥有床位6355张，卫生技术人员10315人。加大城乡医疗基础设施改造力度。市人民医院消毒供应中心建成并投入使用，投资4.5亿元开工建设市人民医院外科综合楼；完成了对密州、林家村等8处农村卫生院和60处重点农村社区卫生室改造提升任务。新农合保障水平进一步提高。全市74.72万名农民参加新农合，参合率达到100%，为80.49万人建立居民规范化健康档案。

体育

1991—2012年，共有787名运动员参加了潍坊市以上各级各类比赛，共获奖牌372枚，其中金牌199枚。先后组织举办全市规模的大型群众体育活动27次，中小型群体活动1000多次。

人民生活

据抽样调查，2012年全市城镇居民人均可支配收入21368元，城镇居民人均消费性支出12277元。农民人均纯收入12804元，农民人均生活消费支出7250元。

社会保障

全面巩固新型城乡居民养老保险工作成果。2012年，组织动员全市42.6万城乡居民参保缴费，实现了适应群众100%覆盖；为16万名60岁以上老年人发放养老金9256万元，发放率达100%。全年征缴城镇职工社会保险费15.58亿元，参保职工达到16万人，做到应保尽保。

第五节　乡镇（街道）概况

密州街道

2001年2月设立，城关镇以扶淇河为界一分为二，河西为龙都街道，河东为密州街道。2012年，总面积142平方千米，辖25个社区，人口18.2万人，耕地面积7.1万亩。

街道辖区地势除东南部及东部山地、西部丘陵外，以平原为主。东南部10余座耸立的山峰，主峰卢山，因秦代卢敖在此隐遁而得其名。老城区东南古城子，是汉东武故城遗址。宋代苏轼知密州时建超然台，赏景赋诗于其上，留下许多脍炙人口的名篇。街道驻地之后的陆吉庄子，发掘出土7000年前的石磨。

密州街道通过调整农业产业结构，不断拓宽农民致富之路，其特种动物养殖享有较高的知名度。工业是街道的支柱性产业，先后培植起特种汽车制造、机械装备制造、服装针织、食品加工、高新技术等主导产业。充分发挥地处城区中心的优势，大力发展现代服务业。2012年，完成公共财政预算收入3.03亿元，居民人均纯收入14100元。密州街道被潍坊市人民政府评为“潍坊市发展民营经济20强镇”。

龙都街道

2001年2月，城关镇以城区中心的扶淇河为界分设两个街道，河西为龙都街道。2007年1月行政区划调整，将吕标镇并入龙都街道。2012年，总面积110平方千米，辖23个社区，3.7万户，人口12.6万人，耕地面积6.9万亩。

闻名中外的“巨型山东龙”发掘地“龙骨涧”位于街道办事处驻地南部，开发为恐龙国家地质公园。潍河自西而东流经北部边境，涓河自南入境北去汇入潍河，湿地资源丰富，经综合规划和保护性开发治理，建设了潍河湿地公园和涓河生态公园。宋朝著名金石学家赵明诚、著名画家张择端，清末兵部尚书徐会沣，现代著名诗人臧克家等故里皆在辖区内。

街道境域地势平坦，土壤肥沃，原为市内粮食生产基地。2005年起，调整农业经济结构，发展高效种植和养殖业，其见屯蛋鸡合作社被评为潍坊市十佳农业合作社。206国道穿境而过，发展工业有区位优势。先后发展起了昊宝工业园、龙都工业园等产业园区，重点培植了机械电子、建筑建材、针织服装、食品加工等优势产业。在发展工业经济的同时，全力打造全国知名市场群，龙海水产城发展成为江北最大的水产城。

2012年，完成公共财政预算收入2.02亿元，农民人均纯收入13830元。

舜王街道

位于诸城市北新区，街道办事处驻新九台村。街道境域东、南濒临潍河，西南、西、西北分别与枳沟镇、贾悦镇、石桥子镇为邻，北与相州镇接壤。街道成立于2001年3月，由原万家庄镇与箭口镇合并而成，街道办事处驻万家庄。2007年2月，原九台镇整体并入舜王街道，街道办事处驻地迁至九台。2007年8月，原程戈庄镇东南部的26个行政村划归舜王街道管辖。2012年，辖区面积258平方千米，辖24个社区，3.2万户，12.7万人，耕地面积18.5万亩。

境内有潍河及其支流太古河、尚沟河、益民河、非得河，小（2）型水库4座，墙夼水库主干渠及其支渠4条。街道利用农业资源丰富和3次行政区划调整的优势，引导农民发展现代农业。种植业的黄烟、大蒜、优质梨和花皮甜瓜等优势产业得以快速发展。境内东部有206国道纵穿，南部有薛馆路横贯，胶新铁路、青兰高速公路由中部通过，诸城火车站与高速路立交出入口位于街道驻地之南，发展工业有良好的区位和交通优势。街道形成了机械制造、汽车配件、针织服装、食品加工、木器加工、化工建材等主导产业。

2012年，街道完成公共财政预算收入2.02亿元，农民人均纯收入14027元。

枳沟镇

位于诸城市西南部，地处潍坊、日照、临沂三市交界处，潍河自西南部入境，绕过驻地北侧而东流。1984年人民公社改镇以后，建置与镇域未有变动。2012年，总面积85.2平方千米，辖9个社区，55个自然村，12283户、4.8万人，耕地面积5.8万亩。

枳沟镇有多处胜迹名地。北杏村是中共“一大”代表王尽美烈士的故里；东北处普庆村为“张氏四逸”之族聚居地；东南处庙山，古称石屋山，有石屋、石窟、石碑等遗存；石屋山后乔庄村为诸县故城遗址，自东周至北魏先后是诸邑、诸县的治所。

潍河流经镇内11.4千米；墙夼水库总库容为3.28亿立方米，控制流域面积656平方千米，灌溉面积28000亩。农业产业结构调整以前，属市内粮棉重要产区，曾为山东省30个吨粮乡镇之一。枳沟镇依托丰富的资源条件和优越的地理位置，实施招商引资战略，逐步发展了纺织服装、木器加工、化工橡胶、机械铸造等产业。2012年，完成公共财政预算收入2164.4万元，农民人均纯收入10329元。先后被命名为山东省重点小城镇，潍坊市中心小城镇、新型小城镇和百新工程试点镇。

贾悦镇

位于市境西部。1989年4月全市行政区划调整，范家官庄乡并入孟疃镇。2001年2月，原吴家楼乡小程家庄子村划归马庄镇。2007年8月再次调整行政区划，贾悦、孟疃、马庄三乡镇合并为贾悦镇。2012年，总面积284平方千米，辖27个社区，2.8万户，10.8万人，耕地面积23.5万亩。

贾悦镇除西南、西北部为起伏较大的丘陵外，多为波状平原。地势西高东低，南高北低。镇驻地西北部锡山山顶有“滨海诸莒县抗日烈士纪念塔”。

农业资源丰富，黄烟面积较大，成为“全省黄烟生产第一镇”。逐步形成以黄烟生产为主导，以大桑、瓜菜、大姜、草莓、林果、药材生产为侧重的多元化种植结构。2012年，规模以上工业企业达到35家，培育起生物医药、高端制造、食品加工三大主导产业；全镇300亩以上的示范种植园区105个，规模养殖园区38个，园区化水平分别达到16.7%和80%。2012年，完成公共财政预算收入5634万元，农民人均纯收入11246元。

石桥子镇

位于诸城市西北部，北部与安丘市隔渠河相望，西、南、东三面分别与贾悦镇、舜王街道、相州镇接壤。2001年，撤销吴家楼乡，将其34个村庄划归石桥子镇。2007年8月调整行政区划，原程戈庄镇北部27个行政村划入石桥子镇。2012年，总面积169平方千米，辖18个社区，1.7万户，6.4万人，耕地面积15万亩。

渠河流经镇北部边沿，荆河自西而东穿越镇中部，其流域为冲积平原，拦河而建的吴家楼水库，水面3000亩，灌溉面积1.72万亩。荆山、晏驾山、石屋子山、砸车岭位于镇境西部，东西走向的古道途径晏驾山、砸车岭。传统种植的农作物主要有小麦、玉米、黄烟、蔬菜等。从1995年起，大力发展大棚蔬菜和保护地栽培，并逐渐形成西红柿、黄瓜、大姜、大葱等专业生产基地4万亩。2004年，引进东北黑木耳生产项目。该镇盛产重晶石，改革开放初期，为诸城市化工工业重镇，工业基础以矿石、石材加工为主。自2000年起，又发展起食品加工、木器出口等高效行业。2012年，完成公共财政预算收入2041.9万元，农民人均纯收入10296元。

相州镇

位于诸城市北部，东北与高密市以潍河为界，北部与安丘市隔渠河相望，西、南分别与石桥子镇、舜王街道相接，东南潍河对岸为昌城镇。2007年5月，撤销郭家屯镇，将其所辖29个村划归相州镇。2007年10月，潍坊市成立峡山水库生态管理区，将相州镇北部尚家庄等8个村划归峡山水库管理局管辖。至2012年，总面积120平方千米，辖12个社区，71个自然村，2万户，6.9万人，耕地面积11.3万亩。

相州镇域历史悠久，文化底蕴深厚。驻地相州，自古即为繁荣的大集镇，旧时南北长街是诸城去潍县的大道，街上设有九座牌坊。诸城望族相州王氏，明季到清末，出了上至京官下至县知事逾百人，民主革命以后有王凤翥、王翔千、王统照、王希坚、王愿坚等知名人士。

镇境除西部为缓丘外，大部属潍河、渠河冲积平原，土地肥沃。潍、渠二河过境河段分别为18千米和15千米，水源较丰富。平原地区盛产粮食、瓜菜，丘陵地带宜植林果、花生、黄烟。境内交通便捷，206国道纵穿南北，发展工业经济有较好的区位和交通优势。纸品加工、绣制工艺品加工、农副产品加工、五金标准件生产等产业，成为该镇工业的主导产业。2012年，完成公共财政预算收入2864.4万元，农民人均纯收入11612元。

昌城镇

位于诸城城区东北部，系4个城区副中心之一。1989年4月，由昌城镇、芝灵乡合并为昌城镇。2012年，总面积118.4平方千米，辖15处农村社区，1.6万户，6.6万人，耕地面积10.78万亩。

昌城镇域历史悠久，文化底蕴深厚。楚汉相争时期著名的“潍水之战”,即发生于由此向北的潍河及其两岸，留有汉墓群和“眺水台”“韩信沟”等胜迹。

胶新铁路横向过境，并设得利斯站；青兰高速公路过境全长10千米，镇内设诸城东出入口；平日路、朱诸路两条省道纵横通过镇境。境内南、北多为起伏和缓的丘陵，中间多为平原洼地。地上水有潍河、芦河、百尺河。农业主要盛产小麦、玉米，经济作物以黄烟为主，林果有板栗、苹果、梨等。工业是昌城镇的支柱产业。20世纪80年代，各类企业异军突起，泸河公司和得利斯公司发展成了国家级集团公司，带动形成以食品加工、橡胶轮胎、机械汽配和纺织服装等产业为主导的工业格局。2012年，完成公共财政预算收入7519万元，农民人均纯收入13648元。先后被授予全国重点镇、“中国板栗之乡”、首届中国乡镇投资环境100强、国家农业示范基地、山东省中心镇、山东省特色产业镇，山东省双文明明星乡镇、山东省农村经济前200名乡镇、山东省小康乡镇、山东省乡镇企业示范区、齐鲁乡镇之星、潍坊市乡镇企业十强乡镇等称号。

百尺河镇

位于市境东北部，东、北两面与胶州市、高密市交界，西、南两面与昌城镇、辛兴镇相接。1989年4月，大仁和乡并入百尺河镇。2012年，总面积126平方千米，辖79个自然村，13643户，4.9万人，耕地面积11.2万亩。

镇境北部山岭连绵，中、南部为波状平原。百尺河纵贯镇境西部。白龙山清末以前是闻名全国的中药材集散地。诸城大鼓的主要传人台五，是该镇中大村人。

该镇土地肥沃，水源充足，农业自然资源丰富，农业自然资源丰富，黄烟、辣椒、花生、蔬菜等重点产业实现了规模经营。境内交通发达。省道平日路、胶新铁路穿境而过。百尺河镇工业园区是山东省“半岛制造”业中重要的精密铸锻产业基地之一，培育发展了一批精密铸造、锻压设备制造企业。

2012年，完成地方财政收入1946万元，农民人均纯收入11173元。

辛兴镇

位于诸城市东部。1984年撤公社改置镇，1989年5月，撤销东北部相邻的大仁和乡，将该乡9个村并入辛兴镇，自此辖区未变。2012年，总面积80.73平方千米，辖13个社区，1.1万户，4.2万人，耕地面积7.6万亩。

镇域土壤肥沃，芦河、百尺河自南而北穿境而过，拦百尺河而建的共青团、牛台山2座水库，蓄水总量1025万立方米，农业生产具有较强的资源优势，培育起烤烟、无公害蔬菜等农产品基地。镇域地理位置优越，交通便利，青兰高速公路横贯全境。有淀粉加工、造纸包装、铸造机械、纺织服装、生物制药等主导产业。2012年，完成公共财政预算收入8071.6万元，农民人均纯收入13703元。

林家村镇

位于市境东南部，镇驻地林家村，距城区中心24.5千米。1984年撤公社改置乡镇，境内设林家村、瓦店二镇，大屯、桃园、石门、石河头四乡。1989年9月，大屯乡并入林家村镇。2001年3月，全市行政区划调整，石河头乡并入桃园乡，石门乡并入瓦店镇。2007年9月，再次调整行政区划，桃园、瓦店、林家村三乡镇合并为林家村镇。2012年，总面积324平方千米，辖167个行政村，27738户，9.7万人，耕地面积18.5万亩。

镇境北部属缓丘兼平原地带，南部为山地丘陵。山地丘陵及坡地面积占70%。位于镇驻地西南处的竹山，山表草木茂盛，2005年定为省级森林公园。2001年建成障日山生态旅游观光庄园。齐长城境内全长15千米，为国家级重点文物保护单位。

境内农业资源丰富，南部丘陵地带宜植林果、花生、黄烟，北部缓丘、平原地带盛产粮、烟、蔬菜。境内交通发达，省道薛馆公路横贯镇中部，青兰高速公路穿越镇北部，镇域东邻青岛市，南近日照市，发展工业经济有较好的交通和区位优势，形成以食品加工、机械加工、工艺品及服装加工三大传统产业和电子信息、高端装备制造、风力发电三大新兴产业齐头并进的工业框架，发展起各类企业76家，其中限额企业48家。建成郭家村水库滨水乐园、林熙湿地公园、薛馆路两侧绿化长廊和中心文化广场四大景观。2012年，完成公共财政预算收入4379.7万元，农民人均纯收入11454元。

桃林镇

位于诸城市南部，位于青岛、潍坊、日照三市交界处。1984年撤公社改置乡镇，原桃林公社分设为桃林和山东头二乡。2001年，山东头乡并入桃林乡。2010年撤乡建镇。2012年，总面积135平方千米，辖11个农村社区，1.03万户，3.6万人，耕地面积6.2万亩。

作为诸城市山区乡镇，青山碧水，风景秀丽。山地、丘陵、平原各占三分之一。山地主要集中在西部地区。镇驻地西南部的大山，海拔571米，是市境内最高山峰，林木覆盖率达98%，景色宜人。占地3000亩的桃林林场，动植物资源丰富，2004年被定为潍坊市级森林公园。

境内有河流6条，水库18座，大小塘坝98座，农业水利资源丰富。经济作物以茶叶、花生为主。独特的气候环境和土壤条件，使桃林成为国内纬度最高的绿茶种植区，所产绿茶香味醇厚，被誉为“江北第一绿茶”，碧龙春茶被评为“省著名商标”，电力怡明茶被评为“省名牌产品”。充分利用靠近港口的区位优势，实施以对接青岛为重点的蓝色引领战略，大力发展临港物流，依托青岛董家口港规划设立了山东头临港高端产业示范区。立足山区实际，大力发展茶叶、林果等特色产业，“诸城绿茶”“诸城黄樱桃”获得国家工商总局的中国地理标志产品商标。充分发挥生态资源丰富的优势，大力发展乡村旅游业。2012年，完成公共财政预算收入421.4万元，农民人均纯收入9726元。

皇华镇

位于诸城市南部。1989年，郝戈庄乡与寿塔乡合并为郝戈庄镇，皇华镇与朱家村乡合并为皇华镇。2007年6月区划再次调整，皇华镇与郝戈庄镇合并为皇华镇。2012年，总面积221平方千米，辖18个社区，1.99万户，7.3万人，耕地面积11.6万亩。

该镇山川秀丽，人文渊薮，旅游资源丰富。马耳山海拔706米，是鲁东南最高山峰。2003年马耳山风景名胜区被命名为省级森林公园，2007年被评为国家级AAA风景区。2006年4月，在常山北坡开工建设民间艺术收藏博物苑。

皇华镇地处山东半岛东南部，四季分明，气候适宜，雨量充沛，水资源丰富。境内有青墩、莎沟、石龙口等中小型水库，有可乐河、倒漾河、扶河、淇河等河流，水利设施配备齐全，水浇田面积达80%以上，农业综合开发优势很大。镇境北靠城区，南接日照市，省道平日公路纵贯全境，发展工业具有区位、交通等优势，形成了橡胶轮胎、机械铸造、服装设计、食品加工、新型建材等主导产业。2012年，完成公共财政预算收入2110.5万元，农民人均纯收入10072元。

第七章　寿光市

第一节　建置区划

境域

寿光市位于山东半岛西部，小清河下游，渤海莱州湾南岸，地处北纬36° 41′ ~37° 19′、东经118° 32′ ~119° 10′。东邻潍坊市潍城区、寒亭区，西界东营市广饶县，南接青州市和昌乐县，北濒渤海。南北长60千米，东西宽48千米，海岸线长30千米，面积1990平方千米，占全省总面积的1.3%。城区位于市境西南部，至北京市直线距离400千米，至济南市165千米，至潍坊市37.5千米，至青州市区31千米，至广饶县城35.5千米，至昌乐县城20.5千米。

建置

夏朝，属斟灌国。斟灌国故城即今洛城街道斟灌村。商朝，寿光属齐地，是逄伯陵的封域。西周，属纪国，故城即今纪台镇纪台村。春秋战国时期，属齐国。秦朝，置郡县，属齐郡。西汉，汉景帝中元二年（前148年）置寿光县，属青州刺史部北海郡管辖，自此史书始见寿光县之名。三国魏时，寿光县属青州乐安郡。西晋，寿光县隶属于青州乐安国。南北朝时，无寿光县名。隋代，隋文帝开皇六年（586年），在南朝宋博昌故城复置寿光县，隶属于青州北海郡。隋文帝开皇十六年（596年），于寿光县南设置闾邱县。到大业初年，撤闾邱县，并入寿光县，此后寿光县境域基本趋向固定。唐、宋、元、明、清各代，寿光县城址均在今城区。唐代隶属于河南道青州北海郡，宋代隶属于京东路青州北海郡，元代隶属于山东东西道宣慰司益都路，明代隶属于山东布政司青州府，清代隶属于山东青州府。中华民国前期，寿光县属山东省胶东道。1925年改属山东省淄青道，1928年后直属山东省政府。抗日战争时期，寿光县有2个县级政权，一个是中国共产党领导的抗日民主政权，隶属于山东省清河区清东专员公署，县府在今台头镇牛头镇村一带。一个是国民党的县政府，隶属于国民党山东省第十四行政督察专员公署，县府在今古城街道尚家庄。另外，日本侵略军也扶持汪精卫伪国民政府建立傀儡县政权，驻寿光县城，隶属于日伪山东省公署青州道尹公署。其间，今寿光市境还划出益、寿、临、广四边县地，寿潍县地和昌潍县地。解放战争时期及新中国成立初期，今寿光市境分为寿光县、寿南县，还有益寿县的一部分。寿光县政府于1948年7月成立，始称寿北县，属山东省渤海区第三专区（后改称清河专区），县政府先在田柳庄，1950年5月移至今上口镇上口村，改属山东省昌潍专区。寿南县政府于1948年7月成立，属山东省昌潍专区，县政府先在今洛城街道屯田村，后移至寒桥村。益寿县于1945年8月成立，1952年6月撤销。1953年8月，寿南县并入寿光县，县政府移至今城区，隶属于山东省昌潍专区。1967年昌潍专区改称昌潍地区，1981年7月改称潍坊地区，1983年10月改称潍坊市，寿光县均隶属之。1993年6月，经国务院批准，撤销寿光县，设立寿光市，归潍坊市代管。

区划

1991年，全县共分24个乡、10个镇，即张建桥乡、文家乡、古城乡、马店乡、丰城乡、南柴乡、胡营乡、北洛乡、南河乡、杨庄乡、卧铺乡、道口乡、田柳乡、广陵乡、岔河乡、五台乡、寒桥乡、洛城乡、纪台乡、东埠乡、王望乡、田马乡、赵庙乡、留吕乡，寿光镇、孙家集镇、台头镇、牛头镇、王高镇、大家洼镇、上口镇、侯镇、稻田镇、羊角沟镇。有990个自然村，988个村民委员会，6个居民委员会。1992年3月，在寿光城以东、潍高路以北，建立面积为6.6平方千米的经济开发区。5月，建设部将羊角沟镇确定为省级小城镇建设试点镇。1993年6月，经国务院批准，寿光撤县设市，由省直辖；同月省政府确定由潍坊市代管。7月，经省政府批准，撤销南河乡，设立营里镇。8月，羊角沟镇更名为羊口镇。1994年4月，撤销南柴乡，设立化龙镇。7月，寒桥、田柳、北洛分别撤乡设镇。10月，经省民政厅批准，稻田镇设立金三角居民委员会。12月，洛城、岔河、王望分别撤乡设镇。1995年6月，留吕、道口分别撤乡设镇。1996年1月，将原属马店乡的南王庄村、贾家庄村划归丰城乡。5月，纪台、田马、五台分别撤乡设镇。1998年9月，成立寿光林海生态博览园暨山东省渤海湾地区高效林业开发示范区、国家农业综合开发寿光机械林场项目区。12月，侯镇西河南一村村民委员会改为鲁丽居民委员会。2000年9月，撤销王望镇，合并到稻田镇；撤销东埠乡，合并到纪台镇；撤销赵庙乡，合并到田马镇；撤销广陵乡，合并到上口镇；撤销牛头镇，合并到台头镇；撤销胡营乡，合并到孙家集镇。2001年3月，撤销文家乡、马店乡，合并组建文家街道；撤销丰城乡，合并到化龙镇；撤销杨庄乡，合并到羊口镇；撤销五台镇、岔河镇，合并到侯镇；撤销寒桥镇，合并到洛城镇；寿光镇改为圣城街道，张建桥乡改为张建桥街道。2003年9月，撤销古城乡、北洛镇，合并设立古城街道；撤销张建桥街道，合并到圣城街道；撤销洛城镇，改称洛城街道；撤销孙家集镇，改称孙家集街道。2005年1月，撤销大家洼镇，设立大家洼街道。7月，撤销卧铺乡，合并到羊口镇；撤销王高镇，合并到田柳镇；撤销道口镇，合并到营里镇。2007年7月，营里镇北辛庄子村民委员会更名为新庄子村民委员会。8月，撤销田马镇，合并到稻田镇；撤销留吕镇，合并到洛城街道。9月，寿光市大家洼街道划归潍坊市寒亭区管辖。2008年5月，洛城街道28个村民委员会改为社区居民委员会。村改社区后实行一套班子、两块牌子。7月，文家街道设置2个社区，分别是菜都社区、西城社区。同年10月，市政府出台城市社区规划，以主要干道、街巷、河流等为界，以城区为中心，在四环路（东至弥河东岸豪源路、西至西环路、南至南环路以南金东街、北至北环路）以内，规划建设城市社区服务中心16个，总面积33.2平方千米。总户数5万户，总人口17.8万余人。其中，圣城街道13个：城南农村社区、龙泉社区、兆祥社区、古槐社区、现代社区、汇文社区、温泉社区、向阳社区、学院社区、建新社区、仓圣社区、石马社区、晨鸣社区。文家街道2个：西城社区、菜都社区。洛城街道1个：牡丹社区。2011年12月，将双王城生态经济园区办公室变更为寿光市双王城生态经济园区管理委员会。2012年底，全市辖圣城街道、文家街道、古城街道、孙家集街道、洛城街道5个街道，化龙镇、营里镇、台头镇、田柳镇、上口镇、侯镇、纪台镇、稻田镇、羊口镇9个镇及双王城生态经济园区1个经济园区，共975个村（社区）。城区驻地圣城街道。

人口　民族

人口　1991年末，全县总人口1008889人。其中，男514692人，女494197人；非农业人口92617人。出生人口9523人，人口自然增长率3.6‰。2000年，第五次人口普查结果显示，全市总人口1081991人，人口密度为每平方千米496.3人，其中户籍总人口1057464人。2010年，第六次人口普查结果显示，全市总人口1139454人，人口密度为每平方千米572.6人，其中户籍总人口1039205人。第六次人口普查结果显示，全市接受高等教育的人口8.5万人，相当于第四次人口普查时的19.6倍（第四次人口普查在行政区域上包括大家洼镇，第五、六次人口普查数据则不包含，下同）。全市人口自然增长率由1991年的3.6‰降至2010年的1.3‰。到2012年末全市总人口1050982人，其中：男530266人，女520716人，男女性别比为101.8：100。全年出生人口11041人，死亡人口8168人。人口出生率10.53‰，死亡率7.79‰，人口自然增长率2.74‰。

民族　2010年，第六次人口普查结果显示：全市共有39个民族，其中汉族1137260人，约占总人口的99.81%；少数民族38个，人口2194人，约占总人口的0.19%。其中满族409人、彝族331人、回族238人、蒙古族219人、哈尼族193人、布依族181人、苗族96人、土家族89人、傣族87人、壮族62人、其他少数民族289人。

第二节　自然环境

地形

寿光处于鲁中山地以北，主要由弥河冲洪积微倾斜平原和海陆交互沉积形成的滨海平原组成。地势是一个自南而北缓慢降低的平原区，地形标高变化于49.5～1米之间。海拔最高点在孙家集街道三元朱村东南角埠顶处，高程49.5米；最低点在营里镇的老河口附近，高程1米，南北相对高差48.5米，水平距离70千米，平均坡降万分之七，地面坡度1.2/1000左右。西部平坦且地势略高，东部地形较低洼，东西地形相对高差2～5米。河流和地表径流自西南向东北流动，形成大平小不平的微地貌差异。全市地形总体分寿南缓岗区、中部微斜平原区、滨海浅平洼地3部分，7个微地貌单元。

气候

为暖温带大陆季风性气候。年内四季分明：春季（3—5月），受北方变性气团影响，天气逐渐变暖，气温回升快；夏季（6—8月），受海上暖湿气团控制，天气炎热多雨，多刮东南风；秋季（9—11月），海洋气团渐退，北方冷空气逐渐南侵，天气趋于凉爽；冬季（12月至次年2月），受西北大陆气团控制，天气干燥寒冷，多刮西北风。2011年，平均气温13.6℃，年降水量817.4毫米，年日照时数2146.3小时。3月日照时数为历史同期最多值，7月、10月、11月日照时数为历史同期最少值。2011年度气温较历年偏高，降水量较历年偏多，日照较历年偏少，全年遭遇的气象灾害较少，综合评价农业上属于丰收年。2012年，平均气温13.8℃，年降水量499.4毫米，5月降水量仅0.4毫米，是该月自建站以来降水最少的一年；12月降水量35.6毫米，偏多，列1961年以来同期第二位。年日照时数2413小时。2012年度气温较常年偏高，降水、光照均偏少,全年遭遇的气象灾害相对较少，综合评价农业上属于丰收年。

河流　湖泊

境内共有7条河流，分大小5个水系，即弥河水系（包括张僧河东支、西张僧河）、丹河水系、塌河水系（包括阳河、织女河、雷埠沟、龙泉河、乌阳河、王钦河、伏龙河、跃龙河、益寿新河、小清河）、桂河水系（包括邢河）、崔家河水系（包括挑河子、芦洼沟、郭家营沟、斟灌沟）。最大河流是弥河，纵贯南北，将境域分为东西两部分。小清河从境域北端入海，长年流水，水上运输便利。

境内湖泊主要有巨淀湖、清水泊和双王城水库。其中巨淀湖和清水泊位于寿光西北部台头镇牛头镇村以北，古时湖泊相连。

土壤　植被

境内土壤成土母质为洪积、冲积和海相沉积物。土壤分4个土类、8个亚类、13个土属、79个土种。土壤分布规律随地形、地下水变化而变化，一般从南到北依次分布褐土、潮褐土、脱潮土、潮土、湿潮土、砂姜黑土、滨海潮盐土。

寿光市属暖温带落叶阔叶林区。植被多为人工植被或次生植被。该地区气候条件优越，土壤类型多样，适生植物种类较多。分别有森林植被、天然灌草丛、栽培植被、城市植被、古树名木。

自然资源

全市总土地面积199012公顷，其中耕地面积103130.26公顷，占总面积的51.82%。年平均地表水径流深90毫米，平均径流总量1.7亿立方米。引黄客水资源量，年均在1000万立方米。地下水咸、淡水分界线以南1047平方千米为井灌区，地下水全部为淡水；咸、淡水分界线以北943平方千米的盐碱区，地下水为咸水、卤水和深层承压淡水等多种水体，地下水资源总储量为31.4亿立方米。物产丰富，野生经济植物近300种，动物类（包括哺乳、鸟、鱼、爬行、昆虫、虾、蟹等）100余种。矿产资源按性质和主要工业用途一般分为金属矿产、非金属矿产、能源矿产和水汽矿产4大类，寿光未发现金属矿产。到2012年，全市探明发现矿产10种，其中探明资源储量的矿产7种，分别为石油、地热、矿盐（天然卤水）、溴、钾盐、镁盐、地下水；已发现但未探明储量的矿产3种，分别为煤、砖瓦用黏土、建筑用砂。矿盐（地下卤水）伴生溴、钾盐、镁盐，储量丰富，是境内优势资源。

自然灾害

干旱是境内最常见的自然灾害，因降水时空分布不均，常出现阶段性干旱，分为春旱、初夏旱、伏旱和秋旱。1991—2012年，全年性的大旱共发生3次（1992年、1994年、2006年），占15%，偏旱年1次（2002年），出现频率5%。

第三节　经济发展

1991—2012年，是寿光经济快速发展的20年。1991年，实现国内生产总值28.2亿元，2012年增至618.1亿元，增长20.9倍；产业结构由1991年的36.5：39.4：24.1调整为2012年的12.7：50.6：36.7，工业和第三产业比重加大；财政总收入由1991年的1.6亿元增至2012年的82.8亿元，增长50.8倍；全社会固定资产投资由1991年的11.2亿元增至2012年的360.7亿元，增长31.2倍；社会消费品零售总额由1991年的5.2亿元增至2012年的175.0亿元，增长32.7倍。地区生产总值、人均纯收入、存款余额、全国百强县等排名始终位列潍坊市或全省前列。

农业

1991年，农业以种植业为主，粮食总产68.1万吨，亩产431公斤，是全省重要的粮食主产区和高产区。1992年始，连续三届跻身“中国农村综合实力百强县”，1993年寿光撤县设市，1994年建成双千田和小康市，1995年建成吨粮县，同年被农业部评为粮食生产先进市。1996—1999年，小麦连续四年平均亩产过千斤。至2005年，先后建成“吨粮市”“双千市”和“小麦千斤市”，农业龙头企业总数达到320家，2009年再次被农业部评为全国粮食生产先进县。在提高粮食产量的同时，种植蔬菜、棉花、大豆、绿豆、芝麻、马铃薯、花生等，蔬菜、棉花是主要经济作物。1989年冬暖式蔬菜大棚推广后，得到迅猛发展，1996年蔬菜种植面积发展到50万亩，总产218万吨，收入20亿元以上。农业增加值在全国百名农业大县中列第3位，被国家命名为“中国蔬菜之乡”。2000年始，每年举办一届中国（寿光）科技蔬菜博览会，成为寿光农业对外开放的窗口和体现寿光特色的名片，成功树立了“寿光蔬菜”大品牌。2010年，全市初步形成蔬菜、粮食、棉花、果品、肉牛、生猪、肉鸡等10多个主导产业，2011年被农业部评为“全国农业标准化示范县”，2012年全市粮食与经济作物比例达到5：4，小麦每亩单产476公斤、玉米508公斤，畜牧养殖小区5160亩，棉田达到28.4万亩，冬枣种植5万亩，海淡水养殖10万亩，盐田133万公亩。蔬菜面积发展到60万亩，桂河芹菜、寿光大葱、樱桃西红柿、寿光独根红韭菜、寿光羊角黄辣椒、无刺小黄瓜、浮桥萝卜、化龙胡萝卜等蔬菜产品先后被评为国家地理标志产品，全市获得国家优质农产品品种认证552个，注册农产品商标128种。“乐义”牌黄瓜被评为中国名牌农产品，“洛城”牌黄瓜获得山东名牌农产品称号。绿色有机产品290个，“三品”基地发展到79万亩。农业生产基本实现区域化布局、规模化经营、专业化生产，全年完成农林牧渔业总产值150.4亿元，比1991年的16.4亿元增长8.2倍。

工业

1991年，全县共有工业企业4854家，完成工业总产值30.6亿元，其中乡（镇）及以上工业产值21.3亿元。县属工业实现利税2亿元、利润9817万元，开发增补县以上空白产品80余种，推广应用新技术20余项。1993年始，采取股份制、股份合作制、外资嫁接、产权转让、破产、租赁、兼并重组等7种形式，对城乡企业实行产权制度改革。1995年，县属以上企业全部改制，乡镇企业改制达95%以上。全市共有744家企业完成改制，其中市属企业44家、乡镇办企业188家、村及村以下企业512家，融资总额4.3亿元。晨鸣牌机制纸、奥蕾牌啤酒、仙霞牌西服、齐民思牌白酒、风筝牌刨花板5种产品先后被评为国家级名牌产品。1996年始，建立新的企业制度，构筑新的工业格局。1997年，晨鸣纸业集团以10倍市盈率发行B股1.15亿股，2000年向社会公开发行7000万股A股，成为全国同行业唯一拥有A、B股的上市公司。到2000年，全市工业销售收入过500万元以上企业达到137家，其中市属工业33家；总资产达120.3亿元。资产规模和利税、利润、增加值、总资产、净资产5项指标绝对值均列潍坊市各县市区首位。晨鸣纸业集团经济效益连续12年居全省同行业首位，连续6年在全国同行业名列第一。2001—2005年，进行第三轮企业改制，除市供电公司、菜央子盐场、晨鸣纸业集团为国有或国有控股企业外，其他全部转为民营企业。2007年，实施工业立市战略，2009年在全国率先发行涉农中小企业集合票据募集资金5亿元，2010年发行10年期10亿元企业治污减排债券。成功申报省级企业技术中心4家，潍坊市级企业技术中心5家，县级示范企业

15家。2012年，全市规模以上工业企业达到501家，完成工业总产值1519亿元，实现主营业务收入1552.8亿元，利税113.4亿元，利润81.5亿元。先后获中国名牌产品3项、山东省级名牌产品43项；获中国驰名商标9项；有38个产品被认定为山东省著名商标。

建筑业

积极放开建筑市场，调整产业结构，转换经营机制，发展外向型经济和多元化经营。1991年，完成建安工程产值7772万元，房屋竣工面积22.1万平方米。至1995年，全市建筑业共有各类施工企业63家，其中土建一级企业1家、土建二级企业8家、土建三级企业19家、三级以下土建企业23家，二级装修企业1家，二级工程企业1家，三级以下各类专业企业10家。1997年，寿光市第三建筑公司、寿光市丰城建筑公司、寿光市弥河建筑公司参建的潍坊市早春园住宅小区荣获中国建筑工程鲁班奖。2000年，施工面积99.2万平方米，竣工面积57.57万平方米。全行业完成企业总产值85.17亿元，建安总产值72.32亿元；全行业实现利税3.86亿元，全员劳动生产率每人3.9万元，多种经营收入累计1.54亿元。2002年始，建筑工程逐步限制混凝土搅拌，推广使用商品混凝土，至2008年末全部关停黏土砖（瓦）生产企业，新型墙材在全市建设项目中全面普及。2003年始，建筑业进入快速发展阶段，支柱产业地位日益突出。2009年始，全市建筑业由快速发展向转型发展转变，由单纯施工向项目开发带动施工转变、由建造建筑产品向经营建筑商品转变、由施工型建筑企业向资本运作型建筑企业转变。至2010年，建筑业总产值由2003年的13亿元增加到95亿元，房屋施工面积由2003年的220万平方米增加到1100万平方米，建筑施工企业由2003年的64家发展到110家。2012年，全市建筑业总产值147.02亿元，增加值36.93亿元，利税11.21亿元，施工工程2651个，施工面积1702.2万平方米，竣工面积673.2万平方米；全市共有建筑业企业115家，其中一级企业22家、二级企业33家、三级企业52家、不分等级企业8家，涉及房屋建筑、钢结构、消防、送变电、化工石油管道、地基与基础、商品混凝土、防水、预制构件、防腐保温、城市道路照明等多个领域；施工区域延伸到北京、天津、山西、四川、湖北、青海、新疆、西藏等10多个省市自治区。1993年、1994年、1995年、2005年、2008年、2010年、2012年，先后7次被评为“山东省建筑业十强县”。1991—2012年，全市建筑企业共获得省级以上工程质量奖61项，其中“中国建筑工程鲁班奖”1个、“国家优质工程”4个、“全国建筑工程装饰奖”10个、“山东省十佳工程”1个、山东省建筑工程质量“泰山杯”32个、山东省建筑装饰装修工程质量“泰山杯”7个、山东省优质结构工程6个。

对外经贸

1991年，出口商品以工业产品为主，出口商品收购额8000万元，创汇118万美元。1992年始，全市出口商品由工业产品向多元化商品转变，出口企业30家50多种产品，出口供货值9000万元。1994年，全市开放开发步伐明显加快，1995年出口企业增加到70家161多个品种，出口供货值16亿元，年均增长49.2%。2008年，有实际进出口业务的企业增加到154家，出口8.6亿美元，2011年出口首次突破10亿美元大关。2012年，全市完成进出口总额22亿美元，同比增长1.7%，其中出口16.5亿美元、进口5.5亿美元，进出口、出口居潍坊市各县市区首位，进口居第二位。全市出口过500万美元的企业56家，出口过1000万美元的企业31家，其中出口过1.4亿美元的企业3家。出口产品涵盖橡胶轮胎、纸制品、木制品、化工产品、农产品、纺织品、机械机电、塑料塑编等门类。

交通邮电

交通方面，1991年境内公路通车里程901千米；益羊铁路（青州—大家洼）纵贯南北，境内长54.1千米；建有羊口港口1处。全县公路货运汽车3036辆，货运量654万吨，货运周转量59810万吨千米；客运汽车75辆，客运量218万人次，客运周转量10714万人千米。1993年12月，宅羊铁路（从益羊铁路的宅科—羊口）建成通车，全长15.8千米。1993年末，济青高速公路建成通车，境内18.3千米。1997年，实现城市交通公交化。2002年，率先在全省实现村村通等级柏油路，2005年实现村村通客车。2003—2007年，在全省农村公路改造工程中，全市改造新修公路103条，252.8千米；新建改造桥梁14座，总长度1577米。2006年，纵贯南北的羊田路建成通车，全长57千米。2008年，荣乌高速公路建成通车，境内38.8千米。2009年，完成羊青路改线67.4千米。2011—2012年，寿光市被列为“全省村级公路网化示范县”，两年完成网化工程项目519个，468.5千米。2012年，境内干线公路297.6千米，农村公路3043千米。共有货运汽车15983辆，货运量3217万吨，货运周转量1109096万吨千米；客运车辆389台，客运量2218万人次，客运周转量106396万人千米；公交线路8条，公交客车110辆，客运量1356万人次；出租车306辆，座位1880个。

邮电方面，1991年全县邮政投递段道39条，投递里程1390千米；信函112.8万件，报刊累计发行1025.6万份，长途电话4万台，邮政快件11.3万件，电报18.3万份。市话平均户数1250.5户，农话户数1785.9户，在潍坊市各县市区首家开通3000门市内程控电话。1993年2月，建成移动通信网，同年第二期移动通信扩容，当年发展移动电话203部。1995年，全市城乡电话号码升至7位，总容量6.65万线。1998年，邮政、电信分营。2000年，建成省内第一个年内装机超过10万部的电话市，电话普及率超过65%。电信业务收入突破亿元大关，达到1.04亿元。邮政投递段道扩展到105条，总长度2554千米。数字移动通信网络无缝覆盖全市，全网用户容量达15万户，实际在网用户达6万户。2001—2005年，邮政业务开辟自办汽车邮路4条，单程400多千米。特快专递与全国近2000个城市联网，业务通达200多个国家和地区。建成邮政绿卡网点35处，邮政储蓄实现活期通存通兑。移动通信业务收入和用户规模列全省第一位，基站总数达到120处，联通公司拥有GSM基站65个。2008年，投资5000万元布放宽带接入ADSL设备6万线，2010年宽带用户达到7.8万户。2012年，全市完成邮政业务总量6464万元，移动基站900余处，其中3G网络基站500多个。全市固定电话用户17.5万户，移动电话用户120万户；固定上网用户数达到23.9万户。

商贸流通

1991年，全县共有农村工业品下伸批发网点和代批点27处，网点销售1540万元，实现社会消费品零售总额7.3亿元。1993年，开拓农村市场和外埠市场22处，完成销售收入1972万元。1994年，狠抓商业网点建设，完成投入1100万元，商业网点达到455处，全市实现社会消费品零售总额14.3亿元。1995年，新建大型网点商业购物中心，面积1万平方米。1991—1995年，全面推行经营、价格、分配、用工“四放开”，完成股份制改造企业11家。1997年，工业品下乡完成销售收入5400万元，实现社会消费品零售总额23.5亿元。1998年，投资200多万元，建成盛隆超市和连锁店2处。1999年，在全市乡村、集镇发展下伸连锁店55处，工业品下乡完成销售收入5800多万元，工业品销售网络辐射东营、广饶等周边县市区，在东营、青州等市外市场扩销4300多万元。2003年，商贸企业先后投资2亿多元，新建扩建网点10多处，扩大营业面积6万多平方米。2004年，第三产业投资达到4亿多元，新建、扩建大型商业网点8处，扩大营业面积12万多平方米，新建的城市假日广场、新天地广场、文化广场、中百大厦等大型网点相继投入运营。2005年始，现代化流通网络建设得到较快发展，市百货大楼营业面积增至3.6万平方米，先后建成购物中心、现代化物流配送中心、汽车交易中心。2010年，“万村千乡”工程升级发展，新建和改造农家店200处以上，累计达到1100处，覆盖95%以上行政村。全市商业网点发展到2456处，实现社会消费品零售总额136.6亿元，2012年全市社会消费品零售总额达到175亿元。

城乡建设

1991年始，加强道路、公园等基础设施与绿地建设，县城共建有主要道路10条，长10.81千米，同年开工建设占地23.4公顷的仓圣公园；1998年，建成寿光市人民广场，一期工程占地4公顷；至2000年，新建城市道路43.1千米，面积73.1万平方米；投资2.1亿元，先后建成弥河风景区等一大批公共绿地和街路附属绿地；至2005年新建城市道路148.5千米，改造道路54千米，城市绿化覆盖率39%；至2010年，5年间用于村镇建设投资达66.7亿元；2012年，城市道路总长度达到695.9千米，城区路灯总量达1.3万基，城区共建成公园游园49个，绿地面积2681公顷，绿化覆盖率44.7%，小城镇建成区面积5513公顷，道路长度676千米，公园绿地面积224公顷，建成国家级重点镇1处、省级中心镇4处，分两期建成数字化城市管理系统。继续普及安全卫生水，1995年投资1200万元建成寿光市第三供水厂，2004年又投资2198万元建成东城供水厂，2012年投资3350万元建成城北供水厂，供水管道350千米，城区集中供水覆盖率达到100%。实施房地产开发，2000年建成兆祥、现代2个经济适用住房小区，建筑面积55.42万平方米，至2010年相继建成美林花园等近百个商业住宅小区和组团；2012年，全市完成房地产开发投资76.7亿元，商品房销售面积129.7万平方米，商品房销售额46.6亿元。2001年始，推广新能源，实施用户集中供气，至2012年城市建成天然气管道90千米；2005年始实现大中型工业企业统一供气。在供热方面，1991年城区集中供热企业仅山东晨鸣热电厂1家，2004年寿光市金玉米热电有限公司竣工投产，2009年成立寿光东城热力有限公司和潍坊华源热力有限公司，2010年寿光市金惠热力公司成立，城区集中供热企业增至5家，集中供热面积706万平方米，覆盖率基本达到100%。寿光市于2006年获“国家园林城市”称号；2009年，获“国家节水型城市”称号，弥河生态观光园获“中国人居环境范例奖”；2010年，寿光市被住房和城乡建设部列为全国A级住宅性能认定试点城市；2011年，寿光市获“中国人居环境奖”；2012年，滨河城市湿地公园被评为“国家城市湿地公园”。

环境保护

1991年，寿光市开始区域环境噪声普查监测，按300米×300米监测设点109个，监测覆盖9.81平方千米；1997年，建成寿光市首座污水处理厂（寿光市城市综合污水厂）；1999年完成第二次寿光市乡镇污染源普查；2000年，实现城乡环保“一控双达标”；2003年，购买河北先河公司2套环境空气自动监测系统，开始了城区环境空气的全自动监测；2004年，建成垃圾无害化处理厂第一填埋区，2005年、2008年、2009年、2012年又分别建成第二、三、四、五填埋区；2007年10月，建成投运寿光市环境自动监控系统，建设环境监测中心，排污企业安装COD、氨氮、烟气在线监控设备；2009—2012年，先后建成城北、东城、清源水务3座城市污水处理厂以及羊口镇、化龙镇、台头镇、侯镇项目区及侯镇镇区5座乡镇污水处理厂，2010年，总投资11.5亿元，完成54项治污减排工程建设；2011年，投资8.5亿元开工建设了51项水污染治理工程，投资6.5亿元对164家企业实施了大气污染综合整治。2012年，投资2.57亿元，建成32个水污染治理项目；投资5.58亿元对88家企业实施大气污染综合治理；城市污水处理率达到97%，城乡生活垃圾处理率达到100%。寿光市于2002年被国家环保总局命名为国家级生态示范区；2007年2月被国家环保总局正式命名为“国家环保模范城市”；2012年顺利通过“国家环保模范城市”复核。

第四节　社会事业

科技

1991年始，实施“科技兴寿”战略，加大科技发展力度，当年60万亩小麦高产开发项目获潍坊市科技进步二等奖，盐田多用清淤机等3个项目获三等奖。1992年，提报的县级农业区划滚动研究获省级科技进步二等奖；1993年，墨西哥专家对“对虾养殖和盐田综合利用合作项目”进行考察访问，是潍坊市首次代表国家独立进行政府间科技项目的合作；1995年12月山东联盟化工集团开发的“合成氨生产蒸汽自给技术”被授予国家科学技术进步三等奖；2000年，山东省蔬菜栽培工程技术研究中心成立，成为全市首家省级工程技术研究中心，至2010年全市工程技术研究中心发展到42家，其中省级8家、潍坊市级34家。2001年9月，寿光市科技示范园成为科技部认定的首批国家农业科技园（试点）之一，2010年正式批准为国家农业科技园区，至此全市农业科技园发展到4家，其中国家级1家、潍坊市级3家。2009年9月，寿光市首家山东省蔬菜院士工作站成立，同年寿光市被科技部认定为国家科技进步示范市；2010年6月山东默锐化学院士工作站成立，全市省级院士工作站达到2家。2009年始，创建国家级示范企业和产业技术创新战略联盟，加快重点领域平台建设，2010年全市建成1家国家级示范企业和2家省级创新战略联盟；至2010年共有各级高新技术企业26家，其中国家火炬计划重点高新技术企业3家、省级高新技术企业23家。1996年始，各类民营科技机构快速发展，2005年由62家发展到122家，至2010年发展到225家，其中科技类民办非企业43家、潍坊市民营科技企业182家。1991—2012年，共获国家科学技术进步三等奖1项；获省级科技进步奖64项，其中一等奖3项、二等奖18项、三等奖43项；获潍坊市科技进步奖172项，其中一等奖1项、二等奖77项；获县级科技进步奖275项，其中特等奖3项、一等奖65项。

教育

1991年始，寿光调整教育结构，改善办学条件，教育事业得到全面发展。至1995年，全市共有小学623处，初中59处，高中8处，普通中专2处，职业中学12处，特殊教育学校1处，在校学生19万人，教职工1.3万人。1996年始，寿光教育进入大调整、大改革、大发展时期，至2000年末，全市共有各级各类学校385处，在校生19.9万人，教职工1.1万人；同年8月，新建寿光现代中学投入使用，总建筑面积13.2万平方米，开通运行宽带城域网——寿光现代教育网，全市小学教育走向信息技术现代化带动教育现代化的道路。2001年9月，实行合校建制，成立潍坊科技职业学院；2002年2月寿光市技工学校被劳动部认定为“国家级重点技工学校”。2004年9月，寿光第一所民办学校——世纪学校建成投用，成为全省第一家、全国第二所通过教育部民办学校评估认证的学校。2008年4月，潍坊科技职业学院升格为全日制本科院校，更名为潍坊科技学院；同年8月，寿光一中迁入新校，总建筑面积18万平方米；新成立圣都中学高级中学，招收学生5133人。2011年，寿光市职业教育中心在羊口镇建成投用，建筑面积21万平方米，容纳全日制在校生8614万人。2012年，全市共有大中小学校171处，其中，全日制普通本科高校1处，普通高中5处，职业学校5处，初中34处，小学125处，特殊教育学校1处；幼儿园187处。全市在校生20.3万人，教职员工1.2万余人。全市先后有39名学生获得全国奥赛一等奖，被保送全国重点大学；有22名学生考取清华、北大，居全省各县市区第一位。先后获评全国职业教育先进县、全国“两基”（基本普及九年义务教育，基本扫除青壮年文盲）工作先进市、国家级教育现代化试验区、全国幼儿教育先进市、山东省教育工作示范县市区。

文化

1991年始，县文化、图书、博物、京剧、电影、文艺创作、广播电台、广播电视台、新华书店、档案等文化事业健康发展。1993年8月，《寿光报》正式创刊，每周一刊。1995年《寿光报》获国内统一刊号（CN37-0102），转为在全国公开发行的正式报纸，同年刊次改为每周3刊。1998年，《寿光报》更名为《寿光日报》；2003年全国报刊进行整顿，《寿光日报》成为山东省仅存的两家县市级报纸之一。1998年，《寿光日报》每周六刊，1993—2012年期发量4～5万份。2007年1月，为落实中共中央总书记胡锦涛2005年到寿光视察时的嘱托，在《寿光日报》之《寿光蔬菜周刊》的基础上，正式创刊《北方蔬菜报》，面向全国发行，成为中国蔬菜产业最重要的技术传播平台。中共中央政治局常委李长春称赞《北方蔬菜报》“创造了为农民服务的新模式”，至2012年期发量始终保持在13万份左右。1996年启动有线广播电视网络建设，1999年2月成立广播电视网络传输中心，至2012年全市光缆网络、广播电视传输网络质量逐年提升。2008年1月，在《寿光日报》电子版基础上，建立运行中国寿光网（www.sgnet.cc），下设近100个频道和栏目、1200个子网页，首次实现对每年4月20日中国寿光国际蔬菜科技博览会（简称菜博会）开幕式的现场图文直播。2010年1月，建成寿光市图书馆数字图书馆，是全省10个数字馆推广计划之一。加强文化设施建设，2007年先后建成投资3.5亿元、占地面积120亩、建筑面积4万平方米的具有现代建筑艺术特色的寿光市文化中心，投资8.9亿元的软件园，投资3.2亿元的文化园，投资1.35亿元的广电大厦，投资2亿元的蓝狐动漫大厦，投资4000万元的全省首家外来农民工服务中心等地标性文化建筑。加强古迹文物保护，2012年末，寿光境内共发现不可移动文物216处，其中省级文物保护单位4处，市级文物保护单位4处，县级文物保护单位26处，其中2008—2010年，由北京大学考古文博学院、山东省考古所、寿光市文化局联合对双王城盐业遗址群进行的抢救性发掘，解决鲁北地区商周及金元时期的制盐流程问题，被评为2008年度全国十大考古发现之一。1997年5月，寿光市被文化部命名为第五批全国文化先进县（市），2011年被国家古籍保护中心授予省古籍重点保护单位称号，2012年12月被文化部评为“全国文化信息资源共享工程·公共电子阅览室示范点”。

医疗卫生

1991年始，积极推行乡村卫生一体化管理，对原自负盈亏的卫生室进行整合，按照1千米服务半径内设置1处的标准设置村卫生室，由所辖乡镇卫生院实行业务统一管理、人员统一调配、财务统一核算、药品统一供应、工资统一发放的“五统一”管理；至1995年全市100%的乡镇卫生院完成改貌建设，1998年全部乡镇提前2年达到潍坊市卫生局确定的初级卫生保健合格乡镇标准，寿光市被卫生部评为全国2000年人人享有初级卫生保健普及阶段先进县，2002年被授予“全国农村初级卫生保健工作（1990—2000年）先进市”称号。探索推行新型农村合作医疗制度。2002年被确定为潍坊市新农合试点市，2004年又被省政府确定为省级新农合试点市，2010年新农合人均筹资额143元，农民参合率97.7%。不断改善诊疗条件，提高技术水平。1995年，全市卫生系统县乡两级医疗卫生机构发展到42个，比1990年增长5%，病床1178张，比1990年增长13.3%；2005年，迁建市中医医院，开放病床400余张；2008年，投资6000万元，迁建市妇幼保健院，开放病床200余张；2005年，投资2亿元，新建市人民医院21层综合病房大楼，2011年又投资2.9亿元，新建22层门诊病房大楼，2010年，投资5200万元新建市皮肤病防治站综合大楼，2011年，投资1亿元迁建了市立医院；2012年，全市共有镇街卫生院14处，镇级专科医院3处，乡村卫生所571处。加强预防保健工作。1991年，县妇幼保健站被省卫生厅评为甲级妇幼保健站，1997年，市防疫站被潍坊市卫生局评为县级一等卫生防疫站；2000年，碘盐入户合格率连续10年保持95%以上，得到国家地方病防治专家肯定，在厦门召开的全国碘缺乏病防治工作会议上推广了寿光的经验；2007年，全市所有接种门诊全部达到省级规范化标准。积极创建卫生城市，1992年达到省级卫生城市标准，2006年7月被授予国家卫生城市称号。

人民生活

1991年，全县在岗职工工资总额14058.9万元，年人均工资2457元，农民人均纯收入1167元，人均生活消费支出749元。到2012年底，全市在岗职工83490人，工资总额397345万元，年人均工资43607元。农村居民人均纯收入12805元，农村居民人均生活消费支出9831元。城镇居民人均可支配收入26458元，城镇居民人均消费性支出20100元。全市农村居民人均消费粮食179公斤，肉及肉制品16.6公斤，蛋类17.1公斤，水产品7.8公斤，水果类34.2公斤。农村居民人均居住面积56平方米，比2006年增加20平方米。全市百户农村家庭拥有洗衣机99台，电冰箱103台，空调机37台，热水器81台，家用计算机63台，生活用汽车43辆。

第五节　乡镇（街道）概况

圣城街道

位于寿光中心城区，面积65.16平方千米，辖70个行政村、13个城市社区，常住人口26万人，其中乡村人口6.4万，耕地面积2.2万亩。2012年，完成地方财政收入4.06亿元，农民人均纯收入12980元。

圣城街道以“打造均衡发展样板区，建设美丽幸福新圣城”为目标，围绕加快镇域科学发展，抢抓机遇，创新实干，经济社会实现又好又快发展。街道先后获“全国千强乡镇”“中国乡镇投资潜力500强”“国家生态乡镇”“山东省和谐示范街道”“山东省文明街道”“山东省社会文化先进街道”“山东省旅游强乡镇”“潍坊市先进基层党组织”“潍坊市镇域科学发展先进镇街”等称号。

文家街道

位于寿光市城区西部，面积69平方千米，辖56个行政村，14200户，人口5.4万人，耕地面积4.5万亩。2012年，完成地方财政收入24500万元，农民人均纯收入12620元。

街道依托晨鸣工业园良好载体，突出发展新型工业。2012年，街道新开工了澳泰建材、天力药业、千运印业等5个过亿元项目，为街道经济持续发展集聚了强劲后力。全国最大的农产品物流中心、寿光农产品物流园的落户，促进商贸物流、房地产、酒店餐饮等专业市场群迅猛发展，新落实了占地千亩的半岛建材物流城、东宇金海商城等多个市场物流大项目，集群效应更加明显。通过大力调整产业结构，形成大西环农业走廊、八里沟路农业园区和寿济路现代农业示范园三大农业片区；文家街道韭菜生产独具特色，注册了“文家坡”品牌商标，建设的有机韭菜基地被评为“国家农业标准化示范区”。街道突出街区提升和社区建设两大任务，新开展社区建设项目8个，新建楼房57栋，其中高层14栋；投资2亿元的新文家中学正式投用，大大提升城区西部的教育办学水平，群众的生产生活条件明显改善，幸福指数显著提高。

洛城街道

位于寿光市区东部，面积136平方千米，辖118个行政村，2.9万户，人口11.6万人，耕地面积12.4万亩。2012年，全街道完成地方财政收入2.02亿元，农民人均纯收入12780元。

洛城历史悠久，斟灌古国，城墙残迹犹在；唐王东征，寒桥遗址仍存。马前村“过门钱”、张家尧水柳编、洛城扒谷、“国家地理标志产品”浮桥萝卜、“山东省著名商标”洛城特菜、斟灌彩椒等知名品牌凸显文化洛城特色。洛城街道地处中心城区，是中国（寿光）国际蔬菜科技博览会的主会场所在地。境内建设企业总部群、两馆一中心、体育公园、中南世纪星城、晨鸣国际大酒店等22个重点项目，2012年启动屯田社区等8大组团25个城中村改造，建设集博览展示、商务办公、旅游观光、体育运动、宜居休闲于一体的魅力新区。依托东城工业园，安置投资过千万元项目150多家，规模以上企业75家，初步形成了汽车及相关配套产业、农产品加工、木材加工、纺织服装等四大支柱产业。

古城街道

位于寿光市区北郊，面积85.8平方千米，辖61个行政村，15637户，人口5.5万人，耕地面积7.8万亩。2012年，完成地方财政收入20748万元，农民人均纯收入12537元。

以经济开发区和寿北园区为载体，加大招商引资项目，加快转型增投入，2012年新建、续建过亿元项目14个，永力起重机械、墨龙高等级液压支柱转扩、天力药业糖醇等项目的投产和巨能生物蛋白、墨龙节能铸造、巨能特钢三期等项目的建设，增强工业实力。现代物流业日益繁荣，以渤海物流园为依托，新动工渤海冷链物流、全福元仓储物流2个物流项目，促进三产服务业的快速发展。基础设施显著改善，投资1.2亿元完成特钢路、兴源路等4条道路的改造；投资1800万元对特钢路、安顺街等7条道路安装路灯；投资1100万元完善23个村、16千米的村级路网；投资800万元对镇域进行了重点绿化，投资500万元配套工业园排水管网，投资1.2亿元开工特钢花园。农村社区全面开花，利用土地增减挂钩政策，新开工怡锦苑、怡馨苑2个共40万平方米的农村社区，建成弥景苑、弥香苑2个社区，城乡一体发展步伐全面提速。现代农业蓬勃发展，新流转土地3500亩，新建各类农业园区12个，“古城西红柿”获批国家地理标志产品，4个绿色基地、23个绿色产品上报待批，农业品牌建设实现新突破。

孙家集街道

位于寿光市西南部，面积78平方千米，辖78个行政村，14968户，人口5.9万人，耕地面积8.2万亩。2012年，全街道完成地方财政收入4146万元，农民人均纯收入12746元。先后获“中国大棚蔬菜第一镇”“中国最佳生态文化旅游观光镇”“山东省明星乡镇”“山东省农村经济综合实力200强乡镇”“山东省村镇建设新型乡镇”“山东省民族团结进步模范集体”“山东省旅游强乡镇”等称号。党和国家领导人胡锦涛、温家宝、习近平等曾先后到孙家集街道三元朱村视察。

街道区位优越，设施配套，环境优美，经济发展迅速。现代农业发展优势明显，“乐义”蔬菜被评为“中国驰名商标”“中国名牌农产品”“山东省著名商标”，信义果蔬、世纪三元、红梅园艺等现代化生产初具规模。工业发展势头良好，有以蔬菜加工、节能设备、电器制造、大棚卷帘机及保温被生产等为主导产品的企业90余家。辖区内文化资源丰富，有大汶口和龙山文化的“宋台神釜”和边线王遗址，还有静山和千年银杏树。

稻田镇

位于寿光市东部，面积136平方千米，辖112个行政村，2.6万户，人口9.5万人，耕地面积14.3万亩。2012年，完成地方财政收入4864万元，农民人均纯收入12522元。

稻田镇是中国香瓜第一镇、国家级生态镇、省级中心镇、省级旅游强乡镇。境内潍高路、大沂路、羊田路等交通要道纵横交汇，青银高速与之相连，交通便捷。工业发展更具活力。境内有稻田、王望两大工业园区，拥有富氏食品等大中型企业5家，限额以上企业27家，初步形成机械制造、汽车配件等8大支柱产业。农业产业蓬勃发展。全镇建成标准化农业园区80多处，发展“三品”蔬菜生产基地5万多亩，认证“桂河芹菜”“慈伦大鸡”等农业品牌40多个，成立农民专业合作社103家。拥有稻田蔬菜批发市场、田马瓜果市场两大瓜菜交易中心，成功引进光伏电力大棚项目，现代农业不断上档升级。城镇建设靓景纷呈。完成大沂路亮化、王望污水管网收集、原田马镇区基础设施改造等工程；实施西刘营社区、德盛苑小区等旧村改造和居住小区工程；对丹河流域进行修复治理，改善生态环境。社会事业同步发展。先后实施农村安全饮水工程、标准化学校创建工程、镇村道路改造工程、镇污水处理厂、万亩高标准农田开发项目等一大批民生工程，全镇社会事业快速发展。

侯镇

位于寿光市境内东北部，面积218平方千米，辖86个行政村，1个居委会，人口10万人，耕地面积12.5万亩。先后获“中国产业集群经济示范镇”“中国县域产业集群竞争力100强”等多项称号，被省政府确定为全省“百镇建设示范行动”示范镇。2012年，完成地方财政收入3.48亿元，农民人均纯收入12268元。

2012年，全镇续建、新建、拟建过亿元工业项目42个，其中联盟4060、昊华轮胎1200万套半钢子午胎、永康TMB、新华制药双乙烯酮等9个项目建成投产。当年完成工业园区投入3.1亿元，加快园区路网、电网、供排水管网等基础设施配套建设，进一步提升园区承载能力。开工建设嘉润蔬菜产业园、海昌蔬菜产业园二期、昌达蔬菜产业园等500亩以上农业园区3个；新注册“侯镇”牌酱菜、“侯镇”牌葡萄、“斜苗子”苹果、“草碾子”草编等农产品商标；成立农民专业合作社40家。不断推动农业向“规模化、品牌化、特色化”发展。按照“小城市”的发展定位，加快镇区向规模化、功能化、高层化发展。

连片开发水岸家园、锦绣华城、润通家园、文苑小区等大型居住社区，在建多层62栋，高层10栋，新开工建筑面积近100万平方米。民生事业蓬勃发展。统筹资金3500万元，完成仉西西路、黄桥路、南辛路等镇级道路和村内道路的新修改造近40千米；投资9500万元，完成全镇农村安全饮水工程；投资5000万元，开工建设镇实验小学、二中小学部、三中小学部和岔一小学改造提升。

纪台镇

位于寿光市南部，与青州、昌乐接壤，面积90平方千米，辖72个行政村，1.4万户，人口5.2万人，耕地面积7.4万亩。2012年，完成地方财政收入1723万元，农民人均纯收入12600元。

纪台镇是周朝纪国故都，历史文化资源丰富，有古纪国点将台、古城墙遗址、安致远才子碑、晚读亭及东方朔祠等旅游景点。濒临弥河，风景秀丽、生态良好，文化底蕴深厚，已连续举办了四届黄桃文化艺术节、七届“纪国之春”书画展，全镇有70多支群众性文艺演出队伍，群众文化生活丰富多彩。纪台还是寿光重要的大棚蔬菜、瓜果种植基地，拥有大棚、拱棚近3万个、5万余亩，年产各类瓜菜7亿公斤，茄子、辣椒、西瓜、甜瓜种植在全市占有重要地位。

化龙镇

位于寿光市西部，面积75平方千米，辖53个行政村，人口5.3万人，耕地面积8.5万亩。2012年，完成地方财政收入2822万元，农民人均纯收入12515元。

化龙镇是“中国胡萝卜第一镇”“国家级胡萝卜标准化生产示范区”“全国农产品加工创业基地”，全镇胡萝卜种植面积4万亩，拥有大型专业批发市场及加工园区1处，市场年交易额4亿元，有加工企业46家，年加工胡萝卜80万吨，产品80%出口到日本、韩国、俄罗斯等国家和东南亚地区。近年来先后流转土地2万多亩，引进落地了26个以种苗繁育、蔬菜种植、生猪养殖、肉鸭生产为主的农业和畜牧业园区，全镇形成“东部现代设施农业示范园区，中部高效生态农业园区，西部胡萝卜加工出口创业园区，南部生态畜牧业园区”的农业产业发展格局。

上口镇

位于寿光市中北部，面积80.6平方千米，辖65个行政村，17775户，人口6.7万人，耕地面积7.9万亩。2012年，完成地方财政收入5025万元，农民人均纯收入12275元。

在寿北新建、续建过2亿元工业项目3个，总投资38.6亿元，其中，投资27亿元的中澳高端石油装备产业园项目开工建设；在镇区，引进、新上鑫德高档包装、汇丰白卡纸、浩正饲料、方瑞物流等过3000万元的工业、物流项目5个，总投资2.07亿元；加大品牌创建力度，“鲁和”工业铝型材获山东省名牌产品称号。创新实施“跨村联合经营”“大户承包经营”“股份合作经营”“村户联合经营”“招商引资经营”五种土地流转模式，有力地促进了农业增效、农民增收和现代农业的发展。2012年，全镇新增流转土地6700多亩，新建蔬菜、苗木、畜牧标准园区22处，总投资4.1亿元；新发展合作社71家，总数达126家；新认证绿色、无公害基地8家，上口冰果被认定为国家地理证明商标。新开工居住小区2个，沿街商住楼1.2万平方米。投资2300万元，新修镇村道路40条、35千米。率先开通城乡公交和农村公交，极大方便群众出行；投资728万元新建了污水处理场及管网配套工程；投资2186万元，完成65个村的集中饮水工程；投资1100万元，实施镇医院改造和中小学配套建设；投资2400万元，完善农田水利建设和农村电网改造，完成龙泽林场和丹河绿化；投资350万元，完成农村环境卫生综合整治，先后为国家生态市验收、全省环卫一体化现场会、全市农村环境综合整治会议提供了现场。

田柳镇

位于寿光市中部，面积108平方千米，辖68个行政村，1.8万户，人口6.7万人，耕地面积10.3万亩。2012年，全镇完成地方财政收入3670万元，农民人均纯收入12300元。

田柳镇以“生态、活力、文明”三个田柳的创建为目标，努力打造“产业生态高效，发展势头强劲，生活文明健康，文化独具特色，环境优美宜居”的新田柳。以解决环保问题为重点，逐步淘汰落后产能，依托李家豆瓣、北岭樱桃等特色农产品发展家庭农场和创意农业，加大造林绿化力度，实施河流生态修复工程，建设天蓝水秀的“生态田柳”；大力发展高新、低碳、节能工业，通过“转（方式）、调（结构）、上（项目）”，实现资源集约化利用、企业集群化发展。同时，以王高塔文化景区的建设为契机，打造文化三产服务业隆起带，建设宜商宜业的“活力田柳”；以李植庭纪念馆、崔家党史馆、北岭图书馆和王高塔这“三馆一塔”的建设为重点，全面打响“历史、红色、民俗”三个文化品牌，加快农村社区城镇化步伐，建设和谐宜居的“文明田柳”。

营里镇

位于寿光市中北部，面积303平方千米，辖50个行政村，16968户，人口5.6万人，耕地面积10万亩。2012年，完成地方财政收入7515万元，农民人均纯收入12553元。

营里镇区位优势明显，东邻滨海经济开发区，北接羊口新港，省道新海路、南大路横贯东西，羊临路、羊田路纵贯南北，荣乌高速、黄大铁路穿境而过，镇域内村村通柏油路，是寿北地区重要的交通枢纽，是“国家级生态乡镇”“省级环境优美乡镇”和“省级文明镇”。境内自然资源丰富，拥有滩涂5万亩，海岸线11.6千米，宜盐面积30万公亩，年产原盐100多万吨，溴素1万多吨，是国内重要的原盐及盐化工生产基地。形成新型能源、海洋化工、盐化工、现代物流、畜禽产品养殖深加工为主导的新型工业、服务业体系，拥有限额以上企业36家。农业产业化体系完善，建成现代化大型养殖基地40处，畜禽年出栏量突破2200万只；新增6500亩贝类放流基地和4处工厂化水产养殖园区，海水养殖区面积达2万亩以上。打造出金丝小枣、丰水梨、香菇、蓝狐、野猪、鹌鹑等一大批特色农业品牌，成功申请“寿光麻蚬”“寿光文蛤”“老河口白蛤”等国家地理标志产品。

台头镇

位于寿光市西部，面积97平方千米，辖41个行政村，1.3万户，人口5.1万人。2012年，完成地方财政收入6073万元，农民人均纯收入12503元。

台头镇是“国家级生态镇”“中国建筑防水之乡”“中国建筑防水之都”“中国建筑防水材料生产基地”“山东省特色产业镇”。防水卷材、橡胶轮胎是台头镇两大主导产业。其中，防水材料年产4.6亿平方米，产销量占国内市场份额的1/3以上，拥有中国驰名商标3个，省级品牌30多个；轮胎产销量近3000余万条，全钢载重子午轮胎年产400万套，是潍坊市最大的全钢载重子午轮胎生产基地。台头镇现代农业蓬勃发展，累计流转土地14600亩，建设高端现代农业园区31个。

羊口镇

位于寿光市北部，面积306平方千米，辖22个行政村、6个居委会，人口5.8万人，耕地面积10.89万亩。2012年，完成地方财政收入4.03亿元，农民人均纯收入12941元。

2012年，羊口镇已累计完成基础设施投入近40亿元，新修全长130千米的22条道路；高标准完成绿化700多万平方米，总植树650万株；铺设各类管网280千米，安装路灯2000多盏；启动临港湿地水库、新自来水厂等“六大供水工程”；建设滨海热力、鲁清等5处汽源；开工建设小清河防潮大坝、寿光港等重大基础设施项目；三大园区共落户过亿元新型工业项目和物流项目91个，其中过10亿元项目27个，总投资超过780亿元；引入神华、中钢研、中材、华能、烟台港等一批国有实力企业；初步形成以石油装备、临港物流、海洋化工、特种管材、汽车配件和新材料加工六大产业集群；投资20多亿元，开工建设了行政、职教、生活、医疗、客运、文体“六大中心”及一批服务配套设施，新区框架基本扎起。

双王城生态经济区

位于寿光西北部，面积193平方千米，辖14个行政村，7432户，人口2.6万人，耕地面积18.8万亩。双王城生态经济区2011年12月成立后，按照“生态、旅游、文化”的发展定位，以创建国家级旅游度假区和国家5A级景区为标准，制定完成高标准总体规划，规划形成海洋湿地区、养生旅游区、综合服务区、观光农业区、旅游度假区、林业旅游区、生态农业区等7个功能分区。至2012年年底，建设中的洰淀湖生态旅游区和双王城林海湿地休闲度假区已初具规模，是山东省首批省级生态旅游示范单位，洰淀湖湿地公园为省级生态湿地公园。

第八章　安丘市

第一节　建置区划

境域

安丘市位于潍坊市南部。地处北纬36° 05′～36 ° 38′、东经118° 44′～119° 27′。东临高密，西接临朐，南眺沂水、诸城，北界坊子、昌乐。至2012年，安丘市市境总面积1712平方千米，耕地面积130万亩，辖10个镇、2个街道，总人口95万人。

建置

安丘古为少昊裔国，夏商方国已立。春秋时，境域分属淳于、根牟、纪、齐、杞和鲁国。战国时，境域大部属齐。秦时，实行郡县制，境域属琅琊、胶东二郡毗邻地区。秦末增设胶西郡，安丘属之。西汉时，境域属北海郡。东汉时，境域属北海国。三国时，属魏。隋时，高密郡改置密州。开皇十六年（596），析昌安县于牟乡城置牟山县，属密州。大业二年（606），牟山县复名安丘县。唐时，武德五年（622）改高密郡为密州，安丘属之。五代时，后梁立，属高密郡。宋时，开宝四年（971），裁撤胶西复置安丘。金时，境域属山东东路益都府密州。元时，境域属中书省山东东西道益都路密州。明时，洪武二年（1369）

省密州，置青州府，境域属山东布政使司青州府。清时，境域属山东青州府。民国时，1913年属胶东道，1925年属莱胶道，1928年直属山东省，1938年属第八行政督察区，县治未变。1948年4月，安丘全境解放。5月，安丘县人民政府成立，隶属于昌潍专署。时安丘、老安丘（丘南）、淮安三县并存。1949年6月，老安丘县改丘南县，新安丘县改安丘县。1950年6月，淮安县改潍安县，三县隶属于昌潍专区。1952年6月，潍安县并安丘县。1953年8月，丘南县并安丘县。时，安丘合并丘南、潍安2县，与原安丘县合称安丘县，属昌潍专区。1994年1月18日，国务院批准安丘撤县建市，为县级市，直属山东省，潍坊市代管。

区划

1984年4月，安丘县撤销公社建制，设安丘、景芝、黄旗堡、南流、凌河、雹泉、官庄、红沙沟、大盛、庵上10处镇，贾戈、石堆、赵戈、担山、刘家尧、慈埠、关王、王家庄、石埠子、临浯、宋官疃、金冢子、白芬子、管公、辉渠、夏坡、温泉、召忽、柘山、车庄、郚山、南逯22处乡。1992年7月，贾戈、赵戈、慈埠、石埠子、刘家尧5处乡改镇。1994年11月，担山、管公、临浯、石堆4处乡改镇。1995年3月，柘山乡改镇。1996年11月，金冢子乡改镇。1999年3月，关王乡改镇。2000年2月，安丘、贾戈镇改街道，温泉乡并红沙沟镇，车庄乡并柘山镇，召忽镇并石埠子镇，郚山、南逯两乡合并郚山镇，辉渠、夏坡两乡合并辉渠镇。2001年2月，慈埠镇并关王镇，担山镇并赵戈镇，雹泉镇并管公镇，宋官疃镇并景芝镇。2003年6月，南流镇归潍坊市坊子区管辖；雹泉镇复立。2007年8月，刘家尧镇改街道，贾戈街道改国家级大汶河城市湿地公园，白芬子镇并兴安街道，临浯镇并景芝镇，红沙沟镇红沙沟等36个村、关王镇井戈等41个村并凌河镇，雹泉镇并辉渠镇，庵上镇并石埠子镇，管公镇并官庄镇，王家庄镇并赵戈镇。2007年9月，黄旗堡镇、赵戈镇归潍坊市坊子区管辖。2008年6月，国家级大汶河城市湿地公园改大汶河旅游开发区。2009年5月，景芝镇大圈等14个村归坊子区赵戈镇管辖。2012年9月，安丘经济开发区行政单设，辖36个自然村。是年，安丘市辖景芝、凌河、石埠子、大盛、辉渠、郚山、石堆、柘山、官庄、金冢子10处镇，兴安、新安2处街道，大汶河旅游、安丘经济2处开发区。

人口

1991年，安丘有263294户，总人口1089393人，其中非农业人口64880人。至2003年潍坊市行政区划调整前，全市人口保持较为平稳的增长速度，年平均增长率6‰。2003年6月30日，南流镇划归潍坊市坊子区管辖，全市人口由2002年的1096851人下降为2003年的1049685人。其中，南流镇人口44465人，全市自然减员2701人。2007年9月，黄旗堡镇划归坊子区管辖，赵戈镇、王家庄镇划归峡山区管辖。随着行政区划调整，全市人口数量减少124047人。2009年4月，景芝镇部分村划归峡山区管辖，迁出3748人。2012年，全市有288938户，总人口952662人。其中，非农业人口411603人。1991—2012年，安丘市人口自然增长率一直保持较低稳步增长状态。1991年，安丘出生16439人，出生率15.15‰；死亡6501人，死亡率5.99‰；自然增长9938人，自然增长率8.33‰。2012年，安丘出生10650人，出生率11.2‰；死亡6393人，死亡率6.72‰；自然增长4257人，自然增长率4.48‰。1991—2012年，安丘迁入129939人，迁出333496人。1991年，迁入10096人，迁入率8.4‰；迁出10969人，迁出率9.1‰。2008年，由于潍坊市行政区划调整，安丘市迁出132100

人，迁出率142.01‰。2010年全国第六次人口普查统计，全市迁入6484人，迁入率6.84‰；迁出5300人，迁出率5.59‰。2013年，迁入3420人，迁入率3.59‰，比1991年迁入率下降1.01个千分点；迁出4224人，迁出率4.43‰，比1991年迁出率下降0.67个千分点。

民族

2010年，第六次人口普查数据显示，安丘人口926894人，其中汉族926412人，占总人口的99.95%。少数民族29个、482人，占总人口的0.05%。

第二节　自然环境

地形

安丘地处山东省中东部，为鲁西隆起和胶东古陆衔接处，北部为潍坊凹陷的一部分，整个地势属泰沂山脉延伸，西南高，东北低，中间凹凸不平，地质构造多以断裂为主，发育的断裂将地表岩层切割得支离破碎。受构造的控制，市境大体跨越四个构造单元：潍坊凹陷、安丘—莒县地堑、汞丹山地垒、苏村地堑。跨越境内的主要构造是规模大、活动性强的北北东向的沂沭断裂带，北西向的惠民—诸城断裂带及其附属断裂。安丘总体地势西高东低，随泰沂山脉延伸自西向东北倾斜，最高点为西南边缘的太平山，海拔523米，最低点是蔺家官庄村北，海拔34.5米。西南部为群山隆起的低山区，中北部则是绵延起伏呈脊状的丘陵地带，东部为潍河冲积平原。安丘地貌按其成因大致可划分为低山、丘陵和平原三类。地貌类型以平原为主，分布于市境的北部、东部和中南部，占全市总面积的52%；低山、丘陵分布于市境的西南部，占全市总面积的48%。安丘西南山区，是山岭主要聚集带。境内有海拔百米以上山头158个，多位于市境西南部。其中，海拔400米以上的有太平山、摘月山、虎眉山、擂鼓山、大安山、黄皿山、留山、城顶山、紫草山等36个，300米以上400米以下的6个，200米以上300米以下的30个，200米以下的24个。

气候

安丘境内属温带大陆性季风气候，年温适中，四季分明。冬季盛行西北风，夏季盛行东南风；气温年较差大，冬冷夏热，春秋多旱；常受西北冷空气影响，天气多变，有不同程度的灾害性天气。1991—2012年年平均气温12.8℃，年平均降水量662.2毫米，年平均降水日数74天，灾害性天气主要有暴雨、雷电、冰雹、霜冻、干热风等。境内西南山区与东部平原的气候略有差异。西南山区柘山、辉渠、郚山、大盛4镇为泰沂山系延伸部分，下垫面多为山地沙壤土，春季回暖快，秋季降温快，作物下种、收获期均较其他镇街区早8～10天，但秋季降温快，初霜冻早。平原、丘陵地区春季回暖晚8～10天，且东部低洼地区容易出现晚春霜冻，景芝镇沿河洼地尤其明显。东西两地，年均气温相差0.5℃左右。极端最高气温、最低气温都出现在西南山区。东南部年降水量偏多，西南山区春末秋初冰雹、雷雨大风明显偏多，灾害天气比东部多40%左右。

境内1991—2012年平均年降水量662.2毫米。年际变化较大，最多为2008年930.6毫米，最少为2006年395.3毫米，相差2.4倍。四季平均降水，夏季最多，冬季最少，秋季多于春季。春季104.5毫米，占全年降水量的16%；夏季395.4毫米，占全年降水量的62%；秋季111.8毫米，占全年降水量的17%；冬季31.7毫米，占全年降水量的5%。各月降水量7月最多，1月最少，5月雨量明显增加，10月以后迅速减少。

1991—2012年，境内年蒸发量1699毫米，是降水量的2.5倍以上。特别是春季，蒸发量是降水量的5.6倍以上。各月蒸发量相差较大，最小月与最大月相差195.3毫米。其中，5、6月多吹干热的南风和西南风，风速大，气温上升快，湿度迅速减小，是蒸发最快的时期，蒸发量分别为237.2毫米、238毫米。冬季气温低，不利于蒸发。12月、1月是全年蒸发最少的月，月平均蒸发量分别为48毫米、42.7毫米。

河流　山泉

安丘境内有大小河流56条，多在东、北、南部，均系潍河水系，控制流域面积1884平方千米。渠河、汶河发源于西南沂山山脉，分别于市境南、北由西往东横贯全境入潍河，属潍河重要支流。市境多夹于汶河、渠河之间。另外，发源并流经市内、东注潍河的内河还有洪沟河、史角河、小浯河、运粮河，以洪沟河为最长。市内主要河流为汶、渠、洪3条，其余53条小型河流纵横密布全境，绝大部分为汶、渠二河支流。汶、渠二河流域地势平坦，土质肥沃，每年夏秋两季常有洪水泛滥。其他流域面积大于50平方千米的河流有红河、鲤龙河、店子河、史角河、老子河、凌河、小汶河、会沟子河、小浯河、温泉河、墨溪河、河西村河、大路河以及大苑河。境内河流的特点是源短流急，上陡下坡，水量不均，季节性强。

境内有雹泉、温泉、绪泉、孝仁泉、红泉子、保国山泉、马踏泉、甘泉、石泉、林泉、东泉、西泉12个知名泉。有泉水形成的莲池、龙池、吕家池、金牛池等境内历史上有名的泉池。

自然灾害

1991—2012年，出现旱情年份多次。其中重旱年份2次，分别为1991年、2006年。按季节可分为春旱、秋旱、伏旱和四季连旱。2006年，降水量395.3毫米，为最低极值，造成夏秋连旱。全市受旱面积39万亩，其中重旱面积9万亩，多是山区耕地或无上水条件地段；轻旱面积30万亩，多是有条件播种但上水困难的地方。重旱地区冬小麦造墒播种困难，播种后基本不能出苗。同时由于气温持续偏高，造成8万亩冬小麦苗期生长过旺，发育偏早，抗旱、抗寒能力差，小麦减产。

冰雹是境内主要自然灾害之一，主要发生在春末夏初或夏秋之交。每年都出现雹灾，平均每年2～3次。冰雹多发生于炎热的午后或傍晚，降雹时间在5～30分钟，一般持续时间较短，但灾害性非常大。雹路主要有两条：一条为西面自昌乐县进入大盛镇，沿途遇到山地抬升加强，到辉渠镇向南沿石埠子镇出境进入诸城市；另一条为西北从昌乐县正东东移至刘家尧岭，抬升加强，经石堆、金冢子、景芝镇出境入诸城市。降雹与地形、天气条件有很大关系。降雹前多晴热少雨、地面温度高，对流云团遇有地面高温或地形抬升快速发展，云低且呈红黄色，常伴有大风及雷雨，气象要素有明显变化。

境内每年都有8～10次风灾发生，多伴有雷电、冰雹、暴雨。风灾较其他自然灾害破坏性小，呈现出影响范围小、程度低、局地性强的特点。年平均7级以上大风日数为13天，主要表现为西北风，出现时间多在秋冬季节，但风灾发生的真正季节是春夏。风灾多由冷锋过境引起，风雨交加或先雨后风引起农作物倒伏或直立物倒塌，下垫面被雨水浸透时破坏性达到最强。风灾影响最大的当属台风，由东南沿海北上减弱为热带低气压，带来丰沛降水和大风，偶有大范围风灾。

境内受暖温带大陆性季风气候的影响，低温连阴雨一般出现在春末夏初或初秋，出现次数较少，成灾更少，平均成灾周期为2～3年。而霜冻则每年都有发生，平均每年2～3次，洼地成灾几率大，初春3月底及4月中上旬最为明显，造成的灾害也有所区别。低温连阴雨和霜冻的灾害主要表现为对农作物的影响，前者主要表现为农田的渍涝、作物的积温缺失、病虫害的发生等，影响作物主要有大姜、小麦、玉米、花生、棉花等；而霜冻主要表现为植物开花坐果期受冻害导致产量的减少或品质的变化，主要影响春季樱桃、苹果、杏子、梨、桃子及大棚果蔬。

土壤

安丘地形复杂，水热分布不均，且受地带性和非地带性因素的影响，使土壤形成不同的土类、亚类、土属和土种。全市土壤分棕壤土类、褐土土类、潮土土类、砂姜黑土土类4个土类，棕壤亚类等10个亚类，16个土属，51个土种。

植被

市境属暖温带落叶阔叶林带，天然森林已不存在。现有植被以人工植被为主，其次为自然植被。人工植被除大面积的小麦、玉米、地瓜、大豆、高粱、黍谷、棉花、黄烟、花生、蔬菜等农作物之外，山丘地区以落叶阔叶林为主。平原河谷以农田林网和沿河丰产林网组成的防护林网为主。山丘地区多为刺槐、松类和侧柏等，平原河谷主要是杨、柳、桐、榆和果树类以及蜡条、杞柳、棉槐等。自然植被以杂草为主，其次是落叶灌木。山丘地区有荆条、酸枣、胡枝子、野杜鹃、刺儿菜、蒺藜、枸杞、灰菜、黄蒿、白草、茅草、狗尾草等。平原地区有节节草、蒲公英、牵牛花、苦菜子、马齿苋、麦蒿、艾子、芦苇等。

自然资源

2012年，安丘市土地总面积1711.6平方千米，其中耕地1442741.25亩，园地113795.25亩，林地215586亩，草地121083.9亩，村镇及工矿用地282584.85亩，交通运输用地97340.1亩，水域及水利设施用地143258.55亩，其他土地151012.35亩。在所有耕地面积中，坡度值为6度以下的平地124.8万亩，坡度为6度以上的丘陵及山地19.5万亩。水浇地主要分布在平原镇街区，旱地主要分布在丘陵山区镇。

境内河流主要为北部的汶河、南部的渠河和东部的潍河支流（洪沟河、史角河），分别为汶河区、渠河区、东部潍河支流区（简称东部区）。地表水资源量是河流、湖泊、水库，等全市多年平均地表水资源量21676万立方米。全市多年平均地表水资源量21676万立方米，地下水资源量16799万立方米，重复计算量为7003万立方米，水资源总量31471万立方米，平均资源模数18.4万立方米/平方千米。安丘市地表水可利用量16682万立方米，地下水资源量可开采量11084万立方米，水资源可利用总量24103万立方米，水资源可利用率为76.6%。安丘市人均占有水资源量332立方米，与全省人均占有量（334立方米）基本一致；亩均占有水资源量250立方米，略低于全省亩均占有量（263立方米）。根据全市多年平均雨量资料、牟山水库径流资料统计，地区降雨量及径流量的年际、年内分配不均。水资源空间分布不均匀，由西南向东北逐渐减少。市境西南山区多为山地、丘陵，降水量和河川径流量均较大，呈现“水多地少”特点。而东北部地区多为平原，降水量及河川径流量相对较小，呈现“水少地多”特点。

境内共发现矿产种类37种，占全省已发现矿种的24.67%，占潍坊市已发现矿种的45.67%，其中20种矿产探明一定储量，已发现但无探明储量或仅有检测资料的矿产17种。在探明储量的矿产中，能源矿产1种、金属矿产4种、非金属矿产14种、水气矿产1种。探明矿区（床）81处，其中能源矿产1处，金属矿产5处，非金属矿产73处，水气矿产2处。矿产规模以中小型为主，大型矿床少。至2012年底，全市发现140处矿产地（矿床、矿点、矿化点），其中达到矿床规模的81处，占矿产地总数的57.9%。其中大型矿床6处，占7.4%。中型矿床6处，占7.4%，小型矿床69处，占85.2%。余者皆为矿点、矿化点。非金属矿产资源丰富、储量大，是全市的优势矿产。境内矿产资源分布相对集中，区域矿产特色明显。金属矿产多集中分布在市区西南部的大盛镇和辉渠镇，凌河、柘山、石堆等镇也有零星分布；非金属矿产多集中在凌河、辉渠、石埠子、柘山镇，以白云岩、石灰岩为主，同时分布建筑石料、饰材花岗岩、铸石原料蛇纹岩、瓷石、碎白云母、方解石、膨润土、砖瓦用页岩、沸石等矿产；新安街道、经济开发区分布有白云岩、石灰岩；金冢子、景芝镇东南部则以重晶石为主，同时分布着砖瓦用页岩、伊利石、黏土矿；大汶河一带主要分布有建材及水泥用大理岩、水泥配料用黏土、膨润土等；建筑用砂矿产主要沿汶河、渠河流域分布；矿泉水资源则分布于景芝、大汶河、辉渠、石埠子、郚山等镇区。主要开发矿种有铁矿、铅锌矿、水泥用石灰岩、制碱石灰岩、饰材大理石、建筑用砂、白云岩等。

境内生物资源丰富，有植物1100余种，动物350余种。

第三节　经济发展

1991年，实现地区生产总值16.2亿元，完成全社会固定资产投资24110万元，实现地方财政预算内收入9478万元。1995年，粮食作物总产量57.16万吨。企业全面实行资产经营承包责任制，乡镇以上工业企业250家，完成工业总产值43.74亿元，实现销售收入41.2亿元，利税4.6亿元。商贸流通迅速膨胀，专业批发市场19个，成交额19.8亿元。是年，完成地区生产总值39.7亿元。三次产业比为31：40.3：28.7。

2000年，农业经济发展自主性增强，经济作物种植面积首次高于粮食作物，占到52%。建成禽畜交易市场38处，年交易额1.5亿元。工业调整产业结构、经济模式，实现工业总产值61.2亿元。规模以上工业企业实现销售收入56.9亿元，利税6.36亿元。全市私营企业1046家，从业人员8.1万人。外向型经济稳定发展，完成进出口额6872万美元。办成合资、合作、独资项目82个。商业企业40多家，各类市场发展到130个，年成交额38.5亿元。2003年，新建标准化养殖小区1180个，6家畜产品加工企业进入潍坊市农业产业化龙头企业。2004年，工业形成机械制造、食品加工、医药化工、建筑建材及新材料、纺织服装五大产业。规模以上工业企业发展到279家，实现销售收入87.7亿元。2005年，外向经济实现新跨越，全市完成进出口额29312万美元。商贸流通实现零售总额43.69亿元。完成地区生产总值95亿元，地方财政收入2.95亿元。三次产业结构由2000年的32：28.5：39.5调整至25.1：45.2：29.7。其中，第二产业增加值占地区生产总值的比重提高16.2个百分点。

2010年，全市实现地区生产总值175亿元，是2005年的1.84倍，年均增长13%；地方财政收入6.04亿元，是2005年的2.05倍，年均增长15.5%。全社会消费品零售总额89亿元，是2005年的2.04倍，年均增长15.3%。至年底，金融机构各项存款余额169.3亿元，城乡居民人均储蓄13709元。全市规模以上工业企业350家，工业总产值由2005年的97.9亿元增长到2010年的254.2亿元，实现利税由2005年的6.87亿元增长到2010年的18.08亿元。有3种产品被国家质监总局评为中国名牌，2件产品被农业部认定为中国地理标志产品，17件产品被评为山东名牌，2件产品被评为山东省服务名牌。

2012年，完成地区生产总值221.2亿元。三次产业结构比调整为18.5：47.6：33.9。完成全社会固定资产投资165.07亿元。是年底，规模以上工业企业321家，完成工业总产值347.6亿元，实现主营业务收入361.6亿元，利润14.7亿元。自营出口500万美元以上企业36家，实现进出口7.87亿美元。社会消费品零售额118.8亿元，占国内生产总值的比重53.7%

农业

安丘是一个传统农业大市，粮食作物种植一直占主导地位，经济作物种植基础良好，黄烟、花生、大姜、大蒜、蜜桃、樱桃、草莓、梨、板栗、桑蚕等特色农业产品种类繁多。从1991年起，安丘市不断调整农业结构，向高效现代化特色农业转变。1994年，大力开发山区乡镇，在辉渠等镇发展以仓方早生为主的水蜜桃系列品种。同时发展以新红星和红富士为主的苹果。1996年，石埠子镇大力发展草莓生产，被命名为“中国草莓之乡”；庵上镇发展樱桃生产，形成独有的特色，被命名为“中国樱桃之乡”；1996年，安丘被中国特产之乡组委会命名为“中国蜜桃之乡”；2012年3月，“安丘蜜桃”“安丘两河大蒜”2个农产品顺利通过农业部农产品地理标志登记专家评审委员会评审，实行国家农产品地理标志登记保护。至2012年，安丘市建成大姜、芦笋、大樱桃、草莓4个国家级农业标准化示范区；拥有安丘大姜、安丘大葱、柘山花生、安丘蜜桃、安丘两河大蒜、石埠子樱桃、辉渠望海山小米7个国家地理标志保护产品；拥有中国名牌“鲁丰”罐头、省著名商标“万鑫”蔬菜，注册农产品商标200多个。形成40万亩国家大型商品粮基地，40万亩出口蔬菜产业带；10万亩花生基地，3万亩国家级草莓农业标准化示范区和1万亩桑蚕基地的特色农业生产格局。

1998年起，在西部丘陵地区发展果品和畜禽养殖，汶河、潍河、渠河流域种植姜、蒜、芦笋、草莓等高效经济作物，库区发展淡水养殖，形成合理的特色农业区域化布局。1991年，安丘新发展肉鸡专业村5个、各类畜禽饲养专业户2335个，建立产供销一体化经营实体8个、活畜禽及其产品交易农贸市场63个、生猪屠宰加工厂站33个、家禽屠宰加工厂4家、综合加工厂3家、畜禽冷藏库10座、畜产品加工运销个体户1250个，年加工肉鸡1.5万吨以上，畜产品流通量58665吨。1994年，发展各类专业户18250个、专业大户25个、专业村380个、专业乡镇20处，在全国猪、牛、羊、禽肉百强县排名第65位，居潍坊市首位。2010年，建成标准化养殖基地774个，畜禽规模饲养场发展到1.05万个，通过各级检验检疫部门备案的养殖场528个。畜牧龙头企业27家，实现销售收入18.6亿元，利税8000多万元，创汇6000多万美元，带动养殖户5万多户。2012年，全市新增潍坊市级以上农业龙头企业9家，新培育农民专业合作社示范社42家，新建农业标准化示范园区72个、养殖园区53个；新发展“三品一标”农产品58个，水产品4个。夏粮实现连续10年增产。实施了小型农田水利重点县、牟山水库灌区和于家河水库灌区续建配套与节水改造等项目，新增“旱能浇、涝能排”高标准农田8.8万亩，被评为全国农田水利基本建设先进县。实施农业综合开发项目11个，完成投资1.7亿元。

工业

1991年，全县有乡级乡以上工业企业265家，完成工业总产值12.9亿元，实现利税1.27亿元，利税在100万元以上的企业19家。1995年，全市乡镇以上工业企业250家，实现销售收入41.2亿元，利税4.65亿元。1998年，45家市属企业实施产权制度改革。到2002年，全市工业企业全部转变为股份有限公司或有限责任公司。1996—2000年，全市集中抓基础产业和基础设施建设，工业技术改造投入64亿元，实施技术改造项目690项。至2000年，全市累计办成合资、合作、独资项目82个，出口创汇3.08亿美元。2001—2005年，全市技术改造累计投资127亿元，实施铝质散热器、大型污水处理成套设备等8个重大技术改造项目。2007年，帘帆布产量2万吨、电力铁塔产量5万吨、散热器产量120万件，生产规模均居国内第一。白酒产量5万吨，生产规模居山东省首位；深加工农产品产量4万吨，居全省前列；复合肥产量40万吨，位居全省前列；水泥熟料年产能力360万吨。2010年全市规模以上工业企业365家,实现工业总产值254.2亿元、利税18.1亿元。

2012年，全市新增规模以上企业32家，总数达到321家，实现主营业务收入361.6亿元，同比增长12.6%，其中主营业务过亿元的企业达到83家，增加31家。凯动动力工业园、景酒生态酿酒产业园、恒安散热器节能环保产业园等一批大项目相继投产，新规划建设了高新技术产业园、城南工业园等产业园区。大力支持企业科技创新，全市新增高新技术企业2家、省级工程技术研究中心和企业技术中心2家、中国专利山东明星企业10家。新增中国驰名商标和省著名商标各3件、省名牌产品3个。景芝酒业公司被列入省重点调度企业，并被中国酒业协会授予“中国芝麻香白酒生态酿造产区”称号，外贸食品公司获2012年度潍坊市市长质量奖。

商贸流通

1991年，安丘县商业系统企业实行第二轮承包经营。1993年，安丘县取消计划商品，商品经营步入市场化运营。2000年起，境内商贸流通行政管理体制不断变化。至2012年，全市完成社会消费品零售总额105.3亿元，同比增长15%。新建青云山滑雪滑草场、辉渠白山头景区等旅游项目，新增国家AAA级旅游景区2处、省级旅游强乡镇1个。完成房地产开发投资30.2亿元，新建商品房销售面积73.6万平方米。金融业繁荣发展，开工建设市金融中心，引进了民生银行、天平保险等金融机构，创新实施“小贷保”“助保贷”等业务。2012年末，全市银行业金融机构各项存款余额231亿元，各项贷款余额167.2亿元，分别比年初增加34.5亿元和32亿元；外地银行机构贷款余额23.5亿元，表外融资余额14.7亿元，分别比年初增加4.2亿元和6.8亿元。

1991年，安丘企业出口商品收购总值24262万元。1994年6月，安丘市外贸公司获得自营进出口权，为安丘首家拥有自营进出口权的内资企业。到1998年，安丘市有12家内资企业获得自营进出口权，自营进出口企业累计自营出口创汇3001万美元，年均递增45%。2001年，全市对外开放进入新的阶段。调整出口结构，开拓中东、南亚、独联体及东欧、俄罗斯、南美等新兴市场。2011年6月，市内4家企业参与威海国际食品博览会，与5家大型超市达成20多项合作协议。农产品出口进一步做大做强，出口额占全市总量的40%。机械加工、纺织服装、化工医药行业进出口业务较快增长，三大产业占全市进出口的比重增长到50%以上。2012年，全市完成进出口总额7.4亿美元。农产品出口仍保持增长态势，全市出口农产品2.5亿美元。

交通　邮电

1991年，安丘境内有国省道公路3条，通车里程145.1千米。2012年，安丘境内有国省道公路4条，通车里程150.4千米。1991—1995年，基本实现县乡通油路目标。2010年，投资5750万元，维修改造部分县乡公路和桥梁。2012年，县道总里程370千米。其中，硬化道路393.9千米；乡道总里程435.3千米，硬化道路145.8千米，占80.7%。1991—2002年，安丘县乡村道路建设力度不足，大部分道路为土路面，砂土路面为数不多，水泥路面和沥青路面比率极低。从2003年起，安丘市全面实施“村村通油路”工程，大规模修建乡村道路，全市乡村油路里程迅速增多。2011年，完成通村油路项目41个、101千米，油（水泥）路通村率98.1%。2012年，投资1.14亿元，完成油路建设项目58个、96.8千米，完成大中修项目4个、37千米，通油路村庄率99.9%。从1991年起，安丘县交通运输工具数量逐年递增。至1995年底，安丘市有客运班车218辆，5320个座位；货运汽车2149辆，8229个吨位。2003年始，市内道路运输工具呈多元化，载重能力、结构、安全性等方面进一步提高。客运车辆逐步向舒适性、高档次、豪华型发展。原先的小面包、普通型客车逐渐退出客运市场，货运车辆逐年由大吨位货车、厢式货车、集装箱和特种车取代小吨位货车、农用车、拖拉机、小三轮。是年，全市有客运班车289辆，5514个座位，分别比1995年增长33%和4%；出租轿车、面包车166辆，机动三轮出租车562辆，分别比1995年增长93%和117%。2005年，有营运客车443辆，7033个座位；营运货车5841辆，9644吨位。2012年，有营运客车710辆，16343个座位，分别比2005年增长61%和133%。其中，客运班车286辆，6762个座位；旅游包车12辆，546个座位；公交车120辆，7575个座位；出租汽车292辆，1460个座位。货运汽车7409辆，79642个吨位，分别比2005年增长167%和882%。其中，大型货运汽车4840辆，农用运输车、三轮车1840辆；危险品运输车105辆，集装箱车392辆，冷藏保温车40辆。

1991年，安丘境内邮路7条，总长216千米。其中，城区邮路4千米，农村邮路212千米。2009年，安丘市邮政局调整邮路，由4条改为3条，至2012年底，邮路未变。1991年，安丘县自行车投递段道67条，里程4400千米；逐日班投递段道65条，周六班投递段道2条。2012年，全市自行车投递段道90条，里程5760千米。1991年，安丘县邮电局负责全县报刊订阅、零售与图书、音像、电子出版物的销售业务，提供8500多种全国各地报刊的订阅服务及报刊、图书、音像、电子出版物的批销、零售业务。1991年，安丘县邮电局设置邮政信箱305个，全县商业信函3万件。从1994年起，随着电信业和交通业迅速发展，全市邮政函件业务量呈逐年下降趋势。自1998年始，全市包件业务呈逐年下降趋势。2003年，因物流业快速发展，出口包裹降到4.2万件。2007年，随着其他速递物流业务发展，市邮政包裹业务逐渐萎缩，出口包裹业务量仅1万件。2012年，出口包裹1.86万件。1991年，安丘县出口汇票上升到7万张。2012年，出口汇票1.26万张。

1991年，全县有长途线路24条（其中载波电路23条），半自动电路7路。1994年，市邮电局扩容5120门贝尔S-1240程控电话交换机，建成潍坊首家县级万门程控电话交换局。至2008年，接入网点409个，电话用户23万部。2012年，固定电话用户降至10.1万户，其中城市电话用户4.6万户，农村电话用户5.5万户。

1992年9月，安丘境内无线寻呼通讯铁塔竣工，建成无线寻呼126人工台、127自动寻呼台。1997年，无线寻呼用户1.2万户。2000年4月，并入中国联通有限公司安丘分公司。随着移动通讯普及，寻呼机逐渐被手机取代，境内无线寻呼业务量逐年减少。2007年3月，市内无线寻呼业务遂止。2003年4月，小灵通业务投入运营。是年，全市有小灵通用户1万户。2004年底，小灵通用户发展到4万户。2007年，小灵通用户达6.5万户。1999年7月，山东移动通信有限责任公司安丘分公司成立后，市邮电局数字通信网络业务划归该公司。至2000年，市区及乡镇驻地全部实现数字移动通信覆盖。2010年，市区及境内206国道沿线开通3G-WCDMA，推出用户高速移动上网业务。2012年，境内移动电话79.42万户。其中，移动用户58.43万户，联通用户17.99万户，电信用户3万户。1994年，安丘市邮电局开通分组数据交换设备，提供境内政府、银行、企事业单位专线通信，实现通信联网功能，开通数据通信业务。至2012年，境内有宽带用户近10万户。其中，联通用户7万户，移动用户12000户，电信用户近万户。

建筑业

进入90年代，建筑施工队伍不断增加。1995年，全市建筑从业人员1.8万人，施工面积52.6万平方米，工程质量合格率100%。2000年，境内建筑企业发展到55家，总产值12亿元；单位工程施工457个，竣工338个；房屋建筑施工面积105万平方米，竣工面积62万平方米。2005年，全市资质等级三级以上建筑企业31家，完成建筑业产值15亿元；单位工程施工753个；建筑施工面积238万平方米，优良工程竣工面积68万平方米。2010年，建筑业完成总产值45亿元。资质等级三级以上建筑企业40家，建筑施工面积378万平方米。2012年，全市建筑业规模进一步扩大，资质等级三级以上建筑企业57家。山东景芝建设集团公司、安丘市华安建安有限公司、潍坊华夏建安有限公司成为山东省建筑业综合经济实力100强企业。全年累计完成总产值106亿元。其中建筑业产值81亿元，房屋建筑施工面积793万平方米，竣工面积241万平方米，从业人员22988人；外出施工人员1.6万人，完成对外施工产值5296万元。

城乡建设

1991年，城区道路建设主要在已形成的框架基础上向外扩张延伸，拓宽改造路面。1994年，新建建安路等3条道路，总面积2.4万平方米。至2012年，经过20多年的持续建设，城市道路实现路网全覆盖，中心市区主要道路总里程137.1千米。1994—2012年，随着新型城市规划建设，在汶河上新建青云湖汶河大桥、央赣路汶河大桥和青云湖坝底滚水桥。1991—1999年，安丘市新建公共建筑295个，总面积51.44万平方米。2001年，启动市北区建设。2002—2006年，建成市级机关综合办公大楼、潍安天地商业广场等公共建筑232个，建筑面积92.38万平方米。2007—2009年，新建潍坊恒安散热器有限公司新区等公共生产建筑95个，建筑面积53.47万平方米。2010—2012年，全市公共建筑涉及各项事业，综合服务功能增强。

1994年，安丘市实施住房制度改革，市区单位由福利性住房，开始转向住房商品化。2000年起，居民对住房环境和质量有了较高要求。新建楼房单套建筑面积多数提升到100平方米以上。2007—2010年，住宅小区建设出现新的高潮。青云·御景园等10个规模小区相继开发建设。2011年，住宅小区向大城市模式发展。青云·国际城等6个大型高层住宅小区通过国家A级住宅性能初级认定，成为潍坊市住宅产业化性能认定为数不多的典范小区。

1990年1月，自来水公司新建供水站投入使用，日增供水能力2.4万立方米。1996年8月，自来水公司投资建设的工业供水站竣工运行，日新增供水能力2万立方米。2006—2012年，市自来水公司逐年加大资金投入，加快市北区供水管网建设，铺设供水主管网6万米，日供水能力10万立方米，面积56平方千米。1991—1996年，城区排水系统沿用地下排水为主、地面排水为辅的方式。1996年，市政府投资建设综合污水处理厂，日处理污水3万吨。2004年10月，新建大型污水处理厂投入运行，日处理能力6万吨。2012年，市污水处理厂再次实施改扩建工程。日处理能力12万吨，出水水质由一级B排放标准提升为一级A。1994年，市自来水公司、电业公司液化气站在城区建成供气，城区居民普遍用上液化气。1995年起，乡镇液化气站发展到20余处，农村居民开始用上液化石油气。2010年，公司实施管道穿越大汶河工程，实现市南区和市北区天然气管道贯通。2011年，发展天然气用户10595户。2012年，铺设燃气管道27.09千米。

1991—1997年，城区绿化面积小，城市绿化率25%。1998年起，市政府实施绿化提升工程。2011年，建设大汶河南岸景观工程，全长5120米，绿化面积40.8万平方米。至2012年，城市建成区园林绿地面积2.47万亩，绿化覆盖率44.25%，绿地率36.33%，人均公共绿地面积26.87平方米。1991—1993年，发展基础较好的乡镇，开始规划镇区建设。至2012年，全市小城镇建设总投资129.6亿元，完成公共服务性建筑181.7万平方米，镇区道路硬化、绿化、亮化率98%以上。自来水、互联网、有线电视普及率100%。

环境保护

1991—1999年，安丘市做好重点区域、重点流域环境综合整治工作，环境污染和生态破坏的趋势得到控制。2000—2003年，所有工业污染源实现达标排放，环境质量得到改善。2010年，整治汶河、渠河、浯河、七里沟河、凌河、墨溪河河流沿岸排污口，6条河流水质全部达标。1990年，安丘县造纸厂“碱回收工程”投产运行，日处理造纸废水30吨，年节水60万吨，回收碱2673吨，污染物削减70%左右。1994年，安丘市工业废水处理达标率由原来的45%提高到80%。1995年，投资1630万元，建设城区污水处理厂。2012年10月，改造扩建市污水处理厂。2012年，对市区35家锅炉使用单位下达大气污染治理通知，改用热电或者使用电、天然气等清洁能源的单位达50%。

2003年，全市工业粉尘排放量3070.44吨，排放达标率100%。2008年，重点工业烟尘排放量2513.43吨，排放达标量2431.32吨，达标率96.73%。2010年，重点工业烟尘排放量443.02吨，达标率100%。

1999年，安丘市加强对市区工业噪声、建筑施工噪声和市区商业摊点高音喇叭的管理、整顿，市区噪声环境达标区覆盖率90%以上。2008年，环境噪声平均值54.7分贝，交通干线噪声平均值64.1分贝。2012年，安丘市政府制定实施意见，加强噪声排放源监督管理，促进噪声达标排放，提高城乡居民生活的环境质量。

第四节　社会事业

教育

1992年，安丘县理顺乡镇托幼管理体制，登记注册验收全县幼儿园，219所幼儿园通过验收，首批达到《潍坊市办园基本条件》标准要求。2010年，安丘市调整全市幼儿园布局规划，利用闲置校舍创办一批公办幼儿园，引导民办幼儿园发展；取缔非法幼儿园192所，民办幼儿园调整合并为134所。2012年，全市3～6周岁幼儿入园率95%，基本普及学前三年教育。1991年，安丘县有小学847所、在校学生96277人、初中学校87所、在校学生45569人，高中6所、在校学生5770人。至1999年底，全市小学压缩至552所。2001年7月，全市加大合点并校力度，全市小学调整为419所。1997—2003年，全市初中进入入学高峰期，每年招生2万人以上。2010年，全市初中调整为30所。2012年，全市初中适龄入学率100%。2012年，完成37所农村小学标准化建设任务，对222名城乡低保家庭学生和孤残学生实施高中免费教育，为419名贫困残疾学生和贫困残疾人子女发放助学金43万元。

1991—1995年，改建学校109所，维修校舍18.5万平方米，新建教学楼116幢，建平房2350间，改建平房1879间，新增建筑面积10万平方米。乡镇完全小学以上学校建成实验室、语音室、微机室。1996—2000年，全市新建教学楼、图书馆、实验楼40735平方米，学生餐厅13120平方米，学生公寓20800平方米。到2006年，全市基本完成新一轮危房校舍改造任务。2009年11月9日，潍坊市双中心校标准化建设暨中小学校舍安全工程调度会议在安丘召开，推广安丘市标准化学校建设的经验做法。2012年，全市投资2.08亿元，新建和加固校舍15.3万平方米；37所农村小学通过“潍坊市标准化学校”验收。是年9月，市实验中学迁入建设中的新安街道新安学校，由新安街道另择址建设新安学校；11月，安丘市职业教育中心建成并投入使用。

科技

1991年起，科技计划的组织实施逐步加强，并不断向产业化转型升级。1991年，潍坊市开展选拔享受政府特殊津贴专家工作后，安丘县每年均组织专家推荐选拔工作。1994年，安丘市在全市各领域着力选拔和使用专业技术拔尖人才。2004年，安丘市实行专业技术职务评聘首次全员竞争上岗，全市有382个事业单位的1105人被聘任高级专业技术岗位，5325人被聘任中级专业技术岗位，1074人被聘任为初级专业技术职务岗位。1995年5月，安丘市被国家科委授予科技工作先进县（市）称号。1996年，安丘市被国家科委评为全国科技实力百强县（市）。1997—1999年，安丘市连续获得全国科技工作先进县（市）称号。1991—1999年，安丘市推广农作物良种、畜禽良种、保护地栽培、节水灌溉、畜牧养殖、农机技术等新品种、新技术200多种。2000—2006年，在全市推行农业标准化生产，先后引进农作物新品种60多个，组织推广90多项先进农业、农机、养殖新技术。2007年，全市省级以上高新技术企业21家。2012年，全市高新技术企业发展到18家。初步形成以凯动动力和长安铁塔为主的先进制造产业，以汶瑞机械和天洁环保为主的资源与环境产业，以三源铝业和金鸿集团为主的新材料产业，以科灵空调和彤力得新能源为主的新能源及节能产业，以鑫易电声和汇川电子为主的电子信息产业，高新技术产业群体规模优势初步凸现。是年，全市高新技术产业实现产值42.81亿元，占规模以上工业总产值的比重12.32%。2012年，全市标准化种植基地发展到70万亩。全市新技术、新成果应用率85%以上，科技进步贡献率50%以上。1991—2012年，全市取得各类科技成果1173项。其中，316项达到国内先进水平，251项达到省内先进水平。

卫生、计生

1991—2012年，安丘市医疗卫生事业健康发展。1991年起，安丘县医疗队伍逐步壮大，1994年市有中医163人、西医1789人，2003年有中医189人、西医2055人。至2012年，全市中医药从业人员216人。其中，中医师2人、副主任中医（药）师15人、主治中医师（主管中药师）30人、中医（药）师169人。西医从业人员3705人。其中，正高职称16人、副高职称163人、中级职称876人、级职称2650人。1991年1月，安丘县代表全省迎接卫生部与联合国儿童基金会、世界卫生组织三方对普及儿童免疫第二个85%的抽查。1995年，安丘市实现以乡镇为单位儿童免疫接种率达到85%的目标。2001—2005年，购进万元以上设备229多台件。其中，10万元以上设备58台件、50万元以上13台件。2006年起，相继有DR系统、数字化伽马ECT系统、数字胃肠、西门子彩超、模拟定位机、U臂DP、PACS系统、等离子电切镜、64排螺旋CT机、数字化拍片系统、数字化平板多功能X光机等投入临床使用。2008年，改造乡镇卫生院4处，新建农村标准化卫生室69处，新型农村合作医疗农民参合率达到92.6%，已为56.5万人次补偿报销医药费5197万元。市人民医院、中医院综合病房楼建成并投入使用。2011年，公共卫生服务体系更加健全，村级卫生服务能力提升项目全面完成，新农合参合率达到98.5%，住院补偿比例大幅度提高。2012年，市人民医院病房楼、市精神病防治院门诊病房楼建成使用，市妇幼保健院晋升为二级甲等妇幼保健院；新农合参合率达到98.8%。

人口计生工作扎实开展。2012年，安丘市合法生育率达到98.2%，出生缺陷率控制在2‰以内，出生人口性别比109.1，被国家人口计生委授予“全国计划生育优质服务先进市称号”。

文化

1991—2012年，安丘市文艺创作持续繁荣发展。1991年，安丘县文化馆有专人负责诗歌创作，业余创作队伍发展到100余人。1990年以来，长篇小说成为创作主流，作品有长篇小说有《汉魂》《唐高祖》《火牛镇》《花落归根》《花落花开》《花落无声》《我和我的母亲们》等；散文创作进入兴盛时期，一批作品相继在报刊发表，散文集《抱朴集》《清澈》《开在雪中的水饺花》等先后出版；报告文学《鸢都之光》《光辉的历程》《星之源》和民间文学集《谭海钩奇——潍南民间故事》《安丘民间故事》等先后出版发行；电视剧故事《血缘》获山东省1997年首届泰山创新奖；京剧团排演的《为亲人细熬鸡汤》2003年12月获山东省文化厅举办的“山东省首届戏曲票友大赛”一等奖；100多首创作歌曲发表、播出或获奖，《春蕾之歌》《绚丽的明天更辉煌》《建造祖国万座大厦》在全国工人歌曲征集中分获金奖、银奖和优秀作品奖；市文化馆举办舞蹈培训班26期、培训学员600人次，举办少儿舞蹈培训班38期、培训学员1100人次，举办广场舞培训班4期、培训学员400余人；国画《润物无声》入选全国第二届中国花鸟画展和全国第九届美术作品展，年画《我的力气大》入选全国第六届美展；书法作品先后获文化部文艺中心“中华世纪之光”中国书画大展优秀作品奖、全国首届楷书大展提名奖、首届沙孟海全国书法大展最高奖、第二届全国书法篆刻展优秀奖等。

90年代后，安丘市在继承传统文化的基础上，开始应用现代技术，制作形式多样、惟妙惟肖、创新立异、具显行业特点的各种彩灯。灯展的同时，举行猜灯谜、放焰火活动。2004年元宵节，在大汶河河滩及兴安街道大城埠市场组织大型焰火晚会，规模大，品种多，场面壮观。2008年，市文化馆组织举办全市青少年艺术教育精品展演活动。2010—2012年，连续举办4届社区艺术节。安丘市连续22年获全国文化先进县（市）称号。2005年12月，安丘市文化局开始全面系统地进行非物质文化遗产保护工作。2007年8月，成立安丘市非物质文化遗产保护中心，负责全市范围内非物质文化遗产的普查、申报、传承与保护。2012年，启动建设镇街文化广场3个，有12人入选第三批潍坊市级非物质文化遗产项目代表性传承人名单，完成第三次全国文物普查工作；新成立市广电网络公司，新建启用青云山广播电视塔。

体育

1991—1995年，安丘市举办田径、乒乓球、篮球、越野、羽毛球、体操、射击等大型运动会和专项比赛活动19项，参与单位涉及各乡镇、企业、市直机关事业单位，运动员涉及机关干部、村居群众，小学、初中、高中学生。先后组织全国“雏鹰起飞”儿童田径、乒乓球等选拔赛活动，并选拔人员参加潍坊市健美、体育舞蹈和风筝裁判员学习班，组队参加潍坊市第十四届运动会行业比赛。1996年，市体育部门组织全民健身宣传周、趣味运动会、全民健身环城跑活动。1997年，组织“迎香港回归全民健身万人长跑”，太极拳剑、导引养身功、迪斯科、大秧歌等表演活动。1998年，国家体育总局命名安丘市为第六批全国体育先进县（市）。1998年，组织钓鱼比赛、乒乓球比赛、门球比赛等活动。2000年，举办“十万妇女健身活动”展示活动。2006年，安丘举办第二届全民运动会，各镇街道、市直各大系统及市属8家大企业共43个代表团参加，参加人数5000多人次。

1991年始，学校初中毕业生升普通高中必须统一考试体育。1997年，投资200万元修建安丘师范体育场馆。2004年，安丘市配合全国第五次体育普查，在各中小学积极开展“两操、两课、两活动”，确保学生在校期间每天的体育活动不少于1小时。2006年，全市中小学参加体育达标96201人，其中达标学生89740人，达标率93.3%。2012年，投资400万元，修建安丘市职教中心塑胶场地。至2012年，全市各类学校建体育馆3座，中小学全部达到潍坊市标准化学校要求，在校学生体质达标率保持在98%以上。安丘输送的运动员中，有2002年拳击75公斤级全国冠军、亚锦赛冠军李永新，2011年亚洲赛艇锦标赛冠军周静，第十二届全运会男子团体20公里竞走冠军徐德兴，第十二届全运会男子2000米八人单桨有舵手赛艇冠军赵龙杰。2012年，安丘市参加潍坊市体育比赛，获得奖牌总数列潍坊市第3位。

2012年，新建社区体育活动场所100处、城市街头体育场地12处，组织开展大型群众体育活动35次，在潍坊市级以上竞技体育比赛中获奖牌200多块。

人民生活

1991—1996年，深化农村改革、调整工农业产品比价关系、增加对农业的投入，全市粮食产量继续稳步增长。乡镇企业迅速发展壮大，外出务工人员逐渐增多，农民人均纯收入大幅增长。1991年，全县农民人均纯收入816元，到1996年增加到2912元。年保持30%的增长率。1997—2003年，农副产品出现结构性过剩，导致价格持续徘徊，农民人均纯收入增长放缓。2003年，全市农民人均纯收入3658元，比1997年增长18%。2004—2012年，国家取消农业税，对种粮农民实行资金直接补贴，并增加购置农机补贴，农村社会经济实现全面发展，农民人均纯收入出现较快增长。2012年，全市农民人均纯收入10773元。2012年，实施市社会福利中心建设、镇街敬老院改造提升等项目。新农保适龄人员参保率达99%；在潍坊市率先建立城市“三无”人员生活救助制度。

1991—2012年，随着改革开放的不断深化和城市化进程加快，给安丘市城镇经济注入新的生机和活力。全市外资、私营、合资等各种经济类型企业从无到有，由弱到强。特别是民营经济和服务业的迅速发展膨胀，使全市城镇居民收入呈现出总量不断扩大、结构多元化新格局。2006年始，全市城镇居民人均可支配收入一直保持着较高增长速度。2012年，全市城镇居民人均可支配收入19589元，是2006年7583元的2.6倍。

随着农村经济收入不断增加和全市农民消费水平的逐年提升，农村居民消费支出结构日趋合理，生产资料费用和教育、居住消费成为农民的支出重点，食品、衣着消费为维持农民日常生活的基础。1991年，安丘县农村居民人均消费支出556元。2012年，全市农村居民人均消费支出5274元。村村通水泥路，户户通自来水，液化气灶普遍进入寻常百姓家，农村居民生活条件显著改善。全市农民消费支出构成按比重依次为住房、食品、文教娱乐、交通通讯、衣着、医疗保健、家庭设备等。农民食品消费支出所占比重进一步下降，住房、交通通讯、医疗保健、衣着支出不断增加。农村养老保险、医疗保险等保障性消费成为农民新的消费热点。部分农民开始住进居民小区单元楼，轿车亦始入农家。2012年，电话机、手机、彩电、洗衣机、摩托车、电动车、冰箱、太阳能热水器等用品在农村家庭普及。35%的农户安装空调、电脑。

1991年，城镇少部分职工住进单元楼，结构“两明一暗”三室者多，无单独客厅、餐厅和厨房；自行车在城镇居民家庭普及，为主要代步工具；彩电、洗衣机、收录机、电风扇等耐用消费品开始进入家庭。1998年，住房制度改革后，全市城镇居民住房由单位分配变为个人购买，居住占消费支出比重增大。消费支出依次为居住、食品、文教娱乐、衣着、家用设备、交通通讯等。70%居民户住上单元楼，结构两室一厅者多，大客厅、大洗刷间成为新追求。饮食中粮食、蔬菜类一般食品支出下降，营养类的肉、蛋、奶、水产品、糕点的消费量增加；节假日外出旅游成为一种新时尚；固定电话、移动手机、电脑进入家庭，成为居民新的消费热点。2012年，城镇居民消费支出依次为居住、食品、交通通讯、文体娱乐、衣着、医疗保健、家电设备等。90%居民住上楼房，人均居住面积31平方米。居室结构三室两厅者多，卧室、客厅、餐厅、洗刷间、厨房齐全，暖气、天然气、信息网络配套，90%的户对房屋进行不同程度装修；饮食消费注重绿色环保，品种不断丰富。膳食结构向注重营养、科学搭配、健康安全发展；轿车进入家庭，成为主要代步工具之一，拥有轿车的家庭占80%，成为城镇居民新的消费热点。电动车取代自行车、摩托车，成为近距离出行的首选工具；家家有电脑，人人有手机，信息网络在居民消费中的比例增大；出国旅游、省外旅游、近郊旅游成为人们休闲娱乐的新追求；衣着花色款式多样化，季季有衣，一季多衣，穿着多为成品时装；家庭耐用消费品更新换代加快，彩电由平面到超平、高清，冰箱由单门到多门、环保，洗衣机由单缸到双缸、全自动，空调、淋浴热水器、家具的式样、质量更加高档。

第五节　乡镇（街道）概况

兴安街道

位于安丘市中北部，面积150平方千米，辖59个行政村，58291户，人口20.42万人，耕地面积9.7万亩。2012年，完成地方财政收入9882.9万元，农民人均纯收入10312元。

2012年，街道规划占地3.8万亩的城南工业园，投资1100多万元搞好水、电、路管网配套，全力打造“双丰路先进机械制造企业、下小路四海岭中小型企业和央赣路凯动产业园”三大板块。全年完成项目用地拆迁5220亩，加快凯动动力、雷鸣重工、昌安金具、双丰机械等过亿元项目建设进度，街道建成和在建车间总面积达50多万平方米，规模以上工业企业达到56家。实施物流港、华安、三合、烟市四大片区拆迁改造建设，完成拆迁433亩。在双丰路两侧规划占地面积3000亩的现代服务业园区，新落户颐高电子产业园、翰沃建材城、汽车城和盛大农产品市场4个大项目。投资640万元完成二期5000亩高标准农田水利建设项目。做好总投资1.1亿元的九年一贯制和平学校建设工作，建成和在建一期、二期教学楼2万平方米；投资1100多万元实施城乡环卫一体化工程，被授予省级生态乡镇。完成环城河、双丰大道、健康路西通、永安路南延、南环路等社会事业用地拆迁1389亩。

新安街道

位于安丘市北部，面积211平方千米，辖67个行政村，156个自然村，农村人口11万人，耕地面积13万亩。2012年，完成地方财政收入6351万元，农民人均收入11087元。

街道立足区位优势，先后发展起玻璃钢复合材料、机械电子、纺织服装、化工医药、食品加工等五大支柱产业，拥有企业570家，其中规模以上企业80家。2012年，街道引进总投资30亿元的闰成能源科技等过亿元的项目9个；建设居民楼13栋、5.4万平方米，完成石龙社区一期工程，启动汶中片区改造工作，占地70亩，建筑面积8万多平方米的岔河子村安置楼开工建设；发展以张排、尧洼等为中心的四个区域化种植基地，总面积达到8万亩，注册“鲁胜粉条”等国家级农业品牌9个，发展农民专业合作社121家、潍坊市级农业龙头企业23家。

大汶河旅游开发区

总面积97平方千米，辖58个行政村，84个自然村，1.9万户，人口7.1万人，耕地面积7.3万亩。2012年，完成地方财政收入2466万元，农民人均纯收入10748元。

2012年，完成周田戈村、魏家村、曹五里和杏杭共4个村的整村搬迁工作，腾空村庄占地614亩。完成周田戈村外、贾戈片区、青云山西片区等政府储备土地及重点城建项目用地拆迁清障，腾空土地2681亩。完成土地增减挂钩项目4个，涉及土地90亩。2012年引进大项目14个，总投资68.3亿元，其中过亿元工业项目3个。投资7000万元建成占地1000亩的贾王封高端农业示范园。建成标准化养殖园区4个，新成立农民专业合作社12家，申报潍坊市级以上农业龙头企业1家，注册农产品商标4个。周田戈旧村改造项目大华·中央城、魏家村和逯家村旧村改造项目豪丰·江山一品项目、青云郡高档住宅小区二期工程、青云国际城等项目稳妥推进。投资1600万元、建筑面积10000平方米的中心幼儿园楼和小学教学楼主体工程完工。投资110万元的卫生院附属设施楼及投资160万元的为民服务中心投入使用。环卫一体化工作实现全覆盖，建成区内的29个村全部实行环卫一体化托管。投资960万元，完成周家沙埠等9个村“村村通”道路10万平方米，修建、疏通排水沟6000米。投资500万元，实施为善、李家埠等8个村电力线路改造工程。铺设50万人集中供水工程管网5万米，新增受益村50个，受益人口3.6万人。

安丘经济开发区

位于安丘市北部，面积67.5平方千米，辖67个自然村、26个行政村，13581户，人口4.8万人，耕地面积7.8万亩。2012年，完成地方财政收入9.23亿元，农民人均纯收入9327元。

安丘经济开发区是山东省低碳经济示范园区，2012年位列全省140家省级开发区第48位、潍坊市省级开发区第8位。按照“三区九园”的整体规划，高标准建成低碳产业园、高新技术产业园、新材料产业园、海洋装备动力产业园等特色园区，总面积12平方千米，投产企业已达400多家，其中规模以上企业105家，形成机械电子、纺织服装、建筑建材、食品加工四大支柱产业规模化、集约化发展格局。

景芝镇

位于安丘市东南部，总面积217平方千米，辖139个行政村，3.5万户，人口16万人，耕地面积19.9万亩。2012年，完成地方财政收入5393万元，农民人均纯收入11150元。2012年，被评为山东省“百镇建设示范行动”示范镇、省级文明镇、“中国芝麻香白酒第一镇”和全省烟叶生产先进镇。

2012年启动建设投资15.7亿元的生态酿酒产业园，完善景酒、景盛2个工业园区的道路、管网、供电等配套设施。引进总投资2.5亿元的综艺包装项目，着力培育酒产业集群，新增规模以上工业企业4家，总数达到28家。启动投资2.2亿元的“水岸绿洲”“雷士”“三丰世纪城”“景城花园”二期3个房地产开发项目，新增限额以上商贸企业和服务业企业4家，新引进物流企业2家，“酒之城”4A级景区被评为“山东最佳文化旅游景区”。突出酒城古镇特色，规划“酒之村”“酒之巷”和2平方千米的景芝新城，启动投资1.6亿元的教育园区建设。完成11千米的206国道绿化亮化和大浯河治理二期工程。新铺设污水管网7000米。新开通村村通自来水村庄44个、新修村村通硬化路30千米，完成26个村的农村电网改造。实施总建筑面积15000平方米的王水崖社区建设工程。深入开展农村环境综合整治，实现了城乡环卫一体化全覆盖。

凌河镇

位于安丘市西部，面积180平方千米，辖145个行政村，3.1万户，人口11.2万人，耕地面积11.7万亩。2012年，全镇完成地方财政收入2520万元，农民人均纯收入9960元。

2012年，凌河镇围绕建设“生态秀美、宜居宜业现代化城镇”总体目标，着力培育了以鑫易电声为主的高端电子、以登峰焊材为主的高档焊丝和以黄河食品、鑫盛食品为主的农产品精深加工三大产业。其中，最具特色的产业是农副产品加工业。全镇拥有加工企业102家，其中规模以上企业27家，省级龙头企业2家、潍坊市级龙头企业16家。农副产品加工业从业人员近3万人，年加工出口能力110万吨，出口创汇9800万美元，被商务部誉为全国农副产品加工出口第一镇，号称“世界的菜篮子”。盛产红沙沟西瓜、慈母山韭菜、儒林大葱、大姜等多种具有地方特色的瓜果蔬菜，拥有4个面积万亩的标准化种植基地。规划建设8个标准化种植示范园区，成立93家农民专业合作社，注册“慈母山”“红沙沟”“得意洋洋”“万鑫”“安健美”等多个农产品商标，其中“万鑫”“慈母山”品牌是山东省著名商标。凌河镇地处汶河南岸，特有的沙质土壤非常适合西瓜种植，其独有的红沙沟西瓜种植历史悠久、栽培面积大、辐射区域广，以个大、汁甜、沙瓤和皮薄而闻名全国，产品畅销北京、天津、上海、内蒙古、山西等省市和大连、青岛等20多个大中城市。凌河镇依托汶河、牟山水库、牟山，建立拥翠湖国家湿地公园，大力发展生态旅游、观光旅游和休闲旅游，该旅游度假区被命名为国家AAA级旅游风景区。

郚山镇

位于安丘市西南部，面积113平方千米，辖54个行政村，1.1万户，人口3.8万人，耕地面积8.1万亩。2012年，完成地方财政收入633万元，农民人均纯收入10350元。

郚山镇是“国家级生态镇”“省级卫生镇”“山东省畜牧业强镇”“省级文明镇”“山东省绿化示范镇”“山东省无邪教镇”“山东省村务公开民主管理示范镇”“山东省环境优美镇”“潍坊市级中心镇”。全镇林地面积7.8万亩，森林覆盖率47.2%。新能源是工业主导产业，投资5亿元的太平山风电场投入运行3年；

大安山风电场已完成土地预审；黄皿山风电场完成规划设计；冷家山风电场进入测风阶段；农业大棚光伏发电项目完成项目规划。现代农业发展活力日益增强，引进投资3亿元的合力牧业有限公司，建成后将是在江北处于高端位置的肉牛养殖基地；积极引导群众发展林果经济，“山上林果、平原瓜菜”的农业布局结构初步形成。现代服务业快速发展，国家AAA级景区五龙山公园通过国家级森林公园初审。

石埠子镇

地处安丘市南部，面积156平方千米，辖67个行政村，人口6.7万人，耕地面积9.2万亩。2012年，实现财政收入4461万元。

2012年，引进项目19个，其中过亿元项目3个，全镇限额以上工业企业11个。建成7个种植园区、5个规模养殖基地，农业合作社达到66家，新认证绿色食品3个、有机食品2个，注册“石埠子”“南王”商标。“石埠子草莓”种植历史悠久，1996年石埠子镇被命名为“中国草莓之乡”；2012年草莓种植面积达2.5万亩，种植“甜宝”“丰香”“美国三号”等名优草莓品种20多个；2009年重新注册“石埠子”牌，认证草莓绿色食品基地2万亩，被命名为“国家级标准化示范区”“全国巾帼现代农业科技示范基地”。“石埠子樱桃”种植历史悠久，品质独特，先后被农业部命名为“中国樱桃之乡”，被国家质检总局授予“国家级大樱桃农业标准化示范区”称号，2011年被农业部评为“国家地理标志保护产品”，获得“有机食品”认证，在国家工商总局注册了“书院”牌、“樱达”牌商标。石埠子镇是山东省首批历史文化名镇、全国特色景观旅游名镇，拥有国家AAA级旅游风景区公冶长书院风景区和樱桃、草莓两个省级农业旅游示范点。南王家庄村是“省级特色旅游村”和“好客山东最美乡村”，该村草莓基地和庵上大樱桃基地是“山东省逍遥游示范点”，城顶山生态旅游区是“山东省旅游摄影创作基地”。

辉渠镇

位于安丘市西南部，面积206平方千米，辖40个行政村，1.9万户，人口6.7万人，耕地面积8.8万亩。2012年，全镇完成地方财政收入1537万元，农民人均纯收入9605元。

辉渠镇境内城顶山、留山、大安山群山相映，珍珠泉、绪泉、温泉百泉竞秀，享有“百泉之乡”的美誉；峒峪龙山文化遗址、齐长城遗址等古迹驰名中外；依托优势资源，深化旅游开发，成立百泉旅行社和百泉文化传播演艺公司，建成游客服务接待中心、有子文化广场、珍珠泉旅游区、白山头风景区等休闲旅游景区10余处，发展金牛泉、落鸦石、黄石板坡等农家乐旅游示范点40多处；歌尔庄园、留山风景区、法兴寺等景区建设如火如荼；依托民间传统节会，大力推介辉渠民俗旅游，连续成功举办四届雹泉桃花节和有子文化节。以节会搭台，促旅游发展，成功推介出红冠蜜桃、辉渠大葱、紫草山花生、望海山小米等绿色有机品牌，望海山小米、冬小麦被认定为国家地理标志产品和有机食品。望海山小米种植历史悠久，具有粒小饱满，色泽金黄，性黏味香之特点，营养价值极高。辉渠大葱具有白长味甜、刀切蹦花等特点。紫草山花生、吴家沟安丘蜜桃被确定为进京特供食品。辉渠镇成功荣获国家级生态镇、山东省文明镇、山东省最美乡镇、省级乡村旅游发展重点单位、山东省自驾游示范点等称号。

官庄镇

位于安丘市南部，面积125平方千米，辖59个行政村，15000户，人口5.6万人，耕地面积12.4万亩。2012年，实现地方财政收入366万元，农民人均纯收入10606元。

2012年，全镇共引进过千万元的项目18个，其中落户经济开发区总投资3.3亿元的潍坊耀宇数控装备项目已开工建设；光大德诚、超大科技两个投资过5000万元的饲料加工项目进展顺利。新建成种植业示范园区6个面积达到5.35万亩，养殖业示范园区6个，申报三品一标农产品品牌3个，其中两河大蒜被认定为国家地理标志产品。实施投资640万元的高标准农田建设项目，受益面积5000亩。启动金湖社区和永昌社区建设。土地整治挖潜项目复耕土地62.55亩。建成了垃圾中转站，全镇实现环卫一体化全覆盖。筹集资金2000多万元建设的管公学校学生餐厅和官庄标准化中心幼儿园投入使用，管公学校实验楼、寨庄幼儿园和朱家庄幼儿园已完成主体工程。投资360万元，对官庄卫生院和管公卫生院进行改造提升，对敬老院进行搬迁改造。村村通柏油路、自来水集中供水、新农合参合率和新农保参保率均达到了100%。

大盛镇

位于安丘市市区西部，面积76平方千米，辖62个行政村，10439户，人口3.6319万人，耕地面积5.6万亩。2012年全镇完成地方财政收入393万元，农民人均纯收入9910元。

大盛镇历史源远流长，省级重点文物保护单位田家楼大汶口文化遗址在新石器时代即有人类居住；文化底蕴深厚，安丘八大景之一牛沐钟声即源于始建于宋元丰三年（1080）的牛沐寺（又称瑞应寺）；果桑、叶桑面积1.5万亩，是“中国桑蚕之乡”，被中国产业协会评为“中国桑蚕精深加工第一镇”；机械铸造产业基础雄厚，形成以华杰柴油机为龙头，精密铸造、铸鑫铸造等企业为补充的铸造产业集群；社会事业全面发展，先后实施九年一贯制规范化学校建设、饮水安全、公路网化建设、电子监控全覆盖、城乡环卫一体化综合整治等民生工程，人民生活质量明显改善，社会保持和谐稳定。2012年，被评为“国家级生态镇”“全国人过和计划生育依法行政示范镇”。

石堆镇

位于安丘市东部，面积67平方千米，辖47个行政村，9800户，人口3.8万人，耕地面积6.4万亩。2012年，全镇完成地方财政收入272.5万元，农民人均纯收入10214元。

全镇发展民营企业40家，限额以上企业8家。通过内部挖潜、强力招商、优化环境等举措，共引进项目18个。

2012年，发展区域化示范基地8000亩，建成无立柱钢结构标准蔬菜大棚1000个，面积2000亩。发展黄金梨5000亩，黄烟2500多亩。发展农民专业合作社，注册“安蜜”牌蜜桃、黄金梨，“阿乐”牌西瓜、“岳河岭”牌甜瓜、“卧虎岭”牌韭菜等10多个农产品商标。

投资800万元建成省级标准化中心幼儿园，建筑面积4082平方米；投资280万元对中学教学楼进行安全加固，加固面积3900平方米；投资280万元新建孟戈小学教学楼。投资100多万元实施卫生院改造提升工程，群众就医条件得到明显改善。投资110万元建成镇为民服务中心，提高为民服务水平和工作效率。扎实推进城乡环卫一体化建设，全镇47个村实现城乡环卫一体化全覆盖。

金冢子镇

位于安丘市东南部，面积88平方千米，辖56个行政村，人口4万人，耕地面积8.8万亩。2012年，全镇完成地方财政收入297.6万元，农民人均纯收入10476元。

同喜食品、鑫海管业等16家企业实现增资

扩产；新上和技改增资项目9个。培育2家农民专业示范合作社；建成标准化肉鸭养殖基地和中慧肉鸡养殖基地；建成现代农业果菜产业园；建成潍坊市级现代农业龙头企业一家；培育“金冢子”甜瓜、“金润”肉鸭、“乐源”冬枣等5个农业品牌；投资1300万元的小农水重点县项目通过省级验收；投资750万元的千亿斤粮食田间工程和投资1280万元的高标准农田示范工程开工建设；同泰花卉种植基地已完成土地调整300亩。加快推进山东晟鑫冷链物流园建设，4个10万吨低温冷链体全面开工建设。小南庄整体搬迁通过省验收；小团埠和团埠南村独立图斑项目通过潍坊初验；提前完成前舒角埠村拆迁，共置换土地指标135亩；下里戈村整治挖潜项目完成地上附属物打价。开工建设锦怡花园、金润家园2个居民小区，规划建设居民楼36栋，已竣工2栋。投资1451万元，实施教育六项工程，配备达标校车10辆。完成9个村的低压线路改造，7个村与市集中供水管道对接，乡村路硬化8千米。完成双丰大道拆迁和206国道5300米路段的调土整形任务；完成56个村的城乡环卫一体化创建。

柘山镇

位于安丘市西南部，面积156平方千米，辖41个行政村，10006户，人口3.4万人，耕地面积10万亩。2012年，全镇完成地方财政收入451.47万元，农民人均纯收入10583元。

2012年，全镇共发展标准化种植基地15个，农产品安全示范园5个，万亩花生良种繁育基地1个，标准化养殖基地3个。“柘兴核桃”“柘丰板栗”被认定为中国绿色食品，柘山花生被认定为中国地理标志证明商标和到潍坊不可不买的30种旅游商品之一，柘山镇万亩花生基地被评为省级农业旅游示范点。“山货一条街”发展山货经营店300多家，年交易额2亿多元，柘山山货协会被评为国家科普惠农兴村先进单位。

总投资1330余万元建成柘山小学教学楼、整修车庄小学、提升改造3处社区幼儿园，新购置校车10辆并投入使用，投资500万元对柘山镇敬老院进行了扩建。计划生育合法生育率、社会参保率达到100%。镇计生服务站在潍坊计划生育专业技术评估中，获第一名；柘山镇文体中心被评为国家一级文化站，老子文化节被评为山东省农村特色文化品牌；柘山镇被评为省级安全社区、省级文明镇。扎实推进城乡环卫一体化建设，全镇41个行政村实现城乡环卫一体化全覆盖。

实施投资1.4亿元的土地综合综合治理项目，对项目区内14个村的山、水、田、路、村进行综合规划整治；完成西古庙村等8个村的农村建设用地挖潜项目，腾出建设用地241.25亩。中广核风力发电、潍坊泰成矿业、阳春乳业二期、鲁派食品三期等重点招商引资项目年内开工建设，投资1.6亿元的科信达铁塔项目落户安丘工业园。

第九章 高密市

第一节 建置区划

境域

高密市位于山东半岛西部，胶莱平原腹地，地理坐标为北纬36° 8′ 44″ ～36° 41′ 20″ 、东经119° 26′ 16″ ～120° 0′ 38″ 。东临胶州市，西界潍坊市坊子区，南连诸城市，北接昌邑与平度市。市境南北最长60.1千米，东西最宽51.2千米，总面积1526平方千米。市政府驻市境中心偏东、胶河西岸老城区。西距潍坊市政府驻地75千米、省城济南265千米，东至青岛市区70千米。胶济铁路、蓝新铁路，济青高速、平日、沂胶、胶王公路纵横贯通。

建置

高密秦代置县。秦至新中国成立之前，建置及上属多有变化。秦置高密县后，治城阴城（今井沟镇前田庄东），属胶东郡（治即墨，今平度市东南）。西汉，高密县先属胶西国，改高密国（俱都城阴城）。新莽天凤元年，改高密曰章牟。东汉复称高密，属高密国（都城阴城）。三国时，高密县归魏，属城阳郡（治东武，今诸城市）。西晋怀帝永嘉之乱后，北方进入十六国时期，高密县先后属后赵、前燕、前秦、后燕、南燕等国。其上属皆相因袭。南燕亡后，又归东晋，属高密国（都黔陬，今胶州市黔陬村东）。南北朝时期，南朝宋时，高密县属高密郡（治桑犊，今潍坊市坊子区泉河头附近）。北朝元魏、北齐、北周时，高密县仍属高密郡（元魏治高密，即城阴城；北齐移治东武，今诸城市）。隋文帝统一全国，高密县移治今柏城镇故献。初属密州，复改称高密郡（俱治东武，今诸城市）。唐建立时，高密县治移今市区（战国前夷维国都城，汉为夷安县治）。初属高密郡，改称密州，又改州为高密郡，后又改称密州（俱治今诸城市）。五代时，高密县上属仍为密州。北宋与金，高密县属密州（仍治今诸城市）。元代，高密县属胶州（治今胶州市）。明代，高密县改属莱州府（治掖县，今莱州市）。清，初沿明制，光绪三十年，胶州升为直隶州，高密县改属胶州（治今胶州市）。辛亥革命推翻帝制后，高密县先属胶东道（治今烟台市）。1925年，改称莱胶道。1928年裁道，县直属山东省政府。1938年，日军入侵高密后，至1947年全境由中国共产党解放，此间曾有共产党领导的县民主政府和国民党县政府（驻南乡王十字庄）并存，还有伪县政府（驻县城）。1944年9月，共产党领导下的抗日根据地，在王干坝（今属姜庄镇）一带建立高密县政府，同年11月撤销。1945年7月，在县境西乡成立高密县人民民主政府，同年12月撤销。是年8月，在沟里路（今属胶州市）建立潍东县民主政府，9月改称高密县。以上之民主政府，皆属滨北专区。是年11月，在胶县朱家屯成立胶高县政府，辖胶县和高密县部分村庄。后县政府迁至夏庄（今高密市夏庄）。1949年撤销胶高县时，原属高密的部分村庄复回高密县。胶高县，先属南海专区，1946年改属滨北专区。中华人民共和国建国后，高密县初仍属滨北专区。1950年5月改属胶州专区。1956年3月划归昌潍专区。1967年2月，昌潍专区改称昌潍地区，1981年5月改称潍坊地区，1983年10月改称潍坊市，高密县均顺次属之。1994年5月18日，撤销高密县，设立高密市（县级），以高密县的行政区域为高密市的行政区域。高密市归潍坊市代管。

区划

1991年，全市设11镇、18乡。分别是：高密镇、柏城镇、姚哥庄镇、夏庄镇、姜庄镇、大牟家镇、康庄镇、双羊镇、井沟镇、柴沟镇、李家营镇、张鲁乡、河崖乡、大栏乡、仁和乡、咸家乡、周戈庄乡、蔡家站乡、阚家乡、初家乡、高戈庄乡、田庄乡、呼家庄乡、注沟乡、方市乡、土庄乡、拒城河乡、周阳乡、王吴乡。2008年底，全市共有12个镇街区。分别是：朝阳街道、密水街道、醴泉街道、柏城镇、夏庄镇、姜庄镇、大牟家镇、阚家镇、井沟镇、柴沟镇、经济开发区、胶河疏港物流园区。2011年1月成立咸家工业区，由原咸家乡23个村和原仁和镇的高屋村组成。2012年8月，成立高新技术产业开发区，由夏庄镇的27个行政村和朝阳街道的8个社区（村）组成。2012年9月，成立胶河生态发展区，由原李家营镇57行政村组成。

人口

1991年，高密县境内总人口842852人，总户数220223户，出生人口11775人，死亡人口5176人，自然增长率7.83‰。2008年，全市人口总数879583人，出生人口9006人，死亡人口6873人，自然增长率2.4‰。2012年，全市户籍总人口876290人，总户数为315685户，出生人口9657人，死亡人口8453人，自然增长率1.37‰。

民族

1990年第四次人口普查显示，全县有14个民族。其中汉族840015人，占总人口的99.98%；少数民族有蒙古、回、朝鲜、满等13个，共177人。2000年第五次人口普查显示，全市有32个民族。其中汉族841221人，占总人口的99.86%；少数民族31个，共1178人。截至2012年底，全市有33个民族，其中汉族882750人，占总人口的99.83%；少数民族32个、1482人，其中满族308人，傣族184人，彝族123人，朝鲜族118人，壮族101人，蒙古族94人，土家族65人，景颇族64人，黎族63人，苗族57人，傈僳族52人，回族45人，白族36人，布依族35人，佤族27人，阿昌族27人，侗族19人，藏族11人，拉祜族9人，畲族8人，哈尼族6人，锡伯族6人，仡佬族5人，达斡尔族4人，仫佬族3人，毛南族3人，布朗族2人，鄂伦春族2人，土族2人，鄂温克族1人，瑶族1人，德昂族1人。少数民族女性1118人，男性364人，少数民族女性占少数民族人口总数的75.44%。境内西南地区少数民族的增加，多因婚嫁入籍。

第二节　自然环境

地形

境域地势南高北低。最高点在柴沟镇梁尹岭张林北侧，海拔109.4米。最低点在大牟家镇曹家北近北胶莱河处，海拔7.5米。南北极点高差101.9米。地面总坡度约1/600。南部属泰沂山区末端，缓丘绵延，地势较高，包括剥蚀残丘和丘间凹地两种微地貌单元。丘陵以山、岭、埠命名，丘间凹地多以洼称。分布在柏城、柴沟、密水等镇街，面积306.71平方千米，占境域总面积的19.1%。区内多沙质壤土，降水入渗快，易剥蚀。表层冲沟发育，显现水土流失貌。中部，为缓平坡区，属滨河平地和低分水岭地两种微地貌单元，地面宽阔平缓。分布于朝阳、柏城、柴沟、井沟、阚家、夏庄、密水、醴泉等镇街，面积802.65平方千米，占总面积的49.99%。北部区域为低平区，地势低洼，地面平展，全境河流多汇于此。分布于朝阳街道北部，阚家镇东部，夏庄、姜庄、大牟家、醴泉等镇街为多，面积496.19平方千米，占总面积的30.91%。

气候

境域属季风性暖温带大陆性半湿润气候，大陆度64.5%。冬冷夏热，四季分明。春季冷暖多变，冷空气活动频繁，常出现倒春寒。“春分”以后，多西南风，地面温度回升快，空气干燥，常出现春旱。夏季盛行暖湿的东南季风。气压低，气温高，湿度大，炎热多雨，常发生旱、涝、风、雹等自然灾害。秋季气温开始下降，天高气爽，气候宜人。冬季气候干燥寒冷，少雨雪，多西北风。

河流

境内有南胶莱河、北胶莱河和潍河三大水系。南胶莱河水系由胶河、墨水河、顺溪河、郭杨河等4条主要河流和另外6条支流组成；北胶莱河水系由北胶新河、五龙河北段、柳沟河北段、小康河北段、小辛河北段、民兵河、响马道沟北段、大流河、于家沟、周官河等10条主要河流和另外13条支流组成；潍河水系由向阳河、老沟、银鼠沟等3条主要河流和另外1条支流组成。

土壤　植被

境域土壤有棕壤、褐土、潮土和砂姜黑土四个土类。其分别占土地总面积的比例是：棕壤土为7.74%、褐土为18.72%、潮土为24.69%，砂姜黑土为48.85%。棕壤土类，分布在南部缓丘区的缓丘顶部、丘坡及坡脚处，面积140963.5亩。褐土土类，分布在境内东部、南部、西部等地势较高的地带，面积340933亩。潮土土类，分布在潍河、胶河、五龙河、柳沟河等主要河流沿岸的区域，面积449662.1亩。砂姜黑土土类，是境内面积最大的土类，主要分布在市境北部地势较洼的地区，面积889673.8亩。

植被分自然植被和人工植被。随着土地的不断被开发利用和逐年绿化，自然植被率下降，人工植被率上升。到2012年，境内自然植被为1%，人工植被为24%。

自然资源

境域土地总面积1526平方千米，其中，农用地面积123733.75公顷。境内多年平均水资源总量2.75亿立方米，平均资源模数为每平方千米18.0万立方米。平均降水量为646.5毫米，多年平均当地地表水资源量1.53亿立方米，折合径流深100.3毫米；平均地下水资源量为1.47亿立方米。境内当地地表水可利用量为1.11亿立方米，可利用率为72.5%；地下水可开采量为1.10亿立方米，可开采系数为0.75。高密市地处胶莱凹陷区，受成矿地质条件影响，可供开发的矿产资源不多，矿产资源开发程度低，可利用矿种比较单一。

自然灾害

境内自然灾害主要有旱灾、水灾、风灾、雹灾和霜冻。除霜冻外，其他4种灾害发生几率较高。

第三节　经济发展

1991年是实施“八五”计划和十年规划的第一年，全县社会总产值37.5亿元，国民收入和地区生产总值分别为14.02亿元和15.25亿元，完成工农业总产值33.21亿元。1991年农民人均纯收入920元，全县职工年末人数48616人，职工年平均工资1888元。城乡居民储蓄存款余额47219万元，人均560元。2012年，全市实现地区生产总值（GDP）445.8亿元，其中，第一产业增加值45.2亿元,第二产业增加值261.3亿元，第三产业增加值139.4亿元，三次产业的比例调整为10.13：58.61：31.26。全市完成财政总收入40.9亿元，地方财政收入28.2亿元，上缴中央“两税”7.4亿元，全年财政总支出36.0亿元，年末全市金融机构存款余额（本外币口径）达到242.9亿元，其中城乡居民储蓄余额173.4亿元。

农业

1991年，全县农业总产值105039万元，其中种植业产值76257万元，林业产值764万元，牧业产值22215万元，副业产值5355万元，渔业产值448万元；年末全县农业机械总动力38.37万千瓦，农用拖拉机5271台，全年机械作业面积达333万亩，化肥施用量（折纯）5.03万吨，平均每亩耕地施用化肥增加到37公斤；全县农田水利建设总投资3250万元。1993年开始实施农业产业化战略，重点发展粮食、棉花、生猪、肉鸡、奶畜、蔬菜、果品、食用菌、工艺品等10大主导产业和产品。1995—1998年，桑蚕、黄烟、酿酒葡萄、银杏、干鲜杂果、特种蔬菜等6大产业兴起。其间，为加快主导产业和产品的发展和膨胀，市里确立了“东菜西果、南烟北桑”的种植结构调整思路，并规划建设了西起井沟镇，东至胶河农场，途经11个镇街区的百里农业高科技走廊，境内种植业发展到粮食、棉花、蔬菜、林果、食用菌、桑蚕、酿酒葡萄、烤烟、银杏、干鲜杂果等10个产业，粮经比例达到5：5。发展了16个万亩经济作物基地，15个养殖小区。各类农副产品龙头企业发展到119家，产品包括蔬菜、果品、粮食、肉牛、桑蚕、饲料等10个大类30多个品种，年加工能力54万吨。2000年，全市开展农业龙头企业建设年活动。到2003年，全市农业龙头企业总数达194家，年加工储藏能力80万吨。万亩以上的区域产业种植方达到20多个，培育发展了冬枣、大樱桃、韩国黄金梨、美国无核葡萄、美国黑李等一批市场前景好的产业新亮点。标准化生产和标准化养殖形成规模，粮经比例调整到4：6。其后，随着农村产业化的推进发展，全市农业龙头企业发展步伐明显加快，至2008年，全市初步形成了粮食、花生、蔬菜、果品、桑蚕、酿酒葡萄、黄烟、肉牛、生猪、肉鸡等十几个主导产业，标准化农产品生产基地13个，农业龙头企业410多家。截至2012年，农作物总播种面积237.8万亩，粮食播种面积188.7万亩，其中小麦面积92.72万亩，棉花播种面积2.5万亩，油料播种面积15万亩，蔬菜面积27.15万亩。粮食生产获得丰收，2012年高密市入围全国粮食产量排序前100名。2012全年生猪出栏149.42万头，家禽出栏5467.56万只，肉类总产量19.3万吨，禽蛋产量3.73万吨；全市完成造林面积2000公顷，全年完成植树造林1300万株，森林覆盖率达到38.5%；全市淡水养殖面积1910公顷，水产品产量4690吨；年末全市农业机械总动力达176.7万千瓦，联合收割机4562台，拖拉机机引农具74813台（套），机具配套比达1：3.6，全年完成机耕、机播、机收作业面积分别为104.6万亩、219.3万亩、209.9万亩；农田水利建设得到加强，全年完成水利建设投资2.01亿元，有效灌溉面积达102万亩,占总耕地面积的比重为70%。

工业

1991年，全县完成工业总产值22.71亿元，其中县直工业9.56亿元，乡镇办工业4.94亿元，村及村以下工业8.21亿元，占全县工业总产值的比重分别为43.8%、20.9%和35.3%。1991年有14种产品获得省、部优称号；完成技改投资2893万元，有24项竣工投产，新产品产值率达10.7%；全年共节标准煤6792吨，县直工业万元产值综合耗能1.75吨；乡及乡以上工业完成销售收入11.03亿元，实现利税总额9837万元，销售利税率8.9%，全员劳动生产率34227元/人。1987—1995年，县直工业企业分三轮实施了经营承包责任制改革。1994年开始，又先后在县直工业企业和乡镇集体企业中进行了以转换企业经营机制和建立现代企业产权制度为主要内容的企业改革。随着改革的深入，工业发展步伐加快，市委、市政府确立“全党抓经济，重点抓工业”的指导思想和实施“工业立市、工业强市”的经济发展战略后，全市工业快速发展，并逐步形成纺织服装、机械制造、食品加工、木器加工、化学工业等五大支柱产业，其中纺织业进入山东省十大产业集群行列，由此高密被评为“中国家纺名城”和山东省“纺织服装产业基地”。2009年开始，根据上级转方式、调结构的要求，高水平规划建设了城北工业区、高新区、疏港物流园区、高密（滨海）飞地产业园等园区，建成机械科学研究总院“一所一基地”等国家级科研平台，先后开展“深化企业年，兴办大工业”“项目建设年”“百家企业提升行动”等活动，大力开展招商引资活动，采取走出去、请进来的办法，积极争取与国内外知名企业合作，并加强与高等院校和科研单位对接。招引的目标由过去的不论质量和大小逐渐转为大项目和高新项目，并将引进高端人才列为招引内容之一。2012年，全市规模以上工业企业达到635家，实现主营业务收入1484.6亿元，产品销售率为99%，利税总额128.4亿元，实现利润84.5亿元。全市纺织、制鞋、劳保等传统产业的发展渐趋高端化，2012年完成技改投入109.1亿元，占工业投资的90.5%，全年完成工业总产值624.6亿元；机械装备制造、生物医药、新能源等新兴产业也有了较快的增长，实现工业总产值265.3亿元，占规模以上工业总产值的比重达到18.6%，成为拉动全市工业经济增长的重要力量；全市高新技术产业企业有109家，实现产值257.02亿元，占规模以上工业企业总产值比重18.04%。

交通、邮电

1991年，新修沥青路面6.8千米，县境内通车里程540.9千米，全年完成货运量370.4万吨，周转量10422万吨千米；完成客运量252.8万人，客运周转量13685万人千米。1991年末，城区电话机数达到1554户，农村电话机数982户，全年订销报刊期发数10.26万份，完成邮电业务总量615万元。2012年，全年完成交通基础建设投资3.3亿元，交通运输条件进一步改善，年末全市公路通车里程达3741.6千米，其中国道31.3千米，省道126.3千米，县道333.9千米，乡道283千米，村道2969.1千米，公路密度达245.2千米/百平方千米，公路养护里程3741.6千米；全年更新线路客车60余辆，新增LNG环保型公交车50辆，更新出租车46台，全市车辆档次和车容车貌有了较大改观；全市营业性机动车辆11352辆，其中客车260辆，货车11092辆，全年完成客运量1523万人次，客运周转量73769万人千米，完成货运量2860万吨，货运周转量936132万吨千米，综合运输能力进一步提高。2012年，完成邮政业务总量3714万元，全市年末各类电话总计97.28万部，其中移动电话83.09万部，固定电话14.19万部，每百人拥有手机94.8部，固定电话普及率达到16.2部/百人，互联网用户达到12.13万户。

商业、外贸

1991年，全县实现社会商品零售总额55300万元，其中居民消费品零售额40960万元，社会集团消费品零售额2303万元，农业生产资料零售额12037万元。农业的丰收，促进了农村商品经济的发展，1991年实现农副产品收购总值37609万元，农村集市贸易成交额19376万元。1991年，共兴办三资企业13家，合同利用外资额769万美元，实际利用外资额243.7万美元；全年与

15个国家和地区的外商进行接触和交流，业务洽谈205人次。到1991年底，全县共兴办20家三资企业，其中正式投产和试产的6家，合同利用外资金额1118.68万美元，加上国际贷款项目和国际租赁项目合同利用外资总额2461.2万美元，实际利用外资金额1966.9万美元。2012年，全市实现社会消费品零售总额140亿元，城乡市场协调发展，城镇零售额实现96.6亿元，农村实现24.5亿元；分行业看，批发和零售业实现零售额107.6亿元，住宿和餐饮业实现零售额13.4亿元，其他实现零售额4亿元。消费结构进一步改善；全年限额以上批发零售业实现零售额52.1亿元，其中汽车类、五金类销售额分别实现12.8亿元、2.2亿元。服务业繁荣发展，中央商务区建设步伐加快,银座商城、帝宝城市综合体等项目进展顺利。物流企业发展成效显著，山东晟绮港储物流有限公司、恒丰粮库有限公司、永平再生资源有限公司被中国物流联合会评为4A级企业，潍坊泰华食品有限公司被评为3A级企业。新评定省3A级旅行社1家、四星级“农家乐”1家。2012年全市完成进出口总额180072万美元,其中进口42036万美元，出口138036万美元；在出口总额中，自营出口118410万美元,三资企业出口19626万美元。利用外资规模持续扩大，全年共完成合同利用外资1.35亿美元，完成实际利用外资6609万美元。先后组织筹备青岛招商月、山东香港周、厦门招商会等大型招商活动；积极探索境外上市、跨国并购、国外借贷等利用外资新渠道；开展“访外企促增资”活动，清净食品、卡麦龙、帝宝置业、正大畜禽食品等4家企业增资1700多万美元。

城乡建设

1991年，城乡建设进入完善规划、加强管理的关键时期，编制“八五”近期建设规划及各项专业规划，为今后城市建设提供了依据。新增固定资产7987万元，全社会完成固定资产投资总额16625万元，其中全民所有制单位投资6611万元，城乡集体单位投资4210万元，个体投资5804万元。1991—1996年，全市（县）完成村镇基础设施建设投资1.73亿元，新建村镇道路2804.23千米，新增自来水受益乡镇13个，受益总人口45.7万人。建设住宅214.77万平方米，其中建成小康屋22.2万平方米，人均居住面积由1990年的10.41平方米提高到12平方米。1992—1996年，房地产开发共完成投资17766万元，开发房屋面积22万平方米，城市维护建设投资10022万元，硬化了人民大街、城东路、城北街、城南街、站北街、西关路、天翔街、公园路、镇府街、顺河路、经贸街、南关路、站南街、工业三路、青年路、电影院广场等道路广场，总长度21.3千米，总面积35.6万平方米；建成凤凰公园、城南水厂二期工程、污水处理厂等代表现代化城市水平的重点工程，增强了城市综合功能。1998年7月，《国务院关于进一步深化城镇住房制度改革加快住房建设的通知》颁发后，为房地产业发展提供了强大动力。至2008年，全市有房地产企业35家，注册资金共计5.8亿元。2012年，“北工、南文、中商、东新、西农”城市发展框架基本形成，五大板块功能特色更加鲜明。康成大街西拓、东关梓童庙、罗家庄等片区实现和谐征收，立新街、凤凰大街、醴泉大街西段、平营路高密段完成升级改造，昌安大道公铁立交桥正式通车，全市新建改建农村道路595.7千米，建设旅游休闲娱乐型园林4处，孚日惠达公寓、翻身庄和谐家园等31处集中居住区建成使用。全市完成固定资产投资298.1亿元，一、二、三产业分别完成13.9亿元、99.7亿元和184.5亿元，占固定资产投资的比重分别为4.6%、33.5%和61.9%。高新技术、现代农业、惠民工程、文化产业投资增长迅速，完成投资99.7亿元、13.9亿元、154.8亿元、107亿元，全市在建项目达到363个，其中过亿元项目达到103个，计划投资总规模472.6亿元；其中完成投资175.1亿元，占全市实际投资的58.7%。房地产市场发展趋缓，全年房地产开发完成投资24.4亿元，商品房施工面积276.1万平方米，竣工面积56.08万平方米，商品房销售81.8万平方米。

环境保护

1991年，全市继续推行并全面落实县长环保责任制。在潍坊市对高密环境目标责任制中的21项城市环境综合整治进行定量考核中，1991年综合得分70.5分，1996年综合得分86.8分。到1996年底，全市区建成烟尘控制区3处，面积10.36平方千米。建成环境噪声达标区6.74平方千米，城市环境噪声平均值控制在56分贝以下，环境噪声达标区覆盖率达到50%。以市政府为中心，发展联片集中供热面积23万平方米。工业废水排放量降到32吨，工业废水循环利用率达到89%，固体废弃物处理（利用）率从1990年开始达到100%。1999年，投资450万元建设日处理3000吨的废水处理工程。1999—2002年，投资126万元先后安装4台静电除尘器，除尘效率达到98%。2001年，投资1580万元建设日处理8000吨的废水处理二期工程和日处理3000吨的印花废水处理工程；2002—2003年，投资1500多万元，在城北工业园建设日处理能力1万吨的废水处理工程。2003年，市政府与重庆康达环保股份有限公司以BOT方式建设高密市第二座污水处理厂——康达环保（高密）水务有限公司。该污水处理厂一期设计处理能力5万吨/天，投资5500万元，工程于2006年6月完工。随后又建设二期工程，设计处理能力5万吨/天，投资5500万元，工程于2009年4月完工。2012年3月始，对第二污水处理厂实施升级改造，使出水水质由一级B达到一级A标准。2011—2013年，被省政府确定为全省农村环境连片整治重点示范市，建设了66千米农村污水管网、5处地埋式污水处理设施、40处畜禽养殖污染处理沼气工程，购置了64座移动式垃圾中转站、131辆垃圾清运车、16280个垃圾桶，惠及村庄807个、人口62万人。

第四节　社会事业

教育

1991年，通过认真贯彻《义务教育法》，落实九年制义务教育，全县各类学校发展到513处，其中高中5处，初中63处，小学436处，职业中专、成人中专、师范、聋哑学校、教师进修学校各1处；在校学生110563人，其中高中4795人，初中38078人，小学65184人；学龄儿童入学率达99.82%；与此同时，学前教育、成人教育也有较大发展。2012年，教育稳步发展、高等教育规模进一步扩大。农村中小学校舍改造任务基本完成，新建改建校舍30.6万平方米，11所新建中小学投入使用；青岛科技大学高密校区二期工程竣工并交付使用，招生达到4000人；全市共有各类学校312处，在校学生151664人，其中普通中学39处，在校学生48504人，职业中学3处，在校学生11294人。

科技

在1990年被省科委评为省科技成果十佳县的基础上，1991年全县共取得科技成果32项，其中有15项达到国内先进水平，有8项达到省内先进水平；全年申请专利24项，有14项得以实施。2012年，全市新上科技计划项目54项，其中国家级项目12项，省级6项，潍坊市级5项，高密市31项；全年共完成科技成果鉴定73项，其中有56项达到国内领先水平，获得省级科技进步二等奖2项，潍坊市级科技进步二等奖22项、三等奖10

项；新成立产业技术创新战略联盟2家，总数达到4家；新认定省级创新型试点企业1家，潍坊市级4家，创新性试点企业总数达到12家；新增国家级高新技术企业2家，总数达到25家；全年共申请专利985项，专利授权444项；商标品牌战略加快实施，坚持商标注册、品牌争创、经营保护一体化发展，“鲁金泰华”“登升”成功争创为中国驰名商标，“华燕”等4件商标争创为山东省著名商标，“泰吉虎”等10件省著名商标成功续展认定。截至2012年，全市共有中国驰名商标7件，山东省著名商标37件，地理标志证明商标1件，驰著名商标总量位居潍坊市前列。

医疗卫生

1991年，全县乡镇及其以上卫生机构达到40处，医疗病床1240张，卫生技术人员1362人，当年新增500元以上的医疗器械85台（件），病员治愈率达82.4%，好转率15.1%，法定传染病率较上年下降17.2%，计划免疫“四苗”接种率达到97.5%。2012年，全市年末各类医院、社区医疗卫生院37处，其他医疗卫生机构633处，病床4956张，卫生技术人员7143人；新型农村合作医疗工作有序开展,全市960个行政村全部参加新型农村合作医疗，全年筹集合作医疗资金19792万元，有63.85万人次参保。卫生基础设施投入加大，全年共投入资金7955.33万元，用于更新医疗设备和业务用房建设；新农合、新城合参合率达100%，群众受益面达96%以上；医药卫生体制改革深入推进，人民医院实施药品零差率销售，320处省统一规划的村卫生室全面落实基本药物零差率销售政策，直接让利于民7200余万元。

体育

1991年，高密体育健儿在出席市级以上比赛中，共获奖牌31枚，其中金牌12枚，银牌11枚。全年共向市以上体育部门输送了39名运动员。2012年，全市运动员在潍坊市级比赛中获金牌93枚，银牌33枚，铜牌51枚，在省级比赛中获金牌14枚，银牌16枚，铜牌9枚。同时，向上级体校、运动队输送优秀体育后备人才国家级1人，省级3人，潍坊市级89人。

文化

1991年末，全县共有文艺团体131个，放映演出2.94万场次，观众达2570万人次；县茂腔剧团晋京演出受到文化部及省市党委和政府的表彰；县外贸艺术团晋京演出获得一等奖；县农村文化大院发展到590个；全县在市以上报刊发表、展出的各类文艺作品592件，其中在省以上发表、展出的有376件，有54件作品获市级以上奖励。2012年，高密市以作家莫言获得诺贝尔文学奖为契机，加快推进文化建设，成功举办第三届中国（高密）红高粱文化节，引进建设一批文化产业项目，掀起文化建设新高潮。国家级、省级、潍坊市级、高密市级非物质文化遗产项目分别达到4项、7项、17项、83项；876处村居建成文化大院，社区文化中心实现社区全覆盖。文化服务网络进一步完善，文化服务功能进一步增强。截至2012年底，有线电视数字化整体转换全面完成，数字电视用户达到20.4万户，其中城区7.6万户，农村12.7万户。

人民生活

1991年，农民人均纯收入920元，农民人均生活消费支出554元，其中生活消费品支出509元；全县安置待业青年920人，待业率为0.43%；职工年末人数48616人，职工年平均工资1888元；新建职工住宅面积4.78万平方米，农民新建住宅49万平方米；城乡居民储蓄存款余额47219万元，人均560元；全县共有社会福利事业单位45个，安置残疾人员545人；共有敬老院74处，供养孤、老、残、幼人员995人；全年发放救灾救济款16万元，救灾粮100万斤；帮助3200户12800人解决了生活中的困难；全年发放扶贫资金66万元，扶持了3000个贫困户，其中有1800户脱贫，脱贫率达60%。2012年，全市在岗职工平均工资39325元，农民人均纯收入11774元；农村居民人均居住面积30.98平方米；全市集中供热面积达到560万平方米，普及率达到99.4%；管道燃气用户达到118758户，普及率达到99.3%。小城镇建设水平全面提升，旧城改造完成搬迁建筑面积75万平方米，全市人口城镇化率为53.7%。全年城镇新增就业再就业14821人，其中失业人员实现再就业4619人，安置就业困难群体再就业622人，转移农村富余劳动力11633人，城镇登记失业率控制在2%以内。2012年，社会保险覆盖面进一步拓宽，全市27430名各类离退休人员都按时足额领取了养老保险金；年末全市共有1075个单位参加了养老保险，其中企业参保830家，参保人数119266人，全年实际收缴养老保险费84766万元，征收失业保险费4347万元；医疗保险参保单位1111家，参保人员241505人，全年收缴医疗保险费20472万元；职工生育保险参保人数46221人，企业享受生育保险职工待遇902万元；城乡养老保险取得了新进展，被列为全国新型农村和城镇居民社会养老保险试点县，全年共有51.2万人参保登记；为符合条件的13.6万名60周岁以上居民提高基础养老金标准，由55元/月提高到60元/月，全年累计发放养老金10207万元。2012年，全市城乡低保对象26210人，其中城镇3269人，月均补助220元/人；农村22941人，月均补助120元/人，共支出保障金4742.9万元；年末全市各种收养性社会福利单位拥有床位3384张，累计供养五保老人2708人，其中在农村分散供养五保老人438人，在镇中心敬老院集中供养2270人，集中供养率83.8%。

第五节　乡镇（街道）概况

密水街道

位于高密市区南部，面积135平方千米，耕地面积11万亩，辖86个村（居），人口16.1万人。2012年，完成地方财政收入1.96亿元，农民人均纯收入11099元。引进21个投资过亿元的大项目。其中，豪迈热交换器、鸿源饮品项目投入试产，凯恒特葡萄酒庄园落户城西都市农业园区，沃丰格瑞涂塑复合钢管项目和宏浩太阳能项目落户城北工业区；大力推进南洋河集中居住区建设和豪迈社区建设，南洋河社区服务中心落成使用；投资1000万元，对豪迈路、薛中路、杏坛西街实施雨污管网改造、人行道铺设和绿化带建设，投资1400万元，实施农村道路网化工程，打造良好的宜居环境、创业环境和发展环境。采取市场化运作、资源整合等方式，筹资3500万元对中小学校舍进行改造，新建校舍面积1.7万平方米，改造6570平方米，全面完成校舍改造任务。

醴泉街道

位于高密市中西部，面积146平方千米，耕地面积8.2万亩，辖69个行政村（居），42418户，人口12万人。2012年，实现财政总收入2.34亿元，地方财政收入完成1.43亿元，农民人均纯收入9800元。坚持“文化立街、工业强街、城建靓街、城乡一体兴街”的发展理念，全力塑造服务型、学习型、效能型政府新形象，努力构建“实力醴泉、魅力醴泉、活力醴泉、和谐醴泉”。坚定不移地实施旧城改造、工业转调、都市农业、城乡统筹、党的建设五位一体提升战略，各项主要经济指标均保持较高增幅，经济和社会各项事业实现平稳持续健康发展。街道先后被授予中国最具成长力百强乡镇（街道）、山东省先进基层党组织、潍坊市文明单位等称号。

朝阳街道

位于高密市东部，面积95平方千米，耕地面积7.8万亩，辖36个居委会、26个行政村，14892户，人口4.6万人。2012年，实现地方财政收入6283万元，农民人均纯收入10925元。朝阳街道东临青岛海港、空港，西靠高密新行政文化服务中心，区位优势明显。域内生态环境秀美，胶河、墨水河穿境而过，拥有水面面积3平方千米。2012年，豪迈产业园、木器产业园、房地产开发取得突破性进展，加快劳保产业转型发展，现代农业园区建设、社会事业发展均取得明显成果。先后获全国劳保用品之乡、山东省环境优美乡镇、省爱国卫生街道、优质大蒜圆葱基地等称号。

柏城镇

位于高密市东南部，面积54.3平方千米，耕地面积4.41万亩，辖35个行政村，10714户，人口3.2万人。2012年，完成地方财政收入8619万元。柏城镇人文底蕴丰厚，生态环境优美，以柏城大桥为开端的胶河水利风景区被评为第九批国家水利风景区。全镇规模以上企业50家，拥有机械制造、服装纺织、玻璃制品、新能源设备制造和现代物流服务业等五大主导产业。农业特色鲜明，拥有总投资1.5亿元、集“产—养—沼—肥—种”于一体的柳林现代循环农业科技示范园；落实投资2.9亿元，种植花卉苗木3000亩，建成总建筑面积102万平方米的万亩花卉苗木种植基地。集中打造胶河两岸滨水型高端住宅小区，总建筑面积126万平方米的8个现代化住宅小区加紧建设。

夏庄镇

位于高密市东北部，面积118.67平方千米，耕地面积11.15万亩，辖90个行政村，1.92万户，人口6.4万人。2012年，实现地方财政收入1.59亿元，农民人均纯收入11977元。新规划建设高新园区、现代化工区、机械制造区、康地恩生物区4个工业区，形成纺纱织布、机械制造、生物制药、光伏产业、汽车营销等七大产业集群。工业企业发展到288家，其中规模以上企业发展到93家，民营企业发展到3200家。建成山东港储国际保税物流园区、孚日立体仓储、高农仓储、金运达物流等现代物流园区，服务业产值比重明显提升。红纸对联制作被授予国家楹联产业基地。拥有凯加食品、南洋食品等农业龙头企业69家，其中保益食品、惠德农产品的菌菇生产步入全国前列，成为全国知名的工厂化生产基地；有2个有机食品、11个绿色食品、3个国家地理标志农产品认证。

姜庄镇

位于高密市区北部5千米处，面积132.6平方千米，耕地面积11.14万亩，辖78个行政村，20100户，人口5.9万人。2012年，完成地区生产总值44.6亿元，地方财政收入9148.61万元，农民人均纯收入1.2万元。形成以纺织、机械、化工、橡胶、型材五大产业齐头并进，木器、食品、服装、五金四小产业协调发展的良好势头，拥有规模以上企业53家。姜庄镇是扑灰年画、泥塑、剪纸的发源地，其中扑灰年画、泥塑被评为第一批国家级非物质文化遗产。先后获得中国民间艺术之乡、中国小五金之乡、中国扑灰年画之乡、山东省纺织名镇、山东省首批十个百亿大镇、山东省镇域经济发展十大领军镇、山东省小城镇建设示范镇、省级文明单位等称号。

大牟家镇

位于高密市西北部，面积174平方千米，耕地面积15.5万亩，辖89个行政村，1.7万户，人口5.2万人。2012年，完成地方财政收入1767.49万元，农民人均纯收入1.3万元。大牟家镇是高密的传统农业大镇、强镇，地多、树多、粮多是该镇的三大资源优势，素有高密“北大仓”之称。先后引进七彩庄园农产品交易市场、花石桥农业示范园、双孢菇工厂化产业园、秀珍菇产业园、海斯顿葡萄酒产业园和米高生物科技等现代农业项目。工业经济实现快速发展，规模以上企业14家，在原有纺织、橡胶、造纸、制鞋四大支柱产业基础上，引进盛世伟业、豪沃汽车、恒瑞服饰为代表的混凝土制造、汽车模具加工制造和服装加工等新型产业。

阚家镇

位于高密西部，面积150平方千米，耕地面积13.4万亩，辖93个行政村，1个居委会，25168户，人口7.8万人。2012年，完成地方财政收入4140.7万元，农民人均纯收入1.2万元。全镇建成或在建现代农业园区达15个，总投资近6亿元，其中，投资过亿元的园区3个，规模超过千亩的园区6个，过500亩的5个。引进和正在建设的赛孚新能源、安泰动车、海驰食用油、丰沃新农等6个大的工业项目，总投资17亿元。坚持以居民集中居住区建设推动城镇化发展。校舍安全改造完成，建筑面积达3.6万平方米；投资580万元建成面积2700平方米阚家社区综合服务中心。

井沟镇

位于高密西部，面积138.59平方千米，耕地面积13万亩，辖98个行政村，21805户，人口6.8万人。2012年，实现地方财政收入3326.7万元，农民人均纯收入11836元。呼家庄产业园区调整土地1200亩，投资1494万元新修崇德西街等道路8.2千米，引进宁波荣杰进出口贸易加工区等10个项目。黄烟种植面积4500亩，建成投资2600万美元的泰国正大集团种猪育成项目。投资652万元，新建省级规范化教室300间6666平方米，维修加固教室176间3911平方米；开工投资360万元、2600平方米的医院病房楼。道路网格化工程投资760万元，新修道路36.3千米。城阴城保护工程投资300万元，配套建设彩绘艺术墙、景区路、景观公园。

柴沟镇

位于高密市西南部，面积210.73平方千米，耕地面积19.6万亩，辖124个行政村，2.7万户，人口8.5万人。2012年，完成地方财政收入5431.02万元，农民人均纯收入11168元。柴沟镇历史文化资源丰富，是山东省中心镇、文明镇、烟叶生产先进镇。全镇有企业200多家。规划建设20千米的现代农业经济长廊，培育发展黄烟、蔬菜、黑木耳、花生、林业、养殖六大产业，被评为“潍坊市现代农业十强镇”。实施府前街综合改造、锦绣嘉苑、青龙花园、苹果花园等项目建设，投资16亿元规划建设了五龙河湿地公园及集中居住区。

第十章　昌邑市

第一节　建置区划

境域

昌邑市位于山东省东部，潍河下游，莱州湾南岸。东与烟台莱州市、青岛平度市以胶莱河主河道中心线为界；南与高密市、安丘市毗连；西接坊子区和寒亭区；北濒莱州湾。地处北纬36° 26′21″~37° 11′28″、东经119° 12′34″~119° 37′21″，市域纵长横窄，中若蜂腰。南北长75千米，东西宽处32.5千米，窄处7.5千米，总面积1812平方千米。2007年9月，经山东省人民政府批准，将太保庄镇划归潍坊市坊子区；2009年5月，将饮马镇西北院、卢家庄子、刘家埠等48个村和北孟镇横路屯、大陈及大石门3个村划归坊子区，隶属新组建的潍坊市峡山区生态经济开发区。至此，昌邑市总面积1627.5平方千米。

建置

昌邑历史悠久。据北孟千戈庄村出土的黑陶片鉴定，属龙山文化。约4000多年前，就有人类居住。商代，地称莱夷，属莱国。春秋时期称郚城，属纪国。齐师灭纪，废郚邑，建邶殿，后改都昌，属齐国。秦行郡县制，都昌称县，属胶东郡。自秦至宋1500年间，或封侯称国，或并折置县，建置变化大，境域范围不定，主要名称有下密、密乡、平城、胶阳、胶东等，隶属主要有北海郡、北海国、高阳郡等。宋建隆三年（962），析北海唐安乡置县，始名昌邑，属京东东路潍州。金元均属山东潍州，明属莱州府，清属平度州。1912年，中华民国成立，属山东省胶州道。1925年改为莱胶道。1927年国民政府废止“道”制，以省领县。1928年6月国民党山东省政府成立后，昌邑直属山东省。1945年昌邑解放，分置昌邑、昌南2县，属胶东区西海专区。1950年改属昌潍专区。1956年昌南县归并昌邑县，隶属不变。1967年，昌潍专区改称昌潍地区，1981年改为潍坊地区，1983年改为潍坊市，昌邑皆属之。1994年6月，经国务院批准，民政部和山东省人民政府分别批复，撤销昌邑县，设立昌邑市（县级），属省直辖，由潍坊市代管。

区划

1991年，全县设都昌、柳疃、围子、石埠、饮马、岞山、塔耳堡、下营8个镇和南逄、双台、李家埠、龙池、青乡、东冢、夏店、卜庄、仓街、宋庄、流河、北孟、丈岭、太保庄14个乡。1993年7月，经山东省人民政府批准，龙池、青乡、卜庄、仓街、丈岭5个乡撤乡设镇。1996年12月，北孟、李家埠撤乡设镇。1997年7月，宋庄乡撤乡设镇，同年12月撤销都昌镇，设立奎聚、都昌2个街道。2001年3月，夏店乡撤乡设镇。同时，南逄乡划归都昌街道；李家埠镇划归奎聚街道；青乡镇划归柳疃镇；下营镇、东冢乡划归夏店镇；仓街镇划归围子镇；流河乡划归石埠镇；塔耳堡镇划归丈岭镇。至此，昌邑市共设奎聚、都昌2个街道及龙池、柳疃、夏店、围子、卜庄、宋庄、石埠、饮马、北孟、峠山、丈岭11个镇和双台、太保庄2个乡。全市有42个社区，777个行政村（812个自然村）。2007年8月，双台乡划归都昌街道，宋庄镇划归围子镇，夏店镇划归卜庄镇，石埠镇、峠山镇划归饮马镇；将丈岭镇的田戈庄等45个村并入北孟镇，同时太保庄乡并入丈岭镇，并更名为太保庄镇。2007年9月经山东省人民政府批准，太保庄镇划归潍坊市坊子区管辖。2010年6月，撤销围子镇，设立围子街道。2012年，昌邑市有奎聚、都昌、围子3个街道和龙池、柳疃、卜庄、饮马、北孟、下营6个镇。共有42个社区和649个行政村。

人口

根据1990年、2000年和2010年3次全国人口普查结果分析，昌邑市（县）人口发展保持了稳定的低增长率，增长较为平缓。居民以汉族为主，随着改革开放这一国策的深入实施，因人口迁移流动，少数民族逐步增多。男女性别比例基本持平，从事农业生产的人数逐渐减少，非农业人口不断增加，文化程度普遍提高。2012年，全市总人口58.26万人，农业人口27.17万人。人口出生率8.67‰，人口死亡率7.7‰，人口自然增长率0.97‰。

第二节　自然环境

地形

昌邑市位于华北地台的东南部，著名的沂沭深大断裂带纵贯南北。地貌受构造、岩性、气候、河流、海洋内外应力作用的影响，地势自南而北逐渐降低。南部为低山丘陵区，中部为平原区，北部为洼地海滩。以上3种地形分别占全市总面积的24.64%、28.68%、46.68%（2007年9月太保庄镇等地析出，南部所占比例略有变化）。地貌类型主要分为剥蚀残丘区，冲、洪积平原区和滨海洼地区。绿博园以南到峡山及其以东地域，为剥蚀残丘区。包括饮马、北孟等镇区域，系泰沂山北部剥蚀残丘。地势西南高、东北低，比降为1/5000，海拔13~33米，相对高差7~20米，最高点为峡山，海拔171.1米。2007年9月后，最高点为博陆山，海拔88.05米。自绿博园北至龙池镇，包括都昌、奎聚、围子街道及部分镇的部分区域，为冲、洪、积平原区。地势平坦，坡降小，海拔6~13米，相对高差1~7米，地下水源丰富。北部沿海包括卜庄及龙池、柳疃、夏店镇的部分及原双台乡少部分为滨海洼地区。海拔高度一般在3~6米，坡降2‰~3‰。潜水埋深极浅，矿化度高。

气候

昌邑市属暖温带半湿润季风区大陆性气候，四季分明，冬寒夏热，雨热同期，干湿季明显。春季干燥多风，多春旱；夏季湿热多雨，间有夏旱；秋季温和凉爽；冬季寒冷少雪。一年中，2—11月盛行南风、东南风，12月至次年1月多刮西北风。瞬时最大风速每秒31.6米（2005年4月19日）。北部沿海风力大于南部，河道、河床的风力大于内陆。由于全球气候趋于变暖，导致昌邑极端最低气温上升，温度日变化减小，冬春季尤为明显；同时，极端天气气候事件（如干旱、高温、暴雨等）出现频率显著增加，强度增强。1991—2012年间，年平均气温12.92℃，极端高温41.3℃（2009年6月25日），最低-15.1℃（2008年12月22日）；年平均降雨量597.9毫米，年最多降水量728.3毫米（2004年），年最少降水量333.5毫米（2006年），日降水量最大114.6毫米（2008年7月19日）；降水一般7月最多，8月次之，1月最少。年平均日照时数2228.31小时，日照百分率52.2%，属北方长日照区。年平均无霜期192天，一般无霜期为4月中旬初至10中旬末。

河流

境内有南北贯通、涵盖全域的胶莱河、潍河、虞河3大水系，有大小河流30余条，除位于昌邑南端的渔池河为东西流向外，其余均为南北流向，流域总面积911平方千米。另外，1989年11月竣工修建的引黄济青输水河工程，昌邑段途经都昌、围子、饮马、流河等镇、街道50个行政村，全长47.8千米，干旱时黄河水给予一定的补给。2016年5月9日首次调入长江水，更加丰富了昌邑的水利资源。

土壤

昌邑市地貌地形主要是陵坡地，微斜平地，浅平洼地和海滩地等。在地形、母质、水文、生物、气候及植被等自然因素的影响下，形成不同类型土壤，并有明显的规律性分布。根据1981年土壤普查结果，全市土壤主要分为棕壤（坡红土）、褐土（埠黄土）、砂姜黑土（干沟土）、潮土（河淤土）和盐土（重盐砂土）5大类，自南向北依次分布。

植被

昌邑市属华北平原植被类型，多种植物适应性强，能够生长在境内各种区域，但也有不少植物由于习性不同，地势和土壤特征的差异而分别生长在不同的区域。

昌邑市主要植物生长情况一览表

表30—10—1

区域	地势及土壤特征	草本	灌木	乔木	果树	农作物
北部沿海	平坦，潜水矿化度高，土壤呈碱性	碱蓬、黄须菜、茵陈、矶松、马绊草、罗布麻、白蒺藜、白茅、狗尾草、甜地丁、蒲、苇、水稗、扁蓄、灰菜、羊角菜、驴皮草、莎草等	柽柳、棉槐、枸杞、地枣等	毛白蜡、榆树、柳树、刺槐等	葡萄、桃、石榴、大枣等	小麦、玉米、大豆、棉花、地瓜、高粱、黍子、绿豆、芝麻等
中部平原	平坦，水质较好，土壤多为沙壤和砂姜黑土	白茅、狗尾草、马唐、野苜蓿、野茄子、米布袋、红草、胖胖墩、履草、艾、茵陈等	棉槐、蜡条、杞柳等	杨、柳、榆、刺槐等	苹果、梨、柿子、板栗等	小麦、玉米、花生、油菜、瓜菜等
南部埠岭	多为低丘埠岭，土质较差	白茅、狗尾草、马唐、营草、苔草等	棉槐、黄荆、胡枝子等	松、柏、刺槐、火炬树等	苹果、枣、板栗、柿子等	小麦、玉米、地瓜、花生、高粱、谷子、绿豆等

自然资源

1991年至2007年9月，昌邑县（市）土地总面积海拔零米以上1812平方千米，耕地面积131.69万亩，占48.4%。2007年9月后，全市总面积1627.5平方千米。

1986—2005年，年平均地表水总量15543万立方米，年平均地下水储存量81900万立方米，年平均水资源总量97443万立方米。由地表水、地下水、客水补给和可利用污水计算，全市年平均可利用水量27595万立方米，人均406立方米。淡水资源以1999年为例，全年淡水资源可供水量18777万立方米，需水量35117万立方米，缺水量16730万立方米，人均缺水246立方米，属严重缺水地区。

昌邑市物产丰富，主要粮食作物、经济作物品种达25个，蔬菜瓜果品种达34个，木本植物51科、90属、167种，其中果树类30多种。中药材植物203种。野生动物230余种，其中淡水鱼类30多种，浅海地方性鱼类70多种，虾、蟹及贝类等50多种。另外，昌邑海岸线长53千米，海洋滩涂风力资源丰富，1998年开始风力发电，年发电量1200千瓦时。境内已发现矿藏20余种，探明储量11种。其中铁矿石累计13591.96万吨，已开采686.2万吨；伊利石黏土矿600万吨；70年代，中国石油化工集团胜利油田钻探队勘探境内北部沿海一带，石油可开采储量1320万吨（二次资源评估储量为1亿吨），属中型油田，已部分开采;位于柳疃镇的潍北油气田，可开采量6.79亿立方米（二次评估储量为175亿立方米），含气面积5.3平方千米，属小型气田，已部分开采。昌邑市地下卤水属莱州湾地下卤水的一部分，分布面积约370平方千米，埋深0~100米，分为浅层和深层2个含卤水地层，可开采量12.75亿立方米，浓度5°~18° Bé，属大型矿床。天然卤水是一种含有多种化工原料的复合液体矿产资源，利用卤水的盐溴产业是昌邑的支柱性产业之一。另外，建筑石料、砖瓦黏土及金、煤矿等10多种矿产资源有的正在开采利用，有的正在勘测评估。

自然灾害

旱灾、涝灾、风灾、雹灾和霜冻是威胁昌邑农业生产的主要灾害。旱灾持续时间长，发生比较频繁，一般年份春秋两季干旱，夏旱时有发生；涝灾主要是夏季因暴雨而在局部发生；风灾、雹灾和霜冻属偶然性局部灾害。昌邑市北部沿海的潮灾每年时有发生，对盐业、海水养殖业及农业生产极为不利，若偶遇较大或特大风暴潮，经济损失较为严重。自1987年浦东大坝修筑以后，潮灾风险显著降低。

第三节　经济发展

昌邑历来属山东省经济发达的县份之一。农业、工业、石油化工、盐、盐化工、纺织印染、机械制造、建筑业构筑起全市（县）国民经济的支柱产业。1991年，全县实现工农业生产总值35.18亿元，实现地区生产总值15.6亿元。1992年，实现工农业生产总值44.4亿元，地区生产总值18.2亿元，分别比1991年增加9.22亿元和2.6亿元。1992年7月，昌邑县在国家统计局首次公布的全国农村县级区域社会经济发展水平量化分析和综合评价结果中，被列为“中国农村综合实力百强县”，列全国第88位。2005年，全市完成国内工农业生产总值118.28亿元，是1991年的2.36倍。2012年，全市完成地区生产总值297.95亿元，完成全社会固定资产投资213.5亿元，社会消费品零售总额111.44亿元，实现地方财政收入18.7亿元。

农业

1991年，全县粮食总产45.93万吨，1994年，粮食总产51.62万吨。1995年8月，昌邑市被国家计委、农业部、水利部授予“全国商品粮基地县（市）”称号。经济作物种植主要品种有棉花、花生、大姜、种子、瓜果蔬菜等。2001年以来，苗木产业迅速扩大。2002年，市政府把发展苗木确立为调整农业结构、增加农民收入的环保产业，先后有50多家企业投资6000万元，兴建40

处民营苗圃，面积3万亩。2009年，全市苗木企业1500家，从业人员5000人，总投资2.6亿元。各类苗木发展到4.78万亩，其中100亩以上的30家，500亩以上的2家。有园林苗木4.48万亩，用材林树种0.3万亩，苗木存圃1.5亿株。2012年，农业标准化基地发展到35.8万亩，农业龙头企业发展到122家，建成省级现代渔业园4个，新认证绿色食品、有机食品品牌4个，国家地理标志证明商标3件。

工业

1991年，昌邑县系统内的31处工业企业进行了新一轮承包经营。承包经营的形式，实行企业全员风险抵押，领导班子集体承包，法定代表人签订合同，实行“一包二定一挂”（包目标利润、定基础利润、定技改还款、目标利润与工资总额挂钩浮动），承包期3年。1993年底，全县系统内工业企业第二轮承包经营责任制结束通过审计，确认完成目标利润4443万元，基础利润1461万元，归还技改借款2510万元。为深化企业改革向纵深发展，实施更加开放的经营方式，即转让企业产权、整体拍卖、破产重组、因企制宜，加快了企业的改制步伐、优化了产业结构，企业步入超常规、跨越式、发展转型升级的企业管理新模式。2005年，昌邑市32处工业企业实现工业总产值93.71亿元，固定资产达49.04亿元，销售收入94.52亿元，利润总额5.27亿元。2012年，全市规模以上企业达328家，完成主营经营业务收入890.6亿元，实现利税93.0亿元，利润68.6亿元。主营业务收入过亿元的企业191家，其中过10亿的企业9家。昌邑市的山东同大集团生产的海岛新材料系国内首家生产企业，获“中国名牌”产品称号。

建筑业

1990年，昌邑市（县）的建筑企业除原县建筑公司和城市建设综合开发公司外，柳疃、南逄、李家埠、卜庄等17处乡镇都建立了建筑公司，职工人数3200余人。2005年，昌邑市有资质三级以上建筑企业20家，其中一级企业1家、二级企业3家、三级企业16家，职工人数近万人。1994—2005年，新建小区15个，建筑工程总竣工面积73.44万平方米，城区住宅面积393万平方米，城市居民人均住房建筑面积30.5平方米。至2012年，城区居民小区达87个，占地3400亩，建筑总面积462.31万平方米，住房面积412.52万平方米，人均居住面积31.65平方米。

对外贸易

1994年，对外贸易经济合作部赋予昌邑外贸公司进出口经营权。县外贸公司可自营和代理昌邑市（县）除国家统一联合经营商品外的商品出口业务和三类商品进口业务。1995年，昌邑坚持以本口岸为主多口岸经营和“以质为胜”多元化的路子，重点抓了纺织、丝绸服装、抽纱、机械建材、食品、工艺品8大出口系列的升级换代，增加资金、科技投入，增强了在国际市场的竞争力，经济外向度明显提高，1991年出口商品收购值25790万元，1994年出口总额114371万元，是1991年的4.43倍。主要出口商品有床上用品、纺织品、各种巾被服装、电吉他、海岛纤维材料、印花圆网、金属制品、制动鼓、家具、果蔬、鸡产品、有机肥等。2005年，自营出口6587万美元，三资企业出口7235万美元，进口1271万美元。2012年，完成进出口总额5.58亿美元，其中出口创汇4.38亿元。

交通　邮电

昌邑市（县）地处“渤海经济圈”，居山东省经济建设重心城市群区域之中。域内交通发达，从昌邑过境的国道有烟汕路、青银路（济青）、荣兰路（潍莱）、荣乌路4条，总里程96.34千米。其中烟汕路部分为一级路，部分为二级路。其他3条为高速公路，下小路贯通南北。1990年，昌邑有县路10条、乡路128条、专用路3条，总长度785.3千米；2005年全市有县路12条，总长187千米，高级路面达95%。增修乡路42条，总长355.9千米，中级以上路面达96%。专用路5条，总长32.9千米，全部为沥青路面，全市公路通车里程575.8千米。2008—2012年，连续投资57.6亿元，新修道路55.3千米，改造城市道路7.93千米，新建改造农村道路215.6千米。全市完成混凝土路面挖补0.73万平方米，沥青路面挖补7.86万平方米。至2012年，全市通车里程达631.1千米。

大莱龙铁路西起寿光的大家洼，东至烟台龙口市。该铁路昌邑为单线，长33.17千米，途径龙池、柳疃、卜庄3镇的33个村庄及潍北农场，占地2688.2亩，昌邑段于2000年9月开始建设，全线于2002年10月建成通车。在柳疃镇后官村和卜庄镇碱厂分别设立火车站，2003年昌邑北站正式投入运营，年货物吞吐量300万吨。另外，胶济铁路昌邑段，总长21.6千米。

1991年4月，昌邑市（县）下营港务局，下设航运公司、储运公司、冷藏厂等企业单位及航管所、港行监督站2个事业单位，港口吞吐量为12.8万吨。2004年港务局办公室移至昌邑市交通局内对改制后的企业实行管理和监督。1991年昌邑市（县）社会营运车辆保有量1341辆（汽车、客车），至2000年发展到2326辆，比1991年增加985辆。2005年达3547辆，5年间又增加1221辆。年货运量805万吨，货运周转量29403万吨千米。1991年投入客车22辆，年客运量100.8万人次；2000年投入客车45辆，年客运量190.8万人次，比1991年增加90万人次。2005年投入客车110辆，年客运量270万人次，年实现营业收入2070万元。2012年，输送旅客220万人次，实现营业收入2300万元。

昌邑邮电局于1989年投资3000万元，新建3000平方米的电信大楼。1992—1998年，投资100万元，先后配备业务专用汽车、自动打包机、商业信函打印机、自动查询机等专用设备。2001年4月，全市24处储蓄网点与“110”联网工作完成。2004年1月，全部安装了电视监控设备。昌邑邮政投递段实行城市和农村兼投的办法，划分7个投递段。2000年9月1日，投递体制实行改革，投递路线总计1527千米，投递点1726个；2005年，市区投递点1986个，安装信报箱1.3万个。2012年，实现业务收入5005万元。

1991年，昌邑邮电局换装电报传真机，并先后在柳疃、青乡、龙池3个支局进行安装。1995年，全市20处乡镇支局和城区邮电所全部安装传真机，去报实现传真化。2000—2005年，更新和新增8种型号的传输机9台，长途电路达到5200路。2001年2月，全市共装电话机7.14万部，成为潍坊市区域内第二个电话市。2003年3月，建成昌邑无线市话网（小灵通），并逐年扩容。2005年后，随着手机用户增加，小灵通用户逐年减少。昌邑移动通信公司1999年投资6000万元建设移动通讯基站24个，直放站3个，移动载频数180个。至2005年，在全市范围内建成移动通讯基站86个，室内分布系统9处，直放站4个，移动载频数达980个，设备总值2.6亿元。实行了网络全方位，立体化覆盖。2002年昌邑联通公司CDMA网络全线升级到CDMAJX，数据传输速率达1536K/S。2004年，乡镇网络覆盖率达到95%以上，城区达99.9%。至2005年，潍坊联通累计投资1.9亿元，在昌邑建成GSM基站48座，CDMA基站43座，形成了大容高速率连接省内外及国际的强大传输通信网络，网络容量由初建时2万门增至100万门。2012年，全市电信业全企业实现电信业务总量33448万元，移动电话用户发展到71.37万户。

商贸流通

1991年，昌邑县商业企业积极开展经营承包形式的改革。1992年5月，全市县进行商业网点建设。各类商业服务网点达8490家，从业人员2.1万人，平均千人拥有经营点13个，其中国营集体商业服务网点490家，从业人员440人，营业面积5.5万平方米，年营业额5.97亿元。1993年改建扩建较大商业网点7家，供销商场、供销大厦、中心百货商场竣工营业，增加营业面积2.4万平方米。2001年，昌邑市商业服务网点发展到8500家，从业人员1.5万人。2005年，全市商业、饮食服务业网点达8900家，从业人员2.7万人。全系统商品购进总值3.2亿元，商品销售总值13.2亿元，企业缴纳税金总额3200万元。2012年社会消费品销售总值达111.44亿元。

1991年，由于各行各转变经营机制、改变生产模式，生产的各类生活用品基本满足人们的需求，货源充足敞开供应。2005年，供销社经营生活资料品种由原来的5000种达到17800多种，销售额达8067万元。1991—2012年，昌邑市建成各类专业市场37处，集市贸易125处。2005年，年成交额总计达47.62亿元，贸易额超过8.6亿元。

城乡建设

1986年，城区道路有4街4路，总长9.8千米，昌邑城区人口3.2万人，城区面积2.7平方千米。1991—2005年连续投资7.23亿元，建成城区主次干道28条，总长94千米，城区铺设排水管道93千米，自来水供水管道长59.31千米，天然气主支管道线260千米，城区覆盖率达95%以上。2005年，城区人口14.1万人，是1986年的4倍多，城区面积20.01平方千米，是1986年的7倍多。城区绿化率40%，人均公共绿地8平方米以上。2008—2012年，新增绿地179万平方米，城市绿化率达41.3%。

1994—1996年，中共昌邑市委、市政府为解决北部沿海乡镇及昌邑驻军喝水问题，投资5000余万元，开工建设从城区引水工程，1996年1月29日竣工。共铺设供水管线270多千米，使北部沿海的25万人民和昌邑驻军喝上自来水，从此结束了祖祖辈辈喝咸水、湾塘水的历史。1998年4月，昌邑市天然气供气工程开工建设，至1999年12月成功联网运行，工程总投资1800余万元，设计能力日供气量3万~5万立方米。现铺设管道117千米，环城管道28千米，支管及入户管网330千米。2003年，供气量580万立方米，城市天然气使用率达95%以上。2005年，供气量812万立方米。2006年，新建小区全部开通了天然气。2012年，供气量达1255万立方米。

1991年5月，投资300万元建成占地36亩的新兴乐园，该园位于新兴街、天水路、交通街交叉的三角地带又称为“三角公园”。1994年4月，昌邑县北海公园开工建设，于1995年5月建成。公园位于城区东北部，占地289亩，总投资3000万元。公园建成后，定期举办大型游园活动，把“五一”“十一”作为游园活动日。1996—1998年，城区绿化美化投资1.08亿元，义务植树18万棵，栽植各种花卉200万株，种植草皮42万平方米。2005年，投资1530万元，对北海路、西环路、昌盛路、烟汕路、富昌街等路段两侧进行绿化建设，绿化面积39.8万平方米。至此，城区公共绿地173万平方米，人均公共绿地13.6平方米，绿化覆盖率达40.1%。2011—2012年，为满足城区居民居住需求，集中建设廉租房和经济适用房470套，解决了470户一线工人和部分居民的住房。

1995年，昌邑市小城镇建设投资5436万元。其中，住宅建设投资1625万元，建筑面积6.5万平方米；公共建筑投资1668万元，建筑面积5.56万平方米；生产性建设投资843万元，建筑面积2.81

万平方米。2000年，小城镇建设投资2.79亿元，完成住宅建设21.27万平方米。其中，公共建筑8万平方米，生产性建筑8.10万平方米；新建硬化道路500条，总长400千米。2012年，完成小城镇建设投资31.2亿元，新建、改造县、乡道路158.6千米；农村社区建设继续推进，投资2000万元，完成农村安全饮水工程，解决了361村28.6万人饮水安全问题；投资1.2亿元的昌南水厂主体工程基本竣工。全市小城镇城市化水平，石埠、柳疃达60%，其他乡镇达50%。

环境保护

自1998年起昌邑石化安装治污设备、建设污水处理厂，主要对其产生的废水进行处理。1998年政府部门及有水污染企业先后投资建设污水处理设备，增加在线监控和点源治理力度。1999年，昌邑市富兴水泥有限公司投资300万元安装1套30万吨水泥生产线粉尘治理设备，年处理含尘气体15.5亿立方米。昌邑昌盛水泥有限公司，投资155万元，安装1套水浴除尘器，处理后使粉尘达到《水泥厂大气污染物排放标准》GB4915-1996级标准。城区噪声控制在45~55分贝，总面积达16.2平方千米。2003年后，实施供气、供热工程，节约了能源，减少了污染。2011年5月，率先在省内乃至全国实现全市范围内城乡环卫一体化，净化了生活环境，获全国环卫行业创新奖。潍坊金丝达实业有限公司，从2009年开始研究的“城乡生活垃圾资源化利用”环保课题。2011年6月，该技术经国务院相关部门鉴定，获得国家发明专利。

第四节　社会事业

科技

从1990年开始，昌邑全面实施“科教兴昌”战略，市政府先后出台《关于加快全县科技进步的若干规定》《工业企业科技进步工作考核办法》《昌邑市科技进步奖试行办法》等一系列文件。1996年，昌邑市科委获潍坊市“五月科普宣传月活动先进集体奖”。1997年，全市开展“三下乡”科技咨询服务活动。共举办各种科技讲座1970期，听众达10.1万人次。1998年将科技成果奖励时间改为每两年一次，奖励范围扩大到科研成果，科技推广，科学管理和科技信息等方面，奖金数额为一等奖3000元，二等奖2000元，三等奖1000元。

1991—2005年，全市各级培训基地全方位开展各种类型的实用技术培训，采用举办培训班、讲座、广播、录像等多种形式，培训农村科技人才。2004年11月、2005年9月，山东省科技厅在昌邑举办两期“山东省绿化苗木栽培技术培训班”，培训学员500人。1994年始，开展“绿色证书”培训，有近3万人获得“绿色证书”，4000人获得农民技术员职称。昌邑市农广校专门对农村干部、群众进行专业培训，培训各类农村专业技术人才2万余人次。

1991年以来，全市农业先进技术在适宜地区推广率达70%以上。到1996年底，小麦、玉米、棉花、大豆良种推广率达100%。全市有农村社会化科技推广服务体系专业工作人员1000余人，科技推广服务组织137处。1997年，昌邑市被国家科委授予“全国科技工作先进市”称号。

2010年，全市工业企业实现高新技术项目50项，共有24个项目列入潍坊市级以上科技计划，其中国家级6项，省级15项。山东同大镍网有限公司的“TMT特大网围印花镍网”列入国家火炬计划，“LRW蜡染专用印花镍网”列为国家重点新产品；昌邑市立辉拉床制造有限公司的高速数控立式拉削机床系列产品列入国家新产品；昌邑市海丰水产养殖有限公司“中国对虾良种产业开发”项目和潍坊市润鹏种苗有限公司的“南

2010年，昌邑一中新校落成典礼

瓜砧木新品种杂交优势的利用”列入国家重点星火计划。2011年，全市完成专利申请520项，其中发明专利申请57项，实用新型专利申请149项，职务专利申请149项，国际专利申请1项。山东同大集团和潍坊金丝达印染公司分获第六届省发明创业三等奖，山东瑞其能电器有限公司的“永磁直驱风力发电机组”获得第二十届全国发明展览会铜奖。全市连续第三次被授予“全国科技进步先进市”称号。

教育

1991年，昌邑有幼儿园576处，在园幼儿22328人；小学339所，在校生62314人；初中61所，在校生34157人；普通高中8所，在校生4674人；职业高中（中专）5所，在校生1124人；特殊教育学校1所，在校生30人。1992—1994年，新建扩建中小学137所，增建校舍平房4378间，楼房20座，有11所学校建起高标准的阶梯教室。至2005年底，全市小学适龄儿童入学率，巩固率均达100%；初中适龄少年入学率达99.77%，巩固率达98.95%。

1999年以来，昌邑不断扩大高中教育规模，投资6000余万元新建现代化的文山中学，总建筑面积6.4万平方米。从2001年开始，通过资产置换，投资8000万元，扩建了昌邑一中，使办学规模达到省级示范性普通高中的要求。2007年至2008年，投资522万元，新建农村校舍7946平方米，投资295万元，配备各种教学仪器设备18.8万件（套）。到2012年，全市累计投入7.5亿元，改造校舍46.5万平方米，全部完成校舍改造任务。全市所有学校光纤接入比例达到100%，完成了多媒体“班班通”。新建标准化实验室53个，投入150多万元更新实验教学仪器31万件。全市共有23处学校创建为潍坊市数字化学校，15处学校创建为潍坊市实验教学示范校。大力实施普惠性标准化幼儿园建设，新增园舍面积3万多平方米，38所幼儿园通过潍坊市达标验收。有53项成果荣获潍坊市政府教学成果奖、创新燎原奖、金点子案例奖。

文化

1991年，全县文化机构齐全，设有图书馆、文化馆、博物馆、吕剧团、歌舞团、华艺电影传媒有限公司和昌邑县文化市场管理办公室。90年代，昌邑县北海书社、昌邑书法家协会、文山诗书社、老年书画协会等群众性艺术团体先后成立。1991—2012年，昌邑文学创作队伍日益壮大，创作水平不断提高。全市发表小说、民间故事、散文、论文等共计1000余篇。2002年4月，昌邑市被中华诗词学会授予“诗词之乡”称号。

昌邑艺术剧团始终坚持面向农村为农民观众演出的方向，每年“三下乡”演出均在160场左右，深受广大群众欢迎。昌邑民间文艺表演活动，主要有传统的龙灯、旱船、高跷、狮舞、秧歌、花鼓、跑竹马等，每年春节前后及其他节日、开业庆典等都组织演出。除专业剧团演出外，乡土班子的精彩演出也非常活跃，分布在全市的30多家庄户剧团，平日活跃在城乡各地。奎聚街道南隅社区的京剧同乐社、大葱研究所业余剧团、星光业余剧团被评为潍坊市“十佳庄户剧团”。

昌邑市非物质文化遗产已有2项列入省政府保护名录，5项列入潍坊名录，宋庄小章竹马在潍坊市非物质文化遗产展览中获得好评。姜氏祠堂被省政府列入第三批重点保护单位。2008年依托绿博园建起昌邑市民间收藏博物馆，成立昌邑市收藏家协会。到2011年，村居文化大院建设和文化信息资源共享工程建设覆盖都达到100%。农家乐书屋覆盖率100%。有线电视入村率达94%，入户率达82%。

医疗卫生

1991年，全县共有医院、防疫、保健卫生事业单位35处，其中医疗卫生机构5处，乡镇卫生院22处，职工医院2处，私立卫生专业机构6处。1995年开始，通过引进高技术人才和在职参加医学教育培训，卫生技术人员整体素质普遍提高。至2005年底，全市卫生系统在职干部1560人，另外全市还有乡村医生1272人。1990年以前全县医疗设备比较简陋，自1990年开始，全县每年有40~50台（套）先进设备被引进和购入。至2005年，全市拥有万元以上设备554台（套），总价值5183万元。

1986—2005年，由国家、集体、群众三方共同投资2618.6万元用于降氟改水，受益面积达93%，氟病逐渐被控制。2007年，49万名农民参合，参合率达87.4%。2010年，全市为参合农民补偿各种医药费用6266.3万元，参合率保持100%。2012年，全市卫生机构共489处（包括397处村卫生室），其中综合医院4处，镇卫生院10处。实有开放床位2510张，卫生技术人员3334人，其中执业医师767人，执业助理医师280人，注册护士1064人。

体育

1990年8月，建成昌邑县体育中心，占地120亩。该中心包括体育馆、游泳馆、体育学校和田径运动场。2000年，全市已有15处乡镇（街道）争创为省级体育先进乡镇，达标率为65.2%。至2005年，全市有2.22万平方米体育场1个，400米跑道体育场11个，小型运动场164个，体育训练房29个，体育馆1个，游泳池（馆）2个，排球场141个，足球场58个，门球场55个，手球场6个，篮球场223个。

2012年，绿博园风景区古建筑群

到2008年，全市共完成村居、社区健身设施130处，农村体育标准化设施覆盖率48%。全市经常参加体育锻炼的人口25万人，占总人口的43%。发展社会体育指导员396人，活跃在城乡200个晨晚练点，为引导广大群众科学健身起到了良好的指导示范作用。1991—2012年，昌邑市相继获全国体育先进县（市）、全国群众体育先进单位、山东省群众体育先进单位等称号。

人民生活

1991年以来，粮食产量大幅度提高，农副产品日益丰富。农村人口的生活收入由单一的农产品收入向着多元化的方向发展。城乡工商业的发展，促进城镇居民收入的稳步提高。1991年全县在岗职工28369人，工资总额5585.8万元，年人均工资1969元；农村居民人均纯收入927元。1995年，全市在岗职工30737人，工资总额1.38亿元，年人均工资4483元；农村居民人均纯收入2352元。2005年，全市在岗职工年平均工资11246元，是1991年职工年平均工资的5.71倍；农村居民年人均纯收入5159元，是1991年人均纯收入的5.67倍。2010年，全市职工年平均工资32191元，是2005年的2.86倍；农村居民人均纯收入8815元，是2005年的1.7倍。2012年，城市低保标准提高到每人每月360元，农村标准提高到每人每年2200元；农村五保集中供养标准提高到每人每年3300元，分散供养标准提高到每人每年2500元。经济发展和收入提高，促使人民消费水平不断提高，消费结构发生很大变化，高档耐用消费品逐步进入千家万户。

第五节　乡镇（街道）概况

奎聚街道

位于昌邑市区中心，是中共昌邑市委、市人大、市政府、市政协所在地。东与围子街道、卜庄镇隔潍河相望，西、南与都昌街道为邻，北与柳疃、龙池2镇接壤。206国道、双石路、富昌街等10余条道路横贯东西，与纵贯南北的灶朱路、解放路、新昌路等近10条道路交织成四通八达的交通网。潍河自南向北经辖区东侧流过。辖区总面积67.8平方千米，土地面积3.87万亩，辖60个居民委员会（59个自然村）。2012年，总户数3.06万户，总人口8.68万人，完成地方财政收入8870万元，农民人均收入11948元。

都昌街道

位于昌邑市城区中西部，面积191平方千米，耕地面积11.8万亩，辖82个行政村（社区）。该街道生姜种植历史悠久，素有“姜乡”之称，是中国北方大姜生产加工基地，且发展多种经济。2012年，有2.5万户，总人口8.8万人，完成地方财政收入6637万元，农民人均收入11998元。

围子街道

位于昌邑市区东部，潍河东岸，面积161.88平方千米，耕地面积14.76万亩，辖127个行政村。2012年，有2.89万户，总人口10.06万人，完成地方财政收入6522.6万元，农民人均纯收入11102元。先后获“山东省先进基层党组织”“山东省文明镇”“山东省环境优美镇”“山东省铸造之乡”“山东省绿化示范镇”“山东省苗木强镇”“山东省旅游强镇”和“山东省最佳休闲乡镇”等称号。

龙池镇

位于昌邑市西北部，面积182平方千米，耕地5.8万亩，辖27个行政村。辖区海岸线6千米，主要海产品40余种，沿海地下蕴藏着卤水、溴素和石油等资源；盐及盐化工和纺织印染是该镇的两大优势产业。拥有盐田27

万公亩，年产原盐130万吨，溴素生产能力达1.5万吨。以海能化学12万吨离子膜烧碱项目为基础，规划建设了10平方千米的龙池工业园区。2012年，有7911户，总人口2.5万人；完成地方财政收入4854万元，农民人均年收入10861元。

柳疃镇

位于昌邑市区北10千米处，总面积324.7平方千米，耕地面积7.5万亩；海岸线长19千米，滩涂面积4.13万亩。辖区内荣乌高速公路、大莱龙铁路和省道新海路横贯东西，县道灶朱路纵贯南北。纺织印染、盐及盐化工是该镇传统产业和主导产业。2012年，有民营业户1345家，限额以上工业企业57家，共有从业人员2.8万人。拥有各类织机2.3万台，纺纱能力12.6万锭，年产丝绸、纯棉等各类布匹16.2亿米，印花布6亿米。主要产品有丝绸、纯棉、化纤、涤棉、装饰布和色染布等6大类200多个品种，是江北最大的装饰布生产印染基地。2012年，辖72个行政村，总人口4.7万人；完成地方财政收入10202万元，农民人均纯收入12223元。是省政府确立的首批中心镇，住建部命名的“全国重点镇”，国家发改委确定的“小城镇经济综合开发示范镇”。2012年8月入选全省“百镇建设示范行动”示范镇。

1991年，下营渔港的繁忙景象

下营镇

位于昌邑市北部，总面积220平方千米，耕地面积5.1万亩，辖35个行政村。海岸线长18千米，浅海滩涂4.6万亩，鱼、虾、蟹和贝类资源丰富，其中东方大对虾、银鱼、文蛤、梭子蟹为下营名产。2012年，有8600户，总人口2.4万人；完成地方财政收入1.37亿元，农民人均纯收入10611元。

1991年，机械化收盐现场

卜庄镇

位于昌邑市东北部，地处潍坊、烟台、青岛3市交界，交通便利。总面积146平方千米，耕地面积11.2万亩。

抓住工业强镇这个核心不动摇，恒信达高档染料中间体、凯特纳米新材料和金昌树JCS环保稳定剂项目顺利试投产，乐邦冷链物流建设顺利。加快发展特色农业，全力推进特色农牧业、农田水利、林业生态等农业

2012年，博陆山梨园春景

现代化发展。2012年，辖95个行政村，总人口5.2万人；完成地方财政收入3232.1万元，农民人均纯收入10698元。先后获“全省平安创建先进乡镇”“潍坊市文明和谐单位”“潍坊市文明镇”等称号。

饮马镇

位于昌邑市中南部，面积166.1平方千米，辖101个行政村。2012年，总户数2.46万户，总人口8.5万人；全镇工业实现销售收入76.35亿元，利税9.9亿元。

饮马镇是“省级环境优美镇”“山东省中心镇”。形成以纺织、高新技术、矿业开采和设备制造为主的四大特色产业。农业发展向特色产业化、规模化发展，东部有万亩土豆和西瓜种植基地；中部有省级农业龙头企业——潍坊林海生物科技有限公司以及万亩特色苗木园区（东方园林苗木基地、金山苗木基地）；西部有林果、种养殖业，规划建设万亩博陆山生态果蔬产业园。饮马镇盛产的“山阳牌”大梨及“林海春天牌”食用菌是绿色食品和农产品地理标志产品，山阳村连续举办3届山阳梨花节，吸引游客20多万人，优势产业明显。2012年山阳博陆山生态旅游风景区被评为国家AAA级旅游景区。

北孟镇

位于昌邑市南部，面积176平方千米，耕地面积17.3万亩。2012年，辖92个行政村，总户数1.97万户，总人口7.2万人；完成地方财政收入1471万元，农民人均纯收入10127元。

潍胶路、济青高速公路、胶济铁路、下小路4条交通要道穿境而过。拥有民营企业300余家，限额以上企业29家，形成以纺纱织造、纸箱包装、农产品加工等“三大产业”为支撑，新型电子、玩具制造、机械制造、饲料加工、

2010年，九龙屯大蒜生产园一角

工艺镜框加工等产业齐头并进的格局。具有丰富的农业资源和突出的发展优势，农业龙头企业发展到10余家。

第十一章　临朐县

第一节　建置区划

境域

临朐地处鲁中，沂山北麓，北纬36° 04′～36° 67′、东经118° 14′～118° 49′。东与昌乐县、安丘市毗连，南与临沂市沂水县、淄博市沂源县接壤，西界淄博市淄川区，北邻青州市。总面积1831平方千米，南北最长59千米，东西最宽52千米，辖8个镇、2个街道、1个风景区、1个高新技术产业园，345个行政村（社区）。

建置

据《竹书纪年》和《齐乘》载，今临朐境少昊世为爽鸠氏、帝尧时代为帝子丹朱、虞夏时期为季萴、商朝为诸侯逄伯陵封地。西周，今临朐境称骈邑，为纪国所辖。春秋时期，齐国灭纪，骈邑改属齐国。战国时临朐地为“齐之朐邑”。秦，今临朐境大部属临淄郡，南部属琅琊郡。西汉初，始设临朐县，因县城东临朐山而名。临朐境内，那时分属临朐、朱虚、临原、按（同校）、缾5县。临朐属齐郡，莽新时改为监朐；朱虚属琅琊郡，治所在临朐城东南13千米的古城村；临原亦属琅琊郡，治所在临朐城东北1.5千米（待考），莽新时改为填（镇）夷亭；按，亦名按亭，治所在朱虚城东6.5千米，仅存5年即废，属郡不详；缾，属琅琊郡（遗址待考）。东汉，今临朐境内仅存临朐和朱虚2县。光武初，复监朐为临朐，并将缾县并入，属青州齐国；将填夷亭并入朱虚县，属青州北海国，治所移至今临朐城东南25千米的城头村。三国魏时，境内仍设临朐、朱虚2县。临朐属徐州东莞郡；朱虚属青州城阳郡。晋朝，境内设临朐、朱虚2县，初属琅琊郡，后属徐州东莞郡。惠帝永康元年（300），朱虚改属平昌郡，临朐属高密国。南北朝时期，境内设昌国、朱虚、般阳、西安、安平5县。昌国，南朝宋改临朐置，治所在临朐城。般阳，割朱虚西南境置，治所在临朐城东南13千米西盘阳村。西安，在昌国县西，治所在临朐城西5千米西安村。安平，在昌国县北，为今临朐北界。上述4县均属齐郡。朱虚，南朝宋属平昌郡，北朝魏改属胶州。北周时朱虚并入琅琊郡，般阳、西安、安平并入昌国县。隋朝，开皇六年（586）改昌国为逄山县，复设般阳县，属青州。大业初，改逄山县为临朐县，般阳并入临朐，属北海郡。唐朝初，废临朐，置般阳县。武德五年（622），重设临朐县。武德八年（625），般阳并入临朐县，属河南道青州。五代，沿唐制。宋朝，初沿五代制。庆历三年（1043），改属京东东路青州按抚使。金代，贞祐四年（1216）析穆陵镇置县。临朐、穆陵2县均属山东东路益都府。后将穆陵县并入临朐县。至元二年（1265）元临朐并入益都县。至元十五年（1278），复置临朐县，属山东东西道宣慰司益都路。明、清两代，设临朐县。明时属山东布政使司青州府，清时属山东行省青州府。民国初，废府设道，临朐县属胶东道。1925年，改属淄青道。1928年废道，临朐县为省直辖。1938年，改属山东省第八行政督察区所辖。1940年4月，临朐县抗日民主政府成立。1943年9月，共产党领导的临朐县政府建立，隶属鲁中行政区第四（沂山）专区。1945年10月，原第三专区撤销，第四专区改为第三专区，临朐亦随之改属第三专区。1948年7月，属鲁中南行政公署第三（沂山）专区。1949年7月，改属昌潍专区。1967年3月，改属昌潍地区。1981年7月，昌潍地区改名为潍坊地区，临朐县亦改属潍坊地区。1983年10月，潍坊地区改称潍坊市，临朐县改属潍坊市辖。

区划

1991年，境内有纸坊、嵩山、杨善、米山、石家河、石佛、箕子山、白沙、沂山、七贤、盘阳、杨家河、白塔、大关、蒲沟、营子、龙岗、辛山、柠林19处乡和临朐、五井、冶源、寺头、九山、辛寨、蒋峪、柳山、上林9处镇。1993年6月，撤销7处乡，新设卧龙镇、吕匣镇、米山乡并入冶源镇、盘阳乡并入卧龙镇、箕子山乡并入吕匣镇、石佛乡并入寺头镇、蒲沟乡并入大关镇、辛山乡并入柳山镇、柠林乡并入上林镇；杨善乡、营子乡、龙岗乡、七贤乡、大关乡分别改设为杨善镇、营子镇、龙岗镇、七贤镇、大关镇。全县由28处乡镇调整归并为23处乡镇。1996年6月，撤销白塔乡，原白塔乡所属28个村和大关镇池子村划归昌乐县白塔镇管辖，全县辖22处乡镇。1998年10月，纸坊乡改为纸坊镇。2001年2月，撤销5处乡镇：嵩山乡并入五井镇，吕匣镇并入寺头镇，白沙乡、沂山乡并入九山镇，杨家河乡并入辛寨镇，调整合并为17处乡镇。2004年3月，撤销临朐镇，以原临朐镇行政区域设立城关街道；设立东城街道，将营子镇西部27个村、七贤镇北部4个村划归东城街道管辖。2007年9月，撤销9处乡镇，调整合并为2个街道：城关、东城和8处镇：五井、冶源、寺头、九山、辛寨、沂山、柳山、龙岗。其中，纸坊镇并入城关街道，杨善镇并入冶源镇，石家河乡并入寺头镇，大关镇、蒋峪镇合并为沂山镇，卧龙镇并入辛寨镇，营子镇、七贤镇并入东城街道，上林镇并入龙岗镇。2010年，将原937个行政村（社区）合并为345个行政村（社区）。1992年，经山东省政府批准设立临朐经济技术开发区，后更名为临朐经济开发区。2004年3月，设立沂山风景区管理委员会。2012年2月，设立临朐县龙山高新技术产业园。

人口　民族

1991年，全县总人口88.25万人，人口出生率10.59‰。2000年，全县总人口86.7万人，人口出生率8.65‰。2012年，全县总人口87.7万人，人口出生率12.7‰。

境内居民多为汉族。1994年，全县少数民族有回、蒙古、藏、满、朝鲜、苗、哈尼、彝等民族，294人。2000年，全县有回、满、蒙等21个少数民族，433人。2012年，全县有少数民族23个，565人。

第二节　自然环境

地形

境域处泰沂隆起地带东北部，昌潍凹陷区南部，沂沭断裂带西侧，有褶皱、断裂两种构造形态。西、南部山区，重峦叠嶂，沟壑纵横，占全县面积的47%；东部丘陵，岭埠绵亘，冈陵起伏，占40%；中、北部平原，坦荡如砥，沃野千顷，占13%。地势南高北低，东西隆起，呈簸箕状。

气候

境内为温带大陆性季风气候，四季分明。80年代后，年平均降水量600毫米左右、平均气温12.8℃，年平均日照2514.1小时，无霜期203天。

河流

全县大小河流230余条，较大者57条，分属弥河、汶河两水系。弥河水系由36条河流组成，以弥河最大，为全县第一大河流，自南向北，纵贯县境，县内总长82千米，受地形影响，河身蜿蜒曲折，有“九山到冶源，弥河过九遍”之说。新中国建立后，拦河修建大中型水库5座，小型水库140座，塘坝376座，地表水多年拦蓄总量2.5亿立方米。红旗河、夏庄河、白沙河、杨家河、寺头石河、丹河、龙岗河和龙山河、五井石河等较大的36条河流，均注入弥河。汶河为县内第二大河，源自沂山东、北麓，县境内长30千米。蒲沟河、英山河、孟津河等较大的21条河流，均注入汶河。

土壤

全县已利用的土地土壤分为棕壤、褐土、潮土和砂姜黑土4大类、9亚类、14土属、50土种。

植被

临朐县原始森林较少，荒山坡多为次生灌丛草地。落叶灌丛主要有胡枝子、荆条、酸枣、护山棘、紫穗槐等，草类以地柏、黄被草、狗尾草、结缕草、羊胡子草、蒿类等为主。平原地区为人工栽植树种，主要有杨、柳、榆、梧桐、刺槐、枰柳、楸树、松、柏等，经济林有桑、枣、香椿、桃、苹果、杏、山楂、板栗、柿树等。

自然资源

全县土地总面积275万亩。水资源总量5.57亿立方米。矿产资源种类繁多，全县累计发现矿产资源32种。其中硅藻土、磁铁砂、花岗石、石灰石蕴量最为丰富。沂山红、嵩山青、临朐红等石材为重点建筑采用，并有部分出口世界各地，享誉海内外。利用红丝石制作的砚台，色泽艳丽，花纹美观，质坚而润，观赏价值高，久负盛名，宋时为中国四大名砚之首。西部青石山区盛产奇石怪石，青黄红白色彩纷呈，瘦漏皱透妙然神工。境内山多林密，鸟兽类多种繁，禽鸟有170余种，草本植物千种以上。临朐土特产品亦驰名九州，“全羊汤”闻名遐迩，野生中草药类多质优，春酿槐花蜜誉满海右，大樱桃色鲜味美，还有柿子、板栗、山楂、桃、苹果、核桃、杏、山蝎等农产品。

自然灾害

随着科学的不断发展，人为的努力控制，县内部分自然灾害大为减轻。直接造成县内经济损失和威胁人民生命财产安全的自然灾害主要有旱、水、雹、风和虫灾。

第三节　经济发展

临朐县历来以小农经济为主，工商业落后。中华人民共和国成立后，从以农业为主的单一经济，发展到农工商全面发展的综合经济。改革开放以来，全县国民经济和社会各项事业均取得巨大成就。1991年，全县实现社会总产值25亿元，地区生产总值10.7亿元；社会商品零售总额3.2亿元；财政收入5271万元；农民人均纯收入650元。2012年，全县实现地区生产总值181.4亿元；完成财政总收入14.1亿元；完成固定资产投资178.7亿元，实现规模以上工业企业主营业务收入413.6亿元、利税22.4亿元。实现社会消费品零售总额94.1亿元。城镇居民人均可支配收入、农民人均纯收入分别达到18503元和10512元。

农业

1991年以来，全县坚持以结构调整为主线，以增加农民收入、改善农村环境为出发点，着力打造林果、畜牧两个强县，农业和农村经济得到全面发展。2000年，全县农村经济总收入95.7亿元，形成干杂果品、优质苗木、优质奶畜、食用菌、中药材五大基地。进入21世纪，大力发展现代农业，围绕大棚果、奶牛、肉鸭和黄烟四大产业，实施规模化、产业化经营，注重品牌和质量，经济效益不断提升。2012年，全县规划建设现代农业示范园区22个，市级以上农业龙头企业发展到45家，市级农民专业合作社，示范社发展到33家，新认证“三品一标（无公害农产品、绿色食品、有机农产品和农产品地理标志）”农产品48个。全县果园面积18.8万亩，水果产量21.4万吨，奶牛存栏3.2万头，全年奶类产量10.2万吨，种植烤烟5万亩，烤烟总产5164吨。全县农机总动力达55.5万千瓦，农业综合机械化水平达到85%。

1991年以来，持续不断加强山区综合开发。2000年，完成治山整地11.04万亩，新打井729眼，新修水库35座，治理河坝56.2千米，新修防渗渠38千米，铺设地下管道49.5千米，扩大灌溉面积3.8万亩，被国家列入全国水土保持生态环境监督管理规范化建设重点县。进入21世纪，农田水利基本建设不断加强。2012年，组织实施28项水利工程，新增高标准农田5.2万亩，治理水土流失面积78.4平方千米。嵩山水库地表水厂、沂山水厂柳山供水管网、东城加压站一期工程建成，解决了289个村、25.2万人的饮水安全问题，农村集中供水覆盖人口达到70%以上。

1988年始，全县造林植果进入一个快速发展时期。1996年，林业部确定临朐县为全国首批山区综合开发示范县。2000年底，全县林地面积达到71.9万亩，其中经济林32.2万亩，森林覆盖率达到29.6%。2007年始，黑山、尧山等林场造林面积不断扩大。2012年末，全县林木覆盖率达45.7%。全县省级农业产业化重点龙头企业达7家、市级45家。组织完成绿色食品认证13个、有机食品认证21个，认证基地3.6万亩。全县中国地理标志证明商标达到10件。建成省级绿化模范镇1个，省级苗木百强镇1个，省级经济林标准化示范园2个，省级农民林业专业合作示范社3家。

工业

1991年以来，全县按照“全党抓经济，重点抓工业，突出抓效益”的指导方针，深化企业改革，至1997年，全县大中型企业发展到26家，利税过千万元的企业发展到5家，“秦池”白酒1996年、1997年连续两年夺得中央电视台黄金段位“标王”。1998年始，全县深化企业产权制度改革，搞活国有大中型企业，对乡镇村办企业全面进行改制，至2000年，全县工业企业3373家，实现工业总产值61.4亿元。进入21世纪，实施“工业立县”战略，狠抓招商引资和大项目建设，着力培植骨干企业，实现了又好又快发展，铝型材、不锈钢两大产业集群被评为山东省“十大特色产业集群”“县域经济十大产业聚集园区”“中国（江北）铝型材第一县”。2012年，初步形成铝及不锈钢加工、轻工业、纺织服装业、机械电子业、冶金化工业、建材加工业等六大支柱产业，引进培植山水水泥、雷奥新能源、燃气热力、华建铝业等大型企业，全县306家规模以上企业完成工业总产值405.1亿元，产品销售率达98.5%。全县规模以上工业企业主营业务收入过亿元的企业162家；利税过500万元的企业166家；实交税金过百万元的企业95家，其中过千万元的10家。山东华特磁电有限公司等4家企业取得中国驰名商标认证，山东圣罗捷畜禽产业有限公司等3家企业产品被认定为山东省著名商标，全县中国驰名商标总数达6件，山东省著名商标总数达22件。新增山东名牌产品7个，山东名牌产品总数达28个。山东华特磁电有限公司获山东省省长质量奖。临朐县被中国有色金属加工工业协会授予“中国铝型材产业基地”称号。

建筑业

1988年，全县共有27家建筑安装企业，其中三级企业6家，四级企业21家。1990年，全县完成固定资产投资1.1亿元。1994年，全县建筑安装企业开始股份制试点，至1998年，完成股份制改造14家，成立私营企业2家，2000年，全县建筑安装企业发展到38家，从业人员18200人。全县建筑安装企业机械设备增长迅速。2008年，全县有建筑业企业56家，从业人员2万人，完成建筑业总产值14.8亿元，固定资产投资96亿元。2012年，全县资质以上建筑企业共41家，完成建筑业总产值20.1亿元，房屋建筑施工面积204.5万平方米。山东华建铝业集团被评为“中国建筑铝型材二十强”企业。

对外经贸

1988年，全县首家三资企业——齐鲁鞋业有限公司成立，到2000年底，已有19家企业获得自营出口经营权。外商在临朐投资遍及种植、养殖、食品加工、机械制造、工艺品加工、化工、医药、房地产、包装、装潢、宾馆、饮食等各个领域，全县共落实招商引资项目435个，到位资金5972万美元，其中市外资金4330万美元，无偿资金628万美元。临朐双利制衣有限公司、临朐永茂化工有限公司、潍坊爱地农业发展有限公司、临朐丰合丝织有限公司、潍坊中港有机复合肥有限公司等26家利用外资企业成立，合同利用外资额3020万美元，实际利用外资额1010万美元。2005年，全县共审批利用外资项目48个，合同外资额11982万美元，实际利用外资10850万美元，引进世界500强“日本横滨橡胶有限公司”，与山东跃马胶带有限公司合资成立“山东横滨橡胶工业有限公司”。2012年,全县合同利用外资10023万美元，实际到账外资3302万美元。全年完成进出口总额30463万美元，其中出口23457万美元。外派劳务820人次，实现对外承包劳务营业额2146万美元。新办成境外投资项目3个，实现境外投资额1005万美元。

交通　邮电

1991年始，全面改善交通条件，对境内道路进行改造提升。1994年，全县公路通车里程614.8千米，客运量219.4万人次，货物周转量16024万吨千米。2003年以来，大力实施“村村通”工程，新建改建乡村道路。至2012年，境内公路通车里程达2377千米，长深高速建成并在临朐设3个出口。全社会运输业完成公路货运量1594万吨，货物周转量476561万吨千米，客运量1710万人，旅客周转量87460万人千米。年末民用运输车辆拥有量9294辆。

1991年始，邮电通信事业实现了电话交换程控化、传输数字化，无线寻呼、公众传真、移动通信、特快专递等广泛应用。1992年6月，县内电话号码由4位升至6位，同年8月，数字程控电话交换机投产使用。2000年，全县交换机总容量达12万门，电话普及率为29.8部/百人，并建成冶源、营子、杨善、纸坊、辛寨、七贤等6个电话乡镇及包括临朐镇50个电话村在内的全县150个电话村，上网用户达到5200户。2012年，全县固定电话用户12.9万户，手机用户达77.8万户，宽带上网用户发展到7.4万户。全年邮电通信业务总收入4亿元，其中邮政业务收入3023.5万元。

商贸流通

1991年始，全县商贸流通服务业按照“城内发展超市、直营店，城外发展专业市场群”的总体发展思路，积极推进企业改制、结构调整、制度创新、管理创新、经营创新，不断加大投入、开拓市场、强化管理，全县商贸流通业呈现出良好的发展态势，形成行业门类比较齐全、多种经济成分并存的商贸流通服务业体系，成为国民经济新的增长点和吸纳社会劳动力的主渠道。2008年，全县社会商品零售总额52.3亿元，商贸流通系统商品销售总额14.2亿元。2012年，全县社会消费品零售总额94.1亿元。以城区店为龙头、乡镇店为主体、村级店为基础的城乡一体化销售网络进一步健全完善。在城区建成亿佰家、大观园、华兴、全福元、佳乐家等超市、专卖店150多家。全县实现日用品、农资、石油、家电、烟花爆竹、药材、食盐、卷烟等商品的城乡连锁经营，年配送额达到10亿元。

2012年，全县建成铝型材、不锈钢、钢材、装饰材料、奇石、生产资料、汽车销售、物流等大型专业市场20余处。其中，铝型材市场年交易额达200亿元，发展成为江北最大的铝型材集散地；奇石市场辐射全国，年交易额1.5亿元。全县各类市场发展到150余处，全年总交易额达360亿元。

文化娱乐、信息咨询、中介服务、计算机应用、家政服务以及保健等新兴行业开始崛起并蓬勃发展。到2008年底，各类商业网点达1.9万处，其中城区近4000处，营业面积达60多万平方米，千人拥有网点达到22个，形成大中小相结合、高中低平衡发展的服务业格局。2012年，临朐城区文化休闲娱乐业经营户81家。餐饮服务业档次提升，临朐宾馆、伟成、商业宾馆、红叶、华懋、华海、鲁川、环城等较高档次的宾馆10余家；中低档次的宾馆近100余家；城区家庭旅馆发展到200余处；各类饮食服务网点达1945户。

城乡建设

1991年以来，临朐县不断加快基础设施建设，至2000年，城区面积达12平方千米，城区人口11.31万人。县城形成六纵六横的网状道路交通格局。句月湖公园和九大绿地的建成，使城区绿化覆盖率达到36%，基本实现三季有花、四季常青的绿化美化效果。建居民居住小区8个。县城集中供水延伸至杨善、卧龙、七贤、营子、辛寨5处乡镇，生活用水受益人数达13.2万人。县内乡镇驻地面积21.5平方千米，14.53万人。其中，冶源镇和杨善镇分别被建设部列为小城镇建设试点镇。进入21世纪，围绕全面提升城市功能，确定“东西竞进，突破新区；加快改造，提升老城”的发展思路，组织实施道路拓宽改造、绿化美化亮化、供热供气供水、房地产开发等建设工程，弥河综合开发、泉水进城、城市拆迁、污水处理厂和热电厂建设等一批重点项目建成投入使用，城市基础设施逐步完善，服务功能显著增强。2012年，实施中央商务区三期、东郡片区、后楼片区等12个片区改造，搬迁面积62.6万平方米，腾出建设用地2756亩。开工建设中央商务区二期、后楼、西马家庄、粟山等21个安置社区，建设安置楼269栋、6990户，建筑面积113万平方米。新建改建南二环路、朐山西路等道路19条、39.2千米，安装路灯260盏，完成26处路口交通信号灯安装。实施绿化工程，新增城市绿化面积58.4万平方米，完成沂山大桥和兴隆大桥亮化工程。县城建成区面积达到32平方千米，建成区绿化覆盖面积12.8平方千米。城镇建设全年新修道路300万平方米，敷设排水管网75千米，新增污水处理设施4个，安装路灯1856盏，铺设人行道74万平方米。新建学校、医院、计生办、派出所、维稳中心、敬老院等公共服务建筑27.8万平方米，新建绿地250万平方米。全县保障性安居工程开工建设2117套，其中新建经济适用住房150套、公共租赁住房313套、廉租住房20套、棚户区改造1634户。辛寨镇、冶源镇分别被评为全国重点镇、省级中心镇，冶源镇被确定为国家小城镇建设试点镇，辛寨镇被确定为山东省百镇建设示范镇。

环境保护

1991年始，加强法制建设，健全环保法规依法管理环境保护。1998年10月，建成第一座污水处理厂。2002年，被国家环保总局列为第七批国家级生态示范区建设试点地区。2006年，建成第二污水处理厂，先后完成山东秦池酒厂煤改沼气工作，关停九顶水泥厂和潍坊炳学水泥有限公司4条共40万吨立窑水泥生产线，对19家有水污染的铝型材企业和70家肉鸭屠宰企业进行治理，做到达标排放。关闭万豪纸业集团麦草制浆生产线和化肥厂、炼油厂等25家重污染企业。取缔12家小电镀企业、12家小炼铁项目、240台落后缫丝设备，3家小炼油企业。对54家磁选矿企业进行清理整顿，分期分批予以关闭。2007年，临朐县被确定为全国生态环境监察试点县。2009年，被授予“中国绿色名县”称号。2012年，全县淘汰改造高耗能变压器、电动机、风机等设备230多台套，关停小电镀、小化工等企业50多家，先后对130个项目进行了合理用能评估与审核。取缔“土小”项目20个，停产治理污染企业8家。开展水源地保护专项整治，关停10家涉砷、铅企业，取缔金属表面处理加工户30余家，拆除设备15家。

第四节　社会事业

教育

1991年以来，全县教育事业迅速发展，优化调整小学布局，扩大初中办学规模，化解初中入学高峰。1996—1997年，将普通高中调整为6处，职业高中（中专）调整为3处，大规模扩建校舍。1999年，筹建占地224.63亩的实验中学。至2000年，全县幼儿园370处，在园幼儿18368人；小学310处，在校生70366人；聋哑学校1处，在校生123人；初中46处，在校生85162人；普通高中7处，在校生13075人；职业高中（中专、技校）4处，在校生6105人。是年，7处达省级规范化学校标准，43处达市级规范化学校标准，有177处中小学达县级规范化学校标准。2000年，高考本科一榜进线1221人，居潍坊市第二，山东省第三。进入21世纪之后，教育基础设施建设步伐加快，办学条件明显改善，教育教学质量不断提高。至2012年，全县新建（改扩建）学校126处、新建校舍69.17万平方米，共配套多媒体“班班通”2030套、教师机6548台、学生机6300台，100处学校完成光纤“校校通”，选配符合安全技术条件标准的专用校车145辆，第一批40辆校车配备到位。2012年，全县幼儿园调整为178处，在园幼儿19039人，幼儿入园率为91.2%；小学调整为111处，在校生43201人，入学率、巩固率均为100%；聋哑学校1处，在校生104人；初中调整为23处，在校生22327人，适龄学生入学率与巩固率均达98%以上；普通高中6处，在校生14574人；职业高中（中专、技校）调整为4处，在校生11401人。2012年，高考本科一榜进线1020人，居潍坊市第二。

文化

1991年以来，大力实施“文化强县”战略，着力打造“小戏、书画、观赏石、雕塑”四大文化品牌，文化事业和文化产业得到长足发展，1991年5月，被山东省委、省政府授予全省首批“社会文化先进县”称号，1993年、

1995年，又先后被文化部、人事部授予“全国社会文化先进县”和“全国文化模范县”称号。2008年，临朐县被确定为山东省公益雕塑产业基地，华艺雕塑有限公司被确定为山东省文化产业示范基地。公共文化服务体系逐步健全。至2009年，图书馆、文化馆被评定为国家二级馆，博物馆被评定为国家三级馆，建成文化信息资源共享工程县级支中心，全县10处镇街全部建成综合文化站，建成村文化大院756个，文化专业户发展到8200余家。2012年，先后被评为“中国民间艺术之乡”“中国书法之乡”称号；成立临朐县戏剧舞蹈家协会、音乐家协会及相关文艺演出团体，成功举办两届全县群众文化艺术节。加强镇（街道）文化中心和村文化大院建设。新建公共电子阅览室28处、农家书屋45处、数字影院2处，文化信息共享、农村电影放映工程、农家书屋建设实现了全覆盖。文化创作繁荣，“小戏之乡”特色彰显。小吕剧《借媳妇》获得全国第十一届群星奖金奖，两次晋京演出。剧本获文化部“小戏春晖——全国部分省市农村小戏调演”群众文艺奖金奖，并先后由山东电视台、中央电视台录播。书画之乡名副其实，在市级以上业务部门举办的展览中，有多件作品获奖。2004年，邱怀霞山水作品入展中国美协第十届全国美术作品展。2012年，刘仲原的作品《家园》获第五届“泰山文艺奖”三等奖。文艺创作方兴未艾。2007年，冯益汉作品《宋太祖传奇》由作家出版社出版。2009年，县文化馆创作的小品《白杨树下》，在文化部艺术发展中心举办的“中华颂”全国小戏、小品、曲艺作品大赛中获二等奖。县史志办公室编纂出版《临朐村镇志略》，获齐鲁新方志奖。文化产业发展迅猛，建成奇石交易市场、中国临朐文化城、临朐龙韵文化艺术城、临朐风景石市场、临朐民俗文化休闲公园等。2005年，北齐崔芬壁画墓被批准为国家重点文物保护单位。2012年，全县共有历史文化遗址669处，国家级重点文物保护单位2处，省级文物保护单位3处，市级文物保护单位44处。“北辛文化遗址群”和“马庄摩崖造像”被确定为山东省第三次全国文物普查百大新发现。

旅游

临朐县旅游业起步较早。1991年始，每年举办一届临朐县红叶节。1997年，临朐县第一家旅行社环球旅行社成立。2001年始，沂山风景区、老龙湾风景区、石门坊风景区、嵩山风景区等先后完成总体或详细规划。沂山被批准为国家森林公园。2005年以来，实施“旅游强县”发展战略，突出生态特色，推动重点突破，全面打响“灵气所钟，山水临朐”品牌，全力打造“齐鲁生态旅游第一县”。2007年，临朐县获“中国最佳生态旅游县”称号。沂山、老龙湾、石门坊等实施综合开发，景区基础设施逐步完善，服务水平明显提升，景区面貌焕然一新。以活动为载体，扩大临朐旅游影响力，先后举办十六届红叶文化节，七届观赏石博览会，承办三届山东省乡村旅游文化节。沂山风景区晋升为国家AAAAA级景区，弥河水利风景区创建为“国家水利风景区”，揽翠湖（天沐）温泉度假村晋升为国家AAAA级景区，九山镇、沂山镇、冶源镇分别被评为山东省逍遥游“好客山东最美乡村”“山东最美乡镇”“山东省最佳休闲乡镇”。2012年，共接待游客286.1万人次，实现旅游总收入18.8亿元。

科技

1991年，大力推广新技术、新成果，至1994年，推广应用先进实用新技术、新成果56项。1994年始，申报高新技术企业，至2000年，全县有6家企业被评为高新技术企业。2008

年底，全县规模以上工业实现高新技术产业产值55.7亿元。2012年，新认定“中国专利山东明星企业”6家。全年新发展中坤石油化工等高新技术企业7家，全县高新技术企业达到18家。全县市级以上工程技术研究中心发展到27家，其中，省级2家，博士后工作站1家，产业技术创新战略示范联盟1家，国家火炬计划特色产业基地1处。完成市级以上科技成果鉴定15项，获市级科技进步奖22项，其中一等奖1项、二等奖10项、三等奖11项。全年共申请专利583件，专利授权323件。

卫生

1991年，全县有医疗、保健、卫生事业单位43个，技术人员1236人，重要医疗器械68件。2000年始，卫生体制改革稳步推进，完成冶源干部疗养院、朐山医院、中医院和冶源中心卫生院股份制改造。2008年，成立新型农村合作医疗管理办公室。全县共有医疗单位29处，其中县直单位10处，乡镇卫生院17处，民营单位2处。全县开设病床1658张，医疗用房17.73万平方米，拥有CT、磁共振等万元以上医疗设备472台（件）。2012年，对县中医院、县海浮山医院2处改制医院实行改制回收，设置为差额事业单位，恢复其公立医院公益性质。全县共有医疗卫生单位25处，其中县直单位5处，乡镇卫生院17处，民营单位3处。全县开设（开放）病床3875张，17处镇（街）卫生院和369处村卫生室全部推行了基本药物制度。基层中医药工作取得突破，基本建立了以县中医院为主体、镇街卫生院为基础的中医医疗服务网络。全县城乡居民健康档案建档率达到91.7%，65岁以上老年人健康查体率达到92.1%，孕产妇系统管理率达到88%，产妇住院分娩率达到100%，0～6岁儿童系统管理率达到91.9%，高血压、糖尿病患者规范管理率分别达到82.4%和81.7%，纳入国家免疫规划的疫苗适龄儿童接种率达到98.3%。

体育

1996年，建成占地158亩的体育中心。1997年，被国家体育总局授予“全国群众体育先进单位”称号。2000年5月，举办首届全民运动会。2001年，刘淑梅获第三届军事五项世界锦标赛团体冠军。开展体育“三下乡”活动。至2008年，为全县310个村及社区安装农村标准化体育设施。2009年，全县体育彩票终端机发展到53台。2012年，成功举办第三届全民运动会，被省体育局评为“山东省第二届全民健身运动会先进单位”。在潍坊市少年锦标赛上，获得51枚金牌、12枚银牌、15枚铜牌。大力开展全民健身活动，安装体育健身设施90多套。全年完成体彩销售量7500多万元，被省体育局授予“2012年度体育彩票工作突出贡献奖”称号。

人民生活

1991年，农民人均纯收入650元。2005年，全面取消农业税。2008年末，平均每百户农村居民拥有电视109台，电冰箱40台,影碟机46台，空调、电脑、汽车等进入普通农户。2012年，全县城镇居民人均可支配收入18503元，人均消费支出11073元，人均住房建筑面积36.5平方米；农民人均纯收入10512元，人均生活消费支出6037元，人均居住面积40.8平方米。全县企业养老保险参保单位1134个，参保人数6.3万人；机关事业单位养老保险参保单位307个，参保人数1.9万人。全县参加城乡居民社会养老保险51.3万人，其中城镇参保1.8万人、农村参保49.5万人。13万名60周岁以上适龄老人按月领到了养老金。新农合人均筹资额达到300元，参合农民达到66万人，参合率实现100%。

第五节　乡镇（街道）概况

城关街道

城关街道地处临朐县中心城区，总面积83平方千米，辖30个中心村（社区），4.5万户，14.3万人，耕地面积4.2万亩。

深入推进大项目建设，伊利复合加工、华特低温超导、恒远利废成套设备等9个工业大项目陆续投产达效。建成湖畔龙城、山水文苑、阳光水岸等40余处高标准商住小区。2012年4月，投资20亿元的碧桂园地产项目开工建设。立足打造县城商业核心圈，规划建设中央商务区一、二、三、四期。立足打造“中国红叶文化创新主题景区”，加快石门坊景区改造提升进程。立足发展高效农业，建成1.5万亩月庄大樱桃现代农业示范园，被誉为“中国江北大棚樱桃第一镇”。2012年，完成地方财政收入1.6亿元，农民人均纯收入10067元。

东城街道

东城街道位于临朐县城以东，面积143平方千米，辖41个中心村（社区），3.0万户，人口11万，耕地面积6.7万亩，各类企业516家，其中，铝材企业49家，年生产能力50万吨。

不断搭建平台、优化环境，促进铝材、新材料、煤焦化、现代物流等四大支柱产业快速发展。形成四大产业引领，多种产业支撑的发展格局。2012年，实现地方财政收入20193.9万元，农民人均纯收入10199元。先后获“中国铝型材生产基地”“山东省生态街道”等称号。

五井镇

五井镇位于临朐县西南部，面积192平方千米，辖31个中心村，2.2万户，7.2万口人，耕地面积5.8万亩。规划建设1600亩的金牛工业园、4000亩的山水产业园、1500亩的碳酸钙产业园。“嵩源”牌蜜桃、“利生源”佛手瓜获得中国绿色食品认证。投资1100万元开工建设石河大桥，进一步畅通镇区南北大动脉。加快乡村旅游开发步伐，规划设计“黄谷流域看杏花，凤凰山流域赏桃花，八歧山流域品柿子，崔木林中看水杉，阳城南峪赏红叶”五大精品乡村旅游线路，建成300万平方米的石河湿地，新修湖心岛公园1处。突出抓好八歧山、嵩山、双崮三大流域生态综合治理，新增经济林和生态林6000亩。2012年，实现地方财政收入4704万元，农民人均纯收入9457元。2012年获“山东省旅游强乡镇”“省级生态乡镇”称号。

冶源镇

冶源镇位于临朐县城南部，总面积153.2平方千米，辖39个中心村，3.5万户，10.5万人，耕地面积5.8万亩，是国家特色景观旅游名镇、国家小城镇建设试点镇，省级中心镇。以打造县城次中心为目标，突出工业经济、现代农业、小城镇建设和文化旅游四个重点，加快发展镇域经济。镇区建成面积达到7平方千米，常住人口5万人，通车里程达到150多千米，绿化面积600多万平方米。规划建设杨善、冶泉等四大工业园区，规模以上工业企业43家，省高新技术企业3家，山东省著名商标3个，形成汽车配件、机电磁电、瓶盖加工和食品加工等产业集群。建成万亩优质葡萄基地、万亩西瓜蔬菜基地、肉鸭养殖基地和虹鳟鱼、鲟鱼养殖基地，“杨善”牌西瓜、学庆蔬菜合作社黄瓜、龙湾淡水鱼养殖合作社虹鳟鱼等18种农产品通过绿色食品认证，虹鳟鱼、鲟鱼等4种冷水鱼通过有机食品转换认证。实施老龙湾风景区综合开发工程，加快推进省级旅游度假区建设，着力打造“鲁中水乡，北国江南”文化旅游品牌。2012年，完成地方财政收入3964.1万元，农民人均纯收入达到10150元。

寺头镇

寺头镇位于临朐县南部山区，面积276平方千米，辖34个中心村，2.27万户，人口7.5万，耕地面积6.13万亩。先后引进爱格仕铝材设备、维之王食品加工、凯岳石材和华旭电器等项目，完成县金矿、寺头金矿、惠源金矿的技术改造，对铸造、雕塑园林等产业进行转型升级，基本形成铸造、矿产开采与加工、园林雕塑三大产业。红香椿、山楂获得国家地理标志和有机产品转换认证，黄烟实现税收500万元，中草药、红富士苹果等特色产业发展优势明显。成立农民专业合作社11家，带动农户15000户，年销售农产品1.3亿元。临朐县相亮山楂合作社被评为国家级示范社。先后投资6000万元，完成寺头新区一期工程建设，建成寺头中学实验楼和寺头中心幼儿园；总投资1.2亿元的潍九路冶源至吕匣段大修工程于10月底完成并通车；投资2000多万元，用于“达维”台风灾后重建。圣水湖风景区成功申报国家AA风景区，悬泉寺宗教文化园完成一期工程，七宝山风景区、双雀山生态旅游区部分重点开工建设，以生态、农家游为特色的寺头旅游迈出新步伐。2012年，完成地方财政收入936万元，农民人均纯收入8377元。

九山镇

九山镇位于临朐县南部，面积254平方千米，辖26个中心村，1.7万户，5.2万人，耕地面积4.72万亩。建成千亩有机板栗基地、千亩有机苹果基地、千亩有机黄烟基地。九山苹果、板栗获有机食品认证和国家地理标志证明商标，新注册“九山仟果”“九山牌”“沂农”“黑松林”等12个商标。拓宽改造神牛谷景区、黑松林景区进区道路，建成八棵树沟接待中心；投资1600万元打通全长50余千米的林海路，将万亩果品、千顷黑松、百里洋槐和黑松林、淌水崖水库、神牛谷、八棵树沟等景区连成一体，形成涵盖面积达8万多亩的生态旅游观光带。2012年，实现地方财政总收入818.7万元，农民人均纯收入8363元。先后被评为“省级绿化模范镇”“2012逍遥游——好客山东最美乡村”；九山林海农业旅游区被评为“山东省休闲农业与乡村旅游示范点”。

辛寨镇

辛寨镇位于临朐县中部，总面积222平方千米，辖49个中心村、3.71万户、12.1万人，耕地面积10.4万亩。规划建设辛寨工业园、卧龙工业园、凤凰山工业园等三大工业园区。全镇骨干企业发展到35家，橡胶、童车、合金、制丝、陶瓷、铝型材、食品饮料、建材、汽车配件等产业体系支撑能力进一步增强。“三山峪”牌山楂、“意合牌”紫甘薯取得绿色食品认证，“临朐烤烟”获批国家地理标志商标。投资2200多万元，建设山楂、优质桃、葡萄、黄烟、8处有机蔬菜等现代农业园区、6处果品专业市场。新建、扩建瑞源、卧龙牧场等奶牛养殖场8处。黑山生态林场规划建设面积达10.17万亩，建设成为集生态、休闲、旅游为一体的森林公园。2010年，完成地方财政收入3762.9万元，农民人均纯收入10638元。2012年6月，辛寨镇被确定为山东省百镇建设示范行动示范镇。

沂山镇

沂山镇位于临朐县东南部，面积261平方千米，辖42个行政村，2.5万户，8.9万人，耕地面积8.6万亩。

2012年，“三纵六横”道路框架全面形成，带状布局变为“组团式”发展，城镇面貌显著改善；新栽植绿化苗木120万株，完成造林8000亩，提升了生态文明乡村建设水平；发展品牌农业，沂山花生、紫色甘薯、贺家洼西瓜等产品通过绿色食品认证，沂山丹参被国家工商总局审批为国家地理标志产品；工业经济呈现良好发展态势，夯实了财源基础；积极将文化成果惠及广大群众，加大文化大院建设力度，文化软实力不断增强。2012年，完成地方财政收入1354.8万元，农民人均纯收入9408元。

柳山镇

柳山镇位于临朐县东部，面积97.1平方千米，辖21个中心村，1.2万户，4.1万人，耕地面积6.5万亩。狠抓瓜菜、黄烟、奶牛三大支柱产业，瓜菜面积达到3.5万亩，黄烟7000亩，奶牛2500头；规划建设3000亩的辛庄生态农业示范园和280亩洋河奶牛养殖基地，建成总长80千米的现代农业生产路，"临朐酱菜"获国家地理标志产品认证。引进落户新旭电子、童宝工艺品、伟翔塑料助剂等带动力强、无污染项目，在县工业园引进宇鑫机械科技、润弘镁型材、汇金新型防火墙体材料等铝型材产业集群链条项目。2012年，完成地方财政收入526.3万元。实施饮水安全工程建设，解决42个村、3.5万群众的饮水安全问题。

龙岗镇

龙岗镇位于临朐县东北部，面积108平方千米，辖16个中心村，0.9万户，3.6万人，耕地面积5.4万亩。2012年，完成地方财政收入497万元，农民人均纯收入8912元。规划建设县中小企业创业产业园，总用地面积5000亩，其中一期占地3140亩。全镇拥有工业企业40家。大力发展现代农业，规划建设龙岗镇高效生态农业示范园和金鸽山有机小米生产基地。全镇发展优质大樱桃2万亩，大棚果5000亩，大棚瓜菜1.2万亩。加快农业及土地整理项目建设，组织实施桃花流域和崔家河流域土地整理项目，共整理土地2万亩，增加耕地1800亩，总投资1461万元，有力改善了南部山区农业生产条件。

第十二章　昌乐县

第一节　建置区划

境域

昌乐县地处山东半岛内陆，是潍坊市的近郊县，地理坐标为北纬36° 11′～36° 46′、东经118° 43′～119° 10′，东与潍城区、坊子区相接，西与青州市、临朐县相连，南北分别与安丘市和寿光市毗邻。境域最大纵距59.3千米，最大横距40.9千米，总面积1101平方千米。县城地处县境北部、济青高速公路南侧、胶济铁路沿线，西至济南168千米，东至青岛180千米，距潍坊市区25千米，北至渤海70千米，是全县的政治、经济、文化中心。

建置

昌乐历史悠久。大汶口文化时期已有营丘称谓。夏商，先后为季荝氏和逢伯陵辖区。武王兴周，封吕尚于齐，都营丘（今营丘镇古城村）。周襄王六年（公元前646年），齐桓公会诸侯在营丘旧地筑城安置杞成公，并取营丘之意将城名之为缘陵。秦朝，缘陵属齐郡。西汉，改称营陵。汉景帝中元二年（公元前148年），设北海郡，领营陵、剧等26县，其中营陵为北海郡治所。东汉建武二十八年（52），改北海郡为北海国，同时，迁国治于剧。北魏时初置都昌县。隋朝统一后，营陵属密州。开皇十六年（596），置潍州，辖县营陵改称营丘。唐武德八年（625），废潍州，撤营丘入北海县。宋建隆三年（962），始置昌乐县，属京东东路潍州。顺帝至元三年（1337），改县为镇，设昌乐镇巡检司，属北海县。明朝洪武初年，复置昌乐县，属山东省青州府。清朝和民国沿之。1948年5月，昌乐县解放。中共昌乐县委、县政府移驻昌乐城。

区划

1991年，昌乐县设8镇14乡。1994—2007年，县内区划变动较为频繁，且涉及县际变更。

白塔乡由临朐县划归昌乐县。1995年9月，经省政府批准，临朐县白塔乡所属东窝铺、东白塔、张家楼、东前韩、东后韩、东前河野、东后河野7村划归昌乐县漳河乡。1996年7月，临朐县白塔乡所属北段、克家洼、西寺后、东寺后、刘家沟、南高家庄、魏家沟、窝铺、西窝铺、史家沟、前白塔、中白塔、后白塔、卧牛石官庄、赵庄、董家庄、西后韩、山坡西沟、栗行、西前韩、山坡、后河野、前河野、洛村、建新、大沟、南洋河、阎家河、北洋河、孙家沟以及柳山镇所属黄冢坡、大关镇所属池子共32个自然村划归昌乐县，设白塔镇。

县内变更主要为撤乡设镇和行政村合并。1994年11月，崔家庄、平原、阿陀乡撤乡设镇。1995年，河头、南郝、北岩、毕都撤乡设镇，毕都乡更名为青龙镇。1997年，朱汉、大宅科、北展、漳河撤乡设镇，漳河乡更名为高崖镇。1998年9月，成立山东省昌乐经济开发区，将昌乐镇的东管庄、耿王、玉皇庙、四图、西尖庄5个村以及朱刘镇的龙角、前石埠、后石埠3个村划归昌乐经济开发区。2001年3月，平原镇33个村整建制并入红河镇；河头镇43个村整建制并入马宋镇；北鄌郚乡25个村整建制并入鄌郚镇；青龙镇34个村整建制并入北岩镇；王俊乡27个村整建制并入阿陀镇；包庄乡22个村整建制并入高崖镇；北展镇31个村整建制并入乔官镇；昌乐经济开发区所辖8个村整建制并入昌乐镇；高崖镇的东窝铺、东白塔、张家楼、东前韩、东前河野、东后河野6个村划归白塔镇。全县共设昌乐、朱刘、尧沟、南郝、北岩、五图、乔官、马宋、崔家庄、阿陀、朱汉、鄌郚、高崖、红河、白塔15个镇。2005年3月，昌乐、朱刘、南郝3镇撤销，改设宝城、城关、朱刘、城南4处街道。2007年，全县设城关、宝城（山东省昌乐经济开发区与其合署办公）、朱刘、城南、五图5个街道和乔官、营丘、红河、鄌郚4个镇，有928个自然村，888个行政村。至2012年行政区划无变动。

人口　民族

1991年，全县总人口579679人，其中男性296535人、女性283144，农业户口533716人、非农业户口45963人；出生率12.39‰，死亡率6.12‰，自然增长率6.21‰；人口密度为533.44人／平方千米。2000年第五次人口普查结果显示，全县总人口603484人，其中男性305643人、女性297841，农业户口527347人、非农业户口76137人；出生率10‰，死亡率6.8‰，自然增长率3.2‰；人口密度为548.12／平方千米。2007年，全县总人口597820人，其中男性301386人，女性296434人，农业户口315056人，非农业户口282764人；出生率10.5‰，死亡率7.62‰，自然增长率2.88‰；人口密度为542.98人／平方千米。2010年第六次人口普查结果显示，全县总人口是615910人，其中男性312326人，女性303584人；年末总户数184240户。人口密度为559.41/平方千米。2012年，全县总人口是615159人。其中，男性311451人，女性303708人；年出生人口6752人，年死亡人口5192人；年末总户数192957户；人口自然增长率2.53‰；人口密度为558.73人/平方千米。

2010年第六次人口普查结果显示，全县共有25个民族，其中汉族615516人，约占总人口的99.94%。少数民族24个，共计394人，约占总人口的0.06%。其中蒙古族15人，回族61人，藏族5人，苗族35人，彝族50人，壮族11人，布依族6人，朝鲜族8人，满族42人，白族14人，土家族8人，哈尼族14人，傣族11人，黎族1人，傈僳族56人，佤族3人，拉祜族18人，纳西族5人，景颇族5人，土族1人，布朗族21人，锡伯族2人，怒族1人，独龙族1人。县城及街道相对分布较多，其中以嫁来昌乐或在昌乐就业的女性居多。

第二节　自然环境

地形

土地资源　1986年，全县土地总面积1567584.9亩，其中土壤面积1313573.7亩，耕地面积1060323.7亩，果、桑园面积30695.7亩，林地113208.8亩，荒山荒地103945亩，村镇工矿用地123535.5亩，交通用地33593.2亩，水域74214.9亩，国防用地1585亩，未利用的裸岩砾石地21082.6亩。1996年，昌乐县土地总面积1650889.6亩，其中耕地面积911767.9亩，果园面积109679.2亩，桑园面积12120.9亩，林地131128.0亩，村镇工矿用地26442.5亩，交通用地9215.8亩，水域63582.7亩，未利用的裸岩砾石地23854.2亩。2000年后，通过实施土地开发、增减挂钩、农田整治等措施，耕地面积有所增加。2001年，耕地面积921103.3亩。2005年，耕地面积923459.8亩。2008年，耕地面积918842.4亩。2009年，耕地面积942466.1亩。2012年，耕地面积942438.6亩。

根据山东省指标区划分，昌乐县辖区所属三级指标区为济潍山前平原区。2012—2013年，新增耕地面积151.16公顷，减少耕地面积266.81公顷，参与质量建设耕地6817.66公顷。

土壤

依据成土因素、成土过程和综合属性进行系统分类，境内土壤分为棕壤、褐土、潮土3个土类，又分为棕壤性土、棕壤、潮棕壤、褐土性土、淋溶褐土、褐土、潮褐土、潮土类8个亚类，13个土属、56个土种。按照土壤表层不同质地，分为砂壤土、轻壤土、中壤土、重壤土、粗砂土、砾石土6类。

河流

有汶河、白浪河、丹河、圩河、桂河5条水系32条河流。其中较大河流16条，分属潍河、白浪河、弥河3大流域。因境内地势南高北低，西高东低，河流多以西南东北和南北流向，呈放射状流入安丘、潍城、寿光3市区。5条水系流域面积为1974.57平方千米，其中包括客水面积773.57平方千米。

矿产资源

截至2012年底，全县共发现各类矿产26种（含亚矿种），探明储量的矿产21种，已开发利用11种。蓝宝石有矿面积达450平方千米，主要分布在五图街道、宝都街道、乔官镇境内，储量数亿克拉，与泰国、斯里兰卡、澳大利亚并称世界四大蓝宝石矿床，昌乐县也因此被誉为“蓝宝石之乡”。昌乐蓝宝石有原生矿和砂矿两种富集形式，以砂矿为主，具有晶体完好、质地纯、硬度高等特点。油页岩累计探明储量28202.7万吨，系五图褐煤的伴生矿，主要分布在五图街道境内。煤矿分为烟煤和褐煤，主要分布在朱刘街道、五图街道境内。地热资源热储面积约50平方千米，位于鲁北地热区、鲁西地热区和沂沭断裂带地热区的交汇地。石棉主要分布在营丘镇汶河官庄一。石灰岩主要分布在县城东部的孤山、牛山、马山、罗圈山，以及五图街道的驼山、鄌郚镇杏山子和大山、营丘镇蟠龙山、黄山地区，保有量为20亿吨。膨润土也称为膨土岩、斑脱岩，主要赋存在宝都街道南肖、五图街道亓家庄和官地。五图煤矿、杨家埠软质耐火黏土矿是胶东地区特色矿种。

水资源

昌乐县水资源总来源为大气降水。多年平均降雨量为608.99毫米，多集中在6—9月汛期，占全年降水总量的72%，其他月份占28%。昌乐县的降水分布不均，南部雨量大，北部雨量小。全县地表水主要分布在境内的河流、水库、塘坝、拦河闸坝等区域，多年平均为11651.10万立方米；地下水因水文地质条件不同而分布不均，多年平均为10665.85万立方米，水资源可利用量14576.04万立方米。

动物资源

野生兽类动物主要有野兔、黄鼬、狐狸、黑狸、猪獾、刺猬、蝙蝠、鼹鼠、家鼠、田鼠等10余种。爬行类动物主要有蛇、壁虎、蜥蜴、鳖。两栖动物主要有蛙、蟾蜍等，且有多个种属。鸟类动物在境内数量较大，留鸟、候鸟及旅鸟总计超过140种。水生动物主要有鲤鱼、鲫鱼、鲢鱼、草鱼、黑鱼、镜鱼、鳝鱼、鲶鱼、泥鳅、青条、马口、麦穗等。其他水生动物有蚌、螺、虾、蟹、水蛭、水蚤等。昆虫类常见有500多种。人工饲养动物近30种。

植物资源

境内野生和人工栽培的木本植物83科130余种；草本植物500余种，其中有经济价值的35科200多种；可入药植物46科102种；人工栽培植物分为农作物、林木、花卉、药材4类。

第三节　经济发展

1991年以来，全县以经济建设为中心，解放思想，抢抓机遇，深化改革，扩大开放，县域经济快速发展，综合实力明显增强。2007年，实现地区生产总值107.1亿元，人均177252元，一、二、三产业增加值分别占全县国民生产总值的17.4%、54.5%、28.1%，全县财政总收入达到9.88亿元。2012年，全县完成地区生产总值214.6亿元，比上年增长12.1%；实现公共财政预算收入15.3亿元，比上年增长18.6%；完成固定资产投资178.3亿元，比上年增长22.8%。

农业

通过实施农业产业化、标准化和国际化战略，初步形成了现代农业格局。大力度调整农业产业结构，粮食作物与经济作物种植比例由1991年的7：3调整到2007年的5：5，种植布局实现了区域化、规模化。全县形成了瓜菜、林果、肉鸡、肉鸭等8大农产品基地，其中，瓜菜由1991年的6.2万亩发展到36.86亩。昌乐县被国家确定为瘦肉型生猪生产基地县、肉禽生产基地县。黄淮海平原农业综合开发成果显著，共改造中低产田26.33万亩，开垦农田1.2万亩，发展农田林网6.17万亩，植树造林7.4万亩，森林覆盖率达27%。农业机械化程度迅速提高，农机总动力达57.4万千瓦，综合农机化程度达69%以上。建成年产值过千万元的农业龙头企业50家。潍坊乐港食品股份有限公司拥有资产21亿元，员工11000人，被农业部等8部委认定为业产业化国家重点龙头企业。2007年，全县实现农村经济总收入178.1亿元，是1986年的16倍。2012年西瓜产业产值突破12亿元，新增“三品”农产品46个。昌乐县先后被国家有关部门和省分别授予“全国水利建设先进县”“全国平原绿化先进县”“全国粮食生产先进县”“全省农业产业化工作先进县”称号。

工业

1991年，全县乡及乡级以上独立核算工业企业仅有167家。1991年以来，昌乐县委、县政府确立“全党抓经济，重点抓工业”的发展思路，大力实施“工业立县”“工业强县”战略，工业发展明显加快，全县初步形成以轻工、机械、化工、建材、煤炭为主的工业体系。1992年开始，特别是1996年以后，为适应社会主义市场经济发展的新形势，全县工业领域进行了以建立现代企业制度为目的，以改组、改制、改造为措施的一系列重大改革，国有、集体企业逐步转为民营企业，民营企业成为县域经济发展的主力军。近几年以来，针对国内外经济发展的新趋势，昌乐决定走差异化发展的新路子，大力实施工业强县战略，加快建设先进制造业基地，全县工业进入新一轮发展高峰期。2007年，全县规模以上企业达到290家，完成工业产值195.85亿元，实现销售收入200.17亿元，利税14.26亿元。2012年，全县工业增加值首次突破百亿大关，增幅居全市第二位。其中，规模以上工业实现主营业务收入729亿元，增长16.8%，有15家企业入选全市工业百强。

商业贸易

全县国有商贸企业先后推行了承包经营、租赁经营、风险经营、股份制和股份合作制等改革，建立起了适应市场经济要求的运行机制。2007年，全县有商业网点22000多处，集贸市场72处，其中专业批发市场28处。尧沟瓜菜市场面积160亩，年成交额1亿多元，是全国著名的江北第一瓜市。全县社会商品零售总额达到403316万元。第三产业在地区生产总值中的比重由1991年的27.1%增加到2007年的28.1%。2012年，中信银行、交通银行在昌乐县设立分行。服务业增加值的比重达到35.2%，比上年提高2个百分点。

交通运输

1991—2007年，全县交通事业发展较快。县内公路通车里程1666.5千米，公路密度达151.2千米/百平方千米；拥有公路铁路立交桥17座，大中型路桥43座，总长2077.25米；县乡路49条，总里程406.9千米；桥梁198座，总长7312.6米。初步形成了“七纵十横”的干线骨架。全县营业性货运汽车1895台12419吨位；客运线路42条，营运客车232台4507座，100%的村庄通了客车，年客运量403万人次；客运出租汽车157台785个座位；车辆维修业户342户。客货运输量、客货运周转量以每年8%~10%的速度递增。2008—2012年，昌乐县乡道路建设进入高速发展期。其间路网结构不断优化，道路结构不断升级，至2012年昌乐县乡道路基本完成道路升级，道路路网更加合理，县道全长170.1千米，乡道全长235.6千米。2002—2012年，全县共计改造县乡道路114.5千米，其中改造县道83.5千米，投资2.76亿元，改造乡道31千米，投资5090万元。2012年，全县农村公路共1655.6千米，其中县道170千米，乡道235.6千米，村道1250千米。

邮电

1993年，电信设施全部更换为程控装置，移动通信业务随之开通。2007年底，市话总容量41636门、县城装机29601户；农话总容量105957门，农话装机93270；移动用户235000户，联通用户75000户，铁通用户3000户，电信用户2500户；网络通信和无线市话（小灵通）开通运行IP城域网。全县城乡通信管道工程总长度98.07千米，邮路58条，总长度3000千米。2008年，邮政业务累计完成业务量103.9万元。2012年，累计完成业务量233.96万元。2008—2012年，昌乐移动用户新增11.6万户，至2012年底达到46.6万户，市场占有率为82.83%，手机上网用户数达到18.8万户；新建设基站420处，手机信号实现全县全覆盖。大力发展WLAN无线宽带业务，共计实现城区120个小区、农村438个村的WLAN接入，2012年底开通用户数3.55万户；共建设传输杆路1800千米，基本覆盖全县主干道和行政村，建设管道450千米，县城和主要乡镇驻地市政管道覆盖率90%以上。

城乡建设

新农村建设起步早、见效快。1991年实现村村通电，1994年实现户户通电。1996年昌乐县被电力部授予农村电气化县称号。1996年全县有780个村用上自来水。小城镇绿化面积668.7万平方米，园林绿化面积129.82万平方米。1995—2007年，全县有26701户农民建了新房，农村人均居住面积31.6平方米。2012年，昌乐县被市委、市政府评为“全市农村住房建设暨城镇化工作先进县”。红河镇顺利通过全省首批“百镇建设示范行动”示范镇综合考核。2008—2012年，全县共投入小城镇建设资金96.42亿元。新建住宅249.69万平方米，投资42.02亿元；新建公共建筑48.72万平方米，投资5.55亿元；新建生产性建筑237.4万平方米，投资24.27亿元；新增道路1075.28千米，投资8.19亿元；新增绿地1256.4万平方米，植树1245万棵，投资6.26亿元；新增排水管道792.5千米，投资1.16亿元；新安装路灯13480盏，投资6540万元；垃圾设施投入11313万元；其他小城镇建设投入7.27亿元。

1991年，城市建设基本停留在扩街换树阶段。1995年，聘请天津大学建筑系、天津市当代城市建筑设计研究所编制了新一轮《昌乐县城市建设总体规划》。2001年，聘请上海同济大学规划专家对城区性能、规模、综合开发及总体布局进行修订，编制完成《昌乐县城市远景概念性规划》。2004年12月，《昌乐县城市总体规划》由上海同济规划设计院编制完成。2006年8月，聘请杭州普迪规划设计公司编制《昌乐总体规划调整》。到2007年，形成县城基本框架，城区新规划面积55平方千米，建成面积17平方千米，比1986年增加14.49平方千米；城区有公共绿地74.6万平方米，人均占有绿地面积7.31平方米。2008—2012年，新建、续建、改造了昌盛街、站前街、昌大路、新昌路、洪阳街道路、站北街、古城街、比德文路、宝城工业园路网、水库东路、流泉街、文化东路、文化西路、方山路、青年路、流泉街、孤山街西段、永福路、昌盛街英轩实业段、利民街西段、湖滨西路、洪阳街、站北街、徐村路、方山路、宝昌路、宝石城一路、南肖北街、洪阳街、首阳山路、东风街昌乐段、科技街、青年路、宝石城三路、东村街、一中街、潍昌路、万福路等道路。仅2012年新建、改造城区道路及配套管网投资就达1.42亿元。

1991年城区尚无水、电、汽、网、热、污配套和学、医、商、警等健全的城市社区。1998—2002年，建成拥有35栋住宅楼、居住面积14万平方米的南苑住宅小区。2003—2007年，先后完成昌明花园、昌盛花园、蓝宝石花园、涵乐苑、雅居园、温州商城、福州商城等住宅小区建设。2008—2012年，昌乐县住宅小区建设飞速发展，先后建成帝都国际、锦伦天地、玫瑰园、锦绣佳苑、钱塘府、相府锦苑、上海花园、碧水龙庭花园、矿机花园、宝都鑫园、香格里拉、昌东新天地、中盛花园、西湖庭院、贵和福苑、碧泽园、金地花园、海利商城、盛唐御园等住宅小区，建成住宅小区达到105个。同时，建成昌乐农贸城、亿丰五金城、金鼎广场、蓝宝石广场、天桥综合市场、宝都建材城、山东田禾农副产品交易中心等标志性商场和市场。

园林绿化

1983—1985年，建成昌乐人民公园，面积10.21万平方米。2004年，调整公园绿化布局，增加公园绿化量，对公园大门、道路进行修缮。当年，昌乐县人民公园被省建设厅、省文明委授予省级文明公园称号。2005年5月，昌乐公园实行免费游园。2006—2007年，先后实施城区道路绿化工程，建设了丹河公园、喜雨泉游园、恒安街游园。2007年5月，昌乐县人民公园实施拆墙建绿工程。增加绿地面积62.7万平方米。至2007年底，城区公共绿地面积达到74.6万平方米。2009年8月，昌乐县人民公园封园改建，2010年7月重新开园，并更名为西湖公园。

环境保护

进入90年代，大气污染、水污染、生态破坏等问题引起当地党委、政府的重视。根据潍坊市下达的昌乐县“十一五”期间主要污染物总量控制计划，各污染物排放总量均在控制指标之内。2010年，昌乐县工业废水排放量2050.3万吨，COD排放量1641.5吨，氨氮排放量188吨，工业废气排放量94.9亿标立方米，二氧化硫排放量7906.8吨，氮氧化物排放量3738.3吨，烟尘排放量2125.8吨，工业粉尘排放量532.7吨。主要排污行业为炼焦、化工、食品加工、造纸业等，污染物排放指标重点有COD（化学需氧量）、NH_3-N（氨氮）、SO_2（二氧化硫）、NOX（氮氧化物）等。2012年10月，县人大常委会对全县实施《环境保护法》《规划环境影响评价条例》情况进行专题视察。

大气监测　1990年开始，对县城区大气自然降尘进行监测。1991年，加测硫酸盐化速率。1992年，开始总悬浮微粒和二氧化硫的监测。1993年，完成县城区大气优化布点工作，监测点位分别设在昌乐一中、县印刷厂、县肉联厂。1994年，增加氮氧化物监测。1992—1999年，二氧化硫日均值有6年超标。1994年，日均值超标率最高为17％。2000—2007年，二氧化硫日均值不超标。1994—2007年，氮氧化物监测曰均值不超标。1992—2007年，总悬浮微粒有9年超标，最高为1997年，超标率为40%。2012年，城区空气质量状况良好，主要污染物总悬浮微粒、二氧化硫、二氧化氮均不超标。

固体废物处理　2008年、2009年、2010年、2011年、2012年，全县工业固体废物产生量分别为31.2万吨、32.62万吨、39.96万吨、39.34万吨和46.39万吨。2007年，日处理规模180吨的城市垃圾无害化处理厂建成投入运行。2008—2012年，工业固体废物综合利用率为100%，综合利用的方式主要用于生产砖、砌块、水泥等建材原料。

水环境状况　红河、桂河、丹河水质存在不同程度的超标。其中丹河水质超标最为严重，2010年COD、氨氮年均值分别超标2.71倍和4.2倍，整个河段为无氧河段，为劣Ⅴ类水质；白浪河水系的唐家老庄断面、马宋水库断面，汶河水系的高崖水库断面水值均不超标，达到地面水Ⅲ类水质标准；饮用水源地高崖水库水质良好，各项指标均符合饮用水质量标准。

污水处理　2004年，建成实康水业污水处理厂，2007年城市污水处理厂二期工程（1.5万吨/日）、城东经济开发区污水处理厂（3万吨/日）投入运营。2010年，污水处理厂处理能力增加至10万吨/日。至2012年，昌乐县城区共建成3个市政污水处理厂，分别为山东昌乐实康水业有限公司污水处理厂、昌乐县城西污水处理有限公司和国电银河水务（昌乐）有限公司污水处理厂，污水处理总能力达到15万吨/日，出水水质全部达到一级A排放标准。

第四节　社会事业

科技

实施“科教兴县”战略大见成效。至2007年，全县省级高新技术企业达18家，潍坊盛泰药业有限公司被确定为国家级高新技术企业；创办民营科研机构22家；建成农业科技示范园29处。2010年，全县民营科技企业达到289家。山东日科化工高分子材料研发中心研究开发的丙烯酸酯类聚氯乙烯耐候抗冲改性剂列入国家新产品计划。占地300亩的中华西瓜科技园，是国内西瓜品种最丰富、栽培模式最齐全、种植技术最先进的种植园，被国家旅游局评为首批全国农业旅游示范点。1987—2007年，全县共有30个项目获省级科技成果奖。1997年，昌乐县被国家科委（科技部）授予全国科技进步先进县称号。2006—2012年，连续被评为“全国科技进步先进县”和“全国科普示范县”。

农业技术推广由提高产量向无公害、绿色、有机方向发展。从80年代开始，昌乐“西瓜嫁接”“小拱棚早熟瓜菜栽培”等技术，曾引发了一场“白色革命”，辐射周边、波及省外。2008年以来，依托“太合”“兆田”“华安”等30多个农业合作社，每年举办各类技术培训班20余期，累计引进推广瓜菜良种500多个，引进推广实用新技术260多项，培训农业科技人员3000多人次。

工业新技术研发提升了企业的核心竞争力。2008年至2012年，共安排科研扶持资金2563万元，获批市级以上计划项目67项，研发推广新技术62项，其中，36项获得市级以上科技奖励；建立工程技术研究中心30家，重点实验室2家，英轩院士工作站1家。

科技队伍发展壮大，科技人员数量从2008年到2012年增加一倍。

教育

昌乐县教育基础较好。山东省立昌乐中学（昌乐一中前身）在抗日战火中诞生，成为当时全省规模最大、师资力量最强的中学之一。从昌乐一中走出了刘振兴、刘以训两位中科院院士，张仁忠、李长顺等8位将军，刘锡诚、邱勋等6位著名作家和诸多学者、教授等精英才俊。2007年，全县有小学95所，在校生37200人，分别是1986年的16.4%和64%；中学31所（其中高中6所），在校生35232人，分别是1986年的47%和1.33倍；中小学教师7246人，是1986年的1.42倍。全县适龄少年儿童小学、初中入学率均达100%；巩固率99%，比1986年提高2个百分点。1997年，全县高考本科上线人数万人比跃居全市首位，至2007年，始终保持全市第一。1991—2007年，昌乐一中、昌乐二中先后有62名学生被北京大学、清华大学录取。潍坊、东营、淄博、青岛、济南等地及省外学子纷纷慕名前来昌乐就读。1986—2007年，昌乐县共向全国大中专院校输送学生49937人。2012年，全县有中、小学108所，其中普通高中3所，在校学生17515人；初中19所，在校学生19291人；小学84所，在校学生35488人。全县适龄少年儿童小学、初中入学率均达100%，小学巩固率达100%，初中巩固率达98.85%。有中小学教师6337名，教师学历达标率96%以上，其中具有中、高级专业技术职称的教师分别为3734人、450人。2008—2012年共向大中专院校输送学生27241人。仅2012年就输送4588人。2008年教育经费总支出35135.4万元，2012年增加到77173.4万元。

医疗卫生

2007年，全县共有县属医疗机构17家、防保机构3家、企业医院1家，民营医院3家，村卫生室365个，个体诊所17个。卫生人员由1986年的2940人增加到3471人，医疗床位由1986年的1358张扩展到1982张，有大型医疗设备262台（件），救护车40辆。推行乡村卫生组织“一体化”管理，实行新型农村合作医疗制度，全县农民参合率达98.2%。形成了合理的预防保健网络，计划免疫接种率达到98%以上，有效地控制了各类传染病和地方病。1991年，昌乐县被授予“省级卫生城”称号。2005年，县政府制定《昌乐县新型农村合作医疗制度实施方案》。2005年，昌乐县人民医院被中国医院管理协会授予全国百姓放心医院称号。2011年，实施基本药物制度，有523种基本药物实行零差价销售。调整新农合补偿比例，门诊补偿提高到40%，住院补偿提高到80%，封顶线提高到每人每年10万元。“十二五”期间，县人民医院、中医院病房楼相继建成，大德国际医疗中心等项目加快推进，计划免疫接种率98%以上。连续5年获全市人口责任目标考核第一名，被评为全国计划生育优质服务先进县。

文化

1991—2012年，县内作者在市以上报刊发表小说、散文、诗歌、评论等文学作品3000余篇（首），其中省以上报刊发表1200余篇（首）；出版文学作品集230余部，拍摄出版发行电视连续剧1部，有80余人次获市以上文学奖320多项，其中省以上100余项。至2012年，文学作者已达800多人，其中县级作协会员300多人，市级作协会员100多人，省级作协会员26人，中国作协会员1人；有美术工作者共400余人，其中国家级协会和省、市协会会员100余人。2008—2012年，出版个人著作30多部。其中，王星营在“起点小说”网发表长篇神话小说《大齐开国传》，张劲松在大型文学双月刊《花城》发表中篇小说《司徒小兵》。2008—2012年，编印《宝石城文艺》20余期，发行6万余册，发表700余人次各类文艺作品3000余篇（首），逾270万字。2008年，昌乐县获潍坊市“精品工程”组织工作奖。至2012年，4个镇全部建成图书馆，村文化大院实现全覆盖。每年都组织举办“元宵节民间文艺表演大赛”“元宵节彩车大巡游”“文明之夏”广场文艺晚会、“春节晚会”等大型群众性文艺活动。2009年8月县人民政府发出《关于公布了第三批县级文物保护单位的通知》，其中石祖林、边下遗址、东肖遗址、田老村明楼等7处文物列为县级文物保护单位。2010年7月县政府又发出《关于公布了第四批县级文物保护单位的通知》，其中观音阁、毕都南墓、肖家河墓等8处文物列为第四批县级文物保护单位，并对部分文物保护单位重新树立了文物保护标志。在2008年4月—2009年11月开展的第三次全国文物普查中，共调查文物点197处，其中调查有古遗址139处，古墓葬38处，古建筑18处，近现代重要史迹1处，石刻1处。2008—2012年，县内新增古文化遗迹5处：东任疃遗址、崇山石祖林、南关遗址、师家沟遗址、三慧庵庙址，新增古墓5处：全真道人墓、善庄古墓群、石家河汉墓、毕都南汉墓、王裒墓。

旅游

2008年，县委、县政府提出了“一年打基础、两年见成效、三年搞突破、五年创一流”的旅游业奋斗目标；2009年，成立昌乐县旅游工作协调领导小组，出台《关于推动旅游业加快发展的决定》；2009—2010年，引进10名旅游专业本科毕业生及研究人员。2010年，县委、县政府出台《关于落实2010年旅游重点项目建设及创品牌项目包靠责任制的通知》，实行县级领导包靠制度。至2012年，全县有国家AAAA级景区1处，国家AAA级景区3处，国家级农业旅游示范点1处，山东省级农业旅游示范点1处，山东省级工业旅游示范点3处，山东省旅游强镇2处，国家特色景观旅游名镇1处，山东省AAA级旅行社1家，四星级旅游饭店1家，三星级旅游饭店3家，三星级旅游餐馆7家。

2008—2012年，全县新上旅游及基础项目19个，项目总投资近90亿元。其中，投资27亿多元，开工建设了桂河水系景观工程、丹河水系改造、白浪沙滩湿地公园等5个旅游业基础设施项目和水印江南一条街、鸢飞大酒店二期、港湾大酒店、亨泰大厦等一大批旅游业配套项目，旅游环境明显改善。投资60多亿元开工建设中国宝石城改扩建、超英文化娱乐城、寿阳翠谷休闲健身区等5个重点旅游项目。至2012年底，中国宝石城改扩建等19个重点旅游及基础项目共完成投资32.6亿元。先后打造仙月湖、远古火山口群、中国宝石城、西湖公园、桂河湿地公园、白浪沙滩湿地公园、清水河公园等景区和多个乡村旅游景点。

体育

1986—2007年，昌乐培养了国际级运动员6名，国家级9名。群众体育遍地开花，太极拳、健身操、乒乓球、篮球等得到广泛普及。学校体育严格执行《国家体育锻炼标准》，向全国大专院校输送体育本科生203名、专科生176名。体育设施不断增加和完善。2002—2003年，总投资2500万元，新建昌乐县体育中心。2007年，全县有田径场39个、篮球场124个、排球场74个、乒乓球训练室788个、棋牌室215个、羽毛球场92个。至2012年，昌乐县为216个行政村、社区配建了体育健身设施。体育工作队伍不断壮大。2007年，有各类体育裁判员495人，其中国家级2人，社会体育指导员160人，其中国家级2人。体育荣誉接连不断。1991—2012年，昌乐县保持了“全国乒乓球训练优胜单位”称号；2012年，昌乐县被省体育局评为“全民健身活动先进单位”。昌乐县被国家体育总局表彰为“2009—2012年度全国群众体育先进单位”。

广播电视

1991年，全县有线广播发展实现飞跃，村村通播率100%，小喇叭入户率86%。1995年，建立昌乐人民广播电台。1996年，城南电视转播台迁于隋姑山。2007年，昌乐县广播电视中心办公楼启用。2008年起，昌乐电台开设《昌乐新闻》《“阳光昌乐”政风行风热线》栏目，年平均每天播出时间18个小时。2008年始，昌乐电视台开办《昌乐新闻》《服务之窗》《宝都大舞台》《视点》《电视文苑》《阳光会客厅》《人文昌乐》《走进新农村》《金色田野》《都市家园》《轻松十分》《新华大视野》《新闻全球眼》《新华财经天下》《镜头记忆》等栏目，在中央、省、市电视台发稿稳居全市第一名，获“山东省电视台先进集体”“2010年度山东电视台新闻宣传先进集体”“2010年度潍坊电视台新闻宣传先进集体”等称号。2010年，昌乐传媒集团投资150万元，从德国引进先进转播设备，投资30万元安装进口数字发射机，电台的发射实现了从模拟到数字的转换。2011年、2012年，昌乐人民广播电台先后获“山东广播新闻宣传先进集体”称号和“先进集体一等奖”。2012年8月，成立山东广电网络有限公司昌乐分公司。

人民生活

1996年，昌乐县被批准为全省首批小康县。社会保障救助体系不断完善，城乡贫困居民的基本生活有了保障。1997年底，开始对离退休职工养老金社会化发放；1999年，将参保范围扩大到全县农业户口的临时工、个体工商户。2007年，农民人均年总收入8988.9元，是1986年的12.04倍；其他从业人员年平均收入15608元，是1986年的13.27倍。是年，农民人均总支出6706.8元，其中生活消费支出3297.7元，分别是1986年的10.35倍和9.55倍。2007年，全县拥有各类机动车辆3526辆（轿车780辆、摩托车18069辆）、彩电14887台、电冰箱6900台，人均居住面积42.6平方米。2007年，培训下岗失业职工1688人，有4226人实现再就业。2011—2012年，重点社会事业支出占财政支出的比重保持在60%以。新建成投用新城中学、实验小学等20余处中小学校、幼儿园，投资5亿元开工建设了县实验中学。县人民医院、中医院扩建工程竣工投入使。改造提升镇村卫生院（室）240处。昌乐被确定为全国县级公立医院改革试点县。投资4亿元建设经济适用房。实现城乡居民社会养老保险全覆盖。

第五节　乡镇（街道）概况

朱刘街道

位于昌乐县城东部，面积50.79平方千米，辖23个行政村，9941户，人口3.8万人，耕地面积1401公顷。2012年，完成地方财政收入8814.8万元，农民人均纯收入19016元。

2005年，朱刘镇改为朱刘街道。2012年，区域内汇聚规模以上企业45家，各类中小企业280多家，从业人员2万多人。有5家企业跨入潍坊市工业百强，有27家企业主营业务收入过亿元。拥有中国驰名商标7个，省名牌名标13个，省级以上高新技术企业12家，市级以上企业技术中心、工程（技术）研究中心14家。先后被评为中国电动车产业第一镇、山东电动车产业基地、山东省钢结构产业集群基地、山东产业集群建设十大突出贡献镇、山东省文明单位、山东省生态乡镇等。

城关街道

位于昌乐县县城，面积31平方千米，辖22个行政村，29592户，人口10.71万人，耕地面积3442亩。街道在1991年时称为昌乐镇，2006年撤销昌乐镇，设立城关街道。街道工业经济发达，形成了以柠檬酸、电子元器件、生物医药、食品加工四大产业为主体的经济板块。年产电子元器件2000多种、6亿多件，占全国市场份额65%，被评为“中国电子器件散热器产业基地”；柠檬酸产量占全球市场份额的30%，被评为“中国柠檬酸特色产业基地”。辖区内有蓝色经济产业园城关中小企业创业园区，交通、通讯十分便利，供水、供电设施齐全，入园项目79个，总投资30亿元。先后获得省级最具投资潜力十佳街道、省级文明镇、省级旅游强镇、省级最佳休闲街道、省级城市社区建设示范街道、省级群众性体育工作先进单位等称号。2012年，完成地方财政收入20291万元，农民人均纯收入11823元。

五图街道

位于昌乐县城南部，面积104平方千米，辖41个行政村，1.3万户，人口5.2万人，耕地面积4620公顷。境内方山是迄今为止发现的世界上唯一的蓝宝石原生矿区，有“宝石第一山”之称。方山生态环境优美，松柏苍翠，植被茂密，森林覆盖率达48.9%。方山西坡的方山庙始建于元朝，是昌乐县境内仅存且颇具影响的庙宇建筑，现为省级重点文物保护单位。南寨水库控制流域面积25.5平方千米，库容425万立方米，是昌乐县城工业生产和居民生活的备用水源地。引进金都世纪城、宏昌幸福城等一批重点项目，做大做强五图光电科技特色产业园、塑料特色产业园，培育形成了电子配件、塑料加工、机械制造、轻纺、拉链和农副产品加工销售六大产业集群。境内甜瓜种植历史悠久，“蜜罐儿”甜瓜甘润清冽、绵甜爽脆；玉森肉兔、茂源奶牛等合作社品牌远近闻名。2012年，完成地方财政收入4270万元，农民人均纯收入13830元。

乔官镇

位于昌乐县中部，面积195平方千米，辖73个行政村，2.4万户，人口8.7万人，耕地面积0.99万公顷。1991—2012年，乔官镇经历了两次乡镇撤并改革，2001年3月，原北展乡整建制划归乔官镇；2007年7月，原北岩镇整建制划归乔官镇。这期间，乔官镇先后获得“全国普及基本医疗卫生制度试点镇”“中国塑料包装制品加工出口基地”“山东省塑料加工基地镇”“山东省木质板材产业集群”“省级文明镇”等称号。乔官镇蓝宝石、膨润土、玄武岩、木鱼石等矿产资源储量丰富。拥有“大葛狮子舞”“药王邓青云的传说”等市县非物质文化遗产9项；乔官远古火山口群地质公园被确定为“全国科普教育基地”。塑料、板材、织带、针织服装等特色产业集群规模不断膨胀，2012年，拥有塑料加工企业80余家，板材加工及配套企业400余家；现代农业发达，注册农产品品牌12个，打造出有机、绿色、无公害农产品101个，培植出市级农业龙头企业7家、示范园区41处，拥有省级、国家级示范社各1处。2012年，完成地方财政收入2030万元，农民人均纯收入12008元。

营丘镇

位于昌乐县东南部，与潍城区、坊子区、安丘市接壤，区位条件优越，交通运输便利。全镇辖64个行政村，面积218平方千米，人口9.7万人，耕地面积18万亩。先后获得中国拖拉机基地镇、国家级生态镇、山东省环境优美乡镇、山东省特色产业镇、山东省文明镇等称号。

以镇驻地为主体，崖头、河头两大工业园区为两翼的“一体两翼”经济发展总体布局逐步完善，建成中铁华盛、机械装备2个百亿级产业园。建成金钗河农业示范园、孙家庄农业示范园等30处现代农业示范园区，培植宽鼎隆食品、广昊食品等农业龙头企业8家，登记注册“宽鼎隆”“紫芽”等农产品商标20个。2012年，完成地方财政收入1228.41万元，农民人均纯收入12167元。

红河镇

位于昌乐县南部，面积194.5平方千米，辖62个行政村，23915户，人口9.0万人，耕地面积1.07万公顷。1991年6月，红河镇党校被中央宣传部授予“全国先进基层党校”称号；1996年7月，山东省最大的肉鸭生产加工企业——潍坊乐港食品有限公司正式投产运营。红河镇大力发展“两高一优”农业，积极推动农业现代化发展。以乐化、乐港两家大型企业为中心，大力发展油漆制造业及食品加工业，通过带动示范，红河镇涌现出乐福、恒源丝、四季丰等规模企业。依托丰富的食品资源，着力带动发展一批标准化规模化种养加龙头企业，推进特色食品产业园区建设。发展多种形式的适度规模经营，进一步做优做强红河花生、朱瀚苹果等特色农产品品牌。2012年，完成地方财政收入2915万元，农民人均收入13860元。

鄌郚镇

位于昌乐县西南部，面积166.3平方千米，辖26个行政村，22738户，人口8.2万人，耕地面积7500公顷。1991年，鄌郚乡辖35个自然村，人口约2.6万人；2001年3月，北鄌郚乡并入，设鄌郚镇，驻地在鄌郚村，辖60个自然村；2007年8月，高崖镇并入。镇域西部多丘陵山地，东南部以平原为主，主要是汶河冲积平原，整体地势呈西高东低态势。境内有汶河、白浪河、九曲河等主要河流6条；有国家小I型水库1座，小II型水库17座，塘坝48个。矿藏资源丰富，拥有铁、铜、金、煤炭、长石、膨润土、石英石、石灰石等矿产。农业以种植小麦、玉米、西瓜、蔬菜等为主；畜牧业以猪、羊、牛及家禽为主。2012年，粮食产量达4.9万吨，西瓜种植面积1.78万亩，蔬菜种植面积3万多亩。工业以乐器、炸药、针织服装、塑料制品、机械制造为主，有工业企业240多家，外贸产品生产企业23家；拥有商业网点600多家，城乡集贸市场17个。先后获得首批省级中心镇、山东省文明镇、山东省环境优美镇、山东省特色产业镇、山东省电声乐器产业基地、山东省特色景观旅游名镇、山东省“百镇建设示范行动”示范镇、中国电声乐器产业基地、全国特色景观旅游名镇等称号。2012年，完成地方财政收入1540万元，农民人均纯收入10720元。

第三十一编

开发区概况

潍坊高新技术产业开发区

2003年12月，经国务院批准设立潍坊出口加工区。2006年4月，潍坊市委、市政府设立潍坊出口加工区党工委、管委会，实行“特区特管”政策，享有市级经济管理权限。2011年1月25日，国务院正式批复潍坊出口加工区升级为潍坊综合保税区，成为山东首个、全国第14个综合保税区。2009年12月国务院批复《黄河三角洲高效生态经济区发展规划》、2011年1月国务院批复《山东半岛蓝色经济区发展规划》后，潍坊市作为“蓝黄”交汇融合的核心城市和重点区域，抓住机遇，发挥优势，积极实施“蓝黄”融合发展战略，进一步理顺开发区管理体制，出台《关于加快开发区转型发展的意见》，推动14个省级经济开发区建立独立的开发区管理体制。

2007年，潍坊市开展第三轮市级行政审批事项清理工作和市级行政许可实施主体清理工作，对乡镇（街道）进行大规模调整，全市共撤并乡镇（街道）66个，总数由2006年的183个减少到117个，平均人口由4.7万人增加到7.4万人，平均面积由88.5平方千米增加到138.4平方千米。2007年9月，市委、市政府研究决定，成立峡山生态经济发展区，将峡山水库周边地区的库区村和移民村划归市辖坊子区，纳入市区统一管理。同年，将寿光市大家洼街道划归寒亭区，仍由滨海经济开发区管理。

第一章　潍坊高新技术产业开发区

1991年11月17日，市委、市政府决定建立潍坊高新技术产业开发区。1992年1月10日，潍坊高新技术产业开发区管委会正式挂牌办公。3月13日，山东省政府批准为省级高新技术产业开发区。同年4月8日开工奠基。11月9日国务院批准其为国家级高新技术产业开发区。高新区位于潍坊市区东部，1991年建区时，总用地面积13.2平方千米，其中老区5.2平方千米，规划新区面积8平方千米。根据潍坊市总体规划和自身发展需要，先后经过十几次区域调整，至2012年，辖区面积110平方千米，下辖新城、清池、新钢和新昌4个街道、91个村（居），人口19万人。

第一节　规划建设

1990年春节期间，国务委员、国家科委主任宋健到潍坊专门考察潍坊高新技术产业发展情况。同年5月，将潍坊列入科技体制改革、发展高新技术产业、推进企业技术进步的联系点。

1991年10月8日，市政府常务会议听取市科委关于在潍坊建立高新区的汇报。为抢抓国家高新区建设政策机遇，充分发挥潍坊自身优势，加快发展高新技术产业，推动“科教兴潍”战略，促进全市科技进步和经济振兴，带动全市经济社会发展，决定在市区东部（紧靠建成区）建立潍坊高新技术产业开发区。

1991年11月17日，市委、市政府正式批准设立潍坊高新技术产业开发区。1992年3月13

日，山东省政府发布《山东省人民政府关于同意将潍坊高新技术产业开发区列为省级高新技术产业开发区的批复》。1992年11月9日，国务院发布《国务院关于增建国家高新技术产业开发区的批复》，正式批准将潍坊高新区列为国家高新技术产业开发区。1993年3月26日，国家科委正式授予国家高新技术产业开发区铭牌。2000年9月30日，市委、市政府把高新区建设切实摆到全市经济发展重中之重的位置，落实管理权限，实行"特区特管"。高新区党工委、管委会作为市委、市政府的派出机构，直接对市委、市政府负责。对区内党务、行政、经济及社会事务负全责，区内各企事业单位、街道、农村、市场等一律纳入高新区管委会管辖范围。高新区管委会享有市级经济管理权限和部分行政管理权限。"特区特管"政策的出台实施，对高新区以后的发展起到决定性作用。

1991年建区时，高新区共有党员321名。1993年4月，中共潍坊市委高新技术产业开发区工作委员会成立。2006年，党工委组织部印发《中共潍坊市委高新区工委组织部关于印发〈农村发展党员操作规程〉的通知》。2007年，党工委组织部印发《关于加强和改进流动党员管理工作的实施意见》，加强和改进流动党员管理工作，发挥流动党员的作用。2008年，党工委组织部印发《关于严格规范党费收缴、使用和管理的通知》，规范党费收缴、使用和管理工作。2011年，针对区内非公有制企业较多、高新技术企业聚集、高层次流动人才党员较多的实际，潍坊高新区全力提升非公有制企业党建工作水平，实现规模以上企业和高新技术企业党建工作全覆盖。截至2012年底，潍坊高新区党工委下设14个直属党委，共257个党组织、7535名党员。

第二节　经济概况

1993—2012年，潍坊高新区在发展高新

高新区软件园

潍坊高新技术产业开发区

技术产业、提升区域创新能力、转变经济增长方式等方面取得长足发展，主要经济指标保持20%以上的增长速度，成为全市经济发展的龙头和高新技术研发的引领者。地区生产总值由1993年1.02亿元增长到2000年10.3亿元，随后发展步伐明显加快，到2008年达142.42亿元，到2012年达268.11亿元，是2000年的26倍，12年净增加257.81亿元。全区人均地区生产总值由2000年的2.6万元增加到2008年的10.1万元，到2012年达到21.53万元，是2000年的8.3倍。2012年，高新区完成财政总收入64亿元，公共财政预算收入26.1亿元，固定资产投资187亿元，社会消费品零售总额205亿元，实现进出口总额19.3亿美元。招商引资注册和开工项目111个、实际到位资金35亿元，实际到账外资8802万美元，新增境外投资4116万美元，经济社会继续保持了良好发展势头，被科技部授予“国家高新区建设20年先进集体”称号。

生物医药科技产业园

第三节　科技创新

创新体系

建区以来，高新区秉承“发展高科技、实现产业化”的宗旨，坚持产业特色化发展、园区化布局、集群化扩张，建立起科技创新体系，增强了科技创新能力。

从1992年建立潍坊高新技术创业服务中心（第一孵化器）开始，经过20年发展，先后建立了第二孵化器、第三孵化器、第一加速器、第二加速器、博士后工作站等一批高层次人才创新创业支撑服务平台，使科技人员、海内外留学人员的科技成果有了转化为商品及产业的孵化场所；建设光电园、软件园、生物园、潍柴工业园、福田汽车工业园等10个特色产业园区；获批半导体照明、动力机械、电声器件等26个省级以上产业化基地（国家级8个）；打造呼叫中心、IBM智慧软件、半导体照明检测、生物医药中试等9个公共技术平台，6个博士后

潍柴动力工业园

歌尔声学公司

科研工作站、11个院士工作站、16个产业技术创新战略联盟、233个企业研发平台，集成整合“技术+资本+产业+平台”创新要素，构筑成区域创新大平台，在全球范围内汇聚智力、资本、技术等资源，多力叠加支撑研发创新和科技成果产业化。到2012年，全区形成以潍柴动力、歌尔声学、福田汽车等骨干龙头企业为引领，一批高成长性中小企业为支撑，3D打印、测绘地理信息、海洋生物等新兴产业加快发展的良好格局。

高新技术产业

2002年以前，由于全区规模以上企业数量较少，潍坊市对高新区规模以上企业不进行统计，规模以上企业没有详细记录。2003年，全区规模以上企业47家、工业总产值23.39亿元。2012年，全区规模以上企业109家，全区高新技术企业达到130家，工业总产值615.2亿元。其中，产值过10亿元企业8家，产值过亿元企业47家；利润过1000万元企业37家，过100万元企业63家。至2012年，全区形成了声光电子、汽车及装备制造、软件信息、生物医药四大主导产业。

人才建设

建区以来，高新区大力实施“人才强区”战略，努力推动“人才特区”建设，人才结构日趋完善，人才作用明显增强。至2012年，全区拥有国家“千人计划”人选18名、山东省“泰山学者海外特聘专家”23名、潍坊市“高层次创新创业人才引进扶持计划”24名；全区有博士256名、硕士1860名、万人拥有技术人员数1319人，参与高新区建设和服务的长江学者、教授、博士

创新大厦（第二科技企业孵化器）

等高端人才1900多人，高层次人才总量位居全省高新区首位，2012年被省委、省政府授予“山东省人才工作先进单位”称号。

第四节　基础设施建设

市政建设

高新区始终把基础设施建设作为工作重点，先后投入130多亿元完善城区道路及通讯、供电、供热、排水、供水等配套基础设施建设。进一步完善城乡环卫一体化设施，垃圾清运、无害化处理率、城乡环卫一体化覆盖率100%，城市环境更加宜居宜业。

道路

规划干道总长332.1千米，道路广场总面积约1432公顷，形成“十纵十横”高标准绿化、亮化、美化道路格局。2007—2010年，作为惠民工程，高新区大规模实施农村道路改造工程，对全区的47条农村道路进行改造。改造农村公路里程近100千米，实现村村通柏油路。

排水

高新区内排水采用雨污分流制排水体系。雨水排放充分利用自然地形，实行雨水无压力自流。雨水经收集系统，分别排入虞河、张面河和泥河等3条自然河流。污水通过管网收集后进入污水处理厂处理达标后排放。

供水

高新区内供水事业获得长足发展，截至2011年底，潍坊自来水公司在区内敷设供水管网73千米，供水服务面积扩展至70余平方千米。2012年，高新配水厂投入使用，日供水能力提高了1倍。

供热

高新区集中供热开始于1994年，供热面积不到10万平方米。为满足日益增长的供热需求，高新区不断加大投资力度，至2010年，实际供热面积达到327.4万平方米，供热质量也有了大幅提高。2011年，高新区大力推进“汽改水”供热管网建设，不断满足群众日益增长的供热需求。截至2012年，全区供热入网面积达到828万平方米，在全市率先实现“汽改水”全覆盖。引入华电投资供热项目，投产后供热能力可达1200万平方米，解决了全区5年至10年的供热需求问题。

供电

随着全区经济的快速发展，区内电力需求量不断增大，供电与经济发展的矛盾日渐突出。2008年开始，潍坊高新区的电力工作重点确定为加强电源建设与强化电力配套，不断加大投资力度，完成了一系列供电工程，为全市城市建设、土地储备、文明城市创建以及大项目的及时开工创造了条件。2012年，又实施11项电力工程，城市承载功能进一步增强。

升级改造后宽阔通畅的胜利大街

金马路绿化带

技产品LED白光照明。高新区成为全国首个实现白光照明全覆盖的高科技园区。2009年，科技部把潍坊列为全国“十城万盏”试点城市之一。截至2011年，全区道路路灯总数达到4200余基、7500余盏，亮灯率达到99%以上。2012年，全区安装LED路灯达2万多盏。

夜景亮化工作始自1997年。1997年3月，高新区实施“不夜城”工程，是全市“不夜城”工程的重要组成部分。2009年3月至2011年，高新区对东风东街、东方路、福寿东街等主街主路两侧行道树树体进行亮化，白天看红灯高挂色彩斑斓、喜庆吉祥，晚上看星光灿烂、流光溢彩。

绿化

建区之初，辖区内基本上是农田、村庄，树木稀少，几乎没有园林绿地。为改变绿化建设相对滞后的现状，从1995开始不断加大投入进行道路绿化、园区绿化和社会绿化，逐渐增加绿量，泥河、张面河、白沙河的综合治理成效显著，至2012年，高新区建成区绿化面积达580多万平方米，覆盖率达到55%，人均拥有绿地面积约30平方米，三季花香，四季常青，天蓝、地绿、水清。

亮化

高新区的亮化包括路灯照明和夜景亮化两大部分。高新区路灯照明建设，从1993年6月开始。2007—2008年，区内全部更换为最新高科

亮化照明下的东风街与金马路夜景

浞河综合治理

浞河，又称寒浞河，即古“寒水”，因流经古寒国而得名。浞河全长33千米，区内全长11.7千米，向北经寒亭区，入昌邑县境，在潍北农场四分场处注入虞河，然后一路向北流进渤海莱州湾。

2008—2010年，围绕建设“生态之河、环境之河、效益之河、灵气之河”，高新区分三期工程对浞河进行综合治理，工程总投资6.5亿元，对浞河（杨庄—马宿水库）6.3千米（双侧河岸，总长12.6千米）及浞河中部支流2.7千米（双侧河岸，总长5.4千米）进行综合整治，整体景观及绿化带面积2143亩，水面700亩，河床设计宽度30～220米。2010年10月，浞河风景区被山东省旅游景区质量等级评定委员会检查评定为国家AAA级旅游景区；同年12月，被水利部批准为第十批国家水利风景区。

北海学校

潍坊一中

第五节　社会事业

教育

高新区高度重视教育的发展，始终坚持把教育摆在优先发展的战略地位。1994年1月至1998年8月，高新区初步形成从幼儿园到小学、初中、高中的教育体系。为推进高新区义务教育的均衡发展，高新区不断加大教育经费总投入，根据高新区学校布局总体规划，新建、改建多处高起点、高标准的现代化学校，高标准配备教学设施设备，打造高素质的教师队伍。至2012年底，高新区拥有普通中学7所，教师314名，在校学生3610名；小学10所，教师507名，在校学生10214名；全区拥有幼儿园48所、6596名孩子，其中公办幼儿园11所、民办幼儿园37所；有全省十佳幼儿园1所。

浞河国家水利风景区

2010—2012年，高新区连续被市委、市政府表彰为“全市教育工作先进单位”。

建区之初，潍坊高新区辖区内有5所高等院校，即潍坊学院、山东省畜牧兽医职业学院、山东省交通职业学院、山东省纺织职业学院、山东省信息工程职业学院。2009年5月，区划调整后，山东省纺织职业学院、山东省信息工程职业学院划归潍坊市奎文区。

卫生

高新区医疗卫生事业随着经济和社会事业的发展而发展，医疗卫生机构日趋完善，医疗制度逐步改革深化，人民群众的健康水平不断提高。

建区之初，高新区卫生资源匮乏，基础设施缺失，资源配置落后，仅有14个村卫生室、22名乡村医生。高新区成立后，注重抓源头、建设施、补资源，经过近20年的发展，医疗卫生事业发展迅速。到2012年，高新区拥有各级各类医疗卫生机构105个，其中医院10个，社区卫生服务机构10所，一体化管理的村卫生室30个；住院病床683张，卫生技术人员1448人，其中执业（助理）医师542人，注册护士561人。

为全面提升医疗卫生水平，不断扩大基本医疗制度受益面，从2008年起，高新区农村合作医疗连年100%覆盖应参合人群。2012年，在全市率先实行包括农村在内的区内就医挂号零收费、基本用药零加成，社区卫生服务机构、公共卫生服务项目覆盖100%农民的“双百双零”政策。率先实行新生儿疾病免费筛查和“先诊疗后付费”就医模式，实现基本药物制度全覆盖，将一二三级定点医疗机构住院费用报销比例分别提高到80%、75%、60%，推行家庭医生式服务模式，为居民提供“六位一体”社区综合卫生服务。

社会福利

社会福利中心　2010年7月，成立高新区社会福利中心，与区敬老院合署，负责全区孤老优抚对象供养、“三无”对象供养、孤儿养育、社会救助和面向社会老人服务、养护、康复、托管于一体，以提供养老服务为重点，兼顾为孤儿、精神病人、生活无着流浪乞讨人员等特殊困难群体提供服务。2012年，潍坊高新区农村低保每人每年2600元，城市低保每人每月420元，五保供养每人每年6200元，孤儿养育每人每月1000元。建成公共租赁住房2858套、20万平方米，累计开工保障房3704套、26万平方米。

鹤翔安养中心　潍坊鹤翔安养中心是由潍坊高新区管委会与潍坊鹤翔安养中心合作建设的集敬老托老及配套康复医疗休闲娱乐为一体的大型养老机构，位于宝通街以南、潍县中路以西、交通职业学院北临，规划占地141.9亩，建筑面积14.1万平方米。

2009年12月，一期工程即高新区敬老院，包括鹤颜公寓和服务中心，鹤颜公寓投入使用，其中鹤颜公寓建筑面积8000平方米，设床位200个；服务中心建筑面积1.2万平方米，主要是为整个安养中心提供接待、医疗、健身等服务，建有老年书院、剧院、教堂以及百货商店、银行等场所。2012年，在鹤颜公寓的95位孤寡五保老人，得到的各种服务非常完善，其入住费用均由财政拨款解决；年内安养中心二期工程建成投入使用，社会化养老床位总数达到700张，千名老人拥有床位55张，养老托老服务达到省内一流水平。

儿童福利院　潍坊市儿童福利院工程于2008年10月开工建设，2010年10月启用。项目占地40亩，建筑面积1.8万平方米，整个建筑风格呈伞形，寓意孤残儿童在党和政府的保护伞下茁壮成长。至2012年，市儿童福利院收养孤残儿童227人。

慈善事业　2010年8月，高新区慈善总会成立，募集创始资金1105.5万元，总会规模、募集款物金额均位居全市第一。慈善总会成立后，建立了以党委领导、政府推动、法律规范、政策引导、社会参与、慈善组织实施的社会公益慈善事业发展机制，与海王医药等企业订立了5250万元的慈善基金协议，开展“情暖万家”“朝阳助学”“夕阳扶老”“爱心助残”“康复助医”等活动。

文化

高新区的文化工作坚持“一手抓管理、一手抓繁荣”的工作思路，既重视日常监管，净化了文化市场，又积极组织开展群众文化工作，丰富群众文化生活，2008年后连年获潍坊市文化市场管理先进单位、潍坊市群众文化工作先进单位等称号。2012年2月，被市委、市政府评为2011年全市文化建设工作先进单位。2012年，获批山东省（潍坊）数字出版基地、山东中动数字出版创意研发园区、山东省云计算版权交易园区，实现潍坊高新区历史上零的突破。

文化设施建设　2008—2012年，高新区拨付专项资金进一步完善综合文化信息资源共享工程、文化大院、广播电视村村通、农家书屋和农村电影放映“五大工程”等基础设施。建成县级文化信息资源共享中心1处；街道文化站2个；“文化信息资源共享”基层站点36处；“农家书屋”36个；公共电子阅览室2个；广播电视村村通完成率达100%。

文化活动　随着经济的发展和生活水平的不断提高，高新区民间自发的群众文化娱乐活动得到了发展，如风筝的轧制和放飞、各社区京剧爱好者们经常性的聚会演奏、功夫扇、太极拳、舞蹈等，每逢春节、元宵节，各村、社区都进行传统的戏曲表演、杂耍等活动，高跷队、秧歌队、跑旱船、舞龙灯非常活跃。

2008—2012年，高新区先后5次组织参加风筝会期间举办的大型文展会。2011年，高新区的群众文化活动围绕创建全国文明城市、狂欢大巡游、第二届社区文化节、“文明之夏”“放飞五月”庆“七一”“欢乐金秋”、建区二十年等主题进行，共举办群众文化体育活动120余场次，其中大型的专场文艺晚会12场。2012年，开展魅力高新、喜迎十八大等主题群众文化活动97场次。

文化成果　山东中动传媒有限公司原始创作

和谐高新

的26集大型三维动画片《精灵萝卜娃》，从2011年7月开始在中央电视台少儿频道栏目播出，中国动画网、土豆网、酷6网等知名网络媒体同步播出；潍坊高新区的“双鞭花棍”“阴阳鼓”非物质文化遗产项目入选潍坊市非物质文化遗产保护名录，“阴阳鼓”项目被编录《潍水流觞》一书，现已出版发行。2012年，“阴阳鼓”项目成功获批省级非物质文化遗产项目；《泥水文化》刊物获批山东省内部资料准印证；区内书法、绘画、楹联等各种民间文化团体相继成立，涌现出一批书法、绘画爱好者，为高新区的文化繁荣做出了贡献。

体育

设施配备 高新区不断加大对全民健身运动的投入，为全民健身提供大量的健身器材和基础设施，各种体育健身器材如篮球架、乒乓球台、秋千、平行天梯、双人漫步机、扭腰器、压腿训练器、单杠等应有尽有，至2012年，全民健身设施覆盖率达到100%。

健身活动 2008年8月，举办清池街道“文明之夏”乒乓球和象棋比赛等活动。同年9月，举办清池街道“文明之夏”群众健身活动竞赛，街道85个村，村村参与。同年11月，新城街道开展“体育健身月”系列活动。2009年12月，高新区8人参加潍坊市体育局举办的“体育彩票杯”庆元旦迎新春全市体育健身运动会。2009年，高新区获潍坊市全民健身体育运动会团体总分第四名。同年，高新区参与了第十一届全国运动会潍坊赛区潍坊学院体育馆和潍坊一中两个场地的组织工作。同年9月，高新区组织第一届潍坊高新区职工趣味运动会。2011年，高新区组织参加潍坊市第十八届运动会暨第一届全民健身运动会，共组织参加11个项目，参赛人数达200余人，均获得较好成绩，其中围棋比赛项目代表潍坊市参加山东省的比赛；篮球协会组织了全区篮球秋季联赛。2012年，区金牌万人比成绩列全市第五名。

第二章　潍坊滨海经济技术开发区

潍坊滨海经济技术开发区位于潍坊市西北部，渤海莱州湾南畔，西与寿光市相连，东邻昌邑市，南濒寿光市和寒亭区，陆域面积678平方千米，海域面积510平方千米，海岸线69千米。全区辖2个街道办事处，51个村，2015年户籍人口15万。其中，央子街道地处滨海区东部，西与滨海区大家洼街道毗连，南与寒亭区固堤街道毗连，陆域面积338平方千米，辖18个行政村。大家洼街道地处滨海区西部，东与滨海区央子街道毗邻，西与寿光市营里镇相连，南与寿光市侯镇接壤，陆域面积340平方千米，辖33个村居。

第一节　规划建设

潍坊沿海开发由来已久。1958年9月，山东羊口盐场在今滨海区大家洼开工建设，奠定潍坊盐业化工产业发展的基础。1986年4月，国家

“七五”重点项目潍坊纯碱厂在今滨海区大家洼落户动工，潍坊沿海开发开始向海洋化工产业进发。1995年5月，市政府印发《潍坊市人民政府关于成立潍坊海洋化工高新技术产业开发区管理委员会的通知》，在寿光市大家洼镇、山东羊口盐场和潍坊纯碱厂所辖范围设立开发区，命名为“潍坊海洋化工高新技术产业开发区”；2002年9月，被山东省政府批准为省级高新技术产业开发区，产业发展以海洋化工精深加工为主。

2003年3月，潍坊市寒亭海洋化工开发区在央子镇成立，行政区域面积即央子镇的总面积。2005年7月，潍坊滨海项目区在寒亭区央子镇境内成立，主要承接化工产业和城区工业转移。2005年12月，经国家发改委核准，定名为“山东潍坊滨海经济开发区”；2006年1月9日，中共潍坊海洋化工高新技术产业开发区工作委员会、潍坊海洋化工高新技术产业开发区管理委员会分别更名为：中共潍坊市委山东潍坊滨海经济开发区工作委员会、山东潍坊滨海经济开发区管理委员会。

2008年3月，寒亭区央子街道整体划归潍坊滨海经济开发区管理，寒亭海洋化工开发区整建制划归潍坊滨海经济开发区。2010年4月正式获国务院批准成为国家级经济技术开发区，定名为“潍坊滨海经济技术开发区”。

第二节　基础设施建设

按照优先发展、适度超前，科学布局、逐步优化原则，以基础设施建设为突破口，加快推进港口、公路、铁路等枢纽型、功能型、网络化重大基础设施，使潍坊北部沿海交通运输网络日渐完善，城市综合承载能力得到提升，为产业发展创造了有利条件。

港口建设

潍坊港位于山东半岛西北部，位于渤海莱州湾南岸，为国家一类开放口岸，区位优越，交通便利，拥有海岸线140千米。央子渔港，又称卸货台，原址位于今潍坊滨海经济技术开发区央子街道以北，长江大街白浪河桥河道西岸向南200米处。1976年，潍县在央子北开工建设渔港，浆砌块石结构，岸壁长300米，前沿水深2.5～4米，占地150亩，投资130万元，1978年竣工。潍坊北港，又称央子港，位于今潍坊滨海经济技术开发区央子街道北侧，原白浪河入海口西岸。1975年前无人工码头，1984年山东省政府决定筹建北港。1985年4月，潍坊北港工程开工建设，至1986年10月，建成疏港公路8.2千米，港台护砌、围堰890米，回填土方25万立方米，并同步修建宿舍、供电室、油罐房、值班室等设施。1988年6月，港区公路、围墙、码头工程竣工投产。1989年12月，300吨油罐工程完工。90年代，由于白浪河上游来水不足，港池回淤严重，潍坊北港于90年代中期停止运营。

1990年8月30日，潍坊市交通委向潍坊市政府呈报《关于加快发展我市港航事业的报告》。1993年5月31日，潍坊港建设指挥部正式成立。1996年初，市委、市政府决定以原潍坊北港为依托改造扩建，向北推进10千米，加快潍坊港建设速度。3月初，潍坊港建设指挥部更名为潍坊港港务管理局。1996年5月，潍坊港二期扩建工程开工。1996年底至1998年，潍坊港码头建设进入实质性阶段，完成工程投资3.29亿元，提前1年完成万米引堤，720米防波堤和2个3000吨级通用泊位建设。1998年10月，潍坊港扩建工程正式通航。此后几年，潍坊港一批3000～5000吨级泊位相继建成投产。2001年港口吞吐量突破百万吨，2005年达到409万吨。

2004年1月1日，潍坊港有限责任公司正式挂牌成立。2005年8月，潍坊港有限责任公司与马来西亚捷硕集团公司签订合作协议成立合作公司，于11月并更为潍坊森达美港有限公司。2006年3月，潍坊市港航局成立。2007年6月18日，潍坊港中港区万吨码头开工建设，2010年12月21日航道正式通航。2008年潍坊港年货物吞吐量首次突破千万吨大关。

2009年4月17日，潍坊港一类口岸对外开放顺利通过国家验收。依照国家交通运输部公告，潍坊港于7月28日正式对外开放，成为全国“十一五”期间首家由二类口岸晋升一类对外开放港口。2010年12月28日，潍坊市举行万吨级码头通航仪式。2011年11月10日，受山东省政府委托，省交通运输厅在潍坊组织召开《潍坊港总体规划（报批稿）》审查会议。

2012年1月10日，山东省政府下发《关于潍坊港总体规划的批复》。3月1日，潍坊港中港区东作业区主体码头开工建设。12月19日，潍坊港被确立为小清河海河联运枢纽港。12月20日，烟台港至潍坊港集装箱班轮航线实现首航，成为黄河三角洲港口群第一个开通集装箱业务的港口。

2012年，潍坊港港口吞吐量累计完成2031万吨。其中，中港区1901万吨，西港区羊口作业区完成130万吨。在港口完成分货类中，煤炭完成333.5万吨，石油及天然气制品完成224.4万吨，金属矿石完成656.48万吨，化工原料及制品完成36万吨，原盐完成248.4万吨，非金属矿石完成25.3万吨，粮食完成3.5万吨。

道路管网建设

1995年，潍坊海洋化工高新技术产业开发区成立后，开发区内先后修建拓宽硬化大九路、大海路、华洲路、大沂路、海源街、海港街、禧源路、富源路等道路设施。2008年后，按照国家级开发区的标准和现代化新城区的目标定位，实施各类工程160多项，总投资150多亿元，启动54项重大工程设施建设。沿海防护堤建成，景观岸线建设全面启动，森达美港实现对台直航，万吨级码头建成投用，协调启动进港路改造和疏港铁路建设，黄潍输油管线实现全线贯通。建设滨海渔港，至2012年完成东引堤和主港码头吹填。滨海大街、海惠路建成通车，开工建设白浪河景观大桥建设，渤海大街桥实现通车，新建海河路北伸、创新街东伸、港营路东伸等20多条主干道路。

防潮堤建设

1989年，为拦海养殖，发展水产养殖产业，寒亭区于东至虞河入海口、西至白浪河处开工建设防潮大坝，设计总长14.5千米，实际建设14.19千米。该大坝主要为“寒亭对虾养殖项目”而建，此项目是山东省农业综合开发项目的一个子项目，由世界银行贷款兴建。1987年冬，由寒亭区计委组织进行可行性研究，并向市计委、省计委申请立项。1988年3月下旬，世界银行派员到项目区考察。由于养虾场南侧寒亭盐场项目尚未开工，养殖项目大坝不能独立进行，所以盐场和盐田防潮坝一并进行设计。经测量，防潮坝总长20.89千米，其中盐田部分东堤4.1千米，西堤2.6千米。根据省水产局批复及山东海洋学院评估意见，防潮堤地标6.0米、顶宽6.0米，内外边坡1：4，迎潮坡用80号浆砌石护砌后顶宽可达10米。经实核世行防潮堤总长14.19千米，1989年5—10月，由原水电部13工程局、寒亭区养殖公司、寒亭区水利工程建筑安装对承包完成施工。2000年，龙震大坝开工建设，分三期建设。一期工程自2000年7月6日动工，年底竣工，长度3.7千米。二期工程自2003年3月19日动工，2004年5月竣工，长度4.3千米。三期工程自2004年6月25日动工，2005年4月竣工，长度12.5千米。三期总长25千米，设计标准为：坝顶宽18.5米，坝底85米，坝高7.8米。

2005年，市委、市政府启动新一轮北部沿海开发。作为滨海新城开发建设的重要前提和基础，防护堤工程建设开始。防护堤工程以森达美港引堤为界，分东西两部分，总投资21.2亿元。其中，西段全长15.18千米，一期工程4.46千米，2007年6月开工建设，2009年8月19日与疏港公路合拢，围圈海域30平方千米；东段工程西起森达美港东引堤（也称进港路，长7千米，宽18米，为北海路的北延伸段），东至鑫环盐化公司防潮坝东北角，轴线总长20千米，堤顶标高6.5米，防浪墙高7.5米，宽11米，按百年一遇防潮标准设计，总投资15亿元，包括坝体抛石、防潮闸、内侧吹填加固三大工程。堤身采用抛石斜坡堤结构，临海侧采用钢筋混凝土栅栏板护面，内侧进行吹填加固，建设绿化廊带，具有防潮行洪、改善生态和营造临海景观等功能。其中，白浪河闸工程总投资1.8亿元，全长330米，建有宽15米的双向四车道交通桥，具有泄洪、航运、休闲、生态及景观功能。老虞河防潮闸总投资7000万元，长126米，分设5个闸室，单孔净宽12米。坝体抛石工程采取两标段双向施工，海上抛石与陆路填筑同步推进。2008年11月7日举行大坝开工仪式，于2010年1月1日实现整体合龙。

大坝围圈海域50平方千米，规划建设旅游度假区，旅游度假区概念性规划整体形似蝴蝶，沿渤海路向北延伸至防护堤中段，形成“蝴蝶”躯干，防护堤形成“蝴蝶”双翅外廓，由西南向东北略作偏转，朝向入海口。渤海路工程南接潍县中路，北至沿海防护堤，全长14.7千米，其中海上段长5.1千米，总投资4.5亿元，采用两侧筑堤、中间吹填的结构形式建设，路基顶面宽30米，高程5米，吹填土方2200万立方米。

新城建设

1995年，潍坊海洋化工高新技术产业开发区委托潍坊市规划设计院在原寿光市大家洼镇基础上进行总体规划编制，1996年经省级专家评审通过。2002年山东省城乡规划设计院对开发区总体规划进行修编，2003年完成并经省市专家评审通过。规划确定城市性质为现代化海洋化工城。至2008年3月，市委、市政府决定将央子街道辖区由寒亭区整体划归滨海经济开发区管理后，滨海区面向全球公开招标，确定滨海新城“一城四园”的总体发展格局。“一城”即规划建设滨海水城；“四园”，就是规划建设四大产业园区，即先进制造业产业园、临港工业园、绿色能源产业园和海港物流园。科教创新区重点实施职业教育、科技研发与蓝色产业融合发展，打造环渤海地区具有影响力的职教中心和自主创新基地。中央商务区规划面积6平方千米，重点引进高端商务服务业项目，打造“蓝黄”两区具有一定影响力的高端商务聚集区。生态商住区规划面积34平方千米，5平方千米起步区基础设施基本配套，打造“依河拥海”的绿色低碳社区。旅游度假区规划面积50平方千米，实施河、湖、海、岛岸线资源开发，打造“蓝黄”两区具有吸引力的滨海休闲旅游目的地。到2012年，累计完成投入近500亿元，启动各类工程170多项，开发配套160平方千米，滨海新城开发框架基本形成，吹填造陆10平方千米，实施20千米的黄金岸线综合开发，人工沙滩、滨海国际风筝冲浪基地、潍坊滨海马来西亚馆建成投用。

2012年10月31日，《中共潍坊市委、潍坊市人民政府关于支持潍坊滨海经济技术开发区加快发展的意见》印发。11月2日，全市加快滨海经济技术开发区建设工作会议在富华国际会议中心召开,举全市之力推进开发建设。滨海区重点以白浪河为主轴线，打造南海新城组团、大家洼组团、新城组团三大亮点。2012年，山海湖河综合改造工程各项基础工作基本到位，核心区改造全面铺开；白浪河综合改造工程完成投资4亿元、土方1600万立方米；中央商务区起步区3平方千米基本配套；科教创新区一期12平方千米基本完成配套。

第三节　经济发展

1995—2012年，滨海区始终把创新和开放摆在发展的核心位置，贯穿于新区建设全过程、全领域，坚持质量效益导向，深化改革创新，扩大对外开放，厚植发展新优势，开拓发展新境界。

滨海区地下卤水静储量60亿立方米，富含溴、钾、钠、镁、碘等多种经济价值较高的元素。化工行业的主要生产原料等需求在区内或附近都能满足。1995—2005年，潍坊海洋化工高新技术产业开发区通过发展循环经济，建设生态园区，实现盐化工、石油化工、精细化工、农药化工等七大产业集群协调快速发展。区内化工企业近400家，化工产品200多种，区内的山东海化集团由山东羊口盐场和潍坊纯碱厂联合组建，其主导产品生产能力已有纯碱、氯化钙、原盐、泡花碱、溴素、溴化物等在全国具有较大市场占有率，有30多种产品出口40多个国家和地区，是全国重要的生态海洋化工生产和出口创汇基地。

2006年8月，山东潍坊滨海经济开发区被授予“中国石油和化工潍坊产业区”。自2008年开始，滨海区以各类开发园区为载体，把发展特色产业作为发展的主攻方向，实施大项目带动战略，加快培育七大蓝色高端产业（即新能源汽车产业、装备制造业、石化盐化产业、新医药产业、物流加工业、新能源产业和现代服务业）集群。至2012年，新能源汽车产业主要建设瑞驰汽车项目，瑞驰汽车项目产品下线，实现批量生产；高端装备制造业主要引进潍柴重机、华创工业机器人、颐杰鸿丰。潍柴大机铸造项目近期投产，华创工业机器人项目主体完工；石化盐化产业主要有弘润石化储备罐区一期400万方投入运营；新医药产业方面，新和成药业、国邦药业等项目开工建设，新和成二期已经试生产；临港物流加工业方面，中棉物流建成投用；新能源产业方面，华能50兆瓦风电和国电100兆瓦风电已并网发电；现代服务业方面，依托滨海水城开发，发展金融保险、高端商务、职业教育、科技研发、文化旅游等高端服务业项目。

2012年，全区完成地区生产总值180亿元，规模以上工业企业主营业务收入506.9亿元，全社会固定资产投资197.8亿元，财政总收入32.3亿元，公共财政预算收入16.3亿元。全区纳税过百万元的企业125家，其中过千万元的24家、过5000万元的3家。

第四节　社会事业

1995年开始，滨海区不断增加义务教育、就业服务、社会保障、基本医疗和公共卫生、公共文化等基本公共服务供给，加快推进基本公共服务均等化。

至2012年，惠民工程方面，开展创业、转移就业和农村劳动力培训，建设开发区农民工就业服务中心和大家洼、央子、海化社区等就业服务平台，公共就业服务体系不断健全。统筹推进城乡养老、医疗一体化发展，健全完善覆盖城乡的社会救助和保障体系，惠及城乡居民6万人。教育事业方面，投资5亿元，实施水城、大家洼、央子街道校园建设，实施学前教育发展3年行动计划，推进办学条件标准化和学校安全标准化建设，实现标准校车配备全覆盖。基层医疗卫生服务体系方面，在村居（社区）卫生室全面实施国家基本药物“零差率”销售，央子卫生院由潍坊中医院进行托管，企业职工养老保险扩面4500人。实施村居基础设施建设财政资金补贴。投资

1800万元，开展农村供水管网改造工程，新建农村供水管道45千米，惠及38个村居4.5万人。投资1600万元，文体中心、公共电子阅览室和群众文化中心建成投用，改造提升海洋礼堂，完善城区健身设施，打造城区居民“10分钟健身圈”。加强和创新社会管理，高度重视安全生产和食品、药品安全，健全立体动态治安防控体系，广泛开展和谐创建活动，社会保持和谐稳定。

第五节　生态环境建设

滨海区践行绿色发展理念，改善生态环境、保障基本民生、优化社会服务等各项工作，实现了从单一的产业区发展转向全面综合的城市发展，从注重经济增长转向经济社会环境协调发展。

21世纪初期，潍坊滨海区土壤盐分重，气候干湿交替、风多风大，缺少植被覆盖，晴天时大风刮起层层沙尘，相对脆弱的生态环境不仅很大程度上制约了经济的发展，也严重影响当地居民的生活。对此，滨海区按照“生态先行”的发展思路，坚持保护优先、修复为主，加快推进水利林业工程建设，构建潍坊北部绿色屏障，筑牢生态建设根基。

1996年3月1日，潍坊海洋化工高新技术产业开发区管理委员会成立区绿化委员会。2008年，山东潍坊滨海经济开发区管理委员会报请市政府设置滨海生态林场。为切实破解生态瓶颈制约，将造林绿化和新城建设统一规划，潍坊滨海区自2008年开始规划建设生态林场，主要包括弥河口生态林场、滨海生态林场，依托区内东部几条较大规模的河流、道路为框架，根据地形特点配以特色风景林，形成集生态、旅游等功能为一体的大型生态林场。林场东西跨度23千米，南北跨度17千米，总面积31299亩，改变过去绿化以柽柳为主的局面，引进耐盐碱的二代绿化树种。按照适地适树、宜花则花、宜草则草的原则，全面开展造林绿化，坚持高水平、高质量绿化，优化树种、树龄配置，搞好抚育管护，于2010年全部完成造林计划。

滨海区大力发展循环经济，高水平建设国家生态工业示范园区，探索出“一水六用”的循环经济发展模式，卤水和以海水为原料形成的产业链，通过左右关联和上下延伸，形成了以盐碱、溴、苦卤和精细化工四大产业链条为主体，以蒸氨废液、提溴废水、制盐苦卤、酸性废水、固体废料、废气废液等六大废物资源化利用为辅助，上下游产品接续成线、关联产品复合成龙、资源循环综合利用为特色的生态工业体系。2003年，山东潍坊滨海经济开发区被确定为山东省首家循环经济示范区试点。2005年4月，国家环保总局正式批准山东潍坊滨海经济开发区建设国家生态工业示范园区。2008年至2012年，滨海区开展实施水、大气、固废等综合治理，引导企业投资20亿元，实施20项重点技改项目和30项节能减排工程，实施先进制造业产业园、新兴工业园等集污管线改造，崔家河、围滩河等重点河流断面实现稳定达标。

2008—2012年，滨海区实施弥河、白浪河、综合改造，整治疏通河道，实现水网串联。启动沿河、沿海、沿路绿化、园区绿化和生态林场建设、绿化示范村镇建设等生态建设措施，实施盐碱地改良生态示范园、白浪河入海口生态示范带建设和沿海防潮堤防护林带、荣乌高速生态林带的绿化提升及中央商务区、科教创新区绿化组团建设。央子街道固堤场村、河北岭子村和大家洼街道周疃二村、贤村、双河村5个村居获评潍坊市2012年度绿化示范村。2008—2012年，滨海区累计投入15亿多元，治理河道40千米，造林4.6万亩，植树3000万株。

第三章　潍坊综合保税区

潍坊综合保税区于2011年1月获国务院批准设立，是全国第14个综合保税区。总规划面积30平方千米，其中网内保税区5.17平方千米，网外配套区24.83平方千米，分为南区、北区“一区两片”运营。

第一节　规划建设

2003年12月，国务院批复设立潍坊出口加工区，总管辖面积3平方千米，其中一期围网1.57平方千米。2003—2005年，按照国家验收要求，加快围网、卡口、巡视道、办公楼等基础设施建设，高质量完成出口加工区一期围网建设任务，并顺利通过国务院10部委验收。

2011年6月21日，市委、市政府决定调整扩大综合保税区面积，设立综合保税区配套区，总管辖面积扩大到20平方千米，其中网内保税区5.17平方千米，网外配套区14.83平方千米。辖区范围西至高二路，南依潍莱高速，北依济青高速，东至杨瓦路东。

2013年12月，市委、市政府决定在潍坊港周边规划设立综合保税区北区，从尚未围网的区域中调出2.12平方千米到潍坊港，推动区港一体化发展，打造面向东北亚的对外开放新平台，推动环渤海湾南岸外向型经济发展。潍坊综合保税区北区申报建设工作全面展开。

第二节　经济发展

2003—2012年，潍坊综合保税区以自贸区的大开放思想指导工作，积极发挥“境内关外”特殊功能政策，全力打造“六个百亿级产业链”，搭建“五个国际服务平台”，架起潍坊与世界沟通的桥梁，打开潍坊外向型经济的新窗口，全区经济社会各项事业呈现良好发展态势。

在新的发展形势下，为促进保税区社会、经济、文化的持续、协调、健康发展，完善城市功能，合理整合辖区资源、壮大做强辖区产业，推进城乡统筹快速发展，编制《潍坊综合保税区控制性详细规划》和《综合保税区汶泉发展区总体规划》。依据《总规》与《控规》指导原则，在功能布局上，将综合保税区划分为围网区和配套区两部分；在空间布局上，将综合保税区划分为综合保税区和综合保税区北区两部分。

围网区内用地按照功能划分主要包括公共管理服务区、商务商贸区、口岸作业区、保税加工区、保税物流区以及产业联动区。公共管理服务功能区主要承担海关监管、管委会、商务办公等主要功能。商务商贸功能区主要承担商贸、展览展示、信息交流、金融结算、科技研发等生产性服务业功能。口岸作业功能区主要承担沿海（边、江和航空）口岸报关、报检、订舱（车、船、箱）、装（拆）箱、签发提单、结汇、进口清关等口岸功能。保税加工功能区主要承担加工制造功能，重点发展高科技、高附加值、高税收的现代化先进制造业。保税物流功能区主要承担物流仓储功能，重点开展国际中转、配送、采购、转口贸易等业务。产业联动功能区主要承担加工制造功能，是为围网内保税加工企业提供上下游配套的联动产业发展区域。

配套区由生活、商务配套区和产业支撑配套区两大部分组成，生活、商务配套区主要为村庄搬迁配套用地，产业支撑配套区重点发展与围网内产业相关的电子信息、新材料、新能源、精密机械制造、专业物流等支撑配套产业。

潍坊综合保税区，依据现状用地特点及自然条件、环境保护、交通运输和基础设施、服务设施配套条件的要求，各组团在布局上采取相对集中的原则，形成“一心、两轴、八片区”的整体规划结构。一心，即在规划区中部形成未来的城镇中心；两轴，即宝通街与杨瓦路形成的城镇发展轴；八片区，即一个商务服务片区、三个生活服务片区、四个产业发展片区。发展建设定位：完善辖区功能，突出文化特色，保护生态环境，加大公共服务设施、基础设施建设力度，加快社区建设，吸引周边村民到驻地居住，推进城镇化健康发展。

潍坊综合保税区北区，主要利用潍坊港和保税区功能优势，立足渤海湾，面向东北亚，对接自贸区，建成全市走向海洋、融入世界的大平台，重点发展口岸物流、国际贸易、配套加工等，推动区港一体化发展。

基础设施建设

2006年，网内共有雷力发电项目、宝泰项目、燕城经贸项目3家企业进驻，为企业服务的同时重点从施工安全、施工质量上进行落实。在建设安全上，严格按照《山东省生产条例》的内容抓落实，没有出现安全事故。在质量监督上，严格履行法律赋予的职责，对建筑材料的进场，施工过程的规范，泥浆的标号等环节进行天天监督，全程监督，全年未发生重大质量隐患，受到了市安监、质监站的好评。

2007年，网内共有在建项目9个，分别是蓝领公寓一期、宝泰科技1#、3#标准厂房，以及年底新开工的宝泰2＃标准厂房、白领公寓、综合商务楼、蓝领二期、吉祥电子出口加工项目、吉祥标准厂房项目。其中新规划设计白领公寓和商务办公楼，建筑面积30979平方米，10月正式开工建设；蓝领公寓16855平方米，11月底竣工；蓝领公寓二期11月开工建设，年底完成基础部分。

2008年，以园区厂房、道路工程及相关基础配套设施的建设作为重点，加快基础设施建设步伐。为满足入区企业及施工单位的需求，进一步完善区内水、电、暖等基础设施的配套，协调自来水公司和电力部门完成了支路二、监管仓库以东支路一自来水管道的铺设及网内强电电缆工程，协调华潍热电公司进行网内热力配套工程的建设。进一步美化了园区环境，利用冬春绿化的大好时机，与青岛爱林绿化园艺场、威海林苑绿化工程有限公司签订绿化合同，先后投入约800万元，完成了监管区及网内主干道的绿化、亮化，并在监管区修建了喷泉等景观设施，进一步改善了园区环境。

2009年，做好区内基础设施配套工作。完成商务楼的水电暖配套、路面硬化、绿化及装修的监管工作。完成办公楼前树木的更换及区内绿化养护工作。完成网内高三路硬化。四是积极协调热力部门，完成区内日科至宝泰的热力管道铺设，并对需热源单位进行摸底协调。同时，为实现区内项目供热，加班加点，于12月31日实现汽车线束及蓝领公寓等项目的供暖。

2010年，完善建设手续，规范建筑市场，按照全市建筑市场准入和清出制度，提高了项目建设单位和施工单位入区的门槛。严格按照规划编制和建设用地管理的相关要求进行项目选址定点，编制了区内项目用地分类总平面规划图，为入驻企业提供更加详尽的规划导示。加强基础设施配套建设，园区功能进一步完善。为服务大项目、重点项目、节能项目的入区发展，分期投资约600多万元为山东金源勤上光电LED项目配套建设2000多平方米的室外硬化工程，为丰国电子和职工公寓项目配套铺设总长约1600米的热力管道，为歌尔数码科技电子出口加工项目配套建设4300多平方米的厂间支路工程，大幅提升了园区内绿化，更好地为入区企业提供了配套服务，提升了园区形象。

2011年，进行新项目选址5个，用地470亩。对汶泉居住区总体规划、123亩龙景佳苑安置区规划以及191亩商业开发地块规划提出了规划意见。5、6月，委托市政设计院和相关市政部门，对二期扩网区内高五路（1429米）、中心路（758米）纵横2条主干道，进行统一规划设计和招投标工作；投资60多万元对围网区内路灯照明设施进行LED节能化改造，使监管区、围网区内节点景观进一步提升；投资20多万元将高三路南端因电力架迁移裸露的路面，进行修复完善；投资30余万元对园区内现有10万平方米绿化进行养护，进一步提升园区形象。

2012年，不断加快旧村改造步伐，加快汶泉国际城123亩挂钩项目建设，建成11栋多层、7栋高层。实施董坊村旧村改造，改善村民生活环境。投资106万元完成全部23个村饮用水改造，实现饮水安全达标。投资147万元推进城乡环卫一体化，改善农村环境。扎实做好教育工作，为段家、官路2所小学新聘代课教师11名，并改善教学环境。

招商引资

2008年之前，由于出口加工区功能政策单一，各方面配套不完善等原因，全区经济发展较慢，区内无项目、无税收、无进出口额，在全国50多个出口加工区中排名倒数几位，面临被海关总署摘牌的危险。

2008年8月，潍坊出口加工区新班子上任后，发扬“百折不挠、敢为人先、争创一流、团结奉献”的精神，全力在招商引资、完善功能、提升服务、拓展区域、争取资源上狠下功夫，历经多年艰苦创业，扭转落后局面，实现经济社会快速发展，受到海关总署、商务部等国家有关部委的充分肯定和表扬，2012年全区实现进出口额3.46亿美元，同比增长154.2%；国地两税税收收入同比增长38.4%，其中地方财政收入同比增长35.2%。进出口额、地方财政收入增幅均为全市第1位。

综合保税区管委会所有部门都加挂招商局的牌子，从班子成员到所有部门80%的精力抓招商，20%的精力抓业务工作。全区共组建20个招商小分队，分别由班子成员带队开展招商工作。坚持实行招商责任制，把招商作为年终考核的主要指标，一月一通报，半年一考核，年终总评比，奖优罚劣。经过一年多努力招商，扭转落后局面，仅2009年就引进20多个项目，此后几年，每年都有大项目、好项目落户区内。2008—2012年，潍坊出口加工区转型为潍坊综合保税区，初步形成打造“国际物流”“高端制造”“特色商品交易定价”三大中心的思路目标。

截至2012年，综合保税区引进各类工业项目30多个，总投资200多亿元。其中，上市公司歌尔集团，是全国电子百强企业，电子产品主要供应苹果、三星、索尼、松下、东芝、爱普生等世界知名大企业，为享受保税区优惠政策，已投资40多亿元在保税区设立了歌尔电子产业园，全部达产后年可实现进出口额30亿美元。此外，还引进了投资8亿元的圣和塑胶项目，投资3亿元的佩特来百万台汽车发电机项目，投资2亿元的电容式触摸屏项目，投资1.5亿元的上存锂电池项目，投资2亿元的纳米新材料项目，投资1000万美元的丰国电子项目。

截至2012年，引进总投资6.3亿元的中俄冷链物流项目、总投资10亿元的中国供销集团物流项目、总投资4亿元的中国外运集团电子配送项目、总投资4亿元的香港中基集团物流项目等20多个国际物流项目。开工建设棉花、塑料、纸浆、椰丝等大宗原材物料的国际交易中心，建设工业设备和电子产品的分拨配送中心，满足社会企业需求，提升潍坊国际化水平。

发挥国际贸易和展览展示功能，保税区规划建设了国际商品（红酒）展示交易中心。引进凯瑟王国际商贸、欧美亚国际葡萄酒、索能贸易、南麓酒业等20多家红酒经销商入区，经营法国、澳大利亚、西班牙、意大利、匈牙利、美国、智利等10多个国家、600多个系列的进口葡萄酒以及其他进口消费商品，打造“永不落幕的国际商品展示交易会”。同时，大力发展电子商务，规划建设总投资10亿元、12万平方米的电子商务中心，打造进口大宗商品和日用消费品网上交易平台。

产业发展

2011年1月获国务院批复设立后，潍坊综合保税区确立“四个一体化”的发展思路，即：网内网外一体化、网上网下一体化、国际国内一体化和产业发展一体化，加快建设区域特色明显、功能配套齐全、辐射带动力强的对外开放服务区、外向型经济聚集区和改革开放试验区，呈现出突破性发展的态势。2012年，全区进出口额增长154%，公共财政预算收入增长35%，主要指标增幅在全国保税区中名列前茅。

为尽快摆脱落后局面，实现跨越赶超、快速发展，党工委、管委会始终牢固树立“项目立区”的理念，着力引进总投资200多亿元的80多个重点项目，着力打造六个100亿级产业链。

一是电子信息产业。引进总投资30亿元的歌尔电子产业园，主要研发生产智能穿戴、虚拟现实、机器人与无人机等电子产品，为苹果、FACEBOOK、三星、谷歌、微软、华为等国际知名厂商提供配套服务。

二是国际冷链物流产业。引进总投资6亿元的中俄国际冷链物流项目，该项目是习近平总书记出访俄罗斯期间签署的九大项目之一，建设10万吨欧洲标准智能化冷藏库和控制中心，年进出口农副产品36万吨、进出口额10亿～15亿美元。以此为依托，申请国家质检总局批复，正在加快建设潍坊进口肉类和冰鲜水产品指定口岸，着力打造山东鲜活类产品进出口分拨基地。

三是新能源产业。引进全国第一的天津力神动力电池项目，与济南重汽、宇通客车合作，年产值10亿元；美国控股的佩特来百万台发电机项目，正在将北京厂区整体搬迁到保税区，年产值10亿元以上；陆地方舟新能源汽车项目，年产新能源汽车3万辆，实现产值8亿～10亿元。

四是新材料产业。圣和新材料项目，总投资4亿元，研发生产环保型高附加值的特种薄膜，与世界500强宝钢集团达成独家供货协议。华潍新材料、利可生生物、正信科技、康裕医药等一批新材料项目陆续投产达效。

五是棉花物流加工产业。大连华奇项目在澳大利亚购买300万亩棉田，种植的棉花全部进口到保税区加工销售，是全国唯一一家进口籽棉的企业。项目总投资10亿元，建设10条生产线，年进出口额10亿美元、税收5亿元。至2012年已建成2条生产线。以大连华奇为龙头，全区聚集台湾中联盛、大地科技、瑞源国际物流等一批棉花企业，搭建国际化采购（纺织品）服务平台。

六是跨境电商产业。建成2万平方米、长江

以北最大的进口商品中心，经营2万多种进口商品，价格低于市场价格30%以上。

建设五大国际服务平台。围绕发挥功能政策作用，搭建了虚拟口岸、检验检疫、国际采购、仓储物流、外贸服务五大国际服务平台，截至2012年，服务社会企业达1000多家，报关单票数占到全市40%，无纸化通关率达到99%、居济南关区第一，有力推动潍坊及周边地区外向型经济发展。

一是虚拟口岸服务平台。引进卡车航班、卡车轮船等业务模式，通过电子卡口管理、集装箱识别、电子关锁等系统，将国际港口和国际机场功能后移到潍坊保税区，企业在保税区就能办理空运、海运业务，相当于“无跑道国际机场”和“无水国际码头”。

二是快捷通关服务平台。在济南关区首个实现了区域一体化通关，在省内率先推行“三个一”通关报检新模式，无纸化通关率达到99%，通关效率提升50%。复制推广13项自贸区政策，居济南关区首位，被济南海关确定为改革试点区和先行区。

三是检验检疫服务平台。申请国家质检总局批准，实现进口棉花等植物产品在保税区就地检验检疫。获批进口肉类和冰鲜水产品口岸，下半年建成运营，着力打造山东鲜活类产品进出口分拨基地。

四是国际物流服务平台。全区建成25万平方米保税仓库，为企业提供保税仓储、国际物流等系列化服务，通过货物的“大进大出、快进快出”，建成大宗商品进出口分拨配送交易集散地。

五是外贸综合服务平台。与赛伯乐、“贸互达”等集团合作，大力推行外贸进出口“一站式”服务，为企业提供注册、报关、报检、退税、结汇、融资等综合服务。

第三节　社会事业

综合保税区共有23个村，历经坊子区、高新区、保税区等多次区划调整。2010—2012年，全区坚持让群众共享发展成果的理念，不断加大民生投入，各项社会事业取得明显进步。

启动雷士景泰园商业项目建设，总投资9亿元、建筑面积31万平方米，规划打造商务办公楼、商务酒店、专家公寓、职工公寓、商场超市、休闲娱乐、金融服务等配套功能于一体的商住设施。规划2500亩的商住生活区，建成后将极大地提升全区商务配套环境，为在保税区生产居住的人员提供系列化生活配套服务。

财政和社会投资2亿多元，建成潍坊行知高中和“九年一贯制”的保税区实验学校，正在规划建设普惠制幼儿园，形成从幼儿园到高中的教育链条。2011年11月设立综合保税区社会事业管理局，与汶泉发展区机关合署办公，其中设立教科文委办公室，接收汶泉发展区管委会和区社会事业管理局领导和管理。至2012年，全区现有民办幼儿园3所，3～6周岁在园幼儿240人，入园率达100%。对辖区内的户籍适龄幼儿免收学前管理费，从2012年春季开始实行学前三年免管理费，惠及辖区内适龄幼儿约500名。至2012年，全区共有小学2所，在校生432人，适龄儿童入学率100%。

投资8000余万元建设宝通街东延伸工程，投资5000余万元新建扩建8条区内道路，全面整修农村断头路、村内路，对接潍坊市中心，规划建设公交枢纽站，增设公交线路和自行车站点，优化道路交通环境，方便群众出行。

投资1600余万元，分两批实施了16个村的乡村连片治理工程，全区村庄治理率达到70%。启动8个村的棚户区改造工程。投资800多万元建设垃圾处理站，城乡环卫一体化村居覆盖率达到100%，农村环境更加宜居。

投资3000多万元，提升社会保险、社会救济、社会福利、优抚安置水平，社会保障标准居全市前列。在全市率先完成脱贫任务，精准识别贫困户134户、178人，通过低保托底方式实现一次性脱贫。在全市率先开展被征地农民养老保险工作，为失地农民提供生活保障。

汶泉发展区，成立于2009年2月，2011年6月区划调整至综合保税区。位于高新区东部与坊子区、寒亭区交界处，下辖23个行政村，居民3990户，人口12235人，面积20.6平方千米，耕地面积12112亩。

第四章　潍坊峡山生态经济开发区

潍坊峡山生态经济开发区（以下简称峡山区、全区）位于潍坊市东南部，东部与高密市、南部与高密市诸城市、西部与安丘市、北部和昌邑市接壤。总面积491平方千米，其中峡山水库水域面积144平方千米，总库容14.05亿立方米，兴利库容5.5亿立方米。

第一节　规划建设

2007年9月12日《关于组建峡山生态经济发展区的实施意见》和《关于组建峡山生态经济发展区有关机构编制和人员划转实施意见》印发，峡山生态经济发展区成立，管辖峡山水库管理局和坊子区的赵戈镇、太保庄镇；原昌邑市的岞山镇、饮马镇的9个村归太保庄镇代管，原高密市阚家镇的27个村和井沟镇的7个村、原诸城市相州镇的8个村、原安丘市景芝镇的14个村归赵戈镇代管。下设7个内部机构，均为正科级规格。2008年1月1日，峡山区正式运行，1月14日设立王家庄、太保庄、岞山、郑公4个街道，共277个行政村、22万人口。2011年11月5日，撤销赵戈镇、太保庄镇，分别设立王家庄街道、太保庄街道。

第二节　基础设施建设

2008年，峡山区战略规划和总体规划通过评审并进入决策程序，旅游规划由省旅游规划设计院承担设计并完成初评。投资5亿余元实施潍峡路、环湖路、景黄路、潍胶路等道路建设，其中环湖路竣工通车、潍峡路完成路基工程。全区柏油路“村村通”通村率提高30%，新增受益行政村83个。完成19平方千米的高新技术项目区规划，路网框架基本形成。

2009年，投资10亿元规划建设19条道路、长55千米，其中潍峡路、峡宁街、郑一路、昌盛街、进湖路竣工通车，主城区“三横两纵”路网、起步区“两横两纵”路网、高新技术项目区“三横两纵”路网、昌峡路等开工建设。投资近1亿元的峡山水库溢洪闸改造和溢洪道拓宽工程基本竣工，防洪标准大幅提高。全区总体规划通过审批，中心城区控制性规划和详细规划编制完成，旅游规划通过评审。总投资5.2亿元的主城区起步区已有6个项目开工建设，建筑面积近30万平方米。组织开展新一轮城镇规划修编，加快小城镇改造提升，城镇面貌明显改观。中心城区“迁村并点”积极稳妥推进，留戈庄社区、甘棠社区2处安居工程开工建设。

2010年，主城区控制性详细规划编制完成，启动燃气、弱电、给水、绿化等专业规划，115个行政村编制完成村庄规划，21个集中居住中心社区规划正在编制。加大城市基础设施建设力度，主城区“三横两纵”路网全部建成通车，城区框架基本成形。太保庄街道甘棠社区安居工程、峡山街道留戈庄社区安居工程、王家庄街道移民安居工程完成主体，峡山街道开工建设总量近20万平方米的潍水新村居民小区，开创以市场化手段加快城镇化进程的范例。新修“村村通”油路57.6千米，通村率达到99%；新增“村村通”自来水村庄24个，通村率达到86.3%。

2011年，主城区建设扎实推进，新建道路19千米，铺设强电、燃气、弱电等地下管网55.4千米；新增绿化面积55.8万平方米；潍水佳苑、自来水厂、污水处理厂等一批重点项目加快推进。新建住房2128户，改造危房1235户，群众居住条件得到较大改善。建成潍河水上乐园、游船码头等景点，水上观光项目开始营业。全区各项民生支出达到3亿元，新建、改造校舍15万平方米，建成了高标准的郑公初级中学，投资2.6亿元的潍坊实验中学顺利推进。新修“村村通”道路51.2千米，通村率达到98.6%。新开通区内公交线路4条，运行公交车20辆，为群众出行提供了便捷的服务。婚姻登记处投入使用，解决了库区适龄青年结婚登记不方便的实际问题。对5家医院进行改制，完成10所村卫生室改扩建，投资3亿元的区人民医院开工建设。

2012年，主城区完成市政投入3.9亿元，在建房屋面积达到130万平方米，现代化小城市的框架开始形成。4个小城镇载体功能不断完善，8个生态宜居的新型社区开工建设，峡山街道被评为全市“小城镇建设示范镇”。扎实开展“生态文明洁净家园”活动，95%的村达到整治标准，“三大堆”问题得到较好解决，建立“户集、村收、街运、区处理”的垃圾处理体系，基本实现城乡环卫一体化管理。

第三节　经济概况

2008年，全区完成固定资产投资5.3亿元；实现地方财政收入2615万元；规模以上工业增加值完成2.62亿元，实现利税1.03亿元；社会消费品零售总额完成3.38亿元。

2009年，全区完成固定资产投资7.9亿元，增长38.6%；实现地方财政收入3209万元，增长22.7%。重点抓了鑫盈金属、大华木业、飞洋纺织等企业市场开拓、产品结构调整和节能降耗。全区规模以上企业增加值、主营业务收入分别比上一年增长12%和16%；进出口总额增长26%，增幅列全市前茅。

2010年，全区完成固定资产投资8.3亿元，增长24%；实现财政总收入9485万元，其中地方财政收入4133万元，增长28.8%。各项主要经济指标增幅均高于全市平均水平。

2011年，全区实现地区生产总值18.3亿元，增长4.6%；完成固定资产投资9.88亿元，增长22.8%；实现财政总收入1.21亿元、地方财政收入6265万元，分别增长28.4%和51.6%。

2012年，全区完成财政总收入12484万元，公共财政预算收入7860万元，同比分别增长2.6%和25.5%；完成全社会固定资产投资15.28亿元，同比增长29.9%。圆满完成节能减排、安全生产、人口控制等刚性目标。

第四节　产业发展

2008年，全区工业经济运行良好。纳税过百万元的企业达到7家，其中的鑫盈、华昊纳税过千万元。农业经济稳步发展。建成无公害蔬菜基地3.8万亩，有机蔬菜基地6000亩，“仙峡湖”牌有机蔬菜已形成市场效应。商贸流通经济繁荣发展。“万村千乡”市场工程、“家电下乡”工程扎实推进。招商引资力度加大。长三角、珠三角、厦门、（青岛）潍坊周等招商活动效果明显，成功举办第十四届鲁台经贸洽谈会水生态精品旅游线路暨潍坊市旅游项目招商推介会，会上签约项目13个，合同利用外资3.32亿元。

2009年，特色产业发展形成新格局，启动旅游地产、商住地产开发，开工建设峡山湖宾馆等7个项目。加快高新技术项目区规划建设，太阳能热发电研究与产业基地前期工作全面展开，正发机械项目一期工程建成投产。投入机制建设取得新成效，调整水务投资公司的架构，完善公司体制，先后融资5.8亿元，有效破解新区公共基础设施建设资金瓶颈制约。加大招商引资力度，建立完善优惠政策，引进投资千万元以上的项目11个，合同利用外资112.52亿元。

2010年，加快传统产业的转型提升，关停、淘汰部分落后产能和污染企业，华星矿业成功转型，富兴水泥改为粉磨站，超额完成全年节能减排任务。加大招商引资力度，正发机械项目完成一期工程，永通商砼、华尔美家居用品项目建成投产，培育了新的经济增长点。加快水生态旅游业开发，投资近1亿元建成潍河峄山橡胶坝、辉村橡胶坝、峡寿街大桥和游船码头等配套基础设施，潍河观光带具备开发条件。加快旅游商住地产开发，总投资30亿元的国际健康养生老年中心签订合同，潍水佳苑等特色景观房产开工建设，主城区商贸区开发全面启动。有机农业方面，积极探索政府主导建农场、龙头企业租赁土地建农场、农民土地入股建股份制农场等有机农业规模化发展方式，由传统的一家一户分散种植向规模化种植、专业化管理、有机化生产转变，实现由传统农业生产到现代农业的跨越，加快创建以有机农业为特色的现代农业示范区。全区发展有机种植面积533.3公顷，新增有机食品认证16个，种植品种发展到蔬菜、粮食、果品、水产等系列产品。新发展蔬菜基地4000公顷、无公害蔬菜基地3333.3公顷，新增绿色食品认证5个。积极探索发展现代高端农业，努力争创发展新优势，新能源工厂化农业示范车间投入运行。加大物联网等现代科技投入，努力培育做大有机农业产业，峡山有机蔬菜形成一定的品牌影响和市场规模。仙峡湖有机蔬菜基地被评为国家蔬菜产业技术体系潍坊有机蔬菜技术集成示范园、潍坊市级农产品质量安全示范园区。大力实施造林绿化，森林覆盖率达到37.8%，较建区前提高9个百分点。美国白蛾防控工作扎实有效，巩固了造林绿化。

2011年，充分发挥生态资源优势，深入实施种植园区化、经营实体化、生产标准化、品种高端化、销售品牌化“五化”战略，大力发展生态高效农业，加快推进富民兴区步伐，共发展省级重点农业龙头企业1家、市级重点农业龙头企业4家，建立农民合作经济组织89个，发展蔬菜、林果等现代农业园区31个，总面积达到3.1万亩，其中有机、绿色种植面积1.2万亩。共注册农产品品牌15个，认证有机产品24个、绿色产品5个，产品进入北京、上海等高端市场，“仙峡湖”牌6种有机蔬菜摆上了中南海餐桌，影响力进一步扩大。积极发展生态养殖，建成标准化养殖示范基地153处、自然养猪法示范园区52处。大力发展生态林业，植树造林1.1万亩，森林覆

盖率达到37.2%

2012年，发展有机农业园区22个、种养面积15560亩，认证有机和转换期有机农业面积4800亩。被市委、市政府确定为“中国食品谷”有机农产品生产加工基地，被国家认监委授予“国家有机产品认证示范创建区”称号，成为全省第一个示范创建区。在全市现代农业发展考核中，王家庄街道进入全市15个“现代农业发展先进镇街”行列。完成“绿满峡山”造林绿化1.5万亩，森林覆盖率达到38%，宜人峡山呈现出生态新貌。现代工业方面。高新项目区基本完成基础设施配套，开工建设总投资近40亿元的博盈车桥、新和盛食品、农产品综合交易物流中心等9个项目，成为助推全区经济发展的新引擎。规模以上工业实现增加值3.7亿元、主营业务收入13.4亿元。对华昊焦化年产40万吨焦炭生产线实施关停，实现转型发展。高端服务业方面。引进落实中百佳乐家城乡综合体、瑞典生态城、雕塑园、新峡山大酒店、峠山文化中心等一批项目。成功举办第三届环湖国际马拉松邀请赛、第二届全民休闲健身环湖徒步走等活动；潍河水上乐园获批国家2A级景区，被评为“到潍坊不得不去的30个景区”之一；水云天宾馆全鱼宴被评为“到潍坊不可不尝的30种美食”之一；仙峡湖有机蔬菜观光园区获“山东省农业旅游示范点”称号。

第五节　生态建设

2008年，峡山区抓好节能减排工作，严格控制新开工高耗能项目，依法拒批污染建设项目，淘汰两条立窑水泥生产线，关停一条小火电生产线，完成年度节能减排任务。矿产资源秩序整顿成效显著，无证非法开采得到有效遏制，矿业权市场建设进一步规范。改造峡山湖上游浅滩地1万亩，形成生态种养良性循环。鼓励和推广使用沼气，建成沼气示范村15个，4500户农民用上沼气。全区植树600多万株，栽植片林3.5万亩，完善农田林网8万亩，初步建成4个万亩林场，建设环湖路和环区路绿色长廊258千米，森林覆盖率提高8%。保护水库生态平衡，共增殖放流花、白鲢等滤食性鱼类鱼苗4000万尾，组织开展禁渔禁捕集中整治，实行隔年开库，促进鱼类繁殖。加快上游生态湿地建设，退耕还林还湿1.2万亩，水源地生态环境明显改善。峡山湖水质稳定保持在《地表水环境质量标准》Ⅲ类水质标准以上，被省科技厅批准为省级可持续发展实验区。

2009年，峡山水库上游4处水质在线自动监测站建成并投入运行，有效遏制超标排放现象，峡山水库水质稳定保持在饮用水标准范围内。推进库内库外一体化管理，保持水库高水位运行，严格落实禁渔禁捕，增殖放流鱼苗4000万尾，周密细致做好隔年开库后的首次开库捕捞，渔业产值5000多万元，实现生态、经济和社会效益三丰收。生态农业初具规模。大力推广有机种植模式，“仙峡湖”牌有机蔬菜通过国家有机食品认证，并成为十一届全运会指定蔬菜。总投资12亿元的新能源工厂化农业项目示范车间已报省审批。建设沼气村21个、发展户用沼气5100户，建成生态养殖场40处，秸秆还田面积达到15万亩，有效控制了农业面源污染。生态绿化全面加强。大力开展点线面结合的造林绿化，重点抓了绿化工程，植树800多万株，栽植片林8万亩，初步建成4个万亩林场，建设绿色长廊258千米，完善农田林网8万亩，全区森林覆盖率达到35.8%，提高了8个百分点。农业水利建设有效加强。建成小型提水站8座，铺设输水管道1.5万米，维修渠道5000米，新增灌溉面积7000亩，改善灌溉面积8500

亩；疏通河道6000米、田间排水沟12.5万米，加固小（2）型水库4座，改善了农业生产条件，加快农民致富增收。

2010年，推进库内库外一体化管理，在汇水区域内划定水源地保护区，充分发挥4处在线自动监测站的作用，严格落实隔年开库、禁渔禁捕，增殖放流鱼苗4150万尾。沿环湖路建成100千米绿色林带，拆除违章建筑2万多平方米，完成鱼塘改荷塘66.67公顷，上游汇水区域内新建户用沼气池5000个，规模养殖场全部完成生态化改造，水源地生态环境明显改善，构建完善水源地生态保护圈。峡山水库第三期除险加固工程全部竣工并通过验收，水库防洪标准提高到千年一遇洪水设计、万年一遇洪水校核，年增加可用水量2亿立方米，有效保障下游地区防洪安全，大大提高了供水保障能力。

2011年，峡山区科学调度水源，共向潍坊市中心城区和下游市区供水2.49亿立方米，其中，农业灌溉用水8000万立方米，为全市经济社会发展提供了重要支撑。立足于送一湖清水进潍坊，坚持库内增殖放流、库面禁渔禁捕、库外整治污染源多措并举，水质保持在地表水Ⅲ类以上标准。开工建设总投资38亿元的峡山湖增容提质生态建设工程。始终把水库防汛作为一项重要政治任务来抓，全面落实各项防汛制度、防汛责任和防汛措施，实现了水库安全运行。

2012年，全区不断深化库内库外一体化管理，确保水质安全、工程安全、库区安全。共向潍坊市中心城区和下游市区供水2.1亿立方米。增殖放流滤食性鱼苗6000万尾，比2011年增加2000万尾。投资1600多万元建设水源地防护工程，视频监控如期运行，围网大部分完成，初步实现水源地规范管理，水质保持在地表水Ⅲ类以上标准。成立环湖保洁大队，渔业资源一体化管理顺利推进。

第六节　社会事业

2008年，峡山区平安建设工作扎实有效，被市委、市政府命名为“平安潍坊建设先进单位”。在全国“两会”、北京奥运会、残奥会、中共十七届三中全会等重大活动期间，确保社会和谐稳定。汛期，在下游河道出现险情的情况下，全区上下群策群力，积极抢险，消除了险情，确保水库下游人民群众的生命财产安全。农村新型合作医疗参合率达到92.3%。计划生育工作逐步走向正轨。农村社区建设试点工作扎实推进，建成试点社区10个。积极开展“隐患治理年”活动，开展的“一日三全五到位”活动被国家安监总局采用并推广，全区没有发生一起安全生产事故。

2009年，新增“村村通”自来水村庄52个，通村率提高10%；新修“村村通”公路110千米，通村率提高15%。扎实推进农村住房建设和危房改造，完成分散农户建设1190户，完成危房改造1750户。整合完善区内有线电视和通讯网络，积极开展新农保试点，新农合参合率达到100%，库区群众切实得到组建新区的实惠。全区人口出生率、自然增长率分别比上年下降1.3和1.19个千分点。

2010年，峡山区创建为国家级可持续发展实验区。新型农村社会养老保险被列入国家级试点，受益人口达到108128人；新农合参合率达到100%；各项指标均达到或超过全市平均水平。68路公交车、区内公交车开通运行，峡山电视台建成开播，峡山区人民医院、主城区商贸区、自来水厂、污水处理厂开工建设，库区群众生活水平进一步改善。

2011年，全区主要经济指标实现翻番增

长。有机农业创出品牌，打进青岛、上海等高端市场，水源地保护开发利用实现突破，水质达到历年最好水平，实现送一湖清水进潍坊的承诺；财政对社会事业累计投入6.5亿元，基础设施全面推进，实现通路、通水、通电、通公交、通有线电视，民生事业明显改善，社会保障更加到位；农民人均纯收入较建区前增加3227元，库区人民生活更加殷实，从新区建设中得到更多实惠。

2012年，完成民生支出3.9亿元，占财政总支出的78.8%。潍坊实验中学、峡山第二小学投入使用，完成4处省级标准化公办中心幼儿园和18处农村幼儿园改扩建，峡山中学开工建设。郑公街道卫生院建成使用，区人民医院建设顺利推进。投资3000万元，对139个村庄道路进行硬化，完成村村至少有一条硬化路的目标，惠及群众6.5万人。下小路完成改建，昌峡路、兴峡路工程部分通车。赵戈水厂试运行，主城区水厂加紧建设。社会保障标准逐步提高、范围不断扩大，实现了应保尽保。深入推进“基层组织建设年”活动，着力夯实基层基础。80%以上的后进村整顿转化初见成效，新建、改建村级活动场所105处，选树基层党建示范点19个、先进典型93个，村“三职”干部补贴提高70%，基层党组织的凝聚力、战斗力切实增强。《潍坊日报•今日峡山》创刊发行，电视台改进提升，进一步宣传峡山，扩大影响。牢固树立安全发展理念，建立了安全生产组织、执法和监督考核“三个体系”，在30个工作片、277个村设立安全生产监管员，签订责任书8万余份，实现安全监管全覆盖。认真做好群众工作，创新社会管理，完善全覆盖精细化管理机制，群众安全感和满意度测评全市第一。

第七节　街道概况

王家庄街道

位于峡山区西南部，面积148平方千米，耕地面积9万亩，辖107个行政村，人口7.9万人。2012年，完成地方财政收入915万元，农民人均纯收入7556元。王家庄街道文化底蕴深厚，汉代的古城堡、邓袭墓，秦朝的古战场、孙猛冢，秦汉时期的盖公祠，战国时期的黄公庙，北宋时期的青公庙等历史遗迹众多。旅游前景广阔，北依秀美峡山，东濒万顷碧水，已建成20千米的环湖柳堤和十里荷花长廊。生态农业特色凸显、初具规模，有8种农产品获得有机产品认证、8种农产品获得有机转换产品认证。韭菜、芹菜、白菜等14种蔬菜获得北京中绿华夏有机食品认证中心有机产品认证，连续举办三届仙峡湖杯（峡山）国际马拉松邀请赛，扩大了品牌影响力。工业发展迅速，形成机械铸造、服装绣品和农产品加工三大特色产业，机械铸造、服装绣品和农产品加工企业达到68家，其中规模以上企业3家。

太保庄街道

位于峡山水库北岸、潍河以东，面积152.4平方千米，耕地10.64万亩，辖80个行政村，16400户，人口5.8万人。2012年，完成地方财政收入1103万元，农民人均纯收入8100元。太保庄街道淡水资源及鱼类资源丰富，峡山、草山、鞋山与水库相依相偎，景色秀丽。潍峡路、兴峡路、潍胶路纵穿南北，胶济电气化铁路、甘丈路和潍胶路横贯东西，路网框架基本形成，综合开发潜力巨大。2012年，有规模以上企业9家。建设三大生态农业片区，以绿德源有机蔬菜基地为中心的高端有机农业示范园区，注册“峡寿湖”牌有机农产品商标，10种产品获得转换期有机产品认证；以润林蓝莓基地为中心的高端绿色（有机）果蔬园区，2012年扩大到300亩，首批8个大棚的有机蓝莓果上市，提升盛华园、鲁丰源、颐寿园、绿基新科技四家生态农业基地，新栽植高档苗木2.1万株；以野沟河水系为轴线的16平方千米超大型休闲观光现代农业示范区，全力打造8千米长的绿色生态休闲观光景观长廊。

岞山街道

位于峡山区北部，面积75.6平方千米，耕地面积6.4万亩，辖48个行政村，1.4万户，人口4.5万人。2012年，完成地方财政收入1436万元，农民人均纯收入8633元。岞山街道区位优势明显，交通便利，潍胶公路、青银高速公路、胶济铁路横穿东西，潍峡路、兴峡路纵贯南北，省道下小路贯穿于整个街道。矿产资源丰富，沙、白云花岗岩等储量充足。旅游资源得天独厚，境内岞山、惺惺山与潍河和太祖河相依相偎，景色秀丽，综合开发潜力巨大。2012年，占地20平方千米的高新技术项目区完成基本设施配套，新引进博盈车桥、新和盛食品、农产品交易物流中心等总投资近40亿元的9个项目。机械制造、木制工艺品、纺织已经发展成为岞山主导产业；以新昌养殖和云涛有机肥料为重点的农业龙头企业日渐壮大，促进规模养殖的市场化、标准化；以绿色生态蔬菜、大姜、大葱、中草药、丰产林、林果和桑为主的经济作物面积达2万亩。

郑公街道

位于峡山区东南部，面积43.77平方千米，耕地面积5.9万亩，辖42个行政村，1.1万户，人口4.03万人。2012年，完成地方财政收入412万元，农民人均纯收入6036元。

郑公街道文化底蕴深厚，历史遗迹分布众多，以省级文物重点保护单位郑公祠为主线，分布着龙且冢、韩信坝、张良沟等历史遗迹。凭借历史文化资源，着力发展生态旅游业，已形成南部万亩有机蔬菜基地、中部万亩有机小麦基地、北部万亩有机林果基地的生态建设格局。2012年，优质蔬菜种植面积达1.3万亩，年产6000万公斤优质蔬菜；优质小麦种植面积达1.5万多亩，年产值2000万元；草莓、樱桃、板栗、葡萄、苹果、仓方早生桃等有机林果基地共5000亩，年产值1200多万元，建成碧水蓝天有机农庄，占地1000亩。

第五章　潍坊经济开发区

潍坊经济开发区前身是“潍坊农业高新技术开发园区”，1994年5月经省政府批准成立，园区位于奎文区东北部，与寒亭区接壤，起步规划面积5.1平方千米，总设计面积7.1平方千米。2003年3月，经市委、市政府批准，正式挂牌“潍坊经济技术开发区”。2008年3月，潍坊经济开发区整体划归寒亭区管理，名称、规格、单位性质不变。2012年，增设双杨街道、张氏街道，在原有北城街道的基础上，下辖3个街道，83个村（社区），总人口15万人，规划面积96平方千米。

第一节　规划建设

1994年，市政府《关于建立潍坊市农业高新技术开发园区的决定》中提出，开发区建设总的规划是搞好“三个中心”“六个试验示范基地”“一个城”（即：农业新技术培训中心、农情信息中心、生物工程开发中心，无毒苗木繁育试验场、无公害蔬菜繁育试验场、珍禽鸟类繁育试验场、高级花卉试验场、食用菌开发研制试验场、名优特稀新农副产品繁育试验场和农民商城）。按照文件要求，坚持市委、市政府提出的“一流技术、一流管理、一流效益、一流环境”原则，邀请北大、清华、北农大等高等院校30多名专家进区实地考察，反复修改论证，1994年底，规划方案全部提出，制出沙盘模型，提交国家、省、市相关部门，得到国家计委等部门的充分肯定。

2003年，“潍坊经济技术开发区”挂牌后，党工委、管委会调整布局，委托同济大学和潍坊规划设计院重新完成建设规划。按照“产业集聚、布局合理、资源集约、加快发展”的要求，确立“五大发展区域”的布局：高速公路以南4平方千米，打造以餐饮、娱乐、休闲、健身为主的现代服务业区域；以北4平方千米的中小项目产业区，着重进行挖潜改造，使传统产业高新化，发展壮大以现有工业为主的经济区域；以白浪河为轴线，沿河两岸10平方千米重点发展高档居住区；以月河路与民主街交叉口为中心，建设8平方千米的中心行政商务区；友爱路以西25平方千米，重点建设高科技、无污染、低能耗的大高外和劳动密集型的新型工业区。

2008年，划归寒亭区统一管理后，重新规划布局。自东向西规划为现代服务业发展区、休闲度假生态区、行政商务服务区、高新技术产业发展区、先进制造业发展区“五大发展区域”。

2012年，发挥双杨街道土地资源丰富、空间广阔，张氏街道南接中心城区区位优越等优势，双杨街道形成先进制造业聚集区，张氏街道重点发展现代服务业和高新技术产业。在功能定位上，着力打造“高新型、外向型、总部型、生态型”开发区，加快向蓝色高端转型、向高新技术园区升级。发展思路和目标定位，打造起在潍坊中心城区与滨海之间、沿北海路两侧的经济隆起带，形成“潍坊城市新中心”的坚实发展框架。

第二节　基础设施建设

园区起步时期，主要抓好“七通一平”。1994—2002年，全区基础设施建设累计投资2.4亿元。1995年，象征21世纪的21层生物大厦率先竣工，此后管委会办公大楼、职工宿舍楼区、友谊村居民楼、北海路环岛等设施先后落成。1996年，水、电、路、暖、气与潍坊中心市区联网，累计修建硬化公路30余千米，形成路网纵横相连的方格形格局，区内实现“五通一平”。1998年，基础设施建设增加绿化内容，当年栽植树木1.3万余棵，种植草坪7000余平方米，绿地覆盖面积达到21%以上。2000年，“五通一平”发展为“七通一平”，供水、排水、供气、供电、道路、通讯、宽带各类网管覆盖97%以上面积。

2003—2011年，基础设施建设由单一优化项目发展环境转向宜业宜居环境打造。加快与中心市区融合，提升城市载体功能，开启了基础设施建设三大系统工程。（1）启动接通中心市区路网管网桥涵工程。至2008年，总计投资10亿余元，修建民主街、月河路等三纵三横六条主干道路，建造月河路跨济青高速公路立交桥、白浪河桥、虞河桥等大小桥涵14座；拓宽北环路区内段，延伸鸢飞路至民主街；坚持电力、通讯、供热、供气、给排水高标准配套建设，增设各种管线200余千米。（2）启动宜居环境工程。加强绿化美化，区内主要公路干线两侧全部种植绿化带和铺设草坪，绿地覆盖率进一步提高；与此同时，开发建设高速仁和盛庭、五洲花园、美丽华小区、东城新海枫景等13个、总面积150万平方米的房地产项目，建设起帝景国际城市综合体、海泰锦城、博鳌新城、苏杭花园等为高新技术产业园配套开发的房地产项目，全区呈现高楼林立、绿树成荫、宜业宜居的新气象。（3）启动白浪河、虞河整治工程。白浪河和虞河是流经潍坊中心城区的两条重要河流，分别从中部和东部贯穿区境，由于长期失于治理，河流污染严重，影响区内的环境。2008年，启动虞河治理，2010年，配合全市启动白浪河综合治理。“两河”治理工程涉及20余个村庄，搬动土石方上亿立方米，拆迁房屋1万余间，征用各村土地5000余亩。经过治理，虞河污染基本得到根治；白浪河治理后水清树美，两岸风景秀丽，依托河流资源建起白浪河国家湿地公园，花木繁茂，风景宜人。优美环境的打造，吸引世界500强马来西亚国家石油公司、文华国际学校等大项目进区发展。

2012年，启动白浪河湿地公园项目建设，该项目位于白浪河中下游，南起青银高速，北至经济开发区双杨街道后岭村北界，南北跨度近10千米，平均宽度2千米，总面积800余公顷，其中湿地面积占总面积的40%以上，公园内动植物资源丰富多姿、自然环境优美宜人，生态系统健康完整，文化底蕴充沛醇厚，成为国内外河流湿地保护与生态友好型利用的典范、河流湿地生态系统服务价值体现的样板。

第三节　招商引资

1994年，本着“短、平、快”“项目起步，滚动发展”和先建设、再配套的原则，在反复筛选、论证的基础上，推出首批28个起步项目。1995年，起步项目增加至40个，主要分为服务农业、带动农业发展、改善农业生态环境三大类，包括基因种子公司、生物农药厂、蔬菜深加工厂降解薄膜等，其中，“00—60消毒无菌医用敷料”项目为国家级推广技术，加拿大葡萄酒、意大利印花皮革等为外商合资、独资开发生产。1996—1998年，在继续坚持“立足农业、服务农业、发展农业”招商思路的基础上，项目建设转向规模型、高科技含量、外商投资“大、高、外”，先后有美国、以色列等外商到区投资，有8个投资额5000万元以上的大型项目进区落户，开工建设。其中，市政府与以色列合作建设的中以合资潍禾示范农场项目，规划面积1050亩，总投资425万美元，一期工程于1997年开工建设，投资215万美元，配套引进以色列设备和技术，进行花卉、蔬菜、水果深加工及作物良种苗木生产，产品销往西欧市场。在加快“大、高、外”项目引进的同时，抓住经济体制改革机遇，制定优惠政策，吸引个体经济、股份制企业进区发展，兴建项目。1998年，区内个体私营企业发展到45家，工商业户216户，占全区税源64%以上。1999年，调整招商战略，实行网络招商，当年引进投资额3000万元以上的规模型项目7个。实行“以商招商”，韩国独资盈德甲壳素项目，总投资990万美元，科技含量处于世界领先水平，2000年2月建成投产。为保证该项目顺利进区，管委会组成专门班子，对所需场地、手续、劳动力等跟上全方位服务，公司董事长深受感动，主动介绍100余名韩国客商到区洽谈投资，签约合同6项。借助高层政要人士招商，2002年，邀请韩国大丘市议会议长到区参观考察，受管委会委托，对方发挥交际广泛优势，在韩国大丘市组织举行“潍坊农业高新技术开发园区投资说明会”，90余家韩方大中型企业与会，经其引荐，韩国成韩植物工艺毯、韩国青丘洋行高档无纺布等项目签约到区投资建设。招商战略的调整，收到国际影响力扩大、项目进一步向外资独资扩展、项目成功率提高的良好效果。2002年，全区引进外资3020万美元、实际到位资金1481.4万美元，达到历史最好水平。

2003年，适应功能定位要求，调整转变招商方式，变招商“引”资为招商“选”资，由重点向外转型为内外并重，兼顾生产性项目和研发性、服务性项目，搭配龙头项目和高成长性的中小型科技创新项目。2005年，明确提出内外并重的招商战略。2006年，经过对国内外经济市场的深入研究分析，国际招商重点瞄准日、韩、东南亚、港澳等国家和地区，着力引进具有高科技含量和国际市场经济效益的项目；国内招商重点瞄准北京、上海、深圳以及江浙闽粤等沿海发达地区，着力引进技术含量高、产业关联度高、外向度高、投资规模大和占用资源少的项目。2009年，出台“无地招商”办法，充分发挥企业自身和中介机构的作用，帮助和鼓励企业走出去寻找合作伙伴，引进先进生产工艺，加快企业转型发展。2010年，拓宽引进人才渠道，强调引进人才就是引进发展，先后引进西安交大快速制造国家工程研究中心潍坊示范基地、北航学院数字化模具中心、卢秉恒院士工作站、浙江大学潍坊技术转移中心等一批以人才为主导的高科技创新载体。

2012年，立足拉动综合实力提升，调整招商战略，严把进区关口。强力跟踪世界500强，先后引进麦德龙（潍坊）卖场等大项目。麦德龙（潍坊）卖场是该集团在山东开设的第6家连锁超市，项目总投资1365万美元，占地34亩，总建筑面积1万平方米，其物流配送中心，可同时服务门店和麦德龙中国电子商务平台。重点引进“国字号”“省字号”品牌项目，盯紧全国行业前10强，先后引进大项目32个。先进制造业方面，重点建设国际市场广阔、经济效益丰厚项目，鼓励现有企业进行技改升级，光大机械、亿斯特管业等成长为行业领军企业。

第四节　产业发展

1994—2002年，以农业科技开发为主导产业，立足服务农业、提高农业，充分发挥好“三个功能”的作用。即：以高科技服务农业，促进农业向高产优质高效转化，向农业现代化迈进；以科学技术带动农业，搞好龙头企业建设，开发利用农业资源，以此带动农业上台阶、上水平；以生物技术改善生态环境，改变农业生产条件，在坚持以生物技术开发的前提下，多种农业高科技项目齐头并进，促进农业经济快速协调发展。

2003—2012年，调整优化产业结构，突破以农业科技为带动，一、二、三产业综合发展原有格局，构建以工业为带动，新兴、三产繁荣发展，适合市场需求的新型产业结构。（1）坚持工业项目为重中之重，通过招商引资、建立工业产业园、企业扩张、激活民营等措施，着重发展规模以上工业，增加工业产业结构比重，实现跨越式升级。在党工委、管委会的总体调控下，规模以上工业企业持续增加，工业产值不断提高，2011年，全区完成规模以上工业企业主营业务收入82亿元，占地方财政收入的主要份额。（2）依据结构调整总体规划，加大高新技术产业扶持力度，先后设立专项奖励基金，鼓励企业创建“工程技术研发中心”。规划建设高新技术产业园，该项目总投资50亿元，占地2086亩，规划建筑面积243万平方米。其中一期投资3亿元，占地200亩，建筑面积17.5万平方米，由研发孵化区、成果转化加速区和产业区三个功能平台组成，拥有山东省模具产业创新公共服务平台、快速制造国家工程研究中心潍坊示范基地、院士工作站、清华大学金属（陶瓷）注射成型产学研基地等多个国际先进的公共技术平台。（3）实施“三产兴区”战略，发挥区位优势、交通优势和政策优势，主动对接潍坊城市发展总体规划。2005年开始，在高速公路以南4平方千米建成区，实施“退二改三”工程，以优惠政策调动企业拆旧建新，腾地发展服务业的积极性，至2007年，形成以玄武街为链条，以新加坡酒店式娱乐中心、青岛雪梨缘水会、新艺城KTV、速8商务酒店、新美丽华酒店等品牌服务业项目为节点，集餐饮、休闲、娱乐等于一体的现代服务业集聚地。（4）加快“楼宇”经济发展步伐，2008年开始，规划建设高层商务楼区，发展“总部经济”，引进周边地区及国内外具有一定规模实力的企业集团及协会、商会机构所属的行政结算组织，来区设立公司总部和功能性业务中心，实现向空间求发展、向楼宇要效益。

第五节　社会事业

2005年，投资4000多万元建设锦程中学。2006年，投资近1000万元扩大锦程学校规模，同时投资1000万元启动区人民医院、区敬老院建设。2007年，村村通柏油路、自来水工程全面完成。2008年，集中办好十件“惠民实事”：①办好医疗卫生事业，依托区人民医院，新建1处公共卫生服务中心、1处公共卫生服务站、8处标准化社区卫生室，基本实现卫生服务机构100%覆盖、防保服务100%政府购买和居民用药零加成、基本检查零收费目标。②实施城镇居民医疗保险，实现医疗卫生服务无缝隙覆盖。③扩大新型农村合作医疗的覆盖面和提高报销比例，力争新农合参合率达到100%，财政补助标准由每人每年40元提高到60元。④投资4000万元，规划建设玄武街小学，满足城区居民子女的教育需求。⑤全部免除城市义务教育学生杂费，减轻城镇居民教育负担，推进城乡教育均衡发展。⑥投资1700万元，搞好鸢飞路由市区向北至民主街的延伸工程，加快与中心市区的连接，解决两侧村庄居民出行难问题。⑦建设友谊社区服务中心，开工建设1万平方米的友谊社区活动广场和5万平方米的社区服务中心，满足社区居民的服务需求。⑧加快安康服务中心建设，吸纳社会资本参与“老年安康服务中心”的运营管理，“五保”老人集中供养率达到100%。⑨构筑劳动保险和救助体系，积极探索新型农村养老保险制度，力争社会保险扩面率提高20%以上。积极完善社会救助体系，提高城乡低保标准，实现应保尽保。⑩免费开展以实用技术、务工职业技能为主的就业培训，转移农村劳动力1000人以上。2012年，完成全区农村养老保险和“新农合”无缝隙覆盖，其中，20%以上村（社区）由村集体统一负担村民“参保”和加入“新农合”资金。

第六节　街道概况

张氏街道

成立于2012年，位于潍坊经济开发区东部，北海路以西，白浪河以东，玉清街以北，北环路以南，面积24平方千米，辖18个行政村，划分为3个农村社区和2个城市社区，总户数2.6万户，总人口9.5万人，耕地面积636公顷。牢固树立高点定位、率先发展的工作理念，借力“一带一谷一区一基地”（即：北海路经济隆起带、中国食品谷、北辰中央休闲区、潍坊总部基地）四大项目，全力打造城市区域发展中心。辖区万创总部基地、文华教育高端教育园区等项目建设加快推进；18个村庄中有6个村庄顺利完成旧村改造工作，拆迁1570户，回迁1384户，竣工面积达45.85万平方米。先后获“市级文明单位”和“省级文明单位”称号。

北城街道

成立于2003年，位于潍坊经济开发区中部，北外环以南，白浪河以西，西外环以东，面积30.2平方千米，辖29个行政村，划分为4个农村社区和1个城市社区居委会，总户数9529户，总人口3万余人，耕地面积约1133公顷。先后推进西贾、小贾、小里、郭家楼4个村和龙爪树社区改造工作，完成投资约8.5亿元，建成40余万平方米；顺利推进省监狱电力管线、青银高速扩容等多个市、区重点项目落地。成立劳务合作社，采取“土地流转+农村电商”的双驱动模式，合理转化农村剩余劳动力，拓宽农民增收渠道。

双杨街道

成立于2012年，位于潍坊经济开发区西北部，北外环以北，白浪河以西，面积45.2平方千米，辖36个行政村，划分为4个农村社区，总户数8419户，总人口3.16万人，耕地面积2948公顷。先后完成生建工业园、北外环西延、向阳路北延、潍日高速、引黄入白、济青高铁等13个重点项目拆迁2800余亩；借助济青高铁项目启动后小河村、后阙庄村棚户区改造；加快基础设施建设，初步形成三横五纵路网体系，累计完成村级道路硬化25.2千米；完成36个村电网和自来水改造工作。累计流转土地6000余亩，形成桑葚、葡萄、苗木种植等特色农林产品规模种植基地。街道获“省级生态文明镇街”等称号。

第六章 省级开发区

1996年，全市省级开发区进入全面发展新时期，成为全市开放型经济新的增长点。开发区的投资环境不断改善，新的管理运行机制逐步建立，招商引资成效显著。2012年，市委、市政府先后召开开发区工作会议、开发区工作调度会议，出台《关于加快开发区转型发展的意见》及配套的《考核办法》，市商务局研究制定推进开发区转型升级的10项工作措施。至2012年，潍坊市14家省级以上开发区主要经济指标居全省前列。其中，固定资产投资总额、公共财政预算收入均居全省第1位，规模以上工业增加值、实际到账外资居全省第3位，进出口额居全省第5位。

第一节 奎文经济开发区

奎文经济开发区前身为潍坊城南工业园区，2006年经山东省政府批准升级为省级开发区，2010年经省政府批准更名为奎文经济开发区。开发区位于潍坊市奎文区南部，与廿里堡街道实行街区合一的管理体制，开发区管理委员会与廿里堡街道办事处合署办公，实际辖区与廿里堡街道辖区重合，面积25.7平方千米，辖25个社区居委会，8652户，总人口5万人。开发区区位优越，产业发达，现代汽车服务业、文化旅游产业和城市工业等得到长足发展。汽车服务业成为主导产业；文化旅游产业迅速崛起，成为发展的特色亮点；城市工业上档升级，成为发展的强力支撑。中瑞机械勘探建设用冲击器、江都电气LED照明装置设备等一批高科技产品投放市场，银燕工具等产品荣获省著名商标称号。2012年，完成地方财政收入1.28亿元，工业实现销售收入28.5亿元，利税9300万元；居民人均纯收入10419元。

第二节　潍城经济开发区

潍城经济开发区原名潍坊外商投资开发区，于1993年3月设立，为省级开发区。1997年3月，潍坊外商投资开发区与北关街道实行街区合一体制。2003年3月，潍坊外商投资开发区与北关街道分离，不再实行街区合一体制，管理18个行政村。2003年10月，于河镇的14个行政村划归潍坊外商投资开发区管理，共管理32行政村。2005年12月，潍坊外商投资开发区更名潍城经济开发区（以下简称开发区）。2007年9月，开发区管理区域内的7个行政村划归北关街道，1个行政村划归西关街道。同月，开发区与于河街道实行街区合一体制，共管辖59个行政村。2008年6月，开发区与于河街道分离，不再实行街区合一体制，开发区管理24个行政村，管理区域在于河街道行政区划境内。至2012年，开发区管理24个行政村，总人口2.29万人。开发区位于潍城区西部，地势较平缓。开发区管理区域东与北关街道、西关街道接壤，南与乐埠山生态经济发展区管理区域相接，西与昌乐县接界，北与于河街道直辖区域毗连。管委会驻地考家东村。2012年，实现公共财政预算收入1.57亿元，500万元以上固定资产投资38.45亿元；规模以上工业企业16家，实现销售收入20.17亿元，利税1.71亿元；粮食总产量12856吨，农村经济总收入15.59亿元，农村居民人均纯收入11816元。

第三节　潍坊凤凰山高新技术产业园区

园区位于胶济铁路以南、潍胶路以北、虞河以东、潍安路以西，行政区域面积32平方千米，辖23个村（社区），9个城市社区，常住人口6万人。园区成立于1994年11月，是省科技厅审批成立的高新技术开发园区，2006年1月正式命名为“潍坊凤凰山高新技术产业园区”。高新园区管委会是坊子区政府派出机构，副县级规格，与凤凰街道办事处合署办公，实行一套工作机构，两块牌子的管理体制。至2012年，园区工业经济发展强劲，基本形成机械制造、电子信息、生活用纸、纺织服装、农副产品深加工五大支柱产业；园区集聚发展初具规模，其中山东（坊子）电子元器件产业园区内电子信息企业发展到18家，产品远销15个国家和地区，形成以共达电声、新旭电子等企业为骨干，以电子元件、光电子产品为主导的电子元器件产业集群。

第四节　寒亭经济开发区

寒亭经济开发区前身为潍坊经济技术开发区。潍坊经济技术开发区于1994年1月经省政府批准设立，属省级经济技术开发区，正县级规格。根据省政府批复，市政府1994年4月28日发布施行《潍坊经济技术开发区管理暂行规定》，明确开发区的区域范围、管理权限、工作职能等。根据批准的规划，潍坊经济技术开发区位于潍坊市寒亭区境内，南起通亭街、北至寒双路，东起潍县北路、西至霞飞路以西，总规划面积10平方千米，起步区1平方千米。

开发区成立后，先是在市委、市政府直接领导下独立运作，后与潍坊高新技术开发区合署办公。1996年8月12日，根据市政府第49次常务会议精神，决定将潍坊经济技术开发区及规划土地划归寒亭区政府，原开发区债权债务全部移交寒亭区，同时继续享受潍坊高新技术开发区优惠政策。8月15日，寒亭区政府与高新技术开发区办理交接事宜。1997年3月，寒亭区委、区政府正式组建班子进驻开发区，从此，开发区正式启动运作，进入实质性开发、建设和发展阶段。同年4月，根据寒亭区机构编制委员会《关于潍坊经济技术开发区人员编制及内部机构的批复》，管委会定编20人，内设办公室、规划国土建设局、引资招商局。2000年，潍坊经济开发区通过省政府第一次检查验收，并被列为全省8个省级重点开发区之一。

2003年3月25日，根据市政府《关于潍坊经济技术开发区名称使用等有关问题的通知》，将潍坊经济技术开发区的名称和牌子交由潍坊市农业高新技术产业开发区，新设立“潍坊市寒亭经济技术开发区”，为正县级规格，继续享受原潍坊经济技术开发区一切优惠政策，单位性质、机构设置不变。2006年3月6日，寒亭经济技术开发区通过国家发改委审核，重新被确定为省级经济开发区，统一名称为山东寒亭经济开发区，重新明确主导产业、规划面积、四至范围。开发区管理委员会作为区政府派出机构，代表寒亭区政府对开发区实行统一领导和管理。2011年11月，根据寒亭区机构编制委员会关于印发《寒亭经济技术开发区管委会内部机构职能配置和人员编制规定》，管委会内设办公室、规划国土局、建设局、财政局、招商局等5个正科级内部机构，每个局核定行政编制10人；所属综合服务中心和高新技术产业园管理办公室2个正科级事业单位，每个单位定编5人。

1997年3月，寒亭区委、区政府正式组建管理班子进驻开发区，开发区启动运作，进入实质性开发、建设和发展阶段。1998年5月，寒亭区委、区政府制定《关于进一步加快潍坊经济技术开发区发展的规定》，作出开发区管辖范围实行区镇（郭家官庄镇）合一管理体制、审批授权、严格规划等八项规定，为开发区初期建设打下基础。2000年，实行全民招商引资目标责任制，引进潍坊亚康经贸有限公司药渣饲料、潍坊环宇高压开关厂高压开关、潍坊佳景纺织有限公司服装加工、潍坊天和饲料有限公司浓缩饲料等项目16个，总投资2.9亿元；其中外资项目2个，合同利用外资330万美元，实际利用外资130万美元。开发区实现工业总产值2.3亿元，销售收入2.2亿元，利税960万元，出口创汇870万美元。2003年，引进项目29个，计划总投资16.16亿元，实际完成投资3.5亿元。开发区实现工业总产值5.1亿元、销售收入4.5亿元、利税3600万元。2005年，新引进项目27个，计划总投资19.9亿元。开发区实现工业总产值10.6亿元、销售收入10.3亿元、利税5800万元；完成进出口总额1254万美元，其中出口1107万美元。2008年，开发区实现工业总产值52.2亿元，实现销售收入52亿元，上缴税金4亿元；完成进出口总额1.35亿美元，其中出口5600万美元。

开发区成立以后，不断加大辖区内路网、管网、绿化等基础设施建设，切实提高项目承载能力。截至2008年底，共修建辖区内白云路、上港路、霞飞路、古亭街、泰祥街、益新街、清源街、盛泰街、新博街、蓝天路等及附属设施，以上共涉及道路总面积34.48万平方米，人行道总面积5.86万平方米，排水管道总长度16531米，行道树1879株，绿化总面积22.37万平方米，绿化用井16眼，路灯632盏（以上市政设施绿化管理权于2009年整体移交区建设局）。

第五节　青州经济开发区

成立于1992年12月，是经省政府批准设立的省级开发区。2010年2月，青州市委、市政府对经济开发区管理体制和辖区范围进行了理顺，经济开发区北到济青高速公路，南靠309国道，东起长深高速公路，西至北阳河沿岸，辖区总面积70.2平方千米，下辖69个行政村，人口5.5万人。2012年，开发区面积70.2平方千米，辖69个行政村，15599户，人口5.9万人，耕地面积7.98万亩。共有300多家注册企业落户，其中年主营业务收入2000万元以上的规模企业82家，外商投资企业92家，高新技术企业44家。2010年，青州经济开发区先后被授予“山东最佳投资园区”“山东省级科技示范园区”称号；被青州市委、市政府评为2010年度工作实绩综合考核一等奖第一名。

开发区不断加大招商与转调创工作力度，2012年先后新引进、开工项目43个，总投资269.2亿元，过20亿元的3个，过10亿元的6个，过5亿元的10个。其中包括科而泰重工、施耐德电气等“国家千人计划”项目和“世界五百强”项目。2012年，落户青州经济开发区的注册企业658家，其中年主营业务收入2000万元以上的规模企业131家，初步形成了机械加工、海洋装备、石油化工、食品饮料、信息电子等产业集群，涌现出中化弘润、青能动力、尧王制药、荣利中石油机械、山起重型、天容食品、汇强重工、施耐德捷远电器、奥普电子等一大批龙头企业和重点骨干企业。青州经济开发区已成为青州市工业发展重要平台、高端产业聚集区和新的城市发展区。2012年，完成公共财政预算收入1.46亿元，规模以上工业企业实现销售收入540.1亿元、利税54.64亿元，农民人均纯收入11130元。

第六节　诸城经济开发区

1992年5月，诸城市外向型工业加工区位于诸城市区东北角，南靠诸胶路，北至北外环一路；东起铁沟河（飞机场西），西至东郊二路，总面积3.41平方千米。东南角靠诸胶路北侧1181亩为起步区。2001年8月，诸城市外向型工业加工区划为诸城经济开发区，新区规划面积4.5平方千米起步区，南起北外环，北至吕兑，东起潍河，西至206国道。2005年6月，诸城经济开发区区划调整为南至北外环，东至潍河，西至万解路，北至九台边界。区划内的16个村庄由开发区代管，人、财、物全部由开发区管理。诸城经济开发区区划面积扩大为32平方千米。2005年12月，开发区成为全国首批通过审核的145个省级开发区之一。2010年1月，开发区与舜王街道实行区街合并。

2001年，开发区新区成立后，确立“以工业为主，以利用外资为主，以出口创汇为主，致力于高新技术产业”的发展思路。加快开发区新区的基础设施建设，打造开发区新区良好的投资环境。经济开发区道路建设硬化七横五纵12条道路,通车里程70多千米，全部达绿化、亮化、美化标准。加快产业发展。至2007年，开发区的机械加工制造、纺织服装、家具生产、食品加工四大产业集群形成规模优势，新能源、生物医药等新兴产业初具规模。2008年，被省政府表彰为

“全省对外开放先进园区”。

2008—2012年，开发区明确经济园区功能，突出招商与转调创新主题、项目建设重点，创新发展体制机制，优化资源要素配置，培育壮大高端高质高效产业，促进项目集中、企业集群、产业集聚、要素集约，努力打造高新技术产业聚集区、技术创新策源地、体制机制创新先行区、干事创业示范区。至2012年，入区项目800多家，形成汽车、纺织服装、食品加工三大百亿产业集群。企业、产业的转型升级加速。高新技术企业发展到20家，拥有省级以上品牌、商标62个，上市企业4家，市级以上各类研发中心、实验室等51家，科技孵化器、省级商用车零部件产品质量检测中心全面投用。

第七节　寿光经济开发区

寿光经济开发区是省政府批准设立的首批省级经济开发区之一，总面积30.16平方千米，规划区面积9平方千米。开发区东邻秀丽迷人的弥河风景区，西邻寿光城区，是寿光开发的重点。开发区累计投入基础建设资金3.8亿元，规划区实现“八通一平”。拥有总长60千米的公路网，动工建设了第三水厂、新城热电厂、110千伏变电站等骨干配套项目。金融、邮政、移动通信等相继进区落户或建立分支机构。区内以潍坊科技学院、现代中学、圣城中学、建桥初中等为重点，形成了从小学到初中到大学的办学体系。寿光开发区先后与美国、日本、韩国、澳大利亚和中国台湾、中国香港等20多个国家和地区的客商建立了稳固的合作关系，新批进区项目75个，项目投入7.2亿元，区内工业企业231家。天成食品有限公司、华源凯马冲压中心、富康制药厂、墨龙集团等先后进区落户。形成了以盐化工、生物医药、石油机械、服装、印染、食品加工为主体的工业体系。为鼓励更多的客商投资，寿光经济开发区规划建设了新城创业园、科技工业园两大园区；投资5亿元，建成具有异国情调的欧洲村；配套别墅区，四星级接待中心；投资3亿元建设贾思勰农展中心。

第八节　安丘经济开发区

安丘经济开发区是1992年经省政府批准设立的省级开发区。其前身是安丘外向型工业加工区，2002年2月经省政府批准更名为安丘经济开发区。2010年12月，被山东省环保产业协会评为山东省低碳经济示范园区。在2011年度山东省省级经济开发区综合发展评价中，列全省140家省级开发区第48位，列潍坊市省级开发区第8位。

2012年9月，安丘经济开发区实行行政单设。开发区位于安丘市北部，面积67.5平方千米，辖67个自然村、26个行政村，13581户，人口4.8万人，耕地面积7.8万亩。2012年，完成地区生产总值260万元，地方财政收入9.23亿元，农民人均纯收入9327元。按照“三区九园”的整体规划，高标准建成低碳产业园、高新技术产业园、新材料产业园、海洋装备动力产业园等特色园区，总面积12平方千米，现投产企业已达400多家，其中，规模以上企业105家，形成了机械电子、纺织服装、建筑建材、食品加工四大支柱产业规模化、集约化发展格局。

拥有青云湖国家AAA级旅游风景区、大汶河国家城市湿地公园、青龙湖省级水利风景区、莲花山公园、青龙山大型酒文化旅游园及大汶河沿岸景观公园，有“潍坊前花园”之称。

第九节　高密市经济开发区

高密市经济开发区位于高密市区东部，于1992年4月27日成立，同年12月，经省政府批准为省级经济开发区，规划面积为6.06平方千米；1996年1月，成立朝阳街道办事处，与经济开发区管委会合署办公，实行区街合一管理体制。2007年8月31日，原姚哥庄镇并入开发区。2008年7月27日，经济开发区和朝阳街道分设，将并入开发区的原姚哥庄镇复分出，称朝阳街道，原开发区单称经济开发区。2012年，开发区面积36平方千米，辖38个行政村，20401户，人口5.6万人，实现地方财政收入2.55亿元，累计完成全社会固定资产投资50亿元。在省级开发区综合发展水平评价中，名列全省第18位、潍坊市第2位。区内规模以上企业达到93家，实现主营业务收入380亿元，有32家企业主营业务收入过亿元，有9家企业纳税过千万元。

第十节　昌邑经济开发区

昌邑经济开发区是1992年经省政府批准设立的省级开发区，规划面积17.7平方千米。昌邑市在开发区内先后修建和拓宽改造石化路、西环路、南环路、同大街等12条主干道路，完成硬化道路面积46万平方米，同时实现硬化、美化、绿化、亮化总里程28千米。2008年，热电厂投产运行，热力管线进入多家企业。高标准建设污水处理厂和生活垃圾处理厂。电力、供热、供水、排污、排水、通讯等“六通一平”配套面积达到10平方千米，搭建起良好的发展平台。通过不断优化发展环境，经济开发区的区位优势和环境优势进一步得到彰显，成为集聚资本、汇聚产业的“强磁区”，成为国内外客商谋求发展的热土，成为企业家创业开拓的宽阔舞台。2012年，开发区工业企业实现销售收入79亿元，实现工业增加值21亿元，实现财政收入5亿元。形成同大、石化、海天、华晨、纺织5个专业园区，引进项目81个，总投资72.4亿元，初步形成以石油化工、纺织印染为主，以农产品加工、服装加工、机械制造、家具制造等为辅的布局合理的产业体系。

第十一节　临朐经济开发区

1992年8月，临朐经济技术开发区成立。2002年2月，经省政府批准，临朐外向型工业加工区更名为临朐经济开发区。2005年12月，临朐经济开发区成为第一批通过国家发改委审核公告的省级开发区，审核公告面积2.98平方千米。

委托山东省城乡规划设计研究院编制完成空间功能布局规划、核心区控制性详细规划、主导产业规划等3项规划，通过专家评审并取得县政府批复。构建起城关街道项目集中区、东城工业园、龙山高新技术产业园、滨海飞地工业园、县中小企业创业产业园“一区四园”共同发展的大开发区格局，实际管辖面积86.97平方千米。

1998年开始，园区开工建设五纵四横的公路主干道。水、电、通讯、排污等设施配套齐全。区内有日供水能力7.5万立方米的龙泉水务公司，建成11万千伏变电站6个、35千伏变电站4个、110千伏变电站1个，铺设地下供排水管线230千米。投资5.8亿元，对仲（宫）临（朐）公路临朐段进行全线改造，形成连接城关、东城、山旺3个工业园区的公路网络，开发区的承载能力不断加强。

2000年，山东华建铝业集团有限公司落户开发区，占地2200亩，铝型材年产能力35万吨，是国内铝合金建筑型材和工业型材重点生产科研企业。2011年，总投资36亿元的潍坊伊利乳业有限责任公司建成投产，项目全面投产达效后，日产奶产品2600吨，实现主营业务收入36亿元、利税3亿元。主要产业是铝型材、食品加工、电子商务、机械制造、环保设备、服装加工、磁电装备制造。

第十二节　昌乐经济开发区

昌乐经济开发区管理委员会成立于1992年，是由省政府批准成立的首批省级经济开发区之一。开发区位于昌乐县城北部，面积23平方千米，辖6个行政村，6670户，人口2.3万人，耕地面积1.8万亩。2012年，完成地区生产总值35.05亿元，地方财政收入9151万元，农民人均纯收入15708元。

昌乐经济开发区始终牢固树立"工业强区"理念，把发展工业作为立区之本，先后获"山东最佳投资园区""山东省低碳经济示范园区""山东省生态工业和循环经济示范园区"等称号。2012年，昌乐经济开发区共规划建设了智能装备制造产业园、绿色房屋建材产业园等6大专业特色园区，入驻规模以上企业116家。其中，拥有世纪阳光纸业集团、盛泰药业、山东矿机集团、日科化学4家上市企业；国家重点扶持高新技术企业14家，中国驰名商标7件；共有国家火炬特色产业基地1处，省级技术中心5家、市级研发中心24家。

人　物

十笏园四照亭　（2005年拍摄）

龙头蜈蚣

张永明（1931—1986）　安丘市西韩吉村人。他生于革命家庭，从小受伯父张竹坡等进步人士影响。1945年，离开家乡，6月在解放区参加革命工作。先后在沂山专区战时邮局、青州邮电局和大众日报社发行部工作。1948年8月，加入中国共产党，12月参加南下干部纵队。1949年，调入华北邮电管理总局担任文书。1950年调邮电部工作。1953年8月，在中国人民大学附属工农速成中学就读，后考入中国人民大学法律系学习。1961年12月，分配到最高人民检察院一厅任书记员。1965年调外交部，历任外交部政治部副处长，驻加拿大、委内瑞拉大使馆一等秘书，外交部干部司处长，外交部党组纪委办公室主任，外交部纪律检查委员会副书记，外交部干部司司长，驻古巴大使馆大使等职。1986年12月3日，在古巴首都哈瓦那逝世。

刘洪岗（1905—1986）　高密市仁和镇东辛庄人。刘洪岗从16岁时就开始学种棉花，认真钻研植棉技术。1950年，他种植的16亩棉花取得平均亩产籽棉205斤的好收成，创造了全省棉花单产的最高纪录。1951年，获山东省工农兵劳动模范称号。1952年，他带领群众办起互助组，大力发展棉花生产，他种的34亩棉花平均亩产籽棉243斤，其中2亩丰产田亩产籽棉602.5斤，再创全省棉花单产丰产纪录。同年，被省政府授予农业丰产模范奖章。1955年，被选为华东地区劳动模范，获华东地区农业增产模范称号。1956年，山东省科学研究所总结刘洪岗的植棉经验，并在全省推广。同年，获省政府授予山东省社会主义农业建设积极分子称号。1957年，被评选为全国农业劳动模范，并出席全国第一届农业劳动模范会议。

李及第（1907—1986）　安丘市新安街道桥北头村人。曲艺艺人，艺名李春博。自幼双目失明，少年时入青岛盲人学校学习。1932年拜苏太平为师，学说西河大鼓。50年代初从青岛回乡，学习东路大鼓和民间小曲，丰富原来的西河大鼓，使唱腔具有地方色彩，表现力强。表演风格以通俗易懂、善用扣子、行腔自如见长。1957年，当选为安丘县曲协主席，参加山东省第一届曲艺会演获奖，同年被山东省曲艺协会吸收为会员。1963年10月，任安丘县曲艺队队长，带领全体曲艺队员上山下乡，演新唱新，自编改编传统、现代书目100多篇，为安丘大鼓艺术风格的形成奠定基础。1965年，应邀参加昌潍地区曲艺工作会议并现场演唱，受到高度评价。为安丘大鼓的主要创立者和代表人物。

王　盈（1915—1986）　女，原名王琦兰，诸城市枳沟镇北杏村人。中共党员。1938年10月，奔赴莒县大店参加八路军二支队。先后任二支队工作团团员，莒县五区妇女委员，莒北妇女委员会宣传委员，滨海区各界救国会工作队长，沭水、日照、莒县妇救会副会长，山东保育小学校长等职。中华人民共和国成立后，历任济南市第一托儿所所长、青岛社会福利部部长、青岛妇女生产教养所所长、青岛司法局局长、山东省卫生厅计划生育办公室副主任等职。

赫保真（1904—1987）　原名保珍，字聘卿，号莲庐，潍坊市潍城区南关人。出身于手工艺人家庭，小学毕业后即到文具店当店员，刻苦自学，文化水平逐步提高。他对绘画兴趣浓厚，1920年，与郭兰村、傅柳坪组成“益社”研习国画，又参加上海美专的函授学习，并拜潍县名画家丁东斋、刘秩东为师。1922年在“益社”的基础上扩大范围，成立“同志画社”。他勤奋钻研，博采众长，艺事大进。1925年去青岛，从事美术教育工作。1949年青岛解放后，在青岛十二中、一中、教师进修学院、工艺美术学校任教。他擅长花卉，兼画人物、山水，笔墨潇洒，设色艳丽，雅俗共赏。代表作有《和平鸽》《碧海巧绣海带田》《神州山川处处春》《牡丹》等，其作品多次参加全国和省、市美术展。他为北京人民大会堂山东厅创作了《满堂红》《十里荷香》等巨幅画屏。其画作有《赫保真画选》等。他对裱画技法有较深研究，著有《装潢》。他还擅写古诗，著有《见山楼诗集》。是中国美术家协会会员，美协山东分会理事，青岛画院理事，民盟山东省第一届委员会委员，青岛市政协第三、第四届委员。

王公衡（1906—1987）　名世铨，字公衡，潍坊市潍城区西南关人。清末状元王寿彭之次子。早年毕业于英国格拉斯哥大学及格林尼治皇家海军学院。1939年回国后，在上海交通大学任教，为该校造船系的创始人之一。他是中国知名的造船专家、教授，为造船和教育事业做出过贡献。是上海市第二届至第五届人大代表。

王　辩（1906—1987）　女，又名黄秀珍，字慧琴，诸城市相州镇相州七村人。7岁入相州国民学校读书，1920—1922年在济南女子师范上学，并参加了“马克思学说研究会”。1923年冬，加入中国社会主义青年团，1924年转为中国共产党正式党员。后根据中共“三大”关于共产党员可以个人身份加入国民党的规定加入国民党，并被推为国民党山东省委候补委员。她积极组织妇女界的国民议会促成会和济南妇女学术协进会等进步群众团体，推动妇女解放运动。1925年，调上海团市委做妇女工作。同年11月，去莫斯科中山大学学习，与邓小平同班，学习刻苦，成绩优异。1927年冬回国，时值白色恐怖笼罩全国，被派去芜湖任中共安徽省委宣传干事。后被国民党逮捕，她在敌人刑庭上、监狱中都严守党的机密，保护了组织和同志。1930年夏出狱后找到党组织，按组织指示到沈阳、安东、哈尔滨、穆陵等地从事地下工作。抗战爆发后，她根据党的指示潜回家乡秘密组织抗日活动。在抗日战争和解放战争时期，先后任《大众日报》编辑，《沂蒙导报》记者，沂中县、沂南县委宣传部干事等职，曾在临沂县妇联、山东省妇联工作。中华人民共和国成立后，先后在山东图书馆、北京图书馆工作，任北京图书馆苏联图书室主任。1978年离休后，仍关心党史、史志工作，抱病撰写了20余万字的革命回忆录。

于岩竹（1917—1987）　乳山市人。1936年8月，考入山东省立医学专科学校。历任青岛市立医院、山东大学附属医院眼科医师，潍坊特别市市立医院眼科医师及副主任、主任，昌潍地区医学科学研究所副所长、研究员。于岩竹专于眼科有较高的造诣。1950年8月施行省内首例角膜移植术成功，在国内亦属前茅。在改进白内障手术方面颇有成效。有临床论文多篇发表于《中华眼科杂志》等国家级、省级刊物。

王　洛（1921—1987）　原名稚云，诸城市城里人。1936年初中肄业，任教于诸城东关初级小学。“七七”事变后学校停办，随兄王树成进行抗日救亡宣传活动，1938年1月参加革命。为巩固抗日民族统一战线，王洛等遵从党组织指示，加入蔡晋康部作政治宣传工作。后退出蔡部南下徐州，加入东北军一一二师六六七团任连部文书。1939年加入中国共产党，先后参加连云港守备战、夜袭合肥敌机场、宿迁阻击战等多次战斗。同年，在滕县破袭铁路激战中左腿负伤。1940年，由东北军调到八路军一一五师五旅司令部任秘书。1944年，调山东军区滨海支队，任连长、政治指导员。1945年，参加解放诸城战役。1947年，调十三纵队一一〇团任营教导员、团参谋长。1948年济南解放后，先后任军政大学政治处主任、政委，华东军区政治部青年部副部长，济南军区政治部青年部长、组织部长等职。1965年，当选为团中央委员。1975年，任六十七军政治部副主任。1978年，任济南军区炮兵政治部顾问。1980年7月，以副军职离休。

赵子明（1894—1988）　原名房鲁泉，寿光市纪台镇房家庄人。青年时代曾参加寿光县同盟会员赵化溥组织的革命活动，积极投入推翻封建王朝的辛亥革命。“九一八”事变后，他在内蒙古临河县以经营药房为公开职业，秘密组织抗日救亡团体。1932年1月，加入中国共产党，任街道党支部书记。1934年被派往宁夏，在中共宁夏领导小组的领导下，以行医为业，开展地下工作。1936年春赴兰州，在黄家园设豆浆店，借以掩护革命斗争。1937年秋，任中共甘肃省委工作委员会事务秘书。1940年6月，他与甘肃省工委的四名负责人先后在兰州被捕，虽屡受酷刑而坚贞不屈。几经艰险危难，于1942年2月越狱脱险，后赴延安，进中央党校学习。1943年3月，在所谓“抢救运动”中，他蒙冤被关押达三年之久，1946年始得昭雪，遂即出任中共兰州市委委员、常务委员，甘肃省劳动局副局长，兰州市劳动局局长，兰州市政协副主席等职。“文化大革命”中，被长期监禁，粉碎“江青反革命集团”后，冤案平反。他异常振奋，虽年迈体弱，仍积极撰写回忆录，对青少年进行革命传统教育。

刘　潜（1910—1988）　昌邑市人。中共党员。齐鲁大学肄业。1937年先后入延安陕北公学、抗大学习。1938年加入中国共产党。后任绥德专署政务秘书、热中专署专员、热河省农业厅厅长。中华人民共和国成立后，历任农业部计划司司长，黑龙江省农业厅厅长、副省长、省第五届人大常委会副主任。是第三届全国人大代表。

迟敬德（1927—1988）　即墨市人。中共党员。1945年参加革命工作。历任五莲县人武部政工科长，胶南县人武部政工科长、副政委、政委，胶南县委书记，青岛市委常委，青岛市计划委员会副主任、党组副书记，昌潍行署副专员等职。是中共第十次全国代表大会代表，第五届全国人大代表。

丁洪望（1935—1988）　诸城市龙都街道沙戈庄村人。中共党员。1957年，担任高级农业生产合作社社长。1958年，获昌潍地区农业劳动模范称号。1959年，山东省人民政府授予其农业劳动模范称号。1960年，任中共沙戈庄村支部书记。1966年，当选为城关公社党委副书记。同年，出席全国农业科学实验代表会，获农村科学实验奖。1975年，兼任诸城县农业办公室副主任。1979年，被国务院授予全国农业劳动模范称号。1980年，当选为诸城县人民代表大会常务委员会副主任。1983年，当选为第六届全国人民代表大会代表。

李春利（1964—1988）　临朐县辛寨镇南流村人。共青团员。1988年1月12日上午，辛寨镇姬家河村民陈广华同妻子李树香在通过冶源水库冰面时，不慎落入冰窟，正在岸边的李春利听到呼救后，不顾一切跳入冰水，经一个多小时搏斗，在其他村民帮助下，终于将落水夫妇救出，他却因极度寒冷和过度疲劳再也没有爬上岸来，英勇牺牲。1988年，被共青团山东省委授予“模范共青团员”称号。

朱克勤（1950—1988） 临朐县寺头镇上洋河村人，1968年应征入伍，同年加入中国共产党，历任班长、排长、连长、营长等职务。1986年12月转业到临朐县物资贸易中心工作，先后任办事员、副股长、经理办公室主任等职。1988年因公病逝。被中共潍坊市委追认为“优秀共产党员”，物资部追授“全国物资系统劳动模范”称号。

沉 樱（1907—1988） 女，原名陈锳，笔名沉樱，潍坊市潍城区人。作家、翻译家。1928年毕业于山东省立第一女中，1929年考入上海大学中文系，两年后转入复旦大学中文系，并开始文学创作。1937年到重庆工作，1945年到上海工作。1947年到台湾，以教书为生。1972年迁居美国，从事写作和翻译工作。出版短篇小说集《喜筵之后》《回家》《夜阑》《某少女》《女性》《一个女作家》等，散文《春的声音》《我们的海》《沉樱散文集》等。翻译作品有《女性三部曲》《一位陌生女子的来信》《怕》《断梦》《毛姆小说集》《蓓蒂》等，并独自成立译文出版社，出版了《蒲公英译丛》和《蒲公英丛书》。1988年在美国逝世。

高玉书（1924—1989） 寿光市营里镇高家营人。1940年入伍，同年加入中国共产党。先后参加抗日战争、解放战争和抗美援朝战争。1943年在鲁中沂蒙战役中曾被评为“战斗模范”。他历任战士、文书、营部书记、宣传队队长、干事、军政治部干部科科长、师组织科科长、广州军区干部科科长，广州军区军事检察院科长、副检察长，师政治委员、湖南省军区后勤部政治委员等职。1955年被授予上校军衔。曾荣获三级独立自由勋章、三级解放勋章，1988年获中国人民解放军独立功勋荣誉章。离休后，他十分珍惜自己的光荣历史，谦虚谨慎，保持优良的革命传统，严格教育子女，时刻关心集体，深受大家的尊敬和爱戴。

孔凡介（1935—1989） 泗水县芦城公社西芦城村人。中共党员。1954年参加工作。历任昌潍地区人民医院内科医士、医师、主治医师、副主任医师、主任医师，潍坊市人民医院内科副主任，内一科主任。1985年被评为山东省科普创作积极分子，1986年被评为山东省优秀图书工作者，1988年被评为潍坊市专业技术拔尖人才。其科研项目“葛根素抗心律失常作用的临床研究”于1987年获山东省科技进步二等奖。先后主编参编5种医学科技图书，主编的《实用医生手册》一书被评为省优秀图书。在山东省及国家级刊物发表学术论文36篇。1989年1月11日遇车祸殉职。

彭瑞林（1912—1990） 原名彭澍兴，又名彭仲起。青州市城里人。1930年，就读于益都山东省立第十中学。同年冬，参加中共外围组织“互济会”“反帝大同盟”“左联”等。1931年2月，加入共产主义青年团，任益都省立第十中学团支部书记。同年8月，加入中国共产党，历任益都县省立第十中学党支部书记、城区区委委员、书记、益都县委委员、组织部部长。“九一八”事变后，参与组织领导当地青年学生的抗日救亡运动。1932年8月，参加益都暴动。暴动失败后，遭当局通缉，转移至济南，负责济南乡师、小清河航运局等单位地下党的工作。1933年2月，因中共山东省委机关遭破坏而被捕入狱，在狱中坚贞不屈，始终保持共产党人的革命气节，1937年11月，根据国共双方谈判协议，被无条件释放。彭瑞林出狱后，不顾体弱多病，立即返回益都筹建抗日武装，参与领导当地的抗日武装斗争。历任中共益都县委组织部部长，益（都）、寿（光）、临（淄）、广（饶）中心县委宣传部部长，沂水县九区区委书记，冀鲁边区一地委书记兼军分区政委，渤海区委、济南工委书记等职。解放战争时期，历任中共渤海区委委员兼民运部部长、渤海区农会筹备处主任、渤海四地委书记兼军分区政委等职。1949年3月，随军南下，任华东干部南进纵队四大队政委，参加了渡江作战和浙江的解放战斗，历任中共浙江省丽水地委、温州地委书记，浙江省委委员、省委组织部副部长，省纪律检查委员会副书记，省人民委员会委员、秘书长、第二办公室主任，省检察院检察长，省委常委、省政协副主席，全国老年体协副主席、顾问，浙江省顾委常委，第六届全国人民代表大会代表等职。1957年反右斗争扩大化，彭瑞林受到错误处理，开除党籍，撤销党内外一切职务，下放农村劳动改造。中共十一届三中全会后，经中央批准，1983年12月中共浙江省委为他彻底平反，恢复党籍和政治名誉，重新走上省级领导岗位。彭瑞林十分关心家乡青州的党史工作，晚年撰写了大量中共党史资料和革命回忆录，为家乡党史资料的征集工作做出突出贡献，并向青州市烈士纪念馆捐款5000元。

刘先志（1906—1990）　高密市大牟家镇周戈庄人。1930年，毕业于燕京大学数学系。1934年，考取公费留学德国，在柏林工业大学就读机械工程专业，1939年毕业后留校任教。此间，又在哥廷根大学理学院学力学，1945年学业结束，获自然科学博士学位，翌年6月回国。回国后，先应聘为上海工务局工程师，后应同济大学之聘，历任教授、教务长、副院长。1951年，山东工学院派人去请他回山东办学，他欣然应允，翌年春回鲁。刘先志是第二、第三、第四、第五、第六届全国人大代表。先后担任过山东省工业厅副厅长，山东省副省长，山东省第四届政协副主席等职。他突出的学术成果是把热传导和固体力学结合起来，进行独有见地的热弹性方面的研究。1983年6月，经钱伟长教授推荐，他的26篇53万字的《刘先志论文集》经四川科技出版社出版。1986年，获国家科技进步二等奖。

韩连琪（1909—1990）　字东生，安丘市兴安街道韩家后村人。教授，历史学家。1931年考入国立山东大学国文系，毕业后，1938年任安丘县立初级中学校长。抗日战争初期，投身抗日，担任鲁苏游击战区总司令部所办《阵中日报》总编辑，撰写和编发大量宣传抗日的文章。1940年9月至1947年1月，先后任中学教员、师范学校校长等职。1947年8月至1951年夏，历任山东师范学院、华东大学教育学院、齐鲁大学历史系等院校讲师。1951年10月任教山东大学，历任讲师、副教授、教授，历史系副主任等职务，兼任山东省地方志学会副会长、中国农民战争研究会理事、秦汉史研究会顾问等职。初治古文字学，著有《殷周金石文字汇编》。后治史学，精于先秦、两汉史的学术研究，著有《先秦两汉史论丛》。1987年该著作获山东省教育厅一等奖。晚年研究管子文学，著有《管子札记》。他对山东大学历史学科的建设和发展充满期待，1990年辞世前，特撰写遗嘱捐献自己半个多世纪节衣缩食收藏的珍贵字画给山东大学历史系，设立“韩连琪基金”，以奖励中青年教师和学子。

张士欣（1922—1990）　青州市阳河乡（今高柳镇）南星落村人。1938年1月，在南星落村参加革命组织“中华民族解放先锋队”，1939年9月加入中国共产党。1940年11月，带领阳河一带自卫团配合人民军队3个连队在阳河村伏击青州城、朱良据点之敌，毙伤40余人。1946年6月，张士欣带领区中队和民兵追击东逃之敌李青山部，俘敌40余人，缴获长短枪60余支。1947年8月，围歼被迫降在南张楼的一架敌机时，同敌特务队激战4次，打退抢夺飞机的敌人，缴获机枪6挺，子弹一批，受到渤海军区表扬，荣记一等功。历任阳河乡联合会会长，益寿临广四边县各救会干事，益寿县龙泉区委书记、指导员，益寿县委委员、组织部部长、青委书记，益都县委副书记、书记，昌潍地委常委、组织部部长，地委副书记等职。

陈天才（1910—1990）　字秀之，潍坊市潍城区人。11岁始学中国象棋，后得到山东棋圣邵次明指教。1933年，获潍县象棋比赛第一名。1942年，获著名棋手徐词海组织的“象棋银杯赛”第一名。1953—1955年，先后5次赴北京、天津以棋访友，结识张德魁、谢小然等著名棋手。1954年，受天津力行棋社邀请，赴天津设擂表演，战胜天津著名棋手马国梁。1960年后，在潍坊市体委工作，为潍坊市乃至山东省培养一批象棋人才。1985年在山东省第一届长寿杯象棋赛中，他是最高年龄参赛者，夺得冠军。他生前是山东省象棋协会委员、潍坊市潍城区象棋协会主席。

王愿坚（1929—1991）　诸城市相州镇相州七村人。其父王振千为早期共产党员，对少年王愿坚的影响很大。1937年，在全国抗日热潮的影响下，正在读小学三年级的王愿坚和姐姐积极参与抗日活动，一道演出过《放下你的鞭子》等短剧。1938年初，日军占领诸城，王振千与王翔千一起自办“家学”，亲自给子女们上课。半年后，王振千的“家学”被取缔，王愿坚被强迫进入日军监管下的学校读书。1944年7月中旬，王愿坚和堂弟王愈坚，被山东军区敌工部派人护送到山东军区驻地。年底，王愿坚从滨海中学结业，到滨海军区第三军分区政治部新成立的宣传队任宣传员，开始了文学创作。1945年创作了小歌剧《回头》。1947年3月，加入中国共产党。同年11月，调到《麓水报》报社工作。其间，创作了报告文学《突上古龙庭的勇士》《王焕喜》，通讯报道《一捆麦秧》，以及一些反映行军、作战、宣传、胜利的诗歌和说唱材料，其中一部分通过新华总社在全解放区播送，为激发部队官兵和群众的革命热情发挥了积极作用。

1950年夏，王愿坚调到二十二军军史编写组工作。1951年底，到七兵团政治部文化部工作，其间在七兵团的党报《华东前线》上发表了大量通讯和报告文学，并结集出版。1952年7月调北京，在总政治部文化部《解放军文艺》编辑部工作。1954年，创作第一篇小说《党费》，在《解放军文艺》上发表后，受到军内外读者的高度赞扬。接着又写出《后代》《妈妈》《粮食的故事》等短篇小说。1956年，福建人民出版社、工人出版社分别出版他的小说集《珍贵的纪念品》《党费》。同年，王愿坚加入中国作家协会，并调到《星火燎原》编辑部工作。1958年初，创作了《七根火柴》《三人行》《赶队》等歌颂二万五千里长征英雄事迹的作品。同年6月，王愿坚在十三陵水库工地参加劳动期间，创作了小说《普通劳动者》。1963年秋天，创作出30万字的长篇小说《源泉》。

“文化大革命”开始后，王愿坚受到批判。1969年调回北京，改写反映红军长征的《万水千山》电影剧本，后又与陆柱国合作改编电影剧本《闪闪的红星》，并创作电影剧本《四渡赤水》。其间的新作还有《足迹》《标准》《路标》《草》《歌》等短篇小说，其中《足迹》获《人民文学》1978年全国优秀短篇小说奖。其代表作《党费》《七根火柴》《普通劳动者》等小说，长期被选入大、中、小学语文课本，并被译成英、法、俄、德、朝、日等多种外文，在国内外产生较大影响。从第四次文代会起，王愿坚当选为中国作家协会和中国电影家协会理事。1987年6月，王愿坚调到解放军艺术学院任文学美术系主任，从事文学艺术教育工作。其间，他写出多篇有分量的文艺评论。

臧君宇（1913—1991）　原名臧洪运，曾用名张挽，诸城市城里人。父亲臧少枚青年时加入中国同盟会，对臧君宇产生了一定影响。1919年，臧君宇入诸城县立一小读书。1926年考入县立中学，十九岁初中毕业，考入济南省立高中。1931年“九一八”事变后，臧君宇参加济南学生赴南京要求蒋介石抗日的请愿团。1934年，因在济南高中会考中考取第一名而被国立北京大学破格录取，入外语文学系学习。“一二·九”学生爱国运动爆发后，臧君宇积极参加北大学生的游行集会。1937年，因病入院，加上遭到反动当局通缉，不久即肄业回到老家诸城。1938年春，臧君宇病情稍有好转，便毅然赴莒县参加莫正民部队，做抗日统战工作。不久，经郭虹路和王东年介绍，加入中国共产党，并担任政治部组织科长。同年底，莫部随高树勋部北上开赴冀鲁边区抗日，曾多次与日军交战，臧君宇积极参加战斗。国民党煽动反共高潮后，高树勋改变态度，排挤共产党员。1939年秋，郭虹路、李恒泉等十几人从高部撤出，臧君宇、张镛等人留下组成新的领导核心。但不久高树勋在其部队中清查逮捕革命分子，共产党员张镛和进步人士王业纯等惨遭杀害，臧君宇一度被扣押。幸经莫正民出面保释押在莫部，后在夜晚行军途中乘机逃出。1940年5月，臧君宇回到鲁西抗日根据地工作，并改名为张挽，任鲁西北第一专署秘书主任，不久改任鲁西区行署文教处副处长。鲁西区与冀鲁豫区合并后，他任鲁西筑先抗战学院副院长。1943年6月，赴延安中央党校第二部学习。1945年10月，臧君宇回到冀鲁豫区，任各界救国会文化工作部部长兼冀鲁豫书店编辑主任，从事农民运动和文化工作。1946年9月，臧君宇调回山东，任省民主政府科长。1948年4月，潍县城解放，潍坊特别市成立。5月，臧君宇调任潍坊特别市教育局局长，12月任副市长兼教育局局长。1949年8月，任潍坊市人民政府市长。1950年6月，任昌潍地区专署副专员。1951年1月，县级潍坊市建立，臧君宇任中共潍坊市委书记、潍坊市人民政府市长。1952年1月，任昌潍地区专署专员。11月调北京，任外交部西欧司专员、副司长。1955年5月，任驻挪威大使馆参赞。

1960年12月，臧君宇调任云南省人委外事处处长、党组书记，后任省外事办副主任、主任。臧君宇向云南省委和省人委建议并报经国务院批准，自1964年起，逐步在云南沿边地、州、县政府内建立外事分处（科）。臧君宇还亲自主持制定了中缅、中越、中老3个《边境工作细则》。“文化大革命”中受到迫害。1975年8月恢复工作，任云南省外事办主任、党组书记。1981年底退居二线，任省外事办顾问。1982年，任中共云南省顾问委员会委员。1985年1月离休。

马冠三（1913—1991）　寿光市双王城生态经济园区牛头镇村人。1938年参加鲁东抗日游击队，同年加入中国共产党。抗日战争时期，历任鲁东抗日游击队第八支队副区队长，八路军山东纵队第一支队司令部参谋、第一支队一团副团长兼参谋长、支队司令部队列科科长，八路军一一五师教导第一旅作战科科长，鲁南军区司令部作战科科长等职。解放战争时期，先后任山东野战军第八师司令部参谋主任，华东野战军第三纵队司令部参谋处处长、纵队副参谋长，第三野战军第二十二集团军六十四师师长等职。中华人民共和国成立后，先后任军参谋长、华东军区海军参谋长、中国人民解放军海军军训部部长，海军副参谋长、代理参谋长，第二海军学校副校长等职。1961年被授予少将军衔，享受正兵团级待遇。

丁士采（1915—1991） 寿光市营里镇北河村人。1938年1月入伍，同年2月加入中国共产党。在抗日战争中，先后任八路军鲁东抗日游击队第八支队宣传员、八路军山东纵队电讯股长、政治指导员、组织干事、政治教导员、团政治处主任，渤海军区第三军分区、第五军分区政治部主任等职。解放战争时期，先后任华东野战军十纵二十九师副政委兼政治部主任，第三野战军二十八军八十三师政委等职。1952年2月，赴朝鲜战场结合实战学习研究志愿军战时政治工作，在总政治部编写政治工作条例，后任军事学院政治工作教授会主任。获一级解放勋章和独立功勋荣誉章，1955年被授予大校军衔。后历任第二十八军政治部主任、副政委，福州军区南昌步校政委和福建省军区顾问等职。1978年，任南京高级步兵学校政治部主任。

江　青（1914—1991） 女，初名淑蒙，后改名李云鹤，又名李进，艺名蓝苹，诸城市密州街道陶家岭村人。幼年在诸城高等小学二舍即女子部就读，二舍的负责教师是张少卿，即康生。1926年，江青随母去天津投亲。不久去济南，转入省立第二实验小学就读。后考入省立济南实验戏剧学校学戏，校长是国民党山东省党务指导委员会委员赵太侔。1930年，赵太侔调任青岛大学校长。江青由于获得赵太侔夫人喜爱，便亦随去青岛，由赵太侔介绍进入青岛大学旁听，并在青岛大学图书馆工作。其间，江青曾到海漠剧社参演话剧，参加进步文艺宣传活动。1933年2月，在青岛加入中国共产党。同年夏，前往上海，入业余剧社等剧团演话剧。不久，因故失掉党的组织关系。1934年10月，因携带激进刊物《世界知识》，在上海被国民党当局逮捕。12月，由基督教女青年会负责人保释出狱。此后以蓝苹为艺名，在电影公司当演员，并加入“左翼剧人联盟”，主演过《都市风光》《联华交响曲》等电影和话剧。

1937年8月，江青赴延安，到抗日军政大学学习，重新恢复党的组织关系，参加演出话剧等革命文艺活动。1938年11月，与毛泽东结婚，并改名江青，婚后长期担任毛泽东主席的秘书。其间曾到延安鲁迅文艺学院任教。1947年3月中共中央撤出延安后，江青随毛泽东主席转战陕北，任中央纵队直属队协理员。1949年春，随中共中央机关到北平。中华人民共和国成立后，曾任中央人民政府政务院文化部电影事业指导委员会委员、中共中央宣传部电影处处长等职。1959年初，江青任中共中央办公厅秘书处处长。

自1963年起，江青开始指导京剧改革，组织改编《沙家浜》《红灯记》《智取威虎山》等8个革命现代京剧样板戏。“文化大革命”开始后，担任中共中央文革领导小组第一副组长，后任代理组长及解放军文革领导小组顾问。1969年4月，在中国共产党第九次全国代表大会上当选为中央委员、中央政治局委员。1973年8月，在中国共产党第十次全国代表大会上再次当选为中央委员、中央政治局委员。

“文化大革命”期间，江青与王洪文、张春桥、姚文元结成“四人帮”，对党和国家造成极其严重的危害。1976年10月，中共中央政治局决定对江青予以审查。1977年7月，中共十届三中全会决定将其开除出党，撤销党内外一切职务。1981年1月，受到最高人民法院特别法庭的公开审判，以组织领导反革命集团、阴谋颠覆政府、反革命宣传煽动、诬告陷害等罪行被判处死刑，缓期二年执行，剥夺政治权利终身。1983年1月，被依法减为无期徒刑。1984年5月保外就医。1991年5月，在保外就医期间自杀。

隋灵璧（1902—1991）　女，又名隋廷淑，诸城市昌城镇隋家官庄人。其父隋理堂早年参加中国同盟会，隋灵璧在父亲的影响下较早地接受了民主革命思想。九岁时就读于本家成立的女子学校。1916年，考入济南女子师范学校。她对学校的封建陈规陋习非常反感，与王辩等进步青年学生一起将封建校长周干庭驱逐出校。1919年“五四”运动爆发，隋灵璧参加了济南女师学生组织的全市大游行。1921年秋，考入北京女子师范大学。其间，她受到鲁迅、钱玄同的教育和指导，积极参加了反对校长杨荫榆的斗争。1925年，隋灵璧加入中国国民党。

1925年，到绥远省女子师范学校教书，并积极参与商震的易帜活动。后返北平，开展迎接国民革命军北伐的工作。1927年初赴南京，任国民党中央党部助理干事。蒋介石发动“四一二”反革命政变后，她愤然离开南京北上。1928年，回到北平，继续从事教育工作。1932年，隋灵璧与北师大同学一起创办协华女子中小学校。其间，开始参加中共地下活动。不久因掩护共产党员被叛徒出卖而被捕，后经保释出狱。受中共北平市地下组织指派，隋灵璧推动宋哲元、秦德纯、商震等反蒋抗日。1935年，北平爆发“一二·九”学生运动，隋灵璧与爱人李澄之劝阻了北平市长秦德纯镇压行动，使爱国青年学生免遭残害。1937年，全面抗战爆发后，隋灵璧参与组织“华北妇女抗日救护队”，赴上海救护抗日伤员，支援淞沪抗战。1938年3月去武汉，被指派为山东保育分会理事。不久去昆明，任云南大学附中教员。1940年12月到延安，被聘为陕甘宁边区政府教育委员会理事。1941年5月，到延安第一保育院任保教科长。1945年，隋灵璧加入中国共产党。

1946年2月初，周恩来再次赴重庆时，安排隋灵璧作为中共代表团政治委员会委员同赴重庆，从事统战工作。1946年秋，蒋介石撕毁停战协定，国共和谈破裂，中共代表团撤回延安，隋灵璧返回山东解放区工作。1948年秋，济南解放，隋灵璧任济南女子师范学校校长。后女师与男师合并，她被委派创办济南工人子弟中学，任校长兼党支部书记。

中华人民共和国成立前后，隋灵璧历任民革山东省委员会组织部部长、常委，省妇女联合会执行委员会委员、济南市妇联常务委员，济南市工人代表委员会委员、妇女委员，中苏友好协会理事，以及省政府参事室秘书等职。她是山东省第一、第二届人民代表大会代表，省政协第一、第二、第三届委员。1949年3月，第一次全国妇女代表大会召开，隋灵璧被选为华东地区妇女代表参加大会，受到毛泽东主席的接见。1982年，隋灵璧任民革中央祖国统一委员会委员，为加强海峡两岸的联系及祖国统一积极工作。1985年，任民革中央妇女工作委员会委员。

马　千（1915—1991）　原名马鸿志，又名马骏，昌邑市围子街道义气镇村人。1938年8月加入中国共产党，同年12月组建了昌邑北海大队。历任中共昌邑县第五区支部民运委员，中共昌潍中心县委民运部部长，中共昌邑县委宣传部部长，昌潍县委宣传部部长、副书记，昌邑县委副书记，昌北县委书记兼县独立营政委，第五师十三团政委等职。中华人民共和国成立后，先后任中国人民解放军空军十七师五十一团政委、师干部部部长、海军东海舰队修造部部长、海军修造部副部长、修理部部长、装备部工厂管理部部长等职。

李明村（1914—1991）　青州市人。1937年参加革命工作，历任临淄二区救亡团团长、临淄县青委书记兼青救会会长、益寿县动委会主任。1941年，调任垦利县工委书记、敌工部部长。1946年，任（河南省）阳信县委副书记。1949年，任江淮五分区政治部副主任、四川省开县县委书记。1951年，任万县地委组织部副部长。1969年，任四川省农办政治处主任。1979年，任四川省纪律检查委员会常委。1982年底离职休养。

裴昌会（1896—1992）　字同野，潍坊市潍城区人。民革党员、中共党员。出生于较富裕的工商业者家庭，先后在潍县继志小学、高密县胶莱中学、潍县县立中学读书。中学期间，受反帝爱国思潮影响，加入同盟会。1917年考入北平民国大学商预科，1918年入保定陆军军官学校，1922年保定陆军军官学校第八期陆军大学特六期毕业。1927年后，历任国民党第四师参谋长、四十七师团长、旅长、副师长、师长。1937年起，任国民党第九军副军长、军长，第四集团军副总司令，第一战区副长官，西安绥靖公署副主任兼第五、第七兵团中将司令官。1949年12月23日，在四川德阳率部起义。中华人民共和国成立后，历任国防委员会委员、西南军政委员会委员、川北行署副主任兼工业厅厅长、西南纺织管理局局长、重庆市副市长，第五届、第六届四川省人大常委会副主任，重庆市政协副主席。先后担任民革中央委员、民革中央副主席、民革四川省委主任委员、名誉主任委员和重庆市委副主任委员等职。1955年，获一级解放勋章。是第一届至第七届全国人大代表，第五届、六届全国人大常委会委员。1989年8月加入中国共产党。

耿长江（1919—1992）　原名李铭宪，曾用名李幼斌，临朐县五井镇上五井东村人。1935年毕业于县立师范讲习所，1939年7月参加革命工作，1942年12月加入中国共产党。先后担任山东纵队一支队游击大队大队长，临朐县峰山区副区长，山东军区长山列岛水警区政治部保卫科科长，海军训练基地政治部保卫处处长，国家海洋局政治部保卫部部长，国家海洋局海洋仪器研究所政委，国家海洋局海洋科技情报研究所政委，海军后勤学校顾问等职，副军级。1955年获三级独立自由勋章、三级解放勋章，1988年获独立功勋荣誉章。参加革命工作后，长期做敌军转化工作，特别在解放潍县时，他机智勇敢，深入敌军内部，做范启奭工作，为潍县解放做出特别贡献。1948年潍坊解放后，在新区剿匪斗争中，曾被评为一等功臣。中华人民共和国成立后，积极投身于中国人民解放军海军建设，从1949年10月至1981年10月，一直从事部队政治工作。

聂奎聚（1926—1992）　青州市弥河镇中桥村人。1944年7月参加八路军，1945年5月加入中国共产党。1944年7月起历任山东独立一旅三连战士，鲁中军区警卫十团一营班长、营部文化干事。1947—1949年任鲁中军区警卫十团一营文化干事，警卫一团一营二连副政治指导员、二营六连政治指导员。1948年，率连队参加淮海战役，全连获“钢铁连队”称号，个人立一等功。1949—1950年，任鲁中警卫一团三营副政治指导员。1950—1953年，任华东海军第六舰队广州舰政治干事、副政治委员、舰长兼政治委员。

1953—1956年，任华东海军第六舰队一大队副大队长兼广州舰舰长、大队长。参加了解放一江山岛战役。1954年3月，指挥人民海军某部在三门湾海域与国民党部队展开激战，击伤敌舰2艘，后遭敌机轰炸，广州舰不幸沉没，聂奎聚最后一个离开战舰，泅海得救，获“战斗英雄”称号。1956—1960年，在解放军军事学院海军系学习。1960—1962年，任海军东海舰队司令部军训处训练科科长。1962—1964年，任海军护卫舰支队参谋长。1964—1969年，任海军护卫舰支队支队长。1969—1977年，任海军基地副参谋长。1977—1982年，任海军基地司令员。1982—1985年，任海军副司令员。1985年8月—1987年9月，任海军东海舰队司令员、舰队党委副书记。1985年5月，中国首次向太平洋预定海域发射运载火箭，聂奎聚任海上编队副总指挥，率舰队第一次穿过赤道，驶入太平洋，及时准确地完成火箭数据仓的打捞任务。1985年11月16日—1986年1月19日，聂奎聚率舰队应邀访问巴基斯坦、斯里兰卡、孟加拉国三国，这次访问是中国人民解放军海军军舰首次正式外出访问，也是人民海军首次穿越马六甲海峡。1987年9月任南京军区副司令员，海军东海舰队司令员、军区党委常委、舰队党委副书记。是中国共产党第十二届中央候补委员、第十三届中央委员。获三级解放勋章。1988年9月，被授予海军中将军衔。

魏坚毅（1923—1992）　原名魏增健，昌邑市龙池镇马渠村人。1940年3月，加入中国共产党，同时参加革命工作。历任中共西海地委巡视团巡视员，掖县掖西工作队队长兼中共掖西区委副书记，中共掖南区委书记，昌南县各界人民救国会会长，中共昌南县委委员、副书记、书记兼独立营政委，中共潍坊市委（县级）书记。1954年4月后，历任中共昌潍地委副书记、书记处书记、书记兼昌潍军分区政委，昌潍地革委主任。1978年2月—1984年7月，任中共济南市委书记兼济南警备区政委。其间还曾任市革委主任、市政协主席。1983年7月当选为中共山东省顾问委员会常委。1986年7月任省顾委秘书长。是中共十一大、十二大代表，第六届、第七届全国人大代表。

赵永杰（1921—1992）　又名赵华泽，临朐县辛寨镇大辛中村人。1939年参加八路军，1940年加入中国共产党。先后担任益都县中队副指导员，鲁中三军分区政治部组织干事，其间因工作成绩突出荣立三等功两次。1949年调南京公安部队工作，先后担任总队政治部科长，团政治处主任、政委等职。1953—1955年，先后出席南京公安总队、华东公安部队、南京军区党代表大会。1964年调江苏省军区独立一师任副政委；1966年任江苏泰州市革委会主任；1968年任国防科委第九研究院生产部革委会主任，1970年任研究院政治部主任；1974年任江苏省军区政治部主任；1982年任副军职顾问；1984年离休。曾获中华人民共和国三级独立自由勋章、三级解放勋章。

王荆玉（1930—1992）　昌邑市人。1945年7月参加革命工作，1950年4月加入中国共产党。1945年7月—1946年6月，在昌邑宋庄解放区参加筹备办学工作，担任教员和宣传工作。1946年6—12月在昌南县第一区公所任教育助理。1947年1月—1948年2月在昌南县政府任文书、科员。1948年3—4月在西海地委学习。1948年4月—1950年4月在坊子区政府任文书、科员。1950年5月—1953年6月在坊子区委任宣传干事。1953年7月—1954年10月在潍坊市委工业部任秘书。1954年11月—1955年在潍坊市委办公室任秘书。1956—1960年在潍坊市委办公室任副主任。1960年3月—1964年7月在昌潍地委办公室任秘书。1964年7月—1966年12月任潍坊市经济委员会副主任。1967年1月—1970年4月在“文化大革命”中受到迫害，下放“五七”干校劳动。1970年5月—1977年1月任潍坊市经济委员会副主任、主任。1977年2月—1980年3月任潍坊市革委会副主任。1980年4月—1984年2月任潍坊市委副书记、副市长。1984年3月—1986年5月任潍坊市政府副秘书长，市体改办主任、党组书记。1986年6月—1988年1月任潍坊市工业委员会主任、党工委书记。1988年1月—1992年12月任潍坊市人大常委会副主任，党组成员。

何凤池（1907—1992）　潍坊市坊子区车留庄镇东曹庄人。中共党员，1926年6月参加革命工作。曾赴苏联莫斯科东方劳动者共产主义大学学习军事。组织过安徽泗县农民暴动、石梁河农民武装起义、东曹庄起义。历任山东昌潍地区抗日武装大队大队长，昌潍独立团政委，中共昌潍县委书记、县长，胶济铁路工委书记兼工会筹委会主任，铁道部第五工程局党委书记兼政治部主任，铁道部党校副校长等职。

陈凤九（1911—1992）　又名孙乐千、刘新民，青州市今高柳镇东朱鹿村人。1925年参加中共地下工作。1927年加入中国共产主义青年团，任中共益北特别支部政治交通员，负责掩护、接送上级党组织的往来同志，转递上级党的文件。1933年，革命形势更加严峻，陈凤九被迫远走他乡，到大连当码头工人。抗日战争全面爆发后，陈凤九回到青州负责组建救亡团的工作。1938年1月，陈凤九组织了袭击日军汽车的战斗，参加胶济铁路杨家庄车站路段大破袭，进行了铲除汉奸首恶分子等活动，振奋了抗日士气。1942年，中共益东工委成立，陈凤九任中共益东工委书记。1945年，日军投降，陈凤九按照区党委的指示，组建胶济大队，又抽调部分精干队员，组建张店、淄东、青川、普通、铁山5个武装工作队。胶济大队从1945年8月组建到1947年12月升级主力部队，共进行大小战斗30余次。1945年，任中共渤海区三地委委员、城工部副部长，后任胶莱工委副书记兼胶济大队政委。1948年任中共渤海区委济南工委书记。中华人民共和国成立后，历任中共济南市委组织部副部长、省监委常委、副书记，济阳县委书记，中共山东省纪委顾问。

张安南（1907—1993）　昌乐县朱刘街道山坡村人。少时读过两年私塾，因家贫辍学，跟随父亲学习石雕手艺。能刻一手好字，各种人像、花草、飞禽、走兽无不刻得惟妙惟肖。1948年参加中国人民解放军，因有石刻技艺，被调至军直建筑队。1959年，参与雕刻人民大会堂大理石明柱上的盘龙和莲花底座、人民英雄纪念碑基座北侧的英雄群像，并为颐和园大门口雕刻一对巨大石狮。在京期间，受到周恩来总理的亲切接见。1972年退休。

李新源（1916—1993）　寿光市田柳镇南王里村人。1938年1月参加八路军，5月加入中国共产党。历任政治指导员、科长、团政委、师政委、军政治部主任，陆军第二十军副政委，国防科委政治部副主任，解放军军政大学政治部副主任，解放军政治学院政治部副主任等职。1955年授予大校军衔。

徐贞吉（1920—1993）　山东临沭县西泉

子埠村人。1941年参加革命工作，同年7月加入中国共产党。历任村长、村中共党支部委员，东海县羽西区公所调解助理、东海县政府情报站站长。解放战争时期，历任东海县政府民政股干事、股长、实业科副科长，东海县河南区区长、区委委员、武工队队长，华东建设大学一校、华东局中共党校学员，潍县三合区工作组组长、三合区宣传委员等职。曾荣立三等功，被授予银质人民功臣奖章。中华人民共和国成立后，历任中共安丘县赵戈区委副书记、平桥区委书记，潍安县副县长、中共潍安县委委员，安丘县县长、中共安丘县委书记、县委书记处书记。1959年9月调至临朐县工作，先后担任中共临朐县委第一书记、书记兼贫协主席；1970年调至益都县任职；1977—1978年，任中共昌潍地委常委、昌潍地区革委会副主任、昌潍行署副专员、地委副书记等职。1978年10月后，任中共济南市委副书记，济南市革委会副主任，济南市政府副市长、党组副书记。1983年4月任济南市第九届人大常委会副主任、党组副书记等职。1986年12月离职休养。

吕学勤（1936—1993）　临朐县冶源镇吕家楼村人。1953年高小毕业，1958年任县农业展览馆美术组长，1959年任山东省文联美术创作员、省美术馆年画部副主任。1960年，被省政府授予“先进工作者”称号，同年在全国文教群英会上被授予“全国先进工作者”称号。1962年，被吸收为全国美协会员。1978年，出席省第一届科学普及创作协会成立大会，当选为理事，系山东省美术馆一级美术师、山东画院高级画师、第三届中国美协理事。1980年，任全国美协山东分会副主席。是1949年后临朐县成就突出的美术家之一。

1953—1958年在家务农期间，勤奋好学，积极从事文艺活动，利用街头画廊做绘画宣传工作，并创作年画《老两口进京》等作品，被《大众日报》刊登发表，从而脱颖而出。经刻苦钻研，终于走上专业画家之路，被省文艺界誉为农民画家。吕学勤的国画，继承任伯年、徐悲鸿等艺术大师传统，在人物、山水、花卉及动物画中皆有探索和追求，逐步形成自己的特点和风格。著名画家于希宁说“吕学勤是很有成就的画家，他自学成才，是山东省木版年画的突出代表，同时，他又是很有成就的国画家和书法家，特别是在画马的研究上，以徐悲鸿先生的技法为蓝本，吸取汉唐造型之浑厚、丰满的特点，强调线的表现力，使笔下的宝马更加神骏而嘶嘶有生气，极有时代感染力，从而在继承和创新上形成鲜明的个人特点。”著名漫画家华君武说“全国的农民作者不计其数，但能坚持到底，自学成才，最具成就，最有影响，而一跃成为专业画家的，全国大概只有一个小吕子。”

四十个春秋，他创作年画、国画、插图等1800幅，有许多佳作给艺术家和人民群众留下深刻印象。其作品多次参加全国、全省大型展览，并在国内外报刊上发表，《雨后江山分外明》《春风得意图》等9幅出国展览，《科研小组》等6幅作品由中国美术馆收藏，《抢财神》获全国年画大展二等奖，《渔农丰收贡献大》被编入中国新文艺大系美术集，先后获山东省及国家8个大奖。《梅鹿鸣春》在日本第十二届国际美展获奖，《双马图》于1988年获汉城奥运会纪念美展金奖。

张　任（1905—1993）　安丘市兴安街道城里村人。少时就读于安丘县立第一小学、济南第一师范附属小学。1925年清华大学毕业，入该校留美预备班学习。1928年毕业于美国康奈尔大学，获土木工程师学位。1931年学成回国。历任清华大学教授、校务委员、水利系主任等职。当选北京市第一届至第五届人民代表大会代表，第五届、第六届北京市政协委员，第六届、第七届中央参议委员会委员。1952年加入中国民主同盟会，1959年加入中国共产党。从事教育工作多年，治学严谨，为国家培养出大批水利建设的优秀人才，对清华大学水利系的建设与发展做出突出贡献。主编《水利工程概论》《泄水隧道的水力计算》《高速水流掺气》等教材，合编《水力学》教科书，在水利工程学理论方面建树颇多。

曹普南（1919—1993）　潍坊市寒亭区高里街道桥西二村人。1934年1月，考入潍县中学学习。1937年夏，进入山东省益都第四师范读书。在校期间，接受进步思想，投身革命活动，积极参加和组织当地学生的爱国运动。“七七事变”后离校回乡，参加抗日救亡，积极发动群众、宣传抗日。1938年1月参加八路军，7月加入中国共产党。历任山东纵队第八支队第六十三中队政治教员、指导员、山东纵队第一支队一团三营教导员、鲁中军区四团政治处副主任兼党总支书记、鲁中军区四师十团政委。参加讨吴（吴化文）、讨王（王洪九）和智取临朐城战斗，随后转战鲁西南并参加解放蒙阴等战役。在担任团政治处副主任期间，指挥部队在墩台战斗中全歼日军一个中队，受到鲁中军区领导表彰。解放战争时期，任华东野战军第八纵队后勤部政治委员、第八纵队二十二师政治部主任等职。率部参加张店、周村、鲁南、蒙山、洛阳、开封、豫东及著名的莱芜、孟良崮等战役，并利用战斗间隙广泛发动群众开展减租减息、反恶霸斗争和大生产运动。在任二十六军七十二师政治委员期间，组织指挥部队参加淮海、渡江和解放上海等战役、战斗。

1950年11月，参加抗美援朝，任志愿军第二十六军政治部副主任，参加了第二、第四、第五次战役和平康、金化等地区的作战。1952年6月回国后，任第二十六军政治部主任，其间入解放军政治学院学习，于1959年毕业。1955年被授予大校军衔，获二级独立自由勋章、二级解放勋章。后任第二十六军副政委、内长山要塞区政委、济南军区政治部主任、福州军区政治部主任、政委。是中国共产党第九次全国代表大会代表。1985年南京、福州两大军区合并，退居二线。1988年获独立功勋荣誉章。

陈　先（1922—1993）　又名陈廷柱，诸城市城里人。1937年11月参加中华民族解放先锋队，1939年5月加入中国共产党。1937—1940年，在国民党五十七军六六七团三营做地下工作，任党支部委员。抗日战争时期，积极参加抗日救国活动，历任山东省青年抗日先锋总队副总队长，山东青年干部学校一队队长、科长，山东鲁中区青联鲁中青年抗日先锋队总队长，鲁中区党委民运部科长，《鲁中大众》总编等职。解放战争时期，先后任豫、皖苏区党委民运部科长，尉氏县委副书记，武装部、宣传部部长，豫、皖苏分局青年科长等职。

中华人民共和国成立后，任武汉市青联主席、团市委副书记，武汉市体育总会分会主席，中南文委党组成员，中南体育总会副主席兼秘书长，中南体委办公室主任兼中南团委军体部长。1954年调国家体委，先后任群体司司长、训练局党委书记兼局长，国家体委副主任、党组成员，并任中华全国体育总会副主席、中国奥委会副主席、中国乒乓球协会主席，亚洲奥林匹克理事会副主席，中国航空运动协会主席，中国体育建筑学会主席等职。是第六届全国政协委员。1989年，国际乒联授予陈先最高贡献金奖。

郭用籆（1914—1993） 潍坊市潍城区人。1936年毕业于山东大学数学系。他长期从事气象工作，历任空军工程学院气象系大气物理教研室主任、空军气象学院训练部研究员、教授，是中国人民解放军军事气象专家。1988年获胜利功勋荣誉章。

魏伯亭（1920—1993） 潍坊市寒亭区固堤街道人。1938年3月参加八路军，同年5月加入中国共产党。抗日战争时期，历任胶东八路军七支队特务队战士，鲁东游击队九大队三十八中队文化教员，山东纵队一支队三营九连支部书记、政治指导员、十二连政治指导员，山东纵队一旅一团三营分支书记、营特派员、政治教导员，山东鲁中军区三军分区一营代理政治委员等职。率部参加了五井、青驼寺、大柏山等战斗和征讨敌伪吴化文、厉文礼战役。解放战争时期，历任山东鲁中军区九师二十五团政治委员，华东野战军八纵二十三师六十七团政治委员、师政治部主任。率部参加了张店、周村、淄川、安丘、鲁南、莱芜、孟良崮、沙土集、菏泽、开封、洛阳、淮海、渡江、上海等战役。

中华人民共和国成立后，任二十六军七十七师副政治委员、政治委员。1950年参加抗美援朝，任中国人民志愿军师政治委员，率部参加了朝鲜二、四、五次战役、1951年阵地防御作战和朝鲜东海岸反登陆防御，获朝鲜民主主义人民共和国二级自由独立勋章。回国后，历任二十六军政治部副主任、主任、副政治委员、政治委员，中国人民解放军总政治部干部部长、总政治部副主任，成都军区副政治委员等职。在此期间，深入部队调查研究，总结经验，坚持政治工作原则，狠抓部队的思想政治建设，为提高部队政治素质做了许多卓有成效的工作。1955年获二级独立自由勋章、二级解放勋章。是中国共产党第九次全国代表大会代表。1983年2月离职休养。1988年获独立功勋荣誉章。

董翠云（1923—1993） 女，寿光市稻田镇崔西村人。1993年3月，为救出烈火中的两名儿童，用自己的身体护住她们而英勇牺牲。1995年8月，被山东省人民政府追认为革命烈士。

董树桐（1918—1994） 青州市何官镇北口埠村人。1939年4月参加八路军山东纵队，同年9月加入中国共产党，任鲁中军区二分区政治部秘书、股长。1945年8月，任山东纵队师政治部宣传科副科长。1946年7月，任山东纵队九师新兵团政治处主任。1947年1月，任山东第八纵队政治部秘书处长。1949年，任华东野战军第九兵团政治部秘书处长。1950年10月，任中国人民志愿军第九兵团政治部秘书处长。1953年，任华东军区政治部秘书处副处长。1955年5月，任华东军区政治部副秘书长。1956年8月，任福州军区政治部秘书长。1960年7月，任福州军区司令部局长。1971年，任福建生产建设兵团一师政委。1974年10月，任兵团副政委。1975年9月，任江西省军区副政委。1983年8月离休。

刘云鹏（1909—1994） 安丘市凌河镇宫家庄人，1959年迁至黄旗堡逄王新村。少年在家乡上小学、初中（教会学校），失学后进城当学徒工。1925年参加北伐军，先后任排长、连长、副营长等职，19岁任营长职务。1928年，与中共地下工作者接触后，毅然回乡成立地方武装组织，开展打土豪活动。1929年，中共组织派他到陕西宝鸡打入杨虎城部队做兵运工作。1931年5月，组织暴动失利，同年8月担任中共安丘县委书记。1943年，任胶东军区司令部作战科科长。其间，总结各地作战经验编写《地雷战术》教材，由军区印制成小册子发给所属部队和民兵基层干部，指导开展地雷战。1947年，任胶东军分区北海军分区副司令员，参加指挥反击国民党对胶东重点进攻的历次战役，并在掖沙战斗中身负重伤。1949年，任山东军区司令部参谋处长。1950年，改任山东军区司令部作战处处长。1951年，调任南京军事学院任职。1955年被授予大校军衔。1963年，任高等军事学院教学保证部部长。1964年，定为行政九级干部，8月离职休养。1984年享受副兵团职待遇。1988年获二级红星功勋荣誉章。

耿道明（1916—1994） 潍坊市寒亭区固堤街道东小官庄人。12岁入潍县文庙小学学习，15岁考入县立中学。18岁到上海当工人，其间接触和阅读进步报刊和革命文艺书籍，参加工人运动。1937年回到家乡，同年10月参加革命工作。同年12月，参加由中共鲁东工委书记鹿省三在潍北发动的抗日武装起义，任八路军鲁东抗日游击第七支队战士、分队长。1938年4月，随部队经掖县至黄县，和山东人民抗日救国军第三军及掖县三支队并肩战斗，创建了蓬（莱）黄（县）掖（县）抗日根据地。同年7月，随支队返回清河区，在广饶、长山、益都、临淄等地打击日伪军。1938年12月，随部队进入沂蒙山区，入鲁南抗日军政大学学习，任改编后的八路军山东纵队第一支队十二连指导员。1939年3月加入中国共产党。1939年底，任陇海南进支队政治部锄奸科副科长，参加宿迁打鲍圩子等战斗。1941年2月，任新四军第三师九旅政治部锄奸科科长，主要任务是除奸反特。1943年初，入淮北区党校学习，参加整风运动。其间，参加淮北33天反“扫荡”和山头子打韩德勤的战斗。

1945年9月，随部队挺进山东。同年10月，任新四军二师政治部保卫部副部长。11月，参加津浦路战役，在滕县（今山东省滕州市）界河消灭吴化文部4000余人。1946年10月，任山东野战军第二纵队政治部保卫部部长，南下参加淮北朝阳集战役。随后参加宿（迁）北、鲁南、莱芜、南麻、临朐等战役。1948年10月，任华东野战军三十五军组织部部长兼保卫部部长。11月，参加淮海战役。1949年2月，任第八兵团政治部保卫部部长。4月，参加渡江战役。5月，任华东野战军政治部保卫部副部长兼军法处副处长。1953年2月，参加抗美援朝，任中国人民志愿军第九兵团政治部保卫部部长，参加了金城反击战。1954年9月回国后，任华东军区政治一部保卫部部长。1955年5月，任南京军区政治部保卫部部长、南京军区军事法院院长。同年9月，被授予大校军衔。1957年6月，获二级独立自由勋章和二级解放勋章。1964年，晋升少将军衔。

1964年4月转业，历任中国人民银行政治部主任，财政部银行业务组副组长，中国人民保险公司总经理，中国银行副董事长，中国人民银行副行长、党组成员。1982年5月，改任顾问。主持制订货币印制、三线企业调整的发展规划，领导了中华人民共和国成立后首次制造、发行金银纪念币、纪念章工作，倡导对历史货币的收集、研究和整理。主持中国钱币学会的组织筹备，在1982年6月中国钱币学会第一届会员代表大会上被选为首任理事长，此后担任中国钱币学会第二届、第三届理事会顾问。1986年1月，离职休养。离休后十分关心教育事业，临终前嘱托去世后将全部抚恤金捐献给希望工程。

赵欣然（1917—1994） 寿光市田柳镇赵家村人。1938年8月参加八路军，1939年1月加入中国共产党。抗日战争时期，任八路军鲁东抗日游击队第八支队特务连战士、排长，山东纵队通信营连长，鲁中军区第二军分区十一团连长、军分区司令部参谋。解放战争时期，任东北辽南军区司令部副科长，辽南独立师第一团参谋长、副团长，第十三师三十七团团长，第四野战军四十二军团长。1947年，率部参加解放海城、鞍山、营口、大石桥等战斗。1948—1949年，参加辽沈战役、平津战役和解放河南安阳、渡江入（四）川解放巫山、开县、宣汉县等战斗。中华人民共和国成立后，任师参谋长。参加了抗美援朝第一至第五次战役，在抢占黄草岭战斗中，指挥部队抢先占领阵地，击溃敌三师。回国后，任广州军区某师师长。1957年入南京军事学院高级系学习，1960年毕业后，任师长、军副参谋长、参谋长。1967年，外派驻坦桑尼亚首席军事专家。1969年12月至1979年，先后任广西军区司令员、党委副书记，广西壮族自治区党委常委、自治区革委会副主任。1955年被授予上校军衔，1960年晋升大校军衔。获三级独立自由勋章、二级解放勋章、独立功勋荣誉章。是中共广西壮族自治区第三、第四次代表大会代表，广西壮族自治区第五届人民代表大会代表。1979年4月离休。

刘书琴（1909—1994） 字桐轩，青州市今高柳镇阳河村人。为中国几何函数论专家和数学教育家，是复分析在我国早期的传播者，也是几何函数论研究在国内的开拓者之一。1923年入山东潍县文华中学预科学习，半年后考入省立第十中学。1927年春，转入山东大学附属中学高三学习。1928年秋，考入北平师范大学数学系。大学毕业后，去青岛胶济铁路中学担任高中数学教员。其间兼任高中三年级班主任，翻译了两部外国教科书。1935年3月，东渡日本留学，考取日本仙台东北帝国大学数学系本科。回国后，于1938年担任北平师范大学教授。1944年后辗转来到西北大学。

中华人民共和国成立后，在“向科学进军”热潮的推动下，他在西北大学建立起中国几何函数论的研究基地。一方面组织数学分析教研室的中青年教师成立讨论班，学习苏联著名数学家戈鲁金的经典著作《复变函数几何理论》；另一方面在高年级毕业学生中开设单叶函数论专门化课程，指导学生撰写毕业论文。1957年，第三期《数学进展》发表了他的综合报告《西北大学数学分析教研组学生毕业论文关于单叶函数研究结果概述》。1958年，《科学与技术》又发表了他的综合报告《西北大学数学系复变函数小组1957年学生毕业论文简介》，两篇文章集中报道了西北大学学生在他指导下所取得的研究成果。

“文化大革命”期间，刘书琴的研究工作遭受了一场磨难。中共十一届三中全会后，他上书副总理方毅与省委领导，要求重新组建学术梯队。1981年恢复研究生制度以来，年过七旬的刘书琴连续招收了三届、培养了10多名硕士研究生。刘书琴和他领导的集体，在几何函数论领域取得了一系列重要研究成果，《亚纯星形函数族的研究》《函数族米勒猜测的证明》《近于凸函数查尔斯曼猜想的证明》《支撑点和极端点等问题的研究》等50多篇论文先后在美国、日本、印度、新加坡以及国内《数学学报》《科学通报》等著名刊物上发表，其中刘书琴个人论文20多篇，另外出版专著、译著和教材多部。

崔次丰（1916—1994） 原名崔乐亭，寿光市田柳镇崔家庄村人。1937年11月，参加八路军鲁东抗日游击队第八支队。1938年10月，加入中国共产党。1940年6月，任鲁中军区一团政治保卫股长。1944年11月，任鲁中军区政治部保卫科副科长、科长。1945年8月，任东北抗日民主联军第三纵队一支队政治委员。1946年1月，任东北抗日民主联军第四纵队十二师政治部主任、代政委，同年8月任第四纵队政治部组织部部长。1947年10月，任辽东分局社会部二科科长。1948年5月，任鞍山市公安局局长，同年11月任沈阳市公安局行政处处长。1951年3月，任沈阳市公安局副局长。1953年3月，任东北检察分署秘书长。1954年8月，任吉林省人民检察署检察长。1959年7月，任吉林省政府副省长。1964年1月，任吉林市市长。1972年6月，任长春市委书记。1980年4月，任吉林省政协副主席。1981年10月离休。

衣瑞伦（1919—1994）　临朐县冶源镇福山集村人。1939年7月参加革命，1940年8月加入中国共产党。在抗日战争和解放战争时期，先后任山东军区四师十一团排长、政治指导员，华东七纵队六十三团副营长、营长等职。参加过淮海、渡江、上海等战役。中华人民共和国成立后，先后任二十五军七十五师二二一团参谋长、副团长，二十五军教导大队队长，七十四师团长、副师长等职。在1953年抗美援朝夏季反击战役中，率团担任主要突击任务，在友邻部队配合下，全歼当面之敌伪首都师白虎团，为全线停战创造了条件。回国后，入南京军事学院学习。毕业后，任一九六师参谋长、副师长，六十六军副参谋长、副军长等职。1954年获朝鲜人民民主共和国勋章。1955年被授予中校军衔，1957年6月获三级独立自由勋章、三级解放勋章。1960年晋升为上校军衔。1972年5月，任北京军区后勤部部长。1979年对越自卫反击作战期间，组织了对轮训部队的后勤保障。1987年7月，任中国人民解放军后勤学院副政委。

冯相宜（1923—1994）　临朐县冶源镇石湾崖村人。1945年5月加入中国共产党，并参加革命工作。在抗日战争和解放战争时期，历任中共临朐县委宣传部干事，纸坊区委宣传委员兼任区团委书记，三地委干部学习班二中队指导员兼中共党支部书记，华东支前委员会政工队队员、副队长等职。1949年12月至1954年冬，任西南军管会、文管会机关指导员，西南军政委员会文教部人事科科员、副科长，西南文委、文化局人事科副科长、科长。1954年冬，到中共中央第七中级党校学习。1956年到西藏工作，历任西藏地方干校人事处副处长，青藏公路管理局生产处副处长，西藏工委工业交通工作部工业处副处长，西藏自治区经济计划委员会工业局副局长，中共西藏自治区工业地质局党委办公室主任，西藏自治区工业建筑地质局政治部副主任。1972年2月回临朐工作，任县革委生产指挥部核心小组成员，县革委副主任，县第八届人大常委会副主任。1983年8月离职休养，1984年1月经批准享受厅局级待遇。

马伏克（1917—1994）　又名马云汕，临朐县冶源镇李家营村人。1926年在本村小学读书，冶源高级小学毕业后分别在赵家楼、寺头西村、郭家亭子等地当教员。1937年10月，受革命志士影响，回村务农，参加农民革命活动，宣传组织进步青年参加革命工作。1938年9月，参加抗日干校学习，毕业后分配到八路军一支队卫生部任政治指导员。1939年8月—1945年9月，先后在临朐县一区办事处、益临淄青四县联合办事处、山东省五分区工商局工作，其间曾两次到省抗大分校就读。1945年10月，奉命调往东北，在黑龙江贸易局、粮食公司、百货公司从事领导工作。1955年赴吉林，任吉林省商业厅副厅长、厅长等职。1986年5月离休。

刘惠武（1950—1994）　昌乐县南郝乡龙旺村人。曾任潍坊市煤炭工业公司高级工程师。

1970年加入中国共产党。工作期间被评为山东省煤炭工业劳动模范。1994年1月6日，因抢救落水儿童而窒息，7月5日去世。省委组织部授予他山东省优秀共产党员称号，山东省人民政府批准其为革命烈士。

王文治（1914—1995） 曾用名王宇清、王化一、王从义，高密市密水街道南关人。1932年夏，中学尚未读完，报名参加了辽吉黑民众后援会。1938年4月到达延安，被编入抗大四期五大队。5月，加入中国共产党。1939年7月去冀中，在抗三团四大队任教员，后回太行山。1942年，到青岛以卖菜为掩护搜集战略情报。翌年3月迁北平，去冀东遵化第六团，先当勤务兵，后任上士文书。是年底，随部移驻乐亭县。1944年2月南下，到太康马头集第二集团军张岚峰部任服务员，后任上尉参谋。次年，任军部参谋处参谋、少校参谋。日本投降后，根据太行总部情报处的指示，继续做隐蔽工作。1946年7月身居虎穴4年后，回到了晋冀鲁豫军区所在地——邯郸，被分配到晋冀鲁豫野战军第六纵队司令部，先后任作战科长、侦察科长。翌年8月，改任该野战军训练科长。1948年华北军区成立，任军区司令部训练科长，后改任作战处副处长。

中华人民共和国成立后，任华北军区司令部军训处副处长。1950年12月，入南京军事学院学习。毕业后，留校任班主任。1952年6月，任该学院研究部编辑出版室主任。后历任该学院杂志社主任、研究部组织计划处处长、研究处处长。1961年7月调北京，参加中国工农红军第二十五军战史编写工作，并担任编委。1965年，调军事科学院外国军事研究部任编审室主任。“文化大革命”期间，先派作军管会工作，后进干校。1980年，落实政策后，先任军事科学院战史研究部研究员，后任该院战争理论研究部军职研究员。此间，曾被中央军委办公厅借调编纂《刘伯承传》，任编撰组党支部书记。1960年6月，晋升为大校军衔，1982年离职休养。1991年10月获独立功勋荣誉章。

王效禹（1914—1995） 曾用名赵尧卿，青州市高柳镇段村人。抗日战争爆发后，组织本村80多名爱国青年参加革命。1938年6月，加入中国共产党并参加革命工作，任益都县七区段村党支部书记、区委书记。1938年12月，任益都县委组织部部长。1939年8月，在山东分局党校学习。1940年3月，任渤海区委干部科科长。1940年12月，任临淄县委书记。1941年12月，任清河军分区副政委兼团政委。1943年6月，任博兴县委书记兼独立营政委。是年，日寇纠集2.6万余人进行扫荡，他率博兴县机关和独立营数百人突围，队伍仅剩6人。1944年，任清中地委书记兼清中军分区政委。此后，相继担任渤海军区警备第七旅第十四团政委、第十五团政委、齐东中心县委书记、渤海三地委书记兼第三军分区政委等职。1948年2月，任清河地委副书记、书记兼军分区政委。1950年3月，任山东分局检查处处长。1954年4月，任山东省人民检察院副检察长、党组副书记。1959年9月，任山东德州国棉一厂副厂长。1965年6月，任青岛市副市长。1967年5月—1969年11月，任山东省革委会主任，济南军区第一政委、党委第一书记（至1970年6月），兼山东省军区第一政委（至1970年10月）。1969年4—11月任中央军委委员。1969年6月，任山东省革委会党的核心小组组长。1979年2月被开除党籍。是中共第九届中央委员会委员。

王希坚（1918—1995） 诸城市相州镇相州七村人。其父王翔千是中共山东地方组织的早期领导人之一。王希坚幼年随其父在济南生活。1925年后随全家迁回诸城。1931年，考入在诸城刚建校的山东省立第十三中学，1934年毕业，考入山东省立第一师范学校。1937年，毕业回到诸城，任教于相州王氏私立小学。同年11月，在诸城加入中国共产党，并任新成立的相州支部委员。1938年2月，奔赴抗日前线，参加东北军五十七军一一二师六六七团万毅部，具体负责编印《火线下》油印小报工作。1940年9月，根据中共山东分局安排，与中共派入一一二师的其他人员全部撤回山东分局。1941年5月，调到五十七军独立旅（后改称八路军海陵独立团）任旅党支部委员、政治部宣传科科长。1943年8月，离开部队到地方工作，先后任中共山东分局干训班支部委员、中共海陵县委宣传部副部长、中共山东分局群委会干事等职。解放战争时期，任山东省农会委员、农会宣传部副部长等职，并担任《山东群众》《群众文化》等刊物的主编。其间，创作了大量反映解放区斗争生活的文学作品，如民歌集《翻身民歌》，长篇小说《地覆天翻记》《变工组》《雨过天晴》等，成为解放区文艺工作者的优秀代表。其中，1946年创作的《地覆天翻记》，为王希坚的成名作和代表作，也是中国文学史上著名的一部以减租减息为题材的长篇小说。1949年7月，王希坚出席全国第一次文代会，被选为第一届全国文协委员。

新中国成立初期，王希坚任新华书店山东总分店编辑部副主任。1950年，出席山东省政协第一届代表大会，当选为委员。1951年调省文学艺术界联合会，任驻会常委、党组成员、编创部部长等职。同年，作为中国作家代表团成员访问苏联，回国后发表了《苏联参观记鼓词》及以访苏题材为主的诗集《远方集》。1952年2—9月，参加中国作家赴朝鲜访问团，采写中国人民志愿军的英雄事迹，发表短篇小说集《前沿阵地》。1956年，任山东省文联代理副主席，主持省文联工作，并连续出席全国第二、第三次文代会，当选为理事。1957年被错划为“右派”。1959年摘掉“右派”帽子，重新回到省文联工作。1979年，得到平反，在6月召开的山东省第四次文代会上，重新当选为省文联副主席，并任省文联党组成员兼《山东文学》主编。10月，参加在北京召开的第四次全国文代会，并再次当选为理事。后连续当选省政协第四、第五届委员会委员，并任文化组组长。在繁忙的领导工作和办刊之余，王希坚先后创作了短篇小说《牛棚诗人》《牛棚棋手》《李有才之死》《亲人之间》《天上档案馆》和中篇小说《忧天》等。1990年离休后，仍担任中华诗词学会理事、山东省诗词学会副会长、《历山诗刊》主编等职务。

邵述衡（1970—1995）　昌邑市围子镇南寨村人。1990年7月毕业于潍坊市劳动局第二技校，11月分配到昌邑市新昌实业公司冷藏厂任制冷工。1995年6月12日凌晨2时40分，昌邑市新昌实业公司冷藏厂临时工张某寿，为泄私愤在2米高的氨罐平台上安放炸药包，蓄谋炸毁新昌实业公司冷藏厂。邵述衡抱起点燃的炸药包，冲出制冷机房6米后，瞬间炸药包爆炸，邵述衡当场牺牲。1995年6月20日，山东省人民政府批准邵述衡为革命烈士。6月27日，中共山东省委组织部追认邵述衡为中共党员；同年8月1日，潍坊市人民政府追授邵述衡为潍坊市劳动模范；9月8日，潍坊市委、市人大常委会追授邵述衡为潍坊人民功臣称号。11月8日，山东省人民政府、山东省军区授予邵述衡无私无畏的民兵英雄称号。

赵兴华（1918—1995）　原名赵世魁，临朐县冶源镇西赵家庄村人。1924—1934年，先后读过私塾、小学和县立高小。1937年，在县立师范学校学习。1938年，在县内寨子崮村任教员，后继任临朐县交通站站长、运委会常委等职。1939年8月加入中国共产党。1940年在抗大分校学习，9月负伤，在医院经一年多治疗后重返抗大学习。1943年10月，任沂蒙专署秘书处科长、沂南行署财政科副科长、科长，后进入鲁中区中共党校学习。1947—1951年，由安丘县财粮科长晋升安丘县县长。南下福建后，任福建输建委员会科长、古田工程处处长、副主任等职。1954年，任北京水电设计院办公室主任，1957年任副院长。1958年，任长春水电设计院副院长兼党委副书记。1962年，任东北勘测设计院副院长、副书记。1984年3月离职休养。

王文轩（1913—1996） 原名王传五，曾用名王试航，寿光市孙家集街道丰顺王村人。1933年加入中国共产党。先后担任中共济南乡师支部委员、中共济南市委宣传委员。1934年回乡领导学生运动，建立前王、城里等支部，任支部书记。其间，多次奔波于寿光、济南之间，为中共寿光县委的恢复建立做出贡献。抗日战争爆发后，发动党员、群众参军参战，是牛头镇抗日武装起义领导人之一。先后担任八路军鲁东抗日游击队第八支队军政委员会委员兼秘书、中队长兼指导员、大队政委，山东纵队一旅一团政委，鲁中军区党校副校长，一旅政治部主任。解放战争时期，任山东解放军第三师政治部主任，沂蒙军分区副政委兼政治部主任、地委副书记，八纵第二十二师政委，华东野战军政治部组织部部长，第三野战军政治部组织部部长。中华人民共和国成立后，历任军委总干部部军衔处处长，特种兵干部部副部长、部长，国防部第五研究院政治部主任、副政委等职。1955年被授予少将军衔，获二级独立自由勋章、一级解放勋章。1979年，当选中共中央纪律检查委员会委员。

陶 钝（1901—1996） 原名徐宝梯，字步云，诸城市昌城镇徐家河岔村人。少年时在家读私塾。1918年，考入诸城县城观海高等小学堂。1919年五四运动爆发后，陶钝成为学生中的积极分子，组织成立“反日会”并担任会长，带领学生罢课，游行示威，宣传新思想、新文化。1921年考入济南省立一中，在校期间，受王尽美、邓恩铭等人影响，开始接触马列主义，并积极参加革命活动。1925年夏，中学毕业后考入北京大学文预科。其间，自觉否定了“先读书、后救国”的思想，与李大钊、路友于等革命活动家相识，积极参与领导北京大学学生救国运动。1927年4月，路友于被封建军阀杀害后，陶钝不顾个人安危，以同乡身份出面协助路友于家属办理丧事。1931年5月，陶钝即将从北京大学毕业时，经徐子佩介绍加入中国共产党。毕业后先后到青岛女中、济南省立一师任教。“九一八”事变后，积极参加爱国救亡运动。1932年3月，在济南被国民党以“共党”罪逮捕入狱，判以“死刑缓议”。后经范明枢、路孟凡等人出面活动，改判为五年徒刑，于1935年提前释放出狱。1937年10月，日本侵略军兵临济南，陶钝携家眷回到诸城。在家乡，他组织抗日宣传队，自任队长，通过演讲、文艺演出等形式宣传抗日救国，与日伪军开展斗争。1939年，赴沂蒙山区，加盟李澄之、梁竹航和范明枢等人发起组织的鲁南民众总动员委员会。7月，与李澄之等人组建群众性抗日团体——鲁南国民抗敌协会。1942年冬，鲁南国民抗敌协会会部撤销，其机关的行政班底改为山东省文化界救国协会，陶钝担任秘书。毛泽东发表《在延安文艺座谈会上的讲话》后，他先后创作了长篇唱本《杨桂香鼓词》和短篇小说《马大娘探儿子》《上升》《黄犍》《女运粮》《麦黄杏》等，真实生动地反映了山东抗日根据地人民群众的斗争生活。1947年，山东解放区遭国民党军队重点进攻，山东党、政、军各后方机关紧急疏散，省文化界救国协会亦奉命向东北转移。年近半百的陶钝坚决留守，就地坚持斗争。

1949年7月，中华全国文学艺术工作者第一次代表大会在北平召开，陶钝被增补为山东文艺界代表。不久，他在第一届省文代会上当选为省曲艺改进协会主席。历任山东省文联研究部副部长、省文联副主席等，其间为推动山东鼓曲、曲艺改革和吕剧的发展做出巨大贡献。1955年1月调中国曲艺研究会工作，历任副秘书长、秘书长。1956年，任中国文联党组成员。1958年，在全国第一届曲艺工作者代表大会上当选为中国曲艺协会副主席兼秘书长。“文化大革命”期间受到迫害，粉碎“江青反革命集团”后得到平反。1978年，出任中国曲协恢复工作筹备组组长。同年，被选为第五届全国政协委员。1979年11月，在中国文学艺术工作者第四次代表大会上当选为中国文联副主席，在中国曲艺工作者第二次代表大会上当选为中国曲艺家协会主席。

1991年10月，陶钝被国务院授予“有突出贡献的专家”称号。1996年2月，中国文联晚霞文库出版了《陶钝文集》。

于镜清（1918—1996）　昌邑市人。1938年参加八路军。1939年加入中国共产党。曾任滨海军区第四武工队队长兼中共日东工委书记、中共安东县委书记、安东县县长等职。中华人民共和国成立后，历任中共辽阳县委书记，辽宁省人民委员会秘书长，辽宁省对外贸易局局长、进出口委员会主任兼外事办公室主任，辽宁省第五届政协副主席等职。

李福泽（1914—1996）　昌邑市下营镇火道村人。1935年考入上海复旦大学，后转入大厦大学。1936年，参加上海救国学生联合会。1937年9月，赴延安陕北公学学习，是年12月加入中国共产党。1937年11月，奉命回家乡组织抗日武装。抗战期间，先后任中共昌邑县委军事部部长、鲁东游击队参谋长、鲁南第一区队区队长、八路军山东纵队第八支队一团团长、第一旅一团团长、旅参谋长等职，为巩固和扩大鲁中抗日根据地，发展地方武装做出了重大贡献。解放战争时期，先后任鲁中军区第三师参谋长，警备旅旅长、东北四纵队十一旅旅长、纵队参谋长，安东军区副司令员等职，参与指挥了南满战役和塔山阻击战，后参加了平津战役、广西战役等。1950年参加抗美援朝，回国后相继担任中国人民解放军四十一军参谋长、副军长，中南军区司令部军训处处长、作战处处长，广州军区副参谋长兼作战处处长。1955年被授予少将军衔。1958年10月，任二十训练基地副司令员、代司令员。1970年4月，任国防科委副主任兼二十基地司令员等职。曾直接参与组织领导了导弹、导弹核武器、第一颗人造卫星的发射等重大试验。1974年受诬陷和迫害被非法关押，1980年5月中央军委为他平反恢复名誉，10月调任广州军区顾问。1981年5月离休。

许洪云（1919—1996）　原名许相平，临朐县冶源镇大新庄村人。1938年3月加入中国共产党，同年10月入伍。抗日战争时期，历任八路军山东纵队临朐独立团战士、司务长，四支队二大队政治指导员，一支队三营二连支部书记，益都县县大队副政治指导员，山东军区沂山分区十二团一营政治教导员等职。解放战争时期，历任山东军区鲁中军分区二十二师六十六团政治处副主任、主任，二十六军七十六师二二八团副政委、政委等职。率部参加了莱芜、孟良崮、沙土集、洛阳、开封、淮海、淞沪等重大战役。中华人民共和国成立后，历任志愿军二十六军七十六师二二八团政委，七十六师政治部主任、副政委兼政治部主任、政委，二十六军政委，济南军区政治部副主任，济南市委书记，济南军区政治部主任等职。1955年获中华人民共和国三级独立自由勋章、三级解放勋章。1984年6月离休。1988年获中国人民解放军独立功勋荣誉章。

李皋鸣（1922—1996） 寿光市田柳镇崔家庄村人。1938年2月，加入八路军鲁东抗日游击队第八支队，1939年2月加入中国共产党。先后在八路军八支队、八路军一支队、鲁中军区、解放军第二十六军、南京高级步校、南京军事学院、济南军区炮兵司令部等单位就职，历任战士、副指导员、团长、师政委、济南军区炮兵政治部主任（副军职）等职。先后参加了莱芜、淮海等战役及抗美援朝战争。1983年离休。

远 东（1926—1996） 临沂市莒南县人，1941年春参加革命工作，1941年10月加入中国共产党。1941—1942年，在滨海各救会工作队工作。1942—1943年，在莒南县大店区委工作。1943—1944年，在滨海区委党校学习。1944年春至1945年夏，任莒南县陡山区委青救会会长。1945—1946年在莒县县委民运部工作。1946—1948年，在华野二纵后勤处任宣传干事。1948—1949年，在昌乐县五图区委任宣传干事。1949—1950年，任昌潍团地委副部长。1950—1951年，任昌乐团县委书记、县委委员。1951—1952年，任共青团昌潍地工委组织部长。1952年7月—1953年10月，任羊角沟特区区委书记。1953年10月—1960年2月任昌邑县委书记。1960年2月—11月，任羊口盐场党委书记。1960年11月—1965年5月，任昌邑县委书记。1965年5月—1966年11月，任昌潍地委农村工作部部长。1971年5月—1972年9月，任昌潍地区农业局局长。1972年9月—1974年10月任昌潍地革委生产指挥部办公室主任。1974年10月—1975年11月，任潍坊柴油机厂党委书记。1975年11月—1978年2月，任昌潍地委秘书长。1978年2月—1980年4月，任昌潍地委副书记。1980年5月—1982年5月任昌潍地区行署专员、副书记。1982年5月—1986年5月，任临沂地区行署专员。1986年5月—1993年3月，任潍坊市政协主席。1993年离职休养。

刘振海（1973—1996） 寿光市洛城街道前尹村人。1993年入伍，被总站司令部选送至司训大队学习，结业后毅然要求到海拔3000多米的高原上守卫边疆。1996年1月加入中国共产党。1996年7月，新疆巴音布鲁克地区连降暴雨，山洪暴发，为抢救国家财产，多次跳入滚滚洪流，最后因体力不支牺牲。所在部队追记其三等功，批准为革命烈士，并作出决定号召全体官兵向他学习。

马家民（1963—1996） 临朐县东城街道北朱村人。1985年7月起任临朐县七贤粮管所会计，1986年底调县粮食局，1991年调淄博市财政局。1996年7月10日晚10时许，他到市财政局办公室给省财政厅回电话，正遇犯罪分子实施盗窃，他果断上前加以制止，赤手空拳与罪犯英勇搏斗，因失血过多壮烈牺牲。1997年8月5日山东省人民政府批准他为革命烈士，中共淄博市委1998年7月1日追认其为中共正式党员。

单效刚（1971—1996） 寿光市营里镇北单村人。1990年3月入伍。生前任海军37020部队479艇电工班长，海军一级军士长军衔。1996年7月5日，在随该艇执行任务时，因保护舰艇安全牺牲，被追认为革命烈士。

杜希乐（1974—1996） 高密市大牟家镇小杜家村人。1994年12月参加工作，生前为平日路柴沟收费站收费员。1996年9月29日，在工作岗位上为制止违章车辆牺牲。1997年4月29日，山东省人民政府批准他为革命烈士。

陈奎德（1958—1996） 昌邑市卜庄镇西下营村人。1980年2月，到昌邑航运公司工作，1994年2月调山东昌邑盐化（集团）有限公司集运站工作，任鲁昌海2号船船长。1996年12月7日晚22时，鲁昌海2号船在向大连运盐途中，突遭浪涌袭击。他为抢救国家财产，壮烈牺牲。1997年2月4日，山东省人民政府批准他为革命烈士。

王志亮（1957—1996） 诸城市贾悦镇大全官庄村人。生前系该村党支部书记。在担任党支部书记期间，工作认真，作风扎实，成绩显著，多次受到乡党委、政府的表彰奖励。1996年9月22日夜，大全官庄村突降暴雨，该村水库出现险情，王志亮带领村民抢险时，只身下水封堵水库涵洞，不幸被卷入漏水口壮烈牺牲。1996年12月20日，山东省人民政府批准其为革命烈士。

田翔千（1920—1997） 名裕翥，字翔千，潍城区人。1960年，受聘于潍坊工艺美术学校，主讲刺绣设计。他诗、书、画、印兼具，著有《蜗庐诗稿》；擅长金文、篆书；国画作品多有诗词题跋，尤喜画梅；篆刻以秦汉为宗，古朴庄重。1987年，“田翔千郝桂君夫妇艺术作品展”在北京中国美术馆开展。他是一位收藏家，所藏文物有古籍善本、名人字画、历代碑帖、名墨古砚、玉石印玺、红木嵌银等，尤以所收藏过的宋代“空谷流泉”古琴著称于世。精通音律，尤其嗜好古琴演奏，是中国古琴诸城派传承人王心葵的再传弟子。搜集民间古琴曲谱200余种并编辑成册，全部捐献给中央音乐学院古典音乐系。精通戏装设计，曾为京剧表演艺术家尚小云、毛世来等设计戏服。

田翔千为中国工艺美术学会会员，山东省美术家协会会员。1957年5月赴京出席全国工艺美术工作会议，被授予“全国民间老艺人”称号。主要著作有《古琴研究》《制琴要义》《花鸟写生集》《牡丹写生集》《工艺美术调查随笔》《蜗庐诗稿》等。

王可夫（1922—1997） 曾用名王可富，寿光市营里镇西浊北村人。1939年6月加入中国共产党。1937—1949年，历任村、乡儿童团和青年抗日救国会副会长，八路军寿光独立团五连通讯员，八路军一支队工作团新兵连班长、排长，八路军鲁中一支队一团宣传队分队长，鲁中军区一团武工队小队长，鲁中军区一团二营四连副政治指导员，山东纵队三师政治部保卫科干事，东北野战军三纵七师二十一团保卫股长，东北野战军四十军政治部保卫部干事，四十军一一八师政治部保卫科长等职。中华人民共和国成立后，历任志愿军四十军一一八师政治部保卫科长，志愿军四十军政治部保卫处长，四十军一一九师政治部主任，吉林省委财贸政治部副主任、吉林省生产指挥部财贸组长，吉林省政府办公厅副主任，吉林省政府副秘书长，吉林省政府办公厅顾问等职。立大功1次、三等功2次，获三级独立自由勋章、三级解放勋章和朝鲜解放勋章。1985年离休。

王金超（1920—1997） 临朐县东城街道孔村人。1939年参加革命工作。1939年在临沂大白山战斗中受伤失聪。1940年加入中国共产党。抗战期间，先后参加安丘高崖战斗、诸庄双庙战斗、邹县西新庄战斗和淄川县战斗，立大功1

次、小功2次。解放战争期间，参加过四平保卫战、海龙县石镇战斗、梅河口攻坚战和四保临江战役、辽沈战役、平津战役、渡江战役、解放海南岛等。历任班长、排长、团参谋长等职。1952年，参加抗美援朝，任一一八师作战处长，获朝鲜军功勋章。1953年起，先后任一一八师坦克团团长、三五二团团长、第一副师长兼参谋长。1960年起，任中国人民解放军军事电信工程学院五系副主任、四系主任兼党委书记，西北电讯工程学院副院长等职。

张少铭（1908—1997）　名应泰，字少铭，高密市醴泉街道人。青年时入日本东京工业大学，1936年毕业，获工学学士学位。又考取研究生，正当攻读之际，因卢沟桥抗战爆发而回国。抗日战争胜利后，为鲁豫晋区敌伪产业处技术专员，接收青岛茂昌冷藏公司、氧气厂等，并任啤酒公司技术股长，维新化工厂代理厂长。1948年去台湾建燃料工业厂，次年返回青岛维新化工厂。1949年，青岛解放前夕，他接受了共产党地下工作者的领导，为保护工厂的财产和工人的安全恪尽职守。

1955年11月，调化工部沈阳化工研究院任实验厂副厂长。1956年加入中国民主同盟。1957年11月2日，加入中国共产党。1958年10月，任该院总工办公室及院办公室主任。1959年，国家历史博物馆筹建时，他将所藏之西周召伯虎簋，西周都公务人簋盖，西汉石洛侯金印和石洛侯丞铜印、金山东路铜钞版珍贵文物捐献给国家。1960年4月任该院农药研究室主任。1970年，他又将729册古籍善本、29幅字画、65件铜器、1409枚古币、135方印章，21件玉器，无偿捐献给辽宁省图书馆和博物馆。70年代，曾经在棉花和其他农作物生产中起到很大作用的多菌灵，即是由张少铭和他的助手们所研制的。1978年，张少铭为该院总工程师、技术委员会委员、主任委员。是辽宁省第三届人大代表，全国第五届、第六届政协委员，中国植物保护学会第一届理事，中国化工学会农药专业学会第一届理事长，中国农药工业协会顾问。1984年中国科学大会授予他重大科研成果奖。

李　伟（1917—1997）　寿光市文家街道南马店村人。1938年1月参加威海起义入伍，同年6月加入中国共产党。抗日战争时期，任胶东军区海军支队政治处主任、副政治委员兼主任。解放战争时期，任东北民主联军牡丹江省军区政治部主任、一纵队三师政治部主任。参加四平、辽沈、平津、渡江、广西、滇南等战役及湘西剿匪。中华人民共和国成立后，任三十八军一一四师、中国人民志愿军一一四师、一一三师政治委员。参加抗美援朝战争，立二等功1次。1954年后，任总参谋部政治部主任、总参谋部防化部政治委员、总参谋部某部顾问。1955年被授予大校军衔。获二级独立自由勋章、二级解放勋章、独立功勋荣誉章，朝鲜民主主义人民共和国二级国旗勋章、二级自由独立勋章。1984年定为副兵团职离休。

张　钧（1919—1997）　寿光市侯镇北仉村人。1935年参加革命工作，1937年加入中国共产党。历任山西青年抗日决死队一总队政治教导员、太岳第四军分区政治部宣教科长、太岳豫北三支队济源独立团政委、晋冀鲁豫军区四纵队团政委、豫西南阳军分区政治部主任、第二野战军第四兵团师政治部主任、第十三集团军随营党校副政委等职。参加了同蒲、晋南、吕梁、豫北、豫西、淮海、渡江、两广等战役和解放大西南的作战。中华人民共和国成立后，历任第十三集团军三十九师政委兼云南普洱军分区政委、普洱地委书记，昆明军区公安军政委，昆明军区党委常委，云南省军区副政委等职。1958年9月任国防部第五研究院一分院政委。1961年晋升为少将军衔。领导战略导弹研制队伍的组建工作，组织完成1058导弹的仿制和中近程导弹的研制任务。1982年5月，任航天工业部部长、党组书记。其间，直接领导完成固体潜地火箭和东方红2号试验通信卫星的研制、发射试验任务，主持实现了第一代型号向第二代型号的更新换代。1995年11月离休。

张立德（1922—1997）　寿光市田柳镇崔家庄村人。1938年1月入伍，1939年11月加入中国共产党。1939—1949年，历任八路军山东纵队八支队战士、分队长，沂蒙支队连文化教员、副政治指导员、指导员，抗大第一分校学员、文工团团员，山东纵队青年学校区队长，山东滨海支队连指导员，山东莒北县、诸城县分区区委书记，胶东军区胶高支队副政治委员、指挥，胶东军区滨北分区司令部副科长、科长等职。1950—1952年，历任华东警备第五旅炮兵团副参谋长、步兵第一〇一师炮兵团参谋长、副团长，炮兵第十二师二十四团副团长、第一副团长兼参谋长等职。1952年赴朝鲜参战。1954年9月，入中国人民解放军军事学院炮兵系深造，1955年，被授予少校军衔，后晋升为上校。1960—1970年，历任炮八师副参谋长、参谋长、副师长、师长。1978年7月，任长山要塞区副参谋长。1982年，获独立功勋荣誉章、抗美援朝勋章。1988年离休，享受副军职待遇。

许乐夫（1922—1997）　原名许若父，临朐县冶源镇大新庄村人。1938年7月加入中国共产党，1939年1月参加临朐县自卫团。抗战时期，历任临朐县自卫团情报科长，抗大一分校政治队学员，苏北淮海军分区特务团二连指导员，独立一团组织干事，新四军三师十旅二十九团一营副教导员、政治教导员等职。先后参加了苏北陈桥、大伊山战斗和阜宁、高扬等战役。解放战争时期，历任东北二纵队五师独立团组织股股长，团政治处副主任、主任，第四野战军三十九军一一六师三四八团副政委等职。在东北战场上，先后参加了长春线阻击战、四平保卫战、三下江南战役和1947年夏季、秋季、冬季攻势以及义县战斗。在锦州战斗和四平保卫战中曾两次负伤。东北解放后，带伤随部队入关，进军大西南，参加了湖南衡宝战役和广西战役。中华人民共和国成立后，任第四野战军三十九军一一六师三四八团政委。后奉命率团直机关调到空军工作，历任空军第四混成旅十团副政委，空军第四师十团政委，空军第八师政治部副主任、主任、副政委，空军第二十师政委，空军第一军第二政委，沈阳军区空军副政委、政委，北京军区空军政委，空军副政委、空军副政委兼空军纪律检查委员会专职书记等职。1951年1月率部参加抗美援朝战争，任空二十师政委。1955年获中华人民共和国三级独立自由勋章、三级解放勋章。1988年9月，晋升中将军衔。

刘玉阶（1922—1997）　原名刘锦庭，临朐县九山镇北周家庄人。著名电影《渡江侦察记》中侦察连长的人物原型。1944年1月参加县大队，1946年2月加入中国共产党。入伍后历任临朐县大队通讯员，山东军区第四军分区武工队队员，第一军分区一团侦察连侦察员、副班长、情报站小站站长、排长，四十六师师部侦察连副连长，三十五军军部侦察连连长，海军警卫团一营机炮连、二营机炮连连长，吴淞混合炮二团二营六连、舟山海岸炮一团十连、十二团三连连长，海岸炮二十三营、十九营、二十四营副营长，浙江要塞区独立守备营营长等职，转业前系少校军衔，1964年转业到临朐县统计局任局长，1970年退休，1978年改为离休，享受副县级待遇。

刘玉阶在革命战争年代，曾先后参加过冶源战斗、博山战斗、济南战役、淮海战役、渡江战役以及金华剿匪等无数次战斗，8次立功受奖。1946年1月，在对张店南定城实施敌情侦察时，活捉2名俘虏，缴获长、短枪各1支，被评为全团侦察模范；济南战役期间，在侦察国民党守军七十三师敌情过程中，活捉该师通讯副官，并缴获战马一匹和作战计划及命令，记大功1次；渡江战役中，担任渡江先遣侦察连连长，带领全连集结武义镇、打下摩登桥，俘虏敌人32名，缴枪32支，继而攻克浦江镇，然后带领2个班争当渡江第一船，率先渡过长江，打入南京城。半月到达金华，接受剿匪任务，全连半年内俘虏匪首1人、土匪240人，缴获各种枪支112支（挺），获“老虎连”称号。中华人民共和国成立后，主要在浙江吴淞口、崇明岛、舟山群岛一带担任建设、守卫海防和练兵任务，其间立三等功2次。1952年美国军队在朝鲜及中国东北地区施放细菌，上级号召开展爱国卫生运动，该连获“全国丙等卫生模范连”称号，刘玉阶作为模范连代表出席北京全国群英会。

戴耀西（1928—1997）　江苏省赣榆县人，初中文化程度。1943年10月参加革命工作，1944年7月加入中国共产党。历任日照县芬岚区小学教师，胶河县委秘书处秘书，滨海地区卢山县委组织部统计干事，诸城县昌城区委副书记，滨北地委秘书处秘书，胶河县委宣传部部长、县委副书记，诸城县委副书记，即东县委书记，胶南县委代理第一书记、第一书记，昌潍专署计委副主任，地革委物资局局长，昌潍地区计委主任、党组书记、行署党组成员，潍坊市计委主任、党组书记等职。1986年5月—1993年3月任潍坊市人大常委会副主任。省委组织部1993年12月30日批准其离休，1995年6月离休。

孙海兰（1920—1997）　曾用名孙海澜，临朐县冶源镇孙家小崔村人。1936年6月加入中国共产党。历任中共临朐县孙家小崔村支部书记，八路军临朐独立团政治指导员，鲁中军区后方医院所长，鲁中军医卫生队队长，皖北军区直属医院、人民医院院长，安徽省卫生厅办公室主任，合肥市卫生局局长，合肥市委宣传部部长，市科委副主任，市革命委员会人保组副组长、办事组副组长，市委统战部副部长，市委组织部副部长、部长等职。1980年1月任合肥市人大常委会副主任兼秘书长、党组副书记。1985年离休。

林绍礼（1943—1997）　临朐县东城街道林家庄村人。1967年唐山铁道学院机械系内燃机车专业毕业参加工作，1974年12月加入中国共产党。1968年分配到北京铁路局内燃机务段工作，历任检修车间配件调度员、实习技术员、架修领工员、车间副主任。1979年1月调铁道部计统局工作，历任局办公室工程师、副主任、副处长、高级工程师、计划司综合处处长、副司长等职。1994年5月任铁道部计划司副司长，同时兼任国家机械工业规划审议委员会委员、全国铁路工业普查办公室主任等多项行政职务，并兼任计划司中共支部组织委员。1997年5月16日乘车赴怀柔参加会议途中，突发车祸，经抢救无效，因公殉职。

王叔铭（1905—1998）　名勋，字铭，号叔铭，诸城市相州镇城阳村人。1924年考入黄埔军校第一期。年底毕业，分配到中国航空传习所学习飞行驾驶技术。1925年结业，被选派赴苏联深造，入该国第二航空学校学习。1927年在苏联第二航空学校结业，又先后在苏联航空指挥学院、航空高级参谋学院等校继续深造。1931年驾机回国，到达东北上空后，因燃料告罄，被迫降落沈阳机场，遭张学良扣押审查。“九一八”事变后，王叔铭回到老家，后经王立哉、丁惟汾竭力保荐，得以到杭州笕桥中央航空学校参加考试，笔试成绩为“优”，空中拖靶实弹射击、俯冲垂直投弹命中率均达百分之百，尤其翻滚和高空俯冲表演更为出色，得到一致好评，经过一个阶段培训后，任命为该校飞行教官。

1933年，王叔铭因在执行任务中表现突出，得到蒋介石赏识，被任命为空军轰炸第二大队大队长，不久升为洛阳航空分校主任。1936年“西安事变”发生后，王叔铭因拒绝执行何应钦关于轰炸西安，讨伐张、杨的命令，得到蒋介石的信任。“七七”事变后，国民党中央成立中国航空委员会，王叔铭任副主任兼参谋长。后来中美组成空军联合抗日大队，在中国和东南亚战场抗击日寇空袭，王叔铭任副大队长。他率机队与日本空军作战，勇往直前，屡次获胜，故有“王老虎”之称。1946年6月，任国民党空军总司令部少将副总司令。解放战争时期，他顽固坚持反共立场，与人民为敌。

1949年初，王叔铭随蒋介石去台湾，任台湾当局“空军总司令部”副总司令兼参谋长。1950年4月，兼任台湾防务部门防空司令部司令。1951年晋升中将。1952年3月，升任台湾当局空军上将总司令。1953年10月，晋升空军二级上将。1957年6月，升任台湾防务部门参谋总长。1958年12月，晋升空军一级上将。1959年7月，调任台湾当局领导人办公室战略顾问委员会副主任委员。1962年2月，任台湾当局驻联合国安理会军事参谋团“中国代表团”首席代表兼空军代表。1972年5月，任台湾当局驻约旦王国“大使”。1975年7月，改任台湾当局领导人办公室战略顾问。

陈耿荣（1917—1998）　台湾省台中市人。中共党员。1940年毕业于台北帝国大学医学部，先后任潍县县立医院、天和医院院长，昌潍医学院副院长等职。1959年出席全国“群英会”，受到毛泽东、周恩来等中央领导的接见。陈耿荣技术精湛，对妇科、胸外科、脑外科、小儿科、泌尿外科、麻醉、放射、耳鼻咽喉科等方面均有较高造诣，培养了众多医疗骨干。独创“降温疗法”抢救热射病患者。

张文欣（1923—1998）　又名懋均、米纳，诸城枳沟镇普庆村人。1936年，年仅13岁的张文欣离家参加革命，被山东地下党派往东北军五十七军一一二师六六七团工作。抗日战争全面爆发后，他先后被调到新四军四支队、五支队、江北指挥部、二师师部等任参谋，兼搞测量及美术、木刻等文艺宣传工作。其间，参加了有名的“半塔集”保卫战。1938年加入中国共产党。

张文欣除参加行军打仗外，发挥自己雕刻治印方面的特长，为部队刻图章和关防大印，制作敌占区通行证、假证明、钢印等，并负责为解放区雕刻钞票和邮票模板。1939年，新四军第五支队成立，根据司令员罗炳辉的命令，张文欣在三天时间内，用萝卜和咸豆腐干雕刻出十五枚逼真的纵队关防大印。当带有新四军关防大印的安民告示张贴出去后，敌人胆战心惊，新四军出奇制胜，缴获了大量武器弹药。1942年，为加强对敌金融斗争，张文欣服从组织安排，来到淮南解放区政府，任淮南抗日民主根据地银行钞票模板和邮票模板特技主任，负责钞票和邮票的设计和模板雕刻。在条件十分艰苦的情况下，他设计、刻制了淮南银行十元钞票版、淮南解放区发行的“五角星图”和带有“平、机、快”字样的邮票。张文欣的绘画作品大部分发表在《抗敌画报》《淮南日报》《淮南大众》等报刊上。影响较大的作品，有大型油画《劳动模范荣归图》，木刻版画《王老五参军》《支援前线》《春耕图》，国画《鹰》《大江东下》《西岳峥嵘》等。其作品有的已收进《新四军纪念馆藏书画选》和《老战士书画展》，有的则被收藏在革命军事博物馆。

抗战胜利后，张文欣调任《东北日报》《东北画报》编辑，后任哈尔滨中苏友好协会秘书长。中华人民共和国成立后，任东北鲁迅文学院美术部副教授。1958年被划为“右派”入狱。粉碎“江青反革命集团”后，他初步得到自由。1983年5月，中共中央组织部为张文欣落实政策，任命其为中国建材研究院副院长、技术顾问和高级工程师。调入中国建材研究院后，1985年他主持研制大型陶瓷饰面板，通过部级鉴定并获国家专利。张文欣先后完成聚四氯乙烯辊压头成型设备、非金属地雷和水雷、高空发电、漂浮发电、扑翼飞机、无机合成艺术大理石和花岗岩、轻质高强墙体材料等21个科研项目，均研制成功并投产使用；待开发使用的科研成果尚有17项；已列入计划的研究项目有200多项。张文欣为中国建材、陶瓷、国防工业的发展做出了重要贡献。

钟华德（1933—1998）　广东省广州市人，1933年4月出生，1960年8月参加工作，大学文化程度。1960年8月—1964年10月，任昌潍农业专科学校助教。1964年10月—1980年10月，任寿光县园艺场技术员、技师。1980年10月—1983年10月，任寿光县园艺场农艺师。1980年1月—1983年10月，任寿光县政协副主席。1981年1月—1983年10月，任寿光县侨联主席。1983年10月—1986年5月，任潍坊市人民政府副市长。1986年5月—1994年11月，任潍坊市政协副主席。1994年11月—1998年2月，任潍坊市政协副主席、市侨联主席。是政协山东省第六届、七届委员会常委。

卢星文（1923—1998）　胶南县人，初中文化程度。1941年7月参加革命工作，同年7月加入中国共产党。历任村小学地下党支部书记、教员，村党支部书记，诸胶办事处风台区委办事员，藏马县台北区委宣传干事，诸城县城东区委宣传委员，滨北地委工作组组员，胶河县台西区委副书记、书记，滨北地委办公室秘书，五莲县委委员、组织部部长，县委副书记兼监委会书记，县委书记兼县武装部政委，寿光县委书记兼县武装部政委、县革委会主任，昌潍地委常委、宣传部部长等职。1984年2月—1986年5月，任潍坊市人大常委会副主任。1986年5月离职休养。

肖　云（1918—1998）　原名马松亭，临朐县东城街道朱位村人。1937年8月参加革命，1941年4月加入中国共产党。1937年8月—1938年7月，任鲁西北范筑先部上尉工作员，中共中央吴堡青训班学员、俱乐部主任，由中青委分配去国民党四十七师任下士工作员。1938年8月—1939年5月，在延安抗大二分校学习。1939年6月—1943年5月，任八路军一二〇师三五九旅干事、队长、工作团主任、军需科副科长、科长、民运科长。1943年6月—1944年5月，任延安五省联防司令部整风队会计、协理员。1944年6月—1945年8月，任陕甘宁边区关中分区保一旅军需科长。1945年9月—1948年5月，任冀鲁豫区五专区民政科副科长、科长，战勤司令部动员部部长，第三野战军八纵办事处主任。1948年6月—1950年3月，任聊城县（筑先县）副县长、代县长。1950年4月到中共平原省委党校学习，后到省委研究室工作。1953年，任中纺部机械局技术计划处副处长、处长。1958年，任上海市提篮桥区教育局局长。1960年4月—1965年，任上海国棉二十二厂厂长。1977年—1979年1月，任上海市纺织局教卫处处长。1979年2月—1983年11月，任上海市标准计量管理局副局长。1983年12月离休。

陈小波（1919—1998）　原名宏绪，笔名贾驰，潍坊市潍城区人。在潍县县立中学学习期间，与同学组织“浮烟文艺社”，在潍县《鲁东日报》开辟《夷语》文艺周刊，负责编辑工作。1937年初中毕业，与三弟丕绪同赴西安投奔其伯父。1938年，到第二战区民族革命通讯社总社担任记者，采写了《祖国西北的大动脉》《李公朴在西线》《访梁漱溟》等影响较大的新闻通讯，出版《从战斗中壮大的晋冀鲁边区》单行本。1942年，担任西安力行新闻社采访主任，后又担任《民言报》采访主任、中央社西安分社记者、《大华晚报》副刊主编等。西安解放后，应邀任《经济日报》采访主任，后任副总编。1953年始，先后任《西安日报》工交组、财贸组、基建组、文艺组组长。“文化大革命”期间，下放到山区插队劳动。《西安日报》社为他平反后，主持文艺部工作。1983年，担任《中国历史文化名城·西安卷》编委。

岳福勇（1978—1998）　高密市姚哥庄镇西姚哥庄村人。1996年12月，参加中国人民解放军，在空军武汉基地某高炮团服役，上等兵军衔。1997年6月受到所在部队嘉奖，1997年被评为优秀士兵。1998年8月1日，在湖北省嘉鱼县簰洲湾长江大堤抗洪抢险中牺牲。8月16日，空军武汉基地政治部批准他为革命烈士，追认为中共党员，并追记一等功。

潘振刚（1984—1998）　昌乐县红河镇潘家埠村人。1998年6月20日中午，读红河镇马家庄子小学四年级的潘振刚与朱德举等7名同学一起，到马家庄子村东河滩林中乘凉。朱德举在河边洗澡时，不小心掉入水深2米多的沙坑。危急关头，潘振刚跳入水中，将朱德举顶出水坑，自己由于精疲力竭，没有爬上沙岸，献出年仅14岁的生命。中共昌乐县委宣传部、县教委和团县委向全县发出向潘振刚学习的号召。2000年9月21日，省政府批准潘振刚为革命烈士。

李梦夫（1920—1999）　原名石好文，曾用名李孟符，青州市何官镇吕村郇村人。1939年加入中国共产党，先后担任益都十二区青年干事，清东地委巡视团团长，寿光县委宣传部部长兼青年部部长，广北县委宣传部部长兼统战部部长，广（饶）博（兴）蒲（台）三县边区工委副书记兼广九区委书记，广饶县委宣传部部长兼县政府教育科科长，清河地委宣传科科长，长山县委副书记、书记等职务。中华人民共和国成立后，李梦夫历任中财委财经党委办公室副主任，中央人事部第三局办公室副主任、第一局干部调配科科长，国务院外国专家局副局长，国务院机关事务管理局副局长，国务院秘书厅副主任，国务院机关事务管理局党的核心小组组长、革委会主任、党组书记、局长等职务。是第五届全国人大代表。

董泉才（1946—1999）　寿光市人。1966年3月加入中国共产党。1964年11月，任“四清”工作队队员。1966年8月—1968年11月，任寿光团县委少儿部副部长。1968年11月—1970年2月，在本村任小学教员。1970年2—11月，任寿光县马店公社铁木厂厂长。1970年11月—1971年3月，任寿光县革委群工科干事。1971年3月—1975年8月，任寿光县委常委（1974年10月任寿光团县委书记）。1975年8月—1984年2月，任潍坊团地委副书记。1984年2月—1990年10月，任潍坊市民政局副局长、党组成员。1990年10月—1995年2月，任潍坊市民政局局长、党组书记。1995年2月—1998年2月，任中共昌乐县委书记。1998年2月，任潍坊市人大常委会副主任。是共青团全国第十一次代表大会代表，共青团山东省第七次代表大会代表。

范公兴（1921—1999）　昌邑市人，1941年7月参加革命工作，1942年6月加入中国共产党。1941年7—10月，在昌邑县特务连任战士。1941年11月—1943年8月，在昌邑县公安局任通信员。1943年9月—1946年8月，在昌邑县第四区任公安员。1946年9月—1949年10月，在昌邑县公安局治安股任股长。1949年11月—1950年8月，在西海地区公安局二科任科长。1950年9月—1953年1月，在昌南县公安局任局长。1953年2月—1954年12月，任益都县公安局局长。1955年1—8月，任益都县人民政府县长。1955年9月—1957年2月，在昌潍地区干部文化补习学校学习。1957年3月—1964年10月，任安丘县委副书记。1964年11月—1967年1月，任安丘县委书记。1967年2月—1969年3月，在安丘县参加“文化大革命”，被批斗。1969年4月—1973年11月，任安丘县生产指挥部负责人。1973年12月—1975年5月，任昌乐县委副书记。1975年5月—1978年6月，任昌乐县委书记。1978年7月—1984年2月，任昌潍地区行署副专员。1984年2月—1986年5月，任潍坊市政协副主席。1986年6月离职休养。

李惠信（1933—1999）　文登市人，山东大学物理系毕业，研究生学历。1959年9月参加工作，1979年1月加入中国共产党。1959年9月—1960年2月，任山东大学教师。1960年2月—1962年9月，为山东大学研究生。1962年9月—1969年9月，任山东大学教师。从事高能物理及宇宙射线的研究和教学工作，在《科学通报》及其外文版等刊物发表论文十几篇；1969年9月—1979年6月，任潍坊二中、昌潍师专教师。1979年6月—1980年8月，任昌潍师专物理系副主任、副教授。1980年8月—1983年10月，任昌潍师专副校长、副教授，在昌潍师专期间主编了30多万字的《原子物理学和原子核物理学》一书，成果编入《山东省高级科技人员名录》。1983年10月—1993年3月，任潍坊市副市长。1993年3月—1996年3月，任潍坊市人大常委会副主任、党组副书记，教科文卫委主任，并被潍坊高等专科学校聘为兼职教授。1996年4月退休。

刘怀盛（1934—1999）　昌乐县人。中共党员。1958年在羊口盐场参加工作，勤劳朴实，富于实干，惜盐如金，五年时间，为国家扫盐120吨。爱护设备、修旧利废，节约开支。个人生活艰苦朴素，经常帮助困难同志，30年时间援助了70多人。每逢年节，主动留在场里值班，让其他同志回家过节。1975年，被盐场命名为铁人式好盐工。同年，被山东省一轻局评为全省盐业战线标兵。1978年，出席全国轻工业学大庆会议。1979年，被国务院授予全国劳动模范称号。1982年，被山东省人民政府授予山东省劳动模范称号。

高文然（1908—1999）　曾用名高云霄，

昌乐县乔官镇高家阳阜村人。1937年10月，参与发动、组建山东省第八区抗日别动队第十七大队，1938年1月任中队长。1938年2月，参加八路军鲁东抗日游击队第七支队第二大队，任中队长，4月加入中国共产党，12月随部队合编于山东纵队，任八支队十一大队大队长。1940年3月，任山东鲁中军区一团二营营长。1940年10月，调任山东纵队一旅一团参谋长。1945年8月，任山东鲁中军区四师十团团长。1948年7月，任第三野战军二十六军七十六师师长。1949年11月，任鲁中军区副参谋长。参加的重要战役有鲁南战役、莱芜战役、孟良崮战役、开封战役、淮海战役、渡江战役、上海战役。1951年8月，任鲁中军区参谋长。1964年，任海军军械学校校长。1966年"文化大革命"开始后遭受残酷迫害，中共十一届三中全会后予以彻底平反。1980年，中央军委批准定为正军级。1955年获一级解放勋章、二级独立自由勋章，1988年获独立功勋荣誉章。

孙寅东（1911—1999） 寿光市孙家集街道前王村人。1937年参加八路军鲁东抗日游击队第八支队，1938年2月加入中国共产党。历任八支队组织部干事、指导员、营副教导员，山东纵队鲁中军区一团二营教导员、七团政治处主任。解放战争时期，历任辽东军区三纵队七师十九团副政治委员、政治委员，四十军政治部职工部副部长、部长。中华人民共和国成立后，参加抗美援朝作战，历任中国人民志愿军四十军后勤部政治委员、干部部部长等职。1953年10月，被授予中华人民共和国自由独立二级勋章。1955年，被授予大校军衔。1956年12月，任吉林省军区干部部部长、政治部主任、副政治委员。1957年6月，被授予中华人民共和国二级独立自由勋章、二级解放勋章。1968年，任新疆军区生产建设兵团副政治委员（正军职），中共新疆自治区委常委。1973年后，任吉林省军区副政治委员、顾问组组长，吉林省人大常务委员会常委，吉林省政协委员等职。1988年7月，被中国人民解放军总政治部授予中华人民共和国独立功勋荣誉章。

耿学文（1919—1999） 寿光市侯镇挑沟村人。1938年5月参加八路军鲁东游击第八支队，1939年9月加入中国共产党。1940年入抗大一分校学习，后任山东纵队青年团连政治指导员。1942年5月，协助赵寄舟组建昌潍独立团。抗日战争胜利后，先后任华东野战军第六纵队第五十团政治教导员、参谋长、副团长、警卫团团长，1950年，任二十八军二四六团团长。1951年4月，任中国人民志愿军第六十六军五八九团团长。1952年调南京军事学院学习，毕业后留院从事军事理论研究工作，历任科研处处长、参谋系副主任。1965年6月，任中国人民军事博物馆副馆长。1978年4月，调任河北省军区副司令员。1960年，被授予大校军衔，获中华人民共和国三级独立自由勋章。1988年，获独立功勋荣誉章。离休后，参加红四方面军战史编修工作，任战史办公室副主任。

谭金昌（1946—1999） 临朐县城关街道傅家峪村人。1966年7月参加工作，先后在鹿皋公社小学、杨善联中、大关中学、辛寨中学等学校任教师、教导副主任、副校长等职务。1984年5月，任县职工教育办公室主任。1987年8月，任县第二职业高级中学校长。1988年10月，任县教育局副局长。1989年10月，任县教育委员会副主任、党委委员。1993年3月，任临朐一中校长、总支副书记。1993年8月，任临朐一中校长、总支书记。30多年间，多次被评为先进工作者，曾获"山东省先进教育工作者"和"山东省农村科普教育先进工作者”称号。1993年9月，被国家教委、人事部授予“全国优秀教师”称号。

郭荣照（1972—1999）　昌乐县鄌郚镇师家沟村人。1992年参军，在部队曾多次受到嘉奖。退伍回村后任村基干民兵排排长兼电工。1999年4月28日深夜，郭荣照带领民兵执行任务时，发现两名可疑分子，在进行盘查时，因可疑分子逃跑而发生搏斗。搏斗中，郭荣照被其中一人用刀刺伤，因伤势过重牺牲。郭荣照牺牲后，中共昌乐县委、县政府授予他社会治安见义勇为英雄称号，山东省人民政府在2000年5月17日批准他为革命烈士。中共中央宣传部、公安部和中华见义勇为基金会追授他为全国见义勇为先进分子。

王圣元（1939—1999）　高密市朝阳街道西王家苓芝人。曲阜师范学院专科毕业，山东省特级教师、中学高级教师。1961年9月—1976年3月，在青岛五中任教。1976年4月—1979年3月，在高密师范任教。1979年4月—1992年7月，任高密二中校长兼书记。1987年4月获山东省富民兴鲁劳动奖章，1989年获全国教育系统劳动模范称号。1992年8月—1995年7月，任高密一中校长。

张瑞丰（1908—1999）　名延年，字瑞丰，安丘市金冢子镇后金堆村人。出生于中医外科世家，9岁入私塾，12岁随祖父学医，熟读中医四大经典，涉猎历代名医著述。1926年起，先后在家乡及吉林省汪清县等地行医，一时名闻遐迩。1956年在山东省中医研究班学习，1957年结业后在山东省立中医院工作。1964年回故里行医。1982年晋升为主任医师，1986年任安丘县中医院名誉院长。他继承家传外科经验，并重点研究骨瘤、骨结核、骨髓炎、颈淋巴结核等大病、疑难症的中医药治疗，造诣颇深。发表论文《脱疸的辨证论治》《中医治疗骨瘤》《银屑病的分型治疗》《中医治疗骨结核》等。此外还整理撰写《外科秘录》《内科秘录》《儿科秘录》及《妇科》等医学资料13卷。1983年获全国卫生先进工作者、山东省劳动模范称号。

崔梦坡（1910—2000）　寿光市田柳镇崔家庄村人。1926年，在双凤小学读书，经同学介绍加入共产主义青年团。1937年12月，任第十八集团军第八支队十二中队指导员。1938年5月，加入中国共产党，任3支队10团指导员。1939年2月，任鲁南边联办事处军事股长。1941年，任鲁南第2军分区2科科长。解放战争时期，历任鲁南军区特务团副团长，华东后备兵团二师六团团长，先后参加孟良崮、抱犊崮、莱芜、济南等战役。1948年，任华东特纵重炮团团长，参加了淮海、渡江、解放南京和上海战役。中华人民共和国成立后，先后任华东炮兵后勤部副部长、军委炮兵管理处处长、宣化炮兵学院院务部副部长、军委炮兵后勤部副部长等职。1963年，组织参与编写解放军炮兵第一部《地面炮兵后方勤务教程》和《陆军高射炮兵后方勤务教程》。1976年，任军委炮兵后勤部顾问。1980年9月离休，正军职。立四等功1次、三等功1次。

刘连仁（1912—2000）　高密市井沟镇草泊村人。农民，中共党员。1944年10月13日，刘连仁下地干活收工回家尚未吃午饭，被高密伪军二团抓走，后辗转数日，与被抓的800多名老乡一起，经青岛运去日本，送往北海道明治矿业公司昭和矿业所挖煤。在昭和矿业所，刘连仁遭受地狱般的非人折磨。次年9月的一个夜晚，他终于由厕所的坑道里逃出魔窟。在山中，他遇到了也是刚逃出的4个难友老乡。他们食野果、喝山水、睡山洞，靠着强烈的回乡欲望与饥饿、寒冷、病魔抗争。在经过日本人多次搜山、缉拿后，其他4名难友相继被抓，到1946年春天，只剩下刘连仁一人在山中过着孤独的野人生活。直到1958年2月8日，一个叫裤田清治的日本猎人，发现了刘连仁居住的洞穴。刘连仁被警方搜去。自此，刘连仁结束了13年地狱般的非人生活。4月15日，刘连仁回到了祖国。在天津，他受到祖国各界代表的热烈欢迎。刘连仁回国后，在家中受到各级政府的关怀，身心恢复很快，先后被选定为公社党委委员、村主任，当选过高密县政协委员、人大代表和潍坊市人大代表。

李振远（1914—2000）　曾用名李惠之、李常春，寿光市田柳镇李家宋村人。1933年3月参加革命工作，1934年3月加入中国共产党。参与组建东北安东抗日义勇军，后任安东人民革命军事委员会主席。1937年抵达延安后，先后任中央党校军事教员、自卫军大队长。1938—1949年，先后在兰州、平津、东北、上海情报站任副站长、站长。1949年9月起，先后在中央情报部、军委情报部、军委联络部任处长。1955年，任云南省委调查部部长、省委统战部副部长、省委候补委员。1962年，任中央调查部局长。1979年后，任中央调查部局长、部务会会议成员（副部级）。1982年12月离休。

纪　刚（1922—2000）　寿光市化龙镇板桥村人。1939年7月加入中国共产党，1940年2月入伍。抗日战争时期，历任青年中队指导员、独立团指导员等职。解放战争时期，历任副教导员、教导员、营长等职。1950年，任四十三军一二八师三八三团参谋长、团长。1953—1961年任一二八师副参谋长、副师长、师长。1955年获三级独立自由勋章、二级解放勋章。1962年，在高等军事学院学习。1965年，任榆林要塞区副司令员。1969年，任海南军区副司令员。1978年，任广州军区工程兵主任。1984年离休，享受正军职待遇。1988年获独立功勋荣誉章。

王汝浩（1926—2000）　临朐县辛寨镇下河村人。1948年10月参加淮海战役支前工作，因表现突出，成绩卓著，立二等功。战役结束后回临朐从事教育工作。1954年5月，加入中国共产党。1959年9月—1960年12月，在北京师范大学政教系读书。1961年后，历任临朐县总工会教师辅导员，县委农村工作部秘书，县委办公室秘书、副主任、主任，贵州省“四清”工作队秘书，遵义地区办公室副科长，遵义地区公、检、法军管会审判组副组长，遵义地区革委会常委，临朐县革委会政治部副主任、县委组织部部长，昌潍医学院党委副书记、副院长，潍坊医学院党委书记等职。1993年12月离职休养。

黄存福（1936—2000）　诸城市人，初中文化程度。1952年4月参加工作，1956年10月加入中国共产党。1952年4月—1956年10月，任诸城县城关供销社统计员。1956年10月—1964年11月，任诸城县百尺河公社党委常委、秘书。1964年11月—1969年6月，任海阳社教工作团副组长、诸城县社教工作队秘书。1969年6月—1979年5月，任诸城县城关公社党委副书记。1979年5月—1980年10月，任诸城县城关公社党委书记。1980年10月—1984年2月，任诸城县委常委、宣传部部长。1984年2月—1987年3月，任安丘县委常委、副县长。1987年3月—1988年1月，任安丘县委副书记。1988年1月—1991年10月，任诸城市委副书记、市长。1991年10月—1993年2月，任诸城市委书记兼人大常委会主任。1993年2—3月，任诸城市委书记。1993年3月—1998年3月，任潍坊市人大常委会副主任。1998年7月退休。

刘玉瑞（1945—2001）　安丘市石埠子镇冢头村人。1968年7月毕业于青岛医学院医疗系，大学本科学历。同年9月参加工作。历任安丘县牛沐公社医院医师，安丘县人民医院外科副主任、党总支副书记，安丘县卫生局副局长兼党组副书记，安丘县副县长，潍坊市卫生局局长兼党组书记等职务。1990年5月任潍坊医学院党委副书记，1994年9月兼任院长，1998年8月任潍坊医学院党委书记兼院长。先后当选为安丘县第八届、第九届人民代表大会代表，潍坊市第十届人民代表大会和中共山东省第七次人民代表大会代表。

郎一森（1919—2001）　临朐县东城街道郎家洼村人。1939年9月参加革命工作，1940年6月加入中国共产党。入伍后任八路军山东部队一支队三大队一中队班长，1940年先后参加新泰土门战斗、蒙阴梨山阻击战。1941年2月，任山东纵队一旅四团三连文化教员，8月任山东纵队四旅十二团九连副政治指导员，1942年12月参加莱芜山口攻坚战，1943年12月参加讨吴（吴化文）战役。1944年7月，参加葛庄歼灭战，12月任鲁中军区十二团二连政治指导员。抗日战争胜利后，1945年12月任鲁中军区十二团二营副政治教导员，1947年6月任鲁中军区警卫七团一营政治教导员，1948年4月先后参加昌潍战役、汶口战斗、济南战役、淮海战役等，屡立战功。1949年8月，任三十五军一〇五师三一五团政治处副主任。中华人民共和国成立后，先后任浙江军区警卫团政治处主任、一〇三师三〇九团副政委、政委。1955年8月，获三级独立自由勋章、三级解放勋章，10月被授予中校军衔。1958年12月，任守备十三师政治部副主任。1962年，先后任福州军区政治部边防工作部副部长、组织部副部长，11月晋升为上校军衔。1963年2月，任守备十三师政治部主任。1964年11月，任二十八军后勤部副政委。1970年，任福安军分区副政委、江西生产建设兵团二师政委。1972年9月，任福建省国防工业办公室政委。1975年9月，任福建省军区政治部副主任。1978年8月离职休养。1988年7月获中国人民解放军独立功勋荣誉章。

冯兰馨（1904—2001）　临朐县蒋峪镇西田峪口村人。1921年益都守善中学毕业，考入齐鲁大学医学院，在校时曾以优异成绩多次获得学院奖学金，并获得加拿大多伦多大学医学博士学位。1928年毕业后供职于教会医院。

1932年，一位中年男子求其诊病，并告知曾到齐鲁大学医学院被诊断为肝癌，不予治疗。冯兰馨为病人做详细检查，包括肝穿刺检查，竟发现此人患的不是肝癌，而是肝脏包虫囊病。他当即为病人作切除手术，从病人的肝脏中取出包虫囊（大的如鸡卵，小的如花生仁）百数十枚，整整装满6个大口瓶。病人很快痊愈。此事被齐鲁大学医学院获知，母校专家们自叹弗如，即派专人找到冯兰馨，将6大瓶包虫囊标本带回，留作研究病例。冯兰馨还屡次为病人无偿输血，以医术和医德博得“好大夫”称号。1935年，冯兰馨被聘为大名府宣圣会医院外科主任医师。1937年“七七”事变后，受八路军聘请前往解放区行医，并多次举办医务人员培训班，为正在挺进大别山的第二野战军输送众多医务骨干。一位战士受伤后，腰部留有瘘管，长期漏尿，痛苦不堪。冯兰馨为其手术，将伤肾摘除，使瘘管闭合，很快恢复健康。1946年，一位名叫凌静的女干部患严重甲状腺机能亢进，几乎丧失工作能力，冯兰馨在农村极为简陋的条件下为其作甲状腺摘除术，使她很快康复。1945年抗战胜利后，冯兰馨担任冀鲁豫边区行署卫生顾问。解放后，任平原省卫生厅顾问、北京华北行政区医院（现为北京西苑中医研究院）外科主任。

1957年被错划为“右派”，遭受迫害。1959年起在河南省开封市第一人民医院外科工作，开始从事注射外科学探索，并成立注射外科专门科室。注射外科技术中的半月神经节注射疗法于1912年问世后，效果虽好，但由于手术技巧要求很高，药物注射往往不到位，以致创造这种疗法的美国海瑞斯、德国哈特尔逝世后，就几乎无人再用。冯兰馨于1940年从旧文献中发现这一疗法，并大胆用于临床。经他长期研究，于1972年创造半月神经节不同部位选择性注射疗法。此法安全、可靠，男女老幼、身体强弱者皆可就医，效果极佳。据冯兰馨和他的助手治疗三叉神经痛患者3700例统计，无一例死亡，这个数字超过20世纪80年代初国内外文献报道的所有医疗纪录。自1952年起，他积几十年医疗经验而专心著述，先后发表医学论文18篇，特别是40万字的《注射外科学》于1985年由中国科技出版社出版，在医学界引起很大反响。

王树成（1912—2001）　原名王少云，诸城市皇华镇王家庄子人。1934年省立一师毕业。1935年12月，任诸城县府前小学校长。1937年11月，加入中国共产党，并任刚成立的府前小学党支部书记。1938年，参加东北军五十七军一一二师三三四旅六六七团，任新兵连党支部书记。1938年12月，调任八路军山东纵队六支队三团政治部主任。1940年，任鲁西日报社社长。1941年，任鲁西北专署秘书主任。1942年，任冀鲁豫边区观城县县长。1944年起，历任冀鲁豫边区第二专署秘书主任、办事处主任、建设处副处长，冀鲁豫后方战勤总指挥部办公室主任兼动员部长等职。其间，他将名字由王少云改为王树成。1947年夏，随刘邓大军挺进大别山，任中共鄂豫边区经扶县委民运部部长、鄂豫边区第四地委宣传部部长等职。1949年5月，中共黄冈地委成立，他先后任黄冈地委宣传部部长、第二副书记等职。1951年7月，调任中共湖北省委副秘书长，后任政策研究室主任。1952年2月，调中共武汉市委工作，先后任副秘书长，常委、秘书长。1954年调任中共湖北省委秘书长。1956年2月，任中共湖北省委副书记。7月，当选为省委委员、常委、书记处书记及中共“八大”代表。1958年2月，兼任中共荆州地委第一书记。1959年初，兼任中共宜都工业区委书记。1968年2月，湖北省革命委员会成立，王树成为省革委会常委。1973年7月，任中共湖北省委工交政治部副主任。1979年2月，调任中共河南省委副书记兼副省长，分管工业。1980年10月，任中共湖北省委顾问。1983年12月，任中共湖北省顾问委员会常委。同年，应邀参加中共冀鲁豫边区党史工作组，与谷正范等人利用五年时间撰写并编辑了《冀鲁豫边区战勤工作资料选》。1986年5月离休。

桑子桢（1913—2001）　寿光市文家街道桑家庄村人。1932年加入中国共产党，1933年因寿光党组织被破坏失去联系，1937年重新入党。1937年参加八路军第八支队，历任军需干事、科长，十一团保卫股长，军分区保卫科长。华东军政大学毕业后历任鲁中警一团政委、四十六师一三六团政委、三十五军三一一团政委。先后参加了临朐五井歼灭战、讨吴（吴化文）战役、莱芜战役、孟良崮战役、寥芜反击战、周张战役、兖州战役、潍县战役、济南战役、淮海战役和渡江战役。渡江战役后，任浙江嘉兴军分区政治部主任，南京高等军事学院教育科长，海军系高速班主任、战役系助理，北京高等军事学院高级协理员、哲学班政委、院务部政委。1964年奉调中共中央党校任学员部主任、校副教育长，中央党校党委会常委、校委常委。1982年离休。其间，获中华人民共和国三级独立自由勋章、二级解放勋章。

王文英（1926—2001）　寿光市圣城街道城里社区人。原寿光县运输公司司炉工。1952年参加工作，1956年加入中国共产党。几十年来，在党的培养教育下，勤恳工作，任劳任怨，大公无私，全心全意为人民服务，为集体当家理财。在完成本职工作的同时，还主动承担着职工的义务公务员、义务清洁员、汽车站的义务服务员和邮电局的义务邮递员等份外工作。几十年来，不管刮风下雨、酷暑严寒，一直热心为群众服务。在常年的司炉工作和为公司清除垃圾中，节约用煤70多吨，捡废铜铁40多吨。多年自费为公司职工订阅刊物多种，共花费4500余元。

1979年，被选为寿光县第八届人大代表；1982年，被寿光县委授予“模范党员”和“劳动模范”称号；1982年10月，被授予山东省“劳动模范”称号；1983年，被潍坊市授予“建设社会主义精神文明先进个人”称号。1986年3月25日，寿光县委作出“关于开展向王文英同志学习活动的决定”；3月30日《潍坊日报》发表长篇通讯《王文英：无私的奉献者》。是年，中共潍坊市委授予王文英“模范共产党员”称号。1987年4月25日，山东省总工会授予王文英“省文明建设标兵”“富民兴鲁”劳动奖章。时任寿光县县委书记王伯祥曾撰文《学“三英”事迹，做四有新人》。1989年9月，国务院授予王文英“全国劳动模范”称号。王文英曾获全国五一劳动奖章，是寿光县第七次党代会代表。

袁荷臣（1921—2001）　潍坊市潍城区人，初中文化程度，1948年5月参加革命工作。1948年5月—1952年7月，任潍坊市松园子街小学教导主任。1952年8月—1953年1月，任潍坊市第十小学副校长。1953年2月—7月，任潍坊市第十五小学校长。1953年8月—1955年7月，任李家街小学校长。1955年8月—1956年1月，任油坊沟小学校长。1956年2—7月，在昌潍小学教育干部训练班学习。1956年8月—1957年1月，任油坊沟小学校长。1957年2月—1960年7月，任邓发街小学校长。1960年8月—1961年8月，任太平街小学校长。1960年出席山东省群英会，被授予“先进工作者”称号。1961年9月—1966年7月，任原潍坊市教育局副局长。1966年8月—1972年2月，在“文化大革命”中受批判。1972年3月—1980年12月，任潍坊九中革委会副主任、副校长。1983年11月—1984年1月，任潍坊市政协筹备领导小组副主任。历任潍坊市政协第一、二、三、四、五届副主席，潍坊市第九届人大常委会副主任。1987年12月离休。

张华英（1924—2001）　临朐县辛寨镇西埠西村人。1945年3月参加八路军，1946年6月加入中国共产党。历任山东鲁中军区三军分区昌临独立营战士、通讯员、副班长、班长，山东鲁中军区警五团一营三连副排长、排长，山东鲁中南纵队四十七师一四一团一营机炮连副政治指导员，三十五军一〇五师三一五团一连政治指导员。解放后，任浙江军区连政治指导员、营政治教导员，浙江军区司令部工程兵处机械科副科长，浙江军区守备第十六师司令部工程兵科副科长，新疆工程兵建筑第一三七团司令部参谋长、副团长，新疆塔城军分区司令部副参谋长。1978年12月—1980年11月，任临朐县革委会副主任。1980年12月—1983年10月，任临朐县人大常委会副主任。1983年10月离休，享受副厅级待遇。

韩长纲（1933—2001）　临朐县东城街道韩家洼村人。1948年11月参加革命工作，后到鲁中南三专署财会训练班学习，1949年2月在鲁中南三专署财政科任审计员。1949年10月到山东省财政厅工作，历任科员、科长、副处长、处长。1950年5月，加入中国共产党。1990年9月，任省财政厅党组成员、副厅长，1993年3月任省财政厅党组成员、省经济开发投资公司总经理（正厅级）。1993年11月，任省财政厅党组成员、省经济开发投资公司总经理兼省经济开发实业总公司总经理。其间，1984年当选为省财政学会理事，1985年当选为省农业银行农村金融学会理事，1988年当选为省农村财政学会副会长，1993年5月被评为高级经济师。1995年2月—1998年2月，任省政协第七届委员。1995年3月离职休养。

李丙武（1972—2001）　山西省阳高县马家皂乡强家营村人。中共党员。革命烈士。生前是空军五师飞行一大队副营职中队长。2001年1月14日19时38分在执行战备飞行训练任务中，壮烈牺牲。2001年1月15日，济南军区空军政治部批准其为革命烈士。

刘金亮（1974—2001）　寿光市上口镇西堤村人。革命烈士。生前系寿光市公安局交通警察大队一中队交通协管员。2001年5月19日，在寿光市区执行违章车辆检查时被撞牺牲。2003年3月4日，山东省人民政府批准其为革命烈士。

田仲济（1907—2002）　潍坊市潍城区人。1922年在潍县文化中学学习，1926年毕业后升入济南商业专门学校，1927年入山东大学法学院学习。1928—1930年，在上海中国公学社会科学院学习。1931年，在济南正谊中学任教。1932年—1937年11月，先后在牟平中学、山东省立第九中学任教。1938年，在教育部中小学教师第五服务团编辑组工作。1939年，在冯玉祥政治研究室任研究员。1941年，任重庆中国乡村建设学院讲师。1942年，任东方书社编辑主任。1945年，任教于上海音乐专科学校。1949年，任上海国立音乐学院教授。1951年，任齐鲁大学教授、文化系主任。1952年，任山东师范学院教授、副院长。1981年，任山东师范大学教授、副校长。著有杂文集《微痕集》《情虚集》《发微集》《夜间集相》《田仲济杂文集》等，专著有《文学评论集》《中国抗战文艺史》《杂文的艺术与修养》《五四新文学运动的精神》《田仲济序跋集》等，编纂《中国现代文学史》《中国现代小说史》《王统照文集》等。

马法冉（1918—2002）　寿光市双王城生态经济园区牛头镇村人。1938年3月加入中国共产党，同年参加八路军，历任寿光独立团战士、文书、指导员，寿光县大队副政委，寿光独立团营政委。1945年后，历任团副政委、政委、师政治部副主任。1952年，在南京军事学院政治速成系学习。1955年，在解放军政治学院工作，历任教员、班主任、系副主任、副大队长、大队长、大队政委。1970年，任解放军出版社（战士出版社）社长。1983年离休。其间，获二级独立自由勋章、二级解放勋章、独立功勋荣誉章。是中国书法家协会会员，作品曾多次参加全国、全军书画展并获奖，被多处博物馆和国外友人收藏。作品和传略收入《中国当代书画家大辞典》《中国当代书画名家作品集》《当代中国书法艺术大成》《中华人物辞海（当代文化卷）》等。出版有《马法冉书法集》等。

张世祥（1919—2001） 安丘市新安街道西韩吉村人。1937年10月，参加组织地方抗日武装，担任安丘县韩吉抗日保乡自卫团文书。1938年，初参加组织安丘大朱旺起义、小朱旺起义，并任山东八路军七支队二大队军械处处长。是年5月，加入中国共产党。1949年5月奉命南下，历任杭州市公安局副处长、处长等职。中华人民共和国成立后，长期从事和分管地方公安政法工作，参与领导解散非法组织、打击武装匪特、搜捕潜伏特务、开展反动党团特人员登记等斗争，为肃清反革命残余分子，建立和巩固新生的人民政权倾注大量心血。同时，多次直接参加毛泽东和其他中央领导在杭州工作、视察的安全警卫工作，并出色地完成任务，被杭州市公安局记一等功。

1971年12月重新工作后，历任杭州市机械局党委书记，浙江省公安局副局长、党委副书记。1978年3月，担任恢复重建后的浙江省人民检察院第一任检察长、党组书记。1988年3月，任中共浙江省顾问委员会常委。1994年3月离休。

高 潮（1926—2001） 名传绥，字潮，潍坊市潍城区西关人。作曲家。青年时期加入中国共产党的外围组织“抗日民主救国会”。1944年进入解放区，从事革命活动。1947年，入华北音乐学校和中国艺专学习小提琴，后专攻作曲。1950年入山东大学任教。1952年起，先后在上海联合电影制片厂、上海电影制片厂、中国电影乐团、中央新闻纪录电影制片厂工作。为中央新闻纪录电影制片厂国家一级作曲，中国音乐家协会会员，中国电影音乐协会常务理事。

他的音乐创作领域广泛，为大量纪录片、故事片、美术片、科教片、戏剧片、电视剧等创作音乐。其纪录片音乐创作民族色彩鲜明、质朴中包含激情，先后为数十部不同题材的纪录片进行音乐创作，如为荷兰著名电影导演伊文思的纪录片《早春》作曲，为纪录片《红旗渠》《沙石峪》分别作曲的主题歌《定叫山河换新装》《当代愚公换新天》在全国广为传唱，参加了大型文献纪录片《敬爱的周恩来总理永垂不朽》（1980年获第三届大众电影百花奖最佳纪录片奖项）的音乐创作，为大型文献纪录片《先驱者之歌》（1981年获文化部优秀影片奖优秀纪录片奖项，1982年获第二届中国电影金鸡奖最佳纪录片奖项）作曲。

刘子毅（1913—2002） 安丘市人。1937年加入中国共产党。北京师范大学肄业。曾任八路军平原纵队政治部主任、《冀鲁豫日报》社副社长、新华通讯社临时总社秘书长、中共赣东北区委宣传部副部长兼赣东北日报社社长。中华人民共和国成立后，历任新黔日报社社长，中共贵州省委宣传部部长，四川日报社副社长，中共四川省委宣传部部长，四川省第五、第六届人大常委会副主任。

冯毅之（1908—2002） 字仙洲，青州市庙子镇长秋村人。1929年秋，考取在济南的山东省高级中学，被选为全校学生会主席。1930年春天，在班主任老师、左翼革命作家胡也频的带动、影响下，冯毅之组建文学研究会，公开进行革命文学的研究和宣传，出版文学月刊。后经胡也频介绍，加入“中国左翼作家联盟”。于10月去北平，加入中国共产党，建立了“北平左联”，任组织部长，做了许多有利于革命事业的工作。抗日战争爆发后，冯毅之投笔从戎，受党组织派遣，回到青州，在淄河流域组织抗日游击队，后被编为八路军山东纵队四支队新一营，任营长。此后，先后任益都县大队长、益临淄博四县联合办事处主任。1942年秋，日伪军疯狂实行拉网式“铁壁合围”战术，新一营处在日伪军的肘腋之下，成为敌人进攻的重点，战斗接连不断。同年11月9日，日伪军数千人包围了马鞍山，战斗坚持了两天两夜，终因敌多我寡，弹尽粮绝，战斗失败。在这次战斗中，冯毅之的父亲冯旭臣及爱人、妹妹、三个女儿壮烈牺牲。解放战争期间，冯毅之历任中共青州市委委员、青州市市长，鲁中区文协主任，华东局文艺处长等职。1949年2月，冯毅之组建华东文艺代表团参加全国第一次文艺工作者代表大会，受到周恩来等中央领导接见。中华人民共和国成立后，历任山东省委宣传部文艺处长和省文联党组书记，山东省文化局长兼党组书记。他全力以赴投入山东文学艺术的领导工作，做出自己的贡献。1957年整风反右运动中，冯毅之作为省委整风领导小组成员，1958年被划为右派。1961年党内被甄别平反。“文化大革命”中遭受更大摧残，家破人亡。1979年平反，1980年任山东艺术学院院长兼党委书记。1983年离休。

冯毅之一生坚持文艺创作，是知名作家。青年时代写过《洋车夫日记》《日月星》《母与子》《西瓜》以及诗集《寒夜行》等现实主义作品，抗战期间有短篇小说《向木兰》《流氓司令》《难逃法网》和诗集《怒火与炮火》，以及《抗日战争日记》等。解放战争期间的作品有《解放战争日记》和诗集《苦难与欢乐》、小说《淄流》等。1984年，他整理出版了《碧血千秋——抗战日记》。1990年，又编辑出版了《冯毅之六十年作品选》。1999年4月，他创作并出版了《风雨沧桑一百年》。

王宇光（1918—2002）　原名王殿恩，寿光市侯镇炉房村人。1938年5月参加八路军鲁东八支队九大队，历任战士、班长。1939年在抗大山东一分校任学员，毕业后历任排长、指导员、团教育参谋、作战参谋、三师作训参谋（营职）。1945年9月，三师进军东北后改为东北三纵七师（后为一一八师），历任作训科副科长、科长、团参谋长、军训处长、军教导大队大队长（正团职）。1953年8月，在中南军区司令部参加编写四野战史。1954年9月，任四十军作训处长。1955年8月，在南京军事学院基本系5期、北京高等军事学院战史系学习。1958年11月，任军事科学院战史部研究员（师职）。1974年6月，任沈阳军区装甲兵司令部副参谋长、司令部顾问（副军职）。1981年6月离休。其间，获东北解放、华北解放、中南解放、渡海作战，抗美援朝等纪念章多枚；获三级独立自由勋章、三级解放勋章，朝鲜民主主义人民共和国二级国旗勋章、三级自由独立勋章，1988年8月获独立功勋荣誉章。

牟汉光（1921—2002）　潍坊市寒亭区固堤街道牟家温庄二村人。1933年10月，在学校加入反帝大同盟。1937年1月参加革命工作，1937年8月，参加鲁东工委领导的地方政权工作。1938年1月，参加八路军鲁东游击队第七支队，1938年5月加入中国共产党。历任战士、班长、中队政治干事、连指导员。1942年2月，任山东纵队及鲁中军区司令部作战参谋。1945年5月，任鲁中军区一分区司令部作训科长。1946年7月起，先后任鲁中警卫三团、三师九团、八纵二师七十二团参谋主任，鲁中南纵队四十七师一四一团副团长。1949年2月，任第三十五军一〇四师二一一团团长。

1950年2月，任第三野战军七兵团作战处长兼浙江军区司令部作战处长。同年12月，任第二十二军六十六师参谋长。1951年，任军委工程兵司令部作战处长。1955年被授予上校军衔。1958年9月，任二十八军炮兵司令部参谋长。1959年任二十八军炮兵副司令员及炮兵主任。1969年，任二十八军副参谋长。1971—1973年，任山西省临汾军分区第一政委、临汾地委书记、山西省委委员、山西省五届人大代表等职。1976年6月，任二十八军副军长，1978年7月任军长。

李仁堂（1930—2002）　吉林省抚松县人，祖籍诸城市郭家屯镇兴和村。早年在北京读书，1949年，毕业于北京通州潞河中学，后参加热河省委文工团。20世纪70年代前期，李仁堂因出演电影《青松岭》《创业》，在影坛上有了一定影响。1975年，任河北省话剧院演员，后任副院长，并曾任河北省戏剧家协会副主席。1980年，调到北京电影制片厂任演员。

李仁堂从事表演艺术40余年，演出影片主要有《青松岭》《创业》《十月的风云》《泪痕》《元帅之死》《子夜》《如意》《蓝色的花》《花园街五号》《干杯，女兵们》《幸运的人》《巍巍昆仑》《风流女谍》《焦裕禄》《第九号悬案》《警官崔大庆》《被告山杠爷》《没有原告的杀人事件》《昨日的承诺》《九九艳阳天》等。因在影片《泪痕》中扮演朱克实，1980年获第三届大众电影“百花奖”及上海电影“文汇奖”最佳男演员奖。1995年，因在电影《被告山杠爷》中成功塑造了“山杠爷”这一典型艺术形象和在《没有原告的杀人事件》中的出色表演，获电影“百花”“金鸡”双奖和中国电影“华表奖”。同年，获“中华影星”表演成就奖、中国电影表演艺术学会奖和“世纪影星”中国电影百年世纪奖。对自己扮演过的角色，李仁堂最喜欢的还是“山杠爷”，因为他认为以前在表演时还有些话剧表演的痕迹，而“山杠爷”则是自己几十年表演经历和人生体验的结晶。

李仁堂自幼喜爱书法。自70年代中期起，致力于行、草及其他各书体的研究和揣摩，逐步形成浑厚、自然、古朴、雄劲的书风。李仁堂书法作品及传略，被编入《中国当代书画名家大辞典》《中国艺术家辞典》《世界当代书画名家大辞典》《世界名人录》。

刘相周（1935—2002）　安丘市凌河镇前儒林村人。1960年加入中国共产党。从1976年起担任村党支部书记。面对全村人均七分地、吃粮靠统销、花钱靠救济的落后贫穷状况，他带领全村干部群众艰苦创业。先是苦干3个冬春，动用土石24万立方米，填平40多个湾塘，将原来200多块零碎地整成9个旱涝保收丰产方；继而引进先进种植技术、推广农作物良种；还发动全村群众大力养猪，增加有机肥。全村经济迅速发展，成为富裕文明的小康村。1996年，全村粮食平均亩产1540公斤，创全国北方旱作农业区粮食大面积亩产新纪录，获“中国江北第一村”的美誉。他顺应市场经济发展要求，调整优化产业结构，发展以农副产品加工出口为主的工副业项目。至2001年，全村办起龙头加工企业5家，资产总额2000万元，年销售收入1.5亿元，村级经济实现由粮食高产型向经济高效型转变。

他是新时期农村党支部书记的杰出代表，先后担任山东省第七届、第八届人民代表大会代表，获评潍坊市百位新时代功勋人物。1989年9月，获全国劳动模范称号。1995年12月，获山东省优秀乡镇企业家称号。连续15年被安丘市委、连续10年被潍坊市委授予模范共产党员称号。在他任村党支部书记期间，前儒林村被山东省精神文明建设委员会评为省级文明村，被山东省人民政府授予农业先进集体、山东省村镇建设明星村称号，被省司法厅、人事厅授予山东省优秀人民调解委员会称号，被省民政厅、人事厅联合授予山东省模范村民委员会称号，被民政部授予全国模范村民委员会称号，被山东省科学技术协会授予山东省科普先进村称号，被省司法厅授予山东省优秀人民调解委员会称号；村党支部被省委组织部授予山东省先进党支部、山东省先进基层党组织称号。

李汉三（1931—2002）　昌邑市柳疃镇闫家庵村人。1949年7月参加工作，1950年6月加入中国共产党。1949年7月，任昌邑县柳疃区公所粮库保管员。1949年12月，任昌邑县合作总社文书。1952年5月，任昌邑县合作总社科长。1955年4月，任昌邑县委审干办公室秘书。1956年6月，任昌邑团县委书记。1960年1月，任昌邑县城关公社党委书记。1964年11月，任昌邑县围子公社党委书记。1965年5月—1977年8月，任昌邑县委副书记、县革委会副主任、县农林水革委会主任。1977年8月—1983年7月，任昌潍地区农委副主任兼农业局长，潍坊地区行政公署党组成员。1983年7月—1986年5月，任中共寿光县委书记，寿光县人民武装部党委第一书记、第一政委。1986年5月，任潍坊市人大常委会副主任、党组成员。1988年2月，任潍坊市人大常委会副主任、党组副书记。1993年12月离休。

王立福（1943—2002）　诸城市人，1943年12月出生。1966年9月参加工作，1970年12月加入中国共产党，大专学历。1964年9月—1968年5月，在潍坊牧校学习（因“文化大革命”延期分配）。1968年5月—1972年3月，在诸城县郝戈庄兽医站工作；1972年3—8月，参加中共诸城县委工作组任组长。1972年8月—1974年3月，任中共诸城县委组织部干事。1974年3月—1977年7月，任诸城县凉台公社党委副书记、书记。1977年7月—1978年9月，任中共诸城县委副书记兼相州公社党委书记。1978年9月—1984年2月，任中共昌邑县委副书记。1984年2月—1987年3月，任中共昌邑县委书记。1987年3月—1989年1月，任中共高密县委书记兼县人大常委会主任。1989年1月—1996年2月，任中共潍坊市委常委、市纪委书记。1996年2—8月，任中共潍坊市委副书记、市纪委书记。1996年8月—2001年1月，任中共潍坊市委副书记。2001年1—2月，任潍坊市政协党组书记。2001年2月—2002年4月，任潍坊市政协主席、党组书记。是中共山东省第五次、六次、七次代表大会代表，山东省第五届人民代表大会代表，政协山东省第八届委员会委员。

韩　理（1931—2002）　安丘市人。1948年11月参加革命工作，在昌潍地委青干班学习。1949年3月，任昌潍团地委青年工作队队员。1949年9月加入中国共产党。1949年11月，任邱南县寿山区团委书记，邱南县团县委干事、宣传部部长、副书记。1953年5月，任坊子煤矿团委书记。1954年6月，任原潍坊市委宣传部副科长。1957年11月，任潍坊造纸厂党支部书记。1958年12月，任原潍坊市第一工业局党委副书记。1959年6月，任昌潍地委工业部副科长。1962年5月，任潍坊电厂党委副书记、书记。1973年2月，任昌潍电力局局长、书记。1975年9月，任坊子煤矿党委书记。1978年2月，任昌潍拖拉机厂党委书记。1980年8月，任原潍坊市委副书记、市长。1984年2月，任潍坊市市政建设管理局局长、党委书记。1985年3月，任潍坊市建委主任、党委书记。1986年11月，任潍坊市建委主任、党工委书记。1988年1月，任潍坊市人大常委会副主任、党组成员。1993年12月离休。

陈寿荣（1916—2003）　字春甫，晚号春翁，潍坊市潍城区人。幼读小学、私塾，1932年考入济南国画学社，假期回潍加入潍县同志画社。1935年2月，济南国画学社毕业后考入北平北华美专。1936年7月，北平北华美专毕业前，在北平中山公园举办个人画展。1937年春，考取故宫博物院古物陈列所古画研究室第一期研究员，因七七事变爆发而结业返回家乡。1938年1月，在潍县创办美术学校——虑远阁画庐，聘请画家徐培基、郭味蕖、郭兰村、于希宁、王乐轩等人任教。后因伪镇公所横征暴敛，虑远阁画庐被迫于1939年春停办，他被聘为潍县中学美术教员。1945年8月，他将创作的人物、花鸟等作品百余幅汇集到济南举办个人画展。1946年任省立潍县中学国画教员。1948年后，在青岛市辖联中、青岛二中任美术教师。1954年，他以青岛写生为题材的两幅代表作分别参加北京、上海两地举办的第二届全国国画展。1981年回潍坊定居，应聘于潍坊工艺美术研究所，指导风筝设计与绘制。1994年3月5日，由省书法家协会、省美术家协会、省美术馆、省中山书画研究会等7个单位联合举办的“陈寿荣诗书画印展览”在省美术馆开展，展出其作品430余件。陈寿荣生前是中国书法家协会会员、中国美术家协会会员、西泠印社社员、山东中山书画研究会副会长、潍坊中山书画社社长、万印楼印社社长。他集诗、书、画、印于一身，他的诗作分古风、绝句、律诗；国画既有工笔，又有写意，包括人物、花鸟、山水等；擅写草、隶、篆等各体书法；篆刻分古玺、秦汉印、元朱文等。

秦馨菱（1915—2003）　昌乐县鄌郚镇高崖村人，1915年10月生于潍县。1937年清华大学物理系毕业后，在北京鹫峰地震研究室协助做地震观测工作。1941年，试制成功水平摆地震仪，这是继东汉张衡发明地动仪后，中国人自己制造的第一台地震仪。1945年赴美国学习地球物理和地质学。回国后在国民党政府地质调查所从事放射性和电法勘探的试验工作。1948年，他带领全所同仁巧妙周旋，使国民党政府将地质调查所迁往广州进而去台湾地区的计划落空，为新中国地质科学事业的发展保存了人才、仪器和图书资料等。中华人民共和国成立后，历任中国科学院地球物理研究所副研究员，地球物理研究所遥探遥测研究室（后改称第四研究室）主任、名誉主任、博士生导师，北京遥测地震台网第二期扩建加密工程指挥部实施组负责人等职。1980年，当选为中国科学院学部委员（1994年改称院士）。同时在中国地球物理学会、中国地震学会、中国科技大学探空专业教研室等多个学术机构担任理事、顾问、兼职主任和博士生导师等职务。晚年仍兼任《地震学报》《中国地震》名誉主编，《国际地震动态》英文版副主编。任职期间，曾于1950年在山东淄博金岭镇北金召发现磁铁矿，在吉林省磐石铜矿区发现白钨矿；1951年起，先后带人到大冶和白云鄂博勘探矿产，并发现新矿体；1957年，发表的论文《质子旋进式磁力仪》获中国科学院个人科技发明二等奖；1960年，相继研制成功五路双调频无线遥测系统雷达——应答器定位系统，并改装完成核试验基地雷达等多个项目；1976年，负责北京台网的“768”工程，主持完成了传输通道对地震信息的影响等多项研究，指导进行了地震信息传输过程中相位与位移特性及地震遥测设备标定监测方法研究，完成台网中心控制台、线路避雷和电源避雷系统等重要工程，使北京台网与“768”工程顺利接轨；1984年10月，北京地震台网加密扩建工程通过国家地震局考核验收，有22个项目获国家地震局科学技术成果奖。

郭龙春（1928—2003） 又名汉丞，笔名向辛，潍坊市潍城区西关人。1945年中学毕业后，自办手抄油印刊，同时在潍县《统一日报》副刊创办《拓荒》专栏。1948年，考入北京大学理学院，其间阅读大量革命书籍，接受马列主义。1948年12月15日，在北京大学加入中国共产党，参加党的地下工作。1949年北京和平解放后，在人民日报社担任编辑、记者、经济版主编，后任人民日报出版社副社长，编审。1988年离休后，痴迷于灯谜事业，搜集国家图书馆、民间藏书存留的珍本、善本所记载的灯谜典籍资料，并进行整理、校勘。他还托请驻日本的记者朋友复印从中国流传至日本的《聊斋谜语集》，请北大图书馆的朋友查清明末清初著名谜家黄周星所著《廋词》一书的来龙去脉及出版时间。为使海内珍本《百二十家谜语》收入《中华谜语集成》，他亲赴上海向收藏者借用。他编纂成4卷本3000多万字的巨帙文献《中华谜语集成》，同时还参与编辑出版《猜谜必读》《中华灯谜鉴赏》《儿童谜语》《当代名家谜选》《中华当代灯谜艺术家大辞典》《中华灯谜艺术画册》等谜语图书。

徐　鉴（1937—2003） 淄博市临淄区人。1956年参加工作。历任益都县水利局工程师、城建局副局长、副县长，青州市副市长，潍坊市副市长、民建潍坊市委会主委，民建山东省委副主委，潍坊市人大常委会副主任等职。获全省民族团结进步先进个人称号，济南军区“八五”期间国防工程维护管理工作先进个人称号。

臧克家（1905—2004） 曾用名臧瑗望，笔名少全、何嘉，诸城市龙都街道臧家庄人。民盟盟员。现、当代杰出诗人，作家、编辑家。八九岁时，臧克家开始读私塾。12岁入本村初级小学读书。1919年，考入县城第一高等小学。1923年，考入山东省立第一师范学校就读。其间，臧克家开始了白话诗创作生涯。1925年，他向《语丝》投稿并得以发表。1927年初，臧克家考入武汉中央军事政治学校，曾随部队参加讨伐杨森、夏斗寅的战斗。后来的诗集《自由的写照》，就是描写武汉大革命生活的。

1929年，臧克家回到山东，考入国立青岛大学补习班。同年，在青岛《民国日报》上发表新诗《默静在晚林中》，署名克家。1930年，考入国立山东大学，认识闻一多、沈从文、梁实秋、王统照、丁山、萧涤非、老舍、吴伯箫等许多名师、名家，其中王统照对他给予热情教诲和无私帮助，时任文学院院长闻一多对其帮助和影响最大。其间，诗作《难民》和《老马》等在《新月》上发表。1933年夏，臧克家出版了第一本诗集《烙印》。次年，诗集《罪恶的黑手》问世。1934—1937年，出版诗集《运河》、长诗《自己的写照》，创作了散文集《乱莠集》。1936年，臧克家加入中国文艺家协会。1938年，参加中华全国文艺界抗敌协会。1941年秋，任第三十一集团军参议，三一出版社副社长、代理社长，筹备出版了进步刊物《大地文丛》，创刊后被当局查禁。1942年7月，他愤然辞职，冒着酷暑自河南叶县历经艰难跋涉赴战时陪都重庆。1943年4月，在中华全国文艺界抗敌协会第五届年会上，当选为候补理事。同年夏，任赈济委员会专员，并负责编辑《难童教养》杂志。1946年7月，臧克家到上海，先为《侨家报》编辑副刊，不久主编《文讯》月刊。1947年，臧克家与曹辛之、林宏、江星明合编《诗创造》月刊。后又为“星群出版公司”主编《创造诗丛》。由于上海白色恐怖严重，1948年12月，臧克家被迫潜往香港。

1949年3月，臧克家由中共党组织安排到北平，先后任华北大学文艺学院文学创作研究室研究员，出版总署、人民出版社编审，《新华月报》编委兼文艺栏主编。1949年7月，当选为中华全国文学工作者协会会员。1951年6月，加入中国民主同盟，曾任民盟中央文教委员会委员。1956年，调任中国作家协会书记处书记。同年，主持编选了《中国新诗选》。

1957年，臧克家任《诗刊》主编。在其主持下，《诗刊》创刊号首次发表毛主席诗词十八首，在全国产生巨大影响。同年，他与周振甫合著的《毛主席诗词讲解》，对毛泽东诗词的传播和普及起了重要作用。“文化大革命”中臧克家遭受迫害，被迫停止文学创作和社会活动，下放到湖北咸宁“五七干校”劳动。1972年回到北京。1976年1月《诗刊》复刊，臧克家担任顾问兼编委。

臧克家是中国现实主义新诗的开山人之一，对中国新诗的发展做出卓越贡献，在国内外文坛负有盛名。先后出版过35部诗集、8部诗歌评论集、14部散文集、2部小说集、4部诗文合集。2002年底面世的《臧克家全集》，共12卷，近630万字。臧克家及其作品多次获奖。1988年4月，获中国作家协会首届文学期刊编辑荣誉奖。1990年8月，主编的《毛泽东诗词鉴赏》获全国图书“金钥匙”奖和第五届中国图书奖一等奖。2000年1月，获首届“‘厦新杯’中国诗人奖”终身成就奖，中国诗歌学会在授奖辞中誉其为“世纪翁”，是“我国新诗发展的见证人和开拓者”；同年11月，获国际炎黄文化研究会“首届龙文化金奖”终身成就奖。2002年10月，被世界诗人大会和世界艺术文化学院授予人文学荣誉博士。2003年，获第七届“今世缘”国际诗人笔会颁发的“中国当代诗魂”金奖。同年12月，《臧克家全集》获第六届国家图书奖提名奖。其作品被翻译成多种文字，在国内外产生了广泛影响。

臧克家为中国民主同盟盟员，全国人民代表大会第二、第三届代表，全国政协第五、第六届委员和第七、第八届常务委员。先后担任中国作家协会第一、第二届理事，第三届理事、顾问，第四届顾问，第五、六届名誉副主席；中国文联第三、第四届委员，第六、第七届荣誉委员；中国诗歌学会会长，中国毛泽东诗词研究会名誉会长；中国写作学会名誉会长等职务。1991年10月，获国务院颁发的政府特殊津贴。2004年2月在北京逝世后，骨灰被其家人安葬在故乡诸城。

金　风（1917—2004）　曾用名赵晋丰，昌乐县人。1936年，参加中华民族解放先锋队，加入中国共产党。同年秋，在山东济南高中学习时做学生联合会、中华民族解放先锋队和抗日宣传工作。1939年7月起，历任中共鲁西区郓鄄县委书记，中共郓城县委书记，中共鲁西第七地委宣传部部长，中共鲁西第七地委实验区委书记，中共鲁西区郓城县委书记，中共冀鲁豫第二地委宣传部部长，冀鲁豫区第二行政督察专员公署专员，冀鲁豫区南下支队二大队政治委员。1949年5月起，历任中共江西省上饶地委副书记兼中共上饶市委书记，西进支队前梯队政治委员，中共贵州省都匀地委副书记、书记，中共贵州省黔南自治州委第一书记，贵州省经济委员会主任，中共贵州省遵义地委书记，中共贵州省委常委、遵义地委书记。1967年2月—1972年11月，在“文化大革命”中受到迫害。1972年11月起，历任贵州省贵阳市委第一书记，贵州省委常委，贵州省第四届政协副主席。1981年5月起，任贵州省委常委、省委组织部部长。1982年12月，任贵州省委组织部部长。1983年9月，任贵州省纪律检查委员会书记。1985年4月—1988年8月，任贵州省顾问委员会副主任。1992年离休。是中共十二大中央纪律检查委员会委员。

赵修德（1919—2004）　寿光市洛城街道斟灌城里村人。1935年12月参加革命工作。1937年9月加入中国共产党。1938年，任八路军鲁东游击队第七支队军政委员会副主席、七支队三大队政治委员。1940年，任山东纵队九支队独立团政治处主任、八路军山东纵队二旅四团宣教股长。1942年，任清河军区滨县县大队政治协理员。1944年，任渤海军区四分区独立营副政治委员兼滨县代县长。解放战争时期，历任渤海军区四分区基干团政治处主任，津浦支队副政治委员、团政治委员，德州军分区政治部主任。中华人民共和国成立后，历任山东省兵役局动员科长、济南军区第一干部文化学校校长、临沂军分区政治部主任、济南军区人民群众工作部副部长、济南军区动员部政治部副主任、山东省军区政治部副主任。1978年7月离职休养，副军职待遇。1988年，获中华人民共和国二级红星功勋荣誉勋章。

傅喜峰（1925—2004）　又名傅希峰，昌邑市柳疃镇东傅村人。1945年加入中国共产党。1943年8月参加革命工作，投身抗日，先后担任村民兵团团长、抗日联防队区队长、区武工队队长等职，胶东军区西海分区授予其“战斗模范”称号。解放战争时期，历任山东军区五师七十四团排长、八连副连长、连长，先后参加百余次战斗，7次立战功，6次负伤。中华人民共和国成立后，于1950年11月参加抗美援朝，任志愿军七十九师二三六团三营副营长、营长。1955年，进入军事学院学习，1959年毕业，回七十九师编写战例。同年调南京军区司令部科研处任参谋。1963年调六十军一七九师，历任五三七团团长、副师长。1969年调南京军区司令部，历任训练部部长、空五军参谋长、空军司令部副参谋长。先后获三级独立勋章、二级解放勋章和独立功勋荣誉章。1983年12月离休。

文彬如（1915—2004）　莱州市人。中共党员。1945年参加革命工作。历任潍坊特别市乐道院医院附设护校教导主任、潍坊特别市临时医院医政科科长、淮海战役坊子临时医院医政科科长、山东省实验卫生专科学校教务主任，昌潍中心卫生院医政股股长、附设护校教导主任，昌潍医士学校副校长、校长，潍坊医学院图书馆副馆长，昌潍地区人民医院副院长兼医院护士学校校长、党支部书记等职。1983年7月离职休养，享受厅局级待遇。

王正权（1969—2004）　潍坊市潍城区于河街道后王村人。中共党员。革命烈士。1988年8月入伍，历任学员、飞行员、中队长、正营职副大队长，海军少校军衔。为海军一级飞行员，立三等功2次，多次受嘉奖。2004年5月6日，因飞机失事牺牲。2004年5月28日，中国人民解放军海军东海舰队航空兵政治部批准他为革命烈士。

周学孟（1948—2004）　寿光市古城街道周家庄村人。革命烈士。生前系日照港务局建港办副主任，高级工程师。受聘于中交第一航务工程勘探设计院中北监理所，被派往巴基斯坦承担援外任务。2004年5月3日，在前往施工现场执行工程监理任务途中，遭恐怖分子汽车炸弹袭击牺牲。2004年11月22日，山东省人民政府批准其为革命烈士。

张文通（1905—2004）　寿光市上口镇张家屯村人。1925年加入中国共产党，长期从事革命工作。历任山东鲁东区工作委员会组织委员，八路军鲁东游击队第八支队政治部主任、政委，上海常熟区委书记，西南局调研室主任、税务局局长、财政局局长，中央财政部人事司司长，粮食部办公厅主任，中国科学院吉林分院副院长，吉林省科学技术协会副主席（享受正省级待遇）。1984年离休。

刘守诰（1934—2005）　潍坊市人。中共党员。1952年5月—1964年1月，先后在潍坊镜业联合社、潍坊机床厂、潍坊钢铁三厂工作。1964年1月—1972年3月，在原潍坊市手管局技术科任办事员，1972年3月—1981年6月，任潍坊铸钢件厂党支部副书记。1981年6月—1989年11月，在潍坊玻璃纸厂任技术员，1989年11月退休。在潍坊钢铁三厂任技术员期间，刻苦钻研，对旧设备、旧工艺大胆进行技术革新和改造，经过32次实验，试制成功了利用烟道废火焙烧矿石技术，一年为国家节省资金90万元。还试制成功了热电偶多用和综合利用高温计办法，并多次改进炉型，总结出强风、高温、小粒度一套冶炼经验。1959年3月、1960年1月，分别出席山东省社会主义建设工业、基建、交通积极分子代表会议和山东省工业、交通运输、基本建设、财贸方面先进生产者代表大会。1959年，出席全国工业、交通运输、基本建设、财贸方面社会主义建设先进集体和先进生产者代表大会。

黄培圣（1936—2005）　寿光市羊口镇宅科二村人。中共党员。少将，大专文化，1953年3月参军入伍，先后在二十八军八十四师二五二团、国防科工委第二十一试验训练基地、第二十试验训练基地任战士、副班长、副排长、排长、政治指导员、科长、副处长、处长、检察长、技术总队政治部副主任、总队副政委、第二十试验训练基地纪委专职副书记、第二十试验训练基地副政委等职。立二等功1次、三等功5次。1958年获全军技术革新三等奖1次，1987年被军委评为全军优秀纪检干部。1988年9月被授予大校军衔，1991年6月晋升少将军衔。1994年10月退休。

李　杰（1911—2005）　原名陈增光，字耀三，寿光市台头镇北台头村人。1931年参与领导县立中学学生运动，1932年任县立中学党支部书记，1935年冬组织成立中共寿光第六区区委。1936年8月任中共寿光县工委组织委员，10月任中共寿光县委组织委员。抗日战争爆发后，历任山东八路军八支队中队指导员、大队政治委员、垦利县县长等职。中华人民共和国成立后，历任省政协秘书长、枣庄市市长、泰安地委常委、泰安地区专员、省顾委委员等职。

滕司宪（1930—2005）　莱州市人，相当高中文化程度。1949年3月参加工作，1951年3月加入中国共产党。历任高密县花纱布公司统计员、副股长、副经理，高密县委审干办公室副主任、县委办公室副主任，昌潍地委办公室秘书，临朐县营子公社党委书记、革委主任，临朐县委常委，昌潍地革委宣传处副处长、处长，潍县县委副书记、书记，潍坊市政府秘书长、党组成员兼政府办公室党组书记等职。1988年1月—1993年3月，任潍坊市人大常委会副主任。是潍坊市第十届、十二届人大代表。1993年12月离休。

姜曰绍（1929—2005）　昌邑市人。1945年2月参加工作，1947年2月加入中国共产党。1945年2—5月，在昌潍县立一小任教员。1945年6月—1947年2月，在昌邑县各救会先后任文书、青年干事、会计。1947年3月—1948年11月，任中共昌邑县委秘书处会计。1948年12月—1952年4月，任中共昌邑县委秘书处秘书。1952年5月—1953年10月，任中共昌邑县委宣传部部长。1953年10月—1961年7月，任昌潍地委宣传部副科长、科长。1961年7月—1962年5月，任中共诸城县委书记处书记。1962年5月—1965年10月，任中共诸城县委副书记。1965年10月—1969年10月，任中共诸城县委副书记兼相州公社党委书记。1969年11月—1971年2月，任诸城县革委会副主任、核心领导小组成员。1971年2月—1972年3月，任诸城县革委会副主任、县委常委。1972年3月—1973年1月，任昌潍地区人民医院党委书记。1973年1月—1975年10月，任诸城县委副书记。1975年10月—1978年4月，任中共五莲县委书记、革委会主任。1978年4月—1980年10月，任中共昌乐县委书记、革委会主任。1980年10月—1984年2月，任中共昌乐县委书记。1984年2月，任潍坊市委统战部部长。1986年5月—1993年3月，任潍坊市政协副主席、党组成员。1993年12月离休。是中共山东省第四次代表大会代表，政协山东省第五届、第六届委员会委员。

李　均（1918—2005）　昌邑市人。1936年加入中国共产党。1936年3月参加革命工作。历任中共山东省委机要秘书、秘书主任、秘书长，鲁东南特委常委、宣传部部长，山东滨海区日照中心县委书记，山东滨海区滨中地委常委、组织部部长。中华人民共和国成立后，历任华东局组织部干部处处长、中央组织部干部2处副处长，鞍山市委常委、组织部部长，辽宁省委常委、组织部部长，中科院辽宁分院副院长，四川省宜宾地委常委、书记，四川省成都市委常委、副市长，成都市革委会副主任，成都市委书记、成都市人大常委会主任、成都市政协主席。1985年12月离休。是第四、第六届全国人大代表。

蔡秋芳（1956—2005）　女，高密市大牟家镇小牟家村人。九三学社社员、中共党员。8岁与母亲去父亲所在部队驻地安徽合肥随军。1975年，在知识青年上山下乡运动中，回小牟家村老家务农。此间，曾任生产大队的技术队长、大队共青团支部书记。1977年，被分配高密县橡胶厂任团委书记。1978年，考入山东莱阳农学院，毕业后留校任教。1986年，考取北京农业大学研究生，获硕士学位。同年，加入九三学社。后历任莱阳农学院农学系副主任、教务处长、院长助理、副院长、教授。1996年，加入中国共产党。1998年，任山东林业厅厅长。2001年，任山东省人民政府副省长。曾任莱阳市第七届政协副主席，是山东省第九届、第十届人大代表，全国第九届、第十届人大代表，山东省九三学社第三届、第四届委员会主任委员，九三学社第十一届中央委员会常委。

刘爱芝（1924—2005）　寿光市营里镇袁刘村人。中共党员。1938年7月，参加山东八路军八支队，历任八支队宣传队员、山东分局战服团分队长、渤海军区四分区宣传队队长、清东区宣传队队长等职。1941—1945年，在山东《渤海日报》《大众日报》任记者。解放战争时期，先后在《安东日报》《辽东日报》《东北日报》任记者、特派记者、编委。中华人民共和国成立后，从东北日报社调到北京，先后在中央党校、北京大学、人民大学新闻系任教员、教研室主任。1959年，调入红旗杂志社工作。1963年12月起任《甘肃日报》副总编辑、总编辑。1982年11月，任光明日报社第一副总编辑兼党委书记。是新闻界高级职称评委会委员。1989年离休。

曾撰写过百万多字的通讯、报告文学和近百篇社论、短评及几十首诗歌；参加《中国近代报刊史》的编写。

李德章（1939—2005） 高密市醴泉街道北大王庄社区人，出身于农民家庭。1956年7月毕业于高密第一中学，1959年8月参加工作，1964年加入中国共产党。历任生产队长、村党支部副书记。自1976年开始，担任北大王庄居委会党支部书记、党总支书记、党委书记等职务。在担任各级人大代表和北大王庄居委会主要领导职务期间，大力推广农业机械化，积极探索农业产业化经营之道，带领科研小组自行开发研制的自动喷灌机和自动喷药机等农业机械，其中有两项填补国家空白，多项被广泛推广应用。中共十一届三中全会后，他带领一班人先后兴建了北王肉食公司、市政工程公司、华鲁建筑公司、标准件厂、北大王农场等多家村办集体企业，创出了一条以农业为基础、工业为主导、对外贸易为补充，工农贸一体化发展的产业化经营之路。北大王庄居委会先后多次被山东省委、潍坊市委、高密市委授予“先进基层党组织”“村镇建设明星村”“文明单位”等称号。1988年6月，山东省委授予李德章“优秀共产党员”“优秀农民企业家”称号。1988年12月，获山东省科委授予“科技进步二等奖”，国家科委授予“全国星火示范企业奖”（授奖名次1号）。1988年1月，当选第十一届潍坊市人大代表；1989年2月，当选第七届山东省人大代表；1989年10月，被授予“全国劳动模范”称号；1993年2月和1998年2月，分别当选为全国八届、九届人大代表；1993年3月，当选第十二届潍坊市人大代表、潍坊市人大常委会委员；1994年1月，被省人事厅、省教委授予“尊师重教先进个人”称号；1997年6月，被山东省委授予“优秀共产党员”称号；1998年12月，被省委、省政府授予“科技大王”等称号；1998年2月，当选第十三届潍坊市人大代表、潍坊市人大常委会委员。

杨明立（1923—2006） 江苏省南京市人，大学文化程度。1949年7月参加工作。1949年7月—1950年8月，在南京中央医院任外科医生。1950年8月—1951年3月，在浙江金华省立医院外科任医师。1951年4月—1958年10月，在青岛山大医学院、青岛医学院先后任助教、讲师。1958年10月—1978年9月，任昌潍医学院（潍坊医学院）病理学教研室副主任、主任，讲师（其间：1963年9月—1964年2月在山东省政治学校参加政治形势学习）。1978年9月—1984年2月，任潍坊医学院病理教研室主任、副教授。1984年2月—1993年3月，任潍坊市政协副主席，潍坊医学院副教授、教授。1993年7月离休。是政协山东省第六届、第七届委员会委员。

于成凤（1924—2006） 文登市人，相当高中文化。1938年2月参加革命工作，1940年8月加入中国共产党。历任三军政治部少先队员，胶东青年干部训练班分队长，莒北县青救会会长、莒北县管帅区委副书记、书记，莒北县委武装部部长、组织部部长，胶河县委副书记、书记、武装部政委，胶南县委书记、武装部政委，胶州地委宣传部副部长，昌潍地委宣传部副部长、财贸部部长，山东省财贸部干部处长，山东供销社副主任、党组副书记，原潍坊市委书记、武装部政委，昌潍地革委会财办主任等职。1975年5月—1978年2月，任昌潍地区革命委员会副主任。1978年2月，任中共昌潍地区革命委员会党组副书记。1978年7月—1980年4月，任中共昌潍地区行政公署党组副书记、副专员。1978年2月—1983年10月，任中共昌潍（潍坊）地委副书记。1984年2月—1992年3月，任潍坊市人大常委会主任、党组书记。1992年3月离任，1993年12月离休。

王本理（1934—2006）　青岛市人，1934年6月出生。1951年2月参加工作，1953年4月加入中国共产党，中师文化程度。1951年2月—1954年6月，任高密县银行文书。1954年6月—1956年6月，任高密县团委宣传部部长。1956年6月—1958年9月，任高密县报社编辑。1958年9月—1960年3月，任高密县委办公室秘书。1960年3月—1964年7月，任高密县委办公室副主任。1964年7月—1970年2月，任昌潍地委办公室秘书。1970年2月—1974年3月，任昌潍地委写作组组长。1974年3月—1976年2月，任昌潍地委农办副主任。1976年2月—1984年2月，任昌潍行署办公室副主任。1984年2—9月，任潍坊市政府办公室主任。1984年9月—1985年6月，任潍坊市政府副秘书长。1985年6月—1986年5月，任潍坊市经济研究中心主任。1986年5月—1987年4月，任潍坊市经济研究中心党组书记。1987年4月—1988年1月，任潍坊市政府办公室主任、党组副书记。1988年1—2月，任潍坊市政府秘书长。1988年2月—1992年3月，任潍坊市政府党组成员。1992年3月—1998年2月，任潍坊市政协副主席、党组成员。

王大海（1938—2007）　招远市人。1966年9月参加工作，1965年6月加入中国共产党。历任北京大学教师，招远县磨山公社党委副书记、管委主任，城关镇党委书记，栖霞县委副书记、县长、书记，烟台市政府党组成员、副秘书长（正县级），威海市副市长、市委常委、副书记，兼威海经技区管委主任、书记，潍坊市委副书记、市长，威海市政协主席、党组书记等职务。是第八届全国人民代表大会代表。

张平治（1928—2007）　济南市人，1948年9月参加工作，大学文化程度。1948年9月—1951年9月，在山东医学院工作。1951年9月—1956年9月，任昌潍地区中心卫生医院医师。1956年9月—1966年，任昌潍地区人民医院主治医师、外科副主任（其间：1958年11月—1959年11月在上海市第一人民医院进修）。1966年—1974年2月，任昌潍地区人民医院主治医师、外科副主任。1974年2月—1980年9月，调出参加全国男性口服节育药“棉酚”的科研工作。1980年9月—1988年1月，任潍坊市人民医院副主任医师、主任医师、外科主任。1988年1月—1998年2月，任潍坊市政协副主席、潍坊市人民医院主任医师、外科主任。1998年7月离休。

于希宁（1913—2007）　原名桂义，字希宁，潍坊市潍城区人，著名画家、美术教育家和美术史论家。早年就读上海新华艺专国画系，毕生致力于绘画创作与艺术教育事业，曾任山东艺术学院教授、名誉院长，中国画研究院院委、中国美术家协会理事、山东省美术家协会名誉主席等职。

1913年1月14日，出生于潍县城里。自幼喜爱书画，常常废寝忘食。小学期间，国画课作业就常被评为优等。初、高中绘画热情依然不减。1933年，考入上海新华艺专国画系。在校期间，师从黄宾虹、潘天寿、俞剑华、诸闻韵、诸乐三等名师，研习山水、人物、花鸟、书法、篆刻等课程。毕业后，辗转于上海、潍县、青岛等地，担任国画团体、中小学美术教员及家馆教师，同时创作不辍。1955年，第二次南下求学，到无锡华东艺专师从俞剑华，研习进修中国美术史，借以寻求中国画的革新之路。为搜集素材，他的足迹遍及大江南北。通过学习考察，从历史根源上、从理论上加以总结，进一步肯定了“线”作为中国画造型的基本手段，在国画技法上的主导作用，从而坚定了他的艺术探索和革新之路。这一时期他的作品开始注重自我情感与社会时代精神的结合。50年代的名作《玉兰》，标志着其充满时代气息的创作之路的发端，60年代的《白芍药》《碧桃》《晨露》等作品，半工半写、意境新颖、格调高雅、内劲外秀，既充满时代阳光，亦洋溢着浓浓的书卷气。改革开放以来，以“劲松寒梅之居”为堂号，以老骥伏枥的奋进精神，不断探索创新，他的作品开始摆脱那种秀美明丽的状态，进入苍劲大气的艺术新境。他深入生活，以画梅为宗，同时又兼及其他花卉蔬果，努力发掘自然之美，并充分融入其个人情感，画面诗、书、画、印相融，相得益彰。在绘画中强调国魂、画魂、人魂的统一，拓展了传统花鸟画的人文境界，将中国花鸟画艺术推向新的高峰，成为20世纪小写意花鸟画再创辉煌的杰出代表。

于希宁是一位文人型、学者型画家。他主张走诗、书、画、印全面发展的路子，同时也致力于美术史、美术理论研究，是山东省美术界为数不多的修养较为全面的艺术家之一。他学识广博、治学严谨，在花鸟画的立意、构思、章法、笔墨等方面积累了丰富的理论与实践经验，重视并擅长对画理的研究，出版过多部史论专著。50年代，他师从俞剑华进修中国美术史，对于石窟、寺庙艺术和三代青铜花纹的考察研究也有显著成绩。1989年，出版专著《论画梅》，系统介绍中国画梅的历史发展概况及主要论著，深入探讨了画梅技法、意境和构图等问题，是其多年画梅经验的宝贵总结，具有较高的学术价值。出版有《于希宁诗草》《于希宁画集》等著作多部。2007年，被山东省委、省政府授予“山东省文化艺术终生成就奖”。

赵俪生（1917—2007）　原名甡，安立市景芝镇东小庄村人。历任东北师范大学、山东大学、兰州大学教授，甘肃省史学会第一届副会长。中国著名历史学家、教育家。1934年，入清华大学外语系就读，参加“一二·九”运动。1935年，加入左翼作家联盟，为中华民族解放先锋队队员。1937年，参加山西新军任营指导员。民国28年秋，因病脱离部队，先后在陕西乾州中学、西安高中、蔡家坡扶轮中学、陕西雍兴高级职业学校任外语教师，同时接受中共西安城工部指示，从事秘密情报工作。1947年，应聘为河南大学历史系副教授。1948年，任华北大学第四部研究员。以后历任济南市政府秘书、中国科学院编译处副处长、东北师范大学和山东大学教授。早年从事苏联文学翻译和革命文学创作，以冯夷等笔名发表过不少译作、剧本和小说。1949年10月，发表《论中国新史学的建设问题》，提出马列主义原理与中国具体史料的结合，是中国新史学建设的必由之路。从1953年起，与夫人高昭一共同从事中国农民战争史的研究，次年出版新中国第一部研究农民战争史的专著。1957年调兰州大学任教。1958年被山东大学追补为右派，备受坎坷。“文化大革命”中，以“反动学术权威”屡遭斗争批判。1991年离休。2002年出版《赵俪生文集》，获2004年甘肃省优秀图书奖、“五个一工程”奖。2006年，获第四届中国高校人文社会科学优秀成果奖历史学一等奖。先后出版著作16部、发表论文200余篇。

刘英宸（1923—2008）　江苏省赣榆县人。1940年10月参加革命工作，1941年1月加入中国共产党。1940年10月—1941年1月，在赣榆县第六区区中队任分队副队长。1941年1月—1942年7月，在赣榆县公安局政治保卫队任队长。1942年7月—1943年8月，在赣榆县公安局特务工作队任队长。1943年9月—1945年1月，任赣榆县吴山区公安员。1945年1—8月，任诸城县高宅区临时公安员。1945年8月—1946年2月，任诸城县公安局股长。1946年2—6月，任胶县城关区委副书记。1946年6月—1948年8月，任胶县营海区区委书记。1948年8—12月，任胶县县委民运工作队队长。1949年1月—1951年9月，任胶县县委组织部部长。1951年10月—1952年6月，任胶县县委副书记（主持工作）。1952年6月—1954年9月，任胶县县委书记。1954年9月—1955年9月，任胶州地委组织部副部长、地委委员。1955年9月—1957年1月，在胶州地委工农干部文化初习学校学习。1957年1—3月，任昌潍地委组织部副部长、地委委员。1957年3月—1965年6月，任中共安丘县委书记。1965年6月—1966年3月，任中共平度县委书记。1966年4月—1970年5月，任中共胶县县委书记。1970年5月—1973年6月，任寿光县委副书记。1973年6月—1975年11月，任昌潍地委生产指挥部副主任。1975年11月—1976年7月，任昌潍地区文办主任。1976年7月—1977年8月，任昌潍地区贫协主任。1977年8月—1978年7月，任昌潍地区革委会副主任。1978年7月—1983年10月，任昌潍地区行署副专员、党组成员。1983年10月—1984年2月，任潍坊市人大常委会筹备领导小组副组长。1984年2月—1988年1月，任潍坊市人大常委会副主任。1986年5月，任潍坊市第十届人大常委会党组副书记、副主任。1990年10月离休。

刘焕勤（1937—2008）　青州市赵坡乡大河北村人，1960年7月加入中国共产党，1960年8月参加工作。曲阜师范学院学生。历任昌潍师专教师、潍坊军分区干事、潍坊军分区宣传科副科长、寿光武装部副政委、益都武装部政委、潍坊军分区副政委、潍坊市政协副秘书长、政协第八届潍坊市委员会常委、潍坊市政协文教卫生委员会副主任等职。1998年8月退休，享受副厅级待遇。

邱建民（1918—2009）　沂南县人，1938年6月参加革命工作，1943年11月加入中国共产党。1938年6月—1939年7月，在八路军四支队驻沂水办事处工作。1939年7月—1940年3月，在坊南筹办小学任教师。1940年4月—1941年12月，在莒县县政府一科任科员。1942年1—10月，在滨海专署民政科任科员。1942年11月—1944年6月，在沂中县垛庄区任区长兼中队长。1944年7月—1945年1月，在莒临边办事处民政科任科长。1945年2—8月，参加滨海区党委整风班。1945年9月—1947年8月，任胶南县政府秘书、党支部书记。1947年8月—1948年10月，任胶县政府秘书、党支部书记、总支书记。1948年11月—1950年4月，任胶县县长、县政府党组书记、县委委员。1950年5月—1951年9月，任胶州专区税务局局长、专署党组成员。1951年10月—1953年2月，任胶州专署秘书处主任、党组成员。1953年3—10月，任胶州地委财委会副书记。1953年11月—1956年3月，任胶州专员公署副专员、党组成员。1956年4月—1959年5月，任昌潍专员公署副专员、党组成员（其间兼任过中共诸城机场筹建委员会书记）。1959年6月—1966年8月，任中国农科院烟草研究所第一副所长（主持日常工作）。1966年8月—1971年12月，在“文化大革命”中挨批斗，参加劳动。1971年12月—1975年4月，任昌潍地区益都铁厂革委会副主任、党委委员。1975年5月—1983年9月，任山东羊口盐场革命委员会副主任、常委、党委书记，潍坊地区盐务局局长。1983年10月—1984年2月，任潍坊市政协筹备委员会副主任。1984年2月—1986年5月，任政协第六届潍坊市委员会副主席。1986年6月离休。

刘命信（1954—2009）　昌乐县人。1976年12月参加工作，1976年8月加入中国共产党。1972年—1976年12月，为昌乐县委通讯员、县委工作队队员。1976年12月—1983年9月，任昌乐县委组织部干事。1983年9月—1985年7月，为昌潍师专干部专修科学员。1985年7月—1986年7月，任昌乐县委组织员办公室副主任、县委办公室副主任。1986年7月—1992年5月，任潍坊市委组织部秘书科副科长、科长，办公室副主任、主任。1992年5月—1993年12月，任潍坊市委组织部副部级巡视员。1993年12月—1994年7月，任潍坊高新科技产业开发区政治部部长（正县级）。1994年7月—1996年10月，任寿光市委副书记（正县级）。1996年10月—1997年12月，任寿光市委副书记、代市长、市长。1997年12月—2001年2月，任寿光市委书记。2001年2月—2002年12月，任潍坊市政府副市长。2002年12月起，任威海市委副书记，市政府副市长、党组副书记。2007年2月，任青岛市人民检察院检察长、党组书记。

牛玉华（1920—2009）　女，安丘市景芝镇前屯村人。1934年考入济南省立第一乡村师范。民国25年参加革命工作，加入中华民族解放先锋队。抗战爆发后，响应中共号召回家乡发动抗日。在景芝镇参与组织万人抗日动员大会，参加演出《放下你的鞭子》。1939年加入中国共产党，在家乡从事党的地下工作。1940年初，在中共党组织的安排下，与本村3名进步女青年冲破敌伪封锁，奔赴沂蒙抗日根据地。先在中共莒南县委任妇委会宣传委员，后在滨海地委宣传队工作。1942年起，在中共领导的《沂蒙导报》《鲁中日报》《鲁中大众》《鲁中南报》和新华社鲁中分社工作，任编辑、记者、编辑部主任等职。

1949年春，当选为华东地区妇女代表，赴北平出席首届全国妇女代表大会。其间参加迎接毛泽东和中共中央进驻北平的欢迎仪式。是年7月，奉命随第三野战队干部纵队南下，在南京先后任《新华日报》地方版主编、江苏省委宣传部处长、办公室主任等职。1965年调北京任人民文学出版社副总编辑。“文化大革命”中受冲击，下放到湖北省向阳湖“五七”干校劳动。1971年重新工作后，任陕西日报社党委常委、副总编辑。1978年起，调中共中央宣传部，任出版局正局级负责人。1983年离休，享受副部级待遇。2005年9月，获中共中央颁发的抗日战争胜利六十周年纪念章。主要著作有《孩子诗人苗得雨》《韩秀贞》《他们在战争年代》《春天的日记》《真情集》《往事悠悠总是情》《征程》等。酷爱绘画，作品多次在人民大会堂、中央美术馆展览，并有《牛玉华画集》出版。

马　振（1921—2009）　笔名马萧萧，安丘城东关村人。1935年入安丘县立初级中学十一级学习。1937年秋，因参加学潮被捕入狱，经父老营救获释，遂失学。抗日战争期间，辗转于安丘城乡、沂水、莒县、安徽、河南、湖北、重庆、陕西等地，参加抗日宣传、求学。1944年，考入西北农学院森林学系。1945年，参加中共外围组织西北民主青年社。1948年2月加入中国共产党，5月入延安大学学习，结业后留校工作。历任中国新民主主义青年团西北工委宣传部宣传科长，团中央书记处办公室秘书，中国少年儿童出版社、中国青年出版社编辑室主任，中国民间文艺家协会书记处书记等职。1986年离休。自幼爱好诗画。抗战期间，曾求师于司徒乔、徐悲鸿、赵望云诸先生。1948年在延安发表短诗《夜渡泾河》和新年画《支援前线》。1959年和1981年，先后发表《石牌坊的传说》和《翠笛引》等长篇叙事诗。晚年致力楹联的研究、创作和组织工作。2009年，出任中国楹联出版社《百家联稿》丛书编委会顾问，担任中国楹联学会名誉会长，兼任中华诗词学会常务理事，是中国书协会员和中国美协会员。

曹　铎（1929—2009）　原名元振，安丘城东关村人。南下干部，上海电影制片厂演员，中国电影家协会会员，中国电影表演艺术学会会员，著名表演艺术家。1946年就读于山东省立安丘中学。1948年参加革命工作，进入华东大学学习。1949年参加解放军，任南下干部纵队三支队文工团演员、上海华东人民革命大学文工团演员。1952年，调入上海联合电影制片厂当演员。从艺50年，在戏剧舞台和影视屏幕上塑造众多个性鲜明的人物形象，给观众留下深刻印象。参与拍摄的戏剧、影视剧目近百部。早期主演歌剧《白毛女》《王宝山参军》，舞剧《幸福山》等，参与《鸡毛信》《李双双》《难忘的战斗》《喜盈门》《特殊任务》《山道弯弯》《上海屋檐下》《蠡湖烟绿》《西游记》等影视剧表演，是全国广大观众熟悉的影视演员。曾立三等功1次，受到党和国家领导人周恩来、陈毅接见。

孙镇业（1944—2010）　安丘城东小关人。山东快书表演艺术家，国家一级演员、中国曲艺家协会理事、山东省曲艺家协会副主席、中国曲艺学会常务理事、中华山东快书研究会副会长。1960年考入山东省曲艺团，1961年拜著名山东快书表演大师高元均为师。1978年调入济南军区前卫歌舞团，历任演唱队曲艺分队长，演唱队副队长、团艺术指导等职。从事曲艺工作40余年，创作表演大量曲艺节目，在军内外刊物发表作品90余件、150多万字。代表作品有山东快书《贺龙赴宴》《一代风流》《桥隆飙》《逼婚记》《鲁智深》《武松传》和相声《十五的月亮》，山东琴书《慈母心》，唱词《晏子使楚》等。上述作品在社会演出中深受大众好评。多次获省级、国家级曲艺节目汇演大奖。从2000年10月起，中央电视台在黄金时段连续播放他的长篇快书《武松传》和《鲁智深》，在全国引起热烈反响。参与编辑出版《山东快书传统曲目大全》和《山东快书新作品选集》等重点曲艺书目。

李双林（1990—2010）　安丘市柘山镇马时沟村人。2008年12月参军后任营卫生员，下士军衔。入伍后，参加维护驻地社会稳定、四川省玉树“4·14”抗震救灾等重大任务。2009年、2010年，被甘孜军分区表彰为优秀士兵。2010年12月5日13时30分，李双林所在的甘孜军分区独立营官兵奉命到子龙山救火。他与教导员李列以及62名战友一起，奔向火灾现场。经过官兵和群众1个多小时的扑救，扑灭任务区的大部分明火基本控制。时有群众反映，对面呷乌山上有村民，火一旦烧过去，将造成严重的后果。15时10分，现场突起狂风，呷乌沟底部山火死灰复燃，并迅速向上燃烧。此时，李双林和战友们听到沟底有藏族群众大声呼救。李列当即决定留下部分官兵原地清理余火，便和李双林等一起迎着火向呼救群众所在的沟底冲去。由于沟底长满一人多高的灌木和枯草，大火迅速燃烧，几分钟后烈火就把山沟完全覆盖。李双林与李列等15名官兵壮烈牺牲。

2010年12月9日上午，四川甘孜军分区独立营“12·5”山火扑救中壮烈牺牲烈士追悼会在康定举行。中共中央总书记、国家主席、中央军委主席胡锦涛，中共中央政治局常委、国家副主席、中央军委副主席习近平等向烈士赠送花圈。同月10日，李双林骨灰安葬安丘市革命烈士陵园。

刘玉兰（1937—2011）　女，青州市人，1937年7月出生，1955年2月参加工作，1964年8月加入中国共产党，中专文化程度。1955年2月—1956年9月，在高密县夏庄区东苓芝小学任教。1956年9月—1959年4月，任高密县仁和公社旗台小学副教导主任。1959年4月—1963年11月，任高密县西关小学副教导主任、副校长。1963年11月—1964年8月，任高密县文教局文书。1964年8月—1971年3月，任高密县妇联秘书、副主任、主任、群工组副组长。1971年3月—1972年10月，任中共高密县委常委、妇联主任。1972年10月—1975年4月，任中共高密县委常委、县革委政治部副主任。1975年4月—1976年8月，任中共高密县委副书记。1976年8月—1983年10月，任中共昌潍（潍坊）地委组织部副部长。1983年10月—1984年4月，任中共潍坊市委常委、组织部副部长。1984年4月—1988年1月，任中共潍坊市委常委、组织部部长。1988年1月—1993年3月，任政协第七届潍坊市委员会副主席、党组副书记。1993年3月—2001年2月，任潍坊市政协主席、党组书记。2001年2月—2008年12月离职。2008年12月退休。是中共潍坊市第六届、第七届、第八届市委委员，政协山东省第七届、第八届委员会委员，中共山东省第六次、第七次党代会代表。

李福崇（1925—2011）　莱芜市人，1943年8月参加工作，1941年2月加入中国共产党。1943年8月—1944年3月，在莱芜县圣井区委任宣传干事。1944年3月—1944年10月，任鲁中三地委工作团副团长。1944年10月—1945年11月，任莱芜县圣井区委宣传委员。1945年11月—1946年10月，任莱芜县委宣传部干事。1946年10月—1948年10月，任鲁中南区党委工作团团长。1948年10月—1950年2月，任鲁中南干部疗养院指导员。1950年2—5月，在鲁中南党校学习。1950年5月—1951年5月，任临沂县委组织部副部长。1951年5月—1952年12月，任郯县县委组织部部长。1952年12月—1960年4月，任苍山县委书记。1960年4月—1963年12月，任临沂矿务局党委书记（其间，1962年4—6月，在山东省委党校学习）。1963年12月—1971年10月，任费县县委书记。1971年10月—1973年10月，任临沂地委常委、政治部副主任。1973年10月—1975年5月，任德州地委副书记、革委会副主任（未到职）。1975年5月—1982年3月，任临沂地委副书记、行署副专员。1982年3月—1983年10月，任昌潍地委副书记、行署副专员。1983年10月—1984年2月，任潍坊市政协筹备委员会主任。1984年2月—1986年5月，任潍坊市政协主席。1986年6月离休。

耿锡栋（1916—2012）　原名耿西栋，1916年3月出生于潍县第五区耿家小官庄村（今寒亭区固堤街道东小官庄村）。8岁在本村读私塾，16岁时因家贫进织布坊做工。1937年12月，参加八路军鲁东游击队第七支队。1938年4月，随七支队整编入第八支队，任机炮大队中队（后改编为警卫连）班长。1939年1月，加入中国共产党。1939年2月起，到山东抗日军政干部学校学习3个月，毕业后任八路军鲁东游击队第一支队十二连副排长。同年7月，调任第一支队教导队排长。1940年4月，任一支队四团三营七连连长。1941年5月，被派往一旅教导大队学习，毕业后到四旅十一团任团侦察参谋。1942年，十一团整编入鲁中分区，任分区司令部侦察参谋兼侦察连连长。1943年9月，鲁中第四军分区成立，任四分区司令部侦察参谋。其间，他经历数十次“扫荡”与反“扫荡”战斗。解放战争时期，历任鲁中三分区司令部侦察股长、科长，鲁中二分区作战科长，浙江省嘉兴军分区作战科长等职，其间多次带领侦察部队深入敌占区收集敌情。1949年4月参加了渡江战役。1950年1月起，历任浙江嘉兴军分区参谋处副处长、办公室主任兼机关总支书记等职。1952年8月，调任军委防空司令部保密室主任，1953年初任空军司令部气象室主任。1955年12月被授予中校军衔。1957年6月，获三级独立自由勋章和三级解放勋章。1960年4月，任空军司令部气象部副部长。

1965年8月，转业至中国农林科学院工作，任气象室副主任。1971年初至1978年11月，任中国农林科学院领导小组副组长。1978年11月起，任中国农业科学院农业科技情报研究所副所长，1980年代初任情报所首任党委书记。1983年12月离休，享受司局级待遇、副部级医疗待遇。

王汉兴（1926—2012）　淄博市临淄区人。1947年9月参加工作，1948年10月加入中国共产党。历任临淄县粮食局记账员、一区粮库会计副主任、县委纪委秘书、五区委宣传委员、三区委副书记、县委纪委副书记，昌潍地委政办、行署工交办副主任，昌乐县委办公室主任、革委会副主任、常委，临朐县委常委、副书记，昌潍地委宣传部副部长，临朐县委书记等职。1984年4月—1988年1月，任潍坊市人大常委会秘书长。1984年2月和1988年1月，分别当选为潍坊市第十届、第十一届人民代表大会代表。1991年12月离休。享受厅局（地专）级待遇。

王鹤田（1928—2012）　诸城市石桥子镇王家西院村人，1947年5月参加革命工作，1949年7月加入中国共产党。1947年5月—1948年12月，在诸城县从事粮食助征和民办教师工作。1949年1月—1951年12月，任诸城县贾悦粮库出纳。1950年3月—1951年12月，任诸城县枳沟粮库出纳。1952年1月—1953年12月，任诸城县粮食局会计股副股长。1954年1月—1956年2月，任诸城县统计科副科长。1956年3月—1957年8月，任诸城县城东区区委书记。1957年9月—1958年5月，任诸城县计委副主任。1958年6月—1958年10月，任诸城县下泊乡党委书记。1958年11月—1960年5月，任诸城县城关公社党委书记。1960年6月—1963年4月，任诸城县程戈庄公社党委书记。1963年5月—1967年1月，任中共西藏自治区工委组织部干事。1967年1月—1969年12月，任西藏自治区物资局政治部副主任。1970年1月—1976年12月，任西藏自治区物资局局长。1977年1月—1982年9月，任西藏自治区计划委员会副主任。1982年10月—1983年10月，任潍坊地区行署副专员（其间，1983年3月兼任潍坊寿光纯碱厂筹建处主任）。1983年10月—1986年5月，任潍坊市人民政府副市长。1986年5月—1993年12月，任潍坊市人大常委会副主任。1995年6月离休。

沈　星（1981—2012）　陕西省西安市人。2000年9月入伍，2001年12月加入中国共产党，第二炮兵工程大学士官职业技术教育学院原副营职参谋，上尉军衔。2010年9月，考入第二炮兵指挥学院攻读军事装备学硕士研究生。2012年5月13日，在青州市为抢救一名落水学生壮烈牺牲，被批准为烈士。团中央、全国青联追授沈星“中国青年五四奖章”，共青团中央印发广泛开展向沈星学习活动的通知，第二炮兵党委作出向沈星学习的决定，山东省追授沈星“见义勇为先进分子”称号。

刘天佑（1942—2012） 高密市人。1958年9月参加工作，1966年5月加入中国共产党。历任昌潍汽车运输公司工人、团支部书记、工会副主任、一队党支部书记、汽修厂党总支书记，昌潍汽车运输公司副经理、援尼泊尔公路专家组机修厂厂长，山东省汽车运输总公司潍坊分公司副经理，潍坊市联运调度中心主任、党总支书记、联运公司经理（兼），潍坊市交通委员会副主任、汽运总公司经理，潍坊市交通委员会主任、党工委书记、市政府口岸办主任（兼）、潍坊国际海陆运输（集团）有限公司董事长、党委书记（兼）、交通重点项目建设办公室党委书记（兼）等职。1993年11月，当选为山东省第六次党代会代表。1998年2月—2003年2月，任潍坊市人大常委会副主任。1998年2月和2003年2月，分别当选为潍坊市第十三届、第十四届人民代表大会代表。2008年3月退休。

邵桂芳（1943—2012） 莱州市人。1969年9月参加工作，1973年6月加入中国共产党，大学学历。1969年9月—1970年7月，在安徽淮南煤矿合肥矿山机器厂劳动锻炼。1970年7月—1972年11月，任潍坊市柴油机厂热加工车间团支部书记。1972年11月—1976年5月，任潍坊柴油机厂厂办秘书、副主任。1976年5月—1981年11月，任昌潍行署办公室秘书科秘书、副科长。1981年11月—1982年12月，任原潍坊市副市长。1982年12月—1983年10月，任潍坊棉纺织厂厂长、党委常委。1983年10月—1991年8月，任潍坊市委副书记、市长（其间，1986年9月—1987年7月在中央党校干部培训班学习）。1991年8月—1993年4月，任山东省经委主任、党组书记。1993年4月—1995年2月，任山东省政府党组成员、秘书长、办公厅党组书记兼省政府机关党工委书记。1995年2—6月，任山东省副省长，省政府党组成员、秘书长、办公厅党组书记兼省政府机关党工委书记。1995年6月—2000年3月，任山东省副省长、省政府党组成员。2000年3月—2002年8月，任山东省副省长、省政府党组副书记，山东大学党委书记。2003年4月—2005年3月，任山东省人大常委会副主任、党组副书记，山东大学党委书记，研究员，国家高等教育咨询委员会委员。2005年3月—2008年1月，任山东省人大常委会常务副主任、党组副书记，主持日常工作。2008年1月离职。是中共十四大代表，第七届全国人大代表，中共第六届、第七届山东省委委员。

龙头蜈蚣

附　　录

潍坊人民广场夜景　（2020年拍摄）

潍坊重大历史事件

仓颉造字

仓颉造字，也称仓颉作书。《吕氏春秋·君守篇》称：“奚仲作车，仓颉作书，后稷作稼，皋陶作刑……”，《韩非子·五蠹篇》《尚书序·正义》《周礼·外史疏》《广韵》《御览》等典籍中均有记载。汉代许慎《说文·序》中说得更加明确：“黄帝之史仓颉，见鸟兽蹄迒之迹，知分理之可相别异也，初造书契。……仓颉之初作书，盖依类象形，故谓之文，其后形声相益，即谓之字。”文字的发明，在中华民族历史进程中产生了重大影响。学者们认为，远古时期，有关区域的人们都在结合社会的发展需要尝试创造文字，但唯有仓颉所创造的文字合于事物发展的基本规律，故能传承不断。

关于仓颉的墓地在今寿光市，地方志乘多有记载。元代于钦《齐乘》载：“仓颉台，寿光西北，洱水所经。”明嘉靖《青州府志》载：“仓颉庙，在（寿光）城西。”民国25年（1936）《寿光县志·冢墓》称：“仓圣墓在县城大门外迤北百步许，久为一邑名区。墓前东西有井二，昔所谓仓颉双井也。”

舜生诸冯

舜，姚姓，妫氏，名重华，字都君，史称虞舜、舜帝、大舜等，出生于东夷“诸冯”（今诸城市）。对舜的最早记载，见于《孟子·离娄下》：“舜生于诸冯，迁于负夏，卒于鸣条，东夷之人也。”在司马迁的《史记·五帝本纪》中有较为详实的记载：“舜年二十以孝闻，年三十尧举之,年五十八尧崩，年六十一代尧践天子位，践帝位三十九年南巡狩，崩于苍梧之野。”

舜是中华民族的道德始祖，20岁时以孝闻名。30岁时被举荐给尧帝。尧帝把两个女儿娥皇、女英嫁给舜。舜德行高尚，传说他住的地方，一年就成为一个村落，二年就成为一个小城镇，三年就变为大都市。尧让舜参与百官的事，百官的事因此变得有条不紊；让他在明堂四门接待宾客，四门处处和睦，从远方来的诸侯宾客都恭恭敬敬；尧又派舜进入山野丛林、大川草泽，遇上暴风雷雨，舜也没有迷路误事。61岁时成为天子。即位后，舜更勤于政事，把天下治理得井井有条。在位39年，在南巡到苍梧时驾崩。其妻娥皇、女英血泪洒湘竹，投江殉情。

寒浞代夏

夏朝初年，太康当政的时候，国内出现了衰败的迹象，内忧外患，民不聊生，诸侯纷起。这时，东夷族有穷氏的首领后羿，乘机入主中原，“因夏民以代夏政”，从此掌握中原的大权。后羿篡夺了政权之后，开始放纵自己。他不再勤政，而经常依仗自己善于射箭，像太康那样沉迷于打猎。他重用自己的丞相寒浞，把朝政全部托付于他。

寒浞，古寒国（今潍坊市寒亭区）人，是东夷伯明氏的弟子，被其父逐出家门，投奔了后羿。由于他处事圆滑，才干卓越，深得后羿信任。他处理事情恰如其分，深得人心，群起拥戴，里里外外都顺从于他。

夏相八年，寒浞联合逄蒙谋杀了后羿，在后羿家臣和妻子的帮助下，谋夺了羿的胜利果实。他继承了羿的妃子，先后生育了浇和豷两个儿子。浇与豷长大之后，身强力壮，能弓善射，成为寒浞东征西战、剿灭夏王朝偏安政权的得力干将。寒浞父子先后攻灭了过国、戈国。寒浞将两个儿子浇和豷分别封于过国和戈国，遂称为过浇、戈豷。

夏相二十六年，寒浞派浇率领军队攻打斟灌，斟灌被灭，夏王相出逃到了同姓的斟鄩国。夏相二十八年，过浇又率军攻打斟鄩，双方大战于潍水，斟鄩几乎全灭，相被杀。寒浞正式取代了相，成为中原霸王。

当时，相的妻子后缗怀孕在身，从墙洞逃走，投奔了另一个诸侯封国有仍氏，在那里生下少康。少康成年后，在伯靡等旧臣的帮助下，举兵诛杀寒浞，夏朝复立，史称“少康中兴”。

今寒亭区寒亭街道东冢子后村村南50米处，犹存寒浞冢。清乾隆《潍县志》载：“寒浞冢，在城东三十里。冢高三四丈，广数百尺。”

姜太公建齐

周武王灭商后，分封诸侯。姜太公凭着在兴周灭纣中的首功，被封于齐，都营丘（今昌乐县营丘镇）。营丘临近东夷大国莱国，当时周初立，莱未臣服。莱侯发兵争营丘，经激战，姜太公占领营丘，站稳脚跟。姜太公建立齐国后，修明政事，顺应风俗，简化礼仪，开放工商之业，发展渔业、盐业，齐国逐渐强大。后经过不断征讨，齐国成为大国。姜太公死后，至第五世哀公时，纪侯（纪国国都在今寿光纪台一带）向周王进谗言，周王烹杀哀公，立其弟静，史称胡公。胡公将国都迁到薄姑（今滨州市博兴县）。哀公同母的弟弟山怨恨胡公，率领营丘人袭击杀死了胡公，自立为王，史称献公。献公将国都迁到临淄（今淄博市临淄区）。

营丘故城位于昌乐县营丘镇古城村，故城东西长约1600米，南北宽约1500米，残存城墙高约3米，墙基宽约20米，墙体为穿棍夹板法夯筑而成。

晏婴相齐

晏子（约前580—前500），名婴，谥平仲，莱之夷维（今高密市）人。《史记·管晏列传》称晏婴：“事齐灵公、庄公、景公，以节俭力行重于齐。既相齐，食不重肉，妾不衣帛。其在朝，君语及之，即危言；语不及之，即危行。国有道，即顺命；无道，即衡命。以此三世显名于诸侯。”

晏婴是春秋后期一位重要的政治家、思想家、外交家，他崇节俭、尚民本、忠君爱国、普行仁政，对齐国的稳定与发展做出了重要贡献。传说晏子五短身材，“长不满六尺”，虽貌不出众，但足智多谋，刚正不阿，能言善辩，“晏子使楚”的故事被后世广为传颂。其主要言行记录在《晏子春秋》一书中。

潍水之战

汉高帝四年（前203）十月，韩信率兵攻占齐国国都临淄。齐王田广逃往高密，派使者到楚国去请求救援。项羽派大将龙且领兵，号称二十万大军，前来援救齐国，在高密与齐王的军队会师。

十一月，齐、楚两国军队隔潍水（今称潍河）摆开阵势。韩信命人连夜赶做了袋子，装满沙土，投堵潍水的上游，然后率领一半部队渡河去袭击龙且，随即假装战败，往回奔逃。龙且素来轻视韩信，见此情形高兴地说：“我本来就知道韩信胆小如鼠嘛！”于是渡潍水追击韩信。待楚军半渡之时，韩信即派人挖开堵塞在潍水上游的沙袋，大水立刻奔泻而下，龙且的军队被淹，大乱。韩信乘机回师猛烈反击，杀死了龙且。龙且在潍水东岸尚未渡河的部队，见势四散逃跑，齐王田广也逃跑了。韩信追赶败兵直到城阳，把楚军士兵全部俘虏。

潍水之战是楚汉时期重要的一场转折性战役，此战韩信不但消灭了齐楚仅余的一支有生力量，斩断西楚之右臂，并且占领三齐之地，实现迂回到西楚后方并对其战略包围的有利局势。可以说此战扭转了楚汉之间的根本局势，使楚汉之争逐渐明朗化，形成一面倒的局势。项羽再无能力灭汉，已经到了完全被动的防御状态；而刘邦则进入全面战略大反攻的时刻。

青州设刺史部

青州为古九州之一，其名始见于《尚书·禹贡》：“海岱惟青州”。汉武帝元封五年（前106），全国设13个监察区，称刺史部，青州刺史部为其中之一。西汉的青州刺史部包括平原郡、济南郡、千乘郡、齐郡、东莱郡、北海郡、淄川国、高密国、胶东国9个郡国，下领90多个县，区域相当于今德州、济南、滨州、东营、淄博、潍坊、烟台、威海、青岛等地市。东汉的青州刺史部包括平原郡、东莱郡、济南国、乐安国、齐国、北海国6个郡国，下领60多个县，范围与西汉时相仿。两汉的刺史部只是监察区划，长官为刺史，官位不高，秩六百石，俸禄相当于一个中等县令，其职权只是每年八月以中央派员的身份“巡行所部郡国”，按照朝廷规定的六条，察问吏政，不管民政，对郡县官吏只有弹劾权，没有罢免权，“岁尽诣京师奏事”。所以两汉时，虽有州的建置，但不属政区单位，刺史也无固定治所。到东汉灵帝时，朝廷为镇压黄巾起义，维护自己的统治，规定州牧（刺史改称州牧）掌握一州的军事、行政、民政大权，至此，地方政区便由郡、县两级制，变为州、郡、县三级制。东汉建武十一年（35），州牧（刺史）才开始有固定的治所，时青州的治所在临淄（今淄博市临淄区齐都镇）。

郑玄遍注群经

郑玄（127—200），字康成，东汉北海高密人。他以毕生精力整理古代文化遗产，遍注儒家经典，使经学进入一个“小统一时代”。曾入太学攻《京氏易》《公羊春秋》《三统历》《九章算术》，又从张恭祖学《古文尚书》《周礼》《左传》等，最后从马融学古文经。游学归里之后，复客耕东莱，聚徒授课，弟子达数千人，家贫好学，终为大儒。党锢之祸起，遭禁锢，杜门注疏，潜心著述。以古文经学为主，兼采今文经说，遍注群经，以《毛诗笺》《三礼注》影响最大。另有《周易》《论语》《尚书》等注。所作《六艺论》《驳五经异义》等已佚。范晔在《后汉书》中称赞说：“自秦焚六经，圣文埃灭。汉兴，诸儒颇修艺文；及东京，学者亦各名家。而守文之徒，滞固所禀，异端纷纭，互相诡激，遂令经有数家，家有数说，章句多者或乃百余万言，学徒劳而少功，后生疑而莫正。郑玄括囊大典，网罗众家，删裁繁诬，刊改漏失，自是学者略知所归。”（《后汉书·郑玄传》）。郑玄著有《天文七政论》《中侯》等书，共百万余言，世称“郑学”，为汉代经学的集大成者。他以其丰富的著述创立了“郑学”，破除过去今古文经学的家法，初步统一今古文经学，使经学进入一统时代，对经学的发展做出重大贡献。后人为纪念郑玄而建有郑公祠。

孔融任北海相

孔融（153—208），字文举，汉末文学家。

孔融少有异才，勤奋好学，与平原陶丘洪、陈留边让并称。汉献帝即位后，任北军中侯、虎贲中郎将、北海相，时称孔北海。在任六年，修城邑，立学校，举贤才，表儒术，后兼领青州刺史。建安元年（196），袁谭攻北海，孔融与其激战数月，最终败逃山东。因慕郑玄才德，特令高密县设立一乡，曰郑公乡，并广开门衙，令容高车，号通德门。后人辑有《孔北海集》。

南燕国兴衰

东晋隆安三年（399），鲜卑贵族慕容德夺取青州，建立南燕国，立广固城为国都。南燕国为“十六国”之一，历二世，共12年。

慕容德称帝后，励精图治，富国强兵，建立学官，培养人才。还派人开发铁矿，兴办炼铁业；又派官吏到沿海管理盐务，增加税收。同时，整顿全国户口，劝喻农桑，养兵厉甲，广农积粮，并建立起一支步兵37万人、车17000乘、铁骑53000匹的强大军队。使东晋和北魏等强国对南燕国刮目相看。405年，慕容德病死，慕容超继位，不久，南燕内讧，国祚衰薄。义熙六年（410），东晋大将刘裕率军攻克广固城，慕容超被俘斩首，南燕遂亡。

贾思勰著《齐民要术》

贾思勰（生卒年不详），农学家，北魏益都（今寿光市）人。约在公元533—544年编著《齐民要术》。《齐民要术》全书共10卷、92篇、11多万字。该书总结了北魏及北魏之前北方劳动人民农业生产技术的成就。书中介绍了选种、浸种、施肥、轮作等精耕细作的方法；传授了谷物、林木、蔬菜的栽培经验；记述了家禽的饲养技术等，几乎对农业生产所涉及的各个方面都做了较详细的论述。此外，书中还保存《氾胜之书》《四民月令》等珍贵的古代农业资料。

《齐民要术》是中国古代第一部包括农、林、牧、副、渔的农业百科全书，在农学研究方面具有重大意义，堪称世界农业科学史上的一颗明珠。

李白、杜甫访李邕

天宝三载（744），中国诗坛上的两位巨星杜甫和李白同聚青州，拜访时任北海太守的李邕，为潍坊绚丽多彩的历史画卷抹上了浓艳的一笔。李邕，字泰和，唐官员，名士、书法家，江都（今属江苏省）人。玄宗时，官北海（治今青州）太守，史称“李北海”。他是唐代著名书法家，行书碑刻大家，书法风格奇伟倜傥，笔力雄沉，自成一派。文名满天下，著有《李北海集》。

大诗人李白谒见李邕，尽管有慕名投靠，寻求帮助的成分，但主要是二人心气相通，志趣相投。他们畅谈痛饮，寻仙求箓，古青州的深邃悠远使李白浮想联翩，此行，对他一生喜欢寻仙求道、迷恋符箓有重大影响。在这里，诗人写有《上李邕》一诗：“大鹏一日同风起，扶摇直上九万里。假令风歇时下来，犹能簸却沧溟水。世人见我恒殊调，闻余大言皆冷笑。宣父犹能畏后生，丈夫未可轻年少。”

诗圣杜甫到青州拜访时，年仅33岁，对成就一番事业还抱有很大的期望，此访李邕，有希冀先辈引荐步入仕途的想法，更主要的目的是旧地重游，缅怀往事。青州相聚，杜甫与李邕结下了深厚的情谊，翌年，李邕赴齐州与杜甫会面，把酒长谈，论诗论史，杜甫写下“海右此亭古，济南名士多”的佳句。天宝六载（747），李邕在青州被杖杀，杜甫悲愤地写下《八哀·赠李邕》诗，“忆昔临淄亭，酒酣托末契。重叙东都别，朝阴改轩砌。钟律俨高悬，鲲鲸喷迢递。坡陀青州血，芜没汶阳瘗。”感叹李邕之冤死，表达出深深的哀痛之情。

范仲淹、欧阳修知青州

范仲淹知青州　北宋著名的政治家、军事家和文学家范仲淹，于皇祐三年（1051）初以户部侍郎知青州。范仲淹以63岁高龄到青州为官，身处逆境而壮志犹存，关心群众疾苦，主要政绩有：一是朝廷令青州的田赋运到博州（今聊城）交纳，民众都为长途运输发愁。他探明博州（聊城）粮价不高，就征得博州知州的同意，到博州购粮交赋。于是，他让青民把田赋粮折价交款，派人携去博州购粮，因价格优惠，售者踊跃，不到五天就购足交足田赋还剩数千缗钱，又发还农户。“青民因立像祠焉”。二是皇祐三年（1051），青州灾荒，奏请把军仓中的粮食留足一年军需，其余全部救济饥民，州民感激。

范仲淹守青州时，尝藉青州景物，写诗抒怀言志，留下《表海亭》《石子涧》等佳作，“好山深会诗人意，留得夕阳无限时”“飞泉落处满潭雷，一道苍然石壁开”等描写青州的诗句流传甚广。范公祠、范公亭皆为纪念范仲淹而建，现成为青州的游览胜地。

欧阳修知青州　北宋著名的文学家、史学家、诗人欧阳修于宋神宗熙宁元年至三年（1068—1070）以兵部尚书知青州，兼京东东路安抚使。欧阳修知青州期间，为青州人民做了不少好事。据旧志记载：欧阳修到青州三五日，事已“十减五六”；一两月后，“官府如僧舍”；两年之后，青州便出现了“年时丰稔，盗讼稀少”的局面。他在《青州书事》诗中曾这样描述：“清明风日家家柳”“年丰千里无夜警”。旧志所书并非过誉，欧阳修“宽简而不扰”的为政方针，确确实实使当地百姓得到好处。他利用听政之暇，优游青州山水，触景生情，即兴而发，写下不少讴歌青州山川风物的诗文，表达其安然高雅的精神情怀，抒发对祖国山河的热爱之情，给后人留下极其宝贵的精神财富。主要诗作有《山斋戏书绝句二首》《留题南楼》《游石子涧》《水磨亭子》《残腊》《表海亭》等。

苏轼知密州

苏轼（1036—1101），字子瞻，号东坡居士，四川眉山人。他博通经史，才华横溢，被列为“唐宋八大家”之一。他是一名人格、情操堪为11世纪士人典范的文化名士。熙宁七年（1074）冬由杭州调任密州（今诸城）知州。时逢连年灾荒，民不聊生。第二年春，旱蝗为害，苏轼以灭蝗给粮补之法，教民灭蝗，亲赴常山祈雨，并赋诗作词以记其事。在农业生产和农民生活好转之后，他又修超然台，建雩泉亭、常山祠等。苏轼深爱密州勤劳的人民和此地的山山水水，足迹遍及五莲山、九仙山、马耳山、常山、卢山、障日山等，并写下许多千古名作，如《江城子·十年生死》《江城子·密州出猎》《水调歌头·明月几时有》等。熙宁九年（1076），苏轼调离密州。为了纪念、弘扬苏轼在密州的业绩、人格和情操，密州人民在超然台上建苏公祠并塑苏公像，供人们祭祀瞻仰，以表敬仰和怀念之情。

张择端绘《清明上河图》

张择端（1085—1145），字正道，又字文友，东武（今诸城）人。他自幼好学，早年游学汴京（今河南开封），后习绘画。尤擅城郭、舟车、屋宇、桥梁、市肆、街道等，是北宋末年杰出的现实主义画家。其作品大都失传，存世《清明上河图》《金明池争标图》为中国古代的艺术珍品。《清明上河图》原是进献给宋徽宗的贡品，流传至今已有800多年的历史。作品长528.7厘米、宽24.8厘米，以长卷形式，采用散点透视构图法，细致描绘了清明时节北宋都城东京汴河两岸店铺林立、市民熙来攘往的热闹场面，以及运载东南粮米财货的漕船通过汴河桥涵紧张繁忙的景象。作品生动记录了中国12世纪北宋汴京的城市面貌和当时社会各阶层人民的生活状况，是汴京当年繁华的见证，也是北宋城市经济社会生活现状的写照。在5米多长的画卷里，共绘了各色人物800多名，牛、骡、驴等牲畜73头（匹），车、轿20多辆（乘），大小船只29艘。这件现实主义的杰作，是研究北宋东京城市经济及社会生活的宝贵历史资料。

李清照在青州

李清照（1084—1155），号易安居士，齐州章丘（今山东章丘）人。宋代女词人，婉约词派代表，有“千古第一才女”之称。18岁时与太学生赵明诚结婚。1107年，赵家蒙难，李清照与赵明诚离京，屏居青州10多年，专心金石研究和诗词创作。她的住处取名“归来堂”，为内室命名“易安室”，自称“易安居士”。居青州十数年，是李清照一生中最为安定和幸福的时期，李清照协助赵明诚编著《金石录》，对夫妇二人20多年的金石收藏研究做了阶段性总结。其间，李清照写出了一系列著名词作《醉花阴》《一剪梅》《凤凰台上忆吹箫》，并撰写《词论》。晚年，身经国破、家亡、夫死、遇人不淑等种种不幸遭遇的李清照，时常怀念在青州的幸福岁月。

姚演开胶莱运河

胶莱运河开创于元世祖至元年间，历史上又称运粮河。古胶莱运河南起黄海灵山海口，北到渤海三山岛，流经原胶南、胶州、平度、高密、昌邑和莱州等地，全长130多千米，流域面积达5400平方千米，南北贯穿山东半岛。元世祖统一全国定都北京，粮食需江南供给。1280年，莱州人姚演向朝廷提出，利用原有河道，修建胶莱运河，以缩短海运航程。元世祖忽必烈当即批准了这个大胆的设想，于当年七月任命姚演为总管，调兵万人、征民夫万人开凿运河，寒暑不辍。至元十九年（1282）七月，自胶州陈村海口至掖县海仓口的主体工程初告竣工。至元二十年（1283）元月，元世祖再令扩开，至元二十二年（1285），河道运粮已很可观，其水手、军人2万，船1000艘，年运粮米60万石。来自江南的运粮船队，不必再绕胶东半岛，只需进入胶州湾随海潮驶入胶莱运河，再经莱州湾北上，即可直达塘沽。后来由于河道管理、清淤等问题较多，特别是海运事业的迅速发展，胶莱运河的航运事业持续不足8年，即被海运取代，1290年停止运粮。

邢玠抗倭援朝

邢玠（1540—1612），字搢伯，亦字昆田，明后期大臣，官至兵部尚书，益都（今青州）人。明隆庆五年（1571）进士，授密云知县。继为御史、巡抚，后升至南京兵部侍郎。1592年，日本发动侵朝战争。仅2个月时间，几乎占领朝鲜全部国土，把战火烧到鸭绿江边。朝鲜李氏王朝紧急向中国求援。中朝联军同仇敌忾，并肩作战，收复大部失地，迫使日本侵略者龟缩釜山一隅，乞求和谈。明王朝以兵部尚书石星为首的主和派势力抬头，轻易允诺日本关白（宰相）丰臣秀吉的“乞和”要求，使日本侵略者赢得时间。1597年6月，丰臣秀吉又调集14万陆军和数万水军，卷土重犯。明王朝再次发兵，委任邢玠为兵部尚书兼蓟辽总督，援朝抗倭。他当机立断，剪除内奸沈惟敬，揭发石星通敌误国，使朝廷将其下狱论死。1598年，他“摽剑登坛”“必破倭，有死无二”。大会诸将，兵分三路，使敌人陷入困境。恰在此时，丰臣秀吉的死讯传来，倭寇更加恐慌。11月，中朝联军在露梁海面全歼日本水军。日本陆军完全孤立，仓皇逃窜回国。万历二十七年（1599）春，邢玠率明朝援军凯旋回国。为表彰邢玠抗倭援朝，朝鲜人民特铸铜柱纪功，并在釜山建祠绘像，以志纪念。

周亮工守潍县

周亮工（1612—1672），字元亮，一字陶庵，号栎园，原籍河南祥符（今开封市）。明崇祯十三年（1640）进士，翌年任潍县知县。时清军入塞，战事紧急。他到任后即加意抚绥，聚草屯粮，厉兵秣马，严阵以待。崇祯十五年（1642）冬，清军调重兵围城3个多月，数次攻城，3次挖地道偷袭。他率全城军民冒矢石固守，并令幕僚在他胸前书："潍县令周亮工之尸"，意在与城共存亡。全城军民深受感动，皆死力御敌，终退清军，保全了县城。其妾宛邱王氏，年仅19岁，能诗文、有胆识。鏖战时，她登城擂鼓助战，鼓舞了士气，被誉为"梁夫人"。因保城有功，他于崇祯十六年（1643）春，升任监察御史。离任后，县民为之建立生祠以示纪念。这场战争在潍坊历史上有着特殊的意义，因为它以区区县城抵挡住了清军铁骑风卷残云般的攻势，创造出以少胜多、以弱胜强的战绩，也使潍县古城免遭屠城之灾。周亮工还是一位学者，著有《赖古堂集》《印人传》《赖古堂印谱》《赖古堂藏印》等。

郑板桥知潍县

郑板桥（1693—1765），名燮，字克柔，号板桥，扬州兴化人。清朝著名书画家、文学家，扬州八怪之一。乾隆十一年（1746），调任潍县知县。在任期间，潍县大旱，赤地千里，寸草不生，出现"人相食"的惨状，他一面先行开仓赈贷，令百姓具券借粮；一面向上呈报，对积粟之家，不分绅商，尽行封存，责其平粜；还藉修筑城墙，疏浚城河，以工代赈，招集远近灾民就食赴工，广设粥厂，供给老幼残疾饥民，并派员监督执行，将成千上万的灾民从死亡的边缘拯救过来。另一方面，他还注意发现人才和培养人才。有次夜访，得知学生韩梦周在夜读。韩家素贫，却能发奋读书，便用自己的薪俸帮助他，使之安心读书，终于考中进士。另有穷学生韩镐，天资颇高，县考每居榜首，他亦多方资助，并书对联"删繁就简三秋树，领异标新二月花"相赠，被人们作为文艺创作原则传诵至今。在潍居官7年，案无留牍，邑无怨民；离潍时，除书籍外，"一肩行李，两袖清风"。百姓为他建祠祭祀。郑板桥于乾隆十八年（1753）春离潍返回故乡兴化，不久到扬州，以卖画为生。其诗、书、画号称"三绝"，尤善画兰、竹、石。他与金农、黄慎、汪士慎、李方膺等为友，史称"扬州八怪"。乾隆三十年（1765）十二月十二日在家中病逝，享年73岁。著有《板桥文集》《板桥家书》《板桥诗钞》等。

青州兵镇江抗英

道光二十年（1840），鸦片战争爆发。道光二十二年（1842），上海吴淞口失陷，英军7000余人沿长江向南京进犯。7月，到达镇江，并发动攻击。已经在江宁（今南京）驻防的青州兵400人，奉令调防镇江。7月18日，决战开始。由于城外守军失利退却，主帅海龄便令青州兵放弃东码头炮台，退守镇江，分守四门，每门百余人。400名青州兵与千余人的地方守军手持鸟枪、土炮、长矛、弓箭，与现代化装备的英军展开决战。7月21日中午，英军枪炮齐发，东、西、北三门城楼被焚。青州兵"奋勇格杀，至血积刀柄，滑不可持，尚大呼杀贼"。青州兵居高临下，猛烈反击，英军久攻不下，伤亡惨重。后来，英军首先攻破北固山下无青州兵把守的十三门，大队英军进入城内，转攻西门，城外英军与城内的英军里应外合，城门失守。这次战斗，青州兵阵亡65人，重伤70余人。次年，镇江人民为了纪念死难将士，在镇江城西门建青州驻防忠烈祠，立忠烈碑。碑阴胪列阵亡官兵花名，知府崔光笏撰写碑文，并将碑文送与青州。青州驻防旗城也将碑文刻石纪念。是年8月，青州知府李庭扬撰写《显忠碑文》，立碑褒奖。今二碑均移藏青州博物馆。

胶济铁路开通

1899—1904年间，德国在青岛与济南间修建了一条贯通山东腹地的胶济铁路。这条铁路的建成通车，对山东社会、经济各方面均产生了深远的影响，成为晚清山东历史上重要事件之一。1899年6月1日，德国政府发布命令，特许德国亚细亚银行修建由青岛经潍县（今潍坊市）至济南（包括博山支线）之铁路并营业。9月23日，胶济铁路正式开工，由青岛向西修筑。11月，因高密县境内爆发了大规模农民抗德阻路斗争，铁路工程被迫停工。同月，山东铁路公司开始用轮船从德国运来所需车辆，准备通车。1901年4月8日，胶济铁路由青岛修至胶州并通车。1904年6月1日，胶济铁路全线竣工通车，同时竣工通车的还有博山支线。此时，胶济铁路干线全长395.2千米，支线长45.7千米。

潍县开埠

1904年5月15日，清朝廷批准潍县自开商埠。1906年1月1日，举行开埠典礼。潍县由于开埠初期经费不足、基础薄弱等原因，近代企业发展较慢。1920年以后，其近代工业有了迅速发展。据统计，1918年至30年代初，潍县先后创设的机器工厂达30家。其中，生产布匹的工厂有10家，生产织布机、弹花机的工厂10家。20年代末，全县销售土布的布庄共有257家，年交易额达7000余万元。开埠后，潍县的商家数量激增，1919年共计大小商号910家，1932年全县商号约达3000家。在商业贸易上，潍县商埠进出口货物数量也很大。仅铁路方面统计，潍县及其境内的坊子、廿里堡、虾蟆屯、南流、大圩河 5 个车站主要货物运量数，1928年为113704吨、1929年为133591吨、1930年为110191吨，1931年为109430吨。潍县开埠后的金融业处于新、旧金融机构并存时期。在20年代以前，新式银行只有1915年开设的中国银行潍县分行。1920年以后，山东银行、交通银行、山东省银行、中国银行、中国实业银行、上海实业银行等分支机构先后设立。同时随着潍县社会经济的活跃，旧式钱庄的业务也迅猛发展。1921年以后，随着京钱票业的逐渐消灭和土布业的抬头，钱庄随之变更营业方向，逐渐以存放款为主业，尤以放款为主。因此潍县钱庄变成了具有近代银行性质的金融机构。据统计，30年代初，潍县共有钱庄25家，年存放款及汇兑总额达640余万元。

王尽美出席中共一大

王尽美（1898—1925），原名瑞俊，又名烬美、烬梅，字灼斋，中国共产党的创始人之一，山东党组织最早的组织者和领导者，今诸城市大北杏村人。1920年4月，共产国际代表维金斯基到北京会见李大钊后，在转赴上海会见陈独秀途中，接见了王尽美、邓恩铭等人，并向他们介绍了十月革命、建立苏维埃政权的情况和他本人对建立中国共产党组织的看法。1921年春，在北京、上海党组织的影响和帮助下，王尽美、邓恩铭等人秘密成立了济南共产主义小组，其成员至党的“一大”召开前，已发展为8人。济南共产主义小组，是山东党组织的最初形式，是中国共产党早期组织的组成部分。王尽美在济南共产党早期组织的成立中，发挥了重要作用，他也因此成为山东早期共产党组织的创始人之一。1921年7月，王尽美与邓恩铭一道，代表济南共产主义小组赴上海出席中国共产党第一次全国代表大会。7月22日，各地共产党组织代表陆续抵达上海。为保密起见，代表们大都以“北京大学暑假旅行团”的名义借住上海党组织预先租下的博文女校，王尽美与邓恩铭住在靠后面的一间房子里，和长沙代表毛泽东住房相邻。7月23日，中国共产党第一次全国代表大会在上海召开。在中共“一大”会上，王尽美代表济南共产主义小组向大会汇报了山东党组织建立的过程，并对目前的形势和任务阐述了自己的观点。会议期间，王尽美与各地代表热情交谈，利用一切机会求教，一起讨论对马克思主义的认识。

山东最早的县级党组织建立

1925年1月，潍县（今潍坊市奎文区）人庄龙甲根据党的指示回到潍县开展工作。此后，庄龙甲发展了南屯村的田化宽、田智恪和庄家村的庄禄海三人入党。2月，在庄家村庄龙甲的家中建立了直属中共山东省地方执行委员会领导的潍县第一个党组织——中共潍县支部，庄龙甲任书记。潍县支部建立后，深入到潍县城工人中间和乡下农民中间，宣传马列主义和革命道理，培养积极分子。在潍县火车站、坊子火车站、文华中学、文美中学、毓华高小等处，组织开展革命活动，建立党、团组织。到1926年春，全县发展党员120名、团员200余名。在此基础上，根据省执委指示筹备组建中共潍县地方执行委员会。1926年6月，20余名党员代表齐聚茂子庄村王全斌家的场院屋里，召开中共潍县第一次党员代表大会，正式成立山东省第一个县级党组织——中共潍县地方执行委员会，庄龙甲任书记。

牛头镇抗日武装起义

1937年7月7日，日军在卢沟桥向中国驻军发动进攻，中国驻军奋起反抗，史称七七事变。10月下旬，根据山东省委指示，中共鲁东工委在博山成立，鹿省三任书记，张文通任组织委员，杨涤生任宣传委员。鲁东工委成立后，召开会议分析研究鲁东地区的抗日形势，决定按照委员分工立即发动抗日武装起义。11月中旬，寿光县委在牛头镇召开扩大会议，具体商定组建抗日武装的有关事宜，并决定成立“八路军鲁东游击队第八支队”军政委员会，张文通任主席。军政委员会成立后，积极进行武装起义的准备工作，利用自卫团、武术馆、武术队等合法组织，秘密组织起义队伍，并利用社会关系争取旧军队参加抗战。12月29日，第八支队军政委员会在牛头镇发动了抗日武装起义，正式宣布成立“八路军鲁东游击队第八支队”，马保三任司令，张文通任政治委员。1938年1月10日，红军干部韩明柱和鲁东工委宣传委员杨涤生来到八支队，韩明柱任副司令，杨涤生任政治部主任。至3月，第八支队发展到2000余人，下辖3个大队和3个直属队。1937年12月，寿光县牛头镇抗日武装起义后，建立“八路军鲁东抗日游击第八支队”。1938年3月，第八支队与第七支队等部挺进胶东，开创了胶东抗日游击战争的新局面。在抗日战争中，“八支队”与日伪军作战200余次，计毙伤俘日伪军1万余人，为全民族的抗战建立了不朽的功勋。

五井大捷

1939年10月25日凌晨，驻临朐县城的日军30余人和伪军200多人，向驻五井的八路军山东纵队第一支队发起突然袭击，并抢占村东的制高点莲花山。日伪军在炮火掩护下，分别从东门、北门和村东北角的炮台处向村中发起多次进攻，都被一支队击退。中午后，一支队猛烈反击，日伪军退至莲花山，并企图逃跑。一支队在临朐县独立营的配合下，一举攻下莲花山，将日军残部压在山东北角下一茔地里。一支队战士英勇顽强，与日军拼刺格斗，经过激战，毙日伪军百余人，其中日军30余人；俘日伪军30余人，其中日军1人；击伤伪鲁南警备副司令王德平；缴获大炮2门、机枪4挺、步枪百余支、弹药一宗。为此，1939年11月3日《大众日报》发表题为“庆祝临朐大胜利”的社论，誉此次战斗为“山东抗战两年来的最模范的胜利战斗”。

日军建乐道院集中营

清光绪八年（1882）美国基督教北长老会派牧师狄乐播到潍县传教，并在当地教友的协助下，在潍县买地建立“乐道院”，乐道院由教堂、学堂、诊所3部分组成，用以传教、办学和开办诊所。

1941年12月7日，日军偷袭珍珠港，发动蓄谋已久的太平洋战争，美英正式对日宣战。这时在美国夏威夷等地的日本侨民采取种种措施窃取美军情报，为日本军国主义服务，引起了美国的强烈不满。美国政府将侨居旧金山等地的6万多日本人集中到洛杉矶附近指定的地区，并且不准与外界联系。日本为报复美国，从1941年底开始，在中国全境搜捕盟国所有在华的牧师、教师、商人等，并强行关押。

长江以北的美英等国侨民陆续被掳来关押，乐道院集中营最多时关押在华欧美侨民1500多人，成为二战时期中国境内最大的外国侨民集中营。先后共有2008名外国侨民（后因交换战俘释放了500人）被关押于此，其中包括327名儿童。他们分别来自美国、英国、加拿大、澳大利亚、新西兰、荷兰、比利时、伊朗、菲律宾、古巴、希腊、挪威、乌拉圭和巴勒斯坦，其中以欧美人士居多。

胶河战役

抗日战争胜利后，蒋介石不顾全国人民盼望和平民主团结建国的强烈要求，悍然发动内战，大举进攻解放区。中国共产党领导解放区军民奋起自卫还击，展开了举世闻名的解放战争。1947年8月下旬，蒋介石集中其在胶济铁路沿线的6个整编师及地方军队30余万人，由陆军副总司令范汉杰任总指挥，发起进攻胶东的所谓“九月攻势”。解放军根据毛主席的作战方针，组成了以华东野战军二、七、九、十三共4个纵队及配属的2个师组成东线兵团，在司令员许世友、政委谭震林的率领下，展开了胶东保卫战。9月初，国民党军前以重兵推进，后有还乡团尾随跟进。解放军东线兵团由许世友率领九纵、十三纵于正面内线战斗。谭震林率领二纵2个师于外线断敌后路。10月1日，十三纵与外线的二、七纵在昌南朱阳地区会师，许世友、谭震林在胶、潍河之间饮马一带，巧妙布阵牵敌入网，围点打援。至10月8日上午，胶河战役结束，歼敌1.3万余人，取得了胶东保卫战由防御转为反攻的重大胜利。

潍县战役

1947年秋，华东野战军胜利粉碎国民党对山东解放区重点进攻后，随即转入反攻，收复了除少数据点之外的大片地区，整个山东的形势发生了根本性转变。为了获取更大的胜利，早日解放全山东，1948年，山东兵团根据党中央和华东局的指示，在进行周密筹划后，于4月2日发起潍县战役。

潍县战役（亦称昌潍战役或胶济线中段战役），是全国解放战争时期，在华东战场上的第一个攻坚战。战役 4 月 2 日开始，27日中午12时，解放军占领了整个潍县城，肃清了城内残敌，潍县战役胜利结束。此次战役，共毙伤、俘敌4.6万余人，活捉国民党第九十六军军长兼四十五师师长陈金城，击毙国民党山东第八保安总队长张天佐。

潍县战役，不仅消灭了国民党军队的有生力量，拔掉了敌人的“鲁中堡垒”，切断了敌济南、青岛之间的联系，铲除了潍县周围数十个县、镇的反动武装，使胶东、渤海、鲁中三大解放区连成一片，还使解放军探索和总结了城市攻坚战的战术原则，培养了大批干部，为以后济南等大城市的解放提供了宝贵经验。

潍坊特别市成立

1948年4月27日，潍县解放。29日，中共潍坊特别市委、潍坊特别市民主政府成立，隶属中共华东中央局和山东省政府，市政府驻潍城，曾山任市委书记，姚仲明任市长；5月，曾山调中央工作，徐冰接任市委书记；9月，姚仲明接任市委书记兼市长；12月，姚仲明调济南市委工作，郭石任市委书记兼市长。1949年3月，中共华东中央局南下，潍坊特别市委改属中共山东分局；6月，潍坊特别市改称潍坊市，隶属山东省，郭石任市委书记兼市长，8月，臧君宇任市长。

潍坊柴油机厂成立

1948年12月，胶东兵工六厂（威海）从其所属的环海铁工厂抽调职工12名、调运设备9台，在坊子三马路西首组建大华机器厂。1949年 2 月，大华机器厂建成，并研制生产出仿德1200型单缸低速11马力柴油机 4 台，是潍坊及山东解放后生产的第一批柴油机，大华机器厂成为当时华东地区最先生产柴油机的企业。1950年，试制成功仿英1184型单缸低速15马力柴油机。1951年，试制成功仿英1254型低速40马力柴油机。

1952年，万通铁工厂、华新工具厂和国光铜线厂合并组建为昌潍实业公司机械厂。同年秋，大华机器厂由坊子迁入潍坊，与昌潍实业公司机械厂合并组建为“大华机器厂”，隶属山东省工业厅。之后，公司联营铁工厂、华东第二工业专科学校实习厂相继并入。1953年8月，大华机器厂更名为潍坊柴油机厂，隶属第一机械工业部。1954年后，陆续试制成功6108型高速柴油机、6160型中速柴油机，成为企业发展史上的里程碑。自此，潍坊柴油机厂走上了柴油机生产专业化道路。

1984年，从奥地利引进“斯太尔发动机技术改造项目”，国家计委、国家经委确认潍坊柴油机厂为研发及生产斯太尔WD615系列柴油机的定点厂之一，并确认该厂为重型汽车配套柴油机的定点厂之一。1989年11月，进入批量生产。通过这次技术改造，潍坊柴油机厂综合工艺水平处于国内内燃机制造行业领先地位，达到国际同类企业水平。这也是该厂发展史上的又一个里程碑。

90年代初期，企业以科技进步为主线，加速产品开发，成为“全国500家最大工业企业”之一。2002年12月23日，成立潍柴动力股份有限公司，以打造国际化潍柴为使命，发展全面步入快车道。主要经济指标连续多年实现翻番增长，创造了令人惊叹的“潍柴速度”。

峡山水库建成

1958年，为解决潍河下游两岸的洪涝灾害、农田灌溉和沿海群众吃水问题，昌潍地委、专署于8月26日向省人委写出了关于修建峡山水库的报告。9月16日，省人委批复昌潍专署同意修建峡山水库。10月，地委、专署成立“山东省昌潍区峡山水库工程指挥部”。随后，潍坊、昌邑、高密、安丘也在本行政区域设立指挥部。

同年11月10日，工程指挥部先后从昌邑、安丘、高密、潍坊等4县（市）的40余个公社调集民工3.6万人开工建设峡山水库。1959年10月底，完成土方295万立方米、黏土帷幕992孔、开采石料18万立方米，并打通长155米、直径6米的输水隧道。11月1日，工程指挥部调集民工7.1万人投入水库建设，1960年10月建成全省最大的水库——峡山水库。

峡山水库由省水利厅勘探设计院负责设计，边设计边施工。国家投资6900万元，历经3个冬春，搬动土石1421万立方米，用工2315万个。水库主坝坐落在昌邑峠山和安丘赵戈交界处，长2750米，高21米，封顶7米；副坝28600米，高14米左右。总库容14.05亿立方米，控制流域面积4210平方千米。设计防洪标准为百年一遇泄量5109立方米/秒，千年一遇最大泄量1.5万立方米/秒。

诸城发现恐龙化石

诸城恐龙化石出土于诸城市西南10千米的龙骨涧，是1964年秋国家地质工作者到诸城进行地质考察时发现的。经3年发掘，出土恐龙化石30余吨，部分龙骨运抵北京装成2具恐龙骨架，分别陈列在北京自然博物馆和山东省博物馆。其中，一具骨架高8米、长15米，因其体形高大，被命名为“巨型山东龙”。这里埋藏的恐龙化石，种类繁多，门类齐全，有小巧的鹦鹉嘴龙、高大的鸭嘴龙、凶猛的霸王龙、笨重的蜥脚龙，以及众多的恐龙蛋化石。龙骨涧附近，恐龙化石随处可见，有的裸露陡坡表面，有的混杂于沙石之中。因此这里被誉为中国北方的“恐龙之乡”。

诸城恐龙化石的发现，不仅丰富了人类对这类生物的研究内容，同时也对山东东部白垩纪晚期的地质划分，古地理、古气候的探讨等方面，有着极为重要的价值。

研制汉字激光照排系统

1974年10月，国家计委下达“汉字信息处理系统”（拟名“748”工程）的研制项目，由北京大学承担“计算机——激光汉字编辑排版”的研制任务。

1977年4月，中共潍坊市委和北京大学商讨协作搞“748”工程。5月，北京大学派人到潍坊电讯仪表厂实地考察后，同意该厂参加“748”工程研制。9月，由山东省电子局牵头，组成了17人的会战组。

1978年1月，会战组首次赴北京大学进行工作。1979年完成原理性系统样机的硬件主要部分。7月27日，经过汉字照排系统编辑的报纸从照排机中输出。

1980年1底，激光照排系统I型原理性样机研制成功，命名为“华光I型计算机-激光汉字编辑排版系统”。

1983年，装配成完整的激光照排系统II型生产型样机。1985年5月8日，通过国家级鉴定，并获得中国发明协会发明奖，被评为1985年全国十大科技成就之一。10月，潍坊计算机公司又研制成功华光III型激光照排系统。

1986年，华光III型激光照排系统获日内瓦国际计算机应用发明展览会金奖；全国计算机应用展览会一等奖；北京地区电子和信息应用系统一等奖。同年12月，通过部级鉴定。

1987年10月，潍坊计算机公司又与北京大学联合研制成功华光IV型计算机——激光汉字编辑排版系统，获国家科技进步一等奖，国家银牌质量奖。

1986年至1990年“七五”计划期间，国家共投资1000万元（含外汇60万美元），支持汉字激光照排系统的生产。到1990年末，形成年产激光照排系统100套的生产能力；1990年9月，潍坊计算机公司以世界先进的光栅图文处理器RIP取代照排控制机TC，独家推出了华光V型电子出版系统。

捐献赵秉忠状元卷

1983年春天，青州市郑母镇郑母村70多岁的赵焕斌老人将其传世珍藏近400年、先祖明万历年间青州府益都县人赵秉忠考中状元的殿试卷捐献给了青州市博物馆。

赵秉忠状元卷是目前中国唯一的殿试状元卷真迹，系国家一级文物。它填补了中国宫廷档案空白，是研究中国科举制度和明史的重要文献。这件保存良好的珍品为19折册页，横长共268厘米，每折通高47.6厘米，宽14.1厘米。封面、封底均为全绫装裱。卷首顶天朱书“第一甲第一名”六字，为当时的皇帝朱翊钧御书，下钤“弥封关防”长印，占一折。下为正文，凡15折，每折6行，为1厘米见方工整小楷，共2460字。这张状元卷是赵秉忠1598年根据万历皇帝出的殿试题目《问帝王之政与帝王之心》用一天时间答写的。文中论述了帝王与百姓、政策与法治、法制与德制的关系，精辟阐述了改善吏治、兴邦治国的对策，主张“实心先立”“实政继举”才能天下太平安乐。整篇文章文笔流畅，气势磅礴，观点鲜明，主题集中，说理透彻，一气呵成，是一部难得的治国安邦的好文章，至今仍有可取之处。

2008年3月1日，国务院公布第一批国家珍贵古籍名录和第一批全国古籍重点保护单位名单，青州市博物馆收藏的明朝赵秉忠殿试状元卷入选《国家珍贵古籍名录》。

潍坊地改市

1983年8月30日，国务院国函〔1983〕175号文件批复山东省人民政府请示，撤销潍坊地区和潍县建制，组建潍坊市，为地专级省辖市，以市带县，辖潍城、坊子、寒亭3区，益都、临朐、寿光、昌乐、安丘、昌邑、诸城、五莲、高密9县。平度县划归青岛市。9月19日，中共山东省委、山东省人民政府发出《关于地市党政机关机构改革有关问题的通知》，决定撤销潍坊地区，组建地专级省辖潍坊市。时辖：潍城、坊子、寒亭3区，益都、寿光、昌乐、临朐、昌邑、高密、安丘、诸城、五莲9县。

地专级潍坊市的前身为昌潍专区，1948年6月25日在昌乐县城成立，隶属中共华东中央局，辖昌乐、寿光、安丘，后又划入益临、潍县。1949年3月，中共华东中央局南下，昌潍地委改属中共山东分局。1949年7月13日，中共昌潍地委、昌潍专员公署由昌乐迁驻益都县城。1950年5月25日，昌潍专区机关由益都县城迁至潍坊市博古街（今向阳路）。1967年3月13日，昌潍专区易名昌潍地区。1981年7月，昌潍地区改名潍坊地区

诸城贸工农一体化

1987年前后，随着商品经济的发展，特别是国家对大部分农副产品放开经营以后，农村经济发展中的一些深层次矛盾逐渐显露出来，突出的问题是城乡经济分割，生产、加工、流通脱节，造成农民盲目生产，企业被动流通，农产品“买难”“卖难”交替发生，生产经常被动。围绕这些问题，诸城市委、市政府认真总结完善诸城市外贸公司实行“四到门、三赊销、两公开、一结算”系列化服务，发展肉鸡出口生产的经验，在全市推行了贸工农一体化。

诸城市在推行贸工农一体化的过程中，以国

际国内市场为导向，以农副产品加工经营企业为龙头，以千家万户家庭经营为基础，通过社会化服务和利益吸引，使农工商贸结成风险共担、利益均沾、互惠互利的经济利益共同体。主要做法是：集中资金、资源和技术力量，加强龙头企业建设，通过龙头企业开拓市场、组织引导生产、深化加工，为农业提供配套服务。实行龙头企业与原料产地挂钩，把腿伸到农村，通过与农户签订合同，建立农副产品生产基地，实行定向投入、定向服务、定向收购的方式，加强农副产品基地建设，扶持生产，培植货源，引导农户进行集约经营，提高家庭经营水平。搞好各方面利益关系调节。政府部门做好宏观管理和协调指导，从而逐步形成生产、加工、流通和宏观调控四位一体的城乡经济运行机制。从保护农民生产积极性出发，本着欲取先予、让利于民的原则，处理龙头企业与农民的关系；坚持谁建基地谁服务谁收购产品的原则，通过适当划分“势力范围”，理顺龙头企业之间的关系；本着分工协作、有偿服务的原则，处理好龙头企业与参与一体化配套服务单位的关系。

诸城市通过实行贸工农一体化经营，收到明显成效，推动全市城乡经济持续稳定发展。“贸工农一体化”探索出计划经济与市场经济结合的途径，建立起较高层次的大农业系列化服务体系。在一个市（县）范围内基本实现城市与乡村、工业与农业、条条与块决、计划与市场的有机结合，促进经济的协调发展。把农村改革进一步引向深入，促进城乡经济的发展，为全国城乡改革树立一面旗帜。1990年7月6—9日，省委、省政府在诸城召开省、地（市）、县（区）三级书记和省直部门参加的“全省农村工作座谈会”，省委书记姜春云作了题为《深化农村改革，为农业和农村经济的发展注入活力》的讲话。会议总结推广了诸城市组织实施贸工农一体化、深化农村改革的经验，研究探索了农村改革的新路子。国内新闻媒体《人民日报》《光明日报》《大众日报》、中央人民广播电台、中央电视台等做了报道。

重要文献辑存

中共潍坊市委
关于印发《潍坊市“八五”期间社会主义
精神文明建设规划》的通知

（1991年12月27日）

各县市区委、政府，市委各部委，市政府各部门，各高等院校，各人民团体，潍坊军分区：

市委同意市精神文明建设委员会制定的《潍坊市“八五”期间社会主义精神文明建设规划》，现印发给你们，望认真贯彻落实。

以马克思主义为指导的社会主义精神文明，是社会主义社会的重要特征。建设高度的社会主义精神文明，既是有中国特色的社会主义的重要目标，又是促进物质文明建设的重要保证。在当前国际国内新的形势下，制定一个与经济建设规划相匹配的精神文明建设规划，并积极认真地付诸实施，对于全面贯彻党的基本路线，提高广大党员、干部、群众的思想道德素质和科学文化素质，推动两个文明建设的协调发展，抵御和反对敌对势力的“和平演变”图谋，实现现代化建设第二步战略目标，都具有重要意义。

“八五”时期是我市经济和社会发展的关键时期。精神文明建设作为一项重大的社会系统工程，必须要有一个大的发展，在提高人的素质、扩大创建领域、建设社会文明环境等方面都要提高到一个新的水平。各地各部门都要以党的基本路线、十三届七中、八中全会精神和江泽民同志“七一”重要讲话精神为指导，认真总结经验，结合实际，研究制定各自的“八五”期间精神文明建设规划，搞好精神文明建设的各项工作，推动改革开放的不断深入，保证和促进全市经济和社会的全面发展。

潍坊市“八五”期间社会主义精神文明建设规划

以马克思主义为指导的社会主义精神文明，是社会主义社会的重要特征。建设社会主义精神文明，既是社会主义的重要目标，又是促进物质文明建设的重要保证。在推进物质文明建设的同时，大力加强社会主义精神文明建设，对于坚定不移地走有中国特色的社会主义道路，实现振兴潍坊的宏伟目标，具有十分重大的意义。

“七五”期间，全市人民在各级党委、政府的领导下，坚持党的“一个中心、两个基本点”的基本路线，认真贯彻《中共中央关于社会主义精神文明建设指导方针的决议》，全面落实《潍坊市“七五”期间社会主义精神文明建设规划》，在大力推进物质文明建设的同时，精神文明建设也迈出了可喜的步伐。各级党委、政府“两手抓”的思想进一步确立。思想政治工作和党的建设进一步加强。“科教兴潍”的方针深入人心，文化、新闻、卫生、体育事业进一步发展。城市管理、社会治安综合治理逐步纳入法制化轨道。群众性精神文明建设活动充满新的生机。

“七五”期间，全市的精神文明建设虽然取得了较为明显的成绩，但是，与形势发展的要求、与全市经济发展和改革开放的要求还不相适应。为了更好地贯彻党的十二届六中全会通过的《决议》，全面落实党的十三届七中全会和全国精神文明建设活动工作会议精神，特制订《潍坊市“八五”期间社会主义精神文明建设规划》。

一、总体要求

“八五”时期是全市经济和社会发展的关键时期。在这一时期，大力加强精神文明建设，对于顺利完成我市经济和社会发展的第八个五年计划，提前实现国民生产总值第二个翻番、人民生活达到小康水平的战略目标，至关重要。要继续坚持两个文明一齐抓的方针，在推进物质文明建设的同时，大力加强社会主义精神文明建设，使两个文明建设相互促进，协调发展。

“八五”期间我市精神文明建设的指导思想是：以党的十三届七中全会精神和江泽民同志在庆祝中国共产党成立七十周年大会上的重要讲话精神为指针，按照建设有中国特色的社会主义经济、政治和文化的基本要求，从社会主义现代化建设的总体布局出发，坚持“一个中心，两个基本点”的基本路线，以培养“四有”新人为根本，以思想道德建设为核心，着眼于提高两个素质，全面加强基础、基层工作，更加广泛地吸引群众参与，努力开创全市精神文明建设的新局面。

“八五”期间我市精神文明建设的奋斗目标是：以争创全省文明城市竞赛活动先进城市为动力，动员全市人民同心同德，扎实工作，打好基础，稳步发展，努力使我市成为经济繁荣、科技进步、文化兴盛、社会安定、风尚良好的现代化文明城市；争取建成全国卫生城市。

二、主要任务

“八五”期间，我市精神文明建设工作，要继续贯彻中央十二届六中全会《决议》精神，坚持“一个中心，两个基本点”的基本路线，坚持不懈地进行马列主义教育和坚持四项基本原则、反对资产阶级自由化的教育和斗争，把以社会主义思想教育为中心的思想道德建设放在突出位置，突出抓好以“五爱”（即爱祖国、爱人民、爱劳动、爱科学、爱社会主义）、“四有”（即有理想、有道德、有文化、有纪律）、“三德”（即社会公德、职业道德、家庭伦理道德）、“两创”（即创文明单位、系统，创文明县市区）、一条线（即以“学先进、讲奉献、树新风”活动为主线）为基本内容的精神文明建设活动；大力发展教育、科技、文化事业，深入开展移风易俗活动；加强廉政建设和社会主义民主法制建设，搞好社会治安综合治理，打击和取缔一切社会丑恶现象，促进社会风气进一步好转。经过上述努力，在全社会逐步形成文明健康、奋发向上的精神风貌，为促进改革开放，实现我市国民经济的持续、稳定、协调发展提供强大的精神动力和良好的社会环境。

（一）思想道德建设

1.深入持久地进行马列主义、毛泽东思想基本理论的教育。组织广大党员、干部和群众，认真学习马列著作和毛泽东同志的著作以及老一辈无产阶级革命家的著作，特别是学习《毛泽东选集》一至四卷第二版，努力掌握马克思主义的立场、观点和方法，提高辨别大是大非的能力，从根本上增强贯彻执行党的路线、方针、政策的自觉性。

2.坚持不懈地进行坚持四项基本原则，反对资产阶级自由化的教育。继续深入宣传党的“一个中心、两个基本点”的基本路线，引导广大干部、群众自觉坚持四项基本原则这一立国之本，走好改革开放这一强国之路。坚持四项基本原则的教育要同形势任务教育和政策教育密切结合，及时回答人们关心的国际国内重大问题，统一思想认识，有力地开展反渗透、反颠覆、反“和平演变”的教育和斗争，维护和发展安定团结的政治局面，保证社会主义现代化建设和改革开放事业的健康发展。

3.广泛深入地进行爱国主义、集体主义和社会主义教育。要通过近代史、现代史教育和革命传统教育，增强民族自尊心和自信心，振奋民族精神。大力提倡与社会主义经济基础相一致的集体主义思想，反对损害国家和集体利益的个人主义行为。要在全市城乡广泛深入持久地开展社会主义思想教育，引导广大干部群众树立社会主义必胜的信念，更加坚定地拥护党的领导和社会主义制度，坚定不移地走社会主义道路。鼓励人们发扬艰苦创业、无私奉献的精神，为实现第二步战略目标做出积极贡献。

4.深入开展职业道德、社会公德教育。以“五爱”为基本要求，以职业理想、职业责任、职业纪律、职业技能为基本内容，继续采取分层次、多渠道的办法，对全市各行各业的干部群众进行职业道德教育。进一步抓好市民行为规范的建设，制定和修订文明市民守则和乡规民约。继续推广和使用日常礼貌用语。大力倡导勤劳俭朴、诚实守信、友爱互助、扶贫济困、见义勇为的社会主义道德风尚和无私奉献的共产主义精神。“八五”期间要建立行业职业道德教育体系，使职业道德教育逐步做到规范化、系统化。

5.继续开展移风易俗宣传教育活动。认真落实我市关于移风易俗活动“八提倡八反对和十个禁止”的规定。广泛开展人口形势和计划生育宣传教育，引导人们增强人口意识、人均观念，树立文明科学的生育观，自觉实行计划生育，做到晚婚晚育，少生优生，一对夫妇只生育一个孩子。继续搞好殡葬改革，引导群众废除土葬，实行火化深埋骨灰，消除坟头。“八五”期间遗体火化率达到97%以上。农村要普遍建立移风易俗理事会、道德评议会等群众自治组织，全面实施村（居）委会组织法，引导群众进行自我教育、自我管理。认真贯彻党的民族、宗教政策，尊重少数民族的风俗习惯，保护正当的宗教活动。坚决反对和制止铺张浪费、封建迷信、赌博等歪风，打击和取缔摧残、拐卖妇女儿童的不法行为，保护妇女儿童的合法权益。尊重和关心老年人，搞好农村社会养老保险，办好敬老院和老年人活动娱乐场所。认真贯彻实施《残疾人保障法》，办好福利康复、收容事业。

（二）群众性文明创建活动

“八五”期间我市群众性精神文明建设活动，要继续坚持“弘扬正气、表彰先进、针砭陋习、激励后进”的原则，突出抓好：全省开展的文明城市竞赛、创建精神文明建设工作先进县（市区）等活动；全市开展的文明县市区竞赛、文明乡镇、文明系统竞赛和文明单位创建活动。形成多层次、全方位开展文明创建活动的格局。

1.深入开展“学先进、讲奉献、树新风”活动。以“学、讲、树”活动为主线，深入持久地开展“我为风筝城添光彩、做贡献”“跨行业优质服务竞赛”“爱岗位、创一流”“讲理想、比贡献”以及“学英模，带头建设两个文明”等活动。通过这些活动，进一步增强社会各阶层自我教育、自我激励、自我规范的能力，形成良好的社会风尚，进一步优化经济建设和改革开放的“软环境”。

2.广泛开展区域性文明创建活动。从1991年起，除参加全省开展的文明城市竞赛、创建精神文明建设工作先进县（市区）活动以外，在全市范围内组织开展文明乡镇、文明系统竞赛活动；“八五”期间全市要有40%的县市区跨入全省精神文明建设工作先进县（市区）的行列；有20%的乡镇和系统跨入市级文明乡镇或文明系统的行列。

3.继续开展创建文明单位活动和其他各类共建精神文明活动。进一步确立文明单位是各级党委、政府命名表彰的综合性最高荣誉称号的地位。加强对文明单位创建活动的组织和引导，注重提高文明单位的质量。文明单位的建设要根据形势的发展和群众的意愿不断提出新的目标，调整和充实活动内容。市和各县市区党委、政府要进一步修订、完善文明单位评选管理条例和奖惩条例，严格执行文明单位的标准条件，建立对文明单位的激励机制和监督机制，强化文明单位的管理。要充分发挥文明单位的载体和辐射作用，把单位内部的自建和社区、行业的共建协调起来，以自建促共建，以共建带自建，形成区域共建的整体优势和内外协调的社会环境，逐步实现以点连线，以线带片，推动本社区以至全社会精神文明建设的发展。要大力开展军民双拥共建精神文明活动，进一步抓好全民国防教育，做好拥军优属工作，密切军政、军民关系，积极参加全省开展的创建双拥模范域（县）活动。广泛开展工农、警民共建活动,缔结文明姊妹县（市区）、乡镇、村等跨地区的共建精神文明活动和跨行业的横向交流活动，不断丰富共建内容，逐步拓宽共建区域。

4.进一步优化社会“细胞”。继续在全市城乡广泛开展评选“五好家庭”“双文明户”“文明楼院”等活动；企事业单位内部开展评选“文明车间”“文明班组”“文明科室”等活动。同时，要注意发挥科协、计生协、文化体育协会等社会团体的载体作用，开展各种形式的文明创建活动。

（三）科技与教育事业

实现第二步战略目标，并为下个世纪的发展创造条件，科技是关键，教育是基础。要深化科技与教育体制改革，建立科技教育与经济建设紧密结合的机制。努力增加对科技教育的投入，继续鼓励全社会办科研、办教育，建立科普网络，依靠科教兴农、兴工、兴商、兴贸，推动经济和社会全面发展。

1.科技事业

（1）进一步树立科技是第一生产力的观念，认真贯彻“经济建设必须依靠科学技术，科学技术必须面向经济建设”的方针。面向经济建设主战场，着重搞好技术开发和应用研究，同时加强基础研究，有重点地开展高新技术研究和开发，实现产业化。力争到“八五”末，科技进步对经济增长的贡献率由“七五”末的30%左右提高到40%以上；农业新技术、新成果在适宜地区的推广覆盖串达到40%，良种覆盖率达到90%；工业主要行业和领域的技术水平达到国内同行业先进水平，60%的工业产品采用国际标准组织生产，优质产品率由21.6%提高到40%。继续抓好“星火”“丰收”计划的实施。重点建设潍坊高新技术开发区。

（2）搞好社会科学研究，力争多出成果。在加强马克思主义基本理论研究的同时，大力开展对建设有中国特色的社会主义理论和现实问题的研究，特别要强化应用研究和对策研究。建立社会科学工作者科研联系点，深入实际，调查研究，更全面地掌握市情、县情和乡情。抓住重点，组织力量，围绕经济建设和改革开放中面临的重大问题，围绕加强社会主义民主法制建设和社会主义精神文明建设，加强和改善党的领导等方面的问题，深入开展研究，并提出相应的对策，为党委和政府进行正确的决策提供科学依据。进一步疏通研究成果进入决策的渠道。

（3）加强科技宣传。增强城乡人民的科技意识。大力宣传、普及科学常识，广泛开展技术学习、技术练兵和技术比武活动。充分发挥科协载体作用，形成以县科协为枢纽、乡（镇）科协为骨干、村科技专业协会、研究会为基础的群众性科普网络。农民专业技术研究会和科普服务部要在现有基础上巩固提高，稳步发展。开展多种形式的技术培训，使2万农民达到农民技术员水平。

（4）加强科技队伍建设，提高科技队伍素质。重视对科技人员的继续教育，“八五”期间对全市现有中级以上科技人员普遍进行三至六个月的政治思想教育和业务培训。努力改善科技人员的工作、学习和生活条件，鼓励科研工作者多出成果。继续坚持评选拔尖人才制度，在全社会形成更浓厚的尊重知识、尊重人才的良好风气。

（5）加强科技机构和基础设施建设。现有科研机构，要以骨干企业为依托，实行厂所挂靠、科研与生产结合，促进科技成果尽快转化为生产力。同时，加快工业性试验基地、厂办科研机构、民办科研机构、农科技试验示范基地及农村科技推广服务站的建设市、县建立科技人员培训中心，乡镇建立科普学校，逐步完善市级科研体系、市县乡三级科技推广体系和培训体系。建立潍坊市科技馆。积极引进国外智力和人才，加强科学技术的内外交流与合作。

（6）强化社会支持系统，改善科技工作条件。多渠道、多层次增加科技投资。除积极争取国家、省对科研开发等项目的投资外，自1991年起，市、县（区）科技三项经费列入财政预算，各级政府对科技投入的增长要高于财政收入的增长。全市社会科学规划重点研究课题的财政补助经费要在“七五”的基础上逐年有所增加。开辟科技专项贷款，建立科技成果推广基金、高新技术开发风险基金。制定勘科技进步、限制采用落后技术的税收、价格、贷款利率政策。加强市科技情报、专利检索中心建设和技术流通体系建设，健全包括有关行业和各县（市区）的情报、专利网络和市县乡三级技术市场服务网络。

2.教育事业

（1）全面贯彻党的教育方针，办好各级各

类教育。要坚持“教育必须为社会主义现代化服务，必须同生产劳动相结合，培养德、智、体全面发展的建设者和接班人”的方针，坚持社会主义办学方向，把德育放在学校工作的首位。基础教育，要重点抓好普及九年制义务教育，争取在“八五”末各乡镇都开始实施九年制义务教育；进一步完善基础教育分级办学、分工管理的体制。积极发展幼儿教育，“八五”期间基本普及学前一年教育，三周岁以上儿童入园率达到80%以上。办好盲聋、弱智学校（班），努力发展特殊教育。进一步调整中等教育结构，大力发展职业技术教育，使“八五”末高中阶段各类职业技术教育在校生占高中阶段教育在校生的比率达到55%。进一步完善配套措施，使招工就业制度与发展职业技术教育的政策相协调。调整改进专业设置。适当提高工科、农科、财经类等专业的招生比例。积极推行“政府统筹、联合办学”的方针，强化，实践性教学环节，努力使职业中学走出一条“人才培养、科技推广、生产经营”三位一体的办学路子。高等教育要立足现有条件，稳步发展。主要是调整专业结构，增补短线专业，强化师资队伍建设，提高教学质量。“八五”期间，以潍坊职大为基础，建成以工科为主的潍坊高等专科学校，力争把昌潍农校办成农业专科学校。办好山工大、山东纺院教学点。继续巩固和发展各类成人教育，在青工轮训的基础上抓好岗前、岗位技术培训，抓好干部的政治、专业培训，逐步实行持证上岗制度。继续抓好燎原计划的实施，广泛开展农民文化技术教育，加强对初高中毕业生的短期实用技术培训，逐步建立起农科教一体化的农村教育体系。搞好对青壮年文盲的扫除工作。

（2）加强师资队伍建设，全面提高教师素质。在加强教师队伍的思想建设，强化师德教育的同时，努力提高教师队伍的业务素质。主要利用昌潍师专、潍坊教育学院、外地大学函授站以及卫星电视教育搞好中小学师资培训。提高学历达标比例。小学教师争取90%以上达到中师以上学历水平，初中教师70%以上达到专科以上学历水平，高中教师60%以上达到本科以上学历水平，并进一步充实职业中学专业课教师队伍。建立教学、岗位合格的评估体系和优秀青年教师奖励基金，从提高教师社会地位入手，运用政策杠杆吸引优秀人才，重点保证首批实施义务教育的乡镇和边远贫困乡镇实施义务教育所需师资。

（3）增加教育投资，改善办学条件。力争“八五”期间全市基本完成国办中小学校舍改造任务，并加强教学仪器、图书、文体器材、电教设备的建设，努力达到义务教育规定标准。认真贯彻中央关于教育经费“两个增长”的原则，落实好国家规定的教育经费。加强对教育经费的管理，征足用好农村教育费附加，保证民办教师工资的正常发放和公用经费的开支。

（四）文化、卫生和体育事业

1.文化事业

（1）繁荣和发展社会主义文化事业，是建设有中国特色社会主义的必然要求，也是提高人们思想文化素质和社会文明水平的重要条件和途径。要坚持“为人民服务、为社会主义服务”的方向和“百花齐放、百家争鸣”的方针，努力办好新闻、出版、广播、影视、戏剧、文物、档案事业，建设既体现时代精神又富有民族传统的、具有潍坊特色的社会主义文化，最大限度地满足人民群众不同层次的文化生活需求。

（2）努力办好新闻事业。新闻出版、广播影视等部门，必须坚持正确的舆论导向，增强喉舌意识和阵地意识，为两个文明建设创造良好的舆论环境。努力办好《潍坊日报》，积极扩大发行，并创造条件改办大报。加强广播电视事业建设，按照多层次、多手段、多功能、立体化、网络化的要求，建成能覆盖全市90%以上人口的广播电视宣传网。市级广播实现办两套节目，电视力争开播五个频道，全天完整转播中一、中二和教育台节目，并实现每周七次自办节目。县级无线广播要有9个县市建成调频广播电台，县级电视台和电视转播台开播三个以上频道。同时大力发展卫星地面站，筹建市广播电视中心，市电台、电视台、转播台和12县市区电台、电视台实现播出自动化。解决好边远山区看电视难的问题。继续搞好微波建设，健全全市广播微波网路，实现利用微波传输广播电视节目、进行文字和图像稿件回传、电话通讯以及召开电视会议。加强农村有线广播网建设，力争“八五”末全市村通播率达到100%，喇叭入户率稳定在90%以上。继续搞好有线电视的建设和管理工作。加强对有线电视台、站、室及传输网的正规化、标准化建设。建立潍坊市音像资料馆录像放映点，要在压缩整顿的基础上，进一步优化布局，适当发展，加强管理，使其更好地发挥社会效益。

（3）大力发展图书出版与发行事业。认真贯彻党和国家的出版工作方针，促进出版事业健康发展。建成《农家生活》杂志社，并力争建成潍坊年画出版社。进一步健全市县新闻出版管理机构，并新建出版综合大楼。实行书刊印刷定点制度，努力提高印刷质量。书刊照排和胶印书刊的比重达到排字总量和书刊印刷总量的60—70%，彩印产品达到80年代末或90年代初的国际水平。大力发展图书报刊发行网点建设。扩建改造潍城图书发行大厦和市县区图书门市部。到“八五”末，所有乡镇都建有书报刊销售网点，全市国营、集体、个体书店（摊）由现在的370处发展到500处。

（4）进一步繁荣文艺事业。继续坚持“两为”方向和“双百”方针。进一步繁荣文艺创作。加强文艺创作队伍的思想建设和业务培训，建立作家“生活基地”和文学艺术创作基金制度。争取在“八五”期间创作出一批在全国有一定影响的文学、戏剧、舞蹈、电影、电视、美术、书法、摄影等各个门类的文艺作品。抓好艺术教育，搞好专业与业余文艺工作者的教育培训，培养大批优秀艺术人才。加强专业艺术团体的规范化管理，提高演出质量和水平，扩大艺术团体的演出覆盖面。充分挖掘整理具有地方特色的优秀民间文化，发挥潍坊民间传统文化的优势，继续办好潍坊国际风筝会，广泛扩大对外文化交流，将潍坊建成对外民间艺术交流基地。

（5）大力发展群众文化事业。根据地区特点，逐步形成各具风格的社区文化。加强农村乡镇文化站的建设，使全市70%以上的乡镇、街办建成设施齐全、内容配套的多功能文化活动中心，二至三个县建成全省社会文化先进县。城镇市区增加青少年、妇幼活动场所，加快市区文化宫和青少年宫建设，新建市妇幼活动中心，改造市人民剧场，使之成为综合性、多功能的影剧院。积极推动农村电影事业的发展，进一步改善城乡人民的文化娱乐环境。继续坚持“一手抓整顿，一手抓繁荣”的方针，加强社会文化市场的管理。建立健全文化市场管理机构和网络，充实市、县两级文化市场稽查队伍，进一步完善各项管理制度，使文化市场管理走上经常化、制度化、规范化的轨道。

（6）积极发展图书、文博、档案事业。加强公共图书馆的管理。完善县市区图书馆的设施建设。搞好图书馆的信息咨询、读者成果交流、跟踪服务等工作；增加馆藏图书数量，“八五”末全市图书馆的收藏量达到600万册。大力发展农村乡镇和城市街道图书馆（室）。进一步加强文物保护和管理，完成全市文物普查和保护范围的划定工作，加强对现有文物的收藏、陈列和科学研究。完成“十笏园”附设部分的回收和古建筑维修工作。着手新建市博物馆，建成潍坊书画院。加强各级各类档案馆、机关企事业单位档案部门的业务建设，改善档案保管条件，提高管理水平和社会效益。

2.卫生事业

（1）认真贯彻预防为主、防治结合、域乡兼顾的方针，积极发展医疗卫生事业。“八五”期间，市、县建立具有较高水平的医、防、教、研技术中心，村卫生室集体办医率达95%以上，集体医疗或合作医疗达到60%以上，初步形成市、县、乡、村四级配套、防治结合、布局合理的城乡医疗卫生体系。逐步改善医疗设施条件，缓解看病难、住院难和边远山区缺医少药的状况，基本实现“人人享有卫生保健”的目标。

（2）广泛开展爱国卫生运动。进一步改善城乡的卫生状况。到1995年全市计划免疫儿童四苗接种率达到90%以上，基本消灭白喉、脊髓灰质炎、麻风病等，稳定控制地甲病，降低肝炎、菌痢、狂犬病的发病率；严防艾滋病和霍乱病的传入。提高心血管病和恶性肿瘤的预防、诊纪、治疗水平，降低发病串和死亡率；完成降氟改水等卫生改水任务。积极开展卫生知识的宣传教育，县以上城镇继续开展创建卫生城活动。潍城、青州、诸城三市（区）1995年前主要环卫指标基本达到国家卫生城市标准，食品卫生达到省食品卫生先进县标准。

3.体育事业

坚持“发展体育运动，增强人民体质”的方针，加快体育社会化进程。坚持普及与提高相结合，奥运战略与全民健身战略相协调。加强专业运动队的建设和优秀运动员的培养，使我市体育的综合水平进入全省前列。建立健全各类体育协会，采取多种形式，开展职工体育、农村体育、老年体育等活动，提高全体公民的身体素质。到“八五”末，经常参加体育锻炼的人数占35%—40%。加强体育设施建设，“八五”期间。市建成游泳馆、体育教学楼、综合训练房和球类训练房等设施80%以上的县市区争取建成“两场、一池、一房”和业余体校。继续抓好学校体育，认真贯彻《学校体育工作条例》，进一步提高在校生达标率，到1995年，在校学生体育达标率占适龄学生总数的80%—85%。体育传统项目学校发展到370所。力争50%的县市区和乡镇建成体育先进县和体育先进乡镇。

（五）城乡建设与环境保护

1.坚持“统一规划，合理布局，综合开发，配套建设”的方针，搞好城市建设和管理。要在总体规划的指导下，合理调整建设布局，大力加强基础设施建设，进一步提高城市功能。努力改善市区环卫设施，逐步实现垃圾转运机械化。城市生活垃圾清运率达100%。搞好“脏、乱、差”治理，达到“卫生城”标准。进一步抓好全民绿化工作，1995年市区绿化覆盖率达到30%,人均占有公共绿地5平方米。普及市树市花，逐步完善具有潍坊特色的园林绿化体系。充实完善人民公园、十笏园、东苑公园和白浪河公园。新建符山公园和鸢都娱乐中心。兴建一批雕塑、绿化小区和街区小景。着手建设昌乐火山口、高崖水库、临朐山旺化石旅游景观园区。在搞好城市基础设施建设的同时，进一步强化管理。建立健全城市建设、管理监督、服务体系，全面提高城市建设管理水平，更好地发挥城市总体功能。

2.按照全面规划、逐步实施的原则，搞好村镇建设。努力把现有建制镇建设好，使之成为设施齐全、功能完善的小区域性的经济、政治、文化中心。乡村的基础设施、服务设施和住房的建设。应本着突出重点、量力而行、节约用地、与农村经济发展和人民生活需要相适应的原则，有计划地进行。严格执行《城市规划法》和《土地管理法》，合理开发利用土地，最大限度地节约利用土地资源。

3.增强环境意识，加强环境保护。认真实施《环境保护法》，坚持“防治结合、综合治理”和“谁污染谁治理、谁开发谁保护”的方针，重点治理现有污染源，控制其继续扩大，并严格执行“三同时”的规定，防止产生新的污染源。加强对大气、水体、噪声和固体废弃物等污染的综合治理，搞好城区和乡镇环境的治理与保护。大力推行生态农业，控制污水、农药等对土壤和农作物的污染。确保全市环境有一个较大改观，实现经济效益、社会效益和生态效益的统一。

（六）民主与法制建设

1.积极稳妥地推进社会主义民主政治建设。要进一步坚持和完善人民代表大会制度、中国共产党领导的多党合作和政治协商制度。企事业单位要进一步健全职工代表大会制度和民主管理制度，充分发挥工会和职工代表在审议企业重大决策、监督行政领导干部、维护职工合法权益等方面的作用。继续实行政务公开，通过各种形式，及时向人民群众通报政府工作。充分发挥党内监督、法律监督、民主监督和舆论监督的作用，不断推进领导决策的民主化和科学化。

2.健全社会主义法制，强化宪法和法律在社会生活各个领域中的权威和作用。进一步加强法制教育。认其组织实施第二个五年法制宣传教育规划。“八五”期间，在应普对象中全面开展“十四法三条例”的宣传、学习，干部、职工、农民（居民）学法普法合格率分别达到98%、95%和85%。在搞好全民普法教育的同时，进一步深化依法治市，强化依法治市、依法行政意识，依照并运用国家的宪法、法律法规和行政规章。对全市各方面的行政管理实行依法调整和完善，逐步使行政决策和行政管理实现法制化、程序化、科学化。各级政府要认真组织实施《潍坊市人民政府依法行政五年规划》。建立健全依法行政监督、检查体系，提高政府执法人员依法决策、依法管理、依法办事的能力，真正做到有法可依、有法必依、执法必严、违法必究。建立依法治理达标制度，到一九九三年全市科级以上单位治理达标率达到95%以上。加强执法体系和执法队伍建设，努力改善执法条件和手段，重视律师作用。强化法律监督，创造良好的法制环境。

3.加强社会治安综合治理，保持社会安定。全面落实各种形式的安全保卫责任制。继续开展创建治安安全单位活动，健全群防群治网络，严厉打击严重危害社会治安的犯罪活动，适时组织专项斗争和区域治理，使重大恶性案件和多发性案件得到控制并逐步有所下降，增强群众的安全感。依法严厉打击严重经济犯罪活动，维护社会主义经济秩序。深入开展“扫黄”、除“六害”斗争，坚持取缔毒化社会风气、扰乱社会秩序。危害人民群众身心健康的一切丑恶现象，消除滋生和诱发犯罪的根源。认真疏导调解各种社会矛盾和民间纠纷，做好劳改劳教工作，搞好刑满释放、解除劳教人员的教育管理和安置工作。加强对青少年的道德、法制教育，抓好轻微违法青少年的帮教、转化工作。

三、保证措施

（一）不断深化认识，坚持两个文明一起抓。各级领导干部要从反渗透、反颠覆、反“和平演变”的高度，从巩固和捍卫社会主义政权的高度来认识加强精神文明建设的重要性和紧迫性，进一步明确物质文明建设和精神文明建设的辩证统一关系，更好地保持两个文明一齐抓的方针。要把精神文明建设的主要内容作为搞好物质文化建设的保证措施来抓，把精神文明建设的各项任务特别是基础设施建设的任务指标,纳入同级经济和社会发展计划及分年度计划之内，使两个文明建设有机结合，相互促进。各级党委和政府要对精神文明建设定期进行研究、部署，加强具体领导。政府部门要从财力、物力上支持精神文明建设工作，逐步增加这方面的投入，使之与物质文明建设方面的增长保持适当的比例。

（二）加强党的建设，充分发挥共产党员的先锋模范作用。在新形势下，坚持两个文明一起抓，是全党面临的新课题。各级党组织和广大党员在精神文明建设中的责任，一是加强自身的精神文明建设，特别是搞好党风。二是以模范行动和艰苦工作，组织和推动全社会的精神文明建设。要把搞好党风建设摆在突出位置，坚持不懈地抓下去，贯穿于改革开放和现代化建设的全过程。要在加强党员思想教育的同时，努力完善党的组织制度和人民监督制度。共产党员，首先是领导干部，应当随时随地在人民群众中做模范：做努力工作、好学上进的模范，做不尚空谈、多干实事的模范，做坚持改革、勇于开拓的模范，做维护群众利益、带领群众勤劳致富的模范，做遵纪守法、同不正之风和违法犯罪行为作斗争的模范。以模范行动和艰苦工作，组织和推动全社会的精神文明建设、

（三）建立精神文明建设的目标管理体系，保证精神文明建设工作的健康发展。各级党政组织、各行各业都要把精神文明建设纳入目标管理责任制，对精神文明建设的任务进行量化解，层层落实。要把精神文明建设各项指标的完成情况，作为考核各级领导干部政绩的一个重要依据；企业升级，必须把文明单位建设作为一个必要条件；评选省级市级优秀企业家，要把其所在单位是否是文明单位作为一个重要依据。真正确立文明单位是同级党委和政府命名表彰的综合性最高荣誉称号的地位。

（四）健全充实机构，加强精神文明建设工作队伍的自身建设。健全、充实和加强精神文明建设的领导机构和办事机构，是搞好精神文明建设的组织保证。要进一步健全市、县（区）精神文明建设委员会及其办公室，并做到人员精干，必要的设施和经费落实。市、县（市区）精神文明建设委员会办公室为同级机构、的局（科）级单位，归党委序列。各级精神文明建设活动经费，要列入地方财政计划，并逐年有所增加。要把政治素质好、工作能力强、有实际工作经验的同志充实到精神文明建设工作队伍中来。各级党委、政府要重视发挥这支队伍的作用，关心和支持他们开展工作，帮助他们解决好工作、学习等方面的实际问题。各级精神文明建设专职工作人员要加强政治理论和业务学习，不断提高政治素质和业务水平，发扬开拓创新精神，强化综合协调功能，更好地组织、指导和协调有关方面，把精神文明建设工作开展得有声有色，富有成效。同时，要充分发挥广大共产党员、共青团员和群众积极分子在精神文明建设中的骨干带头作用，逐步形成专兼结合的精神文明建设工作队伍和组织网络。

（五）充分调动社会各方面的力量，形成全社会齐抓共管精神文明建设的合力。文化、教育、新闻、出版、民政、公安、计划生育、环境保护、城市管理等部门，工会、共青团、妇联、民兵、科协、社联、文联等人民团体，都要按照职能分工，发挥各自的优势，切实做好精神文明建设的各项工作。商业、服务、旅游、交通、卫生、公用事业等部门，要结合各自的业务特点，统筹规划，量力而行，分别轻重缓急，抓好精神文明的几项“硬件”建设，同时切实改善服务工作。各级精神文明建设工作部门和各级党校、社会科学研究机构，要加强精神文明建设的理论研究，特别是对策研究，不断探索新形势下精神文明建设的特点和规律，以增强工作的预见性、创造性、系统性和科学性。全市各县市区、乡镇以及各党政机关、企事业单位，都要根据本《规

划》的要求，结合各自的实际，尽快制定出本地区、本部门、本单位的精神文明建设“八五”规划，研究制定组织实施的兵体措施，以确保“八五”期间全市精神文明建设各项任务的胜利完成。

中共潍坊市委　潍坊市人民政府印发《关于加快实施农业产业化战略的意见》等三个文件的通知

（1994年3月1日）

各县市区委、政府，市直各部门：

为了进一步加快社会主义市场经济条件下农业和农村经济的发展，根据中央和省委农村工作会议精神，结合我市实际，市委、市政府就农业产业化、乡镇企业和小城镇建设三个问题，研究制定了具体的工作措施和政策性意见，并提交市委农村工作会议进行了讨论修改。现将这三个意见印发你们，望结合各自的实际，认真贯彻落实。

实施农业产业化战略，大力发展乡镇企业，加快小城镇建设，是市委农村工作会议确定的今年和今后一个时期我市农村重点做好的“三篇文章”这“三篇文章”是市委、市政府按照建立社会主义市场经济体制的要求，借鉴国内外发展经验，在深入调查研究、全面总结分析全市农村形势的基础上提出来的，既符合市场经济条件下用新的方法和手段组织指导农村工作的客观要求，又充分体现了新的历史时期农村改革与发展、经济与社会、农村与城市共同发展的新超向，适应了现代经济发展和社会全面进步的必然规律。这“三篇文章”既独立成篇，各有侧重，又相互联系，相互依存，不可分割。因此，做好这“三篇文章”就能抓住农村改革与发展的“牛鼻子”，就把握了农业现代化、农村城市化的大方向各级各部门要根据市委、市政府意见要求，抓紧研究措施，把“三篇文章”作为一个有机整体，统筹兼顾，协调并进，重点突破，配套发展。

中共潍坊市委　潍坊市人民政府
关于加快实施农业产业化战略的意见

全市总体设想是，按照“确立主导产业，实行区域布局，依靠龙头带动，发展规模经营”的基本思路，大力抓好粮食、棉花、烤烟、油料、果品、瓜菜、工艺品、桑蚕、食用菌、水产品、生猪、肉鸡、肉牛、家兔、羊等15个主导产业的开发，力争用三、五年左右的时间，形成区域化布局、专业化生产、一体化经营、社会化服务、企业化管理的产业化生产经营体系。其中，粮食、肉鸡、黄烟、食用菌、工艺品等产业，通过提高质量，改善品种，深化加工，拓展市场，力争在全国占有明显优势，在全省名列前茅；4000个大中小龙头企业扩大规模，增强实力，带动全市60%的农户参与一体化经营，80%的农产品实现加工增值；基地提供的商品量占到全市农产品总董的80%以上，占农产品出口交货值的90%以上。到1995年，全市农业总产值力争达到150亿元，年均增长10%以上；农民人均纯收入达到1500元，年均增加130元。到本世纪末，农业总产值达到200亿元，年均增长8%；农民人均纯收入达到2500元，年均增加150元以上。

（一）**粮食**。以国有粮食经营部门为龙头，尽快形成集生产、加工、销售于一体的粮食生产经营集团。重点研究抓好粮食的精、深、细加工。对现有的20处大中型粮食加工企业进行技术改造，扩大生产规模，有计划地新上部分食品、饲料精深加工生产线。粮食生产要确保总户稳定增长，到1995年，全市粮食总产稳定在500万吨左右，本世纪末力争达到550万吨。抓紧建立粮田保护区制度，巩固、完善、配套10处国家和省投资的县级粮食生产基地；建设一批新的特种粮食库产基地；继续建设吨粮田。

（二）**棉花**。以各级棉花收购加工企业方龙头，发展区域化生产，争取到1995年全市棉花总产达到9万吨，本世纪末达到10万吨以上。要大力发展粮棉间作套种。寿光、寒亭、昌邑北部地区要积极开荒植棉，为争1995年开荒植棉面积达到10万亩。大力推广棉花生产新技术，开展科研攻关，建设一批高产高效棉田。

（三）**油料**。以现有的“华鸢食品有限公司”等11处花生制品加工企业为龙头，大力开展花生精、深加工，开拓国际市场，发展出口创汇，增强对花生产业的拉动能力。在安丘、昌乐、临朐、诸域、高密等沙性土壤地区扩大花生种植面积，搞好品种更新换代，加快新技术、新成果推广应用。争取到1995年全市花生种植面积达到50万亩，总产达到12万吨，出口量达到6万吨以上。

（四）**烤烟**。以潍坊烟草集团公司为龙头，面向国内外两个市场，继续推行良种化布局、区域化种植、规范化管理、全程化服务，加快新技术推广应用，努力把我市建设成出口烟、主料烟和合资烟生产基地。烤烟生产要在“龙头”牵动下，实行计划种植，提高单产，主攻质量，增加效益。到1995年，全市烤烟种植面积稳定在70万亩，总产11万吨，出口量达到3万吨以上。

（五）**果品**。着重从三个方面尽快取得突破。一是在果品集中产区建设几处生产规模大、牵动能力强的果品精、深加工和贮藏保鲜龙头企业。二是大力引进和选育适应国际市场消费需要的新品种，加速品种更新改造，建设一批名、特、优、稀、新果品生产基地和果品出口创汇生产区。三是市县两级要结合体制改革，筹建集生产、科技、加工、销售、服务于一体的果品服务集团。通过上述措施，尽快把我市的果品业建成竞争力强、创汇多、效益好的产业。争取到1995年全市果品总产达到43万吨，总收入4亿元，出口量达到万吨以上；到本世纪末，总产达到70万吨，总收入6亿元，出口量达到8万吨，力争突破10万吨。

（六）瓜菜。着重在三个方面作文章：一是完善以寿光市场为龙头的各类瓜菜专业批发市场，加快发展小包装净菜市场。二是采取中外合资、合作以及外商独资等形式，兴建一批面向国际市场的大型蔬菜加工企业，带动我市瓜菜大批量进入国际市场。争取到1995年全市瓜菜出口达到20万吨，本世纪末出口量达到50万吨，三是加快名、特、优、无公害蔬菜生产，争取1995年全市名、特、优、无公害瓜菜发展到50万亩，本世纪末发展到150万亩。

（七）工艺品。进一步完善以各县市区生产厂家为龙头，以乡镇站、点为龙身，以村户为龙尾的一体化生产经营体系，加速企业技术改造，加快产品结构调整，扩大出口创汇，走生产经营集团化、国际化、实业化的路子。争取到1995年工艺品收购额突破4亿元，本世纪末突破8.5亿元。

（八）桑蚕。以市县丝绸公司为龙头，尽快形成养殖、收购、缫丝、丝织、印染、销售成龙配套的蚕茧生产经营体系、桑蚕生产要因地制宜，积极发展，合理布局，适当集中。在抓好原有三个桑蚕基地县、市的同时，把昌邑、昌乐、安丘三县建设成市级基地县，年产茧量在近几年内分别突破百万公斤。集中力量抓20个重点乡镇的发展，年产茧量分别突破20万公斤。有计划地建设一批蚕茧生产专业村。到1995年，力争全市专用桑面积发展到10万亩，年产桑蚕鲜茧700万公斤，产值7000万元；到本世纪末，专用桑面积达到15万亩，年产桑蚕鲜茧1500万公斤，产值1.5亿元。丝织、印染加工也要有一个大的发展。

（九）食用菌。今明两年，重点建立菌种繁育体系，发展菌品加工业。争取建成一批县乡村三级菌种站、食用菌生产基地和加工企业，发展一批专业乡镇、专业村和专业户，在重点产区建立食用菌批发市场，形成年生产食用菌20万吨、加工菌品2万吨的能力。1996年至1998年，争取建立起集生产、加工、技术、制种、销售于一体的食用苗服务集团，年加工菌品5万吨，年产食用菌30万吨，高密、青州、寿光、安丘争取建成食用菌收入亿元县、市。到本世纪末，基本形成食用菌工厂化、产业化、区域化生产，全市食用菌生产及加工年收入达到28亿元。

（十）水产品。以现有国有水产供销企业和“三资”企业为依托，组建面向国际国内两个市场，融生产、经营、科技于一体，市县乡多层次的水产行业集团。加快发展水产品精、深加工，大力开发高档次、高质量、小包装、精包装等新产品，促进传统加工向现代加工转化。海洋捕捞，要加强龙头企业建设，巩固外海渔场，大力开发新领域，确保产量稳定增长。对虾养殖和滩涂贝类养殖，以现有水产品加工企业为龙头，抓好结构调整，改革养殖模式，提高技术水平。淡水养殖，重点抓好引黄济青渠道和济青高速公路沿线坑洼地两个开发带，诸城、寿光、昌邑、安丘四个万吨鱼基地开发，荆山水库、市水产良种场两个观赏鱼基地开发，扩大名、特、优水产品养殖。

（十一）**生猪、肉鸡**。加快建设一批规模大、技术先进、带动能力强的加工龙头企业，对诸城得利斯公司、山东尽美食品有限公司、潍坊肉鸡集团公司、潍坊美城肉鸡集团公司等龙头企业，要扶持其加快发展，扩大带动辐射能力，进一步开拓国内外市场。对县市原有的生猪初加工企业，要加快技术改造，发展稍、深加工，提高产品档次。要大力发展家庭适度规模饲养，完善品种改良体系，提高饲养产量和效益。争取到1995年，全市生猪出栏量达到280万头，出栏率达到147%，瘦肉猪串85%，精、深加工率50%。肉鸡出栏量保持1.5亿只以上，出口量达到4万吨以上。

（十二）**牛羊兔**。努力扩大现有牛、羊、兔加工企业规模，提高加工水平和产品档次，积极开拓国内外市场。诸城、高密、临朐等重点饲养区，要抓紧建立大型牛、羊、兔加工企业，开展肉、皮、毛综合利用和精、深加工。有计划地建设牛羊肉批发市场，在牛羊兔基地建设上，根据资源情况和生产发展现状，确定以高密、诸城、安丘、昌邑、寒亭等五县市区为肉牛开发区，以寿光、临朐、青州、昌乐等四县市为肉兔开发区。到“八五”末，开发区出栏的牛羊兔要达到全市出栏总量的80%以上。到1995年，全希争取年出栏肉牛20万头，肉羊100万只，家兔1500万只。

围绕农业产业化，要突出抓好以下措施：

第一，积极扶持，加快发展多种经济成分、多种经营形式的龙头企业。对各种形式的龙头企业，在政策上给予扶持。（1）除国家、省重点扶持的龙头企业项目外，市、县财政、金融部门都要安排专项周转金和低息贷款，重点扶持市场潜力大、经济效益好的大中型龙头企业。（2）对“三资”企业从事农副产品加工，直接销往国外的产品，除国家另有规定外，免征增值税、消费税。（3）对老企业技术改造需要扩建的，可免征建设综合开发费、减半征收教育附加费。（4）对扩大农副产品加工规模、深度加工，经市有关部门鉴定为新产品项目，优先安排资金投入，老企业水、电增容费可减半征收。（5）对列入市级农副产品开发的新产品攻关课题，市里从技术开发基金中给予一定的科研经费。

第二，加强对农业生产基地的科学化、法制化和企业化管理。鼓励龙头企业到农村租赁土地，建立自己经营的配套型基地，大力提倡建立企业与农户的紧密型基地，积极发展企业带农户的松散型基地。对各类农副产品生产基地，从种苗引进、耕地播种到田间管理等都要运用先进技术，按照企业化要求进行生产和管理，确保生产出产量高、品质优的农产品；在产品生产、收购上，要严格按合同办事，建立良好的生产经营秩序。

第三，抓好社会化配套服务组织建设。一是信息服务组织。一是政府有关部门、各龙头企业都要围绕主导产业，建立上下配套的信息服务组织，搞好信息的收集、筛选、加工、应用。二是科技服务组织。要认真贯彻《农业法》和《农技推广法》，尽快恢复和健全农业科技服务体系。三是金融服务组织。农行、农村信用社要增设服务网点，健全服务网络，改善服务手段，为农业产业化生产经营提供资金支持，要发展、完善农村合作基金会，发展农村股份合作制，拓宽资金来源。

第四，大胆探索发展市场中介组织，市场中介组织是连结农户与市场，并起桥梁和纽带作用的媒介组织。各地可以借鉴国外农协的经验，建立跨区域的合作或股份合作性质的农村产业协会。对农民研究会、专业协会等民间自我服务中介组织也要大力扶持，加快发展。

第五，切实加强组织领导。市委成立农村工作领导小组，及时研究协调解决农业和农村工作中特别是实施农业产业化战略中的新情况、新问题。各产业领导小组对本产业的发展负总责，切实组织好制定规划、组织实施、产业布局、检查指导等方面的工作，并抓紧建立相应的工作制度、联系制度和协调制度。当前，要对实施产业化战略的情况进行一次认真总结，肯定成绩，找出问题，理清思路，拿出今年和今后一个时期加快发展的措施。要逐步调整农业考核办法。今后考核一个地区的农业发展状况，不仅要看农业产值增长情况，还要看龙头企业、生产基地的建设情况，看农副产品的加工转化率、创汇率，看农业产业化的发展程度，看为增加农民收入做出的贡献，并以此作为考核干部政绩的重要指标。

中共潍坊市委　潍坊市人民政府关于实施外向带动战略，推动乡镇企业大投入、大发展、大提高的意见

1.*我市乡镇企业发展外向型经济的指导思想是*：广开招商渠道，拓宽合作领域，扩大外资规模，提高项目水平，增加经济效益，推动乡镇企业外向型经济向高层次、宽领域、纵深化发展。

2.*发展目标是*：乡镇企业产值1994年达到780亿元，增长35%；1995年达到1090亿元，“八五”平均增长53.2%。其中乡镇工业总产值1994年达到660亿元，增长40%；1995年达到850亿元，“八五”平均增长52.3%。乡镇企业利税总额1994年达到65亿元，增长25%；1995年达到78亿元，“八五”平均增长44%。乡村企业固定资产投资，1994年和1995年分别达到30亿元以上，“八五”平均增长59.6%。乡镇企业出口交货值1994年达到30亿元，增长46%；1995年达到40亿元，“八五”平均增长54.1%。“八五”末，全市农村“三资”企业达到1000家，合同利用外资额达到3.5亿美元。

3.*多形式、多渠道向海外招商引资*。通过出国招商、经贸考察等形式，主动出击，更大规模地开展对外经贸活动。各县市区和有条件的乡镇，每年都要有针对性地到海外举办一次或几次招商引资活动，还可以组织得力人员到有关国家和地区设立具有招商引资功能的办事机构，以进一步扩大利用外资的领域。1994年，确保全市乡镇企业利用外资项目和合同利用外资额，分别达到350个和1.05亿美元，增长35%和40%；1995年达到450个和1.5亿美元，分别增长30%和43%。

4.*高起点、高水平利用外资嫁接改造老企业*。继续坚持引进、消化、吸收并举的方针，采取出租、转让、拍卖或参股以及依托海外大企业、大财团组建外向型集团等形式，进行全方位的嫁接改造。1994年，计划对现有企业嫁接改造150家，向外商出租、转让、拍卖30家，组建外向型集团10家，由市乡镇企业局将指标具体分解到各县市区落实。

5.*大规模、高质量办好“三资”和“三来一补”企业*。积极探索“三资”企业的新型管理模式，切实把现有“三资”企业办好。努力提高合同履约率、资金到位率、投产达产率、产值利税率和企业创汇率。资金到位率，1994年要达到

50%，1995年要达到70%。积极兴办海外企业，1995年全市乡镇企业的海外企业要达到40家。

6.多形式、宽领域发展对外贸易，提高综合创汇能力。进一步加快出口行业和产品的结构调整，重点发展高附加值的工业成品和深加工产品，在经营上，坚持出口贸易、易货贸易、补偿贸易、转口贸易一齐上，自营出口、代理出口两手抓，加快开拓多元化国际市场。要进一步开展对外劳务合作，积极组织劳务输出，增加外汇收入。

7.高标准、高档次发展工业园区和沿线建设。各级高新技术园区和沿线建设，要认真调整和完善规划，坚持以项目促开放，边引进边建设，做到开发一片收效一片。1994年每个县市区都要建成3—5个像诸城相州镇那样的独资和合资工业区。

8.全方位、多元化改善投资环境。在继续加强水、电、路等基础设施建设的同时，重点抓好软环境建设。要十分注意加强外经、外贸队伍的建设，加强对中方管理人员的培训，争取二、三年内在全市培养出万名外经外贸专业人才。各级计委、银行在安排资金投放时，要把落实利用外资项目配套资金放在首位，有关部门在办理外资项目中，要进一步简政放权，优质高效服务，努力做到以软补硬，软硬配套，吸引更多外商前来投资。

9.积极鼓励乡镇企业多口岸、多渠道出口。有关部门要积极为具备条件的外向型企业争取自营出口权；有进出口经营权的各级外贸司，要积极为乡镇企业提供代理出口服务；暂时没有直接进出口条件的乡镇企业，可以自主对外洽谈，自主定价，自主成交，并可按照经营范围委托任何一家有进出口经营权的外贸公司代理出口，或征得这些公司的同意，利用他们的合同纸直接出口。

10.对乡镇企业外贸出口的出口贷款和技改贷款给予重点保证。贷款规模的增长要与出口增长保持同步，要进一步下放利用外资项目审批权，总投资在500万美元以下的利用外资项目的立项和可行性研究报告，由所在县市区审批，其相应的基建、技改投资计划由所在县市区自行审批下达。

11.进一步放宽出口创汇企业和“三来一补”企业用工范围。积极鼓励非农业户口的城镇待业人员到乡镇企业就工，劳动部门予以办理招工手续。特殊技艺人员可跨地区招聘，原农业户口的，可在企业所在地落户；原在职的工人、干部，其身份不变，分别由县市区劳动、人事部门办理调入，公安部门给予落户。党政群机关、企事业单位的工作人员，均可以调离、辞职、停薪留职等形式到乡镇承包、租赁和领办外向型企业，也可以兼职形式到乡镇企业从事技术服务和对外经贸工作；凡因调动辞去现职的，其身份不变，城镇户口不转，工资报酬由企业与本人商定，档案工资按国家规定晋升。

12.对发展乡镇企业有功人员实行激励政策。对乡镇企业产值、利税、增长幅度、人均占有、出口创汇等主要经济技术指标综合水平在全市排列前5名的乡镇，前10名的村和前10名的企业；对当年企业产值、利税翻一番以上，并且产值超过4000万元，利税超过400万元的村和集体企业，由市里给予奖励，奖励标准另行规定，凡乡镇企业产值达到10亿元，增长幅度、产值利税率高于全市平均水平的乡镇的党委书记和乡镇长，任职满三年以上的，经组织审查批准，可明确为副县级待遇；“八五”期间乡镇企业年产值达到50亿元以上，或乡镇企业产值占社会总产值的60%以上，增长幅度、产值利税率高于全市平均水平的县市区的乡镇企业局长，任职三年以上，经组织审查批准，可兼任县、市、区长助理，享受副县级待遇。凡产值过5000万元、利税500万元以上的企业，其主要负责人任职三年以上，经组织考察，享受副科级待遇；产值过亿元、利税1000万元以上的企业，其主要负责人任职三年以上，经组织考察，享受正科级待遇；产值过3亿元、利税3000万元的企业，其主要负责人任职三年以上，经组织考察，享受副县级待遇；产值5亿元、利税5000万元以上的企业，其主要负责人任职三年以上，经组织考察，享受正县级待遇。所享受的级别待遇，由人事、组织部门公布备案。凡市以上乡镇企业家，均享受副县级医疗保健待遇，由各县市区干部保健管理部门负责落实医疗保健办法，医疗费由所在单位自理。

13.**提高厂长（经理）的经济待遇**。乡村企业厂长（经理）的工资待遇要同本企业的规模、效益挂钩；经年终综合考核，按照综合指标分数，给予厂长（经理）一次性奖励；对厂长（经理）按合同规定应得的税后利润提成，可全部提取，也可放到企业作为个人股份或风险抵押金。

14.**加强对乡镇企业的领导**。各县市区都要确定一名副县市区长专职抓乡镇企业，各乡镇党委的一把手要以主要精力抓，并拿出一名副书记或副乡镇长专职抓。要进一步落实领导目标责任制和奖惩制度，把乡镇企业作为考核领导干部政绩的一个重要指标，并同个人利益挂钩，按规定实行奖惩。

15.**全市上下左右要密切配合**。外经外贸部门和工业、农业等部门，要主动帮助企业联系项目，吸引外资，组织货源，扩大出口；商检、外事、海关、外汇管理、侨务等部门，要充分发挥涉外职能和对外联络的纽带作用，积极主动牵线搭桥，为促进乡镇企业外向型经济的大发展做出贡献。

16.**各级乡镇企业局要发挥好对乡镇企业的指导、管理、监督、协调和服务功能**。对乡镇企业发展过程中遇到的问题，及时提出政策性的意见和建议，当好党委、政府的参谋，以确保乡镇企业持续、快速、健康发展。

上述政策规定从公布之日起执行。凡涉及有关乡镇企业的表彰、奖励、晋升等，均以此为准。

中共潍坊市委 潍坊市人民政府 关于搞好小城镇建设 加快农村城市化进程的意见

1.我市小城镇建设总的指导思想是：以党的十四大精神和邓小平同志建设有中国特色的社会主义理论为指导，以加快实现农村城市化、农业现代化和城乡一体化为目标，坚持二、三产业起步，完善政策上路，各具特色发展，努力使我市小城镇建设一年一变样，三年大变样，五年上一个大台阶。

2.基本目标分三步走，即从现在开始到1995年，全市建成40个新型小城镇，城镇居住人口占总人口的比重达到25%以上，非农业产值占农村社会总产值的比重达到60%以上；到2000年，建成100个新型小城镇，城镇居住人口占总人口的比重达到40%以上，非农业产值占农村社会总产值比重达到90%以上；到2010年，城镇居住人口占总人口的比重达到50%以上，全市80%以上的小城镇成为设施配套，功能齐全，经济繁荣，市场活跃，镇容整洁，环境优美，建筑新颖的社会主义新塑城镇，基本实现城乡一体化。

3.按照“大、中、小”的发展思路，合理规划城镇布局，分四个层次推进我市城镇体系建设。即大城市，中等城市，小城市，一般建制镇、集镇。形成以中心城市（市区）为主，以中等城市（县级市、县城）为辅，以小城市（重点镇）和一般建制镇、集镇为基础的城镇体系。

4.在城镇总体规划的指导下，因地制宜，发挥优势，突出特色，坚持多样化、多模式搞好小城镇规划建设。在靠近大型厂矿企业，工业基础相对较好的小城镇，要充分发挥工业优势，以工业带动城镇建设，形成工业主导型小城镇；在交通干线和传统商品集散地，要通过建立完善市场体系带动小城镇建设，形成流通贸易型小城镇；在名胜古迹较多，旅游资源丰富的小城镇，要加强旅游、购物、娱乐、文化景点等建设，形成旅游观光型小城镇；在农业资源丰富，农产品经营体系比较完善的小城镇，要实行农科教、种养加、内外贸一体化，形成农副产品出口创汇型小城镇；在靠近沿海，海洋资源丰富的小城镇，要以海产品和盐化工系列开发推动小城镇建设，形成海产品加工和盆化工为主的海洋化工型小城镇。

5.要研究制定相应的政策：

户籍政策。打破行政区划和地域界限，凡在小城镇有固定居住场所和稳定收入的农民，在交出承包地，缴纳一定费用，办理审批手续后，可转为地方城镇居住户口，发给与当地城镇居民相同的“户口薄”，本人及家属子女可在城镇落户。办理地方城镇居民户口的人员，在劳动就业、子女上学、计划生育等方面，与国家统一管理的城镇居民享有同等的权利和义务。

土地政策。对小城镇建设用地，可由县市土管部门按审批权限将集体土地统一征为国有，出让给镇政府的开发建设部门，按照规划组织开发建设后转让给单位、企业或个人使用；也可按项目直接出让给单位、企业和个人建设使用。出让、转让的土地所得收入，主要用于小城镇基础设施建设。

非农产业聚集政策。对农村集体企业愿意向小城镇工业区集中的，建设、土管部门要优先安排，并在地价、城市基础设施配套费等方面给予优惠；对农村个体私营企业愿向小城镇工业区集中的，按潍发〔1993〕37号文件（《中共潍坊市委、潍坊市人民政府关于大力发展个体私营经济的决定》）规定，由小城镇政府牵头，协调有关部门统一办理。并在政策允许的范围内给予一定优惠。

资金政策。各县市区征收小城镇的城市维护建设税，要全部返还给小城镇用于基础设施建设；要积极培育小城镇的房地产市场，把土地使用权出让和房地产经营的收益主要用于市政基础设施的建设；各小城镇按照有关规定收取的综合开发配套费和基础设施有偿使用费，要专款用于基础设施配套建设；要鼓励农民自带资金，进小城镇开店办厂，发展二、三产业，自己建设自己的小城镇；要大力吸引外资、外商参与小城镇建设；要采取谁投资、谁受益、公益事业大家办的办法，组织群众利用劳动积累整修道路，修建供排水等大型基础设施。

重点镇的扶持政策。市委、市政府决定，近期要重点抓好30个小城镇规划建设，实行重点突破。为加快重点小城镇建设步伐，从1994年起，市财政每年拿出200万元对重点小城镇建设进行鼓励性补助，由市建设部门提出审查意见，市财政部门对使用情况进行监督。县市区财政部门要积极筹措资金，支持重点小城镇建设。建设部门要主动帮助重点小城镇搞好规划设计，计划、银行部门要在项目、信贷方面给予优先支持。

6.各地都要健全小城镇建设管理机构，充实管理人员，稳定管理队伍。对小城镇管理人员中的临时工，可按国家有关规定，严格标准条件，择优转招为合同制工人。

7.加强对小城镇建设队伍的管理，严把资质、质量关，禁止无证设计、无证施工；建制镇和集镇的建设都要实行“一书两证”“选址意见书”制度，杜绝乱插、乱建和违章建设现象。

8.各乡镇要成立由主要领导参加，建设、公安、工商、交通、卫生、计生等部门组成的小城镇建设管理委员会，下设专业管理监察队伍，依法对小城镇进行严格的督察管理。要严格执行《城市规划法》与《村庄和集镇规划建设管理条例》并根据实际情况，对各项基础设施、商业网点、常住和流动人口等，制定相应管理措施，落实管理责任，做到有法可依，有章可循。

9.各级党委、政府都要把小城镇建设工作列入重要议事日程，并确定一名领导同志分管小城镇建设。市委、市政府决定，自1994年起，在全市开展争创“新型小城镇”活动。每年由市建委、农委、政法委、计生委、规划国土局、乡镇企业局、工商局、环保局、爱卫会及宣传、文化、体育等部门组织检查考核小组，对各县市区推荐的新型小城镇以经济发展、基础设施建设和精神文明建设为主要指标，进行综合考评，由市委、市政府授予“新型小城镇”称号，并对该镇党、政主要领导给予奖励。对获得“新型小城镇”称号的小城镇进行定期复查，达不到标准的，撤销其称号。

10.各个部门要协同动作，密切配合，形成支持小城镇建设的强大合力。建设部门要认真履行好职责，抓好小城镇的规划、建设、管理；计划、财政、工商、税务、土管、环保、交通、邮电、电力等部门，要积极转变职能，主动为小城镇建设提供方便和支持。在不违背国家法律、法规，不增加农民负担的前提下，实行一切有效办法，冲破一切传统习惯，大胆开创小城镇建设的新路子。

中共潍坊市委　潍坊市人民政府
关于加快实施农业经济国际化战略的意见

（2000年10月19日）

实施农业经济国际化战略，是农业和农村经济发展的客观要求，是世界经济一体化的必然趋势。我国即将加入世贸组织，全市农业将面临着重大的机遇和挑战。为了进一步加快农业对外开放步伐，提高农业整体水平，增强市场竞争力，推进农业现代化进程，特提出以下意见。

一、实施农业经济国际化战略的基础条件

改革开放以来，特别是近几年来，我市通过组织实施农业产业化经营和大力发展创汇农业，促进了农业和农村经济的持续快速健康发展，农业整体生产经营水平明显提高，为整个农业经济向国际化跨越奠定了坚实的基础。一是市场国际化程度提高。目前，全市已有500多种农副产

品直接或通过加工进入世界上120多个国家和地区。其中肉鸡、肉鸭、蔬菜等一批产品成为国际名牌，有些还左右着国际市场。二是生产与国际接轨。从种植、养殖到加工、销售，普遍按国际标准组织生产，按国际惯例进行运营，加快了与国际接轨步伐。先后有26家企业获得ISO 9000国际质量认证，有4家企业获得国际有机食品OCIA标准申报认证，有37种产品取得绿色食品标志使用权，有188种产品在国家工商局注册商标，取得了进入国际市场的“通行证”。三是参与国际竞争的能力增强。全市共兴办农副产品加工企业4000多家，加工能力达558万吨。其中，外商独资企业和合资合作企业459家，利用外资2.39亿美元，这些龙头企业，已成为辐射和带动农业进军国际市场的骨干力量，在参与竞争中的作用愈来愈明显。四是加快了城市化进程。全市有近40%的农村劳动力从传统农业生产转向国际化经营，有70%左右的农户通过龙头企业和合作组织的联接，不出家门，就进入了国际市场，推动了生产要素向城镇转移和集中，城市化程度达到37%。不仅如此，农业经济国际化战略的实施，还有力地推动了科教兴农和农村产业结构调整，增加了财政收入和农民收入，促进了整个国民经济持续、健康发展。另外，我们还有得天独厚的自然资源优势和出口区位优势、劳动力资源优势。并且具有适合国际市场竞争的信息网络、人才、市场等方面的优势。所有这些，都是我市实施农业经济国际化的良好基础条件，昭示着我市实施农业经济国际化的客观必然性。因此，必须增强紧迫感和责任感，树立强烈的市场竞争意识和发展意识，抓住机遇，迎接挑战，不失时机地推进全市农业经济国际化。

二、指导思想和任务目标

当前和今后一个时期，推进农业经济国际化的指导思想是，以党的十五大精神为指针，以江总书记关于“三个代表”的重要思想为指导，以全球经济的视野，按照两个市场、两种资源全面利用的思路，综合考虑农业发展与国际市场的接轨问题，发挥优势，挖掘潜力，全方位利用外资，多领域引进技术，大规模出口创汇，进一步扩大经济技术合作与交流，不断延伸和拓展市场、企业、基地、农户整个农业产业链条，尽快构筑农业开放与发展新格局，显著提高全市农村经济的外向度和国际竞争力，加速潍坊经济融于世界经济的进程。争取3年内，农业利用外资占全市利用外资的比重达40%以上，农副产品出口创汇占农业增加值的比重达到40%以上，农业经济的外向度达到40%以上。完成这个任务目标，实现农业经济国际化，必须把握好以下“四化”：一是，生产的国际化。把生产过程的各种要素、各个环节放到全球范围内综合考虑，选择最佳地点、最佳方式，按照国际标准组织生产、加工和销售。善于利用国外一切先进科学技术改造我们的加工业，特别是做好技术装备的消化吸收工作，在开放中取百家所长，补己之短。二是，投资和金融的国际化。要善于利用国际资本市场，争取在国际资本市场融资上有更大的进展。要以有效的方式吸引大的跨国公司来潍坊投资，把同国际大商社的合作作为推进经济国际化的重要措施。要按照国际惯例办事。无论是在协议谈判、项目审批、利益分配、合同兑现等具体操作上，还是在法律保护、管理体制和涉外服务上，努力与国际市场接轨，为利用外资创造良好的条件。三是，市场和销售的国际化。必须改变传统的市场思维模式，在全球范围内开拓市场，创造市场。要针对不同的国家和地区，制定不同的营销策略，运用不同的营销手段，在国际上建立起完善的销售、服务网络。四是，竞争的国际化。要把视野放得更广阔一些、更远一些，在国际竞争中占据主动。

在实施农业经济国际化战略中，应把握以下几个原则：

（一）坚持以国际市场为导向的原则。就是改变传统的市场思维模式，树立全球大市场的观念，在全球范围内进行市场定位，把生产过程中的各个要素、各个环节放到国际市场范围内综合考虑，充分发挥国际市场对农业资源优化配置的基础作用。

（二）坚持以科技促发展的原则。就是以科技进步为依托，加快改造传统农业步伐，努力提高农副产品的质量和档次，增强国际市场的竞争力，加快农业融入国际市场的步伐。

（三）坚持不断优化调整的原则。就是着眼于不断变化的国际需求，积极主动地搞好种植结构、种养结构、加工结构、出口结构等方面的优化调整，促进农产品由量的优势向质的优势转变。

（四）坚持因地制宜的原则。就是从当地实际出发，发挥区域比较优势，选准支柱产品和主导产业，科学布局，分类指导，突出重点，防止盲目发展和低水平重复建设，避免结构雷同造成新层次上的不良竞争。

三、政策措施

（一）狠抓结构调整，培植适应国际市场需求的优势产业和名牌产品。近几年来，经过不间断的调整，全市农业经济结构发生了很大的变化，但是从总体上看，整个农业调整还处在量的调整阶段，仍是低层次的调整，农产品卖难的问题仍然十分突出。实施农业经济国际化必须尽快提升结构调整层次，由量的扩充向质的提高方面转变，一是进一步优化农业主导产业。对粮棉油、瓜菜、林果、畜牧、水产五大主导产业必须按照国际市场需求的新变化，有计划、有步骤地实施“三扩、三压”：即扩大优质专用粮生产，适度压缩普通粮食生产；扩大优质高效经济作物生产，压缩普通作物生产；扩大出口创汇产品，压缩缺乏市场竞争优势的农产品。通过“三扩、三压”使我市五大基础产业到2003年基本适应国际竞争的需要，成为农业出口创汇的主导产业。二是加快品质、品种结构调整。这是整个农业调整的核心问题。要把调整的重点放在具有国际竞争力的品种上，大力发展名特优稀新产品。通过引进、培植、开发等手段，不断丰富农产品名牌内容，提高名特优稀新的覆盖率，改变名特优稀新产品的零星、分散种养状况，促其向基地化、规模化发展。通过调整，使全市种养业主要品种在3至5年内基本更新一遍。三是加快发展农产品加工业。发展农产品加工业是实施农业经济国际化的关键环节，必须围绕产业、产品结构调整和国际市场的需求，大力发展不同层次、不同水平、本同形式农产品加工业。要立足实际，既要着力发展一批实力雄厚的大企业、大集团加工龙头企业，加快农产品由初级产品加工向精深加工转变，又要充分利用我市农产品资源丰富的优势，围绕肉类、奶类、水产品、蔬菜、果品保鲜、运输等方面，鼓励社会各方面的力量，大力兴办农副产品加工业，走千家万户搞加工、多种形式拓市场的路子。有条件的县市区要围绕小城镇建设有重点地培植开发一批农产品加工示范园区。带动农产品加工业向规模化、集约化发展。

（二）发挥农业比较优势，努力提高利用外资的规模和水平。农业利用外资不仅能有效地增加农业资金投入，推动农业科技进步，而且更重要的是能够带动农业经营方式转变，对实施农业经济国际化具有强有力的催化作用。要进一步强化措施，尽快在农业利用外资工作方面有一个大的突破。一是要抓紧制定农业利用外资的优惠政策。要从本地实际出发，尽快制定在农业综合开发、成片经营、农产品加工、基础设施建设、农业高新技术项目以及农业科研、教育、信息咨询等方面的优惠政策，进一步改善投资条件，营造吸引外资的良好外部环境。二是加大农业招商力度。要借鉴工业招商引资的经验，分期分批地筛选一批有利于促进农业发展的高新名优项目，通过涉外招商、网上招商、代理招商、以商招商、以会招商等多种形式，广泛开展招商活动，特别是要加强同国外大跨国公司和世界500强的联系。同时，要充分发挥龙头骨干企业和高科技园区、农业示范区等招商载体的作用，积极主动地与外商在资金、技术、信息、人才、管理等方面进行全方位合作，全面提高农业利用外资的规模和水平。三是加强农业国际间的经济技术合作交流。大力组织实施“引进来、走出去”战略，高起点引进国外先进的生产技术、管理经验、优良品种、生产设施和人才，特别是要加强与国内外大专院校、科研机构的合作与交流，充分利用国内外的先进科技成果，加快改造我市的传统农业步伐。同时，鼓励支持农产品加工龙头企业和农业合作经济组织，到国外去搞生产、加工、销售。特别是有条件的企业和合作经济组织，要设立自己的办事机构，建立自己的营销网络，迅速正确地把握国际市场的需求变化，更加有效地组织农产品的生产加工。

（三）强化龙头企业建设，提高参与国际竞争的能力。没有龙头企业就没有农业经济国际化，要把发展壮大龙头企业作为实施农业经济国际化的关键来抓。要继续按照“一手抓发展、一手抓提高”的思路，运用市场经济的运作方式，打破地域、体制、行业的界限，采取国家、集体、个体、联合体等多种经济成分共同参与的形式，发展壮大龙头企业。各地要根据龙头企业发展的要求，在土地、资金、道路交通以及工商、收费等方面，实施优惠政策，扶持鼓励大中型工商企业，特别是对外经贸企业进入农业领域，带头兴办龙头企业；鼓励支持部分生产经营困难的乡镇企业转产从事农产品加工，实现乡镇企业第二次创业；鼓励支持个体私营大户投资兴办农产品加工企业；广泛招商引资，吸引国外客商兴办农产品加工企业。各地要立足实际，本着有利于龙头企业的发展壮大，统筹兼顾，有计划、有步骤地把发展龙头企业与小城镇建设有机地结合起来。要正确处理龙头企业与基地建设的关系，按照市场经济规律的要求，以利益为纽带，建立起龙头与基地、基地与农户的利益风险调节机制。要把发展龙头企业与实施农业品牌战略结合起来，力争在3年内，每一个龙头企业都要形成自己在国内外市场叫得响的名牌产品，打响潍坊农业的名牌，增强市场竞争力。

（四）加快农业科技进步，提高农业科技含量。科技进步是实施农业经济国际化的重要支撑力量，农业融入国际市场的程度取决于科技进步的水平。当前和今后一个时期，围绕推进农业科技进步，加快构建三个体系：一是农业科技创新体系。主要深化农业科研体制改革，积极推进产学研结合。从今年起，各级财政要拨出专项经费，支持农业科技部门的科技开发和推广。各级科技部门，要拿出主要力量组织科研单位、生产基地、高科技园区、龙头企业筛选优势项目与大专院校、科研院所、科技企业进行联姻合作，在农业高新技术、重大科研课题等方面进行联合攻关，力争在具有自主知识产权的优良品种开发上有大的突破，为实施良种产业化工程奠定基础。二是农业新科技、新成果推广体系。进一步加强和改进市、县、乡、村四级农技推广网络体系的建设和管理。在机构改革中，切实搞好四级特别是乡镇一级农业技术推广机构的“三定”工作，增加推广经费，改善工作条件，提高人员素质，稳定基层队伍。积极支持农业科技中介服务组我和民营科技企业的发展，鼓励乡镇干部、农村能人带头领办农业科技示范基地，调动社会各方面的积极性，多渠道、多层次、多形式为农民提供科技服务。要突出重点，注重实效，下大力气抓好四条“农业高科技走廊”建设，充分发挥其示范、推广、辐射带动作用。要围绕当前和今后一个时期农业生产经营急需的新技术、新成果，在示范成功的基础上，加大推广力度，在优质专用小麦品种、高蛋白鲜食玉米、畜禽良种、无公害蔬菜生产技术、保鲜包装技术、高产优质栽培技术、节水灌溉技术等方面加快推广应用步伐，提高覆盖率。三是农民教育培训体系。充分利用农广校、农函大、农技中学等多种形式，加强农业职业教育，改进招生方式，简化考核程序，降低入学费用，为广大城乡青年特别是农村青年，提供更多的入学机会。抓好“绿色证书教育”“跨世纪青年农民培训工程”和“农技电波入户工程”，开展经常性、群众性的农技知识培训和讲座活动，提高农民科技文化素质。

（五）加强完善农产品出口质量保障体系建设。生产加工符合国际市场标准要求的农产品是开拓、占领国际市场的关键，特别是“入世”以后，随着关税壁垒的消失，非关税壁垒将会成为制约农产品出口的主要障碍。必须要有相应的应对措施，从基础工作做起，切实提高农产品的质量。要大力实施“绿色农业工程”。今明两年，寿光、安丘、高密、诸城、青州等县市和四条农业高科技走廊以及每个县市区的农业示范区，要大力推行无公害瓜果菜生产，严格控制农药及合成化肥使用，争取在二年内无公害瓜果菜占总量的80%以上。要进一步加强完善全社会防疫、检疫体系，围绕着肉鸡、兔、牛、猪等大宗畜牧产品出口生产，从饲料、养殖、加工、包装、运输等环节建立起严密的防疫体系，从根本上解决药物残留、动植物疫病等影响农产品出口的问题。市、县、乡三级畜牧管理部门要深化管理体制改革，进一步强化管理职能，健全管理制度，承担起全社会防疫检疫工作，改变防疫检疫措施滞后，与国际检疫标准脱节的状况。要切实搞好农产品质量认证工作，尽快建立起与国际市场接轨的质量认证体系。各级行业管理部门要引导龙头企业搞好国际环保标准的ISO 9000质量体系认证，以及对欧盟、美国等发达国家的质量安全认证。争取到2003年龙头骨干出口企业要全部完成国际标准的认证工作，使企业按国际食品质量标准生产和加工，实现产品质量标准国际化，从而有效地避开有些国家在技术、质量、环保、防疫、安全等方面的非贸易壁垒，扩大农产品出口创汇。

（六）切实加强领导，把实施农业经济国际化的措施落到实处。各级党委政府要站在总揽全局的高度，把实施农业经济国际化直接抓在手上。从一把手做起，对农业经济化的重大工程、重大项目、重点企业要分工到人，负责到底。各级党政机关从领导干部到一般工作人员都要有明确的农业招商引资任务，把任务和指标落实到每一个人的身上。要建立强有力的激励机制，对在招商引资过程中有突出贡献的单位和个人按政策实行奖励。各级政府部门要进一步转变职能、转变工作方式方法，把领导农业和农村工作转变为组织引导和扶持帮助农民参与国际市场竞争，要把工作的重点放在搞好规划、制定政策、加强指导、协调服务上。各涉外部门和涉农部门要把实施农业经济国际化作为自已义不容辞的责任和义务，急农民之所急，帮农民之所需，为实施农业经济国际化战略当参谋办实事，特别在企业农副产品进出口经营权报批、农副产品质量认证、检验检疫、进出口报关、出口核销、出口退税以及出国审批等方面增强服务意识。提高办事效率，干净利落地解决企业、农民自身难以解决的一系列问题，促进农业经济国际化的顺利进展。

中共潍坊市委　潍坊市人民政府
关于进一步加快工业经济发展的决定

（2003年4月29日）

为认真贯彻落实市第九次党代会和十四届人大一次会议精神，进一步加快全市工业经济发展，实现率先翻番，建设工业强市，特作如下决定：

1.全市上下要牢固树立“全党抓经济、重点抓工业、关键抓投入、突出抓招商”的指导思想，把发展工业放在建设现代化强市的突出位置。要充分借助外力，激活内力，发挥比较优势，增创竞争优势，形成内资与外资、国有与民营共同发展的“大工业”格局，尽快实现大提高、大突破、大发展。到2007年，力争限额以上工业企业完成增加值、销售收入、利税在2002年基础上翻一番，分别达到500亿元、1700亿元和160亿元；全市工业投入、新增资产净值比上五年翻一番，分别达到1000亿元、350亿元；全市工业增加值占GDP的比重力争达到50%以上。

2.坚持走新型工业化道路，进一步优化产业结构。围绕解决总量不足、结构不合理的矛盾，重点抓好机械装备、纺织服装、海洋化工、造纸包装、食品加工五大骨干行业，到2007年机械装备总量达到150万台，内燃机1500万千瓦，纯碱200万吨，机制纸及纸板300万吨，纺织服装产值300亿元，食品加工产值300亿元；加快发展电子信息、生物医药、新型材料、环保节能四大高新技术产业，其产值年均分别增长20%以上。

3.培强做大优强企业和骨干拳头产品。引导市级重点企业（即全市实缴税金前40户企业。下同）逐步做到“六个拥有”：即拥有规范的法人治理结构，拥有全国驰名商标或名牌产品，拥有上市的子公司，拥有特有的核心技术和知识产权，拥有高水平的工业园区，拥有战略合作的国际大公司，成为代表潍坊形象、具有较强核心竞争力的现代企业。到2007年，力争10户企业销售收入过50亿元或利税过19亿元，其中5户企业销售收入力争过百亿。大力实施名牌发展战略对市场占有率高、经济效益好的骨干拳头产品，有步骤、分层次培育，争创省以上名牌产品或驰名商标。到2007年，力争十大主导产品争创为国家级品牌。

4.加快推进企业改制。年内基本完成限额以上企业公司制改造，已改制的要依法规范完善。改制企业股权结构，凡是有条件的原则上都要达到领导班子控股、法人代表控大股“双控”要求；着力促使企业吸引国内外优强企业控股、参股，引入新的投资者，实现投资主体多元化，改善企业法人治理结构；切实保证出资人制度到位，明晰产权关系，建立规范的股份有限公司或有限责任公司。

5.加大国有股权减持和退出力度。对上市公司，根据国家政策规定，积极探索向外转让国有股和法人股的新路子，争取尽快有大的突破；对政府已授权经营国有资产的集团公司，通过外资并购、转让股权、分块出售、分离分流等形式，加快国有资本退出步伐；对国有中小企业，鼓励外资、民营资本采取多种形式购并重组，构筑新的市场竞争主体。

6.积极推进企业上市。建立企业上市培育机制和上市资源储备库，支持有条件的企业“借壳上市”或到境外上市，力争每年有5家企业进入辅导期，2家企业实现上市，到2007年全市上市公司力争达到20家。对企业上市中涉及资产处置、分离分流的，按潍企改〔1999〕1号文件规定执行；对做出突出贡献的单位和个人，参照招商引资政策给予奖励。

7.支持企业分离办社会职能。将企业承担的学校、医院、托幼园所等社会职能分别移交给当地政府职能部门，有关部门必须积极支持。涉及基础设施更名、过户、改造的，行政性收费一律免除，事业性收费按最低标准减半收取。

8.减轻企业改制负担。对企业改制、破产重组中已经出让给企业的房产、土地使用权等，三年内如企业需要再次变更进行处置的，应予以及时变更，其相关费用实行先交后返；对企业改制重组后的存续企业，聘用职工人数达到原企业在岗职工人数60%以上的，经批准，可不预留退休退养人员10年的基本医疗保险费。

9.切实解决企业改制遗留问题。自2003年开始，市财政每年在预算内安排3000万元，力争用2—3年的时间，集中解决市属国有、集体企业改制前拖欠职工工资性款项、医药费、养老保险金以及职工分流安置等问题。

10.强化保障体系建设，依法扩大社会保险覆盖面，逐步实现企业下岗职工基本生活保障和失业保险并轨，完善城市居民最低生活保障制度，强化社区服务功能，逐步实现保障对象管理和服务社会化，年内城区各街道办事处全部建立社区服务机构，离退休人员、失业人员全部纳入社区管理。

11.搞好工业载体建设。加快高新技术、经济技术、海洋化工三个开发区建设，5年分别完成25、15和10平方千米建设任务，围绕工业5年翻番目标要求，争取分别增加工业投入200亿元、50亿元和80亿元，大力实施工业园区化发展战略，按照产业集聚、企业集群、突出特色的要求，明确功能定位，注重产业延伸，着力构筑一批以大企业为主体，以项目为载体，科技含量高，产业链条完整的工业园区。3年内基本完成中心城区地处黄金地段工业企业“退城进园”计划。

12.加大工业招商引资力度。工业企业要成为招商引资的主体。要支持优势产业、优势企业、优势产品与国内外大公司、大财团对接，让外商参股、控股乃至整体收购，实现以产权换资金，以存置换增量，以市场换技术，加快企业资本构成国际化进程。市里每年筹集资金1亿元，征用储备土地2000亩，5年累计1万亩，以“零地价”政策招商引资。用地项目原则上以200亩为起点，投资强度达到每亩地150万～200万元，或每亩地形成地方财政收入3万元的要求。从项目开工之日起，3年内可以企业实现地方财政收益抵顶用地款，不足部分原则上由企业在第4年度补齐。力争用3年左右的时间，吸引资金投入150亿元，建成20个大项目，形成年销售收入150亿～200亿元，利税10亿～15亿元规模。对此类项目用地，市里采取公开招标等方式确定，征地贷款本息全部还清后，企业上缴税收市区两级按分税或分成办法管理。鼓励企业全方位开拓国际市场。市外贸发展基金每年确保50%以上用于支持重点企业经济技术合作与交流以及机电、纺织、化工等优势产品扩大出口，推动更多的产品进入跨国公司全球采购、连锁经营网络。工业主管部门和各工业行办要把主要职能转移到工业项目的招商引资上来，为工业企业提供优良的招商服务。

13.降低企业投资成本。年度用地计划指标优先安排市级重点企业项目建设需要。重点企业扩大生产新征用地时，经批准，一次性交纳土地出让金有困难的可分年度上交；除应上交省以上费用及支付土地补偿、安置补助和青苗补偿等费用外，其余可予以减免，并优先办理用地手续，不得影响企业项目建设进度。规划国土部门要搞好耕地占补平衡，确保工业发展用地需要。有关项目审批、收费等严格执行潍发〔2003〕6号文件有关规定。

14.加大财政对企业科技创新的投入。各级财政科技三项经费占财政支出的比例要逐年增加，主要用于支持鼓励企业争创名牌产品和设立技术开发中心。对获得国家级、省级名牌产品，创立国家级（包括博士后工作站）、省级技术开发中心的企业，同级财政分别一次性奖励企业法定代表人10万元、5万元。鼓励大企业到国内人才密集的大城市和国外设立研发基地，与高等院校、科研机构建金融智管道，多渠道建立科技创新知识支持体系。

15.健全完善对企业经营者的激励约束机制。切实提高企业家的经济待遇和社会地位，按照企业实际上缴税金确定国有及国有控股企业法定代表人的年薪，对做出突出贡献的企业家实行政府奖励，具体办法按照潍政发〔2002〕46号文件执行，并优先评先树优，鼓励参政议政。同时，切实加强法制监督、民主监督和社会监督，确保企业家健康成长。

16.加快构筑企业智力支持体系。加强高级科技、管理人才培训和引进，每年选拔100名企业后备干部参加MBA培训，有关费用按照潍组通字〔2002〕14号等有关文件执行；对引进的博士后、博士、硕士，按10万元、5万元、1万元的标准作为补助费拨付给本人，有关费用由财政和用人单位按4:6比例承担；对携带技术成果、项目、专利的，按当年税后利润的3%~7%给予奖励。逐步建立董事会选聘、市场化配置经理人员机制，力争5年内，重点企业经理层班子中至少拥有2—3名35岁左右、具有工商管理硕士学位的经营管理人员。

17.设立工业发展基金。市财政每年安排3000万元，主要用于市属企业重点技术改造、技术创新和管理信息化项目贷款贴息，并对连续上缴税金增长超过20%的重点企业，按上缴地方税收增长部分的30%奖励企业。

18.建立银企联合制度。企业主管部门每季度筛选一批好企业、好项目、好产品推荐给各商业银行，人民银行要协调各商业银行对重点企业、重大项目实行贷款授信和银团贷款，在信贷额度安排上优先向工业倾斜。

19.建立工业协调会议制度。市工业协调会议由市长或委托分管副市长主持，成员由经贸、计划、财政、体改、金融、规划与国土资源、国税、地税、工商、质量技术监督、环保、劳动与社会保障、外经贸等部门主要负责同志组成。协调会议每季度至少召开一次，主要研究确定工业发展基金、科技三项经费的使用，对企业和经营者奖励，经营者年薪制兑现，重大招商引资项目实施等工业经济发展中的重大问题。

20.加强对工业经济的组织领导。各级党委、政府要把加快工业发展放在经济工作的突出位置，高度重视并切实加强领导。主要负责同志要拿出相当精力和时间研究工业工作；各级政府在组织经济工作中要始终突出工业这个重点；人大、政协、纪委要围绕加快工业发展，充分发挥各自职能作用，推动经济发展环境不断改善；各职能部门要通力协作，强化服务意识，不折不扣地落实本决定精神；工会、共青团、妇联等群团组织也要发挥自身优势，积极为加快工业经济发展做贡献；宣传新闻部门要切实加大对重点行业、优势企业、名牌产品以及先进典型的宣传力度，共同营造加快工业发展的良好氛围。进一步完善行业服务功能，各行业办公室围绕规划、协调、指导和服务职能，拿出主要精力帮助企业招商引资、落实项目、开拓市场。以行业排头兵企业为主，组建成立食品、机械、纺织、服装和造纸等骨干产品生产企业协会，为行业内企业提供政策信息咨询，项目评估、论证，专业技术人才培训等服务，强化行业自律，发挥好桥梁纽带作用。

本决定自公布之日起实施，在此之前出台的有关支持工业经济发展的规章和政策措施继续实行，凡与本决定条款相抵触的，以本决定为准。

中共潍坊市委　潍坊市人民政府
关于加强文化建设的意见

（2008年3月31日）

为深入贯彻落实党的十七大和全省文化建设工作会议精神，推动文化大发展大繁荣，努力打造文化名市，建设文化强市，提出如下意见。

一、确立文化建设在全局工作中的重要地位

随着经济社会的发展，文化越来越成为社会凝聚力和创造力的重要源泉，越来越成为综合国力竞争的重要因素。加强文化建设，是党中央从中国特色社会主义总体布局出发作出的重大战略部署，是省委确定的加快实现文化大省向文化强省跨越的明确要求，是我市经济社会发展的现实需要，也是广大人民群众的热切愿望。

市第十次党代会确立了建设富裕文明和谐的现代化强市的奋斗目标，实现这个目标，必须充分发挥文化的巨大作用，为全市又好又快发展提供强大的精神动力、思想保证。适应文化与经济、政治相互交融的发展趋势，必须加强文化建设，大力发展文化产业，促进发展方式的转变，提升潍坊经济竞争力。贯彻落实科学发展观，构建和谐社会，需要充分发挥和谐文化的引领、启迪、激励和疏导作用，为社会和谐稳定提供保障。现阶段，人民群众的精神文化需求越来越强烈，越来越丰富，并且呈现多方面、多层次、多样性的特征，要积极顺应人民群众的热切期待，大力推进文化建设，保障人民群众的文化权益，让人民群众充分享受文化建设的成果。

改革开放以来特别是近年来，我市文化建设取得了显著成绩，全市人民团结奋斗的共同思想基础不断巩固。公民思想道德素质和城乡文明程度不断提高。文化事业和文化产业不断发展。潍坊文化的对外影响不断扩大，但要清醒地看到，总体上文化建设滞后于经济社会发展，与我市的经济地位不相适应，与人民群众迅速增长的精神文化需求不相适应，与建设富裕文明和谐的现代化强市的要求不相适应。各级党委、政府和领导干部，要充分认识文化建设的重要性和紧迫性，增强责任感和使命感，“像重视经济工作那样重视文化工作，像重视物质文明建设那样重视精神文明建设，像重视做强经济硬实力那样重视做强文化软实力”，抓住难得的历史机遇，发挥潍坊文化特色优势，创新开拓，进一步提升潍坊城市竞争力，进一步满足人民群众日益增长的精神文化需求，努力使我市文化建设走在全省前列。

二、文化建设的总体要求和奋斗目标

全市文化建设的总体要求是：全面贯彻党的十七大精神，深入贯彻落实科学发展观，充分发挥潍坊文化资源优势，以投入为支撑，以改革创新为动力，以人才为根本，以政策为保障，全面提升潍坊文化竞争力，不断满足人民群众精神文化需求，打造文化名市，建设文化强市。

文化建设的奋斗目标是：经过全市上下共同努力，使公民素质和社会文明程度显著提高，社会主义核心价值体系深入人心，良好思想道德风尚进一步弘扬，人民群众的精神风貌更加昂扬向上。覆盖城乡的公共文化服务体系基本建成，公共文化投入和设施建设居全省前列。文化产业又好又快发展，文化产业占GDP的比重达到或超过全省平均水平。文化体制改革积极推进，全社会文化创造活力明显增强。文化资源优势充分挖掘，特色文化品牌做大做强。名作、名家、名人大量涌现，文化作品创作生产取得重要成果。文化活动更加丰富，人民群众日益增长的精神文化需求不断得到满足。

加强文化建设，要坚持先进文化引领的原则，把社会主义核心价值体系贯穿于文化建设的全过程，始终保持正确方向。要坚持协调发展的原则，促进文化与经济、政治、社会相协调，文化建设内部各领域相协调，文化的社会效益和经济效益相协调。要坚持正确处理继承与创新的关系，在继承中推进文化创新，充分挖掘传统文化资源，借鉴一切优秀文化成果，创造既有丰厚文化底蕴，又充分反映时代精神的潍坊先进文化。要坚持以人为本，维护人民群众的文化权益，充分发挥人民群众在文化建设中的主体地位。

三、文化建设的主要任务

（一）大力推进社会主义核心价值体系建设。积极探索用社会主义核心价值体系引领社会思潮的有效途径，通过强有力的意识形态工作，统一思想，凝聚力量，筑牢全市人民团结奋斗的共同思想基础。

深入学习宣传贯彻党的十七大精神。抓好党委理论中心组学习，提高各级领导干部科学决策和实践科学发展观的能力。开展中国特色社会主义理论体系学习宣传普及活动，开展实践科学发展观活动。繁荣发展哲学社会科学，充分发挥社科思想库作用，加强对全市又好又快发展中重大问题的理论研究，不断推出理论创新成果，为又好又快发展提供决策服务。

深入开展思想教育。抓好理想信念教育、国情市情教育和形势政策任务教育，坚定广大干部群众对中国特色社会主义的理想信念。广泛开展民族精神和时代精神教育，增强民族认同感和全社会的改革创新意识。大力开展以“八荣八耻”为主要内容的社会主义荣辱观教育，在全社会形成知荣辱、讲正气、促和谐的良好风尚。

做大做强正面宣传。围绕中心，服务大局，为全市经济社会又好又快发展营造良好舆论环境。充分发挥主流媒体导向作用，支持各类媒体围绕中心工作开展重大新闻宣传。加大对上发稿力度，努力提高发稿质量，对重大稿件和突出贡献者进行奖励。加强和改进对外宣传，积极开展对外文化交流。抓好网络文化建设和管理，形成网上正面宣传的强大声势。

（二）大力加强和谐文化建设。积极建设和谐文化，推动形成良好人文环境，为和谐社会建设提供重要保障。

大力弘扬中华民族优秀传统文化和时代精神。通过各种方式加强优秀传统文化的宣传教育，增强文化认同的自信心和自豪感。大力弘扬以改革创新为核心的时代精神，推动全社会思想解放。

切实加强思想道德建设。以增强诚信意识和责任意识为重点，组织开展社会公德、职业道德、家庭美德、个人品德建设“四德工程”。深入开展道德模范评选活动，树立一大批道德建设先进典型、道德建设示范点和道德建设品牌。深化“信用潍坊”建设，推进政务诚信、商务诚信、社会诚信和个人诚信，营造诚实守信的社会环境。加强青少年思想道德教育。发挥广大共产党员特别是领导干部的思想道德表率作用。

扎实推进“文明潍坊”建设。深入开展群众性精神文明创建活动，积极争创省级文明城市和全国创建文明城市工作先进城市。以“爱我潍坊、做文明市民”“迎奥运、讲文明、树新风”“我为风筝城添光彩”等活动为载体，提高公民素质，提升服务水平，展示潍坊良好形象。完善社会志愿服务体系，抓好志愿者服务活动。开展城乡共建、军.民共建、警民共建、结对帮扶等互助共建活动。

扎实开展和谐创建。深化部门服务承诺，推动人民群众最关心、最直接、最现实利益问题的解决。加强和谐文化建设，倡导和谐理念，培育和谐精神。把和谐创建与文明创建紧密结合起来，拓展领域，丰富载体，吸引群众广泛参与。推动人与自然和谐，开展节能环保全民行动，在全社会树立生态文明的先进理念。加强和改进思想政治工作。注重人文关怀和心理疏导，塑造自尊自信、理性平和、积极向上的社会心态广泛开展科学精神、科学知识教育，引导人们养成健康文明的生活方式。健全完善和谐创建的长效机制，形成共建共享的生动局面。

（三）加快公共文化服务体系建设。按照结构合理、发展平衡、网络健全、运行有效、惠及全民的原则，加快建设覆盖城乡的公共文化服务体系。

建立健全市县两级公共文化服务设施。市级加快建设市民文化艺术中心、健身中心，规划建设十笏园博物馆等重大文化设施。到2010年，县市区全部建成国家二级馆以上标准的图书馆和文化馆，80%的县市区达到国家一级馆标准。市属各开发区参照县市区两馆建设标准，规划建设好图书馆、文化馆。有条件的县市区规划建设高标准、标志性的大型文化设施。完善公共文化设施服务功能，提升服务水平。

组织实施公共文化服务工程。加快推进广播电视村村通、文化信息资源共享、社区和乡镇综合文化站及基层文化阵地建设、农村电影放映、农家书屋“五大工程”，力争进入全省先进行列。

加强基层文化服务设施建设。抓好基层、农村公共文化设施和服务网络建设，不断提升农村文化大院和社区文化活动中心建设档次，做到设施配套、功能完善、便利居民。

增强公共文化服务能力。面向基层，服务群众，广泛开展“三下乡”“四进社区”等文化惠民活动，特别是组织好节日期间的群众文化活动。政府每年列出专项资金购买文化产品，免费为群众提供文化服务。

加强历史文化遗产保护。高度重视和加强文化遗产的抢救和保护，在城市规划与拆迁改造中注重文化保留，搞好挖掘和合理利用，变文化遗产优势为文化发展优势。

（四）加快文化体制改革步伐。按照中央和省里的部署，认真贯彻区别对待、分类指导，循序渐进、逐步推开的原则，积极稳妥推进。区分文化事业和文化产业的不同特点，按照增加投入、转换机制、增强活力、改善服务的原则，引入竞争和激励机制，大力推进公益性文化事业单位劳动人事、收入分配和社会保障制度改革。按照创新体制、转换机制、面向市场、壮大实力的原则，推进经营性文化事业单位改企转制。整合资源，组建文化产业发展控股集团、报业集团、演艺集团和影视集团，形成一批有实力、有活力的国有和国有控股的文化企业，使之成为真正的市场主体。完善文化市场体系，培育和发展具有潍坊特色的民间工艺品、图书报刊、书画、奇石、宝玉石等专业文化市场。加强中介组织和行业组织建设。转变政府职能，实现由办文化向管文化转变。加强国有文化资产监管。建立党委领导、政府管理、行业自律、企事业单位依法经营的文化管理体制。

（五）**大力发展文化产业**。搞好科学规划，明确我市重点发展的文化产业和区域布局。实施大项目带动、园区带动和大企业带动战略，规划建设一批重大文化产业项目，培育一批具有较强竞争力的文化企业集团，形成一批地方特色文化产业群、文化产业基地，规划建设一批文化标志园。对重点项目重点调度，重点培育，加大投入，强力推进。充分发挥文化产业示范基地的孵化、提升、集聚、创新功能，搞好园区规划，扩大文化产业规模。建设一批体现人文精神、具有较高产业集中度的文化标志园。加大政策扶持和市场运作力度，整合资源，盘活存量，扩大增量，做强做大一批有实力、有活力的文化企业。全市重点抓好100家文化企业，形成富有活力的文化产业群。充分挖掘地方特色文化资源，提高市场化运作水平，打造代表潍坊文化特色的品牌剧目，以精品项目拉动文化产业发展。办好中国潍坊文化艺术展示交易会，打造文化展示、交流、招商的平台。做大做强文化产业核心层，大力培育发展文化产业外围层，积极引导发展文化产业相关层。鼓励和支持非公有资本以多种形式进入政策许可的文化产业领域，逐步形成以公有制为主体、多种所有制共同发展的文化产业格局。加强文化市场管理。搞好文化产业综合统计和部门统计，建立完善文化单位社会效益和经济效益综合考核指标体系。

（六）**努力推动文化艺术繁荣**。大力实施“精品工程”，建立激励机制，激发文化工作者的积极性、创造性，鼓励文化领域多出精品。设立鸢都文化奖，每年从文化建设专项资金中列支200万元，对在文化建设中做出突出贡献的优秀文化人才、优秀文化企业和优秀文化作品、优秀新闻稿件进行奖励。深入实践“三贴近”，引导广大文艺创作者推出更多以促进科学发展、构建和谐社会、反映改革成果为主题，以体现时代精神、反映社会本质、符合群众审美要求为标准的精品力作，在全国“五个一工程”、全省精品工程评选中不断取得好成绩。挖掘地方特色文化资源，打造具有鲜明潍坊特色的文化品牌。各级各部门要对文化艺术工作者充分信任，热情支持，真诚关心，为文化艺术工作者从事文化创作提供良好条件。

四、文化建设的保障措施

加大文化建设投入。充分发挥政府财政的主导作用，建立健全财政投入稳定增长机制，逐步扩大公共财政覆盖范围，确保财政对文化的投入增幅高于同级财政经常性收入的增长幅度，使文化建设的投入每年有较大增长。公共财政投入，重点支持重大公共文化设施建设，保障公共文化服务单位的正常运转，支持重大公共文化服务工程建设，支持重大文化艺术精品的创作生产，引导文化产业项目、文化产业园区和文化企业发展。对政府兴办的公益性文化单位，包括图书馆、文化馆、博物馆和党报党刊的宣传业务部门，实行事业体制，财政全额拨款，逐步增加经费投入，保证其集中精力搞好公共服务。市、县财政每年列出不低于上年的专款，征订党报党刊，免费赠送给困难地区、困难企业的老党员、老干部、老军人以及其他对潍坊经济社会发展做出过突出贡献的干部群众，以满足他们阅读党报党刊的需要。

鼓励、支持、引导社会资本投入文化建设。积极拓宽领域，充分激活民间资本，积极引导、吸引、鼓励社会力量、社会资本和境外资本参与文化建设，逐步形成财政资金、企业资金、银行贷款、文化基金、证券融资、民间捐助、境外资金等多渠道、多元化投融资机制。支持多种经济成分参与文化事业单位转制及股份制改造、文化设施建设和经营。吸引和鼓励社会力量以民建公管、冠名权出让、政府出地企业出资、结对共建等多种方式，投资兴办公益性文化事业。积极开展文化招商，主动走出去，参加外地高层次文化展会，搞好潍坊文化项目的对外推介，吸引外来资本参与我市文化建设。

完善落实各项政策。凡是已经制定的文化政策，要不折不扣地贯彻执行；凡是其他产业已有的政策，只要适用于文化产业，也要努力贯彻执行；凡是外地能够利用的一切优惠政策，都可以借鉴实行。2008年，市财政设立宣传思想文化事业发展专项资金，财政预算安排300万元，主要用于文化奖励、重大文化作品资助、文化招商资助等，以后逐年增加。各地也要根据各自的情况，设立和完善文化事业发展专项资金。切实加强文化事业建设费的征收、管理和使用，确保国家政策规定应收取的文化事业建设费足额入库。地税部门要将文化事业建设费征收列入工作考核，确保完成市里下达的任务。对于重大公共文化服务工程建设、重点公共文化基础设施建设、重要公益文化活动、农村文化建设、重要文物考古发掘等，分别设立财政专项经费或资金。吸引和鼓励社会力量设立专项基金，兴办公益性文化事业，从2009年起，市财政每年列支500万元的文化产业发展引导资金。主要用于文化标志园区、文化产业示范基地、优秀文化企业和重点文化投资项目的贴息、奖励、资助等。要认真落实市政府出台的促进文化发展的财政税收、投资融资、资产管理、工商管理、土地、人员安置、收入分配、社会保障及人才政策。各地要按照中央和省、市制定的政策措施，制定出台相关配套政策，为文化发展营造有利的政策环境。

壮大文化人才队伍。大力实施文化人才培养工程，造就一批名人名家，一批各专业领域的领军人物，一批懂经营善管理的文化产业经营人才。完善激励机制，对文化艺术创作和文化产业领域做出突出贡献的文化人才给予重奖。加大文化人才培训力度，制定实施“十一五”时期全市文化人才培训规划。完善文化人才选拔、聘用、流动机制，加快人才聚集，引导文化人才合理、有序流动。搞好文化人才资源开发，积极引进市外、海外人才资源。建立文化艺术专业人才库和文化经营管理人才库，形成人才优势，为文化建设提供人才保证。

加强组织领导。各级党委、政府要高度重视文化建设，切实把文化建设纳入经济社会发展规划，摆到更加突出的位置。强化组织保障，建立健全党委统一领导、政府管理服务，党委宣传部门协调指导、行政主管部门具体实施、有关部门密切配合的领导体制和工作机制。市委成立文化建设工作领导小组，负责文化建设重大问题的决策和协调。把文化建设作为评价地区发展水平、衡量发展质量和领导干部工作实绩的重要内容，纳入对各级党委、政府领导班子和领导干部的考核体系。要对文化建设重大事项进行责任分解，实施全市文化建设工作考核办法，加强督促检查，确保任务落实。要加强统筹协调，形成上下联动、齐抓共管的工作格局。各级宣传文化部门是促进文化发展繁荣的中坚力量，要充分发挥职能作用。发改、财政、税收、经贸、人事、劳动保障、国土、建设、工商、金融、统计等部门，要把推动文化发展作为一项重要职责，大力支持，密切配合，提供有力保障。各级新闻媒体要加大宣传力度，为文化建设营造良好的舆论环境。要充分发挥工会、共青团、妇联、文联、科协、社科联等人民团体联系群众、组织群众的重要作用，动员和推动全社会广泛参与文化建设，形成全社会共谋文化发展的强大合力。

中共潍坊市委　潍坊市人民政府
关于开展深化经济体制综合配套改革试点工作的意见

（2008年12月31日）

为认真贯彻党的十七大和十七届三中全会精神，全面落实科学发展观，进一步破除影响和制约发展的体制机制障碍，促进经济社会又好又快发展，按照省委、省政府《关于开展深化经济体制改革试点工作的意见》的部署，现就我市开展深化经济体制综合配套改革试点工作提出以下意见：

一、重要意义

改革创新是事业发展的第一推动力。没有改革创新，就没有工作突破，就没有事业发展。改革开放三十年来，我市经济社会发展取得巨大成就，最根本的就是得益于不断改革创新。当前，全面贯彻落实科学发展观，实现经济社会又好又快发展，同样离不开改革创新。要实现加快转变经济发展方式，推进城乡经济社会发展一体化，健全现代市场体系，增强可持续发展能力，加强以改善民生为重点的社会建设，建设服务型政府等科学发展的新任务，必须进一步加大改革创新力度。党的十七大和十七届三中全会对改革开放和农村改革发展提出了新的要求，指明了改革方向。省委、省政府《关于开展深化经济体制改革试点工作的意见》对全省开展深化经济体制改革试点工作作出了统一部署，把我市列为深化经济体制综合配套改革试点城市，对我市改革发展提出了新的更高要求，为我市全面推进改革创新提供了难得的机遇。全市各级各部门要切实抓住这一契机，紧紧围绕促进科学发展，着力打破思想禁锢，打破体制机制约束，打破对传统发展路径的依赖，以改革创新破解发展难题，努力开拓科学发展新境界。

二、指导思想和原则

开展深化经济体制综合配套改革试点工作，要全面贯彻党的十七大和十七届三中全会精神，以邓小平理论和“三个代表”重要思想为指导，深入贯彻落实科学发展观，进一步解放思想，大胆改革，锐意创新，着力探索构建适应我市实际，充满活力、富有效率、更加开放、有利于科学发展的体制机制，为推进科学发展、促进社会和谐提供强大动力和体制保障，为全省深化经济体制改革提供经验和示范。

开展深化经济体制综合配套改革试点工作，要坚持以科学发展观为统领，以改革促进科学发展，用改革的办法解决经济社会发展中的深层次矛盾和问题；坚持社会主义市场经济改革方向，把探索建立适应社会主义市场经济发展要求的配套性、系统性体制与机制作为改革的关键环节，促进社会主义市场经济体制的健全和完善；坚持解放思想，与时俱进，在国家法律法规框架内，按照“三个有利于”和尊重科学、尊重实践的要求，大胆改革，勇于创新；坚持以人为本，正确处理改革发展稳定的关系，把实现好、维护好、发展好人民群众的切身利益作为推进改革的出发点和落脚点，切实把改革的力度、发展的速度和社会的可承受程度统一起来。

三、重点领域和目标

开展深化经济体制综合配套改革试点工作的重点领域是：就搞活做强企业进行实验；就建立解决“三农”问题的长效机制、与市场经济相适应的现代金融体系、多元化的投融资体制和在国家法律法规框架内缓解土地约束的土地管理体制等问题进行探索；就建立城乡统筹、公平规范的就业和社会保障体系，促进社会公共服务均等化的体制与机制，推动自主创新的制度框架，以城乡社区管理为基础的社会管理体制，以及转变政府职能等进行实验和创新。

改革试点工作在全市统筹规划布局的前提下分头推进，各县市区、市属各开发区和有关市直部门分别承担几个方面的专题改革试点任务。改革试点采取由点到面，试点成熟后逐步在全市推广的做法。寿光市、诸城市在搞好综合配套改革试点的同时，按照省里的要求，分别完成农村经济组织体制和农村生产社会化改革、社会主义新农村建设和农村社区化管理改革的改革试点任务。各县市区、市属各开发区和有关市直部门在搞好省、市统一部署的改革试点任务基础上，要从实际需要出发，积极进行其他方面的改革探索。

开展深化经济体制综合配套改革试点工作的目标是：用1到2年的时间，在重点领域、重点行业和重点地区的改革取得显著成果；用3到5年的时间，初步建立起与落实科学发展观和构建社会主义和谐社会相适应的体制与机制，形成比较完善的市场经济体制框架，促进全市经济社会又好又快发展。

四、推进机制

建立市委、市政府统一领导，市级领导分工负责，各县市区、市属各开发区和市直有关部门承担试点任务的工作推进机制。

（一）成立全市深化经济体制综合配套改革试点工作领导小组，统一领导和组织协调全市改革试点工作。全市改革试点工作领导小组由市委、市政府主要领导同志分别任第一组长、组长，各有关市直部门主要负责同志为成员。成立领导小组办公室，设在市发改委，具体承担全市改革试点工作的组织协调和工作落实。

（二）成立全市深化经济体制综合配套改革重点领域改革试点工作领导小组，分别负责各重点领域的改革试点工作。成立搞活做强企业改革试点工作领导小组，解决“三农”问题长效机制改革试点工作领导小组，金融、投资与土地管理改革试点工作领导小组，文化产业改革试点工作领导小组，创新开发区管理体制改革试点工作领导小组，公共服务、社会管理与转变政府职能改革试点工作领导小组六个重点领域改革试点工作领导小组。各重点领域改革试点工作领导小组由分管的市级领导同志任组长，主管部门的主要负责同志为副组长，有关县市区、市属开发区和市直部门的主要负责同志为成员。各重点领域改革试点工作领导小组在全市改革试点工作领导小组的统一领导下开展工作。

（三）成立全市深化经济体制综合配套改革专题改革试点工作组，分别承担具体改革专题试点的组织实施工作。每个重点领域改革试点工作领导小组下设若干个专题改革试点工作组，每个专题改革试点工作组负责一个改革试点专题，专题改革试点工作组由与该专题有关的县市区、市属开发区和市直部门组成。

五、实施步骤

改革试点工作分四个阶段进行：

（一）研究改革意见。各县市区、市属各开发区、市直各部门根据省、市确定的改革试点主要任务和重点，并结合各自实际，提报改革试点重点内容。在此基础上，各重点领域改革试点工作领导小组研究制定本重点领域的改革试点意见，明确改革试点工作的方向、重点和实施步骤，经全市改革试点工作领导小组研究同意后确定。

（二）制定总体方案。各重点领域改革试点意见确定后，由全市改革试点领导小组办公室在各重点领域改革试点意见的基础上，形成全市改革试点工作总体方案，报全市改革试点工作领导小组审核，经市委、市政府研究同意后，报省政府审批。

（三）开展改革试点。全市改革试点工作总体方案经省政府审批同意后，把每项改革试点重点内容作为一项改革试点专题，由各重点领域改革试点工作领导小组负责，成立相应的专题改革试点工作组，由专题改革试点工作组研究制定具体的专题改革试点工作实施方案。各项专题改革试点工作实施方案经各重点领域改革试点工作领导小组审核、全市改革试点工作领导小组批准后，由各专题改革试点工作组组织实施。各重点领域改革试点工作领导小组要加强对各项专题改革试点工作的指导、调度、检查、督促，定期向全市改革试点工作领导小组汇报进展情况和改革效果。

（四）推广试点经验。对各专题改革试点成果，由各重点领域改革试点工作领导小组组织评估论证，报全市改革试点工作领导小组审定，对效果明显、具有推广意义的专题改革试点经验，在全市范围内推广实施，为全省改革提供借鉴。

六、工作要求

（一）坚持全市“一盘棋”。开展经济体制综合配套改革是一项系统工程，各级各部门要在市委、市政府的统一领导和部署下，协调配合，齐抓共管，共同把改革试点工作做好。

（二）加强对改革试点工作的组织领导。全市改革试点工作领导小组要加强统一组织领导，及时决策部署有关改革试点工作任务措施，认真研究解决改革试点工作的重大问题，各重点领域改革试点工作领导小组要加强领导和指导，切实组织好本领域的改革试点工作。各专题改革试点工作组要认真制订专题改革试点工作实施方案，组织开展试点工作，确保按要求高标准高质量地完成改革试点任务。各级各有关部门对改革试点工作要高度重视，列入重要议事日程，主要负责同志要亲自抓，分管负责同志要靠上具体组织工作开展，要建立强有力的工作推进机构，确保改革顺利进行。

（三）加强对改革试点工作的考核督查。要把改革试点工作任务完成情况列为市委、市政府对各县市区、市属各开发区和市直部门年度综合考核的重要内容。对改革试点工作任务落实情况及成效，市委督查室、市政府督查室要作为重要督查事项，跟踪督办。全市改革试点工作领导小组办公室要加强对全市改革试点工作的调度、检查和督促，推动工作顺利开展。

（四）加强对改革试点工作的舆论引导。各级宣传部门要充分发挥媒体作用，通过多种有效方式，大力宣传改革试点工作的重要意义和成功经验，引导全市形成积极改革创新、支持改革创新、竞相加快科学发展的浓厚氛围。

中共潍坊市委 潍坊市人民政府 关于加快建设蓝色经济区的指导意见

（2009年9月8日）

为全面贯彻党的十七大和胡锦涛总书记视察山东时的重要讲话精神，深入贯彻落实科学发展观，按照省委、省政府的部署要求，为加快建设蓝色经济区，推动全市经济社会又好又快发展，提出以下指导意见。

一、充分认识建设蓝色经济区的重大意义，明确总体要求和基本思路

今年4月份，胡锦涛总书记在视察山东时强调指出“要大力发展海洋经济，科学开发海洋资源，培育海洋优势产业，打造山东半岛蓝色经济区。”胡锦涛总书记的重要指示，总揽全局，立意高远，精辟深刻，是从二十一世纪世界发展趋势、从全球竞争的高度、从全国发展的大局出发，着眼实施海洋强国战略、谋求更大海洋国家利益而作出的重大部署，是从国家战略层面给予山东的战略定位。省委、省政府迅速作出打造山东半岛蓝色经济区的重大战略，充分体现了对胡锦涛总书记重要指示的深刻理解和坚决贯彻，表明了抓住机遇强力推进山东高品质、大跨越发展的坚定决心，必将进一步提升全省经济的整体实力和竞争力，为经济文化强省建设注入强大动力。全市各级各部门各单位要深入学习贯彻胡锦涛总书记的重要指示精神，全面落实省委、省政府的决策部署，统一思想，深化认识，以强烈的使命感和责任感，全面加快蓝色经济区建设，努力开创全市科学发展新局面。

蓝色经济区是以海洋、临港、涉海产业发达为特征，以科学开发海洋资源与保护环境为导向，以区域优势产业为特色，以经济、文化、社会、生态协调发展为前提。具有较强综合竞争力的经济功能区。二十一世纪是海洋的世纪，海洋经济的巨大发展潜力，海洋蕴藏的丰富资源，海洋优势产业极强的竞争力，注定了人类未来发展的希望在海洋。在山东半岛蓝色经济区“一区三带”发展格局中，我市既是蓝色经济区七个前沿城市之一，又是胶东半岛高端产业聚集区四个骨干城市之一和黄河三角洲高效生态经济区重点开发区域，这是省委、省政府对我市工作的充分肯定，是对我市实现更大发展的信任和期待，为我市新一轮发展带来新的大好机遇。建设山东半岛蓝色经济区，有利于我市加快走向大海、走向蓝色，利用海洋经济广阔的市场和产业发展空间，培植新的经济增长点，争创科学发展新优势；有利于我市在更高层次和更广领域获取政策支持和外部资源，加快重大基础设施和重点产业项目建设，促进优势产业发展，快速提升综合实力；有利于我市充分利用倒逼机制，加快转变发展方式，推进产业优化升级，提高经济发展的质量和效益，走出一条资源节约、环境友好的蓝色经济新路子；有利于我市扩大对外开放，深化与沿海地区特别是青岛的合作发展、互补共赢，在更高层次、更宽领域参与合作竞争。我市具有发展海洋经济的良好条件和基础，占有重要的区位和资源优势，历届市委、市政府高度重视开发利用海

洋资源，大力推进北部沿海开发建设，海洋经济保持了持续较快的发展态势。同时，也要清醒地看到，我市在海洋资源的科学开发利用上，在海洋产业的发展上，在海洋环境的保护上，还存在许多差距，还有很大潜力没有挖掘出来。加快建设蓝色经济区，意味着发展内涵更丰富，要求更高。各级各部门各单位要在新起点上重新定位未来发展，着眼于跨越、立足于拼搏，以超越别人的勇气和努力加以推进，以更快的速度和更高的质量加速提升，努力在新一轮区域发展中率先突破、跨越发展。

加快蓝色经济区建设，在思想观念上要有重大转变，在发展思路上要有重大创新，在生产力布局上要有重大调整，在政策措施上要有重大举措。当前和今后一个时期，我市加快蓝色经济区建设的总体要求和基本思路是：全面贯彻党的十七大精神，以邓小平理论和“三个代表”重要思想为指导，深入落实科学发展观和胡锦涛总书记视察山东时的重要讲话精神，按照省委、省政府的决策部署，充分发挥蓝色经济区前沿城市的主体作用，坚持全面融入、海陆统筹，坚持突出特色、发挥优势，坚持有所作为、奋力突破，以北部沿海为主战场，以陆域经济为依托，集约优势资源要素，大力发展海洋经济、科学开发海洋资源、培育海洋优势产业，加快提升蓝色经济的规模和水平，努力把潍坊打造成山东半岛蓝色经济区的重要发展区域，推动全市经济社会又好又快发展，为全省发展大局作出更大贡献。

二、坚持海陆统筹重点突破，努力开创蓝色经济发展新局面

加快建设蓝色经济区，要按照省委、省政府的战略部署，从我市实际出发，切实做好结合文章，以新的更高的要求提升和推动各方面工作。要把加快蓝色经济区建设与开展深入学习实践科学发展观活动紧密结合起来，引导各级创新发展理念，完善发展思路，强化发展举措，积极投入蓝色经济区建设，在推进科学发展上取得更大成果。要把蓝色经济区建设与高端产业聚集区和黄河三角洲高效生态经济区建设紧密结合起来，认真研究“三区”建设的内在关系，深刻把握蓝色、高端、高效、生态的本质要求，充分利用“三区”功能叠加的政策优势，选准突破口，找准着力点，全方位争取发展资源，拓展发展空间，打造一批体现“三区”建设要求的经济增长点，加快培育形成新的发展特色和优势，多点支撑我市新一轮科学发展、跨越发展。要把蓝色经济区建设与实施工业调整振兴规划紧密结合起来，以服务蓝色经济为重要方向，加快产业结构调整和升级，大力发展蓝色高端制造业，促进工业向高端产业和产业高端迈进，进一步提高市场竞争力。要把蓝色经济区建设与“三化”发展紧密结合起来，大力培育市县两级中心城市，全面提升小城镇建设发展水平，切实抓好农村社区建设，加快城乡一体化发展进程；加强与山东半岛沿海城市和环渤海地区的合作，重点推进与青岛的合作发展，努力实现优势互补、合作共赢；以蓝色经济区建设为平台，更大力度地推进对外开放，积极承接国际产业转移，扩大利用外资规模，推进对外经贸稳定增长，不断提高经济国际化水平。要把蓝色经济区建设与和谐社会建设紧密结合起来，更加注重改善民生，加快发展与蓝色经济区建设相适应的科技、教育、文化、卫生、体育等各项社会事业，完善就业、保障等服务体系，激发社会创造活力，推进基本公共服务均等化，深化和谐创建活动，增加社会和谐因素，努力营造良好社会环境。

建设蓝色经济区，要坚持海陆统筹，进一步优化区域布局，突出发展重点，着力实施“四个突破”。一是北部沿海地区要全面突破。充分利用北部沿海地区的空间优势，以高新技术为支撑，以蓝色经济为方向，努力打造蓝色经济发展先行区、示范区。加大科学投入，力争三年新增投入1000亿元。加快岸线资源开发，重点推进潍坊港扩建和羊口、下营、滨海三个渔港建设，着力贯通海上运输通道，建设渤海湾重要的货物集散地。要加快蓝色产业发展，积极培育石油化工、海洋化工、机械装备、新能源、临港物流等优势产业集群，大力发展体现高效生态、循环经济、精细加工的新兴特色产业，打造海洋装备制造业基地；加快推进马来西亚潍坊滨海产业园建设，积极争创国家生态工业示范园区，努力打造新的竞争优势。要加快基础设施建设，重点推进疏港公路、铁路、潍日高速、城海轻轨等一批重大基础设施建设，强化发展支撑能力。二是滨海新城建设要率先突破。按照“一城四园”的总体规划布局，明确功能定位，完善城市规划，创新建设理念，加快推进功能区开发建设，着力构筑滨海新城发展框架。加快科教创新区建设，按照50平方千米、50所学校、50万人的规模，打造环渤海地区一流的职教园区和蓝色高端产业科教基地。加快中央商务区建设，建设高档楼宇、星级酒店、商务会展等商务平台，打造环渤海地区有较大影响力的高端商务中心。加快旅游度假区建设，建设一批与亲海、近海、观海相关的餐饮、娱乐、休闲等滨海服务业项目，打造山东半岛知名的滨海休闲旅游胜地。加快高档商住区建设，开发建设一批高档商住设施，打造人流密集、商业繁华的现代化商住区。三是全市各地都要在发展和服务海洋经济上奋力突破。各县市区、市属各开发区要围绕海洋经济发展、海洋资源开发和海洋优势产业的培育，加快调整发展战略和产业发展规划，以发展涉海产业为重点，积极承接周边沿海城市和北部沿海地区的辐射延伸，发展服务蓝色经济的涉海制造业和现代服务业，拓展海洋产业发展空间，开发海洋经济市场，企业特别是大企业要把蓝色经济作为重要的市场方向，加快建设涉海产业项目，在参与和康务蓝色经济中发展壮大。四是区域合作要全面加强、重点突破。积极探索建立与周边功能区和内陆腹地之间的联动发展机制，充分利用区域间在地理区位、资源条件、产业结构上差异互补的特点，促进资源要素合理流动和优化配置，实现产业互动、布局互联、协调发展。全面加强与临海城市的合作，重点推进青潍蓝色经济发展一体化，努力争取更大的合作成果。主动参与环渤海经济圈的开发建设，进一步扩大与天津滨海新区、冀辽沿海重点城市、长三角、珠三角等国内重点区域的合作交流。以更加广阔的视野，着眼于全球岸线城市和海洋资源开发需求，积极参与全球海洋产业分工与竞争，加快建设开放型经济体系。

三、科学开发和高效利用海洋资源，培育海洋优势产业，建设现代蓝色产业体系

推动蓝色经济区建设，要坚持资源开发、产业培植、区域打造、生态保护“四位一体”，着力强化海洋资源的科学开发和高效利用，努力走资源节约、环境友好的蓝色经济发展新路子。一是着力促进资源集约节约利用。实施集中集约用海和节约集约用地，对浅海、岸线、滩涂、地下卤水等资源，实行最低开采规模制度和严格的开发准入制度，由分散粗放利用转向集中集约利用，实施集中连片、科学开发，推进立体、综合开发，提高资源、利用综合效益。二是着力促进节能减排和环境保护。以建设循环经济示范区为目标，大力推进重点企业、经济园区和重要区域的循环经济发展，加快发展环保产业，严格控制高污染高排放项目上马，从源头上减少污染物排放。强优海陆统筹、全流域治理的观念，由先污染后治理、海陆分区治理向坚持生态优先、海陆一体化治理转变，突出抓好上游生态保护、沿途排污治理和下游生态修复，提高涉海陆源污染排放标准，建立完善生态评价体系和补偿机制，切实提高可持续发展水平。三是着力促进生态优化工程建设。扎实推进生态市十大重点工程百个项目建设，突出抓好北部“六纵两横”水系建设和沿海防护林带、林场建设，进一步改善生态环境。加快以防潮大坝为重点的沿海防护堤建设，提高海洋防灾减灾和应急处置能力。加强重点流域、近岸海域的修复和保护，逐步形成良性循环的近岸湿地生态系统，不断优化海洋生态。

要立足我市现有海洋产业基础，把握海洋产业发展趋势，大力培植壮大链条长、关联度高、带动效应大的现代海洋产业，着力改造提升传统优势产业，加快发展相对滞后、亟待开发的涉海产业，积极培植新的战略增长点，努力打造蓝色经济发展的产业优势。（1）海洋化工产业。发挥卤水资源优势，围绕盐化；溴素及深加工、苦卤化工，研究发展海水淡化及综合利用工程。突出海化、集团、海天生物等企业的龙头带动作用，推动纯碱、烧碱产品结构调整，发展高纯无机溴化物、溴系阻燃剂、医药染料中间体等4大系列产品，优化提升传统海洋化工产业。密切跟踪海洋医药及生物制品产业的发展趋势，加强对海洋生物的研究开发，努力形成一批具有自主知识产权的海洋医药及功能保健品、新型蛋白源等海洋生物制品，培育具有竞争力的生物医药企业，带动生物医药产业的规模化发展。（2）石油化工产业。依托现有炼化企业，加强与中央企业的战略合作，引进一批战略投资者，规划实施一批投资规模大、带动能力强、战略周期长的产业龙头项目，提高原油输送、储存、加工能力。积极推进黄岛至潍坊、莱州至昌邑、东营至海化原油输送管道项目和滨海400万立方石油储罐区项目建设，加快中海油海化、中化昌邑石化、弘润石化、联盟化工等重点项目建设，大力发展高附加值合成材料和高端石化产品。（3）海洋装备制造业。加速提升海洋装备制造业自主化、高端化、集成化水平，加快建设潍柴大功率船用发动机、青能动力海洋石油钻机等一批重大项目，形成海洋装备制造业的支撑。抓住国外船舶修造业转移的有利时机，积极引进先进船舶制造企业，规划建设寿光万吨级船舶制造基地和滨海造船基地。（4）现代海洋渔业。加快渔业结构优化调整，积极发展深海渔业和远洋渔业，鼓励企业积极参与国际渔业资源竞争。全面实施“耕海牧渔”和渔业资源修复计划，加快发展浅海生态渔业，大力发展滩涂特色海水养殖，规划建设一批集中连片、设施配套、规模适度的健康养殖园区。加快发展水产品集散、储藏、加工等产业，突出抓好水产品精深加工园区建设，提高水产品附加值，打造水产品知名品牌。（5）海洋交通运输物流业。加强潍坊港集疏运能力建设，推进与环渤海地区港口间的合作，打造辐射山东腹地、分流青烟威港口业务的区域性综合港口。依托潍坊出口加工区，创造条件，在港区建设保税区，发展保税物流业和出口加工业。尽快开通潍坊港集装箱和客货滚装运输及国际客货航线。做大临港物流业，加快北部沿海80平方千米的海港物流园区和市域内其他重点物流园区建设，形成以海带陆、内外联动的物流业发展格局。（6）海洋能源矿产业。积极开发利用风能、太阳能、濑汐能、生物质能等可再生能源，重点推进国电风电、北部光伏发电等新能源项目建设，鼓励龙展利用可再生能源的技术和设备，高水平利用海洋清洁能源。加快发展风电、光伏发电等设备制造业。对北部石油、天然气等进行全面勘察、适度开发。（7）海洋文化旅游业。充分发挥我市丰富的文化资源优势，突出海洋文化特色，推动文化与旅游融合，结合滨海旅游度假区建设，加快沿海旅游资源开发建设，重点开发原生态湿地、海滨城市旅游、邮轮与游艇旅游、海上运动、海洋文化体验等高端旅游产品，努力建设特色旅游休闲观光区。着眼于建设全市大旅游格局，统筹全市旅游资源，打造旅游精品线路，使沿海地区滨海旅游与中心城区文化民俗游、南部山区山水风光游互动发展，构建区域一体化旅游产业，打造潍坊旅游品牌。（8）滨海农牧业。调整滨海农业内部结构和生产布局，积极发展耐碱旱、节水种植业，提高种植业标准化生产水平。积极推进有机蔬菜基地建设，寿光市要率先建成全国乃至全球最大的有机蔬菜生产基地。以标准化、规模化生产为重点，推广适于盐碱地的草、畜一体化种植养殖，集约化规模化发展奶牛、肉牛、肉羊等畜牧业，加快建设批标准化生态养殖场，建设一批畜产品加工、兽药饲料生产企业。加强农产品质董安全检测和动物防疫体系建设。

四、着力强化支撑条件，为蓝色经济区建设提供强大动力

加快蓝色经济区建设，关键在于提高支撑能力。要解放思想，大胆探索，勇于创新，全力打造创新能力强、人才聚集度高、创业环境好、发展活力足的优势支撑体系，为加快蓝色经济区建设提供动力和保障。

（一）加快构筑载体。充分发挥园区、基地和企业品牌的载体作用，努力打造蓝色经济发展高地。要把北部沿海地区作为全市蓝色经济发展的主战场，把滨海经济开发区作为蓝色经济发展的先行区和示范区，充分发挥沿海区位条件和资源优势，促进各类生产要素向沿海聚集，重点加强基础设施和公共服务体系建设，推进蓝色经济区综合交通网络体系、信息化服务体系一体化发展，着力完善功能、强化支撑，促进和保障蓝色经济区建设。各县市区要全面融入，依托半岛沿海城市特别是青岛蓝色经济和服务业的辐射，以省级开发区为载体，引导蓝色制造业项目向园区聚集发展，加快建设蓝色产业发展基地。要注重发挥大企业的引领和带动作用，促进蓝色产业向骨干企业聚集，培育蓝色产业集群，提高集约化发展水平。

（二）着力搭建平台。加快建设技术研发平台，大幅度增加高新技术研发基金，支持发展高端技术和海洋科技研发，重点在北部沿海地区建立大型海洋技术公共研发平台，建设海洋科技创新孵化器，并依托有实力的大企业建立海洋医药、海洋化工、海洋制造等10个海洋科技研发平台，完善科技创新体系，加强产学研联合，着力突破一批重大关键共性技术和核心技术，提高海洋科技进步对经济增长的贡献率。加快建设人才聚集平台，重点抓好适合蓝色经济发展的人才创业示范园建设，按照蓝色经济区建设的要求，推进职业教育资源优化重组，形成集群效应和强有力的科研、人才资源保障。加快建设投融资平台，建立多元化投融资机制，依托国有资产投资经营机构、骨干企业，通过引入基金、股权转让、企业上市、扩大合作、发行债券等方式，拓宽融资渠道，引导各类资本向蓝色经济区汇聚和集中。加快建设商业运作、产业招商、信息交流等各类平台，完善创新服务体制，为蓝色经济区建设提供支撑。

（三）创新体制机制。围绕有效聚集发展资源和蓝色产业，在体制机制创新方面积极探索实践，推进各级领导资源、人力资源、人才资源、体制资源向蓝色经济区建设聚集，形成聚集优势，产生聚集效益。坚持用改革的办法解决影响和制约蓝色经济发展的突出问题，用创新的举措整合要素资源，形成有利于蓝色经济区建设的体制机制。充分发挥政策的导向作用，研究出台相关政策，促进国内外海洋、临海、涉海产业和项目加快向我市聚集。充分发挥职能部门的桥梁纽

带作用，加强各行办、产业协会同蓝色经济相关产业和行业的衔接，促进蓝色经济聚集发展、膨胀壮大。

（四）打造优势环境。适应蓝色产业发展要求，加大人才培养引进力度。加快引进聚集一批蓝色经济发展急需的领军人才和海外创新创业人才，发挥其引领、集聚创新团队的作用。加快培养一批高素质、高效能的高端企业家队伍，使之成为蓝色经济发展的有力支撑。加快选拔一批能服务于蓝色经济发展的干部人才，为蓝色经济区建设提供高质量、高效率的行政服务。加快建立完善服务企业发展的园区制度和运行机制，强化制度规范和激励约束，为蓝色经济区建设提供高效服务和制度保障。加快创新优化各类人才聚集的外部环境，为人才创业提供高标准的技术条件、空间条件、设施条件，在所有省级以上开发区高标准配套学校、医院、公寓等生活服务设施；秉承鼓励创新、支持竞争、宽容失败的理念，倡导和营造热情友好、开放包容的风气，营造让各类人才舒心安心的人文环境；加强舆论宣传，开展评选先进模范活动，对有突出贡献的进行大张旗鼓地表彰奖励，形成各类人才集聚潍坊的浓厚氛围。

五、加强组织领导，充分调动各方面的积极性和创造性

蓝色经济区建设，关系到全市科学发展大局，必须切实加强组织领导，精心组织实施，积极依靠全市广大干部群众的力董，形成全市积极参与、齐抓共建的良好局面。

（一）加强领导，明确责任。各级各部门各单位要充分认识建设蓝色经济区的极端重要性，把蓝色经济区建设作为推动科学发展的重大战略任务，着眼全局，统筹规划，突出重点，加快推进。市委、市政府成立由主要领导同志任组长的蓝色经济区规划建设领导小组，设立工作推进协调小组和常设办事机构，负责对重大决策、重大工程项目的协调指导以及政策措施的督促落实。各县市区、市属各开发区要抓紧成立完善相应的领导机构和工作班子，加强对相关工作的组织和推进。要建立完善责任分工体系和工作运行监督机制，把蓝色经济区建设责任落实和目标完成情况作为领导班子和领导干部考核监督体系的重要内容，建立科学的指标体系，完善考核办法，加强对各县市区、市属各开发区和市直有关部门的绩效考核，严格执行问责制度。加快建立完善蓝色经济发展统，计指标体系，加强统计工作，为科学决策和指导工作提供依据。

（二）加强调研，搞好规划。要抓紧组织力量，加强对蓝色经济知识的学习研究，加强对蓝色经济区建设重大问题的调研论证，准确把握蓝色经济发展的基本规律和世界海洋经济发展的新趋势，吸收借鉴国内外先进经验，有针对性地提出对策建议。市直有关部门要在广泛调研、科学论证的基础上，尽快研究编制我市蓝色经济区建设总体规划和有关专项规划，进一步明确任务目标、功能定位和发展重点。要按照蓝色经济区建设的要求和国家产业政策导向，规划一批带动能力强、发展前景好、能够支撑蓝色经济区建设的大项目、好项目，增加项目储备积蓄发展后劲。各县市区、市属各开发区要按照全市总体要求，积极主动地制定本地的建设发展规划，从实际出发，推进海洋经济和相关产业发展。要搞好山东半岛蓝色经济区规划与胶东半岛高端产业聚集区、黄河三角洲高效生态经济区以及北部沿海发展规划的衔接，办主动与上级有关部门衔接，积极争取指导和支持，不断提升规划建设水平。

（三）加强配合，形成合力。各级各部门各单位要牢固树立全市“一盘棋”的大局观念，坚决破除地方和部门利益的束缚，积极主动地搞好衔接配合，有效整合各种资源和生产要素，找准

在蓝色经济区建设中的位置，形成建设和发展的强大合力。各县市区、市属各开发区之间要搞好协作，实现优势互补、合作共赢。市直有关部门要充分发挥指导协调、组织实施、检查监督的职能作用，主动为基层和企业服务，并结合本部门的职能，抓紧制定和落实支持蓝色经济区建设的具体政策措施。各高校和科研机构要发挥优势，围绕开发海洋资源、发展海洋经济调整学科设置，开展科研攻关，积极为蓝色经济区建设贡献力量。新闻宣传部门要加强舆论引导，组织开展各种形式的主题宣传活动，总结推广各类先进典型，形成加快建设蓝色经济区的生动局面。

各县市区、市属各开发区和市直各部门各单位贯彻落实本意见的情况，要及时报告市委、市政府。

中共潍坊市委　潍坊市人民政府
关于加快推进生态潍坊建设的意见

（2012年8月12日）

为进一步加快转变经济发展方式，提高环境品质和承载能力，全面提升生态文明水平，实现环境与经济社会协调发展，加快建设生态潍坊，按照省委、省政府《关于建设生态山东的决定》（鲁发〔2011〕22号）要求，结合我市实际，提出如下意见。

一、指导思想和工作原则

（一）指导思想：以邓小平理论和“三个代表”重要思想为指导，深入贯彻落实科学发展观，统筹环境保护和经济社会发展，坚持节能优先、环保优先，大力弘扬生态文明理念，推进绿色低碳发展，努力形成资源节约型、环境友好型的产业结构、增长方式、消费模式，加快建设宜居宜业城市。

（二）工作原则

1.突出重点，稳步推进。突出环境保护、生态建设、循环经济“三大重点”和结构调整、资源优化配置、污染防治和国土绿化“四个关键环节”，抓好重点示范工程、重点产业和重点区域，坚持分区指导，分类推进，逐步实施，形成不同类型、不同特点的生态市示范体系，充分发挥示范带动作用，有效促进城市生态系统的高效运转和动态平衡。

2.在发展中保护，在保护中发展。坚持经济社会发展与环境保护的有机统一和良性互动，以生态潍坊建设为切入点，转变经济发展方式，调整优化产业结构，有效破解资源环境约束瓶颈，以良好的生态环境为经济社会发展提供有力支撑。

3.宏观调控与市场调节相结合。发挥政府的组织协调和政策导向作用，推行市场化运作方式。充分调动部门、企业和全社会共同参与生态潍坊建设的积极性，不断扩大国际国内交流合作。建立多元化投融资机制，多渠道筹措生态建设资金。

二、目标任务

（一）总体目标任务

在调整、充实、完善生态潍坊建设规划目标

的基础上，确保到2020年全市基本形成经济社会发展与资源环境承载力相适应的生态经济发展格局，协调发展和可持续发展能力显著增强，城乡环境质量全面改善，把潍坊建设成近者悦、远者来、宜居宜业的美好家园。

（二）具体目标任务

1.生态经济形成较大规模。转方式调结构取得重大进展，高新技术产业产值占规模以上工业总产值的比重达到30%以上，第三产业占GDP的比重达到50%。单位生产总值能源资源消耗和主要污染物排放总量大幅下降，单位GDP能耗小于0.9吨标煤/万元，单位工业增加值新鲜水耗小于20m^3/万元，单位GDP化学需氧量排放强度小于3.0千克/万元，二氧化硫排放强度小于4.0千克/万元。中心城市初步建立起循环经济体系，绿色发展模式初步形成。

2.生态环境质量明显改善。所有水体达到功能区标准，集中式饮用水源水质达标率达到100%，近岸海域水质全部稳定达到一类、二类标准。空气环境质置达到功能区标准。全市森林覆盖率达到35%以上，受保护地区达到国土面积的18%。

3.城乡环境宜居水平显著提高。城镇污水集中处理率达到90%以上。城镇生活垃圾无害化处理率达到100%。土壤环境得到治理，环境重金属污染问题基本解决，环境安全得到有效保障。

4.生态文化日益繁荣。生态文化研究和生态文明宣传教育不断加强，生态文明建设示范活动广泛开展。生态文明观念深入人心，健康环保的生活方式和消费模式初步形成。

三、工作措施

（一）加大节能减排力度。加强以控新增、调结构为重点的“前端”减排。严格控制煤炭新增量，进一步降低煤炭在一次能源消费中的比例，严格控制新增煤电机组规模，到2015年，燃煤火电所占比重下降到77.8%。加大结构调整力度，逐步淘汰运行满20年且单机容量10万千瓦（含）以下的常规火电机组、服役期满单机容量万千瓦以下各类机组、供电标准煤耗高出2010年全省平均水平10%或全国平均水平15%的各类燃煤机组。严格控制高排放行业增长，淘汰全部立窑水泥生产线，对现有钢铁、水泥和石化行业实行压产、降煤或增产、不增煤，造纸、印染、酿造、食品行业实行增产、节水，确保“十二五”期间化学需氧置、氨氮排放总量分别减少13.33%和16.69%，二氧化硫、氮氧化物排放总量分别减少18.1%和17.9%。拓宽和延伸工程减排领域“末端”减排。实施工业企业深度治理、城镇污水处理厂新改扩建、再生水利用和人工湿地水质净化等水污染物减排工程，加大冶金、建材、有色、石化、焦化、燃煤锅炉、交通运输等非电行业脱硫工作力度，实施火电行业低氮燃烧改造及脱硝工程和建材、钢铁、工业锯炉等非电行业脱硝示范工程，重点抓好40个脱硫工程和53个脱硝工程建设。

（二）巩固提高流域治污成果。加大城镇和工业园区综合污水处理厂新改扩建和配套管网建设力度。到2015年，新改扩建污水处理厂54座，污水处理总能力达到210万吨/日，配套管网建设112千米。实施废水深度处理，积极实施造纸、印染、石化和化工企业中水回用工程。大力建设人工湿地水质净化工程，保持和改善末段水质，重点建设寿光市和市滨海区北部4大滩涂人工湿地和虞河、白浪河等8个河道人工湿地。

（三）突出抓好大气污染治理。2013年底前，现有20吨（含）以上燃煤锅炉全部安装烟气脱硫除尘设施，现役单机20万千瓦（含）以上机组全部建设脱硝设施，单机20万千瓦以下机组全部安装低氮燃烧器。新建燃煤机组全部配套建设脱硫、脱硝设施，脱硫效率达到95%以上、脱硝效率达到80%以上。突出抓好建设工程施工、建筑物拆除、道路保洁、物料运输与堆存、采石取土、养护绿化产生的扬尘污染控制。积极治理机动车排气污染，实施机动车环保标志管理，加快高排放的老旧汽车、“黄标车”和低速载货车淘汰步伐2014年底前实现国IV油品供应，提升车用燃油品质。倡导绿色交通模式，优先发展公共交通，积极发展新能源和清洁能源车辆，在城市公交系统推广清洁代用燃料汽车。

（四）加强固体废物污染防治。重点推进纯碱生产业碱渣白泥、电力行业粉煤灰及脱硫石膏、冶金和化工废渣等大宗工业固体废物的综合利用。切实做好危险废物和医疗废物的安全处置工作，以潍坊佛士特环保有限公司和昌邑蓝海环境保护有限公司的危险废物处置设施建设运营为重点，全面推行危险废物申报登记和变更申报登记制度，建立重点污染源档案并实施动态更新。

（五）严格保护重要区域生态功能。推进自然保护区完善和晋升工作，提高自然保护区管理水平。巩固提高国土绿化水平，高标准实施道路绿化、水系绿化、荒山绿化和生态林场建设工程。加强对水土流失、破损山体、矿区地面塌陷、海（咸）水入侵、荒山及沙荒地等生态脆弱区、退化区的生态修复和保护。重点建设莱州湾湿地保护区、峡山湿地保护区、昌邑市海洋生态特别保护区和寒亭高里湿地公园、诸城潍河湿地公园、滨海弥河口湿地公园等，有效遏制湿地功能退化和面积萎缩趋势。以小流域治理为着力点，构建环库、沿河、沿海、沿路生态防护林带。

（六）积极构建生态安全防控体系。围绕预防、预警、应急三大环节，强化对高风险源、污染企业聚集区、饮用水源地等环境敏感区的监督管理。加强生态安全应急能力建设，提高生态安全事件应急处置水平。

四、政策制度建设

（一）积极推行排污权有偿使用和市场交易制度。建立完善排污权有偿使用保障、交易和监管三大体系，筹备组建市排污权交易中心，搭建排污权市场化、资本化和交易主体多元化的运作平台，研究拓展排污权交易银企合作渠道及相关政策措施，不断扩大交易范围和领域。

（二）探索完善生态补偿政策。开展区域生态补偿试点工作，加大对生态补偿的财政投入和转移支付力度，探索多样化生态补偿方式。

（三）拓宽投融资渠道。发挥公共财政在生态建设中的引导作用，统筹整合现有专项资金，逐步加大生态保护与建设投入。加大对生态建设的金融信贷支持。创新完善政策措施，鼓励多渠道建立生态建设基金，吸引各类社会资本进入生态建设领域。

（四）加大生态保护执法力度。依法严厉打击各类破坏生态行为，严厉查处破坏生态、污染环境案件。严格问责制度，对造成重大生态环境破坏的，依法追究相关单位和责任人的责任。

（五）充分发挥资源环境约束的倒逼作用。严格控制资源消耗、污染物排放总量，实施单位增加值、单位产品消耗和污染物排放强度评价制度，落实规划环境影响评价，加强新建项目节能评估审查、水资源论证、水土保持方案、建设用地和贷款审批，抑制高消耗、高污染行业增长。

五、组织领导

各级各部门各单位要把加快推进生态潍坊建设摆上重要位置，列入重要议事日程，切实加强组织领导，建立完善组织领导机构，明确责任分工，确保生态潍坊建设的各项措施落到实处要定期调度通报生态潍坊建设工作进展情况，组织开展目标责任制考核，考核结果纳入科学发展综合考核评价体系。

《潍坊市志（1991—2012）》供稿单位、供稿人员及编审人员统计表

志书内容	分纂	编辑	供稿单位	撰稿及审稿人员
概述	李长山	吴存浩 韩延明 王文恒 颜培胜	潍坊学院	吴存浩
大事记	吕俊峰	郑学连 王　伟 林荣军	市档案局、各县市区、市属各开发区	刘树平　孙　涛　谭绪刚　张红娟　曲福刚　于　菲　张明升 张洪茂　王志伟　王海燕　王军亭　刘　玮　孙朋波　刘洪昌 蔡相东　孙铭杰　刘　云　李　鹏　杨　娟　林卫成　辛立兴 李晓宁　李　瑜　王继成　张述智　初良邦　袁炳奎　刘效海 宫婷婷　刘冠伟　程国栋　刘培利　刘国强　侯晓华　刘　静 李国强　孙斌梓　何明亮　刘其鹏　毛金鹏　孙建达　于宗涛 郭夕武　刘泰铭　马晓永　朱永强　王洪磊　王　立　温小伟
第一编 地域环境	焦　凌	王卫国 李　光	市民政局、市国土资源局、市气象局、市水文局、市农业局、市林业局、市水利局、市海洋与渔业局、市地震局	杨　军　韩华南　王成锋　钟绵荣　李立清　李树军　李秀丽 李国祥　吴启宗　刘世亮　侯月玲　孙学庆　侯占勇　冯宝春 张德昌　姜道德　郝元磊　张百信　韩文顺　陈卫国　翟正宏
第二编 人口	焦　凌	张学文 李　光	市卫健委、市统计局、市公安局、	张学文
第三编 城乡建设	焦　凌 李长山	王卫国 刘奉光 李　光 颜培胜	市规划局、市住建局、市城市管理行政执法局	张明杰　徐永海　祖金华　楚增杰　刘东民　田洪波　杨　旭 戴玉霞　刘雨东　刘　莹　郭鸿超　李　超　田立平　王　凯 徐海东　赵宇宏　凌晓峰　陈玉明　段夕全　孙　凯　庞军华 李海滨　黄　真　单云华　刘永华　王　青　刘木林　王建民 李其彦　黄凤亭　宋培华　闫祥密　孙庆乾　宋培华　尹国强 庄培忠　戚玉玺　范升海　张晓军

续表

志书内容	分纂	编辑	供稿单位	撰稿及审稿人员
第四编 环境保护	焦　凌	王卫国 王春艳	市环保局	杨发科　刘长春　王新成　王春艳　吴占宁　谢振溪　张　琦 张兴山　耿维顺　李凯强　张艳芹　吴　兵　刘　斌　李国秀 孙　鹏　孙树盛　姜在杰
第五编 交通邮电	焦　凌	王卫国 王春艳	市交通局、市邮政公司、市联通公司、市电信公司、市移动公司、市铁通公司、市无线电管理委员会	孙　泳　王丽丽　张　朋　牛佳伟　白　钢　刘友勇　聂利列 李建斌　付庆蓁　李盼伟　张　帅　赵怀海　宋　伟　王桂江 朱新华
第六编 农　业	焦　凌 李长山	李明忠 刘建国 王春艳 颜培胜	市农业局、市农工办、市林业局、市畜牧局、市海洋与渔业局、市农机局、市农综办、市水利局、胶东调水局潍坊分局	刘世亮　王轶兵　张西森　李洪奎　高继月　袁永胜　贾清河 李善金　孙　平　侯月玲　孙学庆　李海军　刘衍信　侯占勇 冯宝春　朱九军　刘海涛　孔繁荣　郭光智　韩世德　刘永新 赵玉杰　邓建坤　赵玉杰　陈　艳　贾文才　赵　杰　韩文顺 陈卫国　徐建平　李福杰　岳燕燕　满　毅　郭忠春　孙亮东 张德昌　姜道德　郝元磊　张百信　张宝信　季太友　黄玉叶 安明明　苑　波　冀传杰　孟祥任　刘子玉　孙国臣　张国友 王婷婷　董明泽　郝海军　孔祥岭　宿荣贞　徐莹华　张子向 刘树德　马安堂　侯运建　马晓菲
第七编 工　业	李长山	吴存浩 徐传国 齐利民 刘奉光 颜培胜	市经信委、国网潍坊供电公司、市烟草局、青州卷烟厂	韩　滨　赵海亮　张丽丽　孙晓东　荆　震　徐华亭　赵新华 李建刚　张丽莹　李殿文　张荣聚　赵玉群　刘欣龙　魏学东 赵　建　国忠兴　郑本海　刘德庆　黄文宏　于　鹏　刘堂起 胡　然　李福臣　于金标　魏胜启　韩冬梅　王林立　陈晓鸿 朱先宝　王桂江　朱新华　刘桂玲　陈冠中　孙学山
第八编 国内贸易	葛诗忠	唐柏林 郑学连 刘　敏	商务局、供销社、粮食局、	董平华　刘志仙　郎咸梅　代修友　马　丽　刘月霞　王积富 张昭利　曾　喆　周世明　孙　睿　石金科　赵雪芳　王沼东 葛宝琦　权怀清　郭冬青　孙洪伟
第九编 开放开发	李长山	吴存浩 刘奉光 颜培胜	市商务局、市合作发展促进局、市贸促会、市区域办 潍坊海关、潍坊出入境检验检疫局、潍坊海事局、市口岸办	代修友　马　丽　刘月霞　王积富　张昭利　付志伟　陈志君 刘祥东　杨继东　张卫东　杨清海　赵文英　于帅帅　秦福运 吕海波　张春新　谭新建　李志刚　李　志　罗　凯　简建伟 闫怀信
第十编 旅游业	程森枝	杜晓梅 侯桂运 李晓冬	市旅游发展委员会	尹保华　李玉俊

续表

志书内容	分纂	编辑	供稿单位	撰稿及审稿人员
第十一编 金融业	程森枝	徐传国 刘冬青 李晓冬	市金融办、潍坊银监分局、人民银行潍坊市中心支行、市保险行业协会、市商务局	林　浩　王　强　夏文雨　杜　峰　杨振威　辛胜男　李　林 滕　凯　李伟明　杨金河　魏征业　李　勇　江　慧　李连曾 吉　黎　王依勤　于文慧
第十二编 财政税务	李长山	吴存浩 刘奉光	市财政局、市住房公积金管理中心、市国资委、市国税局、市地税局	李春光　吕　冰　彭术斌　孙伟康　杨德光　李红东　赵可明 张志华　李　菁　吕建伟　吴秀华　于　宁　王　颖　徐　海 宋　刚　胡大桢　靖树春　惠从金
第十三编经济 综合管理	程森枝	徐传国 刘冬青 李晓冬	市发改委、市国土资源局、市统计局、市审计局、市物价局、市工商行政管理局、市质量技术监督局、市食品药品监督管理局、市安全生产监督管理局	胡德利　陈　强　张建刚　韩忠吉　林玉学　程　琳　邰庆磊 李立清　付忠亮　李希春　马志刚　郭　川　王晟昊　魏绍忠 袁荣华　刘国良　朱　杰　窦智坤　高学香　周仁欣　王　琦 王玉梅　张同波　朱松华　代　娟　路海涛　郭志梅　王艳芳 苏　彬　穆　洪　陈志城　侯富翁　官旭峰　张其亮　刘成文 张秋勇　王燕燕　李婷婷　孙垂涛　孙夕光　王宁波
第十四编 中共地方组织	程森枝	林卫成 陈会清 李晓冬	市委办公室、市委编办、市纪委、市委组织部、市委老干部局、市委宣传部、市委统战部、市委政法委、市信访局、市委政策研究室、市委台办、市市直机关党工委、市委党史研究室、市委党校	潘　杰　朱雪峰　赵　朋　马向东　张　明　张祖钊　李晓英 刘邦俊　李洪河　高向阳　胡艳钊　王　霞　赵延明　宋云涛 胡晓萍　徐　慧　张恩光　荆　毅　于艳宝　邹晓亮　张永堂 韩华鸿　张　琳　王怀瑞　谭海伟　唐吉宝　李　锐　王文杰 邱　旭　杨瑞贤　胡文君　侯君华　李丰田　耿文静　徐　旭 李　兵　王绍芳　丁建营　于进强　侯永军　叶华平　李荣涛 孙家强　张岳华　李　迪　秦宏臻　朱晓芳　滕　达　刘红宾 刘英杰　杨毅鹏　潘桂红　孔　磊
第十五编 地方权力机关	李长山	赵礼忠	市人大常委会	何洪涛　肖　鹏　刘吉良　于钦凤　方　毅　郭凤孝　杨官松 郑文东　王海峰　于绍津
第十六编 地方行政机关	葛诗忠	宋科富 唐柏林 刘　敏	市政府办公室、智慧办、法制办、侨联、外侨办、史志办、市级机关事务管理局	胡友为　陈文博　张立峰　宋德生　赵　昕　王凤阳　张再升 杨永花　孙　红　焦　凌　颜培胜　王春艳　武心舜　李清林
第十七编 政协地方组织	吕俊峰	郑学连 王　伟 林荣军	市政协	惠　刚　陈　堃
第十八编 民主党派	葛诗忠	官佃巍 刘　敏	民革、民盟、民建、民进、农工党、致公党、九三学社、	刘大伟　刘　宾　孙照军　刘景平　惠铁英　墨　萍　王晓菲 孙其孝　李兴俊　孙秀珍　孙鹏飞　尹春娟　王兴全　岳建利

续表

志书内容	分纂	编辑	供稿单位	撰稿及审稿人员
第十九编 人民团体	葛诗忠	孙家声 刘 敏	团市委、总工会、妇联、工商联、	周 密 李宏光 徐连奎 张维德 陈 姮 毕小虎 李世栋 彭莉芳 谭晓琳 安 峰 宋乐昌 唐松平 吕梅贞 田素英 刘 波 胡晓光 吴锦霞
第二十编 政 法	葛诗忠	王文栓 刘 敏	公安局、检察院、法院、司法局	邵树彬 桑庆忠 玄富强 赵永刚 王爱军 袁 杰 李玉红 韩会胜 李大勇 王存吉 于善江 赵希伟 罗相贤 袁伟林 李 波 于晓丽 李 猛 窦玉光 陈 伟 王 兴 赵春玉 赵霁红 赵云贤 宁建惠 杨 磊 毕春楠 杨云林 张富林 胜 昔 苗海平 张兴国 周 潍 刘剑青 楚志勇 张 涛 李 萌 刘振涛 张林升 高光顺 李林增 谭 斌 李林增 刘楠楠 毛亚妮 江秀娟 邱金山 王志远 时群星 李 晶 蓝洪顺 孙明玉 赵 群 张井兰 毛兴涛 秦 帅 张广武 孙 征 裴秋琳 冯 斐 程国亮 王志远 游 江 王新华 郑家猛 宋中海 巩怀国 宿利国 徐 颖 张 平
第二十一编 军 事	葛诗忠	余建国 刘 敏	军分区、武警、人防办	余建国 李 勇 李 侃 刘桂芹 胥汝孝 吕为林 汪邦林 夏荣生
第二十二编 人力资源 社会保障	姚国平	王现友 刘伟勋 陈 克	市人力资源和社会保障局、市机构编制委员会办公室	丁云博 王在磊 李 强 陈福国 张 蓉 杨 东 刘 涛 王 芳 隋晓理 翟述伍 张富强 冷 梅 古兴华 高建明 蔺会亮 叶华忠 高 前 康建明 高爱群 魏 明 王明亮 刘保玉 郭 玮 康恒武 韩玉成 臧传友 刘永法 王增全 王 嫄 王建光 韩 健 谭舒莲 马少波 于晓伟 蒋 琳 王君宗 冯汉中 张 军 高爱群 胡艳钊 王 霞 王 雷 张 莹
第二十三编 民 政	姚国平	王现友 刘伟勋 陈 克	市民政局	武际同 耿永胜 宋新满 张 森 张 愉 刘兆祥 高连娟 李海云 孟 杰 宋高峰 王 平 孙林朴 刘清华 孙永楠 董德才 张文玉 李凡华 孙黎明 张广通 沈涛云 李 静 杨宏伟 杨 军 刘江山
第二十四编 教 育	姚国平	王现友 刘伟勋 陈 克	市教育局	李 杰

续表

志书内容	分纂	编辑	供稿单位	撰稿及审稿人员
第二十五编 科学技术	姚国平	王现友 刘伟勋 陈　克	市科学技术局、市科协、市知识产权局、市地震局、市气象局、市社会科学界联合会	宋　剑　郭　强　尹以成　于得水　王光存　刘　静　王晓燕 马　涌　赵振华　路林平　刘振兴　谭桂中　刘志成　袁保臣 张砚友　翟正宏　李栋梁　宋国良　任清泉　卢维棠　李树军 苏莉莉　杨可栋　王晓立　张秀珍　王　鹏　刘玉峰　李启胜
第二十六编 文　化	姚国平	王现友 刘伟勋 陈　克	市文化局、市新华书店、市工艺美术协会、市档案局	王文章　王　波　王福林　丁传信　孙海东　刘树平　张良瑞
第二十七编 风筝文化 节会	吕俊峰	张华峰 郑金锋 王　伟 林荣军	市风筝会办公室、潍坊世界风筝博物馆、各县市区	张崇高　滕　薇　张宏伟　张华峰　孙　涛　谭绪刚　张红娟 曲福刚　于　菲　张明升　张洪茂　王志伟　王海燕　王军亭 刘　玮　孙朋波　刘洪昌　蔡相东　孙铭杰　刘　云　李　鹏 杨　娟　林卫成　辛立兴　李晓宁　李　瑜　王继成　张述智 初良邦　袁炳奎　刘效海　宫婷婷　刘冠伟　程国栋　刘培利 刘国强　侯晓华　刘　静
第二十八编 卫生体育	姚国平	王现友 刘伟勋 陈　克	市卫计委、市体育局	郭小刚　苗广锋　孙　沂　张建辉
第二十九编 社会生活	吕俊峰	于　杰 张华峰 谭振武 王　伟 林荣军	市文明办、国家统计局潍坊调查队、市老龄办、市残疾人联合会、市民族宗教局	齐　帅　路全东　李丰礼　曾庆华　周　华　穆长海　许　祥 于　芳　王和平　郝信富
第三十编 县市区概况	吕俊峰	王茂春 魏　伟 王　伟 林荣军	潍城、奎文、寒亭、坊子、青州、高密、寿光、昌邑、诸城、安丘、昌乐、临朐	孙　涛　谭绪刚　张红娟　曲福刚　于　菲　张明升　张洪茂 王志伟　王海燕　王军亭　刘　玮　孙朋波　刘洪昌　蔡相东 孙铭杰　刘　云　李　鹏　杨　娟　林卫成　辛立兴　李晓宁 李　瑜　王继成　张述智　初良邦　袁炳奎　刘效海　宫婷婷 刘冠伟　程国栋　刘培利　刘国强　侯晓华　刘　静
第三十一编 开发区概况	吕俊峰	胥克俊 韩光杰 王　伟 林荣军	高新区、滨海区、保税区、峡山区、经济区	李国强　孙斌梓　何明亮　刘其鹏　毛金鹏　孙建达　于宗涛 郭夕武　刘泰铭　马晓永　朱永强　王洪磊　王　立　温小伟

续表

志书内容	分纂	编辑	供稿单位	撰稿及审稿人员
人　物	吕俊峰	王伟波 崔永胜	各县市区、市属各开发区	孙　涛　谭绪刚　张红娟　曲福刚　于　菲　张明升　张洪茂 王志伟　王海燕　王军亭　刘　玮　孙朋波　刘洪昌　蔡相东 孙铭杰　刘　云　李　鹏　杨　娟　林卫成　辛立兴　李晓宁 李　瑜　王继成　张述智　初良邦　袁炳奎　刘效海　宫婷婷 刘冠伟　程国栋　刘培利　刘国强　侯晓华　刘　静　李国强 孙斌梓　何明亮　刘其鹏　毛金鹏　孙建达　于宗涛　郭夕武 刘泰铭　马晓永　朱永强　王洪磊　王　立　温小伟
附　录	吕俊峰	王伟波 崔永胜 王　伟 林荣军	市史志办、市政府办公室	程森枝　刘伟勋　颜培胜　康恒杰
英文目录	张学祥		潍坊学院外国语学院	

说明：供稿单位、撰稿及审稿人员排序，按志书内容先后顺序

《潍坊市志(1991—2012)》照片作者(照片提供者)名录

丁洪智	于帅帅	于志龙	于鲁闽	马远征	马　康	马福重	王文杰
王本冰	王旭东	王兴全	王丽君	王佃军	王英华	王金宝	王金亮
王保林	王晓东	王晓光	王晓菲	王　强	王新乐	王　磊	亓杨杨
尹兴宾	尹春娟	申燕祥	代　娟	白　钢	白瑞成	冯宝春	冯建国
边秀良	邢世明	邢顺建	巩本溪	吕为林	吕俊峰	朱绍宽	朱　骅
庄　巍	刘成文	刘竹湘	刘兴宝	刘英杰	刘雨东	刘承江	刘树平
刘　晗	刘温山	孙庆乾	孙秀珍	孙　泳	孙居祥	孙洪伟	孙　艳
孙　鹏	孙斌梓	牟书涛	杜志军	杜建明	杜晓菲	李东伟	李兴才
李纪芬	李克成	李　波	李国强	李盼伟	李　莹	李　晶	李　德
杨向东	肖柏明	邱金山	何明亮	汪帮林	沈延亮	沈志海	宋新满
张井兰	张　军	张志鹏	张连丰	张杰培	张国委	张　委	张　朋
张绪军	张　琳	张景伟	张　新	陈志君	陈　强	邵　磊	武心舜
武继鹏	幸树志	苗广锋	范夕合	尚　平	罗　凯	季晓东	岳建利
周明山	周培文	郇庆国	郑小双	郑伟汐	郝书贝	胡凡钦	侯运健
姜晓霞	秦　良	班　争	徐建平	徐晨亮	郭小刚	郭勋山	高永贤
唐乃柱	姬光飞	黄　勇	黄敬卫	曹君志	董福春	韩振兴	惠铁英
甄士光	路继新	简建伟	窦秉杰	谭晓琳	谭海伟	谭德林	

说明：本名录按姓氏笔画排序，因部分照片未查找到原作者，故本名录非全部作者名录

索　引

潍坊国际风筝会风筝放飞表演

龙头蜈蚣

说明：

1.本索引为综合性主题索引。

2.索引款目按汉语拼音（同音字按声调）顺序排列，以阿拉伯数字起始的款目不参与排序。

3.每一个款目后的阿拉伯数字表示该款目所在页码。

4.同一款目在文中多次出现，在其后用不同页码标明。

5.本索引收录款目仅包含市志各编、章、节标题，节下条目不收录。县市区概况部分，由于各县市区结构体例类似，索引中仅保留各县市区名，各县市区下的节标题不收录。章、节中的联合标题分别索引。

D

E

F

G

H

J

K

L

P

Q

T

W

X

Y

Z

编后记

编史修志是中华民族优良的文化传统，历朝历代，编纂地方志都是执政者的一种官职官责。本志的出版，是在习近平新时代中国特色社会主义思想指导下，在潍坊市委、市政府的坚强领导和各供稿部门在大力配合下，众手成志的结果。本书的编纂工作始于2002年，2016全面启动，至2020年正式出版，其间历经启动与组稿、分组编纂、总纂与评审、出版审核、质量提高等主要环节。

一、启动与组稿

2016年2月，潍坊市全面启动《潍坊市志（1991—2012）》编纂工作，潍坊市地方史志办公室（简称市史志办）负责组织协调等各项工作，市史志办主任傅廷伟负总责。随后，市史志办成立修志推进工作小组，副主任姚国平任组长，副调研员李长山协助，程森枝、刘伟勋、颜培胜参加。小组的主要任务是完成与各供稿单位的对接，督促各供稿单位撰写初稿。修志推进工作小组对全志的框架设计进行调整，形成较为完善的篇目；编写出详细的供稿说明及行文规范，对承编部门供稿工作进行分工。3月7日，市委办公室、市政府办公室印发《关于进一步做好〈潍坊市志（1991—2012）〉组稿工作的通知》，对市志编修工作作出部署。4月25日，市史志办组织召开全市供稿人员培训班，全市各有关单位180多人参加会议。会议前后，修志推进工作小组采取主动对接、上门服务的方式，逐一与供稿单位对接，详细讲解供稿要求。其间，还单独为20多个部门举办培训班，从篇目设计、资料收集、志稿撰写、行文规范等方面逐一讲解，并提供各种规范、样稿。至8月底，修志推进工作小组在市史志办各位领导班子成员的配合下，跑遍全市150多个供稿部门，完成全部对接工作。同时对各单位上报的志稿及时审核，并提出修改意见建议，各单位按修改意见对志稿进一步修改调整，形成报送初稿。至2017年5月，共收集500余万字的市志初稿，基本完成组稿工作。

二、分组编纂

2017年4月，姚国平带领修志推进工作小组成员到济宁、聊城、东营、青岛等地考察学习修志经验，提出了《潍坊市志》下步的编纂工作意见。7月始，《潍坊市志》编纂工作进入分组编纂阶段。市史志办主任魏永阳牵头负责，全体人员分为6个编纂小组、1个图片征集小组，吕俊峰、姚国平、葛诗忠、李长山、焦凌、程森枝分任各分纂小组组长，刘金贵任图片征集小组组长。每个编纂小组2至3人，承担4至6编的编纂任务。实行“开门修志”，各编纂小组分别联系专家学者，并从社会上聘请近30人参与市志编纂工作。

9月7日，潍坊市史志工作“三全”目标推进座谈会召开。省政府办公厅党组成员、省史志办主任刘爱军，省政府督查室副主任鲍彩耀，潍坊市副市长李平出席会议并分别讲话。会上，为加速推进全市第二轮修志工作，李平提出了9条具体措施：高度重视，顶格推动；明确责任，多方参与；调集力量，集中攻关；落实经费，保障条件；制定方案，倒排工期；加强培训，提升效能；精益求精，确保质量；加大督导，加快推进；担当作为，不辱使命。会后，市史志办采取一周一调度、半月一通报等方式，加大督导力度，全力推进全市第二轮修志工作。未完成市志供稿任务的部门组织力量，全力突击，于年底前全部完成供稿任务。至2017年底，各编纂小组完成分纂任务。

三、总纂与评审

2018年1月，修志推进工作小组对各编纂小组的志稿进行合成，并聘请山东省修志专家咨询组成员郭建群、王现军、段祥泰、王笃银参与志稿总纂。4月22日，《潍坊市志（1991—2012）》志稿初评会议召开，山东省修志专家咨询组成员李天程、郭建群、王现军、段祥泰、王笃银，分别对志稿进行点评，提出了详细的修改意见建议。对志稿增加初评环节，这是潍坊的一个创举，省史志办领导给予充分肯定。7月2日，《潍坊市志（1991—2012）》志稿评审会暨潍坊市“三全”目标推进会召开。中国地方志指导小组秘书长，中国地方志指导小组办公室党组书记、主任冀祥德，省政府办公厅党组成员、省史志办主任刘爱军，潍坊市副市长李平出席会议并分别讲话。山东省修志专家咨询组成员李天程、郭建群、丁爱军、王现军、段祥泰、王笃银、吕福堂、王光辉8位专家对志稿点评，提出了详细的修改意见建议。会后，各编纂小组根据评审会意见对志稿再次修改。

各编纂小组完成志稿修改任务后，8月7日，市史志办召开志稿征求意见工作会议，各供稿部门根据市史志办前期修改情况，对各自的志稿进一步审核把关。9月初，审核工作全部完成，各部门对志稿签字、盖章，以示负责。

四、出版审核

2018年9月，市史志办将志稿报送方志出版社审核。中国地方志指导小组秘书长，中国地方志指导小组办公室党组书记、主任冀祥德高度重视，指派王笃银、杨海峰两名同志任初审、复审，冀祥德任终审。11月底，完成出版审核工作。年底，《潍坊市志（1991—2012）》形成部分样书，这标志着全市第二轮修志工作基本完成。

五、质量提高

2019年初，新组建的中共潍坊市委党史研究院（市地方史志研究院）决定，对《潍坊市志（1991—

2012）》志稿进一步修改，以全面提升志书质量。成立志稿质量提升工作小组，院长康悦彬任组长，方志工作科程森枝、陈克、颜培胜为成员，程森枝通览志稿并协助院长康悦彬做好各方面协调工作。聘请省修志专家咨询组成员王现军、王笃银对志稿再次修改，原省委党史研究室巡视员韩延明对“概述”进行完善，市统计局付忠亮负责审核有关统计数据。3月起，向历任市级主要领导及现任市五大班子副厅级以上领导征求意见。至6月底，征求意见工作基本结束。各位领导均对志稿给予高度评价，多数领导未提出具体修改意见，齐乃贵、王玉芬等领导提出书面修改意见。其间，康悦彬院长还登门当面听取齐乃贵、曹学成、王玉芬等领导的意见。

5月17日、7月19日，召开两次志稿质量提升座谈会，各小组按专家意见进行修改。8月，韩延明完成“概述”修改任务。9月，付忠亮完成数据审核任务。各编纂小组把各方面所提意见建议，修改后整合到一起，报主编最后审定。

2020年3月，主编与各编纂小组研究确定志稿最后修改意见。4—5月，志稿做最后修改并统一排版。8月，《潍坊市志》完成全部修改工作，形成定稿，同时报方志出版社对志稿再次审核。10月，《潍坊市志（1991—2012）》正式付梓。

在本书编纂过程中，各级领导、各有关单位及社会各界给予大力支持。参与修志的诸位同仁披沙沥金、旁征博引，搜集大量资料；字斟句酌、精益求精，对志稿认真修改。志首彩图由市委宣传部、市经信委、市教育局、市国土资源局、市规划局、市住建局、市交通运输局、市文化广电新闻出版局、市卫计委、市旅游发展委、潍坊摄影家协会、各县市区史志办及部分个人提供。由于图片来源途径不一，且大多为工作行为，绝大多数图片未提供作者姓名与拍摄时间，故图片统一未署作者名字；拍摄时间根据照片电子版信息添加，或有不确之处。为尊重图片作者版权，出版之前，我们在潍坊市情网上对拟采用图片进行公示，其间收到部分意见建议，我们都予以充分考虑。志书的随文图片，多数由各供稿单位提供，部分由编者收集。志首及内文图片的作者或提供者，我们知道姓名的已列表。出版之际，谨向提供资料的各单位、提供图片的各位作者及关心、支持史志事业发展的单位和各届人士表示衷心的感谢！由于志书内容广泛、卷帙浩繁，加之编者水平所限，错漏之处在所难免，敬请谅解。

编　者

2020年10月

潍坊市志

（1991—2012）

中共潍坊市委党史研究院
（潍坊市地方史志研究院） 编

中册

方志出版社
Publishing House of Local Records

目 录

中 册

第十编　旅游业

第十一编　金融业

第十二编　财政　税务

第十三编　经济综合管理

第十四编　中共地方组织

第十五编 地方权力机关

第十六编　地方行政机关

第十七编 政协地方组织

第十八编 民主党派

第十九编　人民团体

第八编

国内贸易

现代物流基地——豪德贸易广场

第一章　商业

1991—2012年，潍坊市商业企业改革逐步深化，经营模式、商品价格、利益分配、用工制度全面放开，城区、县市区商业迅猛发展，农村商业网点建设加快。大量国有、集体所有制企业改制为股份制企业，“三资”、民营企业迅速发展，大型超市、连锁经营、跨地区经营等模式突破原有商业格局成为新业态，为商业注入活力，全市商业进入全面发展时期。

随着改革开放的不断深入和经济建设的快速发展，社会生产力和社会消费力大幅上升，商品更加丰富多彩，衣食住行各类商品档次、质量不断提高，特别是高档家电、通讯类电子产品、摩托车、汽车等产品进入家庭消费。其间，以潍坊鸢飞大酒店、潍坊富华大酒店、潍坊东方大酒店等星级宾馆酒店为代表的住宿餐饮业成为第三产业重要支柱。

山东潍坊百货集团股份有限公司、潍坊百货大楼股份有限公司、山东世纪泰华集团有限公司及各县市区重点商场占据更多市场份额，成为商品销售的主要阵地。截至2012年，以潍坊小商品城、寿光蔬菜批发市场、潍坊豪德批发市场、诸城水产品批发市场、山东省级汽车交易市场等为代表的全市商品交易市场发展到1071处，年交易总额910亿元。

第一节　商业体制改革

1991年，全市商业系统以经营、价格、分配、用工“四放开”改革为突破口，深入推进企业改革。1992年，在全市商业系统推行“四放开”改革。商业企业普遍突破原有的经营范围，向外地市场、生产领域和第三产业的其他领域延伸；突破旧的价格管理方式，建立起灵活有效的价格调节机制，根据价值规律和供求关系，实行批量作价、季节差价、质量差价等作价方式，活价促销；突破旧的用工制度，实行全员劳动合同制、干部聘任制、内部待业制和上岗、试岗、待岗制度，使能者上、平者让、庸者下；突破原有的平均主义分配方法，普遍推行岗位技能工资制，按效益、岗位、技能、贡献大小取酬。针对商业企业尤其是小型商业企业机制不活、效益下滑、亏损面越来越大的状况，提出“卖、租、包”的改革思路。各地各企业依据实际，择优确定改革形式，原则上大中型企业内部二级核算单位实行大包干，小型企业和门店宜租则租、宜卖则卖。租赁经营实行“四定”（定租赁费、定额纳税、定员、定承租人）、“三自”（自筹资金、自主经营、自负盈亏）、“四配套”（配套进行医疗制度改革、法人登记、财产和职工待业保险、改革管理方式），大包干实行“包死上缴、风险抵押、税费自理、自主经营”，拍卖主要针对那些偏、小、微、亏门店。1993年，潍坊百货集团股份有限公司、潍坊百货大楼股份有限公司等5家商业企业进行股份制改造试点。诸城市商业系统开始把中小型企业的国有资产折股出售给内部职工，实行先出售、后改制的股份合作制改造。1994年4月18日，潍坊百货集团、潍坊百货大楼两支股票在淄博证券交易自动报价系统上市；诸城市的先出售、后改制经验在全市商业系统推广。全系统改制企业达35家，其中诸城、高密、昌乐3县市基本完成改制；6家企业实行定向募集式股份制改造，募集股本4100万元。至年底，全系统实行“卖、租、包”改革的门店982个，占总数的88.9%。

1996年起，全市商业体制改革进入快速发展阶段。商业部门围绕搞活流通、搞活企业，按照“抓大放小”原则，加快商业企业改革步伐。1996年，主要推动五个方面改革。（1）扩大骨干企业规模。对潍坊百货集团股份有限公司、银河集团总公司等骨干企业采取返还国家股分红、增加技改投入、兼并联合等措施，迅速扩张企业规模，增强竞争实力。（2）推进和完善股份合作制，规范股份合作组织形式，完善法人治理结构，增强企业经营活力。（3）推进租赁、联合、兼并破产等改革，多形式救活困难企业。潍坊五交化股份有限公司、昌邑五金公司、昌邑百货公司等企业实行新老划断、分离经营，使新建企业甩掉包袱，形成新的经营优势，初步摆脱困境。（4）改革劳动、用工、分配制度。潍坊银河集团总公司等单位在企业内部实行下岗制，每月对占职工总数3%表现较差的职工下岗培训，培训期间发给生活费，待考核合格后返回工作岗位。（5）开展多元化经营。市直和县市区商业企业充分利用闲置场地、库房，因地制宜，发展一批短平快生产项目，增强综合经营实力。1997年，深化和完善拍卖、租赁、包干改革，重点是发展抽本经营，即“抽回本金、自筹资金、租赁设施、自主经营、自负盈亏、自理税费”。推进兼并、联合、破产、委托经营等改革。1998年，继续推行和完善“股份制、拍卖、大包干、租赁、兼并、合并、破产”等改革形式，探索“顶贷返租”“双买断”等新的改革路子。至年底，全市商业系统改制企业156家，改制面达92.3%，组建企业集团11家。改制企业年销售额占全系统的48%。1999年，市贸易局成立市直企业改革办公室，出台并实施改革改制方案。是年底，全市商业系统改制企业157家，改制面达92.9%。其中股份制企业42家，股份合作制企业35家，公有民营企业52家，其他改制形式企业28家。2000年，市属商业12家企业中，10家改制完毕或进入程序，市属商业企业实现销售额14.2亿元，比上年增长38.9%。全市商业系统改制企业160家，占企业总数的94.7%。其中股份公司和有限责任公司43家，股份合作制企业37家，公有民营企业52家，一企两制等其他形式企业28家。

2001年后，全市商业体制改革进入攻坚阶段。通过破产重组、股份制改造等方式推进重点商业企业体制改革。2001年，市委、市政府确定将全市企业改革的重点由市属工业企业转到市属商业企业，13家市属商业企业的改革迈出实质性步伐。潍坊百货集团股份有限公司、潍坊百货大楼股份有限公司由企业内部职工一次性买断国有股权；7家经营亏损、资不抵债的商业企业，依法实施破产重组。到年底，潍坊银河集团、商业装饰公司、糖酒茶站、肉联厂、华联商厦5家企业实施破产；潍坊市储运总公司等3家企业，实行以买断净资产为主要形式的民营化股份制改造。通过改制，市属商业企业转换经营机制，扭转了连续多年亏损的局面，全年完成商品销售额18.5亿元，占全市商业系统的60.3%，比上年增长27.8%；实现利润726万元，扭亏转盈增效1970万元；利税2410万元，比上年增长14.7%。2002年，潍坊百货集团、潍坊百货大楼等4家资产结构相对较好、有发展前途的市属贸易企业实施退出国有（集体）资本改革，改造成为规范的股份公司或有限公司；有一定净资产的机电设备总公司等企业实施分离经营，出让国有资产，合理分流人员，企业改制一步到位；包袱沉重、无力维持的14家企业依法实施破产，其中6家完成破产重组。市属企业通过破产，清算社会债务近10亿元，妥善安置职工近5000人，盘活有效资产近4亿元。到年底，市属贸易企业完成商品总销售额38亿元，实现利润1312万元。2003年，采用整体改制、破产重组、资产出售、加盟连锁等多种形式，加快流通企业改革步伐，全市流通企业完成改制366家，占应改制企业的91%。其中市属企业完成改制37家，占总数的93%。流通体制改革效果显现。年内流通业实现增加值90亿元，比上年增长15.4%，净增利润4947万元，同比增长81%。2005年，印发《潍坊市深化流通体制改革工作方案》，成立深化流通体制改革试点领导小组及办公室，建立起协调的工作机制，将试点工作任务细化分解到19个相关部门，全面展开试点推进工作。

第二节　商业网点建设

网点建设

1991年，全市竣工投产商业网点182个，总投资6512万元，新增营业面积6.3万平方米。1992年，在抓好潍坊华联商厦、鸢都购物中心、青州商业大厦等新建、续建的骨干网点建设的同时，按照“谁建设、谁受益”的原则，发动商业企业利用自有资金和场地、设施，自办、联办市场。全年竣工网点178个，总投资1.6亿元，新增营业面积12.9万平方米，其中营业面积在1万平方米以上的4个。1993年，全年在建和新开工项目151个，完成投资3.2亿元，潍坊百货大厦二期工程、鸢都购物中心等骨干项目竣工。1994年，全年完成投资2.8亿元，潍坊中百大厦、安丘中百商厦、青州华联商场等骨干项目竣工开业。到1994年底，全系统各类经营网点达2108个，比1991年增加780个；营业面积55万平方米，比1991年增加12万平方米；其中1万平方米以上网点从无到有，1994年发展到7个。

1995年，狠抓商业网点建设。全系统完成商品购进总值20.14亿元，比上年增长12.4%；完成商品销售总额23.95亿元，比上年增长12.5%；实现利税5104万元，其中利润比上年减少1297万元，利税下降的主要原因是处理历年亏损1500多万元。将商业网点建设工作重点放在在建项目和改、扩建工程上，全年投入资金1.5亿元，银河购物中心商场部分、高密凤城购物中心、昌乐商业大厦、潍坊百货大楼二期工程、寿光百货大楼扩建工程竣工开业，全系统万平方米以上骨干商业网点达到13个。潍坊银河购物中心商场部分的营业面积达3.5万平方米，为全省最大的零售商场。

1996年，商业网点建设加快，高密人民商场、密水商城、昌乐商业大厦、寿光摩托车商城、寿光服装鞋帽商场等一批较大网点竣工开业，潍坊鸢都购物广场、潍坊百货大楼三期工程等项目建设进展顺利。

1996—2000年潍坊市商业系统企业情况统计表

表8-1-1

年份	企事业单位（个）	经营网点（个）	营业面积（万平方米）	固定资产总值（亿元）	商品销售总值（亿元）
1996	207	2185	66	11.7	25.64
1997	201	2190	68	12.1	27
1998	176	2205	69	12.8	25.4
1999	176	2250	74	13.6	25.7
2000	176	2350	81	14.2	29.6

1997年，全系统共有经营网点2190个，营业面积68万平方米；商办工厂40个；固定资产原值12.1亿元；职工总数3.58万人。完成商品销售总值27亿元，比上年增长5.5%；亏损3681万元，利润比上年减少4009万元。亏损的主要原因是企业改革改制过程中使历年潜亏变明亏，影响了当年利润。按照“半岛商贸城”建设总体规划要求，重点抓现有网点的扩建改造，提升规模档次，增强市场竞争力。潍坊百货大楼三期扩建工程、友谊商场改造扩建、潍坊服装城、中百大厦装修等项目竣工并投入运营。至当年底，全系统超过1万平方米的网点达16个，年销售额过亿元的零售商场达到6家。潍坊中百大厦、友谊商场等17家成绩突出的市、县零售商店被授予市级“文明商店”称号，潍坊中百大厦、潍坊百货大楼、潍坊银河购物中心、寿光市百货大楼4家企业被山东省贸易厅授予省级“文明商店”称号。

2000年，潍坊百货集团与世界500强之一的麦当劳公司合作，引进外资100万美元，兴建麦当劳快餐店。

2001年以后，全市商业网点快速增加，从当年的2400余个增加到2003年的1万余个。2005年，加快农村商业网点建设，全年新上“农家店”1000处，全市192个乡镇有158个建立直营或加盟超市、便利店，覆盖面达到82.2%。2006年，在农村新建和改造“农家店”1052个，标准化“农家店”达到2193个，乡镇覆盖率达到97.6%。到2007年，潍坊城区各类商业网点发展到3.5万个，每千人拥有网点28个；5000平方米以上大型商业零售网点28个，其中1万平方米以上的16个。是年，商业网点继续向镇村延伸。县及县以下农村市场2000平方米以上商业网点发展到32个，标准化“农家店”2982个，乡镇覆盖率达到100%，农村社区综合服务中心75处。农村农资网点达6592个，覆盖全市70%的行政村。

2008年，市政府印发《关于进一步培强骨干企业大力推进流通现代化的若干政策规定》，加大对骨干流通企业培植扶持力度。10家骨干流通企业全年实现商品销售90亿元，同比增长15%，占限额以上企业销售额的27%，其中，潍坊钢联、潍坊储运、潍百集团分别增长25%、16%、15%。重点调度的11家商场（超市）实现商品销售55亿元，比上年增长12%，占限额以上企业销售额的17%。限额以上商贸流通企业总量发展到622家，其中批发零售企业455家，实现销售额300亿元，比上年增长36%。

2009年，建设流通项目206个，其中新建项目114个，累计完成投资额198亿元，完成建筑面积455万平方米。市区重点调度的20个流通项目累计完成投资64.55亿元。全市规模以上商贸流通企业发展到968家，营业面积1万平方米以上大型商业零售网点50多个，年交易额过亿元的商品交易市场124处，其中过10亿元的30处。

2012年，全市各类大型商业网点发展到254个，其中，商业零售网点143个，营业面积350.6万平方米，营业额255亿元。

主要商场

山东潍坊百货集团股份有限公司　前身为成立于1948年的大华贸易公司。大华贸易公司是潍县解放初期组建的第一个综合性国营商业单位。几经发展、变革，1972年，成立山东省百货公司潍坊采购供应站。1984年，由受省商业总公司领导改为受潍坊市商业局直接领导。1991年，山东省百货公司潍坊采购供应站尚未改制，拥有员工460人，年销售2.1亿元，年利润450万元。

1992年10月，山东省潍坊百货采购供应站以募集方式发起设立山东潍坊百货集团股份有限公司。1994年12月，中百大厦成立。1999年12月，佳乐家超市开业，成为潍坊市第一家大卖场，公司业务开始向超市拓展。2000年3月，以“便民、利民、为民”为宗旨的中百连锁超市成立，开始了中百超市、中百便利连锁经营。2002年3月，公司组成员工持股会，出资买断公司全部国有股权，进行企业改制，国有股权退出。2005年1月，益家园建材家居超市开业，公司进入家居建材经营新领域。2011年12月，谷德广场开业，标志着公司进入大型综合体验式购物中心经营领域。2012年，山东潍坊百货集团股份有限公司完成销售额131.86亿元，实现年利润7553万元，成为一家跨区域、多业态的大型连锁商业企业，下设中百配送中心、中百大厦、佳乐家、中百连锁超市、中百实业、益家园、佳乐家置业、谷德广场8个经营单位，拥有营业网点520个，总建筑面积107万平方米，从业人员2.7万余人，建立起遍布潍坊城乡及青岛、烟台、泰安、滨州等地区的门店网络和覆盖全省的分销代理客户网络，形成区域综合竞争优势。公司被商务部确定为“万村千乡”市场工程和“双百”市场工程承办企业，被省政府确定为重点商贸流通企业，先后获全国守合同重信用企业、全国诚信单位、全国青年文明号、中国商业名牌企业、省级明星企业等数十项省部级以上荣誉称号，拥有5个山东省服务名牌。

潍坊百货大楼股份有限公司　前身是1955成立的潍坊市百货公司零售部，先后使用潍坊市胜利大街门市部、潍坊市第三百货商店、潍坊第四百货商店等名号，1984年，始称潍坊百货大楼。1991年，潍坊百货大楼干部职工520人，建筑面积1.56万平方米，营业面积6100平方米，固定资产918万元，经营品种2万余种，年销售额7255.13万元，实现利润384.1万元。1993年，公司改组为股份制企业。1994年4月，进行营业楼扩建，投资2000万元新增建筑面积1.04万平方米，于当年10月1日开业。1999年，投资1500万元建成百大万家福超级市场，建筑面积1.33万平方米。2000年，公司深化企业改革，调整优化股权结构，年销售额2.4亿元。2002年，开设百大雪铁龙汽车4S店。2003年，收购原潍坊五交化公司，分流安置企业职工，企业规模进一步扩大。2005年，公司拥有1家商场、2家超市、2家生态园和2家汽车4S店，年销售额3.67亿元。2011年，公司形成百货、超市、汽车、餐饮、配送多业并举的销售格局，被省商务厅命名为“山东老字号”。2012年，公司拥有1家商场、7家直营超市、4家直营汽车4S店、2家生态园、1家配送中心以及近百家加盟店，员工3000余人，各业态总营业面积8万多平方米，资产总额5.86亿元，年销售额9.76亿元，上缴税金1630.58万元。

山东世纪泰华集团有限公司 成立于2000年10月19日，是在接收的原破产企业银河购物中心的基础上发展而来。2001年11月18日，世纪泰华广场开业，提供就业岗位2000余个，当年总资产2.2亿元，销售总额850万元。2002年4月，世纪泰华涉足地产业，注册成立山东大墉置业有限公司。2003年7月，潍坊世纪泰华物业管理有限公司注册成立。2004年11月23日，世纪泰华正式更名为山东世纪泰华集团有限公司。2005年1月1日，世纪泰华联合将军控股有限公司收购潍坊首家涉外四星级酒店鸢飞大酒店。2005年，总资产4.5亿元，销售总额2.7亿元，上缴税金839万元。2007年1月10日，世纪泰华自主开发的“潍坊泰华城·新天地”开业，经营面积8万平方米。2008年3月20日，泛泰华城项目被列为省级重点服务园区；4月10日，外拓酒店昌乐鸢飞大酒店正式开业。2009年8月28日，潍坊世纪泰华福乐多超市有限公司注册成立，超市作为独立业态运营。2010年10月23日，外拓商业项目安丘泰华城正式开业，总面积6万余平方米。2011年9月8日，整合旗下多家商务、快捷酒店，成立以商务连锁发展为主的潍坊红枕安悦酒店有限公司；11月22日，“潍坊泰华城·假日广场”开业运营。至此泛泰华城建筑群总面积60万平方米。2012年，世纪泰华经营范围已覆盖商业零售、星级酒店、经济连锁酒店、特色连锁餐饮、城市综合体开发、住宅地产、物业管理、金融服务等领域，成为一家综合性企业集团，总计提供8000多个就业岗位，年销售11亿元，年上缴税金6810万元，总资产19亿元。公司先后获山东省商业百强企业、省服务名牌企业、省流通改革发展三十年卓越企业，以及潍坊市服务业重点企业、市流通工作先进单位、市明星服务企业、市十大文化品牌企业、市百强民营企业、市特级诚信民营企业、市A级纳税人信用单位等多项荣誉。

第三节 商品市场建设

市场建设

1991年，全市商品交易市场开始从以农贸市场为主向设施较为先进、规划布局更加合理的现代商品交易市场转变。建成几处较大的交易市场，促进了商品流通，方便了居民生活。是年，全市的商品交易市场主要以南下河农贸市场（现世纪泰华位置）、潍坊大集（现福寿街白浪河大桥位置）等形式的市场为主，设施较为落后，但对方便居民生活和促进农副产品流通起到了重要的作用。此后，开始加快大型商品交易市场建设，至1995年，全市建成市场26处，年成交额超过1亿元，数量居全省首位。当年11月，国家工商局评出800家“全国文明市场”，奎文区民主街市场、潍坊小商品城、青州商城、寿光蔬菜批发市场、诸城龙城市场、安丘时装城、高密密水商场共7家入选，居全省各地市之首。

1996年，全市商品交易市场体系更加完善，各类专业化市场不断涌现，带动了相关产业的发展。经省工商局检查验收，全市44处市场被评为省级文明市场，其中安丘时装城、潍坊小商品城、诸城龙城市场、奎文区民主街市场被评为规范化样板市场。1997年，潍坊市城区市场获省级规范化管理样板市场8处、省级文明市场48处、国家级文明市场7处。其中高密农贸中心、潍城西园市场、寿光西苑大世界、昌乐新昌商城4处市场被评为省级规范化管理样板市场，昌邑围子农贸市场、诸城相州商贸园、青州农贸中心、奎文工福街4处市场通过省级文明市场验收。1998—1999年，全市商品交易市场继续平稳健康发展。2000年，寿光市蔬菜批发市场、临朐县江北铝材集散中心、高密市木材专业市场、安丘市姜蒜批发市场4处市场成交额超过10亿元，带动了当地经济发展。

2001年，加快发展商品交易市场，持续扩大市场规模，增强辐射带动能力，一批市场成为重要的商品集散中心。2003年3月25日，潍坊市市场协会成立，该协会是全省第一家地市级市场协会。2005年，全市市场总数达1206处，其中，城市市场141处，农村市场1065处。按照市场类别分，消费品市场1143处，其中，城市消费品市场85处，农村消费品市场1058处；生产资料市场61处，其中，城市工业品市场54处，农村工业品市场7个；生产要素市场2处。成交额过亿元市场48处，其中临朐县江北铝型材集散中心、寿光市九巷蔬菜批发市场、安丘市姜蒜批发市场、潍坊小商品城年成交额分别达30.2亿元、28亿元、14.5亿元、13.7亿元。

2012年，全市共有各类市场1017处，其中交易额过亿元的市场141处，交易额910亿元。扎实推进“万村千乡市场工程”，新建农产品流通中心1处，乡镇商贸中心11处，标准化农家店600个，信息化农家店580个。

主要市场

2011年3月，商务部部长陈德铭（前排右三）到潍坊视察商务工作，并到寿光农产品物流园、全福元等现场调研

潍坊小商品城　是潍坊市最大的综合性小商品批发市场。1994年1月23日，潍坊小商品城建成开业。潍坊小商品城是市委、市政府研究规划，由潍坊汽运总公司投资兴建，列入1993年潍坊市政府“十件大事”重点工程项目。小商品城自1993年6月动工兴建，仅用7个月的时间就竣工使用。小商品城投资4000万元，建筑面积4.25万平方米，容纳经营摊位近3000个。1994年实现商品成交额3.6亿元。潍坊小商品城于1996年、1998年、2001年、2002年和2005年分别建设二期、三期工程和东、西两区扩建工程。其中2000年，总建筑面积5.6万平方米，经营业户1300户，成交额8亿元，企业纳税120万元（不含商户）。至2012年，小商品城总建筑面积达10.5万平方米，经营业户2200户，成交额20亿元，企业纳税300万元（不含商户）。

潍坊豪德批发市场　是潍坊市规模最大、商品种类最多、服务功能最全的大型综合性批零市场。市场共占地1500余亩，位于潍坊市潍城区西外环以西、东风西街南北两侧。总体规划建筑面积约120万平方米，总投资约15亿元，项目分三期开发，首期开发540余亩，商铺约3000套，于2005年运营。经营种类包括建材、装饰材料、五金、家电、交电、灯具、三灯机电、水暖器材、化工、百货、服装、鞋帽、家居、各类文化用品、各类仪器等商品，设有大型物料配送中心和仓储服务设施。2004年，该项目被列入潍坊市重点工程项目。到2012年，市场经营业户1800户，年成交额70亿元。

寿光市蔬菜批发市场　始

建于1984年3月，是全国十大农副产品交易市场之一。1991年，寿光蔬菜批发市场占地约150亩，年成交量约7亿千克，成交额约14亿元。市场以蔬菜交易为主，兼营瓜果等农产品，突出特点是淡季不淡、旺季不烂、四季常鲜、南果北菜、品种齐全。常年上市蔬菜有120多个品种，辐射全国30个省（市、自治区），出口日本、韩国、俄罗斯、新加坡等10多个国家和地区，是全国最大的蔬菜交易中心、价格平衡中心和信息交流中心。1996年，市场蔬菜成交量26亿千克，成交额28亿元，被国家工商总局命名为“全国文明集贸市场”。在国家开通的四条主要蔬菜运输绿色通道中，“寿光—北京”“寿光—哈尔滨”两条绿色通道的源头就是寿光蔬菜批发市场。1997年8月24日起，寿光市对蔬菜批发市场开始进行大规模改造扩建。新的蔬菜批发市场总投资1.2亿多元，占地面积680亩，工程分5期，建成“两场五区”，即蔬菜集中交易场、花卉果品交易场、居住区、商业区、农贸区、服务区、加工区，形成综合性农产品交易市场。改造后的寿光市蔬菜批发市场成为潍坊市第一家实现市场设施现代化改造的交易市场。统一更换为电子磅，结算实行微机化管理。新上大型电子报价屏幕，实现了全国信息联网。实行封闭式电视监控，加大了监管力度。2008年12月，寿光蔬菜批发市场改制成立寿光市农产品物流园有限公司。经国家发改委审核批准，迁建寿光农产品物流园，由香港旺益集团投资（独资）建设，于2009年3月动工，同年11月5日正式营业。物流园区交易实行全程电子化管理、“一卡通”结算。2011年4月20日，寿光农产品物流园负责编制的“中国寿光蔬菜指数”正式发布，成为全国蔬菜价格的晴雨表，对稳定蔬菜价格、保障蔬菜供给、维护蔬菜市场稳定起到积极作用。2012年，市场交易品种280多个，年交易蔬菜40亿千克，交易额80亿元。市场先后多次获“服务三农中国优秀农产品物流企业”“企业信用评价AAA级信用企业”“全省价格监测工作先进单位”“山东省商贸流通先进企业”“全市交易市场先进单位”等称号。

诸城市水产品批发市场 位于诸城龙城市场内，始建于1987年4月，占地8000平方米。1999年3月，市场自潍徐路迁建至西外环路，由山东杨春集团投资兴建。占地20公顷，建筑面积10万平方米，冷库库容达10万吨，有“旱地码头”之称，是国内最大的水产品集散地。市场与沿海渔港码头建立长期的合作关系，汇集中国海岸线所有渔港的海产品及从俄罗斯、挪威、印度尼西亚、菲律宾、马来西亚等10多个国家进口的海产品，水产品种类达200多个，水产品交易辐射新疆、内蒙古、西藏、东北、华北、华东及东南亚和中国香港、澳门地区。2001年，该市场被评为“全国百强水产品交易市场”。2003年，被山东省工商局、省文明委、省市场协会联合评为“山东省规范化文明市场”。2004年，被评为“山东省三十强市场”。2007年，被省经贸委、省农业厅、税务局、省质量技术监督局评为“山东省标准化农产品批发市场”，同年获“山东省十大水产品交易市场”称号。2007年12月，水产品市场被农业部评定为“菜篮子工程定点市场”。2009年6月，被中国质量万里行活动委员会评为“全国诚信示范单位”。到2012年，年交易量30余万吨，交易额52亿元。

江北铝型材集散中心 位于临朐县，始建于1993年1月，市场总投资3870万元，占地22万平方米，建筑面积3.3万平方米，货仓面积7.43万平方米。到1996年底，有经营户300多户、从业人员4500人。市场以经营铝型材及其制品为主，兼营钢材、玻璃、玻璃钢瓦、石棉瓦等1500多个品种，产品远销10多个省市。1996年，市场成交额达23.2亿元，被省工商局授予省级文明市场称号，是江北最大的铝型材专业批发市场。2006年，有经营业户450户，从业人员5500人，市场成交额达45.2亿元，被授予2006年度山东省建筑材料市场。2007年，由于市场规模扩大，由原址迁至县城东，占地35万平方米，建筑面积10万平方米。2012年，有经营业户580户，从业人员6200人，市场成交额达62.6亿元。

山东潍坊省级汽车交易市场 1995年8月经省政府批准设立，是当时省内唯一的省级汽车交易市场，也是全省规模最大功能最全、服务最配套的汽车交易市场。1996年4月20日开业。开业之初，汽车市场占地仅有8万平方米，总建筑面积1.04万平方米，内设5个半封闭式大厅，容纳车辆1000余辆，经营房64套，40家汽车经销商入内经营。1996年秋，举办“潍坊市汽车展销会暨奎文区第三届秋季物资交流会”，省内外的30余家经营单位进场经营，共销售车辆187辆，实现销售额1536万元。2003年，市场内设立由公安、工商、国税、保险、银行参加的车管所一站式服务大厅。2004年8月，金宝国际会展中心建成，会展中心建筑面积2.8万平方米，总投资5000万元，完全按国际标准设计、施工，具备承接各种国内外大型会展的条件。2005年4月16日，2005（首届）中国潍坊国际汽车展示交易会在金宝国际会展中心举行，31家汽车经销商参展，50多个国内外知名汽车品牌亮相，是潍坊有史以来第一次大规模汽车、配件、汽车用品展示交易会。2006年，兴建车辆购置税办税服务厅，在汽车城购车的用户一站就能完成新车购置税、新车上线、保险、挂牌等所有手续，实现缴费、保险、挂牌一条龙服务，极大方便了客户，得到广大经销商及客户的一致好评。至2012年，共建有高档精品汽车展厅50余套、4S专营店20多家；100余家汽车厂家及经销商、6家保险公司、5家汽车装饰公司驻场经营，经销品牌达150多个，年销售汽车5万余辆，实现交易额50多亿元，上缴利税近1500万元。

第四节 经营业态创新

1991—1996年，全市商业企业紧跟市场形势变化，探索新型经营业态，连锁、超市、配送、代理、专卖、直销、电子商务等流通新业态逐步涌现，商品经济进一步繁荣。

1996年，试行商品联购分销，首次确定潍坊百货集团股份有限公司、潍坊市百货大楼股份有限公司、潍坊银河集团总公司、华联商厦等8家企业参与联购分销，联购分销的品种为厦华彩电、金狮自行车等20种具有价格优势、货源优势、市场优势且各方均能接受的商品。克服多头进货、分散经营、效益低的弊端，扩大拳头商品的市场覆盖率，提高规模经营效益。1997年，商业企业大力发展总经销、总代理，确立经营优势。到年底，全系统市、县（市区）区域内的总经销、总代理商品达800多个品种，经营额占总销售额的40％以上。其中，潍坊百货集团与国内外160个厂家建立总经销、总代理关系。1999年，全市各商业企业改综合性经营为专业化、系列化营销，改封闭式经营为开架式销售，改传统经营形态为大力发展总经销、总代理，建立连锁、超市、仓储式商场等新的营销形式，促进了商品销售。全市发展区域性总经销、总代理经营商品80多个品类、1200多个品种，发展各类连锁公司8家、经营门店150多个。两家企业被国家内贸局确定为“全国物流配送重点企业”，6家企业被国家内贸局授予“全国商品一级代理商”资格。潍坊百货大楼1.4万平方米的万家福超市和潍坊百货集团1.8万平方米的中百·佳乐家仓储式超市相继开业。

2000年，连锁、超市、配送、代理、专卖、电视直销以及多功能购物中心等新兴经营业态蓬勃兴起。潍坊百货集团通过直营连锁、加盟连锁等方式发展8处连锁店，除寿光、安丘市外，在其他县市区都发展了连锁店，在青岛设立宝洁分公司，经营触角大幅度延伸。2001年，“便利店”等新型经营业态高速发展。是年底，全市连锁经营企业发展到12家，经营网点300余个，较大型配送中心6个，总经销、总代理商品发展到100多个品类、1500多个品种。2002年，全市贸易企业在市内外新开办连锁店30多处，上海联华、青岛百盛、威海家家乐、青岛崂百、青岛利群等外地知名企业，采取联营、租赁等形式进驻潍坊。6家大型综合超市或购物中心先后投入运营，新发展连锁店、便利店100多处。连锁门类由饮食、日用百货、副食品、生鲜食品等大众消费品，扩展到医药、建材、报刊、书籍、电信等产品。拓展发展空间，由城市向小城镇和农村发展，由中心商业区向居民集中居住区延伸，由潍坊地区向外地辐射。寿光副食品公司等单位先后在农村发展连锁店、超市50多处。全市在青岛、东营、淄博等周边地区开设连锁店10处。潍坊百货集团在发展各类连锁店、大型超市的基础上，率先推出“中百便利”这一新型业态，实行24小时服务。至年底，全市比较规范的连锁经营企业发展到34家，连锁经营门店600多个，大型综合超市、购物中心30多处。

2003年，全市发展比较规范且具有一定经营规模的连锁经营企业40家，门店超过1000个，全年连锁经营额83亿元，比上年增长40%。潍坊百货集团在全国百强连锁经营企业（包括外资企业）中排名第35位。2004年，扩大日用消费品、粮油、医药、建材、农资等连锁企业的经营规模，扩宽发展区域，在市和县城驻地，部分优势企业形成连锁经营网络。连锁门店发展到1500多个，全年连锁经营额过100亿元。潍坊百货集团发展连锁门店151处，资产总额由上年的5.7亿元增长到7.5亿元，综合实力居于全国百强连锁经营企业第35位。潍坊海王医药公司销售网络覆盖全省80%的县市，全年完成销售收入26亿元，进入全国同行业前10名。

2003年，电子商务开始萌芽。全市大中型流通企业开始普及微机管理和应用，大型专业批发市场普遍开通电子信息报价系统。潍百集团、世纪泰华、寿光蔬菜交易市场等企业建立自己的网站。2006年，电子商务加快发展，全市较大型商业零售网点和大部分连锁经营网点应用POS时点销售系统。大型流通企业电子信息技术应用达国内先进水平，寿光蔬菜电子交易市场网上交易活跃，年交易额达70亿元。

2009年，全市开展商贸综合执法试点、农村流通体系“五大工程”和居民生活服务“七大工程”试点等多项国家试点工作，潍坊被列为全国商务综合行政执法试点城市、全国第二批再生资源回收体系建设试点城市、全国“放心肉”服务体系建设试点城市、商务部家政服务网络中心建设试点城市。当年，开通“12343”家政服务特服电话。2010年，潍坊市被确定为全国农产品现代流通综合试点城市、全省发展多式联运试点城市。争取到国家农产品现代流通综合试点扶持资金3000万元，家政服务体系建设试点资金1330万元，家电下乡补贴资金1.31亿元，汽车、家电以旧换新补贴资金1.2亿元，市场运行监测及应急管理体系建设资金130万元等。2012年，完善提升“12343”家政服务网络中心功能，建成109个社区综合性家政服务中心，8个县（市）及坊子区、寒亭区、高新区、滨海区建成Ve12343家政服务网络中心县市区分中心，Ve12343家政服务网络中心创建为山东省服务名牌和全国“千户百强”家政服务单位。肉菜流通追溯体系建设、电子商务示范基地建设、酒类流通追溯体系建设纳入全国试点，潍坊均为全省唯一地级市。深入推进“放心早餐”“农超对接”等惠民工程，“农超对接”超市发展到166处、农产品生产加工企业420家，设立再生资源回收站亭210个。

第五节　消费

1991—1995年，随着潍坊市经济社会的发展，物资供应不断丰富，居民消费呈快速增长趋势，社会消费品零售总额年增速均在20%以上。1996年，全市商业市场繁荣活跃，物价过快增长势头得到抑制，城乡居民收入有较大增长，市场购买力增加，消费需求旺盛，销售额持续增长。消费档次提高，热点商品增多，酒类商品、家电商品、交通工具、黄金饰品、化妆用品等销售均有较大幅度的增长，其中黄金饰品继续保持前几年的较强增长势头，增幅为57.9%；摩托车、进口烟、进口酒等商品成为新的消费热点，销售增幅都在50%以上；家用空调器和组合音响销售成倍增长。开展“百城万店无假货”活动。潍坊百货大楼、中百大厦等10多家商场被省消费者协会授予1995年度“消费者满意单位”称号，潍坊华联商厦获全国1995年度“信誉度普查百佳企业”称号。在前几年建立市场价格调节基金和猪肉、食糖等重要商品储备的基础上，积极推进“菜篮子”工程。依托潍坊市食品公司在市郊望留镇建立国内贸易部潍坊生猪生产基地。各县市区政府规划建设一批生猪、肉鸡、蔬菜生产基地，在潍城、奎文两区设立由市政府直接调控的蔬菜商店和食品商店各12处，及时对价格进行调控，确保物价稳定。

1997年，全市商品供求结构性矛盾日益突出，买方市场趋于成熟；随着企业资产重组的深入进行，城镇下岗人员增加，城乡人均收入水平增幅下降，购买力相对不足，社会消费品零售总额增速重回个位数。是年，全市社会消费品零售总额增幅比上年回落9.1个百分点，商品市场走势平淡。穿着类、用品类商品销售额增长，食品类商品销售额下降。全年穿着类商品销售额比上年增长14.1%，用品类商品销售额比上年增长4.4%，食品类商品销售额比上年下降7.2%。全市消费品零售价格增长1.8%，增幅比上年下降5个多百分点，物价涨幅为近几年最低。1998—1999年，全市商业发展相对平稳，商品更加丰富，多数商品出现供大于求的状况。2000年，商品市场供大于求的矛盾更加突出，基本供给层面上的商品已不存在供不应求的现象，社会需求平稳，市场缺乏热点。食品类、穿着类、用品类商品消费都有较大幅度增长，分别比上年增长50.4%、25.2%和13.9%，消费支出保持较高增速。2001年，全市商业经济稳步增长，社会需求平稳，商品供应充裕，物价基本保持稳定。家用电脑持续旺销，全年销售6120台，比上年增长2倍。

2002年，主要销售商品中，穿着类、食品类销售增长平稳，用品类商品消费继续保持较高增长幅度。用品类商品消费比上年增长36%，比食品类、穿着类商品消费分别高5个和9个百分点。移动电话、照相机等商品持续旺销，增幅在200%以上，其中移动电话销售增幅高达315%。2003年，食品类销售增长5.5%，日用品类增长35%，生活电器类增长20%，电子通信类增长80%，化肥、农药等农业生产资料以及药品类商品都有一定幅度增长。居民消费升级对市场销售促进作用更加明显，汽车、通信器材、住宅等消费持续升温。2004年，实施以“放心肉”“放心早餐”“放心药”“放心货”为主要内容的四大民生工程，健康消费、安全消费、绿色消费、环保消费、科学消费、可持续消费等观念开始形成，居民消费品价格指数较上年上升了3个百分点。2005年，全市消费市场更趋繁荣。农民收入增长较快，推进商务部“万村千乡”市场工程，农村市场得到拓展，县及县以下实现社会消费品零售额204.2亿元，比上年增长16%，比城市市场增幅高0.7个百分点。消费结构逐步升级，服务性支出占消费总支出的20.9%。餐饮市场景气提升，全年餐饮业零售额为46亿元，比上年增长15%。2006年，“老字号”振兴工作全面启动，潍坊瑞福油脂调料有限公司的“瑞福”“崔字牌”和山东景芝酒业股份有限公司的“景芝”字号和商标被商务部认定为首批“中华老字号”。9月，举办“2006潍坊—长沙”商贸服务业合作恳谈会和首届中国（潍坊）美食节。是年，在商业、物流、餐饮、洗浴、美容美发等行业评选出50个2006年明星服务企业。四平路、文化路、虞河路三条餐饮休闲业集中街区初步形成。

2011年7月20日，省政府在潍坊召开全省“满意消费惠万家”活动现场会

2008年，全年实现社会消费品零售总额831.2亿元，比上年增长23.1%，是1996年之后增长最快的一年；实现批发零售业增加值175亿元，住宿餐饮业增加值20亿元，批发零售业和住宿餐饮业增加值占第三产业增加值的比重达到27.5%。2009年，居民消费价格累计上涨0.5%，食品类、烟酒及用品类和医药保健及个人用品类成为推动消费价格水平上涨的主要因素。2010年，开展“满意消费惠万家”活动，全年实现社会消费品零售总额1151.1亿元，居全省第四位，比上年增长22.9%。2011年，全面实施12项促消费惠民生工程，全市实现社会消费品零售总额1349.8亿元。

2012年，深化“满意消费惠万家”活动，刺激消费需求、释放消费潜力。重大节假日期间组织开展一系列促销活动，其中“消费促进月”活动有1000余家企业参与，实现销售额43.9亿元。大力发展会展经济，举办规模以上展会45场次，成交额296.9亿元，省糖酒会连续6年在潍坊市举办。全市完成社会消费品零售总额1151.6亿元，比上年增长15%。

1991—2012年潍坊市社会消费品零售总额情况统计表

表8—1—2

年份	社会消费品零售总额（亿元）	增速（%）	年份	社会消费品零售总额（亿元）	增速（%）
1991	53.8	20.1	2002	320.5	11.1
1992	66.5	23.6	2003	368.0	14.8
1993	95.9	44.2	2004	426.9	16.0
1994	132.8	38.5	2005	493.6	15.6
1995	169.1	27.3	2006	574.1	16.3
1996	198.8	17.6	2007	675	17.6
1997	215.7	8.5	2008	831.2	23.1
1998	234.3	8.6	2009	988.5	18.9
1999	250.4	6.9	2010	1151.1	18.6
2000	265.9	6.2	2011	1349.8	17.3
2001	288.5	8.5	2012	1151.6	15.0

第六节　地方名吃

潍坊人民依托得天独厚的地理位置、自然资源，以及深厚的历史文化底蕴和发达商贸往来等优势，创造了独具特色的饮食习俗和烹调技艺，形成兼容齐鲁风味特色的独特饮食文化，产生一批脍炙人口的地方名吃。1991年后，潍坊的地方名吃在继承中创新发展，取得一系列新的成就。1994年，景芝三页饼获第十一届国际风筝会博览会金奖；1997年，朝天锅、鸡鸭和乐、昌乐马宋饼被中国烹饪协会、山东省贸易厅分别评为中华名小吃、山东名小吃；诸城烧烤被山东省贸易厅评为山东名小吃；芝泮烧肉获第十四届潍坊国际风筝会农副产品博览会金奖。2011年，临朐全羊宴被山东省旅游局评为“山东不可不吃的100种美食”之一。

中华名小吃

朝天锅　朝天锅约起源于清代早期，到清末民国初期，朝天锅的经营模式已十分成熟，经营规模亦非常庞大。据记载，当时潍县城区经营“朝天锅”的门市始终保持在数十家的规模，并已经移于室内经营。1937年前后，较有影响的有蔡凤鸣在东关五道庙街开设的“凤鸣居”、胡秩亭在南下河街地瓜市开设的“朝阳居”、胡羲培在县城南门大街北段路西开设的“双盛号”。从其产生、发展、兴旺的历史可以看出，朝天锅继承和发展了当地人喜食猪下货的传统，是一道来自民间的、来自大众的地地道道的“俗食”。在民间长期流传的基础上，总结出相对较为规范的制作工艺。经过多年的改良和提升，尤其是随着制作工艺的规范，朝天锅的口味也逐步固定和统一，形成固有的风味特色。朝天锅的食用方法也越来越讲究，喝汤时可根据个人口味，加入葱末、芫荽末、胡椒粉、醋、酱油、精盐、香油、味精等；食饼卷时，则配有咸菜疙瘩条、葱白段、潍县青萝卜条、甜面酱、芝麻盐等小料，真正体现了“各取所需”。“朝天锅”以其做法简单易行、吃法方便随意、口味丰富独特，成为潍县名吃的代表品种，在民间拥有深厚的群众基础，深受欢迎。1997年，分别被中国烹饪协会、省贸易厅认定为“中华名小吃”“山东名小吃”。

鸡鸭和乐 “鸡鸭和乐”是潍坊的地方名吃，亦是一种特殊的汤面。“和乐”，亦称“河洛”“河漏”“饸饹”，是一种古老的面食。

“鸡鸭和乐”的制作仍沿用古法，其与普通面条最大的区别在于不是切成或抻成，而是通过“和乐床子”挤压而成。“和乐床子”是制作和乐的专用设备，一般用木头制成，外形有点像“压井”，床子底部凿以漏孔，将和好的面填入，然后用力挤压，和乐条便被挤出，落入下面已经滚沸的水锅中。清高润生在《尔雅谷名考》中对和乐床子亦有介绍：以水和面团，用木机压榨而成。其木机则牝、牡各一，联以活轴，可随手起落。外施以床，用时置机釜上。实面团于牝机内——其牝机之底，则嵌以铁片，密布细孔；面入牝机内，乃下牡机压之，则面随孔出，作细条，落釜中。煮熟食之，甚滑美也。其机俗呼为“河漏床”。

“鸡鸭和乐”以深厚的历史渊源、古老的制作工艺、独特风味特色，成为潍坊汤面乃至潍坊饮食的代表作之一。1997年，被中国烹饪协会、省贸易厅分别评为“中华名小吃”“山东名小吃”。

昌乐马宋饼 昌乐马宋饼以源自昌乐县马宋镇马宋村而得名。由于马宋饼便于携带、存放时间长、耐消化之优点，深受过往客商喜爱。马宋饼为一张三层油饼，烙花均匀细密，晾透用手一抖即散开，中间一层薄于蝉翼，光滑透明，极具美感。吃起来松软可口，油而不腻，微咸清香。由于世代相传，当地的烙饼工人常年烙饼，逐渐形成一套完美熟练的擀饼、烙饼技艺。马宋饼以其独特的技艺、样式、口味、色泽，传承着当地的饮食文化和风俗历史，深为广大民众所喜爱。1997年，被中国烹饪协会、省贸易厅分别认定为“中华名小吃”“山东名小吃”。

山东名小吃

诸城烧烤 诸城烧烤主要是以猪头肉、猪蹄、猪内脏和鸡等为原料，经腌制、煮熟、熏制着色而成的一种风味独特、营养丰富的禽畜肉食品，1997年，被山东省贸易厅评为“山东名小吃”。其传统制作工艺为：选料。挑选肌肉有光泽、红色均匀，脂肪洁白或微黄，肉质坚实，外表湿润不粘手、弹性较好，无异味的猪头、猪蹄、猪内脏和鸡翅、鸡爪、白条鸡等为原料。清洗。将所选原料清洗池内流水清洗2～4小时左右，达到洁净、无异味。腌制。将原料肉桂、豆蔻、枸杞、八角、茴香、姜、葱段、盐、酱油等10余种调料浸泡腌制10余小时，使调味品等充分浸透到深部组织中去，以保证肉品的内外口味一致。煮熟。将腌制好的原料放到加入调味品的锅中煮熟，最好用铸铁锅煮熟，以保证口味纯正。熏制。把煮熟的原料趁热捞出，沥干水分，在熏制着色的锅中放入红糖，装入煮熟的原料，文火烧至冒黄烟，将肉品表面熏至酱红或焦黄色为止。

安丘芝泮烧肉 安丘芝泮烧肉因产于安丘景芝镇芝泮村而得名。其主料是猪头及猪肠、肚、蹄、心、肝、肺等，经洗、揉、煮、熏、烤等多道工序加工而成。制作时，先用细盐轻搓几遍，然后放入原汤锅中煮2小时左右，煮时放入用纱袋包好的豆蔻、砂仁、肉桂、八角、茴香等佐料。肉煮熟后捞出，放在锅内箅子上，锅内不加水，用急火将锅烧红，再将红糖、谷糠撒在锅底，用锅内升腾的青烟将肉熏成橙黄色即成。芝泮烧肉以其肥而不腻、营养丰富、食之爽口、风味独特，食时有一股淡淡的、独特的燎烟香味的特点，被收入《山东地方名吃大全》。1997年，获第十四届潍坊国际风筝会农副产品博览会金奖。

景芝三页饼 景芝三页饼与昌乐马宋饼一样，以其相似的特殊加工工艺、奇妙的视觉手感、独到的色泽口味和深厚的文化底蕴，成为潍坊饮食文化的精彩篇章。景芝三页饼制作的三道主要工序是和面、醒面、擀烙。和面，用比例适中的温盐水，将优质面粉搅拌成团，反复揉搓，待质地光亮后以包袱覆之，谓之“醒面”；待面团似流非流时，移于面案，揪为小块；将小面团压平后，再三层合一，中间面团两面涂豆油或花生油，随即擀压，使之薄如铜钱，形似圆盘；摊至火候适中的铁鏊上，烙至颜色白中带黄时，取下凉透即成。1987年，景芝三页饼获省优产品称号；1994年，获第十一届国际风筝会博览会金奖。1995年，获第十二届国际风筝会参展荣誉奖。

潍坊凉菜

潍坊菜系当中最有特点、最负盛名的应属花样繁多的潍坊凉菜。潍坊凉菜以其品种丰富，调制方法多样，色味俱佳，得到了许多业内人士的赞誉，在《中国餐饮产业发展报告2010》中潍坊被称为“凉菜之都”。

潍坊凉菜品种丰富。鲜菜中的黄瓜、芹菜、菠菜、白菜、西红柿，干菜中的粉丝、冻粉、粉皮、干蘑菇、木耳、海带，肉类中的猪肉、鸡肉、牛肉等，根据不同的口味爱好，单独或合理搭配两种及两种以上原料都能够调制出可口的凉菜。潍坊凉菜的制作方法主要有三种：其一，是将原料洗净切好后直接加入调料拌制，如猪头肉拌黄瓜、拌三生。其二，是将原料入开水中急火焯熟，冷却后加入调料拌制，如炝芹菜、焖藕。这两类凉菜都具有脆生清爽，不失菜品原汁原味的特点。其三，是完全做成熟菜，冷却后食用，如花生米猪蹄冻、蒸鸡，这类凉菜一般要加入肉类原料，但食用时依然口感清爽，不觉油腻。当然，加工制作潍坊凉菜时，视不同的情况，三种方法则可混合使用，原料和调料的选择，以及品种、数量都可因人而异。潍坊凉菜色味俱佳。潍县当地深厚的艺术氛围，尤其是色彩鲜艳的风筝、年画等民间美术的影响，体现在潍坊饮食制作方面很重要的一点，就是潍坊凉菜对于色彩搭配的重视。其成菜或色彩协调、浅淡素净，或翠绿朱红、浓郁艳丽，无不给人以美好的艺术享受，使其可观可食。由于当地人的口味所致，故“清爽淡雅”是其多年一贯的风格。原料的搭配和调料的选用万变不离其宗，除姜末松花蛋等少数几个凉菜外，极少使用酱油作调料。其“看家”调料是香油、盐和味精，食醋、葱、蒜、芥末、海米则根据不同需要分别或共同参与调味。潍坊凉菜花样繁多，其中拌辣皮、芥末鸡、炝芹菜、麻汁杂拌等，曾誉满京畿，有潍坊“四大凉菜”之称。作为潍坊凉菜的代表菜品，“四大凉菜”所用原料虽然常见，但却将潍坊凉菜主要特点体现得淋漓尽致。

拌辣皮 又称“炒肉两张皮”，因过去所用粉皮为厨师现吊现用，故以前又称“肉丝拌拉皮”。分为大拌和小拌两种。将原料改刀处理后，放在盆内，加调料一起拌匀，然后装盘上桌为大拌；将原料改刀处理后，整齐地排摆在盘内，成一定形状和图案。既供就餐者观赏，又能食用，调料用碗兑成料汁，跟盘上桌，客人在食用前将料汁倒入盘内调匀，称为“小拌”，也称“跟盘拌”。肉丝拌辣皮选料精细，用料品种多，主要原料有炒肉丝、薄粉皮、黄瓜、木耳、鸡蛋皮、西红柿、香菜、海米等，故成菜后，色泽艳丽、酱香浓郁、酸辣适中、脆嫩爽口。由于原料品种多，且荤素搭配，菜肴的营养更加丰富

全面，是一道清爽开胃、去火排毒的佳肴。

芥末鸡 芥末鸡是一款潍坊传统凉菜，菜品选用白煮雏鸡为主料，配以酸酱白菜、烫熟的香菜段，调入芥末糊等调料，采用拌的烹调方法制作而成。菜肴着重突出芥末糊的特殊辣味，成菜白带金黄，口味酸辣爽口，芥香味浓，鸡内含有较高的蛋白质，营养丰富。芥末的加工方法一般有两种：适量芥末面浸入适量滚开水后加盖焖10分钟左右；适量芥末面倒入适量食醋搅拌均匀，加盖焖一夜，第二天即可正常使用。芥末鸡除具有酸、辣、香的特点外，因为使用芥末调味而别具一格。当地民谚称：葱辣嘴，蒜辣心，芥末向着鼻子亲。用芥末鸡下酒，香辣味冲鼻而来，的确别有风味。

海米炝芹菜 该菜品以脆嫩的空心芹菜为原料，用炝的方法烹制而成。成品脆嫩、清香，口味咸鲜而爽口，并带有浓郁的花椒油味，深受人们的喜爱。由于芹菜翠绿、海米桔红，故成菜后色彩明快，美观悦目。芹菜除味美可口、营养丰富、有较高的食用价值，还有甘凉清胃、清热祛风、利口明目、润肺止咳、醒脑提神、降血压、血脂等作用。现代医学证明，高血压、高血脂患者常吃芹菜大有裨益。

麻汁杂拌 作为潍坊的传统精品凉菜，麻汁杂拌充分体现了潍坊凉菜取材广泛、选料讲究的特点。其所用原料有发好的海参、鱼肚、熟鸡肉、熟猪肉、肉丸子、鸡蛋糕、黄瓜片，并佐以姜末、麻汁、醋、精盐等相拌而成，是一款高档精品凉菜。即使普通家庭制作，也要使用木耳（代替海参）、粉皮（代替鱼肚）、鸡肉、肉丸子、熟肉、黄瓜片、鸡蛋糕等原材料，可见该菜品在当地人心中所占的地位。

其他潍坊名吃

潍坊火烧、烧饼、包子 潍坊地区盛产小麦，各种面食花样繁多。火烧、烧饼、包子是潍坊独具风味的民间小吃。潍坊火烧大致可分为面火烧、瓤子火烧、糖火烧、肉火烧四大类。面火烧纯以面做成不加任何佐料，品种很多，有乡火烧、杠子头火烧、砍火烧等。其代表品种为杠子头火烧，俗称“杠子头”，是潍坊火烧中别有特色的一种。这是一种硬面食品，制作时和面用水量少，又不断掺入干面，称“呛面”，由于面硬，只能用枣木杠子压面代替手工揉面，因而得名杠子头。瓤子火烧，是以面粉加酥油、盐，以及芝麻、葱花、花椒等佐料制成。主要品种有瓤子火烧、盘瓤火烧、梭火烧、芝麻火烧等。酥油用上好的猪油，拌以适量蒸好的面粉，化油时加适量花椒、桂皮，油化后剔出已炸酥的花椒、桂皮，再和面为馅，包入面皮之中入土炉烤制。其特点是皮酥，瓤有异香而不腻。肉火烧，则是在瓤子火烧的基础上发展而来的，其皮子的做法与瓤子火烧的制作工艺相同，而馅料则换成了三鲜（海米、木耳、鸡蛋糕）猪肉馅。糖火烧，则有小脆皮糖火烧、大脆皮糖火烧、芝麻滚边糖火烧、扈家麻汁火烧（椭圆形，面粉加糖与麻汁制成）及枣卷（以面皮卷熟小枣烤成）等。

潍坊烧饼品种很多，如酥烧饼、鼓烧饼、小片烧饼、豆沙烧饼、羊肉烧饼、花椒肉烧饼等，风味各异。酥烧饼，俗称干焦烧饼，凉热皆酥脆。鼓烧饼，俗称双烧饼，烤成后分两层，一面布满芝麻，鼓起，另一面平而脆，食之酥中带柔，可卷油炸果子（即油条）同食。豆沙烧饼，作为一种带馅的烧饼，历史也颇为悠久。豆沙烧饼较酥烧饼、鼓烧饼约小一半，以细豇豆沙和白糖为馅，甫一出炉，外皮酥香可口，馅料香甜软糯，极受群众欢迎。羊肉烧饼、花椒肉烧饼等制作工艺与豆沙烧饼大致相同，只是馅料有所区别而已。

潍坊的包子，无论是花色之多、做工之细、味道之美，都应算地方一绝。包子皮分烫面、发面两种。烫面包子只有肉丁馅一种；发面包有全馅（即三鲜肉馅，有肉丁、鸡蛋糕、海米、木耳）、花素馅（鸡蛋、海米、粉条、木耳）、豆腐馅、瓜菜馅、水晶馅（猪油、白糖及核桃仁、玫瑰酱）、枣泥馅。青虾上市的时候，还有青虾馅的。寻常家庭蒸包子，则很少使用纯肉馅或三鲜肉馅的，多为豆腐馅、素瓜菜馅或略加肉的瓜菜馅，除豆腐粉条包子，各种时令瓜菜皆可入馅，如韭菜包子、白菜包子、萝卜包子、方瓜（番瓜）包子、葫芦包子、芹菜包子等。

寿光王高虎头鸡 “虎头鸡”是寿光的一道传统特色菜。此菜约起源于清代，至今已有数百年历史。关于此菜的来历，民间有如下说法：每至秋冬之时，当地饲养的寿光大鸡因其觅食力强，体魄雄健、铁爪如钩、高过尺许，若饲养越冬则需大量饲料，故除留部分种鸡繁育外，须将大批公鸡宰杀。但宰杀后的公鸡难以保存，为延长保存时间，将鸡斩块入味，挂以蛋糊，入油炸透，在冬季可长期保存。因鸡块挂糊炸过后，色泽金黄，形态各异，状如虎头，故名“虎头鸡”。以其起源于寿光王高镇或谓王高一带口味最为正宗，又称为“王高虎头鸡”。按寿光当地风俗，招待贵客或喜庆宴会讲究“九大碗”，均按照“一鸡、二鱼、三凉菜……”的顺序上菜，取其“一吉、二余、三良材……”的谐音，以示尊重和诚意。这为首的“一鸡”就是“王高虎头鸡”，即先上“虎头鸡”，入席后先吃鸡肉，喝鸡汤，驱驱凉气，暖暖胃，然后再开席饮酒。由此上菜顺序及待客之道可见此菜在当地群众心目中的分量。

高密大蜜枣 高密的副食品加工业历史悠久，历来以糕点为主。产品主要有大蜜枣、小蜜枣、水饼、开口笑、凤尾酥、芝麻片、大饼子等等。大蜜枣因形似大枣、外挂蜂蜜糖浆而得名，有着300多年的生产历史，是高密民间传统糕点的代表之一。该小吃经过历代传承、经验积累，在选料、调料、配方、加工、制作、包装等方面有一整套成功的做法。它以面粉、蜂蜜、香油、芝麻、蔗糖为主料，以玫瑰、冰糖、青红丝、核桃仁、米稀等为辅料。选料较为考究，如蜂蜜选用蜜味浓、甜度大、味道正的胶县铺山枣花蜜；芝麻选用颗粒大、仁丰满、香味浓的高密双羊芝麻；米稀选用颗粒黏度大、拉丝长、甜度大的夏庄麦芽稀；玫瑰则选用五莲山玫瑰。该小吃至今仍沿用传统的纯手工制作工艺：筛选芝麻，用钢砖在笸箩里搓压去皮；用石磨推的面粉加香油、蔗糖拌和成糖油面；将玫瑰、冰糖、红绿丝、桃仁、瓜子仁、米稀等包入糖油面皮内，再经油炸、熬糖、加蜜、蘸糖、滚芝麻等工序，香甜可口的大蜜枣即制作完成。成品具有形态圆满，馅松而不散，皮薄而不裂，芝麻均匀微黄，口味香甜适中爽口不腻等特点，深受群众欢迎。

第七节 生猪定点屠宰

潍坊市的生猪定点屠宰工作始于1995年，1996年全面铺开，为确保人民群众食肉安全发挥了积极作用。1995年9月，市政府成立由商委、工商、畜牧、防疫、税务、物价、环保、公安等部门组成的生猪定点屠宰工作领导小组，各县市区也相继成立领导小组。到当年底，诸城、寿光2市全面推开生猪定点屠宰工作。1996年1月，市政府在诸城市召开全市生猪定点屠宰工作会议，到6月底，诸城、寿光、安丘、青州、高密、寒亭、坊子、临朐8个县市区全面推行生猪定点屠宰。1998年，生猪定点屠宰工作列为“民心工程”重要内容，出台《潍坊市生猪屠宰管理办法》，要求“领导、认识、宣传、政策、措施、稽查”六到位，此后，生猪定点屠宰工作有了突破性进展。当年，全市共设置定点屠宰厂（场）

254个，共查处各种违法案件961起，取缔私屠滥宰窝点422处。1999年，潍坊市贸易局被国家内贸局授予“全国畜禽屠宰工作先进单位”称号。2001年，开展严厉打击私屠滥宰生猪及生产销售病害肉、注水肉和劣质肉的专项治理活动，全年共查处各种违法案件5186起，取缔私屠滥宰窝点764个，罚没并销毁病死、注水及非定点屠宰猪肉13.2万公斤。2002年，实施放心肉工程，全市新上“放心肉”店、“放心肉”超市83家，日销生猪达600多头；共查处各类违法案件811起，取缔私屠滥宰窝点437个，罚没并销毁病害肉22吨，处罚违法责任人12人。全年定点厂（场）累计定点屠宰生猪92.7万头，外调生猪3.6万头，实现税收680万元，检出病害猪389头。2007年，开展全市肉品市场专项整治工作，制订《关于进一步加强市区生猪产品管理的实施意见》，印发《潍坊市级储备肉管理办法》。2009年，推进“放心肉”工程，县以上城市生猪定点屠宰率达到100%，乡镇定点屠宰率达95%以上。2012年，加强生猪屠宰企业资质清理审查，定点屠宰企业压减到118家，社会总屠宰量838.24万头。

2012年潍坊市县市区生猪定点屠宰情况统计表

表8—1—3

县市区	屠宰企业数（家）	社会总屠宰量（头）	无害化处理数（头）
全市总计	118	8382374	17841
潍城区	1	949973	2564
寒亭区	4	309046	917
坊子区	3	23280	50
青州市	13	95320	273
诸城市	30	2853534	5366
寿光市	7	71559	154
安丘市	14	2118762	4155
高密市	13	1020491	2133
昌邑市	8	264530	620
临朐县	9	192404	471
昌乐县	11	268750	700
滨海区	3	49171	58
峡山区	2	165554	380

第二章　供销合作

1989年11月，恢复成立潍坊市供销合作社（简称“市供销合作社”），为农民集体所有制合作商业经济实体，是全市供销合作社的联合社。其主管部门是商委，不列政府序列。下属单位有土产杂品总公司、供销储运公司、再生资源开发公司、果品公司、棉麻公司、供销饮食服务公司及市供销合作社招待所等7家，人、财、物所有权归市供销合作社理事会，经营权归各组成单位。从此，市供销合作社走上快速发展的轨道。市属社有企业不断发展壮大，市土产公司、市棉麻公司、市供销合作社实业公司、市再生资源公司、市肉鸡集团公司等一批骨干企业的综合实力不断增强，业务内容涵盖商业流通、交通运输、饮食服务、果品盐业、门窗加工、牲畜养殖等行业。所辖各县市区供销合作社适应新形势，进行改革创新，在培育社有企业、加强基层社建设等方面成效显著。

1994年2月始，市供销合作社对市属社有企业进行剥离改革，将业务相对独立、发展前景良好、具有较强实力的业务板块或分公司从母公司分离出来，市供销合作社直属企业由7家增加到18家。1995年，根据中共中央、国务院《关于深化供销合作社改革的决定》要求，进一步深化供销合作社体制改革，强化为农服务的功能。但是1995年后，供销合作社实行“租包卖”经营，主营业务持续下降，日用品、农资、农产品、再生资源回收等业务受到严重冲击。同时，由于社员股金和企业政策性经营性亏损挂账、对供销合作社资产的平调挪用、人员负担等原因，供销合作社背负上沉重的包袱。再加上管理不善、经营不力等原因，供销合作社发展进入低谷时期。

1997年，市供销合作社开始对社有企业进行改制。1998年，对以“保息分红”方式吸收的股金，根据股金的来源、期限，在三年内分期转退，平稳过渡。1999年，按照国务院《关于解决当前供销合作社几个突出问题的通知》精神，进一步理顺各级联社的组织管理体制，按照自主经营、自负盈亏的要求搞活社有企业，清理社员股金，妥善处理供销合作社亏损挂账问题。到2005年，供销合作社农业龙头企业有14家。其中国家级农业产业化龙头企业1家，省级2家，市级11家。工业总产值过亿元的有2家，过5000万元的有5家。14家龙头企业销售总额20.5亿元，实现利税4100万元，分别占全市供销合作社系统的92%和91%。

2009年，全市供销合作社落实国务院《关于加快供销合作社改革发展的若干意见》，按照建设农村现代流通网络和搭建农村社区服务中心、农民专业合作社两个平台的要求，推进日用品、农资、农产品、合作经济组织、农村社区等经营服务“五个体系”建设。2010—2011年，对改制企业进行重组，增加供销合作社的出资比例，组建以供销合作社为主体的社有企业。加快供销合作社在农村市场的布局，积极推动日用品超市、农资超市和农村社区服务中心建设，开始恢复重建农村流通网络。

2012年，全市供销合作社农村日用品经营服务体系快速发展，农资经营服务、农产品经营服务体系取得突破，合作经济经营服务体系稳步推进，农村社区经营服务体系基本建立，再生资源经营服务体系重新启动。是年底，全市供销系统内兴办社有企业216家，其中日用品公司27家、农资公司15家、农副产品公司25家（棉麻类企业9家）、投资担保公司5家、再生资源公司5家。省级社有龙头企业18家。全市供销社系统完成商品购进总值139.69亿元，销售总值141.67亿元，比上年分别增长36.45%、33.57%，实现利税1.34亿元，比上年增长31.01%。其中：日用消费品销售额达到60.50亿元，比上年增长50.70%；农业生产资料销售额达到38.33亿元，比上年增长46.85%；农副产品购进额56.88亿元，比上年增长43.10%。市供销合作社获2012年度全省供销社系统综合业绩考核一等奖。

第一节 机构沿革

1989年9月，市供销合作社从市商委分离，新成立潍坊市供销合作社。1991年，市供销合作社承担着部分政府职能，实行企业化管理。市供销合作社辖有昌乐县、昌邑县、青州市、高密县、安丘县、寿光县、临朐县、诸城市、五莲县、潍坊市城区、寒亭区、坊子区共12个供销合作社。

1993年1月，五莲县供销合作社移交给日照市供销合作社。寿光县供销合作社更名为寿光市供销合作社。1994年，安丘县、昌邑县、高密县供销合作社分别更名为安丘市、昌邑市、高密市供销合作社。潍坊市城区供销合作社分设潍城区供销合作社和奎文区供销合作社。同年2月，组建潍坊市供销合作社（集团）总公司，与供销合作社一套机构，两块牌子。

2001年8月，市供销合作社被列为全额预算管理事业单位，正县级规格，编制36人。11月，市供销合作社更名为潍坊市供销合作社联合社。

2004年，设立理事会、监事会。理事会设主任1人、副主任3人，监事会设主任1人、副主任1人。2008年，市供销合作社列入参照公务员法管理事业单位。8月，编制由36人调整为35人。

2012年底，市供销合作社辖：昌邑市、青州市、高密市、寿光市、安丘市、诸城市、临朐县、昌乐县、潍城区、寒亭区、坊子区、奎文区共12个供销合作社。

第二节 直属单位改革改制

1991年，市供销合作社直属单位有：潍坊市肉鸡集团公司、潍坊市棉麻公司、潍坊市果品食盐公司、潍坊市再生资源开发公司、潍坊市供销储运公司、潍坊市土产杂品总公司、潍坊市供销装饰工程公司、潍坊市供销合作社饮食服务公司、山东省棉麻公司高密棉麻站、青州储运公司以及潍坊市供销技工学校。市供销合作社直属公司实行经营、用工、价格、分配“四放开”，逐步把企业推向市场。

潍坊市土产杂品总公司办公楼（1992年拍摄）

1994年，潍坊市农业生产资料公司、潍坊市工业品总公司、潍坊市陶瓷公司、潍坊市东新兴业公司、潍坊市塑料门窗公司等从潍坊市土产杂品总公司分离，潍坊市顶呱呱食乐公司从潍坊市肉鸡集团公司分离，潍坊市金属材料开发公司从潍坊市再生资源开发公司分离，潍坊市丰桔园实业公司、潍坊市供销盐业公司从潍坊市果品盐业总公司分离。青州储运公司整建制划归青州市供销合作社管理。同年6月，市供销合作社拥有直属企业18家和技工学校1所。

1998年，潍坊市土产杂品总公司、潍坊市果品总公司、潍坊市陶瓷公司和潍坊市金属材料开发公司作为首批试点单位，进行产权制度改革。2000年4月，潍坊市供销盐业公司划归市盐务局管理。1998—2001年，潍坊鲁丰糖业有限公司、潍坊田野农业生产资料有限公司、潍坊鲁潍石化有限公司、潍坊永新酒店设备有限公司、潍坊丰潍工艺品有限公司、潍坊程远经贸有限公司等从潍坊市土产杂品总公司剥离出来，潍坊市陶瓷公司改制为潍坊市东方陶瓷有限公司，潍坊市供销合作社装饰工程公司改制为潍坊市瑞安装饰工程有限公司并保留老公司，潍坊市果品食盐总公司改制为潍坊市供销实业有限公司，潍坊市棉麻公司改制为潍坊市中天棉麻有限公司，潍坊市供销储运公司改制为潍坊市供达经贸有限公司，潍坊市农业生产资料公司改制为潍坊市兴鲁农业生产资料有限公司并保留老公司，潍坊市塑料门窗公司改制为潍坊市塑料门窗有限公司。2002年潍坊市工业品总公司破产。2004年，潍坊市再生资源开发公司破产重组，成立潍坊市物华再生资源有限公司。同年11月，潍坊市供销技工学校与省属中专潍坊供销学校合并，归省供销合作社管理。至此，市供销社直属单位完成改革，直属公司全部改制。

第三节　合作经济组织

农民专业合作社、合作社联合社

1994年，全市供销合作社领办农民专业合作社31家，社员352人。诸城市供销合作社发展最快，达到5家，是年，山东省供销合作社农民专业合作社建设现场会在诸城召开。

1995年，中共中央、国务院颁布《关于深化供销合作社改革的决定》，指出供销合作社改革的目标就是办成农民的合作经济组织。全国确定山东省为供销合作社改革试点省，潍坊市供销合作社也担负着改革试点任务。

1996年，省政府印发《关于依托供销合作社发展农村专业合作社的通知》，对已发展起来的专业合作社进行规范完善。市供销合作社引导组织全市农民建立红香椿、山楂、蜂产品、花生、畜禽、废旧物资购销等专业合作社118家，吸收社员4.8万户，为社员推销各种农产品375万千克，储存200万千克，受到社员欢迎。是年，国务委员陈俊生到诸城检查指导，对合作社工作给予充分肯定。

1997年底，市供销合作社系统各类合作社发展到248家，其中种植类162家、种植类加工类32家，养殖类24家、加工类19家，其他11家，入社社员47135户。

1998—2006年，潍坊市供销合作社先后印发《关于加快发展农村合作经济组织的工作意见》《专业合作社示范章程》《专业合作社验收办法》等。诸城市供销合作社抓住花生生产这一主导产业，联合农民组建花生专业合作社，发展生产基地10万亩，推行标准化生产，统一引进良种，统一生产管理，统一提供服务，统一施肥用药，统一进行加工，统一市场销售，年加工花生1.2万吨，创汇720万美元，位居全省花生出口加工行列前茅。

2007年7月1日，《中华人民共和国农民专业合作社法》实施后，注册成立山鸡蛋、萝卜、樱桃、大姜、苹果、西瓜等一批示范性专业合作社。全市供销合作社系统常年开展业务的专业合作社有62家，专业合作社社员总数达到5.83万户，入股金额983万元，帮助农民创收达到1.5亿元。

2008年始，市供销合作社推进日用品经营、农资经营、农产品经营、合作经济、农村社区经营服务“五个体系建设”，制定《潍坊市供销合作社社有资产监督管理暂行办法》，要求县级供销社统一组织域内的社有资产运营管理，成立资产运作公司。2010年底，全市社有资产总额达到49.6亿元，利润总额3899万元，上缴税金5874万元。

2011年，市供销合作社合作经济经营服务体系不断完善。全市发展各类专业合作组织602家，组建资金互助社52家，成立担保公司7家，发展社员4.6万户，建立绿色和无公害农畜产品标准化生产基地137家，面积6.22万亩，获得农产品基地认证59家，注册商标28个，与一批大型超市公司建立稳定的农产品直供、直采合作关系，销售额达到4.6亿元，其中直供超市1.5亿元。

2012年，全市建成具有较大规模和组织带动能力的农民专业合作社10家，供销合作社领办、创办各类专业合作社700家。专业合作社开展“农超对接”，减少中间环节，农产品流通成本减低20%。超市把销售利润最大程度返还给合作社社员，农产品种植收益增长10%以上。

行业协会

2003年始，全市各级供销合作社试点组建行业协会，当年相继注册各类协会14家，主要集中在农资、再生资源、烟花爆竹、棉花等供销合作社传统业务领域。2004年，市级、县级供销合作社分别登记注册农民合作经济组织联合会，县级联合会同时是市级联合会的会员。2008年，对行业协会进行清理整改，实现以重数量到重质量的转变。2010年，市供销社主导组建潍坊市农业品牌协会。2012年，全市供销社注册成立行业协会16家。

第四节　流通业务

农业生产资料供应与经营

化肥供应　化肥由市及县市区农资公司和基层社的农资门店经营，主要品种有尿素、碳酸氢铵、磷酸二铵、三元素复合肥、过磷酸钙、钙镁磷肥、氯化钾及各种专用肥等。

1988年前，潍坊市实行奖售政策：每交售50千克皮棉奖售化肥35千克，每交售50千克桑蚕奖售化肥75千克，每交售50千克特级苹果奖售化肥10千克，每交售50千克烤烟奖售化肥10千克，每交售50千克蓖麻籽奖售化肥30千克。1989年，国家对化肥实行专营后，扩大了对农副产品的奖售范围，其中每交售50千克小麦奖售化肥11千克，每交售5000千克大白菜奖售化肥250千克，棉花、黄烟、蚕茧、种子等项化肥奖售办法继续执行。

1990年，根据国务院《关于对重要农业生产资料实行专营的决定》，全市各级供销合作社农资经营单位对化肥、农药、农膜实行专营，其他部门、单位和个人一律不准经营上述商品。大中型化肥厂生产优质化肥，无论是计划内还是计划外超产的，均由专营部门统一收购。计划外超产肥由专营部门同工商企业签订合同，按照优惠价格收购。地方小化肥厂生产的化肥，实行专营部门与工厂合同订购、联销、代销或由工厂直接销售给农民使用。基层农技部门（县以下，不含县）结合有偿技术服务使用的少数化肥，由县专营部门或基层供销合作社按计划供应，允许有偿转让给农户，但不准进行商业经营或者倒买倒卖，在专营渠道、专营品种、计划管理、统一价格、监督检查、组织协调等方面作出具体规定。1994年8月，根据省政府《关于化肥等农业生产资料流通体制改革实施办法》，全市化肥经营渠道实行“一主两辅”，即供销合作社为化肥流通的主渠道，农业“三站”（土肥站、农技站、植保站）和生产厂家为化肥销售的辅渠道，同时允许农垦、林业、烟草、军队在本系统内销售化肥，化肥等农业生产资料不再专营。1997年后，全市化肥奖售政策取消。2000年后，化肥价格全部由市场调节。

1991—2012年潍坊市化肥销售统计表

表8-2-1　　单位：吨

年份	销售量
1991	1109116
1992	1029205
1993	940364
1994	957749
1995	1024097
1996	1092221
1997	991853
1998	1102845
1999	1121732
2000	1415664
2001	1660610
2002	1409081
2003	1421695
2004	1518456
2005	1375302
2006	631300

续表8-2-1

年份	销售量
2007	601953
2008	526661
2009	565960
2010	655040
2011	749736
2012	1145627

农药供应　1990年前，农业生产资料经营实行部门专营。农药的计划分配渠道，由省、市计委下达年度总计划，省、市供销合作社再根据企业交货情况按季分配到区县供销合作社，各级农资公司和基层供销合作社再按渠道组织供应。1991年以后，由于供过于求，虽然继续下达农药计划，但已全部实行市场调节。1994年，根据山东省物价局、省供销合作社文件规定，对省管价农药的价格进行大幅上调。2000年后，农药价格基本由市场定价。

1991—2012年潍坊市主要农药销售统计表

表8-2-2　　单位：吨

年份	销售量
1991	6220
1992	6622
1993	4707
1994	4514
1995	5601
1996	5510
1997	5860
1998	6092
1999	6650
2000	7283

续表8-2-2

年份	销售量
2001	6590
2002	6464
2003	9011
2004	9043
2005	6648
2006	7872
2007	6512
2008	7129
2009	7684
2010	8837
2011	21186
2012	12330

农膜供应 农膜品种有地膜，主要用于棉花、花生、西瓜、黄烟、蔬菜等地面覆盖；大棚膜，主要用于蔬菜大棚和拱棚覆盖；新品种膜，主要是微膜、输水膜、有色膜等。

1991年，全市农膜价格执行省物价局统一定价，其中农膜8740元/吨，大棚膜8900元/吨，地膜9000元/吨，微膜9580元/吨。1991—1994年，农膜实行专营，产销实行严格指令计划。1994年后，不再实行计划管理。1995年后，农膜市场放开，农膜价格由市场主导。

1991—2012年部分年份潍坊市农膜销售统计表

表8-2-3　　单位：吨

年份	销售量
1991	8648
1992	10120
1993	7203
1994	11591

续表8-2-3

年份	销售量
1995	8855
1996	11537
1997	7919
1998	10855
1999	9103
2000	13486
2001	14254
2002	13972
2004	20510
2005	25112
2006	10447
2007	5364
2008	13367
2009	6109
2010	7025
2011	7085
2012	11884

生活资料供应

食盐供应 食盐一直由国家计划生产、计划调拨、计划供应。城乡市场的食盐供应，由国家指定供销合作社经营，被列为必备商品目录，并要求保持合理储备。1991年，为搞好盐业市场管理，市政府印发《关于加强食盐市场管理的通知》，成立盐业市场协调管理领导小组，明确市盐务局是盐业行政主管部门，负责全市盐政管理工作。1995年，潍坊市盐业公司从潍坊市果品盐业总公司分离，隶属于潍坊市供销合作社。1999年，按照省政府《关于调整和完善盐业经营管理体制的通知》和市政府办公室《关于贯彻鲁政发〔1999〕70号文件进一步完善盐业管理体制的通知》要求，将潍坊市盐业公司的经营管理体制予以调整划转，盐业经营业务划出供销合作社，归同级经贸委管理，受当地政府和上一级盐业行政主管机构双重领导。2000年4月，全部盐业业务划转给盐务局管理，盐业经营业务分离出供销合作社系统。

1991—2000年潍坊市供销合作社食盐供应统计表

表8-2-4　　单位：吨

年份	销售量
1991	33185
1992	33284
1993	37020
1994	65998
1995	79684
1996	59531
1997	46038
1998	45764
1999	44247
2000	40205

土产杂品　1991年，供销合作社系统经营的日用杂品种类繁多、品种复杂，主要包括炊事用具、日用陶瓷、家庭用具和草制鞋帽等4大类。市供销合作社采取计划调拨，逐级批发的方式供应给群众。日用杂品与群众生活密切相关，在供应方针上一直要求适时供应，不准脱销，方便群众生活。随着市场的不断放开，经营主体的增多和市场竞争的加剧，各级供销合作社运用联购分销、总经销、总代理和连锁经营等营销方式，积极应对日常消费品市场竞争日趋激烈的新形势。1998年，市供销合作社适应社会主义市场经济的要求，对潍坊市土产杂品总公司进行经营机构改革，将部分经营性部门从总公司分离。分离出的部门具有独立法人资格，独立核算、自负盈亏。2000年，全市供销合作社系统土产杂品、日用消费品经营额达12.5亿元。2001年后，根据上级统计指标的调整，土产杂品不再单独统计。

农副产品收购

棉花购销　1991年，棉花继续由供销合作社统一收购，统一经营，其中棉花良种繁殖区的棉花委托良棉厂收购；提倡销区到产区投资，联合开发宜棉荒地，生产的棉花五年内不纳入分配计划。为支持棉花生产，确定每收购50千克棉花，兑现35千克标准化肥，同时随价款兑现2.5元奖售柴油的差价。1992年，规定在棉花良繁区内，由29个具有资质的良种棉加工厂收购，加工后的成品棉纳入国家计划，由当地供销合作社经营。本年度合同定购内的棉花仍由供销合作社棉花经营单位统一收购、统一经营、统一价格，在完成全省棉花收购前，不得开放市场，合同订购内的棉花，不准上市或计划外销售。1995年，对奖售政策进行调整，规定每收购50千克皮棉，挂钩供应15千克省定价尿素。棉花购销工作执行“三不放开”（即不放开市场、不放开价格、不放开经营）和“四统一”（即统一政策、统一价格、统一质量标准、统一由供销合作社经营）的政策。1997年，提出每担标准级皮棉700元的收购价格不变；不放开棉花市场；由供销合作社统一收购、加工、经营棉花的政策不变；经省批准的农业部门良种棉加工厂只准收购所属良繁区内的棉花，加工后的棉花全部交当地供销合作社统一经营；供销合作社棉麻企业不拒收、不限收、不停收、不压级压价或抬级抬价。是年起，棉花收购量大幅度减少。1998年，供销合作社及其棉花企业、农业部门所属的良种棉加工厂和国营农场、经资格认定的纺织企业均可以直接收购、加工和经营棉花。个体棉贩及其他任何未经资格认定的单位，一律不得收购、加工棉花，棉花经营体制进一步向市场经济转换。至2001年，潍坊市棉麻公司改制完成，全市供销社棉花企业全部完成改制。

1991—2012年部分年份潍坊市棉花收购量统计表

表8-2-5　　单位：吨

年份	收购量	年份	收购量
1991	64598	2000	67615
1992	61497	2001	78321
1993	51307	2002	72571
1994	19274	2003	83395
1995	38567	2004	84517
1996	10467	2005	82584
1997	15054	2010	33862
1998	30006	2011	39838
1999	42924	2012	34694

果品收购　1991年，果品市场放开，但供销合作社具有网点、人员、资金、经验等得天独厚的经营优势，在农村仍是流通主渠道。是年，全市供销系统农副产品收购总值7.46亿元，比上年增长21%，其中收购苹果1.93万吨。此后，为适应市场变化，降低果品经营风险，市供销合作社制订“以销定购”的经营办法，各企业普遍加强对果品等农产品市场的调查和预测，农副产品购销业务比较稳定。1993年，全市供销合作社系统农副产品收购总值4.85亿元，收购果品1.2万吨。

1994年，随着市场经济迅猛发展和体制、经营环境等因素的制约，供销合作社果品收购数量逐年下降。1997年，全市供销系统收购果品6056吨，总值为6.15亿元。

1997年，潍坊市对果品种植结构进行大规模调整，小国光苹果等不适应市场需求的老牌品种大规模被淘汰。供销合作社果品收购量继续萎缩。2000年后，县市区供销社果品公司陆续转型改制，果品收购工作逐渐淡化出供销合作社的业务范围。

废旧物资经营　1991年，市供销合作社系统已基本形成以市废旧物资回收公司和各区（县）废旧物资回收公司为主体、网点遍布各乡镇的废旧物资回收体系。主要收购品种为废钢铁和废旧杂铜，其他品种较少。1994年，再生资源市场基本放开，但经营单位或个人必须具有公安部门颁发的特种行业许可证。2001年，国家对废旧物资回收经营单位销售其收购的废旧物资免征增值税。2003年后，再生资源市场彻底放开，公安部门停止特种行业许可证管理办法。

烟花爆竹　烟花爆竹经营是供销合作社的传统经营业务，主要由各县市区供销合作社所属的土产杂品公司经营。1991年起，根据《商业、供销合作社系统烟花爆竹安全经营管理暂行规定》，烟花爆竹的批发业务统一由各级供销合作社主营日用杂品的专业公司经营，各级供销合作社内部不得多头经营。1997年，根据《公安部关于加强民用爆炸物品安全监督管理的通知》规定，全市烟花爆竹的批发业务统一由市县供销合作社日用杂品公司经营，其他任何单位、部门、公司和个体工商户等均不得从事烟花爆竹的批发业务。1998年7月，省供销合作社、公安厅、工商行政管理局联合对全省烟花爆竹批发经营企业经营资格重新进行审查和认定。潍坊市土产杂品总公司和潍城、昌邑、青州、临朐、寿光、高密、诸城土产杂品公司获得首批经营资格。1999年，昌乐、寒亭、安丘3家土产杂品公司获得经营资格。是年，各县市区新建库房10栋，面积1.96万平方米，营业额近6000万元。2005年，省安检局正式接管烟花爆竹业务管理，对所有批发企业重新审查和资格认定，允许其他部门和个人进行经营，潍坊市供销合作社系统有8家批发企业获得经营资格。2012年底，随着企业经营改制，供销社参股经营的烟花爆竹批发企业尚有3家。

饮食服务　供销合作社饮食服务业以农村基层社饮食服务业的经营和发展为重点，并适度发展县以上经营服务网点。网点建设主要是在集镇、交通要道、商品集散地和旅游区。1991年，供销合作社饮食服务网点540个，从业人员3000多人，营业收入2900万元。随着市场经济的发展，供销合作社进一步调整行业结构、拓宽服务领域、搞活经营方式、提高服务质量和服务水平、增强竞争能力，饮食服务业得到较快发展。1993年1—9月，全市供销合作社系统完成营业收入5523万元，县以上饮食服务网点发展到72个。1994年，完成销售收入5962万元，县城以上饮食服务网点达到90个。1995年，市供销合作社制订“巩固稳定基层网点、大力发展县以上”的发展战略，各级供销社加大对县以上饮食服务业的投入力度，市场领域不断扩大，县以上大型饮食服务网点发展到23个，其中市直饮食服务网点达到7个，改变了供销合作社长期以来存在的设施差、档次低、市场窄的状况，形成市、县、乡三级全面发展，高、中、低三档有机结合，大、中、小三类稳步推进的经营体系，全市供销合作社系统饮食服务业完成营业收入8011万元。1997年，市供销合作社饮食服务公司被市农业生产资料公司兼并，市供销合作社市本级不再有独立法人性质的饮食服务企业。

第五节　农业社会化服务

农村社区服务中心建设

2005年，市供销合作社开始农村社区服务建设。是年，在寿光、高密、安丘等供销社对农村社区服务中心进行论证、规划和试点。实行“政府领导、供销社主办、多方参与、市场化运作”的建设运营原则，选择人口密集、辐射范围较大的自然村，以农资超市和日用品超市为支撑，凝聚、整合、带动各类服务项目，为农民提供综合性、社区性生活的载体。2006年，市供销合作社在试点建设的基础上，分三个层面往前推进：（1）每个县级社建成1~2处示范性农村社区服务中心，每处服务中心占地3~5亩，在人口2000人以上、辐射范围达到2万人以上的村内建设；（2）在重点县市区既做精品又做批量；（3）选择经济条件较好的乡镇基本完成区域布局。到2007年底，市供销合作社建成农村社区服务中心75处。至2008年底，全市供销社建成运营农村社区服务中心87处。除农资和日用品2个超市外，多数都有卫生室、洗浴中心、理发室、幼儿园、娱乐室、体育健身广场等，成为农民购物、休闲娱乐、信息交流的平台。至2012年底，全市供销合作社建成农村社区服务中心399个，供销合作社投资总额1.42亿元，销售额3.71亿元。

放心农资及测土配方施肥

2002年，化肥市场放开后，全市供销合作社农资经营逐渐萎缩，但供销合作社的主渠道地位没变。伴随农业现代化进程，供销合作社组织开展测土配方施肥，提高为“三农”服务水平。2003—2010年，全市各级供销合作社发挥农资商品销售的主渠道作用，以农资经营网点、基层供销社为依托，建设“庄稼医院”，为农民提供“开方售药”、农技咨询、测土配方施肥服务，引导农民科学施肥，合理用药，深受农民欢迎。针对农资市场化肥造假售假、坑农害农，损害消费者利益的不良现象，组织实施放心农资工程，对农资商品实行保质监销，在基层供销合作社的农资门店设立农资商品保质销售处，杜绝假冒伪劣，净化农资市场，提高农资质量，维护农民利益。根据农业现代化建设和食品安全生产的需要，市供销合作社开展农资经营服务体系建设，培育农资龙头企业，加快建设终端经营服务网点，农资现代流通网络日趋完善。2011年，市供销合作社大力推进化肥联采工作，以农资公司和基层供销社为依托，以直属农资配送中心、经营网点为阵地，组织村委会、合作社、生产基地、种植大户开展化肥直供，以大田作物生产服务创新为突破口，组织专业技术服务队伍，对农民生产的关键环节实行服务托管。2012年底，全市供销合作社建成农资公司11家，发展农资直营店158家，加盟店884家，连锁经营网点7986家，技术服务中心（站）46家，测土配方施肥面积23万亩，配送各种化肥20万吨，农药3822吨，农资直供覆盖全市近70%的村庄。

土地托管

2010年始，针对农业生产服务水平低、要素配置不合理、农村劳动力短缺、农资价格上涨等问题，市供销合作社立足建立帮助农民持续增收的长效机制，推动发展现代农业，积极探索开展土地托管服务。土地托管坚持家庭联产承包责任制、农民土地使用权、农民经营主体地位、农民受益主体、土地粮食生产用途“五不变”，为农业生产服务提供“一揽子”解决方案，或者根据农民需要对农业生产的一个或者几个环节提供个性化服务。2012年，在寒亭区固堤供销合作社进行试点，选取部分农户的承包土地，涉及9个自然村、231户农民、728.8亩土地，从种植到收获全部由供销合作社统一组织，形成“全托管”和“半托管”两种基本土地托管模式。随后，土地托管在全市供销合作社推广，土地托管面积达到3.4万亩，托管农作物种类主要有小麦、玉米、棉花、土豆、花生等。土地拖管带动成立农机专业合作社7个，购置农机96台（套），吸收入社农机121台（套）。

第六节　合作金融

社员股金

社员股金是农民加入供销合作社时，按供销合作社章程规定缴纳的股金，社员股金的吸收对象为农民社员。1991—1994年，各县市区供销合作社向入社社员吸收社员股金，用于商品周转或购置固定资产，执行“保息分红”政策，即以银行一年定期储蓄利率为标准，向社员支付股金利息，再按税后利润的一定比例提取分红基金，按股金额给社员分红，多盈多分，少盈少分、不盈不分。盈余分配由县级供销社理事会提出方案，经社员代表大会审查批准后执行，并报潍坊市供销合作社备案，社员股金分红一般为当年税后盈余的10%~15%。

1995年8月，落实省供销合作社《关于大力发展社员股金的通知》精神，全市供销合作社系统社员股金的吸收对象由农民扩大到城镇居民、供销合作社职工，同时设立社员社，社员社向联合社入股缴纳的股金即社员社股金。确定“入股自愿、退股自由、数额不限、为社员保密”的社员股金发展原则。规定社员股金必须用于为“三农”搞好综合服务、扩大商品流转、开发新项目、搞农副产品加工和进行技术性示范服务。不准盲目投资造成损失、形成经济包袱；不准平调、挪用社员股金；不得用于工资、奖金、福利及行政费用开支；不准用于弥补亏损及非生产性建设；不准用于抵偿债务；不准用于一切摊派性的开支。暂时闲置的股金可以在系统内部调剂使用，继续实行保息分红。年底进行盈余分配时，必须留足社员股金分红数额。保息部分税前列支，不低于同期城乡居民银行存款利息；分红数额根据盈利情况，多盈多分、少盈少分、亏损不分；保息分红一年一次，具体保息分红比例由各县市区供销合作社社员股东大会通过后确定。供销合作社的社员在化肥供应、农药、柴油及其他生产生活资料、农副产品收购等方面享受优惠待遇，具体标准由县市区供销合作社根据实际情况自行确定。

1998年3月底，市供销合作社系统共发展社员股金5.12亿元，其中基层供销合作社3.69亿元。社员股金是供销合作社与农民合作的纽带，在供销合作社扩大经营、增强实力、强化为农服务功能等方面发挥了重要作用。是年，随着社员股金的不断发展，为方便群众入股、退股，加强对社员股金的管理，潍坊市供销合作社制订《供销合作社社员股金管理实施办法》。对社员股金的管理主要采取三种管理模式："分散吸收，全额上交，集中管理，统一使用"模式，如安丘、昌乐、青州等县市供销合作社；"分散吸收，自收自用"模式，如昌邑、诸城等市供销合作社；"分散吸收，按一定比例上交县社"模式，如临朐、寿光等县市供销合作社。安丘、昌乐、青州、寿光等县市区供销社成立股金管理专门机构，其他县市区社设立专职人员。全市162个基层供销合作社成立了社员股金服务部（办事处），具体负责社员股金的管理工作。在管理过程中，有些地方在社员股金的吸收、使用出现了不规范的做法，有的股金数量已严重超过自身发展的需要和对社员股金的管理、调控能力，积聚了较大的风险，违背发展社员股金的初衷。1998年8月，国务院办公厅批转《中国人民银行整顿乱集资、乱批设金融机构和乱办金融业务实施方案的通知》，在全国范围内整顿金融秩序。市供销合作社对社员股金进行清理、整顿和规范，决定全面停止吸收一切形式的社员股金，防范、化解股金风险，对过去以保息分红方式吸收的老股金，用三年时间平稳过渡，按合作制原则进行规范管理。

1999年2月，贯彻中华全国供销合作总社《关于清理整顿社员股金防范和化解风险的实施意见》和国务院《关于解决当前供销合作社几个突出问题的通知》，市供销合作社系统全面停止吸收社员股金，对原有的股金服务部等机构实行关闭撤销，对已吸收的社员股金进行兑付。至2012年底，全市除青州因专项借款资金不足剩余125万元未兑付外，其他县市区社员股金全部兑付完毕。

资金互助

2007年，国家银监会出台《农村资金互助社管理暂行规定》，市供销合作社立足农村实际，围绕服务"三农"，针对合作经济组织发展中贷款难、担保难等问题，依托专业合作社建立内部资金互助部，组建成立担保公司，初步形成农村信用合作融资服务体系。2010年1月29日，诸城市相州镇泰丰农村资金互助社成立，注册资金600万元，发起人社员31户（其中供销合作社职工18户），主要为入股社员办理存、贷款结算业务。资金互助社坚持控制贷款额度，对农户单笔贷款最大不超过10万元，对小微企业控制在30万元以内。2011年10月，经潍坊银监分局批准，泰丰农村资金互助社将社员增扩至72个。2007年至2012年底，市供销合作社发展农民资金互助社1家（山东省经银监会批准设立的资金互助社共2家）；安丘市、高密市、临朐县等供销合作社在领办的农民合作社内部设立资金互助部，开展资金互助业务。

第七节　政策扶持

财政资金支持

2008年，根据潍坊市人民政府《关于加快供销社改革发展的意见》，设立供销合作社改革发展专项资金。潍坊市本级每年出资100万元，当年扶持400万元。专项资金主要用于扶持各县市区供销合作社系统规模较大的龙头企业，每年扶持1~2个项目，每个项目100万~200万元。积极争取省级专项资金，在农产品经营、农村现代流通、新型农村社区经营及供销合作社组织体系建设等方面扶持各县市区供销合作社基层社、专业合作社及直属企业，每个项目20万~50万元。2009年，随着国家对“三农”工作的重视，国家农业综合开发办公室与全国供销合作总社联合设立部门项目（简称“农发项目”）。潍坊每年申请农发项目1~2个，普通项目中央扶持资金在30万~100万元，产销对接项目中央扶持资金在500万元以上。农业综合开发项目资金实行三级配套制，地方配套资金占中央资金40%，由省市县按7：1：2比例分担，农业、产粮大县的配套资金由省级财政承担。2009—2012年，市供销合作社系统共获得农发项目中央扶持资金315万元，省财政配套资金159.9万元，市财政配套资金23.45万元。

2011年，潍坊市加大对供销社系统改革发展的扶持力度，印发《潍坊市供销合作社改革发展专项资金管理办法》，规范供销合作社改革发展专项资金的管理，主要用于设建为农服务的网络和平台，构建新型农村经营服务体系，促进供销合作社的改革与发展。2012年，市本级供销合作社改革发展专项资金增加到200万元。

2008—2012年潍坊市供销合作社专项资金统计表

表8-2-6　　　　单位：万元

资金类别 / 年份	中央资金	省级资金	市级资金	小计
2008	20	420	400	840
2009	375	460	112	947
2010	764	440.9	208.7	1413.6
2011	331	335	102.75	768.75
2012	150	495	200	845
合计	1640	2150.9	1023.45	4814.35

统筹统保

1993年始，潍坊市供销合作社开展财产保险业务。2006年始，开展统筹统保业务，当年财产和人身保险共计11.85万元，2007年28.22万元，2008年24.17万元，2009年15.06万元。2010年，增加车辆保险业务，当年，财产、人身和车辆保险共计31.03万元，2011年41.31万元，2012年47.97万元。

清理核查供销合作社财务挂账

潍坊市各级供销合作社历史上因承担农资、棉花物资保障和抢险救灾等政策原因，形成数额巨大的经济包袱，待挂账处理。1996年，国务院印发《关于研究解决供销合作社政策性亏损问题的会议纪要》，至1996年底，全市供销合作社经济包袱总额6.82亿元。1999年，根据国务院办公厅转发国家计委等部门《关于清理核查供销合作社财务挂账意见的通知》精神，潍坊市组织对供销合作社财务挂账进行清理核查。各级供销合作社财务挂账清理核查小组在本级政府领导下，对供销合作社棉花企业、县级及县级以上棉麻公司、非棉花企业或基层供销合作社、县级及县级

潍坊市供销合作社系统财务挂账分解落实统计表

表8-2-7

单位：万元

项目	序号	合计	市直	奎文	潍城	坊子	寒亭	诸城	青州	临朐	昌邑	寿光	高密	安丘	昌乐
合计	1	99712.5	6079.6	1192.6	3724.3	3867.9	9639.7	18926	12627.5	3475.5	9213.9	6737.1	9607.3	9784.2	4836.9
一、1992年底老挂账	2	13844.9	265.9	0.2	224.2	725.6	948.5	1877.6	1587.2	1749.3	246	1222.3	1530.2	1033.9	2434
（一）中央政策性亏损挂账	3	1037.6	84	—	51	64	80.2	95.9	113.7	154.1	75.2	60	164.3	69.7	25.5
1.农民陈欠农副产品预购定金	4	116	—	—	—	—	10.2	30.9	27	0.1	2.2	—	37.4	4.7	3.5
2.1981—1984年商品统一降价损失	5	519	—	—	30	54	60	45	50	75	59	40	100	—	6
3.未收回1984、1986年两棉赊销款	6	138.6	—	—	—	—	—	—	6.7	69	—	—	6.9	56	—
4.1991年商品削价损失	7	264	84	—	21	10	10	20	30	10	14	20	20	9	16
（二）地方政策性亏损挂账	8	1176.1	—	—	—	154.8	—	30.8	211	314.2	—	156.6	253	—	55.7
（三）经营性亏损挂账	9	9294.3	181.9	0.2	173.2	437	202.6	1404.7	1239.5	1281	162.9	645.4	594.6	899.9	2071.4
（四）未收回1993年棉花贴息贷款本息	10	2336.9	—	—	—	69.8	665.7	346.2	23	—	7.9	360.3	518.3	64.3	281.4
二、1993—2012年新增财务挂账	11	85867.6	5813.7	1192.4	3500.1	3142.3	8691.2	17048.4	11040.3	1726.2	8967.9	5514.8	8077.1	8750.3	2402.9
（一）中央政策性挂账	12	24070	—	—	—	365.3	5436.6	8281	231.3	9.8	4000.3	2597.4	2659.6	95.8	392.9
1.挂账本金	13	21179.3	—	—	—	321.4	4783.7	7286.5	203.5	8.6	3519.9	2285.5	2340.2	84.3	345.7
（1）国家规定降价销售棉花亏损	14	6738.5	—	—	—	57.2	928.5	2303.4	172.6	8.6	957.4	363.6	1687	84.3	175.9
（2）1995—1998年度储存棉花亏损	15	14440.8	—	—	—	264.2	3855.2	4983.1	30.9	—	2562.5	1921.9	653.2	—	169.8
2.挂账利息	16	2890.7	—	—	—	43.9	652.9	994.5	27.8	1.2	480.4	311.9	319.4	11.5	47.2

续表8-2-7

项目	序号	合计	市直	奎文	潍城	坊子	寒亭	诸城	青州	临朐	昌邑	寿光	高密	安丘	昌乐
（二）地方政策性挂账	17	7326.7	574.7	193.3	14.4	616.9	1173	327.8	154.5	1162.9		961.2	1014.1	875.8	258.1
1.地方财政补贴资金不到位	18	20.3	—	—	11.7	—	—	—	—	—	—	—	—	8.6	—
（1）地方储备商品补贴不到位	19	—	—	—	—	—	—	—	—	—	—	—	—	—	—
（2）经营指定商品价格补贴未到位	20	8.6	—	—	—	—	—	—	—	—	—	—	—	8.6	—
（3）其他补贴未到位	21	11.7	—	—	11.7	—	—	—	—	—	—	—	—	—	—
2.执行地方政府政策	22	4126.5	22	32.8	—	339.1	960.1	184.7	60.8	895.8	—	750.9	22.8	644.3	213.2
（1）地方扩大降价销售棉花	23	575.7	—	—	—	—	—	—	—	—	—	575.7	—	—	—
（2）赊销棉花占用贷款利息	24	737.8	—	—	—	—	529.2	—	—	—	—	45	—	—	163.6
（3）指定经营商品亏损	25	1213.2	—	23.5	—	181.2	416.8	40.6	—	—	—	75.7	10.6	464.8	—
（4）政府部门占用资产损失	26	1599.8	22	9.3	—	157.9	14.1	144.1	60.8	895.8	—	54.5	12.2	179.5	49.6
3.其他指令性因素造成	27	1694.6	445.4	124.4	—	134.1	10.7	79.7	33.1	—	—	32	773.7	61.4	0.1
（1）主管部门政策形成损失	28	1618	397.2	124.4	—	134.1	6.4	79.7	33.1	—	—	31.5	773.7	37.9	—
（2）承担救灾任务形成亏损	29	76.6	48.2	—	—	—	4.3	—	—	—	—	0.5	—	23.5	0.1
4.至2002年底地方政策性挂账利息	30	1485.3	107.3	36.1	2.7	143.7	202.2	63.4	60.6	267.1	—	178.3	217.6	161.5	44.8
（三）经营性亏损挂账	31	54470.9	5239	999.1	3485.7	2160.1	2081.6	8439.6	10654.5	553.5	4967.6	1956.2	4403.4	7778.7	1751.9
1.业务性经营因素	32	51485.4	5239	999.1	3485.7	2160.1	631.4	8146	10654.5	553.5	4530.8	1865	3926.6	7741.8	1551.9
2.违规经营因素造成	33	2985.5	—	—	—	—	1450.2	293.6	—	—	436.8	91.2	476.8	36.9	200

以上供销合作社企业资产、负债、损益进行全面清查。2000年2月底，清理核查工作全部结束，上报各种财务挂账2.35亿元。

2002年12月，山东省财政厅等八部门根据上级对财务挂账的确认原则（挂账占用银行贷款或非银行金融机构、国家资本金、国家储备资金的，予以确认；占用其他来源的，不予确认），确认市供销合作社累计财务挂账9.97亿元，其中：1992年底前老挂账1.38亿元，1993—2002年新增财务挂账8.59亿元。

至2012年底，全市供销合作社财务挂账已消化7203.8万元，其中：地方政策性挂账1835.3万元，经营性挂账5368.5万元，还有65064.2万元财务挂账未消化。

第三章　粮油购销

1991—2012年，是粮食流通体制改革不断调整深化的关键时期，以2004年全面放开粮食市场、实行粮食购销市场化为标志，粮食流通体制改革迈出决定性步伐，粮食工作发生根本转变。全市稳妥推进粮食流通体制改革，促进现代粮食流通产业发展，保障了地方粮食安全。

市粮食流通工作大致经历了三个阶段：1991—1997年，由计划经济体制向社会主义市场经济体制的探索阶段；1998—2003年，由计划调控向粮食购销市场化的过渡阶段；2004年后，在市场化改革试点基础上的全面放开阶段。历经粮食流通体制改革，全市粮食购销市场化稳步推进，粮食调控和安全保障体系日益健全，依法管粮工作迈出坚实步伐，军粮供应保障有力，地方粮食供求基本平衡，粮食市场基本稳定。

第一节　机构沿革

市级粮食机构设置

1991年7月前，市粮食系统行政管理职能设在潍坊市商业委员会。1991年8月，潍坊市粮食局成立，列政府序列，内设8个科室，行政编制30人。1993年10月，潍坊市粮食局退出政府行政序列，继续行使原行政管理职能，保留牌子，局机关由8个科室减为5个。同时，成立潍坊市粮油集团总公司。1996年10月，粮食流通体制改革，恢复潍坊市粮食局，列政府序列，内设7个科室，机关编制29人。1999年4月，潍坊市粮食局信息中心成立。

2001年10月，潍坊市粮食局机关机构改革，内设6个科室，机关编制总额24人。成立潍坊市军粮供应中心，负责驻潍坊部队的军粮供应管理工作，系全额预算管理的正科级事业单位，编制8人。

2001年12月，潍坊市粮食局调整城区粮食管理体制，在原潍城区粮食局基础上成立潍坊市粮食局城区分局，为市粮食局的派出机构，具体负责潍城、奎文、高新技术产业开发区内的粮食行政管理工作，系全额预算管理的正科级事业单位，编制15人。

2004年11月，潍坊市委、市政府《关于潍坊市人民政府机构改革的实施意见》规定：将市粮食局由政府工作部门，调整为市发展和改革委员会所属的部门管理机构，其他不变。

2005年10月，潍坊市政府办公室《关于印发潍坊市国有粮食购销企业改革实施方案的通知》要求，到2005年底对国有粮食购销企业进行整合、压减、产权制度改革，分流并妥善安置富余人员，转换企业经营机制，完成全市国有粮食购销企业改革任务。同年12月，撤销潍坊市粮食局机关服务中心。

2007年6月，潍坊市粮食局内部机构调整，将调控监督科与储运基建科合并为调控储备科，挂粮食统计信息中心牌子，设立监督检查科，挂粮食执法监察大队牌子。

2009年3月，成立潍坊市粮食质量检测中心，为市粮食局所属公益一类事业单位，正科级规格，编制5人。

2010年3月，潍坊市委、市政府印发《潍坊市人民政府机构改革实施意见》，设立潍坊市粮食局，由市发展和改革委员会管理。市粮食局设6个职能科室，市粮食局机关行政编制20人。

2011年6月，潍坊市粮食局城区分局加挂“潍坊市城区粮食监察大队”牌子。

县市区粮食机构设置

1991—1992年，潍坊市各县市区粮食局均为正科级行政单位，列政府序列。

1993年，撤销县市区粮食局，组建县市区粮油总公司，企业性质，隶属所在地商业委员会。

1997年，潍坊市各县市区设立粮食局，为正科级行政单位，列政府序列，同时撤销粮油总公司。

1998年，潍坊市各县市区粮食部门归口所在地计划委员会管理。

2001年10月，撤销潍坊海洋化工高新技术产业开发区粮食局，成立潍坊海洋化工高新技术产业开发区粮食收储中心，属差额拨款的正科级事业单位。2003年12月，潍坊海洋化工高新技术产业开发区粮食收储中心变更为全额拨款的正股级事业单位，并入潍坊海洋化工高新技术产业开发区经济发展局。

2002年，潍坊市县市区机构改革时，青州、安丘、寿光、昌邑、诸城、高密6个县级市的粮食局仍为正科级行政单位，列政府序列。坊子、寒亭、临朐、昌乐4个县（区）粮食局，为全额拨款的正科级事业单位，直属所在地政府领导。

2005年，潍坊市县市区调整政府机构时，除青州市粮食局仍为正科级行政单位列政府序列外，其余9个县市区粮食局均为正科级事业单位，归口当地县市区发展和改革委员会。

市直粮食经营机构改革

1991年12月，潍坊市粮食局直属单位共6个：潍坊市粮油储运公司、潍坊市粮油贸易公司、潍坊市饲料公司、潍坊市粮食贸易大楼、潍坊市粮食干部（技工）学校和潍坊荣昌油脂有限公司。

1992年5月，成立潍坊市粮油工业公司、潍坊市粮油食品购销公司、潍坊市粮油仓储器材公司三个管理与经营一体的实体性公司，到1993年底，除潍坊市粮油工业公司兼有部分管理职能外，其他两个公司成为自负盈亏、自主经营的企业单位。

1994年7月，潍坊市奎文区组建，原潍城区粮食局及其所属企业整建制划归潍坊市粮食局管理，组建潍坊市城区粮食供应公司。

1996年10月，潍坊市粮食局共有直属企事业单位3个：潍坊市粮食干部（技工）学校、潍坊市粮油储运公司、潍坊市粮油集团总公司。

1997年1月，潍坊市粮油集团总公司与市粮食局分开办公，隶属于市粮食局，系正县级全民所有制大型（一）类企业，所管理的企业有潍坊市城区粮食供应公司（包括所属企业）、潍坊市粮油贸易公司、潍坊市饲料公司、潍坊市粮食贸易大楼、潍坊市植物油有限公司、潍坊市粮油工业公司、潍坊市粮油食品购销公司和潍坊市粮油仓储器材公司。随着粮食流通体制改革的不断深化，1998年9月，撤销潍坊市粮油集团总公司，其所管理的企业改由市粮食局直接管理，其中：潍坊市粮油工业公司并入潍坊市粮油储运公司，潍坊市粮油食品购销公司并入潍坊市粮油贸易公司，潍坊市粮油仓储器材公司撤销。

1999年12月，潍坊市粮食干部（技工）学校整建制移交奎文区政府管理。2000年1月，潍坊荣昌油脂有限公司出让给山东鲁银集团公司。2001年6月，将原潍坊市粮油储运公司、山东潍坊国家粮食储备库两块牌子、一套班子，分离成两个具有独立法人资格的国有企业。

2001年10月，潍坊市粮食局直属企事业单位达到10个：潍坊市粮食局城区分局、山东潍坊国家粮食储备库、潍坊市粮油储运公司、潍坊市军粮供应站、潍坊市东方粮食发展有限公司、潍坊风筝面粉有限责任公司、潍坊白浪河食品有限公司、潍坊市粮油贸易公司、潍坊市金穗粮油有限公司，潍坊市粮食局信息中心。

2005年12月，潍坊市粮食局共有直属单位10个：潍坊市粮食局城区分局、潍坊市军粮供应中心、山东潍坊国家粮食储备库、潍坊市粮油储运公司、潍坊市军粮供应站、潍坊市东方粮食发展有限公司、潍坊风筝面粉有限责任公司、潍坊白浪河食品有限公司、潍坊市金穗粮油有限公司、潍坊市粮油贸易公司。

2009年12月，山东潍坊国家粮食储备库与中储粮山东分公司进行合资合作。中储粮山东分公司与山东潍坊国家粮食储备库按67：33的出资比例组建新的法人实体公司——潍坊国家粮食储备有限公司。

2012年9月，原由潍坊市粮食局城区分局管理的山东潍坊擂鼓山国家粮食储备库上收划归市粮食局管理。

第二节　粮食流通体制改革

粮食购销体制改革

自60年代中期开始，粮食实行购销同价，20多年一直未调整。1978年中共十一届三中全会后，粮食收购价多次提高，购销倒挂，差额及经营费用均由国家补贴。1990年，粮食购销、调拨及财务实行包干。1991年，国家要求建立各级粮食专项储备制度，实行宏观调控，灵活吞吐。1992年4月，国务院决定提高粮食定购价格和粮食销售价格，达到购销同价，结束之前购价和销价存有两个倒挂，即所谓的“双轨制”。11月，实行国家定购任务不变，粮食经营、市场、价格“三放开”。粮油销售随行就市，对居民供应保量不保价，放开粮食调拨价格。粮食企业代政府收购的定购任务转议价销售，从放开之日起，停收补粮基金，取消对粮食企业的经营亏损与价格补贴，放开粮食销售价格。1993年始，潍坊市建立地方储备粮，但库存数量较少。同年4月，按保量放价的原则，放开粮食收购价格，粮食供需基本实现由指令性计划管理向市场调节的平稳过渡。由于宏观调控措施不到位，粮食销售价格放开后连续几年涨幅过大，全市采取限价限量的措施，稳定市场。1993—1995年，政府规定最高及最低销售限价。之后，由于粮食丰收，库存增加，市场竞争加剧等多种因素影响，销售价格下降，居民购粮随行就市。

1995年，国家继续推进粮食流通体制改革，实行政策性业务和经营性业务两线运行机制。为完成省政府安排的粮食定购和调拨任务，保证全市内粮食供需平衡，稳定市场粮价，确保城市居民口粮供应，潍坊市政府与各县市区签订《1995

年度粮食工作责任状》，下达粮食定购和调拨任务。国有粮食企业分为两块，既承担政策性业务，又开展商业性经营业务，财务分开，单独核算，两线运行。随后几年，相继建立粮食风险基金，粮食工作实行行政首长负责制，各县市区和市区粮食自求平衡。1997年，粮食销售（指定购原粮的销售）由收储企业按照顺价的原则自主确定。至此，粮食价格改革基本完成。同年，宏观调控起到明显成效，粮价下降，市场平稳，但粮食行业亏损额大幅增加，全市粮食系统亏损额达1100万元。

1998年，继续深化粮食流通体制改革，实行“四分开一完善”（政企分开、储备与经营分开、中央与地方的责任分开、新老挂账分开，完善价格形成机制），继而实施“三项政策一项改革”（按保护价敞开收购农民余粮、顺价销售、收购资金封闭运行政策，国有粮食企业改革）。同时，国家颁布《粮食收购条例》《粮食购销违法行为处罚办法》，粮食工作步入有法可依的轨道。1999年，全市进行大刀阔斧的改革，实施主附营业务分离及一系列购销政策的调整，市直和各县市区以国家粮食储备库、地方粮食储备库和骨干粮管所为基础，成立粮食收储公司，承担政策性粮食业务。同时，取消粮食调拨，市直和各县市区自求粮食购销平衡，新的粮食流通体制开始形成。2000年，国家成立储备粮管理公司，国家专项储备粮管理权限上收。潍坊市的库存专项储备粮直接受中储粮济南分公司管理。2001年3月，国家粮食局取消多年的“市镇居民粮食供应转移证明”，结束了城镇居民凭证购粮的历史。7月，国务院印发《关于进一步深化粮食流通体制改革的意见》，加快推进粮食主销区粮食购销市场化改革，完善国家粮食储备体系，增强粮食宏观调控能力。2002年5月，将有关专项储备粮的文件、报表等资料移交中储粮济南分公司所辖的中储粮青州直属库管理。

潍坊市在深化粮食流通体制改革的同时，继续坚持按保护价敞开收购农民余粮的政策。1998年，全市粮食总购进79万吨，之后逐年大幅度递增，到2002年，总购进粮食由1998年的79万吨，增加到125万吨，既掌握了粮源，又有效地保护了农民种粮积极性。2003年，实行保护价收购制度，粮食定购数量和保护价收购品种维持上年政策不变。小麦收购保护价为55元/50千克（三等白麦），定购价格与保护价格执行同一价格，不实行地区差价和季节差价。

1991—2005年潍坊市主要粮食品种定购价、保护价、市场平均价格统计表

表8-3-1

单位：元/50千克

项目 \ 年份	1991	1992	1993	1994	1995	1996	1997	1998	1999	2000	2001	2002	2003	2004	2005
小麦定购价	32	32	35.65	54	54	76	76	73	63	57	57	55	55	放开价格	—
玉米定购价	21	21	27.5	41	41	63	63	61	46	49	49	取消	—	—	—
小麦保护价	—	—	—	—	—	—	69	64	63	57	57	57	57	取消	—
玉米保护价	—	—	—	—	—	—	—	54	46	49	取消	—	—	—	—
小麦平均价	—	—	—	—	—	—	—	65	60	50	50	55	56	77	75
玉米平均价	—	—	—	—	—	—	—	61	49	44	53	50	54	63	61

2004年，省政府印发《关于深化粮食流通体制改革的意见》，决定6月1日起，全面放开粮食收购、放开粮食价格、放开粮食市场，国有粮食购销企业和其他粮食经营者公平进入市场，自主经营，自负盈亏。同年，国家全面实行对种粮农民直接补贴，补贴品种为小麦，以当年小麦播种面积作为计算补贴的依据，直补标准为每亩小麦补贴13元。

2005年，粮食行政管理职能发生变化，实行新的粮食统计制度，统计工作由原来的单纯管理国有粮食企业转变到管理全社会多元化粮食市场，由管理国有粮食企业转变到管理市场主体准入和行为规范。至年底，全市已纳入粮食统计范围的企业362家，其中国有粮食经营企业152家、重点非国有粮食经营企业123家，重点转化用粮企业87家。

2006年，为保护农民利益，国家出台小麦和稻谷最低收购价执行预案，即托市收购政策。潍坊市作为小麦预案执行区，中等小麦预案执行价格为每50千克69元，由于市场小麦价格低于预案执行价格，随即启动了预案，当年托市收购小麦18.71万吨。2007—2008年，粮食市场活跃，粮价逐步提高，虽然国家分别上调小麦托市价格每市斤3分和8分钱，但是潍坊市托市收购逐步萎缩。2007年，小麦托市收购6.9万吨，托市收购量位居山东省第三。2008年，托市收购2万吨。2006—2008年，潍坊市粮食局被评为山东省社会粮食流通统计、粮油工业统计工作先进单位。2009年，收购4.8万吨。2006—2009年，累计收购32.4万吨。2010—2012年，全市小麦市场价格一直高于国家规定预案价格，没再启动预案。

粮食经营体制改革

1992年前，潍坊市城镇粮油实行计划供应，由原潍城区粮食局下属5个粮食管理所、35处粮站，承担市区30万居民的粮油供应任务。年销售粮油6000万千克，月人均粮食定量14.98千克，销售额1.16亿元。1992年11月，城镇居民粮油计划供应放开。粮食供应企业走向市场，成为自主经营、自负盈亏、自我约束、自我发展的市场主体，主要从事粮油经营和食品生产。

1993年始，全市粮食企业推行“四放开”和企业内部劳动、人事、分配“三项制度”改革，打破“一大三铁”（即大锅饭、铁交椅、铁工资、铁饭碗），对职工优化劳动组合，对企业领导及班组承包人招标投标，层层实行聘任制。1995年，实行政策性和商业性两线运行改革，商业性经营单位自主经营、自负盈亏、自我约束、自我发展。1998年，全国进行粮食流通体制改革，实行主附业务分离、人员分流、减员增效，粮食主营企业主要从事粮食收储管理工作，粮食附

2005年5月27日，全省国有粮食购销企业改革调度会在潍坊召开

营企业开始向建立现代企业制度转变。当年底，全市完成并注册成立收储公司84个，从事粮食收储业务的人员3668名，占分离前人员总数的55%。1999年后，经营性粮食企业包括粮办工业企业进行一系列产权制度改革。由中介机构对企业进行资产评估后，将其全部改制为由内部职工持股，企业领导班子持大股的有限或有限责任公司，按照“风险共担，利益共享，股权平等，入股自愿”的原则，出资入股买断原单位全部产权，承担原单位所有债权债务，从体制上做到产权明晰，改革到位。粮食收储企业，以改革人事、用工、分配三项制度为重点，深化企业内部配套改革。推行劳动合同制，实行竞争上岗，改革分配制度。

2002年后，市粮食局推广诸城经验，号召广大干部职工“端市场碗、吃辛苦饭”，解放思想，摒弃旧观念，广辟就业门路，自挣自吃，走向市场。同时组织下岗培训，学习新的生产经营技能，搞好推荐就业、劳务输出等工作，予以妥善安置职工。2003年，昌邑市粮食系统率先进行以“双置换”（资产产权和人员身份置换）为中心内容的粮食企业改革，除国家和地方储备粮政策性收储企业、军供企业以外，所有粮食购销、加工企业都进行股份制改造，买断产权，终止、解除劳动合同，从根本上打碎“铁饭碗”。

2005年9月始，历时10个月，完成全市国有粮食购销企业改革任务，通过省政府检查验收。全市改革改制企业150家，职工进行身份置换，解除劳动关系，一次性得到经济补助金。认定政策性财务挂账6.02亿元，划转剥离5.55亿元，全部集中到县市区粮食行政管理部门统一管理，较好地解决了长期困扰粮食购销企业的“三老”（老人、老粮、老账）问题。改革后，全市新成立国有独资粮食购销企业19家，主要承担地方储备粮任务及国有资产监管和运营。

粮食经营管理

农村多种经营　90年代始，全市粮食部门按照“一业为主，多种经营”的方针，大力开展多种经营工作。1992年，商业部推广昌邑宋庄粮管所以代农储粮、代农加工和品种兑换为主要内容的“两代一换”业务经验。当年，全市多数县市区农村粮管所建立了粮油服务社。1994年，全市农村粮管所适应“两代一换”业务需要，发展小型面粉机组121台（套），挂面机组255台（套），全年加工面粉11.9万吨，生产食品12万吨，代农储粮22万吨，代农加工总量15.6万吨，品种兑换6.6万吨，农村粮油服务网点3500个。1995年，全市开展“两代一换”业务的农村粮管所保持在90%以上，全年代农储粮19万吨。新上面粉机组17个、挂面机组15个，当年生产面粉20万吨，挂面4万吨，品种兑换粮食及食品19万吨，实现利润1000多万元。1996年，全市农村粮管所把“两代一换”业务作为服务“三农”的重要手段，大力发展小面粉、小挂面、小饲料、小饲养、小食品“五小”加工项目。1997年，全市代农储粮21万吨，代农加工22万吨，品种兑换21万吨。是年，昌邑市岞山粮管所、寿光市稻田粮管所等11个基层粮管所跨入山东省“百强粮所”行列。

1998年，全市基层粮管所积极探索延伸服务方式，城区粮管所试点开办农村粮油服务社，经营粮油副食、烟酒糖茶、日用百货等，品种近百个。农民可以用粮食换取所需的商品，既解决了粮所部分职工的再就业问题，又开拓了农村市场。1999年，全市37个粮管所进行试点，建立农村粮食服务社167个，分流职工400多人。市财政专门拨款50多万元，为试点企业购置配送服务车12台，帮助服务社开拓农村市场。全市农村粮食服务社和经营网点代农储粮16.18万吨、代农加工23.88万吨、品种兑换16.2万吨。昌邑、寿光、诸城、寒亭四市区代农储粮14.19万吨，占全市总量的85%。2000年，全市代农储粮、代农加工和品种兑换分别为23万吨、17.2万吨和10.7万吨，实现利润448万元。2001年，全市代农储粮、代农加工和品种兑换分别为14.8万吨、26.5万吨和19.8万吨。

2002年后，农村粮食经营企业坚持走市场路、端市场碗、吃辛苦饭，围绕农村做文章，采取走街串户、下乡收购等办法，提高企业经济效益。2005年后，实施国有粮食购销企业改革，全市农村粮管所逐步退出历史舞台。

城镇经营服务　1991—1994年，全市城镇供应粮店调整网点布局，开展食品生产，向厂矿企业和居民区搞好延伸服务。其间，投资4000多万元，新建和改造县城以上较大规模的综合网点9处、面积4.2万平方米，改造营业门市75处，建设简易早餐摊点108处、夜市18处、快餐点12处、宾馆酒家20多处、自选商场6处，到厂矿企业设点60多个。

1995年，市粮油供应企业积极探索连锁经营路子，将城区30个骨干粮店全部纳入连锁经营范围，走出一条以粮油供应为基础、以一日三餐为重点，以“五小”（小副食、小百货、小土产、小五金、小酱菜）商品开架销售为补充的“三位一体”的经营路子。进一步理顺城区粮油管理体系，建成粮油配送中心，完善挂面、专用粉、馒头等生产项目。多数粮油连锁店具备烤、蒸、炸、烙、炒等系列化食品生产功能，供应品种达20个以上。1996年底，山东省内最大的粮油自选商场——潍坊鲁穗粮油精品大世界在城区建成开业。安丘、寿光、昌乐等县市也建起比较规范的便民样板店，为开展连锁经营奠定了基础。是年，全市粮食系统连锁经营企业达到12家、参与连锁经营的粮店48个，建立配送中心4个、营业面积1.02万平方米。全系统新建“小康”馒头生产线8条，深受居民欢迎。1998年，全市各级粮食部门结合行业特点和企业实际，实施“为民、便民、利民”的“民心工程”，积极开展送货上门服务活动。城区各粮店普遍开展“没有不送的粮油，没有送不到的粮油”服务承诺活动。全年便民服务送粮4000户次，送粮油1000多吨。

1999年后，城区粮店因地制宜，探索多种经营服务模式。2004年，城区粮食供应企业实施破产重组，国有粮食经营成为历史。

“居民厨房”工程　1999年始，潍坊市城区粮食部门兴办“居民厨房”，投资50多万元，改造7个粮油供应点，办起适应居民一日三餐需要的大众快餐，以其品种多、质量高、价格廉、服务好赢得市场和效益。2001年，城区11处鲁穗快餐店，每日可供4万人就餐或购买熟食品。擂鼓山馒头厂开设新厂，日产量扩大到2万千克，花色品种增加到20多个。冠康牛奶日产量扩大到1.5万千克，每天可供6万人饮用。2002年，城区粮食分局重点抓快餐的质量和规模扩张，不断增加花色品种，以物美价廉赢得居民信赖。奎文粮食供应公司融资100多万元，新开业豪门快餐店和开发区快餐店，扩建装修院校快餐店。2007年4月，城区粮食分局依托原鲁穗快餐一店开办具有浓厚地方特色的潍坊名吃店。市区集面粉和挂面加工（风筝和白浪河两个面粉厂）、食品经营（擂鼓山馒头、隆泰水饺、冠康牛奶）、鲁穗快餐于一体，互为原料、互为补充的城镇居民厨房工程逐步形成。2009年7月，城区粮食分局所属潍坊隆泰食品有限公司成为第一批市政府认定的“放心早餐供应企业”，到2012年，早餐车总数214辆，配送车8辆，遍布全市7个县市区，年销售食品3000吨，销售收入2000多万元。

“放心粮油”工程　2002年9月，潍坊市“诚信经营——放心面工程”全面启动。粮食部

2009年7月11日，潍坊市放心早餐工程启动仪式在奎文区樱园广场举行，潍坊隆泰食品公司的流动早餐车设计新颖，功能齐备，吸引了众多市民冒雨参观

门向全市制粉及粮油食品加工企业发出“还面粉以本色，给人民以健康”的倡议，推出系列化“放心面粉”“放心挂面”“放心馒头”和“放心水饺”等绿色食品。2008年4月，市粮食局在全市开展“放心粮油”进农村进社区活动，全面铺开“放心粮油”工程。2009年，市粮食局出台关于建设“放心早餐”服务网点工程的实施意见，采取“政府引导、市场运作、企业承办、规范经营”的模式，配合市商务局启动政府“放心早餐”工程。2011年6月，市粮食局制发关于“放心粮油”工程的实施意见，决定用3～5年时间在全市建设“放心粮油”销售店300个、“放心粮油”示范企业10家。以大中型粮油加工骨干企业为依托，积极开展自营直销网络建设，潍坊风筝面粉、高密望乡食品、寿光华麟面业等龙头骨干企业，平均直销网点都在500个以上，成为实施“放心粮油”工程的主力军。与大中型超市签订供销合同，广设“放心粮油”供应专柜，占据了较大的市场份额。采取资金补贴、签订监督协议和“放心粮油”承诺书、建立“放心粮油”购销台账等措施，整合、规范社会粮油销售网点，进一步扩大“放心粮油”销售网络。实行统一规范管理和放心承诺，授牌挂匾，加强日常监管，严格建设标准，规范运营管理。至2012年底，全市“放心粮油”工程体系初具规模，建有“放心粮油”服务网点2890个（其中早餐服务网点720个）、配送中心5个、加工企业22家，从业人员1.11万人，年“放心粮油”加工销售量90多万吨。城区恒泰精品粮油配送业务进军各大超市及专营市场，发展“放心粮油”专柜120处，日供应30吨。寿光市圣粮春食品发展销售网点188个，全年加工销售馒头138.5万千克、蒸包61万个、箱装礼品面食3200多箱，实现利润近50万元，被评为“全国放心粮油示范主食厨房”。高密市望乡食品面条生产线日加工能力达到300吨，稳居山东省同行业第一位，进入全国前十强。潍坊风筝面粉被评为全国小麦粉加工行业50强企业。

粮食企业分配制度改革

1991—1997年，全市国有粮食企业普遍推行承包经营责任制，以县市区粮食局或粮食公司为发包主体，采取三种形式：（1）盈利企业以上缴财政或实现利税等综合性经济指标为承包指标，实行工资定额同经济效益挂钩的分配办法。（2）政策性亏损企业，包括粮库、粮管所、粮食加工企业，在合理核定政策性亏损定额的基础上，选择亏损额或亏损补贴额作为承包指标。（3）对经营性企业按销售额、销售数量或递增比例作为承包指标。1998年，全市国有粮食企业继续实行承包经营责任制，按完成情况定奖惩，并在经营性加工企业和商业企业逐步进行产权制度改革：实行股份制改造，领导班子持大股，按股分红，企业内部实行定岗定员竞争上岗，确定岗位工资或计件工资，多劳多得，按贡献大小分配，原工资成为档案工资；对小型加工企业、供应网点、前店后厂的生产经营企业，由全体职工出资购买，国有资产抽出或抵押亏损，将企业转为合作经营企业或组建股份合作制企业，企业分配办法由职工自主决定；对产权制度改革后国有控大股企业，仍由各级粮食管理部门与经营者签订经营目标责任状，确保国有资产保值、增值，并按照经营目标完成情况予以奖惩。

2004年，国家《粮食流通管理条例》颁布实施，粮食流通体制从计划经济向市场经济转变，国有粮食购销企业从计划主渠道向市场主渠道转变。全市开始对国有粮食购销企业进行改革，对承担粮食储备和军粮供应任务的企业继续实行国有独资，每个县市区保留1~2个国有独资或国有控股的收储企业，各企业逐步建立以岗位工资为主的基本工资制度，如岗位绩效工资制、岗位薪点工资制、岗位等级工资制等。岗位工资标准与企业经济效益相联系，职工工资根据劳动贡献大小浮动，企业内部实行竞争上岗，人员能上能下，薪随岗变。其他企业国有股份全部退出，实行股份制改革或面向社会出售，人员全部分流，对分流人员发放一次性经济补助，发放标准县市区为每年工龄600~700元之间，市直企业为1000元。到2005年底，全市150家国有粮食购销企业，共5329名职工，分流安置5063人、支付经济补偿金4908万元；筹措改革成本8083万元，其中：省级财政补助1200万元，市级财政补助156万元，粮食部门自筹5904万元，县市区财政垫付823万元。

粮食财务制度改革

粮食风险基金规模及使用　1994年始，山东省制定地方粮食风险基金实施办法，规定地方粮食风险基金用于地方储备粮食、地方储备食油和地方政府平抑粮食市场价格及吞吐粮食发生的利息、费用和价差支出；对以种粮为主、缺粮又缺钱的农民，因吃返销粮的粮价提高增加的开支给予补贴。粮食风险基金由中央和地方两部分组成，资金的配备比例是1：1.5。资金来源主要由粮食销价放开后节余的粮食亏损补贴及购销倒挂差价补贴和地方财政预算构成。当年，省政府批准潍坊市粮食风险基金最低规模为1.1亿元。1998年，粮食供大于求，粮食市场销售不畅，库存积压，粮食风险基金使用办法作重大调整。财政补贴由原来的平抑市场粮价补贴改为超储补贴，按照省核定的潍坊市合理周转库存数量计算，超过合理周转库存部分的利息费用由粮食风险基金弥补，补贴比例与以前相同。由于严格执行“敞开收购，顺价销售”的粮食政策，收购进来的粮食销不出去，粮食购销企业的库存居高不下，2002年底，全市商品粮库存量巨大，并形成巨大的价差亏损。2003年，实行“新老划断、分部销售”政策，以2002年底以前形成的库存为老库存，按实际库存数量，财政每年给予费用补贴，按实际库存成本贷款额，财政全额贴息，所需费用从粮食风险金中解决。根据粮食风险金的使用情况，对老库存实行分年度、分计划、分批消化。2003年后，按政策新收购的粮食为新库存，财政每年给予费用补贴，按实际库存成本贷款额，财政全额贴息，资金用粮食风险金解决。2004年，全市全面放开粮食收购价格，粮食风险金的使用范围又作出调整，风险金规模也由1.1亿元增加为1.23亿元，粮食风险金首先用于种粮农民直接补贴和地方储备粮油利息费用补贴、政策性挂账利息补贴、保护价粮利息费用补贴以及国有粮食购销企业分流人员适当补助等。

粮食财务挂账及剥离 1985年始，市粮食财务体制权限下放到县市区，到1992年粮食的销售价格放开这8年间，粮食政策性（平价）亏损挂账成为地方财政的沉重负担，制约粮食经济的发展。1991年末，全市财政累计欠拨政策性亏损补贴，财政给予挂账停息，到1995年末，该项挂账全部消化完毕。粮食销价放开后，财政取消对粮食企业的经营亏损与价格补贴。1998年5月，清理粮食企业1992年至1998年4月以来新增财务挂账和其他不合理占用贷款。2004年，粮食价格全面放开，开展清理审计1998—2004年的国有粮食购销企业政策性粮食财务挂账。2005年，根据《潍坊市国有粮食购销企业改革实施方案》要求，对经审计、财政、粮食、农发行等部门清理审计确定的财务挂账，按照“分清责任、分类处理”的原则处置，政策性挂账全部从企业剥离，由县以上（含县级）粮食行政部门集中管理；政策性之外的各类亏损挂账按照“债随资产走”的原则，结合企业产权制度改革，妥善落实银行债务及还本付息来源。综上，1992—2004年，全市共清理审计政策性财务挂账6.03亿元。2005年底，已剥离农发行对应贷款的挂账5.56亿元，未剥离挂账3570万元。2011年3月，按照省财政厅、省粮食局、省农发行三部门联合印发的《关于做好新增粮食政策性财务挂账核销工作的通知》要求，全市消化1992年4月1日—1998年5月31日间形成的新增粮食政策性财务挂账3.47亿元。截至2012年底，全市1998年6月1日至2004年5月31日粮食市场化改革前的政策性财务挂账余额为2.14亿元。

第三节 粮食购销

1991年，国务院决定将粮食合同定购改为国家定购，向农民发放定购任务通知单，定购任务适当调整，减油增粮，各级政府把完成粮油定购任务作为目标责任制和考核政绩的一项重要内容。1992年粮改之前，平价粮油销售范围为定量人口、事业供应、财政供应、糕点业、酿造业、非农业饲料、换购生猪饲料等。由于粮油供求矛盾突出，价格上涨，购销倒挂，财政补贴逐年增加。1992年4月，调整粮食购销价格，实行购销同价，并放开食油价格。粮食企业代政府收购的定购粮转议价粮销售，差价款留给粮食部门，用于粮食经营费用。11月，确保完成市政府确定全市粮油定购任务不变，放开粮油经营和销售价格，随行就市。同月，取消城镇居民凭证凭票定量供应粮油制度，全国和山东省粮票、油票停止流通使用。

1993年，粮食收购政策再做重大调整，实行保证数量，放开价格政策，并改变粮食与柴油、化肥的物资兑现办法，由兑现实物变为兑现差价款，在收购时实行价外加价的办法。同时建立粮食收购保护价制度，继续实行农业税征实。1993—1994年，全国粮食价格大幅上涨，不同程度地出现抢购粮食现象。1993年底，出现粮油抢购风，粮食销售价开始上涨，到1994年12月，粮食价格比上年同期上涨66.2%，牌市价格持续倒挂。全市所有供粮点挂牌明码标价，限价销售，对城镇居民启用粮本，每人每月限购10公斤，当月兑现，对稳定物价起到了积极的作用。

1995年，实行粮食行政首长负责制，重申国家定购粮粮权归中央，由省政府统一调控，统一调拨，主要用于城镇居民、军队、农村需救助人口的基本口粮。为落实粮食工作各级行政首长负责制，市政府与各县市区政府签订“1995年粮食工作责任状”，明确各级政府在粮食生产、调拨、供应等方面的责任和义务。是年，为继续稳定市场粮价，保证居民口粮供应，市政府确定，在城区建立30个骨干粮店并实行连锁经营。按照统筹兼顾，规范管理，阶段推进的要求，市粮食局和城区粮食供应公司共同筹集资金，将城区原有部分粮店改建为粮油连锁店，发挥骨干粮店的作用，承担起城区居民的口粮供应任务。因国家连续两年提高粮食购销价格，1996年，粮食开始出现市场疲软，大量粮食库存积压，粮食调拨基本停止，粮食挂亏猛增。全市现存定购粮允许按市场价销售，可按定购价格收购定购粮，按保护价敞开收购议价粮。

1997年，成品粮销售开始由市场调节，定购粮原粮的销售，其价格完全由粮食收储企业按顺价销售的原则自主定价，不再报当地政府或有关部门批准和平衡备案。1999年，小麦实行定购价和保护价并轨同价。2003年，省粮食局分配潍坊市收购建议计划50万吨，全市完成72.7万吨，完成计划的145%。同年，省粮食局分配潍坊市销售建议计划60万吨，全市完成113.7万吨，完成计划的189%。2004年，省粮食局分配潍坊市收购建议计划70万吨，全市完成61.7万吨，完成计划的88%。同年，全市累计净销售粮食69.5万吨。

1991—2002年潍坊市粮食定购、调拨、议转平数量统计表

表8-3-2　　单位：吨

年份	收购定购粮	议转平	市外调入
1991	305554	53439	2248
1992	312577	98041	297
1993	284666	54392	—
1994	283772	—	—
1995	282545	—	—
1996	295078	—	—
1997	295627	—	—
1998	243912	—	—
1999	243603	—	—
2000	243950	—	—
2001	244012	—	—
2002	243857	—	—

1991—1996年潍坊市成品粮油国家定价销售价格统计表

表8－3－3

单位：元/50千克

品种＼年份	1991年1月	1991年5月	1992年4月	1992年11月	1994年1月	1994年6月	1996年5月
特一粉	25	38	55	放开	75~78	103~106	139~136
特二粉	—	34	49	放开	71~73	94~97	121~118
标准粉	17.8	28	40	放开	58~60	60	121~118
标二粳米	16.8	32	49	放开	—	—	—
花生油	81	231	231	放开	—	—	—
豆油	81	215	215	放开	—	—	—

1991—1996年国家计划粮食市外调出、出口数量统计表

表8－3－4

单位：吨

项目＼年份	1991	1992	1993	1994	1995	1996
市外调出	5260	6312	—	—	—	—
出口	74906	93444	5632	—	33999	46500

2005年，全市国有粮食企业和重点社会粮食企业共收购粮食316.5万吨，其中，国有粮食经营企业购进54.9万吨（小麦43万吨、玉米8.3万吨），占17.3%；重点非国有粮食经营企业购进39.8万吨（小麦29.8万吨、玉米9.1万吨），占12.6%；社会重点转化用粮企业购进221.8万吨（小麦4.4万吨、玉米203.5万吨），占70%。从省外购进26.7万吨，其中小麦4.1万吨，玉米21.5万吨。从生产者购进248万吨，占收购总量的78.4%，其中，国有粮食经营企业34.9万吨（小麦26.1万吨、玉米8万吨），占14.1%；重点非国有粮食经营企业购进32.3万吨（小麦22.4万吨、玉米9万吨），占13%；社会重点转化用粮企业购进180.7万吨（小麦3.7万吨、玉米173.4万吨），占72.9%。粮食收购品种主要以小麦、玉米为主，其中总购进中小麦77.2万吨，占24.4%；玉米220.8万吨，占69.8%。2005年全市共销售转化粮食311.6万吨，其中，国有粮食经营企业销售61.8万吨，占销售总量的69.1%；重点非国有粮食经营企业销售27.6万吨，占30.9%；各类粮食企业共转化粮食222.1万吨，占71.3%。销往省外8.1万吨，其中小麦7.7万吨。

2006年，全市总购进粮食337.49万吨（含托市收购18.71万吨），其中从生产者购进267.46万吨；总销售粮食337.49万吨；期末粮食总库存55.5万吨，其中国有粮食经营企业0.47万吨，重点非国有粮食经营企业5.99万吨，重点转化用粮企业32.61万吨，地方储备粮16.17万吨。2007年，继续实行小麦托市收购政策，按照国家规

定的托市收购价，以三级混合麦每市斤0.69元，三级白麦每市斤0.72元的价格向粮农敞开收购。2008年，全市收购夏粮17.66万吨，其中国有企业收购9.67万吨，托市收购小麦2.06万吨。全市轮换地方储备粮5.29万吨。全市粮食订单面积47.88万亩，收购18.11万吨，其中，夏粮订单面积43.88万亩，收购订单小麦17.08万吨，其中优质小麦12.57万吨，秋粮订单面积4万亩，订单收购1.03万吨。2009年，全市粮食产量520.8万吨，创历史最好水平。全年总购进835万吨，同比增加200多万吨。由于政策引导和需求增强助推了全年粮食价格不断上涨。小麦均价由年初每市斤0.85元升到年末的1.06元，涨幅24.7%，成为历史最高价格。2010年，全市共收购夏粮10.7万吨，其中国有企业收购5.5万吨，同期相比略有减少。由于受寒潮、粮源不足、农民惜售等因素的影响，小麦开秤价格较高，2元/千克，高于国家公布的最低收购价1.8元/千克。

2011年，全市粮食总供给1140万吨，总需求1126万吨。全市粮食总购进983万吨，同比增加124万吨，增长14%，总销售846万吨，同比增加124万吨，增长17%，总库存80万吨，同比增加15万吨，增长23%。粮食流通量1829万吨。粮食收购、销售、转化、库存均有所增长，积极培育支持各类市场主体入市购销，活跃了粮食流通。全市收购小麦35.34万吨，其中国有粮食企业商品粮收购9.62万吨，占收购总量的27%。2012年3月在全市范围内开展上年度社会粮食、食用植物油及油料供需平衡调查工作。2012年，全年粮食总购进937万吨，总销售779万吨，总库存70万吨，粮食流通量达到1716万吨。全市夏粮收购小麦43.9万吨，同比增加8.6万吨，涨幅24%。其中国有粮食企业商品粮收购10.5万吨，占收购总量的24%。收购小麦质量全部达到中等标准以上，质量明显提高。平均收购价2.21元/千克，市场平稳有序。

第四节　粮油储存

仓储设施建设

1990—1991年，全市新建和改造空调低温粮仓19处，仓容量860吨，主要用于储存大米、面粉、花生米，并使其保质保鲜、安全度夏。大部分储粮点开始配备输送机，提高粮食保管机械化水平。1992年始，进行大规模仓库建设和改造工作，把旧仓改造为“双笆仓”，并安装管槽、薄膜密闭，实行双门、双窗改造，安全储粮条件大幅度提升。同时积极推广应用机械通风储粮技术，降低粮堆温度，减少水分的流失。全市配备通风机102台，改造和新建机械通风仓542处，仓容量13.4万吨。1995—1996年，全市配备振动筛121台，使用振动筛清除杂质，提高粮食纯度，延长保管时间。1998—2001年，市粮食局积极争取国家重点建设项目的仓库扩建指标，建设一批高标准质量的仓库。2001年4月，国务院组织开展大规模的全国粮食清仓查库工作。潍坊市账面数与实际存粮完全一致，清查组给予充分肯定。

2002年，全市粮食仓库达到4350处，仓容101万吨，仓库完好率90%，油罐88处，罐容量6000吨，铁路沿线储粮点15个，有铁路专用线粮库2个，总长度2354米，有效长度1039米，铁路罩棚3072平方米，铁路专用线年吞吐量10万吨。“四无”（无虫害、无鼠雀、无变质、无事故）储粮得到普及，全部电子仪表测温，仓库全部刷白，双笆仓、管槽仓90%，配备微机150台、通风机98台、检化验仪器设备973台、振动筛174台、输送机255台。各储粮点严格按照省粮油消防器材配备标准，配备齐全防火仪器设施，并保持常年完好有效。2003—2005

年，全市自筹资金年均新建仓库21处，仓容量8.2万吨，投资3258万元，资金来源主要采取银行贷款和企业自筹等办法。年均维修仓库17.3万吨，投资257万元。

2003年，市政府开始对潍坊火车站进行扩建改造，市直地方粮库——山东潍坊擂鼓山国家粮食储备库作为首批拆迁单位，享受市政府“退城进园”政策，新库于2005年6月投入使用，实现现代化、标准化、规范化的储粮目标。2005年底，全市有效仓容115万吨，油罐36个，储油4166吨。铁路专用线总长度减少到2244米、有效长度为1039米，年吞吐量约为10万吨，罩棚5万平方米、地坪45万平方米。

2007年10月，山东潍坊粮油储备库为满足城市建设总体规划和铁路工程建设需要，改善地方储备粮的储备条件，开始选址、立项。2008年1月，列入“退城进园”计划。2009年3月，开始动工迁建。2010年10月15日，新库正式启用。新库坐落于206国道寒亭段5009号，占地120亩，投资8000万元，总建筑面积3.15万平方米，建有总仓容10万吨的高大平房仓12栋，储油能力1000吨的油罐6幢和质量检测中心；拥有粮食储存、检验、装卸、消防等完善的配套设施和三项储粮管理新技术，是省内配套设施齐全、内部管理规范、存储规模较大的综合性现代化储备库。

2009—2012年，全市大力加强市粮食流通基础设施与仓储设施建设。投资3.6亿元，新建、扩建、维修改造仓容98万吨。昌乐县新建5万吨粮库投入使用，同时新建办公及检化验楼一栋、机械仓及食品生产车间1600平方米。高密地方粮库争取省建库资金100万元，自筹150万元，新建仓容5500吨。临朐县争取省建库资金230万元，自筹570万元，投资新建1.1万吨仓容粮库。安丘市争取国家预算资金450万元、省补助80万元，地方财政投资2070万元，征地45亩，新建3万吨的地方储备库。寿光市争取地方财政投资800万元，新建仓容2万吨，有效仓容达10万吨，其中高大平房仓6万吨。青州市地方储备粮库购建仓容2.5万吨，占地53亩，属租用土地，争取地方财政出资528万元办理了土地证、房产证等相关证件，保证使用该库的合法化。到2012年底，全市纳入统计范围的粮食仓储企业115家，有效仓容242.48万吨，其中国有企业88.15万吨（29个储粮点、粮仓293口），民营企业154.33万吨。装备环流熏蒸、粮情测控、机械通风新技术的分别有96万吨、121万吨、146万吨，油罐6.44万吨。

仓储规范管理

1991年后，为提高仓储保管人员素质，潍坊各县市区每年举办一到两期培训班，参训人数占仓储保管人员总数的30%左右。为确保安全储粮，全市粮食系统定期组织粮油安全大普查。1992年，市粮食局被国家粮食储备局、商业部、中国财贸工会评为“国家粮油保管工作先进单位”。1993—1994年，推广应用“三低”（低温、低氧、低药剂）储粮新技术，散存粮食基本实现薄膜密闭、低温、低氧，低药剂储粮。1997—1998年，市粮食局执行《仓储工作百分考核》，市县组织粮油安全大普查，实行考核评分。同时推广规范化储粮，要求必须有新建仓库，仓库完好率达到95%，“四无”粮仓100%，仓库刷白100%，双笆仓、管槽仓90%，电子测温100%。全市规范化储粮单位达到61个。2002年，开展争创“规范化储粮单位”活动，提高全市仓储现代化管理水平。2003—2005年，全市新建和经改造后的粮库达到机械通风、环流熏蒸、粮情测控系统“三项储粮新技术”的仓容量为19.93万吨，配备通风机199台、输送机237台、检化验设备760台

（套）。全市“四无”粮仓率为100%，规范化储粮单位年均89个，占储粮单位总数的80%。

2006—2008年，全市开展“地方储备粮规范化管理年”活动。出台《市级地方储备粮承储企业业务管理暂行办法》《市直地方储备粮财务管理办法》《市直地方储备粮监管管理办法》，各县市区粮食局制订《地方储备粮管理制度》《粮情检测制度》《地方储备粮仓储保管工作百分考核办法》等制度规范。投资1.43亿元用于仓库建设及仓房维修改造，实施建库项目5个，新建、在建和改造库容28万吨。在基层收储点推广应用“双低”“三低”储粮和电子测温技术，昌邑市率先在所有储粮库点使用电子测温技术。全市各承储企业在储备粮管理方面上档次、上水平。随着国有粮食企业改制工作的逐步完成，省粮食局提出在储备粮规范化管理的基础上，实现“流程细、操作精，指标细、控制精”的精细化管理模式。全市各储粮单位严抓粮油安全生产，成立安全生产领导小组，制订安全生产责任制，层层签订责任书，严格落实“四防”措施，确保了粮油储存安全。潍坊粮油储备库连续三年被评为省规范化粮库。2009年，市粮食局被评为全省粮食仓储管理工作先进单位。市地方储备粮业务管理信息系统通过市级验收。至2012年，储备粮业务管理信息系统在全市逐步推广应用，实现对承储企业购销、统计、出入库的全面监管。

2009年12月2日，全市粮食应急预案模拟演练在潍坊国家粮食储备库举行

地方粮油储备

2003年后，市粮食局将粮食仓储管理重点逐渐转向地方储备粮建设。2004年，根据潍坊市政府办公室《关于加强地方粮食储备体系建设的紧急通知》要求，全市下达地方储备粮储备规模。2006年1月，市政府办公室《关于做好国有粮食购销企业改革验收工作的通知》明确要求，各县市区完成市分配地方储备粮计划的75%视同完成地方储备粮计划。2007年，全市完成省政府下达的地方储备粮计划指标，其中昌邑、诸城两市超额完成6900吨，储备粮管理有新突破。同年，为确保地方粮食安全，市政府办公室印发《潍坊市地方储备粮管理办法》和《潍坊市粮食应急预案》。为搞好市政府驻地成品粮供应，2010年9月，全市初步建立面粉储备和大米储备。面粉储备品种为特一粉，大米储备品种为一级大米（粳米）。分别委托山东潍坊粮油储备库和潍坊市军粮供应站代存管理。2010年，完成省政府下达的食用油储备计划。至2012年底，全市地方原粮、食用油和成品粮储备维持了上级部门下达的储备规模。

农户科学储粮

2010年起，全市开始实施农户科学储粮试点工作，并被列入市粮食系统为民办实事重点项目之一，作为粮食部门服务于社会主义新农村的一项具体工作。农户科学储粮示范仓由国家粮食局研制并推广，具有制作精巧、使用方便、易于推广、美观大方等特点，在粮食晒干扬净密闭封存到仓内后，防虫蚀、鼠咬、霉变，保存时间为3~5年，既可减少粮食储存损失，又可美化家庭环境。当年12月，市粮食局在昌乐县营丘镇马宋村举行首批5000个农户科学储粮示范仓发放仪式。该项目采取国家补助、地方政府配套、农户自筹相结合的办法，确保建设资金落到实处。各县市区粮食局与农户签订《科学储粮示范协议》，监督中标企业加工制作，组织搞好发放工作，开展储粮技术指导和跟踪服务。2010—2012年，全市筹集资金1414万元，制作发放农户科学储粮示范仓3.3万个，每年为农户减少粮食储存损失2000多吨，深受农民欢迎。

2005—2012年潍坊市有效仓容情况统计表

表8-3-5　　单位：万吨

年份	有效仓容			油罐
	合计	国有	民营	
2005	105.82	55.6	50.22	—
2006	118.75	60.55	58.2	—
2007	128.44	68.39	60.05	0.4
2008	145.5	52.6	92.9	1.86
2009	179.13	57	122.13	3.5
2010	191.5	63	128.5	4.6
2011	233.7	89.9	143.8	4.3
2012	242.48	88.15	154.33	6.44

2012年潍坊市各县市区粮食仓容情况统计表

表8-3-6

单位	家数（家）	其中国有企业数	仓容（万吨）	其中：国有企业仓容
合计	115	20	242.48	88.15
城区	4	—	11.35	—
坊子	3	1	3.13	1.27
寒亭	6	1	2.82	1.80
青州	8	1	5.31	2.52
安丘	8	2	18.02	7.55
寿光	16	4	27.42	11.22
临朐	5	1	5.09	2.20
昌乐	11	2	50.03	20.07
昌邑	25	1	20.19	2.91
高密	10	2	33.59	12.01
诸城	13	1	37.94	1.77
市直	6	4	27.59	24.83

第五节　粮油加工

1991年，全市粮食系统投资1.5亿元用于网点、仓库及技改项目。是年底，15个项目建成投产。1992年，全市落实技改项目37个，总投资1.35亿元。1993年，全市落实技改项目20个，总投资8000万元。1994年，全市落实技改项目22个，总投资7758万元。是年底，11个县市区25家粮油加工企业普遍进行了技术改造，面粉厂加工车间改造为等级粉车间；油厂由机榨全部改造为溶剂油浸出，昌乐县油厂开始生产浓香花生油，诸城、安丘等地的油厂均能生产精炼油。1995年，全市落实技改项目15个，投资1.78亿元，项目建成后，年增加利税4433万元，粮油工业产品档次有较大提高。同年，全市5个县市区建立饲料饲养“一条龙”生产经营体系，共饲养种鸡32.8万只，商品鸡1570万只，年生产饲料14.9万吨，宰杀能力1900万只，冷藏能力4900吨，全年出口鸡产品7468吨，实现利润1122万元。1996年，全市粮油产品由过去的米、面、油及其他粗加工制品向高、精、深制成品发展，开发出食品专用粉、高级烹调油、浓香花生油、方便食品、速冻食品等。全市形成有效益规模的粮油加工企业21个，其中较大规模的面粉厂6个、榨油厂2个。全年粮食系统饲料产销量28.18万吨。是年，全市县属以上粮油工业企业实现利税1423万元，占全系统利税总额的43%，粮办工业成为粮食行业的支柱产业。1997年，饲料加工24.03万吨。全市粮办工业完成工业总产值18.2亿元，比上年增长14.7%，加工面粉39.5万吨，比上年增长21.7%，加工油料1.2万吨，比上年增长26.4%，加工食品100.9万吨。诸城粮油加工总厂的螺旋藻挂面、山东拉面等产品填补山东省内空白。

1998年，全市粮办工业培育一批盈利大户。诸城粮油加工总厂、昌邑面粉厂、新昌肉食有限公司、寿光第一面粉厂实现利税均在150万元以上，成为全省首批“粮办工业三十佳”单位。1999年，全市粮办工业完成总产值16.89亿元，实现利税1744万元。总投资4070万元，新上10个技改项目，年新增产值1亿元，新增利税1000万元。全年共研制开发新产品39个，26个推向市场，其中部分产品打入国际市场。全年粮食系统出口交货值8750万元，直接出口109万美元。2000年，全市粮办工业完成工业总产值9亿元，实现利税2000万元，粮食加工量42万吨，油脂加工量3.1万吨。

2001年，全市粮办工业完成工业总产值8.07亿元，工业税收和利润分别为1479万元和620万元。全年面粉加工量达到21.5万吨，生产食用油5.8万吨。2003年，全市粮办工业实施退城进园，完成工业总产值11.4亿元，实现税收1190万元、利润361万元，面粉产量23.8万吨、油脂产量3.67万吨、食品产量3.3万吨。2005年，完成工业总产值15.04亿元，利润1257万元，面粉产量58.97万吨、油脂1.68万吨。全市形成100吨以上的面粉加工企业26家、油脂企业5家。

2005年后，全市粮油加工业持续快速发展，工业总产值、产品销售收入、工业增加值、出口交货值、利税、从业人员等主要指标一直名列全省前茅。2008年，全市市级及以上农业产业化龙头企业达54家（其中国家级3家、省级9家）。诸城兴贸玉米开发有限公司成为亚洲最大的玉米淀粉等系列产品生产研发基地之一，其中肌醇产销量居世界第一位；潍坊英轩实业成为中国最大的食用酒精生产基地和全球著名的柠檬酸生产企业；寿光巨能金玉米在香港联交所成功上市；“风筝”牌面粉靠过硬的质量和良好的信誉，入选北京人民大会堂专用面粉。同年，玉米和饲料加工产业增势强劲，玉米饲料加工企业89家（占企业总数的58.5%），总产值205亿元（占粮食系统总产值的88.4%），出口交货值22.5亿元（占粮食系统总出口的97.8%）。2009年，玉米加工量326.9万吨、销售收入117亿元，同年，面粉产品结构逐步优化，特等粉、标准粉、专用粉所占比重分别为56%、38.5%和6.5%，其中专用粉生产量达到了创纪录的5万吨，比上年增加2.3万吨，增幅为46%。2010年，小麦粉、食用植物油、玉米、饲料加工企业年产量分别为214.6万吨、53.7万吨、270万吨、525万吨，分别比上年增长7.6%、168.5%、17.9%、6.9%，出口交货值25.9亿元，比上年增长52.3%。2012年，特等粉在小麦粉中所占比重65.2%。2010—2012年，高能耗和弱小企业逐年减少，生产集中度提高，实现产业转型升级。全市日产100吨以下的企业由2010年的59家减少至2012年的44家；骨干企业通过资本积累、整合提升、技术研发、结构调整等方式发展壮大，进一步抢占市场份额。2012年，产量排名前十位的小麦粉加工企业的小麦粉总产量占本行业入统企业总产量的比重为78.7%，在饲料加工企业中，产量排名前十位的饲料加工企业的饲料总产量占比44.7%。

2008—2012年潍坊市粮油加工业统计表

表8—3—7

年份	企业数（家）	工业产值（亿元）	销售收入（亿元）	工业增加值（亿元）	出口交货值（亿元）	利税（亿元）	资产（亿元）	负债（亿元）
2008	152	232	235	—	23	6.5	105	—
2009	156	285	282	88	17	11	177.5	—
2010	162	325.7	315.9	46.7	25.9	17.5	222.6	117
2011	164	410	392.3	56.3	25.9	19.6	232.9	152.9
2012	161	404.6	404.9	45.5	—	21.3	257.7	162.7

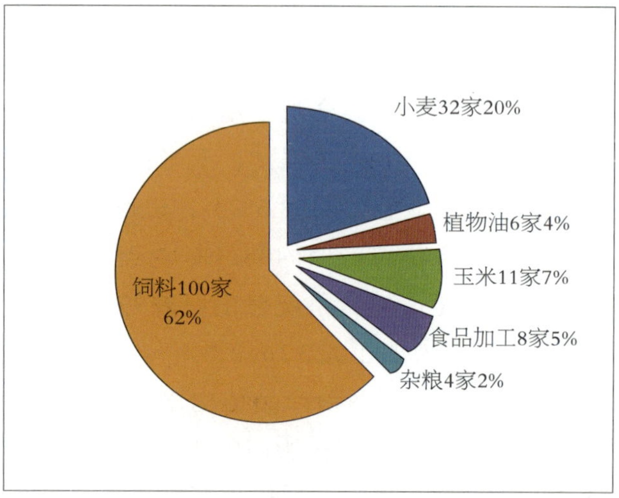

图8—3—1 2012年潍坊市粮油加工企业行业分布情况图

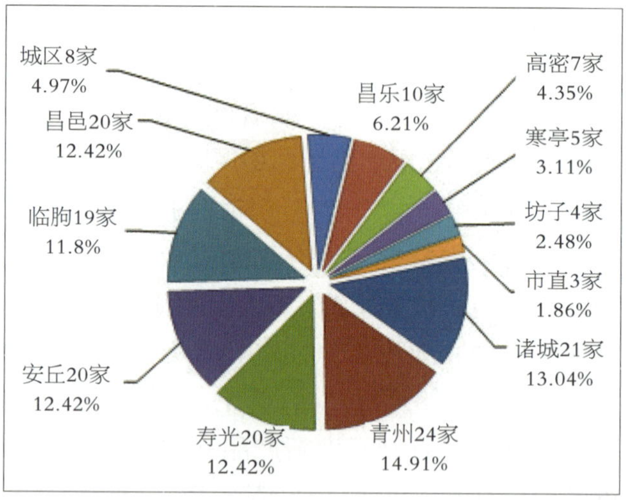

图8—3—2 2012年潍坊市粮油加工企业区域分布情况图

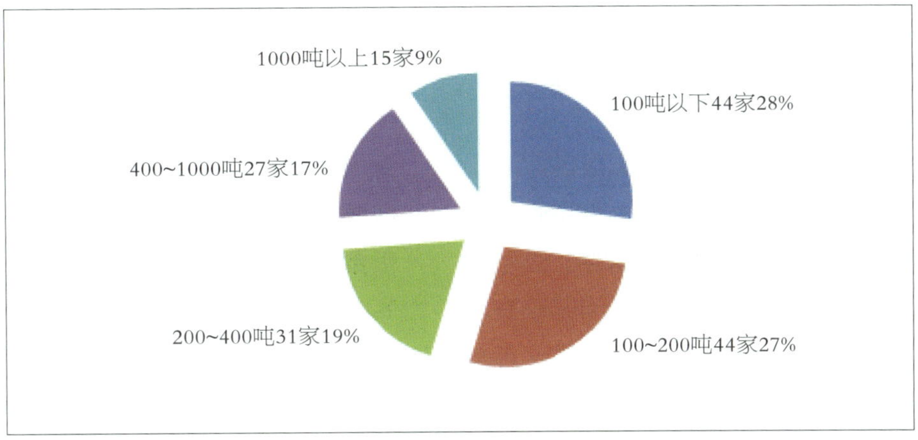

图8—3—3 2012年潍坊市粮油加工企业日处理能力情况分布图

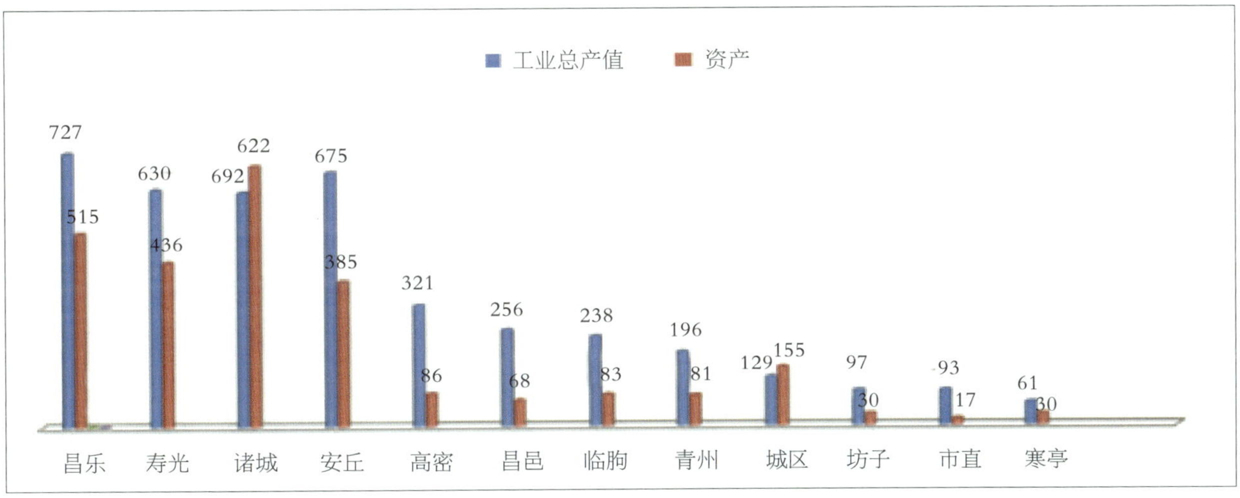

图8—3—4 2012年潍坊市粮油加工业主要经济指标分布情况图

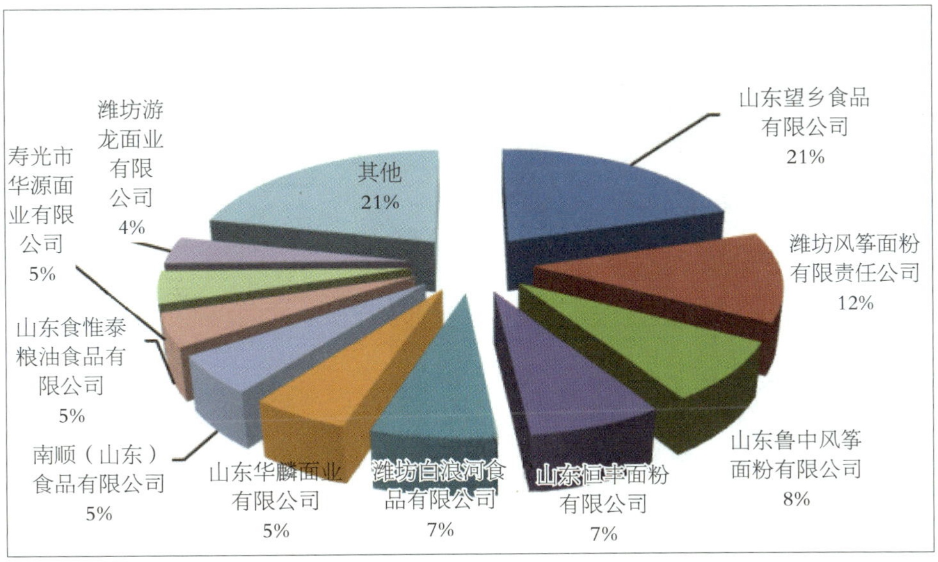

图8—3—5 2012年潍坊市粮油加工业小麦粉企业产量情况图

第六节　粮食流通监督检查

2004年5月26日，国务院公布《粮食流通管理条例》（简称《条例》），赋予粮食行政管理部门对粮食经营者从事粮食收购、储存、运输活动和政策性用粮的购销活动以及执行国家粮食流通统计制度的情况进行监督检查的权利。市粮食局负责全市粮食流通监督检查工作。2007年8月，市粮食局监督检查科正式成立，挂粮食执法监察大队牌子，全市粮食执法工作逐步走上制度化、规范化。

专项监督检查

2005年，市粮食局在全市开展粮食库存检查，主要检查粮食购销企业库存粮食数量、质量、安全储粮等情况，保证原粮和成品粮符合卫生标准、仓库安全储存环境和储藏状态良好，确保国家粮食储存安全。2006年，市粮食局与市工商局联合印发《关于开展粮食收购资格专项检查的通知》，在全市开展粮食收购资格专项检查、夏粮收购监督检查、陈化粮销售处理专项检查。全年检查粮食经营和转化用粮企业360家，依法查处一批违法经营业户，维护了正常的粮食流通秩序。2007年9月，市粮食局在全市集中开展自粮食市场化改革以来规模最大的一次地方储备粮库存大检查。

2008年，市粮食局组织粮食收购政策落实情况和粮食收购市场秩序专项检查。根据省发改委等三部门文件精神，市粮食局与市发改委、物价、工商等部门联合发文，成立专项执法检查工作领导小组，制订检查方案，明确检查重点，设立举报电话。按照工作方案，各县市区有关部门也组成联合专项检查小组，对所有从事粮食收购经营业务的企业和个体工商户进行检查。全市共检查收购粮食17.66万吨，其中国有企业9.68万吨，中储粮托市收购2.06万吨。2009—2010年，市粮食局迎接全国粮食清仓查库检查，对10个县市区和市直纳入清查范围的209家粮食企业库存情况进行普查，顺利通过省里的复查验收。市粮食清查工作程序规范，结果公正。被查企业库存账实相符，数量真实，质量良好，管理规范。

2011年，市粮食局组织政策性粮食销售出库情况专项检查，对辖区内政策性承储库点城区、高密、昌邑、安丘等地的政策性粮食销售出库情况进行全面检查。同年，完成全市食用植物油库存检查工作，市辖区内中央、地方储备油及相关政策性油脂承储企业的商品油库存数量真实，质量良好，储

2005年5月26日，市粮食局组织开展《粮食流通管理条例》颁布一周年纪念日活动，市委副书记、常务副市长张江汀（前右一）等到活动宣传现场

存安全，管理规范，库贷挂钩及政策性补贴使用符合政策规定，得到省人大、政协视察组的充分肯定。2012年，在全国粮食清仓查库迎查工作中，全年粮食实物库存数量与账面库存一致，账实相符，库存数量真实可靠，企业保管账、统计账、会计账三账库存数字一致；粮食仓储管理规范，库存粮食储存安全，质量良好；储备粮轮换管理规范；政策性粮食补贴资金拨付较为及时。

潍坊市粮食局年度固定的粮食专项检查业务一览表

表8—3—8

检查名称	检查时间段	检查内容
粮食库存检查	3—5月	对辖区内的中央储备粮、国家临时存储粮、地方储备粮，以及国有及国有控股粮食企业储存的商品粮进行检查，检查粮食库存账账相符、账实相符情况；库存粮食质量安全情况；储备粮轮换情况；政策性粮食补贴拨付使用情况；企业仓储管理等情况；企业执行国家粮食购销政策情况等
夏粮收购专项检查	6—9月	重点检查夏粮收购期间各类粮食收购主体是否具有粮食收购资格；粮食经营者是否执行粮食质量标准；粮食经营者是否及时向售粮者支付售粮款；粮食经营者是否执行粮食统计制度；是否存在人为设置障碍和地区封锁、阻碍粮食正常流通等情况，维护好夏粮收购市场秩序
秋粮收购专项检查	10—12月	核查粮食收购者是否具有粮食收购资格，政策性粮食委托收储库点是否具备规定的条件；检查粮食收购者是否严格执行国家粮油质量等级标准和水杂增扣量标准，坚决纠正压级压价或抬级抬价以及拒收农民交售的符合质量标准粮食等行为；检查委托收储库点是否严格执行最低收购价和国家临时收储等政策，督促委托收储库点做到敞开收购，不停收、不拒收，坚决查处“转圈粮”、违规竞买政策性粮食等行为；检查粮食收购者是否及时支付农民售粮款，坚持“一手粮、一手钱”，坚决制止并严肃查处“打白条”等行为；检查粮食收购者履行相关义务情况，督促粮食收购者按照有关规定报送统计报表，委托收储库点按时报送收购进度，坚决杜绝虚报、瞒报、拒报统计数据等现象；检查政策规定的其他事项

粮食行政执法

2004年，市粮食局印发《潍坊市粮食流通行政处罚程序规定》，对粮食流通违法案件的处罚从立案、调查取证、行政处罚、听证程序到执行作出具体规定。2005年，市局规范粮食行政执法行为，在城区分局开展执法试点。年内，监督检查粮食经营业户480多家。是年，全市粮食系统64人获得省粮食局颁发的粮食流通监督检查证书。

2006年，市粮食局在寿光市召开全市粮食行政处罚案件听证模拟现场会，提高执法人员的行政执法能力。2007年，落实省粮食局粮食流通监督检查工作“五个一”（一局、一科、一队、一站、一车）要求，各县市区粮食局监督检查科、粮食执法大队等机构陆续成立，初步形成市、县两级粮食行政管理部门上下联动、协同监管的粮食执法新格局。是年，市粮食局建立涉粮企业基础档案，对全市308家粮食经营和转化用粮企业

2011年1月20日，在北京召开的全国粮食局长会议暨全国粮食系统先进集体和劳动模范（先进工作者）表彰大会上，潍坊市粮食局受到表彰，市粮食局局长孙沂参加大会并领奖

基本情况进行摸底调查，内容涵盖企业基本经营状况等。实行粮食流通守法经营分级监管，制订《潍坊市粮食流通守法经营内部分级监管办法（试行）》。10月，对全市执法车辆统一喷制执法标识和图案，对执法车辆进行备案和变更手续，做到车辆标识合法，证照齐全。

2008年，全市共出动检查人员908人次，检查企业534家，其中责令改正114家、警告58家、处罚3家，暂停或取消粮食收购资格6家。市、县粮食局认真落实粮食收购许可制度，严把粮食入市关，全市办理粮食收购许可证451份。认真梳理执法依据，细化行政处罚自由裁量权34项，在相关网站上公示。对用粮企业未按规定报送粮食基本数据和经营台账等违法行为实施行政处罚，全年查处较大案件3起，维护了粮食市场流通秩序。2009年，投资560万元，成立潍坊市粮食质量检测中心。大力开展“粮食执法年”活动，市粮食局被评为全国粮食流通监督检查工作先进单位。

2010年，以查办粮食案件为重点，开展专项检查，全市出动检查人员1490人次，开展检查434次，检查企业1694家，下达责令改正书69例，警告16例，依法处罚案件14起。城区分局、寿光市粮食局获得“全省粮食规范化执法示范县”称号。2011年，全市共查办涉粮案件58起，处罚10起。2011—2012年，高密市、安丘市和青州市、临朐县粮食局分别获得省示范县称号。2012年，启动“行政程序年”活动，对全市8例罚款处罚案件卷宗进行集中审阅，进一步完善和规范执法程序。年内下达责令整改通知书120份，行政处罚32例。2008—2012年，市粮食局连年被评为全省粮食流通监督检查工作先进单位。

第四章　物资　物流　拍卖

1991—1994年，物资实行计划管理。市物资局既履行政府对全市物资行业的管理职能，又参与物资经营。1996年，市物资局继续深化物资企业改革，探索建立与社会主义市场经济相适应的物资经营体制，对困难企业进行租赁、股份制改制、破产重组，市物资部门原承担的行政管理职能移交市贸易局。

2003年，物流行业进入快速发展期。全市打破地域和行业界限，对社会物流行业资源进行整合，建成以潍百集团、潍坊联运公司、潍坊柴油机厂、潍坊发电厂等为代表的物流园区和物流配送商业中心42个。2012年，全市物流企业发展到2487家，覆盖到各行各业，年实现物流总额达13681亿元，居全省第四位。

1992年9月，全市第一家拍卖行山东潍坊拍卖行成立。经过多年的发展，拍卖队伍不断扩大，业务范围持续扩展。至2012年，全市拍卖企业发展到24家，年成交额54.67亿元。

第一节　物资

1991年，潍坊市物资局（含下属专业公司、站）干部职工总数为1860人，固定资产（原值）1.5亿元，自有流动资产2000万元。当年，完成经营额28亿元，利税4500万元，上交财政和缴纳税金2500万元。钢材、煤炭、木材、化工和机电产品的供应在全市工农业生产中发挥了主渠道作用。经营规模和效益在全省物资系统连续8年居第二位。

1992年8月30日，在市物资局基础上成立潍坊市物资总公司，为全民所有制大型一类企业，是自主经营、自负盈亏的经济实体，具有法人地位，下辖潍坊市金属材料公司等16家直属单位。总公司对直属企业的人、财、物实行统一管理，其法人地位不变。市物资总公司保留潍坊市物资局牌子和印章，受市政府委托，履行行业管理职能。总公司按照物资部“关于大中小型物资企业划分标准”的要求，重新核定直属企业类型。物资局改制成总公司后，理顺组织机构和管理体制，调整经营范围和经营方式，推行全员合同化管理，定员、定额、按事设岗、按岗设人、竞争上岗、用工自主，对上岗下岗、试岗、待岗实行动态管理。对所属公司进行调整，对直属公司进行更名。将原市物资贸易中心改为山东省物资贸易总公司，原潍坊市基建物资配套承包供应公司改为潍坊市基本建设物资总公司，原潍坊市燃料公司改为潍坊市燃料总公司，原潍坊市机电设备公司更名为潍坊市机电设备总公司，原潍坊市物资再生利用公司更名为潍坊市物资再生利用总公司，原潍坊市金属材料公司更名为潍坊市金属材料总公司，原潍坊市化工轻工公司更名为潍坊市化工轻工总公司，原潍坊市木材公司更名为潍坊市木材总公司，原潍坊市建筑材料公司更名为潍坊市建筑材料总公司。

1996年，深化物资企业改革，提高企业经济效益，探索建立与社会主义市场经济相适应的物资经营体制。改革的主要内容是发挥规模集约优势，对困难企业采取租赁、承包、合作股份制或破产重组。1996年11月15日，市政府对市直物资企业经营结构进行调整，潍坊市物资总公司作为法人实体，对原市直物资企业资产实行统一管理，根据业务发展需要，统一调配。进一步精简效能，按照人员随着业务走的原则，压缩管理科室，减少管理人员，全员实行合同制，干部实行职任制。双向选择，竞争上岗，建立全新的企业内部运行机制。是年，市委印发《潍坊市市级机构改革实施意见》，市物资总公司成建制改为经济实体和事业单位的机构，取消物资总公司所挂的物资局牌子，变为市政府直属企业，原承担的行政管理职能移交市贸易局。

2001年11月，市政府办公室印发《关于理顺物资企业管理体制专题会议纪要的通知》，将市物资总公司原行政和行业管理职能全部移交市贸局办公室；以市物资总公司原有干部为基础组建潍坊市流通综合服务中心，副县级事业单位，编制15人，隶属于市贸易局办公室，主要负责统一管理市贸易局办公室和市物资总公司原有的国有资产和其他物业。经费来源为自收自支。

第二节　物流

1991—2002年，潍坊市物流企业随着社会经济发展呈快速发展态势。2003年，全市打破地域、行业界限，依托骨干物流企业对现有社会物流资源进行有效整合，推进物流园区和区域性物流配送中心建设。潍百集团、潍坊联运公司、潍坊柴油机厂、潍坊发电厂等企业的物流园区和物流配送中心初具规模。全市初具规模的物流园区和物流配送中心42个，全年实现物流配送额120亿元，比上年增长41%。2004年，市政府印发《山东省潍坊市物流产业发展战略规划》，加快发展物流产业。全市物流企业发展到1500家，全年实现物流货值180多亿元，比上年增长50%。在全省重点调度的5家物流企业中，潍坊占2家。2005年，成立潍坊市流通重点建设项目协调服务办公室。工业物流、商贸物流、第三方物流基地框架基本形成，开发建设“雅龙”和“路路发”两个物流信息平台，潍坊联运、潍坊交运成为全国运输行业百强物流企业。2009年，全市物流企业2130家，18家物流企业物流额过50亿元，其中过百亿元的6家。2010年，全市投资过亿元的现代物流建设项目256个，合计完成投资总额358.45亿元，建筑面积1263万平方米。开工建设物流园区（中心）45个，总投资208亿元。顺达物流、世茂国际物流两家企业被授予“AAA级物流企业”资格。全年实现物流总额9400亿元，比上年增长16.7%；实现增加值350亿元，占服务业增加值的比重33.6%。2011年，全市建成或者部分建成投入使用的物流园区32个，其中占地100亩以上、年交易额超过1亿元的18个，新建、续建物流园区24个。全市年物流额过50亿元的企业18家，过100亿元的企业9家。

2012年，全市物流企业2487家。产业形式既有商贸、工业物流，也有农业、交通、邮政物流；既有日用品、农产品等生活资料物流，也有钢铁、煤炭、机械等生产资料物流。企业类型既有仓储型、运输型专业物流企业，也有同时具备仓储、运输、加工、配送等功能的综合型物流企业。物流已覆盖全市经济社会各行各业，与生产生活息息相关。当年实现物流总额13681亿元，居全省第四位。其中，农产品物流总额579亿元，居全省第二位；工业品物流总额10846亿元，居全省第三位；实现增加值296亿元，居全省第四位，占服务业增加值比重为20.3%。当年，全市物流额过50亿元的企业18家，过100亿元的企业9家。潍坊百货集团物流配送规模稳居全国连锁企业百强前30位；潍柴集约配送、海王银河医药等5家企业列入省重点物流企业；13家物流企业被授予“AAA”级及以上物流企业，得利斯集团贸易物流有限公司成为全市首家“AAAA”级物流企业；诸城福田物流、顺丰速运等12家企业被列入全国物流税收政策试点，享受差额纳税政策优惠。全市有铁路货运专运线17条，年货物周转量2310万吨千米；公路货运场站39个，年货运周转量738亿吨千米；临港物流和管道物流开始起步，潍坊港年货物吞吐量超过2000万吨，弘润石化、中海油等3条油品管线和弘润400万立方米油品商业储备罐区建成投用；航空物流发展迅速，航空货邮潍坊分拣中心是中国邮政四大航空货邮节点之一，是山东省17地市航空货邮集散中心，年货邮量1.8万吨。

第三节　拍卖

1992年9月，山东潍坊拍卖行成立。1992年12月10日，山东潍坊拍卖行受潍坊市中级人民法院、潍坊市财政局委托，将部分罚没物品进行公开拍卖，敲响潍坊市拍卖业第一槌。

1995年，全市4家拍卖企业主要拍卖业务为司法拍卖和公物拍卖，当年拍卖成交100余场次。2000年，全市有拍卖企业8家、从业人员100余人、拍卖师20余人，当年拍卖成交300场次。2005年，全市有拍卖企业12家、从业人员150余人、拍卖师30余人，当年拍卖成交600场次。

1992—2012年，潍坊拍卖行业整体呈现主体队伍不断壮大、业务范围持续扩展的态势，拍卖标的物从司法实物拍卖为主向企业破产改制、矿产权开采、国有土地使用权、无形资产等多个领域拓展。

2012年，全市拍卖企业25家，从业人员255人，拍卖师42人。当年拍卖成交451场次，成交额54.67亿元，拍卖佣金3133.9万元，营业税金168.3万元。其中房地产拍卖成交额10.35亿元、机动车拍卖成交额1359.6万元、文化艺术品拍卖成交额4816万元。从当年各企业发展情况看，拍卖企业发展不均衡的现象较为突出，拍卖成交额较大的有山东潍坊拍卖行有限公司、山东恒昌拍卖有限公司、潍坊大地拍卖有限公司、潍坊广大拍卖有限公司、潍坊广元拍卖有限公司，成交额均突破1亿元。

山东潍坊拍卖行有限公司

1992年9月23日，经山东省机电设备招标中心和潍坊市人民政府批准，成立山东潍坊拍卖行，确定为全民所有制（中二）企业，实行独立核算、自负盈亏，具有法人资格，与潍坊市设备调剂成套服务公司合署办公，注册资金50万元。

1993年3月25日，市政府发文指定山东潍坊拍卖行为市区罚没物品专门拍卖机构。此后，潍坊拍卖行年年被市政府指定为潍坊市唯一的公务拍卖机构。1993年8月，受潍坊市中级法院委托，第一次对被涉案查封的部分汽车配件进行强制公开拍卖。1994年6月，受潍坊市中级人民法院委托，首开房地产拍卖业务，对涉案查封的青州凤凰楼房地产采用“登记竞价”方式进行拍卖。自此，潍坊市各级人民法院处置被查封的涉案房地产开始以拍卖手段进行变现。1994年8月，受省市公安机关委托，对涉嫌走私的21部日产旧机动车及部分手机、传真机进行公开拍卖。1996年9月，与潍坊书画院、济南天佳（原为佳德）拍卖公司合作，在潍坊渤海宾馆组织全市首次书画艺术品拍卖活动。1997年4月，受安丘市关王镇政府委托，对其乡镇企业保温材料厂整体资产进行拍卖转让，此乃乡镇企业首次采用拍卖方式改制。1997年12月，完成潍坊钢厂6000万元破产财产的拍卖，是全市首次对国有企业破产财产进行拍卖。1998年6月，受省直机关事务管理局、省财政厅委托，采用“荷兰式”拍卖方式，在潍坊市富华国际会展中心实施首次省政府机关汽车采购招标，中央电视台对此进行了报道。1999年11月，受托组织实施潍坊首次出租车运营权拍卖。2000年7月，受潍坊医药集团委托，对“曲美”减肥保健品的山东境内各地区经营权进行拍卖，是全市首次无形资产拍卖活动。同年，山东潍坊拍卖行获中国拍卖行业AA级企业资质。2005年6月，山东潍坊拍卖行举办中国农业银行潍坊分行不良资产拍卖会。当年，拍卖行资产总额达到2500万元，连续4年拍卖成交额5亿元以上。潍坊拍卖行是省、市人民政府指定的潍坊市唯一一家具有公物拍卖资格的拍卖单位，是中国拍卖行业协会第一批会员单位、山东省拍卖行业协会理事单位，并被中国拍卖行业协会评定为AA级拍卖企业。山东潍坊拍卖行有国家注册拍卖师7名，拍卖从业人员26名，拍卖领域涉及房地产、机动车辆、破产企业机器设备、书画艺术品、钻石珠宝、民用品、出租车经营权、执法部门扣押物资及抵税物资等。2007年5月，山东潍坊拍卖行更名为山东潍坊拍卖行有限公司。2009年8月，受托举办临朐县旧城改造项目水岸弘庭东侧片区拆迁开发权拍卖会。2011年，山东潍坊拍卖行有限公司成为全省20强拍卖企业。2012年，完成拍卖成交额14.4亿元。被省商务厅表彰为“山东省商贸流通先进单位”，被省工商行政管理局授予“守合同重信用企业”称号。

潍坊中信拍卖公司

潍坊中信拍卖公司1999年6月成立。2000年3月，潍坊中信拍卖公司受托完成寿光牧工商实业公司房地产拍卖，底价182万元、以343万元成交，增幅88.46%。2001年1月，受托完成潍坊潍宝纸业公司1.4亿元企业资产的拍卖。2002年4月，公司对寿光中密度板厂、华源凯马车辆公司的国有土地使用权进行拍卖，成交额达5000万元，敲响了潍坊市国有土地使用权拍卖第一槌。2002年5月，公司在潍坊市国土资源局大型会议厅对潍坊城区、青州、诸城、临朐四宗国有土地使用权进行拍卖，省国土资源厅、省内8个地市和所属县（市）政府分管领导、国土资源部门负责人及20家竞买人单位共200余人参加拍卖会，是当时省内参会人员范围最广、社会影响最大的土地使用权拍卖活动之一。2002年6月19日，公司应邀先后成功对宁津、德州市区六宗国有土地使用权实施拍卖，是潍坊拍卖企业首次跨地区开展业务。2002年12月，潍坊中信拍卖公司完成对潍坊海龙公司4210万股权拍卖业务，成交额1.22亿元。2012年，公司注册资本100万元，票面成交额700万元，拍卖佣金25万元。

第九编

开放　合作

首届潍坊发展大会　（2018年4月拍摄）

进入90年代，尤其是1992年邓小平南方谈话之后，潍坊对外经济贸易交往日益活跃，全市对外开放进入新的历史阶段。潍坊市除每年举办国际风筝会，以及组团参加青岛小交会、春秋两季广交会外，1992年在香港、深圳举办经贸洽谈会，同时组织大型经贸团组赴美国、澳大利亚、英国、德国、奥地利等开展招商引资活动和考察项目。1994年8月，潍坊市举办首届鲁台经贸洽谈会获得巨大成功。2000年之后，全市大力实施经济国际化战略，全面开展招商引资，努力改善外商投资软环境，改革开放得到进一步深化。2010年，全市服务外包主体队伍不断扩大，高新区、寿光市省服务外包示范基地正式挂牌，全省服务外包工作会议在寿光召开，潍坊经验在全省推广。到2012年，潍坊市委、市政府继续把扩大开放作为促进全市经济快速发展的重要举措，通过全面深入扩大对外开放，提升经济发展总量，推进产业结构优化调整，促进政府职能转变。潍坊市的经济发展方式、经济结构和经济发展动力正在发生深层次的变化，正在创造着许许多多“经济奇迹”和“财富神话”。

第一章　对外及对港澳台经贸

1991年，全市外贸工作的重点为出口创汇，农副产品、纺织品出口占比较高，机电产品出口规模有限。利用外资项目仅限于对外借款和“三来一补”（来料加工、来样加工、来件装配和补偿贸易）业务，且主要分布在少数几个行业。对外经济合作方式仅有对外承包工程和劳务合作，且业务量小、整体水平低。

1992年，潍坊市进一步理顺对外经贸管理体制，将市外贸局与市外经委合并成立市外经贸委，实现对外贸易、利用外资和对外经济技术合作“三外”管理职能的统一。自1995年起，全市实施外向带动战略，外经贸事业获得快速发展。2006年，市委、市政府首次召开全市对外开放大会。2007年，国务院批准潍坊港一类口岸开放，同年，潍坊滨海区获批国家级科技兴贸创新基地，这为此后升级为国家级开发区打下了基础。2008年，全市召开对外开放暨软环境建设工作会议，市委、市政府印发《关于进一步扩大对外开放加快推进经济国际化的意见》，加快拓展对外开放广度和深度，推进资本、人才、市场、资源、运行规则“五个国际化”。2012年，市委、市政府印发《关于进一步扩大对外开放的意见》，加快构建全方位、多层次、宽领域的对外开放新格局。

1991—2012年，潍坊市对外贸易相继跨越10亿美元、50亿美元和百亿美元大关。利用外资规模逐步扩大，投资国家、地区不断增多。对外经济技术合作发展较快，从单纯的劳务派出发展到对外承包工程，一大批企业陆续“走出去”，在境外开发资源、合作办厂、设立研发和营销中心，全市开放型经济实现了跨越式发展。

2012年，全市对外贸易额149.8亿美元，其中出口109.7亿美元，进口40.04亿美元；合同利用外资19.3亿美元，实际到账外资7.7亿美元；对外承包劳务营业额1.9亿美元，境外协议投资额3.8亿美元。

第一节 对外及对港澳台贸易

1991年后，国家对外贸易体制发生巨大变化，外贸经营权由垄断转向放开，外贸企业由吃国家“大锅饭”转向自主经营、自负盈亏。潍坊市顺应外贸体制改革新要求，不断扩大外贸经营队伍，开拓多元化国际市场，实现了对外贸易由组织收购货源到自营进出口的转变，由外贸公司独家经营向经营主体多元化的转变，由国家指令性计划、统负盈亏到自主经营、自负盈亏的转变。

1991年，潍坊市完成出口商品收购额24.2亿元，1994年完成出口商品收购额80.8亿元。出口商品收购额年均增长44.5%，4年间翻了两番多，是全市外贸出口增长最快的时期。1995年，贸易统计口径从出口商品收购额改为进出口额。

受亚洲金融危机影响，1998年全市外贸出现大幅下跌，其中进出口、出口分别下降20.25%、20.40%。1999年，潍坊市外贸出口扭转亚洲金融危机以来的被动局面，实现恢复性增长。2000年进出口总额13.72亿美元，比1999年增长42.37%。

2001—2005年，随着中国加入世界贸易组织，潍坊市外贸实现快速增长，年度增幅均在两位数以上。5年平均增速23.5%，远高于1996—2000年6.6%的平均增速。2005年，全市外贸进出口总额39.41亿美元。

2006—2012年，全市外贸继续保持快速增长，除2009年受金融危机影响出现下降以外，其他年度增长速度均较快。其中，2010年增速为45.5%，是历年来增长最快的一年，同年全市外贸进出口总额突破百亿美元，达到117.51亿美元。2011年，全市出口总额突破百亿美元，达到103.67亿美元。2012年，全市外贸进出口总额149.76亿美元，是1995年的16.5倍，居全省17市第5位。其中，出口总额109.71亿美元，超越威海市成为全省第三大出口城市。

1999—2012年潍坊市外贸进出口情况统计表

表9－1－1　　单位：万美元

年份	进出口		出口		进口	
	总额	同比（%）	总额	同比（%）	总额	同比（%）
1999	96396	5.56	71507	11.31	24889	−8.09
2000	137240	42.37	99413	39.03	37827	51.98
2001	153595	11.92	113423	14.09	40172	6.20
2002	184384	20.05	128244	13.07	56140	39.75
2003	225329	22.21	163855	27.77	61474	9.50
2004	304369	35.08	212712	29.82	91657	49.10
2005	394057	29.47	295084	38.72	98973	7.98
2006	518604	31.61	385846	30.76	132758	34.14
2007	650518	25.44	518137	34.29	132381	−0.28
2008	837854	28.80	654075	26.24	183779	38.83

续表9-1-1

年份	进出口		出口		进口	
	总额	同比（%）	总额	同比（%）	总额	同比（%）
2009	807662	−3.60	620288	−5.17	187374	1.96
2010	1175144	45.50	869581	40.19	305563	63.08
2011	1409317	19.93	1036751	19.22	372566	21.93
2012	1497560	6.26	1097145	5.83	400415	7.47

出口贸易

1991—1994年，潍坊市主要为省外贸公司组织出口商品收购任务。其间，全市出口商品收购值快速增长、品种不断增加。从大类商品看，1991年，出口收购值过千万元的商品为50种，其中收购值过亿元的大宗拳头骨干产品有6种。到1994年，收购值过亿元的产品增加到10种。1995年，全市出口商品结构开始改善，工业制成品出口所占比重80%，其中机电产品出口所占比重19.6%。

1996—2000年，全市大力调整优化出口产品结构，对肉食鸡等传统大宗出口商品开发新品种、提升附加值；推进海洋化工产品、机电产品出口，努力增加高附加值、高技术含量的工业制成品出口比重。工业制成品、农副深加工产品出口迅速增长，初级出口产品增速减缓，出口产品结构趋向优化。1999年，禽肉、蔬菜深加工产品分别比上年增长183%和93%；化工及相关工业品增长40.3%；机电产品增长30.9%，其中小成套设备首次出口中东地区国家。1999年，全市重点调度的十大出口商品出口额4.5亿美元，增长7.3%，服装、冻鸭、纯碱、各类机械、铸铁件5大类商品出口增幅20%以上。

2001—2005年，潍坊市农产品、纺织服装、机电和高新技术产品出口增长迅速，成为潍坊市出口商品的4个主要大类。2002年，在世界经济不景气，国际贸易保护主义加剧，技术壁垒增加，特别是农产品出口遭到日、韩、欧美“封杀”等多重因素影响下，农产品出口仍然实现较快增长。全年农副产品出口3.74亿美元，比上年增长29.2%。其中，蔬菜出口20.1万吨，创汇1亿美元，比上年增长19.8%；鸡熟制品出口3.99万吨，创汇1.15亿美元，比上年增长62.8%。同年，全市工业产品出口9.08亿美元，比上年增长13.3%。其中纺织服装出口4.75亿美元，比上年增长17.3%；机电产品出口9342万美元，比上年增长21.7%。

2003年，面对突如其来的“非典”影响和日本对中国农副产品再次封关等困难，潍坊市从源头入手加快农产品基地建设，提高深加工产品比重，引进农产品“一元化”管理模式，对农产品生产的各个阶段进行综合管理和控制，减少食品生产的不安全因素，建立外经贸、检验检疫、畜牧等部门联合促进农产品出口工作机制，有力促进了农产品出口。同时，抓住日、韩等国家和地区产业转移的历史机遇，发挥潍柴等龙头企业的带动作用，培植机电和高新技术产品出口新优势，全年机电产品完成出口1.28亿美元，增长53.4%，高于全市平均增幅28.2个百分点。2004年，全市机电产品、高新技术产品出口2.69亿美元，增长55.3%，高于平均增幅25.5个百分点，占出口总额的12.6%；纺织服装出口7.21亿美元，增长25.9%，出口绝对值居各类商品之首。

2005年，全市农产品、纺织服装、机电和高新技术产品4大类出口商品出口额20.74亿美元，占全市出口总额的71.3%。其中，纺织服装9.5亿美元、农副产品7.49亿美元、机电产品2.98亿美元，高新技术产品7739万美元。2006年以后，潍坊市深入实施科技兴贸战略和出口品牌战略，大力调整外贸结构，提高高新技术、机电产品和高附加值产品出口比重，提升外贸发展的质量效益。2006年，全市机电和高新技术产品出口5.7亿美元，占比重14.8%，同比提高2.1个百分点。商务部重点支持和发展的名牌产品出口4.4亿美元，同比增长35.5%，占比达到11.4%。2008年，潍坊加大对国家级、省级科技兴贸创新基地的扶持力度，培育出口品牌，扩大自主品牌产品出口，争取扶持自主品牌出口、农产品出口、高新技术产品出口等方面上级无偿资金600多万元，帮助出口企业提高国际竞争力。“孚日”等16个品牌入选“山东省重点培育和发展的出口名牌”。当年完成机电产品出口14.4亿美元，增长63.5%；高新技术产品出口2.5亿美元，增长81.1%。2009年，全市机电产品、高新技术产品出口同比增长46%、113%，占比分别提高2.2个和1.3个百分点。

2012年，随着全市产业结构的变化，化工产业成为主导产业之一。当年，农产品、纺织服装、机电产品、高新技术产品和化工产品出口额83.7亿美元，占全市出口总额的76.3%。全市机电和高新技术产品占全市出口总额达到21.4%，高于2005年8.7个百分点。

2005年潍坊市大类商品进出口情况统计表

表9—1—2　　单位：万美元

商品	进出口		出口		进口	
	金额	同比（%）	金额	同比（%）	金额	同比（%）
纺织服装	102622	30.2	94980	31.7	7642	14
农副产品	91318	22.5	74880	28.3	16438	1.4
机电产品	59910	8	29829	34.8	30081	−9.9
高新技术产品	14816	66.2	7739	63.2	7077	69.7

2012年潍坊市大类商品进出口情况统计表

表9—1—3　　单位：万美元

商品	进出口		出口			进口		
	总额	同比（%）	总额	同比（%）	占比（%）	总额	同比（%）	占比（%）
纺织服装	275821	−0.9	257776	−2.3	23.5	18045	25.3	4.5
农产品	245760	3.9	177113	2.6	16.1	68647	7.3	17.1
机电产品	271820	−11.4	195831	−10.8	17.8	75989	−13	19
化工产品	195487	−8.2	167197	−1.5	15.2	28290	−34.8	7.1
高新技术产品	66768	−18.9	39502	−26.3	3.6	27266	−5.1	6.8

进口贸易

1991年后，国家多次大幅调减关税，带动了全市进口尤其是生产资料和设备进口的较快增长。2000年后，随着改革开放的不断深入和对外贸易的迅速发展，全市进口额逐年提升，进口商品结构日趋合理，成为提升全市企业技术装备水平和资源保障能力的重要支撑。2008年，市委、市政府印发进口鼓励政策，支持企业扩大先进技术、关键装备和重要原材料进口。当年全市完成机械设备和关键零部件进口2.7亿美元，增长61.7%；木浆进口4.7亿美元，增长34.9%；铁矿砂进口1.7亿美元。2009年，进口木浆、塑料原料、铁矿砂、棉花等资源型产品进口达9.6亿美元，机电设备进口3.4亿美元，专利和专有技术进口2409万美元。2010年，全市进口总额30.56亿美元，同比增长63.08%。机电设备和资源类产品进口大幅增加，其中机电设备、铁矿砂、化学品、橡胶、棉花进口同比增长分别为170.2%、74.3%、123.2%、89.5%、82.1%。来自新兴市场的进口大幅增长，自大洋洲、中近东、东盟、欧盟、南亚进口分别增长242.8%、107.8%、106.7%、104.2%、52.9%。

2012年，全市进口额突破40亿美元，居全省第7位；进口额占进出口总额的比重为26.7%。在进口商品中，以铁矿砂、棉花、橡胶、木浆、塑料等资源类产品为主，机械、电机电器及音像设备仅分别占9.2%和8.6%。

2012年潍坊市主要进口商品统计表

表9—1—4　　单位：万美元

商品	金额	占比（%）
木浆	25448	6.4
机械	36798	9.2
化工产品	28290	7.1
塑料	45062	11.3
铁矿砂	22511	5.6
电机电器、音像设备	34461	8.6
棉花	36656	9.2
橡胶	22353	5.6
化学纤维	3874	1
皮革	2418	0.6
纸及纸板	44546	11.1

外贸企业

1991年以后，随着外经贸体制改革的深化，企业自营进出口逐渐成为对外贸易的主要方式。1991年，潍坊柴油机厂获得自营进出口权，全市自营进出口业务开始起步。当年，全市自营出口创汇324万美元。1992—1994年，全市自营出口创汇分别完成420.8万美元、2003.1万美元、8661.9万美元。自营出口商品覆盖全球五大洲，主要贸易对象有美国、日本、新加坡、韩国、俄罗斯等几十个国家和地区。至1994年，全市自营进出口企业达到32家。

1995年，随着贸易体制改革的深入，外贸统计口径由出口商品收购额改为出口额。潍坊市积极实施外向带动战略，在出口规模快速增长的同时，出口商品结构实现优化，出口企业持续增加，企业拓展国际市场的主动性进一步增强。全市符合条件的企业积极申请自营进出口权，全年筛选提报50家，其中37家被外经贸部授予自营进出口经营权。到1995年底，全市获自营进出口权企业累计69家。全市自营进出口贸易伙伴达到62个国家和地区，比上年增加17个。当年，全市出口创汇完成5.96亿美元，出口额居全省第四位。

1996年，全市有42家企业获得自营进出口权，自营出口超过1000万美元的企业9家，合计出口额2.25亿美元。其中诸城外贸集团出口额6433万美元。1999年，“三资”企业出口快速增长，完成出口额2.82亿美元，比上年增长21%，出口增幅高于自营出口15个百分点。当年，全市出口额超过500万美元的26家企业，共向23个国家和地区出口6.47亿美元，占全市出口总额的90.5%。2000年，呈现出自营进出口企业、“三资”企业、外贸企业、科研院所、乡镇企业和私营企业竞相发展的大经贸新格局。当年，“三资”企业完成出口4.42亿美元，市直外贸企业完成出口5.3亿美元，比上年分别增长56.5%和30.5%。

2001—2005年，全市各类贸易主体竞相发展。2001年，全市自营企业出口完成61915万美元，比上年增长12.1%；“三资”企业出口完成51508万美元，比上年增长16.6%。2002年，外商投资企业出口61030万美元，比上年增长18.5%；民营企业出口继续保持高速增长，出口25795万美元，比上年增长69.9%，标志着全市出口主体结构趋于优化。2004年，全市出口额过千万美元的企业达到47家，海化集团、孚日家纺等企业突破1亿美元；集体、私营企业出口6.39亿美元，增长50.2%，高于平均增幅20.4个百分点。2005年，省外经贸厅下放进出口权登记备案权限后，全年新增获权企业550家，壮大了出口企业队伍。当年，“三资”企业出口13.3亿美元，占全市44.9%，成为出口的重要支撑，其中山东晨鸣纸业集团股份有限公司出口1.4亿美元。全市28家自营出口企业合计出口8.65亿美元，占全市53.2%，其中过亿美元2家，过5000万美元3家。

2005年潍坊市各类企业进出口情况统计表

表9—1—5　　单位：万美元

类别	进出口		出口		进口	
	金额	同比（%）	金额	同比（%）	金额	同比（%）
国有企业	88759	17	71413	26.4	17346	−10.6
“三资”企业	188972	30.4	132574	43.3	56398	7.5
其他企业	116331	39	91098	42.6	25233	27.4
集体企业	55552	6.3	38939	5.6	16613	8
私营企业	60779	93.5	52159	93.2	8620	95

2006—2012年，各类外贸主体队伍进一步壮大。全市民营企业进出口所占比重，从2005年的15.4%上升到2012年的49.4%，其中出口从17.7%上升到54.8%。外资企业出口占比从2005年的44.9%，下降到2012年的34.8%。按照分类指导、扶优扶强的原则，对规模大、实力强、潜力足的企业重点培植。2010年，全市有进出口实绩的企业超过2800家，出口过1亿美元和过1000万美元的企业分别同比增加5家和29家。2011年，全市有进出口经营资格的企业5830家，有进出口实绩的企业2973家，其中，年进出口总额超过1000万美元企业达到145家，过1亿美元的14

家。2012年，全市出口前20强企业合计出口37亿美元，占全市33.7%；进口前20强企业合计进口18.2亿美元，占全市45.2%。

2012年潍坊市出口额前20名企业一览表

表9—1—6　　单位：万美元

企业名称	出口额	同比（%）
潍坊蓝天首饰有限公司	71424	—
孚日集团股份有限公司	44427	0.7
潍坊润丰化工有限公司	31252	66.2
潍坊歌尔声学有限公司	24566	37.7
潍坊英轩实业有限公司	20282	19.6
山东桑莎集团股份有限公司	18447	3.4
福田雷沃国际重工股份有限公司	17996	31.8
山东墨龙石油机械有限公司	16982	7.5
潍坊市金盾轮胎有限公司	15267	10.6.6
山东晨鸣纸业集团有限公司	14310	−33
昌邑华晨服装印染有限公司	10858	−14.3
山东柠檬生化有限公司	10442	−16
潍坊歌尔电子有限公司	10398	−40
诸城东晓生物科技有限公司	9831	19.2
潍坊联星碳素有限公司	9394	31.5
山东潍柴进出口有限公司	8974	5.5
山东尽美食品有限公司	8878	−6.2
邦达吉通国际物流有限公司	8858	104.6
山东潍坊市进出口有限公司	8795	−12
宇骏（潍坊）新能源科技有限公司	8317	−63

2012年潍坊市进口额前20名企业一览表

表9—1—7　　单位：万美元

企业名称	进口额	同比（%）
潍坊特钢集团有限公司	22440	−22.1
山东晨鸣纸业集团有限公司	20794	−30.2
歌尔声学股份有限公司	18421	59.8
昌乐世纪阳光有限公司	15352	30.2
宇骏（潍坊）新能源科技有限公司	12556	−54.1
孚日集团股份有限公司	10999	−0.2
潍坊中慧国际贸易有限公司	9948	31.6
寿光美伦纸业有限公司	9525	−56.6
山东潍柴动力股份有限公司	8080	−28.3
潍坊恒安纸业有限公司	7885	−33.1
楼氏电子（潍坊）有限公司	5480	31.4
山东银宝轮胎集团有限公司	5273	−14.6
潍坊亚星湖石化工有限公司	5160	−20
潍坊港储国际贸易有限公司	4803	557.9
山东恒联铜版纸有限公司	4713	74.2
潍坊市金盾轮胎有限公司	4543	200.3
高密市新春油脂有限公司	4138	—
高密埃孚光伏有限公司	3962	−23.4
潍坊歌尔电子有限公司	3461	−37.9
福田雷沃国际重工股份有限公司	3528	−42.6

外贸市场

1991年以后，潍坊市开展对外贸易的国家（地区）快速增加。1995年，潍坊市举办第二届鲁台经贸洽谈会，签订出口协议186个，出口成交额5000万美元。潍坊外贸企业积极参加“青岛小交会”“广交会”“哈交会”等大型经贸活动，并参加德国福莱星地区春季博览会。市主要领导多次组织带领全市自营进出口企业赴西欧、北美、东南亚国家和地区开展经贸活动。

1996—2000年，潍坊市坚持市场多元化战略，由传统的亚洲市场向拉美、非洲、中东欧市场开拓，千方百计拓展北美、西欧等高端市场。组织外贸企业参加“青交会”“华交会”“广交会”“昆交会”“日本东京出口商品洽谈会”“塞浦路斯出口商品携样推介会”等国内外展会，助力企业结识客户拿订单、开辟出口渠道、扩大对外贸易。1996年，全市自营出口贸易伙伴达到77个国家和地区，比上年增加15个，初步改变过分依赖传统出口市场的局面。1999年，全市与123个国家和地区发生贸易关系，新开拓的中东、拉美、欧盟等市场获得出口实绩。2000年，对北美、南非、独联体、澳大利亚等市场出口增长均在40%以上。

2001—2005年，在巩固日、韩、欧、美等传统市场的同时，大力开拓非洲、南美洲、大洋洲等新兴市场，潍坊外贸多元化市场格局初步形成。2001年，对东南亚、欧盟、独联体及东欧、南美等主要贸易地区出口增幅均在20%以上。2005年，全市筛选最具影响力的10大境内外贸易展览会，对申请展洽会摊位的企业，给予资金扶持，降低展览成本，为开拓国际市场搭建贸易平台，全年组织较大规模的各类展会和贸易促进活动15次。同时，在各类会展摊位分配上，重点向品牌企业倾斜，促进品牌产品出口，提高产品附加值和抗风险能力。当年，在春、秋两季广交会期间，争取到品牌展区9个，参展品牌企业增加到11家。至2005年底，全市对日本、韩国、欧盟、美国合计出口20亿美元，占全市出口总额的67.8%。对东盟、南亚、非洲、南美洲、大洋洲出口增长均在30%以上，其中对南亚、南美洲出口分别增长76.1%、67.4%，新兴市场的潜力持续释放。

2005年潍坊市对外贸易出口主要市场情况统计表

表9－1－8　　　　单位：万美元

国别（地区）	出口额	同比（%）	占比重（%）
亚洲	172453	29.6	58.4
日本	86273	21.5	29.2
韩国	27481	38.1	9.3
东盟	24040	36.3	8.1
南亚	7020	76.1	2.4
中近东	10275	40.4	3.5
非洲	10251	30.2	3.5
南非	1194	86	0.4
欧洲	47027	51	15.9
欧盟	39215	58	13.3
独联体及东欧	7322	29.9	2.5

续表9-1-8

国别（地区）	出口额	同比（%）	占比重（%）
南美洲	8433	67.4	2.9
北美洲	50386	54.8	17.1
美国	47145	57.3	16
大洋洲	6527	56.3	2.2
澳大利亚	5427	51.5	1.8

2006—2012年，多元化市场格局进一步巩固。在巩固传统市场的同时，加大对新兴市场开拓力度。2006年，全市对南非、南美等新兴市场出口增长分别达到174.3%、84.5%和56.8%。2010年，全市对独联体及东欧、南亚、南美、大洋洲、中近东、东盟出口同比分别增长86.9%、51.7%、62.9%、59.8%、61.7%和44%，对新兴市场出口比重首次超过50%，出口市场过于集中在欧美日韩的局面得以扭转。2012年，全市对日韩欧美4大传统市场出口合计占全市出口总额的50.1%，对新兴市场占比49.9%，传统市场和新兴市场各据“半壁江山”。其中，对东盟出口占全市出口总额的9.2%，东盟超越日本和韩国，成为仅次于欧盟和北美的第三大出口市场。到2012年，全市贸易国家和地区193个。

2012年潍坊市对外贸易主要市场分布统计表

表9-1-9　　单位：万美元

国别（地区）		出口			进口		
		金额	同比（%）	占比（%）	金额	同比（%）	占比（%）
亚洲	总量	573801	3.7	52.3	176844	-2.3	44.2
	日本	178207	0.8	16.2	24693	-12.1	6.2
	韩国	59056	-13.3	5.4	34675	-1.3	8.7
	东盟	100806	10.7	9.2	44405	17.7	11.1
	印度	25291	-51.7	2.3	19585	6	4.9
	阿联酋	24276	26.4	2.2	1966	85.8	0.5
非洲	总量	74592	10.2	6.8	7316	6.3	1.8
	南非	10177	4.8	0.9	515	-21.6	0.1
欧洲	总量	184432	-1.4	16.8	123049	87	30.7
	欧盟	143672	-3.8	13.1	46394	-24.8	11.6
	英国	23402	-0.1	2.1	1734	-31.1	0.4
	德国	32838	-10.2	3	20570	-8.1	5.1

续表9—1—9

国别（地区）		出口			进口		
		金额	同比（%）	占比（%）	金额	同比（%）	占比（%）
欧洲	法国	10924	4.5	1	1685	11.7	0.4
	意大利	12064	−29.8	1.1	3807	5.3	1
	独联体及东欧	37920	7	3.5	2423	17.3	0.6
	俄罗斯	27660	15.5	2.5	2027	−0.9	0.5
南美洲	总量	66060	21.4	6	21167	−6.1	5.3
	巴西	15268	0.3	1.4	13144	−14.7	3.3
北美洲	总量	168504	15.4	15.4	51340	−29.5	12.8
	美国	154335	17.2	14.1	39584	−23.1	9.9
	加拿大	14169	−1	1.3	11756	−44.9	2.9
大洋洲	总量	29385	4.3	2.7	20692	−12.3	5.2
	澳大利亚	24276	−0.6	2.2	19963	−11.6	5

加工贸易

90年代初期，潍坊市制订对外加工装配业务发展规划，成立“三来一补”办公室，鼓励和支持企业利用国外资金、资源、技术、设备和销售渠道，增加生产能力，扩大生产规模和市场占有率，全市加工贸易开始起步。1995年，全市实际完成对外加工装配贸易额8200万美元，收取工缴费1100万美元。

2000年以后，全市加工贸易进入快速发展时期。2003年，全市结合园区建设，发挥产业优势，突出加工贸易项目招商，积极兴办大、高、外项目，加工贸易成为全市外贸新的增长点和拉动外贸出口增长的重要力量。当年，加工贸易完成出口5.09亿美元，占全市出口总额的31%；同比增长31%，高于全市出口平均增速3.2个百分点。2004年，完成加工贸易进出口10.89亿美元，增长43%，其中出口7.28亿美元，占全市出口总额的34%；同比增长42.9%，高于全市出口平均增速13个百分点。2005年，市政府印发《支持潍坊市加工贸易发展的十条措施》，将潍坊市加工贸易审批权限下放到各县市区和市属开发区，组织对12个县市区和市属开发区分期分批进行现场培训，参训人员3000余人次。同时，海关、商检机构出台鼓励政策，促进加工贸易发展。当年，全市加工贸易进出口16.5亿美元，同比增长44.5%。其中出口11.7亿美元，同比增长49.3%，拉动全市出口增长18个百分点。至2012年，全市加工贸易进出口57.16亿美元，同比增长39.8%，其中出口38.12亿美元，同比增长36.1%。

2005年潍坊市各类贸易方式情况统计表

表9－1－10　　单位：万美元

贸易方式	进出口		出口		进口	
	金额	同比（%）	金额	同比（%）	金额	同比（%）
一般贸易	218698	19.5	178429	33.1	40269	−19
加工贸易	165400	44.5	116656	49.3	48744	34.8
其他贸易	9964	69.5	—	—	9964	69.5

2012年潍坊市各类贸易方式情况统计表

表9－1－11　　单位：万美元

贸易方式	进出口		出口		进口	
	金额	同比（%）	金额	同比（%）	金额	同比（%）
一般贸易	892102	−0.9	706496	2.3	185606	−11.3
加工贸易	571586	39.8	381168	36.1	190418	47.7
其他贸易	33872	−66.2	9481	−85.6	24391	−29

外贸基地建设

进入21世纪，潍坊市大力发展外贸转型升级示范基地、科技兴贸基地、机电产品出口基地，提升外贸国际竞争力。2007年以后，在国家质检总局指导下，潍坊市创新开展了以“区域化管理”为核心的出口食品农产品质量安全示范区建设。有关部门和企业参照日本“肯定列表制度”、欧盟新食品安全卫生法规、美国FDA现代化食品法规等国际技术规范，加快建设农产品生产流通、检验检测、市场准入、查询追溯等标准体系，先后制定480多项生产技术规程，安丘市起草的《初级农产品安全区域化管理体系要求》被确定为国家标准。按照“以标准为核心，以规模为基础，以品牌为引领，以监管为保障”的思路，在全域推广出口农产品质量安全示范区的做法，全力打造符合国际标准的农产品质量安全示范市。2008年5月，山东省政府在安丘市召开出口农产品质量安全区域化管理现场会，总结和推广出口农产品质量安全区域化管理模式。2009年4月，国家质检总局局长王勇到安丘市对出口食品农产品区域化管理进行考察调研。2010年，成功申报潍坊家纺、潍坊机械、安丘农产品、诸城农产品4个国家级出口基地，扶持盛瑞传动、福田雷沃、孚日家纺、千榕家纺、诸城外贸、三通食品、墨龙机械等企业的9个外贸公共服务平台建设，诸城、寿光、青州、昌乐出口农产品质量安全示范区建设快速推进，规划建设20个机电产品、高新技术产品、纺织产品等外贸转型升级示范基地，形成特色鲜明、产业链较为完整的出口产业聚集区。2011年，市政府印发《加快推进外贸转型升级示范基地建设的实施意见》，外贸转型升级步伐加快，建设认定20个市级外贸转型升级示范基地，形成一批产业特色鲜明、结构优化、具有较强国际竞争力的外贸转型升级示范产业基地和企业基地，省级外贸公共服务平台增加到13个。当年新认定省级科技兴贸出口创新基地1家。2012年，新创建10个市级外贸转型升级示范基地，总量达到30个；滨海区阻燃剂出口基地、高密市制鞋业出口基地创建为省级基地，诸城禽肉产品出口基地创建为国家级基地。

同年，青州、昌邑、临朐3个县（市）新创建为全省示范区，潍坊通过全省出口农产品质量安全示范市验收，原有5个示范区有4个晋升为全国示范区，数量居全省第一。农产品出口从2005年的7.5亿美元增加到2012年的17.7亿美元，年均增长13%。潍坊农产品在国际市场树立起良好口碑。

外贸服务

应对贸易摩擦　2005年以后，潍坊市委、市政府引导企业走市场多元化、产品多样化、标准国际化的发展道路，指导企业运用贸易救济手段积极应对贸易壁垒，维护自身利益，最大限度规避和化解贸易风险。先后组织参加农产品技术性贸易应对措施培训、欧美纺织品“特保”、欧盟塑料袋和鞋类反倾销调查，以及重要农产品进口配额申报、欧盟10类纺织品和美国21类纺织品配额申报、招标等活动，为企业积极应对贸易壁垒提供支持和帮助。2010年，组织企业积极应诉涉及全市14起、涉案金额1.5亿美元的美国、欧盟、加拿大等国发起的反倾销、反补贴案件，全力维护出口产业安全和企业权益。2011年，组建由市商务、发改、经信等21个部门组成的全市应对国际贸易摩擦联席会议制度，确立有效应对国际贸易摩擦、强化案件应对工作的联动机制，应对处理各类贸易摩擦案件13起。其中，新增国外“两反一保”（倾销与反倾销；补贴与反补贴；保障措施和特别保障措施）案件7起、涉案企业存续调查案件2起、国内产业损害跟踪调查案件3起、帮助企业提出贸易救济措施期中复审申请案件1起，圆满完成加拿大对华无缝油井管、石油管材、油管短节以及美国对华标准钢管反补贴等案件的问卷填答应对工作。

信用保险服务　2010年，中信保山东分公司在潍坊设立办事处，并与市政府签署出口企业信用评级协议和出口农产品示范合作协议。组织100家企业进行信用评级，41家重点企业投保出口信用保险，保额同比增长80%。2011年，推动105家企业投保出口信用保险，保额6亿多美元，同比增长71%。开展“银企保”对接等活动，搭建政府、银行、企业、出口信保机构四方联动融资平台，帮助一批外贸企业解决有订单无资金的难题。2012年，福田雷沃重工公司获得中国出口信用保险公司450万美元货款损失赔付。

第二节　利用外资和港澳台资

1990—1995年，全市实际利用外资总额快速增长。全市利用外资从1990年的2867万美元增长到1995年的51379万美元，年均增幅高达78.1%。利用外资的领域拓宽，外商增资项目和外商独资项目比重增大，涉及创汇农业、化工、机械、建材、纺织印染、能源、交通、邮电、房地产开发等行业。一、二、三产业协调发展，外商投资产业结构更加合理，特别是能源、交通、运输、基础设施建设利用外资取得较大进展。1995年，全市新批利用外资项目392个，合同外资额8.84亿美元，居全省第二位；实际利用外资5.14亿美元，居全省第三位。外商投资第一、二、三产业的比重分别为3.4%、74.3%、22.3%。

1996—2000年，全市实际利用外资总体呈下降趋势，到账外资额从1996年的4.6亿美元下降到2000年的1.42亿美元。2001—2005年，全市利用外资总体增长较快，从2001年的1.68亿美元增长到2004年的10.16亿美元。受统计口径变化影响，2005年回落到5.1亿美元。

2006—2012年，全市实际利用外资总额起伏较大，除2008年为4.8亿美元以外，其他年度均在6亿美元以上。

尤其是2012年，在境外上市、外资并购遭受限制的不利形势下，以"访百家外企，促增资发展"活动为抓手，推动外资企业以增资扩股的方式到账外资增长44%。全市实际到账外资7.68亿美元，位居全省第6位，比上年提升1个位次，增长6.5%。当年，全市新批外资项目46个，完成合同利用外资19.3亿美元，同比增长25.2%，居全省第3位，比上年提升1个位次。

1990—2012年潍坊市利用外资统计表

表9－1－12　　单位：万美元

年份	合同利用资金	实际到账资金
1990	2242	2867
1995	88416	51379
1996	70131	46026
1997	31842	34685
1998	17310	17053
1999	12430	11781
2000	31479	14235
2001	34100	16812
2002	38772	25898
2003	100275	50331
2004	170080	101618
2005	172764	50816
2006	71821	68732
2007	81431	81423
2008	75630	48495

续表9－1－12

年份	合同利用资金	实际到账资金
2009	87092	67777
2010	105732	72145
2011	154183	72159
2012	193069	76812

说明：1991—1994年无统计数据

外资项目

1991—1994年，全市共审批过1000万美元利用外资大项目38个，合同外资额10.9亿美元，占同期合同外资额的45%。每个项目平均利用外资的规模1991年为69万美元，1992年为98.8万美元，1993年108万美元，1994年提高到227万美元。

1995年，全市批准总投资过500万美元的项目38个，平均每个新批项目合同外资额223万美元，比全省平均水平高53万美元，一大批技术含量较高、高出口创汇项目在潍坊落户。利用外资的国别和地区扩大，合作渠道日益拓宽。

1996年，全市批准外商投资额在500万美元以上的大项目34个，利用外资项目的平均外资额上升到275万美元。外商投资项目规模增大，生产性项目所占比重88%，同比增长14个百分点。全市省级开发区开始进入全面发展的新时期，成为全市开放型经济新的增长点。开发区的投资环境不断改善，新的管理运行机制逐步建立，招商引资成效显著。1999年，新批利用外资项目103个，合同外资额1.24亿美元，实际利用外资1.78亿美元。新批总投资过1000万美元、外商投资额过500万美元的大项目5个，合同外资额6529万美元，占全市合同外资总额的52.5%。大项目的实施对提高全市利用外资水平、改善外资结构起到较大的推动作用。2000年，全年新批利用外资项目218个，比上年增长111.7%；合同外资额3.15亿美元，比上年增长153.2%，是“九五”（1996—2000年）期间增速最快的一年。实际利用外资止跌回升，全年实现1.42亿美元，比上年增长20.8%。

2001年，全年批准利用外资项目266个，合同外资额3.41亿美元。其中，外商独资项目134个，合同外资额2.3亿美元，占全市合同外资总额的67.5%；合资项目118个，合同外资额7955万美元；合作项目14个，合同外资额2142万美元。增资项目40个，外商增资1625.5万美元。新批总投资过1000万美元的大项目11个，合同外资1.6亿美元，比上年增长22.2%，占全部合同外资的51.6%。出口创汇型项目212个，合同外资2.15亿美元，占全部合同外资额的63.1%。2003年，全年新批总投资过500万美元的项目49个，合同外资5.92亿美元。外商独资项目所占比重上升，资金到位率增加。独资企业实际出资2.28亿美元，占总额的45.2%，同比增长43.5%。2004年，实际利用外资5.47亿美元。全市新批总投资500万美元以上的大项目87个，合同外资9.63亿美元，占全市总额的65.9%。高新区华芯半导体、寿光市翊凡金寿康生物科技和光阳机械、诸城市陆风服饰、安丘市复发中记与美福食品及坊子的恒安心相印纸等项目，外商投资都达到或超过2000万美元。2004年，世界500强企业累计有13家到潍坊投资。到2005年，已有美国卡特彼勒、沃尔玛、德国拜尔、日本伊藤忠、丸红、日商岩井等14家世界500强企业在潍坊落户。其中，美国戴芝集团光电子项目、日本松田石产降解树脂项目、环球纺织差别化纤维等项目技术含量高，具有国际领先水平。

2007年，大项目出资对实际利用外资起了拉动作用，全年过3000万美元以上大项目实际出资共计1.9亿美元。2008年，新批和增资总投资过1000万美元大项目33个，总投资11亿美元，合同利用外资5.74亿美元，占总额的75.9%。外资项目平均投资规模由上年的440.1万美元提高到889.8万美元，项目质量明显提升。2009年，新批总投资过千万美元项目20个，合同外资额占总量的78%，当年实际到账1000万美元以上项目13个，外资额占总量的近70%，大项目支撑作用更加明显。2010年，全市引进单笔到账资金1000万美元以上的大项目8个，到账3.1亿美元。寿光农产品物流园到账1.5亿美元，是当年全省到账外资总量最大的项目。2011年，利用外资项目规模大幅提高，单个项目投资规模由上年的1099.6万美元增加到1981.7万美元。全市实际到账外资500万美元以上的项目15个，到账外资1000万美元以上的项目6个。2012年，新批总投资1000万美元以上的外资大项目17个，占新批项目总数的37%。与世界500强企业的对接合作迈出新步伐，新引进德国汉高公司落户发展，美国卡特彼勒、泰国正大集团2家500强企业追加投资。

利用外资方式

2000年，使用政府贷款517.5万美元，发行股票454万美元，接受国际捐赠240.5万美元。2000年以后，全市利用外资的方式逐步增多。2004年，潍柴集团、墨龙石油机械有限公司两家企业分别在香港发行H股16340万美元、1230万美元。

2006年以后，全市利用外资从新建投资为主向增资扩股、并购、境外上市等方式拓展。2006年，新批增资项目93个，增加合同外资2.2亿美元，占总量的31.5%，同比提高18个百分点。2008年，新批外资并购项目6个，合同利用外资1105.6万美元。境外上市取得重大突破，昱合集团、晨鸣纸业先后在美国、中国香港上市，分别募集资金2100万美元和4.1亿美元。2009年，落实外资并购项目7个，增资项目102个，境外上市项目1个，美国泰森并购昌邑新昌项目，外资9700万美元一次性到账，是潍坊历史上最大单笔外资现汇投入。2010年，马来西亚国家石油公司并购圣马力润滑油、上实发展并购联合润通水务等大项目顺利落地。坊子欧亚地产、寿光博润实业、高密惠影科技和潍城信德燃油喷嘴4家企业实现境外上市，昱合畜禽成功实施境外增发。

2011年，全市新批准外资并购项目6个，股权转让项目7个，合同利用外资8003万美元，到账外资7600万美元。其中，泰森新昌集团股权转让外资对价5400万美元一次性到账。

2012年，潍坊市发生2起外资并购业务，实际利用外资360万美元，分别是鑫恒集团香港有限公司出资200万美元并购山东恒阳重工科技有限公司19.6%的股权，新加坡凯地水务投资有限公司出资160万美元并购潍坊安凯节能环保科技有限公司100%股权。

2006年潍坊市利用外资企业主体情况统计表

表9－1－13　　单位：万美元

企业类型	企业（项目）个数	合同外资			实际利用外资
	个数	新批	增资	减资	
中外合资经营企业	95	14501	6339	1863	20980
中外合作经营企业	7	2508	1541	1401	911
外资企业	115	35048	14711	1960	40884
外商投资股份有限公司	2	2397	—	—	5957
合计	219	54454	22591	5224	68732

外资来源地

1992年，全市利用外资的国家和地区23个，主要集中于中国港台地区和美国。1994年，全市利用外资国家和地区增加到30多个，由中国港台地区、美国等拓展到日本、新加坡、韩国及西欧、中东、拉美等地。日本日立株式会社，韩国大宇集团、金星集团，美国太平洋世纪公司，德国大众汽车公司、奔驰汽车公司、MAN公司等跨国财团、商社纷纷到潍坊市寻求合作。1995年，对外合作渠道进一步拓宽，在潍坊市投资的国家和地区增加到近40个。国外大财团、跨国公司投资考察活动明显增多，先后接待了日本的住友、丸红、伊藤忠、日商岩井等商社，韩国的鲜京、三星、世元等商社，泰国的正大集团、盘谷银行等，还接待马来西亚经贸代表团、新加坡政府代表团等。1996年，外资来源日趋多元化，到潍坊投资的国家和地区40多个。

2006年，中国香港投资增长121%，取代韩国成为潍坊市第一大外资来源地。实际到位外资列前5位的国家和地区依次是：中国香港（20820万美元）、韩国（9419万美元）、日本（7651万美元）、中国台湾（5758万美元）、美国（5185万美元），投资总额4.9亿美元，占全市71%。2009年开始，潍坊市组团参加省组织的“香港山东周”招商活动，签约一批重大外资项目。组织开展境内外重点经贸招商活动11次，对扭转利用外资被动局面起到关键作用。2010年，组织参加中国香港招商等重点经贸招商活动14次，签约项目11个，签约外资10亿美元。2011年，来源于美国的投资1.8亿美元，同比增长162%，占比提高6.6个百分点；日本1亿美元，同比增长52.8%，占比提高1.1个百分点；加拿大4538万美元，同比增长278.8%，占比提高2.2个百分点。2012年，高层推动对外开放的效应更加显现，市主要领导带队参加的香港山东周活动取得丰硕成果，签约项目26个，合同协议外资25.97亿美元。

2012年潍坊市外商投资主要来源一览表

表9－1－14　　　　单位：万美元

序号	合同利用外资			实际到账外资		
	国别地区	金额	占全市%	国别地区	金额	占全市%
1	中国香港	67980	35.2	中国香港	38985	50.8
2	韩国	39087	20.2	投资性公司	6364	8.3
3	中国台湾	16711	8.7	中国台湾	5342	7.0
4	美国	15229	7.9	新加坡	4148	5.4
5	日本	12651	6.6	英属维尔京群岛	3287	4.3
6	投资性公司	10777	5.6	美国	2573	3.3
7	英属维尔京群岛	5912	3.1	日本	894	1.2
8	马来西亚	4423	2.3	塞舌尔	781	1.0
9	新加坡	4105	2.1	韩国	424	0.6
10	萨摩亚	263	0.1	萨摩亚	313	0.4

外商投资领域

全市利用外资领域从90年代的第二产业为主向第一产业和现代服务业逐步拓展。2006年，第三产业实际利用外资6334万美元，同比增长203.4%。2007年，第二产业外商实际出资比重大，实际出资额15.89亿美元，占到账外资总额的70%上。2008年，新批现代服务业项目23个，合同利用外资1.56亿美元，增长25.4%。2010年，服务业利用外资3.2亿美元，增长94%。2011年，利用外资由以第二产业为主向一、二、三产业协调发展转变，金融、地产等服务业领域利用外资取得突破；新批全市首家融资租赁行业外资项目云顶（山东）融资租赁有限公司，总投资3000万美元；新设全市首家外资银行——青州中银富登村镇银行，外资全部到位并正式营业；新批房地产外资项目2个，合同外资5735万美元，到账外资5271万美元。2012年，全市第三产业利用外资6232万美元，占全市8.1%。

2012年潍坊市外商直接投资产业分布统计表

表9－1－15　　　　单位：万美元

行业		项目个数	合同外资			实际到账外资		
			金额	同比（%）	占全市（%）	金额	同比（%）	占全市（%）
总计		46	193069	25.2	100	76812	6.5	100
第一产业		3	5272	−23.9	2.7	1900	−76.8	2.5
第二产业		19	168321	40.6	87.2	68680	25.8	89.4
第三产业	总量	24	19476	−29.3	10.1	6232	−33.3	8.1
	其中房地产	0	0	0	0	236	−95.5	0.3

投资软环境建设

1996年，市政府在坚持参加鲁台会、青交会、厦门洽谈会及组织一些小团组出国招商活动的同时，下大力气改善投资环境，加强对外商投资企业的管理和服务，制定完善对外资企业收费的登记制度。积极受理外商投诉，依法维护企业各方的合法权益。不定期地召开外商座谈会，随时听取外商的意见和建议，及时协调解决他们遇到的困难和问题，促进“三资”企业健康发展。1999年，市政府成立由主要领导任组长、分管副市长任副组长、市直有关部门主要负责人为成员的“市外资工作领导小组”，实行涉外部门联合办公制度。针对外商投资企业“三乱”现象，市政府出台《关于进一步改善外商投资软环境的意见》等3个规范性文件，以及《潍坊市向外商投资企业收费监督管理规定》《潍坊市外资企业收费手册》。设立公开投诉电话，并建立外商投资企业纠纷案件档案。当年受理外商投诉案件31起，处结28起，处结率为90%，受到外商好评。2000年，市政府主要领导带队，12个县市区长和市直有关部门主要负责人组成考察团，先后赴广东6市及河北、德州等地学习实施经济国际化、发展开放型经济的做法和经验。由市外经贸部门负责人带队，到东营学习加强外商投资软环境建设、实行“一站式服务”的做法和经验。赴青岛城阳等地学习加强开发园区建设、营造对外开放小气候、提高招商引资载体积极性的经验。同年，市政府召开全市实施经济国际化战略工作会议、开发园区建设工作会议和全民招商动员大会，以及全市农业经济国际化工作会议等一系列高规格、高层次的重要会议，在面上进行发动，在工作上具体部署，在全市掀起实施经济国际化、大干开放型经济的热潮。

2005年，全市抓开工建设，提高项目落地率。对欧美、日韩、东南亚等不同地区的项目，指定专人全程包靠，从签约、审批、注册登记到开工建设，实行“保姆式”服务。对重点项目，落实领导包靠责任制，每个大项目均由一名市级领导、一套班子帮助协调推进。抓协调服务，提高项目成活率。新开通中、英、日、韩4种语言的外商投资咨询服务热线电话，24小时解答外商投资中遇到的问题。派出调研组36个，深入基层就热点问题调查研究，落实解决措施。各县市区和市直有关部门结合保持共产党员先进性教育，狠抓投资软环境建设，提高服务效率，简化审批程序，促进利用外资发展。

招商活动

2000年以后，全市境外招商工作取得突破性进展。2002年，市政府围绕高新技术产业、农业、服务业、城市基础设施4大领域，组织赴日本、韩国、澳大利亚、墨西哥等地开展外经贸活动，谈成和落实一批利用外资大项目。2003年，潍坊组织实施“三个一百”工程：筛选论证100个重点项目，建成项目库，实行网上招商；聘请外国驻华机构代表、中国驻外使领馆商务参赞、市政府经济顾问、“三资”企业外方代表等层面的100名人员实行代理招商；联系100家跨国大企业与市内企业进行对接。突出抓好“非典”前后境内外招商活动，重点组织赴厦门、深圳两次高规格、大规模的专业招商活动，在日、韩、南非、俄罗斯、阿联酋、越南、新加坡7个国家成功举办一系列大型涉外经贸活动。

2005年，全市“引建管”并举抓外资，利用外资的质量和水平显著提升。新批外商投资企业441个，合同外资额17.58亿美元。以风筝会、鲁台会、菜博会三大品牌会展为依托，邀请40余个国家和地区近4000名客商到当地对接项目、洽谈合作，提升城市知名度和竞争力。境外重点开拓美洲、东南亚市场。美洲主要加大对美国的宣传推介力度，以办理美国领潮化纤项目为重点，不断邀请美国各层面的外商到潍坊访问。市领导多次率团赴马来西亚宣传推介项目，马来西亚经贸代表团多次到访，形成紧密的经贸互动关系。当年共组织14次境内外招商活动，750余家企业与外商面对面洽谈，签订外资项目192个，合同、协议利用外资29.32亿美元。

2006年以后，全市利用外资的质量效益进一步提高，高新技术和现代服务业项目增多，有力促进全市经济转型升级。2008年，新批高新技术项目16个，合同利用外资1.61亿美元，同比增长260%。2010年，全市利用外资工作突出“绿地投资”、境外上市、外资并购；突出“两国两地”（日本、韩国，北京、上海）重点招商；突出先进制造业、高新技术、现代服务业、现代农业等重点领域招商。新批先进制造业项目合同外资2.6亿美元。美国泰森、马来西亚石油公司2家世界500强投资企业落户潍坊。2011年，先后引进设立富港浩业环保科技、金轮胶业、中慧食品等近30个对产业升级和区域发展带动力强的外资项目，产业集聚发展优势进一步显现。2012年，市政府组织开展“百名外商潍坊行”、日韩招商、欧洲招商和中澳（潍坊）投洽会等系列活动，达成合作意向100余项。

第三节　对外经济技术合作

1991—1995年，潍坊市对外经济技术合作处于起步阶段，主要集中在外派劳务方面。1996—2000年，全市对外经济技术合作在多个方面取得突破，从对外承包劳务向承包工程、援外、境外加工装配等领域拓展。

2000年以后，在一批龙头骨干企业的带动下，全市国际经济技术合作快速发展，对外合作领域进一步拓宽，涵盖资源开发、产能合作、研发合作、企业并购等多个方面，境外投资额大幅增长。2011年，因山东电力建设第三工程公司迁往青岛，全市对外承包劳务营业额出现大幅下降。

2006—2012年潍坊市对外经济技术合作情况统计表

表9－1－16

年份	对外承包劳务（万美元）		外派劳务（人次）	境外投资	
	合同额	营业额		项目数（个）	协议投资额（万美元）
2006	143827	33025	5224	12	502
2007	158300	40200	5748	18	1562
2008	175000	83000	5842	25	4257.8
2009	290000	113000	—	28	9704
2010	421000	169745	5869	32	13000
2011	216425	—	6098	40	17868
2012	18889	—	5050	58	38287.5

对外承包工程与劳务合作

1991年，全市签订外派劳务合同8个，合同金额39万美元，完成营业额17万美元，外派劳务54人次，期末在外79人。1992年对外承包劳务工作稳步发展，12月，取得对外承包劳务直接签约权，结束了业务代理的历史。当年签订外派劳务合同10个，合同额70万美元，完成营业额38万美元，外派劳务205人次，期末在外115人。1994年，新签对外承包劳务合同额2347万美元，完成营业额435万美元；外派劳务1001人次，期末在外871人；外派劳务人员派往日本、新加坡、马来西亚、孟加拉国、巴基斯坦、阿联酋、阿曼、韩国、俄罗斯、美国、加拿大、德国、爱沙尼亚、巴西等16个国家和地区，集中在电子、轻工、建筑、机械、医疗卫生、饮食服务、农业种植和养殖业等行业。

1995年，国际经济技术合作快速发展。市政府承办外经贸部举办的第二期保护外派劳务人员合法权益培训班。组织有关县市区及部分企业到江苏、上海、浙江等先进省市考察，学习国际经济技术合作的先进经验并在全市推广。在北京举办潍坊市对外承包劳务联谊恳谈会，与50多家中央直属外经公司和国外承包商驻京机构建立联系，取得积极成效。潍坊市建筑安装工程公司获外经贸部批准，取得对外承包劳务经营权。对外工程承包方面，诸城建筑公司承揽老挝境内150千米的公路工程，合同额568万美元。1995年，全市新签对外承包劳务合同额3148.6万美元，比上年增长34.2%，居全省第二位；全年完成营业额1163万美元，比上年增长167.4%；外派劳务1301人次（含间接外派629人次），年末在外人数1500人，分别比上年增长30%、72.2%。全年新设海外企业44家（含直接在外注册23家）。到1995年底，全市海外企业累计106家。

1996—2000年，对外经济技术合作专业队伍加快壮大。1996年，潍坊市机电产品出口创汇大户——潍坊柴油机厂进出口公司获得对外承包劳务经营权，可承包与出口自产成套设备相关的境外工程和境内国际招标工程，并对外派遣相关的工程、生产及维修、售后服务等劳务人员，全市有对外承包劳务经营权的企业达到3家。潍坊昌大建设集团公司承揽外商在天津的独资商贸城工程，承包劳务合同额2184万美元；诸城建筑公司承建新加坡的多处政府租屋工程，承包劳务合同额1753万美元，完成营业额2249万美元；潍柴集团新签对外承包劳务合同额1047万美元，完成营业额1210万美元。2000年，全市新批境外企业5家，全市实有境外企业52家，列山东省各地市首位。新获批对外劳务经营权企业2家，有对外劳务经营权企业增加到8家。到2000年，全市签订对外承包劳务合同6482万美元，完成营业5171万美元，外派劳务1425人次。

2001年，景芝建工集团、山东巨龙建工集团新获对外承包劳务签约权。2004年，新批准设立境外投资项目（机构）5家，投资总额70万美元，全市境外项目累计71家，总投资达3381万美元。宏昌路桥新签1200万美元的蒙古公路工程项目，并被列入省重点向国外推荐的十家企业之一。

2002年，潍坊企业积极开拓对外承包劳务新市场。在东非、蒙古等新兴市场取得积极进展，新签合同额占全市当年总额的90%，弥补新加坡、孟加拉、伊拉克等市场的萎缩。2003年，推动境外加工贸易和经济技术合作，对外承包劳务在非洲和蒙古市场取得可喜成果，新签合同额7600万美元。2004年，成功举办“潍坊市2004（北京）对外承包劳务推介会”，市政府分别与中国国际承包工程咨询协会和中国国际经济合作协会签订长期合作协议，市内20家企业与中国海外工程总公司等签订合作协议。

2005年，全市组织实施“四个一”工程。主要内容是，建设一支队伍。帮助中潍劳务公司获得外派劳务经营权，潍柴集团、孚日集团股份有限公司两家企业获得物资项目援外资质，锦华包装、桑莎制衣公司等9家企业在境外设立资源开发、加工贸易企业和分支机构。在外经专业队伍中广泛开展诚信宣传，实行行业自律，规范经营行为。培植一批外派劳务培训基地。推广青州、潍城外派劳务基地建设的经验做法，推动有条件的县市区加快设立培训基地，为对外劳务合作企业培训和输送人才。年内临朐县外派劳务基地由省商务厅批准设立，全市的基地县（市）达到3个。开辟一方市场。组织企业重点开拓南亚及东南亚、南美等对外承包工程和劳务合作市场，不断巩固和深度开发日、韩研修生市场及蒙古等周边国家的承包工程、资源开发市场，继续开拓中东及非洲市场，迎接尼日利亚、斯里兰卡等国家外经业务考察团。通过这些活动，结识了客户、洽谈了项目、打开了市场。建立一套保障机制。研究探索行政、经济、法律等多管齐下的外经联动保障机制，青州劳务基地跨入全国先进行列，成为全国首批三大外派劳务基地之一，在全国、全省形成一定影响。

2006年，全市组织4次较大规模的专业公司和劳务基地宣传、对接、推介活动。先后举办外经业务培训班6期，培训400多人次。在巩固传统市场的同时，重点开辟非洲、南美和西亚市场，协助企业洽谈承揽12.36亿美元的印度电站等一批对外工程承包大项目。帮助具备资质的企业申请使用商务部对外承包工程风险基金3.2亿元，并协调解决20亿元的履约保函和预付款保函。帮助申请俄罗斯木材加工项目贷款贴息资金30万元，争取对外劳务合作专项资金和外派劳务基地扶持资金218万元。

2007年，对外承包劳务队伍不断壮大，全年新批准4家对外承包工程企业和1家对外劳务合作企业，外派劳务基地形成规模化效应。山东电力三公司和山东宏昌路桥有限公司跻身2007年度“全球最大225家国际承包商”行列，分居第161位和206位。

2008年，“走出去”队伍规模扩大。青州外派劳务服务中心被商务部确定为全省唯一、全国4家之一的国家级中韩雇佣制劳务合作地方公共机构，为全市对外劳务合作带来发展机遇。当年，山东电力三公司签订的合同额14.5亿美元印度电站项目是全省当年最大的对外承包工程项目；山东机械电子专业基地升级为国家级，帮助企业争取“走出去”各类无偿扶持资金1200余万元。

2010年，中韩雇佣制劳务合作顺利启动，首批500多名合格人员派遣工作有序展开，成功承办商务部中韩雇佣制劳务合作业务培训班，中韩雇用制对外劳务合作业务进入实质运行阶段。全市拥有对外承包劳务资质企业达到25家，总量居全省前列。新获对外承包工程资质企业3家，取得外派劳务培训机构（基地）资格8家。山东电力三公司入选全球国际承包商第79位，比上年提升16个位次，出口额占全市机电产品出口比重达到55%，带动全市机电产品出口大幅增长。惠源国际、宏昌路桥、潍坊交运等企业开辟新的国际市场，实现外派劳务质量规模的全面提升。

2011年，山东电力三公司与印度泰米尔纳德电力公司1200兆瓦燃煤电站二期合作项目合同额10亿美元，是当年全省最大的海外承包工程项目。商务部在潍坊开展劳务合作服务平台建设试点，核准设立潍城、青州、临朐3家对外劳务合作服务平台；推进中韩雇佣制劳务实现首次派遣，派出规模列全国4大机构前列。

设立境外企业

1999年，诸城大业集团采取带料加工、就地销售的形式，在菲律宾办起摩托车组装厂，带动了国内原材料、零部件和技术出口，成为潍坊市第一家境外办厂企业。

2001年，潍坊市组织实施“走出去”战略，以境外加工贸易和对外承包工程为重点，鼓励和支持具备条件的企业，利用具有比较优势的成熟技术开展境外加工贸易项目。潍坊顺昌公司、山东海化进出口公司在韩国设立分公司获外经贸部批准。

2002年，市政府鼓励企业走出去发展，带动相关机电设备、原材料等产品出口，“走出去”战略取得初步成效。全年新批境外企业7家，累计在海外设立境外企业63家，仅晨鸣和海化就新设立4家境外企业。2003年，企业“走出去”的势头进一步增强。市委领导带队两次远赴非洲，开拓新兴市场，加快企业“走出去”步伐。全年新设立境外企业5家，其中4家为境外资源开发、生产和境外加工贸易项目，占总额的80%，诸城得利斯集团的加拿大鱼粉、鱼油加工项目获商务部批准。

2007年，全市在境外新设立生产型企业12家，投资领域涉及纺织、服装、木材、渔业、（农）水产品加工、农业种植等行业，投资国别（地区）集中在俄罗斯、日本、韩国。2010年，全市69家公司分别在日本、美国、德国等十几个国家和地区设立企业。昌邑仕文织造有限公司在乌干达合资成立丽迪亚家纺有限公司，被列为乌干达财政部重点扶持项目，是全市第一个在非洲正式投产的境外生产加工项目。寿光金马发制品、诸城荣利中石油机械、赛马力发电设备等公司分别在朝鲜、乌克兰、巴基斯坦设立合资公司。

2011年，优势产能境外转移稳步推进。全市有19家企业投资1.3亿美元，在境外设立生产加工基地和贸易公司，涉及纺织、化工、木材、机械等行业。昌邑仕文织造在坦桑尼亚、肯尼亚设立两家纺织加工企业，潍坊辉耀包装制品有限公司在越南设立塑料制品生产加工项目。

2011年，海外工业园区建设取得突破。诸城桑莎集团投资5000万美元在柬埔寨建设工业园，带动全市部分中小企业配套跟进发展，既充分利用当地充裕廉价劳动力优势，又享受无配额限制和零关税待遇。同样，以桑莎集团为主建设的柬埔寨山东工业园正式挂牌，成为潍坊市第一家境外工业园区，也是全省第一家在柬埔寨设立的工业园。

跨国并购

2008年，潍柴动力、孚日控股、恒联纸业设立4家境外企业，总投资额2513万美元。其中孚日控股投资935万美元认购德国约翰纳太阳能股权项目，是全市首次以并购方式实现的境外投资。2009年，潍柴动力收购法国柴油发动机企业博杜安，获得这家百年发动机厂商的品牌、技术和市场渠道；天翔航空科技公司收购美国发动机公司，成功获得国外核心技术和市场网络。2010年，诸城顺合木业有限公司、潍坊汇力达钢管有限公司、潍柴集团和潍坊宏仁肠衣公司分别并购俄罗斯、韩国、法国、美国企业，山东恒易投资集团投资560万元参股加拿大科瑞士资源公司开采美国铜矿。潍坊汇力达钢管有限公司并购韩国GHS公司，取得180多件国际专利，销售体系遍布韩国140多家乐购超市。2012年，潍柴集团先后并购意大利法拉帝和德国凯傲公司，其中对德国凯傲公司投资7.38亿欧元，是当年中国企业在德国最大的一笔直接投资。

境外资源开发

2010年，诸城松源木业有限公司、诸城顺合木业有限公司在俄罗斯新获8000公顷森林采伐权，年可采伐木材20万立方米。山东恒易投资有限公司顺利参股加拿大科瑞士资源公司开采美国佛罗伦萨铜矿项目。2011年，境外资源开发取得较大突破。山东海王化工股份有限公司在老挝开发钾盐矿，圣龙集团在马来西亚进行棕榈园种植加工，寿光富士木业有限公司在厄瓜多尔采伐加工木材，寒亭海丰公司在印度进行盐化工资源开发，诸城顺合木业有限公司和诸城松源木业有限公司在俄罗斯进行木材加工。农业综合开发项目取得新进展。高密市锦昉棉业科技有限公司在津巴布韦投资8000多万美元，从事棉花种植、加工项目，是全市最大的境外农业投资项目。2012年，境外金矿及钾盐矿开采、木材加工、棉花种植、房地产开发等项目取得较快进展，年内回运棉花9000吨、木材20万立方米。

援外工作与境外研发机构

1996年，援外工作取得突破。潍坊企业利用中国政府援外基金、优惠贷款在拉脱维亚加工生产中密度纤维板项目，在圭亚那兴办农业开发项目，在缅甸建立柴油机厂项目，分别与外国政府、企业达成合作意愿。2012年，福田雷沃援助蒙古国8000台（套）农机具等3个援外物资和培训项目实施。当年，临朐朐山医院在塞拉利昂投资的塞中友好医院挂牌营业，是潍坊市兴办的第一家海外医院。

2008年，境外地质勘查项目取得突破性进展，省第四勘查院在蒙古设立蒙古鸢都矿业有限公司，从事地质勘查及相关技术咨询与服务。2011年，海外研发中心建设实现突破。歌尔电子、共达电声、山东默锐化学有限公司等合资设立海外研发中心。2012年，寿光蔬菜集团收购荷兰亚细亚种业集团蔬菜种子研究所，第一个海外蔬菜种子研发项目投入建设。

第二章 招商引资

1991年之后，通过各级党委、政府的不断推动，潍坊市外向型产业在工业、农业等领域开始快速发展。2000年始，全市招商引资工作得到极大发展。2005年，全市落实到位资金621.1亿元。通过招商引资，各县市区相继引进一些大、高、外项目，一批优强企业迅速崛起，一批支柱产业提升壮大，一批“大、高、外”项目加快聚集，一批知名品牌在国内外打响，逐步形成一批新的经济增长点，为全市经济持续快速健康发展积蓄能量、增添后劲。同时，一大批基础设施工程相继竣工并投入使用，生态潍坊建设的“十大工程、百个项目”全面启动，城市功能得到完善，城市品位得到提升，发展环境更加优化。

“十一五”期间，全市把招商引资作为促进科学投入的主动力来抓，强化工作措施，创新工作机制，保持全市招商引资工作的有序、健康和持续发展。2010年，全市到位市外资金782.3亿元。“十一五”期间，全市举办重点招商活动59项，签订合同项目2364个，合同利用市外资金3408亿元。美国卡特比勒、沃尔玛、日本伊藤忠、德国贝尔、香港霍氏集团、台湾大同集团、中海油、阳光100等一大批世界500强及国内外知名大企业集团在潍坊安家落户。

至2012年底，新批外商投资项目46个，合同利用外资19.3亿美元，增长25.2%。实际到账外资7.7亿美元，增长6.5%，其中，新批总投资1000万美元以上的外资大项目17个，占新批项目总数的37%。

第一节 招商体制机制

1991年后，潍坊市招商引资工作主要由市外经委负责。2000年5月，成立潍坊市招商工作委员会（市招商委），由市长任主任，市委常委、人大、政协等有关领导及市政府副市长任副主任，市直有关部门单位负责人为成员。市招商委下设潍坊市招商工作委员会办公室（简称市招商办），对外挂潍坊市招商局牌子。市招商办作为市招商委的常设办事机构，承担市招商委的日常工作，负责全市招商引资工作的组织实施。各县市区、市属开发区均成立招商局，在全市初步形成完备的组织机构。2000年6月26日，市委、市政府决定在全市实行招商引资工作目标责任制，市委、市人大、市政府、市政协及各县市区，市属各开发区，市直各部门、单位（包括市直机关、垂直管理单位）和市属重点企业承担招商任务指标，全年分配任务指标8.51亿美元。筛选确定100多个重点项目，建立全市项目库，各县市区、各部门单位建立各自的项目库，全市共入库招商项目860多个。建立委托代理招商网络，市招商办聘请8个境外机构和14名知名人士作为全市的境外招商代理，与国内外40多个中介机构或中介人建立长期固定联系，同时与市内20多个乡镇或开发园区签定联合招商协议，在全市初步形成境外委托代理招商与境内联合招商相结合的招商促进机制。实行招商引资工作调度制度，每月进行一次统计调度，每两个月召开一次现场调度会。市人大、市政协还在全市建立人大代表、政协委员招商引资专项视察制度。各级各部门建立监督、检查制度，随时调度掌握工作进展情况。12月，组织开展全市招商引资半年总结考核，评选全市招商引资先进单位、落实改善投资软环境部门责任制先进单位、联合办公大厅文明窗口单位和个人、外商投诉受理先进单位和个人，对招商引资引荐人进行考核认定。各县市区也对各自的招商引资项目和引荐人进行考核认定。市县两级共兑现引荐项目奖金600多万元。

2001年6月，市委、市政府重新制定下达2001年下半年和2002年的招商引资任务指标，全市分配招商引资年度计划16亿美元，确定到2002年底引进外资24亿美元。坚持实行招商引资工作调度制度。市招商办先后在诸城、高密、昌乐、寿光、海化等地召开招商引资现场调度会。组织两次全市范围的招商引资考核工作，为招商引资工作的深入开展和领导决策提供可靠依据。

2002年，市委、市政府继续加强对全市招商引资工作的调度考核，实行平时跟踪调度考核和半年、年终考核相结合，定期召开全市招商引资月度考核认定工作会议对考核工作进行部署安排。全年调度统计数字情况12次，分别在深圳、寿光、青州、昌乐等地组织召开现场调度会议。年底重新分配下达2003年招商引资任务指标200亿元。市直兑现招商引资引荐人奖励80.9万元。

2003年，市委、市政府把招商引资作为经济工作的重中之重，全市上下牢固树立“潍坊以外就是外，借助外力加快发展”的思想观念，各级各部门把招商引资作为“要务之要务、重点之重点、中心之中心”来抓，实行全民招商。制定实行招商引资目标责任制，从领导到一般干部，从党政机关到企事业单位，从市直部门到垂直管理部门，层层落实任务指标，2003年全市下达任务指标200亿元，下半年将任务指标调整到300亿元。建立完善“月考核、季调度、半年总结、年终表彰”的招商引资工作调度制度，市招商委制定印发《潍坊市招商引资考核认定办法》，市招商局配套印发《关于对全市招商引资项目实行月度考核认定的实施意见》等，明确考核认定的程序和要求，并对目标责任制单位的考核结果，每月在《潍坊日报》上予以公布，推动全市招商引资考核认定工作的顺利开展。强化招商考核奖惩落实，按规定补助招商引资活动经费，全年市、县、乡三级共兑现活动经费6365万元。市招商局牵头建立全市招商引资项目库，项目库按照产业分9个类别，以统一标准编辑整理300多个招商引资项目，并筛选部分重点项目制作中、英、韩、日4种语言对照的招商项目册和多媒体项目资料。建立包含国内外客商共1000多人的客户资源库，在不同国家和地区聘请112个招商代理机构和招商代理人，在日本、新加坡派驻招商代表。开拓电子商务渠道，建立潍坊市专业招商门户网站。

2004年，成立潍坊市招商引资项目评审委员会，从7个部门抽调业务骨干，对全市目标责任制单位每月进行一次考核。对投资1亿元以上的大项目，建立大项目落实责任制，每个项目落实包靠领导，对项目进展情况一月一调度，并将调度情况在《潍坊招商动态》通报。全市下达任务指标400亿元，全市164个招商引资目标责任制单位，落实招商引资项目的单位138个，占责任制单位总数的84.1%，有105个单位超额完成全年任务指标，占责任制单位总数的64%。健全全市专业招商门户网站和招商引资项目库，按统一标准编辑整理2200多个招商引资项目，总投资额1500亿元。建立包含国内外客商共8000多人的客户资源库，在不同国家和地区聘请210个招商代理机构和招商代理人。

2005年，重新修订《潍坊投资指南》，编印

《潍坊滨海项目区投资指南》和《潍坊滨海项目区重点招商项目简介》，在各类招商活动中开展推介宣传。全市分配计划指标500亿元，分配工作目标600亿元。全年全市166个招商引资责任单位，完成全年计划指标的单位143个，完成工作目标的单位130个，完成全年招商引资任务的单位141个，分别占责任制单位总数的86.1%、78.3%和84.9%；未完成招商引资任务的单位25个，占责任制单位总数的15.1%。2005年，全市市、县、乡三级财政兑现招商经费补助9580万元。

2006年2月，召开全市对外开放工作会议，对2005年全市招商引资目标责任制完成情况兑现奖惩，表彰招商引资工作先进单位和先进个人，对招商引资项目引荐人兑现招商经费补助，下达2006年全市招商引资计划指标和工作目标。对《潍坊市招商引资考核认定办法》进行修订补充，对网上申报考核系统进行修改，进一步完善“项目联审、结果反馈、责任到人、定期调度”机制，将每月的招商引资情况以《统计月报》的形式进行发布。

2007年，潍坊市从10个部门抽调业务骨干成立考核认定工作小组，采取“看项目材料与项目现场相结合”的形式进行考核认定。每季度对各县市区、市属开发区和市直部门单位引进的市外资金情况进行调度统计，调度统计结果进行内部通报。筛选重点项目300多个，并对其中的55个项目以统一标准对项目进行包装。充分利用好网上招商平台，印发《潍坊市招商网站管理制度》。

2008年，市招商办围绕支柱产业和新兴产业现状、发展规划、招商重点，制定《关于进一步加强产业招商和专业招商的意见》。市委领导每季度对分管部门单位的招商引资进展情况进行调度，推动招商引资工作深入开展。筛选包装54个重点招商引资项目，对潍坊招商门户网站内容进行扩充改版，开通网上洽谈室，实现24小时在线洽谈。

2009年，潍坊市招商考核工作由市招商局划转到市统计局。全市招商工作思路进一步转变，以突破欧美、开拓中东、扩展中国香港和中国台湾、巩固日韩为基本构想，根据潍坊市产业调整需要，着力抓好以引进境外资金、进口关键设备、购买先进技术、收购知名品牌为主要内容的境外招商。同时，以长三角、珠三角地区和加速接轨青岛为主攻方向，着力抓好以引进“三高一低一无”等蓝色经济项目主要落户北部沿海地区为重点的境内招商。市招商局机关设立4个招商小分队，围绕重点产业，实行专业招商。潍坊招商引资网挂靠到国际认同度高、点击率高、招商效果好的商务部中国国际投资促进平台。采取“台湾媒体看潍坊”的形式，与台湾媒体合作编辑《魅力潍坊》图文宣传册，向台湾工业总会、商业总会等工商团体及其会员企业派发3000多家。筛选包装200个重点招商引资项目，并制作《潍坊市重点投资合作项目》册。

2010年，潍坊市推进招商引资向选商引资转变，严把招商引资项目入口关，实现全员招商向小分队招商转变，有针对性地开展“定向、定点、定人”招商。积极推进项目招商向产业招商转变，注重产业链发展和延伸，发挥以项目引项目的优势，增强产业对资金的吸聚能力，培育“狮群经济”模式。围绕先进制造业、现代服务业、现代农业、文化产业、节能环保、改善民生6大领域，编制《潍坊市重点投资合作项目》册，制作播放重点投资促进项目多媒体。

2011年，市招商办筛选包装200个招商引资项目，制定《潍坊市招商引资谈判工作程序和合同要件指引》，印发《关于建立全市重点招商活动签约项目跟踪问效机制的通知》，加强对所承办活动签约项目的跟踪督查和调度。

2012年，潍坊市注重加强与科研机构和高等院校的合作，先后引进国家海洋局天津所在滨海区建立潍坊海水综合利用与新能源研发平台、潍坊鲁中地区澳柯玛营销有限公司总部等项目，还与全球中小企业联盟、中国社会科学院、北京大学、清华大学等20多家院所和中介机构建立联系或投资合作关系。先后赴上海等长三角地区、北京等京津地区、青岛等省内先进地区考察学习，并对先进制造业、现代农业等产业发展情况以及潍坊市日韩企业投资情况、专业园区发展情况进行专题调研。市政府印发《潍坊市重点产业项目投资激励政策》《鼓励企业事业单位总部（分支机构）在我市发展的意见》。建立潍坊市招商信息管理系统，对全市土地、厂房、重点客商等招商资源进行整合和共享，实现对招商项目洽谈、节会活动组织、来访出访等日常工作的在线管理。

第二节　支持政策

2000年，潍坊市出台一系列鼓励外商投资的优惠政策，以促进项目落地。在地方政府奖励政策方面，新办外商投资企业及原有企业增资项目，以其对当地政府财政贡献的大小，由当地政府在一定年限内按所贡献数额的一定比例给予奖励。新办生产性企业及原有生产性外商投资企业增资项目，按对当地政府财政贡献的40%给予奖励；其中认定为高新技术项目的，按对当地政府财政贡献的60%给予奖励。奖励年限最长为5年；收购或投资现有生产性企业的，以原企业上年贡献为基数新增贡献部分，比照上条规定予以奖励；按规定程序批准的新办注册资本在100万美元以上的服务业企业，经营期在10年以上的，按对当地政府财政贡献的30%给予奖励；其中注册资本在200万美元以上，且年营业额在2000万元以上的，按对当地政府财政贡献的40%给予奖励。符合上述条件的原有外商投资企业增资项目按以上标准给予奖励。这类企业奖励年限最长为3年；投资能源、交通基础设施项目，经营期在15年以上的，按对当地政府财政贡献的20%给予奖励，奖励年限最长为5年。原有外商投资项目增资部分按该标准给予奖励；投资从事种植业、林果业、畜牧业、水产养殖业的，按对当地政府财政贡献的60%给予奖励，奖励年限最长为8年。原有外商投资项目增资部分按该标准给予奖励；以高新技术成果作价出资的，经市科技行政主管部门审核，其作价出资的金额与注册资本的比例可达35%，特殊情况经有关部门批准可突破35%。在行政事业性收费优惠方面，外商投资新建项目在申办、注册过程中，除注册登记费外免收其他行政性收费，原有企业增资项目免收注册登记费；涉外中介服务机构（如验资、评估、劳动就业服务、税务代理、公证等）对外商投资企业的收费不得超过上级规定最低收费标准的50%；国家及省法律法规规章涉及现有外商投资企业的行政性收费项目，市级以下政府无权减免的一律按下限征收；涉及现有外商投资企业必须缴纳的各项事业性收费，不得超过上级规定最低收费标准的50%；新建外商投资企业和外商投资企业增资项目按规定程序审批后，5年内免征河道工程维护费。

2004年，潍坊市对优惠政策进行重新调整，对大项目、科技含量高的项目、投资强度大的项目落实招商引资优惠政策。对招商引资引荐人实行重奖，对引进投资100万元以上的工业项目，奖励比例由原来的1%提高到2%，对引进世界500强企业的，除按规定给予奖励外，再由市财政给予5万元以上一次性奖励。市招商局还联合有关部门制定出台一系列针对外来投资者的优惠举措，如对外来投资者发放“车辆优待证”，发放“就医保健证”，对外来投资者子女提供入学方便等。

2007年，市招商委印发《潍坊市招商引资工作激励政策规定》，调动各级各部门单位招商引资积极性，鼓励引进符合国家产业政策、科技含量高、符合环保要求的项目，突出对高新技术、服务业、环保节能、先进制造业等产业的招商引资。

2008年，市政府印发《潍坊市重点产业投资优惠政策》《优惠政策实施细则》。在优惠政策制定过程中，注重把握“有所为有所不为”、避免与中央、省有关政策直接冲突和顺应现行财政体制三个原则，改变过去不论项目大小都“普惠制”的思路，把有限的优惠政策集中到现代业态项目上，重点在土地、税收、规费以及奖励等方面给予扶持。优惠政策总体上体现综合性、科学性、导向性、可操作性和可承受性等5个特点，在产业发展重点，特别对新型业态项目上体现较强的导向性。

第三节　重要招商活动

2000年，潍坊市组织参加厦门投洽会、深交会、广交会等大型经贸会，在温州、深圳、厦门、泉州等地组织开展经济合作恳谈会等活动，接待美国、新加坡、日本、韩国等国外以及深圳、温州、上海、北京省外招商考察团组30多个。2000年9月9—12日，由市长王伯祥为团长，市招商办、三产办、工商局、个私办、计委、经贸委、国土规划局等有关部门负责人参加的潍坊市招商引资活动代表团赴温州开展大规模的招商引资活动。会议期间，先后有676位温州客商与招商团进行接触洽谈，共签订意向协议85个，投资10.3亿元，其中温州方投资9.5亿元；5000万元以上的项目2个，1000万元以上的项目27个，500万元以上的项目6个；市场项目18个，生产加工项目42个，房地产项目8个，其他项目17个。

2001年，全市先后组团参加在烟台举办的APEC投资贸易洽谈会、青岛家电产品展览会、厦门“九八”第五届中国投资贸易洽谈会，赴韩国、日本开展招商活动，接待美国、新加坡、日本、韩国以及深圳、温州、上海、北京等地招商考察团组。特别是结合风筝会、鲁台经贸洽谈会和国际蔬菜博览会“三会”召开，开展专题招商，其间签订招商引资项目187个，合同、协议利用外资5.4亿美元。

2002年3月22—29日，市招商局组织17个工作小组在深圳及周边地区分头招商，洽谈项目，集中举行新闻发布会、山东潍坊投资环境说明会，市领导、国内外客商、新闻媒体等700多人参加说明会，对谈成的20个重点项目进行现场签约。活动期间，共达成项目合同、协议87个，总投资额4.21亿美元，合同协议利用外资3.15亿美元，其中签订合同项目30个，总投资6502万美元，合同利用外资5396.38万美元。国际风筝会、鲁台经贸洽谈会、国际蔬菜博览会“三会”期间，全市签订项目合同、协议203个，总投资额7.3亿美元。

2003年，全市各级各部门积极“走出去、请进来”，高档次、高标准组织落实各项招商活动，签定合同项目525个，合同利用外资634亿元。境内组织鲁台经贸洽谈会、国际蔬菜博览会、昌乐宝石节、青州花卉博览会、鲁韩经贸研讨会，在温州、厦门、深圳、广州、哈尔滨等地开展招商活动。境外组织赴俄罗斯、韩国、日本、马来西亚、新加坡、美国、德国等国家20多个重点城市开展大规模的招商活动。国际风筝会、鲁台经贸洽谈会、国际蔬菜博览会“三会”期间，全市签订合同、协议项目451个，合同、协议利用市外资金215亿元，其中境外资金13.7亿美元。温州招商活动，签定合同项目46个，合同利用外资额46.4亿元。赴日本、韩国和中国香港开展招商引资活动，签订合同项目34个，合同利用外资7.2亿美元。

2004年，全市重点围绕海洋化工、纺织服装、机械制造、食品加工、造纸包装、电子信息六大支柱产业，充分挖掘现有骨干企业内在的潜力和活力，通过招商引资做大做强，加快规模膨胀和发展速度。潍柴工业园、亚星工业园、恒联数码新材料、寿光晨鸣、高密孚日、诸城福田、昌邑海天生物化工、坊子恒安纸业、海化氯碱树脂等大企业新上项目发展加快。海化集团与日本伊藤忠株式会社的合作项目、山东工程机械与美国卡特比勒公司的机械制作项目、亚星集团与德国贝尔项目等投资大、效益好、质量高，对全市经济发展起到大的拉动作用。随着全市投资软硬环境不断改善，各地新上项目进展速度明显加快，特别是一批大项目，几个月时间就拔地而起甚至投入生产。潍柴工业园仅用半年时间，就基本完成一期工程，并开始投产运营。投资20亿元的恒安纸业项目，仅用3个月时间，主体工程基本完工。福田重工2万平方米的加工车间仅用3个月时间就投入使用。投资15亿元的豪德光彩贸易广场项目从谈判到开工不到4个月时间。

2005年，市县各级领导带队招商，广泛联络，推介宣传，登门拜访，洽谈项目，在当地政界、商界、企业界产生很大影响，掀起一股“潍坊热”。3月，杭州招商活动，全市签订合同项目74个，合同利用外资104.4亿元。6月，深圳招商活动，在《深圳商报》上连续刊发18期专版，全方位宣传推介潍坊，深圳及周边地区许多客商到现场参加活动，发挥良好的宣传效果，整个活动签定合同项目75个，合同利用外资额165.2亿元。风筝会期间，全市举办马来西亚文化周等各类经贸洽谈活动20多项，邀请参会国内外客商5400多人，签定合同项目147个，合同利用外资158亿元，取得风筝会招商引资的历史最高水平。鲁台会期间，全市邀请与会客商4300多人，签定合同项目368个，合同利用外资312亿元，其中，合同利用境内资金189.2亿元，境外资金14.8亿美元，创下历史最好水平。为突出滨海招商主题，在英国等国家以及北京、广州等地开展专题招商活动，引进一批国内外知名化工企业到滨海项目区落户。全市先后派出专业招商人员7000多人次，签订合同1203个，合同利用外资759.6亿元。其中，10项境内招商活动签订利用境内合同958个，合同利用外资601.7亿元，签订利用境外合同113个，合同利用境外资金9.1亿美元；7项境外招商活动签订利用境外资金合同132个，合同利用境外资金10.2亿美元。全市招商活动签订合同项目228个，投资626亿元，合同利用外资527亿元。

2006年，组织开展长江三角洲地区春季招商活动，签订合同项目40个，总投资125.2亿元。第二十三届潍坊国际风筝会招商活动，邀请国内外客商400多人参会，对33个大项目在项目签约仪式上进行集中签约。滨海项目区招商万里行活动，集中登门拜访12家协会和企业，先后推介项目35个，签定合同、协议项目9个，合同、协议利用外资10.8亿元。京津地区夏季招商活动，全市洽谈项目226个，投资282.3亿元，其中签订合同项目113个，合同利用外资额106亿元。鲁台会招商活动，全市洽谈项目551个，其中签定合同项目240个，合同利用市外资金275.14亿元。

2007年，全市重点招商活动累计签订合同项目574个，合同利用外资847亿元，其中“走出去”举办重点招商活动签订合同项目147个，合同利用外资307亿元；利用风筝会、鲁台会、菜博会等节会平台“请进来”举办招商活动签定合同项目427个，合同外资额540亿元。另外，青岛（潍坊）周期间全市洽谈项目307个，投资358亿元。

2008年3月，以化工和机械制造业招商为主题，在北京组织举办“潍坊市化工、机械制造类招商项目对接洽谈会”，洽谈项目20个，投资62.7亿元，其中利用市外资金41.6亿元。4月，风筝会期间，组织开展浙商潍坊行活动、滨海国际经济合作发展论坛、百名企业家潍坊行等一系列经贸招商活动，签订合同项目181个，投资358.4亿元，合同利用外资279.3亿元。7月6日，在上海举办现代服务业专题招商活动，签定现代服务业项目32个，总投资额151亿元。9月，鲁台会期间，组织服务外包项目对接恳谈会等一系列招商活动，签订合同项目181个，合同利用市外资金276亿元。10月上旬开展（青岛）潍坊周招商活动，组织2008（青岛）潍坊周投资说明会暨招商项目推介会，签订合同项目19个，合同利用市外资金72.24亿元。10月14日，在深圳举办“潍坊（深圳）重点招项目推介会暨合作项目签约仪式”，签订合同项目18个，合同利用市外资金39.05亿元。除组织开展以上6项专题招商活动外，还组织举办企业上市、先进制造业、烟台果蔬会等3项专业招商活动，组织签约合同项目450个，合同利用市外资金708亿元。

2009年，全市重点推进香港戴纳普投资有限公司、澳门宝龙集团、印度尼西亚海钻集团投资城市综合体项目，乌泽尔拖拉机工业园和美国科聚亚公司精细化工等工业项目，台湾科技（模里西斯）有限公司投资高科技人造木材、美国能量发电机等高新技术项目，上海复兴医药股权投资等融资项目，深圳中信星光名庭房地产公司投资轻轨等基础设施项目。对签约的美国抛尔麻克公司总投资10亿元、一期投资3亿元的大功率LED芯片切割与封装项目，广东昊天投资发展有限公司投资15亿元的汽车城项目，华润集团投资10亿元的风力发电项目，大唐集团投资5亿元的风力发电项目，台湾大润发集团投资5亿元的商居开发和大型超市项目，韩国（株）世元电子有限公司总投资200万美元的电子项目等项目重点包靠推进。

2011年，风筝会期间，集中签约33个招商引资项目，合同利用市外资金257.5亿元。突出央属企业招商，市招商局在对121家央属企业主业状况、发展战略、研发动向等信息梳理分析的基础上，召开全市招商局长会议，专题研究与央企主动对接。9月15日，市招商局牵头组织承办北京战略合作推介会。邀请21家中央直属企业决策层领导、110家中国品牌企业负责人、23家世界500强企业驻华代表以及9个外国驻华商务机构负责人参会。会上，推出200多个重点招商引资项目，对潍坊与国电集团新能源开发等25个重点合作项目进行现场签约，合同（协议）利用市外资金597亿元，其中合同项目24个，合同利用市外资金397亿元；协议项目1个，协议利用市外资金200亿元。市招商局还先后组织部分县市区、开发区赴国内重点区域，开展30多人次的专业招商活动，洽谈推进重点项目20多个，计划投资250多亿元。赴北京、上海、海南等地重点推进投资80亿元的中国（潍坊）特奥运动综合训练基地、元亨置业投资20亿元的高密现代物流园、联丰集团投资8亿元的大型购物中心及酒店建设、双虎实业投资5亿元的高档家私生产销售基地、大唐集团及国电集团投资新能源开发等项目；赴广州、深圳等地重点推进广东奥威斯集团投资50亿元的海上乐园、广东三和集团投资2亿元的高强度桩基生产、投资8亿元的和美（潍坊）新材料等项目；赴福州、温州等地重点推进福建华坤集团投资30亿元的安顺片区城市综合体、温商企业投资集团投资20亿元的诸城旧城改造等项目；赴青岛等地区重点推进投资8亿元的清华（潍坊）科技园项目。同时，市招商局还有针对性地组织开展对西部大型煤炭企业的招商和总部经济招商。

2012年4月，在深圳组织举办潍坊（深圳）实施“蓝黄”战略合作恳谈会，邀请“珠三角”及港澳地区的商会、中外企业负责人230人参会。9月在上海举办潍坊（上海）实施“蓝黄”战略合作恳谈会，邀请中外企业及中介机构400多名客商参会。10月组织欧美企业合作对接会，与全球中小企业联盟、中美总商会、德国城市议会、德中经济联合会签署合作框架协议，推动双方进一步的投资合作。筹备北京招商活动，初步对接联系央属企业、世界500强及驻华商务机构、品牌企业、科研院所和中介机构负责人等195名重点客商。

2000—2012年潍坊市招商引资到位资金统计表

表9—2—1　　单位：亿元

年份	到位资金
2000	83
2001	169.8
2002	273.8
2003	406.4
2004	538.7
2005	621.1
2006	591.1
2007	610
2008	630.5
2009	691.5
2010	782.3
2011	920.6
2012	1102.5

2012年9月，潍坊（上海）实施“蓝黄”战略合作恳谈会

第四节　投资服务与招商载体

投资服务

2000年6月，市委、市政府设立外商投资服务“一站式”联合办公大厅，集中相关的36个部门单位，对外来投资项目实行“一门受理，联合审批，一口收费，限时办结”。对收费项目进行减免，简化审批程序，制定节假日预约办公、联合会审等制度，加快项目办理进度，并在全市开展“外来投资优质服务月”活动。大厅开业一年新办外商投资项目280个，接待咨询2200余人次，减少收费40多万元。各县市区结合实际，分别推行“一站式”或“包揽式”服务，成立专门的项目办理班子全程负责一切手续的办理，方便外商到潍坊投资。全市取消有关外商投资收费项目1199项，降低收费标准48个，减半收费2122个标准。为维护外来投资者的合法权益，市委、市政府制定印发《关于改善外商投资软环境实施部门责任制的意见》等一系列文件，在市直机关组织开展“学习文件，改善投资软环境”活动，成立外商投诉受理中心，公开投诉举报电话，专门受理干扰投资者正常经营的各类投诉。投诉中心采取召开投诉案件处理情况调度会和外商座谈会、发放投资软环境调查问卷、建立外商联系网络等方式，实行公检法轮流值班制度，发挥监督协调职能，加大查处力度，规范执法部门的执法行为。市纪检监察部门还对重点投资企业实行挂牌保护。对难度较大的历年外商投诉积案，市政府分管领导亲自主持召开协调会，面对面逐一协调处理。市外商投诉受理中心成立一年共受理各类投诉99起，其中自身受理87起；处结86起，处结率87%。各县市区也结合实际积极探索改善软环境的有效办法，青州、昌乐、寒亭设立经济环境治理办公室和经济110等，促进全市招商引资工作的开展。

2001年，市招商局会同市委组织部、市人事局印发《联合办公大厅“一站式”服务人员管理暂行办法》，研究制定《年度目标考核办法》《工作人员管理办法》等一系列意见和制度，对大厅工作人员由市委组织部、市人事局和市招商局共同考核，规范大厅管理，增强窗口工作人员的责任感。将外资企业的年检和电子口岸执法系统的审查登记工作转移到大厅办理，实行联合办公，为外商提供方便，扩大服务职能。在深入调查研究的基础上，市政府印发《关于加强外来投资项目建设和生产经营期间管理与服务的意见》，规范行政执法部门的管理行为，提高服务质量和水平，对改善投资软环境方面发挥重要的作用。市招商局牵头制订《关于创建市外商投资服务“无费大厅”的实施方案》，从7月开始，把联合办公大厅变成“无费大厅”，外来投资者办理前期审批项目，除工商注册登记费以外，一律免收，所需费用由市财政统一承担。2001年，在联合办公大厅新批准注册外来投资企业466家，其中外资企业252家，内资企业214家，合同引进外资25223万美元，办理企业组织机构代码334家，验证资本880万元，规划建设用地310亩，办理税务登记449家，接待外来投资者咨询2000余人次。

2002年4月16日，成立市政务大厅。大厅集中有关的40个部门，扩大服务职能。为实现政务大厅“一口受理、当场办结”和“一口受理、包揽服务、限时办结”的运行方法，市招商局出台政务大厅《各窗口单位工作范围及职责》《对外来投资项目行政事业性收费管理暂行办法》《关于充实市政务大厅进驻单位服务职能的通知》《关于对市政务大厅部分进驻单位实行“一口受理，包揽服务，限时办结”工作方式的通知》，形成规范完备的管理体制。在政务大厅设立外来投资项目行政事业性收费中心，将第一批涉及8个单位的25项行政事业性收费纳入市政务大厅，实行“一口收费”，从源头上杜绝搭车收费等乱收费行为，得到外来投资者的高度评价。在大厅内设立投诉监督台，出现问题外来投资者可随时进行投诉，随时处理。从社会各界聘请30名政务大厅特邀监督员，定期对大厅工作进行评议监督。到12月底，市政务大厅新批准注册外来投资企业415家，其中外资企业220家，内资企业195家，合同引进外资38779万美元，办理企业组织机构代码342家，办理税务登记405家，接待外来投资者咨询1500余人次。

2003年3月，召开全市加强经济发展软环境建设工作会议，专题部署经济发展环境治理工作，充分调动服务者的积极性。会议提出在全市实行25条规定和措施，如实行有奖举报制度，坚决制止“三乱”行为；对各类园区实行“封闭式”管理；开展企业评部门、企业评机关工作人员的“双评”活动等，增强服务者的服务意识，促其提高服务质量和水平。

2008年，为及时、准确地发布招商动态和招商项目，市招商局开通网上洽谈室，实现24小时在线洽谈。

招商载体

2000年潍坊市提出，第一产业重点建设各类农业示范区和高新技术走廊，第二产业重点建设高新技术产业开发区和经济技术开发区，第三产业重点建设各类市场。通过建设各种形式的载体，完善服务体系，增强招商引资的吸引力。全市各级开发园区加大投入，完善基础设施，并新兴一批专业化园区。滨海项目区、潍坊出口加工区、潍城经济开发区、坊子高新产业园、高密孚日家纺工业园、诸城福田工业园和桑莎工业园、青州经济开发区、安丘经济技术开发区、临朐经济开发区、寿光晨鸣工业园、坊子高新产业园、潍城经济开发区等园区配套完善、管理规范，为招商引资搭建良好的平台，开发园区成为各地承载招商引资项目的重要载体。

2007年开始，潍坊市加快滨海项目区招商引资工作，制订滨海项目区招商宣传方案，编排中英文对照的滨海项目区宣传册，并通过国内外报刊和招商网站进行宣传。同时，对国内化工500强、机械500强及世界500强中化工、机械公司和协会进行搜集、整理，对地区分布情况进行分析，向部分重点企业和协会寄送滨海项目区宣传资料，不断加强对外招商合作。

第三章　国际贸易促进工作

1988年，组建中国国际贸易促进委员会山东分会潍坊市支会。1994年3月，确定为正县级事业单位，核定编制7人，内设办公室。1994年7月，潍坊贸促会正式与潍坊市对外经济贸易委员会分设。1996年，市级机关机构改革，市贸促会参照机关管理。2004年2月5日，成立中国国际贸易促进委员会潍坊市支会党组。2006年4月30日，潍坊市贸促支会法律事务部改制为民办非企业组织。2006年5月12日，中国国际贸易促进委员会潍坊市支会更名为中国国际贸易促进委员会潍坊市委员会（简称潍坊市贸促会）。中国国际贸易促进委员会潍坊市委员会与中国国际商会潍坊商会，一个机构，两块牌子，是潍坊市经济贸易界有代表性的人士、企业、协会和团体组成的“亦官亦民”的对外经济贸易组织。2008年，确定为参照公务员法管理单位。

1995年，潍坊市贸促会印发《关于成立县级国际商会的通知》，开始各县区国际商会的组建工作。自1995年潍城区率先成立潍坊市第一个县级国际商会后，全市12个县市区成立县级国际商会，达到各县市区都建有国际商会的目标。

根据中国贸促会《地方和行业机构工作规则》《地方和基层机构备案办法》，鼓励在县市区设立贸促支会，潍城区率先成立。随后，山东省贸促会出台了《关于县级贸促机构设立审批办法》文件，高密市、奎文区、寿光市先后申请，经市贸促会审核，报山东省贸促会批复，成立中国国际贸易促进委员会县级支会。

第一节 重大经贸活动

1988年以后，潍坊市贸促会始终坚持为政府服务，为企业服务的宗旨，扎实促进对外贸易、利用外资、引进先进技术和各种形式的经济技术合作，积极搭建贸促服务平台，营造良好贸易环境，为促进潍坊市开放发展做出积极贡献。尤其是2005年以后，潍坊市贸促会认真分析研判国际展览市场，依托重点展会平台，积极引领企业“走出去”开拓国际市场。由潍坊市贸促会主要领导亲自带队，积极深入企业开展调研，结合潍坊市现代产业体系发展需要，及时调整发展思路，以纺织服装、食品加工、机械电子、新能源、消费品等生产企业为组展重点，积极参加日韩、中国香港、欧美、东南亚、中东等传统市场展会，努力拓展中西亚、东欧、拉美、非洲等新兴市场展会。2005—2012年期间，潍坊市贸促会先后组织314家企业报名参加“法兰克福国际家用及商用纺织品展览会”“巴黎国际汽车零部件及工艺装备展”“古巴哈瓦那国际博览会”“莫斯科国际食品展”“日本国际食品及饮料展”“中东迪拜汽配展”“美国纺织成衣展”“香港礼品及赠品展”“韩国釜山国际食品展”等近40个国家和地区的123个国际展（博）览会。参加国际性展会企业由2005年的18家，增加到2012年的65家。

2005—2012年潍坊市参加国际性展会企业数量统计表

表9—3—1　　单位：家

年份	参展企业数量	年份	参展企业数量
2005	18	2009	40
2006	7	2010	50
2007	34	2011	62
2008	38	2012	65

海峡两岸制造业博览会

2006年，潍坊市贸促会组织力量，开展2006海峡两岸制造业博览会各项筹备工作，来自21个省、市、自治区以及中国台湾的550家企业参展，设展位700个，展出面积2万平方米，特装面积超过5000平方米；吸引来自海峡两岸及海外商家6万余人到会参观洽谈，其中台商超过4000人；成交额1.7亿元，意向交易额近14亿元，展会成效显著，制博会的品牌形象初步建立。

2007海峡两岸制造业博览会于2007年9月19—23日在潍坊富华国际展览中心举行，潍坊市贸促会作为主体承办单位，独立组织开展博览会的筹备工作，承担博览会开馆式、招商招展、产品展览的整个组织与协调工作。来自16个省、市、自治区以及台湾地区的872家企业报名参展，设1400个国际标准展位。展出面积3.1万平方米，其中室内展览面积2.7万平方米，特装面积超过1.7万平方米，台资企业100多家，设立展位150个。另外场外展区有来自市内外10余家大型企业展示工程车辆、汽车，展出面积4000平方米。展会吸引来自海峡两岸及海外商家超过10万人到会参观洽谈，其中台湾客商近5000人。2007海峡两岸制造业博览会贸易成交额2亿元，签订意向协议近12亿元。

2008海峡两岸制造业博览会于2008年9月26—28日在潍坊富华国际展览中心举办。有来自17个省、市、自治区，中国台湾和11个国家的400多家企业报名参展，设800个国际标准展位。展出面积2万平方米，特装面积达到50%，台资企业100多家，设立展位150个。展会在社会各界引起反响，吸引来自海峡两岸及海外商家超过11万人到会参观洽谈，其中专业观众4万多人，台湾客商1000多人。省外企业占参展企业总数的60%，潍坊市组织162家企业，展示制造业产品800多个品种。

中日韩产业交流会

中日韩产业交流会是三个国家贸促机构轮流举办的产业交流大会，也是承接日韩产业转移的最大平台。省政府将产业交流会确定为全省重大涉外经贸活动。2006年，潍坊市贸促会积极组织参与中日韩产业交流会。会前，有针对性地推出招商引资项目60多个，涉及制造业、基础设施、服务业等领域，为展会期间的项目对接、洽谈、签约提供保障；在产业交流会期间举办“山东省潍坊市—日本企业恳谈会”，有150多名日商和各界代表近500人参会，就潍坊三北开发、滨海项目区、潍坊市重点对外合作项目优势等方面进行介绍；三北开发办和滨海开发区的招商活动联手推动，占地162平方米的特装摊位，成为整个展会的亮点。潍坊市在参会人数、展览摊位、成交额等三项指标均列全省第一位。

2007年，市政府印发《关于组织参加2007年中日韩产业交流会（首尔）暨开展招商引资活动的通知》。结合潍坊市产业结构调整总体规划，精心筛选，推出对外招商项目80个，涉及工业、服务流通业、农副产品加工及基础设施等行业，投资总额达20亿美元。全市有10个县市区参加展览洽谈会，参展参会总人数达100人，居全省第二位。

2008年中日韩产业交流会期间，潍坊高新技术产业、现代服务业、现代农业领域、节能环保产业、文化产业、公共服务业、滨海经济开发等领域对外推介招商项目100个，各县市区、相关企业组成60余人的参会参展团组，潍坊市山东同大海岛新材料有限公司、高密永和精密机械有限公司取得较好招商成效。

中日韩区域经贸论坛

2007年，第二十四届潍坊国际风筝会期间，潍坊市贸促会充分利用贸促系统资源，积极与市外经贸局合作，共同组织在风筝会期间的中日韩区域经贸论坛。论坛期间，潍坊市贸促会与日中经济贸易中心、韩中企业人协会签署《第二十四届风筝会中日韩区域经贸合作备忘录》，巩固了中日韩合作平台，为潍坊与日韩的交流与合作打下坚实基础。

赴南美经贸洽谈活动

2011年，开拓南美市场成为国家贸促会重点工作。为加深潍坊市与巴西、阿根廷和智利相关方面的交流，促进双边贸易与投资多元化发展，更好地为潍坊市外贸企业开拓国际市场，寻找潜在客商，8月8—20日潍坊市贸促会组织潍坊企业随中国贸促会代表团赴巴西、阿根廷和智利参加经贸研讨和洽谈活动。其间，参加中—巴、中—阿和中—智“经贸合作论坛”并进行经贸洽谈，拜访巴西贸易投资促进局，阿根廷—中国生产、工业和贸易商会，智利—中国贸易、工业和旅游商会。通过研讨和洽谈，推动了潍坊市大型农机、工程机械和纺织品对巴西的出口，与巴西骥翔公司商洽巴西宝石在潍坊昌乐合资加工项目；同智利伊基克（ZOFRI）自由贸易区洽谈与潍坊出口综合保税区的合作，为双方产品进入对方国家提供贸易便利，扩大潍坊市大型矿机、纺织品对智利的直接出口；与阿根廷挺生公司、INVAP公司、LOMANTAR S.A公司、DSF公司洽谈海外牧业和乳业加工合作、昌邑瑞其风能发电设备出口、福田雷沃大型农业机械出口、歌尔LED投资建厂等项目，达成初步意向。

韩国丽水世博会“山东活动周”

2012年5月12日，韩国丽水世界博览会在韩国丽水市举行。8月3—5日，省政府举办“山东活动周”。潍坊市推荐的“夙沙氏与海洋化工”和“孔子与和谐思想”“管子与海洋生态”作为“省宝”在“山东周”上进行展示。非遗展演全部为潍坊市作品，杨家埠木版年画、潍坊风筝、高密剪纸等非物质文化遗产传承人的现场表演，成为世博会的一大亮点。海化集团循环经济、海洋科技图片等诸多潍坊元素视频资料也在山东周期间得到精彩呈现。市贸促会利用参与世博会的契机，先后拜访日本贸易振兴机构、大韩贸易振兴公社、日中经贸促进会等商协会，为中日韩自贸先行区在潍坊的启动做好资源储备。

海峡两岸食品博览会

2012年，潍坊市贸促会配合市科技局，协助海峡两岸食品博览会中食品科技展区的组展和专业观众的组织工作。先后组织走访青岛海名国际会展有限公司、济南恒展展览策划有限公司、中创华信展览有限公司等10余家在省内具有一定知名度、专业化程度比较高的会展企业，就2012鲁台会的展会筹备工作与上述专业公司进行深度沟通，掌握第一手资料。按市场化运作方式做好本届展会招展工作，先后对威海、东营、临沂等省内市场化办展工作开展较好的城市进行考察学习，了解当地政府扶持展会的相关政策措施、展会组织上的成功做法，为做好招展组展工作提供有益的经验借鉴。挖掘利用贸促系统信息覆盖面广、会员企业众多等资源优势，利用网络、经贸活动平台及考察学习机会，积极向17城市贸促会及省内外企业宣传推介此届鲁台会及海峡两岸食品博览会。实现落实摊位200个，参展企业50余家。

山东（青岛）台湾名品博览会

2012年，潍坊市政府组团参加山东（青岛）台湾名品博览会，市贸促会、商务局、台办及部分企业近百余人参会洽谈。潍坊市贸促会与市台办、市商务局和县市区贸促会等部门沟通联系，形成立体组展筹备体系，潍坊市有64家企业参加采购洽谈活动，签订合作、研发、销售项目5项，现场采购19.5万元，意向采购额500万元，完成任务目标的128%。

第二节 对外联络

2007年，潍坊市贸促会充分利用境内外经贸活动机会，主动联系，加强沟通，分别与日本经贸中心、韩中企业人协会、乌克兰第聂伯工商会、乌克兰第聂伯国立医科大学、中央外联部经济联络中心等14家贸易机构签署合作协议书。全年，共接待数十个国家和地区的贸易团体到访考察。其中风筝会期间接待的日本大和证券、韩中企业人协会等机构带领企业对潍坊进行实地考察；多次邀请日中经济贸易促进协会理事长孔健到潍坊，就举办潍坊滨海经济发展论坛进行实质性洽谈，有效推动潍坊市对外交流合作的发展。

2008年4月19日，第二十五届国际风筝会期间，潍坊市贸促会与市外经贸局合作，成功举办“中国（潍坊）滨海国际经济合作发展论坛”。论坛以“扩大国际合作、发展滨海经济”为主题，到会嘉宾180余人，其中外国嘉宾80人，日本首相特使、参议院议员荒井广幸，欧洲议会议员、欧洲工业与能源委员会委员皮娅.罗卡特利，日本参议院议员木俣佳丈，日本东丽株式会社本部长矢野保，东芝公司拓普康中国公司社长邹熹光，积水化学工业株式会社董事丸下芳和，爱工舍制造所株式会社社长牛洼启词等参加论坛。论坛期间，签署4个合作意向和协议书；宣传推介项目60多个，其中有6个项目达成合作协议。

2011年，潍坊市贸促会坚定不移地贯彻“走出去”战略，组织相关企业参加“2011中国（宁波）外贸与投资年会”，帮助企业了解国际贸易与投资的新形势及国家最新扶持政策，利用投融资和贸易对接平台，鼓励和协助有实力、有意愿的企业到国外发展，开拓国际市场。先后促成寿光千榕家纺有限公司与南非Ingonyama（狮子）信托公司、寿光巨能金玉米开发有限公司、诸城兴贸玉米开发有限公司与BKB集团国际贸易公司达成合作意向，就产品出口、来样加工和以玉米为原料的玉米淀粉、淀粉糖及相关产品的生产进行合作；日本瑞穗实业银行与潍坊中百集团股份有限公司共同开发中国百货及零售业等相关市场业务达成共识；苏丹惠丰农业投资有限公司与福田雷沃重工就农用机械在苏丹等非洲市场代理销售达成合作意向；潍坊百货集团股份有限公司区域代理新西兰进口蜂蜜事宜与新西兰星慧食品（青岛）有限公司取得共识。

努力构建服务平台，先后与巴西贸易投资促进局、阿根廷—中国生产工业和贸易商会、智利—中国贸易工业和旅游商会、法国Capital Export（凯达.海博）股权投资公司、南非齐鲁同乡会、加纳投资促进中心等16家境外机构建立合作关系；接待国家贸促会、南非祖鲁王子、日本瑞穗实业银行、法国欧尚集团等国家和地区经贸机构团组32个，218人次；组织赴日本经贸考察团、美国经贸考察团、中国香港贸易考察团、中国台湾经贸考察团等出访团组26个，107人次。完成招商引资项目15个，合同外资额3.3亿美元，实际到位资金5827万美元。

第三节　商事法律服务

1996年后，潍坊市贸促会落实好国家关于促进外贸稳定增长相关政策，助推外贸企业健康发展，不断强化完善出证认证服务企业举措，积极推广CA数字证书，稳步推进电子原产地证明书（ECO）工作，实现企业申请、审核、签章电子化，营造便利的贸易环境。进一步规范出证认证工作程序，坚持依法办证。1996—2012年，潍坊市贸促会共签发各类原产地证明书16.06万份。

2001—2012年潍坊市贸促会原产地证明书签证统计表

表9-3-2　　单位：份

年份	份数	年份	份数	年份	份数
2001	2300	2005	8590	2009	17965
2002	2800	2006	11275	2010	21489
2003	3500	2007	14937	2011	23734
2004	6800	2008	16139	2012	26112

2010年，潍坊市贸促会加强同省贸促会法律部、调解中心的合作，做强做大法律服务品牌，协助解决山东晨鸣纸业集团股份有限公司与子公司阿尔诺维根斯晨鸣特种纸有限公司涉案金

额1.2亿元的仲裁纠纷。2011年，组织山东求是和信、山东潍青、山东能德3家律师事务所参加“中国贸促会理算中心山东办事处揭牌仪式暨海损理算业务培训座谈会”，提升潍坊市海商海事领域里的专业法律服务水平。

第四章　区域经济合作

中共十一届三中全会后，潍坊市贯彻国家“对外开放、对内搞活”方针，探索跨地区、跨部门横向经济联合。1985年1月28日成立潍坊市人民政府经济技术协作办公室，根据授权主要工作包括组织推动或参与区域经济联合与经济技术协作；负责友好城市、单位的协调服务和对口支援工作；负责外地驻潍坊办事机构的审批管理。1986年3月全国第一次城市经济体制工作会议后，潍坊市按照“扬长避短、互通有无、平等互利、共同发展”的工作原则，有计划、有重点地推动企业间的横向联合向群体化、集团化发展。

自90年代起，潍坊市积极参与环渤海经济圈、西部大开发，蓝黄“两区”建设等区域发展国家战略，大力推动潍坊、青岛一体化规划布局，强化“同城效应”，构筑两地合作发展新格局。

第一节　区域协作

经济技术合作

90年代起，潍坊市重点组织各县市区和龙头企业参加中国东西部合作与投资贸易洽谈会、中国西部国际博览会、中国（重庆）国际投资暨全球采购会、中国新疆喀什·中亚南亚商品交易会等大型会展活动，宣传推介潍坊招商引资政策、资源优势、投资软环境，展示潍坊高精尖品牌产品，引导重点企业参与西部大开发，开拓中西部市场，拓宽企业招商引资渠道，推动潍坊经济结构调整和发展方式转变。

1991—2012年，共组织1000余家企业参加会展70余次，帮助潍坊市宏源防水材料有限公司、北汽福田公司诸城汽车厂、奥铃公司、诸城华恒铁塔有限公司、潍坊宏博电器有限公司、大成公司等企业签约订单2000多亿元。鼓励潍坊企业在西部省区市投资，累计投资上百亿元，崛起一大批有实力的企业，成为拉动西部地区经济社会发展的骨干支撑力量。诸城电力公司陕西银河电力杆塔有限公司先后在西安投资15.3亿元，成为西安利税大户，带动近百家中小配套加工企业，安置下岗职工和失地农民1600多人。高密银鹰化纤有限公司投资的新疆银鹰工贸有限公司成为新疆最大的棉浆粕生产企业，年耗棉短绒17万吨，占全疆棉短绒产量的1/3，带动棉花种植户20万户，面积达1000万亩。山东得利斯集团依托西部地区牧业发达，猪羊资源丰富的条件，把发展的触角延伸到陕、晋、甘、川、蒙、疆等地，盘活大量闲置资产，吸收大批下岗职工，有效增加了当地的就业和税收。

中国东西部合作与投资贸易洽谈会

2008年4月5—9日，组团参加第十二届西洽会，围绕“互动、开放、和谐、发展”的主题，坚持宣传与洽谈相结合、招商引资与开拓市场相结合，其间发布100个招商引资、科技成果引进和经济合作项目，推介潍坊知名企业及产品，从总体概况、发展空间与资源、文化旅游、经济和社会事业发展、发展前景5个方面全面展示潍坊经济社会发展的新风貌。达成投资项目6个，投资金额35.19亿元。

2009年4月5—8日，潍坊市组团参加第十三届西洽会，以山东省确定的黄河三角洲高效生态经济区宣传推介和招商引资、引智为重点，坚持宣传与洽谈相结合、招商引资与开拓市场相结合，大力推介潍坊知名企业及产品。达成6个投资项目，合同金额17.80亿元，外方投资额7.4亿元。

2010年，潍坊市组团参加第十四届西洽会，达成包括得利斯集团在临潼区投资6亿元的肉制品加工、山东寿光农产品物流园有限公司在安塞投资1亿元建设占地200亩的安塞寿光农产品物流园等5个合作项目，合作金额12.8亿元。

2011年，潍坊市组团参加第十五届西洽会，把宣传推介潍坊蓝色经济区建设、招商引资和开拓西部市场作为参会重点，制作反映潍坊经济社会发展状况和推介宣传投资环境的精美展板，并印制重点招商项目册在洽谈会上发放，吸引众多国内外客商参观洽谈。达成4个签约项目，合作金额63亿元，位居全省前列。

2012年，潍坊市组团参加第十六届西洽会，达成合作项目6个，其中合同项目5个，金额16.6亿元；意向项目1个，金额1.3亿元，在山东半岛蓝色经济区和黄河三角洲高效生态经济区投资环境说明暨项目推介会上，寿光市的百万只汽车轮毂盘及制动器总成精加工项目和高密市的康达环保绿色产业园项目现场签约，金额10.2亿元。

中国西部国际博览会

2009年，市区域协作办公室组织潍坊市宏源防水材料有限公司、北汽福田公司诸城汽车厂、奥铃公司、诸城华恒铁塔有限公司、潍坊宏博电器有限公司、大成公司等企业参会、参展，开展经贸洽谈。其间，北汽福田奥铃公司与四川省汽车贸易公司签订年销售北汽福田牌系列汽车1万辆、销售额6亿的协议；诸城华恒铁塔公司与四川电力公司签订销售电力铁塔协议；博览会上重点推介诸城电磁集流纳米薄膜材料加工、生物清醛酶加工和稳压电源生产等10个高端产业项目。

2011年，市区域协作办公室组织市发改委、诸城市及北汽福田汽车股份有限公司诸城奥铃汽车厂、山东华恒铁塔有限公司、新郎希努尔集团等单位和企业的相关人员20多人组团参加西博会，广泛开展项目对接和交流合作，向海内外客商宣传和推介潍坊蓝色经济区建设发展情况，充分展示潍坊区位、资源、产业、政策优势，树立对外开放的良好形象。其间，山东华恒铁塔有限公司与成都电力总公司就合作制造铁塔项目进行签约，合同金额6亿元；北汽福田汽车股份有限公司诸城奥铃汽车厂与四川汽车销售公司就合作销售汽车项目达成意向。

环渤海区域合作

环渤海区域合作市长联席会成立于1985年，潍坊市是第一批加入的成员单位，1992年起，连续22年参加市长联席会议，加强与环渤海地区的交流合作。

2007年4月，与天津滨海新区管委会签署区域合作意向书，确定在产业与投资领域、交通等基础设施领域、港口和物流领域、金融等服务业领域、人才交流与劳动力供求领域等方面的交流与合作内容。

2009年，在环联办组织的各项经贸洽谈活动上，潍坊市组织宣传推介投资环境和知名企业，扩大在环渤海区域经济合作组织中的影响。在环渤海区域信息网推介50个精心筛选的招商合作项目；组织山东钛普设备有限公司、山东巨龙实业有限公司等企业参加第三届“环渤海（天津）绿博会”，开展环渤海经贸合作；组织各县市区、市属各开发区和市直有关部门，提报潍坊生态城市规划、绿色地产、节能环保和能源开发等方面的大量资料和图片，在第六届太平洋经济合作理事会国际贸易投资暨国际生态城市建设博览会上特装展示，宣传推介潍坊。

2010年，加入环渤海区域高新技术产业联盟、环渤海区域金融合作联席会，成立环渤海中小企业发展联盟。通过融入环渤海区域合作，全市共推介项目1500余个。2010年，在沈阳市举办的“环渤海城市市长论坛”上，潍坊市进行专题发言；会议审议并通过《沈阳倡议》，成立环渤海区域高新技术产业联盟、成立环渤海区域金融合作联席会、成立环渤海中小企业发展联盟，签订《加快环渤海装备制造业基地建设的合作框架协议》等4项工作议案。从秦皇岛市引进扇贝浅海筏式生态立体养殖技术，推动扇贝浅海养殖发展，养殖面积达到30万亩、产量6万吨。2010年完成10万立方米人工鱼礁建设，天津黄瓜种子研究所在寿光市建设300亩的种子繁育基地，其研发的有刺黄瓜种子国际领先。

2011年，环渤海区域合作市长联席会第十五次市长会议在天津市召开。潍坊在环渤海城市综合展区就经济社会发展情况、投资环境和青潍日一体化发展情况进行宣传推介；山东东航印刷科技股份有限公司、山东瀛洋香精香料有限公司、山东创意家居用品有限公司等企业在环渤海特色精品成果展区进行现场展销。组织参加环渤海区域产学研（日照）对接活动，全市有11家企业及诸城、高密等有关县市区代表与南开大学、天津大学、天津商业大学、国家海洋技术中心等16所重点高校、科研院所的科研代表进行交流对接，达成多个合作意向，其中潍坊康地恩生物科技有限公司与天津商业大学就“乳源ACE抑制活性肽发酵生产及具降血压功能的专用食品开发”项目完成签约，合作金额1亿元。

2012年，环联办和山东省节能监察总队主办的“节能减排环渤海行之山东”大型活动在潍坊开启，潍坊市40多家企业参会。其间，举办潍坊工业余热利用和可再生能源供暖专项研讨会，潍坊恒联浆纸有限公司、山东银鹰化纤有限公司、山东思美尔集团有限公司、山东华燕制衣有限公司、潍坊恒安热电有限公司与金大地新能源集团签署合作协议，金大地新能源集团将从技术、资金、模式、专家等多个方面为签约企业提供一站式的节能减排解决方案。金大地新能源集团与潍坊恒联浆纸有限公司首期合作已完成，年节约标煤万吨以上。

第二节　青潍一体化

潍坊市立足区域发展特点，主动作为青岛市发展腹地，推动青岛、潍坊两地一体规划布局，承接青岛产业转移，与青岛市抱团发展。自2007年起青岛、潍坊两市开始举行“青岛潍坊周”活动，加强双向沟通。强化“同城效应”，充分借助青岛的龙头、科技、人才、产业、开放和基础设施等优势，推进潍坊与青岛的交流合作，构筑潍坊与青岛合作发展新格局。

2007年10月11—16日，在青岛举办第一届（青岛）潍坊周，以“合作、创新、共赢、发展”为主题，组织十大主体活动，突出现代农业、先进制造业、旅游娱乐业、金融业、物流业、科研教育及人才、基础设施建设和城市规划、文化信息交流等八大领域的对口接轨。潍坊、青岛两市政府签订《关于加强交流合作促进共同发展的框架协议》，在合作原则、方式、重点保障机制等多方面达成共识。共达成合作项目307个，项目投资总额358亿元，合同投资总额242亿元。博览会产品现场交易1.9亿元。潍坊周十大活动参会人数10万多人次。

2008年10月9—13日，在青岛举办第二届（青岛）潍坊周，以“接轨青岛、相融共建、一体发展”为主题，组织开展博览会、青潍一体化发展高层论坛、青潍一体化对口洽谈、“青岛·潍坊行”互动等七大主体活动。青潍两市签署《关于加快推进青潍一体化发展的指导意见》《推进青潍一体化发展行动计划》，建立合作推进机制。共达成合同项目152个，总投资295亿元。博览会期间，现场销售产品8000余万元，签订合同843个，合同金额37.8亿元。

2009年9月28日—10月3日，在青岛举办第三届（青岛）潍坊周，以“蓝色经济引领未来、高端产业合作发展”为活动主题，组织开展文化旅游博览会暨特色产品交易会、蓝色经济发展论坛、潍坊周集中宣传等十大主体活动和八大领域洽谈活动。签署《潍胶路贯通协议》《基础设施建设合作协议》。其间，现场参观29万余人，旅游推介受众22.8万余人，进行洽谈3400余人；室外现场交易额1107.9万元，协议、合同订货额40131.5万元，签定出口订货额80万美元；室内展厅达成旅游合作协议2.6亿元，意向协议20亿元。招商项目推介会现场签约项目20个，合同利用市外资金169.2亿元。达成工作协议和签订合同项目92个，协议额54亿元，合同总额69.3亿元。

2011年5月24日，青岛市国内经济合作办公室、潍坊市区域经济发展合作办公室、日照市合作与招商局在青岛市签订《加强区域合作交流推进青潍日城镇组团发展合作书》，确定三市作为一个整体，做好规划、产业、基础设施等方面的统筹协调，实现三市的良性合作与发展。

2012年11月4日，青岛市党政考察团到潍坊参观考察经济社会发展情况，青岛、潍坊两市签署《加快推进全面发展战略合作框架协议》，青潍合作进入新的起点。

第三节　蓝黄“两区”建设

2009年11月，国务院批复《黄河三角洲高效生态经济区发展规划》。潍坊北部的寿光、昌邑和寒亭列入黄河三角洲高效生态经济区重点开发区域，区域内有潍坊滨海经济技术开发区一个国家级开发区和潍坊经济开发区、寿光经济开发区、昌邑经济开发区、寒亭经济开发区四个省级开发区，陆域面积5036平方千米，海域面积1400平方千米，人口223万人。潍坊北部滨海地区还是黄河三角洲高效生态经济区重点建设的四大临港产业区之一。2011年1月国务院批复《山东半岛蓝色经济区发展规划》，潍坊全域列入山东半岛蓝色经济区主体区。

2011年，立足全市发展基础和北部滨海实际，潍坊市编制完成《潍坊市蓝色经济区发展规划》《潍坊市黄河三角洲高效生态经济区生态环境控制功能区划》，并配套出台实施意见。构建“一带、一体、两翼、多点”（把北部沿海地区作为全市海洋产业和临港、涉海产业的隆起带和核心带；将潍坊中心城区和滨海、寿光、昌邑、安丘、昌乐五个“卫星城”，组团形成半小时经济圈，作为全市蓝色高端产业发展的引领主体；以诸城—高密组团和青州—临朐组团为两翼，全面向蓝色经济和高端产业转型）总体布局，加快建设“一城五基地（滨海新城，特色化工基地、装备制造业基地、新兴产业基地、现代物流基地和科教创新基地）”，北部滨海成为山东半岛蓝色经济区的重要增长极和黄河三角洲高效生态经济区的示范引领区。同年，潍坊市编制《潍坊滨海海洋经济新区发展规划》《潍坊滨海产业园发展规划》和16个专项规划，形成以总体规划为引领、专项规划为支撑的规划体系。争取省第一、二批“蓝黄”两区建设专项资金项目47个、资金5.7亿元。

2012年，潍坊市委、市政府印发支持滨海区加快发展的18条政策措施，在政策资源、重大项目、基础设施建设等方面向滨海区倾斜，全力支持滨海区加快发展。争取三批“蓝黄”专项资金项目53个，其中51个项目获得无偿资金3.1亿元；“蓝黄”专项资金合作贷款项目10个、资金8.3亿元，占全省的49.3%。圆满承办全省“蓝黄”两区经贸洽谈会及中小企业融资推介会。11个“蓝黄”特色园区聚集规模以上企业256家，实现主营业务收入1420亿元。

第五章　对口支援

按照山东省委、省政府部署安排，潍坊市自1995年起，对西藏日喀则地区进行经济帮扶，2002年起对口支援西藏日喀则地区南木林县；1996年起对新疆喀什地区进行经济帮扶；2004—2011年支援鄄城；2008—2011年承担对口支援四川北川灾后重建工作。

第一节　援助西藏

潍坊市自1995年开展援藏工作，每年上缴援藏资金60万元，1998年增加到每年150万元，并承担帮助日喀则进行乡镇规划、为仲巴县进行县城规划等任务，总投资近千万元。自2002年起，潍坊市对口支援西藏南木林县，并选派干部参加援藏工作。

2002年，省政府26次常务会议确定，潍坊市对口支援西藏自治区日喀则地区南木林县。当年8月，第一批援藏干部苏立科、吴洪江到达南木林县开展工作。至2004年6月上旬圆满完成任务，共落实援藏资金1200万元，加上物资折款300万元，共计1500万元。

2004年6月，潍坊选派第二批援藏干部边锋、冯铸、秦伟强、李永庆、单军5人抵达南木林县，工作时间为三年。10月，潍坊市委、市政府召开全市援藏工作会议，对做好援藏工作进行全面部署。市政府办公室印发《潍坊市2004—2007年度对口支援西藏南木林县实施方案》，确定本轮援藏资金总额为1960万元，其中物资折款300万元，项目资金主要用于农牧业产业化、公益事业、城镇建设、干部培训交流等四大方面，确定农业产业化项目2个，公益事业项目5个，城建项目3个。2005年6月，安丘市组织卫生系统开展义诊送光明活动，为当地群众实施白内障及其他眼科手术148例。9月13日，市委副书记赵兴涛率潍坊市党政代表团赴南木林考察对口支援工作并看望援藏干部，实地考察南木林县的经济和社会发展情况。2006年4月，3名技术援藏人员赴西藏开展工作，加强潍坊市对口支援南木林县的宣传报道工作，先后在新华社、《人民日报》《西藏日报》《潍坊日报》发表反映潍坊市援藏工作的稿件13篇。9月，海王药业通过市政府先后捐赠西藏自治区和日喀则地区药品价值250万元。这些物资全部发放到有关单位和农牧民手中，深受西藏农牧民的欢迎。2007年5月，潍坊市委书记张新起率团到南木林县考察看望援藏干部，并代表潍坊市委、市政府向日喀则地区捐献100万元的药品，向南木林县政府捐赠50万元资金。5月16日，潍坊市委组织部、市发改委、市财政局共同开展“慈心一日捐”活动，共捐款47968元，汇往南木林县。同日，共青团潍坊市委组织开展希望工程走进南木林“手拉手·爱心援藏”暨“潍坊—南木林”共青团工作对接计划。“西藏南木林县共青团工作网络之窗”正式开通运行。同月，第二轮援藏干部结束工作，本轮援藏工作共落实资金2800万元（其中潍坊市援藏资金1500万元，物资360万元，援藏工作组争取上级资金940万元）。

2007年5月20日，潍坊选派第三批援藏干部顾建华、宋立军、刘作勋、马常春、孟凡铎、刘广斌6人抵达南木林县开展工作，时间为三年。7月，全市援藏工作会议召开。市委办公室印发《2007—2010年度对口支援西藏南木林县实施意见》，确定本轮援藏资金、物资2700万元，其中资金2200万元，物资500万元。援助资金主要用于新农村建设、社会公益事业等项目。8月，市委组织部制定印发《关于开展党建援藏工作的实施意见》，党建援藏工作正式启动。9月1日，高密市广播电视局向南木林县捐赠价值11万元的广电设备；潍坊市东海国信管道网络有限责任公司捐助价值9万元的学生学习用品500套。9月3日，市畜牧局经过精心选拔，确定李振华等3名畜牧养殖技术人员，于9月11日赴西藏南木林县开展畜牧养殖技术培训。2008年7月，争取省发改委同意帮助解决西藏南木林县安居工程专项资金1000万元，其中2008年700万元。2009年5月，潍坊从卫生、畜牧、广电系统选派的4名技术援藏人员顺利到达西藏南木林县开展工作。8月4日，潍坊市委常委、组织部部长钟少林随山东省党政代表团赴西藏考察学习，并代表市委、市政府向南木林县捐赠资金350万元，物资折款250万元，共计600万元。按照中央关于建立援藏资金稳定增长机制的要求，省委、省政府确定，承担对口援藏任务的市按上年地方财政一般预算收入的1.3‰筹集援藏资金，期限从2010年到2020年。资金由省统筹使用。至2010年6月，潍坊市第三批援藏干部先后实施安居工程补助、潍坊宾馆、县广电中心、党建援藏、湘河北岸景观工程、青少年活动中心、滨河公园续建、“南艾路”绿色通道、县城“五化”管理、社会福利院、恰热村整村搬迁、办公条件改善、科教卫生援藏、太阳能“光亮工程”等16个项目。共落实资金4700万元，其中山东省财政投入农牧民安居工程配套资金1100万元，太阳能光亮工程800万元，总计1900万元。

2010年6月，潍坊市选派第四批援藏干部秦维强、王立杰、吴兴安、陈同洲、吴爱友、韩宏蕾、张新才7人抵达南木林县。10月底，南木林县县直部门和乡村干部、技术人员12人到潍坊参观学习。2011年3月底，潍坊市2011年省筹援藏资金1975万元按时上缴省财政专户。4月，市发改、规划、水利系统选派的3名技术援藏人员到南木林县开展工作。11月28日，市委、市政府印发《关于进一步加强和推进对口援藏工作的实施意见》，就潍坊市做好新形势下援藏工作进行安排部署。2012年3月17日，省发改委在潍坊市福田雷沃国际重工股份有限公司举行“山东省委、省政府向西藏日喀则地区捐赠雷沃拖拉机及配套农机物资发车仪式”。3月底，潍坊市2012年省筹援藏资金3301万元按时上缴省财政专户。6月18日，市委书记、市人大常委会主任许立全率潍坊市党政考察团赴西藏南木林县考察指导援藏工作并看望慰问援藏干部。6月底，市卫生局选派的技术援藏人员韩玉亭赴西藏开展技术援助工作。9月20日，市委副书记王献玲率领潍坊市党政考察团到西藏南木林县，参加潍坊市对口支援南木林县十周年庆祝活动，考察援藏工作，看望慰问援藏干部。

1995—2012年，全市筹集援助资金、物资折款1.75亿元，其中市级财政援助资金、物资折款1.48亿元，社会捐助500多万元，党建援藏100多万元，省支持资金2040万元。完成援助项目30多个。至2012年，潍坊市先后选派四批党政干部人才共20人次进藏工作，30多名技术人员进藏开展培训和技术推广工作，50多名南木林县干部到潍培训学习。

第二节　援助新疆

潍坊市援疆工作从1996年开始，主要以资金帮扶形式进行援助。1999年开始干部援疆，2005年结束。2005年后主要承担资金筹集、人才智力支持等工作。至2012年，潍坊市先后派出两批援疆干部共43人，其中党政干部10人；筹集援助资金1.1亿元。山东海龙化纤、高密银鹰化纤、坊子福田雷沃重工等企业先后在新疆投资合作项目，总投资18多亿元。

1996年，山东、新疆两省区签署“经济合作项目建议书”，确定潍坊市与喀什地区结为对口支援和友好合作关系。

1999年，省委决定增加潍坊市选派援疆干部。同时确定诸城市与疏附县、寿光市与疏勒县结对开展对口合作。6月，市委副秘书长徐玉军挂职喀什地委副秘书长，带领李静波、刘明智、文延军、赵喻民4名党政干部、13名教师、6名医生赴新疆喀什开展援疆工作。2000年6月，市委书记曹学成率潍坊市党政代表团一行70人赴疆考察，与乌鲁木齐市、生产建设兵团、昌吉州签订“关于加强东西部结合，开展经济技术合作的协议书”。至2002年1月，首批援疆干部返回潍坊。援疆教师支教的喀什二中高考升学率达95%以上；援疆医生诊疗疾病2.65万人次，填补当地医疗技术空白38项。

2002年1月，市委组织部副部长郑建军挂职喀什地委组织部副部长，带领19名援疆干部（其中县级干部5名、教师6名、医生8名），赴新疆喀什开始援疆工作。2004年6月，市委副书记赵兴涛率团赴疆考察并看望援疆干部。第二批援疆医生填补喀什医疗技术空白37项，援疆工作组先后组织100多名少数民族科技人员到潍坊各地考察培训。

2005年，省委决定潍坊不再派干部进疆。但对口支援疏附、疏勒两县不变，每年上缴援疆资金60万元。2009年，根据省政府要求，潍坊市每年上缴对口支援资金120万元，由省统一安排用于援疆、援重庆忠县等，不再单独上缴援疆资金。

2010年6月28日，潍坊经贸代表团出席第六届喀什中亚南亚商品交易会开幕式和山东名优产品展开幕式。会议期间，代表团考察新疆维吾尔自治区经济社会发展情况及山东省对口支援喀什地区的麦盖提、岳普湖、英吉沙、疏勒四县，看望援疆干部，并到潍坊驻新疆企业参观考察。11月，省委、省政府印发《关于进一步加强和推进对口支援新疆的实施意见》，对新一轮援疆工作进行安排部署。按照中央关于建立援疆资金稳定增长机制的要求和省委、省政府的决定，潍坊对口支援新疆资金按照上年度全市地方财政一般预算收入的3.2‰筹集。潍坊市没有具体结对帮扶任务，主要是承担援疆资金筹集、人才智力支持等工作。

第三节　支援鄄城

2004年11月，省委、省政府召开支援菏泽发展会议，专题研究部署进一步“突破菏泽”、支援菏泽加快发展问题。决定由济南、青岛、淄博、东营、烟台、潍坊、济宁、威海8市结对帮扶菏泽8县，潍坊市支援鄄城县。11月底，潍坊市委常委会专题研究讨论《关于潍坊支援鄄城在鄄城建设潍坊工业园的实施方案》。12月初，省委书记、省人大常委会主任张高丽在潍坊市委、市政府《关于支援鄄城暨在鄄城建设潍坊工业园情况的报告》上做出重要批示：“此次对口帮扶鄄城决心大，行动快，措施得力，是讲政治，顾大局，贯彻科学发展观，实行东、中、西联动协调发展的具体体现。希望潍坊、菏泽市和鄄城县好好把握，重在落实，务求实效，为鄄城经济发展，让群众得到实惠作出贡献。”

2004年12月，潍坊召开市支援鄄城工作座谈会。12月17日，山东鄄城潍坊工业园启明发展有限公司召开出资人会议，通过公司章程。决定总融资5550万元，一期投资的3930万元于12月31日到位。12月23日，市委办公室、市政府办公室印发《关于印发〈潍坊支援鄄城在鄄城建设潍坊工业园的实施方案〉的通知》。成立潍坊支援鄄城及工业园建设开发领导小组，市委书记张传林任第一组长，市委副书记、市长张新起任组长。12月26日，市政府召开支援鄄城工作座谈会，部署《潍坊支援鄄城在鄄城建设潍坊工业园的实施方案》。

2005年1月，通过公开招投标中标的6个工程单位及施工监理单位全部到达鄄城开展工作。2月28日，市委、市政府在鄄城县举行潍坊工业园奠基仪式。园区建设进入实质运作。3月，省委书记、省人大常委会主任张高丽作出重要批示：“潍坊市对口帮扶力度大、工作实、效果好，希望菏泽要抓住大好机遇，艰苦奋斗，加快发展，造福人民。”5月10日，全省加快菏泽发展调度会在菏泽市召开，潍坊市作典型发言。6月1日，潍坊第四次加快发展现场会对工业园项目进行点评，这是潍坊市首次将鄄城（潍坊）工业园纳入全市每年两次的现场点评，有效地调动各级、各部门和企业支援鄄城的积极性。8月31日，副省长王仁元在菏泽调研期间，专程到鄄城（潍坊）工业园检查指导工作，对潍坊的帮扶工作给予充分肯定。9月8日，省委常委、常务副省长林廷生再次到鄄城（潍坊）工业园检查指导工作，对潍坊帮扶鄄城工作给予充分肯定，要求在全省推广潍坊的工作经验。9月30日，市委副书记、常务副市长张江汀在鄄城主持召开鄄城（潍坊）工业园项目建设调度会。10月19日，省发改委副主任王树理到鄄城（潍坊）工业园检查指导工作，对潍坊的帮扶工作给予高度评价。11月16日，市人大常委会党组书记、第一副主任毕可仁，副主任韩俊生等对鄄城（潍坊）工业园进行视察，对支援鄄城和加快工业园建设提出要求。12月2日，省东中西联动推动区域经济协调发展调研组在菏泽调研期间，省政协常委、经济委员会副主任王玉芬等一行6人，到鄄城（潍坊）工业园进行调研，对工业园的建设给予高度评价，并提出建议意见。

2006年3月8日，省发改委在济南召开突破菏泽座谈会，对潍坊支援鄄城工作及工业园建设给予肯定和赞扬。7月5日，菏泽市副市级以上领导干部及各县区、市直有关部门主要负责人一行200余人，在菏泽市委书记陈光带领下，到鄄城（潍坊）工业园观摩指导工作。8月9—10日，全省“东西帮扶、突破菏泽”现场调度会在菏泽召开。会议的主要议题是，调度总结各单位帮扶菏泽工作的进展情况，检查援建工业园区及项目建设情况，为11月全省“突破菏泽”现场会议做准备。副市长辛丕宏，市长助理、市发改委主任陈仁杰等参加会议，辛丕宏在会上介绍潍坊市支援郓城情况，潍坊市的帮扶工作得到省委、省政府领导高度评价。省委常委、常务副省长林廷生到郓城（潍坊）工业园检查指导工作，对潍坊的帮扶工作表示非常满意。8月29日，市政府召开支援郓城工作调度会，传达贯彻全省加快菏泽发展调度会议精神，调度各县市区、市属各开发区、市直有关部门支援郓城工作情况。9月6日上午，郓城（潍坊）工业园投资3.6亿元的黄河纺织15万锭精梳纱项目举行开工奠基仪式。这是工业园二期工程第一个正式开工建设的项目。10月1日，省委副书记、省长韩寓群到菏泽郓城（潍坊）工业园视察调研，对潍坊的援郓工作给予充分肯定。11月15日，潍坊市政府在菏泽郓城县召开郓城（潍坊）工业园建设现场调度会，参观工业园各项目，听取各县市区、开发区汇报援建项目情况和打算，研究部署下步工作，为迎接全省加快菏泽发展第二次现场会议做好准备。11月20日，潍坊市委书记张新起到菏泽市郓城县，考察郓城（潍坊）工业园。11月20—21日，全省加快菏泽发展第二次现场会议在菏泽市召开。省委书记张高丽，省委常委、常务副省长林廷生以及与会的其他人员分别到郓城（潍坊）工业园进行参观考察，对潍坊市的援助工作给予肯定。

2007年4月5日，潍坊市支援郓城工作调度会在郓城召开，调度和部署支援郓城相关工作。4月17日，市委办公室、市政府办公室印发《关于调整潍坊市支援郓城工作领导小组成员的通知》，对市支援郓城工作领导小组成员进行调整。7月4日，市委、市政府印发《关于进一步做好支援郓城工作的通知》，对支援郓城工作进行全面部署。7月5日，市委、市政府召开支援郓城工作座谈会，研究部署支援郓城的有关工作。7月10日，市委书记张新起率潍坊市人大、市政府、市政协领导和县市区委书记、县市区长及市直有关部门主要负责人，赴郓城县考察郓城（潍坊）工业园，现场召开援郓座谈会。8月1日，省政府在菏泽市召开加快菏泽发展情况调度会。市委常委、常务副市长胡岗，市长助理、市发改委主任陈仁杰参加会议。与会人员考察郓城（潍坊）工业园，对潍坊市的帮扶工作给予高度评价，胡岗就潍坊市援建工业园建设情况进行汇报。8月30日，副省长才利民到郓城（潍坊）工业园视察调研。到在建的22万锭黄河纺织项目安装设备车间和晨鸣板材年产6万立方米高档刨花板项目的生产车间实地察看一线建设和生产情况。10月17日，潍坊市委常委、常务副市长胡岗召集援郓工作领导小组成员单位负责人召开会议，调度和部署支援郓城工作。

2008年1月28日，市委书记张新起，市委副书记、市长许立全带领市发改委等部门赴郓城进行专题考察调研。4月23日，市委书记张新起对援郓工作作出批示，要求“按照省委要求，继续加大力度，抓好郓城工业园建设”。5月29日，市委常委、常务副市长胡岗赴郓城就援郓工作进行专题考察调研，现场研究有关工作。

2009年2月，潍坊市发改委调研员初建升、区域办副主任刘振德一行赴郓城（潍坊）工业园，考察一期项目的生产经营情况，与郓城县主要领导进行座谈交流，与菏泽市加快发展办进行沟通协调。12月，郓城县委副书记朱瑞军等一行四人来潍，就推进郓城帮扶协作和促进郓城招商与潍坊进行衔接沟通。同月，潍坊市委常委、常务副市长胡岗带领援郓工作领导小组单位负责人，赴郓城县检查调度援郓工作。

至2011年1月，潍坊市、县两级累计投入无偿资金2.05亿元。鄄城（潍坊）工业园2.3平方千米基础设施配套全面完成，引进项目26个总投资30.2亿元，实现工业销售收入38.9亿元，利税3.59亿元，上缴税金9040万元，安置当地劳动力5000多人。1月19日，鄄城（潍坊）工业园交接仪式在菏泽市鄄城县举行。潍坊市政府与鄄城县签署工业园整体移交协议；潍坊市经济开发区管委会与鄄城县签署缔结友好区县协议及加强经济技术合作协议。

第四节　支援北川灾后恢复重建

2008年7月28日，全省对口支援北川灾后恢复重建工作会议在济南召开。根据省委、省政府部署，潍坊对口支援北川羌族自治县桂溪乡、贯岭乡灾后恢复重建工作，参与北川新县城、工业园区建设。根据省委、省政府印发的《山东省对口支援北川灾后恢复重建工作方案》，市委、市政府制订出具体规划方案，潍坊共计援建桂溪、贯岭两乡及新县城项目22个，承建项目4个，项目总投资11亿多元。其中桂溪乡、贯岭乡援建项目共16个（桂溪乡援建项目8个，贯岭乡援建项目8个）。8月7日，市委、市政府印发《关于设立对口支援北川灾后恢复重建工作机构的通知》，决定设立对口支援北川灾后恢复重建工作领导小组，全面负责潍坊市对口支援桂溪、贯岭乡恢复重建工作的领导、组织和协调。领导小组下设办公室和援建前方指挥部。办公室设在市发展改革委，前方指挥部设在灾区一线。8月8日，市委组织部从领导小组成员单位和有关县市区选派的32名援川人员中的首批人员到办公室及前方指挥部报到。8月9—11日，市援川办会同市审计局、市物价局、市财政局有关人员到北川县桂溪乡考察援建工作，与市援建前方指挥部进行衔接，并与省援川办、北川县政府就首批援建项目进行协商。8月31日，由潍坊市规划设计研究院编制的桂溪、贯岭两乡总体规划方案顺利通过北川县政府组织的专家评审。10月14日，山东省援川前方指挥部与北川县政府在省援川前方指挥部联合召开山东省第一批援建北川乡镇项目建筑设计方案评审会议，潍坊市援建桂溪、贯岭两乡场镇项目设计方案顺利通过专家评审。10月17—19日，市委副书记、市长许立全到北川羌族自治县实地检查指导潍坊市对口援建工作，走访慰问潍坊市援建人员，与当地党政负责人共商对口支援、恢复重建工作，并参加潍坊市在北川羌族自治县桂溪乡和贯岭乡举行援建两乡场镇项目奠基仪式。11月8日，市委、市政府召开表彰大会，隆重表彰潍坊市在抗震救灾工作中做出突出贡献的先进集体和先进个人。12月23日，潍坊市捐赠的31类价值200余万元的医药物资运抵桂溪乡和贯岭乡，并分别在两乡举行捐赠医药物资交接仪式。12月24日，潍坊人民广播电台、潍坊广播电视报社、潍坊移动通信公司联合推出“情系北川—我们在一起”大型公益活动，全市人民踊跃捐款、捐物，共收到捐赠20多万元的款物。

2009年2月26日，市援川前方指挥部与北川县桂溪乡党委、政府召开联席会议，就援建项目建设、湄沟羌寨建设、场镇驻地永久性住房建设及镇容镇貌整治、第四批援建项目确定等问题进行研究探讨，达成一致意见。3月6日，潍坊市对口援建的贯岭乡卫生院、文化站和健身广场等援建项目正式开工。3月20日，潍坊市援建的桂溪中学、卫生院、文化站3个项目顺利封顶。4月1日，潍坊市援川前方指挥部在山东省援川工作总结表彰会议上获“2008年度全省援川工作先进集体”称号。4月26日，潍坊市援建的北川县贯岭乡卫生院、文化站项目顺利封顶。6月1日，潍坊市援建北川新县城西羌北街工程开工。7月14日，省委书记、省人大常委会主任姜异康，省委副书记刘伟亲切看望慰问崔学选同志的家属，转达胡锦涛总书记对援川干部崔学选同志不幸逝世的哀悼和对崔学选同志家属的慰问。7月20日，潍坊市援建北川新县城安居房工程开工。7月22日，潍坊市援建的桂溪中学二期工程正式开工建设。8月19—21日，潍坊市对口支援北川羌族自治县桂溪、贯岭两乡场镇援建项目交接仪式举行。市委常委、常务副市长胡岗，市委常委、副市长、山东省援建北川工作指挥部总指挥徐振溪出席仪式。9月25日，潍坊市援建北川新县城温泉一期17幢安居房工程在北川新县城同类援建项目中率先封顶，中央电视台新闻频道对封顶仪式进行现场直播。11月2日，潍坊市援建的安昌河综合整治、西羌北桥、人民医院工程开工仪式在北川新县城举行。12月12日，山东省援川工作会议在四川绵阳举行，潍坊市援川前方指挥部在会议上被授予山东省援川工作先进集体、山东省援川工程质量安全监管先进集体、山东省援川人力智力支持先进集体、山东省援川产业援建优秀组织奖等称号。2009年12月底，潍坊市援建的16个项目全部完成并交付使用，完成投资8370万元，2010年7月6日向两乡正式交付援建项目资产，16个乡镇援建项目全部获“绵州杯”奖，桂溪中学工程获得四川省结构优质工程和四川省“天府杯”金奖；农村永久性住房建设指导并配合完成两乡4119户，其中维修加固1266户，重建2853户；援建北川新县城项目6个、承建4个，概算总投资10多亿元。在全省援（承）建项目中，潍坊市援（承）建项目工程量最大，援建质量高、援建效率快、援建效果显著，在全省组织的历次援建项目观摩点评中均名列前茅。

2010年2月2日，潍坊市援建北川人民医院病房楼完成主体工程建设并举行封顶仪式，成为北川新县城十大标志性工程的首个封顶建筑。8月13日，潍坊市援建的北川新县城温泉片区35-1地块安居房和西羌北桥工程顺利通过四川省“天府杯”现场验收。9月26—27日，市委书记张新起率潍坊党政代表团赴四川省绵阳市北川羌族自治县，看望和慰问援建工作者，研究贯彻落实省委书记姜异康在山东省对口援建北川灾后恢复重建项目交接仪式上的讲话精神，部署援建后续工作。

11月13日，全体援建人员完成援建任务顺利返回。11月26日，全省对口支援北川灾后恢复重建总结表彰大会在济南召开，总结对口支援北川灾后恢复重建工作，表彰对口支援北川灾后恢复重建工作先进集体和先进个人。以身殉职的优秀援川干部崔学选被追授“山东省对口支援北川灾后恢复重建特别贡献奖”。潍坊市援川办、市援川前方指挥部、市卫生局获“山东省对口支援北川灾后恢复重建工作先进集体”称号，5人被评为“山东省对口支援北川灾后恢复重建工作先进个人”，5人记一等功，9人记二等功。市援川前方指挥部总指挥桑福岭作为全省先进集体代表在大会上作典型发言。

第六章　海关

1990年10月20日，潍坊海关正式开关，为正处级规格，隶属于青岛海关。业务范围包括监管潍坊市及所属各县市的进出口运输工具、货物，征收关税和其他税费、查缉走私、海关统计和其他海关业务。1992年，推行保税制度，引导潍坊对外开放向深层次、多元化发展。潍坊市进出口公司、潍坊柴油机厂等一批企业被经贸部授予进出口经营权。1995年，潍坊海关鼓励和帮助地方引进农业先进技术，支持创汇农业发展和实施农业产业化战略。

1996年，首次实行加工贸易保证金台账管理，强化单耗管理，建立加工贸易单耗资料库，采集23类、上百种常见商品的单耗数据，提高加工贸易单耗管理水平，备案总值首次超过3亿美元。1998年，严厉打击走私，维护正常的贸易秩序，对加工贸易环节的案件和货运渠道利用集装箱伪报、瞒报、藏匿及利用空箱走私案件进行重点打击。全年共查处走私、违规案件24起。

潍坊海关开关庆典合影　　　（1990年拍摄）

2000年，成立潍坊海关缉私分局。2002年，潍坊海关驻诸城办事处开办业务，是全省第一个在非口岸县级市设立的海关机构。在监管模式上，推广口岸直通监管模式，全年对直通、转关货物征收税款比2001年增长90.5%。2005年，正式实施"属地报关、口岸放行"的通关模式，监管进出口货物达到2004年同期的3倍。潍坊出口加工区正式封关运行，潍坊海关设立综合业务科和监管科负责办理综保区海关业务。

2006年，以准军事化海关纪律部队建设为总抓手，树立并践行"进了潍坊门、服务潍坊人"的工作理念，以"量体裁衣式""无缝隙"增值服务赢得企业欢迎。当年，潍坊海关通过省级文明单位初审，两个业务现场均被评为省级青年文明号，有27人次受到各级组织和团队的表扬、表彰、奖励，"金钥匙海关"服务品牌作用有效发挥树立。2007年，潍坊海关到各县市区集中宣讲政策30多次，受益企业超过1000家；设立全市唯一的行政审批中心分中心；深化"多点报关、口岸验放"通关新模式，空运多点报关顺利实现，海运多点报关扩展至全部口岸；支持潍坊港一类口岸开放，一类开放10月正式获批。2008年，认真贯彻落实《青岛海关支持山东省外经贸平稳较快发展十项措施》要求，结合自身实际，印发《潍坊海关服务全市民生十项措施》；主动送政策上门，关领导带队到各县市区集中宣讲政策30多次，受益企业超过1000家；实施关务公开，建设好网上办公平台，编印300余页的关务公开资料对外发布并及时更新；施行24小时预约通关制度，春节、国庆节等长假期间通关无阻，实现全天候通关。构筑起进出口绿色通道，成为企业应对国际金融风险的重要支持力量。

2009年11月25日，潍坊海关驻寿光办事处开关，行政级别为副处级。2011年，潍坊海关被青岛海关列为准军事化纪律部队建设基层示范点；创树“‘潍’系你我、‘坊’心海关”等组织品牌13个、个人品牌12个，并获山东省先进基层党组织称号。创新服务内容，在6个县市区设报关预录入点，企业在“家门口”即可报关，有效降低企业通关成本；积极服务企业需求，帮助解决“3D电视眼镜”归类难题，每年为企业增加出口退税3000余万元。

2012年，潍坊海关配合保税仓储业务布局，支持新增3家公用型保税仓库，推动加工贸易集约化发展。支持潍坊港外贸业务拓展，“两库一站”成功获批。潍坊市实现进出口149.6亿美元，同比增长6.3%，高于全省1.8个百分点。被评为青岛关区唯一的全国文明单位。2012年12月23日，济南海关升格为直属海关，潍坊海关成为济南海关的隶属海关。

第一节　海关监管

货运监管

1991年，潍坊海关加强同口岸海关的协调配合，先后派员到二连、满洲里等十几处海关进行业务磋商，制定配合办法，保证货物及时安全进出。1993年5月，在潍坊国际集装箱中转站设立海关监管场站，并经总关批准，简化进口转关运输手续，中转站可凭提单和盖有潍坊海关特别方章的证件直接向青岛海关办理转关手续，将进口货物从港口直接运到潍坊中转站验放，转关运输从分散监管向集中监管转变。全年办理转关运输1000余票，比1992年增长107.72%。

1995年，潍坊海关对许可证商品、高税率商品、重点敏感商品及超出规定货值商品转关三级审批，并引入风险分析技术，进行重点监控，先后查处两起利用集装箱转关运输夹带进境案，制止数起企图逃避海关监管情事；加强对进出口回执的管理，明确反馈方式和要求，对进出口回执实行计算机管理。

1997年，潍坊海关积极与口岸海关联系协调，争取和扩大应税货物的转关。积极运用风险分析技术，重点加强对应征货物、高税率商品及易与应征商品相混淆的进出口货物的查验。1998年，引入风险管理机制，加大查验力度，将出口货物查验率提高到10%，进口货物查验率达到50%，同时还实施对有关货物的突击查验和专项查验，监管水平得到较大提升。

1999年，潍坊海关首次运用风险布控的办法，查发一起进料加工出口涉嫌伪报品名、数量骗取海关核销案件。全年出口货物查验率达到6%，进口货物查验率提高到33%。2002年，依托潍坊直通场站，积极推广口岸直通监管模式，开始各方共同利用口岸直通实现利益共赢的直通运作。潍坊直通场站集装箱月周转量达到800集装箱，占青岛关区直通箱量的50%以上。货运监管模式形成风险布控、实际监管、绩效评估、分析反馈、风险布控的良性循环，查发走私违规案件6起。

2005年，潍坊海关抓住推广“属地报关、口岸验放”新通关模式的有利时机，积极加大工作力度，在监管业务量和业务质量上获得同步突破。监管进出口货运量是2004年的3倍，属地报关单占报关单量达到80%。2006年，积极推行“多点报关、口岸验放”模式，“多点报关、口岸验放”模式报关单量占总的报关单量的89%，无纸报关单占同期出口单量的36.9%。2008年，潍坊海关打造便捷通关环境，实施完全“5+2”工作制，吸引企业在本地报关；推广“多点报关、口岸验放通关”模式，大力推动通关无纸化改革，无纸报关单占同期出口单量的80%。

2011年，潍坊海关辖区设立滨海临港物流监管区，使货物集疏港时间缩短2/3以上。监管货物量稳步增长，通过实行监管通关全程风险管理，布控查验有效性得到提高。分类通关改革全面推进，通关环境更加便捷高效，规范企业申报取得成效，低于关区2%的目标要求，归类准确率和原产地审核准确率为100%，申报规范率保持较高水平。

2012年，潍坊海关支持潍坊港外贸业务拓展，“两库一站”成功获批。依托业务改革，推进通关无纸化等模式创新，实施“5+2”“一站式”等服务措施，打造便捷通关环境。全力以赴扩大“属地通关”规模，加强与总关、各口岸海关的沟通协调，推动与天津、上海间“区域通关”；加强对报关企业申报规范性管理，采取差错通报、报关员计分等方式，提高申报质量。巩固“双查”成果，保持查验率和查获率在良好水平；把管道输送燃料油、废纸直通、铁路转关等监管疑难问题转化为课题进行研究，指导和规范相关工作；整合各业务现场监控平台，构建全关一体化监控中心，优化整合监管资源；规范监管场站、港口等监管场所管理，确保舱单及时核销率100%。

1991—2012年潍坊海关监管业务统计表

表9—6—1

年份	进出口货运量（万吨）	进出口货值（亿美元）
1991	0.75	0.19
1992	1.39	0.68
1993	5.13	0.89

续表9—6—1

年份	进出口货运量（万吨）	进出口货值（亿美元）
1994	4.86	1.02
1995	8.59	1.5
1996	20.51	2.8
1997	28.15	2.7
1998	21.33	1.9
1999	31.1	2.01
2000	20.06	1.77
2001	—	—
2002	16.00	1.8
2003	21.3	—
2004	31.38	2.8
2005	97.13	8.4
2006	205.3	—
2007	275.3	29.2
2008	333	20.83
2009	537.7	45.6
2010	—	54.9
2011	562.4	74.8
2012	550	78.8

加工贸易保税监管

1991年，潍坊海关备案加工贸易合同657个，审批同意潍坊市外贸包装公司建立全市首家保税仓库。1992年，在全市范围内召开“推行保税制度新闻发布会”，逐步形成加工贸易为基础、保税仓库（工厂）为骨干、保税集团为最高形式的保税体系。1994年，坚持“慎重发展、重在效益”原则，进一步监管加工贸易合同办理手续，通过企业分类管理、企业自主备案核销、加强首办企业的验厂审批工作等手段，促进辖区加工贸易发展。

1996年，潍坊海关清理遗留合同271个，企业守法意识大幅提升，加工贸易行业秩序得到有力规范。1997年，以加工贸易内销征税和合同核销为工作重点，合同核销率98%，为山东省最高。在加贸管理中加大风险防控意识，对内建立相互制约的监管体系，对外加大敏感合同的核查力度，查发3家企业利用假报关单骗取核销案件。1998年，加大超期合同清理力度，对360余个合同进行核查，对辖区保税仓库进行清理整顿，撤销6家，限期整改8家，对超期货物进行补税，消除监管风险，规范企业经营行为。1999年，潍坊海关落实新疆棉“以出顶进”政策，全年办理新疆棉备案合同25本，有力促进棉纺行业发展。召开塑料、电子、纺织行业座谈会和超期合同催核会，推动企业自律和超期合同核销，合同清理效能得到极大提升。

2000年，潍坊海关以处理遗留合同为重点，着力加强手册监管工作，针对辖区40%加工贸易合同为敏感商品的特点，加强对该类商品合同的单证审核、下厂核销，规范各类作业程序，严格审核单证，提升监管规范化水平。2002年，强化企业自律，督促企业按时核销，探索行业、企业、商品相结合的监管模式，提高监管的有效性和针对性。手册结案及时率等大幅提升，企业遵守海关法律法规的自觉习惯不断养成。

2004年，潍坊海关从单证的有效性、商品归类的准确性、进口原料与出口商品的逻辑关系性方面加大对加工贸易合同备案的审核力度；对加工贸易企业原料周转储备量进行调查摸底，防止超加工能力和仓储能力备案；探索建立中期核查的长效机制，将动态预警风险分析逐步引入中期管理，初步实现中期管理的预警化、规范化和效益化；加强对重点敏感商品的下厂核销力度，细化对加工贸易项下边角料、副产品的管理，杜绝跑冒滴漏。

2006年，潍坊海关积极推广联网监管模式，新增联网监管企业38家，同比增长3.8倍，联网监管覆盖率67%，建立更加高效便捷的海关监管手段。2009年，提升联网监管水平，联网监管覆盖率100%，顺利实现由纸质手册管理向电子化联网监管的升级转型，企业办理手册更加方便高效，海关监管服务更加到位。

2012年，潍坊海关开展加工贸易转型升级课题研究，引导加工贸易产业链向高端延伸；支持3家新增保税仓库的发展；对B类及以上企业实施内销集中征税；优化深加工结转、外发加工管理，试行外发加工集中审批；手册报核结案及时率100%；选取重点商品开展单耗核定课题研究；鼓励符合条件的企业申请A类、AA类企业管理资质。

第二节 税收征管

关税征收

1991年，潍坊海关加强对进出口活动的控制和监督，对应税货物进行重点审核、重点查验，对应税货物做到依率计征、严肃退补。通过对重点商品进行复查，对原产国别问题少征36910元税款及时要求纳税企业进行补税，对由于归类不当多征的税款及时办理退税手续。1995年，以加工贸易监管为重点，加强税收监管。针对辖区内加工贸易面广量大，发展迅猛，征税以内销补税为主的实际，坚持从抓合同管理向企业管理的转变，强化规范进出口企业的守法意识与行为，加强以加工贸易内销补税为重点的税收征管工作；把审价和税则归类作为税收征管的重点，明确审价与征税岗位职责分工与制约。广泛搜集和充分利用价格资料，实施审价作业单制度。

1996年，潍坊海关把加强税收征管作为海关业务工作的核心来抓，建立价格资料数据库，注意收集、归纳、整理进出口商品的价格资料并及时进行充实；通过编印《审价与征税工作简报》，组织业务研讨等方式，提高审价人员的审价归类水平。在具体工作中，重点加强对高税率、大税额商品和内销补税货物的审价归类工作，保证内销货物及时足额补税入库。

1998年，潍坊海关成立税收工作领导小组，根据税收进度及时召开税收形势分析会，确定以加工贸易监管为重点，全方位做好税收征管工作的思路。积极开展清理与整顿，加强加工贸易内销补税，保证税款应收尽收；严密制度和措施，强化转关货物的税收征管。严格按应税货物的审价归类，提高税收征管工作质量。与口岸海关协调，开通与首都机场海关的空运转关渠道，派员到阿拉山口对进出口转关进行协调，主动走访纳税大户，帮助解决通关纳税过程中的具体困难。

1999年，巩固发展与口岸海关的协调配合，与总关及其他口岸海关疏通转关运输渠道，争取应税货物的转关数量。同时，通过到厂调研、加快通关速度、提高优质服务等方式，吸引较大企业的进口转关，其中仅山东晨鸣纸业集团一家企业就纳税3500万元。严格执行总署规定的必检商品送检制度，对非必检商品实行抽样化验的方法，保证商品归类和完税价格的准确性。

2000年，潍坊海关抓住重点，做好税源分析和调研工作。将一般贸易进口量较大的木浆、聚乙烯等确定为重点商品，将晨鸣集团和亚星集团等企业确定为重点纳税企业。通过主动下厂调研、召开座谈会等方式充分掌握税源。2002年，潍坊海关及时召开税收形势分析会，确定增收目标和主攻方向。同时，严格审价归类，对有价格嫌疑的主动行使质疑权和磋商权，保证通关现场税收征管质量。发挥属地优势，与企业建立互信互助的合作伙伴关系，帮助企业解决通关疑难问题，巩固老税源，吸引新税源。

2004年，潍坊海关坚持以税收为“轴心”，努力降低辖区内存在的税基不牢、税源不足、税额不高等造成减收的各种不利因素影响，科学征管，综合治税，规范减免，不断提高税收征管质量，征收税款再创历史新高。2005年，以进出口通关环节征税为重点，控制优势税源，发掘新税源，严把审价归类关，不断提高税收征管质量，税收征管水平名列关区前列。采取措施提高中期核查和后续下厂核销的针对性与有效性，加大加工贸易内销补税工作力度，实现加工贸易内销补税增长65.4%。强化检查和缉私补税，堵塞税收漏洞，确保应收尽收。

1991—2012年潍坊海关征税统计表

表9－6－2　　单位：万元

年份	征税额	年份	征税额
1991	434.47	2002	12350
1992	455.77	2003	11693
1993	—	2004	14401
1994	646.57	2005	17447
1995	2258.86	2006	43019
1996	2290	2007	47983
1997	5157	2008	94020
1998	4125.7	2009	120633
1999	9813.8	2010	165588
2000	8759.6	2011	198882
2001	6676	2012	170419

2006年，潍坊海关实际征收税款比2005年增长1.3倍。2008年，在经济大环境不利的情况下，潍坊海关切实履行好职责，保证各项业务建设平稳进展，延续良好的发展势头。实际征收税

款比2007年增长96%。

2009年，潍坊海关对重点税源企业全程跟踪贴身式服务，帮助企业解决疑难问题，确保基本税源稳定；以优质服务打造便捷通关环境，吸引企业在本地报关；深入推广“多点报关，口岸验放”通关模式，全年税收总额突破10亿元。2011年，征收税款创历史同期新高，对非公式定价和非价格参数管理商品主动审价补税额实现突破。2012年，加强商品归类工作，探索建立重点商品风险防控数据库，提高归类水平；加大对“双特”“双非”商品审价力度，提升审价质量；规范减免税审批，审批规范率达100%。

关税减免

1991年，潍坊海关开始办理减免税业务，全年为企业减免税款9148万元。在潍坊海关办理特定减免税进口的商品主要是内外资企业的生产设备，这些企业一般生产状况良好，通过引进国外先进设备致力于提高企业技术水平和产品竞争力，涉及到潍坊市轻工、电子、化工、机械、纺织、造纸等多个支柱行业，征免性质主要为内外资企业的鼓励项目及外资企业用于设备更新和维修的自有资金项目。以及一些是特定减免税的科教用品，比如潍坊医学院及附属医院、潍坊学院进口科研、教学用的仪器、设备等。同时种子种源等商品。

1991年后，减免税政策变动比较频繁，每年审批减免税额呈波动态势，在2004年和2006年分别达到两个顶峰为7.2亿元和7.8亿元，同比分别比上年增长889.8%、42.3%。2009年受增值税转型政策影响，减免税额曾出现大幅下跌，此后逐步回升。

1991—2012年，潍坊海关为潍坊市企业减免税款68亿元。

1991—2012年潍坊海关减免税数据统计表

表9—6—3

年份	减免税款（万元）	同比（%）
1991	9148	—
1992	22194	142.6
1993	38397	73
1994	52906	37.8
1995	54000	2.1
1996	20400	−62
1997	8847	−57
1998	17127	94
1999	11624	−32.1
2000	16629	43.1
2001	29841	79.5
2002	43270	45
2003	7280	−83
2004	72061	889.8
2005	55049	−18.2
2006	78329	42.3
2007	36815	−53
2008	37227	1.1
2009	6701	−82
2010	28054	318.7
2011	16323	−41.8
2012	19000	16.4

第三节　查缉走私

调查、稽查

1990年建关伊始，潍坊海关成立“案件审理委员会”和“情报领导小组”，加强海关调查工作，逐步开展对走私违规案件的查处，对某公司免税进口车违规案件进行调查，查封违法车辆并进行处理。

1991年，召开由市委政法委、打私办等11个部门参加的打击走私联席会，就潍坊地区走私动态和各部门之间的协作问题进行广泛的研究讨论，制定反走私工作具体措施和信息交流办法，形成反走私斗争合力，创造反走私工作良好的外部环境。查获各类违规案件6起，对技术改造减免税进口设备加强稽查。

1993年，潍坊海关开展集装箱夹带走私、倒卖保税料件、挪用或价购免税进口汽车三个重点领域的打击走私专项行动，并与市公安、边防等执法部门开展海上联合缉私行动，查获贩私汽车5辆。1994年，依靠地方党委、政府，联合有关执法部门，对走私违法活动实行综合治理，先后开展钢材、成品油、胶合板打击走私专项斗争，查获不法外商假造海关手续“飞料”走私化纤原料案、走私汽车案、潍坊某有限公司擅自倒卖保税原料案等。

1995年，开展对加工贸易A类企业、按计划备案企业、重点企业重点商品为内容的三次专项稽查，查获某合资企业企图利用低报价格偷逃税案；充分利用MOU制度，对走私违法活动实施综合治理。1996年，开展塑料原料、纺织原料及信得过企业等专项稽查行动，加强“打防并举”，利用关区内外的一些典型案例教育和引导企业自觉守法经营；突出重点，继续抓好打击加工贸易和转关运输渠道的走私违法活动；查发多起假报关单骗取海关核销手续走私案。

1998年，全国、全省打击走私会议相继召开后，潍坊海关协调打私办成员对潍坊辖区3个港口进行突击检查和海上巡查，震慑海上走私活动；查处走私、违规案件数量大幅增长。1999年，突出重点，严打货运渠道的走私违法活动，将案值达600多万元的某企业走私罪案件移交公安机关侦办，是潍坊海关建关以来查获的首起对当事人正式逮捕并予以起诉的案件，对辖区内走私违法活动产生极大威慑。

2000年10月，潍坊海关走私犯罪侦查支局成立仪式

2000年，潍坊走私犯罪侦查支局成立，潍坊海关认真做好相关职责的交接工作，进一步提升打私工作质量，维护全市外贸经济秩序。2001年，潍坊海关进一步转变调查工作职能，发挥稽查先导作用，加强对重点行业和重点商品的稽查分析，实现由过去的以办案向以稽查、查处个案和后续管理为主的转变，全年对辖区塑料、橡胶和涤纶短纤企业开展专项稽查，共稽查企业20余家。2002年，开展对加工贸易大户、A类企业、新注册企业等的专项稽查工作，对塑料原料、皮革、棉花等商品实施常规稽查，取得较大战果；以打击价格瞒骗为重点做好案件查办工作，全年共查处走私违规案件30余起。

2004年，潍坊海关按照行业规范与重点整治相结合的思路，以规范企业进出口行为为核心，强化调查正面监管和价格稽查职能，围绕反价格瞒骗和高风险企业，开展专项稽查、贸易调查和市场调查。先后对辖区内棉花、橡胶、棉短绒、塑料、皮革等行业的60余家企业开展专项稽查，对80余家企业的减免税设备进行稽查、核查。2005年，对塑料、铁矿砂、牛皮纸、集成电路、胶印机等10余个行业开展稽查，查发多起违规违法案件，有效防止国家税款流失。

2011年，潍坊海关严力打击走私违法案件，查处出口伪报归类骗取退税案件多起，减免税后续监管更加严密，保证减免税设备实现有效监管。2012年，提升“三查合一”效能，加强风险分析研判，常规稽查实现稳中拓新，找准重点、有的放矢；扎实开展验证稽查，严把AA类企业“准入”质量关；建设稽查数据资料库，为常规稽查、专项稽查等提供全面信息；提高加工贸易中期核查质量，保证实效性。

海关缉私

2000年10月10日，潍坊海关走私犯罪侦查支局成立后，依法查缉发生在潍坊、淄博、滨州、东营4市的走私刑事案件。加强与辖区海关、地方政府和公检法机关的配合，严打走私犯罪。12月，侦办首起走私刑事案件，对某企业涉嫌走私普通货物案正式立案侦查。2001年3月，海关总署走私犯罪侦查局、青岛海关走私犯罪侦查分局与潍坊海关一起投入到潍坊“破案会战”中，并确定4起案件为“上马案件”。同月21日，福建省晋江市公安局抓获潍坊支局上网追逃的“12·20”案首要犯罪嫌疑人，是潍坊支局首次通过上网追逃抓获犯罪嫌疑人。8月，潍坊支局协助匈牙利海关对一起走私案件进行调查取证。

2002年2月，潍坊海关与潍坊市公安局共同举办“潍坊市刑警系统、山东省公安厅走私犯罪侦查局潍坊支局执法办案质量及基础业务培训班”，潍坊海关全体民警及潍坊市各县市区刑警系统民警共100余人参加培训。

2003年1月1日起，潍坊海关走私犯罪侦查支局正式更名为潍坊海关缉私分局。2006年，潍坊海关缉私分局报送的《走私分子利用虚假合资公司进行走私应予关注》信息被总署《海关要情》第86期和国办《昨日要情》采用。2007年，整合情报信息资源，探索建立开放式、主导式、衍生式情报工作模式，查获情报线索23条，情报查发刑事案件5起，刑事案件自侦率71%，以情报为主导的办案模式初步形成。

2008年，潍坊海关缉私分局重点抓好执行力、战斗力、公信力、凝聚力、内控力五个方面的建设，全力做好奥运安保工作。办案数量和办案质量不断提高，反走私综合治理水平有效提升。组织与业务辖区四市人民银行反洗钱部门召开联席会议，制定反走私与反洗钱协作办法，形成情报会商、线索移交、联合反应的工作机制。制订《潍坊分局建设岗位练兵长效机制方案》，增强民警素质。2009年，对辖区敏感商品数据进行风险分析，相继查发3起走私椰壳纤维重大案件，推动青岛关区开展了打击椰壳纤维走私专项行动并取得重大成果。2010年，积极参加打击旧传送带专项行动、“净海行动”“9·14”专案、太原“5·31”专案等。在潍坊港一类口岸开放后，提前布局，加强阵地控制，提升打私工作水平。

2011年，潍坊海关立案侦办走私武器案件两起，追缴走私进口气步枪2支，子弹480余发。5月，在潍坊港查获一起走私成品油案，涉案成品油215吨，案值153.57万元，涉税43.87万元。在公安部“清网行动”中，针对每名逃犯研究翔实的个性化抓捕方案，实行专人专案负责，成功抓获犯罪嫌疑人。2012年，开展“国门之盾”专项行动，查发一起案值7560.8万元、多退税款710.77万元的行政大案。4月，查获走私毒品案1起，查扣可卡因249.63克。

第四节　海关统计

1991年，潍坊海关开始重点审核报关单所列经营单位、贸易方式、贸易国别、产销国别、运输方式、外汇来源、收发货地、商品编号、数（重）量（包括毛重）、成交价格条件、成交价格货币名称和金额等统计指标，并批注相应的统计代号。1995年起，潍坊海关执行新修订的《中华人民共和国海关统计制度》，凡能引起中国境内物质资源储备增加或减少的进出口货物均列入海关统计。

1996年，潍坊海关开始填报海关总署统计司制发的“统计监督情况月报表”。同年，潍坊海关开始开展统计监督和执法评估。3月起，海关总署向各直属海关反馈海关贸易统计数据。反馈数字不仅包括本地区企业经本口岸的进出口货物数字，也包括本地区企业经其他口岸的进出口货物数字。此后在对外发布本地区的进出口总值时，一律使用海关总署的反馈数据，以经营单位所在地口径为准。1998年，海关业务统计报表增至15个总表、42个分表、共7600多个指标。同年，根据对外贸易经济合作部、国家发展计划委员会和海关总署的有关规定，对外公布、使用实际进出口贸易统计数据，以海关统计数据为准。1999年，增加走私犯罪侦查分局的“走私犯罪案件统计表”，下设“受案及案件审查情况类别表”“立案、破案情况类别表”“主要走私物品类别表”等7个分表。

1999年1月，山东省对外经贸委、省计委与青岛海关联合印发《关于山东省政府部门统一使用海关进出口统计数据有关问题的通知》，确定统一使用海关数据反映进出口情况。2000年1月，潍坊海关开始使用《海关业务统计2000管理系统》。系统重新编制业务统计指标编码体系，制定新的编码规则，数据采集方式发生根本变化。

2002年，潍坊海关各项报表均采用海关总署规定的格式。2005年1月起，海关业务统计管理系统（4.0版本）全面推行。7月，开始使用青岛关区业务报表网络报送系统，改变报送纸质报表或电子报表的工作模式，按照统一接收、网上发布、信息共享的原则，搭建起统一、便捷、高效的报表报送管理平台，实现各类报表数据的数据库管理。同年，开始使用统计预警监测系统。12月25日，潍坊海关执行《中华人民共和国海关统计条例》，将实际进出境并引起境内物质存量增加或者减少的货物列入海关统计。

2009年，潍坊海关上报统计数据及时率和准确率100%，撰写专题统计报告42篇，其中6篇被中办、国办和省政府采用。2011年，潍坊海关上报统计数据的准确率100%；上报统计监督信息、执法评估报告12篇，4篇被海关总署采用；上报预警监测分析文章39篇，9篇被海关总署采用，5篇被省市地方政府采用；向潍坊市委、市政府报送统计专报5篇，得到地方党委、政府主要领导的批示和肯定。

1991年与2012年潍坊海关业务量对比情况表

表9—6—4

项目	1991年	2012年
进出口总值	1917.4万美元	78.8亿美元
进出口货运量	7501吨	550万吨
征收税款	434万元	17亿元
减免税	0.9亿元	1.9亿元
加工贸易备案金额	2.3亿元	28.4亿美元
查获违规案件	6件	6件
罚没收入	80.5万元	503万元

第七章 出入境检验检疫

80年代以后，潍坊对外贸易迅速发展，进出口商品检验工作量不断加大。2003年以后，贯彻执行修改后的《中华人民共和国进出口商品检验法》，重点对涉及人类健康与安全、保护动植物生命和健康、保护环境、防止欺诈行为等敏感商品实施检验。潍坊商检局加强对进出口商品质量的检验监管，帮助各出口企业逐步建立质量管理体系，出口产品质量安全水平稳步提升，2012年，全市潍坊检验检疫局检验检疫出入境货物165039批，货值76.8亿美元，同比分别增长13.09%和12.62%。其中出境157530批，货值64.8亿美元，同比分别增长12.87%和9.88%；入境7509批，货值12.0亿美元，同比分别增长18.01%和30.06%。至2012年，出口产品合格率由1990年的96%提升至99.9%以上，在国际市场打响“潍坊制造”的品牌；严把进口关，对不合格进口产品实行整改合格后进口、退运、销毁等处置措施，对进口设备、棉花等商品出具索赔证书，帮助企业减少经济损失5000余万美元。

第一节 进出口商品检验检疫

检验监管

1991年，潍坊商检局根据ISO9000系列标准，帮助国营大中型企业建立质量管理与质量保证体系，并在潍坊柴油机厂和潍坊第二印染厂两个国营大中型企业先进行试点，与诸城外贸公司、潍坊水泥厂两个大中型企业联合开展解决出口肉食鸡药残和出口水泥包装储存问题的科研攻关。为推动潍坊食品农产品出口，1994年，在全市范围内进行兽药市场的净化清理工作，扩大扦样范围，实行批批检验。出口冻鸡质量明显提高，出口量突破4.0万吨，同比1993年增长42.9%。1995年，在全市开展打击流通领域假冒进口商品的活动，对奎文、潍城两区的假冒进口商品情况进行查处，共检查34家商场，其中27家存在不同程度违法违纪经营假冒进口商品的问题，共查处假冒进口商品179台（辆），检查组依照有关法律给予严肃查处。1997年，潍坊商检局先后制订印发《加强出库保鲜菜管理的规定》《提高出口保鲜菜质量的要求》《潍坊地区厨楼保鲜菜登记管理规定》等文件，对潍坊市原有的80家保鲜菜加工厂进行整顿，最后对29家符合要求的加工厂进行重新登记管理，使全市出口保鲜菜产业逐步走向规范化，管理水平、产品质量不断提高。1999年，针对出口保鲜菜加工点过多过滥、加工粗放、产品档次低、无厂检人员等问题开展专项整顿活动，彻底改变加工秩序混乱的状况，将全市150家加工点规范为51家。

2002年，潍坊检验检疫局制定《出口蔬菜农药残留控制办法》和《蔬菜种植基地登记管理办法》，督促出口蔬菜加工企业建立种植基地，实行统一供应种苗、统一供应药品、统一防虫治病、统一残留检测、统一收获加工的“五统一”管理，发展种植基地2万亩。制定出口禽肉、蔬菜扦样、送样规定，以及出口“日韩”冻品、冰鲜禽肉产品检验检疫流程等一系列规定，建立专门的分样室，明确要求施检人员必须亲自扦样、封样，统一标准，统一做法。通过抓质量管理，出口产品质量得到有效控制，出口鸡肉7.7万吨，没有一批在国外被检出问题。2003年，山东检验检疫局与潍坊市政府签署《关于相互配合促进潍坊农副产品出口的工作方案》，共同研究从生产、加工、储运等各个环节促进农副产品的强势出口。加强源头建设，引导和帮助企业加大种植、养殖基地建设力度；统一制定种植、养殖基地的具体标准要求，指导帮助有条件的企业新建大型标准化自属种植、养殖基地，审批备案的自属养殖场98个，一次存栏量达1000万只；指导帮助企业对饲养场进行改造，提高标准，提升档次，备案饲养场网架养殖率达到80%以上，130家企业备案种植基地7.8万亩。对378家卫生注册、登记企业进行“拉网式”监督检查，166家企业因质量自控体系存在问题被限期整改，22家企业因存在严重安全卫生隐患被暂停报检，74家企业因违反卫生注册登记管理规定被注销资格，4家企业因出口产品在国外检出卫生质量问题被吊销证书。2004年，加强对进口废物原料检验工作，先后3次从美国进口废纸中检出生活垃圾和有害媒介生物，按规定进行无害化处理。在山东艾妮维尔空调有限公司从韩国进口的制冷机组中发现和截获有害媒介生物家蝇，对进口货物和包装实施除害处理。2005年，在100%实现电子报检、电子签证、电子转单的基础上，对180家企业的3770批货物实施集装箱网上核销，对610家企业的54636批货物实行电子通关，对130家企业的1736批货物实行就近属地报检，对2家企业的1533批货物实行直通式报检。

2006年，开始推行出口食品“公司+基地+标准化”生产管理模式，指导出口禽肉企业建立饲料安全生产监控、药残疫病防控、企业检测管理控制、产品质量保障等4个控制体系；出口蔬菜企业建立“五统一”管理、农残监控管理、企业检测管理、全过程安全卫生质量管理等4个管理体系。加强出口备案种植基地、饲养场的管理，规范农、兽药物的使用和生产加工质量控制，经潍坊检验检疫局考核备案的自属蔬菜种植基地达到20余万亩，高标准、规范化饲养场171个，一次存栏量达到2000万只以上。潍坊出口的高风险农产品已全部来自备案自属基地。为诸城外贸、潍坊美城、昌邑新昌和安丘外贸4家企业首批获得出口农产品免验的企业颁发免验证书，全国共13家获证企业。针对日本“肯定列表制度”的实施，形成政府、检验检疫、企业三位一体的联动机制，成功地避免“肯定列表制度”的负面影响。在全国对日农产品出口下滑18%的大形势下，潍坊输日农产品实现大幅增长，龙头企业增长幅度都在30%以上。2007年，潍柴动力股份有限公司顺利通过国家质量监督检验检疫总局出口免验专家组的审核，获得免验资格，成为全市第一家出口工业产品获得免验的企业，也是山东省第一家获此资格的装备制造业企业。晨鸣进口废纸直通场站正式启用，每年可为该企业节省进出口货物滞港费、吊装费、场地费等3000多万元。4月13日，诸城外贸公司出口马来西亚冷冻生禽肉50吨，结束自2004年以来中国生禽肉产品无对外出口的历史，年内出口马来西亚禽肉产品211批、5067.6吨，货值7076.7万美元。

2008年，在昌邑市开展以禽类养殖业为主的出口农产品质量安全区域化管理建设，新昌集团与美国泰森公司的合作，由原来的KFC（肯德基）一般供应商成为KFC在中国仅有的3家战略合作伙伴之一。在安丘市率先进行出口农产品质量安全区域化管理建设试点，新规划发展各类出口农产品区域化管理生产区30余万亩，年出口农产品150万吨，创汇1.5亿美元。封关长达5年之久的欧盟禽肉市场再次对中国开关，全国恢复对欧盟出口禽肉的9家企业全部来自山东，其中潍坊5家。针对诸城仁木包子事件，认真对待，积极应对，进行调研排查，妥善处理，采取防范措施，完善出口企业质量管理体系，加强源头控制和全过程监管，使仁木公司尽快完全恢复对日本、韩国的出口。2009年，希努尔男装股份有限公司顺利通过国家质检总局的出口免验审核，成为潍坊首家通过免验审核的出口轻纺企业。潍坊境内大量栽培生产的黄瓜、西红柿、五彩椒等品种顺利出口东南亚、中东，潍坊萝卜顺利出口欧盟，特色产业发展实现新的跨越。2010年，启动寿光市输日、韩菜篮子工程建设，帮助寿光建成各类农村经济合作组织34个，建成标准化种植基地5万余亩；整体推进诸城输日、美禽肉、猪肉，昌乐输欧盟禽类制品，昌邑出口肉鸡项目的源头区域化管理。建立完善的以国际市场竞争力为基础的名牌培育机制，潍柴动力“同心”牌柴油发动机和发电机组在畅销亚洲、非洲和中东地区的基础上成功打入欧洲市场。10月20日，诸城外贸公司出口欧盟的第一批、22吨熟制鸭肉产品在荷兰鹿特丹港顺利通关，为自欧盟对中国熟制禽肉开关以来首批出口。年内全国共向欧盟出口熟制禽肉1210批、21224吨、1.11亿美元，其中潍坊出口889批、15690吨、9206万美元，分别占全国总量的73.47%、73.93%和82.94%。欧盟发布对潍坊乐港公司出口熟制鸭肉产品检出“莫西菌素”预警后，潍坊检验检疫局立即启动应急预案，及时开展技术攻关，在48小时内研究开发出莫西菌素检测方法，对发运产品留样、库存产品和原料、辅料进行严密跟踪检测，支持企业进行反诉并获得成功，使欧盟正式撤回对潍坊乐港的预警通报，产品顺利恢复出口。这在中国食品出口历史上尚属首次。

2012年，潍坊检验检疫局制订《关于开展出口农产品质量安全示范区提升活动实施方案》，开展示范区建设提升活动，试点运行出口食品“无障碍放行”监管模式。高密市顺利通过国家级出口食品农产品质量安全示范区考核，成为本年度全省新增两个示范区中的一个。指导帮助峡山区顺利通过国家认监委有机农产品基地示范园区创建验收，成为全省第一个通过验收的园区。加强寿光出口木制品监管示范区建设，示范区企业发展到38家，促进辖区木制品出口业发展。4月，指导帮助北汽福田多功能汽车厂整车顺利出口，实现潍坊辖区乘用车出口“零”的突破。指导和帮助晟绮保税物流园区实现进口棉花直通检验检疫，新郎希努尔男装通过免验续延审查，孚日集团通过省局的出口免验初审，潍柴集团通过省局出口免验年度审查。4月，欧盟发布潍坊乐港公司输欧鸭肉制品重金属汞超标预警后，潍坊检验检疫局立即启动应急处置预案，经过调查分析和研判，完全排除输欧鸭肉重金属污染的可能性，支持企业向欧盟提出复检申请。欧盟方面经复验未发现汞超标，随即撤销错误预警通报。

外商投资财产鉴定

1993年起，针对“三资”企业外方以设备作价投资中，以旧顶新、以次充好、低价高报、损害中方利益等问题，开展外商投资财产鉴定工作，帮助中国企业减少损失。1993年，对40家外商投资的有形资产进行价值鉴定，评估鉴定三资企业40家，出具价值鉴定证书34份，外商报价总额为1700万美元，经鉴定后核价为1400万美元，降值率17.6%，为国家挽回直接经济损失300多万美元。1993年，青州五金厂与日本一公司合资兴建青州华龙不锈钢装饰材料有限公司，从日本引进不锈钢装饰材料设备，包括手动抛光机、膜胀机等共11台（套），日方报价370万美元，青州五金厂根据潍坊商检局提供的价格查询信息，与外商进行谈判，最终以273万美元的价格成交。

1994年，共对35家外商投资有形资产进行价值鉴定，出具价值鉴定证书35份，外商报价总额为4900万美元，经评估为4450万美元，降值率为9%，为国家挽回直接经济损失450万美元。至2001年，共对274家外商投资企业进行财产价值鉴定，外商总报价21940万美元，经潍坊商检局鉴定后19414万美元，降值率11.5%，为国家挽回直接经济损失2526万美元。

不合格进口商品对外索赔

1992年，潍坊商检局发现安丘县帘布厂从美国进口浸胶机生产线存在多处设计、制造、短少等质量问题，对外出具提赔证书，索赔值48.7万元；检验发现高密化纤厂从乌兹别克斯坦共和国进口的3500余吨棉短绒存在严重的包装损坏、霉烂变质和短重问题，对外索赔50万瑞士法郎。1993年，检验发现潍坊内燃机配件总厂从奥地利引进的价值40万美元的无芯磨床多项技术指标达不到合同规定质量要求，及时依法出证提赔，外商赔偿10万美元的损失费。1994年，潍坊呢绒服装厂从法国引进一套价值11多万美元的电脑排版及辅助设计系统，投入使用3天后便开始出现故障，在18个月的质量保证期内共出现故障50余次，一直未能达到稳定运行状态，经潍坊商检局检验，认为该系统存在的问题是硬件制造不良所致，并出具索赔证书。法国制造厂向潍坊呢绒服装厂赔偿11.1万美元的经济损失。2002年，加强对进口大型成套设备的检验检疫工作，对山东晨鸣集团15万吨铜版纸项目、亚星集团7万吨CPE和6万吨烧碱离子膜项目、华日粉末冶金股份有限公司的异型管连铸项目二期工程、诸城泰森大龙食品公司工程、潍坊海化中以溴化物工程、高密洁玉纺织品扩建工程等项目的进口成套设备，与企业成立联合检验设备小组，及时开箱、安装、调试、验收和对存在问题的设备进行对外索赔。2003年，对亚星集团的6万吨烧碱离子膜项目、潍坊新立克塑胶公司的技改项目、高密洁玉纺织品工业园项目等涉及进口的成套设备，对设备进行木质包装检疫、开箱、安装、调试和验收的全程检验。对检验过程中发现的问题，组织力量及时出证索赔。2004年，对山东晨鸣集团和亚星集团的技改项目成套设备实施装运前预检验，顺利完成对进口设备开箱、安装、调试和验收的全过程检验，对检验中发现的技术问题和安全隐患，组织力量及时出证索赔，为国家挽回巨额经济损失。2007年，加强对进境废物原料、旧机电、医疗器械、棉花和大型成套设备等工业产品的检验检疫监管，从来自美国的2批废纸中检出3个集装箱夹带废塑料瓶、废易拉罐、废塑料布、旧衣物等生活垃圾，按规定程序退运出境。

1991—2012年潍坊进出口商品检验统计表

表9—7—1　　单位：1991—1996年为亿元人民币，其余为亿美元

年份	进出口		出口		进口	
	批次	货值	批次	货值	批次	货值
1991	7300	14.2	7170	11.4	130	2.8
1992	7800	17.6	7580	13.4	220	4.2
1993	7040	20.9	6616	16.2	424	4.7
1994	9079	34.71	8506	23.67	573	6.83

续表9－7－1

年份	进出口		出口		进口	
	批次	货值	批次	货值	批次	货值
1995	6513	34.6	6243	28.8	270	4.79
1996	9262	40.98	9015	38.7	247	2.28
1997	9501	4.99	9425	4.69	76	0.30
1998	12368	5.56	12057	4.98	311	0.58
1999	16689	4.7	—	—	—	—
2000	23252	6.00	22272	5.26	980	0.74
2001	27654	7.26	25868	6.07	1786	1.19
2002	27332	8.24	24661	6.44	2671	1.80
2003	31288	10.74	27469	7.28	3819	3.46
2004	39906	13.09	36351	9.54	3555	3.55
2005	60710	17.63	56701	13.05	4009	4.58
2006	66702	21.41	63166	16.41	3536	5.00
2007	91039	37.12	84808	27.68	6231	9.44
2008	75478	39.51	68253	28.73	7225	10.78
2009	90429	33.97	85586	29.42	4843	4.54
2010	133640	61.18	128473	54.08	5167	7.10
2011	145935	68.20	139573	58.94	6362	9.26
2012	165039	76.81	157530	64.76	7509	12.04

说明：因资料原因，部分数据为1—10月或1—11月

第二节　国境卫生检疫

1994年12月8日，卫生部卫生检疫局批准设立中华人民共和国潍坊卫生检疫局，负责潍坊市入出境船舶检疫、进出境人员检疫、口岸媒介生物本底调查、卫生监督等各类卫生检疫任务。1996年2月1日，中华人民共和国潍坊卫生检疫局正式揭牌。

出入境船舶检疫

2009年潍坊港正式对外开放之前，潍坊港出入境外贸船舶较少，对外开放之后，潍坊检验检疫局设立专门的驻潍坊港办事处，负责潍坊港出入境船舶的卫生检疫工作。2009年，全程跟踪服务潍坊港一类口岸建设，在口岸规划、设计、建设、验收等工作中，主动提供检验检疫政策和技术指导，完善口岸查验基础设施，配备必要的检测手段，健全网络监控信息化平台。参与潍坊港二期工程基础设施规划建设，完善船舶查验视频监控、查验场地设施建设，建立隔离留验室，开展口岸微生物、理化和媒介生物监测实验室建

设，配备必要的食品、饮用水快速检测设备试剂，保证口岸突发公共卫生事件基础设施和设备。全面加强对重大突发事件的应急处置能力，建立和修订完善疫病疫情防控、甲型H1N1流感防控、口岸核辐射和口岸生物恐怖袭击事件等9个应急预案，定期开展应急预案演练，对预案演练情况进行跟踪验收和总结评估，提高对重大突发事件的应急处置能力和有效控制水平。7月28日，完成潍坊首次进境船舶检疫和首批进境煤炭的检验任务。2010年，全力支持潍坊港3个万吨级、3个2万吨级泊位建设，主动开展检验检疫各项准备工作。加强潍坊港鉴定工作配套设施建设，做好进口大宗散装资源性商品的检验鉴定。2011年，扎实开展口岸鼠、蝇、蚊、蜚蠊等媒介生物年度本底调查，制作蝇、鼠、蜚蠊等媒介生物标本1万多个，基本摸清潍坊口岸医学媒介生物本底现状。针对日本核泄漏事件，加强对国家质量监督检验检疫总局禁止进口区域以外地区输华产品的监控检测，共对50批日本进口产品实施放射性物质检测。入境船舶医学媒介生物检出率达90%以上，首次在入境船舶中检出四纹豆象、赤拟谷盗和米象等多种有害生物。2012年，先后检出苍蝇、蚊、杂草、土壤等外来有害生物和禁止进境物，外来有害生物检出率90%以上。

进出境人员检疫

1996年3月26日，市政府办公室印发《关于加强出国人员卫生检疫工作的通知》，规定潍坊市出国人员，在出国任务和政治审查审批之后必须到潍坊卫生检疫局进行健康检查和预防接种。与潍坊市建安公司等有劳务输出业务的单位协商，为1200余名劳务输出人员办理卫生检疫手续；对潍坊市辖区长期居住的外籍人员进行重点检查，在50余人中未发现HIV感染者及其他传染病患者。1998年7月，潍坊国际旅行卫生保健中心正式挂牌成立，副县处级，编制25人，床位20张，设内科、皮肤科、预防保健科，服务对象主要是入出境人员。2000年，建立艾滋病初筛实验室。2001年，加强艾滋病初筛实验室建设，严格出入境人员的传染病监测，检出澳抗阳性19例，确诊为乙肝3例。2004年10月，在入境人员中检出艾滋病病例，为潍坊市首次检出。

卫生监督

1997年，加强对入出境货物、集装箱的前期监管和后续管理，对货物堆场、集装箱装箱场地实行卫生合格证制度，实行统一管理，定期进行现场监督，彻底扭转入出境货物堆场和集装箱装箱场地卫生状况差、无人管理的局面，使堆货、装箱场地卫生较前有明显改观。先后对70余家企业进行现场检查、验收，并对12家场地不符合卫生要求的企业提出改进意见和要求，签发场地卫生合格证书56份。配合青岛进口食检中心进行漏报漏检进口食品的检查工作。加大对进口食品生产经营单位的管理力度，提高企业经营者的守法意识，有效扼制假冒伪劣进口食品的流通。依据贸易双方两国政府签订的卫生检疫工作协议，对外方要求出具卫生证书的出口食品进行检疫出证，先后为三批运往俄罗斯的货物实施卫生检疫，出具食品卫生检验证书。同年，有80余家企业进行现场检查、验收，并对装箱场地不符合要求的企业提出整改意见。签发场地卫生合格证书61份。根据贸易国政府间的卫生检疫协议，对99批次委托检验的进出口食品实施卫生监督检验。对市场销售的进口食品实施监督检查，对无证销售的进口食品进行监督检验，检验合格的出具卫生证书及防伪标志。加强进口食品的规范化管理，对未注册的进口食品经营单位进行注册登记，办理35家。1998年，加大对进口食品、洋酒市场的监督检查力度，共进行日常性市场卫生监督检查86次，抽检进口食品6大类100余种。强化对进口食品生产经营单位的监督管理，加强对进口食品生产经营单位的注册登记和核证、换证工作。新注册11家，换发注册证书23家。1999年，检出3批来自法国、荷兰等国的进口食品疑被“二噁英”污染，依法进行查封、复检和处理。共进行日常性市场卫生监督检查52次，派员110余人次，抽检7大类100余个品种。

1996—2012年潍坊出入境船舶检疫查验及进出境人员检疫统计表

表9—7—2

年份	船舶（艘次）	人员	发现病例
1996	1	1200	—
1997	2	1792	—
1998	3	1720	—
1999	0	1878	—
2000	0	2350	—
2001	0	1611	22
2002	0	1429	32
2003	0	1705	—
2004	85	1826	426
2005	74	2034	311
2006	—	4104	—
2007	—	6492	—
2008	—	4870	1092
2009	127	3756	968
2010	215	3370	—
2011	280	3586	757
2012	220	3375	1240

2000年，加强对进口食品、化妆品的后续监管工作，先后从进口食品、饲料中检出沙门氏菌。对出口肉类、速冻菜、脱水菜、冻面食、花生制品、罐头等99家卫生注册企业进行清理整顿，并对其中管理不善、设备陈旧的9家企业，取消其注册编号。2012年，加强口岸食品实验室建设，提高口岸食品快速检测能力，配备口岸食品快速检测仪器和快速检测试剂，加强快速检测培训，有效开展口岸食品现场快速检测工作，提高口岸食品农残、微生物等检测能力，提升口岸食品饮用水安全保障能力。对外供食品经营单位，严格按照许可条件进行审批考核，建立健全从业人员健康检查和卫生知识培训制度、消毒管理制度、食品采购制度、进出货物验收制度等，建立统一规范供货台账。制定对口岸食品饮用水实施微生物以及农残等监控计划，对外供食品和港口用水源头、中间、末梢用水等不同环节制定详细的取样计划，每月定期对港口外供饮用水和食品取样检测。加强入境船舶的食品安全卫生监督。对卫生条件差、冷藏设备老化、蔬菜变质、预包装食品过期等问题，向船方发布食品安全警示，督促船方保障食品储藏设备正常运转。

第三节　动植物检疫

1994年8月25日，青岛动植物检疫局同意设立“中华人民共和国潍坊动植物检疫局筹备处”（正处级）。1995年2月8日，国家动植物检疫局同意设立中华人民共和国潍坊动植物检疫局筹备处，开办进出境动植物检疫业务。

1996年，潍坊市报检单位由67家发展到近百家；检疫出口动植物及其产品达120个品种，出口20多个国家和地区，进行熏蒸处理34批次。潍坊动植物检疫局严格行使把关职能，对容易出现问题的环节实施重点检查，对发现不合格的产品严格按规定进行处理，全年检出30余批不合格货物，按规定进行重新加工或检疫处理。5月10日，潍坊土产进出口公司报检出口20吨鲜姜，实施检疫时发现有的开始变质，检疫人员禁止装箱，为货主避免几十万元的损失。

1997年，潍坊动植物检疫局进行出口动植物产品生产、加工、存放单位注册登记，有83家企业注册登记，与安丘市蜜桃中心共同对蜜桃的种植、管理、收获、储藏等环节开展技术攻关，由日本客户向日本农林省办理“特别通行证”，使蜜桃首次成功进入日本。与花卉生产企业潍坊市符山林木良种场协同攻关，实现2万支康乃馨和6万支菊花首次打入日本市场。

1998年，潍坊动植物检疫局检出不合格货物146批次，进行重新加工125批次、熏蒸处理83批次。禁止出境4批。进境货物共检出不合格5批，其中熏蒸除害4批、销毁1批。蔬菜出口增幅较大，全年出口蔬菜86842吨，货值6203.4万美元，同比增长94.7%、34%。往年很少甚至没出口的大白菜、卷心菜、大葱、胡萝卜等大批出口。从美国赠送寿光蔬菜种子中截获禁止进境物——美国玉米75千克，进行杀菌和销毁处理。对12家进出口产品加工厂家和47家报检单位实施注册登记初步审查，对61家已注册企业进行年审。

1999年，潍坊动植物检疫局检出不合格货物129批次，其中带土33批、病虫害74批、变质2批、带杂货16批，禁止出境4批，分别进行熏蒸除害、重新加工和禁止出境等检疫处理措施。坚持无偿为货主在出口产品引种、种植、防病、除虫、加工、贮藏等环节提供帮助和指导，全年共为货主解决疑难问题5个，提供业务技术咨询82次。主动为22家企业牵线搭桥，使1026吨货物找到买主销往国际市场。

2000年，潍坊检验检疫局检疫出境活牛10批共225头；检疫入境种鸡4批，63918只；种鸭苗1批，27220只；曾祖代种兔1批，650只。其中，在安丘绿洲兔业公司从法国引进的布列塔尼亚曾祖代种兔中，检出二类检疫对象巴氏杆菌和兔疥癣病，对感染巴氏杆菌的病兔及时进行捕杀，并作无害化处理。对患兔疥癣病的病兔进行检疫处理，防治动物疫病的传播。面对进境植物产品越来越多的形势，加强病虫害检疫工作，积极对企业宣传有关法律法规，对进出境植物产品严把检疫关。对3批带有一类传染病的进口大豆实施监管，对1批与检疫审批内容不符的美国高粱进行销毁处理。同时，组织开展了松材线虫检疫和实蝇普查工作。

2001年，潍坊检验检疫局严格审批手续，加强对进出境活动物检疫和进境植物繁殖材料的检疫监管。先后对4家供港活牛场、5家进境活动物隔离场和17家进境动物产品定点加工厂的防疫、饲养设施情况进行检查考核。创造条件开展活动物血清学检测工作，年内共检疫出口活牛7批150余头，检疫进境活鸡苗2批4.2万只，活种鸭苗1批1750只，火烈鸟1批38只。严格对输往欧盟和来自美国、日本木质包装的检验检疫和卫生处理。2002年，开展进境活动物临床检验和血清检测，共检疫进境鸡苗5批11.2万只，种鸭苗1批2722只。对潍坊某公司进口的种芋，经检疫腐烂变质进行焚烧处理，防止有害生物的传入。2006年，加强对进境尤其是来自疫区的动植物及其产品的检验检疫把关，提高疫病疫情和有毒有害物质的检出率。进口棉花、原皮、食品辅料和废物原料检出率明显提高，自5月承接进口棉花检验检疫工作起，检验进口棉花431批，检出活虫、夹带棉籽和霉烂等问题183批，检出率达42.46%，中央电视台经济频道生活栏目以《狙击劣质棉》为专题进行报道。

2007年5月10日，潍坊检验检疫局对涉嫌使用假冒加拿大检疫证书进口生猪皮的潍坊三大久制革有限公司予以立案，并于5月11—22日到青岛等地进行详细调查取证，确认该公司从加拿大进口生猪皮4批9个20尺集装箱，合计3.15万张、货值12.88万美元的违法事实，按规定立即进行熏蒸消毒处理后封存，并依法于6月11—15日监督对该批违法进境生猪皮在青州市明胶厂进行全部销毁。

2012年，潍坊检验检疫局检出进境疫情481批，同比增长120%。首次从进口小麦中截获检疫性杂草种子，实现进境粮谷疫情截获“零”的突破。

1996—2012年潍坊卫生检疫除害处理统计表

表9－7－3

年份	批次	年份	批次
1996	34	2005	1114
1997	55	2006	—
1998	83	2007	—
1999	610	2008	2016
2000	258	2009	2078
2001	238	2010	—
2002	361	2011	2466
2003	540	2012	2473
2004	—		

第四节　认证认可

1991年，潍坊商检局会同有关部门对出口机电仪、包装企业进行认证考核，30多个厂家获得质量许可证。

1993年，潍坊商检局对注册三资企业实行边申请、边注册、边检验、边出证放行的灵活措施，对季节性强、出口交货期集中的大宗出口产品实行现场办公，现场接受报验、现场验货、现场出证放行，受到外贸企业的好评。当年，共为23家企业认证注册，其中潍坊美城鸡肉集团公司和尽美肉鸡集团公司通过德国和意大利政府兽医检疫官的考核。帮助企业建立健全质保体系，在玩具、食品、化工等20多个企业中，推行ISO 9000系列标准，帮助指导企业按此标准建立质保体系，为申请国际认证打下一定基础。

1994年，潍坊商检局集中开展肉食品生产厂的国外注册工作。从厂房选址、建筑设计、设备配备等方面给予协助，指导企业加强工艺流程管理，建立科学的操作规范，建立实验室，培训质检人员。同时，加强对出口肉食品中微生物、农残、兽药残等有毒有害物质的调研和控制，多方联系国外官方卫生检验机构到潍坊进行注册考核。先后接待新加坡、欧共体、韩国等国家和地区的肉食品考察团，有3家企业分别获得德国、法国、意大利、韩国、南非、新加坡等国的卫生注册。1997年，潍坊商检局全力做好禽肉加工厂对欧盟注册工作。潍坊市有9家禽肉加工企业申请对欧盟注册。6月，邀请瑞士专家举办HACCP、GMP培训班，提高对欧盟注册企业的知识水平和管理能力。

1998年，潍坊商检局做好出口企业的出口质量许可证和生产企业卫生注册（以下简称“两证”）管理和复查换证工作，实施“两证”管理的出口企业112家，排出112家“两证”企业复查换证时间表，有计划、有步骤地开展复查换证工作。全力做好禽肉加工厂对欧盟注册工作，全国申报12家禽肉加工厂注册，其中潍坊8家。1999年，帮助企业按照国际标准建立健全质量保证体系，把企业推向国际市场。先后组织肉类出口产品企业接待南非、新加坡、马来西亚、日本等国5个考察团到潍坊进行卫生注册考核。2000年，抽调业务骨干指导企业按照推荐国家的卫生注册标准，进行卫生设施的改造，建立起符合国际要求的质量保证体系。共向新加坡、瑞士、马来西亚、日本、韩国推荐卫生注册企业19家，外国专家组对其中7家进行考核并全部通过。2001年，对原来已在潍坊检验检疫局实行登记管理产品（保鲜菜、盐渍菜、花生、干制菜）加工企业的申报材料统一进行重新整理、审核，对原来未纳入登记管理范围、但一直从事出口产品加工的草柳编、木制品、罐头包装容器加工企业，也按条件要求进行检查考核。经考核，全市有214家企业基本符合要求。加强ISO9000和ISO14000体系认证工作，促进外贸企业与国际市场接轨，提高产品的国际竞争力。有15家企业通过山东评审中心的认证考核，至年底达到71家。积极推荐企业国外注册，认真做好国外卫生注册的迎检工作。为把产品推向国际市场，在出口肉类、蔬菜、罐头等行业中推行HACCP计划、SSOP、GMP等，帮助指导企业按照国外标准建立质量控制体系。顺利通过日本、瑞士、马来西亚、欧盟等国家和地区先后7次对潍坊市出口禽肉企业现场考核，又有4家企业新获得国外卫生注册。

2002年，潍坊检验检疫局指导企业推行HACCP质量管理体系，加快企业与国际标准接轨，使产品质量稳步上升，先后帮助17家企业建立起HACCP体系，通过中国质量中心的评审。帮助企业加强国内卫生注册登记手续，使之能够尽快投产。当年共出口禽肉产品7.7万吨，创汇1.6亿美元。其中熟制品3.6万吨，创汇1.1亿美元，所占比重分别由上年的23%和35.5%上升到46.8%和68.8%。积极推荐肉类、蔬菜加工企业申报国外卫生注册。在原已获得68家国外卫生注册的基础上，新推荐20家食品加工企业向日本、韩国、新加坡、蒙古、菲律宾、俄罗斯、乌拉圭等国家进行卫生注册。

2004年，潍坊检验检疫局引导企业开展认证注册，为企业争取更多的国际市场准入证。潍坊出口企业有109家通过ISO9000认证，有18家通过ISO14000认证，有51家通过HACCP认证，有44家企业先后获得94个国外卫生注册代号。2005年，帮助企业开辟国外市场，积极推荐辖区内出口企业申请国外注册，完成HACCP认证企业60家，ISO9000认证企业130家，ISO14000认证企业14家，玩具产品认证企业1家，咨询认证企业数量继续在全省系统名列前茅。有178家企业获得检疫卫生注册，212家企业获得检验卫生登记，74家企业获得出口产品质量许可证。

2006年，潍坊检验检疫局本着抓出一批良好企业和免检企业，带动一批二类企业跨入一类企业，逐步淘汰三类企业的工作目标，全力推进潍坊地区外向型企业上规模、上档次，多出口、多创汇。组织对全市400多家卫生注册和登记企业的检查，严控新上企业，潍坊出口卫生注册登记企业408家，45家企业获得98个国外食品卫生注册号。ISO9000认证企业114家，HACCP认证60家，ISO14000认证19家。通过各类评审认证的企业总数在全省各市地中列第二位。在全国首批恢复对日本出口熟制禽肉产品的35家企业中，潍坊占7家；在推荐向韩国出口的23家熟制禽肉加工企业中，潍坊占7家；在推荐向美国出口的52家熟制禽肉加工企业中，潍坊占13家；全国首批27家对日出口冻菠菜企业中，潍坊占6家；在国家质检总局10月24日公布的全国首批出口食品农产品免验企业13家中，潍坊占4家。

2007年，潍坊检验检疫局完成出口食品农产品备案种植、养殖基地专项整治，对备案在册的1294块、35万亩蔬菜种植基地和220个肉禽养殖场100%进行全面清查，注销备案资格的种植基地100块、5万亩，养殖场54个；完成出口食品农产品加工企业专项整治，加强9月1日及以后出口食品运输包装加贴检验检疫标志工作，达到100%加贴，实现出口食品货证相符。顺利完成日本农林水产省对禽肉热加工企业的复查、南非农业部考察团对热加工猪肉加工企业的检查、新加坡AVA对禽肉及猪肉加工企业的检查、沙特阿拉伯对禽肉企业的注册检查。

2010年，潍坊检验检疫局开始实施市场多元化战略，指导食品农产品进出口企业在巩固日、韩、欧、美等传统出口农产品国际市场的基础上，开发东南亚、中东等新兴市场，帮扶5家输欧盟熟制禽肉企业扩大出口。2家企业获得偶蹄动物肉热加工产品对日本注册，诸城外贸鸭肉制品获取欧盟注册准入资格。顺利迎接日本对出口大葱、禽肉的现场检查。指导帮助2家企业顺利通过加拿大农业部的注册检查，指导潍坊美城顺利通过日本残留控制检查。2011年，指导潍坊金河鸭肉制品获得欧盟注册资格，辖区新增备案禽养殖场29个；顺利迎接出口禽肉制品韩国、欧盟官方检查。2012年，指导企业做好国外迎检工作。帮助山东仁木完成对日注册，指导泰华、瑞丰、凯美等企业顺利通过美国FDA检查，潍坊市金河食品有限公司顺利通过日本农林水产省的现场注册检查。

第五节　产地证业务

1993年，潍坊商检局开始开展普惠制签证业务。全年有11家企业进行普惠制注册。1994年，举办3期普惠制学习班，培训人员500人次，通过惠普制签证，为企业多创效益100多万美元。1995年，通过潍坊广播电台、潍坊经济电台等媒体进行宣传，让更多的企业了解普惠制。举办普惠制学习班2期，培训申领员150多人，并在《潍坊日报》开设普惠制专栏，转载普惠制知识。当年通过普惠制签证为外贸企业多创外汇470多万美元。1998年，搞好普惠制宣传，提高签证率，特别加强蔬菜出口企业的宣传力度，帮助企业与外商签订合同时列入普惠制条款。通过签发惠普制产地证使出口企业受惠、增加效益1.73亿元。1999年，全力加强普惠制签证工作，重点加强对出口保险蔬菜、纺织品出口企业的签证工作，年内增加用汇企业85家。举办两期普惠制申领企业学习班。2000年，积极拓宽业务范围，提高惠普制利用率。帮助企业了解给惠国给惠方案，把惠普制条款运用到对外合同中去。全市利用惠普制的企业扩大到235家。2001年，继续推进普惠制签证工作，加大宣传，年内培训170多家企业产地证申领员，为120家大中型企业领导宣讲普惠制知识。对一般性产品和非敏感产品采取边申请边注册的办法，当天申请当天签证。

2002年，潍坊检验检疫局强化产地证注册服务工作，将原产地证注册和普惠制产地证注册合二为一，简化注册手续。2004年，大力宣传普惠制政策及利用方法，通过签发普惠制原产地证书使潍坊出口企业得到实惠1.6亿元。2007年，深化产地证签证服务措施。采取对新注册企业实行“颁证谈话制”。帮助企业切实了解普惠制等优惠政策，消除产地证只是“签字盖章”履行手续的错误观念。连续免费举办两期产地证申报人员培训班，培训人员近800名，为原产地证制度的实施提供人才保障。普惠制签证数量和货值在全省各分支局中均位居第二位，为出口企业增加经济效益约4亿元。2009年，签发普惠制原产地证书15077份，5.1亿美元，签证数量和货值全省第二，人均签证量全省第一，为企业增创效益超过2亿元。2011年，积极宣传普惠制和区域性优惠政策，人均签证量全省第二，签发各类原产地证书34627份，减免进口国关税3500多万美元。2012年，签发各类原产地证书38608份，签证数量居全省系统第二位。积极宣传普惠制和区域性优惠政策，减免进口国关税3800多万美元。

1993—2012年潍坊出入境检验检疫局原产地签证统计表

表9-7-4

年份	数量(份)	同比增长(%)	货值(万美元)	同比增长(%)
1993	120	—	60	—
1994	1100	817	1000	1567
1995	1150	5	4798	380
1996	3596	213	14130	194
1997	5255	46	17068	21
1998	5909	12	20800	22
1999	7427	26	16511	-21
2000	12009	62	46081	179
2001	11163	-7	—	—
2002	16112	44	39564	—
2003	16825	4	40535	2
2004	14317	-15	37671	-7
2005	21889	53	57464	53
2006	25828	18	75422	31
2007	34097	32	130719	73
2008	27384	-20	109684	-16
2009	15077	-45	51000	-54
2010	35643	136	137065	169
2011	41733	17.1	193632	41.3
2012	38608	-7.49	177481	-8.34

第六节 出口食品农产品质量安全示范区建设

2007年，山东检验检疫局全面推行区域管理、过程监管、检测把关、口岸查验“四道防线”的检验检疫监管工作模式。选择农业管理基础好、农产品生产出口量大、最早在全省建立促进食品农产品出口联席会议工作机制的潍坊市作为试点地区。潍坊检验检疫局率先在食品农产品生产出口相对集中的安丘市进行出口农产品质量安全区域化管理工作试点，在不改变农户联产承包与土地隶属关系的情况下，引导和帮助农产品出口加工企业实现土地联方成片的生产基地备案，确保种养殖基地管理标准化、集约化、规模化；对区域内农业化学投入品实行专营专供专用的综合管理，彻底解决出口农产品农兽药残留问题；建立由政府部门为主导、各职能部门严格履行监管职责、出口企业担负产品质量“第一责任人”的科学规范的农产品质量安全生产、监管体系，营造全社会齐抓共管食品农产品质量安全的大环境，从根本上确保出口农产品质量安全。

2007年10月，第二次全国产品质量和食品安全专项整治工作现场会在潍坊召开，国务院副总理吴仪到安丘实地视察山东检验检疫局与地方政府共同推进区域化建设的工作情况，称赞区域化管理“这是一个非常好的举措”“解决了出口农产品食品遇到的系列问题”，并明确指示：“要进一步加快区域化推进步伐，建立一整套科学、规范、合理的长效机制；总结经验，把区域化建设的做法推向全国，共同把全国的食品农产品质量安全工作做好、做细、做实。”2007年，潍坊市出口食品农产品货值同比增长18%，实现超过10亿美元的历史性新突破。

2008年，市委、市政府把推行区域化建设作为加强食品农产品质量安全，推进社会主义新农村建设、和谐社会建设的重要措施写进2008年度工作要点。3月17日，市委书记张新起在安丘召开全市出口食品农产品质量安全区域化管理现场会。市政府专门划拨200万元财政专款用于区域化建设，昌邑、诸城的出口禽类区域化建设工作全面铺开。4月21日，山东省政府在潍坊召开全省推进出口食品质量安全区域化管理现场会。要求在全省各地市要认真学习借鉴潍坊、安丘等市县出口食品农产品质量安全区域化管理的经验和做法。

2009年，区域化管理上升为出口食品农产品质量安全示范区管理模式。以建设示范区为抓手，以提升出口食品农产品质量安全水平为核心，推进对外贸易转方式调结构，统筹国际、国内两个市场，促进内外贸协调发展，形成“公司＋基地＋标准＋品牌＋市场”的“安丘模式”。“示范区”建设成为抓好出口食品农产品质量安全的知名品牌。

2010年11月17—18日，世界各国驻华使节考察团一行35人到潍坊安丘参观考察出口食品农产品质量安全区域化管理建设工作。2011年9月1日，《初级农产品安全区域化管理体系要求》（GB/T 26407-2011）实施，出口食品农产品质量安全区域化管理正式上升为国家标准。2011年，省委书记姜异康在考察安丘示范区工作时指出，农产品示范区管理提升了质量安全管理水平，推动了农业转方式调结构，促进了现代化农业发展。2011年12月27日，省委常委、政法委书记才利民在《人民日报》发表题为《建设质量安全示范区——提升农产品出口竞争力的有效举措》的署名文章，全面深入总结回顾山东省推进示范区建设的成功经验和做法，充分肯定示范区建设取得的成效。至2012年底，全市共有安丘、寿光、诸城、高密4个国家级出口食品农产品质量安全示范区。

第七节　商检机构

潍坊出入境检验检疫局

1999年11月，潍坊卫生检疫局、动植物检疫局和进出口商品检验局合并，组建中华人民共和国潍坊出入境检验检疫局，正处级，为山东检验检疫局的分支机构，实行由山东检验检疫局直接领导的垂直管理体制，承担原潍坊“三检”机构的全部职能。同月，潍坊出入境检验检疫局青州办事处（正处级）成立。2011年2月，设立中华人民共和国潍坊出入境检验检疫局寿光办事处，机构规格副处级。

截至2012年底，潍坊出入境检验检疫局内设办公室、法制与综合业务科、检务科、动物检验检疫科、植物检验检疫科、食品检验监管科、机电化矿检验科、轻工业品检验科、纺织品检验科、财务科、政工科、后勤保障科12个行政科室和潍坊检验检疫局综合技术服务中心（正科级）、潍坊国际旅行卫生保健中心（正科级）两个事业单位。下设，派出机构青州办事处（正处级）、寿光办事处（副处级）、潍坊出口加工区办事处筹备处、潍坊港办事处（正科级）。全局119人，其中博士研究生2人、硕士研究生32人、大学本科67人。

潍坊进出口商品检验局

1985年11月，中华人民共和国潍坊进出口商品检验局设立。1994年11月，中华人民共和国青州进出口商品检验局成立，机构规格为县（处）级，隶属潍坊商检局，人员编制40人。至1999年，潍坊进出口商品检验局机构内设6个科室；有3个实验室；职工53人，其中高级工程师5人、工程师28人、助理工程师和技术员15人。下设青州商检局。

潍坊动植物检疫局

1994年8月，潍坊动植物检疫局筹备处成立。1997年1月15日，成立中华人民共和国潍坊动植物检疫局，人员规模按100人控制。隶属于青岛动植物检疫局，实行垂直领导，履行潍坊地区的动植物检疫职能。同年8月13日，设立5个科室。有干部职工18人，其中具有高级职称1人，中级职称6人。

潍坊卫生检疫局

1994年12月8日，中华人民共和国潍坊卫生检疫局设立，同时加挂“中华人民共和国潍坊进口食品卫生监督检验局”的牌子。1996年2月1日，潍坊卫生检疫局成立，内设3个科室。1996年3月22日，中共潍坊卫生检疫局党组设立。1999年11月，潍坊卫生检疫局内设4个科室，在职职工11人。

第八章　海事

1988年8月，潍坊市航运管理处成立，隶属于潍坊市交通委员会。9月，潍坊北港港务管理局成立，为港航合一的管理机构，隶属于潍坊市交通委员会，下设航运公司和储运公司。12月，经山东省航运管理局批准，设立潍坊北港港航监督站，业务归龙口港务监督管理。

1990年6月，下营港务局成立，为港航合一的事业管理机构，隶属于昌邑县交通局，接受潍坊市交通委员会航运处的指导，下设航政所、港航监督站、航运公司、储运公司等。

2000年，山东省设在沿海海域和港口、对外开放水域的7市地水上安全监督机构与交通部海监机构合并，由交通部垂直领导。原隶属潍坊市交通委员会、与潍坊市航运管理处合署办公的山东省潍坊港航监督处、山东省潍坊船舶检验处分离出来，分别由交通部、山东省交通厅（山东省船舶检验局）负责管理。

2000年9月，潍坊海事处成立，为济南海事局的派出机构，正处级事业单位，下设潍坊港港航监督站、下营港航监督站、羊口港航监督站，内部临设通航监督科、船舶监督科、船员管理科、政工科、综合办公室5个科室，人员24人。

2012年12月，潍坊海事处更名为中华人民共和国山东潍坊海事处，转制为正处级行政机构，隶属关系不变，人员编制44人，下设综合办公室、船舶监督科（危管防污科）、政务受理科、海巡执法大队4个内设机构。

第一节　船舶管理

船舶进出口岸管理

2009年，潍坊森达美港正式成为国家一类开放口岸；2010年12月17日经山东省人民政府及交通运输部批复为地区性重要港口，潍坊港中港区2009年实现东作业区1#—7#泊位一类口岸开放。潍坊海事处按照《中华人民共和国对外国籍船舶监督管理规则》和《国际航行船舶进出中华人民共和国口岸检查办法》对辖区国际航行船舶进出港实施管理。

潍坊海事处工作人员在办理进出港手续
（2009年7月拍摄）

2008—2012年潍坊市进出口岸船舶数量统计表

表9－8－1　　单位：艘

年份	船舶数量
2008	68
2009	106
2010	277
2011	337
2012	274

船舶签证

2006年始，潍坊辖区船舶进出港签证正式实行IC卡电子签证，提高了船舶进出港效率。2007年10月以后，潍坊海事处按照修订后的《中华人民共和国船舶签证管理规则》，具体负责本辖区内的船舶签证管理工作。

2000—2012年潍坊港船舶签证数量统计表

表9－8－2　　单位：件

年份	签证数量	年份	签证数量
2000	760	2007	2648
2001	750	2008	2982
2002	879	2009	5350
2003	996	2010	5672
2004	1004	2011	6597
2005	1296	2012	8330
2006	1726		

船舶安全检查

2010年3月之前，潍坊海事处按照1997年11月交通部发布的《中华人民共和国船舶安全检查规则》对到港船舶实施安全检查。2010年3月以后，潍坊海事处按照2009年修订后的《中华人民共和国船舶安全检查规则》对船舶实施安全检查，对船舶技术状况、船员配备及适任状况等进行监督检查，督促船舶、船员、船舶所有人、经营人、管理人以及船舶检验机构、发证机构、认

潍坊海事处船舶安检员在对船舶进行安全检查

（2012年6月拍摄）

可组织等有效执行中国法律、行政法规、规章，以及船舶法定检验技术规范。船舶安全检查的主要内容是：船舶证书及有关文件、资料，船员及其配备，救生设备，消防设备，事故预防，一般安全设施，报警设施，货物积载及其装卸设备，载重线要求，系泊设施，推进和辅助机械及航行设备，无线电设备，防污染设备，液货装载设施，船员对与其岗位职责相关的设施、设备的实际操作能力。

2000—2012年潍坊港船舶安全检查情况统计表

表9－8－3　　　　单位：艘

年份	检查数量	年份	检查数量
2000	8	2007	29
2001	9	2008	35
2002	9	2009	40
2003	12	2010	50
2004	16	2011	133
2005	19	2012	153
2006	25		

第二节　海上搜救

潍坊市海上搜救中心于2004年12月28日挂牌成立，搜救中心办公室设在潍坊海事处。为充分发挥12395海上遇险报警专用电话作用，潍坊市海上搜救中心在向社会广泛宣传的同时，建立并落实24小时值班制度，切实做到有警必接、有求必应、有险必救，确保“12395”海上遇险报警专用电话能够发挥其应有的作用。

搜救预案

《潍坊市海上搜救应急处置预案（试行）》于2004年12月27日正式公布实施，标志着潍坊市沿海海域的应急救援行动的组织指挥工作进入规范化的轨道。与潍坊市沿海海域海上安全现状相适应，《潍坊市海上搜救应急处置预案（试行）》中规定船舶发生海上交通事故时、船舶需要紧急医疗援助时、发生船舶失控事故时和突发事件时以及发生船舶污染事故时的应急处置程序，为第一时间高效处置海上险情奠定了基础。2011年9月30日，市政府办公室发布新修订的《潍坊市海上搜救应急预案》，完善了统一指挥、反应迅速、信息通畅、协调有序、运转高效的海上搜救应急反应机制，为更加迅速、有序、高效地组织海上突发事件的应急反应行动奠定基础。

险情处置

为及时有效处置各类海上突发险情事故，潍坊海事处作为市海上搜救中心办公室加强和规范搜救值班工作，建立了双人值班制度和24小时不间断搜救值班制度。在潍坊森达美港设置搜救值班室，配置电台、雷达、无线气象传真机等设备，确保海上搜救险情不漏接并及时处理。

2005年7月28日—8月25日，2005中俄联合军演期间，搜救中心成员单位先后8次组织得力人员协同进行海域现场拉网式清理船舶，巡航里程1060海里，参加人员96人次，直至将所有航经投弹区的船舶全部转移至安全海域。

2006年9月，“砺剑——防空2006”军演期间，潍坊市海上搜救中心成员单位周密组织，尽职尽责，认真落实上级有关军演保障指示精神，搜救中心办公室与有关方面保持密切联系，合理控制船舶进出港动态，及时转发航行警告，使相关船舶早准备、早预防，确保安全，保持联络畅通，检验和整合了潍坊市海上应急处置能力。

2007年2月5日上午9时30分，在潍坊港锚地的“金圣18”轮值班船员发现船体倾斜，超出吃水线20厘米。船长遂安排船员检查各舱室，发现1#P货油舱、1#压载舱进水，1#P货油舱液面升高约1.2米，情况十分危急。2月5日10时10分，潍坊海事处值班室接到险情报告后，立刻启动《潍坊市海上险情应急处置预案》。因当时正处于低潮，潍坊森达美港航道水深不足，不能满足船舶进港的安全要求，船舶无法进港卸货。市海上搜救中心办公室果断提出应急处置措施和要求：要求船方采取一切有力措施进行排水，并查找进水原因进行堵漏；迅速调用空载油船进行过驳；要求船方加强值班，保持通讯联络畅通，派专人时刻观察测量液面变化和船舶倾斜角度变化，遇有异常情况随时汇报；命令“潍港拖1”紧急备车，作为现场指挥船和应急人命救助船。潍坊海事处迅速派员乘船出海赴现场组织指挥抢险救助。15时30分，“汇海油7”轮从“金圣18”轮过驳燃料油约600立方米，“金圣18”轮船体扶正，消除了沉没危险。现场指挥组综合考虑分析船体进水速度、天气、潮汐等种种因素，决定船舶进港靠泊卸货，同时联系救捞局潜水人员进行水下探摸、堵漏，彻底消除安全隐患。16时32分，“金圣18”轮在“潍港拖1”的引、护航下起锚进港，17时50分顺利靠泊潍坊森达美港6#泊位。

2008年，市海上搜救中心办公室共参与处置险情5起，救助船舶4条，救助人员11人，搜救成功率100%，未发生因险情发展为一般及以上等级的海上交通事故。2008年11月7日6时30分，3名群众钓鱼时被潮水围困在潍坊森达美港附近海域，搜救中心接到求助电话后联系救助力量，及时救助成功。

潍坊海事处组织开展海上联合巡航　　(2012年10月拍摄)

2009年，市海上搜救中心办公室争取上级支持，加大海上搜救设备投入，申请配备安装了VHF海上通信系统和CCTV监控系统，保证通信信号全区覆盖，实现港口区域实时监控。同年，潍坊市北部沿海共发生海上搜救险情6起，市海上搜救中心值班室深入险情现场掌握第一手资料，为领导决策提供支持，并及时采取适当措施有效化解所发险情，搜救成功率99.3%。特别是9月25日，率先接到东营辖区“鲁寿渔8341”船与“鲁寿渔0988”船相撞，“鲁寿渔8341”船沉没、船上人员全部落水的险情后，通过组织协调，成功救助5名落水船员。

2010年1月13日10时43分，市海上搜救中心办公室值班室接“兴龙舟288”轮报告，称该船左3号压载舱双层底被冰挤破进水，船舶出现左倾，且当时轮船所处位置冰层比较厚，受潮流和大风影响船已搁浅。轮船来自宁波大榭，目的港潍坊，船上载有940吨燃料油，随时有船舶沉没和溢油危险。事故发生后，山东省海上搜救中心和潍坊市委、市政府领导发出紧急救援令，市海上搜救中心立即启动应急预案，全力以赴，共协调各种社会救助力量船舶6艘，密切配合，实施紧急救援。经过33个小时的奋战，11名船员安全脱险，940吨燃料油无泄漏，并于14日20时顺利靠泊潍坊港5#泊位。

2012年4月20日凌晨3时，市海上搜救中心接110转报，在潍坊海域离岸约3海里，具体位置不详，一无名泡沫筏上水，筏上4人。接报后，立即启动预案，派出港口拖轮“潍港拖2”前往搜寻救助，协调渔业部门派出渔业船舶参与搜救，协调过往商船“凯迪007”“金航宇”前往搜寻救助。4人被成功救助。

第三节　船员管理

船员培训机构

1997年6月，潍坊船员培训中心（后更名为潍坊商通海运学校）由山东省港航监督局批准成立，是潍坊最早的一家海员培训基地。自此，潍坊辖区船员培训教育形成专业培训与适任培训配套的培训系统，重点是船员专业培训和水手机工培训。自2005年起，潍坊通达国际海运学校、潍坊华洋水运学校和潍坊海运职业中等专业学校先后成立，成为具有培养甲类三副、三管轮资质的中等专业学校，船员培训由技能培训向职业教育发展。山东交通职业学院于2010年经过资质认可，成为潍坊辖区首家具有大专类资质的航海院校，填补了潍坊高等船员培训教育的空白，潍坊船员培训形成航海学历教育、职业教育和定向培训相结合的培训教育模式，航海类在校生数量自2009年开始稳居全省第一。

自2008年起，国际航运市场持续低迷，潍坊辖区船员培训院校积极调整布局结构，主动适应市场人才的需求。潍坊商通海运学校逐步退出船员培训市场。2012年，以潍坊通达国际海运学校为基础，成立首家由企业控股（潍坊交运集团、潍坊陆洋运输集团、潍坊通达国际船舶管理有限公司）、政府参与的大专院校——山东海事职业学院。至此，潍坊逐渐形成以山东交通职业学院、山东海事职业学院为主体的学历教育和潍坊海运学校、潍坊华洋水运学校为主体的职业技能教育相结合的船员培训特色。至2012年，潍坊辖区船员培训院校6所。

船员培训管理

自1997年6月潍坊船员培训中心成立后，潍坊市港航监督局负责对其教育和培训进行监督检查，并负责其日常培训合格证的考试工作；2000年，潍坊海事处成立后，全面负责潍坊辖区的船员管理工作。船员培训管理由最初的船员培训现场监督管理、船员实操考试逐步发展为船员政务咨询受理、船员开班报备审批、船员培训监督管理和船员实操评估考试为一体的综合性船员管理。2012年，根据交通运输部事权划分的相关规定，上级海事局把船员专业培训合格证受理、审批工作下放到各海事处。潍坊海事处船员管理形成集政务受理、现场监督管理和评估考试为一体的多元化船员管理体系，为学员提供培训、考试、发证等“一站式服务”。潍坊辖区船员培训、考试数量也随着辖区船员培训学校的发展而变化，2000—2008年，潍坊辖区年均船员考试学员数量逐年递增，2009—2012年，潍坊辖区每年船员考试学员数量均超过2万人次，居山东省各市首位，考试通过率名列全省前茅。

第九章 口岸

第一节 口岸建设

1994年以前，潍坊没有开放口岸，所有进出口货物均需转道青岛、烟台、日照等港，给潍坊进出口贸易带来很大不便。1994—1999年，潍坊先后建成并开放羊口港、潍坊港两个海港二类口岸和潍坊国际集装箱中转站公路二类口岸。但由于受二类开放口岸条件所限，外贸进出口物资绝大部分仍依赖外埠港口中转。

“十一五”（2006—2010年）期间，潍坊市在潍坊港中港区投资13多亿元，完成东西两条各10公里防波挡沙堤，3个万吨级新建通用码头外侧护岸和其他码头配套设施等基本建设，基本形成中港区由单引堤港岛式向多通道、大后方、全环抱的跨越。2009年7月28日，潍坊港正式实现一类口岸开放，成为山东省“十一五”期间唯一实现一类口岸开放的港口。口岸集疏运能力明显提高，港口货物吞吐量由2000年的79.9万吨，增加到2009年的1263万吨，年均增长29.15%，到“十一五”末，码头泊位达到12个，新增年设计吞吐能力400万吨。潍坊国际集装箱场站形成年国际集装箱中转5万TEU的能力。“十一五”期间，组建成立潍坊边防检查站及各查验单位派驻口岸现场机构，查验机构进一步健全完善；中共潍坊市委、市政府于2008年8月批准单设潍坊市人民政府口岸办公室，负责辖区口岸综合协调管理工作。

2011—2012年，潍坊市委、市政府举全市之力突破滨海，按照“建码头、挖航道、造陆地”的原则，投资29.85亿元，新（扩）建码头泊位31个，港口通过能力增加3085万吨，码头岸线5775米，场地面积468万平方米。码头岸线总长达到6130米，航道达到3.5万吨级。潍坊港开放泊位由“十一五”期间的7个增加到13个。水运口岸查验配套设施日益完善，后勤保障水平明显提高。2011年1月25日，潍坊综合保税区获国务院批准设立，成为全国第14个综合保税区。2012年，潍坊港口岸完成货物吞吐量1850万吨，其中外贸货物吞吐量50万吨，从潍坊港出入境外贸船舶253艘次。潍坊港通关中心查验配套服务楼工程被列入国家一类口岸查验设施建设中央预算内投资计划，安排中央资金484万元。全市初步形成以潍坊港、潍坊机场和潍坊综合保税区、潍坊国际集装箱场站、晨鸣国际物流直通场站三个海关监管场站（区）“互相促进、互为补充、海陆空并举”的立体口岸开放新格局，成为加快潍坊对外经贸发展的重要支撑体系。

第二节 口岸开放

二类口岸开放

水运口岸 1994年12月26日，羊口港通过省政府组织的正式验收，于1995年1月14日被山东省政府批准为国家二类开放口岸。自1995年3月1日起，允许航行国际及地区航线的中国国籍船舶及人员在该港作业，这是潍坊市历史上的第一个二类口岸。1995年10月27日，羊口港举行二类口岸开放首航仪式，首航航线为羊口港至韩国仁川港。羊口港由小清河引入内地15千米，航道稳定，风平浪小，全年平均风速为3.5米/秒，是山东省唯一的海、河、公路、铁路联运枢纽口岸。1999年，羊口港成功完成单件重920吨、总重量达3040吨，价值1.8亿元的特大进口设备“亚洲第一大件”的上岸运输。创造了当时单件运输最重，运输距离最长等多项全国纪录。

1996年2月26日，潍坊市政府向省政府上报《潍坊港对外二类口岸开放的请示》。1996年7月12日，潍坊市政府邀请省口岸办、省边防局和国家驻潍坊查验单位对潍坊港二类口岸开放进行初验。1996年9月5日，省口岸办组织潍坊港二类口岸开放正式验收，同意潍坊港对外开放。1996年10月15日，山东省政府批准潍坊港于1996年11月1日起二类口岸对外开放。1997年11月15日，潍坊港二类口岸举行开放首航仪式。潍坊海运公司经营的“昌盛轮”满载1100吨纯碱从潍坊港市向韩国仁川港。到1999年年底，全市海港口岸总吞吐能力达到257.5万吨，较口岸开放前的1994年增加2倍；全市拥有各类船舶57艘，73650吨位，较口岸开放前的1994年净增3万吨位，增长1.7倍，其中增加大型船舶5艘，11760吨位。

公路口岸 1994年，市政府印发《潍坊市海陆空口岸开放规划（1994—2000）》。规划提出到20世纪末逐步实现海陆空全方位、立体化的口岸开放格局。基于这一规划，潍坊市从1997年8月开始了潍坊国际集装箱中转站的建设。1998年7月，潍坊市政府向省政府上报《潍坊市人民政府关于潍坊国际货物流通中心对外二类口岸开放的请示》。1998年9月14日，组织邀请国家驻潍口岸查验单位召开初步验收会议，1998年8月，山东省政府批准潍坊国际集装箱中转站作为公路二类口岸对外开放，待验收合格后对外公布。1999年8月13日，潍坊国际集装箱中转站通过山东省口岸办公室组织开放验收，正式对外开放。

一类口岸（临时）开放

潍坊港（中港区）一类口岸开放 潍坊港一类口岸开放申报工作起步于1997年。2003年2月24日，潍坊市政府向省政府提出潍坊港对外一类开放的请示。2003年4月24日，潍坊市政府口岸办公室向省口岸办提出《关于将潍坊港追加列入国家“十五”开放规划和年度计划的请示》。2003年7月8日，潍坊市政府向省政府、中央驻鲁各查验单位上报《关于潍坊港一类口岸开放查验机构办公、生活设施建设的承诺》。

2004年5月9—10日，济南军区、北海舰队、驻潍坊部队以及潍坊军分区有关领导到潍坊港进行现场勘察和论证，原则同意潍坊港一类口岸开放，6月25日，山东省人民政府《关于将潍坊港作为一类口岸开放的请示》上报国务院。2004年10月20日，省政府向海关总署报送《关于报送山东省“十五”口岸发展规划的函》，拟将潍坊港由二类口岸升为一类口岸。

2006年7月13日，海关总署明确提出将潍坊港一类口岸开放纳入国家“十一五”规划。2007年10月17日，国务院批准潍坊港一类口岸对外开放。同年，羊口港二类口岸合并到潍坊港口岸，潍坊公路二类口岸变更为海关监管点。

2009年4月17日，潍坊港口岸对外开放顺利通过国家验收，山东海事局于7月7日对外公布具体开放范围、航线、锚地等信息。潍坊港口岸于2009年7月28日正式对外开放并实现外籍船舶在潍坊市的首航，成为山东省“十一五”期间唯一实现口岸开放的港口。

潍坊港口岸开放后，与俄罗斯、柬埔寨、巴拿马、朝鲜等国家开通了国际航行船舶业务。2012年，潍坊港口岸全年完成货物吞吐量2031万吨，其中外贸货物吞吐量50万吨。

潍坊机场临时对外开放 2009年初，市政府口岸办公室牵头组织编制《潍坊机场口岸开放可行性研究报告》。2010年3月，潍坊市政府向省政府报送《关于申请潍坊机场一类口岸对外开放的请示》。8月，省政府向国家口岸办上报《山东省“十二五”口岸发展规划》。当年潍坊机场未被列入《国家“十二五”口岸发展规划》，潍坊市第一次机场对外开放的尝试未取得成功。

2012年7月25日，市政府口岸办公室召开会议，专题研究潍坊机场国际包机问题，成立国际包机项目组。8月8日，市政府口岸办公室向市政督查室报送《关于潍坊机场临时对外开放开展国际包机业务情况的汇报》。8月9日，市政府主要领导对市政府口岸办公室的汇报材料做出可结合潍坊市机场搬迁一并考虑的批示。

单位：万吨

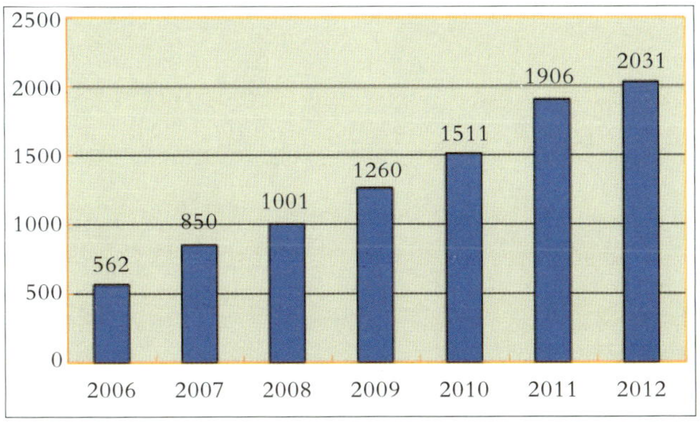

图9-9-1 2006—2012年度潍坊港吞吐量情况图

第三节 口岸管理

管理机构

潍坊市口岸管理机构主要包括潍坊市政府口岸办公室、潍坊海关、潍坊出入境检验检疫局、潍坊海事处、潍坊边防检查站。

1993年10月23日，成立潍坊市人民政府口岸办公室，在市交通委挂牌。同年12月21日，设行政编制4人，所需人员由市交通委机关内部调剂。1994年9月22日，增加8名事业编制。1997年8月在第二次机构改革中保留潍坊市交通委员会，同时挂潍坊市人民政府口岸办公室牌子，在交通委机关内部设口岸管理科。2001年5月，潍坊市交通委员会更名为潍坊市交通局，挂潍坊市人民政府口岸办公室牌子，在交通局机关内部设口岸管理科，作为市政府口岸办公室的具体办事机构。

2008年8月，潍坊市政府口岸办公室单设，为直属市政府领导的正县级事业单位，编制8人。市交通局不再挂市政府口岸办公室牌子，其口岸管理职能移交市政府口岸办公室。同年12月，市政府口岸办公室内设综合科、业务管理科2个科室。2009年9月，在业务管理科挂潍坊港办事处牌子。

口岸查验设施建设

潍坊口岸查验设施建设是伴随着口岸开放而逐步发展的。在21世纪之前，查验设施仅仅局限于业务、办公和生活用房建设，主要包括动植物检疫局、卫生检疫局办公楼，以及10多间查验用房。

随着潍坊港一类口岸对外开放申报工作的启动，从2007年左右开始，潍坊市口岸查验设施建设力度明显加大。2007—2009年，在市区投资2600万元建设占地28亩的潍坊边检站。为改善查验单位在口岸前沿的生活条件，潍坊市通过积极争取，使得潍坊港通关中心列入国家中央补助项目，获得国家直接补助资金345万元。2007—2014年，陆续建成联检办公楼、查验配套服务楼、外贸货物集中查验区等查验设施，形成全省领先水平的“口岸地”。通关服务中心规划总用地82.8亩，总建筑面积约1万平方米，其中联检办公楼5200平方米，查验配套服务楼4269平方米，硬化货场60亩。另有官兵训练场地及其他相关配套设施。通关服务中心集一站式联合办公、口岸监控及综合业务平台指挥中心、口岸应急事件调度中心、生物媒介实验室、外贸监管验放货场和查验人员综合后勤保障为一体，功能齐全、技术设施先进的“口岸地”，总投资额约5700万元。

口岸执法检查

从1995年潍坊拥有首个对外开放口岸到2010年，由于体制原因，在实际口岸查验执法中，条块分割、各自为政，重复检验、重复取样、重复收费等情况。

2010年5月27日，为提高通关效率，保证口岸良好运行，市政府口岸办《潍坊港口岸联合办公暂行办法》规定，“船方或其代理人应当在船舶预计抵达口岸24小时前（航程不足24小时的，在驶离上一口岸时），将《国际航行船舶进口岸申请书》分别传真至海事处、海关、边防检查站、检验检疫局和口岸办。如需登轮办理，船舶代理人应当派人到场协助检查检验；每艘外贸船舶进港信息确认后，市口岸办牵头启动联检办公程序，各查验部门工作人员在船舶抵港前2小时统一乘车到达通关中心。”当年，潍坊港货物吞吐量突破1500万吨，比上年增长16%。其中，接待外贸船舶141艘次，完成外贸货物吞吐量44.5万吨，同比分别增长33%和59%，潍坊港由一般性港口上升为地区性重要港口。

截至2012年12月31日，潍坊港口吞吐量全年完成2031万吨（包括外贸货物吞吐量50万吨），同比增长6.5%，其中潍坊港中港区完成1901万吨，潍坊港西港区羊口作业区完成130万吨，继2008年突破千万吨后在较短的时间内实现吞吐量翻番。

第十编

旅游业

临朐嵩山

潍坊因潍河而得名，居山东半岛城市群中心位置，山川海三利兼得，是著名的世界风筝都、中国优秀旅游城市。潍坊历史悠久、人文荟萃。“三皇五帝”中的舜、齐国政治家晏婴、东汉经学大师郑玄、北魏农学家贾思勰都出自潍坊，孔融、范仲淹、欧阳修、苏东坡、郑板桥等曾在此执政理事。潍坊旅游资源特色突出。袖珍园林十笏园、稀世珍宝山旺化石、恐龙化石、隋唐驼山石佛造像、“东泰山”沂山等名胜古迹中外驰名，潍坊风筝、杨家埠木版年画等9项非物质文化遗产入选国家级名录。

80年代始，随着物质生活水平的提高，人们的旅游意识开始增强，潍坊市利用风筝会、千里民俗旅游线等方式，不断开发旅游资源，积极开拓旅游市场，旅游业逐渐升温。90年代初开始，潍坊市坚持“国家、地方、部门、集体、个人”五个一齐上和内外并举的方针，加快旅游资源开发。1991—1994年，全市旅游行业共引进外资3717.39万美元，对全市旅游业发展起到重要推动作用。1996年6月，潍坊市旅游局单独设立后，积极推进行业管理，全市旅游服务水平明显提高。1998年，潍坊成功举办’98中国山东旅游博览会，组团参加在北京举办的北方旅游博览会、上海国际旅游交易会、泉州’98中国国内旅游交易会，组织人员赴香港及长江三角洲、武汉、重庆、广西、海南、云南等地宣传促销，进一步拓宽潍坊旅游市场，取得良好效果。

2002年，全市把旅游资源开发与招商引资有机结合起来，建立“十大旅游景（区）点招商引资项目库”，并广泛宣传推介，旅游资源开发建设步伐加快。2003年，编制完成《潍坊市旅游产业发展总体规划》和6个专项规划，全市旅游业进入大区域发展和有序管理的轨道。2003年，市政府确定创建中国优秀旅游城市的目标，12月10日，中国优秀旅游城市评审委员会正式批准潍坊为“中国优秀旅游城市”。

2007年后，潍坊市把旅游业作为提升全市综合竞争力的战略性产业，提出“三年突破、十年一流”的旅游产业发展目标，不断加大对旅游业的投入和扶持力度，加快推进全市旅游产业发展步伐。2011年，市旅游局被人力资源和社会保障部、国家旅游局联合授予“全国旅游系统先进集体”称号。“逍遥潍坊”整体旅游品牌异军突起，潍坊“逍遥游”成为全省继“黄金海岸”“山水圣人”之后的第三大旅游板块。

2012年10月25日，市委、市政府召开全市旅游发展大会，对旅游业发展进行全面动员部署，印发《关于加快发展旅游业打造区域性旅游集散中心的意见》和《潍坊市区域性旅游集散中心建设方案》，明晰了区域性旅游集散中心建设的工作目标、责任分工，对今后全市旅游产业发展具有纲领性指导意义。当年，全市旅游总收入384.6亿元，旅游经济总量居全省前列。

第一章 景区 景点

潍坊地处山海之间。南部为山区，山深林幽、风光旖旎；中部是平原，平畴千里、沃野膏壤；北部濒渤海，盐田胜雪、樯楫林立。自古为“东莱首邑”“北海名区”，境内自然与人文历史文化景观交相辉映。至2012年底，全市有国家A级以上旅游景区78家，其中AAAA级18家、AAA级35家。

2012年潍坊市国家AAAA级、AAA级旅游景区一览表

表10—1—1

单位名称	级别	评定时间	地址
潍坊金泉寺	AAAA	2012	奎文区潍州路519号（金宝乐园北邻）
金宝乐园	AAAA	2008	奎文区潍州路438号
白浪绿洲湿地公园	AAAA	2010	宝通街与青年路交叉口南200米
杨家埠民间艺术大观园	AAAA	2007	寒亭区富亭街与渤海路交叉口西北角
青州云门山风景区	AAAA	2008	青州市城南2.5公里
青州仰天山国家森林公园	AAAA	2008	青州市王坟镇
青州泰和山风景区	AAAA	2011	青州市庙子镇
诸城恐龙博物馆	AAAA	2009	诸城市密州路西首3号
诸城潍河公园	AAAA	2010	诸城市城区北侧
诸城常山文化博物苑	AAAA	2011	诸城市南湖生态经济发展区常山景区
寿光林海生态博览园	AAAA	2008	寿光市双王城生态经济区
寿光蔬菜高科技示范园	AAAA	2009	寿光市洛城街道103号
寿光生态农业观光园	AAAA	2010	寿光市潍高路以北、文圣街以南，弥河两岸
安丘青云山民俗游乐园	AAAA	2009	安丘市青云山路东首
景芝酒之城景区	AAAA	2011	安丘市景芝镇景阳大街010号
昌邑绿博园	AAAA	2011	昌邑市围子街道宋庄社区北2公里路西
沂山风景区	AAAA	2003	临朐县沂山风景区管委会驻地
潍坊昌乐中国宝石城	AAAA	2010	昌乐新城街903号
V1购物休闲广场	AAA	2011	潍城区胜利西街与和平路交叉口

续表10—1—1

单位名称	级别	评定时间	地址
潍坊风筝博物馆	AAA	2006	奎文区胜利东街白浪河畔（行政街66号）
富华游乐园	AAA	2010	高新区东风东街与北海路交叉口（东风东街6611号）
浞河景区	AAA	2010	高新区宝通街以北、寒亭交界以南、潍安路以东、高二路以西
浮烟山休闲旅游度假区	AAA	2010	潍城区望留街道
青州花卉博览园	AAA	2009	青州市仙客来路与凤凰山路交叉口
青州双贝体育公园	AAA	2010	青州市松涛路与颐寿路交叉口西北50米
青州花好月圆景区	AAA	2010	青州市黄楼街道
诸城马耳山	AAA	2009	诸城市皇华镇桥上村
诸城刘墉板栗园	AAA	2009	诸城市昌城镇驻地板栗园
诸城博物馆	AAA	2011	诸城市和平北街125号
诸城大源生态游乐园	AAA	2012	诸城市龙都街道大源社区
诸城百尺河景区	AAA	2012	诸城市百尺河镇
诸城益民河公园风景区	AAA	2011	诸城市舜王街道驻地
寿光三元朱村	AAA	2010	寿光市孙家集街道三元朱村
寿光滨河城市湿地公园	AAA	2011	寿光市金海南路东（弥河附近）
寿光宏源酒文化博物馆	AAA	2012	寿光市侯镇岳庄村西
安丘青云湖休闲度假乐园	AAA	2006	安丘市新安南路170号
安丘辉渠百泉旅游区	AAA	2011	安丘市辉渠镇政府驻地
安丘五龙山景区	AAA	2012	安丘市吾山镇南旺村东南
安丘拥翠湖国家湿地公园	AAA	2012	安丘市凌河镇牟山前村
安丘城顶山生态旅游区	AAA	2010	安丘市石埠子镇孟家旺村
高密市文体公园	AAA	2010	高密市康城大街东首
昌邑潍水风情湿地公园	AAA	2009	昌邑市潍河沿岸
昌邑博陆山生态旅游区	AAA	2012	昌邑市饮马镇山阳村
临朐老龙湾风景区	AAA	2007	临朐县冶源镇
临朐石门坊风景区	AAA	2007	临朐县城关街道谭马村社区
山东山旺国家地质公园	AAA	2009	临朐县城东约22公里处
临朐龙韵文化艺术城	AAA	2010	临朐县城内
临朐朐山滨河公园	AAA	2011	临朐县城内

续表10—1—1

单位名称	级别	评定时间	地址
临朐县五井风景石市场	AAA	2011	临朐县五井镇驻地
昌乐西湖公园	AAA	2010	昌乐宝昌路西侧
昌乐桂河湿地公园	AAA	2010	昌乐首阳山旅游度假区桂河湿地公园
营丘白浪沙滩湿地公园	AAA	2010	昌乐县营丘镇
昌乐仙月湖风景区	AAA	2012	昌乐县鄌郚镇高崖村西1公里

说明：青州花卉博览园、诸城益民河风景区2013年被摘牌，V1购物休闲广场2017年被摘牌

第一节　自然景观

沂山风景区

沂山景区位于临朐县城南45千米，总面积65平方千米，为国家AAAA级旅游景区、国家级森林公园。沂山古称“海岳”，有“东泰山”之称，居中国五大镇山之首。主峰玉皇顶海拔1032米，被誉为“鲁中仙山”。《史记》载，黄帝曾登封沂山。舜肇州封山，定沂山为重镇。汉武帝亲临至其下，令礼官祀之。隋、唐、宋、元、明、清历代屡有增封，祀典不废。历代大家名士倾慕沂山，接踵而至。郦道元、李白、欧阳修、范仲淹、苏轼、苏辙、马愉、赵秉忠、刘墉等均至此览胜，留下大量诗章名句和碑碣铭文。玉皇顶、歪头崮、天池、探海石、巨源涧、百丈崖瀑布等自然景观鬼斧神工，雄伟壮观。

沂山百丈崖瀑布落差达80多米，是临朐古八景之一　(2010年拍摄)

临朐老龙湾风景区

临朐老龙湾风景区位于临朐县冶源镇，是国家AAA级旅游景区。据北魏郦道元《水经注》载，老龙湾古称薰冶泉，为齐鲁大地名泉之一。老龙湾青山绕水，莹流如镜，四季恒温（通常18℃左右），冬无严寒，夏无酷暑，素有“冶源烟霭三冬暖”的美称，是山东省“千里民俗旅游线”上的一颗璀璨明珠。景区内有江南亭、白龙行宫、铸剑池、秦池、百龙园等大小景点36处。

临朐石门坊风景区

石门坊史称石门山，因入口处双峰耸立，对峙如门而得名。临朐石门坊风景区位于临朐县城关街道，是国家AAA级旅游景区。景区总面积

石门坊红叶。清嘉庆年间，石门坊始见黄栌，民国时，黄栌成林，今已布满山峦 （2009年10月拍摄）

15平方千米，主峰海拔526米，山势逶迤跌宕，绿水幽谷深涧，黄栌燃情似火，钟磬袅袅入云，大自然的鬼斧神工造就了石门坊雄、秀、奇、幽、险、灵的独特气势和精致的文化神韵。每值深秋，漫山遍野，黄栌红透，层林尽染，如诗如画。

山东山旺国家地质公园

山东山旺国家地质公园位于临朐县龙岗镇，是国家AAA级旅游景区、国家重点自然保护区，其核心区是国务院1980年批准设立的山旺国家级自然保护区。这里蕴藏的大量硅藻土页岩，质地细腻，黑白相间，层薄如纸，宛如张张翻开的书页，故被形象地比喻为“万卷书”。“万卷书”中保存有丰富的古生物化石，距今已有2000万年，种类繁多且保存完美，为世界罕见，已发现10多个门类共700余属种，被中外学者称为“化石宝库”。山旺山东鸟、齐鲁泰山鸟等鸟类化石的发现，填补了中新世时期的空白，同时也是目前世界上发现鹿类化石最多、保存最完好的化石产地。

临朐五井风景石市场

临朐风景石与山旺化石、红丝砚在齐鲁文化中并称为“鲁中三宝”。临朐五井风景石市场位于临朐县五井镇驻地，为国家AAA级旅游景区，占地1平方千米，经营业户600余家，日常摆放各类风景石3万余块。销售范围覆盖省内外大中城市、中国港台地区及日、韩等国家，年销售额1亿多元。市场内不仅有当地出产的风景石，还汇集太湖石、泰山石、灵璧石等十几个品种，是全国最大的风景石集散地，有“北方石林”的美誉。

临朐朐山滨河公园

临朐朐山滨河公园沿弥河两岸而建，由原朐山公园、滨河公园、沙滩休闲园、龙韵文化绿地、文化公园和水景公园6个园区组成，总面积0.9平方千米。2011年，临朐朐山滨河公园被评定为国家AAA级旅游景区。

青州云门山风景区

青州云门山风景区位于青州城南2.5千米

云门山“寿”字为明衡王府内掌司周全书，高7.5米、宽3.7米，仅“寿”字下面“寸”字就高达2.23米，故当地有“人无寸高”之说 （2009年4月拍摄）

处，是国家AAAA级旅游景区、国家级风景名胜区和国家地质公园的核心区。云门山自古为佛、道并重之山，主峰大云顶海拔421米。主峰上有洞如门，高阔过丈，南北相通，远望如明镜高悬；夏秋时节，云雾缭绕，穿洞而过，如滚滚波涛，将山顶庙宇托于其上，若隐若现，宛如仙境，故称“云门”。山上历代名人题刻甚多，有唐北海郡太守赵居贞《投金龙环壁》诗，宋朝富弼、欧阳修，明朝钟羽正、王世贞，清朝施润章、安致远等人的题刻。明尚书、少保乔宇大篆“云门山”三字刻于山阳，雪蓑行书“神在”等镌于山阴，清青州知府夏一凤《重修云门山》碑立于山巅。山阳峭壁间有窟龛5个、雕像272尊，造像端庄秀丽，具有隋唐时雕塑风格。山阴东侧有“万春洞”，亦名“希夷石室”，俗名“陈抟洞”。主峰北壁的摩崖“寿”字尤以硕大著称，为国内摩崖“寿”字之最，成语“寿比南山”即出于此，云门山因此被誉为“中华古寿文化第一山”。

青州仰天山国家森林公园

青州仰天山国家森林公园位于青州市王坟镇，是国家AAAA级旅游景区。景区总面积24平方千米，森林景观、地貌景观和人文景观浑然一体，森林覆盖率97%以上，是华北地区难得一见的天然植物园。仰天山地貌怪异，奇石怪崖林立，幽谷深洞众多，拥有江北发育最好的垂直溶洞群。摩云崮、佛光崖、千佛洞、观音洞、仙人洞等特殊的山体造型令人叹为观止。佛光崖与北侧山崖连为一体，形成世界第一回音壁。文殊寺背靠佛光崖，坐西面东，是国内三大文殊寺院之一，始建于北宋初年。

青州泰和山风景区

青州泰和山风景区位于青州西南部的庙子镇，总面积20平方千米，是一处集自然景观、森林景观、地貌景观，融历史文化、宗教文化、红色文化为一体的综合性旅游度假区，是国家AAAA级旅游景区、中国北方首屈一指的大型国家森林公园、国家地质公园，主要景点有黄花溪、天缘谷、百鸟谷、泰和寺等。

泰和山风光　　(2012年8月拍摄)

青州花好月圆景区

青州花好月圆景区位于青州市黄楼街道，是国家AAA级旅游景区。七色花街位于黄楼镇花卉核心区，全长6000米，是一条半封闭式的休闲娱乐步行街，游客可以走花街、串花巷，观看花卉生产过程，亲自动手栽花，体验花卉种植乐趣，感受花农生产生活方式和花卉文化内涵；省级花卉示范基地规划面积5000亩，总投资5亿元，入驻花卉企业21家，建有高档花卉智能温室35万平方米，园区内设有专门的花卉研究所，建成2.8

万平方米的国际花卉交易超市和电子交易中心；中国北方花卉交易中心占地20万平方米，是全国最大室内花卉批发交易市场。

诸城潍河公园 (2007年拍摄)

诸城马耳山

诸城马耳山位于诸城市区南25千米的皇华镇，是国家AAA级景区，占地面积约40平方千米。马耳山主峰海拔706米，是鲁东南第一高山，因主峰双石并举，状如马耳，故名。姜太公的祖籍就在马耳山下，马耳山上有齐国长城遗址。光武帝刘秀、苏东坡、乾隆皇帝等历史名人曾多次游览马耳山，并留下不少诗作。马耳山森林茂密、山花烂漫、奇峰突兀、怪石嶙峋，动、植物1000多个品种，名胜古迹20多处。现已形成四山、五泉、六洞、七湖、八亭、二十八峰、一百二十八景等景观，号称神山圣水、天然氧吧。

诸城百尺河景区

诸城百尺河景区位于诸城市百尺河镇，自百尺河上游河套社区段始至百尺河下游大顺河段止，占地面积8万平方米，2010年建成，是国家AAA级旅游景区。核心景区整体分为密州书画院、演艺广场、曲院荷风、帅水之滨、林间圣地等五个部分。

诸城潍河公园

潍河公园位于诸城市城区北侧潍河段，始建于2001年，2004年底竣工，是国家AAAA级旅游景区。沿河两岸分为入口广场、观光平台、凤凰广场、金谷平原、休闲演艺广场、音乐喷泉广场等6大景点，栽植100多个名优苗木品种约12万株，是一个具有蓄水、防洪、交通、休闲、娱乐等多种功能的生态风景区、水利风景区、旅游风景区、文化风景区。

诸城刘墉板栗园

诸城刘墉板栗园位于诸城市昌城镇，是国家AAA级旅游景区，总面积12平方千米，其中栗树面积1.11平方千米。该园因清代体仁阁大学士刘墉世家在此植栗、居住生活而得名并沿称至今。刘墉板栗园北依风光秀丽的巴山，西临碧波荡漾的潍河，涵盖潍东村、芦河村、张家沙窝村等十几个自然村，是江北最大的板栗生产集散地。园内古树密布，其中百年以上树龄的有1万余株，明清板栗树就有3000多株。栗子品种有300多个，其中优良栗种40多个，年产板栗30余万千克。

寿光林海生态博览园

寿光林海生态博览园位于寿光市羊口镇，占地面积6.67平方千米，1998年始建，是国家AAAA级旅游景区。园内有盐碱地森林景观，建有东方不沉湖、休闲垂钓中心、霜雪湖水上运动中心、高尔夫练球场、素质拓展培训中心、荷香园、槐香园、果实采摘园、天然湿地保护区、森林度假村、盐业观光园、农业观光园等景点及一系列服务设施。

寿光滨河城市湿地公园一角　(2010年拍摄)

寿光滨河城市湿地公园

寿光滨河城市湿地公园位于寿光弥河西岸，建于2009年，全长4千米，总面积0.71平方千米，为国家AAA级旅游景区、国家城市湿地公园。公园利用弥河西岸的河滩地形，建成了6个荷花池以及28座桥、36座岛，栽植近200个品种20多万株花木和30多种水生植物，形成了观柳赏荷的柳风荷韵区、碧水长天的秋色云水区以及最具古朴风貌原生态的苇中语蝶区三大景区。

安丘青云山民俗游乐园

安丘青云山民俗游乐园位于安丘市青云山路东首，占地3.36平方千米，是国家AAAA级旅游景区。园区依托青云山自然地貌，建有山水园林、民族风情、野生动物、野人谷、齐鲁民俗、休闲娱乐等功能区。这里气候宜人，林木茂密，山环水绕，风光旖旎，山、水、林、田巧妙结合，有“齐鲁民俗第一园”的美誉。

安丘青云湖休闲度假乐园

安丘青云湖休闲度假乐园位于安丘市新安南路168号，是国家AAA级旅游景区、国家级城市湿地公园和国家级水利风景区，总面积8平方千米（其中水面6平方千米），是一处集旅游观光、休闲度假、健身娱乐于一体的综合性、高档次水景旅游区。

安丘城顶山生态旅游区

安丘城顶山生态旅游区位于安丘市石埠子镇，为国家AAA级旅游景区。城顶山海拔429米，因齐长城遗址横亘其上而得名城顶山，又因孔子的高徒、佳婿公冶长曾在此读书讲学，亦称书院山。城顶山层峦叠嶂、气候宜人，“树稳风不鸣，泉安流不响”，早在明代就以“青云作院拟蓬莱”被列

城顶山上的银杏树，一雌一雄，相传为孔子女婿公冶长栽种，是潍坊市现存最古老的银杏树。雌树高29.5米，自地面高20厘米处地表围径6.9米，冠幅23.5米；雄树高29.5米，地表围径7米，冠幅23.5米　(2012年拍摄)

为安丘八大景之一。依托城顶山的自然地貌和深厚的文化底蕴，景区发展了以公冶祠、青云寺、神根祠为代表的“儒释文化区”，以齐长城遗址、瓮城、迷魂阵、抗战纪念馆为代表的“军事文化区”，以书院山庄、休闲乐园为代表的“森林度假区”等三大功能区。

安丘辉渠百泉旅游区

安丘辉渠百泉旅游区位于安丘市西南部的辉渠镇，始建于2008年，面积206平方千米，为国家AAA级旅游景区，享有“百泉之乡、休闲小镇”的美誉。辉渠百泉度假区自然景观秀美，珍珠泉、绪泉、温泉，百泉辉映；留山、大安山、望海山，群山竞秀；石林、万亩桃花园、千年流苏园、仙人洞，景色迷人。峒峪龙山文化遗址、齐长城遗址、李左车纪念馆、法兴寺、翰林府邸等古迹分布景区内。

辉渠百泉旅游区俯瞰　　(2009年拍摄)

安丘五龙山景区

安丘五龙山景区位于安丘市西南部的吾山镇，为国家AAA级旅游景区。总面积20.68平方千米，最高峰海拔496米，森林覆盖率80%以上。五龙山由唐王山、南天门山、兵营山、鹰嘴峰、麒麟山五座山峰组成，峰峰相连，绵延弯曲，犹如五条昂首腾飞的巨龙，得名“五龙山”。五龙山风景秀美，人文景观和民间传说众多。齐长城遗址为全国重点文物保护单位，孟姜女哭长城的美丽传说为省级“非物质文化遗产”；还有数十堆战国时期遗留下来的滚木礌石及猿人洞、麒麟洞等遗迹。观音寺、三圣殿掩映在青山绿树中，自然景观与人文景观相得益彰。

安丘拥翠湖国家湿地公园

安丘拥翠湖国家湿地公园位于安丘市凌河镇，是国家AAA级旅游景区。总面积32.18平方千米，其中湿地面积27.32平方千米，包括人工库塘湿地、河流湿地和滩涂湿地三种类型。湿地公园内山水相依，钟灵毓秀，人文、自然景观资源丰富。这里动植物资源丰富，生态环境良好，是珍稀物种生存、候鸟繁育、鸟类生存的天然场所。拥有安丘古城遗址、董家庄汉画像石墓、牟山雁、仙人洞、巨风口、黑松林等众多景点。建成生态保育区、生态恢复区、合理利用区、科普宣教区、管理服务区5个功能区，形成河、湖、山、塘、滩的基本景观格局和相对独立的地域单元，具备生态保护、科普宣教、生态旅游三大功能。

昌邑潍水风情湿地公园

昌邑潍水风情湿地公园位于昌邑市城区，南起金口拦河闸，北至城东橡胶坝，南北长5.5千米；东与绿博园相连，西与文山风景区相接。景区总面积5.4平方千米（其中水域面积2.4平方千米），为国家AAA级旅游景区。景区内有苗木业观光区、湿地保护区、中心活动区、水上活动区、野营烧烤区等多个特色景点。建有车行路、人行道以及亲水平台、雕塑、栈桥、广场、观鸟亭、木质桥等配套设施。

昌邑博陆山生态旅游区

昌邑博陆山生态旅游区位于昌邑市饮马镇山阳村，为国家AAA级旅游景区。博陆山上有汉武帝曾四次东巡寻仙驻足的“汉武望陆台”、西汉四朝元老霍光埋葬于此的“霍光冢”、经潍河连接渤海的大峡谷、商周遗址、汉代遗址“张家院落”和千年古井等名胜古迹，并世代流传着仙姑洞、陆山顶上挂浮柴、鳖盖子石等众多历史文化典故。博陆山下的山阳千年梨园占地2000多亩，有马蹄黄、茌梨、谢花甜等10多个品种共3万余株。园中的梨树树龄大都在百年以上，其中树龄超过300年的5000余株。山阳千年梨园是整个潍坊市树龄最长、规模最大的古梨树群。自2010年起，每年4月中旬都举办山阳梨花节，持续半个月时间。

高崖水库（仙月湖）总库容1.45亿立方米，常有水面9.9平方千米，水质无污染，湖内鱼类资源丰富，大坝周围绿林成荫　（2012年拍摄）

山阳梨花　（2012年拍摄）

昌乐仙月湖风景区

昌乐仙月湖风景区位于昌乐县城西南部的高崖水库库区，为国家AAA级旅游景区、国家级水利风景区。水库周围及上游环境优良无污染，群山环绕，绿树成荫，风清气爽，水库内盛产鲢鱼、鲤鱼、银鱼等，吸引了3000余只白鹭到此栖息繁衍。以高崖水库（仙月湖）为依托，景区建有综合服务区、旅游度假区、自然风景区、文化休闲区、水上运动区和“农家乐”特色居民区6个区域，有亲水广场、水边垂钓区、白鹭自然保护地、槐花峪、罗成饮马沟、跑马山生态休闲农场、“农家乐”水上餐厅等特色景点。

昌乐西湖公园

昌乐西湖公园位于昌乐县城西部，占地0.78平方千米，为国家AAA级旅游景区，在原昌乐县人民公园的基础上改建而成。西湖公园设置龙杠、卧龙伏波、文化长廊、百花廊、万松林、花港观鱼、我心相印亭、景观塔、青云桥、跌水河等20多处景点，从不同角度生动再现昌乐古老的姜齐文化和富贵吉祥的宝石文化。公园内乔木常绿、树木成荫、草坪翠绿、湖水清澈，林间小溪蜿蜒流过，百鸟鸣唱、野趣浓郁，以“幽、静、秀、野”为特色，是当地群众休闲娱乐的好去处。

昌乐桂河湿地公园

昌乐桂河湿地公园是国家AAA级旅游景区，位于昌乐县城东南部寿阳山旅游度假区内，始建于2008年，总面积2.9平方千米，绿化率为94%。桂河湿地公园背靠连绵7公里、生长着1万多亩松林的寿阳山山脉，前面是5个水库相连的桂河。整个湿地公园除南部的连池湿地景区外，由西至东依次为：山涧连湖景区、叠瀑孤岛景区、市委党校中心景区、海景喷泉景区、群岛河汊景区、河港湾流景区、旱溪石滩景区，形成以桂河水系上游为主体的水环境景观，以市委党校为品牌的现代文明景观，以姜齐文化、宝石文化为代表的古老文明景观。

白浪绿洲湿地公园　（2010年9月拍摄）

营丘白浪沙滩湿地公园

白浪沙滩湿地公园是国家AAA级旅游景区，位于昌乐县营丘镇，南起胶王路营丘镇区段以北，北至马宋水库。 整个湿地公园以一条贯穿园区的主干道为线，主要包括沿线齐长城、自然风景区、人文公园区、休闲度假区等区域，有聚仙岛、子牙山、太公湖、齐长城等文化景点，阳光沙滩、麒麟广场、钓鱼台、亲子游乐场等休闲娱乐景点，盛柿林、芦苇荡、孝子竹林、白浪河大桥等生态旅游景点。湿地公园吸引了野鸡、野鸭、喜鹊、斑鸠、啄木鸟等百余种野生鸟类在此栖息。

白浪绿洲湿地公园

营丘白浪绿洲湿地公园位于潍坊市机场路与宝通街路口南，长6.7千米，平均宽度1.5千米，面积约10平方千米，是国家级水利风景区、国家AAAA级旅游景区、国家城市湿地公园。湿地由南至北分为休闲度假区、湿地科普区、人文公园区3部分，建有拾萃园、秋水云阁、国学讲堂、蔚然阁、燕处台等特色景点，白鹭、须浮鸥、苍鹭、天鹅、野鸭等百余种野生鸟类以及松鼠、水獭等几十种野生动物在此繁衍生息。整个湿地公园建设了30余个亲水、观景平台，40余座各具特色的桥梁，临水而设8000余米的木栈道。公园自2008年开始建设，2010年7月被住房和城乡建设部批准为国家城市湿地公园。

浮烟山休闲旅游度假区

浮烟山休闲旅游度假区位于潍城区望留街道，为国家AAA级旅游景区，建有中国风筝放飞基地、浮烟山森林公园、洪福寺、朝阳观、麓台书院、大洋会所等景点，其中风筝放飞基地是经国家体育总局批准的国内唯一一处大型放飞基地，已成功举办20余届国际风筝放飞比赛。浮烟山森林公园是一处依傍天然山峰沟壑和林木植被而建的，融自然风光和人文景观，集旅游观光、娱乐休闲于一体的大型综合型公园。

浞河景区

浞河古称寒水，因历史上“寒浞代夏”，又称“寒浞河”，全长33千米。浞河景区是国家AAA级旅游景区，位于潍坊市高新区浞河段，占地总面积2平方千米，其中绿化用地1.47平方千米，水面0.47平方千米。景区内建有游览道路、广场、亭台、楼榭、景观平台、喷泉、假山、停车场、庭院灯等交通设施及服务设施。景区内共栽植286种绿化植物，树木繁茂，百草葱茏，河水清澈，山水相依，景观独特。

第二节 人文历史景观

诸城博物馆

诸城博物馆景区包含诸城市博物馆、名人馆两个景点，坐落在风景秀丽的诸城潍河国家级水利风景区内，为国家AAA级旅游景区，总占地面积5.8万平方米，是国内单体建筑面积最大的县级博物馆。其中，博物馆总建筑面积2.2万平方米，陈列面积1.8万平方米；名人馆总建筑面积8000平方米，陈列面积6000平方米。2010年8月建成开馆，总投资3亿元。

诸城恐龙博物馆

诸城恐龙博物馆坐落在诸城市密州路西首恐龙公园院内，为国家AAAA级旅游景区，始建于1995年，1997年7月建成开馆，建筑面积5400平方米，总投资3000万元。展馆分为鸭嘴龙厅、神妙龙骨厅、古生物珍品厅、科普体验厅、模拟仿真厅和环幕电影厅。除“世界第一龙”外，诸城恐龙博物馆还展示有世界上最大的霸王龙化石骨架和恐龙骨骼、恐龙蛋、剑齿虎化石等。珍藏于神妙龙骨厅的巨大恐龙股骨化石被誉为“华夏第一奇骨”。

诸城常山文化博物苑

诸城常山文化博物苑景区位于诸城市南10千米，依托常山而建，是国家AAAA级旅游景区，2009年开业。景区分为宗教文化生态游览区、历代艺术品文化展示区、旅游休闲服务区、生态保护抚育区和绿色采摘体验区等区域。景区与常山大道相通，与三里庄水库相连，碧水蓝天，琉瓦翠树，景色宜人。

诸城大源生态游乐园

诸城大源生态游乐园位于诸城市龙都街道大源社区，是国家AAA级旅游景区。景区由诸城大源生态农业示范基地有限公司投资经营，2010年4月开始建设，占地面积0.67平方千米。景区有生态园林区、设施农业区、休闲观光区、采摘园区和养殖园区等五大区域。建有黑龙山、卧龙潭、五龙壁、映荷桥、金鲤池、钓鱼台、枫香亭、枫香湖、烽火台、千鹅湖、柳岸荷塘、馨园、亲子动物园、采摘园、城市菜园、猴山、百鸟亭等众多景点。

寿光蔬菜高科技示范园

寿光蔬菜高科技示范园位于寿光市洛城镇，始建于1999年6月，是国家AAAA级旅游景区、国家级农业旅游示范点。有蔬菜高新技术创新园、农业博士创业园、蔬菜标准化生产示范区、新产品实验示范区、现代化设施实验示范区、智能化

“番茄树”植株高约2～2.5米，树体覆盖面积百余平方米以上，一株番茄树年结果上万个，累计可产3000多千克（2012年4月拍摄）

信息管理中心、蔬菜高新技术培训中心、展示交流中心、现代化生物工程种苗中心和蔬菜保鲜加工销售中心等八个功能区。每年的4月20日—5月20日，中国（寿光）国际蔬菜博览会在此举行。

寿光生态农业观光园

寿光生态农业观光园位于寿光市张建桥大桥东首北侧，是国家AAAA级旅游景区，集旅游观光、休闲娱乐、宣传科普教育于一体。观光园占地面积3.7平方千米，2005年3月动工建设，2006年10月建成开放，总投资3.97亿元。园区以保护生态环境为宗旨，以农圣贾思勰故里为内涵，以寿光“中国蔬菜之乡”生态农业文化为特色，大力发展城市生态建设，形成了“绿色植物、蓝色水体、彩色蔬菜”的锦绣风貌。

寿光三元朱村

寿光三元朱村是国家AAA级旅游景区，是冬暖式大棚发祥地、中国特色经济村。地处寿光市最南端，交通便利，农业发达。80年代末，村支部书记王乐义带领三元朱人试验成功“冬暖式蔬菜大棚”，引发一场改变大半个中国农业产业结构的“绿色革命”，为中国亿万农民开辟出一条科技致富的新道路。三元朱人先后试验、改进、推广了五代冬暖式大棚技术，引进试验成功滴灌、微机控制、无土栽培、生物防治等20余项技术，引进、试验、推广近20类300余个作物新品种。“乐义”蔬菜商标被评为中国驰名商标，“乐义”牌黄瓜被评为全国名牌农产品。

寿光宏源酒文化博物馆

寿光宏源酒文化博物馆位于寿光市侯镇，是山东省首家白酒文化博物馆，由宏源酒业投资建设，2005年始建，总投资2000万元。博物馆建筑面积3000平方米，收集历史文物1000余件。博物馆由农圣馆、刘子厚馆、酒器收藏馆、古镇展馆、宏源白酒酿造技艺馆、荣誉展厅、制曲蒸馏技艺馆七大展厅和两大酒文化长廊组成。2012年底获评国家AAA级旅游景区。

青州双贝体育公园

青州双贝体育公园为国家AAA级旅游景区，是青州最大也是最适合做户外运动的大型运动健身场所，包括高尔夫球场（高尔夫练习场、概念九洞球场）、户外拓展训练基地、篮球场、羽毛球场、游泳池、垂钓场等。公园占地面积4.5平方千米，2008年动工，2009年7月开业，总投资3亿元。公园配套设施完善，有会议中心、西餐厅、酒吧、会所、运动公寓、棋牌、保健、影视厅等餐饮会议设施和娱乐项目，充分体现生态、绿色、休闲、娱乐为主题的运动理念。

景芝酒之城景区

景芝酒之城位于安丘市景芝镇景芝酒大道10号，是国家AAAA级旅游景区，占地面积3.2万平方米，2009年10月建成开业，总投资1.5亿元。景区包括酒文化展览中心和酒之城广场两大板块。酒文化展览中心由序厅、历史酒源、酿制酒艺、人物酒杰、文化酒韵、誉名酒扬和品酒区七大部分组成，全景式展现景芝酒5000年的历史。酒之城广场由酒之源广场、酒祖大殿、酒祖广场、酒道苑、游客中心和曲水流觞广场六大部分组成，全面展现酒历史、酒文化、古镇风情和历史文脉。

潍坊昌乐中国宝石城

潍坊昌乐中国宝石城位于昌乐新城街903号，始建于1993年，是国家工商总局批准命名的国内唯一冠“中国”字号的珠宝首饰专业批发市场，为国家AAAA级旅游景区。宝石城内有珠宝加工经营企业1200余家，年交易额300多亿元，是江北最大的珠宝首饰集散地、全国最大的蓝宝石首饰交易中心。

昌邑绿博园

昌邑绿博园位于昌邑市围子街道宋庄社区，

是昌邑苗木产业发展的核心区，也是历届“中国北方绿化苗木博览会”的举办地、主会场，为国家AAAA级旅游景区、中国北方绿化苗木基地、全国农业旅游示范点。绿博园占地面积15平方千米，始建于2003年4月，2003年9月建成开业，总投资2亿多元。园内有会展中心、民俗园、四合院、艺术馆、崇圣塔、天音阁、伽蓝殿、青铜博物馆、华情园、桩景园、常青园、热带植物馆等景点。绿博园已成为集苗木展示交易、科技信息交流、生态旅游观光、餐饮休闲、娱乐于一体的旅游景区，更是文化交流、理论研讨、承接会议、举办展会的理想场所。

临朐龙韵文化艺术城

临朐龙韵文化艺术城位于临朐县城核心商业区，毗邻城市“绿岛”朐山滨河公园，为国家AAA级旅游景区，由山东巨龙建工集团于2009年投资兴建，总投资约2.5亿元，用地面积7万余平方米，建筑面积5.5万余平方米，广场面积4.5万余平方米。龙韵文化艺术城分为3组区域，3个大门形成的主街在中心交汇，城内两条环路构成便捷通道；配套设施完善，吸引了大量优质商家入驻，经营门类涵盖古玩、字画、奇石、瓷器、玉器、古典红木家具、工艺品、花鸟、渔具、茶艺、咖啡、酒吧等众多商业形态，是一处集文化艺术品经营、观光、旅游、休闲娱乐为一体的大型综合场所。

高密文体公园

高密文体公园位于胶河西畔，占地面积0.19平方千米，建筑面积5.8万平方米，总投资2.95亿元，2008年8月建成，是国家AAA级旅游景区。公园内有体育场、体育馆、体校楼、博物馆、图书馆、规划展览馆、文化馆、科技馆、科技创业中心等10多个场馆，具有文化、体育、科技、会展、健身、休闲、娱乐等多项功能。

富华游乐园

富华游乐园位于潍坊市高新区东风东街6611号，是国家AAA级旅游景区，1995年4月开业。乐园内有双环过山车、太空飞梭、超级大摆锤、5D环幕影院等30多个游乐设施。“水上皇宫”投资1亿多元，占地面积2.5万平方米，是集水上娱乐、运动休闲、餐饮、客房服务为一体的大型室内水上游乐园。冰雪欢乐世界占地1万多平方米，集滑雪、戏雪、休闲娱乐、旅游度假为一体。

双环过山车是富华游乐园最具代表性的游乐项目，全长888米，最高处38米，俯角42度，时速90千米，全程游完共185秒

(2012年拍摄)

潍坊风筝博物馆

潍坊风筝博物馆坐落在奎文区白浪河东岸，风筝都纪念广场南侧，为国家AAA级旅游景

区。始建于1987年，1989年4月1日正式对外开放，建筑面积8100平方米。博物馆屋脊造型为一条完整的巨龙，屋顶用孔雀蓝新型铝波瓦材料铺成，似蛟龙遨游长空伏而又起，设计风格独树一帜，是“世界风筝都”的标志性建筑。馆内设有综合馆、中国馆、潍坊馆、友谊馆等12个展馆，在约2000平方米的展室内，收藏有古今中外的风筝珍品和有关风筝的文物资料2000余件，以及照片、文字、绘画、复制品等300余件风筝展资料，全面展示了风筝的历史文化、现代文化、国际文化及延伸文化，成为传播和弘扬风筝文化的艺术交流中心。

金宝乐园

金宝乐园位于奎文区潍州路438号，1996年8月建成开业，占地总面积0.6平方千米，是国家AAAA级旅游景区、全国农业旅游示范点。园内有潍坊动物园、大熊猫馆、情缘园、综合参与娱乐区、儿童乐园、天然氧吧休闲区六大游览区。

潍坊金泉寺

金泉寺位于金宝乐园北邻，是国家AAAA级旅游景区。始建于明朝永乐二年（1404），清乾隆三十年（1765）重修，50年代损毁。2008年，金泉寺重修扩建，2011年5月落成，并举行全堂佛像开光庆典法会。金泉寺占地0.1平方千米，建有天王殿、大雄宝殿、观音殿、藏经楼、万佛殿、财神殿等20余座殿宇，建有世界上少见的带有宝顶华盖、飞天云柱的释迦牟尼大佛。

杨家埠民间艺术大观园

杨家埠民间艺术大观园位于寒亭区杨家埠村，为国家AAAA级旅游景区，占地面积0.23平方千米。园内有风筝博物馆、绘制馆、十八女子作坊、年画博物馆、年画作坊、民俗馆、文物馆、百年婚证展、老粗布作坊、农具展、红色收藏展、书画院、嫦娥奔月台、古店铺一条街以及杨家埠明清时期古村落、古槐等数十个景点和展厅。景区以年画、风筝为主导，以民风民俗为主题，游客在此可了解风筝扎制、年画印刷技艺，体味杨家埠古老的民俗风情。

杨家埠民间艺术大观园正门 (2010年10月拍摄)

第二章 旅游服务

第一节 旅行社

90年代初，潍坊市旅游系统组建潍坊新立克（集团）公司、潍坊鸢飞实业集团公司，潍坊旅游业开始走上集约化经营的道路。1994年，潍坊中国国际旅行社晋升为国家一类旅行社，潍坊市旅游公司晋升为国家二类社，三类旅行社由1991年的2家增加到9家。1999年，成立4家私营国内旅行社，逐步形成公有制为主体、多种所有制共同发展的格局。2001年，成立旅行社16家，其中股份制旅行社13家，全市旅行社总数达到45家。2003年，取消3家旅行社，新批10家，全市旅行社总数达到55家。2004年，新批旅行社9家，全市旅行社发展到64家。2006年，审批国内旅行社14家，全市旅行社有78家。2007年，新批准成立旅行社12家，全市旅行社发展到90家，其中股份制2家。2012年，全市旅行社总数128家，其中出境社5家。

潍坊康辉旅行社有限公司

潍坊康辉旅行社有限公司成立于1997年，是中国康辉旅行社总社在山东设立的分社之一。2005年，改制为中国康辉参股的股份制企业。主要经营国内旅游、入境旅游、省际包车客运、代订车船飞机票等业务，曾获得“山东省细微服务达标企业”等称号。2012年组织接待旅客7301人次，营业收入407.6万元。

潍坊希望国际旅行社有限公司

潍坊希望旅行社成立于1999年，2011年5月更名为潍坊希望国际旅行社有限公司，是一家专业性从事国内、国际各种大型会议、旅游、交通、票务代理、旅游汽车租赁业务的旅行社。曾获“山东省AAAA级旅行社”“山东省优秀旅行社”等称号。2012年，组织接待旅客10.95万人次，营业收入4961万元。

潍坊市春秋国际旅行社有限公司

潍坊市春秋旅行社成立于2000年，2001年加入上海春秋总社旅游服务网络，成为网络会员单位。2010年，更名为潍坊市春秋国际旅行社有限公司。是潍坊市旅游行业协会副会长单位，曾获得“2008山东最具竞争力旅行社”“山东省第二届旅游消费信得过单位”“山东省旅游服务名牌企业”“第三届全省诚信旅游示范单位”“山东省旅游标准化示范企业”“山东省旅游细微服务示范企业”“山东省旅游细微服务达标企业”等称号。2012年，组织接待旅客1.25万人次，营业收入3587万元。

潍坊阳光国际旅行社有限公司

潍坊阳光国际旅行社有限公司前身是潍坊阳光旅行社，成立于2000年4月，隶属于潍坊市民用航空管理局。2002年底，公司改制，成为一家独立的有限责任制法人企业。2003年，经国家民航总局授权，公司航空票务部成为潍坊市区唯一的一类航空代理机构，同时也是国际航空运输协会代理人成员之一。2005年初，经国家旅游局审核批准，公司成为可以经营入境旅游业务的国际旅行社，时为潍坊市区唯一可以经营国际业务的国际旅行社。2008年初，经国家旅游局审核批准，公司成为可以经营出境旅游业务的国际旅行社。2011年初，经山东省旅游局审核，国家旅游局批准，公司成为AAAA级旅行社。公司下辖国际票务中心、国内票务中心、国际旅游部、国内旅游部、新华路营业部多个部门，并在昌邑、昌乐、寿光、临朐、高密、安丘、滨海开发区设有固定营业部或者联络点，与全国100多个城市，1500多家旅行社，500多家酒店、宾馆建立合作伙伴关系，可以提供涵盖国际机票、国内机票、出境旅游、入境旅游、国内旅游、观光考察、会务接待、租车、订房、导游、签证、邀请函等的全方位商旅配套服务。2012年，组织接待旅客1.65万人次，营业收入5196.7万元。

潍坊市假日国际旅行社有限公司

潍坊市假日国际旅行社有限公司成立于1999年4月18日，是潍坊地区第一家股份制旅游企业，经营国内、入境、出境旅游的近千条旅游产品线路。公司先后获“山东省旅游消费信得过单位”“山东省最具成长性旅行社”“山东省细微服务示范单位”等称号，并被上海世博局指定为潍坊市世博游旅行社。公司总部设在潍坊市东风东街360号泰华大厦A座11层，下设东风街营业部、潍城营业部、高密营业部、昌邑营业部、寿光营业部、安丘营业部、滨海营业部、青州营业部等多家分支机构。2012年，组织接待旅客近2万人次，营业收入4474.3万元。

潍坊市公交旅行社

潍坊市公交旅行社是全市唯一一家国有旅行社，专业经营入境、国内旅游业务。旅行社下设计调部、导游部、票务部、外联部、财务部、接待中心、签证中心等部门，拥有一批英语、日语导游及训练有素的业务骨干及100余台车辆的专业旅游车队，提供旅游考察、机票预订、商务考察、各类包车等专项服务及吃、住、行、游、购、娱全方位、一体化的综合旅游服务。2012年，组织接待旅客4.85万人次。

诸城市阳光旅行社有限公司

诸城市阳光旅行社有限公司成立于2000年，公司内设旅游部、票务部、综合部，主要经营国内旅游、入境旅游业务及机票、火车票销售，是诸城市唯一一家AAAA级旅行社。公司是2001年潍坊市旅行社协会常务理事单位，2002年国际航空运输协会认可代理人。先后获山东省“旅游消费信得过单位”“品牌山东”游客最信赖旅行社、“山东省服务名牌”“山东省先进旅行社”等称号。2012年，组织接待旅客3.58万人次，营业收入4027.5万元。

第二节 星级宾馆酒店

1991年，全市只有2家星级宾馆，1994年发展到6家。1997年，富华大酒店和鸢飞大酒店被国家旅游局评为五星级和四星级旅游饭店，全市旅游涉外饭店达到5家。1998年，新批旅游涉外饭店2家，圣荣大酒店被评为三星级酒店。2001年，新批四星级旅游涉外饭店2家、二星级旅游涉外饭店3家。2002年，潍坊大酒店被评为四星级旅游饭店，诸城华洋大酒店、诸城中粮宾馆被评为三星级旅游饭店，全市星级饭店发展到13家。2003年，全市星级和旅游饭店达到24家。2004年，新增三星级饭店3家，全市星级饭店发展到20家。2007年，新评定星级饭店8家，其中四星级2家、三星级2家、二星级4家，全市星级饭店达到32家；评定星级餐馆15家，其中五星级2家、四星级2家、三星级5家、二星级6家。

2008年，新认定三星级旅游饭店4家、二星级饭店4家，全市星级饭店达到39家；新评定四星级餐馆2家、三星级7家、二星级3家，全市星级餐馆达到27家；新认定金叶级绿色旅游饭店3

家，银叶级绿色旅游饭店7家，全市绿色旅游饭店达到17家。2009年，金茂国际五星级旅游饭店正式挂牌营业，全市星级饭店达到59家，新评定星级餐馆19家。2010年，新增五星级饭店1家、四星级4家、三星级3家。2011年，全市有星级饭店73家，其中五星级4家、四星级22家、三星级35家；星级餐馆发展到63家。

2012年，新增四星级饭店3家、三星级饭店4家，取消2家饭店星级称号。全市有星级饭店79家，其中五星级4家、四星级25家、三星级38家。

2012年潍坊市星级酒店一览表

表10—2—1

名 称	星级	地址	认定时间（年）
潍坊富华大酒店	五星	高新区福寿东街168号	1997
潍坊金茂国际大酒店	五星	高新区北宫东街1999号	2009
潍坊新富佳悦大酒店	五星	经济开发区玄武街999号	2012
寿光晨鸣国际大酒店	五星	寿光市南环路弥河桥东首	2010
潍坊鸢飞大酒店	四星	奎文区四平路31号	1997
潍坊国际金融大酒店	四星	奎文区四平路86号	2001
潍坊大酒店	四星	奎文区胜利东街381号	2002
齐鲁饭店	四星	奎文区东风东街343号	2007
中恒国际大酒店	四星	潍城区北宫西街8888号	2012
潍坊丽景酒店	四星	潍城区东风西街111号	2009
潍坊泛海大酒店	四星	潍城区和平路198号	2008
潍坊钧瀚国际大酒店	四星	坊子区北海路凤凰大街路口	2011
潍坊东方大酒店	四星	高新区东风东街181号	2001
滨海海正饭店	四星	滨海区海港路57号	2010
滨海金辉酒店	四星	滨海区禄海路	2009
安丘新东方大酒店	四星	安丘市向阳路东首	2010
昌乐昌城大酒店	四星	昌乐县新昌路36号	2012
昌乐鸢飞大酒店	四星	昌乐县新昌路8号	2009
高密凤都国际大酒店	四星	高密市利群路2899号	2010
青州银座佳悦酒店	四星	青州市海岱中路3999号	2009
潍坊盛宏假日酒店	四星	青州市衡王府路1766号	2012
青州泰和大酒店	四星	青州市泰和旅游风景区	2009

续表10—2—1

名　称	星级	地址	认定时间（年）
寿光凯莱大酒店	四星	寿光市北环路与文家路交叉口	2010
寿光阳光温泉大酒店	四星	寿光市开发区温泉路中段	2005
寿光凯德华大酒店	四星	寿光市圣城街259号	2011
山东杨春国际大酒店	四星	诸城市繁荣路西首	2009
诸城密州宾馆	四星	诸城市府前街1号	2007
诸城华玺酒店	四星	诸城市密州东路16号	2010
诸城栗园酒店	四星	诸城市滨河东路188号	2011
潍坊君尚假日酒店	三星	奎文区北宫东街262号	2011
潍坊汇泉饭店	三星	奎文区东风东街366号	2004
潍坊政府接待中心	三星	奎文区胜利东街379号	2004
潍坊普雷思酒店	三星	奎文区潍州路与民生东街交叉口西北角	2012
潍坊三江大酒店	三星	奎文区新华路18号	2008
潍坊富豪国际大酒店	三星	奎文区新华路23号	2011
潍坊天悦山庄	三星	潍城区浮烟山景区	2009
潍坊帝豪大酒店	三星	潍城区向阳路中段	2009
潍坊世纪华润商务酒店	三星	高新区东方路2577号	2009
潍坊东明大酒店	三星	高新区东方路361号	2007
潍坊印象大酒店	三星	高新区胜利街与金马路交叉口以西路北	2009
滨海鑫海源大酒店	三星	滨海经济开发区西城区	2010
滨海海洋宾馆	三星	滨海经济开发区禄海路中段	2009
安丘宾馆	三星	安丘市商场路中段	2009
昌乐清林园大酒店	三星	昌乐县昌盛街西首2068号	2010
昌乐阳光会馆	三星	昌乐县经济开发区	2009
昌乐宝城大酒店	三星	昌乐县新昌路219号	2010
昌邑翰林酒店	三星	昌邑市解放路东	2009
昌邑宾馆	三星	昌邑市天水路14号	2005
高密凤凰宾馆	三星	高密市人民大街199号	2009
高密银鹰商务酒店	三星	高密市人民大街1399号	2009
高密正大商务酒店	三星	高密市振兴街588号	2009

续表10－2－1

名称	星级	地址	认定时间（年）
临朐伟成大酒店	三星	临朐县龙泉路16号	2008
临朐大酒店	三星	临朐县山旺路28号	2008
临朐东镇御苑大酒店	三星	临朐县沂山景区南门	2009
青州海龙大酒店	三星	青州市火车站西街368号	2003
青州东方颐寿大酒店	三星	青州市云门山景区	2010
寿光富华大酒店	三星	寿光市渤海路336号	2007
寿光市东宇鸿翔大酒店	三星	寿光市东宇鸿翔汽车城	2012
寿光市言玉大酒店	三星	寿光市经济开发区金海路北段	2012
寿光华纳大酒店	三星	寿光市圣城街555号	2009
寿光在水一方大酒店	三星	寿光市圣城路建桥路口	2008
寿光香格里拉商务酒店	三星	寿光市正阳路36号	2011
诸城市龙韵假日酒店	三星	诸城市繁荣东路124号	2012
诸城华洋大酒店	三星	诸城市和平街6号	2002
诸城福泰华大酒店	三星	诸城市和平路33号	2010
潍坊舜耕假日酒店	三星	诸城市密州东路6号	2011
诸城中粮宾馆	三星	诸城市兴华东路31号	2002
青州宾馆	二星	青州市范公亭西路1915号	1991
青州南山大酒店	二星	青州市南环路18号	2001
青州惠达宾馆	二星	青州市范公亭西路1号	2007
诸城东升大酒店	二星	诸城市兴华西路34号	2007
诸城巨环宾馆	二星	诸城市北外环北石桥666号	2010
临朐九福来商务宾馆	二星	临朐县骈邑路	2008
临朐沂山茅舍	二星	临朐县民主路92号	2008
临朐红叶宾馆	二星	临朐县新华路72号	2008
临朐华海大酒店	二星	临朐县新华路63号	2008
昌邑丽景酒店	二星	昌邑市北海路395号	2009
安丘金润大酒店	二星	安丘市商场路西段	2010
潍坊金旺宾馆	二星	坊子区北海路双羊街路口	2011

潍坊鸢飞大酒店

潍坊鸢飞大酒店位于奎文区四平路31号，建于1987年，楼高21层，客房370套，是山东省首批由国家旅游局审批的三星级旅游涉外饭店。1996年完成配套工程，升为四星级。2005年，进行全面装修改造，拥有标准间、豪华套房等各类房间；餐位900多个，风格各异的大小餐厅5个，包间40多个；配套设施齐全的各型会议室，最大的可容纳500人。先后获得“山东省高利税先进外商投资企业”“全国外商投资企业50家先进饭店之一”“山东省食品安全诚信承诺单位”“山东省优秀星级饭店”“山东旅游细微服务年达标企业”“首届商务人士最喜爱的中国百家商务/度假酒店”等国家级、省级荣誉称号。2012年，实现主营业务收入1.02亿元。

潍坊鸢飞大酒店外景　　(2012年拍摄)

潍坊富华大酒店

潍坊富华大酒店位于高新区福寿东街168号，1995年开业，1997年通过国家旅游局五星级评定，是山东省最早的五星级旅游酒店之一。总建筑面积8.8万平方米，有6个独立的餐厅、2个酒吧，主楼（五星级）有225间客房，富华会议接待中心有332间客房、30余个大小会议室。2012年，实现主营业务收入1.2亿元。

潍坊富华大酒店外景　　(2012年拍摄)

潍坊东方大酒店

潍坊东方大酒店位于高新区东风东街181号，隶属于山东烟草投资管理有限公司，1997年开业。酒店分A、B两座，A座楼高21层，B座楼高8层。酒店建筑面积3.86万平方米，是一家集餐饮、客房、娱乐、会议、购物于一体的现代化综合酒店。拥有各式客房285套、固定餐位660多个。餐饮区域多业态经营，有自助餐、宴会包厢、养生火锅、潍坊地方菜、铁板烧现场料理等特色服务。有大、中、小及多功能会议室9个。三楼金色大厅面积1000平方米，层高8米，灯光、音响设施一流，主席台配有45平方米的高清晰度LED大屏，可同时容纳500人开会、聚餐或演出。2001年，被评为“四星级旅游饭店”。2012年，实现主营业务收入8755.7万元。

潍坊大酒店

潍坊大酒店位于奎文区胜利东街381号，地处潍坊市中心繁华地段，为四星级酒店，1998年开业。酒店楼高23层，拥有单人间、标准间、套房等各类房间268间，以及中式、西式、日式和四季厅等20多个风格各异的餐厅。2009年，酒店重新装修改造。2012年，实现主营业务收入5680.5万元。

潍坊新富佳悦大酒店

潍坊新富佳悦大酒店位于经济开发区玄武街999号，由山东新富房地产集团有限公司和香港佳悦国际企业投资有限公司共同投资4.5亿元兴建，2006年开业。酒店建筑群呈院落式分布，采用欧陆式建筑风格，集高端客房、餐饮、会议、娱乐于一体。佳悦楼拥有各类客房，设备齐全。设有中餐宴会厅48间，菜品汇集粤、鲁、川及本地菜系；苏豪咖啡厅主营西餐茶点和粤式茶点。2012年，实现主营业务收入7591万元。

潍坊金茂国际大酒店

潍坊金茂国际大酒店位于高新区北宫东街1999号，2007年开业，是集餐饮、住宿、康乐、休闲于一体的涉外五星级商务酒店。整个建筑由主楼和附楼组成，主楼21层高86米，附楼5层高23米，俱乐部4层高21米；总占地面积1.9万平方米，建筑面积4.3万平方米。设有宴会厅、中餐风味厅、散点/海鲜厅、大堂吧、多功能厅、多种规格的会议/会客室及商务中心、票务中心等。2012年，实现主营业务收入8519.4万元。

金茂国际大酒店外景　　（2012年拍摄）

潍坊中恒国际大酒店

潍坊中恒国际大酒店位于潍城区北宫西街8888号，2010年开业，由潍坊市政府接待中心投资兴建，是当年潍坊市30个重点建设项目之一，也是鲁东物流园重大建设配套服务项目。总投资1.2亿元，主体建筑高16层，建筑面积2.38万平方米。有星级标准客房300间（套），中西式豪华餐室（厅）27个，大中型会议室（厅）6个，精品超市、茶艺馆、咖啡厅、西餐厅、商务中心、银行等星级酒店配套设施齐全。2012年，实现主营业务收入1576.2万元。

潍坊泛海大酒店

潍坊泛海大酒店位于潍城区和平路198号，是潍坊较早的星级旅游饭店之一，1993年建成开业，集住宿、餐饮、娱乐于一体。酒店主楼高21层，附楼高3层，有客房总数149间（套），总建筑面积1.69万平方米。2012年，实现主营业务收入5274.2万元。

潍坊丽景酒店

潍坊丽景酒店位于潍城区东风西街111号，东临白浪河，地处CBD中心，由卓信集团投资兴建，2009年开业，是一家集客房、餐饮、娱乐于一体的酒店。酒店地下1层（停车场），地上21层，总面积3.3万平方米，单体标准客房面积约32平方米。其中五、六层高档餐饮层，可同时容纳1000人就餐；七层会议层有可容纳120人的大中型会议厅，十层至二十一层为商务楼层。2012年，实现主营业务收入7834.2万元。

第三节　旅游商品

90年代后，潍坊市旅游系统坚持走“自我发展、自我积累”路子，各旅游企事业单位积极开展“一业为主、多种经营”，拓宽经营领域，在一些重点景区建设购物中心，旅游商品营销有了较大发展。

1999年，由潍坊市政府、省旅游局、省经委、省二轻厅主办的山东省首届旅游商品展销会在寒亭区杨家埠旅游文化商品交易市场举行。展销会期间，来自全省12个市地的近百个厂家、商家，展示旅游纪念品、工艺品、土特产品、纺织品、食品、保健品、名特优产品等十多个门类几千个品种的商品。来自新加坡、美国等近10个国家和地区及国内8万多旅游者、客商参加展销会。展销会商品成交额31万余元，签订意向100余个，订货金额近246万元。展销会的举办，促进了全市旅游纪念品的开发、生产和销售。

2000年，山东旅游商品展销会在昌乐宝石城举办。来自美国、日本、韩国、泰国等国家和中国台湾、香港等地以及25个省、市、自治区的150余家商家参展，参会人数3000多人，展出的旅游商品上千个品种，现场成交额4000万元，合同协议额6000多万元。

2001年，山东省旅游商品交易会在昌乐宝石城举行。来自澳大利亚、泰国、韩国、缅甸等国家和中国香港、台湾及25个省、市、自治区的400多家客商参加交易会，6万余人到会参观交易，成交额3800万元。交易会期间组织召开旅游商品研讨会，就山东旅游纪念品的开发、生产和销售进行交流、研讨，提出新思路。

2005年，在第二十二届潍坊国际风筝会期间，成功举办2005中国（潍坊）旅游商品交易会暨首届“世界风筝都”旅游节。共招徕旅游商品生产厂商、销售客商510家，展位达800个，来自北京、上海、广东等20多个省份的参展客商3000多人参加交易会和旅游节。会展5天时间，入会观众12万多人次，现场交易额800多万元，合同订货额6000多万元。

2009年，成功举办2009（青岛）潍坊周文化旅游博览会暨特色产品交易会，全面展示潍坊市的文化旅游资源、旅游产品。

2012年，组织开展到潍坊旅游“不可不买的30种旅游商品”评选活动，丰富潍坊旅游商品体系，拉动旅游消费。经评定，潍城区的潍坊萝卜、仿古铜、崔字牌小磨香油，寒亭区的潍坊风筝、杨家埠木版年画、红木嵌银漆器、传统布玩具，青州市的蜜桃、银瓜、仿明赵秉忠状元卷、青州府花边大套，诸城市的得利斯圆火腿、绿茶，寿光市的果蔬脆片、羊口老咸菜，安丘市的一品景芝·景阳春系列、辉渠小米、牛蒡茶、泥塑、柘山花生，高密市的三绝（剪纸、泥塑、扑灰年画）、菜刀，昌邑市的丝绸，临朐县的奇石、华艺雕塑、红丝砚，昌乐县的蓝宝石、西瓜、梦金园首饰，滨海经济开发区的龙威虾皮30种商品入选。

潍坊萝卜

潍坊萝卜（潍县萝卜）又称“青萝卜”或“高脚青”，既是潍县著名土特产，也是山东省著名萝卜优良品种。萝卜皮色深绿、皮薄质脆、味甜带香、品质佳，当地人喜爱生吃，家中来客常以烟、茶、萝卜招待。适当食用有去痰、健脾理气、助消化等功能。当地有“吃萝卜喝茶，不用找医生把药拿”之说。

潍坊萝卜已有300多年的栽培历史，原多产于潍县城城郊，以北宫地片所产为最佳，故又称北宫萝卜，北宫地属北关，又称北关萝卜。进入21世纪后，种植扩大到昌乐、寿光、寒亭、坊子、奎文、安丘、青州等县市区，但仍以潍城、寒亭为主。2006年，国家质检总局批准对潍县萝卜实施地理标志产品保护。

潍坊风筝

潍坊被称为“风筝之都”。潍坊风筝在宋代开始流行，明代已普及民间。它把精巧的竹篾扎

龙头蜈蚣风筝

制艺术，同中国传统画技熔于一炉，不仅是放飞的娱乐品，也是供人欣赏的艺术品。明末清初，潍县的“麻姑献寿”“五福临门”等风筝精品曾进入宫廷。清代郑板桥曾有“纸花如雪满天飞，娇女秋千打四围，五色罗裙风摆动，好将蝴蝶斗春归”的诗句，真实反映潍县一带清明时节放风筝、打秋千的欢乐情景。扎放风筝的风俗相沿至今，久盛不衰。潍坊风筝有几个流派，城乡各有特点。城区风筝精巧细致，以国画传统技法绘制图案，形象活脱，造型优美。乡间风筝以杨家埠最为有名，其特点是把制作木版年画的工艺移到风筝上，色彩强烈，装饰性强，风格与年画基本相同。

潍坊风筝的四大代表作为龙头蜈蚣、鹰、仙鹤童子和雷震子。其中“串式龙头蜈蚣”长百余米，由龙头、躯干、龙尾3部分组成，放飞时在空中蠕动腾飞，状似喷云吐雾，蔚为壮观。潍坊风筝原为自制自放，或馈赠亲友，后来逐渐发展为商品，畅销海内外。

潍坊风筝沿用传统工艺，精工细作，采用珍贵的丝绢面料，纯手工绘制，骨架造型形象生动，所有细节力求完美无瑕。潍坊风筝集礼品馈赠、放飞、观赏、装饰、收藏于一体，是最具潍坊特色的旅游商品。

杨家埠木版年画

杨家埠木版是国家级非物质文化遗产，是潍坊市最具代表性的民间艺术品。年画创于明代，至明末臻于成熟，至清朝乾隆年间，进入鼎盛期，与天津杨柳青、苏州桃花坞并称中国三大木版年画。杨家埠村呈现出“画店百家，画种上千”“家家会点染，户户善丹青”的局面。杨家埠木版年画制作方法简便，工艺精湛，色彩鲜艳，内容丰富，反映了中国民居和民间社会生活情况，对中国古代文化研究有一定参考价值。

杨家埠木版年画《年年有鱼》

潍坊传统布玩具

潍坊传统布玩具是一种植根于民间，具有深厚群众基础的民间工艺品。布玩具富有浓郁的生活气息和情趣，品类繁多，工艺精巧，将形、色、情、意融为一体，构思新奇，夸张合理，色彩明快，具有浓厚的民间气息和独特的地方色彩。

仿古铜

老潍县青铜器仿制工艺已有400多年的历史。仿古铜原材料主要使用铜、锡、合金为主，以仿制夏、商、周、汉青铜器或佛像等为主要内容。代表作有毛公鼎、龙虎尊、大狮印、租辛大方鼎等1000多种。产品主要是仿制爵、鼎、盘、炉以及佛像、鸟兽和人物等。

红木嵌银漆器

红木嵌银漆器传统手工艺起源于明末清初，已有200多年的历史。红木嵌银漆器精巧绝伦，风格独特，蜚声海内外，被誉为“天下一绝”。1915年，潍坊红木嵌银漆器荣获巴拿马国际博览会最优奖。之后，潍坊红木嵌银漆器成为国家领导人出访的常选赠品。2011年，被确定为国家级非物质文化遗产保护项目。

青州府花边大套

青州府花边大套发源于青州，据《益都县志》记载，19世纪时编织工艺在青州民间已很普遍，“其中尤以花边、发网称著，产品远销欧、美、澳等地”。早期作品是衣物边饰的带型花边，采用“二方连续”的简单工艺，后品种逐步发展到盘垫、茶几套、台布、床罩以及钢琴罩和宴会桌布等，因之有了青州府花边大套的名称。青州府花边大套产品有近千个花色品种，传统花边工艺与欧洲古老工艺相结合，成为中西方民间文化结合的典范。

高密三绝

剪纸 高密剪纸题材广泛、内容丰富，花草虫鱼、飞禽走兽和人物皆可入剪。所剪事物，大多取材于民间传说、神话故事和戏曲故事，象征性强，造型朴实夸张，粗犷中见清秀，拙朴中藏精巧，反映出独到的审美观。1994年，高密被评为“全国民间（剪纸）艺术之乡”。

泥塑 高密泥塑技艺已有400多年历史。明朝隆庆、万历年间，聂家庄村民就开始自己设计用泥做成一种叫“锅子花”的焰火出售，后来又

高密扑灰年画

把装火药的泥坯塑成娃娃型，泥塑的品种也逐渐增多，并涂以各种颜色。清朝乾隆年间，借鉴杨家埠年画的艺术手法，使声音、色泽、动作融为一体，形成独具一格的艺术特色。2007年，高密泥塑被评为国家级非物质文化遗产。

扑灰年画　高密扑灰年画，是中国民间年画中的一个古老画种，始见于明代成化年间（1465—1487），盛行于清代。所谓扑灰，即用柳枝烧灰，描线作底版，一次复印多张。艺人继而在印出的稿上粉脸、手，敷彩，描金，勾线，最后在重点部位涂上明油即成。扑灰年画技法独特，以色代墨，线条豪放流畅，写意味浓，格调明快。2006年5月，高密扑灰年画被列入第一批国家级非物质文化遗产名录。

临朐红丝砚

临朐被称为“中国观赏石之乡”。临朐红丝砚纹理如丝，红黄相间，色泽艳丽，石质坚细，适合制砚，制成的砚称为红丝砚，为中国传统名砚。红丝砚唐宋时即负盛誉，文人墨客十分推崇，柳公权、欧阳修、唐彦猷、苏易简等均甚重此砚。红丝砚多为临朐县冶源镇老崖崮村壮山一带所产，故称临朐红丝砚。

昌乐蓝宝石

昌乐素有“蓝宝石之乡”的美誉，境内勘察探明蓝宝石有矿面积达450多平方千米，储量数十亿克拉，是世界上罕见的大型蓝宝石矿床之一。昌乐蓝宝石具有颗粒大、颜色纯、质量好、奇异宝石多等特点。昌乐珠宝业发展迅速，是昌乐的特色产业，形成了蓝宝石开采、首饰加工、批发零售为一体的完整产业链，首饰产品受到广泛欢迎。

青州蜜桃

青州蜜桃产于青州市，已有500多年的栽培历史，是青州市名优果品之一，以晚熟、肉细、味甜、色艳、较耐贮存而著称，历代被列为贡品。青州蜜桃成熟于9月下旬到10月上旬，不仅营养丰富，味美香甜，而且药用价值也很高，其根、皮、叶、花、仁皆可入药，桃仁为中医要药。2006年，青州蜜桃被评为地理标志保护产品。

青州银瓜

青州银瓜已有300多年的栽培历史，是青州市名优特产，原产于弥河沙滩。青州银瓜盛名已久，在清朝乾隆年间，就被列为进奉皇帝的贡品。新中国成立后，青州银瓜以表皮光洁、白中透黄、内质脆、香气浓、甘甜可口等特点曾被国务院列为特供农产品。

仿明赵秉忠状元卷

明赵秉忠状元卷为明万历二十六年（1598）状元赵秉忠的殿试卷，是目前中国大陆唯一的殿试状元卷真迹，是研究中国科举制度和明史的重要文献，系国家一级文物，现存于青州博物馆。仿明赵秉忠状元卷为状元卷复制品，按照1∶1的比例复制，通高47.6厘米、宽14.1厘米，全人工装裱，做工精细。

得利斯火腿

得利斯火腿由山东得利斯食品股份有限公司生产。得利斯火腿消化吸收国外“低温肉制品”的科学概念，引进获世界专利的成套加工设备，在不破坏肉类纤维组织和自然营养成分的前提下，改变传统的高温烹调方式，将肉制品低温成型蒸熟，最大限度地保存了肉类的蛋白质、氨基酸、维生素和多种矿物质，创造出符合中华民族饮食习惯的低温肉食系列产品，高标准地满足现代人在信息时代的饮食需求。

诸城绿茶

诸城绿茶是诸城市特产，中国国家地理标志产品。诸城茶叶种植已有800余年的历史。据《金史·食货志》记载，泰和元年（1201），宋代金人对其统治的范围凡可以栽培和制茶的地方，大力提倡生产茶叶，于淄（今山东淄川）、密（今山东诸城）、海（今江苏连云港），各置一方造茶，诸城茶叶种植慢慢推广开来。诸城绿茶叶片肥厚嫩绿，含多种微量元素，汤色绿、栗香高、滋味浓、耐冲泡，有中国“最北端茗茶”之誉。

羊口老咸菜

寿光民间有一种普及的腌菜称为“辣疙瘩”，因其腌制时间越长越好吃，所以人称之为老咸菜。寿光老咸菜尤以羊口产的味道最好，正宗的羊口老咸菜以鱼卤腌制。既得鱼卤后，先晒鱼卤，使其发酵、除油，再腌制成菜，经多年的翻、晒、倒缸而得。

辉渠小米

辉渠小米产于安丘市西南山区的辉渠镇，春谷全部生长在山岭梯田上，旱田春播，生长期四个月以上，施用农家土肥，绿色环保。独特的地理条件使小米粒小而饱满，色泽金黄。辉渠小米采用传统加工工艺，口感清香，营养价值丰富。

牛蒡茶

牛蒡，又名东洋参、东洋牛鞭菜等，1000多年前日本从中国引进并改良成食物，作为蔬菜食用。《本草纲目》载：牛蒡性温、味甘无毒，通十二经脉，除五脏恶气，久服轻身耐老。有清热、解毒、祛湿、健脾、开胃、通便、滋阴、补肾、益气、降压、防中风之功效。牛蒡茶是牛蒡的深加工产品，牛蒡茶茶汤色泽金黄明亮、性温味甘，经常饮用有滋阴补肾效果。坊子区、安丘市等地种植与加工规模较大。

柘山花生

柘山花生种植历史悠久，据《安丘县志》记载，柘山是国内种植花生最早地区之一。由于特殊的地理环境，柘山花生色泽亮丽，香中带甜，籽粒饱满，具有出油率高、不腻口的特点，早在清朝乾隆年间曾作为贡品，上奉朝廷。柘山花生纯天然，无污染，含人体所必需的多种微量元素，是优质上乘的绿色保健食品。

高密菜刀

高密菜刀名扬江北，享誉关东，是名副其实的高密特产、高密老字号。“邵铁匠”牌邵家菜刀是高密菜刀的鼻祖，有着400多年的历史。所谓“高密菜刀数夏庄，夏庄菜刀在邵家”，便是说邵家菜刀产于夏庄镇十里堡村的邵姓人家。高密菜刀刀刃不卷不崩，锋利耐用，产品已发展为锰钢和铬钢黑白两大类十几个品种。2010年，被列入山东省非物质文化遗产名录。2011年，被评为山东省老字号。

昌邑丝绸

昌邑丝绸又称柳绸，产于昌邑市。昌邑是著名的丝绸古镇，所产丝绸有着“轻薄如纸，柔轻如绵，不褶不皱，活颤拂扬，离皮离汗，坚固耐穿”的美誉。1915年版《辞海》中称“茧绸……山东织成的最出名，上品出自昌邑”。昌邑丝绸花色品种繁多，品质优良，有良好的悬垂性、潇潇洒洒的飘逸性、高雅华贵的观感等特点。2006年，国家质检总局批准对昌邑丝绸实施地理标志产品保护。

临朐奇石

临朐奇石资源丰富，迄今已发现10多个系列、80多个品种，形态、色泽、质地、纹理独特，具有观赏、实用及科研价值。其中红丝石属钙质细砂岩，颗粒均匀，质坚而润，色彩各异，纹理天成；彩石属沉积岩，坚硬细腻、石玉混合自然。

昌乐西瓜

昌乐西瓜自明清时期开始种植，已有近百年的历史，清代即为上乘贡品。50年代，作为特供商品进入中南海。昌乐西瓜皮薄瓤沙、个头匀称、口味甘甜，兼具解暑除烦、止渴生津、清热利尿等营养保健功能。

一品景芝·景阳春系列

一品景芝·景阳春系列白酒由山东景芝酒业股份公司生产。一品景芝酒是中国芝麻香型白酒代表，“芝麻香型白酒的研制”获中国轻工业科技进步一等奖，“芝麻香型白酒生产工艺”获第十届山东省十大发明专利一等奖和第十二届中国专利奖，改写了鲁酒无香型代表的历史，被确定为国家地理标志保护产品和中国名特白酒国家标准样品。

景阳春酒是山东第一个浓香型粮食酒，第一个出口创汇产品，蝉联历届山东名牌，荣登全国白酒市场质量抽检“红榜”五连冠，为全国浓香型白酒质量优质产品，被认定为“中国驰名商标”和中国历史文化名酒。

崔字牌小磨香油

“崔字牌”小磨香油由瑞福油脂有限公司生产。“崔字牌”小磨香油有着悠久的历史，自明代至今已有600余年，是小磨香油唯一的中华老字号，被中国绿色食品发展中心认证为“绿色食品”，中国驰名商标。“崔字牌”小磨香油选用优质芝麻为原料，采用传统小石磨工艺生产，无机榨工序，无高压工序，无真空工序，最大限度地保留小磨香油的自然风味和特有的营养价值，产品不添加任何化学添加剂。“崔字牌”小磨香油香气浓郁，含有大量不饱和脂肪酸，营养价值较高，深受消费者的喜爱。2012年瑞福油脂有限公司销售收入1.96亿元，实现利税970万元。

梦金园首饰

梦金园黄金珠宝首饰集团公司是集研发、生产、加工、销售于一体的AAA级标准化良好行为企业，主要从事黄金、白银、工艺品等珠宝首饰的加工销售。其产品“梦金园”黄金首饰为中国驰名商标品牌，全部采用无焊料焊接技术，提高了首饰纯度。梦金园纯金首饰纯度可达99.99%以上，具有极高的收藏保值和馈赠价值。2011年，梦金园黄金首饰的生产厂家——山东梦金园珠宝首饰有限公司被中国工商联合会授予“中国黄金饰品诚信纯度第一家”称号。

华艺雕塑

山东华艺雕塑艺术有限公司是集雕塑艺术设计、制作、销售、服务于一体的专业雕塑企业，为山东省工业旅游示范点，是山东省文化产业示范基地、山东省旅游服务名牌、中国环境艺术一级企业、中国环境艺术设计甲级单位。企业已设计制作了3000余座大型雕塑和几十万件青铜工艺品，产品畅销国内，出口美国、日本、西班牙等10多个国家和地区，49件作品在全国、省级展览中获奖。大型民俗情景组合群雕“百子闹鸢”获省委、省政府颁发的“山东省泰山文艺奖一等奖”，公司产品被评为“山东名牌产品”。

第四节　旅游线路

逍遥放飞游

杨家埠民间艺术大观园—潍坊世界风筝博物馆—世界风筝都纪念广场—潍坊市人民广场—白浪绿洲湿地公园—金宝乐园—云门山—青州博物馆

逍遥远古游

临朐山东山旺国家地质公园—沂山国家森林公园—青州龙兴寺—昌乐远古火山口群—中国宝石城—诸城恐龙涧

逍遥田园游

寿光市蔬菜高科技示范园—寿光林海生态博览园—青州花博会—安丘辉渠镇梯田

逍遥山水游

青州云门山—驼山—临朐沂山国家森林公园—老龙湾—石门坊—安丘青云山—青云湖

逍遥名人游

世界风筝都纪念广场—白浪绿洲湿地公园—

万印楼—青州松林书院—范公亭公园—诸城超然台—刘墉板栗公园

潍坊精品五日游

杨家埠民间艺术大观园—潍坊世界风筝博物馆—白浪绿洲湿地公园—世界风筝都纪念广场—潍坊市人民广场—昌乐中国宝石城—青州云门山—青州博物馆—范仲淹、李清照故居—青州范公亭—寿光蔬菜高科技示范园—寿光林海生态博览园—临朐沂山国家森林公园—老龙湾—石门坊—安丘青云山—诸城恐龙博物馆

潍坊精品七日游

杨家埠民间艺术大观园—潍坊世界风筝博物馆—白浪绿洲湿地公园—世界风筝都纪念广场—潍坊市人民广场—昌乐中国宝石城—青州云门山—青州博物馆—范仲淹、李清照故居—青州范公亭—寿光蔬菜高科技示范园—寿光林海生态博览园—临朐沂山国家森林公园—老龙湾—石门坊—昌邑绿博园—潍水风情湿地公园—高密四宝—安丘青云山—青云湖—诸城恐龙博物馆—恐龙涧

第三章　旅游开发

第一节　资源开发

90年代初开始，潍坊市坚持“国家、地方、部门、集体、个人”五个一齐上和内外并举的方针，加快旅游资源开发。1991—1994年，全市旅游行业共引进外资3717.39万美元。其中较大的外资项目有潍坊富华旅游中心、潍坊富华大酒店、天和大酒店、潍坊鸢飞大酒店二期工程、新立克石材制品有限公司等。安丘市集资500多万元，先后兴建康乐湖公园，扩建石家庄民俗博物馆，重建庵上公冶长书院。寒亭区围绕杨家埠规划了占地1500亩的寒亭旅游经济开发区；杨家埠村自筹资金600万元，建成封神宫；寒亭镇投资50万元建成武术馆。工会干部胡世明个人投资10万元，建成珍宝馆。齐家埠村自筹600万元兴建奇险宫；东杨家埠村投资建成秦皇宫。临朐、青州等县市区也投入大量资金，新建、扩建旅游景点。

1995年，全市部分旅游景点对配套设施进行完善。临朐县石门坊、老龙湾和潍坊风筝博物馆、安丘市石家庄修建公厕。临朐县筹集资金400多万元建成四合院3处、宾馆1处，改善石门坊的接待条件。

1996年，通过娱乐旅游产品的开发，全市新增旅游客源近100万人次，新增旅游收入5000多万元。富华游乐园接待中外游客30多万人，被誉为“东方迪斯尼”和“齐鲁第一园”。当年山东昌乐天然狩猎场投入2亿元，安丘青云山民俗文化游乐园投入1000多万元。

1998年，安丘市累计投资5000万元用于青云山的建设。青州市投资300万元，完成仰天山的供水、供电和盘山公路建设；开通云门山至驼山的云驼路。奎文区金宝乐园、植物园、旅游村完成扩建规划。市旅游局争取国家、省无偿到位资金570万元，用于旅游景点和专项基础设施建设。

1999年，云门山、老龙湾、石门坊等原有景点进行完善和配套；风筝博物馆进行重新布展；青云山民俗游乐园新建成草原度假村等景区；金宝乐园建成金秀湖；新建成潍坊市博物馆、寿光林海生态博览园、浮烟山森林公园等新景点；沂山森林公园与香港景志国际有限公司达成合作开发协议，一期资金到位150万美元；石门坊风景区与仰天山风景区的道路拓宽全部完工。

2000年，临朐沂山投入1100万元，对进山公路进行硬化，修建1.5万平方米的停车场，恢复法云寺等古建筑群。组建老龙湾旅游度假区管委会，将老龙湾、海浮山、冶源水库融为一体，统一规划，联合开发。安丘市青云山游乐园二期工程全面展开，全年完成投资716万元，其中引进无偿资金300万元。青州市投资1600多万元，重点实施云门山四点一线工程、仰天山地下溶洞开发、王府游乐园建设、博物馆南展厅配套四大工程。奎文区投资120万元完成金宝乐园、锦绣湖的配套工程，建成潍州乐园。潍城区加大对浮烟山森林公园的投入，增添部分游览项目。寿光市投入1800万元建成欧洲村，并对游客开放。

2001年，全市把旅游资源开发与招商引资结合起来，努力扩大社会化投入。为青云山民俗游乐园二期工程争取贴息贷款300万元；为仰天山溶洞开发争取建设资金50万元；为富华游乐园争取建设资金50万元，并采取施工单位带资建设的办法，使投资4000多万元的“水上皇宫”项目建设进展顺利。

2002年，金宝乐园、杨家埠民间艺术大观园、临朐沂山国家级森林公园、昌乐县中华宝玉石博物馆、青州市十里古街、青州市玲珑山风景区，被省旅游局列为省级重点旅游建设项目。安丘青云山民俗游乐园上半年与韩国迈珂特公司签订协议，韩方出资2950万美元建设青云山高尔夫球场及配套设施。2002年，全市共投入旅游业资金7550万元。

2003年，编制完成《潍坊市旅游产业发展总体规划》和6个专项规划，确定“一线五区”的大旅游发展格局。“一线”即千里民俗旅游线；“五区”即以风筝文化为代表的民俗旅游区，以富华、青云山、金宝等主题公园为代表的娱乐旅游区，以青州、临朐人文自然景观为代表的观光旅游区，以寿光蔬菜、青州花卉为代表的农业生态旅游区，以化石、奇石、宝玉石为代表的特色旅游区。年内，完成景（区）点及旅游基础设施开发建设资金1.8亿元。全年，市旅游局共引进市外资金1000万元。

2003年10月，潍坊市在富华国际会议中心召开创建中国优秀旅游城市初审通报会

2004年，完成《昌乐县旅游产业发展规划》《昌乐远古火山群建设规划》《金宝生态家园建设规划》，编制《“三北”地区综合开发旅游专题发展规划》。加大对富华游乐园“水上皇

宫”、金宝生态家园、十笏园古建筑群、安丘青云湖和青龙湖、寿光林海生态博览园、青州驼山滑雪场、诸城障日山庄、马耳山旅游度假区、昌乐“蓝宝石之旅”等重点旅游项目的开发建设力度。全年招商引资1328万元。

2005年，大力发展乡村民俗文化游、会展旅游、农业观光游和特色旅游。全市投入景区景点开发建设资金1.8亿元。青州卷烟厂、寒亭杨家埠、昌邑绿博园被评定为国家级工农业旅游示范点；青州万红花卉基地被评定为省级农业旅游示范点。全年，共引进市外资金970万元。

2006年，全市投入景区景点开发建设和旅游基础设施建设资金3亿多元。2007年，围绕重点旅游项目，不断加大招商引资力度。共达成旅游投资合作合同协议和意向的项目32个，其中香港霍氏集团在寿光投资20亿元的皮划艇项目、福建六建集团在昌乐投资20亿元的宝石城二期工程、潍坊新建业集团在坊子区投资18亿元的坊子九龙涧生态旅游区、北京友利三信房地产开发投资有限公司在安丘投资15亿元的山河湖湿地旅游休闲区、香港国际投资顾问有限公司在青州市投资10亿元的青州九龙涧项目和美籍华人夏荆山投资4亿元的龙兴寺复建项目、广东攀枝花天恒投资公司在寿光投资10亿元的羊口清河生态旅游度假区等合同项目11个，总投资额100多亿元。采取“联合招商”“委托代理招商”方式，推动全市旅游招商引资工作开展。全年，市旅游局引进市外资金7257万元。

2008年，打造逍遥远古游、逍遥田园游、逍遥山水游、逍遥放飞游、逍遥城市游、逍遥名人游、逍遥北海游、逍遥自驾游“八大逍遥游”高端旅游系列产品。全市在建、拟建旅游项目31个，总投资159.85亿元，已投入48.9亿元。其中在建项目26个，总投资117.65亿元；拟建项目5个，总投资42.2亿元。以民俗文化为龙头，规划和培育各具特色的乡村旅游景点，其中包括：以寒亭杨家埠民俗村、高密中国民艺民俗村和青州井塘村为代表的民俗风情游项目，以奎文区南屯村、安丘青云山和寿光林海生态博览园为代表的乡村休闲娱乐游项目，以诸城市万亩桃园、万亩茶园、万亩板栗园和昌乐高崖水库风景区为代表的乡村田园风光游项目，以寿光国际蔬菜博览会、青州花博会和昌邑绿博会为代表的农业节会文化观光游项目，以寿光三元朱村、昌乐尧沟镇和昌邑流青园为代表的生态农业观光游项目，以诸城市龙骨涧恐龙遗址主题公园、山东山旺国家地质公园和青州仰天山雪中九龙盘、昌乐县古火山群旅游区为代表的远古探访游项目。广泛开展招商引资，全年共达成旅游投资合作项目意向、协议31个，意向投资额67.9亿元。当年，市旅游局引进市外到位资金3396万元。

2009年，全市在建重点旅游项目82个，总投资261亿元，其中投资1亿元以上的项目72个，10亿元以上的13个。在风筝会期间举办高端旅游招商项目对接洽谈会，共推介重点旅游项目26个，达成投资合同、协议10个，投资额18亿元。

2010年，全市在建重点旅游项目108个，总投资450.8亿元，其中投资3亿元以上的47个，10亿元以上的13个。青州云门山生态文化旅游区项目总投资超过150亿元。

2011年，全市在建重点旅游项目116个，总投资798亿元；全年完成投资119亿元，建成项目31个。组织开展全市旅游业专项考核，对各县市区重点旅游项目建设情况进行现场观摩考核。市旅游局编制完成《潍坊市“十二五”旅游业发展规划》。该规划以创建“中国优秀旅游城市目的地”为目标，重点打造十大旅游板块和三大旅游聚集区，建设一批龙头旅游项目，实现从旅游资源大市向旅游经济强市的跨越。十大旅游板块是：（1）民俗文化旅游板块，以潍城、

审图号鲁SG（2010）301号

图10—3—1 潍坊市旅游资源分布图（资料截至2009年底）

奎文、坊子、寒亭、安丘、高密等县市区的风筝、年画、剪纸、泥塑、仿古铜、嵌银、婚俗等民俗文化旅游资源为主。（2）山水文化旅游板块，以临朐沂山、嵩山、黑松林、石门坊，青州泰和山、仰天山，安丘城顶山、五龙山、柘山，坊子九龙涧，诸城马耳山、障日山等山水自然风光和森林资源为主。（3）宗教文化旅游板块，以青州驼山摩崖石窟佛教造像群、龙兴寺、真教寺、泰和山“三教”圣地，临朐石门坊崇圣寺，诸城常山万佛园，安丘青云寺、法兴寺，奎文金宝金泉寺佛教文化产业园等宗教文化资源为主。（4）地质文化旅游板块，以恐龙化石、山旺化石、蓝宝石、奇石为主。（5）湿地文化旅游板块，以寿光、诸城、安丘、昌邑、昌乐、滨海、峡山等县市区和开发区为主。（6）滨海旅游板块，以寿光和昌邑市北部以及滨海区临海滩涂、河口湿地等为重点。（7）乡村旅游板块，奎文、潍城、坊子、寒亭和高新技术开发区、经济开发区的乡村，开发以田园休闲为主的乡村旅游项目；临朐沂山镇和九山镇、青州王坟镇、诸城昌城镇、昌邑饮马镇、安丘辉渠镇和石埠子镇开发休闲体验类乡村旅游产品；寿光蔬菜高科技示范园和三元朱村、青州黄楼镇、昌乐尧沟镇、昌邑绿博园等开发农家乐类乡村旅游产品。（8）红色旅游板块，重点开发潍县集中营、中共潍坊特别市委旧址“小黄楼”、革命烈士陵园、庄龙甲故居、潍县战役总指挥部旧址、寿光巨淀湖红色旅游区、王尽美纪念馆等。（9）度假休闲旅游板块，以潍城区、寿光市、安丘市、昌乐县、临朐县等县市区的温泉资源为主。（10）工业旅游板块，以潍柴、北汽福田、景芝酒业、得利斯、晨鸣纸业、新郎欧美尔、孚日家纺、歌尔、浪潮、比德文等知名企业为主。三大旅游聚集区是：寿光市的生态农业旅游聚集区，青州市的古州文化旅游聚集区，诸城市的远古地质文化旅游聚集区。龙头旅游项目包括：青州云门山生态文化旅游度假区、诸城恐龙文化旅游产业区、坊茨小镇、青龙湖高端旅游园区、临朐老龙湾生态旅游综合开发、潍城白浪河上游湿地体育公园、寒亭禹王生态湿地项目、寿光巨淀湖红色旅游景区、昌乐小黄山生态旅游开发、滨海风筝冲浪基地项目、昌邑博陆山生态旅游区、高新区亿丰时代广场项目（二期）、高密市红高粱民俗村项目。

2012年，全市旅游业发展突出重点旅游项目建设，编印《2012年重点旅游项目导向计划》，实行跟踪督导制度。全市在建重点旅游项目108个，总投资1008.7亿元，全年完成投资120亿元，滨海人工沙滩旅游区等10余个项目建成开业。临朐沂山与临沂蒙山联合创建国家AAAAA级旅游景区工作进入实质性操作阶段。青州云门山生态文化旅游度假区、寿光弥河生态旅游度假区、安丘青云国际旅游度假区、昌乐寿阳山旅游度假区、诸城恐龙文化旅游度假区进入省级旅游度假区全省验收程序。大力发展乡村旅游。新创建5个省级旅游强乡镇、5个旅游特色村和9个工农业旅游示范点，总数分别达到28个、17个和56个。安丘市辉渠镇、临朐县五井镇等12个乡镇被列为全省首批旅游小镇重点建设单位。

第二节　市场开发

1991—1994年，潍坊共接待外国游客、海外华侨及港澳台同胞4.13万人次，其中外国人2.41万人次、华侨1822人次、港澳同胞6717人次、台湾同胞8629人次。全市旅游行业外汇收入1946.89万元。

1995年，全市旅游系统完成营业收入3.7亿元。为配合“’95中国民俗风情游”活动，中国山东民俗风情游首游式在安丘市石家庄村开幕，来自美国、日本、韩国、德国、意大利、西班牙、加拿大、奥地利、比利时、英国、马来西亚、印度尼西亚等国家和中国香港、台湾地区的200多名游客参加首游式。当年，全市接待外国游客、华侨及港澳台同胞1.32万人次，其中日本游客4296人次、韩国游客1988人次。

1996年，潍坊市通过举办'96中国度假休闲年活动和开发现代化娱乐旅游产品，全市接待国内外旅游人数和旅游收入与上年相比有较大幅度增长。全年接待国外旅客、华侨及港澳台同胞1.5万人次，境内游客368万人次。其中外国游客1.14万人次、华侨508人次、港澳台同胞3090人次。全市旅游总收入16.2亿元，其中国内旅游收入15.9亿元、国际旅游收入438万美元。潍坊国际风筝会和鲁台经贸洽谈会期间，接待国外游客1200多人次，国内游客3万多人次。青州市举办'96重阳节云门山会和金秋旅游观光月活动，全年旅游收入1275万元。富华大酒店和富华游乐园通过举办节日大型游园活动，推出双休日688家庭套票系列促销活动，全年接待游客50多万人次，销售收入2亿多元。

1997年，全年接待国外游客、华侨和港澳台同胞1.74万人次，境内游客432万人。其中外国游客1.15万人次、华侨872人次、港澳同胞2549人次、台湾同胞2446人次。全市旅游总收入19.4亿元，其中国内旅游收入19亿元、国际旅游收入480.86万美元。富华大酒店利用各种节庆活动进行促销，全年接待各类会议200多个，实现营业收入7183万元。青州市通过全方位宣传促销，以及举办重阳节云门山会和金秋旅游观光月等活动，年内接待海内外游客103万人次，旅游总收入4100万元，其中景点门票收入400多万元。临朐县通过举办红叶节经贸联谊会等活动，年内接待海内外游客95万人次，旅游总收入5700万元。

1998年，全市接待国外游客、华侨和港澳台同胞1.95万人次，境内游客452万人次。其中外国游客9520人次、华侨715人次、港澳同胞7003人次、台湾同胞2228人次。全市旅游总收入20.5亿元，其中国内旅游收入20.16亿元、国际旅游收入430.37万美元。1999年，全市接待海外游客2.15万人次，创汇528万美元；接待国内游客502万人次，国内旅游收入22.6亿元。旅游总收入23.03亿元。

2000年，全市接待海外游客24098人次、国内游客558万人次，旅游总收入26.5亿元。2001年，接待海外游客2.71万人次、国内游客574.17万人次，旅游总收入28.87亿元。成功举办潍坊国际风筝会、临朐红叶观光月及奇石展、青州云门山会、安丘青云山民间艺术节和以东镇沂山为主组织的全国五大镇山联袂对接等活动。2002年，全市接待海外游客3.1万人次，创汇872.9万美元；接待国内游客662.06万人次，收入32.95亿元。旅游总收入33.68亿元，占全市GDP的3.8%。2003年，受非典型性肺炎疫情影响，各项旅游经济指标略有下降。全市接待海外游客2.15万人次，创汇660万美元；接待国内游客670万人次，国内旅游收入34亿元。

2004年，在海外市场开发方面，重点加强对第二十一届潍坊国际风筝会、寿光国际蔬菜博览会、昌乐国际宝石节、青州花卉博览交易会、昌邑苗木绿博会等会展旅游的宣传力度，先后有英国、日本、韩国等国家和中国香港、台湾地区的新闻媒体到潍坊采风。全年接待海外游客3.08万人次，创汇903.05万美元；接待国内游客771.44万人次，国内旅游收入42.12亿元。旅游总收入42.8亿元。

2005年，全市接待游客889万人次，旅游收入52亿元。2006年，接待国内游客1038.07万人次，国内旅游收入61.93亿元；接待国外游客4.31万人次，国外旅游收入1055.42万美元。借风筝会、菜博会、宝石节、花博会、绿博会等平台以及市政府开展的招商活动，重点加强对境外旅游市场的开发力度，先后接待并配合美国、俄罗斯、韩国等海外旅行商和新闻记者、仰天山次生林海峡两岸摄影家、2006山东快乐乡村游、青岛电视台等国内外新闻记者在潍坊开展大型采风活动。组织开展威海宣传促销团、威海栖霞口宣传促销团、无锡旅游考察促销团与潍坊旅游对接促销活动。

2007年，市委、市政府将旅游大活动纳入第二十四届潍坊国际风筝会和第十三届鲁台经贸洽谈会“主板块”。风筝会和鲁台会期间，先后组织开展两次以旅游展览、推介会、精品线路踏线考察、旅游合作签约和“风筝情·潍坊行”专场文艺演出晚会等为主要内容的“中外百家旅行社潍坊行”活动。两次活动先后邀请到美国、俄罗斯、日本等境外及台湾客商114家，北京、上海等23个省市自治区的国内客商394家，共667人。活动期间，先后组织中外508家旅行社总经理对青州、寿光等县市区13处精品景区（点）进行踏线考察，强力推介潍坊市的8条精品旅游线路、50个旅游景区（点）、10大历史名人和8大逍遥游系列产品，与全市旅游管理机构、旅行社签订旅游合作及互送客源协议700多份，为全市新增旅游收入13.28亿元。采取“新闻传媒”方式，开展旅游宣传推介活动。全年共邀请和接待俄罗斯、美国、英国、法国、德国、日本、韩国和中国港澳台等新闻记者采风团、旅游考察团队37个，共360余人次。接待国内新闻记者采风团、旅游考察团队23个，共270余人次。“五一黄金周”前三天，全市主要旅游景区（点）接待人次及旅游收入同比增长68.1%和41.6%，部分星级饭店客房出租率是往年同期的4倍多。整个黄金周全市接待游客161.59万人次，旅游收入5.7亿元。“十一黄金周”期间两次开展“中外百家旅行社潍坊行”系列活动，全市接待游客156.4万人次，旅游收入7.69亿元。第二十五届国际风筝会期间，组织开展以旅游展览、推介会、精品线路踏线考察、旅游合作等为主要内容的“千家旅行社会盟活动”，邀请101家境外旅行商、637家境内旅行商共901人，对全市17处精品景区（点）进行踏线考察。其间，潍坊市各级旅游管理机构及旅行社与中外旅行商签订旅游合作协议600多份。当年，全市接待国内外游客1421万人次，实现旅游总收入98.6亿元。

2008年，先后邀请美国哈雷摩托、英国旅行商、韩国编制组及台湾雄狮旅行社、香港康泰旅行社等100多个旅游考察团队，到潍坊市踏线考察、洽谈合作，建立资源共享、互为客源地的合作机制。全市接待境内外游客1882.5万人次，旅游总收入148.5亿元。

2009年，结合开展“谁不说俺家乡好——山东人游山东”活动，对“放飞梦想·逍遥潍坊”品牌和精品线路进行重点推介，努力开拓国内、国际客源市场。组织实施针对国内25个城市的“南下、北上、西进”市场开发和宣传促销活动，签订合作协议近400份。组织参加各类旅游交易会，以展会为载体，推介宣传潍坊旅游；组织赴东南亚、日本、韩国等国家和中国港澳台地区，积极开展境外客源市场的招徕和宣传推介工作。通过举办第四届潍坊旅游节暨潍坊旅游买家大会，邀请350名国内外旅行商参加踏线考察，签订互送客源协议426个。鲁台会期间举办潍坊旅游成果展，全面展现3年来全市旅游业发展成果。接待以美国哈雷摩托、加拿大魁北克省旅游部、法国孚日省旅行商、日本JTB旅游公司和中国台湾东南旅行商等到潍坊踏线考察。全市旅游总收入189.8亿元，接待境内外游客2330万人次。

2010年，以风筝会和鲁台会为平台，成功举办潍坊旅游节暨潍坊旅游买家大会、“逍遥放飞游”体验之旅、2010世界旅游小姐百名佳丽花车大巡游、第十六届鲁台经贸洽谈会歌舞晚会暨2010世界旅游小姐大赛山东赛区颁奖盛典等系列活动。组织开展首届“好客山东”贺年会活动，拉动冬季旅游市场。当年，全市旅游总收入248亿元，接待境内外游客2968万人次。

2011年，风筝会期间，举办亚太地区（中国潍坊）城市湿地文化与旅游产业论坛、2011世界旅游形象大使总决赛中国赛区启动仪式暨新闻发布会、潍坊“冒险鸭”启用暨“潍坊旅游护照”发行仪式、昌乐宝石节珠宝首饰时尚周。突出潍坊特色，组织开展“好客山东贺年会”和“好客山东休闲汇”。全市旅游总收入315.2亿元，接待境内外游客3631.5万人次。

2011年4月18日，2011世界旅游形象大使总决赛中国赛区启动仪式在金沙大酒店举行

2012年，组织开展潍坊旅游“三个三十”（到潍坊不可不去的30个景区点、不可不尝的30种美食、不可不买的30种旅游商品）评选活动，丰富潍坊旅游品牌体系，拉动旅游消费。开展全方位宣传营销。搭借风筝会平台，举办“世界旅游形象大使中国区总决赛暨颁奖盛典”“昌乐珠宝首饰时尚周”等活动。以鲁台会为平台，举办“潍坊旅游推介会暨全国百家旅行社潍坊行”活动，共邀请19个省市的近500家旅行社到潍坊踏线考察、洽谈合作。全市接待境内外游客4256万人次，旅游总收入384.6亿元。

第三节　旅游交易会和区域旅游合作

1996年，市旅游局组织各旅行社、旅游饭店和景点，参加在上海和天津举办的国内旅游交易会，到青岛、济南、东营、淄博、胜利油田、齐鲁石化等城市和大型企业进行公关促销，开拓国内旅游客源市场。先后组团赴日本、韩国等国家和中国香港地区进行促销、参展4次。1997年，市旅游局组织20余人参加在天津举办的北方旅游交易会，组织50余人参加在济南举办的山东旅游博览会，组织30多人参加在大连举办的’97中国国内旅游交易会。是年，全市的国内外客源市场不断扩大，共接待民俗旅游海外游客2000多人。富华游乐园分东西两路赴全省各主要城市进行促销，直接到大中型企业、厂矿、学校进行宣传，举办各种大型游园活动，仅票务收入一项就比上年增加245.5万元。

1998年，组团参加在北京举办的北方旅游博览会、上海国际旅游交易会、泉州“98中国国内旅游交易会”，组织人员赴香港及长江三角洲、武汉、重庆、广西、海南、云南等地宣传促销。潍坊市举办“98中国山东旅游博览会”，青州市由副市长带队到周边城市多次召开新闻发布会、说明会，宣传青州的旅游资源。临朐县组织各景点负责人赴外地参观考察促销。

1999年，组织参加昆明国内旅游交易会、太原北方旅游交易会、烟台沿黄十省区旅游交易会，分别获优秀展台奖和最佳展台奖。2000年，先后组织各旅游企业参加大连风景区度假区博览会、乌鲁木齐国内旅游交易会和上海国际旅游交易会。2001年，先后组织旅游企业参加在成都召开的全国旅游交易会、在济南召开的国际旅游交易会和曲阜孔子国际文化节，宣传潍坊的旅游产品。在"十一黄金周"前夕，组织全市旅游企业赴东营、滨州、德州、淄博、齐鲁石化、胜利油田等周边城市和大型企业举办潍坊旅游推介说明会。2004年，组团参加2004杭州国内旅游交易会、中国（济南）国际旅游交易会。7月，参加印度尼西亚风筝旅游节，"世界风筝都"城市旅游品牌在海外的影响力扩大，国际客源市场得到拓展。先后组织旅游资源重点县市区赴长江三角洲、珠江三角洲、京津地区和周边城市进行宣传促销。随市政府赴上海招商团进行旅游重点项目招商并重点宣传推介潍坊旅游资源和"世界风筝都"旅游品牌。积极与半岛城市群7个城市联手打造无障碍旅游区，努力实现半岛旅游一体化。2004年下半年，潍坊同7个城市共同签署《山东半岛城市群旅游合作宣言》，把潍坊、济南、青岛、烟台、威海、日照、东营、淄博8个城市的旅游规划、要素配置、旅游信息、旅游交通、市场营销、结算方式、服务标准和市场监管实现一体化，并通过推行"齐鲁金穗旅游卡"，实现8个城市旅游"一卡通"。

2005年，组织有关县市区和部分旅游企业参加中国（济南）国际友好城市旅游大会，潍坊市获最佳组织奖和最佳展位奖。参加2005中国旅游投资洽谈会、长春"中国北方旅游交易会"、新加坡"春城洋溢华夏情"宣传促销活动和全省旅游纪念品设计创新大赛，潍坊市获得设计创新大赛最佳组织奖。2006年，组织参加（烟台）亚欧会议旅游合作发展论坛暨展览会、2006中国（济宁）现代生态农业特色产品及乡村旅游国际博览会、中国青岛·亚太国际旅游博览会、青岛啤酒节·旅游超市宣传活动和青岛2006年现代节庆活动与旅游活动发展高层论坛、"垦利黄河口杯"第四届山东省旅游商品创新设计大赛暨2006旅游商品文化博览会、2006年旅游新产品展示暨环渤海港口城市旅游洽谈会等大型展销活动。

2007（青岛）潍坊周活动中，市旅游局承办的潍坊博览会旅游板块从多个方面展示潍坊的城市旅游功能、旅游资源、精品线路、逍遥游产品、民间艺术、民俗表演、旅游商品等，成为潍坊博览会人气最旺的板块之一。在潍坊旅游文化推介暨对口洽谈会上，全市旅游管理机构和90多家旅游企业与青岛市旅游管理机构及300多家旅游企业共达成各类旅游合作协议189个，为潍坊市新增旅游客源110多万人次，增加旅游收入3.75亿元。组织全市旅游企业赴日照参加省旅游局举办的 "新丝绸之路——2007黄河经济协作区旅游经济合作峰会暨千家旅行社会盟"活动，组织赴临沂影视城、蒙阴蒙山风景区、沂水地下画廊、沂水地下大峡谷等景区（点）进行踏线考察，与其联合推出二日游线路。组织参加省旅游局举办的"西霞口号"赴东北及天津旅游专列促销活动，中国北方（呼和浩特）旅游交易会，中国国际（昆明）旅游交易会，中日韩（青岛）旅游部长会议暨2007（青岛）亚太国际旅游博览会，日本、韩国联合促销等大型宣传促销活动。其间发放旅游宣传材料60余万份，签订旅游合作、互送客源协议570份，为全市新增客源400多万人次。

2008年，参加中国国内旅游交易会、中国国际旅游交易会、中国北方旅游交易会和青岛（亚太）国际旅游交易会，与境内外300余家旅行社签订合作意向517份。组织各县市区和重点旅游企业先后赴日本、韩国等国家，中国港澳台地区和北京、上海、天津、河南、吉林及青岛、烟台、威海等省内周边城市开展宣传推介活动。第二次（青岛）潍坊周前夕，组织策划"千名青岛市民游潍坊活动"，在两市引起较大反响。潍坊周期间，由市旅游局牵头承办的潍坊文化旅游展览板块，通过多种形式从多个方面展示潍坊的旅游资源和旅游产品，成为人气最旺的板块之一，共接待参观者6万余人次，发放旅游宣传品17万份。签订《青岛潍坊旅游线路产品一体化框架协议》，两市旅游企业达成各类合作协议279个，为全市新增旅游客源130多万人次，增加旅游收入4.75亿元。

2009年，成功举办2009（青岛）潍坊周文化旅游博览会暨特色产品交易会，全面展示潍坊市的文化旅游资源、旅游产品。加快推进青潍旅游一体化，启动“青岛人游潍坊，潍坊人游青岛”活动，青岛和潍坊、安丘两地先后实现对开旅游直通车。

2011年，加强高端媒体宣传。积极参加省旅游局组织的“捆绑营销”活动，在央视、山东卫视、澳亚卫视等高端媒体投放了潍坊旅游形象广告宣传片。协调县市区在《韩国旅游报》集中推介，吸引大批韩国旅游团到潍坊市修学旅游。

2012年，开展全方位宣传营销。在央视、澳亚卫视等高端媒体投放形象宣传广告片。开通新华网潍坊旅游频道，打造“潍坊市永不落幕的网上旅游博览交易会”网络营销平台，潍坊旅游多媒体营销系统建设初步完成。

2012青岛国内旅游交易会潍坊展区
（2012年4月拍摄）

第四节　旅游宣传

90年代以来，潍坊不断加强旅游宣传力度，通过印制旅游宣传资料、录制旅游宣传节目等方式，不断扩大潍坊旅游知名度和美誉度。

1997年，印刷潍坊导游图3万多份，拍摄《潍坊风光》等电视片5部。1999年邀请中央、江苏、广州、武汉等电视台到潍坊拍摄风筝与年画、青州看佛、临朐玩石、寿光蔬菜等旅游专题片，分别在中央台、山东台和外省市电视台连续播放；与潍坊电视台联合开辟“旅游天地”栏目；在城区主路段设立介绍省内外旅游线路的大型灯箱广告。

2000年，青州市、安丘市与山东有线电视台联合录制旅游专题节目。制作出版《潍坊风光》VCD光盘和《潍坊旅游交通图》。2001年，配合中国电影科研所完成《世界风筝都——潍坊》环幕电影的拍摄工作，绘制出版《潍坊旅游交通图》，与市邮政局联合出版《潍坊风光集邮册》并在全国发行。

2005年，市旅游局联合相关部门相继拍摄完成反映潍坊整体形象的《风筝都——潍坊》环幕电影、VCD光盘，编印《潍坊市交通游览图》《潍坊风光集邮册》《潍坊旅游指南》、潍坊旅游散文集《这一片山水》、《潍坊导游词精选》等旅游宣传品。2006年，在中央电视台4频道《走遍中国》栏目连续7天播出“走进潍坊——历史旅游文化专题片”，山东电视台和潍坊电视台转播。

2007年，策划设计并制作潍坊旅游折页、旅游指南、旅游DVD、导游词汇编、旅游多媒体演示系统等旅游宣传品。2008年，针对重点境外市场，设计制作“中、英、日、韩”多语种旅游折页、旅游指南、旅游DVD等宣传品。配合中央电视台和山东卫视分别拍摄完成《潍坊民俗》《潍坊美食》等潍坊旅游专题节目；与山东电视台、浙江电视台合作完成《走进潍坊·逍遥放飞游》和《综艺满天星·美丽潍坊行》逍遥游专题宣传片。先后在《中国旅游报》《北京晨报》《大众日报》《齐鲁晚报》等省内外报刊传媒进行宣传，在北京公交站点设广告牌，强力推介“放飞梦想，逍遥潍坊”整体旅游形象。采取捆绑式联合营销方式，对全市29个重点旅游景区（点）资源进行科学整合，在全省率先推出旅游“一卡通”年票。在全市设立销售网点200多个，进行多渠道、多层次销售。全市所有卡载景区（点）接待人次和旅游收入均有明显增长，由“一卡通”带动的增长均达到15%以上。全市销售“一卡通”近10万张，直接增加客源100多万人次，促进了相关产业的发展。

2009年，重新策划设计“中、英、日、韩”多语种旅游折页、旅游指南、旅游DVD等宣传品。在山东卫视投放3个月的潍坊旅游宣传片，并在济南机场设立潍坊旅游大型宣传广告牌。邀请有关媒体拍摄制作了《潍坊民俗》《吃喝玩乐过大年》等专题节目，在中央电视台、山东电视台等主流媒体播放。在澳亚卫视投放潍坊旅游宣传广告，覆盖东南亚、中国港澳台地区。加强与人民网、新浪网等网络媒体和《中国旅游报》《大众日报》等平面媒体的合作，改版潍坊旅游网站，在《潍坊日报》开设《潍坊旅游》专版，创办《潍坊旅游》双月刊，与广播电台合作设立专栏推介“逍遥游”产品。2009年初，在旅游“一卡通”的基础上，推出潍坊“惠民一卡通”，使该卡在原来仅有旅游功能的基础上，增加公交卡、银行卡、电话卡等功能。

2010年11月，市旅游局组织到东营市开展旅游促销

2010年，投入200多万元，在中央电视台综合频道、山东卫视投放潍坊旅游品牌形象广告宣传片。加强与人民网、新浪网等网络媒体和《中国旅游报》《大众日报》等平面媒体的合作，提升《潍坊日报》旅游专版和《潍坊旅游》月刊的办报质量。开展“观世博、游山东”宣传促销活动，在杭州湾跨海大桥设置潍坊旅游大型广告牌，在上海春秋旅行社等70余家门市设置潍坊逍遥游宣传架和旅游产品宣传册，吸引更多世博游客到潍坊游览。聘请专业机构，策划、制作《潍坊市旅游交通图》《潍坊旅游大型画册》。2011年，启动潍坊旅游多媒体营销系统建设。在青银高速的济南、青岛、潍坊等服务区设立大型潍坊旅游广告宣传牌。

2012年，全市加快旅游品牌建设。通过公开征集的方式，征集到3万余条主题口号和500余套形象标识。通过公开招标筛选高端专业机构编制《潍坊旅游资源整合及城市品牌策划》。在青银高速济南、青岛、潍坊服务区等重要地段和北京西站、潍坊火车站等关键节点，设置大型户外广告牌。

第四章　旅游业管理

第一节　管理机构

潍坊市旅游局成立于1985年，与市外办合署办公。1996年，市旅游局单设，为市政府直属正县级事业单位。2010年政府机构改革，市旅游局成为市政府工作部门，内设办公室、组织人事科、规划发展科、市场开发科、监督管理科。至2012年底，市旅游局核定行政编制17名，工勤编制2名；实有部门县处级领导干部5人、副调研员2人。

第二节　行业管理

1991年以后，潍坊市旅游系统理顺管理体制，简政放权，不断提高企业效益。转变旅游管理部门职能，根据“宏观管好，微观搞活，管而不死，放而不乱”的原则，将经营管理权、劳动用工权、收益分配权、价格确定权等下放给企业，使企业真正成为自主经营、独立核算、自负盈亏的法人。根据潍坊旅游业起步晚、底子薄、基础差的实际情况，潍坊市旅游局坚持走“自我发展、自我积累”的路子，各企事业单位积极开展“一业为主，多种经营”，拓宽经营领域，变单一旅游接待型为综合效益型，开辟房地产、建材、装饰、塑料、汽车维修、汽车出租等经营门类。

1996年6月，市旅游局成立。1997年，市旅游局从转变职能入手，结合贯彻《山东旅游管理条例》和《旅行社管理条例》，加大对旅行社、旅游涉外饭店、旅游汽车公司和旅游市场的管理力度，保护旅游者和经营者的合法权益。1月，富华大酒店和鸢飞大酒店分别被国家旅游局评为五星级和四星级旅游饭店。为加强旅行社管理，市旅游局取消旅行社现有的一、二、三类社的划分标准，全市7家旅行社按规定重新申报国际或国内旅行社。潍坊国旅、潍坊市旅游公司被国家旅游局批准转为国际旅行社。市旅游局加强对出境旅游的管理，对旅行社经营出境旅游的资格进行重新申定。针对近几年旅游涉外饭店管理中存在的问题，对全市旅游涉外饭店进行重新审核，有5家旅游涉外饭店获准挂牌。

1998年，潍坊市旅游局对星级饭店进行评审、复核，圣荣大酒店被批准为三星级酒店；加强旅游涉外饭店的审批与管理，新批旅游涉外饭店2家；组织实施旅游涉外饭店收费价格等级的确定，完成旅游资源普查工作，举办系统内员工技能比赛和消防业务比赛。青州市政府办公室印发《关于规范旅游景点、旅游接待服务单位管理的意见》和《景点门票管理的通知》，进行规范化管理。

1999年，全市积极开展试办私营旅行社工作。先后批准成立4家私营国内旅行社，逐步在全市旅行社行业形成以公有制为主体、多种所有制形式共同发展的格局，建立平等竞争的经营机制。对旅游景点、旅游涉外饭店等旅游定点单位实行动态管理，进行定期检查和质量复核，对服务质量、安全等方面不达标的单位，取消其资格，推动服务质量的全面提高，富华大酒店和鸢飞大酒店被省旅游局评为全省优秀星级饭店。针对部分旅行社或单位超范围经营、无证经营的问题，在《潍坊日报》上对已取得经营许可证的旅行社进行公告，会同工商等部门对违法的单位和个人进行严厉查处。

2000年，按照“积极探索、严格审批、保证质量、逐步发展”的方针，全年共批准成立旅行社16家，其中股份制旅行社11家。对部分旅游景区（点）进行质量等级评定，其中安丘青云山民俗游乐园申报国家AAA级旅游景区通过省旅游局审核。针对个别旅游企业超范围经营、无证经营的问题，市旅游局会同工商、公安等部门严厉查处，维护消费者的合法权益。

2001年，加快旅游景区（点）的质量等级评定和旅游涉外饭店星级评定的步伐，其中安丘青云山民俗游乐园、金宝乐园被评为国家AAA级旅游景区。新批四星级旅游涉外饭店2家、二星级旅游涉外饭店3家和旅游定点单位14家。开展旅游市场整顿和规范工作，旅游从业人员和旅游企业的整体素质普遍提高，旅游企业的发展环境进一步优化。

2002年，市旅游局对全市旅游景区（点）、旅游饭店实行动态管理，全年定期进行检查和质量复核，不断提高服务质量。新批AA级旅游区（点）1处（临朐老龙湾风景区）；临朐沂山AAAA级旅游区通过省旅游局初评。市旅游局会同工商、公安等部门，全年查处超范围经营的旅行社3家、违法设立的旅行社办事处20家、无证经营旅行社7家、旅游“黑车”10余辆、“黑导游”3人次，对1家严重违规的旅行社处以吊销经营许可证的处罚，进一步优化全市旅游业的发展环境。

2003年，市旅游局与市公安局、市工商局联合印发《关于加强全市旅游市场管理的通知》，重点整顿通过不正当手段滥涨价，巧立名目乱收费，未经批准擅自开办旅行社业务等6个方面的不法经营行为。联合市公安、工商、物价、安监等部门加强日常监督检查力度，对一批违章旅行社、旅游饭店、旅游景点等给予警告、限期整改、停业整顿等处罚。通过开展旅游安全月活动，建设旅游安全紧急救助协调中心，配套完善旅游安全救助网络，落实旅游安全岗位目标责任制，落实《旅游安全紧急救援预案》制度，与旅游饭店签订消防安全责任书，在景区景点危险地段设立安全标志与警示牌、增设安全防护设施和安全保卫人员，确保旅游安全无事故。12月10日，中国优秀旅游城市评审委员会正式批准潍坊为“中国优秀旅游城市”。

2004年，按照省旅游局《旅游细微服务基本标准》，在全市旅行社、星级饭店、旅游景区（点）等旅游企业广泛开展旅游细微服务年活动。先后配套完善旅游安全救助网络、旅游安全岗位目标责任制、旅游安全紧急救援预案、消防安全责任制等安全制度和措施，确保全市旅游全年无重大事故。

2006年，完成旅行社业务年检工作，对年检情况通过媒体进行公告，对全市二星级、三星级饭店进行质量复核，新评定二星级饭店1家。组织全市星级饭店主要负责人赴日本、韩国考察学习旅游饭店的先进管理经验。上半年，召开潍坊名优特农产品与星级酒店直供对接会，全市24家星级酒店及时调整供应品种，根据不同季节，积极推介潍坊名优特农产品。加强旅游行业精神文明建设。指导青州市顺利通过中国优秀旅游城市复核。完成对1个国家级青年文明号集体和6个省级青年文明号集体的复核和重新认定工作，开展希望工程圆梦大学青年文明号一助一活动。进一步加大导游员管理工作力度。先后完成全市导游证IC卡年度审核和2006年度岗前培训工作。继续开展旅游细微服务年活动，抓好诚信旅游建设。全市6家旅游企业被评为省级示范企业，39

家旅游企业被评为省级达标企业，5人被评为省级服务明星。对全市星级饭店、旅游景区点及专职导游员信息统一采集，建立诚信档案。认真做好旅游安全工作。市旅游局、市公安局、市工商局、市物价局等部门联合印发《关于加强星级旅游饭店管理的通知》，全市旅游系统无重大旅游安全事故发生。

2007年，新认定A级景区10个、工农业旅游示范点5个，其中新认定AAAA级景区2个、AAA级景区3个、AA级景区5个，全市A级景区（点）等级总量达到18个，工农业旅游示范点达到12个；评选推出潍坊市“十强旅行社”和“十佳旅行社”，全市旅行社企业深入开展创优活动；在全市星级旅游饭店中开展“创绿”活动，22家旅游饭店通过整改提升分别达到金叶4级和银叶3级的绿色饭店标准，“绿色服务”成为全市旅游饭店业的新亮点。

2008年，结合创建省级文明城市，加大整顿旅游市场秩序、规范管理服务工作力度，努力创建文明服务品牌。市旅游局联合公安、工商、物价、质检、交通、卫生等相关执法部门和新闻媒体对全市旅游市场进行全面检查3次。组织旅游执法人员通过明察暗访等形式，检查重点企业、重点场所和关键部位及从业人员持证上岗、服务质量等13次。全年共检查旅游行业单位107家（次），导游员156名，正式立案受理投诉9起，结案9起，为旅游消费者理赔6730元。成立潍坊市旅游行业协会，启动对旅行社事故理赔和注销工作，通过协会加强旅游行业自律，规范旅游市场秩序。

2009年，开展加强旅行社散团拼客管理，清理非法办事处，规范旅游市场秩序。做好旅游投诉处理，圆满结案率达100%。做好“行风在线”上线工作，共上线2次，游客投诉得到及时妥善处理。2010年，为加强对星级饭店的管理，市旅游局印发《潍坊市星级饭店黄牌红牌警示制度》；加强旅行社管理，推广使用旅行社责任保险统保项目。

2012年，加强旅游市场监管，规范旅游市场秩序，妥善处理旅游投诉，结案满意率达100%。开展旅游行业精神文明建设，积极参与城市文明指数测评活动，开展旅游窗口“双争”（争创文明诚信窗口、争当文明城标兵）活动、文明餐桌行动，新申报国家级、省级青年文明号各1个。

第三节　教育培训

90年代后，潍坊市旅游系统在理顺管理体制、转变旅游管理职能的同时，高度重视对旅游管理及从业人员教育培训，适应旅游行业快速发展的需要。

1997—1998年，市旅游局组织导游员等级考试和资格考试、旅行社经理和主管旅游业务的部门经理的资格考试、全市旅游涉外饭店管理人员和服务人员进行英语达标培训和考试、全市旅游系统执法考试，提高旅游从业人员业务素质和技能水平。1999年，市旅游局先后举办旅游涉外饭店总经理和部门经理培训班，组织旅行社总经理、部门经理、导游员的资格认证考试和旅游涉外饭店的英语达标考试。

2002年，全市旅游系统在党员干部中广泛开展“学党章、守纪律、正党风”教育活动，进一步提高党员干部的思想政治素质。举办全市旅行社经理、导游员地接培训班，组织全市旅游涉外饭店开展服务技能比赛等活动，调动旅游从业人员的积极性。采取培训授课、座谈讨论、专题讲座、案例分析和演讲竞赛等多种形式，对旅游从业人员深入进行“三观”（马克思主义世界观、人生观、价值观）、“三德”（社会主义社会公德、职业道德、家庭美德）、“三意识”（政治意识、敬业意识、服务意识）教育，提高旅游从业人员的整体素质。在山东省旅游培训教育工作会议上，潍坊市旅游局作职业道德教育培训工作经验介绍。

2003年，市旅游局在党员干部中广泛开展“理想信念与廉洁自律”教育活动。利用防治“非典”造成的旅游淡季，开展“旅游教育培训月”活动。先后举办旅游饭店管理人员培训班、旅游饭店服务人员培训班、旅游景区（点）导游人员培训班和全国导游资格考试辅导培训班，帮助90%以上的旅游从业人员获得上岗资格证书。组织全市旅游行业窗口单位开展“文明诚信”活动。2004年，组织全市旅游行业窗口单位广泛开展“旅游细微服务年”活动，先后组织导游员考前培训、岗前培训、导游证年审培训及旅游饭店星级标准资格培训。全市共有138人考取全国导游资格证书。

2005年，在全行业开展争先创优和技术比武大练兵活动。通过举办培训班、开展服务技能比赛等活动，提高旅游服务质量。先后组织3次全市导游员培训班，完成491名导游员资格证的报名与考试工作。2006年，在全市旅游系统组织开展以“八荣八耻”为主要内容的社会主义荣辱观专题教育活动，并组织全市旅游行业窗口单位开展“文明诚信”活动。市旅游局先后三次举办导游员培训班，培训导游员500多人次，开展争创“全市十佳导游员”活动。组织完成2006年度全国导游人员资格考试潍坊地区520人的报名、理论考试、现场考试等工作。

2007年，结合中国优秀旅游城市复核工作，利用旅游淡季在全市旅游系统内广泛开展“旅游教育培训月”活动。活动期间，对所属人员进行包括旅游职业道德、旅游政策、岗位标准和技能在内的培训。认真做好全省导游资格考试工作，共有585人报名参加全国导游员资格考试。与潍坊学院、潍坊教育科技学院、潍坊科技职业学院旅游系联合办学，建立多层次、多渠道、外向型旅游教育培训网络。

2008年，以省旅游局开展的“教育培训年”为契机，聘请日、韩、粤语专家，对全市256名持有导游资格证人员和307名导游员分别进行岗前培训和年审培训。根据全市争创语言文字二类城市工作要求，对全市导游员、星级酒店从业人员进行普通话专项培训、测试，全部达到标准要求。按照公平、公正的原则，圆满完成全国导游资格考试潍坊地区520人的报名审查、考前培训、理论考试和现场面试等工作，保持连续9年无投诉。组织开展“十佳导游员”评选活动，提高导游队伍的整体素质。

2009年，组织、指导旅游企业开展职业道德教育活动，对全市导游员进行年审、岗前培训。组建市、县两级职业化导游团队，为各类重大接待活动提供优质服务。在全市旅游行业中开展“迎国庆、迎全运、讲文明、树新风”活动和“旅游行业树新风网上行”活动，圆满完成旅游窗口行业的城市文明指数测评工作。2010年，在各类旅游企业中广泛开展丰富多彩的技能培训和职业道德培训，举办全市首届导游风采大赛和全市旅游饭店服务技能大赛，以赛带训提高整体服务水平。

2012年，为增强全体机关干部的消防安全意识和遇灾时的自救能力，树立“安全是旅游的生命线”意识，市旅游局邀请市防火中心宣教讲师，组织针对机关工作人员的消防知识讲座，收到良好效果。按照创建文明城市工作要求，组织对机关工作人员进行城市文明程度指数测评工作的宣讲和培训，使机关工作人员熟悉掌握文明城市测评的标准体系、行业标准、市民公约和行为规范，确保旅游行业企业测评工作顺利进行。

龙头蜈蚣

第十一编

金融业

潍坊金融街

90年代初，潍坊市金融机构和金融业务不断发展，在80年代中期原有金融、保险机构的基础上，新增设潍坊市信托投资公司和股份制综合性商业银行，成立了太平洋保险公司，逐步形成以中央银行为领导、专业银行为主体、多种金融机构并存和分工协作的金融体系。1991年起，陆续成立潍坊证券公司、潍坊证券登记公司、省融资中心潍坊办事处。1992—1994年，全市各证券经营机构代理发行企业债券和融资债券10亿多元，代理发行股票（股权证）4亿多元，为面向社会筹集资金、支持经济建设起到了积极作用。1996年12月26日，“山东海龙（000677）”作为潍坊市第一只上市的股票在深交所挂牌上市。1998年，山东省证券公司潍坊分公司先后推行各营业部联网，与潍坊有线电视台、168声讯台合作，与工商银行、农业银行、建设银行、中国银行联网等四项新技术，建成了覆盖潍坊全市的“空中交易厅”。

2000年，潍坊市在山东省率先对农村信用社管理体制进行改革，4月成立全省第一家市级农村信用联社。2005年，潍坊市委、市政府印发《关于促进金融产业做强做大的意见》，明确了30条政策措施。这是全市第一个专门扶持金融业发展的政策文件。2006年3月，市政府金融证券业协调办公室（简称市金融证券办）成立，负责全市金融、保险、证券业的政策传导、协调发展和上市公司等有关工作。2008年，寿光村镇银行试点工作顺利完成，同年11月挂牌营业，成为全省首家股份制村镇银行。2010年4月，市金融证券办更名为潍坊市金融工作办公室，是全省首家列入政府序列部门的金融机构。负责为全市金融业发展提供良好环境，协调、引导、鼓励金融机构为地方经济社会发展提供金融服务，推动企业上市，推进全市地方金融机构改革发展，组织协调有关部门防范化解和处置地方金融风险。

2012年6月，潍坊市金融服务中心正式运营，为各类金融机构提供政策发布、金融信息、融资纽带、征信服务和机构孵化等金融服务。同时，金融信息公共服务平台一并投入运行，打造成为集融资信息服务、金融新产品发布、电子政务、金融论坛和金融地图于一体的现代化金融网络。

至2012年末，全市有银行机构32家、营业网点1351处。全市银行业金融机构本外币各项贷款余额3531.9亿元，各项存款余额4437.8亿元。全市有26家企业30只股票在境内外发行上市，累计从资本市场融集资金455.3亿元。小额贷款公司达到45家，营运资金57.8亿元。在寿光、诸城、青州、高密、寒亭、临朐设立6家村镇银行，设立家数居全省首位。全市有驻潍坊市级保险机构58家、县市区机构258家，全市保险业保费收入94.73亿元，保险赔款（给付）27.39亿元，承担社会风险12663.13亿元。

第一章　银行业

1991年后，全市银行业平稳较快发展，部分银行机构完成改制，全国性银行机构陆续入驻，为全市经济发展带来巨大活力。1991—2012年，全市银行业存贷款规模保持平稳较快增长，人民币存款规模由97.74亿元增至4367.27亿元，增幅4368%；贷款规模由126.73亿元增至3398.51亿元，增幅2581%。

第一节　机构

1991年，潍坊市辖区有5家国有银行、1家城市信用社，分别为中国工商银行潍坊市分行、中国农业银行潍坊市中心支行、中国银行潍坊分行、中国人民建设银行潍坊市分行、中国交通银行潍坊分行、潍坊市城市信用社。1994年，农业银行与农村信用社重新分设。2008年6月，山东银监局批准招商银行潍坊分行开业，这是第一家进驻潍坊的全国性股份制银行。此后，兴业银行、华夏银行等全国性股份制银行纷纷在潍坊设立分支机构。

至2012年末，全市银行机构达到32家，包括1家政策性银行，为农业发展银行潍坊市分行；5家国有商业银行，为工商银行潍坊分行、农业银行潍坊分行、中国银行潍坊分行、建设银行潍坊分行、交通银行潍坊分行；6家股份制银行，为中信银行潍坊分行、招商银行潍坊分行、浦发银行潍坊分行、兴业银行潍坊分行、民生银行潍坊分行、华夏银行潍坊支行；1家邮储银行，为邮储银行潍坊市分行；1家城市商业银行，为潍坊银行；1家农信联社，为潍坊市农信联社；9家农商银行，分别为潍坊农商银行、寿光农商银行、青州农商银行、安丘农商银行、昌乐农商银行、诸城农商银行、高密农商银行、昌邑农商银行、临朐农商银行；6家村镇银行，分别为寿光张农商村镇银行、寒亭蒙银村镇银行、青州中银富登村镇银行、高密惠民村镇银行、诸城建信村镇银行、临朐聚丰村镇银行；1家资金互助社，为诸城泰丰资金互助社；1家信用卡分中心，为交通银行信用卡中心潍坊分中心。全市银行业有营业网点1351处，ATM机2586台，从业人员19023人。

中国农业发展银行潍坊市分行

1996年10月，中国农业发展银行潍坊市分行（简称市农发行）成立，正县级规格，是潍坊市唯一的一家国有政策性银行。下设计划信贷科、财务会计科、稽核监察科、人事教育科、办公室5个科室和1个营业部，下辖坊子、寒亭、青州、安丘、寿光、临朐、昌乐、昌邑、高密、诸城10个县市区支行。人员、信贷资产和房屋资产全部从市农业银行调入和划转，全行共有干部职工251人。1999年，撤销稽核监察科，设立监察室、稽核科。2001年机构改革，内设办公室（党委办公室、宣传部）、计划信贷科、财务会计科、信息电脑科、人事教育科（党委组织部）、稽核科、监察室、保卫科8个科室；下设市分行营业部、坊子区支行、寒亭区支行、青州市支行、安丘市支行、寿光市支行、临朐县支行、昌乐县支行、昌邑市支行、高密市支行、诸城市支行11个营业单位。2005年撤销市分行营业部，业务归并到市分行机关。2006年改“科”为“部”，2010年设立国际业务部，2012年1月信息技术部改名为信息科技部。

至2012年底，市农发行内设办公室、资金计划部、政策性业务部、创新与投资业务部、国际业务部、信贷与风险管理部、财务会计部、内部审计部（法律与内控合规部）、信息科技部、人力资源部、监察部11个部室，下辖坊子、寒亭、青州、安丘、寿光、临朐、昌乐、昌邑、高密、诸城10个支行，全系统在岗干部职工285人。

1996—2012年农发行潍坊分行存贷款情况统计表

表11－1－1　　单位：万元

年份	存款余额	贷款余额
1996	2990	344306
1997	5935	424674
1998	8573	308391
1999	9138	316914
2000	6877	313479
2001	6379	301619
2002	9035	314333
2003	5240	277167
2004	4391	254514
2005	22482	340178
2006	30603	429255
2007	93321	631354
2008	75138	804999
2009	201650	919871
2010	242483	1037574

续表11－1－1

年份	存款余额	贷款余额
2011	191650	1170111
2012	265276	1871866

中国工商银行股份有限公司潍坊分行

1984年11月1日，中国工商银行股份有限公司潍坊分行（简称市工行）在原中国人民银行潍坊市分行基础上分设成立，承接了原由中国人民银行潍坊市分行对企业单位和居民个人办理的全部存贷款、汇兑结算等业务，成为既管理又经营的经济实体。1991年底，市工行内设办公室、党委办公室、劳动人事科、储蓄科、筹资科、工交信贷部、商业信贷部、技改信贷部、会计科、出纳科、计划科等21个科室；共有营业机构116个，其中分行本部1个，一级支行9个，二级支行城郊办事处5个，分理处9个，集镇办事处7个、储蓄所84个，干校1个；全系统在岗干部职工2053人。

1993年10月，潍坊高新技术产业开发区支行成立。1994年1月，潍城、东关、南关、寒亭、坊子5个办事处升格为支行。1995年8月，奎文区支行成立。2002年6月，市工行机关内部机构改革，设办公室、人力资源部、计划财务部、资金营运部、个人金融业务部、公司业务部、住房金融业务部、资产风险管理部、信贷管理部、银行卡业务部等20个内部部室；辖东关、南关、潍城、奎文、开发区、寒亭、坊子、青州、诸城、高密、寿光、安丘、昌邑、昌乐、临朐15个支行，1个市行营业部，7个办事处，50个分理处，61个储蓄所。

2005年12月19日，根据工行总行股改统一部署，中国工商银行潍坊市分行更名为中国工商银行股份有限公司潍坊分行。2006年10月，在市工行和各支行内统一开展内设机构改革工作。市工行原有20个部室集约重组为营销及产品部门、风险管理部门和综合保障部门3大类、10个部室和3个挂靠科室，各支行内部机构设置统一规范为2部1室。至2012年末，市工行共有营业机构96个，其中1个市行营业部、14个一级支行、34个二级支行、46个分理处、1个储蓄所，实有在岗在编员工1445人。

1991—2012年工行潍坊分行存贷款情况统计表

表11－1－2　　单位：万元

年份	存款余额	贷款余额
1991	230906	393826
1992	299785	475835
1993	298702	515976
1994	336320	562897
1995	401839	614592
1996	511660	681826
1997	616452	812615
1998	715355	902720
1999	836012	1001232
2000	963421	1010549
2001	1112697	1186678
2002	1302473	1323945
2003	1451395.63	1543717.13
2004	1557801.05	1630927.47
2005	1632494.91	1356582.78
2006	1895774.07	1769193.34
2007	2110564.12	2335929.24
2008	2637448.19	2872481.21
2009	3762159.31	3720239.35

续表11－1－2

年份	存款余额	贷款余额
2010	4044184.64	4289807.30
2011	4531756.80	4821606.60
2012	4982637.91	5436736.95

中国农业银行股份有限公司潍坊分行

中国农业银行股份有限公司潍坊分行（简称市农行）于1980年10月1日恢复成立，时称中国农业银行昌潍地区中心支行，1983年10月改称中国农业银行潍坊市中心支行。1994年6月，全市农行与农村信用社原来合署办公的214个所社全部实行分门办公，组建12处信用联社。市农行成立证券部、高新技术产业开发区支行，筹建奎文区支行。至1994年末，市农行下辖12个支行、237个办事处（营业所）、154个农行储蓄所，管理着12个农村信用联社、223个基层信用社、504个信用分社和110个信用社储蓄所。全市农行、信用社共有干部职工8473人，其中农行2970人。

2009年，更名为中国农业银行潍坊分行。2010年7月，中国农业银行整体改建为中国农业银行股份有限公司并挂牌，中国农业银行潍坊分行更名为中国农业银行股份有限公司潍坊分行。2009年起，中国农业银行潍坊分行启动网点转型和优质文明服务转型，将部分分理处升格为二级支行。2010年12月29日，寿光大家洼分理处升格为支行，2011年4月20日更名为潍坊滨海经济技术开发区支行。2011年12月20日，潍城西郊分理处、潍城火车站分理处、寿光张建桥分理处、昌邑围子分理处、诸城建国分理处升格为支行。2012年12月20日，诸城杨家庄子储蓄所、诸城城东储蓄所、昌邑柳疃分理处、坊子赵戈分理处、青州益都分理处、奎文东风大街分理处、潍坊开

2009年4月2日，农业银行山东省分行与潍坊市政府签订战略合作协议

发区清池分理处、高密城关分理处、潍坊开发区新城分理处、青州火车站分理处、青州王母宫分理处、安丘景芝分理处、诸城舜王分理处升格为支行，昌邑利民街东首储蓄所升格为昌邑奎聚支行。

至2012年末，市农行内设三农信贷管理部、公司业务部、机构业务部、农村产业金融部、国际业务部、小企业金融服务中心、个人金融部、电子银行部、个贷中心、资产处置部、内控合规部、财务会计部、运营管理部、信息技术管理部、综合管理部、人力资源部、监察部、安全保卫部、工会办公室19个部门。下辖潍城、奎文、坊子、寒亭、开发区、昌乐、寿光、昌邑、安丘、青州、临朐、诸城、高密、滨海、廿里堡、营业部16家支行，设有175个营业机构，有干部员工2938人。

1991—2012年农行潍坊分行存贷款情况统计表

表11—1—3 单位：万元

年份	存款余额	贷款余额
1991	259909	375126
1992	297581	410801

续表11—1—3

年份	存款余额	贷款余额
1993	351418	449514
1994	368108	342165
1995	482210	383810
1996	615933	457638
1997	718111	604647
1998	859921	855752
1999	942896	949171
2000	998788	669098
2001	1127911	887590
2002	1329065	1011774
2003	1584751	1201271
2004	1831099	1295908
2005	2133376	1514659
2006	2352286	1738944
2007	2630133	2011861
2008	3338638	1868147
2009	4265529	2623064
2010	4803195	3278221
2011	5626881	3808832
2012	6820737	4635502

中国银行股份有限公司潍坊分行

中国银行股份有限公司潍坊分行（简称中行潍坊分行）前身是复建于1981年1月1日的中国银行潍坊支行，1987年8月更名为中国银行潍坊分行，行使国家外汇外贸专业银行职能。至1990年末，分行下辖5个县级支行、1个分理处、18个储蓄所。

1991年10月20日，坊子分理处升格为办事处。1992年3月5日，昌乐支行开业；8月8日，高密支行开业；8月28日，临朐支行开业。1993年

8月28日，潍坊开发区支行开业。1994年3月28日，潍城区分理处开业；6月8日，坊子办事处升格为支行。1995年5月18日，潍城区分理处升格为支行。1996年3月15日，中行潍坊分行实现潍坊市内ATM机联网，此为潍坊市金融系统第一家。1997年1月18日，奎文分理处开业；12月18日，寒亭支行开业。1999年1月11日，奎文分理处与开发区支行合并组建为城东支行。

2000年，中行潍坊分行对所属机构进行改革，至2005年完成辖属所有储蓄所向分理处的升格工作。2000年11月10日，寒亭支行降格为分理处，11日，坊子支行降格为分理处。2004年8月26日，中国银行整体改建为中国银行股份有限公司并挂牌，中国银行潍坊分行更名为中国银行股份有限公司潍坊分行。同年10月15日，城东支行胜利街东段分理处、十里堡分理处升格为支行。2005年3月16日，十里堡支行更名为中国银行开发区支行。

2008年，中行潍坊分行开始网点转型，至2012年完成所辖网点由分理处向经营性支行的升格工作。2008年12月24日，城东支行福寿东街分理处、胜利中分理处升格为支行。2009年6月24日，城东支行中学街分理处、文化路分理处、潍州路分理处分别升格为支行，潍城支行城西分理处、西城分理处分别升格为北宫街支行、西城支行，坊子支行坊城分理处升格为坊城支行，寿光支行公园分理处升格为寿光光明路支行。同年7月17日，高密支行利群分理处升格为高密利群路支行；8月21日，潍城支行胜利西分理处升格为胜利西支行，昌邑支行新营分理处升格为昌邑北海路支行，青州支行云寿分理处升格为青州云门路支行。2012年9月25日，滨海支行开业。10月11日，临朐支行龙泉路分理处、新华路分理处分别升格为支行，诸城支行明成园分理处升格支行，寿光支行城区分理处升格为寿光圣城街支行，安丘支行西关分理处、开发区分理处分别升格为安丘潍安路支行、安丘开发区支行，昌邑支行开发区分理处升格为支行。

至2012年末，中行潍坊分行内设办公室、财务管理部、风险管理部、个人金融部、工会、公司业务部、国际结算部、监察部、人力资源部、信息科技部、营业部、运营部12个部门，共有营业机构46处，其中二级分行1处、支行45处，全系统有员工1146人。

1991—2012年中国银行潍坊分行主要业务数据统计表

表11—1—4

年份	存款余额		贷款余额		账面利润（万元）	国际结算量（万美元）	信用卡发卡量（张）
	人民币（万元）	外币（万美元）	人民币（万元）	外币（万美元）			
1991	25329	759	111924	7720	1122.88	1124.4	576
1992	39918	2416	132871	10543	1907.13	4538.2	1918
1993	66343	3715	159206	12616	1570.51	9307.7	2765
1994	103190	3483	148145	18803	4537.67	17037	1780
1995	138873	4749	139235	19887	2907.38	23000	2638
1996	177692	5050	163041	22697	3162.64	31674.7	4436

续表11—1—4

年份	存款余额		贷款余额		账面利润（万元）	国际结算量（万美元）	信用卡发卡量（张）
	人民币（万元）	外币（万美元）	人民币（万元）	外币（万美元）			
1997	201615	3496	196783	25014	1801.74	35300	406
1998	268439	4847	211898	24838	−5170.44	31500	3216
1999	364221	7066	238059	26877	−3898.44	33642	2455
2000	450897	9236	273036	14801	−1351.58	47650	2383
2001	535974	11201	271822	12054	−16637.45	53134	3579
2002	644261	11783	348640	11874	−813.49	66177	2956
2003	781558	12936	452497	20818	1865.61	95095	5065
2004	876090	11790	496924	22831	990.33	132650	9963
2005	1027411	9356	592010	28157	21995.26	171472	7346
2006	1156783	11121	679086	24878	27746.57	217503	13903
2007	1649636	9100	955549	25376	28477.09	268068	5220
2008	1702206	9610	1201073	27106	46761.68	329588	19878
2009	2476271	17655	1978574	33699	47729.65	321101	11279
2010	2597477	12215	2102499	53118	65790	386792	56759
2011	2690794	13469	2373386	54206	59969	529777	31648
2012	3188668	23210	2680973	68300	77642	549706	35000

中国建设银行股份有限公司潍坊分行

中国建设银行股份有限公司潍坊分行（简称建行潍坊分行）于50年代在交通银行昌潍支行的基础上成立，此后历经分合，名称多变。1985年5月，中国人民建设银行潍坊市中心支行改称中国人民建设银行潍坊市分行。1991年11月8日，中国人民建设银行潍坊发电厂专业支行成立。1992年4月8日，潍坊市建行房地产信贷部成立。1992年12月，五莲县支行划归日照市分行。1993年12月31日，潍城区支行、高新技术开发区支行成立。1994年，按照国家投资体制改革的要求，建行潍坊分行将行政管理和政策性业务职能分别移交财政部和国家开发银行，逐步向国有商业银行转轨。1995年7月，奎文区支行成立。1996年3月，中国人民建设银行潍坊市分行更名为中国建设银行潍坊市分行。1996年11月15日，潍坊纯碱厂专业支行更名为中国建设银行潍坊海洋化工专业支行。1998年1月，潍州路办事处、向阳路南分理处、市府分理处、城东分理处、青年路分理处改制升格。1998年4月13日，市分行四平路办事处更名为新华办事处，并由四平路迁址新华路。1998年7月，坊子支行凤凰大街分理处改制升格。1999年1月，对青州、寿光、诸城、安丘、昌邑、高密、临朐7个县域支行所属16个分理处、办事处实行管理改制。2000年3月，对昌乐县支行进行收缩调整。2003年4月，新华办事处、潍州路办事处、东风街办事处升格为支行。2004年4月，成立山东建锋物业管理服务有限公司潍坊市服务部，与市分行后勤服务中心合署办公。2004年9月，中国建设银行潍坊市分行更名为中国建设银行股份有限公司潍坊分行。

2005年6月，城东分理处升格为城东支行。11月，向阳路南、青年路、鸢飞路3个直属分理处升格为支行。12月，幸福街分理处迁址并更名为九龙山分理处。2007年7月，市北分理处升格为支行。2008年12月，设立昌邑支行柳疃分理处，将奎文健康东分理处和四平路分理处调整为市分行直管。2009年，东风东分理处、九龙山分理处、健康东分理处、四平路分理处升格为支行，东风东分理处、四平路分理处分别更名为东新支行、四平支行。2012年1月16日，胜利分理处开业；1月19日，寿光华茂支行开业；1月20日，诸城繁荣支行开业；12月29日，坊子凤凰支行开业。

至2012年底，建行潍坊分行内设办公室、人力资源部、计划财务部、会计部、风险管理部、公司业务部、小企业经营中心、机构业务部、国际业务部、个人金融部、住房金融与个人信贷部、造价咨询中心、信用卡中心、电子银行中心、信息技术部、合规部、纪检监察部、安全保卫部、工会办、后勤服务中心共20个部门，下辖寿光、青州、安丘、诸城、高密、昌邑、昌乐、临朐、海化、寒亭、坊子、奎文、潍城、高新、金马、新华、东风、潍州、城东、向阳、青年路、鸢飞路、市北、东新、九龙山、健康东、四平27个支行和市分行营业部，共28个分支机构、67个营业网点，全行共有在岗员工1645名。

1991—2012年建行潍坊分行存贷款情况统计表

表11－1－5　　单位：万元

年份	存款余额	贷款余额
1991	91023	223066
1992	150562	278470
1993	165435	329373
1994	205185	383303
1995	307789	462898
1996	437002	311522
1997	483625	395045
1998	559517	425560
1999	643436	348240
2000	708039	400970
2001	766494	434565
2002	937325	522531
2003	1081203	610887
2004	1283246	663064
2005	1363030	803927
2006	1512793	1086714
2007	1703895	1166477
2008	2103622	1451718
2009	2951090	2107998
2010	3321968	2708562
2011	3475173	3235126
2012	4202099	3892317

交通银行股份有限公司潍坊分行

1990年10月，交通银行潍坊支行正式开业。同月，设立东风街分理处、跃进路分理处和潍坊化纤厂分理处。1991年2月，设立国外业务部及保险业务部，储蓄业务部改为储蓄证券业务部。

3月，交通银行潍坊支行化纤厂分理处、东风街分理处分别更名为寒亭办事处、东风街办事处。4月，设立监察室；10月，设立西关分理处。1992年6月，会计出纳部改为财务会计部。8月，交通银行潍坊支行改为交通银行潍坊分行。10月，成立信托业务部。

1993年12月，设立开发区办事处和坊子办事处。1994年5月，设立东风街办事处。1995年1月，开发区办事处改称支行；2月，设立信用卡部；8月，设立幸福街分理处。1997年6月，鸢飞路储蓄所改称分理处；10月，设立东风街支行。1998年12月，和平路办事处、胜利东分理处升格为支行。1999年6月，鸢飞路分理处、西关分理处升格为支行；9月，八一礼堂、行政街、幸福街储蓄所升格为分理处。2000年7月，寒亭办事处化纤厂分理处迁址更名为福新园分理处；11月，新华路分理处升格为支行。2002年，账务中心成立。

2005年9月，寒亭办事处、健康东街分理处、四平路储蓄所、虞河南储蓄所升格为支行；10月，所辖21处机构更名，人事教育部更名为人力资源部，电脑部更名为信息技术部，稽核室更名为审计部，成立预算财务部、会计结算部、风险监控部和资产保全部。

2006年8月，福寿西街储蓄所迁址升格为潍坊金马路支行；12月，成立个金业务营销管理中心。2007年8月，文化路支行迁址更名为富华路支行，健康东街支行迁址更名为九龙山支行。2009年3月，成立零售信贷管理部。2010年1月，潍坊东风西街支行迁址寿光市，成立交通银行寿光支行。2011年6月，潍坊潍州路支行迁址诸城市，成立交通银行诸城支行；12月，潍坊虞河路支行迁址青州市，成立交通银行青州支行。2012年7月，潍坊福寿东街支行迁址高密市，成立高密支行；10月，潍坊胜利东街支行迁址昌乐县，成立昌乐支行。

至2012年末，交通银行潍坊分行共设19家支行，其中潍坊市区（含开发区、寒亭、坊子）14家，寿光、青州、高密、诸城、昌乐各1家，共有营业网点19个，全系统在职员工507人。

1991—2012年交通银行潍坊分行存贷款情况统计表

表11—1—6　　单位：万元

年份	存款余额	贷款余额
1991	44887	39614
1992	53688	47763
1993	67602	67774
1994	95763	81627
1995	134909	97826
1996	163232	131615
1997	188754	141982
1998	198148	166085
1999	217607	167140
2000	240221	180713
2001	271399	208351
2002	320267	229097
2003	396346	277441
2004	477811	345695
2005	607514	425041
2006	618941	506585
2007	651118	410038
2008	709598	390742
2009	1047326	756415
2010	1295385	944811
2011	1598864	1103652
2012	2172235	1509267

中国邮政储蓄银行潍坊市分行

中国邮政储蓄银行潍坊市分行的前身是潍坊市邮政局储汇局。2008年4月29日，成立中国邮政储蓄银行潍坊市分行，为二级分行。5月，先后成立寒亭区、坊子区、临朐县、昌乐县、青州市、诸城市、寿光市、安丘市、高密市、昌邑市10处县域支行。至年末，全辖共有269个营业网点，其中26处一类支行、104处二类支行、139个代理营业网点。

2009年，先后撤销昌乐县邮政局平原、北展、河头、宅科、包庄、毕都、北郿部邮电支局，安丘市邮政局温泉、夏坡、车庄邮电支局，诸城市邮政局石门、石河头邮电支局12个邮政代理网点，验收成立127处邮政代理营业所。

2010年，机构改革，10处二类支行升格为一类支行，13处二类支行降格为营业所。到2010年底，共有36处一类支行、80处二类支行、140处代理营业所。2011年，1处二类支行升格为一类支行，新增设立3处一类支行、10处代理营业所，全辖共有40处一类支行、79处二类支行、150处邮政代理营业所。

2012年，5处二类支行升格为一类支行，新增设立2处代理营业所。至年底，中国邮政储蓄银行潍坊市分行共有45处一类支行、74处二类支行、152处邮政代理营业所。内设办公室、人力资源部、财务会计部、信贷业务部、个金业务部（信用卡中心）、公司业务部（票据中心、国际业务中心）、风险合规部（不良贷款资产保全中心）、审计部、渠道与科技部、小企业信贷中心、安全保卫部（视频监控中心）、监察部12个职能部门。全系统共有员工（不含未出试用期员工）1243人。

2008—2012年邮储银行潍坊分行存贷款情况统计表

表11－1－7　　单位：万元

年份	存款余额	贷款余额
2008	1445293.03	24234.22
2009	1705680.24	151727.51
2010	1916480.18	302337.55
2011	2167432.35	461281.72
2012	2569845.32	531547.37

中信银行潍坊分行

中信银行潍坊分行成立于2010年7月。至2012年末，中信银行潍坊分行内设办公室、公司银行部、零售银行部、国际业务部、机构业务部、风险管理部、信贷管理部、计划财务部、营业部9个部门。全辖营业机构2处，其中二级分行1处、支行1处，全系统员工83人。

2010年，存款余额312476万元，贷款余额126656万元；2011年，存款余额429300万元，贷款余额264063万元；2012年，存款余额547411万元，贷款余额451013万元。

招商银行潍坊分行

招商银行股份有限公司潍坊分行（简称招行潍坊分行）成立于2008年7月29日，内设办公室、会计部、授信审批部、公司银行一部、零售银行部和营业部“五部一室”，有员工65人。2010年4月8日，奎文支行开业；7月29日，胜利东街支行开业；12月17日，寿光支行开业。2011年12月24日，诸城支行开业。2012年7月5日，胜利东街支行迁址并更名为潍坊新华路支行。

至2012年末，招行潍坊分行内设办公室、会计财务部、风险管理部、公司银行部、国际业务部、零售银行部、信用卡部7个部门。全辖营业机构5处，其中二级分行1处、支行4处，全系统员工158人。

2008—2012年招商银行潍坊分行存贷款情况统计表

表11-1-8　单位：万元

年份	存款余额	贷款余额
2008	126573	195957
2009	244473	364056
2010	346924	435578
2011	426153	509521
2012	546044	570884

浦发银行潍坊分行

上海浦东发展银行股份有限公司潍坊分行（简称浦发银行潍坊分行）于2010年1月20日正式对外营业，内设公司业务一部、二部、三部，个人业务部、风险管理部、营业部和办公室。2012年，在诸城设立1家异地支行，12月10日正式开业。至2012年末，浦发银行潍坊分行设有办公室、公司一部、公司二部、公司三部、公司五部、公司六部、公司七部、业务管理部、个人业务一部、个人业务二部、中小企业经营中心、风险管理部和营业部13个部室。全系统在职职工69人。

2010年，存款余额225094万元，贷款余额241498万元；2011年，存款余额344372万元，贷款余额369987万元；2012年，存款余额525821万元，贷款余额484556万元。

兴业银行潍坊分行

兴业银行股份有限公司潍坊支行于2008年6月5日筹建，9月24日开业，10月28日正式对外营业，是第一家进驻潍坊市高新技术开发区的股份制商业银行。银行内设综合部、财务会计部、企业金融部、零售业务部、营业部、业务拓展一至四部等9个部门，全行员工50人，有1家营业网点。2011年1月27日，兴业银行潍坊支行升格为分行。9月，寿光支行成立，是兴业银行潍坊分行设立的第一家县域分支机构。2012年3月，诸城支行成立。

至2012年末，兴业银行潍坊分行设综合部、风险管理部、信用审查部、财务会计部、零售业务部、企业金融总部、金融市场部、营业部、企业金融一部、企业金融二部、企业金融三部、企业金融四部、企业金融五部、昌邑业务部、青州业务部、高密业务部、开发区业务总部、零售业务拓展一部、零售业务拓展二部、零售业务拓展三部、零售业务拓展四部；有分支机构2家；全系统有在职职工142人。

2008—2012年兴业银行潍坊分行存贷款情况统计表

表11-1-9　单位：万元

年份	存款余额	贷款余额
2008	225822.52	174733.32
2009	715617.00	570658.90
2010	1039959.22	589166.42
2011	1137816.71	703214.96
2012	1528856.09	911823.51

中国民生银行潍坊分行

中国民生银行股份有限公司潍坊分行（简称民生银行潍坊分行）于2009年7月30日开始筹建，2010年1月28日正式营业。民生银行潍坊分行为二级分行，隶属于中国民生银行济南分行（一级分行）管理，是山东省首家二级地市分行。

至2012年末，民生银行潍坊分行内设办公室、运营管理部、计划财务部、公司银行管理部、零售银行管理部、企业金融1—5部、中小企业部、营业部10个部室，设置票据业务和国际业务2个中心。有营业网点4个，其中支行3个（青州支行、安丘支行、寿光支行），营业部1个。共有员工162人，其中正式员工120人，派遣员工42人。

2010年，存款余额359922.57万元，贷款余额323175.03万元；2011年，存款余额455629.27万元，贷款余额466175.47万元；2012年，存款余额645013.11万元，贷款余额526333.89万元。

华夏银行潍坊支行

华夏银行股份有限公司潍坊支行于2009年7月21日筹建，9月9日开业，11月18日正式对外营业。至2012年底，华夏银行潍坊支行下设办公室、会计部、公司客户部、个人客户部、营业部、营销一部、营销二部、营销三部、放款室9个部门，有干部员工87人。

2010年，存款余额29.49亿元，贷款余额29.25亿元；2011年，存款余额21.75亿元，贷款余额32.23亿元；2012年，存款余额36.74亿元，贷款余额35.20亿元。

潍坊银行

潍坊银行的前身是城市信用合作社。1986年12月，潍坊市第一家城市信用社——潍城区西关城市信用社成立，随后的七年间，城区院校、东园、东关、北宫、潍城、寒亭、开发区、坊子、新城、公园城市信用社先后成立。各县、市也纷纷成立自己的城市信用社。到1993年底，全市城市信用社达到18家。

1996年7月，市政府第四十九次常务会议决定成立城市合作银行领导小组，制订组建城市合作银行工作计划和方案。1997年7月22日，中国人民银行批复同意潍坊城市合作银行开业。8月22日，由原潍坊市城市信用合作社联合社和潍城、奎文、坊子、寒亭、开发区五区11家城市信用社基础上组建成立潍坊城市合作银行。1998年8月，更名为潍坊市商业银行，2009年8月8日，更名为潍坊银行。

潍坊银行成立之初，实行市行—支行—分理处三级管理，下设11家支行、1个市行营业部、75个分理处。2002年3月，潍坊银行开始实施支行改建工作，保留原11家支行，将原有分理处撤并为29家新建支行。

2005年2月28日、3月1日、3月6日，潍坊银行第一批县域支行诸城支行、寿光支行、青州支行先后开业。2008年8月8日、10月16日、12月19日，高密支行、昌邑支行、安丘支行开业。2009年8月18日、12月26日，临朐支行、昌乐支行开业。至此，潍坊银行在全市实现县域机构的全覆盖。

2010年6月18日，潍坊银行在青州市成立第二家支行——青州金鼎支行。2012年10月，寿光圣城支行开业。12月25日、26日，诸城龙城支行、高密凤城支行先后开业。

自2008年起，潍坊银行开始发展异地机构。2008年12月30日，潍坊银行做为主发起人的青岛胶南海汇村镇银行开业。2010年1月22日，潍坊银行青岛分行开业，这是潍坊银行成立的首家异地分行。12月，青岛胶南海汇村镇银行泊里支行开业。2011年12月，青岛胶南海汇村镇银行灵山卫支行开业。2011年6月、12月，潍坊银行青岛分行城阳支行、青岛分行经济技术开发区支行分别开业。2012年6月、9月，潍坊银行青岛分行平度支行、胶州支行分别开业。

至2012年末，潍坊银行共有1家分行，54家支行；全系统共有员工（不含未出试用期员工）1948人。

1997—2012年潍坊银行资产、存贷款余额情况统计表

表11－1－10　　　　　　　　　　单位：万元

年份	资产总额	存款余额	贷款余额
1997	487856.00	233800.00	219397.00
1998	319467.00	256500.00	201779.00
1999	313957.00	252500.00	203605.00
2000	325276.00	267000.00	230176.00
2001	396400.00	319108.00	232025.00
2002	1186184.12	637946.00	402276.00
2003	980402.87	694399.00	451862.00
2004	1192196.07	900000.00	645452.00
2005	1481575.00	1248631.00	859911.00
2006	1818632.00	1505241.27	1073895.62
2007	2139877.19	1964942.35	1277795.39
2008	2693132.01	2318479.00	1531215.74
2009	3138031.78	2844197.76	1894859.53
2010	4010266.71	3441951.86	2318259.22
2011	4536877.27	3734783.88	2675089.11
2012	5191033.90	4463420.51	3104895.54

潍坊市农村信用合作社联合社

潍坊辖区的农村信合机构始建于50年代初，成立后历经多次变迁，分别在不同时期由中国人民银行、人民公社、中国农业银行代为监督管理。1994年始，潍坊市各县市区相继成立农村信用合作社联合社，成为各基层农村信用合作社的业务管理机构。1996年8月，国务院农村金融体制改革部际协调小组发布《农村信用社与中国农业银行脱离行政隶属关系实施方案》，农村信用合作社正式与农业银行脱离行政隶属关系，由人民银行潍坊分行负责辖区农村信用合作社的金融监管。

2000年4月，潍坊市农村信用合作社联合社（简称市农信联社）挂牌成立，是全国首批组建的地（市）级联社之一，履行对全辖农村信合机构的管理、指导、协调、服务职能。至2005年末，12家县级农村信用合作社联合社全部完成县统一法人改革，成立了寿光、诸城2家农村合作银行，10家农村信用合作联社。2009年始，开展以“银行化、股份制”为方向的农村商业银行改革。到2012年12月，全辖12家行社改制成为9家农商行（1家市级农商行、8家县级农商行），全系统有营业网点590个，从业人员6700人。

2000—2012年市农信联社存贷款情况统计表

表11－1－11　　　　　　　　　　单位：万元

年份	存款余额	贷款余额
2000	1548288	1105632
2001	1764524	1321152
2002	2049949	1601121
2003	2294773	1809233
2004	2771887	2172978
2005	3337067	2653419
2006	3903563	3090300
2007	4495152	3606492
2008	5625624	4357009
2009	7140214	5403193
2010	8577748	6392653
2011	10117524	7397627
2012	11600355	8345425

潍坊农商银行

潍坊农商银行是在原潍城、奎文、坊子、寒亭四区农村信用合作联社基础上，以新设合并方

式发起设立的股份制商业银行，2012年11月15日挂牌开业，是省内首家完整意义上的城区整合组建的农商银行，服务范围覆盖辖内潍城、奎文、坊子、寒亭、高新、滨海、峡山7个区，注册资本21.25亿元，在岗员工1893人，设有7个一级支行、1个营业部、130个二级支行。潍城、奎文、坊子、寒亭四区原农村信用合作联社法人资格同时自行终止，分别作为潍坊农商银行的4家分支机构，其债权债务划转潍坊农商银行，同时，新设高新支行、滨海支行、峡山支行和营业部4家分支机构。到2012年10月末，潍坊农商银行各项存款余额260亿元，各项贷款余额174亿元。

第二节　货币政策实施

1991—1993年，国家实行适度从紧的货币政策，市人民银行组织金融部门推行“三参与、三促进”（参与经济决策，促进产业结构升级；参与项目论证，促进投资结构调整；参与企业改制，促进资产结构优化）的工作方式，改善金融服务，扩大信贷投放，保证了国家货币信贷政策在基层的顺利贯彻实施，增强了金融支持经济发展的效果。1994年，各行、社积极推行资产负债比例管理，强化风险防范和内部约束机制，资金营运和管理水平不断提高。全年金融系统增加各类贷款38.7亿元，其中80%以上支持了国家重点建设、出口创汇、农副产品收购及效益较好的大中型企业。年末，各银行及信用社贷款余额分别比年初增加22.4亿元和16.3亿元。控制现金投放，全年累计发放再贴现贷款1.97亿元，应急贷款11.4亿元，拆借资金98亿元。

1996年，人民银行潍坊市分行组织试行主办银行制度，促进信贷资金的优化配置和良性循环。全年新增农业贷款12.4亿元，新增工业贷款5.3亿元，增加中长期贷款2.7亿元。1997年，把管理信贷资金和改进服务方式作为调控经济金融运行的有效手段，引导社会资金流向，支持经济结构调整。累计为大中型企业办理再贴现50多亿元。新增5家大中型工商企业与商业银行建立主办银行关系，全市建立主办银行制度的企业达到54家。1998年，人民银行潍坊市分行制定《潍坊市金融部门关于改进金融服务，支持经济快速增长的意见》，提出信贷支持的重点领域和具体措施。全市各金融机构累计发放住房贷款6.9亿元，办理再贴现3亿元，资金向优势企业和重点行业倾斜。1999年，人民银行潍坊市中心支行制订《关于扩大信贷投放，支持全市企业快速发展的意见》，提出金融支持企业改革发展的措施和重点，促使新增贷款主要支持重点行业、重点企业和企业改制。组织全市首次银团贷款1.1亿元，累计签发银行承兑汇票59.9亿元，办理贴现7亿元，再贴现5.9亿元；累计发放支农再贷款3.3亿元，支持农业产业化、农业科技推广和创汇农业的发展；运用多种贸易融资手段，累计发放打包贷款2.5亿元，开出信用证1.1亿美元，支持外经贸事业发展；汽车、住房、耐用消费品、教育助学等消费信贷业务较快发展，年末全市消费贷款余额4.9亿元，较上年增加1.2亿元。

2000年，全市累计发放支农再贷款13.6亿元，累计办理再贴现11亿元，累计办理商业承兑汇票贴现贷款3.6亿元，人民银行潍坊市中心支行累计办理再贴现2.8亿元。组织主办银行选择山东巨力、诸城外贸、洁玉纺织等6家优势骨干企业进行商业承兑汇票贴现、再贴现试点。协调金融机构实行银团贷款、“拼盘”贷款管理等做法，累计发放经营性再贷款6.7亿元。指导潍坊市商业银行适时推出“摊位抵押、互保联保”等贷款方式，支持个体私营经济发展。

2001年，市政府办公室印发《关于发挥金融整体合力，支持地方经济发展的指导意见》，加强“窗口指导”作用。建立实行金融机构信贷投放季度通报制度，加大对信贷资金的系统调控工作，引导金融机构增加对县域经济、农业产业化、中小企业和消费信贷业务的信贷投入。组织金融机构开办出口退税账户托管贷款业务，加大对外向型经济的支持力度。组织中小金融机构开展网上融资，拓展货币市场业务，潍坊市商业银行和农村信用联社采取代理或自营方式，累计成交587笔232.6亿元。全市金融机构办理再贴现9.2亿元。累计签发商业汇票87.8亿元，同比增长35.3%。地方性中小金融机构办理贴现贷款73.7亿元，成为区域票据市场的主体。累计发放支农再贷款10.4亿元，引导全市农村信用社累计发放农业贷款102.1亿元，同比增加29.4亿元。农业贷款余额79.5亿元，比年初增加24.6亿元，占全部贷款增加额的93.8%。年内针对由于退税额度不足导致出口企业流动资金紧张的情况，引导组织金融机构及时开办出口退税账户托管贷款业务。全市金融机构共为25家企业累计发放该项贷款7366万元，有效地缓解了出口企业资金供求矛盾。

2002年，加大对农业产业化、骨干企业、重点项目、出口退税账户托管贷款、消费信贷和县域经济的信贷投放，支持潍坊经济持续快速健康发展。全市金融机构全年累计签发银行承兑汇票和商业承兑汇票178亿元，累计办理贴现319.2亿元。对155家外贸出口企业累计发放出口退税账户托管贷款3.8亿元，余额2.7亿元。2003年，累计发放支农再贷款25.97亿元，累计签发商业汇票259.97亿元，办理贴现311.40亿元。全年共对1881家企业金融债权保全情况进行查询，督促76家企业落实金融债权9.9亿元。依托银行信贷登记咨询系统构建企业项目推介网络平台，先后对192家企业的134亿元信贷资金需求项目进行网上推介。开展信用担保机构备案工作，规范担保业务合作关系，累计为113家企业及个人1310笔共计3.2亿元贷款提供信用担保。

2004年，深化政府、银行、企业合作内涵，先后组织金融考察团到温州、厦门学习，市政府召开全市金融工作会议，提出做强做大金融产业的发展规划，筹建省级股份制商业银行潍坊联络处。组织开展信用企业评选活动，选准信贷资金投入重点，加快实施金融服务产品创新。主办“支持县域经济发展研讨会”，有关银行与县域中小企业共签订贷款协议2.1亿元。承办潍坊市政府与人民银行济南分行联合召开“2004潍坊银企合作促进会”，银企双方共签订贷款协议及意向222亿元。全年累计发放支农再贷款18.6亿元、经营性再贷款1.2亿元，办理再贴现8.3亿元。全市金融机构本外币新增贷存比达76.8%，创1998年以来各年度最高水平。做好全市农村信用社改革试点的资金支持工作，全市13家农村信用社联社中先后分两批获得央行专项支持票据13.83亿元。

2005年，通过银企合作促进会、项目推介会等形式，加强银企对接的密度和力度，推动区域经济金融良性和谐发展。3月，安丘银企合作项目推介会召开；4月，寿光金融产品创新与中小企业发展合作会议召开；7月，市政府召开2005银企合作会，省市两级17家银行与166家企业签订授信协议及意向280亿元，其中协议金额152亿元，到位协议资金78.3亿元。市委、市政府印发优化金融生态环境、扶持金融业发展的政策文件，明确不良资产处置、促进做强做大金融产业的30条优惠措施；集中置换地方金融机构不良资产34.7亿元；成立潍坊市优化金融生态环境建设工作领导小组，组建金融协调办公室；优化金融生态环境建设纳入全市“十一五”规划。探索实施金融生态评价机制，制定区域金融生态环境评价指标体系和区域金融生态环境评价问卷，共设计定量指标128项，定性指标113个，并于6月完成对辖区13个县市区的首次评价。全年累计发放支农再贷款24.2亿元，引导农村合作机构累计发放农业贷款152.8亿元。推动骨干企业和中小企业开展票据融资，累计签发商业汇票335.8亿元，同比增长23%；累计办理贴现909.8亿元，同比增长2.8倍。

2006年，通过分层次搭建农业龙头企业、200强中小企业、短期融资券政策推介3个“银企对接平台”，引导金融部门通过优化信贷结构实现货币信贷合理适度投放，促进信贷资金与社会需求的分层对接。出台减免涉及金融部门费用、严禁逃废银行债务和加快不良资产处置等政策措施，建立起对各县市区的金融生态评价机制。2006年，外地金融机构对潍坊企业贷款增加59亿元。晨鸣纸业和山东海化2家企业分别发行20亿元和10亿元短期融资债券。召开中小企业银企合作促进会，向银行业机构推介固定资产投资项目666个，流动资金项目1872个，共达成固定资产协议或意向155个，流动资金项目1132个，协议金额总计25.3亿元，涉及企业1265家。全年累计申请支农再贷款限额2.7亿元，累计发放支农再贷款10.8亿元，累计发放再贴现2亿元。做好农村信用社改革试点专项票据兑付考核工作。奎文、安丘、青州农村信用联社和诸城农村合作银行顺利通过分行、总行审核，3.99亿元的央行专项票据及时兑付。

2007年，发挥再贷款、再贴现等政策工具对金融资源配置的引导作用，累计发放支农再贷款4.9亿元、再贴现近3亿元。组织辖区3个涉农银行业机构分别举办农产品加工银企对接促进会，推介金融创新产品，拓宽农业龙头企业融资渠道。加强对短期融资券等新的直接融资工具的宣传引导，潍柴、海化2家企业在银行间债券市场发行短期融资券13.5亿元，全市企业发债额达42.5亿元。全市农信社13.83亿元专项票据资金全部兑付到位。

2008年，制定实施支持重点项目、“三农”、抗震救灾、服务业、中小企业等信贷指导意见，引导优化信贷结构。寿光市农业银行创新实施“政银企”合力支持中小企业发展模式，被省政府定为“寿光模式”予以推广。人民银行高密市支行与政府协作，高密市政府筹集资金5000万元，设立“过桥还贷资金”，有效地破解中小企业“资金短路”问题。召开辖区人民银行工作会议、金融机构联席暨支持中小企业座谈会和贯彻落实金融促进经济发展30条措施专题座谈会等；与潍坊市经贸委、奎文区、高新区、经济区等召开不同形式的银企对接合作会，达成授信意向60多亿元。建成1949—2007年大型金融时序数据库，搭建研究分析辖区金融运行和发展的平台。支持邮政储蓄银行、招商银行、兴业银行、寿光张农商村镇银行等在潍坊设立分支机构和开展业务。配合做好全省首家村镇银行在寿光市试点改革工作。制定实施推进农村信用体系建设意见，在安丘、临朐开展农村金融生态环境示范点建设工作，对全市60万农户建立信用档案并开展信用评价，为银行信贷投放提供信息支持。

2009年，人民银行潍坊市中心支行印发《潍坊市股权质押融资暂行办法》《关于推进农村住房、大棚、土地承包经营权抵押贷款工作的意见》等制度办法，拓展企业融资渠道。制定实施加强信贷服务创新促进全市经济发展、推进农村信贷服务创新、开办商业承兑汇票业务等10余个指导意见，引导加大信贷投入，优化信贷结构。引导各金融机构创新开办大棚抵押、盐票质押、碳金融、“利得盈”信托理财、惠农一卡通、“新居乐”农民住房贷款、水费收费权质押等30余项信贷产品。9月，人民银行济南分行、省银监局首次联合在寿光召开“全省农村金融产品和服务创新现场会”，对潍坊市的农村金融产品创新给予充分肯定。支持中小企业融资，在寿光组织商业承兑汇票业务试点工作，6家试点企业累计签发商业承兑汇票2.4亿元。组织工业调整振兴银企对接和中小企业银企促进会，与寿光、青州、安丘3市政府联合召开银企合作会，达成授信协议300多亿元。支持企业利用短期融资券、中期票据、地方企业债等直接融资59亿元，全国首批发行的3单中小企业集合票据中诸城、寿光各占1单，16家企业融资10亿元。

2010年，人民银行潍坊市中心支行印发《关于加强信贷服务，推进“三区”建设的意见》《关于充分发挥金融服务功能，支持城镇化发展的意见》《关于组织实施“银农金桥工程”助推现代农业投入的意见》等指导文件。召开3次货币信贷政策与外汇政策通报会，按季召开金融运行分析会，联合召开了金融工作座谈会和滨海经济开发区发展与金融规划座谈会。与市有关部门和县市区政府联合召开5次不同类型的银企合作促进会，促成授信400余亿元。探索开办买断式再贴现业务，累计办理7.3亿元。向寿光张农商村镇银行发放全省首笔村镇银行再贷款5000万元。开通全省首个中小企业服务平台——潍坊中小企业金融服务网。人民银行潍坊市中心支行制订《潍坊市推进企业股权质押贷款业务实施方案》，指导发放股权质押贷款7.2亿元。印发《潍坊市排污抵押贷款管理办法》。在寿光试点开办的土地、大棚、住房等抵押贷款达2.5亿元。引导创新推广艺术品质押、土地增减挂钩贷款等20余个信贷产品。

2011年，人民银行潍坊市中心支行制定实施支持全市经济更好更快发展、做好抗旱救灾、支持蔬菜种子产业发展等5个信贷指导意见，召开2次货币政策与金融管理政策通报会，出台了林权抵押贷款管理和小额担保贷款管理办法，召开转方式调结构重点项目银企对接会；与6个县市区政府联合召开银企对接会，共促成授信协议129.8亿元。发行全国首批、全省首单中小企业区域集优票据。制定《潍坊市区域集优债务融资项目管理办法》，先后4次召开各县市区政府、银行、企业参加的座谈会。由4家企业组成的中小企业区域集优票据项目包成功发行，融资1.8亿元。

2012年，召开银企交流会5次，促成授信意向700亿元。创新试点蔬菜订单质押融资业务，指导寿光市政府制定《农产品订单质押贷款暂行办法》，通过建立“订单+信贷+保险”的农业发展模式，实施信用保险加融资助推蔬菜产业化发展。加强对农村妇女、弱势群体创业就业和现代农业的金融支持，先后在青州、临朐、昌邑召开现场会，发放2亿元支农再贷款重点支持青州市巾帼花卉产业创业就业，青州市花卉高科技示范基地被认定为“全国首批巾帼现代农业科技示范基地”；发放2亿元支农再贷款重点支持临朐县大樱桃、奶牛、林业特色高效农业；发放2亿元支农再贷款支持昌邑市现代农业园区建设。在总结发行全国首批、全省首单区域集优票据基础上，组织8家企业发行3期中小企业区域集优票据，共融资5.15亿元。全市累计组织38家企业发行8单中小企业集合票据和区域集优票据，融资26.15亿元。协助海化集团、孚日家纺发行短期融资券8.5亿元，晨鸣纸业、孚日家纺两家企业发行中期票据融资14亿元。

2012年，全市社会融资规模达1032亿元，同比多增126.5亿元，增长14%。全市银行信用总量达2404.1亿元，同比多增628.2亿元，创历史最高水平。全市银行业金融机构实现本外币利润总额111.5亿元，缴纳税收42.3亿元，形成地方财政收入27亿元，对地方财政收入的贡献率为8.8%。

第三节　存款贷款

1991—1993年，市人民银行对各家商业银行及信用社的各类存款账户进行清理，强化企事业单位账户管理，对单位基本账户进行审查，确立开户银行，基本解决了企事业单位多头开户、逃避银行监督的问题。不定期地开展“公款私存”稽查工作，确保单位存款的质量和数量。

1993年，全市信贷资金一度紧缺，企业存款和储蓄存款大幅度下降。全市金融部门把吸收存款放在第一位，抓住整顿社会乱集资和两次提高存款利率的有利时机，广泛开展储蓄存款宣传，加强柜台服务，较快扭转了存款下降的局面，缓解了资金供求矛盾。1994年，继续加强存款工作，严格控制贷款规模，至年底存、贷款差额由年初的32.2亿元缩小到11.3亿元。1991—1994年，全市银行贷款以平均每年增加20多亿元的幅度增长。在增加资金投入的同时，注意调整信贷结构，优化贷款投向，盘活资金存量，切实帮助企业挖掘资金潜力，基本实现全市信贷资金的良性循环。1994年，全市金融系统增加各类贷款38.7亿元，80%以上支持国家重点建设、出口创汇、农副产品收购及效益较好的大中型企业的生产，对保持潍坊经济的稳定发展起到重要作用。

1999年11月1日起，国家对储蓄存款征收利息税。为鼓励和扶持教育事业发展，自1999年9月，工商银行、建设银行等纷纷开办教育储蓄，以其免征利息税、利率优惠、存期灵活、优先提供助学贷款等优越条件而备受社会各界的青睐，居民争相参加，成为新的存款增长点及众家金融机构存款竞争的热点。

2004年末，潍坊市辖区金融机构本外币各项存款余额1076.41亿元，其中人民币存款余额1055.36亿元。本外币各项贷款余额773.49亿元，其中人民币各项贷款余额743.9亿元，各项外汇贷款余额3.58亿美元。全市金融机构本外币新增贷存比达76.8%，创1998年以来各年度最高水平。2005年，全市金融机构存、贷款大幅增加，经营效益明显提高。至年末，全市银行业金融机构本外币各项存款余额1265.38亿元，本外币各项贷款余额876.88亿元。异地金融机构贷款增长加快，成为支持地方经济发展的重要力量。至2006年12月末，异地金融机构对潍坊企业贷款余额249.41亿元，占辖区金融机构贷款存量的23.53%；较年初增加58.91亿元，同比多增17.83亿元，占辖区贷款增量的31.7%。

全市银行业金融机构各项存款2008年10月突破2000亿元，2010年5月突破3000亿元，2012年3月突破4000亿元，短短3年5个月时间实现了千亿元的“三级跳”。伴随存款规模不断扩大，为银行业金融机构加大贷款投入奠定了坚实基础。2006—2011年，全市银行业金融机构各项贷款年均增长19.5%，高出同期GDP 5个多百分点；贷款总量2009年7月突破2000亿元后，到2011年末突破3000亿元，实现金融与地方经济互利共赢、协同发展。

2012年底，全市金融机构本外币各项贷款余额3531.9亿元，各项存款余额4437.8亿元。

1991—2012年潍坊市金融机构人民币存贷款情况统计表

表11－1－12　　　　单位：亿元

年份	存款			贷款			票据融资
		储蓄存款	企业存款		短期贷款	中长期贷款	
1991	97.74	65.08	18.11	126.73	89.74	9.62	—
1992	123.89	81.97	23.62	153.44	122.57	16.50	—
1993	143.93	98.99	25.79	173.03	136.90	19.87	—
1994	201.38	142.72	42.40	212.62	166.57	31.83	—
1995	269.29	192.12	56.72	253.98	195.36	36.43	—
1996	335.69	247.77	67.49	302.50	237.38	39.21	—
1997	398.00	287.29	86.58	374.63	308.04	41.56	—
1998	436.40	344.76	77.72	396.77	316.11	47.80	—
1999	495.41	387.27	82.42	413.96	321.39	39.77	—
2000	560.61	424.45	95.09	427.19	328.21	39.26	—
2001	646.55	477.93	114.29	476.48	371.93	52.99	5.77
2002	786.45	536.42	164.18	573.70	439.53	79.60	26.50
2003	902.28	606.96	192.85	651.80	489.00	107.35	33.19
2004	1055.36	696.22	228.23	743.90	529.92	134.86	61.20
2005	1249.26	804.61	262.04	848.29	548.50	202.06	94.28
2006	1425.55	913.02	274.53	1031.72	644.30	277.24	106.34
2007	1637.44	1038.74	339.92	1227.02	753.73	357.32	112.59
2008	2040.46	1326.49	389.97	1495.57	829.43	486.05	179.78
2009	2738.96	1605.11	619.10	2042.63	1086.94	789.99	165.36
2010	3281.25	1843.79	746.94	2514.81	1350.12	1078.88	85.65
2011	3706.93	2074.30	1540.10	2932.69	1654.51	1181.44	96.62
2012	4367.27	2450.37	1802.55	3398.51	1975.70	1238.71	107.22

说明：①1991、1992年数据包含五莲县；

②由于金融统计制度调整，自2011年始表中的企业存款口径包含机关团体存款

第四节　金融服务

1991年，全市共建立票据交换所11处，其中直接参加潍坊市区交换单位达34个。实行定时、定点到人民银行票据交换所现场交换票据的办法，交换票据实行现场清分，手工轧算票据交换差额，每日清算一次，借方票据如支票隔场入账抵用。

1994年9月，《银行账户管理办法》等系列结算改革文件规定出台实施，单位开户实行开户许可证制度，通过核发开户许可证，组织进行账户清理整顿，遏制企业多头开户、多头贷款、多头提现、多头结算，逃废银行债务行为。市人民银行加强结算监督，按照“三不准”（不准以任何理由压票，任意退票和受理无理拒付；不准在结算制度之外规定附加条件，影响汇路畅通；不准违反规定而立账户）的规定，广泛深入地开展纪律检查。全年共组织结算检查10余次，清理、审批账户3000余个，有效地防止和纠正多头开户，随意压单、退票和无理拒付等违规行为，进一步疏通结算渠道。

1996年1月1日，《中华人民共和国票据法》正式实施。潍坊市成功开办不定额银行本票业务，共有117家银行分支机构开办签发银行本票业务，1996年累计签发本票30亿元。

2002年8月，在潍坊全辖开通运行电子联行“天地对接”系统，日均发送和接收业务700余笔，清算资金达7亿元。潍坊市电子联行“天地对接”系统的开通运行，标志着潍坊全辖金融服务水平迈上了一个新台阶。2002年10月，潍坊市同城票据交换范围扩大到4区及8县市的170家金融机构。通过潍坊市票据交换所相互交换票据，实现了贷方票据当日进账，借方票据次日进账。与异地结算方式相比，资金清算速度提高2～3天。2002年，全市共办理票据交换提出、提入票据192.55万笔，提出、提入票据金额1169.99亿元，当日收到客户票据抵用金额722.06亿元。商业汇票特别是银行承兑汇票业务拓展较快，至2002年底，全市除潍坊市商业银行、农村信用合作社不能办理银行承兑汇票承兑业务以外，其他商业银行分支机构均可办理。全市共办理商业汇票承兑8356笔，23.57亿元；商业银行办理贴现1055笔，13.6亿元；市人民银行办理再贴现185笔，3.26亿元，年末再贴现余额185笔，1.81亿元，有力地支持了潍坊市经济的持续、稳定、健康、快速发展。

2007年，市人民银行加大非现金支付结算工具推广力度，引导商业银行为寿光蔬菜市场客户推出电话转账、网上银行、无线POS等支付工具，分行专门在寿光召开现场推介会对该做法进行改进推广。2008年，建立支付结算重点企业联系制度，选定潍柴动力、寿光蔬菜批发市场等10家企业作为重点联系企业。市人民银行坚持以规范管理为基础，以市场需求为导向，创新服务方式，进一步提高金融服务效率。实施全口径信用总量统计制度。积极开展征信知识宣传月、反假币宣传月、诚信兴商宣传月、金融知识进社区、送国债下乡、支付结算知识到农户等系列宣传活动。

2009年3月10日，人民银行潍坊市中心支行“放心用卡　安全支付暨2009山东省银行卡联合推广活动启动仪式”在风筝广场举行，中国银联山东分公司及全市10家发卡机构负责人及银行卡从业人员200多人参加。至3月底，全市发卡机构共10家，银行卡存量达540多万张，特约商户超过3900余家，POS机近4900台，ATM机800多台，每天刷卡消费交易超过2万多笔，金额7000多万元。

2009年6月18—24日，由人民银行济南分行和潍坊市人民政府联合主办的“金融知识进万家巡回展·走进潍坊”在潍坊富华国际展览中心举办。这是潍坊市金融史上规格最高的一次展览。参展机构61家，展区面积6000平方米；展览内容有普及性的金融基本原理和基础知识，有现代生活中必备的金融常识，有金融产品与服务品种介绍，也有与百姓日常生活密切相关的个人理财、助学贷款、小额贷款、贷款担保、人民币反假、安全使用银行卡等方面的知识；展览除采用文字、影像、图表、漫画等形式外，还增加钱币实物展览，在报纸上开展有奖知识问答活动。

2010年，人民银行潍坊市中心支行积极创新金融服务方式，拓展金融服务领域的广度和深度。组织“优化金融服务，方便企业居民现金供应试点”启动仪式。在全省率先开展银警联合反假货币示范点和创建现金服务示范点工作。国库直接支付种类拓展到低保补贴、贫困生助学金、外贸企业补贴等20项，种类和金额居全省第一位。开展国库直接办理无记名国债兑付业务。按照“一县一特色、一行一品牌”的目标，着重引导县支行在服务“三农”上选准履职切入点，积极主动地推进特色县支行建设。

2011年，人民银行潍坊市中心支行先后5次到坊子区进行调研，分层次召开8次会议，确定坊子区为全市首家金融创新示范区。重点从政策引导、货币政策工具倾斜、外汇服务、拓展融资渠道等方面给予扶持，推进信贷产品、服务模式等方面的创新步伐，以此推动全市金融创新。推进产业链和金融链融合，引导促进银行、保险、担保、租赁等业务产品创新，探索并推广以不同产业为核心的“金贸工农一体化”发展模式。省金融学会确定坊子区为“金融理论与创新实践基地”。打造金融服务进农村社区“诸城模式”。人民银行引导，农业银行、农村信用社、邮政储蓄银行等商业性金融机构共同参与，在诸城208个农村社区设立金融服务站，打造“两公里金融服务圈”。农村社区支付网初步形成，农民自助服务终端、POS机、假币鉴别机具等实现农村社区全覆盖。

2011—2012年，全面培育社会公众金融意识，组织编写了7卷本《中小学生金融理财普及丛书》，填补了国内中小学生金融知识读物的空白。2012年，实现全市6254个行政村金融基础设施全覆盖，初步达到“电子机具村村通、银行折卡户户用、足不出村存取款、田间地头可转账”的目标。人民银行潍坊市中心支行联合市发改委实行重点企业跟踪分析服务制度，确定26个行业的100家重点企业作为跟踪分析对象，每季度深入企业，了解运行情况、存在问题、政策建议和需要协调解决的问题。

第五节　人民币管理与反假

人民币管理

根据1995年3月18日通过的《中华人民共和国中国人民银行法》（简称《中国人民银行法》），人民银行潍坊市分行加大对人民币流通管理力度。2000—2005年，每年的5月均组织开展人民币宣传周活动。监督各金融机构营业网点配备“七成新”标准票样，对外支付现金达到“七成新”标准要求。监督各金融机构营业网点对外设立残损人民币、大小票兑换窗口及挂牌，无偿为客户提供残损人民币、大小票币的兑换。监督各金融机构营业网点对办理业务的顾客配备人民币反假鉴别仪器，并按规定的程序收缴假币。

2000年4月，昌邑、昌乐、安丘、临朐、高密5个县市发行支库撤销。2001年，撤销诸城、寿光、青州三地发行库。发行库撤销后，潍坊县市人民银行货币发行与出纳工作的职能转移为监督与管理，主要是对人民币流通管理、现金管理、金银市场管理和反假人民币。潍坊中心支库负责全辖区的货币发行与回笼工作。

2004年，人民银行潍坊市中心支行发行库被人民银行总行确定为一级发行库，成为全国所有重点库、分库、中心支库、支库中首批23个“一级发行库”之一，是山东省中心支库中的唯一一家。2008年，试行推广认定残损人民币多种分割法、剩余票面面积正方形等分计量法，研制标准兑换尺，较好地解决了残损人民币兑换难问题。2009年春节前，携手潍坊市商业银行（39家营业网点）举行“迎新春 换新钱 欢欢喜喜过大年”便民服务活动。

2010年始，积极探索推动“计划供应与市场调剂相结合的现金供应”模式，由人民银行主导、部分商场超市和公交公司参与、金融机构配合，将公交公司回收零币优先调剂给商场超市使用，不足部分由人民银行（通过开户金融机构）优先供应，公交公司回收的不宜流通人民币通过开户银行的“绿色通道”快速交存。通过这一方式，年均向20家零币需求大户优先供应1元及1元以下零币3000多万元，帮助公交公司年均对外调剂零币2600万元，开户银行通过“绿色通道”年均回收不宜流通零币2200万元，公交公司零币日均库存下降210万元。

2011年，探索开展残损人民币分类回收、污损类残损币上机清分、业务系统日终后回笼券清分工作。指导潍坊银行奎文支行在全省首批试点开展“山东省现金服务示范点”创建工作。组织全市金融机构开展“提高残损人民币回收质量专项行动”。

2012年，部署开展“承诺18项献礼十八大活动”、残损人民币回收质量管理年活动、现金服务“六不”［大额提现不违规、券别调剂不推诿、残币兑换不拒绝、小票缴存不设限、收入现金不坐支、ATM（一体机）存取现金不循环］活动。部署辖区金融机构全面开展现金清分、更新高性能现金整点机具设备三年规划，进一步提高现金管理和服务水平。8月30日，由人民银行济南分行策划，人民银行潍坊市中心支行、青州市支行，农业银行潍坊分行、青州支行，潍坊农信联社、青州市农村商业银行和工商银行青州支行7个单位共同承办的潍坊市县两级现金供应应急演练在青州市成功举办。演练采取场内推演与场外现金实物调拨同时进行的方式，在全省首次正式演练了县域金融机构之间现金供应横向调剂、县域范围内自行救助工作流程及业务操作，促进了市、县两级现金供应应急处置、协调能力的提高。

人民币反假

进入90年代，人民银行潍坊市分行始终按照《中国人民银行法》和《中华人民共和国人民币管理条例》等法律法规，严格查处一切制假和破坏人民币的犯罪活动。1996年，潍坊市成立由副市长挂帅，各银行、公检法、工商、海关等有关职能部门参加的潍坊市反假货币领导小组，统一领导和协调管理全市的反假货币工作。组织召开全市金融系统反假货币联席会议，学习贯彻国务院反假货币联席会议关于进一步加强反假货币工作的意见，对全市的反假货币工作提出具体意见和措施。按照人民银行总行的要求，从1996年始，全市金融系统每年组织开展一次“反假货币宣传周”活动。2002年，潍坊市反假货币领导小组更名为潍坊市反假货币工作联席会议。

2009年，继续加大对制造、贩卖假币违法犯罪行为的打击力度，配合公安机关开展打击假币犯罪“09行动”。2010年，人民银行潍坊市中心支行与市公安局在安丘市一起打造“银警联合反假货币工作示范点”。2010年后，经常性地组织开展“反假货币知识下乡”“反假货币知识与技能进社区”等活动，与电台、电视台联合录制专题宣传节目，依托节日展会开展反假货币宣传，每年组织开展“反假货币宣传月”活动，群众假币防范意识和识别技能有所提高。

2011年，人民银行潍坊市中心支行指导诸城市支行在全省率先（全省仅诸城、费县2家）将反假货币工作纳入社会治安综合治理。组织全市金融机构开展假币收缴“三无”（发现假币无一漏缴、假币收缴无一违规、假币线索无一漏报）活动。

2012年，组织全市金融机构开展假币收缴“六无”活动。做到发现假币无漏缴、假币收缴无违规、假币线索无漏报、缴存现金无假币、对外支付无假币、ATM机无假币。

第六节　反洗钱

2003年以前，反洗钱工作由公安部负责协调。2003年修订后的《中国人民银行法》规定，反洗钱行政主管部门为中国人民银行。2006年8月，人民银行潍坊市中心支行反洗钱业务由国际收支科、保卫科等部门移交归口会计财务部门管理。

2006年10月，市政府印发《潍坊市反洗钱工作联席会议制度》，市中级人民法院、市人民检察院、市政府金融证券业务发展协调办公室、市公安局、市国家安全局、潍坊海关、市国税局、市地税局、市工商局、市广电局、市政府法制局、人行潍坊市中心支行、市银监分局、市邮政局、市武警支队等20个部门和单位为潍坊市反洗钱工作联席会议成员单位，人行潍坊市中心支行为牵头单位。

2006年10月31日，《中华人民共和国反洗钱法》经第十届全国人大常委会第二十四次会议审议通过，2007年1月1日开始施行。2007年3月，市人民银行成立反洗钱科。

2008年4月18日，人民银行潍坊市中心支行牵头淄博、东营、滨州人民银行与潍坊海关缉私分局召开合作协调联席会议，通过《“四行一局”跨区域、跨行业反洗钱及打击走私犯罪合作联动实施办法》，在打击洗钱犯罪及走私犯罪工作中实现跨区域和跨行业协作、支持与配合。2009年3月，在该合作机制下，人民银行潍坊市中心支行向潍坊海关缉私分局移交的某塑胶制品有限公司可疑交易线索被以涉嫌走私普通货物立案侦查、破获，抓获犯罪嫌疑人3人，案值1240万元，涉嫌偷逃税额235万元。

2009年，组织开展潍坊市首届反洗钱和征信电视知识竞赛，30多个保险证券和期货业金融机构参与预赛和决赛，通过知识竞赛扩大反洗钱工作的社会认知度，进一步提高金融机构的反洗钱工作水平。5月13日，人民银行潍坊市中心支行与市人民检察院签订《反贪污反贿赂反洗钱合作联动实施办法》，在打击洗钱犯罪及贪污贿赂犯罪工作中实现全方位配合。

2007—2012年，共组织对辖区30家银行、证券、保险等金融机构开展反洗钱执法检查和综合执法检查，进一步提高辖区金融机构反洗钱工作水平。

第七节　外汇管理

1985年3月26日，国家外汇管理局潍坊分局成立，与中国人民银行潍坊市分行合署办公，负责全市外汇管理工作。

1994年，全市外汇管理工作以深化外汇体制改革为中心，努力实现外汇由直接管理向间接管理、微观管理向宏观管理的转变，进一步改善和加强对贸易外汇、资本外汇、外汇调剂市场和金融机构外汇经营业务的管理，组织协助各外汇指定银行及时开办结售汇、进口付汇核销业务。转报审批经营外汇业务机构20家，全市外汇金融机构发展到78家，外汇资本金2221万美元，外汇从业人员300余人。全年共调剂成交外汇7059万美元，外汇结售顺利运转，办理结汇8020万美元，售汇13866万美元，保证了企业用汇需要。

1996年，外汇管理体制发生重大变革。国家外汇管理局潍坊分局积极落实《外商投资企业外汇买卖结汇工作办法》，推行以余额管理为主的监管形式，为1025家企业办理账户区分申报手续，审批开立账户1147个，核定外汇最高保留金额13亿美元。全年外债累计签约5.6亿美元，债务余额4.4亿美元。

2003年，人民银行潍坊市中心支行印发《用活用好外汇管理政策支持外向型经济发展的意见》，为外向型经济发展提供优质服务。参与全市行政审批“一站式”改革，完善分类核销管理制度。2004年，实行以“外汇局—企业联系手册”为载体的外汇局—企业工作季度反馈制度，形成外汇业务整体联动的服务格局。印发《境外投资外汇管理办法实施意见》，支持企业境外直接投资。年内，潍柴动力和墨龙机械在境外上市，孚日家纺等9家企业在境外投资。

2005年7月以后，开始实行浮动汇率制度。2010年，人民银行潍坊市中心支行印发《关于改进外汇管理与服务支持全市涉外经济平稳较快发展的指导意见》，推出7个方面促进企业贸易投资便利化的措施。选取30家重点进出口企业实施“一企一策”服务，向全市25家重点企业董事长发函，推荐近期重点外汇管理改革措施。举办跨境贸易人民币结算政策宣讲暨贸易融资产品推介会，与100家企业建立联系与问题反馈制度，共办理跨境人民币结算业务21笔5.8亿元。

2011年，稳步推进进出口核销制度改革，全市1000余家A类进口企业退出具体核销程序，完成全市2996家进出口企业的名录清理等前期准备工作。潍柴进出口公司、孚日集团开立境外账户，实现出口收入存放境外业务零突破。歌尔集团开办外汇资金集中运营业务，成为全省第一家“外币资金池业务”资格企业。人民银行潍坊市中心支行制定《关于支持重点涉外企业发展，促进贸易投资便利化的十条措施》，选择20家企业，定期现场办公、上门服务，实施“一对一”辅导。

2012年，市人民银行印发《支持重点涉外企业发展促进贸易投资便利化十二条措施》。选取30家外汇收支规模较大的企业作为外汇服务重点企业，深入福田雷沃、乐港食品等17家企业进行“一对一”辅导，帮扶乐港食品、杰富意化工、美林卫浴等公司从国外融入资金76亿元，助推潍柴集团境外收购3.75亿欧元的法拉帝游艇项目，协助晨鸣集团获得全省第二家外币资金池业务资格。

第八节　征信管理

1997年，为控制金融风险，防止逃废金融债务行为发生，根据人民银行总行制定的《贷款证管理办法》，市人民银行组织金融机构对有信贷业务的企业发放贷款证。由于当时贷款证设计不严密、相关软件开发不到位、没有实现微机联网、全部依靠手工操作等原因，未能很好地发挥作用。

1999年6月，潍坊市银行信贷登记咨询系统开始建设并于年底投入使用，实现了人民银行与金融机构微机联网，开始为企业发放贷款卡，取代原有的贷款证，其防范风险的作用得到充分发挥。2001年，建立健全《金融机构信贷登记咨询工作规范》《银行信贷登记咨询检查制度》等制度。组织开展贷款卡年审工作，年审贷款卡3557

户，其中合格2665户，合格率75%。对系统内24525户借款人信息，对照技术监督局机构代码库逐一进行检查、清理，完善了12069户借款人的基本信息。2002年底，银行信贷登记咨询系统实现全国联网，全国金融机构间借款人的信贷信息实现共享，为征信体系的建设奠定坚实基础。市人民银行制定金融机构管理制度、内控制度、档案管理办法、安全管理制度、检查制度、文明服务制度、贷款卡持卡人管理制度等制度，形成人民银行、金融机构和借款人“三位一体”的完备的制度体系。

2004年，人民银行潍坊市中心支行组织开展评选“最佳银行信用企业”活动，从265家参评企业中评选出163家信用企业。市政府召开全市首批银行信用最佳企业授牌大会，各银行出台对入选企业实行贷款优先、利率优惠、结算便捷的扶持政策。2005年，深入推进信用评选活动，打造信用建设平台。组织开展最佳信用企业、最佳银行服务窗口、“金融服务明星”评选活动，表彰163家信用企业、20个银行服务窗口和30名优秀信贷员。在农村开展争创“信用守法村户”活动，到年末，全市共评定信用守法户57.8万户，占全市农户总数的33.8%；评定信用守法村1983个，占全市行政村总数的21%。按照“政府推动、市场运作、银行推荐、分批作业”的原则，在全省率先完成首批131家企业的外部资信评级工作。

2007年，推进金融生态环境优化，支持金融业加快改革发展。6月，市委、市政府召开全市金融工作会议，制定对县市区金融生态综合考核评价办法，将金融生态建设评价统一纳入市政府考核体系。推进企业和个人征信系统建设，在全国率先完成企业公积金数据采集上报工作，设计开发的征信通用技术平台、非银行数据征信通用程序在全国推广。2009年，人民银行潍坊市中心支行制定《加快推进社会信用体系建设的指导意见》和《潍坊市社会信用体系建设市级联席会议制度》；召开全市社会信用体系建设联席会议制度通报会，确定了“先易后难、层层推进”的部门间信用信息共享原则。对签发商业票据的4家中小企业进行信用评级，作为全省试点单位取得成功。在企业征信系统设立依法行政公示平台，并使用平台发布企业“空头支票”信息。

2010年，建立起潍坊市社会信用体系建设市级联席会议制度，统筹协调社会信用体系建设工作。人民银行潍坊市中心支行与市中级人民法院联合制定《关于执行征信系统对接金融征信系统的意见》，建立案件执行信息共享机制，在青州市召开诉讼诚信体系建设现场会。完成390个农民专业合作社的规范化、信用桥梁、信贷服务三项建设任务，指导农村信用社与评级公司联合对54家企业进行信用评级，完成15458家中小企业的信息采集工作。2011年，人民银行潍坊市中心支行、市中级人民法院联合印发《关于以诉讼诚信体系建设为切入点加快推动社会诚信体系建设的意见》，形成“综治办综合协调、金融办建设平台、人民银行业务指导”的地方信用体系建设工作格局。2011年8月23日，由《人民日报》、中央电视台、《经济日报》《金融时报》《中国证券报》《农村金融时报》、新华网、《中国金融》等中央媒体组成的记者团联合采访寿光农村信用体系建设情况。采访内容包括稻田镇西菜园村从农户信用评价到农民获得贷款的整个流程，东方誉源公司及所属农民专业合作社信用体系建设对支持中小企业和农民专业合作社发展的作用，侯镇地沟村信用体系建设对村经济发展和村风民风发挥的重要作用，以及青年信用示范工程、文明信用联评联创工程、春雨助农工程中的农户典型示范作用。寿光农村信用体系是经济发达地区的信用体系升级模式，与信贷服务创新及支付环境建设构成了寿光农村金融发展的“三驾马车”。

2012年，开展农村青年信用示范户创建及融资扶持试点工作，在寿光召开现场推进会，至年底，评定示范户14.6万户，授信额106.7亿元。

第九节　行业监管

监管机构

中国人民银行潍坊市中心支行　1991年，人民银行潍坊分行下辖10个县市区支行，全系统在职员工593人。1992年，所辖的中国人民银行五莲县支行随行政区划划归日照市。1997年9月4日，成立人行潍坊分行农村合作金融管理科，负责辖内农村合作金融机构的管理工作。1998年9月，撤销所辖的中国人民银行寒亭区支行。

1999年1月1日，中国人民银行潍坊市分行更名为中国人民银行潍坊市中心支行，国家外汇管理局潍坊分局更名为国家外汇管理局潍坊市支局。2000年3月，市中心支行金融机构管理科分为金融机构监管一科和金融机构监管二科，分别负责对辖内国有商业银行、政策性银行、邮政储蓄机构、股份制商业银行的监管工作；金融稽核科撤销，成立内审科。

2001年5月1日，国家外汇管理局潍坊市支局更名为国家外汇管理局潍坊市中心支局。2002年7月，人行潍坊市中心支行对各分支监管机构和监管职责进行调整，金融机构监管一科、二科合并，更名为银行管理科，负责潍坊市内银行机构的金融行政管理和股份制商业银行分支机构的日常监管工作。2003年12月，人行潍坊市中心支行与中国银行业监督管理委员会潍坊监管分局分设。

至2012年底，市人民银行下辖青州、诸城、寿光、安丘、高密、昌邑、临朐、昌乐8家县（市）支行，全系统在职干部职工458人，其中中心支行机关在职干部职工189人。内设办公室、货币信贷管理科、调查统计科、会计财务科、科技科、货币金银科、国库科、内审科、人事科、外汇管理科、国际收支科、反洗钱科、保卫科。党群工作机构：党委办公室（与办公室合署办公）、党委组织部（与人事科合署办公）；纪委和监察室合署办公，设立纪检监察办公室；宣传部、机关党委办公室、工会办公室、团委四个机构合署办公，统称为宣传群工部。直属单位有营业室、后勤服务中心、钞票处理中心。

中国银行业监督管理委员会潍坊监管分局　中国银行业监督管理委员会潍坊监管分局（简称潍坊银监分局）于2003年12月21日挂牌成立，正县级规格，是中国银行业监督管理委员会（简称银监会）派出机构，全面负责潍坊市辖区内银行业金融机构的监督管理。成立时编制74人，内设办公室、监管一科、监管二科、监管三科、人事科、统计信息科6个科室，下辖昌乐、青州、昌邑、寿光、临朐、安丘、诸城、高密8个监管办事处。2005年4月，成立财务科；2010年4月，成立监察科。至2012年底，潍坊银监分局内设8个科室、下辖8个监管办事处，在编干部职工74人。

金融监管

1992年至1993年上半年，金融领域一度出现违规放款、违规拆借、违规投资及违规提高利率等情况。1993年7月，市人民银行对全市金融机构的业务经营情况进行全面稽核检查，对存在的问题进行查纠。

1994年，对银行业全面推行以风险管理为核心的资产负债比例管理，并制定具体的指标体系和考核办法，建立不良贷款认定、考核制度。金融监管从单纯的行政管理逐步向规范商业银行经营行为转变。1995年，市人民银行组织对辖内国有商业银行的资金来源和资金运用进行全面稽核，清理账外经营、信用卡恶意透支行为；清理企业账户，制止多头开户、逃避银行监督等违法违规问题。

1997年，人民银行潍坊市分行组织金融机构对有信贷业务的企业发放贷款证。1999年，全方位落实监管责任制，探索实行对金融机构“一帮一”风险化解定向联系制度，防范化解商业银行、农村信用社经营风险。参与清理整顿农村合作基金会工作，妥善组织协调城乡信用社的归并问题。清理整顿银行储蓄代办网点违规经营、高息揽储。2000年，按照分类指导、重在化解的原则，帮扶中小金融机构拓展业务领域，引导和推动城市商业银行、农村信用社开展网上债券买卖和回购业务。按照人民银行总行、济南分行的部署，对全市金融机构2000年的业务经营状况进行真实性全面检查。2001年，加大对金融违规行为和非法金融业务的查处力度，组织对全市粮棉油收储企业账户使用情况、《个人存款账户实名制规定》执行情况、农业发展银行分支机构的业务进行全面检查。配合公安部门严厉打击外汇黑市交易，立案查处11起外汇违法违规案件。

2002年4月，市委印发《关于全市组织开展“深化诚信教育、建设信用潍坊”活动的意见》，全市广泛组织开展“深化诚信教育、建设信用潍坊”的活动。10月11日，市政府印发《关于深入开展建设信用潍坊推进金融安全区创建工作的指导意见》，部署开展创建金融安全区工作。建立潍坊市推进金融安全区创建联席会议制度，通过《潍坊市推进金融安全区创建工作联席会议成员单位联络员工作制度》。11月12日，召开金融机构推进金融安全区创建工作会议，人民银行潍坊市中心支行制订《潍坊市推进金融安全区创建工作宣传月活动实施方案》。

2003年4月25日，银监会成立，成为银行机构新的监管法定机构。潍坊银监分局作为银监会派出机构，履行监督管理辖区银行机构及其业务活动的法定监管职责。

2005年，潍坊银监分局坚持“以监管促发展，在发展中防范化解风险”的总体思路，以优化环境为平台，以监管创新为主线，以监管难点为突破口，以提高监管绩效为目标，有效促进了监管整体效能的发挥，推动全市银行业持续、协调、健康、快速发展。2005年，全市银行业各项存款增加180.9亿元，同比多增26.3亿元，增长16.68%，居全省第5位；各项贷款增加147.8亿元，同比多增29.2亿元，增长19.12%，居全省第4位；实现盈余10.7亿元，增加6.2亿元，增长1.38倍。

2007年，潍坊银监分局围绕审慎有效监管核心，实施监管模式创新，督促引导辖区银行业服务全市实体经济发展。完善“风险评级—非现场监测—现场检查—审慎监管会议—风险评级提高”的监管运作模式，根据风险评级结果，一行一策，分类制定监管措施。实施“锁定存量、监控流量、重点防控、严格问责”的不良贷款防控机制，组织对交通银行潍坊分行、昌乐农信联社等8家机构的贷款分类偏离度检查，提升资产贷款真实性。

2008年，积极推进农业银行潍坊分行、邮储银行潍坊市分行改革，推进农合机构达标升级，提升银行业发展动能。加快股份制银行引进步伐，推动全省首家村镇银行落户寿光。引导辖内银行业机构优化信贷结构，研发“新农村建设住房”“家电下乡”“金助力”“自由薪生活”“信贷助推百万农村妇女创业行动”等产品，加大对“三农”、小企业贷款力度，促进城乡经济协调发展。

2009年，华夏银行、民生银行、浦发银行、中信银行4家银行入驻潍坊。至2009年末，全市涉农贷款余额（不含票据融资）达1104.5亿元，占各项贷款比重的53.2%，较年初增加358.5亿元，增长48.1%，高出各项贷款增幅11个百分点。

2010年，为落实“三个办法一个指引”（固定资产贷款管理办法、流动资金贷款管理办法、个人贷款管理办法及项目融资业务指引）精神，潍坊银监分局印发《关于深入贯彻落实“三个办法一个指引”的工作意见》，开展集中宣传周，举办贷款新规培训班，组织实施“三个办法一个指引”执行情况检查，以监管的权威性推动新规落实到位。至2010年末，全市银行业不良贷款较年初下降9.14亿元；不良占比1.26%，下降0.74个百分点，保持了双降的良好势头。

2011年，探索构建分局、协会、银行机构“三位一体”的信访联动处置机制，全年妥善处置100余起群众投诉。组织对116个机构网点代理保险、理财和银担保作业务情况进行暗访和抽查，加强理财、代理保险等创新业务监管。将“三个办法一个指引”和中长期贷款合同修订补正作为当年的两项重大监管工作融入到日常监管，实施紧盯式监管、精细化管理。不断加强对经济金融形势的分析和研判，严格落实不良贷款“双控”工作措施，至年末，全市银行业不良贷款率仅为0.71%，为全省最低。

2012年，全力推进农合机构银行化改革，探索出一条“城区整合组建、县域单体改制”的创新之路。至年末，全市12家农联社（农合行）全部改制完毕，在全省率先完成农合机构的商业银行化改革。在全市范围内开展银行业不规范经营专项治理活动，共整改不合理收费问题25个，整改不规范贷款11.84亿元，取消或调低收费项目2726项，整改清退不合理收费1078万元。

整顿城市信用社

1986年，潍坊市组建第一家城市信用社。1988年，潍城区城市信用社中心社成立，具体管辖潍城区5家城市信用社，同时指导其他城市信用社，具有业务经营和自律管理服务双重职能。城市信用社组建初期，其行政归属不统一，有的归口街道管理，有的归政府部门领导。为加强对城市信用社的归口管理，1989年，城市信用社从原组建单位的隶属关系中脱离出来，实行党务、行政、业务全面归人民银行领导，劳动工资在地方劳动部门列编，在地方纳税，确定城市信用社为大集体金融企业。

至1993年1月末，潍坊城市信用社发展到20家，其中中心社1家。潍坊市20家城市信用社存款10.2亿元，贷款7亿元，资产总额11亿元以上。全市城市信用社从业人员800人，自有资金5600万元，股金3400万元，积累2200万元，固定资产总额3200多万元。1993年，潍坊市城市信用合作社联合社成立。

至1996年末，青州、寿光、临朐、昌乐、昌邑、高密、安丘和诸城8家城市信用社下设服务部41处，共有干部职工753人，各项存款余额122241万元，各项贷款余额75511万元，资本总额5544万元，资产总额146941万元，所有者权益5209万元。有6家社盈利293万元，诸城社、高密社亏损。

1997年8月22日，潍坊城市合作银行正式成立。该行是在潍坊城市信用联社和11家城市信用社的基础上，由企业、居民和地方财政投资入股组建的地方性股份制商业银行，下辖11家支行，76个综合性营业网点，职工1236人。1998年4月，潍坊城市合作银行更名为潍坊市商业银行。

1999年10月，经济南分行批准，八家县级城市信用社全部更名为城区农村信用社。至1999年末，共有分支机构41个，正式职工766人，账面资产总额17.4亿元，负债总额1.65亿元，所有者权益总额9533万元。

2000年4月，潍坊普惠会计师事务所对辖内8家城市信用社2000年3月末的资产、负债及所有者权益进行清产核资。经审定，8家城市信用社实际资产总额17.1亿元，负债总额1.65亿元，所有者权益5466万元，净资产总额为-1.47亿元。6月，经济南分行批准，昌邑、青州、寿光、安丘4家资能抵债的城市信用社并入农村信用社；12月，临朐、高密2家城市信用社并入当地农村信用社县级联社；2002年，诸城、昌乐城市信用社撤销并入当地农村信用社。

第二章　保险业

1991—2012年，全市保险事业在机构体制、产权、劳动用工、分配制度等方面进行一系列改革，突破单一保险公司的旧有模式，市场主体呈现多元化。多家竞争促使保险险种日渐丰富，保险业务稳定增长，尤其是人身险业务快速发展。保险业经营管理水平和服务质量全面升级，统一监管引领保险市场秩序明显好转，保险的经济补偿（给付）功能得到有效发挥。2012年，全市保险业保费收入94.73亿元，保险赔款（给付）27.39亿元，承担社会风险12663.11亿元。

第一节　经营机构

90年代初期，潍坊保险市场由中国人民保险公司潍坊分公司（简称人保潍坊分公司）一家经营。1994年4月，太平洋保险公司潍坊分公司成立。1996年7月，根据国务院关于改革中国人民保险公司机构体制的精神，人保潍坊分公司分设为独立的中保财产保险有限公司潍坊分公司（简称中保财险潍坊分公司）和中保人寿保险有限公司潍坊分公司（简称中保人寿潍坊分公司）。分业后的中保人寿潍坊分公司成为潍坊市首家挂牌营业的专业寿险公司。1997年5月，中国平安财产保险股份有限公司潍坊中心支公司（简称平安产险潍坊中心支公司）、中国平安人身财产保险股份有限公司潍坊中心支公司（简称平安人寿潍坊中心支公司）成立。

2002年后，全市保险机构迅猛发展。2002—2004年，天安财产保险股份有限公司、大地保险股份有限公司、新华人寿保险股份有限公司等先后入驻潍坊。全市逐步形成商业保险公司、政策性保险公司、保险中介机构等多元化市场主体参与，国有控股、股份制、中外合资保险机构等多种所有制并存，市级、县级分支公司、营销服务部等多层次机构网点经营，行业协会参与行业管理的组织体系。到2004年底，潍坊市级保险经营主体增加到14家，保险专业代理机构12家。

2005年，全市经保险监管部门批准设立的保险经营机构189家。市级保险公司18家，其中经营财产险业务的公司11家、经营人身险业务的公司7家；经营产寿险业务的县级分支公司（营销服务部）171家。保险代理公司13家，保险公估行1家，保险兼业代理机构311家。全市保险从业人员1.76万人。在潍坊市较大的县市区中至少有5家以上的产寿险保险公司。其中，8个县市有13家以上的保险经营机构。年内，新增设3家财产险保险公司、1家寿险保险公司和1家专业代理公司。

2008年，全市有市级财产险公司20家、人身险公司20家。年内新增公司12家，其中产险4家、寿险8家。县级经营单位212个，新增36个。专业代理公司13家，新增2家；兼业代理机构385个，新增10个。保险从业人员2.4万余人，持证上岗率99.7%。

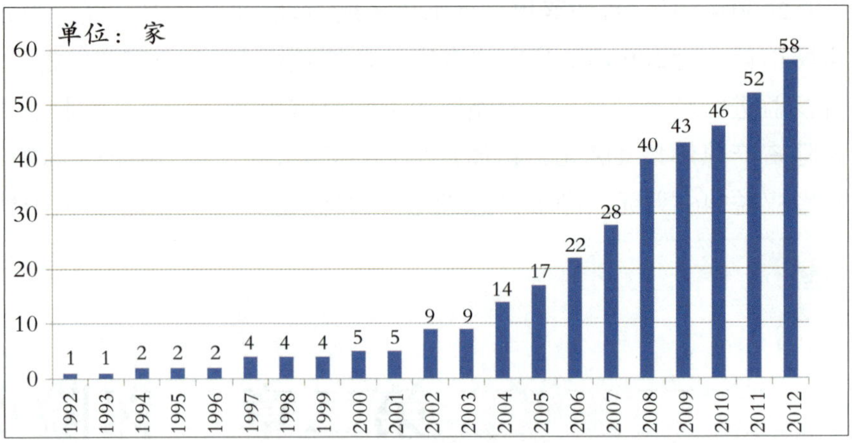

图11-2-1 1992—2012年潍坊市保险机构增长情况示意图

2010年，新增财产险机构2个、人身险机构1个，新增县级机构225个。保险从业人员3.13万人，持证上岗率99.8%。2011年，驻潍坊市级保险机构发展到58家，其中财产险公司28家、人身险公司30家；县市区保险机构（含营销服务部）241个；保险专业代理公司13家，兼业代理机构425个。全市保险从业人员3.78万人。保险机构实现县市区域全覆盖。

至2012年底，驻潍坊市级保险机构有58个，县市区机构258个。

2012年潍坊市保险机构及业务统计表

表11-2-1

机构名称	承保金额（亿元）	保费收入（万元）	赔款支出（万元）
合计	12663.11	947267	273895.73
（一）财险小计	10019.28	372803.13	184764.99
人保财险	2295.93	116179.20	63483.40
太保产险	1912.31	45548.57	21979.71
平安产险	1198.74	39668.54	18689.58
天安保险	182.54	8967.23	5595.66
大众保险	22.91	1001.67	681.13
大地财险	904.39	10607.00	4641.08
永安保险	96.62	5209.67	3917.65
太平产险	195.24	6259.93	2072.63
中华联合	916.98	20033.11	12737.10
阳光产险	550.82	20078.98	9810.98
华安财险	46.57	4068.07	1544.85
安邦财险	43.03	5548.29	3059.51

续表11-2-1

机构名称	承保金额（亿元）	保费收入（万元）	赔款支出（万元）
安华农险	77.22	8266.51	2985.45
永诚财险	198.78	8009.69	4366.12
都邦保险	3.80	280.40	0.00
渤海保险	40.62	2298.31	1308.56
民安保险	230.98	4782.84	2656.12
天平汽车	185.51	16202.15	7641.94
中银保险	116.36	2246.51	1209.17
长安责任	137.84	10730.98	6153.95
人寿财险	195.32	15730.78	6381.80
浙商财险	60.12	5338.90	1396.14
英大泰和	237.25	5666.00	1756.00
华泰财险	27.72	2452.07	203.93
泰山财险	52.49	3617.81	264.70
信达财险	65.90	2073.61	156.14
安诚财险	14.28	1185.00	58.55
紫金财险	9.01	751.31	13.14
（二）寿险小计	2643.83	574463.87	89130.74
中国人寿	89.59	169322.28	49955.92
太保寿险	725.24	114112.92	5891.00
平安人寿	296.71	53025.00	10476.00
泰康人寿	12.62	41933.72	2567.00
新华人寿	148.67	80872.92	4074.00
太平人寿	7.39	22298.24	1730.00
民生人寿	4.90	8447.00	15.00
合众人寿	—	4265.45	1071.90
中英人寿	1.99	5615.00	262.00
平安养老	—	1231.00	1524.15
中宏人寿	10.66	3725.40	923.00
海康人寿	0.38	189.69	51.65

续表11—2—1

机构名称	承保金额（亿元）	保费收入（万元）	赔款支出（万元）
北大方正	1.63	376.09	29.28
人民人寿	91.32	20512.67	3832.00
人保健康	1129.24	6086.61	5306.00
生命人寿	17.66	13935.77	341.21
嘉禾人寿	14.59	4667.95	110.63
华泰人寿	39.20	4518.40	263.39
国泰人寿	15.45	637.12	170.00
恒安标准	7.34	1270.30	78.99
阳光人寿	—	4592.36	238.95
国华人寿	22.53	6618.31	115.25
中德安联	0.35	315.81	76.87
长城人寿	0.41	377.85	3.16
华夏人寿	0.42	2320.34	4.39
百年人寿	4.05	2819.60	19.00
幸福人寿	1.04	257.00	—
中意人寿	0.12	70.93	—
信泰人寿	—	2.81	—
英大人寿	0.33	45.33	—

说明：表中机构名称为简称

中国人民财产保险股份有限公司潍坊市分公司

1980年10月，中国人民保险公司昌潍地区中心支公司恢复组建，与潍坊市人民银行合署办公。1983年9月，与人民银行分设，升格为正县级经济实体。1985年2月，潍坊市中心支公司更名为潍坊分公司。1991年10月，潍城区办事处挂牌营业。1994年4月，潍城、寒亭、坊子三区保险办事处更名为支公司。1994年9月，奎文区支公司成立。

1996年7月，中国人民保险公司实行产、寿险分业经营。人保潍坊分公司分设为中保财险潍坊分公司和中保人寿潍坊分公司，所辖各支公司也相应改名。中保财险潍坊分公司承接原中国人民保险公司潍坊分公司经营的财产保险业务。

1999年1月，中保财产保险有限公司继承中国人民保险公司品牌，恢复更名为中国人民保险公司。中保财险潍坊分公司更名为中国人民保险公司潍坊分公司，所辖各支公司相应改名。2003年7月，中国人民保险公司进行股份制上市改革，中国人民财产保险股份有限公司潍坊市分公司（简称人保财险潍坊分公司）成立。

至2012年底，人保财险潍坊分公司有正式员工343人，劳务派遣263人。公司机关内设办公室、人力资源部、法律/监察/合规部、信息技术部、销售管理部、车辆保险部、车商业务部、电子商务业务部、财产险部、三农保险部、责任意外险部、出单中心、财务中心、理赔中心、客户服务部15个部门。下设13个县市区支公司和12个直属营业部，共25个基层经营单位。

1991—2012年人保财险潍坊分公司保费收入、赔款情况统计表

表11-2-2　　单位：万元

年份	保费收入	赔款支出
1991	9311	4254.9
1992	11503.8	8555.9
1993	14012.7	7814.9
1994	15155.6	9831.1
1995	16384.1	10437.9
1996	18571	10781.7
1997	21700	12558.9
1998	23170	12533
1999	22260	16842
2000	23933	12296.9
2001	26002.5	13001.2
2002	26489	13695
2003	30279	17517.5
2004	31737.6	21142
2005	32841	23985.7
2006	37325.4	30453
2007	45805.5	25007.8
2008	54809.1	30108
2009	66810	41023.4
2010	89949.6	42942.1
2011	100066.8	49604.7
2012	116179.2	63483.4

中国人寿保险股份有限公司潍坊分公司

1996年7月，根据国务院关于改革中国人民保险公司机构体制的精神，人保潍坊分公司分设为独立的中保财险潍坊分公司和中保人寿潍坊分公司。分业后的中保人寿潍坊分公司成为潍坊市首家挂牌营业的专业寿险公司。公司设立市级分公司1家、县市区支公司8家、县级营业部2家，全系统干部职工152人。

1999年1月，经国务院批准，中国人寿保险公司成立，中保人寿潍坊分公司更名为中国人寿保险公司潍坊分公司。2003年6月30日，中国人寿保险公司重组改制并变更为中国人寿保险（集团）公司，并独立发起设立中国人寿保险股份有限公司。中国人寿保险公司潍坊分公司相应更名为中国人寿保险股份有限公司潍坊分公司（简称中国人寿潍坊分公司）。

至2012年底，中国人寿潍坊分公司辖11家综合性支公司和6家城区专业化支公司，潍坊分公司本部下设9个部室。全系统干部职工381人，保险代理从业人员5000人。

1996—2012年中国人寿潍坊分公司总保费收入和职工人数统计表

表11-2-3

年份	总保费收入（亿元）	职工人数（人）	备注
1996	0.83	147	自2004年以后，保费数为股份业务
1997	1.71	153	
1998	2.52	175	
1999	3.33	181	
2000	3.34	182	
2001	4.8	450	
2002	6.66	390	
2003	8.23	431	
2004	8.57	405	
2005	9.13	253	
2006	8.13	251	
2007	9.63	394	
2008	14.51	394	
2009	14.18	394	
2010	17.72	392	
2011	15.79	371	
2012	16.55	381	

中国太平洋财产保险股份有限公司潍坊中心支公司和中国太平洋人寿保险股份有限公司潍坊中心支公司

1991年1月8日，交通银行潍坊分行在信贷部设立保险业务科。1992年1月，经中国太平洋保险公司和中国人民银行批准开办保险业务并更名为中国太平洋保险潍坊代理处。1994年4月，中国太平洋保险公司潍坊分公司（简称太保潍坊分公司）成立，与交通银行业务实行分业管理，行政级别与地市级金融机构相同，隶属于中国太平洋保险股份有限公司青岛分公司。1996年7月，改属中国太平洋保险股份有限公司济南分公司。2001年11月，中国太平洋保险股份有限公司实行产、寿险分业经营，中国太平洋财产保险股份有限公司潍坊中心支公司（简称太保产险潍坊中心支公司）和中国太平洋人寿保险股份有限公司潍坊中心支公司（简称太保寿险潍坊中心支公司）分别成立。

至2012年底，太保产险潍坊中心支公司有正式员工91人，营销人员412人。公司本部设有综合管理部、财务部、车险部、非车险部、客户服务部、电销业务部、车商渠道部、综合业务拓展部、重大客户部，辖寿光、青州、高密、诸城、临朐、昌邑、安丘、昌乐、坊子、寒亭、奎文、潍城、高新技术开发区和滨海区14家支公司。全年财产险保费收入4.6亿元。太保寿险潍坊中心支公司有正式员工86人，营销人员2235人。公司本部设有个人业务部、续期收费部、区拓部、多元化行销部、团体业务部、银行保险部、营运中心、计划财务部、人事行政部，辖寿光、青州、诸城、安丘、昌邑、临朐、高密、寒亭、昌乐、坊子、奎文、潍城、滨海13家支公司。全年人寿险保费收入11.41亿元。

天安财产保险股份有限公司潍坊中心支公司

天安财产保险股份有限公司潍坊中心支公司（简称天安保险潍坊中心支公司）成立于2002年10月，是潍坊保险市场上成立的第四家财险公司。2012年，公司下辖4家支公司、11家营销服务部、2家直属营业部，全系统员工150余人，全年保费收入8967万元。

中国平安财产保险股份有限公司潍坊中心支公司

平安产险潍坊中心支公司于1997年成立。公司成立之初，有员工10余人，年保费收入700万元。2002年，有员工30余人，年保费收入3800万元。到2011年，有正式员工180余人，潍坊全辖下设寿光、诸城、青州、高密、临朐、海化、昌乐、昌邑、安丘、坊子、潍城、寒亭12家支公司。公司开设的主要险种有：企业财产损失保险、家庭财产损失保险、短期健康保险、意外伤害保险、建筑工程保险、安装工程保险、货物运输保险、机动车辆保险、船舶保险、法定责任保险、一般责任保险、保证保险、信用保险、种植保险、养殖保险等。2012年，实现保费收入3.97亿元，其中车险3.29亿元。

新华人寿保险股份有限公司潍坊中心支公司

新华人寿保险股份有限公司潍坊中心支公司（简称新华人寿潍坊中心支公司）成立于2002年4月，开设的主要险种有个人意外伤害保险、个人定期死亡保险、个人两全寿险、个人终身寿险、个人年金保险、个人短期健康保险、个人长期健康保险、团体意外伤害保险、团体定期寿险、团体终身保险、团体年金保险、团体短期健康保险、团体长期健康保险，同时代理中国保监会批准的中国大地财产保险股份有限公司山东分公司所经营的险种。

至2012年底，新华人寿潍坊中心支公司下设营销业务部、培训部、保费部、银代业务部、团体业务部、人力资源部、计划财务部、办公室、客户服务部、核保核赔部、财富管理业务部11个部门，有奎文、潍城、寿光、青州、昌乐、昌邑、临朐、高密、诸城、安丘支公司10个四级机构和2个五级机构，拥有内、外勤员工及代理制营销员3369人。2012年保费收入8.09亿元。

泰康人寿保险有限责任公司山东潍坊中心支公司

2002年4月11日，泰康人寿保险有限责任公司山东潍坊中心支公司（简称泰康人寿潍坊中心支公司）成立；同月，市区、青州、寿光、高密4家营销服务部同时开业；10月，昌乐营销服务部开业；11月，诸城营销服务部开业。2003年5月，安丘、昌邑营销服务部开业。2005年11月，临朐营销服务部开业。

至2012年底，公司有正式员工84人，个险营销人员1289人。公司本部设有总经理室、公共资源部、计划财务部、营销部、运营部、培训部、组织发展部、保费部、银保部、银保续期部、团险部，潍坊辖区县市均设支公司。2012年，个险保费收入4643万元，总保费收入4.19亿元。

中国大地财产保险股份有限公司潍坊中心支公司

中国大地财产保险股份有限公司潍坊中心支公司（简称大地财险潍坊中心支公司）成立于2004年10月20日，隶属于中国大地财产保险股份有限公司山东分公司。至2012年底，公司有正式员工119人，公司机关内设综合管理部、财务部、业务处理中心、客服部、销售管理部5个管理部门，直属营业部、开发区营业部、潍城营销服务部、奎文营销服务部4个业务部门；在各县区设6个支公司、3个营销服务部。2012年，保费收入1.06亿元。

第二节　财产保险

1991—1996年，财产险分国内业务和涉外业务两部分。1996年后，国内业务与涉外业务并轨。

险种

1991—1994年，人保潍坊分公司在机动车辆保险、企业财产保险、货物运输保险等老险种的基础上，先后设计开办10余个新险种。其中有基层金融机构综合保险，产品质量及责任保险，

BP机、大哥大保险，建筑安装工程保险，个体工商户财产保险，水管破裂保险等，财产保险服务领域进一步拓宽。1995年，涉外保险先后开办财产险、人身意外伤害险、机器损坏险、公众责任险、信用险、进出口货物运输险等险种。2000年，太平洋保险潍坊分公司加快调整险种结构，优化车险业务结构，以履约险、责任险、水险为重点的非常规效益险种保费占比有所提升。2003—2005年，财险的业务范围扩大至政府机关、事业单位的所有资产，开办的主要险种有企财险、车损险、货运险、家财险、船舶险、工程险、飞机险、农业险、责任险、远洋船舶险和进出口货物险等，以及各险种的附加险。保险企业主要通过营销、直销及专业、兼业代理销售渠道开展业务。

2012年3月，国务院《关于支持农业产业化龙头企业发展的意见》提出：鼓励龙头企业资助订单农户参加农业保险，支持龙头企业与农户建立风险保障机制。为进一步推动潍坊农业转型升级，农业部与人民银行总行在寿光开展订单农业试点，创新农村金融产品和金融服务，加大金融支农力度，利用期货、信贷、保险等金融工具增强农村发展活力，加快发展现代农业。2011—2012年，为16户农户、13家企业4500万元的贷款本金提供贷款保证保险。

至2012年底，潍坊保险业除开办汽车保险、运输保险、保证保险、建工保险、意外保险、农业保险、企业保险、旅游保险、家庭保险、责任保险等传统类别的保险产品外，还开发了车上行李财产保险、航空意外险、交通工具综合意外险、自驾游保险、旅游出行保险、管道破裂及水渍险、电动自行车责任保险、燃气险等一系列创新险种。

保费

1991年，人保潍坊分公司保费收入9311万元。1992年起，各项业务发展迅速，当年保费收入1.15亿元。1995年，人保潍坊分公司承担经济责任400多亿元，为3800多家企业、5800多辆机动车、129万户家庭提供了400多亿元的风险保障。先后为全市1000余家中外合资、独资企业项目、3000多部汽车、1900名出国人员、2000多笔进出口货物运输提供17.3亿美元的风险保障。

1996年，中保财险潍坊分公司实现业务收入1.86亿元。太平洋保险潍坊分公司为全市4万多辆机动车、1500多家企事业单位、200多万人提供财产和人身保障，承担风险责任120亿元，实现保险业务收入2亿多元。1997年，中保财险潍坊分公司承担的经济责任达560多亿元，实现业务收入2.17亿元。

2000年，全市财产险保费总收入3.57亿元。太平洋保险潍坊分公司承保金额195.8亿元，实现保费收入1.2亿元。2001年，全市财产险保费总收入3.92亿元。人保潍坊分公司保费收入2.6亿元。太保产险潍坊中心支公司全年累计承保金额186亿元，保费收入1.33亿元，受理各类保险业务咨询1万余件。平安产险潍坊中心支公司全年承保金额75亿元，保险业务收入2317.16万元。

2002年，全市财产险保费总收入4.42亿元。人保潍坊分公司实现保费收入2.65亿元。太保产险潍坊中心支公司加快调整险种结构，优化车险业务结构，以履约险、责任险、水险为重点的非常规效益险种保费占比有所提升；全年完成非水险、水险保费收入4172万元、725万元，履约险及相关机车险保费收入2479万元；承揽了晨鸣集团、潍柴道依茨、青州烟草、寿光蔬菜博览会等一批大型、典型项目，10万元以上大项目保费收入4050万元；全年保费收入1.49亿元。平安产险潍坊中心支公司全年承保金额92.93亿元，实收保费3714万元。

2006年，全市财产险业务保费总收入10.04亿元，比上一年有较大增长。机动车辆保险、企业财产保险、意外险为主要险种。其中车险保费收入8.07亿元，企业财险业务保费收入10095万元，意外险业务保费收入3257.2万元，家庭财险业务保费收入1408万元，责任险业务保费收入1149.5万元，货运险业务保费收入1479.6万元，农业险业务保费收入410.6万元。

2007年，全市产险公司承担社会风险金额3417.38亿元。人保财险潍坊分公司保费收入4.58亿元，市场份额33.6%；太保产险潍坊中心支公司保费收入1.85亿元，市场份额13.6%；中华联合财险潍坊支公司保费收入1.5亿元，市场份额11%；大地财险潍坊中心支公司保费收入9796.8万元，市场份额7.2%；平安产险潍坊中心支公司保费收入9472.5万元，市场份额6.9%；天安保险潍坊中心支公司保费收入9185.8万元，市场份额6.7%；阳光产险潍坊支公司保费收入7718.5万元，市场份额5.7%；永安保险潍坊支公司保费收入5265.6万元，市场份额3.9%；安华农险潍坊支公司保费收入3366.3万元，市场份额2.5%；太平产险潍坊中心支公司保费收入2993.4万元，市场份额2.2%；安邦财险潍坊支公司保费收入3038.2万元，市场份额2.2%；永诚财险潍坊支公司保费收入2906万元，市场份额2.1%；都邦保险潍坊支公司保费收入2110.1万元，市场份额1.5%；大众保险潍坊支公司保费收入794.1万元，市场份额0.6%；渤海保险潍坊支公司保费收入512.8万元，市场份额0.4%。

2009年，全市企业财产险保费收入1.21亿元，家财险保费收入728万元，机动车险保费收入16.85亿元，货物运输险保费收入2077万元，责任保险保费收入1844万元，保证保险保费收入39万元，意外伤害保险保费收入6018万元，农业保险保费收入2452万元，其他（新开发）保险保费收入1905万元。从财产险保费收入看，机动车险仍占据财产险公司的主导地位，且发展较快，货物运输险有了大幅提升。

2011年，全市财产险保费收入31.71亿元，其中企业财产保险1.77亿元，机动车保险27.78亿元，责任保险0.45亿元，货运保险0.44亿元，农业保险0.37亿元，其他险种0.27亿元。

2012年，全市保险市场体系进一步完善，市场秩序持续好转，运行质量和效益明显提高。财产险保费收入37.28亿元，其中企业财产保险1.87亿元、机动车保险31.92亿元、责任保险0.56亿元、货运保险0.45亿元、农业保险0.96亿元、其他险种0.07亿元。财产保险市场前10位为：人保财险潍坊分公司保费收入11.62亿元，占市场份额31.16%；太保产险潍坊支公司4.55亿元，占12.22%；平安产险潍坊支公司3.97亿

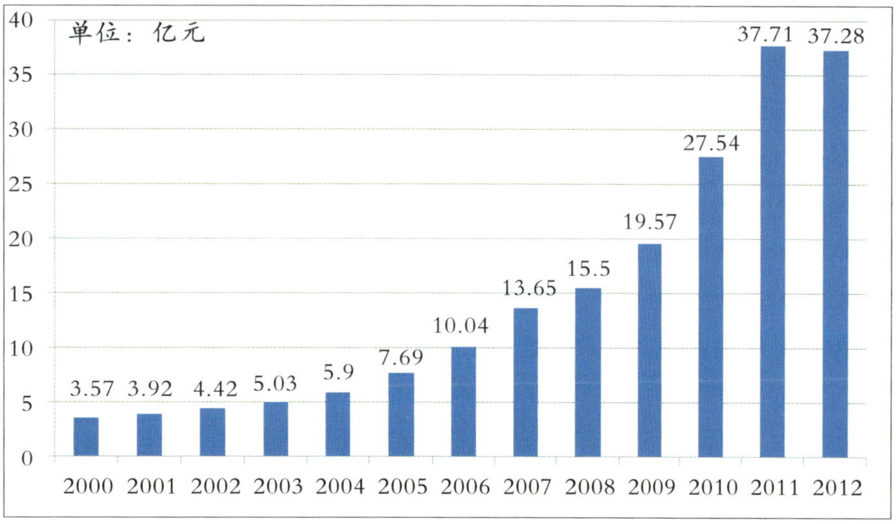

图11—2—2 2000—2012年潍坊市财产险保费收入情况示意图

元，占10.64%；阳光产险潍坊支公司2.01亿元，占5.39%；中华联合财险潍坊支公司2亿元，占5.37%；天平汽车保险潍坊公司1.62亿元，占4.35%；人寿财险潍坊公司1.57亿元，占4.22%；长安责任保险潍坊公司1.07亿元，占2.88%；大地财险潍坊支公司1.06亿元，占2.85%；天安保险潍坊支公司9000万元，占2.41%。

财产险保险赔款

财产险的灾害补偿主要针对企业财产、货物运输、机动车辆、责任事故、家庭财产、远洋船舶及种植业、养殖业等灾害损失。随着财产险业务量增长，出险事故逐年增多，经济补偿数额逐年增加。

1991—1994年，中国人保公司为近9万起灾害事故支付赔款1亿元。1995年，为城乡家庭提供433万元的经济补偿，为涉外保险业务支付赔款621万元。1996年，人保公司支付各类财产赔款1.08亿元。太平洋保险潍坊分公司全年处理各类赔案10295起，支付各项赔款近8000万元。1999年，人保潍坊分公司支付赔款1.68亿元。平安保险潍坊中心支公司赔款支出882万元。2001年，太保产险潍坊中心支公司全年受理各类赔案12337笔，支付赔款6954万元。平安产险潍坊中心支公司赔款支出1136.7万元。2002年，人保潍坊分公司支付赔款1.37亿元。

2004年，全市财产险公司共支付保险赔款3.27亿元，赔付率55.4%。2005年，财产险支付保险赔款4.39亿元，综合赔付率57.08%，其中机动车险赔付率56.89%、责任险赔付率59.99%、保证险赔付率34.7%、货运险赔付率为40.74%。

2006年，财产险业务累计赔款支出61764.1万元，赔付率61.9%。其中：企财险赔款7740.6万元，机车险赔款46952.3万元，货运险赔款1086.5万元，意外险赔款1847.6万元，家财险赔款186.6万元，责任险赔款563.7万元，保证险赔款2532.5万元，农业险赔款51.6万元。

2009年，全市产寿险公司赔（给）付保险金19.2亿元，其中财产险公司赔款支付保险金10.54亿元。2012年，财产险赔付18.48亿元。其中，企财险赔付7600万元，家财险赔付500万元，机动车赔付16.28亿元，责任险赔付2400万元，意外险赔付3300万元，货运险赔付1900万元，农业险赔付3700万元，其他险赔付2500万元。

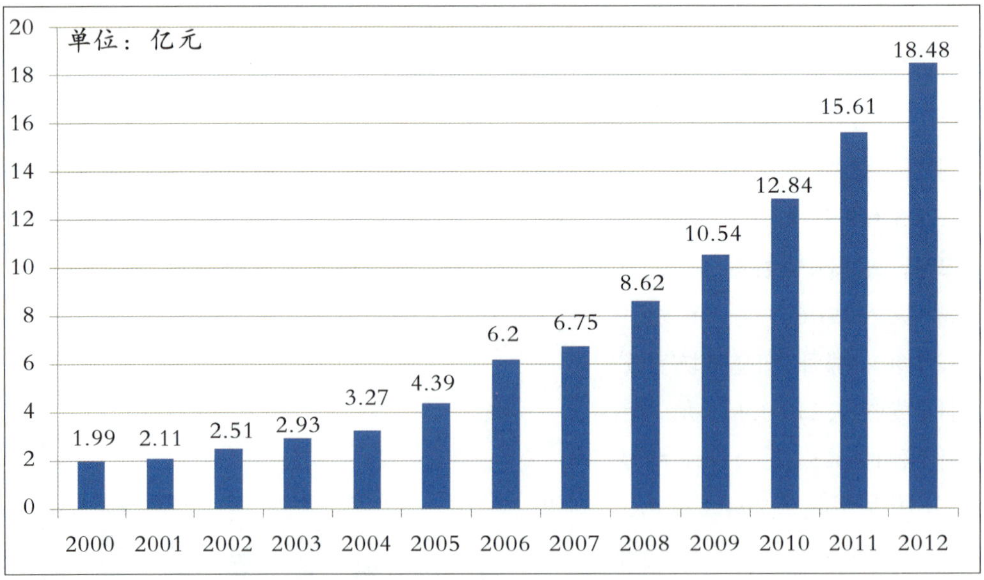

图11-2-3 2000—2012年潍坊市财产险赔付情况示意图

1996—2004年部分年份潍坊市财产险重、特大赔案一览表

表11—2—4

发生时间	发生地点	事故原因	保险标的损失	赔款金额	承保公司
1996年6月13日	青州市	飓风、冰雹	4个乡镇受灾，其中口埠镇有3万亩小麦受灾，8000亩绝产	110万元（此案为1982—1996年山东最大的一起种植业保险赔案）	人保青州支公司
1996年6月13日	潍坊市	特大风雹	60多个乡镇的64.8万亩小麦、20万亩黄烟、7.4万亩瓜菜、8.28万亩果园、4.5万间房屋和100多家企业财产受损，54人重伤、2人死亡	1000万元，其中小麦雹灾赔款378万元（此为截至2005年山东省最大的一笔小麦雹灾赔款）	人保山东省分公司
1997年5月5日	潍坊市	意外	潍坊国际海运公司“昌嘉”轮，在浓雾中与满载货物的3万吨海轮“金泽”发生碰撞，“金泽”轮货物全损	1025万元（其中，碰撞责任725万元，货物损失及法律费用300万元）	太平洋保险潍坊分公司
1997年8月23日	广东	自然灾害	潍坊国际海运公司“幸运海”号货轮受风浪袭击倾覆沉没	2002万元	太平洋保险潍坊分公司
1999年8月11日12时至12日6时	潍坊市东南部	暴雨	高密、诸城有53个乡、1254个村庄、346家企业受灾，受灾88.4万人，死亡14人，倒塌房屋1966间。冲毁河道、建筑物604座，塘坝365座，受淹农作物214亩，有109家企业停产	5000万元（其中，人保潍坊市分公司赔款4000万元，太平洋保险潍坊中心支公司赔款1000万元）	人保潍坊市分公司、太平洋保险潍坊中心支公司
2004年1月	诸城市	意外	诸城外贸公司长虹包装公司生产和仓储车间因线路短路引发火灾，造成房屋、机器设备、原材料和产成品损失	727万元	人保财险诸城市支公司

第三节　人身保险

人身险业务按保障范围划分为寿险、意外险和健康险，其实施方式有自愿保险和法定保险。人寿保险一般有普通寿险、分红型寿险、投资连接险、万能寿险等，各保险公司还开办了养老金险、子女教育婚嫁金险、团体人寿保险等。

险种

潍坊市人身保险业务从团体人身险起步，到1995年共办理以团体人身、人身意外伤害、中小学生平安为主的短期人身险，以个人养老、义务兵、独生子女父母养老、个体劳动者为主的养老金险，以福寿安康、简易人身、独子两全、子女婚嫁、团体人寿为主的寿险业务，以疾病住院医疗、团体人身意外满期还本、个体工商户为主的满期还本险40多种。

2009年10月，中国人寿潍坊分公司实施“以人为本，关爱老人”的银龄安康工程。2010年，

中国人寿潍坊分公司与警察协会联合为全市公安干警办理综合保险，有效解决公安干警因意外（疾病）事故发生后的经济补偿问题。

至2012年，全市人身保险主要险种有城乡居民大病保险、小额人身保险、女性安康、旅游保险、学生少儿保险、航空意外保险、少儿意外保险、综合交通工具意外保险、综合意外保险、大学生保险、中小学生意外保障保险、公民出境保险等。

保费

1991年始，人保潍坊分公司通过与市计生委、计生协会联合召开现场会等形式，在全市大力发展为计划生育配套服务的独生子女两全保险、独生子女父母养老金保险等系列保险。市委、市政府多次在全市计划生育工作会议上强调抓好计划生育保险，并把独生子女两全保险纳入全市计划生育人口目标考核，有力地推动了业务的发展。截至1994年底，全市独生子女两全保险累计承保32.32万人，收取保险费432.2万元；独生子女父母养老金保险累计承保2.73万人，收取储金1403.8万元。

1995年，人保潍坊分公司累计为13万多人办理养老保险，其中有7900多人按月领取养老金。为第十二届潍坊国际风筝会承担了4万多名中外宾朋的人身保险，为山东省第六届中学生运动会和全国青少年拳击比赛分别承担325万元和21万元的人身保险。

到1996年底，全市有180万人参加中保人寿的各类保险，共承担经济责任100多亿元。太平洋保险潍坊分公司实现寿险业务收入近8000万元，先后向市场推出老来福终身寿险、福禄寿增额还本养老保险、少儿乐幸福成长综合保险、个人投资分红人寿保险等10多个保险新险种。1998年，中保人寿潍坊分公司全年实现保费收入2.52亿元，太平洋保险潍坊分公司承办80亿元的人身保险业务。平安保险潍坊支公司人身险保费收入3373万元。

2000年，全市人身险保费总收入5.69亿元。中国人寿潍坊分公司保费收入3.34亿元。太平洋保险潍坊分公司人身险保费收入1.6亿元，其中个人寿险保费收入1.1亿元，团险业务3877万元。平安人寿潍坊中心支公司承保人数3.5万人，完成保费收入7300万元。

2002年，全市人身险市场有较大发展，保费收入13.13亿元。中国人寿潍坊分公司保费收入66640万元，其中寿险新单保费14669万元，直销寿险新单保费22678万元，非寿险保费3095万元。太保寿险潍坊中心支公司实现保费收入40130万元，其中个险新保10062万元、团体寿险8391万元、续期收费12750万元、短期健康意外险1652万元，银行保险业务“红利来”保费收入7275万元。

2005年，全市人身保险承保金额930.2亿元，保费总收入22.04亿元。寿险新增承保21.13万人次，长期寿险责任准备金33.13亿元。全年健康险新增承保134.23万人次。2006年，全市寿险业务保费收入21.74亿元，比上年略有下降。其中，团体人寿险业务1.4亿元、短险业务8646.4万元、续期业务11.09亿元、新契约3.53亿元、银行代理寿险业务4.86亿元。

2008年，全市人身险市场蓬勃发展。各人身险公司承保金额981.73亿元，保费收入40.33亿元。其中，团险业务保费收入8191.5万元，意外险保费收入10098.2万元，银代业务保费收入182276.4万元，个险业务保费收入183087万元，长期健康险保费收入15741.8万元，短期健康险保费收入7354.3万元。

2010年是人身险业务大发展的一年。全市人身险承保金额1845.8亿元，保费收入58.91亿元，为历年最高，比上年增加13.55亿元。其

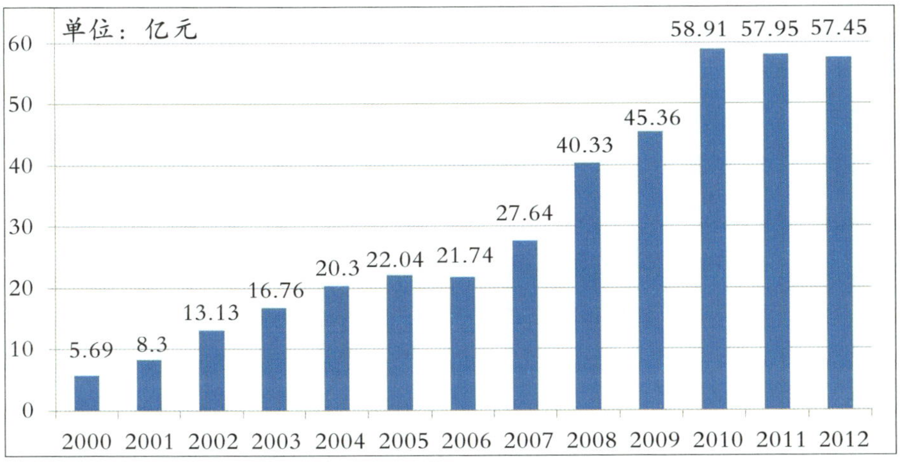

图11—2—4　2000—2012年潍坊市人身险保费收入情况示意图

中：团险业务保费收入2.5亿元，意外险保费收入1.95亿元，银代业务保费收入25.70亿元，个险业务保费收入30.75亿元，长期健康保险保费收入1.59亿元，短期健康保险保费收入0.93亿元。

2012年，全市人身险保费收入57.45亿元。人身保险个险业务保费收入33.41亿元，团体险业务保费收入3.59亿元，银行代理保险业务保费收入20.45亿元。人身保险市场前10位：中国人寿潍坊分公司保费收入16.93亿元，占市场份额29.47%；太保寿险潍坊中心支公司11.41亿元，占19.86%；新华人寿潍坊中心支公司8.09亿元，占14.08%；平安人寿潍坊中心支公司5.3亿元，占9.23%；泰康人寿潍坊中心支公司4.19亿元，占7.3%；太平人寿潍坊支公司2.23亿元，占3.88%；人民人寿潍坊支公司2.05亿元，占3.57%；生命人寿潍坊支公司1.39亿元，占2.43%；民生人寿潍坊支公司0.84亿元，占1.47%；国华人寿潍坊支公司0.66亿元，占1.15%。

人身保险赔款和给付

1991—1994年，人保潍坊分公司为全市独生子女两全保险中满期的20631人给付满期保险金362.6万元，同时为917名发生意外伤害的独生子女支付意外伤害赔款50.8万元。1995年，人保潍坊分公司共为2万多起人身伤亡事故给付保险金1500多万元，为3000多名学生发生的意外事故和疾病给付保险金115万元。

2000年，全市人身险赔给付1.42亿元。平安人寿潍坊支公司理赔支出331万元。2001年，中国人寿潍坊分公司支付满期及死亡伤残保险金6845万元，支付赔款1364万元。平安人寿潍坊支公司支付各类理赔款项419万元。2002年，太保寿险潍坊支公司支付保险给付金2300多万元。平安人寿潍坊支公司赔付保险金704万元，结案率99.6%以上，生存金给付782万元。2003年，中保人寿潍坊支公司赔付保险金769万元，结案率99%以上，生存金给付916万元。

2005年，全市人身险给付赔款3.42亿元。2006年，全市人身险赔给付6.26亿元。其中，寿

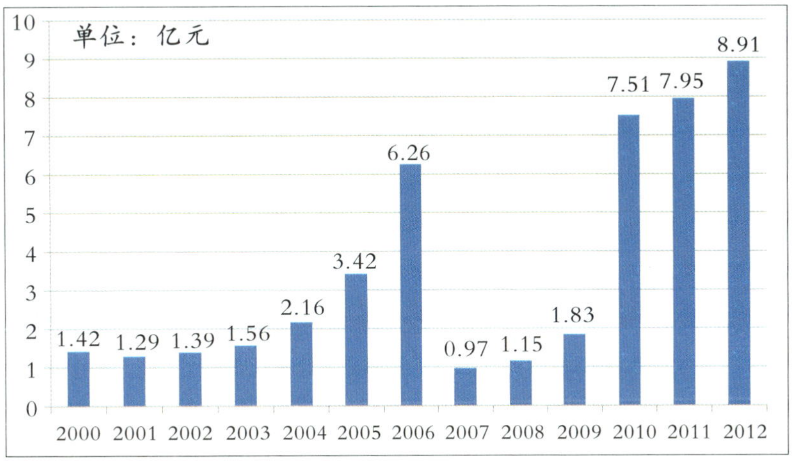

图11—2—5　2000—2012年潍坊市人身险赔给付情况示意图（2007年、2008年、2009年因统计口径变化，人身险赔付数据出现较大变化）

险短期赔款支出5527.9万元，同比增长14.38%，赔付率为63.9%；寿险给付金额57112.5万元，同比增长94.65%，增加给付金额27771.4万元。2008年，全市人身保险赔款支付1.15亿元。2009年，人身险公司赔（给付）保险金1.83亿元。2010年，全市人身险赔款支出7.51亿元。2012年，全市人身险赔给付8.91亿元。

第四节　行业协会

1998年4月，中保财险潍坊分公司、中保人寿潍坊分公司、太平洋保险潍坊分公司、平安保险潍坊支公司4家公司共同向人民银行潍坊市分行、市民政局申请成立潍坊市保险同业公会。4月27日，中国人民银行潍坊分行对四家保险公司印发《关于同意成立潍坊市保险同业公会的批复》。8月12日，潍坊市保险同业公会第一届会员代表大会暨成立大会在潍坊鸢飞大酒店举行，大会通过《潍坊市保险同业公会章程》，选举产生理事会，设立秘书处内部机构。潍坊市保险同业公会第一届会员大会共有会员单位36家，其中理事会员单位4家、县区会员单位32家。

2002年7月10日，潍坊市保险同业公会更名为潍坊市保险行业协会，并召开第二届会员代表大会。2004年、2006年、2009年、2012年，分别召开第三、第四、第五届、第六届会员代表大会。至2012年底，潍坊市保险行业协会共有会员单位58家，其中理事单位58家。

第三章　证券业

1991—2012年，潍坊市证券业逐步发展，证券机构活跃金融市场的地位和作用逐步显现。全市积极推动企业上市工作，多家券商入驻潍坊，证券市场规模不断扩大，产品和服务体系初步确立，整体运营效益良好，经纪业务全面发展。至2012年，全年股票基金交易总额700多亿元，平均增长率145.4%。证券业年营业收入4.5亿元，平均增长率74.8%；年净利润约2.4亿元，客户交易结算资金余额18.5亿元；全市证券业纯经纪业务净收入4亿元，平均增长率74.9%。证券业总资产30亿元。有3家期货经营机构挂牌交易。

第一节　经营机构

90年代初，全市只有潍坊证券公司一家专营证券业务的金融机构。2012年，全市有8家证券经营机构，营业网点16处。

齐鲁证券潍坊分公司

齐鲁证券潍坊分公司的前身是潍坊证券公司，成立于1992年12月。1996年12月，潍坊证券公司与潍坊市信托投资公司证券部、建行潍坊市分行证券部、农行潍坊市分行信托投资公司证券部合并，组建成新的潍坊证券公司。1997年6月，合并变更为山东证券潍坊分公司；2000年8月，变更为天同证券潍坊分公司；2007年1月始，相继更名为齐鲁证券潍坊管理总部、齐鲁证券潍坊联合协作中心；2011年11月成立齐鲁证券潍坊分公司。至2012年底，齐鲁证券潍坊分公司下设16家证券营业部，职工153人，拥有客户30多万户，管理客户资产130多亿元。实现股票+基金交易量724.98亿元，营业收入1.4亿元，税前利润6600万元。

西部证券潍坊东风东街证券营业部

西部证券股份有限公司潍坊东风东街证券营业部成立于2003年5月，位于潍坊市东风东街311号。营业部交易席位号：深A席位237200、深B席位289799、沪A席位44003、沪B席位90143。经营范围有：证券经纪，证券投资咨询，与证券交易、证券投资活动有关的财务顾问，证券承销与保荐（项目承揽），证券资产管理（项目承揽），融资融券，证券投资基金代销，代销金融产品，为期货公司提供中间介绍业务等。至2012年底，营业部有职工54人，拥有客户2.01万户，管理客户资产8.43亿元。实现股票+基金交易量95.21亿元，营业收入1687万元，利润492.57万元。

中信证券（山东）潍坊四平路证券营业部

中信证券（山东）有限责任公司潍坊四平路证券营业部成立于2007年7月，位于潍坊市奎文区四平路33号甲。营业部交易席位号：沪A席位22973，沪B席位90187，深A席位239000，深B席位079200，股转席位900821。业务范围：中国保监会批准的人身险和财产险（航意险及替代产品除外），证券经纪，证券投资咨询，融资融券，证券投资基金代销，代销金融产品，为期货公司提供中间介绍业务。至2012年底，营业部拥有员工38人，开户数3.17万户，交易量103.78亿元，营业收入1139.12万元，利润170.76万元。

国泰君安证券股份有限公司潍坊营业部

国泰君安证券股份有限公司潍坊东风东街营业部于2010年3月3日正式营业。营业部设有客户服务部、机构业务部、财富管理中心等业务部门，具备期货IB、融资融券、证券经纪人等业务牌照，开通约定购回式证券交易、股票质押式回购交易等“类贷款”业务，证券出借业务等。至2012年底，营业部有员工20人，客户9747户，A股交易量32亿元，营业收入374万元，上缴地税49万元。

西藏东方财富证券潍坊东方路证券营业部

西藏东方财富证券股份有限公司潍坊东方路证券营业部成立于2011年1月，位于潍坊市东方路2577号。主要业务有证券经纪、证券投资基金代销、证券投资咨询、代销金融产品、融资融券。至2012年底，营业部共有员工26人，全年交易量24亿元，实现营业收入680万元，利税320万元，理财产品销售额2069万元，客户开户数量2180户。

中国银河证券股份有限公司潍坊福寿西街营业部

中国银河证券股份有限公司潍坊福寿西街证券营业部成立于2011年6月，位于潍坊市福寿西街83号。主要经营范围是证券经纪，证券投资咨询，与证券交易、证券投资活动有关的财务顾问，融资融券，开放式证券投资基金代销，为银河期货经纪公司提供中间介绍业务，代销金融产品业务等。至2012年底，营业部有员工28人，客户5895户，年交易量77.5亿元，营业收入106万元，利税13万元。

招商证券潍坊通亭街证券营业部

招商证券潍坊通亭街证券营业部成立于2012年6月，位于潍坊市寒亭区通亭街4040号。开展的业务有证券经纪，证券投资咨询，与证券交易、证券投资活动有关的财务顾问，证券承销与保荐，融资融券，证券投资基金代销，为期货公司提供中间介绍业务，代销金融产品业务，保险兼业代理。至2012年底，有员工26人，客户开户数275户，交易量2.1亿元，营业收入30万元。

长城证券潍坊玄武街证券营业部

长城证券有限责任公司潍坊玄武街证券营业部于2012年5月正式营业，内设交易部、营销部、电脑部、办公室、财务室和总经理室。员工中本科及以上学历的占72.72%，年龄在30岁以下的占86.36%。2012年9月，完成全国首单远程股权质押业务。11月，实现歌尔集团1.1亿股非限售流通股托管，增加托管资产37.8亿元。至年底，营业部代买卖证券业务开户数量近300户，客户托管资产41.62亿元。

第二节　证券业务

潍坊市证券业务自90年代初开始起步。1991年起，潍坊证券公司、潍坊证券登记公司、省融资中心潍坊办事处相继成立。潍坊证券公司是当时全市唯一一家专营证券业务的金融机构。1992—1994年，全市各证券经营机构代理发行企业债券和融资债券10亿多元，代理发行股票（股权证）4亿多元。1994年末，全市证券经营机构增加到5家，先后开通上海、深圳、中证交等证券交易网络。

1996年，潍坊证券公司在原有3处营业部的基础上，先后协议接收农行、建行、工行信托投资公司证券部，营业网点增至6处，其中市区5处。年初，东风桥营业部开通深圳行情，四平路营业部推出深圳、上海两地无形交易席位交易。作为分销商参加了鲁北化工、沈阳机床、东方电子等3家上市公司的分销工作；与南方证券有限公司合作，参加海龙股票的上市推荐工作。至年底，全市开户股民达4万户，证券交易额58亿元。潍坊证券公司总资产达5亿元，实现利润1000万元。

1997年6月，潍坊证券公司更名为山东证券有限责任公司潍坊分公司。公司拥有资本金5000万元，总资产5.4亿元，下设证券交易营业部6处，拥有正式员工130人。先后代理5家企业发行股票、债券，直接融资6亿元，将3家企业推荐到交易所上市。策划潍坊市一民营企业收购上市公司的工作，在国内开创了民营企业进军资本市场直接融资的新模式。先后代理发行三期国债，金额9000万元。常年开办上市国债的交易、兑付业务，成为潍坊市国债发行、买卖兑付的主渠道。至年底，全市开户股民7万余人，投资者资金余额2.5亿元，公司累计实现证券交易金额121亿元。

1998年，国际金融形势动荡，国内证券市场持续低迷。山东证券潍坊分公司全年累计完成交易量74亿元，实现税前利润1502万元。建成覆盖潍坊全市的“空中交易厅”，各营业部联网，证券统买统卖，资金统存统兑；与有线电视台合作，把行情传输到千家万户；与168声讯台合作，增加电话委托线路；与工商银行、农业银行、建设银行、中国银行联网，资金存取业务全部委托银行代理。年内，作为副主承销商完成山东海化、山东巨力的股票发行、上市工作，完成山东海龙1997年度的配股工作。协助寿光蔬菜产业集团有限公司及潍坊恒信纸业集团有限公司完成股份制改组和申请发行A股的可行性报告。

1999年，山东证券潍坊分公司在山东境内率先开通网上交易，做到实时在线行情、实时在线交易、实时在线查询、实时在线转账，形成以潍坊市区为中心，覆盖所有县市区的“空中交易厅”。全市股民开户总数7.9万户，完成交易量105亿元，佣金收入3700万元。2000年，证券市场发展迅速，全市股民开户总数猛增到10.2万户，完成交易量307亿元。山东证券潍坊分公司实现净利润2799万元，网上交易客户数量达4000户，网上交易量占分公司交易总量的10%。

2001年，山东证券潍坊分公司更名为天同证券有限责任公司潍坊分公司。全年完成代理交易量184.6亿元，保证金余额8.96亿元，开展资产委托2.6亿元。潍坊分公司下设分公司、胜利东街、健康西街、鸢飞路、新华路、寿光、临沂、日照8个证券营业部及青州、诸城、高密、沂南、莒南、日照开发区、莒县7个证券服务部。公司提供柜台委托、自助委托、电话委托、网上交易、手机下单等多种方式进行证券交易。与工商银行、农业银行、中国银行、建设银行、交通银行5个商业银行联网，与工商银行、中国银行、交通银行、农村信用社等多家商业银行合作开展“证银通”（存折炒股）业务。

2003年，天同证券潍坊分公司形成覆盖全潍坊的经营网络，主要经营范围有代理发行和买卖各种有价证券，有价证券的代保管、鉴证和过户，代理还本付息和分红派息等权益分派，证券抵押融资，基金和资产管理，企业的重组、收购和兼并，投资咨询、财务顾问等。至年底，股民开户数11.86万户，托管证券市值21.43亿元，客户保证金3.25亿元。2004年，股民开户数12.23万户，全年实现交易量113.51亿元。

2006年，全市证券交易规模大幅扩大，证券机构股票累计交易量达274.8亿元。晨鸣纸业和山东海化2家企业分别发行20亿元和10亿元短期融资债券。2007年，证券经营机构发展到3家，证券营业部发展到7家，分别是齐鲁证券营业部5家，西部证券营业部1家，中信万通证券营业部1家。证券（包括基金）交易总额1262亿元。

2008年，受资本市场低迷影响，辖区证券机构股票、基金、权证等累计交易量965.27亿元，减少23.28%；实现佣金收入2.29亿元，减少29.54%；盈利1.52亿元，减少33.62%。年末居民证券投资开户数26.22万户，比2007年新增4.51万户。2009年，实现证券、基金交易额1958亿元，利润3.24亿元，上缴地税2780万元。3家期货公司共交易219万手，实现营业收入783万元。

2010年，国泰君安证券完成组建，为潍坊市证券市场注入新的活力。2011年，银河证券、西藏同信证券落户潍坊市，全市证券公司增加到6家，新设立营业部6家，达到20家。年内实现证券、基金、债券交易1392亿元，上缴地方税收4428万元；3家期货公司交易261.6万手，实现营业收入1328.5万元。

2012年，通过发行城投债、中期票据、短期融资债、区域集优票据、公司债券和中小企业私募债券等募集资金147.15亿元。地方企业债发行8支，融资67亿元，比前三年发行总额还多，近三年复合增长率达到167%。继2011年成功发行全国首批、山东首单中小企业区域集优集合票据后，2012年，又发行4支，融资11.15亿元，累计融资12.95亿元，发行支数和融资额分别占全国的29.4%和26.4%，均居全国首位。成功发行省内第二单中小企业私募债，山东锦昉棉业科技有限公司融资2亿元。至年底，全市共有8家证券机构，营业网点16个，全行业总资产30亿元。全年股票基金交易总额700多亿元，营业收入4.5亿元，年净利润约2.4亿元，客户交易结算资金余额18.5亿元。

第三节　上市公司

1996年12月26日，山东海龙作为潍坊市第一只上市的股票在深交所挂牌上市。1997年5月，晨鸣纸业在深交所挂牌上市，是全国造纸行业第一家B股上市的公司。同月，华光科技在上海证券交易所上市（2007年7月更名为“青岛华光”）。1998年4月，山东巨力在深圳证券交易所挂牌交易。2000年11月，晨鸣纸业在深交所增发A股，成为全国同行业首家拥有A、B两种股票的上市公司。从1997年到2002年，晨鸣纸业相继控股武汉晨鸣、赤壁晨鸣、江西晨鸣等多家面临倒闭的纸业公司。

2003年，潍坊市印发《关于进一步推动企业股票发行和上市工作的意见》，对全市的企业上市工作起到重大推动作用，全市企业境内外上市融资保持良好发展态势。五洲电器公司通过借壳上市公司西藏明珠实现上市，4家企业的上市申报材料获中国证监会受理，2家企业获准上市。到年底，全市有6家上市公司的7只股票在沪深两地证券交易所挂牌交易，累计直接融资48亿元。2004年3月，潍柴动力在香港主板上市；2005年8月，收购湘火炬汽车集团28.12%股权。

2005年，国家调整上市政策和制度，潍坊市把工作着力点放在培植上市资源和上市公司的重组及规范运作上。继山东墨龙2004年在香港联交所创业板H股上市基础上，2005年成功实施配售再融资，融资额折合人民币1亿元。大力推动拟上市公司的培植和上市申报工作。全年重点培植的企业有孚日家纺、福田重工、潍柴华丰动力、帛尚纺织、沃华制药、泰盛化工等公司。孚日家纺境内主板上市通过证监会发审委审核；福田重工境外上市发行材料上报证监会；沃华制药上市辅导已验收合格；帛尚纺织、新立克塑胶、潍柴华丰动力赴境外上市进展顺利；海化薛城焦化新加坡上市材料通过新交所审查，并报新加坡金管局审批。

2006年，潍坊柴油机厂成为“山东巨力”第一大股东，“潍柴重机”借壳“山东巨力”上市。

2007年，全市的企业上市工作围绕“上市一批、储备一批、培植一批”的工作思路，坚持境内市场与境外市场并举，直接上市与间接上市并举，先进制造业与现代服务业并举，传统产业与高新技术产业并举，大力抓好上市资源的培植，进一步落实各项优惠政策，多渠道推进企业上市，积极推进上市公司再融资，取得显著成效。年内，全市有5家公司6只股票分别在境内外上市，分别是潍柴动力A、沃华医药、盛泰药业、金玉米、富氏科技和阳光纸业。孚日股份、山东海龙成功增发A股，山东墨龙成功增发H股。全年募集资金总额76亿元。至年末，全市共有16家公司18只股票分别在境内外上市，累计募集资金176亿元。

2008年，企业上市融资取得新突破，全年募集资金78.9亿元。歌尔声学、昱合股份、豪源集团等3家公司在境内外上市；沃华医药、潍柴动力、晨鸣纸业和山东海龙等4家上市公司实现再融资。至年末，全市共有19家企业、22只股票在境内外发行上市，累计从资本市场募集资金212.5亿元。

2009年，潍坊又有2家公司首发上市，2家公司成功转板美国纳斯达克主板市场，共募集资金16.2亿元。昌大国际在美国OTCBB市场挂牌上市，昱合集团和山东豪源集团成功转板美国纳斯达克市场，3家公司分别募集资金1000万美元、3000万美元和7500万美元，折合人民币7.9亿元。诸城得利斯在深交所成功发行，募集资金8.3亿元。至此潍坊上市公司总数达到21家，股票24支，募集资金总额302.3亿元。同年，信得科技、同大海岛、泰盛化工、豪迈科技4家企业IPO和山东墨龙增发A股申报材料上报证监会，希努尔服饰、山东矿机、共达电讯3家企业完成辅导验收。美晨科技、盛瑞传动、联合润通、海王化工、日科化学5家企业进入上市辅导。雷奇电器、起重机、银鹰化纤、帅克机械4家企业开始改制。

2010年，根据资本市场和企业上市出现的新变化，市金融办制定《关于进一步推进企业上市工作的指导意见》，设立100万元专项资金，改企业上市后奖励为上市前补助，并对拟上市公司从税费减免、土地使用、奖励等7个方面给予扶持，促进了企业上市工作。按照“上市一批、储备一批、培植一批”的工作思路，把境内上市与境外上市相结合，企业上市与上市资源培植相结合，首发上市与上市公司再融资相结合，重视发挥中介机构作用，重视私募股权基金引进，全年7家企业实现首发上市，4家公司成功增发，1家企业成功发行债券，共募集资金103.4亿元。得利斯、希努尔男装和山东矿机在深交所挂牌上市，分别募集资金8.3亿元、13.3亿元和13.4亿元；博润实业在美国纽交所挂牌上市，募集资金4000万美元；欧亚地产在德国法兰克福证交所挂牌上市，募集资金500万欧元；惠影科技、中文国际在美国OTCBB挂牌上市，首次私募资金1000万美元。山东墨龙增发A股，募集资金12.6亿元；中国淀粉和天德化工H股实现增发，分别融资3.88亿港元和0.21亿港元；歌尔声学定向增发，募集资金5.21亿元；晨鸣纸业发行短期融资券33亿元，中期票据11亿元。至年末，全市共有29家企业33只股票在境内外发行上市，累计从资本市场募集资金395亿元。

2011年，4家企业实现首发上市，融资24.03亿元，分别是：日科化学、美晨科技在创业板挂牌上市，分别募集资金7.7亿元、3.68亿元；豪迈科技在中小板挂牌上市，募集资金12亿元；广豪控股在香港联交所挂牌上市，募集资金8000万港元。7家企业通过私募股权融资6亿元。天津股权交易所潍坊交易中心成功组建，成为省内第一家分市场，7家公司在天津股权交易所挂牌，募集资金5000万元。晨鸣纸业通过发行公司债和人民币境外中期票据融资25亿元，潍柴动力通过发行中期票据融资14亿元，山东海龙通过发行短期融资债券融资4亿元。潍坊市成功发行了全国首批、山东首单中小企业区域集优集合票据，4家企业成功融资1.8亿元。另有3家企业成功发行1.8亿元的中小企业集合票据，全市累计在银行间债券市场发行中小企业集合票据5单21亿元，居全国首位。至年末，全市共有33家企业、37只股票在境内外发行上市，累计从资本市场融集资金470亿元。

2012年，共达电声和同大股份分别在中小板和创业板发行上市，募集资金5.85亿元。歌尔声学顺利完成定向增发，募集资金23.8亿元。康跃科技首发上市通过证监会审核。上市资源培植工作成效显著。华特磁电、汇胜集团、惠发食品和大业金属上市申报材料上报证监会；元利化工、雷奇电器、中慧农牧等企业正在进行上市辅导；帅克机械、圆友机械、大洋泊车等10余家公司正在进行股改。场外市场健康发展。全市有10家企业在天交所潍坊股权交易中心挂牌，1家企业在齐鲁股权托管交易中心挂牌。7家企业通过券商内核，准备在“新三板”挂牌融资。到2012年底，全市有上市企业26家、股票30只，累计募集资金455.3亿元，场外市场挂牌企业18家。

2012年潍坊市国内外上市公司情况一览表

表11－3－1

公司全称	总股本（万股）	国有股（万股）	流通股（万股）	注册资本（万元）	招股时间	上市时间	发行数量（万股）	发行价格（元）	行业种类
潍柴重机股份有限公司	27610.05	14096.55	13513.5	27610.05	—	2007年4月30日（借壳上市）	27610.05	1	通用设备制造业
山东海化股份有限公司	89509.19	36104.89	89509.19	89509.19	1998.5.18	1998.7.3	首发：12000	5.23	化工原料及化工制品制造业
山东同大海岛新材料股份有限公司	4440	0	1110	4440	2012.5.14	2012.5.23	1110	23	橡胶和塑料制品业
山东共达电声股份有限公司	36000	0	36000	36000	2012.2.9	2012.2.17	3000	11	制造业
北汽福田汽车股份有限公司	667000	210000	667000	667000	1998.5.11	1998.6.2	5000	6.46	汽车制造业
山东得利斯食品股份有限公司	25100	564	6300	25100	2009.12.23	2010.1.6	6300	13.18	农副食品加工业
山东希努尔男装股份有限公司	20000	0	5000	20000	2010.9.27	2010.10.15	5000	26.6	纺织服装、服饰业
山东美晨科技股份有限公司	5700	0	1430	5700	2011.6.20	2011.6.29	1430	25.73	非轮胎橡胶制品行业
山东世纪阳光纸业集团有限公司	80300	0	80300	5000	2007.11	2007.12	10000	5.9	造纸
潍坊盛泰药业有限公司	958	0	958.48	13350	2007.4	2007.5	1500	8.87	制药
山东矿机集团股份有限公司	53400	0	45900	53400	2010.12	2010.12	6700	20	机械设备
山东日科化学股份有限公司	40500	0	30500	40500	2011.1	2011.5	3500	22	化学制品
孚日集团股份有限公司	40435	0	6320	40435	2006.11.10	2006.11.24	7900	6.69	家用纺织品行业
山东豪迈机械科技股份有限公司	20000	0	4000	20000	2011.6.16	2011.6.28	5000	24	轮胎模具生产行业

续表11－3－1

公司全称	总股本（万股）	国有股（万股）	流通股（万股）	注册资本（万元）	招股时间	上市时间	发行数量（万股）	发行价格（元）	行业种类
潍坊亚星化学股份有限公司	31559.40	11046.56	31559.40	31559.40	2001.2.14	2001.3.26	8000	9.2	化学原料和化学制品制造业
山东海龙股份有限公司（恒天海龙股份有限公司）	86397.79	28805.02	80398.65	86397.79	1990.7.5	1996.12.26	14	100	化学纤维制造业
潍坊昱合畜禽有限公司	2025.00	—	—	30500.00	—	2008.3	—	7.79	农副食品加工业
歌尔股份有限公司	324510.39	3157.38	272006.19	324500	2008.5.14	2008.5.22	3000	18.78	电子元件
潍柴动力股份有限公司	799723.86	17628.49	626196.44	799700	2007.4.23	2007.4.30	19100	20.47	机械行业
山东沃华医药科技股份有限公司	36075.6	0	34890.77	36100	2007.1.10	2007.1.24	1800	10.85	医药行业
富维薄膜（控股）有限公司	1332	0	326.6	3600	2006.12.19	2006.12.19	375	8.28	制造业
山东晨鸣纸业集团股份有限公司	193640.5467	29300.3657	193640.5467	193640.5467	1997.5	1997.5	11500	4.43	造纸
中国淀粉控股有限公司	1000000	0	599589.2	88000	2007.9.17	2007.9.27	599589.2	2.22	淀粉及淀粉制品
山东墨龙石油机械股份有限公司	79784.84	0	79784.84	79784.84	H股：2004年4月；A股：2010年10月	H股：2004年4月15日；A股：2010年10月21日	H股：13827.6万股；A股：7000万股	H股：港币0.7元；A股：人民币18元	专用设备制造业
山东博润实业有限公司	2572.5	0	0	30613.31767	2010.5.22	2010.6.11	2572.5	7美元	制造业
海湾资源（寿光市豪源化工有限公司）	4679	0	4679	30000	—	2009	4385	借壳上市	化工

第四章 其他金融业态

第一节 期货

2002年4月26日，英大期货有限公司潍坊营业部成立，是全市第一家期货经营机构。2012年，全市共有3家期货经营机构。

经营机构

英大期货有限公司潍坊营业部 2002年4月26日成立，位于潍坊市东风东街360号世纪泰华A座15A02。经营范围包括商品期货经纪和金融期货经纪。2006年，客户增加到1411户，其中机构户42户。至2012年底，营业部有员工8人，客户3856户，其中机构户101户，保证金权益40443万元。

鲁证期货股份有限公司潍坊营业部 2008年12月成立，位于潍坊市东风东街338号银海恒基大厦。至2012年底，营业部有员工7人，开发客户2023户，成交金额2790亿元，成交量348万手。

永安期货股份有限公司潍坊营业部 2012年4月27日成立，位于潍坊市奎文区金融街E座27层。公司的经营范围包括商品期货经纪、金融期货经纪、期货投资咨询、资产管理、基金销售业务等。至年底，客户总数205户，日均客户权益2775.04万元。

期货业务

潍坊市期货业务自21世纪初开始起步。2002—2005年，英大期货有限公司潍坊营业部有客户1011户，其中机构户35户。2006年1月，白糖期货上市，英大期货潍坊营业部以青州白糖市场为中心，召集潍坊及周边地区白糖产业客户及经营业户进行研讨。2007年7月，塑料期货上市，英大期货潍坊营业部组织员工分批次到淄博市临淄区的塑料市场做地毯式推广宣传。2009年3月，螺纹钢期货上市，英大期货营业部到潍坊钢材市场及青州钢材市场挨门挨户做钢材期货介绍，举办“利用钢材期货为生产经营企业保驾护航”的推介会。2009年，全市期货经营机构有客户3668户，成交375.97万手，成交金额1924.94亿元。

2010年4月16日，沪深300股票指数期货正式上市。英大期货潍坊营业部在鸢飞大酒店召开了股指期货投资讲座。2010年，全市期货经营机构拥有客户4647户，成交433.24万手，成交金额3333.44亿元。2011年，全市期货经营业机构客户数增加到5339户，成交236.12万手，成交金额2312.12亿元。2012年，全市期货经营机构客户增加到6646户，成交365.19万手，成交金额2789.82亿元。

第二节 小额贷款

2008年12月12日，潍坊首家小额贷款公司——青州中晨小额贷款有限公司在青州开业，注册资本1亿元；12月16日，诸城瑞信小额贷款公司挂牌营业，注册资本1亿元。2009年，全市小额贷款公司发展到6家。2010年，全市小额贷款公司总数达25家，居全省第一位，占全省的1/6。全市小额贷款公司营运资金20.95亿元，贷款余额20.74亿元，实现利润6086.9万元；累计发放“三农”贷款2127笔，金额16.2亿元；发放中小企业贷款1071笔，金额16.63亿元，“三农”和中小企业贷款占到全部贷款的95%以上。2011年，全市小额贷款公司发展到39家，营运资金52亿元。至年底，贷款余额42.8亿元，累计贷款101.7亿元，实现利润2.96亿元，缴纳税收8408万元，中小企业和“三农”贷款占到全部贷款的95%以上。

2012年，新组建小额贷款公司6家，总数达到45家，营运资金57.8亿元。全年累计发放贷款158.9亿元，成为全市金融业发展的一支重要力量。

第三节　融资担保

2004年3月27日，潍坊市首家担保公司——山东德勤担保有限公司成立，注册资本1.5亿元。2007年12月20日，山东省中小企业局、国家开发银行山东省分行确定德勤担保为市级中小企业信用担保平台。

2009年3月，潍坊市信用担保协会挂牌成立。协会成立后，重点围绕全面加强担保机构自身建设、创新担保服务、引导行业自律、开展规范提升、提高风险防控能力等方面开展工作，促进了全市担保业整体发展水平的提升和担保规模的不断扩大。

2010年，全市12家融资性担保公司完成清理整顿，获得山东省金融工作办公室“经营融资性担保业务”的批复。2011年，注册资本8亿元的坊子汇银和注册资本1000万美元的寒亭云顶融资租赁公司先后组建。全市融资性担保公司发展到54家，担保金额94.7亿元，其中注册资本过亿元的21家，资产总额54.76亿元。至2012年，全市有融资性担保公司56家，资产总额61.6亿元，担保余额97.4亿元。

第四节　典当

1994年，隶属于潍坊市政府深圳办事处的潍坊万邦典当行成立。1996年4月，中国人民银行颁布《典当行管理暂行办法》。1998年9月，潍坊市成立第一家私有性质的典当企业寿光市国泰典当有限公司，公司注册资本500万元。典当行主要为中小企业和人民群众解决救急性的资金需求，其灵便、快捷的服务为发展经济、搞活流通、方便群众发挥了其他银行机构难以替代的作用。2000年8月，潍坊市的典当行移交市经贸委监管。当年，全市共有典当企业2家，注册资本1000万元，从业人员40余人，业务笔数2000余笔。

2001年6月，国家经贸委与公安部联合下发《关于典当业清理整顿的通知》，市经贸委对全市典当行进行统一清理整顿，于11月通过省经贸委的验收。是年，潍坊市共有典当企业8家，企业注册资本1.1亿元，从业人员100余人，业务笔数8000余笔。2005年9月，经省经贸委批准成立潍坊市第一家主营业务为民品典当的典当企业——潍坊天合典当有限责任公司。2010年，典当行由市经信委移交市商务局监管。当年全市共有15家典当行、6个分支机构，从业人员131人，资产总额3.58亿元。

到2012年，全市有典当行26家、典当行分支机构6个，实收资本5.93亿元，从业人员224人。当年发生典当业务2681笔，发放典当贷款16.03亿元，其中房地产7.38亿元、财产权利3.17亿元，上缴税金824万元。

潍坊鑫华典当行

1994年8月，经中国人民银行潍坊市分行批准成立潍坊市第一家公有制典当企业——潍坊万邦典当行，注册资本500万元，从业人员16人，隶属于市政府驻深圳办事处，属于国有非银行金融机构。经营范围为首饰珠宝、家用电器、古玩字画、手表、高档裘皮、照相器材，企事业单位、个体工商户和个人闲置设备、积压商品及多余原材料，汽车、摩托车等的典当业务。1998年11月，潍坊万邦典当行进行企业改制，剥离国有股份，注册资本不变。2002年6月，企业更名为潍坊鑫华典当行。2012年，公司注册资本500万元，当年发放贷款总额551万元，实现营业收入125万元。

潍坊天合典当有限责任公司

2005年9月，潍坊天合典当有限责任公司成立，注册资本1500万元，主营业务为民品典当。2009年4月，在山东省典当行业会议上，公司被评选为“山东省四星级典当企业”。2011年12月，潍坊天合典当有限责任公司将注册资金增加到5000万元，成为潍坊市注册资本最大的典当企业。2012年7月，公司在临朐县、昌乐县成立两个分支机构。2005—2012年，公司实现收入1190.08万元，上缴各项税金120.25万元，实现利润594.57万元。

第十二编

财政　税务

智能化办税服务大厅　（2011年拍摄）

第一章　财政

中共十一届三中全会以后，潍坊市财政以公共财政建设为主线，以改革创新为动力，不断深化财政体制改革，加强财政管理，财政实力持续增强，财政保障能力显著提高。1980年起，潍坊实行各种形式的包干财政体制。1991—1993年，潍坊市实行定额上缴加比例递增的包干体制。1994—2012年，潍坊市推行分税制改革，对市以下财政体制不断调整完善，逐步建立起适应社会主义市场经济发展要求的财政体制。

第一节　财政体制改革

财政包干制阶段。1991—1993年，省政府对潍坊市实行“定额上交加比例递增”的财政体制，即定收定支、收入基数减支出基数的余额为定额上交数，并规定每年递增8%。财政收入比上年增长8%～15%部分上交省30%，增长超过15%部分全部留市。市对所属县市区采用同样的体制，对个别县市区进行适当调整。

分税制改革阶段。1994年，全国实行分税制财政管理体制，根据事权与财权相结合的原则，将税种划分为中央税、地方税、中央与地方共享税，同时老体制定额上交继续执行。根据省对潍坊市税收返还的核定原则，以1993年为基期年，按照各县市区实际收入和分税制改革后中央、省、市、县财政收入划分情况，将1993年中央、省从地方净上划收入数额，作为各县市区的税收返还基数。

所得税共享阶段。2002年，中央规定，除少数行业和企业外，中央和地方对所得税进行共享。省政府规定，将中央下划个人利息所得税留在省级，并参与所得税分享，同时对原省级及市以下营业税实行省、市分享。以2001年为基期年，按净上划数作为基数每年给予地方定额返还，对增量部分实行中央与地方按比例分享。

市以下财政体制改革完善阶段。自2007年起，潍坊市对各县市区一般预算收入比基数增长部分，实行市与县市区1∶9分享，市级下放收入相应增加分享比例，对青州市分享比例增长10%，昌乐县增长2%。市级分享财力由各县市区年终结算上解，各县市区原体制上解递增比例由5%下降为3%。2011年，对各区收入增长15%～25%之间部分，市级分享比例降低20个点；增长25%以上的部分，市级不分享。对区级收入增长低于15%的，市级按增长15%确定的收入分享。

第二节　财政收入

1991年，全市一般公共预算收入为13.23亿元（含五莲县）。1992年邓小平南方谈话后，潍坊市改革开放的步伐加大，经济增长较大回升。1991—1995年，潍坊市财政收入年均增长5%。

1996—2000年，潍坊市地方财政收入分别完成21亿元、26.7亿元、29.9亿元、31亿元、34.3亿元，年均增长12.9%。1998年，为应对亚洲金融危机，中央实施以积极财政政策为主要内容的宏观调控措施，通过加大发行建设国债、增加工资、提高出口退税率、制定税收优惠政策等一系列政策，拉动投资，刺激消费，鼓励出口，收到明显成效。在宏观经济形势逐步好转的基础上，潍坊市各级财税部门严格依法治税，全市财政收入大幅度增加，成为改革开放以来潍坊市财政收入增长较快的时期之一。

2001—2005年，随着潍坊市经济快速增长和收入征管力度的不断加强，财政收入跃上新的台阶，2004年首次突破50亿元大关，实现历史性跨越。2001—2005年，增长速度持续加快，年均增长14.7%。

2006—2012年，潍坊市财政收入进入高速增长期，连续上台阶，年均增长23%。2007年完成110.6亿元，首次突破100亿元，成为全省第四个过百亿元的市；2010年完成202.4亿元。2012年完成306亿元，是1991年的22.1倍。其中，税收收入占一般公共预算收入的80.5%。

1991—1995年潍坊市财政一般预算收入决算表

表12－1－1　　单位：万元

年份 预算科目	1991	1992	1993	1994	1995
工商税收类	100653	113173	154914	81314	100371
农牧业税和耕地占用税类	6389	7235	7589	15584	18526
国营企业所得税类	9931	8956	6891	—	—
国营企业调节税类	806	569	272	—	—
国营企业上缴利润类	1974	1383	1297	—	—
国营企业计划亏损补贴类	−7102	−6149	−5458	−4315	−3824
专款收入类	5054	5406	5453	6746	8962
其他收入类	1813	2538	2574	6699	5827
国营企业承包收入退库类	—	−21	—	—	—
社会保险基金收入类	12738	—	—	—	—
企业所得税类	—	—	—	17330	25569
国营企业上缴利润类	—	—	—	178	585
所得税退税类	—	—	—	−4063	—
罚没收入、行政性收费收入类	—	—	—	—	4726
收入合计	132256	133090	173532	119473	160742

说明：1991年、1992年数据含五莲县

1996—2000年潍坊市财政一般预算收入决算表

表12-1-2　　单位：万元

预算科目＼年份	1996	1997	1998	1999	2000
增值税	—	—	57065	66492	68680
营业税	—	—	41058	34773	40238
企业所得税类	35080	50954	48399	46967	61532
企业所得税退税	—	—	—	—	—
外商投资企业和外国企业所得税	—	—	4178	—	—
个人所得税	—	—	13947	16191	18383
资源税	—	—	8605	9406	11640
固定资产投资方向调节税	—	—	14154	18195	8488
城市维护建设税	—	—	19647	19267	22537
房产税	—	—	10340	9793	11381
印花税	—	—	998	928	825
城镇土地使用税	—	—	3329	5755	6303
土地增值税	—	—	37	76	138
车船使用税	—	—	2205	2503	3811
屠宰税	—	—	925	752	1060
筵席税	—	—	—	—	—
农业税	—	—	12704	11371	10045
农业特产税	—	—	25075	26235	26451
牧业税	—	—	—	—	—
耕地占用税	—	—	1718	1946	2164
契税	—	—	278	1302	2506
国有资产经营收益	—	—	875	487	3193
国有企业计划亏损补贴	-3198	-3138	-3069	-3257	-3950
行政性收费收入	—	—	7927	8283	12090
罚没收入	—	—	4659	6954	—
土地和海域有偿使用收入	—	—	7085	5936	—
专项收入	—	—	12272	12291	13557
其他收入	8612	10600	4771	7751	21231

续表12—1—2

预算科目 \ 年份	1996	1997	1998	1999	2000
海域场地矿区使用费收入	—	—	—	—	468
工商税收类	123359	152263	—	—	—
农牧业税和耕地占用税类	26886	37342	—	—	—
国营企业上缴利润类	481	358	—	—	—
专款收入类	11687	—	—	—	—
罚没收入、行政性收费收入类	7814	7607	—	—	—
收入合计	210721	255986	299182	310397	342771

2001—2005年潍坊市财政一般预算收入决算表

表12—1—3

单位：万元

预算科目 \ 年份	2001	2002	2003	2004	2005
增值税	70545	79165	92741	82666	146578
营业税	44076	49566	71164	88855	114819
企业所得税	111007	37487	30479	40082	51320
个人所得税	27964	14796	13840	16068	15618
资源税	12145	16071	15805	23670	31709
固定资产投资方向调节税	3202	2964	692	573	779
城市维护建设税	20676	27623	31868	39729	52604
房产税	11670	13663	14059	15476	19614
印花税	1215	1701	1780	2869	5016
城镇土地使用税	6234	6631	14523	14249	20014
土地增值税	90	518	1153	4260	19005
车船使用和牌照税	4033	4698	4407	5418	5754
屠宰税	261	284	1	—	—
农业税	8837	40326	45639	28023	6804
农业特产税	28891	14733	17010	4198	3981
耕地占用税	2686	2238	8575	13627	18559

续表12—1—3

预算科目＼年份	2001	2002	2003	2004	2005
契税	3683	5664	12099	26603	48742
国有资产经营收益	4892	8063	9952	18588	26419
国有企业计划亏损补贴	−3343	−3825	−2100	−2100	−2642
行政性收费收入	15201	12237	27184	26555	34241
罚没收入	10713	11555	11808	39124	35993
海域场地矿区使用费收入	44	127	37	1	—
专项收入	13982	17190	18209	22616	29041
其他收入	9387	19316	16456	14658	23235
收入合计	408091	382791	457381	525808	707203

2006—2012年潍坊市财政一般预算收入决算表

表12—1—4　　单位：万元

预算科目＼年份	2006	2007	2008	2009	2010	2011	2012
一、税收收入	693212	914530	1122835	1380440	1750744	2127067	2464117
增值税	181062	230421	251862	274510	345144	361530	367292
营业税	143091	183914	228429	285236	453833	563872	653865
企业所得税	70680	99439	123838	122070	164444	240382	297900
个人所得税	18486	22651	23935	25422	33879	41078	35963
资源税	40421	39510	42213	46387	43656	39096	69697
城市维护建设税	58306	76787	84905	97469	128086	178144	179659
房产税	25849	26193	32253	41912	44793	53390	73996
印花税	7836	9567	13850	17799	24251	30497	33376
城镇土地使用税	25556	48334	94949	109547	124441	152414	223938
土地增值税	29900	41291	44401	59702	74885	127558	149625
车船税	5464	6887	11333	15174	20514	30413	51160
耕地占用税	23029	21776	25756	70623	52356	64046	101211
契税	58847	103199	139303	205299	236136	238081	213844

续表12—1—4

年份 预算科目	2006	2007	2008	2009	2010	2011	2012
烟叶税	3675	4561	5808	9290	4326	6566	12591
其他税收收入	1010	—	—	—	—	—	—
二、非税收入	192285	191202	196744	199078	273572	412109	597111
专项收入	35909	44083	51433	59369	75656	102937	104539
行政事业性收费收入	31264	40249	59387	41702	65065	101263	152507
罚没收入	43367	44051	43231	60396	77269	100205	83304
国有资本经营收入	47118	43785	23990	26628	25304	45572	46658
国有资源（资产）有偿使用收入	4136	3574	2665	1431	16880	34377	160052
其他收入	30491	15460	16038	9552	13398	27755	50051
收入合计	885497	1105732	1319579	1579518	2024316	2539176	3061228

第三节　财政支出

1991—1995年，全市贯彻适度从紧财政政策，按照“统筹兼顾、量财办事”的原则，不断调整优化支出结构，完善经费包干办法，制定一系列节支措施，加快公费医疗等改革步伐，有效地抑制行政经费等非生产性支出的过快增长，在地方财力增长相对较慢的形势下，通过压缩一般性支出，力保工资发放，较好地解决了工资拖欠问题。

1996—2000年，全市不断加强资金调度，按照保工资、保稳定、保法定支出的顺序安排支出，较好地保证工资发放、政权建设、社会保障、农业、科技、教育等重点支出，连续10多年实现财政收支平衡，被省委、省政府授予“全省连续十年财政平衡先进单位”称号。推进社保制度改革、部门预算管理制度等改革，完善财政支出管理，特别是1998年在全国较早推行政府采购制度，举行两次机关公务用车公开招标采购活动，实行市直机关公务用车定点加油制度，资金节约率20%，中央电视台《新闻联播》《人民日报》进行报道。

2001—2005年，全市进一步深化预算编制改革，逐步健全以部门预算、国库集中支付、政府采购为主要内容的预算管理体系。探索将市农业局等4个单位的部门预算提交人代会审议，主动接受人大代表的监督，促进提高预算管理水平。坚持部门预算改革方向，按照规范的程序和方法，完善编制手段。稳步推进国库集中支付改革，在统发工资的基础上，不断扩大国库集中支付范围，将政府采购资金以及科技三项费等专项资金纳入集中支付范围，走在全省前列。

2006—2012年，不断深化综合配套改革，积极推进公车改革，探索推进政府购买服务，深化公务卡改革，推动专项资金管理制度改革，深化国库管理制度改革，搭建起现代财政管理制度框架。紧紧围绕与群众密切相关的民生问题，不断调整优化支出结构，集中财力保障民生。实施积极灵活的财税政策，制定实施产业项目投资激励、鼓励全民创新创业、支持总部经济、发挥政府采购引导产业功能、住房保障等“五项扶持政策”以及支持服务业、旅游业和外经贸发展等一系列办法，促进产业转型升级。创新资金扶持模式，组建潍坊投资控股集团，撬动更多金融、社会资本投入到实体经济。2012年，全市用于教育、文化体育、就业和社会保障、医疗卫生、强农惠农等方面的民生支出达到239亿元，占公共财政预算支出的56.1%。其中，教育支出比重达到25.4%，居全省第一，25.8万人次贫困家庭学前儿童和不同阶段学生受益于免费、资助、救助政策。社会保障力争做到应保尽保，养老保险制度基本实现全覆盖，帮助8455人实现创业就业，3.8万人获得失业保险补贴，城镇“三无”人员、残疾人和孤儿享受到新的救助政策，6.9万人受益于计划生育奖励扶助制度，2.6万套各类保障性住房开工建设。支农惠农力度持续加大，全年发放粮食直补、良种补贴等各类惠农补贴15.2亿元，治理农村土地13.2万亩，农村集中供水覆盖人口达到81.8%，2700多项农村公益事业“一事一议”项目顺利实施。

1991—1995年潍坊市财政一般预算支出决算表

表12－1－5　　单位：万元

预算科目＼年份	1991		1992		1993		1994		1995	
	决算数	占比（%）	决算数	占比（%）	决算数	占比（%）	决算数	占比（%）	决算数	占比（%）
基本建设支出类	—	—	—	—	—	—	—	—	7812	3.76
企业挖潜改造资金类	546	0.53	746	0.69	6050	4.54	8110	4.93	14058	6.77
简易建筑费类	160	0.15	252	0.23	134	0.10	230	0.14	215	0.10
地质勘探费类	—	—	—	—	—	—	—	—	25	0.01
科技三项费用类	439	0.42	467	0.43	752	0.56	607	0.37	970	0.47
支援农村生产支出类	7063	6.80	7288	6.72	8110	6.08	7363	4.47	4947	2.38
农林水利气象等部门的事业费类	4749	4.57	5229	4.82	5344	4.01	7205	4.38	8090	3.90
工业交通等部门的事业费类	1040	1.00	1175	1.08	1328	1.00	1311	0.80	759	0.37
商业部门事业费类	—	—	—	—	—	—	60	0.04	—	—
城市维护费类	6697	6.45	6195	5.71	8380	6.28	8165	4.96	11079	5.33
城镇青年就业经费类	87	0.08	57	0.05	47	0.04	—	—	—	—
文教卫生事业费类	31960	30.77	37691	34.77	41074	30.79	60891	36.98	67121	32.32
科学事业费类	401	0.39	471	0.43	446	0.33	759	0.46	950	0.46
其他部门的事业费类	4848	4.67	5962	5.50	7006	5.25	9541	5.80	10833	5.22
抚恤和社会福利救济费类	4512	4.34	5127	4.73	5327	3.99	6311	3.83	6793	3.27
国防支出类	10	0.01	—	—	—	—	—	—	—	—

续表12—1—5

年份 预算科目	1991		1992		1993		1994		1995	
	决算数	占比(%)	决算数	占比(%)	决算数	占比(%)	决算数	占比(%)	决算数	占比(%)
行政管理费类	8960	8.63	13368	12.33	15902	11.92	23501	14.27	28536	13.74
公检法支出类	3858	3.71	4223	3.90	4491	3.37	6745	4.10	7824	3.77
价格补贴支出类	7743	7.45	8822	8.14	9143	6.85	5187	3.15	4906	2.36
支援不发达地区支出类	94	0.09	80	0.07	41	0.03	—	—	18	0.01
其他支出类	7388	7.11	6403	5.91	14652	10.98	10980	6.67	18597	8.95
专款支出类	4849	4.67	4855	4.48	5168	3.87	7673	4.66	9275	4.47
社会保险基金支出类	8469	8.15	—	—	—	—	—	—	—	—
农业综合开发支出类	—	—	—	—	—	—	—	—	4893	2.36
本年支出合计	103873	100	108411	100	133395	100	164639	100	207701	100

说明：1991年、1992年数据含五莲县

1996—2000年潍坊市财政一般预算支出决算表

表12—1—6　　单位：万元

年份 预算科目	1996		1997		1998		1999		2000	
	决算数	占比(%)	决算数	占比(%)	决算数	占比(%)	决算数	占比(%)	决算数	占比(%)
基本建设支出类	8316	3.13	14842	4.81	14892	4.16	10795	2.91	10201	2.56
企业挖潜改造资金类	13902	5.24	23185	7.51	26465	7.40	21446	5.77	26693	6.69
简易建筑费类	330	0.12	430	0.14	345	0.10	—	—	—	—
科技三项费用类	2990	1.13	2586	0.84	5169	1.45	5183	1.40	5587	1.40
支援农村生产支出类	6586	2.48	8116	2.63	10075	2.82	11400	3.07	12900	3.23
农林水利气象等部门的事业费类	10706	4.04	13396	4.34	14282	3.99	17070	4.60	18415	4.62
工业交通等部门的事业费类	961	0.36	1223	0.40	943	0.26	960	0.26	878	0.22
商业（流通）部门事业费类	65	0.02	—	—	20	0.01	64	0.02	103	0.03
城市维护费类	15690	5.91	19457	6.30	21070	5.89	23759	6.40	19743	4.95
文教卫生事业费类	74488	28.08	84366	27.32	—	—	—	—	—	—

续表12—1—6

年份 / 预算科目	1996		1997		1998		1999		2000	
	决算数	占比(%)	决算数	占比(%)	决算数	占比(%)	决算数	占比(%)	决算数	占比(%)
科学事业费类	1042	0.39	1343	0.43	1356	0.38	1475	0.40	1519	0.38
其他部门的事业费类	14905	5.62	17296	5.60	—	—	—	—	—	—
抚恤和社会福利救济费类	6708	2.53	7589	2.46	8141	2.28	11089	2.99	12266	3.08
国防支出类	23	0.01	177	0.06	212	0.06	132	0.04	210	0.05
行政管理费类	35561	13.40	43106	13.96	45232	12.65	48351	13.02	52582	13.18
武装警察部队支出类	17	0.01	42	0.01	47	0.01	215	0.06	311	0.08
公检法支出类	14914	5.62	12816	4.15	14379	4.02	16231	4.37	18969	4.76
价格补贴支出类	2413	0.91	—	—	—	—	—	—	—	—
支援不发达地区支出类	216	0.08	232	0.08	262	0.07	830	0.22	490	0.12
其他支出类	22827	8.60	32536	10.54	38186	10.68	35611	9.59	33389	8.37
专款支出类	12364	4.66	—	—	—	—	—	—	—	—
农业综合开发支出类	5030	1.90	6746	2.18	10047	2.81	9207	2.48	7150	1.79
卫生经费类	13990	5.27	16302	5.28	16597	4.64	18091	4.87	19447	4.88
行政事业离退休经费类	1255	0.47	864	0.28	786	0.22	701	0.19	558	0.14
政策性补贴支出类	—	—	2135	0.69	1820	0.51	1009	0.27	428	0.11
文体广播事业费	—	—	—	—	9565	2.67	9809	2.64	10306	2.58
教育事业费	—	—	—	—	83962	23.48	96814	26.06	113177	28.38
税务统计财政审计等部门的事业费	—	—	—	—	15459	4.32	11329	3.05	12043	3.02
社会保障补助支出	—	—	—	—	5581	1.56	6140	1.65	6587	1.65
土地和海域开发建设支出	—	—	—	—	830	0.23	564	0.15	—	—
专项支出	—	—	—	—	11873	3.32	13198	3.55	14896	3.73
本年支出合计	265299	100	308785	100	357596	100	371473	100	398848	100

2001—2005年潍坊市财政一般预算支出决算表

表12—1—7　　　　单位：万元

预算科目	2001		2002		2003		2004		2005	
	决算数	占比（%）	决算数	占比（%）	决算数	占比（%）	决算数	占比（%）	决算数	占比（%）
基本建设支出	11451	2.45	15018	2.85	12833	2.17	22348	3.04	49219	5.16
企业挖潜改造资金	55754	11.91	22488	4.27	31463	5.31	45198	6.14	77010	8.08
科技三项费用	6306	1.35	8109	1.54	8707	1.47	12599	1.71	15798	1.66
农业支出	—	—	—	—	34097	5.76	35949	4.88	48459	5.08
林业支出	—	—	—	—	4224	0.71	4319	0.59	4962	0.52
水利和气象支出	—	—	—	—	7143	1.21	8284	1.13	9504	1.00
工业交通等部门的事业费	702	0.15	1228	0.23	1981	0.33	3127	0.42	4873	0.51
流通部门事业费	287	0.06	359	0.07	611	0.10	583	0.08	687	0.07
文体广播事业费	11838	2.53	18103	3.44	19640	3.31	22405	3.04	28382	2.98
教育支出	—	—	—	—	169782	28.66	194319	26.39	224290	23.54
科学支出	—	—	—	—	1629	0.27	2023	0.27	2575	0.27
医疗卫生支出	—	—	—	—	21062	3.55	21542	2.93	25441	2.67
其他部门的事业费	—	—	18622	3.54	24382	4.12	28258	3.84	33294	3.49
抚恤和社会福利救济	13283	2.84	17900	3.40	20723	3.50	21243	2.89	26872	2.82
行政事业单位离退休支出	513	0.11	323	0.06	333	0.06	329	0.04	339	0.04
社会保障补助支出	8021	1.71	29559	5.62	14964	2.53	21138	2.87	30448	3.19
国防支出	167	0.04	512	0.10	163	0.03	191	0.03	199	0.02
行政管理费	57615	12.30	69356	13.18	81755	13.80	98275	13.35	113541	11.91
外交外事支出	50	0.01	40	0.01	70	0.01	50	0.01	30	0.00
武装警察部队支出	399	0.09	431	0.08	505	0.09	661	0.09	630	0.07
公检法司支出	21624	4.62	25162	4.78	28151	4.75	33818	4.59	44683	4.69
城市维护费	23376	4.99	23594	4.48	26789	4.52	37652	5.11	53010	5.56
政策性补贴支出	12	0.00	405	0.08	590	0.10	450	0.06	700	0.07
支援不发达地区支出	989	0.21	484	0.09	869	0.15	905	0.12	1230	0.13
车辆税费支出	—	—	—	—	—	—	356	0.05	6369	0.67
专项支出	14812	3.16	16367	3.11	18186	3.07	21865	2.97	28475	2.99

续表12-1-7

预算科目	2001		2002		2003		2004		2005	
	决算数	占比(%)	决算数	占比(%)	决算数	占比(%)	决算数	占比(%)	决算数	占比(%)
其他支出	39240	8.38	43073	8.18	61817	10.43	98326	13.36	121982	12.80
支援农村生产支出	14870	3.18	12629	2.40	—	—	—	—	—	—
农业综合开发支出	10945	2.34	9463	1.80	—	—	—	—	—	—
农林水利气象等部门的事业费	17287	3.69	20364	3.87	—	—	—	—	—	—
教育事业费	125592	26.82	152363	28.95	—	—	—	—	—	—
科学事业费	1317	0.28	1503	0.29	—	—	—	—	—	—
卫生经费	18745	4.00	18858	3.58	—	—	—	—	—	—
税务等部门的事业费	13056	2.79		—	—	—	—	—	—	—
本年支出合计	468251	100	526313	100	592469	100	736213	100	953002	100

支持经济发展

扶持企业发展。1991—1994年，投放省市两级企财周转金4.6亿元，支持缓解一批企业流动资金紧张问题。1995年，企业技改资金1亿多元。1996年，投放企业挖潜改造资金1.4亿元、周转金1.1亿元。1997年，投放资金3亿多元，支持一批企业集团发展。2000年，向上争取高新技术贴息、增资减债、国债项目等专项资金2.2亿元，为企业办理退税3012万元。2001年，争取高新技术贴息等资金2.2亿元。2004年，落实企业家、名牌产品、上市融资等奖励政策690万元。2006年，设立2亿元高新技术产业发展基金。2007年，充实高新技术产业发展基金至4亿元。2008年，投入7000多万元，补助重大节能技改、淘汰落后产能项目；与深圳创新创业资本投资集团合作，成立总规模1.25亿元的潍坊创投基金。2010年，帮助潍坊市7家中小企业在银行间债券市场发行首期集合票据7.4亿元，为32家企业在银行间债券市场融资23.4亿元。2012年，组建潍坊市投资控股集团，设立现代产业发展基金，成立歌瑞食品谷和国信农业、文化发展投资等子公司，支持重点园区、项目和科技型中小企业发展。

支持招商引资和人才引进。2003年，制定印发招商引资优惠政策实施细则，多渠道筹集资金1.64亿元，落实招商引资政策，支持企业退城进园。安排7100多万元兑现招商引资、人才引进等政策，调动各方面谋求发展的积极性。2004年，安排人才基金500万元，推动形成全市人才“洼地”效应。筹集资金2850万元，用于招商活动、鼓励出口和举办风筝会、鲁台会，扩大潍坊市对外经济交往。兑现招商引资引荐人和先进单位奖励近400万元，调动社会各界招商引资积极性。2005年，落实招商引资、退城进园、科技创新、企业家奖励等优惠政策1.8亿元。2006年，着眼强化政策洼地效应，兑现招商引资、企业家奖励、企业改制成本等政策5190万元。2012年，优化企业发展软环境。设立人才专项资金，支持引进高层次创新创业型科技人才。

2006—2012年潍坊市财政一般预算支出决算表

表12—1—8　　　　　　　　　　　　　　　　　　　　单位：万元

预算科目	2006年		2007年		2008年		2009年		2010年		2011年		2012年	
	决算数	占比(%)	决算数	占比(%)	决算数	占比(%)	决算数	占比(%)	决算数	占比(%)	决算数	占比(%)	决算数	占比(%)
一般公共服务	215805	18.78	270244	18.16	307235	16.85	342951	15.06	378074	12.99	424708	11.85	499502	11.74
国防	1481	0.13	2064	0.14	1600	0.09	2651	0.12	2864	0.10	3175	0.09	6227	0.15
公共安全	56302	4.90	79125	5.32	98488	5.40	119672	5.26	144159	4.95	160438	4.48	196334	4.61
教育	279497	24.32	386036	25.95	510891	28.02	583367	25.62	730950	25.12	959695	26.79	1149141	27.00
科学技术	21962	1.91	36847	2.48	44433	2.44	55431	2.43	72157	2.48	91534	2.55	125780	2.96
文化体育与传媒	10034	0.87	15763	1.06	22072	1.21	28400	1.25	35672	1.23	38610	1.08	52569	1.24
社会保障和就业	72844	6.34	95980	6.45	125161	6.86	152103	6.68	204722	7.03	258618	7.22	338969	7.96
医疗卫生	38022	3.31	60933	4.10	86691	4.75	111074	4.88	159444	5.48	261776	7.31	324287	7.62
节能环保	9061	0.79	19295	1.30	41432	2.27	59384	2.61	102959	3.54	136772	3.82	157581	3.70
城乡社区事务	130651	11.37	205218	13.79	194334	10.66	256525	11.27	321562	11.05	308186	8.60	314388	7.39
农林水事务	83164	7.24	118954	7.99	180393	9.89	241240	10.59	287664	9.88	388025	10.83	514673	12.09
交通运输	11657	1.01	16212	1.09	15003	0.82	76486	3.36	91141	3.13	108196	3.02	133383	3.13
资源勘探电力信息等事务	—	—	—	—	—	—	107477	4.72	132544	4.55	169489	4.73	183653	4.32
商业服务业等事务	—	—	—	—	—	—	—	—	95277	3.27	109705	3.06	66964	1.57
金融监管等事务支出	—	—	—	—	—	—	1035	0.05	4279	0.15	11658	0.33	13930	0.33

续表12—1—8

预算科目	2006年		2007年		2008年		2009年		2010年		2011年		2012年	
	决算数	占比(%)	决算数	占比(%)	决算数	占比(%)	决算数	占比(%)	决算数	占比(%)	决算数	占比(%)	决算数	占比(%)
地震灾后恢复重建支出	—	—	—	—	1681	0.09	296	0.01	32	—	—	—	—	—
援助其他地区支出	—	—	—	—	—	—	—	—	—	—	—	—	6280	0.15
国土资源气象等事务	—	—	—	—	—	—	—	—	30186	1.04	35630	0.99	32989	0.78
住房保障支出	—	—	—	—	—	—	—	—	24058	0.83	38772	1.08	82224	1.93
粮油物资储备事务	—	—	—	—	—	—	55089	2.42	7090	0.24	4963	0.14	6240	0.15
国债还本付息支出	—	—	—	—	—	—	4809	0.21	5237	0.18	874	0.02	3969	0.09
其他支出	108712	9.46	63237	4.25	62746	3.44	79172	3.48	80283	2.76	69448	1.94	46855	1.10
储备事务支出	—	—	—	—	—	—	—	—	—	—	2335	0.07	—	—
工业商业金融等事务	110136	9.58	117948	7.93	131335	7.20	—	—	—	—	—	—	—	—
本年支出合计	1149328	100	1487856	100	1823495	100	2277162	100	2910354	100	3582607	100	4255938	100

优化金融环境。2008年始，对金融机构的小微企业新增贷款给予风险补偿，至2012年市级发放补偿资金1.5亿元。出台市级银行业金融机构年度考核奖励政策，2004—2012年，兑现奖励资金3000万元。2003年，集中处置原城市商业银行和农村信用社历史遗留的7.8亿元和30.4亿元不良资产，帮助地方金融企业轻装上阵、快速崛起。2010年与有关部门联合制定《潍坊市金融创新奖评选办法》，鼓励金融机构开展业务创新。2010年以后，对农村合作金融机构股份制改革过程新增的税费在法定范围内给予减免或补助，2012年潍坊市成为全国第一个实现所有县级农信法人机构全部改制为农村商业银行的地级市。2010年，设立潍坊股权交易中心，为科技型中小企业提供直接融资渠道。制订《开展小额担保贷款业务 促进以创业带动就业工作的意见》，增加合作金融机构数量、扩大担保基金规模，至2012年末发放创业贷款近10亿元，带动3多万人实现就业。2012年，成立潍坊金融控股集团，实施综合金融运作，优化地方金融环境。支出各类奖补资金4000余万元，推动企业上市。

社会保障支出

1991—2012年，全市财政社会保障部门坚持“广覆盖、保基本、多层次、可持续”的思路，调整结构，集中财力，完善政策，健全机制，构建以公共财政为依托、公平优先、兼顾效率、统筹城乡的，与社会主义市场经济体制相适应的社会保障体系。

完善就业政策及服务体系。2008年，在稳妥实施下岗职工基本生活保障制度的基础上，积极适应宏观形势变化，不断调整扶持导向和重点，逐步扩大扶持范围，降低准入门槛，在有针对性地解决好女40岁以上、男50岁以上，因自身就业条件较差、技能单一等原因，难以在劳动力市场竞争就业的劳动者，城乡零就业家庭等困难群体就业问题。2009年，积极推进部分政策的普惠化，构建起包括培训、求职、创业、税费减免、担保贷款等在内的系统化、一条龙的促进就业政策体系。2009年，及时实施临时性援企稳岗措施，还加大对大学生就业创业工作的扶持力度，增强政策活力和效能。

建立覆盖城乡的社会保险体系。2007年，新农合实现全面覆盖，城镇居民医保启动试点并于2009年初全面铺开，基本完成城镇职工医保、城镇居民医保、新农合三大基本医疗保障制度各有侧重、分类覆盖、互相衔接的建制目标，全民医疗保障格局初步形成。2009年，启动实施新型农村社会养老保险试点，实现农民养老从自我保障到社会化保障的历史性转变。2012年潍坊市建立全市统一、城乡统筹的居民养老保险制度。

健全城乡社会救助体系。2006年，城乡医疗救助全面建制，不断完善救助方式、救助病种、救助对象，扩大覆盖，提高医疗救助水平，并努力做好与城镇职工、居民基本医疗保险两大制度的衔接。完善资金筹措机制，农村五保供养水平进一步提高。2007年起，建立城乡低保标准自然增长机制，有效保障城乡困难群体的基本生活，同时，大力推进审核认定、财政保障、资金发放、绩效考评的规范化管理。

推进社保事业改革。支持深化医药卫生体制改革。2009年，潍坊市医改工作正式启动；2010年，启动城市公立医院改革。立足公共财政建设，积极支持和推动全市建立全民医保体系，加快基本公共卫生服务均等化。开创城市社区卫生服务新模式。2008年，按照“政府主导、公益性质、市场机制、购买服务”的模式，开展购买城市社区卫生服务改革，取得成功。全面启动城镇职工基本医疗保险市级统筹。2010年4月1日起正式启动市级统筹，在市直及奎文区、潍城区、寒亭区、坊子区、高新区、滨海区、峡山区范围内实现城镇职工医保的市级统筹，市直及各区参保职工可持有效证件在城区内任何一家职工医保定点医疗机构联网住院，整体待遇水平提高。

教育支出

潍坊市认真贯彻落实科教兴国战略，把教育作为优先保障的方向，大力支持办好人民满意的教育事业，从2007—2012年，全市一般公共预算教育支出占公共预算总支出均超过25%，其中2011年教育支出95.97亿元，2012年教育支出114.91亿元，分别占当年财政支出的26.79%、27%，圆满完成当年省核定潍坊市24.9%的目标。

单位：亿元

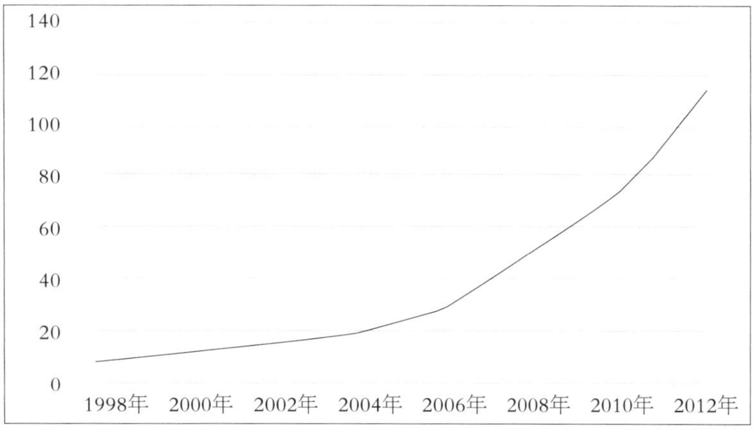

图12—1—1 1998—2012年潍坊市财政教育经费支出图

建立城乡义务教育保障机制。完善农村义务教育经费保障机制。2006年，市政府印发《关于实施农村义务教育经费保障机制改革的通知》，建立各级分项目、按比例分担的农村义务教育保障机制，逐步将义务教育纳入公共财政保障范围。免除农村义务教育阶段学生杂费，补助家庭经济困难寄宿学生生活费，这项政策2006年在昌邑市试点，2007年起在全市推行；2008年起向农村义务教育阶段学生全部免费提供教科书。以后年度，逐年提高补助公用经费标准，到2011年，农村义务教育生均经费定额达到小学600元、初中800元，特殊教育学校3000元。实施城市义务教育学生免杂费。从2007年秋季学期开始，全市开始对城市义务教育阶段学生免除杂费，对学校补助公用经费，并逐步统一城乡义务教育学校生均公用经费补助标准。

资助家庭经济困难学生。2007年起，潍坊市建立健全以奖学金、助学金为主，覆盖高校、中职学校、普通高中、义务教育、学前教育各个教育阶段家庭经济困难学生的资助体系。2011年，率先在全省利用“学前教育助学券”实施低保家庭儿童和孤残儿童免费入园政策。2012年，将“教育券”扩大到高中困难学生，为全国率先对高中困难学生实施免学费的地级市，实现困难群体学前教育到高中教育免费政策全覆盖。随着资助范围进一步扩大，资助标准进一步提高，财政投入逐年增长。全市资助资金由2007年的7813.9万元达到2012年的2.29亿元；全市资助学生由2007年的9.97万人次到2012年的25.8万人次。

建立中小学校舍维修改造长效机制。2002年起，先后实施解困工程、农村中小学校舍维修改造工程、农村中小学仪器更新工程、远程教育、“一通二热三改”（村村通学生车，提供热水、热饭设施，改造宿舍、食堂、厕所）、“211工程”（热水、热饭、取暖、改厕）、校舍安全等工程，2002—2012年各项工程投资达120亿元，促进校园设施改善和办学条件提升。其中，“211”工程、校舍安全运作模式和工作经验得到省财政厅和教育厅的充分肯定，2009年省财政厅、教育厅在潍坊召开全省“211”工程现场会，2010年省政府在潍坊召开全省“校舍安全”工程现场会，推广潍坊市经验。同时，为解决中心城区部分学校班额过大、功能教室缺乏、运动场地不足等问题，潍坊市实施市区中小学校解困工程，先后投资近25亿元，扩建、新建学校57所，拓展活动场所200多万平方米，近20万名中小学生受益。

打造职业教育优势品牌。在连续提高职业教育生均经费标准的同时，2002—2012年安排3.3亿元，重点支持职业教育重点专业、实训基地建设、职业学校技能大赛等，促进职业教育的可持续发展。2010年在全国职业院校技能大赛中潍坊市获得8项一等奖。2011年，潍坊市商业学校被教育部、财政部等确定为全国职业技能大赛会计专业比赛场地。

提升教师素质和待遇。市财政每年安排资金，对教师进行提高培训和成果奖励；建立特聘专业技能教师制度，从2008年起，市财政每年安排专项资金，在全市职业院校设立特聘专业技能教师岗位，面向企业公开招聘专业技术人员、高技能人才到职业院校任教。实行教师工资县级管理并统一城乡发放标准，城乡中小学教师月均工资高于潍坊市行政人员月均工资，为吸引优秀教师到潍坊任教创造良好环境。自2004年起，市县级财政安排资金300万元，在全省率先推动中小学校长职级工资制度改革，取消全市中小学校长的行政级别，将校长划分为6个职级，校长的工资待遇根据职级确定，实行动态管理。

科技支出

潍坊市一直把科技创新作为支撑经济发展的战略举措摆在突出位置，先后制定印发一系列鼓励和扶持科技创新的政策措施，实施高新技术产业赶超战略，财政部门不断加大科技投入，完善政策措施，创新投入方式，增强创新驱动，为促进经济社会转型发展提供强有力的科技支撑。潍坊市不断提高科技经费投入占财政支出的比重，确保科技投入的增长高于经常性财政收入的增长。1991—2012年，全市科技财政投入53.7亿元。

从2005年起，将科技奖励资金提高到150万元，围绕支持高新技术项目研发和科技创新体系建设，加大自主创新奖励力度，强化自主创新奖励，鼓励科技创新。2006年，设立高新技术产业发展基金，提升财政资金的引导放大功能，通过国有股权质押和国有股权退出等方式，5年内筹集10亿元，重点支持关键领域、关键环节的技术创新，更好地支持引导企业技术研发和创新。2010年，在全省率先制定《关于建立健全科普惠农长效机制的意见》，深入实施科普村村通工程、科技富民强县专项行动计划、科普惠农示范工程等，带动农民科技致富。

2012年，市财政局与市科技局联合印发《关于加强市级财政科技资金管理推进自主创新工作的意见》，按照“公开标准、自主申报、专家评审、项目公示”的原则，综合运用无偿资助、后补助、贷款贴息、有偿使用、股权（风险）投资、奖励等多种方式，支持科技自主创新。推动高新技术产业加快发展，建立起全市科技资金使用新机制。

单位：亿元

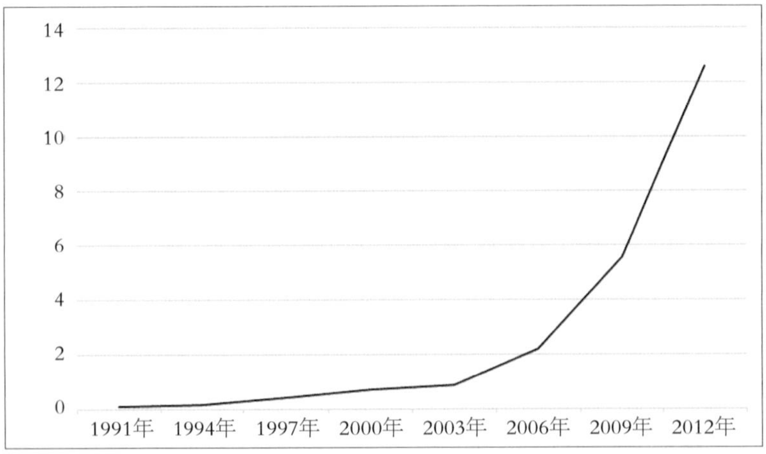

图12—1—2 1991—2012年潍坊市财政科技经费支出图

2012年起，每年列出1000万元，设立“潍坊市级科技风险投资资金”，集中支持科技创新和新兴产业发展，改变政府“包打天下”的局面，创新财政科技投入方式，搭建市级产业投融资平台。充分发挥财政资金的杠杆作用，成立潍坊国信科技创新投资有限公司，采用市场化运作方式，实现与专业性的投融资机构合作，将财政资金由原来的无偿拨付改为股权、债权投入方式，探索科技与金融结合，有力地支持全市科技企业创新发展。这一做法被中央电视台等主流媒体报道。

文化支出

实施文化惠民工程。潍坊市实施五大文化惠民工程。2002年始，实施文化信息资源共享工程；2006年始，启动“农家书屋”工程；2007年，启动农村公益电影放映工程；2008年，启动乡镇综合文化站工程；完成广播电视村村通工程。2008年起，博物馆向社会免费开放；2011年起，图书馆、文化馆（站）、纪念馆3馆实施免费开放。

设立政府文化引导基金。2009年，市政府分别设立500万元、300万元的市级文化事业、产业发展专项资金，构建多元化文化产业投入机制，并逐年提高。2012年，市级文化事业资金增加到1200万元，市级文化产业资金增加到1300万元，主要用于支持发展特色文化艺术品交易中心、文化产业孵化器建设、潍水文化生态保护实验区、青州云门生态山文化创意产业园项目等高端、高质、高效文化产业和市委、市政府推出的一批文化重点项目、重点工程、重点企业以及重点项目园区建设。同时，研究制定相关政策，积极鼓励社会力量投资，建立多元化文化投入机制。设立政府文化引导基金300万元，成立注册资金5000万元的“潍坊市国信文化产业创新投资公司”（首期注册资金1300万元），按照“政府主导、市场运作、循环补偿、持续发展”的原则，充分体现支持文化产业发展的政策导向，以市场化资源配置机制为基础，以股权投资为主，吸引带动金融、社会资本的跟进，通过投资经营收益，实现循环增值，形成扶持文化产业发展的长效投入机制。

推进公共文化服务设施建设。2012年，市级财政新设立700万元“农村文化建设专项资金”，为全省首家设立该项专项资金的地市。市级投资约30亿元，建设由图书馆、科技馆、青少年宫、大剧院、音乐厅、工人文化宫、规划与艺术展览馆等组成的文化艺术中心。2012年，市级安排3795万元，专项用于市图书馆新馆设备购置和更新各类图书。结合十笏园文化街区开发建设的实际情况，2012年，安排1000万元，对十笏园博物馆117间古建房屋、关侯庙、孔融祠进行修缮。

人口和计划生育支出

2002—2012年，全市人口计划生育财政投入36.99亿元。

2006年全面实施农村部分计划生育家庭奖励扶助制度。2007年在全省率先开展农村计划生育节育手术保险试点；印发《计划生育社会抚养费征收使用管理办法》，市级统筹社会抚养费的10%，专项用于计划生育事业，提高抚养费的征管水平，实现人口与经济社会和谐发展。2008年，市级财政投入400万元启动资金，在全省率先设立市级“人口关爱基金”，开展人口和计划生育公益事业。设立“鸢都人口奖”，用于表彰奖励在人口计生以及相关领域内作出重大贡献的工作者和志愿者，推进人口计生事业健康发展。同年，实施“计划生育家庭特别扶助制度”试点工作；每年安排专项资金，用于落实计划生育免费技术服务费、农村独生子女补充养老保险制度改革试点工作，调动群众实行计划生育的自觉性。

2009年，按照“政府埋单、群众受益”的原则，积极筹措资金，支持出生缺陷干预工程。到2010年，全市人均计生经费56元，超过省定标准。到2012年底，全市投入5000多万元，筛查率超过92%。

“三农”支出

1991年后，潍坊财政始终把支援农业、促进农村经济发展、农民增收作为一项重要任务。先后实施农业产业化战略、农业综合开发、“双增”工程、中低产田改造、农村饮水安全、农田节水灌溉、社会主义新农村建设、“一事一议”财政奖补农村公益事业建设、农村公共服务体系建设、城乡环卫一体化等重点项目建设，积极落实粮食直补和农机具购置补贴等惠农资金政策，促进农业农村发展和农民致富。

扶持农业发展。1992—1994年重点支持山区开发、黄淮海平原农业综合开发、商品粮基地建设、吨粮乡镇建设、高产优质高效农业开发。1993年，在全国率先提出并组织实施农业产业化战略，积极支持龙头企业发展。1995—1997年重点支持农业基础设施建设、农业综合开发。1998年，调整财政支农重点，支持以北部沿海防护林建设、节水灌溉、水土保持为主要内容的生态农业发展；实施农民增收、财政增收“双增工程”。1999—2003年，支农投入重点向水利和科技倾斜，支持农业科技走廊和一批农业科技示范园建设，加强水利基础设施建设。2008—2012年，省、市两级财政投入近1亿元，拉动贷款总额近30亿元，扶持一批农业龙头企业；2012年，争取省农业产业化龙头企业贴息贷款额度11.5亿元，居全省首位，推动潍坊市农业产业化龙头企业上档升级。2008—2012年，筹集资金6000万元，采取贷款贴息等方式，培育一批符合省级标准的农民专业合作社和联合社。2011年，率先在全省采取贴息方式扶持农民专业合作组织发展，贴息总额300万元，拉动贷款近1亿元。筹集资金3600万元，全面实施农产品质量安全示范区创建活动。

推进潍坊生态建设。2008—2012年，潍坊市筹集资金2亿元，用于生态林场建设、“绿化山东”、森林生态效益补偿、森林植被恢复等项目，支持全市造林绿化完成成片造林28.2万亩，造林面积居全省首位。全市投入资金近1亿元，重点加强森林消防专业队建设、林火远程视频监控、护林员GPS动态管理和森林防火物资储备，支持森林防火减灾，开展春季森林防火大检查，确保全市无森林火灾发生。2010—2012年，全市筹集资金3.8亿元，其中财政投入1.2亿元，推广以沼气为主的生态循环农业示范县建设，完善沼气服务体系建设，推广秸秆综合利用技术；积极实施测土配方施肥和土壤有机质提升，促进粮食生产年年增收。

落实强农惠农政策。2002年6月，潍坊市落实省委、省政府印发的《山东省农村税费改革（试点）实施方案》，全面推行农村税费改革试点，取消“三提五统”“两工”等专门面向农民征收的行政事业性收费、政府性基金和集资项目，取缔针对农民的乱摊派、乱收费。2004年，全面落实对种粮农民的直接补贴政策，全市核实小麦种植面积522万亩，对150万农户兑付直补资金6782万元。2005年，落实农业税税率再降低2个百分点政策，6个县市区和库区提前全部取消农业税，农村税费改革取得阶段性成果，全市农民减负11.8亿元，人均负担由2001年的185元降低到13.2元，减负率93%。2006年，潍坊市全面取消农业税，同年落实粮食直补、农机购置和良种补贴政策，全市农民得到实惠2.1亿元。2008年发放各类涉农补贴11.1亿元。2009年，及时兑现粮食直补、良种补贴、农业政策性保险、家

电下乡、汽车摩托车下乡等惠农政策13.7亿元。2010年，发放各类惠农补贴14亿元。2011年发放各类惠农补贴17.7亿元。2012年，发放粮食直补、良种补贴等各类惠农补贴15.2亿元。

水利重点工程建设支出

2008—2010年，全市投资20.76亿元，在全省率先完成大中小型病险水库除险加固任务。投资近2亿元，进行市级白浪河中段治理、引渠入白、北部水网“南一横”等工程建设。2009年，组建潍坊水利发展有限责任公司，融资8亿元，支持重大水利项目建设。2008—2012年，投入4.7亿元，支持开展农村饮水安全工程，解决农村100万人口饮水安全问题。2009—2012年，实施4批小农水重点县工程，小农水重点县数量达9个，全市累计投入资金近10亿元。通过工程的建设，新增灌溉面积12.8万亩，恢复改善灌溉面积46.4万亩。2012年，适应国家对融资平台政策的调整，成立潍坊市国信水利投资有限公司，具体承担全市水利建设资金的筹集及使用职能。

环保重点项目支出

2007年起，潍坊市加大对小清河、弥河、白浪河及虞河等重点流域的治理力度，确保重点河流COD、氨氮稳定达到控制目标要求并持续改善。2008年开始，持续加大对工业企业达标排放、减排奖补力度，支持重点污染源治理。2012年，制定“以奖代补”专项资金管理办法，支持中心城区小型燃煤锅炉整治工作，全市拆改供热管网覆盖范围内分散燃煤锅炉513台，发放补贴1亿元。2007—2012年，全市投入资金4244万元，支持环保执法能力建设。其中，投入944万元为市级环保部门配备专用设备，提高环境监测执法装备水平；投入资金1800多万元，支持全市“环境安全防控体系”工程建设，实现对潍坊域内的所有排污企业进行全方位、立体化在线监管覆盖；投入资金1500万元，在全市范围内增建18个环境空气自动监测子站，实现片区空气质量情况的实时监控。

第四节　财政管理

预算管理

1991年后，预算管理在坚持保障重点领域支出的同时，先后从部门预算、国库集中支付、非税收入管理、政府采购、绩效评价等方面入手，不断改革预算管理模式，提升财政管理水平。1998年始，推进社保制度改革，设立社保基金专户，同时推行政府采购制度。2000年开始，市级开始推行编制部门预算。2003年，将市农业局等4个单位的部门预算提交人代会审议，主动接受人大代表监督，促进提高预算管理水平。2005年，逐步健全以部门预算、国库集中支付、政府采购为主要内容的预算管理体系。2006年，推行政府收支分类改革，启用新的政府收支分类科目。2009年，强化以部门预算、国库集中支付、政府采购和投资评审为主要内容的预算管理体系，实现预算管理全覆盖。2010年，推进公共支出绩效评价制度，建立完善绩效评价制度框架和指标体系，并将评价结果作为安排预算的重要依据，促进提高项目管理水平和资金使用效益。2011年，建立健全以财政部门和预算单位为主体，涵盖财政支出全过程的绩效管理模式；扩大绩效评价范围，并引入3家中介机构参与，选择15项涉及民生的项目进行重点评价，评价结果与预算安排挂钩。坚持“一项资金、一套办法”，制定完善各类资金管理制度，推进“无缝隙”管理。2012年开始，改革传统的管理模式，尝试引入市场机制配置资金，每年筹集4亿元设立现代产业基金，并组建潍坊投资控股集团作为运作主体和投入平台，吸引各类金融社会资本进入，采用股权、债权等市场化手段进行市场化投入，支持实体经济发展及公共事业发展。

国库支付管理

2002年，市级财政对统一发放工资和政府采购资金直接支付两项工作进行试点。2003年，市级对全部行政机关和全额财政拨款事业单位实行财政统一发放工资。2003年10月，诸城市作为全省唯一国库集中支付改革试点县启动改革，为全市乃至全省改革探索路子。2005年7月，市政府批转《潍坊市国库管理制度改革试点方案》。2006年7月，市级第三批部门单位上线运行，市级改革工作全面完成。2005—2012年，构建由人行国库账户、财政零余额账户、单位零余额账户和财政专户等构成的国库单一账户体系，对市县乡三级的财政专户进行了全面清理整顿。2010年7月，在市级所有预算单位一次性全面实行公务卡改革。2012年，督导高密市全面完成国库集中支付改革任务，市县两级国库集中支付改革实现预算单位、财政资金全覆盖。

非税收入管理

1990年9月16日，中共中央、国务院印发《关于坚决制止乱收费、乱罚款和各种摊派的决定》，潍坊市成立由物价、财政、计划、审计、监察等部门参加的治理“三乱”领导小组，将清理乱收费作为重点，在全市开展“治理经济环境，整顿经济秩序”专项治理活动，同时开展“财务、税收、物价大检查”活动。2004年，全面启用“山东省政府非税收入征收管理系统”，确保政府非税收入上缴财政，通过对收费项目的编码管理，降低征收成本，提高工作效率。2007—2011年，按省财政厅部署，在全市范围内开展“政府非税收入规范管理年”和“政府非税收入宣传月”活动。围绕加强和规范政府非税收入管理，充分发挥政府非税收入在促进经济社会发展方面的作用，加大政策宣传力度。按照省财政厅监督检查工作计划，组织开展重点执收部门非税收入大检查，深入了解和掌握各部门非税收入征管情况，研究提出规范管理的政策措施，推进综合预算改革和规范津贴补贴工作。2011年，根据《财政部关于将预算外资金管理的收入纳入预算管理的通知》和《山东省财政厅转发〈财政部关于预算外资金管理的收入纳入预算管理的通知〉的通知》精神，自2011年1月1日起，调整全市部分非税收入管理方式，将除教育收费以外的财政专户管理的行政事业性收费，全部纳入国库管理。

政府投融资平台建设

搭建投融资平台。1992年3月，潍坊市经济技术开发投资总公司成立，实行企业化管理，自收自支，为国有企业技术改造提供资金，推动国有企业产业转型升级；8月，成立潍坊鲁伟实业总公司，为全民所有制企业，从事房地产开发项目。1994年7月，潍坊市国有资产经营投资公司成立，负责为市政府运营国有资产、筹集和管理城市建设资金。1997年，与中国注册会计师协会共同出资成立潍坊齐鲁饭店，承担中国注册会计师协会和山东省注册会计师协会安排的注册会计师培训工作；8月，组建山东潍坊产权交易中心，为周边地区的社会经济发展提供中介服务。2006年6月，潍坊东兴建设发展有限责任公司成立，负责城市基础设施和市政公用项目建设投资，土地整理，农业基础设施开发。2009年12月，设立潍坊海洋产业投资有限公司、潍坊高端产业投资有限公司，扶持相关产业加快发展。2012年6月，组建潍坊市投资控股有限公司，注册资本20亿元，运用市场机制提高资金使用效率。

开展投融资运作。2003年起，潍坊市财政围绕“加快城市化进程”的总体战略部署，在支持城市建设发展上坚持“不从预算内拿钱搞建设、资产负债平衡、不给后人留包袱”的原则，建立“项目规划—资源储备—建设投入—城市增值—资源运营—资金回笼—归还贷款—再行投入”的投融资建设良性循环机制，确保资金“融得来、花得好、还得上”，通过优质资产的注入，积极运作潍坊市国有资产经营投资公司这一投融资平台公司，创建城市建设“潍坊模式”。至2012年底潍坊市国有资产经营投资公司总资产达370亿元，通过银行贷款、信托融资等多种渠道累计实现融资352亿元。其间，相继成立了三河公司、水利公司等多家市级政府投融资平台，结合城市建设资金需求，积极创新融资方式，较好地保障城市建设资金需求。通过创新投融资体制，有效弥补预算内资金不足，极大推动了潍坊市城市化进程，提升了城市品质和发展格局，潍坊先后创建为国家园林城市、国家卫生城市、国家节水型城市，被评为全国“十城万盏”半导体照明应用工程试点城市、全球城市竞争力上升最快的城市等。

加强土地储备支撑。2005年，潍坊市开始探索土地储备融资的路子，土地储备管理制度日趋完善。至2009年利用储备土地融资的资金链条基本形成，中心城区城建融资的模式基本建立。至2012年底，中心城区储备土地3.06万亩，为潍坊市中心城区城建融资工作提供有力保障。

2005—2012年潍坊土地储备情况表

表12－1－9　　单位：亩

年份＼面积＼区属	经济区	滨海区	高新区	奎文区	潍城区	坊子区	寒亭区	小计
2005	0	0	4575	0	0	0	0	4575
2006	0	0	1319	0	2829	0	1058	5206
2007	0	0	1810	0	993	82	200	3083
2008	200	0	166	0	2448	0	1558	4372
2009	1223	0	0	305	1074	99	401	3102
2010	615	0	244	2	2215	0	942	4021
2011	200	2000	1100	12	0	0	400	3712
2012	602	0	582	6	895	0	442	2527
合计	2840	2000	9796	328	10454	179	5001	30598

国有企业财务管理

1994年，潍坊市在实施《企业财务通则》和《企业会计准则》基础上，积极转变管理方式，逐步放开对企业微观管理，减少对企业财务决算等具体微观事项的处理，不再审批国有企业具体财务事项，不再向国有企业下达财务计划和考核指标，不再对国有企业年度决算实行审批制度。1997年，制定实施《关于明确企业改组改制过程中财政和资产管理问题的意见》等制度，认真落实税收返还、加速折旧等财政财务政策，为企业发展创造良好的政策环境。投放资金3亿多元，支持亚星、海化、恒信、华光、巨龙、得利斯等企业集团发展。2006年，设立高新技术产业发展基金，制定《高新技术产业发展基金使用管理办法》和《企业国有资本收益管理暂行办法》，将企业国有资本收益作为基金的主要来源。全面完成上市企业股权分置改革，为企业再融资创造条件。

政府采购管理

1998年7月，潍坊市政府采购中心成立。1999年，进行潍坊市公务用车招标，被业界称为山东省政府采购第一单。2003年，潍坊市将政府采购资金纳入集中支付范围，推动政府采购工作的有效开展。2005年，完善政府采购、投资评审、财政专管员、资金拨付和审计监督“五项制度”。2006年，扩充政府采购评审专家数量，潍坊市的专家库成为全省最大的市级专家库；建立供应商“黑名单”制度，对违规供应商进行惩戒。2007—2012年，制定和完善《潍坊市政府采购项目操作规程》《潍坊市政府采购评审专家管理办法》《潍坊市政府采购供应商投诉处理办法》《潍坊市政府采购供应商诚信管理办法》《潍坊市政府采购信息公告管理办法》和《关于发挥政府采购政策功能支持产业发展的意见》，建立起规范严格的采购监管制度体系。

财政监督管理

1991—1997年，潍坊市主要组织开展税收财务物价大检查工作。1998年始，转变财政监督职能，取消税收财务物价大检查活动，监督方式逐步实现由临时、突击式的检查向日常监督、专项检查过渡。1998—1999年，市、县两级全部成立财政监督局。2000—2007年，市财政部门本着“收支并举、内外并行、监管并重”的原则，完善监督检查机制，发挥财政监管职能，促进规范财经秩序，强化财政监督。2008—2009年，强化资金监督管理，完善专项资金管理办法，健全公共服务绩效评价体系，积极开展第三方绩效评价，保障资金使用效果。2010—2012年，通过市县两级上下联动，推进内部审计向外部审计延伸，利用中介机构力量实施绩效评价，构建起全方位、多层次的财政监督体系。同时，加大专项资金及重大财经政策执行的监督检查力度，积极做好“小金库”专项治理工作，确保财政资金安全。

基层财政管理

2008年设立潍坊市财政局基层财政管理处。2008—2011年，主要开展契税和耕地占用税的征收管理工作。2011年3月，将契税和耕地占用税征管职能划转地税部门。是年起，建立起每3年对全市乡镇财政干部轮训一遍的长效机制。2011年，在全市开展规范化财政所创建工作，促进基层财政管理科学化规范化。2012年，在全市财政系统实施以加强基层建设和基础管理为抓手，以推进财政科学化精细化管理为目标的“强基固本”工程，全面提升基层财政科学化精细化管理水平。

预算评审管理

1999—2002年，主要围绕基本建设项目的预、结算项目进行评审。2003—2012年，评审业务范围逐渐向财政性投资项目的全过程监督管理拓展，包括项目的拆迁补偿资金评审、招投标、预（概）算和竣工决（结）算审核、项目实施全过程监督管理。其间，潍坊财政投资评审中心参与城市建设中每一个重要项目的建设，每一个重点工程派驻现场财政专管员实施全过程财政监管，及时介入施工现场，对工程量计量、材料价格认定、变更签证及竣工验收等实行全过程参与和监管，其中重大变更事项由专家小组集体论证确认，零距离服务于各有关单位财政性投资项目，保证工程顺利进行。

1999—2012年潍坊市财政评审数据情况统计表

表12—1—10　　单位：亿元

年份	项目个数	原报值	审减值	审定值	审减率（%）
1999	53	1.7	0.27	1.43	15.88
2000	66	3.4	0.5	2.9	14.71
2001	96	3	0.4	2.6	13.33
2002	84	1.7	0.21	1.49	12.35
2003	282	8.74	1.46	7.28	16.70
2004	604	14.06	1.46	12.6	10.38
2005	483	13.77	1.2	12.57	8.71
2006	530	31	−0.2	31.2	−0.65
2007	545	36.2	5	31.2	13.81
2008	883	40.3	4.7	35.6	11.66
2009	528	34.29	3.59	30.7	10.47
2010	459	39.4	4.8	34.6	12.18
2011	489	52.88	8.05	44.83	15.22
2012	417	55.2	10.6	44.6	19.20
合计	5519	335.64	42.04	293.6	12.53

财政法规制度建设

2004—2009年，市财政局先后制定印发《潍坊市财政局重大决策社会稳定风险评估实施办法》《财政机关行政执法责任制实施办法》《财政机关法律事务管理暂行规定》《潍坊市财政行政处罚裁量权指导标准》，不断完善财政法规制度体系。2012年，制定印发《关于建立局机关规范性文件统一备案和发文目录定期备案制度的通知》《关于落实规范性文件统一登记统一编号工作的通知》，完善规范性文件征求意见、集体论证、专家咨询等制度，严格落实规范性文件统一登记、统一编号、统一发布“三统一”制度，定期开展规范性文件清理工作。2012年，潍坊市财政局被财政部选取为全国9个“依法行政、依法理财”示范点之一。

税式支出管理

潍坊市开展税式支出研究和实践相对较早。2002年，财政部联合国际货币基金组织、经济合作与发展组织，在山东潍坊市和广西北海市先后两次召开税式支出国际研讨会。潍坊市自2007年开始税式支出的统计、测算工作，从完善工作机制入手，以搭建税式支出信息管理平台为总抓手，构建新型税式支出管理模式。2007—2012年，全市税式支出总体规模呈现逐年增长局面，2007年帮助企业争取国家优惠政策、兑现出口退税等税式支出52亿元，2008年落实出口退税等税式支出61亿元，2009年落实税式支出85.5亿元，2010年落实税式支出93.4亿元，2012年落实出口退税、税收减免等税式支出达到118亿元。2012年，山东省首先选择在临沂、淄博、潍坊等市进行税式支出管理试点。

信息化建设

潍坊市1995年被列入山东省财政计算机网络建设试点单位，开始筹划计算机网络建设工作。1996年，潍坊市被省财政厅列入财政办公自动化系统试点单位，同年市财政局专门成立潍坊市财税信息中心，初步实现局机关办公网络化。1999年，实现部、省、市、县、乡五级广域网贯通。2000年，新版办公自动化系统在全市推广应用。2002年，建立与省财政厅互连的财政电视会议系统。2005年启动国库集中支付改革，2007年全面完成。同年，市、县两级非税收入全部纳入《非税收入征收管理系统》，财政涉农补贴资金“一本通”上线运行，覆盖全市补贴农户。2009年，启动“政府财政管理信息系统”（金财工程，简称GFMIS）应用支撑平台建设工作。2010年，基于应用支撑平台一体化财政业务系统正式上线。同年，启动财税库银横向联网工作，2011年顺利完成。2012年，市、县两级“金财工程”应用支撑平台建设工作全面完成。同年，推行办公软件正版化管理。统一的财政内网门户网站建设完成，涵盖内部网站、办公协同、短信平台、档案管理、绩效考核、电子邮件和即时通讯等多个业务模块；市财政局互联网门户网站正式上线，搭建起公开信息、服务群众、展现形象的平台。

会计管理

1991年起，潍坊市实行会计证管理制度。1995年，财政部在潍坊召开全国会计专业技术资格考试试点工作会议。1996年，首届世界珠算大会在潍坊召开，来自世界十多个国家和地区的400多名代表参加。1998年，首次进行会计资格考试。1999年，全国会计工作会议在潍坊召开。2007年，开始实施“十年打造百名会计领军人物”培养计划。2012年，潍坊市全面实行会计从业资格考试无纸化操作。2012年底，潍坊市共有会计从业资格人员10万人。其中，专科以上学历5.5万人，有会计专业技术资格的2.7万人，占27%。

财政干部队伍建设

1991—1999年，以山东省会计干部中专学校潍坊分校为财政干部教育培训基地开展教育培训。2000年，山东省会计干部中专学校潍坊分校转划归潍坊市教育局。2006年，制定印发《机关工作人员学历（学位）教育暂行规定》，鼓励参加提升学历教育。2008年，创建学习型机关，营造“校园式”学习氛围。与东北财经大学签订联合培养公共管理硕士协议，三年为全市财政系统培养硕士研究生200名。2009年9月，成立干部教育管理办公室，专门负责全市财政系统干部教育培训工作。2011年，与北京大学、人民大学、浙江大学签定合作协议，积极开展合作培训。2012年，全市财政系统举办各类培训班60次，培训干部1.55万人次；其中市财政局组织各类培训班、讲座18个，局机关干部参训人数1543人次，培训系统外人员650人次，县级及以下培训1.34万人次。

第五节　组织机构

潍坊市财政局

1991年，潍坊市财政局内设7个科室，定编53名。1997年3月，潍坊市进行市级机构改革。潍坊市财政局设13个科室，定编55名。2001年10月，市政府机构改革，潍坊市财政局设15个科室，定编72名。2010年6月，市政府机构改革，潍坊市财政局为市政府工作部门，设14个科室，定编62名。

潍坊市国有资产运营管理中心

潍坊市国有资产经营投资中心（公司）成立于1994年7月，为市国有资产管理局下属的正科级事业单位，企业化管理，自收自支，定编15名。2005年7月，潍坊市经济技术开发投资总公司人员、职能划归潍坊市国有资产经营投资中心（公司），市国有资产经营投资中心（公司）为市财政局所属副县级事业单位，经费自收自支，定编25名。2005年8月，市国有资产经营投资中心（公司）下设5个内部机构。2009年4月，规格调整为正县级，编制增为33名。2009年7月，内部机构重新调整设置为7个。

潍坊市财政局企业处

1989年，成立潍坊市财政局驻厂员管理处（副县级）。2001年12月，更名为市财政局企业处。2002年3月，编制减为76名。2012年11月，编制减为59名。

潍坊市财政监督局

潍坊市税收、财务、物价大检查办公室成立于1990年5月，为副县级机构，办公室设在市财政局，定编9名。1997年9月，编制增为10名。1998年12月，更名为潍坊市财政监督局。2009年9月，编制减为9名。

潍坊市政府采购中心

潍坊市政府采购中心成立于1998年7月，为市财政局下属正科级事业单位，全额预算管理，定编5名。2001年12月调整为副县级规格，重新核定编制10名，内设计划管理科、采购供应科。2008年6月，编制减为7名。

潍坊市财政局基层财政管理处

潍坊市农业税征收管理处成立于2003年12月，为市财政局下属副县级事业单位，全额预算管理。2004年11月，核定编制15名。2008年4月，更名为市财政局基层财政管理处。2008年6月，编制减为12名。

第六节　住房公积金管理

1993年2月，潍坊市成立住房资金管理中心，为市财政局下属的科级（次年调整为副县级）事业单位，各县市区成立住房资金管理中心，为当地财政局下属的副科级事业单位。2003年3月，诸城市以住房资金管理中心为基础组建住房资金管理局，为直属于诸城市政府的正科级事业单位；其他县市区住房公积金管理中心仍属当地财政部门。2004年6月，以潍坊市住房资金管理中心为基础，组建潍坊市住房公积金管理中心，为直属市政府的正县级事业单位。2010年12月，各县市区公积金中心调整为当地政府直属的正科级事业单位。

1994年7月1日，全市实行住房公积金制度的对象和主要范围是在市辖区工作并具有城镇常住户口的行政机关、群众团体、事业单位和各种所有制企业的固定职工、计划内临时工。离退休职工、计划外临时工、“三资”企业中的外籍职工不实行住房公积金制度。1999年4月，国务院《住房公积金管理条例》颁布后，全市缴存住房公积金的对象和范围调整为国家机关、国有企业、城镇集体企业、外商投资企业、城镇私营企业及其他城镇企业、事业单位及其在职职工。2002年3月，根据《国务院关于修改〈住房公积金管理条例〉的决定》，全市缴存住房公积金的对象和范围调整为国家机关、国有企业、城镇集体企业、外商投资企业、城镇私营企业及其他城镇企业、事业单位、民办非企业单位、社会团体及其在职职工。至2012年12月31日，全市有6691个单位76.29万名职工办理住房公积金开户缴存手续，实际正常缴存住房公积金的职工57.27万人。

1995—2012年潍坊市实际缴存住房公积金职工人数统计表

表12－1－11 单位：人

年份\地区	市直	潍城	奎文	坊子	寒亭	昌乐	昌邑	安丘	寿光	青州	高密	诸城	临朐	高新	滨海	经济	峡山	合计
1995	114325	303	160	6100	388	—	14776	11824	—	—	—	47650	—	—	—	—	—	195526
1996	114865	11050	4815	7500	461	—	23453	12644	—	—	—	49526	—	—	—	—	—	224314
1997	114941	18260	6290	7650	1307	—	34211	12848	—	—	—	50681	—	—	—	—	—	246188
1998	111452	18430	7023	7360	1421	—	33102	12225	—	—	—	51326	—	—	—	—	—	242339
1999	113526	18430	7814	8320	1638	—	34055	18434	31850	51454	—	52716	—	—	—	—	—	338237
2000	114526	18430	8536	8921	1734	—	19668	25343	36875	53562	—	53260	—	—	—	—	—	340855
2001	116996	19200	9239	9582	6831	—	20644	26646	35000	51884	—	68261	—	—	—	133	—	364416
2002	116996	19900	9055	10413	6843	—	21710	27545	35000	50286	10392	68261	—	—	14651	149	—	391201
2003	114256	19960	9701	11793	10532	21176	22057	28745	35000	47460	11468	77607	—	—	14390	157	—	424302
2004	111265	19900	9542	8827	10728	21176	22768	25434	35000	45593	12180	80780	24900	3417	14062	171	—	445743
2005	122471	19200	9869	9133	10920	21176	28249	26843	42800	44391	13708	45508	29254	2568	14654	182	—	440926
2006	132546	18700	10174	9730	11011	21176	27049	28996	44400	37598	14794	43546	29278	3708	14746	170	—	447622
2007	162388	18300	10188	11647	11287	39553	30451	25441	45900	37915	15056	43830	29280	2355	17009	246	—	500846
2008	132000	18500	10044	11647	11312	39553	25443	32257	52900	37462	20969	50192	—	3443	17269	231	1493	464715
2009	129424	29326	9478	11647	17823	33781	32779	36653	55000	38369	23836	51516	28207	3557	17510	220	1552	520678
2010	135285	29878	9873	13724	19885	33781	24719	38946	57600	40078	24697	54900	28107	5854	16902	276	2411	536916
2011	136053	28670	10696	17410	29296	31398	26019	32173	62925	40397	29587	59829	28472	7699	14839	301	2485	558249
2012	141480	12526	11395	18531	34093	31398	29387	35549	64991	38932	30076	61711	30156	12912	16667	320	2551	572675

住房公积金缴存比例和基数

1994年7月，全市住房公积金缴存比例为单位和职工各5%；2000年7月，住房公积金缴存比例调整为单位和个人各6%；2007年1月，住房公积金缴存比例调整为单位12%，职工仍按6%。住房公积金月缴存基数为上一年度职工月平均工资，上限为市统计部门公布的上一年度职工月平均工资的3倍，下限为人社部门公布的上一年度最低工资。

1994—2012年潍坊市住房公积金缴存比例、缴存基数调整情况一览表

表12－1－12

执行时间	缴存比例（%）		缴存基数上限（元）	缴存基数下限（元）
	单位	个人		
1994.7.1—2000.6.30	5	5	—	—
2000.7.1—2006.12.31	6	6	—	—
2007.1.1—2007.8.19	12	6	—	—
2007.8.20—2011.6.30	12	6	市统计部门公布的上年度职工月平均工资的3倍	人社部门公布的上年度最低工资
2011.7.1—2012.6.30	12	6	8547	920
2012.7.1—	12	6	9162	1100

住房公积金归集

1994年7月实行住房公积金制度，当年的主要工作是机构调整，没有归集住房公积金。1995年起市直、各县市区住房公积金开始归集，归入量迅速增长。1999年，因国家经济结构调整、企业改制、机构改革，全市实际缴存住房公积金的职工人数减少，住房公积金归集额增幅下降。2000年，在全市组织对住房公积金执法管理人员的培训，明确执法岗位职责，完善执法的配套制度。2001年5月，组织住房公积金执法大检查，全市检查685个单位，其中新开户缴存86个，缴交公积金163.54万元；补缴175户，补缴金额1390.8万元；强制执行2户，执行金额11.3万元。2001年第二季度，全市新增住房公积金10942万元，比上年增长64%。

围绕形成住房公积金归集工作的长效机制，对新增缴存人数、住房公积金年度归集额等主要业务指标，市住房公积金管理中心同各分支（办事）机构、承办银行，实行目标管理责任制。全市住房公积金实际缴存人数增加，住房公积金年归集额增幅提高，住房公积金制度覆盖面扩大。至2012年，全市归集余额77.16亿元。

1995—2012年潍坊市住房公积金年度归集情况统计表

表12—1—13 单位：万元

年份＼地区	市直	潍城	奎文	坊子	寒亭	昌乐	昌邑	安丘	寿光	青州	高密	诸城	临朐	高新	滨海	经济	峡山	合计
1995	1420	15	5	230	107	—	504	387	—	—	—	1194	—	—	—	—	0	3862
1996	2855	212	41	300	180	—	618	583	—	—	5	1322	—	—	—	—	0	6116
1997	8456	646	488	424	256	—	874	861	852	—	352	1495	42	—	—	—	0	14746
1998	13328	702	545	553	420	—	1244	1261	1169	—	669	1600	74	—	—	—	0	21565
1999	5090	688	514	556	501	—	1471	1421	2560	2673	829	1741	100	—	—	—	0	18144
2000	10096	788	494	642	764	—	1606	1543	3832	2952	994	2320	129	—	—	—	0	26160
2001	8625	912	570	1358	809	21	2546	1654	3600	5286	1204	2352	1124	—	—	14	0	30075
2002	10929	1193	1844	1049	1001	636	2021	1765	4421	4167	933	3114	1182	—	2029	16	0	36300
2003	11855	1112	1832	1153	1039	1184	2237	1802	11503	4521	1252	3983	1231	—	1956	22	0	46682
2004	13757	1134	1160	1228	1056	1341	2434	1808	5589	4963	2441	4691	1224	307.74	1907	29	0	45070
2005	16947	1124	1401	1373	1391	1478	2697	2018	7126	5446	2361	4320	1391	695.9	2210	32	0	52011
2006	19985	1480	1408	1593	1578	2198	3225	2269	7706	6753	2744	4709	1654	639.78	2458	35	0	60435
2007	28794	1708	1674	1963	2303	3386	3215	2830	9308	11063	3039	5630	2153	714	4964	50	0	82794
2008	47632	1984	3131	2936	4116	4773	5325	3870	18462	13025	5101	9082	2572	1506	5600	157	889	130161
2009	52296	2435	4930	4164	5415	6350	5686	4743	30283	15237	5772	14837	4493	3519	6752	273	809	167994
2010	62038	3119	5236	4813	7001	6504	6315	7018	33130	18608	4315	18057	5423	3574	8034	588	776	194549
2011	72338	3242	6267	5634	6973	11758	7659	10670	36356	23486	12614	28342	6780	5528	8981	791	815	248234
2012	86947	4223	7359	8443	9373	11870	13474	13107	43995	32118	13303	28207	8985	5848	10761	1040	1041	300094

2012年末潍坊市住房公积金缴存余额统计表

表12－1－14　　单位：万元

地区	数额	地区	数额
市直	202547	青州	84195
潍城	11994	高密	32669
奎文	19060	诸城	65774
坊子	17734	临朐	27597
寒亭	32000	高新	11874
昌乐	31861	滨海	27130
昌邑	31488	经济	2289
安丘	31725	峡山	3261
寿光	138354	合计	771552

住房公积金使用

资金运作管理　1994—2012年，全市累计为职工办理住房公积金提取使用71.3亿元，为近5万名职工办理个人住房公积金贷款71.6亿元。2012年，全市住房公积金使用率81.45%。1994—2012年，全市累计实现住房公积金净收益37245万元。从净收益中分别提取贷款风险准备金 6563万元、廉租住房建设补充资金14430万元。

2002—2012年潍坊市住房公积金增值收益情况表

表12－1－15　　单位：万元

年份＼项目	提取贷款风险准备金	提取公积金中心管理费用	提取廉租住房建设补充资金
2002	2484	—	81
2003	602	543	25
2004	380	514	—

续表12－1－15

年份＼项目	提取贷款风险准备金	提取公积金中心管理费用	提取廉租住房建设补充资金
2005	721	637	—
2006	770	711	21
2007	68	1357	546
2008	128	1725	653
2009	70	2492	2031
2010	277	2837	3713
2011	376	2507	2290
2012	687	3390	5070
合计	6563	16713	14430

职工提取　潍坊市从实行住房公积金制度后，住房公积金为加快城镇住房建设，提高职工住房消费能力，培育和发展政策性住房金融体系，帮助城镇居民改善住房条件等方面发挥重要作用。1998年底，全市停止住房实物分配，实行住房分配货币化，城镇居民成为住房市场的消费主体，住房公积金制度归集量和提取量快速增长。

潍坊市住房公积金管理机构先后制定《潍坊市住房公积金支取管理办法》《潍坊市住房公积金提取管理办法》，适当扩大对职工下岗或失业、非本市户口人员离开本市并与单位终止劳动关系等特殊情况的提取使用范围。随着住房公积金归集量的增长和个人账户余额的增加，缴存职工提取使用逐步从离退休、购建房提取，扩大到偿还贷款本息的提取。全市住房公积金提取量占归集量的比例逐步提高，至2012年底，全市住房公积金提取量占归集量的比例48%。

1995—2012年潍坊市住房公积金年度提取情况统计表

表12-1-16　　单位：万元

年份＼地区	市直	潍城	奎文	坊子	寒亭	昌乐	昌邑	安丘	寿光	青州	高密	诸城	临朐	高新	滨海	经济	峡山	合计
1995	9	—	—	—	23	—	—	0	—	—	—	5	—	—	—	—	0	37
1996	121	1	—	37	29	—	11	0	—	—	—	24	—	—	—	—	0	223
1997	240	13	47	180	34	—	23	85	65	—	—	62	—	—	—	—	0	749
1998	396	50	220	509	46	—	127	260	242	—	—	133	—	—	—	—	0	1983
1999	3455	50	111	315	68	—	149	897	1068	826	—	130	—	—	—	—	0	7069
2000	4011	69	127	326	127	—	415	946	634	1098	—	638	—	—	—	—	0	8391
2001	3600	356	309	442	130	112	967	965	1491	1680	—	1206	—	—	—	2	0	11260
2002	4521	737	1158	395	180	236	720	1047	2075	1880	208	1904	—	—	1702	30	0	16793
2003	6034	658	1454	396	375	231	764	1180	8141	2454	356	1471	—	—	1860	16	0	25390
2004	7473	897	543	550	312	658	1040	1267	2520	3221	584	2023	512	102	1044	20	0	22766
2005	7697	572	634	705	434	783	1112	1355	3383	3830	969	2277	723	114	1519	15	0	26122
2006	11514	1179	717	1024	264	1079	1823	1220	4758	3497	1333	2809	866	321	1270	18	0	33692
2007	16039	1510	1129	1162	369	1466	2483	1660	5670	6078	1838	3149	990	440	1844	27	0	45854
2008	20702	1113	1355	1268	693	1485	3977	1575	4743	6740	1960	3638	—	316	2260	53	0	51878
2009	30621	1313	2703	2364	2027	2907	3789	2469	7760	7399	2408	5328	1850	2534	4227	80	109	79888
2010	38973	1904	2920	3260	1697	3074	3876	2969	12588	10651	2112	9783	2046	1232	3417	120	193	100815
2011	48814	1712	2597	3093	2112	5847	4096	4176	11666	10030	4067	17204	2216	3306	7019	181	230	128366
2012	52499	2235	4178	4756	3328	4692	4839	6109	15962	13104	7819	17547	3044	2619	7948	196	535	151410

个人住房贷款 发放购建房贷款是住房公积金的主要使用投向，1998年，市政府印发《潍坊市职工住房政策性担保贷款管理办法》，规定市、县财政部门负责本行政区域内职工住房政策性担保贷款的资金管理工作，并委托承办住房公积金、住房补贴的国有商业银行专项办理职工住房政策性担保贷款，对住房公积金贷款办理行为进行规范。市财政局印发《关于对潍坊市职工住房政策性担保贷款管理办法几点说明的通知》，对组合贷款、连续缴存年限、贷款期限、贷款额度、每月等额偿还贷款本息计算、保险、逾期还款处理、贷款利率等问题进行说明解释。

2000年，市财政局制定《潍坊市职工住房政策性担保贷款管理办法》实施细则。对贷款对象、贷款的期限、额度和利率、贷款操作程序、贷款的抵押、质押、保证、贷款偿还、合同的变更与终止、违约行为的确认及处理方式进行详细规定。

2004年，市财政局对贷款对象、贷款的期限、额度和利率、贷款操作程序、贷款的抵押、质押、保证、贷款偿还、合同的变更与终止、违约行为的确认及处理方式等进行规范。设立住房公积金个人贷款服务大厅，为借款人提供“一条龙”。1994—2012年，全市为49050户职工办理个人住房公积金贷款为71.6亿元，个人贷款余额49.49亿元，个贷率64.13%。

1996—2012年潍坊市个人住房公积金年度贷款发放情况统计表

表12-1-17　　单位：万元

地区 年份	市直	潍城区	奎文区	坊子区	寒亭区	昌乐县	昌邑市	安丘市	寿光市	青州市	高密市	诸城市	临朐县	高新区	滨海区	峡山区	合计
1996	—	—	—	—	—	—	—	139	—	—	—	—	—	—	—	—	139
1997	—	—	—	—	—	—	—	234	—	—	—	—	—	—	—	—	234
1998	—	—	—	—	—	—	—	263	70	—	—	—	—	—	—	—	333
1999	—	—	—	—	—	—	—	365	2217	18	—	—	—	—	—	—	2600
2000	29	—	—	—	—	—	—	235	5500	404	—	—	—	—	—	—	6168
2001	144	—	—	—	—	—	—	650	37	758	—	—	—	—	—	—	1589
2002	2176	—	—	—	—	—	—	518	35	1312	—	—	—	—	0	—	4041
2003	8438	—	11	—	—	—	—	995	119	922	—	—	—	—	0	—	10485
2004	7724	550	502	24	—	—	—	2082	535	1854	—	865	—	0	109	—	14245
2005	12345	453	1402	8	572	—	—	2511	2869	1488	—	806	—	0	0	—	22454
2006	10888	629	1180	406	936	21	—	1685	1426	2167	—	908	20	0	0	—	20266
2007	14339	629	1534	502	1401	68	—	1536	5007	2866	15	2249	1584	0	922	—	32652
2008	23997	568	554	127	3005	2905	260	1824	4386	9180	1025	6690	1843	0	1509	—	57873
2009	25043	1747	1073	258	3190	5276	601	4115	20207	15043	1621	13348	2694	0	2186	—	96402
2010	39239	2889	8069	1319	3657	3501	2667	7041	30469	29253	3225	13563	5500	0	5496	—	155888
2011	48644	428	3283	1196	3902	7017	1144	3354	34956	15397	4215	12591	5615	1316	5706	—	148764
2012	41064	1255	1955	4700	4619	7173	1710	8241	34079	10812	3071	10254	6968	450	4456	1232	142039

1995—2012年潍坊市个人住房公积金年度贷款人数统计表

表12—1—18　　　　单位：人

年份	市直	潍城区	奎文区	坊子区	寒亭区	昌乐县	昌邑市	安丘市	寿光市	青州市	高密市	诸城市	临朐县	高新区	滨海区	峡山区	合计
1995	—	—	—	—	—	—	—	0	—	—	—	—	—	—	—	—	0
1996	—	—	—	—	—	—	—	158	—	—	—	—	—	—	—	—	158
1997	—	—	—	—	—	—	—	202	—	—	—	—	—	—	—	—	202
1998	—	—	—	—	—	—	—	232	3	—	—	—	—	—	—	—	235
1999	—	—	—	—	—	—	—	255	96	—	—	—	—	—	—	—	351
2000	10	—	—	—	—	—	—	285	237	—	—	—	—	—	—	—	532
2001	44	—	—	—	—	—	—	307	21	187	—	—	—	—	—	—	559
2002	488	—	—	—	—	—	—	321	12	261	—	—	—	—	0	—	1082
2003	1358	—	2	—	—	—	—	332	15	152	—	—	—	—	0	—	1859
2004	966	89	71	3	—	—	—	373	92	281	—	104	—	0	12	—	1991
2005	1285	61	163	2	123	—	—	412	252	233	—	103	—	0	0	—	2634
2006	1041	76	117	55	188	5	—	285	219	297	—	104	4	0	0	—	2391
2007	1233	60	138	62	168	72	—	256	513	286	2	196	140	0	82	—	3208
2008	1721	64	38	15	283	274	28	200	361	672	133	441	188	0	133	—	4551
2009	1418	224	53	29	268	437	49	350	1024	968	148	765	286	0	194	—	6213
2010	1993	142	371	147	253	254	210	475	1357	1584	277	662	438	0	383	—	8546
2011	2233	22	131	85	221	445	77	203	1477	941	323	627	399	49	369	—	7602
2012	1813	71	89	148	229	459	106	443	1521	547	199	446	411	19	308	127	6936

购买国债　随着住房公积金归集量的增长和国家货币政策的调整，从2000年起上年结转的个人住房公积金存款利率，市公积金中心、寿光公积金中心和青州公积金中心分别使用住房公积金陆续购买一批国债，分别为1000万元、5000万元和2114.5万元，取得较高的收益。在建设部、省建设厅要求停止在交易市场购买债券、停止债券网上交易运作后，全市住房公积金管理机构停止在交易市场购买债券和债券的交易运作。市公积金管理中心于2005年10月、寿光公积金管理中心于2008年12月、青州公积金管理中心于2009年6月将所持有的到期的国家级企业债券进行兑付，安全收回全部资金。

银行存款使用　2002年以后，全市住房公积金管理机构在保证必要的备付金后，将住房公积金存款由活期存款改为协议存款，部分沉淀资金转为不同期限的定期存款，提高住房公积金收益，2012年末，全市住房公积金银行存款余额

31.24亿元，其中县市区25.74亿元。

廉租住房建设补充资金使用　全市住房公积金增值收益在提取贷款风险准备金和住房公积金管理费用后，作为建设城市廉租住房建设补充资金，支持市区和各县市区廉租住房建设。至2012年末，全市提取廉租住房建设补充资金1.44亿元，其中县市区1亿元。

第二章　国有资产管理

90年代，诸城市开始探索中小企业产权制度改革。1999年始，潍坊全面推动国有企业产权制度改革，至2005年，在完全竞争领域，市级出资国有企业基本实现全部退出。市国资委设立后，潍坊市以完善公司法人治理结构为核心，以加强党的建设为统领，重点理顺国有资产监督管理体制、建立完善现代企业制度、探索市级投融资体制改革、发展混合所有制经济，取得明显成效。

第一节　国有资产运营管理

1988年11月成立潍坊市国有资产管理处，为副县级规格，隶属于市财政局。1991年7月，改称国有资产管理局。2001年10月，更名为国有资产管理办公室，为市财政局内设机构，同时也是市国有资产管理委员会的办事机构。2007年8月，市国资办调整为正县级规格，仍为市财政局内设机构。12月，更名为市国有资产监督管理委员会。2009年6月，调整为市政府直属机构，正处级建制。2010年3月，调整为市政府工作部门。

1991年后，潍坊国有资产运营通过成立市级投融资平台等方式对国有资源、资产进行运营管理，提高资产使用效率，促进国有资产保值增值，实现收益最大化。1992年3月，潍坊市经济技术开发投资总公司成立，实行企业化管理，自收自支。

1994年7月，潍坊市国有资产经营投资公司成立，为市政府运营国有资产、筹集和管理城市建设资金的专门机构，开办资金138.97亿元。

1997年，潍坊市财政局与中国注册会计师协会共同出资成立潍坊齐鲁饭店，承担中国注册会计师协会和山东省注册会计师协会安排的注册会计师培训工作，同时面向社会提供餐饮、住宿等服务。同年8月，组建山东潍坊产权交易中心，由市国有资产经营投资公司按照市场经济的产权机制进行管理。2005年6月，与山东潍坊产权交易中心共同出资组建潍坊市鑫兴公益资产经营有限公司，注册资本6000万元，以自有资产对项目进行投资，运营市政府授权范围内的国有资产。

2006年6月，潍坊东兴建设发展有限公司成立，为有限责任公司，注册资本25亿元，股东包括潍坊市金融控股集团有限公司（2700万元）、潍坊鲁伟实业总公司（300万元）、国资公司（12.54亿元）、潍坊市三河投资经营公司（12.16亿元），持股比例分别为1.08%、0.12%、50.16%、48.64%。主要从事城市基础设施和市政公用项目建设投资、土地整理、农业基础设施开发。2007年12月，潍坊市东兴物业管理有限公司成立，为有限责任公司，注册资本100万元，股东为潍坊市国有资产经营投资公司（80万元）、潍坊东兴建设发展有限公司（20万元），持股比例为80%、20%。主要从事物业管理、房屋租赁、室内外装饰装修、房屋修缮。

2009年4月，市财政局出资成立潍坊市东兴金融服务有限公司。通过与有关银行合作，为企业提供“过桥资金”、提供贷款担保服务，缓解企业资金“短路”难题。12月，与潍坊滨海投资发展有限公司共同发起设立潍坊海洋产业投资有限公司公司，注册资本4亿元。其中潍坊市国有资产经营投资公司代表潍坊市政府出资3亿元，占公司注册资本的75%；潍坊滨海投资发展有限公司出资1亿元，占公司注册资本的25%。同月，成立潍坊高端产业投资有限公司，为有限责任公司，注册资本7.17亿元，股东包括山东省财金投资有限公司（2.17亿元）、潍坊市国有资产经营投资有限公司（4亿元）、潍坊高新科技投资有限公司（1亿元），持股比例分别为30.29%、55.77%、13.94%。通过设立偿债风险金、委托贷款、股权投资、担保、融资租赁等方式，实现政府资本的示范、带动和服务作用，吸引、撬动、聚集金融资本和社会资本支持电子信息、生物医药、新能源、新材料、光电子等高新技术产业和市政府规划优先发展的重点企业和项目。

2012年6月，潍坊市投资控股有限公司成立，注册资本20亿元。至2012年12月31日，公司下设潍坊市歌瑞食品谷置业有限公司、潍坊市国信科技创新投资有限公司、潍坊市国信文化产业投资有限公司、潍坊市国信农业发展投资有限公司，共4个控股子公司。

2012年，潍坊市围绕“确保城建资金需求和还本付息”要求，引入信托、结构化融资、融资租赁等新渠道，采用发行企业债券、中期票据、短期融资券、私募债等新形式共实现融资到位25.2亿元。至年底，成功与兴业银行合作第一次结构化融资到位4.4亿元，第二次结构化融资额度到位10亿元；与交通银行合作实现信托融资到位5亿元；与浦发银行合作以LED路灯作为标的物通过融资租赁方式实现融资到位4.3亿元；与兴业银行合作通过信用证贷款实现贷款到位1.5亿元；强化土地运营，采取“直接出让、置换解押、盘活存量”等方式，运营土地849亩，回笼资金16.35亿元。

第二节　行政事业单位国有资产管理

90年代起，潍坊以清产核资为手段，在摸清资产底数的基础上，探索开展资产统一运营管理，实现资产的信息化管理，建立资产配置预算制度和共享共用平台等，提高潍坊行政事业单位国有资产管理水平，促进财政管理的科学化、精细化。1993年1月，开展第一次行政事业单位财产清查登记工作，财产清查登记工作的盘存时间点是1992年12月31日。截至1992年底，全市有行政事业单位2310个，资产总额70.5亿元，盘盈资产17.2亿元，占清查前账面数的32.12%。此次清查，建立账表簿卡和资产管理制度。

2002年6月，全市行政事业单位开展第二次清产核资工作，资产清查基准日为2001年12月31日。通过清产核资，清查出具有独立法人资格、实行独立核算的行政事业单位2384个，编制人数19.39万人，实有在职人数19.37万人；当年总收入75.24亿元，总支出74.9亿元，收支结余3400万元，年末累计结余1.11亿元；资产总额204.89亿元，净资产151.85亿元，固定资产净值149.68

亿元。清理出资产盘盈10.39亿元，资产损失（含盘亏）2.6亿元，资金挂账1.55亿元，资产净盘盈6.24亿元。

2003年，市政府印发《关于改革市级行政事业单位国有资产管理体制的试行意见》，市政府办公室转发市财政局《关于潍坊市市级行政事业单位国有资产集中统一管理实施意见等三个意见的通知》，按照“政府统一所有，授权专司运营机构运营，单位占有使用，资产管理和财务管理相结合，专司部门依法监管”的原则，对市级行政事业单位国有资产管理体制进行改革。按照市级行政事业单位的不同性质，分两批共确定150户行政事业单位实行资产集中统一管理，其占有使用的国有资产，包括房屋、土地等，由政府授权市国有资产经营投资公司统一经营管理，并办理资产划转及产权过户手续，依法实施产权管理，移交过户土地87.87万平方米，房产28.58万平方米。

2009年下半年，全市统一建设“山东省行政事业资产管理信息系统”，构建起横向覆盖“财政部门—主管部门—行政事业单位”、纵向覆盖“省—市—县”的资产管理信息系统，全市1883户行政事业单位、206万条资产信息纳入系统管理，建立起完整的资产信息数据库，实现资产的动态管理。

2011年10月，市财政局印发《潍坊市市级行政事业单位国有资产配置管理暂行办法》《通用办公设施配置标准》《配置管理内部工作规程》，在市级行政事业单位推行国有资产配置预算管理改革，将资产配置纳入预算管理，随部门预算同步上报、审核、下达。在2012年度市级部门预算中有79个行政事业单位提交资产配置计划，资金4.66亿元，审核后，符合新增资产配置条件单位有22个，下达新增资产配置预算资金0.36亿元，审减资金4.3亿元。

2011年12月，市级党政机关实施集中办公改革，51个市级部门单位搬入阳光大厦办公。市财政局、监察局、审计局、国资委、市级机关事务管理局五部门联合制定印发《市级党政机关和事业单位搬迁资产统一归集管理方案》，明确资产清查移交的工作步骤、移交后国有资产管理等方面内容。同月，潍坊市市级政府公物仓正式启动，政府机构搬迁后闲置的大量资产作为成立公物仓的启动物资，纳入市政府公物仓平台管理，以备新设单位和临时机构进行资产调剂。至2012年底，有29家搬迁单位的资产移交给政府公物仓，有效促进资产的循环利用，提高资产的使用效益。

第三节　国有企业管理

国有企业改革

潍坊市的国企改革，历经从统收统支到第一步利改税、第二步利改税，再从承包制、股份制改革到建立规范的现代企业制度阶段。中共十二届三中全会以后，潍坊市根据国家统一部署，实行第一步利改税、第二步利改税。这一时期的国企业改革主要是财政税收方面的改革，公司形式还是工厂制。

1988年3月1日，国务院颁布《全民所有制工业企业承包经营责任制暂行条例》，承包经营责任制的主要内容是两包一挂钩，即包上交国家利润，包完成技术改造任务，实行工资总额与经济效益挂钩。潍坊水泥厂等一批企业实施承包经营。

1991—1994年，潍坊市各级财政共投放省市两级企财周转金4.6亿元，支持10户小氮肥厂、呢绒服装厂、长城门窗公司、羊口盐场、玻璃纸厂、潍坊化工厂等一批企业，缓解这些企业流动资金紧张的状况，为企业技术改造提供必要的资金保障。1992年，国家体改委会同有关部门制定《股份制企业试点办法》《股份有限公司规范意见》《有限责任公司规范意见》，潍坊市相继有潍坊百货大楼、潍坊百货站、潍坊洗衣粉厂、华光集团、潍坊医药公司实施股份制改革。潍坊百货大楼成立潍坊百货大楼股份有限公司、潍坊百货站成立潍坊百货集团股份有限公司。企业经审计评估后的净资产由潍坊市国有资产管理局持有，向社会公开募股增加公司股本，在淄博柜台交易系统进行上柜交易。

1995—1996年，潍坊市为适应新形势发展需要，立足于产业、产品结构调整，以技术改造为重点，积极培育工业主体财源，研究制定支持企业发展的政策措施，多方筹资3.4亿元，重点支持以“双十工程”为主的骨干财源项目发展，主要是东方烟草（集团）有限公司、华光电子产业集团公司、巨龙化纤集团总公司、亚星化工集团总公司、第二印染厂等税源大户，保证中央收入和地方收入的共同增长。1998—2005年，实施积极的财政政策，帮助企业用好加速折旧、技改设备投资抵免所得税等优惠财政财务政策，向上级财政争取高新技术贴息、增资减债等专项资金、国债项目专项资金、国家重点技术改造项目补助资金近10亿元。

1999年下半年，潍坊市成立市属企业改革领导小组，统一领导并协调推进全市企业改革，制订《关于进一步搞好市属企业改革的意见》。2000年，确定8家企业进行试点。之后逐步扩大改制范围，潍坊的国企改革走上快车道。潍坊市企业改革改制坚持建立现代企业制度的改革方向，因企制宜、多种形式并举，采取公司制改造、股份合作改造、企业兼并、企业联合、资产划转、出售、嫁接改造、银企联合，返租经营、破产等形式，先后有近400家国有企业改制。这些国有企业的改革有的直接从全民所有制国有企业一步改制为公司制民营企业，有的先从全民所有制国有企业改制为全资或国有控股公司制国有企业，因种种原因难以为继又改制为民营企业，有的全民所有制国有企业直接破产。到2003年底，全市企业改革改制工作基本完成。从2005年8月到2006年5月，对潍坊市列入国家和省重点调度的山东海龙、晨鸣纸业、山东海化、亚星化学等上市公司，进行股权分置改革，为潍坊市的骨干企业再融资创造条件。

2010年，市财政局主动发挥财政资金引领作用，灵活运用贴息、补贴、以奖代补等方式，支持高新技术产业、现代服务业发展和企业节能减排。同年，设立创业投资政府引导基金，与深圳创投集团合作成立创新创业资本投资公司，首批确定24户企业作为合作对象。

2012年5月，市政府与省国资委签署战略合作备忘录，积极争取上级部门和政策支持，借助外力转方式、调结构、创新发展优势，在加强产业领域战略合作、推进开展创新与合作活动、共同推进人才队伍建设等方面达成协议。成功引进中海油、中国恒天、山东高速、森达美、北京光耀等战略合作伙伴。到2012年底，全市59家国有及国有控股、参股企业，资产总额542.73亿元，实现营业收入251.93亿元，国有资产160.07亿元。其中市级19家监管企业，资产总额431.71亿元，实现营业收入234.9亿元，国有资产106.29亿元。

国有大中型企业战略重组

潍坊港重组 2003年12月26日，市政府印发《关于对潍坊港务管理局改制方案的批复》，组建成立潍坊港有限责任公司，注册资本2.27亿元。2005年11月，引进马来西亚森达美集团有限公司，与潍坊港有限责任公司合资成立中外合资公司潍坊森达美港有限公司，加快港口开发建设。

山东海化集团重组 1995年8月，由潍坊纯碱厂和羊口盐场两个国有大型企业组建山东海化集团有限责任公司，主要业务是生产和销售原盐、纯碱、溴素、氮肥和石化等产品。2008年，为促进海化集团持续发展，引进中国海洋石油总公司进行战略重组。2008年9月，市政府与中国海洋石油总公司的全资子公司——中海石油炼化有限责任公司（简称中海炼化）签署《关于促进石化产业发展的合作协议》，市国资委与中海炼化签署《股权划转协议》。2009年4月2日，市国资委将持有的海化集团51％国有股权无偿划转给中海炼化。2010年11月25日，市国资委将持有的15.7%国有股权，通过北京产权交易所以6亿元价格挂牌转让给中海炼化，整个国有股权转让工作于2010年年底完成。股权变更完成后，中海油持有海化集团66.7%股权，市国资委持有13.69%股权，海化集团由市属控股企业变为央企控股企业。

潍坊亚星集团有限公司、潍坊亚星化学股份有限公司重组 2004年12月7日、10日，市国资委和市财政局分别印发《关于对〈潍坊亚星集团有限公司改制方案〉的批复》和《关于同意将潍坊亚星集团有限公司49%国有股权转让给潍坊亚星投资有限公司的批复》，同意将亚星集团49%股权出售给潍坊亚星投资有限公司。2008年，经市政府同意，潍坊亚星集团有限公司按规定通过山东产权交易中心进行增资扩股引进国外战略投资者。2008年6月，潍坊亚星集团引进韩国湖南石化株式会社、韩国大一素材株式会社增资7270万元。增资扩股完成后，公司变更为中外合资经营企业，注册资本为13878万元。其中：潍坊市国资委持有45.4%；潍坊亚星投资有限公司持有43.6%；韩国湖南化学株式会社持有10%；韩国大一素材株式会社持有1%。2012年9月，山盐集团和亚星集团等四方签订战略合作协议，引进山东盐业集团作为战略投资者，将潍坊亚星集团有限公司持有亚星化学17.5%股份转让给山东盐业集团。

山东海龙股份有限公司重组 山东海龙股份有限公司是潍坊市第一家上市公司。2012年，为解决企业亏损问题，引进中国恒天集团有限公司进行重组。2012年10月12日，市政府与中国恒天签订重组山东海龙的合作框架协议，中国恒天有条件受让山东海龙29.77%股份，成为山东海龙控股股东，并承诺注入资金5亿元。12月26日，山东海龙重整计划执行完毕，山东海龙股票保牌成功并恢复上市。

亚星工业园 （2012年拍摄）

第四节　市管国有企业

潍坊市投资公司

潍坊市投资公司是1989年3月经市政府批准成立的大型综合性国有投资企业，直属市政府管理。主要任务是为市委、市政府确定的重点建设项目筹集资金，并对投资项目实施产权管理。1993年8月，潍坊市投资公司与潍坊市电力建设办公室合署办公。公司充分发挥政府投资主体、资本运营主体、经营性国有资产运营主体和资源优化配置平台的作用。至2012年底，潍坊市投资公司先后参与投资潍坊机场、潍坊港、潍坊火车站广场、城区弱电管网、阳光大厦、十笏园文化街区等市级重点基础设施项目建设；发挥国有资本经营主体和运作主体作用，先后投资潍柴动力、潍柴重机、雷沃重工、潍焦集团、华光光电子等重点企业；参与潍坊银行、寿光农商行、潍坊农商行等地方金融机构组建；代表潍坊出资参与山东省国际信托股份公司、山东省再担保集团、山东省天然气管网投资公司的组建；承担省调控资金承接平台、退城进园资金垫付平台、山东海龙和亚星集团重整平台等政策性任务。形成电力能源、优势制造业与高新技术、基础设施与房地产、金融服务等业务综合发展的资产布局，构建起创业投资、实业投资、金融服务三大业务板块，为促进全市经济和社会事业发展做出积极贡献。至2012年底，公司资产总额117.79亿元，负债36.13亿元，净资产81.66亿元。

投资大厦　　　　(2012年拍摄)

潍坊路桥开发有限公司

潍坊路桥开发有限公司前身为潍坊市交通投资公司，成立于1992年，由潍坊市交通委出资成立，注册资本2000万元。2009年，划为市国资委履行出资人职责监督管理的市管国有企业。公司拥有潍安路管理处、潍坊市舜天房地产开发有限公司、潍坊市舜天汽车租赁有限公司、潍坊通安汽车销售有限公司、山东通安保险代理有限公司、潍坊通安机动车驾驶员培训有限公司、潍坊通安物业管理有限公司、潍坊三江大酒店8家子公司，经营范围涉及投资经营商品路桥、交通基础设施建设、公路养护工程、汽车租赁、汽车销售、房地产开发、保险代理、驾驶员培训、物业管理、酒店经营等业务。至2012年底，公司资产总额1.75亿元，负债0.85亿元，净资产0.9亿元。

潍安路收费站　　　　(2012年拍摄)

潍坊港华燃气有限公司

潍坊港华燃气有限公司是由潍坊市煤气总公司和香港中华煤气有限公司共同出资，于2003年11月6日注册成立的城镇燃气企业，股比50：50，注册资本1.4亿元，主要从事管道燃气供应、燃气具销售及压缩天然气供应等业务。公司参股潍坊港华公交压缩天然气有限公司、临朐港华燃气有限公司，并设立全资子公司潍坊盛科工程技术有限公司。公司下设寒亭分公司、滨海分公司、昌乐分公司、峡山分公司、运输分公司5个分支机构；经营范围涉及潍城区、奎文区、寒亭区、高新技术开发区、经济技术开发区、滨海经济开发区、峡山生态经济发展区、昌乐县周边乡镇等8个区域；有中石油泰青威管线、中石化济青一线、中石化济青二线三个气源，拥有天然气门站3座，拥有各类高中低压管线2000余千米。至2012年底，公司资产总额6.32亿元，负债3.14亿元，净资产3.18亿元。

2003年9月6日，潍坊市煤气总公司与香港中华煤气正式在厦门签订合资合同

潍坊亚星集团有限公司（见791页）

潍坊市自来水有限公司

潍坊市自来水有限公司前身是潍坊市自来水总公司，创建于1959年，2005年9月顺利完成改革改制，正式成立有限责任公司，隶属于上实环境水务股份有限公司。市自来水公司主要承担着潍坊市中心城区的供水保障任务，拥有白浪河水厂、眉村净水厂、高新配水厂、峡山取水厂、朱里取水厂共5座自来水厂，日供水能力32万立方米，DN100以上供水主管网670千米，供水服务人口120万人，供水服务面积265平方千米。市自来水公司逐步建立以地表水源为主、以地下水源为辅的供水保障体系，以供水为龙头，集给水勘察、设计、施工、水质检测、水表检定为一体。2009—2012年连续4年，市自来水公司出厂水106项指标全部符合《生活饮用水卫生标准》要求。

公司获全国建设系统精神文明建设示范窗口、全国精神文明创建工作先进单位、山东省文

潍坊市自来水有限公司白浪河水厂平流沉淀池　（2012年拍摄）

明单位、山东省诚信企业、山东省用户满意服务企业、山东省城建行业规范化管理先进单位等称号。至2012年底，公司资产总额6.38亿元，负债4.12亿元，净资产2.26亿元。

潍坊市保安服务总公司

潍坊市保安服务总公司（简称“保安公司”）前身为潍坊市保安服务公司，成立于1991年，1994年10月完成工商注册，注册资金1000万元。到2012年，公司成为集人防、物防、技防、武装押运、驾驶员培训、信息采集、机动车检测、交通工程、物业管理、汽车租赁等于一体、拥有3339名员工的市属国有独资企业。下设1个保安大队，14个武装押运大队，押运队员1245人，其中城区驻中国工商银行潍坊分行、中国建设银行潍坊分行、中国银行潍坊分行、中国交通银行潍坊分行、中国农业银行潍坊分行、中国邮政储蓄银行潍坊分行、潍坊银行7大银行各1个，驻寿光市、青州市、临朐县、诸城市、安丘市、高密市、昌邑市各1个。总公司为全市的30家金融单位提供武装守护押运服务，运行押运线路171条、服务网点825个、ATM机1442台，上门收款点316处，高速公路收款点7处，备勤点14处，守护金库21座（其中自营金库6个）。公司拥有8个全资子公司，分别为潍坊九州机动车驾驶员培训有限公司、潍坊新安工贸有限公司、潍坊盛远机动车检测有限公司、潍坊盛浩机动车服务有限公司、潍坊盛源物业管理有限公司、潍坊盛远交通工程有限公司、潍坊盛天文化传播有限公司、潍坊驰程汽车租赁有限公司。1个控股公司，即潍坊广安汽车维修有限公司。2个参股公司，即潍坊天安安防科技发展有限公司、潍坊云安置业有限公司。至2012年底，公司资产总额6800万元，负债5400万元，净资产1400万元。

潍坊市奥体公园发展有限责任公司

潍坊市奥体公园体育场是“十一五”期间潍坊市委、市政府确定并投资7.5亿元兴建的大型重点项目。2008年4月20日开工建设，2009年6月10日正式投入使用。奥体公园占地面积28.7万平方米，建筑面积7.9万平方米，可容纳4.5万名观众。配有现代化、国际化的大型综合场地及符合国际标准的足球草坪及灯光、音响、LED高清双面大屏等相关配套设施。

为充分利用体育场资源，保持国有资产保值、增值，根据2010年4月1日市政府《关于组建潍坊市奥体公园发展有限责任公司的批复》，潍坊市奥体公园发展有限责任公司于2010年6月23日正式注册成立。

奥体公园正式运营的项目包括乒乓球广场、18片篮球场、户外训练基地、高尔夫训练场、羽毛球俱乐部、

武装押运　（2012年拍摄）

健身俱乐部、潍坊市排球俱乐部、弓箭俱乐部、室内足球俱乐部、国民体质监测中心、拳击俱乐部、击剑俱乐部、奥体公园休闲餐厅、商务宾馆等一系列的健身、文化、娱乐、休闲项目。奥体公园自2009年6月投入使用至2012年底，成功承办和协办国际国内足球比赛430余场，社会大型活动250余场，接待国内、外参观团380余次7200多人次。

2010年4月，潍坊奥体公园对外开放

第三章　国家税务

1984年1月，潍坊市税务局正式挂牌办公。1994年7月，潍坊市税务局分设为潍坊市国家税务局、潍坊市地方税务局。由此，潍坊市国家税务局成立，正县级规格。到2012年，潍坊市国家税务局下辖17个县市区国税局、90个基层管理单位。潍坊市国家税务局担负完成组织收入、税收法治建设、纳税服务、税收征管、税收信息化建设、税种管理、税务稽查等税收工作。相继获“全国文明单位”“全国税务系统先进集体”等称号。

第一节　税收收入

1991—1993年，潍坊市沿用以流转税和所得税为主体，其他税种相配合的税种体系。潍坊市税务局主要征收工商税收、国营所得税、能源交通基金和调节基金4大类税种。其中，工商税收细分为产品税、增值税、营业税、工商统一税、集体所得税、私营所得税、个人调节税、涉外所得税、城建税、印花税、城镇土地税、奖金税、投资方向税、地方各税和盐税等15个税种。

1991—1993年，潍坊市税收收入年均增长8.5%。其中1991年，潍坊市税务局组织税收收入16.91亿元，比上年实际增长5.0%，增加8031万元。1992年，潍坊市税务局组织税收收入16.95亿元，比上年增长0.24%。1993年，潍坊市税务局组织税收收入20.3亿元，比上年增长19.76%。

1991—1993年潍坊市分税种税收收入统计表

表12-3-1 单位：万元

税种 年份	工商税收		国营所得税		能源交通基金		调节基金	
	税额	同比增长	税额	同比增长	税额	同比增长	税额	同比增长
1991	146638	2.4%	10672	18.6%	6521	30.0%	5302	37.0%
1992	150247	2.5%	9712	9.0%	4737	27.4%	4797	95.3%
1993	191019	30.0%	6537	-29.0%	3122	-32.5%	2371	-48.5%

说明：税及收入中未包括教育费附加

1994年，国地税机构分设，潍坊市国家税务局负责征收中央税、中央与地方共享税两大类税种，其中中央税主要包括消费税、海关代征关税、出口退税和车辆购置税，中央与地方共享税主要包括增值税和企业所得税。

国税收入总量和宏观税负

1994年，潍坊市国税收入完成17.02亿元，至2012年收入总量245.17亿元，是1994年的14.4倍。19年间收入规模年均增长15.8%，年度间增长幅度存在差异，增幅最高的是2007年，同比增长28.43%，增幅最低的是2012年，同比增长1.15%。

全市宏观税负由1994年的5.04%到2012年的6.48%，提高1.44个百分点，即每百元GDP实现国税收入提高1.44元。2007年之前，宏观税负处于4.66%～5.86%之间，2007年达到6.3%之后，宏观税负处于6%~7%之间。1994—2012年，平均税收弹性系数为1.09。其中有8个年份保持在0.8~1.2的合理区间之内，7个年份高于1.2，4个年份低于0.8。1999年最高达到1.83，最低的2012年为0.09。

第二产业税收

2004—2012年，全市第二产业完成国税收入1260.44亿元，占总体收入的75.76%。其中，采矿业、制造业、电力燃气及水的生产供应业、建筑业在第二产业税收中的占比分别为3.02%、89.82%、6.97%和0.2%，制造业居于主体地位。在制造业中，收入规模列前6位的行业是设备制造、烟草制品、化学原料及化学制品制造、纺织、石油加工、造纸及纸制品，合计收入占国内税收收入的42.33%。

第三产业税收

2004—2012年，全市第三产业共完成税收400.15亿元，占总体收入的24.06%。第三产业税收一直保持增长态势，年均增长24%，比第二产业15.8%的增速高8.2个百分点。其中，批发零售业完成税收195.13亿元，占第三产业税收48.77%，年均增长21.52%。

间接税和直接税

1994—2012年间，全市主要税种税收实现全面增长，间接税和直接税的比例为79.81：20.19，间接税税收贡献度高于直接税，但呈现逐年下降趋势，其增速（14.17%）低于直接税增速（33.87%）19.7个百分点。国内增值税、国内消费税、企业所得税和车辆购置税分别占国内税收收入的69.25%、10.56%、14.16%、5.06%，年均分别增长14.24%、13.83%、31.78%、

22.67%。其中，国内增值税税收贡献率高于其他税种，但贡献率逐渐下降。2001年以前，国内增值税在国税收入中的占比超过80%，最高的年份达到87%；2001年之后，国内增值税在国税收入中的占比逐年下滑。国内消费税主要受政策因素的影响，税源高度集中，86%的收入来自卷烟和成品油。受消费税征税范围和税率调整影响，全市国内消费税的贡献率年度间差别较大，最高17%，最低7%。企业所得税所占比重稳步提高，年均增长速度高于其他税种。企业所得税所占比重在2007年接近10%之后，进入平稳增长期。

企业税收

1996—2012年，潍坊市推进所有制结构调整，鼓励和扶持非公有制经济的发展，税收的企业类型结构发生变化，由国有集体企业税收占主导地位，逐步发展成为以股份公司税收为主体，个体私营企业、国有集体企业和涉外企业税收并重的多元化税收格局。到2012年，股份公司、个体私营企业、国有集体企业和涉外企业税收分别占企业税收收入的45.67%、17.17%、14.98%和14.5%，1996—2012年年均分别增长27.26%、22.83%、5.51%和18.94%。随着全市股份公司经济的扩张，税收占比由1996年的9.17%提高到2012年的45.67%；国有集体企业占比不断萎缩，税收占比由1996年的72.78%下降到2012年的14.98%；个体私营经济特别是私营企业成长为全市第二大企业税源；涉外企业的税收占比变化不大，保持年均18.94%的增长速度。

各区域税收

2006—2012年，8个县市完成国税收入944.97亿元，占全市收入的62%，年度间的税收贡献率相对稳定，基本保持在60%~63%之间。在退城进园、加快工业园区建设有关政策的引导下，全市中心城区工业和特色工业园区税收架构不断变化，奎文、潍城、坊子、寒亭4个中心城区完成国税收入232.49亿元，占全市收入的15%，年度间的税收贡献率逐年下降；高新技术开发区、滨海经济技术开发区等特色工业园区完成国税收入341.82亿元。从增长速度看，8个县市、4个中心城区、5个特色工业园区的国税收入年均分别增长15.5%、10.5%、19.4%。

1994—2012年潍坊市国税收入统计表

表12—3—2

年份	全口径税收		国内税收		海关代征	
	税收（亿元）	增幅（%）	税收（亿元）	增幅（%）	税收（亿元）	增幅（%）
1994	17.12	—	17.02	—	0.10	—
1995	19.59	14.43	19.44	14.22	0.16	51.16
1996	23.02	17.51	22.85	17.54	0.16	2.87
1997	27.87	21.07	27.48	20.26	0.39	141.09
1998	30.31	8.75	29.99	9.13	0.32	−17.40
1999	34.11	12.54	33.3	11.04	0.80	150.16

续表12-3-2

年份	全口径税收		国内税收		海关代征	
	税收（亿元）	增幅（%）	税收（亿元）	增幅（%）	税收（亿元）	增幅（%）
2000	36.35	6.57	35.61	6.94	0.75	−6.67
2001	40.15	10.45	39.66	11.37	0.49	−34.70
2002	45.23	12.65	44.33	11.78	0.91	85.42
2003	51.14	13.07	51.14	15.36	0.92	1.52
2004	65.01	27.12	63.9	24.95	1.11	20.39
2005	82.24	26.50	80.92	26.64	1.32	18.78
2006	104.64	27.24	100.87	24.65	3.77	186.62
2007	133.33	27.42	129.55	28.43	3.77	−0.06
2008	157.57	18.18	148.92	14.95	8.65	129.35
2009	176.41	11.96	165.18	10.92	11.23	29.79
2010	222.94	26.38	207.77	25.78	15.16	35.08
2011	263.39	18.14	245.14	17.99	18.25	20.32
2012	260.08	−1.26	245.17	0.01	14.91	−18.28

第二节　货物劳务税

货物劳务税主要包括增值税、消费税和车辆购置税3个税种，增值税是中国的主体税种之一。自1994年实行分税制改革以来，货物劳务税

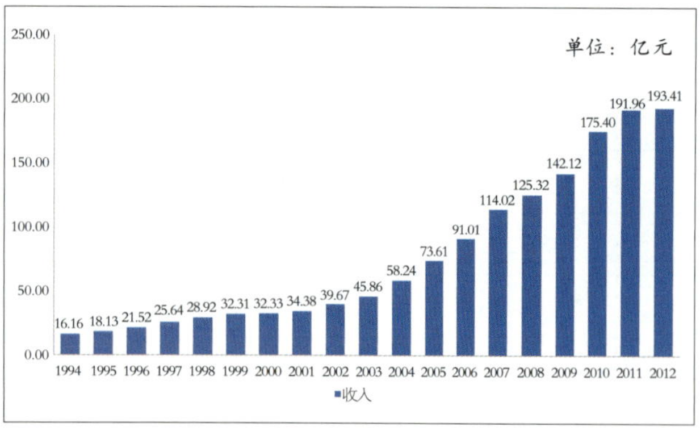

图12-3-1 1994—2012年潍坊市货物劳务税收入统计图

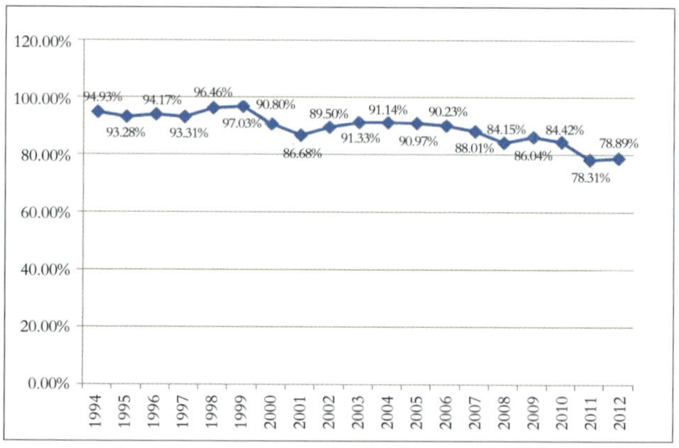

图12-3-2 1994—2012年潍坊市货物劳务税收入占国内税收收入的比重图

收入持续增长，累计实现税收收入1460亿元。货物劳务税收入占国内税收收入的比重超过75%，个别年份达到97%；其中，增值税收入占整个货物劳务税收入的比重超过80%。

增值税

增值税纳税人分为一般纳税人和小规模纳税

人。2002年以前，全市增值税一般纳税人不超过1000户，2003年以后，一般纳税人的户数大幅度增长，到2011年达到近4500户。全市的增值税收入也经历了一个由低到高的快速增长过程，由1994年的13.34亿元迅猛增长到2012年的152.09亿元。同时，增值税的减免税优惠在为广大纳税人减负增效的同时，有力地推动了潍坊经济发展。

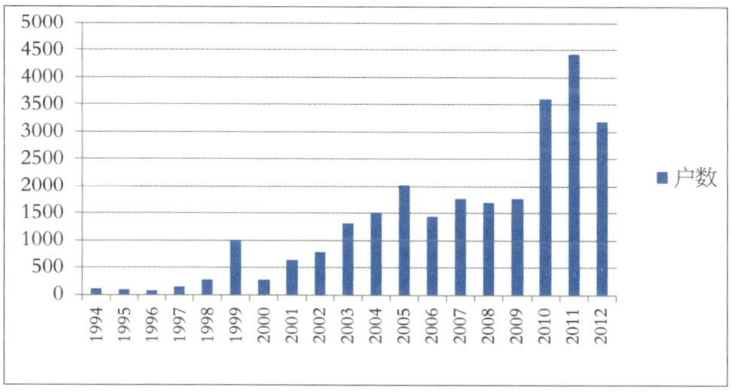

图12—3—3　1994—2012年潍坊市增值税一般纳税人认定户数情况统计图

图12—3—4　1994—2012年潍坊市增值税税收收入情况统计图

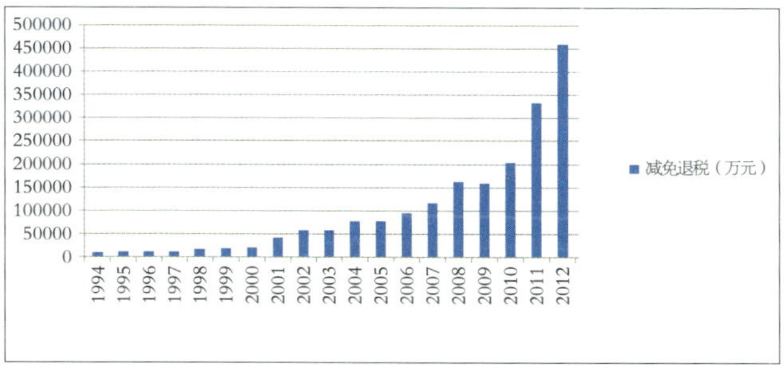

图12—3—5　1994—2012年潍坊市增值税减免退税情况统计图

消费税

消费税是伴随着分税制改革而诞生的新税种，除聚集财政收入的功能外，其主要目的在于教育和引导全社会树立理性消费观念。分税制改革以后，潍坊市消费税收入逐年增长，2003年首次突破5亿元，2012年突破25亿元。

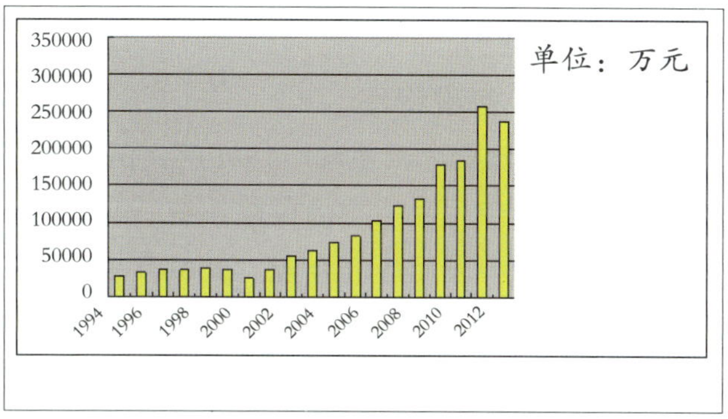

图12—3—6　1994—2012年潍坊市国内消费税收入情况统计图

车辆购置税

2000年10月22日，国务院颁布《中华人民共和国车辆购置税暂行条例》，从2001年1月1日起开征车辆购置税，对在中国境内购置车辆的单位和个人按照10%的税率征收车辆购置税，历时15年的车辆购置附加费正式退出历史舞台。2001—2004年，车辆购置税暂由原车辆购置附加费征收部门代征，2005年1月1日起正式由国税部门接管。

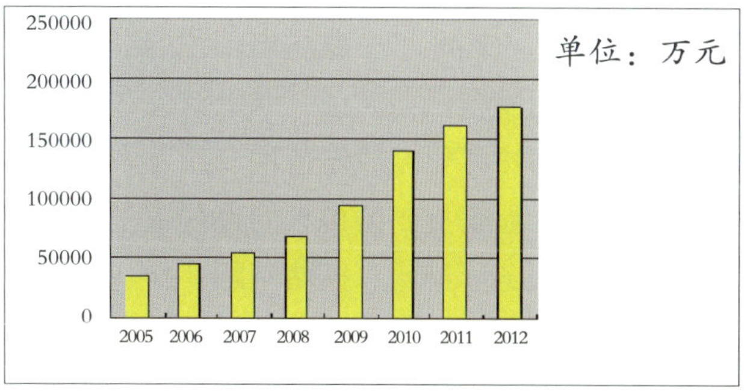

图12—3—7　2005—2012年潍坊市车辆购置税收入统计图

为进一步拉动内需，国家出台车购税优惠政策，对2009年1月20日至2010年12月31日期间购置1.6升及以下排量乘用车暂减按5%、7.5%的税率征收车辆购置税，刺激机动车市场的快速扩张。2012年1月1日起，国家税务总局对《车辆购置税征收管理办法》进行7处修改，取消车辆购置税过户、转籍、变更业务，调整实地验车范围，方便了纳税人。

货物和劳务税管理

专用发票防伪税控系统 1996年，试点推行百万元版以上专用发票防伪税控系统，1999年4月扩围到使用十万元版的企业。2003年3月，在全国率先实现税控系统一般纳税人全覆盖。2003年4月1日起，手写版增值税专用发票正式退出历史舞台。

“一窗式”票表比对 2000年8月，全国开始建立“一个网络，四个子系统”，实现发票开具到网络比对协查的转变。2004年2月，增值税纳税申报管理“一窗一人一机”模式的推行工作圆满完成，实现对纳税人“票、表、税”的自动比对。2007年，货运发票和废旧物资销售发票全部纳入比对范围，一窗式比对更加完善。

扩大推行汉字防伪系统 2005年起，“一机多票”系统上线，实现对增值税普通发票及废旧物资发票的税控管理。2006年11月，货运发票也纳入了税控范围。2009年1月，机动车销售发票实现税控管理。

网上办税 2000年，潍坊市国税局在全省首创增值税专用发票抵扣凭证“网上认证”模式，纳税人足不出户即可完成增值税专用发票抵扣联的认证工作，显著提高纳税人的办税效率，同时也缓解办税服务厅排队、拥堵问题。2010年潍坊市国税局又在开具防伪税控增值税一般纳税人中推行增值税专用发票存根联“远程抄报”系统，进一步方便纳税人办税。

加解密服务器 2012年，潍坊市国税局率先在全省范围内推广应用防伪税控加解密服务器系统，即在现有防伪税控密码体系基础上，将过去需要单机安装的防伪税控硬件设备功能集成于专用硬件服务器，以局域网的形式，实现防伪税控体系发行、发售、报税、认证核心业务指令集成。

车辆税收一体化管理系统 2012年，潍坊市国税局充分利用车辆产、销、用链条明晰、踪迹可控的行业特征，积极探索行业税收专业化管理新模式，自主研究开发“车辆税收一体化管理系统”，对车辆税收实施税种和环节的“一体化”管理，搭建起车辆税收各环节信息高度共享、增值税、消费税、车购税和企业所得税各税种相互监控的专业化管理平台。

构建行业评估模板 2011年，针对全市行业分布情况和税源管理需要，在高密市国税局税收管理模板的基础上，精选、提炼葡萄酒、服装鞋帽、塑料袋、挂面等118个产品模板，这118个产品模板在全市范围内具有普遍使用性，对纳税评估工作提供有力的支撑。2012年始，118个产品模板在全市推广应用，当年全市共应用1600余户次，入库税款5352万元。

第三节　企业所得税

1991—2012年，企业所得税税制先后经历1994年统一内资企业所得税、2008年内外资合并两次改革。

1994年，国家统一内资企业所得税。征管范围调整后，全市国税系统适应形势变化，加大政策落实力度，完善企业所得税汇缴和预缴工作，强化纳税评估，推进分类管理，所得税管理水平明显提升，企业所得税收入规模迅速扩大。

2008年国家统一内外资企业所得税后，潍坊国税系统健全管理制度，完善配套措施，加强企业所得税管理。2011年11月20日，市国税局印发《房地产开发企业所得税管理办法（试行）》，对加强房地产企业所得税管理提出具体要求，制发12种附表，从房地产项目规划、开工、预售到完工决算等各个环节进行监控。2011年11月30日，市国税局印发《潍坊市国家税务局关于进一步规范房地产开发企业所得税管理问题的公告》，对房地产开发企业成本对象的确认、预计计税毛利率的确定、各环节应报送的相关涉税资料等问题提出了明确的要求。2012年1月6日，市国税局印发《潍坊市国家税务局关于印发企业所得税核定征收管理工作的意见》，统一应税利润率的测算方法、测算底稿以及送达回证等要求，对企业所得税核定征收工作进行统一规范。

随着企业所得税法律法规体系的不断完善，全市国税系统将企业所得税管理重点逐步向实施风险控制、加强后续管理方向转移，以风险管理为导向，不断提升人员业务素质，建立全市所得税人才库，组建培养专家团队，强化后续管理，推进企业所得税管理的科学化、专业化和精细化。市国税局确定“以税收预警评估系统为依托，以加强企业成本控制为突破口，以深化行业分析评估为重点”的风险管理工作思路，深入开展企业所得税纳税评估，全面提高企业所得税管理水平。拓宽企业所得税纳税评估信息来源，实现资源共享。对内，改变以往税收管理中对税种“切块”管理的模式，建立企业所得税与增值税税种联动分析机制，实现税种之间的信息资源共享。对外，充分依托银行、电力等外部门提供的第三方涉税信息，全面准确掌握企业财会报表及生产经营数据，加强与申报信息的综合比对分析，科学确定评估对象，提高所得税分析评估的针对性和准确性。建立科学的分析预警指标及评估方法和模板，开展多层次递进分析。建立完善由企业所得税贡献率偏低预警、销售毛利率偏低预警等指标构成的企业所得税预警指标体系，从收入、成本费用、征收管理等方面揭示企业所得税管理中存在的薄弱环节和疑点问题。针对发布的预警指标，从纳税人申报信息、生产经营信息、第三方信息等层面设计核查比对类、生产要素类等多种评估分析方法进行审核分析。根据纳税人所属行业特点和分析预警信息，以及该行业存在的主要问题，研究制定造纸、房地产、棉化纤加工制造等行业评估模板，为税收管理员提供多方位发现问题和解决问题的操作平台。加大对重点行业和重点企业的评估力度，提高企业所得税纳税评估实效。结合实际，选择重点行业和重点税源企业、享受税收优惠企业以及企业所得税管理比较薄弱的行业企业等进行研究分析，以点带面推动工作开展。

1994—2012年潍坊市企业所得税征收情况统计表

表12—3—3

年份	企业所得税	
	完成（万元）	增幅（%）
1994	2974	—
1995	3589	20.68
1996	12944	260.66
1997	16134	24.64
1998	7502	−53.50
1999	6543	−12.78
2000	14011	114.14
2001	30292	116.20
2002	26042	−14.03
2003	26117	0.29
2004	37894	45.09
2005	51870	36.88

续表12-3-3

年份	企业所得税	
	完成（万元）	增幅（%）
2006	71959	38.73
2007	125215	74.01
2008	215494	72.10
2009	221881	2.96
2010	321749	45.01
2011	531026	65.04
2012	517341	-2.58

第四节　出口退税

1991—2012年，全市出口退税管理工作积极适应国家出口退税政策的变化，坚持管理与服务并重，为扩大出口和出口产业结构升级提供政策引导和支持。2006年8月，市国税局首先确定高密、奎文、寿光、潍城4个县市区局，为全市生产企业出口货物退（免）税下放审批权限工作试点单位。同时，奎文区国税局为下放外贸企业出口货物退（免）税审批权限工作试点单位。2008年7月，将符合条件的诸城、昌邑、青州3个县市区，确定为潍坊第二批下放生产企业出口货物退（免）税审批权限工作试点单位。2011年4月，对安丘市、临朐县、昌乐县、寒亭区、坊子区、高新区6个县市区生产企业出口退（免）税审批权限及全市出口退（免）税资格认定、变更、注销管理权限进行下放。2012年6月，对潍坊经济开发区、滨海开发区下放生产企业出口退（免）税审核、审批权限。至此，全市除综合保税区以外，其他15个单位生产企业出口退（免）税审批权全部下放。2012年10月30日，市国税局安排部署出口退（免）税受理事项前移工作，进一步优化出口退税服务。

1994—2012年潍坊市国家税务局出口退（免）税情况统计表

表12-3-4　　单位：万元

年份	退税额	免抵额	合计
1994	4273	—	4273
1995	5851	—	5851
1996	28700	—	28700
1997	17535	—	17535
1998	18296	—	18296
1999	36680	—	36680
2000	47300	—	47300
2001	62603	—	62603
2002	41900	30850	72750
2003	86127	34580	120707
2004	164928	37190	202118
2005	127780	76700	204480
2006	154350	111300	265650
2007	208200	132060	340260
2008	234010	104680	338690
2009	279850	150884	430734
2010	398500	125990	524490
2011	518800	114410	633210
2012	472500	209700	682200

第五节　税收征管与税收法治

税收征管

1991—1994年，潍坊市各级税务部门注重税收征管体系建设，建立健全内部管理规章制度，统一税收档案资料和各类征管基础资料，加强计算机硬件的配置和应用软件的开发运用，强化基层征管单位建设和基层征管人员培训，推进税收征管规范化。1991年，潍坊市成为全国利用日元贷款搞微机开发的6城市之一。1994年成为全国增值税专用发票微机稽核50个试点城市之一，是山东省唯一的地市级试点城市。在微机软件利用方面，开发应用纳税申报、微机开票、税源调查、会计统报表等程序，逐步探索微机在税收征管各个环节的应用。市、县两级税务机关推行上门申报、红蓝白三色纳税申报表、建立大型稽查队等制度，加强税源控管，严厉打击偷抗税行为，税收征管步入良性循环。1994年，国地税机构分设后，潍坊市国家税务局开始酝酿征管改革。

1995年，开始征管改革探索和实践。市国税局适度收缩农村和城区征收管理机构，将原有的209个农村征收单位收缩合并为71个分局和5个中心税务所，57个城区分局合并为10个分局。建立办税服务厅，推行纳税人自行申报纳税制度，实现从税务专管员上门收税到纳税人自行申报纳税的转变，开发应用税收征收管理信息系统，在征管手段上初步实现手工操作向计算机管理的转变。取消“一人进厂、各税统管”的专管员管户模式（制度），变“专管户”为“专管事”，实行“征收、管理、稽查”业务三分离，初步实现征收、管理、检查各项权力事项的分权制约。通过改革，确立起“以申报纳税和优化服务为基础，以计算机网络为依托，集中征收，重点稽查”税收新征管模式，基本形成信息化条件下征收、管理、稽查既相互分离又相互制约的征管格局。潍坊征管改革的做法得到国家税务总局、山东省国税局的充分肯定。在1996年7月召开的全国税收征管改革会议上，潍坊市国家税务局做典型发言。1997年7月9—12日全国税收工作“两个转移”（向基层转移，向征管转移）经验交流会在潍坊召开，与会代表对潍坊征管改革情况进行实地观摩。

1996年，立足信息化发展初期尚未建立广域网的现实情况，组织全市业务技术骨干，集中开发研制基于局域网环境运行的税收征收管理软件3.0，实现了税务登记、发票管理、征收记会、税务稽查、会计核算的计算机管理。

1997—1999年，根据省国税局制定的《山东省国家税务局关于进一步深化税收征管改革的意见》，市国税局全面贯彻国家税务总局《税收征管业务规程（试行）》，推进税收规范化管理。1999年，针对个体税收征管中存在的问题和薄弱环节，按照国家税务总局“科技加管理”的治税思想，适应税收信息化建设步伐不断加快的新形势，在青州组织开发个体定额管理系统，积极探索出运用计算机核定个体业户定额的征管新路子，切实提高个体税收征管的科技含量，进一步

1997年7月9—12日，全国税收工作“两个转移”经验交流会在潍坊召开

公平纳税人的税收负担，规范税务机关的执法行为。

2000年始，市国税局开始进行银行网点申报、电话申报、网上申报等多元化申报方式的探索实践，方便纳税，优化纳税服务，实现申报方式的重大变革。2000年10月，国家税务总局把潍坊市国税局确定为全国推行CTAIS的24个试点单位之一。

2001年，市国税局启动以信息化建设为基础、以征管改革为龙头的机构和人事制度综合改革。结合“机构、人事、征管”三项改革，对基层机构设置及其职能进行规范和调整，调整后的城区和农村管理局（分局）主要职能，转换为对所辖纳税人的分类管理和贴近式服务。同年，进一步明晰征、管、查的职责划分，规范岗责体系和征管流程，分解、制约执法权力。以CTAIS上线为契机，落实《山东省国家税务局市以下征管岗责体系和业务流程》，实现信息化支持下征管业务流程的规范统一。2001年1月1日，CTAIS1.0在潍坊国税系统正式上线运行，将管理服务、征收监控、税务稽查、税收法制等征管全过程纳入计算机网络化管理。

2002年开始，针对税收征管工作中存在的“疏于管理、淡化责任”问题，突出体现“强化管理”，全市税收征管改革进入夯实征管基础、完善征管体制、深化信息应用、推动科学化精细化管理的转型期，完善“以申报纳税和优化服务为基础，以计算机网络为依托，集中征收，重点稽查、强化管理”的“34字”征管模式，构建以强化税源管理、优化纳税服务为核心、以信息化为支撑的专业化管理的现代税收征管新格局。同年，市国税局组织开发“中小企业监控管理系统”，提高中小企业监控管理的科技水平。

2003年，市国税局结合税收征管和信息化建设实际，在安丘市国税局开展税收征管业务重组的探索，创新征管机制，提高管理效能，改进纳税服务，优化资源配置，初步实现“征管流程科学化、组织机构扁平化、税源管理专业化”。在此基础上，探索办税服务厅业务实体化，将办税服务厅由单纯地接收纳税人申报纳税的场所变为集咨询、受理、审批于一体的相对独立的办税服务机构，办税服务厅功能从传统的受理型向受理审批型转变，整合服务功能，优化资源配置，实现“一站式”服务，在提高办税效率、降低纳税成本、方便纳税人的同时，强化税务机关执法责任，推进依法治税。

2006年，潍坊市国家税务局深入扎实地开展宏观税负调查分析工作。全面推行CTAISV2.0版，并且根据CTAISV2.0版上线要求，修订印发《税收征管岗责体系和业务流程》，规范统一全市各级岗责和业务处理。

2007年，全市各级国税机关着力构建税收分析、纳税评估、税源监控和税务稽查“四位一体”良性互动机制。在现行税收征管体制下，将税收管理的分析、评估、监控与稽查四个不同的方面统筹考虑，依托计算机网络和信息化手段，优化管理流程，在内部相关职能部门之间、上下级之间构建信息共享、良性互动、有机统一的工作格局。

2008年，全市国税系统以纳税人需求为导向，建立服务型预警评估机制。加强税收分析预警系统应用，开展深入细致的数据分析，定期组织税源管理质量讲评，认真落实数据分析结果，建立衔接紧密的数字征管互动机制。探索研究各类指标预警疑点的落实方法，对系统发布的疑点业户清单，综合运用调查、评估、稽查等手段，逐户落实，最大限度堵漏增收。市国税局印发《预警评估系统应用工作复审复查办法》，提高预警评估系统运行质量和效率。

2010年，潍坊市国家税务局制定出台《加强税收征管体系建设的实施意见》，明确全市税收征管体系建设的总体目标、基本原则、基本理念、工作要求，从加强税收征管制度建设、强化税源管理、推进信息管税、实施税源风险管理、加强税源管理质量评价、探索税源专业化管理等6个方面入手，推进全市税收征管体系建设。同年12月，省国税局在潍坊设立国家税务总局山东分中心业务运行维护支持基地，配合省国税局做好国家税务总局税收征管系统的业务运行维护和支持工作，具体承担淄博、东营、烟台、潍坊、威海、日照、德州、滨州8个地市综合征管系统的业务咨询和问题处理工作。

2011年，全市税收征管工作以税收征管体系建设为契机，开始探索税源专业化管理。市国税局先后印发《关于推进税源专业化管理工作的实施意见》和《关于进一步加强税源专业化管理工作的意见》，明确以科学分类税源、准确划分职责为基础，以加强税源监控、强化风险管理为手段，以提升管理层级、转变工作方式为关键，以核查申报纳税真实性、合法性为重点，以深化信息运用、实施信息管税为依托，以合理调配资源为保障的税源专业化管理的基本思路，实现大企业（重点税源）集中管理、中小企业分行业分税种集约管理、个体集贸税收社会化管理，提高税收管理的质量和效率、降低税收管理的风险和成本。

2012年，市国税局推行审批权限下放和前移，按照缩减审核审批环节，优化调查核实程序要求，前移受理环节45项、调查核实环节24项，将税务登记、发票管理等6大类77项涉税事项全部放在办税服务厅内审核和批准，实现办税服务厅的“一站式”服务。2012年8月召开全市国税深化税收征管改革工作会议，系统总结1994年国税部门成立至2012年税收征管改革的实践历程，提出“构建以明晰征纳双方权利和义务为前提，以风险管理为导向，以专业化管理为基础，以重点税源管理为着力点，以信息化为支撑的现代化税收征管体系”的基本思路。

税收法治

1988年全国税务工作会议首次提出“依法治税”。潍坊市国税系统按照国家税务总局“税收管理要实现法制化”的要求，以税务稽查为突破口，加大税收执法力度，增强税法刚性。同时，建立与公安部门联合办公的税务治安办事机构，加大打击涉税犯罪工作力度。对内严格管理，规范干部执法行为。至2000年，全市国税系统基本建立起适应执法工作要求的制度体系。

2001年，省国税局印发《关于进一步推进依法治税的决定》《关于进一步加强税收执法监督工作的决定》，全市国税系统大力推进依法行政和依法治税步伐，初步建立以干部教育、制度建设、监督检查、责任追究为主体的依法行政保障机制。

2005年，市国税局积极落实税收执法责任制，建立以执法流程为基础、以执法责任为核心、以执法评议考核为手段、以执法过错追究为保障，依托信息化优势和大众媒体，纵向层级监控、横向部门制衡的税收执法责任体系。制定税收执法透明公开暂行办法和行政管理透明公开暂行办法，将纳税人的权利与义务、税收政策法规、税务违法违章处罚标准、个体定税等内容逐一进行公开。

2006年，市国税局印发《潍坊市国税系统办税服务厅执法责任制度》《潍坊市国税系统税收管理员执法责任制度》《潍坊市国税系统税务稽查执法责任制度》。2008年，潍坊市国家税务局以规范税收文件为主线，全面推进依法行政，征税人和纳税人的“法律至上”的现代法治观念逐步确立，全市依法治税工作进入新阶段。

第六节 国际税收管理

1994年，市国税局设立涉外税收管理分局，一直持续到2002年。这一时期，中国对外开放战略偏重于“引进来”，利用外国资金、引进先进技术、鼓励外商来华从事生产经营活动是涉外工作的主流。在税收方面，涉外企业享受“超国民”的优惠待遇。涉外税收管理部门积极兑现名目繁多的各类税收优惠，包括外商投资企业和外国企业所得税减免、地方所得税减免、预提所得税减免、购买国产设备投资抵免企业所得税、技术开发费加成扣除税额等等。9年间，全市涉外盈利企业减免税面一直维持在50%左右。

中国加入世贸组织后，外向型经济蓬勃发展，经济全球化和区域经济一体化进程逐步加快，资本流动呈现出“引进来”与“走出去”并行的新格局。2003年，市国税局建立国际税收管理部门，加快转变职能，积极探索和推进“一体化”和“专业化”改革。“一体化”即以涉外企业所得税汇算清缴申报为基础，纳税评估、税务审计、反避税相互衔接、相互配合的一体化管理，三者信息互通、资料互用、结果共享，使国际税务管理与涉外企业管理各岗位既明确分工、又相互协作，形成有机整体和环环相扣的工作链条。“专业化”坚持属地管理与分类管理相结合，对涉外企业实行相对集中的专业化管理，在健全省、市国际税务管理机构的基础上，强化潍坊市国家税务局直接负责反避税、预提税、大型外资企业审计、国际税收协定执行等国际税务事项的管理职能，县级局则负责涉外税收税源管理和监控工作，发挥潍坊市国家税务局承上启下的中坚作用和县级局的基础性作用。这一时期，全市国际税收管理部门逐步将工作重点集中到针对“引进来”和“走出去”的跨境纳税人国际税收事项专业化管理上，税收协定执行、反避税调查日渐成为国际税收管理的主要内容。

2008年，内外资企业所得税法合并后，国际税收管理进入规范发展的新阶段。市国税局根据省国税局提出的“以跨国税源管理为总抓手，完善和落实反避税、非居民企业所得税征管、税收协定执行等各项管理工作机制，积极为‘走出去’企业提供税收服务”的思路，推进国际税收管理，切实维护中国税收主权和跨境纳税人的合法权益。2009年，在对某食品公司关联交易案件处理中，认真分析境内关联方之间的税收负担差异，查实运用境内关联交易避税的问题，涉及税款1272万元，成为全市第一起境内关联交易避税案。

2010年起，市国税局以维护国家税收权益为主线，建立和完善反避税、非居民税收管理、“走出去”税收服务与管理等工作机制。在反避税工作机制建设上，坚持防查并举，建立管理、服务、调查三位一体、统一规范的反避税防控体系。加强反避税基础环节管理，强化跨国企业利润水平监控。深入推进预约定价谈签工作，增强跨境税源税收政策执行的确定性。全面落实专业化管理机制，认真执行反避税立案论证分析会、结案论证会、案卷评审会和重点案件进展调度会等“三会一审”制度，对反避税调查案件实施全程质量管理，完善反避税工作运行机制。引入成本节约、市场溢价等新理念，积极拓展业务领域，加大行业联查和集团整体联查力度，促进反避税工作向纵深发展。其中，2012年在对山东某制衣集团案件处理中，查实该企业利用虚假外方手段套取国家税收优惠，追缴税款1.58亿元、股权转让所得非居民企业所得税3600万元。

在非居民税收管理机制建设上，遵从收入来源地税收管辖权原则，全面加强对取得来源于中国境内所得的非居民企业的税收管理，强化与非居民企业税收管理协作，建立多部门协作、信息交换共享机制。构建“税源管理源头化、管理事项层级化、管理工作体系化、管理手段信息化”的上下联动的非居民企业所得税管理机制，实现非居民企业所得税专业化管理与基层分局日常管理的有效衔接。深入推进分类和风险管理，强化非居民收入专项检查。全面落实税收协定优惠。

在“走出去”税收服务与管理机制建设上，按照“摸清底数、完善政策、优化服务、加强管理”的要求，在税务系统内部承担牵头责任，加大与地税部门的联系，深入开展“走出去”企业税收调研，建立“走出去”企业档案，加大对“走出去”企业纳税服务力度，扶持“走出去”企业做大做强。

第七节　纳税服务与信息化

纳税服务

1990—2000年，潍坊税务机关和税务工作人员树立纳税服务意识，改进服务态度，积极做好税务登记、申报征收、税款缴纳、发票领购等业务工作方面。1999年，市国税局深入开展“维护纳税人合法权益”“整顿行业作风，树立文明形象”、评选“最佳服务窗口”“最佳办税服务厅”等一系列活动。

2001—2005年，随着“纳税服务法定化”的实施，市国税局重点通过规范税收执法和提高税收服务质量，维护纳税人合法权益，优化税收环境。2002年，市国税局成立“12366”纳税服务中心，开通纳税服务热线。2003年，以青州市国税局为试点，积极进行纳税服务创新，初步构建起以满足纳税人多元化需求、提供个性化服务为特征的纳税分类服务体系，同时开通“12366”纳税服务热线、建立专业化的纳税服务网站、全面推行“一窗式”服务，纳税服务工作迈上新台阶。2005年10月，国家税务总局印发《纳税服务工作规范（试行）》，对税收工作中的税收征收、管理、检查和实施税收法律救济等环节的纳税服务工作做出明确规定，潍坊国税系统全面优化纳税服务，积极营造和谐税收环境。

2006年，潍坊市国家税务局以构建阳光、法治、服务、效能型国税机关为目标，在继续深化完善“首问负责制”“办税服务承诺”“网上办税”等做法的基础上，积极推行“一窗式”办税和“一站式”服务，全面实施“网上直通车”项目，深化政务公开和执法公开，为纳税人提供方便、快捷、高效的办税服务。对3个县（市、区）下放车辆购置税征收权限，并推出车辆购置税“一条龙”服务举措。

2008年，在继续做好办税服务厅窗口服务的基础上，全市国税系统通过拓展门户网站功能，设立互联网服务信箱，扎实做好“12366”热线服务等途径，及时为纳税人提供政策答疑和业务指导，提供符合纳税人需求的共性化和个性化服务，提高纳税服务质量。针对清理简并涉税资料报送工作的基本情况、具体措施、存在问题、取得的效果以及建议和意见进行调查，对15个基层单位的减负情况进行巡查和回访，有效减轻纳税人负担。

2009年，市国税局印发《关于进一步加强纳税服务工作的意见》，推进“办税e路通”品牌建设，明确纳税服务公正、便捷、高效、热情的目标，把纳税服务与税收征管一起作为税收工作的两大核心业务。2010年11月，市国税局成立纳税服务科，各县市区也相继成立纳税服务部门。全市国税系统按照“始于纳税人需求，基于纳税人满意，终于纳税人遵从”的要求，全面做好各项纳税服务工作。市国税局印发《关于加强纳税服务体系建设的实施意见》，建立完善激励、协作、创新和分类服务四项机制，促进纳税服务工作的规范化、标准化。全力推进“办税e路通”服务品牌建设，扎实开展网上宣传、咨询、公开、申报、认证等服务项目，开辟出网上办税快车道。试点开发“纳税指南信息查询系统”“有‘Q’必应”税企交流平台、“纳税人申请审批事项查询系统”，满足纳税人的个性化需求。建立“12366”热线联动服务机制，开展热线回访、纳税服务动车组等活动，快速响应纳税人诉求。推进服务标准化建设，逐步统一办税服务厅标识，加强硬件改造升级，推行“一窗通办”“一站式”服务。科学测算6大类62项具体业务的办税时限标准，优化办税服务厅人员配置，服务队伍结构日趋合理。

2011年，市国税局围绕纳税人“尊重、规范、效率、简便、沟通、发展”的基本需求，提升纳税服务质量。建立诉求征集、响应联动的落实工作机制，调查纳税人3.8万户，撰写的纳税人诉求分析报告被国家税务总局应用、山东省国税局转发。深入推进办税服务厅标准化建设，实行“两快一简”服务，积极推行免填单管理系统，拓展国地税联合办税业务，开展车购税全市同城通办，增设车购税代征服务窗口，简并个体业户征期。推广远程报税等网络服务，全市2.49万户纳税人采取网上抄报税，5万户纳税人实现网上自助打印完税凭证。应用办税服务厅综合评价考核系统，实现对办税服务的综合量化评价，系统被山东省国税局推广。创办纳税人学校，6.83万人次接受涉税辅导。编印《纳税风险提醒服务》手册，开展各类风险提醒12.5万户次。运行12366新系统，提供热线服务23万余次。在市、县两级设立纳税人维权服务中心，形成覆盖全市的维权网络。

2012年，市国税局开展“三比三创”巾帼建功活动，组织问卷调查，定点联系企业，落实纳税人诉求征集、分析、响应机制，强化税务干部的服务意识和服务能力。在全省率先实行纳税人涉税事项审批权限下放和前移，将94项纳税人发起的涉税事项在办税服务厅受理，将49项即时办理事项、28项需要调查核实的事项全部在办税服务厅内办结，实现涉税服务事项的“厅内受理、厅内核实、厅内审批”，精简办税环节，纳税人不再多头跑、多次跑，享受到便利的“一站式”服务。研发自助代开发票系统，在全省率先试点实行增值税专用发票自助代开。在全省率先推行加解密服务器和增值税专用发票代开票系统，促进主要涉税业务实现“一窗通办”“同城通办”。纳税人到办税服务厅办理税务登记、文书受理、申报征收等业务，均可在任一窗口办理，每个窗口均能为纳税人提供各项业务受理、转办、回复等全程服务。涉税事项“同城通办”实施范围覆盖全市16个县市区国税局的办税服务厅，纳税人在申请办理税务登记、发票购验、发票认证、报税比对、申报征收、纳税咨询、车辆购置税申报征收7大类涉税业务时，不受主管国税机关地域管辖的限制，可根据距离远近等情况，自由选择办税服务厅申请办理。全年，开展县域内的“同城通办”业务43.88万笔，开展跨县市区“同城通办”业务715笔。在全国率先研发推广免填单管理系统，实行“即时办税”“限时办税”和“简并办税”在内的“两快一简”服务，在车管所开辟车购税代征服务窗口，试行委托工商代发税务登记证业务。印发《关于服务潍坊经济支持企业发展的意见》，采取重点企业联系制度、政策解读会等20项服务措施，助推纳税人发展，构建良好的服务环境。

税收信息化建设

1994—2012年，市国税局是国家税务总局确定的金税一期工程、日贷项目建设、TAX软件应用、金税二期工程、CTAIS软件和金税三期系统试点单位，税收信息化建设快速发展，为税务工作和广大纳税人提供全方位的信息化服务和技术支撑。

计算机网络体系　潍坊国税部门以“上下贯通、横向互联”为目标，从1994年一期金税工程开始，先后经历电话拨号和X.25联网方式。1997年，利用日贷项目设备建成市县之间的64K帧中继网络。1999年，全市市、县、分局三级帧中继网建成，全市所有征收单位实现实时数据传输。2000年，全市国税系统计算机网络建设税收信息化建设实现新的突破。率先在省内对计算机网络进行全面改造，市县之间采用2MBPS的ATM光纤接入，县到分局之间采用64KBPS至512KBPS的帧中继线路，并实现线路备份。市国税局与各县市区国税局、直属分局之间采取有线或无线联网方式，建起高速、实时、畅通、覆盖面广的计算机网络。2001年，对市县之间的网络进行改造，建立市（地）一级数据的集中、征收、管理和服务的模式。2003年，计算机网络二期改造工作全部完成，市县之间实现1000MBPS数据传输，县以下实现100MBPS数据传输。2007年，组织实施网络改造，做好税务系统网络安全二期防护实施工作，对办公网络和互联网络实行物理隔离，开展信息安全系统等级评定，健全网络与信息安全防护体系，组织开展安全检查和信息安全等级保护工作。2012年，信息管税建设持续深化，严格按照上级规划执行，建成金税三期广域网。

信息化基础建设　潍坊国税系统在计算机设备方面，由最初的28台PC服务器、260台PC机，发展成为拥有105台PC服务器、2925台PC机、947台笔记本电脑、139套网络设备和37套安全设备的庞大计算机系统，并且建成拥有700多台电脑组成的远程培训系统，信息化基础设施显著改善。在机房建设方面，潍坊市国家税务局数据处理中心机房系统由配电、UPS供电、机房专用空调、消防、弱电、照明、安防、机房全面监控等子系统构成。机房下设小型机室、服务器室、网络安全室、电源室等功能区。

视频会议系统　2010年底，潍坊国税系统改造完成高清视频会议系统，省国税局、市国税局两级部署MCU，市国税局、各县市区国税局建立分会场，配备视频会议终端。整个视频会议系统采用树状星型结构，分级管理，并与国家税务总局、省国税局互联。至2012年底，国家税务总局、省国税局大部分会议通过这个系统传输，全市国税系统还利用视频会议系统进行学习培训。

涉税软件开发应用

潍坊国税系统税收信息化从简单的会计报表处理到STMIS，从综合征管1.0到综合征管2.0，从金税一期到金税三期，从分析预警到网上办税平台，逐步从单一的税收管理覆盖到执法监督、行政管理、为纳税人服务、外部门信息交换等税收工作的各个环节，为税收事业发展奠定坚实基础。

核心业务信息化　分散运行的STMIS。综合征管软件是税务管理工作中的核心业务系统。1994年，税制改革后，潍坊国税部门率先应用“山东省税收信息管理系统（STMIS3.0）”，首次覆盖税务登记、申报征收、税收会统等主要业务环节，基本实现核心业务信息化，在1998年定版为STMIS98。市级集中的CTAIS1.0。2000年，潍坊国税部门作为全国税务系统金税工程和CTAIS软件试点单位。10月1日起，金税工程开始试运行。同时开展CTAIS软件试点，各单位分4批全部顺利上线。金税工程和CTAIS软件试点工作受到国家税务总局和山东省国税局有关领导的充分肯定。2001年，做好有关软件的开发和与CTAIS的衔接工作，与有关单位联合，开发电子报税系统，并实现电子报税系统与CTAIS的挂接。编制CTAIS与税收统计软件的接口程序，使全省通用的税收会统报表软件与CTAIS实现无缝对接，完善CTAIS的功能。做好CTAIS征管数据复制工作，率先实行征收和查询分机运行。完成CTAIS分析及辅助决策系统和纳税评估系统试点，标志着税收信息集中处理阶段的正式开始。省级集中的CTAIS2.0。2006年，在各地（市）稳定运行基础上，CTAIS2.0开始在山东省国税局安装部署，把全省85万户纳税人的征管数据统一到山东省国税局数据处理中心，所有涉税信息实现省级集中处理，完成税收征管信息化的新跨越。潍坊国税部门推动综合征管软件V2.0顺利上线。网上办税系统。1991—2012年，潍坊国税部门先后研制开发工商企业计算机开票申报软件、发票结报纳税申报系统、税务征收管理系统、税务信息查询系统、征管流程控制系统、税银库联网系统、定期定额业户定额核定管理系统等近50个软件，投入运行后收到显著效果。2004年，经省国税局正式立项，研究开发“一户式”税收信息采集应用系统，通过软件整合、信息整合，实现对纳税人涉税信息的“一户式”采集、多渠道多环节共享，有效地解决纳税人应用软件过多、税务机关数据重复采集、纳税信息共享度低的问题。2006年，经省国税局立项批准，开发“企业所得税监控分析管理系统”，系统通过信息的采集、比对、分析和处理，实现管理的精细化、信息的集约化、处理的科学化，提高企业所得税的管理质量和效率，并在全省推广应用。2012年，自主开发建设数据中心，对分散的数据进行有机整合，实现对11类、53项业务内容的综合查询和分析应用，为各项决策、税源监控提供有力工具，解决数据存储分散、深层次分析利用不够等问题。此外税银库联网系统、免填单系统、车购税一体化管理系统、注册税务师管理系统、数据中心、自助代开发票系统等被省国税局在全省推广。

数据分析应用 作为国家税务总局、省国税局试点单位，潍坊国税部门成功试运行金税一期工程、日贷项目建设、TAX软件应用、金税二期工程、CTAIS软件和金税三期系统，为全国全省积累了经验。2001年11月14日，国务院总理朱镕基到国家税务总局视察金税工程，远程调取潍坊的金税系统稽核数据，并给予高度评价。全市国税系统狠抓数据处理分析工作，组建专业化的数据处理分析队伍，制定科学、严密的管理办法，加强对各类数据的深层挖掘、综合分析、高效应用。

第八节　税务稽查

潍坊国税系统各级稽查部门创新稽查方式方法，发挥稽查职能作用，严厉打击各类涉税违法犯罪行为。实行检查审批制、分级分类检查，推行规范进户执法制度，严格控制检查次数，有效避免重复检查和多部门进户检查；完善稽查选案机制，实行线索信息化助手选案，提高检查的针对性；通过实施过程控制、内外双控、一查双促等监督措施，将稽查执法全过程纳入监管之下，确保稽查工作质量，防范稽查执法风险；认真组织开展各项税收专项检查，有力维护全市经济税收秩序；税警联合抓好大案要案的查处，增强稽查的打击震慑作用；利用金税工程发票协查系统功能，提高协查工作质量，有效遏制涉票犯罪势头。

自2001年开展整顿和规范市场经济秩序至2012年，全市国税机关密切与公安、地税、工商等部门的协作配合，严厉打击各类涉税违法犯罪活动，检查税户1266户，查补税款1792万元，清理漏征漏管户4569户，补征税款277万元，清理欠税户69户，清缴陈欠税款2723万元。

2002—2012年，税收专项检查和打击发票专项整治工作取得显著成效。对集贸市场、加油站、跨地区经营集团型企业、房地产企业、化妆品生产企业、建筑安装企业、免抵退税生产企业、“一窗式”管理之前增值税缴纳情况、汽车市场、“四小票”、酒类生产企业、外贸企业、金融保险企业、煤炭生产及运销企业、医疗器械企业、餐饮企业等行业和项目进行专项检查和整治，共计检查企业3701家（次），查补税款6亿余元。同时，开展专项打击发票违法犯罪活动，共计检查企业3万余家（次），检查发票20余万份，查补税款3亿余元，连续3年被国家税务总局表彰为全国打击发票违法犯罪活动先进单位。

2001—2012年，全市国税系统各级稽查部门加大工作创新力度，先后研制推广应用税务稽查信息控制系统、稽查选案助手系统和内外双控、一查双促、分级分类管理等管理制度办法。1994—2012年，全市国税系统各级稽查部门检查纳税户23787户，查补入库收入264897万元；共受理各类涉税违法犯罪案件82起，向司法部门移交涉税违法人员153人。

第四章　地方税务

1991—1993年，潍坊市税务局负责全市税收征收管理工作。从1994年1月1日起，国务院决定实行分税制，将税种统一划分为中央税、地方税和中央地方共享税，并建立中央税收和地方税收体系，分设中央与地方两套税务机构进行分别征管。1994年7月9日，分别设立潍坊市国家税务局、地方税务局，各县市区地税机构相应成立。

1994年，潍坊市地方税务局及12个县市区地方税务局共有干部职工1545人，负责全市19745户纳税业户的地方税收征管。1998年9月，省以下地税部门实行上级地税部门与地方政府双重管理、以上级地税部门垂直管理为主的管理体制。2012年，潍坊市地税局下辖12个县市区局、5个开发区分局，全市地税系统在职干部职工2037人，担负着全市14万多户纳税业户的地方税收征管工作。

第一节　地税收入

1994年，全市各项地税收入完成6.98亿元，其中：税收收入完成6.86亿元，教育费附加完成1236万元。自1994年，全市地税收入呈逐年递增趋势。2012年，全市地税部门组织各项收入264.97亿元，是1994年的37.94倍，年均增长22.39%。其中：税收收入完成248.70亿元，是1994年的36.25倍，年均增长22.08%。

分级次收入

1994—2001年，全市地税收入主要分为省级收入和市县级收入两部分。省级收入主要为金融保险业营业税和部分一般营业税、企业所得税，以及文化事业建设费收入。1994—2001年，省级收入分别完成7556万元、9123万元、1.00亿元、1.10亿元、1.07亿元、1.09亿元、9606万元、8214万元；市县级收入从1994年的6.23亿元逐年增至2001年的23.55亿元，年均增长20.92%。

2002—2012年，全市地税收入分为中央级、省级和市县级三部分。其中：中央级收入2002年完成4.23亿元，到2012年达33.43亿元，年均增长22.96%。省级收入2002年完成1.79亿元，到2012年完成21.90亿元，年均增长28.45%。市县级收入2002年完成17.08亿元，此后呈逐年递增态势，2012年完成209.63亿元，是2002年的12.27倍，年均增长28.50%；是1994年的33.66倍，年均增长21.57%。

1994—2012年潍坊市地税收入情况统计表

表12-4-1　　单位：万元

年份	总计	中央级	省级	市县级
1994	69837	—	7556	62281
1995	90911	—	9123	81788
1996	130577	—	10032	120545
1997	165020	—	10977	154043
1998	180113	—	10735	169378
1999	177712	—	10850	166862
2000	193393	—	9606	183787
2001	243675	—	8214	235461
2002	231066	42323	17914	170829
2003	274236	53620	22190	198426
2004	343266	66148	27874	249244
2005	453650	78473	42151	333026
2006	574510	99162	52403	422945
2007	738890	126428	67271	545191
2008	894298	135095	81006	678197
2009	1068969	151742	98674	818553
2010	1438713	195439	149655	1093619
2011	2060921	230210	184001	1646710
2012	2649663	334315	219055	2096293

分税种收入

营业税　地方税收主体税种之一。1994年入库2.27亿元，此后逐年递增，至2012年入库81.73亿元，年均增长22.02%。

企业所得税　地方税收主体税种之一。1994年入库1.74亿元，2012年入库额41.36亿元，年均增长19.24%。

个人所得税　地方税收主体税种之一。1994

年入库1046万元，2012年入库14.36亿元，是1994年的137.28倍，年均增长31.45%。

资源税 1994年入库6476万元，2012年入库69698万元，是1994年的10.76倍，年均增长14.11%。

城镇土地使用税 1994年入库2323万元，2012年入库22.39亿元，是1994年的96.40倍，年均增长28.89%。

固定资产投资方向调节税 1994年入库3595万元，1999年入库额最高达到18695万元，2000—2005年入库额分别为8489万元、3201万元、2964万元、692万元、574万元、779万元。2006年以后再无入库税款。

城市建设维护税 1994年入库9878万元，2012年入库17.83亿元，是1994年的18.05倍，年均增长17.44%。

印花税 1994年入库434万元，2012年入库3.34亿元，是1994年的76.90倍，年均增长27.28%。

土地增值税 1994年1月开征，1995年入库1万元。自1997年始入库额持续增长，1997年入库7万元，2012年入库14.96亿元，年均增长94.38%。

房产税 1994年入库3996万元，2012年入库7.40亿元，是1994年的18.52倍，年均增长17.60%。

车船使用税 1994年入库455万元，2012年入库5.12亿元，是1994年的112.44倍，年均增长30.00%。

屠宰税 1994年入库179万元，1995—2000年入库额均在1000万元左右，分别为1215万元、1078万元、729万元、925万元、752万元、1060万元。2001年、2002年分别减少至260万元、283万元，2003年之后无屠宰税入库收入。

烟叶税 2006年开征，当年入库3677万元，入库额连年增长，至2012年入库1.26亿元，年均增长22.77%。

耕地占用税 2011年由财政部门转为地税部门征收，当年入库4.38亿元，2012年入库10.31亿元，增长134.92%。

契税 2011年由财政部门转为地税部门征收，当年入库15.90亿元，2012年入库21.67亿元，增长36.30%。

教育费附加 1994年入库1236万元，持续增长至2011年，达到历史最高，入库79045万元，年均增长27.71%。2012年入库7.83亿元，较2011年略有下降。

地方教育附加 2005年开征，当年入库4348万元，持续增长至2012年入库5.25亿元，年均增长42.74%。

文化事业建设费 1997年开征，当年入库14万元，持续增长至2012年入库578万元，是1997年的41.29倍，年均增长28.15%。

残保金 2006年开始由地税部门开展代征，当年代征入库1020万元，至2012年征收2.67亿元，年均3800万元以上。其中2011年最高为6744万元。

地方水利建设基金 2011年开征，当年入库9000万元，2012年入库2.50亿元，增长177.49%。

1994—2012年潍坊市分税种地税收入情况统计表

表12—4—2

单位：万元

年份	收入合计	一、税收收入	营业税	资源税	土地使用税	企业所得税	个人所得税	投资方向税	城建税	印花税	土地增值税	房产税	车船税	屠宰税	烟叶税	耕地占用税	契税	税款滞纳金、罚款收入	二、教育费附加	三、地方教育费附加	四、文化事业建设费	五、其他罚没收入	六、残保金	七、地方水利基金
1994	69837	68601	22748	6476	2323	17419	1046	3595	9878	434	—	3996	455	179	—	—	—	52	1236	—	—	—	—	—
1995	90911	90303	29913	7295	2269	25758	2088	3925	11982	454	1	4647	510	1215	—	—	—	246	608	—	—	—	—	—
1996	130577	125341	40311	8591	2258	34723	7563	5722	16688	596		6368	1072	1075	—	—	—	374	5236	—	—	—	—	—
1997	165020	159787	48561	8690	2466	51150	10281	8076	18360	728	7	8417	1817	729	—	—	—	505	5219	—	14	—	—	—
1998	180113	173897	51757	8605	3329	47955	13947	14153	19647	998	37	10340	2204	925	—	—	—	—	6201	—	15	—	—	—
1999	177712	171254	46018	9406	5755	41871	16191	18695	19266	928	76	9793	2503	752	—	—	—	—	6418	—	40	—	—	—
2000	193393	185885	49793	11640	6303	51525	18383	8489	22537	825	138	11381	3811	1060	—	—	—	—	7465	—	42	1	—	—
2001	243675	235847	52190	12143	6236	96167	27963	3201	20675	1217	90	11671	4034	260	—	—	—	—	7781	—	45	2	—	—
2002	231066	220755	61961	16070	6633	55050	29593	2964	27624	1701	517	13663	4696	283	—	—	—	—	10294	—	17		—	—
2003	274236	262612	88955	15805	14522	54770	34598	692	31868	1782	1152	14060	4408	—	—	—	—	—	11607	—	16	1	—	—
2004	343266	327558	111068	23670	14250	70073	40171	574	39729	2870	4260	15476	5417	—	—	—	—	—	15655	—	20	33	—	—
2005	453650	428811	143525	31709	20013	89531	41259	779	52605	5017	19005	19614	5754	—	—	—	—	—	20396	4348	25	70	—	—
2006	574510	541145	178865	40421	25555	117964	47306	—	58309	7836	29899	25849	5464	—	3677	—	—	—	26208	7063	30	66	1020	—
2007	738890	693738	229892	39508	48333	150253	60464	—	76786	9567	41294	26193	6888	—	4560	—	—	—	33862	11086	101	103	780	—
2008	894298	840405	285535	42213	94948	149912	75246	—	84906	13850	44401	32255	11331	—	5808	—	—	—	37588	12257	336	104	3608	—
2009	1068969	1008416	356547	46387	109547	159930	92973	—	99160	17798	59702	41910	15173	—	9289	—	—	—	42591	14608	420	58	2876	—
2010	1438713	1358237	567290	43655	124444	192176	133555	—	128348	24249	74886	44792	20515	—	4327	—	—	—	56050	18593	449	74	5310	—
2011	2060921	1915005	704839	39097	152413	220176	163507	—	181268	30495	129417	53390	30412	—	7112	43873	159006	—	79045	50576	504	47	6744	9000
2012	2649663	2486973	817330	69698	223939	413600	143593	—	178280	33376	149626	73995	51161	—	12592	103065	216718	—	78284	52490	578	68	6296	24974

说明：2006年、2007年残保金属于附列项目，不在收入合计中

第二节　地方税制

1991年至1994年7月，税务部门征收的税种主要有产品税、营业税、增值税、城市维护建设税、建筑税、固定资产投资方向调节税、特别消费税、房产税、车船使用税、印花税、资源税、土地使用税、城乡个体工商业户所得税、个人收入调节税、外商投资企业和外国企业所得税、集体企业所得税、私营企业所得税、国营企业所得税和教育费附加。1994年国税和地税机构分设后，地税部门负责征收营业税、企业所得税、个人所得税、资源税、城市维护建设税、房产税、印花税、城镇土地使用税、土地增值税、车船税（车船使用税）、固定资产投资方向调节税、屠宰税12个税种和教育费附加。2000年暂停征收固定资产投资方向调节税，2002年停征屠宰税，2006年开始征收烟叶税。2011年耕地占用税、契税从由财政部门征收改为由地税部门征收。至2012年底，地税部门共负责征管13个税种和教育费附加、地方教育附加、文化事业建设费、地方水利建设基金、残疾人就业保障金5种代收基金（费）。

营业税

1994年1月1日起，按照《中华人民共和国营业税暂行条例》开征营业税。营业税纳税人为提供应税劳务、转让无形资产和销售不动产的单位和个人，设置9个税目，实行差别比例税率，其中交通运输业、建筑业、邮电通信业和文化体育业税率为3%，金融保险业、服务业、转让无形资产和销售不动产税率为5%；娱乐业税率为5%~20%。营业税按照营业额和规定税率计算征收。纳税人营业额未达到起征点的，免征营业税；达到起征点的，全额征收营业税。从1997年1月1日起，金融保险业营业税税率由5%提高到8%。2008年11月5日，国务院常务会议修订《中华人民共和国营业税暂行条例》，自2009年1月1日起施行，潍坊按条例执行。

企业所得税

1993年12月《中华人民共和国企业所得税暂行条例》颁布，自1994年1月1日起施行。一般企业适用33%的税率，微利企业暂时适用27%或者18%的税率，金融、保险企业暂时适用55%的税率（1997年以后降为33%）。2008年1月1日，《中华人民共和国企业所得税法》起实施。一般企业所得税的税率为25%，符合条件的小型微利企业减按20%的税率征收企业所得税。国家需要重点扶持的高新技术企业，减按15%的税率征收企业所得税。

个人所得税

1994年，新修订的《中华人民共和国个人所得税法》初步建立起内外统一的个人所得税制度。从2000年1月1日起，对个人独资企业和合伙企业停征企业所得税，对其投资者的生产经营所得征收个人所得税。2002年1月1日，个人所得税收入实行中央与地方按比例分享。2006年起，工资薪金个人所得税的费用扣除标准由800元/月调高到1600元/月，2008年3月1日起调高至2000元/月，2011年9月1日起调高至3500元/月，工资薪金所得的九级超额累进税率调整为七级，取消15%和40%两档税率，将最低的一档由5%降为3%。

资源税

1994年1月1日，《中华人民共和国资源税暂行条例》施行，应税矿产品包括原油、天然气、煤炭、黑色金属矿原矿、有色金属矿原矿和其他非金属矿原矿。1999年8月1日，对天然矿泉水、建筑用砂、其他黏土、其他建筑石料征收资源税。1994—2011年，资源税实行从量计征，按照应税产品的课税数量和规定的单位税额计算应纳税额。自2011年11月1日起，原油、天然气资源税实行从价计征。

城市维护建设税

《中华人民共和国城市维护建设税暂行条例》自1985年起施行，以纳税人实际缴纳的增值税、消费税、营业税税额为计税依据，分别与增值税、消费税、营业税同时缴纳。1994年至2010年11月30日，外商投资企业和外国企业暂不缴纳城市维护建设税。自2010年12月1日起，统一内外资企业和个人的城市维护建设税和教育费附加制度，对外商投资企业、外国企业及外籍个人征收城建税。城建税实行地区差别比例税率，纳税人所在地在城市市区的，税率为7%；所在地在县城、建制镇的，税率为5%；纳税人所在地不在城市市区、县城、建制镇的，税率为1%。

房产税

按照1986年施行的《中华人民共和国房产税暂行条例》，在城市、县城、建制镇和工矿区对房屋征收房产税。房产税依照房产原值一次减除30%后的余值计算缴纳，税率为1.2%；房屋出租的，依照房产租金收入计算缴纳，税率为12%。对外商投资企业征收城市房地产税，保留城市房地产税税种名称，其征收范围、计税依据、计算办法等具体内容，一律按《中华人民共和国房产税暂行条例》《山东省人民政府关于贯彻执行〈中华人民共和国房产税暂行条例〉施行细则》办理。2008年12月31日《城市房地产税暂行条例》废止，自2009年1月1日起，外商投资企业、外国企业和组织以及外籍个人（包括港澳台资企业和组织以及华侨、港澳台同胞）依照《中华人民共和国房产税暂行条例》缴纳房产税。从2001年1月1日起，对个人居住用房出租仍用于居住的，减按4%的税率征收房产税；2008年3月1日起，对个人出租住房，不区分用途，减按4%的税率征收房产税；对企事业单位、社会团体以及其他组织按市场价格向个人出租用于居住的住房，减按4%的税率征收房产税。

印花税

《中华人民共和国印花税暂行条例》自1988年10月1日起施行，印花税税目共有13个，其中11个税目和营业账簿中的资金账簿采用比例税率，税率分别为千分之一、万分之五、万分之三、万分之零点五。其他营业账簿以及权利许可证照按件贴花5元。2005年，潍坊市统一了印花税核定征收比例，2010年，山东省启用印花税核定征收管理软件，重新调整核定征收比例。

城镇土地使用税

按照1988年《中华人民共和国城镇土地使用税暂行条例》和1989年《山东省实施〈中华人民共和国城镇土地使用税暂行条例〉办法》，对城市、县城、建制镇、工矿区范围内使用土地的单位和个人，征收城镇土地使用税。1998年1月1日起，税额标准提高，并分3年实施。2006年12月31日《中华人民共和国城镇土地使用税暂行条例》部分内容修改，自2007年1月1日起施行。从2007年度起，山东省对各地城镇土地使用税税额标准进行调整，调整后的税额标准为：市区土地2~24元/平方米，县（市）土地2~6元/平方米，建制镇和工矿区土地2.4~3.2元/平方米。2007年11月5日市政府印发《关于做好城镇土地使用税征收工作的通知》，从2007年起，潍坊市市区土地调整分为3个等级：一级土地年税额标准为8元/平方米；二级土地年税额标准为6元/平方米；三级土地年税额标准为4元/平方米。

土地增值税

1994年1月1日，《中华人民共和国土地增值税暂行条例》施行。土地增值税采用四级超率累进税率，其中，增值额与扣除项目金额不超过

50%的部分，税率为30%；超过50%~100%的部分，税率为40%；超过100%~200%的部分，税率为50%；超过200%的部分，税率为60%。纳税人建造普通标准住宅出售，增值额未超过扣除项目金额20%的，免征土地增值税。

车船使用税

1994年仍然按照1986年《山东省人民政府关于贯彻执行〈中华人民共和国车船使用税暂行条例〉施行细则》规定的税额标准，对境内拥有并使用车船的单位和个人征收车船使用税。自1999年8月1日起，山东省政府调整车船使用税税额标准。自2007年1月1日起全国统一征收车船税，车船使用税停止征收。办理机动车交通事故责任强制保险业务的保险机构为车船税的扣缴义务人，负责代收代缴机动车辆车船税。2012年1月1日起施行《中华人民共和国车船税法》及《中华人民共和国车船税法实施条例》，按照《山东省实施〈中华人民共和国车船税法〉办法》确定的具体适用税额征收。

烟叶税

《中华人民共和国烟叶税暂行条例》于2006年4月28日颁布施行，烟叶税开始征收，税率为20%。有权收购烟叶的烟草公司或者受其委托收购烟叶的单位，按照烟叶收购金额和20%的税率计算缴纳烟叶税。收购金额包括支付给烟叶销售者的烟叶收购价款和价外补贴。为简化手续、方便征收，对价外补贴统一暂按烟叶收购价款的10%计入收购金额征税。

耕地占用税

2008年1月1日，《中华人民共和国耕地占用税暂行条例》施行，占用耕地或者从事非农业建设的单位或个人为耕地占用税的纳税人，以纳税人实际占用的耕地面积作为计税依据，按规定的适用税额一次性征收。2008年2月26日《中华人民共和国耕地占用税暂行条例实施细则》颁布施行。2008年6月13日，《山东省人民政府关于贯彻执行〈中华人民共和国耕地占用税暂行条例〉有关问题的通知》规定，潍坊市耕地占用税适用税额为每平方米23元。2011年3月1日起，耕地占用税从由财政部门征收改为由地方税务部门负责征收。

契税

1997年10月1日，《中华人民共和国契税暂行条例》施行，规定税率为3%~5%。《中华人民共和国契税暂行条例细则》亦于1997年10月1日起施行。1998年6月11日，省政府出台《山东省契税征收规定》，确定山东省契税统一执行3%的税率。2010年9月29日，财政部、国家税务总局、住房和城乡建设部《关于调整房地产交易环节契税个人所得税优惠政策的通知》规定：对个人购买普通住房，且该住房属于家庭（成员范围包括购房人、配偶以及未成年子女，下同）唯一住房的，减半征收契税。对个人购买90平方米及以下普通住房，且该住房属于家庭唯一住房的，减按1%税率征收契税。从2011年3月1日起，契税从由财政部门征收改为由地方税务部门负责征收。

屠宰税

1994年1月1日，《山东省屠宰税征收办法》施行。屠宰税的税额为：生猪每头10元，牛、马、驴、骡每头（匹）20元，羊每只2元。2002年山东省实施农村税费改革试点，按照财政部、国家税务总局《关于农村税费改革试点地区取消屠宰税的通知》和山东省人民政府有关规定，自2002年6月18日起，潍坊市范围内取消屠宰税。

固定资产投资方向调节税

《中华人民共和国固定资产投资方向调节税暂行条例》自1991年开始施行。使用各种资金进行固定资产投资的各级政府、机关团体、部队、国有企业事业单位、集体企业事业单位、私营企业、个体工商户及其他单位和个人，都需要缴纳固定资产投资方向调节税。固定资产投资方向调节税实行差别比例税率，分为0%、5%、10%、15%、30%五个档次。根据财政部、国家税务总局、国家发展计划委员会《关于暂停征收固定资产投资方向调节税的通知》，潍坊市对固定资产投资方向调节税应纳项目自2000年1月1日起新发生的投资额，暂停征收固定资产投资方向调节税；对纳税人在2000年1月1日前实际完成的投资额，依照规定的税率，进行固定资产投资方向调节税应纳税款的结算，并多退少补。

教育费附加

教育费附加对缴纳增值税、消费税、营业税的单位和个人（除缴纳农村教育事业费附加的单位外）征收。对海关进口产品征收的增值税、消费税，不征收教育费附加。自2010年12月1日起，对外商投资企业、外国企业及外籍个人开始征收教育费附加。按照1994年2月7日《国务院关于教育费附加征收问题的紧急通知》的规定，教育费附加征收比率为3%。山东省规定，对农村免征增值税、消费税、营业税的乡村企业、联合体企业、私营企业和个体工商户应按照缴纳人的销售收入依4‰的附加率计算征收教育费附加。

地方教育附加

根据《中华人民共和国教育法》的有关规定及《财政部关于同意山东省征收地方教育附加的批复》，省政府确定，从2005年1月1日起，在全省范围内征收地方教育附加。凡在山东省行政区域内缴纳增值税、营业税、消费税（简称“三税”）的单位和个人，按实际缴纳“三税”税额的1%缴纳地方教育附加。《山东省人民政府关于调整地方教育附加征收范围和标准有关问题的通知》明确，自2010年12月1日起，山东省地方教育附加征收标准统一为单位和个人（包括外商投资企业、外国企业及外籍个人）实际缴纳的增值税、营业税和消费税税额的2%。

文化事业建设费

1997年7月，财政部、国家税务总局印发《文化事业建设费征收管理暂行办法》，规范全国文化事业建设费的征收管理，自1997纳税年度起施行。依照《中华人民共和国营业税暂行条例》的规定缴纳娱乐业、广告业营业税的单位和个人，为文化事业建设费的缴纳义务人。文化事业建设费按缴费人应当缴纳娱乐业、广告业营业税的营业额和规定的费率计算应缴费额，费率为3%。

地方水利建设基金

2011年6月16日，省政府印发《山东省地方水利建设基金筹集和使用管理办法》，规定征收地方水利建设基金，由地税部门负责代收，自2011年8月1日起实施。山东省行政区域内缴纳增值税、消费税、营业税“三税”的企事业单位和个体经营者，以增值税、消费税、营业税为计征依据，按实际缴纳“三税”税额的1%征收。

残疾人就业保障金

2004年7月8日，省残疾人联合会、省地税局、省财政厅、中国人民银行济南分行联合印发《山东省残疾人就业保障金征收管理办法》，规定自2004年1月1日起，山东省残疾人就业保障金由地方税务机关代收。安排残疾人就业达不到规定比例（不低于本单位在职职工人数1.5%）的单位，按差额人数每年以当地人民政府统计部门公布的上年度职工年平均工资计算缴纳保障金。

第三节　税收征管

1994年7月潍坊市地税机构成立后，全市地税系统根据地方税种多、税源分散、易漏难管的特点，全力抓好征管工作。集中开展地方税税源调查，健全税务登记、纳税申报、税款征收、资料入档等制度，搞好地方税收基础建设，走上规范化轨道。加强重点税源管理，对酿酒、盐业、卷烟、纯碱等重点行业、重点税种和年纳税额在50万元以上的重点企业，实行分行业控管和延伸一级控管的办法。探索零散税源征管办法，潍城区局实行“准许支付通知单”制度，诸城市地税局实行发放个人所得税代扣代缴证书的办法，安丘市实行由村委会代征屠宰税，屠宰税税源控管率由4.7%提高到85%，山东省地税局予以推广。

1995年，市地税局被省地税局确定为探索“城市征管现代化”“农村征管社会化”征管改革试点单位。在城市征管现代化方面，按照申报、代理、稽查“三位一体”与现代化手段相结合的征管模式，在全市初步建立起征收服务厅，开展纳税申报、税款征收等征收管理工作，有70%的税款通过征收服务厅征收入库，全市按期申报率达到95%以上，形成征收微机化、工作规范化、服务系列化的局面。青州、坊子、潍城3个税务代理试点单位，设立税务师事务代理机构，开展代理业务。在乡村征管社会化方面，依靠社会力量抓好源泉控管，扩大代扣代缴领域。诸城市地税局与计委联合对固定资产投资方向调节税实行“预下投资计划通知单”办法，青州市、坊子区由交通局、农机公司代征个体交通运输营业税，临朐由公安、交警代征车船使用税，形成较为完善的代扣代缴体系。

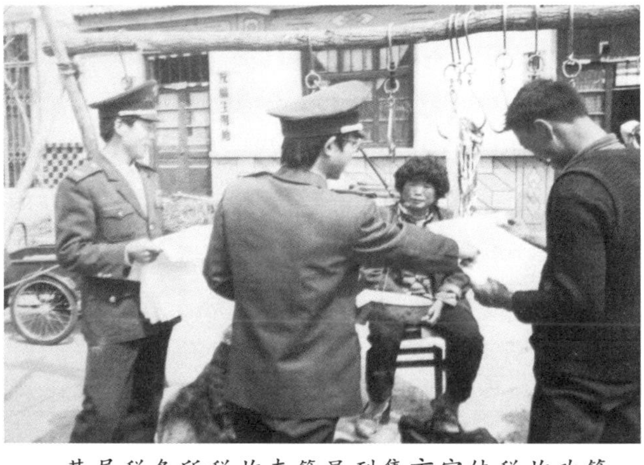

基层税务所税收专管员到集市宣传税收政策
（1995年拍摄）

1996年，按照“以纳税申报和优化服务为基础，以计算机网络为依托，集中征收，重点稽查”的目标模式，完善“地税征管、计会综合管理系统”软件，县以上征管单位实现集中征收，征收服务厅功能扩大，在税务登记、出售发票、受理申报、税款征收、税务咨询等方面，形成“一条龙”征管服务机制。扩大充实稽查队伍，使之与集中征收相配套，实现征管模式的转换。在乡村，总结推广加强源泉控管的成功经验，完善委托代征税款和代扣代缴税款的管理办法，使乡村征管社会化逐步走上规范、法制的轨道。推广临朐县加强拖拉机、摩托车车船使用税的控管办法，收到显著成效。

1997年，巩固和强化办税服务厅功能、推进税收电子化进程，实现征管机制的转换，逐步形成新的征管运行机制。建立健全纳税人自行申报制度，城区纳税业户全部实行集中征收，县以上单位大部分实行税银办税一体化。是年底，市、县两级地税部门局域网建设全部完成，与省地税局实现联网。完善以代扣代缴为主的社会化管理体系，对一些小税种的征管办法进行改革，进一步完善委托代征和代扣代缴的管理办法，建立健全县、乡、村三级社会化管理网络和协税护税组织。改革个体税收征管办法，走建账建制和定额征收的路子，在全市实行ABC分类分级管理法。

1998—1999年，市地税局推行涉外税收审核评税，强化涉外税收监控，受到国家税务总局领导肯定，在全国涉外税收工作会议上作典型经验介绍。在昌乐县试行生猪产售管理卡、购销卡“两卡”管理屠宰税征管法，规范税收执法，减轻农民负担。在青州市试行“建账为主，核定保障，稽查跟踪”私营经济三结合民主公开办税征管法，得到国家税务总局、省地税局领导好评，并在1999年全国所得税管理工作会议上交流经验。在安丘市试行调查、核定、公开相结合的农村机动车辆税收规范征管法，控制税收流失，维护了群众利益和社会稳定。试行企业办税员制度，加强对企业办税人员的管理及业务培训，提高企业依法办税能力。开始探索实行纳税信用等级、推行企业分类分级管理，促进纳税人自愿遵从、依法纳税意识与素质的提高。

2000—2002年，探索推行个人所得税“一代三报”税收征管实施办法，即对个人所得税实行以代扣代缴为主，个人申报、单位监报、社会举报相结合的征管方式。施行纳税信誉等级管理，根据业户纳税意识、业务管理水平、纳税申报质量、税款入库情况、社会信誉以及办税人员素质等因素将业户划分为A、B、C纳税信誉三个等级，对不同等级的纳税人实施不同管理方式。2002年10月12日，中央电视台《焦点访谈》以《诚信纳税树信誉》为题予以报道。

2003年，市政府印发《关于加强地方税收源泉管理增加地方财政收入的实施意见》，全市建立起“政府领导、地税主管、部门配合、司法保障、社会参与”的网络体系。加强发票管理，市地税局与市财政局联合制定《潍坊市地税发票有奖管理暂行办法》，推行地税发票刮奖、摇奖、举报奖励“三奖”管理，提高以票控税质效。推进涉外税收审核评税与税务审计嫁接整合，制定《涉外税收评审管理规程》，建立以“纳税辅导、征期审评、跟踪管理、审计监督”为主要内容的涉外税收评审机制，得到国家税务总局肯定，在全国涉外税收经验交流会议上进行交流。

2004年，潍坊市地税局探索实行重点税源专业化、一般税源精细化、零散税源规范化“三化”管理。推行重点税源分类分级监控管理模式，实行市局、县局、基层分局三级监控。在全市推行微机定税，分析测算典型业户，分别确定行业定税参数，“双定”业户计算机定税面达84.85%。加强以票控税，2004年销售新版数码防伪发票、有奖发票分别比上年增长107.8%和92.6%，带动餐饮业、旅游服务业等相关税收比上年增长50%以上。2005年，探索推行税源税基双监控企业所得税管理办法，“以亩定产、以产定销、以销定税”“就滩监控、准运票控”和“加强稽查”（简称“三定两控一稽查”）盐资源税控管办法，重点税源专业化管理，国际税收反避税，农村机动车辆税收征管，稽查与征管互动等，有效加强税收征管，增加税收收入。研究制定《潍坊市地税系统社会综合治税信息业务处理流程（试行）》，发挥社会综合治税软件的支撑作用，规范信息的采集、分析、传递和处理（反馈），促进税收收入增长。2006年，借鉴流程再造、风险管理、绩效考核等先进管理理念，研发运行潍坊地税税源一体化管理信息系统，将税源管理各个岗位固化在各个流程上，以信息流带动工作流，形成税源一体化管理模式，有效解决税源管理信息不对称问题，实现对税源的实时监控和风险预警。制定实施企业税收核定征收工作规范，依法适当扩展核定征收的范围和税种，简并文书、简易申报、简并征期，研发运行企业核定征收管理信息系统，实现了信息化支撑。建立健全重点税源市局、县局、基层分局三级监控管理模式，分类建档调度，实施跟踪监控。加强房地产税收一体化管理。市政府印发《关于进一步加强房地产税收管理的通知》，采集房管等10个部门、62类房地产税收管理信息，落实“先税后证”、集中征收。2007年，探索加强集约式专业化税收数据管理，由传统的“手工管税”向“数据管税”迈进。在市、县两级地税局分别建立数据管理中心并配备56名专职数据管理人员，在基层分局设立96个专职数据管理岗和102个兼职数据管理岗，建设数据管理专业化团队，集中运用专业手段对税收数据进行监测、考核、分析和处理。2008年，依托省级“大集中”和潍坊地税税源一体化管理信息系统，大力推进信息化支撑下的重大建设项目税收征管，全面提升重点税源控管质效。

2009年，市地税局制定实施《关于推行大企业层级型间接式税源管理新模式的实施意见》，开发运行潍坊地税层级型间接式税源风险管理系统，实施税源分权专业化管理与风险分级信息化预警，提升税源管理质效。2010—2011年，在全国税务系统率先试点研发运行潍坊地税“E票通”发票管理服务平台，纳税人登陆互联网，即可实现地税发票的申领、配送、开具、缴销、兑奖、验真、代开等全部发票业务，更加便利纳税人、解放收税人，纳税人发票领购成本降低40%左右，发票代开成本降低50%以上，机打发票实物缴销量减少70%左右，办税服务厅发票类业务量减少40%以上，更加便利纳税人和税源管理。

2012年，市政府办公室印发《关于实行地税发票先验真后入账的通知》，自2012年10月1日起，各单位在地税发票财务报销环节须先验真后入账，规范经济秩序，防控发票虚开、假发票入账等违法行为，强化数据管税，保护所得税税基。深入贯彻《山东省地方税收保障条例》，加强与财政、建设、国土等税收协助义务部门的协调配合，在相关涉税环节实行先税后证、先税后审（验）、依法代征，提高零散税源管控成效。探索建立跨境税收风险防控机制，加强跨境税源管理、政策判定、内部执法15项、37个税收风险点的防控管理，积极维护国家税收主权。

第四节　纳税服务

1990年，全国税收征管工作会议提出，要把税收征管过程看成是为纳税人服务的过程。1993年10月，全国税制改革工作会议将纳税服务理念逐步引入税收工作实践。1994年，潍坊市地税局成立后，随着征管方式从专管员上门收税逐步转变为纳税人上门缴税，地税部门在税务登记、申报征收、发票领购等业务领域开展纳税服务探索。

1996年8月，潍坊市以区县地方税务局（分局）为单位，开始在交通便利、纳税人较为集中的地方建立办税服务厅（室），有条件的农村在税务所内建立办税服务厅（室），以集中、公开的形式为纳税人提供税前、税中、税后的全方位纳税服务。

宣传税法　　　　（1996年拍摄）

2000年，山东地税“111”服务工程全面启动，集“111”服务热线、“111”服务车、“111”指挥中心为一体，在省、市、县三级地方税务局分别设立指挥（服务）中心，向全社会作出“一拨就通、一问就答、一叫就到”的承诺。潍坊市探索建立经济与税收良性互动机制，选取第三产业相对集中、区位优势明显、发展潜力较大的部分商贸街（市场），建立“地税经济走廊（园区）”14条（个），推行优质服务、规范征管、招商引资、增加利税，走出一条加强地方税源建设、服务经济发展的新路子。

2001—2003年，市地税局组织实施“兴市富民地税工程”，在培植涵养税源、促进国有企业改革、支持下岗职工再就业、扶持个体私营经济发展上做文章，实践“地税中间业务”，努力为企业发展提供“知识服务”，大力服务经济，积极奉献社会。支持再就业工程，分期分批对下岗自谋职业人员进行税收知识和优惠政策培训，在各级办税服务厅设立“下岗职工办税窗口”，开设办税绿色通道，简化手续。地税人员与下岗失业人员签订再就业服务协议，与下岗失业人员结成联帮对子，进行优惠政策落实等方面的帮扶。

2004年7月，山东省批准成立市、县（市）两级纳税服务机构，并相应增加人员编制，明确纳税服务机构设置方式、职能设置、人员选配等工作。潍坊市地税局和8个县（市）地税部门均设立纳税服务中心。开发建成功能齐全、实用性强潍坊地税纳税服务网，包括8大基本功能模块、6大特设功能模块、13个动态模块，为纳税人提供便捷的政策宣传、查询、咨询、维权等方面的服务。10月，潍坊市地税局印发《关于深入开展需求型人性化纳税服务的实施意见》，提出并实践需求型人性化纳税服务理念，运用逆向思维，以纳税人合理合法的需求为导向，在纳税人依法履行纳税义务和行使纳税权利的过程中，为纳税人提供规范、便利、经济的人性化服务措施。受到国家税务总局领导的肯定。市地税局人性化服务理念被《学习时报》、新华社《国内动态清样》、国家税务总局《税收经济调研》、省政府调查研究室《决策参考》刊发推介，山东省地税局在全系统推广。

2006年，市地税局研发上线运行综合性、多功能的专业型纳税呼叫服务平台，利用现代信息技术支撑，整合多种服务手段，开发新的服务功能，推进纳税服务的信息化支撑，更加便捷高效地响应纳税人的服务需求，实现与纳税人的交流互动和实时服务，更加规范纳税服务管理，更加便利纳税人，被评为山东省计算机应用优秀成果一等奖。探索建立纳税服务满意度测评机制，建立健全指标体系，分别在国家税务总局组织的新时期纳税服务理论与实践研讨会和全省纳税服务暨社会综合治税现场会上作典型发言，2007年在全国纳税服务会议上作演示汇报。2009年，集成利用现代网络化信息技术，建设完善集网上办税服务、网上呼叫服务、网上查询服务“三位一体”的网上服务平台，努力打造“网上税务局”。试点开发并上线试运行网络3D办税服务厅及“办税导航虚拟操作系统”，有效消除纳税人网上办税应用障碍，更加便利纳税人。在2009年9月全国办税服务工作座谈会上作典型交流，山东省地税局在全省地税系统推广应用。新华社《国内动态清样》《中国税务报》《大众日报》给予肯定推介。第二届中国国际电子商务政务应用信息博览会给予展示和推介。

2010年，潍坊地税系统建设纳税人网上税校，向全市纳税人提供学员注册、课程预告、选课报名、需求调查、课程评价、课件下载、电子签到、交流互动8项培训辅助服务，根据纳税人培训需求开展面对面、互动式培训，提高纳税人培训工作针对性和实效性。市地税局印发《潍坊地税纳税服务场所整合建设指导要点》，推进纳税服务中心和办税服务厅人员、场所等现有资源的有效整合，逐步实现纳税服务场所的集约化，推进前台受理、内部流转、限时办结、统一出件的“一站式”服务。至2010年底，全市地税系统共建设整合办税服务厅57个，配备工作人员391名。

2011年，市地税局印发《关于进一步升级理念优化功能切实做强做好办税服务厅建设工作的指导意见》，科学布局办税服务厅功能区域，合理设置办税窗口，规范岗位工作流程，明确办税服务职能，加强前后台业务衔接，推行“一站式”服务，为纳税人营造理念先进、服务便捷、功能齐全、信息化高度支撑的纳税服务环境。研发试运行潍坊地税办税服务厅智能管理系统，有效实现从排队取号、窗口分配、自动叫号、服务时间、业务数量、满意度评价等办税服务全过程的自动控制管理和录音录像存储，实行纳税资料提前预审、智能分析预警、绩效量化考核。探索开展涉税审核审批事项电子化办理，避免纳税人重复报送资料，更好地便利纳税人。试点大厅业务办理效率比系统运行前提高60%左右，纳税人平均等候时间由原先的20分钟左右降低到10分钟左右。纳税人对涉税业务受理情况自主评价满意度达99.98%。2012年7月，在全省纳税服务工作会议上作典型发言。

第五节　税务稽查

1994年8月，潍坊市地方税务局稽查分局成立。同月，市县两级地税局组织进行个人所得税检查。9月，在全市开展固定资产投资方向调节税专项检查。1995年12月，国家税务总局印发《税务稽查工作规程》，自1996年1月起正式实施。潍坊市各级税务稽查机构普遍建立选案、检查、审理、执行“四分离”的检查机制。年内开展宾馆、饭店、饮食、娱乐、建筑装饰、特殊行业个人所得税等专项稽查，开展营业税普通发票检查，在参加税收、财务、物价大检查过程中，重点对个人所得税、资源税、印花税、土地使用税等税种进行检查。1996年，随着推行以纳税申报和优化服务为基础，以计算机网络为依托，集中征收，重点稽查的税收征管新模式，以“建立人机结合的稽查体系”为主要改革目标之一，建立分类稽查制度和科学的稽查规程。开展金融、保险、旅游、租赁业和农村合作基金会等重点行业专项检查，开展工资薪金所得、劳务报酬所得、偶然所得以及高收入行业个人所得税专项检查，共查处偷抗税案件283起，其中立案41起，全市查补税款5310万元。

1997年9月，省地税局对省级以下税务稽查机构的执法主体资格问题给予明确：省、市（地）、县市区三级地税局设立的税务稽查局（分局），具有独立执法主体资格。1998年4月，潍坊市在县以上税务机关稽查局设立税务违法案件举报中心。5月，省地税局明确县级以上（含县级）税务机关所属税务稽查机构具有税务稽查管理和税务稽查执法双重职责。1998年底，潍坊市、县两级稽查机构统一更名为“稽查局”，各级政府以公告形式向社会公布地税稽查机构的执法主体资格。市、县两级稽查局定为同级局副局级，具有独立执法地位、实体型的税务稽查机构体系基本建立健全。

1999—2000年，潍坊市地税系统在全国税务系统探索实行“一家查账多家认账”税务检查新办法，对税收检查归口管理、计划控制、各税统查、信息共享，提高检查质量和效率，增加查补收入，降低税收成本，纠正和防止税务检查中的不正之风，减轻企业社会负担。国家税务总局领导批示予以学习推广。山东省纪委、山东省地税局分别发出通报要求学习借鉴。国家税务总局、山东省政府、山东省地税局和潍坊市领导分别批示肯定。国务院纠风办、省政府纠风办给予肯定和推广。新华社《国内动态清样》《人民日报》《中国税务报》等宣传报道。

2001—2002年，潍坊地税系统依据企业纳税信誉等级开展分类稽查，突出执法与服务并重的原则，体现提高检查质效、降低检查成本、防范检查风险的科学稽查理念。2004年，实施稽查人员需求型个性化教育培训，本着“缺什么、补什么，急需什么、培训什么”的原则，加强查账技巧、稽查实务和计算机操作与维护方面的专业知识培训，提升稽查人员素质和水平。

2005年，潍坊地税系统探索推进“两手抓三步走”执法服务：一手抓执法、一手抓服务，将整个稽查工作划分为预告、检查、回访三个步骤，创新稽查特色服务，实施查前提醒服务、查中温情服务、查后跟踪服务，将服务理念贯彻于稽查工作的全过程。5月，山东省地税局确定潍坊为稽查与征管互动试点单位，选择稽查与征管基础较好的奎文、寿光为试点单位。2006年，探索税收风险指标管理，对重点企业实施重点稽查。对同行业之间、同税种之间、同规模之间进行数据实时横向对比、本期与上期数据之间、历史同期数据之间进行数据纵向对比。设置无风险、基本无风险、轻度风险、中度风险、高度风险五级风险区间，对高度风险企业实施重点检查。

2008年开始，潍坊地方税收检查实行查前预告、查前辅导，实施稽查前将检查项目、内容、范围和相关法规政策告知纳税人，减少因非故意而被罚造成的损失。实行税务稽查访谈制，对在税务稽查中发现的存在问题的纳税人，定期选择被查对象进行回访，检查纳税人的整改情况，指导督促企业调整账簿，完善财务制度，提高自觉纳税意识，得到纳税人及社会各界的拥护和高度评价。

2011年，潍坊地税系统组成检查组，对国家税务总局、山东省地税局列入的9家重点发票检查企业和山东省地税局3家重点督办企业进行集中检查，对重点行业企业特别是各单位纳税前100名的大企业进行逐户辅导。全市检查企业249家，查补金额12490万元。2012年，市地税局结合发票整治，制定专项检查实施方案，做到“查账必查票”“查案必查票”“查税必查票”。全市检查企业147家，查补金额11761万元。

第十三编

经济综合管理

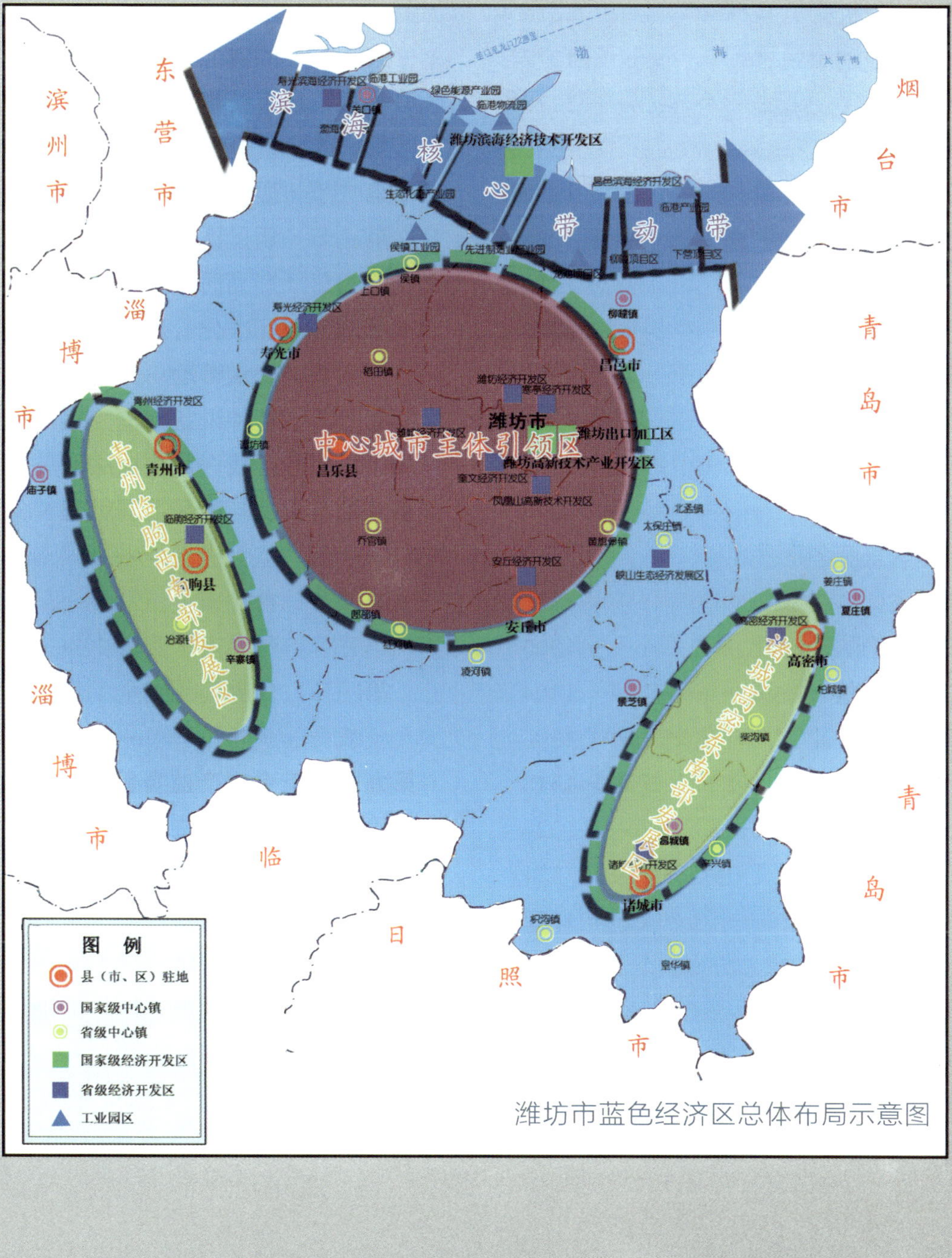

潍坊市蓝色经济区总体布局示意图

第一章　计划管理

1991年，潍坊市计划管理体制按照计划经济为主、市场调节为辅的原则，重点是分指标、分物资、批项目等实物形态管理。1991年后，潍坊市改变计划经济单纯定本子、下计划的做法，把重点放在提出经济发展战略思路和方向、进行市场分析和研究、制定政策和搞好协调平衡上。1994年，提出做好农业产业化、乡镇企业和小城镇建设“三篇文章”的发展思路，构建基地连农户、龙头带基地、市场牵龙头、产供销一体的产业化生产经营新格局。

1995年，全市计划管理基本确定以指导性计划为主的管理模式，计划指标由单纯经济指标到增加资源、环境指标，由注重“强市”指标到同时注重“富民”指标。“十五”时期，贯彻国家宏观调控政策，全市进一步完善计划体制改革，计划管理的重点是经济与社会综合协调发展指导性管理和市场配置资源的社会管理。1996—2002年，将产业结构调整作为经济结构战略性调整的中心，坚持强化农业基础地位，提高质量和效益；提升和优化工业经济结构，再造发展新优势；加快发展服务业，促进和带动整个产业结构优化升级。2003年，提出实施工业强市、扩大开放、民营经济、农业“三化”、城市化、科教兴潍六大战略。

2004—2011年，组织实施“一圈、两翼、三带”发展战略。“一圈”，主要以奎文、潍城、坊子、寒亭四个行政辖区范围，打造中心城市圈。“两翼”，是以高密和诸城为主组成的东南部经济区，以青州、临朐为主组成的西南部经济区。“三带”，即三个经济区带。从有利于发挥区域优势、形成区域特色、保持经济功能区的相对完整性出发，按照自然地理条件和经济社会发展要求，将市域经济区划分为中部胶济经济带、北部沿海经济带和南部山区经济带。2012年，实施创新潍坊、文化潍坊、生态潍坊、幸福潍坊“四个潍坊”发展战略。

第一节　管理机构

潍坊市发展和改革委员会的前身是潍坊市计划委员会。1996年市级机构改革后，潍坊市计划委员会内设办公室、政工科、长期规划与研究科、国民经济综合科、固定资产投资科、农村经济科、工业交通科、国外资金利用与对外经济科、科技与社会事业科、国土与地区科、财政金融与商品流通科（挂农业生产资料办公室牌子）、金属回收办公室（正科级事业单位）12个科室。

2001年8月，市级机构改革后，潍坊市计划委员会更名为潍坊市发展计划委员会，内设办公室、组织人事科、发展规划科（挂市国防动员委员会国民经济动员办公室牌子）、国民经济综合科、固定资产投资科、经济贸易与国外资金利用科（挂农业生产资料办公室牌子）、地区经济发展科、农村经济发展科、工业与基础产业发展科（挂市稀土办公室牌子）、科技与社会事业发展科、机关服务中心（正科级事业单位）。金属回收办公室整建制移交潍坊市经济贸易委员会。

2005年2月，成立潍坊市国防动员委员会国民经济动员办公室，正科级规格，行政编制。2005年市级机构改革后，潍坊市发展计划委员会更名为潍坊市发展和改革委员会（简称市发改委），内设办公室、组织人事科、发展规划科（挂市服务业管理办公室牌子）、国民经济综合科、经济体制综合改革科、固定资产投资科、经济贸易与国外资金利用科（挂市农业生产资料办公室牌子）、地区经济科、农村经济科、工业科（挂市稀土办公室牌子）、能源交通科、科技与社会事业科、经济合作科、对口支援科（挂市援藏办公室、三峡工程库区移民安置办公室牌子）、市国防动员委员会国民经济动员办公室15个科室。年内，原市水利基金管理处更名为市对口支援和经济合作办公室。市计委机关服务中心撤销。

2007年，成立市发改委党委，按照有关规定管理市粮食局党委、市物价党总支；单独设立市服务业办公室，副县级事业单位，编制15名，发展规划科不再加挂市服务业办公室牌子。2008年，撤销市对口支援和经济合作办公室、对口支援科、经济合作科，成立市区域经济发展合作办公室，增设高新技术产业科。2010年，成立市“三区”推进协调小组办公室（挂油区工作办公室牌子），承担蓝色经济区、高端产业聚集区和黄河三角洲高效生态经济区推进协调的职责，正县级事业单位，编制35名。

至2012年末，市发改委机关有办公室、组织人事科、发展规划科、国民经济综合科、经济体制综合改革科、固定资产投资科、经济贸易与国外资金利用科（挂市农业生产资料办公室牌子）、地区经济科、农村经济科、工业科（挂市稀土办公室牌子）、能源交通科、社会事业科、高新技术产业科、市国防动员委员会国民经济动员办公室14个科室。下属市重大项目办、市服务业办、市蓝色经济和高端产业聚集区协调推进小组办公室3个事业单位。

潍坊市重大项目办公室

1994年6月，潍坊市重大项目办公室成立，为市计划委员会所属正县级事业单位，主要负责全市重大投资项目的规划、管理、筹资和协调服务。1997年1月，市政府办公室印发《潍坊市人民政府重大项目办公室职能配置、内部机构和人员编制方案》，核定事业编制19人。2009年，市政府批准成立潍坊市铁路建设领导小组，领导小组下设办公室，与市政府重大项目办合署办公，挂“潍坊市铁路建设管理办公室”牌子。至2012年末，市重大项目办公室（市铁路建设管理办公室）内设综合科、项目一科、项目二科、铁路管理科4个科室，人员编制19名。

第二节　五年计划

1991—2012年，全市先后经历第八、第九、第十、第十一、第十二个五年计划（简称“八五”“九五”“十五”“十一五”“十二五”）时期，编制和执行5次中长期计划（规划）。

“八五”计划和十年规划

1989年，市计委提出“八五”（1991—1995年）计划基本思路纲要，1990年编制“八五”计划初稿。1991年，市十一届人大四次会议审议批准《潍坊市国民经济和社会发展“八五”计划和十年规划纲要》。

主要目标　到1995年，全市国民生产总值达到206亿元，国民收入163亿元，工农业总产值达到460亿元，其中工业总产值366亿元，社会商品零售总额90亿元，出口商品收购总值32亿元，财政收入15.8亿元。

完成情况　“八五”期间，全市坚持以经济建设为中心，深化改革，扩大开放，国民经济和社会事业得到长足发展，整个社会面貌发生深刻变化，于1992年提前8年实现人均国内生产总值比1980年翻两番的战略任务。（1）综合实力。1995年，全市国民生产总值530亿元（此数据为当年数据，1999年统计部门对历史数据进行了修订，下同），“八五”期间年均增长18.9%。工农业综合生产能力显著提高，有效供给持续增长，经济发展的主要指标完成或超额完成“八五”计划。1995年，全市农业增加值125亿元，“八五”期间年均增长9.4%；第二产业增加值242亿元，年均增长24%；第三产业增加值163亿元，年均增长20%；财政总收入29.7亿元，年均增长23%。经济结构不断改善，重大比例关系趋向协调。三次产业的比例由“七五”末的32.7∶39.5∶27.8转变为23.1∶46.1∶30.8，各产业内部比例关系也逐步趋于合理，经济结构开始向新的层次演进。（2）对外开放。1995年，全市自营出口创汇2.4亿美元，“三资”企业出口创汇4.4亿美元。“八五”期间实际利用外资累计12.4亿美元，相当于1990年以前全部实际利用外资总和的7.3倍。（3）基础产业和基础设施。“八五”期间，全社会固定资产投资累计完成390亿元，其中基础产业和基础设施建设投资92亿元。建成潍坊电厂、潍坊纯碱厂、寒亭盐场、潍坊机场扩建工程、峡山供水、城区煤气等一批大中型基础产业和基础设施项目，新增发电装机容量60万千瓦、水泥125万吨、氯化聚乙烯1.5万吨、纯碱80万吨、原盐50万吨、化纤2.8万吨，主要原材料生产能力都有较大幅度增长。（4）社会事业。到1995年底，全市拥有各类科研机构390多个，专业技术人员24万人。科技进步对经济增长的贡献率达到40%左右。多层次、多渠道、多形式办学得到较大发展，全市普及九年制义务教育的人口覆盖面达到90%以上，普通高、中等教育快速发展，全市普通高校在校生7000人，普通中等专业学校在校生2.5万人。“八五”期间，全市已经解决温饱问题，部分地区达到小康水平。1995年，农民人均纯收入2270元，比1990年增加1506元；城镇居民人均生活费收入4358元，比1990年增加2876元。

“九五”计划和2010年远景目标纲要

1994年，潍坊市“九五”（1996—2000年）计划和2010年远景目标规划编制工作启动，1995年形成初稿。1996年，市十二届人大四次会议审议批准《潍坊市国民经济和社会发展“九五”计划和2010年远景目标纲要》。

主要目标　到2000年，全市国民生产总值达到1200亿元，年均增长12%；一、二、三产业增加值分别达到180亿元、540亿元和480亿元，年均增长5%、13%和15%；人均国民生产总值1.4万元，年均增长18%；开放型经济在更高层次上实现新的突破，“九五”期间，累计利用外资20亿美元以上，自营出口创汇20亿美元以上。三次产业比例调整为15∶45∶40，劳动力就业结构比例调整为40∶30∶30，城镇化水平达到40%以上；科技进步对经济增长的贡献率达到50%。1996年基本普及九年制义务教育，2000年城区和经济发达的城镇普及高中阶段教育；人口自然增长率控制在6‰以下，城镇居民人均生活费收入9000元，农民人均纯收入5500元。财政总收入70亿元，年均增长18%。

到2010年的远景目标是：国民生产总值达到3500亿元，人均国民生产总值达到3.82万元，三次产业比例调整为10∶45∶45，科技进步对经济增长的贡献率达到60%以上，城镇化水平达到55%左右，城乡现代化的生活格局基本形成。城镇人均居住面积达到15平方米，多层的现代教育体系基本形成，大专以上学历人口比重达到4%

左右。

完成情况　“九五”期间，潍坊市经济保持快速发展。（1）综合实力。2000年，全市实现地区生产总值（简称“GDP”）697.2亿元，其中一、二、三产业增加值分别达到145.8亿元、329.5亿元和222.0亿元，三次产业的比例调整为20.9∶47.3∶31.8。轻重工业协调发展，形成以机械、电子、纺织、轻工、化工、医药、建材和建筑业为支柱的产业群，相继培植起一批技术含量高、带动能力强、有一定市场竞争力的主导产业、重点企业和名牌产品。全市完成财政总收入57.7亿元，按可比口径增长5.9%，其中地方预算内财政收入34.3亿元，增长12.6%。（2）对外开放。2000年，全市出口总额完成9.94亿美元，其中自营出口创汇5.52亿美元，“三资”企业出口创汇4.42亿美元，实际利用外资1.42亿美元，累计实际利用外资26.2亿美元。（3）社会事业。2000年，科技进步对经济增长的贡献率达到48%，潍坊市两度被国家授予“科教兴市先进市”称号。九年制义务教育全面普及，中等教育结构调整基本完成过渡，高等教育有新的进展，潍坊学院进入实质运营。普通高校在校生1万人，中等专业学校在校生12万人，分别比1995年年均增长7.8%和32%。计划生育工作成绩显著，人口自然增长率年均5‰左右。文化、卫生、体育、广播影视、新闻出版等也都取得新的成绩，市人民医院综合病房楼、市博物馆先后投入运营。（4）人民生活。城乡居民收入继续增加，人民生活水平普遍提高。2000年全市城镇居民人均可支配收入6307元，农民人均纯收入3437元。所有县市区全部通过“小康”验收。

“九五”时期潍坊市经济发展主要指标统计表

表13－1－1　　　　单位：亿元

指标 年份	地区生产总值	一产增加值	二产增加值	三产增加值
1996	490.14	123.02	221.80	145.32
1997	549.73	131.78	294.95	168.00
1998	596.81	141.00	267.00	188.81
1999	632.87	142.00	288.30	202.57
2000	697.23	145.80	329.46	221.97

“十五”计划

1999年，潍坊市启动“十五”（2001—2005年）计划编制工作，2000年形成初稿。2001年，市十三届人大四次会议审议批准《潍坊市国民经济和社会发展“十五”计划》。“十五”计划编制在内容安排、指标体系设计、规划手段和方法等方面进行创新。

主要目标　地区生产总值五年平均增长11%左右，“十五”末达到1200亿元，其中第一、二、三产业分别增长5%、12%和14%。产业结构比例调整为15∶45∶40。固定资产投资年均增长12%。地方财政收入年均增长12%。社会消费品零售额年均增长13%左右，物价涨幅控制在3%以下。城镇居民人均可支配收入和农民人均纯收入分别达到8500元和4600元，年均分别增长6%。城镇居民基本住上经济适用房，人均居住面积达到18平方米。农村居住条件进一步改善，耐用消费品普及率明显提高。全市人均期望寿命达到74岁。科技进步对经济增长的贡献率每年提高1个百分点，高新技术产业占国民经济的比重达到20%，县以上城区和有条件的城镇基本普及高中阶段教育，普通高校在校生达到1.5万人。建成一批与现代化建设和人民生活相适应的文化、体育、卫生等基础设施，交通、通信设施网络进一步完善，城镇化水平达到45%左右，完善农村初级卫生保健制度。人口自然增长率控制在5‰左右，总人口控制在870万以内；积极采取有效的就业指导措施，千方百计扩大就业，全市城镇登记失业率控制在4%以内。建立起较为完善的现代企业制度，非公有制经济继续发展壮大，占国内生产总值的比重达到60%以上。市场体系进一步完善，城镇社会保险覆盖率达到100%。经济外向度明显提高，基本实现与国际经贸制度的接轨。全市外贸进出口总额占GDP的比重达到20%，外贸出口中工业制成品的比重达到85%。利用外资占全社会固定资产投资的比重达到10%。

完成情况　“十五”时期是全市经济社会发展最快最好的时期之一，各项任务目标提前完成。（1）综合实力。2005年地区生产总值1460.7亿元，年均增长14.5%，人均GDP 17086元。财政总收入141.6亿元，其中地方财政收入70.7亿元，年均分别增长19.7%和15.6%。“十五”期间累计完成固定资产投资2939亿元，是“九五”时期的3.7倍，其中利用市外资金1963亿元。实施投资过亿元的项目390多个，总投资超过950亿元，完成一批重大产业项目，为经济持续快速发展积蓄强大后劲。“十五”末，规模以上工业企业数量、工业销售收入、增加值、实现利税及全社会固定资产投资、利用市外资金六项指标分别是“九五”末的3.3倍、4.1倍、3.7倍、3.9倍、5.8倍和7.7倍。产业竞争力增强，工业对经济增长和财政收入的贡献率显著提高，现代服务业、现代农业发展步伐明显加快。产业结构优化，二、三产业占地区生产总值的比重达到86.3%，比“九五”末提高7个百分点。（2）城市建设。城市规划、建设、管理水平不断提高，服务功能更加完善，辐射能力进一步增强。五年间，中心城市建设政府投入45亿元，比“九五”多40亿元，张面河、人民公园、北海路改造等一批城市基础设施工程相继竣工；建成区面积扩大50平方千米，人口增加30万人。各县市也建成一批各具特色的城市项目，城镇面貌明显改观。全市城市建成区绿化覆盖率35.3%。2005年，全市城市化水平达到45%。潍坊市先后获中国优秀旅游城市、国家环保模范城市称号和山东省适宜人居环境奖。（3）对外开放。2005年进出口总额39.4亿美元，其中出口29.5亿美元，年均分别增长23.5%和24.3%；五年累计实际利用外资35.4亿美元。（4）社会事业。科技进步对经济发展贡献能力不断提高，高新技术产业产值占规模以上工业产值的比重提高12.3个百分点。普及九年制义务教育成果更加巩固，普通高考本科录取率连续五年全省第一，全市高校在校生达到8万人。医疗卫生社会保障体系和服务体系建设进一步完善，新型农村合作医疗覆盖率达到65%，创建国家卫生城市通过省级验收。人口自然增长率控制在5.4‰以下。实现城镇就业再就业40万人，城镇登记失业率控制在3.5%以内。2005年城镇居民人均可支配收入10318元，农民人均纯收入5017元，年均分别增长10.3%和7.9%。

“十五”时期潍坊市经济发展主要指标统计表

表13－1－2　　单位：亿元

指标 年份	地区生产总值	一产增加值	二产增加值	三产增加值
2001	779.63	150.36	365.22	264.05
2002	866.99	152.55	415.42	299.02
2003	995.06	163.44	504.69	326.93
2004	1199.01	185.58	656.92	356.51
2005	1460.66	201.43	817.37	441.86

“十一五”规划

2004年，潍坊市启动“十一五”（2006—2010年）规划编制工作，形成“十一五”总体规划基本思路。2005年，形成初稿。2006年，市十四届人大四次会议审议批准《潍坊市国民经济和社会发展“十一五”规划纲要》。

主要目标 到2010年地区生产总值力争翻一番，年均增长14%以上，人均GDP达到4200美元左右；财政总收入300亿元，其中地方财政收入160亿元，年均分别增长16%和18%；一、二、三次产业结构调整为9∶56∶35；固定资产投资年均增长18%以上；社会消费品零售总额年均增长15%；物价涨幅控制在4%左右。城乡就业水平进一步提高，五年新增城镇就业55万人，转移农村劳动力50万人；城镇居民人均可支配收入达到1.66万元，年均增长10%；农民人均纯收入达到7000元，年均增长7%以上；城镇居民人均居住面积达到23平方米，农村居民人均居住面积达到30平方米；城市化水平达到50%。实现义务教育全部免除学杂费，基本普及高中阶段教育；公共卫生服务体系更加完善，新型农村合作医疗覆盖率达到90%；社会保障事业进一步加强；人均预期寿命达到75岁，人口自然增长率控制在6‰以下。五年累计实际利用外商直接投资（FDI）45亿美元以上，2010年进出口总额达到100亿美元。全市森林覆盖率达到28%；70%的水体达到水功能区划和水环境功能区划标准，90%的近岸海域水质达到国家一、二类标准，城市空气质量二级以上天数达330天以上。万元GDP能耗降低22%以上，污染物排放总量削减10%以上，工业用水重复利用率达到92%，工业固体废物综合利用率达到95%以上。到2010年，保有耕地面积1177万亩，其中粮田面积500万亩；新增城镇及工矿用地22万亩，新增交通用地5万亩。

完成情况 （1）综合实力。2010年，全市生产总值3134.5亿元，年均增长14.2%，人均GDP 34756元，年均增长13.5%。地方财政收入202.4亿元，年均增长23.4%。全社会固定资产投资2331亿元，年均增长23.6%。实现社会消费品零售总额1151.1亿元，年均增长18.5%。三次产业比例调整为10.5∶56.2∶33.3。农业现代化水平进一步提高，粮食连续八年增产，总产522.6万吨。制造业较快发展，规模以上工业企业完成增加值1958亿元、利税725.4亿元，年均分别增长18.6%、28.2%。服务业规模和质量逐步提升，实现增加值1041.5亿元，年均增长16.4%。滨海经济技术开发区升格为国家级经济技术开发区。潍坊市入选2009中国十大最具创新力城市，成功创建为国家园林城市和国家卫生城市，被评为全国科技进步先进市、全国知识产权示范城市，连续3年进入中国城市信息化50强。全市城镇化率达到51.6%，比“十五”末提高6.6个百分点。（2）改革开放。潍坊市被确定为全省唯一的综合配套改革试点市，关键环节和重点领域改革取得实质性进展。基本完成事业单位改革。金融改革实现新突破，组建全省第一家村镇银行，完成全省首家农村合作银行改组商业银行试点工作。积极推动扩权强镇改革，县级26个部门的6大类84项管理权限全部下放到镇级，区域重点镇建设步伐明显加快。文化体制改革实现突破，组建潍坊报业集团、广播影视集团和文化资产经营公司，5家文艺院团完成改制。医药卫生体制改革顺利推进，潍坊市被确定为公立医院改革国家联系试点城市。直接融资工作实现新突破，五年累计成功发行31亿元企业债券、17.4亿元中小企业集合票据，上市企业达29家、股票33支，五年从股市融资298.4亿元。全市进出口总额117.5亿美元，年均增长24.4%，实际利用外资五年累计33.9亿美元。（3）社会民生。教育事业健康发展，普通高考连续五年保持全省最好成绩，全市普通高校在校生14.9万人。医疗卫生水平不断提高，城市社区卫生服务覆盖率100%，新农合参合率99.89%。人口自然增长率控制在3‰以内。建立1个国家级、6个省级、32个市级文化产业示范基地。积极实施“文化惠民”工程，乡镇街道规范化综合文化站全部建成。农村社区体育设施覆盖率100%。五年城镇新增就业56.7万人，转移农村劳动力59.9万人，实现城镇“零就业家庭”动态消零。城镇居民人均可支配收入19675元，农民人均纯收入8872元，分别年均增长13.8%和12.1%。

“十一五”时期潍坊市经济发展主要指标统计表

表13－1－3　　单位：亿元

指标/年份	地区生产总值	一产增加值	二产增加值	三产增加值
2006	1720.88	211.81	1000.63	508.44
2007	2056.02	237.54	1194.67	623.81
2008	2475.60	281.70	1423.60	770.30
2009	2707.20	302.00	1526.10	879.10
2010	3134.50	330.50	1762.50	1041.50

“十二五”规划

2009年，潍坊市启动“十二五”（2011—2015年）规划编制工作，形成“十二五”总体规划基本思路。2010年，形成初稿。2011年，市十五届人大四次会议审议批准《潍坊市国民经济和社会发展“十二五”规划纲要》。

主要目标　经济保持平稳较快发展，经济总量不断扩大，地区生产总值年均增长12%，2015年达到6650亿元，人均占有水平明显提高，人均GDP达到73670元。产业转型升级取得实质性进展，传统产业得到改造提升，新兴产业快速发展，现代服务业规模膨胀，三次产业比例调整为7：51：42（第三产业比重力争达到45%）。自主创新能力增强，高新技术产业产值占比达到30%，经济增长的质量和效益明显提高。科学投入继续加强，消费需求明显扩大，社会消费品零售总额年均增长14%，2015年达到2220亿元。开放水平不断提高，进出口总额年均增长9%，2015年达到180亿美元。中心城区辐射带动能力进一步增强，县城和小城镇建设上水平，城镇化进程明显加快，全市城镇化率达到56%，社会主义新农村建设迈上新台阶。城乡发展差距缩小，县域经济特色化发展，综合实力显著提升。山东半岛蓝色经济区、黄河三角洲高效生态经济区“两区”建设成效明显，海洋主要产业产值达到2000亿元，年均增长20%以上，北部沿海开发形成产业规模较大、创新能力较强、生态环境良好、海陆统筹发展格局，滨海新城建设初具规模。教育现代化扎实推进，公共文化服务体系基本建成，城乡医疗卫生服务体系健全完善，社会保障水平显著提高。社会主义核心价值观深入人心，社会文明程度进一步提高，民主法治建设和社会管理不断加强，平安建设全面推进，社会保持和谐稳定。完成省下达的节能减排约束性目标，单位地区生产总值能耗大幅度下降，主要污染物排放总量减少，基本形成节约能源资源和保护生态环境的产业结构、增长方式和消费模式。主要河流水质达标，大部分近岸海域环境达到较清洁要求，森林覆盖率达到并稳定在35%以上，生态环境质量不断改善，展现生态潍坊、绿色潍坊新形象。公共财政预算收入年均增长15%，2015年达到460亿元。努力实现居民收入增长与经济发展同步，劳动报酬增长与劳动生产率提高同步，低收入者收入增加，中等收入群体持续扩大，群众拥有更多财产性收入，人民生活水平进一步提高。城镇登记失业率控制在4%以内，基本公共服务均等化加强，人民健康水平提高，人均期望寿命达到76岁。

完成情况　至2012年末，全市完成地区生产总值4074.6亿元，公共财政预算收入306.1亿元。粮食实现连续十年增产，总产552万吨。“中国食品谷”建设扎实推进。全市第二产业增加值2226亿元，规模以上工业主营业务收入10542亿元，成为全省第3个双过万亿的城市。高新技术产业产值占规模以上工业总产值的比重为27.3%，省级创新型企业达到20家、省级创新型试点企业达到21家。自主创新能力进一步提升。节能减排成效明显。制定出台服务业发展提速计划，确定10大重点产业，服务业实现增加值1458亿元，占GDP的比重提高1.8个百分点，为近年来最大增幅。全市固定资产投资完成3012.9亿元，投资对经济增长的贡献率达到59%。重大项目支撑有力，中海油石化盐化一体化项目具备开工条件，神华国华寿光电厂项目获批开展前期工作，福田汽车山东多功能汽车厂项目追加投资163亿元，潍坊港、潍日高速、城海轻轨等项目加快推进。实现社会消费品零售总额1551.6亿元。居民消费价格累计上涨1.7%。城建重点工程强力推进，顺利通过国家环保模范城市和国家卫生城市复核验收。县域综合经济实力进一步提升，县域生产总值占全市地区生产总值的比重达到85.6%，GDP过500亿元的县市2个，公共财政预算收入过20亿元的县市区6个。全市完成小城镇建设投资122亿元，新建农房6.4万户、改造农村危房8600户。“蓝黄”战略加快实施，滨海特色化工产业基地等11个特色园区初具规模，19个项目列入省“蓝黄”重点项目。制定出台支持滨海区加快发展的18条意见，海洋经济新区和中外合作产业园建设全面启动，滨海新城“一城四园”进展顺利。青潍合作进一步加强，援藏、援疆、扶贫协作重庆开县扎实推进。综合配套体制改革成效明显，小额贷款公司有45家，融资性担保公司有56家，均居全省前列。9家国有文艺院团完成转企改制。高密市被列为第三批全国发展改革试点市。潍坊市被教育部认定为国家职业教育创新发展试验区。医药卫生体制改革深入推进，在3185个村卫生室推行基本药物制度，启动8家市直公立医院和8所县级公立医院改革，潍坊市被评为2012全国医改最具影响力市。实现进出口总额149亿美元，其中出口110亿美元，总量居全省第3位。市政府承诺的10件民生实事全面完成，民生支出占公共财政预算支出的比重达到56.1%。城镇新增就业12.1万人，转移农村劳动力12.3万人。教育、卫生、文化、体育、人口和计划生育等工作不断加强，社会保障水平进一步提高。城镇居民人均可支配收入、农民人均纯收入分别达到2.58万元和1.18万元。

第三节　年度计划

年度计划是实现国民经济和社会发展中长期规划的具体执行计划，包括生产、分配、交换、消费等社会再生产各个方面和科学、教育、文化、卫生、体育等社会发展事业，具体内容根据各个时期国家和省提出的发展任务的不同而有所不同。1991—2012年，全市每年制定和下达年度计划。市历次人代会审议全市上一年国民经济和社会发展计划执行情况和当年计划（草案）的报告，并对此做出大会决议。年度计划的下达一般在当年的3月至5月。

随着社会主义市场经济的建立和逐步完善，对年度计划管理体系进行大幅度调整和改进，以指导性计划为主，根据不同时期经济热点、难点加强调节监控，同时实行目标管理。1991年，在年度计划中将地方化肥生产调拨与国家统配肥挂钩，纳入指令性计划，缓解地产碳氨均衡生产与季节性需求的矛盾，以经济手段保证生产供应的顺利进行。1995年，全市下达国民经济和社会发展综合计划、农村经济指导性计划、主要工业生产指标、第三产业增加值计划、固定资产投资计划、“农转非”和人口计划7个计划。1996年，年度计划的重点是制定经济社会发展综合计划，重点项目建设和少数必须由政府调控的如土地利用、人口管理等计划。1999年，面临买方市场全面出现和市场机制作用逐步强化的新形势，年度计划管理工作重点由过去的供给管理为主向需求管理为主，计划指标进一步转向指导性和预期性为主。

“十五”期间，市发改委汇总编制国民经济和社会发展中长期规划和年度计划，定期对年度计划执行情况进行检查分析，提出综合分析报告；每年市发改委向市人代会报告上一年度8大类16项左右重点指标完成情况和当年主要预期调控目标，提请人大代表审议。

2009年开始，每年只印发年度国民经济和社会发展计划报告和重点项目投资计划报告。

2012年，印发的国民经济和社会发展计划报告，提出地区生产总值、农业及新农村建设、工业、服务业、交通能源、自主创新、全社会固定资产投资、资源节约和环境保护、财政金融物价、外经外贸、社会事业、人民生活、安全生产、城镇化率、保障性住房和棚户区改造住房开工量、就业与社会保障16项重点指标。

第四节　专项规划

城市总体发展规划

1993年，同济大学和潍坊市规划设计研究院联合编制潍坊市城市总体规划，1995年，省政府以鲁政字〔1995〕119号文批复实施。2005年3月，同济大学启动潍坊市城市总体规划修编，规划期为2011—2020年，2006年4月完成规划成果，6月22日市人大第十四届21次会议审议通过，7月18日上报省政府，11月17日通过省政府的行政审查。2010年底，报省政府审批。

规划期潍坊城市建设的目标是：建设世界风筝都，扩大城市品牌效应。充分利用风筝这一独特的文化优势，将风筝品牌的塑造、产品的开发、文化的传播进行全方位、立体式的推广，成为拉动城市经济、活跃城市文化、提升城市品位的平台；建设生态园林城市，促进城市可持续发展。通过生态城市的规划建设，有力控制市域空间发展，有效改善中心城市面貌，提供舒适、优美的人居环境，保障安全的水源和集约的土地使用。

经济发展目标是：近期（2006—2010年），全市GDP年均增速达到11%，到2010年GDP总量达到2330亿元规模，全市三次产业比例为10∶58∶32。远期（2010—2020年），全市GDP年均增速为9%，到2020年达到5520亿元规模，全市三次产业比例为8∶52∶40。

社会发展目标是：在努力实现经济发展目标的同时，统筹发展其他各项事业，制定社会发展和基本实现现代化的发展目标，保障人民总体生活质量的提高。全面建设小康社会，努力构建和谐社会。

第三产业发展规划

2007年，市发改委牵头编制《潍坊市服务业发展规划（2008—2020）》。总的发展目标是，从2007年起，第三产业增加值年均增长速度约为15%（按2006年不变价算，下同），2012年增长目标为1176亿元，2020年为3627亿元，2020年第三产业产值比重和就业比重均达50%。到2020年，生产服务业能较好适应三次产业的需要，生活服务业满足居民消费需求，服务创新能力大为提高，公共服务业日益完善，公共服务水平达到全国发达地区水平。

2011年，市发改委牵头编制《潍坊市

“十二五”服务业发展规划》，提出“十二五”期间，把潍坊市建设成为立足山东半岛、服务山东全省、影响环渤海、面向国际的服务创新基地和特色鲜明的服务业强市。到2015年，中心城区（奎文、潍城、寒亭、坊子、高新区）率先形成以服务经济为主的产业格局，服务业增加值占GDP的比重要达到50%以上，服务业重点城区（青州、诸城、寿光、高密市）服务业增加值占GDP比重达到45%以上。全市服务业增加值达到2800亿元，占GDP比重达到42%，力争达到45%，服务业投资年均增长20%，占全社会固定资产投资的比重达到60%。服务业就业人数占全部从业人数的比重达到35%以上，服务业实现地税收入占全部地税收入的比重达到60%以上。

沿海地区开发规划

2011年1月，市发改委牵头编制的《潍坊市蓝色经济区发展规划》正式印发实施。规划的时间范围是2011—2020年，规划总体布局是“一带、一体、两翼、多点”。“一带”，即把北部沿海地区作为全市海洋产业和临港、涉海产业的隆起带和核心带动带；“一体”，即以中心城区和寿光、昌邑、安丘、昌乐、潍坊滨海五个“卫星城”组团形成的半小时经济圈，作为全市蓝色高端产业发展的引领主体；“两翼”，即以诸城—高密组团和青州—临朐组团为两翼；“多点”，即各县市区和重点园区围绕蓝色经济发展，发挥优势，整合资源，突出特色，全面向蓝色经济和高端产业转型，形成对蓝色经济区建设的多点支撑。规划到2020年，全市海洋经济持续壮大，海洋产业蓬勃发展，海洋生产总值占全市地区生产总值的比重逐年提高，成为全市经济发展的重要一极。战略性新兴产业加快发展，自主创新能力进一步增强，重点领域科技创新能力达到国内或世界先进水平，科技进步对经济增长的贡献率提高到70%以上。开放型经济水平大幅度提高，成为全省参与经济全球化发展的重要力量。生态环境进一步改善，各项指标超过国家生态市标准，全市城镇化率达到70%。海陆统筹发展的优势更加凸显，具有潍坊特色的蓝色经济体系基本建立，全市综合经济实力和竞争力在全省的位次明显前移，成为山东半岛蓝色经济区及环渤海地区最具活力、最具影响力的城市之一。

产业集群发展规划

2011年，市发改委与国家发展改革委产业经济与技术经济研究所合作编制《山东潍坊特色化工产业基地发展规划》，规划范围近期为海化集团厂区至潍坊森达美港之间区域，总面积20平方千米，中远期拓展到70平方千米，规划期2011—2020年，分2011—2015、2016—2020两期实施，把潍坊特色化工基地建设成为全省石化盐化一体化、高端化工产品和化工循环经济示范基地。

第五节　固定资产投资

1991—2012年，随着投融资改革深化、投资主体多元化和投资审批权限的下放，政府财政投资占全社会投资的比例越来越低，全市固定资产投资管理制度、管理形式、管理内容和工作重点发生深刻变化。市发改委逐步把工作重点由审批管理项目转向对重大项目的谋划、申报、争取和建设资金的筹集。至2012年，逐步形成投资主体多元化、投资方式多样化、项目建设市场化的新格局。

投资管理

在固定资产投资管理工作中，市发改委管理的主要是基本建设计划以及商品房建设计划，市经信委管理的主要是技术改造项目计划。1991年，潍坊市固定资产投资建设程序主要包括6个步骤：编报和审批项目建议书；进行可行性研究和项目评估；编报计划任务书；组织设计并作出概算，依据批准的初步设计和总概算文件列入年度建设计划；列入年度计划的建设项目编制施工预算，进行施工；进行竣工验收并作出竣工报告、工程决算。在建设项目中，投资超过100万元以上的需编制可行性研究报告，30万～100万元的项目可直接编制计划任务书。1999年，市计委明确，凡总投资500万元以上的基本建设项目，根据程序办理完前期手续后，在项目开工前必须办理开工报告手续后方可开工。

2004年，对投资体制进行改革。对企业不使用政府投资的建设项目，一律不再实行审批制，区别不同情况实行核准制和备案制；对政府投资项目，采用直接投资和资本金注入方式的，从投资决策角度只审批项目建议书和可行性研究报告，除特殊情况外不再审批开工报告，同时严格政府投资项目的初步设计、概算审批工作；采用投资补助、转贷和贷款贴息方式的，只审批资金申请报告。

2007年始，市发改委每年编制一次市重点项目计划，选择一批项目作为年度市级重点项目，进行重点统筹、调度。对市级以上政府批准、市（含所属县、市、区）投资或参与投资、总投资1000万元以上的基础设施、支柱产业、重点企业集团、高科技项目、社会发展中的标志性工程等重大项目，每年由各县市区、行业主管部门及项目法人向市发改委提出列入市重点项目的申请，由市发改委进行综合平衡，报市政府批准后正式列为市重点建设项目。市发改委负责拟订全市社会固定资产投资总规模和投资结构的调控目标、政策及措施，负责规划全市重大建设项目和生产力布局，衔接平衡需要安排市政府投资和涉及重大建设项目的专项规划；按规定权限，负责固定资产投资项目、外资项目和境外投资项目的审批、核准、备案以及审核、转报工作；安排市级财政投资的基本建设资金和投资计划；承担全市利用省重点项目建设调控资金管理的相关工作；指导和监督国外贷款建设资金的使用，指导和监督政策性贷款的使用方向，引导民间投资的方向，负责推进政府和社会资本合作的相关工作；负责行政审批事项事中事后监管工作，组织开展重大建设项目稽察工作；按规定指导和协调全市招标投标工作，会同有关部门起草全市招标投标的地方性法规、规章草案；对政府出资的重大建设项目的工程招投标进行监督检查。

1991—1999年潍坊市投资与地区生产总值情况统计表

表13—1—4

年份	投资额（亿元）	投资增速（%）	地区生产总值增速（%）
1991	32.28	29.2	10.2
1992	46.15	43	17.9
1993	86.23	86.8	18.1
1994	102.32	18.7	12.7
1995	121.28	18.5	11.6
1996	132.29	9.1	12.2

续表13-1-4

年份	投资额（亿元）	投资增速（%）	地区生产总值增速（%）
1997	144.01	8.9	9.6
1998	164.30	13.9	11.3
1999	153.88	−5.7	9.6

2000—2012年潍坊市投资和市级重点项目建设统计表

表13-1-5

年份	投资额（亿元）	投资增速（%）	市级重点项目建设情况
2000	189	22.8	24项市以上重点建设项目累计完成投资25.5亿元。亚星集团5万吨CPE、晨鸣集团15万吨高档铜版纸、农村和城市电网改造、引黄入峡工程、潍坊电视中心等项目进度均已超过计划目标，潍坊振兴产业纺织品公司新型造纸毛毯、海化集团3000吨三单体、鲁中粮库、潍坊污水处理厂、牟山水库加固等项目进展顺利
2001	219.6	14.9	17项市以上重点建设项目累计完成投资10.7亿元，占年度投资计划的58%。山东海龙差别化粘胶短纤维、晨鸣集团15万吨高档铜版纸、昌邑国家粮库、潍坊电视中心等项目进度均已超过计划目标，潍坊热电厂、华光集团锂离子二次电池极板材料、鲁中粮库、潍坊污水处理厂、三里庄水库工程、牟山水库除险加固等项目进展顺利
2002	277.2	26.2	19项市以上重点建设项目累计完成投资14.7亿元，占年度投资计划的82%。安丘汶瑞机械公司造纸污水处理碱回收设备、华光集团锂离子二次电池极板材料、晨鸣集团15万吨高档铜版纸等项目已竣工投产，海化集团中以溴化物系列产品、2.4万吨三聚氰胺项目、亚星集团6万吨离子膜烧碱等项目进展顺利。大莱龙铁路潍坊段全线贯通，新沂铁路诸城段进展顺利。诸城外贸热电厂投产运行，昌邑、安丘、昌邑柳疃热电厂等项目已开工建设
2003	517.1	86.5	21项市以上重点建设项目累计完成投资21.2亿元，占年度投资计划的66.9%
2004	825.1	59.6	28项市以上重点建设项目累计完成投资26.2亿元，占年度投资计划的23.6%
2005	1100.4	33.4	32项市以上重点建设项目累计完成投资40.2亿元，占年度投资计划的56.1%
2006	1043.2	18.6	60项市以上重点建设项目累计完成投资190亿元，山东潍坊发电厂二期扩建工程、山东海天生物化工有限公司年产100万吨纯碱工程、山东海化集团10万吨/年乙酸乙酯及5万吨/年苯胺工程、山东晨鸣集团30万吨超级压光纸项目等项目均进展顺利，超额完成年度计划

续表13—1—5

年份	投资额（亿元）	投资增速（%）	市级重点项目建设情况
2007	1208.4	24.8	111项市以上重点建设项目累计完成投资超过130亿元，华电潍坊二期投入运营，潍坊港万吨级码头引堤工程开工建设，白浪河综合整治工程全面启动，青莱高速竣工通车，峡山水库除险加固、济青客运专线、荣乌高速、鲁皖成品油管道、市金融中心、市民文化艺术中心、白浪金沙城市广场等项目加快推进，长深高速、潍日高速、神华寿光电厂、华电潍坊电厂三期、进港铁路等项目进展顺利
2008	1523.4	26.1	106项市以上重点建设项目累计完成投资超过300亿元，潍坊市沿海防护堤一期工程、潍柴动力股份有限公司蓝擎发动机项目、俊富非织造材料有限公司功能性工程用特种纺织品项目、潍坊市市民文化艺术中心、豪德贸易广场二期工程、青州港天保税物流中心等项目均进展顺利，超额完成年度计划
2009	1890.5	24.1	实施投资过1000万元的项目3153个，其中过亿元的791个，过10亿元的40个。市里重点调度的三批计划投资项目完成投资1768亿元。潍坊至青州公路昌乐至青州段建成通车，潍日高速公路进入开工前的运作阶段，华能北部沿海风电项目寿光、昌邑一期工程并网发电，国电滨海海上风电项目可研报告已编制完成，神华集团国华寿光电厂前期工作顺利，黄岛至潍坊重质液体化工原料输送管道工程全线开工，北汽福田潍坊汽车厂项目已经省发改委批复开展前期工作，中海油潍坊油化盐化一体化生产基地项目加快推进
2010	2331.02	22.6	1233个投资过亿元项目完成投资1999.4亿元。先进制造业、现代服务业、现代农业投入分别增长112.1%、24.5%、64.1%，1753个“六大投入”项目完成投资2105.3亿元。15个省重点项目完成投资166.2亿元。21个市级政府主导类大项目完成投资59.5亿元
2011	2603.2	22.9	全市重点调度的1258个投资过亿元项目完成投资2295亿元，完成年度计划的103.7%，占全市投资的88.1%，354个竣工，占项目总数的28.1%。11个省重点建设项目累计完成投资80.5亿元，占年度计划的104.2%，有8个项目超额完成年度投资计划
2012	3012.9	22.3	中海油石化盐化一体化项目具备开工条件，神华国华寿光电厂项目获批开展前期工作，福田汽车山东多功能汽车厂项目追加投资163亿元

审批权限

1991年后，全市投资审批权限逐步放宽，社会投资潜力不断释放。1991年，100万元以下的技改项目由各县市区自行确定，50万元以下的技改项目由企业自定。1992年，调整各县市区基本建设投资项目审批权限：全民性质的投资项目审批权由50万元扩大到300万元，集体性质的投资项目审批权由100万元扩大到500万元。

1995—2005年，投资项目立项的审批权限有所调整和扩大。总投资3000万元以下的地方基本建设项目、非工交技改项目、房屋开发建设项目由市计委审批，1000万元以下的工交技改项目由市经委审批。2004年，全国投资体制改革，确立企业的投资主体地位，所有项目一律按投资规模大小，由各级政府及有关部门审批。2005年，对企业不使用政府投资的建设项目不再审批，区别不同情况实行核准制和备案制。企业投资实行核准制的项目，仅需向市发改委提交项目申请报告，不再经过批准项目建议书、可行性研究报告和开工报告的程序。对政府投资项目，仍按原来规定的权限进行审批，并严格执行建设程序。到2012年，审批权限未有新变化。

投资规模

1991年，全市固定资产投资为31亿元。“八五”期间，全社会固定资产投资累计完成390亿元，其中基础产业和基础设施建设投资92亿元。1992年、1993年国有经济加大投资力度，成为投资主力，带动全社会投资增速分别达到51.3%和47.8%。1994年固定资产投资增势趋缓，县以上固定资产投资完成42.3亿元，减少3.5%。在县以上完成投资中，国有经济投资28.3亿元，减少2.4%；集体经济投资5亿元，增长13.6%；股份制企业投资1.2亿元，减少53.9%。

1996—1999年，投资增速趋缓。1996年、1997年和1999年投资增速均为个位数，是改革开放以来投资增速最低期。1999年，投资下降5.7%。

2000—2012年，潍坊市高度重视发挥投资的拉动作用，优化投量、投速、投向和投效，投资始终保持较高增速。投资占地区生产总值的比重越来越高，占比由2000年的26.4%达到2012年的75.1%。其间，潍坊市建立项目领导包靠、谋划包装、立项审批、调度宣传、问题解决、招商引资、要素保障、督查考核等项目推进机制。2012年，全市固定资产投资3012.9亿元。

第六节　重大项目建设

1991—1999年，潍坊市通过实施一批重大项目，初步构建起现代化城市公共服务体系、交通体系和工业体系。这一时期建设的公共服务项目，主要有潍坊电厂一期工程（1991年开工，1994年竣工）、富华游乐园项目（1992年开工，1995年竣工）、潍坊市人民医院综合病房楼（1993年开工，1997年竣工）、潍坊市污水处理厂主体工程（1994年开工，1998年竣工）、潍坊市第二煤气气源厂日产10万立方米煤气发生炉工程（1994年开工，1997年竣工）、潍坊市市级机关综合办公楼（1995年开工，1997年竣工）、潍坊市生活垃圾无害化处理场一期工程（1995年开工，同年竣工）、白浪河绿地广场一期工程（1997年开工，1998年竣工）。交通项目主要有济南—青岛高速公路潍坊段（1990年开工，1993年竣工）、青州—临朐铁路工程（1993年开工，1997年竣工）、潍坊汽车客运总站扩建改造工程（1994年开工，1995年竣工）、亚星桥拓宽改建工程（1995年开工，1996年完成）、潍坊—莱州高速公路潍坊段（1997年开工，1999年竣工）、潍坊—莱阳高速公路潍坊段（1997年开工，1999年竣工）、大家洼—莱州—龙口铁路潍坊段（1999年开工，2005年竣工）。工业项目主要有潍坊化纤厂年产2800吨粘胶长丝项目（1988年开工，1992年竣工）、潍坊第四棉纺厂喷气织机工程（1990年开工，1992年竣工）、高密化纤厂年产5000吨粘胶短纤维项目（1994年开工，1996年竣工）。

2000—2004年，潍坊市重点围绕改善城市面貌，推进一批重大项目。这一时期建设的主要项目有东营—青州高速公路（1998年开工，2000年竣工）、胜利桥重建工程（1998年开工，2000年竣工）、虞河路虞河桥工程（1999年开工，2000年竣工）、胜利西街(长松路至和平路段)拓宽改造工程（2000年开工，2001年竣工）、向阳路（北宫西街至玄武街段）拓宽改造工程（2000年开工，2001年竣工）、北宫东街（白浪河北宫桥至北海路段）拓宽改造工程（2001年开工，同年竣工）、新华路北段(福寿街至济青高速公路)新建道路工程（2002年开工，同年竣工）、月河路拓宽改造工程（2002年开工，同年竣工）、北海路整治工程（2003年开工，同年竣工）、东风街改造工程（2003年开工，2004年竣工）、北海路改造工程（2003年开工，2004年竣工）、安顺路(北宫街至13号高速路口)改造工程（2004年开工，同年竣工）、北宫街(北海绿地广场至长松路)改造工程（2004年开工，同年竣工）、安顺绿地广场工程（2004年开工，同年竣工）、张面河综合整治工程（2004年开工，同年竣工）。

2005—2012年，潍坊市建成一批地标性大项目。主要有世界风筝都纪念广场（2005年开工，2006年竣工）、阳光大厦（2006年开工，2010年竣工）、滨海海晶之恋景观工程（2006年开工，2007年竣工）、火车站广场项目（2007年开工，同年竣工）、海关报关中心大楼（2007年开工，2008年竣工）、市疾病预防控制中心（2007年开工，2009年竣工）、市文化艺术中心工程（2007年开工，2012年竣工）、寿光市交通物流服务中心大楼（2007年开工，2008年竣工）、市奥体公园体育场项目（2008年开工，2009年竣工）、市鲁台会展中心工程（2010年开工，2012年竣工）。这一时期，还建设了一批重大项目，主要有：虞河综合整治工程（2005年开工，2006年竣工）、白浪河综合整治工程（2007年开工，2009年竣工）、宝通街工程（2004年开工，2006年竣工）、西环路工程（2004年开工，2006年竣工）。

第七节　能源建设

1991—2012年，全市能源产业得到长足发展，规划建设一批能源重大基础设施工程，全市能源保障能力进一步增强，能源结构不断优化，能源利用效率进一步提升，单位能耗逐步降低。

天然气

1991年始，全市各地新建大量液化气站，液化石油气逐渐推广普及。进入21世纪，随着潍坊经济社会快速发展，城市建设突飞猛进，管道燃气行业快速发展。2003年11月，潍坊市煤气总公司与香港中华煤气公司合资成立潍坊港华燃气有限公司，注册资本1.4亿元人民币，双方各占50%。企业合资后积极引入先进经营管理理念，大力提升潍坊市燃气行业总体水平。2004年8月，途经潍坊市区南部的中石化济青一线天然气长输管道建成通气，城区开始引入天然气，并逐步置换原有的人工煤气。各县市也陆续成立多家管道天然气公司。2005年9月1日，潍坊市第一座压缩天然气（CNG）汽车加气站建成投产，开启潍坊市汽车“油改气”市场。2012年，潍坊市燃气消耗为4.2亿立方米，由中石化济青线和中石油泰青威线供应，供气量分别为3.4亿立方米和0.8亿立方米。至年底，全市建成47座压缩天然气汽车加气站，CNG供应量为4000万立方米。

电力（参见第七编工业第十三章电力）

油气管道

潍坊是全省油气管网输送的枢纽，是山东省管道大市。至2012年底，穿越潍坊境内管线有11条，总长度约2000千米，占全省管道长度的20%。

第二章　国土资源管理

1991—2012年，全市国土资源管理事业不断改革创新，土地矿产资源管理规划制度逐步完善。开展了两次土地调查，连续编制三轮土地利用总体规划和两轮矿产资源总体规划，分别建立起土地规划和矿产资源规划管理信息数据库系统，国土资源市场化配置机制形成，各类用地和矿业权实现网上招拍挂出让。节约集约用地水平不断提升。推进节约优先战略实施，实现保护资源与保障发展“双赢”，潍坊市被评为全国“双保工程”2012年行动成效显著单位。实施土地整治，到2012年底全市连续12年实现耕地占补平衡和总量动态平衡。矿产资源综合开发利用水平不断提高。全市矿山企业数量由“十五”末的847家整合到314家，建成临朐山旺、诸城恐龙、青州3处国家地质公园和昌乐火山省级地质公园。土地登记工作不断完善，全面完成集体土地所有权登记发证和宗地统一编码工作。“数字潍坊”地理空间框架建设通过专家组验收，总体达到国内领先水平。至2012年底，全市土地总面积16143平方千米，其中农用地11634平方千米（耕地面积7992平方千米），建设用地2986平方千米，未利用地1522平方千米。全市共发现矿产80种（含亚矿种），其中查明储量的46种，天然卤水和蓝宝石储量居全国首位。

第一节　管理机构

潍坊市国土资源局

1987年1月，潍坊市土地管理处和潍坊市城市规划处成立，均为副县级行政单位。11月，潍坊市矿产资源管理局成立，为市政府正县级职能部门，受潍坊市和山东省地质矿产局双重领导。1990年10月，撤销潍坊市土地管理处，成立潍坊市土地管理局，正县级规格。1992年6月，土地管理局和城市规划处撤销，成立潍坊市规划国土局，统一管理全市规划、土地和测绘工作，内设11个科室，下属规划设计研究院、勘察测绘研究院和土地评估交易所3个事业单位。1995年6月，市矿产资源管理局更名为潍坊市地质矿产局。

1996年，市规划国土局在奎文、潍城、坊子、寒亭4区和潍坊高新技术产业开发区、潍坊市生物技术开发园区、潍坊海洋化工高新技术产业开发区分别设立分局，作为市规划国土局的派出机构，实行垂直领导。新的体制从1997年1月1日开始运转。

2001年5月，市规划国土局和市地质矿产局撤销，组建潍坊市规划与国土资源局。局机关内设13个科室，行政编制55人；下设规划院、测绘院、土地储备中心、土地开发中心、矿产开发中心等10个事业单位。奎文、潍城、寒亭、坊子4区设立规划与国土资源分局，实行市区垂直领导。8县市也组建了规划与国土资源局，全市集中统一的规划与国土资源管理新体制初步建立。

2004年，规划与国土资源管理体制改革，潍坊市规划与国土资源局分设为国土资源局、规划局。2005年1月，中共潍坊市国土资源局委员会成立。至2005年4月，市国土资源局内设11个职能科室，机关行政编制40名，配备局长1名、副局长3名、总经济师1名。2010年4月，市国土资源局调整部分职能及内设机构，调整后内设12个职能科室。2011年1月，市国土资源局加挂市测绘局牌子，8月，局机关国土资源执法监察办公室加挂调控和市场监测科牌子。

至2012年底，潍坊市国土资源局机关行政总编制40人，配局长1名、副局长3名、总经济师1名、调研员1名、副调研员7名；内设12个职能科室，下设市土地储备中心、市地理信息局、土地整理中心、市国土资源执法监察支队4个副县级事业单位。市国土资源局先后获全国国土资源管理系统先进集体、全国文明单位、全国工人先锋号、全国测绘地理信息系统先进集体、山东省职工职业道德建设标兵单位、富民兴鲁劳动奖状等100多项省部级称号。

市土地储备中心

2000年1月，潍坊市土地评估交易中心成立；4月，加挂潍坊市土地储备中心牌子。12月，市土地储备中心单设，为自收自支事业单位，正县级规格，隶属于市规划国土局。2003年7月，市政府办公室印发《关于明确潍坊市土地储备中心经营性质及职能的通知》，潍坊市土地储备中心成为自主经营、自负盈亏、独立核算的法人单位。2004年起，隶属于市国土资源局。至2012年底，市土地储备中心编制24人，内设5个科室。

市地理信息局

2011年1月，市国土资源局加挂市测绘局牌子，增配测绘局局长1名（副县级）。9月，更名为市地理信息局。至2012年底，市地理信息局无内设科室。

市土地整理中心

1998年12月，潍坊市国土开发咨询服务中心成立，为正科级自收自支事业单位，隶属于规划国土局。2005年1月，更名为潍坊市土地整理中心，职能、性质不变；5月，调整为副县级自收自支事业单位，定编23人。至2012年底，市土地整理中心人员编制22名，下设5个科室。

市国土资源执法监察支队

2001年12月，市规划国土监察大队和市地质矿产局城区中心分局监察大队合并组建潍坊市规划与国土资源监察大队，为正科级事业单位，直属市规划与国土资源局，实行全额预算管理，人员编制15名。2005年11月，规划与国土资源管理体制改革，市规划与国土资源监察大队更名为潍坊市国土资源执法监察支队，隶属于市国土资源局。2008年5月，调整为副县级规格。2009年3月，增加人员编制12名。至2012年底，支队人员编制25名，内设办公室、信访科、案件审理科、执法一科、执法二科、执法三科6个科室。

第二节　土地利用规划

总体规划

1994年底，全市完成土地利用总体规划的编制和划定基本农田保护区工作，共划定基本农田70.8万公顷，占耕地总面积的87.5%。潍坊市土地利用总体规划获国家土地管理局科技进步二等奖。

1997年开始编制《潍坊市土地利用总体规划（2000—2010）》，1999年11月经国务院批准实施。省政府下达给潍坊规划期内的指标是，到2010年新增建设用地规模不超过19910公顷，其中占用耕地面积不超过8307公顷。中心城区（包括潍城、奎文、坊子、寒亭四区）规划期内城市建设用地面积增加3300公顷。1997年后，经国务院、省政府和市政府批准，全市各类建设用地12045.62公顷。2000年，市、县两级土地利用总体规划全部经国务院和省政府批准实施，乡级土地利用总体规划完成调整、审核。2001年，全市乡镇级土地利用总体规划经市政府批准实施。以土地利用总体规划为指导，狠抓基本农田保护管理，坚持基本农田保护领导责任、依法管护、占补平衡、监督检查、动态监察“五项制度”，保持基本农田面积的相对稳定。

2005年，开展新一轮土地利用总体规划修编的前期准备工作，按要求进行“四清查、四对照”（查清规划期内新增建设用地总量，与国民经济和社会发展规划确定的发展目标对照检查；查清闲置土地和低效用地数量，与规划确定的节约用地挖潜目标对照检查；查清耕地和基本农田保有量，与规划保护目标对照检查；查清违法用地数量和处理情况，与违法用地的处理要求对照检查），完成上一轮规划实施评价等专项研究。2007年，形成《潍坊市土地利用总体规划修编工作方案》，完成9项专题研究报告，编制完成“影子规模”和规划大纲并上报省国土资源厅，完成市政府200公顷储备土地的规划调整工作。2009年，潍坊市本级规划修编完成，市县乡三级规划修编工作走在全省前列。全年争取点供指标631.33公顷，其中农用地575.8公顷，占全省点供计划的27%，在全省争取点供指标最多。争取完善违法用地“百日行动”指标374.4公顷；通过挂钩指标报批用地108.53公顷；置换44.8公顷，最大限度地消除部分卫片（卫星遥感影像图片的简称）检查和国家土地督察济南局检查出的违法用地，降低问责比例。2010年，土地利用总体规划修编工作基本完成，12个县市区和所有乡镇、街道新一轮土地利用总体规划全部通过审批，为全市经济社会发展赢得用地空间。2012年，潍坊市土地利用总体规划通过国务院批复，经市政府发布实施。市县镇三级土地利用规划数据库通过国土资源部审查。

建设用地增减挂钩试点工作

2006年，潍坊市开展城镇建设用地增加与农村建设用地减少挂钩试点工作。2007年，国土资源部批复潍坊市的寿光市、坊子区、高新区3个县市区的6个项目区为第一批试点，涉及11个乡镇22个村，总面积178.44公顷，为潍坊市额外争取178.44公顷建设用地指标，位居全省前列。2008年，制定《关于城乡建设用地增减挂钩和建设用地置换工作的实施意见》，规范城乡建设用地增减挂钩工作。2009年，制定《全面推进土地整理和村庄改造的实施意见》，为潍坊市挂钩工作的全面铺开提供政策支持。第一批6个项目区178.13公顷全部完成，成为全省的特色和亮点，省市电视台作系列报道。2010年，16个挂钩项目区通过省级验收，投入资金6.3亿元，复垦出耕地630.67公顷，增加建设用地流量指标567.4公顷，改造农村居民点110个，10094人迁入新居。2011年，挂钩试点和建设用地复垦置换增加用地指标1000公顷。2012年，引导工业项目“上山上坡”，科学推进未利用地开发，合理利用工矿废弃地和北部盐田，有序开展围填海造地，确保潍坊北部“黄蓝战略叠加区”大项目、好项目和重要招商引资项目落地建设。6月28日，国土资源部召开低丘缓坡荒滩等未利用地开发利用专项规划审查会，安丘、青州、昌乐3县市的《低丘缓坡未利用地综合开发利用专项规划（2011—2015）》通过审查。

第三节　耕地保护

1991年，市政府与各县市区政府签订土地管理目标责任书，各县市区落实土地管理目标责任制，把切实保护耕地作为土地管理的首要任务。对开发复垦土地，全市建立合同制、档案报表制度和检查验收制度。1991—1994年度全市累计开发复垦耕地1.2万公顷。全市耕地净减少连年控制在2.5‰以内。潍坊市和临朐县被评为全国土地开发复垦先进单位。到1994年底，全市完成划定基本农田保护区工作，划定基本农田70.8万公顷，占耕地总面积的87.5%。1995年4月始，在寿光市洛城镇进行建立基本农田保护区试点，7月通过省市验收。10月26日，潍坊市政府召开全市保护耕地工作会议，推广试点经验，建立高标准基本农田保护区。市政府以潍政办发〔1995〕152号文件向各县市区分配基本农田保护面积指标。潍坊市被省政府授予“实施1993—1995年度土地管理目标责任书先进单位”称号。

潍坊市基本农田保护面积分配表

表13-2-1　　单位：公顷

单位	1994年末	2010年基本农田保护面积	基本农田保护率（%）	备注
全市	807182.6	665621.0	82.46	1994年末耕地面积为土地变更调查面积
潍城	17385.8	7502.0	43.2	
奎文	3461.5	0	0	
寒亭	40532.5	33070.0	81.6	
坊子	20379.8	14968.0	73.4	
青州	73172.3	59262.0	80.9	
诸城	123382.2	102407.0	83.0	
安丘	113135.2	93987.0	83.0	
寿光	104215.9	86345.0	82.8	
临朐	63824.4	54522.0	85.4	
昌乐	59358.0	50828.0	85.6	
昌邑	86700.0	74784.0	86.2	
高密	101634.3	87946.0	86.5	

至1996年6月底，全市完成建立基本农田保护区工作；开发复垦土地5800公顷，其中耕地2286公顷。1997年，全市开发复垦增加耕地3866.67公顷，实现耕地面积稳中有增。1998年，结合新一轮土地利用总体规划修编、调整、完善，全市共建立基本农田保护区1036.1万亩，占耕地总面积的88%；市政府制定《潍坊市基本农田保护办法》，明确规定基本农田保护区内的耕地实行“七不准”：擅自进行非家业建设的，弃耕造林的，造坟、挖沙、取土、烧窑等破坏耕地的，未经批准开挖鱼塘、采矿的，破坏水利和水土保持设施的，排放造成或者可能造成污染的废水、废渣和废气的，其他禁止的行为。围绕实现耕地总量动态平衡这一战略目标，市政府印发

《潍坊市土地开发复垦办法》，完善有关优惠政策，调动基层开发复垦土地的积极性。全市年内通过开发整理增加耕地666公顷，保持耕地面积基本稳定。1999年，开展土地开发整理，全市确立“开发南北，提高中间，集中整治，确保平衡，促进经济可持续发展”的土地开发整理指导思想，做到规划、资金、政策、责任、机构“五落实”。市、县两级均设立土地开发整理专门机构，编制土地开发整理规划。全市统一规划建设17个土地开发整理示范区（其中国家级3个、省级6个、市级8个），全市年内开发整理土地6666.67公顷，新增耕地1200多公顷。临朐县被国土资源部确定为全国首批土地开发整理示范区。

2000年，全市开发整理土地2.11万公顷，增加耕地5886.67公顷，比年初净增耕地1213.33公顷，实现耕地总量动态平衡。农业结构调整力度加大，退耕2400公顷，因自然原因等毁地186.67公顷，全市耕地减少4666.67公顷。全市基本农田保护面积达到69.06万公顷，保护率达88%。2001年，全市筹集资金1.6亿元，开发整理新增耕地2066.67公顷。2002年，普遍建立土地开发整理复垦项目库和耕地储备库，全市筹集资金3.2亿元，完成开发整理项目160个，开发整理土地9666.67公顷，增加耕地2846.67公顷。2003年，争取上级扶持资金2538.54万元，开发整理土地6533.33公顷，增加耕地2400公顷。2005年，落实最严格的耕地保护制度，执行耕地特别是基本农田保护目标责任制，健全基本农田补划备案制度，做到基本农田位置、标志、面积、责任、档案、资金“六落实”。全市完成国家和省级土地开发整理项目7个、市县级项目136个，开发整理复垦土地1.1万公顷，新增耕地2666.67公顷。2006年，全市开发整理复垦土地1万公顷，新增耕地3600公顷。2007年完成国家和省、市、县级项目74个，开发整理复垦土地1.47万公顷，新增耕地2113.33公顷。

2008年，按照“先补后占”“占一补一”的要求，开发整理复垦土地1.73万公顷，新增耕地2466.67公顷。2009年，对基本农田永久性标志和界桩进行检查；市国土资源局印发《关于规范补充耕地台账的通知》，市政府印发《关于落实2009年县级政府耕地保护责任目标的通知》，全面完成省政府下达的耕地保有量77.9万公顷、基本农田保护面积69.1万公顷的指标任务；市国土资源局被表彰为全国基本农田保护先进单位。验收土地开发整理项目52个，新增耕地2913.87公顷，超额完成省政府下达的指标任务。2010年，借鉴德国先进的土地整治理念，大力推广青州南张楼土地整理和村庄革新模式，22个试点村建设全面启动；争取省政府批复潍坊市6个土地综合整治项目，总建设规模2.06万公顷，总投资9.81亿元。全市新签订和重新签订耕地保护目标责任书6万余份，划定基本农田保护地块36914块，验收土地整理项目35个，新增耕地2466.7公顷。2011年，全市新增耕地面积1533.33公顷。2012年，新增耕地面积1620公顷，全市耕地保有量为77.9万公顷，基本农田保护面积为69.1万公顷，保护率达88.7%，连续12年实现耕地占补平衡和总量动态平衡；省政府批复潍坊市的6个土地综

潍城区基本农田保护区　　（1995年拍摄）

合整治项目，农用地整治部分全部完成任务。到年底，全市基本农田保护面积69.1万公顷。

第四节　地籍管理

1991年4月，潍坊市县级土地利用现状调查工作历时七年完成，经省土地资源调查办公室检查验收，全部获得优秀成果。1992年8月12日，全市首次土地利用现状调查汇总工作全面完成，并通过省级验收。1994年，全市加快地籍调查、确权发证步伐。到年底，高密、安丘、诸城、青州、昌乐、临朐、坊子7个县市区以全解析方法完成城镇地籍调查工作。全市国有土地确权发证4.85万份，占98%；村庄地籍调查和集体土地登记发证均完成90%以上。

1995年，全市12个县市区全部完成城镇、村庄地籍调查和各类土地登记发证。为921家清产核资企业评估土地3796宗、2716.1公顷，评估土地资产总额37.4亿元。2000年，全市58.2%的集体所有土地、80.6%的集体使用土地、87.3%的农村宅基地完成土地证书年检；坊子、奎文、潍城、高密等市区开展公有住房土地登记试点工作，取得初步成果。全市为170家企业评估土地216.67公顷，评估资产总值7.1亿元。城镇地籍管理信息数据库建库工作基本完成，农村日常地籍管理信息系统建设取得明显进展。

2002年，为进一步搞活城镇住房二级市场，各级规划国土资源部门集中人员、集中时间、集中办理城镇居民住房用地登记发证。到年底，全市完成城镇居民住房用地登记发证20.5万件，其中，集中发放房改房土地证12.9万件，占总数的84.9%。市区发放房改房土地证4.2万件，占应发证总数的83.4%。2003年，日常地籍管理纳入规范化轨道。市区完成国有土地登记发证1678宗，城镇居民住房用地登记发证17.8万本。2005年，全市发放国有土地使用权证22.7万本，发证率95.85%；集体所有权发证1.34万宗，发证率92.86%；集体使用权发证180.37万宗，发证率96.3%，实现土地登记全覆盖。城镇地籍信息系统建设取得明显进展，潍坊市全部建立起城镇地籍和农村1：1万比例尺土地利用现状信息数据库。对城镇土地级别和基准地价进行调整更新，全面开展土地登记资料公开查询工作，制定完善公开查询制度和土地登记审批程序，为土地权利人提供有效服务。

2006年，投资2045万元，调集8个作业队伍1300多人，集中开展土地利用基础图件与数据更新工作，全面完成外业调绘和市级数据库建设，标准质量受到国土资源部、省国土资源厅的充分肯定，顺利通过预检组的预检。严格规范土地登记发证工作，土地登记覆盖面进一步扩大，全市国有土地使用权、集体土地所有权和集体土地使用权发证率分别达到95.3%、85.3%和91.7%。2007年，土地利用现状基础图件与数据更新工作通过国土资源部验收，新图件新数据9月份开始应用。城镇地籍调查工作基本完成，全国第二次土地调查工作准备就绪，编制方案和实施细则，为全面展开工作奠定基础。2008年，土地利用基础图件与数据更新项目通过国土资源部的验收，第二次土地调查稳步推进。土地登记发证覆盖面进一步扩大，全市国有土地使用权、集体土地所有权和使用权发证率分别达到96%、95%和87%。

2009年，农村土地利用现状调查全面完成并上报山东省第二次全国土地调查领导小组办公室（简称省二调办）和国务院第二次全国土地调查领导小组办公室（简称国家二调办），9月，国家二调办对寒亭、诸城的276个图斑进行外业核查，正确率在93%以上，一次性通过国家核查。城镇地籍调查数据汇总和潜力分析全部结束，潍坊市城镇调查于2008年9月分三批通过省二调办专家的验收，成果得到专家的一致好评。国有土地登记发证3238宗，其中变更登记1009宗、抵押登记1164宗、个人上市交易1065宗。2010年，土地登记发证进一步规范，第二次土地调查时点数据汇总、基本农田上图、耕地后备资源上图、城镇地籍补充调查全面完成。2011年，在全省率先印发海域使用权证书换发国有土地使用权证书的文件，一次性解决滨海区历史遗留地80333亩；市国土资源局被省国土资源厅评为全省土地登记规范化和权属争议调处工作先进单位。

2012年，农村集体土地确权登记发证工作提前完成年初确定的任务目标。潍坊市全面完成集体土地所有权登记发证工作；发放宅基地使用权证159.16万宗，占应发证数的99.6%；完成集体建设用地使用权的调查、测绘，同时完成已确权登记发证宗地的宗地编码工作。

第五节　建设用地管理

1992年6月27日，市政府印发《潍坊市国有土地使用权出让和转让暂行办法》，全市国有土地供应全部实行有偿出让单轨制，乡镇企业新征建设用地，依法征为国有，实行出让。土地出让由政府高度垄断，“一支笔”审批，实行统一规划、统一征地、统一开发、统一出让、统一管理，由土地管理部门签订土地出让合同。市内四区内的国有土地供应全部由市规划国土局代表市政府统一出让；开发区用地统一征用，按项目出让。全市1992年6月确定土地出让基准地价，1994年4月作了调整，提高地租标准。到1994年底，全市累计出让国有土地使用权1611幅，面积877公顷，收取地租8867万元。

1992年6月至1993年底，在全市范围内开展清理整顿划拨土地使用权工作。1992年6月29日，市政府印发《潍坊市清理整顿划拨土地使用权工作实施意见》，清理的范围是全市辖区内所有的国有土地，清理对象是所有使用国有土地的单位（户），清理的内容是国有土地使用权的权属、面积、用途、交易等。到1993年12月基本结束，城区调查8512个单位（户），其中有交易行为的1255个单位（户），交易面积38.7公顷，交易额1.88亿元。1997年，全市执行中央关于冻结非农业建设占用耕地一年的规定，从4月15日起，除安居工程和国家、省重点项目外，停止非农业建设占用耕地的审批。年内全市依法审批非农业建设用地2181公顷，其中耕地1288公顷，没有出现突击批地和越权批地等问题。依法收回城区闲置土地4.73公顷，首期2幅2.16公顷土地于10月9日公开拍卖，除给原用地单位补偿外，收取土地出让金250多万元。年内全市利用老场地和闲置土地140公顷，安排各类建设项目300多个。推行划拨土地有偿使用，土地市场进一步规范。按照明晰产权、量化资产、规范管理的原则，对企业改制、兼并、破产等涉及的土地资产先评估再依法处置，防止国有土地资产流失。年内收缴土地出让金和城市基础设施配套费4302万元。1999年，市规划国土局印发《关于企业改革中加强土地资产管理暂行办法》，对国有企业改革中涉及的土地资产进行处置的形式、适用范围、程序、地价评估及有关优惠政策等作出明确规定。全市坚持对改制企业土地资产由具有土地估价资质的中介机构进行评估，由规划国土部门依法确认评估结果，按程序审批土地使用权处置方案，确保土地估价结果公正、准确，土地资产处置方案科学、合理，防止国有土地资产流失。对改制企业土地权属严格审核，积极办理土地使用权确权和登记发证手续，避免因权属不清等问题影响企业改革。年内为218家改制企业评估土地4055公顷，评估土地资产总值8.5亿多元。全市依法审批各类非农建设用地195宗、150.53

公顷。

2000年，为服务于全市招商引资，用足用活土地政策，做到放宽用地计划、放宽供地方式、放宽农业内部结构调整用地规定、放宽企业改制土地政策、放宽土地收费标准。在供地方式上，按照法律和建设单位要求，坚持依法科学处理。2001年，全市普遍建立国有土地储备制度，开展土地使用权招标拍卖。全市土地收益近3亿元，其中市区依法收取土地出让金和城市基础设施配套费9200万元。城区280平方千米土地级别和基准地价调整更新工作全部完成。全市依法报批各类建设用地2133.33公顷，满足各类建设的用地需求。

2005年，市政府印发《关于严格土地管理节约集约用地促进科学发展的意见》，总结推广节约集约用地100例，重点推行城市“两改造”、村镇“三集中”、工业厂房“多层化”、新上项目“园区化”和“死地变活地”五种挖潜节地模式，提高节约集约用地水平。中心城区挖潜盘活存量土地251.33公顷；高新区和经济开发区收回低效利用和闲置土地14宗，面积43.8公顷；滨海经济开发区盘活国有存量土地180公顷，较好地缓解建设用地紧张的状况。强化土地供应管理，严格把好用途管制、占补平衡、内部会审“三关”，全市依法报批征用集体土地2366.67公顷。2007年，建立深化土地节约集约利用机制，探索创新“控、提、调、挖”等节地模式，总结推广节约集约用地先进典型。严格执行土地投资强度、建筑容积率等控制性标准，引导企业向依法批准设立的开发区集中，鼓励企业在现有用地上增加投资。加快“城中村”和旧城改造步伐，最大限度地节约集约利用土地。全市共盘活存量建设用地800多公顷，较好地缓解土地供需矛盾。报批新增建设用地156个批次，面积3310.86公顷；争取上级支持，圆满完成青红高速、诸城生物质发电、山东寿光农产品综合批发市场、6个县市区变电站等10多个重点建设项目的用地预审。完成4个区、4个开发区土地供应180宗，面积1066.67公顷。完成胶济铁路客运专线征地工作。进一步加大国土资源市场化配置力度，对经营性用地、特别是工业用地和新设立的采矿权全部以招拍挂方式出让。全市通过招拍挂出让土地254宗，实现土地收益28.82亿元。

2009年，创新工业用地出让程序，由先环评立项再签合同，调整为先签合同再办理环评立项手续；创新国有建设用地使用权出让合同签订时序，由缴齐土地出让金后再签合同调整为先签合同，再按合同约定缴纳土地出让金；创新城中村改造的供地方式，将近期没有开发意向的城中村改造用地划拨给村委会代管，解决大量城中村改造用地批而未供的问题；创新基础设施和公益设施用地的供地方式，将道路、绿化带、公园等用地划拨给各级政府或政府指定的部门，解决供地主体不明确的问题。报批建设用地253个批次，上报面积4258.67公顷；供应建设用地1796宗，9706.67公顷，出让总价款328亿元。开展16个省级以上开发区的集约用地评价工作，顺利通过省国土资源厅验收。

2010年，争取上级“点供”、单独选址、完善用地手续等政策支持，报请国务院、省政府批准征收土地4933.3公顷。全市供应各类建设用地7500公顷，实现土地出让收入275.5亿元。坚持严控、聚集、优化、嫁接、拓展“五措”并举，走以存量换增量，以节约促转型的内涵发展路子，有效缓解土地供需矛盾。高密市被确定为全国国土资源节约集约模范县市创建试点县。2011年，全市报批建设用地4380公顷，供应各类建设用地7733.33公顷，均居全省首位；保障性安居工程项目供地率达108.8%，盘活挖潜存量建设土地1000公顷，圆满完成政府土地储备任务，较好地满足发展用地需求。

2012年，全力做好建设用地保障，依法报批各类建设用地4446.67公顷，供应各类建设用地8133.33公顷，实现土地出让总价款284.27亿元。大力推进节约集约用地。牢固树立“有限指标保重点，一般项目靠挖潜”的用地理念，走以存量换增量，以节约促转型的内涵发展路子，盘活挖潜闲置低效用地913.33公顷。创新节约集约用地考评机制，市政府印发《关于进一步加强节约集约用地的意见》《潍坊市建设用地节约集约利用考核办法》，并将考核成果作为对县市区、开发区年度科学发展综合考核的重要内容之一，促进全市节约集约用地水平提升。潍坊市被评为全国“双保工程”2012年行动成效显著单位。

第六节　土地执法

1991—1994年，潍坊城区查处违法违章建设案件365起，拆除违法建设2.54公顷。1995年4—7月，全市组织开展保护耕地大检查，对1992—1994年非农业建设用地进行全面清理。1992—1994年全市减少耕地2.43万公顷，查处各类违法占地案件1066起。1996年9月，市政府印发《关于严格制止乱占滥用耕地的通知》，要求全市农民建房不再批占耕地，农业内部结构调整严禁占用耕地，乡镇企业发展严格限制占用耕地。11月，全市统一组织土地执法检查，查处1995—1996年各类违法用地328起、549.47公顷，乡镇非法用地13起、127公顷。1996年10—12月，组织开展查处违法建设集中整顿市容活动，查处各类违法建设265起、2.57公顷。到年底，依法拆除违法建设232起、1.12公顷，其中申请法院强制执行86起。

1997年6月，全市对1991年以来的非农业建设用地进行全面彻底清查，到10月基本结束，共查处各类违法用地3.15万宗、9256.8公顷，其中耕地6335.4公顷。到年底依法处理2.86万宗、7960公顷，全市依法退还耕地106.67公顷，拆除违法建设11.2公顷。年内全系统局长接访日共接访132件、270人次，处结率98%以上，有效控制和减少越级上访。潍坊市规划国土局被国家土地管理局评为全国土地管理系统信访工作先进单位。1998年，全市定期组织对各县市区或各乡镇进行土地执法巡回交叉检查66次，依法查处违法占地案件458起、83.33公顷；2—5月，市政府在市区开展查处违法建设整顿市容活动，依法拆除各类违法建设的沿街商业房、板房、棚厦、岗亭等292件、11.7公顷，其中申请法院强制执行的82件、0.54公顷。年内局长接访日共接访213起、516人次。市规划国土局被评为全国土地信访工作先进单位和全省土地管理依法行政先进单位。

2004年，全市清查各类开发区84个，争取保留、拟保留23个，顺利通过国家的检查验收和全国人大常委会开展的《中华人民共和国土地管理法》执法检查。查处各类违法用地案件942起，开展经营性用地“招拍挂”执法监察，对历史遗留问题，8月底前全部处理完毕。2005年，集中开展卫片执法检查，对涉及的81宗违法占地，全部下达行政处罚，有18名责任人受到党纪政纪和司法处理，处理信访459件，处结率99%。2006年，建立完善国土、公安、纪检监察联合执法机制，对重点案件实行局领导分工督办。集中开展土地利用情况和违法用地清理清查，对查出的土地违法违规案件全部依法进行处理。全市有115名责任人受到党纪政纪处分，向公安机关移送违法案件46起，拆除违法占地建筑物8624平方米，退还土地216.67公顷。全年处理信访355起，结案348起；到省以上上访量明显减少，在全省的名次降至10名以后。

2008年，开展查处土地违法违规案件专项行动、第七次卫片执法检查、土地执法“百日行动”，查处土地违法案件682起，矿产违法案件122起，测绘违法案件1起，33名责任人受到党纪政纪处分。全市受理信访213件，比上年下降46%，处结率达98%。2009年，探索行政和法律手段相结合的执法机制，市委、市政府印发《关于建立土地执法监管长效机制切实加强土地管理的通知》，将土地执法由部门行为上升到政府行为。昌乐、寿光、昌邑、诸城、安丘、高密等县市相继批复和成立公安国土资源警察大队。开展土地例行督察工作，全市违法占用耕地面积与新增建设用地占用耕地面积的比例由原来的20.5%降为10.88%。2010年，市委、市政府将耕地保护和依法依规用地纳入全市科学发展综合考核，强化各级党委政府的土地管理责任。全市违法用地比例下降到5.02%，土地例行督察顺利通过国家土地督察济南局的检查验收，卫片执法检查顺利通过国土资源部的实地督查。矿山遥感监测采矿图斑实地核查工作在全省率先完成。

2012年，健全执法监管长效机制，对拆除不到位、复耕不到位、人员处理不到位的，实行综合施治，冻结土地审批手续，取消增减挂钩试点和土地综合整治项目资格，扣减用地指标。安丘市政府印发《关于加强国土资源执法监管力度促进节约集约用地的通知》，将国土资源执法监管、节约集约用地和建设用地增减挂钩工作相结合，镇街区出现1亩违法用地，市财政扣减相应镇街区42万元办公经费。这一举措被潍坊市土地执法检查工作领导小组办公室转发至各县市区党委政府和县市区国土资源局借鉴学习，省国土资源厅在全省转发推广。建立执法监管实时监控信息系统，利用科技手段，加强执法监管。推进卫片执法检查和违法违规用地专项整治行动，全市违法用地占用耕地面积占新增建设用地占用耕地总面积的比例降至1.14%。抓好初信初访和重点案件的查处，市国土资源局成为国土资源部信访机构“联创齐争”四省六市联系点之一，高密市国土资源局成为全国国土资源系统“12336”为民服务示范窗口单位。潍坊市在全国推进国土资源执法监管共同责任机制座谈会、2012年“双保”工作成效显著单位经验交流会和全国国土资源系统处理信访突出问题及群体性事件工作会议上介绍经验做法。

第七节　地质矿产管理

矿产勘查开发监督管理

1993年6月，市政府印发《潍坊市卤水资源管理暂行办法》，将卤水这一重要矿产资源纳入依法管理轨道。1995年，进入潍坊市域从事地质勘查的单位共8家，开展黄金、铁矿、矿泉水、石灰石、白云岩、黏土、金红石等矿种的勘查，全市注册登记项目16个，地勘总投资150多万元，新发现一批矿产地和新矿种，增加后备资源储量。1996年4月，市政府印发《潍坊市地质勘查市场管理暂行规定》，明确市县地矿行政部门职责，规范地质勘查市场。

1997年，省地矿厅批准潍坊市地质勘查项目4个，争取省下拨地勘资金160万元，解决潍坊市地勘资金严重不足的问题；全市共有地质勘查项目9个，完成项目4个；全市矿产种类由54种增到55种。1999年，地矿部门积极引进地勘队伍和地勘资金，制定《潍坊市群众报矿找矿奖励办法》，激活探矿权市场；引进11支专业地质队，开工地勘项目14个，实施新项目18个，争取省无偿拨付资金360万元，地勘队伍带入资金1100多万元；在青州仰天山发现巨大高山溶洞群。潍坊市及青州、临朐、昌乐、安丘、寒亭等县市区编制完成《地质矿产概论》和1：20万、1：5万地质矿产图；无偿为1161家矿山企业进行储量监测和编绘图件，为企业节省资金220多万元；全市制定矿产资源监督管理办法18个，矿产督察、矿山企业年检，“三率”（开采回采率、采矿贫化率、选矿回收率）指标考核等监督管理工作进一步规范化、法制化。

2000年，召开地质矿产勘查开发招商引资新闻发布会，放开“探矿权、采矿权”市场，引进部、省属地勘队伍12支，引进地勘项目31个，引进资金1423.2万元；争取省矿产资源补偿费勘查项目8个，引进无偿资金430万元。2001年，对近千处矿山、10家矿泉水企业进行年度审理检查，完成800多处矿山尾矿及地质环境情况调查；通过“走出去、请进来”，多渠道引进地勘队伍、地勘资金到潍坊开展探矿找矿活动；年内争取山东省批矿费地勘项目6个，落实到位资金320万元，地方配套资金200万元。2003年，《潍坊市矿产资源总体规划》经省政府批准，市政府发布实施，10个县市区编制完成规划预审稿；全市开展地勘项目30个，投入地勘资金800多万元，提交勘探报告12份，新探明白垩矿资源储量3821万吨，填补省内空白。2004年，对生产规模小、资源利用程度低的矿山企业进行限期整改，责令停产整顿矿山企业55家，关闭不合格矿山企业55家；全市审批发放采矿许可证695个，对937家矿山企业进行全面检查，全市矿山年检率98%，合格率97%以上。2006年，全市投入地勘资金2997万元，新发现铁、地热等一批矿产地。

2008年，全市矿山企业由847家整合到568家，压减率32.9%；第二轮矿产资源规划通过省国土资源厅预审。2009年，全市采矿权统一配号工作在全省率先完成，实现四级采矿权管理信息共享，成为全省首家采矿权网上审批的地市。2010年，对重点矿山实施监理，省政府整顿和规范矿产资源开发秩序工作领导小组转发《潍坊市重点矿山监理暂行办法和重点矿种管理的意见》；深化资源整合，坚决关停规模小、效益低、污染重的开采企业，全市矿山企业压减率达到21.6%，提前超额完成省政府下达的指标；矿业权实地核查成果在全省第一个通过国家验收；矿产资源利用现状调查和矿山遥感监测采矿图斑实地核查工作在全省率先完成。2011年，全市矿山企业数量由2010年底的413家压减到331家，压减率19.9%；成功申报昌邑“中国溴·盐之乡”、昌乐“中国蓝宝石之都”；获批5个国家级、3个省级“以奖代补”矿产资源节约与综合利用项目，争取中央和省财政奖励补助资金4000万元。

2012年1月，市政府常务会议通过市国土资源局提出的采矿权基准价款管理模式，在全省率先探索建立采矿权基准价款管理模式。到年末，全市矿山企业数量由“十五”末的847家整合到314家，潍坊市矿产资源总体规划获全国矿产资源总体规划优秀成果二等奖。

资源储量管理

1995年，市地矿局开展矿产资源可供性研究，全市完成45种主要矿产的储量套改，基本摸清全市矿产资源家底。建立完善储量统计、登记制度，统计各类矿区827个，涉及18个矿种。完成全市50家甲类表内矿区、231家甲类表外矿区的储量套改任务，分别建立矿产储量数据库。认真落实《地质资料管理条例》，及时掌握地勘单位施工情况，督促勘查单位汇交各种地质成果资料，地质资料汇交率为100%。对全市各类矿山开展依法办矿年度检查，年检率93%，全市采矿业建立良好的矿业秩序，持证开采率100%，资源补偿费收缴面100%；全市有各类矿山1240个，从业人员6万多人，年产矿石3000多万吨，矿业产值20多亿元。

1996年，全面推进地矿行政4项职能到位，健全规范管理制度，实施规范化管理，市地矿局被评为全省地矿系统“二五”普法先进单位。1997年底，全市完成已有地质勘查资料的矿山占用储量登记，没有地质勘查资料的矿山，完成储量地质监测的占80%；编写3万多字的《潍坊市地下卤水资源形势分析》；对潍坊市“九五”和21世纪初资源供需形势开展研究，编写出版4万多字的《潍坊市矿产资源形势与对策研究报告（2000—2010）》。2000年，组织开展矿产资源形势分析，编写完成《潍坊市2000—2010年矿产资源形势与对策研究》《潍坊奇石宝玉石》，提前完成45种主要矿产的储量套改；新增矿产储量3亿多吨，潜在经济价值140多亿元。2001年，开展矿产资源可供性研究，初步实现资源储量与国际惯例的接轨。2005年，地质勘查日常监督和资源储量管理得到加强，完成北部地区天然卤水矿勘查，探明铁矿储量2886万吨、银5.9吨、水泥石灰岩1.2亿吨。2009年，对全市范围内开展的93个探矿权项目施工情况进行年检工作，勘查成果初见成效，新增铁矿2000万吨、煤2600万吨、石灰岩8000万吨资源储量。

2012年，对全市范围内70个探矿权项目进行年检工作。开展安丘市搁灯山—马蹄子山地区白云岩矿普查、昌乐县青上铜矿深部及外围普查等项目，新增白云岩6000万吨、铜矿1000万吨。

地质环境保护管理

1995年起，市地质矿产局对全市104个地下水点的水位、水质进行长期连续监测，编制相应的各种图件；对全市地质灾害进行有效监测，及时提出预防方案。1997年，针对影响潍坊地质环境最大的北部海咸水南侵和城区地下水水位下降范围不断扩大、水质恶化等问题开展专题调研，提出建立潍坊北部海咸水南侵长期监测网和城区地下水情长期监测网立项申报书，为根治潍坊两大地质环境的恶化提供可靠科学依据。

1999年，全市以地质环境综合治理为重点，完成19.8千米河道砂资源治理，在蓝宝石过采区建藕池鱼塘66万多平方米，治理荒山、复垦土地600多万平方米，对1.5平方公里的矿区进行植树绿化；全市划定13个市级地质地貌保护区、62个县级保护区，总面积1808.25平方千米。2002年，山旺国家地质公园规划通过评审论证，完成投资300多万元。2004年，编制2004年地质灾害防治方案，全年没有发生中型以上的地质灾害；推进地质环境管理职能到位，加强矿山地质环境恢复治理和废物利用，全市矿山恢复治理面积297公顷，开发利用煤矸石等固体废料44.26万吨，循环利用废水废液245.63万立方米；昌乐火山口省级地质公园具备开放条件，配套设施完善。2005年，临朐山旺国家地质公园揭牌开园；青州仰天山溶洞、昌乐乔山火山口被批准为省级地质公园；市政府批准划定诸城恐龙化石、青州仰天山等13处地质地貌景观和地质遗迹保护区，保护区内禁止开采矿产资源，全市地质地貌景观和地质遗迹得到有效保护。2007年，实行矿山地质环境治理保证金制度，积极开展已毁山体的恢复治理工作。

2009年，全面开展全市地质灾害隐患点排查检查，对隐患较大的临朐九山镇西岸头村山体崩塌投资250万元进行治理。2010年，地质公园建设成果丰硕，潍坊市成为全省拥有国家地质公园最多的市。配合国土资源部、中央电视台在诸城成功举办“中国恐龙大调查”现场直播活动。2011年，抗旱找水打井，争取部和省国土资源厅支持，筹集资金3000万元，其中自筹500万元，打井205眼，有效保障2万亩耕地灌溉和近14万人、20万头大牲畜用水。潍坊市国土资源局被国土资源部评为北方四省抗旱打井工作先进集体。

2012年，加强地质灾害防治和隐患点搬迁避让，市政府与有关县市政府签订地质灾害防治目

2010年8月29日，中央电视台“中国恐龙大调查”在诸城暴龙馆开展了3个小时的现场直播

标责任书，提前完成列入省政府2012年搬迁避让计划的青州、临朐两县市的3个村、122户、400人的搬迁避让任务。推进地质公园建设，青州国家地质公园和诸城恐龙国家地质公园顺利通过国土资源部验收并获正式命名；诸城恐龙地质公园申请获批建立古生物科研院士工作站，推动申报世界地质公园；争取全国、省级地质环境恢复治理、“以奖代补”、地勘项目资金6598万元，为历年来最多；全国试点项目天津地调中心区域调查和地质环境调查5000万元的项目成功落户潍坊，市政府与天津地调中心签署战略合作协议，浅层地热能调查获山东省国土资源科学技术一等奖。

矿业权改革

1991年6月，市政府印发《潍坊市矿产资源补偿费征收管理暂行规定》，对全市所有矿山企业、矿种开征矿产资源补偿费。制定矿业权市场管理方面的有关制度，大力推行“招拍挂”方式有偿出让探矿权采矿权，提高了矿产资源市场化配置水平。对新办矿山企业和到期换证的企业，全部取消无偿形式授予采矿权，实行有偿使用。2001年3月，潍坊市在全省率先组织公开招标取得探矿权的试点，12家地勘单位对昌乐县地热资源普查项目进行公开投标，青州市对2处石灰石矿区进行公开招标。昌乐、临朐2县组织对15处砂场的采矿权进行拍卖，拍卖金额4700多万元。2002年4月29—30日，全省采矿权管理与市场建设培训班在潍坊举办，潍坊作典型经验介绍，并现场观摩昌乐县河砂资源采矿权招标拍卖现场，受到国土资源部和省国土资源厅领导的肯定和其他市（地）代表的好评。2003年后，先后对昌邑郑家坡铁矿、东辛庄—莲花山铁矿探矿权实施挂牌出让，对潍坊东部地热资源普查等三个项目进行公开招标。2011年，创新采矿权基准价款管理制度，参照土地基准地价管理模式，建立非金属矿采矿权价款基准价格体系，通过对18个矿种、85家矿山企业的深入调研、精心测算、专家评审，统一采矿权价款征收标准，平均提升50%以上，有效解决同一矿种在不同县市之间存在的价款差距问题。

矿产开发秩序整顿

1996年起，潍坊市贯彻国务院《关于整顿矿业秩序维护国家对矿产资源所有权的通知》精神，开展矿业秩序治理整顿，全市矿业秩序实现根本好转。1997年，全市查处各类违法问题219个，依法取缔非法采矿点41个，追缴矿产资源补偿费26.5万元；市、县两级地矿行政部门建立起维护矿业秩序的措施和制度，常抓不懈。2000年，对非法采矿活动展开大规模集中整治，依法查封非法砂场65处、砂10万多立方米，截获非法运砂车60多辆，实施当场处罚40余起，执行罚款10万多元；对45眼非法铁矿井进行爆破、推平，确保全市矿业秩序的稳定。2001年，组织开展矿产资源勘查开采秩序整顿工作，清理检查矿山企业1024家，依法关闭存在“小、散、乱”问题的矿山企业、采矿点200多处。2004年，对乱采滥挖铁矿石进行集中整治，遏制违法采矿行为。2005年，开展整顿和规范矿产资源开发秩序工作，对全市矿产资源勘查开采情况和违法违规行为进行全面清理排查，检查采矿企业847家；开展煤炭资源回采率专项检查，对重点矿区、重点矿种进行专项整治，对发现的问题及时进行处理，依法取缔无证采矿、超层越界开采企业83家；建立国土、公安等部门联合执法机制，依法打击非法采矿行为，维护正常的矿产资源开发秩序。2006年，取缔不合格矿山企业254家，整合矿山企业235家，注销采矿许可证17个，关停26家手续不全的矿山企业，罚没款220多万元。

2007—2008年，推进矿产资源整合工作，对达不到最低生产能力和规模的矿山企业全部进行关、停、并、转。2009年，深化矿产资源开发整合工作，制定开发整合5项最低控制指标，对不达标的矿山企业关停或整合，至2011年，全市采矿权数量压减至413个。2012年，在开发整合工作基础上，对生产规模小、安全生产条件差的矿山企业到期后关停，到年底，矿山企业压减至314家。全市从事矿业生产总人数为31834人，主要矿种年开采量2490.46万吨，实现工业总产值54.27亿元。

2012年潍坊市主要矿种矿产开发情况统计表

表13—2—2

矿种名称	矿石年产量（固体：万吨）	从业人数（人）	工业总产值（万元）
煤	76.76	4355	26112.80
铁矿	171.53	2004	54223.05
金矿	3.75	450	2118.00
天然卤水（盐）	1183.44	18204	276858.75
溴	24.99	2846	84586.34
建筑用砂	4.92	48	975.00
建筑石料用灰岩	329.59	1836	4498.19
水泥用灰岩	485.32	723	85372.40
矿泉水	2.96	153	976.60
建筑用大理岩	35.20	239	535.00
玻璃用白云岩	5.90	75	200.60
玻璃用石英岩	17.59	76	910.00
陶瓷用砂岩	7.50	60	150.00
冶金用白云岩	6.50	26	157.00

续表13-2-2

矿种名称	矿石年产量(固体：万吨)	从业人数(人)	工业总产值(万元)
长石	7.00	60	417.00
建筑用白云岩	15.00	60	300.00
建筑用辉绿岩	4.51	26	29.99
砖瓦用页岩	108.00	593	4320.00
合计	2490.46	31834	542740.72

第八节　测绘管理

地图测绘

1992年，省第二测绘院采用航测方法，施测坊子区1：500比例尺地形图15.6平方千米，1：1000比例尺地形图22平方千米。市勘察测绘研究院承担其中1：1000比例尺相片图调绘工作。同时，省第一测绘院施测寒亭区1：500比例尺地形图168幅、10.5平方千米，1：1000比例尺地形图46幅、11.5平方千米。市勘察测绘研究院承担其中5.5平方千米1：1000比例尺地形图测绘。1994年，采用航测方法施测高密市城区1：1000比例尺地形图32平方千米。省第一测绘院施测临朐县城区1：500比例尺地籍图7.6平方千米，并建成临朐县城区地籍管理信息系统。

1995年，市勘察测绘研究院施测中心城区1：1000比例尺地籍图40平方千米、潍城区1：500比例尺地籍图17.5平方千米。1996年，市规划国土局完成潍城、奎文、坊子、寒亭4区1：25000地形图和城市规划区210平方千米1：5000地形图的测绘成图，结束城区无系列大比例尺地形图的历史。按照省里的统一部署，全市开展1：10000地形图的全面测绘更新。对全市19个测绘单位进行测绘资质审查发证。1997年，全市1：10000地形图测绘更新经费汇交和外业测绘工作基本完成。编制完成城区1：25000、1：20000地图，结束市区长期以来无系列大比例尺地图的历史。完成市区白浪河以西61平方千米1：1000地形图测绘成图和中心城区工程地质勘察图及土地工程能力评价，形成城区较为完整的地质编图。运用GPS技术，高质量、高标准地开展县级行政界线勘界，为行政区域边界管理提供科学依据。建立市、县、乡、村四级测量标志管理网络，对测量标志进行全面普查维修。

1998年，市区完成白浪河以东、东外环路以西、胶济铁路及宝通街以北、济青高速公路以南范围内85平方千米1：1000地形图测绘成图和廿里堡地域15平方千米1：5000地形图修测成图，中心城区1：1000地理信息数据库初步建立，为城市建设和经济发展提供积极保障。1999年，完成市区南部40平方千米1：1000地形图的测绘成图；完成胜利街1：1000地形图及大莱龙铁路、309国道、潍莱高速公路带状图测绘等一大批勘察测绘任务，为城市建设和经济发展提供测绘保障。2000年，完成市区南部10平方千米1：1000地形图的测绘成图，初步建立比较完善的市区基础测绘控制网。组织开展1：10000地形图基础测绘更新工作，向省汇交测绘更新经费完成90%，绝大部分测绘成果已应用。采用西安坐标系和城市独立坐标系，完成市区260平方千米高程、平面控制网的改造测量。2001年，完成潍坊市区西南部33.6平方千米1：1000地形图的测绘成图，基本建立起比较完善的市区基础测绘控制网。市区完成西北部21平方千米1：1000地形图的基础测绘及城区东南部1：1000地形图调绘任务，建立起较完善的市区基础测绘控制网。2004年，投资1200万元，开展中心城区600平方千米1：1000比例尺航测工作，对8条规划建设道路进行控制测量，完成市区17条路段带状图测绘100多平方千米，及时为全市经济社会发展提供基础地理信息服务。

2011年7月3日，国家测绘地理信息局、山东省国土资源厅、潍坊市政府共同举行“数字潍坊”地理空间框架建设应用合作协议签约暨《潍坊地图集》发行仪式

2005年，“数字潍坊”地理空间基础框架建设进展顺利，开展全市C级GPS网和三等水准网建设，完成选点、埋石110座。2009年，推进基础测绘和“数字城市”建设，完成市区303平方千米1：1000地形图测绘及潍坊市北部沿海化工基地生态环境调查评估报告。寿光市设立地理信息中心，为副科级全额事业单位，在全省县级市中是第一家。省国土资源厅、潍坊市国土资源局、寿光市政府签订三方战略协议，从政策、机制、资金、队伍等方面保证数字寿光顺利实施。市政府印发《潍坊市人民政府关于进一步加强测绘工作的意见》。市国土资源局被省国土资源厅评为全省测量标志管理工作先进集体。2010年，中心城区1：500地形图测绘基本完成，“数字寿光”建设试点进展顺利，完成省地图集相关资料的审核上报任务。2011年，山东测绘地理信息产业基地落户潍坊。

2012年，“数字潍坊”地理空间框架建设通过专家组验收，总体达到国内领先水平。“数字潍坊”地理信息公共服务平台推广应用到公安、市政管理、城市规划、社区管理、国土资源等十几个部门和领域，“数字潍坊”获全国测绘科技进步三等奖和山东省国土资源科学技术一等奖。“数字寿光”获中国地理信息产业优秀工程金奖。山东测绘地理信息产业基地“一中心两园区”建设有序推进，2.7万平方米的研发中心大楼基本具备入驻条件，13.5万平方米的数据加工园区动工建设，地理信息产业园区规划编制完成，V750无人机航测试验取得明显进展。有3家研发单位达成入驻基地协议，投资20亿元的6个项目落户产业园区，20万平方米的车间和17万平方米的标准厂房正在建设。“天地图”潍坊节点顺利开通，实现与国家、省级节点的互联互通和资源共享。编制完成潍坊市城区图、政区图和领导工作用图，出版《潍坊地图集》。

测绘监管

1997年7月，市规划国土局与市人大、市政府法制局组成执法检查组，对各县市区测绘执法情况进行全面检查考核，吊销11个无资质测绘单位的测绘许可证，查处一批无证编图、无证测绘案件。市规划国土局被省人事厅、省测绘局评为“1997年度测绘管理先进单位”。1998年，全市测绘行业普遍加大资金投入，科技水平明显提高。市勘察测绘研究院投资30多万元购置了全站仪，更新部分微机及配套软件，并在全省首家引进“SCS电子平板遥控测图系统”，实现测绘工作自野外采集数据到室内编辑、数字化成图的“全过程”一体化处理，测绘工作效率和成果质量大大提高，经国家测绘局批准获得甲级测绘资质，并被省测绘局评为“全省测绘行业先进集体”。对1200多座测量标志进行普查和维修，查处一批违法编印地图和损毁测量标志案件，规范测绘市场。对全市22个测绘单位进行测绘资质年检，开展测绘成果管理和保密工作大检查。全市健全市、县、乡、保护人四级测量标志管护网络，落实责任制，加大测量标志普查维修和管护工作力度。市勘察测绘研究院完成GPS软件升级换代，实现测量数字化、内外业一体化、出图微机化。

2000年，开展测绘资质年检，吊销10多个无资质测绘单位的测绘许可证，对全市20个测绘持证单位进行资质证书复审换证，健全市、县、乡、保护人四级测量标志管护网络，落实一图、一表、一卡、一书、一证“五个一”管护措施，对全市1200多座测量标志定期普查维修。2001年，开展测绘资质年检，吊销2个无资质单位的测绘许可证，对全市20个测绘持证单位进行资质证书复审换证。圆满完成市、县行政区域勘界测绘工作。2002年，查处非法地图产品200多件，打击非法地图产品生产经营活动。2006年，集中查处收缴非法地图产品300多件。加强测绘质量管理，建立健全测绘质量管理、测绘成果认证和档案管理体系，完成47个测绘单位资质复审换证工作。加强测绘成果汇交管理，实施项目登记30多件。

2007年，开展测绘资质年度注册工作，审查注册测绘单位47个。完成全市测量仪器的年度检定工作，统一送检测绘仪器100多台。开展2007年度测绘质量检查工作，检查测绘单位上报的测绘产品115项，现场检查3项测绘项目。开展基础测绘规划编制和全市测量标志普查及建库工作，组织400多人参与，历时近4个月，普查各类标点1500多座。开展地图市场检查，全年检查有关单位40多家，查处非法地图30件。按照省国土资源厅要求，对潍坊市电子导航地图市场进行检查，检查有关单位20个。依照测绘法规，查处潍坊市英豪网络信息有限公司非法制作地理信息系统一案。配合省国土资源厅开展1：10000地形图的修测和全省GPS连续运行站潍坊地区的选点、观测工作。2010年，开展地理信息市场专项整治工作，市国土资源局、经信委、工商、保密、文化市场执法等六部门先后组织6次集中行动，检查地图产品320多件、地理信息网站11个、网上地图41处，跟踪检查导航数据采集单位2个，涉及265个机关和企事业单位，对发现的问题及时进行整改，有效规范地理信息市场秩序。

第三章　统计管理

1991—2012年，全市统计部门逐步建立起以周期性普查为基础，以经常性抽样调查为主体的统计调查制度，包括以农业、工业、交通运输和邮电、能源、固定资产投资和建筑业为主的生产统计，以贸易、物价、物流为主的流通统计，人口、劳动工资和社会科技统计，城乡居民生活统计，国民收入、生产总值、投入产出在内的综合平衡统计等制度，为党委、政府进行宏观管理和科学决策提供依据。

第一节　统计报表

传统报表

1991年，全市统计行政管理部门仍执行国家统计局1953年统一制定的报表制度，编制社会总产值和国民收入、农业、工业、固定资产投资、房地产、建筑业、交通运输、商业、饮食、外经贸、价格、城乡住户、物资、劳动工资等统计报表；业务主管部门编制人口、财政、金融、科技、文化、教育、卫生、体育、广播、电视、建筑、环境保护、农业经济、城市建设、公用事业、民政福利、社会治安、档案等统计报表。报表形式有月报、季报、半年报、年报。

1993年实行新的统计报表制度，改变以往调查单位重复交叉、统计口径不一致的状况。统计行政管理部门废止社会总产值和国民收入统计报表，增加国内生产总值统计报表，其余统计报表由基层统计报表和专业综合统计报表两部分组成。基层统计报表主要有农林牧渔企业报表、工业企业报表、建筑企业报表、交通运输企业报表、批发零售贸易及餐饮企业报表、服务业企业报表、行政事业单位报表7种。此外，单独设立固定资产投资统计基层表。基层统计报表的各项指标主要反映市场经济条件下各企业单位生产经营和业务活动的基本面貌，包括企业基本情况、主营业务活动、财务状况、劳动情况、原材料能源消费与库存、技术开发基本情况等。专业综合统计报表主要有农林牧渔业、工业、建筑业、运输邮电业、贸易餐饮业、“三资”企业、劳动、原材料能源和固定资产投资9种。

1998年，工业统计和能源统计改变自1953年起一直按隶属关系收集统计资料的方法，工业统计改为实行规模以上工业企业直接统计汇总，对规模以下工业企业及个体企业户做抽样调查；能源企业改为对年消耗标准煤1000吨以上企业的直接统计汇总。1999年后，制定旅游业统计指标和表格形式，统计城市接待国内外旅游者人数、旅游景点门票出售情况、旅游业企业经营情况等。2000年，贸易餐饮业统计由按隶属关系分组统计资料的方法，改为对限额以上贸易、住宿、餐饮业全面统计，个体贸易、餐饮业实施抽样调查。2001年，市统计局、市旅游局印发《潍坊市旅游调查统计工作管理办法》，实现全市旅游调查统计工作规范化、制度化。

自2002年年报起，潍坊市正式建立社会综合统计报表制度。2003年初，市政府办公室印发

《关于实行潍坊市社会综合统计报表制度的通知》，明确建立社会综合统计报表制度的各项要求。《全市社会发展基本情况（2003—2004年）》有7个方面115个指标，包括环境保护、社会保障、卫生保健、教育、文化体育、社会治安、社会参与及其他，资料由市直各部门提供。

根据2003年12月31日商务部和国家统计局颁布的《外商投资统计制度》，外商投资统计范围包括外商直接投资和外商其他投资两部分，统计内容包括国外及港澳台地区的法人和自然人在中国大陆以现金、实物、无形资产等进行的各种方式投资，统计报表包括“外商投资企业批准证书信息表”“外商投资企业实际投资统计表”“外商投资企业经营状况统计表”“外商投资分方式统计表”。在报表汇总、上报操作方式上，全面实行电子化、网络传输化。

自2005年GDP年报和2006年GDP定期报表开始，潍坊市正式采用新的国民经济行业分类（GB/T4754-2002），相应地细化核算行业分类。市、县两级GDP年报由26个行业细分为39个行业，GDP季度核算由11个行业调整为13个行业。2005年，市统计局实行县市区GDP季度联审制度。全市加快推进文化产业统计工作，统计范围包括全市辖区内所有从事为社会公众提供文化产品和文化相关产品的法人单位、产业活动单位和个体经营户。市统计局会同有关市直部门完成全市文化产业增加值等指标的试算工作，在全面整合部门文化统计资源和经济普查资料的基础上，建立起全市文化产业统计指标体系和调查制度。

2009年，根据国家统计局规定，对批发零售业统计限额标准作出调整，限额以上批发业标准改为“年末主营业务收入2000万元及以上”，限额以上零售业标准改为“年末主营业务收入500万元及以上”。

2010年，根据省委、省政府文化产业统计改革的相关要求，实行山东文化及文化创意相关产业报表制度，统计范围由原来120个文化产业行业小类增至185个文化产业行业小类。2011年，按照国家统计局制度改革要求，从统计月报开始提高投资项目的统计起点标准，固定资产投资项目统计起点标准由项目计划总投资50万元提高到500万元。

到2012年末，潍坊市《全市社会发展基本情况》统计项目增加到12个方面196个指标，包括环境保护、人口状况、主要经济指标、居民生活、劳动就业、社会服务与保障、卫生保健、教育科技、文化体育、新闻出版、社会治安、社会参与及其他。

新增报表

城市社会经济基本情况统计表 为全面了解和准确反映城市经济、政治、文化、社会和生态等发展进程，依照《中华人民共和国统计法》，国家统计局制定《城市社会经济基本情况统计报表》制度，每年填报一次。1992—1999年，报表分为12类，共323个指标。2000年，报表分为11类，综合经济和财政、金融保险两大类合并为综合经济类，指标由323个减少为200个。2002年，报表由12个大类，223个指标组成。市政公用事业分解为市政公用事业和环境保护两大类。新增指标34个，其中综合经济指标13个，内外贸易、外经、旅游类指标3个，人民生活指标6个，市政公用事业类指标7个，城市人口类指标5个。2005年，报表报送方式改为联网直报，报表由12个大类、260项指标组成。报表内容包括城市人口和劳动力资源统计、经济发展统计、社会发展统计、环境与基础设施建设统计。报表实施范围包括潍城、寒亭、坊子、奎文、高新，城市辖区内所有企业、事业单位和机关团体，不论其行政关系属哪一级主管部门，均应统计。报送单位涉及民政、财政、公安、国土、水利、人社、住建、商务、法院、人民银行、保险行业协会、海关等22个部门。

至2012年底，城市年报共有268项指标，其中行政区划3项，土地面积及水资源7项，人口与就业31项，综合经济31项，规模以上工业24项，交通运输通信与能源25项，贸易外经与旅游20项，固定资产投资18项，教育、科技、体育、文化与卫生32项，人民生活30项，社会保障10项，公共管理7项，市政公共事业22项，环境保护8项。

“蓝黄两区”统计监测表　2009年和2011年，国务院正式批复《黄河三角洲高效生态区发展规划》和《山东半岛蓝色经济区发展规划》。潍坊既是黄河三角洲高效生态经济区重点开发区域，也是山东半岛蓝色经济区前沿城市。自2010年3月起，市统计局对“黄河三角洲高效生态经济区”和“山东半岛蓝色经济区”规划建设开展统计监测，调查地域范围为全市各县市区。统计监测涉及国民经济核算、财政、金融、工业、贸易、外经、投资、劳动工资、居民收入9大方面29项统计指标，报告期分为月报、季报和年报，资料主要来源于相关行业主管部门及统计部门。

2011年8月，市统计局组织开展蓝色经济区重点海洋产业情况调查，调查地域范围为山东半岛蓝色经济区主体区（全潍坊市），采用全面登记的调查方法，调查对象涉及海洋生物产业、海洋装备制造业、海洋能源矿产业、现代海洋化工产业、海洋水产品精深加工业5个产业规模以上工业、资质建筑业企业以及限额以上批发零售贸易企业，报告期为半年报。2012年调查对象取消限额以上批发零售贸易企业。

第二节　全国普查

1991—2012年，潍坊市根据国务院和省政府的安排，组织开展11项普查，包括2次人口普查、1次工业普查、2次基本单位普查、2次农业普查、1次第三产业普查、3次经济普查。

人口普查

第四次人口普查　根据国务院1987年《关于进行第四次人口普查的通知》精神，第四次人口普查的标准时间为1990年7月1日零时。本次普查除保留第三次人口普查的19个项目外，新增加“五年常住状况”和“迁来本地原因”两个项目，普查方法主要采取普查员入户调查询问并现场填报的方式进行。潍坊市自1989年9月成立普查机构，经历户口整顿、普查登记、手工汇总、资料编码和资料编印等几个阶段，于1991年11月结束。

本次普查主要结果为：潍坊市常住人口8067209人（不含五莲县），其中男性4106539人、女性3960670人，男女性别比（女性为100）为103.68；家庭总户数2064240户，平均家庭户规模3.8人；全市共有41个民族（含外国人加入中国籍及未识别民族人口），其中汉族人口8048415人；全市大学生58479人，高中生597622人，初中生2299924人，小学生2842861人。

第五次全国人口普查　第五次人口普查的标准时点为2000年11月1日零时。普查的对象是具有中华人民共和国国籍并在中华人民共和国境内常住的人。普查的主要内容是人口的基本状况、迁移流动状况、文化身体素质、经济活动状况、婚姻生育状况、住房状况、交通生活质量7个大类63个项目。本次普查首次采用长短表相结合的调查方式，并采用先进的光电录入和网上传输、汇总等技术。潍坊市自1999年9月成立普查机构，至2001年11月普查结束。

本次普查主要结果为：潍坊市常住人口8495300人，其中男性4286748人、女性4208552人，男女性别比（女性为100）为101.86；家庭总户数2437039户，平均家庭户规模3.37人；全市共有53个民族（含外国人加入中国籍和未识别民族人口），其中汉族人口8460728人、少数民族人口34572人；全市大学生246609人，高中生949570人，初中生3399612人，小学生2666735人。

第六次人口普查 第六次人口普查登记的标准时间是2010年11月1日零时，普查对象是在中华人民共和国境内常住的人（自然人）。普查内容主要包括个人的姓氏、性别、年龄、民族、受教育程度、行业、职业、迁移流动、社会保障、婚姻生育、死亡以及家庭住房等基本情况。普查表分为普查表短表、普查表长表、境外人员普查表、死亡人员调查表。潍坊市自2009年9月成立普查机构，至2011年11月普查结束。

本次普查主要结果为：潍坊市常住人口9086241人，其中男性4600438人、女性4485803人，男女性别比（女性为100）为102.6；家庭总户数2693924户，平均家庭户规模3.15人；全市共有53个民族（含外国人加入中国籍和未识别民族人口），其中汉族人口9051541人、少数民族人口34700人；全市大学生719904人，高中生1362353人，初中生3834748人，小学生2212970人。

农业普查

第一次农业普查 1996年4月，潍坊市政府根据国务院《关于开展第一次全国农业普查的通知》和省政府《关于开展第一次全省农业普查的通知》的精神，印发《潍坊市人民政府关于开展第一次农业普查的通知》，成立农业普查领导小组及其办公室。

此次普查的对象为：所有农村住户、其他类型的农业生产经营单位、乡镇企业、行政村和乡镇。普查主要内容包括：农业生产经营单位的数量、规模和结构，农村劳动力的数量、素质、行业分布和流动情况，农业用地在各生产经营单位的分布和使用情况，农业生产性固定资产的数量、素质、从事的行业和流动情况，农村村落的社会环境，乡镇企业和所有乡镇的基本情况。普查的标准时间：时期指标的标准时间是1996年1月1日至12月31日，时点指标的标准时间是1996年12月31日。

此次普查，潍坊市动员普查工作人员3.7万余人，对全市186万农户、9670个行政村、236个镇及街道和近5万个乡及乡以下企业的38个调查项目、687个指标进行查点和填报。

第二次农业普查 2005年9月29日，市政府印发《关于开展第二次农业普查的通知》，召开了第二次农业普查工作会议，全面安排农业普查工作。普查主要任务是：为全面建设小康社会、建设社会主义新农村提供基础性的决策信息；为当前制定长期规划、制定有关“三农”政策提供依据；为全国、省和地方的农村经济发展提供信息和服务，指导农民更好地适应国内、国际市场需要，发挥本地优势，合理安排生产；为建立科学、规范、有效的“三农”统计工作平台提供基础性资料。第二次农业普查的范围和对象是：在中华人民共和国境内从事农业生产经营和服务的单位、农村住户、从事农业生产经营活动的非农村住户、行政村和乡镇。

第二次全国农业普查共设计“住户类普查表”“非住户类农业生产经营单位普查表”“农业服务业经营单位普查表”“行政村普查表”“乡镇普查表”“农业土地利用普查表”6类普查表。农产品产量、农民收支和农业核算作辅助表，不编普查号码，但也纳入普查范围。共计9张普查表、498个指标。普查指标分为时点指标和时期指标。普查时点为2006年12月31日，时期指标为2006年1月1日到2006年12月31日。

普查的主要内容包括：农户家庭与人口特征信息，农村居民生活质量和基础设施，农村居民迁移、农村劳动力资源与就业状况，土地资源与农业土地利用以及农户土地经营状况，农村投资规模，农业产业化水平，农村贫困基础信息，农业社会化服务水平，小城镇发展水平，农村社会事业发展水平。

潍坊市自2005年9月成立普查机构，于2008年12月全面完成普查工作。此次普查，对全市的188个乡级行政单位（其中7个乡、134个镇、有农业生产的街道47个）、9415个村级组织、197.8万住户（其中在农村居住一年以上的家庭户197.6万户）进行了全面普查。历时三年，经过市、县、乡三级普查机构和普查指导员、普查员近6万多人的共同努力，填报普查表500万张，两次顺利通过国家和山东省对潍坊市农业普查现场登记、数据处理、事后质量抽查与评估。2008年6月16日，国务院第二次农业普查领导小组办公室授予潍坊市统计局“全国第二次农业普查先进集体”称号。

调查显示，2006年末，全市共有农业生产经营户172.3万户，农业生产经营单位4094个；全市大中型拖拉机1.6万台，小型拖拉机31.2万台，联合收割机0.8万台，农用运输车32.1万辆；农村居民平均每户拥有住宅面积118平方米；全市农村劳动力资源总量为473.9万人，其中，男劳动力244.5万人；农业从业人员273.5万人，其中男性占45.9%；全市共有农业技术人员1.9万人。

第三次工业普查

潍坊市第三次工业普查工作从1995年3月开始筹备，历时两年多。普查按工作分准备阶段（1995年3—12月），资料填报、审核、汇总、上报阶段（1996年1—5月），资料汇总分析和成果发布阶段。1996年6月始，进行普查数据的质量评估、资料的编辑印刷、普查资料的分析及成果发布。

普查的调查内容主要包括16个方面：工业企业基本情况，财务状况，劳动情况，工业产品生产、销售、库存总值，主要工业产品产销存，附营工业单位生产情况，工业企业原材料、能源消费与库存，能源加工转换，工业企业科技活动情况，工业主要技术经济指标，主要工业产品生产能力，主要工业生产设备及其新旧程度（已安装设备），主要工业生产设备技术状况（已安装设备），主要工业产品质量，主要工业产品销售收入情况，工业企业部分合资基本经营情况。

普查的主要结果为：至1995年末，全市有工业企业及生产单位4.75万个，从业人员118.1万人；工业增加值222亿元；全部工业产品销售收入660.7亿元，应缴税金34.1亿元。

第三产业普查

1993年7月，市政府按国务院《关于开展全国第三产业普查工作的通知》精神，印发《关于开展全市第三产业普查工作的通知》，成立市第三产业普查领导小组及办公室。

这次普查的范围为：全市从事第三产业的所有单位，包括专门从事第三产业的企业、事业和行政单位，如商业、运输业、金融业、保险业、房地产业、信息、咨询、科学研究、文化教育和行政机关、部队等；第一产业和第二产业中附属的第三产业单位；从事第三产业的个体户。

普查年度为1991年和1992年。普查的内容包括：反映第三产业发展规模的指标，如单位数量、从业人员等；反映第三产业生产（经营）活动成果的指标，如销售（营业）收入、销售（营业）成本费用、销售税金、经营利润、附营业务收支净额、行政事业单位业务收支额、预算外收支和专项基金收支等；反映第三产业实物资产情况的指标，如固定资产原值、库存总值等；反映第三产业重点行业业务活动的指标，如社会商品零售总额等。调查表有三种表式：企业单位调查表、行政事业单位调查表、个体户调查表。

1993年7月起，潍坊市普查工作相继完成调查单位摸底、登记，调查表质量验收，普查主要指标手工汇总，对行政、事业单位其支出中劳动者报酬补充调查，数据处理，汇总数据评估，发表普查公报，表彰先进集体和个人，普查资料开发利用，印刷出版《潍坊市第三产业普查资料》，调查资料整理归档等工作环节。1994年底，普查工作结束，潍坊市第一次第三产业普查办公室被评为省级先进集体。

基本单位普查

第一次基本单位普查 1996年9月，市政府印发《关于认真开展第一次基本单位普查工作的通知》，部署全市第一次基本单位普查工作。普查的标准时点是1996年12月31日。普查范围是全市除居民户和个体户以外的各种类型的单位，具体包括各类企业法人、事业单位法人、机关法人、社团法人和其他法人，以及这些法人所属的农业、工业、建筑业、交通运输业、批发零售贸易业、餐饮业、服务业、行政事业单位和社会团体等产业活动单位。普查的主要内容包括单位的经济类型、所属行业、从业人员、企业规模、营业状况等。至1997年12月，普查工作结束。全市共普查登记58309个单位，其中法人单位34093个、产业活动单位24216个。

第二次基本单位普查 2001年8月—2002年12月，开展第二次基本单位普查工作。

此次普查的标准时点为2001年12月31日。普查的范围和对象为潍坊市行政区划内的各类法人单位及其所属的产业活动单位和个体工商户，包括各类企业法人、事业单位法人、机关法人、社会团体法人和其他法人，及其所属的农林牧渔业、工业、建筑业、交通运输邮电通信业、批发零售贸易业、餐饮业、房地产业、社会服务业等产业活动单位和个体工商户。普查内容主要包括单位的法定标识、分组类型、登记批准状况、登记注册类型、执行会计制度类别、国有经济控股情况、营业状态、从业人员、企业资产情况、企业主要经济指标等。

普查显示，至2001年末，全市有各类法人单位31853个，其中企业法人单位17090个，机关、事业法人单位3478个，社会团体法人单位476个，其他法人单位10809个；全市有48319个产业活动单位。法人单位中，第一产业453个，第二产业12071个，第三产业19329个。全市有个体经营户132577户。

经济普查

第一次经济普查 2004年4月，市政府下发《关于开展第一次经济普查的通知》，部署全市第一次经济普查工作。至2005年12月，普查工作结束。

此次经济普查的对象是潍坊市境内从事第二、三产业活动的全部法人单位、产业活动单位和个体经营户。普查的行业范围包括：采矿业，制造业，电力、燃气及水的生产和供应业，建筑业，交通运输、仓储和邮政业，信息传输、计算机服务和软件业，批发和零售业，住宿和餐饮业，金融业，房地产业，租赁和商务服务业，科学研究、技术服务和地质勘查业，水利、环境和公共设施管理业，居民服务和其他服务业，教育、卫生、社会保障和社会福利业，文化、体育和娱乐业，以及公共管理和社会组织等。

普查的主要内容包括单位标志、从业人员、财务收支、资产状况、生产经营情况、生产能力、原材料、科技活动情况等。普查的标准时点为2004年12月31日，时期资料为2004年度。普查中采用对法人单位、产业活动单位全面调查方式，对个体经营户采用清查和调查同时进行的方法。

普查显示，至2004年末，全市有从事第二、三产业的法人单位30950个。其中企业法人单位17152个，机关、事业法人单位2878个，社会团体法人单位516个，其他法人单位10404个。全市产业活动单位44088个，其中第二产业12822个、第三产业31266个。有个体经营户219729户，其中第二产业41607户、第三产业178122户。全市第二、三产业有就业人员155.88万人，其中第二产业110.95万人、第三产业44.93万人。在就业人员中，单位就业人员155.88万人，个体经营人员58.42万人。

第二次经济普查　2008年4月—2010年12月，潍坊市开展第二次经济普查工作。这次普查的标准时点是2008年12月31日，时期资料为2008年度。全市16个县市区（开发区）组建经济普查机构，117个乡镇（街道）成立经济普查领导小组及办公室。

普查对象是在潍坊市辖区内从事第二产业和第三产业的全部法人单位、产业活动单位和个体经营户，以及潍坊市法人单位在外地市开办的二、三产业活动单位。普查主要内容包括单位基本属性、从业人员、财务状况、生产经营情况、生产能力、能源消耗、科技活动情况等。

普查显示，2008年，全市GDP总量为2475.63亿元，其中第一产业281.69亿元、第二产业1423.64亿元、第三产业770.30亿元。三次产业所占比重为11.4：57.5：31.1。全市共有从事第二、三产业的法人单位46267个，产业活动单位61710个，个体经营户350882户。企业法人单位30435个，其中国有企业427家，集体企业684家，股份合作企业188家，联营企业、有限责任公司和股份有限公司共4762家，私营企业22382家，其他内资企业1224家，港、澳、台商投资企业226家，外商投资企业542家。全市第二、三产业企业法人单位资产总额7904.79亿元。全市第二、三产业单位和个体经营户从业人员293.2万人，其中第二产业157.6万人，第三产业135.6万人。

第三节　抽样调查

至2012年，潍坊市统计局开展的抽样调查项目主要有人口抽样调查、城市居民生活统计、农村居民生活统计、县市区（市属开发区）考核工作、社情民意调查、群众安全感调查等。

人口抽样调查

2005年3月—2006年3月，全市开展全国1%人口抽样调查。调查的标准时间为2005年11月1日零时，调查表为《2005年全国1%人口抽样调查表》《2005年全国1%人口抽样调查死亡人口调查表》，内容主要包括住户基本情况和个人年龄、性别、受教育程度、职业、迁移流动、生育、社会保障、住房情况等指标。

调查工作分建立机构，调查试点，宣传发动，业务培训，抽样框编制，小区图绘制，摸底调查，正式入户调查，事后质量抽查，数据上报、审核、汇总等环节。据调查数据推算，2005年底全市总人口871.62万人，其中男性439.85万人，女性431.77万人，性别比（以女性为100）为101.87，城镇化率为43.68%。

城市居民生活统计

1992年，反映居民收入水平的主要指标“生活费收入”改为“可支配收入”，居民消费分类由传统的10大类改为国际上通用的8大类，修订“城市住户居住情况表”“居民家庭基本情况一览表”“城市住户调查主要指标月报表”内的主要指标。“城市住户基本情况和现金收支调查表”分为“城市住户基本情况调查表”“城市住户现金收支调查表”，“城市住户购买食品情况调查表”与“城市住户购买非食品情况调查表”合并为“城市居民消费支出调查表”。增加淋浴热水器、排油烟机、吸尘器3项统计指标。

1997年，“城市不同收入水平的居民家庭综合调查表”变更为“城市住户不同收入水平家庭调查表”，“城市住户基本情况调查表”和“城市住户现金收支调查表”合并为“城市住户基本情况和现金收支调查表”，主要消费品拥有量统计中增加了健身器材、移动电话2项内容，与全民所有制、集体所有制相关的指标名称变更为国有经济单位、集体经济单位。

1999年，潍坊城调队进行1000户城市住户基本情况调查，调查对象包括户口在本城镇的非农业居民、农业居民，户口在外地居住在本城镇半年以上的非农业居民、农业居民。抽样方式也由过去通过公安户籍抽样改为实地并遵循右手原则进行抽样。2000年始，正式把以上4种类型的居民家庭全部纳入经常性城市住户调查内容之中。

2001年，城市住户调查报表主要有“城市住户基本情况调查表”“城市住户现金收支调查表”“城市住户消费支出调查表”“城市居民家庭成员基本情况一览表”“城市住户居住情况表”“城市住户不同收入水平家庭调查表”“城市住户实物收入调查表”“城市住户主要指标调查表”。

2004年6月，潍坊城调队开展1000户城市居民家庭基本情况一次性调查，调查对象为城市市区内的住户（剔除市区内村委会的住户及市区内集体户中的单身者以及军营、学生公寓等）。抽样框采用2000年人口普查框。调查内容为住房情况、耐用品拥有情况、成员基本情况、收入、支出、社会比较、旅游意向、调查意向。

2005年12月，城市住户调查增加城市居民家庭信息化消费情况调查内容。调查范围为所有的常规调查户。调查内容是接入有线电视网络的电视机、接入互联网的计算机、接入互联网的移动电话和通过互联网购买的商品和服务。同年，城调队对城市居民家庭进行食品长表调查。2006年1月，潍坊城调队对城市居民家庭进行食品短表调查。

2007年1月，开始实施新调查方案。城市住户调查报表主要有“城镇居民家庭成员基本情况调查表”“城镇居民家庭基本情况调查表”“城镇居民家庭现金收支调查表”“城镇居民家庭消费支出调查甲表”“城镇居民家庭消费支出调查乙表”“城镇居民家庭非现金收入调查表”。

2010年7月，潍坊市社会经济调查队在全市四区及高新、滨海开发区对1250户城镇居民家庭进行抽样调查，报告期为上半年。

2012年，潍坊市统计局统筹做好城乡住户一体化调查过渡期及后期移交国家统计局潍坊调查队等工作。

农村居民生活统计

1986年，农村住户调查初步形成比较完整的指标体系和报表制度。1992年，年报表制度共分6部分、640个指标。

1993年，农村住户调查报表制度进行大范围调整，将1992年年报表中的全部指标调整为1993年同口径指标。此次调整共形成12部分、1400多个指标的指标体系，农村住户调查制度基本完善。

1999年，国家统计局对农村固定资产投资调查方案进行重大改革，其中“农户固定资产投资调查”纳入4200户的农户调查网点中调查，与原农村居民家庭基本情况中的固定资产合在一起，调查内容包括农户生产性固定资产原值和主要生产性固定资产数量。

2000年，国家统计局对农村住户调查进行补充和完善。潍坊市统计局开始建立多目标农村抽样调查网络，全市抽选110个乡镇（街道），136个行政村，1360户。每个县市区抽选10~16个村，每村抽选10个有代表性的户。2001年，在农村抽样调查统计中，增加“农村住户粮食平衡表”，取消“农村住户人口与就业情况表”。

2002年，对农村抽样户报表作较大调整，综合年报表由8张表调整为3张表，综合定期报表由3张表调整为1张表；基层年报表取消“农村居民家庭收入与支出”“农村居民食品消费情况”，基层定期报表取消“农村居民家庭现金收入与支出”“农村居民生活消费现金支出”“农村居民主要农产品出售情况”，增加“农村住户劳动力就业情况表”；“农村居民家庭现金收支日记账”的补充资料调整至“农村住户劳动力就业情况表”中；调整住户记录分类和编码；“农村住户全年收入预计表”统计口径由可支配收入改变为纯收入。

2003年，增设大量细项指标。综合定期报表增加“农村劳动力就业与流动情况”“农村住户劳动力就业与外出务工情况”，“农村住户所在村基本情况表”增加调查村年末举家外出住户情况、住户当年举家外出情况和当年举家返回情况的内容。至2005年，逐步形成一套比较完整的农村住户调查指标体系。

2006年，调整《农村住户账页记录编码》目录，精简农村住户生活消费支出细项指标。2010年，农村住户调查调整农村住户常住户定义，由在本地“居住1年以上”调整为“居住半年以上或即将居住半年以上”；取消“农村住户所在村基本情况”中“年末调查村举家在外住户情况”“当年调查村住户举家外出情况”“当年调查村住户举家返回情况”，“农村住户劳动力就业与外出从业情况”表名改为“农村住户成员及劳动力从业情况”，取消“农村住户调查公报”。

2011年，调整《农村住户账页记录编码》，取消“农村劳动力就业与流动情况”和“农村住户劳动力就业与外出从业情况”。

2012年，潍坊市调查户数1160户，调查显示，当年农民人均纯收入11797元。

其他专项调查

县市区、市属开发区考核工作 2003年，市委提出研究建立县市区经济工作考核办法，建立GDP、财政收入、工业销售收入、投资、利用外资、出口等指标组成的考核指标体系。考核采取指标考核和点评考核相结合的办法进行。点评考核主要是在现场观摩的基础上，点评人员以无记名投票方式为各县市区打分，参加点评人员为市五大班子领导、各县市区主要负责人、市直主要部门负责人，点评每年进行两次。年终由统计部门根据指标考核和点评考核数据进行综合测算，按得分进行排序，最终结果以市委、市政府两办文件通报。2009年，首次将基层党建、反腐倡廉等定性指标纳入考核。考核正式定名为“县市区、市属开发区科学发展考核”。此后，定性考核在整个县市区考核中的比重逐年增加。2009年、2011年下半年，均对当年的考核办法进行调整、补充。2012年，全市把整个县市区考核设置为经济工作和社会事业发展考核、党的建设等定性指标考核、奖励考核、一票否决考核和社会满意度调查五个模块。

潍坊市社情民意调查 潍坊市社情民意调查中心于2009年5月成立，为市统计局所属行政支持类事业单位。主要任务是承办市委、市政府委托的社情民意调查任务，为管理和决策部门提供及时、准确、有效的社情民意信息；密切关注、及时反映民众对社会热点、难点和焦点问题以及突发事件的态度与看法，为社会公众与党和政府之间架设起沟通的桥梁，使来自公众的主流声音成为党和政府决策的依据和参考；搜集、整理和提供其他相关社情民意调查信息；规范、指导和管理全市的社情民意调查工作。至2012年底，完成各项调查99项。

群众安全感调查　2004年，根据国家统计局统一安排，潍坊市组织开展群众安全感调查工作。调查对象为年满16周岁以上的中国公民。调查的主要内容有群众的安全感，影响安全感的主要因素，群众对当前社会治安状况的心理感受，群众对政法工作和队伍建设的满意程度。调查方法：由调查员入户发放“群众安全感调查问卷”，被调查人自己填写，年龄较大或者不识字的被调查人可以采用调查员入户访问登记的方法。全市每年均以省总样本量的十分之一作为样本进行调查。随着2010年第六次人口普查的展开，本项调查工作暂时中断。至2010年，进行抽样调查6次。

第四节　信息服务

市统计局通过统计公报、资料汇编、统计分析报告等方式，为社会各界提供信息服务，为党委、政府提供决策参考。

《年度统计公报》　1995年开始发布上年度统计公报。每年的统计公报一般次年2月发布，发布的主要媒体为《潍坊日报》。统计公报基本包括综合、农业、工业、固定资产投资和建筑业、运输邮电、国内贸易、对外经济贸易与合作、财政金融保险、科学技术、城市建设和环境保护、教育卫生文化体育、市场物价、居民生活和人口等内容，个别条目随着经济和社会发展变化及时增减。2009年删减高新技术开发区、滨海经济开发区发展情况，增加高新技术产业内容。2011年增加物流业、资本市场、保障性住房等内容。至2012年，向社会发布年度国民经济和社会发展统计公报18次。

《潍坊统计月报》　《潍坊统计月报》是反映全市月度经济运行情况的统计资料，于每月22日前后出版。内容包括当月全市经济运行情况、主要指标增长速度统计图、主要经济指标数据、县市区主要经济指标数据、全省各市主要指标数据、统计信息窗等，共含395项指标，988个指标值。

《潍坊统计快报》　1998年开始编制，内容包含工业、投资、贸易、财政、税收、金融、进出口、用电量、价格指数等指标，一般在每月10日后呈送市委、市政府部分领导参阅。2002年后，于每月3日为市领导提供主要指标报表。

《潍坊统计年鉴》　1991年，《潍坊统计年鉴》以内部资料形式印发，1993年开始由中国统计出版社正式出版发行。1993年以前，统计年鉴的年度为统计数据发生的年度，1993年后，统计年鉴的年度改为出版年度，版面由原来的32开扩版为16开。

《潍坊统计手册》　《潍坊统计手册》由《潍坊简明统计资料》发展而来，1995年开始编制，64开本，收集当年全市主要经济指标数据、各专业和部门数据、县市区数据、全省各市数据，以及自1978年以来的全市历史数据。手册的发送范围主要是市委、市政府领导和有关部门、单位负责人。

《潍坊市经济社会发展报告》　2006年开始编写，每年一期，3月出版发行，内容分为综合篇、行业篇和地区篇三大部分，涵盖全市地区发展、农业、工业、服务业、建筑业、投资、房地产、消费、对外经贸、居民生活、财政、金融、交通、卫生、居民生活、科技、旅游、民政等国民经济和社会事业领域，以及各县市区、市属开发区社会经济发展情况。

《崛起的风筝都——潍坊市六十年的奋进历程》　2009年编纂，内容包括统计彩图和文字两大部分。图片部分综合反映60年来全市人口、产业结构、工农业生产、交通、邮电、贸易、外经、财政、金融、投资、房地产、人民生活、教育、卫生等经济社会发展对比情况。文字包括全市篇和县市区篇两大部分。全书包含2280多个指标项，68640多个指标值。

《潍坊辉煌的五十年》　2000年11月出版发行，全书包括全市篇、县市区篇、附录三大部分，57万字。

第五节　统计执法

1991年，市统计局在全市组织开展以工业、固定资产投资和劳动工资为主要内容的统计法规执行情况大检查，分自查、互查和重点抽查三个阶段进行。1992年，协助安丘县统计局组建全省第一个县级统计部门检查科，并制定相应的工作规范。1993年，在全市范围内开展统计执法大检查，对统计执法检查员进行查处统计违法案件程序及复议应诉方面的培训。

1995年，全市立案85件，结案69件，其中市统计局直接立案查处15件，结案13件。1996年5—6月，市县联合组织一次统计执法检查，检查55个单位，立案35件，罚款14.8万元。1997年，市统计局、市监察局、市法制局、市司法局四部门联合开展统计执法检查。检查共收到企业自查报告3314份，占应查单位数的81%，查出统计违法行为311起。1998年，全市抽查单位481个，立案查出统计违法单位182个，结案180件；其中市统计局抽查单位88个，立案41件，其中罚款21件，罚款金额9.4万元，警告18件，通报批评2件。

1999年，开展全市统计执法检查，抽查单位359个，立案查处155起，其中罚款40件，罚款金额22.2万元。2000年，全市统计执法检查单位326个，查出统计违法案件155件，结案76件。2001年，抽查单位158个，立案60件，其中罚款40件，罚款金额26.4万元。2002年，全市检查单位380个，立案90件，对其中的17件依法给予行政处罚。

2003年，开展针对工业、投资和贸易等专业的数据质量检查，全市检查单位300多个，立案查处61个单位。2004年，在全市开展统计执法检查，检查单位110个，立案62件，其中告知罚款49件，罚款额15.5万元，警告8件，通报批评5件。全市（含县市区）检查单位448个，立案121件。2005年，开展全市统计执法集中检查工作，检查119家企业。

2008年，全市统计执法检查单位近200家，全面完成年度执法检查计划。2009年6月上旬和7月中旬，国家统计局检查组和省统计局检查组分别对坊子区经济普查工作中存在的问题进行检查和核查。

2011年，潍坊市统计工作巡查组对寒亭区、奎文区、青州市、诸城市、安丘市、昌邑市、昌乐县实施统计巡查。全市检查单位233个，其中42个单位存在着不同程度的违法行为，立案28件，结案28件，其中警告19件，罚款8件，通报批评1件。

第六节　机构队伍建设

市统计局

1991年，潍坊市统计局编制62人，其中行政41人、事业21人，内设科室10个。1996年7月机构改革，行政编制和事业编制明确分开，行政编制定为40人，设行政科室8个。2010年机构改革，行政科室调整为10个，行政编制31人。至

2012年12月，市统计局行政编制31人，内设办公室、组织人事科、政策法规科、综合统计科、国民经济核算科、工业交通统计科、贸易外经统计科、社会科技统计科、服务业统计科、固定资产投资统计科10个科室。局属事业单位6个，编制40人，分别为市社会经济调查队、市普查办公室、市电子计算机室、市农村社会经济调查队、市招商统计办公室、市社情民意调查中心。

局属事业单位

1986年12月成立电子计算机室，正科级规格，编制3人。1987年6月，成立市普查办公室，正科级规格，编制4人，2009年5月调整为3人。1996年7月成立事业单位潍坊市农村社会经济调查队，编制8人，2009年5月调整为5人。1998年4月，潍坊市企业调查队组建，编制21人，副县级规格；2006年12月，撤销潍坊市企业调查队，设立国家统计局潍坊调查队，正县级规格，事业编制21人，为国家垂直管理。2008年9月，成立市招商统计办公室，正科级规格，事业编制4人。2009年5月，成立潍坊市社情民意调查中心，正科级规格，事业编制4人。2009年12月，省属潍坊市城市抽样调查队调整为潍坊市管理，更名为潍坊市社会经济调查队，副县级规格，事业编制12人，2011年7月编制增加为21人。

镇街统计队伍

2005年，市政府印发《关于加强统计基层基础工作的意见》。2006年6月，市统计局制定《潍坊市统计基层基础工作规范》，同年8月11日在诸城市召开全市统计基层基础建设会议，至年底，有11个县市区编委发文设立统计站，确定了统计站的人员数量以及经费等保障。到2012年底，全市12个县市区、5个市属开发区共145个镇、街道设立统计机构，均为联合型，145个统计站实有工作人员605人，其中专职统计人员466人，兼职统计人员139人。

企业统计队伍

1990年6月，市政府印发《潍坊市实行“企业统计负责人制”暂行办法》，企业统计队伍建设工作在全市全面展开。1998年，印发《关于搞好企业统计负责人整顿和加强管理的实施意见》。全市规模以上企业普遍设立独立的统计机构并设立统计负责人，企业统计负责人享受中层待遇。至2012年底，大中型企业基本设立统计负责人，其中大型企业基本设立统计科（处），中型企业基本配备专职统计人员。

潍坊市统计学会

潍坊市统计学会成立于1984年11月。1992年12月，创办《信息导报》，1994年9月停刊。1998年8月，学会登记为市社科联团体会员单位。2000年1月，由非法人社会团体转为法人社会团体。至2012年12月，共有个人会员132名。

第四章　审计监督

1991—1994年，全市共审计单位9723个（次），审计总金额906亿元，增加财政收入8189万元。为政府提供信息、报告2017篇，其中被采用、批转316篇。

1995年，潍坊市审计工作以实施《中华人民共和国审计法》为契机，积极推进审计法制化和规范化建设，全面提高审计工作水平。全市审计机关完成审计项目478项，累计审计单位1786个，查处违纪金额1.67亿元，为国家增加财政收入4598万元，为国家和建设单位节省建设资金1.6亿元。1996年，市、县两级审计部门以经济建设为中心，围绕促进“两个转变”（经济体制由计划经济向市场经济转变，经济增长方式由粗放型向集约型转变），全市审计财税、企业、行政事业等各类单位1334个，查纠各类违纪违规金额3.03亿元，查出应缴财政金额1.05亿元，上缴财政8290万元，促进被审计单位增收节支9800万元。

1997年，全市审计财税、企业、行政事业等各类单位1727个，查纠各类违纪金额4.51亿元，查出应缴财政金额1.31亿元，上缴财政9820万元，促进被审计单位增收节支9800万元。1998年，市、县两级审计机关审计和延伸审计单位1980个，查处违规金额25.3亿元，应上缴财政8690多万元，上缴财政6200多万元，减少财政拨款和补贴4559万元，核减工程造价4.1亿元，累计增收节支5.4亿元。

1999年，全市审计机关查处应上缴财政金额1.2亿元，上缴财政8800多万元，其中市审计局直接增加市县市区财政收入5000多万元，超过前十年的总和，在全省地市审计局中名列首位。2000年，全市审计机关审计和组织审计单位630多个，查处违规金额14.2亿元，为国家增收节支9800多万元，其中当年和跨年度上缴财政资金4800多万元，减少财政拨款或补贴金额860多万元，追还被侵占挪用资金4200多万元。

2001年，全市审计机关坚持“全面审计、突出重点”的指导方针，审计和延伸审计单位720多个，查处违规违纪金额21.4亿元，上缴财政7800多万元。追还被侵占挪用资金9900多万元。2002年，全市审计和审计调查单位712个，查处违规金额9.9亿元，应缴财政4227万元，上缴财政2160多万元，追回被挤占挪用资金718万元。2003年，全市审计机关完成审计项目717个，查处违规金额14.6亿元，管理不规范金额18.5亿元，应上缴财政4260万元，上缴3771万元，追回被侵占挪用资金3900万元。2004年，全市审计机关完成审计项目676个，延伸审计和调查单位440多个，查处违规金额5.9亿元，管理不规范金额16.7亿元，损失浪费金额1.7亿元，应上缴财政6753万元，上缴4177万元。2005年，全市审计机关完成审计和审计调查单位1292个，查处违规金额26.23亿元，管理不规范金额33.21亿元，上缴财政5302万元。

2006年，全市审计机关完成审计和调查项目634个，查处违规金额4.1亿元，管理不规范金额16.6亿元，揭露损失浪费问题6600万元，促进增收节支1.1亿元。2007年，全市审计机关完成审计和调查项目694个，查处违规金额2.5亿元，管理不规范金额20.8亿元，揭露损失浪费金额0.2亿元，促进增收节支2.3亿元。2008年，全市完成审计和调查项目1016个，查处违规金额13.6亿元，管理不规范金额73.1亿元，促进增收节支10.7亿元。2009年，全市完成审计和调查项目992个，查处违规金额13.07亿元，管理不规范金额89.79亿元，促进增收节支金额12.49亿元。制订实施《潍坊市2009—2012年审计工作发展规划》，为审计事业长远发展夯实基础。

2010年，推进全市审计工作科学转型，制定《关于推进全市审计工作科学转型的实施意见》，集中全市优势资源，重点抓好51项转型试点。全市完成审计项目986个，促进增收节支6.5亿元，挽回经济损失3.45亿元。2011年，全市完成审计项目987个，促进财政增收节支34.8亿元，提出审计建议1410条。

2012年，全市完成审计（调查）项目949个，查出主要问题金额362.68亿元，促进财政增收节支35.5亿元。

第一节 国家审计

财政审计

1995年，潍坊市审计机关首次开展对本级财政预算执行情况的审计，市政府转发市审计局《潍坊市一九九五年本级财政预算执行情况审计监督实施方案》，全市审计机关审计预算执行单位25个，审计预算执行资金2.75亿元，占预算执行资金总额的55%。1996年，市、县两级审计机关把本级预算执行审计列为审计的核心任务，全市对320个一级预算执行单位进行审计，占预算执行单位的33%，审计预算支出资金27.6亿元。审计查处各类违纪违规金额1.9亿元，增加预算收入1760多万元，促进增收节支5500多万元。提出审计建议140多条，解决预算外资金管理、财政周转金管理、一级预算单位的预算资金管理等56个财政管理方面的问题。1997年，市、县两级审计机关对237个一级预算执行单位进行审计，并延伸审计262个二、三级单位，审计预算支出资金27.6亿元。查处各类违纪金额1.46亿元，查处违规设置账户110个，查处账外资金1000多万元，增加预算收入1760多万元，促进增收节支5500多万元。1998年，对167个单位1997年度预算执行情况进行审计，并延伸检查所属的76个预算执行单位，查纠违规金额1.8亿元，增加财政收入、减少财政支出6320多万元，提出审计建议460条。2001年，全市审计预算执行部门、单位110多个，查处各类违规违纪金额2亿多元。市委转发市审计局、市财政局、市监察局联合制定的《关于加强部门、单位财务管理监督的意见》。

2002年，全市重点检查预算执行的真实性、资金分配的合理性、税收征管的规范性、资金使用的安全性和效益性，查处预算外资金管理不规范、不严格按预算拨付资金、私设账外账和“小金库”等问题。2003年，全市审计119个部门单位，查处违规金额5120多万元，管理不规范金额9亿多元，上缴财政1680多万元。加强县乡财政决算审计，上报《乡镇预算外资金管理需进一步规范》《农村税费改革情况调查分析》等综合信息，为领导决策提供依据。2004年，在预算执行审计中，全市审计111个部门单位，查处违规金额7490多万元，管理不规范金额1.8亿多元，上缴财政1808多万元。2005年，围绕财政预算管理改革和公共财政体系建设，深化预算执行审计，查处应缴未缴税金、违规收费、预算外资金管理使用不规范、账外账、资产不实等问题金额13.3亿元。2006年，全市对129个预算执行单位进行审计，重点关注预算分配的合理性和预算执行的合规性、规范性，查处各类违法违规问题金额11.3亿元。2007年，全市审计（调查）部门单位90个，查处各类问题金额6.9亿元。

2008年，加强对经济决策贯彻执行、部门预算重点支出资金的审计，注重反映问题的真实性、原因分析的准确性、建议提出的可行性。全市共审计（调查）单位107个，查处违规金额2.2亿元，管理不规范金额15.6亿元、损失浪费金额581万元，促进增收节支8538万元。2009年，关注财政资金的使用效益，加强对重点部门、重点行业、重点项目和资金的审计监督。全市审计（调查）单位140个，挽回经济损失7168万元，促进增收节支5.22亿元。实施市本级预算执行和税收征管情况审计。结合税收征管审计，选取16个行业的20家重点企业，实施企业发展状况专项审计调查，为市政府积极应对金融危机提供决策参考。开展2个县级政府财政决算审计，并结合进行地方政府负债情况审计调查，摸清地方搭建的筹融资平台和负债规模的总体情况。2010年，全市审计（调查）单位185个，促进增收节支3.69亿元。探索财政审计一体化模式，将财政审计与经济责任、行政事业、农业、资源环保、投资等专业审计内容融为一体，对同一单位的多个项目，采取“捆绑式”审计，实现局机关内部和上下级审计机关间“一审多果，一果多用”。这一创新性做法得到省审计厅的充分肯定。2011年，全市审计（调查）单位175个，查处违规金额40.9亿元，管理不规范金额217.62亿元，促进增收节支38.58亿元。

2012年，围绕积极财政政策的实施和财政审计一体化模式设计，全面审计财政管理、预算执行、财政决算、税收征管等情况，更加注重与重点部门（单位）、重点资金、重点行业和领域的专项审计紧密结合，加大对被审计单位所属下级单位和管理对象的延伸审计或调查力度，及时督促查出问题的整改和审计建议的落实。全市审计（调查）单位219个，查处违规金额31.71亿元，管理不规范金额229.3亿元，促进增收节支17.76亿元。

金融审计

1991—1994年，围绕促进国家宏观调控措施的落实，突出对财税金融部门的审计。全市审计机关共对384个财税金融部门进行审计，审计总金额129亿元，增加财政收入1881万元。围绕中央整顿金融秩序措施的落实，组织全市审计力量，开展对市级4家专业银行和12个县市区支行的专项审计。1995年，市审计局先后对中国人民银行潍坊市分行1994年度资产、负债和损益情况进行两次审计，查处违纪金额3.2万元和56万元，上缴财政16.1万元。

1997年，对中国农业银行青州支行、诸城支行、寒亭支行、寿光支行、昌乐支行1996年度资产、负债和损益情况进行审计。查出违纪行为金额2.37亿元，查出多收贷款利息1万元，漏缴税款4.5万元，业务管理费超支5万元，超规模贷款6362万元，信用卡透支87万元，不良资产1.72亿元等问题。对市投资公司1996年至1997年一季度财务收支情况进行审计，查出漏缴各项税款19万元。对市典当服务行1996年财务收支情况进行审计，查出应计未计利息收入63万元，应补缴的各项税款3.4万元。对山东证券公司潍坊分公司1996年至1997年6月资产负债和损益情况进行审计，查出超标准税前列支工资性支出14万元，漏缴企业所得税5万元；贴现抵押贷款利息收入752万元，未缴营业税及附加42万元；在“应付账款”科目拆入资金7300万元；为6户股民透支日均156万元，造成透支损失72万元；挪用客户保证金7630万元等问题。对中国农业银行昌邑市支行1996年资产负债和损益情况进行审计，查出应补缴投资方向调节税20万元；逾期贷款8683万元，超规模贷款3828万元等问题。先后对中保财产保险有限公司潍坊分公司和中保人寿保险公司潍坊分公司1997年资产负债及损益情况进行审计，查出违纪行为金额543万元，上缴财政22万元。

1998年，市、县两级审计机关组织实施对部分商业银行、城乡信用社、农村基金会及保险机构的审计。审计单位28个，查处违规贷款及投资1.1亿元、违规吸收存款1.75亿元、账外经营资金2300多万元。1999年，全市统一组织，历时5个月，完成对市工行14个支行、市建行分行及14个支行226亿多元资产的审计任务，并对信贷资产的质量状况做分析，为防范化解金融风险和金融体制改革提供依据。

2001年，开展对保险公司和地方金融机构的审计和审计调查，查处违规金额4800多万元，对存在的不良贷款数额较大、防范抵御金融风险能力不高、违规发放贷款等问题，分析原因，提出改进建议，为规范金融秩序发挥积极作用。2002年，全市审计机关对农业发展银行分支机构2001年资产负债损益情况进行审计。部分县市区审计局还组织对地方商业银行和城市信用社及所属分支机构资产负债损益进行审计。查处违规金额153万元，上缴财政125万元。

2003年，对中国人寿保险公司潍坊分公司本部和12个支公司、1个营业部、2个营销部2002年度的资产、负债、损益情况进行审计，查处账内转出资金购置固定资产没有明细记录、漏缴税金、固定资产超规模购建、违规支付手续费、继续办理已停办险种等方面的问题。2005年，对天同证券有限责任公司潍坊分公司资产负债损益情况及业务经营情况进行审计调查，查处挪用客户债券、账外账、小金库等问题。2006年，对市邮政局2005年度财务收支情况进行审计，查出违规资金总额878.41万元。

2010年，市审计局对农村信用社系统2009年度资产负债损益及2008年以来信贷政策执行情况进行审计和审计调查，基本摸清有关单位股本构成及法人治理结构、风险控制、信贷政策执行、资产质量、盈利和抵御风险能力等情况，提出深化改革的意见和建议，移送有关部门处理事项2件，涉及金额4.12亿元，为市领导决策农村信用社系统改革提供重要依据。

2012年，市审计局对潍坊银行股份有限公司2011年度资产负债损益情况进行就地审计。发现的主要问题有：违规经营5.24亿元；部分资产质量不实，信贷业务存在潜在风险，其中信贷资产风险分类不实300万元，“借新还旧”贷款合同发放金额10.71亿元；财务收支方面问题金额4.6亿元。

企业审计

1991—1994年，围绕转换企业经营机制，提高经济效益，加强对企业的审计。全市审计企业2635个，查处违纪金额2.8亿元，增加财政收入3111万元。工作中坚持“审、帮、促”相结合的原则，把审计的重点放在促进企业练好“内功”，维护企业的合法权益，增强企业走向市场的能力上。向企业提合理化建议3826条，帮助企业提高经济效益1.16亿元。1994年，潍坊纯碱厂落实审计建议，经济效益大幅度提高，成为全省“双增双节”活动的典型。

1995年，全市审计机关审计企业550家，直接增加财政收入1600多万元，避免国有资产流失3446万元，向企业提出合理化建议1200多条，促进提高经济效益5800多万元。全市有20多家企业落实审计建议，年增效益40万元。市审计局在1994年承担奎文设区、工商上划、组建企业集团等清产核资工作和厂长经理离任审计工作的基础上，1995年又根据市委、市政府的部署，先后承担组建海洋化工集团、新立克集团对外贸服装集团的兼并等大型企业集团的清产核资工作，对所属43个单位和企业的资产进行清点，保证集团组建工作的顺利进行。1995年，组织对市属29家企业经营责任的年度审计。

1997年，全市审计企业526家（次），查处违纪金额1.08亿元，增加财政收入3570多万元。1998年，市、县两级审计机关积极开展对企业集团、重点大中型企业、重点亏损企业的审计和改制企业审计调查。审计企业612家，查处成本不实资金5.5亿元，虚增利润7.8亿元，虚减利润3600多万元。通过对全市11家亏损企业的审计，净审减资产1.31亿元，净审减所有者权益1.5亿元，净审增亏损1.77亿元。各地围绕企业的改革、改组、改造，认真组织和直接完成资产评估、破产清算等工作任务，为当地党委、政府进行企业改制提供重要依据，保证深化企业改革措施的落实。

1998年6—8月，全市审计部门开展首次粮食财务挂账清查审计工作。审计粮食单位271个，审计农发行单位11个，延伸审计和调查其他单位74个，审计查实全市粮食企业亏损挂账3.24亿元，不合理占用农发行贷款2.22亿元。对30%的粮食企业进行清查盘点，盘亏1100万公斤，同时还发现其他违纪违规问题。市政府将审计情况通报全市，促进粮食行业的规范化管理，为粮食流通体制改革提供充分依据。

1999年，市、县两级审计机关加大对假账、假表、假数字的审计力度，查处虚假利润10.5亿元，资产不实25亿元。完成对电信、邮电、移动通信、寻呼、青州烟卷厂等单位审计任务，增加地方财政收入4500多万元。市审计局对一大型企业集团的审计中，发现企业1998年账面盈利253万元，审定为亏损4.14亿元，累计亏损6.75亿元，潜亏1.8亿元。2001年，全市对116家企业进行审计，查出违规金额9.7亿元，资产不实1.3亿元。通过审计，摸清企业家底，并对发现的信息失真、资产不实、盈亏不实、国有资产流失等问题，提出加快企业发展的建议，为政府的宏观决策提供重要依据。探索对不同所有制企业审计的新路子。青州市规定，“注册资本100万元以上，年销售收入1000万元以上的个体私营企业和其他经济组织纳入审计监督范围”；诸城市、高密市也都对改制企业的审计作出规定。

2002年，全市组织对67家重点国有企业进行审计，查出违规金额3.7亿元，应缴财政1912万元，上缴财政834万元，促进企业增收节支1800多万元。2003年，审计企业88家，查出收入和成本不实、虚增虚减利润、损失浪费等违规行为金额5.6亿元，提出审计建议300多条。积极开展企业税外负担调查，调查大中型企业70多户，严查“三乱”（乱收费、乱罚款、乱摊派），维护企业合法权益。2004年，全市审计企业61家，查出收入和成本不实、虚增虚减利润、损失浪费等问题金额7.1亿元，提出审计建议260多条。

2010年，选取16个行业的20家重点企业，实施企业发展状况专项审计调查，重点分析经济形势变化对企业发展状况的影响，并提出科学合理的6条审计建议，《中国审计》期刊专门派记者实地采访并发表长篇文章。

2011年，对山东省鄄城县潍坊工业园启明发展有限公司等21家企业资产负债情况进行审计，查出违规金额1.37亿元，管理不规范金额3.95亿元。2012年，对潍坊银行等16家企业资产负债情况进行审计，查出违规金额5.54亿元，管理不规范金额11.38亿元。

行政事业单位及专项资金审计

1991—1994年，全市审计机关围绕促进廉政建设，积极开展对行政事业单位的审计，突出对预算外收入数额较大和有罚没收入单位的定期审计。全市审计行政事业单位1516个，查出违纪金额3180万元，增加财政收入571万元。1994年，市审计局和12个县市区审计局对当地公安、环保、技术监督、工商和国土规划等执法部门的行政性收费和罚没收入的征管情况进行专项审计，审计总金额3.84亿元，增加财政收入120多万元。市审计局参与对全市有预算外收入的部门、单位的清理检查，检查单位100多个，查出违纪金额600多万元，增加财政收入100多万元。

1995年，审计城建资金、待业养老保险基金、农业资金、利用外资等重点专项资金17.2亿元，发现有问题资金1.2亿元，查处违纪金额6800多万元，提出改进建议21条。1996年，开展各类专项资金和基金的审计12项，审计资金总额8.4亿元，查出挤占挪用等有问题资金4660多万元，增加财政收入1150万元。1998年，对社会保障资金、水利专项资金、救灾捐赠款物等开展审计或调查，累计开展审计和调查78项，查处挤占挪用资金2180多万元，增加财政收入320多万元。

1999—2002年，市审计局对79个行政事业单位进行财务收支审计，查出违规问题金额3.14亿元，上缴财政2229万元，追回侵占挪用各项资金979万元。2003年，市审计局对12个行政事业单位进行财务收支审计，查出违规问题金额5617.48万元，上缴财政171.76万元，追回侵占挪用各项资金29.6万元。对市公安局2002年度财务收支情况进行审计，发现的主要问题有：市公安局无依据收取风筝会办公室执勤费25万元，机场分局无依据收费8.82万元，公安干校短期培训班收入79.42万元，未按物价部门要求办理收费手续，漏缴营业税金及附加0.98万元；无证收取出入证、通行证工本费4.7万元，且账外存放；取保候审保证金核算不规范，未及时处理11.6万元；《潍坊公安报》漏缴税金及附加14.66万元。对市工商行政管理系统2001年至2003年6月财政财务收支情况进行审计，查出违纪违规问题金额3436.48万元。发现的主要问题有：应缴未缴税金107.64万元，部分基层工商所拖欠应缴预算款48.48万元；乱收费122.19万元；挪用经费、会费用于基建、发放福利等772.23万元；私设小金库33.43万元；账外账27.2万元；固定资产不入账273.81万元；使用不合规票据收费82.72万元；未全部实行票款分离共计678.8万元；各级信息咨询服务中心欠缴网员费、卡费410.82万元等。

2004年，全市审计机关集中组织开展农村公路、粮食清理、城市低保资金、扶贫资金、质量技术监督、盐业系统、外国政府贷款等7项大规模专项审计。2005年，全市统一组织水资源费、基本养老保险基金、医院收费、学校基本建设、计划生育事业费、外国政府贷款、公路系统、食品药品监督系统等10余项专项审计和调查。

2006年，从改善宏观管理、关注民生问题出发，对教育资金、环保资金、养老保险、住房公积金等进行审计和审计调查，审计资金15亿元，查出挤占挪用、损失浪费、管理不规范等问题金额2.49亿元，并从落实宏观政策、完善制度等方面提出审计建议，促进专项资金管理使用效益不断提高。通过对城市住房公积金的审计，促进收回被占用资金2.4亿元。农业综合开发资金审计项目涉及11个县市区和72个乡镇，审计资金总额近3亿元，促进配套资金及时到位，规范资金管理。2007年，围绕人民群众普遍关心的热点、难点问题，组织开展环保资金、社会保障资金、转移支付资金、慈善捐赠资金、中小学教育收费、村村通自来水工程、新型农村合作医疗基金等专项资金审计和审计调查。全市审计（调查）单位66个，审计资金总额18.2亿元，查出挤占挪用资金、配套资金不落实等问题金额2.6亿元。在市级环保资金审计中，查出欠征、漏征排污费和挤占挪用排污费收入等问题，追缴入库排污费3000多万元。通过对新型农村合作医疗基金审计，发现经办机构设置缺乏独立性，编制及经费保障不足；定点医疗机构药品价格偏高，个别医院存在违规收费现象等问题。在农村社会养老保险基金审计中，针对部分县市区存在的违规借款、规章制度相对滞后等问题，提出加强基金管理、设立统筹账户、制定最低缴费标准等建议，保障资金的安全完整，维护群众的利益。

2008年，全市开展涉及民生的审计和审计调查项目87个，审计资金总额93.02亿元，查出违规金额5494万元、管理不规范金额14.09亿元、损失浪费金额724万元。汶川特大地震发生后，成立抗震救灾款物审计工作领导小组。全市投入审计力量52人，跟踪审计抗震救灾资金、物资3.5亿多元，并组织人员到北川援建现场进行审计调查。年内，对市政府驻北京等7家办事处

2012年3月，全国社保资金审计潍坊市审计工作现场

（联络处）进行审计，联合市国土、财政、监察等6部门对6个县市区开展土地出让金及土地开发整理专项资金清理和检查工作，严查粮食直补资金管理、使用中存在的有关问题，完成峡山生态经济区设立的资产清理、滨海开发区和寒亭区资产分割等工作。

2009年，全市审计和调查项目141个，审计资金总额95.46亿元，查出违规金额2141万元，管理不规范金额7.09亿元。开展市属12所职业院校资产负债情况审计调查，找准影响和制约全市职业教育发展的突出问题。进行农村药品监管网和药品供应网建设及运行情况审计调查，服务全市医疗改革。实施市本级和4个县市就业资金审计，组织其他县市区审计局对当地就业资金情况进行审计，促进提高民生资金使用效益。开展中心城区污水处理费征收管理使用情况审计调查，抗旱救灾资金、粮食直补和全市2008年度社保基金审计，保障惠民政策的贯彻落实。

2010年，加强对重点专项资金的审计和审计调查，全市完成审计和调查项目83个，查出违规金额4507万元，管理不规范金额22.67亿元。开展住房公积金专项审计项目，从制度设计和执行入手进行绩效分析，市政府专门出台文件调整住房公积金管理体制和领导机构。进行青海玉树地震抗震救灾捐赠款物审计，促进救灾资金物资按要求及时到位、有效监管、规范使用。进行残疾人就业保障金审计，完善残疾人就业保障金管理制度，维护广大残疾人的切身利益。2011年，加大对“三农”、社保、住房等重点民生项目和资金的审计力度。全市完成审计和调查项目72个，涉及资金总额158.49亿元，查出违规金额1.16亿元，管理不规范金额29.78亿元。

2012年，继续加大对“三农”、社保、住房等重点民生项目和资金的审计力度。全市完成审计和调查项目62个，涉及资金总额167.25亿元，查出违规金额2.29亿元，管理不规范金额23.4亿元。开展全市社会保障资金审计，审计12个县市区、3个市属开发区政府及其所属部门单位，延伸调查112家企业、35个村（居）委会、31所医院，涉及资金总量1889亿元，摸清全市社会保障的总体情况，揭示各类问题40项，提出审计建议8大类13项，有效地规范社保资金管理。开展住宅专项维修资金交管用情况审计调查和体育彩票公益金专项审计，确保资金专款专用，提高使用效益。

经济责任审计

全市经济责任审计工作起步较早。1986—1988年为试点起步阶段。1989—1998年，经济责任审计工作平稳发展，全市各级审计机关共对3761个单位进行经济责任审计。1998年，党政机关领导干部任期经济责任审计工作全面展开。全市开展离任审计221项，审计和延伸审计独立核算单位640多个，查纠违纪违规金额4.8亿元。审计结果成为有关部门进行干部考核监督和评价使用的重要依据，市纪委、市委组织部、市监察局、市人事局、市审计局联合印发《关于加强机关事业单位及国有企业法定代表人任期经济责任定期审计的意见》，规范和完善干部经济责任审计工作。

1999年，将法定代表人离任时的一次性集中审计改为任期内的经常性审计，变事后监督为相对的事前、事中监督。对乡镇党委书记和乡镇长的经济责任审计做好充分的调查研究，制定规范性文件，使审计管辖范围、审计内容更切合实际，审计结果更准确、全面地反映乡镇领导人员的经济责任。2001年，对全市370多名领导干部进行经济责任审计，查处违规行为金额14.8亿元，处理处罚金额2900万元，提出审计建议800多条。参照审计结果，有50多名干部晋升，40多名干部被免职或降职。加强经济责任审计的机构建设和组织领导，有7个县市区设立经济责任审计专职机构，5个县市区建立和完善联席会议制度。

2002年，对282名领导干部进行经济责任审计，查处违规行为金额5亿多元。参考审计结果和其他方面的情况，有5人被移送纪检监察和司法机关。2003年，对313名领导干部进行经济责任审计，查处违规行为金额1.1亿元，管理不规范金额4.5亿元，有3人被移送纪检监察和司法机关。市审计局与市纪委、市委组织部、市监察局、市人事局联合印发《机关事业单位和国有企业法定代表人任中经济责任审计与日常财政财务收支审计相结合的实施办法》，审计署和省审计厅分别予以充分肯定和介绍，《人民日报》就有关内容进行报道。临朐县审计局对乡镇经济责任审计规范化问题进行探索，审计署推广临朐县的做法。

2004年，对310名领导干部进行经济责任审计，其中任中审计52个。审计查出领导干部应负主管责任的违规行为金额4.4亿元，管理不规范金额10.7亿元。市审计局与市纪委等五部门联合制定实施《任中经济责任审计分类管理办法》，该做法在全国经济责任审计工作调研会上做典型介绍。青州市被中央五部委联合授予“全国经济责任审计工作先进市”称号。2005年，全市完成经济责任审计项目319个。实行任中审计与日常财政财务收支审计相结合办法和任中审计分类管理办法，《中国审计报》头版头条专题报道。

2006年，全市对307名党政领导干部和企业负责人进行审计，重点关注领导干部行使经济决策权、管理权和财经政策执行权的绩效情况。2007年，全市审计经济责任人397人，查出违规金额1.4亿元，管理不规范金额10.6亿元。市政府印发《乡镇（街道）党政领导干部经济责任审计工作指导意见》，对审计重点、审计结果利用、成果转化、审计项目结合、审计方式等提出明确要求。昌邑市、诸城市创新审计方式，寒亭区对区委办公室等6个部门的主要负责人进行离任审计，青州市对任中经济责任审计实行分类管理；高密市印发《领导干部经济责任审计结果通报办法》，加大工作透明度，促进结果运用，查处并移交案件2起。

2008年，全市完成476人的经济责任审计，查出违规金额6.23亿元，管理不规范金额22.22亿元。安丘市坚持对干部“先审计后调整”的模式，在全省经济责任审计工作会议上作为经验进行交流；青州市印发《领导干部经济责任审计结果运用暂行办法》，潍城区探索实施经济责任审计分类管理办法，提高审计成效。2009年，全市完成469人的经济责任审计，查出违规金额5.29

亿元，管理不规范金额36.33亿元。加大任中经济责任审计比重，实现监督关口前移；突出绩效审计，注重对领导干部履行职责的经济性、效率性和效果性进行分析评价；实施对乡级党委、政府主要负责人的同步审计，明确权责关系；探索任前审计和离岗前审计，为科学考核、任用干部提供依据。青州市、滨海区试点村（居）主要负责人经济责任审计，在扩大审计成果和探索新领域方面做尝试。

2010年，审计重点是领导干部经济责任履行情况。在政府机构改革的大背景下，以促进领导干部守法、守纪、守规、尽责为目标，将经济责任审计和改革合并机构的资产清查工作相结合，更加关注机关节能和行政运行成本等情况，突出系统性和绩效性。全市完成534人的经济责任审计，其中党委政府99人、党政部门157人、事业单位276人、国有企业2人，查出负直接责任的问题金额2.84亿元，3人被移送司法机关处理。

2011年，潍坊市成立由政府主要领导任组长的经济责任审计工作领导小组。结合干部监督管理的实际需要，市审计局首次实施了2个市（区）党政主要领导经济责任同步审计，部分县市区审计局开始将村居负责人纳入经济责任审计范围。全市完成391名领导干部的经济责任审计，其中党委政府53人、党政部门111人、事业单位222人、国有企业5人，查出负直接责任的问题金额1116万元。

2012年，实施12个县市区人民法院院长、人民检察院检察长的经济责任审计，2名责任人受到处理。进一步提高经济责任审计数字化管理水平，完善评价体系、审计结论落实等方面的制度机制。全市完成462名领导干部的经济责任审计，其中党委政府138人、党政部门124人、事业单位170人、检察审判机关24人、国有企业3人，查出负直接责任的违规金额1476.1万元，负主管责任的违规金额6.21亿元。

固定资产投资审计

1991—1994年，全市审计机关共完成基建审计项目2691个，审计资金总额58亿元，核减工程造价5466万元，查出资金不落实金额23亿元。各级审计机关把农业资金审计作为重点，切实加强对农业综合开发资金、扶贫资金的审计监督，世行、亚行及其他国际金融组织对农业的援、贷款资金的审计监督，提高资金的使用效益。

1995年，审计基本建设项目1010个，核减工程造价1.6亿元。市审计局通过对东风街拓宽、北大街拓宽、机场扩建3项重点工程的审计，节省建设资金900多万元。1996年，开展基本建设项目审计1200多项，审减工程造价为国家和单位节省建设资金2.4亿元。1997年，开展基本建设项目审计1200多项，审减工程造价为国家和单位节省建设资金2.1亿元。1998年，全市审计系统完成建设项目审计443个，查处超规模、超标准、挤占挪用资金2050多万元，核减工程造价4.1亿元，对个别项目手续不全等问题提出纠正建议。1999年，审计基本建设项目282个，审计原决算额6.5亿元，核减工程造价1.35亿元，平均审减率达20%以上，查处基本建设项目中偷工减料、高估冒算等侵害国家和集体利益的问题。对市人民医院综合楼的审计，申报决算价6250万元，审计核减2300多万元，审减率达37%，个别项目达50%以上。

2001年，全市审计机关组织大中型水库除险加固和防汛岁修资金等专项资金的审计和调查，共审计单位89个，查出挤占挪用、配套资金拨付不及时、违规收费、设置账外账等违规金额7150多万元。全市审计机关还对10个建设项目进行审计，审计资金总额2.3亿元，查出成本不实、挤占挪用等违规行为金额1400多万元，核减工程结算393万元。

2002年，市审计局统一组织开展三峡库区外迁移民安置资金、矿产资源补偿费等情况的审计和审计调查，查出挤占挪用、配套资金拨付不及时、违规收费、设置账外账等违规行为金额7150多万元。

2003年，全市先后对农业综合开发、科教、环保、国土等8项专项资金和394个行政事业单位进行审计，查出违规行为金额8.5亿元，管理不规范金额4.3亿元，上缴财政1420多万元。对全市公安系统、工商管理、公路系统进行行业审计，并延伸审计或调查了290多个基层单位。安丘、青州、诸城等县市区结合当地实际，出台加强基建投资审计的办法，促进投资管理。

2004年，审计项目88个，项目投资额9.13亿元，审减工程款5344万元。安丘、诸城、青州、临朐、坊子、昌邑6个县市区结合当地实际，出台加强基建投资审计的规范性文件，促进工作的规范化。2005年，全市审计机关审减工程造价6000多万元，平均审减率15.7%，最高达29.08%。有8个县市区出台建设项目审计监督规范性文件，成立建设项目审计办公室，健全相关规章制度，加强审计力量。2006年，全市审计机关审计资金总额7亿元，节约财政资金7200多万元，及时发现、揭露和堵塞工程建设中高估冒算、损失浪费等漏洞。安丘、寿光、青州等县市区成立政府投资审计专门机构。2007年，全市审计政府投资项目54个，查出招标不规范、挤占建设资金、虚报工程造价、偷漏各项税费等问题，审减工程造价4672万元。寿光市出台《政府投资项目审计监督办法》，潍城区成立政府投资审计中心，整合审计资源，规范政府投资项目审计程序，加大监督力度。2008年，全市完成政府投资审计项目103个，审计资金总额40.57亿元，查出违规金额3.58亿元，管理不规范金额8.62亿元，核减投资额5.25亿元。对火车站拆迁改造建设项目进行复审，审减工程价款195万元。高密市审计局实施的城建资金财务收支及工程决算审计，被评为全省审计优秀项目。寿光市建立工程审计人员人才库，分层次加强对聘用人员的管理，优化审计人力资源配置，增强投资审计的效果。临朐县审计局对政府重点建设项目和节能减排项目进行全过程审计，服务“生态临朐”建设。

2009年，全市完成对283个中央新增投资项目、83个省调控资金项目、21个汶川特大地震板房建设资金和灾后恢复重建项目跟踪审计或审计调查，查出管理不规范金额7.58亿元，提出审计建议100多条，促进有关部门或地方健全制度、办法23项。组织开展全市2007年至2009年6月投

2009年9月9日，市审计局开展北川新县城援建审计。图为审计人员实地察看施工现场

入和筹集的政府投资建设保障性住房补贴、实物配租情况审计调查，对查出的问题责成有关县市区政府予以整改。组织对第十一届全运会在潍坊比赛场馆建设项目管理、资金使用情况跟踪审计，以及潍坊市直供区和9个趸售县县城电网和第二期农村电网建设改造项目、中小学校舍安全等审计和审计调查。

2010年，全市完成6个汶川灾后恢复重建项目、186个中央新增投资项目、20个第三批省调控资金项目、1148个全市中小学校舍安全工程项目、494户农村住房建设与危房改造项目和110个政府性投资项目的审计和审计调查，核减工程投资和结算额3.48亿元。

2011年，市审计局加强对基础设施投资、关系国计民生的政府重大投资项目的审计监督，实施“三河”治理、奥体中心、阳光大厦等重大项目的工程结算审计，以及北川县灾后恢复重建、农村住房建设与危房改造、中小学校舍安全工程等跟踪审计。全市审计政府投资项目323个，审计投资额63.35亿元，核减投资（结算）额10.71亿元，综合核减率16.91%。

2012年，实施阳光大厦后续工程审计、第十一届全运会场馆建设项目决算审计、人民医院高新区新院区工程造价核查、大型灌渠续建配套和节水工程专项审计调查、第十届中国艺术节场馆建设跟踪审计、中小学校舍安全工程跟踪审计等项目。全市审计政府投资项目270个，审计投资额41.31亿元，核减投资（结算）额13.13亿元，综合核减率31.78%。

外资运用审计

1993年始，市审计局逐步对全市的26家中外合营企业进行审计。1995年，对全市15个有贷款余额的外国政府贷款项目进行审计调查，项目涉及机械、纺织、饲料加工、建筑陶瓷、城市公用事业行业。经审计，至1995年6月底，全部项目累计实现产品销售收入7.2亿元，完成项目可行性评估计划的25.9%，项目效益与评估计划相比差距较大。

1998年，对全市以国有资产设立的20家境外企业的管理情况进行审计调查。至年底，全市先后兴办各类境外企业109家，省外经委下文撤销43家，尚存66家，其中未开展业务和已经停办的22家。以国有资产投资设立的26家，正常经营的20家，主要分布在俄、美、东欧等地；独资企业18家；合资企业2家，注册资本1160万美元，实际投资额1162万美元，中方投资809万美元。2001年，市审计局对10个国外援贷款项目进行审计，查出违规行为金额188万元。

2002年，组织对全市各级政府外债的借、用、管、还情况进行审计调查。经审计调查，截至2001年底，全市所有政府外债的协议总金额为7585万美元，累计应还政府外债总额本金3058万美元、利息1280万美元；已还政府外债总额本金2039万美元，利息1012万美元。市本级累计应还债务本金1592.43万美元，累计实还1082.43万美元；累计应还债务利息765.89万美元，累计实还727.51万美元。县本级累计应还债务本金1466.48万美元，累计实还957.04万美元；累计应还债务利息514.93万美元，累计实还284.73万美元。

至2002年底，全市审计中外合营企业26家，经审计的26家企业，总投资1.66亿美元，其中注册资本1.54亿美元，合同利用外资3320万美元。

2003—2012年间，对世界银行贷款山东省城建环保二期项目（高密城市供排水工程、潍坊污水处理工程）、世行贷款加强灌溉农业三期项目、世行贷款山东生态造林项目、亚行贷款旱作可持续农业项目、山东省利用亚行贷款病险水库除险加固项目等进行审计。

世界银行贷款济青高速公路项目审计 1990—

1994年，市审计局对潍坊济青公路工程建设指挥部办公室进行审计。针对审计中发现的资金问题、工程进度等问题提出建议，被审项目单位进行落实。

世界银行贷款潍坊教育学院中学在职教师培训项目审计　该项目执行期为1991—1995年，利用世界银行贷款40万美元，国内配套资金160万元。1993年，市审计局对项目执行期的情况进行审计，发现配套资金没有全部落实到位，配套设施不全，实验场地拥挤，供水、供电不正常，部分仪器无法正常使用、利用率较低等问题。

安丘涤纶帘帆布厂世行贷款项目审计　该工程1989年11月动工兴建，1992年7月安装调试投入试生产，1993年12月19日通过竣工验收转入正常生产。项目总投资1亿元。1994年，市审计局对该项目的执行、效益、还款等情况进行审计，发现利润不实、部分建筑未缴固定资产投资方向调节税等问题，提出4条审计建议。

世界银行贷款安丘森林资源发展与保护项目审计　此项目期限为1996—2001年，安丘市利用世界银行贷款营造黑杨、刺槐2400公顷，贷款总额52.31万美元，项目总投资727.13万元。2000年，市审计局对该项目进行审计，发现世界银行贷款及部分配套资金不到位，违反世行贷款协议的规定，种植部分经济林以代替项目林等问题。针对存在问题提出3条审计建议。

市煤气总公司第二气源厂法国政府贷款项目审计调查　2002年9月，市审计局对市煤气总公司“第二煤气气源厂工程”利用法国政府贷款项目进行审计调查。发现的主要问题是：审批手续不全，项目执行中部分程序不规范、不合法，引进设备闲置，投资决策失误造成重大损失浪费，项目立项中存有草率行为，项目无效益使企业丧失偿债能力，建设管理费和招待费开支过大。

世行贷款加强灌溉农业三期项目审计　此项目位于诸城、高密两市的枳沟、贾悦、舜王、井沟、阚家和柴沟六乡镇（街道）。项目正式实施期为2006—2008年，总开发面积16万亩，其中高密市8.5万亩，诸城7.5万亩。共涉及6个乡镇（街道）的120个行政村，总人口9.71万人。项目经中期调整后实际总投资7662万元，其中世行贷款（中央财政资金）1741.2万元，各级财政配套资金3797.6万元（其中省级配套资金2887.7万元、市级配套资金303.3万元、县级配套资金606.6万元），受益者自筹资金2123.2万元。2009年开始，市审计局对项目执行期的情况进行审计，审计认为各级指标已基本达到项目计划要求。但存在项目竣工验收后，缺乏规范化的后期管理体制，工程受损后无修复资金保障；农民用水者协会未及时年检，被管理部门注销等问题。针对存在问题提出5条审计建议。

世界银行贷款山东省城建环保二期项目（高密城市供排水工程）审计　此项目建设期为2007—2014年，世界银行贷款1550万美元。2009年，市审计局对该项目执行情况进行审计。发现存在配套资金不到位，未按要求完成人员培训等问题。针对存在的问题提出3条审计建议。

亚行贷款旱作可持续农业项目审计　项目建设期为2009—2014年，世界银行贷款719.5万美元。2010年开始，市审计局对项目执行期的情况进行审计，发现存在着部分项目建设缓慢，未及时进入提款报账程序，因汇率持续下降，造成汇兑损失加大等问题。针对存在问题提出3条审计建议。

世行贷款山东生态造林项目审计　此项目建设期为2010—2015年，计划造林1.16万公顷，世界银行贷款1000万美元。2010年，市审计局对该项目进行审计，发现存在项目资金拨付不及时，部分小班混交造林不够充分，部分小班密度偏大等问题。针对存在问题提出4条审计建议。

山东省利用亚行贷款病险水库除险加固项目审计 此项目建设期为2011—2014年，世界银行贷款1190万美元。2012年开始，市审计局对项目执行期的情况进行审计，审计发现项目存在资金利用率低等问题。针对存在问题提出2条审计建议。

资源环保审计

1994年7月，市审计局对市本级1993年至1994年6月市环保局征收的排污费管理和使用情况进行审计。审计总金额3074.5万元，查出违规行为金额846.3万元。

2000年5—7月，市审计局对市环保局及诸城、安丘两市1998年和1999年度排污费的征收、管理和使用情况进行就地审计，并延伸审计调查3个财政部门的环保资金管理机构及15个污染源治理项目。审计总金额4644.6万元，查出违纪违规金额1885.9万元。

2002年6月，市审计局组织对市本级及安丘、临朐、昌乐、高密、青州、昌邑、寿光、诸城等8县市2000年至2001年度矿产资源补偿费征收、管理和使用情况进行审计。其中市审计局直接审计市本级和安丘、临朐、昌乐3县市，其余5个县市安排同级审。审计总金额4598.45万元，查出违纪行为金额2862.89万元。

2005年10月，市审计局对青州市2003年至2005年6月水资源费征收、上缴和管理使用情况进行就地审计。2003年至2005年6月青州市共征收水资源费1910.48万元。审计发现政府制定优惠政策免征或减征有关企业的水资源费214.40万元，漏征水资源费837.33万元，漏征自来水公司公共供水水资源费815.41万元，欠征水资源费147.28万元，水资源费专项支出用于工资性支出88.83万元。

2010年7月，市审计局对坊子区2007年至2009年6月末土地资源管理利用和被征地农民权益保护情况进行审计，对国有土地使用权出让金征收、管理和使用情况进行审计。重点审计坊子区国土、财政部门，延伸审计规划、房管、建设等部门，并对凤凰、坊城、坊安、九龙和黄旗堡街道被征地农民补偿和失地农民安置保障等权益保护情况进行延伸审计。审计发现非法占用土地68.47公顷，闲置或低效利用土地434.37公顷，土地供应方式不合规20.47公顷，违规减免和欠缴土地出让金、滞纳金1.97亿元，部分土地出让收入2.77亿元未纳入基金预算管理，财政部门少计提国有土地收益基金2400.12万元、农业土地开发资金739.35万元等问题。

派出审计

2004年，市审计局原有派出机构合并，组建派出审计处，为审计局下属全额预算管理的副县级事业单位，编制14人，主要负责市属各开发区的财政财务审计工作。2004—2012年，派出审计处共完成财政预决算审计、经济责任审计、专项审计等95个审计项目。

2004年，对市高新技术产业开发区财政局2003年度区级财政预算执行和其他财政收支情况进行审计，查出违规金额4.81亿元。其中部分土地收入未按规定纳入基金预算管理4.39亿元；预算内往来款项1749.73万元未及时清理；部分土地收益使用不规范，用土地出让金上交契税1157.26万元、耕地占用税1353.63万元。

2005年，对高新技术产业开发区财政局2004年度财政预算执行和其他财政收支情况进行审计，查出违规金额3.13亿元。其中2004年土地收入1.83亿元未按规定纳入基金预算管理，往来款项1.31亿元未及时清理。高新区财政局对上述问题进行整改。

2006年，对高新技术产业开发区财政局2005年度财政预算执行和其他财政收支情况进行审计，查出违规金额1.51亿元。其中土地收入未按规定纳入基金预算管理1.28亿元，暂付款长期挂账2325.15万元。2008年，对潍坊高新技术产业开发区财政局2007年度区级财政预算执行和其他财政收支情况进行审计，查出违规金额8585.16万元。其中2007年12月以拨代支620万元挂暂存款，出借资金5150万元，截至2007年底预算暂存款挂账2815.16万元。

2009年8—9月，对潍坊经济区2008年度财政决算情况进行审计，查出违规金额6.73亿元。其中，多列支出挂暂存1406.68万元；应列未列支出3113.04万元；部分土地使用权出让金1.16亿元未纳入基金预算，其中2008年预算外账中土地使用权出让收入2501.34万元未缴入国库，征地补偿费用9079.46万元在预算外列支；征地补偿款未全额拨付到位2.89亿元；未按规定及时征缴土地使用权出让金3486.11万元；2007年度以前长期挂账的专款、支出未清理，其中2007年度以前多列支出挂暂存款形成沉淀资金3417.41万元、已拨款未列支出3433.26万元；出借资金394万元到期未收回。

2009年10—11月，对高新技术产业开发区2008年度财政决算情况进行审计，查出违规金额1.36亿元。其中未及时拨出上级专款825.26万元，出借资金1.28亿元。其中未及时拨出专款截至2009年5月已全部拨出，出借资金也及时清理收回。

2010年7—8月，对滨海经济技术开发区2009年度财政决算情况进行审计，查出违规金额88.23亿元。其中，虚增财政收入6564.82万元，虚列支出6825.54万元，预算超支挂账6802.50万元，应列一般预算支出列基金预算支出6031.6万元，违规列支土地出让金78.75亿元，通过预算支出返还上缴契税2.61亿元，专用基金未纳入基金预算4.24亿元；2009年共收取水资源费35.81万元转入调剂金收入，未纳入一般预算专项收入。2010年11月，对高新技术产业开发区2009年度财政决算情况进行审计，查出违规金额2.74亿元。其中基建支出挂账1.44亿元，融资平台贷款利息挂账1.3亿元。2011年，对高新区2010年财政决算情况进行审计，查出违规金额30.53亿元。

2012年2月20日至4月15日，对奎文区社会保险基金、社会救助资金和社会福利资金进行审计，重点是基本养老保险基金、基本医疗保险基金和最低生活保障资金，审计查出违规金额1025.63万元。

第二节 内部审计 社会审计

内部审计

1991—1994年，全市不断加强内审机构建设。至1994年底，全市建立内审机构382个，其中专职内审机构292个；配备人员1070人，其中专职人员642人。4年完成审计单位1.23万个，纠正违规违纪金额1.02亿元，查出损失浪费金额5024万元，促进增收节支9886万元。1993年，潍坊市建筑安装工程公司、潍坊水泥厂分别被评为全国、全省内审工作先进单位。

1995年，全市有内审机构460多个，审计单位4500多个，避免损失浪费1570多万元，提高经济效益4110多万元。潍坊纯碱厂、化工厂、水泥厂等5家企业被评为全省内审工作先进企业，并在全省经验交流会上做典型发言。1996年，全市550个内审机构、1380多名内审人员共开展审计事项5100多项，为单位避免经济损失5860多万元，促进增收节支提高经济效益5190多万元。市公路局内审工作连续11年保持全省行业第一；亚星化工集团通过加强对价格的内部审计，一年就节省资金2800多万元。

1997年，海洋化工集团、亚星化工集团等6个单位分别被评为全国和全省内部审计工作先进单位，省经贸委、省审计厅联合下发文件，转发亚星化工集团开展内部审计工作的做法。1998年，审计单位5805个，促进增收节支1.85亿元，涌现出一批在全国全省有影响的内审典型。亚星化工集团重视发挥内审作用，其开展价格效益审计的经验得到省政府和审计署的推广，国家经贸委借鉴亚星集团的做法，制定《国有工业企业采购物资管理暂行规定》。

2002年9月28日，市内部审计师协会成立。先后制定《潍坊市内部审计师协会章程》《潍坊市内部审计师协会业务活动管理制度》等8个规章制度。

2004年，全市有内审机构347个，配备内审人员938人。全年审计单位或项目3836个，纠正违规行为金额1.3亿元，促进增收节支1.3亿元。2006年，市内部审计师协会转发《山东省审计厅关于推进效益审计的指导意见》，要求各内审单位结合实际，积极贯彻落实意见，总结在推行和开展效益审计中取得的经验、遇到的问题。

2010年，市审计局制定《潍坊市内部审计工作考核办法》，对县级审计机关、建立内部审计制度的市直及上属驻潍部门单位进行全面考核。考核内容包括基础工作、工作业绩、科研工作、信息宣传工作和审计项目质量等5个方面。制定新的《潍坊市优秀内部审计项目评选办法》，创办《潍坊内部审计信息》，建立起规范完善、高效有序的内部审计工作情况报送和宣传交流制度。

2012年，全市有529家单位设立内审机构，其中346家为专职；有1418名内审人员，其中专职人员642名，内审人员学历构成以本科为主，职称以中级审计师为主。

社会审计

1991—1994年，全市社会审计工作稳步发展，组织机构初具规模，人员结构日趋完善，成为市场中介组织的一支重要力量。到1994年底，全市有审计师事务所14个，从业人员190个，其中具有中高级职称的76人。全市完成委托业务1.1万项，查证总金额169亿元。评估国有资产项目350个，评估金额45亿元，增值金额近1亿元。验证基建工程预决算项目1809个，核减工程造价1.73亿元，占原决算金额的18%。年检验资项目7692项，核减虚假资金3.81亿元。各级审计师事务所为司法、监察机关鉴定经济合同案件94件，帮助企业建账立制71项，为184家企业担任常年法律顾问，培训财会、审计人员737人。潍坊市审计师事务所在1994年率先跨入全国百强所行列。

1995年，全市有审计师事务所16个，全年完成委托事项4515项，其中完成基本建设审计8170多项，核减工程造价1.2亿元，核减率达17%以上；完成验资业务3200多项，核减虚假资金9520多万元；完成资产评估业务180项，评估增值率达30%以上。1996年，全市16个审计师事务所共完成各类委托事项5050项，其中基本建设审计1140项，审减工程造价2.1亿元，完成验资业务2850多项，完成资产评估业务150项。1997年，全市16个审计师事务所共完成各类委托事项5230项，其中基本建设审计1140项，审减工程造价2.1亿元，验资业务2850多项，资产评估业务150项。

1999年，按照上级有关部门的规定，市、县两级审计机关顺利完成与原所属审计师事务所的脱钩改制工作。2000年起，全市审计机关按照《审计机关监督社会审计组织审计业务质量的暂行规定》，履行业务监督监管职能，只负责对各审计事务所的业务质量进行检查监管。

2001年，审计机关组织对寿光市圣诚有限责任会计师事务所2001年1—6月完成的会计报表查证及2000年1月至2001年6月完成的验资和资产评估项目的业务质量进行检查，发现在资产评估、审计报告等方面存在一系列问题，提出相应的处理意见。2002年，对诸城千禧有限责任会计师事务所2001年、2002年1—8月审计业务情况进行检查，对部分委托户进行延伸调查，发现在会计报表审计及验资方面存在一系列问题，提出相应的处理意见。2005年，对青州金衡有限责任会计师事务所2004年完成的企业会计报表审计项目的业务质量进行检查，发现审计程序过于简化、部分审计业务操作不规范等情况，提出相应的处理意见。

2006年后，根据全国人大常委会对《中华人民共和国审计法》第三十条的修改意见，审计机关不再对社会审计机构进行质量检查，在工作需要时可以核查社会审计机构出具的审计报告。

第三节　审计法制建设

1991—1994年，审计机关在全市范围内开展审计执法检查，自查项目8426个，抽查2528个，抽查面达30%左右。对处理偏宽、取证材料不规范、工作程序不够严格等问题逐条提出整顿改进措施，促进整体执法水平的提高。

1995年，市、县两级审计机关围绕贯彻实施《中华人民共和国审计法》，研究配套办法，规范审计行为。发布实施《潍坊市国有企业审计查证暂行办法》《潍坊市基本建设项目审计监督暂行办法》。县级审计机关根据各自的实际情况，在企业、基本建设、行政事业等不同的审计领域，制定一些具体的操作性强的审计办法，规范审计与被审计的法律行为。全面推行审计执法责任制，把审计法规定的权力、义务、法律责任等内容进一步细化，局分解到科，科分解到组，组分解到人，层层落实任务，人人明确职责，逐步形成比较完整的执法责任目标体系。1996年，潍坊市审计机关和审计人员坚持依法立项，坚持依法查证，坚持审计程序，坚持依法处理。全市没有出现一起审计错案，没有一个单位提出审计复议，没有发现任何以审谋私的问题。全市下达的审计处理决定顺利落实，查处应缴和已缴财政金额均比上年增长一倍多。1997年，全市审计系统开展“审计规范年”活动，抓住落实规范的关键环节，组织学习审计署制定的38个审计规范，对照检查过去执法中的不足。全市统一组织审计规范知识考试，市审计局统一制定审计文书格式，明确审计程序，年底组织审计执法情况检查，促进审计执法质量效果的不断提高。

1998年5月，为加强法制宣传教育工作，市审计局印发《关于加强“三五”普法工作的意见》，就加强组织领导、实行制度化管理、加强考核检查工作等提出要求。2001年2月，市审计局制定《关于贯彻落实审计规范的意见》，对提高审计工作质量，防范审计风险做出明确规定。2002年，共复核各科室审计项目88个，组织参加审计业务会议16次，研究定案审计项目29个。

2003年11月，市审计局组织各县市审计局法制机构负责人参加省审计厅在济南举办的全省法制工作会议暨审计法制培训班；12月，对全市2003年度审计项目质量进行检查，随机抽查县市区审计局不同类型的35个审计项目和推荐的26个优秀审计项目，检查市审计局部分科室提供的38个审计项目。2005年1月，对各县市区审计局推荐的2004年度优秀审计项目进行评审，25个项目被评为全市优秀审计项目。2006年1月，对各县市区审计局推荐的2005年度优秀审计项目进行评审，24个项目被评为全市优秀审计项目；组织对青州金衡有限责任会计师事务所2003年至2005年上半年审计业务质量进行检查，该项目被省审计厅法制处评为优秀项目。

2008年1月，转发《山东省审计厅关于进一步规范审计执法行为的若干意见》。2009年1月，组织进行2008年全市优秀审计项目和优秀审计报告的评选工作，评选出10个优秀审计项目和8篇优秀审计报告；推荐选拔3个项目参加全省优秀审计项目评选，2个项目被评为全省优秀审计项目，1个项目被评为全省表扬审计项目。10月，以市审计局法制科为主，抽调部分县市区专职复核人员组成检查组，组织对9个县市区进行审计项目质量现场检查工作。每个县市区抽查5个项目，共检查46个项目。检查发现县市区审计机关在制度建设、审计执法和规范化建设方面存在的问题90多类，涉及全部46个审计项目。检查发现的问题以底稿形式进行反馈，提出改进和规范意见。

2010年1月，组织开展2009年度全市优秀审计项目评选工作，评选出优秀审计项目12个。推荐3个项目参加全省优秀审计项目评选，2个被评为全省优秀审计项目，1个被评为全省表扬项目。4月，组织全市审计机关进行“五五”普法检查验收工作，并于年内组织并完成全市审计机关审计法律知识考试和“五五”普法先进集体和先进个人的评选工作。

2012年1月，组织开展2011年度全市优秀审计项目评选工作，评选出优秀审计项目10个，表扬项目7个；推荐3个项目参加全省优秀审计项目评选，2个项目被评为全省优秀审计项目。开展“质量提升年”和“行政程序年”活动，完成全市依法行政先进单位争先创优工作。

第四节　机构队伍建设

1991年，市审计局有内设科室9个，行政编42人、事业编6人。1992年9月，潍坊市审计事务所、审计科研所成立，为一个机构，两块牌子，从审计局机关事业编制中划转8名人员给审计科研所。1994年8月，潍坊市审计事务所升格为副县级事业单位。1995年4月，潍坊立信审计师事务所成立。

1996年11月10日，市政府办公室印发《关于印发〈潍坊市审计局职能配置、内部机构和人员编制方案〉的通知》，市审计局内设办公室、人事教育科、综合科、审计管理科、财政审计科、金融审计科、行政事业审计科、工交审计科、商贸审计科、固定资产投资审计科、外资运用审计科等11个科室；人员编制62人（含市纪委派驻纪检组人员编制2人）。

1998年12月，市审计局机关服务中心成立，为市审计局所属正科级事业单位，实行差额预算管理，编制5人，同时增挂潍坊市审计培训中心牌子。1999年，潍坊市审计师事务所、潍坊市立信审计师事务所与市审计局脱钩。

2001年8月2日，市政府办公室印发《关于潍坊市审计局职能配置、内部机构和人员编制规定的通知》，市审计局内设11个科室，局机关编制人员57人，其中行政编制52人、工勤人员编制5人。同年11月15日，潍坊市审计培训中心摘牌，收回事业编制10个。

2010年4月22日，市政府办公室印发《关于印发潍坊市审计局主要职责内部机构和人员编制规定的通知》，市审计局内设办公室、组织人事科、研究室、法制科、财政审计科、行政事业审计科、农业与资源环保审计科、固定资产投资审计科、社会保障与金融审计科、经贸与外资运用审计科、计算机审计管理科、市经济责任审计办公室，局机关行政编制55人。

2011年1月，潍坊市政府性投资审计中心成立，为市审计局所属事业单位，副县级规格，财政拨款，定编16人。3月，局机关固定资产投资审计科更名为资源环保审计科。4月，农业与资源环保审计科更名为农业审计科。

至2012年底，市审计局机关内设12个科室，行政编制55人，配备局长1人、副局长4人、总审计师1人、经济责任审计办公室主任1人（副县级），正科级领导职数15人（含机关党总支专职副书记1人）、副科级领导职数12人。下属单位有潍坊市审计局派出审计处、潍坊市政府性投资审计中心，均为副县级规格，共有事业编制30人。

第五节　信息化建设

1989年，市审计局建成专门的微机室，先后配置长城286、386台式机各1台，主要用于报表统计工作，后逐步更新为浪潮386型计算机。1991年12月，电算化（审计）课题组开发的“工业企业财务收支专用（审计）软件”在北京通过审计署组织的专家鉴定，完成的课题报告获省审计科研课题一等奖。1992年8月，市审计局开发成功“全国计算机辅助基建审计软件”。1996年5月31日，通过审计署组织的由建设部、中国人民大学、中科院、审计署计算机中心组成的鉴定委员会的鉴定，系统定名为“建筑工程预结算编审系统V2.0”。1997年8月，在潍坊举行由审计署组织的“建审系统V3.0”演示会，在全国推广。1998年底，全市年龄在50岁以下的从事审计工作的人员全部参加市审计局组织的计算机应用知识培训和审计署组织的计算机初级应用水平考试。

1999年，市审计局研制开发的“建审系统”和“财政审计系统”两个软件分别被评为山东省审计科研课题二等奖和三等奖。2000年，市审计局投资200多万元，配备电算化审计设施，建成局域网，开发研制“审计信息自动化管理系统”等应用软件，参加全国计算机审计技术推广应用成果展示会，受到审计署领导和省内外同行的好评。2001年，市审计局与省审计厅联合开发的“审计信息管理系统”和“建审系统”通过审计署的评审，占全国审计系统通过评审总数的1/9，占地方审计机关通过评审总数的1/3。全市审计系统建成广域网，有效地提高工作效率。

2003年，全市审计机关进一步加大对信息化建设的人员培训和资金投入，提高人员素质、硬件配备和应用水平。8月，审计署把潍坊市列为全国“金审工程”仅有的2个省以下联系点之一，市审计局被市政府定为信息化建设试点单位。2004年，市审计局以审计署“金审工程”联系点和市政府电子政务建设试点单位为契机，加强审计信息化建设。市审计局新建多媒体教室，扩建了微机房。开发使用“潍坊市数字化审计局”应用平台，提高办公自动化水平。审计软件应用不断加强，全市完成计算机（辅助）审计项目20多个。

2005年，市审计局在审计署举办的地市审计局局长培训班上介绍计算机审计与信息化建设经验。探索联网审计，制定《联网审计暂行办法》，参加了审计署召开的联网审计方式研讨会。审计局提报的3个AO（审计现场实施系统）审计项目全部入选审计署AO实例库。2010年，组织全市上报“AO应用实例”46篇，获审计署优秀奖1篇、应用奖7篇、鼓励奖19篇，省审计厅优秀奖17篇、应用奖26篇、鼓励奖3篇。连续2年AO认证通过率为100%，计算机中级考试通过32人。市审计局被评为“全省审计信息工作先进单位”。

2011年，全年培训审计干部4194人次，全市审计机关人员大学以上学历占70.83%、核心专业背景人员占89.06%、中高级职称（资格）达到59.64%。连续3年AO认证资格考试通过率100%，审计署计算机中级资格考试累计通过61人。获得全省审计统计工作质量考核第一名、全省审计信息化先进单位、全省审计网站宣传工作先进单位、全省审计信息工作先进单位等称号。

2012年，组织全市审计机关19人参加省审计厅认证的计算机中级培训班，19人通过认证考试。至年底，全市通过审计署和省计算机中级资格认证人员83人，占全市业务人员的35%。年内，自主开发的“投资审计全过程数字化管理及其应用”信息化成果，获中国信息协会信息化（审计领域）创新成果三等奖。

第五章　物价管理

1991—1993年，潍坊市本着积极适度的原则，分批分期地调整或放开部分商品和服务价格。1991年，对部分农产品和工业品价格进行调整，提高粮食、棉花、生活用煤、民用液化气、啤酒、医药用品、商品房等销售价格。1992年，提高民用燃料和生活用煤销售价格，取消对燃料经营企业的政策性亏损补贴；在全市范围内全面放开粮油销售价格，粮票、油票退出流通。1993年，落实国务院和省政府先后放开的煤炭、冶金、机电等1023种（类）商品价格，将棉针织品、啤酒、水泥等10多种商品由政府定价改为政府指导价；放开液化石油气销售价格，市财政不再给予补贴，由企业自行决定价格。在此期间，受国家不断提高粮油价格影响，物价出现快速大幅上涨现象，全市居民消费价格指数分别达到108%、105.9%和110.5%。

1993年11月下旬开始，潍坊市粮油价格飞涨。1994年，全市居民消费价格指数达到125.1%。全市建立粮食价格调节基金，制定以平抑主要副食品价格为内容的《潍坊市市场价格调节基金征管办法》，自1995年4月1日起实施。1995年起物价水平逐步回落，居民消费价格指数同年回落到117.4%，1996年回落到109.2%，1997年回落到104%。

1998—2003年，潍坊市场价格出现长达数年的通货紧缩现象。1998—2003年居民消费价格指数分别为：100.2%、100%、101.2%、101.3%、100.4%、100.5%。2003年受“非典”疫情影响，板蓝根、口罩等相关商品价格短期大幅上涨，潍坊市制订并实施应对市场价格波动工作预案，出台多项价格干预措施，运用调查、提醒、告诫、劝阻等方式，引导和规范市场价格行为。

2004—2006年，潍坊市价格总水平处于低位小幅波动之中，总体属于基本稳定时期。2004年，物价上涨明显加快，根据省“双控线”标准（居民消费价格指数同比涨幅不超过4%，环比涨幅不超过1%），潍坊市严格控制出台提价项目，同年居民消费价格指数达到102.7%。2005年下半年，潍坊市停止执行“双控线”政策，着手梳理城市公用事业积累的价格矛盾，同年居民消费价格指数回落到101.8%。2006年，以水价管理等公用事业改革为重点，调整城市供水价格，对潍坊城区居民生活用水实施阶梯式水价，居民消费价格指数继续回落为101.0%。

2007年，全市居民消费价格指数为103.8%。2008年，先后对居民生活必需品、抗震救灾物资、电煤价格实施临时价格干预或监管，建立物价上涨与提高困难群众基本生活补贴和保障标准联动机制，设立覆盖全市、能够提供全方位价格服务的“12358”价格服务电话受理中心，同年居民消费价格指数上涨到105.2%。2009年居民消费价格指数下降为100.5%。2010年，潍坊市适时启动价格应急机制和“社会救助和保障标准与物价上涨挂钩联动机制”，全市居民消费价格指数回升到102.6%。2011年，潍坊市开征原盐、溴素价格调节基金，寒亭、昌邑、寿光、滨海、青州等地建立价格调节基金制度，全年全市征收价格调节基金2878万元；同年，建立潍坊市价格调控联席会议制度，先后3次启动“社会救助和保障标准与物价上涨挂钩联动机制”，向城区保障对象发放临时价格补贴764万元。2011年全市居民消费价格指数上涨到104.4%。2012年，继续落实完善价格调控监管各项制度、措施，提高潍坊城区城乡低保及农村“五保”保障标准，居民消费价格指数为101.7%。

第一节 管理机构

1993年，各县市区物价局与工商局合并。1996年12月，市物价局调整为部门管理机构，由市计划委员会管理。同月，对潍城、奎文、坊子、寒亭四区原物价局合并到四区工商局中的工作人员整体划归市物价局管理，同时设立潍城区、奎文区、坊子区、寒亭区4个物价管理所，为正科级全额拨款事业单位。2001年11月，成立潍坊市价格认证中心。

2002年8月，潍城区、奎文区、坊子区、寒亭区4个物价管理所分别更名为潍坊市物价局潍城分局、奎文分局、坊子分局、寒亭分局。2006年12月，市物价局奎文、潍城、坊子、寒亭4个直属分局移交划转到各区管理。潍坊市农产品成本调查队更名为潍坊市成本调查队。

2010年4月，市物价局内设科室调整，设办公室（挂组织人事科牌子）、综合法规科、价格管理科（挂市市场价格调节基金办公室牌子）、收费管理科、房地产价格管理科5个职能科室，行政编制17人。

至2012年底，市物价局机关设办公室（挂组织人事科牌子）、综合法规科、价格管理科（挂市市场价格调节基金办公室牌子）、收费管理科、房地产价格管理科5个职能科室，行政编制17人。市物价检查所设综合科、检查一科、检查二科、检查三科、价格举报中心5个内部机构，行政编制22人；市成本调查队行政编制6人；市价格认证中心事业编制6人。

第二节 价格管理

能源资源价格

水利工程供水价格 分为农业用水和非农业用水（定价单位为每立方米，下同）。1992年11月，潍坊市制定白浪河水库供工业用水价格为0.42元（不包含水资源费）。1996年，向坊子、潍坊2个火车站和坊子电厂供应坝前水的价格为0.5元；利用坝后新建工程向坊子电厂供水价格为0.6元。1997年，峡山水库向“引峡济潍”工程供水价格由0.05元调整为0.1元。1999年，峡山水库向潍坊电厂供水价格调整为0.6元；峡山水库、白浪河水库农业供水价格为0.06元。2000年，潍坊市调整部分水库农业供水价格：白浪河水库、峡山水库等25座水库执行0.06元；昌乐高崖水库、马宋水库0.055元。2003年，潍坊博达电力有限公司向潍坊发电厂供水临时价格1.50元；峡山水库向潍坊巨龙化纤公司供水价格1.15元，向引峡济寒管理中心供水价格0.85元；青州黑虎山水库向城区供水价格0.38元；潍城符山水库工业供水价格1.3元。2006年1月9日，森达美水务有限公司向潍坊海化集团供水价格为1.75元，2月5日调整为1.92元；2月5日峡山水库向森达美水务有限公司供水价格为0.2元；8月14日符山水库供水价格由1.3元调整为1.6元。2007年，森达美水务有限公司向滨海项目区临时供水价格为2.25元。2009年10月，马宋水库向潍坊永新纸业有限公司供水含税价格为0.58元。2010年9月，诸城市青墩水库、郭家村水库、三里庄水库供水价格分别为0.42元、0.4元、0.42元。2011年11月，寿光市辖区内弥河水利工程工业供水价格为0.3元。2012年，临朐县沂山水库、嵩山水库供水价格均为0.35元。

城市供水价格　1991年初，城市供水分为居民生活用水、非居民生活用水、行政事业用水、服务经营用水、宾馆饭店用水、特种行业用水及其他用水7大类。水价构成包括基本水价、水资源费、污水处理费、城市附加费4项。1991年7月1日，潍坊市重新划分自来水类别并调整相应价格，将工业用水和居民生活用水两类重新划分为生活用水和生产经营用水。其中，生活用水（含机关、学校、部队用水）价格调整为0.25元；生产经营用水（工业、交通、商业用水）调整为0.60元。1993年，市区居民生活用水调整为1元，工业用水1.5元；在调整水价的同时，给职工发放每人每月2元的水价补贴。1995年5月，将潍城、奎文两区的基建、宾馆、饮食业用水从工业用水中分离出来，单划一类，价格调整为2.5元。1996年1月，潍坊市制定城市供水价格管理办法。

1999年，潍坊市调整城区自来水价格，居民生活用水为1.38元，行政事业用水、工业用水和经营服务用水分别为1.38元、1.88元和2.88元，新增特种用水价格形式，价格为3.5元。

2006年5月1日，潍坊市调整中心城区供水价格，居民、行政事业用水由1.38元提高到1.8元，工业生产用水由1.88元提高到2.63元，经营服务用水由2.88元提高到3.5元，同时停止执行原工业生产、经营服务和特种行业用水价外征收的0.12元/立方米的城市附加费。10月11日，印发《关于潍坊市城区居民生活用水实施阶梯式水价的通知》，对城区实行一户一表计量的用水户实施阶梯式价格：第一级水量执行居民生活用水到户综合水价3.2元；第二级水量价格在第一级水量价格基础上加价50%，为4.8元；第三级水量价格在第一级水量价格基础上加价200%，为9.6元。

2011年10月1日起，潍坊中心城区将经营服务业、工业和行政事业用水合并为非居民生活用水，执行相同综合水价4.4元，即基本水价2.9元、污水处理费1元、水资源费0.5元；向虞河污水处理厂输送污水的企业，污水处理费征收标准仍为1.28元；特种用水（桑拿、洗浴、洗车、美容美发、优质水加工行业）综合水价由5.1元提高至6元。社区居委会公益性服务设施、养老服务机构用水执行居民生活用水价格，即综合水价3.2元。同年11月1日起，潍坊中心城区城市用水实行超定额用水加价制度。非居民生活用水（包括工业用水、经营服务用水、行政事业单位用水）和特种用水实行超定额用水加价制度，加价标准为第一级水量执行现行基本水价、污水处理费和水资源费征收标准，第二级水量在现行基本水价、污水处理费和水资源费征收标准基础上各加价50%，第三级水量在现行基本水价、污水处理费和水资源费征收标准基础上各加价100%；计量基数按用水量分为三级，第一级水量基数（定额水量）保障用水单位正常生产、经营需要，由有关部门根据规定具体确定，第二级水量为超基数50%（含）以内的部分，第三级水量为超基数50%以外的部分。居民生活用水继续实行阶梯式水价。

污水处理费 1994年，潍坊市区排水设施使用费为每吨0.15元。2000年，高密市污水处理费标准为生产经营单位0.3元、居民0.2元、自收自支事业单位0.3元。2004年11月，制定城区污水处理费征收标准：居民0.9元，行政事业单位0.9元，工业生产用水1元，经营服务、特种用水1.1元。2007年9月，调整高密污水处理费标准，居民用水0.9元，桑拿、洗浴、洗车、美容美发、优质水加工业用水1.1元，其他用水1元。2010年7月，坊子污水处理费标准：居民、行政事业用水0.9元，工业生产用水1元，经营服务业用水、特种行业用水1.1元；12月，核定虞河污水处理厂污水处理费临时征收标准为1.28元。2011年8月，制定潍坊市新污染源主要污染物排污权有偿使用费申购基准价格：化学需氧量（COD）为2000元/吨·年（10000元/吨·5年），二氧化硫（SO_2）为500元/吨·年（2500元/吨·5年）。

水资源费 1995年4月，潍坊市制定城市规划区范围内的地下水资源费标准，生活用水0.15元，工业用水0.6元。1998年寿光、1999年青州地下水资源费均调整为0.5元。2002—2012年，潍坊执行省定标准：从江河湖泊、水库取水的公共供水0.35元，自备水源0.4元；从地下取水的公共供水0.8元，自备水源0.85元。

供电价格 1991年，山东省全面调整电力价格，其中居民生活用电每千瓦时（下同）0.22元，普通工业用电0.21元，大工业用电0.148元，农业生产用电0.149元。1992年，潍坊市制定实施农村分类综合电价最高限价政策。

1992年潍坊市各县市区农村分类综合电价最高限价表

表13-5-1　　　　单位：元／千瓦时

类别 单位	生活照明用电	其他照明用电	非、普工业用电	农业生产用电
直供	0.30	0.35	0.30	0.20
寒亭	0.35	0.49	0.42	0.36
青州	0.38	0.48	0.45	0.37
诸城	0.30	0.44	0.40	0.35
安丘	0.30	0.40	0.45	0.35
寿光	0.35	0.45	0.40	0.36
临朐	0.30	0.45	0.43	0.37
昌乐	0.36	0.49	0.45	0.37
昌邑	0.35	0.48	0.45	0.37
高密	0.36	0.48	0.40	0.30

1994年，制定年度分类电价，取消峰谷电价。1995年，电厂上网电价每1000千瓦时由211.91元调为288.7元，在趸售县市区推行峰谷分时电价，对高峰时间用电企业实行加价，对低谷时间用电企业实行优惠价格。1996年4月1日起，调整部分电力价格，居民生活用电综合价格0.342元，农业用电0.4582元，大工业用电0.44292元。1997年，调整潍坊电厂上网电价，从9月25日起每千瓦时由0.2887元提高到0.35818元。1998年，开展农村电价专项整顿工作，推行农村分类综合电价，明确趸售县农村分类综合电价最高限价，平均降低0.07元，全年减轻农民电费负担9000万元。

1999年潍坊市直供区农村最高限价表

表13—5—2 单位：元／千瓦时

用电类别		销售电价	维护管理费	最高限价
非工业、普通工业用电	不满1千伏	0.5715	0.22	0.79
	1～10千伏	0.5675	0.22	0.78
	35～110千伏	0.5605	0.22	0.78
居民生活用电		0.4120	0.22	0.63
非居民照明用电	不满1千伏	0.6535	0.22	0.87
	1～10千伏	0.6455	0.22	0.86
	35～110千伏	0.6445	0.22	0.86
农业生产用电	不满1千伏	0.4605	0.22	0.68
	1～10千伏	0.4545	0.22	0.67
	35～110千伏	0.4455	0.22	0.66

2000年，调整潍坊电业局直供区电价：大工业用电1～10千伏的0.5111元，35～110千伏的0.5051元，110千伏及以上的0.4951元；非工业、普通工业用电不满1千伏的0.6011元，1～10千伏的0.5971元；居民生活用电不满1千伏的0.432元，1～10千伏的0.422元；非居民照明用电不满1千伏的0.6831，1～10千伏的0.6751元；农业生产用电不满1千伏的0.5101元，1～10千伏的0.5041元。2001年，整顿农村电网电价，每千瓦时降低0.1元。

2002年4月1日起，落实全省城乡居民生活用电同价政策，到户电价0.52元。2005年，执行省煤电价格联动政策，适当调整电力销售价格，大工业、非工业、普通工业、非居民照明用电每千瓦时提高2.72分；居民生活用电提高2分。2006年6月，调整潍坊市趸售电价，提高居民生活用电价格为0.5469元，同时将城乡中小学用电由非居民照明用电类改为居民生活用电类。2007年1月，对高耗能企业实行差别电价，加价标准为限制类企业0.04元、淘汰类企业0.15元；同年12月，潍坊市实施城乡用电同网同价政策。2008年，调整销售电价结构，将非居民照明用电与非普工业用电合并为“一般工商业”用电；对高耗能企业实行差别电价，加价标准为限制类企业0.05元、淘汰类企业0.20元。2010年，落实超标准耗能电价政策，对列入名单的12家高耗能企业实施惩罚性电价，每千瓦时加价0.2元。

潍坊市电网销售电价表（2011年12月1日）

表13—5—3

用电分类	电压等级	电价（元／千瓦时）	基本电价	
			最大需量（元/千瓦·月）	变压器容量（元/千伏安·月）
一、居民生活用电	不满1千伏	0.5469	—	—
	1千伏及以上	0.4929		
二、一般工商业用电	不满1千伏	0.8438	—	—
	1～10千伏	0.8288	—	—
	35～110千伏	0.8138	—	—

续表13-5-3

用电分类	电压等级	电价（元／千瓦时）	基本电价	
			最大需量（元/千瓦·月）	变压器容量（元/千伏安·月）
三、大工业用电	1～10千伏	0.7096	38	28
	35～110千伏及以下	0.6946		
	110～220千伏以下	0.6796		
其中：1.电石、电解烧碱、合成氨、电炉黄磷	1～10千伏	0.6996	38	28
	35～110千伏及以下	0.6846		
	110～220千伏以下	0.6696		
2.中、小化肥生产用电	1～10千伏	0.4669	38	28
	35～110千伏及以下	0.4519		
	110～220千伏以下	0.4369		
四、农业生产用电	不满1千伏	0.6184	—	—
	1～10千伏	0.6034		
	35～110千伏	0.5884		

2012年7月，落实山东省居民生活用电试行阶梯电价政策，“一户一表”居民用户每月用电量划分为三档，电价实行分档递增。第一档电量每户每月210千瓦时及以下，执行现行电价0.5469元；第二档电量每户每月210～400千瓦时之间，在现行电价基础上，每千瓦时加价0.05元即0.5969元；第三档电量每户每月400千瓦时以上，在现行电价基础上，每千瓦时加价0.3元即0.8469元。

城市燃气　1991年1月，市物价局批复煤气热力公司调整石油液化气和管道煤气价格：计划内民用石油液化气销售价格由现行每瓶（净重12公斤，下同）4.8元调整为8元；居民用管道煤气销售价格由现行每立方米（下同）0.15元调整为0.2元，公用管道煤气销售价格由0.18元调整为0.25元，工业用管道煤气销售价格由0.2元调整为0.3元。4月，批复潍坊朱刘店焦化厂煤气出厂价格由0.06元提高到0.1元，同时提高民用液化气销售价格。

1992年，调整市场民用燃料和生活用煤销售价格，取消财政对燃料经营企业的政策性亏损补贴，同时发给职工每月5元的煤价补贴。9月，调整石油液化气和煤气价格：计划内罐装石油液化气每罐15元，民用煤气0.4元，其他用煤气0.52元，焦化煤气出厂价格0.25元。1993年5月1日，落实国务院和省政府商品价格放开政策，潍坊市放开石油液化气销售价格，财政不再给予补贴，由企业根据市场情况自行制定价格。

1994年5月，调整潍坊市煤气公司、朱刘店焦化厂煤气出厂价格为0.45元，销售价格民用部分0.65元、工业用部分0.85元、宾馆三产1.50元。7月，调整煤气工程安装开发费，由每户

1500元调整为2500元。11月，落实省物价局石油液化气恢复国家定价的通知，制定计划内石油液化气基础价格为每罐25元，企业可根据市场供求情况上浮10%；计划外石油液化气价格由企业按“保本微利”原则自行定价销售。1995年9月，提高煤气出厂价格为0.55元，销售价格市区居民生活用0.8元、工业用1.1元。1997年，根据产品成本和有关因素变动情况，对部分燃气价格作适当调整：1月1日起，朱刘店焦化厂煤气出厂价格调整为0.7元，居民生活用1元，饮食服务业用1.75元，工业用煤气价格不变；平价液化气销售价格调整为每瓶32元。1999年11月1日起，放开石油液化气销售价格。

2002年7月，批复潍坊中原富茂燃气公司天然气到户临时销售价格为2.20元。2005年12月，潍坊市城区管道液化气供应价格因气源放开实行市场调节，由供需双方协商确定。2006年，潍坊市推进燃气价格改革，经过天然气和煤气定调价听证会，制定城区车用天然气临时销售价格为2.8元，天然气管道运输价格执行省定标准0.48元。

2007年6月5日，制定潍坊市区车用压缩天然气销售价格为3元；8月1日起潍坊城区天然气销售价格调整为居民生活用2.5元，非居民用2.9元，桑拿、洗浴、美容美发用3.2元；煤气出厂价格由0.7元调整为0.8元，居民生活用煤气价格由1元调整为1.25元，工业与服务业用煤气统一执行1.6元标准，其中工业用煤气价格上调0.5元，服务业用煤气价格下调0.15元；高校用管道燃气统一按居民用气价格执行。10月22日，批复潍坊中原富茂燃气有限公司居民生活用天然气销售价格为每立方米2.5元，非居民生活用2.9元，桑拿、洗浴、美容美发用3.2元。2009年，为疏导价格矛盾，对市区非居民生活用天然气销售价格进行调整，其中，桑拿、洗浴、美容美发用调整为3.32元，其他用3.02元；车用压缩天然气销售价格调整为3.12元。2010年，潍坊市再次调整车用、非居民生活用管道天然气销售价格。其中，车用压缩天然气3月26日调整为3.55元，7月5日再次调整为3.8元；非居民用管道天然气调整为3.3元，特殊行业（桑拿、洗浴、美容美发）调整为3.6元。

城市集中供热　1996年11月，制定高新区居民热水采暖价格每平方米（房产证建筑面积，下同）18元、机关企事业单位22元，蒸汽价格每吨89元。2000年，批复奎文区集中供热试行价格每建筑平方米最高不超过18.5元。2001年，调整潍坊热力公司蒸汽价格，按居民、行政事业单位和工商企业用户分类定价，分别为每吨105元、110元和115元。2002年，潍坊市规范城区集中供热价格，潍坊市热力公司、潍坊市城市建设综合开发公司用热每平方米分别为19.5元、19元。2004年，居民生活热水采暖价格调整为每平方米21.6元；居民生活、行政事业单位、工业和经营服务用蒸汽价格分别调整为每吨116.2元、121.2元、126.2元。2005年11月，潍坊热力有限公司、潍坊万潍热电有限公司其他用蒸汽价格统一上调为每吨138元，建筑面积计收25.7元；居民采暖用蒸汽价格每吨95元。

2008年11月1日起，调整中心城区供热价格标准：居民生活采暖用蒸汽出厂价格（含税，下同）每吨由95元调整为131元，终端销售价格由116.2元调整为168元，按房产证建筑面积计由21.6元调整为25.6元，低保户家庭继续执行21.6元；非居民用蒸汽中准出厂价格为168元，终端中准销售价格为210元，按房产证建筑面积计算为31.2元，供需双方在中准价格上下10%的幅度内协商确定具体销售价格。2009年11月，根据《城市集中供热价格管理办法》及有关价格政策规定，对低真空加热循环水供热出厂价格由17

元/吉焦调整为25元/吉焦。2010年，全市集中供热两部制改革，制定中心城区两部制供热试行价格：居民用基本热价每平方米11.00元，低保户家庭7元，计量热价0.14元/千瓦时；非居民用基本热价13.5元，计量热价0.17元/千瓦时，供用热双方可在上下10%的幅度内协商确定具体价格。供热费用结算实行“多退少不补”。2011—2012年，仍执行此供热价格标准。

成品油价格 1991—1993年，国家多次对原油价格作局部小幅度调整，形成石油价格多种形式并存的局面。1994年，国家取消石油价格多轨制，实行计划内外价格并轨统一定价。2000年6月始逐步与国际市场价格联动。2004年12月11日，国家开放成品油零售市场。此后，成品油出厂价格一律按国家下达的价格执行，销售价格实行省、市两级管理形式。潍坊市成品油销售价格由省物价局制定和管理。2005年，落实山东省成品油市场销售价格，$90^{\#}$汽油零售中准价格为4920元每吨，$0^{\#}$柴油为4335元每吨。2006年，潍坊市成品油价格执行全省成品油零售价格“吨折升”换算系数标准。2008—2012年，随着国际市场油价的变动调整成品油价格，同时做好政策解释和市场价格监管。

2008—2012年潍坊市成品油价格调整情况表

表13—5—4

品种 日期	汽油（最高零售价格）						柴油（最高零售价格）			
	90号		93号		97号		0号		—10号	
	（元/吨）	（元/升）	（元/吨）	（元/升）	（元/吨）	（元/升）	（元/吨）	（元/升）	（元/吨）	（元/升）
2008.12.19	6345	4.74	6726	5.10	7106	5.47	5735	4.94	6079	5.33
2009.1.15	6205	4.63	6577	4.98	6950	5.35	5575	4.81	5910	5.18
2009.3.25	6495	4.85	6885	5.22	7274	5.60	5755	4.96	6100	5.35
2009.6.1	6895	5.15	7309	5.54	7722	5.94	6155	5.31	6524	5.72
2009.6.30	7495	5.59	7945	6.02	8394	6.46	6755	5.82	7160	6.28
2009.7.29	7275	5.43	7712	5.84	8148	6.27	6535	5.63	6927	6.08
2009.9.2	7575	5.65	8030	6.08	8484	6.53	6835	5.77	7245	6.36
2009.9.30	7385	5.51	7828	5.93	8271	6.36	6645	5.73	7044	6.18
2009.11.10	7865	5.87	8337	6.32	8809	6.78	7125	6.14	7553	6.63
2010.4.14	8185	6.11	8676	6.57	9167	7.05	7445	6,42	7892	6.92
2010.6.1	7955	5.94	8432	6.39	8910	6.85	7225	6.23	7659	6.72
2010.12.22	8495	6.34	9005	6.82	9514	7.32	7745	6.68	8210	7.20
2011.4.7	9345	6.97	9906	7.50	10466	8.05	8495	7.32	9005	7.90
2011.10.9	9045	6.75	9588	7.26	10130	7.79	8195	7.06	8687	7.62

续表13-5-4

日期 \ 品种	汽油（最高零售价格）						柴油（最高零售价格）			
	90号		93号		97号		0号		-10号	
	（元/吨）	（元/升）	（元/吨）	（元/升）	（元/吨）	（元/升）	（元/吨）	（元/升）	（元/吨）	（元/升）
2012.2.8	9345	6.97	9906	7.50	10466	8.05	8495	7.32	9005	7.90
2012.3.20	9945	7.42	10542	7.99	11138	8.57	9095	7.84	9641	8.46
2012.5.10	9615	7.18	10192	7.72	10769	8.28	8785	7.57	9312	8.17
2012.6.9	9085	6.78	9630	7.30	10175	7.83	8275	7.13	8772	7.69
2012.7.11	8665	6.47	9185	6.96	9705	7.47	7875	6.79	8348	7.32
2012.8.10	9055	6.76	9598	7.27	10142	7.80	8245	7.11	8740	7.67
2012.9.11	9605	7.17	10181	7.71	10758	8.28	8785	7.57	9312	8.17
2012.11.16	9295	6.94	9853	7.46	10410	8.01	8485	7.31	8994	7.89

交通运输价格

1991—2002年，交通运输价格主要由国家和省级物价部门管理。2002年起，城市公交（轮渡、客船）票价、出租车及相关收费项目授权各市人民政府管理，汽车货物运输价格全面放开。随着交通运输行业的迅猛发展，逐步形成以市场为主的交通运输价格形成机制。

城市公交票价　1992年，潍坊市公交车起点票价为0.2元，小公共汽车（16座）起点票价1元。1994年，1路、4路公共汽车由0.3元、0.4元调整为0.5元。1995年2月，4路公共汽车改为无人售票线路实行一票制票价0.5元；5月，1、4、16、20路公交线路均实行无人售票，票价0.5元；火车站至民航机场全程票价0.8元/人次。1996年4月，2、3、5路调整为起价0.5元，全程1.5元，月票60元。1998年，1、4、15、20四条线路均无人售票全程票价1元；22路起价1元，进价0.5元，全程票价2元；11、18路起价1元，进价0.5元，每五站为一进价，全程票价2.5元。1999年，城市公交项目价格管理权限下放到地、市管理。城市公交运输价格按照“新车新价、高档车高价和弥补营运成本，并有适当利润”的原则确定具体标准。2000年7月，潍坊市制定新开无人售票线路16、25、30、32、56路票价为1元，调整部分有人售票线路2、3、5、26路票价为1元或2元不等。2002年9月，批复潍坊公交车车载IC卡自动收费标准，A卡（成人卡）0.9元/人次，B卡（学生卡）0.8元/人次。2007年9月，50、60、61、63、65、67六条线路均实行无人售票，全程一票制票价1元；IC卡按票价折让优惠，A卡0.8元/人次，B卡0.7元/人次。2009年，制定公交68路等8条线路票价，68路实行有人售票，全程50.8千米票价5元，1元起价，1元进制；72路等5条线路无人售票，全程一票制票价1元；9路等2条线路无人售票，全程一票制票价2元。

客运出租票价　1992年，潍坊市制定出租车包车收费标准（见下表）。1995年，出租车起步计费里程调整为4公里5.6元，计价表安装检定收费90元。

1992年潍坊市出租车包车收费情况表

表13—5—5

类别 车型	计程租车			计日包车			包时
	公里租价（元／千米）	基价（千米）	基本租价（元）	租价（元／日）	可用千米	可用时间（小时）	元／小时
轿车	1.4	7	9.80	250~280	100	10~13	30
面包车	1.5	15	22.5	300	100	10~13	40

说明：夜间用车每公里加收0.40元

1996年11月1日，《潍坊市客运出租车运价管理暂行规定》以市政府第43号令发布实施，市区运营出租车区分豪华型、标准型、普通型、简易型，基价分别为5.5元、5.5元、4.5元、4.5元，运价每车千米1.8元、1.6元、1.4元、1.1元。2002年9月，制定客运出租车固定式顶灯收费标准为150元/个。2004年6月，调整潍坊城区出租车租费，起步价不分车型统一调整为3千米5元，3千米以上运价不变；回空补助从7千米（含）开始，计价器自动按每千米租费加收50%的空驶费，同一乘客双程往返不加空驶费；出租车夜间22时至次日5时经营时，计价器自动加收20%的租费；应乘客要求停车等候，累计每满5分钟加收1千米租费，不满5分钟不加；计价表安装检定调试费调整为97元／辆。2005年，潍坊市出台城区客运出租车燃油差价政策。当汽油（93#，下同）价格达到3.5元/升以上，且时间持续1个月以上，客运出租车可向乘客收取燃油差价；当汽油价格低于3.5元/升（含），且时间持续1个月后，取消燃油差价；燃油差价收取标准为每乘次1元，在计价器显示金额之外加收。2010年7月5日起，城区客运出租车起步价调整为6元/3千米，取消普通型公里租费，同时取消每乘次1元的燃油差价。

主要农副产品价格

粮食价格　1991—1994年，市物价局对小麦、玉米价格进行调整：小麦定购价格每50千克（下同）由1990年的25.8元提高到1994年的54元，玉米定购价格由1990年的17.6元提高到1994年的41元。1995年，小麦定购价格每千克1.08元；对城镇居民供应的特一粉每千克2.12元，特二粉1.94元；储备粮和议购粮收购价格实行市场调节价。1996年6月，小麦、玉米国家定购价格分别提高为76元和63元，7月1日起相应提高供应城镇居民的面粉销售价格，每50千克特一粉由106元提高为130元。1998年，国家实行粮食按保护价敞开收购和顺价销售政策。1999年小麦定购保护价为63元（三等冬花麦），2000年调整为55元。2001年，调整三等白麦收购价格为57元，2002年下调为55元。2004年6月，全面放开粮食收购市场，实行最低收购价政策，对种粮农民实行直接补贴。2006年起，落实粮食保护价格政策，每50千克白小麦（三等）最低收购价格为72元，红小麦、混合麦69元，2009年分别提高到87元、83元，2010年提高到90元、86元，2011年，提高到95元、93元，2012年均提高到102元。

棉花价格　1994年，棉花（标准级三级二十七毫米皮辊棉，下同）收购价格每50千克由

1990年的330.62元提高到544.62元。1995年，棉花收购价格提高到700元；棉花调出部分的奖励款由每50千克30元提高为50元；棉改费由每50千克0.5元提高为1元。1998年，国内棉花市场供大于求，国家适当下调棉花收购价格，每50千克中准价由700元调整为650元，允许上下浮动5%，同时将棉花收购价格由政府定价改为政府指导价。1999年放开棉花购销价格。

烤烟价格　1995年国家烟价政策规定，中准级烟叶每50千克（下同）由160元提高到180元，这一价格水平一直维持到1998年末。1999年，国家将下部橘黄二级（X2F）烟叶定为烤烟的中准级，根据各地区烤烟质量差异，收购价格实行分区定价，山东省为三价区，中准级烤烟收购价格每50千克为380元。2002年，国家进一步拉大烤烟等级差价，适当提高部分上中等烤烟收购价格，降低部分中下低等烤烟收购价格，将中准级烤烟收购价格提高到400元，2004年提高到480元。2006年，落实烤烟价格保护政策，实行政府指导价，中准级烤烟收购价格维持480元，2007年提高到500元。2008年，山东省烤烟价格由三价区调整为二价区，各等级烤烟收购价格每50千克提高105元，中准级烤烟收购价格调整为625元，2009年调整为730元，2011年、2012年分别调整为790元、910元。

桑蚕茧收购价格　1991—2001年，桑蚕茧收购价格实行政府定价。1991年每50千克（下同）蚕茧收购价格为430元，1994年调整为640元，1995年调整为681元。1997年春茧中准级收购价格调整为635元，秋茧681元，含农业特产税价格为740元。1999年国内茧丝严重供过于求，秋茧收购价格下调为600元；2000年提高为春茧630元、秋茧740元。2002年5月，桑蚕茧收购价格改为政府指导价，收购企业以中准价格640元为基础上下浮动10%，2003年浮动范围扩大到15%，2004年中准收购价格上调为700元。2005—2007年，中准收购价格分别为750元、980元、950元。

药品价格

1992年之前，医药（包括中草药）价格实行政府定价。1995年，根据全省统一规定，潍坊市开展药品市场价格秩序整顿，规范42种化学医药品出厂、销售价格。1996年，批复潍坊中药厂生产的“牛黄解毒丸”（10×3g）每盒出厂价1.88元、批发价2.3元、零售价3.11元。1999年，潍坊市加强中药材和中药饮片价格管理，上报10个品种地产药品价格。2000年，医院自制剂价格纳入政府价格管理范围，市物价局先后核定潍坊本地产5%葡萄糖注射液、感冒止咳糖浆、妇康宝口服液、小儿退热口服液，幽门螺杆尿素酶抗体金标斑点法试剂、橘红梨膏等的出厂、销售价格，报请省物价局审批。2001年12月，省物价局将部分药品价格调整权限下放到市级。2002年，省物价局公布2002版政府定价目录，授权市、县人民政府（物价部门）制定本市范围内的医院自制剂价格和非营利性医疗价格。潍坊市物价局按照定价权限，核定批复39个医疗单位807种自制剂价格，同时建立自制剂价格台账，使医疗单位自制剂价格管理进入规范化轨道。同年，制定公布两个批次集中招标采购药品的零售价格，第一次中标的27个品种，平均零售价格降低36%，降价总额398.3万元；第二次中标的99个品种，平均零售价格降低23.5%，降价总额832.4万元。2003年2月，参加全市第三次药品集中招标采购，按规定制定中标的152种药品的临时零售价格，平均降价幅度19%，降价总额132万元。2005年，审核规范全市医疗单位自制剂价格，重新公布各医疗单位191种自制剂价格（复方氯霉素洗剂3.70元/瓶、硫酸阿托品滴眼液1.60元/支等）；对未列剂型规格等非GMP药品进行调查摸底，提出药价核定意见。2006—2007年，按照国家有关药品降价、差率控制等政策措施，落实1425种药品限制最高零售价格和降价规定，批复19种自制药剂价格。2009年，调整潍坊市中医院牛黄熄风胶囊等32种自制剂、青州市皮肤病防治站硫软膏等2种自制剂、诸城市中医院活血接骨等53种自制剂、青州市人民医院等两家医院17种自制剂、临朐县中医院妇炎宁冲剂等26种自制剂零售价格。

2009年潍坊市中医院自制剂零售价格表

表13—5—6

序号	制剂名称	剂型	规格	单位	零售价格（元）
1	筋骨痛膏（小）	黑膏药	35克	帖	12.5
2	筋骨痛膏（中）	黑膏药	60克	帖	21.4
3	筋骨痛膏（大）	黑膏药	80克	帖	28.5
4	参芪消渴胶囊	胶囊剂	0.5克×60粒	瓶	29.8
5	甲宁胶囊	胶囊剂	0.5克×60粒	瓶	22.8
6	益气熄风胶囊	胶囊剂	0.3克×60粒	瓶	20.8
7	牛黄熄风胶囊	胶囊剂	0.3克×60粒	瓶	28.8
8	胃复康胶囊	胶囊剂	0.5克×60粒	瓶	21.5
9	前列平胶囊	胶囊剂	0.5克×60粒	瓶	25
10	平肝熄风胶囊	胶囊剂	0.5克×60粒	瓶	37.2
11	养阴熄风胶囊	胶囊剂	0.5克×60粒	瓶	28
12	玉红膏	软膏剂	30克	盒	12.1
13	黄连膏	软膏剂	30克	盒	9.8
14	镇惊醒脾散	散剂	3克×5支	盒	22.6
15	人参醒脾散	散剂	5克×5支	盒	11.7
16	利咽糖浆	糖浆剂	100毫升	瓶	15.7
17	清肺止咳糖浆	糖浆剂	60毫升	瓶	15
18	宣肺止咳糖浆	糖浆剂	100毫升	瓶	14.2
19	清肺化痰糖浆	糖浆剂	60毫升	瓶	17.5
20	百部止咳糖浆	糖浆剂	100毫升	瓶	13.4
21	柴胡大青叶糖浆	糖浆剂	100毫升	瓶	20.3
22	润肺止咳糖浆	糖浆剂	60毫升	瓶	16.3
23	镇痛通脉丸	丸剂	50克	瓶	12.2
24	痛经宁丸	丸剂	50克	瓶	33

续表13-5-6

序号	制剂名称	剂型	规格	单位	零售价格（元）
25	骨宁丸	丸剂	50克	瓶	26.4
26	消肿止痛丸	丸剂	60克	瓶	16.3
27	疱疹丸	丸剂	50克	瓶	13.5
28	皮炎丸	丸剂	50克	瓶	14.8
29	祛湿通脉丸	丸剂	60克	瓶	16.3
30	益气通脉丸	丸剂	54克	瓶	18.5
31	活血通脉丸	丸剂	45克	瓶	11.8
32	香芍止痛丸	丸剂	36克	瓶	15.6
33	凉血清肺丸	丸剂	60克	瓶	15.5
34	子宫肌瘤丸	丸剂	54克	瓶	20.2

2010年，贯彻落实省物价局关于基本药物最高采购限价政策，组织上报潍坊市首批907种基本药物最高采购限价，在全市基层医疗机构实行国家基本药物零加成销售。2011年，调整潍坊市益都中心医院硼酸滴耳液等15种、潍坊市人民医院盐酸普鲁卡因溶液等15种、诸城市人民医院硫代硫酸钠溶液等17种、诸城市中医院活血接骨膏等53种自制剂零售价格；制定高新区尊一医院活血骨康膏自制剂为249元／贴。2012年，根据《山东省医疗机构制剂价格管理暂行办法》有关规定，潍坊市调整解放军八九医院甘油合剂等18种、潍坊市中医院小儿祛痰散等11种制剂最高零售价格。

房地产及物业服务价格

房地产价格　1994年，根据国家《商品住宅价格管理暂行办法》，批复旧城区、早春园小区商品住宅房价格分别为1299.22元/平方米、1163.13元/平方米。1995年，根据核定的成本费用，批复城建开发公司新建南胡住小区商品住宅销售价格为1079元/平方米。1998年，商品房销售价格改为市场调节价管理。2011年，市物价局印发《关于规范商品房经济适用房销售价格行为的通知》，规定商品房实行市场调节价，销售价格由经营者自主确定。经济适用住房实行政府指导价管理，廉租房、公租房租金实行政府定价管理。同年，潍坊市制定实施《潍坊市廉租住房管理办法》，规定实物配租租金标准实行政府定价，市区范围内对最低生活保障家庭免收租金，其他低收入家庭按照政府公布的租金标准缴纳房租。

2012年，市政府制定《潍坊市经济适用住房价格管理办法》，规定经济适用住房销售价格实行政府指导价，并实行分级管理，经济适用住房销售价格由开发成本、税金、利润三部分构成。制定潍城区四家企业经济适用住房销售基准价格（含税）为：鲁发名城2353.91元/平方米、瑞和锦绣名郡2330.37元/平方米、圣基铭座2377.45元/平方米、三友翡翠城2353.91元/平方米。制定奎文区政府购买的该区四家企业经济适用住房销售基准价格（含税）为：紫金花园2424元/平方米、樱北花园2472元/平方米、江山帝景2400元/平方米、晨晟世纪2448元/平方米。

物业服务价格 2002年，市物价局会同市房产管理局制定《潍坊市城市住宅小区物业管理服务收费试行办法》，对物业管理服务收费范围、收费标准等做出明确规定。收费标准分为四级：一级0.45~0.50元，二级0.35~0.40元，三级0.25~0.30元，四级0.15~0.20元。2012年，市物价局会同市住房和城乡建设局制定《潍坊市住宅物业服务收费管理实施办法》《关于潍坊市普通住宅前期物业服务等级内容和服务收费基准价格的通知》，规定普通住宅前期物业服务收费实行政府指导价，实行分等级管理的物业服务，根据服务内容和要求的不同分为五个服务等级，分别对应不同的收费标准。多层住宅基准价格为：五级0.20元，四级0.30元，三级0.40元，二级0.50元，一级0.65元。带电梯住宅基准价格：三级1.00元，二级1.15元，一级1.40元。非普通住宅以及业主委员会成立后的普通住宅物业服务收费实行市场调节价，由业主大会或业主委员会与物业服务企业约定。同年，为规范城区物业服务管理，简化办事程序，市物价局印发《关于规范城区物业服务收费日常管理的通知》，规定原向市级价格主管部门备案的物业服务企业，其收费备案工作下放到各区价格主管部门。

2012年，市物价局会同市住房和城乡建设局印发《关于普通住宅小区停车收费有关问题的通知》，对普通住宅小区车位租赁费、停车服务费实行政府指导价管理，并根据停车场地类型、车型分别制定基准价格。

第三节　收费管理

1991年，国家物价局和财政部明确，行政事业性收费项目收费标准审批权限集中在中央和省两级。2000年开始，省物价局逐步下放部分事业性收费标准管理权限，如幼儿园收费标准等。2001年之后，国家和省先后将部分行政事业性收费转为经营服务性收费，如医疗服务价格、垃圾处理费、有线数字电视收费等；一些原来实行政府指导价或政府定价的收费项目，逐步放开实行市场调节价；新出现的带有垄断或者强制性质的收费项目，纳入政府定价范围。2002年，按照国家和省有关规定，潍坊市进一步强化收费许可证管理，实现对收费单位名称、地址、收费项目、收费标准等情况的全面信息化管理。2006年5月，潍坊市在全省率先建立行政事业性收费统计报告制度。至2012年，潍坊市行政事业性收费管理基本形成一套较为完善的收费目录管理制度、收费公示制度、收费许可证制度、收费年审制度、收费统计报告制度、收费票据管理制度体系。

教育收费

中小学收费 1991—2000年，潍坊市中小学收费项目及标准执行全省统一规定。1999年，潍坊市制定高中扩招生培养费标准，省市重点高中、职业中专（高中）和规范化高中收费上限1.8万元，一般高中上限1.2万元，交纳培养费的学生不再交纳学杂费。2000年，普通高中招生收费实行并轨，取消计划外招生。

1989—2000年部分年份潍坊市中小学收费情况表

表13—5—7　　　　　　　　　　　　　　　　　　　　　　　单位：元/生·学期

收费项目＼年份	1989年	1991年	1992年	1998年	2000年
一、杂费					
（一）小学					
城市	6	—	12	40	55
农村	4	—	8	30	40
（二）初中					
城市	12	—	24	65	90
农村	8	—	16	55	70
（三）高中					
城市	15	—	30	110	—
农村	10	—	20	100	—
二、学费					
（一）普通高中					
城市	12	—	24	70	不超过500（学杂费）
农村	10	—	20	60	不超过300（学杂费）
（二）职业高中	—	35	—	200（学杂费）	500（学杂费）
其中农林牧专业	—	25	—	—	—
（三）职业中专	—	40	—	500（学杂费）	800（学杂费）
其中农林牧专业	—	30	—	—	—
三、住宿费					
城市	12	20	—	50（含水电费）	70（含水电费）
农村	6	12	—	40（含水电费）	50（含水电费）
职业高中	—	10	—	—	—
职业中专	—	10	—	—	—
四、借读费					
小学	—	40	—	180	300（免缴杂费）
初中	—	60	—	300	500（免缴杂费）
高中	—	120	—	—	—

2001年，临朐县试点农村中小学“一费制”，即每生每学年小学120元、初中230元，2002年调整为小学190元、初中310元。2002年，潍坊市调整规范高中阶段收费政策，学费标准每生每学期省级规范化高中800元、市级规范化高中600元、一般高中500元；择校生收费每生省级规范化高中10000元、市级规范化高中9000元、一般高中8000元；住宿费标准实行公寓化的每生每学期不超过120元，其他不分学校类别每生每学期城市70元、农村50元。自2004年秋季新学年开始，公办义务教育阶段学校全面推行“一费制”收费，并规范服务性收费。“一费制”含杂费、课本费、作业本费，凡不能提供取暖、没有开设信息技术教育课程和不具备电教条件的学校，扣减相应收费。其中，取暖费农村按每生每学年30元扣除，城市按每生每学年60元扣除；信息技术教育按每生每学年小学（3~6年级）50元、初中60元扣除；电教费按每生每学年小学16元、初中24元扣除。中小学杂费收费标准：小学1~2年级城市每生每学期200元，农村160元；小学3~6年级城市260元，农村210元；初中生城市370元，农村300元。

2006年，对潍坊市13所职业中专实行学分制收费试点，经测算按每学分28元收取学费。2007年春季和秋季学期起，全市农村义务教育和城市义务教育在校学生分别全部免除杂费，免除标准为每生每学年城市初中370元、小学1~2年级200元、3~6年级260元；农村初中300元、小学210元。2007年秋季学期起，全市农村义务教育阶段所有学生免费提供国家课程的教科书，2008年春季学期开始免费提供地方课程的教科书。2009年春季学期开始，农村义务教育阶段学生全部取消住宿费。2009年1月1日起，城市义务教育阶段公办学校取消借读费。

2012年，潍坊市明确中小学收费项目和标准：城市小学课本费每生每学年1~2年级65元，三年级95元，4~6年级110元；作业本费每生每学年1~2年级15元，3~6年级20元；学生装费每三年运动装和夏装各1套，每套不高于80元；城市学校住宿费每生每学期70元，农村学校不得收取住宿费。城市初中课本费每生每学年一年级205元、二年级180元、三年级135元；作业本费每生每学年30元；学生装费运动装和夏装各1套，每套不高于100元；城市学校住宿费每生每学期70元，农村学校不得收取住宿费。高中阶段学费每生每学期省级规范化高中800元、市级规范化高中600元、其他高中500元；学生装费运动装和夏装各1套，每套不高于120元；普通学生宿舍住宿费每生每学期农村50元、城市70元。

幼儿园收费　2005年，潍坊市制定幼儿园、托儿所分类收费标准。2010—2011年，先后调整奎文区区直机关幼儿园、潍坊新华幼儿园、奎文区樱园幼儿园和诸城市实验幼儿园、铁骑幼儿园收费标准。

2005年潍坊市幼儿园、托儿所收费标准统计表

表13—5—8　　计费标准：元/生·月

项目标准＼类别	幼儿园								托儿所	
	实验示范类		一类		二类		三类			
	全日	寄宿	全日	寄宿	全日	寄宿	全日	寄宿	全日	寄宿
保育费	25	50	20	45	16	35	15	30	25	45
管理费	73	90	65	75	55	65	45	55	65	75

续表13—5—8

项目标准＼类别	幼儿园								托儿所	
	实验示范类		一类		二类		三类			
	全日	寄宿	全日	寄宿	全日	寄宿	全日	寄宿	全日	寄宿
杂费	122	12	12	12	12	12	12	12	12	12
代办费	100	100	65	65	50	50	45	45	50	50
合计	210	252	162	197	133	160	117	142	152	182

2010—2011年潍坊市部分幼儿园、托儿所收费标准调整情况表

表13—5—9　　　　计费标准：元/生·月

项目标准＼幼儿园名称	奎文区 区直机关幼儿园	潍坊 新华幼儿园	奎文区 樱园幼儿园	铁骑 幼儿园	诸城市 实验幼儿园
保育费	45	47	47	45	33
管理费	132	137	137	132	97
杂费	22	23	23	22	16
代办费	181	188	188	181	134
合计	380	395	395	380	280

民办教育收费　学历教育。1996年，山东省规定社会力量办学不得以营利为目的，学校（班）应按照规定收取学费和其他必要费用。2000年进一步明确社会力量举办的中等和中等以下学校（包括普通高中、职业高中、职业中专、普通初中和小学，不含中外合作办学），向学生收取的培养费、住宿费等收费标准，参照国办学校学生公用经费定额核定。2002—2012年，潍坊市每年对部分民办学校收费项目及标准进行核定或调整。

2003年潍坊市部分民办学校收费项目及标准一览表

表13—5—10　　　　元/生·学期

学校名称＼收费项目	学费	住宿费
高密市育才实验中学	900	—
高密第二实验小学	600	—
诸城一中、青州实验中学、青州八中、寿光现代中学（改制学校）	2500	120

续表13—5—10

收费项目 学校名称	学费	住宿费
昌邑市艺术中学	2500	100
昌邑市文山中学	高中部2500	100
安丘青云学府	1250	100
潍坊中新双语学校	1000	据实收取
高密五中、高密康城中学（改制学校）	2500	120
青州市益都中学（高中）	2200	120
潍城区新青民办中学（初中）	1300	—
潍城区北大民办小学	900	—

2008年潍坊市部分民办学校收费项目及标准一览表

表13—5—11　　元/生·学期

收费项目 学校名称	学费	住宿费
潍坊海运职业中等专业学校	7000元/生·年	800元/生·年
潍坊中澳友好合作学校初中部	3000	据实收取
潍坊市北海双语学校	小学2000，初中2500	200
昌邑市文山中学	初中部1800	180
昌邑市外国语学校（新校区）	2000	200

非学历教育收费。2001—2012年，部分民办教育机构非学历教育收费项目及标准：潍坊剑桥外国语学校短期培训英语、日语、韩语每人每期业余600元、暑假400元。潍坊托福雅思培训学校每生每月全程班2300元、业余班600元、研究生班1600元，高级译员全日制班每生每年22000元。潍坊技师学院中美国际汽车学院职业技能培训每生每年技师6800元、高级工4800元、中级工3600元。

医疗服务收费

1992年，潍坊市人民医院、潍坊市立医院、安丘县人民医院、寿光市人民医院挂号费、住院费、治疗费和手术费进行试点改革。在现行收费标准基础上，门诊挂号费三级甲等医院每门诊人次增加0.7元，二级甲等医院增加0.6元；住院费三级甲等医院每床日增加3元，二级甲等医院增加2.5元；手术费的调整划分为四个档次：原收费标准在100元以下的三级医院和二级医院（下同）分别上浮100%和80%，101～150元的上浮80%和70%，151～200元的上浮70%和60%，201元以上的上浮50%；治疗费收费标准在100元以上的不作调整，其余项目三级医院上浮100%，二级医疗上浮80%。

1999—2000年，潍坊市二级及以上医院先后开展医药费用“总量控制、结构调整”改革试点。调整医药费收入结构，门诊诊查费二级医院每人次2元、三级医院3元，住院诊查费二级医院每床日5元、三级医院6元。提高部分医疗劳务收费标准，护理费每床日增加1～3元，手术费提高2～3倍，治疗费、一般检查、透照和检验费提高100%，住院床位费二级医院每床日增加4元、三级医院增加5元。降低大型医疗设备检查收费，CT检查费每人次降低50元，核磁共振检查费每人次降低200元。

2002年6月，《山东省定价目录》将非营利性医疗机构的医疗服务价格授权市人民政府管理，营利性医疗机构实行市场调节价。2002—2007年，潍坊市核定部分非营利性医疗机构非普通病房床位中准价格：潍坊市妇幼保健院单人间每床每日（下同）120元、三人间20元；潍坊市中医院单人间100元、双人间50元、三人间25元；潍坊市第二人民医院双人间60元、三人间25元。2008年核定潍坊医学院附属医院单人套间220元、双人间60元、三人间40元；2011年核定潍坊市妇幼保健院单人间220元；2012年重新核定潍坊市中医院套间260元、单人间200元、双人间110元。

2008年，《潍坊市普及基本医疗卫生制度试点基层卫生机构收费管理办法（试行）》实施，明确了卫生院、村卫生室和社区卫生服务中心等基层卫生机构的定价原则和医疗收费标准。

2008年潍坊市社区卫生服务收费标准一览表

表13—5—12

编码	项目名称	项目内容	计价单位	收费标准（元）
13	社区卫生收费			
1301001	婴幼儿健康体检		次	3
1302001	儿童龋齿预防保健	含4岁至学龄前儿童按齿科常规检查	次	1
1304001	转产保健访视	含出生到满月访视、对围产期保健进行指导	次	10
1306	家庭病床			
1306001	家庭病床建床费	含建立病历和病人全面检查	次	20
1306002	家庭病床巡诊费	含定期查房和病情记录	次	10
1307	出诊费	包括急救出诊		
1307001	医师（护师、护士及担架员）		人次	10
1307002	主治医师		人次	15
1307003	副主任医师		人次	20
1307004	主任医师		人次	25

2011年，《潍坊市医疗机构医疗服务价格（试行）》对现行医疗服务项目进行整顿规范，分为综合医疗服务类、医技诊疗类、临床诊疗类、中医民族医类4大类。其中，综合医疗服务类包括一般医疗服务、一般检查治疗、社区卫生及预防保健项目和其他医疗服务项目，计4类91项；医技诊疗类包括医学影像、超声检查、核医学、放射治疗、检验、血型与配血、病理检查7个二级分类，计1101项；临床诊疗类包括临床各系统诊疗、经血管介入诊疗、手术治疗、物理治疗与康复，计4类2927项；中医民族医类包括中医外治、中医骨伤、针刺、灸法、推拿疗法、中医肛肠、中医特殊疗法、中医综合类8个亚类，计124项。新的医疗服务价格4月1日在潍坊市中医院试行，2012年8月扩大到潍坊市人民医院等17家试点医院。2012年底潍坊市区其他公立医院及市属民营非营利性医院全部试行新医疗服务价格，县市非试点公立医院和所属民营非营利性医院试行综合医疗服务类和中医及民族医诊疗类价格标准，三级医院执行规定价格的100%，二级医院执行规定价格的95%，一级医院执行规定价格的90%。同年，潍坊市基层医疗卫生机构执行一般诊疗费政策，收费标准为注射型每人次9元、非注射型6元，医保、新农合基金支付比例不低于80%；村卫生室每人次6元，其中个人支付1元，新农合统筹基金支付5元。

2011年潍坊市医疗机构部分医疗服务收费标准一览表

表13—5—13

编码	项目名称	项目内容	计价单位	价格（元）
110100001	挂号费	含门诊、急诊及其为患者提供候诊就诊设施条件、病历档案袋、诊断书、收费清单	次	1
110200001	普通门诊诊查费	指医护人员提供（技术劳务）的诊疗服务	次	2
110200002a	副主任医师			6
110200002b	主任医师			8
110200003	急诊诊查费	指医护人员提供的24小时急救、急症的诊疗服务	次	5
110200005	住院诊查费	指医务人员技术劳务性服务	日	3
110300001	急诊监护费	含监护、床位、诊查、护理	日	100
110400001	院前急救费	包括内脏衰竭、外伤、烧伤、中毒、溺水、电击等现场急救；不含出诊费、诊查费、监护费	次	50
110600001	救护车费	含来回里程；不含院前急救	公里	10

殡葬服务收费

1991年，山东省制定殡仪馆收费标准，规定除火化费、运尸费由省定价外，其他殡仪服务项目收费标准委托各市根据当地实际确定。1992年6月，潍坊市核定殡仪馆服务项目收费标准。骨灰盒寄存普通框架小盒7元/年、大盒10元/年，封闭框架15元/年，双人盒20元/年；尸体冷藏寄存每天每具48元；遗体告别低、中、高档分别收费60元、90元、120元；殡仪厅租赁视设施、设备情况每次收费80~120元；接待室租赁接待标准50人以上的每次100元、30人以上的每次60元、15人以上的每次30元；花圈租赁按大、中、小分别收取8元、5元、3元。1994年核定灵山公墓墓穴价格，2000年4月进行部分调整。

2001年，提高告别厅、接待室和高、中档火化炉收费标准，分别为500元/次、200元/次和500元/具、300元/具。2002年，除火化费、骨灰寄存费、普通车辆运尸费按行政事业性收费管理执行省定标准外，其他服务项目实行经营服务性收费管理。2004年制定灵山仙庄新建“寝灵塔”骨灰寄存费每个灵位126元/年·盒，销售灵位每个2200元（使用期为20年），祭奠焚烧清扫费每次5元，存放管理证、卡、表、簿等工本费10元。2007年制定寿光市奉安堂骨灰盒寄存费80元/年·盒，2011年调整为100元。2010年制定灵山仙庄到期墓穴护墓管理费标准，超过20年的普通公墓最高不超过200元/年·座，超过20年的高档公墓最高不超过280元/年·座。

游览参观点门票

潍坊市人民公园门票价格1991年由每人1角调整为2角，1999年调整为3元，2001年调整为10元。东苑公园门票价格1991年由每人1角提至2角，1995年调整为2元。自怡园门票价格1994年1元。峡山水库植物园门票价格1997年2元。潍坊风筝博物馆门票价格1993年6元，1995年调整为10元，1999年调整为15元，2000年调整为20元。潍坊市博物馆1992年门票价格每人次1元调整为2元，1999年调整为10元，2002年制定新馆门票价格每人次20元，2004年制定博物馆科普馆门票价格每人次10元。富华游乐园1995年门票价格15元（包括摩天轮一个项目），1999年调整为60元（不含计时项目和动感电影）。十笏园门票价格1995年调整为10元；2002年制定十笏园导游讲解费2~10人每场20元、11~15人每场30元、16~20人每场40元、20人以上按每人次2元计算；2006年十笏园试开放期间门票价格为10元；2008年调整为门票价格30元，导游讲解费10人以内50元/次、10~20人80元、20~40人100元、40人以上3元/人。

2008年，在全市推行潍坊旅游“一卡通”年票，全市29个景点，门票价格总和为663元人民币，旅游“一卡通”临时收费标准定为70元。

2010年，制定杨家埠民间艺术大观园门票临时价格为50元；沂山风景区旅游客运专线临时票价为每人次30元，停车场收费标准大型客车（31座以上）每辆次20元、中型客车（10~30座）15元、小车10元、摩托车3元。2011年，制定潍坊市白浪绿洲湿地公园景点价格：观光车从起点到终点（起点），沿途可任选5站上下，全程实行五联一票制20元/人；中途乘车至终点，沿途站点可下车，实行一票制10元/人；电动游船20元/人·次；摇橹船8元/人·小时；自行车单人车5元/车·小时，双人车、三人车10元/车·小时；结婚游园包车当日9—17时，4、8、11、14座车包费分别为500、600、700、800元/次。

2012年，调整沂山风景区门票价格为每人次70元，东镇庙门票价格为每人次30元，联票价格90元；制定青州市云门山（驼山）、仰天山两处风景区门票价格每人次均为80元，仰天山灵泽洞门票价格每人次60元。明确景区票价优惠政策：对革命伤残军人、军队离退休干部、残疾人、6周岁（含）以下或身高1.2米（含）以下儿童、70周岁（含）以上老年人凭有效证件实行免票；对现役军人、6周岁（不含）至18周岁（含）未成年人、全日制大学本科及以下学历学生、60周岁（含）以上70周岁（不含）以下老年人凭有效证件实行半票。对旅行社等团购门票实行的价格优惠率最高不得超过门票价格的20%。

机动车停放服务收费

2004年，市政府印发《潍坊市城市停车场管理办法》，对停车场设置、管理及服务收费标准予以规范。

2004年车辆正常停放收费标准一览表

表13—5—14　　单位：元

车型	月停车（每月）	夜间停车（每次）	白天停车（每次）
10吨以上货车、32座（含）以上大客车	150	6	3
4吨（含）至10吨（含）货车、拖拉机、16座以上大、中客车	120	5	2
4吨以下货车、拖拉机、16座以下小客车	100	4	2
微型客车、轿车、三轮摩托车	80	4	2
二轮摩托车、助力车（残疾人免费）	15	1	0.5
自行车	5	0.3	0.2

说明：1.装有危险或贵重货物车、载重货车、挂斗车在此标准上加收30%；
2.因看管不当造成车及车上物品丢失或损坏的按价赔偿；
3.白天（8时至20时），夜间（20时至次日8时）；
4.以上标准为露天停车场，地下停车场加收20%

交通事故车辆看管费，载有货物的车辆20元/天、空车10元/天；交通违法车辆载有货物的20元/天、空车6元/天、摩托车3元/天；以上收费标准超过15天后减半收取。军车和武警车辆停放，免收停车服务费。2010年，医疗机构院内或医疗机构租用的院外停车场对前来就诊就医的群众，凭当日就诊治疗凭证免收停车服务费。

2012年，修订出台新的《潍坊市停车服务收费管理实施办法》，规定车辆停放服务收费实行“统一政策、分级管理”的原则，根据停车场经营性质实行政府定价和市场调节价管理，并制定潍坊城区（奎文、潍城、坊子、寒亭行政区辖的城区部分）停车场服务收费标准。

2012年潍坊城区停车服务计次收费标准一览表

表13—5—15

等级	车辆分类	收费标准		
		月停车（元/月）	白天（元/次）	夜间（元/次）
一级	大型客车、中型（含）以上货车、中型（含）以上挂车、大型专项作业车	200	8	7
	中型客车、轻型货车、中型挂车、拖拉机、低速载货汽车、中型和小型专项作业车	170	7	6
	小型（含）以下客车、微型货车、三轮汽车、微型专项作业车	90	4	3
	二轮摩托车、二轮电动车、助力车、自行车	15	1	1

续表13-5-15

等级	车辆分类	收费标准		
		月停车（元/月）	白天（元/次）	夜间（元/次）
二级	大型客车、中型（含）以上货车、中型（含）以上挂车、大型专项作业车	170	7	6
	中型客车、轻型货车、中型挂车、拖拉机、低速载货汽车、中型和小型专项作业车	140	6	5
	小型（含）以下客车、微型货车、三轮汽车、微型专项作业车	70	3	2
	二轮摩托车、二轮电动车、助力车、自行车	12	1	1
三级	大型客车、中型（含）以上货车、中型（含）以上挂车、大型专项作业车	140	6	5
	中型客车、轻型货车、中型挂车、拖拉机、低速载货汽车、中型和小型专项作业车	110	5	4
	小型（含）以下客车、微型货车、三轮汽车、微型专项作业车	40	2	2
	二轮摩托车、二轮电动车、助力车、自行车	10	1	1

说明：1.装有贵重货物车、载重货车、挂斗车在此标准上加收30%；
2.专用停车场：载有货物的车辆20元/日，空车10元/日，摩托车5元/日；以上凡超过20日的，按20日收费；
3.计次停车场计费时段分为白天和夜间，白天从8:00（含）至20:00（含），夜间从20:00至次日8:00；白天和夜间分别计次收费。跨时间段（白天和夜间）不超过12小时的，按白天标准收费；
4.实行政府定价管理的停车场，车辆停放时间不超过20分钟（医院停车场为30分钟）（均含）的，免收停车服务费；
5.城市规划区域以外的游览参观点专用停车场根据相关规定另行核定收费标准

2012年潍坊城区停车服务计时收费标准一览表

表13-5-16

性质	等级	车辆类型	收费标准	
			月停车（元/月）	基础收费标准（元/2小时）
普通停车场	一级	大型客车、中型（含）以上货车、中型（含）以上挂车、大型专项作业车	200	4
		中型客车、轻型货车、中型挂车、拖拉机、低速载货汽车、中型和小型专项作业车	170	3
		小型（含）以下客车、微型货车、三轮汽车、微型专项作业车	90	2

续表13—5—16

<table>
<tr><th rowspan="2">性质</th><th rowspan="2">等级</th><th rowspan="2">车辆类型</th><th colspan="2">收费标准</th></tr>
<tr><th>月停车（元/月）</th><th>基础收费标准（元/2小时）</th></tr>
<tr><td rowspan="6">普通停车场</td><td rowspan="3">二级</td><td>大型客车、中型（含）以上货车、中型（含）以上挂车、大型专项作业车</td><td>170</td><td>4</td></tr>
<tr><td>中型客车、轻型货车、中型挂车、拖拉机、低速载货汽车、中型和小型专项作业车</td><td>140</td><td>3</td></tr>
<tr><td>小型（含）以下客车、微型货车、三轮汽车、微型专项作业车</td><td>70</td><td>2</td></tr>
<tr><td rowspan="3">三级</td><td>大型客车、中型（含）以上货车、中型（含）以上挂车、大型专项作业车</td><td>140</td><td>3</td></tr>
<tr><td>中型客车、轻型货车、中型挂车、拖拉机、低速载货汽车、中型和小型专项作业车</td><td>110</td><td>2</td></tr>
<tr><td>小型（含）以下客车、微型货车、三轮汽车、微型专项作业车</td><td>40</td><td>1</td></tr>
<tr><td colspan="2">占道停车场</td><td>中型（含）以下客车、小型汽车</td><td colspan="2">以每小时为一个计费单位，每小时2元，不足1小时的按1小时计算。</td></tr>
</table>

说明：1.实行政府定价管理的停车场，车辆停放时间不超过20分钟（医院停车场为30分钟）（均含）的，免收停车服务费；
2.装有贵重货物车、载重货车、挂斗车在此标准上加收30%；
3.专用停车场：载有货物的车辆20元/日，空车10元/日，摩托车5元/日。以上凡超过20日的，按20日收费；
4.普通停车场，以每2小时为基础计费单位，前2小时，不足2小时的按2小时计算；2小时后，以1小时为计费单位，不足1小时按1小时计算，每1小时1元；
5.城市规划区域以外的游览参观点专用停车场根据相关规定另行核定收费标准

环境卫生收费

1991年，核定潍城区市容环境卫生收费项目及标准：粪便吸抽每吨10元；清理化粪池每立方米30元，居民每月0.3元，厂矿企事业单位每人每月0.5元；人行道清扫保洁费每月每平方米0.1元；进城务工经商人员卫生保洁费每人每月1元。

2002年始，山东省全面推行生活垃圾处理收费制度。2009年，要求各县市区加快制定生活垃圾处理费征收标准和时限，征收标准不低于城市家庭5元/户·月，单位职工2元/人·月；2011年底前达到城市家庭10元/户·月，单位职工4元/人·月。2012年，潍坊市印发《关于市区城市生活垃圾处理费征收管理办法的通知》，规定所有产生生活垃圾的国家机关、企事业单位、社会团体、个体经营者、居民及暂住人口、运营车辆等，均应按照“谁产生、谁付费”的原则缴纳城市生活垃圾处理费。

2012年潍坊市市区城市生活垃圾处理费收费标准一览表

表13—5—17

单位类别				收费标准				
				计费单位	垃圾收集	垃圾清运	垃圾处理	合计
1	居民	居民		元/户·月	3.50	5.50	1.00	10.00
		城市暂住人口		元/人·月	—	3.50	0.50	4.00
2	国家机关、部队、事业单位、社会团体、生产经营企业（含个体业户）			元/人·月	—	3.50	0.50	4.00
3	服务业	营业场所	旅店业客房	元/床·月	—	1.60	0.40	2.00
			商业零售业	元/人平方米·月	—	0.27	0.03	0.30
			餐饮业	元/人平方米·月	—	0.72	0.08	0.80
			娱乐休闲场所	元/人平方米·月	—	0.40	0.10	0.50
		医院	门诊	元/人·月	—	1.35	0.15	1.50
			病房	元/床·月	—	1.76	0.24	2.00
4	农贸市场			元/摊位·月	14.50	21.00	4.50	40.00
	集贸市场			元/摊位·集日	0.70	1.10	0.20	2.00
5	交通工具	大客车		元/人辆·月	—	8.00	1.00	9.00
		中巴车		元/人辆·月	—	5.30	0.70	6.00
		出租车		元/人辆·月	—	0.45	0.05	0.50
		货运车		元/吨位·月	—	0.45	0.05	0.50

说明：1.农贸市场流动摊位按集贸市场摊位标准收取；

2.单位职工垃圾处理费由单位缴纳；

3.医院门诊月垃圾处理费=日均门诊人数×单位征收标准（元/人·月）

有线电视收费

1993年，潍坊市制定有线电视建设与管理收费标准。其中建设费居民初装户每机260元，在同一户内每增加一机增收80元；企事业单位初装户每机480元，联网户每机300元；具有商业用途的初装户每个系统输出口收取1000元，每增加一机增收300元。收视维护费居民每户每月6元，同一住户每增加一机增收2元；企事业单位每机每月123元；具有商业用途的用户每机每月30元。1996年，调整有线电视初装费和收视维护费标准：居民初装户每机300元，商业性用户每机400元，维护费每户每月由6元调整为9元。1997年维护费调整为每户每月13元。2003年明确因欠费造成中断信号重新开通的每次每户交费30元。

2007年，制定潍坊城区有线数字电视收视维护费收费标准：居民用户每一终端26元/

月·机，同址、同户家庭开通第二台及更多台数字电视收费标准为8元/月·机；非居民用户26元/月·机；对持有有效证件的特殊群体给予价格优惠。2010年，明确新装有线电视一次性建设费收费标准为250元/户。2011年，按照国家有关规定，潍坊市广播电视部门收取的有线电视入网费、有线电视终端用户收视维护费和有线电视建设费等3项行政事业性收费转为经营服务性收费。

机动车培训检测收费

2008年，潍坊市贯彻落实省有关规定，机动车驾驶员培训收费标准在省定标准的基础上可上下浮动20%，同时核定普通三轮摩托车驾驶员培训收费标准为350元/人·期；其他摩托车为240元/人·期。2012年，潍坊市机动车排气污染检验收费标准为：采用简易瞬态工况法的50元/车次，采用双怠速法或自由加速法的30元/车次。机动车安全技术检验收费2012年之前执行省定标准，即汽车每车次100元，三轮汽车、低速载货汽车、摩托车、拖拉机每车次60元；2012年3月起，不再检验排气污染的安全技术检验费为每车次90元。

人防建设收费

2000年7月，潍坊市制定防空地下室易地建设费标准，新建十层（含）以上或基础开挖深度超过三米（含）的民用建筑每平方米1500元，2001年调整为每平方米2500元。2007年和2010年再次规范征缴标准：6级（含）以上防空地下室城市及城市规划区、市属各类开发区、工业园区、保税区和重要经济目标区每平方米2500元，县市每平方米2000元；6B级每平方米1500元，县市每平方米1300元；人防重点城市、县市建成区内的各类企业或实行企业化管理的事业单位，人防工程建设费标准为在职职工每人每年5元、个体工商户每户每年25元。

门楼牌工本费

2006年，门楼牌工本费收费标准授权市级管理。2007年，依据制作成本从严从低核定潍坊市门楼牌收费标准：大门牌（600毫米×400毫米）200元/个；小门牌、临时门牌、旁门牌（150毫米×90毫米）居民户10元/个，机关、团体、企业单位60元/个；楼号牌（900毫米×500毫米）280元/个；楼房单元号牌（250毫米×130毫米）30元/个；楼房户号牌（100毫米×60毫米）3元/个；平房排号牌（500毫米×250毫米）100元/个。2012年2月，国家取消门楼牌工本费。

盐产品运销服务费

2002年，核定潍坊盐务局收取盐产品港站运销监管服务费，站运每吨1元，港运每吨1.3元。2011年，核定潍坊盐业公司向托运方收取盐产品运销服务费每吨1元。

第四节　监督检查

日常监督检查

1991—1994年，全市价格改革步伐进一步加快。1992年始，由于绝大多数商品价格放开，价格监督检查的重点由对零售市场的经常性检查，转向有针对性的价格和收费专项检查。重点检查关系国民经济发展和人民生产生活的重要商品和收费价格，主要包括化肥、农药、农膜、石油、电力、邮电、粮油、医药、铁路、中小学收费以及“菜篮子”“米袋子”等居民生活必需品价格。这一时期，查处违价案件5650件，没收违法所得925.84万元。

1995年，全市物价部门贯彻“抑制通货膨胀，平抑市场物价”的基本方针，以抑制通货膨胀和整顿价格秩序为中心，以人民生活必需品和主要农业生产资料为重点，开展多方位的市场价格监督检查。其中检查化肥生产经营单位938家，查处价格违法金额629.6万元；检查粮食经营、加工单位200多个，查处价格违法金额1005.1万元。对粮、油、肉、菜等主要食品和主要工业消费品的检查纳入常态化，在重要节假日期间都组织全市性的集中检查、联合检查，有重点、有步骤地开展专项检查。全年查处价格违法案件1067件，没收非法所得172.07万元。

1996年，重点对中小学收费、医疗服务价格、电力价格、宾馆招待所价格、出租车价格、农资价格及涉农收费等进行专项检查。全年检查相关单位50余个，没收违法所得371.5万元。

1997—1998年，以“清费、治乱、减负”为重点，加大价格执法力度，先后进行十几次专项检查，主要包括涉农收费专项检查、公用电话和代办业务收费专项检查、明码标价执行情况专项检查以及医疗收费、教育收费、建设项目收费、交通行业收费、汽车维修、驾驶员培训、税务收费、电力价格等。查处各类价格违法案件1237件，实施经济制裁1586.22万元。1999—2000年，积极落实上级关于减轻企业负担、减轻农民负担、纠正药品购销过程中不正之风三项工作部署，先后组织实施多项检查。对外商投资企业和私营企业收费实行“两证一书一卡”（收费许可证、收费员证、进企业收费批准通知书、企业缴费登记卡）制度情况实施跟进检查。与粮食、财政等部门联合完成粮食收储、销售政策落实情况检查、预算外资金收支两条线政策执行情况检查；开展交通（公路）、税务、医药、教育、公安（交警）、涉农收费、证券市场、移动通信、电力价格等专项检查。先后查处各类价格违法案件838件，实施经济处罚3397.32万元。

2001年，价格监管从整顿价费秩序、优化经济发展环境、提供价格支持出发，推进商品和服务明码标价工作，稳妥开展药品及医疗服务价格、农村电价和农网改造收费、粮食价格、中小学教育收费、土地及基本建设收费等专项检查。全市全年查处价格违法案件190件，实施经济制裁437.77万元。开通“12358”价格举报热线。开展规范化物价检查所创建工作，寿光市、诸城市、昌邑市、青州市、安丘市、临朐县6家县级物价检查所获国家级“规范化物价检查所”称号。

2002—2004年，在全市统一开展建设、卫生、电力、土地、劳动、教育、公安七大系统收费项目和标准检查；开展铁路和公路客票价格、工商和集贸市场收费、路桥和机动车辆收费、土地和住房建设、农民建房和农业生产性费用、技术监督、环境保护、教育收费等专项检查和重点检查；清理整顿涉及外来务工人员、下岗失业人员再就业收费，城市基础设施配套费，团体、协会、代理服务收费等；以制止价格垄断、价格欺诈、哄抬物价为重点，开展节日期间旅游景点、餐饮娱乐场所、购物场所价格行为专项整治与常规治理。全市查处各类价格违法案件702件，实施经济制裁2498.59万元。2003年防治“非典”期间，全市价格监督检查系统组成54个检查组，历时50多天，对全市所有经营防治“非典”医药及用品的企业、药店和零售商店实施不间断无缝隙巡查，查处违法案件196件，实施经济制裁38.97万元。

2005年，以“恪守价格诚信、制止价格欺诈”为主题，开展价格诚信宣传月和“价格诚信单位”评选活动；以全面落实明码标价和价费公示制度为载体，集中开展价费秩序整顿和规范。全市查处各类价格违法案件256起，实施经济制裁1036.6万元。全面推开“价格监督进社区”活动。

2006—2008年，着眼规范价格秩序、优化发展环境，加大价格执法力度，先后开展涉农、涉企、公安、交通、教育、劳动、人事、成品油、

2011年春节，市物价局主要负责人带领检查所工作人员，到城区主要商场超市开展春节期间市场价格巡查

电力、药品、医疗、国土资源、电信、邮政、殡葬等行业领域的价费检查，查处价格违法金额3.38亿元，实施经济制裁5252万元。2006年，市县两级物价部门先后开展“价格服务进万家”活动和“规范标价，诚信为本”主题活动，在全市191个乡镇、9365个行政村、4180个部门和单位设立价费公示栏（牌），在全市公开表彰37个价格诚信单位，推荐11个企业单位获全省价格诚信单位。2007年，开展打造城区2街（胜利街、东风街）、6路（向阳路、和平路、四平路、潍州路、鸢飞路、新华路）“明码标价示范街（路）”活动。

2009—2010年，围绕政府关注、企业和群众关心的价格热点、难点问题，落实“规范、服务、查处”三位一体的价格监管机制，采取属地检查、联合检查、下查一级、重点督查等形式，重点开展市场价格秩序整顿和涉农、涉企收费专项检查、巡查，在全市主要商场、旅游景点、停车场等场所推行明码标价制度。全市检查规范单位926家，查处价格违法案件382起，实施经济制裁3789.7万元。

2011年，以规范明码标价行为为重点，继续开展商品房明码标价、涉农、教育、医疗、银行业收费等专项检查。全市查处价格违法案件419起，实施经济制裁8210万元，其中没收违法所得3556.84万元。2012年，全市先后开展物流和公路、电信、涉农、教育、医药、工商、商品房、成品油等方面的价格监督检查，服务业价费政策落实情况专项检查，强化明码标价督查，全市立案查处各类价格违法案件68起，实施经济制裁1140多万元。

“12358”价格投诉举报服务热线

2001年，市物价局正式开通“12358”价格投诉举报服务热线，对举报事项做到有报必查、有查必果，全年受理价格投诉举报216件。2002年，受理各类价格举报579件。2003—2005年，在全市物价系统建立“12358”价格投诉举报限期办结制和首问负责制，对重大价格举报案件实行回访制度。2003年，受理群众各类价格投诉举报611件，2004年受理537件，2005年受理889件，办结率均为100%。2006年，启动“打造数字化检查所”工程，接入覆盖全省的12358价格举报信息管理系统，实现价格举报统一受理、分级处理和集中管理。全年全市办理各类价格投诉举报1013件，办结率100%。2007年，累计办理各类价格投诉举报986件，为企业和消费者挽回经济损失30余万元。2008年，在潍坊物价信息网开设网上投诉举报专栏，完成县市两级、电话与网络同步的价格服务平台建设。全年办理各类价格咨询投诉事项3700余件。2009年，办理各类价格投诉举报2136件，为消费者挽回经济损失40余万元。2010—2012年，潍坊市12358价格服务电话及网络咨询受理平台实现全天候24小时畅通和专人值班值守。其中，2010年受理价格投诉举报案件1681件，价格咨询服务1081件，为群众挽回经济损失35.99万元；2011年受理价格举报案件820件，价格咨询1759件，为群众挽回经济损失36.87万元；2012年受理各类价格投诉举报和咨询5300余件，为群众挽回经济损失63.8万元。

治理乱收费

1991—1994年，在全市连续开展集中治理“三乱”（乱收费、乱集资、乱罚款）工作。全市清理行政事业性收费项目3512项、收费标准5346个，落实省政府下达的两批废止项目80项、停止执行21项，废止市政府确立的收费项目52项，对需要保留的收费项目进行严格审核。1995年始，开展收费年审工作，全市当年审验收费单位4395个、收费许可证4331个、收费项目172项、收费标准8724个，废止收费项目78项，注销收费许可证11个，审验收费总额13.2亿元，审出违反政策的收费金额625.2万元。1997年，对全部5225项收费项目、1.25万个收费标准进行全面清理，分三批废止公布79个收费文件和19项应重新报批的收费标准，取消收费项目78项，调整不合理收费标准285个，全面实行收费许可证和收费员证制度。1998—2000年，以“清费、治乱、减负”为重点，强化行政事业性收费年度审验，共审验收费总额38.33亿元，收费项目1.67万项，收费标准3.8万个。2001年，集中清理整顿涉民营经济收费项目和标准，全市保留涉民营经济收费主体43个，保留收费项目256项。其中，从低收取的13项，自愿委托的30项，降低标准的21项，免收的1项。2002年，全市推行涉农价格和收费公示制度，向农民发放公示手册20多万册，公示卡79万多张，取消涉农收费项目220项，降低收费标准93个，减轻农民负担9000多万元。2003年，全面推行“阳光收费”工程，对现行行政事业性收费项目、标准及政府性基金进行清理，取消收费项目98项，合并43项，转为经营性收费5项，减轻企业和群众负担3197万元。2011年，落实国家取消和停止社会团体部分收费项目，降低动物及动物产品检疫收费标准，取消31项涉企行政事业性收费政策，审验行政事业性收费单位554个、收费项目153项、收费总额50.46亿元。2012年，集中开展相关领域收费清理工作，落实国家免征小型微型企业和工商部门部分行政事业性收费，取消253项涉企收费政策；审验市直部门单位344个、收费许可证170个、收费总额145.37亿元。

第五节　价格服务

价格认证

1992年5月，全市各级物价部门逐步开展涉案资产价值认定工作。6月，成立潍坊市价格信息服务中心，为暂不定规格、不定编制、实行企业化管理的事业单位，人员由市物价局内部调剂，主要工作是发布价格政策信息、市场行情信息，负责涉案资产价值认定等。7月，创办综合性价格信息刊物《潍坊价格信息》。1993年起，逐步开展价格咨询服务，对经济纠纷案件进行价格仲裁和物品价值认定。

1994年，在全市重点开展由司法部门委托的赃物估价工作；11月，市物价局等多部门联合印发《关于诉讼案件、非诉讼案件和其他物品（收费）价值认定的补充通知》，进一步规范和明确诉讼案件、非诉讼案件所涉物品的价值认定机构，同时开展对各类银行、信用社贷款抵押物，其他经济活动中的价格争议物的价值认定。1994年，全年发展省级价格信息网络户200余户，为全市企业进行经营活动提供及时、准确的信息服务，协助公检法等司法部门对13起经济案件进行价格仲裁和物品价值认定。

1995年，先后对50起经济案件中以物抵押的物品和刑事案件的赃物进行认定，认定价格1000多万元。1996年，成立潍坊市价格事务所，全年价格认定额2906万元。1998年，市价格事务所开展贷款抵押物和交通事故损失理赔的价值评估工作，高密市开展银行抵押物认证工作，青州市开展房地产、企业破产方面的价格认定工作，全市全年受理各类案件3077件，认定总额1.61亿元。

1999年8月，市价格事务所加挂“潍坊市涉案资产价值认定中心”牌子。1999年底，市县两级有15个价格事务机构，从业人员80余人。全市全年受理价格认证、价格评估业务7274件，认证、评估业务总额5.02亿元。2000年6月1日，市机构编制委员会撤销潍坊市价格信息服务中心。

2001年，撤销潍坊市涉案资产价值认定中心，成立潍坊市价格认证中心，为市物价局管理的正科级事业单位。2001年底，市县两级相继成立价格认证中心。在巩固旧机动车交易价格认证、交通事故车损价值认定工作的同时，潍坊市价格事务工作逐步向公路、抵押物、房地产、保险理赔、成本预审和拍卖等领域延伸，全市全年完成各类业务案件1.23万件，价格认定额6亿多元。

2002年，潍坊市建立商品价格和收费标准定调价成本预审和可行性论证制度，全年对8个行业（部门）的价格和收费进行成本预审。同年，《潍坊市道路交通事故车辆及相关物品损失价值认定办法》实施，除奎文、潍城两区的道路交通事故车辆及相关物品损失价值由市价格认证中心认定外，其他均由县市区价格鉴证机构认定。9月1日，《山东省涉案物品价格鉴证条例》施行，涉案物品价格鉴证工作逐步走上法制化轨道。

2003年1月，奎文、潍城、坊子、寒亭四区设立价格认证中心。全市全年受理价格鉴定、价格认证案件1.66万件，认定价格5.2亿元。2003年潍坊市价格认证中心被国家发改委授予“全国价格鉴证先进单位”称号。2005年12月，市价格认证中心被国家发改委评为“全国先进价格认证中心”，被省物价局评为全省第一批“省级规范化价格认证中心”。2006—2007年，按照《山东省价格评估人员职业资格认定实施办法》和《山东省价格评估机构资质认定实施细则》，开展“双认定”审验工作。2010年，《山东省价格争议调解处理办法》和《山东省价格鉴证援助办

2012年，潍坊市涉案财物价格鉴证专家库成立，图为专家聘请仪式

法》出台，潍坊市价格鉴证机构开始价格争议调解处理和价格鉴证援助服务。

2011年，潍坊市启动涉税财物价格认定工作，按照“先行先试”的原则在全省率先尝试，以政府关注、群众关心的存量房（二手房）交易价格认定为突破口，全面介入应税计税价格认定；继续开展涉纪财物价格认定工作。全市全年受理价格鉴定案件1.38万件，鉴定额2.75亿元；价格认证案件938件，认证额5.33亿元。2012年，多个县市区以政府文件出台涉税财物价格认定管理办法，并在房地产、股权交易、土地交易、资产转让等多个领域展开工作。同年7月，成立市级价格鉴证专家库，聘请18位畜牧、林木、房地产、珠宝等行业的价格鉴证专家。全市全年完成业务案件1.43万件，认定额14亿元，其中涉税涉纪1200件，标的额4.6亿元。

成本工作

农产品成本调查　国家在潍坊市定点调查的品种有小麦、玉米、棉花、烤烟、桑蚕茧、生猪、蔬菜等。

1991—1994年，农产品成本逐年增加。小麦生产成本每亩（下同）1991年为143.68元，1994年为222.88元；玉米生产成本1991年为74.33元，1994年为177.15元；棉花生产成本1991年为247.00元，1994年为458.39元；烤烟生产成本1991年为329.06元，1994年为575.88元。1996年，潍坊市在7个县市区部署开展农本调查工作，调查15个品种的生产成本。1999年，全市落实农本调查县6个、调查点54个、调查户97户，先后开展小麦种植成本调查、生猪养殖成本调查、农民种植意向调查和农业生产资料购买情况调查等。2003年，市物价局制定《潍坊市农产品成本调查工作考核评比实施办法》。2004—2012年，潍坊市农产品成本调查队以97个调查户为基础，每年对小麦、玉米、大豆、棉花、烤烟等15个种植业和养殖业品种进行成本收益调查，常年连续记账，年终汇总上报。同时，将农户种植意向、农户购买农资情况、农户存售粮情况、农户收支情况等专项调查制度化，每年调查，定时上报。2007年度始，全市实行新的农产品成本调查核算指标体系，第一次将土地机会成本纳入成本核算范畴，并提出现金成本和现金收益概念。随后，农产品成本常规汇总分析便侧重于农户现金成本和现金收益分析。

成本监审　2003年，国家《重要商品和服务价格成本监审暂行办法》实施，潍坊市成本监审工作逐步展开。2006年，完成对城市供水、焦炉煤气、城市天然气、车用燃气等42个项目的成本监审工作。2007年，完成对城市供水、焦炉煤气、城市天然气、水利工程供水、车用燃气、车用机电设备、中药自制剂、大型医疗设备等项目的成本监审任务。2008年，潍坊市建立成本监审数据管理平台，开展对城市供热、中药自制剂、活动安置房等定调价项目的成本监审工作。2010年，继续开展供水、供热、医疗服务、管道燃气等12个收费（价格）项目、15家收费单位的定期成本监审或定调价成本监审。2011—2012年，先后开展经济适用住房定价、城市公交客运票价、污水处理费标准、自制试剂定调价、垃圾清运费、殡葬服务项目收费、供水工程定调价、供电设施配套费、物业服务费、企业供热成本、景区门票价格调整、居民用天然气价格调整、城区客运出租车运价等50余项（次）的成本调查和成本监审。

第六章　工商行政管理

90年代中期，省以下工商行政管理体制由属地管理变为垂直管理，完成市场“办管脱钩”。全市各级工商行政管理机关紧紧依靠地方党委、政府，加强与有关部门协作配合，不断加大市场监管力度，提高执法和服务水平，创造公平竞争的良好环境，服务潍坊经济更好更快发展。2002年，全市工商行政管理机关进行机构改革，划出指导广告业发展和对个体私营经济的规划指导、政策管理两项职能，增加对租赁柜台经营活动、商品展销会、流通领域商品质量监管和打击传销等职能，取消市场培育建设、布局规划职能。2003—2012年，市工商局按照“加强规范和管理，严格市场准入关，加大执法力度，完善监管机制”的思路，实施多级双向巡查制市场管理，深入开展“红盾护农”活动，积极推行市场农副产品检测，加强对重点市场、重要商品的整顿和规范，强化对旧机动车市场、粮棉等重要商品市场的监管。积极支持企业搞活经营，先后出台一系列支持企业转换经营机制、简政放权等政策措施，简化和规范企业登记程序，严格执行国家法律法规和政策，严把市场主体准入关，有效规范企业的经营行为。在促进个体私营经济发展方面，不断改革登记、监管方式，深入实施“红盾帮扶”工程，组织开展文明创建活动。以组织争创“守合同、重信用企业”活动为重点，加强企业信用建设，拓宽监管领域，依法严厉查处经济合同违法案件。推行订单农业，促进农民增收、农业增效和农村经济快速发展。发挥职能作用，宣传商标法律法规，以保护注册商标专用权为重点，规范商标使用行为，支持、引导、帮助企业实施商标战略，培育、推荐驰名、著名商标。积极实施“商标兴农”战略，加大了对名优农副产品商标的扶持和保护力度。履行广告管理职责，以医疗、药品、保健食品和新闻媒体为监管重点，加强广告监测，不断加强日常监督管理，开展虚假广告专项整治活动，严厉打击各类广告违法行为，规范广告经营市场秩序。全市以打击生产销售假冒伪劣商品、制止不正当竞争以及反欺诈、扫黄打非和查禁传销、打击商业贿赂等为执法重点，开展专项整治，规范了市场经营秩序。加强“12315”申诉举报网络和以消费者协会投诉站、“12315”申诉举报站为主的基层维权组织建设，及时受理、处理消费者咨询、申诉、举报，坚持“防打并举、以防为主”，加强流通领域商品质量监管，有效保障消费者权益。

第一节　管理机构

90年代，全国大中城市实行工商行政管理体制改革。1994年7月，潍城区、寒亭区、坊子区3个工商行政管理局改为潍坊市工商行政管理局分局，同月13日组建奎文区分局，作为市工商局的派出机构，实行垂直领导管理体制。1995年6月，高新技术开发区、人民商城、海化开发区工商分局先后成立。到1996年，市工商局机关设办公室、政工教育科、法制科、财务科、企业登记管理科、外资企业登记管理科、市场管理科、个体私营经济管理科、商标广告管理科、经济合同管理科10个科室，人员编制45人；辖16个县级局（分局），其中8个分局、6个市局、2个县局，全系统在职人员3000多人。

1999年，全国工商行政管理系统全部实行省以下垂直管理。2002年，潍坊市进行工商行政管理体制改革。改革后，市工商局内设9个科室，2个直属机构，3个专业管理机构，3个事业单位，3个派出机构；全市工商所由原来的256个撤并为198个，其中设立副科级工商所116个、正科级工商所2个。同时，市、县级工商局分别新设立企业注册局和公平交易局。

至2012年底，市工商局局机关有在职人员120人，其中公务员96人，机关工勤2人，事业编制22人。局机关内设办公室、人事政工科、财务装备科、法制科、市场管理科、合同管理科、商标广告管理科、消费者权益保护科8个科室；下属直属机构有企业注册局、公平交易局；派出机构有机动车辆交易市场管理所、经纪人管理所、生产要素市场管理所。全系统在职人员2771人。2011年12月，市工商局获“全国文明单位”称号。

第二节　工商登记管理

登记范围改革

1994年，《中华人民共和国公司法》（以下简称《公司法》）颁布实施，市工商局开始对有限责任公司、股份制企业进行登记，并对之前登记的公司进行规范。登记的主要事项是公司名称、住所、法定代表人、注册资本、企业类型、经营范围、经营期限、有限责任公司股东或股份有限公司股东或股份有限公司发起人的姓名或名称等。

1995年，国家工商管理局颁布《企业登记代理机构管理暂行办法》，市工商局将企业登记代理机构确定为登记范围。1996年，劳动部、国家工商管理局联合颁布《关于加强职业介绍机构管理的通知》，对具有事业单位性质、实行企业化经营或非职业介绍机构开展职业介绍活动的事业单位和企业，办理登记或变更手续。市工商局在调查摸底的基础上，对全市具有事业单位性质、实行企业化经营或非职业介绍机构，依法进行登记或变更。

1999年，国务院颁布《娱乐场所管理条例》，对营业性歌舞、游艺等场所经营单位，明确规定纳入工商登记管理范围。同年，国务院颁布《出版管理条例》，市工商局按照条例对辖区报社、期刊社等依法进行登记，并颁发营业执照。2001年，信息产业部、公安部、文化部、国家工商总局颁布《互联网上网服务营业场所管理条例》，规定经营单位持网络文化经营许可证到工商管理部门申请登记注册，领取营业执照，方可开业。市工商局认真贯彻执行。到2012年，登记范围基本上没有大的变化。

登记程序改革

90年代前，全市按照《中华人民共和国企业法人登记管理条例》有关规定，实行企业法人登记和营业登记。1994年《公司法》和《中华人民共和国公司登记管理条例》（简称《公司登记管理条例》）颁布实施，全市按新规定执行。

2005年，市工商局完善委托登记和备案机制，实现工商所对个体工商户的直接登记发照，开展个体工商户分层分类监管和企业四级信用分类监管。2006年，市工商局创新市场主体登记管理，实行一般事项一审制、复杂事项一审一核制、疑难事项合议制“三制并行”的登记审批新制度。2006年4月，全国工商系统分层分类登记改革工作座谈会在潍坊市召开，会议对潍坊市分层分类登记改革给予高度评价。2007年，市工商局及县市区工商分局全面推行一审制、审核制、合议制三制并行的登记审批制度，减少环节，规范程序，提高效率。落实经济户口、信用信息、工商所属地管理“三位一体”的工作机制。全面推行属地管理和风险分级、信用分类监管巡查制度，完善科学规范的信用分类监管体系。2008年，市工商局坚持以服务提效促进发展提速，各类登记事项当日办结率90%以上，3日办结率100%，企业网上年检率98.82%。2009年，改革完善登记审批制度，市工商局开通网上远程名称登记、名称查重服务、登记进展查询3个平台，提升登记效率。2010年，市工商局规范登记服务，加大创新力度，全力支持市场主体发展，全市新登记各类市场主体6.7万户，总量达到31万户。2011年，市工商局和各县市区局分局新登记各类市场主体5.98万户，注册资本430.7亿元，户数和注册资本总量同比分别增长12.7%和25.7%。

2012年，全市新登记各类市场主体5.88万家，注册资本（金）369.9亿元，市场主体和注册资本（金）总量同比分别增长10.9%、16.7%。

企业登记与服务发展

1990年，全市有企业26778家，从业人员100.73万人，注册资金94亿元。其中，法人企业6957户。1991年，市工商局制定支持企业搞活经营的具体措施，从企业登记、经济合同、商标广告、经济检查、市场建设管理等方面，对企业积极帮扶，为企业搞活经营创造条件。当年，支持国营、集体企业增设销售网点2307个，建立驻外机构1872个，为1200家企业增发执照副本1518个，开具销售证明1704份。

1992年8月，市政府印发《潍坊市乡镇企业股份合作制试行办法》，对企业在经营范围、经营方式、名称使用以及办三产、办实体、设窗口等方面进一步放宽政策。对专项审批和许可证进行清理，除医药、卫生、建筑危险物品外，其他一律不作为登记注册的前置条件。当年，全市共有企业3.73万家，其中法人企业1.12万家，注册资本（金）119.8亿元。1993年，市工商局制定《支持企业走向市场二十条规定》，采取助推公有制企业发展的“两结合、三简化、四放宽、六优先”工作措施。在企业登记管理环节上，做到国家法律法规与地方政策规定相结合，外地经验与本地实际相结合；简化企业主管部门的审批手续，简化行业归口部门的审批手续，简化登记内部审批程序；放宽经营范围、放宽经营方式、放宽登记范围和条件、放宽名称限制；对大中型企业转换经营机制、兴办第三产业、调整产业结构、举办新兴产业、外设窗口、党政机关精简机构办实体等实行优先登记。是年底，全市共有企业4.04万家，其中法人企业1.56万家，注册资本（金）175亿元。1994年，《公司法》《登记管理条例》正式实施，对公司开始实行直接登记为主、审批设立为辅的新型注册制度，新登记公司126家，注册资本1.61亿元。当年，全市企业发展到4.36万家，其中法人企业1.87万家，注册资金319.3亿元；公司7105家，注册资本100.9亿元。

1997年，全方位实施帮扶企业发展的“系列化服务工程”，支持企业以优势产业、优势企业、优势产品为龙头，通过兼并、收购、控股、参股、买断等形式扩充实力。指导海化集团兼并、收购、联合了30多家中小企业，帮助810家企业办理了三产分支机构1260家，指导1957家企业变更经营范围，调整产业结构914家。新登记内资企业2906家，其中法人企业1392家、有限公司540家。当年，全市企业达到3.8万家，其中法人企业1.81万家、注册资本（金）463.5亿元，有限公司1616家，注册资本48.8亿元。1999年，全市有企业3.14万家，其中法人企业1.55万家、注册资本（金）414.5亿元，公司1741家、注册资本57.8亿元。

2000年，实行“经济户口管理法”，通过建档立卡为每家企业和个体业户建立完整的“经济户口”档案和“经营情况”信息库，随时掌握业户经营情况。全年新登记内资企业2885家，其中法人企业1096家。2002年7月，潍坊市工商行政管理局企业注册局成立。当年，全市企业累计达到1.89万家。其中法人企业8733家，注册资本（金）352.6亿元；公司2163家，注册资本125.9亿元。

2003年，全市有内资企业1.82万家，同比下降7.60%；注册资本（金）511.38亿元，同比增长5.99%。市工商局配合有关部门对潍坊医疗器械厂等21家企业完成由“工厂制”向“公司制”的改造；对潍坊市糖酒茶供应站等16家进入破产程序的企业进行重组方案的制定论证；对潍坊富泰家纺有限公司等3家企业进行二次改制调整，并引进外资1500多万美元实施嫁接改造。市直经贸系统所属95家工业企业中有75家基本完成改制工作。

2004年3月，市工商局印发《企业信用分类监管体系建设实施意见》，将企业分为守信企业（A级）、警示企业（B级）、失信企业（C级）、严重失信企业（D级）四个等级，并施之以相应的管理措施。到2005年底，全市有内资企业1.36万家，企业法人5918家。其中，国有企业3278家，集体企业6135家，股份合作企业574家，公司3530家，其他企业99家。有外商投资企业1208家（中外合资650家、中外合作29家、外资企业529家），投资总额31.06亿美元，注册资本20.56亿美元。全市个体工商户发展到14.74万户，注册资金29.88亿元；私营企业2.67万家，注册资本（金）321.4亿元。2006年，全市新登记个体工商户2.8万户、私营企业4700家、内资企业760家、外商投资企业227家。

2008年，全系统共登记审批办件数量6.6万件，各类市场主体新增注册资本261亿元，同比分别增长53.66%和30.77%。新登记个体工商户4.25万户、私营企业5867家、内资企业517家、外资企业352家。市场主体总量达到22.3万家，注册资本（金）总额1410亿元。2009年，全市新登记个体工商户6.6万户、私营企业7800家，各类企业和个体工商户总量分别达到5.17万家和21.09万户。

2010年，市政府将培育发展股份公司纳入综合配套改革试点任务，建立联动发展和考核奖励机制，全市新登记股份公司108家，总量达到368家，居全省第一位。积极推进企业剥离非核心业务工作，剥离发展服务业企业187家，新增地方税收1.2亿元。2011年，新培育发展股份公司101家，总量达到469家，新增数量和总量继续保持全省第一位。支持推进企业剥离非核心业务，全市共剥离企业679家，新登记剥离后服务业企业612家。

2012年，市工商局制定和实施支持总部经济发展、支持小微企业和个体工商户转型升级、免征小型微型企业登记收费等政策措施，开展“千百十转型升级工程”，制定出台支持小微企业和个体工商户转型升级的意见，个体工商户完成转型升级1580户，新登记股份公司103户，新发展企业集团17户。当年，全市有个体工商户30.8万户，私营企业5.8万家。

外商投资企业管理

市工商局按照国家有关法律、法规规定，通过加强对外商投资企业出资管理、年度检验、回访检查等，促进外商投资企业健康发展。1991年11月，组织对全市注册的外商投资企业出资、生产经营等情况进行专项调查。结果表明：已登记的134家企业各方实际出资1.17亿美元，占注册资本的60.3%。其中外方出资3386万美元，占应出资额的39.4%。合资各方按时出齐资金的51家，超过时限出齐资金的5家。

1992年5月15日，国家工商局授予潍坊市工商局外商投资企业核准登记权。为规范外资企业出资行为，1993年，市工商局、市财政局等5个部门联合印发《加强外商投资企业验资工作的意见》，市国有资产管理局、市商检局等部门分别下发关于国有资产评估、进口货物商检的文件。1994年初，市政府批转《潍坊市外商投资企业按期缴清注册资本暂行规定》，督促未出齐注册资本的外资企业按期履约出资。1995年，市工商局按照国家工商局和省工商局关于强化出资管理工作的指示精神，加大出资管理的力度。对外商投资企业，外商投资企业分支机构、办事机构换发新式执照、注册证。结合换照，对部分出资和未出资的企业依法进行处理。到年底，全市累计已出齐和部分出资的外商投资企业969家，占企业总数的54%，其中已出齐注册资本的企业385家，累计出资11.69亿美元，出资率53%。到1996年底，全市出资总额14.2亿美元，出资率53%。1998年，吊销280家长期不出资的“三无”（无资金、无场地、无机构）外商投资企业，全市外资企业的整体质量大幅提高。

2000年，在发放出资期限与执照期限一致的营业执照基础上，对新登记企业实行注册资本到位提示书制度。2001年1月1日起，新设立的外商投资企业启用新式营业执照。2002年，市工商局组织人员集中时间，查阅了所有外资企业档案，将合同、章程中企业的出资方式、非货币出资是否已过户等情况摘录出来，建立起非货币出资外资企业台账。2003年，进一步加大对外商投资企业出资管理力度。向年检中发现的未出资及未出齐资的77家企业下达限期出资通知书。2004年、2005年年检期间，继续对2004年设立尚未出资的企业、已过出资期限实收资本与注册资本相差较大的企业督促其出资，先后下达限期出资通知书，责令其在规定时间内补齐出资。对多年未出资、无法整改的45家企业，下发限期注销通知书。

2006年，市工商局印发《关于改革登记审批程序调整企业注册登记职能权限，进一步提高办事效率的意见》，依照《公司登记管理条例》，对登记的外商投资企业要求全部提交外国投资者主体资格公证、认证文件。对不能提交前置审批的项目，发放有限期的“筹建执照”。2007年，严格执行《行政许可法》规定的前置审批条件，从源头上遏制假外资的产生。对外资企业实行信用分类监管和风险分级管理，把涉及危险化学品、民用爆破器材、烟花爆竹、城市燃气、煤矿、交通运输等的企业，列为高风险企业，将其他企业列为一般风险企业，指导工商所定期巡查。2008年，继中英人寿等4家外资保险分公司落户，又有海尔纽约人身保险有限公司潍坊营销服务部等7家保险公司分支机构先后登记开业。全年有64家外商企业追加投资，计增注册资本1.76亿美元，其中外方增加注册资本1.62亿美元。

2009年，市工商局打造网上受理平台，通过电子邮件发送样表、办事指南等登记材料样本，为企业登记提供便利。继沃尔玛、佳世客进驻潍坊，大润发、乐购又加入潍坊城区商业领域。2010年，在注册工作中，采取参与企业决策、预查企业名称、预审登记材料、告知企业注册登记后应办理相关手续“四提前”的举措，进一步提高工作效率。对登记后超过法定时限不出资的企业，对超过法定出资期限不再出资，也不减资、无许可证的企业，均依法吊销营业执照。到年底，追加投资额大于新设立企业注册资本额，成为潍坊市经济发展一大亮点。市工商局外商投资企业属地监管的做法，在省工商局召开的服务外资企业发展会议上作经验介绍。2011年，全市外资大项目数量继续增长，新登记外商投资大项目成为潍坊市利用外资新亮点。全年新登记投资总额1000万美元以上的外商投资企业24家，比上年增长200%，其中新登记投资总额5000万美元以上的5家，同比增长400%。

2012年，支持企业做好股权融资，引导企业利用股权质押、债权转股的国内融资方式拓宽融资渠道。落实网格化监管，指导一线工商所制定监管流程，规范属地管理措施。市工商局在全省工商系统服务市场主体科学经济发展大会上作典型发言。

企业年检

1991年，市工商局改进企业年检方式，变坐等报表为上门实地年检，当年全市应检企业7119家全部参加年检。1992年，企业年检从3月1日开始，到4月结束，全市实检企业9717家，年检率100%。1993年，年检从2月开始到6月结束，全市应检企业1.21万家，实检企业1.2万家，年检率99%。年检中办理变更登记1550家，办理注销登记226家，处罚38家。1993年12月7日，国家工商局印发《企业法人年度检验办法》，规定年检起止日期为每年1月15日至4月30日。1994年，全市应检企业4.04万家，实检企业3.92万家，年检率97%；处罚企业25家，罚款1.2万元，补办变更登记650家，注销905家。

1995年，全市应参加年检的企业共4.16万家，实检3.96万家，年检率95%。年检期间企业注销1741家，变更2105家，清理“三无”（无资金、无场地、无人员）企业246家，清理“四假”（假全民、假集体、假外资、假福利）企业109家，处罚228家，罚款11.6万元。

1996年12月13日，国家工商局修订并发布新的《企业年度检验办法》，规定企业应当于每年的3月15日前向登记主管机关报送年检材料。1997年，采取突击年检和日常年检相结合、部门年检和联合年检相结合方式，对3.92万家企业进行年检。通过年检，注销各类“三无”“四假”企业1840家，变更2681家，清理“假集体”289家，处罚各类违法违章企业1277家，罚没款38万元。在市场年度检验工作中，年检市场1321处、变更2处、注销6处，年检率为100%。2009年，通过年检，清理“三无”企业69家，“假集体”企业45家，吊销内资企业742家。2000年，结合企业年检和个体工商户换照，对“三无”“六小”（小水泥、小造纸、小火电、小煤窑、小玻璃、小炼油）企业，易燃易爆物品生产经营企业及文化娱乐活动场所进行专项清理。共检查国有集体企业2.22万家、外商投资企业916家、个体私营企业33万家，清理“六小”企业17家，取缔非法易燃易爆物品生产经营企业29家，处罚265家违规企业。2001年，严格市场准入，在核准企业经营范围方面，涉及前置审批的，严格执行国家规定的前置条件；加大年检审查力度，对易燃易爆品、化学危险品等特殊行业和重点企业进行重点审查，责令企业补办前置审批4245家，变更817家，注销391家。清理“三无”企业184家、“六小”企业23家。对改制企业坚持前期介入、中期靠上、后期回访跟踪的服务制度，帮助256家企业完成改制、改组或改造任务。

2001年度，年检各类内资企业1.54万家，其中有限责任公司2637家，非公司企业法人4531家，企业法人分支机构和其他经营单位8221家，年检率达92.5%；共清理“三无”“六小”和“六项”整治不合格企业27家，补办营业执照638份，对25户经营者不符、71户经营地址不符、162家名称字号不符的业户依据情节轻重分别进行教育、警告、限期整改、罚款等相应的处理；对47家丢失或损毁营业执照的业户通过法定程序补办营业执照；对162家迟报年检材料的企业按规定进行处罚，罚款12.5万元。

2002年，全市工商系统共对39家抽逃出资、虚假出资的企业进行处罚，罚款73.5万元。共查处超范围经营，出租、出借营业执照，擅自变更登记事项，提供虚假年检材料等违法违章行为业户346户，对其中123户情节较重的罚款67万元。2003年，改革年检模式，对规模较大、分支机构或下属企业较多的公有制企业实行上门年检、预约年检。先后为石油公司、交通银行、百货集团股份有限公司等企业进行上门年检，年检各类营业执照500多份。当年市、县两级工商部门共为3200多家企业提供上门或预约年检服务。印发《潍坊市免检企业认定办法》，将山东海化集团有限公司等100家规模大、信誉好、守法经营的企业认定为免检企业。

2004年度年检中，把审查企业的出资行为、前置许可证件和清理“三无”“六小”企业作为年检的重点，对重点企业，实行重点审查。年检期间，市工商局对2600多家迟报年检材料、擅自变更登记事项的企业进行处罚，罚款总额600多万元。当年，通过年检、验照和巡查监管，查处违法违章案件3850件，查处无照经营违法案件11701件，依法吊销3050家企业的经营资格。2005年，市工商局为132家产权不明的非公司企业法人理顺产权关系，引导其步入良性发展轨道。继续对大型企业提供上门服务，为潍坊百货集团股份有限公司、潍坊海王民康医药连锁有限公司、潍坊海化集团有限公司等360多家企业进行上门年检，共年检各类执照4600多份。2006年，全市应验个体工商户执照14.5万户，实验13.19万户，验照率89.86%；应检私营企业2.58万家，已检2.3万家，年检率81.42%；应检内资企业1.32万家，已检1.09万家，年检率82.4%；应检外商投资企业1730家，实检1466家，年检率84.7%。2007年，全年已检内资企业8760家，已检私营企业2.59万家，已检外资企业1572家，个体工商户验照10.88万户。2008年，全市参检企业3.56万家，年检率为88.02%，年检率逐年提高。其中网上年检3.52万家，网上年检率98.82%。2009年，全市通过网上年检企业3.93万家，年检率85.88%，年检率连续三年稳步提升。2010年，全市撰写各类市场主体登记分析和专题调研报告59篇，其中市工商局撰写的《2009年度全市市场主体发展情况分析报告》，昌乐、临朐工商局的《2010年上半年市场主体发展情况分析》和青州、潍城工商局的《关于服务和促进工业经济发展的报告》《关于全区楼宇经济发展情况的报告》等14篇登记信息和专题分析报告分别得到地方党委、政府主要领导和负责人的批示肯定。2011年，全市通过年检企业4.2万家，年检率80%；通过年检外资企业1450家，年检率90%，网上年检率为100%。个体工商户验照17.5万户，验照率77%。2012年，全市通过网上年检企业5.11万家，网上年检率100%，企业参检率85.6%；收集党建信息统计表3.36万家。个体工商户验照19.21万户，验照率77%，收集党建信息统计表7.1万户。

证照管理

1996年始，对企业名称进行专项清理，名称变更103家，注销11家。1997年3月，市工商局根据国家工商局《关于清理市场中介组织的通知》精神，对验资机构、资产评估机构、代理机构、经纪机构、职业介绍机构、拍卖行、交易所和各类信息咨询服务机构及其他市场中介组织进行清理。1998年，市工商局先后在全市开展对典当行、非娱乐性公共聚集场所、互联网上网服务营业场所、成品油市场、农业生产资料、盐业等企业或经营行业进行清理整顿。

1999年，省工商局印发《关于对已经登记的企业集团进行规范的通知》。经规范达到企业集团登记条件的，重新登记，发给企业集团登记证；对规范达不到企业集团条件的，集团母公司变更企业名称，不得再使用“集团”字样。潍坊市工商局依据省工商局要求，对全市企业集团进行规范。

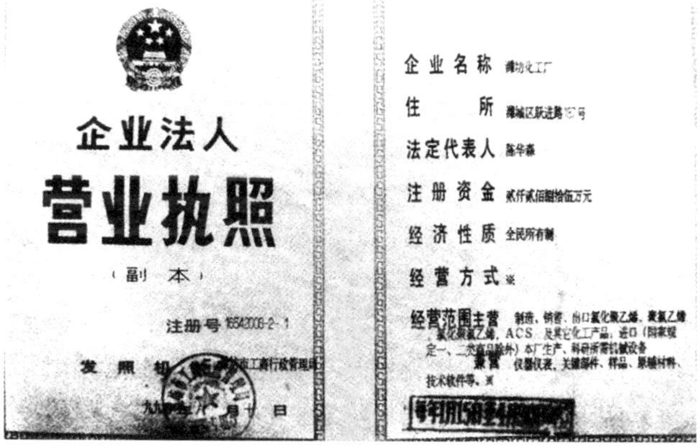
企业法人
营业执照
（副 本）
企业名称
住 所
法定代表人
注册资金
经济性质
经营方式
经营范围 主营

1994年企业法人营业执照

2003年，全市开展无照经营集中取缔活动，查处无照经营9326家，取缔1925家，补办营业执照7401份，罚款814万元。2004年，突出对网吧日常监管，全市工商系统共检查网吧等互联网上网服务营业场所1670多家（次），其中检查已登记网吧364家，查处违法经营户52户，罚款15.7万元，对18户情节较重的及时通报文化部门进行处理；取缔无照黑网吧245户，没收违法所得1.15万元，罚款31.22万元，查封网吧经营场所47处，查扣电脑等上网工具225台。

2005年，市工商局组织开展“亮照经营月”专项检查活动，重点对无照经营进行清理，共查处取缔无照经营1600多户，补办执照720多份，罚款47万多元。2006年，全系统出动执法人员7000余人次，查获无照经营业户5029户，取缔2715户，罚没款300多万元。2007年上半年，全市查处无照经营4866户，罚没款1460万元。下半年结合食品、农资市场产品质量整治，开

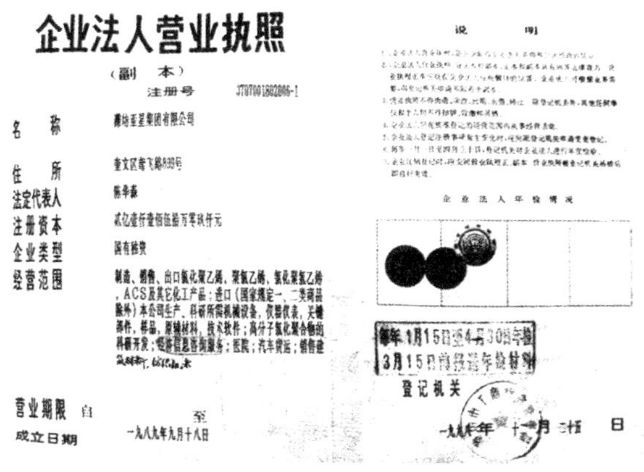
企业法人营业执照
（副 本）
注册号
名 称
住 所
法定代表人
注册资本
企业类型
经营范围
营业期限 自 至
成立日期
说 明
登记机关

1998年企业法人营业执照

展无照经营专项治理。全市共查处取缔无照经营3247户，补办执照1.35万户。2010年，农民专业合作社发展到4668户，出资社员46405人，出资总额43.47亿元，比上年分别增长60.8%、62%和85.7%，农民专业合作社总量居全省第三位。2012年，全市个体工商户发展到30.8万户，资金数额210.2亿元，比上年分别增长10.6%、24.1%；私营企业发展到5.8万家，注册资本（金）1747.8亿元，比上年分别增长11.4%、18.1%；农民专业合作社发展到9685个，资金总额174.6亿元，比上年分别增长33.5%、69.6%。

第三节 经济合同管理

监督检查

1991—1994年，市工商局全面推行经济合同制，指导90%的企业和95%的行业主管部门达到合同管理机构、人员、制度“三落实”。4年间，共培训经济合同管理人员10万人次，6万名经济合同管理人员通过考试获得资格证书；监督履行经济合同135.2万份，金额329.8亿元；调解、仲裁经济合同纠纷案件3.27万件，争议金额2.87亿元，协助当事人挽回或避免经济损失2.12亿元。

1996年9月，市工商局对建设工程项目合同

情况进行专项检查，检查385家企业，处理64家。全年检查合同6.7万份，金额19亿元。1997年，根据省工商局统一部署，开展贯彻《山东省经济合同监督管理条例》执法检查，发现不合格合同889份，违法合同27份，协助企业挽回或避免损失1337万元。全年检查合同25.59万份，金额72亿元。1999年，市工商局开展合同欺诈专项整治活动，针对合同欺诈问题比较严重的加工承揽、技术转让、中介服务、买卖合同、商品房购销、建筑工程承包合同展开专项检查。全年检查合同9.53万份，金额36亿元。查处合同案件110起，罚没款12万元。2002年，在开展经济合同专项检查、打击经济合同欺诈行为活动中，重点对企业租赁、加工承揽等合同进行检查，检查合同6589份，金额14.44亿元。

2005年，开展打击合同欺诈专项执法行动。选择供电、供水、供热、通信等重点行业，开展2次格式合同文本大检查，共检查各种格式合同7491份，合同金额3124.5万元。查处合同违法案件172件，罚没款59万元。全年检查各类合同1.02万份，金额58.22亿元。2007年，全市共查处合同违法案件200余件，罚没款金额130余万元。

2008年，把“合同帮扶”列为全系统十项重点工作之一。全市有400家涉农企业使用示范文本，签订合同7200份，合同金额5.6亿元。2009年，确定合同帮扶重点企业384家，其中重点帮扶涉农龙头企业124家；培育“守合同重信用”重点农户200户；发放涉农合同示范文本1.88万份；调解涉农合同纠纷155件。2011年，在全市组织开展金融服务行业合同格式条款整顿规范活动，对97家企业逐家提出指导建议并发放整改通知书，对拒不整改的金融机构立案查处。共收集金融机构格式合同文本262份，确定不平等格式合同条款198条，送达行政建议整改通知书146份。通过整顿规范，金融机构改正不平等合同条款180条，改正率91%。全市立案合同格式条款案件96件，结案47件，罚款20余万元。其中金融机构合同格式条款案件立案17件，结案6件，罚款3.7万元；市工商局合同科立案3件，结案3件，均为金融机构合同格式条款案件。

经济合同鉴证

1991—1994年，市工商局鉴证经济合同112.4万份，金额274.1亿元。1995年，进一步推行经济合同制，全年鉴证经济合同64万份，金额146.2亿元。检查经济合同1万份，金额4.7亿元。1996年，全市举办合同培训班753期，培训经济合同管理人员4万多人次。鉴证各种经济合同81.6万份，鉴证金额188亿元。发现和制止无效合同56份，金额98万元，为当事人挽回或避免经济损失3911万元。查处各类违法合同案件460件，违法金额1461万元。

1997年，国家工商行政管理局制定《合同鉴证办法》，为合同鉴证提供规范标准。全市鉴证各类经济合同70.47万份，金额172亿元。将建筑工程承包，化肥、农药、农膜购销，农作物种子购销，房屋租赁、委托拍卖和成交确认书，棉花购销，省内企业与外省当事人签订的需预付货款、定金等8类合同确定为必须鉴证合同，其余合同为自愿鉴证。1998年，鉴证各类经济合同38.42万份，金额98亿元；1999年，鉴证经济合同9.58万份，金额66亿元；2000年，鉴证各类经济合同13.08万份，鉴证金额55亿元，为企业避免或挽回损失502万元。2001年，鉴证经济合同6.06万份，鉴证金额47.53亿元。2002年，鉴证合同4.09万份，鉴证金额45.6亿元。

2003年，根据国务院《关于贯彻实施〈中华人民共和国行政许可法〉的通知》要求，工商部门停止合同鉴证工作。2004年，国家工商总局废止《合同鉴证办法》，潍坊市工商行政管理机关不再履行合同鉴证职能。

“守合同、重信用”企业评选

1990年，市工商局和市企业管理办公室联合印发《关于先进企业必须是“重合同、守信用”企业的通知》，引起各级政府和企业的高度重视。当年，全市命名“重合同、守信用”企业（以下简称“守重企业”）1519家，表彰32个经济合同管理先进业务主管部门、1551名优秀合同管理员。1991年4月，省工商局召开第一次“守重企业”命名表彰大会，命名表彰506家省级“守重企业”，其中潍坊70家，列各地市之首。全市命名市级“守重企业”1758家。

1992年11月，省工商局印发《山东省省级重合同、守信用企业命名试行办法》，每两年命名一次，连续两年取得市级“守重企业”称号的，即有资格争创省级。当年，全市命名表彰市级“守重企业”1866家。1993年5月，省工商局命名第二批省级“守重企业”，其中潍坊116家。当年，全市命名表彰市级“守重企业”1859家。1994年3月，市工商局命名1854家企业为1993年度市级“守重企业”，表彰1854名企业优秀合同管理员，撤销236家不合格企业的称号。1995年3月，市工商局命名1778家企业为1994年度市级“守重企业”，表彰1778名企业优秀合同管理员，撤销295家不合格企业的称号。4月，省工商局命名第三批省级“守重企业”，其中潍坊124家。1996年4月，命名146家企业为1995年度市级“守重企业”。1997年，对全市1500家市级以上“守重企业”进行清理整顿，凡达不到“重合同、守信用”条件而被撤销称号的，收回牌匾、证书，并予以通报，撤销255家市级“守重企业”称号；符合条件的重新认定并评选“特优重合同守信用”企业。

1998年6月25日，全市“守重企业”命名表彰大会在渤海宾馆召开，对潍坊百货集团股份有限公司等20家信誉、效益、管理突出的企业授予“‘重合同、守信用’特优企业”称号，对取得市级“守重企业”称号的1361家企业进行表彰，撤销不符合标准的255家企业荣誉称号。

1999年9月，新认定市级“守重企业”53家，撤销293家，新认定省级17家。2000年，对全市725家省、市级“守重企业”进行清理整顿，撤销106家市级、22家省级“守重企业”称号。山东景芝酒业股份有限公司、诸城外贸有限责任公司被国家工商局认定为第一批国家级“守重企业”。2001年，省级“守重企业”年审合格181家，撤销11家；市级合格706家，撤销125家，新认定111家。2002年，全市“守重企业”年审省级合格179家，撤销8家；市级合格699家，撤销16家，新评选和认定878家。

2003年3月，“重合同、守信用”企业更名为“守合同、重信用”企业。当年，全市“守重企业”年审，省级合格169家，撤销10家；市级合格572家，撤销142家。颐中烟草（集团）有限公司青州卷烟厂、山东新郎服饰有限公司、山东寿光联盟化工集团有限公司、孚日家纺股份有限公司、山东仙霞集团有限公司5家企业被国家工商总局认定为第二批国家级“守重企业”。当年，新增省级“守重企业”17家，总数达到186家；新认定市级135家，总数达706家。2004年，积极推进企业信用建设，省级年审合格179家，撤销6家；市级年审合格615家，撤销71家。潍坊百货集团股份有限公司、山东百货集团股份有限公司、山东三工橡胶有限公司、山东海化股份有限公司、山东益都阀门厂、山东昌邑石化有限公司、山东高密银鹰化纤有限公司、山东乐化集团有限公司8家企业成为全国第三批“守重企业”，全市总数达到15家。全年新认定省级“守重企业”17家、市级145家。

2005年，在“守重企业”评选活动中，注重向涉农龙头企业倾斜。采取企业申报和实地考察的方法对938家企业进行年审（省级合格186家，市级合格660家），对其中不符合条件的92家（省级6家，市级86家）企业予以撤销。

2008年，把组织争创“守重企业”作为提升企业竞争力、促进做强做大的重要措施，列入红盾帮扶的重要内容，将其纳入工商系统十项重点工作之一。2010年，在全市范围内开展推进企业履行社会责任实践活动，确定30家企业参与市级试点工作。

2012年，引入第三方信用评价机构，对省级“守重企业”进行现场征信，新认定省级“守重企业”59家，列全省第一位。

抵押物合同登记管理

1995年11月27日，市工商局办理潍坊富华游乐园的设备抵押登记，抵押物金额1172万元，此为全市第一家。12月，经潍坊市政府第三十九次常务会议研究确定，工商行政管理部门为城市房地产及乡镇、村企业厂房等建筑物抵押登记机关，为全省取得授权开先例。1996年，开展抵押合同登记管理工作，在全省第一家争取到房地产抵押合同登记权，年内全市办理抵押合同登记1996件，抵押金额35.95亿元。全市办理抵押登记1880件，主债权额57亿元。其中市工商局办理抵押登记51件，主债权额3.9亿元，抵押物价值5.98亿元。1997年，加强对抵押登记的审查，确保登记质量。全年办理抵押登记2129件，主债权额94.99亿元。1999年，全市办理抵押登记1977件，抵押物价值74.9亿元。

2000年，开展调查研究，严防出现无效抵押行为，严格登记质量。全年办理抵押登记1395件，抵押物价值38.11亿元。

2001年12月，组织开展全市抵押登记档案会审，对各局提交的档案进行讲评，提高抵押登记人员的业务水平和实际操作能力。是年，按照省政府的规定，将企业房产等建筑物抵押登记划归房管部门负责登记。全年办理抵押登记1289件，抵押物价值50亿元。

2002年，建立完善抵押登记台账和档案管理制度，将抵押登记的各种数据及时输入微机，有效预防重复抵押现象发生，保障抵押双方当事人的合法权益。全年办理企业动产抵押1094件，抵押物价值50.6亿元。2003年，在企业动产抵押登记程序中取消现场勘验程序，除奎文、潍城区外，授权企业所在地工商局直接办理省属、市属企业动产抵押登记。全市办理企业抵押物登记968件，抵押物价值66.6亿元。

2004年，按照省工商局修订的《山东省企业财产抵押登记档案管理办法》要求，对书式档案进行集中整理，做到一份一档，整齐有序。全年办理抵押物登记709件，抵押物价值52.2亿元。其中，市工商局办理企业动产抵押登记51份，主债权额3.36亿元，抵押物价值6.42亿元。2005年，办理抵押登记1040件，主债权额39亿元，抵押物价值140.6亿元。

2007年，按照省工商局“抵押登记工作仍由县（市）级以上工商局办理，不得下放基层的”的要求，调整登记授权。市工商局收回市属企业的抵押登记权，并实行委托登记制，即市属企业，经市工商局批准，委托分局登记，从而避免重复抵押登记。2008年，突出抓好动产抵押登记工作。为尽快适应《中华人民共和国物权法》（以下简称《物权法》）实施后动产抵押登记体制的变化，利用春季整训，在全系统加强《物权法》《动产抵押登记办法》的宣传、学习培训工作。市工商局将《物权法》《中华人民共和国担保法》《动产抵押登记办法》等法律法规编辑成册，印制3000本作为内部培训和对外宣传资料。春训期间，市工商局对各县市局（分局）、基层工商所负责抵押登记工作人员200余人进行集中培训；各县市局（分局）对全体干部职工进行培训；各工商所负责对辖区内的企业负责人和合同管理员进行培训，宣传《物权法》，重点指导个体工商户及农业生产经营者尽快学会运用担保抵押形式进行融资，盘活资产。全市办理各类动产抵押登记634份，其中登记主债权金额55亿元。

2009年，发挥动产抵押登记职能，努力为中小企业提供融资服务。市政府印发《潍坊市动产抵押和商标专用权质押贷款暂行办法》，明确银行业金融监管部门、各金融机构、工商等部门在动产抵押登记过程中的职责任务，将动产抵押登记行为上升为政府行为。市工商局同人民银行等金融主管部门联合召开两次座谈会，通报全市动产抵押登记情况及存在的问题，对今后如何加强协作、共同做好中小企业融资工作进行探讨。6月底，在学习借鉴枣庄经验的基础上，结合本地实际，同中国人民银行潍坊市中心支行、市中小企业局联合制定《潍坊市钢结构资产抵押授信管理暂行办法》，报市政府核批实施。

2010年，市工商局为扩大中小企业、个体工商户、农业生产经营者融资渠道，到寿光村镇银行、邮政储蓄银行、润佳投资担保咨询公司等单位了解业务开展情况，指导开展动产抵押登记。10月，市工商局召开各商业银行、企业参加的融资推介会，向金融部门推荐100家优秀“守重企业”作为重点扶持对象，构筑银企合作桥梁。落实《潍坊市钢结构资产抵押授信管理暂行办法》，重点组织全市开展钢结构资产抵押登记活动，共办理钢结构资产登记22件，帮助企业融资1.2亿元。积极开展原材料采购抵押、商品浮动抵押及投资公司担保抵押、反担保抵押等各类新型登记形式，在动产抵押登记范围上有了较大突破，为企业扩大融资拓宽渠道。全市办理动产抵押登记278件，其中个体户登记2件，农业生产经营者3件；帮助企业融资46.8亿元。

2011年3月，市工商局印发《动产抵押登记实施办法》，规范工商行政管理机关动产抵押登记行为。全系统开展钢结构资产抵押、原材料采购抵押、商品浮动抵押及投资公司担保抵押、反担保动产抵押登记，办理动产抵押登记124件，融资额23.9亿元，其中钢结构抵押登记11件。

2012年，市工商局采取上门走访、回访和召开座谈会等多种方式，广泛宣传《潍坊市动产抵押和商标专用权质押贷款暂行办法》《潍坊市钢结构资产抵押授信管理暂行办法》及有关法律法规，详细解答企业咨询，为企业融资出实招、办实事，简化办事流程，提高工作效能。全市办理企业动产抵押登记269件，为企业融资68.6亿元。

拍卖监督管理

1992年9月，山东潍坊拍卖行成立。1993年9月，诸城典当拍卖行登记注册。1997年《中华人民共和国拍卖法》实施后，全市拍卖企业陆续增加。是年，市工商局对已登记的3家拍卖企业进行情况摸底，取缔2家不符合条件的拍卖企业，印制委托拍卖合同统一文本要求企业使用。1998年，根据省工商局《关于加强拍卖活动监督管理的通知》要求，明确拍卖监管的内部分工，建立健全拍卖企业及拍卖活动拍前和拍后备案制度，加强拍卖合同监管，坚持参加现场监拍，确保对拍卖活动进行有效监管。1999年，除原有的国有拍卖行潍坊拍卖行外，潍坊成立第一家民办拍卖企业——潍坊中信拍卖有限公司。2000年，企业拍卖活动逐步增多。市工商局监督拍卖25次，成交确认合同196份，拍卖成交额8580万元。

2001年，国家工商总局制定《拍卖监督管理暂行办法》，全市新注册3家拍卖企业，实有拍卖企业达到5家。市工商局现场监拍34次，鉴证拍卖委托书90份，委托金额1.85亿元；鉴证成交确认书451份，拍卖成交金额2.3亿元。2002年，全市新注册拍卖企业4家，实有拍卖企业达到9家。市工商局统一设计制作“拍卖活动备案登记表”“拍卖企业公告登记簿”“拍卖活动鉴证书”等，全年现场监拍36次，确认拍卖合同207份，标的金额3.75亿元。2003年，全市举办拍卖会216场次，检查拍卖委托书126份，确认拍卖合同400份，标的金额4.95亿元，拍卖领域、品种范围、拍卖区域等不断扩大。全市新注册拍卖企业3家，实有拍卖企业达到12家。2004年，全市拍卖企业发展到17家。市工商局全年现场监拍175次，确认拍卖合同365份，标的金额4.3亿元。立案查处1家不按规定进行拍卖备案的企业，罚款6000元。2005年，全市对拍卖企业现场监拍241次，审查备案310次，确认拍卖书268份，金额17.8亿元，拍卖次数、成交金额都有较大幅度增长。

2012年，加大对新版《委托拍卖合同》示范文本宣传、推广力度，规范拍卖企业与委托人之间的行为。全市拍卖企业达到25家。全年办理拍卖合同备案357份，异地拍卖活动备案40份，现场监督拍卖53次；审查拍卖委托书459份，标的金额3.66亿元；拍卖确认436次，确认标的金额3.45亿元。查处1家拍卖企业的违法行为，罚款8万元。

第四节　商标管理

注册代理

1990年，国家工商局决定商标注册由原先二级核转改为由商标事务所代理。市工商局于1992年5月成立潍坊市商标事务所，代理国内商标注册等业务。从此，潍坊市商标注册工作由核转制转变为代理制。到1994年底，市商标事务所共为企业代理商标事项1580件，其中商标注册申请1125件。1995年，代理商标事务3137件（次），代理商标注册申请607件，其中服务商标21件，防御商标68件，申请国际注册4件；帮助企业办理变更52件，转让15件。1996年，代理商标注册申请505件，其中申请国际注册27件；帮助企业办理变更手续45件，转让23件，续展40件；为华光集团、银河集团、秦池酒厂等企业办理了防御商标。1997年，代理商标注册申请450件，变更145件，续展商标729件。1998年，代理商标注册申请462件，商标续展33件，商标补证2件，商标转让38件，商标变更101件，商标使用许可合同备案5件。1999年，代理商标注册申请488件。2000年，代理商标注册申请592件。2001年，代理商标注册申请648件。

2002年8月，根据国家工商局关于商标事务所实行企业化管理的通知精神，市商标事务所与市工商局脱钩，改制为企业，其代理业务不变。自此，商标代理走向市场化，市工商局不再办理商标注册业务，对商标注册代理负有监督管理权。至2005年底，全市的商标事务代理机构有7家。

注册商标管理

1990年，市政府转发市工商局《关于加强商标广告管理工作的报告》，开展商标验证活动，全市验证注册商标1514件，发现自行改变注册商标文字、图形或组合的49件，自行改变注册人名义地址的69件，未加注册标记的30件，有注册商标而未使用的54件。1992年，市工商局选定65家大中型企业作为全市商标工作重点企业，指导企业建立健全商标管理机构，完善商标管理制度，帮助企业分析解决商标工作中存在的问题，指导国营大中型企业争创优质名牌。1993年8月，市工商局转发省工商局《关于禁止生产销售带有种族歧视性商标商品的通知》，同时向有牙膏、糖果商品进口经营权的单位作宣传，禁止进口、销售带有种族歧视的“DARKLE”牙膏，对全市的经销单位和个体工商户开展专项检查。

1994年8月，市工商局对注册商标进行验证。当年，全市共验证注册商标1858件，其中依法使用的1667件，存在问题的191件。全年变更商标293件，转让9件，续展52件，商标使用许可合同备案26份。1997年，有8个县级局单设商标广告科，占县级局总数的50%。1998年5月，市工商局组织对1998年4月底前取得商标注册证的商标进行验证，全市验证注册商标3100件。

2000年，在全市开展以“理顺归属，防止改制企业商标权流失”为内容的商标验证工作。全市验证注册商标3026件，其中依法使用的2124件，连续三年停止使用的274件，擅自改变注册人名义、地址和注册商标文字、图形或组合的610件，注册证丢失的22件，因企业破产自行消亡的621件，其中有名噪一时的樱桃园、亚大、冠邦3家企业的82件商标。2002年3—5月，市工商局对全市4058家企业的5432件商标进行验证，摸清了全市注册商标底数。

2004—2005年，商标管理工作的重点是查处商标侵权假冒违法案件。对注册商标的管理，主要由各县级局和工商所通过建立、完善和查验辖区内生产企业注册商标和未注册商标台账进行日常监管。

2007年3月30日，全市实施商标战略表彰大会召开，对2006年新获得驰名商标和著名商标的企业进行奖励。市政府印发《关于进一步实施商标战略 促进全市经济又好又快发展的意见》。全市工商系统完善“申报一批、储备一批、培育一批”的品牌创建规划，对全市争创驰名、著名商标的企业从策划指导、法律咨询、方案设计，到人力、物力、财力支持，提供全方位服务。

2009年，组织举办全市企业“实施商标战略，促进科学发展”辅导讲座，市政府完善对驰名、著名商标的奖励制度。2010年，深化落实“申报一批、储备一批、培育一批”品牌创建机制，市政府召开全市深入实施商标战略工作会议，对新创驰名、著名商标企业表彰奖励。2011年，建立注册商标、省著名商标、中国驰名商标三级培育机制，以及商标、商号一体化创牌战略，对品牌培育实行分级分类推进。

2012年，推进品牌指导进企业、进农村，在基层实施“一所多标一著”工程。承办世界知识产权组织有效利用马德里商标国际注册体系宣传推广活动，新增马德里商标国际注册和国外商标逐一注册37件，商标国际注册总量达到442件。

商标印制管理

1990年12月，市工商局印发《关于贯彻执行商标印制管理办法的通知》，对原来核准的商标印制定点单位重新审查、核准、发证，原核发的商标印制许可证收回。1991年初，市、县两级工商局对全市600家印刷企业进行清理整顿，确定全市164家印刷水平较高、条件设施较好的印刷企业为指定印制商标单位并核发印制商标单位证书。其中，市直5家、潍城20家、寒亭8家、坊子8家、青州20家、诸城13家、临朐13家、安丘13家、寿光12家、昌邑12家、五莲12家、高密12家、昌乐12家。到1994年底，全市商标印制单位累计发展到224家。1995年9—12月，对全市指定商标印制单位进行清理、换发新证工作。依法撤销18家企业的指定商标印制单位资格，新核发商标印制单位证书16家，全市发展到242家。

1996年10月，按照国家工商局重新修订颁布的《商标印制管理办法》，市工商局新核发商标印制单位证书34家，全市商标印制单位发展到276家。1998年7月，市工商局再度整顿印刷行业，检查全市从事印刷业务的企业和个体工商户300户（家），责令限期整改34家，立案查处15家。同年，新核发商标印制单位证书20家，全市商标印制单位发展到340家。1999年，市工商局组织对全市商标印制单位进行验证，对171家非商标印制单位进行执法检查，查处非法印制单位16家、印制假冒侵权商标标识单位2家，同时对全市600余名商标印制业务管理员进行培训。全年新核发商标印制单位证书27家，累计发展到365家。2000年，市、县工商局对印制领域的商标侵权假冒等行为进行拉网式检查，检查印刷企业640家，发现存在各种违法行为的81家，立案处理58家。全市新核发商标印制单位证书149家，全市商标印制单位发展到514家。

2002年，按照从严审批、总量控制、适度发展的原则，市工商局新核发商标印制单位证书51家，全市商标印制单位发展到525家。全市共查处非法印制商标业户85家，罚款17万元。11月，根据国务院《关于取消第一批行政审批项目的决定》的规定，市工商局开始停止办理商标印制业务管理人员资格证书。2003年4月，根据国务院《关于取消第二批行政审批项目和改变一批行政审批项目管理方式的决定的通知》的规定，取消印制商标单位审批项目，停止核发商标印制单位证书。自此，商标印制监管工作的重心由资格审核转到行为监管上，重点放在查处印制侵权商标标识和超出核定的经营范围擅自从事商标标识印刷方面。

2005年，市工商局指导各县市局（分局）加强与新闻出版部门的沟通和协作配合，强化对商标印制行为的规范力度。对未取得包装装潢印刷许可证而从事商标印制的，督促其向新闻出版部门申请办理许可手续；对具备商标印制资格的，督促其建立健全商标印制管理制度，严格审核把关，防止承印假冒侵权商标标识。

2006年，在打击商标侵权假冒行动中，将违法从事商标印制行为作为整治的重点，与潍坊巨力集团、得利斯集团、潍坊乾隆杯酒业等企业开展联合打假行动，捣毁擅自印制假冒商标标识和制假窝点4处。各县市区对辖区内印刷企业进行拉网式检查，重点检查印刷企业的印刷经营许可证、营业执照等证照是否齐全，是否具备主体资格，商标印制经营行为是否规范，是否存在非法印制及违法印制侵权商标标识行为，商标印制企业的规章制度是否健全等。通过检查，对9家承印侵权包装物和非法制版的企业进行查处，立案查处非法制版及违法印制商标案件13起、未取得包装装潢印刷资质违法印制商标案件6起。

2007年，组织对全市印刷企业进行拉网式检查，查处非法印制商标标识和印制假冒侵权商标标识的行为，从源头上遏制商标侵权行为的发生。

2010—2012年，运用拉网式专项检查，重点整顿违法印制侵权商标标识行为，堵住印制侵权标识源头。

商标战略实施

1992年9月，省工商局、省经济委员会联合开展首届著名商标评选活动，潍坊市参评的49个商标中，“华光”“长城”等8个商标被评为山东省著名商标，“红花”“景阳春”等10个商标获提名奖。1997年7月—1998年4月，市工商局举办第二届山东省著名商标推荐和第一届潍坊市著名商标评选活动，25件商标被认定为山东省著名商标，5件商标获山东省著名商标提名奖，认定潍坊市著名商标23件。1999年、2000年，得利斯集团公司的“得利斯”商标、耶莉娅集团的“耶莉娅”商标先后被认定为中国驰名商标。

2000年，市政府转发《关于实施商标战略推动潍坊经济发展的意见的报告》，市工商局在全市组织开展“重商标创名牌”活动。当年，全市有7件商标获得山东省著名商标认定。2001年，个体私营企业商标注册量大幅度提升，全市有6件商标被认定为省著名商标，再认定19件。全市累计拥有省著名商标32件。

2002年4月，省工商局规定今后各市不再进行市级著名商标（或知名商标）的认定。市工商局积极开展“红盾帮扶”活动，引导企业争创驰名、著名商标，增强企业的核心竞争力。诸城市召开全市“重商标创名牌”动员大会，是潍坊市历史上第一个由政府主持召开的商标工作专项会议。全市10件商标被认定为省著名商标，总数达到42件。2003年初，市委、市政府印发《关于加快民营经济发展的决定》，规定凡被认定为驰名或著名商标的企业，由同级财政分别奖励20万元和5万元。全市19件商标被认定为省著名商标，再认定7件，全市的省著名商标达到61件。2004年，“新郎”商标被国家工商总局商标局认定为驰名商标，“仙霞”商标通过司法认定为驰名商标，全市驰名商标达到4件。24件商标被省工商局认定为著名商标，再认定20件。至此，全市拥有省著名商标80件。

2005年，全市30件商标被省工商局认定为著名商标件，再认定8件，占全省新认定著名商标总量（243件）的12.3%。全市拥有省著名商标108件。2006年，全市新增省著名商标39件，新增数量居全省第一；新增中国驰名商标4件。2007年，7件商标争创为中国驰名商标，34件商标争创为省著名商标，全市驰名、著名商标达到15件和168件。其中，“晨鸣”“尽美”“福田欧豹”3件商标通过国家工商总局认定。2008年，全市新增注册商标2130件，“泸河”等15件商标被认定为驰名商标，总量达到30件；新增省著名商标41件，总量达到200件。2009年，全市新创驰名商标7件，总量达到39件；新创著名商标50件，总量达到237件。“青州银瓜”“安丘大姜”“昌邑大对虾”成功注册为地理标志证明商标，实现了零的突破。2010年，全市新创驰名商标11件、著名商标57件，新注册地理标志证明商标5件。驰名、著名商标总量分别达到50件、275件。2011年，全市新认定驰名商标19件，著名商标57件，新注册地理标志证明商标6件。驰名商标、著名商标总量分别达到69件、318件，地理标志证明商标达到15件。

2012年，新创驰名商标26件、著名商标55件，新注册地理标志证明商标20件，总量分别达到95件、355件和34件。

1999—2012年潍坊市“中国驰名商标”情况统计表

表13－6－1

注册人	商标名称	商品或者服务	认定时间	备注
得利斯集团公司	得利斯	低温肉制品	1999.12	
耶莉娅集团	耶莉娅	服装	2000.9	
诸城市新郎服饰有限公司	新郎（图）	服装	2004.2	
潍柴动力股份有限公司	WEICHAI及图	柴油机	2006.6	
山东福田重工股份有限公司	福田欧豹 FUTIANOUBAO	拖拉机	2007.9	
诸城外贸有限责任公司	尽美DELICATE	肉类食品	2007.9	
山东晨鸣纸业集团股份有限公司	晨鸣CHENMING及图	胶版纸、铜版纸	2007.9	
山东泸河集团有限公司	泸河LU HE及图	内、外胎	2008.3	

续表13－6－1

注册人	商标名称	商品或者服务	认定时间	备注
山东同大集团有限公司	同大及图	镍网	2009.4	
鲁丽集团有限公司	鲁丽及图	胶合板	2009.4	
山东海化股份有限公司	鸢都及图	纯碱、氯化钙	2009.4	
山东青州亚星肥料有限公司	亚星及图	氯化聚乙烯、聚氯乙烯树脂	2009.4	
希努尔男装股份有限公司	希努尔SINOER及图	服装	2010.1	
山东红叶地毯有限公司	红叶及图	地毯	2010.1	
山东梦金园珠宝首饰有限公司	梦金园	银饰品、金饰品、珠宝首饰	2010.1	
山东联盟化工集团有限公司	联盟及图	尿素、复合肥	2010.1	
王乐义/寿光市世纪三元现代农业开发有限责任公司	乐义	新鲜蔬菜、鲜水果	2010.1	
盛瑞传动股份有限公司	SHENGRUI及图	连杆、飞轮、机器传动装置、发动机用进排气管、汽车水泵	2010.1	
山东乐化铝塑制品有限公司	乐化及图	非金属隔板、非金属板条	2010.1	
山东惠发食品有限公司	惠发及图	肉、鱼（非活的）	2010.1	
诸城兴贸玉米开发有限公司	兴贸XINGMAO及图	玉米淀粉	2010.1	
福田雷沃国际重工股份有限公司	谷神	收割机	2010.1	
青州市坦博尔服饰有限公司	坦博尔Tanboer	羽绒服装	2010.1	
山东新郎欧美尔家居置业有限公司	欧美尔	家具	2011.5	
山东蓝天首饰有限公司	lantian及图	银饰品、戒指（珠宝）、宝石	2011.5	
山东邦泰散热器有限公司	密水及图	散热器	2011.5	
山东伟盛铝业有限公司	伟盛WEISHENG及图	铝合金型材	2011.5	
山东银宝轮胎集团有限公司	银宝及图	轮胎	2011.5	
山东潍坊鲁中拖拉机有限公司	鲁中及图	拖拉机	2011.5	
山东景芝酒业股份有限公司	景芝及图	白酒	2011.5	
昌邑华达织造有限公司	柳疃LIUTUAN	印花棉布	2011.11	
潍坊恒安散热器集团有限公司	恒安及图	内燃机配件	2011.11	

续表13-6-1

注册人	商标名称	商品或者服务	认定时间	备注
山东墨龙石油机械股份有限公司	墨龙ML及图	石油专用抽油泵、抽油杆、石油油井管	2011.11	
山东亿福金业珠宝首饰有限公司	亿福	项链（宝石）、耳环、戒指（珠宝）、手镯	2011.11	
潍坊长安铁塔股份有限公司	第1581523号图形	镀锌铁塔	2011.11	
山东益利油漆有限公司	益利及图	油漆及附料（不包括绝缘漆）、稀料	2011.11	
山东青能动力股份有限公司	青能QINGNENG及图	汽轮机	2011.11	
汇胜集团股份有限公司	凤凰树及图	砂管纸（砂管原纸）	2011.11	
潍坊永昌铝业有限公司	YC YONGCHANG及图	铝型材	2012.5	
山东华特磁电科技股份有限公司	华特及图	磁选机、起重电磁铁、采矿选矿用设备、矿山杂物排除机	2012.5	
山东中坤石油化工有限公司	中坤及图	防冻液	2012.5	
鲁丽集团有限公司	金鲁丽及图	胶合板	2012.5	
山东景芝酒业股份有限公司	景阳春	白酒	2012.5	
诸城市昊宝服饰有限公司	昊宝Haobao	服装	2012.5	
山东美晨科技股份有限公司	美晨	橡皮减震器、非金属软管、车辆取暖器软管	2012.5	
山东伟业铝材有限公司	山一及图	铝型材	2012.5	
山东蓝天首饰有限公司	赛菲尔	手镯（珠宝）、项链、宝石	2012.12	
山东省寿光蔬菜产业集团有限公司	七彩庄园Colourful Manor及图	新鲜蔬菜	2012.12	
安丘市外贸食品有限责任公司	鲁丰及图	水果罐头，蘑菇罐头，豌豆罐头	2012.12	
安丘市鲁安药业有限责任公司	鲁安LuAn及图	扑热息痛	2012.12	
山东昌邑家宜巾被有限公司	新蕾xinlei及图	巾被	2012.12	
山东大地盐化集团有限公司	艳珊及图	化学用溴	2012.12	
山起重型机械股份公司	山起SHANQI及图	摇臂吊车、起重机	2012.12	
山东信得科技股份有限公司	信得及图	兽药、兽医用制剂	2012.12	

续表13—6—1

注册人	商标名称	商品或者服务	认定时间	备注
山东晨鸿传媒集团有限公司	晨鸿及图	广告、广告宣传	2012.12	
山东潍焦集团有限公司	昌CHANG	食品发泡剂	2012.12	
山东中豪铝业有限公司	天豪TIANHAO	铝合金型材	2012.12	
山东华建铝业有限公司	华铝HUALV及图	普通金属合金、金属建筑材料	2012.12	
潍坊开发区华裕实业有限公司	苏伯	汤	2012.12	
山东建美铝业有限公司	凤美FENGMEI及图	铝塑板（以铝为主）、钢板（以铝为主）	2012.12	
李国欣	比德文	机动自行车、电动自行车、电动三轮车	2012.12	
山东鑫达鲁鑫防水材料有限公司	鲁鑫及图	防水卷材	2012.12	
山东汇源建材集团有限公司	汇源及图	油毡	2012.12	
山东银鹰化纤有限公司	泰山	棉浆波	2003	司法认定
山东青州云门酒业有限公司	云门春	含酒精的饮料（啤酒除外），酒	2006	司法认定
山东金达双鹏集团有限公司	双鹏及图	铝合金	2006	司法认定
潍坊市宇虹防水材料（集团）有限公司	宇虹及图	防水卷材	2006	司法认定
潍坊瑞福油脂调料有限公司	崔字牌	芝麻油、芝麻酱	2007	司法认定
山东宏源酒业有限公司	侯镇宏源	酒（饮料），葡萄酒，烧酒，清酒，酒精饮料，汽酒	2007	司法认定
青州市天源化工有限公司	万美	漆，白色（染料或涂料）	2007	司法认定
山东泰华食品股份有限公司	鲁金泰华	食品蔬菜	2007	司法认定
山东登升劳保用品有限公司	登升DS	手套	2008	司法认定
山东新郎服饰有限公司	新郎·希努尔	服饰	2008	司法认定
诸城市昊宝服饰有限公司	昊宝Haobao	服饰	2008	司法认定
诸城市昊宝服饰有限公司	昊宝·菲博尔	服装	2008	司法认定
山东诸城密州酒业有限公司	密州	白酒	2008	司法认定
山东迪龙电缆有限公司	迪龙	电缆	2008	司法认定
诸城市电力怡明茶叶有限公司	怡明	茶叶	2008	司法认定

续表13-6-1

注册人	商标名称	商品或者服务	认定时间	备注
诸城市新华宇家具有限公司	华宇	家具	2008	司法认定
山东龙光天旭太阳能有限公司	天旭	太阳能	2008	司法认定
山东信得科技股份有限公司	信得	兽药	2008	司法认定
得利斯集团有限公司	北极神	保健品	2008	司法认定
山东奥宝化工集团有限公司	奥宝	化肥	2008	司法认定
山东鑫达鲁鑫防水材料有限公司	鲁鑫及图	防水材料	2008	司法认定
山东玉峰铝业股份有限公司	玉峰	铝型材	2008	司法认定
山东景芝酒业股份有限公司	景阳春	白酒	2009	司法认定
孚日集团股份有限公司	孚日	毛巾	2009	司法认定
山东仙霞集团有限公司	仙霞	服装	2009	司法认定
山东昌邑乾隆杯酒业有限责任公司	乾隆杯及图	酒	2010	司法认定
潍坊中云机器有限公司	云鸥及图	挤出机、合模机	2011	司法认定
山东乐化漆业股份有限公司	乐化及图	油漆、涂料	2011	司法认定
潍坊嘉福珠宝有限公司	嘉福	珠宝、首饰	2011	司法认定
潍坊现代塑胶有限公司	时代及图	浇水软管、非金属软管	2011	司法认定
山东千榕家纺有限公司	千榕	床罩、被子、床单、枕套、被罩、绣花枕套、床垫遮盖物、旅行用毯、鸭绒被、床用毯子	2011	司法认定
山东海宇鞋业有限公司	海宇HY及图	鞋	2012	司法认定
潍坊市宏源防水材料有限公司	宏源	建筑用沥青产品	2012	司法认定
山东万山集团有限公司	图形	减水剂	2012	司法认定
汇胜集团股份有限公司	凤凰树及图	砂管纸（砂管原纸）	2012	司法认定
潍坊紫鸢乳业发展有限公司	紫鸢及图	牛奶、牛奶制品	2012	司法认定

说明：由于行政与司法认定渠道不同，致使部分企业的商标重复

第五节 广告管理

广告登记

1991年起，市工商局改革广告管理制度，引导企业通过广告创意开拓市场，提高信誉和影响力。1993年，国家取消对广告业实行总量控制的政策，允许具备条件的个体工商户、私营企业经营广告业务，进一步放宽广告业市场准入门槛。1994年底，全市广告经营单位发展到175个，从业人员1368人，分别比1991年增加136个、693人，实现广告经营额5310万元，比1991年增长422%。1995年，广告经营单位发展到178个，实现广告经营额6488万元。1996年，审批广告经营单位52个，全市累计发展到219家，实现广告经营额9279万元。1998年，加强对广告经营单位的管理，检查广告经营单位130余个，查处违法违章广告案件564件，罚没款13万元。

1999年后，随着商品经济的发展，电视、报纸、广播等媒体大量发布药品、医疗、医疗器械、保健食品广告，广告经营额迅速增长。2002年，按照国务院批转《关于行政审批制度改革工作实施意见的通知》和国务院《关于取消第一批行政审批项目的决定》，市工商局取消外国广告企业设立常驻代表机构审批、卫星电视广播地面接收设施定点销售审批、白酒39°以上广告审批、设置广告显示屏审批4项行政审批项目。潍坊市出现第一家经省工商局审批登记的固定形式印刷品广告。2003年，根据国务院《关于取消第二批行政审批项目和改变一批行政审批项目管理方式的决定》，工商部门取消广告审查员资格核准、广告专业技术资格核准以及海峡两岸广告发布前集中审批等行政审批项目。2004年，市工商局向县市局、分局、新闻媒体印发《关于进一步规范医疗广告发布问题的通知》，严禁发布和变相发布国家明令禁止发布的治疗肿瘤、艾滋病、改善和治疗性功能障碍等7类药品和尖锐湿疣、梅毒、淋病、软下疳等性病以及牛皮癣（银屑病）、艾滋病、癌症（恶性肿瘤）、癫痫、乙型肝炎、白癜风、红斑狼疮等11种医疗广告。

2005年1月1日，国家工商总局颁布《广告经营许可证管理办法》，规定广播电台、电视台、报刊出版单位和事业单位兼营广告业务的向广告监督管理机关申请，领取广告经营许可证后，方可从事相应的广告经营活动。全市广告经营单位发展到379个，从业人员3325人，广告经营额2.4亿元，医疗服务、药品、房地产、酒类、服务业、汽车、家用电器广告经营额比重较大。

2006年，全市建立广告整治联席会议制度，对20家新闻媒体广告进行集中监测，曝光10起典型违法广告。2007年，以医疗、药品、保健食品广告为重点，组织开展虚假违法广告专项整治行动，继续加强对全市新闻媒体发布广告的集中监测。全市查处广告违法案件215起，罚没款135.92万元。2008年，监测药品、医疗、保健食品、化妆品、美容服务“五类”广告1045条次，查处“五类”广告违法案件98件，罚没款66.76万元。全年查处广告违法案件253件，罚没款140.09万元。到2008年底，全市广告经营单位525个（其中广告公司302家），从业人员4234人，广告经营额2.75亿元。2009年，加大对虚假广告打击力度，投资84万多元，安装启用广告信息监测系统，设立44个采集点，实现对全市媒体广告的全方位自动监测。2010年，全市查办广告违法案件190起，罚款156.79万元。

2011年，开展广告整顿活动，共监测各类广告38.9万条次，查处各类虚假违法广告案件136件，虚假违法广告蔓延势头得到有效遏制。2月，省政府把潍坊广告创意产业园（潍城）列入全省重点园区（基地）的广告产业项目三个之一。11月，潍坊广告创意产业园（潍城）被国家工商总局和财政部确定为首批“开展现代服务业试点，重点支持发展广告业”9个试点单位之一，进行为期3年的改革试点，财政部分三年下拨7500万元专项扶持资金。2012年4月，潍坊广告创意产业园（潍城）被国家工商总局命名为“国家广告产业园区”；同月，市政府办公室印发《支持潍坊广告创意产业园开展国家广告产业园区试点的若干政策》。

广告经营单位年检

广告经营单位年度资格检查，每年1月1日至6月30日进行。1994年，市工商局组织对全市175个广告经营单位进行年检。1995年，对146个广告经营单位换发新广告经营许可证，注销26个，吊销6个，并规范全市广告经营单位广告经营范围核定用语。1996年，全市208个广告经营单位通过年检，注销8个，处罚3个逾期年检单位。1997年11月，国家工商总局公布《广告经营资格检查办法》，对不按规定参加年检的广告经营单位进行暂缓通过、核减广告经营项目和广告经营许可证作废等处理。当年，全市229个广告经营单位通过年检，注销4个，处罚5个逾期年检单位。1998年，全市248个广告经营单位通过年检，注销16个。1999年，全市196个广告经营单位通过年检，注销10个，无正当理由不按时参加年检的33家企业的广告经营许可证公告作废。2000年，全市242个广告经营单位进行广告经营资格检查，公告作废广告经营许可证21个。2001年，全市270个广告经营单位通过年检，注销4个，公告作废广告经营许可证19个。2002年，全市271个广告经营单位通过年检，注销9个，公告作废广告经营许可证51个。2003年，全市345个广告经营单位通过年检，注销20个，公告作废广告经营许可证23个。2004年，全市295个广告经营单位通过年检，注销3个。2004年12月31日前，对从事广告经营业务的企业和事业单位兼营广告业务的全部进行年检。2005年后，根据《广告经营许可证管理办法》的规定，市工商局组织对全市31个兼营广告业务的事业单位进行广告经营资格检查，同时换发新版广告经营许可证。2006年4月29日，国家工商总局令第86号《关于废止和修改部分工商行政管理规章的决定》中规定，《广告经营资格检查办法》予以废止。

2006—2012年，按照省工商局文件要求，在每年的6月30日前，对市工商局颁发广告经营许可证的潍坊日报社、潍坊晚报社、潍坊电视台、潍坊人民广播电台、潍坊广播电视报社、潍坊医学院、潍坊学院、潍坊市游泳中心、潍坊市勘察测绘研究院、山东省化学纤维研究所10个单位进行广告经营资格检查。

第六节　市场建设与管理

市场建设

1991—1994年，全市投入资金6.56亿元，建设市场211处。其中1994年投入资金1.86亿元，建设市场49处，扩大市场面积188.6万平方米。到1994年底，全市各类市场发展到1151处，居全省第一位。其中专业批发市场110处，生产资料市场34处。1994年，各类市场商品成交额97.8亿元，比1991年增长396%，城乡集贸市场更加繁荣活跃。

1995年，全市投入资金1.45亿元，建设市场36个，新增市场面积85万平方米。各类商品交易市场发展到1176处，其中消费品专业市场74处，批发市场67处，生产资料市场38处，培育形成一批各具特色的专业批发市场和市场群体。全年商品交易市场总成交额152.1亿元，比上年增长25.76%，其中消费品市场零售额117.5亿元，占全社会消费品总额的67.5%。

90年代的民主街市场

1996年，全市市场投资总额1.49亿元，扩建和新建市场53处、面积123万平方米。到年底，各类商品交易市场发展到1220处，比上年增加44处，居全省第一位。其中消费品市场1180处，生产资料市场40处。商品交易总成交额219.8亿元，比上年增长44.5%。全市年成交额过亿元的市场29处，其中过5亿元的10处、过20亿元的2处。有国家级文明市场7处、省级文明市场44处。8月，在全省流通工作会议上，寿光蔬菜批发市场、临朐铝型材市场、潍坊小商品城、诸城龙城市场获全省大型市场称号。

1997年，全年市场建设总投资2.66亿元，新建、改建市场110处。各类市场发展到1247处，其中消费品市场1200处、生产资料市场47处。各类商业街、夜市、旧货市场、出租市场发展到500多处。全市市场年成交额238.8亿元，比上年增长20.5%，其中过亿元的市场36处，比上年增加9处。全市实行巡查制的市场310处，省级规范化样板市场8处，国家级文明市场7处，省级文明市场48处。

1998年，全市各类市场发展到1292处，其中生产资料市场57处，生产要素市场1处。全市市场成交额245.54亿元，其中过亿元市场33处。2005年，指导79处农村集贸市场进行升级改造，为农产品外销打造平台。《中国工商报》、山东电视台等多家新闻单位对潍坊工商局服务三农发展的做法进行宣传报道。

在市场“管办分离”前，工商部门既是市场的开办者，也是管理者，直接负责市场的开办建设以及设施维护、归行划市、环境卫生、市场安全等日常管理，并对市场经营者和经营秩序进行监督管理。当时较大市场都设有专门的市场管理所，实施驻场管理，全面实行市场巡查制。90年代后期，国务院决定市场“管办分离”，到2001年全面落实，全市工商行政管理系统不再开办建设市场。工商行政管理部门明确为市场监管和行政执法的政府职能部门，承担规范和维护市场秩序的职责。依据国家工商总局《商品交易市场登记管理办法》规定，工商部门仍负责对市场进行登记，发放市场登记证。2009年《商品交易市场登记管理办法》废止后，开始推行市场企业化登记，即开办市场应当依法申请办理企业登记注册，不再办理市场登记证。按照“谁主办、谁负责、谁管理”原则，明确市场开办单位是市场管理的第一责任人，履行市场管理第一责任。市场巡查制也从全国、全省、全市层面停止。

集贸市场管理

1990年，省工商局制定印发《山东省城乡集市贸易规范化管理若干规定》，将集市管理工作全面纳入规范化管理的轨道。1992年，市工商局印发《严格集贸市场管理实施方案》，将市场分为综合集贸市场、工业品市场、农副产品批发市场，分别实行规范化管理。1994年3月25—28日，国家工商局在寿光召开全国市场监督管理工作会议，会议对进一步培育发展市场特别是农副产品批发市场，增加城镇副食品供应，加强和改善市场监督管理，稳定市场物价起到有效推动作用。1995年，为更有利于市场的建设和发展，国务院决定市场“管办分离”，将工商行政管理部门原先担负的建设和管理市场的职能进行分离，成立单纯的市场服务机构，承担市场建设服务职能，工商行政管理部门只负责市场的监督管理。市工商局积极稳妥地开展市场管办脱钩工作，高密市工商局为全市市场管办脱钩试点。1996年，该项工作在全市正式开展。全市应分离市场共19处，其中工商局自办的15处、联办的4处，应脱钩市场总投资1.68亿元，共成立13个市场服务中心，均为自收自支的事业单位。

到1996年底，全市正式登记、年检市场928处。其中由省局冠名3处，由市工商局登记年检63处，由县市局和市直分局登记年检865处。1997年，在乡镇首集试点推广多级双向巡查制，逐步形成市、县、乡镇等多级检查网络，全市实行巡查制的市场达到310处。加强商场出租柜台管理，共检查189家企业，其中出租方超范围经营的22家，占出租户的73%；承租柜台无照经营的195户，占承租方的49%；有20家商场租赁合同不完善。对超范围经营的22家进行变更登记；为187户承租个人补办营业执照；完善并登记租赁合同187份；对隐瞒真实情况和存在违法行为的6家企业，依法给予处罚。

1998年，实施市场巡查制量化考核标准。全市实行巡查制的市场达到300处，其中城市市场135处、乡镇首集165处。自5月起，开展打击不法粮商专项斗争。全市对已登记的1859户粮油经营、加工单位和个人全面进行清理整顿，确定保留并重新核准收储企业125家，批发经营的国有、集体、个体企业299家，粮食加工的国有、集体和个人439户；变更营业执照的378户；吊销营业执照的250户；取缔无照经营户135户。全市共查处粮食案件210起，查获粮食500余吨，罚没款47.9万元。

1999年，全年查处各类市场违法违章案件4269件，罚没金额37万元。其中无照经营1939件，假冒伪劣672件，短尺少秤262件，骗买骗卖234件。继续严厉打击各种粮食违法行为。全年立案查处违法经营粮食案件512起，查获粮食1859吨，罚没款257.4万元。其中查处山东景芝集团非法收购17.46万千克玉米案和潍坊种鸡场非法收购4.13万千克玉米案，分别对当事人罚款41万元和8.8万元。

2000年，市工商局开展“两整顿”和集中打假行动，在商品交易市场上查处违法违章案件4557起，罚没款79万元。改进市场监管模式，建立市工商局管面、县级工商局管片、基层工商所管点的三级市场巡查网络，逐步实现由单一静态、驻场式管理向综合动态、巡查式管理的转变。全市以建立粮食经营企业台账和打击私商粮贩违法行为为重点，加强对粮食加工企业和用粮大户的监管。清理整顿粮食经营企业和个体工商户2343家（户），重新核准粮食企业和经营户1225家（户），变更或吊销营业执照1118个，取缔无照经营165户。

2001年，市工商局查处商品交易市场违法违章案件1.65万起，罚没款84万元。按照国务院和省政府关于加强对粮食、棉花等关系国计民生重要商品进行管理的部署，市工商局会同有关部门对全市32家有棉花收购资格的企业和所有粮食经营企业进行复检，对达不到标准的企业限期整改，规范其经营行为；对未经批准擅自收购、经营棉花的企业从严查处。全市查处棉花违法案件165起，取缔小轧花机、土打包机26台，查获棉花150吨。查获非法收购及贩运粮食案件451件，查扣非法收购及贩运的粮食1478.8吨。对16处存在“脱管”问题的市场进行整顿，实现管理、收费到位。开展市场消防安全大检查，检查市场1275处，查出有隐患市场25处，其中有火灾隐患的市场11处、设施隐患市场10处、其他情况市场4处。清理整顿非法拆解拼装汽车市场和“脱管”市场。取缔非法拆解拼装汽车市场6处，取缔非法拆车业户261户，清理旧机动车辆1218台，清理废旧物品8.2万吨，拆除经营用房267间。

2002年，市工商局开展集贸市场专项整治工作。消除市场安全隐患69处，取缔非法交易市场3处，查处市场违法违章案件309件，依法取缔无照经营业户1993户，查处制假窝点169个，取缔售假摊位2129个。推行市场预警制和重要商品备案制，对肉类食品实行“一证一卡五星制”管理，规范市场交易行为。全年查处商品交易市场违法违章案件4034件，全市有7处市场被省工商局、省文明委评为省级规范化文明市场。

2003年，市工商局以防治“非典型性肺炎”为重点，继续深入整顿和规范市场经济秩序。共检查药品、消毒用品、口罩、防护服、医疗机构等生产、经营单位2982个，查扣不合格产品3565件；查处价格违法单位144个，对5起典型案件公开曝光。开展第二轮集贸市场专项整治工作，对3处省级重点市场、9处市级重点市场进行集中整治。加大对电子产品市场、食品市场、生产资料市场和集贸市场性质的“商城”“商厦”“超市”的整治力度，查处市场违法违章案件15813件。2004年，以创建国家卫生城为契机，加强市场监管。指导各处市场制定创城工作标准，建立健全环境卫生清扫保洁责任制度、卫生检查奖惩制度及健康教育制度等。在全市启动实施安全食品市场准入工程。指导37处市场、超市、商场建立食品质量自检系统，市县两级工商部门配备6部统一车型、统一标志的“12315”食品质量安全监测车，配置快捷简便的食品质量检测仪器。当年，检测各类食品2500多批（次），查处问题食品230批（次），立案查处67批（次），案值89万余元。

2005年，市工商局加强流通领域商品质量监管。落实商品质量市场准入制度，指导全市3500家经营企业和2万户经营业户建立质量查验、进销货台账等自律制度。加强商品质量监管，抽检成品油、月饼、铝型材、农资等重要商品2900批次。组织开展节日市场、酒类市场、儿童食品市场整治，制订《重大食品安全事故应急预案》，设立180个食品监控点，完善食品安全预警防范机制。2006年，市工商局开展农资市场、高剧毒农药、农产品质量等专项整治，查处案件1950件。

2008年，出动执法人员6.4万人次，检查和指导经营业户6.1万户（次），在城区和农村全面推广建立食品安全监管四项制度，应用信息化管理，提高监管水平。针对三鹿奶粉事件引发的问题，迅速完成问题奶粉的清查、下架和退市工作，采取稳妥方式销毁问题奶粉1.2万公斤。9月1日起，经国务院批准，停止征收个体工商户管理费和集贸市场管理费。市工商局通过公示栏等形式，及时向业户传达上级精神。同时，建立健全监督机制和责任追究制度，设立投诉举报电话，自觉接受社会各界和群众监督，确保“两费”停征决定落到实处。

2009年，市工商局全面深化市场主体网格化巡查监管，划分市局、县级局、工商所、片区四级网格，落实基层巡查监管责任，明确巡查的方式、频率和内容，使监管巡查更加精细高效。深化综合执法机制建设，落实网上办案，强化统一掌控，规范自由裁量权，推行说理式行政处罚文书，提升依法行政、科学管理水平。2010年，全市17处市场被认定为省级诚信文明市场。

2012年，市工商局专题部署加强和改进监管执法工作，查处各类违法违章案件3.2万件，大要案明显增多。强化联动执法，与检察院、公安局建立查处“两虚一逃”违法行为联席会议制度，与公安部门联合开展“严厉打击传销犯罪、防止传销进校园”宣传活动。成立网络市场监管办公室，构建“以局为中心、以所为支撑、上下贯通、横向互动”的网状属地监管模式，搜索建档网络经营主体2.2万个，实地检查1.5万个。组织开展红盾护农打假百日行动、公用企业侵害消费者权益、违法合同格式条款专项整治、安全生产整治、查处无证无照经营、整治校园周边环境、汽车市场专项执法月活动、银行和融资担保机构专项检查、拍卖行业监管，均取得良好成效。

深化文明诚信市场创建活动。潍坊南下河市场、潍坊小商品城、青州市新创宜佳商贸城、安丘市时尚广场4处市场被评为“全国诚信示范市场”；昌乐中国蓝宝石城、寿光农产品物流园、山东（昌邑）宏大生姜市场、青州黄楼花卉交易市场、诸城市龙海水产品批发市场5处市场被评为“山东省特色专业市场”；潍坊豪杰金属材料贸易广场等15家市场被评为“山东省文明诚信市场”。

机动车交易市场管理

1992年7月1日，潍坊市新旧机动车辆交易市场管理所（简称市工商局车交所）成立，为市工商局下属事业单位，编制10人。1993年1月，在市公安局车管所设立“工商验证”业务窗口，市工商局车交所派驻人员管理。1993年，在二十里堡街道东王尔庄村筹办新旧汽车交易市场，市场占地面积6.67万平方米，全市旧机动车交易成交数量3000多辆。1994年奎文区成立后，潍坊市旧机动车交易市场由市工商局、奎文区政府、市公安局、市农机局共同主办。6月，潍坊市旧机动车交易市场正式开业，是全省第一个专业旧机动车交易市场。

1996年，潍坊市成立全省第一家“省级汽车交易市场”——金宝汽车城。汽车城占地13.34万平方米，可容纳各种车辆5000辆，有集整车销售、配件供应、维修服务于一体的多功能精品房60套。市工商局车交所在金宝汽车城设立机动车市场管理办公室，派驻管理人员进行市场秩序规范管理。

1997年，市工商局成立生产资料市场管理所。在全市实行汽车经营许可证制度，汽车经营单位必须申请办理汽车经营许可证后，方可开展汽车经营业务，并对全市1600多家汽车经销单位重新进行资格审查，取缔不具备经营资格的80户，净化汽车市场经营主体。

1998年后，随着人民生活水平的提高，汽车作为重要生产、生活资料逐步进入寻常百姓家，汽车交易数量逐年增加。1998年，潍坊市新旧机动车交易数量升至2.1万辆。1998年，全市的报废汽车拆解企业有3家。受利益的驱动，潍坊市开始出现非法拆解报废汽车现象，主要集中在寿光的赵庙镇、青州的弥河镇一带。

1999年，市工商局全年办理新旧机动车交易验证2.7万多辆。全市的汽车经营单位由50多家增加到70多家，其中具有小轿车经营资格的14家。2001年，根据国务院《报废汽车回收管理办法》和山东省《关于进一步加强我省老旧汽车报废更新工作的通知》要求，市工商局把打击非法拆解和拼装行为作为管理重点。取缔潍城杏埠、寿光赵庙、青州弥河、潍城于河镇后王村、安丘黄旗埠南关村等8处非法报废汽车拆解市场，查处拆解散户16户，没收报废车辆16台及部分散件、旧金属，全市的旧车拆解市场逐步走向正规。

2002年，对潍坊汽车拆解市场主体进行规范，按照股份公司的组成形式，变三家企业为三个股东，成立潍坊鸢飞报废汽车拆解回收有限公司。全市验证车辆1万多辆，交易额1亿多元。2003年，机动车市场管理工作从优化发展环境入手，降低企业入驻门槛，引进广州本田、奥迪等名牌产品。全年查处无证经营轿车案9起，超范围经营机动车案件36起，无照运输案件49起，查处违法金额2000多万元，罚没款30多万元。

2004年，潍坊市旧机动车交易市场更名为潍坊市旧机动车交易中心，重新规划场地，新建旧车交易大厅，健全各项规章制度。

2005年，按照国家工商总局《关于对旧机动车交易和汽车、摩托车配件市场专项整治工作的通知》，市工商局对全市二手车市场和汽车、摩托车市场进行检查整治。查处无照经营摩托车配件39户，无照经营配件业户37户，超范围经营业户32户，取缔各类违法经营业户22户，限期整改业户22户，罚没款48.6万元。

2006年，市工商局会同有关部门联合取缔非法报废汽车窝点3个。落实好二手车买卖合同使用工作。做好对“五区”出租车个体工商户的监督管理，开展全市驾校的整顿工作，落实品牌汽车经营企业的审核备案，加强对汽车交易、出租车和非法拆解报废汽车行为的监管。当年，办理旧机动车交易验证2.8万辆，为79家企业报批汽车品牌经营。办理二手车交易量1.87万辆，总交易金额5.61亿元。

2008年，市工商局会同有关部门联合惩治非法报废汽车窝点8个。对潍城区于河镇后王村拆解点加大指导管理力度。全年二手车交易量2.38万辆，总交易金额7.13亿元。2009年，市工商局贯彻落实《汽车品牌销售管理办法》，严格核查申报企业的经营情况，落实品牌汽车经营企业备案制度，全市具有品牌汽车经营权的企业达216家。市区20多家违规交易公司规范为4家合法交易市场。全年办理各类旧机动车交易验证手续3.17万辆，协助公安查出假手续资料14起。与寿光工商局及公安机关联合执法，对在寿光私设分支机构的驾校进行清理整顿，扣押非法教练车89辆。

2010年，市工商局与市公安局交警支队联合执法，对抓获的百余名非法中介人员进行法律教育。办理各类旧机动车交易验证手续1.3万余辆，协助公安查处4起假证案件。集中开展查处非法拆解报废车、非法拼改装机动车专项整治行动。

2011年，转变对二手车交易市场审核备案工作及交易行为的监管方式，由原来市工商局统一审核备案、统一监管，转变为由各县市区工商分局分别审核备案、分别监管。加大对二手车交易市场、经营企业、鉴定评估机构的监管力度，对长期从事非法收购、拆解、拼改装报废汽车的单位和个人从严查处，按照属地管理的原则分别落实。

2012年，市工商局深化品牌汽车经销企业监督管理，对汽车销售市场、汽车配件市场进行检查整顿，对部分品牌汽车销售企业使用的格式合同条款中存在的违法违规行为进行查处。依法规范旧机动车交易市场秩序，根据市政府城市网点规划新增设立18家二手车交易市场，上半年办理各类旧机动车交易验证手续1万余辆。联合市发改委、商务部门研制开发“潍坊市二手车买卖合同管理系统”，把二手车市场交易情况都纳入信息系统运行，实现合同管理的科学化、数字化、规范化、透明化。联合市商务局、市公安局开展非法回收拆解拼装报废车行为专项整治活动。特邀《齐鲁晚报》《潍坊晚报》及潍坊电视台《直播潍坊》栏目对专项整治行动进行专题系列报道，打击和震慑非法回收拆解拼装报废车的违法行为。

经纪人管理

1993年，省政府办公厅印发《关于转发省工商行政管理局〈关于加强经纪人中介活动管理的报告〉的通知》。市工商局开始对经纪人进行培训和登记管理。凡在市内从事经纪活动的企业和个人，必须到市工商局办理登记，经审查、培训、考核合格后，发给潍坊市经纪人资格证书和服务许可证。1995年，国家工商局颁布《经纪人管理办法》，山东省人大常委会颁布《山东省经纪人管理条例》，为经纪人的监管工作提供了政策和法律依据。1997年，市工商局对全市经纪人组织和个人进行排查摸底，对批发市场、生产资料市场中从事经纪活动的经纪组织进行重点清查，共排查中介组织165户。全年举办培训班7期，培训336人，其中经纪人组织35户、81人，经纪个人255人。

1999年，市工商局把培育和规范房地产中介机构作为切入生产要素市场管理的突破口，会同有关部门对全市32个从事房地产中介服务的单位和100多名从业人员依法进行规范，查处存在违法违规行为的7户，案件总值16万元。对全市35个民办职业介绍机构进行清理规范，查处违法违章案件9件，依法取缔23户，对12户进行规范。全市新发展经纪执业人员500名，经纪组织发展到137家，经纪人持证人员达到1202人，经纪业务量37.7亿元。其中消费品市场经纪业务量35.89亿元，生产资料市场经纪业务量4222万元，生产要素市场经纪业务量1.29亿元。2000年，经纪资格认定除涉及商业、房地产业、运输业外，延伸到金融业中的银行、证券、保险代理业务及服务业中各类中介事务所、旅游、广告、职业介绍等代理机构。共认定经纪资格2000余人。加强对经纪经营活动的监管，先后组织开展对农产品经纪、工业品经纪、电讯中介代理、旅游市场的专项检查，与房管部门联合对全市房地产市场进行清理。全市立案查处经纪违法违章案件8起，罚没款3.5万元。

2002年，市工商局单设经纪人管理所，经纪人管理工作不再由市场科兼管。全年办理经纪人登记705户，发展经纪执业人员3000多人，查处违法经纪行为23件。2003年4月，成立潍坊市经纪人协会。全市新发展经纪人组织530户、经纪执业人员1820人，经纪行业年成交量38.5亿元。2004年12月，《潍坊市经纪人管理办法》以市政府令的形式颁布，经纪执业人员由协会发证，不再年检。2005年，市工商局开展专项执法检查，加强经纪中介市场监管，检查各类经纪企业300多家，罚没款30多万元。到年底，全市发展经纪人组织4000多户，经纪执业人员5500多人。2007年，市工商局出台规范农村粮食、鲜茧、煤炭、农药、驾驶员培训等经纪人管理五项新制度，新发展农村经纪人3951人。2008年，建立合同指导服务站和帮农联系点，新发展农村经纪人组织3207户，总数1.05万户。2009年，制定推行《农副产品行纪合同》和《农副产品委托收购合同》示范文本，填补全省涉农经纪合同空白。

2010年，探索开展专业合作社联社、农民资金互助专业合作社登记工作，全市农民专业合作社和农村经纪人组织分别发展到4668个和1.3万户，14户农村经纪组织被表彰为山东省优秀诚信农村经纪人。2011年，在全省率先开展农民专业合作社联合社、土地专业合作社等新型合作社登记工作试点，培育特色经纪人乡镇，促进新型农村市场主体发展。新登记农民专业合作社2587个，总量达到7255个，居全省第二位，农村经纪人发展到1.6万户。2012年，新发展农村经纪人组织2567户、执业人员3089人。

第七节　市场监管执法

1991年，市工商局开展“扫假清劣、取缔无照”专项活动。全市查结各类经济违法违章案件2415起，罚没金额309.73万元，移交司法机关处理24起，追回经济损失214.12万元。1992年，把查处违法违章的重点放在制售假冒伪劣商品、走私贩私上。立案查处各类违法违章案件2160起，其中大要案129起，罚没金额205万元，查获假冒商品30个大类、100多个品种，冒充金额1090万元。

1993年，市工商局抓“打假”“打私”“打骗”。全市立案查处各种经济违法违章案件1938起，查处假劣化肥1620吨、农药72吨、石油35吨、走私汽车430辆、摩托车29辆、香烟22条以及副食品30个品种。

1994年，市工商局经济监督检查的执法重点全面转向监督市场竞争行为，重点查处垄断、不正当竞争、走私贩私、传销和变相传销等经济违法案件。至1995年，查处不正当竞争案件68件，24件移送到司法机关处理。1996年，组织开展“公平交易执法年”行动，加大对市场主体及市场交易活动的监管力度。全市查处农资违法案件257起，为农民挽回（避免）经济损失810万元；查处假劣饮料、保健品24万瓶，冒充价值126万元，从严处理一批危害人体健康的大要案件；对164家重点医药生产经营企业进行检查，查出让利折扣近4000万元。全市查处各类经济违法违章案件4849件，罚没款632万元，分别比上年增长24.5%、23.9%。

1998年，市工商局将工商行政执法职能与消协维权职能有机结合起来，组建“工商3·15”投诉举报处理网络。从市工商局到县市工商局、各分局均成立指挥中心，在基层工商所设立255个投诉举报站，配备100部专用投诉车辆，开通236部尾数为315的投诉举报电话。“工商3·15”建立后，先后受理群众各类投诉6100件，为群众挽回经济损失600多万元。其中，处理的76位农民投诉某机械厂案件，为农民挽回损失85万元；查处寿光市某村委沙场发包案件，对孙某一伙等9方当事人串通投标和商业贿赂的行为分别作出处罚，罚没款60万元。对重点区域、重点商品加强监督检查，全市查处各类经济违法违章案件9303件，罚没款597件，其中万元以上的大要案件77件，移送司法机关处理3件，为企业和群众挽回经济损失3000多万元。捣毁造假窝点172个，查获假冒伪劣商品冒充值1560万元。

1999年，全市公平交易执法部门突出“民心工程”这一主线，不断加大行政执法和查办案件力度。全市查处经济违法案件6680起，罚没款794万元，其中万元以上案件172起，5万元以上案件6起，10万元以上案件5起，50万元以上案件1起，取缔造假窝点230个，查获假冒伪劣商品冒充值2543万元，为消费者挽回经济损失1500万元。

2002年，市工商局以涉及人身财产安全及关系国计民生的烟、酒、盐、农药、化肥、种子、汽车配件、柴汽油、皮鞋等商品为打假重点，对各类综合及专业批发市场、城区接合部、区域性制假售假地区进行打击。查处制售假冒伪劣商品案件1106起，取缔制假窝点近300个，罚没款467万元，为企业和消费者挽回经济损失700万元。在全市开展反垄断专项整治，对供水、供电、供气、供热、通信、铁路、保险等具有市场支配地位且强制交易、限制竞争行为比较突出的公用企业依法开展专项整治。对寿光市电信局、昌乐镇信用社违规行为进行立案查处。

2004年，市工商局组织查处4件仿冒皮尔卡丹等7家知名企业商标和商品包装装潢的案件。查办的青州泰丰房地产公司假冒南山注册商标案，是潍坊市查办的首例建筑物所用建材商标侵权案，罚没款10万元。全年立案查处案件1100件，其中大要案件280件，罚没款963万元。

2005年，开展整治医疗和医药购销领域商业贿赂活动，检查医疗、药品经营单位29家，立案查处19起，其中市工商局查处13起，罚没款入库52万元。2006年，突出城镇农贸市场、农村门店和市区商业街、大型商场、超市，完善市场准入、巡查管理、质量检测等食品安全监管制度，设立食品安全公示牌1600多个，发布食品安全监管信息4300多条（次）。对成品油、建材、家具等20类商品进行专项抽检，查处问题商品291批次。继续大力推进“12315”申诉举报联络站和消费者协会投诉站“两站”进农村、进社区、进企业、进市场，依托市委组织部门的远程教育网络，提升建站规范化水平。全市“两站”达到6800处，处理投诉1.8万件。

2007年，市工商局查处各类违法违章案件4.5万件。突出治理商业贿赂、打击传销、商业欺诈和保护商标专用权，查处商业贿赂案件49件。完善政企联手打假机制，与国内外知名企业联手打假56次。开展中介机构和“两虚一逃”（公司虚报注册资本、股东虚假出资、中途抽逃出资）专项整治，查处企业登记违法案件1469件。2008年，市工商局推广相对集中执法和和谐文明执法制度，推进依法行政、科学管理，查处纠正违法违章行为3.8万件。开展保护奥运标志专有权、规范广告发布行为、反兴奋剂、实施“限塑令”等专项整治。治理商业贿赂工作突破新领域，查办案件28件。与知名品牌企业建立政企联手打假机制，开展专项打假行动15次，查处商标侵权案件199件，查获侵权产品货值222万元。组织开展高风险行业无证无照经营行为专项清理，集中排查娱乐场所、网吧等六类市场主体6290户，消除安全生产隐患。创新农资经营业户分级分类监管机制，组织农资市场专项整治，捣毁制售假劣农资窝点18个，为农民挽回损失142万元。

2009年，市工商局重点加大对传销、无照经营、黑网吧、商业贿赂、合同欺诈、商标侵权、虚假广告、违反“限塑令”等违法行为的打击整治力度，全系统查处纠正各类违法违章行为4.1万件。召开全市规范直销禁止传销培训报告会，组织直销商签订承诺书，开展直销行业专项检查，规范直销行为。建立清理无证无照经营联席会议制度，制定《查处无证无照经营抄告办法》，明确职责，综合整治，查处无照经营2.1万户，引导办照1.5万户。2010年，市工商局查处纠正

2005年，市工商局等部门联合组织集中销毁假冒“十三香”现场

各类违法违章案件4.9万件。开展红盾护农行动，对农资商品和成品油质量进行集中检测，农资和油品市场秩序好转。启动治理公共服务行业侵害群众消费权益专项行动，组织200多家公用企业进行自查自纠，促成3家电信运营商签署公平竞争自律协议。打击“傍名牌”维权保名优专项行动，先后与景芝酒业、潍柴动力等企业联手打假，查处一批有影响的仿冒侵权案件。开展整顿印刷品广告、互联网和手机媒体低俗信息专项行动，监测各类广告19万条次，广告违法行为得到有效治理。推进落实综合整治无证无照经营工作机制，16个县市区（含开发区）出台综合治理工作文件。组织开展3次无证无照经营专项清理行动，配合有关部门加大安全生产监管力度，开展企业登记代理违法违规行为、“黑网吧”专项整治；下放品牌汽车经销企业监管权限，对非法拆解报废汽车行为加强监控打击，取得明显成效。在全省率先完成市场企业化登记，组织网络商品交易行为监管培训，对投资担保行业进行深入调查，提升了监管效能和水平。创新行政复议调解和解机制，分别有1件行政指导和行政复议案例入选全省系统“十佳案例”，10人被评为“百优法制员”。

2011年，市工商局共查处纠正各类经济违法违章案件3.75万件，查处各类农资和成品油违法案件1500多件。开展打击侵犯知识产权和制售假冒伪劣商品专项行动，共立案查处傍名牌案件57件，查获侵权标识7000件，与景芝酒业、潍柴动力、青岛啤酒等企业联合打假，维护知名品牌的合法权益。

2012年，市工商局强化联动执法，与检察院、公安局建立查处“两虚一逃”违法行为联席会议制度。组织开展红盾护农打假百日行动、公用企业侵害消费者权益专项整治、安全生产专项整治、查处无证无照经营、整治校园周边环境、汽车市场专项执法月活动、银行和融资担保机构专项检查、拍卖行业监管，并取得明显成效。

打击走私贩私

1990年，全国人大法工委对《关于公安、工商等部门在开展打击走私工作中急待解决的问题的报告》的批复印发后，市工商局、各县市区工商局重点查处走私汽车、摩托车及配件、家用电器、照相器材、香烟、化妆品等商品。1992年，市工商局以打假、打私、打骗、打黄、打非、查处不正当竞争、保护消费者合法权益为主要工作，协同公安、海关部门以及各县市区工商局，在经济检查工作中，强化打击走私贩私。

1993年，潍坊市成立“打私”领导小组，工商与公安、海关等部门联合成立缉私队加大打击贩私力度。1996年，以查处走私汽车、摩托车及配件、家用电器、照相器材、香烟、化妆品等商品为重点，全市查获未经备案或无准销贴进口照相机597部、走私摩托车8辆、化妆品119盒。1997年，查处广东增城松田实业有限公司与潍坊东岳汽车联营工业公司联合非法拼装23辆“三菱”吉普车大案，价值800多万元。

1998—2002年，市工商局以打击私货交易为重点，以检查无合法来源进口商品为突破口，查处了深圳安科高技术股份有限公司无证进口全身螺旋CT扫描系统销售案。2004年，工商与海关部门建立联席会议制度，形成打击走私贩私长效协作联动机制。全年查处贩私案件3件，案值142万元。

2006年，市工商局以“反不正当竞争、打击传销、打击走私贩私”为重点，整体联动，统筹兼顾，整顿和规范市场经济秩序。至12月31日，全市工商行政管理系统罚没款6051万元。

2010年，市工商局贯彻全国、全省打击走私工作会议精神，准确把握本地区走私活动的动态和特点，及时调整打击走私工作的重点和策略，适时组织打私联合行动。各相关部门通力合作，充分整合市场准入、广告监管、行政执法、“12315”等职能作用，努力提高反走私工作成效。同时加强考核调度，将反走私工作，与平安建设、打击传销、维护流通领域食品安全等重要工作同部署、同考核。将企业经营、购买进口商品活动中应该遵守和执行的国家有关法律、法规、规章和规范性文件规定的主要内容，通过印发明白纸、宣传材料等形式，及时发放到业户手中，促其知法学法、懂法守法。定期召开重点企业联络员座谈会与企业交流，加强对企业法人的教育，增强其守法意识。引导经销、使用单位加强内部管理，建立自律机制。定期督查相关经营企业的落实情况，对存在问题的经营户先期整改。

2012年，市工商局将反走私工作纳入社会治安综合治理考核，印发《潍坊市反走私综合治理工作考核标准实施办法》，健全监管机制，建立政企沟通机制，加强对反走私工作的组织领导和措施落实。通过走访、约见企业、召开座谈会等方式，与进口商品经营单位当面交流，互通情况，从源头上规范经营行为。加强行政指导制。对经营进口商品中存在的一些不规范的问题或是疏漏欠缺的问题，采取行政提示、行政告诫、行政建议等多种方式，指导经营者进行整改和规范。在市政府打私办的指导和协调下，工商与海关、缉私、公安、商检、烟草等部门密切配合联动，形成监管合力。对重大、疑难、敏感涉私案件，跨行政区域涉私案件，群体违法涉私案件的查处，由市工商局就立案、调查、定性、量罚等环节进行统一掌控，全市走私行为得到有效遏制。

打击传销活动

传销活动在潍坊出现，始于90年代中期。1997年，国家工商局发布《传销管理办法》，是全国第一次以部门规章的形式给予传销合法的地位，同时对传销企业的设立运作、传销员的资格和管理作出严格限制，并且有一些法律责任条款保证对传销活动的监控。但随着传销活动组织结构、计酬办法、晋升制度、加入方式等的变化，传销成为危害社会、扰乱市场秩序的毒瘤。1998年4月，国务院印发《关于全面禁止传销经营活动的通知》，市工商局根据群众举报进行查处。2000年，市工商局召开清理非法传销专项执法检查会议，对全市非法传销活动进行集中统一整治，查处传销案件4起，涉及传销人员1000余人，取缔非法传销窝点4个。2001—2002年，全市共检查有关单位68家，酒店、宾馆、招待所等场所995家，发现涉嫌传销活动28次，全部予以取缔，驱散传销人员500余人次，调查涉嫌传销和变相传销案件 7 起。

2003年，成立由副市长挂帅的领导小组，建立工商、公安、城管三部门联合、有关部门密切配合的长效监管协作机制，打击传销从部门行为逐步上升为政府行为。共取缔传销窝点91处，驱散、遣送传销人员1160人，立案查处并移交公安机关2起3人，解救被骗传销人员8人。2004年，实行政府领导、部门联动、综合治理，加大打击传销和变相传销活动力度，先后4次开展大规模集中行动，取缔传销和变相传销窝点493个，驱散传销人员7891名。

2005年，宣传贯彻《禁止传销条例》和《直销管理条例》，按照属地监管、打防并重和刑事打击为主、行政打击为辅的原则，完善“政府牵头、部门协作”的打击传销工作机制，组建打击传销执法行动队。市工商局先后组织开展4次大规模集中行动，查处传销窝点203个，驱散、遣送传销人员8700余人。加强对原外商投资传销转型企业的监管，检查培训授课24次，强化对传销行为的集中查处力度。集中开展打击传销和变相传销专项行动3次，共受理传销举报、咨询187人次，立案查处2起。取缔传销窝点196个，驱散传销人员3352人，解救被骗传销人员8人。

2006年，市委、市政府把打击传销工作纳入综合治理和平安建设考核内容，形成党委领导、政府负责、部门联动、属地监管的新机制。市、区联合开展大规模集中行动9次，取缔窝点464个，有效遏制传销行为，维护社会稳定。2007年，建立党政领导、部门联动、密切协作、综合治理的打击传销工作机制，市工商局与公安等部门联合开展打击传销行动9次，查处取缔传销窝点177个，遣散传销人员6430人次，创建无传销社区60个，5个社区被命名为全省首批无传销社区。

2008年，开展打击传销行动和创建无传销社区活动，取缔传销窝点28个，驱散传销人员1627人。2009年，组织召开全市打击传销暨创建无传销社区工作会议，完善“党政领导、部门联动、密切协作、综合治理”工作格局，联合综治、公安部门开展专项整治，取缔传销窝点399处，处罚违法租赁业主142人，治安拘留376人，全市无传销社区达到961个，传销形势得到根本扭转。2010年，推进打击传销、规范直销综合治理，市工商局联合公安部门开展专项行动30余次，教育遣散传销人员826名，刑事拘留19人，劳动教养10人，治安拘留25人，无传销社区创建率达到100%；开展直销市场专项检查，规范直销经营秩序。2011年，创建完成无传销镇（街道）85个。市工商局联合公安机关开展打击传销专项行动15次，取缔传销窝点22个，教育遣返传销人员569人次，刑事拘留71人，劳动教养10人，治安拘留20人。

2012年，与公安机关联合开展“严厉打击传销犯罪、防止传销进校园”宣传活动，查处的两起重大传销案件入选全省十大传销案件。

第八节　消费者权益保护

市工商局消费者权益保护科成立之前，有关科室及消费者协会组织，分工协作，共同承担维护消费者合法权益职责。1991—1994年，市工商局先后组织开展打假、打私和打击不正当竞争行为等专项斗争，从严查处制售假冒伪劣商品、假冒商标、虚假广告、贩私购私和公用企业限制性竞争及违法有奖销售行为；依法清理整顿棉花、蚕茧、化肥、农药、种子、成品油、粮食市场，保护公平竞争，打击违法违章活动。1993年12月1日，《中华人民共和国反不正当竞争法》开始实施。全市各级工商行政管理部门认真贯彻执行，特别对巨额有奖销售行为，依法进行查处。市工商局责成市区6家大型商业企业，按实际销售额占原定有奖销售额的比例履行了兑奖义务。全市共制止40家企业停止不正当竞争行为，查处不正当竞争案件68件。1994年8—10月组织“打假劣、保名优、迎国庆”专项打假活动，查获假冒伪劣商品113个品种，冒充总值340万元，取缔制假窝点28个。其中潍城分局查处的假劣兽药案被列为全省重点案件。1991—1994年，全市共查处制售假冒伪劣商品案件1113件。

1998年8月，市工商局建立民心办（“工商3·15”）投诉举报指挥中心。1999年7月，开通“12315”投诉举报特服专线，逐渐形成上下贯通、左右联动、反应敏捷、快速高效的维权联动机制。

2000年，开通“12315”网上受理投诉业务，使“12315”投诉举报网络反应更敏捷，群众投诉更方便。9月，在广州召开的全国工商行政管理“12315”工作经验交流会上，市工商局作为唯一的地市级工商局代表进行典型发言，介绍“12315”投诉举报处理工作经验。

2002年7月，市工商局成立专门的消费者权益保护机构——消费者权益保护科，重新理顺“12315”申诉举报体系，把“12315”处理申诉举报同消协调解职能分离，全面加强消保机构建设和队伍建设。全市16个县市局、分局，除海化、小商品城、高新开发区三个局未单设消保科，寿光、安丘局消保科与消协合署办公外，其余全都单设消保科。“12315”申诉举报网络受理各类申诉举报和法律咨询8.4万件，现场出击5700余次。

2003年，市工商局投入100多万元，进行“12315”申诉举报网络改造，引进网络信息处理系统软件，统一制定受理消费者申诉案件操作规程、办案规程、值班制度、工作纪律等一系列规章制度，规范办案环节、工作流程及基本要求。各级“12315”申诉举报中心受理消费者申诉3392件，调解成功3084件，受理举报1686件，立案查处侵害消费者权益案件955件。指导各级消费者协会依托基层工商所，开展以基层分会、投诉站、指导站、服务站为内容的“一会三站”建设，建立服务站798个、投诉站685个、指导站883个。2005年，各级消费者协会围绕“诚信·维权”年主题，开展多种形式的“3·15”纪念活动，评选表彰消费者满意单位。市政府转发《关于在农村建设消费者协会投诉站和“12315”申诉举报联络站的意见》，加强基层维权组织建设。全市新设“两站”5200个，农村建站率达到60%。各级“12315”申诉举报中心和消费者协会共受理消费者申诉、投诉2.24万件，为消费者避免和挽回经济损失4270万元。

2006年，市工商局对红盾信息网站进行改版，完善“12315”申诉举报指挥系统，改造升级了食品监管、分层分类登记管理、办公自动化等6个应用系统，上挂省工商局10项软件，实现市县所三级执法服务互联互通、信息共享，建立一个中心受理、两个层次分办、三级机构执法的“12315”执法维权格局。

2007年，市工商局完善“12315”申诉举报系统功能和工作制度，各类咨询事项和投诉举报做到件件有回音、事事有结果。当年受理消费者咨询和投诉事项4万多件，为消费者挽回经济损失300多万元。加大“12315”申诉举报联络站和消费者协会投诉站进农村、进社区工作力度，新建“两站”850个。2008年，市工商局继续强化“12315”维权体系建设，推进消费维权关口前移、责任下移，使网络反应更迅速、维权更高效。“12315”消费维权电话办理投诉咨询4万多件，接诉登记率、申诉处结率、及时反馈率、群众满意率达到99%以上。2010年，市工商局继续完善“12315”网络平台建设，着力提高快速反应、科学分析和及时预警能力，全市工商系统共受理消费者咨询、申诉、举报2.5万件，为消费者挽回经济损失230余万元。组织开展“3·15”纪念宣传和金秋“3·15”系列活动，深入推进消费维权进社区。开辟网上维权工作室，建立消费维权示范点，与新闻媒体联合开辟维权专栏，与有关市工商局成立黄河三角洲消费维权联盟，提升消费维权水平。从规范美容行业诚信经营入手，试点推行服务一卡通、服务清单、商品建档、服务公示、加盟商管理等“五项规范”，组织“汽车售后服务示范单位”评选和快递服务行业消费评议，加大服务领域消费维权力度。在餐饮企业中开展“诚信经营”倡议活动，促进餐饮行业消费侵权问题的解决。

2012年，“12315”申诉举报指挥中心接到消费者咨询、申诉、举报2.99万件，其中咨询2.82万件、申诉941件、举报816件。“12315”接诉登记率、按时处结率、及时反馈率和群众满意率均达100%。受理从省工商局“12315”申诉举报指挥中心分流转办的举报案件15件，调查处置市长热线电话26件，行风在线问题4件，所有申诉、举报案件均得到及时受理、及时处理。深化“12315”“四个平台”建设，规范“12315”数据信息采集录入，实现上报数据实时传输。以中消协“消费与民生”年主题活动为主线，举行“3·15”纪念宣传和系列活动，组织名优企业参加名优商品（服务）和企业形象博览会。开展名优建材家装企业诚信经营倡议活动。加大服务领域消费维权力度，继续推进美容行业“五项规范”落实，逐步推开婚庆礼仪服务业监管规范。对公用服务业进行消费评议。建立消费投诉和解联络单位159个，提高预防和化解消费争议水平。创新处理消费投诉方式，打造网上维权服务品牌，建立涉农投诉专家鉴定委员会，成立消费维权律师团。加大维权宣传力度，创办《潍坊消费者》刊物，反映消费者诉求热点，及时依法发布消费警示。

第七章　质量技术监督

1991—2012年期间，全市质量技术监督管理体制由属地管理变为全省质量技术监督系统垂直管理，其职能由计量管理、标准管理、产品和商品质量监督、执法打假，延伸扩大到质量宏观管理、认证认可监管、特种设备安全监察，牵头实施质量兴市战略、名牌战略、标准化战略工作。全市质监系统履行综合管理、安全监察、行政执法三项主要职责，服务全市经济发展的能力和水平逐年提高，抓质量、保安全、促发展、惠民生的工作有效性不断增强。

1995年，市质监局被评为“全国技术监督工作先进单位”，1997年被省技术监督局、省人事厅表彰为“行政执法先进集体”。2003年、2008年两次获评“全国质量监督检验检疫系统先进集体”。2006—2012年，连续被省文明委评为“省级文明机关（单位）”。

第一节　管理机构

潍坊市质量技术监督局的前身是成立于1979年11月的昌潍地区标准计量管理局。1984年1月，更名为潍坊市标准计量局。1989年10月，更名为潍坊市技术监督局。2000年1月，省政府决定对省以下质量技术监督系统实施垂直管理，市技术监督局更名为市质量技术监督局（简称市质监局）。2004年6月，明确市质监局为省质监局的直属机构，内设办公室、组织人事科、计划财务科、质量管理科（挂认证科牌子）、产品质量监督与法制科、标准化科、计量科、特种设备安全监察科8个职能科室和机关党委（政治工作科）。2005年，监察室从政治工作科中分立单设。2006年，增设食品生产监管科。2007年，政治工作科撤销，设立科技科，总工办公室挂靠科技科。2011年，增设行政许可科，承担行政许可和科技职能。至2012年底，市质监局机关总编制258人，其中行政43人、事业215人，内设办公室、组织人事科（机关党委）、计划财务科、质量科（挂认证科牌子）、监督与法制科、标准化科、计量科、特种设备安全监察科、食品生产监管科、行政许可科、监察室11个科室。年末实有在职在编人员234人。

第二节　质量管理

宏观质量管理

1991—2000年，市经贸委承担宏观质量管理职能。1991年，组织开展“质量、品种、效益年”活动，1994年选择潍坊柴油机有限责任公司、潍坊化工厂、潍坊华光股份有限公司、潍坊第二印染厂等5家企业进行ISO9000质量系列标准试点。1993—1996年，实施“管理达标”活动和管理示范工程，有51家企业被考核认定为市级以上管理示范企业，潍坊亚星化工集团、山东潍坊拖拉机厂、寿光造纸集团、寿光热电股份有限公司、安丘热电厂5家企业被评为“山东省管理示范企业”。

2000年，由市经贸委承担的宏观质量管理职能划归市质监局。潍坊市打假工作领导小组和潍坊市质量工作领导小组两个小组办公室，也由市经贸委移交到市质监局。2001年，筹建并初步建立全市质量指标考核体系，全市有160家企业入网。

2002年，制订《潍坊市实施“七个一批”十五规划》和《潍坊市“七个一批”2002年度实施计划》。开展企业质量状况普查，建立限额以上企业质量档案。确定高密市、寿光市、诸城市为“质量兴市”试点市（县、区）。2003—2004年，对全市企业产品质量监督管理和跟踪服务，建立4570余家企业电子质量档案，基本覆盖全市的骨干企业。

2005年，市政府印发《关于质量兴市活动的实施意见》，10月召开全市质量兴市工作会议，全市12个县市区政府全部印发质量兴市（县、区）文件。2006年，市质监局牵头起草质量兴市相关考核细则，明确质量兴市工作任务，细化质量兴市工作考核指标。2007年，组织67家名牌产品生产企业参加2007年中国名牌产品博览交易会，参展企业数量和参与宣传企业数量均居山东省首位。完成中国产品质量电子监管网和312家10类重点产品质量建档案工作，入网企业777家，列山东省第一位。

2008年，市政府印发《关于落实质量兴省督查考核任务目标的通知》《关于对质量兴省落实情况进行检查考核的通知》，接受省政府“质量兴省产品质量和食品安全专项督查考核”，并得到好评。2010年，省政府在诸城市召开创建山东省优质产品生产基地现场会，充分肯定潍坊市创建山东省优质产品生产基地工作做法。2011年，市政府印发《关于生产企业全面落实产品质量安全主体责任的实施意见》，市质监局牵头召开全市落实企业质量主体责任现场会。2012年，市政府在全省率先印发《关于推进质量强市建设的意见》，成立质量强市工作领导小组，全市质量强市工作全面启动。

质量品牌建设

1996年，市经贸委组织实施名牌带动战略，重点支持发展海洋化工、通信及信息处理、动力机械、农用运输车、服装及装饰布、化学纤维、食品饮料、造纸包装、新型建筑材料、医药及保健品等十大拳头产品。到1998年，全市拥有市级以上名牌产品45种，其中14种被认定为“山东名牌”。

2000年，质量管理和实施名牌战略职能划归市质监部门。2003年，潍坊市在全省率先成立市级名牌战略推进委员会，委员会办公室设在市质监局。

2004年，市政府印发《关于大力实施名牌战略的意见的通知》，设立名牌产品政府奖励专项资金，对获得中国名牌的企业由同级财政奖励20万元，对获得省级名牌的企业由同级财政奖励5万元。2009年，市政府印发《关于进一步完善新创知名品牌奖励制度的通知》，对新获得中国名牌产品的企业，一次性奖励100万元；对新获得山东名牌产品的企业，一次性奖励10万元，对新获得山东省服务名牌的企业，一次性奖励5万元。2012年，市质监局等8部门联合印发《关于加强品牌建设的意见》《潍坊市名牌发展培育规划》，组织潍坊企业参加“山东名牌产品万里行”、山东名牌食品博览会等。

中国名牌产品 2001年始，中国名牌产品每年评选一批，有效期3年。至2007年底，潍坊市有效期内的中国名牌产品31个，列全省第二位。2008年，中国名牌产品认定工作停止。

2003—2007年潍坊市“中国名牌产品”一览表

表13—7—1

年份	产品名称	生产厂家	备注
2003	鸢都牌工业碳酸钠	山东海化股份有限公司	
	耶莉娅牌男西服套装	耶莉娅集团有限公司	
	孚日牌毛巾系列	孚日家纺股份有限公司	
2004	得利斯牌低温肉制品	得利斯集团公司	
	新郎·希努尔牌西裤	山东新郎服饰有限公司	
2005	WEICHAI牌柴油机（多缸）	潍柴动力股份有限公司	
	尽美牌玉米淀粉	诸城兴贸玉米开发有限公司	
	尽美牌速冻调理禽肉熟食品	诸城外贸有限责任公司	
	圣玉牌玉米淀粉	山东巨能电力集团金玉米开发有限公司	
	同大牌超细纤维合成革	山东同大海岛新材料有限公司	
	速冻调理禽肉熟食品	山东新昌集团有限公司	
	坦博尔牌羽绒服	青州市坦博尔服饰有限公司	
2006	孚日牌毛巾系列	孚日集团股份有限公司	复评
	鸢都牌纯碱	山东海化股份有限公司	复评
	耶莉娅牌男西服套装	耶莉娅集团	复评
	福田欧豹牌大中型拖拉机	山东福田重工股份有限公司	
	新郎·希努尔牌男西服套装	山东新郎服饰有限公司	
	仙霞牌男西服套装	山东仙霞集团有限公司	
	虎牌禽饲料	诸城外贸有限责任公司	
	兴贸牌禽饲料	诸城兴贸玉米开发有限责任公司	
	鲁丰牌水果罐头	安丘市外贸食品有限责任公司	

续表13-7-1

年份	产品名称	生产厂家	备注
2007	恒安牌汽车散热总成	潍坊恒安散热器集团有限公司	
	得利斯牌鲜冻分割猪肉	得利斯集团有限公司	
	得利斯牌低温肉制品	得利斯集团有限公司	复评
	兴贸牌淀粉糖	诸城兴贸玉米开发有限公司	
	申龙牌涤纶长丝（工业用）	山东海龙博莱特化纤有限责任公司	
	银旋牌粘胶短纤维	山东海龙股份有限公司	
	德利源牌亚麻布	诸城市德利源纺织有限公司	
	龙牌精梳纱	帛方纺织有限公司	
	sunvim孚日牌台布	孚日集团股份有限公司	
	三工牌摩托车轮胎	山东三工橡胶有限公司	
	金鲁丽牌胶合板	鲁丽集团有限公司	
	新郎·希努尔牌西裤	山东新郎服饰有限公司	复评
	新郎·希努尔牌衬衫	山东新郎服饰有限公司	
	山工牌装载机	山东山工机械有限公司	
	福田牌载重货车	北汽福田汽车股份有限公司	

国家地理标志（原产地域）保护产品 2005年，潍坊市地理标志产品保护工作正式启动。到2012年底，全市有9个产品获得国家地理标志产品保护，数量居全省首位。

2006—2012年部分年份潍坊市国家地理标志保护产品一览表

表13-7-2

年份	获得国家地理标志保护产品名称	所在县市区
2006	潍县萝卜	潍坊市
	青州蜜桃	青州市
	安丘大姜	安丘市
	昌邑丝绸	昌邑市

续表13-7-2

年份	获得国家地理标志保护产品名称	所在县市区
2008	景芝神酿	安丘市
2009	胶河土豆	高密市
2011	诸城绿茶	诸城市
2012	昌邑梭子蟹	昌邑市
	昌邑大对虾	昌邑市

国家知名品牌创建示范区 2011年5月，国家质检总局部署开展“全国知名品牌创建示范区”建设试点工作，市质监局推荐诸城市汽车及零部件产业申报“全国知名品牌创建示范区”。2012年8月，诸城市获批筹建“全国商用车及零

部件知名品牌示范区”。

山东省质量奖 1997年8月，省政府决定建立山东省质量奖制度，具体工作由省技术监督局负责。1999年，市技术监督局将全市128家企业列入《潍坊市争创山东省质量奖三年规划》。2000年1月，省政府公布1999年度山东省产品质量奖名单，潍坊市共有5个产品上榜；2001年，潍坊市共有8个产品获2000年度山东省产品质量奖。2004—2008年，全市共有11家企业获得山东省质量管理奖。

2004—2008年潍坊市获“山东省质量管理奖”企业一览表

表13-7-3

年份	获奖企业
2004	潍坊亚星集团有限公司
2005	山东海化股份有限公司纯碱厂
	山东得利斯食品科技有限公司
	山东新郎服饰有限公司
2006	孚日集团股份有限公司
2007	潍坊亚星集团有限公司
	山东千榕家纺有限公司
	诸城兴贸玉米开发有限公司
2008	山东海化股份有限公司（纯碱厂）
	希努尔男装股份有限公司（原山东新郎服饰有限公司）
	得利斯集团有限公司

山东省省长质量奖 2009年，省政府决定建立山东省省长质量奖制度，设“山东省质量管理奖”和“山东省质量贡献奖”两个奖项。2009—2012年，潍坊市共有4家企业、3名个人获得山东省省长质量奖。

2009—2012年潍坊市获“山东省省长质量奖”一览表

表13-7-4

年份	获奖企业和个人
2009	潍柴动力股份有限公司
	诸城市人民政府市长陈汝孝
2010	得利斯集团有限公司
	山东海龙股份有限公司董事长逄奉建
2011	歌尔声学股份有限公司
	山东景芝酒业股份有限公司
2012	山东华特磁电科技股份有限公司总经理王兆连

山东名牌产品 2003年始，山东省开展山东名牌产品评价工作，每年评价一批，有效期3年。2004—2012年，全市有效期内的山东名牌产品达274个。

山东省名牌农（林、水）产品 2007年，省名牌战略推进委员会开展首批山东省名牌农（林、水）产品评审工作。安丘姜蒜批发市场服务中心的“白芬子”牌生姜、寿光世纪三元现代农业开发公司的“乐义”牌黄瓜、山东洛城农发有限公司“洛城”牌黄瓜、高密市菲达农产品有限公司“菲达”牌洋葱、寒亭区高里镇果蔬协会“鸢伊红”牌香瓜、昌乐县鄌郚镇种子站“鄌郚”牌无籽西瓜、潍坊金椿食品有限公司“潍县”牌青萝卜、昌邑市海丰水产养殖有限公司“鲁邑海丰”牌梭子蟹共8家企业的8个产品被评为首批山东省名牌农（林、水）产品。

山东省服务名牌 2005年，山东省在全国率先开展山东省服务名牌评价工作，每年评价一批，有效期3年。2005—2012年，全市有效期内的山东省服务名牌共44个。

创建山东省优质产品生产基地　2009年，省质量兴省工作领导小组部署开展创建山东省优质产品生产基地和龙头骨干企业考核认定工作。市政府在全省率先印发《关于开展优质产品生产基地创建工作的通知》。市质监局指导组织7个产业集群、20家企业做好申报创建工作。2009—2012年，全市共创建山东省优质产品生产基地6个、创建山东省优质产品生产基地龙头骨干企业10家。

潍坊市市长质量奖　2009年，市政府决定设立潍坊市市长质量奖，分设“潍坊市质量管理奖”和“潍坊市质量贡献奖”两个奖项，印发《潍坊市市长质量奖管理办法》和《潍坊市市长质量奖评审通则》，2010年，成立潍坊市市长质量奖评审委员会，组织开展评审工作。2009—2012年，全市有20家企业、10名个人获潍坊市市长质量奖。

第三节　质量认证认可

1993年，《中华人民共和国产品质量法》颁布，在全国推行企业质量体系认证制度和产品质量认证制度。1996年，潍坊市设立市质量认证咨询中心。2001年12月，市质监局重新组建质量管理科，并加挂认证科牌子，开始对全市认证认可工作实行统一管理，全市有316家企业开展质量认证。2002年，潍坊市对涉及人身安全、动植物保护和环境保护方面的产品实行强制性产品质量认证（即3C认证）工作，年内有50家企业申请认证，30余家通过。2003年，《中华人民共和国认证认可条例》实施，认证认可工作纳入统一管理的法制轨道。

2004年，市质监局对2002年以后获得省级计量认证合格证书的检验机构进行执法检查和监督评审。2005年，分别组织29个检验机构对全市通过计量认证资质的实验室硫酸、氢氧化钠标准溶液和粉煤灰砖、食品中添加剂能力验证考核。到2006年，全市规模以上企业均导入ISO 9000等管理体系，累计有1900余家企业获得管理体系、环保体系和健康体系认证。2007年，对省质监局下达的42家实验室进行监督评审，选择粉煤灰砖、盐酸溶液的标定、食品添加剂3种产品进行实验室能力验证考核，并组织对强制性认证产品混凝土添加剂生产销售单位、8家食品生产企业的质量管理体系和HACCP认证有效性以及211家3C认证企业进行监督检查。

2008年3月，市政府成立3C认证工作领导小组，召开全市拖拉机产品强制性认证工作会议，开展对拖拉机产品强制性认证工作。认证后，全市25马力以下拖拉机生产企业由原来的44家减少为19家，产量大幅度增加，质量和安全性能更加稳定可靠，生产经营秩序进一步规范。2008年8月，潍坊市被国家认监委确定为认证全过程执法监管工作试点市，寿光市被确定为试点县。市质监局坚持以强制性产品认证企业监管为重点，逐步将认证企业、认证机构、认证咨询机构、认证培训机构以及检验实验室纳入区域监管范围，摸索出一套认证执法监管行为法制化、制度化、经常化的方法和路子，改变以前“主要依靠专项检查”的单一认证监管方式，实现向“日常执法监管为主、专项检查监管为辅”认证监管方式的转变，提高认证监管工作的有效性。2009年4月，山东省认证认可全过程执法监管试点现场会议在寿光召开。

2009年，对全市全部强制性认证产品生产企业、实验室、认证咨询机构以及部分体系认证企业、自愿性产品认证生产企业建立档案。2010年，组织全市36家建工建材类实验室开展规范检测活动，对存在问题的29家实验室下达责令整改通知书，2家实验室资质被暂停、1家实验室的部分检测项目被撤销。

2011年，市质监局完善“一个监管系统、两类工作手册、四个信息平台”的认证监管模式，明确认证执法监管工作网络和工作职责。安丘市设立全省首家山东质量认证中心县级工作站。诸城市引导大型企业通过认证等手段，采取买断、租赁方式将无取证能力的乡镇加工点纳入监管体系，保证小企业产品的质量。

2012年，开展认证咨询市场和认证咨询机构整顿，全市累计有50家企业取得测量管理体系认证证书，包括10家计量保证确认，40家计量合格确认。至年底，潍坊市3C认证覆盖率始终保持在95%以上。

第四节　产品质量监督

日常监督

90年代，潍坊市产品质量监督工作主要围绕着“两黑一白”（煤炭、钢材、棉花），关键设备、重大设备及其配套件、元器件，耐用消费品，关系人民生命健康的产品，农用生产资料等重要原材料开展。1993年，市技术监督局开始对各类监督检查不合格企业实施行政处罚，对国家和省监督抽查不合格的企业实施一系列后处理措施，督促其整改。1993—1998年，处理监督抽查不合格企业246家，组织辖区内不合格企业参加各类产品厂长经理培训班及产品质量分析会12次。1996年10月，中国包装行业产品质量监督检验中心（潍坊）成立，承担包装产品尤其是出口产品的质量监督检验工作。1997年，中国包装行业产品质量监督检验中心（潍坊）对全国25家瓶盖生产企业进行监督检验。同时受市商检局委托，对潍坊市出口包装产品质量检验130批次，并承担东营市（区）内的商检出口检验工作，对全市78家纸箱产品生产企业进行集中检验。1998年，省技术监督局决定对国家监督抽查不合格产品直接组织实施后处理，市技术监督局仅对省抽不合格产品进行后处理。市技术监督局建立五项宏观质量管理制度，即重要产（商）品质量公告制度、质量情况分析报告制度、重大质量问题政府通报制度、企业不合格产品黄皮书警告制度、新闻发布会制度。全年发布质量公告8期、召开新闻发布会4次。1998—2005年，对257家省监督检查不合格企业进行后处理，督促企业按要求进行整改。

2000年，市质监局将建材、农资、食品、家电等涉及人身健康、财产安全的产品，消费者反映问题强烈的产品，重要的工农业生产资料纳入重点监控范围。全年监督检查产品7955批，查处质量不合格及假冒伪劣产品1639批。组织对化肥、农用轮胎、低压电器和柴油、汽油、消防器材等40种产品进行专项检查，检查产品1564批次，查处假冒伪劣商品价值368万元。2001年，市质监局与市中小企业管理办公室联合印发《关于进一步做好为民营企业服务的意见》，从开展法律服务和培训、质量把关和技术服务等方面为民营企业搞好服务。年内，市质监局组织对小麦粉、大米、食用植物油、酱油、食醋等20余种产品开展21次专项检查。2003年，根据上级职能分工要求，质监部门不再负责市场商品日常监督检查工作。同年，市质监局在全市开展小四轮拖拉机生产区域整顿活动，建立《拖拉机合格配件目录》《拖拉机不合格配件目录》，并实行动态管理，规范产业发展。针对“非典”疫情，加强相关产品质量监督，先后立案查处案件38起，查获大量劣质口罩和消毒液。

2004年，市质监局组织对食品、化肥、饮用水等24类产品开展专项监督检查，并开展胶印机、复混肥、黑心棉等专项治理整顿。2000—2005年，市质监局完成1.77万家企业1.99万批次产品的定期监督检验，检出不合格产品1633批次。对检查中发现的区域性、行业性质量问题，开展集中整治。2006年，市质监局抽查4000家企业的5292批次产品，平均抽样合格率为90.85%。针对幼儿园、医院的被褥质量问题，组织开展絮用棉制品专项检查活动，先后查处30余家医院、幼儿园使用“黑心棉”案件。制定不合格产品生产企业后处理工作程序，对国家监督抽查、省监督抽查、定期监督检查规定不同的处理程序。全年完成国家监督抽查管理、省监督抽查管理29批次不合格产品生产企业的后处理工作，全部按期整改并复查合格。

2007年，市质监局制定《潍坊市产品质量定期监督检查工作考核办法》，明确考核标准和依据，对各检验技术机构每半年考核一次，确保定检产品覆盖率和计划完成率。全年定期检验2470家企业的4415批次产品，合格率达95.8%。按照省质监局要求，对建筑外窗产品实施统一定检，抽取样品53批次，合格51批次，合格率96.2%。开展农机及农机配件、液压元件、电线电缆、铝合金建筑型材、沟槽式管件等重点产品专项监督检查。2007—2008年，市质监局共完成108家监督抽查不合格企业的后处理工作。

2008年，将农机、机械及配件、化工、轻工、包装、建材、纺织、电器等类产品列入重点监督检查范围，对全市3692家企业实施定期监督检查，抽查产品4521批次，合格4311批次，合格率95.4%。组织开展对农业轮胎、三角带、输送带、危化品等重点产品的专项监督检查工作，合格率73%。在全省质监系统技术机构检验报告检定证书质量专项整治活动中，潍坊市提报的眼镜和建筑外窗产品定检报告获第一名。在汶川特大地震发生后，选派工作人员进驻潍坊市承担活动板房生产任务的4家企业，严把产品质量监督关，建立产品质量安全追溯系统，保证援建灾区活动板房的质量安全。

2009年，组织对寿光防水卷材、青州复混肥、高密轮胎、寒亭电热毯等多个产品集中生产区域，集中开展专项整治。全年对国家监督抽查管理不合格的26家企业和山东省监督抽查管理不合格的17家企业进行后处理，全部验收复查合格。2010年，市质监局印发《关于进一步加强定期监督检验工作的意见》，督促各检验机构准确、公正出具检验报告，防止出现超资质、超范围检验，不检验出报告现象。全年完成对2780家企业3331批次产品的监督检验，合格3231批次。同年，组织开展抗震救灾物资、电线电缆、电热毯专项整治。

2011年，组织对2911家企业的3354个批次产品实施定期检验，对农业轮胎、三角带及

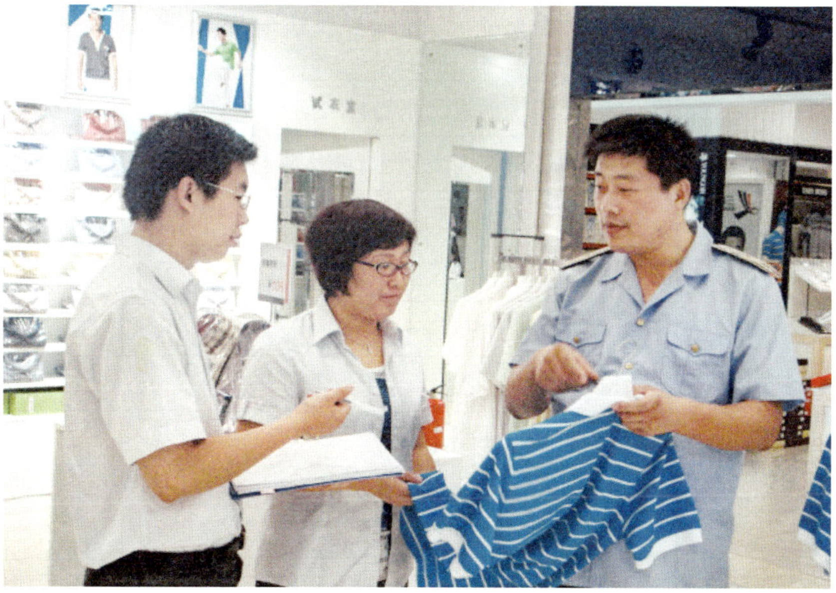

市质监局工作人员对服装生产企业产品质量工作进行检查指导（2010年拍摄）

输送带、化肥等产品开展专项监督抽查。针对“3·15”晚会曝光的锦湖轮胎、餐巾纸质量问题，组织开展全市轮胎、餐巾纸企业专项整治，共检查轮胎企业32家、餐巾纸企业15家。依据《国家监督抽查管理办法》，全年处理监督抽查不合格企业44家及外省移交处理的不合格企业9家，约谈存在严重质量问题的企业14家，召开产品质量分析会4次。

2012年，共完成2436家企业的2927个批次的产品的定检，开展复混肥、磷肥、防水卷材、电线电缆、电力电缆、眼镜等6类产品生产企业监督检查活动，检查企业212家，下达责令整改通知书56份，没收违法产品货值4.7万元。同年，组织对农业轮胎、三角带及输送带等产品专项监督抽查。

产品免检

1991—1996年，市技术监督局对质量监督检验中产品质量一贯稳定、企业质量保证体系较为完善企业的部分产品实行免检。公布市级免检产品4批84个产品，每批免检有效期为两年。之后不再进行市级产品免检工作。

2000年始实行国家免检制度，免检的有效期为三年。至2007年底，潍坊市获得国家免检资格且在有效期内的产品有52个。2008年，国家免检制度不再执行。

2003—2007年潍坊市获批国家免检产品一览表

表13-7-5

年份	国家免检产品名称	生产厂家
2003	男式西服（含西裤）	山东新郎服饰有限公司
	男式西服（含西裤）	山东仙霞集团有限公司
	男式西服（含西裤）	耶莉娅集团
	水性涂料、油漆	山东乐化漆业股份有限公司
2004	农业用尿素	山东联盟化工集团有限公司
	弹性体改性沥青防水卷材	潍坊市宏源防水材料有限公司
	弹性体（SBS）改性沥青防水卷材	潍坊市宇虹新型防水材料有限公司
	高、中浓度复合肥料	山东联盟化工集团有限公司
	西裤	山东新郎服饰有限公司
2005	小麦粉（1千克/袋~25千克/袋）	潍坊风筝面粉有限责任公司
	休闲服系列产品	山东新郎服饰有限公司
	钢制采暖散热器	山东邦泰散热器有限公司
	预混合饲料、浓缩饲料	潍坊中基饲料有限公司
	复合肥料	山东奥宝化工集团有限公司
	食用玉米油系列（半精炼）	诸城兴贸玉米开发有限公司

续表13-7-5

年份	国家免检产品名称	生产厂家
2006	胶版印刷纸、低定量涂布纸、铜版纸、涂布白卡	山东晨鸣纸业集团股份有限公司
	铝合金建筑型材	山东华建铝业有限公司
	铝合金建筑型材（门窗、幕墙型材）	山东伟业铝材有限公司
	GGD系列低压开关柜	诸城市科信电力工程有限公司
	Y系列（80-355机座号）电动机	山东开元电机有限公司
	电力电缆、民用电缆	山东迪龙电缆有限公司
	包装用纸（高强度埋纱绿色包装袋纸）	山东兴创纸业集团有限公司
	卫生洁具（卫生陶瓷系列）	山东美林卫浴有限公司
	收割机（福田谷神系列产品）	山东福田重工股份有限公司
	拖拉机（福田欧豹系列产品）	山东福田重工股份有限公司
	收割机（自走式谷物联合收割机系列）	高密春雨机械有限公司
	采暖散热器（铜铝复合系列）	高密市中亚暖通设备有限公司
	155-165/87-95针织塑身内衣	山东华燕制衣有限公司
	家用纺织品（毛巾系列）	孚日集团股份有限公司
	家用纺织品—装饰布艺（装饰布系列）	孚日集团股份有限公司
	烧碱系列产品	潍坊亚星化学股份有限公司
	散热器系列产品	潍坊恒安散热器集团有限公司
	羽绒服系列产品	青州市坦博尔服饰有限公司
	西服	山东仙霞集团有限公司(复评)
	衬衫系列产品	山东新郎服饰有限公司
	西服	山东新郎服饰有限公司(复评)
	涂料（水性涂料、油漆系列）	山东乐化漆业股份有限公司(复评)
	服装	耶莉娅集团(复评)
2007	西裤	昌邑市孚日通服饰有限公司
	西裤	山东新郎服饰有限公司（复评）
	西裤	山东仙霞集团有限公司
	床上用品	山东千榕家纺有限公司
	床上用品	孚日集团股份有限公司
	服装面料	齐荣纺织有限公司

续表13-7-5

年份	国家免检产品名称	生产厂家
2007	服装面料	帛方纺织有限公司
	床垫	山东新郎欧美尔家居置业有限公司
	沙发	山东新郎欧美尔家居置业有限公司
	非织造布	山东同大集团有限公司
	机织地毯	山东红叶地毯有限公司
	建筑防水卷材	山东鑫达鲁鑫防水材料有限公司
	建筑防水卷材	潍坊市宇虹防水材料（集团）有限公司（复评）
	建筑防水卷材	潍坊市晨鸣新型防水材料有限公司
	建筑防水卷材	潍坊市宏源防水材料有限公司（复评）
	建筑ＰＶＣ型材	山东金达双鹏集团有限公司
	淀粉	诸城市兴贸玉米开发有限公司
	淀粉	诸城市润生淀粉有限公司
	淀粉	山东寿光巨能金玉米开发有限公司
	化肥	潍坊昌大肥料有限公司
	化肥	潍坊巴夫特肥料有限公司

质监能力建设

90年代，市技术监督局开展的产品质量监督检验主要由市产品质量监督检验所（加挂市纤维制品检验所牌子，简称市质检所）承担。1991年，市质检所实验室面积2600平方米，各类设备168台（套），设备总值55.85万元，其中1万元以上设备7台（套）。通过计量认证的产品350种（类），检验能力覆盖机械电子、电器、纺织、化工、食品、轻工、建材、五金、纤维、造纸、丝绸、盐业等产品。1995年10月，中国包装总公司批准在市质检所筹建包装行业质检中心，开展包装行业产品质量监督检验工作。2000年后，市质检所检验检测能力迅速提升。2002年8月，中国纤维产品质量认证中心在市质检所（市纤检所）设立工作站。2004年，市质检所重点建设食品通用实验室，被省质监局授予“食品通用实验室建设优秀单位”称号。2005年，完成P2实验室建设方案，被确定为全省3个P2实验室之一。纤检实验室被国家纤维检验局确定为中国棉花公证检验（潍坊）实验室。2007年，寿光市产品质量监督检验所有食品、化工产品、墙体材料、防水卷材类的99个产品通过国家实验室认可，是潍坊市第一家通过国家实验室认可的县级质检机构。2009年，市质检所被中共中央、国务院表彰为“北京奥运会残奥会先进集体”。2012年，省质监局在寿光召开落实《质量发展纲要》促进检测技术服务平台建设专题研讨会，9月在青州市召开全省检测能力建设达标验收及科技工作调度会，推广潍坊市加强实验室检验能力建设的经验做法。到2012年底，市质检所检验能力覆盖食品、纺织、服装、纤维、轻工、建材、包装、化工、机械、电器、农机等产品。

国家级产品质量监督检验中心　2003年，潍坊市获批筹建国家蔬菜质量监督检验中心，2004年，通过国家认监委的认证。2005年，国家蔬菜质量监督检验中心正式挂牌成立，成为全国唯一一家国家级蔬菜质量监督检验中心，其检测范围覆盖了乳制品、肉制品、小麦粉等28类食品和蔬菜、果品、禽肉、禽蛋、粮食等143种农产品，能够实现对理化、微生物、重金属、农药残留、兽药残留、肥料残留、食品添加剂等指标的准确检测。2012年3月，潍坊质检中心举行奠基仪式，市政府向国家质检总局申请在潍坊市建设内燃机、海洋化工产品、半导体照明等3个国家产品质量监督检验中心。

2010年3月，省质监局与潍坊市签署《关于加快质量检验技术服务平台建设　共同推进产业发展合作备忘录》

省级产品质量监督检验中心建设　2002年，山东省蔬菜质量监督检测中心获批成立。2010年，省质监局与市政府签署《关于加快质量检验技术服务平台建设　共同推进产业发展合作备忘录》。到2012年底，潍坊市建成省级产品质量监督检验中心7家。

2000—2012年潍坊市省级产品质量监督检验中心一览表

表13－7－6

建设年份	省级产品质量监督检验中心名称	所在地	建成情况
2000	山东省果品蔬菜质量监督检测中心	潍坊	2002年建成
2006	山东省建筑防水材料质量监督检验中心	寿光	2008年建成
2008	山东省农副产品质量监督检验中心	寿光	2010年建成
2009	山东省玻璃纤维增强塑料产品质量监督检验中心	安丘	2011年建成
2009	山东省铝合金及型材质量监督检验中心	临朐	2013年建成
2009	山东省工程机械及液压件产品质量监督检验中心	青州	2012年建成
2011	山东省内燃机产品质量监督检验中心	潍坊	未验收
2009	山东省商用汽车零部件产品质量监督检验中心	诸城	2013年建成
2012	山东省肉制品质量监督检验中心	诸城	未验收
2009	山东省鞋类产品质量监督检验中心	高密	2011年建成

续表13—7—6

建设年份	省级产品质量监督检验中心名称	所在地	建成情况
2009	山东省铸件产品质量监督检验中心	昌邑	未验收
2011	山东省电声乐器产品质量监督检验中心	昌乐	撤销筹建
2012	山东省蔬菜大棚用品质量监督检验中心	寿光	未验收

第五节　标准化管理

标准制订

90年代后，潍坊市标准制修订工作主要依据《中华人民共和国标准化法》《中华人民共和国标准化法实施条例》和国家技术监督局《农业标准化管理办法》开展。1991年，寿光县技术监督局起草的韭菜、黄瓜、大葱、芹菜4类蔬菜的6个分级标准，经省标准计量局审定，由市技术监督局发布为潍坊市地方标准。这6项农业标准在寿光市实施半年多的时间里，促进菜农增加收入500余万元。2000年后，适应潍坊市经济社会发展需要，标准制修订工作全面推进。

2003年，潍坊市被批准为第二批国家“重要技术标准研究”专项地方试点单位之一。试点示范工作的期限为2003—2005年。无公害蔬菜、畜禽是“重要技术标准研究”地方试点工作的重要内容。2004年，市质监局对种植面积和养殖量大、在国内外市场最畅销的白菜、大姜等19个蔬菜、畜禽品种，收集并制订相关的生产技术规程，编印《潍坊市农业标准化规范性文件汇编》，发放到包括试点企业在内的124家生产企业和基地。2005年，潍坊市完成技术标准试点项目任务书规定的全部目标任务和各项考核指标。8家试点企业销售收入增长53.9%，比试点前增加31.8亿元。技术标准试点工作顺利通过考核验收。

2007年始，组织开展标准化战略研究，潍坊市美林卫浴有限公司承担的一项国家标准、潍坊金河结晶器有限公司等承担的两项国际标准获“2007年中国标准创新贡献奖”二等奖。2008年，市政府印发《关于全面推进和实施标准化战略的意见》，市质监局、市财政局联合印发《潍坊市实施标准化战略资助奖励办法》，标志着潍坊市进入全面推进和实施标准化战略新阶段。2010年，潍柴动力股份有限公司承担的两项国家标准、山东省诸城大业金属制品公司承担的两项国际标准获“2010年中国标准创新贡献奖”一等奖，是潍坊市承担标准制定工作以来获得的最高奖项。山东省诸城大业金属制品公司和潍坊星河结晶器有限公司承担制定的4项国际标准，是国内企业在钢丝产品和工业电热装置相关技术领域获得的国际话语权。

至2012年底，潍坊市承担3个国家标准化技术委员会工作组，52家企业参与制定国际标准4项、国家标准122项、行业标准49项、山东省地方标准38项。市、区两级财政拿出1000余万元，对主持或参与国际、国家标准制修订活动的企业（单位）进行资助奖励。

2000—2012年潍坊市标准制修订情况一览表

表13－7－7

年份	标准制修订情况
2000	市技术监督局会同市三产办制定《美容美发等级评定》等4个系列标准，与农业局共同制定发布《潍县青萝卜》系列标准
2001	累计制定农业标准149项
2002	按照WTO的要求，对原有的149项农业标准规范进行清理，废止73项，保留现行有效的农业标准规范76项。会同市农业局发布涉及农作物种植以及蔬菜种植、养殖、栽培、管理和大棚设计、农副产品加工等多项地方标准，全市农业标准规范达到136项
2003	新制定(修订)25个农业标准规范，全市的农业标准规范达到151个。制定的《农业标准体系 蔬菜水果》是山东省第一个以标准形式发布的农业标准体系规范。制定发布《连锁商业零售企业商品质量管理规范》和《潍坊市餐饮分餐服务规范》
2004	制定发布《放心早餐工程实施规范》《旅游饭店卫生管理规范》等9项服务标准规范，以及《眼镜连锁企业商品质量管理规范》
2005	制定21项农业标准规范，全市累计有227项农业标准规范，有12项升级为省地方标准。发布《潍坊市城市集中供热服务质量标准》《商业分级设置规范》等6项服务标准规范，其中《餐饮分餐服务规范》《旅游饭店卫生管理规范》升级为省地方标准
2006	新制定3个服务标准规范，全市服务标准规范累计达到14个。新发布农业标准21项，累计发布农业标准规范227个
2007	累计有13家企业参与制修定国家标准22项、行业标准14项。新制定发布21项农业标准规范，累计制定发布248项，总数列各地市之首
2008	组织13家企业参与制修订国家标准或行业标准，组织技术专家起草22项农业标准规范，累计起草270项。编印《寿光市蔬菜标准化生产资料汇编》
2009	市质监局与市贸易局制订并发布《社区生鲜超市建设管理规范》《社区农贸市场建设管理规范》两个地方服务规范。制修订省农业地方标准16项，组织技术专家起草34项农业标准规范，累计起草304项
2010	诸城市起草制定《速冻乳化肉制品》联盟标准，标准制定经验被推广
2011	制定12个出口农产品操作规范。市质监局与市烟草公司共同制定11项烟叶地方标准，并通过省质监局发布实施，得到中烟集团较高评价。指导企业参与制修定国家标准44项。8家企业被评选为全省标准创新企业
2012	制定《工业企业能源数据采集规范》《工业企业能源数据分析方法》两项节能省地方标准。立项地方标准5项。完成铝合金建筑型材门窗用复合保温型材、大棚卷帘机、大棚保温被、肉串、诸城绿茶五项联盟标准

采用国际标准

1990年，省标准计量局印发《山东省“八五”期间采用国际标准目录》，1991年省标准计量局又印发新的《采用国际标准产品验收办法》，1994年，国家技术监督局实行采用国际标准产品标志制度。1995年，潍坊市有2项获国家级采标成果奖，19项获国家技术监督局颁发的“采标标志证书”。1996年，有2项获国家级采标新产品称号、2项获山东省企业标准成果奖，9种产品获采用国际标准产品标志。1997年，2项获国家级采标新产品，2项省级成果奖，4种产品获采用国际标准产品标志。其中华光集团获国家50万元采标免税奖励。1998年，有7种产品被批准使用采用国际标准标志。至2012年底，全市有1202个产品通过采用国际标准和国外先进标准的验收，位居全省第一位，企业产品符合使用采标标志条件数量202个。全市大多数出口产品均直接按国际先进标准组织生产，产品质量得到国际同行的认可。

企业标准化

1991年，全市县属企业基本消灭“无标”生产现象，乡镇企业标准覆盖率达到90.6%。1995年，寿光市被确定为全国“消灭无标生产试点县”，1997年通过国家技术监督局验收，标准覆盖率99.8%。1997年，组织对企业产品执行标准依法登记，标准覆盖率90%以上，查处无标生产企业246家、312种产品。同年，临朐、青州被山东省列为消灭无标试点县。1998年，临朐、青州两县市通过山东省消灭“无标”生产验收，同时在安丘、高密、诸城、昌邑市开始试点。2000年，潍坊市实现消灭“无标”生产的目标，成为全省第二个消灭“无标”生产的地级市。

2004年，省质监局制订《山东省标准化良好行为企业评价与确认办法》，开展以建立与实施企业标准体系为主要内容的“标准化良好行为企业”创建工作。潍坊市组织诸城兴贸玉米开发有限公司、山东邦泰散热器有限公司等6家企业，申报标准化良好行为企业评价并获批准。2004—2012年，潍坊市通过确认标准化良好行为企业327家，位居全省第一位。

2007年，省质监局批准的第一批潍坊市4个食品生产企业标准化示范试点项目通过验收。第二批8个食品生产企业标准化示范试点项目启动。2008年，规范企业食品产品标准的备案工作，全年备案食品标准208个，并有2家食品生产企业标准化示范项目通过验收。2009年，备案食品标准335项，全市有效期内食品标准共计1004项，并有4家食品生产企业标准化示范项目通过验收。2010年，在建的22个食品标准化示范项目，有11家通过验收。到2012年底，全市企业标准备案4876项，企业产品执行标准登记数量2.39万项，创建循环经济标准化试点单位2个。

农业标准化

90年代，市技术监督局根据国家技术监督局《农业标准化管理办法》要求，推进农业标准化工作，多项工作走在全省乃至全国的前列。2002年，市质监局制定《潍坊市国家无公害农产品标志管理试行办法》，规范全市无公害农产品标志使用工作，全市40家企业的98个产品获得国家无公害农产品标志证书，居全省第一位。在全国农业标准化工作会议上，市质监局作典型经验交流。2003年，全市有47个单位申报并使用国家无公害农产品标志。为满足全市农产品出口企业提前了解世界各国食品中农药、兽药残留限量标准的需求，开通世界各国食品中农药兽药残留限量标准查询服务热线，建立WTO/TBT贸易技术壁垒预警系统，向社会发布有关技术壁垒信息。

2004年，争取国家物品编码中心将国家“蔬菜安全可追溯性信息系统研究及应用示范工程”在潍坊市立项实施，通过寿光两个蔬菜基地作试点，对蔬菜从种植、生产加工、仓储运输、销售全过程进行有效标识，建立EAN/UCC蔬菜安全追溯示范系统和“绿色壁垒”预警系统，达到蔬菜无公害的全面质量控制。同年开展农产品市场标准化试点工作，寿光蔬菜批发市场和安丘大姜批发市场被列为省级第一批市场标准化试点。全市有54个单位的120个产品获得国家无公害农产品标志使用权。2005年，全市有122个农产品取得国家无公害农产品标志。寿光蔬菜批发市场初步形成标准体系框架，得到国家标准委的充分肯定。国家蔬菜安全可追溯性信息系统研制成功并投入运行。2006年，寿光蔬菜批发市场标准体系上报为国家级农产品批发市场标准化管理试点项目。市政府在8月召开的全省标准化工作会议上作典型发言，是全省唯一一家发言的地级市政府。

2007年，全市有151个农产品获得国家无公害农产品标志，继续保持全省首位。在全省率先开展良好农业规范（GAP）认证，两家企业被确定开展良好农业规范认证（GAP）试点工作。寿光蔬菜批发市场和诸城市龙海水产品批发市场被确定为国家级农产品流通领域标准化示范项目。2008年，安丘市政府在国家标准委组织召开的全国综合标准化交流会上作典型发言。2009—2010年，国家标准委连续两年在寿光举办全国农业标准化培训班，潍坊农业标准化经验得到进一步推广。2010年，潍坊市代表山东省参加全国农业标准化成果展。2011年，加强“安丘区域化管理模式”标准体系建设，安丘市获批创建首家全国农业标准化示范市。2012年，安丘综合农业标准化示范市建设被确定为国家标准委重点项目。该项目被省政府和国家质检总局确定为“安丘模式”，在全国推广。

1991—2012年，潍坊市共制定实施农业标准规范304项，基本涵盖全市大宗农产品和特色农产品。先后有40个国家级农业标准化示范项目通过验收，总数列全省第一。

服务业标准化

90年代，全市商业、餐饮业、旅游业等服务产业加快与国际接轨的步伐，制造业企业不断提高售后服务质量，服务标准化受到重视。1991—2001年，市技术监督局在做好服务标准的宣传贯彻、积极推动服务业标准化工作的同时，结合潍坊市服务业发展现状，加强标准技术规范的制定发布工作。2003年制定发布《连锁商业零售企业商品质量管理规范》《潍坊市餐饮分餐服务规范》。2004年，制定发布9项服务标准规范。2005年，制订发布6项服务标准规范，其中《餐饮分餐服务规范》《旅游饭

市质监局工作人员现场指导标准化工作 （2012年3月拍摄）

店卫生管理规范》升级为山东省地方标准。2006年，制定发布3个服务标准规范，全市服务标准规范累计达到14个。2008年，国家标准委决定由山东省质监局牵头在全省省级服务标准化试点单位范围内开展试点建设工作，潍坊市推选安丘作为试点单位。2011年，全市有10家省级服务标准化试点单位通过验收，2家单位获批创建国家级服务标准化试点项目。到2012年底，全市获批创建国家级服务业标准化试点项目4个，省级服务业标准化试点项目25个，项目涵盖行政、环卫、税务、医疗、电业、交通、商业等领域。其中，昌邑市环卫国家级服务标准化试点项目效果显著，辐射带动作用明显，被认定为精品试点项目。

2008—2012年潍坊市服务业标准化试点项目一览表

表13—7—8

类别	项目名称	获批年份及通过验收年份
国家级标准化试点项目	昌邑市环卫服务标准化试点项目	2011年获批试点
	高密电业服务标准化试点项目	2011年获批试点
	高密税务服务标准化试点项目	2012年组织上报
	青州公共自行车服务标准化试点项目	2012年组织上报
省级服务业标准化试点项目	诸城市行政审批服务中心服务标准化试点	2013年通过验收
	潍坊鑫源金店服务标准化试点	2013年通过验收
	安丘市供电公司服务标准化试点	2013年通过验收
	高密市供电公司服务标准化试点	2013年通过验收
	潍坊市教育眼镜有限公司服务标准化试点	2014年通过验收
	寿光百货大楼有限公司服务标准化试点	2014年通过验收
	昌邑市行政审批服务中心服务标准化试点	2014年通过验收
	青州市供电公司服务标准化试点	2014年通过验收
	安丘市中医院服务标准化试点	2014年通过验收
	诸城市供电公司服务标准化试点	2012年通过验收
	潍坊市寒亭区供电公司服务标准化试点	2012年通过验收
	安丘市行政审批服务中心服务标准化试点	2012年通过验收
	青州市人民办事中心管理办公室服务标准化试点	2014年通过验收
	山东诸城农村合作社服务标准化试点	2014年通过验收
	安丘新大物业服务公司服务标准化试点	2014年通过验收

组织机构代码

1993年5月，市政府办公室印发《关于在我市建立企业、事业单位和社会团体统一代码标识制度的通知》，成立潍坊市企事业单位和社会团体统一代码标识领导小组。8月，正式开展组织机构代码登记业务。1994年，启用换发“九二”式机动车牌证查验全国统一代码证书。1995年，市技术监督局对全市代码机构实行统一管理制度。1996年，全市将全国组织机构统一代码作为税务登记管理的环节，纳入到国家税务系统中，首次实现全市范围内实质性的强制应用。

1998年，《山东省组织机构代码工作规定》《组织机构代码数据安全管理办法》印发。1999年6月，潍坊市代码系统顺利通过省组织机构代码联网发卡验收并一次联网成功，在全省率先与省代码办联网，实现网上统一赋码、统一查重、统一发卡，山东省组织机构公共信息IC卡开始发放。2000年，市质监局驻潍坊市外商投资服务联合办公大厅窗口开始办理组织机构代码业务。组织机构代码的应用范围进一步扩大，全年新增、变更、换证、年检组织机构代码1.27万个，发放IC卡1.22万张。

2001年，市政府调整潍坊市社团和企事业单位统一代码标识制度领导小组成员，成员单位扩大到25个。2002年，开展将写入数字证书的公共信息IC卡作为全省各单位网上身份安全认证标识业务。组织机构公共信息卡、社保卡、数字证书实现“三卡合一”。2003年，《山东省组织机构代码管理办法》实施。潍坊市组织机构代码产品防伪电话语音服务系统开通。2005年，市代码办被全国组织机构代码管理中心列为全国组织机构代码电子档案信息化项目试点单位，率先开展和探索代码电子档案建设工作。2007年，启用全国组织机构代码信息管理系统（2006山东版）。2008年，按照省质监局部署，开展组织机构实名公共服务业务。潍坊市获得全国组织机构代码共享平台使用资格，成为国家对首批25个地市开放共享的单位。2009年，完成为国务院办公厅提供103份数据核准任务。2010年，开通组织机构代码网上办理服务。全省标准化信息工作会议、全国组织机构代码工作体系管理系统验收会先后在潍坊召开，推广潍坊市代码工作经验做法。潍坊市被国家组织机构代码管理中心和省代码办确定为全国组织机构代码产品信息库建设试点单位，并于10月启动试点工作。2011年7月，在全国组织机构代码扩展产品信息库定型会议上，推广潍坊市组织机构代码扩展产品信息库建设经验。

2012年，落实免征小型微型企业组织机构代码证书工本费政策，当年受惠小微企业7378家。在济南召开的全国组织机构代码工作会议上，推广潍坊市组织机构代码产品信息扩展信息库采集工作经验做法。同年，在潍坊市召开全国代码生产企业扩展信息库现场经验交流会。12月，组织机构实名公共服务停止。

1998—2012年潍坊市组织机构代码数据统计表

表13—7—9

年份	数据总量（条）	业务量（个）	发证量（个）	信息卡量（个）	年检率（%）
1998	46068	7929	7119	—	17.21
1999	47845	7985	7310	3489	16.69
2000	50956	12712	7491	12040	24.95
2001	48134	15126	5003	11845	31.42

续表13-7-9

年份	数据总量（条）	业务量（个）	发证量（个）	信息卡量（个）	年检率（%）
2002	52336	20033	6243	12189	38.28
2003	54601	24069	10409	15161	44.08
2004	60175	28362	14519	15000	47.13
2005	53036	29207	14692	14116	55.07
2006	63763	34697	17058	29573	54.42
2007	68075	34896	15952	18458	51.26
2008	70220	38533	18748	18224	54.87
2009	74890	43113	18889	23178	57.57
2010	84046	46574	20252	27356	55.41
2011	93409	52405	28073	30340	56.10
2012	101909	59068	26495	27113	57.96

商品条码

1992年9月，市技术监督局条码管理办公室成立，与市标准计量情报所为一个机构，两块牌子。1999年，召开全市条码应用新闻发布会。2000年，潍坊市商品条码工作获全省条码工作一等奖。2001年3月，市政府颁布《潍坊市商品条码监督管理办法》。2003年，结合“商品条码架金桥”工程，对379家企业的2786种产品进行信息采集与网络应用，开展药品条码技术使用情况调查。2004年，与省标准化研究院一起承担“2004-TJGC-2”蔬菜安全可追溯性信息系统的研究及应用示范项目，并在寿光两个蔬菜基地进行试点。市质监局、市新闻出版局、市文化局联合印发《关于进一步规范全市条码印刷秩序的通知》，从源头上狠抓条码印刷质量。2005年，与省标准化研究院联合开展的蔬菜安全可追溯性信息系统研究通过验收，实现蔬菜从田间到餐桌全过程的安全追溯。

2006年，加强境外商品条码和企业自制条码备案管理工作。开展全球数据同步中国数据池数据采集系统的运行和推广应用，累计为309家企业进行数据采集与网上登入，发放全球贸易GDS会员卡。2007年，开展自行车、电动自行车生产企业刻制编码管理工作。2008年，积极推进产品质量电子监管工作，为40家企业制作电子监管码64.43万枚。2011年，对294家企业开展商品条码编码备案和信息采集工作，并发放全球贸易GDS会员卡。2012年，在山东省举办的“把握标准引领零售业未来”主题论坛上，潍坊百货集团中百配送中心代表潍坊市条码应用突出企业就条码在零售业供应链中的应用与探索作主题发言。至年底，全市发展条码系统成员2356家，利用条码技术进行自动销售结算的超市超过500家。

1991—2012年潍坊市商品条码系统成员注册情况一览表

表13—7—10　　单位：家

年份	注册量	续展量	注销量	保有量
1991	—	—	—	0
1992	12	—	—	12
1993	19	—	—	31
1994	25	—	—	56
1995	31	—	—	87
1996	45	—	—	132
1997	50	—	—	182
1998	55	—	—	237
1999	71	57	19	289
2000	125	68	17	397
2001	138	113	23	512
2002	192	108	29	675
2003	221	181	52	844
2004	153	250	90	907
2005	128	277	112	923
2006	120	290	108	935
2007	129	330	71	993
2008	210	294	165	1038
2009	169	320	115	1092
2010	154	379	103	1143
2011	144	388	154	1133
2012	165	411	131	1167

第六节　计量管理

社会公用计量

1990年前，在社会公用计量标准方面，全市只具备长度、力学、电学、热学等6个领域的部分计量检定测试能力。此后，逐渐扩展到电离辐射、时间频率、光学、声学等领域。至2012年底，全市建立的社会公用计量标准452项，部门和企业事业单位建立的计量标准560项。依法授权的计量检定机构18个，建立工作计量标准23项。

1991—2012年潍坊市计量测试所能力建设情况一览表

表13—7—11

年份	建立社会公用计量标准（项）	万元检定装置及设备（台/套）	创新工作
1991	60	8	建立钢卷尺检定装置、原棉水分测定仪检定装置、检流计检定装置、心电图机检定装置、二等活塞式压力计检定装置
1992	62	9	—
1993	66	9	省内率先开展医用加速器检定工作
1994	66	9	—
1995	70	9	开展医疗卫生领域计量器具的检定工作，建立出租车计价器检定装置、电话自动计费器检定装置、汽车排放气体分析仪检定装置、反射式烟度标准装置
1996	72	14	开展出租车计价器检定工作
1997	77	15	饰品、眼镜质量检测中心取得认证。开展眼镜质量、贵金属检验工作
1998	82	20	成立房屋面积公正计量站，在省内率先开展医用中心供氧系统的检测工作
1999	88	23	开展水准仪、经纬仪、煤气表、电能表的检定工作
2000	95	24	成立潍坊市人工煤气质量计量公正站，开展人工煤气的质量计量检测工作
2001	105	27	开展汽车设备检测用计量器具、蒸汽流量计、税控加油机的检定工作
2002	115	33	首次接受省质监局法定技术机构考核授权
2003	120	40	承接心电监护仪等计量器具的仲裁检验
2004	131	50	“非典”期间为医疗单位免费检测体温计、呼吸机等医用计量器具
2005	138	55	开展电能表、水表、燃气表、热量表检定工作，开展气体报警器、室内空气质量、阻燃材料的检测工作
2006	138	60	对强制检定计量器具登记造册，确定检定计划
2007	147	69	开展大容量汽车油罐车容量的检定
2008	152	80	开展离子色谱仪、酶标分析仪、耐压测试仪检定工作
2009	157	90	新上电能表检定装置、旋转粘度计检定装置、数显扭矩扳子检定装置等25项计量标准
2010	166	96	国家质检总局无偿配发价值13万元的呼吸机检定装置一台。新建“阿贝折射仪检定装置”“电流互感器检定装置”等7项计量标准
2011	172	106	新建呼吸机校准装置、精密露点仪标准装置等7项计量标准。引进一等活塞压力计、大砝码比较仪、加气机检定装置等11台新型检测设备
2012	175	117	200毫米大口径热量表、300毫米口径标准表法流量检定装置通过省质量技术监督局考核。省质量技术监督局批准新建800毫米大口径水流量标准装置等31项计量标准

能源计量管理

2006年始，潍坊市组织对列入全省1000家重点用能单位的92家企业的能源计量现状进行调查摸底。2007年，市质监局建立建设节约型社会联席会议制度。加强对重点用能企业的计量指导服务，制定督查考核办法。2008年，建立起列入省级和国家级重点用能单位档案，录入山东省计量管理基础信息网上平台，并实行A、B、C等级分类，实现分类监管和动态管理。开展全市能效标识产品的生产、销售企业集中执法检查。2009年，全市国家千户用能单位进出能源计量器具配备率达到100%，次级用能单位能源计量器具配备率达到100%，进出、主要次级能源计量器具受检率达到100%，能源计量器具受检率达到97%。2010年，对全市生产、销售的用能产品实施能效标识情况进行专项监督检查，查处案件10多起。2011年，省质监局委托潍坊市质监局参与编写《山东省能源计量人员培训资料汇编》和能源计量地方标准。2012年，开展重点用能单位计量检测体系认证。至年底，全市有7家企业被确定为“山东省能源计量标杆示范企业”。

2010—2012年潍坊市获批“山东省能源计量标杆示范企业”一览表

表13-7-12

年份	企业名称
2010	潍坊亚星化学股份有限公司
	山东海化股份有限公司
	潍柴动力股份有限公司
	山东景芝酒业股份有限公司
2011	山东海化集团有限公司
2012	山东柠檬生化有限公司
	诸城外贸有限责任公司

民生计量管理

1998年7月，市技术监督局正式设立潍坊市房屋面积公正计量站，对全市商品房销售面积进行监督管理，依法查处商品房面积计量欺诈行为，受理商品房面积计量仲裁检验，接受房屋面积委托检验，定期公布全市商品房面积公正计量检测结果。

2000年，市质监局牵头，供电、供水、供气等部门配合开展民用“三表”（电能表、煤气表、水表）治理整顿。全市对1.17万户居民的2.34万块“三表”进行免费检测，合格率为65%。同时检查建设单位114个，对新建居民楼271幢7194户的2万多块“三表”进行首次强制检定。各县市区质监局对各地市场上销售的3000余块假冒伪劣“三表”依法查处。

2002—2003年，对全市196个眼镜经营单位重新分类评定，加强眼镜市场的监督管理，眼镜合格率达到84%，消费者投诉明显减少。

2006年，开展“计量进社区”和免费检定检测活动，为消费者免费验光、测镜片、量血压、测体重、称量金银饰品、公正计量等。2007年，开展“计量放心工程进农村、进社区、进超市”三进服务活动。2008年，开展夏粮收购用计量器具监督检查，检查粮食收购企业128家，检修计量器具3300台（件），计量器具的受检率由检查前的92%上升到100%。从2008年6月至2009年底，以“诚信计量进市场、健康计量进医院、光明计量进镜店、服务计量进社区乡镇（含学校）”为重点，全市质监系统共为915个经营单位建立档案，签订诚信计量承诺书471份，检查各类计量器具7.47万台（件），免费检测2.73万台（件），查处各类计量违法案件105起，强检计量器具受检率由专项行动前的91.10%提升到行动后的98.87%。对全市范围内的商场、超市经销的米、面及制品、乳制品等定量包装商品进行监

市质监局工作人员检查超市在用电子秤　　（2009年拍摄）

督专项抽查。全市共抽查经销单位71个，抽查定量包装商品422批次，净含量合格362批次，净含量合格率85.78%；净含量标注合格381批次，净含量标注合格率90.28%。

2009年，市质监局联合有关部门开展集贸市场专项整顿、医用计量器具专项监督检查、眼镜质量专项执法检查。2011年，组织对潍坊市内486家生产、销售定量包装产品企业进行监督检查。同年，山东省加油机作弊技术监测中心在潍坊建成并投入使用。依托中心人才、技术、实验室优势，国家质检总局在潍坊举办3期全国质监系统加油机计量作弊查处技术师资培训班。至2012年底，国家质检总局、省质监局在山东省加油机作弊技术监测中心举办培训班24期，培训学员1600余人。

2010—2012年，市质监局部署开展推进诚信计量、建设和谐城乡行动。其间共创建诚信计量示范单位28个，诚信计量自我承诺示范单位191个，其中集贸市场16家、加油站77个、餐饮业16家、商店32家、医院21所、眼镜店29家。查处各类计量违法案件12起。

企业计量管理

1997年，市技术监督局开展帮助企业完善计量检测体系的计量确认工作。2001年4月，国家质检总局启动定量包装商品生产企业计量保证能力评价工作，凡是带有“C”标志的产品一律免于市场计量监督检查。2004年，山东景芝酒业股份有限公司成为潍坊市首家取得定量包装商品生产企业计量保证能力的企业。

2011年，市质监局成功研制开发全套计量信息化管理系统并投入试运行，得到省质监局肯定。至2012年底，计量信息化管理系统录入潍坊市企业9670家，计量器具31.42万台（件），强制检定计量器具12.5万台（件），系统出证18.94万份，保证检定按程序运行和检定证书的规范可靠。全市有747家企业取得计量确认证书，有11家企业的398种定量包装商品取得定量包装商品生产企业计量保证能力评价。

计量监督执法

1995年，全市技术监督部门检定计量器具35万台件，其中强检计量器具31万台件，强检计量器具周检率达90%，基本保证量值统一。1996年，开展以强检计量器具为重点的计量执法检查，检定计量器具33万台件，其中强检计量器具15万台件，周检率达到91%，基本保证量值统一。1997年，组织全市市场零售商品和定量包装商品大检查，农用物资销售和农副产品收购大检查，以及眼镜、饰品、公用电话、出租车计价器的监督检查。35个单位被推荐为市级“商品质量、计量信得过单位”。1998年，对全市270所乡镇以上医院、19所行业医院、29个个体门诊部使用的B超、心电图机、X光机、CT机、血压计3223台件进行执法检查，合格2501台件，合格率为78%。2000年，组织对全市172个眼镜经销单位进行全面检查，并按照《潍坊市眼镜质量监督管理办法》，对眼镜经营实行甲、乙、丙分类管理。整顿治理后，全市装成眼镜合格率提高16%，镜片合格率提高22%，配装眼镜合格率提高14%。

2001年，“三表”监督管理逐步理顺，首检及日常监督管理步入正轨。2002年，加强民用“三表”的监督检查，使全市“三表”首检率达到98%。2003年，加大对定量包装商品的监管力度，全市定量包装商品生产企业合格率达到91%，同比提高5%。2004年，打击加油站计量不准违法行为，先后查处50台加油机作弊违法案件。2005年，组织开展12次民用“四表”、流通领域在用计量器具、定量包装商品及市场计量监督检查和眼镜市场监督检查。2006年，开展对煤矿用强检计量器具和机动车检测中心在用计量器具的专项监督检查。2007年，对55家建标企业和15个专项授权计量检定机构进行监督检查，收回、注销3家企业的计量标准证书和4家企业的计量授权。

2008年，开展加油站计量执法专项监督检查，受理加油站计量不准投诉123起，立案查处33起，其中最大案件涉案金额百万元以上。2009年，对潍坊市区、寿光市、青州市的323家企业的计量器具管理情况进行监督检查。2010年，开展全市加气站计量执法检查，共检查加气站15个，对存在伪造数据行为的8个加气站立案处理。组织全市开展汽车衡计量专项整治工作，摸清全市电子汽车衡生产、销售和使用单位的数量，并建立档案台账。2011年，组织煤矿、化工等行业开展安全防护用计量器具专项监督检查。2012年，市质监局联合市交通局、市交警大队，专项检查全市高速公路、普通收费公路、治超监测站等69个单位在用的88台汽车衡的检定情况。

第七节　特种设备安全监察与检验

安全监督管理

1991—2000年，市劳动局全面推行安全生产目标管理，狠抓安全生产责任制落实，先后开展锅炉、压力容器安全监察工作，确保企业的生产安全。对市直新建、改建、扩建项目进行审查验收，增补劳动安全技术措施投资。开展全国“安全生产周”活动7次，组织企业职工参加全国劳动安全卫生和消防知识竞赛，还多次组织安全生产大检查，重点检查矿山、化工、冶金、建筑、纺织、机械、交通等行业的安全生产，防止各类安全事故发生。

1998年，国务院将原由劳动部承担的锅炉、压力容器、电梯、防爆电器等9类特种设备的监督管理职能划转到国家技术监督局。潍坊市于2000年11月完成职能划转。2001年，市质监局完成在用锅炉、压力容器、压力管道及特种设备的普查登记，并开始实施微机化管理，提前两年半完成国家质检总局确定的“三年之内完成”的目标。组织开展6次安全大检查，检查单位2270个，查出各类隐患2185项，依法处罚57个单位，提请工商部门吊销22个存在严重安全隐患单位的营业执照。

2002年8月，潍坊市作为全省锅容管特普查整治验收的试点城市通过省质监局验收。市质监局制定《潍坊市锅炉压力容器压力管道及特种设备安全责任规定》《潍坊市锅炉压力容器压力管道特种设备事故处理预案》，完善“锅、容、管、特”安全管理机制。2003年，加大对气瓶充装站的检查管理力度，探索实行气瓶托管制度。2004年，加强基层监察网络建设，在全市12个县市区设立108个监管区域，配备245名安全监察员、协管员、联络员。作为全国试点单位，在全省率先完成压力管道普查，率先通过省质监局组织的压力管道专项普查工作验收。2005年，逐步构建起安全监察、检验检测、行政执法“三位一体”安全监管网络。建立健全巡查、报告、督办、考核等工作制度。从各乡镇、社区和大企业聘请128名协管员和520名联络员，消除特种设备监管盲区。在全省率先实行《特种设备状况白皮书》发布制度。组织编写《特种设备使用安全管理规范》《特种设备使用明白卡》。

市质监局组织特种设备检验人员对电梯进行定期检验　(2009年拍摄)

2006年，组织开展特种设备注册登记专项整治，与安监部门联合对全市15家汽车罐车充装单位进行逐个检查验收。建立风险分析研判制度和监察、检验、稽查联动工作机制，推行特种设备安全监察工作“一周一调度，一月一分析通报，一季一报告”制度。2008年起，组织开展“隐患排查治理年”活动，建立全市特种设备事故应急救援联动工作机制和特种设备风险信息管理工作机制，组织开展特种设备使用安全管理规范化示范企业创建活动。

2011年，在电梯、大型游乐设施等涉及公共安全的特种设备使用单位推行特种设备安全承诺制。组织编写《潍坊市特种设备使用管理指南》。采用RFID技术对电梯维保、工业气瓶、车用气瓶进行动态监管。29家车用气瓶充装站全部实现自动充装，4520台电梯实施电子维保，43家工业气瓶充装单位采用RFID技术实施电子监管。

2012年，在全市规划4个特种设备作业人员考试机构并通过省质监局考核验收。至年底，全市有特种设备使用单位9900个，特种设备5.36万台。有各类气瓶47万只，压力管道685千米。

2000—2012年潍坊市特种设备情况表

表13-7-13

年份	锅炉（台）	压力容器（台）	压力管道（千米）	电梯（台）	起重机械（台）	大型游乐设施（台）	客运索道（台）	场（厂）内专用机动车辆（台）
2000	3448	9800	—	629	1329	5	0	1355
2001	3583	8719	671	633	1559	235	0	1397
2002	4058	8523	745	848	1942	245	0	1593
2003	4831	11182	604	838	2145	63	0	1426
2004	3385	10050	749	1181	3168	87	4	1723
2005	2398	10512	843	1292	2779	54	4	1097
2006	2653	12307	895	1497	3794	56	4	1168
2007	3105	16234	879	1957	5305	55	4	1546
2008	3302	18060	962	2888	6850	61	3	1711
2009	3441	20176	841	4004	8273	77	3	1618
2010	3714	21258	875	5333	10266	83	3	1594
2011	3683	23503	618	7574	11737	98	3	1646
2012	4039	25145	685	9766	12919	91	3	1666

特种设备检验检测机构

2000年，山东省特种设备检验研究院潍坊分院（前身是潍坊市锅炉压力容器检验所）由市劳动部门划转到市质监部门，是潍坊市唯一一家特种设备综合检验检测机构，承担着全市锅炉、压力容器、压力管道、电梯、起重机械、厂内车辆等特种设备的定期检验和特种设备制造、安装、检测工作。至2012年底，全市陆续成立8家气瓶检验检测机构，主要承担全市液化石油气瓶、无缝气瓶、焊接气瓶、溶解乙炔气瓶等各类气瓶的定期检验工作。

第八节　行政许可与执法

行政许可

1991—2012年，市质监局负责的行政许可事项主要有三大类，即工业产品生产许可管理，特种设备生产、使用安全监察监督管理，计量器具的生产和销售监督管理。

2002年5月，国家质检总局印发《关于进一步加强食品质量安全监督管理工作的通知》，对小麦粉、大米、食用植物油、酱油、食醋等5类食品实行食品安全准入制度。食品质量安全监管进入以行政许可为主要手段的新阶段。2003年，国务院公布修订后的《特种设备安全监察条例》，确立特种设备市场准入的基本制度，潍坊市特种设备生产许可工作同步开始，主要有市级行政审批事项许可与确认，包括特种设备作业人员资格认定和特种设备注册使用登记等。2004年，严格实施食品质量安全市场准入制度，完成肉制品、乳制品、饮料、调味品、方便面、饼干、罐头、冷冻饮品、速冻米面食品和膨化食品10类食品质量安全市场准入工作。

2005年，市质监局承接省质监局委托管理的工业产品（含食品相关产品）生产许可受理及对获证产品的监督管理。2006年，市质监局建立《生产许可信息通报制度》，采取公告、简报等多种形式，及时通报有关生产许可信息到每一个相关企业。对全市计量器具生产企业信息库进行调整更新，对获证企业开展年度审核，全年新取证企业7家，到期复查换证企业5家。2007年，将生产加工环节28大类525种食品全部纳入市场准入管理。2009年7月1日，省质监局将眼镜和建筑外窗产品的生产许可证申请受理工作委托市质监局实施，并将生产许可证证书交由市质监局发放。全年共登记、发放证书110余张。2010年，对所有行政审批工作实行“一站式办结”。2011年，开展行政审批权集中制度改革，组建成立行政许可科，所有行政审批项目整体进驻市公共行政服务中心办理，实现一个窗口对外。承接省质监局委托管理的特种设备许可受理、计量类行政许可事项以及计量类许可受理、检验检测机构资质认定受理工作等。

执法办案

1993年3月，市技术监督局在高密市查获氯化钾假冒硫酸钾化肥坑农害农案，共封存假冒化肥33吨。同年8月，查处青州市棉麻公司从河南省太康县购进的58吨棉花严重掺假案件，为其挽回经济损失18.9万元。1995年，全市技术监督系统查处万元以上大案要案60余起，取缔造假窝点34个，为消费者挽回经济损失390万元，查处万元以上重大棉花质量案8起，取缔一批棉花掺杂使假黑窝点。高密市技术监督局与高密市供销社联合建立化肥、农药保质监销处，农民发现质量问题可持卡索赔。这一做法被国家、山东省和潍坊市技术监督部门推广。

1996年，全市技术监督系统查处伪劣和不合格商品4912批次，价值7000万元；取缔制假售假黑窝点62个，查处万元以上大案要案68起。重点组织饲料市场、酱油食醋市场、黄金珠宝市场、洋酒名酒市场的检查整顿，全市不合格企业整改验收合格率达到85%以上。1997年，查处伪劣和不合格商品732批次，价值2028.49万元。销毁假冒伪劣商品价值142.08万元，取缔制假售假窝点62个，查处万元以上大案要案16起。

1998年，对全市酱油食醋市场进行专项整顿。市、县两级组织大规模拉网式检查4次，累计销毁散装劣质酱油、食醋123.8吨，查获酱色5650公斤，销毁冰醋酸2520公斤，销毁劣质、变质瓶装酱油、食醋2.58万瓶，取缔造假窝点53处。对故意销售伪劣商品的380家经营户立案处理。对全市143家生产企业进行准产证检查验收，核发准产证23家，取缔不具备生产条件的企业43家，限期整改的生产企业77家。整顿后，全市酱油、食醋抽查合格率达到71.9%，比整顿前提高53%，城区（含县市区城区）市场基本杜绝散装酱油、食醋的销售。

1999年，受理投诉举报524起，立案查处308起，处结307起，取缔制假售假窝点106个，查处劣质产品标值424.36万元，罚没款181.56万元，为消费者挽回经济损失148.56万元。2000年，立案查处制假售假违法案件1470起，取缔造假窝点494个，查处假冒伪劣产（商）品货值7406万元，其中万元以上大案237起，移交司法机关1起。2000年，针对质量问题和假冒伪劣问题突出的产品、市场和区域，组织开展民用“三表”、农资产品保质销售、衡器市场等多项治理整顿活动。

2001年，开展农资、酒类、建材、棉花等产品专项打假活动。2002年，在全市开展针对棉花、食品、农资、锅容管特、建材产品、汽车摩托车配件等产品的六个打假战役。组织两次白酒专项打假行动，共立案查处制假售假案件537起，捣毁白酒制假售假窝点97个，查获不合格及假冒白酒34.3万瓶。为全市名优白酒企业开展专项打假，取缔生产、销售假冒景阳春、云门春、齐民思的窝点12处，查获假冒白酒1.5万余瓶，查获假冒白酒包装物530套。

2003年，全市质监系统立案查处违法案件1800余起，移交司法机关处理8起，为全市名优产品生产经销企业打假50余次。2004年，组织开展食品、禽类产品、农资、建材、絮棉制品、粉丝、酱菜、特种设备和计量专项打假行动。6月，查处昌邑夏店镇潍坊富锦食品有限公司“注水鸡”案件，现场查获注水设备4套，注水肉食鸡制品23.6吨。2005年，全年立案1400起，端掉制假售假窝点400个。其中在海化开发区双河村原小学院内查获假农药23吨，是潍坊市查获的第一大农药造假案。2006年，突出抓化肥、农药、人造板、黑心棉等产品的打假，立案1135起。对青州市王坟镇山楂制品进行专项整顿，突击检查企业100余家，查获掺杂掺假的山楂饼1000余箱，没收滑石粉15余吨，对17家掺杂掺假生产的企业进行严厉处罚。

2007年，检查农资生产企业180余家，立案查处农资案件40余起，取缔制假窝点20余个。组织“地条钢生产窝点”专项检查，先后查处生产地条钢及用地条钢生产热轧带肋钢筋窝点20余家，查获“地条钢”600余吨。2008年，集中开展农资专项打假下乡活动，深入村庄391个，入户586家，免费为消费者提供农资产品质量检验100余次。

2009年，立案查处各类违法案件190起，罚没收入312万元。2010年，全年立案查处各类违法案件260起，罚没款400万元。查获冒用景芝酒业、四川沱牌酒等多家厂名厂址的白酒1672箱，涉案产品货值金额2.64万元；查获伪造山东景芝酒业有限公司生产许可证的白酒300余桶（5升/桶）。对全市各液化气站突击开展液化石油气掺杂二甲醚专项整治行动。端掉寒亭区朱里街道电热毯黑窝点3处，查获无证电热毯上千条。

2011年，查办农资案件16起，移送公安部门追究刑事责任3起；查扣假劣水桶1.36万个，查处无证生产饮用水企业24家，处理使用无证水桶装饮用水企业10家。2012年，组织检查农资生产企业335家次，开展农资打假下乡160次，发放宣传材料4595份，现场受理群众咨询441次，查办农资案件19起。4月，国家、省、市三级质监部门对山东海得斯肥业有限公司进行执法检查，查获不合格化肥164吨，处罚款76万元。该案件被中央电视台、新华社报道。

行政复议

1991—2009年，市质监局受理7起行政复议案件，经过审理，维持原具体行政行为的4起，行政相对人主动撤回申请终止复议的3起。2011开始，社会上出现大量的职业打假人，以职业打假人为申请人的行政复议案件数量大幅增加。2012年，市质监局受理案件13起，其中，3起责令被申请人重新履行，1起申请人主动撤回，9起驳回复议请求。1991—2012年，当事人不服市质监局作出的具体行政行为，提起行政诉讼的案件共3起，全部涉及行政处罚。经法院审理，均被维持具体行政行为。

第八章　食品与药品监督管理

1991—2003年，潍坊市食品监管处于分散监管阶段。2000年，潍坊市药品监督管理局组建，药品、医疗器械监督管理体制由分散走向统一。2004年，随着潍坊市食品药品监督管理局的成立，形成全市食品监管多部门管理体制。食品药品监管部门负责综合监督，质监部门负责食品生产加工环节监管，工商部门负责食品流通环节监管，卫生部门负责餐饮业、食堂等消费环节的监管。2011年，潍坊市食品安全委员会成立，日常工作由市政府食品安全委员会办公室承担。至2012年，全市食品安全监管依然实行多部门监管。食品安全综合协调职能由市政府食品安全委员会办公室承担，质监部门负责食品生产环节监管，工商部门负责食品流通环节监管，食品药品监管部门负责餐饮环节监管。

第一节　监管机构

1992年8月，潍坊医药集团总公司成立，保留山东省潍坊医药公司的牌子，受市政府委托继续行使行业管理职能。1996年11月，加挂潍坊市医药管理局牌子。

1995年10月，《中华人民共和国食品卫生法》（简称《食品卫生法》）颁布实施，潍坊市卫生局在全市范围内行使食品卫生监督职责。

2000年3月，潍坊市药品监督管理局成立，依法承担药品和医疗器械在研制、生产、流通、使用等环节的监督管理职能，市卫生局承担的药政、药检职能和市医药公司承担的生产流通领域中的药品行业管理职能，划归市药品监督管理局统一行使。2001年11月，核定市药品监督管理局机关行政编制32名、稽查编制8名、机关工勤编制4名。内设办公室（挂政策法规科牌子）、药品管理科、市场监督科、医疗器械科、财务科、人事教育科6个职能科室和药品稽查大队、机关党委。

2003年7月，市、县药品监督管理系统实行省以下垂直管理。2004年11月，潍坊市药品监督管理局更名为潍坊市食品药品监督管理局，增加食品安全综合监督、组织协调和依法组织对重大食品安全事故查处职能。同年12月，成立潍坊市食品药品安全协调委员会，作为加强食品药品综合监管的协调议事机构，办公室设在潍坊市食品药品监督管理局。同年12月，根据中编办《关于进一步明确食品安全监管部门职责分工有关问题的通知》规定，卫生部门承担的生产加工环节的食品卫生监管职责划归质监部门，工商部门负责食品流通环节的监管，卫生部门负责餐饮业、食堂等消费环节的监管。

2007年12月，潍坊市食品药品安全协调委员会更名为潍坊市食品药品安全委员会，办公室设在市食品药品监督管理局。2009年11月，食品药品监管体制改革，市、县食品药品监督管理局分别列入同级政府工作部门，市辖区食品药品监督管理机构作为市食品药品监督管理局的派出机构。

2010年10月，食品药品监管部门承担的食品安全综合协调、组织查处食品安全重大事故的职责划入卫生部门，卫生部门承担的餐饮服务许可、餐饮服务环节食品安全监管和保健食品、化妆品监督管理的职责划入食品药品监管部门。市食品药品监督管理局总编制36名，内设办公室（挂政策法规科牌子）、组织人事科、规划财务科、餐饮服务食品安全监管科、保健食品化妆品监管科、药品安全监管科、药品市场监管科、医疗器械监管科8个职能科室。

2011年6月，设立潍坊市食品安全委员会，作为市政府食品安全工作的议事协调机构，其日常工作由市政府食品安全委员会办公室承担。2012年1月，潍坊市卫生局承担的食品安全综合协调职能、组织查处重大食品安全事故等职责移交潍坊市人民政府食品安全委员会办公室。

市食品药品稽查支队

潍坊市药品监督管理稽查大队成立于2000年11月，为潍坊市药品监督管理局所属正科级事业单位，编制5人。2001年11月，核定稽查编制8名。2008年7月，实行参照公务员法管理。2011年1月，组建潍坊市食品药品稽查支队，副县级事业单位，编制30名，内设综合科、督察科、药品稽查科、医疗器械稽查科、餐饮稽查科、保健食品化妆品稽查科6个科。至2012年底，机构与编制未有新变化。

市食品药品检验所

1960年8月，组建昌潍专区药品检验所，隶属于昌潍专区卫生局，后随行政区名称变动而易名。1998年4月，潍坊市药品检验所编制由35名调整为45名。2000年3月，改属市药品监督管理局。2001年6月，规格由正科级调整为副县级。2003年1月，编制调整为56名，内设办公室、业务管理科、中药检验科、理化检验科、生物测定科、财务科6个科室。2010年12月，更名为潍坊市食品药品检验所，增加餐饮服务、保健食品、化妆品等检测职能。2011年3月，内设科室调整为办公室、财务科、业务监督科、药理科、中药检验科、理化检验科、生物测定科、食品检验科、保健食品化妆品检验科9个科室。2011年4月，增设药品不良反应监测科，挂市药品不良反应监测中心、市药物滥用监测中心牌子。至2012年底，市食品药品检验所内设10个科室，人员编制56人。

第二节　食品安全监管

综合监管

1991年，市卫生行政部门负责全市食品卫生监督工作。1995年，《食品卫生法》颁布实施，潍坊市明确市卫生局在全市范围内行使食品卫生监督职责，依法对市直食品生产经营单位、餐饮服务单位、集体食堂实施食品卫生许可。2004年12月，根据中编办《关于进一步明确食品安全监管部门职责分工有关问题的通知》规定，确立分段监管为主、品种监管为辅的监管方式，一个监管环节由一个部门负责。质监部门负责食品生产加工环节的监管，工商部门负责食品流通环节的监管，卫生部门负责餐饮业、食堂等消费环节的监管；食品药品监管部门负责对食品安全的综合监督，组织协调和依法组织查处重大事故。2005年，市政府印发《关于进一步加强食品安全工作的实施意见》，要求各部门认真履行分工职责，依法加强食品生产流通领域监管，建立食品安全信用体系，推行食品卫生监督量化分级管理，实施食品放心工程，完善食品检验检测体系，切实加大食品安全工作力度，保证全市人民饮食安全，加快推进“平安潍坊”“诚信潍坊”的建设进程，促进食品产业健康发展。

自2004年12月潍坊市食品药品安全协调委

潍坊市集中销毁假劣药品与医疗器械现场　(2011年11月拍摄)

员会成立，到2010年年初，共召开14次全体会议，制定落实重大食品安全事故应急预案和督查督办制度，成立食品安全专家组，市县两级均组织了食品安全重大突发事件应急演练。每年组织各类食品安全专项整治活动、重大节日食品安全督查和暗访，开展对县市区和市属开发区的食品安全目标责任制考核，并将考核内容纳入市委、市政府年度目标考核“一票否决”项，初步形成部门联动、节日督查、应急管理和综合考评机制。

2011年11月21日，潍坊市食品安全委员会在安丘市召开第一次全体（扩大）会议，印发《关于进一步加强食品安全工作的意见》，对全市食品安全工作进行全面部署，先后组织严厉打击食品非法添加和滥用食品添加剂、清查清缴问题乳粉、“地沟油”和餐厨废弃物管理、畜禽“瘦肉精”、海参类产品、酒类质量安全、猪肉产品质量安全以及城乡食品安全等多项食品安全专项整治工作。2012年，市政府食品安全委员会办公室在全市组织开展以“强基层、建组织，打基础、提能力，抓基本、促规范”为主要任务的食品安全“基层、基础、基本”（三基）建设年活动。全市119个镇（街道）全部设立食安委，成立食安办，7141个行政村和社区全部成立食品安全协管小组，共聘请食品安全宣传员、联络员、监督员、信息员、协管员“五员”2.76万名，食品安全“五级联动”和“五员一体”的社会化管理新格局初步形成。先后印发《潍坊市食品安全事故应急预案（试行）》《潍坊市食品安全举报奖励办法（试行）》《关于建立和完善涉嫌食品安全犯罪案件移送工作机制的意见》等规范性文件。全年受理群众举报238起，查实210起，兑付举报奖励13万余元。在全市开展食品安全专项整治“风暴行动”“利剑行动”“双百会战”。组织食品安全宣传周活动，启动“2012食品安全潍坊行”媒体采访报道活动，在各级食安办、食品安全监管部门与市各大主流新闻媒体之间建立起密切配合的常态化沟通机制。

食品生产监管

1993年，国务院机构改革撤销轻工业部，食品企业在体制上正式与主管部门分离，食品生产经营方式发生重大变化。1995年，八届全国人大常委会第16次会议审议通过《食品卫生法》，明确规定国家实行食品卫生监督制度。

1996年，潍坊市技术监督部门先后对酱油、食醋、洋酒、名酒市场进行检查整顿。1997年，加强食品标签监督检查，全市共检查进口食品、海产品、其他产品479批次，合格率85%。加强对啤酒、冷冻饮品、名酒洋酒、食用植物油、商品市场检查整顿。4月，市技术监督局受山东得利斯集团的委托，对青岛、烟台两地出现的假冒得利斯火腿肠组织打假行动，保护了企业的声誉和经济利益。1998年，开展对名酒洋酒、啤酒、冷冻饮品、食用植物油、酱油、食醋等商品的专项检查。

2001年，按照“检查一种产品、整顿一个行业、规范一项管理”的要求，组织全系统对小麦粉、大米、食用植物油、酱油、食醋等20余种产品进行21次专项检查，组织2次白酒打假专项行动。

2002年5月，国家质检总局下发《关于进一步加强食品质量安全监督管理工作的通知》，开始实行食品质量安全市场准入制度。潍坊市对首批实施市场准入制度的小麦粉、大米、食用植物油、酱油、食醋5类产品的35家生产企业逐一审查，其中有31家企业的39个产品获得食品安全质量认证(QS)，取得市场“准入证”。市质监局、粮食、工商等部门联合开展“诚心经营——放心面”工程，既抓源头，又抓市场，使面粉合格率提高20个百分点。

2003年，全市有198种产品获得食品安全质量认证(QS)，占全省认证总量的1/6。2004年，完成肉制品、乳制品、饮料、调味品、方便面、饼干、罐头等10类食品质量安全市场准入工作，全市有229家企业的260种食品获得食品生产许可证。开展食品生产加工企业调查摸底，初步掌握2000余家食品生产加工企业的基本情况，并建立1200家食品生产加工企业电子质量档案。市政府召开全市食品生产加工企业整顿工作会议，印发《关于加强食品质量安全监管的意见》，在全省率先制定《食品质量安全应急预案》。全年检查食品生产加工企业800余家，查处食品违法案件200余起，先后开展奶粉、粉丝、酱菜等食品打假行动。在奶粉专项打假中，派出专人进驻全市的5家奶粉生产企业，实行驻厂监督。组织对青州王坟山楂制品生产区域、昌邑肉食鸡加工区域进行整顿。

2005年，建立完善“统一管理、层级负责、分类监管、重心下移”的食品安全监管新机制。建设食品信用评价体系，对食品加工环节1023家食品企业进行评定。其中A级81家、B级298家、C级321家、D级323家。寿光市建立108家食品生产企业电子质量档案和影像档案。严格食品市场准入制度，全市有307家食品企业的346个产品单元获得生产许可证。

2006年，对食品加工小企业、小作坊实行县级政府认定制度。开展以“培养一名质量意识强的负责人(法人代表)、一名具备一定质量管理水平的质量管理人员、一名熟悉检验业务的检验人员”为内容的“三个一工程”，培训食品加工企业负责人和质量管理人员2000多人次，培训食品企业检验人员230多名。全市累计有525家企业的549个产品获得市场准入资格。

2007年，将生产加工环节28大类525种食品全部纳入市场准入管理。建立企业公开承诺自律制度、业务事项提示制度、轻微问题告诫制度、管理漏洞建议制度和典型案例披露制度等5项制度。全市675家食品生产企业，有596家企业获得食品生产许可证，79家企业通过审查。年内，按国务院统一部署，开展“产品质量和食品安全专项整治行动”。通过整治，全市应取得食品生产许可证的食品生产企业全部获得生产许可证，经过认定的310家食品小作坊全部签订质量安全承诺书，全市167家涉及人身健康和安全的10类产品生产企业全部建立起质量档案。国家质检总局挂牌督办的3个生产区域和省质监局挂牌督办的5个生产区域治理效果明显。10月25日，全国产品质量和食品安全专项整治行动第二次现场会在潍坊召开，国务院副总理吴仪对潍坊市的专项整治工作给予高度评价。

2008年，河北“三鹿”奶粉事件发生后，全市迅速开展乳制品质量专项整治活动。实施24小时驻厂监管，对产品实行批批检验、签字放行制度，确保全市乳制品质量安全。市质监局制订潍坊市企业供应第二十九届奥运会（北京）食品安全保障工作方案，对奥运备选食品供应企业山东

市质监局工作人员检查食用植物油产品质量 （2009年拍摄）

华盛食品有限公司的质量保证体系、生产条件进行全面检查，实施驻厂监管，封闭生产，现场监测，批批检验；对供应奥运比赛城市的203家食品生产企业实施严格监管，全部签订质量安全保证书，保证潍坊市供奥食品和奥运会期间全市食品生产质量安全。年内，成立食品检验员实训基地，培训化验员1200多名，1000多名化验员通过省质监局的考核。

2009年，组织开展打击违法添加非食用物质和滥用食品添加剂专项整治活动。在全市质监系统内建立包括食品质量安全风险监测、风险研判、风险预警及快速处置机制在内的食品质量安全风险管理机制。建立风险管理和风险预警制度，开展食品安全事故应急处置演练。对青州山楂制品生产区域进行整顿，协助改组成立青州市王坟镇果品加工业商会。

2010年，开展“学习出口企业管理，学习HACCP管理”活动，促进企业管理向精细化方向发展。组织召开落实企业主体责任现场观摩会13期，观摩人数2300多人。开设“食品安全大讲堂”，编制《食品生产企业原辅料和相关产品把关指南》《食品生产过程控制指南》。

2011年，市质监局制定食品生产监督抽查、监督抽查后处理、监督检查三个工作程序，指导基层局做好监管工作。组织开展乳制品等5类产品的监督抽查和桶装饮用水等3类产品的专项抽查，共抽查产品614批次。举办食品生产企业履责报告会83期，全市941家食品生产企业、32家食品添加剂生产企业全部进行履责报告。组织开展乳制品生产企业重新审核换证工作，4家规模小、条件差的企业被淘汰。山东三元乳业有限公司、潍坊阳春天然乳业有限公司等6家企业重新换发食品生产许可证，潍坊伊利乳业有限责任公司新获食品生产许可证。

2012年，全市举办食品生产企业履责报告会33期，市质监局对连续两次抽查不合格的39家企业的法人代表分三期进行约谈，对肉制品、小麦粉不合格的46家企业的法人代表进行约谈；各县市区质监局约谈法人代表260余人。同年3月，国内铬超标胶囊事件发生后，紧急部署开展食用明胶检查，抽取乳制品、饮料、果酱制品、肉制品、罐头、蛋制品、方便食品、糖果等产品样品25个，未发现铬超标现象；组织对320多家食品生产企业现场检查，未发现有使用工业明胶的违法行为。开展蜜饯、桶装饮用水、白酒塑化剂等多项监督检查，严厉查处无证生产、非法添加等行为。开展乳制品、小麦粉、挂面、茶叶、方便食品、蜜饯、肉制品、糕点、月饼、冷冻食品10多类产品的市级监督抽查。年内，市质监局开展质量安全风险排查整治和道德领域突出问题专项教育治理活动。共排查工业产品生产企业679家，排除隐患40次；排查食品、食品添加剂、食品相关产品及化妆品生产企业1041家次，排查风险隐患150条；排查特种设备生产企业和使用单位926家，查处违法行为50家，排查风险隐患337处，避免发生系统性、区域性和行业性质量安全问题。

食品流通监管

90年代以来，食品安全监管实行的是较为分散的分段监管体制，工商部门负责食品流通环节监管。

2004年，组织开展节日市场、酒类市场、儿童食品市场整治，制订《重大食品安全事故应急预案》，设立180个食品监控点，完善了食品安全预警防范机制。市政府办公室转发市工商局《关于实施安全食品市场准入工程的意见》，按照依法规范市场、市场引导生产、加强消费指导、推行长效管理的思路，进一步强化履行流通领域商品质量监管，严把市场准入关，重点在市区及乡镇驻地的重点农副产品批发市场、农产品零售市场、超市、商场推行市场准入。

2005年，潍坊市在乡镇以上较大规模的食品批发、零售商场、超市中全面落实食品市场一户多档制、实名登记制、证明登记制、标牌公示制“四制”制度，在小型经营门店落实商品质量承诺公示制度和进销货台账制度，全市有3500多家经营企业、2万多户经营业户按照要求建立质量查验、进销货台账、承诺等自律制度。2006年，市工商局印发《关于进一步加强食品安全工作的通知》《潍坊市工商局流通环节食品安全监督管理责任及责任追究办法》《潍坊市工商局流通环节重大食品安全事故应急预案》《工商所食品安全监督管理工作细则》等，进一步完善食品安全长效监管机制。进一步完善市场准入、巡查管理、质量检测等食品安全监管制度，设立食品安全公示牌1600多个，发布食品安全监管信息4300多条（次）。

2007年，山东省正式推行食品市场监管“四项制度”（一户多档制、实名登记制、证明登记制、标牌公示制）。全市2889户食品批发业户和1.48万户食品零售业户实行一户多档制，1.4万名食品销售从业人员实行实名登记，6520个熟食制品经营摊位实行证明登记，2300种裸（散）装食品实行标牌公示。组织开展“农村食品市场整顿年”活动，集中开展重点食品、重点区域以及季节性、节日性食品、奶制品市场、食品添加剂的专项执法检查。深入开展流通领域产品质量和食品安全专项整治行动。检查经营业户6.5万户次，取缔无照经营3247户，查处违法经营案件960件。

2009年，组织开展食品流通安全大会战活动，在全市45处大型商场、超市安装93台食品信息查询机，实现消费者对食品质量状况的即时查询；投资140万元，购买279台食品快速检测仪，加强对流通环节食品质量的快速检测。

2011年，在落实食品市场监管“四项制度”的基础上，深入推行“一票通”凭证，约有2万户食品经营户实行一票通制度。2012年，深入开展流通环节食品安全放心乡镇（社区）创建活动，全市118个乡镇、793个社区参加活动。

餐饮服务监管

90年代初，卫生部门负责食品消费环节监管。1994年，市卫生局与潍坊日报社联合举办“食品卫生公告”活动，将食品生产过硬的厂家及产品不合格厂家的厂名、产品名称同时刊登于《潍坊日报》。1996年，在全市范围内组织开展食品卫生信得过单位和优质公共场所评比活动，全市共评比出食品卫生信得过单位55家。2000—2006年，利用《食品卫生法》宣传周活动，在全市开展广泛宣传，加强全社会对食品卫生的监督，共培训从业人员10多万人。

2010年，市食品药品监管局组织开展历时3

个月的调查摸底工作，全市共有餐饮单位1.22万家，其中6160家持有有效的许可证件，持证率仅为50.5%。2011年，印发《潍坊市餐饮服务、保健食品、化妆品监督管理工作暂行意见》《潍坊市餐饮服务食品安全日常监督管理办法（暂行）》《潍坊市重大活动餐饮服务食品安全监督管理办法》《潍坊市餐饮服务环节食物中毒应急处置方案》等，健全餐饮服务食品安全监管机制。建立餐饮服务企业基本情况数据库和“一品一档”“一企一档”“一店一档”电子及纸质档案。在全市推行餐饮服务食品安全量化分级管理制度，在日常监督检查中采取量化检查方式，以量化检查结果为依据对餐饮单位进行评分，结果分A、B、C三个等级，针对不同的等级实施动态监管，并按照不同级别确定检查频次，使餐饮监管更加科学、规范。

2012年，市食品药品监管局实行统一管理制度、统一监管档案、统一有关标识、统一有关记录、统一考核培训“五统一”管理，强化食品原料、食品添加剂采购查验，提升规范化管理水平。开展诚信体系建设，全市2412家餐饮单位建立起电子监管信用档案。按照“分步推进、分类实施、全面覆盖”的原则，推进餐饮服务食品安全监督量化分级和等级公示工作，对全市3000余家餐饮单位进行量化分级现场评定和等级公示。

第三节　药品安全监管

药品生产监管

药品生产许可　1985年始，国家对药品生产企业实施许可证管理。2000年初，潍坊市取得药品生产许可证的企业有24家。2012年底，潍坊市持有药品生产许可证的药品生产企业共28家。

GMP认证　1988年，国家颁布《药品生产质量管理规范》（GMP），在全国药品生产企业推行。潍坊市按国家关于药品按剂型类别分步实施药品GMP的要求，从2000年到2006年，分4批完成药品生产企业GMP认证，实现药品生产企业在符合药品GMP条件下组织生产。

药品注册　2000年初，潍坊市共有药品批准文号282个。2002年国家开展注册文号换发工作，有24家企业的268个品种取得国家药品批准文号。2012年12月，全市28家药品生产企业有抗生素、原料药、化学药制剂、体外诊断试剂、中成药、医用气体药品批准文号584个。

医疗机构制剂注册　2000年，全市有医院制剂室56家，配制制剂品种356个，其品种覆盖灭菌制剂、普通制剂和中药制剂。2001年、2003年，省药品监督管理局分别开展“医疗机构制剂许可证”和制剂文号的换发工作，自2004年3月起，全市停止所有大输液的生产。2012年12月，全市持有医疗机构制剂许可证的医疗机构共31家，持有制剂文号495个。

药品不良反应监测　2003年8月，潍坊市药品不良反应检测中心成立，隶属于潍坊市药品检验所。至2006年底，全市12个县市区均建立药品不良反应监测机构。每年上报ADR（药品不良反应）数量，2005年为476例，2006年为2993例，2007年为6983例，2008年为6043例，2009年为8268例，2010年为10301例，2011年为15377例，2012年为12277例。

药品市场监管

药品经营许可　1985年始，国家对药品经营企业实施许可证管理。2000年，潍坊市取得药品经营企业许可证的药品法人批发企业17家，分支机构71个，药品零售企业119家。2012年，全市持有药品经营许可证的药品批发经营企业50家，零售连锁企业47家，零售药店2980家。

GSP认证　2000年，《药品经营质量管理规范》（GSP）正式施行。2003年，市药监局举办第一期GSP培训班，并召开药品GSP认证现场会，逐步推行药品GSP认证。至2012年，全市通过GSP认证的药品批发企业50家，零售连锁企业47家，零售药店2980家。

农村药品两网建设　2004年，市政府印发《关于加强农村药品监管和供应网络建设的意见》，“两网”建设工作全面推开。2005年9月6日，潍坊市农村药品“两网”建设现场会议在诸城召开，总结交流全市“两网”建设情况并参观“两网”建设现场。2006年8月29日，山东省农村药品“两网”建设师资培训班在潍坊召开，进一步推动两网建设深入开展。至2009年12月，全市均建立市、县、乡三级领导小组和四支队伍，共聘任乡镇协管员699名，覆盖率100%；聘任村信息员7227名，占全部行政村数量的87.5%。2012年，潍坊市所有乡镇驻地和部分较大行政村均设有零售药店，全市药品配送到乡率100%，配送进村率76.3%。

医疗器械监管

医疗器械生产经营许可　2000年4月1日，《医疗器械监督管理条例》正式实施，国家对医疗器械生产经营开始实行许可证制度。至2012年12月底，全市共有医疗器械生产企业68家，医疗器械经营企业623家。

医疗器械产品注册　1996年始，国家对医疗器械实行分类注册制度。2000年初，潍坊市共有一类医疗器械产品9个、二类医疗器械产品21个、三类医疗器械产品4个。至2012年底，全市共有一类医疗器械产品142个、二类医疗器械产品256个、三类医疗器械产品83个。

医疗器械不良事件监测　潍坊市于2007年开展医疗器械不良事件监测工作，在市药品检验所成立医疗器械不良事件监测中心。2007年为政策宣传年，主要侧重医疗器械不良事件监测工作的宣传培训，全年共上报不良事件1例。2008年为监测工作深入开展年，全年上报不良事件144例。2009年上报384例，2010年上报1132例，2011年上报2670例，2012年上报2764例。

药品市场整顿

1990—1999年，潍坊市先后组织开展三次大规模的医药市场治理整顿。1990年，主要整治各行各业无证经营药品问题；1994年，主要整治非法药品集贸市场、中药材市场；1999年，主要整治医药购销中的不正之风，全行业组织全面的自查自纠和试点抽验，对查出的收受和支出折扣进行处理。

2000年，市药品监管局组建后，制订《开展全市药品质量大检查严厉打击制售假劣药品行为的实施方案》，开展全面药品质量大检查，共检查单位1300多个（次），查办案件178起。2001年，发布药品打假有奖举报、密码领奖制度，组织开展“百日打假”、医院制剂质量检查等集中整治活动，检查单位5300余个次，查办案件143起。2002年，推行“全员上一线、同力抓监管”，实行划线分片包干责任制，检查单位7500余个（次），查处案件559起。2003年，深入实施药品放心工程，开展城乡药品市场专项整治，检查单位7200余个（次），查办案件583起。自该年起，市药监局对打假治劣活动中查获的假劣药品进行公开销毁，同时召开新闻发布会，公布当年查办的重大假药案件。

2004年，市药监局与公安、邮政等部门加强协作，建立联席会议、联动反应和信息交流等工作机制，联合办案40多起，查获不法分子20余人，批捕1人，涉案金额60多万元。全年共检查单位7100余个（次），查办案件393起。2005年，组织开展农村药品质量、医疗器械重点产品、邮购假劣药品、个体诊所用药等10项专项整治，检查单位7800余个（次），查办案件654起。2006年，组织开展药品市场专项整治“十号行动”，积极应对“齐二药”假药事件和“欣弗”劣药事件，检查单位9100余个（次），查办案件1190起。2007年，市县两级食品药品监管部门实行划线分片、区域责任和责任追究制，开展药品市场治理整顿，检查单位9877个（次），查办案件1536起，查处超范围经营药品单位9个，取缔违法业户16户。2008年，结合开展北京奥运会兴奋剂专项治理，组织开展中药材中药饮片、疫苗质量等9项专项治理，检查单位1.1万余个（次），查办案件1616起。2009年，从严查挂靠经营、“走空票”入手，重点整治医疗机构从非法渠道购进药品违法行为，持续开展双黄连注射液、定制义齿等16个专项整治，检查单位1.2万余个（次），查办案件1645起。2010年，组织开展疫苗质量、非药品冒充药品等15项药械专项治理活动，检查单位1.2万余个（次），查办案件2850起。2011年，组织开展基本药物流通等13个专项检查，检查单位1.1万多个（次），查办案件1842起。

2012年，组织开展医疗机构制剂、药品“两打两建”等14个专项整治，共检查单位1.2万多个（次），查办案件1599件。全年销毁查获和回收的假劣药品案值1500余万元。

2012年1月10日，市食品药品稽查支队对药品、保健食品经营单位进行现场监督检查

第四节　食品药品安全示范创建与宣传教育

安全示范创建

2007年，国家食品药品监管局印发《关于开展创建食品安全示范县活动的通知》，潍坊市制定《潍坊市食品安全示范县创建活动实施方案》，各县市区分别制订创建方案，申报创建资格，寿光市被确定为2007年度省级食品安全示范县创建单位。同时，高密市、昌邑市被确定为市级食品安全示范县创建单位。

2008年，市政府印发《关于在全市开展食品药品安全示范乡镇（街道）创建活动的意见》，从2008年开始在全市开展食品药品安全示范乡镇（街道）评选活动，每年进行一次，三年内完成。同年，寿光市被正式授予国家级食品安全示范县称号，高密市和安丘市被确定为省级食品安全示范县创建单位，全市共有36个乡镇（街道）被表彰为市级食品安全示范乡镇（街道）。2009年，高密市、安丘市被正式确定为省级食品安全示范县并授牌，全市命名表彰100家文明规范药店。

2011年3月，市政府转发市食品药品监督管理局、市商务局《餐饮服务食品安全示范创建工作实施意见》和市食品药品监督管理局

《药品安全示范县创建工作实施意见》，市食品药品监管局会同教育部门制订《潍坊市“学校食堂四心”创建活动实施方案》，在全市开展“学校尽心、学生舒心、家长安心、政府放心”的学校食堂“四心”创建活动。2011年，青州市创建成为省级药品安全示范县，安丘市创建成为省级餐饮服务食品安全示范县。同年，创建市级年度餐饮服务食品安全示范县市区7个、示范镇（街道）28个、示范街19条、示范单位604个。

2012年，安丘市、高密市被确定为省级药品安全示范县创建单位，高密市创建成为省级餐饮服务食品安全示范县，创建市级药品安全示范县5个、餐饮服务食品安全示范县市区5个、示范镇（街道）26个、示范街19条、示范单位594个。

宣传教育

自1982年《中华人民共和国食品卫生法（试行）》颁布施行后，全市开展形式多样的宣传教育活动。1993年，潍坊市卫生防疫站与山东省得利斯集团总公司、潍坊日报社等单位举办“得利斯杯”营养与食品知识竞赛，印发培训材料3万册。

1996年，组织开展《食品卫生法》知识竞赛，参加人数5000人。在全市范围内开展食品信得过单位和优质公共场所评比，全市共评出食品卫生信得过单位55个。

2000年，开展《医疗器械监督管理条例》宣传周活动、处方药与非处方药宣传周、创建“放心药店”“放心药房”活动。2001年5月19日，开展《中华人民共和国药品管理法》（简称《药品管理法》）宣传日活动。2002年，开展创建“放心药店”“放心药房”“放心药厂”活动，举行新闻发布会，确立新闻发布会制度。2004年，在全市实行购买假药先行退款制度，举办全市“诚信涉药保质量、安全药品进万家”活动启动仪式暨“爱我潍坊、诚信涉药”联谊会和“全民用药安全”宣传活动。2005年，举办“远东杯”《药品管理法》有奖知识竞赛、“珍惜生命、关爱健康”安全用药有奖知识竞答等活动，参与人数达1.2万多人次。推出“走进社区、走进企业、走进农村、走进校园”等系列宣传活动，开展清理回收家庭过期失效药品、《药品管理法》实施周年座谈会及上街宣传等大型宣传服务活动。2007年，开展《山东省药品使用条例》宣传活动以及“万名顾客签名活动”“百家药店千名药师服务承诺宣誓大会”“食品药品监管之窗”栏目开播仪式等系列服务活动。2008年，市、县两级局同步开展以“依法治理兴奋剂，迎接和谐奥运会”为主题的集中宣传活动。潍坊市首次举行食品药品监管工作新闻发布会，将食品药品安全工作专题专报，

市食品药品监管局组织人员向群众宣传食品药品安全知识
（2009年6月拍摄）

向全社会公开食品药品监管部门为民服务八件实事。编印《食品药品安全知识》手册，制作《潍坊市食品药品创新监管画册》，在潍坊电台新闻频道开播“食品药品监管之窗”栏目。2009年，开展“食品药品安全年”活动。召开新闻媒体记者座谈会，通报2008年十大药品案件和2009年市食品药品监管系统为民办理的十件实事。2011年，先后开展饮食用药安全知识“五进”（进社区、进机关、进农村、进企业、进学校）、《食品安全法》宣传周、全国安全用药月等大型宣传活动46场次。

2012年，开设食品药品安全之窗栏目，开展食品药品安全知识“进农村、进企业、进学校、进社区、进机关”宣传服务活动、“食品安全宣传周”“全国安全用药月”等现场宣传活动，发放宣传材料1.8万余份。

第九章　安全生产监督管理

1991—1998年，市安全生产委员会办公室设在市劳动局，履行全市安全生产综合协调职能。1998年，政府机构改革，原劳动局承担的安全生产综合监管职能交由经贸委行使。2001年5月，市安全生产监督管理局（简称市安监局）成立，归口市经贸委。2004年10月，市安监局调整为政府工作部门。市安监局成立之后，进一步加大工作力度，全市安全生产局势不断好转。随着2002年《中华人民共和国安全生产法》的颁布实施，全市安监工作走上了有法可依的轨道。全市不断完善安全生产责任制，加大执法力度，通过日常监管、执法大检查、专项检查、安全生产月、安全创建、许可证管理等方式和活动，切实把安全生产落到实处。2006年，潍坊安全生产信息网开通，安监工作向网络化迈进。2010年，全面启动安全社区创建工作，安全监管新机制日趋完善。到2012年，全市安全生产事故连续11年下降。

第一节　管理机构

2001年5月，市安监局成立，正县级规格，归口市经贸委管理。2004年10月，市安监局调整为政府工作部门。同月，潍坊市安全生产监察支队成立，为副县级参公事业单位，编制15名，下设综合科、安全监察一科、安全监察二科。2008年4月，潍坊市安全生产应急救援指挥中心成立，为副县级事业单位，编制10人，下设综合科、应急救援科。

至2012年底，市安监局总编制56人，其中行政23人、事业33人，内设办公室、综合监督管理科、规划科技科、矿山安全监督管理科、工商贸安全监督管理科、危险化学品安全监督管理科、职业安全健康监督管理科7个科室。下设潍坊市安全生产监察支队、潍坊市安全生产应急救援指挥中心2个事业单位。

第二节　日常监管

安全生产目标与责任制

1991年，市政府对安全生产管理目标及伤亡事故控制指标进行逐级分解，安全生产责任制建设开始向规范化、法制化转变。1992年11月，《中华人民共和国矿山安全法》（简称《矿山安全法》）通过，1993年5月1日起施行。潍坊市制定实施意见，加大安全生产执法力度。1993年，国务院实行“企业负责、行业管理、国家监察、群众监督”的安全生产管理体制。潍坊市相继实施工伤保险、重特大伤亡事故报告调查、重特大事故隐患管理等多项法规，并配套实施一系列地方性规定。1994年，市政府召开两次全市安全生产工作会议，部署安全生产工作。1995年，按照“企业负责、行业管理、国家监察、群众监督”的安全管理体制，强化综合管理和监察职能，县属以上企业职工伤亡事故起数、死亡人数、重伤人数与1994年相比分别下降57.14%、52.17%和83.33%。

1999年，全市贯彻落实中央领导对安全生产的指示和全国全省安全生产电视电话会议精神，从讲政治、保稳定、促发展的高度加强安全生产工作。强化安全生产目标管理责任建设，通过加强安全管理、开展安全检查、落实企业安全生产主体责任等措施，推动企业落实安全生产责任。

2002年6月，九届全国人大常委会通过《中华人民共和国安全生产法》（简称《安全生产法》），国务院相继颁布实施《企业职工伤亡事故报告和处理规定》《特别重大事故调查程序暂行规定》《生产安全事故报告和调查处理条例》。潍坊市制定《潍坊市贯彻实施安全生产法办法》等与之相关配套的实施意见，从整体上对安全生产工作进行规范。

2003年，市委、市政府认真贯彻《中共中央关于完善社会主义市场经济体制若干问题的决定》，明确提出安全生产工作要统筹经济社会协调发展。2004年，市委、市政府印发《关于进一步加强安全生产工作的决定》，将省下达的年度控制指标进行测算、分解，分别下达各县市区政府和市有关主管部门，以定期调度和检查督查结合的方式确保目标落实。当年在全市全面推行安全生产工作报告制度，由各县市区主要负责人向市政府作年度安全生产书面报告。

2006年起，市统计局第一次把亿元GDP事故死亡率、十万工矿商贸从业人员事故死亡率、道路交通万车死亡率和煤矿百万吨死亡率4个控制指标纳入国家统计公报，安全生产纳入经济发展和社会进步的总体战略。12月，按照中央纪委、监察部、国家安全监管总局《安全生产领域违法违纪行为政纪处分暂行规定》要求，市纪委、监察局、安监局联合印发《贯彻执行安全生产领域违法违纪行为政纪处分暂行规定意见》，对安全生产领域各类违法违纪行为及其处分裁量标准作出明确规定，为查处安全生产领域违法违纪案件提供了重要依据。

2007年，开展安全生产“落实年”和“执法年”活动，突出责任落实、专项整治、“三基”（安全生产基层、基础和基本功）工作、行政许可、执法监察、安全文化和队伍建设等工作重点，把安全生产纳入对各级领导班子和领导干部政绩考核的内容，逐级签订责任书，层层落实责任制，实行“一票否决”。

2008年，全市安全生产工作坚持“安全第一、预防为主、综合治理”的方针，对全市3万余家企业逐一明确安全监管部门、负有安全监管职责的部门和行业主管部门。市、县、乡层层签订安全生产目标责任书，重点领域企业实行安全生产承诺制，安全生产责任得到落实。建立健全政府安委会例会、部门联席会议、定期约见和情况通报等工作机制，部门密切配合、齐抓共管的安全生产综合监管新格局日趋完善。

2009年，全市层层签订安全生产责任书和承诺书，实行领导干部“一岗双责”制，分解落实安全生产控制指标。把地方政府和市直有关部门安全生产履职情况纳入领导干部工作业绩考核内容，实行安全生产“一票否决”。筹措资金192万元，完善安全生产信息平台和覆盖重点地区、部门、单位的自然灾害预警预报工作体系。在全市组建16支社会专业应急救援队伍，组织各类应急演练5700余次，参加演练人数60多万人次。在全省率先开展公共安全责任建设年活动，委托中国安全生产科学研究院编制并实施《公共安全保障体系建设规划》，全市9618个村（居）普遍建立以“五员”（村党支部书记、村委主任、治保主任、包片民警、包村干部）一体、社会联保为支撑的村居公共安全保障体系。

2010年，全面启动安全社区创建工作。全市121个镇（街道）、9612个村居和4700余家高危企业签订责任书和承诺书，“横向抓网格管理不留死角，纵向抓基层基础不留空当”的安全监管新机制日趋完善。

2011年，全面调整市县镇三级政府安委会，调整县镇两级政府安全生产工作领导分工，健全市县两级负有安全生产监管职责部门的安全管理机构。全面实施《潍坊市公共安全保障体系建设规划（2011—2015）》，重点开展安全生产基础管理、公共安全信息化管理建设、重大公共安全隐患治理、公共安全监管队伍建设、化工园区应急响应中心建设、市公共安全投诉举报中心建设、安全生产培训教育中心建设、职业危害检测基础设施建设等8项重点工程。全市9510个村居全部设立专兼职安全管理人员，形成支部书记、村委主任、治保主任、包片民警和安全管理员“五员”一体的公共安全保障体系。全市有1152家企业通过三级以上安全标准化验收。诸城市被确定为全国工贸行业安全生产标准化示范试点城市。

2012年，全市有1876家企业通过三级及以上标准化验收。45家企业获市级以上安全文化示范企业称号，其中省级8家、市级37家。61个基层班组受到市级以上安全班组表彰，其中省级8个、市级53个。奎文区和8个街道被命名为全国安全社区，11个镇(街道)被命名为省级安全社区。诸城市被国家安全生产监督管理总局确定为全国安全生产标准化示范市，并在诸城市召开全国现场会推广经验。在全国范围聘请知名专家，建立起覆盖全市的隐患排查治理专家库，其中市级专家37名、县级专家186名。全市组建36支专兼职应急救援队伍，组织开展“安全生产应急演练周”活动，共组织各类应急演练5800余次，参演人员60余万人次。推进安全标准化、安全文化示范企业、安全班组和安全社区“四创建”活动，推动安全生产基础工作上档升级。全市有590余家企业参加安全生产责任保险，保额43.58亿元。

安全生产大检查

1991年以后，每年元旦、春节、国庆等重大节假日和其他重大活动期间，市领导分头带领安监、消防、工会及行业主管部门负责人，分别对车站、危化品生产企业、建筑工地等危险性较大的场所、单位进行安全大检查。

1994年，全市先后组织冬春安全生产、排查重大事故隐患、夏季“四防”（防洪、防汛、防高温、防雷击）、消防安全、安全生产周五次全市性安全大检查，重点检查化工、冶金、建筑、交通及乡镇企业等行业的安全生产。

1995年，先后组织冬春季、夏季“四防”等7次全市性的安全生产大检查，重点检查矿山、化工、纺织、机械、交通等行业的安全生产。开展防火等5项专业安全生产大检查，查出各类事故隐患3.25万条，整改3.21万条。

1996年，全市共组织各种形式的安全大检查8次，查出事故隐患3.55万条，整改3.54万条。1997年，开展各种形式的安全生产大检查9次，组织开展了第七次“安全生产周”和《矿山安全法》宣传月活动，促进了全市的安全生产。

1999年11月24日，烟台大舜号海难事故发生后，为认真汲取事故教训，根据省政府要求，市政府召开全市安全生产工作会议，安排部署全市安全生产大检查，特别是渔业捕捞、水上交通等水上作业，要求严格执行安全生产各项规定，确保全市安全生产。

2000年4月22日，青岛丰旭实业有限公司青州分公司发生死亡38人的火灾事故，在全市上下引起震动，市委、市政府领导高度重视事故调查及善后处理工作，伤亡人员得到妥善安置，相关责任人受到严肃处理。在全市开展安全生产大检查，汲取事故教训，用发生在身边的事故教育广大企业职工遵章守纪，杜绝“三违”（违章指挥、违章作业、违反劳动纪律）现象。

2001年8月3日，市政府从市直部门抽调人员组成6个组，对全市12个县市区、3个开发区夏季安全和省市锁定的15处重大隐患进行督查。9月4日，市安监局在渤海宾馆召开第一次全市安监局长会议，传达全省小煤矿停产整顿会议精神，对下步工作进行部署。

2002年，根据全省会议精神，明确提出在全市开展“安全生产年”活动的要求，重点强调交通运输、矿山、公众密集场所、危险化学品等8个方面的安全工作。年内，市政府印发《关于进一步深化安全生产专项整治实现安全生产年目标的通知》，确定专项整治的牵头部门和配合部门，明确任务目标。

2003年，继续在全市开展“安全生产年”活动，市政府印发《关于继续开展安全生产专项整治活动的通知》，要求继续在全市开展交通运输、煤矿和非煤矿山、公众密集场所、民用爆破器材和烟花爆竹、危险化学品、建筑施工、中小学校、工商贸企业安全生产专项整治，确保安全生产。“安全生产月”期间，全市组织安全生产宣传彩车540余部，张贴标语、横幅6500余幅，报社、电台、电视台等新闻媒体刊播新闻专题、评论文章、人物专访等1600余条。

2004年，市安委会印发《关于继续深化安全生产专项整治工作的通知》，在上年度开展的八个方面专项整治的基础上，进一步加大整治力度，查隐患、堵漏洞、抓整改，减少一般事故，杜绝重特大事故的发生，确保全市安全生产形势的稳定。为切实搞好安全生产工作，以点带面，充分发挥先进单位的示范带动作用，潍坊市率先开展安全生产示范企业创建活动，通过先进企业的示范带动作用，提高全市安全生产管理工作的整体水平。

2007年，组织6次大规模的执法检查活动，累计检查生产经营单位8000余个，现场检查复查2万余次，高危行业执法检查达到全覆盖。2009年，推进安全标准化建设，全市有473家企业达到安全标准化要求，安全基础管理水平明显提高。2010年，全市各级执法监察队伍检查生产经营单位22850家（次），查处隐患6万余条。

2012年，在全市组织开展“安全生产基层基础强化年”活动，先后组织开展“安全生产月”“打非治违”“集中排查整治行动”“百日安全生产集中整治”等专项行动。全市累计排查整改各类事故隐患3万余处。

第三节 专项监管

1994年，市劳动局、市公安局、市建委、市乡企局、市总工会等单位联合开展建筑安全、“三资”企业、公共场所消防安全、烟花爆竹等四次专项安全生产检查。

1995年，全市在用锅炉2884台，压力容器7321台，锅炉压力容器制造厂24家，持证锅炉安装单位23家。当年检验固定式压力容器2451台，定检率98.1%。检验锅炉1489台，定检率100%。监检锅炉341台、压力容器3879台、液化石油气钢瓶20余万只，气瓶充装站、检验站治理整顿完成80%。全年检验起重机475台、电梯386台、厂内机动车辆976台、塔式起重机200余台。

1996年，加强职业安全卫生监察，全面开展粉尘作业危害和毒物危害的分级监测检验工作，加强职业卫生“三同时”（同时设计、同时施工、同时投入生产使用）审查验收，改善劳动条件。加大对锅炉、压力容器等特种设备安全监察力度，检验锅炉1630台、压力容器1340台，检查锅炉房320个，共查出事故隐患1000多条。监测检验电梯418台、起重机械648台、厂内机动车辆1012辆。

1997年，全面开展粉尘作业危害和毒物危害分级监测检验工作。全年培训特殊工种人员1833人，检测起重机316台、电梯430台、厂内车辆980台，对全市1510台锅炉、1752台压力容器进行检验。

1998—2000年，重点开展造纸、纺织、化工、矿山、烟花爆竹、特种设备和人员密集场所消防等行业领域专项整治。2001年成立市安监局之后，一直到2006年，重点加强用电安全、职工培训、基层安全监管队伍（县、乡镇级）建设等安全生产基础性工作，对矿山、危化品、烟花爆竹、城镇燃气进行专项整治。

2007年，在煤矿和非煤矿山、危险化学品、烟花爆竹和民用爆炸物品、人员密集场所、交通运输、建筑施工、特种设备、社区安全等8个领域，深入开展安全生产专项整治和隐患排查治理专项行动，排查治理事故隐患1.22万处，依法关停各类非法生产经营单位116个。推进安全标准化建设，有283家企业通过考核验收。对新上的76个危险化学品和非煤矿山项目严格进行安全设施审查审批。

2008年，以“隐患治理年”活动为总抓手，开展安全生产百日督查专项行动，加强危险化学品、非煤矿山和尾矿库、烟花爆竹等重点领域的专项整治和奥运会等重大节会期间的检查督查。全市排查各类隐患2.54万条，投入整改资金1.8亿元，治理隐患2.53万条，企业全部落实整改措施，限期整改到位。

2009年，健全隐患排查治理长效机制，以防火灾、防爆炸、防中毒、防坍塌为重点，深入开展煤矿、非煤矿山、危险化学品、烟花爆竹等重点行业领域安全专项整治。共排查治理事故隐患2.83万处，全部落实整改。对全市2406处重大危险源进行摸底登记，逐步实现对重大危险源的实时远程监控。134家高危工艺化工企业进行自动化控制改造，103家企业全面完成，累计投资8100余万元。

2010年，投资1.12亿元，全面完成134家高危工艺化工企业自动化改造，340台（套）工艺设备得到技术改造。当年全市有513家企业达到安全标准化要求。全市22家企业被命名为市级以上安全文化示范企业，90个班组争创市级以上安全班组。

2011年，全市累计投资1.2亿元，对130家化工和危险化学品企业实施自动控制改造。全年依法检查危险化学品、非煤矿山、烟花爆竹等各类企业2.15万家（次），查处非法违法行为475件，责令处罚456次。

2012年，对全市1384家企业的3368个危险源进行技术分类，按照属地分级管理的原则，逐个落实监管责任。加强科技支撑，基本完成120家未按正规设计化工企业安全设计诊断，以及8家井工开采非煤矿山六大避险系统，全面完成22家烟花爆竹批发企业视频监控系统改造。全年依法检查危险化学品、非煤矿山、烟花爆竹等各类生产经营单位2.59万家（次），实施行政处罚1206次。市监察支队对104个建设项目安全设立实施执法前置审查，查处非法违法建设行为41起。

第四节　行政许可

1991年，全市有721家企业15种产品领取劳动部门颁发的12份特种防护用品安全管理生产许可证。1994年始，对烟花爆竹、矿山企业实行安全生产许可制度。

1995年，加强特种设备管理，共办理新锅炉、压力容器登记证590个。开展特种作业人员培训考核发证复审工作，经培训发放司炉工证1184个、锅炉水处理化验员证288个。全年经培训、发证的其他特种作业人员2701人，其中电工1025人、焊工1043人、起重工345人、厂内机动车辆驾驶工194人、建筑登高架设工94人；复审特种作业人员5420人。

1996年，特种作业人员复审发证4500人。1997年，对257台锅炉、166台压力容器进行登记发证。2001年，全市共审查新、改、扩建项目182个，对危险化学品和易燃易爆物品的生产经营、矿山企业等危险性较大行业，实行安全资格认可，当年发放安全许可证156份。

2004年，《中华人民共和国行政许可法》颁布实施后，安全生产许可工作走上法治化、规范化轨道。当年，全市开始开展对安全生产许可项目、行政许可实施主体的清理、确认、公示工作。对非煤矿山、危险化学品、烟花爆竹生产企业的安全生产许可证发放，安全生产咨询、论证，评估机构资质审查和评价结果备案等行政许可项目进行公示。对432家危险化学品生产、储存企业进行安全评估。123家危险化学品经营单位领取甲、乙类经营许可证，7家农药企业领取经营许可证。对新设立的45家生产企业进行审批发证，2家非煤矿山生产经营单位取得安全生产许可证。

2005年，市政府明确第一批市级行政许可项目，涉及安全生产方面的行政许可项目包括危险化学品经营许可证（乙类）核发，生产经营单位主要负责人和安全管理人员安全资格审批，危险化学品生产、储存企业设立、改建、扩建审批，烟花爆竹批发许可等。

2008年，换发各类安全生产（经营）许可证314个，依法规范企业安全生产行为。严格执行安全生产“三同时”制度，累计审批各类建设项目135个。加大安全执法检查力度，全市各级执法机构共检查企业8998家，现场检查2.22万次。

2010年，累计为企业办理设立、设计、验收等安全生产“三同时”审查287次，办理新批项目153项。2012年，全市审批危化品生产企业162家，审批危化品经营企业570家。

2005—2012年潍坊市审批发放危险化学品许可证统计表

表13—9—1　　单位：家

年份	生产企业	经营企业
2005	47	249
2006	97	173

续表13-9-1

年份	生产企业	经营企业
2007	224	581
2008	224	581
2009	199	507
2010	113	65
2011	243	452
2012	162	570

第五节　安全生产宣传与培训

安全生产宣传

市安监局成立之前，市劳动部门运用会议、培训班、发放宣传品等形式，开展安全生产方针政策和劳动法等法律法规的宣传。1991年6月17—23日，首次开展以“安全就是效益和提高职工安全意识”为主要内容的“安全生产周”活动。1992年5月11—17日，开展以“国有大中型企业创建良好安全生产环境和提高全社会的安全意识”为目的的“安全生产周”活动，组织企业干部职工5000余人学习安全生产法律法规。

1993年，《矿山安全法》实施后，集中组织开展宣传贯彻大会、学习培训班、知识竞赛等宣传教育活动。1995年，开展以“治理隐患、保障安全”为主题的“安全生产周”活动，坚持预防为主，加强隐患治理，积极贯彻《劳动法》《矿山安全法》等有关法律法规，倡导安全文化，提高全民安全意识。组织1.5万多名职工参加全国劳动安全卫生和消防知识竞赛。

1996年，开展《劳动法》《矿山安全法》《煤炭法》宣传月活动和第六次“安全生产周”活动，组织6万余人参加安全知识竞赛。1997年，开展以“加强管理、保障安全”为主题的第七次“安全生产周”活动，组织全市厂（矿）长、经理、安全管理人员进行安全宣誓，加强安全管理，减少“三违”行为。1998年，加强安全生产责任制管理，开展以“落实责任、保障安全”为主题的第八次“安全生产周”活动，推动企业落实安全生产责任制。1999年，全市贯彻落实中央领导对安全生产工作的指示精神，开展以“安全、生命、稳定、发展”为主题的第九次“安全生产周”活动，从讲政治、保稳定、促发展的高度加强安全生产工作。2000年，开展以“掌握安全知识，迎接新的世纪”为主题的第十次“安全生产周”活动，组织万名职工安全承诺。

2001年，市安监局成立以后，加大安全宣传教育力度，制定“十五”安全生产教育培训规划。围绕“落实安全规章制度，强化安全防范措施”主题，开展第十一次“安全生产周”活动，发放安全生产知识答卷10万份，编印安全生产法律法规、安全生产知识手册1.2万册，发放到企业职工手中。

2002年11月1日，《安全生产法》颁布实施，全市以宣传贯彻安全生产法为重点，开展多种形式的安全教育活动。2002年，全国首次开展“安全生产月”活动。全市围绕“安全责任重于泰山”活动主题，广泛宣传安全生产法律法规，普及安全生产知识，营造浓厚安全生产氛围。2003年6月，以“安全生产月”活动为契机，开展安全生产法律法规和安全常识的宣传。市财政拨款23万元，购买安全事故警示片光盘1500盘，在全市组织观看。举办“潍电杯”安全生产知识竞赛，发放安全生产知识答卷60万份。

2004年，开展以“以人为本，安全第一”为主题的第三个“安全生产月”活动，组织形式多样的宣传教育主题实践活动，营造安全生产良好氛围。6月4日，市长张新起在《潍坊日报》发表题为《加强安全生产工作，推动平安潍坊建设》

的署名文章。6月13日，市直多个部门走上街道宣传安全生产的法律法规和安全常识，开展安全生产咨询日活动。

2005年，运用宣传栏、宣传车、标语、横幅等方式，开展安全生产法律法规和安全常识的宣传活动，大力普及安全生产法律法规和常识，编印《市民安全知识手册》10万册向市民发放，进一步增强市民的安全意识和自我保护能力。

2007年，潍坊市贯彻落实国务院《生产安全事故报告和调查处理条例》、省政府《落实生产经营单位安全生产主体责任暂行规定》，出台关于加强危险化学品安全管理、推进安全标准化建设和事故隐患排查治理实施意见等十几个政策性规定。围绕“综合治理、保障平安”的活动主题，精心组织“安全生产月”活动，集中开展安全宣传咨询日、安全技能竞赛、专题报告会、安全知识竞赛、系列宣传报道、安全“五进”（安全知识、安全科技、安全文化进机关、进企业、进校园、进社区、进乡村）和执法检查等七大活动，潍坊市分别被国家安监总局等6部委和省政府安委会评为全国和全省“安全生产月”活动优秀单位。在全省特种作业人员安全技能大赛中，取得团体总分第一名和“富民兴鲁劳动奖章”等10个单项奖的优异成绩。

2009年起，根据国务院把2009年作为“安全生产年”的部署要求，连续三年开展深化“安全生产年”活动。在“安全生产月（周、年）”活动期间，开展安全咨询日、安全知识竞赛、安全报告会以及重大事故案例警示教育展览等丰富多彩的宣传教育活动，普及安全生产法律法规、安全技术。围绕“关爱生命、安全发展”活动主题，以12项重点活动为载体，精心组织6月“安全生产月”活动，由《潍坊日报》、潍坊电视台、潍坊广播电台等主流媒体组成活动采访团，深入报道企业安全生产先进经验，揭露和曝光非法违法、违规违章生产经营和建设行为。潍坊市被省政府安委会评为优秀组织单位。市县两级主要媒体开设“安全生产、警钟长鸣”专栏，系统宣传安全生产法律法规和工作动态，曝光安全生产违法违规行为，剖析生产安全事故。

2010年，学习贯彻国务院《关于进一步加强企业安全生产工作的通知》，组织152个宣讲团（队）深入企业宣讲，编印单行读本10万册，免费发放至基层学习，组织1.5万家企业的近5万名安全管理人员参加统一考试。围绕“安全生产月”，组织开展安全宣传咨询日等11大主题活动，潍坊市分别被国务院安委会和省政府安委会评为优秀单位。

2011年，加强安全监管制度建设，把每年7月10日定为全市“安全警示日”，开展系列警示教育活动。精心组织“安全生产月”活动，围绕“安全责任、重在落实”活动主题，开展11项主题实践活动。开展以示范社区、示范班组为重点的安全示范创建活动，22家企业被命名为市级以上安全文化示范企业、90个基层班组达到市级安全班组要求。

2012年，认真吸取峡山“7·10”铁矿透水事故教训，加大安全宣传教育培训力度。大力推进安全生产标准化和安全社区创建工作，诸城市被国家安监总局命名为全国安全生产标准化示范市，奎文区东关等8个街道一次性成功创建为安全社区，奎文区被评为全国安全社区创建先进单位。6月4日，全市“安全生产月”活动启动仪式在昌邑铁矿举行，全市安监系统干部职工围绕“安全发展、科学发展”主题开展查隐患、抓整改专项行动，开展矿井紧急撤人应急演练。11月1日，全市镇（街道）领导干部安全生产法律法规宣传教育活动在市委党校举行，邀请山东省安全专家潘国军讲解安全生产法律法规案例。

安全生产培训

90年代初，潍坊市进一步加强对电工、锅炉工、提升岗位的特殊作业人员进行安全培训。

1994年，全市举办各类安全教育培训班、学习班100余期。1995年，开展对特种作业人员培训，共培训锅炉房管理人员48人、锅炉压力容器焊工230人、Ⅰ级射线探伤人员9人。1996年，培训各种特种作业人员2500人。1997年，培训特殊工种人员1833人。1998年培训2064人，1999年培训2436人，2000年培训2016人。

2001年市安监局组建后，更加重视安全培训工作。2001—2005年，市安监局共组织举办安全培训班684期，培训安全生产管理人员3460人次，培训特种作业人员4.21万人次，有效提升企业安全生产基础工作。

2006年，开通潍坊市安全生产信息网，发布安全生产信息，宣传安全生产工作。市政府印发《潍坊市实施〈山东省安全生产条例〉办法》，举办各类培训班1000多个，近10万人次进行《山东省安全生产条例》和市政府84号令的系统学习。2007年，实施“百万员工安全培训工程”，多形式、多层面开展安全培训教育，累计培训企业主要负责人、安全生产管理人员和一线从业人员20余万人（次）。2008年，累计培训各类人员16.9万人。2012年，突出企业法人代表、安全管理人员、特种作业人员、新入厂员工4类重点人群，大力开展安全教育培训，累计培训20余万人（次）。

第六节　生产安全事故

1991—1994年，全市工矿企业以国有和大集体企业为主，生产力水平和高危险企业比例相对较低，发生事故较少，这阶段没有形成系统的事故统计上报制度。

1995年，县市区属及县以上企业职工千人死亡率为0.0154，千人重伤率为0.0014，道路交通万车死亡率为18，万元工农业总产值火灾损失率为0.77。1997年，全市县以上企业发生事故10起，死亡8人，重伤2人。1998年，全市发生各类事故起数、死亡人数、受伤人数，分别比上年下降29.71%、11.35%、9.12%。

2000年4月22日，青岛丰旭实业有限公司青州分公司发生火灾，造成38人死亡，事故直接原因是车间顶棚日光灯镇流器发热起火。7月2日，青州弘润石化公司发生爆炸起火事故，造成10人死亡，直接原因是职工在维修油罐阀门时残留油气遇明火爆炸。

2002年11月26日，奎文区孙家村宿舍楼发生燃气爆炸，造成9人死亡，直接原因是用户忘记关闭炉灶阀门。

2006年3月19日，寿光海圣化工公司发生爆炸起火事故，造成8人死亡，5人受伤，直接原因是职工违章操作导致反应釜压力瞬间急剧增大。8月28日，坊子区凤凰街道葛家烟花爆竹仓库发生爆炸，造成2人死亡，12人受伤，事故的直接原因是仓库内违规私存黑火药起火爆炸。11月9日，青州二府礼花炮厂发生爆炸，造成2人死亡，7人受伤，事故直接原因是职工在搬运黑火药时碰撞爆炸。

2007年，全市发生各类安全事故3644起，死亡635人，同比分别下降16.9%和8.1%。2008年，全市发生各类安全事故2757起、死亡542人。2009年，全市发生各类安全事故2343起、死亡440人。1月3日，在潍城区境内一个滨州市的鞭炮流动加工点发生爆炸，造成13人死亡，事故直接原因是在黑火药配制环节操作失误。

2010年，全市发生各类安全事故2167起、死亡407人。10月3日，青州昌时车业公司发生墙体倒塌事故，造成8人死亡，3人受伤，直接原因是

2010年10月3日，青州昌时车业公司墙体倒塌现场

建筑公司违章操作。

2011年，全市发生各类安全事故1836起、死亡386人。7月10日，峡山生态经济发展区郑东铁矿发生透水事故，造成23人死亡，直接原因是矿工违规开采矿体立柱，导致矿井地表的尾矿库废水涌入井下。

2012年，全市发生各类安全事故1711起、死亡347人，连续11年实现“双下降”。5月19日，潍城区境内宝通街发生一起小型面包车与自卸货车追尾事故，造成10人死亡、2人受伤，直接原因是小型面包车司机疲劳驾驶。

2012年5月19日，潍城宝通街交通事故肇事车辆残骸

2002—2012年潍坊市生产安全事故统计表

表13-9-2

年份	事故数（起）	其中较大及以上事故（起）	死亡人数（人）	较大及以上事故死亡人数（人）
2002	4856	3	928	10
2003	4802	4	918	22
2004	4722	2	874	8
2005	4884	3	768	11
2006	4383	3	691	22
2007	3644	2	635	6
2008	2757	6	542	22
2009	2343	11	440	52
2010	2167	2	407	15
2011	1836	3	386	33
2012	1711	2	347	13

龙头蜈蚣

第十四编

中共地方组织

中共潍坊市第十一次代表大会 （2012年2月拍摄）

1991—2012年期间，历届潍坊市委始终把抓好党的建设作为推进发展、成就事业的根本保障，团结带领全市各级党组织和广大干部群众以经济建设为中心，坚持四项基本原则，坚持改革开放，全市经济社会发展取得新成就。八届市委高举邓小平理论伟大旗帜，认真贯彻落实中共十五大精神，全面实施农业产业化、标准化、国际化和龙头企业带动、市场带动、科技带动“三化、三带动”战略，农业产业化经验在全国推广，“三讲”教育和“三个代表”重要思想学习教育活动成效明显。九届市委全面贯彻“三个代表”重要思想，坚持“全党抓经济、重点抓工业、关键抓投入”，突出抓好招商引资、发展民营经济、搞活现有企业“三大撒手锏”，经济增长质量和效益明显提升，保持共产党员先进性教育活动取得重要成果，党员干部队伍保持良好精神风貌。十届市委全面落实科学发展观，以实现科学发展、促进社会和谐、保持党的先进性统领全局，坚持以工业经济为主导，以城市经济为重心，以县域经济为基础，加大科技投入和改革创新力度，工业经济不断发展壮大，中心城市功能品质和辐射带动能力大幅提升，县域经济竞争力显著增强，深入学习实践科学发展观活动和创先争优活动取得重要成果。十一届市委坚持以科学发展为主题，以加快转变经济发展方式为主线，以富民强市为目标，加快推进“创新潍坊、文化潍坊、生态潍坊、幸福潍坊”建设，集约资源、重点突破，合力攻坚、创新发展，经济社会发展实现新跨越。

第一章　重要会议

第一节　党员代表大会

1994—2012年，中共潍坊市委共召开4次党代会、1次代表会议。

中共潍坊市第八次代表大会

1994年6月1—5日在市府礼堂召开，应到代表550名，实到代表530名，列席大会人员91名，邀请贵宾21名。会议的主要任务是以邓小平建设有中国特色社会主义理论为指导，总结第七次党代会以来的工作，研究确定今后一个时期全市经济和社会发展的奋斗目标和主要任务，选举新一届市委和市纪委，动员全市广大党员和干部群众，加快改革开放和经济建设步伐，为全面振兴潍坊而努力奋斗。会上，市委书记齐乃贵代表中共潍坊市第七届委员会作《坚持党的基本路线 为全面振兴潍坊而努力奋斗》的报告。大会以无记名投票的方式，选出中共潍坊市第八届委员会委员33名（以姓氏笔画为序）：马金忠、王大海、王玉芬、王立福、王在辉、王光明、王庆德、王秀娟（女）、王伯祥、王治华、王洪杰（女）、朱敬恪、刘玉兰(女)、刘峰岫、刘景云、齐乃贵、孙守伏、孙承志、孙嘉炼、李群、李光信、李守民、李英文、李宗步、迟昭厚、张建国、陈光、郑金兰（女）、房忠昌、孟庆臣、赵俭、赵凤池、郝玉兰（女）。选举（以得票多少为序）马兴华、王福金、辛丕宏、隋华堂、王金卓、李刚等7人为市委候补委员。选举出中共潍坊市纪律检查委员会委员25名。

中国共产党潍坊市代表会议

1998年9月29日在渤海宾馆召开。会议的主要任务是酝酿、选举产生潍坊市出席省第七次党代会的代表。市委书记曹学成就做好代表选举工作的重要意义、省党代会代表的条件、名额及构成，代表候选人产生的程序和步骤，以及酝酿选举中应注意的几个问题讲了意见。出席会议的271名代表，经过酝酿讨论，以无记名投票方式，选举产生潍坊市出席省第七次党代会的59名代表。

中共潍坊市第九次代表大会

2003年2月12—15日在潍州剧场召开，应到代表570名，实到代表560名，列席人员142名，邀请来宾21名。市委书记张传林代表中共潍坊市第八届委员会作《团结一致 开拓进取 为把潍坊建设成为现代化强市而奋斗》的报告。选举产生中共潍坊市第九届委员会和中共潍坊市纪律检查委员会。会议审议、通过中共潍坊市纪律检查委员会的工作报告。会议选举（以姓氏笔画为序）王卫东、王元榜、王秀河、王治华、王振华、邢培彬、毕可仁、刘伟、刘明珂、刘洪清、刘德成、花兆贤、杜国忠、李世光、李本跃、李守玉、杨卫东、杨继生、吴元宝、辛丕宏、张传林、张江汀、张新起、陈白峰、郑金兰（女）、赵伟宏、赵兴涛、胡岗、钟少林、钟耕民、聂振萍（女）、徐振溪、黄潍连、蒋文彩、程茂仁、满郭强（女）、鞠法昌、鞠献宝等39人为市委委员。7人当选为市委候补委员（以得赞成票多少为序，票数相等的，以姓氏笔画为序）：于生、孙金生、李希贵、李瑞阳、肖庆周、张军、陈仁杰。25人当选市纪委委员。

中共潍坊市第十次代表大会

2007年3月25—28日在潍州剧场召开，大会应到代表570名，实到557名，列席人员164名，邀请贵宾20名。会议选举产生十届市委委员、候补委员和市纪律检查委员会委员。市委书记张新起代表中共潍坊市第九届委员会向大会作《全面落实科学发展观 为建设富裕文明和谐的现代化强市而努力奋斗》的工作报告。市委副书记、市长许立全主持会议。大会以无记名投票方式，选举出中共潍坊市第十届委员会委员53名（以姓氏笔画为序）：丁志伟、于生、马跃启、马清民、王卫东、王立胜、王秀河、王树华、王继怀、邢培彬、曲新佩、吕珊珊（女）、刘伟、刘中会、刘明珂、刘建国、刘德成、许立全、孙明亮、孙忠礼、花兆贤、苏立科、李辉、李世光、李守玉、李瑞阳、肖明胜、吴建民、邹庆忠、辛丕宏、张小梅（女）、张爱云（女）、张润田、张新起、张韶华、陈平、陈仁杰、陈白峰、陈汝孝、赵兴涛、赵志远、胡岗、钟少林、聂振萍（女）、徐振溪、黄潍连、曹晓楠（女）、崔建平、蒋文彩、解维俊、满郭强（女）、潘强、鞠献宝；选举（以得赞成票多少为序，票数相等的，以姓氏笔画为序）王培福、孙金生、李波（女）、宋赤锋、张国华、刘维国、夏芳晨、谭旭光、张树琛等10人为市委候补委员。选举出中共潍坊市纪律检查委员会委员39名，选举出出席省第九次党代会代表60名。大会通过《中国共产党潍坊市第十次代表大会关于九届市委工作报告的决议》《中国共产党潍坊市第十次代表大会关于市纪律检查委员会工作报告的决议》。

中共潍坊市第十一次代表大会

2012年2月2—4日在富华国际会议中心召开，应到代表570名，实到代表558名，列席人员204名，邀请来宾24名。市委书记许立全代表中共潍坊市第十届委员会作《坚持科学发展 推动新的跨越 为建设现代化经济文化强市而努力奋斗》的工作报告。会议审议通过中共潍坊市纪律检查委员会的工作报告。会议酝酿确定十一届市委委员、候补委员，市纪委委员和出席山东省第十次党代会代表候选人预备人选名单。大会选举（以姓氏笔画为序）丁志伟、马跃启、马清民、王兆辉、王树华、王献玲、田素英（女）、吕珊珊（女）、朱兰玺、刘升勤（女）、刘汉杰、刘兴明、 刘裕斌、刘曙光、闫希军、许立全、孙明亮、孙忠礼、孙起生 、苏立科、李辉、李静波、杨建华、杨洪旭、邹庆忠、宋赤锋、宋均圻、初宝杰、张小梅（女）、张恒道、张洪全、张爱云（女）、张新强、张韶华、陈白峰、陈汝孝、陈泽浦、范福生、孟晓雷、赵志远、赵学坤、胡岗、贾有余、夏芳晨、顾建华、徐洪吉、高立伯、桑福岭、崔建平、韩幸福、潘强等52人为中共潍坊市第十一届委员会委员；选举（以得赞成票多少为序，票数相等的，以姓氏笔画为序）李广东、李月淑（女）、赵崇发、郭召义、张国华、赵刚毅、傅大军、许华等10人为市委候补委员。39人当选市纪委委员，62人当选为出席省第十次党代会代表。

第二节　市委全体委员（扩大）会议

第七届市委全委（扩大）会议

七届五次全委（扩大）会议　1991年2月4日在渤海宾馆召开。会议审议并原则通过《潍坊市国民经济和社会发展第八个五年计划及十年规划纲要(草案)》。

七届六次全委（扩大）会议　1992年3月17—20日在渤海宾馆召开。会议学习中共中央政治局全体会议精神和邓小平关于建设有中国特色社会主义的一系列重要论述，传达贯彻全省深化企业改革、扩大对外开放经验交流会精神。市委书记赵长风在会上讲话，要求全市要全面贯彻执行党的基本路线，进一步解放思想，转变观念，抓住当前有利时机，加快改革开放步伐，推动全市经济再上一个新台阶。市委委员、候补委员，有关方面负责人参加会议。

七届七次全委（扩大）会议　1992年11月28—29日在渤海宾馆召开。会议学习贯彻中共十四大和中共山东省委五届九次全委（扩大）会议精神，研究进一步加快改革开放和经济发展的问题。市委书记赵长风讲话。

第八届市委全委（扩大）会议

八届一次全委会议　1994年6月5日在渤海宾馆召开。出席会议市委委员33名，候补委员7名，齐乃贵主持会议。会议以无记名投票方式选举齐乃贵、王大海、刘景云、刘峰岫、王玉芬、王立福、朱敬恪、李光信、迟昭厚、郑金兰（女）、陈光、王治华、马金忠13人为中共潍坊市第八届委员会常务委员，齐乃贵为书记，王大海、刘景云、刘峰岫、王玉芬为副书记。会议通过《中共潍坊市委关于加强自身建设的决定》；讨论通过市纪委一次全会的选举结果。批准王立福、王继东、逄京乾、刘延禄、张守福、马廷莲（女）、刘洪光、张军、花兆贤为市纪委常委，王立福为书记，王继东、逄京乾、刘延禄为副书记。

八届二次全委（扩大）会议　1994年12月28—29日在渤海宾馆召开。市委书记齐乃贵讲话。会议审议并通过《中共潍坊市委贯彻执行〈中共中央关于加强党的建设几个重大问题的决定〉的实施意见》。

八届三次全委（扩大）会议　1995年11月2—3日在渤海宾馆召开。全会审议并原则通过《潍坊市国民经济和社会发展第九个五年计划及2010年远景目标纲要（草案）》。市委书记齐乃贵讲话。市委副书记、市长王大海就纲要（草案）作说明。与会人员对纲要（草案）进行讨论审议。出席会议的市委委员27人、候补委员7人。不是市委委员的县市区委书记，市人大常委会、市政府、市政协党组成员，市纪委常委，市直各部门党组织主要负责人，各大企业党委书记，各高等院校党委书记，担任过正市级领导职务的老同志列席会议。

八届四次全委会议 1996年11月16—17日在渤海宾馆召开。市委书记齐乃贵，市委副书记、市长王大海分别讲话。与会人员认真学习中共十四届六中全会和省委六届六次全会精神，进一步统一思想认识。会议讨论通过《潍坊市"九五"期间社会主义精神文明建设规划》。齐乃贵在讲话中指出，今后一个时期，全市社会主义精神文明建设的主要目标是：在全市牢固树立建设有中国特色社会主义的共同理想，进一步增强坚持党的基本路线不动摇的信念；形成团结实干、公而忘私、艰苦奋斗、开拓进取、奋勇争先的潍坊精神，塑造敬业爱岗、文明礼貌、遵纪守法、道德高尚的新的公民形象，建成经济发达、科技先进、文化繁荣、社会安定、法制健全、风气良好、环境优美的现代化大潍坊；实现"两个文明"协调发展，尽快跨入全国文明城市先进行列。市委委员、市委候补委员出席会议。市人大常委会、市政府、市政协党组成员，不是市委委员的县市区委书记，市纪委委员，不是市纪委委员的县市区纪委书记，市直各部门党组织主要负责人，各大企业党委书记，各高等院校党委书记，离退休的正市级老同志列席会议。

八届五次全委（扩大）会议 1996年12月28—29日在渤海宾馆召开。会议主要任务是传达贯彻中央和全省经济工作会议及省委全委会议精神，总结1996年全市经济工作，研究部署1997年改革和建设的任务措施，讨论修订《中共潍坊市委1997年工作要点》。市委书记齐乃贵，市委副书记、市长王大海分别讲话。市委委员、候补委员，市人大常委会、市政府、市政协党组成员，市人大常委会、市政协驻会党员常委，各县市区委书记、县市区长，市直各部委办局主要负责人，正县级事业单位党组织负责人，各大企业党委书记等参加会议。

八届六次全委（扩大）会议 1998年1月12日在渤海宾馆召开。会议主要议题是深入学习贯彻中共十五大和省委六届九次全会精神，传达中央和全省经济工作会议的有关文件，总结过去，分析形势，展望未来，动员全市上下高举邓小平理论伟大旗帜，进一步解放思想，抓住机遇，开拓进取，稳中求进，推动潍坊市改革开放、经济建设和各项社会事业全面进步。市委书记曹学成，市委副书记、代市长王玉芬分别讲话。

八届七次全委（扩大）会议 1998年8月28日在渤海宾馆召开。会议酝酿确定潍坊市出席中国共产党山东省第七次代表大会代表候选人预备人选名单；审议通过《关于召开中国共产党潍坊市代表会议的决议》。市委书记曹学成就做好代表选举工作的重要意义，代表候选人预备人选建议名单构成和酝酿产生过程，以及这次全委会酝酿确定代表候选人预备人选名单应注意的几个问题讲了意见。与会人员经过酝酿讨论，以举手表决的方式，确定提交市党代表会议选举的潍坊市出席省七次党代会代表候选人预备人选名单，通过关于召开中国共产党潍坊市代表会议的决议。

八届八次全委（扩大）会议 1998年11月23日在渤海宾馆召开。会议深入学习贯彻中共十五届三中全会、省委六届十二次全体会议和省第七次党代表大会精神，研究部署今后一个时期全市的发展思路和奋斗目标，提出1999年的工作重点。会议审议并原则通过市委《关于贯彻〈中共中央关于农业和农村工作若干重大问题的决定〉的实施意见》。市委书记曹学成，市委副书记、市长王玉芬分别讲话。

八届九次全委（扩大）会议　1999年10月26日在渤海宾馆召开。会议认真学习贯彻中共十五届四中全会和省委七届二次全会精神，结合潍坊实际，研究、部署加快全市国有企业改革和发展的任务、措施，动员全市广大干部群众进一步解放思想，振奋精神，埋头苦干，狠抓落实，努力实现改革和发展的新突破。市委书记曹学成，市委副书记、市长王玉芬分别讲话。

八届十次全委会议　2000年1月7日在渤海宾馆召开。会议审议并原则通过《中共潍坊市委2000年工作要点》。市委书记曹学成，市委副书记、代市长王伯祥分别讲话。会议指出，2000年工作总的要求是：坚持以邓小平理论和党的基本路线为指导，深入贯彻中共十五大和十五届三中、四中全会精神，牢牢把握改革、发展、稳定的大局，以继续推进"民心工程"为总抓手，用发展的思路和办法解决前进中的困难和问题，进一步加大改革力度，着力调整优化经济结构，积极发展高新技术产业，努力扩大内需、启动消费，促进国民经济持续、快速、健康发展。切实加强思想政治领域的工作和党的建设、民主法制建设、精神文明建设，化解矛盾，保持稳定，调动一切积极因素，促进社会全面进步。

八届十一次全委会议　2000年7月30日在市级机关综合办公大楼召开。市委书记曹学成在会上着重就加快潍坊城市化进程问题发表讲话。市委副书记、市长王伯祥通报全市上半年经济运行情况和下半年及今后一个时期经济工作安排，要求在工作中突出"五个加快"：加快农业现代化进程；加快建立现代企业制度；加快第三产业和个体私营经济发展；加快推进高新技术产业化；加快推进经济国际化步伐。

八届十二次全委会议　2000年11月27日在市级机关综合办公大楼召开。会议深入学习贯彻中共十五届五中全会和中共山东省七届五次全委会精神，审议讨论《潍坊市国民经济和社会发展第十个五年计划纲要（草案）》。市委书记曹学成代表市委常委讲话。市委副书记、市长王伯祥就纲要（草案）作说明。

八届十三次全委（扩大）会议　2001年6月25日在渤海宾馆召开。会议传达贯彻省委七届六次全会精神，研究部署今后一个时期全市基层组织建设的任务，审议通过《市委关于认真贯彻落实省委〈关于加强和改进党的基层组织建设的意见〉的意见》。市委委员、候补委员出席会议。市纪委常委，市人大常委会、市政府、市政协党组成员，不是市委委员、候补委员的县市区委书记、县市区长，市属开发区党工委书记，市直各部门党委（党组）书记、正县级事业单位负责人，高等院校、大企业党委书记等列席会议。

八届十四次全委（扩大）会议　2001年10月11日在渤海宾馆召开。会议由市委常委会主持，市委书记曹学成代表市委常委会讲话。会议围绕贯彻落实中共十六届六中全会精神，对加强和改进党的作风建设作出全面部署。

八届十五次全委（扩大）会议　2002年4月8日在渤海宾馆召开。会议确定潍坊市出席山东省第八次党代会代表候选人预备人选名单，通过关于召开中国共产党潍坊市代表会议的决议。

八届十六次全委会议　2002年12月5日在市级机关综合办公大楼召开。会议学习贯彻中共十六大和省委八届二次全会精神，研究部署全面贯彻落实中共十六大精神。会议审议并通过《中共潍坊市委关于深入学习贯彻党的十六大精神的决定》。

第九届市委全委（扩大）会议

九届一次全委会议　2003年2月16日在潍州

剧场召开。会议选举产生新一届领导机构。选举张传林、张新起、郑金兰、王治华、赵兴涛、张江汀、刘洪清、李守玉、胡岗、杨卫东、刘明珂、钟少林、王元榜为市委常委；张传林为书记，张新起、郑金兰（女）、王治华、赵兴涛、张江汀为副书记。选举产生纪委常委、书记、副书记，王治华当选市纪委书记。

九届二次全委会议 2003年6月23日在渤海宾馆召开。会议传达学习省委八届五次全会和省委工作会议精神，审议并通过《中共潍坊市委关于进一步解放思想干事创业加快发展的决定》和《中共潍坊市委关于转变作风加强自身建设的决定》。

九届三次全委会议 2003年10月27日在渤海宾馆召开。会议学习贯彻省委八届六次全会精神，听取市委常委会2003年以来的工作报告，研究部署全市下步工作任务。

九届四次全委（扩大）会议 2004年1月6日在渤海宾馆召开。会议听取市委、市政府主要领导所作述职述廉报告，并对其廉政勤政情况进行民主评议。

九届五次全委会议 2004年5月31日在渤海宾馆召开。会议学习贯彻省委八届七次全会精神，审议并通过《中共潍坊市委关于牢固树立和认真落实科学发展观的决定》。

九届六次全委会议 2004年9月29日在渤海宾馆召开。会议传达学习中共十六届四中全会和省委八届八次全会精神，审议并通过《中共潍坊市委关于深入学习贯彻党的十六届四中全会和省八届八次全委会精神 加强党的执政能力建设的决定》。

九届七次全委会议 2005年4月29日在潍坊大酒店召开。会议传达中共中央总书记胡锦涛在山东考察工作结束时的讲话和省委书记张高丽在潍坊市委常委专题民主生活会上的讲话，以及省委八届十次全会精神。会议表决通过《中共潍坊市委关于学习贯彻胡锦涛总书记“两个重要讲话”的决定》。

九届八次全委会议 2005年11月29日在潍坊大酒店召开。会议学习贯彻中共十六届五中全会和省委八届十一次全会精神，听取市委常委会全年工作报告，研究部署“十一五”时期全市经济社会发展的任务措施。会议审议并通过《潍坊市国民经济和社会发展第十一个五年总体规划纲要（草案）》，决定提请市十四届人大四次会议审议。

九届九次全委会议 2006年11月2日在潍坊富华国际会议中心召开。会议传达学习中共十六届六中全会和省委八届十三次全会精神，审议通过《中共潍坊市委关于贯彻党的十六届六中全会和省八届十三次全委会精神 努力构建社会主义和谐社会的决定》。

第十届市委全委（扩大）会议

十届一次全委会议 2007年3月28日在潍州剧场召开。会议选举产生市委常委、书记、副书记。选举张新起、许立全、崔建平、胡岗、蒋文彩、刘明珂、钟少林、徐振溪、曲新佩、解维俊、刘德成、苏立科、张小梅（女）为市委常委；张新起为书记，许立全、崔建平为副书记。

十届二次全委会议 2007年11月13日在潍坊富华国际会议中心召开。会议学习中共十七大和省委九届二次全会精神，审议通过《中共潍坊市委关于深入学习贯彻党的十七大精神的决议》。

十届三次全委会议 2007年12月29日在潍坊富华国际会议中心召开。会议传达省委九届三次全会精神，审议通过《中共潍坊市委2008年工作要点》。

十届五次全委会议 2008年12月28日在潍坊富华国际会议中心召开。会议传达学习省委九届六次全会精神，听取市委常委会工作报告，审议通过《中共潍坊市委2009年工作要点》。

十届六次全委会议　2009年5月4日在潍坊富华国际会议中心召开。会议传达学习胡锦涛视察山东时的重要讲话和省委九届七次全会精神，分析经济形势，研究部署全市下步工作任务。

十届八次全委会议　2009年10月9日在潍坊富华国际会议中心召开。会议传达学习中共十七届四中全会和省委九届八次全会精神，分析经济形势，研究部署全市下步工作任务。

十届九次全委会议　2009年12月29日在潍坊富华国际会议中心召开。会议传达学习中央和全省经济工作会议精神，审议通过《中共潍坊市委2010年工作要点》，研究部署全市下步工作任务。

十届十次全委会议　2010年7月12日在潍坊富华国际会议中心召开。会议学习贯彻中共山东省委九届十次全会精神，总结2010年上半年工作情况，研究部署下半年工作。

十届十一次全委会议　2010年12月30日在潍坊富华国际会议中心召开。会议学习贯彻中共十七届五中全会、省委九届十一次全会精神和中央、全省经济工作会议精神，审议通过《中共潍坊市委关于制定国民经济和社会发展第十二个五年规划的建议》和《中共潍坊市委2011年工作要点》。

十届十二次全委会议　2011年8月3日在潍坊富华国际会议中心召开。会议学习贯彻胡锦涛在庆祝中国共产党成立90周年大会上的重要讲话，贯彻省委理论学习中心组读书会和省委九届十二次全会精神，总结2011年上半年工作情况，研究部署下步工作任务。

十届十三次全委会议　2011年11月18日在市级机关综合办公大楼召开。会议传达学习中共十七届六中全会和省委九届十三次全会精神，听取2011年市委常委会工作报告，研究部署全市下步工作任务。

十届十四次全委会议　2012年1月15日召开。会议酝酿确定中共潍坊市第十一届委员会委员、候补委员、市纪委委员预备人选名单，出席中共十八大代表候选人初步人选推荐名单和省第十次党代会代表候选人预备人选名单。审议通过向市第十一次党代表大会提交的市委、市纪委工作报告（草案）。

第十一届市委全委（扩大）会议

十一届一次全委会议　2012年2月5日在潍坊富华国际会议中心召开。会议选举产生中共潍坊市第十一届委员会常务委员会委员、市委书记、市委副书记；批准中共潍坊市纪律检查委员会第一次全体会议选举产生的中共潍坊市纪律检查委员会书记、副书记和常务委员会委员人选。选举许立全、刘曙光、王献玲、苏立科、张小梅（女）、刘汉杰、初宝杰、陈白峰、陈泽浦、邹庆忠、赵志远、孙起生、孙明亮为市委常委；许立全为书记，刘曙光、王献玲为副书记。邹庆忠为纪委书记，许华、李元忠、王玉为副书记。

十一届二次全委会议　2012年11月29日在潍坊富华国际会议中心召开。会议学习贯彻中共十八大、十八届一中全会和省委十届二次全会精神，审议通过《中共潍坊市委关于深入学习宣传贯彻党的十八大精神的决议》，对学习贯彻中共十八大精神作出全面安排部署。会议要求，要努力把学习宣传贯彻中共十八大精神引向深入；要坚持用十八大精神指导实践推动工作，加快推进现代化经济文化强市建设；要以改革创新精神全面推进党的建设新的伟大工程，全面提高党的建设科学化水平；要以学习贯彻十八大精神为动力，扎实抓好当前各项工作。

十一届三次全委会议 2012年12月30日在潍坊富华国际会议中心召开。会议听取2012年市委常委会工作报告，研究部署全市下步工作任务。

第二章 组织机构与领导成员

第一节 市委工作机构

1991年，中共潍坊市委工作机构有市委办公室（市委机要局、市委保密局挂靠市委办公室）、市委研究室、市委组织部（市委组织员办公室归口市委组织部）、市委宣传部（市精神文明建设委员会办公室、市委企业政治思想工作办公室）、市委统战部、市委对台工作办公室、市委政法委、市委老干部局、市委市直机关工委。市委直属事业单位有市委党校、市委党史资料征集研究委员会、潍坊日报社。

1992年，市社会治安综合治理委员会办公室成立，与市委政法委合署办公；市打击经济犯罪办公室由市检察院划归市委政法委管理。

1997年，党政机构改革后，中共潍坊市委工作机构有市委办公室（市委机要局、市委保密局调整为市委办公室内设机构）、市委组织部、市委宣传部、市委统战部、市委政法委（市社会治安综合治理委员会办公室与其合署）、市委研究室、市委台湾工作办公室（挂市政府台湾事务办公室牌子）、市委市直机关工委。部门管理机构有市委、市政府信访局（市委办公室、市政府办公室管理，以市委办公室管理为主），市委老干部局（市委组织部管理）。市委直属事业单位有市委党校、潍坊日报社。

2001年，党政机构改革后，中共潍坊市委工作机构有市委办公室、市委组织部、市委宣传部、市委统战部、市委政法委（市社会治安综合治理委员会办公室与其合署）、市委政策研究室、市委台湾工作办公室（挂市政府台湾事务办公室牌子）、市委市直机关工委。部门管理机构有市委、市政府信访局（市委办公室、市政府办公室管理，以市委办公室管理为主），市委老干部局（市委组织部管理）。市委直属事业单位有市委党校、潍坊日报社。2009年，潍坊日报社更名为潍坊报业集团。

2010年，单独设置市机构编制委员会办公室，既是党委办事机构也是政府办事机构，列入党委序列。2011年，市委直属事业单位新增市委群众工作委员会办公室。

2012年，中共潍坊市委工作机构有市委办公室、市委组织部、市委宣传部、市委统战部、市委政法委（市社会治安综合治理委员会办公室与其合署）、市委政策研究室、市机构编制委员会办公室、市委台湾工作办公室（挂市政府台湾事务办公室牌子）、市委市直机关工委。部门管理机构有市委、市政府信访局（市委办公室、市政府办公室管理，以市委办公室管理为主），市委老干部局（组织部管理）。市委直属事业单位有市委党校、潍坊报业集团、市委群众工作委员会办公室。

第二节　领导成员

1991—2012年，中共潍坊市委历经5届。其中，第七届任期为1989年8月至1994年6月，第八届任期为1994年6月至2003年2月，第九届任期为2003年2月至2007年3月，第十届任期为2007年3月至2012年2月，第十一届任期自2012年2月起。

中共潍坊市第七届至第十一届委员会领导成员任职情况表

表14-2-1

届次	职务	姓名	任职时间
第七届（1989.8—1994.6）	书记	于　潮	1988.3—1991.9
		赵长风	1991.9—1993.4
		齐乃贵	1993.4—1994.6
	副书记	齐乃贵	1983.10—1993.4
		孙嘉炼	1983.10—1993.3
		邵桂芳	1983.10—1991.9
		张文玉	1991.9—1992.12
		王大海	1992.12—1994.6
		王玉芬	1992.12—1994.6
		刘峰岫	1992.12—1994.6
		刘景云	1992.12—1994.6
	常委	于　潮	1983.10—1991.9
		邵桂芳	1983.10—1991.9
		齐乃贵	1983.10—1994.6
		孙嘉炼	1983.10—1993.3
		朱敬恪	1986.3—1994.6
		任柏榴	1986.6—1993.3
		刘峰岫	1986.6—1994.6
		邹立健	1986.6—1992.12
		于洪吉	1989.4—1993.3
		王玉芬	1989.8—1994.6
		王立福	1989.8—1994.6
		张文玉	1991.8—1992.12
		赵长风	1991.8—1993.4

续表14-2-1

届次	职务	姓名	任职时间
第七届 (1989.8—1994.6)	常委	王大海	1992.12—1994.6
		刘景云	1992.12—1994.6
		李光信	1992.12—1994.6
		郑金兰(女)	1992.12—1994.6
		迟昭厚	1992.12—1994.6
		陈　光	1994.5—1994.6
	秘书长	李光信	1993.1—1994.6
第八届 (1994.6—2003.2)	书记	齐乃贵	1994.6—1997.12
		曹学成	1997.12—2002.12
		张传林	2002.12—2003.2
	副书记	王大海	1994.6—1997.12
		王玉芬	1994.6—2000.1
		刘峰岫	1994.6—1997.12
		刘景云	1994.6—1995.1
		王立福	1996.2—2001.1
		于　明	1997.12—2001.1
		迟昭厚	1997.12—2002.4
		郑金兰(女)	1997.12—2003.2
		王伯祥	2000.1—2002.12
		毕可仁	2001.1—2003.2
		张新起	2001.1—2003.2
		赵兴涛	2002.12—2003.2
	常委	齐乃贵	1994.6—1997.12
		朱敬恪	1994.6—1995.6
		刘峰岫	1994.6—1997.12
		王玉芬	1994.6—2000.1
		王立福	1994.6—2001.1
		王大海	1994.6—1997.12
		刘景云	1994.6—1995.1

续表14-2-1

届次	职务	姓名	任职时间
第八届（1994.6—2003.2）	常委	李光信	1994.6—2001.1
		迟昭厚	1994.6—2002.4
		郑金兰（女）	1994.6—2003.2
		陈　光	1994.6—1997.7
		马金忠	1994.6—1997.2
		王治华	1994.6—2003.2
		程庆同	1995.6—1999.11
		房忠昌	1996.8—2001.1
		王伯祥	1997.7—2002.12
		鞠法昌	1997.8—2003.2
		于　明	1997.12—2001.1
		毕可仁	1997.12—2003.2
		曹学成	1997.12—2002.12
		刘洪清	1999.11—2003.2
		刘明珂	2001.1—2003.2
		杨卫东	2001.1—2003.2
		张江汀	2001.1—2003.2
		张新起	2001.1—2003.2
		侯法生	2001.1—2002.12
		张传林	2002.12—2003.2
		赵兴涛	2002.12—2003.2
		钟少林	2002.12—2003.2
	秘书长	李光信	1994.6—2001.1
		鞠法昌	2001.1—2003.2
第九届（2003.2—2007.3）	书记	张传林	2003.2—2006.9
		张新起	2006.9—2007.3
	副书记	郑金兰（女）	2003.2—2006.12
		张新起	2003.2—2006.9
		赵兴涛	2003.2—2007.3

续表14-2-1

届次	职务	姓名	任职时间
第九届（2003.2—2007.3）	副书记	王治华	2003.2—2006.2
		张江汀	2003.2—2006.10
		崔建平	2005.12—2007.3
		许立全	2006.9—2007.3
	常委	郑金兰（女）	2003.2—2006.12
		王治华	2003.2—2006.2
		刘洪清	2003.2—2003.3
		杨卫东	2003.2—2007.3
		刘明珂	2003.2—2007.3
		张江汀	2003.2—2006.10
		张新起	2003.2—2007.3
		张传林	2003.2—2006.9
		赵兴涛	2003.2—2007.3
		钟少林	2003.2—2007.3
		王元榜	2003.2—2006.12
		李守玉	2003.2—2007.3
		胡　岗	2003.2—2007.3
		田东流	2003.3—2006.5
		徐振溪	2005.12—2007.3
		崔建平	2005.12—2007.3
		曲新佩	2006.5—2007.3
		许立全	2006.9—2007.3
		解维俊	2006.12—2007.3
	秘书长	胡　岗	2003.2—2007.1
		刘德成	2007.1—2007.3
第十届（2007.3—2012.2）	书记	张新起	2007.3—2011.12
		许立全	2011.12—2012.2
	副书记	崔建平	2007.3—2012.2
		许立全	2007.3—2011.12
		刘曙光	2011.12—2012.2

续表14-2-1

届次	职务	姓名	任职时间
第十届（2007.3—2012.2）	常委	刘明珂	2007.3—2011.2
		张新起	2007.3—2011.12
		钟少林	2007.3—2010.12
		胡　岗	2007.3—2012.2
		徐振溪	2007.3—2010.12
		崔建平	2007.3—2012.2
		曲新佩	2007.3—2010.8
		许立全	2007.3—2012.2
		解维俊	2007.3—2011.12
		刘德成	2007.3—2012.2
		苏立科	2007.3—2012.2
		张小梅（女）	2007.3—2012.2
		蒋文彩	2007.3—2010.9
		辛丕宏	2008.11—2009.9
		王献玲	2009.12—2012.2
		刘汉杰	2010.8—2012.2
		邹庆忠	2010.12—2012.2
		初宝杰	2010.12—2012.2
		陈泽浦	2010.12—2012.2
		刘曙光	2011.12—2012.2
		孙起生	2011.12—2012.2
	秘书长	刘德成	2007.3—2012.2
第十一届（2012.2—　）	书记	许立全	2012.2—
	副书记	刘曙光	2012.2—
		王献玲	2012.2—
	常委	许立全	2012.2—
		苏立科	2012.2—
		张小梅（女）	2012.2—
		王献玲	2012.2—

续表14-2-1

届次	职务	姓名	任职时间
第十一届（2012.2— ）	常委	刘汉杰	2012.2—
		邹庆忠	2012.2—
		初宝杰	2012.2—
		陈泽浦	2012.2—
		刘曙光	2012.2—
		孙起生	2012.2—
		孙明亮	2012.2—
		赵志远	2012.2—
		陈白峰	2012.2—
	秘书长	刘德成	2012.2—

说明：按任职时间顺序排列，任职时间相同的按姓氏笔画顺序，挂职者未记

第三章　重要决策

第一节　第七届市委重要决策

开展社会主义思想教育活动

根据省委《关于在全省机关、学校、企事业、城市街道开展社会主义思想教育的通知》精神，借鉴农村社会主义思想教育的成功经验，市委于1991年3月19日印发《关于开展以企业为重点的城市社会主义思想教育活动的实施意见》。教育活动的方法步骤包括培训骨干、党内动员、全体职工动员、全面开展教育和集中整改、总结验收。

深入开展计划生育工作

为认真落实中共中央、国务院计划生育座谈会议和《关于加强计划生育工作严格控制人口增长的决定》精神，贯彻实施《山东省计划生育条例》，推动全市计划生育工作深入开展，1991年6月12日，市委、市政府印发《关于计划生育有关问题的决定》。该决定要求各级都要成立计划生育领导小组，由党政“一把手”任同级领导小组组长、副组长。各级党委和政府要切实加强对计划生育部门和计生协会的领导，帮助他们解决工作中的困难和实际问题，充分发挥其作用。同时明确超生、“一票否决”和落实人口目标责任制等事项。

加大造林绿化力度

为尽快改变境内近百万亩荒山荒滩没有绿化、“三北”沿海地区防护林建设进展不快和中部平原多数县区没有实现绿化达标，加快全市造林绿化步伐，实现四年基本消灭荒山、荒滩，

八年绿化潍坊大地的奋斗目标，市委、市政府于1991年11月15日印发《关于进一步加快造林绿化的决定》。该决定提出，要进一步明确任务目标，层层落实规划，建立育苗基地，兴办集体苗圃，保证苗木供给，积极完善林业政策，深化林业改革，建立育林基金制度，增加对林业的投入。

加强机构编制管理

为控制机构编制膨胀，1991年12月9日，市委印发《关于贯彻中发〔1991〕16号和鲁发〔1991〕21号文件精神，冻结机关事业单位机构编制的通知》，围绕转变职能、理顺关系、调整结构，按照符合改革、精简的原则，明确各级党政群机关行政机构一律不得再增设机构，提高机构规格，增加人员编制和领导职数，对事业单位机构编制原则上实行冻结。文件要求严格机构编制纪律，切实加强监督检查和管理，制止机构编制膨胀。

加强“两个文明”建设

1991年12月27日，市委印发《关于印发〈潍坊市“八五”期间社会主义精神文明建设规划〉的通知》，对做好精神文明建设各项工作作出部署安排。“八五”期间全市精神文明建设的奋斗目标是：以争创全省文明城市竞赛活动先进城市为动力，动员全市人民同心同德，扎实工作，打好基础，稳步发展，努力使潍坊市成为经济繁荣、科技进步、文化兴盛、社会安定、风尚良好的现代化文明城市；争取建成全国卫生城市。

加快企业管理制度改革

为进一步搞好大中型企业，转换企业经营机制，市委、市政府于1992年2月24日印发《关于进一步加快企业劳动、人事、分配和社会保险制度改革的意见》。该意见提出：通过改革，进一步解决企业分配上的“大锅饭”，用工上的“铁饭碗”，搬掉干部的“铁椅子”，使企业真正形成“干部能上能下，职工能进能出，工资能升能降”和自主经营、自负盈亏、自我改造、自我发展的新机制，充分调动广大干部职工的积极性和创造性，启动企业的活力，促进生产力的发展。

大力引进人才

为进一步加快改革开放步伐，全面振兴潍坊经济，1992年9月5日，市委、市政府印发《潍坊市招聘引进人才的政策规定》《潍坊市引进海外人才智力和国外留学人员的政策规定》《潍坊市研制应用科技成果贡献奖奖励办法》。文件提出，全市必须在搞好现有人才的开发、培养和管理使用的同时，大力从国内、国外引进人才智力，以促进全市科技、经济和社会的全面发展。各级切实把引进人才智力和充分发挥科技人员的作用作为振兴全市经济的战略任务来抓，争取两年内在引进国内、国外人才智力和调动科技人员积极性方面有新突破。

加快经济强县强乡发展

为深入贯彻中共十四大精神，全面落实省委、省政府《关于加快经济强县强乡发展的意见》，确保实现全市经济发展三步走的战略目标，市委、市政府于1993年5月25日印发《关于加快经济强县强乡强村发展的意见》。该意见决定在全市组织实施“652”工程，即将经济实力较强的6个县市、50个乡镇和200个村，作为全市的经济强县、强乡和强村，给予特殊政策，促其加快发展。

实施“科教兴潍”战略

为深入贯彻落实中共十四大精神和省委、省政府《关于加快科技进步推动经济发展的决定》，加快实施“科教兴潍”战略，促进全市科技、经济、社会的协调发展，1993年10月15日，市委、市政府印发《关于加快科技进步推动经济发展的决定》。该决定提出：各级党委、政府主要负责人要定期听取工作汇报，研究解决科技发展中的一些重大问题。加强全社会对科技工作的支持。各行各业都要增强全局观念，树立

“大家兴科技、科技兴大家”的思想，学习科学技术，参与科技实践，支持科技进步，真正形成推动科技进步的强大合力。各级党委、政府的政策研究机构要加强超前和跟踪研究，为各级、各部门推动科技进步提供决策依据。要大力加强科技宣传工作，每年的5月定为全市“科技进步活动月”。各级宣传、科技部门和科协、工会、共青团、妇联等群众团体都要把科技宣传作为一项重要工作制定计划，广泛开展多种形式的活动，为提高全党全民的科技意识和科技素质作出贡献。各级科协、各民主党派要发挥各自优势，更好地团结广大科技工作者，为解放和发展科技第一生产力献计献策。统计部门要会同有关部门建立考核科技进步的指标体系，增加年度统计公报中有关科技进步的统计项目，并发布专项通报。司法、纪检、监察等部门要研究制定为推动科技进步保驾护航的政策措施，保证科技事业的顺利发展。

第二节　第八届市委重要决策

加快实施农业产业化战略

为进一步加快社会主义市场经济条件下农业和农村经济发展，根据中央和省委农村工作会议精神，市委、市政府就农业产业化、乡镇企业和小城镇建设三个问题研究制定政策性意见，1994年3月1日印发《印发〈关于加快实施农业产业化战略的意见〉等三个文件的通知》。该文件提出，实施农业产业化战略，大力发展乡镇企业，加快小城镇建设，是市委农村工作会议确定的今年和今后一个时期全市农村重点做好的“三篇文章”；要求各级各部门根据市委、市政府意见要求，抓紧研究措施，把“三篇文章”作为一个有机体，统筹兼顾，协调并进，重点突破，配套发展。

促进领导干部廉洁自律

为进一步落实中央和省委关于加强党风廉政建设的一系列规定，促进领导干部廉洁自律，1994年12月28日，市委、市政府印发《县处级领导干部廉洁自律定期民主评议制度》《领导干部个人生活重大事项报告制度》《领导干部国内公务活动收受礼品登记制度》。三项制度进一步明确民主评议范围、内容、程序和方法；明确重大事项报告制度适用范围、报告事项、报告程序和责任追究；明确领导干部在国内公务活动中收受礼品登记的具体要求。

加快农业产业化进程

为深入推进农业产业化战略的实施，推动全市农村改革的深化和农村经济持续、快速、健康发展，市委、市政府于1995年4月8日印发《关于进一步加快农村产业化进程的意见》。该意见提出，要着力发展壮大龙头企业，增强辐射带动能力；要坚持系列化推进农业科技进步，提高全产业的科技含量；要加强商品基地建设，提高规模效益；要深化改革，建立完善适应农业产业化要求的农村经济运行机制；要理清思路，调转架子，加强和改进对农业产业化的领导。

培养选拔年轻干部

为贯彻落实中央《关于抓紧培养选拔优秀年轻干部的通知》和省委《关于培养选拔优秀年轻干部的三年规划》，培养选拔一批德才兼备的优秀年轻干部，市委于1995年5月16日印发《印发〈关于培养选拔优秀年轻干部的实施意见〉的通知》。实施意见进一步明确培养选拔优秀年轻干部的目标要求和具体措施，对加强培养选拔优秀年轻干部工作的领导提出具体要求。

加强农村精神文明建设

为顺利实现农业现代化的奋斗目标，促进全市农村经济和社会事业的全面发展，市委于1996年8月5日印发《关于加强农村精神文明建设的意见》。该意见提出，要进一步提高认识，增强抓好农村精神文明建设的紧迫感和自觉性；要突出重点，推动农村精神文明建设不断向深层次发展；要采取多种形式，广泛开展多层次的农村精神文明创建活动；要加强组织领导，努力把全市农村精神文明建设推向一个新的阶段。

理顺市区管理体制

为进一步调动市、区两个积极性，加快市区经济与社会发展步伐，加速实现由中等城市向现代化大城市的跨越，市委、市政府于1996年11月2日印发《关于进一步理顺市区管理体制加快市区发展的意见》。该意见决定进一步明确市、区两级在经济发展、城市建设、城市管理等方面的责任。提出要按照市区一体、四区联动、责权利统一的运作方式，力争到20世纪末，把潍坊建成拥有100万左右城市人口，经济发达、科教先进、市场繁荣、功能完善、环境优美、秩序优良、生活质量较高、辐射能力较强的大城市，逐步形成以潍坊市区为核心，大中小城市相连接，重点镇为卫星城，呈放射状结构的现代化城市群，树立起潍坊现代化、开放型大城市的崭新形象。

减轻农民负担

为确保把中共中央、国务院《关于切实做好减轻农民负担工作的决定》落到实处，从根本上减轻农民负担，保护和调动广大农民的生产积极性，进一步巩固和发展农村的大好形势，市委、市政府于1997年6月18日印发《关于进一步减轻农民负担若干问题的决定》。该决定提出，深入扎实地贯彻落实中央13号文件精神；要明确农民合理负担的范围、标准，严格执行政策规定；严明纪律，杜绝农民不合理负担；强化监督管理，做到依法行政。

做好下岗再就业工作

为深入贯彻落实国务院《关于在若干城市试行国有企业兼并破产和职工再就业有关问题的补充通知》和省委、省政府《关于进一步做好再就业工作的通知》精神，切实做好下岗职工再就业工作，市委、市政府于1997年12月24日印发《关于进一步做好下岗职工分流安置和全面实施再就业工作的意见》。该意见提出，要进一步提高认识、加强领导；要建立健全职工再就业服务网络体系，为下岗职工的分流安置提供组织保证；要建立再就业基金，切实加强对基金的筹集、管理、使用和监督；要完善民主程序，规范下岗行为，实行“待岗证”制度；要建立统一的信息、培训管理网络；要进一步拓宽下岗职工再就业渠道。

转变干部作风

为进一步转变领导干部作风，密切党群、干群关系，更好地落实中共十五大提出的各项任务，市委于1998年2月10日印发《关于切实转变作风的决定》。该决定提出，要加强理论学习，努力提高自身素质；坚持民主集中制，自觉维护领导班子的团结；求真务实，集中精力抓大事；带头实施“民心工程”，切实解决群众关心的热点难点问题；增强法纪观念，维护纪律的严肃性；发扬艰苦奋斗的精神，保持清正廉洁。

实行党风廉政建设责任制

为加强党风廉政建设，确保各级党政领导班子、领导干部担负起党风廉政建设责任，1999年6月2日，市委、市政府印发《实施〈关于实行党风廉政建设责任制的规定〉办法（试行）》。进一步明确党风廉政建设责任内容、考核、追究等事项。

开展“三讲”教育

按照省委统一部署，市委于1999年7月26日印发《关于在县市区和市直部门领导班子、领导干部中开展“三讲”教育的实施方案》。方案提出，以中发〔1998〕17号文件和江泽民“七一”讲话为指导，按照中央和省、市委关于开展“三讲”（讲学习、讲政治、讲正气）教育的总体要求，从实际出发，通过积极有效的思想教育，促进县市区和市直部门领导班子及领导干部深入学习邓小平理论、中共十五大精神和江泽民的重要论述，使县市区和市直部门领导班子自身建设进一步加强，领导干部思想上有明显提高、政治上有明显进步、作风上有明显转变、纪律上有明显增强，为全面贯彻落实党的路线、方针和政策，推动县市区和市直部门各项工作健康发展，顺利实现全市跨世纪发展的奋斗目标，提供坚实的思想政治基础和强有力的组织保证。

进一步加强党的建设

为认真贯彻落实“三个代表”重要思想，全面推进党的思想建设、政治建设、组织建设、作风建设，提高党的领导水平和执政水平，增强拒腐防变和抵御风险的能力，确保实现全市改革和发展的目标，市委于2000年8月8日印发《关于认真贯彻落实“三个代表”重要思想进一步加强党的建设的意见》。

实施农业经济国际化战略

为深入推进农业经济国际化战略，进一步加快农业对外开放步伐，提高农业整体水平，增强市场竞争力，推进农业现代化进程，市委、市政府于2000年10月19日印发《关于加快实施农业经济国际化战略的意见》。该意见提出，当前和今后一个时期，推进农业经济国际化的指导思想是：以中共十五大精神为指针，以“三个代表”重要思想为指导，以全球经济的视野，按照两个市场、两种资源全面利用的思路，综合考虑农业发展与国际市场的接轨问题，发挥优势，挖掘潜力，全方位利用外资，多领域引进技术，大规模出口创汇，进一步扩大经济技术合作与交流，不断延伸和拓展市场、企业、基地、农户整个农业产业链条，尽快构筑农业开放与发展新格局，显著提高全市农村经济的外向度和国际竞争力，加速潍坊经济融入世界经济的进程。

强化信访基层基础工作

为进一步强化信访基层基础，从源头上解决越级、集体和重复上访，扎扎实实为群众解决实际问题，全面提高信访工作整体水平，市委、市政府于2001年6月26日印发《关于实施信访工作“四个一”工程 强化信访基层基础工作的意见》。该意见决定在全市大力实施以“一网一线一报一组”（强化信访工作网、开辟信访热线、建立信访警报、成立信访督导组）为主要内容的信访工作“四个一”工程。

搞好经营城市工作

为搞好经营城市工作，充分发挥城市资产的效能，促进城市经济和社会事业的全面发展，市委、市政府于2001年12月18日印发《关于经营城市工作的意见》。该意见提出城市发展定位和经营城市工作的总体思路：进一步加强城市规划建设和管理；盘活城市资产；加快二、三产业发展；为经营城市营造宽松的外部环境。

实施“三化”发展战略

为大力推进科技创新，实施“三化”发展战略，加快全市国民经济结构调整优化，推进国民经济持续快速健康发展，市委、市政府于2002年1月1日印发《关于实施“高新技术产业化 传统产业高新化 国民经济信息化”战略的意见》。该意见提出，加快发展高新技术产业，培育全市经济第一增长点；利用高新技术改造提升传统产业，推进传统产业高新化；大力发展信息产业，加快数字化城市建设进程；加快国家级高新区发展，形成全市高新技术产业化的基地和改造传统产业的辐射源；促进企业成为技术创新的主体，全面提高企业技术创新能力；大胆解放思想，放手发展民营科技企业；实施“招才引智”工程，构筑科技创新的人才高地；加强领导，增加投入，营造实施“三化”战略的良好环境。

加快山区综合开发

为进一步加快山区综合开发步伐，促进全市经济与社会协调发展，确保全市农业现代化、国际化目标的实现，市委、市政府于2002年1月10日印发《关于加快山区综合开发的决定》。该决定提出，确立科学合理的山区综合开发布局；集中力量主攻开发重点，切实增加山区农民收入；依靠科技进步，提高山区综合开发水平；制定优惠政策，加快山区综合开发步伐；进一步加强领导，打好山区综合开发总体战。

第三节　第九届市委重要决策

加强经济发展软环境建设

为实现全市经济跨越式发展目标，市委、市政府于2003年3月24日印发《关于进一步加强经济发展软环境建设的决定》。该决定针对加强经济发展软环境建设，提出了25项针对性强的具体举措。

加快工业经济发展

为进一步加快全市工业经济发展，实现率先翻番，建设工业强市，市委、市政府于2003年4月29日印发《关于进一步加快工业经济发展的决定》。该决定提出，坚持走新型工业化道路，进一步优化产业结构；培强做大优强企业和骨干拳头产品；加快推进企业改制；加大国有股权减持和退出力度等。

牢固树立和认真落实科学发展观

为深入贯彻中央关于“树立和落实科学发展观”的要求和省八届七次全委会议精神，牢固树立和认真落实科学发展观，推动全市经济持续快速协调健康发展和社会全面进步，市委于2004年5月31日印发《关于牢固树立和认真落实科学发展观的决定》。该决定提出：重点突破，推动经济持续快速协调健康发展；坚持以人为本，促进社会全面进步；切实加强党的建设，努力提高执政能力；弘扬求真务实精神，狠抓各项工作落实。

实施“三个一批”发展战略

为在全市大力实施“三个一批”发展战略，尽快壮大一批支柱产业，发展一批大型企业集团，培育一批知名品牌，从根本上提高潍坊市经济的整体实力和竞争力，市委、市政府于2004年9月14日印发《关于实施“三个一批”发展战略的意见》。该意见提出：要壮大机械装备、纺织服装、食品饮料、海洋化工、造纸包装、电子信息6大支柱产业，发展50个大型企业集团，培育20个知名品牌。

开展保持共产党员先进性教育活动

根据中央和省委统一部署，从2005年1月开始，用一年半左右的时间，在全市开展以实践“三个代表”（代表中国先进生产力的发展要求、代表中国先进文化的前进方向、代表中国最广大人民的根本利益）重要思想为主要内容的保持共产党员先进性教育活动，市委于2005年1月12日印发《关于在全市开展以实践“三个代表”重要思想为主要内容的保持共产党员先进性教育活动的实施意见》。该意见提出：开展先进性教育活动，要以邓小平理论和“三个代表”重要思想为指导，认真贯彻中共十六大和十六届三中、四中全会精神，树立和落实科学发展观；按照立党为公、执政为民的要求，坚持党要管党、从严治党的方针，紧密联系全市改革发展稳定大局和党员队伍建设实际，以学习实践“三个代表”重要思想为主要内容，教育引导广大党员坚定理想信念，坚持党的宗旨，增强党的观念，发扬优良传统和作风，认真解决党员和党组织在思想、组织、作风及工作方面存在的突出问题，保持党员队伍的先进性和纯洁性，促进党员先锋模范作用和基层党组织战斗堡垒作用的发挥，为实现跨越式发展、建设现代化强市提供坚强的政治和组织保证。

加快服务业发展

为深入贯彻落实省委、省政府关于振兴服务业的意见和全市第四次加快发展现场会议精神，市委、市政府于2005年8月27日印发《关于进一步加快服务业发展的决定》。该决定提出：进一步加大对服务业的投入，给予服务业平等、优惠政策，放宽对服务业的市场准入，搞好对服务业的全方位支持。

加快沿海经济开发

为贯彻实施省委、省政府关于加快胶东半岛制造业基地建设和山东半岛城市群发展的战略决策，市委、市政府于2005年9月29日印发《关于进一步加快沿海经济开发的决定》。该决定提出，立足现有基础，延伸海洋化工产业链条，扩大石油化工产业规模，建设全国重要的重化工产业基地；积极发展现代制造业，加快产业结构转型步伐；以港口建设为依托，积极发展临港物流业；合理开发和科学利用资源，搞好湿地保护和生态环境建设，促进可持续发展；配套完善基础设施，增强区域发展支撑力；统筹城乡建设与社会事业发展，建设和谐社会。

努力构建社会主义和谐社会

为全面贯彻落实中共十六届六中全会和省八届十三次全委会精神，努力构建社会主义和谐社会，市委于2006年11月2日印发《关于贯彻党的十六届六中全会和省八届十三次全委会精神 努力构建社会主义和谐社会的决定》。该决定提出，构建社会主义和谐社会，必须坚持以马列主义、毛泽东思想、邓小平理论和“三个代表”重要思想为指导，以科学发展观统领全局，认真贯彻中共十六届六中全会和省八届十三次全委会精神，以民主法治、公平正义、诚信友爱、充满活力、安定有序、人与自然和谐相处为总要求，以解决人民群众最关心、最直接、最现实的利益问题为重点和突破口，坚持中央确定的六项指导原则，着力推进经济又好又快发展，着力推进社会事业全面进步，着力解决影响社会和谐的突出矛盾问题，让人民群众共享发展成果，力争提前实现全面建设小康社会目标，形成全市人民各尽其能、各得其所而又和谐相处的局面。

第四节　第十届市委重要决策

开展平安潍坊建设

为科学分析当前影响社会稳定和谐的矛盾、问题及其产生的深层次原因，从更广的范围、更宽的领域、更高的层次和水平上研究谋划深化平安建设的新举措，推动平安潍坊建设在新的起点上实现新的发展，市委、市政府于2007年4月24日印发《关于深入开展平安潍坊建设的意见》。该意见提出，紧紧围绕构建社会主义和谐社会的目标，以预防和化解社会矛盾为主线，以基层基础建设为重点，以建立长效机制为核心，坚持专门工作与群众路线相结合，坚持标本兼治、重在治本；坚持持之以恒、狠抓落实，进一步强化基层基础工作，健全完善维护稳定的长效机制；深入落实综合治理各项措施，全面深化基层、行业、单位平安建设，努力提高平安潍坊建设的整体水平，为全市经济社会又好又快发展营造更加和谐稳定的环境。

加快推进农村社区建设

为深入贯彻中共十七大精神，全面落实科学发展观，提高农村服务水平，促进农村经济政治文化社会发展，推动社会主义新农村建设，市委、市政府于2008年2月26日印发《关于加快推进农村社区建设的意见》。该意见提出，按照“一年大发展、二年全覆盖、三年上水平、持续完善提高”的工作思路，大力推进农村社区建设；力争2008年全市农村社区覆盖率达到40%以上，2009年达到100%，到2010年绝大多数农村社区达到“管理有序、服务完善、文明祥和”的建设标准；2010年以后，随着全市农村经济社会发展水平的提高，农村社区建设进一步完善，向高水平的成熟社区方向发展。

加强文化建设

为深入贯彻落实中共十七大和全省文化建设工作会议精神，推动文化大发展大繁荣，努力打造文化名市，建设文化强市，市委、市政府于2008年3月31日印发《关于加强文化建设的意见》。该意见提出，全市文化建设的总体要求是：全面贯彻中共十七大精神，深入贯彻落实科学发展观，充分发挥潍坊文化资源优势，以投入为支撑，以改革创新为动力，以人才为根本，以政策为保障，全面提升潍坊文化竞争力，不断满足人民群众精神文化需求，打造文化名市，建设文化强市。

加快建设蓝色经济区

为全面贯彻中共十七大和总书记胡锦涛视察山东时的重要讲话精神，深入贯彻落实科学发展观，按照省委、省政府的部署要求，为加快建设蓝色经济区，推动全市经济社会又好又快发展，市委、市政府于2009年9月8日印发《关于加快建设蓝色经济区的指导意见》。该意见提出，充分发挥蓝色经济区前沿城市的主体作用，坚持全面融入、海陆统筹，坚持突出特色、发挥优势，坚持有所作为、奋力突破，以北部沿海为主战场，以陆域经济为依托，集约优势资源要素，大力发展海洋经济，科学开发海洋资源，培育海洋优势产业，加快提升蓝色经济的规模和水平，努力把潍坊打造成山东半岛蓝色经济区的重要发展区域。

深化医药卫生体制改革

为深入贯彻落实中共中央、国务院和省委、省政府关于深化医药卫生体制改革的意见，逐步实现人人享有基本医疗卫生服务的目标，市委、市政府于2009年12月28日印发《关于进一步深化医药卫生体制改革的实施意见》。该意见提出，从全市经济社会发展水平和居民健康需求出发，以实现人人享有基本医疗卫生服务为目标，坚持公共医疗卫生的公益性质，坚持预防为主、以农村为重点、中西医并重的方针，实行政事分开、管办分开、医药分开、营利性和非营利性分开，强化政府责任与投入，健全制度体系，创新体制机制，完善政策措施，加强监督管理，鼓励社会参与，建设覆盖全市城乡居民的基本医疗卫生制度，进一步提高居民健康水平，促进社会和谐发展。

加快转方式、调结构

2010年6月8日，市委、市政府印发《关于加快转方式、调结构的意见》。该意见突出“五个转向”：由注重经济发展转向更加注重城乡、区域、经济社会全面协调发展；由追求规模速度转向更加注重质量效益；由主要依靠增量投入转向一手抓增量投入、一手抓存量削减；由关注市场主体利益转向更加注重公共利益和改善民生；由偏重考核经济总量指标转向更加注重人口、资源、环境等刚性约束指标和人均指标，努力形成有利于转方式调结构的发展导向。

公立医院改革试点

为建立维护公益性、调动积极性、保障可持续的公立医院运行新机制，构建布局合理、分工协作的医疗服务体系和分级诊疗格局，市委、市政府于2010年8月3日印发《关于印发〈潍坊市公立医院改革试点实施方案〉的通知》。该方案提出建立现代医院管理制度，建立公立医院内部激励机制，建立公开透明的要素配置机制等。

实施山区农业综合开发

为进一步改善山区农民生产、生活条件，优

化山区发展环境，提高山区农业综合生产能力、农民增收能力和经济发展水平，促进全市经济社会更好更快发展，市委、市政府决定，在前两期（1992—2010年）山区开发的基础上，实施新一期（2011—2015年）大规模山区农业综合开发。市委、市政府于2011年2月9日印发《关于继续实施山区农业综合开发的决定》。该决定提出：到2015年，全市山区农业基础设施得到普遍加强，改造中低产田100万亩，建设高标准农田12万亩；土地综合生产能力在现有基础上提高50%以上；产业结构进一步优化，农产品市场竞争力进一步增强，新增规模化优势种植业基地60万亩、标准化畜牧养殖小区50个，新认证优质农产品品牌100个；山区农民人均纯收入接近或达到全市平均水平，自我积累和发展能力进一步增强；宜农宜林荒地全部开发，坡耕地基本消除；生态防护体系基本建立，生态建设和环境保护成效显著，水土流失得到有效控制，山川秀美的山区新面貌基本显现。

加强生态文明乡村建设

为深入贯彻落实省委、省政府关于统筹城乡发展、加强生态文明乡村建设的决策部署，加快全市生态文明乡村建设步伐，切实改善农村生产生活环境，推动全市农村经济社会科学发展、和谐发展，市委、市政府于2011年8月30日印发《关于加强生态文明乡村建设的意见》。该意见提出，生态文明乡村建设工作要从直接关系农民群众利益、农民要求最迫切的农村环境综合整治抓起，尽快改变农村脏、乱、差面貌，确保实现全市农村“一年有变化、两年见成效、三年大变样”的目标。2011年先从基础相对比较薄弱的村开始，每年全市重点调度、重点支持10%左右的村，其他条件相对较好的村同步推进，确保用三年时间全面完成农村环境综合整治任务；到“十二五”末，全市80%以上的村庄达到生态文明村的基本标准。通过生态文明乡村建设，使农民群众的居住环境更加整洁，精神文化明显充实，物质生活水平显著提高。

第五节　第十一届市委重要决策

加快推进生态潍坊建设

为进一步加快转变经济发展方式，提高环境品质和承载能力，全面提升生态文明水平，实现环境与经济社会协调发展，加快建设生态潍坊，市委于2012年8月12日印发《关于加快推进生态潍坊建设的意见》。该意见提出，在调整、充实、完善生态潍坊建设规划目标的基础上，确保到2020年全市基本形成经济社会发展与环境资源承载力相适应的生态经济发展格局，协调发展和可持续发展能力显著增强，城乡环境质量全面改善，把潍坊建设成近者悦、远者来、宜居宜业的美好家园。

实施突破滨海发展战略

为进一步创新体制、完善政策、优化服务，举全市之力加快推进潍坊滨海经济技术开发区建设，有效带动实施蓝黄“两区”发展战略，奋力推进全市科学发展新跨越，市委于2012年10月31日印发《关于支持潍坊滨海经济技术开发区加快发展的意见》，确立突破滨海的发展战略。该意见提出：鼓励成片开发，强化政策引导，完善利益协调机制，加大市直部门支持力度，强化多要素保障。

第四章　纪检监察

1991—2012年，全市各级纪检监察机关始终围绕党委、政府中心任务开展工作，特别是1993年3月市纪委、市监察局合署办公后，积极发挥纪检监察机关职能作用，将反腐倡廉工作寓于全市改革发展稳定大局之中，加大党风廉政建设和反腐败工作力度。坚持标本兼治、综合治理、惩防并举、注重预防，进一步加强党风党纪和廉政宣传教育工作，努力推进教育、制度、监督并重的惩治和预防腐败体系建设。重点开展落实党风廉政建设责任制、加强反腐倡廉教育、整治和优化经济发展环境、查处违纪违法案件、推进纠风和专项治理、健全监督约束机制、强化源头预防、加强纪检监察机关自身建设等工作，为全市经济社会又好又快发展提供了坚强保障。

第一节　组织机构

1990年，中共潍坊市纪律检查委员会内设办公室、研究室、检查室、党风管理室、审理室、控告申诉室。1991年5月，增设第二检查室，对外挂市惩治腐败领导小组办公室的牌子。1993年3月，市纪委和市监察局合署办公，内设办公室、监察综合室、干部管理室、研究室、宣传教育室、党风廉政建设室、信访室（举报中心）、案件管理室、执法监察室、政策法规室、纪检监察一室、纪检监察二室、综合服务处。市纪委编制45人，市监察局编制38人。

1997年机构改革，机关内设13个处室，市纪委、市监察局机关编制总额91人（市纪委机关43人，监察局48人）。其中行政编制82人、工勤编制9人。2001年12月，撤销综合服务处，成立纠风工作室（挂市政府纠正部门和行业不正之风办公室牌子）。市纪委机关、监察局编制总额88人。其中行政编制79人（市纪委机关38人，监察局41人）、工勤编制9人。同时成立市纪委信息中心，为正科级全额预算管理事业单位，编制3人。

2003年4月，成立潍坊市机关效能监察中心、潍坊市经济发展软环境投诉中心，设在市纪委、监察局，实行合署办公，增加行政编制10人、工勤编制2人。2008年7月，设立市机关效能中心监察科，对外挂市监察局电子监察监督室牌子；同月，派驻机构实行统一管理，市纪委、市监察局派驻的8个纪检组、监察室，单列编制77人；8月，设立案件监督管理室，同时撤销原设在市纪委办公室的案件管理科。2010年7月，在各派驻机构内设综合科；11月，办公室增设老干部科。

至2012年底，市纪委、监察局内设办公室、监察综合室、研究室、干部室、宣传教育室、案件审理室、信访室（潍坊市行政监察举报中心）、党风廉政建设室（潍坊市惩治腐败工作领导小组办公室）、执法监察室、政策法规室、第一纪检监察室、第二纪检监察室、纠风工作室（挂市政府纠正部门和行业不正之风办公室牌子）、案件监督管理室、潍坊市机关效能监察中心、潍坊市经济发展软环境投诉中心等16个室（中心），设市纪委信息中心1个正科级事业单位。机关编制总额103人，其中行政编制89人、事业编制3人、工勤编制11人。市纪委、监察局派驻8个纪检组、监察室，单列行政编制77人。

第二节 党风廉政建设

党风廉政建设责任制

1998年11月，中共中央、国务院颁布《关于实行党风廉政建设责任制的规定》。1999年3月，市委、市政府印发《潍坊市实施〈关于实行党风廉政建设责任制的规定〉办法（试行）》，成立党风廉政建设责任制领导小组。各县市区建立健全包括党风廉政建设责任制报告制度、检查督导制度、考核奖励制度、警诫制度、责任追究制度、廉政档案制度等一系列配套制度。全市各级纪检监察机关围绕责任追究的六项重点内容，采取党纪处分、组织处理、诫勉谈话、通报批评等方式，对不履行或不认真履行党风廉政建设责任的领导干部，实施严格的责任追究。

2000年，潍坊市制定责任考核实施细则，明确考核的范围、程序、标准、考核结果及使用等实质性要求。2001年2月，市委印发《潍坊市关于对县（处）级领导班子、领导干部执行党风廉政建设责任情况的考核和追究办法》《潍坊市2001年度贯彻落实党风廉政建设责任制百分考核实施细则》。各级建立健全领导干部廉政档案，制定详细的管理和使用办法。

2002年，市纪委修订《潍坊市2002年度贯彻落实党风廉政建设责任制百分考核实施细则》，从考核分值、考核重点、考核方式三个方面进行完善，增强责任考核的针对性、可操作性。

2005年，潍坊市依托潍坊党政机关综合信息网，创建《领导干部廉政档案管理信息系统》，把全市1600名县处级领导干部、县市区和市直1万名科级以上干部廉政档案全部纳入电子档案网络管理。

2007年，市委、市政府印发《潍坊市落实党风廉政建设责任制检查考核办法》。2008年，市委办公室印发《关于对违反党风廉政建设责任制规定的行为实施责任追究的办法（试行）》，明确追究原则、责任区分、追究方式和追究程序，真正把责任追究的“板子”打到具体责任人身上。

2002年，在市纪委十三次全会上，市委书记曹学成（左三）与各县市区委书记签订党风廉政责任书

2011年，潍坊市创新落实党风廉政建设责任制检查考核工作，调整市委落实党风廉政建设责任制领导小组组成人员；对2007年市委印发的落实责任制《检查考核办法》进行修订，增加下级党组织负责人向市纪委全会述廉、惩防体系建设评估、群众满意度测评等考核形式，明确年度定性与定量评估工作具体指标。

2012年，党风廉政建设责任制考核内容从三个方面改进：在考核内容上对56项考核指标进行量化，增加群众满意度测评；在考核方式上，将县市区和市直部门区分开来，制定不同的方案；在结果运用上强化责任追究，对考核成绩达不到60分的，取消单位当年评先树优资格。

清理领导干部违规用车

1994年，全市检查县以上党政机关、事业单位和具有行政管理职能的企事业单位360个，所用小汽车1300辆，对有问题的122辆全部作出纠正，全市26位市（县）主要负责人全部换乘排气量2.5升以下的小汽车。

1995年，清理市县党政主要领导用车90辆，其他领导干部用车2358辆，清理出各种违规超标车175辆。各级各部门普遍取消领导干部固定用车，从严控制新购车辆，一律不准超标准。1997年，各级严格控制小汽车的配备与更换，全市党政群机关取消购车计划62辆。1998年，市、县督促各级党政机关将不超标的进口小汽车更换为国产车。

1999年，按照“一停、二清、三定”原则进行清车。所有党政机关、事业单位一律停止新增小汽车，对各部门、各单位的公务用车集中进行清理、摸底，制定各单位的用车编制。2000年，停止所有党政机关新增小汽车，全面开展清理党政机关借用或自用小汽车工作，共清理出自1999年1月1日以来个人和单位借用的小汽车49辆，除个人借用亲属的外，均作出清退处理。

2001—2004年，集中清理领导干部乘坐超标准小汽车问题，全市清理出超标车230辆。2007年，对6辆参与婚丧嫁娶活动的公车按规定作了严肃处理。2009年，严格落实市委办公室、市政府办公室《关于严格控制党政机关、事业单位购买公务用车的紧急通知》，查处违规购车16辆。

2011年，公务用车改革。潍坊市制定《关于严格党政机关公务车辆配备使用推进市级机关公务用车管理制度改革若干纪律规定》，从严格改革范围、严格情况报告、严格公车配备、严格车辆更新、严格交通费管理、严格公车使用管理6个方面提出明确要求。

2012年，继续开展公务用车问题专项治理，市县两级分别核定党政机关公务用车编制，分别下达公务用车配备使用管理具体实施办法，对专项治理中发现的28部违规车辆依纪依规作出妥善处理。

清理干部违规使用通信工具

1994年，市纪检监察机关对市属党政群机关、事业单位电话安装及费用开支情况进行检查，检查单位197个，电话7479部。1997年，清理违规住宅电话1661部，移动电话1560部，节约经费514.88万元。1998年，全市共清理出违规公费安装的住宅电话3863部、违规公费移动电话4043部、超规定范围安装的办公电话405部，并通过拍卖、收回、退还以及作价给个人等方法进行处理，收回资金1017.83万元，年节省电话费开支3445.12万元。1999年，组织重点部门和单位“回头看”，进行对照检查。

2008年，组织对全市党政机关、事业单位个人“小灵通”捆绑单位办公电话，用公款支付个人话费问题进行集中清理纠正，先后清理出个人“小灵通”捆绑单位办公电话95部，涉及通话费用4.78万元，全部作出纠正处理。

清理党员干部违规违纪购房、建房

1994年，纪检监察机关对党政机关和具有行政管理职能的企事业单位的1348名县级干部和56名地厅级干部住房进行调查，发现227人住房超过省规定标准，另有少数人占有两套住房或用公款装修住房，对这些问题分别进行处理。

1996年，对副县级以上党政机关及事业单位领导干部住房情况进行自查自报，有207个单位873名副县级以上干部进行自查，查出超标准（房改标准）面积1148.85平方米，均在房改中按市场价付款。1997年，全市停建缓建办公楼项目58个，节约资金2.53亿元，取消高标准装修和降低标准装修办公楼56幢，节约资金1696.8万元；全市有24名县处级干部退出多占住房，有286名县处级干部陆续缴纳住房超面积部分的房款。1998年，市纪委、监察局向44名占用两套住房的县处级以上领导干部发退房通知单，一次退房和制定退房计划的占应退人数的85%；全市县处级以上领导干部缴纳住房超面积房款650万元。

1999年，全市统一开展对党政群机关、事业单位、国有和国家控股企业、集体企业的干部职工及上述范围内离退休干部中存在的多占住房问题的清理纠正工作。清出3458套多占公有住房，清退3297套，为国家挽回经济损失1.73亿元。

2004年，清理出违规住房94套，收缴资金175.5万元。2005年，退还多占房改房106套，追缴公款装修款和违规补助352.95万元、579.84万元，退还公款垫付建房购房资金2100万元。2006年，对市直30多个重点单位的清房工作进行现场检查督导，全市清退多占房改房112套，清退公款装修款445.88万元，追缴违规领取住房补助255.32万元，退还公款垫付建房资金1393.6万元。

2007年，对13名干部在住房方面存在的问题进行纠正，对全市党政机关办公楼等楼堂馆所建设项目、领导干部在工程建设项目中领取补贴奖金和福利情况进行清理纠正。2009年，组织开展机关建房中违规问题检查整改工作。

清理公费出国（境）旅游

1993年，潍坊市制定新的管理制度，清理出未按时上交护照560多人，压缩出国人员28人，减少出国时间336天，节省开支56万元。1994年，清查因公出国（境）298批、908人次，出访48个国家和地区，其中经贸团组273批、840人次。是年，压缩市外贸抽纱公司、市工商局和市旅行社等6个出国团（组），减少出国336人次，节省开支56万元。1997年，压缩和制止公费出国（境）150人次，节约经费800.5万元。

2001年，清理领导干部持有的因私护照和本人及其配偶办理的前往港澳通行证、外国居留证，全市2896名领导干部参加登记，发现并处理152名领导干部持有因私护照的问题。2008年，组织开展制止党政干部公款出国（境）旅游专项工作。2010年，全面落实领导干部因公出国（境）事前承诺、事后报告制度，全市党政机关因公出国（境）经费同比压缩16.3%、人数下降26.2%，4名县级干部因擅自延长出国（境）时间被查处。

制止奢侈浪费之风

1995年，市委、市政府做出严禁用公款吃喝玩乐的规定。市纪委从市直36个部门和单位抽调54人，对12个县市区和市直各部门禁止用公款吃喝玩乐的工作情况进行全面检查，同时重点抽查30个市直部门和单位，60个乡科级单位和96个酒店、宾馆、桑拿浴和其他娱乐场所。1996年，全市有77人因违反规定受到处罚，退款4.13万元，其中县级干部3人，退款5300元。

1997年，减少会议894个，节省会议开支186.1万元；取消庆典活动130个，节约资金206.85万元；取消检查、评比、达标活动423个，节约资金663万元；查处公款大吃大喝、公费旅游等挥霍浪费案件31起。1998年，全市公务接待费用比上年下降30%以上，市内各部门、单位之间“自吃自、喝耍酒”的现象大大减少。是年，全市共压缩会议305个，节约会议经费144.9万元；取消庆典活动48个，节约资金97.5万元。

2000年，狠刹婚嫁大操大办歪风，在重大节日婚嫁高峰，组织开展大规模的专项检查活动，纠正存在的超标准用车等问题。2003年，市纪委、监察局转发《中央纪委、监察部关于坚决刹住用公款大吃大喝歪风的紧急通知》，对狠刹用公款吃喝歪风提出了明确的纪律要求。2009年，组织开展贯彻落实厉行节约若干要求专项检查。2010年，开展庆典、研讨会、论坛过多过滥问题专项治理，共摸底举办庆典、研讨会、论坛活动32个，其中财政拨款2845.1万元，自筹资金3245.73万元。2012年，开展党政机关、事业单位自建农牧产品基地专项治理，清理基地11个。

清理党政机关与经济实体脱钩

1993年，全市开始清理党政机关与领导干部办经济实体问题。当年32名领导干部辞去在经济实体中的兼任职务，有2人退回兼职所得报酬3500元；检查清理出党政机关办实体1591个，彻底脱钩850个。1994年，纪检监察部门会同市工商局起草《关于在实体中兼职同志抓紧脱钩的通知》，清理整顿了一批脱钩企业。1998年，全市共清理出政法机关所办企业50家，其中撤销23家，移交8家，解除挂靠关系16家，保留3家。另外，驻潍坊市的军队、武警部门有20家企业交由属地管理。2005年，在清理国家机关工作人员和国有企业负责人投资入股煤矿中，清理出1名领导干部在企业煤矿集资11万元，并作出纠正处理。

清查干部收受“礼品”“礼金”与“红包”

1993年，市县两级在召开廉洁自律民主生活会的基础上，有87名领导干部主动清退或缴回信用卡；市建设银行清收在本系统内赠送的信用卡38张。1995年底，市纪委对领导干部收入申报、礼品登记、企业招待费向职工代表大会报告等几项制度的执行情况进行检查。

1996年，大多数单位建立礼品登记簿，对领导干部参加国内公务活动收受的礼品登记交公。当年，全市党政机关中共有1010名县处级以上领导干部及其工作人员进行礼品登记，上交礼品礼金折合现金8.02万元。全市有221个单位建立领导干部收入申报制度，644名县（处）级以上领导干部进行个人收入申报，市直党政机关领导干部收入申报率达91.5%。1997年，领导干部进行收入申报的人数达到1295名，占应申报的98%；进行礼品登记的有675名，登记礼品折合现金51万元。

2001年，全市清理出领导干部收受现金、有价证券和支付凭证83.82万元，存入廉政账户5.26万元。1999—2001年，全市上交组织的财物折合15.1万元，拒收56.14万元。2005年，全市有19名领导干部主动上交所收受的现金等财物，有5名领导干部受到纪律处分；查处参与赌博党员干部22人，其中纪律处分20人、移送司法机关处理2人。

查禁党员干部利用职务上的便利谋取不正当利益

1993年，全市对领导干部购买非上市公司股票、高息集资问题进行处理，有6人购买非上市公司股票2.19万元，其中3人退出或卖出5500元，对全市647.53万元高息集资作了清退或降息处理。1997年，60多名领导干部报告子女结婚、升学、就业安排等重大事项。

2000年，开展清理用公款为领导干部配备住宅电脑和支付上网费用及地（厅）级领导干部的配偶、子女个人经商办企业、在外资或中外合资企业任职工作，对全市党政机关和事业单位现职和1998年1月1日以后离退休的县处级、地厅级领导干部进行全面清理清查。

2002年，清理干部职工拖欠公款，全市清理出个人借用公款2663.49万元。2003年，开展清理违规购买商业保险工作。全市清理出5725名党员干部违规用公款为个人购买商业保险208.88万元，其中县级干部32人，违规金额3.82万元，并全部纠正。2004年，继续开展清理干部职工拖欠公款工作，共清理出借欠公款301万元，并责成全部归还。同年，清理党政领导干部违反规定兼任企业领导职务，共清理23名县处级、23名乡科级领导干部违反规定兼任企业领导职务，并全部按规定进行纠正。

2005年，清理出党政机关、事业单位干部职工虚报冒领工资补贴83.12万元，全部追缴入库。2008年，针对领导干部调动工作中违规带走车辆和贵重办公用品、不按时转移工资关系等问题，组织开展换届期间干部调整有关纪律执行情况专项检查，督促47名县级干部纠正存在的问题。2010年，查处2起影响恶劣的市直部门领导干部违规操办子女婚嫁事宜案件。

治理“小金库”

2009年，全市开展“小金库”专项治理，组织全市2634个机关事业单位进行自查自纠，发现“小金库”4个，涉及金额121.53万元。在自查自纠基础上，对全市315个部门和单位进行重点检查，查出“小金库”16个。2010年，继续深入开展治理“小金库”专项工作，积极推进国有和国有控股企业、社会团体和公募基金会“小金库”专项治理工作。2011年，市纪检监察部门与市财政局联合印发《潍坊市“小金库”专项治理工作实施方案》，为构建全市防治“小金库”长效机制打下良好基础。2012年，针对群众反映的少数党政机关私设“小金库”问题，利用3个月时间开展专项治理，通过自查和重点检查，查处私设“小金库”22个，涉案金额1339万元，处理14人。

第三节　党内监督

90年代初期，全市在党内监督方面还有一些薄弱环节。有的党组织民主生活不够正常；一些党员不讲是非原则，不开展批评与自我批评，有的讲关系不讲党性，奉行好人主义；有的单位集体违纪。全市纪检监察机关推进“两公开一监督”（公开办事制度、公开办事结果、实行群众监督）制度，不断加大党内监督力度。1994年，市委印发《领导干部国内公务活动收受礼品登记制度》《领导干部个人生活重大事项报告制度》《县处级领导干部廉洁自律定期民主评议制度》，并加强对贯彻落实情况的监督检查。

1996年，有534名领导干部向组织报告个人生活重大事项；市县两级党委、纪委常委参加下级民主生活会353人次；市、县两级纪委书记同下级党政负责人谈话140多人次；市、县、乡三级纪委书记参加书记办公会397人次，占应参加数的99.25%。1997年，严格落实纪委书记参加同级党委书记办公会制度，组织各级认真召开民主生活会，落实与下级党政负责人谈话制度，采取“打招呼”“发放监察通知书”等方法，把监督“关口”前移，增强监督效果。当年有60多名领导干部报告了子女结婚、升学、就业安排等重大事项。1999年，认真落实中央关于加强党内监督的五项制度和省委的四项规定。同时专门制发实施办法，搞好信访监督。年内，市纪委常委按照工作分工，分头与12个县市区的党政“一把手”进行谈话。

2001年，市委进一步完善监督约束机制。在监督范围上，由过去对领导班子成员、一般干部的监督转到重点对“一把手”的监督；在监督方式上，由过去函询、背靠背的监督扩展到直接找其谈话、面对面的监督；在监督空间上，由八小时之内监督延伸到八小时之外的监督。当年，全市对1850名领导干部实施信访监督，有1570人解决和纠正自身存在的问题1241个；为受到误告、诬告的216人澄清问题239个。2002年，继续强化信访监督。市县两级对1650名领导干部实施信访监督，有1650名领导干部解决和纠正自身存在的问题1224个。

2003年12月，《中国共产党党内监督条例（试行）》颁布实施后，潍坊市相继完善配套制度，加大党内监督力度。2004年，在昌乐县进行落实党内监督制度试点。2005年，在总结推广党内监督工作试点经验的基础上，市纪检监察机关组织协调有关部门起草《关于集体领导和分工负责的规定》《关于重要情况通报和报告的规定》《关于述职述廉的规定》《关于民主生活会的规定》《关于信访处理的规定》《关于谈话和诫勉的规定》《关于舆论监督的规定》《关于询问和质询的规定》《关于罢免或撤换要求及处理的规定》9项党内监督配套制度。同年，市县两级组织117名党政“一把手”在党委全委会和民主评议会上述职述廉，市县两级纪委常委同下级党政主要负责人谈话149人次，领导干部任前谈话74人次，诫勉谈话9人次。

2006年，市县两级对1092名有群众信访举报的领导干部实施信访监督，497人解决和纠正自身存在的问题 823个，为595名受到诬告的领导干部澄清问题805个。

2007年，市委办公室印发《关于加强党政主要领导干部监督工作的实施意见（试行）》《关于建立市纪委常委同下级党政主要负责人谈话制度的办法》，实行党内监督和信访监督说明书制度，健全领导干部电子廉政档案。组织市、县两级272名党政“一把手”述职述廉；市、县纪委常委同下级党政主要负责人谈话1370人次，诫勉谈话146人次；督促49名县级领导干部纠正或说明问题。全面推行党员干部廉政承诺，组织市级领导班子成员、在职县级干部和市直机关公务员三个层面作出廉政承诺。2008年，潍坊市纪委印发《关于加强对重点领域和关键岗位人员廉政教育和监督工作的意见》，对干部人事权行使、司法权行使、行政审批权和行政执法权行使等重点领域和10类关键岗位，强化教育和监督。

2009年，实施信访谈话制度，对890名涉信涉访的领导干部实施信访监督，有382人解决纠正存在的问题 660个，为508名受到诬告的党员干部澄清问题。严格执行党内监督说明书制度，针对群众反映的廉洁自律问题，向6名县级干部发出党内监督说明书，督促其纠正存在的问题。认真落实廉政承诺制度，组织2008年10月以来新任县级领导干部签订廉政责任书。市纪检、组织、人事、编制、财政等部门联合印发《关于进一步加强市纪委、监察局派驻机构统一管理工作若干规定》，强化派驻机构监督职能作用。各派驻机构先后参与建设工程招投标、政府采购监督32次，干部竞争上岗监督149人次；受理信访举报185件（次），初核和调查党员干部违法违纪案件8起；参与领导班子和领导干部考核82人次、落实党风廉政建设责任制检查考核98人次、深入学习实践科学发展观活动指导检查17人次。

2010年，对475名涉信涉访的领导干部实施信访监督，有201人解决纠正存在的问题357个，为274名受到误告、诬告的领导干部澄清问题341个。各派驻机构先后列席驻在部门“三重一大”（重大决策、重要干部任免、重要项目安排、大额度资金的使用）会议470多次，参与工程招投标、竞争上岗、政府采购等方面监督274次，提出监督建议106项，纠正问题41个。

2011年，市纪委、市委组织部、市监察局联合印发《关于派驻机构实施巡视巡查工作的办法（试行）》，从3月中旬开始，组织8个派驻机构分别对市统计局、市环保局、市司法局等8个市直部门开展首批巡视巡查工作，重点巡视巡查驻在部门贯彻落实重大决策部署、“三重一大”事项运作、执行党风廉政建设责任制和廉政勤政、作风建设等情况。在市直部门（单位）开展全员岗位廉政承诺，认真开展部门权力内控机制建设工作。实行党务公开监督员制度，全市各级共聘请监督员2.15万名，促进对党务公开工作的日常监督。

2012年，落实纪委常委同下级党政主要负责人谈话制度，开展镇（街道）党（工）委书记向县市区纪委常委会述廉工作，加大对“一把手”的监督力度。规范信访监督工作，全市对1204名涉信涉访的领导干部实施信访监督，督促570名干部解决纠正问题712个。其中市纪委通过信访谈话、函询等，对29名副县级以上干部实施信访监督。

第四节　纠风工作

1991年3月，市委、市政府在市监察局成立市纠正行业不正之风领导小组办公室（市纠风办）。各级纪委把刹风与正纪相结合，对行业不正之风进行综合治理。全市抽查收费单位9383个、收费项目351个、收费标准5346个，查处违纪金额600多万元，清理罚款项目68个，检查纠正未及时上缴入库问题。当年全市废止收费项目155个，为企业和群众减轻负担6500多万元。1992年，重点抓经济管理部门、监督部门、公用事业部门和执法执纪部门的行业作风整顿，解决“以权”“以业”谋私、敲诈勒索、吃拿卡要等问题。对市直16个经济主管部门、综合检查部门及7个县市区进行检查，全市清理各类文件1.32万件，废止276件，修订完善248件。

1993年市纪委、监察局合署后，由党风廉政建设室承担纠正部门和行业不正之风工作。确定治理乱收费、整顿财税秩序、减轻农民负担、制止公费出国（境）旅游等7个方面的纠风重点，突出解决10个方面的热点问题。采取“基层出题目、机关作文章、群众来评定”的办法，普遍开展民主评议机关作风工作。

1994年，开展以“三清一刹”（清理乱收费、清理党政机关及其工作人员无偿占用企业人财物问题、清理公费出国境旅游、刹公车大操大办问题）为主要内容的纠风工作。

1995—1998年，狠刹公路“三乱”（在公路上乱设站卡、乱罚款、乱收费），中小学乱收费，向农民乱摊派、乱收费，向企业乱收费、乱罚款、乱集资四股不正之风。

1999年始，把狠刹医药购销不正之风纳入纠风重点。2001年12月，在市纪委设立纠风室（挂

2005年4月6日，市纪委有关领导走进“行风在线”节目直播间，通过热线电话与广大人民群众直接对话

市政府纠正部门和行业不正之风办公室牌子）后，纠正部门和行业不正之风职能由党风廉政建设室转到纠风室。主要对“三机关一部门”（党政机关、司法机关、行政执法机关和经济管理部门）的不正之风开展纠查工作。

2001—2005年，各级坚持“纠建结合”“谁主管谁负责”的原则，围绕优化和改善经济发展软环境，重点开展纠正医药购销不正之风、纠正违规发放和使用代币购物券，减轻农民负担、减轻企业负担，治理中小学乱收费、治理公路“三乱”工作；解决损害群众切身利益的不正之风，坚决纠正土地征用中侵害农民利益、城镇拆迁中侵害居民利益、企业重组改制和破产中侵害职工合法权益及拖欠和克扣农民工工资等方面的问题。2006年，积极推进农村基层党风廉政建设。加强窗口对话交流、“行风在线”直播、行风监督网站、政风行风评议“四个载体”建设。

2011年，查处农村土地承包、流转、征收征用和拆迁中违法违规问题741个，保障性住房建设中存在的问题17个，食品药品安全案件542起，制售假劣农资等坑农害农行为685件。“行风在线”节目增加水电热气等30多个与群众关系密切部门的上线频率，严格落实部门“一把手”上线率80%以上刚性要求，在有关媒体开设专栏，组织市直部门上线232次，受理群众反映的问题2486个，解决实际问题2435个，群众满意率97%以上。

2012年，查办征地拆迁、教育、医药购销和医疗服务、食品药品安全等领域的案件171起，党政纪处分41人。查纠涉农领域违规违纪问题92个，公路“三乱”问题23个，商场、银行、物流、电信等领域乱收费问题涉及金额1978万元。创建潍坊纠风网，升级“行风在线”节目，建立政风行风监督员队伍，答复和解决群众反映的实际问题7154个。把具有经济和社会管理、行政执法、公共服务职能的部门和行业纳入企业“双评”范围，其他部门不再评议；健全企业“双评”数据库，把全市9512家规模以上企业、外来投资企业和纳税额2万元以上的个体工商业户全部纳入参评范围。开展对“四个潍坊”（创新潍坊、文化潍坊、生态潍坊、幸福潍坊）建设情况的监督检查。发现政策落实不到位、地方资金不配套、资金管理不规范等问题223个，文化体制改革、文化事业和文化产业发展、文化人才队伍建设等方面的问题183个，环境保护、食品安全、公共场所卫生等方面的问题412个，教育收费、医药购销和医疗服务、社保资金管理使用、保障性住房建设、住房公积金和救灾救济资金管理使用、食品安全监管等领域的问题742个。

第五节　执法监察

粮食流通体制改革执法监察

1994年，市纪检监察机关组织对农副产品收购政策兑现情况开展检查，针对农副产品收购中出现的打“白条”现象，督促粮食、财政、金融等部门加大夏粮收购资金筹措力度，确保全市2.83亿千克粮食准时入库，2.11亿元资金及时兑现。当年还对棉花、黄烟、林果、粮油等收购情况跟踪检查。1995年，组织对全市粮食收购资金、蚕茧收购开展检查。1998年，围绕粮食流通体制改革，对全市粮油库存和资金使用情况进行专项检查。1999年，检查粮食收储企业132家，查处非法收购及贩运粮食案件541起，没收粮食1398.7万吨，罚没金额184.3万元，查处违纪违法案件8起，处分党员干部2人。2002年，对2001年全国粮食清仓查库工作中发现的安丘市贾戈等14个乡镇粮所存在的亏库问题，协调安丘市政府组成联合调查组进行全面调查，涉及金额

1400多万元，查处违纪金额830万元，立查案件8起，处分违纪党员8人，为国家挽回经济损失160多万元。

对国债、社保等专项资金执法监察

1999年，市纪委、监察局组织对7个县市区农村养老保险资金使用情况进行执法监察，纠正违规挪用问题。2000年，开展社会保障四项资金管理使用情况专项检查，检查单位60个，涉及金额1.55亿元，纠正违规违纪金额95.47万元。同时，对国债资金管理使用情况监督检查，着重检查农网改造、水利、城建等6个项目，涉及金额4亿元。2001年，加强对社保四项资金和国债管理使用情况监督检查，全市社保资金归位5048万元；查出青临铁路和安丘牟山水库除险加固工程两个项目违规使用国债资金260余万元，配套资金3293万元不到位以及个别分项工程超概算、招投标手续不规范等问题，责令被查单位纠正和下发整改建议书限期整改。2002年，建立国债资金检查联席会议制度，对全市在建国债项目管理使用情况进行检查，重点抽查4项工程，查出660万元国债资金未纳入专户管理、违规使用国债资金、配套资金不到位及个别分项工程超概算、招投标手续不规范等问题。

规范和整顿市场经济秩序执法监察

1996年，全市开展整顿金融财税秩序工作，针对预算外资金和财税物价工作中存在的问题进行清理整顿。在清理预算外资金工作中，全市检查单位938个，涉及资金14.65亿元，查处违纪违规金额2.45亿元，避免经济损失491万元，处罚155万元，提出建议206件，被采纳200件，作出监察决定63个，协助建章立制162项，推广先进典型24个。1997年，对1995年、1996年账户开设情况进行清理，撤销224个，保留、新开386个。在财税物价大检查中，查出违纪金额2600万元，挽回损失2160万元，纠正违纪违规资金2160万元。1999年，积极参与农村基金会清理工作，采取“停工作、停职务、停工资”措施，督促涉及点贷行为的领导干部收回贷款。

2001年开始，整顿和规范建筑市场秩序。对市直70个在建工程的建设程序办理、强制标准执行、主体质量安全等方面进行检查，检查工程总投资300多万元，建筑面积2.4万平方米，发现违规现象18种，下达处罚决定15条。2002年，抽查工程项目143个，查出市场行为和工程建设手续方面存在问题的37项，查出工程质量和安全生产存在隐患项目105个，下达处理意见书37份，下达质量隐患整改通知书105份。2003年，狠抓有形建筑市场进场交易工作，市区有239项工程进入有形建筑市场交易，交易额24.9亿元。

2004年，开展土地市场和矿产资源开发秩序监督检查工作。对全市12个县市区和3个开发区进行检查，发现土地市场存在征地补偿费清欠力度不够、对违法用地查处不到位等问题，并逐一提出整改意见。2006年，查处土地违法案件357件，全部依法处理。当年，还开展整顿和规范天然卤水、河砂等矿产资源开发秩序专项整治行动，依法取缔不合格采矿点254个，注销采矿许可证17个，关停26家手续不全的矿山企业。积极推进采矿权招标拍卖挂牌出让，全市采矿权招标、拍卖、挂牌129宗，实现收益1450万元。2009年，在全市范围内开展探矿权和采矿权招标、拍卖、挂牌出让制度执行情况的专项清理工作，全市矿山企业由847家整合到527家，总压减率37.8%，查处各类违法采矿案件26起。

工程建设项目执法监察

1996年，市纪检监察机关积极开展建设工程项目执法监察工作。全市受理建设工程领域违法违纪案件24起，万元以上案件7起，处分14人；对22家施工企业给予吊销资质证书处罚，对6家企业给予取消近期内市直工程投标资格的处罚。

1997年，市、县两级对全市所有在建工程项目进行拉网式检查，纠正各种违规违章问题420件，收缴各种税费319万元。对奎文区西上虞小区13栋居民回迁楼建筑工程重大质量事故问题进行专案调查，处理有关责任人员。1998年，对604个新开工建设工程项目开展监察，下达行政监察通知书230份、纠正违章通知书306份，立查违纪案件10起，28人受到党纪政纪处理。对潍莱高速公路潍坊段征地拆迁费到位情况进行检查，查出挤占、挪用和使用不当等违纪违规资金51万元，拨付不到位资金271.8万元。

1999年后，全市各级纪检监察机关继续深化建设工程项目执法监察，完善有形建筑市场。2001年，对市直重大工程项目进行拉网式检查，检查在建工程项目988个，投资总额28.4亿元，查出违法违规项目206个，全部按照有关规定进行处理。2002年，对全市城区道路建设改造计划中投资最大的新华路、月河路两个工程项目进行全程监督，促成投标企业平等竞争，最终中标价合计2285万元，比原预算造价节省资金573万元。2003年，对全市15个市政工程项目招投标关键环节进行全过程监督。对友谊新世纪购物超市违法建设、西苑立交桥四角绿化工程实施过程中存在的有关问题进行调查处理。配合国家农业综合开发办公室和省委、省政府调查组对中央电视台“焦点访谈”报道的安丘市兴安街道农业综合开发项目建设问题进行调查。

2009年开始，开展工程建设领域突出问题专项治理工作。2010年，开展自查自纠和重点检查，全市513个政府投资和使用国有资金项目中存在的877个问题有439个整改到位。2011年上半年，全市排查2008年以来政府投资项目513个，发现问题151个，整改146个；排查2008年以来政府投资交通运输、水利工程项目103个，发现问题148个，全部进行整改。

行政事业性收费及罚没款情况执法监察

1995年，市纪检监察机关组织开展行政事业性收费及罚没款情况的检查清理工作。全市检查单位3121个，检查金额21.68亿元。查处违纪金额1.82亿元，收缴入库2115.49万元，纳入财政代管的预算外资金4994.6万元，清退乱收费款716万元；废止乱收费文件23个，取消违规项目93项，注销收费许可证4个，查处非法收费票据15种；发现案件线索4个，查处群众重点举报案件6起，为国家挽回经济损失550.8万元。1997年，会同有关部门开展清理预算外资金工作，着重检查1995年、1996年征收管理和使用情况，纠正存在的问题。1998年，对1997年以来市直公检法和工商部门及其所属单位行政事业性收费和罚没收入实行“收支两条线”管理的情况进行检查。

2001年，开展清理整顿市直行政事业性单位银行账户工作，市直部门清理银行账户714个，撤销200个，保留514个。全市共清理账户4180个，撤销账户940个，保留3240个。2003年3月，对市直行政事业性收费（基金）和罚没收入管理情况进行检查，查出违规违纪金额3388.8万元。对违规违纪行为较严重的8个单位，由纪委领导与违规单位主要负责人谈话，责令单位做出深刻检查。8月，市监察、财政、物价、审计四部门联合对全市170余个市直执收单位和12个县市区、3个开发区的所有县直执收单位2002年至2003年上半年非税收入进行全面清理检查。查出违规项目167个，查处金额3319万元；当年补缴国库399万元，补缴财政专户2397万元，予以处罚并收取罚款237万元，对6名违纪人员进行处理。2004年，对全市交通、交警系统执行“收支两条线”情况进行检查。检查收费项目20项，涉及资金总额6.7亿元，查出违规金额7715万元。

2005年，对部分单位非税收入收支管理情况进行检查，发现18个单位存在违反“收支两条线”规定的行为，向15家单位下发处理决定，对查出违规金额按比例进行统筹，统筹额为235万元。2009年，会同市财政局对市直部门2007年、2008年年度政府非税收入征缴、管理和使用情况进行检查。

土地管理费用收管用情况执法监察

1994年，市纪检监察机关对全市县乡两级土地管理部门1992—1993年土地管理收费的收管用情况进行检查清理，清理各项土地管理收费8756.28万元，发现违纪和使用不当金额2744.23万元，其中挤占挪用1748.21万元，截留934.16万元，贪污私分3.59万元，滥发钱物4.22万元，请客送礼6.24万元，其他使用不当金额47.81万元，当年纠正1100多万元。

2004年，市、县两级成立征用农民集体所有土地补偿费专项检查领导小组和办事机构，开展对1999年以来征用农民集体所有土地补偿费用管理使用情况的专项检查工作。经查，全市经国务院及省政府批准的征用农民集体所有土地9.5万亩，应补偿征地费23.29亿元，拖欠征地费1.99亿元，6月底前全部清欠完毕。其中分期补偿为4089万元。2008年，对全市2005年1月1日至2007年12月31日期间的建设用地供应和土地出让金的收支管理情况进行逐宗清查。全市协议出让2711宗，总用地面积92871.8亩；招标、拍卖、挂牌供地796宗，总用地面积41642.4亩。土地出让合同总价款274.05亿元，实际征收199.46亿元。中心城区（奎文区、潍城区）协议出让217宗，招标、拍卖、挂牌供地81宗，土地出让合同总价款87.8亿元，实际征收66.9亿元。

2011年上半年，继续加强对土地调控政策贯彻落实情况进行监督检查，重点开展对经营性土地使用权招标拍卖挂牌出让活动的监督。全面推行工业用地使用权招标、拍卖、挂牌公开出让制度，积极探索完善工业用地招标、拍卖、挂牌出让办法。上半年全市以招拍挂方式出让土地（工业、商业、住宅）20宗1166.65亩，总成交价19.12亿元。

重大安全事故执法监察

2002年，市纪委、监察局参与对寿光田柳光利纸制品厂重大死亡事故处理工作，处理事故责任人3人；参与广信浆纸有限公司一名工人死亡事故的调查处理工作，处理事故责任人员4人。2004年，先后参与山东广信浆纸有限公司安全生产事故、山东海化石油化工厂“3・29”安全生产事故、潍坊会计大厦一名员工死亡事故、山东海龙股份有限公司“5・7”安全生产事故等7起安全生产责任事故的处理，依据有关规定，对12名厂长、经理进行责任追究，其中1人被撤职。2005年，对潍坊市发生的1起安全生产事故进行调查处理，对2名事故责任人给予行政处分。

2006年，对潍坊海圣化学有限公司“3・19”重大事故，按照有关规定对负有审查批准、安全监督管理职责的政府、行政管理部门及相关责任人员作出调查处理，对6名责任人（含1名副县级干部、2名科级干部）进行责任追究，分别做出党纪、政纪处分或移送司法机关处理。参加五图西上疃第二煤矿“4・14”2死1伤顶板事故，金星化肥厂、山潍拖等6起（死亡1人）生产事故的调查，处理企业责任人员23人次。

2007年，先后对亚星化学股份有限公司热电分厂“3・1”机械伤害等6起安全生产事故调查处理，对14名有关责任人员提出处理建议。2008年，先后参与潍坊恒联浆纸有限公司“3・8”物体打击事故等9起安全生产事故的调查处理工作，对有关责任人员提出处理建议。2009年，先后参与9起安全生产事故的调查处理工作，对19名责任人员提出党纪政纪处分建议。督促临朐县对因监管不到位，连续2次发生特大交通事故的4名责任人给予党纪政纪处分。

第六节　专项整治

减轻农民负担

1993年开始，全市清理涉农负担文件项目。全市清理涉农负担文件708个，宣布废止252个，修改119个；废止涉农负担项目399个，清理非生产性项目354个，总投资2727万元。市政府印发《潍坊市农民负担管理暂行办法》，组织市县两级对1992年农民负担款项征收管理使用情况进行检查，共检查单位338个，涉及金额7560万元，查处违纪金额140万元，挽回经济损失85.7万元。

1996年，先后对涉农负担文件项目、借婚姻登记搭车收费问题、专项集资收费以及统筹提留工作等进行重点检查。全市废止文件109件，取消项目121个，清退集资摊派款4185.79万元，全市农民负担人均减轻17.33元。全市受理和查处农民负担案件224起，市纪委、市监察局会同有关部门查处3起影响较大的农民负担案件，处分党员干部11名。1998年，全市取消涉及农民负担项目54项，减轻农民负担16.83亿元，农民负担占上年人均纯收入的4.28％ 。

1999—2001年，按照“农民合理负担定项限额一定三年不变”的要求，加强对农民负担情况的监督检查，纠正加重农民负担的行为，农民负担额严格控制在上年人均纯收入5%以内。2001年，全市签订农民负担合同183万份，入户率96%；取消达标升级活动项目33个，立查涉及农民负担的信访举报案件31起，减轻农民负担7046.2万元。

2002年，对全市162个乡镇、425个村、874户进行重点检查和抽查，发现农民负担方面的问题142个。立查涉及农民负担的信访举报案件29起，有12名责任人受到党纪、政纪处分。全年减轻农民负担1.2亿元。2003年，潍坊市制定实施《对加重农民负担行为实行责任追究的暂行规定》，对农村税费改革情况进行监督检查。查处涉农举报案件65起，减轻农民负担5.16亿元。

2005年，重点围绕农民负担和农村税费改革、财务管理、稳定和完善农村土地承包经营等3个方面，对全市12个县市区进行检查，抽查36个乡镇、108个村、432户，对检查发现的问题及时作出纠正处理。年内查处涉农举报案件9起，全市减轻农民负担1.6亿元。2006年，组织监督检查7次，查处涉农举报案件4起，全市减免农业税1.47亿元。

2008年，强化对种粮农民直补工作的指导和监督。2009年，加强涉农价格和收费监督检查，清理涉农收费文件7个、项目12个；查处乱收费、乱罚款、乱摊派等损害群众利益案件13件，对2人进行责任追究，减轻农民负担29.03万元。查处哄抬农资价格和制售假劣农资问题238个，涉及金额138.53万元。

2010年，检查惠农资金项目99个，金额36.45亿元，纠正和整改违规问题涉及金额5242万元，责任追究3人；查处面向农民“三乱”问题2件，责任追究2人；严厉打击制售假劣农资坑农害农行为948个，涉及金额409万元。2011年，严厉打击哄抬农资价格、查处制售假劣农资坑农害农问题685个，为群众挽回经济损失519.3万元。

2012年，查处面向农民的乱收费、乱罚款和集资摊派问题12件，清退违规收取农民款项42万元，减轻农民负担39.75万元。

减轻企业负担

1992年，全市纪检监察系统废止不合理收费、罚款、集资项目359个，为企业减轻负担9706万元，查处“三乱”案件20起。1993—1994年，组织开展清理清退市直党政机关团体侵占企业的人财物工作。1993年全市清理党政机关团体无偿占用企业人员155人，退回111人；摊派侵占资金683万元，退还644.9万元；借占企业房屋2827平方米，全部退还。1994年，清理机关团体无偿占用企业资金854.33万元，当年清退资金810万元；无偿占用的企业人员228名、房屋3258平方米、交通工具3辆，全部清退。

1998年，清理不合理收费文件47个、收费项目184个， 涉及资金3390万元，对95个收费项目重点审核。年底，潍坊市出台的3个集资项目全面取消。1999年，推行收费许可证、收费员证和收费批准通知书制度，发放企业交费登记卡1.6万多份，调整和废止一批收费项目。总结推广市地税局“一家查账多家认账”的税收检查新办法，严格规范行政执法检查活动，避免重复检查。

2001年，集中对市直44个部门、单位涉及民营企业的收费情况进行检查，查出违规收费项目106个。其中取消81个、限期整改25个，减轻企业负担1261万元。2002年，取消不合理收费项目175个，查处涉企案件11起，减轻企业负担2008万元。2009年，与物价部门、财政部门对涉及企业不合理负担的政策规定和收费项目进行清理，对落实各项优惠政策和收费减免政策的执行情况进行检查。

2011年，开展市委、市政府2009年以来出台的28个重点产业、重点区域、重点领域投入政策落实情况专项检查，对发现的政策条款未落实、政策平台不完善、行政效率和服务质量不高等涉及14个部门的25个具体问题，一对一、点对点地督促抓好整改。

2012年，每季度开展一次企业发展环境问题暗访，定期召开重点企业座谈会，加大对滨海区重点企业、重点建设项目的帮扶力度，创新完善企业“双评”活动，解决项目建设、收费管理、中小企业融资、优惠政策落实等企业反映的实际问题340个。

2008年4月29日，市纪委召开重点企业座谈会，加大对滨海区重点企业、重点建设项目的帮扶力度，创新完善企业“双评”活动，解决项目建设、收费管理、中小企业融资、优惠政策落实等企业反映的实际问题

治理公路“三乱”

1995年开始，开展公路“三乱”治理工作。市政府办公室牵头，交通、公安、林业、监察、财政、物价等部门组成联合检查组，分别于6月上旬和9月下旬，对全市治理公路“三乱”工作情况进行检查。市纪委与电视台联合开展“治理三乱潍坊行”活动。全市基本刹住公路“三乱”歪风。1996年，治理公路“三乱”工作通过省检查验收，首批进入国道、省道基本无“三乱”市、地行列。

1997—2001年，查处公

路“三乱”案件55起，处理41人。2002年，查处公路“三乱”案件64起，处理责任人11名。2003年，组织开展4次集中检查，解决向机动车辆乱收费、执收执罚不规范等6个方面的突出问题，查处公路“三乱”案件32起。2004年，查处公路“三乱”案件32起。2005年，查处公路“三乱”案件9起。2006年，查处违规停车场10家。2007年，查处公路“三乱”案件19起，辞退协警11人。2008年，查处公路“三乱”案件17起。

2009年，严格执行成品油价格和税费改革政策，清理审核涉及交通和车辆的行政事业性收费，全市清理审核收费项目22个，涉及金额9725.5万元。完善鲜活农产品运输“绿色通道”政策并及时进行公示，取消政府还贷二级公路道路站点4个。查处公路“三乱”问题6件，10人受到党政纪处分和其他处理。

2010年，受理公路“三乱”方面的投诉举报600多件，查处公路“三乱”问题13件，处理处分6人。在全市10个县市区组织建立7条“绿色通道”，保证道路交通运输畅通无阻。2011年，组织明察暗访12次，受理信访投诉23起，查处公路“三乱”问题8件，责任追究20人。继续对沿海防护堤工程及滨海新城建设绿色通道开展明察暗访，查处假“通行证”、车证不符等问题车辆80多台次，发现并纠正道路交通管理部门执法不规范等问题6个。

2012年，受理公路“三乱”方面的投诉举报问题60多个，先后组织对各类公路检查（收费）站点、道路执法、“绿色通道”政策落实等方面进行明察暗访28次，发现问题40多个，撤销不合理公路收费站点1个，减少收费金额1697万元，查处公路“三乱”案件23件，责任追究36人。

治理教育乱收费

1995年始，全市开展治理教育乱收费工作。全市范围内学校收费必须使用物价部门颁发的“收费许可证”和市物价局、市教委、市监察局监制的《中小学收费登记册》，必须开具由财政部门印制的行政事业性收费收据。1996年，检查出中小学违规收费金额345.7万元，全部清退。1997年，2次对全市中小学收费问题进行清理，清理退还违规收费137万元。

2000年，做好课程教材改革、减轻学生过重负担问题等工作，全市中小学用书减少40%，年减轻群众负担近亿元。2001年，对全市教育收费情况全面检查，对发现的违规收费全面清退，对群众反映的乱收费问题严肃查处，全市减轻中小学费用负担1306.53万元。

2002年，查处违规违纪金额528万元，清退

2001年，对全市教育收费情况进行全面检查，对发现的违规收费进行全面清退，同时对群众反映的乱收费问题进行严肃查处

违规违纪金额520万元，全市减轻学生不合理负担200多万元。2003年，实行“零收费”、乱收费核查等制度，全市查处中小学乱收费案件20起，清退违规违纪金额541.37万元，没收违纪金额24.11万元。2004年，查处中小学乱收费案件46起，清理出乱收费金额589.78万元，清退562.7万元。2005年，查处中小学乱收费案件23件，清退违规资金11万元。2006年，查处中小学乱收费案件19起，清退违规资金18.53万元。

2007年，全面落实农村义务教育经费保障机制改革各项政策，全市有67.95万名农村学生享受到改革成果，占全部义务教育阶段学生的76%。享受免除课本费的学生为4.69万人，享受寄宿生活费补助的学生6557人。当年查处中小学乱收费案件17起，清退违规资金133.68万元。2008年，市政府办公室印发《关于进一步规范中小学办学行为的意见》，进一步明确中小学收费项目和标准，对加强教辅材料管理和清理规范改制学校等工作提出明确要求。当年查处教育乱收费案件7起。2009年，全市查处乱收费问题涉及金额3.29万元，全部清退。对5所基础教育阶段改制学校进行清理规范，还原为公办学校。2010年，对义务教育阶段7所改制学校、40所民办学校进行清理规范和复核检查；查处教育乱收费问题2件，涉及金额47万元，给予党纪处分1人。

2012年，组织检查幼儿园、小学、初高中等各类公办、民办学校50多所，发现并纠正各类问题67个，查处教育乱收费问题12件，涉及金额48.75万元，清退违规收费9.4万元。

纠正医药购销和医疗服务及食品药品安全领域不正之风

1993年开始，全市对卫生行业开展纠风检查、治理医生收受“红包”工作。1999年，针对群众反映“看病难、看病贵”问题，组织对医药市场集中进行整顿，严肃查处违规、违法问题。全市查处无证、证照不全及超范围经营药品业户584户，查处制售假劣药品窝点11个，没收药品价值104万元。2000年，继续整顿医药市场，清理取缔无证照或证照不全的生产经营业户168户，没收非法经营药品、医疗器械标值235万元。

2001年，在县级以上医院全面推行药品集中招标采购实施办法，涉及药品金额2.27亿元。实行住院费用“一日清单”制度，增加透明度，加强群众监督。查处违规经营药品业户259户，销毁假劣药品标值100.08万元。全市对213种药品降价，减轻患者负担5000多万元。2002年，全面推进药品集中招标采购，招标药品金额2.96亿元，让利患者5064万元。加大医药市场整治力度，查处违规经营药品业户432户，销毁伪劣药品、医疗器械103万元。2003年，全市招标药品金额1.4亿元，查处违规经营药品业户532户，销毁伪劣药品、医疗器械标值220.42万元。2004年，查处违规经营药品业户532户，销毁伪劣药品、医疗器械标值220.42万元。市卫生局制定实施《加强全市卫生行业作风建设的若干规定》，对医药购销中收受回扣和医疗服务中“开单提成”、收受“红包”等问题作出明确处罚规定。2005年，全市招标药品金额1.29亿元，查处违规经营药品业户26户，销毁伪劣药品、医疗器械价值20余万元。2006年，全市招标药品金额3.64亿元，查处违规经营药品480余件，整治降低药品价格1797.4万元，收缴“红包”、开单提成金额20万元。

2007年，积极推行医疗机构药房托管工作，全年集中招标采购药品和高值医用耗材总金额2.25亿元，让利患者3092万元，查处违规经营药品案件759起，没收非法所得167.52万元。2008年，继续开展医疗机构药房托管工作，市纪委、市卫生局、市监察局、市药监局、市物价局、市财政局等部门联合印发《潍坊市医疗机构药房托管实施意见》《潍坊市医疗机构药房托管受托方遴选办法》《潍坊市医疗机构药房托管实施办法》《潍坊市医疗机构药房托管监督检查暂行办法》。市政府采购中心对全市药品经营企业进行招投标，遴选35家企业入围。

2009年，建立健全食品药品安全责任和预警、处置体系，落实食品药品安全各环节的监管责任。全市查处食品安全事件200多件，涉及金额8.7万元；查处药品安全事件2500多件，涉及金额403.9万元；集中销毁假劣药品、医疗器械总价值150万元。年内集中招标采购药品6.02亿元，省级定价药品降价品种4930个，涉及金额7198.8万元；医务人员上交"红包"、开单提成189人次，涉及金额14.65万元。2010年，全市查处食品药品安全案件409起，涉及金额145.5万元；取缔无照经营327户；网上集中采购药品3.57亿元，药价降幅14.9%。2011年，全市64个县级以上医院全部参加了以省为单位的药品集中招标采购，采购金额12.9亿元，药品降价总金额3.2亿元，降价幅度25%。全市检查各经营单位1.5万多个，查处违法经营业户242户；查处食品药品安全问题542件，涉及金额225.1万元。

2012年，组织抽查医院34所，发现存在药品加成率超过15%、网下私购药品、一日清单简单和开大处方等问题56个，查处收受回扣、红包、开单提成和各种乱收费问题13件。组织开展食品安全专项执法检查8次，查处食品安全问题 549起，涉及金额197.82万元，取缔食品违法经营88户。

纠正土地征用中侵害农民利益问题

2004年，市纪委牵头对征用农民所有土地补偿费管理使用情况开展专项检查，范围为12个县市区和3个开发区，纠正违反规定乱批乱占耕地问题89件、1621亩，查处拖欠、截留、挪用土地补偿费用1.03亿元。2005年至2011年上半年，全市纠正违反规定乱批乱占耕地问题610件、9094亩。2009年，查处损害农民土地承包经营权益问题82个。2010年，纠正查处农村土地承包、流转、征收和征用拆迁中的违法违规行为67个。2011年，共查处并纠正农村土地承包、流转、耕地占补平衡、土地整治中损害农民土地权益问题741个。2012年，纠正和查处农村土地承包、流转、土地整治中损害农民土地权益问题80件。

纠正城镇拆迁侵害居民利益问题

2004年，市纪检监察机关对潍坊大厦拆迁、宝通街建设等全市重点建设项目进行专项检查，查清回迁政策不落实、补偿资金不到位等10个问题，涉及拆迁资金1000多万元。2011年，积极做好征地拆迁和保障房建设两项新增专项治理工作。对群众反映的9件征地拆迁问题进行查处。围绕保障性安居工程建设，检查项目120个，对发现施工进展较慢、手续不完善等4大类17个问题提出整改要求，督促整改到位。2012年，对群众反映的17件征地拆迁问题进行查处，检查保障性住房建设项目101个，发现问题19个，督促整改落实到位。

纠正拖欠和克扣农民工工资问题

2004年，全市对拖欠和克扣农民工工资问题进行集中清理，清理拖欠工程款12.41亿元，清理解决拖欠农民工工资4.95亿元。2005年，清理拖欠农民工工资2098万元。2006年，先后3次通过市级新闻媒体公布举报电话，建立来电、来访登记台账，对投诉举报及时受理。全市受理群众投诉1300余起，涉及农民工4200余人，处理省有关部门督办案件60余起，为农民工追讨工资3000多万元。至2006年底，全市拖欠农民工工资基本清理完毕，工程款清理98.3%。

纠正企业违法排污损害群众利益问题

2001年，在环保执法大检查中，市纪委监察局对3个严重违法企业的法定代表和1名镇政府负责人做出党纪政纪处分。2003年，对高密市雪龙皮革有限公司环境违法行为进行调查，对该公司作出经济处罚的同时，责成高密市纪委对该公司主要负责人作出党内严重警告处分。2005—2006年，查处违法排污企业140家。其中，依法关停13家，对5家企业给予经济处罚，对8家企业责令限期整改。2007年，开展“整治违法排污企业，保障群众健康”专项活动，查处企业环保违法案件18起。

2008年4月，对二氧化硫排放不达标的11家企业进行专项督查，采取强制性措施，6月底前实现达标排放。2009年，督促市环保局先后开展4次“整治违法排污企业，保障群众健康”环保专项行动，对全市集中整治威胁饮用水源地水质安全的污染和隐患、涉水污染源、剧毒物质产生及排放企业、污水处理厂、河流断面、信访案件、秸秆禁烧等情况进行重点检查，对重点信访和挂牌督办的案件进行事后督查。

2010年，对省环保厅、监察厅挂牌的企业整改情况进行检查，对6条河流、6大片区空气污染进行专项治理；对全市污水处理厂建设运营情况进行检查。

第七节　查办案件

1991年，全市各级纪委立案查处各类违纪案件4199件（包括处理计划生育遗留问题3120起），结案4140件。其中市、县两级纪委自办案件584件，市纪委自办18件。市监察局立案138件，处分干部133人。1992年，各级纪委立案查处党内各类违纪案件2695件，查结2677件。其中，经济违纪案件293件，严重官僚主义案件22件，腐化堕落、道德败坏案件95件。市、县两级纪委自办案件392件，涉及县级干部11人、科级干部65人。市监察局立案137起，处分干部155人。全市各级纪检机关共剖析非正常亏损企业共112家，结合“剖亏”查处各类违纪案件121件，处分违纪党员129人，配合党委整顿班子151个，为国家、集体挽回损失824.5万元，企业扭亏为盈87家，占“剖亏”企业总数的77.7%。1993年，全市立查各类违纪案件844件，其中万元以上案件88件。

1994年，突出重点部门和重点案件，强化领导包案，坚持联合办案，落实办案责任制。全市立查各类违纪案件765件，查结690件，结案率90%。其中，经济违纪案件451件，万元以上大案107件。1995年，全市立查各类违纪案件730件，结案率92%，其中万元以上大案110件。市县两级加强自办案件工作，当年全市自办案件390件，占立案总数53%。其中市纪委自办案件24件，同比增长50%。

1996年，市县两级成立以纪委书记牵头的查办大案要案协调小组，继续落实领导包案制，把自办案件放在整个案件检查工作的首位。全市初核案件1469件，立案759件，结案率96%。其中经济违纪案件416件，万元以上大案148件。

1997—1999年，围绕严肃党的政治纪律、组织纪律、经济工作纪律、群众工作纪律，着重查处“三机关一部门”领导干部和金融、建设等领域违纪案件。全市立案2351件，其中万元以上大案604件。2000—2007年，进一步完善联合办案机制，落实领导包案责任制，建立“办案人才库”，查处一批大案要案。全市立案6523件，其中大案要案2083件。

2008年，实施反腐败工作协调小组联席会议制度，召集联席会议35次，组织协调办案事项115件次。当年全市立案823件。2009年，制定

《查办案件组织协调办法（试行）》，发挥反腐败协调小组作用，充实“编外办案人才库”，加强办案组织协调工作，加强对办案全程的监管，保证零违纪、零事故。组建案件监督管理室，加强对办案工作的监督管理工作。全市立案823件，其中大案要案174件，通过办案挽回经济损失5225万元。开展推进治理商业贿赂专项工作，全市受理商业贿赂案件107件，刑事处理37件，行政处罚31件，涉案金额145万元。2010年，立案824件，挽回经济损失2348万元。

2011年，市纪委印发《关于在查办违纪违法案件中加强协作配合的办法（试行）》，组建由市县两级办案骨干、特聘检查员、编外办案人员、办案陪护人员4支队伍组成的“办案人力资源库”，进一步健全组织协调机制。建立信访举报件“大台账”并实施信息化管理，对可查性强、能够纳入案件检查视野的线索，及时转入查办程序。制定党纪、政纪处分批准权限和案件处分执行工作3个“暂行规定”，对基层送审的70余起案件进行协审。开展办案安全清理整顿、集中教育和集中整改活动，制定完善依纪依法安全文明办案、案件备案、持证上岗等17项制度，对全市办案人员进行封闭式培训，加快推进办案场所建设。全年立案825件，挽回经济损失1466万元。

2012年，市纪委印发《关于在执纪办案中履职尽责的暂行规定》，坚持依纪依法安全文明办案，提高办案质量。发挥信访举报的案源主渠道作用。全市受理信访举报4160件次，对受理的信访举报件按特别重要、重要、一般三类实行台账管理，加大对要结果信访案件的查处督办力度。加强与司法机关的联合办案，市县两级纪检监察机关查处科级干部以上案件115起，万元以上案件222起，查处发生在群众身边的腐败问题103起。对基层办理的76起案件进行协审，开展办案安全专项检查6次。全年立案868件，挽回经济损失2826万元。

1993—2012年潍坊市查办案件和处分违纪违法党员干部及行政监察对象统计表

表14—4—1

年份	查办案件数（件）	处分总数（人）	党纪处分（人）					政纪处分（人）	涉及县级以上干部（人）	涉及科级干部（人）
			小计	开除党籍	留党察看	撤销党内职务	严重警告以下			
1993	844	568	501	141	138	12	210	67	2	23
1994	765	492	422	156	120	17	129	70	1	54
1995	730	412	355	177	79	12	87	57	10	33
1996	759	529	468	207	108	18	135	61	3	47
1997	780	513	457	204	100	23	130	56	5	50
1998	785	514	479	176	125	18	160	62	9	45
1999	786	579	537	166	136	23	212	68	7	49
2000	810	656	609	221	115	9	264	77	13	73
2001	810	659	604	215	107	17	265	88	12	62
2002	810	608	576	175	117	12	272	52	8	48

续表14—4—1

年份	查办案件数(件)	处分总数(人)	党纪处分(人)					政纪处分(人)	涉及县级以上干部(人)	涉及科级干部(人)
			小计	开除党籍	留党察看	撤销党内职务	严重警告以下			
2003	814	670	618	195	84	5	334	81	8	62
2004	824	614	576	206	89	14	267	52	3	65
2005	817	632	599	225	106	15	253	52	6	62
2006	817	731	680	274	122	10	274	81	8	76
2007	821	880	816	381	174	17	244	104	10	66
2008	823	731	657	359	82	5	211	85	3	71
2009	823	795	744	424	62	11	247	96	8	105
2010	824	674	650	365	73	6	206	43	15	64
2011	825	809	784	503	108	2	171	55	14	68
2012	868	817	781	409	81	5	286	79	13	72

第八节　党风廉政教育

1991年，全市广泛开展党性、党风、党纪教育，40万名党员参加党内纪律条规学习。市纪委组织23万名党员干部参加全市党纪条规知识竞赛，其中县处级党员干部810人。1992年，各级纪委利用党校举办领导干部培训班160余期，培训2万余人；播放教育片987场次，5万余人收看；选树正面典型370余人，剖析典型案例92个，全市党员干部受教育面达95%。

1993年，全市仅市直机关就召开专题会议130场次，举办骨干培训班109期，组织交流会120多场次。全市表彰先进典型3811个，剖析反面案例436个。

1994年，集中组织学习邓小平关于新时期加强党风廉政建设和反腐败的论述，学习中央关于开展反腐败斗争、加强党风廉政建设的决定精神。在党政机关和经济部门开展政治纪律、组织纪律、经济纪律、外事纪律等教育，在执法执纪部门开展法制法规教育和职业道德教育，在农村

1995年，市纪委举办党风廉政建设成果展

和企业党员中开展理想宗旨教育和做合格共产党员教育。1995年，市纪委举办“潍坊市党风廉政建设成果展览”，着重在党员干部特别是领导干部中开展向孔繁森学习活动。总结推广先进典型49个，剖析反面典型80多个。

1996—1997年，在全市范围内深入开展以“讲学习、讲政治、讲正气”为主要内容的党性党风教育和“学条规、守纪律、作表率”教育活动。1998年，市、县两级组织县处级及以上领导干部开展党风廉政法律法规学习教育活动，组织县处级及以上领导干部进行党风廉政法律法规知识考试，参考率94.6%，平均成绩95.7分。深入实施“民心工程”，市纪委创办《实施“民心工程”情况简报》，年内编发45期，总结推广各级实施“民心工程”的好经验、好做法60多个。1999年，结合“三讲”教育，组织全市广大党员干部学习党风廉政法律法规，集中观看纪律处分条例讲座和《法不容情》《正气民心》等教育片。2000年，深入搞好“三讲”教育及其“回头看”活动，认真组织开展学习“三个代表”重要思想和“从严治党”等教育活动。在党员干部中深入开展以胡长清、成克杰案件为反面教材的警示教育活动，组织观看反腐倡廉影片《生死抉择》。年内组织1431名县处级及以上领导干部和6026名科级干部集中进行警示教育知识答卷。

2001年，在全市广泛开展“学党章、守纪律、正党风”教育活动，先后举办“法纪在我心中”演讲比赛、争做“廉内助”活动、党风廉政建设形势报告、党风与廉政知识电视竞赛等。组织反腐倡廉大型现代吕剧《碧水长流》在全市巡回演出30多场次，观众2万余人次；组织在全省巡回演出80多场次，观众2.6万多人次；还组织晋京汇报演出，受到中央领导的充分肯定。

2002年，在全市副科级及以上领导干部中集中开展“理想信念、廉政纪律”教育活动。组织全市1241名县处级及以上领导、1.87万名科级干部开展党纪政纪条规知识考试。加强正反面典型教育，全市各县市区累计投资80多万元，创办“党风廉政专题栏目”38个。市纪委编写《潍水明鉴》一书，用身边事教育身边人。

2003年，在全市深入开展“艰苦奋斗、廉洁从政、优化环境”主题教育活动。选定寒亭区国税局、寿光市三元朱村党支部书记王乐义、临朐县纪委常委监察局副局长郎咸强、坊子区人民检察院纪检组组长许宁、诸城市四达贸易公司总经理党委书记窦宝荣5个先进典型，组成“潍坊市党风廉政建设先进事迹报告团”，到各县市区和市直有关部门巡回报告。2005年，将《建立健全教育、制度、监督并重的惩治和预防腐败体系实施纲要》和《“三个代表”重要思想反腐倡廉理论学习纲要》纳入各级党组织理论学习中心组、党校党员干部培训、纪检监察业务培训重点学习内容，组织全市2万多名领导干部参加“两个纲要”知识测试。

2005年始，开展廉政文化进机关、进社区、进家庭、进学校、进企业、进农村“六进”活动。建立廉政建设活动室20多处，组织廉政书画创作展览和文艺演出13场次，总结推广党风廉政建设先进典型100多个，剖析通报反面典型案例20个。组织2000余名领导干部到潍北监狱、潍坊监狱听取犯罪嫌疑人忏悔，收到良好的警示教育效果。

2006年，深入开展社会主义荣辱观教育和“勤政廉政、科学发展”主题教育活动。组织全市地厅级领导干部和县处级领导干部分别观看警示教育片《忏悔录》和《居安思危》，20余万名党员干部观看电影《生死牛玉儒》《任长霞》

等；集中宣传报道王乐义、孙云禄、吴明敏等30多个先进典型。组织开展学习党章知识测试和全市科级及以上领导干部统一参加全国“红船杯”党章知识竞赛征答活动。

2012年7月，全市开展廉政文化创建活动，在公交站点和公交车体展示廉政文化作品

2007年，组织开展“加强作风建设、促进社会和谐”主题教育活动。全年开展正反典型教育活动200多场次，总结、宣传转变作风、促进和谐先进典型20多个。全市确定廉政文化建设先进单位7个、市级廉政文化示范点40个。全市投资500多万元，新建、设置大型廉政公益广告电子屏幕30多个、灯箱400余个，建设廉政文化图书室、阅览室、资料室、电教室等200多处。广泛开展廉政文化创建活动，全市组建各种廉政文化创作、演出队伍120多支、2000余人。

2008年，开展“做勤廉表率，促科学发展”主题教育活动。年内全市举办反腐败形势报告、预防职务犯罪讲座180多次，各级党政“一把手”上廉政党课960人次。举办“潍坊市建立健全惩治和预防腐败体系知识竞赛”，并组队参加全省电视竞赛，潍坊市代表队进入决赛并获三等奖。在潍坊监狱建成“潍坊市反腐倡廉建设警示教育基地”。

2009年，开展“加强党性修养、弘扬优良作风、促进科学发展”主题教育。组织全市1.73万名乡科级及以上领导干部参加党性党风党纪知识测试，其中县处级领导干部1811名，参考率达为98.9%。10月25日，《人民日报》头版头条介绍潍坊市构建干部作风建设长效机制的经验做法。组织专人创作、编演大型现代吕剧《情洒北川》，真实再现崔学选和潍坊援建干部在灾区一线践行伟大抗震救灾精神的真实事迹。

2010年，开展“增强制度意识、争做执行表率”主题教育活动，市纪委编印《潍坊市党员领导干部廉洁从政教育读本》，层层组织知识答卷和电视竞赛活动，举办“学准则、守党纪、作表率”主题演讲比赛。2011年，组织开展“以人为本、执政为民”主题实践活动，着力解决党员干部“冷、浮、庸、奢、散”五个方面的问题。开启“廉政短信”教育平台，每周2~3次向全市县处级领导干部发送，全市2000多名领导干部受到教育。

2012年，组织开展“恪守从政道德、保持党的纯洁性”主题教育活动。结合岗位廉政风险防控机制建设，深入开展党员干部自我养成教育、岗位廉政和岗位风险教育。在昌邑市试行党员干部廉政法规知识考试制度。完善廉政文化建设示范点管理办法，在全市所有镇街和80%的社区建成廉政教育中心，在旅游景点和大型公共场所建立廉政文化角，全市18处清官廉吏纪念地和9处革命传统教育基地重新整修完善。

第五章　组织工作

1991—2012年，全市组织部门主动适应建立社会主义市场经济体制的改革目标和党的建设新形势，紧紧围绕解决好提高党的领导水平和执政水平，提高拒腐防变和抵御风险能力这两大历史性课题，坚持把思想政治建设放在首位，聚精会神加强领导班子和干部队伍建设、基层党组织和党员队伍建设。相继实施国家公务员制度和参照管理工作试点、“一推双考”（公开推荐与考试考核相结合）公开选拔干部、市县机构改革、“鸢都学者”评选、干部选拔任用全程纪实制度、党代表大会常任制、干部任用提名制等工作，开创了组织工作改革创新、全面进步的新局面。

第一节　组织机构

市委组织部

1991年，市委组织部内设办公室、调查研究室（政策法规科）、组织科、干部任免科、干部调配科、青年干部科、企事业干部管理科、干部培训科、干审科、知识分子工作科、市委组织员办公室11个科室，下设市委党员电化教育中心和市委老干部局。1993年8月，市委党员电化教育中心服务总公司成立。1993年12月，市干部培训中心成立。1997年2月，干部任免科、干部调配科改为干部综合科、党政干部管理科；干审科改为干部监督管理科。2001年8月，市企业经营管理人才评荐中心成立；干部综合科、党政干部科、企事业干部管理科调整为干部一科、干部二科、干部三科、干部四科；干部监督管理科调整为干部监督科；新型经济社会组织党的建设联席会议办公室成立，与组织科合署。2002年4月，市干部培训中心调整为市干部培训管理办公室，与干部教育科合署。2004年5月，干部信息科成立，与干部一科合署；知识分子工作科调整为人才工作科。2007年8月，市委党的建设工作领导小组办公室、市党建研究会成立，与市委组织员办公室合署。2007年11月，市经营管理人才评荐中心撤销，市党政领导干部公开选拔和竞争上岗工作办公室成立。2009年5月，潍坊干部学院成立。2009年11月，增设基层干部科。2010年6月，设立宣传科，与调查研究室合署。2011年8月，组织科、新型经济社会组织党的建设联席会议办公室、基层干部科调整为组织一科、组织二科、组织三科；增设公务员管理科，与干部一科合署。

至2012年底，市委组织部内设办公室、调查研究室（挂政策法规科牌子）、宣传科（与调查研究室合署）、组织一科、组织二科、组织三科、干部一科、干部信息科（与干部一科合署）、公务员管理科（与干部一科合署）、干部二科、干部三科、干部四科、干部监督科、干部教育科、市干部培训管理办公室（与干部教育科合署）、人才工作科、市委组织员办公室、市委党的建设工作领导小组办公室（与市委组织员办公室合署）、市党建研究会（与市委组织员办公室合署）、市党政领导干部公开选拔和竞争上岗工作办公室20个职能科室，下设市委老干部局、市委党员干部现代远程教育中心（保留市委党员电化教育中心牌子）、省领导干部考试题库管理中心、潍坊干部学院、市干部网络培训管理办公室5个机关事业单位。

市委老干部局

1984年4月，中共潍坊市委老干部局成立，正县级规格，由市委组织部管理，内设办公室、服务科、安置科。1989年2月，服务科改称市直工作科。2001年8月，市直工作科和安置科合并为综合业务科，另外设立调研信息科。2010年9月，中共潍坊市委离退休干部工作委员会成立，增设基层组织科。至2012年底，市委老干部局内设办公室、综合业务科、调研信息科、基层组织科，编制14人；下属事业单位有市级机关干部休养所（1978年成立，副县级）、老年大学。老年大学与老干部活动中心合署办公。其中老年大学1987年成立，副县级，1996年调整为正县级；老干部活动中心1988年成立，副县级。

市委党员干部现代远程教育中心

1990年4月，市委党员电化教育中心成立；2003年12月，更名为市委党员干部现代远程教育中心，仍保留市委党员电化教育中心牌子，人员编制调整为12名，内设综合科、课件资源科和网络管理科3个正科级机构。至2012年底，机构编制未变动。

省领导干部考试题库管理中心

2007年12月，省领导干部考试题库管理中心（潍坊市领导干部考试测评中心）成立；2008年5月，明确为正县级规格，财政拨款事业单位，仍由潍坊市委组织部管理，定编9名；2010年7月，增加编制4名；2011年，增配副主任1名。至2012年底，机构编制未变动。

市干部网络培训管理办公室

2009年11月，潍坊干部学习网管理办公室成立，为市委组织部所属正科级行政支持类事业单位，配主任1名、副主任1名。2010年11月，更名为潍坊市干部网络培训管理办公室，挂山东干部学习网管理办公室、潍坊干部网络学院牌子，规格调整为正县级，定编8名。至2012年底，机构编制未变动。

第二节　基层组织与党员队伍建设

农村党建

1991年，市委组织部先后从市直机关抽调647名干部，分别到山区、库区和边远贫困地区包村扶贫。对农村干部普遍进行科技知识、经济管理和改革开放教育等培训，培训6.7万人次，对新进班子的3.8万名农村基层干部全部培训一遍。1992年，加强对后进村党支部班子整顿工作，对全市366个后进村进行重点管理，帮助制订发展规划，提高班子领导经济工作的能力。1992—1993年，组织全市农村党员广泛开展“学科技、用科技、比贡献”活动，全市有17万农民党员参加活动，占农村党员总数的88%。全市参与科技联户的党员15.9万名，传播致富技术2123项，有1.3万名党员达到农民技术员水平。

1994年，突出抓好农村党支部书记队伍，全面实施“能人战略”，全市选拔649名公道正派、群众拥护的致富能手担任村党支部书记。对贫困后进村支部班子，逐一落实帮扶和整顿措施，组织609个经济强村与贫困后进村结成帮扶对子。继续从市直部门下派260名干部到贫困后进村挂职、包村。以整顿后进支部班子为重点，在全市农村基层党组织和党员中，组织开展集中教育整顿活动，调整整顿后进班子436个。继续开展“学科技、用科技、比贡献”竞赛活动，市委组织部印发《1995—2000年农村党员学、用、比竞赛活动规划要点》，全市有22.6%的党员达到农民技术员水平，3.5%的党员户成为专业大户，73%的党员参与科技联户。

1995—1997年，潍坊市贯彻落实省委《关于加强农村基层组织建设的三年规划》，突出乡镇党委建设、经济强村党的建设和后进村支部班子整顿提高三个重点，实行市委常委联系落后乡镇、县市区委常委包落后乡镇制度，完善乡镇党委抓党建工作制度和考核方法，强化乡镇党委书记的管党责任。全市调整支部书记740名，从县、乡机关和事业单位选派543名干部、职工到后进村担任实职。采取外聘支部书记、建联合支部、合并村庄等方式解决一些后进村支部班子的问题。组织开展全市“千村调查”活动，市委组织部印发《关于加强农村基层组织建设的意见》。到1997年底，全市列入重点整顿的799个村，已转化的575个，基本转化的200个。

1998年，在全市范围内组织开展“万人下乡”活动。市、县、乡抽调机关干部1.12万名，自带被褥进驻到5975个村。市、县、乡1300多个部门包扶900多个贫困后进村，2200多个经济强村、强企业与贫困村结成帮扶对子，1.53万多名党员干部联系3万多个贫困户。抓好村务公开、民主管理工作，总结推广昌乐县委“一会两组八上墙”“一日两月”制度，寒亭区南孙乡党委“一制治村、按章理事”及临朐县冶北村“一年一封公开信”等经验。加强对乡、村两级领导班子换届选举工作的指导。1998年底，农村党支部换届选举任务基本完成，部分有问题或软弱无力的班子得到调整充实。

1999年，市委印发《关于认真贯彻落实党的十五届三中全会精神 进一步加强农村基层组织建设的意见》。抓好乡镇党委换届调整工作，全市235个乡镇中，党委书记平均年龄39.04岁，大专以上学历的占97.45%；乡镇长平均年龄37.42岁，大专以上学历的占95.74%。组织开展“村级民主政治建设年”活动，重点抓好10个示范乡镇和50个示范村。加强对农村基层干部的教育培训，对1748名新任村党支部书记和3963名新任村主任全部集中培训。

2002年，完成乡村领导班子换届选举。当年底，9573个村（居）党支部换届9529个，到届的9530个村（居）委会，已换届9465个。换届后，乡镇领导班子、村“两委”班子平均年龄分别下降1.2岁和3.2岁，乡镇领导班子职数由2378人减少到1752人；村“两委”成员交叉兼职比例由上届的21%提高到68.6%；村支部书记、村主任“一人兼”的比例由上届的14.3%提高到63.5%；村（居）“两委”成员职数比换届前减少15088人。

2003—2007年，组织开展“三级联创”活动，抓住基层基础不放，县乡村三级连续开展村级组织活动场所建设，基层党组织的创造力、凝聚力、战斗力明显提高。2007年，组织开展村“两委”换届工作，全市有9123个村党组织、9363个村委会完成换届，分别占99.2%和99.4%；全市精简村“两委”成员3563人，村干部交叉任职比例85.6%，书记、主任一人兼比例为88.9%；2100个村党组织实行“两推直选”，占23.1%，“直选”产生班子成员6301名。

2009年，深化完善村村、村居、村和部门联建党组织及农村社区党建模式，全市建立产业党组织2255个、各类联合组织党组织1972个、农村社区党组织1044个。市委组织部印发《关于加强村党支部书记队伍建设的意见》，指导县市区探索公开考选、跨村任职等六条途径选任农村党支部书记。制定《关于落实村干部补贴报酬的意见》，为全市3.1万名村干部落实了固定补贴。印发《选聘到村（社区）任职高校毕业生管理办法》，招考2006名高校毕业生到村（居）任职。2010年，督促指导建立农村社区党组织954个，同步设立特色型、功能型党支部、党小组3276个；从市直部门选派307名干部成立101个工作组，帮扶24个农村社区101个村。

2011年，组织开展村“两委”换届工作。全面推行村党组织换届“两推一选”（党员推荐、群众推荐、党内选举），其中742个村党组织实行“两推直选”。全市村党组织完成换届6353个，占99.4%；村委会完成换届6448个，占99.2%。换届后，村级班子“三高三强”（政治素质高、文化水平高、群众威信高，发展能力强、服务能力强、协调能力强）型人才占71.5%，高中及以上学历的占65.8%，交叉任职比例69.7%，100%的村实现村委会有妇女成员，77名大学生村干部进入村级班子，其中13人当选村党组织书记。

2012年，统筹抓好“包村联户”和“第一书记”工作。实施以抽调一名县级干部包靠、选派一名第一书记驻村、落实一个部门包村、实行一个强企联村、发展一个合作社或生产经营项目为内容的后进村转化升级工程，选派1264名干部到后进村担任“第一书记”。全市投入帮扶资金、物资折款3.6亿多元，落实帮扶项目5170多个，新建、改建村级组织活动场所1125个。市委印发《关于加强农民专业合作社党建工作的意见》，全市有3794家合作社建立党组织，党组织覆盖率为45.2%。至2012年底，全市有农村基层党组织25435个。其中，基层党委1198个、党总支1467个、支部22770个，全市有农村党员283306名。

企业党建

1991年，潍坊市委从市直机关抽调干部，到38家企业帮助开展“社教”和“质量、品种、效益年”活动。8月，在潍坊水泥厂召开企业车间党支部建设座谈会，就新形势下如何加强车间、班组党的建设问题，进行专题研究。印发《关于进一步加强国营大中型企业党建工作的意见》，召开市属大中型企业党委书记会议，专题研究企业党组织如何发挥政治核心作用。1992年，先后召开乡镇企业党建工作座谈会、“三资”企业党建工作座谈会、全市企业领导班子建设座谈会等一系列专题会议，集中研究组织工作如何更好地服务于经济建设和改革开放的问题。1993年，以大中型企业党建为重点，全面抓好城市党建工作。1994年，加强现代企业家队伍建设。召开全市现代企业家队伍建设座谈会，提出建立健全“选拔、培养、管理、激励和约束”四个机制，并制定《评选奖励市级优秀企业家暂行办法》。积极探索加强外商独资企业党建途径，全市新建各类企业都按照同步、配套的原则，采取多种形式建立党组织。1997年，加大企业党建工作力度，特别是针对企业改制后的新情况，及时进行研究和指导，总结海化集团等一批党建先进典型，促进全市的工作。1998年，继续狠抓《中共中央关于进一步加强和改进国有企业党的建设工作的通知》精神的贯彻执行，提出加强企业集团党建的意见，规范完善改制企业及各类新型经济组织党建工作，积极探索加强国有企业下岗待业党员教育管理的途径和办法。

2000年，印发《关于加强改制企业党建工作的意见》，召开全市改制企业党建工作会议，全面推广诸城市企业党建经验。召开全市非公有制企业党建工作座谈会，研究制定加强非公有制企业党建工作的意见和措施。到2002年，全市新型社会组织中建立党组织72个，非公有制经济组织中建立党组织987个，组建率98.7%。2004年，深化拓展“两新”（新经济组织、新社会组织）组织党的建设。制订民营企业党组织组建工作三年规划，在1734家民营企业中建立组织，开展民营企业党建工作示范点创建活动和规范化建设。

组织社会中介组织党建工作调查。2005年，新确定党建工作示范企业20家，在符合条件的1847家民营企业中建立党组织。到2006年，全市建立党组织的非公有制企业有2398家。2008年，加大非公有制企业党组织组建力度，全市规模以上非公有制企业全部建立党组织，单独建立党组织的2401家。2009年，围绕拓展行业党建工作，指导成立非公有制经济组织、社会组织、离退休干部3个党工委和注册会计师、律师、市场行业3个党委。2012年，建立“两新”组织党建信息化管理系统，采集9060家非公有制企业、2383个社会组织的党建信息；开展“两新”组织党组织“集中组建月”活动，全市非公有制企业和社会组织党组织覆盖率分别为78.7%和70.4%。从机关企事业单位人员和“退二线”干部中选聘1320名党务干部，到非公有制企业担任党组织书记。

社区党建

1991年，在潍城召开首次全市城镇街道党建工作会议，总结推广南关居委会党支部等十几个单位的经验，研究加强镇街党建工作的措施。

2002年，进一步加强街道社区党的建设。提出“一个明确”（明确街道社区党组织在社区组织和社区工作中的领导核心地位）、“两个强化”（强化街道社区党组织的管事、管人两项职能）、“三级机构”（在区市、街道、社区三级分别成立社区党建指导委员会、协调委员会和社区党建联谊会）、“四项制度”（建立和落实社区党建联席会议制度、投入保障制度、结对共建制度、考核奖惩制度）的街道社区党建工作新思路。全市初步建立起以街道党工委为核心、社区党组织为基础、社区党员为主体、社区内单位党组织联系紧密、共同参与、团结奋斗的社区党建工作新格局。2004年，制定加强街道社区党建工作的意见，推广社区党建工作示范点建设经验。2007年，推行社区党建“网格化”管理，深入开展党建工作示范社区、特色社区、和谐社区创建活动，进一步规范社区组织设置，理顺社区管理体制。2008年，建立农村社区党组织768个。至年底，全市共有城市社区（居委会）709个，建立党委的60个，建立党总支的93个，建立支部的548个。2009年，建立农村社区党组织1044个。积极推行社区党建“网格化”管理、“社区大党委”运行模式，构建起社区党组织网格化设置、无缝隙覆盖、立体化管理、全方位服务的新格局。至2012年底，全市共有城市社区（居委会）711个，其中建立党委的113个，建立党总支的70个，建立支部的526个，建立联合党支部的2个。

党员发展

1991年，在党员发展工作中，注重发展生产一线工人入党，全市企业发展党员3500名，其中一线工人占70%。1994年，注重在生产一线、知识分子中发展党员。全年新发展党员10610名，其中工作在企业、农村生产一线的占58.9%，知识分子占26.9%。1991—1994年，全市累计发展党员3.81万名，其中女党员6690名、少数民族党员180名。至1994年底，全市党员总数42.73万名，其中女党员占11.2%，少数民族党员占0.3%；25岁以下的占3.3%，26～35岁的占20%，36～45岁的占31.1%，46～55岁的占21.7%，56～60岁的占10.1%，60岁以上的占13.8%；大专以上学历的占8.4%，中专占10.5%，高中占16.5%，初中占30.9%，小学占29.6%，文盲占4.1%。

1996年，加强在青年和妇女中发展党员工作，全市新发展党员中，35岁以下的占70%以上，妇女党员占20%以上。全年发展党员1.36万名，其中女党员3000名、少数民族党员51名、35岁以下的9952名。至年底，全市党员总数45.22万名，其中女党员占11.7%，少数民族党员占0.3%，25岁以下的占3.7%，26～35岁的占20.4%，36～45岁的占30%，46～55岁的占21.5%，56～60岁的占9.8%，61岁以上的占14.6%，党员中大专以上学历的占11.1%、中专占11.5%、高中占16.9%、初中占31%、小学占26.4%、文盲占3.1%。

1999年，突出抓好在多年未发展党员的村和尚未建立党组织的各类经济组织中发展党员。研究建立发展对象政治理论考试、组织员谈话、发展党员社会公示等制度，增强发展党员工作的规范化，全市发展党员1.2万多名。2000年，全面实行发展党员公示制和责任追究制，严把党员入口关，全市发展党员1.13万名，其中35岁以下的年轻党员8173名，党员队伍结构进一步改善。2004—2006年，拓展“两新”组织和民营企业党组织建设，2006年新发展党员9982名。2007年新发展党员1.32万名。2008年，发展党员1.43万名，其中在抗震救灾一线发展党员75名。

至2012年底，全市党员总数57.52万名。其中：女性党员9.76万名，少数民族党员1699名，台湾籍党员4名；35岁及以下党员9.73万名，60岁及以上党员18.04万名；中华人民共和国成立前老党员6633名；党员中大专以上学历的18.12万名，初中及以下23.56万名。

党员教育

1991年，对党员重点加强党的基本路线和基本理论、市场经济知识及科学文化知识的培训教育。1991年始，在全市农村党员中深入开展“学科技、用科技、比贡献”活动，在企业党员中开展“社会主义劳动竞赛”“科技攻关”“提合理化建议”等活动。

1995年，全市组织开展向孔繁森、王廷江、韩素云等模范人物学习活动，加强对广大党员树立正确世界观、人生观和价值观的教育。以学习特色理论、市场经济知识和现代科学文化知识为主要内容，利用多种形式、多种渠道，大力推进政治理论和业务知识培训。全市培训各级各类干部10.6万人次，其中，县以上领导干部1087人次，科级干部32535人次。加强对农村干部的培训，潍坊高专开办两个农村干部大专班，部分县市区兴办农村干部中专班。

1999年4—7月，根据省委统一部署，在市级领导班子、领导干部中集中进行以“讲学习、讲政治、讲正气”为内容的“三讲”教育。分两批组织市直92个单位的领导班子和617名副县级以上领导干部开展“三讲”教育。2000年3月中旬，县市区“三讲”教育工作全面展开，12个县市区参加“三讲”教育的领导干部957人，其中县级干部519人。

2000年12月始，在全市基层党员干部中开展“三个代表”重要思想学习教育活动。活动分两期进行，第一期从2000年12月开始，到2001年6月结束，有1692个县市区直部门、191个乡镇（街道）、3604个乡镇直属部门的16.5万名党员干部参加。第二期从2001年8月起在村一级展开，有9461个行政村的62628名村“两委”成员和集体组织负责人参加。市县乡抽调21179人组成3个县市区巡回督导组、179个驻乡镇督导组、8416个驻村工作组，组织1400多个理论宣讲团、先进事迹报告团、文艺宣传团和科技服务团，下乡入村开展宣传和服务。

2005年1月—2006年6月，开展保持共产党员先进性教育活动。全市2.2万个基层党组织、50.6万名党员参加，其中，第一批参学党组织3417个、党员6.86万名，第二批参学党组织10351个、党员20万名，第三批参学党组织9224个、党员23.7万名。

2009年3月—2010年3月，开展深入学习实践科学发展观活动。活动分两批进行，全市2.46万个基层党组织、53万名党员参加。

2010年4月始，在全市各级党组织和党员中开展创先争优活动。活动以“推动科学发展、促进社会和谐、服务人民群众、加强基层组织”为总体目标，以“科学发展、富民强市、建设‘四个潍坊’”为主题。至2012年8月，全市2.4万多个基层党组织、56万多名党员参加活动。

1991—2012年潍坊市党员和党组织情况统计表

表14—5—1

年份	党员（人）	党组（个）	基层党组织（个）		
			党委	党总支	党支部
1991	430887	433	598	688	21824
1992	439022	456	641	896	22219
1993	418447	333	652	831	21269
1994	427339	372	703	993	21880
1995	440413	382	750	1098	22302
1996	452237	405	786	1085	22406
1997	462678	459	813	1057	22701
1998	467941	421	843	1026	22573
1999	476991	434	858	1020	22406
2000	485428	425	855	1036	22386
2001	489469	418	905	971	21806
2002	497550	421	943	1032	21782
2003	502590	416	947	917	21628
2004	507593	—	917	867	21360
2005	506481	—	929	844	21219
2006	512606	—	936	873	21222
2007	517406	—	24685		
2008	529877	—	24425		
2009	540672	—	1083	1561	21978
2010	551178	—	24090		
2011	563498	—	1177	1472	22211
2012	575155	—	1198	1467	22770

第三节　干部人事制度改革

1991年，潍坊市开始实施同干部谈话制度。加强后备干部培养工作，给75个尚未建立后备干部名单的单位下发督办通知，95%的市直部、委、办、局建立后备干部名单，12个县市区均建立后备干部名单。

1992年，深化企业干部人事制度改革，打破企业干部和工人的身份界限，引入竞争机制，推行企业干部聘用制。市属大中型企业有140多名优秀工人被破格推上领导岗位，调整41名政绩平平的企业主要领导干部，5个大型企业集团副职实行竞争上岗，有30人经过竞争答辩走上领导岗位。打破国家工作人员和农民的身份界限，拓宽选人用人渠道，全市选拔上百名政绩突出的村干部和乡镇企业负责人担任乡镇领导职务。1993年，对企业干部全面实行聘任制，对政法队伍逐步推行聘任制。

1994年，建立中青年干部培训、挂职、换岗、助理、聘用、帮教、考绩等制度。对各级领导班子的配备做出一些年龄上的要求，明确提出县市区党政班子中至少有1～2名35岁左右的干部，市直各部委办局都要有1～2名40岁左右的干部。建立后备干部能进能出的动态管理机制。1996年，开展推行国家公务员制度和参照管理工作。组织市、县、乡19459名干部进行向国家公务员和机关工作者过渡考试。抓好党政机关及人大、政协、民主党派机关和工、青、妇等社会团体参照管理工作的实施。1997年，建立市直党政群机关领导干部及非领导干部和县市区党政科级领导干部备案制度。

1998年，大力推进干部交流。在县市区领导班子换届和市直部门、单位领导班子调整中，交流县级领导干部139名。其中，县市区24名党政“一把手”有22名实现地域回避任职，组织部部长、公安局局长全部实现异地任职，新提名或在一地任职满五年的法院院长、检察院检察长及其他新提拔的年轻干部原则上进行交流；市政府序列部门正职交流面为42%。规范完善县级党政领导干部离任审计制度，开展建立领导干部监督责任制试点工作。在全市党政机关推行中层干部竞争上岗，制定对科级领导干部实行试用制、对事业单位领导干部实行聘用制的具体实施办法，促进干部队伍建设。

2000年，市委印发《关于2000—2003年全市党政领导班子建设的意见》《关于抓紧做好培养选拔年轻干部工作的意见》《干部考察工作责任制》《关于呈报、推荐干部的有关规定》《关于实行党政领导干部任前公示制的意见》《关于建立县级党政领导干部试用期制度的意见》《县级后备干部管理暂行办法》《关于在全市事业单位实行县级领导干部聘任制的意见》等规定性文件，初步建立起系统的“制度链”，为实现干部工作的规范化、制度化提供保证。深化企事业单位干部人事制度改革，推行公开招聘、竞争上岗、民主选举，推进企业经营管理者选拔工作的民主化、公开化。潍坊恒信纸业集团、迈特钢管集团等7家国有大中型企业采用竞争上岗的方式选配2名总经理、5名副总经理，公开招聘2名企业副经理，民主选举3名总经理。

2001年，研究制定并组织实施潍坊市《贯彻落实〈深化干部人事制度改革纲要〉的实施意见》，初步拟定《县级党政领导班子和领导干部年度考核工作实施意见》及《调整不称职、不胜任现职领导干部认定标准》。普遍实行领导干部交流轮岗。全市异地交流干部82名，占提拔和重用干部总数的78.9%。完善干部公示制、试用制和聘任制。继续推行公开选拔、竞争上岗等选拔任用干部的办法。实行干部考察预告制，普遍扩大民主推荐和个别谈话范围，增加对干部“八小时”以外的考察了解。

2003年，调整下放县市区和市属三个开发区科级干部的管理权限，公开选聘市环卫局局长，规范各级助理配备工作，建立推行县、乡党政正职拟任人选由上级党委全委会“票决”制度。2004年，制定市直部门科级职位竞争上岗办法，改革市直机关事业单位工勤人员管理办法。推行任用县、乡党政正职由上级党委全委会无记名投票表决制度。改进公开考选办法。在全市中小学校推行校长职级制改革。2005年，改进干部考察考核办法，制定并实行干部选拔任用全程记实办法。加强对干部辞职制度的探索，形成领导干部引咎辞职、责令辞职的初步意见。2008年，在全省率先实施县市区党政正职和市直部门正职离任交接办法，探索建立干部任用提名制度，全面推行干部选拔任用全程记实制度。

2010年，围绕扩大民主、提高选人用人公信度，制定实行干部工作信息公开、推进县市区竞争性选拔干部、市县乡科级领导职务公务员调任、市直机关（单位）科级干部竞争上岗、市直事业单位实行聘任制科级干部期满续聘等一系列意见和办法。2011年，印发《潍坊市贯彻落实〈2010—2020年深化干部人事制度改革规划纲要〉的实施意见》《潍坊市调整不适宜担任现职县级领导干部办法（试行）》，规定了不适宜担任现职领导干部的10种情形和5种调整方式。印发《关于实行县市区调整科级干部报告审核制度的通知》《关于进一步加强市直部门（单位）有关干部宏观管理的通知》《2011—2020年潍坊市党政领导班子后备干部队伍建设规划》。

2012年，拓展深化竞争性选拔工作，印发《关于进一步做好县市区、市属开发区公开选拔工作的指导意见》《潍坊市直机关公开遴选工作人员办法》。规范干部初始提名工作，采取组织部长、分管副部长、相关干部科长共同约谈市直部门负责人的方式进行初始提名，并与市级分管领导进行充分酝酿，与近三年年度考核结果和后备干部推荐情况对比印证，切实提高选人用人的准确度和群众满意度。探索不称职公务员退出办法，出台《潍坊市不称职公务员认定处理办法（试行）》，规定13种不称职情形。

第四节　干部队伍建设

领导班子换届

1993年，市、县两级班子换届工作完成。换届后的县市区党政班子成员平均年龄分别为42.9岁和41.6岁，分别下降3.6岁和3.3岁；具有大专以上文化程度的占80%，比换届前提高21%。结合换届调整市直部门班子52个，调整干部181名，其中新提拔65名；调整企事业单位领导班子107个，调整干部264名，提拔事业单位副县级以上干部110名。

1997年，完成县市区领导班子的换届考察及人事安排工作，调整干部394名，其中提拔118名，党政领导班子平均年龄42.3岁，比调整前下降3.4岁，40岁以下年轻干部有70名，占35%，比调整前增加50名，选配1名女县委书记，在11个县市区的政府班子中提名的党外干部人选，比以前增加8名。

2001年，全面完成市县领导班子届中调整任务，对12个县市区领导班子进行届中考察调整。14名具有全日制本科以上学历、年纪比较轻、发展潜力大的干部被充实进党政领导班子，19名51岁以上的干部得到提拔，全市异地交流干部82名。完成市直部门机构改革后有关班子和干部调整任务，调整交流干部97名。

2002年，根据省委有关要求，制订《2003年县市区领导班子换届工作实施意见》和《换届考察工作方案》，调整副县级以上干部338名，其中新提拔101名、交流92名；调整后12个县市区领导班子中有40岁以下年轻干部85名、女干部54名、非中共党员干部60名，平均年龄分别比换届前下降2.2岁和3.2岁。

2006年，扎实做好县乡党委换届选举的各项工作，进一步优化领导班子结构。新提名的144名县市区委常委候选人，平均年龄42.1岁，比换届前下降2.7岁；第一学历全日制本科的57名、具有研究生学历和硕士学位的55名，分别比换届前增加17名和14名；女干部15名，比换届前增加2名，其中书记1名、副书记（县长）1名。

2007年，按照《体现科学发展观要求的地方党政领导班子和领导干部综合考核评价试行办法》，对县级领导班子及其成员进行换届考察，对拟提拔重用人选考察对象全部实行差额考察。换届后，县市区委副书记减少22职，党政交叉任职增加12职，人大班子总职数减少26名，政府班子总职数减少3名，政协班子总职数减少6名。县市区党委、人大、政府、政协班子成员平均年龄分别比换届前下降2.9岁、1.5岁、2.3岁、2.4岁。先后调整县市区、市直部门和企事业单位县级干部356名，其中提拔重用121名。

2012年，完成市、县两级换届选举任务，分批次调整干部427名，其中提拔227名。

干部调配 录用 聘用

1995年，从乡镇、县市区直部门和市直机关挑选101名35岁左右的科级优秀年轻干部，实行双向挂职交流；从省内高等院校选拔35名优秀大学毕业生，安排到乡镇重点培养；从市直机关选调260名干部到库区和贫困地区扶贫包村。11个重点镇的党委书记和部分镇长采取由县市区委聘任的方式明确为副县级干部。

1996年，全市交流科级以上年轻干部1020名，轮岗687名，其中交流县级年轻领导干部24名、轮岗12名。从全国40多所高校选调57名应届优秀大学毕业生，集中培训后安排到乡镇工作。1997年，组织16次招考，为党政机关、政法机关和事业单位招考1148人。从17所院校选调38名应届大学毕业生到乡镇锻炼。

1998年，从市直党政群机关、事业单位和市属大中型企业中，考察遴选40名35岁以下的优秀青年干部到乡镇任职，其中17名任党政正职、23名任党政副职。安排71名省委组织部选调生到乡镇和市属企业工作。采取“一推双考”的办法，公开选拔100名高文化层次企业经营管理后备人才。为法院、检察院、公安局及市直事业单位公开招考干警和工作人员513名。

2000年，全年考录人民警察117名，从应届大中专毕业生中考选事业单位工作人员176名。3人经过考选走上厅级领导岗位，2人被选调到外市挂职副县市区长。从省市优秀选调生中公开考选14名县市区长助理。采取“一推双考”的方式，面向全市考选14名市直部门县级领导干部和11名挂职副县市区长。

2001年，在全市范围内公开选拔6名副县级年轻女干部、4名副县级非中共党员干部。青州、临朐、昌邑、潍城、坊子5个县市区公开选拔37名科级领导干部。市直机关有617名干部通过竞争上岗走上中层领导岗位，有4个县市区在乡镇换届调整中通过竞争上岗精减592名副科级干部。

2003年，指导督促县市区为每个乡镇至少选配1名具有全日制本科以上学历和较大发展潜力的党委书记或副书记；安排70名选调生到市直机关和乡镇任职，其中博士、硕士17名。县市区和市直部门选派100多名年轻干部到南方经济发达地区进行“打工”锻炼和到上级机关跟班学习。

2004年，面向全市公开选拔12名市直部门和事业单位县级领导干部，考选490名国家公务员、机关工作者和事业单位工作人员。新选调102名优秀大学毕业生到基层和市直部门工作，其中硕士、博士42名。

2005年，新选调50名优秀大学毕业生到基层工作，其中硕士9名。2006年，面向全市公开选拔市城市管理行政执法局局长人选和10名年轻副县级领导干部人选。新选调的50名大学毕业生全部安排到基层锻炼。

2007年，公开考选28名副县级干部、30名27岁以下正科级干部，面向社会招录416名公务员，聘用164名市直事业单位科级以下工作人员。2008年，从市直部门后备干部中公开考选副县级干部30名，面向全市公开考选30名年轻正科级干部，考选市直机关工作人员126名、选调生48名。从优秀村（居）干部中选拔112名副乡镇长（街道办副主任）、考录40名乡镇机关公务员，提拔9名连续任职满5年的乡镇（街道）党（工）委书记为副县级干部。2009年，对23个市直部门的31名中层干部进行跨部门交流，组织市直党群机关从县乡机关考录工作人员68名，从优秀村党组织书记中公开考选乡镇机关公务员21名。

2010年，首次采取竞争上岗方式从市公检法机关符合条件的299名正科级干部中选任副县级非领导职务干部33名，“两公开四差额”（公开空缺职位及职位要求，公开选任方法及选任程序，差额推荐、差额考察、差额酝酿、差额表决）选拔县市区党政正职6名，公开选拔援藏干部5名。组织市直25名科级干部跨部门交流，从优秀村党组织书记、镇（街道）中层干部、县乡规模以上企业主要负责人中考选10名镇（街道）党政领导班子成员、7名镇（街道）公务员。选派12名市直机关副县级后备干部到县级信访部门挂职锻炼，30名市直机关中层干部与30名镇（街道）党政正副职双向挂职交流，从市直机关选派20名、县市区直机关选派36名年轻干部到村任职，在援藏、援川、援塞一线提拔县级干部18名。从优秀村党组织书记、镇（街道）中层干部、县乡规模以上企业主要负责人中考选10名镇（街道）党政领导班子成员、7名镇（街道）公务员。

2011年，面向全市县乡机关、单位公开选拔37名副科级干部，面向镇事业编制人员、优秀村干部和大学生村官公开选拔25名镇领导班子成员。公开考选选调生85名、市直党群政法部门（单位）工作人员35名、公安事业编制人员99名，从基层遴选市直机关人员80名。

2012年，首次从市直党政群机关、事业单位任副县级满10年的干部中选拔10名正县级干部，面向全市公开考选10名年轻副县级干部人选，首次面向全国公开招聘8名具有博士学位的市直部门副县级领导干部。从基层遴选市直党群部门工作人员22名，为市公安局公开招聘40名事业编制人员。

公务员管理

1994年，国家推行公务员制度工作进入实施阶段。全市开展宣传、学习活动，举办推行公务员制度培训班。1995年，潍坊市推行国家公务员制度办公室成立，对全市机关以及行政延伸性事业单位的人员状况进行统计摸底，印发《潍坊市国家公务员制度实施方案》《潍坊市实施国家公务员制度人员过渡办法》《潍坊市国家公务员制度非领导职务设置意见》等文件。

1996年，国家公务员制度在全市全面推行。市、县、乡19549名干部进行过渡考试。1997年，全市党群系统的参照管理工作完成。市委组织部对县市区和14个市直党群部门职位设置和非领导职务进行批复，参与49个市直部门和单位的

284个职位竞争上岗工作。

2006年1月1日，《中华人民共和国公务员法》施行。潍坊市委组织部印制《中华人民共和国公务员法》手册和《中华人民共和国公务员法学习辅导材料》，全市公务员人手一册。在完成公务员登记、职务与级别确定和工资套改工作后，对列入公务员法实施范围的“七类机关”，全面实施录用、考核、职务任免、职务升降、奖励、惩戒、培训、交流与回避、工资福利保险、辞职辞退、退休、申诉控告等公务员各项管理制度。

2007年，市委组织部印发《潍坊市公务员日常登记管理工作暂行办法》等规定，组织完成市县乡三级机关2.2万名公务员、参照公务员法管理人员集中登记任务。2008年，对3903名岗位变动公务员进行登记备案。

2010年，加强公务员调任管理，严格控制调任数量和标准条件。市级机关每年公务员调任数量控制在当年市级机关考录公务员总数的10%以内，县乡机关控制在该县市区考录公务员总数的15%以内；调任市级机关副科级领导职务的一般不超过35周岁。

2012年，转发并实施《公务员回避规定（试行）》《关于进一步规范事业单位参照公务员法管理工作的意见》。

干部考核

1992年，对市属大中型企业和事业单位领导班子进行重点考察，调整企事业领导干部161名。1994年，对78个市直部门、126家市属大中型企业、110个副县级以上事业单位的领导班子进行民主测评和政绩考核。

1995年，组织对县市区和市直部门及企事业单位领导班子的年度考核、考察。对各级领导班子、领导干部实行回复组织函询制度和诫勉制度。对全市在职在编机关工作人员进行考核。

1996年，在部分县市区进行领导班子工作实绩考核试点，指导帮助各级领导班子完善集体领导和个人分工负责相结合的制度。1997年，加大民主评议领导班子力度，完成对市直党政领导班子年度考核、评议工作。全年市直调整县级党政领导干部75人，其中提拔32人。对全市889家国有企业班子、4500名成员进行全面考核，利用考核考察结果对企业领导班子进行调整。对市直134个事业单位领导班子及430名成员进行民主评议、考察。对县市区提拔科级干部情况进行检查，组织市委管理的县处级干部1495人填报“个人收入申报表”，建立完善以诫勉、函询、审计为重点的干部监督制度。对市直27家大中型企业全面审计。

1998年，进一步完善领导班子考察考核制度，有12名县级领导干部被降职免职。对市委直接管理的27家国有企业进行年度审计和领导班子考核，对不适应班子和不称职人员及时进行调整充实。规范完善县级党政领导干部离任审计制度，开展建立领导干部监督责任制试点工作。

2002年，对12个县市区的党政领导班子和226名领导干部，市直70个党政部门、21个行政延伸性事业单位的领导班子和642名领导干部进行年度考核。考核采取定性和定量相结合的方法，突出述职和民主评议，体现群众对领导班子和领导干部工作的知情权、监督权。对市属127个县级事业单位和市委及市委组织部管理的市属企业集团领导班子及领导干部进行考核，根据考核结果，对领导班子分析排队，研究制定加强班子建设的意见。

2004年，研究开发领导班子政绩考核评价系统，对考核内容、指标设置等进行细化和量化；加强经常性考察工作的探索研究，制定在干部考核管理中落实招商引资目标责任制的意见。2005年，开展乡镇领导班子政绩考核系统的开发与应用研究。在高密和潍城进行领导干部“生活圈”“社交圈”考察试点。2008年，修订完善市直部门绩效考核办法，对全市县级领导班子和领导干部全面考核。

2009年，市委组织部制定县市区、市直部门（单位）领导班子、领导干部年度考核实施细则和县市区、市直部门（单位）县级干部个别提拔任职考察实施细则，增强考核工作的客观性和准确性。牵头组织对60个小城镇建设提升情况进行检查考核，配合省委组织部做好科学发展综合考核工作。

2011年，改进市直部门和事业单位年度考核结果反馈工作，将考核情况和市委常委会研究的意见，逐个班子、逐个干部反馈，进一步听取意见建议和干部个人诉求。对8个县级领导班子、5名县级干部进行重点反馈，对3名县级干部进行诫勉谈话。

2012年，加大领导班子和领导干部年度考核结果运用力度，采取领导班子集体反馈、领导干部逐人反馈的方式，向68个市直部门、121个市直事业单位和1232名县级干部反馈年度考核情况。

第五节 干部教育培训

1991年，市委组织部制订《1991—1995年潍坊市干部培训规划》，市级举办7期领导干部培训班，共计450人参训；各县市区和市直部门利用县、乡党校和业余党校，对干部进行脱产轮训，全市培训（包括选送到省委党校培训）干部1.6万多人次。同年起，每年均举办县级领导干部和科级干部进修班，并适时举办乡镇主要负责人、企业后备干部培训班。1992年，全市有8.57万名干部参加各种形式的培训，7485名机关和企事业干部参加外经外贸知识培训。1993年，在市委党校举办4期培训班，培训副县级及以上干部149人；新开设涉外知识、乡镇企业管理、国际贸易、外语等班次，拓宽境外国外培训渠道，全市参加学习培训的各级各类干部7.98万余人，其中科级及以上领导干部1.08万人，派出境外、国外培训493人。1994年，采取进党校培训、送出去学专业、到经济发达地区和国外学习考察等多种形式，2080名中青年干部得到系统培训；以《邓小平文选》第三卷和社会主义市场经济知识、现代科学技术知识为主要内容，在市委党校举办学习《邓小平文选》第三卷研讨班、理论骨干培训班、科级及以上干部进修班和企业中青年干部培训班等11期，指导各县市区和市直各部门利用党校、干校等对副科级以上干部、企业厂长（经理）和农村党支部书记进行轮训。

1995年，分别在潍坊高专和昌潍农校开办农村优秀党支部书记及后备干部大专班、农村干部农业实用技术中专函授班。全市培训各级各类干部10.6万人次，参训率60%，其中，县级以上领导干部1087人次，科级干部3.25万人次。1996年，邀请外国专家到潍坊为企业厂长、经理举办5场专题讲座，组织两期共37人参加“国有大中型企业优秀年轻后备干部赴美培训班”。全市培训各级各类干部12.17万人次，参训率66%，其中县级以上领导干部794人次，科级干部1.87万人次。1997年，开展以学习邓小平理论和中共十五大精神为重点的干部教育培训活动，采取集中轮训、研讨班、报告会等形式，有计划、分层次地对10万余名党员干部进行政治理论培训，其中，县级以上干部866人、科级干部1.5万余人、企业干部1062人。先后组织296名厂长（经理）参加中、高级工商管理班学习，666人参加初级班学习；邀请三位外国专家为500余名厂长（经理）举办“西方经管知识讲习班”；组织17名企业后备干部在国内外进行两个月的培训。

1999年，全市根据产业特点和自然、区位优势，依托先进村和经济强村，先后建立“进门是课堂、出门是现场”式的新型农村干部培训基地72个，培训农村干部5000多人次。认真落实“九五”培训规划，全市多渠道、多形式、多层次培训各级各类干部12万人次。其中，县以上领导干部1078人、科级干部1.95万人。组织实施“跨世纪企业人才培训工程”，选派16名优秀企业后备人才赴新加坡参加现代企业经营管理知识培训班；与北京经济技术会社联合在京举办企业发展高级研修班，培训60名大中型企业厂长（经理）和政府经济部门负责人；在南开大学经济管理学院建立潍坊市人才培训基地，培训50多名优秀企业后备人才。在市内先后举办13期高、中、初级工商管理培训班，培训企业干部907人。

2000年，在潍坊高专等院校举办18期工商管理培训班，在北京市举办1期潍坊市企业跨世纪发展高级研修班，在南开大学对44名企业后备人才进行为期半年的封闭式培训，选调25名厅级和县级领导干部到中央、省委党校或高等院校参加培训，有47名县级干部和优秀正科级干部通过推荐、考试进入省委党校研究生班学习。组织13名大中型企业优秀管理人才赴德国进行为期14天的现代企业经营管理知识培训。

2001年，市委组织部印发《2001—2005年潍坊市干部教育培训规划》，加强对全市干部教育培训工作的宏观指导和管理。先后公开选拔20名优秀青年干部赴德国进行3个月的行政管理和现代企业管理知识学习，邀请外国专家举办专题讲座，在大连理工大学举办工商管理硕士班。全市培训各级各类干部13.2万人次，其中县级干部2194人次。2002年，选调6名市级领导干部和63名县处级干部参加中央党校和省委党校培训。在北京举办第四期WTO与潍坊市企业国际化发展战略高级研修班，全市105名大中型企业的董事长、总经理及经济管理部门的干部参加培训。与3所大学联合举办3个工商管理硕士（MBA）班和1个财政学硕士班，全市大中型企业的195名发展潜力较大的中高级管理人员参加为期两年的脱产（在职）学习，攻读硕士学位。

2003年，把“三个代表”重要思想武装党员、教育干部作为首要政治任务，在市委党校分12期对1200多名在职县级领导干部进行轮训。落实中央五年内把在职干部普遍轮训一遍的要求，先后在市委党校举办主体班次11个，培训县级、科级干部549名；组织253名干部参加与市内高校的联合培训，选送121名企业中高层管理人员到大连理工大学、北方交通大学攻读工商管理硕士学位；创办旨在开阔干部视野、扩大培训面的“著名专家论坛”。全市多形式、多渠道培训各级各类干部13万多人次。2004年，认真抓好中共十六大和十六届三中、四中全会精神的学习贯彻，在各级举办的干部培训班次中增设科学发展观课程。充分发挥各级党校主阵地作用，先后在市委党校举办主体班次16个，培训县、科级干部847人；依托市国家公务员管理中心、潍坊学院等干部培训基地举办培训班次17个，培训科级以下干部1440人；组织18名企业年轻干部赴美国研修，22名干部到澳大利亚进行短期培训；依托国内重点大学建立高层次经营管理人才培训基地，组织148名企业中高层管理人员参加工商管理硕士班学习；与北京著名经济学家论坛联合举办潍坊企业经营管理者高级研讨班。全年培训各级各类干部16.8万人次。

2005年，积极拓宽培训渠道，选派19名干部赴美国参加外向型经济管理人才培训班，与南开大学联合举办EMBA班，与北京著名经济学家论坛联合举办第六期潍坊企业经营管理高级研修班，在清华大学举办全市组织系统领导素质与领导能力高级研修班，先后邀请香港中文大学郎咸平等十几位高等院校的知名专家、教授到潍坊作专题讲座。全市共培训各级各类干部13.35万人次，其中，参加省以上脱产培训及境外培训的350余人，在市委党校和市级培训基地参加两个月以上脱产培训的共有1720人。

2006年，以贯彻落实《干部教育培训条例（试行）》和胡锦涛总书记关于干部教育培训的重要指示为动力，把学习贯彻“三个代表”重要思想、科学发展观、社会主义新农村建设、构建社会主义和谐社会作为教育培训的重点，进一步落实大规模培训干部的任务。全市培训各级各类干部12.8万人次，其中，参加省级以上脱产培训及境外培训的领导干部212人，参加市委党校和市级干部培训基地两个月以上脱产培训1372人。突出“新、高、外、实”培训项目，先后组织实施赴加拿大翻译人才和赴新加坡政府在线一体化及城镇规划与环境保护培训班。组织县市区党政“一把手”参加中组部举办的社会主义新农村建设专题研究班。分两批组织92名县市区党政“一把手”和市直部门主要负责人到清华、北大进行提升领导执行力培训。会同有关单位举办企业经济管理高级研修班、EMBA班、MBA班及MPA班。

2007年，完成大规模培训干部任务。把学习贯彻中共十七大精神纳入各级党校的教学计划，先后举办县级领导干部中共十七大精神轮训班6期，培训县级领导干部1255人。全年培训各级各类干部17.8万人次，其中，在市委党校举办15个培训班，培训干部640名；在市公务员培训中心和潍坊学院、潍坊职业学院干部培训基地举办12个培训班，培训干部1100名；探索实行单位单独组班、“送教上门”工作新模式，培训干部1160人；依托卫星远程教育企业大学培训基地，培训企业经营管理人才5.36万人次；牵头组织对900名机关干部进行军训；对专业技术人员和企业经营人员逐单位、逐企业落实自主培训计划。紧扣市委、市政府领导和相关部门的“关注点”，对准参训学员的“薄弱点”，精心设计企业管理创新“六西格玛”专题培训班、投融资管理干部高级研修班、招商引资业务知识培训班、新农村建设专题研修班、小城镇建设专题研修班等23个市级重点培训项目。

2008年，把学习贯彻中共十七大和十七届三中全会精神作为新一轮大规模培训干部的重要内容，纳入各级党校、干部培训基地教学计划，组织全市厅级干部参加省委组织部组织的中共十七大精神轮训；组织8名县、市委书记参加中组部组织的中共十七届三中全会精神轮训。围绕市委、市政府“一六三三”工作部署，设计举办企业管理创新“六西格玛”黑带培训班、现代服务业培训班、文化产业与创新培训班、沿海经济开发研究班、优秀年轻干部培训班、公开选拔副县级干部培训班等23个重点培训项目。全年培训各级各类干部16.3万人次。开通潍坊干部学习网，研究开发6大类80门课件，注册人数3200余人。

2009年，把科学发展观和中共十七届四中全会精神作为大规模培训干部的重要内容，纳入各级党校、干部培训基地教学计划，采取多种形式抓好广大党员干部的培训，在市委党校举办11个主体班次，举办各类专题培训班160多期，培训各级各类干部14.6万人次。围绕市委、市政府“一三六三四”工作部署，组织实施应对危机、提高领导科学发展能力、“三区”建设等5大类、33个重点培训项目。扎实开展自主选学试点工作，确定潍坊学院、山东科技职业学院等10个培训机构，设立5大类128个培训专题，5540多人报名参学。加大市委党校教学管理改革力度，在乡镇长培训班和中青班探索实行“党校理论学习+高校培训+实地调研”“党校理论学习+军训+高校培训”等培训模式。加强潍坊干部学习网建设，实现市、县、乡三级党政干部在线学习全覆盖，省委组织部决定由潍坊市承建山东干部学习网。市委组织部印发《关于推进干部教育培训改革创新的若干意见》《潍坊市干部教育培训学分制管理办法（试行）》等文件，推行“培训券”管理模式，建立干部教育培训电子档案信息库。潍坊市干部教育培训改革创新的做法在全省干部教育培训工作会议上作典型发言。

2010年，围绕市委、市政府“一三六四一”工作部署，突出转方式、调结构这一主题，精心组织实施城乡经济发展专题研修班、县市区和市直部门党政“一把手”自主创新与新兴产业培育高级研修班、赴德国职业学院院长培训班等35个重点培训项目，培训各级领导干部1796人。加大主体班次的教学管理改革力度，在乡镇长培训班和中青班探索实行“党校理论学习＋高校培训＋实地调研”等培训模式。全年举办各级各类专题培训60期，培训干部17.6万人次。高标准承建山东干部学习网，3月份省委组织部在潍坊市举行全省干部在线学习工作会议暨山东干部学习网开通仪式，省直104个部门和17市全部实现在线学习，注册干部总数11万人，系统点击量突破3500万人次，成为国内覆盖区域最广、覆盖人数最多的干部学习网。在潍坊干部学院承办了重庆、西藏、内蒙古、北京怀柔等地组工干部专题培训班，中组部组干学院在潍坊市召开组工干部培训现场教学暨基层干部教育培训方式方法改革交流会。在市直科级及以下干部中开展干部自主选学工作，发放120万元的培训券，市直6046名干部参加培训，这一做法在全国干部教育培训改革会议上作书面发言。潍坊市被中组部干部教育局确定为基层联系点，在全省干部教育培训改革工作会议上作典型发言。

2011年，市委办公室印发《潍坊市贯彻落实〈2010—2020年干部教育培训改革纲要〉实施意见》，完善组织部门主管、有关部门分工负责、分级分类管理的干部培训工作管理体制。坚持把科学发展观和中共十七届五中、六中全会精神作为大规模培训干部的重要内容，纳入各级党校、干部培训基地教学计划，采取多种形式抓好广大党员干部的学习培训，在市委党校举办主体班次17个，举办各类专题培训班142期，培训各级各类干部16万人次。围绕落实市委、市政府“一九五一”目标任务和思路举措，实行点题、点岗培训，组织实施先进制造业发展专题研修班、蓝色经济发展专题研修班、新时期群众工作专题培训班等重点培训项目，培训1260多人。按照省委组织部要求，成功举办西藏日喀则党政干部人才培训班2期，培训150人，省委常委、组织部部长高晓兵出席启动仪式。在市委党校举办2期镇域经济发展专题研修班，采取“专题讲座、现场教学、座谈交流、互动答疑、领导约谈、考试问效”六位一体的培训方式，对150多名镇街党政正职实行封闭式培训、全方位管理，打造干部培训示范班次。

2012年，全市各级采取多种形式，培训干部14.6万人次。举办全市学习贯彻中共十八大精神专题培训班5期，轮训县级领导干部和镇街党（工）委书记1900多人；举办主体班次培训班3期，培训干部580多人。实施蓝色经济发展、现代服务业转型发展等5大类25个重点培训项目，累计调训4000多人次。投入100多万元，依托市内培训机构，组织市直科级及以下干部开展自主选学，举办培训班98期，培训干部6200多人。组织干部开展网上自主学习，依托潍坊干部网络学院培训干部11.2万人次。办好市直机关“周四夜校”，除定期邀请国内知名专家授课外，组织市内理论层次高、经验丰富的领导干部轮流为市直干部授课，共举办15期，参学干部4300多人次。利用全市农业产业化、城乡统筹发展等方面优势，挖掘、整合市内各类培训资源，打造形成120个影响力强、特色鲜明的现场教学基地，并为24个市级现场教学基地授牌。发挥潍坊干部学院及各教学基地作用，承办培训班550多期，培训3.2万人次。

第六节　远程教育

1991年，全市电教网络基本形成。1994年，全市80%的机关企事业单位的党组织建成“两机一室”（录放机、电视机、电教室）。1995年起，党员电教工作向网络系统化、效益社会化、管理档案化、播放制度化方向发展。1996年，全市新增村级播放点350个，农村基层党组织“两机一室”建成率60%。1991—1996年，共制作党员电教片26部，复制下发录像带3.8万多盘。

1997年，实施党员电教“科技工程”，全市12个县市区均成立电教中心（科），254个乡镇（街道）建成电教站，80%的村支部（总支）和85%的机关企事业单位电教站具备“两机一室”，总投资9000多万元，专兼职电教工作人员9693人。1998年，组织开展两次农村党员技术比武活动，参与党员3万多人。1999年，在全市农村深入实施党员电教科技工程，主要加强党员电教示范基地、示范乡镇、示范村、示范户建设，全市参加各类活动的农村党员10万多人，其中寿光、安丘、临朐、昌邑等县市区开展的大棚蔬菜、葡萄、养鸡技术比武活动，产生广泛影响。

2001年，党员电教片的制作水平有较大提高，涌现出一批优秀作品，其中1部被中组部和中国科协评为全国百部优秀科教片，2部在省组织的评比中获奖。2002年，对全市电教工作队伍的状况进行调查，对各县市区党员电教工作情况进行考核，市委组织部制定下发《关于进一步加强党员电化教育工作的意见》。

2005年，完成远程教育终端站点建设任务，全市投入资金8893万元，建成终端接收站点9453个，县、乡、村三级建点率和合格率均为100%。全市各站点共配备专兼职乡村管理员1.02万名，组织收看远程教育节目31.5万次，培训党员群众950多万人次，为群众提供致富信息5800多条，发布农产品销售信息7200多条。2006年，在城市社区、老年大学新建接收站点413个，乡村两级终端接收站点接入互联网8523个；在全省率先开通市级远程教育直播频道，为中央和省远程教育频道提供课件120部。2007年，完成全市9758个远程教育站点转星调整任务，评选表彰100个市级规范化站点和100名市级优秀站点管理员。首次利用远程教育系统对全市乡镇干部进行能力提升培训，制作课件78部，开展集中学习培训活动42万多场（次）。2008年，专题片《奶牛社长》被全国广播电视协会评为全国党建类金牌奖，被中组部评为“全国第十届党员教育电视片观摩评比”一等奖。2009年，专题片《大爱无疆》《援川政委》获第六届中国纪录片国际选片会党建类宣传金牌奖，被中央和省远程教育频道采用课件121部。2010年，选择潍城、昌邑、昌乐3个县市区开展远程教育传输模式调整试点，全市具备上网条件的6316个集中学习站点全部开通宽带互联网，实现远程教育由卫星传输模式向互联网传输模式的转变。

2012年，统筹各级资金对全市6300多个集中学习站点计算机设备进行更新，完善配套制度，提升站点管理规范化水平；组织市县镇三级1000多名教学辅导专家开展“远教富民专家进村”活动，帮助解决生产生活难题1.2万多个，30多万名党员群众受益；60部课件获国家级和省级奖励。

第七节　人才队伍建设

人才规划及开发

1991年，全市围绕科教兴潍战略，把知识分子工作重点转移到组织科技人员深入企业和农村，开展科技攻关、科技扶贫和加快科技成果的转化上来。1992年，市政府印发《潍坊市研制应用科技成果贡献奖暂行奖励办法》。1996年，召开全市科技人才工作座谈会，研究部署知识分子工作。1998年，市委、市政府印发《1997—2010年潍坊市人才资源开发规划纲要》，编辑出版《潍坊市人才发展规划战略研究》。2004年，市委、市政府制定《关于进一步加强人才工作的意见》，启动潍坊中青年党政人才、百千万经营管理人才、321专业技术人才“三项人才工程”。设立“潍坊优秀创新创业人才奖”，表彰奖励22名首届优秀创新创业人才。2005年，推进党政人才、经营管理人才、专业技术人才、高技能人才和农村实用人才“五支队伍”协调发展。2006年，市委、市政府制订《潍坊市“十一五”人才发展规划》，市委办公室、市政府办公室印发《关于实行全市人才工作目标责任制的意见》。2007年，开展全省农村社会工作人才队伍建设试点工作。2008年，市委、市政府印发《关于加强人力资源建设的意见》，首次把人才工作纳入县市区、市属开发区经济工作及社会事业发展考核。2009年，推进农村人才资源开发“绿色行动”，组织实施新型农民科技培训、农村劳动力转移培训等七大农民培训工程，培训农民企业家、农村科技致富带头人和各领域实用人才40多万人。2010年，召开全市人才工作会议，市委、市政府编制《潍坊市中长期人才发展规划纲要（2010—2020年）》和专业技术人才、高技能人才等专项人才发展规划。实施新技师培养带动工程和“金蓝领”培训项目，培训10万余人次。开展企业技能人才评价试点。2011年，制定人才工作目标责任制考核意见和人才工作领导小组成员单位述职评议制度。2012年，全面推行人才工作目标责任制考核，考核成绩纳入全市科学发展综合考核。

高层次人才引进培养

1992年，市委、市政府印发《潍坊市招聘引进人才智力的规定》《潍坊市引进海外人才智力和国外留学人员的政策规定》《潍坊市研制应用科技成果贡献奖奖励办法》。1994年，制定《关于解决外地辞职来潍科技人员有关问题的实施意见》，在工资、住房、专业技术职务等方面都采取相应优惠政策，引进人才智力5650多人次。筹建潍坊市高级专家人才库。1996年，完善潍坊

2010年9月，潍坊市人才工作会议召开

市高级专家人才库，引进人才、智力4678人次，其中高级人才588人。1998年10月，市委、市政府印发《关于加强高层次人才开发的意见》和《关于引进高层次人才和智力的暂行规定》，吸引高层次人才到潍坊安家落户，引进各类人才408名。1999年，市委组织部会同有关部门制定贯彻落实市委、市政府《关于引进高层次人才智力的暂行规定》实施办法，初步建立潍坊籍在外硕士以上人员信息库。2000年，市委、市政府印发《关于引进高层次人才智力的补充规定》，对引进高层次人才工作进行规范。2002年，召开全市引进高层次人才工作座谈会、引进高层次人才优惠待遇兑现会议，为引进的博士、硕士兑现科研启动经费、购房补助费31万元。2003年，为327名高层次人才落实政策待遇。2004年，建立高层次人才需求情况信息库，成立潍坊专家协会。2005年，建设高层次人才信息库、人才需求信息库和国外留学人员信息库，建立高层次人才流动报告制度。2007年，市委、市政府印发《关于加强高层次人才队伍建设的意见》《关于引进高层次创新人才的暂行规定》。2009年，完成潍坊专家协会首次换届。2010年，市委办公室、市政府办公室制订《潍坊市高层次创新创业人才引进扶持计划》及人才评审、创业项目和技术成果审核、扶持资金管理等配套办法，组织评审首批引进扶持计划人选17名，引进各类高层次人才1800多人。7人入选国家“千人计划”和省“万人计划”第一层次；潍柴集团、市留学人员创业园入选省首批海外高层次人才创新创业基地，数量居各市首位。2012年，市委、市政府印发《关于更大力度做好高层次创新创业人才引进扶持工作的意见》，实行高层次人才引进工作责任制。

2007年11月，第一期潍坊市“鸢都学者”岗位评审会召开

“鸢都学者”选拔培养

2007年，市委、市政府印发《关于实施“鸢都学者”建设工程的意见》，在全市重点产业、重点领域、重点行业确定第一期潍坊市“鸢都学者”岗位31个。2008年，首批确定“鸢都学者”岗位31个、选聘“鸢都学者”27人。2009年，组织对第一期“鸢都学者”岗位建设情况进行专项考核，为“鸢都学者”团队发放岗位津贴和科研补助经费230万元。2011年，组织实施第二期“鸢都学者”建设工程，选聘“鸢都学者”16名，并分别组建创新团队。

跨世纪优秀科技人才评选

1995年，实施跨世纪优秀科技人才培养工程，制定选拔培养意见，初步评选出410名跨世纪优秀科技人才。1996年，选拔首批市级跨世纪优秀科技人才386人。1997年，加大对跨世纪优秀青年科技人才的培养力度。全市385名跨世纪优秀科技人才中，1人享受国务院政府特殊津贴，3人被评为省级专业技术拔尖人才，30人被评为市级专业技术拔尖人才，32人获潍坊市青年科技奖。1998年，挑选有发展潜力的跨世纪学术、技术带头人100名。1999年，命名表彰“潍坊市跨世纪学术、技术带头人”118名。

专业技术拔尖人才选拔管理

1993年，市委印发《关于调整第一批市级专业技术拔尖人才的通知》。1994年，为鼓励专业技术人员钻研业务，积极投身经济社会建设，市委办公室、市政府办公室修订出台《潍坊市专业技术拔尖人才管理暂行办法》，市委组织部建立以专业技术拔尖人才为主体的潍坊市专家人才库，实现科技人才管理制度化、规范化。1995年，新选拔第四批市级专业技术拔尖人才65名，11名专家被评为省级专业技术拔尖人才。1997年，市委组织部印发《潍坊市专业技术拔尖人才选拔工作暂行办法》《潍坊市专业技术拔尖人才调整工作暂行办法》，对第三批拔尖人才进行调整，选拔第五批市级拔尖人才144名，8名专家被评为省级拔尖人才。1998年，选拔市级专业技术拔尖人才146名，其中13名被推荐为省级专业技术拔尖人才。1999年，7名科技人才被评为第六批省级拔尖人才。2000年，选拔第六批市级专业技术拔尖人才107名，对第四批78名市级拔尖人才进行调整，对第五批136名市级拔尖人才进行年度考核。2004年，市政府修订《潍坊市专业技术拔尖人才选拔管理暂行办法》，规定市级拔尖人才每2年选拔一次，实行动态管理，管理期限为4年。并从当年开始，专业技术拔尖人才选拔、管理工作由市委组织部移交市人事局承担。2012年，根据形势发展变化和具体工作实际，市政府修订出台《潍坊市专业技术拔尖人才选拔管理办法》，对市级拔尖人才选拔、管理作出新的规定：在4年管理期内，每人每月享受市政府津贴由300元提高到600元。至2012年，全市共评选市级专业技术拔尖人才11批1069名。

首席技师选拔管理

2005年，市委办公室、市政府办公室印发《潍坊市首席技师选拔管理暂行办法》，规定：每2年评选一批，每人每月享受津贴补助600元。评选、表彰第一批市级首席技师50名。2006年，12人被评为首批省首席技师。2007年，评选、表彰第二批潍坊市首席技师50名，11人被评为省首席技师，总数列全省第一位。2009年，评选第三批市级首席技师48名、有突出贡献技师60名。2011年，评选产生第四批潍坊市首席技师54名。在潍柴集团等27个单位设立技师工作站。2012年，市级首席技师津贴补助由每人每月300

2011年4月，全国劳模、省首席技师王钦峰在全国劳动模范表彰大会上作报告

元提高到每人每月600元。至2012年，全市共评选4批市级首席技师201名，74人被评为省级首席技师。

农村实用人才选拔管理

1991—1994年，全市选拔乡村优秀人才600多名，为349名到乡镇企业工作的科技人员办理吸收录用“专业技术人员”手续，为2510名民办教师、3898户知识分子家庭办理“农转非”手续。1996年，各县市区普遍建立由县、乡两级管理的乡村优秀科技人才队伍，建章立制，规范管理，有效地调动了农村广大科技人才的积极性。1997年1月，根据省委组织部、省人事厅、省农委、省科协《关于开展评选“山东省农村科技大王”的通知》，推荐上报的王乐义、李德章、李鸿儒、郑和平4名乡村优秀科技人才被省委、省政府授予“山东省农村科技大王”称号。1998年，命名表彰首批“农村科技标兵”50名。2005年，市委、市政府印发《潍坊市农村实用人才选拔管理暂行办法》，规定：农村实用人才每2年评选一批，每批管理期4年，管理期内每人每月发放政府津贴300元，实行动态管理。评选、表彰第一批市级农村实用人才50名。2007年，评选、表彰第二批市级农村实用人才50名。2009年，评选、表彰第三批市级农村实用人才40名。2010年，11名农村实用人才入选省首批“乡村之星”。2011年，评选、产生市级农村实用人才50名、首批农村实用人才创新创业示范点25个。2012年，市级农村实用人才政府津贴由每人每月300元提高到每人每月600元。至2012年，全市共评选市级农村实用人才188名。

科技副职选聘

1993年，11个县市区全部与被聘单位达成协议，5个县市区的科技副县市区长到职工作，53%的乡镇选聘科技副乡镇长和科技顾问。1994年，选聘科技副县市区长、科技顾问 22名，科技副乡镇长212名。1995年，12个县市区和78%的乡镇、36%的村选聘科技副职。1996年，新聘、续聘县、乡、村三级科技副职3809名。1999年，聘请13位“两院”院士、59名专家教授担任县市区和企业的科技顾问或科技副职。2000年，初步构建起市、县、乡三级科技副职选聘管理体系，全市有在职市级科技顾问19名，科技副县市区长8名，科技副乡镇长236名。

第八节　考试测评

全市考试测评工作始自1992年。1992年，以企业为突破口，探索推行企业干部聘用制，打破“铁交椅”，5个大型企业集团的副职实行竞争上岗，有30人经过竞争答辩走上领导岗位。1996年，组织开展“一推双考”，从符合条件的864名干部中选拔出20名正、副县级领导干部建议人选。1997年4月，市委组织部印发《主任科员、副科长竞争上岗面试答辩工作实施意见》，对面试答辩的命题原则、评委组成、方法程序、保密纪律等作出明确规定。1998年8月，推进干部人事制度改革，市委组织部、市人事局研究制定《市直部门科级职位竞争上岗暂行办法》，对竞争上岗的范围、条件、程序、监督等作出明确规定。自此，竞争性选拔工作步入规范化发展的快车道。

1998年10月，市委组织部印发《关于公开选拔企业经营管理者后备人才的意见》，采取公开推荐与考试考核相结合的办法，从市直党政机关、企事业单位，公开选拔100名较高层次的优秀经营管理者后备人才。1999年，全市党政群机关和事业单位普遍实行中层干部竞争上岗，并与轮岗结合一起进行；部分县市区通过竞争上岗、优化组合的方式，精减分流部分机关人员。同年11月，市委组织部、市人事局印发《潍坊市企业经营管理者竞争上岗暂行办法》和《潍坊市民主选举企业经理（厂长）实行办法》，对选拔任用中型以上国有企业、国有控股企业经理（厂长）、副经理（副厂长）、总会计师、总经济师、总工程师竞争上岗工作作出规定，对国有企业法人治理结构进行规范完善。

2000年3月，召开全市公开选拔省直部分副厅级领导干部工作动员大会，确定137名正式推荐人选。面向社会公开考选25名县级领导干部，部分县市区也公开考选部分科级干部和学校校长，11个市直部门的36个科级职位实行竞争上岗，潍坊恒信纸业集团、迈特钢管集团等7个国有大中型企业采用竞争上岗选配2名总经理、5名副总经理。

2001年，市直有关部门有617名干部通过竞争上岗走上中层领导岗位，有4个县市区在乡镇换届调整中通过竞争上岗精减592名副科级干部。同年8月，潍坊市经营管理人才评鉴中心成立，为市委组织部直属的正科级全额拨款事业单位。同年11月，市委转发市委组织部《关于公开选拔部分副县级年轻女领导干部和非中共党员领导干部及县级后备干部的实施意见》，从符合条件的年轻女干部和非中共党员干部中，公开选拔6名副县级年轻女领导干部、4名副县级非中共党员领导干部，并确定一定数量的县级女后备干部和县级非中共党员后备干部。

2004年3月，潍坊市经营管理人才评鉴中心加挂“潍坊市领导干部考试测评中心”牌子，具体承担考试服务、测评认定、资格认证、培训提高等职能。2005年，21个市直部门、124个事业单位开展中层职位竞争上岗工作。2006年2月，市委组织部印发《潍坊市干部考察员管理工作暂行办法》和《潍坊市领导干部公开选拔和竞争上岗面试考官管理试行办法》，公开选拔和竞争上岗工作的科学化、规范化水平进一步提高。2006年8月，改进公开选拔办法，先后面向全市公开选拔城市管理行政执法局局长人选和10名年轻副县级领导干部人选。

2007年，组织第一批8家单位29名科级以下公务员跨单位交流工作，市直部门共有274人通过竞争上岗走上新岗位。同年8月，全市公开考选28名副县级干部、30名27岁以下正科级干部。12月，经省委组织部研究同意，在潍坊市设立“山东省领导干部考试题库管理中心”，与潍坊市委组织部党政领导干部公开选拔和竞争上岗工作办公室、潍坊市领导干部考试测评中心合署办公，负责中组部全国领导干部选拔考试通用题库山东省分题库的建设与管理工作，成为全国31家省级分题库之一。同年，开发建设全省组织系统第一家领导干部考试专业网站——潍坊领导干部考试网。

2008年3月，中央组织部在潍坊市召开贯彻落实《关于进一步加强全国领导干部选拔考试通用题库建设的意见》工作座谈会暨“山东省领导干部考试题库管理中心”揭牌仪式。全年市直部门有205人通过竞争上岗走上新岗位。从市直部门后备干部中公开考选副县级干部30名，面向全市考选30名年轻正科级干部，面向全国选拔5名博士到专业性、技术性较强的市直部门担任行政副职。

2008年起，学习借鉴西方人才评价选拔经验，将胜任力模型理论与干部工作实践相结合，创建领导干部胜任力评价体系，配套开发测评软件，运用于干部选拔、考核和培训，为济南、济宁、青岛、滨州、烟台等市公开选拔县处级、科级领导干部提供测评服务。

2009年11月，市委组织部印发《关于做好县市区、市属开发区公开选拔领导干部工作的意见》，首次组织5个县市区科级干部联考，推动考选工作向规范化、制度化方向发展。开展公推直选乡镇（街道）党（工）委书记、大范围竞争性选拔干部试点工作，23个市直部门的31名中层干部进行跨部门交流。为省内外提供考试服务179批次，命制笔试面试题602套，考选职位2690多个。

2010年5月，举办全国第17期面试考官骨干培训班，对来自国家发改委、商务部、工业和信息化部及内蒙古、黑龙江、江苏、重庆等省、直辖市的139名考官进行业务培训。受中组部考评中心委托，为黑龙江省选拔41名县委书记人选。面向全市公开选拔市直部门（单位）副县级干部20名，面向镇（街道）事业编制人员、优秀村干部和大学生村官公开选拔镇街领导班子成员25名。

2011年，面向全市公开选拔市直部门（单位）副县级领导干部20名。采取竞争上岗方式从市公检法系统299名正科级干部中选任副县级非领导职务干部33名；采取“两公开四差额”方式选拔县市区党政正职6名；公开选拔援藏干部5名；组织市直25名科级干部跨部门交流；从优秀村党组织书记、镇（街道）中层干部、县乡规模以上企业主要负责人中考选10名镇（街道）党政领导班子成员、7名镇街公务员。“乡镇（街道）党政正职职位要求研究”课题被评为2011年度全国组织系统领导干部考试测评工作调研、科研课题二等奖。先后为全国8个省（自治区）的130家单位考选领导干部提供考试测评服务，共提供试题414套，涉及考选职位6364个。

2012年，先后为省内外202家单位考选领导干部提供考试测评服务，提供试题735套，涉及考选职位7343个，参加考试人数60887人，选派面试考官643余人次。先后为35家单位考选厅处级领导干部937人。在2012年度全国领导干部选拔考试通用题库优秀试题征集评比中，被评为优秀组织单位；在2012年度优秀试题评比中，获8个单项奖，其中一等奖2个、二等奖4个、三等奖2个，获奖总数量和获奖层次均居全国31个省级分题库第一位。

第九节　老干部工作

落实老干部政治待遇

1991年，全市建立起463个老干部党支部，2271个党小组。全市通过组织老干部理论学习，召开座谈会、报告会、情况通报会，参加重要会议和重大活动，参观工农业生产项目等多种途径，加强老干部思想政治建设。1995年，召开全市离退休干部及老干部工作“双先”表彰大会，表彰302个（名）先进集体和个人。1997年，组织市直担任过地专级职务的21名老领导参观考察工农业生产及城镇建设项目。1999年，市委召开7次老干部座谈会、情况通报会，组织老干部参观考察工农业生产2次，举办春节慰问老干部大会、全市老党员老干部庆祝中国共产党成立78周年大会和庆祝新中国成立50周年大会。2000年，全市建立老干部党支部（党总支）598个，党小组2076个；组织春节、“七一”慰问老干部和全市政治、经济情况通报大会；召开全市离退休干部及老干部工作“双先”表彰大会。2003年，举办市直老干部党支部书记培训班。2006年，先后组织部分担任过市级以上职务的离退休干部赴青州、寿光、滨海项目区及苏州、无锡、连云港、杭州等地参观考察。2007年，举办2期市直离退休干部党支部书记培训班，表彰40个先进离退休干部党支部和100名优秀离退休干部党员。全市有13个离退休干部党支部和13名离退休干部党员受到省委组织部、省委老干部局表彰。

2008年后，老干部工作以贯彻落实中组发〔2008〕10号文件精神为重点，转变老干部服务方式，推进离退休干部党建转型，逐步走上转

2010年4月27日，市委成立离退休干部工作委员会，山东省委老干部局局长霍正气（左三），市委常委、组织部部长钟少林（右二）共同为离退休干部党工委揭牌

型发展的新路子。建制镇全部建立老干部党支部（总支）。依托市老干部党校举办市直老干部党支部书记培训班，培训100多人。市委办公室、市政府办公室转发市委组织部等9部门《关于加强老干部社区服务管理工作的意见》，建立“四位一体”（家庭、单位、社区、老干部工作）和“四个就近”（就近学习、就近活动、就近得到关心照顾、就近发挥作用）老干部社区服务管理机制，建设50个老干部社区服务示范点、10个精品示范点。2009年，在街道、乡镇、大型国有企业全部建立老干部社区服务点，实现城乡老干部社区服务管理全覆盖。在全市691个离退休干部党支部中开展“五好支部”（支部班子好、党员队伍好、组织设置好、活动开展好、群众反映好）创建活动，组织70多名市直离退休干部党支部书记进行培训，在全市离退休干部党组织和党员中深入开展创先争优活动。2010年，市委印发《关于进一步加强新形势下离退休干部工作的意见》，建立市直副县级以上离退休干部信息管理系统。2012年8月，全省离退休干部思想政治工作研讨会在高密市召开。

至2012年底，全市共建离退休干部党支部（总支）1285个，建好用好离退休干部党支部信息管理系统，更新1000多个党支部信息。市委离退休干部工委印发《潍坊市“五好”离退休干部党支部考评细则》《潍坊市“五好”离退休干部党员考评细则》，评选表彰“五好”离退休干部党支部100个、“五好”离退休干部党员100名，为20个先进示范离退休干部党支部授牌。

落实老干部生活待遇

1991年后，老干部工作重点是抓好老干部政策落实和“两费”（离休费、医疗费）清理，保证老干部离休费按时足额发放、医疗费据实报销。1993年，市政府投资93万元，为老干部建起集食宿、活动为一体的楼房1100平方米；投资20万元为干休所老干部改造宿舍楼。“七一”前夕在全市范围内组织走访看望老红军、老干部、老党员，并向部分老同志发放慰问金。解决亏损微利企业、“三资”企业、股份制企业和部分破产企业，以及财政困难单位老干部工资福利及各项生活待遇。为267个特殊困难单位老干部解决拖欠工资11.8万元，一次性报销上年拖欠的53.3万元药费。为长期患病的老干部专设家庭病床1300多张。对安置到华北、华东、华中五省二市的48名离休干部走访慰问。1995年，市财政拨款55万元，为市级机关干休所老同志和老干部活动中心更换水暖、空调。配合省委组织部、省委老干部局、省人事厅对全市老干部生活待遇落实情况进行检查。全市14900名离休干部离休费及时足额发放率为98%以上，老干部工资拖欠率为近几年的最低点。全市新增保健病房520多间，增设家庭病床800多张，走访易地安置老干部900多人次。1996年，全市各县市区和市直各部门解决拖欠老干部经费220多万元，为980多名抗日战争时期参加工作的老干部办理护理费，为200余名军队移交地方管理的离休干部落实各项生活待遇。

1997年，市委组织部、市委老干部局、市人事局联合召开会议并下发《关于认真解决老干部“两费”问题的通知》，共清理拖欠“两费”80多万元。从4月起，企业离休干部离休费全部由社会劳动保险处全额拨付。1998年，清欠离休干部生活费、医药费55万元，为15名老干部落实县处级政治和生活待遇，为1800多名老干部组织查体，为121名老干部审批了护理费，为75名军队转地方干部提高生活补贴。1999年，全市清欠老干部离休费、医药费250多万元。新增老干部活动场所2170多平方米，购置健身器材价值147万多元。2000年，为2100名市直离休干部组织健康查体，为75名军队转地方离休干部增发离休费，为200多名老干部办理护理费，协调解决拖欠离休干部离休费、医药费210多万元。2001年，为75名军队转地方离休干部增发离休费，清理拖欠离休干部离休费、医药费1477.97万元。

2002年后，全市老干部工作着力建立完善离休干部离休费、医药费保障机制和财政支持机制，积极推进老年大学、老干部活动中心和干休所“三个亮点”建设。2003年，实施离退休干部医药费统筹管理办法，对市直困难企事业单位拖欠的离休干部医药费进行清理，较好地解决了市直企业离休干部离休费与行政机关离休干部离休费拉平问题。2005年，对130个企业单位的1005名离休干部离休费，按照党政机关标准进行套改，彻底解决企业离休干部与党政机关离休干部离休费不平衡问题。市直企业统筹金收缴率99.7%。2007年，为市直企业离休干部增加补贴，人均增资348元。年内将统筹标准提高到10285元，比上年增长10%。为40个单位、181名老干部解决医疗统筹金161万多元，收缴率99.7%。新增2处住院医疗定点医院、3所门诊定点医院。为175名离休干部落实企业离休干部住宅取暖补贴29.13万元。2008年，全面完成离休干部医疗统筹金收缴工作，为183人协调财政补贴医疗统筹金167万多元。市直医疗统筹金基数1.13万元，比2007年增长10%，全市医疗统筹率97%。为81名市直企业离休干部按行政机关标准理顺离休费，人均月增1240.22元。为273名市直困难和破产企业离休干部发放取暖补贴44.7万元。2011年，市直医疗统筹金基数达到1.5万元。审核45个老干部医疗统筹困难单位，为195人补贴医疗统筹金274万元。为15个自收自支困难事业单位的36名离休干部发放取暖补贴6万多元。建立离休干部及遗属特殊困难帮扶机制，市财政每年列支30万元作为帮扶资金。向63名困难离休干部及遗属发放帮扶资金19.29万元。召开市直老干部工作服务管理现场会，积极探索建立退休干部分级分层统一组织管理模式。

2012年，市直医疗统筹金基数达到1.65万元。做好市直老干部医疗统筹困难单位审核工作，将43个单位180人纳入财政补贴范围，补贴298万元。为19个单位63名离休干部及遗属发放困难帮扶金19.29万元。申请专项经费36万元，向市直和潍城区、奎文区、高新技术开发区、经济开发区的近3000名离休干部及遗属优惠供应春节物资。

文体活动

1991年，举办全市“长寿杯”文艺表演电视大赛。1992年，市财政投资60万元续建老干部活动中心二期工程。1998年，市老干部艺术团参加全省文艺会演获3项金奖、3项银奖。全市建立老干部活动场所1160处，总建筑面积8.1万平方米，累计投资4070万元。2000年，全市新增老干部活动场所面积1万多平方米。潍坊市老年书画研究会晋京举办潍坊老年书画展。市老干部艺术团在全国首届中老年广场舞蹈大赛中获三等奖。2001年，市财政拨专款500万元，建成2930平方米的市老干部活动中心综合楼。2003年，市老干部活动中心组织开展市直第十三届“迎春杯”老干部乒乓球赛、风筝会大巡游、夏季乘凉晚会等文体活动，先后4次举办大型书画展。2004年，两次召开全市老年教育工作会议，市委老干部局、市老年教育工作办公室印发《关于建立乡镇老年学校的实施意见》。全市乡镇一级普遍建立起老年学校。举办全市离退休干部健康保健知识大赛，参加全省电视大赛获一等奖；参加全省离退休干部文艺大赛，选送的节目分获一等奖和三等奖；参加全省离退休干部书画大赛，获奖等次和获奖数量列全省第一。举办“我爱我家”有奖征文活动，先后4次举办大型书画展；组织市直第十四届“迎春杯”老干部乒乓球赛等社会影响大的文体活动。

2006年，全市共建老年大学（学校）266所，在校学员2.7万多人，市、县、乡三级老年大学（学校）办学率100%。全市有老干部活动中心（站、室）625处，总建筑面积6万多平方米。以纪念中国共产党成立85周年、红军长征胜利70周年为契机，组织离退休干部开展“风筝广场”文艺演出、庆祝红军长征胜利70周年书画大赛系列活动。在省委组织部、省委宣传部等单位主办的“我健康、我快乐”全省离退休干部风采大赛中，潍坊市获全省一等奖。在全市离退休干部中广泛开展“我为‘十一五’作贡献”活动、建言献策活动和离退休干部参与社会主义新农村建设活动。2008年，市老年大学招收学员1500多人，开设19个专业、40个班级，创办《潍坊老年大学报》。2009年，组建市老年大学艺术团，在省第三届老年艺术节上，获全省文艺会演一等奖、最佳表演奖和组织奖。2011年，承办第二十八届潍坊国际风筝会夕阳红老年广场文化活动周，举办庆祝中国共产党成立90周年全市离退休干部歌舞大赛、潍坊临沂两地书画友谊展、市直离退休干部乒乓球比赛、金秋耄耋书画展、庆国庆老干部联欢会等一系列文体活动。参加庆祝中国共产党成立90周年第四届全省老干部艺术节，获团体二等奖、组织奖、最佳表演奖和优秀节目奖。参加中组部“与党同呼吸、共命运、心连心”征文活动，有55名老干部获奖，潍坊市获优秀组织奖。

2012年，将原市军转干部培训中心整体划转

2012年9月6日，为纪念干部离退休制度建立30周年，潍坊市举办喜迎十八大暨离退休干部制度建立30周年回顾展和文艺演出

给市老年大学，新增老干部学习活动场所建筑面积7000多平方米。全市共有省级老年大学示范校7所、先进示范校3所、省级示范老干部活动中心6所、省级示范干休所6处。全市共成立老干部艺术团、老年书画研究会等涉老团体协会42个。举办庆祝“三八”妇女节老干部联欢会、第二十二届“迎春杯”市直机关离退休干部乒乓球比赛、第二十九届潍坊国际风筝会夕阳红老年文化活动周、市老年大学学员书画摄影展、喜迎十八大全市老年书画展、潍坊市喜迎十八大纪念干部离退休制度建立30周年大型回顾展暨文艺演出等活动。

老有所为

1993年，全市老干部工作部门聘请老干部创办经济实体111个。至1995年底，潍坊市老干部“三产”及实体公司达700余家，年产值1.9亿元，利税1500万元。广泛开展“老干部家庭十带头”活动，引导离退休干部关心教育下一代，潍坊市有3000多名离退休干部与落后青年结成帮教对子，有1300多名离退休干部参与救助失学少年儿童工作，有1800多名离退休干部被各类学校聘为校外辅导员，有200多名德高望重的老同志经常被邀请到机关、学校等作传统教育报告。潍坊市涌现出李泽帧、郎丰振等一批离退休干部先进个人。高密市从1997年开始组织居住农村的老干部开展“千人老干部包户助民活动”，通过签订老干部包户责任书、定期调度督查、老干部与贫困户结对子等措施，激发老干部老有所为、奉献社会的积极性。老干部先后帮扶困难群众6814户，帮助增上致富项目260余个，协调资金400余万元，其中有64人进入了村级班子，21人担任村级组织负责人。1998年10月，全省离退休干部发挥作用经验交流会在高密召开。全市有18名老干部、29名老干部工作者受到省级表彰，1名老干部被选为省第七次党代会代表。1999年，1名离休干部当选省党代会代表，2名离休干部被中共中央组织部评为全国老有所为先进个人，青州市王母宫镇老干部党支部被中共中央组织部授予“全国老干部先进党支部”称号。2010年，召开全市离退休干部及老干部工作“双先”表彰大会，表彰50个离退休干部先进集体、85个老干部工作先进单位和222名先进个人。2012年，市委离退休干部工委、市委老干部局编写《党旗辉映夕阳红——潍坊市离退休干部创先争优先进事迹汇编》。组织离退休干部积极参与关心下一代、挽救失足青少年、进行革命传统教育、反腐倡廉、社会风气督察等工作，经常组织老同志深入工厂、学校、少年管教所进行宣讲。

关心下一代工作

潍坊市关心教育下一代工作委员会成立于1992年，下设潍坊市关心下一代工作委员会办公室。成立以来，始终坚持围绕中心、服务大局，立足基层、务实创新，动员组织“五老”（老干部、老战士、老专家、老教师、老模范）在加强青少年思想道德建设、促进青少年健康等方面发挥作用。2007年，建成开通“潍坊市关工委”工作网站。山东省委宣传部、省关工委、省文明办等部门举行“天下父母”亲情教育进校园系列活动在青州实验中学启动。2008年，潍坊市关工委创办《关心下一代》报纸，举办“寻找美丽中华，奥运在我身边”——第二届“读书郎杯”齐鲁少年英语口语电视大赛潍坊赛区表彰活动。2009年，在全市开展“关爱明天、普法先行”——青少年普法教育活动，潍坊市59所学校参与“零犯罪学校”创建活动。2010年，潍坊市关工委联合团市委开展“妙音林”杯“经典回响”潍坊市青少年美文诵读活动。2010年6月，潍坊市关心下一代工作委员会被中央精神文明建设委员会办公室、中国关心下一代工作委员会授予“全国关心下一代工作先进集体”称号。2011

年，潍坊市召开关心下一代“三项活动”（感恩教育、中华诗文诵读、才艺培养）十佳百优表彰大会，对“三项活动”进行表彰。2012年，在全市青少年中开展“心向党、讲品德、见行动”主题教育、学雷锋·助成长——全市青少年“关爱书屋”捐建活动。广泛开展“牵手关爱行动”，募集资金1400多万元，援助贫困青少年7266人。开展为农村薄弱学校义捐活动，累计捐赠电脑8000多台，在临朐、青州等县市捐建关爱书屋3所。联合团市委、市教育局、寿光市政府举行“感恩于心，回报于行”潍坊市青少年感恩教育演讲比赛颁奖仪式。

第六章　宣传工作

1991—2012年，潍坊市宣传思想文化战线贯彻落实中央和省市委决策部署，坚持用马克思列宁主义、毛泽东思想、邓小平理论、“三个代表”重要思想和科学发展观武装党员干部、教育人民群众，深入开展理论宣传、新闻宣传、社会宣传、网络宣传，扎实做好外宣工作和思想政治工作，大力宣传党的路线方针政策，各项工作基调鲜明、导向正确，保持积极健康向上的良好态势，为推动潍坊市改革开放和经济社会发展提供了坚强有力的思想保证、舆论支持和精神动力。

第一节　组织机构

市委宣传部

1991年，市委宣传部内设办公室、宣传科、调研科、理论科、党员教育科、文教科、新闻科、外宣科、企业政治思想工作办公室9个职能科室，下属潍坊市精神文明建设协调委员会办公室。1992年3月，设立中共潍坊市委对外宣传小组办公室，与外宣科合署办公，对外挂潍坊市人民政府新闻办公室、潍坊市对外文化交流协会牌子；同年11月设立干部科。1997年4月，调整为10个职能科室；5月，对外宣传办公室升格为副县级，成为市委宣传部内设机构；机关编制总额47人，其中工勤5人。2001年，市委宣传部内设办公室、干部科、研究室、宣传文教科、新闻出版科、理论党教科、企业宣传科（挂市职工思想政治工作研究会牌子）7个职能科室，机关编制43人，其中行政编制38人、工勤编制5人。2005年8月，设立网络新闻管理科。2007年12月，设立文化科（加挂文化体制改革和文化产业发展办公室牌子），宣传文教科更名为宣传教育科。2009年5月，文化体制改革和文化产业发展办公室单设，2010年11月改为市委宣传部所属副县级事业单位。

至2012年底，市委宣传部编制43人，其中行政编制38人、工勤编制5人，配备部长1名、常务副部长1名、副部长3名，文明办主任（由副部长兼任，正县级）1名，文明办副主任（副县级）2名，外宣办主任（副县级）1名。内设办公室、干部科、研究室、宣传教育科、新闻出版科、理论党教科、企业宣传科（挂市职工思想政治工作研究会牌子）、网络新闻管理科、文化科9个科室。下属单位有精神文明建设委员会办公室、中共潍坊市委对外宣传办公室、文化体制改革和文化产业发展办公室、市委讲师团、潍坊市互联网文化发展管理处、潍坊市国有文化资产中心。

市精神文明建设委员会办公室

1984年8月设立，前身是市“五讲四美三热爱”活动委员会办公室，科级单位，属宣传部领导；1987年6月，更名为潍坊市精神文明建设协调委员会办公室；1990年9月，更名为潍坊市精神文明建设委员会办公室，升格为正县级单位；2001年，下设综合科、活动协调科2个职能科室；2009年5月，设立未成年人思想道德建设工作科。至2012年底，机构未有变动。

中共潍坊市委对外宣传办公室

1984年2月，市委宣传部内设新闻科（兼对外、对台宣传）。1984年8月，设立对外对台宣传科。1989年7月，对台对外宣传科改称外宣科。1992年3月，设立中共潍坊市委对外宣传小组办公室，与外宣科合署办公（对外挂潍坊市人民政府新闻办公室、潍坊市对外文化交流协会牌子）。1997年5月，对外宣传办公室（挂市政府新闻办公室牌子）升格为副县级，成为市委宣传部内设机构。配备外宣办主任（副县级）1人，外宣办副主任（正科级）1人。

市委讲师团

成立于1984年10月，为市委宣传部所属科级事业单位。1990年9月，升格为副县级，定编14人。至2012年底，讲师团有编制14人，配团长1人、副团长1人、主任3人、副主任3人，内设3个科室。

市互联网文化发展管理处

成立于2008年5月，为市委宣传部所属副县级事业单位，定编5人，配主任1人、副主任2人。2010年7月，编制增加到15人，下设综合科、舆情科、管理科。至2012年底，机构未变动。

市文化体制改革与文化产业发展办公室

2007年12月，市委宣传部设立文化科，加挂文化体制改革和文化产业发展办公室牌子。2009年5月，单设为市委宣传部正科级内部机构。2010年11月，调整为市委宣传部所属副县级事业单位，定编8人，配主任1人、副主任1人，更名为“潍坊市文化体制改革与文化产业发展办公室”。至2012年底，有编制8人，内设综合科、业务科。

市国有文化资产中心

成立于2009年6月，对外挂潍坊市国有文化资产经营公司牌子，为市委宣传部所属事业单位，未定规格，编制10人。2011年8月，定为副县级规格，配领导1正1副，其他不变。2012年4月，设立综合科和资产运营科2个正科级内部机构，各配正副职1人。

第二节 理论教育

1991—1994年，全市坚持以邓小平建设有中国特色社会主义理论为主题开展理论工作。1991年，市委宣传部创办工作指导性刊物《潍坊宣传》，在报纸、电台设置理论学习节目。举办各种类型的读书班、研讨班，利用各级党校、干校对科级以上干部全部轮训一遍。运用每年一届的“风筝文化与潍坊经济研讨会”等形式，组织领导、专家和实际工作者联合攻关，先后对实施农业产业化战略、深化企业内部改革、实施外向带动战略等课题开展研究。1993年，创办山东干部函授大学潍坊分校，到1994年共收学生3500余人。建立潍坊市社会科学奖励基金。

1995年，在全市党员中开展学习邓小平建设有中国特色社会主义理论和学习党章活动，举办全市“双学”知识竞赛，近15万名党员参加学习答卷。召开第三届风筝文化与潍坊经济研讨会，邀请专家对全市自1992年以来实施农业产业化战略这一创造性实践进行理论概括和评价。联合召开环渤海地区经济开发与中日关系发展研讨会。全市共在国家或省级报刊上发表较有影响的理论文章50多篇，其他社会科学成果60多件。

1996年，重点抓好各级领导干部理论学习，各级党委中心组的理论学习日益走向制度化、规范化。在全省组织的检查评比中，诸城、寿光、潍城3市（区）委中心组被评为全省先进党委学习中心组；青州、高密、临朐3个市（县）委宣传部和市委宣传部理论科被评为全省理论教育工作先进单位，6人被评为先进个人。举办第四届风筝文化与潍坊经济理论研讨会，市委宣传部组织编印《农业产业化学习资料》一书，引导产业化向更高层次发展。联合举办全国企业思想政治工作理论与实践研讨会。

1997年，组织第五届风筝文化与潍坊经济理论研讨会，秦池现象研讨会，面向二十一世纪华光发展战略研讨会，巨力集团低成本扩张、高速度发展战略研讨会，诸城调整和完善企业所有制结构经验交流现场会。在报纸、电台、电视台等开办理论专版专栏，加强理论宣传。

1998年，市委印发《关于在全党深入学习邓小平理论的通知》，召开全市学习邓小平理论工作会议。在全市党员干部中，组织开展中共十五大和十五届三中全会精神集中教育活动，利用基层党校、党员活动室培训理论骨干和基层党员。组织全市大中专学生学习邓小平理论知识竞赛。举办以国有企业改革与发展为主题的第六届风筝文化与潍坊经济理论研讨会、农村城市化和小城镇建设理论研讨会及纪念中共十一届三中全会召开20周年理论研讨会。

1999年，以“三讲”教育推动领导干部加强理论学习。以国有企业改革为主题，组织市委理论学习中心组读书会。组织全市广大党员干部深入学习中共十五届四中全会精神。召开农业现代化理论研讨会。

2001年，举办理论学习中心组读书会、全市宣传部长读书班、全市理论骨干培训班、全市基层党校校长培训班，邀请专家学者举行理论辅导报告会；召开全市理论界、文化界、新闻界、经济界、先模人物座谈会，市委组织典型报告团分赴各地巡回演讲。召开潍坊农业国际化研讨会，新华社、《人民日报》《光明日报》《农民日报》《大众日报》等中央和省新闻媒体作重点报道，中共中央政治局委员、国务院副总理温家宝在新华社刊发的《国内动态清样》上对此专门作重要批示。这次研讨会对推动潍坊市农业国际化向更高水平发展产生积极作用，在全国造成广泛影响。理论下基层深受群众欢迎。全市共组织各类宣讲360场次，听众5万人次。

2002年，组织开展“三个代表”重要思想学习教育活动，学习江泽民“七一”讲话、“5·31”重要讲话、《江泽民论有中国特色社会主义》（专题摘编）、中共十六大报告等一系列重要文献。中宣部《宣传工作》第22期以《山东潍坊运用“3+1”模式搞活理论研究》为题转发潍坊市理论工作的经验。

2003年，突出抓各级党委理论中心组的学习。潍坊市委召开理论中心组读书会；层层举办理论骨干培训班和各级领导干部轮训班；成立“三个代表”重要思想宣讲团，举办宣讲报告会300多场；邀请中央宣讲团和其他高层专家到潍坊作专题辅导；举办“三个代表与潍坊发展”理论研讨会。组织开展“解放思想谋发展，与时俱进建小康”主题教育活动，在各级文明单位中开展“与时俱进，全面建设小康社会”大讨论活动，在全市城乡开展中共十六届三中全会精神集中教育活动。

2004年，开展中共十六届四中全会精神集中宣传教育。层层举办党委理论中心组读书会、理论骨干培训班和各级领导干部轮训班；将“三个代表”重要思想纳入各级党校、干校、培训中心教学计划，建立“三个代表”重要思想宣讲教育基地；成立宣讲团，举办宣讲报告会，邀请专家辅导，开展理论下基层活动。深入进行科学发展观学习宣传，开展“树立科学发展观、营造良好发展环境”主题教育活动。

2006年，组织广大党员干部深入学习邓小平理论和“三个代表”重要思想，学习《江泽民文选》，学习以胡锦涛为总书记的党中央提出的一系列重大战略思想。突出加强党委中心组理论学习，举办多种形式的读书会、研讨班、座谈会和理论骨干培训班。组织一系列高层次专家讲座。与农民日报社、省委宣传部共同举办社会主义新农村建设理论研讨会。

2007年，深入学习宣传贯彻中共十七大精神。组建十七大精神宣讲团，开展“百名专家进基地”和“千名干部下基层”活动。举办“县域经济和新农村建设”“转变经济增长方式与能源形势”等多场理论辅导报告会。大力宣传市第十次党代会精神，借助新闻媒体对市第十次党代会精神进行解读。策划“理论工作面对面”活动，建立理论宣讲专家库和理论宣讲教育基地，推动中国特色社会主义理论体系宣传普及。成功举办2007社会科学普及周活动。

2008年，围绕中共十七届三中全会精神、金融形势、国际形势、循环经济、自主创新、行政体制和经济体制改革等重大问题，举办9场高层专家理论辅导报告会。开展百名专家进基地、千名干部下基层活动，充分利用网络、电视等现代媒体资源，构筑形式多样的大讲堂。2008年，全市组织宣讲5300余场（次），听众120余万人次。

2009年，市委宣传部印发《全市党委（党组）中心组2009年理论学习安排意见》和《2009年市委常委集体学习安排意见》，对学习作出明确安排，完善学习检查考核、汇报通报制度。以“科学发展观大讲堂”为主体，突出搞好科学发展观宣讲活动。组建起市、县、乡、村四级“千人”理论辅导员和“千人”宣讲员队伍，实现理论宣讲网络全覆盖。全年开展对党员干部宣讲、辅导活动9200余场（次），受众达60万人。

2010年，全面推进学习型党组织建设，扎实开展“两带一创”活动，创新推出了破解问题学习法、行动学习法、实践学习法等经验。把学习型党组织建设纳入党的建设总体规划，并作为重要指标纳入全市科学发展综合考核。打造“学习型党组织建设”官方网站、党建手机报、潍坊干部学习网、网上党支部等网络学习平台。全年组织各类宣讲2万余场（次），听众50多万人次。举办市级干部培训班7期，县处级以上党政领导干部带头参加脱产学习培训均为110学时。

2011年，在全市认定110个“学习型党组织”。学习型党组织建设经验作为全国五个典型之一，在中央各大主流媒体进行广泛宣传。打造“风筝都大讲堂”品牌，围绕全市重点工作部署开展宣讲活动。全年组织宣讲3800多场（次），听众近50万人。举办全市理论骨干培训班，培训宣讲骨干640余人。开展“公民基本道德行为40则”宣传普及行动。

2012年，树立13个学习型党组织典型。全市组建1300多个“破解问题学习小组”，签订“解决问题承诺书”15.6万余件，解决基层实际问题15.5万个。建立起7000余人的宣讲骨干队伍，围绕“四个潍坊”建设、干部作风建设、文化建设等开展各类宣讲3700余场（次），受众43万余人次。开办理论宣讲骨干培训班，培训宣讲骨干1870人。在全市中小学举办130场形势政策报告会，捐赠理论图书3000余册。全省百名理论人才潍坊入选6人，建立全市理论人才库，230人入选。

第三节 新闻宣传

1991—1994年，全市各级宣传部门先后对实施农业产业化战略、深化国有大中型企业改革、发展开放型经济、繁荣第三产业和个体私营经济、党的建设、精神文明建设等20多个重点题目进行集中宣传。建立新闻联席会议制度，每月召开一次由省驻潍坊新闻单位负责人和市属各新闻单位负责人参加的协调会议。坚持“走出去，请进来”，每年到潍坊采访的记者都在2000人次以上。1994年风筝会期间，成立潍坊宣传界与首都新闻界联谊会。1994年，市、县两级广播电视部门和单位实行归口管理，加强对新闻宣传工作的管理，建立重点新闻稿件审读制度。清理整顿80多种内部报刊。成立新闻讲师团，加强对新闻出版队伍的培训。

1995年，市委宣传部先后召开16次新闻联席会议，组织7个大的宣传战役。12次组织市直新闻单位的骨干力量联合采访，向中央和省新闻单位供稿，重点稿件630余篇。对潍坊市农业产业化的宣传在全国产生轰动效应。《大众日报》在头版头条刊发长篇述评《潍坊搞活国企唱出拿手戏》，对潍坊市在全国较早提出“抓住抓好大的，放开放活小的”和“两改造、一拍卖、一联合”的做法给予充分报道。

1996年，突出经济建设和精神文明建设两个重点，先后组织开展建设现代化大潍坊、国有企业改革、农业产业化、英模人物、精神文明建设、“严打”等9大宣传战役。突出宣传报道赵笃刚、张福林、杜常礼、刘元君、王乐义、王建章、王焕新、林开祥等一大批先锋模范人物的事迹。全市共向省以上新闻媒体发重点稿件1500篇（件），其中在《大众日报》发头条和重点稿件60多篇，居全省各市地之首。

1997年，集中组织以贯彻中共十四届六中全会精神为主线搞好精神文明建设的宣传战役，以爱国主义教育为主题的庆祝香港回归祖国的宣传战役，以深化改革、重振企业雄风为主题的进一步搞好国有大中型企业的宣传战役，以宣传对外开放为主题的风筝会、鲁台经贸洽谈会的宣传战役，以深化农村改革为主题的潍坊市农村加强“两化”管理的宣传战役，以贯彻中共十五大精神为主题的“十五大精神在基层”的宣传战役。在省以上新闻媒介刊发重头文章2000余篇。《人民日报》刊登长篇通讯《实现农业产业化的战略选择》，中央电视台《新闻联播》头条报道潍坊的做法。

1998年，全市加强对学习邓小平理论、中共十五大和中共十五届三中全会及省七次党代会精神的宣传报道。组织纪念改革开放20周年、建市50周年、人大会、政协会、创建国家卫生城、省运会、风筝会和鲁台经贸洽谈会、解放思想、“民心工程”、抗洪救灾和弘扬抗洪精神等重大活动、重大事件的宣传。1999年，组织改革开放和经济建设的宣传及纪念五四运动80周年、庆祝中华人民共和国成立50周年及澳门回归等一系列节庆活动的宣传。加强新闻出版工作的宏观调控，成立新闻阅评小组，建立健全阅评工作的规章制度。

2000年，组织进行农业经济国际化、国有企业改革、高新技术产业化、发展个体私营经济、招商引资、对外开放、工业经济、素质教育、“九五”辉煌成就等宣传战役。组织第十七届潍坊国际风筝会、鲁台经贸洽谈会、寿光蔬菜博览会、昌乐宝石旅游产品招商会的新闻宣传工作，接待记者150多人次，发稿700余篇。

2001年，组织人大、政协“两会”，潍坊国际风筝会，鲁台经贸洽谈会，寿光蔬菜博览会，江泽民“七一”讲话，中共十五届六中全会精神，农业产业化及各县市区特色工作的宣传战役。《人民日报》头版头条以“潍坊初步形成农业现代化格局”为题，全面介绍潍坊市推行农业国际化战略的做法。各级新闻单位共发稿1798件，其中中央、省级新闻单位发稿627件。

2002年，主要开展农业国际化、经营城市、招商引资、发展高新技术、农村税费改革、政府提速和县市区特色工作的宣传，风筝会、鲁台会、菜博会、昌乐宝石节、青州花博会、临朐奇石展销会的宣传。

2003年，集中开展招商引资、民营经济、企业改革、环境建设、农业“三化”、城市建设、争创“三城”等重大宣传战役及鲁台会、风筝会、菜博会“三会”的宣传，特色工作、优势产业、名牌产品、招商政策的宣传。组织抗击“非典”的宣传。

2005年，组织重大投资项目、北部沿海开发、“三农”工作、实施“三个一批”战略、经济软环境建设、繁荣发展服务业、加快库区发展、企业改革、城市建设管理等重点宣传战役。推出潍柴自主创新、海化循环经济、寿光新农村建设等一批先进典型。“行风在线”“新闻110”“聚焦”“感动潍坊”“2005年度潍坊十大新闻评选”等在社会上引起良好反响。组织中共十六届五中全会精神的宣传，保持共产党员先进性教育活动的宣传，树立科学发展观、构建社会主义和谐社会的宣传，“文明潍坊”“平安潍坊”的宣传。组织对风筝会、鲁台会、菜博会的宣传。

2006年，突出贯彻落实科学发展观、构建社会主义和谐社会、保持共产党员先进性教育活动的宣传。加强新闻宣传的宏观管理，完善新闻发布制度，坚持新闻例会、新闻阅评等各项制度，确保导向正确和新闻安全。

2007年，先后组织落实全市经济工作会议、城市建设、城市绿化工作、对接青岛、秋冬绿化、发展老年公益事业等一系列重大主题宣传活动。市直各媒体先后策划开设“推进和谐创建 共享发展成果”“和谐创建在潍坊”“和谐典范”等专栏专题节目，组织发稿1000余篇（条）。组织全国产品质量和食品安全专项整治第二次现场会的新闻宣传。组织中共十七大精神的学习宣传。在中央和省级主要新闻媒体刊发宣传潍坊的重点稿件5000余篇。实行新闻发布会报审制度，加强对新闻发言人的培训，推动新闻发布工作制度化、规范化、经常化。

2008年，组织进行中共十七大和中共十七届三中全会精神、市委“一六三三”工作部署、全市经济工作会议精神、文明城市创建等重大主题宣传活动；开展奥运会、潍坊建市和潍县战役胜利60周年、文化建设工作会议、风筝会、鲁台会、青岛周和文展会的新闻宣传；新华社播发关于潍坊市经济社会发展的通稿和新闻图片100余篇（幅）。建立境外记者管理和舆论引导联席会议机制，制定应急预案，“采访线工程”和对外表态口径库建设。举办“万众一心、众志成城”——潍坊市抗震救灾募捐义演，共募集捐款1960多万元。组织奥运会、残奥会和青岛奥帆赛的新闻宣传。

2009年，开展学习实践科学发展观活动专题宣传，在《人民日报》、新华社等中央主要媒体刊发稿件200多篇，省级媒体刊发稿件390多篇。组织全运会、风筝会、鲁台会、（青岛）潍坊周、花博会、文展会等重大活动的新闻宣传。加强手足口病、甲型H1N1流感防控等社会热点问题的新闻宣传，组织国家知识产权示范城市创建、国家园林城市创建、2009全国农机产品订货交易会、全国出口食品农产品质量安全示范区建设经验交流会、全省城镇化工作会议的新闻宣传。

2010年，在市直新闻媒体开展贯穿全年的

“转方式、调结构、促发展”重大主题宣传活动。开展文明创建和文明城市迎测的新闻宣传，全市文化体制改革和文化产业发展的集中宣传。先后参与“毒韭菜”“坊子校园安全”等突发事件的处置工作，妥善应对媒体，及时有效地化解事件的不良影响。对青州陈洪雷、宋玉磊和昌乐李建军的先进事迹进行大力宣传。组织全市加快“三区”建设的新闻宣传。组织全市学习实践科学发展观活动的新闻宣传。组织市属媒体配合做好上海世博会、第三届省文博会的宣传报道。

2011年，先后组织开展中国共产党成立90周年、聚焦山东半岛蓝色经济区、全市烟花爆竹安全生产和春季防火、市人大政协两会、第二十八届潍坊国际风筝会、学习型党组织建设、创建全国文明城市、中共十七届六中全会精神等重要会议、重大活动、重点节会宣传。全年在省级以上媒体刊发（播）重点稿件2500余篇。建立健全网上舆情分析、研判、引导、处置4大常态工作机制。加强重点新闻网站建设，组织举办“文化强省看山东”——第七届中国网络媒体山东行潍坊站活动，80多家网络媒体对全市文化发展进行全方位宣传报道。

2012年，组织喜迎中共十八大和学习宣传贯彻十八大精神的宣传报道。开展“科学发展 成就辉煌”主题宣传。组织经济建设的宣传报道，开展“全市重点项目建设巡礼”和全市服务业发展等主题宣传活动。做好全市加快滨海区建设会议精神的宣传报道。积极应对突发事件，确保新闻舆论安全。在处置“甲醛白菜”“王进文”等事件时，充分利用权威平台发布准确信息，及时开展舆情研判引导，安全稳妥地做好舆情处置工作。先后组织市属媒体对王钦峰、潍柴集团“三高”试验队、二炮某部军官沈星、学习型党组织建设典型经验等先进事迹进行集中报道，并加大向中央和省级媒体推介力度。在省级以上主流媒体刊发稿件3000余篇。推进新闻发布工作科学化、规范化，策划指导全市上下召开新闻发布会120余场。

1991—2012年潍坊市在省以上新闻媒体发表稿件统计表

表14—6—1　　　　单位：篇

年份	中央级	省级
1991	540	860
1992	500	800
1993	550	800
1994	520	800
1995	240	390
1996	550	950
1997	600	1400
1998	520	1300
1999	300	700
2000	320	500
2001	240	387
2002	400	720
2003	300	600
2004	500	1000
2005	550	1100
2006	400	800
2007	1500	3500
2008	400	600
2009	200	390
2010	300	600
2011	700	1800
2012	800	2200

说明：表格中部分统计数据为约数

第四节　社会宣传

1991年，围绕纪念中国共产党成立70周年，组织开展“忆党史、学党建、我为党旗添光彩”“创一流业绩，向建党七十周年献礼”等系列活动，全市共组织先进人物事迹报告团26个，做报告315场，听众47万人次，组织各种文艺演唱会5000多场，举办党史及社会主义建设成就展览1600多个，拍摄电视专题片41部。在城市、大中专院校、企业、党政机关开展社会主义思想教育活动。

1992年，组织开展以学习邓小平南方谈话为主要内容的“解放思想、更新观念、转变职能、强化服务”大讨论活动。在农村开展以学习贯彻中共十四大精神加快奔小康步伐为主要内容的集中教育活动。在全市范围内开展科技宣传。1993年，围绕纪念毛泽东诞辰100周年举办多种活动。1994年，在全市青少年中组织开展“三百工程”（百部优秀影片、百册优秀图书、百首优秀歌曲）教育活动。安丘市前儒林村对农民开展爱国主义教育的做法得到中宣部的肯定。诸城市王尽美烈士纪念馆、潍坊市博物馆、青州市博物馆被省委宣传部命名为省级爱国主义教育基地。1995年，在全市城乡组织开展社会主义思想教育活动。1996年，组织开展纪念长征胜利60周年和中国共产党建党75周年系列活动。组织开展爱国主义、集体主义和社会主义教育，全市共举办报告会50多场，研讨会20多期，培训班130多期，培训人员近万名。

1997年，以庆祝香港回归祖国为契机，组织开展万人签名、知识竞赛、形势报告会、书画展览、演讲比赛、文艺会演等20多项大型活动。临朐山旺化石博物馆、安丘市凌河镇石家庄村被省委宣传部命名为省级爱国主义教育基地。1998年，组织开展庆祝潍坊建市50周年系列活动，制作大型画册《今日潍坊》，编辑纪念文集《潍坊之路》，拍摄电视专题片《世纪的春天》。1999年，为庆祝中华人民共和国成立50周年，组织开展成就展览、文艺晚会、合唱比赛、征文比赛等宣传活动。2000年，在全市组织开展“致富思源、富而思进”教育活动。推出全国思想政治工作重大典型王乐义、全省思想政治工作重大典型临朐李家庄。2001年，组织开展纪念中国共产党建党80周年系列活动，全市共举办大型活动108项。

2002年，推出新时期军嫂楷模王慧萍、军转干部楷模刘坤洲、农村支部书记楷模刘相周3个有重要影响的典型。评选、命名潍坊首批市级爱国主义基地12处。2003年，做好全市抗击“非典”的社会宣传工作，组织开展“解放思想谋发展，与时俱进建小康”主题教育活动。2004年，潍坊农业产业化经验作为中宣部改革创新服务“三农”的十大典型之一，在中央新闻媒体进行宣传推广。新郎公司董事长王桂波作为全国退伍军人的典型，青州卷烟厂作为全省加强企业领导班子思想政治建设的典型，庄传林作为全省优秀畜牧兽医干部的典型，在全国、全省新闻媒体进行集中宣传。

2005年，组织开展纪念抗日战争胜利暨潍县集中营解放60周年系列活动。在全市青少年中组织开展“弘扬民族精神，培育爱国情怀”主题教育活动。王乐义作为第三批先进性教育活动的重大典型在全国宣传，郭占鳌、杨希涛作为全省政法综治和“平安山东建设”的先进典型在全省新闻媒体进行集中宣传。坊子德日侵华遗址、潍县集中营旧址被省委宣传部命名为省级爱国主义教育基地。2006年，围绕保持共产党员先进性教育活动，推出崔效杰、陈永林、秦贞福、刘涛等优秀共产党员典型。潍柴动力自主创新、诸城发展县域经济作为落实科学发展观先进典型，在全国宣传推广。2007年，在全市广泛开展节能宣传教育和社会实践活动。推出全省重大典型青州市公安局副局长杨希涛。

2008年，组织开展“潍坊改革开放30年时代人物暨最具影响力大事”评选活动，评选出王乐义等10名“潍坊改革开放30年时代人物”和诸城推行产权制度改革等10件“潍坊改革开放30年最具影响力大事”。围绕潍县战役胜利和潍坊建市60周年，举办纪念大会、摄影作品展、座谈会等9项重大活动。

2009年，组织开展“庆祝新中国成立60周年时代功勋人物”评选活动，授予王乐义等100人为“庆祝新中国成立60周年全市100位时代功勋人物”荣誉称号。推出全国重大典型原市建设局局长崔学选。评选、命名潍坊市级爱国主义基地12处。2010年，推出全国重大典型山东豪迈机械科技股份有限公司电火花科研组组长王钦峰。

2011年，组织开展纪念中国共产党建党90周年主题宣传活动，推出全省重大典型昌邑市城乡环卫一体化经验和临朐县公安局寺头派出所副所长沈开未。2012年，推出全省重大典型原第二炮兵工程大学士官职业技术学院副营职参谋沈星。

第五节　企业思想政治工作

1991年，在全市企业开展“企业有困难，我们怎么办”大讨论。编写《企业社教读本》，开展“基本国情、基本路线”企业青工政治轮训工作，全市1569个单位全部完成轮训任务。省委宣传部在潍坊召开青工政治轮训经验交流会。从6月开始，按照中央和省里制定的标准和条件对企业政工专业职称评聘进行复核，至1992年12月结束。复核通过高级政工师302人、政工师3109人、助理政工师1925人、政工员494人，共5830人。1992年，市委宣传部、市经委、市总工会、市教委联合在企业中进行市场经济专题教育。

1994年起，全市企业政工人员专业职称评聘工作转入经常化。年内，总结推广潍坊水泥厂全心全意依靠职工办企业、潍坊建筑安装公司党政同心做好思想政治工作的经验。1995年，在全市企业中开展爱国主义教育，编印《爱国主义教育简明手册》，并在《潍坊日报》、潍坊电视台等开设专门栏目。编辑出版《凝聚力 向心力》一书，汇集企业思想政治研究成果40余篇。1996年，市委宣传部与中国管理科学院国情与管理研究所联合举办全国企业思想政治工作理论与实践研讨会，举办第四届风筝文化与潍坊经济研讨会。市职工思想政治工作研究会团体会员发展到158个。1997年，总结推广潍坊发电厂、山东海化集团、山东晨鸣纸业集团思想政治工作经验。在城乡深入开展全民读书活动，省委宣传部在潍坊市召开现场会全面推广潍坊经验。

1998年，开展全市“十佳政工师”评选表彰活动，开展《新时期职工思想道德修养读本》读书活动。1999年，总结和推广朱刘店煤矿和潍坊百货集团坚持以人为本、发挥政治优势、推动经济工作的经验和山东晨鸣集团以提高人的素质带动企业素质的经验。2000年，开展“学习书记大姐李淑敏”活动，推广海化集团潍坊振兴焦化有限公司运用真理的力量、人格的力量、情感的力量做好职工思想政治工作和潍坊亚星集团做好“购销比价管理”中的思想政治工作经验。2001年，开展针对出租车和环卫工人的思想教育。

2002年，组织开展创建“学习型企业”活动，召开现场经验交流会，对首批40个“A级学习型”企业和8个创建活动组织奖进行表彰。2004年，举办全市首届企业文化节，开展“十佳学习型员工”评选、企业文化建设成就图片展、企业职工书画展、企业形象展示大赛、企业文艺调演、企业职工职业技能大赛等。2005年，举办第二届企业文化节，2007年举办第三届企业文化节。2008年，召开全市企业文化建设理论研讨会，开展“纪念改革开放30周年全市思想政治工作、企业文化建设征文”活动。2009年，举办第四届企业文化节，开展庆祝中华人民共和国成立60周年全市第二届感动潍坊人物、全市100位时代功勋人物评选。

2010年，开展企业学习型党组织创建活动，举办首届“潍坊市最具社会责任感”十佳企业、十佳企业家评选活动。2011年，举办全市第五届企业文化节，组织开展优秀企业文化品牌和企业文化建设领军人物评选活动。2012年，开展全市优秀企业文化品牌和企业文化建设领军人物评选活动，在潍坊电视台举办“文化的力量——潍坊市优秀企业文化品牌和企业文化建设领军人物颁奖盛典”，对评选出的30家（名）优秀企业文化品牌和领军人物集中表彰。

第六节　外宣工作

1991—1994年，全市宣传部门利用每年一度的潍坊国际风筝会和鲁台经贸洽谈会，邀请境外新闻单位100余家、国内外宣单位30余家共400人，到潍坊实地考察采访，发稿1000多篇。把外宣的重点定位于企业，对潍坊纯碱厂、羊口盐场、华光集团、高新技术产业开发区等单位作集中宣传报道。指导企业开展外宣工作，帮助企业培训外宣骨干、制定宣传方案、策划宣传活动、制作宣传品、选择新闻媒体，为企业提供有效经济信息上百条。开展对外文化交流活动，1992—1994年，先后有10个文化交流团组，赴马来西亚、奥地利、美国、菲律宾、意大利等国家，通过举办风筝展览展销、放飞、学术交流等形式，宣传世界风筝都潍坊。建立遍布30多个国家和地区的海外宣传网络，经常联系的人员达300多名，通过他们每年对外发稿400篇，供片10多部。

1995年，邀请接待境内外记者500多人次，对境外发稿1500余篇，制作外宣品20万件。派出对外宣传团组20多个，直接在海外开展对外宣传活动。1996年，邀请接待境内外记者400多人次，对外发稿1000余篇，制作外宣品15万件，组织10多次对外文化交流活动和国内外大型经贸招商活动的宣传工作。风筝会期间，组织全国7家卫视台“今日潍坊”采访活动，拍摄专题节目22个。1997年，全市邀请接待境外有影响的新闻媒体共14批、近30家。风筝会和鲁台经贸洽谈会期间，组织第二届“今日潍坊”电视采访活动，100多名中外记者前来采访报道。先后组织有10多个团组参加的文化艺术展览、风筝表演、民间艺术表演、书法交流等对外文化交流活动。加强海外通联，先后邀请日本、美国、英国、意大利、挪威、丹麦、德国等国家的有较大影响的新闻媒体到潍坊采访。

1999年，组织第十六届潍坊国际风筝会的对外宣传，在全国、全省对外电视节目评比中获7个重要奖项，组织4个文化交流团组出访东南亚、德国、法国、瑞士。2000年，邀请接待外宣记者及友好人士200多人次，对外发稿2160篇，制作外宣品12种近10万件。组织第十七届潍坊国际风筝会、第六届潍坊鲁台经贸洽谈会、中国寿光蔬菜博览会和新疆乌鲁木齐交易会、青岛小交会、厦门招商会、温州招商会的对外宣传活动。积极开展对外文化交流，邀请澳大利亚、德国、波兰、马来西亚、美国等7个国家和地区的代表团到潍坊采访考察洽谈。先后组织风筝艺人赴马来西亚参加国际风筝会、赴美国参加“新州中国日”活动，安排高密剪纸艺人赴瑞士参加“中国邮票展”，协调组织市教育代表团赴美国、加拿大考察，组团赴澳大利亚、新西兰举行新闻交流与经贸考察活动，组织青州市佛造像珍品赴日本展览。开展1998—1999年度潍坊市对外传播奖评选活动，出版《潍坊——新千年新视点》《杨家埠木版年画精品集》《高密民间艺术精品展》《临朐奇石》《青州龙兴寺佛造像》等高质量外宣画册。

2001年，潍坊国际风筝会、鲁台经贸洽谈会、寿光蔬菜博览会期间，组织境内外记者对59项活动进行重点采访报道。2004年，组织招商引资、民营经济、企业改革、城市建设管理、农业“三化、三带动、三变”（产业化、国际化、标准化，市场带动、龙头企业带动、科技带动，农民变职工、变农工、变市民）、重大投资项目和重点工程、人才建设、教育改革等宣传战役，特别加大城市建设管理工作的宣传力度。2005年，组织进行潍坊市赴香港、深圳、上海、北京、杭州、温州等地和日本、韩国、马来西亚等国家招商引资活动的对外宣传。

2007年，做好潍坊投资环境、知名品牌和优势项目的对外推介。实行新闻发布会报审制度，加强对新闻发言人的培训。组织民间艺术家赴德国、香港参加“山东文化周”和“孔子文化节”活动，潍坊艺术团赴维也纳“金色大厅”访问演出取得成功。2008年，举办“聚焦世界风筝都”大型采访活动。建立境外记者管理和舆论引导联席会议机制。成立专门的网络文化管理机构——网络文化管理处，开展网站清理和不良信息删除工作，清理整顿违规网站5个。

2010年，邀请中央和省涉外媒体做好潍坊国际风筝会、寿光菜博会、青州花博会和鲁台经贸洽谈会等重大节会的新闻报道，对外发稿400余篇。举办环保整治、食品药品整治等40余场新闻发布会，指导县市区召开新闻发布会近百场。2011年4月，邀请巴基斯坦主流媒体记者团一行5人到潍坊访问。8月，邀请由中央外宣办与商务部共同主办的20个亚非拉发展中国家新闻官员研修班成员一行49人，到潍坊参观考察新农村建设和现代农业。邀请中央电视台中文国际频道《快乐汉语》栏目摄制组一行18人到潍坊实地拍摄，完成《快乐汉语——潍坊篇》电视系列专题片；与“远方的家——沿海行”栏目合作，拍摄反映介绍潍坊旅游风光的2集电视专题片。策划指导全市上下召开新闻发布会100余场。

2012年风筝会和文展会期间，邀请中央人民广播电台、中国国际广播电台等11家高端外宣媒体18名记者参会报道，发稿32篇；组织中国国际广播电台“国际在线”、《中国日报》记者赴寒亭杨家埠、风筝博物馆、风筝广场制作4个相关专题。鲁台经贸洽谈会期间，邀请中新社、《中国日报》《香港大公报》《香港文汇报》《香港商报》、凤凰卫视6家媒体与会报道，发稿19篇。策划指导召开新闻发布会120余场。与上海东方卫视联合拍摄《文化中国行——潍坊篇》电视专题片，集中宣传以潍坊风筝、年画、剪纸等民俗文化和临朐山旺化石、青州云门山地理文化为代表的地区文化。

第七节　网络宣传

2008年5月，潍坊市互联网文化发展管理处成立，主要负责网上舆情信息监看、网上舆情信息研判提报、网上正面宣传、网上舆论引导、属地互联网建设管理、网上涉潍重大舆情应急应对等工作。

2009年，投入110多万元购置安装互联网舆情监控系统。建立全市即时通讯系统，使全市网管办、网络评论员、重点新闻网站和部分商业网站在一个平台办公。开展网上正面宣传，围绕市委、市政府中心工作和新中国成立60周年、风筝会、文展会、鲁台会、潍坊（青岛）周、城市形象广告、典型人物评选等重大宣传活动，开设专题专页进行系统宣传报道。全市15个县市区（开发区）均成立正科级网络文化管理机构，配备网络文化管理工作人员100余人。组建起覆盖全市各行业近300人的网络评论员队伍，明确职责任务和管理办法，并举办培训班。全年向市委、市政府提报《网上舆情》97期。

2010年，坚持24小时值班制度，加强网上舆情信息监看使用，全年提报《网上舆情》113期，值班信息95期，其中市主要领导批示18期。组织开展全国网络媒体黄河三角洲采访考察活动、聚焦山东半岛蓝色经济区——第六届中国网络媒体山东行潍坊站活动，在全国各大网站发表文章4100多篇。加强网上舆论引导，全市评论员撰写文章1万余篇，跟帖3万余条。潍坊市在网上舆论引导方面的经验先后在新华社《内参清样》、新华社《山东内参》、大众日报社《大众内参》刊登。依法规范网络传播秩序，妥善处置20余起网上事件。

2011年，向市委、市政府提报《网上舆情》40余期，编发《近期网上热点》15期，编写《值班信息》260余期。在主流新闻网站登载正面报道文章2.6万余篇。重点抓好中国共产党成立90周年、纪念辛亥革命100周年、中共十七届六中全会等重大主题宣传，建立专题106个。组织中国名博沙龙协会解读潍坊文明创建采风活动。组建起30余人的网络意见领袖队伍，撰写网络时评文章700余篇，组织全市网评员撰写引导文章5600多篇。建立新闻网站审核备案制度和市外网站地方频道备案制度，规范网上信息发布、传播秩序，科学应对处置40余起重大网上突发事件。

2012年，向市委、市政府提报《网上舆情》近20期，编写《值班信息》300期，编发《近期网上热点》30余期。先后开设“‘十二五’规划”“学习贯彻中共十七届六中全会”“‘三个一切’群众教育主题活动”“潍坊市文化建设”“记者走基层”“食品安全”“建设四个潍坊”等100多个专题专栏。举办首届风筝文化与潍坊发展中国名博笔会，“科学发展新山东——第八届中国网络媒体山东行”，潍坊市第一届网络文化节，潍坊市首届网络传媒艺术节等活动。全市评论员撰写评论文章4000余篇，跟帖近6万条。开展网络谣言专项整治、整治网络共享、非法网络公关和淫秽色情等低俗信息专项行动，协调有关部门依法关闭或整顿网站15家，妥善处置30多起网上突发事件。潍坊市互联网文化发展管理处被省委对外宣传办公室、省网络文化办公室评为“2012年度山东省网络文化建设和管理先进集体”。

第七章　统一战线工作

1991—2012年，全市统战部门认真贯彻执行中央和省委、市委关于统一战线的方针政策，坚持中国共产党领导的多党合作和政治协商制度，积极联系各民主党派和无党派代表人士，充分发挥其参政议政和民主监督作用，支持、帮助各民主党派加强自身建设，做好党外人士的政治安排。积极联系海内外工商界社团和代表人士，调查研究并反映全市非公有制经济代表人物的情况。开展以祖国统一为重点的海外统战工作。联系少数民族和宗教界的代表人物，协助有关部门培养和举荐少数民族干部。调查了解党外知识分子情况，联系和培养党外知识分子代表人物。开展了一系列海内外统一战线宣传活动。加强对市黄埔同学会、海外联谊会等有关社团的管理工作。

第一节　组织机构

1991年，中共潍坊市委统战部内设4个科室，编制20人。1996年，核定编制20人，配备部长1正2副、中层干部4正3副，内设办公室（挂宣传调研办公室牌子）、党派工作科、干部科、经济统战科。2001年，核定编制19人，配备部长1正2副。2004年8月，增加副部长1职。2005年，增配机关党总支专职副书记1职，增设宣传调研科，增加科级领导职数1正1副。至2012年底，统战部编制总额19人，内设6个科室，配备部长1名、副部长3名、中层干部5正4副。

第二节　民主党派和工商联统战工作

1991年，潍坊市社会主义学校成立，加强对民主党派成员的培训，至1994年共办培训班8期，参训人员480人次。市委统战部帮助各民主党派充实调整机关干部8人，提拔副科级以上干部8人。协助民进和农工小组分别于1991年5月和10月建立潍坊支部。

1992年4月，九三学社潍坊市委、中国国民党革命委员会潍坊市委、中国民主同盟会潍坊市委、中国民主建国会潍坊市委完成换届工作。

1994年1月，中国农工民主党潍坊支部升格为总支。至同年年底，各民主党派成员发展到549人。

1995年，由市政府拨款120万元为各民主党派新建办公楼。同年，中共潍坊市委召开20次党外人士协商会、通报会和座谈会，市委、市政府转发统战部《关于进一步健全和完善民主党派与政府有关部门对口协商制度的请示》，市政府印发《关于加强同民主党派、工商联和无党派人士联系的意见》，帮助民主党派加强自身建设。举办一期各民主党派、工商联骨干成员学习《邓小平文选》一、二卷读书班；各民主党派、工商联共向中共潍坊市委、市人大、市政府、市政协及有关部门提出议案、提案和各种调查报告372件。

1996年7月29日，市委召开党外人士座谈会，听取和征求各民主党派、工商联、黄埔同学会负责人对全市两个文明建设、特别是精神文明建设的意见和建议。年内，选派1名民主党派机关干部到基层挂职，1名包村扶贫。

1997年5—8月，市民革、民盟、民建、九三学社4个民主党派分别进行换届。举办正副主委参加的研讨会，形成《关于加强民主党派、工商联自身建设问题研讨会纪要》，制订《关于支持民主党派开展参政议政和组织活动的意见》。市委先后召开党外人士政治协商会、情况通报会5次；各民主党派成立参政议政专门委员会，创办《民主党派建议摘报》，及时向市委、市政府反映民主党派的意见和建议。1997年，各民主党派提出的意见和建议有79条被党委、政府采纳。

1998年，市委先后召开党外人士情况通报会、协商会4次；并将各民主党派、工商联列入市委、市政府发文序列。市委统战部主办《民主党派建议摘报》9期，全部直送市委、市政府有关领导参阅；先后2次协同市政府、市政协当面答复并集中处理20件有代表性的提案。全市6个民主党派有30个支部进行换届，新组建4个基层支部，支部总数43个。全年发展新成员50人，成员总数727人。

1999年，市政府印发《关于在市政府工作中加强同民主党派、工商联联系的通知》，进一步健全民主党派、工商联人士参政议政和协商监督制度。市委召开民主党派、无党派人士、非公有制经济代表人士座谈会8次，就深化改革、惩治腐败、廉政建设、“三讲”教育等重大问题，通报情况，征询意见。在各民主党派中开展“四个一”活动：每个民主党派联系一个乡镇，联系一个对口政府工作部门，每年有一个提案被评为优秀提案，每个季度提一则有较高参考价值的建议。年内，在市县两级政协会议上，各民主党派、工商联提出152件提案。3个党派增选市委会成员，6个党派完成基层支部换届。

2000年，在民主党派成员中开展“强化三个意识（政党意识、创新意识、合作意识），提高整体素质，讲求奉献精神”的活动。完成各民主党派市委会领导班子届中调整工作。开展“一人一案”活动，充分调动各民主党派成员参政议政的积极性。各民主党派提报政协提案160件，其中获市优秀提案5件、省优秀提案2件。全年开展各类支农活动30余次，专家学者300余人次参加，近5000名农民受益。

2001年，落实各民主党派市委会与市政府职能部门的对口联系工作，有8个部门与民主党派进行对口联系。组织各民主党派、工商联举办多种形式的纪念中国共产党建党80周年活动。全年各民主党派、工商联深入基层调查研究，提出意见、建议110条。

2002年，民革、民盟、民建、民进、农工党、九三学社6个民主党派市委会换届，新任的党派市委会秘书长参加省委统战部组织举办的理论培训班。市委统战部印制《潍坊市各民主党派工作制度汇编》，促进党派机关工作的正规化、规范化。

2003年，全市举办各民主党派、工商联负责人首期暑休研讨班。印发《各民主党派潍坊市委会参政议政工作规范》《各民主党派潍坊市委会及机关年终民主评议实施办法》《关于民主党派在潍坊市组织发展若干问题的意见》3个文件，在推动民主党派组织建设制度化、规范化方面迈出新步伐。各民主党派、工商联先后提报人大议案、政协提案和各项建议70余项。132名民主党派成员、575名非公有制经济代表人士和145名少数民族、宗教界代表人士进入各级人大、政府、政协中履职。

2004年，各民主党派、工商联开展“我为潍坊发展献一言活动”，征集各类意见、建议1000多条，活动被评为市直机关优质服务项目。组织第二期各民主党派、工商联负责人暑休研讨班，协商通过《关于加强民主党派成员思想政治工作的意见》《关于进一步提高民主党派参政议政质量和水平的意见》《关于建立各民主党派机关负责人联席会议的意见》3个文件。12月，开展了多党合作制度宣传月活动。

2005年，召开全市各民主党派负责人和无党派代表人士学习贯彻5号文件精神座谈会。市委统战部联合组织部、宣传部等单位，举办全市多党合作和政治协商制度建设理论研讨会。举办第三期民主党派、工商联负责人暑休研讨班，出台《关于进一步加强参政议政能力建设的意见》。

2006年，以市委名义召开协商会、座谈会、情况通报会和个别征求意见会5次。市委印发《关于贯彻落实中央、省委两个〈意见〉进一步加强中国共产党领导的多党合作和政治协商制度建设的实施意见》。举办第四期各民主党派、工商联主要负责人学习研讨班。统一战线广大成员提报议案、提案120多条，其中40多条进入党委、政府的决策。

2007年1月，民革、民盟、民建、民进、农工党、九三学社6个民主党派市委会完成换届工作，6名主委、12名副主委候选人全部当选。召开市工商联九届五次执委会，有换届任务的7个县市区工商联全部完成换届工作。举办第五期各民主党派、工商联负责人学习研讨班。组织各民主党派、市工商联主要负责人前往西藏自治区看望慰问潍坊市第三批援藏干部。各民主党派、工商联提报建议、议案60多项，其中20多项被市委、市政府采纳或批办。

2008年，各民主党派、工商联、无党派人士共形成提案、议案和意见、建议380多项，有130多项被党委、政府采纳。结合纪念潍坊建市60周年、潍县战役胜利60周年、中共中央“五一”口号发布60周年和改革开放30周年，组织统战成员开展回顾历史、参观革命根据地、学习考察、座谈研讨、专题采访等系列活动。市委召开协商会5次，举办第6期各民主党派、工商联负责人学习研讨班，依托中央社会主义学院举办第3期党外县级干部培训班。协调各民主党派负责人参加人大、政府、政协组织的视察、考察活动75次。80余名民主党派成员和无党派代表人士被聘请担任市直部门特约工作人员。

2009年，制定实施《关于进一步完善政府部门与各民主党派对口联系制度的意见》，组织市各民主党派分别与14个政府部门开展联合调研活动，形成联合调研草案13个。加强民主党派机关建设，制定《关于实行民主党派市委会机关轮值制的意见（试行）》和与之相配套的考核办法。

2011年，以中国共产党建党90周年和辛亥革命100周年为契机，以树立和践行社会主义核心价值体系为主题，扎实开展“同心”共识教育。在全市广大统战成员中开展“学党史、知党情、感党恩”活动和评先树优活动。6月，举办全市“树立和践行社会主义核心价值体系、学身边典型”报告会，9名民主党派和非公有制经济代表人士作事迹报告。全市开展各类学习班、座谈会，组织党派成员到市统一战线教育基地参观学习等活动20次，参加人员500多人次。开展“我为‘十二五’发展献一策”活动，征集意见建议230多条，其中有150多条作了成果转化。

2012年，开展全市统一战线学习贯彻中共十八大精神座谈会、“喜迎党的十八大——同心颂”征文、“同心论坛”等活动。市各民主党派、工商联、统战社团和各县市区分别组织开展座谈会、书画笔会等活动120多场，参加人员3500余人次。

第三节　党外干部和党外知识分子工作

1993年，市政协换届新增设“经济界”和“香港同胞界”，安排非公有制经济代表人士5名、香港人士4名。至1994年底，全市有1701名党外人士进入县以上政协，1460名党外人士进入县以上人大。同年，市委印发《关于选拔培养党外人士干部的三年规划》，市、县两级统战部与有关部门配合狠抓落实。至1994年底，全市配有党外副市长1名，党外副县市区长3名，党外副县市区长助理8名，在市、县两级政府所属部门安排副科级以上干部48名。

1995年，对全市党外代表人士进行全面调查，全市党外后备干部总数1390名。20名县级党外干部人选和440名科级党外干部人选纳入组织部的干部考察范围。先后有100多名党外正科级后备干部进市委党校培训，200多名党外干部参加政治理论和岗位技能培训。全年全市选拔30名党外干部到农村双向挂职锻炼，其中4人担任副乡镇长，1人到市直部门任中层正职。全市12个县市区全部配党外副县市区长（含县市区长助理），有102名党外干部在市县乡三级政府及其工作部门担任领导职务。潍坊市和青州市在全省培养选拔党外干部工作座谈会上介绍经验。

1996年，落实市委《关于进一步加强培养选拔党外干部工作的意见》，建立起一批党外县级后备干部名单，对一部分党外干部作了实职安排。采取在职和脱产培训、挂职锻炼等形式，加强对党外干部的培养。积极推荐和组织党外后备干部参加省、市选拔厅、处级领导干部的“一推双考”，有2名党外干部被录用担任市政府监察、司法部门的领导职务。

1997年底，95名条件成熟的党外干部担任市、县两级政府及其部门的领导职务。1998年，有1069人被推选为市、县人大代表，有1806人担任市、县政协委员，有94人担任市、县两级政府及其部门的领导职务。有92名民主党派成员做政治和实职安排，占党派成员总数的14%，5人担任副市级领导职务，6人担任副县级领导职务，28人担任市、县人大、政协常委；推荐3名党外人士当选全国人大代表，推荐提名1名非公有制经济代表人士安排为全国政协委员。建立141人的党外后备干部队伍，印发《关于担任各级人大、政府、政协领导职务的党外干部政治、生活待遇中一些具体问题的意见》，对党外干部在政治待遇、生活待遇及工作中遇到的实际问题作出明确规定。

1999年，有35个乡镇（街道）安排36名党外副乡镇长，占乡镇总数的13.8%。市委统战部与市委组织部对各县市区党外干部实职安排工作进行检查，针对存在的问题，提出改进工作的意见和建议。对全市各级党外干部进行调查摸底，建立814人的党外后备干部队伍，全市有165名党外干部担任科级以上职务。

2000年，建立51人的党外代表人士名单，充实后备干部队伍。有2名党外干部考选为副县级领导干部。在全省公开招考副厅级干部中，2个党外副厅级职位均被潍坊市党外干部考取。6月，《人民日报》记者、中央统战部干部局组织到潍坊采访党外干部实职安排工作，并在《人民日报》进行报道。市委转发《关于在政府机构改革中做好党外干部安排工作的请示》，明确要求机构改革中把党外干部实职安排工作纳入“三定”方案中通盘考虑，保证党外干部实职安排工作不滑坡。

2001年，在市政协九届四次会议上，新增补党外委员12名。在市直部门中先后提拔9名党外干部担任市政府部门领导职务。3月，市委统战部与市委组织部联合举办优秀党外科级干部培训班，从各县市区和市直部门选拔40多名优秀党外科级干部参加培训。

2002年，有4名党外干部通过考选担任农业局、科技局、教育局、计生协会等部门的领导职务。至年底，市政府直属的31个工作部门安排党外领导干部11名，比机构改革前增加9名，安排党外领导干部的单位占到市政府职能部门的1/3以上。对全市144家社会中介组织进行全面的调查摸底，形成161人的代表人物名单。

2004年，对全市党外干部、社会新阶层党外知识分子进行摸底调查，开展社会中介组织、科研院所党外知识分子情况调查。举办全市第三期党外科级干部培训班，45名党外科级干部参加培训。在全省培养选拔党外干部工作座谈会上，潍坊市作典型发言。

2005年，市委印发《关于进一步做好培养选拔党外干部工作的意见》，组织召开党外县级领导干部代表座谈会，依托省社会主义学院举办了第4期党外科级干部培训班。在全省公开选拔副厅级党外干部工作中，潍坊市1人考任省民委副主任。8月，潍坊市社会新阶层党外知识分子联谊会成立。

2006年，一次配齐市法、检两院党外副职，新安排部门正职1名，提拔市直部门副职1名。至年底，市直部门、党群组织共安排15名县级党外干部，其中部门正职2名，安排县级党外干部的市直部门占部门总数的22.5%。全年举办各类培训班3个，培训人数127名。首次依托中央社会主义学院，举办潍坊市县级党外领导干部、统战部部长培训班。

2007年，全市新提拔正县级党外干部3人，安排副县级党外干部18名。举办潍坊市第五期党外科级干部培训班和潍坊市县级党外领导干部培训班，72人参加培训。

2009年，市委统战部制订《2009—2012年潍坊市党外代表人士队伍建设规划》，配套出台2009年度人力资源建设年度目标和培训计划。举办全市第四期党外县级干部和统战部长培训班，38人参加培训。建立民主党派机关干部挂职锻炼制度，召开民主党派市委会机关建设暨挂职锻炼经验交流座谈会、全市新的社会阶层党外知识分子工作座谈会和全市社会新阶层党外知识分子联谊会一届三次理事大会，在潍坊学院成立高校党外知识分子联谊会。

2010年，市委统战部在全省率先开展党外代表人士综合评价工作，制定《关于开展党外代表人士综合评价工作的意见》和5支队伍的综合评价体系，建立健全优秀党外知识分子人才库，实行动态管理。加强党外干部培训教育，把县级党外干部培训列入全市干部培训计划。组织新社会阶层党外知识分子联谊会成员开展活动，为高密市金城小学捐资助学3.7万元。

2012年，《中共中央关于加强新形势下党外代表人士队伍建设的意见》和省委实施意见下发后，市委统战部制定实施意见。举办第三期全市党外代表人士培训班和第十期市各民主党派、工商联负责人暑休研讨班。符合换届人选条件的民主党派主委，全部进入市级领导班子，3名民主党派市委会主要负责人新进市人大、政协领导班子，7名党外干部新进县级领导班子，县级人大、政府、政协党外干部全部达到配备比例。11个市政府工作部门配备14名党外干部，占部门总数的30%。人民法院、人民检察院两院配齐党外干部，县市区之间和县市区与市直部门之间交流党外干部14人。

第四节　支持经济建设

1994年，全市各民主党派、工商联共成立科技咨询服务机构7个，向社会提供各种咨询服务200多项，创经济效益1200余万元；兴办学校4所，全日制办学和业余培训100多个班次，为社会培养各方面人才1.8万多人。帮助具有统战性的群众团体创办经济实体，直接服务于经济建设。至1994年底，市、县两级共办起经济实体60个，实现产值和营业额5538万元，创利税520多万元。

1995年6月5日，潍坊市民营企业家公会成立。加强个体私营经济中的党、团等组织建设。至年底，全市在大型市场和私营企业中建立党支部98个，团支部90个。潍坊市工商联副会长、潍坊市民营企业家公会名誉会长、潍坊市大江企业集团总裁郑学江被中共中央、国务院授予“全国劳动模范”称号。组织非公有制经济人士开展“光彩事业”活动。共上扶贫项目30多个，总投资3000多万元，为临朐、安丘、青州等地的贫困地区建起4所希望小学。市民营企业家卢志强、郑学江、史炳学分别参加全国、全省组织的赴新疆、内蒙古、临沂等地的光彩事业活动，为贫困地区献爱心。

1996年，全市有153家民营企业和1000多名非公有制经济人士参与光彩事业活动，投资、捐款、捐物1000多万元，创办扶贫项目30多个，安排就业2000多人，培训技术骨干1000多名，提供致富信息150多条。

1997年，进一步抓好乡镇工商联分会（商会）建设，全市乡镇（街道）工商联分会（商会）发展到158个，非公有制经济会员7212人。到年底，光彩事业累计扶贫和举办社会公益事业捐款1250.5万元，帮助贫困人口脱贫累计7420人。

1999年，引导非公有制企业参与国有、集体企业改革，有44家会员企业参与国有或集体企业改制，投入资金4000多万元。全市光彩事业活动到位资金7760万元，培训技术人才9315人，实现脱贫人数1.38万人。民营企业安置国企下岗职工2000多人。

2000年，协助潍城、青州、安丘、高密、临朐5个县市区成立法律服务中心，免费为会员企业提供法律服务，挽回经济损失1000多万元。2001年，经市委统战部牵线促成的淄博鲁东电缆厂租赁潍坊电缆厂项目投入资金、设备等共计1015万元，超额完成招商引资任务。

2002年，市委统战部落实“围绕经济抓统战，抓好统战促发展”的指导思想，在全市非公有制经济人士中开展“争当社会主义事业合格建设者”活动。年内对全市范围内有代表性的非公有制经济人士基本情况进行详细调查摸底，建立非公有制经济代表人士档案。做好全市原工商业者的调查摸底及其确认工作，为劳动保障部门落实提高原工商业者的待遇提供支持。

2003年，全市各级统战部门把招商引资作为服务经济建设的重中之重，发挥优势，采取多种形式和渠道招商，收到明显效果。年内全市统战系统共引进或促成项目205个，总投资60.1亿元，实际到位资金18.82亿元。开展“一先双优”“同进共富奔小康”等活动，引导非公有制经济代表人士争做合格的社会主义事业建设者，帮助解决企业经营中遇到的困难，促进民营经济快速健康发展。

2004年，组织召开全市“一先双优”活动表彰大会，有117家先进民营企业、65名优秀社会主义事业建设者、135名优秀非公有制经济代表人士受到表彰。2005年，在全市开展“一先双优”活动，进一步营造非公有制经济代表人士干事创业的氛围。积极引导非公有制企业参与光彩事业活动。

2006年下半年，在全市工商联会员中开展“民企帮村”活动，近千家民营企业参与。成立潍坊市光彩事业促进会，组织开展潍坊市光彩事业巴中行活动，为6000多名健在的老红军送去价值33万元的药品。

2007年，深入开展“民企帮村”“一先双优”评选等活动，引导广大非公有制经济人士建功立业。在“民企帮村”活动中，200多家民营企业在农村投资项目285个，投资3.39亿元。加强非公有制经济人士综合评价工作，建立联席会议制度，召开市光彩事业促进会一届二次理事会议，审议通过潍坊市“光彩明星企业”评选标准和评选办法，在全市非公有制经济人士中倡议开展捐助西藏南木林县多角乡教育事业活动。

2008年，汶川“5·12”特大地震发生后，全市统战系统捐款、捐物折款7162.27万元。其中，各级统战部门20.74万元，各民主党派255.99万元，市工商联会员企业和光彩事业促进会理事6676.25万元，无党派人士5.56万元，民族宗教界人士120.78万元，新的社会阶层人士58.35万元。全市70名民营企业家向社会联名发出“奋发图强、创业强市”倡议书，仅非公有制经济人士在新农村建设中的投资和捐助总额累计3000多万元。

2009年，各级统战部门积极引导非公经济

“抱团取暖”，通过建立“应急互助金”“担保公司”以及成立行业协会，与金融机构结成行业市场信用联盟等多种形式，为非公有制企业融资70多亿元。积极引导非公有制企业履行社会责任，涌现出8名省级和70名市级优秀中国特色社会主义事业建设者。围绕市委、市政府建设半岛蓝色经济区、高端产业聚集区和黄河三角洲高效生态区的部署，6月中旬，市委统战部、市工商联专门组织“全国知名企业家滨海行”活动。

2010年，开展“企业服务月”等活动，及时总结推广企业联保、“抱团取暖”等做法，帮助非公有制企业解决融资困难3.5亿元。举办优秀民营企业家“潍坊行”“寿光行”“滨海行”等活动，在滨海区落户的项目有15个，合同金额329亿元。大力加强非公有制经济组织党建工作，12个县市区全部成立非公有制经济组织党工委，全市3390个具备建立党组织条件的非公有制企业全部建立党组织，基本实现非公有制经济组织中党组织和党的工作的全覆盖。深入开展非公有制经济人士“回报社会、感恩行动”“百企联百户”等活动，投入帮扶资金280余万元。

2011年，在广大非公有制经济人士中开展“回报社会感恩行动”和“强信念、强责任、强奉献”主题教育活动，帮扶老党员、老干部、老模范等“三老”人员500多人次，累计捐款、捐物1600多万元。加强非公有制经济组织党建工作，非公企业从业人员党员数量4.5万人，入党积极分子1.5万人。

2012年，全市统战部门参与“蓝黄”两区建设共签约项目25个，投资总额161.5亿元。为包扶村筹集资金37万元，为“三老”人员送去价值200余万元的慰问金、慰问品等，投入社区规划建设资金100余万元。组织市各民主党派市委会开展“喜迎十八大，潍坊统战社区行”活动，全市统战系统累计投入社会公益事业资金960多万元。

第五节　调研　信息

1994年，潍坊市委统战部上报并被中央统战部、省委统战部、《山东统一战线》采用的信息和稿件量均具全省各市地首位。市委统战部被评为全省统一战线宣传工作先进单位。

1995年，全年在市级以上报纸、电视台、电台、刊物发表统战稿件60余件，编印《统战信息》50多期，提供各类信息近千条，被中共山东省委统战部授予全省统一战线宣传工作先进单位、信息工作先进单位称号，获全省《山东统一战线》采稿量第一名。

1996年，潍坊市被中央统战部指定为信息直报点和《每日汇报》直报点。1998年，先后对宗教工作、非公有制经济人士工作、党外干部安排情况进行调研，全年潍坊市统战系统共完成调研课题70余个，在市级以上新闻媒体上发表稿件100余件。全年共编印《统战信息》47期，发报道稿10余件。

1999年，全市被《中国统一战线》采稿15篇、《山东统一战线》采稿90篇，居全省首位。在中央、省、市级其他报刊上发表稿件50篇。2000年，中央统战部《统战信息》、省委统战部《统战简报》采用潍坊稿35篇，《中国统一战线》《山东统一战线》用稿140篇。市委统战部获山东省统战宣传工作一等奖、山东省第三届统战理论调研宣传成果“精品工程”组织工作奖、理论调研成果一等奖、特别奖、优秀成果奖及全省统战信息工作三等奖，有2人分获中央统战部和省委统战部宣传工作先进个人称号。

2001年，共组织调研文章33篇，9篇上报省委统战部参加“精品工程”评选，其中5篇获奖。2002年，全年共提报调研文章72篇，有11篇在省、市级报刊上发表，5篇在各级会议上做典型发言，4篇在省委统战部“精品工程”优秀成果评选中获奖。市委统战部全年共编辑38期信息，刊登各类信息410多条，在省以上选用150余条。

2003年，全市统战系统撰写78篇调研报告和理论文章，其中23篇在市级以上报刊发表、6篇在省获奖、30篇在市获奖。市委统战部创办内部刊物《潍坊统战》，建成开通“潍坊统一战线”网站。全年共完成市级重点课题8项、县级重点课题23项、理论调研文章178篇，有52篇（次）被市级以上报纸杂志采用。在《人民日报》《中国统一战线》等各级媒体发表文章22篇，在市级以上刊物发表各类信息230多篇（条）。

2005年，全市共完成调研宣传文章176篇，有11篇论文在中央、省委统战部获奖。2006年，全市共完成理论调研宣传文章156篇，在市以上刊物发表91篇。出版《潍坊统一战线》4期，采编《统战信息》《信息快报》《统战信息专报》80多期。中央统战部采用信息14条，省委统战部采用55条，获全省统战信息工作先进单位一等奖第二名。

2007年，完成统战理论调研课题126个、重点调研课题38个，在市级以上发表或转发的理论文章65篇。全年共发表各类新闻稿件270多篇。全年共编发信息400余条，省级以上采用47条。2009年9月，市委统战部在全国地级市中率先建成潍坊市统一战线教育基地。在统战成员中开展“我为应对国际金融危机影响献一策”活动，编发简报14期，活动入选为2009年度市直机关优质服务项目。

2010年，积极开展“我为转方式、调结构献一策”活动，提报意见建议320条，有180多条进入党委、政府决策，“献一策”建言献策品牌连续第二年被评为全市优质服务项目。在全市非公有制企业中建立15个信息直报点和50个非公企业联系点。全市有4篇成果分别获全省统战理论调研宣传“四新工程”优秀成果一、二、三等奖，省重点调研课题“新形势下基层统战活力建设的实践与思考”获中央统战部调研成果优秀奖和全省统战理论调研成果一等奖。2011年5月，举办全市统战理论调研宣传和信息工作培训班，对50多名骨干人员进行培训。完成统战工作社会化问题研究和非公经济组织党建工作研究两个重点调研课题，其中《转型期统战工作社会化问题研究》在全国统战理论调研成果评比中获优秀奖。

2012年，组织开展“我为经济文化强市建设献一策”活动，编印“献一策”专报12期。其中，第5期关于推进“质量强市”的建议和第12期关于探索发展“飞地”经济模式的建议，市委主要领导作出重要批示。

第六节　海外联谊

1993年4月16日，潍坊海外联谊会正式成立。1994年，以海外联谊会为依托，接待海外人士60多人次。至1995年底，全市共建市、县两级海外联谊会组织6个，建立“三胞”眷属联谊会11个。各级海外联谊会共结交海外朋友2万多人，并与120多名海外知名人士保持经常性联系。1996—2003年，各级海外联谊会利用每年一次的鲁台经贸洽谈会，积极引进台资、外资，组织潍台两地考察、交流、洽谈等活动。

2004年上半年，完成潍坊海外联谊会换届工作，选举产生潍坊海外联谊会第二届理事会，有来自12个国家和地区的100余人当选为理事会成员。风筝会、鲁台会期间，邀请接待省海外联谊会澳门理事考察团、海内外知名企业家“齐鲁行”活动的国内外朋友到潍坊参观考察，并积极牵线搭桥，就部分投资项目达成合作意向。

2005年4月，组团赴台港澳地区进行考察交流；风筝会期间，邀请台湾2005年文化经贸交流团到潍坊考察洽谈；鲁台会期间，承办“首届海峡两岸书画作品邀请展”。

2009年8月31日，召开潍坊市海外联谊会第三届理事大会，进行换届选举，市委常委、统战部部长张小梅当选为会长。以潍坊海外联谊会换届为契机，邀请港澳台和海外知名企业家20多人，举办“海外知名企业家潍坊行”活动，签订投资协议合同金额200亿元。

2010年，加强与海外联谊会理事的经常性联系，及时解决他们在潍坊投资发展中遇到的困难。7—8月，成功举办中美老年体育交流和台胞青年千人夏令营潍坊行等活动，扩大潍坊的影响。

2011年，接待全国台联组织的2011年台胞千人夏令营山东分营到潍坊参观考察及中华海外联谊会理事、中日交流促进会秘书长林伯耀一行到潍坊参观考察。积极探索和建立海外联谊工作长效机制，建立友好往来联谊机制、洽谈项目跟踪服务机制和投资政策宣传推介机制等。10月，市委统战部主要领导带队赴福建开展招商活动，会见部分香港、台湾客商，就城市综合体和水产物流等项目达成投资意向。

2012年，加强港澳台海外代表人士队伍建设工作，制定出台《关于加强全省港澳台海外代表人士队伍建设的实施意见》的贯彻落实意见。9月5日，接待以苏进强为团长的台湾生活美学基金会山东参访团，并对齐鲁台湾城进行实地考察。

第八章　政法综治工作

1991—2012年，全市政法机关紧紧围绕市委中心工作，全力维护社会政治稳定，深入开展“严打”整治斗争，加强社会治安综合治理，及时排查化解社会矛盾，加大普法和依法治理工作力度，狠抓政法队伍建设，有效保持了全市政治稳定、社会安定、治安良好的局面，保障了全市改革开放和经济建设的顺利进行。

22年间，全市社会政治稳定，社会治安局势总体平稳，刑事发案得到有效遏制，群众安全感和对政法队伍满意度不断提升。1992年，潍坊市被中央综治委授予“全国社会治安综合治理先进单位”称号；1994年受到省委、省政府通报表扬；2012年，诸城市被中央综治委确定为全国从整体上创新社会管理典型培育地区。截至2012年，全市政法综治维稳工作各项机制不断完善，政法综治维稳工作呈现出健康发展态势，为全市经济社会发展创造了安全稳定的社会环境、公平正义的法治环境、优质高效的服务环境。

第一节　组织机构

1982年6月，中共潍坊地委政法委员会成立，1984年4月更名为中共潍坊市委政法委员会（简称市委政法委）。1988年6月，市委政法委撤销，成立中共潍坊市委政法领导小组。1989年3月，设立市政法领导小组办公室。1990年5月，撤销市政法领导小组，恢复市委政法委，列市委部委序列；6月核定编制18人，列公安编制，内设办公室、政工科、调研科、综合治理科。

1991年4月，潍坊市社会治安综合治理委员会成立，下设办公室（简称市综治办），与市委政法委合署办公。1992年8月，市委打击经济犯罪办公室（以下简称市打经办）由市检察院移交市委政法委管理。

2001年8月机构改革，市委政法委内设办公室、政治处、调查研究室、执法督查科、综合治理工作科（挂市铁路护路办公室牌子）、矛盾纠纷排查调处指导科6个科室，编制29人。其中，行政25人（综治办7人），工勤4人。2003年12月，政治处更名为政治部，主任按副县级配备。2007年8月，成立潍坊市维护稳定工作领导小组办公室（以下简称市维稳办），设在市委政法委，办公室主任由政法委书记兼任，副主任2名（其中1名由市委副秘书长兼任，同时兼任政法委副书记），市委政法委增加行政编制4人。2008年7月，增设维护稳定工作督导科。2010年9月增加行政编制2名。2011年8月，潍坊市法学会由市司法局代管调整为市委政法委管理，并成立市法学会机关，核定事业编制4人，内设办公室。

至2012年底，市委政法委（市综治办）内设办公室、政治部、调查研究室、执法督查科、综合治理工作科（挂市铁路护路办公室牌子）、矛盾纠纷排查调处指导科、维护稳定工作督导科7个科室，编制35人，其中行政31人（综治办7人）、工勤4人；实有书记1人、常务副书记1人、副书记3人、政治部主任1人、调研员1人、副调研员2人，市综治办主任1人（政法委副书记兼任）、副主任1人，市维稳办常务副主任1人（政法委常务副书记兼任）、副主任1人。下属单位有潍坊市法学会。

第二节　社会治安综合治理

领导责任制

1991年，潍坊市社会治安综合治理委员会成立，下设办公室，与市委政法委合署办公。1994年，潍坊市社会治安见义勇为奖励基金会成立。1995年，全市有253处乡镇街道、7212个村庄设立综治办。1997年，全市各级普遍成立基层安全创建活动领导机构，制定实施方案，活动覆盖率80%以上。

1998年，进一步完善领导责任制、目标管理责任制和一票否决权制三项基本制度，层层签订社会治安综合治理责任书，狠抓检查监督和奖惩兑现。1999—2001年，按照“城区抓防范、农村抓整治、基层抓创安、领导抓责任制”的思路，坚持抓治本措施与抓工作落实并举，推动社会治安综合治理工作不断向纵深发展。2003年，加大领导责任制落实力度，年初签订社会治安综合治理目标管理责任书，实行一票否决权制和重大案件防范责任查究通报制度。

2004年，市委、市政府与各县市区、市综治委各成员单位签订以平安建设为主要内容的社会治安综合治理责任书，市综治委58个成员单位制定出台本系统、本部门参与平安建设的具体实施意见。2005—2008年，市委、市政府实行市级领导包靠县市区和市直部门的责任制，把平安建设责任细化到部门单位。2009年，市委、市政府把社会治安综合治理和平安建设纳入经济社会发展总体规划，将社会治安综合治理暨平安建设工作纳入年度科学发展综合考核，作为各县市区党政领导班子和领导干部专项考核的重要内容。2011年，将平安建设责任直接延伸至镇（街道）

一级。

2012年，市社会治安综合治理委员会更名为市社会管理综合治理委员会，成员单位增至74个；健全市综治委各专门工作机构，成立实有人口、特殊人群、“两新组织”、社会治安、预防青少年违法犯罪、校园及周边治安综合治理、护路护线联防等7个专项组和军地平安潍坊建设、企业及周边综合治理、规范烟草市场秩序、维护妇女儿童及残疾人合法权益工作4个联席会议及其办公室。各县市区、市属各开发区参照潍坊市的做法，完成更名工作。

严打“整治”斗争

1991—1994年，全市各级党委、政府和政法机关坚持依法“从重从快”的方针，不断深化“严打”斗争，维护社会治安秩序。1992年9月，全省深入开展反盗窃斗争加强治安防范工作现场会在潍坊市召开。至1994年底，全市初步建立“大刑侦”格局。

1995年，全市政法机关破获各类刑事案件8107件，其中现行案件和现行重大案件的破案率分别比上一年提高9.6%和22%。1996年，开展冬季“严打”攻势、三个月(5月、6月、7月）“严打”整治、“严打”整治“冬季行动”、打击车匪路霸和盗抢机动车犯罪、打击拐卖妇女儿童犯罪等一系列专项斗争。1997年，开展严打整治“冬季行动”“春季行动”“整治冬季社会治安活动”等专项斗争。1999年，开展春季、秋季、冬季严打整治和追逃等8次专项斗争和12次集中统一行动。抓获在逃人员679名，其中网上通缉在逃人员470名。2000年，开展“打拐解救”、打击车匪路霸整治公路治安秩序、破案会战、冬季严打整治等专项斗争，穿插组织7次集中统一行动。

2001—2002年，以“打黑除恶”、治爆缉枪、整顿和规范市场经济秩序为主线，开展“严打”整治斗争。2003年，开展春季攻势、夏季社会治安整治、指纹会战、冬季破案追逃会战等8次专项斗争和集中行动。2004年，开展春季攻势、夏季治安整治、侦破命案、打黑除恶、打击盗抢机动车、打击“黄赌毒”、打击非法传销、冬季严打整治等12次专项斗争和集中行动。2005年，开展20余次专项斗争和集中清查行动。短时间内成功侦破奎文东苑公园抢劫杀人案、四平路佳乐家爆炸敲诈勒索案等一批大要案件。2006年，破获现行涉命案件152起，侦破率95.6%，侦破涉命积案16起。2008年，开展“打流追逃”工作，集中开展“迎奥运、除隐患、保平安”消防安全专项检查整治活动。

2010年，开展打黑除恶专项斗争、破案会战、打击防范“两抢一盗”犯罪大会战、禁毒等专项斗争和集中行动。侦破青州“2·20”以危险方法危害公共安全案、城区“2·25”系列持枪抢劫案、城区系列砸车玻璃盗窃案、高密“8·8”抢劫拐卖儿童案等一批重大案件。2011年， 市综治委印发《关于深入推进打黑除恶专项斗争的工作意见》，组织开展“打黑恶反盗抢”等专项行动。

2012年，以中共十八大安保维稳工作为重点，突出抓好社会面管控，落实“警灯闪烁工程”，不间断地组织开展严打整治斗争，社会治安局势持续平稳。

矛盾纠纷排查化解

1991—1994年，以新形势下人民内部矛盾的调处工作为重点，先后组织基层干部、政法干警和群防群治人员在全市开展4次民间纠纷调处活动，调处各类矛盾纠纷2.5万件。

1995年，全市各级各部门组织力量深入到生产经营困难的企业和干群关系紧张的村庄，排查原因，研究制定解决措施，实现“力争不出事，确保不出大事”的目标。1997年，在农村重点解决因农民负担过重、干部作风不正引发的干群矛盾等热点问题；在城市重点解决因个别企业破产、职工下岗而造成的部分群众生活困难等问题。1998年，加强对农村基层干部的民主法制教育，查处违法违纪案件，缓解干群矛盾。

2000年，市、县、乡三级建立矛盾纠纷排查调处机构，健全矛盾纠纷定期排查制度、协调处理和检查督办制度、重大案件报告制度等工作制度。2003年，针对涉及企业改制、征地拆迁、集资返还、干群矛盾、边界纠纷等方面的重点问题，强化预防、控制和化解措施，减少问题发生。市县两级政法部门坚持定期开展联合集中接访活动，集中解决一批疑难和执法不当的问题。

2004年，在县市区一级，建立健全矛盾纠纷排查调处联席会议制度；在乡镇（街道）一级，加强调解中心的规范化建设和司法所建设；在村居一级，加强人民调解委员会建设。组织6个专项工作小组，对企业破产改制、城建拆迁、土地延包和征用、涉法信访等信访突出问题，进行专项整治，取得明显成效。2005年，全市初步建立起以微机网络为主体的信息网络体系，对各种矛盾纠纷实现网上管理，确保矛盾纠纷早预测、早发现、早化解。2006年，完善以乡镇（街道）调解中心为枢纽的矛盾纠纷排查调处网络，探索建立行政调解组织、司法调解组织、企事业单位内部调解组织相结合的调处网络。全市成立各类调委会1.04万个，有调解人员3.54万人。

2009年，市综治委印发《关于深化多元纠纷解决机制的实施办法》，完善诉讼与非诉讼相衔接的矛盾纠纷解决机制。2010年，市委办公室印发《关于构建“大调解”工作体系深入推进社会矛盾化解工作的意见》，推动人民调解、行政调解和司法调解的配套联动。集中开展案件评查和涉法涉诉信访积案清理活动，改革完善政法部门主要负责人定期接访制度，坚持和改进政法部门联合接访制度。2011年，积极构建行业矛盾纠纷调解体系，在医疗卫生、道路交通等12个行业建立行业调解组织网络。在全市开展清理化解涉法涉诉信访积案活动，在各县市区建立救助基金，切实解决信访群众实际困难。

2012年，规范完善社会矛盾排查机制，对排查出的矛盾纠纷、民生诉求逐级建立台账，逐案落实“包靠领导、包靠措施、包靠责任”，推动问题解决。开展社会矛盾集中整治行动，对中共十八大期间排查出的重点人员逐一落实化解措施，推动问题解决。

基层基础工作

1991—1994年，潍坊市巡警支队、各县市区巡警大队相继成立，乡镇（街道）建立专职巡逻队伍，企业内部设立保卫队伍，在农村建立以民兵为主体的群防群治队伍，提高全市社会治安整体防范能力。

1995年，全市开展“基层基础工作建设年”活动。重点整治班子软弱涣散、干群关系紧张和治安秩序混乱的村庄363个。全市联防队伍发展到1.1万支、9.19万人，“大联防”格局初步形成。1996年，110报警服务系统开通运行，建成开通与奎文、潍城、坊子、寒亭、高新技术开发区两级接警的110报警服务台，其他县市区年底前建成开通110报警服务台或110报警电话。1997年，全市划为678个警务区，实行警长负责制，形成严密的治安网络。1998年，狠抓治保组织、调解组织、综合治理办公室等群防群治组织建设，对基层群防群治干部进行培训，做到工作、报酬、责任“三落实”。

1999—2000年，组织工作队进驻村庄，对农村存在的班子涣散、干部作风不正、经济账目不清、治安秩序混乱等突出问题进行综合整治。在城区，以加强居委会建设为基础，通过加强110出警点、堵截点和治安服务室建设，进一步完善城区治安防范机制。2001年，深入开展“基层安全创建”活动，全市县级以上命名的安全村、安全小区（单位）9635个，创安累计达标率80%以上。在全市中小学配备由政法干警兼任的法制副校长，组织开展校园周边治安秩序整治活动。2002年，推广“110”“119”“120”三台合一的做法，完善报警服务系统。全面组织实施停车棚、传达室、防盗窗门、照明设施、岗亭等“五小工程”，遏制入室盗窃、抢劫等居民区多发性犯罪。在城区较大的商贸场所，设立治安室，组织业户联户联防。2003年，重点推进乡镇街道综治委（办）建设，推广治安防范承包责任制、联防队员向保安员转型、星级平安社区创建等经验做法。

2005年，在县乡两级成立调解中心，在管区（片）建立调解片，村（居）、社区设立调解委员会，在村（居）民小组建立调解小组，每十户设纠纷调解员、信息员和法制宣传员，形成上下贯通的调解网络体系。2006年，推广电视监控、区域联网报警等技防设施，深入开展技防单位、技防小区、技防一条街等科技活动，并逐步与公安机关实现联网。

2007年，市综治委印发《社区社会治安综合治理规范化建设工作实施细则》，推行干部统一配备、人员统一培训、经费统一拨付、制度统一制订、工作统一考核的“五统一”管理办法，得到中央综治委和省综治委的肯定。2008年，加强社区和农村警务区建设，推广诸城农村社区警务工作经验，建立专兼职社区巡防队伍，推进防范工作社会化进程。

2010年是“镇（街道）综治维稳中心规范化建设年”，综治维稳中心规范化建设情况纳入年度社会治安综合治理工作考评内容，全市所有乡镇（街道）全部建成综治维稳中心。2011年，市综治委印发《关于以诉讼诚信体系建设为切入点加快推动社会诚信体系建设的意见（试行）》，积极构建守信激励和失信联合惩戒机制。开展“无传销镇（街道）”创建活动，在社区（村）、市场、车站、学校、宾馆、商场等场所建立“打击传销工作联络站”，形成打击传销工作的合力。

2012年，在全市推广诸城市以农村社区建设为平台、整体提升农村基层社会管理水平的做法。在农村基层以社区为单元，实现农村各类事务的社区化管理，提升农村基层社会管理服务的整体水平。

2012年，诸城市被中央综治委确定为全国从整体上创新社会管理典型培育地区。图为2012年5月7日中央综治委蹲点调研组在诸城召开座谈会

第三节　平安潍坊建设

2004年，市委、市政府作出开展“平安潍坊”建设的决定，建立健全“平安潍坊”决策目标、执行责任、考核监督三个体系。

2005年，深入开展平安乡镇、平安村、平安社区、平安企业、平安校园等基层平安创建工作。在全省平安建设检查中，潍坊市取得第二名的成绩。2006年，市委办公室印发《关于深化平安潍坊建设的意见》，决策目标更加明确、执行责任更加细化、考核监督更加到位。制定全市平安潍坊建设工作重点立项督查工作方案，对相关部门单位平安建设工作实行重点立项督查，把平安建设的任务细化到部门单位，形成齐抓共管的局面。

2007年，全市92%以上的行业部门达到平安创建的标准。开展农村平安创建、社区平安创建活动，先后组织各地对620余个治安混乱村开展集中治理，命名表彰26个平安社区建设示范单位。

2009年，市委、市政府专门召开平安潍坊建设大会，对平安潍坊建设做出安排部署。强化对治安落后区域、部位和突出治安问题的排查整治，推进城乡人防、物防、技防一体化建设。2010年，市综治委印发《关于进一步加强社会治安重点地区排查整治工作的实施方案》，成立领导小组和专门办公室。建立健全“情况信息报送、督查通报、台账管理备案、综合整治挂销号”四项制度。2011年，市综治委与潍坊军分区司令部、政治部联合成立全市军地平安建设领导小组，并印发《关于进一步加强军地平安建设的意见》《关于推进军地平安建设向基层延伸的意见》，将军地平安建设和涉军维权工作纳入社会治安综合治理目标考评。

2012年，组织开展校园及周边治安环境整治、整治企业恶意欠薪行为、整治烟草市场秩序、宗教领域相关问题综合整治、烟花爆竹打非集中整治、5类青少年群体摸底行动等突出问题综合整治活动。加快推进“一制两圈七网”（扁平化指挥机制，环城区、环潍坊周边两道“防控圈”，街面巡逻防控网、城乡社区防空网、单位内部防控网、视频监控网、人口场所行业物品管控网、区域警务协作网、虚拟社会防控网七张网）防控体系建设，城区街面全面实施“三级巡控”机制。继续深入开展平安学校、平安医院、平安社区、平安铁路等基层创建活动。4月，山东省综治委、山东省军区在潍坊市召开全省军地平安建设工作会议暨省军区平安营院创建活动座谈会，推广潍坊市军地平安建设经验做法。

第四节　执法督查

1991—1995年，全市政法系统认真贯彻《中共潍坊市委政法委员会协调重大疑难案件的规定》精神，规范重大疑难案件协调工作，推动公正执法。开展打击盗车犯罪案件、依法办理抢劫犯罪案件等专项整治。

1998年，实行政法机关联合接访制度，自12月始，在市、县两级政法机关开展联合接访活动。1999年，市委政法委印发《潍坊市政法执法督查工作实施细则（试行）》，对政法委的职责任务、执法检查、受理群众来信来访、研究协调重大疑难案件、组织查办重大案件及保障措施作出明确规定。

2002年，市委政法委印发《案件督查工作制度（试行）》，推动案件督查工作规范化。2003年，市委政法委印发《关于加强经济发展软环境建设的意见》，对政法系统纪律作风和经济发展软环境建设情况进行明察暗访，规范收费项目和收费行为。

2004年，全市处理涉法涉诉问题工作小组成立，协调督办重点涉法涉诉问题，及时研究解决工作中存在的问题。在全市组织开展集中处理涉法涉诉信访问题活动，排查化解和办理省市联席办交办案件117件，处结116件，处结率达99%，息访107件，息访率91.5%。

2006年，建立健全政法干警执法档案，把执法全过程置于监督控制之下。对上访老户案件实行“定包案领导、定办案人员、定解决方案、定结案时限”的“四定”责任制，最大限度地把问题解决在当地。2007年，从基层人大代表、政协委员和社会各界人士中，公开选聘60名执法监督员，加强对政法干警的执法和纪律作风监督。

2008年，开展涉法涉诉信访案件排查化解活动，严厉打击逃废金融债务行为。2009年，开展集中清理执行积案活动，全市清理出有财产案件5491件，其中重点案件2378件，标的额近3亿元，全部执结。建立解决“执行难”的联动机制，查处拒不执行判决裁定和暴力抗拒法院执行的犯罪行为，将人民法院执行工作纳入社会治安综合治理目标考核。2010年，开展政法队伍纪律作风教育整顿，对政法队伍中存在的影响公正廉洁执法的问题整改规范。2011年，开展案件评查活动。通过集中阅卷、综合评议、走访调查、座谈了解等形式，对上级交办、领导批示、群众反映强烈的涉法涉诉信访案件进行评查，及时纠正问题。

2012年，开展涉法涉诉信访案件排查化解活动，市委办公室印发《党委政法委员会案件督查工作规定》，年内督办领导批示、上级交办案件、群众反应强烈的信访案件共75起。

第五节　政法队伍建设

1991年，市委、市政府表彰全市政法战线56个先进集体和74名先进个人。1992年，全市政法系统开展“解放思想，转变职能”大讨论活动。1993年，市委政法委制定《关于从反腐败入手加强政法队伍建设的意见》《关于政法机关内部改革的实施方案》，与省政法管理干部学院在潍坊联合开设法律函授大专、大本两个班次，学习人数达170余名。

1994年，全市政法机关普遍推行和完善错案追究、交流回避、岗位轮换、警诫、干警违法违纪查究通报、干警违法违纪“一票否决”、聘请执法执纪监督员等制度和措施，形成全方位的监督制约格局。1995年，开展岗位练兵、严肃执法年、廉政建设和全方位的群众监督4项活动。1996年，全市增加政法干警371名，从社会各界聘请义务监督员7000多名。1997年，积极推进政法队伍改革，普遍实行中层职位竞争上岗、干警双向选择、重点岗位轮岗制度。

1998年，开展集中教育整顿活动，完善以权力分解、错案追究、热点岗位交流、司法公开和违法违纪举报为主要内容的监督制约机制。1999年，市委政法委和市政法各部门领导班子及成员开展为期三个月的“三讲”教育。2002年，开展“作风建设年”活动。2003年，组织对县市区政法部门领导班子成员、市政法部门副县级以上干部理论考试。开展集中教育整顿活动，重点解决群众反映强烈的执法不严、办案不公、执法不文明等行为。市委政法委会同市委组织部制定《政法领导干部管理实施细则》，加强对政法部门领导干部的规范化管理。2005年，全市政法机关开展保持共产党员先进性教育活动，全市涌现出“全国优秀人民警察”杨希涛，“全国模范人民调解员”郭占鳌等先进典型。

2008年，全市政法系统积极参与四川汶川抗震救灾活动，全市政法干警捐款960万元，75名消防官兵奔赴救灾一线。2009年，开展学习实践科学发展观活动、立功创模活动，树立以程东召、李树栋、马海兰为代表的一批新时期优秀政法干警先进典型和以王雪为代表的见义勇为群体。2010年，组织开展“增强制度意识、争做执行表率”“创先争优为民服务做先锋”和“转方式、调结构大讨论”等活动，在深圳大学举办为期一周的社会管理创新专题研修班。2011年，开展“发扬传统、坚定信念、执法为民”主题教育实践活动、“群众对政法部门不满意问题”调研活动、“两个联系”（一名党员干警联系一个帮扶对象、一个政法支部联系一个基层单位）活动。

2012年，开展“忠诚、为民、公正、廉洁”核心价值观主题教育实践活动。3月，市委政法委被省文明委评为省级文明单位，被省综治委、省见义勇为基金会评为山东省见义勇为工作先进单位。

第九章　信访工作

1991—1999年，全市信访矛盾纠纷主要集中在干部作风、农民负担、劳动工资、计划生育、城市建设、成户下乡户等方面。2000—2004年，全市信访工作确定的重点是解决越级上访、集体上访、重复上访。2005—2012年，全市信访工作以“提升信访事项办理质量、提升群众对信访事项办理的满意度，确保主要信访数量指标持续下降、越级重复到省进京信访数量持续下降以及进京非正常上访集中整治”为重点，全面做好信访受理和处理工作。

第一节　工作机构

市级信访机构

1988年4月，潍坊市委办公室信访处、潍坊市政府办公室信访处合并组成中共潍坊市委、潍坊市人民政府信访办公室，受市委、市政府领导，由市政府办公室代管，为正县级行政机关。1996年8月，改为中共潍坊市委、潍坊市人民政府信访局，由市委办公室、市政府办公室管理，以市委办公室管理为主，内设办公室、调查研究科、处信查办科、接访科，编制总额26人，其中工勤2人，设局长1人、副局长3人。1998年，市委调整充实市信访局领导班子，由市委副秘书长兼任信访局局长。2001年机构改革，设办公室、调查研究科、处信科、督促查办科、接访科，核定编制24人，其中行政21人、工勤3人。2002年10月，内设机构调整，接访科分为接访一科、接访二科。2005年增设联络科，具体负责进京值班工作，全局人员编制增加3人。2009年，撤销联络协调科，成立市信访工作驻京值班室和市信访事项复查复核办公室，市信访局行政编制增至29人。

至2012年底，市信访局内设办公室、调查研究科、处信科、督促查办科、接访科一科、接访二科、驻京值班室、复查复核办公室8个科室，总编制32人，其中行政29人、工勤3人。

县乡信访机构

1992年，县级信访工作机构是人民来信来访办公室，归口党委办公室管理，信访办主任由本级党委副秘书长或办公室副主任兼任，配备科级干部51名。各乡镇（街道）配备2名以上的专职信访干部。1993年，在县、乡机构改革中，乡级信访机构被撤销。1994年，乡镇（街道）建立健全信访工作领导小组，有一名副主任专做信访工作，配备1~2名工作人员。1996年，县市区信访办公室更名为信访局，局长由县市区党委副秘书长兼任。乡镇（街道）配备专兼职信访干部601人。2001年全市机构改革，乡镇（街道）撤销专门信访工作机构，信访工作由乡镇（街道）党政办公室处理，设1名信访助理具体负责。2005年，乡镇统一成立信访调解中心，主任由乡镇分管领导兼任。到2012年，体制未变。

第二节　信访受理与处理

1991—1999年，全市信访矛盾纠纷主要集中在干部作风、农民负担、劳动工资、计划生育、城市建设、成户下乡户等方面，全市信访工作的重点主要集中在控制去省进京上访和控制集体上访、减少越级上访和重复信访、畅通信访渠道上。这一时期妥善解决省以上机关立案交办潍坊市和市委、市政府自行立案查处的重点信访案件2101起，市信访部门直接予以查处252件。1998年，市、县、乡三级受理群众来信来访3.52万件（起），其中市受理7250件（起）；市、县两级共受理群众集体上访976批1.73万人次，其中市受理228批5990人次。信访问题一次处结率97%以上。1999年，全市乡以上党委、政府共受理群众来信来访3.36万件（次），其中市委、市政府受理5572件（次）；市、县两级受理群众集体上访429批1.22万人次，一次处结率96%以上。全年立案查处重点信访案件352起，按期处结率94.8%；省以上领导机关立案交办各类信访案件35起，按期处结率100%。

2000—2004年，全市信访工作确定的重点是解决越级上访、集体上访、重复上访。2000年，市委、市政府受理5159件（起）信访事项，市、县两级受理群众集体上访848批1.61万人次，一次处结率96%以上。全年立案查处重点信访案件283起，按期处结率98.6%；省以上领导机关立案交办各类信访案件26起，按期处结率100%。2001年，全市乡以上党委、政府受理信访案件2.19万件，一次处结率和优质结案率96%以上。立案查处重点信访案件389件，按期处结率98.5%；省以上立案交办42起，全部优质处结。2003年，全市乡以上党委、政府受理信访总量1.96万件，市、县市区受理集体上访668批1.43万人次，进京上访108起129人次。“三无”（无越级集体上访、无去省进京上访、无信访积案）乡镇达标率82.1%。2004年，全市乡以上党委、政府受理信访总量1.81万件，其中市受理4675件，县市区受理6897件，乡镇（街道）受理6504件。市、县市区两级受理集体上访795批2.24万人次。其中，市受理205批6645人次，县市区受理590批1.58万人次。到省集体上访22批，进京上访52批。全市有164个乡镇（街道）实现“三无”，“三无”达标率85.4%。

2005—2012年，全市信访工作围绕“提升信访事项办理质量、提升群众对信访事项办理的满意度，确保主要信访数量指标持续下降、越级重复到省进京信访数量持续下降以及进京非正常上访集中整治”展开。2005年，全市去省信访总量2220件。其中，去省上访106起，去省群众来信2114件；进京上访66起，其中集体访3起（次）。市一级受理群众信访4244件。其中，来信3727件、来访517起4295人次，受理集体上访124批3239人次；县市区受理群众信访1.28万件，其中集体访496批1.29万人次。绝大多数新发生案件及一大批历史遗留问题得以彻底解决，信访案件的一次处结率和信访老户的结服率稳步提高。2006年，市、县、乡三级受理信访2.14万件，其中市一级受理信访3975件。全市192个乡镇有163个达到“三无”标准。2007年，市、县、乡三级受理信访1.52万件。市一级受理信访

3000件。其中，来信2431件、来访569起4086人次。集体访118批3049人次。2008年，市、县、乡三级受理信访1.54万件。市一级受理信访3796件。其中，来信3088件、来访708起4976人次；集体访142批3698人次。2009年，进京正常上访214起298人次，去省上访306起931人次。其中，集体访36批413人次。市一级受理信访2813件，其中信函1891件，到访922起4192人次，到市集体上访126批2628人次。

2010年，全市进京上访登记105起166人次。市一级受理信访1251件。其中，来信430件、来访821起4311人次（其中集体访181批3127人次）。2011年，全市发生进京非法上访51起55人次，进京正常上访登记86起115人次。市一级受理信访1346件。其中，来信629件、来访717起5049人次（含集体访176批4210人次）。

2012年是“信访积案化解突破年”，全市对排查掌握的107起“骨头案”“钉子案”，由市委领导逐一向县市区委书记交办。5名多年缠访、闹访的老户问题最终得以解决。省里交办的118起积案，全部录入全国积案数据库。在2012年召开的全国第七次信访工作会议上，市信访局被人力资源社会保障部、国家信访局表彰为“全国信访系统先进集体”。

2009年6月11日，市委常委、市纪委书记蒋文彩（中左二）到市信访局接待群众来访

第三节　制度机制建设

1991年，潍坊市人民来信来访办公室就信访工作专门制定6条结案标准，即事实是否清楚、定性是否准确、处理是否恰当、意见是否落实、手续是否完备、结果是否与当事人见面并有当事人的书面意见。凡承办单位结案报告不符合6条结案标准的，一律退回重新复核处理。当年市以上领导机关报告结果案件273起，全部优质结案，其中市信访办公室直接调查处理33起。

为贯彻落实《山东省信访处理暂行规定》《山东省人民群众上访程序（试行）》和国务院《信访条例》，市委、市政府先在安丘市进行试点，根据试点工作情况，就三个文件的贯彻实施工作专门制定具体操作办法。1995年6月，市政府印发《潍坊市信访处理暂行规定》。后又建立《信访双向保证协议书》和《上访答复意见》制度。对信访工作实行归口办理，市委、市政府印发《市直机关归口分工处理信访问题暂行办法》，就22个方面信访问题的处理权限和责任，分别作了相应规定。市信访部门对能归口的上访问题，一律填写“归口接待卡”，由主管市直部门接待处理。市信访办公室成立信访案件审查小组，对各县市区和市直部门报送的结案报告进行审查，凡是不符合查办要求、问题没有查清或处理不当的，均责成有关单位重写报告或重新查处。

2000年，全市建立起信访案件查办工作协审、会审制度。立案案件由信访部门与承办单位一起审查案卷材料，共同研究处理意见，对案件材料不全或案件没有查清的，责成承办单位重新进行调查处理。实行重点调度和情况通报制度，对一段时间内信访形势严峻、工作被动的县市区和市直部门，由市委、市政府包单位领导调度。市信访局对发生的到市以上重大集体上访逐起出动态，对因工作原因造成的重大集体上访随时通报并追究责任。完善信访不安定因素排查调处制度，明确排查范围，重点抓处理控制、报告和责任追究三个关键环节。各级各部门每月一次对信访不安定因素进行排查，对未排查到或迟报、误报、瞒报的，由党委、政府追究责任，并纳入年度信访工作目标管理进行考核。

2001年，全市建立信访不安定因素排查、信访案件督查督办、协审会审、“两书”（《信访双向保证协议书》《上访答复意见书》）、回访、调研六项制度，全市信访主要业务处理工作做到有章可循、有据可依。市信访局制定《关于进一步做好人民来访工作的意见》，就来访接待、办理、督查、情况控制、组织领导、接访队伍建设、责任落实及上访秩序整顿治理等方面作出明确规定，群众来访工作纳入制度化、规范化管理轨道。

2002—2012年，全市信访工作重点放在长效机制建设上，建立了一系列制度，主要有：（1）市直部门信访问题协调中心组制度。中心组由15个部门组成，定期研究信访形势，合力解决重大疑难信访案件。（2）基层信访工作联系点制度。从12个县市区抽取12个乡镇作为基层信访工作联系点，每季度一次深入联系点，了解社情民意，把握社会动态，提高对信访问题的科学预判和就地处置能力。（3）责任追究制度。印发《关于进一步整顿上访秩序的意见》《关于对酿成重大信访问题责任追究的暂行规定》《关于落实信访工作责任追究暂行规定、加强领导班子和领导干部管理的意见》3个文件，建立起事前预防、事中督查、事后追究等完备的工作体系。（4）联席会议制度。设立困难企业改制、城镇拆迁、土地征用、涉法涉诉、企业军转干部、复退伤残军人六个专项问题工作小组，集中解决信访突出问题。（5）市级领导公开接访制度。每月的5日、10日、15日、20日、25日分别为市委、市人大常委会、市政府、市政协、市纪委领导公开接访日，由市五大班子领导轮流公开接待群众来访。（6）信访通报考核制度。由原来的年考核改为全面情况一月一通报、一考核，重点案件或情况一天一报、一案一报。（7）重点管理制度。对信访问题突出、工作处于被动的单位，市里实行重点管理。对一年内连续3个月考核位居末位的县市区，由市委办公室、市政府办公室进行通报批评；一年内被通报2次及以上的县市区，一个季度内出现3批以上到市及以上集体访的市直部门，由市委实行重点管理。纳入重点管理的单位，由管理部门按干部管理权限予以谈话、通报批评、诫勉，直至调整岗位和免职。

第十章　政策研究

1991—2012年，市委政策研究室参与筹备市委重要会议近800次，起草各类领导讲话、会议报告、市委文件、典型材料等3000多份，撰写各种调查报告、专题材料、理论文章等800多篇。围绕扩大开放、企业改革、农业产业化、经济发展环境、现代企业、现代服务业、高新技术产业、生态建设、招商引资、青潍一体化、“蓝黄”战略实施、城乡统筹发展、党的建设等开展专题调研，形成一大批高质量的研究成果，为市委决策提供参考。

第一节　组织机构

1983年，中共潍坊市委研究室成立，正县级规格，内设综合科、信息科、城市经济科、农村经济科、政治工作科。1987年，撤销信息科。1990年，增设党刊资料科，核定总编制25人，设主任1人、副主任3人。2001年12月，市委机构改革，设立中共潍坊市委政策研究室（简称“市委政研室”），核定编制25人，领导班子1正3副，内设综合科、城市经济科、农村工作科、政治工作科、党刊资料科。2009年，成立潍坊市决策咨询中心，为市委政研室所属行政支持类事业单位，正科级规格，定编4人。截至2012年12月，市委政研室机构与编制未有变化。

第二节　文稿起草

1992年，市委研究室参与筹备市委重要会议20多次，起草领导讲话、会议报告、市委文件及工作汇报、情况介绍、典型材料等70多份；撰写调查报告、工作研究、考察报告、理论文章110多篇，其中在省以上报刊发表80多篇。

1994年，参与筹备市委重要会议30多次，起草领导讲话、市委文件及工作汇报、典型材料等120多份；撰写调查报告、工作研究、考察报告、理论文章80多篇，绝大多数在中央和省市委刊物上发表，其中影响较大的有10多篇，调研成果在全省各地市名列前茅。

1995年，参与筹备市委重要会议40多次，起草领导讲话、会议报告、市委文件及工作汇报、情况介绍、典型材料等150多份；撰写调查报告、工作研究、考察报告、理论文章100多篇，其中在省以上报刊发表60多篇，4篇被评为市级社会科学优秀成果奖。起草《关于推进农业产业化进程的意见》《关于依法减轻农民负担的意见》《关于今冬明春开展城乡社会主义思想教育的实施意见》等10多个政策性意见、规定。

1996年，参与筹备市委重要会议40多次，起草领导讲话、会议报告、市委文件及工作汇报、情况介绍、典型材料等150多份；撰写调查报告、工作研究、考察报告、理论文章40多篇，其中在省以上报刊发表18篇；起草《关于全面实施农业产业化战略，加快农业现代化进程的意见》

等10多个政策性文件。

1998年，参与筹备市委重要会议30多次，起草领导讲话、会议报告、市委文件等100多份；撰写调查报告、工作研究、考察报告、理论文章60多篇，其中在省以上报刊发表40多篇，21篇调研成果获得省委政研室表彰奖励，1篇获全市“精品工程”一等奖；撰写工作汇报、情况介绍、典型材料200多份。

2001年，市委政研室参与筹备市委重要会议40多次，起草发言、工作汇报等文稿110多个；起草市委重要文件30多份，起草并在省以上报刊发表《推广亚星经验，搞好国有企业》《潍坊农业：从产业化到国际化》《深入实施民心工程》等领导署名文章、重要理论文章29篇；上报市委《呈阅件》4期。

2003年，筹备市委重要会议50多次，组织起草重要文稿160多篇，组织大型调研活动18 次，上报《呈阅件》16 期，在省以上报刊发表领导署名工作研究、理论文章10 篇。

2004年，承担市委全部重要会议、活动的领导讲话、报告及重要文件的起草工作，参与筹备市委重要会议40多次，起草领导讲话75份。起草市委重要文件18份、情况汇报41份、其他文字材料136份。在《求是》杂志等省以上报刊发表《转移农民 减少农民 富裕农民》等市委领导署名文章、理论文章10多篇。

2005年，组织起草关于在全市开展以实践“三个代表”重要思想为主要内容的保持共产党员先进性教育活动的实施意见、关于加快服务业发展的决定、关于进一步加快沿海经济开发的决定等重大意见决定，起草全市保持共产党员先进性教育活动大会、农村工作会议、经济工作会议、生态建设工作会议、加快发展现场会议、服务业大会、沿海经济开发工作会议、市委全委会议等重要会议的领导讲话61份，起草市委重要文件21份、情况汇报34份、其他文字材料122份。

2006年，组织起草全市对外开放工作会议、民营经济工作会议、农村工作会议、市委全委会议等重要会议的领导讲话48份，筹备市委重要会议40多次，起草市委重要文件18份、情况汇报36份，组织起草其他文字材料115份，上报中央和省委工作报告27份。

2007年，先后组织起草市第十次党代会、全市领导干部会议、全市经济工作会议等重要会议上的报告、领导讲话58份，起草市委主要领导参加中共十七大、全国人代会和省委重要会议的发言16份，筹备市委重要会议48次；组织起草重要文件37份，起草情况汇报43份，组织起草其他文字材料138份。

2008年，组织起草40个重要会议上的领导讲话，起草市委其他领导人讲话20多份，起草重要文件30份，各类情况汇报、经验介绍等材料50多份。

2009年，起草市委主要领导讲话40多份，重要发言10多份；起草市委其他领导讲话30多份；起草市委领导致辞、情况汇报、经验介绍等材料60多份；起草市委重要文件34份。在学习实践科学发展观活动中，起草市委领导讲话25份，领导发言、情况介绍18份，有关调研报告、重大典型总结材料35份，编发《情况简报》210期。潍坊市学习实践活动有关经验在中央活动简报刊发8篇，在省委活动简报刊发17篇。

2010年，组织起草市委主要领导60多份综合性会议的讲话，30多个专题会议上的讲话，20多份发言材料。起草市委其他领导讲话20多份。起草市委重要文件20多份。起草中央和省委领导及外地到潍坊视察考察的工作情况汇报、报告等材料80多份，编发转方式、调结构大讨论活动《情况简报》70多期。

2011年，起草市委主要领导50多份重要会议讲话文稿，10余篇发言材料；起草重要文件20多份，市委其他领导的讲话10多份，各类情况报告、致辞等材料60多份。

2012年，完成市第十一次党代会、全市经济工作会议、市委全委会、市委理论学习中心组读书会、全市表彰大会暨干部作风建设会议、全市基层党组织建设工作会议等近30份重要会议讲话文稿的起草工作。组织筹备“两区”建设工作领导小组会议、全市对外开放工作会议、全市科技创新暨人才工作会议、全市开发区工作会议、全市旅游业发展大会、“四个支撑”调研座谈会等一系列会议。参与市委主要领导在中共十八大、全国人代会、省人代会、省党代会期间的一系列基础材料收集、有关数据整理和会议召开期间的发言材料起草。起草重要文件32份，市委有关领导讲话18份，各类情况报告、致辞等材料50多份。

第三节　调查研究

1992年，市委研究室以“改革开放”为主题，重点开展深化企业改革、转化经营机制和扩大对外开放等方面的调查研究，形成《全方位扩大对外开放的新思路》《加大改革力度，促进经济跳跃发展》《加快第三产业发展的意见和建议》等调研成果。《潍坊水泥厂转换经营机制的新思路》的调查，分别在《山东企业管理》和市委内部刊物《情况与资料》上刊发。《必须正确处理好机构改革中的几个关系》《潍坊市机构改革情况回顾》等材料，引起上级领导和有关部门的重视。先后5批20多人次分赴省内外地区，就股份制、机构改革、第三产业等方面进行考察学习，形成若干个有参考价值的考察报告。

1994年，把市委关心的、事关全局的、宏观决策亟需的重大问题作为调研重点，先后围绕农业产业化、小城镇建设、基层组织建设、股份制企业党建工作、企业产权制度改革、搞活大中型企业等方面展开调查研究，形成13份专题调查报告。

1995年，重点开展农业产业化的实施情况、龙头企业建设情况、重点小城镇建设、农村奔小康、依法减轻农民负担、优化资产存量、反腐败斗争、全面推进科技进步、改革开放与党的建设等方面的调查研究，形成20多份专题调查报告。

1996年，重点开展农业发展与改革、山区库区经济与社会发展、中小企业改革、亏损困难企业扭亏解困等方面的调查研究，形成20多份专题调查报告。

1998年，围绕农业产业化深化升级开展调查研究，提出发展龙头企业是农业产业化的关键思路。围绕推进企业改革，形成《关于我市企业改革几种典型形式的利弊分析》《关于我市中小企业改革发展的现状与对策》等调研报告，提出如何进一步解放思想发展壮大企业集团、推进和完善股份制改造、鼓励兼并规范破产搞好再就业工程等建议。围绕实施“民心工程”，对开展情况进行跟踪调研，及时总结典型、反馈信息，向市委提出建议。

2001年，市委政研室围绕农业国际化、工业上档升级、民营经济膨胀规模、开放型经济加快发展、应对入世等经济工作和贯彻落实“三个代表”重要思想、加强和改进党的作风建设、深入实施“民心工程”、保持社会稳定等重点工作开展调查研究。深入总结亚星经验并在全市推广。

2004年，先后组织开展接轨青岛、实施“三个一批”（培植一批支柱产业、一批大型企业集团、一批知名品牌）发展战略、“三北”（寿光市、昌邑市、寒亭区北部）开发、建设半岛物流中心、做强做大现有企业、农业产业化升级、规范建设用地、发展金融产业、加强人才工作、规范乡镇财政以及经济发展环境建设等重大问题调研，形成27份课题和调研报告。

2005年，围绕保持共产党员先进性教育活动、“三河”（白浪河、虞河、张面河）综合治理、生态建设、招商引资、食品安全监管、发展外向型经济、农业产业化、建设节约型社会等课题开展调研，形成重要调研报告25个，在省以上报刊发表市委领导署名调研文章9篇。

2006年，针对制约经济社会发展的突出问题和群众关注的热点难点问题搞好调研。先后组织实施加快“三北”开发、繁荣发展服务业、建设社会主义新农村、加快高新技术产业发展、做好新形势下的群众工作、发展循环经济等重大问题的调研，形成16个调研报告。

2007年，先后开展省八次党代会以来潍坊经济社会发展情况调研、全市体制机制改革、城市社区建设和管理、转变领导作风狠抓工作落实等专题调研；组织专题调研组赴外地调研，形成22份较高质量的调研报告和考察报告。《关于成都市温江区鼓励农民“双放弃”加快城乡统筹发展的考察报告》《关于加快城市拆迁改造开发建设情况的考察报告》《海化集团收入分配情况的调查与建议》等，市委主要领导专门做出批示，并印发市级领导班子成员、各县市区和市直各部门。向上级刊物推荐优秀调研文章20余篇，10余篇在省以上刊物上发表。其中，市委主要领导的署名文章《“三化”并举建设新农村》在《人民日报》发表，《重在转变发展理念》在《金融时报》发表，《落实科学发展观不搞“软着陆”》在《经济参考报》发表。

2008年，撰写调研报告、考察报告30多份。重点开展高新技术产业发展、加快企业转型升级、现代服务业发展、现代农业发展、文化产业发展、加强节能环保、搞好公共服务、小城镇建设、青潍一体化发展、加快改革创新、提高干部队伍执行力等11个方面的专题调研。先后在上级刊物发表优秀调研文章和领导署名文章20余篇。市委主要领导的署名文章《抓住关键，创新突破，努力推进城乡一体化发展》在新华内参发表。

2009年，重点开展三区建设、高新技术产业发展、加快企业转型升级、现代服务业发展、现代农业发展、城镇化、促进农民增收、中小企业发展、招商引资与对外经贸工作、加快改革创新等10个方面的专题调研，撰写调研报告20多份。在上级重要媒体发表市委主要领导的署名文章13篇。其中《着力推进农村基层党组织工作创新》在《求是》杂志发表，《山东潍坊构建干部作风建设长效机制收效良好》在《人民日报》发表。

2010年，围绕全市发展思路和任务目标、经济社会发展需要把握的重点问题、实施省重点区域带动战略、城乡统筹发展、转方式调结构、推进黄河三角洲开发、北部沿海开发，开展一系列调研。先后到浙江温州市和嘉兴市考察学习强镇扩权、统筹城乡发展的经验做法。围绕转方式调结构，确定新兴产业培育、高端产业发展、现代服务业发展、城镇化发展、现代农业发展、加强节能环保等10个方面课题，每个方面都形成调研报告，提出对策措施。在省以上刊物发表市委领导署名文章和调研文章8篇，其中在《学习与研究》《理论学习》等中央级刊物发表文章2篇。

2011年，着重搞好市委工作思路和有关重要决定、意见形成的前期调研，为市委决策提供科学依据。围绕实施“蓝黄”两大国家战略、加快北部沿海开发展开一系列调研，就加快基础设施建设、推进产业发展、抓好重点园区建设等方面提出对策措施。围绕加强和创新社会管理、提高群众幸福感、推进农村社区建设、加强思想道德建设、抓好安全生产等方面课题进行深入调研，形成多篇调研报告。在省以上刊物发表市委主要领导署名文章和调研文章12篇，其中在《人民日报》《学习时报》等中央级刊物发表文章6篇。

2012年，围绕市委中心工作，突出抓好重大决策的基础性调研。坚持综合调研与专业调研相结合、市内调研与市外调研相结合，突出抓好决策执行的跟进性调研。开展热点问题调研，推出《人口老龄化对经济社会影响及统筹城乡老龄事业发展的对策》《潍坊市建设低碳社区的做法启示与建议》《全市供销社系统农业社会化服务体系建设情况调查》《潍坊市农村金融状况调查》《全市就地城镇化情况调查报告》《我市文化旅游业发展的问题及对策》《关于“四个支撑”情况的调查报告》等一批调研成果。先后在《人民日报》、《求是》杂志、《学习与研究》等国家级媒体和省以上刊物发表市委领导署名文章和调研文章15篇。

第四节　党刊编发

《潍坊通讯》

《潍坊通讯》是中共潍坊市委机关刊物，中共潍坊市委主管、主办，中共潍坊市委办公室、政研室承办，各县市区委、开发区党工委协办，潍坊市决策咨询中心（《潍坊通讯》编辑部）编辑出版。2000年10月创刊，月刊，大十六开本。2009年，在福建龙岩召开的全国城市党刊研究会第十八届年会上，《潍坊通讯》首获“全国十佳城市党刊”称号。至2012年底，《潍坊通讯》发行129期，先后被评为潍坊市“十佳报刊”和山东省“优秀党刊”，4次获“全国十佳城市党刊”称号。

其他刊物资料

1991—2012年，市委政研室不定期编发的内部刊物资料还有《研究与咨询》《情况与资料》《改革创新工作动态》《领导参阅》《学习材料》《呈阅件》等。

第十一章　对台工作

1994年，潍坊市委、市政府顺应两岸关系发展形势，创办鲁台经贸洽谈会（简称“鲁台会”）。潍坊对台工作依托鲁台会平台，主动服务，加强沟通，密切了潍台两地经贸往来，促进了全市经济社会发展。2003年，鲁台会由山东省人民政府台湾事务办公室、潍坊市人民政府主办，升格为山东省政府主办，其平台功能由服务潍坊提升为服务全省。2004年，鲁台会与风筝会分开举办，被市委、市政府明确为潍坊节会两大品牌，从此走上突出经贸、突出对台的特色发展之路。2007年，鲁台会升格为国台办和省政府联合主办，标志着山东对台工作拥有了国家级节会品牌。2010年，中台办主任王毅出席第十六届鲁台会，就海基、海协两会签署ECFA发表四点重要意见，作为ECFA签署后的官方正式回应，标志着鲁台会上升为国家级涉台政策发布平台。

2011年，鲁台会到台湾举办，开创大陆涉台节会赴台举办的先例。鲁台会创办以来，累计接待参会台外商4万人次，呈现出全省受益、跨省参与、两岸工商界互动的辐射带动效应。

截至2012年，全市累计接待台胞超过13万人次；实现赴台交流387批1992人次，其中厅级干部101人次、县级干部925人次。全市运转良好的台资企业320家，实际利用台资19.26亿美元。依托潍坊地域文化资源，先后创办海峡两岸风筝文化交流活动、鲁台职业院校长研讨会、鲁台青少年武术交流研讨会等对台文化交流活动，并全部被国台办确定为重点支持的对台交流项目，成为具有潍坊特色的对台文化交流品牌。市级领导包靠台资项目、台商投资绿色通道和涉台金融、法律、生产、生活四位一体服务体系等制度建设逐步完善，涉台服务进入制度化轨道。

第一节　组织机构

1991年，潍坊市委对台工作办公室成立，正县级规格。1994年12月，市政府成立潍坊鲁台经贸洽谈会工作办公室，为副县级事业单位，编制5人，主任由市外经贸委一名副主任兼任。1996年，鲁台经贸洽谈会工作办公室挂靠到市委对台工作办公室。

2001年机构改革，设立中共潍坊市委台湾工作办公室（挂潍坊市人民政府台湾事务办公室牌子），内设秘书科、经贸宣传科、联络科，编制15人，其中行政13人、工勤2人。2004年，经贸宣传科分设为经贸科、宣传科，增加行政编制5人；市台办所属市鲁台经贸洽谈会工作办公室增挂市台商投资促进处牌子，增加事业编制5人，经费管理类型由自收自支改为全额预算管理。2011年，市台办增设投诉协调科。

至2012年12月，市台办编制总额18人，全部为行政编制；内设秘书科、经贸科、宣传科、联络科、投诉协调科；配主任1人、副主任3人。下设事业单位潍坊市鲁台经贸洽谈会工作办公室，编制10人，配主任1人、副主任1人。

第二节　经贸往来

1991—1993年，潍坊市利用台资连续三年全省第一。至1994年底，全市引进利用台资项目339个，合同利用台资2.29亿美元，实际利用台资1.37亿美元，其中1994年全市新批台资项目109个，合同台资额1.16亿美元，居全省第一。1995年，全市新批台资企业63家。其中，合资36家、独资27家，总投资额11716.3万美元，实际利用台资5375.8万美元。

1996年，对台经贸呈现出稳定增长的态势。利用“以台引台，以台引外”等多种形式发展对台经贸活动。全市共有台资企业430家，总投资额8.19亿美元；合同台资额4.22亿美元，实际利用台资1.93亿美元。1997年，全市新批台资企业36家，合同台资额5844.4万美元。1999年，全市新批台资项目15个，合同利用台资额488万美元。2000年，全市新批台资企业32家，合同台资5402.9万美元，实际到位资金2557.6万美元。

2001年，以招商引资为重点，对台经济工作取得新成效。全市新批台资项目33个，总投资8803.3万美元，合同利用台资6118.7万美元，实际利用台资2836.43万美元。2002年，全市新批台资项目27个，总投资8100万美元，合同利用台资5387万美元，实际利用台资3748万美元。2003年，全市新批台资企业44家，总投资额1.91亿美元，合同台资额1.26亿美元，实际利用台资1.06亿美元。2004年，全年新批台资项目3个，合同利用台资3.7亿美元，实际利用台资2.1亿美元。

2005年，坚持“走出去”与“请进来”相结合，突出项目对接和跟踪洽谈，对台招商引资工作实现新突破。全年新批台资项目54个，合同利用台资3.86亿美元，实际利用台资2.58亿美元，年度对台经济总量居全省第三位，成为全市利用境外资金的重要增长点。2006年，全市新批台资项目42个，合同利用台资2.64亿美元，实际利用台资2.62亿美元。

2007年，全市新批台资企业42家，合同利用台资3.25亿美元，实际利用台资3.14亿美元。在全省优秀台资企业和台属企业家评选中，全市有10家企业、11人上榜。台属企业发展到268家，注册资本15.7亿元。2008年，通过创新招商方式、加强园区建设和项目引进、打造服务品牌等举措，促进了对台全方位合作。全市新批台资企业30家，合同利用台资2.78亿美元，实际利用台资2.01亿美元。潍坊市被省政府表彰为“全省对台经济工作先进市”，奎文等10个县市区被评为“全省对台招商引资标兵”。2009年，全年新批台资企业16家，合同利用台资1.49亿美元，实际利用台资1亿美元。

2010年是“对台招商年”，全市新批台资企业13家，合同利用台资1.71亿美元，实际利用台资1.003亿美元；大同宇骏、亚泰木业等10家台资企业增资1.02亿美元。台湾大润发超市在潍城（V1广场）、奎文（李家村）连续两次签约后，又在青州、诸城签约，总营业面积近7万平方米。2011年，积极邀请台湾有关方面到潍坊洽谈，推进对台经济量的扩展。全年邀请20批次400多位台商到潍坊考察，新批台资企业9家，实际利用台资1.79亿美元。

2012年，突出做好“请进来、走出去”文章，组织召开百名台商携手滨海恳谈会，来自大陆各个省市的台商200余人参会，集中推介“蓝黄”战略和滨海新城开发建设；先后多次赴昆山、东莞、深圳、宁波、沈阳、平潭等台资台企密集区招商。全市新批台资企业10家，总投资额3.49亿美元，合同台资额1.61亿美元，实际利用台资1.13亿美元。至年底，全市台资企业达938家，总投资额40多亿美元。

第三节　交流交往

1987年台湾当局开放台湾居民到大陆探亲后，潍坊与台湾的人员往来逐步增多。1994年，到潍坊交流台胞2210人，与1993年基本持平。其中，工商界人士1325人，较1993年增加475人。潍坊市赴台人员132人，比1993年略有增加。公派交流人员有3批5人，实现了赴台交流“零”的突破。1994年有24位台胞到潍坊市定居，全市定居台胞147人。

潍坊市原有第一代去台人员1.35万人，到1996年底，有潍坊籍台胞6.5万人，直系台属2.3万户、8.7万人。1996年，先后有4个台湾交流团组和1000多名台湾客人到潍坊考察交流。潍坊市组织商业、教育交流团和潍坊市农业科技交流团12人入台交流，与台湾农业发展基金会、齐鲁文经协会、民俗体育协会等较有影响的民间组织广泛接触。1997年，全市接待台胞2512人次，因私赴台120人次，为17名台胞办理在潍定居手续，促成2个考察团组入台交流。

1998年，潍台人员往来与交往交流更加活跃。全市接待台胞2930人次，潍坊市居民因私赴台407人，安置在潍坊定居台胞19人，到潍坊交流的台湾团组26个171人；全市先后有广告艺术、水产养殖和私立与职业3个交流团共19人入台交流。1999年，到潍坊台胞1676人次，全市居民因私赴台420人次，审报安置台胞在潍坊定居16人，涉台婚姻32对。全市应邀赴台团组和个人

3批10人，台胞组团到潍坊交流17批151人。到潍坊台胞累计2.7万人次，因私赴台2466人次，应邀赴台团组16批49人次，申报安置定居台胞336人，涉台婚姻171对。全市台办系统实施以“改进工作作风，提高办事效率，真诚为台胞办实事、办好事”为主要内容的为台胞服务承诺制度，接待服务水平明显提高。

2000年，到潍坊台胞2494人次，潍坊市居民因私赴台496人次，审查上报安置定居台胞16人。全市赴台交流团组3批8人次，台湾到潍坊交流团组19批152人。全市累计接待台胞2.95万人次，居民因私赴台2962人次，应邀赴台团组19批57人，安置定居台胞352人。2001年，到潍坊台胞2806人次，到潍坊台湾团组276批1478人次；应邀赴台交流和从事经贸活动14项71人次。7个县市区的21位县级党政负责人带团或随团赴台，提升交流层次和水平。

2002年，潍台双向交流实现新突破。全年有5批182人次赴台交流，其中，市级干部4人、县级干部44人、台办干部9人，有10个县市区开展赴台交流活动；以市委常委、宣传部部长刘明珂为团长的新闻团组首次赴台交流。到潍坊台胞3870人次。至年底，全市累计应邀赴台交流54批278人次，接待台胞3.3万人次。2003年，有10批47人次赴台交流，到潍坊台胞5156人次。

2004年，到潍坊台胞9662人次，其中从事交流活动的5605人次、工商经济界7102人次。全市有17批88人次赴台交流。截至年底，全市累计接待台胞4.3万人次，赴台交流91批433人次。2005年，全市接待台胞11628人次，其中从事交流的5468人次、工商经济界9674人次；全市17批64人次赴台交流。2006年，全市接待台胞1.48万人次，实现包括4名市级领导在内的12批41人次赴台交流。2007年，全市接待台湾同胞1.85万人次， 41批次213人次赴台交流。全年调解处理涉台矛盾纠纷近百起。

2008年，全市接待台湾到潍坊团组578个，到潍坊台胞近2万人次；22批次125人次赴台交流，5位市级领导赴台参访。组织举办海峡两岸青少年风筝文化交流活动和海峡两岸职业教育院校长研讨会，被国务院台办列为重点支持项目。2009年，全市赴台交流56批363人次。4个教育团组、48人次赴台交流，台湾方面30多名院校长及教育专家到潍坊考察。4月，“鲁台教育交流中心”在潍坊正式挂牌运营，山东省（青州）台湾花木园在青州花卉高科技园内正式设立。9月1日，“齐鲁台湾城”鲁台经贸中心项目奠基。年内3位台商获授“潍坊市荣誉市民”。海峡两岸风筝文化交流、青少年武术文化交流、海峡两岸农业融合升级合作恳谈会、鲁台职业教育院校长研讨会等多项特色交流活动被国台办列为常态支持的重点交流项目。

2010年，全市接待台胞3.2万人次，应邀赴台106批615人次。在台湾举办“台湾潍坊周”活动，达成对台重点合作项目11个、合作协议7个。先后举办海峡两岸青少年风筝文化交流、鲁台青少年武术文化交流、海峡两岸郑板桥学术研讨、鲁台教育合作暨职业院校长研讨等涉台交流活动。

2011年，全市接待台胞超过4.2万人次。台湾海基会副董事长兼秘书长高孔廉、国民党政策执行长朱凤芝、基隆市议长黄晶泰等一批知名人士先后率团到潍坊参访；全市应邀赴台110批次817人次。分别在潍坊和台湾双向举办的海峡两岸现代农业交流会，形成呼应之势，国台办给予“两岸农业交流互动最充分、效果最丰厚”的充分肯定。

2012年，全市接待台胞超过3万人次，中国国民党荣誉主席吴伯雄，中国国民党副主席、嘉义市市长黄敏惠，花莲县县长傅崐萁等一批台湾知名人士先后率团到潍坊参访。全市应邀赴台77批303人次。举办第四届鲁台青少年武术文化交流、第五届海峡两岸风筝文化交流、第五届鲁台职业院校长研讨会和海峡两岸（潍坊）休闲观光农业交流会等交流活动，促成潍台友好交流协议6项、农业合作意向2个、高校合作意向协议30余个。

第四节　涉台宣传

1994年，全市向对台宣传新闻单位发稿382篇。其中，向中央级刊物发稿72篇，省级刊物发稿214篇，并有50余篇稿件在港澳报刊发表和直接进入台湾岛内。首届鲁台会期间，台湾《中国时报》等各大报刊先后载文宣传推介潍坊，台湾《工商时报》连续两次图文并茂地报道潍坊及鲁台经贸洽谈会。涉台教育方面，全市共组织涉台教育报告会25场次，广播讲座49次，发放宣传材料1.7万份。1995年，向对台新闻单位发稿200余篇，制作对台宣传品1000余件。1996年，市政府首次拨专款15万元用于对台宣传，通过台湾有线电视台、《中国通》与《投资中国》杂志等新闻媒体和入台交流等方式，宣传潍坊的经济发展状况与投资环境。在涉台教育方面，利用形势报告会、党校讲座、报纸、广播、电视、编印各种宣传资料等形式，开展“和平统一，一国两制”的基本方针教育和涉台政策教育，增强全市人民完成祖国统一大业的责任感，提高对台工作的自觉性。

1997年，市台办组织对台宣传稿件200多篇，制作发放宣传品1万多份。台湾《工商时报》图文并茂、大篇幅报道第四届潍坊鲁台会的盛况，台湾非凡电视台制作潍坊专题片。高密等县市在台湾报纸刊登专版。1998年，利用台湾《中央日报》刊出潍坊专版，《工商时报》发表《南厦门、北潍坊，鲁台会热炒两岸经贸》的文章，“华人卫星电视台”记者团到潍拍摄制作《中国之美》电视旅游纪录片。《山东涉台工作》第3期刊登潍坊专号。

1999年，全市各级台办在台湾岛内和大陆涉台媒体刊发对台宣传稿件98篇。深入开展反对李登辉“两国论”的舆论斗争。涉台教育工作以党政干部、涉台部门人员和青少年为重点，以《中国台湾问题（干部读本）》为基础教材。2000年 9月下旬，市台办邀请台湾卓越传播公司与南京华艺音像公司联合摄制组，到潍坊摄制《大陆名城之旅·潍坊》专题片。该片以潍坊历史、文化、自然风光为切入点，使台湾岛内民众能够形象地了解、认识潍坊，达到宣传潍坊的目的。市台办同有关部门举办《拥抱台湾》大型图片展览，通过300多幅珍贵的历史文献、图片资料，充分说明台湾自古以来就是中国的领土，系统宣传党的对台方针政策。

2001年，建立对台宣传工作指导协调小组，形成以市委宣传部、台办为主，各部门协调配合的对台大宣传格局。全年拍摄专题片4部，其中中央电视台拍摄的鲁台会专题片和山东电视台拍摄的《希望的田野》专题片在台湾岛内产生广泛影响。2002年，推动宣传入岛，对台宣传和涉台教育覆盖面不断扩大。鲁台经贸洽谈会期间，台湾电视台、台湾“中央通讯社”、东森电视台、TVBS电视台等5家台湾主流媒体的10位驻京记者到会进行联合报道。2003年，全年邀请台湾媒体9批25人次到潍坊采访报道。昌乐宝石节期间，市、县两级台办联合邀请台湾TVBS电视台到会报道，把昌乐的宝石品牌推广到台湾。2004年鲁台会期间，台湾TVBS、东森、年代、中天四大媒体组团到会采访，其采访制作的《奥运冠军的故乡——潍坊》专题片，成为台湾各界关注的亮点。《风筝都——潍坊》《鲁台经贸洽谈会》两部专题片先后输送入岛，提高潍坊在台湾的影响力和知名度。鲁台会网站实现与华夏经纬网的有机链接，点击率大幅上升，成为全市对台宣传工作的重要载体。

2007年，全市涉台宣传组稿468篇，其中国家级81篇、省级107篇、市级280篇。2008年，加强对中央和省级媒体、台湾地区主流媒体的通联工作，实行专题宣传、板块宣传与系列报道相结合，推进对台宣传品牌化、专版化，出版发行《两岸关系》潍坊专刊、《鲁台会纪念邮册》（地字号）、《潍坊日报》鲁台会专刊，提升潍坊对台的吸引力、知名度。结合对鲁台经贸洽谈会的宣传推介，创新开展第十四届鲁台经贸洽谈会主题口号征集活动，海峡两岸近4000人次参与，扩大鲁台会的影响力。举办《两岸同心·盛世和谐》大型交响音乐会、得利斯情系两岸·韩再芬经典黄梅戏专场演出，增进了台湾同胞对中华文化的认同。

2009年，市级以上媒体刊发对台宣传稿件738篇，其中中央级125篇，涉台刊物征订工作继续保持全省第一。工作中，加强对台湾地区神农电台、听众之友电台等知名媒体的通联工作，有针对性地邀请他们前来采访报道，借助他们的管道让潍坊声音进岛、落地、入耳，进一步提高了潍坊在岛内的知名度；全面提高鲁台会网站的运营质量，进一步扩大对台网络宣传的覆盖面；与媒体联合录制电视栏目《新闻故事》，宣传台胞台属创业事迹；编印《鲁台会纪念邮册》，进一步提高潍坊对台工作的影响力。2010年，在中央级媒体发表宣传稿件170篇，省级201篇。出版发行《鲁台会纪念邮册》《潍坊通讯鲁台会专刊》。

2011年，与台湾中时传媒签署合作协议，以“借船出海”方式开展入岛宣传。重点推出《两岸一家人》《商机潍坊》《鲁台会纪念邮册》《鲁台会在台湾》等一批入岛宣传精品力作，取得事半功倍的宣传效果。全年台湾媒体报道潍坊有关新闻240多条，报道数量和频率居大陆地级市首位；中时传媒制作潍坊专题片过程和联合报“台湾很潍坊”的精彩报道，被国台办列为入岛宣传经典案例。

2012年，全年在市级以上媒体发稿1501篇，其中国家级353篇、省级460篇、市级678篇。台湾旺旺中时传媒、中视电视台以及《中国时报》《旺报》等台湾主流媒体到潍坊采访报道，在岛内播放潍坊电视专题片1个、平面媒体全版10个、潍坊宣传120余条。《中国时报》采访市长刘曙光的专版《潍坊风筝驰名　古迹迷人》成为台湾媒体炒作热点。

第五节　鲁台经贸洽谈会

1994—2012年，潍坊市共举办18届鲁台经贸洽谈会。随着鲁台会不断升级发展，鲁台会的品牌影响力不断扩大。2003年，鲁台会由省台办、潍坊市政府主办，升格为山东省政府主办，档次和地位实现重大提升。2004年，鲁台会与风筝会首次分开举办。2007年，鲁台会升格为国台办和省政府联合主办，山东对台工作拥有了国家级节会品牌。

第一届鲁台经贸洽谈会

1994年8月8日，第一届鲁台经贸洽谈会在潍坊国际经贸中心举行。全国政协副主席、中共中央台办主任、国务院台湾事务办公室主任王兆国，海峡两岸关系协会会长汪道涵，全国台联会会长张克辉，全国贸促会会长郭东坡出席会议。洽谈会历时3天，共签订利用台资、外资合同116个，合同利用台资、外资额2.6亿美元；签订协议227个，协议利用台资、外资额6.5亿美元；出口成交额1.13亿美元；劳务输出2356人，协议金额3647万美元。全市共推出近千个招商项目，其中较大的项目200个，涉及企业嫁接改造、基础设施建设、第三产业、土地成片开发及农业开发等多个领域。新华社、《人民日报》、中央电台、中央电视台、《香港大公报》《台湾工商时报》等海内外新闻媒体的记者参加该届鲁台会。

第三届鲁台经贸洽谈会开幕式。图为中共中央台办、国务院台办常务副主任陈云林（右一），山东省委副书记、副省长宋法棠（右三），潍坊市委书记齐乃贵（左三）为鲁台会开幕式剪彩

第二届鲁台（潍坊）经贸洽谈会

1995年4月19日，第二届鲁台（潍坊）经贸洽谈会在潍坊国贸中心开幕，全国人大常委会原副委员长廖汉生，中共中央台办副主任、海峡两岸关系协会常务副会长唐树备，山东省委书记赵志浩出席会议。会期3天，签订利用台资、外资合同150个，合同利用台资、外资额4.43亿美元；签订协议186个，外贸出口成交额5000万美元；劳务输出协议金额168万美元。此届鲁台会与风筝会结合起来举办，各项风筝比赛、文体、旅游、经贸活动更加丰富多彩。1500多名台胞、29个国家和地区的外商，辽宁、新疆、宁夏、黑龙江等省、自治区、直辖市的团组以及山东省各地市团组到会。潍坊市推出200个大项目、2000多个中小项目，谈成的项目中涉及机械、电子、轻工、纺织、房地产、第三产业等。展览洽谈布展摊位170个，80多家台商参展。

第三届鲁台（潍坊）经贸洽谈会

1996年4月18日，第三届鲁台（潍坊）经贸洽谈会在潍坊北海大厦举行，中共中央台办常务副主任陈云林出席会议，900多名客商与会。此届经贸洽谈会与国际惯例接轨，处处体现商业化特点。经过4天的交流、洽谈，达成合作项目210个，合同、协议利用台资、外资6.25亿美元。此届鲁台会主要活动有国际投资商品交易展、潍坊市投资说明会、重大项目签字仪式等。在世贸中心举行的国际投资商品交易展，设摊位268个，参展客户410家，其中台商及外商摊位124个。洽谈会上，潍坊市推出过千万美元的招商大项目60个。

第四届鲁台（潍坊）经贸洽谈会

1997年4月18日，第四届鲁台（潍坊）经贸洽谈会暨'97全国台资企业精品博览会在潍坊北海大厦举行，国务院台办副主任李炳才出席会议。此届鲁台经贸洽谈会会期5天，全市共签订利用台资、外资项目136个，合同（协议）利用台资、外资4.2亿美元。其中，签订合同项目57个，合同利用台资、外资1.5亿美元；协议项目79个，协议利用台资、外资2.7亿美元。外贸成交8370万美元，签订对外经济合作项目6个，合同额847万美元。此届鲁台经贸洽谈会共到会台商、外商926人，其中台商740人。此届鲁台会还首次举办全国台资企业精品博览会，共设摊位

220个，其中台商103个，有直接来自台湾岛的80家台商参展。会议期间，举行由中央和省、市领导，台外商及内宾代表500 多人参加的潍坊市投资说明会，举行重点项目签字仪式。

第五届鲁台经贸洽谈会

1998年4月18日，第五届鲁台经贸洽谈会在潍坊市级机关新建综合办公大楼举行。国务院台湾事务办公室主任助理王富卿，山东省委副书记、省长李春亭，副省长林廷生等领导出席会议。来自美国、日本、韩国等22个国家和地区的客商参会，参会人数1200多人。台湾百大企业集团首次派团派员参会。首次举办台湾机械设备型录展，首次利用互联网展示台湾的600家重点企业、1000多个项目。全省15个地市参加展会，布展摊位46个。会议期间，潍坊市签订利用台、外资合同、协议69个，合同（协议）利用台、外资1.09亿美元，外贸出口成交合同额1963万美元，签订对外承包工程项目2个，合同额700万美元。

第六届鲁台经贸洽谈会

2000年4月19日，第六届鲁台经贸洽谈会在潍坊富华大酒店举行，全国政协副主席周铁农、海峡两岸关系协会副会长刘震涛、省政协副主席周鸿兴等出席会议。会议历时4天，签订利用台外资合同41个，合同利用台外资3515.95万美元，其中台资合同3个，合同利用台资413.45万美元；签订对台出口合同2个，合同额225万美元。

第七届鲁台经贸洽谈会

2001年4月19日，第七届鲁台经贸洽谈会在潍坊富华大酒店举行，海协会副会长、清华大学台湾研究所所长刘震涛出席会议。此届鲁台会由山东省台办、山东省外经贸厅、山东省农业厅、潍坊市人民政府共同主办。会议期间，共到会台、外商660人，其中台商561人；签订利用台、外资合同、协议108个，合同、协议利用台、外资1.97亿美元，其中台资合同、协议27个，合同、协议利用台资6033万美元。

第八届鲁台经贸洽谈会

2002年4月19日，第八届鲁台经贸洽谈会在潍坊富华大酒店国际会展中心开幕。全国政协副主席孙孚凌、国务院台办主任助理张铭清、山东省副省长陈延明、山东省政协副主席周鸿兴等出席会议。此届鲁台会共到会客商1438人，其中台商930人。台湾区农机同业公会第一次参与协办。此届鲁台会共签订利用台、外资合同、协议144个，合同、协议利用台、外资2.31亿美元，其中，合同利用台、外资1.05亿美元，协议利用台、外资1.26亿美元。到会的有台湾区农机同业公会、彰化县工业公会、彰化县农会、上海台协、安丘旅台同乡会、齐鲁文经协会等重要行业组织。

第九届鲁台经贸洽谈会

2003年4月19日，第九届鲁台经贸洽谈会在潍坊体育中心举行。全国政协副主席张思卿、国务院台办副主任王在希、山东省副省长陈延明、山东省政协副主席王久祐出席会议，参会台外商1800余人。潍坊市共签订合同项目284个，合同利用市外资金109.1亿元，其中外资合同74个，合同利用境外资金5.08亿美元；签订协议项目154个，协议利用市外资金183.9亿元，其中外资协议43个，协议利用境外资金3.21亿美元。

第十届鲁台经贸洽谈会

2004年9月1日，第十届鲁台经贸洽谈会在潍坊富华国际会展中心举行。全国政协副主席、全国工商联主席黄孟复，山东省委书记、省人大常委会主任张高丽，中央台办、国务院台办常务副主任李炳才，全国工商联副主席谢伯阳，省委副书记、省长韩寓群，省委常委、秘书长杨传升，副省长孙守璞，省政协副主席、省委统战部部长齐乃贵，省政协副主席、省工商联会长苗淑菊，台湾知名人士、中国国民党副主席、两岸共同市场基金会理事长萧万长出席开幕式。参会台商和外商3183名，其中台商2197名。山东省共签约台外资项目382个，总投资49.3亿美元，合同、协议利用台外资46.5亿美元，其中台资项目242个，总投资37.4亿美元，合同、协议利用台资34.8亿美元。

第十一届鲁台经贸洽谈会

2005年9月1日，第十一届鲁台经贸洽谈会在潍坊富华国际会展中心举行。全国人大常委会副委员长成思危，全国政协副主席徐匡迪，中共中央台办、国务院台办主任陈云林、副主任郑立中，中共山东省委书记、省人大常委会主任张高丽，省委副书记、省长韩寓群，省委常委、秘书长杨传升，省人大常委会副主任黄可华，副省长孙守璞，省政协副主席王志民，台湾新党主席郁慕明，台湾知名人士叶金凤、王建煊等出席开幕式。台湾6家大企业、16家上市公司的负责人，5大工商团体、52家行业分会或协会的理事长、秘书长以及台湾工商界人士1500人与会，此届鲁台会到会的总人数约1万人。

第十二届鲁台经贸洽谈会

2006年9月1日，第十二届鲁台经贸洽谈会在潍坊富华国际会展中心开幕。此届鲁台会由山东省人民政府主办。全国政协副主席张克辉，中共中央台办、国务院台办常务副主任、海峡两岸关系协会常务副会长李炳才，中共山东省委副书记、省长韩寓群，副省长孙守璞，省政协副主席张敏等领导及中国国民党副主席江丙坤、台湾工商企业界人士1100多人出席开幕式。潍坊市共洽谈签约项目242个，合同利用市外资金277亿元。其中，台资合同项目58个，合同利用台资4.5亿美元。有9个大项目在山东省大项目签约仪式上签约，总投资额3.2亿美元。34个大项目在潍坊市重点项目签约仪式上签约，合同利用市外资金114.6亿元人民币。

第十三届鲁台经贸洽谈会

2007年 9月19日，第十三届鲁台经贸洽谈会在富华国际会议中心开幕。本届鲁台会首次由国务院台办和山东省人民政府共同主办。全国政协副主席罗豪才，中共中央台办、国务院台办常务副主任郑立中，山东省委副书记、代省长姜大明，山东省副省长才利民，省政协副主席王志民，中国国民党副主席林丰正，台湾商业总会理事长、金鼎企业集团总裁张平沼，台湾工商建研会荣誉理事长、女企业家协会理事长、常富集团总裁马爱珍等出席开幕式。此届鲁台会，共接待海内外客商 1975人，其中台商1150人。山东省签约合同资金372.9亿元人民币，其中签约台、外资合同项目172个，合同利用台、外资17.75亿美元；潍坊市签约合同项目185个（总投资过5000万元的135个），合同利用市外资金293.7亿元，其中签约台、外资合同项目69个，合同利用台、外资12.6亿美元。

第十四届鲁台经贸洽谈会

2008年9月26—28日，第十四届鲁台经贸洽谈会在潍坊富华国际会议中心举行。此届鲁台会由国务院台办和山东省人民政府共同主办。全国政协副主席陈宗兴，国台办副主任叶克冬，山东省委副书记、省长姜大明，副省长才利民，省政协副主席张传林，台湾新党主席郁慕明，台湾商业总会理事长张平沼，台湾工商建研会名誉理事长颜文熙，台湾工业区厂商联合总会会长洪犹男，台湾中华理事长协会理事长黄建雄，台湾电机电子同业公会副总干事徐兴，台湾华新丽华董事长焦佑伦，台湾大同有限公司董事长林蔚山等出席开幕式。此届鲁台会共接待海内外客商2368人，其中台商1080人。山东省共签约台、外资项目235个，总投资368亿元，合同利用台资16.62

亿美元；其中潍坊市签约合同台、外资项目181个，合同利用台、外资276亿元，其中签约台资项目15个，合同利用台资6.8亿美元。

第十五届鲁台经贸洽谈会

2009年9月1—3日，第十五届鲁台经贸洽谈会在潍坊富华国际会议中心举办。全国政协副主席万钢，国台办主任助理李亚飞，海协会副会长张铭清，省长姜大明，副省长才利民、李兆前，省政协副主席齐乃贵、王志民出席会议。会议期间共接待参会客商1500多人，其中台商700多人。会上，签署重点招商项目合同40个，合同利用市外资金316.1亿元，其中境外招商引资项目合同17个，合同利用境外资金16.5亿美元。参展企业621家，其中台湾企业63家，参会专业观众4万人次，举办新品发布会6场，贸易成交额7000万元。

第十六届鲁台经贸洽谈会

2010年9月1日，第十六届鲁台经贸洽谈会在富华国际会议中心开幕。第九届全国人大常委会副委员长曹志，中央台办、国务院台办主任王毅，山东省委副书记、省长姜大明，中国国民党中评委主席团主席徐立德，台湾工业总会理事长陈武雄等出席开幕式。此届鲁台会，共吸引6万人次参会参展，其中台商1108人。潍坊市共洽谈对台招商引资项目104个，实际利用台资37.73亿元人民币。有27个重点台资项目在会上集中签约，合同、协议利用台资12.22亿美元。其中合同项目20个，利用台资10.58亿美元；协议项目7个，利用台资1.64亿美元。海峡两岸高新技术及先进制造业博览会展出标准展位1200个，来自大陆地区半数以上省份和台湾的600多家企业参展，其中台湾企业106家，台湾新竹、花莲、连江、彰化四县首次联袂参展，吸引来自美国、英国、加拿大及海峡两岸的1500多家企业到会采购。博览会现场成交额8200万元，签订贸易合作意向、协议22个，合同意向交易额2亿多元。

第十七届鲁台经贸洽谈会

2011年7月11—17日，第十七届鲁台经贸洽谈会首次在台湾地区举办。“孔子故里·好客山东”台湾行——经贸文化合作论坛为本届大会开幕式，中共山东省委副书记、省长姜大明，中国国民党名誉主席连战，中国国民党荣誉主席吴伯雄，中国国民党副主席、海峡交流基金会董事长江丙坤，台湾新党主席郁慕明等出席，共有560人参会。潍坊市举办了两岸企业家携手潍坊恳谈会、海峡两岸现代农业合作交流会等活动。全市共洽谈台资项目47个，利用台资10.9亿美元。鲁台会首次入台举办，在台湾产生轰动效应。台湾媒体共报道潍坊市赴台办会新闻120多条，其中电视专题节目1个，平面媒体专版6个。

第十八届鲁台经贸洽谈会

2012年8月31日—9月3日，第十八届鲁台经

第十八届鲁台经贸洽谈会开幕式。图为中共中央台办、国务院台办主任王毅（右），中共山东省委副书记、省长姜大明（中），中国国民党荣誉主席吴伯雄（左）共同启动开幕仪式

贸洽谈会在潍坊奥体中心举行，中共中央台办、国务院台办主任王毅，海协会副会长王富卿，省委副书记、省长姜大明，省政协主席刘伟，省委常委、统战部部长颜世元，副省长夏耕等领导出席，中国国民党荣誉主席吴伯雄，中国国民党副主席、嘉义市市长黄敏惠及8位国民党中评委应邀参会。此届鲁台会以“相聚齐鲁、携手蓝黄、共谱新篇”为主题，举办了鲁台合作发展论坛、2012海外台商齐鲁行、海峡两岸食品博览会、鲁台双向投资暨高端人才交流恳谈会等4大板块15项活动，来自海内外30多个团组的1100余名台商参会。会议期间，潍坊市达成近百个合作意向和协议，直接签约台、外资项目27个，合同利用台、外资额14.42亿美元，其中台资项目21个，合同利用台资额8.32亿美元。鲁台双向投资暨高端人才交流恳谈会，达成合作意向12个，签署合作协议8个；海峡两岸食品博览会2000余家企业进场参展，涵盖食品及优质农产品、食品包装、食品机械、食品科技、糖酒等多个领域，3天时间实现交易额54.6亿元，其中台湾产品展区实现交易额7000余万美元，现场交易额800余万美元，所有参展产品销售一空。《人民日报》以“鲁台一会十八载、经贸洽谈扮‘红娘’”为题进行专题报道。

第十二章　市直机关党建工作

1991—2012年，潍坊市直机关党的工作围绕“服务中心、建设队伍”职责定位，大力加强机关党的思想建设、组织建设、作风建设和廉政建设。市委市直机关工委被中央直属机关工委、中央国家机关工委和中组部组织局确定为机关党建联系点，并先后获全国“爱国主义教育组织奖”“全民健身活动优秀组织奖”，全省“机关党建工作先进单位”“富民兴鲁”劳动奖状、“省级文明机关”等荣誉称号。

第一节　组织机构

中共潍坊市委市直机关工作委员会于1988年5月组建，内设办公室、组织部、宣传部和中共潍坊市直机关纪律检查委员会、潍坊市直机关工会工作委员会、共青团潍坊市直机关工作委员会，行政编制25人，工会工委另列事业编制5人（占市总工会事业编制）。

1991年3月，建立市直机关妇工委，增加行政编制1人。1992年6月，设立潍坊市直机关职工服务中心，正科级事业单位，实行企业化管理，2005年11月注销。1994年9月，设立社会治安综合治理办公室，为单位内设机构。1996年4月，设立中共中央国家机关工委《紫光阁》杂志社驻潍坊办事处，为市委市直机关工委所属的自收自支正科级事业单位，2000年11月撤销。

1996年9月机构改革，中共潍坊市委市直机关工作委员会内设办公室（挂市直机关社会治安综合治理办公室牌子）、组织部、宣传部、市直机关纪工委、市直机关工会工委、市直机关团工委和市直机关妇工委，编制总额29人。2001年9月，市直机关纪工委加挂市直机关社会治安综合治理办公室牌子，市直机关工会工委和市直机关妇工委合并为市直机关工会和妇工委，编制27人。

至2012年底，中共潍坊市委市直机关工作委员会内设办公室、组织部、宣传部、市直机关纪工委（市直机关社会治安综合治理办公室）、市直机关工会与妇工委、市直机关团工委，编制总额27人，有书记1人、副书记3人、市直机关纪工委书记1人。

第二节　代表会议

1994年5月21日，中国共产党潍坊市机关代表会议召开。会议采取差额选举的办法，以无记名投票方式选举产生市直机关出席中国共产党潍坊市第八次代表大会代表46名。其中，各级党员领导干部43名，专业技术人员1名，工人、农民及其他劳动者1名，武警部队党员1名。

2003年1月23日，中国共产党潍坊市机关代表会议召开，出席代表150名，其中各级党组织领导干部96名、各条战线的党员代表54名。会议采取差额选举的办法，以无记名投票方式选举产生市直机关出席中国共产党潍坊市第九次代表大会代表39名。其中，各级党员领导干部33名，生产和工作一线的党员4名（其中专业技术人员3名、先进模范人物1名），武警部队党员2名。

2007年2月2日，中国共产党潍坊市机关代表会议召开，出席代表共152名。会议采取差额选举的办法，以无记名投票方式选举产生市直机关出席中国共产党潍坊市第十次代表大会代表34名。其中，党员领导干部32名，生产和工作第一线的党员2名。

2012年1月8日，中国共产党潍坊市机关代表会议召开，出席代表127名。会议采取差额选举的办法，以无记名投票方式选举产生市直机关出席中国共产党潍坊市第十一次代表大会代表38名。其中，党员领导干部34名，生产和工作第一线的党员4名（其中专业技术人员3名、先进模范人物1名）。

第三节　机关党员教育

1991年，在市直机关党员中广泛开展以社会主义基本理论、党史党建理论、党纪国法和江泽民“七一”讲话为主要内容的学习教育活动。集中开展反“和平演变”和“科技是第一生产力”专题教育。1992年，开展“解放思想、转变职能”大讨论活动。采取半日制和分批轮训的办法深入学习中共十四大精神。1993年，在市直机关组织开展“一学三抓、反腐倡廉”（学习江泽民“七一”讲话和社会主义市场经济理论，抓好机关党的思想建设、组织建设和作风建设）活动。1994年，组织开展学理论、抓党建、创一流活动。1995年，组织开展学习贯彻中共十四届四中、五中全会精神活动，市直机关共举办学习交流会360多场，请领导干部和专家教授作辅导或上党课230多次，举办培训班80多期，培训党员干部2500多人次。

1996年，组织党员干部广泛开展“大兴讲学习之风、大兴讲政治之风、大兴讲正气之风，争创一流业绩”活动，举办市场经济培训班，现代科技知识讲座及外语、微机等培训班150多次，参加学习培训8000多人次。1997年，围绕中共十五大召开、香港回归两件大事，组织广大党员干部开展“大兴五风（大兴讲学习之风、讲政治之风、讲廉政之风、讲正气之风、讲团结之风）、争创一流”活动。

1999年，在市直机关领导班子、领导干部中，分批开展“三讲”教育。经民主测评，对领导班子的满意和基本满意率100%，对领导干部的满意和基本满意率88%以上，多数100%。2000年，组织3492名副科级以上干部进行法律知识考试。

2001—2002年，突出学习“三个代表”重要思想。2003年，开展“建设学习型机关”活动，组织4000多名科级以上党员干部参加“四五”普法考试。2005年，机关工委系统154个部门和单位520个基层党组织、10191名党员分别参加第一批和第二批先进性教育活动。2007年，组织学习胡锦涛一系列重要讲话、中共十七大精神和省、市党代会精神，引导广大党员干部把思想和行动统一到中央和省委、市委的精神上来，把智慧和力量凝聚到市第十次党代会确定的目标任务上来。2008年，在市直机关组织开展“讲党性、重品行、做表率”活动，通过召开情况交流会议、辅导报告会、演讲报告会和书法绘画展览等活动，推动理论学习深入开展。2009年，深入开展学习实践科学发展观活动，举办学习报告会300余场，领导干部上党课200多场，组织各种学习辅导班、培训班180多期，培训党员干部4000多人。2010年，举办学习报告会320余场，领导干部上党课250多场，组织各种学习辅导班、培训班190多期，培训党员干部5000多人。2011年，深入组织开展学习型党组织创建活动，举办学习报告会160余场，领导干部上党课210多场，组织各种学习辅导班、培训班180多期，培训党员干部5800多人。

2012年，组织机关党员干部认真学习中共十八大精神，举办学习报告会300余场，领导干部上党课240多场，组织各种学习辅导班、培训班180多期，培训党员干部5600多人。

第四节　机关党组织建设

1991年，中共潍坊市委市直机关工作委员会制定《关于进一步完善市直机关党务工作目标管理的意见》。全年举办各类型的党务干部培训班42期，培训专兼职党务干部755人次；举办新党员学习班54期，培训新党员345人次；举办入党积极分子培训班42期，培训入党积极分子714人次，发展新党员222名；新建机关党委3个，党总支3个；有32个基层党组织进行了换届改选；市直机关352个党支部平均召开党支部大会4次，402名副县级以上领导干部中按时参加所在支部和党小组生活会的达到85%以上。向市以上推荐机关党建和思想政治工作先进单位37个、先进模范人物81名。是年起，每年均以机关党工委名义表彰先进基层党组织、优秀共产党员、优秀党务工作者。

1992年，新建机关党总支2个，改选党总支2个。督促市直5个“三资”企业设立党的基层组织，督促市直56个部门定期召开党员领导干部民主生活会，组织对7371名党员进行民主评议，落实专人对273名后进党员进行帮教；举办26期入党积极分子培训班，对487名入党积极分子进行系统培训，全年发展新党员208名。向市以上推荐机关党建和思想政治工作先进单位16个、先进模范人物27名。

1993年，市直机关新建党组织35个，换届改选107个，新增补党组织领导班子成员98名，基层党组织健全率100%，班子完好率92%。234人加入党组织，207名预备党员按期转正。

1994年，对市直部门领导班子和所属29个副县级以上单位的领导班子进行考察，16个部门的党组织班子成员进行调整增补充实，选拔48人充实到党组织班子中来。换届改选党组织10个，新建党组织4个。新发展党员273名。1995年，5个部门党组织举行换届选举，3个单位改建、新建党组织，10个部门调整、增补党组织班子成员；312人加入党组织，233名预备党员按期转正。

1996年，先后有17个部门机关党组织成员进行调整充实，增补34名，有4个部门机关党组织进行换届选举，新建4个部门的党组织；355人加入党组织，286名预备党员按期转正。

1997年，加强对机构改革中机关党的组织和党务工作机构设置、人员编制、干部配备等问题的协调与监督。新建、改建机关党组织6个，调整增补班子成员22名，7个部门的机关党组织进行换届选举。全年有346人加入党组织，340名预备党员按期转正。1998年，新建、改建机关党组织7个，换届选举机关党组织9个，对11个部门的机关党组织成员进行调整，所属机关党组织的健全率100%；全年新发展党员400名。1999年，贯彻落实《中国共产党党和国家机关基层组织工作条例》，新建、改建机关党组织5个，有6个部门的机关党组织进行换届选举，对57个部门机关党组织成员进行调整，所属65个部门机关党组织的健全率100%。全年发展新党员350名。"七一"期间，有9个实施民心工程先进基层党组织、10名实施民心工程优秀党员受到市委表彰。2000年，指导督促2个单位进行机关党组织换届选举、3个单位新建党组织，对20个单位的党组织成员进行调整，党组织健全率100%；全年发展新党员419名、预备党员转正358名。

2001年，结合机关机构改革，重点进行调整、理顺机关党组织关系工作。全年审批新建或改建党组织20个，调整补充12个单位的党组织组成人员。发展党员292名，预备党员转正419名。2002年，审批新建党组织3个，改建党组织5个，换届改选党组织30个，调整补充14个单位的党组织组成人员；评选表彰50个先进基层党组织、100名优秀共产党员和50名优秀党务工作者；发展党员355名，预备党员转正423名，为520名党员转接组织关系。

2003年，市委市直机关工委狠抓基层党组织领导班子建设。全年审批新建党组织5个，改建党组织2个，换届改选党组织13个，调整补充8个单位的党组织组成人员；发展党员276名，预备党员转正281名；组织对市直部门的72名专兼职党务干部进行业务知识培训，并组织部分党务干部到外地参观学习。2004年，审批新建党组织2个，改建党组织2个，换届改选党组织15个，调整补充11个单位的党组织成员；印发发展党员工作意见，举办党员发展对象培训班，发展新党员256名，预备党员转正281名。2005年，新建、改建机关党组织13个，换届改选基层党组织52个，调整充实39名基层党组织成员；组织市直部门的部分党务干部到井冈山、韶山等革命老区学习考察，接受革命传统教育；发展党员342名，

2006年2月27日，市直机关先进基层党组织、优秀共产党、优秀党务工作者表彰大会在市级机关综合办公大楼召开

为865名党员接转组织关系。2006年，新建、改建机关党组织15个，换届改选基层党组织14个，调整充实28名基层党组织成员，所辖单位基层党组织和班子成员健全率分别为100%和98%以上；全年发展新党员414名；组织中共十七大代表、省第九次党代会代表的推荐和市第十次党代会代表、市直机关党代表会议代表的推选工作。

2007年，重点抓好基层党组织建制、换届改选、班子配备、缺额补选、任职谈话“五个落实”。共新建、改建机关党组织23个，换届改选基层党组织25个，调整充实38名基层党组织成员；分层次举办党员发展对象培训班，共培训发展对象2200名，发展新党员452名。2008年，印发《关于创新机关党建工作模式增强党组织生机活力的意见》，建立规范的党建工作记实考核和“党员活动日”制度，组织开展“一名党员一面旗”和机关党建“亮点”工作创评等活动，年底表彰33项机关党建工作创新奖；换届改选基层党组织18个，调整充实54名基层党组织成员，基层党组织和班子成员健全率均达100%；组织举办党员发展对象培训班5期，培训发展对象2200名，发展新党员506名。

2009年，市委17个直属党委部门的机关党建工作实行市委直属党委和市直机关工委双重管理。成立市党建研究会机关专委会，创办《潍坊机关党建》会刊。建立规范的党建工作记实考核和“党员活动日”制度，对市直部门机关党组织书记履行基层党建责任情况进行述职考评。组织51名机关党建工作者到北京大学举办培训班。新成立、换届和调整机关基层党组织31个，调整充实45名基层党组织成员；组织举办党员发展对象培训班9期，培训发展对象2370名，发展新党员457名。

2010年，研究制定《潍坊市直机关党组织书记履行基层党建工作责任述职考评制度》。新成立、换届和改选机关基层党组织19个，调整充实78名机关党组织班子成员。组织举办党员发展对象培训班9期，培训发展对象2540人，发展新党员407名；年终对市直机关100个部门和单位机关党组织书记2010年履行责任的情况进行述职考评。2011年，印发《关于进一步加强市、县两级机关党建工作联系交流的意见》，进一步深化完善机关党组织书记履行基层党建工作责任述职考评制度。新成立、换届和改选机关基层党组织18个，调整充实93名机关党组织班子成员。组织举办党员发展对象培训班25期，培训发展对象1500人，发展新党员450名。

2012年，开展“创先争优”活动，市直机关5个基层党组织和6名个人事迹入选全市创先争优100例，9个单位的创先争优制度入选全市创先争优制度创新成果100例，市直机关先后涌现出全省先进基层党组织1个，全市先进基层党组织13个、优秀党员12名，创先争优活动先进个人8名。全年共有18个机关党组织换届、调整。其中，改选9个、换届8个、新成立1个；把党员发展对象培训纳入党校系统培训，培训党员发展对象184名，新发展党员295名。

第五节　机关作风建设

正风肃纪

1993年，市委市直机关工委组织开展基层评议机关活动，市直机关共发出征求意见函4万多份，召开各种类型座谈会800多次，走访基层单位和服务对象400多个，征求意见1000多条，摆查出突出问题900多项，针对问题定出整改措施3500多条。2000年，在市直机关组织开展警示教育活动，组织499名副县级上党员领导干部进行警示教育知识答卷。2001年，市直各部门紧密结合各自实际，推出便民服务项目667个、服务承诺措施144条，公开热线服务电话327条，为基层和群众解决突出问题5240个。表彰10个先进纪检组织、10个落实党风廉政建设责任制先进单位、15名优秀纪检干部。

2002年，在党员干部特别是县级以上干部中组织开展“理想信念，廉政纪律”教育活动，组织市直机关96个单位的5991名副科级以上党员干部参加党纪政纪条规知识考试，平均分数96分。2003年，在机关党员干部中组织开展“艰苦奋斗，廉洁从政，优化环境”专题教育活动和多种形式的反腐倡廉警示教育。

2004年，在市直机关党员干部中开展“为民、务实、清廉”专题教育活动，组织35个部门的56名专职纪检监察干部进行专业知识测试。2005年，在市直机关党员干部中开展“廉洁奉公，执政为民”主题教育活动，组织3000多名党员参加党纪条规知识答卷活动。2006年，在市直机关党员干部中组织开展“勤政廉政、科学发展”主题教育活动，组织7000多名党员进行党风廉政建设知识答卷。

2007年，着力在转变机关作风上下功夫，组织机关工作人员分期分批进行封闭式军训，每期10天，年内集训9期900人。开展“优质服务项目”创评活动，打造优质服务“品牌”，对60个“优质服务项目”进行表彰奖励。2008年，继续组织机关工作人员全员军训，组训3600多人，军训工作被评为全省机关党建创新奖。表彰68个市直机关优质服务项目，开展“廉政文化建设年”活动，培养4个“廉政文化建设示范点”。

2009年，组织开展“下基层促发展”活动，市县两级党政机关共有1152个部门和单位2.35万人次领导干部走访企业、农村和社区7585家，协调解决问题5586个。深入开展“讲党性、重品行、做表率”活动，组织市直机关党员领导干部讲党风廉政教育党课92次，组织市直机关450名县级干部、1050名科级干部参加党风廉政知识答题活动；加强廉政文化建设，培育6个市直机关“廉政文化建设示范点”。

2010年，加强机关作风建设，深化“优质服务项目”创评活动，年底表彰72个市直机关“优质服务项目”；深入开展“下基层促发展”活动，市直机关有97个部门和单位4700人次走访企业483家，为275家企业理清发展思路，解决各类问题2300多个。认真学习贯彻《党员领导干部廉洁从政若干准则》，组织1173名科级干部进行知识答题，组织410名副县级以上党员领导干部进行集中考试。

2011年，深入推进“下基层促发展”活动，市直机关各部门领导干部走访企业、农村和社区580多家，协调解决各类问题3200多个；开展“以人为本、执政为民”主题实践活动，积极推进党务公开，制定党务公开监督检查、例行公开、依申请公开等11项制度。2012年，大力开展“强化服务促发展”主题系列活动，市直机关各部门领导干部走访企业、农村和社区1600多家（个），协调解决各类问题5000多个；扎实开展“恪守从政道德、保持党的纯洁性”主题教育活动。

清理整治

1994年，深入开展清理个人借款、挪用公款、领导干部违纪购买小汽车、干部多占住房活动，检查清理出个人借公款90多万元，涉及319人，其中县级干部11人、科级干部58人、一般干部106人。1995年，对行政性、事业性收费及罚款情况进行检查，共收入库资金261万元，清退乱收费17.9万元，纳入财政代管资金123.9万元；对公费出国（境）旅游问题和“三费”收缴进行清理，共涉及40人次，收缴“三费”3.03万元；对副处级以上党政机关和具有行政性职能的企事业单位的56部超标小汽车进行清理和处理。其中，调换43部、变卖4部、留用9部。1996年，对市直602名副县级以上领导干部住房面积、装修情况进行调查摸底。1997年，对市直机关新建、装修办公楼，召开会议、举办庆典、公费安装住宅电话和移动电话、购买小汽车、公款招待、公费出国（境）旅游等情况进行清理，停建和取消装修、扩建办公楼7幢，面积1.26万平方米，制止违规赠送礼品、纪念品271人次，取消各类庆典活动9个，取消评比、达标、检查活动61项，清理公款为个人配置移动电话36部、安装住宅电话465部，取消计划购车16部，压缩公费出国（境）旅游团组2个6人次，对清理出的超面积住房按房改政策进行处理。1998年，清理违规通信工具950部，收回资金29万元。1999年，清理核查出374名干部职工多占住房381套，清退379套。2002年，做好清理党政机关工作人员借用公款工作，对市直78个单位进行集中调度督查，清查出13个单位62人借用公款110.7万多元。2003年，对84个市直部门和企事业单位公务用车情况进行清理登记，对市直党政机关事业单位违规用公款为个人购买商业保险情况进行集中清理。2004年，对85个市直部门和企事业单位公务用车情况进行清理纠正，对市直党政机关单位违规用公款为个人购买商业保险情况进行集中清理。2006年，清退违规住房9套，清退现金196.8万元。2012年，开展党政机关、事业单位自建农牧产品基地和“小金库”专项清理，对3个单位自建农牧产品基地进行清理，对10个重点单位进行“小金库”检查。

案件查处

1991年，充分发挥各级纪检监察组织和纪检干部的职能作用，查处24起违法违纪案件，对19名违纪党员进行组织处理。1992年，查处19起违法违纪案件，对16名党员进行组织处理，其中开除党籍4人、留党察看5人、撤销党内职务2人、党内严重警告5人。1993年，市直机关党工委查处违法违纪案件6起，处分违纪党员干部3人，受理群众来信来访84件次。1995年，立案查处违纪案件11起，处分党员5人，其中开除党籍2人、党内严重警告1人、党内警告2人。1996年，查处党内违纪案件9起，处分党员2人；受理群众来信来访54人次，一次性结案和优质结案率均在98%以上。1997年，全年初核案件13起，立案9起，共处分党员7人。其中，开除党籍3人、留党察看1人、党内严重警告2人、警告1人，受理群众来信来访65件（次）。1998年，受理来信来访57件，立案查处党内违纪案件13起，处分党员8人。1999年，受理来信来访33件，立案查处违纪案件7起，处分党员9人。其中，开除党籍5人、留党察看1人、党内严重警告1人、党内警告2人；受处分的党员中，涉及县级干部2人、科级干部6人。2000年，共受理来信来访81件，其中重点信访10件，全部处结完毕，处结率100%；立案查处党内违纪案件12起，处分党员14人。其中，党内警告2人、党内严重警告2人、撤销党内职务1人、留党察看1人、开除党籍8人。2001年，受理来信来访75件（次），初信初访处结率100%，按期、优质结案率98%；处分党员干部7人。其中，党内严重警告1人、撤销党内职务1人、开除党籍5人。2002年，受理来信来访21件（次），均当年处结。2003年，受理处结来信来访21起，一次性结案率100%。2004年，受理来信来访22起，一次结案率100%，处结8起党员干部违规违纪案件。2005年，受理来信来访9起，一次结案率100%，处结5起党员干部违规违纪案件。2006年，共受理群众信访5起，查处违规违纪案件5起，对1名党员领导干部进行纪律处分。2007年，受理群众信访5起，查处违规违纪案件3起，对1名党员领导干部进行纪律处分。2008年，受理群众信访2起，给予3名党员开除党籍处分、2名党员党内严重警告处分。2009

年，受理群众信访2起。2010年，受理群众信访4起，给予2人开除党籍处分，其中涉及副县级干部1人。2011年，受理群众信访2起，全部处结。2012年，处分违纪党员1名。

第六节　机关群团建设

1991年，市直机关新建基层工会10个，调整充实基层群团组织专员84名，发展工会会员995名、团员350名。全年有6849名干部职工提合理化建议2846条，被各级各部门采纳1169条；举办读书演讲会89场次，参加人员3200名；团工委先后6次组织2100名团员青年利用节假日走上街头开展便民利民“奉献日”活动；有4800名团员青年立足本职岗位学雷锋做好事8000件（次），收到表扬信、感谢信3000余封。

1992年，新建立3个基层工会组织和团组织，对15个基层组织进行改选换届，调整充实领导成员55名，发展工会会员410名、团员380名。全年有41个基层群团组织帮助59人解决工作和生活中的实际困难87件（次）；有803名干部职工提合理化建议1350条，被各级各部采纳414条；有825名团员青年学雷锋做好事1350多件（次），收到表扬感谢信540多封。1993年，各级群团组织深入开展“学业务、比技能、做贡献”竞赛活动。

1994年，市直机关工会工委先后组织“主人翁与市场经济”主题教育活动，1596名职工提出合理化建议1134件，被采纳715件，创造（节约）价值92万元；开展“争五手、创名牌、增效益”社会主义劳动竞赛，进行技效比武92场次，评出技术能手115人，创名牌5个，增加效益40多万元。机关团工委配合开展“学抓创”活动，市直机关100名优秀青年荣获10个行业的“十佳青年”称号，有1个单位获团省委命名的“青春立功”活动先进单位，2人获一等功，4人获二等功，6人获三等功。

1995年，市直机关工会工委组织开展提合理化建议活动，134个单位的26860名职工提出合理化建议2557件，创造（节约）价值841万元；职工进行发明创造5件，创造价值8万多元，进行劳动竞赛和技术比武82次，参加职工26670人，评出技术能手249人，创名牌29个，增效益216万多元。

1996—1998年，机关团工委组织开展青年志愿者服务活动，3000多名团员青年踊跃参加；机关工会工委组织开展合理化建议活动，提出合理化建议7800多条；机关妇工委组织实施“家庭细胞”工程，评选表彰一批“五好文明家庭”。

1999年，市直机关工会积极开展多种形式的建功立业和劳动竞赛活动。团工委全面实施“创新创业创优”行动，涌现出“三创”优秀成果30项。

2000年，市直机关有2个单位获“富民兴鲁”奖状，2人获得“全国先进工作者”称号，2人被省总工会授予全省“先进工会女职工工作者”称号。共青团组织先后涌现出全省青年志愿行动先进集体1个，全国青年志愿者服务奖章获得者1人，国家级“青年文明号”1个，1个单位获得“省城镇妇女‘巾帼建功’竞赛活动先进单位”称号，6个单位被省妇联命名为全省“巾帼建功文明示范岗”，1人被省妇联授予“山东省‘巾帼建功’先进个人”称号。

2001年，40多个工会组织筹措10余万元的资金和生活用品，对90多户困难职工进行重点帮扶。市直机关有1个单位被市总工会授予“富民兴潍”劳动奖状，4人被授予“富民兴潍”劳动奖章。共青团组织涌现出2个省级“青年文明号标兵”，1个省级“优秀组织单位”。妇女组织1个单位被命名为全国“巾帼建功文明示范岗”，2个单位被省妇联授予“五好文明示范单位”称号。2002年，市直机关有1人获“富民兴鲁”劳动奖章，4人获“富民兴潍”劳动奖章，1个单位荣获“富民兴潍”劳动奖状，建成1个省级“先进职工小家”；共青团组织涌现出1名省优秀青年工作者；妇女组织涌现出1个省“三八红旗集体”，1个省“巾帼文明示范岗”，有3个单位被授予“山东省巾帼建功竞赛活动先进协调单位”称号，有1人获“省巾帼建功活动先进个人”称号，1人获“省先进女职工”称号。

2004年，全市各机关群团组织积极组织开展评先树优活动，市直机关有1人被授予“全国五一劳动奖章”，6人被市政府授予“劳动模范”称号，1人被省总工会授予“文明职工家庭”称号。2005年，市直机关有1人被授予“全国劳动模范”称号，2名职工被省总工会授予“富民兴鲁奖章”，1个单位被授予“富民兴鲁劳动奖状”。妇女组织有2个单位被授予“省巾帼建功竞赛活动先进单位”称号，1个单位被命名为“省巾帼文明岗”。2006年，市直机关有1人被省总工会授予“富民兴鲁”劳动奖章，1个单位被授予“富民兴鲁”劳动奖状。2007年，市直机关有8人分别获“富民兴鲁”劳动奖章和市劳模称号。2008年，有5人分别获省劳模、“富民兴潍劳动奖章”和省级荣誉称号，1个集体获“富民兴潍劳动奖状”。

2009年，组织开展各种形式的岗位建功立业、“送温暖”“金秋助学”、青春创业行动、争做青年志愿者、争创青年文明号、“巾帼建功”“和谐家庭”创建等系列活动。市直机关群团组织有10个集体、2名个人受到省级表彰。其中，2人分别获“富民兴鲁劳动奖章”和“富民兴潍劳动奖章”。

2010年，大力开展机关全员健身活动，组织举办市直机关第六届职工运动会、庆“五一”万人风筝放飞、全民健身月越野长跑和乒乓球、羽毛球、太极拳比赛等活动。深入开展“心系职工情、温暖进万家”“金秋助学”等活动，摸排因疾病和意外灾害致困家庭56户，困难家庭211户，筹措25万元资金和物资走访慰问困难职工。为9名困难职工子女上大学提供帮扶资金1.9万元。发动市直机关干部职工向玉树地震灾区捐款278万元。组织发动机关干部职工与530名贫困乡村的学生结成对子，筹集资金80余万元为5万多名农村儿童购置学习用品和玩具，帮扶贫困小学生3000余人、贫困大学生1500多人，向福利院及残疾儿童捐款捐物40多万元。

2011年，组织开展以“学业务、强技能、练精兵”为主要内容的群众性岗位练兵活动，以及“心系职工情、温暖进万家”“金秋助学”、社会主义核心价值体系教育、“情系子女、感恩父母”“城乡儿童手拉手”“文明礼仪伴我行”等一系列活动。帮扶贫困小学生3000余人、贫困大学生1500多人。

2012年，成立市慈善总会市直机关慈善工作站，组织市直机关各部门、各单位开展“慈心一日捐”活动，共捐款105万元。开展“面对面、心贴心、实打实，服务职工群众在基层”活动，筹措25万元的资金和物资，救助困难干部职工家庭223户，救助困难职工新上大学的子女13人。为贫困地区小学捐建“关爱书屋”6个。开展机关全民健身活动，普及推广第九套广播体操。举办市直机关第七届职工运动会，市直机关66个部门、单位的3000余名干部职工参加比赛。

第十三章　党史工作

1991—2012年，全市党史工作者认真贯彻“存史、资政、育人”的方针，逐渐把征集党史资料的重点转移到中华人民共和国成立后社会主义革命和建设时期上来，努力解决全市党史机构存在的问题，改善工作环境，全市党史工作走上了正常发展的轨道。积极探索开展党史工作的新思路、新方法，践行“广集深研、资政育人、团结协作、奉献拼搏”的十六字部门精神，中共潍坊地方党史资料的征集、研究、宣传、出版和利用党史资料为现实服务工作取得丰硕成果。

第一节　组织机构

中共潍坊市委党史资料征集研究委员会成立于1984年4月，为正县级机关延伸性事业单位，1996年6月机构改革中调整为副县级。1997年5月，更名为中共潍坊市委党史研究室，恢复正县级规格，隶属于市委办公室，编制15人，内设秘书科、研究一科、研究二科。至2012年，机构与编制未变。

第二节　党史资料征编

1993年，市委党史部门制订《社会主义时期中共潍坊党史工作总体规划》，1999年制订《潍坊市2000—2004年党史工作规划》，2006年制订《潍坊市2006—2010年党史工作规划》。其间，潍坊市党史资料征编工作的重点逐渐由民主革命时期向社会主义革命和建设时期转移，取得了大量成果。

征集整理党史资料

搜集档案等文献资料60万字，征集回忆录、整理采访笔录约40万字，征得历史图片近千幅，整理资料档案280余卷、近400万字。

书籍出版

组织编纂出版《潍武沧桑》（1991.2）、《潍民丰碑》（1992.3）、《中国共产党潍坊市企事业组织史资料》（1993.8）、《中共潍坊市党史大事记（1921—1991）》、《潍坊的接管与改造》（1995.11）、《中国共产党山东省潍坊市组织史资料（1987—1997）》、《潍坊新时期农村变革与发展》（1999.11）、《中共潍坊历史大事记（1949—2001）》、《实践“三个代表”的先锋》（2002.8）等。其中，《中共潍坊历史大事记》2002年被评为山东省党史研究优秀成果一等奖。承担《山东革命文化丛书》之一《潍县战役》一书的撰写任务，全书共11万字。参与《中共胶东区地方史》《中共渤海区地方史》《中共鲁中区地方史》《中共滨海区地方史》等书的编写工作。

专题资料

2004—2012年，整理编写的专题资料有：《昌潍区对农业、手工业和资本主义工商业的社会主义改造》《“一五”计划时期昌潍专区的建设与发展》《昌潍专区的“大跃进”运动》《昌潍专区的“整风反右”运动》《昌潍地区的土地改革运动》《20世纪60年代昌潍专区的国民经济调整》《1975年昌潍地区的整顿》《昌潍区的抗美援朝运动》《潍坊的“三反”“五反”运动》《文革中昌潍地区的夺权及革委会成立》《文革中昌潍地区主要群众造反组织的兴起与衰落》《社教运动中昌潍地区城市“五反”运动试点》《昌潍地区的工业学大庆和农业学大寨》《昌潍地区的“斗、批、改”运动》。完成中央党史研究室、省委党史研究室下达的《人民英雄大典》《共和国之最》《齐鲁共产党人》《山东党史人物传》《中共山东省党史人物辞典》《山东沿海开放区发展纪实》《山东改革开放与展望》《中国新时期农村的变革（山东卷）》《拨乱反正（山东卷）》《抗战时期人口伤亡和财产损失》《中共鲁中地方史》《山东党史人物传》《中共八大代表名录》《中共山东年鉴》《中共山东历史图集》等书的调研撰稿、资料提供和图片征集任务。

第三节　党史研究与学术研讨

党史研究

1993年1月，市委党史部门编纂出版《中共潍坊历史简编》，全书15万字，中共党史出版社出版；1997年6月，编纂出版《中共潍坊地方史（第一卷）》，全书33.6万字，红旗出版社出版。两书全面记述新民主主义时期中共潍坊地方组织带领人民群众同帝国主义、封建主义和国民党反动派进行英勇斗争，最终取得胜利的光辉历史，真实展现了潍坊地方党组织成长、发展的历程，科学总结了党组织在新民主主义时期的经验教训。

2006—2007年，全市开展抗战专题调研工作。成立以市委副书记赵兴涛为组长，市委办公室、党史研究室、档案局、史志办等单位主要负责人为成员的抗战课题调研工作领导小组，各县市区和3个开发区均成立相应的组织，乡镇成立入村调查、资料汇总等小组。全市参加调研工作的人员近万人，收集大量抗战时期的史实资料，至2007年2月，形成各类调研成果材料300多卷，完成专题20多个，制作光盘100多张。向中央和省级党史部门上报有关党史资料80余份600余页，完成抗战时期4万余名伤亡人员名录汇总和近20万字的《潍坊市抗战时期人口伤亡和财产损失大事记》A卷、B卷、C卷编纂工作。

学术研讨

1991—2012年，全市党史系统在省以上报刊发表学术论文80余篇。其中《王乐平与济南共产主义小组》一文入选中央党史研究室2000年6月在上海召开的学术研讨会，《两个讲话与中国的现代化》《从潍坊的成功接管看解放战争后期党的城市政策》2篇论文入选华东七省一市学术研讨会；向山东省党史文化建设理论研讨会报送论文4篇，其中2篇在全省党史部门党史优秀成果评选中分获一等奖和二等奖；向纪念罗荣桓诞辰110周年理论研讨会报送论文1篇并获优秀论文奖；向全省和谐社会建设理论研讨会提交论文1篇并获优秀论文一等奖；另有多篇论文获省、市两级学术研讨会优秀论文奖和社科成果奖。2002年，市委党史研究室举办以“纪念邓小平南方谈话10周年”为主题的学术研讨会，并将优秀论文编辑出版；2008年，市委党史研究室与市委宣传部联合举办纪念改革开放30周年学术研讨活动；2011年，与市委宣传部等部门联合举办潍坊市纪念中国共产党成立90周年理论研讨会。

第四节 革命遗址保护与党史宣传教育

革命遗址保护

2004年，市委党史研究室对“中共潍坊特别市委旧址”的相关情况进行调查，形成《关于建立“中共潍坊特别市委旧址纪念馆”的调查报告》和《建馆筹备具体方案》。2006年，对魏嵋故居、寒亭区东常寨村潍县战役指挥部、市区向阳路潍坊特别市委旧址进行实地考察，形成调查报告。

2010年，完成革命遗址普查任务，全市共调查各类革命遗址近207处，拍摄和搜集图片5000余幅，整理文字资料70余万字、声像资料400分钟。2011年4月，协助省委党史研究室拍摄《山东红色之旅》，潍坊的王尽美纪念馆及故居、华东保育院、寿光牛头镇起义遗址、潍县战役指挥部遗址、潍县战役突破口遗址、潍坊特别市委旧址7处革命遗址入选。2012年，为山东省委党史研究室编纂的《山东省重要革命遗址通览》一书提供潍坊41处革命遗址的文字材料3万余字、图片100余幅。

党史宣传教育

开展地方党史宣讲进机关、企业、社区、农村、学校、军营“六进”活动 2002年起，市党史研究室先后编写制作《潍县战役》《民主革命时期潍坊地方党史讲稿》等优秀课件，面向全市开展地方党史宣讲。承担市委组织部主办的干部培训班的地方党史课程的授课任务，在机关干部自主选学公共课程中安排潍坊地方党史课。到潍坊一中等学校开办地方党史讲座，对青少年进行爱国主义、革命传统教育和弘扬民族精神的教育；派出党史专家为全市大中学校入党积极分子讲授地方党史课。至2012年，举办党史讲座百余次，听众3万余人。向机关、农村、企业、学校发行《中国共产党简史》《中共山东80年简史》等党史读物5000余册，充实到基层图书室，辅助基层开展党史、国史教育。在市直机关工委组织的“2008年度潍坊市机关关心下一代优秀服务项目”评选中，“青少年党史教育活动”榜上有名。“地方党史宣讲‘六进’活动”连续多年被评为市直机关优质服务项目。

纪念活动 与潍坊电视台合拍《世纪的春天》（1998年）、《潍原党旗飘飘》（1991年）、《曾山同志在潍坊》（2000年）、《潍坊特别市委“小黄楼”》（2010年）等电视专题片4部。为纪念潍县战役胜利60周年，与潍坊电视台联合拍摄历史文献专题片《潍县战役》，该片分上、中、下三集，共90分钟。2008年3月修改再版《潍县战役》一书，向潍县战役胜利60周年献礼。2011年利用纪念中国共产党成立90周年和抗战胜利66周年之机，协助省委党史研究室拍摄《山东红色之旅》（潍坊入选5处革命遗址）。2012年与北京八路军山东抗日根据地研究会开展《胶东新民主主义革命历史资料选编》的编纂工作。结合纪念潍县战役胜利50周年和60周年、中国共产党成立80周年、毛泽东诞辰110周年、邓小平诞辰100周年、纪念红军长征胜利70周年、中华人民共和国成立60周年、纪念原中共中央山东分局代理书记向明诞辰100周年、纪念改革开放30周年等活动，在《大众日报》《齐鲁晚报》《山东党史》《支部生活》《联合日报》《潍坊通讯》《潍坊宣传》《潍坊日报》《潍坊晚报》《潍坊广播电视报》等报刊上发表党史文章，开辟党史专栏，宣传重要党史人物及重大历史事件，推出党史宣传文章80余篇，25万余字。举办潍坊市庆祝中国共产党成立90周年党史知识竞赛活动，收到答题卡30余万份。2012年，与潍坊市革命烈士陵园联合举办“新民主主义时期潍坊党史图片展”，展出中共潍坊党史图片近300幅。

第十四章　党校工作

第一节　组织机构

1986年6月，中共潍坊市委党校确定为大专体制、副厅级规格。从1989年10月起，市委党校党委书记按副厅级规格配备，由市委书记兼任，副书记由校长兼任；1990年9月，市委书记不再兼任党校党委书记，副厅级党委书记单独设立，主持党校工作，副书记由校长兼任。1993年2月，在市委党校设立潍坊市行政学院。1993年5月，市委党校（市行政学院）所设办公室、政治处、教务处、总务处、学员管理处、党校工作处、理论研究室、图书资料室、哲学教研室、政治经济学教研室、科学社会主义教研室、党史党建教研室、经济管理教研室、文史教研室14个正科级处室升格为副处级处室，中层处室负责人于1993年3月—1995年5月陆续升为副处级。1998年5月机构改革，党校共设办公室、政治处（原组织处）、教务处、总务处、财务处、业余教育处、党校工作处、理论研究室、图书资料室、哲学教研室、政治经济学教研室、科学社会主义教研室、党史党建教研室、经济管理教研室、基础课教研室（原文史教研室）、行政管理学教研室、法学教研室17个副处级内部处室。2001年7月，市委党校设潍坊社会主义学院，院长由党校常务副校长兼任，副院长由党校副校长兼任，三块牌子，一套机构。2004年9月起，市委党校领导体制由党委制改为校委制，实行校务委员会负责制，校长由市委书记兼任，常务副校长主持党校日常工作；2005年1月，成立校机关委员会和机关纪律检查委员会。

2010年11月，市委党校自潍坊市区搬迁至昌乐县宝通街669号，并对处室进行调整，内设办公室、政治处、教务处、总务处、财务处、业余教育处、党校工作处、科研处、图书馆、培训开发部、马克思主义理论教研部、党史党建教研部、经济管理教研部、公共管理教研部、政法教研部、社会与文化学教研部、领导科学教研部17个处室部。至2012年底，市委党校有办公室、政治处、教务处等17个内设机构，总编制153人，其中行政54人、事业81人、工勤18人。

第二节　办学条件

基础设施

1990年，市财政拨款138万元建造宿舍楼、改造房屋，解决集中供暖问题，至1991年下半年建成6个单元教职工宿舍。1993年，建成1156平方米的招待所、1100平方米的游泳池及400平方米的宿舍楼附属房。1994年，开发校园东北隅，合作启动6号和7号宿舍楼第二期工程，改造扩建1—4号宿舍楼，建成新校门。1995年3月，动工建设面积为5500平方米综合办公楼。1996年3月，教学楼竣工，动工建设面积为2090平方米学员公寓楼。1997年，办公楼和学员公寓相继投入使用；投资180万元，动工建设面积1293平方米

位于奎文区院校街的市委党校旧貌 (2000年拍摄)

的学员餐厅和会议厅。1998年，学员餐厅和会议厅投入使用；建成2979平方米8号职工宿舍楼，投资26万元为学员公寓楼安装空调、彩色电视机、热水器。2002年，市委党校对一号教学楼进行改造，在原来三层楼的基础上加盖一层，扩大教学楼使用面积，并完成9号宿舍楼和8号宿舍楼二期工程。2004—2005年，对教室旧桌椅全部进行更换，整修学员餐厅，更换学员公寓内有关配套设施，对校内水、电、暖基础设施进行维护、更新。

2006年，市政府召开第40次常务会议，专题研究市委党校搬迁新建问题。2007年7月，市委、市政府决定在昌乐县首阳山南麓兴建市委党校新校。新校实行“代建制”，由昌乐县委、县政府主导建设，市委党校参与配合建设。2008年6月30日，工程奠基，2010年9月1日竣工。新市委党校处于三山环抱之中，规划占地面积714亩，建筑面积6.5万平方米，建设教学楼、学术报告厅、图书馆、接待中心、动力中心、体育中心、地下停车场等设施，其中图书馆建筑面积3600平方米；开通数字化教学、办公系统，建成覆盖综合楼、教学楼、学员宿舍楼和图书馆等10个主要楼宇、以千兆为主干网的校园局域网。2012年，投资180万元，改造空调系统；建成面积300平方米“潍坊地方文献资料馆”，馆内收藏文献资料涉及潍坊政治、经济、文化、教育、科技、地理、人文、宗教、风俗、民情等各个领域。

人才队伍

1991—1996年，市委党校接收各类毕业生13人；1995年外聘兼职教授18人，1996年外聘兼职教授14人。1997年后，主要通过公开考选的方式，从高校毕业生中选聘优秀人才，至2012年共

位于昌乐县宝通街669号的市委党校新颜 (2010年拍摄)

公开招录19人。

加大教师队伍培训力度，采取外派脱产进修、跟班学习、挂职锻炼等方式，多渠道培训、轮训师资力量。采取“结对子”方式，搞好新、老教师“传帮带”。采取教学竞赛、名师评比等方式，促进教师争先创先、竞相发展。1991—2012年，市委党校选派教职工到镇（街道）、村（社区）挂职锻炼56人次；1995—2011年，有45名教师在省、市委党校系统优秀课堂观摩竞赛中获奖，其中有10人获一等奖。2010—2012年，选派教师到中央党校、井冈山干部学院、国家行政学院、浙江大学、北京大学、省委党校等进修学习34人次。至2012年底，党校共有教职工144人，其中教师52人；有教授8人、副教授25人，分别占教师总数的15.4%、48%；教师队伍学历全部达到大学本科以上，其中研究生16人、博士1人。

第三节　干部培训

主体班次

1991—2012年，市委党校共举办主体班次培训班350期，培训各级党员领导干部2.08万人。

教学内容　始终突出党的理论教育、党性教育主业主课地位，坚持把马克思主义中国化最新成果作为党校教学的中心内容。中共十五大、十六大、十七大、十八大召开后，及时举办专题培训班，对全市县级以上领导干部进行集中轮训。结合不同历史时期市委、市政府发展战略和中心任务，及时开发和设计市情教育专题模块，准确解读重大决策部署和发展政策，加强市情教育。

教学方式　全面推行讲授式、案例式、研究式、情景模拟式以及现场教学、异地培训等教学方式，举办学员论坛，邀请各级党员领导干部、专家学者、知名企业家、劳动模范和先进人物到市委党校讲课。2005—2012年，市委党校外请领导、专家等授课65人次，其中省级以上17人。探索推行“菜单式”教学，组织教师备课菜单选学专题200多个，供主体班次学员选择。

班次设置　主要设置三大类培训班次：一是进修班，主要是对全市县、科级领导干部进行调训，1991—2012年共培训学员9381人；二是培训班，主要是对全市副县级后备干部进行培训，1991—2012年共培训优秀中青年干部学员1010人；三是专题研讨班，主要是围绕市委、市政府经济社会发展中心及领导干部从事岗位、专业领域，确定培训专题，开展集中研讨培训。

1991—2012年潍坊市委党校主体班次培训情况一览表

表14—14—1

年份	班次名称	学制（天）	班次（次）	人数（人）
1991	县级领导干部进修班	60	4	500
	科级干部进修班	60	4	
	优秀中青年干部培训班	360	1	50
1992	县级领导干部进修班	60	4	200

续表14—14—1

年份	班次名称	学制(天)	班次(次)	人数(人)
1992	优秀中青年干部培训班	360	1	50
	组工干部培训班	15	1	40
	企业领导干部外经外贸培训班	8	1	70
1993	妇女干部培训班	30	2	100
	县级领导干部进修班	30	4	200
	科级干部进修班	30	4	200
	经济管理研讨班	30	1	42
	优秀中青年干部培训班	180	1	47
1994	市、县领导干部《邓小平文选》第三卷学习研讨班	10	4	160
	县级领导干部进修班	30	2	100
	科级干部进修班	30	4	200
	个体私营经济发展研讨班	7	1	50
	大中型企业中青年干部培训班	60	1	50
1995	县级领导干部进修班	45	4	200
	科级干部进修班	45	4	200
	乡镇领导干部进修班	30	2	100
	优秀中青年干部培训班	60	1	50
1996	县级领导干部进修班	60	3	152
	科级干部进修班	60	3	154
	乡镇领导干部进修班	60	2	100
	优秀中青年干部培训班	180	1	53
1997	县级领导干部进修班	60	3	150
	科级干部进修班	60	3	150
	乡镇领导干部进修班	60	3	150
	优秀中青年干部培训班	180	1	50
1998	县级领导干部进修班	60	3	150
	科级干部进修班	60	4	200
	优秀中青年干部培训班	180	1	50

续表14－14－1

年份	班次名称	学制（天）	班次（次）	人数（人）
1999	县级领导干部进修班	60	3	150
	科级干部进修班	60	4	200
	乡镇党委书记培训班	60	2	100
	乡镇领导干部进修班	60	2	100
	优秀中青年干部培训班	180	1	50
2000	县级领导干部进修班	60	2	80
	科级干部进修班	60	4	198
	乡镇领导干部进修班	60	2	95
	企业领导干部研讨班	20	2	73
	优秀中青年干部培训班	180	1	49
2001	县级领导干部进修班	90	2	102
	科级干部进修班	90	3	156
	优秀中青年干部培训班	120	2	94
	乡镇领导干部进修班	90	2	84
	市直科级干部进修班	90	1	37
2002	县级领导干部进修班	90	2	94
	科级干部进修班	90	4	194
	乡镇领导干部进修班	90	1	43
	优秀中青年干部培训班	180	1	50
	WTO专题研讨班	5	1	88
	全市领导干部党的十六大精神学习班	3	2	180
2003	县级领导干部进修班	90	4	185
	科级干部进修班	90	6	305
	乡镇领导干部进修班	90	1	50
	优秀中青年干部培训班	90	1	49
	全市县级领导干部“三个代表”重要思想轮训班	5	12	1108
2004	县级领导干部进修班	90	6	282
	科级干部进修班	60	8	365
	新任副县级领导干部培训班	60	1	53

续表14—14—1

年份	班次名称	学制（天）	班次（次）	人数（人）
2004	领导干部胜任力培训班	120	3	140
	优秀中青年干部培训班	180	1	50
2005	县级领导干部进修班	90	5	239
	乡镇长培训班	90	1	38
	科级干部进修班	90	3	149
	优秀中青年干部培训班	180	1	45
2006	县级领导干部进修班	90	2	109
	科级干部进修班	90	4	173
	垂直管理干部培训班	90	1	44
	新任副县级领导干部培训班	90	2	101
	优秀中青年干部培训班	180	1	31
2007	县级领导干部进修班	60	6	252
	科级干部进修班	60	6	244
	新任副县级领导干部培训班	60	2	73
	垂直管理干部培训班	60	1	32
	全市县级领导干部学习宣传党的十七大精神轮训班	5	6	1255
	优秀中青年干部培训班	180	1	36
2008	县级领导干部进修班	60	8	318
	科级干部进修班	60	4	174
	理论骨干培训班	15	1	34
	优秀中青年干部培训班	180	1	40
2009	县级领导干部进修班	60	6	298
	科级干部进修班	60	2	90
	乡镇长专题培训班	30	2	48
	优秀中青年干部培训班	90	1	41
	全市科级以下干部自主选学班	4	1	88
2010	县级领导干部进修班	60	8	317
	科级干部进修班	60	4	171
	乡镇长专题培训班	30	2	41

续表14—14—1

年份	班次名称	学制（天）	班次（次）	人数（人）
2010	村党组织书记专题培训班	7	1	99
	优秀中青年干部培训班	90	1	40
	全市科级以下干部自主选学班	4	16	743
2011	县级领导干部进修班	60	12	321
	科级干部进修班	60	6	217
	镇域经济发展专题研修班	10	2	144
	经济强村和新任党组书记培训班	5	15	1500
	山东省西藏日喀则干部培训班	15	2	150
	优秀中青年干部培训班	90	1	42
	全市科级以下干部自主选学班	4	8	588
2012	县级领导干部进修班	60	9	274
	科级干部进修班	60	6	209
	全市新任纪检监察干部培训班	7	2	235
	市直部门单位到村任第一书记培训班	3	1	150
	经济强村党组织书记专题培训班	7	1	151
	新任副县级领导干部培训班	7	1	56
	全市农业转型发展专题培训班	3	1	46
	全市“构建服务型城市社区党组织”培训班	6	1	100
	党的十八大精神轮训班	3	5	1856
	优秀中青年干部培训班	90	1	42
	全市科级以下干部自主选学班	4	11	576
总计			350	20792

对外培训

从1997年8月开始，利用中央党校潍坊科研基地在市委党校成立之机，探索对外办学模式，尝试对外培训工作。2000年5月，结合中央“西部大开发”战略实施，面向全国尤其是中西部地区开展对外培训工作。1997—2012年，市委党校共承办、举办对外培训班1496期次，培训市外各级各类学员4.49万人次。截至2012年底，市委党校先后与全国26个省（自治区、直辖市）建立了长期培训合作关系，其中24个在潍坊市委党校挂牌成立干部教育培训基地。

第四节　学历教育

市委党校学历班

1991—1998年，市委党校举办业余大专班经济管理、党政管理、文秘3个专业，计1558名学员。学员毕业后，市委党校停办所有市级党校学历班。

省委党校学历班

1988年始，市委党校承办省委党校大专专业证书班，至1993年共承办5届。1993年始，承办省委党校业余大专班，至2008年共承办15届。1994年始，承办省委党校业余本科班，截至2008年共承办17届。1998—2008年，市委党校培养毕业省委党校大专、本科学历党员领导干部2.19万人。学员毕业后，省委党校大专、业余本科学历班全部停办。1995年，市委党校开始设立省委党校在职干部研究生班教学点，学制三年，招收学员为本科学历、科级或中级职称以上党员干部。至2012年，先后培养毕业省委党校在职研究生318人。

中央党校学历班

1987年始，市委党校承办中央党校函授大专班，2004年招收最后一届。1989年始，承办中央党校函授本科班，2006年招收最后一届。2005年始，招收中央党校高中起点本科班，至2007年共承办3届。2001—2007年，市委党校培养毕业中央党校大专、本科学历党员领导干部共2062人。学员毕业后，市委党校停办中央党校各类学历班。

高等院校学历班

2005年始，市委党校加强与国民教育系列高校和科研机构合作，开展联合办学，培养在职高校硕士研究生。2005—2009年，会同中国农业科学院，培养农业推广在职硕士研究生170人；会同云南农业大学，培养农业推广在职硕士研究生50人；会同烟台大学，培养法律在职硕士研究生70人；会同对外经济贸易大学，培养金融、国际贸易专业专科、本科毕业学员100人。学员毕业后，市委党校停办各类高等院校学历班。

第五节　科研工作

科研组织

潍坊市委党校1986年成立的潍坊市党风与世界观研究所，于1996年迁设于潍坊市社科院。1997年8月20日，成立“中央党校潍坊科研基地”，主要负责对全党关注的重大理论问题和实践问题的研究，对山东省及潍坊地区两个文明建设实践经验的调研和总结，举办全国及地区性的学术讨论会和理论研讨会，为地方党政领导干部、企业家、宣传理论干部举办有关的专题报告。2000年3月23日，成立“潍坊市经济社会发展研究中心”，主要是围绕潍坊市的经济、社会发展和市委的中心工作，开展有价值的专项或综合性课题调研，为市委、市政府领导决策提供咨询服务。2005年12月，成立潍坊市委党校社会科学联合会，主要是围绕市委、市政府的中心工作，开展社会科学研究，组织进行社科界学术交流，宣传、普及社会科学理论知识，向社会提供社科咨询服务。

挂靠市委党校的群众性学术团体有潍坊市党校系统党史党建研究会，1990年12月成立；潍坊市儒学研究会，1996年1月成立。

科研制度

90年代末，市委党校制定《中共潍坊市委党校科研工作暂行条例》，主要内容包括总则、科研管理体制、科研规划与项目、学术活动、科研奖励和成果档案、科研经费等内容。在此基础上，研究制定并实施《科研成果随时奖励试行办法》《中共潍坊市委党校学术规范（试行）》《专业技术人员科研成果计分标准》等科研制度。

重大理论研讨

1993年10月，市委党校联合中共中央党校毛泽东思想研究室等10多个单位在北戴河召开“纪念毛泽东诞辰一百周年全国党风与用人理论研讨会”，国内有关专家学者、理论工作者以及纪检干部等400多人参加会议研讨，共收到论文550余篇，相关专著300余部。1994年5月，市委党校同中央党校毛泽东思想研究室、北京大学等26个单位在广州联合举办“全国市场经济与用人育人理论研讨会”，来自全国专家、学者、省级领导干部300多人参会，共收到论文600余篇，新华社等国内外20多个新闻单位报道。2001年6月，参与组织举办全市纪念中国共产党成立80周年理论研讨会。2004年6月，召开全市党校系统“提高基层党的执政能力”理论研讨会。2005年7月29日，中央党校科研部和潍坊市委党校联合，在潍坊举办“全国党校系统执政理论研讨会”，有关地方党校领导以及专家学者、新闻记者120多人参加会议。2006年12月，举办全市党校系统科研工作会议暨“建设社会主义新农村”理论研讨会。2007年12月，召开全市党校系统学习贯彻中共十七大精神理论研讨会。2008年11月，召开全市党校系统纪念改革开放三十周年理论研讨会，评出一等奖5项、二等奖10项，三等奖15项。2009年7月，市委宣传部、市委党校、市社科联共同举办“庆祝新中国成立60周年”理论研讨会。2011年6月，市委党校与市委宣传部、市社联等单位联合举办“潍坊市纪念中国共产党成立90周年理论研讨会”。

调查研究

90年代，成立由市、县两级党校优秀科研人员组成的“三农”问题课题组，对潍坊市农民、农业和农村问题展开调查研究，编辑《农民、农业和农村问题研究》一书，由中国经济出版社出版。2000年以后，市委党校把基层调研作为常态化、常规性工作来抓，围绕市委、市政府发展战略和中心任务，每年开展调研。2000—2012年，围绕农村基层党的执政能力建设、先进性教育、科学发展观与社会主义新农村建设、构建和谐社会、潍坊“幸福感”问题研究以及创新潍坊、文化潍坊、生态潍坊、幸福潍坊等，进行专题调研活动，取得一系列调研成果。2007年12月，在潍坊市委、市政府实施的“鸢都学者”建设工程中，市委党校获“新农村建设问题研究岗位”。

学术沙龙

2010年10月始，市委党校定期不定期举办“学术沙龙”活动，主要围绕党的理论及大政方针、潍坊市委市政府的重大战略部署、潍坊市经济社会实践前沿以及学科前沿问题进行深入研讨、交流。至2012年底，先后围绕“学术论文写作”“人生完善与事业发展”“社会管理科学化”“中华民族伟大复兴”“马克思主义中国化”等主题，举办学术沙龙11期，参加教师172人次。

校刊编辑

1996年始，校刊《潍坊党校学刊》更名为《潍坊党政干部论坛》。2000年改为双月刊，2008年升级为省内部资料性出版物。校刊开设领导论坛、政策学习、经济纵横、党的建设、农村工作、理论探索、调查与思考、文史苑等栏目。1991—2012年，共出版114期，其中《潍坊党政干部论坛》78期。

科研成果

1991—2012年，市委党校教研人员编辑出版专著、教材和普及读物64部，其中出版专著（翻译）29部，主编教材、辅导资料及普及读物42部。在报刊发表论文537篇，其中核心期刊94篇，被《新华文摘》、中国人民大学书报资料中心等报刊转载23篇。有171项科研成果获奖。其中，全国党校系统优秀科研成果二等奖2项、全省社会科学优秀成果奖3项、全省党校系统科研成果奖28项、山东省精神文明建设精品工程奖1项、潍坊市精神文明建设精品工程奖7项、潍坊市社会科学优秀科研成果奖130项。

2000—2012年，市委党校重点课题涉及9大类98项。其中，全国社会科学规划课题1项，山东省社会科学规划课题7项，全国党校系统课题17项，省委及省级部门（单位）课题5项，全省党校系统课题32项，山东行政学院系统课题4项，潍坊市委、市政府课题4项，潍坊市社会科学规划课题22项，被市级以上领导签批课题、报告或进入各级领导决策建议课题5项。

第十五章　督查　信息　保密工作

第一节　督查工作

1990年10月，市委办公室内设督促检查科。1997年8月，更名为市委办公室督查室。2003年12月，市委办公室督查室更名为市委督查室，为市委办公室内设机构，副县级规格。2007年8月，调整为正县级规格。

2002年，市委办公室督查室形成报省《督查专报》31期，被省委《督查工作》采用12篇，综合采用16余篇。编发《督查专报》特刊23期，被市领导批示9期，其中市委主要领导批示5期。编印《潍坊督查》55期，总结转发典型材料163篇。拆阅市委主要领导收到的人民来信1700余件，其中领导批示的82件全部办结，办结省领导批件6件。

2003—2004年，向省委办公厅报送《督查专报》36期，向市委领导报送《督查专报》（特刊）98期；编发《潍坊督查》52期，总结转发典型材料170多篇；开展专项督查活动54次；拆阅市委主要领导收到的人民来信3520多封。

2005年，市委督查室按照市委“议有决，决有行，言必信，行必果，义无反顾抓落实”的要求，突出工作重点，创新工作方式，提高督查实效，推动市委重大决策部署的贯彻落实。全年向省委办公厅报送《督查专报》29期，向市委领导报送《督查专报》（特刊）57期，编发《潍坊督查》13期，开展各种督查活动50多次，办理办结中央、省领导批示件30件，拆阅市委主要领导收到的人民来信1692封。

2006年，制定《2006年全市重点工作立项督查意见》《全市领导干部会议精神立项督查要点》，先后开展库区经济社会发展、新农村建设、民营经济、“三北”开发、中心城区服务业发展等督查调研活动，办理中央、省领导批示件12件，报市委主要领导批阅90件，办结率100%。

2007年，形成15个立项督查意见，下发67个督查事项通知，开展专项督查活动70多次，形成《督查专报》（特刊）126期；办理市委领导批办件642件，办结率100%；编发《督查通报》33期，刊发典型材料100篇。采集、整理各类文件、报告、资料5000余份。

2008年，起草下发《关于2008年重点任务组织领导工作的安排意见》和《关于“一六三三”重点任务立项督查意见》等6个督查文件，下发《督查事项通知》27期，向市委领导报送《督查专报》（特刊）59期，分专题编辑下发《督查通报》18期。对重点工作开展督查活动70余次，全年办理市委领导批件636件。全年采集、整理报送市委主要领导的各类文件、报告、资料6200余份，直接报送文件材料1300余件次。

2009年，形成立项督查文件20个，印发《督查事项通知》26份，先后组织开展各种督查活动70多次，推动市委决策部署顺利实施。坚持“四个督查”的经验做法在全省督查会议上作介绍，中共中央办公厅《秘书工作》给予刊发。编发《督查通报》13期，刊发各地经验材料62篇。办理市委领导批示件732件，专题汇报170多期，办结中央和省委领导批示件17件。整理各类文件、报告、资料8000多件，其中直接报送材料1700多件次；整理信息动态和文件目录47期，摘要1200多条；转办市委主要领导批示778件，处理人民来信1400多件次。

2010年，开展各类督查活动109次，向市委领导报送《督查专报》（特刊）90期。上报典型经验材料36期，编发《督查通报》20期，刊发各地各部门典型经验材料91篇。采集、整理报送市委主要领导各类文件资料8600多份，直接报送1562件（次），整理各类文字信息动态目录46期；办理市委领导批示事项749件，专题汇报147期，办结率100%；对歌尔声学基地、安塞农产品物流园、金融科技两个信息平台建设等70多项领导关注的重点工作持续跟踪督查。

2011年，整理各类文件、报告、资料4000余件，其中直接呈报材料900多件（次），办理领导批示500多件（次）。对市委十届十二次全会有关事项、全市矿山关停整治情况、全市人居环境奖创建工作、“安全月”工作开展情况等分解立项，到现场对贯彻落实情况进行督查。

2012年，开展联合督查14次，其他督查活动31次，形成督查专报42期，提出问题及意见建议95条，编发《重要工作情况通报》2期，编发《督查通报》22期。全年办理市委领导批示督查件485件，专题整理批件办理情况专报201期，整理反馈月报12期，批件办结率100%。办理中央、省级领导批件17件，全部及时办结、按时上报；办理党委口政协委员提案38件，答复率100%。整理各类文件、报告、资料7000多件，其中直接呈报1500多件（次）；整理信息动态和文件目录11期，摘要100多条；处理人民来信400多件（次）。办理市委书记批示件326件，流转件420件，市委副书记批示件100件，流转件210件。上报典型经验材料31期，省委督查室采用29篇，其中，综合整理后报中办督查室4篇，省《督查专报》采用15篇，省《督查工作》单篇采用10篇。

第二节　信息工作

1991—1994年，市委办公室信息科报省委办公厅信息2000多期、4000多条，报中央办公厅信息800多期、1500多条，下发《潍坊信息》（含增刊、专刊等）近700期；通过编发《情况通报》《重要情况反映》《内部情况》《内部参阅》《潍坊经贸信息》等形式，为市委决策提供参考。

1998年，市委办公室信息调研科上报中央办公厅信息247期、1288条，被采用70多条；上报省委办公厅信息1392条，被采用266条；编发《潍坊信息》下发版81期、增刊45期，供领导参阅的内部版127期，市委领导批示60多条；编发

《潍坊经贸信息》50期。

2007年，向中央办公厅、省委办公厅上报信息1295条，被采用199条；编报《今日信息》249期1266条，市委主要领导批示57期63条，编报《重要信息快报》28期；编发《潍坊信息》53期425条，撰写调研性信息6篇，起草并在新华社主办的《高管专供》第25期上发表市委主要领导署名文章。

2008—2009年，向中央办公厅、省委办公厅上报信息2221条，被采用415条；编报《今日信息》501期、《重要信息专报》73期，编发《潍坊信息》106期。

2010—2011年，向中央办公厅和省委办公厅上报信息533期2847条，被采用374条，省领导批示14条；编报《今日信息》499期、《重要信息专报》48期、《社会管理和公共安全每日要情》725期、《潍坊信息》95期，其中250余条信息得到市委主要领导批示。2011年，潍坊市委办公室被评为全省信息工作先进单位。

2012年，向省委办公厅报送信息251期、1039条，被采用104条，信息质量系数居各地市之首。发挥中办信息直报点职能，向中央办公厅报送信息471条，被采用48条。编报《今日信息》248期、《重要信息专报》26期、《社会管理和公共安全每日要情》364期，其中市领导批示16期19条。编发《潍坊信息》59期、《潍坊信息（特刊）》19期。督促引导各县市区加强对省信息直报工作，既重数量，更重质量，实现县市区直报工作的新突破。其中，青州市年度质量系数220分，位居全省140个直报县市区第1位，全市有5个县市区进入全省考核前15名。潍坊市委办公室被评为2012年全省党委信息工作先进单位，全市有9人被评为全省党委信息工作先进个人。

第三节　保密工作

工作机构

1990年5月，市保密局成立，与市委保密办合署办公，为正县级行政单位，以市委管理为主。2001年12月，市委办公室机构改革，规定市委保密办主任、市保密局局长按副县级配备，市保密局内设法规科、技术科。2008年9月，市委办公室成立市保密技术检查中心；2009年5月，市委办公室成立市涉密载体销毁中心，均为正科级事业单位，业务上归市保密局领导。至2012年，市保密局内设法规科、技术科2个科室，行政编制6人。

保密法规宣传和教育培训

1991—2012年，组织开展“二五”“三五”“四五”“五五”“六五”普法教育宣传工作，坚持保密法律法规宣传进机关、进乡村、进社区、进学校、进企业、进单位，广泛深入地开展全民普法。1994年，组织全市包括36名市级干部在内的5.3万余名干部职工参加保密法律法规普法考试。1999年组织开展3次较大规模的保密宣传教育活动，市县两级组织开展活动94次，参加人员21.7万人，发放宣传教育材料5种27440册。2004年4月，市委保密办、市保密局与中国联通潍坊分公司联合举办“联通CDMA杯”纪念《中华人民共和国保守国家秘密法》（以下简称《保密法》）实施十五周年保密知识竞赛活动，全市领导干部、涉密人员和专兼职保密干部1万多人参加。2006年8月，市保密局联合市国家安全局举办“反渗透反窃密防泄密展览”；省委保密委在寿光市举办全省保密工作分管副秘书长、保密局长座谈暨保密干部培训会议。2008年8月，召开“潍坊市纪念《保密法》颁布20周年座谈会”，组织1.5万名领导干部和涉密人员参加省保密局组织的网上保密知识答题活动。2010年10月，以新修订的《保密法》施行为契机，宣传各行各业保密工作先进经验和做法，举办全市《保密法》宣讲暨保密检查培训班和全市保密技术培训班。2012年，市委保密办、市保密局与中国人民财产保险股份有限公司潍坊市分公司联合举办“人保财险杯”保密知识有奖竞赛活动。

保密制度建设

1999年，市保密委制定《中共潍坊市委保密委员会关于领导干部保密工作责任制的决定》；全市制定各项保密制度规范146个，修订117个；市保密局帮助指导事业单位制定规章制度197个。2000年，制定《潍坊市计算机信息系统保密管理暂行规定》；将76个重点单位的128项保密规章制度进行汇编，印发《潍坊市市直部门单位保密规章制度选编》。2009年，市保密局、市委组织部、市人事局联合组织召开全市保密承诺书签订工作会议，印发《关于认真做好保密承诺书签订工作的通知》，并组织领导干部和涉密人员签订保密承诺书。2010年，组织全市2.6万余名签订保密承诺书人员参加国家保密局组织的保密知识竞赛活动。2012年，印发《关于进一步加强国家秘密载体定点复制保密管理的通知》《关于进一步加强涉密信息系统规范化建设和管理工作的意见》。

保密检查及案件查处

1991年，市保密局联合市公安局、市国家安全局等部门依法查处一起丢失密级文件严重泄密案件，并通报全市。1995年，对潍坊国际风筝会、鲁台经贸洽谈会、环渤海经济发展战略研讨会以及“三胞”联谊会、招商引资会等重大涉外活动中的保密工作进行专项监督检查。1999年，市保密局牵头组织公安、工商、新闻出版、“扫黄办”等部门查处收缴泄密非法出版物近百册，其他非法出版物千余册。2004年，在高等教育自学考试、普通高考之前，市保密局与市招生考试办公室对县市区、高新区的13个试卷保密室进行检查验收；7月，组成测绘成果保密管理工作联合检查组，采取听、看、核、议、定的检查方法，对全市47个涉图单位各种比例尺地形图1700余幅进行专项检查；9月，市委保密办协调市委办公室、市政府办公室、市公安局、市国家安全局等单位，抽调计算机及网络专业技术力量组成联合检查组，对12个县市区、3个开发区和市直60多个重点部门（单位）的计算机及其网络进行检查。2007年，重新现场审核确定市直部门单位保密要害部门、部位，对涉密人员重新进行资格审查，签订保密责任书，完善相关制度；市保密局联合公安、经贸、工商等部门集中开展清理取缔涉密文件资料交易的专项行动，共检查旧货市场285家，废品收购站156家，互联网网站2136个；查处奎文、昌邑、高密等辖区发生的3起涉嫌网络泄密案件。2008年，组织开展“五五”保密法制宣传教育规划中期督导检查，保密科学技术“十一五”发展规划中期检查，“风筝会”“鲁台会”期间专项保密检查。2010年10—11月，集中对全市党政机关进行保密大检查，封存38台涉嫌存在安全隐患的涉密、非涉密计算机，下达整改通知书220份。2011年，坚持单位自查和保密部门检查相结合，在全市各级党政机关、涉密单位开展以密码电报、涉密文件信息资料、保密电话、计算机网络管理为主要内容的专项保密检查。在各单位自查的基础上，组织两个检查组，对各县市区和26个市直部门、单位进行抽查。其中，县市区和市属开发区共抽查32名常委及领导秘书，62个党政机关重要涉密部门、单位；市直部门共抽查52名领导班子成员，216个重要涉密科室、部位。各县市区和市直部门按照不漏一人、一机、一盘、一网、一个文件柜的“五不漏”原则，开展自查整改，确保专项检查效果。2012年9—10月，组织开展党政机关、单位互联网门户网站保密管理专项检查，联合市经信、公安、国家安全等部门，进行以文件制发、网络使用、信息发布、网站监管、网站检查及监控系统建设为主要内容的网络清理专项检查；年内，对3起IP地址遭网络攻击、1起门户网站涉嫌泄露国家秘密事件进行全面技术核查。

保密设施建设

1999年，全市投资186万元，为保密重点部门、部位和涉密人员配备密码箱953个，密码保险柜656个，碎纸机460台，对部分单位的重点涉密部位加装安全保卫设施。2009年，潍坊市涉密载体销毁中心挂牌运行，业务由市保密局指导和管理。2010年，投资140万元改建销毁车间230平方米，配齐配全销毁设备。2011年，投资20余万元购置保密检查工具，完善涉密计算机违规外联监控系统，实现与省保密局的连接。2012年，投资30余万元完成市涉密计算机违规外联监控系统中心机房搬迁及改建工作，升级“互联网涉密信息检测系统管理平台”和“涉密计算机违规外联管理平台”。

第十五编

地方权力机关

潍坊市第十六届人民代表大会第一次会议　（2012年2月拍摄）

1991—2012年，潍坊市人大及其常委会历经十一届、十二届、十三届、十四届、十五届、十六届（未满），共召开人民代表大会会议22次，召开人大常委会会议149次，作出决议决定75项，依法选举任免国家机关工作人员1904人次，办理议案及代表建议3552件，办理代表和群众来信来访4.25万件（次）。

第一章　市人民代表大会会议

第一节　代表选举

1993年以前，市人民代表大会每届任期5年，县、乡人民代表大会每届任期3年。

1993年以后，市、县人民代表大会每届任期5年，乡镇人民代表大会每届任期3年。2004年后，市、县、乡人民代表大会每届任期都是5年。

2006年，全国人大常委会通过了关于县乡两级人大代表选举时间的决定，规定县乡两级人大同步进行换届选举。根据上级要求，乡镇人大代表的换届选举延期至2007年，县和乡镇两级同步进行。

1989年11月—1990年4月，县、乡两级人大进行换届选举，共选出县级人大代表3771名、乡级人大代表19384名。

1992年10月—1993年3月，市、县、乡三级人大进行换届选举，共选出市十二届人大代表623名、县级人大代表3487名、乡级人大代表17912名。

1995年11月—1996年1月，乡镇人大进行换届选举，共选出乡镇人大代表14081名。

1997年10月—1998年2月，市、县两级人大进行换届选举，共选出市十三届人大代表559名、县级人大代表3054名。

1998年11月—1999年1月，乡镇人大进行换届选举，共选出乡镇人大代表13952名。

2001年11月—2002年3月，乡镇人大进行换届选举，共选出乡镇人大代表10484名。

2002年10月—2003年3月，市、县两级人大进行换届选举，共选出市十四届人大代表555名、县级人大代表3050名。

2007年8月—2008年1月，市、县、乡三级人大进行换届选举，共选出市十五届人大代表566名、县级人大代表3097名、乡级人大代表5836名。

2011年9月—2012年2月，市、县、镇三级人大进行换届选举，共选出市十六届人大代表567名、县级人大代表3107名、镇级人大代表5278名。

第二节　市十一届人民代表大会会议

第四次会议

1991年5月4—9日在潍坊召开。本届人大代表名额由原657名，经过二、三次会议后，调整到677名。会议应到代表661名，实到代表610名。

大会听取并审议市长邵桂芳作的潍坊市国民

经济和社会发展十年规划和第八个五年计划纲要的报告，市计划委员会主任徐瑞荣作的关于潍坊市1990年国民经济和社会发展计划执行情况及1991年计划（草案）的报告，市财政局局长董法进作的关于潍坊市1990年财政决算和1991年财政预算（草案）的报告，市人大常委会主任于成凤作的潍坊市人民代表大会常务委员会工作报告，市中级人民法院院长高新亭作的潍坊市中级人民法院工作报告，市人民检察院检察长李学义作的潍坊市人民检察院工作报告。审查、批准潍坊市国民经济和社会发展十年规划和第八个五年计划纲要及潍坊市1991年国民经济和社会发展计划、潍坊市1990年财政决算和1991年财政预算。

第五次会议

1992年3月24—28日在潍坊召开。出席会议应到代表677名，实到代表636名。

大会听取审议代市长齐乃贵作的政府工作报告，市计划委员会主任徐瑞荣作的关于潍坊市1991年国民经济和社会发展计划执行情况及1992年计划草案的报告，市财政局局长董法进作的关于潍坊市1991年财政决算和1992年财政预算草案的报告，市人大常委会主任于成凤作的潍坊市人民代表大会常务委员会工作报告，市中级人民法院代院长隋华堂作的潍坊市中级人民法院工作报告，市人民检察院检察长李学义作的潍坊市人民检察院工作报告。审查、批准潍坊市1992年国民经济和社会发展计划、潍坊市1991年财政决算和1992年财政预算。

大会决定接受于成凤辞去市人大常委会主任职务的请求；补选于潮为市人大常委会主任，刘文聚、常怀义为市人大常委会副主任；补选齐乃贵为市长，隋华堂为市中级人民法院院长。

第三节 市十二届人民代表大会会议

第一次会议

1993年3月10—16日在潍坊召开。出席会议应到代表623名，实到代表599名。

大会听取审议市长齐乃贵作的政府工作报告，市计划委员会主任徐瑞荣作的关于潍坊市1992年国民经济和社会发展计划执行情况与1993年计划草案的报告，市财政局局长董法进作的关于潍坊市1992年财政决算和1993年财政预算草案的报告，市人大常委会主任于潮作的潍坊市人民代表大会常务委员会工作报告，市中级人民法院院长隋华堂作的潍坊市中级人民法院工作报告，市人民检察院检察长李学义作的潍坊市人民检察院工作报告。审查、批准潍坊市1993年国民经济和社会发展计划、潍坊市1992年财政决算和1993年财政预算。

大会选举潍坊市第十二届人大常委会组成人员和市政府领导成员及市中级人民法院院长、市人民检察院检察长：市十二届人大常委会主任孙嘉炼，副主任任柏榴、李惠信、于洪吉、刘文聚、常怀义、董建春、刘远顺、黄存福；秘书长尹世炘，委员于金桴等25人；市长王大海，副市长王玉芬、王伯祥、房忠昌、徐鉴、王在辉、王秀娟（女）、王光明；市中级人民法院院长隋华堂，市人民检察院检察长王福金。大会选举于建淑等78人为潍坊市出席山东省第八届人民代表大会代表。

第二次会议

1994年3月8—12日在潍坊召开。出席会议应到代表623名，实到代表586名。

大会听取审议市长王大海作的政府工作报告，市计划委员会主任梁吉人作的关于潍坊市

1993年国民经济和社会发展计划执行情况与1994年计划草案的报告，市财政局局长董法进作的关于潍坊市1993年财政决算和1994年财政预算草案的报告，市人大常委会主任孙嘉炼作的潍坊市人民代表大会常务委员会工作报告，市中级人民法院院长隋华堂作的潍坊市中级人民法院工作报告，市人民检察院检察长王福金作的潍坊市人民检察院工作报告。大会通过关于上述报告的相应决议；审查、批准潍坊市1994年国民经济和社会发展计划、潍坊市1993年财政决算和1994年财政预算。补选鲍世举、张金瑞、柳玉焕为市人大常委会委员。

第三次会议

1995年3月2—6日在潍坊召开。出席会议应到代表628名，实到代表594名。

大会听取审议市长王大海作的政府工作报告，市计划委员会主任梁吉人作的关于潍坊市1994年国民经济和社会发展计划执行情况与1995年计划草案的报告，市财政局局长刘伟作的关于潍坊市1994年财政预算执行情况和1995年财政预算草案的报告，市人大常委会主任孙嘉炼作的潍坊市人民代表大会常务委员会工作报告，市中级人民法院院长隋华堂作的潍坊市中级人民法院工作报告，市人民检察院检察长王福金作的潍坊市人民检察院工作报告。审查、批准潍坊市1995年国民经济和社会发展计划，潍坊市1994年财政决算和1995年财政预算。补选李英文为市人大常委会副主任，李尔强、王洪杰为市人大常委会委员。

第四次会议

1996年3月4—9日在潍坊召开。本届人大代表名额由633名增加到643名。出席会议应到代表641名，实到代表596名。

大会听取审议市长王大海作的关于潍坊市国民经济和社会发展第九个五年计划及2010年远景目标纲要草案的报告，市计划委员会主任梁吉人作的关于潍坊市1995年国民经济和社会发展计划执行情况与1996年计划草案的报告,市财政局局长刘伟作的关于潍坊市1995年财政预算执行情况和1996年财政预算草案的报告，市人大常委会主任孙嘉炼作的潍坊市人民代表大会常务委员会工作报告，市中级人民法院院长隋华堂作的潍坊市中级人民法院工作报告，市人民检察院检察长王福金作的潍坊市人民检察院工作报告。大会通过了关于上述报告的相应决议；审查、批准潍坊市国民经济和社会发展第九个五年计划及2010年远景目标纲要、潍坊市1996年国民经济和社会发展计划、潍坊市1996年市级财政预算。

大会决定接受李惠信、刘文聚辞去市人大常委会副主任职务的请求，刘惠远辞去市人大常委会委员职务的请求，隋华堂辞去市中级法院院长职务的请求；补选隋华堂、王在辉为市人大常委会副主任，王海亭为市人大常委会秘书长，温钦祥、魏元志、迟好信、高洪华为市人大常委会委员;程茂仁为市中级人民法院院长。

第五次会议

1997年2月23—26日在潍坊召开。出席会议应到代表639名，实到代表586名。

大会听取审议市长王大海作的政府工作报告，市计划委员会主任梁吉人作的关于潍坊市1996年国民经济和社会发展计划执行情况与1997年国民经济和社会发展计划草案的报告，市财政局局长刘伟作的关于潍坊市1996年财政预算执行情况和1997年财政预算草案的报告，市人大常委会主任孙嘉炼作的潍坊市人民代表大会常务委员会工作报告，市中级人民法院院长程茂仁作的潍坊市中级人民法院工作报告，市人民检察院检察长王福金作的潍坊市人民检察院工作报告。大会通过关于上述报告的相应决议，补选4名市人大常委会委员。

第四节 市十三届人民代表大会会议

第一次会议

1998年2月20—26日在潍坊召开。出席会议应到代表559名，实到代表552名。

大会听取审议代市长王玉芬作的政府工作报告，市计划委员会副主任王天远代表主任梁吉人作的关于潍坊市1997年国民经济和社会发展计划执行情况与1998年计划草案的报告，市财政局局长刘伟作的关于潍坊市1997年财政预算执行情况和1998年财政预算草案的报告，市人大常委会主任孙嘉炼作的潍坊市人民代表大会常务委员会工作报告，市中级人民法院院长程茂仁作的潍坊市中级人民法院工作报告，市人民检察院检察长王福金作的潍坊市人民检察院工作报告。大会通过关于上述报告的相应决议。

大会选举潍坊市第十三届人大常委会组成人员和市政府领导成员及市中级人民法院院长、市人民检察院检察长：市十三届人大常委会主任孙嘉炼，副主任隋华堂、王在辉、李英文、徐鉴、王光明、王福金、孙守伏、董泉才、刘天佑，秘书长梁吉人，委员于金桴等28人；市长王玉芬，副市长王伯祥、赵凤池、李守民、李守玉、张建国、姜绍华、胡岗；市中级人民法院院长程茂仁，市人民检察院检察长孙孺声。

大会选举潍坊市出席省第九届人民代表大会代表79名。

第二次会议

1999年2月25—28日在潍坊召开。出席会议应到代表562名，实到代表540名。

大会听取审议市长王玉芬作的政府工作报告，市计划委员会主任于生作的关于潍坊市1998年国民经济和社会发展计划执行情况与1999年计划草案的报告，市财政局局长刘伟作的关于潍坊市1998年财政预算执行情况和1999年财政预算草案的报告，市人大常委会主任孙嘉炼作的潍坊市人民代表大会常务委员会工作报告，市中级人民法院院长程茂仁作的潍坊市中级人民法院工作报告，市人民检察院检察长孙孺声作的潍坊市人民检察院工作报告。大会通过关于上述报告的相应决议，补选孟庆臣、罗方照为市人大常委会委员。

第三次会议

2000年2月25—28日在潍坊召开。出席会议应到代表564名，实到代表547名。

大会听取审议代市长王伯祥作的政府工作报告，市计划委员会主任于生作的关于潍坊市1999年国民经济和社会发展计划执行情况与2000年计划草案的报告，市财政局局长刘伟作的关于潍坊市1999年财政预算执行情况和2000年财政预算草案的报告，市人大常委会主任孙嘉炼作的潍坊市人民代表大会常务委员会工作报告，市中级人民法院院长程茂仁作的潍坊市中级人民法院工作报告，市人民检察院检察长孙孺声作的潍坊市人民检察院工作报告。大会通过关于上述报告的相应决议。大会经过无记名投票方式，补选王伯祥为市长，葛吉平为市人大常委会秘书长。

第四次会议

2001年2月22—26日在潍坊召开。出席会议应到代表570名，实到代表545名。

大会听取审议市长王伯祥作的关于潍坊市国民经济和社会发展第十个五年计划纲要草案的报告，市计划委员会主任于生作的关于潍坊市2000年国民经济和社会发展计划执行情况与2001年计划草案的报告，市财政局局长刘伟作的关于潍坊市2000年财政预算执行情况和2001年财政预算草案的报告，市人大常委会主任孙嘉炼作的潍坊市人民代表大会常务委员会工作报告，市中级人民法院院长程茂仁作的潍坊市中级人民法院工作报告，市人民检察院检察长孙孺声作的潍坊市人民检察院工作报告。

大会决定接受隋华堂、李英文、王福金辞去市人大常委会副主任职务的请求，接受葛吉平辞去市人大常委会秘书长职务的请求，接受于金桴、吕世荣、杜国忠、李玉林、张金瑞、陈法信、柳玉焕、宿连池、温钦祥、鲍世举、魏元志辞去市人大常委会委员职务的请求，接受于明、赵凤池、李守民辞去副市长职务的请求。

大会补选房忠昌、赵凤池、韩俊生、葛吉平为市人大常委会副主任，李刚为市人大常委会秘书长，王磊（女）、刘延禄、孙文清、房永安、赵传圣、满郭强为市人大常委会委员。张新起、刘命信、鞠献宝、赵润田为副市长。

第五次会议

2002年4月25—28日在潍坊召开。出席会议应到代表565名，实到代表517名。

大会听取审议副市长张新起受市长王伯祥委托作的政府工作报告，市计划委员会主任于生作的关于潍坊市2001年国民经济和社会发展计划执行情况与2002年计划（草案）的报告，市财政局局长刘伟作的关于潍坊市2001年财政预算执行情况和2002年财政预算（草案）的报告，市人大常委会主任孙嘉炼作的潍坊市人民代表大会常务委员会工作报告，市中级人民法院院长程茂仁作的潍坊市中级人民法院工作报告，市人民检察院检察长孙孺声作的潍坊市人民检察院工作报告。大会通过关于上述报告的相应决议。

大会决定接受孙嘉炼辞去市人大常委会主任职务的请求，接受王在辉辞去市人大常委会副主任职务的请求。大会经过无记名投票方式，补选曹学成为市人大常委会主任，赵东、王承策为市人大常委会委员。

第五节 市十四届人民代表大会会议

第一次会议

2003年2月21—26日在潍坊召开。本次会议应到代表555名，实到代表549名。

大会听取审议代市长张新起作的政府工作报告，市发展计划委员会主任于生作的关于潍坊市2002年国民经济和社会发展计划执行情况与2003年国民经济和社会发展计划草案的报告，市财政局局长刘伟作的关于潍坊市2002年财政预算执行情况和2003年财政预算草案的报告，市人大常委会副主任房忠昌作的潍坊市人民代表大会常务委员会工作报告，市中级人民法院院长程茂仁作的潍坊市中级人民法院工作报告，市人民检察院代理检察长王卫东作的潍坊市人民检察院工作报告。大会通过关于上述报告的相应决议。

大会选举张传林为市十四届人大常委会主任，毕可仁为第一副主任，赵凤池、孙守伏、张建国、韩俊生、葛吉平、王永兴、康凤英（女）为副主任，王维盛为秘书长。选举张新起为市长，张江汀、蒋文彩、鞠献宝、王冰芬、辛丕宏、黄潍连、邢培彬、刘伟为副市长。选举程茂仁为市中级人民法院院长，王卫东为市人民检察院检察长。大会选举28名市十四届人大常委会委员和75名潍坊市出席山东省第十届人民代表大会代表。

第二次会议

2004年2月1—4日在潍坊召开。本次会议应到代表555名,实到代表543名。

大会听取审议市长张新起作的政府工作报告，市发展计划委员会主任于生作的关于潍坊市2003年国民经济和社会发展计划执行情况与2004年计划草案的报告，市财政局局长夏芳晨作的关于潍坊市2003年财政预算执行情况和2004年财政预算草案的报告，市人大常委会党组书记、第一副主任毕可仁作的潍坊市人民代表大会常务委员会工作报告，市中级人民法院院长程茂仁作的潍坊市中级人民法院工作报告，市人民检察院检察长王卫东作的潍坊市人民检察院工作报告。大会补选卞长伟、周晓钟为市人大常委会委员。

第三次会议

2005年2月19—22日在潍坊召开。本届市人民代表大会共有代表名额570名，实有代表553名，实际出席会议的代表534名。

大会听取审议市长张新起作的政府工作报告，印发潍坊市2004年国民经济和社会发展计划执行情况与2005年国民经济和社会发展计划草案的报告、潍坊市2004年预算执行情况和2005年预算草案的报告。听取审议市人大常委会党组书记、第一副主任毕可仁作的潍坊市人民代表大会常务委员会工作报告，市中级人民法院院长程茂仁作的潍坊市中级人民法院工作报告，市人民检察院检察长王卫东作的潍坊市人民检察院工作报告。会议期间，代表们共提出议案33件，建议、批评和意见120件。

第四次会议

2006年2月8—12日在潍坊举行。出席市人民代表大会共有代表名额570名，实有代表562名，实际出席会议的代表539名。

大会听取审议市长张新起作的政府工作报告，印发潍坊市国民经济和社会发展第十一个五年规划纲要、潍坊市2005年国民经济和社会发展计划执行情况与2006年国民经济和社会发展计划草案的报告、潍坊市2005年预算执行情况和2006年预算草案的报告。听取审议市人大常委会副主任赵凤池作的潍坊市人民代表大会常务委员会工作报告，市中级人民法院院长程茂仁作的潍坊市中级人民法院工作报告，市人民检察院检察长王卫东作的潍坊市人民检察院工作报告。

大会表决通过关于接受孙守伏等辞去潍坊市第十四届人民代表大会常务委员会有关职务的请求的决定和大会选举办法。补选王治华为市十四届人大常委会第一副主任，杨继生、吴元宝、李本跃为市十四届人大常委会副主任，王继美、闫云田、李文国、李建泉、李晓明、张立华、张国华、国正平、韩书俭为市十四届人大常委会委员。

第五次会议

2007年2月27日—3月3日在潍坊召开。本届市人民代表大会共有代表名额570名，实有代表569名，实际出席会议的代表551名。

大会听取审议代市长许立全作的政府工作报告，印发潍坊市2006年国民经济和社会发展计划执行情况与2007年计划草案的报告、潍坊市2006年预算执行情况和2007年预算草案的报告。听取审议市人大常委会第一副主任王治华作的潍坊市人民代表大会常务委员会工作报告，市中级人民法院院长程茂仁作的潍坊市中级人民法院工作报告，市人民检察院检察长王卫东作的潍坊市人民检察院工作报告。

大会表决通过关于接受王治华等辞去潍坊市第十四届人民代表大会常务委员会有关职务请求的决定、关于接受程茂仁辞去潍坊市中级人民法院院长职务请求的决定和大会选举办法。会议补选张新起为市十四届人大常委会主任，许立全为市政府市长，李守玉为市十四届人大常委会第一副主任，程茂仁为市十四届人大常委会副主任，张爱云为市中级人民法院院长，张军为市十四届人大常委会秘书长，邢乐信、李云高、张庆吉、范西智为市十四届人大常委会委员。会议期间，代表们共提出议案17件，建议、批评和意见133件。

第六节　市十五届人民代表大会会议

第一次会议

2008年1月4—8日在潍坊举行。出席市人民代表大会实有代表566名，出席代表为562名。

大会听取审议市长许立全作的政府工作报告，印发潍坊市2007年国民经济和社会发展计划执行情况与2008年计划草案的报告、潍坊市2007年预算执行情况和2008年预算草案的报告。听取审议市人大常委会党组书记、第一副主任李守玉作的潍坊市人民代表大会常务委员会工作报告，市中级人民法院院长张爱云作的潍坊市中级人民法院工作报告，市人民检察院检察长王卫东作的潍坊市人民检察院工作报告。会议表决通过关于设立潍坊市人民代表大会专门委员会的决定、大会选举办法和关于通过潍坊市人民代表大会专门委员会组成人员的办法。

大会选举潍坊市出席山东省第十一届人民代表大会代表，以及市十五届人大常委会主任、副主任、秘书长、委员，市长、副市长，市中级人民法院院长，市人民检察院检察长。张新起当选为潍坊市第十五届人民代表大会常务委员会主任,李守玉当选为潍坊市第十五届人民代表大会常务委员会第一副主任，王永兴、康凤英（女）、杨继生、李本跃当选为潍坊市第十五届人民代表大会常务委员会副主任，张军当选为潍坊市第十五届人民代表大会常务委员会秘书长，王利民等38人当选为潍坊市第十五届人民代表大会常务委员会委员。许立全当选为潍坊市市长，胡岗、徐振溪、辛丕宏、刘伟、初宝杰、陈白峰、王桂英当选为潍坊市副市长。张爱云（女）当选为潍坊市中级人民法院院长。王卫东当选为潍坊市人民检察院检察长（需依法报经省人民检察院检察长提请省人大常委会批准任命）。马金忠等77人当选为山东省第十一届人民代表大会代表（其代表资格，待报请省人大常委会代表资格审查委员会确认并提请省人大常委会审议通过）。

第二次会议

2009年2月4—7日在潍坊召开。出席市人民代表大会共有代表名额570名，实有代表570 名。

大会听取审议市长许立全作的政府工作报告，书面印发潍坊市2008年国民经济和社会发展计划执行情况与2009年计划草案的报告，潍坊市2008年预算执行情况和2009年预算草案的报告等。听取审议市人大常委会党组书记、第一副主任李守玉作的潍坊市人民代表大会常务委员会工作报告，市中级人民法院院长张爱云作的潍坊市中级人民法院工作报告，市人民检察院检察长王卫东作的潍坊市人民检察院工作报告，表决通过大会选举办法。

大会补选张树琛为潍坊市第十五届人民代表大会常务委员会委员。会议期间，代表共提出议案26件，建议、批评和意见109件。

第三次会议

2010年2月24—27日在潍坊召开。出席市人民代表大会共有代表名额570名，实有代表570名。

大会听取审议市长许立全作的政府工作报告，印发潍坊市2009年国民经济和社会发展计划执行情况与2010年计划草案的报告，潍坊市2009年预算执行情况和2010年预算草案的报告。听取审议市人大常委会党组书记、第一副主任李守玉作的潍坊市人民代表大会常务委员会工作报告，市中级人民法院院长张爱云作的潍坊市中级人民法院工作报告，市人民检察院检察长王卫东作的潍坊市人民检察院工作报告。

大会补选3名潍坊市第十五届人民代表大会

常务委员会委员，通过关于上述报告的相应决议。会议期间，代表共提出议案30件，建议、批评和意见121件。

第四次会议

2011年2月20—23日在潍坊召开。出席市人民代表大会共有代表名额570名，实有代表568名。

大会听取审议市长许立全作的政府工作报告，印发潍坊市国民经济和社会发展第十二个五年规划纲要草案及有关说明、潍坊市2010年国民经济和社会发展计划执行情况与2011年计划草案的报告、潍坊市2010年预算执行情况和2011年预算草案的报告等。听取审议市人大常委会党组书记、第一副主任李守玉作的潍坊市人民代表大会常务委员会工作报告，市中级人民法院院长张爱云作的潍坊市中级人民法院工作报告，市人民检察院检察长王卫东作的潍坊市人民检察院工作报告，表决通过关于接受有关人员辞职的决定、大会选举办法和关于通过补充调整市人民代表大会有关专门委员会组成人员的办法。

大会补选刘明珂为潍坊市第十五届人民代表大会常务委员会副主任，李进民、张宁东、孟祥志、徐玉军、徐鹏强为潍坊市第十五届人民代表大会常务委员会委员，表决通过市人民代表大会有关专门委员会组成人员补充调整人选名单。大会通过关于上述报告的相应决议。会议期间，代表共提出议案18件，建议、批评和意见110件。

第七节　市十六届人民代表大会会议

第一次会议

2012年2月10—14日在潍坊召开。出席市人民代表大会共有代表名额570名，实有代表567名。

大会听取审议代市长刘曙光作的政府工作报告，印发潍坊市2011年国民经济和社会发展计划执行情况与2012年计划草案的报告、潍坊市2011年预算执行情况和2012年预算草案的报告等。听取审议市人大常委会党组书记、第一副主任李守玉作的潍坊市人民代表大会常务委员会工作报告，市中级人民法院院长张爱云作的潍坊市中级人民法院工作报告，市人民检察院检察长杨洪旭作的潍坊市人民检察院工作报告；表决通过关于设立潍坊市第十六届人民代表大会专门委员会的决定、潍坊市第十六届人民代表大会第一次会议选举办法和关于潍坊市第十六届人民代表大会各专门委员会组成人员人选表决办法。

大会选举市十六届人大常委会主任、第一副主任、副主任、秘书长、委员，市长、副市长，市中级人民法院院长，市人民检察院检察长。许立全当选为潍坊市第十六届人民代表大会常务委员会主任，胡岗当选为潍坊市第十六届人民代表大会常务委员会第一副主任，刘明珂、花兆贤、李世光、毛秀凤当选为潍坊市第十六届人民代表大会常务委员会副主任，张军当选为潍坊市第十六届人民代表大会常务委员会秘书长，丁汉邦等41人当选潍坊市第十六届人民代表大会常务委员会委员。刘曙光当选为潍坊市人民政府市长，陈白峰、孙起生、潘强、王桂英（女）、夏芳晨、王树华当选为潍坊市人民政府副市长。张爱云（女）当选为潍坊市中级人民法院院长。杨洪旭当选为潍坊市人民检察院检察长（须依法报经省人民检察院检察长提请省人民代表大会常务委员会批准任命）。大会表决通过潍坊市第十六届人民代表大会内务司法委员会、财政经济委员会、教育科学文化卫生委员会、城乡建设与环境资源保护委员会、农业与农村委员会、民族侨务外事委员会组成人员的人选名单。

第二章　市人民代表大会常务委员会会议

第一节　市十一届人民代表大会常务委员会会议

第十八次常委会会议

1991年1月28—30日在潍坊召开。会议听取审议市政府关于1990年农村经济工作情况的汇报，关于潍坊市1990年财政预算执行情况的汇报，关于春节节日市场安排情况的汇报，关于市树、市花评定情况的汇报，关于潍坊市与北京市宣武区建立友好市区关系的情况汇报。会议作出关于市树、市花的决定，决定国槐为市树，月季和菊花为市花。作出关于确认潍坊市与北京市宣武区结为友好市区的决定。通过关于增补代表的代表资格审查报告。会议补选严明仁为山东省第七届人民代表大会代表，决定人事任免事项。

第十九次常委会会议

1991年3月21—23日在潍坊召开。会议听取审议市政府关于治理乱收费、乱罚款和各种摊派工作情况的汇报，关于第一个五年普法工作情况和第二个五年法制宣传教育规划的汇报，作出关于坚决制止乱收费、乱罚款和各种摊派的决议，关于在全市公民中进行第二个五年法制宣传教育的决议，关于召开潍坊市第十一届人民代表大会第四次会议的决定。决定任命徐鉴为副市长。

第二十次常委会会议

1991年4月26—27日在潍坊召开。会议听取审议市人大常委会关于市十一届人大四次会议筹备工作情况的汇报，议定市人大常委会在市十一届人大四次会议上的工作报告，通过市十一届人大四次会议议程草案、大会主席团和秘书长名单草案。

第二十一次常委会会议

1991年7月16—19日在潍坊召开。会议听取审议市政府关于全市计划生育工作情况的汇报，关于库区移民工作情况的汇报，关于贯彻落实市人大常委会关于进一步贯彻实施矿产资源法的决议情况的汇报，关于潍坊市1991年上半年国民经济和社会发展计划执行情况的汇报，关于潍坊市1991年上半年财政预算执行情况的汇报；市人民检察院关于全市反贪污贿赂斗争情况的汇报；市人大常委会关于办理市十一届人大四次会议代表所提三项议案的说明。会议作出关于学习贯彻江泽民同志在庆祝中国共产党成立七十周年大会上的讲话的决议，关于进一步加强计划生育工作的决议，关于办理市十一届人大四次会议代表所提三项议案的决定。会议接受常临川辞去市人大常委会委员职务的请求，决定任命綦敦祥为副市长。

第二十二次常委会会议

1991年9月16—18日在潍坊召开。会议听取审议市政府关于建立健全农村社会化服务体系情况的汇报，关于贯彻执行文物保护法情况的汇报，关于当前公安工作和社会治安情况的汇报，关于市十一届人大四次会议代表议案及建议，批评和意见办理情况的汇报、关于潍坊市与内蒙古呼伦贝尔盟缔结友好市盟协议的情况汇报。作出关于确认潍坊市与呼伦贝尔盟结为友好市盟的决定。会议决定接受邵桂芳辞去市长职务、张文玉辞去副市长职务、高新亭辞去市中级人民法院院长职务的请求。决定任命齐乃贵为潍坊市副市长、代理市长，王伯祥为副市长，隋华堂为市中级人民法院副院长、代理院长。新任命的代理市长齐乃贵作表态发言。

第二十三次常委会会议

1991年11月26—28日在潍坊召开。会议听取审议市政府关于搞好大中型企业情况的汇报，关于贯彻实施技术合同法和山东省技术市场管理条例情况的汇报，关于贯彻实施残疾人保障法情况的汇报，关于畜牧业生产发展情况的汇报，关于开展打击卖淫嫖娼和拐卖妇女儿童斗争情况的汇报，关于市十一届人大四次会议代表所提三项议案办理情况的汇报。听取评议市商委主任、市教委主任的述职报告。会议作出关于认真贯彻实施技术合同法的决议，关于贯彻实施残疾人保障法的决议，关于贯彻实施全国人大常委会《关于严禁卖淫嫖娼的决定》《关于严惩拐卖绑架妇女儿童的犯罪分子的决定》的决议。会议确定，下次会议再次听取市政府关于代表所提三项议案办理情况的汇报，并作出相应的决议。

第二十四次常委会会议

1992年1月11—13日在潍坊召开。会议听取审议市政府关于贯彻实施种子管理条例情况的汇报，关于贯彻实施归侨侨眷权益保护法情况的汇报，关于市十一届人大四次会议代表所提三项议案办理情况的汇报，市中级人民法院关于经济审判工作情况的汇报。经过审议,会议作出关于认真贯彻落实《中共中央关于进一步加强农业和农村工作的决定》的决议，关于办理市十一届人大四次会议第1号、第11号、第12号议案的决议，关于召开潍坊市第十二届人民代表大会第五次会议的决定；通过关于补选代表的代表资格审查报告，原则通过关于治理潍河、白浪河、虞河、弥河水污染的方案。会议决定任命王玉芬为副市长。

第二十五次常委会会议

1992年3月15—16日在潍坊召开。会议听取审议市人大常委会关于市十一届人大五次会议筹备工作情况的汇报。会议作出关于潍坊市第十一届人民代表大会第五次会议召开日期的决定。通过关于补选刘文聚为市人大代表的资格审查报告，市十一届人大五次会议议程草案，大会主席团和秘书长名单草案及列席人员名单。议定市人大常委会在市十一届人大五次会议上的工作报告。会议决定任命赵凤池、肖长华为副市长。

第二十六次常委会会议

1992年5月26—28日在潍坊召开。会议听取审议市政府关于潍坊市对外开放情况及今后意见的汇报，关于1991年普法教育依法治市工作情况和1992年工作意见的汇报，关于制定预算外资金管理暂行办法情况的汇报，关于潍坊市拟与延安地区结为友好市地的情况汇报。会议作出关于贯彻实施代表法的决议，关于充分发挥职能作用保障和促进对外开放的决议，关于潍坊市与延安地区结为友好市地的决定，关于增补市人大法制委员会等组成人员的决定。

第二十七次常委会会议

1992年7月22—24日在潍坊召开。会议听取审议市政府关于建设高新技术产业开发区情况的汇报，关于贯彻实施企业法情况的汇报，关于贯彻实施行政诉讼法情况的汇报。听取评议市农委主任、市建委主任的述职报告。经过审议，会议作出关于深入贯彻实施全民所有制工业企业法的决议。

第二十八次常委会会议

1992年9月17—19日在潍坊召开。会议听取审议市政府关于潍坊市城镇住房制度改革实施方案草案的说明，关于潍坊市乡镇企业发展情况的汇报，关于市十一届人大五次会议代表所提议案及建议批评和意见办理情况的汇报，关于贯彻实施海关法情况的汇报。听取评议市交委主任、市科委主任的述职报告。会议作出关于潍坊市城镇住房制度改革实施方案的决定，关于潍坊市第十二届人民代表大会代表名额和选举问题的决定，关于调整市选举工作委员会组成人员的决定，关于调整市人大常委会代表资格审查委员会组成人员的决定。通过关于潍坊市选举工作委员会关于1993年全市各级人大换届选举工作安排意见。

第二十九次常委会会议

1992年11月11—13日在潍坊召开。会议听取审议市政府关于全市农业和农村工作情况的汇报，关于贯彻实施国务院《全民所有制工业企业转换经营机制条例》情况的汇报。听取评议市财政局局长的述职报告。

第三十次常委会会议

1993年1月12—14日在潍坊召开。会议听取审议市政府关于全市发展第三产业情况的汇报，关于潍坊市拟与韩国安养市结为友好城市关系、拟与新疆维吾尔自治区喀什地区和山东省临沂地区结为友好市地的情况汇报。听取评议市税务局局长、市技术监督局局长的述职报告。会议作出关于加快发展第三产业的决议，关于召开潍坊市第十二届人民代表大会第一次会议的决定，关于潍坊市与新疆维吾尔自治区喀什地区结为友好市地的决定，关于潍坊市与山东省临沂地区结为友好市地的决定。议定市人大常委会在市十二届人大一次会议上的工作报告。会议决定任命王大海、王秀娟（女）为副市长，决定接受邹立健辞去副市长职务的请求。

第三十一次常委会会议

1993年3月5日在潍坊召开。会议听取审议市人大常委会关于全市各级人大换届选举工作情况的汇报，关于市十二届人大一次会议筹备工作情况的汇报。会议通过关于市十二届人民代表大会代表资格的审查报告，市十二届人大一次会议议程草案、大会主席团和秘书长名单草案、议案审查委员会和预算委员会名单草案、列席人员名单等。

第二节　市十二届
人民代表大会常务委员会会议

第一次常委会会议

1993年4月7—9日在潍坊召开。会议学习宪法和地方组织法、代表法等法律，研究决定人大常委会自身建设问题。会议通过市人大常委会主任会议议事规则，市人大常委会议事规则，市人大常委会联系代表办法，市人大常委会人事任免办法，关于设立法制、财政经济、农村经济、教育科学文化卫生、城市建设环境保护5个工作委员会的决定，关于设立代表资格审查委员会的决定。会议决定任命孙志明为副市长。

第二次常委会会议

1993年6月3日在潍坊召开。会议酝酿人事任免名单。经过表决，会议决定任命赵凤池为副市长。

第三次常委会会议

1993年6月28—29日在潍坊召开。会议听取审议市政府关于全市农业和农村工作情况的汇报，关于贯彻落实国务院《全民所有制工业企业转换经营机制条例》情况的汇报，关于全市体育工作情况的汇报。会议作出关于坚决维护农民利益切实减轻农民负担的决议，关于进一步贯彻实施《全民所有制工业企业转换经营机制条例》的决议，关于进一步加强市人大常委会自身建设的决定。通过市人大常委会信访处理办法。

第四次常委会会议

1993年8月25—26日在潍坊召开。会议听取审议市政府关于市十二届人大一次会议代表所提议案和建议意见办理工作情况的汇报，关于潍坊市1993年上半年国民经济和社会发展计划执行情况的汇报，关于潍坊市1993年上半年财政预算执行情况的汇报，市中级人民法院关于经济审判工作情况的汇报，市人民检察院关于全市反贪污贿赂斗争情况的汇报。

第五次常委会会议

1993年10月27—28日在潍坊召开。会议听取审议市政府关于对外经贸工作情况的汇报，关于全市发展乡镇企业工作情况的汇报，关于全市社会治安综合治理工作情况的汇报，关于全市普法教育和依法治理工作情况的汇报。会议通过市人大常委会关于加强对所作决议决定和审议意见落实情况的检查监督办法。会议决定任命周少华为副市长。

第六次常委会会议

1993年12月27—29日在潍坊召开。会议听取审议市政府关于全市工业生产发展情况的汇报，关于全市实施“科教兴潍”战略纲要情况的汇报，关于全市深入开展反腐败斗争加强廉政建设情况的汇报，关于贯彻执行市人大常委会《关于坚决维护农民利益切实减轻农民负担的决议》情况的汇报，关于全市城镇住房制度改革工作情况的汇报。听取评议市交委主任、市环保局局长、市物价局局长、市民政局局长、市广播电视局局长的述职报告。会议作出关于召开潍坊市第十二届人民代表大会第二次会议的决定。会议补选赵为杰、朱荣为山东省第八届人民代表大会代表；决定接受刘明珂辞去市人大常委会委员职务的请求；决定任命刘彬忠、仇日华为副市长。

第七次常委会会议

1994年2月2日在潍坊召开。会议补选齐乃贵为山东省第八届人民代表大会代表。

第八次常委会会议

1994年2月22—23日在潍坊召开。会议听取市人大常委会关于市十二届人大二次会议筹备工作情况的汇报。会议通过关于补选代表的代表资格审查报告，市十二届人大二次会议议程草案，会议主席团和秘书长名单草案，议案审查委员会和预算委员会名单草案及列席人员名单。议定市人大常委会在市十二届人大二次会议上的工作报告。

第九次常委会会议

1994年3月7日在潍坊召开。会议听取审议市政府关于变更1993年财政支出预算的建议。会议作出关于变更全市1993年财政支出预算的决定。

第十次常委会会议

1994年4月28—29日在潍坊召开。会议听取审议市政府关于潍坊市城市远景规划编制情况的汇报，关于全市个体私营经济发展情况的汇报。市检察院关于在反腐败斗争中查办大案要案工作情况的汇报。会议作出关于大力发展个体私营经济的决议。会议决定接受靳荣光辞去市人大常委会委员职务的请求。

第十一次常委会会议

1994年6月29—30日在潍坊召开。会议听取审议市政府关于贯彻实施农业法情况的汇报，关于贯彻实施会计法情况的汇报，关于潍坊市高新技术产业开发区工作情况的汇报，关于加快城镇住房制度改革实施意见(试行)制订情况的汇报，关于潍坊市与上海市虹口区缔结友好市区的情况汇报，关于潍坊市与福建省厦门市缔结友好城市的情况汇报。市中级人民法院关于民事审判工作情况的汇报。会议作出关于潍坊市与上海市虹口区结为友好市区的决定，关于潍坊市与厦门市结为友好城市的决定。

第十二次常委会会议

1994年8月5日在潍坊召开。会议听取审议市政府关于设立奎文区工作情况的汇报。会议作出关于设立奎文区变动行政规划中有关人民代表大会几个问题的决定。

第十三次常委会会议

1994年8月29—31日在潍坊召开。会议听取审议市政府关于潍坊市1994年上半年国民经济和社会发展计划执行情况的汇报，关于潍坊市1994年上半年财政预算执行情况的汇报，关于全市扫黄打非工作情况的汇报，关于市十二届人大二次会议代表所提议案和建议意见办理工作情况的汇报。听取评议市教委主任、市司法局局长、市水利局局长的述职报告。

第十四次常委会会议

1994年10月26—28日在潍坊召开。会议听取审议市政府关于市区水源地保护工作情况的汇报，关于全市企业公司制改造情况的汇报，关于全市乡镇企业工作情况的汇报，关于贯彻实施教师法情况的汇报。听取评议市建委主任、市计生委主任、市畜牧局局长的述职报告。会议作出关于加强潍坊市市区水源地保护的决议。

第十五次常委会会议

1994年12月26—27日在潍坊召开。会议听取审议市政府关于贯彻实施反不正当竞争法情况的汇报，关于潍坊市1994年财政预算变更情况的汇报，关于农村经济发展和减轻农民负担工作情况的汇报。会议作出关于变更全市1994年财政预算的决定，关于召开潍坊市第十二届人民代表大会第三次会议的决定，关于对赵玉芝一案设立特定问题调查委员会的决定。

第十六次常委会会议

1995年1月24日在潍坊召开。会议听取审议市人大常委会副主任刘文聚作的关于补选省八届人大代表的说明。会议补选赵锦良为山东省第八届人民代表大会代表。

第十七次常委会会议

1995年2月13日在潍坊召开。会议听取审议市人大常委会秘书长尹世炘作的关于市十二届人大三次会议筹备工作情况的汇报，市人大常委会副主任刘文聚作的关于补选代表的代表资格审查报告，副主任任柏榴作的关于赵玉芝等人刑讯逼供一案调查情况的汇报。会议通过市人大常委会代表资格审查委员会关于补选代表的代表资格审查报告；拟定将要提交市十二届人大三次会议预备会议通过的市十二届人大三次会议议程草案，主席团和秘书长名单草案，预算委员会和议案审查委员会名单（草案）；决定市十二届人大三次会议列席人员；议定市人大常委会在市十三届人大三次会议上的工作报告。会议还表决通过关于对赵玉芝一案特定问题调查处理的决定。

第十八次常委会会议

1995年4月27—28日在潍坊召开。会议听取审议市政府关于全市利用外资发展“三资”企业工作情况的汇报，关于建立执法责任制情况的汇报，关于潍坊市与海南省海口市缔结友好城市的情况汇报，关于潍坊市与新疆哈密地区缔结友好市地的情况汇报，市中级人民法院、市人民检察院关于建立执法责任制工作情况的汇报。会议听取市政府关于贯彻实施城市市容和环境卫生管理条例情况的汇报。会议通过关于市级国家机关实行执法责任制的决定，潍坊市人大常委会对司法机关实行错案责任追究的试行办法，关于潍坊市与海口市结为友好城市的决定，关于潍坊市与哈密地区结为友好市地的决定。

第十九次常委会会议

1995年6月22—23日在潍坊召开。会议听取审议市政府关于潍坊市1994年市级财政决算草案的报告，关于全市加强廉政建设和纠正行业不正之风工作情况的汇报，关于贯彻实施科学技术进步法和省科学技术进步条例情况的汇报，关于贯彻实施水法情况的汇报，关于教育、计划生育、民政部门纠正行业不正之风制止乱收费情况的汇报。关于潍坊市与韩国安养市缔结友好城市的情况汇报；会议听取市政府关于贯彻实施矿产资源法和矿产资源补偿费征收管理规定情况的汇报。会议通过关于批准潍坊市1994年市级财政决算的决议，关于潍坊市与安养市结为友好城市的决定。

第二十次常委会会议

1995年8月24—25日在潍坊召开。会议听取审议市政府关于市十二届人大三次会议代表所提议案和建议意见办理工作情况的汇报，关于潍坊市1995年上半年国民经济和社会发展计划执行情况的汇报，关于潍坊市1995年上半年财政预算执行情况的汇报；市中级人民法院关于行政审判工作情况的汇报；市人大常委会关于授予“潍坊人民勋章”的办法草案的说明，关于终止实施《潍坊市乡镇人民代表大会主席团工作试行办法》的说明。市人大常委会主任会议提交关于授予王建章和追授邵述衡“潍坊人民勋章”的议案。会议听取评议市经委主任、市人事局局长的述职报告。会议通过关于授予“潍坊人民勋章”的办法，关于终止实施潍坊市乡镇人民代表大会主席团工作试行办法的决定、关于授予王建章和追授邵述衡“潍坊人民勋章”的决定。

第二十一次常委会会议

1995年10月24—25日在潍坊召开。会议听取审议市政府关于贯彻市人大常委会关于加强潍坊市市区水源地保护的决议和治理水污染情况的汇报，关于贯彻实施土地管理法情况的汇报，关于贯彻实施义务教育法情况的汇报；市人民检察院关于全市法纪检察工作情况的汇报。会议听取市政府关于搞好国有大中型企业工作情况的汇报。听取评议市监察局局长、市劳动局局长、市广播电视局局长的述职报告。

第二十二次常委会会议

1995年12月25—26日在潍坊召开。会议听取审议市政府关于贯彻实施劳动法情况的汇报，关于全市开展打击严重刑事犯罪斗争情况的汇报；市人大常委会主任会议提交的关于召开潍坊市第十二届人民代表大会第四次会议的决定草案和市人大常委会1996年工作计划讨论稿。会议通过关于召开潍坊市第十二届人民代表大会第四次会议的决定，议定市人大常委会1996年工作计划。

第二十三次常委会会议

1996年2月1日在潍坊召开。会议听取审议市人大常委会关于推迟召开市十二届人大四次会议的说明。会议通过关于推迟召开潍坊市第十二届人民代表大会第四次会议的决定；议定市人大常委会在市十二届人大四次会议上的工作报告。

第二十四次常委会会议

1996年2月29日在潍坊召开。会议听取审议市人大常委会副秘书长王海亭作的关于市十二届人大四次会议筹备工作情况的汇报，听取审议并通过市人大常委会代表资格审查委员会关于补选代表的代表资格审查报告。拟定市十二届人大四次会议议程草案，会议主席团和秘书长名单草案，会议议案审查委员会和计划预算委员会名单草案。决定市十二届人大四次会议列席人员。通过关于撤销祝培信的潍坊市化学工业局局长职务的决定。

第二十五次常委会会议

1996年4月27日在潍坊召开。会议听取审议市政府关于贯彻执行税收征收管理法情况的汇报，关于贯彻实施《山东省禁止赌博条例》情况的汇报，关于全市乡镇企业工作情况的汇报。

第二十六次常委会会议

1996年6月26—28日在潍坊召开。会议听取审议市政府关于潍坊市1995年市级财政决算草案的报告，关于潍坊市1995年市级财政预算执行和其他财政收支的审计工作报告；市人大常委会关于深入开展依法治市的决议草案的说明；市农委、市教委、市计生委、市卫生局、市民政局、市公安局、市司法局和市中级人民法院、市人民检察院关于评议整改工作情况的汇报；审议市人大常委会主任会议提交的关于向代表述职并接受代表评议的安排意见讨论稿和市人大常委会述职报告议定稿。会议通过关于批准潍坊市1995年市级财政决算的决议，关于深入开展依法治市的决议，市人大常委会关于向代表述职并接受代表评议的安排意见，议定市人大常委会述职报告。

第二十七次常委会会议

1996年7月12日在潍坊召开。会议听取审议市政府关于潍坊市政府机构改革有关情况的报告。

第二十八次常委会会议

1996年8月26—27日在潍坊召开。会议听取审议市政府关于市十二届人大第四次会议代表所提议案和建议意见办理工作情况的汇报，关于潍坊市1996年上半年国民经济和社会发展计划执行情况的汇报，关于潍坊市1996年上半年财政预算执行情况的汇报，关于贯彻实施城市房地产管理法情况的汇报；市人民检察院关于全市检察机关反腐败查办大案要案工作情况的汇报；审议市人大常委会主任会议提交的潍坊市人大常委会整改工作意见草案。

第二十九次常委会会议

1996年10月21—23日在潍坊召开。会议听取审议市政府关于打击生产和经销假冒伪劣商品违法行为工作情况的汇报，关于潍坊市“二五”普法规划的汇报，关于全市贯彻实施“科教兴潍”战略纲要情况的汇报，关于贯彻实施体育法情况的汇报，关于贯彻实施森林法情况的汇报；市人大常委会关于视察打击生产和经销假冒伪劣商品违法行为工作情况的报告，关于设立市人大常委会调查研究室的说明；市中级人民法院关于执行工作情况的汇报。会议听取评议市政府秘书长、市科委主任、市规划国土局局长、市工商局局长的述职报告。会议作出关于坚决打击生产和经销假冒伪劣商品违法行为的决议，关于在全市公民中开展第三个五年法制宣传教育的决议，关于设立市人大常委会调查研究室的决定。

第三十次常委会会议

1996年12月18—20日在潍坊召开。会议听取审议市政府关于全市水污染防治工作情况的汇报，关于贯彻实施经济合同法情况的汇报，关于预算外资金管理使用情况的汇报，关于全市农村经济发展情况的汇报；市人大常委会关于讨论决定重大事项的暂行规定草案的说明，关于授予王焕新、林开祥“潍坊人民勋章”的议案。会议听取评议副市长王光明和市外经贸委主任、市审计局局长、市地质矿产局局长、市农业机械管理局局长的述职报告。会议作出关于加强预算外资金监督管理的决议，关于召开潍坊市第十二届人民代表大会第五次会议的决定；通过关于讨论决定重大事项的暂行规定；议定潍坊市人大常委会1997年工作计划。会议决定授予王焕新、林开祥“潍坊人民勋章”；补选刘伟为山东省第八届人民代表大会代表。

第三十一次常委会会议

1997年1月2日在潍坊召开。会议听取审议临朐县检察院关于拟对市人大代表徐元福刑事拘留的情况报告。经过审议表决，会议通过关于停止市人大代表徐元福代表职务并许可对其刑事拘留的决定。

第三十二次常委会会议

1997年1月27日在潍坊召开。会议听取审议市政府关于潍坊市与澳大利亚东吉普斯兰市缔结友好城市的汇报；市人大常委会秘书长王海亭作的关于市十二届人大五次会议筹备工作情况的汇报，市人大常委会代表资格审查委员会关于补选代表的代表资格审查报告。会议表决通过关于潍坊市与东吉普斯兰市结为友好城市的决定、关于补选代表的代表资格审查报告；议定市人大常委会在市十二届人大五次会议上的工作报告；拟定市十二届人大五次会议议程草案，会议主席团和秘书长名单草案，会议议案审查委员会和计划预算审查委员会名单草案；决定列席市十二届人大五次会议人员范围。

第三十三次常委会会议

1997年4月28—29日在潍坊召开。会议听取审议市政府关于全市小城镇建设情况的汇报，关于全市畜牧业发展情况的汇报；听取评议市体改委主任、市地税局局长、市农业局局长、市政府侨务办公室主任的述职报告。

第三十四次常委会会议

1997年5月16日在潍坊召开。会议听取审议市人大常委会关于对市级国家机关实行执法责任制工作检查情况的报告。会议通过关于表彰1995—1996年执法工作先进单位的决定。

第三十五次常委会会议

1997年6月23—26日在潍坊召开。会议听取审议市政府关于潍坊市1996年市级财政预算执行和其他财政收支的审计工作报告、关于《潍坊市1996年市级财政决算》草案的报告，关于市级预算外资金管理检查情况和1997年收支预算的汇报，关于贯彻实施教育法、教师法和省实施教师法办法情况的汇报，关于市十二届人大五次会议代表所提第9号议案办理情况的汇报，关于全市交通基础设施建设情况的汇报；市人大常委会关于对贯彻中共中央国务院关于切实做好减轻农民负担工作的决定和减轻负担工作视察情况的报告，关于潍坊市1996年市级财政决算的审查报告；市司法局、市乡镇企业局、市新闻出版局、市盐务局、市总工会关于落实市人大常委会执法责任制检查意见情况的汇报。会议听取评议市计委主任、市公安局局长、市环保局局长的述职报告。会议通过关于批准潍坊市1996年市级财政决算的决议，关于授予杨淑英、陈宝昌“潍坊人民勋章”的决定。

第三十六次常委会会议

1997年8月26—28日在潍坊召开。会议听取审议市政府关于潍坊市1997年上半年国民经济和社会发展计划执行情况的汇报，关于潍坊市1997年上半年财政预算执行情况的汇报，关于贯彻落实市人大常委会《关于加强潍坊市市区水源地保护的决议》情况的汇报，关于市十二届人大五次会议代表所提议案和建议意见办理情况的汇报；市人民检察院关于提请许可对市十二届人大代表任大文采取强制措施的报告。会议听取评议市政府农业办公室主任、市民政局局长、市文化局局长、市粮食局局长、市海洋与水产局局长、市技术监督局局长的述职报告。会议通过关于停止任大文市人大代表职务并许可对其采取强制措施的决定。

第三十七次常委会会议

1997年10月21—23日在潍坊召开。听取审议市政府关于治理向企业乱收费、乱罚款和各种摊派等情况的汇报，关于贯彻实施行政处罚法情况的汇报，关于贯彻实施渔业法情况的汇报，关于贯彻实施省计划生育条例情况的汇报；市人大常委会关于1998年市县两级人大换届选举工作安排意见的报告，关于市十三届人民代表大会代表名额和选举问题的决定草案的说明，关于补选省八届人大代表的说明。会议听取评议市贸易局局长、市统计局局长、市乡镇企业管理局局长的述职报告。

第三十八次常委会会议

1997年12月24日在潍坊召开。会议听取审议市政府关于进一步办理市十二届人大五次会议代表所提建立“三北”养牛基地议案情况的汇报，关于城市规划实施情况的汇报；市人大常委会关于评选“潍坊市优秀人大工作者”的意见草案的说明。经过审议，会议通过关于办理市十二届人大五次会议代表所提建立“三北”养牛基地议案的决议，关于评选“潍坊市优秀人大工作者”的意见，关于召开潍坊市第十三届人民代表大会第一次会议的决定，议定市十二届人大常委会在市十三届人大一次会议上的工作报告。会议决定接受王大海辞去市长职务的请求、王秀娟辞去副市长职务的请求；决定任命王玉芬为代理市长，李守玉为副市长。

第三十九次常委会会议

1998年2月9日在潍坊召开。会议听取审议市人大常委会副主任任柏榴作的关于县级以上人大换届选举工作情况的汇报，市人大常委会秘书长王海亭作的关于市十三届人大一次会议筹备工作情况的汇报；市人大常委会副主任李英文作的关于潍坊市第十三届人民代表大会代表的代表资格审查报告，市人大常委会副主任常怀义作的关于评选“潍坊市优秀人大工作者”情况的汇报。会议通过关于潍坊市第十三届人民代表大会代表资格的审查报告，通过拟表彰的51名“潍坊市优秀人大工作者”名单，并作出关于表彰“潍坊市优秀人大工作者”的决定；拟定提请市十三届人大一次会议预备会议通过的大会议程草案，主席团和秘书长名单草案，议案审查委员会和计划预算审查委员会名单草案。

第三节　市十三届人民代表大会常务委员会会议

第一次常委会会议

1998年4月28—30日在潍坊召开。会议听取审议市政府关于推进农业产业化工作情况的汇报，关于贯彻实施“三五”普法规划和市人大常委会《关于在全市公民中开展第三个五年法制宣传教育的决议》情况的汇报，关于贯彻实施药品管理法情况的汇报；学习宪法、地方组织法和市人大常委会的各项工作制度；议定市人大常委会1998年工作计划。

第二次常委会会议

1998年6月22—23日在潍坊召开。会议听取审议市政府关于潍坊市1997年财政决算(草案)的报告，关于贯彻执行市人大常委会《关于加强预算外资金监督管理的决议》情况的汇报，关于潍坊市1997年市级财政预算执行和其他财政收支的审计工作报告，关于贯彻执行市人大常委会《关于大力发展个体私营经济的决议》情况的汇报，关于贯彻实施《山东省建设工程招标投标管理条例》情况的汇报；市人大常委会财经工作委员会关于潍坊市1997年市级财政决算的审查报告。会议表决通过关于批准潍坊市1997年市级财政决算的决议，关于批准潍坊市市级预算外资金1997年收支决算和1998年预算的决议。

第三次常委会会议

1998年8月24—25日在潍坊召开。会议听取审议市政府关于潍坊市1998年上半年国民经济和社会发展计划执行情况的汇报，关于潍坊市1998年上半年财政预算执行情况的汇报，关于市十三届人大一次会议代表所提议案和建议意见办理工作情况的汇报；市人民检察院关于全市检察机关反腐败查办大案要案工作情况的汇报。

第四次常委会会议

1998年10月28—30日在潍坊召开。会议学习中共十五届三中全会通过的中共中央关于农业和农村工作若干重大问题的决定；听取审议市政府关于贯彻实施农业法情况的汇报，关于贯彻实施环境保护法情况的汇报，关于贯彻实施国务院广播电视管理条例和省电视管理暂行条例情况的汇报，关于贯彻实施商业银行法情况的汇报；市中级法院关于刑事审判工作情况的汇报，关于全市法院开展集中教育整顿工作情况的汇报；市检察院关于全市检察机关开展集中教育整顿工作情况的汇报；市人大常委会副主任王福金作的关于《潍坊市人大常委会对司法机关实行错案责任追究的试行办法》修订情况的说明，市人大常委会副主任李英文作的关于《潍坊市人大常委会人事任免办法》修订情况的说明。经过审议，会议表决通过《潍坊市人民代表大会常务委员会关于市级司法、行政执法机关错案和执法过错责任追究的办法》《潍坊市人民代表大会常务委员会人事任免办法》。会议还听取评议市中级人民法院刑事审判第二庭庭长、执行庭庭长，市人民检察院检察委员会委员、检察员4名被任命干部的述职报告。针对潍坊床单厂治理水污染环保责任目标长达4年得不到落实、主管部门督促不力问题，于金桴等5名市人大常委会委员依法向市经贸委提出质询案，市经贸委主要负责人到会作答复。

第五次常委会会议

1998年12月21—23日在潍坊召开。会议听取市人大常委会主任孙嘉炼作的题为党的领导与人民代表大会制度和依法治国的专题辅导报告；集体收看全国人大法律委员会委员刘政、省委党校政法部主任李永清的辅导报告录像；听取市政府关于潍坊市国有企业改革情况的汇报，市人大常委会副主任李英文作的关于对全市组织实施“民心工程”情况的视察报告；听取评议市中级人民法院副院长、经济审判第二庭庭长、审判监督庭庭长，市人民检察院副检察长、检察委员会委员、检察员6名被任命干部的述职报告。会议表决通过关于召开潍坊市第十三届人民代表大会第二次会议的决定；议定市人大常委会1999年工作计划。

第六次常委会会议

1999年2月8日在潍坊召开。会议听取审议市人大常委会秘书长梁吉人作的关于市十三届人大二次会议筹备工作情况的汇报，市人大常委会副主任、代表资格审查委员会主任委员李英文作的关于补选代表的代表资格审查报告。会议通过关于补选代表的代表资格审查报告，确认补选的7名代表的代表资格有效；拟定提请市十三届人大二次会议预备会议通过的大会议程草案，主席团和秘书长名单草案，议案审查委员会和计划预算审查委员会名单草案；决定列席市十三届人大二次会议人员范围。会议还议定市人大常委会在市十三届人大二次会议上的工作报告。

第七次常委会会议

1999年4月29—30日在潍坊召开。会议听取审议市政府关于潍坊市与以色列贝尔谢巴市缔结友好城市关系的汇报，关于全市企业下岗职工基本生活保障和再就业工作情况的汇报，关于贯彻实施水法情况的汇报；听取市政府关于全市外事工作情况的汇报。会议分组学习讨论九届全国人大二次会议通过的中华人民共和国宪法修正案。会议表决通过关于潍坊市与贝尔谢巴市结为友好城市的决定。

第八次常委会会议

1999年6月23—25日在潍坊召开。会议听取审议市政府关于潍坊市1998年市级财政决算草案的报告，关于潍坊市市级预算外资金1998年收支计划执行情况和1999年收支计划安排意见的汇报，关于潍坊市1998年市级财政预算执行和其他财政收支的审计工作报告，关于贯彻实施建筑法情况的汇报，关于贯彻实施文物保护法和省文物保护管理条例情况的汇报，市人大常委会财经工作委员会关于潍坊市1998年市级财政决算草案的审查报告，市总工会关于贯彻实施工会法情况的汇报，市人大常委会副主任王福金作的关于

《潍坊市人民代表大会常务委员会关于对市级司法和行政执法机关实行个案监督的暂行办法（草案）》的说明，市人大常委会副主任李英文作的关于《潍坊市人民代表大会常务委员会述职评议工作暂行办法（草案）》的说明。会议听取市教育委员会主任、市水利局局长的述职报告，并进行评议和投票测评。会议表决通过关于批准潍坊市1998年市级财政决算的决议，关于批准潍坊市市级预算外资金1998年收支计划执行情况和1999年收支计划安排意见的决议和《潍坊市人民代表大会常务委员会关于对市级司法和行政执法机关实行个案监督的暂行办法》《潍坊市人民代表大会常务委员会述职评议工作暂行办法》。

第九次常委会会议

1999年8月19—20日在潍坊召开。会议听取审议市政府关于潍坊市1999年上半年国民经济和社会发展计划执行情况的汇报，关于潍坊市1999年上半年财政预算执行情况的汇报，关于市十三届人大二次会议代表所提议案和建议意见办理工作情况的汇报，市人大常委会副主任王光明作的关于对全市贯彻实施十五届三中全会决定情况的视察报告；听取市规划国土局局长、市中级法院副院长、市人民检察院副检察长等5名被任命干部的述职报告，并进行评议和投票测评。会议还听取审议市人民检察院关于提请许可对梁吉人采取拘留强制措施的报告，通过关于停止梁吉人市人大代表职务并许可对其采取拘留强制措施的决定。

第十次常委会会议

1999年10月27—29日在潍坊召开。会议分组学习中共中央关于国有企业改革和发展若干重大问题的决定；听取审议市政府关于贯彻实施产品质量法情况的汇报，关于贯彻实施人民警察法情况的汇报，关于贯彻实施森林法情况的汇报，关于贯彻实施《山东省道路运输管理条例》情况的汇报，关于贯彻实施《山东省计划生育条例》情况的汇报，市中级人民法院关于全市法院执行工作情况的汇报；听取市经济贸易委员会主任、市对外经济贸易委员会主任、市计划生育委员会主任3名被任命干部的述职报告，并进行评议和投票测评。

第十一次常委会会议

1999年12月28—29日在潍坊召开。会议分组学习全国人大常委会委员长李鹏在省、自治区、直辖市人大常委会负责人座谈会上的讲话；听取审议市政府关于潍坊市1999年市级财政预算变更情况的报告，关于1999年以来教育工作情况的汇报，关于贯彻实施个人所得税法情况的汇报；听取市中级人民法院副院长、市人民检察院副检察长等4名被任命干部的述职报告，并进行评议和投票测评。会议表决通过关于变更潍坊市1999年市级财政预算的决定，议定市人大常委会2000年工作计划。

第十二次常委会会议

2000年1月6日在潍坊召开。会议听取市人大常委会副主任隋华堂作的关于市十三届人大三次会议筹备工作情况的汇报，听取审议并通过市人大常委会副主任、代表资格审查委员会主任委员李英文作的关于补选代表的代表资格审查报告，确认补选的于生、陈春和、王深鹏、孙日贵、刘洪春、张文才6名市人大代表的代表资格全部有效。经过审议，会议表决通过关于召开潍坊市第十三届人民代表大会第三次会议的决定；拟定提请市十三届人大三次会议预备会议通过的大会议程草案，主席团和秘书长名单草案，议案审查委员会和计划预算审查委员会名单草案；决定列席市十三届人大三次会议人员范围；议定市人大常委会在市十三届人大三次会议上的工作报告。会议决定接受王玉芬辞去市长职务的请求，决定任命王伯祥为代理市长，决定任命于明为副市长。

第十三次常委会会议

2000年2月24日在潍坊召开。会议听取审议并通过市人大常委会副主任、代表资格审查委员会主任委员李英文作的关于补选代表的代表资格审查报告，确认补选的葛吉平代表的代表资格有效。

第十四次常委会会议

2000年4月26—27日在潍坊召开。会议听取审议市政府关于贯彻执行市人大常委会关于加强潍坊市市区水源地保护的决议情况的汇报、关于贯彻实施律师法情况的汇报，关于全市滩涂贝类管护开发工作情况的汇报，关于全市民族宗教工作情况的汇报；听取市政府外事办公室主任、市环保局局长的述职报告，并进行评议和投票测评；分组学习了全国人大常委会关于加强经济工作监督的决定，关于加强中央预算审查监督的决定。

第十五次常委会会议

2000年6月19—20日在潍坊召开。会议听取审议市政府关于潍坊市1999年市级财政决算草案的报告，关于潍坊市市级预算外资金1999年收支计划执行情况和2000年收支计划安排意见的汇报，关于潍坊市1999年市级财政预算执行和其他财政收支的审计工作报告，关于贯彻实施土地管理法情况的汇报，关于贯彻实施农业技术推广法情况的汇报，市人大常委会财经工作委员会关于潍坊市1999年市级财政决算草案的审查报告；听取市公安局局长、市政府侨务办公室主任的述职报告，并进行评议和测评。会议表决通过关于批准潍坊市1999年市级财政决算的决议，关于批准潍坊市市级预算外资金1999年收支计划执行情况和2000年收支计划安排意见的决议。

第十六次常委会会议

2000年8月28—29日在潍坊召开。会议听取审议市政府关于全市招商引资工作情况的汇报，关于潍坊市2000年上半年国民经济和社会发展计划执行情况的汇报，关于潍坊市2000年上半年财政预算执行情况的汇报，关于贯彻实施矿产资源法情况的汇报，关于贯彻实施动物防疫法情况的汇报，关于贯彻实施献血法情况的汇报，关于市十三届人大三次会议代表所提议案和建议意见办理工作情况的汇报。会议表决通过关于促进对外开放、搞好招商引资工作的决议。决定任命蒋文彩为副市长。

第十七次常委会会议

2000年10月25—26日在潍坊召开。会议分组学习中共中央关于制定国民经济和社会发展第十个五年计划的建议；听取审议市政府关于全市教育工作情况的汇报，关于贯彻实施统计法情况的汇报；听取市建设委员会主任、市林业局局长的述职报告，并进行评议和测评。

第十八次常委会会议

2000年12月25—26日在潍坊召开。会议听取审议市政府关于市直国有企业改革发展情况的汇报，关于贯彻实施行政监察法情况的汇报；市人大常委会关于对全市组织实施“民心工程”视察情况的报告，关于评选“潍坊市优秀人大代表”情况的汇报；审议市人大常委会主任会议向会议提出的关于授予有关人员“潍坊人民勋章”的议案。会议作出关于表彰潍坊市优秀人大代表的决定和关于授予王乐义等5人“潍坊人民勋章”的决定，对丁立华等50名潍坊市优秀人大代表予以表彰，授予王乐义、林伟宁（女）、陈永兴、王金友、陈华森“潍坊人民勋章”。会议还表决通过关于召开潍坊市第十三届人民代表大会第四次会议的决定；议定市人大常委会2001年工作计划。

第十九次常委会会议

2001年2月13日在潍坊召开。会议听取审议市人大常委会关于市十三届人大四次会议筹备工作情况的汇报，听取审议并通过市人大常委会代表资格审查委员会关于补选代表的代表资格审查报告，确认补选的12名市人大代表的代表资格全部有效。经过审议,会议通过拟提请市十三届人大四次会议预备会议通过的大会议程草案，主席团和秘书长名单草案，议案审查委员会和计划预算审查委员会名单草案；决定列席市十三届人大四次会议人员范围；议定市人大常委会在市十三届人大四次会议上的工作报告。

第二十次常委会会议

2001年4月29—30日在潍坊召开。会议听取审议市政府关于贯彻实施公司法情况的汇报，关于贯彻实施消费者权益保护法情况的汇报，关于贯彻实施《山东省农业机械管理条例》情况的汇报；审议市人大常委会主任会议提请的关于市人大常委会农村经济工作委员会更改名称的议案。会议表决通过关于市人大常委会农村经济工作委员会更名为农业与农村工作委员会的决定。

第二十一次常委会会议

2001年6月26—27日在潍坊召开。会议听取审议市政府关于潍坊市2000年市级财政决算（草案）的报告，关于潍坊市市级预算外资金2000年收支计划执行情况和2001年收支计划安排意见的汇报，关于潍坊市2000年市级财政预算执行和其他财政收支的审计工作报告，关于潍坊市“三五”普法情况及“四五”普法规划的汇报，关于潍坊市“二五”依法治市情况及《潍坊市2001—2005年依法治市规划》的汇报、关于贯彻实施城市房地产管理法情况的汇报，关于贯彻实施促进科技成果转化法情况的汇报；市人大常委会财经工作委员会关于潍坊市2000年市级财政决算(草案)的审查报告，市人大常委会副主任孙守伏作的关于《潍坊市人民代表大会常务委员会信访处理办法》修订情况的说明，市中级人民法院关于行政审判工作情况的汇报。会议表决通过关于批准潍坊市2000年市级财政决算的决议，关于批准潍坊市市级预算外资金2000年收支计划执行情况和2001年收支计划安排意见的决议，关于在全市公民中开展第四个五年法制宣传教育的决议，关于进一步开展依法治市的决议，关于批准撤销李绍文职务的决定，关于接受孙向林等辞职的决定以及《潍坊市人民代表大会常务委员会信访工作暂行办法》。

第二十二次常委会会议

2001年8月28—29日在潍坊召开。会议听取审议市政府关于潍坊市2001年上半年国民经济和社会发展计划执行情况的汇报，关于潍坊市2001年上半年财政预算执行情况的汇报，关于贯彻实施种子法情况的汇报，关于市十三届人大四次会议代表所提议案和建议意见办理工作情况的汇报，关于贯彻实施档案法情况的汇报；听取市交通局局长的述职报告，并进行评议和投票测评。

第二十三次常委会会议

2001年10月29—30日在潍坊召开。会议听取审议市政府关于贯彻执行市人大常委会《关于促进对外开放、搞好招商引资工作的决议》情况的汇报，市人大常委会关于对全市贯彻实施促进对外开放、搞好招商引资工作的决议情况的视察报告，市人民检察院关于民事行政检察工作情况的汇报，市邮政局局长傅俊杰作的关于贯彻实施邮政法情况的汇报；听取市审计局局长、市海洋与渔业局局长的述职报告，并进行评议和投票测评。

第二十四次常委会会议

2001年12月28日在潍坊召开。会议听取审议市政府关于2001年度全市教育工作情况的汇报，市人大常委会关于对全市组织实施“民心工程”

情况的视察报告，关于补选省九届人大代表的说明。在分组审议的基础上，市人大常委会委员冯少英（女）、王焕新、房永安分别作联组审议发言。会议表决通过关于召开潍坊市第十三届人民代表大会第五次会议的决定；补选蔡秋芳为山东省第九届人民代表大会代表。会议还议定市人大常委会2002年工作计划。

第二十五次常委会会议

2002年2月25日在潍坊召开。会议听取审议市人大常委会关于市十三届人大五次会议筹备工作情况的汇报和关于推迟召开市十三届人大五次会议的说明；听取审议并通过市人大常委会代表资格审查委员会关于补选代表的代表资格审查报告和关于补选省九届人大代表的说明，确认补选的赵东、王承策、王勇、王申宁4名市人大代表资格全部有效。会议通过拟提请市十三届人大五次会议预备会议通过的大会议程草案，主席团和秘书长名单草案，议案审查委员会和计划预算审查委员会名单草案；决定列席市十三届人大五次会议人员范围；通过关于推迟召开市十三届人大五次会议的决定；议定市人大常委会在市十三届人大五次会议上的工作报告；补选王科三为山东省第九届人民代表大会代表。

第二十六次常委会会议

2002年4月18日在潍坊召开。会议听取审议市政府关于贯彻实施中外合资经营企业法情况的汇报；听取市民政局局长、市劳动和社会保障局局长、市房产管理局局长的述职报告，并进行评议和投票测评。市人大常委会代表资格审查委员会向会议提交关于潍坊市第十三届人民代表大会代表变动情况的书面报告。

第二十七次常委会会议

2002年6月26—27日在潍坊召开。会议传达学习江泽民“5·31”重要讲话和山东省第八次党代会精神；听取审议市政府关于潍坊市2001年市级财政决算草案的报告，关于潍坊市2001年市级财政预算执行和其他财政收支的审计工作报告，关于贯彻实施城市规划法情况的汇报，关于贯彻实施村民委员会组织法情况的汇报，关于贯彻实施防洪法情况的汇报，关于贯彻实施省旅游管理条例情况的汇报；市人大常委会财经工作委员会关于潍坊市2001年市级财政决算 草案的审查报告。会议表决通过关于批准潍坊市2001年市级财政决算的决议。

第二十八次常委会会议

2002年8月28—29日在潍坊召开。会议听取审议市政府关于潍坊市2002年上半年国民经济和社会发展计划执行情况的汇报，关于潍坊市2002年上半年财政预算执行情况的汇报，关于市十三届人大五次会议代表所提议案和建议批评意见办理工作情况的汇报，关于贯彻实施公路法情况的汇报；听取市政府关于贯彻实施气象法情况的汇报；听取市文化局局长的述职报告，并进行评议和投票测评。

第二十九次常委会会议

2002年10月29—30日在潍坊召开。会议审议市人大常委会关于2003年市县两级人大换届选举工作的安排意见，关于潍坊市第十四届人民代表大会代表名额和选举问题的决定草案的说明，关于进一步加强代表工作充分发挥代表作用的意见；听取审议市政府关于水污染防治法和省环境保护条例贯彻实施情况的汇报，关于全市社会保障体系建设和劳动就业再就业主要工作情况的汇报；听取市政府关于贯彻执行市人大常委会关于在全市公民中开展第四个五年法制宣传教育的决议情况的汇报，关于招商引资工作情况的汇报，市人大常委会关于对“政府提速”工作情况的视察报告；听取市农业局局长、市粮食局局长的述职报告，并进行评议和投票测评。会议表决通过关于2003年市县两级人大换届选举工作的安排意见，关于潍坊市第十四届人民代表大会代表名额和选举问题的决定，关于进一步加强代表工作，充分发挥代表作用的意见。

第三十次常委会会议

2002年12月23日在潍坊召开。会议学习党的十六大报告并作出关于认真学习贯彻党的十六大精神的决议；听取审议市人大常委会关于评选潍坊市优秀人大代表情况的汇报，市政府关于潍坊市2002年市级财政预算变更情况的报告，关于2002年度全市教育工作情况的汇报；听取市政府关于贯彻实施人民防空法情况的汇报。会议表决通过关于变更潍坊市2002年市级财政预算的决定，关于表彰潍坊市优秀人大代表的决定，关于召开潍坊市第十四届人民代表大会第一次会议的决定。会议还表决通过关于接受王伯祥辞去市长职务的请求，刘命信、赵润田辞去副市长职务的请求，孙孺声辞去市人民检察院检察长职务的请求。决定张新起为代理市长，任命王卫东为市人民检察院副检察长、检察委员会委员，决定王卫东为市人民检察院代理检察长。

第三十一次常委会会议

2003年2月10日在潍坊召开。会议听取审议市人大常委会副主任孙守伏作的关于县级以上人大换届选举工作情况的汇报，关于潍坊市第十四届人民代表大会代表资格的审查报告；市人大常委会秘书长李刚作的关于市十四届人大一次会议筹备工作情况的汇报。会议通过关于潍坊市第十四届人民代表大会代表资格的审查报告，确认当选的555名代表的代表资格全部有效。会议还拟定提请市十四届人大一次会议预备会议通过的大会议程草案，主席团和秘书长名单草案，议案审查委员会和计划预算审查委员会名单草案；议定市人大常委会在市十四届人大一次会议上的工作报告。

第四节　市十四届人民代表大会常务委员会会议

第一次常委会会议

2003年4月25日在潍坊召开。会议听取审议市政府关于贯彻实施价格法情况的汇报；市人大常委会2003年工作计划。市人大常委会秘书长王维盛就市十四届人大常委会议事规则（草案）作说明。副市长张江汀受市长张新起的委托提请人事任免名单，市委常委、组织部部长钟少林向会议介绍被提请任命干部的有关情况；市人大常委会副主任孙守伏就市人大常委会代表资格审查委员会和各工作委员会组成人员建议名单作说明，并提请人事任免名单。会议表决通过市十四届人大常委会议事规则，市人大常委会2003年工作计划，关于接受罗方照辞职的决定。

第二次常委会会议

2003年6月25日在潍坊召开。会议听取审议副市长王冰芬作的关于贯彻实施传染病防治法、开展非典型肺炎防治工作情况的汇报，市财政局局长夏芳晨作的关于潍坊市2002年市级财政决算草案的报告，市审计局局长孟庆亮作的关于潍坊市2002年市级财政预算执行情况和其他财政收支情况的审计工作报告，市公安局局长王振华作的关于贯彻实施治安管理处罚条例情况的汇报，市环保局局长曹学芹作的关于贯彻实施市人大常委会《关于加强市区水源地保护决议》情况的汇报，市人大常委会财经工作委员会主任魏本芳作的关于潍坊市2002年市级财政决算草案的审查报告。会议还审议副市长王冰芬受市长张新起委托提请的人事任免名单；市人事局局长杨同光介绍被提请任命干部的情况，被任命干部作供职发言。会议通过关于批准潍坊市2002年市级财政决算的决议。

第三次常委会会议

2003年8月26日在潍坊召开。会议听取审议市政府关于潍坊市2003年上半年国民经济和社会发展计划执行情况的汇报，关于潍坊市2003年上半年财政预算执行情况的汇报，关于贯彻实施职业病防治法情况的汇报，关于开展城市管理相对集中行政处罚权试点工作情况的汇报，关于市十四届人大一次会议代表所提建议、批评和意见办理工作情况的汇报；市人大常委会主任会议关于潍坊市人民代表大会常务委员会人事任免办法修订情况的说明。听取市人大常委会财经工作委员会关于市属重点企业发展情况的视察报告，市政府关于全市畜牧业发展情况的汇报。会议表决通过《潍坊市人民代表大会常务委员会人事任免办法》。

第四次常委会会议

2003年10月21日在潍坊召开。会议听取审议市政府关于贯彻实施渔业法情况的汇报，市人民检察院关于全市检察机关查办职务犯罪大要案工作情况的汇报，市人大常委会主任会议关于《潍坊市人民代表大会常务委员会述职评议工作办法修订草案》的说明。会议通过《潍坊市人民代表大会常务委员会述职评议工作办法》。会议决定免去周晓钟的市人大常委会办公室副主任职务，丁利民的市人大常委会人事代表工作室副主任职务；任命周晓钟为市人大常委会人事代表工作室主任，丁利民为市人大常委会办公室副主任。

第五次常委会会议

2003年12月24日在潍坊召开。会议听取审议市中级人民法院关于全市法院刑事审判工作情况的汇报，市政府关于贯彻实施归侨侨眷权益保护法情况的汇报。听取评议市经济贸易委员会主任、市卫生局局长、市林业局局长作的述职报告，并进行投票测评。会议通过关于召开潍坊市第十四届人民代表大会第二次会议的决定和市人大常委会2004年工作计划。

第六次常委会会议

2004年1月15日上午在潍坊召开。会议听取审议市人大常委会副主任孙守伏作的关于补选代表的代表资格审查报告，市人大常委会秘书长王维盛作的关于市十四届人大二次会议筹备工作情况的汇报。会议通过关于补选代表的代表资格审查报告，确认补选的市十四届人民代表大会代表的代表资格有效；通过市十四届人大二次会议议程草案，主席团和秘书长名单草案，议案审查委员会和计划预算审查委员会名单草案，列席人员范围草案；议定市人大常委会在市十四届人大二次会议上的工作报告。

第七次常委会会议

2004年2月11日在潍坊召开。会议听取审议市长张新起，市人大常委会副主任张建国分别向会议提请的人事任免名单。部分被任命干部作供职发言。市委书记、市人大常委会主任张传林向被任命干部颁发任命书。

第八次常委会会议

2004年4月28日在潍坊召开。会议听取审议市劳动和社会保障局局长李静波受市政府委托作的关于贯彻实施劳动法、促进就业再就业情况的汇报；听取评议市教育局局长、市规划与国土资源局局长、市水利局局长、市环境保护局局长的述职报告，并进行投票测评。市人民检察院检察长王卫东向大会提请人事任命名单。

第九次常委会会议

2004年6月24日在潍坊召开。会议听取审议市财政局局长夏芳晨作的关于潍坊市2003年市级财政决算草案的报告，市审计局局长孟庆亮作的关于潍坊市2003年市级财政预算执行和其他财政收支的审计工作报告，市人大常委会财经工作委员会主任魏本芳作的关于潍坊市2003年市级财政决算草案的审查报告，市林业局局长袁义龙作的关于贯彻落实《中共中央、国务院关于加快林业发展的决定》情况的汇报，市环保局局长曹学芹作的关于全面启动生态市建设情况的汇报，市计生委主任李建泉作的关于贯彻实施人口与计划生育法、山东省人口与计划生育条例情况的汇报，市中级人民法院院长程茂仁作的关于审判监督工作情况的汇报。会议通过关于批准潍坊市2003年市级财政决算的决议和关于建设生态市的决议。

第十次常委会会议

2004年8月25日在潍坊召开。会议听取审议副市长刘伟作的关于市十四届人大二次会议以来代表建议办理工作情况的汇报，市发展计划委员会主任陈仁杰作的关于潍坊市2004年上半年国民经济和社会发展计划执行情况的汇报，市财政局负责人作的关于潍坊市2004年上半年财政预算执行情况的汇报。市人大常委会副主任孙守伏受主任会议委托，提请人事任命名单。

第十一次常委会会议

2004年10月26—27日在潍坊召开。市委书记、市人大常委会主任张传林出席会议，并向邢慧娜颁发“潍坊人民勋章”和证书。会议期间，副市长黄潍连作关于城市规划建设管理情况的汇报，市体改办主任李云高作关于贯彻实施公司法和加快市属企业改革情况的汇报，市水利局副局长刘振杰作关于贯彻实施水土保持法情况的汇报，市旅游局局长高永贤作关于贯彻实施《山东省旅游管理条例》情况的汇报；市人大常委会法制工作委主任孙秀云作关于个案监督办法和错案责任追究办法修订情况的说明，市人大常委会副主任孙守伏宣读主任会议关于授予邢慧娜“潍坊人民勋章”的议案。会议决定授予邢慧娜“潍坊人民勋章”；会议以举手方式表决通过《潍坊市人民代表大会常务委员会个案监督办法》和《潍坊市市级行政司法机关错案和违法办案责任追究办法》。

第十二次常委会会议

2004年12月28日在潍坊召开。市委书记、市人大常委会主任张传林出席会议并讲话。市人大常委会党组书记、第一副主任毕可仁在会上回顾一年来常委会的工作情况，并就近期着重抓的有关工作讲了意见。会上，市人事局局长杨同光作关于贯彻实施国家公务员暂行条例情况的汇报；市计划生育委员会主任李建泉、市统计局局长王福亭、市中级人民法院副院长王军、市人民检察院副检察长王建明分别作述职报告；市人大常委会副主任孙守伏作关于评选优秀市人大代表的情况汇报和关于补选省十届人大代表的说明；市中级人民法院院长程茂仁、市人民检察院检察长王卫东分别提请人事任免名单。会议以按电子表决器的方式表决通过关于召开潍坊市第十四届人民代表大会第三次会议的决定，关于表彰优秀市人大代表的决定，市人大常委会2005年工作计划；补选省十届人大代表，对述职的干部进行测评。

第十三次常委会会议

2005年1月25日在潍坊召开。市委书记、市人大常委会主任张传林向被任命干部颁发任命书。在通过会议的议程和日程后，市委副书记、市长张新起提请人事任免名单，市人事局局长杨同光介绍被提请任命干部的有关情况，部分被任命干部作供职发言；市人大常委会副主任孙守伏作关于补选代表的代表资格的审查报告，市人大常委会秘书长王维盛作关于市十四届人大三次会议筹备工作情况的汇报。会议表决通过市人大常委会代表资格审查委员会关于补选代表的代表资格的审查报告，确认补选的潍坊市第十四届人民代表大会代表的代表资格有效；表决通过拟提请市十四届人大三次会议预备会议通过的大会议程草案、主席团和秘书长名单草案、议案审查委员会和计划预算审查委员会名单草案；议定市人大常委会在市十四届人大三次会议上的工作报告。

第十四次常委会会议

2005年4月27日在潍坊召开。市人大常委会农业与农村工作委员会主任宋全正作关于发展农村经济、推进“三农”工作情况的视察报告；市人民检察院检察长王卫东作关于刑事检察工作情况的汇报；市民政局局长孟祥志、市农业局局长、市审计局局长、市中级人民法院副院长、市人民检察院副检察长作述职报告；市中级人民法院院长程茂仁向会议提请人事任免名单。

第十五次常委会会议

2005年6月29—30日在潍坊召开。6月29日上午，在通过会议议程和日程后，市财政局局长夏芳晨作关于潍坊市2004年市级财政决算草案的报告，市审计局局长孟庆亮作关于潍坊市2004年市级预算执行和其他财政收支的审计工作报告，市人大常委会财经工作委员会主任魏本芳作关于潍坊市2004年市级财政决算草案的审查报告，市人大常委会城建环保工作委员会主任李刚作关于解决虞河下游污染问题议案的调查研究及处理意见的报告，市人大常委会农业与农村工作委员会主任宋全正作关于加强潍河综合治理议案的调查研究及处理意见的报告，副市长、市公安局局长黄潍连作关于贯彻实施道路交通安全法情况的汇报，市档案局局长徐智刚作关于贯彻实施档案法情况的汇报。副市长黄潍连受市长张新起委托提请人事任免名单，市人事局局长杨同光介绍被提请任免干部的有关情况；市人民检察院检察长王卫东提请人事任免名单，并汇报有关情况。被提请任命的干部作供职发言。会议表决通过潍坊市人民代表大会常务委员会关于批准潍坊市2004年市级财政决算的决议，潍坊市人民代表大会常务委员会关于办理市十四届人大三次会议主席团交付的关于解决虞河下游污染问题的议案的决议，潍坊市人民代表大会常务委员会关于办理市十四届人大三次会议主席团交付的关于加强潍河综合治理的议案的决议，潍坊市人民代表大会常务委员会关于接受张爱军辞职的决定和有关人事任免事项。

第十六次常委会会议

2005年8月25日在潍坊召开。副市长王冰芬作关于市十四届人大三次会议以来代表所提议案和建议批评意见办理工作情况的汇报，市发展和改革委员会主任陈仁杰作关于潍坊市2005年上半年国民经济和社会发展计划执行情况的汇报，市财政局副局长李树范作关于潍坊市2005年上半年财政预算执行情况的汇报，市司法局副局长朱平贵作关于贯彻执行市人大常委会关于“四五”普法和“三五”依法治市两个决议情况的汇报，市农机局局长张振之作关于贯彻实施农业机械化促进法情况的汇报。

第十七次常委会会议

2005年10月26日在潍坊召开。市中小企业局局长韩书俭作关于加快民营经济发展情况的汇报，市科技局负责人作关于贯彻实施促进科技成果转化法情况的汇报，市交通局局长闫云田作关于贯彻实施公路法情况的汇报。

第十八次常委会会议

2005年12月29—30日在潍坊召开。市人大常委会副秘书长、人事代表工作室主任周晓钟作关于潍坊市人民代表大会代表议案处理办法草案与代表建议、批评和意见处理办法草案的说明；孙秀云、魏本芳、张桂云、李刚、宋全正分别作关于换届以来工作情况的汇报；市劳动和社会保障局局长、市文化局局长、市中级人民法院副院长、市人民检察院副检察长分别作述职报告；市中级人民法院院长程茂仁提请人事任免名单，并介绍被提请任免干部的有关情况。会议表决通过《潍坊市人民代表大会代表议案处理办法》《潍坊市人民代表大会代表建议、批评和意见处理办法》和潍坊市人大常委会2006年工作计划。

第十九次常委会会议

2006年1月21日在潍坊召开。市人大常委会副主任孙守伏作关于补选代表的代表资格的审查报告，市人大常委会秘书长王维盛作关于市十四届人大四次会议筹备工作情况的汇报。经过审议，会议表决通过市人大常委会关于召开潍坊市第十四届人民代表大会第四次会议的决定，决定市十四届人大四次会议于2006年2月8日召开。会议还表决通过市人大常委会代表资格审查委员会关于补选代表的代表资格的审查报告，确认补选的潍坊市第十四届人民代表大会代表的代表资格有效；表决通过拟提请市十四届人大四次会议预备会议通过的大会议程草案，主席团和秘书长名单草案，议案审查委员会和计划预算审查委员会名单草案；议定市人大常委会在市十四届人大四次会议上的工作报告。

第二十次常委会会议

2006年4月7日在潍坊召开。市人大常委会副主任杨继生受主任会议委托，提请人事任免名单并介绍被提请任免干部的有关情况；市委副书记、副市长张江汀受市长张新起委托提请人事任免名单，市人事局局长杨同光介绍市政府被提请任命干部的有关情况；市人民检察院检察长王卫东提请人事任免名单并介绍被提请任命干部的有关情况；市政府被提请任命的干部作供职发言；市科技局负责人作关于贯彻实施科学技术普及法情况的汇报；市中级人民法院院长程茂仁作关于全市法院商事审判工作情况的汇报。会议以无记名投票的方式通过人事任免事项；以按表决器的方式，表决通过市人大常委会关于调整市人大常委会代表资格审查委员会组成人员的议案和关于接受满郭强辞职的决定草案。

第二十一次常委会会议

2006年6月21—22日在潍坊召开。市财政局局长夏芳晨作关于潍坊市2005年市级财政决算草案的报告，市审计局局长孟庆亮作关于潍坊市2005年市级预算执行和其他财政收支的审计工作报告，市人大常委会财经工作委员会主任魏本芳作关于潍坊市2005年市级财政决算草案的审查报告，市规划局局长张恒道作关于潍坊市城市总体规划（2006—2020）草案编制情况的报告，市人大常委会城建环保工作委员会主任闫云田作关于潍坊市城市总体规划（2006—2020）草案的审查报告，市司法局局长郭步坤作关于潍坊市“四五”普法、依法治市情况及“五五”普法规划的汇报和潍坊市2006—2010年依法治市规划草案的说明，市旅游局局长高永贤作关于贯彻实施《山东省旅游条例》情况的汇报。市人大常委会副主任杨继生受主任会议委托提请人事任免名单，并介绍被提请任命干部的有关情况，市中级人民法院院长程茂仁提请人事任免名单，并介绍被提请任免干部的有关情况，市人大常委会副秘书长、人事代表工作室主任周晓钟作关于评选优秀市人大代表情况的说明，市建设局局长崔学选、市对外贸易经济合作局局长、市人民检察院副检察长作述职报告。会议以按表决器的方式，表决通过潍坊市人民代表大会常务委员会关于批准潍坊市2005年市级财政决算的决议，潍坊市人民代表大会常务委员会关于同意《潍坊市城市总体规划（2006—2020）草案》的决议，潍坊市人民代表大会常务委员会关于在全市公民中开展第五个五年法制宣传教育的决议，潍坊市人民代表大会常务委员会关于《潍坊市2006—2010年依法治市规划》的决议，潍坊市人民代表大会常务委员会关于表彰优秀市人大代表的决定。

第二十二次常委会会议

2006年8月29日在潍坊召开。市委书记、市人大常委会主任张传林向被任命干部颁发任命书。市人大常委会秘书长王维盛受主任会议委托提请人事任免名单；副市长邢培彬受市长张新起委托提请人事任免名单，市人事局局长杨同光介绍市政府被提请任命干部的情况；市中级人民法院院长程茂仁、市人民检察院检察长王卫东分别提请人事任免名单；副市长邢培彬作关于市十四届人大四次会议代表所提建议批评意见办理工作情况的汇报；市长助理、市发展和改革委员会主任陈仁杰作关于潍坊市2006年上半年国民经济和社会发展计划执行情况的汇报；市财政局局长夏芳晨作关于潍坊市2006年市级预算调整方案（草案）的报告，关于潍坊市2006年上半年财政预算执行情况的汇报；市公安局政委、常务副局长朱玉林作关于贯彻实施人民警察法情况的汇报；市体育局副局长赵志廉作关于贯彻实施体育法情况的汇报；市水利局局长作关于贯彻实施防洪法情况的汇报；被提请任命干部作供职发言。会议以按表决器的方式表决通过潍坊市人民代表大会常务委员会关于批准潍坊市2006年市级预算调整方案的决定。

第二十三次常委会会议

2006年9月19日在潍坊召开。市人大常委会第一副主任王治华受主任会议委托提请人事任命名单，并介绍被提请任命干部的情况。会议以无记名投票的方式，表决通过潍坊市人民代表大会常务委员会关于接受张传林辞去潍坊市第十四届人民代表大会常务委员会主任职务请求的决定，潍坊市人民代表大会常务委员会关于接受张新起辞去潍坊市市长职务请求的决定；表决通过许立全为潍坊市副市长、代理市长的任命。

第二十四次常委会会议

2006年10月25日在潍坊召开。市农业局局长范西智作关于贯彻实施农村土地承包法情况的汇报；市科学技术局局长、市安全生产监督管理局局长、市中级人民法院副院长作述职报告。会议以无记名投票的方式对述职的干部进行测评，表决通过关于接受张江汀辞去潍坊市副市长职务的请求的决定。

第二十五次常委会会议

2006年12月27日在潍坊召开。市政府外事与侨务办公室主任王桂英作关于贯彻实施中华人民共和国归侨侨眷权益保护法情况的汇报；市中级人民法院院长程茂仁提请人事任免名单。会议以按表决器的方式表决通过潍坊市人民代表大会常务委员会关于召开潍坊市第十四届人民代表大会第五次会议的决定；议定市人大常委会2007年工作计划；会议免去刘亚宁的潍坊市中级人民法院副院长、审判委员会委员职务。

第二十六次常委会会议

2007年1月8日在潍坊召开。中共潍坊市委副书记、代理市长许立全提请人事任免名单，并介绍被提请任命的两位副市长的情况，市人事局局长杨同光介绍被提请任命的市政府部门负责人的情况；市人大常委会副主任杨继生作关于补选代表的代表资格审查报告，受主任会议委托作关于补选省十届人大代表的说明、提请人事任免名单；市人大常委会秘书长王维盛作关于市十四届人大五次会议筹备工作情况的汇报；市中级法院院长程茂仁提请人事任免名单，并介绍被提请任命干部的有关情况。会议以按表决器的方式，表决通过市人大常委会代表资格审查委员会关于补选代表的代表资格的审查报告，确认补选的潍坊市第十四届人民代表大会代表的代表资格有效；表决通过拟提请市十四届人大五次会议预备会议通过的大会议程草案、主席团和秘书长名单草案、议案审查委员会和计划预算审查委员会名单草案；决定列席市十四届人大五次会议人员范围；议定市人大常委会在市十四届人大五次会议上的工作报告。以无记名投票的方式，补选许立全为山东省第十届人民代表大会代表，会后由市人大常委会报请山东省人大常委会代表资格审查委员会审查确认其代表资格；决定任命胡岗、徐振溪为潍坊市副市长；决定接受王承策辞去潍坊市人大常委会委员职务的请求。

第二十七次常委会会议

2007年4月27日在潍坊召开。市委常委、常务副市长胡岗受市长许立全委托提请人事任免名单，市人事局局长杨同光介绍市政府被提请任命干部的情况；市人大常委会副主任程茂仁受主任会议委托提请人事任免名单；市人民检察院检察长王卫东提请人事任免名单；市政府被提请任命干部作供职发言；市长助理、市经贸委主任李瑞阳作关于节能降耗工作情况的报告；市水利局负责人作关于村村通自来水工程实施情况的报告。会议以举手表决的方式，表决通过关于调整市人大常委会代表资格审查委员会组成人员的决定；以无记名投票的方式，表决通过关于接受蒋文彩辞去潍坊市副市长职务请求的决定和有关人事任免名单。

第二十八次常委会会议

2007年6月21日在潍坊召开。市财政局副局长王志刚作关于潍坊市2006年市级财政决算草案的报告；市审计局副局长刘福忠作关于潍坊市2006年市级预算执行和其他财政收支的审计工作报告；市人大常委会财经工作委员会主任魏本芳作关于潍坊市2006年市级财政决算草案的审查报告；市环保局局长李春水作关于市区水源地保护工作情况的报告；市公安局政委、常务副局长朱玉林作关于全市社会治安管理工作情况的报告；市人大常委会法制工作委员会主任韩书俭作关于加强人民监督员工作的意见草案的说明；市中级人民法院院长张爱云、市人民检察院检察长王卫东分别提请人事任免名单，并介绍被提请任命人员的情况。会议以举手表决的方式，表决通过关于批准潍坊市2006年市级财政决算的决议草案、关于加强人民监督员工作的意见草案和潍坊市人大常委会组成人员出席常委会会议守则草案。

第二十九次常委会会议

2007年8月22—23日在潍坊召开。市人大常委会副主任杨继生受主任会议委托提请市人大常委会关于2007—2008年全市人大换届选举工作安排意见的议案并报告相应的安排意见，副市长辛丕宏作关于市十四届人大五次会议代表建议意见办理工作情况的报告，市长助理、市发改委主任陈仁杰作关于潍坊市2007年上半年国民经济和社会发展计划执行情况的报告，市财政局副局长夏永波作关于潍坊市2007年上半年财政预算执行情况的报告，市水利局局长作贯彻执行市人大常委会关于加强潍河综合治理的议案的决议情况的报告，市地震局局长朱乐凯作关于防震减灾工作情况的报告，市中级人民法院院长张爱云作关于民事审判工作情况的报告，市人大常委会秘书长张军受主任会议委托提请潍坊市人民检察院人民监督员任命名单。会议以举手表决的方式，表决通过市人大常委会关于2007—2008年全市人大换届选举工作安排意见。

第三十次常委会会议

2007年10月30日在潍坊召开。市人大常委会秘书长张军受主任会议委托作关于潍坊市第十五届人民代表大会代表选举问题的决定草案的说明；市劳动和社会保障局局长李静波作关于全市劳动保障工作情况的报告；市市政管理局副局长李广东作关于城区公交事业发展情况的报告；市农业局局长考继佳作关于农产品质量安全工作情况的报告；市卫生局副局长李长祥作关于标准化乡镇卫生院和村级卫生室建设情况的报告；市检察院检察长王卫东作关于全市监所检察工作情况的报告，提请人事任免名单，并介绍被提请任命干部的有关情况；市人大常委会副主任杨继生受主任会议委托提请人事任命名单，介绍被提请任命干部的有关情况。市人大常委会视察组书面报告关于视察潍坊市中心城区旧小区和背街小巷综合整治的情况；市人大常委会执法检查组书面报告关于检查全市贯彻实施国务院广播电视管理条例和山东省电视管理暂行条例的情况，关于检查老年人权益保障法贯彻实施的情况，关于检查安全生产法律法规贯彻实施的情况。会议表决通过市人大常委会关于认真学习贯彻党的十七大精神的决议、关于潍坊市第十五届人民代表大会代表选举问题的决定和人事任免事项。会议任命刘勤友为潍坊市人大常委会副秘书长、研究室主任，王钦杰挂职任潍坊市人民检察院副检察长、检察委员会委员。

第三十一次常委会会议

2007年11月30日在潍坊召开。副市长辛丕宏受市长许立全委托提请人事任命名单，并介绍被提请任命干部的有关情况；市中级人民法院院长张爱云提请人事任免名单，并介绍被提请任免干部的有关情况。会议决定任命初宝杰为潍坊市副市长；任命尹凤来为潍坊市中级人民法院副院长、审判委员会委员；免去杜士忠的潍坊市中级人民法院副院长、审判委员会委员职务。

第三十二次常委会会议

2007年12月19日在市级机关综合办公大楼召开。市人大常委会副主任杨继生作关于全市县、乡人大换届选举工作情况的汇报和关于潍坊市第十五届人民代表大会代表的代表资格审查报告；市人大常委会秘书长张军作关于市十五届人大一次会议筹备工作情况的汇报。经过分组审议讨论，会议表决通过市人大常委会代表资格审查委员会关于潍坊市第十五届人民代表大会代表的代表资格审查报告，关于召开潍坊市第十五届人民代表大会第一次会议的决定，拟提请市十五届人大一次会议预备会议通过的大会议程草案、主席团和秘书长名单草案、议案审查委员会和计划预算审查委员会名单草案，关于设立潍坊市人民代表大会专门委员会的决定草案；议定市人大常委会在市十五届人大一次会议上的工作报告。

第五节　市十五届人民代表大会常务委员会会议

第一次常委会会议

2008年2月26日在潍坊召开。市委书记、市人大常委会主任张新起向被任命的市政府组成人员颁发任命书。市长许立全提请人事任免名单，市委组织部常务副部长傅大军介绍被提请任命干部的有关情况；市人大常委会副主任杨继生受主任会议委托作关于市人大常委会代表资格审查委员会组成人员名单草案的说明；市人大常委会秘书长张军受主任会议委托提请人事任免名单并介绍有关情况，并作关于修订市人大常委会议事规则的说明；市人民检察院检察长王卫东提请批准任命人员名单并介绍有关情况；副市长王桂英作关于提请设立"潍坊市冬季植树日"的报告。会议议定市人大常委会2008年工作计划，以举手的方式表决通过市人大常委会议事规则，市人大常委会关于加强自身建设的决定，关于设立"潍坊市冬季植树日"的决议和市人大常委会代表资格审查委员会组成人员名单。

第二次常委会会议

2008年4月29日在潍坊召开。在通过会议议程后，市司法局局长郭步坤作关于法律援助工作情况的报告；市文化局局长盛兆辉作关于加强文化建设、开创文化建设新局面情况的报告；市交通局副局长王耀光作关于"村村通油路"工作情况的报告；市人大常委会秘书长张军作关于制定《潍坊市人民代表大会常务委员会关于强化监督职能推进重点工作的意见》的说明；市人大常委会副秘书长、人事代表工作室主任周晓钟分别作关于修订《潍坊市人民代表大会常务委员会联系市人大代表办法》《潍坊市人民代表大会代表议案处理办法》《潍坊市人民代表大会代表建议、批评和意见处理办法》的说明和关于修订《潍坊市人民代表大会常务委员会人事任免办法》的说明；市中级人民法院院长张爱云提请人事任命名单并介绍被提请任命干部的有关情况。会议以举手的方式表决通过市人大常委会关于加强文化建设的决议、关于强化监督职能推进重点工作的意见；市人大常委会联系市人大代表办法，潍坊市人民代表大会代表议案处理办法，潍坊市人民代表大会代表建议、批评和意见处理办法，市人大常委会人事任免办法。

第三次常委会会议

2008年6月30日在潍坊召开。市人大常委会副主任、代表资格审查委员会主任委员杨继生作关于补选代表的代表资格审查报告；市财政局副局长李树范作关于潍坊市2007年市级决算草案的报告，市审计局副局长刘福忠作关于潍坊市2007年市级预算执行和其他财政收支的审计工作报告，市人大常委会委员、市人大常委会财政经济委员会副主任委员孟庆亮作关于潍坊市2007年市级决算草案的审查报告；市人大常委会委员、市人大常委会教育科学文化卫生委员会副主任委员尹兴明作关于从源头上抓好食品质量安全议案的调查研究及处理意见的报告；市人大常委会委员、市人大常委会财政经济委员会副主任委员李建泉作关于视察北部沿海发展情况的报告；市人大常委会委员、市人大常委会内务司法委员会副主任委员韩书俭作关于检查全市贯彻实施行政许可法情况的报告；市人大常委会委员、市人大常委会农业与农村委员会副主任委员范西智作关于检查全市贯彻实施农民专业合作社法情况的报告。会议以举手表决的方式通过市人大常委会代表资格审查委员会关于补选代表的代表资格审查报告，确认补选的潍坊市第十五届人民代表大会代表的代表资格有效；通过市人大常委会关于批准潍坊市2007年市级决算的决议、关于办理关于从源头上抓好食品质量安全的议案的决议。

第四次常委会会议

2008年8月28—29日在潍坊召开。市委常委、常务副市长胡岗受市长许立全委托提请人事任免名单，市人事局局长杨同光介绍被提请任命干部的有关情况；市中级人民法院院长张爱云、市人民检察院检察长王卫东分别提请人事任免名单，并介绍被提请任命干部的有关情况；市长助理、市经济贸易委员会主任李瑞阳作关于节能减排工作情况的报告；市长助理、市发展和改革委员会主任陈仁杰作关于潍坊市2008年上半年国民经济和社会发展计划执行情况的报告；市财政局副局长李树范作关于潍坊市2008年上半年预算执行情况的报告；市民政局局长孟祥志作关于农村公共服务社区化工作情况的报告；市政府副秘书长、督查室主任谭炳建作关于市十五届人大一次会议以来代表所提建议意见办理工作情况的报告；市人大常委会内务司法委员会副主任委员韩书俭作关于检查全市贯彻实施公务员法情况的报告。会议对市政府节能减排工作进行评议，对节能减排工作12项重点内容分别进行满意度测评，测评结果为满意（80.5分）。

第五次常委会会议

2008年10月28日在潍坊召开。市人大常委会党组书记、第一副主任李守玉向奚爱华颁发“潍坊人民勋章”和证书。市长助理、市发展和改革委员会主任陈仁杰作关于全市商务服务业发展情况的报告；市环境保护局局长王秀禄作关于全市水污染防治工作情况的报告；市公安局党委副书记、交警支队支队长李树平作关于全市道路交通安全管理工作情况的报告；市人大常委会教育科学文化卫生委员会副主任委员张国华作关于检查科技进步法实施情况的报告；市人大常委会秘书长张军作关于市人大常委会组成人员守则草案的说明，宣读市人大常委会主任会议关于授予有关人员“潍坊人民勋章”的议案；市人民检察院检察长王卫东提请人事任命名单并介绍被提请任命干部的有关情况。会议对商务服务业发展进行满意度测评，结果为满意（81.98分）。

第六次常委会会议

2008年12月30日在潍坊召开。副市长王桂英受市长许立全委托提请人事任免名单，市人事局局长杨同光介绍被提请任命干部的有关情况；市中级人民法院院长张爱云提请人事任免名单并介绍被提请任命干部的有关情况；市政府被提请任命干部作供职发言；王桂英作关于落实市人大常委会关于抓好食品质量安全的议案的决议和实施相关法律情况的报告；市人大常委会副主任、代表资格审查委员会主任委员杨继生作关于补选代表的代表资格审查报告。会议以举手表决的方式，通过市人大常委会代表资格审查委员会关于补选代表的代表资格审查报告，确认补选的潍坊市第十五届人民代表大会代表的代表资格有效；通过潍坊市人民代表大会常务委员会关于召开潍坊市第十五届人民代表大会第二次会议的决定和列席市十五届人大二次会议的人员范围。

第七次常委会会议

2009年1月15日在潍坊召开。市人大常委会副主任、代表资格审查委员会主任委员杨继生作关于补选代表的代表资格审查报告；市人大常委会秘书长张军作关于市十五届人大二次会议筹备工作情况的汇报；市中级人民法院院长张爱云提请人事任免名单并介绍被提请任命干部的有关情况。会议议定市人大常委会在市十五届人大二次会议上的工作报告；以举手表决的方式，通过市人大常委会代表资格审查委员会关于补选代表的代表资格审查报告，拟提请市十五届人大二次会议预备会议通过的大会议程草案、大会主席团和秘书长名单草案。

第八次常委会会议

2009年4月28日在潍坊召开。市人大常委会副主任杨继生受主任会议委托提请人事任免名单；副市长初宝杰受市长许立全委托提请人事任免名单，市人事局负责人介绍被提请任命干部的有关情况；市中级人民法院院长张爱云、市人民检察院检察长王卫东分别提请人事任免名单并介绍被提请任命干部的有关情况；部分被提请任命干部作供职发言；市安全生产监督管理局局长王永福受市政府委托作关于全市安全生产工作情况的报告；市中级法院院长张爱云作关于全市法院完善多元纠纷解决机制工作情况的报告；市人大常委会内务司法委员会副主任委员韩书俭作关于潍坊市人民代表大会常务委员会规范性文件备案审查办法的说明。会议以举手表决的方式，通过《潍坊市人民代表大会常务委员会规范性文件备案审查办法》；以无记名投票、打分的方式，对安全生产工作的6项重点内容分别进行满意度测评，结果为满意（90.08分）。

第九次常委会会议

2009年6月29日在潍坊召开。副市长陈白峰受市长许立全委托提请人事任免名单，市人事局负责人介绍被提请任命干部的有关情况，被提请任命干部作供职发言；市财政局局长夏芳晨作关于潍坊市2008年市级决算草案的报告；市审计局副局长高宝强作关于潍坊市2008年市级预算执行和其他财政收支的审计工作报告；市人大常委会财政经济委员会副主任委员孟庆亮作关于潍坊市2008年市级决算草案的审查报告；市科技局负责人作关于全市高新技术产业发展情况的报告；市交通局局长张兆平作关于全市交通重点项目建设工作情况的报告；市台湾事务办公室主任刘衍信作关于全市对台经济工作情况的报告。会议以举手表决的方式，通过关于批准潍坊市2008年市级决算的决议；以无记名投票、打分的方式，对高新技术产业发展工作进行满意度测评，结果为满意（89.92分）。

第十次常委会会议

2009年8月25日在潍坊召开。市发展和改革委员会副主任张树高作关于潍坊市2009年上半年国民经济和社会发展计划执行情况的报告；市财政局局长夏芳晨作关于潍坊市2009年上半年预算执行情况的报告；副市长刘伟作关于市十五届人大二次会议代表所提建议、批评和意见办理工作情况的报告；市劳动和社会保障局局长李静波作关于全市就业工作情况的报告；市人大常委会农业与农村委员会副主任委员袁义龙作关于检查全市贯彻实施农产品质量安全法情况的报告；市人大常委会教育科学文化卫生委员会副主任委员张国华作关于检查全市贯彻实施体育法情况的报告；市人大常委会民族侨务外事委员会副主任委员李波作《关于授予潍坊市荣誉市民称号的办法草案》的说明。会议以举手表决的方式，通过《潍坊市人民代表大会常务委员会关于授予潍坊市荣誉市民称号的办法》；以无记名投票、打分的方式，对全市就业工作的4项重点内容分别进行满意度测评，结果为满意（93.5分）。

第十一次常委会会议

2009年10月19日在潍坊召开。市人大常委会副主任李本跃作《关于推进深化经济体制综合配套改革试点工作的决议（草案）》的说明；市中级法院院长张爱云提请人事任命名单，并介绍被提请任命人员的有关情况；市人民检察院副检察长张爱军受王卫东检察长的委托，提请人事任免名单并介绍被提请任命人员的有关情况，作关于查办和预防职务犯罪工作情况的报告；市人口和计划生育委员会主任杨锡广作关于全市人口和计划生育工作情况的报告；市人大常委会农业与农村委员会副主任委员袁义龙作关于视察全市农业基础设施建设情况的报告；市人大常委会城乡建设与环境资源保护委员会副主任委员李文国作关于检查全市贯彻实施建筑法情况的报告。会议采用举手的方式，表决通过潍坊市人民代表大会常务委员会关于推进深化经济体制综合配套改革试点工作的决议；以无记名投票、打分的方式，对全市人口和计划生育工作的4项重点内容分别进行满意度测评，结果为满意（95.75分）。

第十二次常委会会议

2009年12月30日在潍坊召开。会议以举手表决的方式，通过潍坊市人民代表大会常务委员会关于召开潍坊市第十五届人民代表大会第三次会议的决定、列席潍坊市第十五届人民代表大会第三次会议人员范围；以无记名投票方式，表决通过有关人事任免事项。

第十三次常委会会议

2010年1月22日在潍坊召开。市委书记、市人大常委会主任张新起向被任命的市政府部门主要负责人颁发任命书。市长许立全提请人事任免名单，市人事局局长杨同光介绍被提请任命人员的有关情况，部分被提请任命人员作供职发言；市政府外事侨务办公室主任肖培灵受市政府委托提请授予祖笔等“潍坊市荣誉市民”称号并作相应的说明；市人大常委会副主任、代表资格审查委员会主任委员杨继生作关于补选代表的代表资格审查报告；市人大常委会秘书长张军作关于市十五届人大三次会议筹备工作情况的汇报。会议采用举手表决的方式，表决通过市人大常委会关于授予祖笔等“潍坊市荣誉市民”称号的决定，市人大常委会代表资格审查委员会关于补选代表的代表资格审查报告，拟提请市十五届人大三次会议预备会议通过的大会议程草案，大会主席团和秘书长名单草案；议定了市人大常委会在市十五届人大三次会议上的工作报告；以无记名投票的方式，表决通过有关人事任免名单。

第十四次常委会会议

2010年4月29日在潍坊召开。市人大常委会秘书长张军受主任会议委托提请人事任命名单；副市长陈白峰受市长许立全委托提请人事任免名单，市人力资源和社会保障局局长李静波介绍被提请任命干部的有关情况；市中级人民法院院长张爱云、市人民检察院检察长王卫东分别提请人事任免名单并介绍被提请任命干部的有关情况；部分被提请任命干部作供职发言；市人力资源和社会保障局局长李静波作关于引进高层次创新创业人才工作情况的报告；市中级人民法院院长张爱云作关于全市法院执行工作情况的报告；市人民检察院检察长王卫东作关于全市检察机关开展法律监督工作情况的报告；市人大常委会内务司法委员会副主任委员韩书俭作关于加强和规范人民法院执行工作的决议草案的说明，关于加强人民检察院法律监督工作的决议草案的说明；市人大常委会农业与农村委员会副主任委员袁义龙作关于市十五届人大三次会议确定的《关于加快发展现代畜牧业打造千亿级产业链推进强牧富民工程的议案》处理意见的报告；市人大常委会教育科学文化卫生委员会副主任委员张国华作关于市十五届人大三次会议确定的《关于建立潍坊市职业技能竞赛基地的议案》处理意见的报告。会议以举手的方式，表决通过潍坊市人民代表大会常务委员会关于加强和规范人民法院执行工作的决议，潍坊市人民代表大会常务委员会关于加强人民检察院法律监督工作的决议，潍坊市人民代表大会常务委员会关于办理《关于加快发展现代畜牧业打造千亿级产业链推进强牧富民工程的议案》的决议，潍坊市人民代表大会常务委员会关于办理《关于建立潍坊市职业技能竞赛基地的议案》的决议。

第十五次常委会会议

2010年6月30日在潍坊召开。市人大常委会秘书长张军受主任会议委托提请人事任命名单，并介绍被提请任命人员的有关情况；副市长夏芳晨受市长许立全委托提请人事任命名单，市人力资源和社会保障局局长李静波介绍被提请任命干部的有关情况；市财政局局长王有亭作关于潍坊市2009年市级决算草案的报告，市审计局局长宫智作关于潍坊市2009年市级预算执行和其他财政收支的审计工作报告，市人大常委会财政经济委员会副主任委员李建泉作关于潍坊市2009年市级决算草案的审查报告；市人大常委会农业与农村委员会副主任委员袁义龙作关于检查全市贯彻实施海域使用管理法情况的报告。会议以举手的方式，表决通过关于批准潍坊市2009年市级决算的决议。

第十六次常委会会议

2010年8月27日在潍坊召开。副市长刘伟作关于市十五届人大三次会议代表建议意见办理情况的报告；市城市管理行政执法局党委书记董胜勇作关于市政管理工作情况的报告；市长助理、市发展和改革委员会主任陈仁杰作关于潍坊市2010年上半年国民经济和社会发展计划执行情况的报告；市财政局局长王有亭作关于潍坊市2010年上半年预算执行情况的报告；市人大常委会委员、市人大常委会教育科学文化卫生委员会副主任委员张国华作关于检查全市贯彻实施食品安全法情况的报告。

第十七次常委会会议

2010年10月27日在潍坊召开。市长助理、市发展和改革委员会主任陈仁杰作关于全市转方式、调结构工作情况的报告，市教育局局长张国华作关于全市教育工作情况的报告，市畜牧局局长王承策作关于贯彻执行市人大常委会关于办理《关于加快发展现代畜牧业打造千亿级产业链推进强牧富民工程的议案》的决议情况的报告，市外事与侨务办公室主任肖培灵作关于全市外事侨务工作情况的报告。市人大常委会委员、市人大常委会城乡建设与环境资源保护委员会副主任委员李文国作关于检查全市贯彻实施城市房地产管理法情况的报告，市人大常委会副秘书长、人事代表工作室主任周晓钟作关于评选优秀潍坊市人大代表情况的说明。市中级人民法院院长张爱云、市人民检察院检察长王卫东分别提请人事任命名单，并介绍被提请任命人员的有关情况。会议以无记名投票、打分的方式，对教育工作进行满意度测评，结果为满意（95.46分）。会议以举手的方式，表决通过《潍坊市人民代表大会常务委员会关于表彰优秀潍坊市人大代表的决定》。

第十八次常委会会议

2010年 12月31日在潍坊召开。市财政局局长王有亭作关于潍坊市2010年市级预算调整方案草案的报告，市民政局局长孟祥志作关于全市农村困难群众社会保障工作情况的报告，市教育局局长张国华作关于落实市人大常委会关于办理《关于建立潍坊市职业技能竞赛基地的议案》的决议情况的报告，市人大常委会秘书长、市人大常委会代表资格审查委员会副主任委员张军受主任会议委托作关于补选省十一届人大代表的说明，市委常委、常务副市长胡岗受市长许立全委托提请人事任免名单，市人力资源和社会保障局局长李静波介绍被提请任命干部的有关情况，市检察院检察长王卫东提请人事任免名单并介绍被提请任命干部的有关情况，市政府被提请任命干部作供职发言。会议对全市农村困难群众社会保障工作进行评议。会议以无记名投票、打分的方式,对全市农村困难群众社会保障工作进行满意度测评,结果为满意(90.5分)。会议以举手的方式，表决通过潍坊市人民代表大会常务委员会关于批准潍坊市2010年市级预算调整方案的决定，潍坊市人民代表大会常务委员会关于召开潍坊市第十五届人民代表大会第四次会议的决定和列席潍坊市第十五届人民代表大会第四次会议人员范围，决定潍坊市第十五届人民代表大会第四次会议于2011年2月中旬在潍坊召开。会议以无记名投票的方式，表决通过有关人事任免名单和补选的省人大代表名单，补选吴鹏飞、李春忠为山东省第十一届人民代表大会代表，会后依法报请省人大常委会审查确认。

第十九次常委会会议

2011年1月28日在潍坊举行。市人大常委会秘书长、代表资格审查委员会副主任委员张军作关于补选代表的代表资格审查报告，关于市十五届人大四次会议筹备工作情况的汇报；潍坊市委常委、副市长王献玲受市长许立全委托提请人事任免名单，市人力资源和社会保障局局长李静波介绍被提请任命干部的有关情况；市中级法院院长张爱云提请人事任命名单并介绍被提请任命干部的有关情况；部分被提请任命干部作供职发言。会议采用举手表决的方式，表决通过市人大常委会代表资格审查委员会关于补选代表的代表资格审查报告，拟提请市十五届人大四次会议预备会议通过的大会议程草案，大会主席团和秘书长名单草案；议定市人大常委会在市十五届人大四次会议上的工作报告。

第二十次常委会会议

2011年4月18日在潍坊召开。市人大常委会内务司法委员会副主任委员韩书俭作关于检查全市贯彻实施人民警察法情况的报告；市人大常委会城乡建设与环境资源保护委员会副主任委员张树琛作关于检查全市贯彻实施矿产资源法情况的报告；市人大常委会财政经济委员会副主任委员李建泉作关于市十五届人大四次会议确定的《关于加快建设潍坊“城市一卡通”的议案》处理意见的报告；市人大常委会教育科学文化卫生委员会副主任委员王培竹作关于市十五届人大四次会议确定的《关于全市城区中小学、幼儿园规划布局和建设更加趋向合理的议案》处理意见的报告；市人大常委会农业与农村委员会副主任委员耿现江作关于市十五届人大四次会议确定的《关于积极推行畜禽粪便等污染物循环再利用加快生态有机农业发展的议案》处理意见的报告；副市长王桂英受市长许立全委托提请人事任命名单，市人力资源和社会保障局局长李静波介绍被提请任命干部的有关情况；市中级人民法院院长张爱云提请人事任命名单并介绍被提请任命干部的有关情况；部分被提请任命干部作供职发言。会议以举手的方式，表决通过潍坊市人民代表大会常务委员会关于办理《关于加快建设潍坊“城市一卡通”的议案》的决议，潍坊市人民代表大会常务委员会关于办理《关于全市城区中小学、幼儿园规划布局和建设更加趋向合理的议案》的决议，潍坊市人民代表大会常务委员会关于办理《关于积极推行畜禽粪便等污染物循环再利用加快生态有机农业发展的议案》的决议。

第二十一次常委会会议

2011年6月27日在潍坊召开。副市级干部李世光作关于全市“五五”普法、依法治市情况和“六五”普法规划的报告；市司法局局长尹凤来作关于《潍坊市2011—2015年依法治市规划草案》的说明；市人大常委会内务司法委员会副主任委员徐玉军作关于在全市公民中深入开展第六个五年法制宣传教育的决议草案和关于《潍坊市2011—2015年依法治市规划》的决议草案的说明；市旅游局局长于慰杰作关于全市旅游产业发展情况的报告；市人大常委会农业与农村委员会副主任委员聂振萍作关于检查全市贯彻实施动物防疫法情况的报告；市人民检察院检察长王卫东提请人事任命名单并介绍被提请任命干部的有关情况。副市长王立胜向市人大常委会提交辞呈。会议以举手的方式，表决通过潍坊市人民代表大会常务委员会关于在全市公民中深入开展第六个五年法制宣传教育的决议，潍坊市人民代表大会常务委员会关于《潍坊市2011—2015年依法治市规划》的决议。

第二十二次常委会会议

2011年8月29日在潍坊召开。在通过会议议程后，副市长夏芳晨先后作关于市十五届人大四次会议以来代表所提建议、批评和意见办理情况的报告，关于全市现代农业示范园区建设情况的报告；市政府党组成员、市发展和改革委员会主任陈仁杰作关于潍坊市2011年上半年国民经济和社会发展计划执行情况的报告；市财政局局长王有亭作关于潍坊市2010年市级财政决算和2011年上半年预算执行情况的报告；市审计局局长宫智作关于潍坊市2010年市级预算执行和其他财政收支的审计工作报告；市人大常委会财政经济委员会副主任委员李建泉作关于潍坊市2010年市级财政决算的审查报告；市人大常委会教育科学文化卫生委员会副主任委员杨同光作关于视察全市贯彻实施食品安全法情况的报告；市人大常委会秘书长张军受主任会议委托提请人事任免名单，并介绍被提请任命干部的有关情况；副市长夏芳晨受市长许立全委托提请人事任免名单，市人力资源和社会保障局局长李静波介绍被提请任命干部的有关情况；部分被提请任命干部作供职发言。会议对全市现代农业示范园区建设工作情况进行评议。会议以无记名投票、打分的方式，对全市现代农业示范园区建设工作5项重点内容分别进行满意度测评，结果满意（91.1分）。会议以举手的方式，表决通过潍坊市人民代表大会常务委员会关于批准潍坊市2010年市级财政决算的决议。

第二十三次常委会会议

2011年10月31日在潍坊召开。市文化广电新闻出版局局长盛兆辉作关于全市文化产业发展情况的报告；市政协副主席、市经济和信息化委员会主任李传恒作关于全市新兴产业发展情况的报告；市规划局副局长孙守勤作关于全市城市地下空间开发规划情况的报告；市人大常委会秘书长张军作关于潍坊市第十六届人民代表大会代表选举问题的决定（草案）的说明；市人大常委会副秘书长、人事代表工作室主任周晓钟作关于评选优秀潍坊市人大代表情况的说明。会议对全市文化产业发展情况进行评议。会议以无记名投票、打分的方式，对全市文化产业发展的3项重点内容分别进行满意度测评，汇总结果为满意（90.7分）。

第二十四次常委会会议

2011年12月20日在潍坊召开。市人大常委会党组书记、第一副主任李守玉向部分被任命干部颁发任命书。市人大常委会党组书记、第一副主任李守玉受主任会议委托提请人事任命名单并介绍被提请任命干部的有关情况；市中级人民法院院长张爱云、市人民检察院检察长王卫东分别提请人事任免名单并介绍被提请任命干部的有关情况；部分被提请任命干部作供职发言；市经济和信息化委员会副主任武明志作关于落实市人大常委会关于办理《关于加快建设潍坊“城市一卡通”的议案》的决议情况的报告；市教育局局长张国华作关于落实市人大常委会关于办理《关于全市城区中小学、幼儿园规划布局和建设更加趋向合理的议案》的决议情况的报告；市畜牧局局长王承策作关于贯彻执行市人大常委会关于办理《关于积极推行畜禽粪便等污染物循环再利用加快生态有机农业发展的议案》的决议情况的报告；市中级人民法院院长张爱云作关于全市法院加强诉讼诚信体系建设推进社会信用管理情况的报告；潍坊国际风筝会办公室主任张崇高作关于调整潍坊国际风筝会开幕时间的汇报；市人大常委会教育科学文化卫生委员会副主任委员王培竹作关于调整潍坊国际风筝会开幕时间的决定草案的说明；市财政局副局长李树范作关于潍坊市2011年市级预算调整方案草案和国有资本经营预算的报告。会议以举手表决的方式，通过潍坊市人民代表大会常务委员会关于调整潍坊国际风筝会开幕时间的决定、潍坊市人民代表大会常务委员会关于批准潍坊市2011年市级预算调整方案和国有资本经营预算的决定、潍坊市人民代表大会常务委员会关于召开潍坊市第十六届人民代表大会第一次会议的决定和列席潍坊市第十六届人民代表大会第一次会议人员范围。以无记名投票表决方式，通过关于接受张新起辞去潍坊市人大常委会主任职务的请求、许立全辞去潍坊市市长职务的请求和人事任免事项，决定任命刘曙光为副市长、代理市长。

第二十五次常委会会议

2011年12月29日在潍坊召开。市人大常委会秘书长、代表资格审查委员会副主任委员张军受主任会议委托作关于补选省十一届人大代表的说明；市人大常委会党组副书记、副主任刘明珂受主任会议委托提请人事任命名单，并介绍被提请任命干部的有关情况；市人民检察院检察长王卫东提请人事任免名单，并介绍被提请任命干部的有关情况。会议以无记名投票表决的方式，补选刘曙光、温守信为山东省第十一届人民代表大会代表，由市人大常委会报请山东省人大常委会代表资格审查委员会审查确认其代表资格。通过关于接受王卫东辞去潍坊市人民检察院检察长职务的请求，报经山东省人民检察院提请山东省人民代表大会常务委员会批准，并报潍坊市人民代表大会备案。决定任命孙起生、潘强为潍坊市副市长；任命杨洪旭为潍坊市人民检察院检察员、检察委员会委员、副检察长；决定杨洪旭为潍坊市人民检察院代理检察长，由市人民检察院、市人大常委会分别报山东省人民检察院、山东省人大常委会备案。

第二十六次常委会会议

2012年1月18日在潍坊召开。市人大常委会副秘书长、人事代表工作室主任、市县镇人大换届选举工作联席会议办公室主任周晓钟作关于全市县镇人大换届选举工作情况的汇报；市人大常委会副主任、代表资格审查委员会主任委员杨继生作关于潍坊市第十六届人民代表大会代表的代表资格审查报告；市人大常委会秘书长张军作关于市十六届人大一次会议筹备工作情况的汇报，并受市人大常委会主任会议委托提请人事任命名单、介绍被提请任命干部有关情况；副市长潘强受代理市长刘曙光委托提请人事任免名单，市人力资源和社会保障局局长李静波介绍被提请任命干部有关情况；市人民检察院代理检察长杨洪旭提请人事任命名单，并介绍被提请任命干部有关情况。会议以举手表决方式，通过市人大常委会代表资格审查委员会关于潍坊市第十六届人民代表大会代表的代表资格审查报告，拟提请市十六届人大一次会议预备会议通过的大会议程草案、大会主席团和秘书长名单草案、计划预算审查委员会名单草案和议案审查委员会名单草案。

第六节　市十六届人民代表大会常务委员会会议

第一次常委会会议

2012年3月20日在潍坊召开。市委书记、市人大常委会主任许立全向被任命干部颁发任命书并讲话。市人大常委会党组书记、第一副主任胡岗主持会议并讲话。市委常委、常务副市长陈白峰受市长刘曙光委托提请人事任命名单，市委组织部常务副部长傅大军介绍被提请任命干部的有关情况，部分被提请任命干部作供职发言；市人大常委会秘书长张军受主任会议委托提请人事任免名单、介绍被提请任命干部的有关情况，并作关于潍坊市人民代表大会常务委员会代表资格审查委员会组成人员名单草案和关于《潍坊市人民代表大会常务委员会组成人员守则修订草案》《潍坊市人民代表大会常务委员会议事规则（修订草案）》《潍坊市人民代表大会常务委员会信访工作办法修订草案》的说明；市人大常委会副秘书长、人事代表工作室主任周晓钟受主任会议委托作关于《潍坊市人民代表大会常务委员会人事任免办法修订草案》的说明。会议以举手的方式表决通过《潍坊市人民代表大会常务委员会关于加强自身建设的决定》《潍坊市人民代表大会常务委员会组成人员守则》《潍坊市人民代表大会常务委员会议事规则》《潍坊市人民代表大会常务委员会人事任免办法》《潍坊市人民代表大会常务委员会信访工作办法》和潍坊市人民代表大会常务委员会代表资格审查委员会组成人员名单。

第二次常委会会议

2012年4月26日在潍坊召开。市质量技术监督局局长岳尧作关于全市工业企业品牌建设情况的报告；市人力资源和社会保障局局长李静波作关于全市人才工作情况的报告；市人大常委会农业与农村委员会副主任委员耿现江作关于市十六届人大一次会议确定的“进一步推进农村水利工程建设管理的议案”处理意见的报告；市人大常委会城乡建设与环境资源保护委员会副主任委员赵东作关于检查全市贯彻实施公路法情况的报告；市中级人民法院副院长张广孝受院长张爱云委托，提请人事任免名单，并介绍被提请任命干部的有关情况。会议采用举手的方式，表决通过市人大常委会关于办理“进一步推进农村水利工程建设管理的议案”的决议；以无记名投票、打分的方式，对全市工业企业品牌建设情况、全市人才工作情况进行测评，其中全市工业企业品牌建设情况评议得分为88.06，全市人才工作情况评议得分为87.01，结果均为满意。

第三次常委会会议

2012年6月21日在潍坊召开。市委常委、副市长杜业栋作关于全市深化医药卫生体制改革情况的报告；市民族宗教事务局局长李亚军作关于全市民族工作情况的报告；市人大常委会财政经济委员会副主任委员孟庆亮作关于视察全市蓝黄"两区"建设情况的报告。会议以无记名投票、打分的方式，对全市深化医药卫生体制改革情况的满意度进行测评，结果为满意（80.22分）。

第四次常委会会议

2012年8月24日在潍坊召开。市城市管理行政执法局局长张志勇作关于城市管理行政执法工作情况的报告；市发改委主任肖培灵作关于潍坊市2012年上半年国民经济和社会发展计划执行情况的报告；市财政局局长田民利作关于潍坊市2011年市级财政决算和2012年上半年预算执行情况的报告；市审计局局长宫智作关于潍坊市2011年市级预算执行和其他财政收支的审计工作报告；市人大常委会财政经济委员会副主任委员孟庆亮作关于潍坊市2011年市级财政决算的审查报告；副市长夏芳晨作关于市十六届人大一次会议以来代表所提建议、批评和意见办理情况的报告；市人大常委会农业与农村委员会副主任委员耿现江作关于检查全市贯彻实施农业机械化促进法情况的报告；市人大常委会秘书长张军受主任会议委托作关于《潍坊市人民代表大会代表履职守则（草案）》的说明，并提请人事任免名单、介绍被提请任命干部的有关情况；夏芳晨受市长刘曙光委托提请人事任免名单，市人力资源和社会保障局局长李静波介绍被提请任命干部的有关情况；市中级人民法院院长张爱云提请人事任免名单并介绍被提请任命干部的有关情况；市人民检察院副检察长赵克林受检察长杨洪旭委托提请人事任免名单并介绍被提请任命干部的有关情况。部分被提请任命干部作供职发言。会议采用举手的方式，表决通过潍坊市人民代表大会常务委员会关于批准潍坊市2011年市级决算的决议，潍坊市人民代表大会代表履职守则；以无记名投票、打分的方式，对城市管理行政执法工作情况进行测评，结果为满意（88.3分）。

第五次常委会会议

2012年10月30日在潍坊召开。市环境保护局局长王秀禄作关于加强环境保护推进"生态潍坊"建设情况的报告；市人大常委会教育科学文化卫生委员会副主任委员聂振萍作关于视察全市贯彻实施食品安全法情况的报告；市人大常委会内务司法委员会副主任委员徐玉军作关于检查全市贯彻实施消防法情况的报告；市人大常委会内务司法委员会副主任委员孟祥志作关于检查全市贯彻实施老年人权益保障法情况的报告；市中级人民法院院长张爱云提请人事任免名单并介绍被提请任命干部的有关情况；市人民检察院检察长杨洪旭提请人事任免名单并介绍被提请任命干部的有关情况。会议以无记名投票、打分的方式，对加强环境保护推进"生态潍坊"建设情况进行测评，结果为满意（85.28分）。

第六次常委会会议

2012年12月20日在潍坊召开。市人大常委会党组书记、第一副主任胡岗向部分被任命干部颁发任命书。市水利局局长赵刚毅作落实市人大常委会关于办理"进一步推进农村水利工程建设管理的议案"决议情况的报告；市文化广电新闻出版局局长孙俐君作关于全市"文化潍坊"建设情况的报告；市人大常委会秘书长、代表资格审查委员会主任委员张军作关于个别代表的代表资格的报告和关于市十六届人大二次会议筹备工作情况的汇报；市委常委、副市长孙起生受市长刘曙光委托提请人事任免名单，市人力资源和社会保障局局长李静波介绍被提请任命干部的有关情况；市人民检察院检察长杨洪旭提请人事任免名单并介绍被提请任命干部的有关情况；部分被任命干部作供职发言。会议以举手表决的方式，通过市人大常委会关于深入学习宣传贯彻党的十八大精神的决议、市人大常委会关于召开市十六届人大二次会议的决定和列席市十六届人大二次会议人员范围，拟提请市十六届人大二次会议预备会议通过的大会议程草案、大会主席团和秘书长名单草案，市人大常委会代表资格审查委员会关于个别代表的代表资格的报告。以无记名投票打分的方式，对落实市人大常委会关于办理《进一步推进农村水利工程建设管理的议案》决议情况进行测评，结果为满意（82.39分）。

第七次常委会会议

2012年12月28日在潍坊召开。市人大常委会秘书长、代表资格审查委员会主任委员张军作关于个别代表的代表资格的报告。会议以举手表决的方式，通过市人大常委会代表资格审查委员会关于个别代表的代表资格的报告。

第三章　组织机构

第一节　市人大常委会领导成员

潍坊市人民代表大会常委会是市人民代表大会的常设机关，对市人民代表大会负责并报告工作。市人大常委会由市人民代表大会在代表中选举市人大常委会主任、副主任若干人及秘书长、委员若干人组成，任期同本级人民代表大会每届任期相同，行使职权到本届人民代表大会选出新的常委会为止。市人大常委会设党组，受市委领导，对市委负责。市人大常委会贯彻党的路线、方针、政策，依法行使地方国家权力机关的职权，通过重大事项决定、听取审议政府、法院、检察院工作报告及执法检查、人事任免、述职评议、工作评议、视察调研、督办代表议案建议等方式实行对“一府两院”的工作监督和法律监督，并开展任期内的日常工作。

潍坊市第十一届至第十六届人大常委会主任、副主任、秘书长一览表

表15－3－1

届别	职务	姓名	任职时间
十一届人大常委会（1988.1—1993.3）	主任	于成凤	1988.1—1992.3
		于　潮	1992.3—1993.3
	副主任	王灿德	1988.1—1993.3
		李汉三	1988.1—1993.3
		王鹤田	1988.1—1993.3
		戴耀西	1988.1—1993.3

续表15-3-1

届别	职务	姓名	任职时间
十一届人大常委会（1988.1—1993.3）	副主任	王华民	1988.1—1993.3
		滕司宪	1988.1—1993.3
		董建春	1988.1—1993.3
		韩　理	1988.1—1993.3
		王荆玉	1988.1—1992.12
		刘文聚	1992.3—1993.3
		常怀义	1992.3—1993.3
	秘书长	常怀义	1988.1—1993.3
十二届人大常委会（1993.3—1998.2）	主任	孙嘉炼	1993.3—1998.2
	副主任	任柏榴	1993.3—1998.2
		李惠信	1993.3—1996.3
		于洪吉	1993.3—1998.2
		隋华堂	1996.3—1998.2
		刘文聚	1993.3—1996.3
		常怀义	1993.3—1998.2
		董建春	1993.3—1998.2
		刘远顺	1993.3—1998.2
		黄存福	1993.3—1998.2
		王在辉	1996.3—1998.2
		李英文	1995.3—1998.2
	秘书长	尹世炘	1993.3—1995.4
		王海亭	1996.3—1998.2
十三届人大常委会（1998.2—2003.2）	主任	孙嘉炼	1998.2—2002.4
		曹学成	2002.4—2003.2
	副主任	隋华堂	1998.2—2001.2
		房忠昌	2001.2—2003.2
		赵凤池	2001.2—2003.2
		王在辉	1998.2—2002.4
		李英文	1998.2—2001.2
		徐　鉴	1998.2—2003.2

续表15-3-1

届别	职务	姓名	任职时间
十三届人大常委会（1998.2—2003.2）	副主任	王光明	1998.2—2003.2
		王福金	1998.2—2001.2
		孙守伏	1998.2—2003.2
		董泉才	1998.2—1999.2
		刘天佑	1998.2—2003.2
		韩俊生	2001.2—2003.2
		葛吉平	2001.2—2003.2
	秘书长	梁吉人	1998.2—1999.8
		葛吉平	2000.2—2001.2
		李　刚	2001.2—2003.2
十四届人大常委会（2003.2—2008.1）	主任	张传林	2003.2—2006.9
		张新起	2007.3—2008.1
	第一副主任	毕可仁	2003.2—2006.1
		王治华	2006.2—2007.3
		李守玉	2007.3—2008.1
	副主任	赵凤池	2003.2—2007.3
		孙守伏	2003.2—2006.2
		程茂仁	2007.3—2008.1
		张建国	2003.2—2008.1
		韩俊生	2003.2—2006.2
		葛吉平	2003.2—2006.2
		王永兴	2003.2—2008.1
		康凤英（女）	2003.2—2008.1
		杨继生	2006.2—2008.1
		吴元宝	2006.2—2008.1
		李本跃	2006.2—2008.1
	秘书长	王维盛	2003.2—2007.3
		张　军	2007.3—2008.1
十五届人大常委会（2008.1—2012.2）	主任	张新起	2008.1—2011.12
	第一副主任	李守玉	2008.1—2012.2

续表15-3-1

届别	职务	姓名	任职时间
十五届人大常委会（2008.1—2012.2）	副主任	刘明珂	2011.2—2012.2
		王永兴	2008.1—2012.2
		康凤英（女）	2008.1—2012.2
		杨继生	2008.1—2012.2
		李本跃	2008.1—2012.2
	秘书长	张　军	2008.1—2012.2
十六届人大常委会（2012.2—　　）	主任	许立全	2012.2—
	第一副主任	胡　岗	2012.2—
	副主任	刘明珂	2012.2—
		花兆贤	2012.2—
		李世光	2012.2—
		毛秀凤（女）	2012.2—
	秘书长	张　军	2012.2—

第二节　机构设置

1989年2月17日，市十一届人大二次会议通过设立潍坊市人民代表大会法制委员会、财政经济委员会、教育科学文化卫生委员会、城乡建设环境保护委员会、农村经济委员会等5个专门委员会的决议。3月24日，市十一届人大常委会第七次会议决定撤销市十一届人大常委会第一次会议决定设立的市人大常委会法制、财政经济、教育科学文化卫生、城乡建设4个工作委员会。5月18日，市十一届人大常委会第八次会议决定设立市人大常委会人事代表工作室，作为市人大常委会的办事机构。1993年4月9日，市十二届人大常委会第一次会议决定设立潍坊市人大常委会法制、财政经济、农村经济、教育科学文化卫生、城市建设环境保护5个工作委员会，各工作委员会设办公室。1996年10月23日，市十二届人大常委会第二十九次会议决定设立市人大常委会调查研究室。1997年3月，市人大常委会机关实行机构改革，市人大常委会机关共设有3室（办公室、人事代表工作室、调查研究室）、5委（法制工作委、财经工作委、教科文卫工作委、城建环保工作委、农经工作委）。2001年4月，市十三届人大常委会第二十次会议决定，市人大常委会农村经济工作委员会更名为市人大常委会农业与农村工作委员会。2004年2月，增设市人大常委会民族侨务外事工作委员会，信访科升格为副县级信访室（办公室内设机构）。至此，市人大常委会共设有法制、财政经济、教育科学文化卫生人口、城乡建设环境保护、农业与农村、民族侨务外事6个工作委员会（正县级），办公室、人事代表工作室、研究室3个正县级工作机构，信访室1个副县级内设机构。2007年12月，设立内务司法、财政经济、教育科学文化卫生、城乡建设与环境资源保护、农业与农村、民族侨务外事6个委员会工作室，均为副县级规格，原设置的6个工作委员会办公室同时撤销。至2012年未有变化。

第三节 出席全国人民代表大会代表

第八届至第十一届全国人民代表大会期间，潍坊市出席全国人民代表大会代表共39人次。

潍坊市出席第八届至第十一届全国人民代表大会代表一览表

表15—3—2

届次	姓名	籍贯	出生年月	当选时的职务
八届全国人大代表（10人）	王大海	山东招远	1938.10	潍坊市委副书记、市长
	杨淑英（女）	山东莱州	1934.11	潍坊市农科所杂粮室副主任
	曾文戊	江苏南京	1933.3	潍坊柴油机厂高级工程师
	李贤杰	山东邹平	1935.12	山东潍坊拖拉机厂党委书记
	杜德富	山东安丘	1940.2	潍坊市建材工业公司经理
	向　阳	湖南澧阳	1945.11	潍坊华光电子信息产业集团公司总工程师
	杜爱玲（女）	山东潍城	1947.1	潍坊服装二厂厂长
	丁桂英（女）	山东青州	1941.1	青州市清真罐头厂厂长
	彭佃德	山东诸城	1945.12	诸城市吕标乡邱家七吉村党总支书记
	李德章	山东高密	1936.10	高密市高密镇北大王庄村党总支书记
九届全国人大代表（11人）	王玉芬	山东诸城	1945.2	潍坊市委副书记、市长
	杜德富	山东安丘	1940.2	山东海化集团有限公司董事长
	杨淑英（女）	山东莱州	1934.11	潍坊市政协副主席、市农科院研究员
	陈宝昌	山东潍城	1934.10	潍坊柴油机厂拆装团团长
	周百凤（女）	江苏无锡	1947.2	潍坊华光科技股份有限公司副总工程师
	康凤英（女）	山东诸城	1951.3	潍坊医学院眼科学教研室副主任
	解家英（女）	山东牟平	1942.4	潍坊市人民医院妇产科主任
	丁忠平	山东青州	1952.12	青州市昭德街办南营村党委书记（回族）
	郑和平	山东诸城	1951.4	中国得利斯集团总裁
	李德章	山东高密	1939.10	高密市高密镇北大王庄村党委书记
	陈永兴	山东寿光	1931.9	山东晨鸣纸业集团董事长

续表15-3-2

届次	姓名	籍贯	出生年月	当选时的职务
十届全国人大代表（9人）	张新起	山东荣成	1956.8	潍坊市委副书记、市长
	康凤英（女）	山东诸城	1951.3	潍坊市人大常委会副主任、潍坊医学院附属医院院长
	张振兴	山东寿光	1951.10	潍坊市人民医院院长
	陈华森	广东中山	1945.1	潍坊亚星集团有限公司董事长
	谭旭光	山东奎文	1961.2	潍坊柴油机厂厂长
	刘坤洲	山东沂水	1949.6	潍坊坤洲中草药发展有限公司董事长
	丁忠平	山东青州	1952.12	青州市昭德街道南营社区党委书记（回族）
	王金友	山东诸城	1949.6	诸城市对外贸易集团公司总经理
	李雪芹（女）	山东寿光	1966.3	山东晨鸣纸业集团公司审计部部长
十一届全国人大代表（9人）	许立全	山东聊城	1955.5	潍坊市委副书记、市长
	康凤英（女）	山东诸城	1951.3	潍坊市人大常委会副主任、民革潍坊市委主委
	陈华森	广东中山	1945.1	潍坊亚星集团有限公司董事长、党委书记
	高明芹（女）	山东青州	1969.5	山东鸢都英合律师事务所主任
	谭旭光	山东奎文	1961.2	潍柴控股集团有限公司董事长、党委书记
	王金富	山东寿光	1956.9	福田雷沃国际重工股份有限公司董事长、党委书记、总经理
	王桂波	山东诸城	1964.6	山东新郎服饰有限公司董事长、党委书记
	李雪芹（女）	山东寿光	1966.3	山东晨鸣集团公司副总经理
	戴瑞德	山东奎文	1951.10	潍坊市人大常委会委员、市人大常委会城乡建设与环境资源保护委员会委员，山东金宝集团党委书记、董事长

第四章 重要工作

第一节 决议决定

1991年1月—2012年12月，潍坊市人大常委会共对全市重大事项作出决议、决定75项。

决议

决议共53项，分别是：

市十一届人大常委会：第十九次会议于1991年3月23日通过潍坊市人民代表大会常务委员会关于坚决制止乱收费、乱罚款和各种摊派的决议，关于在全市公民中进行第二个五年法制宣传教育的决议。第二十一次会议于1991年7月19日通过关于进一步加强计划生育工作的决议。第二十三次会议于1991年11月28日通过关于认真贯彻实施技术合同法的决议，关于贯彻实施残疾人保障法的决议，关于贯彻实施全国人大常委会《关于严禁卖淫嫖娼的决定》和《关于严惩拐卖绑架妇女儿童的犯罪分子的决定》的决议。第二十四次会议于1992年1月13日通过关于认真贯彻落实《中共中央关于进一步加强农业和农村工作的决定》的决议，关于办理市十一届人大四次会议第1号、第11号、第12号议案的决议。第二十六次会议于1992年5月28日通过关于贯彻实施代表法的决议，关于充分发挥职能作用保障和促进对外开放的决议。第二十七次会议于1992年7月24日通过关于深入贯彻实施全民所有制工业企业法的决议。第三十次会议于1993年1月14日通过关于加快发展第三产业的决议。

市十二届人大常委会：第三次会议于1993年6月29日通过关于坚决维护农民利益切实减轻农民负担的决议，关于进一步贯彻实施国务院《全民所有制工业企业转换经营机制条例》的决议。第十次会议于1994年4月29日通过关于大力发展个体私营经济的决议。第十四次会议于1994年10月28日通过关于加强潍坊市市区水源地保护的决议。第二十六次会议于1996年6月28日通过关于深入开展依法治市的决议。第二十九次会议于1996年10月23日通过关于坚决打击生产和经销假冒伪劣商品违法行为的决议，关于在全市公民中开展第三个五年法制宣传教育的决议。第三十次会议于1996年12月20日通过关于加强预算外资金监督管理的决议。

市十三届人大常委会：第十次会议于1999年10月29日通过关于加强人民法院执行工作的决议。第十六次会议于2000年8月29日通过关于促进对外开放、搞好招商引资工作的决议。第二十一次会议于2001年6月27日通过关于在全市公民中开展第四个五年法制宣传教育的决议。第三十次会议于2002年12月23日通过关于认真学习贯彻党的十六大精神的决议。

市十四届人大常委会：第二次会议于2003年6月25日通过关于批准潍坊市2002年市级财政决算的决议。第九次会议于2004年6月24日通过关于批准潍坊市2003年市级财政决算的决议，关于建设生态市的决议。第十五次会议于2005年6月29日通过关于批准潍坊市2004年市级财政决算的决议，关于办理市十四届人大三次会议主席团交付的关于解决虞河下游污染问题的议案的决议，关于办理市十四届人大三次会议主席团交付的关于加强潍河综合治理的议案的决议。第二十一次会议于2006年6月22日通过关于在全市公民中开展第五个五年法制宣传教育的决议，关于批准潍坊市2005年市级财政决算的决议，关于《潍坊市2006—2010年依法治市规划》的决议，关于同意《潍坊市城市总体规划（2006—2020）草案》的决议。第三十次会议于2007年10月30日通过关于认真学习贯彻党的十七大精神的决议。

市十五届人大常委会：第一次会议于2008年2月26日通过关于设立“潍坊市冬季植树日”的决议。第二次会议于2008年4月29日通过关于加强文化建设的决议。第三次会议于2008年6月30日通过关于办理《关于从源头上抓好食品质量安全的议案》的决议，关于批准潍坊市2007年市级决算的决议。第十一次会议于2009年10月19日通过关于推进深化经济体制综合配套改革试点工作的决议。第十四次会议于2010年4月29日通过了关于加强和规范人民法院执行工作的决议，关于加强人民检察院法律监督工作的决议，关于办理《关于加快发展现代畜牧业打造千亿级产业链推进强牧富民工程的议案》的决议，关于办理《关于建立潍坊市职业技能竞赛基地的议案》的决议。第二十次会议于2011年4月18日通过关于办理《关于加快建设潍坊“城市一卡通”的议案》的决议，关于办理《关于全市城区中小学、幼儿园规划布局和建设更加趋向合理的议案》的决议，关于办理《关于积极推行畜禽粪便等污染物循环再利用加快生态有机农业发展的议案》的决议。第二十一次会议于2011年6月27日通过关于在全市公民中深入开展第六个五年法制宣传教育的决议，关于《潍坊市2011—2015年依法治市规划》的决议。第二十二次会议于2011年8月29日通过关于批准潍坊市2010年市级财政决算的决议。

市十六届人大常委会：第四次会议于2012年8月24日通过关于批准潍坊市2011年市级财政决算的决议。第六次会议于2012年12月20日通过关于深入学习宣传贯彻中国共产党第十八次全国代表大会精神的决议。

决定

决定共22项，分别是：

市十一届人大常委会：第十八次会议于1991年1月30日通过关于市树、市花的决定，关于确认潍坊市与北京市宣武区结为友好市区的决定。第二十二次会议于1991年9月18日通过关于确认潍坊市与呼伦贝尔盟结为友好市盟的决定。第二十六次会议于1992年5月28日通过潍坊市人大常委会关于潍坊市与延安地区结为友好市地的决定。

市十二届人大常委会：第十一次会议于1994年6月30日通过关于潍坊市与上海市虹口区结为友好市区的决定，关于潍坊市与厦门市结为友好城市的决定。

市十三届人大常委会：第七次会议于1999年4月30日通过关于潍坊市与贝尔谢巴市结为友好城市的决定。第十八次会议于2000年12月26日通过关于表彰潍坊市优秀人大代表的决定，关于授予王乐义等5名同志“潍坊人民勋章”的决定。第二十次会议于2001年 4 月30日通过关于农村经济工作委员会更名为农业与农村工作委员会的决定。第三十次会议于2002年12月23日通过关于表彰潍坊市优秀人大代表的决定。

市十四届人大常委会：第二十一次会议于2006年6月22日通过关于表彰优秀市人大代表的决定。第二十二次会议于2006年8月29日通过关于批准潍坊市2006年市级预算调整方案的决定。第三十次会议于2007年10月30日通过关于潍坊市第十五届人民代表大会代表选举问题的决定。

市十五届人大常委会：第一次会议于2008年2月26日通过关于加强自身建设的决定。第五次会议于2008年10月28日通过关于授予奚爱华“潍坊人民勋章”的决定。第十七次会议于2010年10月27日通过关于表彰优秀潍坊市人大代表的决定。第十八次会议于2010年12月31日通过关于批准潍坊市2010年市级预算调整方案的决定。第二十三次会议于2011年10月31日通过关于表彰优秀潍坊市人大代表的决定。第二十四次会议于2011年12月20日通过关于调整潍坊国际风筝会开幕时间的决定，关于批准潍坊市2011年市级预算调整方案和国有资本经营预算的决定。

市十六届人大常委会：第一次会议于2012年3月20日通过关于加强自身建设的决定。

第二节　监督工作

市十一届人大及其常委会（1991年1月—1993年3月）

监督国民经济和社会发展计划的实施　市十一届人大常委会对年度计划和预算执行、审计等工作，每年听取审议工作汇报，并作出相应决定。组织省、市人大代表应邀参加市政府全体会议，听取市政府工作汇报，着重对计划执行情况进行座谈评议。

监督国营大中型企业改革　市十一届人大常委会向全体市人大代表发信，要求代表们认真贯彻中央工作会议精神，监督支持政府搞好国营大中型企业。召开国营大中型企业中的部分全国和省、市人大代表座谈会，听取意见建议。组成专门调查组，深入到市直部门和国营大中型企业进行调查研究。听取审议市政府关于搞好国营大中型企业的情况汇报。

监督农业和农村工作　市十一届人大常委会先后听取审议市政府关于库区移民工作、建立健全农村社会化服务体系和畜牧业生产发展、乡镇企业发展等情况的汇报。就发展高产高效农业等进行了调查研究。作出关于认真贯彻落实《中共中央关于进一步加强农业和农村工作的决定》的决议。与市政府联合召开农民负担监督管理工作会议，着重就国务院有关条例贯彻执行问题作了研究。

监督经济建设的法制保障　市十一届人大常委会听取审议市政府关于公安工作和社会治安情况的汇报，市人民检察院关于反贪污贿赂斗争情况的汇报，市中级人民法院关于经济审判工作情况的汇报。围绕法制建设进行监督。参与组织举办全市县级以上领导干部“二五”普法培训班。与市委普法领导小组共同组织普法执法大检查。先后听取审议市政府关于贯彻执行文物保护法等6部法律法规贯彻实施情况的汇报，对环境保护法等十几项法律法规的贯彻实施情况进行视察、检查和调查。积极参与立法工作，先后就代表法和省农民负担管理条例等9个法律法规草案，提出并上报修改意见。

市十二届人大及其常委会（1993年3月—1998年2月）

市十二届人大常委会共听取审议“一府两院”工作汇报124项，作出决议决定4个。

监督保障两个文明建设　市十二届人大常委会对年度计划和预算执行、审计等工作，每年听取审议工作汇报，并作出相应决定。就加强预算外资金的监督管理作出决议。对市级预算外资金清理检查和收支预算情况进行审议。对实施农业产业化、推进小城镇建设、搞好国有大中型企业、振兴高新技术产业和第三产业及实施科教兴潍战略等工作，综合运用调查、视察和听取汇报等多种方式持续进行监督。对加快发展个体私营经济和依法治理水污染作出相应决议。着眼于监督抓好事关各项改革的重大问题，听取审议市政府关于全市经济体制改革、建立现代企业制度、财税和金融体制改革、城镇住房制度改革、职工医疗保障和城乡居民保险制度改革、政府机构改革等工作汇报；就深化农村改革、科技教育体制改革和证券期货市场建设等进行视察。着眼于监督抓好事关扩大对外开放的重大问题，就加强外事和外经外贸工作、促进“三资”企业健康发展等进行监督，先后就潍坊市与韩国安养市、澳大利亚东吉普斯兰市和国内4个市区建立友好关系作出决定，与国外友好城市开展互访活动。着眼于监督抓好事关加强精神文明建设的重大问题，监督市政府认真贯彻实施教育法、教师法、体育法及省禁止赌博条例等法律法规，督促司法机关坚决扫除“黄、赌、毒”等社会丑恶现象。制定关于授予“潍坊人民勋章”的办法，先后决定向邵述衡、王建章、陈宝昌、王焕新、杨淑英、林开祥6名英雄模范人物授勋。

监督法制建设进程　1995年，市十二届人大常委会作出在市级国家机关实行执法责任制的决定，将546件现行法律法规按执法责任分解落实到各执法、司法部门和单位。1997年，对市级国家机关实行执法责任制工作组织全面检查，对23个执法工作先进单位进行表彰。听取审议5个部门落实执法责任制检查意见情况的汇报。听取审议行政处罚法等26项法律法规贯彻实施情况的汇报，开展对公司法等54项法律法规的执法检查、视察或调查活动。听取市政府关于进行普法和依法治理工作情况的汇报，开展实施普法和依法治市五年规划、加强司法队伍建设、预防青少年犯罪等专项调查活动，分别作出在全市公民中开展第三个五年法制宣传教育和深入开展依法治市的决议。对“一府两院”提请任命的干部事先进行法律考试。连续三年组织已任命的行政、审判、检察干部进行法律知识考试。1997年将应考单位由政府序列部门扩大到上属执法单位和有执法任务的群团组织，应考人员由常委会任命的干部扩大到部门副职以上领导成员。就省房地产经营管理条例等20多项法规草案，组织开展座谈讨论和征询意见工作。

监督工作创新　自1993年开始，市十二届人大常委会先后对市级45个行政部门和法院、检察院的工作开展评议活动。实行对被任命干部进行述职评议，对任命的43名政府组成人员，要求其及时提交任职报告，在本届任期内分批组织述职并进行评议。听取评议一名副市长的述职报告。实行对社会热点难点问题进行专题监督，通过依法成立特定问题调查委员会的形式，监督处理4年久拖未决的原公安干警赵玉芝等人刑讯逼供致死人命案；运用重点视察与新闻单位舆论监督相结合的方式，对环境保护、食品卫生、打击生产和经销假冒伪劣商品违法行为等工作进行重点监督。把减轻农民负担作为监督的重点，换届之初即作出专门决议，随后每年都进行调查或视察，听取审议市政府汇报。1997年，组织视察市直65个部门，监督其对照中央减轻农民负担工作的决定和办法认真加以解决。

市十三届人大及其常委会（1998年2月—2003年2月）

市十三届人大常委会共听取审议“一府两院”工作汇报107项，组织开展各类调查、视察、执法检查253次；督促办结代表建议、批评和意见835件；处理人民来信来访9324件次。

社会发展监督　市十三届人大常委会围绕贯彻落实中共十五大和中共十五届三中、四中、五中全会精神，对农业结构调整、国有企业改革、发展个体私营经济、开发园区建设、发展小城镇、重点工程建设等，进行视察、检查或调查。对《关于促进对外开搞好招商引资工作的决议》贯彻实施情况进行视察。督促抓好“民心工程”实施、“政府提速”、经营城市、社区建设等工作，优化发展环境。

社会稳定监督 市十三届人大常委会先后听取审议就业和再就业、规范和整顿市场经济秩序、刑事审判和案件执行、反腐败查办大案要案等工作情况汇报，连续两年对严打整治斗争进行视察；坚持常委会主任会议成员和驻会委员定期公开接访制度，并开通信访工作8条渠道、聘请150名人大代表担任控申信息员、设立法律咨询小组等，加大信访工作力度。每年组织开展“风筝都环保世纪行”活动，督促市区水源地保护决议的落实。1998年，首次采用质询形式，就有关企业长期向市区河道超标排污问题，对其主管部门提出质询案，促进问题的有效解决。审议批准“四五”普法规划和“三五”依法治市规划，作出相关决议。先后对农业法等81部法律法规的贯彻实施情况进行监督检查。把监督市级国家机关实行执法责任制列入重要议事日程，制定并完善“错案和执法过错责任追究办法”“个案监督暂行办法”，并通过对重大违法案件的监督，启动和督促行政执法和司法机关运用自我监督的机制，及时发现和纠正错案。通过审查把关、法律知识考试、作供职发言、提交任职报告、年终报告工作和述职评议等措施，加强对被任命干部的监督。

市十四届人大及其常委会（2003年2月—2008年1月）

市十四届人大常委会共听取审议“一府两院”专项工作报告75个，组织开展视察、调查活动156次，对72部法律法规进行执法检查。

监督计划和预算的执行 市十四届人大常委会坚持每年听取审议计划预算执行和审计工作情况报告；对全市重大项目建设、财政重点支出和集中支付等工作开展专题调查；扩大部门预算审查范围，多次听取市级城建资金筹集使用情况的汇报。先后就优化经济发展软环境、“三农”工作、服务业发展、城市建设等组织开展视察。通过组织人大代表视察、专题调查等形式，对旧城区改造、现代农业发展、沿海经济开发、节能减排等工作开展监督。

监督民生改善 市十四届人大常委会先后就禽流感防治、土地承包、农村税费改革、就业再就业、义务教育、社会治安、老年人权益保障、旅游业发展等，深入开展执法检查和调查，组织开展6次食品药品安全视察、12次“风筝都环保世纪行”活动。2007年，集中开展安全生产法、消防法、道路交通安全法、危险化学品管理条例、省安全生产条例等法律法规的执法检查。

促进司法公正 市十四届人大常委会听取审议商事审判、民事审判、刑事审判、查办职务犯罪等方面的工作汇报。支持司法部门改革创新，制定关于加强人民监督员工作的意见，任命9名人民监督员。做好人大信访工作，共受理群众来信来访12288件次，处结率99%。

市十五届人大及其常委会（2008年1月—2012年2月）

推动转方式调结构 2008年，市十五届人大常委会对北部沿海发展情况开展专项视察，2010年先后就北部沿海地区环境污染治理、海域使用管理情况进行视察、检查，2011年组织专题视察。2009年就引进高层次人才、促进高新技术产业发展到外地学习调研，2010年听取审议市政府专项报告。对节能减排工作进行专项工作评议，听取市政府关于水污染防治情况的报告，每年两次组织开展“风筝都环保世纪行”新闻采访活动。先后对现代农业示范园区建设和高新技术产业、商务服务业、文化产业发展等进行专项工作评议，听取审议市政府关于新兴产业发展、交通重点项目建设、城市地下空间开发规划、旅游业、对台经济等工作报告，就工业经济运行、农业基础设施建设、金融安全与发展、房地产开发管理等组织进行调研和视察。2010年专题听取审议市政府关于全市转方式调结构工作情况的报告。

保障和改善民生　市十五届人大常委会先后对安全生产、劳动就业、人口与计划生育、教育工作、农村困难群众社会保障等进行工作评议，听取审议市政府关于道路交通安全管理、农村公共服务社区化、村村通油路、法律援助、外事侨务等工作报告。2008年汶川特大地震发生后，对全市防震工作开展专题调研，听取市政府有关部门汇报，实地察看部分学校和应急避难场所。听取审议市政府相关工作报告，对创城工作进行专题视察。每年都安排食品安全相关议题，2008年，认真督促办理代表提出的关于从源头上抓好食品质量安全的议案，2009年至2011年，先后对全市农产品质量安全状况进行调研，对全市食品安全法律法规贯彻实施情况开展检查，对食品安全工作进行视察。

民主法治建设　市十五届人大常委会审议通过潍坊市“六五”普法和“五五”依法治市规划并作出相应的决议。加强对市中级人民法院和市人民检察院工作的监督支持，先后听取审议关于完善多元化纠纷解决机制、加强诉讼诚信体系建设、查办和预防职务犯罪等报告，作出关于加强和规范人民法院执行工作的决议、关于加强人民检察院法律监督工作的决议。先后就行政许可法等16部法律法规的贯彻实施情况进行执法检查。认真开展规范性文件备案审查工作，共备案审查规范性文件69件。届内共接待群众来访4397人次，受理群众来信4736件。

市十六届人大及其常委会（2012年2—12月）

2012年，市十六届人大常委会共听取审议“一府两院”专项工作报告12项，开展执法检查和视察10次，组织专题调研39次。

突出监督重点　市十六届人大常委会对全市蓝黄“两区”建设情况进行集中视察。听取审议市政府推进“文化潍坊”建设情况报告。组织对风筝会、鲁台会、文明城市创建等重点工作进行专题视察。就全市民族工作、道路交通安全管理、农业科技等工作开展调研或视察。

政府工作评议　市十六届人大常委会先后对工业企业品牌建设、人才工作、医药卫生体制改革、城管执法、“生态潍坊”建设、代表议案办理情况等开展工作评议。在听取审议专项工作报告的基础上进行满意度测评，评议意见经主任会议集体研究后，向市委报告、向市政府及有关部门反馈，向代表通报，对社会公开。对“进一步推进农村水利工程建设管理的议案”，市人大常委会深入开展调查研究并作出决议，听取审议市政府落实决议情况的报告，并进行工作评议。

监督民生工作　市十六届人大常委会对全市贯彻实施食品安全法情况进行视察。分别以“生态潍坊”建设和大气污染防治为主题，组织部分人大代表，开展“风筝都环保世纪行”活动。围绕“幸福潍坊”建设，对政府工作报告中确定的“10件民生实事”，安排有关专门委员会督查落实。

监督法律实施　市十六届人大常委会就公路法等5部法律法规进行执法检查，对法官法、检察官法贯彻实施情况进行调查。配合全国和省人大常委会开展农业法执法检查和有关立法调研。加强规范性文件备案审查工作，成立专门工作机构，全年备案审查规范性文件25件。依法做好信访工作，共接待群众来访1007人次，受理信访案件885件。

第三节　选举与人事任免

选举

1991年1月—2012年12月，召开潍坊市人民代表大会22次。选举国家机关工作人员255人，其中，市人大常委会主任5人、第一副主任2人、副主任33人、秘书长5人、委员160人，市长5人、副市长35人，市中级人民法院院长5人，市人民检察院检察长5人。选举潍坊市出席山东省第八届人民代表大会代表78人、山东省第九届人民代表大会代表79人、山东省第十届人民代表大会代表75人、山东省第十一届人民代表大会代表77人。通过潍坊市人民代表大会各专门委员会组成人员132人次。补选国家机关工作人员82人，其中，市人大常委会主任3人、第一副主任2人、副主任14人、秘书长4人、委员49人，市长3人、副市长4人，市中级法院院长3人。

人事任免

1991年1月—2012年12月，召开潍坊市人民代表大会常务委员会149次。为认真履行宪法和法律赋予的职责，正确行使市人民代表大会常务委员会的人事任免权，根据《中华人民共和国宪法》《中华人民共和国地方各级人民代表大会和地方各级人民政府组织法》《中华人民共和国各级人民代表大会常务委员会监督法》《中华人民共和国公务员法》《中华人民共和国人民法院组织法》《中华人民共和国人民检察院组织法》等法律法规和有关规定，2003年8月26日市十四届人大常委会第三次会议通过《潍坊市人民代表大会常务委员会人事任免办法》，2008年4月29日市十五届人大常委会第二次会议进行第一次修订，2012年3月20日市十六届人大常委会第一次会议进行第二次修订。市人大常委会1991—2012年依法任免、决定任免、批准任免国家机关工作人员1649人次。其中，包括市人民政府代市长6人，副市长45人，秘书长、委（办）主任、局长424人次；市中级人民法院副院长20人次，市人民检察院副检察长34人次，县市区人民检察院检察长118人次；市人大常委会部分组成人员和机关副县级以上干部209人次；市中级人民法院审判委员会委员、审判员、庭长、副庭长和市人民检察院检察委员会委员、检察员782人次。补选潍坊市出席山东省人民代表大会代表16人。

第四节　代表工作

联系代表

1993年4月，市十二届人大常委会第一次会议通过并施行《潍坊市人民代表大会常务委员会联系市人大代表办法》。此后，常委会组成人员通过走访、召开座谈会等形式直接联系代表，市人民代表大会前一个月，集中开展“代表联系月”活动，常委会组成人员走访联系代表，代表联系选民，听取代表和人民群众对各方面工作的意见建议。代表可以要求会见市人大常委会主任、副主任，可以持代表证进行视察，列席原选举单位的人民代表大会，县市区人大常委会组织视察或其他重大活动时邀请市人大代表参加，密切原选举单位与代表的联系。划分代表联络组和代表小组，明确代表联络组、代表小组的建立和活动方式。对代表同选举单位和人民群众的联系及执行代表职务的保障等方面作出系统规定。

2008年4月，市十五届人大常委会第二次会议通过并施行《潍坊市人民代表大会代表联系办法》，拓展常委会联系代表的方式和途径，包括邀请代表列席市人大常委会会议、组织代表参与评议“一府两院”的专项工作、向代表通报常委会工作情况等；开发“潍坊市人大代表信息管理系统”，利用信息化手段加强与代表的联系。

代表活动

推进代表小组规范化建设。在市人代会闭会期间，市人大常委会依托代表小组开展代表活动，全部市代表小组普遍达到“四有”（有活动场所、有活动制度、有活动计划、有活动档案）或“六有”（另有联系电话、有专用电脑）标准。建立《代表小组活动记录簿》和《代表履职绩档案》，小组活动年初有计划，活动有记录，每年开展活动4次以上。

开展代表主题活动。围绕市委中心工作和市人大常委会工作重点，开展代表主题活动，充分发挥代表的主体作用。1995年5月，开展“代表联系户”和“三个一”（每位市人大代表围绕两个文明提一条好建议，帮助贫困村或贫困户群众找一条致富门路，为群众或企事业单位解决一个实际问题）；1998年初，开展“五带头”和“五个一”活动（带头学习、带头遵纪守法、带头履行职责、带头发展经济、带头扶贫济困，每年联系一个企事业单位、选择一个课题开展调研、在代表小组会上作一次专题发言、提一条好建议、帮助贫困群众找一条致富门路）；2010年，开展“转方式调结构，科学发展我先行”活动；2012年，开展代表“听民声、访民意”主题活动，组织代表深入基层、深入群众，问民情、解民忧，维护人大代表在人民群众中的良好形象。

开展代表集中视察和专题调研活动。每年年底，组织驻潍全国和省、市人大代表开展人代会前的集中视察活动，了解经济社会发展情况，为出席人代会审议各项议案和报告、提出代表议案和建议做好准备。自2006年开始，每年9月组织住潍坊全国和省、市人大代表围绕经济社会发展和群众关注的有关问题开展专题调研，提出意见建议。

探索代表小组活动的新形式。2012年开始，组织驻县市区的全国和省、市人大代表跨县市区开展活动，加强各级、各地之间代表的沟通交流，拓展代表活动空间，代表小组活动真正“活”起来。2012年6月，就“国家金融政策与企业应对策略”问题，组织11名金融行业和相关企业的省、市代表开展专业代表小组活动，提出有针对性的建议意见。

组织代表评议部门工作。1994年12月，召开代表评议市政府行政部门工作会议，组织市人大代表对市政府27个行政执法部门的工作进行评议；1995年12月，扩大参加评议的代表和被评议部门的范围，组织100名驻潍坊全国和省、市人大代表对市政府7个部门和市中级人民法院、市人民检察院及其系统的工作进行评议；1996年7月，又组织547名人大代表对市人大常委会的工作进行评议；2005年5月，组织50名全国和省、市人大代表对市工商局、市国税局、市地税局等垂直管理部门的执法工作进行评议，有效促进被评议部门的工作和作风转变。

工作机制

依法规范代表履职行为。2008年12月，研究制订《关于加强和规范潍坊市人大代表活动的意见》，经主任会议研究通过印发全体代表，依法对代表的履职活动做出规范。2012年8月，制定《潍坊市人民代表大会代表履职守则》，对市人大代表出席人代会、参加小组活动、提出建议意见及参与述职评议等履职行为进行规范。同时，建立市人大代表履职情况通报等配套制度。

开展市人大代表述职评议活动。2004年，开始试点市人大代表向原选举单位述职，接受原选举单位的监督。2005年，在市人大代表中全面推开。每届市人大代表从任职的第三年开始，每年三分之一的代表向原选举单位人大常委会述职，并接受评议，届内全部述职完毕。注重述职评议成果的应用，评议意见书面向代表本人反馈，评议结果作为代表评先树优的重要依据。

评选表彰优秀潍坊市人大代表。市十三届人大常委会分别于2000年、2002年作出《关于表彰潍坊市优秀人大代表的决定》，共表彰100名优秀潍坊市人大代表，每次50名。市十四届人大常委会于2005年、2006年两次表彰共100名优秀市人大代表，每次50名。市十五届人大常委会于2010年、2011年两次表彰共114名，每次57名。评选过程中，按照各县市区和解放军代表的数量，将名额分配给县市区人大常委会和潍坊军分区政治部，由代表小组提出初步人选，县市区人大常委会和潍坊军分区政治部研究推荐，经市人大常委会会议审议通过进行表彰，并广泛宣传优秀市人大代表的典型事迹，进一步激发广大代表的履职积极性。

加强代表学习培训。每次换届之后，适时组织市人大代表参加学习培训，提升代表的履职意识和履职水平。2004年开始，每届市人大常委会都举办代表学习培训班，分期分批组织代表集中学习宪法、地方组织法、代表法等法律法规，邀请专家教授作专题辅导，进行代表履职经验交流，努力扩大代表受训面，实现基层市人大代表每届都轮训一遍的目标，促进代表素质的提高。

指导镇街人大工作

潍坊市镇街人大工作从1987年设立乡镇人大主席团专职常务主席后开始起步。

1996年8月，市委印发《关于转发〈中共潍坊市人大常委会党组关于进一步加强乡镇人大工作的意见〉的通知》，明确乡镇人大工作的机构建设、工作范围、组织保障等事项。全市乡镇人大通过依法召开人民代表大会、组织闭会期间代表活动，充分发挥主席团和乡镇人大主席、副主席的作用等方式，推动各项工作的开展。

2002年6月，市委印发《关于进一步加强和改进乡镇人大工作的意见》，明确乡镇人代会每年至少举行一次，对会议的筹备、审议等问题作出具体规定，突出乡镇人大主席团和乡镇人大主席、副主席在闭会期间的职能作用，推行代表对乡镇政府及领导成员和各职能部门的评议工作，就加强乡镇人大制度建设、组织建设和履职保障等作出具体规定。

2005年9月，市委印发《进一步加强人大工作的意见》，在“加强乡镇和街道人大工作”部分，提出配齐配强乡镇人大干部，明确乡镇人大主席联系代表、组织活动、召集会议等职能，设立城区街道人大工作室。

全市各街道人大工作室参照乡镇人大工作模式，在组织当地各级代表开展视察、调查、检查和评议部门等方面做了一些有益探索。

代表建议办理工作情况

1991—2012年，共收到市人大代表以各种形式提出的建议、批评和意见共3540件。市人大常委会采取调查、视察、现场查看、与承办单位见面会、重点难点建议专项调度、联合督办等措施，狠抓代表建议意见的督办落实。承办单位本着实事求是、向人民负责的态度认真办理，并及时答复代表。因受客观条件限制不能办理的，也向代表说明情况；个别办理情况代表不够满意的，市人大常委会责成承办单位重新办理，直到代表满意为止。从2010年开始，市人大常委会每年对建议办理工作做出突出贡献的先进单位和先进个人给予通报表彰。

1991—2012年历届潍坊市人民代表大会表决通过的代表议案一览表

表15-4-1

时间	届次	议案题目
1992.3	十一届人大五次	关于增加市人大常委会副主任候选人的议案
1997.2	十二届人大五次	关于建立“三北”养牛基地的议案
2002.4	十三届人大五次	关于抢救保护和开发利用十笏园湖建筑群的议案
2005.2	十四届人大三次	关于加强潍河综合治理的议案
		关于解决虞河下游污染的议案
2008.1	十五届人大一次	关于从源头上抓好食品质量安全的议案
2010.2	十五届人大三次	关于加快发展现代畜牧业打造千亿级畜牧产业链推进强牧富民工程的议案
		关于建立潍坊市职业技能竞赛基地的议案
2011.2	十五届人大四次	关于全市城区中小学、幼儿园规划布局和建设更加趋向合理的议案
		关于加快建设潍坊“城市一卡通”的议案
		关于积极推行畜禽粪便等污染物循环再利用加快生态有机农业发展的议案
2012.2	十六届人大一次	关于进一步推进农村水利工程建设管理议案

1991—2012年历届潍坊市人民代表大会收到代表建议、批评和意见一览表

表15-4-2　　单位：件

届别	届中会议	建议总数	建议类别						
			城建环保	财政经济	教科文卫	内务司法	农业农村	民侨外事	其他
十一届	四次会议（1991.5）	257	96	35	41	38	29	8	10
	五次会议（1992.3）	215	89	27	39	28	14	7	11
十二届	一次会议（1993.3）	178	80	26	31	22	10	2	7
	二次会议（1994.3）	203	92	29	35	26	14	5	2
	三次会议（1995.3）	154	78	20	27	19	8	0	2
	四次会议（1996.3）	146	70	20	28	21	7	0	0
	五次会议（1997.2）	211	87	21	42	31	15	2	13

续表15-4-2

届别	届中会议	建议总数	建议类别						
			城建环保	财政经济	教科文卫	内务司法	农业农村	民侨外事	其他
十三届	一次会议(1998.2)	164	77	20	32	24	9	0	2
	二次会议(1999.2)	124	56	21	22	18	7	0	0
	三次会议(2000.2)	155	70	22	29	20	8	1	5
	四次会议(2001.2)	132	65	16	21	11	10	7	2
	五次会议(2002.4)	161	75	20	21	23	10	0	12
十四届	一次会议(2003.4)	166	87	5	20	27	16	0	11
	二次会议(2004.2)	154	96	7	15	22	9	5	0
	三次会议(2005.2)	174	91	16	20	14	21	0	12
	四次会议(2006.2)	110	42	15	19	17	12	0	5
	五次会议(2007.3)	150	74	22	18	5	18	0	13
十五届	一次会议(2008.1)	145	66	29	21	15	9	1	4
	二次会议(2009.2)	135	62	24	11	22	14	0	2
	三次会议(2010.2)	149	69	35	20	11	12	1	1
	四次会议(2011.2)	125	46	32	24	13	7	3	0
十六届	一次会议(2012.2)	132	45	26	24	15	16	6	0

第五节　信访工作

组织机构和制度建设

市人大常委会信访工作领导小组领导市人大常委会信访工作，市人大常委会秘书长兼任市人大常委会信访工作领导小组组长。

2004年2月前，市人大常委会信访工作机构是市人大常委会人事代表工作室信访科，正科级；2004年2月以后，是市人大常委会信访室，副处级。具体承担信访事项受理、登记转办、答复解释、信息录入、督查促办、材料归档等工作。

1993年6月29日，市十二届人大常委会第三次会议通过《潍坊市人民代表大会常务委员会信访工作办法》。2001年6月27日，市十三届人大常委会第二十一次会议第一次修订，2012年3月20日，市十六届人大常委会第一次会议第二次修订。

1998年10月30日，市十三届人大常委会第四次会议通过《潍坊市人民代表大会常务委员会关于市级司法、行政执法机关错案和执法过错责任追究办法》。

1999年4月，成立市人大常委会法律咨询小组，成员由市人大常委会、市中级法院、市检察院和有关律师事务所退休的法律专家组成，主要负责信访案件和法律政策咨询。1999年和2003年，分别在全市5级人大代表中确定150名代表为控申信息员。1999年6月25日，市十三届人大常委会第八次会议通过《潍坊市人民代表大会常务委员会关于对市级司法和行政执法机关实行个案监督的暂行办法》。

2001年制定《潍坊市人民代表大会常务委员会信访工作规范》。同年6月21日，市十三届人大常委会第四十八次主任会议通过《潍坊市人民代表大会常务委员会法律咨询小组工作规范》，2012年3月14日，市十六届人大常委会第二次主任会议修订了该规范。

2003年，市人大常委会制定《潍坊市人民代表大会常务委员会信访工作领导小组工作规范》。同年5月19日，市十四届人大常委会第六次主任会议通过《潍坊市人民代表大会常务委员会重大信访案件督办暂行规定》，2012年3月14日，市十六届人大常委会第二次主任会议修订了该规范。

2012年5月3日，市十六届人大常委会第三次秘书长办公会议通过《潍坊市人大机关潍坊民声上贴处理暂行办法》。同年6月，市人大常委会制订《关于发挥代表作用化解信访问题进一步做好群众工作的实施意见》。聘请6名从事法律工作的全国、市、区人大代表担任市人大常委会法律咨询员，聘请100名市人大代表担任信访工作信息员。

重大信访事项

1991年3月10日，原寿光县张建桥乡公安派出所所长赵玉芝等人，以盗窃为由，对青岛市民刘文国、王福安刑讯逼供，致刘文国当日死亡，王福安重伤。案发后，原寿光县有关机关办案不力，致使案件拖四年未结，受害人家属多次控告。1994年12月27日，市十二届人大常委会第十五次会议通过决定，对赵玉芝等人刑讯逼供案成立特定问题调查委员会，迅速开展工作。这是潍坊市人大常委会首次使用特定问题调查这项法定方式。1995年2月7日，寿光法院进行公开宣判，赵玉芝等5名被告人分别被判处有期徒刑2至7年。同年2月13日，市人大常委会通过关于此案的处理决定。

1998—2000年，市人大常委会共受理信访案件5555件（次），对其中34件案件进行了个案监督，被监督机关纠正18件，妥善处理16件。

2001年市人大常委会受理的信访案件1807件（次）。同年制定《潍坊市人民代表大会常务委员会信访工作规范》，对公开接访作出明确规定。规定每月10日，由市人大常委会驻会组成人员轮流公开接待人民群众来访。市人大常委会信访工作创造出在全省乃至全国都有影响的经验，2002—2004年，连续3年在全国人大信访工作座谈会上作典型发言。

2007年，市人大常委会受理的信访案件数量达到2920件（次），后来呈逐年递减趋势。2008—2012年分别为2301件（次）、2427件（次）、2316件（次）、2089件（次）、1892件（次）。其中，反映法院工作的案件最多，其次是反映农村工作的案件。2008—2012年，反映法院工作的案件占总数的比例分别是37.2%、37.5%、34.8%、37.1%、34.9%，反映农村工作的案件占总数的比例分别是14.3%、15.4%、14.9%、15.9%、14.1%。

龙头蜈蚣

第十六编

地方行政机关

潍坊市市级机关综合办公大楼

1991—2012年，在中共潍坊市委领导下，市政府坚持以经济建设为中心，坚持改革开放，坚持执政为民，不断解放思想、开拓创新、攻坚克难、真抓实干，进一步转变职能，不断推进行政管理体制改革和法治政府、服务型政府建设，公共服务能力明显增强，行政行为进一步规范，管理水平不断提高；逐步扩大政务公开，设立市长信箱，开通政府公开电话，加强调研和督查工作，积极为民办实事，群众的满意度逐年上升；全市综合实力快速提升，人民生活水平不断提高。

经济实力显著增强。潍坊市不断调整经济结构，深化体制机制改革，大力招商引资，经济持续快速健康发展；先后创办国家级高新技术产业开发区、滨海经济技术开发区、综合保税区和省级潍坊经济技术开发区、峡山生态经济发展区等，形成全方位、多层次、宽领域的发展新格局；在全国率先提出实施农业产业化战略，农业产业化经营水平不断提高，现代农业产业体系基本建立，蔬菜、畜牧、花卉、苗木等产业集群闻名全国，成为全国重要的农产品生产、加工、出口基地；以转换企业经营机制为突破口，不断深化国有企业改革，建立现代企业制度，增强企业活力；装备制造业、农业装备实力突出，成为全国知名的“动力城”和国家重要的农机产业集群地；服务业发展不断提速，2012年三次产业比重调整为9.6：54.6：35.8，全市实现地区生产总值4074.64亿元。

城乡面貌变化巨大。潍坊市加强重大基础设施建设，海陆空立体交通体系进一步完善，成为山东半岛的交通枢纽，区位优势更加凸显；不断加大城市建设和环境综合整治力度，进一步优化生态环境，提升城市教育、医疗、居住、交通、商业等公共服务水平，主城区承载能力和文化品位进一步提升；完善镇村布局规划，村庄更加规范、洁净、美丽；潍坊先后被评为国家环保模范城市、国家卫生城市、国家园林城市、中国优秀旅游城市、全国双拥模范城、中国人居环境奖城市。

改善民生成效明显。潍坊市加强就业培训，多渠道、多形式开发就业岗位，就业和再就业工作取得新成绩；健全完善社会保障体系，有序开展城镇职工社会保险扩面、城乡低保和救助工作，社会保障能力进一步提高；协调发展教育、文化、卫生、体育等社会事业，改善群众生产生活条件；强化社会治安综合治理，重视安全生产，社会保持和谐稳定，人民群众安居乐业。2012年，城镇居民人均可支配收入2.58万元，农民人均纯收入1.18万元。

对外合作不断深化。潍坊市坚持扩大对外开放，充分发挥华侨、侨属在招商引资方面的作用。至2012年，先后与209个国家和地区建立了贸易关系，在70多个国家和地区开展了境外投资与合作，连续进入全国外贸百强城市行列；持续打造风筝会、鲁台会、菜博会、绿博会、花博会等有影响的节会平台，其中潍坊国际风筝会入选“中国最具国际影响力的十大节庆”“中国改革开放30年最受关注的30个节庆”。

第一章　组织机构

第一节　机构设置

1991—2012年，潍坊市政府工作部门先后进行过5次调整。

1992年政府机构

1992年，市政府设置工作部门57个：市政府办公室、计划委员会、经济委员会、农业委员会、商业委员会、城乡建设委员会、交通委员会、科学技术委员会、教育委员会、体育运动委员会、计划生育委员会、对外经济贸易委员会、经济体制改革委员会、人事局、民政局、监察局、司法局、公安局、国家安全局、劳动局、统计局、财政局、税务局、审计局、工商行政管理局、技术监督局、物价局、环境保护局、规划国土局、纺织工业局、机械工业局、第一轻工业局、第二轻工业局、化学工业局、乡镇企业管理局、房地产管理局、农业局、林业局、畜牧局、水利局、水产局、农业机械局、粮食局、文化局、卫生局、广播电视局、档案局、政府外事办公室、政府侨务办公室、政府经济协作办公室、接待处、市委市政府人民来信来访办公室、矿产资源管理局、沿海经济开发办公室、老龄问题委员会办公室、山区开发建设办公室、高新技术产业开发区管委会。

部门管理机构5个：市政府研究室、市政府法制局、市政府民族宗教事务局、多种经营办公室、人民防空委员会办公室。

直属事业单位6个：市地方史志编纂委员会办公室、市地震局、市新闻出版局、昌潍师范专科学校、昌潍农业学校、市农业科学研究所。

市政府驻外办事处10个：市政府驻北京联络处、市政府驻上海联络处、市政府驻青岛办事处、市政府驻深圳办事处、市政府驻海南办事处、市政府驻大连办事处、市政府驻太原办事处、市政府驻东营办事处、市政府驻厦门办事处、市政府驻珠海办事处。

1996年政府机构

1996年6月，市政府设置工作部门43个:市政府办公室、计划委员会、经济贸易委员会、经济体制改革委员会、教育委员会、科学技术委员会、对外经济贸易委员会、公安局、国家安全局、监察局（与纪委机关合署）、民政局、司法局、财政局、人事局（机构编制委员会办公室与其合署）、劳动局、建设委员会、地质矿产局、交通委员会（挂市政府口岸办公室牌子）、水利局、农业局、林业局、农业机械管理局、畜牧局、海洋与水产局、贸易局（挂市政府财贸办公室牌子）、粮食局、文化局（挂市文物事业管理局牌子，新闻出版局与其合署）、广播电视局、卫生局、体育运动委员会、计划生育委员会、审计局、统计局、工商行政管理局、技术监督局、乡镇企业管理局、环境保护局、规划国土局、地方税务局、房产管理局、农业办公室、外事办公室、侨务办公室。

部门管理机构6个：市政府调研室、法制局、民族宗教事务局、人民防空委员会办公室、市物价局、国有资产管理局。

直属事业单位9个：市地方史志办公室、市地震局、市新闻出版局（挂市版权局牌子）、市老龄委员会办公室、市旅游局、昌潍师范专科学校、潍坊高等专科学校、昌潍农业学校、市农业科学研究院。

市政府驻外办事处13个：市政府驻北京联络处、市政府驻上海联络处、市政府驻青岛办事处、市政府驻深圳办事处、市政府驻海南办事处、市政府驻大连办事处、市政府驻太原办事处、市政府驻东营办事处、市政府驻厦门办事处、市政府驻武汉办事处、市政府驻珠海办事处、市政府驻哈尔滨办事处、市政府驻广州办事处。

2001年政府机构

2001年6月，市政府设置工作部门31个：市政府办公室、发展计划委员会、经济贸易委员会、教育局、科学技术局、公安局、监察局（与纪委机关合署，不计入机构个数）、民政局、司法局、财政局、人事局（市机构编制委员会办公室与其合署）、劳动和社会保障局、规划与国土资源局、建设局、交通局、水利局、农业局、海洋与渔业局、对外贸易经济合作局、文化局（挂市文物事业管理局牌子）、卫生局、计划生育委员会、审计局、环境保护局、体育局、统计局、林业局、粮食局、房产管理局、市政管理局（挂市城市管理委员会办公室牌子）、市级机关事务管理局、市政府外事与侨务办公室。

部门管理机构5个：市政府调查研究室、市政府法制局、市政府民族宗教事务局、物价局、中小企业办公室。

议事协调机构的办事机构2个：经济体制改革办公室、人民防空办公室。

直属事业单位14个：市畜牧局、市农业机械管理局、市广播电视局、市地震局、市新闻出版局（市版权局）、市老龄委员会办公室、市旅游局、潍坊学院、潍坊职业学院、市农业科学院、潍坊国际风筝会办公室、市农业综合开发办公室、市供销合作社、市招商工作委员会办公室（挂市招商局牌子）。

市政府驻外办事处13个：市政府驻北京联络处、市政府驻上海联络处、市政府驻青岛办事处、市政府驻深圳办事处、市政府驻大连办事处、市政府驻海南办事处、市政府驻东营办事处、市政府驻太原办事处、市政府驻厦门办事处、市政府驻珠海办事处、市政府驻哈尔滨办事处、市政府驻广州办事处、市政府驻武汉办事处。

2004年政府机构

2004年11月，市政府设置工作部门31个：市政府办公室、发展和改革委员会、经济贸易委员会、教育局、科学技术局、公安局、监察局（与纪委机关合署，不计入机构个数）、民政局、司法局、财政局、人事局（市机构编制委员会办公室与其合署）、劳动和社会保障局、国土资源局、规划局、建设局、市政管理局、城市管理行政执法局、交通局、水利局、农业局、海洋与渔业局、对外贸易经济合作局、文化局、卫生局、人口与计划生育委员会、审计局、环境保护局、体育局、统计局、林业局、安全生产监督管理局、外事与侨务办公室。

部门管理机构6个：市政府调查研究室、市政府法制局、市政府民族宗教事务局、物价局、粮食局、中小企业办公室。

议事协调机构的办事机构1个：市人民防空办公室。

直属事业单位20个：市招商工作委员会办公室（挂市招商局牌子）、市畜牧局、市农业机械管理局、市广播电视局（市广播电视总台）、市房产管理局、市市级机关事务管理局、市地震局、市新闻出版局（市版权局）、市老龄工作委员会办公室、市旅游局、市信息产业局、市供销合作社联合社、市农业综合开发办公室、市沿海经济开发办公室（挂市油区工作办公室牌子）、潍坊国际风筝会办公室（市重大节庆活动办公室）、市住房公积金管理中心、潍坊学院、潍坊职业学院、市高级技工学校、市农业科学院。

2010年政府机构

2010年1月，市政府设置工作部门37个：市政府办公室、发展和改革委员会、经济和信息化委员会、教育局、科学技术局、公安局、监察局（与纪委机关合署，不计入机构个数）、民政局、司法局、财政局、人力资源和社会保障局、国土资源局、规划局、住房和城乡建设局、城市管理行政执法局、交通运输局、水利局、农业局、海洋与渔业局、商务局、文化广电新闻出版局、卫生局、人口与计划生育委员会、审计局、环境保护局、外事与侨务办公室、民族宗教事务局、国有资源监督管理委员会、体育局、统计局、林业局、安全生产监督管理局、食品药品监督管理局、旅游局、政府法制办公室、人民防空办公室、金融工作办公室。

部门管理机构2个：市粮食局、市物价局。

直属事业单位17个：市畜牧局、市农业机械管理局、潍坊广播影视集团（市广播电视台）、市招商工作委员会办公室（挂市招商局牌子）、市地震局、市知识产权局、市老龄工作委员会办公室、市政府口岸办公室、市住房公积金管理中心、市供销合作社联合社、市市级机关事务管理局、市文化市场综合执法局（挂市“扫黄打非”工作领导小组办公室、文化市场管理办公室牌子）、市“三区”推进协调小组办公室（挂市油区工作办公室牌子）、潍坊学院、市技师学院、市农业科学院、潍坊职业学院。

第二节　市政府领导成员

1988年1月—2012年2月，潍坊市第十一届至第十六届人民代表大会共选举产生6届市政府领导成员。

潍坊市人民政府市长、副市长、秘书长一览表

表16－1－1

届次及任期	职务	姓名	任职时间
第十一届（1988.1—1993.3）	市长	邵桂芳	1988.1—1991.9
		齐乃贵	1991.9—1992.3（代） 1992.3—1993.3
	副市长	刘景云	1988.1—1993.3
		宋希焕	1988.1—199.1
		张文玉	1988.1—1991.9
		李惠信	1988.1—1993.3
		房忠昌	1988.1—1993.3
		邹立健	1990.1—1993.1
		于效群	1990.1（科技）
		徐　鉴	1991.3—1993.3

续表16--1--1

届次及任期	职务	姓名	任职时间
第十一届（1988.1—1993.3）	副市长	綦敦祥	1991.7（挂职）
		王伯祥	1991.9—1993.3
		王　玉	1992.1（科技）
		赵凤池	1992.3—1993.3
		肖长华	1992.3（挂职）
		王大海	1993.1—1993.3
		王秀娟（女）	1993.1—1993.3
	秘书长	王本理	1988.3—1993.3
第十二届（1993.3—1998.2）	市长	王大海	1993.3—1997.12
		王玉芬	1997.12—1998.2（代）
	副市长	王玉芬	1993.3—1997.12
		王伯祥	1993.3—1998.2
		房忠昌	1993.3—1996.1
		徐　鉴	1993.3—1998.2
		王在辉	1993.3—1996.4
		王秀娟（女）	1993.3—1997.12
		王光明	1993.3—1998.2
		孙志明	1993.4（挂职）
		赵凤池	1993.6—1998.2
		周少华	1993.1（挂职）
		刘彬忠	1993.12（挂职）
		仇日华	1993.12（科技）
		陈宏发	1995.4（挂职）
		肖长华	1996.6（不到任）
		李守玉	1997.12—1998.2
	秘书长	王金卓	1993.4—1994.8
		杨继生	1994.8—1998.2
第十三届（1998.2—2003.2）	市长	王玉芬	1998.2—2000.1
		王伯祥	2000.1—2000.2（代） 2000.2—2002.12
		张新起	2002.12—2003.2（代）

续表16－1－1

届次及任期	职务	姓名	任职时间
第十三届（1998.2—2003.2）	副市长	王伯祥	1998.2—2000.1
		赵凤池	1998.2—2001.2
		李守玉	1998.2—2003.2
		李守民	1998.2—2001.2
		张建国	1998.2—2003.2
		姜绍华	1998.2—2003.2
		胡　岗	1998.2—2003.2
		于　明	2000.1—2001.2
		蒋文彩	2000.8—2003.2
		张新起	2001.2—2002.12
		刘命信	2001.2—2002.12
		鞠献宝	2001.2—2003.2
		赵润田	2001.2—2002.12
	秘书长	杨继生	1998.2—2003.2
第十四届（2003.2—2008.1）	市长	张新起	2003.2—2006.9
		许立全	2006.9—2007.3（代） 2007.3—2008.1
	副市长	张江汀	2003.2—2006.10
		蒋文彩	2003.2—2007.4
		鞠献宝	2003.2—2008.1
		王冰芬（女）	2003.2—2008.1
		辛丕宏	2003.2—2008.1
		黄潍连	2003.2—2008.1
		邢培彬	2003.2—2008.1
		刘　伟	2003.2—2008.1
		胡　岗	2007.1—2008.1
		徐振溪	2007.1—2008.1
		初宝杰	2007.11—2008.1
	秘书长	杨继生	2003.2—2006.4
		宋赤锋	2006.4—2008.1

续表16-1-1

届次及任期	职务	姓名	任职时间
第十五届（2008.1—2012.2）	市长	许立全	2008.1—2011.12
		刘曙光	2011.12—2012.2（代）
	副市长	胡　岗	2008.1—2012.2
		徐振溪	2008.1—2010.12
		辛丕宏	2008.1—2009.12
		刘　伟	2008.1—2012.2
		初宝杰	2008.1—2010.12
		陈白峰	2008.1—2012.2
		王桂英（女）	2008.1—2012.2
		王献玲	2010.1—2012.2
		夏芳晨	2010.1—2012.2
		胡延新	2010.4（挂职，时间一年）
		王立胜	2010.6—2011.6
		王树华	2010.12—2012.2
		孙起生	2011.12—2012.2
		潘　强	2011.12—2012.2
	秘书长	宋赤锋	2008.1—2012.2
第十六届（2012.2—）	市长	刘曙光	2012.2—
	副市长	陈白峰	2012.2—
		孙起生	2012.2—
		潘　强	2012.2—
		王桂英（女）	2012.2—
		夏芳晨	2012.2—
		王树华	2012.2—
		杜业栋	2012.3（挂职，时间两年）
	秘书长	宋赤锋	2012.2—

说明：1988年1月11日市十一届人大一次会议主席团公告的当选副市长名单按姓氏笔画为序；挂职、科技副市长只任不免

第二章　市政府常务会议和市政府重要决策

第一节　市政府常务会议

市政府常务会议出席人员有市长、副市长、秘书长，会议由市长主持召开；副秘书长、市政府办公室内设机构主要负责人、市监察和市政府法制部门主要负责人全程列席；根据需要可安排有关部门、单位主要负责人或邀请有关人员列席。市政府常务会议的主要议题是：传达学习省以上重大决定、指示和重要会议精神，研究贯彻落实意见；讨论推动全市有关事业持续健康发展的措施，并形成相应的决议；对各种重大活动做出部署，并确定组织实施部门。

1991年，共召开5次市政府常务会议。1月23日，研究关于1991年财政、税收计划预算安排情况汇报等议题。3月11日，研究1991年城市建设、社会事业建设和机关建设安排意见等议题。3月15日，研究省监察工作会议精神贯彻意见、工业系统有关单位的体制问题等议题。5月23日，研究全市教育工作、搞好贫困地区的经济开发工作、政府法制工作等议题。9月24日，研究全市“农转非”工作、成立潍坊电厂工程建设指挥部、翻修潍坊机场、市经贸展销中心机构设置等议题。

1992年，共召开5次市政府常务会议。1月21日，研究1992年政府工作报告。3月9日，研究1992年全市财政收支预算安排意见、市高新技术产业开发区管理办法、风筝会有关事宜、贯彻全省济青公路建设工作会议精神等议题。6月12日，研究土地使用制度改革的有关问题和1992年“农转非”计划安排等议题。6月28日，研究组建潍坊市物资总公司方案、有关市属企业调整后的有关政策问题、全省财政工作会议精神贯彻意见等议题。12月10日，研究小型企业实行租赁、拍卖和股份制试点的有关政策问题、1993年城市建设工作、交通基础设施安排意见等议题。

1993年，共召开5次市政府常务会议。3月17日，研究市政府工作规划，市政府新老班子对市政府工作进行交谈。5月18日，研究省乡镇企业和计划生育工作会议精神的贯彻意见、全国农村卫生建设经验交流会在潍坊市召开的筹备工作、创办《农民致富导报》和引黄供水工程等议题。7月9日，研究青岛经贸洽谈会、在良种场组建潍坊市农业高新技术开发园区、贯彻省农业示范区工作会议精神、1993年“农转非”计划安排、《潍坊市林木资源管理办法》《潍坊市盐业管理办法》、济青公路潍坊段施工情况等议题。9月21日，学习传达省土地管理工作会议精神、治理整顿医药市场工作会议精神、棉花工作会议精神，研究贯彻落实意见，研究市政府贯彻市委深入开展反腐败斗争加强党风廉政建设会议的具体安排。11月9日，学习中共中央《关于学习〈邓小平文选〉第三卷的决定》和《邓小平文选》中的4篇重要文章，听取市监察局关于市政府机关纠正行业不正之风工作情况汇报。研究《潍坊市城市环境卫生专业规划》和建设灵山公墓、组建潍坊市殡仪馆问题。

1994年，共召开10次市政府常务会议。1月31日，研究市长政府工作报告。2月22日，研究市1993年财政决算和1994年财政预算（草案）的报告、市1993年国民经济和社会发展计划执行情况和1994年计划草案的报告。4月13日，研究1994年“农转非”计划安排意见、关于建立市城郊地区人民检察院有关问题、潍坊齐鲁台湾经贸洽谈会工作方案、引黄入峡工程实施意见等议题。4月27日，研究全市297名劳动模范表彰工作，研究《1994年市级财政投资基建项目计划安排意见》《潍坊经济技术开发区管理规定》《潍坊经济技术开发区若干政策的暂行规定》《潍坊经济技术开发区固定资产投资管理暂行办法》《潍坊经济技术开发区土地管理暂行办法》。5月17日，研究《1994年潍坊鲁台经贸洽谈会总体工作方案》、潍坊市与厦门市缔结友好城市和成立潍坊市对外开放工作领导小组等议题。7月4日，研究潍坊市税务机构分设组建、领导干部廉洁自律的有关意见等议题。8月3日，研究《关于广泛深入开展增产节约增收节支活动的意见》、省援藏工作会议精神的贯彻意见、1994年潍坊鲁台经贸洽谈会筹备工作、《潍坊市生物技术开发区管理暂行规定》等规范性文件及1994年上半年全市财政收支和新财政体制运行情况等议题。10月10日，研究《潍坊市城市绿化管理办法》《潍坊市筹集水利基本建设专项资金暂行办法》等规范性文件、省公路建设工作会议精神及省农资棉花纺织工作会议精神的落实意见等议题。11月5日，研究贯彻落实省教育工作、民政工作、边境管理工作、旅游工作会议精神的具体意见。12月15日，研究《潍坊市城市规划管理办法》等规范性文件、《关于实施小康村奠基工程的意见》和《关于改善外商投资环境部门责任制的意见》，听取省市场供应工作会议精神的汇报和市民族宗教工作情况汇报。

1995年，共召开14次市政府常务会议。1月9日，专题研究市长在全市经济工作会议上的讲话和在潍坊市第十二届人民代表大会第三次会议上所作的政府工作报告（讨论稿）。1月16日，研究贯彻落实省经济信息化暨“金卡工程”试点工作会议精神、省财税工作会议精神的意见，研究市信息中心使用日元贷款、机场建设和关于制定潍坊市企业最低工资标准的说明及建议等议题。2月27日，研究《潍坊市市场价格调节基金征管办法》《潍坊市城市规划区内违法用地、违法建设查处办法》，研究落实省金融工作会议精神、潍坊电厂市投资金还款问题和益羊铁路市投资金回收问题等议题。3月23日，研究第十二届潍坊国际风筝会和潍坊鲁台经贸洽谈会筹备工作、《潍坊市预算外资金管理办法》，研究落实省审计工作会议精神、统计工作会议精神和潍坊市农村工作会议精神的意见和关于进一步做好清理拖欠工程款工作和防止新欠等议题。4月13日，研究和落实《潍坊市农村保险互助会试点实施方案》《潍坊市行政执法证件管理办法》等暂行办法，研究建立潍坊民营科技园、开展管理效益年活动和扭亏增盈工作和贯彻落实省粮食棉花化肥工作会议精神等议题。5月12日，研究1995年1—4月市财政预算执行情况和1995年市级财力基本建设投资安排意见、《潍坊市历史文化名城保护规划》编制情况、潍坊市城区创建全国卫生城市和迎接全国第三次城市卫生检查情况、全市水利建设专项资金征收情况和在市直及潍城、奎文、寒亭3区筹集部分引黄入峡工程建设资金的意见等议题。5月26日，研究全市第三产业暨个体私营经济工作会议筹备情况和建设“半岛商贸城”总体方案、省市长专员会议和财源建设会议精神贯彻意见、高新技术产业开发区有关问题等议题。6月8日，研究《关于深化城镇住房制度改革的实施意见》《潍坊市信访处理暂行规定》，省农业综合开发、防震减灾工作会议精神贯彻意见，清理公费出国（境）旅游工作情况等议题。7月7日，研究关于清理调整非常设机构问题、《潍坊市暂住人员登记管理试行办法》、全市乡镇企业工作会议筹备情况、关于组建潍坊纸业集团总公司方案等议题。7月31日，研究《潍坊市国有资产评估管理暂行办法》和《潍坊市人民政府关于进一步加强与市人大常委会联系自觉接受监督的意见》、全市科学技术大会筹备情况、潍坊市与日向市缔结友好城市关系十周年庆祝活动方案、省市地机构改革暨推行国家公务员制度工作会议精神贯彻意见等议题。9月4—5日，研究关于召开全市山区开发建设工作会议和山区开发建设政策问题、贯彻全国及省第三次工业普查会议精神、全省残疾人工作会议精神的意见、行政区划勘界工作、调整小化肥价格和公共汽车实行一票制的意见等议题。9月29日，研究关于建立基本农田保护区试点和全市保护耕地检查情况、关于对行政性事业性收费及罚款工作检查清理情况、《潍坊市保护耕地暂行规定》、贯彻省水产工作会议精神的意见等议题。10月27日，研究讨论第十三届潍坊国际风筝会暨96潍坊鲁台经贸洽谈会方案、《潍坊海洋化工高新技术产业开发区“九五”产业发展规划（草案）》《潍坊市保障女职工住房权益暂行规定》，研究贯彻省流动人口管理工作会议精神和农村卫生工作会议精神的意见等议题。12月1日，研究《潍坊市浅海滩涂养殖管理规定》等规范性文件和关于潍坊市仲裁委员会筹建工作情况、贯彻省农田水利基本建设工作会议精神意见、关于1995年“农转非”及“山东省地方城镇居民户口”计划安排意见及在全市发行中国体育彩票的意见等议题。

1996年，共召开11次市政府常务会议。2月2日，研究《潍坊市重大行政处罚备案审查暂行规定》等法规性文件、省级汽车交易市场筹建情况、《关于进一步加快个体私营经济发展若干问题的意见》和民生街农贸市场搬迁问题、中日友好小学筹建工作等议题。3月1日，研究1996年市级预算内基本建设安排意见、省对外经贸工作会议、打假工作会议精神的贯彻和全市打假工作、“半岛商贸城”实施意见及建设“半岛商贸城”动员大会筹备方案等议题。4月3日，研究《潍坊市机场净空保护暂行规定》、卫生城工作表彰大会筹备情况、潍坊港二期扩建工程引堤段建设实施意见、省土地管理工作会议和广播电视工作会议精神贯彻意见、关于工商行政管理机关与所办市场分离的意见等议题。4月25日，研究贯彻省管理效益年工作会议和全国职工医疗保障制度改革扩大试点工作会议精神意见，研究潍坊市人民政府依法行政“二五”规划（草案）、潍坊机场通航后有关情况和搞好运营的意见、1995年度“工业经济发展目标责任状”考核奖惩意见等议题。5月27日，研究贯彻省调整粮食购销政策座谈会、夏粮收购工作会议精神、省气象工作会议精神意见，研究关于调整全市企业最低工资标准的意见和潍坊市人民政府关于实行物价目标责任制的意见等议题。6月21日，研究贯彻落实山东省人民政府关于适应经济社会发展加快城市现代化建设决定的意见和第二次全省教师住房建设工作经验交流会议精神意见，研究1996年1—5月全市财政收支情况、引黄济峡工程情况、1996年度深化城镇住房制度改革的政策规定、潍坊市市级1995年财政预算执行审计结果报告等议题。7月12日，研究贯彻全国国家级高新技术产业开发区所在市市长座谈会精神、省清产核资工作会议精神意见、潍坊市安居工程实施方案、《潍坊市进出境检疫机构设施建设资金筹集规定》等规范性文件和关于在香港设立市政府驻港办事处的情况等议题。8月19日，研究贯彻省外贸企业改革发展工作座谈会精神意见、《潍坊市城区限制养犬管理规定》等规定、在全市实行计算机联网的意见、医疗收费实行“总量控制、结构调整”的改革意见、分设市政府外事办公室和市旅游局的初步意见等议题。9月11日，研究《关于深入开展依法治市决议》的意见、全市医疗保障制度改革有关问题、《潍坊市乡镇企业管理费收缴管理暂行规定》等议题。10月10日，研究贯彻省棉花暨秋季粮油收购工作会议精神意见、第十四届潍坊国际风筝会和第四届潍坊鲁台经贸洽谈会方案、关于修建德龙烟铁路潍坊段的有关问题、潍坊市城市分区规划意见等议题。11月19日，研究全市经济工作座谈会筹备情况和1997年国民经济和社会发展计划初步意见、加强预算外资金管理的决定、关于分配灾民借粮指标的意见、《企业综合评价制考核试行办法》等议题。

1997年，共召开11次市政府常务会议。1月3日，研究潍坊市职工医疗保障制度改革试点实施方案、潍坊市医药费用“总量控制、结构调整”实施方案、关于全市旅游工作会议筹备、潍坊宾馆转让问题、潍坊市市级预算外资金管理实施办法、贯彻省第六次环保工作会议精神意见等议题。1月20日，研究贯彻省财税工作会议、卫生工作和小清河干流治理工程会议精神意见、关于安排好全市困难企业职工生活的意见等议题。3月27日，研究关于企业优化资本结构试点、企业职工增加工资问题、关于城乡规划审批权限和关于贯彻省职业教育、师范教育、高校科技工作会议精神意见等议题。3月27日，研究贯彻省勘界工作和金卡工程试点工作会议精神意见，煤气价格调整方案，市级预算基本建设安排意见和全市医改等问题、关于市中110KW变电工程资产移交问题等议题。4月29日，研究市优化资本结构试点实施方案、市市区水源地保护的意见、中以（以色列）示范农场筹建、将青临铁路上交省地铁局管理、潍坊市平坟还耕和城乡居民最低生活保障线等议题。5月29日，研究贯彻全省国有企业改革与发展工作会议、全省乡镇企业工作会议和全省人口与计划生育目标责任制奖惩兑现大会精神、省土地管理工作会议精神意见，研究全市金融风险问题、白浪河公园广场建设筹备工作等议题。6月17日，研究省政府安全生产检查组对潍坊市检查情况的反馈意见、市政府切实做好延长土地承包期工作的实施意见、潍坊市农作物种子管理办法、1997年度深化城镇住房制度改革的政策规定等议题。8月7日，研究1997年度“农转非”及“山东省地方城镇居民户口”计划安排意见、贯彻省小清河干流治理工程工作会议精神意见、当前工业经济运行和企业工作情况、潍坊市城区生猪定点屠宰管理办法等议题。9月17日，研究贯彻省财税工作会议精神的意见、关于学习大连创建国家卫生城市经验及潍坊市创城工作意见、贯彻全国实施再就业工程培训班会议精神的意见、关于事业单位登记管理工作意见、关于进一步加快潍坊高新技术产业开发区发展的若干意见等议题。10月20日，研究关于潍坊市出租汽车客运管理暂行办法和关于城区新筹建初中学校的定址及资金筹集意见等议题。11月17日，研究贯彻省治理水土流失建设生态农业工作会议的意见、市委市政府《关于进一步做好下岗职工分流安置全面实施再就业工作的意见》《潍坊市客运出租汽车经营权有偿使用管理暂行办法》《关于加强道路交通秩序管理的意见》等议题。

1998年，共召开8次市政府常务会议。2月25日，研究市政府工作规则和加强自身建设、依法行政的意见。3月25日，研究潍坊市生猪定点屠宰管理办法、1998年市级基本建设安排意见、关于加强拥军优属工作的意见、潍坊市沿海防护林体系建设的意见等议题。4月6日，研究潍坊市土地利用总体规划修编意见、《潍坊市土地复垦办法》《潍坊市土地监察规定》《潍坊市企业职工工伤保险规定》等议题。5月8日，研究贯彻省抗旱防汛工作会议和行业作风建设工作会议精神意见、潍坊市城镇住房制度改革实施方案等议题。6月8日，研究《关于加强潍坊市市区水源地保护的决定》和《关于加强水污染防治工作的决定》的情况通报、《潍坊市职工住房政策性担保贷款管理办法》和《潍坊市职工所购公有住房上市交易管理办法》、省节水灌溉工作会议的贯彻意见。7月20日，研究《潍坊市潍河河道与水源地管理保护规定》《潍坊市文物保护管理办法》《潍坊市城镇住宅楼房通邮管理规定》《关于搞好民兵工作调整改革的意见》等议题。9月17日，研究《潍坊市乡村卫生一体化管理办法》等3个办法、奎文区北下河商贸城规划方案、潍坊市今冬明春农田水利基本建设规划、贯彻落实全市科技工作会议精神意见等议题。12月14日，研究《潍坊市城区人民防空警报设施管理规定》《潍坊市海域使用管理办法》《潍坊市城市供水管理办法》、贯彻省第六届村委会换届选举工作会议、关闭非法和布局不合理煤矿工作会议、无规定动物疫病区建设会议精神意见等议题。

1999年，共召开8次市政府常务会议。1月11日，研究政府工作报告、全市对外经贸工作会议和开拓农村市场现场会议筹备工作、关于困难群众生活安排及困难企业职工一次性救助和下岗职工基本生活保障的意见、潍棉资产转让和市属工业重点项目资金安排意见等议题。3月22日，研究在政府工作中加强同民主党派、工商联联系的意见，研究“民主评议潍坊市人民政府工作”活动方案、《实施〈山东省机关事业单位工资基金管理办法〉的意见》等议题。5月24日，研究《潍坊市种畜禽管理办法》《潍坊市企业国有资产授权经营暂行办法》、贯彻省军队转业干部安置工作会议精神意见、《关于进一步加快国有大中型工业企业建立现代企业制度的实施意见》《国有大中型工业亏损企业扭亏脱困实施意见》等议题。6月21日，研究《潍坊市1999房改年度城镇住房制度改革方案》、全市退役士兵安置工作和贯彻全省拥军优抚安置工作会议精神意见、进一步搞好无偿献血工作的意见。8月21日，专题研究诸城、高密两市的抗灾救灾工作。9月6日，研究市属企业重点技改项目、潍坊机场委托山东航空公司经营问题、圣荣集团圣利广场建设用地处理意见、调整水利工程农业供水价格的意见、参与筹建大莱龙铁路的意见、市区自来水价格调整方案、贯彻《中华人民共和国行政复议法》实施意见等议题。10月25日，研究贯彻省盐业体制改革工作会议精神意见、《潍坊市河砂开采管理办法》《潍坊市重大科学技术成果推广项目奖励办法》、对潍坊市国内生产总值历史数据进行调整的意见、潍坊市农业信息网络（金农工程）建设意见等议题。11月6日，研究贯彻省住房和小城镇建设工作会议精神意见、《潍坊市行政奖励表彰规定》、第十七届潍坊国际风筝会方案、潍坊市创建国家环境保护模范城市的意见、《聘请潍坊市人民政府高级科技顾问的实施方案》等议题。

2000年，共召开8次市政府常务会议。1月17日，研究政府工作报告（讨论稿）、贯彻省财税工作会议和打私办主任会议精神意见。3月21日，研究鼓励发展个体私营经济和外向型经济有关文件、机关企事业单位职工住房建设问题、推荐全国劳动模范和先进工作者的意见、贯彻全省民间组织管理工作会议精神意见等议题。8月30日，研究关于加快城市化进程的意见、关于进一步扶持高新技术产业发展的若干规定、潍坊市企业职工生育保险办法、1999年度县市区党政领导科技进步目标责任制考核情况、贯彻省乡镇规模调整座谈会议和退役士兵工作会议精神意见等议题。9月28日，研究贯彻省抗旱救灾暨秋种工作会议、民营经济工作会议、财政工作会议精神意见、今冬明春全市农业基本建设规划意见、城区中专职业学校布局调整意见等议题。10月30日，研究贯彻省三峡库区移民安置工作会议和外贸调度工作会议精神意见、城市绿化林带等规划、加快城区有关专业批发市场建设的实施意见、关于表彰第七批潍坊市乡镇企业优秀厂长（经理）的意见、加强市级国有资产经营公司监督管理的试行意见等议题。11月6日，研究潍坊市国民经济和社会发展第十个五年计划纲要（草案）。11月19日，研究潍坊市城区中等职业学校布局结构调整意见、城镇医药卫生体制改革实施意见、全国农业产业化工作会议精神贯彻意见等议题。12月11日，研究贯彻省农村税费改革座谈会议、城市供水节水与水污染防治工作会议、城市居民最低生活保障工作会议精神意见和对奥运健儿林伟宁进行表彰的意见等议题。

2001年，共召开4次市政府常务会议。1月15日，研究贯彻全国和省社会保障工作会议精神意见、省财税工作会议精神意见，研究王伯祥市长在第十三届人大代表第四次会议上作的《关于潍坊市国民经济和社会发展第十个五年计划纲要（草案）的报告》，研究市长、副市长及部分市政府党组成员临时工作分工意见等议题。3月19日，研究土地市场管理问题、近期发展意见、落实市政府《会议纪要》的意见、“两会”期间代表和委员所提议案建议和提案的办理意见，研究保护文物工作意见、市属单位职工宿舍建设意见，研究贯彻省农村税费改革培训班会议精神意见及统计工作会议、农村工作会议精神贯彻意见等议题。4月16日，研究《潍坊市人民政府关于加强土地市场管理的通知》等文件、潍坊市农村税费改革实施方案、《潍坊市酒类商品产销管理暂行办法》和《潍坊市实施〈山东省盐业管理条例〉办法》、潍坊市劳动模范的评选意见，研究全国和省防治牲畜口蹄疫工作紧急会议、人防工作会议精神及贯彻意见等议题。8月7日，研究贯彻省外资外贸工作会议精神意见、潍坊高新技术开发区“特区特管”政策的落实问题、畜禽生产标准化和蔬菜生产标准化实施意见、深化乡镇企业改革的意见和加快民营经济发展的决定、市区房产管理问题和城市住宅小区的物业管理办法、户籍管理制度改革的意见、药品监督管理体制改革问题、退役士兵安置工作等议题。

2002年，共召开4次市政府常务会议。1月30日，研究潍坊机场与山东航空公司资产划转授权经营问题、贯彻省行政审批制度改革及政务公开会议精神意见和潍坊市第二批行政审批事项清理问题、组建青临铁路有限公司问题、潍坊中药厂改制上市问题、贯彻省民营经济工作会议精神问题、举办国际光电子产业推广会暨首届中国潍坊光电子产业发展论坛问题等议题。3月6日，研究进一步加快民营经济发展的意见、潍坊市开展城市管理相对集中处罚权试点问题、关于签订2002年度安全生产目标责任书和市直重大事故隐患整改意见、《关于2002年市属事业单位接收非师范类大中专毕业生的意见》和贯彻省财政工作会议精神等议题。9月19日，研究省海域勘界工作会议、退役士兵安置工作会议精神贯彻意见、《潍坊市法律援助办法》、政府工作“提速”情况的意见、生产经营类事业单位改革改制试点问题、推进流通现代化建设的意见和市区市场商业网点规划等议题。12月13日，研究2002年财政预算计划调整问题、春节期间困难群众生活安排所需资金问题、《潍坊市电力设施保护办法》、2002年“三会”表彰工作和2003年风筝会筹备方案、《潍坊市住房公积金管理机构调整实施方案》、潍坊市高级技能人才评选奖励办法、市直企事业单位离休人员医疗费统筹管理暂行办法、济青和京沪京福高速公路潍坊段环境综合整治问题、城区客运三轮车清退问题、潍坊市对口援建宁夏固原市蔬菜示范园项目问题等议题。

2003年，共召开12次市政府常务会议。1月25日，研究《潍坊市人民政府关于进一步培强骨干企业大力推进流通现代化的若干政策规定》、申请联合建设城市地下弱电管网问题、市高新区和农业开发区扩区工作实施方案和实施中注意的有关问题等议题。2月9日，研究全市改善投资软环境工作会议筹备情况的汇报、《市委市政府关于进一步加快民营经济发展的决定》等议题。4月30日，研究《潍坊市人民政府工作规则》、胸沂地方铁路建设筹备工作、潍坊市创建国家环保模范城市的情况、加快农村公路建设问题、推荐评选全市第十届优秀企业家的情况、《潍坊市优待老年人规定》《潍坊市医疗垃圾管理办法》等议题。5月19日，听取市安监局关于全市安全生产工作情况汇报，研究全市消防安全工作存在的主要问题及下步工作意见、2003年度市属企业经济效益考核奖励调整意见、潍坊钢铁工业园发展规划问题等议题。6月14日，研究全市军转干部安置问题、2003年市级财力安排基本建设投资问题、农业九项重要工作问题、鼓励招商引资的若干规定、华亲人投资服务（潍坊）有限公司开发潍坊世界贸易中心等项目的问题、市殡仪馆搬迁问题、潍坊大学城选址等有关问题、潍坊高新技术产业开发区总体规划的问题、潍坊至北港公路规划方案等议题。7月4日，研究《潍坊市招商引资优惠政策若干规定》、关于创建“中国优秀旅游城市”工作、加快信息化建设工作问题、市长公开电话整合方案、潍坊市推进企业上市工作领导小组工作职责和推进生产经营服务类事业单位改革改制的问题、三峡库区移民安置工作方案、建立潍坊火车站广场开发建设组织机构的问题。9月1日，研究潍坊市水务改革方案、机关事业单位人员编制恢复正常后管理问题、对加重农民负担行为实行责任追究的暂行规定、潍坊机场终止山航托管后工作实施问题等议题。9月29日，研究《中共中央、国务院转发〈国家发展和改革委员会关于当前经济运行情况和做好下半年经济工作建议〉的通知》的落实意见、城市规划的重点项目、调整市区城市管理体制的意见、开展创建国家卫生城市活动的问题、《潍坊市突发公共卫生事件应急办法》《关于加快市区东南部开发建设的意见》、贯彻省就业和社会保障工作会议精神意见、清退机关事业单位借调人员和临时人员的问题、《关于改革市级行政事业单位国有资产管理体制的试行意见》等议题。10月22日，研究2004年城市重点建设工程项目规划、《潍坊港务管理局改制方案》等议题。11月2日，研究《潍坊市城市房屋拆迁管理实施办法》《潍坊市农村优抚对象优待办法》、开展创建学习型政府活动的意见、贯彻省服务业工作会议暨旅游业工作会议和出口退税机制改革座谈会议精神意见等议题。11月22日，研究潍坊机场与海南航空集团合作的意见、全市治理整顿土地市场秩序工作情况及下步工作意见、全市计划生育集中清理检查工作意见、市属企业改革情况及下步工作意见、“中印信息技术合作论坛”活动方案等议题。12月24日，研究2004年的政府工作、第二十一届潍坊国际风筝会的筹备方案、关于加快中心市区“城中村”改造的意见、贯彻实施省《中华人民共和国行政许可法》会议精神意见、全市机关事业单位工作人员调整工资标准和离退休人员增加退休费的有关情况等议题。

2004年，共召开12次市政府常务会议。1月4日，研究潍坊市创建学习型政府方案（建议书）、市长在市第十四届人代会第二次会议上作的政府工作报告等议题。1月16日，研究2003年全市招商引资目标责任制奖惩兑现、2004年招商引资任务指标分配意见及重点招商活动计划、2004年市财政预算安排情况、2003年市属（上属）企业经济效益考核奖励意见等议题。2月28日，研究全市深化农村信用社改革的工作汇报、贯彻省交通工作会议精神及今年全市交通重点工程安排意见、第十届鲁台经贸洽谈会筹备工作意见、贯彻省安全生产工作会议精神意见、《潍坊市人民政府关于进一步加强安全生产工作的决定》《关于旧城改造国有土地使用权出让的试行意见》、市商业银行增资扩股等有关事项等议题。4月10日，研究市“十一五”规划研究编制工作方案和“十一五”规划前期研究工作的安排意见、廉政建设的工作意见和贯彻实施行政许可法工作意见、胶东地区引黄调水工程建设有关问题的意见、关于开展第一次经济普查工作的汇报、关于制定电力城乡客户有偿服务性收费标准及规范停车场管理的意见等议题。6月10日，研究《潍坊市市政公用事业特许经营管理办法》、城区综合水价调整意见、潍坊市与北汽福田合作发起设立山东福田重工股份有限公司并推进其在香港上市加快发展的情况、关于富华国际展览中心建设资金筹集意见等议题。8月9日，研究《潍坊市城市市容和环境卫生管理办法》等文件和《关于加强市区城管执法工作意见》《关于集中清理违法建设工程实施意见》、关于1991年以前私房被拆迁现住直管公房户解决房屋产权问题的实施意见、贯彻省国有旅游饭店改制工作会议精神意见等议题。9月6日，研究鲁台会、齐鲁行、风筝小姐大赛工作意见和市县政府机构改革方案及关于2004年潍坊市农业税收政策调整转移支付意见、关于提高城市土地利用率鼓励建设高层建筑的意见等议题。10月29日，研究水利工作、亚星集团改制和山东海龙公司优化股权结构的方案、城区综合水价的调整、关于调整潍坊万潍热电有限公司和潍坊热力有限公司供汽（热）价格的汇报、关于进一步深化户籍管理制度改革的意见、关于北海花园厅局级领导干部住房价格测算方案的汇报等议题。11月7日，研究沿海经济开发工作的有关问题、北部沿海地区开展相对集中行政处罚权工作的意见、中微光电子（潍坊）有限公司光电子项目及其投资情况的汇报3个议题。11月19日，研究市规划与国土资源管理体制改革的实施意见、市县食品药品监督管理体制改革的情况、市区供水水源地建设和林业生态建设问题的汇报、贯彻全省重点流域区域污染防治会议精神意见、潍坊市区1991年以前拆迁私房安置公房情况及处理建议等议题。12月23日，研究2004年财政收支预计和2005年预算安排的意见、加强市级机关事业单位车辆管理的意见、城市基础设施建设资金还款方案和2005年度市区经营性用地招拍挂计划、市委、市政府《关于加强水污染防治的决定》和《潍坊市城区限制燃放烟花爆竹管理办法》、关于进一步促进房地产市场持续健康发展的意见等议题。12月31日，研究第二十二届潍坊国际风筝会工作方案、浮烟山综合开发的有关问题等议题。

2005年，共召开8次市政府常务会议。1月23日，研究政府工作报告（草案）、2005年财政预算安排意见和2004年全市招商引资考核认定、目标责任制奖惩兑现和引荐人奖励意见及2005年招商引资工作打算、人口和计划生育工作等议题。4月4日，研究潍坊万潍热电有限公司和潍坊第二（亚星）热电厂蒸汽销售价格调整意见、市委、市政府《关于做强做大金融产业的意见》、关于进一步加强盐业管理的有关规定和关于沿海开发办的工作、市信息产业局组建有关问题、市级机关事业单位岗位津贴和交通补贴意见等议题。5月29日，研究潍坊港有限责任公司与马来西亚捷硕集团公司合资项目有关事项、中心城区园林环卫体制下放的有关事项、中心市区热源建设的有关事项、市财政国库管理制度改革的工作意见、贯彻省事业单位改革工作会议精神意见和全国流通工作会议精神意见等议题。8月3日，研究关于进一步加快服务业发展的决定和繁荣发展城区休闲娱乐业的意见、对损害经济发展软环境行为处理的规定、潍坊市加强公共资源交易管理的意见等议题。10月30日，研究市文化中心等规划方案、《关于进一步加快卫生事业发展与改革的意见》、浮烟山开发和中国风筝放飞基地建设、城区集中供热（气）价格调整的意见、《潍坊市城市供热管理办法》和《潍坊市城市节约用水管理办法》、关于引进马来西亚森达美集团投资潍坊港和北部平原水库的情况、潍坊市防控高致病性禽流感工作意见、加强国有基本建设投资项目审计意见等议题。12月8日，研究落实省委省政府主要领导写给各市市委书记市长的信意见、贯彻全省公安局长工作会议及全省反恐怖工作会议精神贯彻意见和治安防控体系建设工作意见，研究潍坊市参加第二十一届省运会总体方案、市“城市应急联动与社会综合服务系统”试点工作意见及对潍河河道非法采沙、路边沙场、超载运沙清理整顿实施方案等议题。12月15日，研究2006年城市建设重点项目计划、市文化艺术中心等项目建设领导体系的意见、发展科技工作的意见等议题。12月26日，研究2006年元旦和春节期间贫困群众生活救助安排、浮烟山风景旅游区建设有关事项的意见等议题。

2006年，共召开12次市政府常务会议。1月24日，研究政府工作报告、2006年财政预算安排意见。2月5日，研究《加快全市高新技术产业发展的意见》等文件、第二十三届潍坊国际风筝会暨首届中国旅游电视周筹备方案、《潍坊市潍河河道管理办法》、市安全生产工作、市第一次经济普查情况等议题。2月28日，研究市2006年土地利用计划预分配方案、马来西亚森达美集团公司在潍投资项目的有关事项、关于加快高新区发展的几个问题、2006年市级领导出访计划、艾滋病防治工作的意见、调整完善市区财政体制方案等议题。3月20日，研究中心市区“城中村”改造有关事项、调整城区供水价格的意见、整顿城市供水市场秩序的意见、调整潍坊出口加工区管理体制的实施意见等议题。4月30日，研究潍坊市安全生产工作、建设节约型社会的意见、潍坊市成品油价格改革财政补贴、事业单位进人实行公开招聘的意见等议题。5月23日，研究规范国有企业改制的实施意见、进一步加快商贸流通发展的意见等议题。7月14日，研究《潍坊市高新技术产业发展基金管理暂行办法》《潍坊市实施〈山东省安全生产条例〉办法》、市委党校校舍搬迁新建方案、市环境保护工作情况、市水库移民后期扶持政策和理顺公共供水单位水资源费征收方式、2006年市土地利用计划分配方案、《关于严格落实人口和计划生育追踪奖惩一票否决制度的意见》和全面实行农村部分计划生育家庭奖励扶助制度问题等议题。9月13日，研究《峡山水源地保护工程方案》和《虞河下游污染综合整治方案》、贯彻第八次全省环境保护大会意见和济南军区离退休干部移交地方政府安置工作会议意见、《关于加快全市高新技术产业发展的意见》《关于增强自主创新能力、建设创新型城市的决定》等议题。10月17日，研究贯彻落实全省实施公务员法工作会议精神意见、《关于进一步促进服务业发展的若干意见》、调整部分统计体制实施在地统计的意见、《潍坊市高毒剧毒农药管理办法》等文件、市禁毒工作情况等议题。11月3日，研究分析全市经济形势。11月20日，研究工资改革、义务教育、社区建设三项转移支付资金保障落实意见。12月25日，研究贯彻落实省经济工作会议、发展改革工作会议、改革公务员工资制度和规范公务员分配秩序工作会议精神的实施意见、市属企业实行属地化管理的意见、潍坊供电公司关于2007年电网建设改造工作情况等议题。

2007年，共召开12次市政府常务会议。1月8日，研究市属企业属地化管理的实施意见、安全生产工作、加强经济适用住房建设管理工作的意见、贯彻省敬老院建设观摩暨农村低保工作会议精神意见、《潍坊市防震减灾十一五规划》、市政府领导成员工作分工安排意见等议题。1月31日，研究贯彻第22次省民政会议和全省社区工作会议精神意见、全国山东省劳动保障工作会议精神意见、《潍坊市人民政府2007年依法行政工作要点》和《潍坊市固定资产投资工程项目合理用能评估与审核暂行办法》、国土资源工作、潍坊市参加第二十一届省运会情况及表彰先进集体和个人的情况等议题。2月3日，研究政府工作报告、2006年财政收支完成情况及2007年财政预算安排意见等议题。3月19日，研究全市有线电视数字化整体转换有关工作、评选推荐潍坊市劳动模范工作方案、《潍坊港总体规划》《关于加强经济适用住房建设管理工作的意见》等议题。4月9日，研究2007年潍坊市级劳模初选情况及命名表彰工作、推进城市社区产权制度改革的意见、贯彻省发展循环经济工作会议精神意见等议题。6月8日，研究贯彻省服务业发展工作座谈会和高校毕业生就业工作会议、养老保险暨启动做实个人账户试点工作会议、金融工作会议精神意见和表彰昌邑市公安局及戴国华等人的意见等议题。7月23日，研究调整城市基础设施配套费标准、《关于加快接轨青岛推进改革开放实现科学发展和谐发展率先发展的意见》《潍坊综合交通发展规划》《潍坊市经济适用住房建设管理工作实施方案》等议题。8月27日，研究《关于创新完善潍坊市投资创业服务体制机制的意见》《潍坊市中小企业促进办法》、潍坊监狱搬迁、省就业和社会保障工作会议精神贯彻意见议题。10月7日，研究国家统计局潍坊调查队加挂潍坊市调查队牌子、《关于加强高层次人才队伍建设的意见》《关于严格落实党政工作部门履行人口计生工作职责追踪奖惩一票否决制度的意见》等文件、《关于进一步完善市属企业属地管理有关问题的实施意见》等议题。11月2日，研究山东瑞森华光光电子公司与浪潮集团合作项目、贯彻省优化产业结构工作会议精神意见、《潍坊市乡镇机构改革实施方案》和《潍坊市乡镇机关事业单位机构改革人员分流指导意见》等议题。12月10日，研究水利事业改革等框架方案、实行城乡用电同价工作、城区土地级别与基准地价更新调整意见、节能减排工作情况、贯彻全省小清河流域和山东省半岛流域污染治理座谈会精神意见等议题。12月15日，研究潍坊市国民经济和社会发展2008年计划和今后五年发展思路及2008年政府工作报告。

2008年，共召开11次市政府常务会议。1月15日，研究贯彻省发展和改革工作会议、保障市场供应加强价格监管电视电话会议、粮食局长会议、物价工作会议、城市社区工作会议精神意见及潍坊市2008年重点项目计划（草案）等议题。3月1日，研究潍坊市北部有关区域区划及管理权限调整的意见、全市服务业发展工作会议有关筹备工作、《关于加快全市工艺美术产业发展的实施意见》、贯彻省公安局处长会议精神意见和潍坊市消防安全工作等议题。4月3日，研究关于承担全国普及基本医疗卫生制度在潍试点工作、参加北京2008年奥运会“中国故事”文化展示活动方案、市残联第五次代表大会筹备工作、《关于进一步加快淘汰落后生产能力和高耗能高排放行业治理工作的实施意见》等议题。5月4日，研究当前潍坊市经济运行情况，查找存在的问题，部署应对措施。7月1日，研究分析当前经济形势及下一步工作部署。8月13日，研究2008（青岛）潍坊周筹备工作、《潍坊市对口支援北川灾后恢复重建工作方案》及有关重建工作、贯彻省军队转业干部安置工作会议精神意见及为王兆江追记二等功等议题。9月3日，研究山东海化集团同中国海洋石油总公司项目合作问题、《关于推进旅游业又好又快发展的实施意见》、贯彻省县域经济发展工作会议和全省生态市建设工作会议精神落实意见、第七届花卉博览会筹备工作等议题。9月22日，研究潍坊市婴幼儿奶粉事件处置工作、第十四届鲁台经贸洽谈会筹备工作。10月22日，研究潍坊市区集中供热价格调整问题方案、建立物价上涨与提高困难群众生活补贴和保障标准联动机制及开征资源性垄断性产品价格调节基金问题、《潍坊市鼓励支持高新技术产业加快发展的有关政策规定》《潍坊市单位法定代表人计划生育责任制实施办法》等议题。11月8日，研究《关于支持和促进房地产业持续健康发展的意见》《关于加强城市住房保障工作的意见》《廉租住房租赁补贴实施办法》《潍坊市区经济适用住房货币补贴实施办法》《关于支持企业发展的政府采购意见》《关于进一步支持金融产业加快发展的意见》等议题。12月8日，研究《潍坊市城区养犬管理规定》《潍坊市人民政府关于市政府部门及县市区行政负责人问责办法》、贯彻省铁路建设工作会议精神意见等议题。

2009年，共召开10次市政府常务会议。1月20日，研究贯彻省消防工作会议和创建全省平安畅通县区工作现场会议精神意见、2009年财政收支预算安排意见、《关于实施强镇扩权进一步加快中心镇发展的指导意见》、2008年潍坊市招商引资项目考核认定及调度统计等议题。2月26日，研究2009年城市建设重点项目计划修改意见、贯彻落实全国深化中小学教师职称制度改革试点工作、贯彻落实2009年全省卫生工作会议意见、潍坊市环保工作、《第二十六届潍坊国际风筝会筹备工作方案》、潍坊市禁毒工作等议题。5月8日，研究山东海化集团与中国海油战略合作进展情况、《关于加快工业调整振兴的意见》和机械等十大工业调整振兴规划、《第十五届鲁台经贸洽谈会潍坊市工作方案》、潍坊市甲型H1N1流感防控工作、贯彻全国全省纠风工作电视电话会议和省政府第二次廉政工作会议精神意见等议题。5月25日，研究《潍坊市深化经济体制综合配套改革试点总体方案》、市属国有企业经营者2008年度年薪测算情况和兑现意见、市级政府主导类部分大项目工作责任小组意见、创建国家知识产权示范城市有关问题等议题。8月5日，研究市长公开电话受理中心工作情况、《潍坊市城市建设重点工程管理办法（草案）》《关于进一步推进“放心早餐”工程的意见》、省军转表彰大会暨2009年军转安置工作会议、深化医药卫生体制改革工作会议精神贯彻落实意见等议题。8月28日，研究《关于进一步健全完善人口和计划生育政策推动体系的意见》、2009（青岛）潍坊周活动方案、潍坊市慈善工作、潍坊市参与中石油山东天然气管网项目建设、2009年教师节庆祝表彰活动方案等议题。9月23日，研究第七届花博会筹备工作、（青岛）潍坊周工作、安全生产工作和节日市场供应工作等议题。10月24日，研究2009年潍坊市前三季度经济运行情况、四季度各项重点工作。11月5日，研究市委市政府《关于进一步深化医药卫生体制改革的实施意见（送审稿）》等文件、城区至滨海城际铁路（轻轨）项目、《潍坊市市长质量奖管理办法》、潍坊市道路交通安全形势及下一步工作安排等议题。12月3日，研究《潍坊市人民政府机构改革方案》《关于潍坊市人民政府机构改革的实施意见》《关于县市区政府机构改革的意见》、白浪河上游湿地体育公园项目前期工作情况、加快推进重大项目工作等议题。

2010年，共召开9次市政府常务会议。2月8日，研究贯彻落实省公安工作会议和商务工作会议精神意见、潍坊市高层次创新创业人才引进扶持计划、2010年评选表彰潍坊市劳动模范方案、《关于加快社区服务业发展的若干意见》、政府工作报告等议题。4月6日，研究《潍坊市城镇职工医疗保险实施办法》《关于推行相对集中行政复议职权和政府行政裁决职权工作的实施方案》、全市环保工作等议题。5月7日，研究贯彻落实省机构编制工作会议、省国资监管工作会议、金融工作会议、农村信用社改革工作会议精神意见和市《关于加快转方式、调结构的意见》等议题。6月4日，研究《关于深化强镇扩权改革试点加快推进"镇级市"建设的意见》《关于大力推进新型城镇化的意见》、六条河流六大片区污染治理情况汇报、《潍坊市预算单位公务卡改革实施意见》《关于项目投资后置收费的实施意见》等议题。7月29日，研究贯彻落实省城乡社区建设工作会议、省服务业发展工作会议、深化医疗卫生体制改革工作会议、黄河三角洲高效生态经济区建设工作会议和全国海洋经济发展试点工作启动会议精神意见和市《关于进一步提升农村社区建设水平的意见》等议题。9月20日，研究加快推进潍坊市集体林权制度改革、潍坊市人口和计划生育工作先进单位及个人表彰意见、贯彻落实省乡镇机构改革工作会议精神意见、《潍坊市失业保险市级统筹办法》等议题。11月22日，研究《潍坊市公共机构节能管理办法》《关于鼓励民间资本投资社会事业领域的意见》、贯彻落实省扶贫协作重庆工作会议精神情况、《2010年潍坊市优化金融生态环境先进县（市区）量化考核办法》等议题。11月30日，研究贯彻落实省委九届十一次全体会议精神意见、《潍坊市国民经济和社会发展第十二个五年规划纲要》《潍坊护理职业学院组建方案》等议题。12月31日，研究《潍坊市工伤保险市级统筹办法》《关于加快全市新能源产业发展的实施意见》、贯彻落实省新型农村养老保险试点工作会议精神意见、《关于落实省用水总量控制管理办法的实施意见》、潍水文化生态保护实验区建设工作等议题。

2011年，共召开11次市政府常务会议。1月23日，研究市政府工作报告、市2010年国民经济和社会发展计划执行情况与2011年计划草案的报告、市2010年预算执行情况和2011年预算草案报告、2010年财政收支完成情况及2011年财政收支预算安排意见等议题。2月9日，研究北海路改造方案、白浪河中段综合治理设计方案、寒亭区禹王生态湿地改造开发、虞河下游综合治理方案等议题。2月26日，研究加快推进市政府确定的重大基础设施建设项目、召开全市对外开放大会、突破服务业、加快工业结构调整、抓好节能减排和环境保护、加快蓝色经济区建设、推进中心城市转型等议题。4月17日，研究中国人居环境奖创建工作、《潍坊市经济适用住房管理办法》、物业质量保修金管理工作、《关于加快水利改革发展的意见》、潍坊机场搬迁问题、贯彻落实省服务业发展工作会议精神意见等议题。6月3日，研究《潍坊市城区排水管理办法》、开通重庆—潍坊—大连航线等议题。 6月21日，研究区划调整范围、统筹搞好发展定位、严格控制机构和人员编制、深入做好干部群众工作、用足用好国家政策、加强组织领导等议题。8月2日，研究全市上半年经济运行情况、全市企业剥离非核心业务工作、推进"城市一卡通"便民服务工程建设工作、推进区域集优债务融资工作、调整完善市区财政体制工作、第十七届鲁台经贸洽谈会举办工作等议题。8月7日，研究防范第9号强台风"梅花"工作。8月24日，研究白浪绿洲湿地公园实施封闭收费管理、城区生活垃圾处理收费和排污权有偿使用费基准价格等、中国人居环境奖创建、贯彻落实省征兵工作会议精神意见等议题。9月30日，研究潍坊学院60周年校庆有关工作、中国人居环境奖现场考查迎查工作和打击地沟油违法犯罪、加强餐厨废弃物管理工作等议题。11月25日，研究贯彻落实省钢铁产业结构调整试点工作动员会议、沂蒙革命老区政策工作会议、蓝黄两大发展战略实施情况督促检查工作总结会议和黄河三角洲未利用地开发工作会议精神意见等议题。

2012年，共召开10次市政府常务会议。1月5日，研究贯彻省发展和改革工作会议、装备产业工作会议、经济和信息化会议、住房保障暨城乡建设工作会议精神意见等议题。3月15日，研究市固定资产投资和交通城建重点项目建设情况、为民办好实事的工作进展情况、关于建设区域性物流中心、“中国食品谷”、特色文化艺术品交易中心、健康产业区域中心、区域性旅游集散中心意见方案等议题。4月9日，研究《潍坊市人民政府工作规则》、贯彻落实全省旅游工作会议及重点旅游项目建设现场会精神意见、第十届中国艺术节筹办工作情况、迎接国家卫生城市复审工作进展情况等议题。7月2日，研究《鼓励企业事业单位总部（分支机构）在潍坊市发展的意见》、关于进一步加强和改进招商引资工作的意见、贯彻落实省农村住房暨城镇化工作会议精神意见、关于加快服务业转型发展的意见、关于加快转变农业发展方式促进农业结构调整推进现代农业创新的意见、关于加快工业转型升级提升整体发展水平的意见等议题。8月2日，研究《潍坊市“十二五”金融业发展规划》《关于进一步提升城市规划建设管理水平推动中心城市转型发展的意见》、贯彻落实省上半年商务形势分析会议精神意见等议题。8月21日，研究贯彻落实省对外贸易座谈会会议精神意见、关于加快全市林业产业发展实施意见、关于全市安全生产工作的情况、扩权强镇、会计人员管理、企业职工生育保障统筹、质检中心建设等议题。9月17日，研究《关于进一步加快县域科学发展的意见》《潍坊市服务业发展提速计划》《加快推进招院引所工作的意见》、省部共建潍坊国家职业教育创新发展试验区等议题。10月16日，研究《关于进一步提升城市规划建设管理水平促进中心城市转型发展的意见》、贯彻落实省消防工作“菏泽现场”观摩会议精神意见等议题。12月10日，研究潍坊市2013年经济社会发展计划及投资项目安排意见、2012年财政收支完成情况及2013年财政收支预算安排意见、2013年城建交通重点项目计划安排及民生实事安排、贯彻落实省县级公立医院综合改革试点暨新农合大病保险工作电视会议会议精神、工业转型升级意见等议题。12月28日，研究政府工作报告。

第二节　市政府重要决策

1991年5月11日，市政府印发《潍坊市国民经济和社会发展十年规划和第八个五年计划纲要》。要提出“开发南北，提高中间”的方针，以北部沿海开发地区为前沿，以城区和胶济铁路两侧的经济、技术力量为骨干，以平原和南部山区十大农业商品基地为基础，有重点、分层次地搞好生产力配置，逐步形成以中间带两头，以两头促中间，南北呼应、城乡结合、北中南分梯度协调发展、贸工农一体的外向型经济新格局。

1992年1月2日，市政府印发《潍坊市城区内统一征拨土地暂行办法》。要求加强对城区内的国家、集体、个体建设用地的管理，由市区人民政府分别成立统一征地领导小组，下设办公室，负责协调、承办统一征地的各项业务工作。

1992年2月25日，市政府印发《深化流通体制改革搞活商品流通的意见》。提出积极推进劳动用工制度改革；搞好分配制度改革，强化激励机制；强化企业内部管理，转换企业经营机制；放宽经营范围，提高企业竞争能力；扩大企业定价权限，发挥市场调节作用；实行优惠财税政策，支持企业发展；改善资金管理，实行信贷倾斜；加快流通基础设施建设，增强企业发展后劲；进一步发展完善各类专业批发市场和集贸市场；加快金融体制改革步伐，完善金融市场；继续搞好多种形式的企业改革试点；切实加强对流通体制改革的领导。

1992年6月3日，市政府印发《潍坊市研制应用科技成果贡献奖暂行奖励办法》。规定对研制开发新成果、新产品，引进新技术、新工艺，进行重大技术改造，投产、推广应用两年以上，在潍坊取得显著经济效益者，给予奖励。

1993年9月4日，市政府印发《潍坊市开发区规划管理暂行办法》。要求对经国务院或省人民政府批准的经济技术开发区、高新技术产业开发区、经济开发区、外商投资开发区、风景旅游开发区以及其他各类开发区加强管理；将各类开发区划入城市规划区，纳入城市总体规划，按照统一规划、合理布局、因地制宜、综合开发、配套建设的原则，进行开发建设。

1993年9月11日，市政府印发《关于国合流通企业深化改革转换经营机制的意见》。明确国合流通企业改革的基本思路；积极推行股份制改革；全面推行以卖、租、包为主要内容的企业改革；改革企业组织结构，调整经营组织形式；培育大市场，发展大流通；进一步深化企业内部改革；强化企业管理，提高经济效益；开展以大病医疗保险为主要内容的公费医疗制度改革；切实改善国合流通企业的外部条件。

1994年1月7日，市政府印发《潍坊市土地产权登记暂行办法》。要求全市范围内的集体土地所有者、国有土地使用者、集体土地建设用地使用者，必须申请土地产权登记或变更登记。土地所有权、使用权、他项权利，必须通过依法注册登记，领取土地证书。

1994年5月21日，市政府印发《潍坊市农村小型水利工程管理办法》。提出推动全市乡镇、村集体管理的农田灌排、拦水、蓄水、人畜饮水和乡镇供水工程以及个体联户或按股份制兴办的小型水利工程等逐步实行企业化管理。

1995年2月23日，市政府印发《“双十工程”实施要点》。提出组织实施以培育发展十大拳头产品和十大企业集团为主要内容的“双十工程”，加快培育发展形成一批高技术含量、高出口创汇、高附加值、高市场占有率的骨干拳头产品和生产规模化、经营多元化、市场国际化、管理现代化的新型企业集团，形成潍坊工业的集团军和中坚力量，带动全市工业经济更快更好地发展。

1995年12月6日，市政府印发《关于深化企业改革搞好国有大中型企业若干问题的意见》《关于建立现代企业制度试点的实施意见》。从全市不同行业中选择26家有代表性的大中型企业开展试点工作。进行现代企业制度试点，按照“产权清晰、权责明确、政企分开、管理科学”原则，完善企业的法人制度，实行有限责任制度，建立科学的企业领导制度和组织制度。

1996年6月7日，市政府印发《关于适应经济社会发展加快城市现代化建设的意见》。提出着力增强现代化城市意识，把城市建设工作放在突出的战略位置，抓好城市的规划、建设和管理。加强对市民的理想信念、社会公德、文化知识教育，全面提高城市意识和政治、道德、文化素质，形成城市生活文明管理、人际关系文明交往、精神面貌充实向上、科学文化普及发达、环境舒适优美的现代化城市文明氛围。

1997年6月9日，市政府印发《关于加快建筑业发展的决定》。要求坚持以质量效益为中心，优化产业结构，提高企业素质，改善经营管理，加大科技投入，培植企业集团，拓宽国内外市场，逐步建立健全适应社会主义市场经济体制要求的统一、开放、竞争、有序的建筑市场体系，将建筑业发展成为全市经济社会发展中具有重要影响的支柱产业。

1998年1月10日，市政府印发《潍坊市质量振兴工作实施意见》。提出用3～13年时间，从根本上提高潍坊市主要产业的整体素质和企业的质量管理水平，使全市主要产业的整体素质和企业的质量再上一个新台阶。

1998年10月15日，市政府印发《关于印发潍坊市大力开拓农村市场的工作方案的通知》。要求重点开拓农村市场，加强龙头企业建设，推进工农一体化经营，大力发展农村专业合作社，建立完善农村市场网络体系，工商联合开拓农村市场，延伸服务领域，深化服务层次，切实发挥农村市场在全面促进农村经济发展，拉动国民经济适度快速增长中的作用。

1999年1月15日，市政府印发《关于鼓励外商投资的优惠政策》《关于进一步改善外商投资软环境的意见》《关于支持自营出口企业发展的意见》。要求全面实施经济国家化战略，进一步扩大对外开放，提高利用外资水平，促进潍坊市由经济大市向经济强市跨越。

1999年6月2日，市政府印发《关于进一步深化国有大中型企业改革的意见的通知》。要求推动国有大中型企业通过深化改革、多形式改制，提高企业经济效益和市场竞争能力，使其真正成为市场经济的法人实体和竞争主体。

2000年3月22日，市政府印发《关于加强政府法制建设全面推进依法行政的决定》。要求严格依法行政，将政府各项工作纳入法制化轨道，进一步规范政府规范性文件制定工作，为依法行政提供坚实的基础，严格规范行政执法行为，确保政令畅通，进一步加大行政执法监督力度，健全政府法制工作队伍。

2001年5月6日，市政府印发《关于搞好小城镇规划用地管理加快小城镇发展的意见》。要求加强规划编制与管理，为小城镇健康发展提供指导与保障；积极推进土地集约利用，确保小城镇建设用地的合理需求；深化土地使用制度改革，实现小城镇土地生产要素的优化配置；坚持依法行政，切实加强对小城镇规划用地管理的组织领导。

2002年4月3日，市政府印发《关于中心城区工业企业实施“退城进园”加快工业园区建设有关政策的试行意见》。提出进一步鼓励中心城区工业企业实施“退城进园”。

2002年10月17日，市政府印发《关于加强行政效能检查工作的意见》。要求进一步加强对行政机关及公务员履行职责情况的监督检查，促进政府加强自身建设，改善行政管理，提高行政效能，推动政府工作全面提速。

2003年1月29日，市政府印发《关于进一步配强骨干企业大力推进流通现代化的若干政策规定》。提出将连锁经营、物流配送和现代批发市场作为重点，加快资源整合，加大资金投入，创新业务流程，不断壮大骨干流通企业实力，提高流通企业的规模化、组织化和规范化水平，加快流通现代化进程，整体带动流通企业质量和效益的提高。

2004年8月25日，市政府印发《潍坊市城市绿化管理办法》。明确提出将城市绿化纳入城市国民经济和社会发展计划，在政府财政预算中安排城市绿化养护和建设资金，保证城市绿地系统规划的实施。严格落实义务植树任务和责任，积极开展绿化达标、花园式单位和花园式小区等社会创建活动，鼓励单位和个人投资城市绿化事业，创建园林城市。

2004年12月9日，市政府印发《关于提高城市土地利用率鼓励建设高层建筑的暂行意见》。要求加快潍坊中心城市发展，鼓励办公、金融、商务及住宅等高层建筑向空中发展，合理提高城市土地利用率。

2005年1月25日，市政府印发《关于进一步加强食品安全工作的实施意见》。要求加大食品安全工作力度，严格控制农产品源头污染，依法加强对流通领域食品安全的监管，全面推行食品卫生监督量化分级管理，建立完善食品质量标准体系和检验检测体系，实施“食品放心工程”，全面提升食品安全监管快速反应能力，建立长效的食品安全工作机制。

2005年8月1日，市政府印发《关于进一步推行政务公开的意见》。规定各类行政管理和公共服务事项的信息，除涉及国家机密和依法受到保护的商业秘密、个人隐私外，都要严格按照法律法规和规章规定进行公开。对应该公开的事项都要采取方便、快捷的方式及时公开，便于群众知情、监督。

2005年9月11日，市政府印发《关于实施“质量兴市”的意见》。要求以市场为导向，以经济效益为中心，以增强企业的综合经济实力和市场竞争力为重点，以培育一批产业集群、一批支柱产业、一批大型企业集团、一批知名品牌，建设现代制造业基地和品牌潍坊为目标，加强质量工作，优化产业结构和产品结构，加快技术创新和技术进步，提高全市产品质量、工程质量和服务质量总体水平。

2006年1月24日，市政府印发《潍坊市人民政府关于印发潍坊市城市规划决策与审批工作制度的通知》。决定市政府设立市规划委员会及市专家评审委员会，要求重要城市规划项目审批前，必须经市规划委员会和市专家评审委员会评审和审查。

2006年2月23日，市政府印发《潍坊市国民经济和社会发展第十一个五年规划纲要》。该《纲要》分基础与环境、任务与目标、区域发展布局、城乡统筹发展、产业经济发展、社会事业发展、基础设施建设、支撑保障措施8个部分。《纲要》总结“十五”时期的工作，明确提出“十一五”时期潍坊国民经济和社会发展的目标任务与工作重点，是动员和组织全市人民加快全面建设小康社会的纲领。

2006年3月27日，市政府印发《潍坊市人民政府关于调整完善市区财政体制的意见》，对原有财政管理体制总体框架进行改革，进一步理顺市区财政分配关系，建立更加适应市场经济发展要求的收入增长和财力分配机制，促进资源合理流动，规范税收征管秩序，推动城区一体化发展和城市功能的进一步优化。

2006年8月1日，市政府印发《潍坊市人民政府关于进一步促进现代物流业发展的实施意见》，明确潍坊市推动现代物流业发展的指导思想及近期、远期目标，从六个方面明确了具体任务，要求健全完善十二项配套政策，加强组织保障，充分发挥潍坊市区位优势、产业优势和资源优势，加快现代物流业发展，提高经济运行质量和效益，把潍坊建设成为山东半岛物流中心。

2006年12月14日，市政府印发《关于实施农村义务教育经费保障机制改革的通知》，决定从2007年起实施农村义务教育经费保障机制改革工作，按照“明确各级责任、中央地方共担、加大财政投入、提高保障水平、分步组织实施”的基本原则，建立各级分项目、按比例分担的农村义务教育经费保障机制，逐步将义务教育全面纳入公共财政保障范围。

2007年2月5日，市政府印发《潍坊市计划生育社会抚养费征收使用管理办法》，确定社会抚养费的征收标准及征收程序、管理方式，设立违法生育有奖举报制度，完善其他相关制度。

2007年2月7日，市政府印发《潍坊市十一五环保规划》（简称《规划》）。该《规划》是潍坊市贯彻落实党中央提出的以人为本，全面、协调、可持续发展观的第一个环保五年规划。《规划》简要回顾了“十五工作”，分析了下步形势，明确了下步任务目标和工作打算，完善了具体工作保障。

2007年7月30日，市政府印发《潍坊市人民政府关于加快发展现代农业的意见》。提出为进一步推动农业增效、农民增收，推进社会主义新农村建设，加快现代农业发展，要提高认识，实施品牌战略，提升农业竞争力，强调加强监管力度，确保农产品质量安全。提出加快农村沼气等新型能源建设、发展农村循环经济，创新农业科技信息服务方式、进一步加强农技“110”服务体系建设，加大农民培训工作力度、培育新型农民，加快农业专业合作社发展，促进农业产业化深化升级。

2007年8月8日，市政府印发《关于加快发展高等教育的意见》。提出建立支持驻潍坊高校发展的统筹协调机制、建立高校参与地方重大经济社会活动机制、建立驻潍坊高校与企业合作机制、建立驻潍坊高校建设发展的政策保障机制、建立人才供求信息发布机制、建立驻潍坊高校推介机制、建立学校周边环境综合治理长效机制。

2008年4月25日，市政府印发《关于加快实施标准化战略的意见》，明确标准化战略实施的指导思想、基本原则和主要目标，确定六项重点任务：深化标准化工作改革，提升社会管理和公共服务水平，促进工业转型升级和提质增效，促进服务业规范发展，推进农业现代化和新型城镇化建设，提升标准化工作基础能力。从加强组织领导、强化政策引导、建立调度评估制度、加强队伍建设、加强监督执行、抓好宣传引导等六个方面加强保障，确保标准化战略全面、深入、有效实施。

2008年7月25日，市政府印发《潍坊市劳动和社会保障事业发展“十一五”规划纲要》。该《纲要》描述“十五”期间发展情况，“十一五”期间面临的形势和挑战，规划“十一五”期间发展构想：强化指导思想，明确目标任务，加强政策保障措施。切实做好就业再就业工作，完善各项社会保险制度，大力加强职业技能培训工作，深化企业工资收入分配制度改革，建立健全劳动关系协调机制、做好各项基础工作等。

2008年10月28日，市政府印发《潍坊市人民政府关于支持中小企业又快又好发展的意见》。提出加强自主创新，提高市场竞争力；加强创业辅导，激励全民创业；积极开拓市场，提高市场占有率；加大金融支持力度，确保资金合理需求；加强融资协作，拓宽融资渠道；发挥公共财政功能，加大财政扶持力度；加强服务，营造良好发展环境。

2008年11月22日，市政府印发《潍坊市人民政府关于支持和促进房地产业持续健康发展的意见》。要求提高思想认识，明确任务目标，从改革改进现行管理制度和工作规则，提高行政审批效率，规范房地产开发市场秩序，加大行政性收费优惠及财税、金融支持力度，加强舆论引导与行业自律等方面抓起，支持和促进房地产业持续健康发展，进一步改善城市环境和居民居住条件，推动经济社会又好又快发展。

2009年6月10日，市政府印发《潍坊市人民政府关于印发潍坊市十大工业调整振兴规划的通知》。对潍坊市电子信息产业、纺织工业、化学工业、机械工业、建筑材料工业、轻工业、食品工业、盐业、冶金工业、医药工业十大工业调整振兴做出明确规划。

2010年4月19日，市政府印发《潍坊市人民政府关于加快社区服务业发展的若干意见》，提出重点促进社区便民利民商业服务业、家政服务业、物业管理服务业、文体娱乐服务业以及社区就业服务、为老服务、卫生服务、科教服务等发展，确定了具体的发展政策和发展措施。

2010年7月14日，市政府印发《关于加快发展现代畜牧业的意见》。强调加快发展现代畜牧业的重要性和紧迫性，明确指导思想、基本原则、重点任务和发展目标，提出加强良种繁育体系建设，大力发展生态畜牧业，加强畜牧科技创新与推广，调整畜牧产业结构等十条措施，加快现代畜牧业发展步伐。

2010年8月4日，市政府印发《潍坊市人民政府关于加快千亿级产业链发展的实施意见》。要求转变经济发展方式，加快经济结构调整，大力发展蓝色经济，壮大高端产业规模，构建特色突出、优势明显的现代产业体系，促进全市工业经济又好又快发展。就发展汽车、装备、石化、特钢、新能源、纺织服装、电子信息、食品加工等8个千亿级产业链提出实施意见。

2010年11月16日，市政府印发《关于实施蔬菜等五大产业振兴规划的指导意见》。就全市蔬菜、渔业、畜牧、果业、苗木花卉五大产业发展提出实施意见。要求充分认识五大产业振兴的重要意义，明确总体要求、基本原则和目标任务，指出五大产业振兴重点，对五大产业分别提出五年振兴规划。

2010年12月9日，市政府印发《潍坊市关于鼓励民间资本投资社会事业领域的意见》。要求充分认识民间资本投资社会事业领域的重要意义，鼓励民间资本投资社会事业领域，从准入环节、投融资环节、建设环节、运营环节建立政策支撑体系，为民间资本进入社会事业领域提供制度保障。

2011年2月22日，市政府印发《关于加快全市新能源产业发展的实施意见》。制定2011—2015全市新能源发展目标任务，以风电、太阳能、生物质能、农村新能源、地热能、海洋能六大领域为重点支持新能源发展，从资金扶持政策、价格扶持政策、其他扶持政策三方面保障实施，加快潍坊市新能源培育发展，形成新的发展优势，推动全市经济社会又好又快发展。

2011年3月1日，市政府印发《潍坊市公共安全保障体系建设规划（2011—2015年）》。提出从2011年起，利用5年左右时间，重点加强全市公共安全保障体系建设，按照“两年打基础，三年上台阶，五年见成效”的基本要求，到2015年，基本形成体制健全、机制完善、基础扎实、保障有力的公共安全保障体系，公共安全保障能力和管理水平明显增强，各类生产安全事故大幅度下降，安全生产对经济社会的贡献率明显提高。

2011年3月15日，市政府印发《潍坊市国民经济和社会发展第十二个五年规划纲要》，总计9篇34章内容，是指导全市“十二五”时期发展的纲领性文件。

2012年4月15日，市政府印发《关于开展城乡居民社会养老保险试点的实施意见》。旨在加快建立完善覆盖城乡的社会保障体系，解决城乡无养老保障居民的老有所养问题。建立个人缴费、集体补助、政府补贴相结合的城乡居民养老保险制度，实行社会统筹和个人账户相结合，与家庭养老、社会救助、社会福利等其他社会保障政策相配套，保障城乡居民老年基本生活。

2012年8月27日，市政府印发《关于进一步深化扩权强镇改革加快推进小城镇建设和发展的意见》。在已确定寿光市羊口镇为省经济发达镇行政管理体制改革试点镇，诸城市昌城镇、安丘市景芝镇为全市第一批扩权强镇改革试点镇的基础上，确定青州市弥河镇，诸城市辛兴镇，寿光市侯镇，安丘市凌河镇，高密市夏庄镇，昌邑市柳疃镇，临朐县辛寨镇、冶源镇，昌乐县红河镇、郚部镇10个镇作为2012年潍坊市扩权强镇改革试点镇。

2012年11月，市政府印发《潍坊市服务业发展提速计划（2012—2014）》。该计划在综合考虑全市服务业发展基础和未来发展趋势基础上，按照发展提速、比重提高、结构提升的总体要求，提出到2014年全市服务业发展的总体目标。制订未来3年全市现代物流、金融保险、商贸流通、旅游业、房地产业、文化创意、商务服务、服务外包、科技信息、社区服务等10大产业发展提速计划。

2012年11月16日，市政府印发《关于进一步提升城市规划建设管理水平促进中心城市转型发展的意见》，要求充分认识提升城市规划建设管理水平促进中心城市转型发展的重要意义；明确指导思想，基本原则和转型导向；强化规划统筹引领，优化城市空间布局；坚持资源节约集约利用，促进城市可持续发展；持续改善城市生态，打造蓝天碧水宜居环境；着力提高建设品质，推动建筑业房地产业转型；深入实施精细化管理，建设魅力幸福家园；理顺体制创新机制，增强城市转型内生动力。

第三章　调研 信息 督查 市长热线

第一节　政府调研

1991年，编发《情况调研》85期，在省以上刊物发表文章和调研报告25篇。

1992年，围绕加快改革开放步伐、转换企业经营机制、发展高产优质高效农业和第三产业以及劳动人事、工资分配、社会保障三大改革等进行专题调查，形成调查报告42篇，其中32篇在省级以上刊物发表，编发《情况交流》65期。

1993年，围绕加快改革开放步伐、转换企业经营机制、发展高产优质高效农业和第三产业以及深化劳动人事、社会保障、金融财税、住房制度改革等方面进行专题调查，形成调查报告62篇，其中47篇被省市级以上刊物发表编发《情况交流》46期。

1994年，围绕市政府的工作重点，对事关改革发展大局的重大课题和群众关心的热点问题，开展深入的调查研究，形成具有参考价值的调研报告。先后5次参加市组织的赴省内外学习考察活动，分别写出调研报告。全年编发《情况交流》48期，在省级以上刊物发表文章30多篇。

1995年，完成调查研究报告16篇，其中全市工业结构调整调查、建设半岛商贸城有关情况调查、全市果品生产发展情况调查、开发区建设情况调查等调研报告所提的意见和建议被市政府采纳，进入领导决策。撰写理论文章20篇，其中在《经济日报》《中国改革》《中国宏观经济研究》《中国乡镇企业报》《中国工业经济》《农业经济问题》等省级以上报刊发表6篇， 在《山东政报》《山东经济战略研究》《大众日报》

《山东内参》等省级刊物发表14篇。1篇在全市1996年度精神文明建设“精品工程”评选活动中获特别奖。

1996年，在省级以上报刊发表文章30余篇，编发情况交流50多期。1998年，在省级以上报刊发表20余篇，编发情况交流41期。1999年，在省级以上报刊发表文章20余篇。在《潍坊政务通讯》刊发领导重要讲话和调研报告26篇。

2000年，在省级以上报刊发表领导署名文章和调研文章20余篇。2001年，组织开展调研工作20余次。2002年，组织开展调研活动20余次，在省以上报刊发表文章40篇。2004年，组织开展调研活动20余次，在省以上报刊发表文章54篇。

2007年，参与市委、市政府重大调研活动或组织专题调研活动70余次，形成调研报告30余篇、理论文章20余篇，承办省政府研究室安排的调研任务10余项。其中，省长批示1件，市委、市政府主要领导批示6件，分管领导批示3件，转化为重要政策文件20余件，市委常委会专题听取汇报5件，市委办公室转发各县市区、市直部门参阅2件。参与起草政府工作报告和市政府主要领导在市委十届三次全会、政府全体会议、全市领导干部会议等重要会议上的讲话10余篇；组织起草重要讲话、汇报、发言材料100余篇。认真做好领导交办工作和市委、市政府督查件的办理工作。承办全市优化产业结构协调组织工作，牵头筹备召开全市优化产业结构会议，承担优化产业结构办公室日常工作。参与“2007（青岛）潍坊周”活动的策划、组织工作，起草《关于加快接轨青岛进一步促进改革开放的意见》《青岛潍坊合作框架协议书》等主体材料。创办交流平台《研究与决策》，年内编辑《研究与决策》12期。

2008年，参与市委、市政府重大调研活动或组织专题调研活动80余次，形成专题研究和调研报告50余篇，承办省政府研究室安排的调研任务20余项。 其中，省长批示1件，省政府《决策参阅》刊发13件，市委、市政府主要领导批示11件，转化为重要政策文件近30件，市委办公室转发各县市区、市直部门参阅3件。

2009年，组织开展市域一体化发展调研，起草《市域一体化发展调研与工作推进方案》《潍坊市市域一体化发展指导意见》等重要文件。参与（青岛） 潍坊周组织策划工作，起草《关于加快推进青潍一体化发展的指导意见》《推进青潍一体化发展行动计划》 等10余个重要文件。创新办刊形式，提高《研究与决策》办刊质量。编辑《研究与决策》12期，加强市政府与各县市区（开发区）、市直各部门之间在决策信息、工作研究等方面的交流，初步形成调研工作上下互动、信息互通共享的“大调研”格局。

2010年，加强对关键领域和重大问题的调查研究，形成专题调研报告3余篇，为领导决策提供重要参考。

2011年，撰写专题调研报告30篇，以呈阅件形式报市政府领导参阅15篇，市政府主要领导对农村合村并点、三区建设、质量品牌建设等11篇调研报告作出重要批示，促进了相关决策形成和问题的解决。

2012年，围绕全市经济社会发展中的重点、热点、难点问题，有针对性地启动实施一批调研课题。以呈阅件形式上报各类调研成果15篇。充分挖掘基层典型经验，编辑印发8期《研究与决策》。积极开展政府系统优秀调研成果推荐上报和评选表彰活动，从各县市区及市直部门提报的31篇调研报告中组织评选出15篇参加全省政府系统优秀调研成果评选。高质量完成各类文稿起草，组织起草重要讲话、汇报、发言材料90余篇。认真做好上级及外地市到潍坊调研事宜。共接待中国社会科学院、省政府参事室、省政府研究室、省社会科学院等上级单位以及东营、宁波等外地单位到潍坊调研活动20次。

第二节 政务信息

1991年，收集、编发各类信息888期、1619条，其中报国务院办公厅信息125条，被采用49条，90条信息分别被国办、省政府办公厅作为较高层次信息提供给领导参阅。编发《政务动态》109期、118条，向市直部门和各县市区下发信息580多条。

1992年，上报国务院办公厅政务信息58期、82条，被国务院采用13条；上报省政府办公厅政务信息808条，被采用195条，其中37条被提供给省政府领导，进入领导决策。编发《政务动态》42期、80条，编发《潍坊政务信息》120期、580条。

1993年，编发各类信息1893条，上报国务院办公厅政务信息80条，被采用21条；上报省政府办公厅963条，被采用302条，其中有106条被提供给省政府领导，进入领导决策。编发《政务动态》25期、33条，向企业发送经济信息50期、4500多条。

1994年，编发各类信息824期、2737条，其中上报国务院办公厅、省政府办公厅549期、1647条，被采用419条；编发《政务动态》30期、35条，编发面向全市的大范围信息212期1015条，编发“三夏”“三秋”及“农业基本建设”专刊33期、40条。

1995年，编发各类信息830期、2192条，被国务院、省政府办公厅采用385条；协助发展信息网点单位704户，被省政府办公厅评为先进单位。

1996年，编发各类信息876期、2022条，其中被国务院办公厅、省政府办公厅采用212条。帮助省政府办公厅发展山东经济信息用户660家，被采用经济信息128条。

1998年，上报信息1071条，被国务院办公厅采用15条，被省政府办公厅采用157条。编发专供领导参阅的信息19期，情况交流41期，下发信息56期。

1999年，上报信息657条，被国务院办公厅采用11条，被省政府办公厅采用120条。编发专供领导参阅的信息79期，专辑参考资料18期。

2000年，编发信息658期、1492条。2001年，上报、下发政务信息1940条，编发《政务通讯》23期，政务信息工作在全省名列第三。

2002年，上报信息383条，被采用117条；编发专送领导的特刊7期，招商引资专刊6期；下发各类信息85期、690条，政务通讯8期。2004年，上报、下发信息446条，编发《每日动态》228期，其中市政府领导批示123期。2008年，编发《政务信息》116期、《每日动态》138期，上报信息600余条。是年，省政府在潍坊召开政务信息工作现场会。

2010年，上报信息526条，被国务院办公厅采用50条，被省政府办公厅采用143条。编发《每日动态》212期、《潍坊政务信息》123期，其中被市政府领导批示的信息有40条。

2011年，上报国务院办公厅和省政府办公厅信息350余条，被采用107条。编发《每日动态》和《潍坊政务信息》254期，其中被市政府领导批示的信息有84条。

2012年，上报国务院办公厅、省政府办公厅信息3800余条，其中国务院、省政府领导批示31条。编发《每日动态》202期、《潍坊政务信息》176期、《情况交流》152期，其中被市委、市政府领导批示的信息有72条。

第三节　政务督查

1991年，完成省政府办公厅交办的事项12件；市政府常务会议81项决议事项完成92%；领导交办的8件、31项，全部完成。

1992年，完成省市领导交办督查事项28件，当年办结率为97%；进行专项督查5次，参与组织协调有关督查活动38次；编发《政务督查》9期，其中有4期被省政府办公厅转发。

1993年，完成国务院和省市领导批办的督查事项22件，参与组织协调各类督查活动70多次；对市政府确定抓好的15件大事等重大事项，坚持一月一调度，件件有落实，当年办结率为100%。编发《督查简报》7期，其中有4期被省政府办公厅转发。

1994年，办理领导批示交办事项38项，按期办结率100%。跟踪督查市政府工作报告的贯彻实施情况，重点督查市政府确定抓好的16项重点建设工程的进展情况，全面督查87项市政府常务会议决议事项的执行情况，专项督查省、市政府重要工作会议和重要文件的贯彻落实情况，形成督查报告59篇。

1995年，跟踪督查政府工作报告的贯彻实施情况，重点督查市政府常务会议决定事项的执行情况，专项督查省、市政府重要工作会议、重要文件和领导批件的落实情况，全部按期办结，形成督查报告51篇，其中6篇在省政府办公厅《政务督查》上刊登。

1996年，办理省市领导批示交办事项38项，按期办结率达100%。重点督查市政府确定的10项重点工程建设进度、市政府常务会议决定事项和省、市政府重要工作会议、重要文件的贯彻落实，与新闻单位一起对群众关心的热点问题进行跟踪督查，推动市政府重大决策和工作部署的全面落实。

1998年，承办领导批件86件，督查重要会议和重大工作部署的贯彻落实情况26件，向省政府上报10件。

1999年，督查办理领导批件68件，督查省、市政府重要决策和工作部署232项，其中向省政府汇报12项。

2000年，督查办理领导批件79件，督查省、市政府重要决策和工作部署253项，其中向省政府汇报38项。

2001年，办理市以上领导批办件43件，督查省、市政府重要决策和工作部署落实情况22次，形成督查报告59篇。

2002年，开展政务督查工作724项（次），督查有关部门208个（次），下发督查快报16期，办理人大代表议案、建议和政协委员提案421件。

2004年，对政府工作报告确定的122项工作分解落实到有关部门和单位，对全年市政府召开的234次有关会议中的640多项事项进行全面督查落实，办理人大代表建议和政协委员提案358件。

2008年，完成对政府工作报告和政府各类重要会议确定事项的督查。办理人大代表建议和市政协提案478件，满意率99%，办理领导批示和交办事项2557件。

2010年，办理省、市领导批件2334件，流转上级来文988件，处理请示报告1360件、机要信件812件。强化政府工作报告任务目标的分解督查以及市政府全体（扩大）会议、政府常务会议和专业会议确定事项的督查落实。办理省、市人大代表建议和政协委员提案474件，办结率100%，满意率99%。

2011年，完成政府工作报告280项任务目标的立项分解及两次督查落实工作，完成2次市政府全体（扩大）会议、10次市政府常务会议、43次政府专题会议、165次综合性会议及专业会议确定事项的督查工作。办理省政府领导批示件11件、市委主要领导批示件382件、市政府领导批示件2459件，督查落实714件，流转1745件。督办省人大代表建议1件、省政协提案1件、市人大代表建议129件、市政协提案286件，全部办理答复完毕。对市政府确定的文明城市创建、人居环境奖创建、春季植树造林等重点工作开展8次现场督查。全年下发《督查通知》55期，编发《督查专报》123期、《督查通报》1期，形成市政府领导批示落实情况专报682期。对政府工作报告确定的10件民生实事进行多方位、立体化联合督查。抽调相关部门分管领导和业务骨干、电视台记者组成联合督查组，以座谈、现场查看、媒体调查采访等不同形式对各项工作进行督查，6月下旬至7月上旬，共查看现场109处，召开座谈会5次，采访干部群众30余人次，录制现场100多处，在潍坊电视台开设专题新闻栏目《惠民生在行动》，对10件民生实事的进展及落实情况进行即时报道。

2012年，修订完善《督查工作规范》，对2012年政府工作报告进行立项分解，确定314项任务目标、723项具体工作，进行每月一调度，每季度一通报。对政府工作报告中确定的“三个转型”“五个中心”、10件民生实事等重要事项，建立起月调度、月督查、月通报制度。完成2次市政府全体会议，12次政府常务会议，351次政府专题会议、综合性会议及专业会议确定事项的督查工作。对市委、市政府研究确定的62个重点项目进行跟踪督查。每月以柱状图形式，对全市10件民生实事、重点项目和全市主要经济指标的月度完成进展情况进行展出公示。对2012年全市22个重点调研课题，建立起与分管副秘书长、副主任紧密衔接、定期调度的工作机制，保证课题完成时限和质量。全年办理省政府领导批示件12件、市委主要领导督查件378件、流转件175件，全部完成相关事项的督查落实及汇总反馈工作。督促办理省人大代表建议和政协提案5件、市人大代表建议140件、市政协提案361件，所有建议、提案全部按期办复，人大代表、政协委员答复满意率100%。全年下发《督查通知》99期，《督查通报》19期，形成《督查专报》262期。

第四节　市长热线

2003年4月10日，市长公开电话室组建。5月8日，市长张新起在首期《市长公开电话旬报》上做重要批示，8月25日，市长公开电话受理中心（简称“受理中心”）正式运行。制定《市长公开电话受理中心工作规程》《市长公开电话网络单位考核办法》《工作责任追究实施办法》《中心内设机构工作职责》。全年受理来话38.43万次，有效次数30.49万次，其中由市长、秘书长及受理中心转办、批办的热点、难点问题达8586项（制单），办理完成8039件，占受理单总量的92.6%，群众满意率为99.03%；共督办受理事项1121件，其中领导签批事项25件，秘书长签批事项214件，受理中心签批事项298件，办结1076件，办结率96%，群众满意率92.6%以上。

2004年6月29日，副省长赵克志到市受理中心考察。7月13日，省委书记张高丽到受理中心视察。2005年，市长公开电话受理中心被省政府授予“模范公务员集体”称号。

2006年，受理中心办理群众反映事项24.93万件（次），其中办理群众来电16.69万件（次），处理语音留言8万余件（次），接收群众发往市长公开电子信箱邮件1546件（次），阅办手机短信812条，受理中心共制单转、交办1.88万件（次），办结率99.8%、群众满意率98%、反馈率100%。受理中心共整理各类信息99期，其中，上报《呈阅件》40期、《呈批件》5期、《简报》23期、《通报》4期，上报办公室其他信息27份（次）。

潍坊市长公开电话受理室

2007年，受理中心办理群众反映事项28.49万件（次），其中办理群众来电23.67万件（次），处理语音留言4.61万件（次），接收群众发往市长公开电子信箱邮件1860件（次），阅办手机短信183条（次），受理中心共制单交办2.36万件（次），办结率99.8%、群众满意率98.7%、反馈率100%，上报供市政府领导参阅的《呈阅件》50期。

2008年，受理群众有效电话42.5万个，办结率99.8%以上。

2009年，受理中心制定《潍坊市市长公开电话受理工作目标管理考核评分办法》，实行《市长公开电话业务受理处办综合质检管理办法》和《12345市长公开电话承办事项问责办法》。9月，受理工作整体外包。受理中心办理群众反映事项39.69万件（次），其中，办理群众来电27.28万件（次），处理语音留言12.12万件（次），接收群众发往市长公开电子信箱邮件2896件（次）；共制单9.11万件（次），其中转交网络单位办理4.1万件（次），办结率99.77%、群众满意率98.72%、反馈率100%，上报供市政府领导参阅的《呈阅件》36期。

2010年，充分发挥市长公开电话民意直通车的作用，不断深化服务外包，提高服务质量和效率，办理群众反映事项42.4万件（次），办结率99.8%，群众满意率98.7%。

2011年，受理中心制定《综合质检管理办法》《新员工上机考核办法》，出台《12345市长公开电话承办事项问责办法》，修订《网络单位年终考核管理办法》《受理工作人员激励办法》，加强质量监督体系建设。全年受理中心共办理群众反映事项53.91万件次，其中市长公开电子信箱邮件3308个；制单14万件（次），其中转交各网络单位办理的事项6.62万件（次），办结率99%，反馈率100%；上报供市政府领导参阅的《呈阅件》15期，《季度通报》3期。

2012年，全年办理群众反映事项36.83万件（次），其中市长公开电子信箱邮件2090个。受理中心共制单15.62万件（次），转交各网络单位办理的事项8.42万件（次），转单事项按时办结率99.5%，反馈率100%。

第四章 政府信息化建设

2007年8月，潍坊市综合信息中心成立，为市信息产业局所属事业单位，副县级规格，编制15名，设数据管理科、网站管理科、网络运维科和工程技术科4个科室。2011年，市综合信息中心被中国信息协会评为“中国信息化百家优秀研究管理机构”。

第一节 政府门户网站建设

内网、外网站建设

2008年，市综合信息中心突出政府信息公开、网上办事、公众参与三大功能，对“中国潍坊”门户网站进行全面改版，增设“抗震救灾”“应急管理”“创建文明城市”“安全生产月”等7个热点专题。及时发布各类政府文件、领导讲话，开通新华网、中经网、国研网等国家权威性共享信息源，为全市党政机关工作人员提供高效便捷的信息查询服务。

2009年，向内、外网提交信息3.2万余条，向全国城市信息联播提交信息4000余条。设立学习实践科学发展观、创建文明城市、风筝会、新中国成立六十周年等10余个热点专题。对政府网站信息公开栏目进行升级，扩大信息公开范围。整合市长公开电话、行风在线等栏目，开通意见征集和在线调查等互动渠道，增强网站公众参与功能。对网站进行改版，外网改版突出展现信息公开、在线服务和政民互动三大功能，内网改版突出以公共页面、领导页面以及公务员页面三个层级的个性化环境。是年，市综合信息中心在第八届中国政府网站绩效评估中，位列全国地市级第7位、全省第1位。

2010年，内网注重及时发布各类政府文件、领导讲话、时政要闻等，发布信息1.5万余条；外网注重动态关注潍坊动态、潍坊新闻（视频）、热点专题等栏目。年内维护网站各栏目信息7万余条。丰富网站服务功能，开发“我要参加节会”“我要看病”和养老保险、医疗保险等服务场景，网站场景服务增至11个。优化网站信息公开栏目设置，组织召开信息公开专题调度会、检查督促会，推动政府信息公开工作深入开展。开通手机版政府门户网站，成为省内首个开通政府门户网站手机版的城市。设置“今日潍坊”“市长专页”“政府文件”“个人办事”“企业办事”“潍坊视频”和“投诉咨询”等16个一级栏目，涵盖与公民、企业、投资者、旅游者、公务员生产生活密切相关的各类信息和服务，基本实现重要信息资源和服务事项的平移。在第九届中国政府网站绩效评估中排名第28位（除省会和计划单列城市，居全国第9位，居全省地市级政府网站第1位）。

2011年，建立栏目分工维护机制和周六、周日全员轮流值班制度，及时更新网站各栏目内容。设立“‘十二五’规划”“风筝会”“菜博会”“创建文明城市和人居奖”“三区推进”“转方式调结构”“工业百强企业”等近20

个网站热点专题。策划企业开办、教育服务、就业服务等服务场景。整合全市15个部门信息资源1000余项，充实服务内容，提升网站服务质量。在第十届中国政府网站绩效评估中，列全国地市级第5名、全省第1名。

2012年，优化潍坊民声在线、政府信息公开、市长专页等栏目设置，丰富完善相关栏目内容。及时对政府文件、领导讲话、行风在线、今日潍坊（包括视频）等栏目更新维护。对政府信息公开进行栏目优化和改版升级。新设立两会报道、工业百强企业、转方式调结构、县市区政府信息联播等6个专题。适时更新公告公示栏目，及时发布政府领导换届、招标、便民服务、大型活动、任免公示等内容。根据新的办公业务需求，重点围绕政府办公系统应用、政务信息资源整合服务、办公综合查询三大功能，对市电子政务内网进行改版升级。在第十一届（2012）中国政府网站绩效评估中居地全国市级第13位、全省第1位，在中国优秀政府网站推荐及综合影响力评估中获 “中国政府网站优秀奖”，列全国地市级政府网站第1位。

外文网站建设

2008年，改版门户网站，新增外文版网站。

2009年，重点建设英、日、韩外文网站，审核翻译资料近百万字，两次组织外籍专家对外文网站的内容进行集中审核评估。在政府网站国际化程度测评中列全国地市级第11位、全省第1位。

2010年，严格审核翻译内容，对照网站国际化程度考核指标，增加外文版检索、办事服务等服务功能，丰富完善相关栏目内容，单语种更新维护内容30余万字，提高了“中国潍坊”政府网站的国际化程度和水平。

2011年，遵循国际主流的设计风格，进行升级改版，突出风筝会、菜博会等节会专题的对外展现和宣传，梳理整合涉外资源400余项，新增英文潍坊地图导航等特色栏目。在政府网站国际化程度测评中，列全国地市级第15位、省内第1位。

2012年，对政府网站英、日、韩外文版栏目进行优化调整，增添投资、旅游、学习、工作、英文地图导航等本地生活指南和签证、邀请来华、外资企业注册等审批服务事项特色栏目，增强网站的人性化服务程度和实用性，提升政府网站建设国际化水平。在政府网站国际化程度测评中，列全国地市级第10位、全省第1位。

第二节　电子政务网络、数据中心

电子政务网络建设

2008年，市综合信息中心加强网络日常维护管理，确保政务外网横连市直各部门、纵接市县乡三级网络的畅通。制定省电子政务专网升级方案，满足单位接入需求。

2009年，建设全市统一能够满足各级信息化建设需求的城域网、多层架构平台及电子政务平台系统。升级完成“数字潍坊”城域网，整合统一市级机关综合办公大楼网络，形成全市“一张网”的网络布局。定期对省电子政务网进行网络安全保密检查，对新接入用户严格审查，全年维护电子政务网300多次。

2010年，对电子政务网、省电子政务专网进行安全检查维护，处理各种网络故障150余次。及时与网通等部门沟通，协调解决出现的各种网络问题，保障部门政务办公网络的畅通。全年累计协调处理各种网络故障200余次，处理市直部门市电子政务网、省电子政务专网入网、业务变更等事项近20次。

2011年，落实保密规定，进行网络保密安全检查，全年维护省政府电子政务专网200多次。调试安装网络，分配IP地址，更换网络交换设备、网线等，确保各类网络畅通。安装更新部门各类办公操作系统和常用软件补丁，接受计算机故障电话援助2000多次，维护办公室自动化设备1600多次。

2012年，运维管理市电子政务内网、外网和国家电子政务外网100余次。为入驻阳光大厦办公单位提供省电子政务专网、市电子政务外网网络基础接入服务、个性化网络接入服务、服务器托管服务及电脑上门维修、远程协助、电话咨询等技术支持服务。加强安全防范，定期对机房服务器进行检查，对操作系统进行优化升级，对网络设备进行安全策略优化，在网络出口进行数据分析监控，将市电子政务外网整体接入国家电子政务外网。

数据中心建设

2008年，定期对数据中心机房设备进行管理和日常维护。分析协同办公平台运行现状，制定协同办公平台功能完善方案。

2009年，完成“数字潍坊”多层架构运行平台建设，为实现全市政务信息资源的开发应用和集中统一管理提供基础支撑。部署运维监控管理系统，对“数字潍坊”城域网、多层架构平台及电子政务网运行情况实时监控和进行数据分析。开发完成新版协同办公公文交换系统，对旧版办公平台和内网进行数据迁移，对部分模块进行升级。启用信息资源共享与交换平台，实现全市各部门信息资源的统一发布、审核与管理维护，为满足各应用系统共享共用政务信息资源提供支撑。部署“数字证书”（CA）认证系统，实现全市电子政务各应用系统的CA单点登陆，建立相应的管理和保障制度，确保信息数据安全性，发放CA数字证书700多个。定期对机房设备进行安全检查，确保机房运行环境的安全稳定；定期对电子政务应用系统数据库等进行维护，保障协同统一办公平台、政府门户网站等系统的正常运行。

2010年，对政务信息化应用系统的数据库、数据备份、WEB服务、FTP服务、邮件服务、域名解析服务、CA注册系统等进行维护，及时处理各类系统故障20余次。保障协同统一办公平台、政府网站正常运行。

2011年，对机房环境进行日常安全检查维护，定期对机房空调、ups电池组进行检修。对机房内的网络设备运行情况进行日常检查，对出现的各种网络问题及时和联通等部门沟通协调，保障市电子政务网、省电子政务专网正常运行。对服务器、政务信息化应用系统日常维护管理，定期对机房内的所有服务器、存储设备进行硬件检查维护，对各应用服务器的软件环境运行维护，对政务信息化应用系统所涉及的各种公共支撑应用进行维护。保障协同统一办公平台、政府门户网站等10余个政务信息化应用系统的正常运行。

2012年，进行服务器、存储等硬件设备日常维护管理及应用系统的软件环境运行。对市政府邮件系统、FTP、NCC/BCC等软件进行升级。推进建设政府云计算中心项目。对协同统一办公平台进行日常维护。办理数字证书的申请、补办、变更、解锁等事项260余次，年审用户580余户，制作非公经济组织和社会组织管理员CA密钥360个。推进信息资源共享平台应用，实现政务信息资源的交换和共享。对市政府门户网站及二级域名网站重新进行备案及域名续费。为中国潍坊门户网站群各单位开通TRS平台账号，进行权限分配。

设备托管服务

2008年，市综合信息中心为市政协、市经贸委、市人事局、市外侨办、市打私办等部门提供服务器托管服务。为市劳动局、市档案局、市计生委、诸城市、寒亭区等20多个部门和县市区提供网站托管服务；为市贸易局网上办公系统、市信访局信访系统、市招商局招商考核系统等提供应用服务托管；为市经贸委、市打私办30多个部门提供互联网域名解析服务。

2009年，为市委宣传部、市农业局等部门提供服务器托管服务；为市民政局、诸城市等40多个市直部门、县市区提供网站托管服务；为市农业局、市民政局等20多个部门的相关业务系统进行应用托管服务；为市水利局、诸城市等30多个市直部门、县市区提供互联网站域名解析服务。

2010年，为市委宣传部、市财政局等部门托管各类服务器30多台；为市计生委等40多个市直部门和县市区提供网站托管服务；为市纪委、市人社局等20多个单位部门的相关业务系统进行应用托管服务；为市水利局、诸城市等40多个市直部门、县市区提供互联网站域名解析服务。

2011年，为市委宣传部、市安监局等部门托管各类服务器20多台；为市人社局、诸城市等40多个市直部门、县市区提供网站托管服务；为市纪检委、市商务局等20多个单位（部门）的相关业务系统提供应用托管服务；为市民政局、市水利局、诸城市等30多个市直部门、县市区提供互联网站域名解析服务。

2012年，为市商务局、市财政局等部门托管各类服务器近百台；为市卫生局、市水利局、诸城市等50多个部门和县市区提供网站托管服务；为市畜牧局畜牧养殖产业链管理系统、市国土局天地眼GIS系统公众版、机关效能投资环境网络监察平台等业务系统提供托管服务。

第三节　电子政务业务指导和培训

业务指导

2008年，市综合信息中心举办全市政务网站绩效评估暨第三届优秀政务网站评选活动。对全市53家政府网站进行评估，起草网站绩效评估报告，推动提升政府信息公开、网上为民办事、公众互动交流和网站建设水平。

2009年，赴县市区和市直部门调研，提出电子政务的规划和建设意见，开展软件测试、业务讲解和工程验收等工作，对应用系统的开发流程进行跟踪，全面加强业务指导。对市直各部门进行审批事项和业务资源的整合梳理，编制《业务资源梳理目录》，促进部门间信息资源的共享、共用。

2010年，对县市区和市直各部门应用系统的开发流程进行跟踪，加强业务指导。召开全市电子政务工作会议，总结梳理电子政务工作的成绩与经验，统一业务标准，规范业务流程。

2011年，按照《潍坊市电子政务数字证书使用管理暂行办法》，加强全市电子政务数字证书推广应用，规范办理流程，加强使用管理，完善全市信息网络系统安全认证体系。订出台《潍坊市电子政务“十二五”发展规划》。

2012年，制订完善县市区、市直部门单位、乡镇街道三类网站考核指标体系。通过两次日常监测和综合测评，对全市85家政府网站进行评估分析，形成2012年潍坊市政府网站绩效评估报告，分别对各县市区、开发区逐一进行点评指导。

业务培训

2008年，市综合信息中心对全市80多个部门的网站信息录入进行指导培训。举办全市首期“信息化与政府管理创新高级研修班”，对各级各部门单位负责人进行业务培训。

2009年，召开“数字潍坊”电子政务平台系统使用培训工作会议，提高参训人员网络安全保密意识和电子政务系统应用水平。

2010年，举办政府网站建设专题讲座，规范各级各部门政府网站建设。召开“智慧潍坊”政府在线公共服务平台试运行暨潍坊中小企业金融服务网开通仪式会议，全面介绍“智慧潍坊”政府在线公共服务平台及中小企业金融服务网，为政府利用信息化手段提高为民服务能力提供技术保障。

2011年，召开全市政府部门网上办公系统管理员业务培训，分两批对全市60多个部门的网上办公系统管理员进行集中培训，通过市委组织部干部学习网对全市5000多名工作人员进行网上办公知识的培训考试。组织召开全市政府网站建设专题培训暨研讨会议，交流和共享政府网站建设经验和做法，提高各级各部门政府网站建设与管理水平。

2012年，组织召开全市政府网站建设专题培训工作会议，邀请中国软件评测中心专家进行专题业务授课培训。组织各级各部门政府网站负责人到广东佛山、深圳等国内网站建设先进地市进行考察学习。

第五章　政府法制

1990年4月，潍坊市法制局成立，正县级行政单位，内设3个科室。1996年1月，潍坊仲裁委员会成立，并设立办事机构——潍坊仲裁委员会办公室，为市法制局下属正县级事业单位，内设4个科室。1991—1994年，围绕深化企业改革，发展农村经济、完善城市服务功能及社会保障体系，高新技术产业研发，土地矿产资源管理等，市法制局组织市政府相关部门出台的规范性文件进行审查，共审查不规范性文件132件。1994年，首次在全市行政执法机关实行持证上岗制度。至1998年全市近2万名行政执法人员获得行政执法证。1998年，市政府行政复议办公室成立，牌子挂在复议应诉科。2010年1月，市法制局更名为潍坊市人民政府法制办公室（简称市政府法制办）。2010年11月，市政府行政复议裁决办公室成立，牌子挂在市政府法制办，撤销所挂市政府行政复议办公室牌子。至2012年底，市政府法制办下设5个科室，在编27人。

市政府法制办围绕推进依法行政和法治政府建设，创造性开展工作，在规范性文件、法制监督、复议应诉、法制宣传教育及地方立法、审批服务和仲裁业务等方面，先后创设依法行政信息考核体系、相对集中行政复议审理权、信访案件移交行政复议制度、规范性文件备案审查机制、行政执法人员考试系统、行政执法监督员工作制度等，形成政府法制工作的“潍坊经验”，得到国务院法制办、省政府法制办的认可，部分经验做法在全省乃至全国推广，多次在全省、全国政府法制工作会议上作典型发言。先后获省依法行政先进单位、省政府法制系统先进集体、省行政复议工作先进单位、省政府法制宣传工作先进单位等称号。

第一节　依法行政

1999年11月，市政府印发《关于加强政府法制建设全面推进依法行政的决定》，建立组织工作体系和市政府领导学法制度、市级公共法律知

2012年5月，潍坊市行政程序年建设西片区座谈会召开

识培训制度，制定目标责任制实施方案，推动全市依法行政工作的开展。2004年3月，潍坊市印发《关于贯彻国务院全面推进依法行政实施纲要的意见》。2006年，市法制局对贯彻落实依法行政情况进行全面考核，审查确定年度执法目标，制作目标责任书，总结全市依法行政“三五”规划工作，印发依法行政“四五”规划。

2008年，市政府印发《关于进一步加强依法行政工作的意见》，推进全市依法行政工作。市法制局印发《关于开展依法行政示范点创建活动的通知》，首批创建市级依法行政示范点40个，其中市级部门5个、县级部门20个、镇街道15个，以点带面，整体推进，促进全市依法行政工作再上新台阶。2009年，市法制局代表市政府与60个市政府部门、12个县市区政府、3个市属开发区管委会签署《依法行政年度目标责任书》，推进各县市区层层分解落实依法行政年度目标责任制，在全省率先建立起市、县、镇三级推进依法行政工作的目标责任体系。建立依法行政信息直报制度，在国务院法制办网站发表信息315篇，信息数量位居全省第一。

2012年，市委、市政府首次将依法行政考核纳入科学发展考核范畴，对各县市区、市属开发区和市直各部门依法行政工作考核项目逐一细化量化考核指标、评分标准，推动各地各部门依法行政工作有序开展。市政府法制办组织各县市区政府、开发区管委会和市直部门开展全省依法行政联系点建设，临朐县、昌邑市和寿光市为山东省依法行政工作联系点；开展全市依法行政示范单位评选，55个示范单位受到市政府表彰。

第二节　法制监督

行政执法检查

1991—1994年，市法制局先后组织对《中华人民共和国行政诉讼法》《中华人民共和国城市规划法》《中华人民共和国教育法》《中华人民共和国进出口商品检验法》《中华人民共和国海关法》《全民所有制工业企业转换经营机制条例》《山东省农民负担管理条例》等73部法律法规的执行情况进行执法大检查。1995年，市政府建立行政执法责任制，将市级行政执法机关负责实施的410个法律法规分解落实到57个执法部门。1996年、1997年、1998年，市法制局分别组织执法检查110次、120次、135次，查处违法案件68起、94起、140起。重点对全市贯彻实施《中华人民共和国行政处罚法》（简称《行政处罚法》）情况进行全面检查。1997年，开展贯彻实施《行政处罚法》大检查。2000年，在《行政处罚法》颁布实施4周年之际，市法制局对2个县市区和12个政府部门贯彻实施情况进行重点抽查，对行政执法责任制实施情况进行大检查。2007年，重点围绕明确行政执法主体、分解行政执法职权、确定行政执法责任等开展工作，并向社会公布。2008年，开展行政执法案卷监督检查，抽查26个市政府重点行政执法部门107宗行政执法案卷，对发现的78个问题提出改正意见，对3个执法部门下达《限期整改通知书》。细化行政处罚标准，对12个县市区政府和市直37个行政执法部门规范行政处罚自由裁量权工作进行专项检查，对市政府30个行政执法部门2577条行政处罚条款重新梳理审查，向社会公示。2010年，市政府法制办推行“1+X”行政执法监督新模式，即政府法制监督根据工作需要，分别与权力机关监督、司法监督、监察监督等有机结合，互为补充、互相配合，形成监督强大合力，全年联合开展监督检查活动8次。

清理和确认行政执法主体

1996年始，市法制局对全市具有行政处罚主体资格的部门进行大规模清理和确认。是年，取消行政处罚主体34个，辞退执法人员123人。1997年，建立行政处罚主体资格审批制度，印发《潍坊市行政处罚程序暂行规定》，统一行政处罚的立案、审批、调查取证、告知、决定等15种法律文书。2003年，市政府确认具有行政处罚主体资格的单位93个，其中法定职权单位57个，法律法规授权单位22个，根据法律法规规章规定被委托单位14个，清理主体132个。2006年，组织60个市政府部门开展执法依据梳理，同步在网络公布执法主体、处罚事项，共清理主体93个，清理执法人员3200人，涉及事项2987项。2010年，市政府法制办清理市级执法单位具体行政行为，认定具备行政执法主体资格的部门、机构共83个，涉及行政执法事项3703项。

2001年始，潍坊市推进城市管理相对集中行政处罚权，市政府法制办拟定具体实施方案，扎实推进试点工作。2003年，市城市管理行政执法局成立。4月1日，市区城市管理相对集中行政处罚权工作正式启动，市政府印发《关于加快推进相对集中行政处罚权工作的意见》，推动县市区相对集中行政处罚权工作。至2004年6月，所有县市区全部启动此项工作，潍坊成为全省第一个在县市区全面推开城市管理相对集中行政处罚权工作的地级市。10月，省政府在潍坊召开全省相对集中行政处罚权工作现场会。2005年，市法制局印发《关于在重点镇中心镇开展相对集中行政处罚权试点工作的通知》，推进重点镇、中心镇相对集中行政处罚权工作。2006年，加强行政执法规范化建设，市政府办公室印发《关于推行行政执法责任制的实施意见和通知》，通过召开座谈会、编发简报等形式，加强指导协调。健全管理数据库，录入全市行政执法人员信息资料，初步实现对行政执法人员的动态性、经常性管理。至2009年，全市46个重点镇、中心镇全面推开城市管理相对集中行政处罚权工作。2010年初，申报文化市场管理相对集中行政处罚权。3月，市级文化市场综合执法局正式组建。2012年，市法制办协同市监察局建设行政执法业务和电子监察系统，规范固化49个部门2884项行政处罚事项流程，确认11601项自由裁量标准，统一行政执法文书，实现行政执法全程网上办理。

执法人员管理

1994年，潍坊市首次在全市行政执法机关实行行政执法持证上岗制度。全市8671名行政执法人员经统一培训考核，取得由市政府统一颁发的行政执法证。1998年，市法制局为全市2万名行政执法人员颁发省政府统一制发的行政执法证。2000年，建立行政执法统计制度，实行行政执法半年报表制。建立行政执法人员档案，录入微机实行动态化管理。2003年，加强行政执法证件审验工作，全年审验1.86万人。2004年，重点抓行政处罚听证主持人证件审验工作，全年审验630余人。2005年，初步建立全市行政执法人员管理数据库，建立健全行政执法主体资格制度，实现定期清理、确认和向社会公布，全年发放行政执法证4264个、审验1.82万个、注销3087个。2001—2008年，市法制局分批举办行政执法人员公共法律知识考试，为县市区和市直部门讲授基本行政法律知识30余次。2009年，创新行政执法人员管理模式，组织研发行政执法人员上机考试系统，建立11个类别、2000余道试题的行政执法考试题库，在全省率先实现行政执法人员无纸化在线测试，该系统在全省推广应用。2012年，市政府法制办加强行政执法队伍建设，组织全市1.8万名行政执法人员考试，提高行政执法人员执法水平。

行政执法监督

1995年后，市法制局加强制度建设，强化行政执法责任制的落实，制订完善《行政执法人员守则》《行政执法办案程序》《行政执法立案规则》《行政执法议案规则》《行政处罚规则》《罚没收入管理规定》等制度。建立行政执法主体资格确认、行政执法情况报告、重大行政处罚备案、行政执法过错责任追究、规范性文件备案审查、行政执法证件管理及行政执法责任制考核奖惩等配套监督制度，促进行政执法责任制全面落实。1997年，建立行政执法有误通报制度，实行“一案一通报”，重点加大重大行政处罚备案审查力度，全年审查部门上报重大行政处罚案件456起，提出纠正建议174起。2002年，市法制局印发《关于进一步规范行政执法程序切实降低行政案件败诉率的通知》，探索行政管理新体制，为改革、发展、稳定大局创造良好的执法环境。2005年，积极探索行政执法错案追究机制，拟订重大行政处罚备案审查、行政执法错案责任追究和定期汇报依法行政工作制度，把行政执法责任制纳入市政府“三个体系”建设范畴，建立权责明确、行为规范、监督有效的行政执法体制。2007年，围绕解决行政行为标准不一、自由裁量空间过大、权力滥用等问题，市政府印发《关于规范行政处罚自由裁量权工作的意见》，推进规范行政处罚自由裁量权工作。加强行政执法规范化建设，建立完善依法行政情况报告、行政执法人员公共法律知识测试、行政处罚案卷评查、行政执法暗访等8项配套制度。2010年，市政府法制办深化行政执法体制改革。采取委托、授权或设置派出机构等形式，把规划建设、投资管理、公共事业、社会事务、资源利用、财税工商6大类84项县级管理权限下放到镇级。当年，全市12个县市区108个镇中的86个镇完成权限下放。规范完善行政执法程序，组织研发推广“行政执法文书管理系统”，设计存录40余套行政执法文书模板，实现行政处罚案件执法全程网上办理。

2010年、2012年，市政府法制办分别聘任第一届、第二届市行政执法监督员，先后组织行政执法巡视、执法案卷检查、座谈会、观摩交流、集中培训等活动，参加活动的执法监督员近千人次，向市直执法法部门提出意见建议上百条。2012年，市政府法制办印发《潍坊市行政执法监督员管理办法》，组建市行政执法监督员依法诚信经营自律委员会，创建行政执法监督员网站，制定行政执法监督员工作要点，开展执法监督业务培训，提高行政执法监督员素养，强化市行政执法监督员工作管理。

第三节　行政复议和行政应诉

潍坊市按照《中华人民共和国行政复议法》《中华人民共和国行政复议法实施条例》《山东

省行政复议条例》开展行政复议工作。

1991—2009年，全市平均每年收到行政复议申请525件，立案412件。2009年10月，潍坊市代表山东省接受全国人大常委会和国务院法制办行政复议法执法检查。2010—2012年，全市共收到行政复议申请2636件，受理2380起，平均每年收到行政复议申请876件，平均每年受理793起，平均综合纠错率5.42%。

行政复议规范化建设

1998年、2009年，市法制局先后印制两套行政复议法律文书，作为样本供全市行政复议机构使用。建立乡镇行政复议联络员制度，推进复议裁决网络建设。2006年，市法制局印发《潍坊市行政复议案卷评查办法》《关于建立行政复议办案全程记录的通知》，规范行政复议案卷管理。2007年，市法制局印发《潍坊市行政复议案件调解暂行办法》《潍坊市行政复议听证程序规则》《潍坊市重大行政复议案件集体会审工作规则》《潍坊市行政复议案件简易审理规程》等制度性文件。2008年，市法制局印发《潍坊市行政复议督查试行规定》《潍坊市重大行政复议案件备案规定》《潍坊市行政复议应诉案件呈阅件制度》，加强对下级行政复议机构的监督和指导。2010年，行政复议体制改革，市政府成立行政复议裁决委员会，作为市政府行政复议裁决工作的议事咨询机构，委员会下设行政复议裁决办公室，作为市政府行政复议裁决案件的办理机构，牌子挂在市政府法制办公室。市政府法制办印发《关于进一步完善乡镇行政复议联络员制度在社区和村居建立行政复议裁决联络员制度的通知》，在全市118个镇街道、1044个社区、6665个村居设置7078名行政复议裁决信息员，调解有关争议，提供法律服务，构筑起市、县、镇、社区、村居五级行政复议裁决网络体系。

行政复议改革

2009年3月，省政府法制办赋予潍坊市市本级和临朐县行政复议体制改革任务。市委、市政府将行政复议体制改革纳入机构改革和经济体制综合配套改革规划之中一起推动。2010年4月，市政府印发《关于相对集中行政复议职权和政府行政裁决职权工作的实施方案》，在全省率先推行相对集中行政复议、政府行政裁决、政府行政赔偿、政府行政调解等职能，逐步建立起由政府主导、相对集中的解决社会矛盾、化解行政争议新机制。市县两级政府工作部门不再受理行政复议案件和由政府管辖的行政裁决案件，行政复议案件由市县两级政府集中受理、集中审理。2012年，市政府法制办印发《潍坊市行政裁决工作规

2011年4月，潍坊市组织基层行政复议裁决工作观摩课

定》和《潍坊市行政裁决法律文本》《行政裁决事项及法律依据》《行政裁决流程图》4个配套文件，明确行政裁决申请、受理、审理、决定、备案，以及裁决期间调解、中止、恢复审理、终止、撤回申请、延期等情形。全市政府法制系统发挥行政复议主渠道作用，将更多行政争议纳入行政复议渠道解决，将行政复议立案审查制改为登记制，推行说理式复议决定制度，参照司法裁决文书格式书写复议文书，对被申请人作出的具体行政行为，从事实、程序、法律依据、处理结果等方面予以再现，达到准确性、规范性、逻辑性的有机统一。潍坊市行政复议案件管辖体制的变革方式，得到上级政府和领导的肯定，被誉为“潍坊模式”，并为《中华人民共和国行政复议法（修订草案）》所采用。

行政争议调处

1998年起，市法制局与市中级人民法院建立联席会议制度，每半年召开一次会议，交流行政执法与行政诉讼工作情况，探讨并解决行政执法与行政审判工作中存在的突出问题，研究并提出行政审判中的有关司法建议，协调和解决非诉讼行政执行案件中存在的问题。2000年，市法制局派出人员担任行政机关“编外法律顾问”，采取提前介入、共同研究、提出建议、审查把关、参与培训等方式，参与部门重大行政执法案件的分析研究。2002年，市法制局与市信访局联合制订《信访移交行政复议管辖制度》，明确信访案件中涉及具体行政行为案件的移交范围、程序和处理规定，并统一移交文书格式。2008年，增设联合办案制度，行政复议联合办案新模式被市直机关工委评为优质服务项目。2011年，市政府法制办与市中级人民法院联合印发《关于进一步深化司法与行政良性互动建立行政复议裁决及行政诉讼联络员制度的意见》，进一步完善交流、协调、合作机制。组织开展行政案件统计分析、工伤认定等特殊领域案件审判、房屋征收案件协同调解、典型案例分析点评、行政机关人员培训活动20次。2012年，市政府法制办重新调整和公布行政复议裁决委员会名单。加强行政复议规范化建设，对312名行政复议工作人员和乡镇、社区、村居复议应诉联络员进行集中培训。积极参与全省创建行政复议示范单位活动，获“全省行政复议示范单位”称号。

第四节　规范性文件管理

制定审查

1991—1994年，市法制局审查市政府相关部门围绕深化企业改革、发展农村经济、完善城市服务功能、科教兴潍、高新技术产业开发建设、完善社会保障体系、房改、土地矿产资源管理等方面出台的各类规范性文件132件。1998年，改进规范性文件制定程序和办法，严把法律审查关、职能协调关、收费处罚设定关和文字结构形式关，提高规范性文件质量。1999年，市政府印发《潍坊市规范性文件备案审查办法》，完善计划立项、草案受理、审查把关、征求意见、协调修改、提报审议等各个环节的工作程序。

2005年，科学编制规范性文件制定长期规划和年度计划，提高规范性文件质量、加快审查速度。2009年，创新规范性文件管理制度，调整报送程序，着力做好深化改革开放、推进农村改革发展、改善民生、加强公共服务等方面规范性文件的审查把关。加强规范性文件备案审查，成立规范性文件备案审查科，建立“一项指标、两个突出、三步程序”备案审查机制。“一项指标”即围绕有件必备，把规范性文件报备情况作为考核指标，纳入全市依法行政年度目标责任制考核体系；“两个突出”即围绕有备必审，突出重点文件审查、突出合理性审查；“三步程序”即围

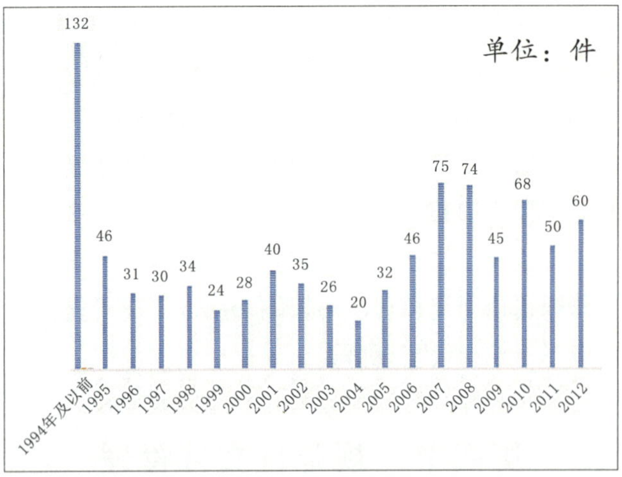

图16—5—1 1991—2012年潍坊市市级规范性文件审查数量示意图

绕有错必纠，健全协调协商程序、建议纠正程序、撤销程序。国务院法制办专门刊发简报对该审查机制予以推广。

2010年8月，市政府印发《潍坊市规范性文件管理办法》，确立规范性文件调研、起草、发布、备案审查、评估、清理等各项制度，理顺文件审查程序，规范性文件管理实现规范化、制度化和法制化。当年开始采用规范性文件计划，确定政府年度规范性文件工作重点，明确部门起草责任和时限，加快经济领域、社会保障领域、公共服务领域“立法”。建立完善文件征求意见制度、集体论证制度、规范性文件发布公开制度，积极推行开门立法。

2012年，市政府法制办严格落实规范性文件“统一登记、统一编号、统一公布”制度，构建市直部门“三统一”机构和人员网络体系，把部门规范性文件纳入法制审查范围，对60件部门拟发布的规范性文件进行事前审查，违法违规设置的审批、处罚、收费事项予以剔除。创新规范性文件审查方式，采取调研、公开征求意见、建立专家咨询制度、实行集体论证等方式，对全市85件规范性文件草案进行审查。加强规范性文件备案审查，完善网上报备即时通报机制，全年受理各县级政府和市政府部门备案文件39件。

文件清理

2001年，市法制局落实政府提速要求，全力做好规范性文件和其他政策措施的清理工作，重点清理市委、市政府1983年地改市以来发布的1.4万余份文件，对140件提出处理意见。2002年，坚持规范性文件“立、改、废”相结合，全年审查规范性文件草案35件、出台9件，上报备案市政府文件9件，审查备案县市区和市政府部门文件115件，纠正3件，废止地改市以来市委、市政府发布的规范性文件和其他政策措施161件。2007年，市法制局组织清理1996年至2005年市县两级政府和部门发布的带有普遍约束力的规范性文件95件，其中废止17件、修订26件。2010年，市政府法制办清理全市2009年12月31日前制定的规范性文件，排查文件704件，保留355件，修订38件，废止311件。

第五节　法制宣传教育

法制宣传

1991—1998年，市法制局认真办好内部刊物，编发《潍坊政府法制》80余期，及时报道政府法制工作动态，反映全市政府法制工作开展情况。2010年，拓展法治工作宣传渠道，创建潍坊政府法制网，编印《潍坊依法行政简报》，创办《潍坊法治》刊物，建立依法行政信息直报制度，在潍坊政府法制网站设置“依法行政信息宣传专栏”，搭建全市依法行政信息宣传交流平台，构建起市、县、镇三级依法行政信息报送网络。2010年，各级各部门共报送信息4309篇，在市政府法制网站刊登2501篇。其中，在省政府法制网站刊发信息634篇，数量位居全省首位；在国务院法制办刊发潍坊市信息593篇，位居全省第一、全国地级市前列。2012年，市依法行

2011年12月，市政府法制办组织法制服务进社区大型巡回活动

政信息被省政府法制办采用信息89篇，被国务院法制办采用信息40篇。是年，市政府法制办被省政府法制办评为“全省政府法制信息工作先进单位”。

第六节　仲裁工作

1996年1月，潍坊仲裁委员会第一次全体会议召开，审议通过《潍坊仲裁委员会章程》《潍坊仲裁委员会仲裁员守则》《潍坊仲裁委员会仲裁收费办法》等文件，聘任首批仲裁员111名。1997年10月，聘任仲裁监督员30名。1998年，设立仲裁员退出机制，对违纪以及错案率超过30%的仲裁员予以解聘，5名仲裁员因不按时出庭被解聘。1999年11月，潍坊仲裁委员会第二届一次会议暨换届工作会议召开，选举产生潍坊仲裁委员会第二届委员会。2001年，重点抓“调解率、自动履行率和快速结案率”工作。是年，当事人对裁决的自动履行率为90%，对调解书的自动履行率为100%，快速结案率为95%。

2002年，市仲裁办制定《仲裁联络处（中心）工作试行意见》，在12个县市区设立仲裁工作联络点，形成“委—处—点”三级联动组织网络，聘用联络员120人。全年办案数量等指标升至全国第22位，国务院法制办连续3期简报予以推广。是年，市仲裁办被确定为全国仲裁工作重点联系单位，并在全国仲裁年会上作典型发言。2003年，开展送法上门服务活动，制定《仲裁案件管理规范》《案件委托鉴定管理办法》等10个文件，形成系统完整的管理规定，帮助企业单位建立完善法律管理机制，解决经济纠纷。2004年，市仲裁委被省政府授予“全省先进仲裁委”称号。

2006年，向全市企业法律顾问发出推介仲裁法律制度公开信，与市纺织行业办公室联合印发《进一步推行仲裁法律制度的实施意见》，重点行业合同选择仲裁条款率达到80%以上。2008年，加大仲裁宣传力度，全年联系重点企业和行业100多家，发放规范合同文本3万多份，发表宣传仲裁文章11篇；与市工商联、市保险行业协会等联合印发《进一步推行仲裁法律制度的实施意见》，对32家保险机构业务人员进行仲裁法律培训。规范仲裁管理，完善24项管理规范和制度，制定《仲裁文书送达办法》，加强咨询立案，强化案件督办制度，实行每月书面通报制度。

2009年，选举产生第三届潍坊仲裁委员会。2010年，强化仲裁法律宣传，发放各种规范合同文本和宣传材料近3万份，走访企业、行业、部门近300家，帮助规范合同文本1.2万余份，发表仲裁文章11篇，对全市34家保险机构仲裁员及律师仲裁员进行培训，全市重点行业和部门合同规范率达到90%以上。实施6项内部工作新机制，即社会仲裁员首席办案管理机制、修改案件督办与错案追究制度、推行委托审计评估机构选定制度、仲裁案件集中送达制度、保险仲裁案件固定首席仲裁员制度、仲裁员办案报酬计算方式和标准。2011年，仲裁办开展仲裁法律服务基层和企业宣传活动，印发《关于在全市镇街社区建立仲裁联络员制度的通知》，从111个镇、街道、社区选聘217名基层联络员，该做法被中国商事仲裁网等多家媒体报道。2012年，市仲裁办全面实行“调解优先”原则，打造潍坊“和谐仲裁”品牌，年内案件调解率71%，裁决率29%，当事人自动履行率95%以上。出台《关于化解房地产纠纷促进房地产市场健康发展的实施意见》，开展专题调研，建立房地产纠纷仲裁绿色通道，提高对房地产行业的服务水平。

1996年8月—2012年12月，潍坊仲裁委员会共受理各类民商事案件4251起、标的额26.79亿元，为保障全市经济社会发展提供了有效的法律服务。

图16—5—2　1996—2012年仲裁案件数量及标的额示意图

第六章　行政审批制度改革

潍坊市的行政审批制度改革始于2001年，改革重点是精简下放行政审批事项，规范审批程序，健全服务体系，设立审批时限，公开审批内容。至2012年，基本建立起便民利民的行政服务体系和廉洁、高效、行为规范的行政管理体制，推进了依法行政和政府职能转变。

第一节　精简下放审批事项

2001年7月13日，市政府公布《潍坊市市级第一批保留和取消的行政审批及附加收费事项》，保留市级审批、核准、审核、备案事项188项，取消市级审批、核准、审核、备案事项115项；保留行政审批附加收费事项38项，取消行政审批附加收费事项8项。2002年2月4日，市政府公布《潍坊市市级第二批保留和取消的行政审批事项》，保留市级审批、核准、审核、备案事项348项，取消市级审批、核准、审核、备案事项76项。2007年7月19日，市政府印发《关于公布〈第三轮市级行政审批事项清理方案〉和〈市级行政许可实施主体清理方案〉的通知》，保留市级行政审批事项363项（其中行政许可事项235项、非行政许可事项128项），取消、下放县市区管理及备案事项195项。对市级行政许可实施主体进行梳理，具有行政许可权的行政机关47个，法律法规授权实施行政许可的组织19个。2010年12月21日，市政府印发《关于公布第四轮市级行政审批事项清理方案的通知》，保留市级行政审批事项422项（其中行政许可事项208项、非行政许可事项107项），取消市级行政审批事项44项，下放行政审批事项37项。

第二节　行政审批制度改革

2001年，全市开始行政审批制度改革工作，审查清理市级行政机关行政审批项目914项。2002年，市政府制定《关于进一步深化行政审批制度改革的意见》，明确改革的指导思想、任务目标和具体工作措施。制定《潍坊市行政审批管理办法》，压减审批项目，规范审批行为，加强审批监管。2003年，组建潍坊市公共行政审批服务中心。

2004年，市行政审批中心在企业设立前置性审批项目中选取27项实行告知承诺制，启动在企业注册过程中相关前置审批部门的同步办理机制。2005年，建立审批过程信息公开制度、行政审批进度调度制度，开通潍坊市网上审批在线服务平台，439种表格实现网上下载。2006年，以“提高审批办件效率”为中心，全年召集联审会议62次，审批项目133个，涉及投资额101亿元。开展行政许可实施主体清理，全面清理行政事业性收费。结合政府电子政务建设，开发建设网上审批和在线查询监督系统。

2007年，市行政审批中心重点围绕规范行政审批行为、提高行政效率开展行政审批制度改革，进一步规范审批流程，规范审批自由裁量，规范审批收费，规范中介服务。实行市区联合办公、集中受理、同步办理模式，推动县市区审批服务系统安装和市县联网工作的开展。2008年，组织开展并联审批，推进同步办理，全年召集联审会议70次，推进93个项目同步办理。2009年，创新审批服务工作机制，按照提速30%要求，组织各窗口单位分解落实任务目标，办理时限平均压缩31.5%。加强乡镇便民服务中心建设，全市90.8%的乡镇建成便民服务中心并投入运行。开辟网上投资服务平台，为投资人提供咨询服务和政策辅导700余次。2010年，实现投资项目市级审批“集中受理、联合审查、统一发证、全程监督”，集中受理各类投资审批1758件，涉及项目820个，涉及投资额1283亿元。组织召开联审会议39次，分别对44个项目进行联合审查，涉及投资额109亿元。推进市区审批一体化改革，实现投资审批一站式服务。

2012年，市行政审批中心继续推动相对集中部门内部行政审批权改革工作的深入开展，稳妥推进市区“一体化”改革，从体制上解决部门对窗口授权不充分、审批事项“体外循环”、重审批轻监管等问题。深入研究提速增效措施，从源头上梳理审批业务办理流程，明确各审批环节办理时间及责任人员；对21项重要投资审批业务办理时限进一步压缩，确保潍坊市审批办理承诺时限省内不超过青岛、省外不超过苏州。强化投资创业服务，构建便捷高效的投资创业服务平台。开辟投资审批绿色通道，及时组织并联审批会议，简化审批程序、提高办事效率。共办理绿色通道项目35个，涉及建筑面积75万平方米。落实重大项目主任包靠制度，实行投资审批预约制、投资审批同步办理及对特别重大项目实行“保姆式”服务等方式，保证重点项目高效有序推进。是年，对全市20个重点项目实行专人跟踪督办，涉及投资额160亿元，审批周期平均缩短3个月。

第七章 外事

第一节 机构沿革

1991年，潍坊市政府外事办公室（简称“市外办”）设有秘书科、接待科、宣传科、友城科、政工科5个科，行政编制19人，事业编制4人。

1994年9月，市外办增设旅游管理办公室。

1996年6月27日，市外办、市旅游局分设。市外办行政编制20人，下设正科级事业单位1个（市对外友好协会办公室），编制6人。是年12月，市外办不再与市旅游局合署办公，设5个科，行政编制20人。

1998年12月12日，成立市外事翻译中心，为市外办所属的正科级事业单位，编制5人。

2001年6月8日，市政府外事办公室与侨务办公室合并，成立市政府外事与侨务办公室（简称“市外侨办”）。设5个科室，编制26人。下设3个科级事业单位：市对外友好协会办公室、市外事翻译中心、市外事服务中心。

2010年3月，市外侨办加挂市港澳事务办公室牌子。

第二节 外事管理

外事归口管理

1993年，潍坊市印发《县市区人民政府外事办公室职责范围》。1997年，市委办公室印发《关于加强外事工作的若干规定》。1999年，市外办制定《关于进一步规范我市外事接待工作的意见》，从迎候外宾、介绍情况与交谈、外宾参观、宴请外宾等方面做出具体规定，规范外宾参观、访问、采访流程，提高潍坊市对外交往服务质量。2002年，市委、市政府印发《关于进一步加强外事工作的要求》，明确“统一领导、归口管理、分级负责、协调配合”的外事工作管理机制。2011年，市外侨办印发《关于进一步加强外国驻华使节来潍参观访问邀请接待工作的通知》，明确邀请或接待外国驻华使节、外交官到潍坊市访问报批、责任追究等方面的规定。

因公出国（境）和涉外管理

1993年，市纠风办印发《关于清理公费出国（境）旅游的具体意见》，纠正公费出国（境）旅游的不正之风。1998年，市外办印发《关于进一步加强外国记者采访活动的管理和严格执行报批程序的意见》，对各单位邀请外国记者采访等相关工作做出具体规定。2002年、2008年，市委、市政府先后对组团出国的原则和要求、出国团组的申报和审批等作出具体规定，规范全市因公出国审批手续，强化出国团组和人员管理。2009年，市纪委、市委组织部、市外侨办、市财政局联合印发《关于做好当前和明年因公出国（境）管理工作有关问题的通知》，全市完成因公出国（境）经费和团组数量、人员压减的目标任务。同年，市外侨办在省率先试点实行县市区出国审批联网直报，效率提高40%以上。2011—2012年，市外侨办建立涉外突发事件应急处理、涉外案件处理、外国记者管理等应急预案，完善全市涉外维稳工作保障体系和应对机制。

荣誉市民

1999年，为加强潍坊与世界各国联系，市政府印发《关于授予外国友人“潍坊市荣誉市民”称号的规定》，设立“潍坊市荣誉市民”称号，授予为潍坊市各项事业做出突出贡献的外国友人。2009年8月26日，市第十五届人大常委会第十次会议审议通过《潍坊市荣誉市民称号授予办法》，外国人士、港澳台同胞、华侨华人为潍坊市的发展“贡献突出者”可成为潍坊市的荣誉市民。同年，市政府印发《潍坊市荣誉市民称号授予颁发实施细则》。

1999—2012年潍坊市荣誉市民一览表

表16—7—1

授予年份	姓名	国籍	单位及职务
1999	坂弘隆	日本	潍坊万友森林服装有限公司副董事长
1999	喜多宽	日本	诸城美好食品有限公司总经理
1999	水上桢男	日本	日本池田糖化株式会社董事长
1999	张士尉	韩国	安养市韩中亲善协会总务
1999	罗丸军	韩国	高密维纳斯服装有限公司常务理事
1999	李康万	韩国	坊子美林窑业有限公司总经理
1999	南德	瑞士	坊子富瑞食品公司总经理
1999	费劳尔	德国	潍柴技校专家
1999	孔帝汶	英国	寿光诺华种子有限公司总经理
1999	高劝水	澳大利亚	昌乐永昌食品有限公司董事长
1999	殷长庚	美国	山东华盛食品有限公司总经理
2000	格雷姆·皮尔斯	澳大利亚	澳大利亚东吉普斯兰市行政长官
2000	罗敬仁	德国	潍坊富瑞食品有限公司总经理
2000	吴有昌	马来西亚	马来西亚精英控股集团董事长
2001	金顺基	韩国	韩国盈德甲壳素株式会社会长
2001	山下昭良	日本	日本日向市阿普斯株式会社社长
2003	福克斯	德国	安丘福克斯食品有限公司董事长
2005	久野忠司	日本	日本检珍预防医学启发事业团董事长
2010	祖比	马来西亚	马来西亚森达美集团总裁
2010	王再兴	中国（香港）	潍坊豪德贸易广场开发有限公司董事长
2010	曹荣华	美国	环球施普乐（潍坊）有限公司董事长
2010	约翰·罗新	美国	山东领潮新材料有限公司技术总监

续表16－7－1

授予年份	姓名	国籍	单位及职务
2010	滨上和久	日本	山东杰富意振兴化工有限公司董事长
2010	吴锡琛	中国（澳门）	潍坊金龙置业发展有限公司董事长
2010	乔治·迈立斯	德国	潍坊瑞琪能电气有限公司董事长
2010	白博恩	美国	山东山工机械有限公司董事长
2010	林於宝	中国（台湾）	潍坊中传拉链配件有限公司董事长
2010	林和龙	中国（台湾）	宇骏（潍坊）新能源科技有限公司董事长
2010	许连捷	中国（香港）	山东恒安纸业有限公司董事长
2010	周龙华	日本	山东鲁发置业有限公司董事长
2010	骆钢	中国（香港）	山东德裕置业投资发展有限公司董事长
2010	蔡婉玲	中国（香港）	潍坊大有置业有限公司董事长
2010	林瑞仁	马来西亚	马来西亚驻华使馆副馆长

第三节　外事出访

1991年，全市共派出因公出国团组749人次，通过友好城市渠道派出出国团组7批、33人次。7月，市委书记于潮率代表团一行4人赴美国、加拿大考察机械设备。

1992年，全市共派出因公出国团组631批、1557人次。7月，市委书记赵长风率市经贸考察团一行4人赴美国、澳大利亚考察。签署书面协议意向17项，总投资1.4亿美元，协议外资额8000万美元。9月，市长齐乃贵率市友好访问和经贸考察团一行5人赴日本、韩国访问考察。

1993年，全市共派出因公出国团组637批、2042人次，其中派出友好城市考察访问团8批、39人次。6月，市长王大海率代表团一行5人赴新加坡进行招商引资。

1994年，全市共派出因公出国团组516批、1607人次，其中派出友好城市考察访问团10批、70人次，开展招商活动，举行新闻发布会或潍坊投资环境说明会。7月，市委常委、秘书长李光信率市行政研修考察团一行6人赴日本考察。

1995年，全市派出因公出国团组639批、1607人次。5月，市委书记齐乃贵率代表团一行5人赴马来西亚、泰国、印度尼西亚进行经贸考察。10月，市长王大海率团赴日、韩进行友好访问，举办友好城市工商界人士参加的恳谈会。

1996年，全市派出因公出国团组670批、1857人次，出访美国、日本、韩国、英国等55个国家和地区。3月，市委书记齐乃贵率代表团一行6人赴美国、加拿大进行农村经济综合考察，学习美国现代化农业建设经验。9月，市长王大海率代表团一行7人赴澳大利亚、泰国友好访问。

1997年，全市派出因公出国团组531批、1706人次。市长王大海率市考察团一行7人赴英国、以色列、德国进行经贸考察，就与英国的污水处理厂的合资项目、与以色列的中以商业示范农场项目以及与德国的钢塑门窗、蔬菜净菜加工、电子遥控门等合资项目和服装、家具出口等事宜进行洽谈。

1998年，全市共派出因公出国团组525批、1304人次，其中经贸团组387批、1032人次。12月，市长王玉芬率代表团一行6人赴以色列、荷兰考察，就海化集团与以色列的合作项目等进行洽谈。

1999年，全市共办理因公出国（境）团组436批、1168人次，其中审办非经贸团组128批，291人次，共出访54个国家。11月，市委书记曹学成率代表团一行7人赴英国、荷兰、瑞士考察，就蔬菜种植、机械制造等对外合作项目与外方进行洽谈。

2000年，全市共办理因公出国（境）团组432批、1081人次，共出访49个国家和地区。10月，市长王伯祥率经贸代表团一行5人赴日本、韩国、马来西亚、菲律宾进行商务考察。

2001年，全市共办理因公出国（境）团组380批、1026人次。5月，市委书记曹学成率代表团一行7人赴英国、荷兰考察，就与英国的机械装备及与荷兰的农业合作项目进行洽谈。

2002年，全市共办理因公出国团组397批、1127人次。市领导率团访问俄罗斯、美国、日本、韩国、约旦、德国、澳大利亚、新西兰、马来西亚、蒙古等30多个国家和地区，重点考察国家城市建设、工农业发展现状，拜访结交友人客户2500余人。

2003年，全市共办理因公出国团组347批、1122人次，其中由市领导带领的因公出国团组16批，出访韩国、日本、新加坡、马来西亚、澳大利亚、新西兰、印度、法国、德国、奥地利等17个国家。8月，市委书记张传林率市经贸招商团一行12人赴日本、韩国及中国香港开展招商活动。其间，举办大型投资说明会，推出项目400多个，参加客商过千人，签订合同、协议项目91个，外资额11.87亿美元，其中合同项目34个、合同利用外资7.2亿美元。

2004年，全市共办理因公出国团组350批、1259人次，共出访43个国家和地区。5月，市委书记张传林一行2人赴美国洽谈合作事宜。7月，市长张新起率市招商团一行18人赴泰国、马来西亚、印度尼西亚、菲律宾4国开展招商推介活动，举办4次经贸合作恳谈会，到会重要客商460多人，达成合作协议、意向33项，总投资额2.2亿美元，其中外方投资1.8亿美元。

2005年，全市共派出国团组428批、1540人次，其中27批市领导率团出访，到24个国家和地区举办境外经贸、招商恳谈会8次，境外展览1次，达成合作意向协议220项，投资24亿元。2

2004年1月4日，潍坊市市长张新起（左五）率团到菲律宾访问

月，市长张新起率市政府暨经贸代表团一行10人赴马来西亚进行招商引资活动，举办中国潍坊—马来西亚合作交流恳谈会，达成投资6亿元的合作协议、合同。10月，市长张新起率市经贸代表团一行6人赴日本、韩国访问。在日本，访问世界500强的伊藤忠株式会社、JFE化学株式会社、横滨橡胶株式会社等重要企业。在韩国，参加第8届世界华商大会，举办“2005（首尔）潍坊市经贸项目合作推介会”。签订利用外资合作协议45项，外资3.04亿美元，其中合同15项，合同外资1.74亿美元，研究生输出协议1项，协议外派研究生100人。

2006年，全市共办理因公出国出访团组514批、1391人次。7月，市委书记张传林率代表团一行7人赴泰国、马来西亚、印度尼西亚、菲律宾进行商务考察。在泰国与农业部就农业机械、农业栽培技术农产品加工等合作进行洽谈，与华人商会在座谈会上当场签订100个集装箱的大蒜合同。在马来西亚“亚太华商领袖论坛”会上，推介潍坊，就在马来西亚合作建立农业示范园、农机展览等事宜达成合作意向，与Y. Y. MARKETING公司签订农副产品出口贸易合作意向和在马来西亚共同开发5000亩土地的协议。

2007年，全市共办理因公出国审批291批、1017人次，护照签证手续297批、885人次，完成招商引资6400万元。5月，市委书记张新起率代表团一行8人赴美国、加拿大进行商务洽谈。10月，市长许立全率代表团一行6人赴日本、韩国进行经贸洽谈，推动双方合作项目。

2008年，全市派出因公出国访问团161批、573人次，其中市级领导带队出访团组10批、56人次。12月，市委书记张新起及潍坊滨海经济开发区党工委书记、管委会主任苏立科等赴阿联酋、马来西亚招商引资，重点推动石化、港口等合作项目。

2009年，全市派出因公出访团组212批、803人次，其中市级领导带队出访团组27批，进行招商引资，达成11项经济、教育、捐赠协议和合作意向。6月，市委书记张新起率代表团一行7人赴香港招商引资。7月，市长许立全率代表团一行5人赴马来西亚、新加坡和中国香港进行招商引资、经贸洽谈。

2010年，全市派出因公出国访问团190批、543人次，其中市级领导带队团组16批，出访印度、俄罗斯、美国、日本、韩国等国家和地区。6月，市委书记张新起率团赴印度、马尔代夫进

2006年5月10日，中共潍坊市委书记张传林（前排左七）率经贸代表团到印度尼西亚访问

2009年7月10日，潍坊市市长许立全（右四）率代表团到马来西亚访问

行经贸考察和项目洽谈，重点推动电力三公司电站建设、寿光软件园等合作项目。7月，市长许立全率代表团一行6人赴俄罗斯、乌克兰进行商务考察，推动纺织、化工产业的对外合作。

2011年，全市共办理审批因公出国团组222批、766人次。市领导带团赴英国、法国、俄罗斯、乌克兰、美国、加拿大、印度、沙特阿拉伯、约旦等国家，举办招商引智活动。4月，市长许立全率团一行10人赴美国、加拿大进行访问，参加财政部、商务部组织的首届中美城市经济合作会议和在温哥华、旧金山举办海外人才恳谈会，推动MAT研发中心、米高梅国际影城等合作项目。

2012年，全市共办理因公出国审批240批、687人次。6月，市长刘曙光率团一行7人赴日本、韩国开展招商引资、经贸洽谈活动，分别与日本、韩国的地方政府就在潍坊举办中日韩合作秘书处框架内各种合作论坛及中日韩技术与产品交易会，争取循环经济示范园在潍坊落户等达成一致意见。拜访三星、GS、SK、丸红株式会社、JFE控股、澳德巴克斯等世界500强知名企业，就在潍坊建设食品谷、工业园区、总部基地等深入洽谈。

2012年7月13日，潍坊市市长刘曙光（右四）率代表团到韩国访问

第四节　外事接待

随着外事旅游事业的迅速发展和潍坊国际风筝会、鲁台经贸洽谈会等活动的顺利举办，外宾来访人数逐年增加，外事接待活动逐年增多。

1991—2012年潍坊市接待重要外事团组情况一览表

表16—7—2

年份	代表团名称	主要内容
1991	美国普韦布洛市市长代表团一行	签署友城关系协议书，就潍坊钢厂与普韦布洛市CF81钢铁厂的合作进行洽谈，商定1992年潍坊市在普韦布洛市举办物产展的具体事宜
	日本日向市副议长访问团一行	加深了解和友谊，推动各领域的合作与交流
1992	奥地利联邦议会副议长施图岑贝格一行15人	进行友好访问并参加潍坊国际风筝会
	以色列地方政府联合会主席马克西姆·莱维代表团一行4人	洽谈农业合作问题
1993	新加坡总理吴作栋弟弟吴作楼率领的新加坡投资考察团	聘请吴作楼为潍坊市市政府经济工作顾问
	比利时奥斯坦德市市长朱林·戈肯特一行6人	进行访问考察并参加潍坊国际风筝会

续表16－7－2

年份	代表团名称	主要内容
1994	美国加利福尼亚州副州长麦卡西一行7人	考察潍坊的交通、通讯、电力等基础设施项目和电子工业，讨论双方交流合作
	奥地利农业部长菲施勒一行13人	商谈中奥农业和农机合作事宜
	金亿镇为团长的韩国西部地域工业团地管理公司考察团一行40人	签约项目50多个，协议外资额5000多万美元
1995	以色列农业部长雅各夫·楚尔一行32人	考察潍坊的农业发展情况，探讨与潍坊在综合农业方面的合作领域和方式
	美国萨克拉门托市副市长余富庆率友好城市访问团一行15人	加深双方友谊
1996	荷兰王国北荷兰省省长范·科莫纳德博士率政府和经贸代表团一行26人	经贸代表团的18家重要企业与潍坊市对口企业达成合作关系，推动潍坊市与北荷兰王省的经贸合作
	以色列新任驻华大使奥拉·那米尔及公使萨瑞格博士2人	就中以政府拟合作建立的商业示范农场场址进行考察，就派出专家小组到潍坊事宜进行商谈
	新加坡副总理李显龙率领政府暨经贸代表团和随行记者一行56人	就30个项目进行深入探讨，9个项目达成合作意向，潍坊市新力克集团与新加坡八达控股有限公司就合资经营汽车出租业务制订出合作框架并签订会议纪要
	越南工业部副部长阮春准一行6人	就农机、农用车及食品加工设备等合作项目达成一些初步意向
1997	韩国河南市市长孙水彩率市政府代表团一行20人	就在经济、文化等领域的交流合作进行洽谈，签署《潍坊市和河南市发展友好关系意向书》《潍坊市和河南市合作建立韩国工业特区协议书》
	德国赛特尔基金会总干事曼弗雷德·鲍姆盖特和德国驻华大使馆参赞安佛刚一行7人	出席在青州市举办的“中德双边农村发展研讨会”，就山东省同该基金会进行的各项交流、合作项目进行总结，进一步扩大双方合作
	美国加州默塞德郡议长一行2人	探讨美国加州7个郡与潍坊开展经贸领域交流与合作
1998	德国联邦议院农林粮食委员会代表团一行10人	到潍坊市临朐县参观访问，了解潍坊市农业政策、农业发展情况，考察德国政府无偿援助山东省的粮援项目的现状和前景
	以色列驻华大使南月明一行8人	出席中以商业示范农场——潍禾示范农场开业庆典，考察青州市谭坊镇利用以色列滴灌设备进行大棚蔬菜生产的情况
1999	奥地利市长代表团一行14人	推动双方深度合作，就双方城市间交往进行深入探讨
	丹麦驻华使馆和丹麦食品农业渔业部代表团一行	就寿光的农牧渔业情况进行考察，寻求合作

续表16-7-2

年份	代表团名称	主要内容
2000	荷兰王国北荷兰省省长范·科莫纳德博士一行4人	第3次到潍坊访问，推动与寿光的合作项目
	南非共产党中央政治局委员萨姆森·曼塔谢率南非共产党高级干部代表团一行11人	学习潍坊市基层党组织的建制、运作及党同工会的关系运作模式
2001	约旦市长代表团一行5人	考察潍坊市经济发展、开发区建设、旅游及文物保护等方面的情况，探讨城市间的友好合作
	以色列驻华大使沙雷夫一行3人	考察中以商业示范农场和海化集团与以色列死海溴集团合资的中以溴化物有限公司等合作项目
	印度尼西亚东爪哇省政府暨经贸代表团一行40人	考察寿光市有关农业设施，就农业合作事宜进行探讨
	马来西亚土地发展部副部长陈记光一行8人	考察寿光市高科技农业，参观潍坊市高新技术产业区，与有关企业洽谈合作项目
2002	科特迪瓦内政部长博加一行5人	参观寿光市蔬菜大棚及潍坊市拖拉机厂，了解潍坊市工农业发展形式及蔬菜大棚种植的成功经验
	莫桑比克索法拉省长一行4人	考察寿光市农业经济发展状况，交流农村发展经验
	菲律宾北伊洛戈省长一行6人	考察潍坊市农机企业和高科技企业
2003	波黑塞族共和国副总统一行5人	考察潍坊市农业、农业机械发展情况，寻求合作
	阿拉伯联合酋长国驻华大使一行4人	出席“中国潍坊—阿联酋经贸、投资合作研讨会”
	澳大利亚国会议员约翰·墨菲一行12人	双方工商企业界进行座谈，洽谈合作项目
2004	苏丹国路桥部部长一行7人	考察潍坊市交通基础设施建设情况，探讨合作机会
	马来西亚地方政府及房屋部部长黄家定一行	探讨与潍坊市水业合作事宜
	葡萄牙总理助理代表团一行3人	考察农业、水利、高新技术开发等投资项目
2005	法国布列塔尼大区政府主席让·伊夫·勒德里昂率大区政府代表团一行31人	商讨法国圣布里业市与潍坊市建立友好合作关系事宜
	马来西亚前首相马哈蒂尔一行80人	出席“马来西亚文化周”，参加“中外市长论坛”
	印度共产党总书记普拉卡什·卡拉特，印度（马）中央委员、全印民主妇女联合会主席苏巴希妮·阿里一行2人	了解农村基层党组织建设、解决“三农”问题的相关措施及保持党员先进性教育活动开展情况
	乌干达财政、计划和经济发展部部长一行6人	考察寿光市农业、渔业，商讨合作事宜
2006	葡萄牙中华总商会副会长李强一行	促成葡萄牙爱德勒集团投资4000万欧元建设出口加工区标准工业厂房项目落地

续表16-7-2

年份	代表团名称	主要内容
2006	马来西亚森达美集团总裁祖笔一行	促成马来西亚森达美集团投资3.6亿美元开发水务工程、港口建设、植物油等项目，注册资金由1000万美元增加至1亿美元
	日本JFE控股株式会社社长数土文夫一行	考察该社与潍坊振兴焦化有限公司合作项目。JFE投资4亿元与振兴焦化集团合作建设煤焦油项目
2007	印中商务理事会访问团一行88人	考察潍坊市铝制品产业和相关企业以及大蒜的种植技术，寻求合作机会
	津巴布韦地方政府部部长代表团一行	与青州市山工机械工业公司洽谈购买机械设备事宜
	泰国商务部部长一行19人	推动友好城市建设，筹建潍坊宝石交易中心，昌乐宝石培训学校，洽谈农产品加工等投资合作项目
2008	智利全国农业协会代表团一行	与潍坊市福田雷沃国际重工有限公司、山东金亿机械制造有限公司、寿光蔬菜种植基地相关负责人进行洽谈
	法国奥朗日市市长雅克·蓬巴尔一行5人	考察潍坊市及周边地区葡萄种植、葡萄酒酿造和葡萄糖生产状况
	密克罗尼西亚总统一行7人	参观诸城市昌城镇医院、得利斯集团、沪河轮胎集团 和坊子福田雷沃重工公司等
2009	亚美学会第74批美国国会议员助手团一行	了解潍坊改革开放和社会经济发展情况，就应对国际金融危机与潍坊市领导交换看法
	荷兰农业教育中心代表团访问一行	与潍坊职业学院、寿光瑞克斯旺和寿光国际农业培训中心研讨合作交流事宜
	美国华盛顿州副州长布拉德·欧文率团7人	进行商务考察和经贸洽谈
2010	马来西亚马星集团总裁丹斯里拿督斯里梁海金、实康集团执行副总裁拿督郑添利、环球集团总裁拿督斯里陈炎顺、Optimax眼科中心有限公司董事长拿督陈文福一行4人	洽谈新富地产商场、阳光100商场、白浪河湿地公园开发等合作项目
	德国前总理施罗德博士一行	推动和拓展与潍坊在经贸、科技、文化等领域的合作
	肯尼亚副总统暨出席“中非农业合作论坛”非洲三国农业代表团一行	参观潍柴动力工业园、福田雷沃重工、城市规划艺术馆、杨家埠民俗大观园
2011	印度比哈尔邦首席部长尼蒂斯·库马尔一行10人	推动比哈尔邦与潍坊市在经贸、农业、旅游等领域的务实合作
	菲律宾北伊洛戈省新任省长埃米·马科斯率团一行14人	考察潍坊市农业收割设备及高附加值经济作物情况
2012	立陶宛驻华大使丽娜·安塔纳维切捏和使馆商务参赞达纳斯·维特凯维邱思一行2人	参观寿光富士木业有限公司、寿光美卿钉业有限公司
	伊朗农业部副部长尼克巴赫率伊朗农业部代表团一行17人	寻求与潍坊市在农业领域的合作，到昌乐乐港集团座谈

第五节　涉外事务

市外侨办重视境外领事案件及境内涉外案件防范处理，完善市县两级涉外突发事件预警、防控机制，建立由市外侨办牵头，由市委外宣办、市公安局、市国家安全局等部门组成的涉外案件处理联席会议制度，制订各种应急预案，妥善处理各类涉外案件。

境外领事保护案件

2000年6月，市外办协助有关部门妥善处理潍坊“昌嘉”号货轮在菲律宾被扣事件，全体船员于7月3日安全回国。2002年，妥善处理临朐县九山镇果农在文莱遭遇车祸事件。2012年，妥善解决青州市永生挖沙机械有限公司3名员工在玻利维亚被扣事件，并作为典型案例在全省推广。

其他涉外案件

2001年，市外侨办会同市纪委、市公安局、市国家安全局、市海洋渔业局等部门，查处潍坊渔船越界捕鱼被国外扣压案件。2004年2月8日，协助省外办调查韩籍犯人石宰砚有关问题，帮助办理石宰砚在服刑期间其妻子、朋友到潍坊探视的有关手续。2005年1月，协助有关部门调查处理位于诸城的日本独资企业总经理郑乐宏涉嫌非法持有枪支及组织、强迫妇女卖淫等犯罪问题。2005年4月，协助公安部门处理济青高速公路上24名驾乘人员（包括3名德国人、2名韩国人）遭遇一持自制手枪男子抢劫案件。2005年5月，协助公安部门处理昌邑市文山中学外教李卓（美国人）非法居留案件。2007—2008年，会同市公安局、市政管理局等部门，妥善处理1起肯尼亚人触电死亡案件。2011年，妥善处理1起韩国人交通肇事案、1起缅甸人抢劫犯罪案。

第六节　挖掘潍县集中营历史资源

1942年3月，日本在潍县乐道院（现潍坊市人民医院和潍坊广文中学所在地）设立外侨集中营（简称潍县集中营），先后关押中国境内的2008名欧美侨民。其中大多是牧师、教师、医生、商人和学生，还包括327名儿童。曾任蒋介石顾问的美国人雷振远、英国著名奥运会400米短跑冠军埃里克·利迪尔、山东大学华北神学院创始人赫士、美国第二任驻华大使恒安石等曾囚禁于此。市外侨办深入挖掘潍县集中营历史资源，打造集中营文化品牌。

2005年8月16—18日，在潍县集中营旧址乐道院新建广场举行世界反法西斯战争、中国人民抗日战争胜利60周年纪念活动。召开“中国（潍坊）纪念潍县集中营解放60周年大会”，举行“潍县集中营解放陈列馆”揭牌仪式。参加纪念大会的中外来宾、抗战老战士代表、潍坊二中师生、潍坊市人民医院干部职工达3000余人，来自美国、英国、加拿大、澳大利亚、新西兰等国家和地区及中国香港的60余名潍县集中营幸存者及其亲友参加了纪念活动。活动期间，举办“潍坊市纪念中国人民抗日战争暨世界反法西斯战争胜利60周年书画展”，成立“潍坊人民与潍县集中营难友及其亲友联谊会”。邀请新华社、《人民日报》、中央电视台、山东卫视、美联社、路透社、美联电视网、加拿大国家电视台、凤凰卫视、《大公报》等中外媒体记者50余人前来采访报道，新华网、人民网、搜狐网、新浪网、雅虎网、英国每日电讯网等320余家国内外网站转发此次纪念活动的消息和图片，提高了潍坊的国际知名度。2006年，市外侨办集中力量搜集潍县集中营资料，做好资料整理和归档研究。2007—2008年，市外侨办推动中央电视台、山东省电影电视制作中心合拍五集纪录片《潍县集中营》，并在中央电视台播出，引起强烈反响。英国奥运大臣、驻华大使及法国、美国、加拿大等国家和地区大批知名人士先后到潍坊参观潍县集中营旧址。2009年，对潍县集中营陈列馆及旧址进行维护开发，成为山东省爱国主义教育基地，是唯一入选的涉外基地。在潍坊门户网站上开辟潍县集中营专题栏目。中央外宣办领导以及美国、加拿大、英国等30多个国内外高层团组前来视察、参观。2011年，启动潍县集中营十字楼保护开发，还原恒安石、利迪尔等重要人物的历史实况，还原二战时期国外侨民在集中营的生活情景，利用纪念馆展示30多年潍坊对外开放的成果和友好城市交流成果。2012年，市外侨办联系中央电视台、英国BBC、日本东京新闻等中外媒体到潍县集中营进行采访和史实报道。伦敦奥运会期间，以英国前奥运冠军利迪尔为主线，打响潍县集中营品牌。文化部在伦敦主办的系列活动中设有纪念利迪尔专题节目，播放集中营片花。潍坊市创作的以利迪尔为主题的画卷——《梦回英格兰》在伦敦奥运核心区等地展出，英国BBC前往专题拍摄，潍县集中营DVD在苏格兰埃里克·利迪尔中心和当地中小学播放。市外侨办与华夏文化纽带工程委员会商定共同合作开发事宜，启动"情义无价——潍县集中营史迹"搜寻行动，向全球征集中国人民援助二战期间被关押在潍县集中营难友史迹，全国人大常委会副委员长周铁农撰文支持。《人民日报》及其海外版等各大媒体大量登载转载，在国内外引起广泛关注，获得一大批有价值的史迹资料和线索，主要是侨民集中的欧洲、美国、加拿大、澳大利亚等30多个国家50多个外国友好城市和英国利迪尔中心、香港利迪尔基金会及100个外国知名人士等人文资源，逐步建立完善潍县集中营侨民资源库，进一步扩大潍县集中营的国际影响力。

第七节　品牌打造与交流合作

打造潍坊国际风筝会品牌

1984年，市外办率先发起并牵头组织第一届潍坊国际风筝会。1989年，市外办起草《国际风联章程（草案）》和《成立国际风联倡议书》，与11个国家和地区的风筝知名人士发起成立国际风筝联合会，总部设在潍坊风筝博物馆。在第六届潍坊国际风筝会期间，召开国际风筝联合会代表大会，从此，潍坊成为世界风筝文化交流的中心，成为世界风筝之都。1991—2003年，市外侨办负责每年风筝会的外宾的邀请与接待工作。2004年后，风筝会采用"政府主办、社会参与、市场运作"的办会方式，自此，市外侨办主要工作是围绕风筝会主题活动，搭建高端涉外活动平台，扩大潍坊知名度，促进潍坊对外经济深度交流合作。

交流合作

市外侨办整合各类资源，举办活动周、论坛、重大节会，吸引各国外宾、华人华侨到潍坊参观访问，开展交流与合作。

2004—2012年潍坊市与外宾、华人华侨重要交流合作情况一览表

表16－7－3

年份	活动名称	内容	成果
2004	马来西亚文化周	马来西亚综合展览、传统文艺表演、传统美食、影视作品展映	提高了潍坊在马来西亚的影响力和知名度，促进双方广泛交流与深入合作
2005	“城市节庆与城市品牌创建”中外市长论坛	论坛由中国市长协会和潍坊市政府共同主办，省会和副省级以上城市13个，地级以上城市62个；国外城市来自马来西亚、澳大利亚、波黑、俄罗斯、法国、韩国、加拿大、以色列、日本、美国等20多个国家	扩大潍坊的涉外影响，促进潍坊与世界各国的交流与合作
	“2005海外华商、博士创业与投资山东行”	由国务院侨办支持、省侨办主办，在潍坊进行项目对接	与潍坊市29家企业项目对接洽谈形成合作意向
2006	“中外经济论坛”	来自10个国家和地区的127名重要外宾，包括美国驻华公使衔参赞裴孝贤、世界500强企业泰国正大集团副总裁郑武樾到潍坊参加论坛	吸引国内外聚焦潍坊，推广潍坊的优越投资环境
2007	海外知名华商潍坊行活动	以海外交流协会换届为契机，组织有实力、有影响力的海外侨领、侨商100余人到潍坊参加潍坊行活动	宣传推介了潍坊的投资环境和发展政策，吸引了更多华侨华人到潍坊投资创业
2008	“国际友城合作发展论坛暨百名企业家潍坊行活动”	16个国家的26个市（州）长、政要、企业家代表团共122人参加论坛和潍坊行活动	达成合作合同、协议、意向14个，引资3亿多元
2009	“双百”使节行	邀请日本、韩国、肯尼亚、菲律宾等21个国家中外使节到潍坊访问	中国驻日本大使崔天凯到潍坊进行考察调研，就推动潍坊与日本的农业开发合作给予支持
	“海外华商博士投资创业潍坊行”	面向全球华商博士，促成华商与潍坊企业面对面洽谈	促成8项高端产业合作协议和意向
2010	“海外华商博士投资企业潍坊行”“第五届华交会”分会场活动	面向全球华商博士，推介潍坊投资环境及企业需求	加拿大三维影视科技有限公司、益美科技股份有限公司、健慈生物医药科技有限公司等分别与潍坊市相关企业达成合作协议2个，意向12个

续表16-7-3

年份	活动名称	内容	成果
2010	中外使节潍坊行	欧洲16国40名外交官农业考察团以及马来西亚、斯里兰卡、智利、泰国等20国驻华使节团到潍坊考察	宣传推介潍坊
2011	中阿、中非中小企业合作论坛	配合国家党际对外交往，邀请来自阿拉伯、非洲17个国家政要、使节、政党负责人和100多家企业代表到潍坊参会交流，洽谈合作	取得显著的经济效益和社会效益
	“友城齐鲁行活动”	组织山东省友好省州、国际组织首席代表及部分世界500强企业驻华首席代表一行30人到潍坊参会	利用全省友城平台资源推介潍坊，促成双边合作
	“山东海外华商博士投资创业潍坊行”	邀请30名华人华侨博士到潍坊，引进重点产业项目和海外高端人才	促成中远集团在滨海区投资兴建物流园区
2012	“双百”使节潍坊行活动	各国使节及工商会代表与潍坊市近100家相关企业进行对口洽谈	宣传潍坊，推动潍坊的对外经济合作
	“2012·山东国际青少年文化之旅”	来自波兰、印度、韩国、尼日利亚、斯里兰卡、墨西哥、澳大利亚7个国家的青少年代表150人参与，与潍坊青少年进行国际文化艺术巡演活动	推介潍坊本土文化
	“2012中外百名摄影家潍坊行”	国内外近百名摄影家到潍坊，在坊茨小镇参观“美在意象——黄可华摄影展”，赴风筝广场、白浪河湿地公园、诸城恐龙博物馆、青州宋城采风	摄影家真切了解潍坊的自然景观、人文风情、建设规划，向世界宣传推介潍坊

第八节　友城交往合作

1986年潍坊市与日本日向市缔结为第一对友好城市。1986—2012年，先后与14个国家的25个城市建立友好城市关系和友好合作城市关系。其中市级友好城市7个，分别是亚洲3个：日本日向市、韩国安养市、泰国清莱府清莱市；欧洲2个：德国弗莱辛地区、法国奥朗日市；北美洲1个：美国普韦布洛市；大洋洲1个：澳大利亚东吉普斯兰郡。

以色列贝尔谢巴市

1991年，潍坊市同以色列的经济贸易合作项目有：祖母代种鸡、灌溉设备、铝塑复合管、十万吨铜版纸、化纤厂300万美元设备引进、中以商业示范农场、溴甲烷、研修生培训和劳务输出以及进出口贸易等。1996年2月11日，以色列贝尔谢巴市死海溴集团与潍坊海化集团签署第一期工程协议，投资3000万美元合资生产溴和溴系列产品项目。4月26日，在北京钓鱼台国宾馆，以色列总统埃泽尔·魏茨曼出席项目的签字仪式。至2012年，潍坊市滨海经济技术开发区已启动与死海溴集团母公司以色列化工集团合作，拟建设中以生态海洋化工产业园项目。

泰国清莱府

2007年4—5月，潍坊市市长许立全、副市长徐振溪分别带团访问清莱府，达成农业、工业和食品加工及茶叶进出口等方面的合作意向。2007年7月11—13日，泰国商务部部长拉蒂赛·吉拉佩率商务代表团一行28人到潍坊访问，推动友好城市建设，筹建潍坊宝石交易中心、昌乐宝石学校，洽谈种子研发、纸浆贸易、农产品加工投资等合作项目。2007年10月18日，泰国商务部常务副部长谢捷魁率商务考察团一行12人到潍坊考察。2010年5月22日，泰国正大集团董事长新民国在省侨办主任王琳的陪同下到潍坊考察，与潍坊市在种子研发、基地种植等方面的合作进行探讨。2012年9月24—26日，泰国农业部副部长Mr.Nattawut Salkuar率泰国农业代表团一行37人，到潍坊洽谈泰国农产品贸易交流合作。

澳大利亚维多利亚州东吉普斯兰市

1996年4月，东吉普斯兰市市长格雷慕率团访问潍坊，参加第十三届潍坊国际风筝会和第二届鲁台经贸洽谈会。9月，潍坊市市长王大海率市政府代表团回访东吉普斯兰市，双方就缔结友好城市和开展经贸、技术、文化、教育等方面的交流合作进行深入的探讨。11月，东吉普斯兰市商业代表团到潍坊，就已签订的经贸合作项目如鸸鹋养殖、木材及蔬菜加工等与有关企业进行洽谈，考察潍坊出口商品，寻求贸易合作机会。1997年4月，以彼得·尼克森首席专员为团长的东吉普斯兰市友好代表团一行4人到潍坊参加第十四届潍坊国际风筝会和第四届鲁台经贸洽谈会。4月20日，潍坊市与澳大利亚东吉普斯兰市正式缔结友好城市。

1998年9月，市委书记曹学成率团赴东吉普斯兰市考察访问。其间，在澳举办招商会，签署《潍坊—东吉普斯兰友好交往框架协议书》。10月，东吉普斯兰市市长尚·比斯利率政府代表团到潍坊访问。1999年，潍坊英才学府在东吉普斯兰地区投资40万澳元注册一所普通高等中学——海阳国际中学。2000年，举办“中澳英才友好之船”夏令营活动，派遣200名学生赴澳参加夏令营。2001年4月，东吉普斯兰市行政长官格雷慕率政府代表团到潍坊，参加第十八届潍坊国际风筝会，就种牛进口事宜进行探讨。2004年2月，市委副书记郑金兰率市农业经济代表团赴澳大利亚考察访问，举办招商恳谈会和投资说明会，初步达成一系列合资合作意向。

韩国安养市

1995年5月，潍坊市与安养市正式缔结为友好城市。1999年5月，安养市韩中亲善协会代表张士熨一行3人到潍坊访问，赠送500副老花镜。2001—2010年，安养市韩中亲善协会、韩国京畿道眼镜协会每年都派代表团到潍坊，共捐赠老花镜4000副、近视镜500副、中韩词典1000余套及多套教学设备。2000年3月，鲁能泰山足球学校与韩国LG足球队后备力量-LG幼少年足球团结为友好关系。双方商定每年进行互访，开展足球交流。2000年7月，LG幼少年足球团一行97人到潍坊与山东鲁能足校进行了11场青少年足球比赛。2000年11月14—18日，山东鲁能足球学校应邀去韩国进行友谊比赛。2002年7月，潍坊学院与韩国圣洁大学在潍坊签署缔结友好学院的备忘录。2003年始，向对方派出教师研修和互派留学生，加强双方的友好交流。2008年11月，韩国安养市韩中亲善协会会长金大荣一行4人到潍坊市访问。出席“景芝神酿杯”潍坊市第四届外语（韩语）大赛决赛，代表安养市政府向潍坊市峡山区赠送慰问款500万韩元，慰问当年受水灾影响严重区域王家庄街办刘家屯村。2011年7月，韩国LG幼少年足球队访问团一行73人到鲁能泰山足球学校进行了24场足球友谊赛。

美国普韦布洛市

1991年3月30日，潍坊市与普韦布洛市结为友好城市之后，双方政府间互访频繁，潍坊市多次组织政府代表团赴普市访问。1992年8月，潍坊市和普韦布洛市在科州博览会上共同举办“潍坊物产展”。

2000年7月30—8月2日，美国南科罗拉多大学校长铁托·格莱罗与博士齐光到潍坊进行友好访问，与潍坊市政府外事和教育部门的领导就教育合作进行探讨，达成一系列合作意向。2001年11月，应美中友协邀请潍坊市对美国普韦布洛市进行友好访问，双方签订友好交流合作备忘录。2002年4月，普韦布洛市议会议长、城市管理委员会主席率团访问潍坊，派遣60人的高水平乐团到潍坊市进行演出，签订合作备忘录。同年，以潍坊市人大常委会主任孙嘉炼为团长的代表团赴普韦布洛市进行工作访问，签署城市管理合作协议，就城市建设、规划管理进行深入座谈，确定专家到潍坊指导城市规划事宜。

德国巴伐利亚州弗赖辛地区

1987年10月18日，潍坊市与弗赖辛地区结为友好姊妹城市。1989年、1991年和1993年在弗莱辛举办3届潍坊物产展。1993年，弗赖辛地区啤酒专家威尔玛多次到潍坊，帮助调整啤酒生产工艺，无偿提供新菌种，潍坊啤酒质量大幅提高。1998年4月，以专员鲍茵特纳和议长永格维特为团长的弗赖辛地区政府代表团一行14人到潍坊，出席第十五届潍坊国际风筝会及潍坊市建市50周年庆祝会，就两地市友城关系缔结10周年进行座谈。2005年11月，副市长张江汀率潍坊市友好暨经贸代表团赴弗赖辛地区访问，与弗赖辛地区所辖巴州南德化工公司达成投资3500万美元的膨润土系列产品项目合作意向。2006年6月，南德化工公司副总裁厄瑞克·沃耐克一行3人到潍坊进行膨润土采样调研，与有关单位深入洽谈投资合作事宜。2012年7月20—26日，弗莱辛地区专员迈克尔·施瓦格一行28人到潍坊参观考察，参加第三届中国潍坊“希望杯”国际青少年足球联赛。

日本日向市

1986年2月25日，潍坊与日向市结为友好城市。1991年，双方协商确定互派人员研修。当年，潍坊市派出两名医生到日向市进修。1994年后，两市互派国际交流员。1995年始，联合举办古建筑学术调查。潍坊市与日向市日本长冈造型大学组成中日联合学术调查团，对潍坊市的杨家埠、青州的十里古街的古建筑群进行为期10年的实际测量和调查，出版学术报告6册。2000年10月，日向市市长山本孙春向潍坊市市长王伯祥赠送光波测距仪器。2000年和2003年，日向市阿普斯株式会社分别接收潍坊市3名工程道路、建筑设计技术研修员，向潍坊市捐赠价值400万日元建筑测量仪器1台。2001年，日向市接收潍坊市两名专业技术研修人员，从潍坊购买花岗岩石材，价值6000万日元。

1996年，两市共同出资960万元建立潍坊日向友好学校。其中，日向市出资2000万日元（约合人民币200万元）。10月，日向市市长赤木欣康率领127人市民代表团和议长野别知秀率领的15人议会代表团到潍坊访问，参加在潍坊举行的两市缔结友好城市10周年庆祝活动，访问团向潍坊市赠送日向市汉白玉石狮子一对，潍坊市向日向市赠送大型孔子纪念铜像一尊。两市共同举办潍坊日向书法邀请展。日向市邀请潍坊歌舞团赴日向市进行公演，日向市吹奏乐团到潍坊演出。

同年，日向市阿普斯株式会社社长山下决定个人每年出资100万日元设立山下昭良奖助学金，资助困难学生，连续五年累计出资500万日元。2001年，山下被授予“潍坊市荣誉市民”称号。2001年4月，日本阿普斯株式会社向潍坊日向友好学校捐赠价值6万日元的办公和文化用品，捐资200万日元对学校的操场进行改造。2002年4月，日向市阿普斯株式会社社长山下昭良捐赠100万日元改建潍坊日向友好学校操场。

2006年10月，中国潍坊与日本国日向市缔结友好城市20周年纪念备忘录签字仪式（前排右一为潍坊市市长许立全）

2005年10月，市人大常委会领导率领潍坊市友好城市访问团出席在日向市举办的两市结好20周年庆祝大会，在日向市文化交流中心举办两市百人书画展。2005年11月，日向市黑木健二率团访问潍坊，为纪念两市结好20周年，日向市出资100万日元，与潍城区浮烟山经济开发区共建中日友好樱花林。至2006年3月，日向市在浮烟山种植樱花树1000株。2006年11月，以日向市市长黑木健二为团长、日向市议会议长松木良和为副团长的日向市代表团一行18人到潍坊市访问，签署缔结友好城市20周年纪念备忘录，出席中日友好樱花林的揭幕仪式。2011年7月，以日本日向市副市长伊藤淳一为团长的代表团一行13人到潍坊市访问。

法国奥朗日市

2004年，潍坊市与法国奥郎日市开始交流与合作。6月上旬，法国奥郎日市市长雅克·蓬巴尔率奥朗日市政府及企业友好代表团一行20人到潍坊访问。2005年4月，奥朗日市市长雅克·蓬巴尔到潍坊访问，双方签署建立友好关系意向书。2005—2008年，奥朗日市市长雅克·蓬巴尔多次到潍坊考察访问。2012年7月19—28日，法国奥朗日市代表团一行24人（其中市政府官员3人，足球队21人），由市长雅克·彭巴尔率领到潍坊参加第三届中国（潍坊）希望杯国际青少年足球联赛，并进行友好访问，进一步加深两市间的友好关系，推动两市在更多领域的合作交流。

第八章　侨务和港澳事务 侨联

潍坊市是山东省重点侨乡之一。1990年，全市归侨815户、2010人，侨眷及港澳同胞眷属6190户、3.07万人。2012年，全市归侨、侨眷及港澳同胞眷属7万余人，主要在昌邑、寒亭、高密、寿光、安丘、诸城等县市区，有海外华侨、华人、港澳同胞近10万人，主要分布在53个国家和地区，其中，比较集中的是美国、日本、印度尼西亚、加拿大、新加坡、马来西亚、澳大利亚、印度、韩国及中国港澳地区。

第一节　侨情调查

1991年，全市有侨资企业147家，合同侨资8300万美元；侨胞合资项目26项，合同侨资2300万美元。

1994年，全市有侨属企业14家，固定资产500万元，上缴税金32万元，创汇121万美元。市政府侨办自办经济实体11家，人员500多人，固定资产1600万元。向希望工程、残疾人基金会、见义勇为基金会及贫困地区捐款、捐物折合人民币3万余元。

1996年1月，全市获准因私直接移民出国、出境并获定居权的新移民202人，分布在17个国家和地区。其中，投奔亲属、继承财产者占85%，定居的国家主要是美国、日本。

2005年，市外侨办会同市外经贸局、市工商局联合印发《关于开展华侨、华人、港澳同胞在潍投资企业调查的通知》，调查全市约200余家侨资企业，将数据录入信息库。

2007—2008年，对全市重点华侨华人、侨资企业、归侨侨眷、贫侨等各类侨务资源和各县市区侨务工作现状进行调查摸底，建立详细信息数据库。

2010年，搜集整理10个重点国家、50个重点侨团组织和100个重点华人华侨信息，印发全市。

第二节　侨务和港澳事务宣传

对外宣传

侨务对外宣传主要通过以在省级以上和海外涉侨媒体上刊登图片文章，向广大侨商寄发信件等形式，推介潍坊加强外联。1995年国庆节之际，市侨办倡议广大归侨、侨眷和侨商开展向海外亲友“写一封家书、宣传一条政策、引进一个项目”的活动。1997年12月，向海外侨胞、港澳同胞及重要社团寄发贺年卡、贺年信1100多封。2004年底，向全市海外侨胞寄发贺年信180多封，并通过网上联谊等形式宣传介绍潍坊。1996年，在《人民日报》（海外版）、《山东侨报》《联合报》等报刊发表潍坊侨务新闻稿件170多篇。1998年，在《山东侨报》《齐鲁乡情》《走向世界》等报刊投稿150余篇。在美国的《中国山东》网站、《山东侨务》网站和潍坊信息中心网站分别开设“潍坊侨务”网页，开通电子信箱。2000年，在法国、新加坡网站和中国海外交流协会龙脉网站分别建立介绍潍坊有关投资优惠政策和相关侨资企业内容的网页。利用国务院侨办《侨务工作研究》、省侨办《侨务工作》宣传介绍潍坊，全年为外宣刊物组稿、投稿130多篇，发放外宣纪念品和有关材料200多份。市侨办被《山东侨报》社评为2000年宣传工作先进单位。2001年，在《山东侨报》《潍坊日报》、潍坊电视台等新闻媒体，发表宣传报道潍坊侨务工作的稿件30多篇。2002年3月，美国之音中文部驻香港首席记者熊亚华到寿光就“中国入世后给山东中西部农业带来的冲击与挑战”进行专题采访。 2004年3月，由美国《侨报》等10个国家12家媒体14人组成的“海外华文媒体齐鲁行采访团”到潍坊进行采访报道。

侨法宣传

1990年9月，《中华人民共和国归侨侨眷权益保护法》（简称《侨法》）颁布实施后，市侨办、市侨联认真研究学习贯彻《侨法》意见，在寒亭区、昌邑县召开座谈会，发放《侨法》学习资料。2000年9月，由市侨办主办、市书画家联谊会承办的“全市侨务系统纪念《侨法》颁布实施10周年书画邀请展”在潍坊国际艺术展览中心举行，300多人参加开展式，展出书画作品210幅。2004年8月，开展《侨法》宣传月活动。市外侨办开展街头法律咨询活动，印发《侨务法律法规》及相关宣传品1万多册。2011年，在全市设立侨法宣传角4个，向当地归侨侨眷及有关群众进行普法教育2000余人次。2012年，国务院侨办授予青州市海岱院社区“全国社区侨务示范点”称号。

第三节　捐资助学

1991年5月，昌邑县旅居印度尼西亚华侨李秀琴、秦瑞娥等29人捐资18.25万元港币，兴建昌邑卜庄侨乡小学。1992年12月，旅美华人孙冠三捐资2万美元，在其原籍临朐县兴建“冠三小学”。1993年10月，新加坡华人郭进忠捐资7.5万元，兴办昌邑县郭岔河村幼儿园。1993年，印度尼西亚侨胞捐资港币11万元，扩建昌邑卜庄侨乡小学。1995年，印度尼西亚侨胞李秀琴、秦瑞娥等28人捐资30万元，续建昌邑卜庄侨乡小学。

1996年9月9—11日，由69人印度尼西亚侨胞组成的代表团，参加省华侨中学建校40周年和昌邑卜庄侨乡小学建校5周年庆祝活动，捐资84万元港币，支持学校建设。

1997年4月，中国同盟会会员路有于的后代及其旅居海外的亲属为实现路有于“教育兴国”的遗愿，捐资20万元，在其原籍诸城市吕标镇路家村兴建“有于小学”。寒亭区旅美华侨于载果夫妇为继承其先父于少卿博士的遗愿，发展家乡的医学教育事业，捐5万美元作为医学教育基金在潍坊医学院设立“于少卿医学教育奖金”，每年用基金所得利息（每年约2000美元）由奖金委员会对有突出贡献的3名教师和当年被录取的品学兼优的前10名学生实行奖励。

1998年5月，韩国华侨陈国章捐款10万元，在其原籍寿光市设立教育奖励基金。2001年11月，美籍华人陈隽捐资2万美元，在昌邑设立“陈氏奖学金”，扶持高考上线的贫困学生。

2004年6月8日，美国欣欣教育基金会永远会长邵中权赴高密市注沟镇中心小学考察，向该校捐款1万美元。10月9日，美国欣欣教育基金会向高密市注沟镇逄戈庄小学捐赠4万元。同年，美籍华人李懿宗为其捐资设立的“拱辰奖学金”增捐1万元。美籍华人陈官均为昌邑“陈氏奖学金”和龙池中学各捐资2000美元。

2005年4月，印度尼西亚侨胞卢清波、卢培兰等20人捐资14.6万元，用于昌邑卜庄侨乡小学新建教学楼。

2006年，昌邑华侨张锡恩在昌邑设立“鸿启奖学金”，累计发放奖学金40多万元，受奖励学生466人。美国欣欣教育基金会捐助1万美金在高密建立“注沟庆葵——欣欣希望小学”，为该校捐助微机11台。香港凯威有限公司董事长郭锦鹏（祖籍潍坊）出资200万元，在潍坊设立教育奖学金，并运作筹建希望小学。

2008年，市外侨办动员全市侨资企业向汶川灾区捐赠款物价值1200万多元，捐赠数量在全省名列前茅。向美国欣欣教育基金会、韩国京畿道眼镜协会、安养市韩中亲善协会等组织捐助全市教育、扶贫等款物60多万元。

2012年，组织部分侨商会会员参加由《潍坊晚报》组织的“保温饭盒进校园活动”，向峡山赵戈镇中小学学生捐赠保温饭盒200套。加拿大华侨邢兆泰先生为昌邑文山中学捐款30万元，设立“邢云峰奖学金”。欣欣教育基金会向高密市和临朐县两所欣欣小学分别捐款2000美元。

第四节　服务经济建设

促进经济合作

1994年4月，在第十一届潍坊国际风筝会期间，市侨办接待海外侨胞68人次，协助有关单位签定协议、意向书10份，利用外资511万美元。1995年，签定机械、石材、服装、电子、木制品等成品出口协议和合同价值达420万美元；促成对外贸易合作意向21个，协议外资额1700万美元，到位外资额240万美元。2000年7月，市侨办派2人去中国香港，访问冀鲁旅港同乡会和友好人士30多人。10月，市侨办主任尹苏本参加“2000年世界华人论坛”、青岛经贸洽谈会、新疆乌鲁木齐经贸洽谈会等活动，促成香港汇丰房地产有限公司与潍坊东城建设集团签订投资6000万元独资开发房地产项目合同，促成美国华狮公司李华山投资1000万元在凤凰山高新技术产业园生产生化产品。2003年9月，组织寿光、昌邑等7家企业参加在湖北武汉举行的第三届华侨、华人专业人士回国创业成果报告暨高新技术洽谈会，联络海外专业人士100多人，获得海外项目225个。2008年，组织承办由国务院侨办主办的“第四届华商企业科技创新合作交流会”分会场活动，来自16个国家和地区的华商领袖、企业家50多人参会，达成14项合作项目。2009年，开展“侨爱工程——万侨助万村”活动。全省共7个试点村，潍坊市争取到2个，获省侨办专项支持资金10万元。2009年，组织“海外华商博士投资企业潍坊行”品牌活动，促成8项高端产业合作协议、意向。2010年，举办第二届“海外华商博士投资创业潍坊行”和“第五届华交会”分会。组织高端恳谈会和项目、人才供需对接活动。加拿大三维影视科技有限公司、益美科技股份有限公司、健慈生物医药科技有限公司与潍坊市相关企业达成合作协议2个、意向12个。开展“百侨助百村”活动，选择100名有实力的华人华侨，结对帮扶100个贫困村庄，服务新农村建设。同年，美国华侨王立智、加拿大侨商王建陵、豪德集团董事长王再兴等20名侨商、港澳同胞与昌邑、诸城、潍城等地村庄结成对子，累计投资1300多万元。2011年，全省“万侨助万村”及社区侨务观摩会在潍坊举行。举办“山东海外华商博士投资创业潍坊行”活动和海外专业人才生物医药洽谈会与3名海外博士落户高新区生物医药园，3名博士达成合作意向。2012年，承办“海外华商博士投资企业潍坊行活动”，来自美国、加拿大、德国等国家的50名海外华商博士与潍坊市80家企业就电子信息、生物医药、节能环保、新材料、新能源等高端项目进行现场对接洽谈，达成5个合作意向。

促进项目合作

1992年，新加坡侨胞邵新生投资46万美元，与昌邑仓街乡合资兴办“三得利”公司。同年10月，旅居多米尼加华人康健（原籍诸城市）率领美国、加拿大、多米尼加3国83名医疗人员组成的国际基督教眼科医疗团，到诸城市进行为期一周的义诊，义诊5190人，配眼镜3433副，换假眼球8个，做白内障手术263例。1995年12月，市侨办主任明宝春去泰国考察，与泰国“王氏宗亲会”建立友好关系，达成近300万元化工产品的出口贸易协议。1998年6月，美籍华人洪延康教授率农业专家代表团一行4人，在潍坊市农科院、市水利局、诸城市、昌邑市召开学术与技术交流会，研讨课题20个，提供部分育种资料，达成科技交流合作意向。2000年4月，旅美华侨徐宝珍投资10.8万美元，在昌邑市柳疃镇太平集村创建的“昌美织造有限公司”正式开业。同年，签订合同项目4项、合同利用外资650万美元；已投产2项，实际到位外资50万美元。接受海外捐赠项目8个，价值30万美元。2005年，葡萄牙中华总商会副会长李强投资3200万欧元，在高新技术开发区兴建出口加工区标准厂房40万平方米。2007年，促成东营市永升肥业与寿光市富田物之源肥业有限公司合作项目，完成招商引资2700万元。鲁发置业有限公司总投资16亿元的房地产开发项目、潍坊大洋公司与厄瓜多尔华夏房地产开发有限公司投资4700万元合资建设的浮烟山生态旅游综合开发项目、葡萄牙正诚贸易公司投资100万美元兴建的葡萄酒加工项目等进展顺利。2007年，争取华侨华人及外宾捐赠现金30万元，图书、眼镜等物资折款25万元。

第五节　为侨胞和港澳同胞服务

服务机制

1999年4月，成立潍坊市海外交流协会。市侨办主任为会长，聘请国务院港事顾问、银行实业家邵友宝等16名有影响的海外侨胞、港澳同胞为顾问，常务理事32人，潍坊华侨理事51人，海外特邀侨胞理事96人。市侨办确定侨资企业联系点12处，建立潍坊市政府侨资企业投诉中心和潍坊市政府侨办投资咨询中心。2003年8月，市侨办协助省侨办与潍坊4家侨资企业建立联系点，挂牌“山东省人民政府侨务办公室侨资企业联系点”。

2010年4月22日，成立潍坊市侨商投资企业协会，由华侨、外籍华人、港澳同胞及归侨侨眷在潍坊市内的投资企业和从事侨商投资服务工作的机构组成。

2012年，建立“社区为侨服务好，侨为社区贡献多”的双向服务机制。青州市海岱苑社区被评为“全国社区侨务工作示范单位”，获扶持资金2万元。

服务归侨侨眷

1991年，市侨办将昌邑县华侨绣服厂68名侨属职工及其34名子女一次性办理“农转非”户口。1994年8月，市侨办与潍坊军分区医院建立“军民共建”关系，组织军队医务专家到昌邑卜庄镇为归侨、侨眷送医送药。10月，市侨办与市复退军人医院在该院联合建立潍坊市归侨养老服务中心，使鳏寡孤独的归侨有了固定的养老之所。1995年6月，市侨办协调有关部门，为原潍坊钢铁厂于凤娥等8名归侨、侨眷退休职工落实因受60年代初精减下放影响的工资待遇等问题。7月，市侨办向市政府和省侨办呈报《关于扶持贫侨的调查报告》，获得国际红十字会和上级侨务部门的现金和物资援助，并建立定期发放物品、划拨贫侨救济金等制度。9月，市侨办为15名华侨、归侨子女出具身份证明，使其在报考大中专院校时得到适当照顾。颁发1995年度“鸿启奖学会”，23名高考成绩优秀者获得奖励。

1996年，市侨办处理来信来访61件次，走访归侨、侨眷230多户，发放救济款2万元、棉被40床。1997年，全市下拨贫侨救济款2.2万元。1998年，市侨办走访归侨、侨眷130多户，发放扶贫款11万元、救济物资折款2万余元。是年，市侨办被省侨办评为“山东省扶贫先进单位”。1999年9月，市侨办协助潍坊籍旅韩第三代华商丁粹浹找到其失散57年的亲人，圆了他全家半个世纪的寻亲梦。2001年，处理侵犯归侨、侨眷权益案件9起，帮助8户归侨、侨眷解决住房问题，照顾就业11人，协助14人办理出境手续，为63名归侨、侨眷办理身份证。走访慰问归侨、侨眷60多户，发放贫侨救济金2万多元，接受捐资40多万元。2006年，为9名归侨侨眷办理身份认定，受理7起涉侨事件。通过行风在线节目，倾听归侨侨眷呼声，为归侨侨眷排忧解难。全市侨务系统共拨付贫侨救济款物约合10万余元，救济贫侨130余户。2007年，为21名归侨侨眷办理身份认定，为1名归侨侨眷落实政策，拨付贫侨救济款及物资价值10万元，救济贫侨130余户。2010年，市侨办与市财政局、市人社局联合印发《关于调整早期归侨企业退休困难补贴的通知》，将困难补贴纳入所在地财政预算，将补助标准由每月30元提高到每月150元。当年受理6起涉侨事件，为16名归侨侨眷办理身份证，为4名华侨办理回国定居手续。2012年，为5名归侨侨眷办理身份证，受理5起涉侨信访，办结率100%。当年，市外侨办被国务院侨办授予“全国侨办系统信访工作示范单位”称号。

服务侨资企业

1996年5月，市侨办召开全市先进侨资、侨属企业及先进个人表彰大会，15家企业、30人受到表彰奖励。1998年3月，市侨办向国内外侨胞与侨眷推出承诺服务，设立热线电话、传真、电子邮箱，成立服务领导小组。2007年，联合市人大、市政协定期走访侨资企业，及时协调处理经济纠纷，为侨资企业在政策、资金、项目、人才、信息等方面给予引导支持。2009年，成立“潍坊市侨商会”。吸收35家重点侨资企业入会，定期开展座谈交流，听取侨商对外事侨务工作的建议意见。深入全市1000多家侨资企业进行专题调研，3次召开侨资企业代表座谈会，帮助企业应对金融危机，开拓国际市场，解决就业、签证、纠纷等实际问题14项。2010年，市侨办协同市金融办、市卫生局、市司法局为侨资企业提供金融、就医、法律服务。推荐3名侨界企业家入选改革开放以来山东省杰出侨商，3家企业参评全国明星侨资企业。1996—2012年，市外侨办共处理侨资企业经济纠纷等事件80起。

第六节　潍坊市归国华侨联合会

组织沿革

1996年10月21日，潍坊市归国华侨联合会（简称市侨联）进行机构改革，维持现行体制，与市政府侨务办公室一起办公，设秘书科（挂侨联办公室牌子）、侨政经济科、联络接待科3个科室。市侨办、市侨联机关编制总额为15人，其中市侨联编制4人。

2001年6月，市侨联单独设置，正县级规格。2004年2月，市侨联机关事业编制5人。同年10月，市侨联机关设办公室，负责机关日常工作。

归侨侨眷代表大会

市第四次归侨侨眷代表大会　1994年12月13—14日，潍坊市第四次归侨侨眷代表大会在潍坊渤海宾馆召开。与会代表132名，其中归侨41名，来自7个原侨居国；侨眷91名，其亲属侨居在18个国家和地区。大会审议通过市侨联三届委员会主席黎国间所作的《发挥优势　努力进取　为潍坊的对外开放和现代化建设做出新贡献》工作报告，选举产生41人组成的市侨联第四届委员会，选举11人为常务委员会委员，钟华德当选为主席，赵志贤、卢洪达当选为副主席。

市第五次归侨侨眷代表大会　1999年7月7—8日，潍坊市第五次归侨侨眷代表大会在潍坊渤海宾馆召开。与会代表206名，其中归侨45名，来自9个原侨居国；侨眷161名，其亲属侨居在27个国家和地区。大会审议通过第四届委员会副主席赵志贤所作的《发挥优势、开拓进取，为实现全市跨世纪的宏伟目标做出新贡献》工作报告，选举产生37人组成的市侨联第五届委员会，选举11人为常务委员会委员，卢洪达当选为主席，赵志贤、柳松波当选为副主席。

市归侨侨眷第六次代表大会　2003年4月7—8日，潍坊市归侨侨眷第六次代表大会在潍坊鸢飞大酒店召开。与会代表255名，其中归侨45名，来自8个原侨居国；侨眷204名，其亲属侨居在30个国家和地区。市侨联第五届委员会副主席柳松波作《解放思想 与时俱进 努力开创侨联工作新局面》的工作报告。选举产生59人组成的市侨联第六届委员会，选举11人为常务委员会委员，柳松波当选为主席，高兴顺、赵鹏当选为副主席。

市第七次归侨侨眷代表大会　2008年5月8—9日，潍坊市第七次归侨侨眷代表大会在潍坊国际金融大厦召开。与会正式代表178名，其中港澳代表5名；归侨29名，来自8个原侨居国；侨眷144名，其亲属侨居在23个国家和地区。柳松波代表潍坊市侨联第六届委员会作《高举旗帜 科学发展　为建设富裕文明和谐的现代化强市努力奋斗》的工作报告。选举产生62人组成的市侨联第六届委员会，选举13人为常务委员会委员。柳松波当选为主席，赵鹏、温明春、徐秋霞当选为副主席。

主要工作

为经济建设服务　1996—2012年，邀请、接待海外华侨华人到潍坊开展经贸考察，达成合作协议、意向18个，协议利用资金15亿元，到位资金8亿元。其中，引进的新加坡安利兴集团公司投资3亿元的生物质发电项目，占地150亩，每年发电量2.4亿千瓦时。引进的潍坊鹤翔安养中心项目，占地面积约150亩，总投资额约5.6亿元。引进的潍坊乔新农业发展有限公司种猪厂项目，总投资1亿元。2002年，市侨联五届四次全委会作出《关于进一步加快归侨侨眷民营经济发展的决定》，动员全市归侨侨眷加快发展民营经济。

2008年5月8日，潍坊市第七次归侨侨眷代表大会在潍坊国际金融大厦召开

2009年7月22日，由潍坊市侨联引进的投资3亿元的新加坡安利兴生物质发电项目正式并网发电

支持广大归侨侨眷发展文化产业、现代服务业、先进制造业和新兴高端产业，引导归侨侨眷和侨资侨属企业转变经营方式。立足海外侨胞熟悉国际市场、了解住在国法律的优势，积极配合实施“走出去”战略，帮助归侨侨眷和侨资侨属企业积极开拓国际市场。至2012年，全市出口创汇的归侨侨眷民营企业共50多家，年创汇2亿多美元。全市归侨侨眷民营企业发展到800多家，固定资产达8亿元，总产值近20亿元，利税3亿多元。50多家归侨侨眷民营企业、企业家受到各级党委、政府和全国、省、市侨联的表彰奖励。市侨联被省侨联评为全省侨联系统“为经济建设服务工作先进单位”“联谊招商先进单位”。

海外联谊交流 市侨联建立海外留学人员信息库、侨联青年委员信息库、海外华侨华人及社团信息库、海外重点人物信息库。主动做好政治上有影响、经济上有地位、科技上有成就的华侨华人的工作，努力拓宽引资引智的渠道。1996—2012年，市侨联组团或随团出访美国、加拿大、印度尼西亚、韩国、瑞典、意大利、荷兰等10多个国家，联络了一大批海外朋友。利用潍坊国际风筝会、国际蔬菜博览会等大型活动，邀请并接待参观考察的海外知名华侨华人、重要华侨社团、重点客商1500余人次。市侨联把开展中外文化交流作为工作重点，加强与海外文化团体的联络，通过文化交流增进友谊，弘扬齐鲁文化，促进经济技术合作，增强侨联工作的影响力、感召力和凝聚力，多次受到省侨联的表彰。市侨联在《侨力》杂志上开辟潍坊专刊，刊登宣传潍坊的文章约2万字，图片176幅，这是潍坊市首次在中国侨联主办的国家级刊物上发表专刊。组织全市归侨侨眷小学生及侨（爱）心小学的学生参加中国侨联举办的“世界华侨华人小学生作文大赛”，报送作品参赛3000余篇，潍坊市侨联获得优秀组织奖5次，120名教师、学生分获一、二、三等奖。

捐资公益事业 市侨联密切与海外侨界、社团的联系，通过乡情、亲情、友情，吸引更多的海外侨胞、港澳同胞、台湾同胞到潍坊捐资兴办公益事业。1996—2012年，接受华侨华人、港澳台同胞捐款捐物近700万元，新建扩建学校5所：加拿大华人在昌乐县高崖库区捐建景茂小学、在临朐柳山镇捐建景秀小学；台湾同胞在临朐大关镇捐建慧敏爱心小学、在青州王坟镇捐建如心小学；菲律宾华人在诸城石桥子镇捐建爱心小学。设立各种奖学金、助学金20多项，受益学生1.5万人次。市侨联加强海外侨胞捐赠款物的管理，让海外侨胞的捐赠更好地发挥作用，调动他们捐建公益事业的积极性。由市侨联直接管理的“鸿启奖学金”，共颁发21届，发放奖金35万多元，326名学生获奖。在中国侨联召开的公益事业经验交流会上，潍坊市侨联介绍管好用好侨胞基金的做法和经验，受到与会人员和中国侨联的好评，是全国地市级侨联4个典型经验之一。

侨界群众工作 1996—2012年，市侨联认真执行党和国家的侨务工作方针、政策，贯彻落实《中华人民共和国归侨侨眷权益保护法》（简称《侨法》）及其实施办法，通过广播、电视、报刊等媒体进行宣传，举办知识竞赛、讲座、开展“侨法宣传月”等活动32次，营造全社会依法维护侨益的良好氛围。对学习贯彻《侨法》的做法及实施《侨法》过程中存在的问题和建议，主动向全国人大华侨委员会执法检查团、省人大执法检查团、省政协调研组及市委、市政府汇报20多次。为来访归侨侨眷及华侨华人提供政策咨询，协助有关部门妥善处理在投资、劳务、祖籍房屋等投诉80起，收到澳大利亚、印度尼西亚、美国等国家和中国香港特别行政区有关人士的感谢信30多件，依法维护归侨侨眷和华侨华人的合法权益。争取有关部门的支持，筹集款物，开展好送温暖献爱心活动，走访贫困归侨、侨眷，为侨界弱势群体排忧解难，走访、慰问归侨侨眷2000多人次，发放扶贫款近50万元，发放救济物资价值10多万元。

参政议政　1996—2012年，全市各级侨联组织和归侨、侨眷人大代表、政协委员提出提案、议案200多个，涉及城乡建设、人民生活、侨界热点、难点问题、侨联组织建设等各个方面，为各级党委和政府决策提供重要依据。2009年，在全国归侨侨眷第八次代表大会上，潍坊市侨联被人力资源和社会保障部、中华全国归国华侨联合会授予“全国侨联系统先进集体”称号。至2012年底，省、市、县三级人大、政协有归侨侨眷代表、委员83人，海外侨胞成为参政议政的一支重要力量。

2009年7月13日，潍坊市侨联被人力资源和社会保障部、中华全国归国华侨联合会授予“全国侨联系统先进集体”称号

第九章　市级机关事务管理

潍坊市市级机关事务管理工作由市机关事务管理局负责，管理范围主要包括市级机关综合办公大楼、阳光大厦2个办公区和胜利街老市政府东院、胜利街老市委西院、院校街老市委北院、民生东街新华小区、胜利东街北海花园A区和B区6个生活小区。

第一节　管理机构

90年代初，机关事务由市委办公室、市政府办公室行政科统管。1998年8月，市级机关综合办公大楼启用。12月，成立市级机关综合办公大楼管理处，隶属于市委办公室，正县级全额拨款事业单位，编制40人。2001年12月，市级机关事务管理局成立，为市政府统一管理市级机关后勤事务工作部门，正县级规格，下设办公室、计划财务科（挂市级机关政府采购办公室牌子）、综合管理科、组织人事科、保卫科5个科室，机关编制20人。2002年7月，市级机关事务管理局“四部”（房产管理部、生活管理部、安全保卫部、采购供应部）、“一中心”（潍坊市北海花园市级机关住宅区开发建设管理中心）成立。

“管理中心”为市级机关事务管理局下属副县级事业单位，编制15人。“四部”编制员额为138人，实有聘用人员109人。2006年12月，撤销北海花园市级机关住宅区开发建设管理中心和“四部”，收回管理中心事业编制15个和“四部”的原定事业编制。2009年9月，综合管理科加挂公共机构节能监督管理科牌子。

2010年3月，市级机关事务管理局与市级机关综合办公大楼管理处合并，成立市级机关事务管理局，为市政府正县级直属事业单位，编制32人，下设办公室、财务科（挂市级机关政府采购办公室牌子）、组织人事科、公共机构节能科（挂潍坊市公共机构节能办公室牌子）、房产管理科、安全保卫科、生活管理科、设备运行维修科、会议服务科9个科室。局属单位为潍坊市机关幼儿园。至2012年，机构与编制未变。

第二节　办公区与住宅区管理

办公区

潍坊市市级机关办公区分为老办公区和新办公区。

市委北院老办公区位于胜利东街373号，占地面积2.38万平方米；市政府老办公区位于胜利东街326号，占地面积5.31万平方米。

潍坊市市级机关综合办公大楼位于胜利东街3699号，1996年开工建设，1998年投入使用。占地面积192.7公顷，总建筑面积7.64万平方米，主楼21层，高88米，两侧为11层。50多个党政机关、人民团体在楼内办公。

潍坊市市级机关市政府阳光大厦办公区位于东风东街6396号，占地面积35公顷，总建筑面积11.68万平方米，其主楼建筑面积7.48万平方米。2006年7月，潍坊市投资公司承建，2011年，投入使用。

90年代，市级机关办公区管理工作分别由市委办公室、市政府办公室负责，主要内容是水、电、暖等公用设施及房屋维修，各单位划分卫生区。1998年，新市级机关综合办公大楼启用后，由新成立的市级机关综合办公大楼管理处统一管理。12月，市级机关综合办公大楼启用物业化管理。2011年12月，市级机关事务管理局根据市政

90年代的市政府办公区大门

阳光大厦为双子塔建筑，总投资4.5亿元，地上30层，地下2层，建筑高度118.6米；附楼地上4层，地下2层

府第25次专题会议和49次常务会议精神，组织政府行政部门和直属事业单位分批次迁入阳光大厦，2012年9月，基本搬迁完毕，共有56个部门（单位）3200人入住阳光大厦集中办公。

住宅小区

市级机关住宅小区包括胜利东街市政府东院、市委西院、院校街市委北院、民主东街新华小区、胜利东街北海花园A区和B区。

市委住宅小区　市委西院住宅小区位于胜利东街342号，建筑面积5.11万平方米；市委北院住宅小区位于院校街36号，建筑面积2.47万平方米。

老市政府住宅小区　东院位于胜利东街322号，东院建筑面积5.29万平方米；南院3204平方米。

新华住宅小区　位于民生东街65号，占地面积3.02万平方米，地上覆盖物建筑面积2.91万平方米，容积率为0.97。其中住宅楼9幢286套、建筑面积2.69万平方米，食堂、商业房等公用附属物建筑2239.03平方米。

北海花园住宅小区　A区位于金马路3639号，建筑面积2.5万平方米，占地面积8.76万平方米，240套；B区位于胜利东街2756号，建筑面积21.12万平方米，占地面积20万平方米，1426套。

1994年前，机关干部住房实行分配制度，由市委办公室、市政府办公室统一调配。1994年，市级机关启动机关干部住房制度改革。1999年底，停止住房实物分配，全面实行货币化分配制度。2012年9月前，机关干部住宅小区物业服务一直由市委、市政府“两办”或房产管理部门负责。2012年9月始，住宅小区启动管理服务新模式，实行物业社会化管理。北海花园住宅小区先后有东湖、三友、北海等物业管理服务公司通过招标方式进驻小区，进行物业管理。

第三节　后勤服务

1998年12月潍坊市市级机关综合办公大楼启用后，市委、市政府及有关部门的会议保障服务，由市级机关综合办公大楼管理处统管负责。市级机关综合办公大楼设有电视电话视频会议室、座谈会议室、贵宾接待室、300人左右会议室等7个，基本满足市委全委会、市政府扩大会等重要会议和市级机关有关部门会议需求；阳光大厦大小会议室共62个，其中主楼50个，附楼12个，由市级机关事务管理局统一管理。年保障重大政务活动760场次以上。

2003年10月，市政府招待所改制，由山东中恒实业发展有限公司承担全部债务，接收安置原有事业编制的全部在职职工和离退休人员，其人事档案、人事关系及社会保险交由人才市场服务机构代理，与市级机关事务管理局正式脱离隶属关系。

2005年10月，按照省委、省政府《关于推进事业单位改革的意见》和有关改革改制的规定精神，渤海宾馆撤销。原渤海宾馆人员按照提前退休、内部退养、组建公司制企业、辞职自谋职业、辞退方式组织安置。该单位撤销后，其财务账户同时注销，债权债务按审计结果整体划转其主管部门。

1991—2012年，市级机关生活服务主要是办公区生活用餐和住宅区生活用餐。生活管理科负责市级机关综合办公大楼干部职工餐厅，实行政府购买社会服务方式，生活管理部负责阳光大厦干部职工餐厅和所有住宅生活小区食堂，年累计服务用餐人数20余万人次。市直机关医院在市级机关综合办公大楼、阳光大厦分别设有卫生室，负责机关干部办公期间的应急诊治。

第十章　地方史志

1982年1月，潍坊地区地方史志编纂委员会成立。当年，全市启动第一轮修志工作。1995年1月，《潍坊市志》正式出版。至1997年，《临朐县志》等11部县市区志相继出版，全市出版志书12部，全面完成省、市政府规划的首轮修志任务。2002年底，全市启动二轮修志工作。至2012年底，全市出版县市区志4部，出版基层志书91部。

全市第一部专业年鉴是1984年编印的《潍坊统计年鉴》，为内部资料。1993年，正式公开出版统计年鉴，至2012年，共出版20部。

1995年，创刊《潍坊年鉴》，每年编辑出版一卷。至2012年，共出版18卷。坊子、奎文、寒亭、临朐、高密、诸城、寿光等县市区相继编辑出版综合年鉴。

首轮修志工作完成后，按照国家和省、市关于地方史志事业的发展规划要求，全市史志事业开始步入志、鉴、网、馆、开发利用“五业”并举的全面发展之路。1997年8月，潍坊市情资料馆成立，是全市第一家方志馆。1999年，潍坊市地情资料库网站建成开通。2003年始，全面推进区县地情网站（资料库）建设。2007年底，12个县市区全部建成地情网站。全市地情网站作为政府门户网站的重要组成部分，共进行4次改版升级。至2012年，诸城市、寿光市、临朐县方志馆先后建成。

积极开发史志文化资源，先后编纂出版《潍坊诗词》《潍坊大事记》《当代潍坊概览》《潍坊人居环境志》《潍坊建市六十周年大事记》等地情书30种，整理旧志20种，全市政治、经济、文化和社会建设发挥了资政作用。

1991—2012年，全市史志系统有4人次获国家级个人荣誉、35人次获省级个人荣誉，20个单位获省级集体荣誉。

第一节　组织机构

潍坊市修志工作的领导机构为市地方史志编纂委员会，县市区地方史志编纂委员会均设修志工作机构，具体负责实施史志业务规划、管理，开展志鉴编纂、地情网站和方志馆建设、开发利用等工作。

1982年1月，潍坊地区地方史志编纂委员会办公室成立，副县级规格。1986年4月，潍坊市地方史志编纂委员会办公室调整为正县级。1997年6月，更名潍坊市地方史志办公室，调整为副县级，编制15人。1997年8月，成立下属事业单位潍坊市情资料馆，编制5人。2008年4月，市情资料馆并入市地方史志办公室，改为市情资料科。2008年6月，市地方史志办公室划为潍坊市市直参照公务员法管理事业单位。2009年10月，市地方史志办公室由副县级调整为正县级。2010年10月，增设方志管理科。至2012年，市地方史志办公室编制20人，设5个科。

第二节　志书编纂

1991—2012年，潍坊市共出版县市区志4部，潍坊滨海开发区志1部、潍坊高新技术产业开发区志1部。

市志编纂

1982年1月，《潍坊市志》开始编纂，1994年9月完成，历时12年。2002年底，市政府召开全市续修新方志工作会议，启动二轮修志工作。《潍坊市志（1991—2012）》编纂初步完成制订规划、组织发动、篇目制定、人员培训等工作。至2012年，完成部分资料的征集工作。

县市区志编纂

80年代初，全市各县市区先后启动修志工作。至1997年，全部完成首轮修志任务。2002年底，全市开始第二轮修志工作。2004年3月，《临朐县志（1988—2000）》率先召开志稿评审会，4月，通过市史志编纂委员会终审验收，10月出版。至2012年，《昌乐县志（1986—2007）》《诸城市志（1988—2007）》《奎文区志（1994—2010）》《坊子区志（1990—2007）》《高密市志（1986—2008）》陆续出版。

1989—2012年潍坊市县市区志编修情况一览表

表16－10－1

志　名	主　编	断　限	出版时间	字数（万）	出版社	获奖情况
青州市志	邢其典 张景孔	1840—1987	1989.2	111	南开大学出版社	山东省社会科学优秀成果（志书）三等奖
临朐县志	傅绍信	1840—1987	1991.5	120	山东人民出版社	全国新编地方志优秀成果一等奖 山东省第七次社会科学优秀成果三等奖 山东省志书优秀成果一等奖 潍坊市社会科学研究成果二等奖
昌乐县志	吴锡利 秦晓鸣	1840—1986	1992.5	96.7	山东人民出版社	—
诸城市志	邹金祥	1840—1987	1992.10	111.5	中华书局	—
寿光县志	王冠三 陈守仁	1840—1990	1992.11	126.5	中国大百科全书出版社上海分社	全国新编方志优秀成果二等奖
安丘县志	李守民	1840—1985	1992.11	104	山东人民出版社	—
寒亭区志	徐艺园 孙乐堂	1840—1988	1992.11	110	齐鲁书社	全国史志成果三等奖
潍城区志	杨寿山	1840—1990	1993.3	115.5	齐鲁书社	全省地方志优秀成果一等奖
坊子区志	任光明	下限1989年	1997.9	120	山东友谊出版社	山东省新编地方志优秀成果三等奖
临朐县志	冯元钊	1988—2000	2004.10	100	齐鲁书社	山东省“齐鲁新方志奖”优秀志书奖
昌乐县志	刘西强	1986—2007	2008.12	133	中华书局	被省史志办指定为2008年向全省和中国地方志小组重点推荐县级志书
诸城市志	孙铭杰	1988—2007	2011.12	150	中华书局	齐鲁新方志“八个一优秀”入围奖
奎文区志	孙　涛	1994—2010	2012.3	168	方志出版社	山东省优秀史志成果奖

基层志编纂

1991年，全市有少数县市区开始编纂出版基层志。1997年底，第一轮志书编修工作结束后，全市基层志相继编纂出版。至2012年，全市出版行业志、企事业志、部门志、乡镇志、村志等基层志书90部。

1991—2012年潍坊市基层志书出版情况一览表

表16-10-2

志 名	主 编	断 限	字数（万）	出版时间	出版社
临朐县进修学校志	—	1981—1991	10	1991	—
临朐第一中学校志	—	1952—1992	35	1992	—
青州市村镇大观	张景孔 刘传功	1949—1992	121	1992.4	青岛出版社
青州市地名志	张登弟 冀瑞永	1949—1992	60	1992.8	天津人民出版社
潍城区地名志	王履昌	下限1989年	40	1992.8	潍坊市新闻出版局准印
临朐县商业志	辛 衔	1906—1993	23.3	1993.10	潍坊市新闻出版局准印
山东坊子煤矿志	刘洪杰 王相文	1740—1990	44	1993.8	山东省新闻出版局准印
杨家埠村志	谭家正	1369—1993	35	1993.12	齐鲁书社
临朐县地名志	冯 晓	下限1992年	70	1995.10	潍坊市新闻出版局准印
临朐县技工学校志	刘继文	1988—1997	30	1998	—
羊口镇志	薛光照 国光丰	1864—1998.6	45	1998.12	潍坊市新闻出版局准印
东关村志	许金龙	下限1999.9	40	1999.9	齐鲁书社
贾思勰志	刘德成 刘克强	—	27	2001.3	山东人民出版社
临朐县水利志	梅永昌	公元2年至1990年	25.9	2003	—
郑玄志	耿天勤	127—200	26	2003.5	山东人民出版社
临朐师范校志	尹安世	1952—2002	15	2003.8	—
高密公路志	李顺利	下限2000年	46.2	2004.10	齐鲁书社
山东省益都卫生学校志	郑树平	1885—2005	30	2005.9	山东大学出版社
西岔河一村志	宋科富	下限2005年	45	2005.10	山东省新闻出版局
稻田镇志	丁汉亭 李铁柱	下限2005年	56	2006.2	中国档案出版社
临朐第二中学校志	王益军	1956—2006	20	2006.8	山东省新闻出版局准印
寿光市地名志	王长征	下限2005年	73	2006.8	香港恒嘉出版社

续表16－10－2

志　名	主　编	断　限	字数（万）	出版时间	出版社
寿光卫生防疫志	刘　君	下限2006年	32	2007.6	潍坊市新闻出版局准印
寿光市人大志	李俊明	1949—2006	90	2007.9	方志出版社
寿光一中校志	李玉明	1957—2007	—	2007.9	—
东关村志	黄金相 马景海	下限2007.10	81.2	2007.10	齐鲁书社
三元朱村志	王乐义	下限2007年	35	2008.4	齐鲁书社
辛寨中心卫生院志	刘来平	1948—2008	22	2008.7	—
中共寿光市委党校志	金树亮	1948—2008	40	2008.10	潍坊市新闻出版局准印
寿光现代中学校志	李昌武	下限2009年	81	2009.6	—
北洋头村志	葛汝凤	1369—2008	110	2009.6	社会科学文献出版社
寿光市政协志	王茂兴	1979—2009	102	2009.9	中国文联出版社
老崖崮村志	王庆惠	立村至2008年	50.8	2009.10	山东省新闻出版局准印
青州公路志	徐洪起	1949—2008	52	2009.12	中国出版社
诸城市卫生志	钟兆湘	1840—2009	—	2010	中州古籍出版社
潘家埠村志	李俊和	1371—2009	55.8	2010.9	山东省新闻出版局准印
曾家小庄村志	曾庆永	立村至2010年	52.8	2010.9	—
寿光市人民医院志	张献忠	1953—2008	45	2010.10	中国人口出版社
桃花村志	张兆克	立村至2008年	5	2010.11	—
尧洼村志	冯益智	立村至2010年	10	2010.12	—
寿光市军事志	于海庆	1840—2005	50.3	2010.12	山东省新闻出版局准印
诸城市劳动和社会保障志	张振华	1949—2010	70	2011	中华书局
寿光市纪检监察志	王教法	1979—2010	49	2011.2	中国方正出版社
高密市人民医院志	荆汝泉	1999—2010	40	2011.4	中国国际文化出版社
临朐县军事志	刘传党	1840—2005	51.2	2011.7	—
潍坊市坊子区军事志	于鲁闽	1840—2005	35.2	2011.11	山东省新闻出版局准印
地沟村志	葛汝凤 于　进	下限2011年	60	2011.12	中国文史出版社
高密半印半画年画	唐屹立	—	30	2011.12	中国文史出版社
刘家营村志	杨道明	立村至2011年	30	2012.3	—
青州市工商联志略	李守纲	1950—2011	10	2012.6	国际炎黄文化出版社

续表16－10－2

志　名	主　编	断　限	字数（万）	出版时间	出版社
潍坊高新技术产业开发区志	傅庆学	1991—2011	93.5	2012.7	方志出版社
孙家庄人物志	杨茂湘	—	18	2012.10	中国文化出版社
临朐村镇志略	刘建国	下限2010年	500	2012.11	方志出版社
潍坊市益都中心医院志	马　胜	1882—2012	124	2012.11	山东人民出版社
汪家沟村志	王新生	立村至2010年	8	2012.12	—
临朐县第一实验小学校志	刘学芝	1902—2011	30	2012.12	中国戏剧出版社
南潘曲村志	张兴德	1643—2010	50	2012.12	潍坊市新闻出版局准印

第三节　年鉴编纂

《潍坊年鉴》

《潍坊年鉴》由市政府主办，市地方史志办公室承编，综合记述上一年度潍坊地域内各行各业的新成就、新特点、新情况。1995卷为首卷，至2012年，共出版18卷。《潍坊年鉴》主要在潍坊区域内发行，部分用于与有关地市交换。

2012年5月16日，《潍坊年鉴》2012卷组稿工作会议在市级机关综合办公大楼召开

《潍坊年鉴》采取分类编辑法，全书设特载、大事记、全市概况、中共潍坊市委、潍坊市人民代表大会、潍坊市人民政府、政协潍坊市委员会、人民武装、法治、经济监督管理、农业、工业、交通·邮政·通信、建设·环保、商贸·旅游、中小企业和民营经济、财政·税务、金融、教育、科学、文化·卫生·体育、社会生活、县市区、开发区、人物等类目，记述形式分类目、分目、条目3个层次。使用规范的现代语体文记述，行文严谨、朴实、简洁、流畅，内容翔实、特色鲜明、装帧精美、图文并茂，全面系统地反映上年度全市自然、政治、经济、文化、社会及各行各业的基本情况。《潍坊年鉴》2001卷、2004卷获全省优秀年鉴一等奖，2002卷、2006卷、2008卷获全省优秀年鉴特等奖，2012卷获第七届全国年鉴编校质量检查评比特等奖。

县级综合年鉴

《高密年鉴（1986—1996）》，1997年创刊，由齐鲁书社出版发行。

《奎文年鉴（1994—1997）》，1998年6月始进行编纂，2000年4月出版。《奎文年鉴（1998—2002）》，2004年8月出版，为内部资料。

《青州年鉴（2010）》，2011年出版，当年获“齐鲁新方志奖”优秀年鉴奖，在第四届全省优秀年鉴评奖中获一等奖、框架设计奖、条目编写奖等奖项。

《寿光年鉴（1991—1995）》，1997年9月正式出版，共82万字，是寿光历史上第一部年鉴。1997年11月，在首届全省年鉴评比中，获综合条目编排、装帧装潢等共5个项目的特等奖。《寿光年鉴（1996—2000）》，2002年5月出版。《寿光年鉴（2001—2005）》，2007年1月出版。《寿光年鉴（2006—2010）》，2012年8月出版，在第四届全省优秀年鉴评奖活动中，获综合二等奖。

《临朐年鉴（2001—2008）》，2009年由方志出版社出版。2011年3月，获山东省地方史志编纂委员会全省史志系统“八个一优秀”优秀综合年鉴入围奖；5月，获省政府办公厅“齐鲁新方志奖”优秀年鉴奖。

第四节　信息化建设与方志馆建设

潍坊市情资料库、潍坊市情网始建于1998年，是全省较早建设的地情网站之一。市史志办公室先后投入资金100万元，进行4次大的升级改版，使12个县市区地情网站全部正常运行。潍坊地情网文字总量达5000万字，图片2000余幅，是全市规模最大、资料信息最丰富、最权威的地情网站。

2010年，市史志办公室增设方志管理科，对外挂市方志馆牌子，方志馆建筑面积500平方米。至2012年，县市区建成方志馆（室）6处。

信息化建设

1998年，潍坊市投资5万元，采用省史志办公室开发的地情资料库管理软件，配备计算机、打印机等设备，建成潍坊市情资料库。1999年，在政府网站上设置潍坊市志、潍坊年鉴、县市区志、部门志、乡镇村志等栏目。

2002年，市情资料库在省史志办公室的服务器上开设空间，对网站进行改版，设置潍坊概况、领导简介、潍坊名人、潍坊风筝、木版年画、名优特产、旅游胜地、招商引资、专题数据库、方志之窗、动态信息等栏目，实现资料库网上运行。

2003年，在市党政机关信息管理中心服务器上申请空间，并对网站进行改版。把网站定名潍坊市情网。2004年，潍坊市情网申请注册独立域名即：www.wfsq.gov.cn。2005年，潍坊市情网再次改版，网站开始采用asp技术进行管理。

2006年，市政府办公室对资料库及网站建设提出明确要求。至2007年底，12个县市区全部建成地情资料库，统一采用省史志办公室开发的软件。是年，市史志办公室被省史志办表彰为“全省史志系统信息建设先进单位”。

2007年，聘请专业网络信息公司，对网站进行全面升级改造，重新制作主页，编写新的管理程序。网站采用整站后台管理程序，实现管理的方便、快捷与安全。当年，潍坊市情网站获全省“八个一优秀”入围奖。

2008年，对网站进行再次升级改版，重新调整栏目，编写全新的整站管理程序，网站建设迈上新台阶。2009年2月，潍坊市情网被省政府办公厅表彰为全省“八个一优秀”地情网站。

方志馆建设

1997年8月，成立潍坊市情资料馆，位于市级机关老办公区，是市第一家方志馆，面积40平方米。2010年，市方志馆有临时馆舍500平方米。馆内主要收藏潍坊市、县市区、乡（镇、街道）三级新方志、年鉴、地情书及全国各省（自治区、直辖市）的新方志和年鉴和极具价值的旧志及其他重要历史文献资料。至2012年底，馆藏图书资料5000册（件）、各类期刊资料30种、数字方志文献和地情资料2000种。

至2012年，全市建成方志馆4处、方志室2处。其中，市级方志馆1处：潍坊市方志馆；县市区方志馆3处：寿光市方志馆、诸城市方志馆、寒亭区方志馆；方志室2处：坊子区方志室、青州市方志室。

第五节　旧志整理

90年代起，全市史志系统、政协有关部门及文史爱好者开始以标点、影印、校注等方式整理旧志，至2012年，共整理30部。

1991年，青州市史志办公室完成1960年《益都县志》的整理编印工作。

2002年12月，《临朐旧志汇编》由临朐县政协整理出版，辑入明嘉靖《临朐县志》、清康熙《临朐县志》、光绪《临朐县志》、光绪《临朐县乡土志》、民国《临朐续志》5部旧志。

2003年，《临朐旧志续编》由县政协整理出版，辑入《昌国艅艎》《临朐编年录》《东镇沂山志》3部私修志书。

2005年，完成嘉靖《青州府志》的影印工作，印数800套。

2006年，诸城史志办公室对清乾隆《诸城县志》进行标点、整理、出版。寒亭区史志办对乾隆《潍县志》、清光绪《潍县乡土志》进行点校。对民国时期的《潍县志稿》和《郑板桥全集》古集进行整理，以宣纸复印线装成册。

2006年，青州市政协文史委牵头，完成清光绪《益都县图志》的点校工作，并由中国文史出版社出版发行。是年，高密市人文自然遗产保护开发促进会为保护迄今高密市资料最全面、最完备的《高密县志》（1935年续修），采用现代排版形式，将原版对尊敬词语的抬头、空格等避讳形式做了改正，将原版两函16卷合订为精装上、下两册，对异体字进行订正，采用简化字，对生僻字词做了注音和简要注释，原版夹注予以保留。主编田绍义，编辑点校姜祖幼，2006年12月，由中国文化出版社出版，山东新华印刷厂潍坊厂印刷，全书共计56万字，印数1000册。

2008年，寿光市对民国《寿光县志》进行简化、标点、分段、横排，利用不同字体区分文意，先后修改多次，耗时3年，至2011年4月出版发行。

2010年，临朐县史志办公室搜集整理明嘉靖《临朐县志》、清康熙《临朐县志》、光绪《临朐县志》、民国《临朐续志》4部旧志，并进行影印。

2011年，寿光市史志办公室整理誊印康熙、民国《寿光县志》，以康熙、民国《寿光县志》原清抄本复制件为基础，所缺部分拍照扫描复制件补缺，以成全帙，作为整理出版底本，保留原式。康熙、民国《寿光县志》合为1函16册，优质歙宣纸古式线装，江苏扬州广陵古籍刻印社承印。

附：旧志辑录

中华人民共和国成立以前，全市境内各县纂修志书44部：明代纂修6部、清代纂修28部、中华民国纂修10部。现存最早的为明嘉靖三十年（1552）《临朐县志》。

明嘉靖《临朐县志》　知县王家士主修，训导严怡主纂，举人冯惟敏继任主纂。明嘉靖三十年（1552）刻印，4卷，万历年间重刻。现存宁波天一阁。

明万历《潍县志》　编修于明万历二年（1574），由邑人刘廷锡（官至明户部郎中、两淮盐运使）编修。曾任明南京刑部郎中、邑人胡邦佐和时任陕西按察副使、邑人王渐是该志校阅者，王渐为此志作序，是现存最早的潍县地方志书。共10卷，首次记载明万历二年之前的潍县历史，属创修之作。

明崇祯《寿光县志》　崇祯七年（1634），张馔（寿光县侯镇泊头子村人，万历三十八年进士，曾任山西平阳府推官）所编县志已无存，仅在《张氏家乘》中存录序言1篇。

清康熙《临朐县志》　由贡生尹所遴主纂。康熙十一年（1672）刻印，4卷。北京大学图书馆收藏影印本，中国海洋大学图书馆所存原刻本，但卷中亦有缺页少行。

清康熙《潍县志》　纂成于清康熙十一年（1672），是万历《潍县志》的续志，也是清朝潍县第一部志书。由时任潍县知县王珍为总裁主持编修，致仕归里的陈调元编纂。教谕刘秉和任校阅，县丞孙鼎鋐、典史王昌周任监修，宋国彦、于际隆等6人为考订人员。该志基本承袭沿用万历《潍县志》体例，共9卷，主要记述1574—1672年近百年间的潍县历史。

清康熙《寿光县志》　康熙三十七年（1698），知县刘有成督修，由安致远与其子安箕并赵大训、赵懿训兄弟编纂成书，计32卷10万余字。寿光县博物馆存藏1部，因钤有安氏“晚读堂”印章，被列为珍贵文物。

清乾隆《潍县志》　清乾隆《潍县志》修纂于清乾隆二十五年（1760），是康熙《潍县志》的续志，属官修志书。潍县知县张耀壁任总裁，聘历城举人王诵芬任编纂，地方士绅郭伟勣、刘志仁、郭灿等9人为分纂，潍县教谕高廷枢任提调，县丞、训导、巡检、典史等4人任协理，还聘用郭伟业、陈鸿受等42人作为采访人员。时任山东布政使崔应阶、山东按察使沈廷芳、莱州知府洪肇楙等人为该志作序，张耀壁亦为之作序。该志较翔实地记述潍县1672—1760年近90年的历史。

清乾隆《临朐县志》　山东省图书馆1981年编《山东省地方志联合目录》载：8卷，清乾隆四十一年（1776）《临朐县志》刻本，北京图书馆有藏本，《四库全书》列有乾隆《临朐县志》书目。

清乾隆《续寿光县志》　乾隆二十年（1755），知县王椿（河南辉县人，民间轶闻传说略记其事）总修，由杨廷枚、王之卫、刘用鲁编辑的《续寿光县志》，共30卷，约13万字。国内已少见，美国国会图书馆有藏本，烟台市博物馆有残本。嘉庆四年（1799），知县刘翰周总修，协修王初桐，分纂罗奎章、张以孚，所编县志也已少见。寿光县史志办公室多方征购，始得多部。全书共20卷，计20余万字。

清光绪《乡土志》　光绪三十三年（1907），知县金猷大奉令修《乡土志》，资料概略，内容过简，全书不足3万字。山东省博物馆存有抄本，寿光县史志办公室已转录存查。

清光绪《临朐县志》　知县姚延福主纂，16卷。该志初刻于光绪十年（1884），1921年、1927年、1931年多次再版。

清光绪《临朐县乡土志》　庠生高居广主编，13卷。光绪三十二年（1906）编成上报，未刻印，有手抄存山东省图书馆。

清光绪《潍县乡土志》　光绪三十一年（1905）开始编纂，光绪三十三年（1907）纂成。潍县知县宋朝桢任总纂，陈传弼、张兆棠、刘汝侨等8人为分纂，杜坛、丁良翰任校勘，徐乾滋、张洛书等4人为采访人员。

民国《临朐续志》 总纂刘仞千，分纂马康侯、卢绍尼、程墨斋、马伯言，共22卷。1935年，刻印出版，县档案馆有藏本。

民国《潍县志稿》 1931年，潍县县志局成立后，开始编修。潍县县长王华安主持，教育局局长高镜秋协助，聘请光绪进士陈蜚声任总纂，光绪举人、同盟会会员刘金第任副总纂，潍县著名文史学家丁锡田为采访部主任，另有陈达善、孙仙坡、杜佐宸、丁叔言等为编辑，郭鲁泉为缮写，丁次萱任总务。至1937年“七七事变”前已基本完稿，并陆续铅印样稿，因抗日战争爆发而搁浅。1940年，日伪莱潍道尹公署道尹常之英委派道尹公署督学刘逊聪寻找存稿并负责整理，以《潍县志稿》命名，常之英题签并作序，刘逊聪书跋，由潍县和记印刷局印刷，1941年8月正式出版面世。《潍县志稿》为42卷铅印本，100余万字，卷内有图照213幅。

民国《寿光县志》 1926年，寿光县长赵志澄聘请崔亦文编写县志，1928年完成初稿，但未能付印。手稿由上海图书馆存藏，县史志办公室复印一部查阅。1935年，县长宋宪章督修，邹允中和崔亦文分任正副总纂的《寿光县志》，其资料多取自1928年未能付印的县志初稿。全书共16卷，约50万字。书成之后各村均购1部，今民间尚有存卷。

《羊角沟见见录》 系1935年羊角沟公安局局长王树枬编写，全书近万字，县史志办公室据山东省图书馆藏本，抄录制版印50本以备参考。

另青州存明嘉靖、清康熙、咸丰、光绪等《青州府志》及清康熙《益都县志》、清光绪《益都县图志》、清《益都金石记》、清《益都先正诗丛钞》、清《青社遗闻》、清《青社琐记》、民国《百壶斋拾遗》、民国《青州纪游》等旧志。诸城存明万历、清康熙、乾隆、道光、光绪等5部《诸城县志》及清光绪三十三年、民国9年等2部《诸城乡土志》等旧志。

除上述官修县志外，尚有私修志书数部：

《昌国艅艎》 明末傅国私修志书，共12卷，现存抄本。

《东镇沂山志》 明王居易万历十四年（1586）私修志书，共5卷。现存山东省图书馆。

《临朐编年录》 清张敦仁私修志书，自雍正八年（1730）至雍正十一年（1733）完成，抄本现存上海图书馆。

《临朐乡贤考》 清窦作相私修志书，收录人物传记46篇。现存状况不详。

《古郱纪略》 清王嘉宾私修志书，4卷。现存状况不详。

《县志补订》 清谭凝德私修志书，4卷。现存状况不详。

第六节 开发利用

1991—2012年，全市市县两级修志机构积极开发史志文化资源，服务经济社会发展，编纂出版地情书30种。发挥掌握地情资料全面系统、权威准确的优势，坚持修志为用、修用并举，为相关部门提供资料、咨询服务。

地情书编写

潍坊市地情资料的开发利用主要是出版地情文献图书，利用市情资料库和互联网为公众查阅资料提供服务。

1990年下半年始，市史志办公室先后编辑出版《中国城市百科丛书•潍坊市》《潍坊大事记》《新方志论丛》《潍坊古今人物》《潍坊诗词》《潍坊方言志》等地情书，共200万字。

1991年，临朐县史志办公室编辑出版《临朐览胜》。1992—1994年，编辑出版《临朐在外工作人员名录》3辑。

2012年8月15日，《潍坊人居环境志》撰稿人培训班在临朐金城大酒店举行

1998年，市史志办公室为市政府办公室和其他单位提供有关资料6万余字。在市委、市政府举办的“庆祝建市50周年纪念活动”中，市史志办公室编写《世界风筝都——潍坊》一书的部分内容，包括潍坊市的区位区划、地形地貌、气候特征、自然资源、风光名胜等。在举办潍坊市“建市五十周年成就展览”时，市史志办公室为“建市概况”和“行政区划沿革”两部分提供文字资料。

2006年，临朐县史志办公室主办《临朐古今》期刊，常设专栏20余个，突出地方历史特色，免费向社会各界赠阅。10月，出版《骈邑遗墨》，收录临朐自北齐至末1400多年间的书画作品。分民间收藏、碑碣石刻、馆藏书画3部分。其作者既有县内的科举状元进士，也有布衣平民，还有宦游或寓居临朐的外埠人士。

2008年，市史志办公室针对进入21世纪后自然灾害较多的实际，编印《潍坊历史上的自然灾害》，为提前做好灾害预防提供参照。编印《潍坊籍在京人员名录》，为全市的招商引资工作提供信息服务。编印《潍坊历史文化村镇》一书，全面介绍潍坊100多个历史镇、村的文化底蕴。

2009年，市史志办公室启动《当代潍坊概览》和《潍坊建市六十周年大事记》的编写工作。继续与《潍坊晚报》《城市信报》等媒体合办栏目，介绍潍坊的历史文化、名人名家、姓氏掌故等内容。同年，临朐县史志办公室编纂出版《岁月留痕》，通过史料整理及众多亲历者的笔触，从不同侧面真实记录在中国共产党领导下临朐60年来取得的辉煌业绩，展现临朐发生的巨大变化。

2010年，市史志办公室出版发行《潍坊建市六十周年大事记》一书。同年，临朐县史志办公室开始编纂《临朐指南》，由县史志办公室、县地方志学会主办，2010年、2012年各出版1期。

服务社会

1996年，市史志办公室与市委宣传部联合组织“知我潍坊爱我潍坊有奖知识竞赛”活动。整理出反映潍坊市情的202道问答题，在市委宣传部主办的《潍坊宣传》月刊上发表，并向市直各部门、各县市区发放答卷20万份。

1998年，寿光市史志办公室编写综合市情资料书《寿光指南》，成为外界全面了解寿光的重要资料。2000年，与报社、电视台联合推出“寿光百年”“寿光大事记”专栏和专题节目，对全市人民群众进行市情教育。

2003年，市史志办公室利用现代手段，把地情资料及相关的招商引资优惠政策放到互联网上，为全市的招商引资工作服务。

2008年，市史志办公室与市电视台、报社、《大众日报·城市信报》等新闻媒体联系，开设专题栏目，全面介绍潍坊的历史文化、名人掌故、姓氏地名等内容，扩大潍坊文化影响力。

2008—2012年，临朐县史志办公室开展史志成果进机关、进学校、进社区、进企业等活动，赠送《骈邑遗墨》《岁月留痕》《临朐年鉴（2001—2008）》《临朐村镇志略》《临朐指南》等书籍万余册。

2010—2012年，临朐县史志办公室为寺头香椿、寺头山楂、九山苹果、五井黑山羊、九山板栗、朱虚城芹菜、沂山丹参、沂山板栗、柳山镇西瓜及临朐大樱桃、临朐酱菜、临朐烤烟、临朐板栗、临朐山楂、临朐佛手瓜、临朐香椿、临朐柿饼等申报国家地理标志产品提供史料证据，均获得国家地理标志产品。

1991—2012年，中国人民政治协商会议潍坊市委员会在中共潍坊市委的领导和上级政协的指导下，遵循《宪法》和政协章程，高举爱国主义和社会主义旗帜，坚持团结和民主两大主题，广泛团结和组织各民主党派、工商联、人民团体和各族各界代表人士，始终坚持“长期共存、互相监督、肝胆相照、荣辱与共”的方针，紧紧围绕全市工作大局，认真履行政治协商、民主监督、参政议政职能，富有成效地开展各项工作。其间，召开全体委员会议22次、常委会议105次，对事关全市改革、发展、稳定的重大问题进行协商议政；组织专题调研视察活动315次，向市委、市政府及有关部门报送建议案、调查报告、视察报告和情况反映299份，为推进全市的政治、经济和社会各项事业的发展做出积极贡献。

第一章　政协潍坊市委员会

1991—2012年，政协潍坊市委员会自七届四次会议起至十二届一次会议止，历经6届。政协潍坊市委员会由中国共产党、各民主党派、无党派人士、人民团体、少数民族和各界的代表以及特别邀请的人士组成，设若干界别。市政协界别设置依据当时经济社会发展形势的需要，适时调整。政协潍坊市委员会设主席1人、副主席若干人、秘书长1人。政协潍坊市委员会设常务委员会主持会务，常务委员会由主席、副主席、秘书长和常务委员组成，其候选人由参加政协潍坊市委员会的各党派、团体、各民族和各界人士协商提名，经市政协全体会议选举产生，任期与本届委员会相同。

第一节　政协委员

潍坊地区改为省辖潍坊市之后，中共潍坊市委根据《中国人民政治协商会议章程》规定，于1983年10月下旬开始进行组建政协的筹备工作。新组建的潍坊市政协，沿用潍坊市（县级）政协的届次，为政协第六届潍坊市委员会。1984年1月16日，在市政协筹备委员会全体成员会议上，确定政协第六届潍坊市委员会委员351名，代表20个界别，以后有所调整、增减。市政协委员产生的程序一般为：

提名推荐　在市政协换届以前，由各民主党派、工商联、无党派人士、各人民团体、各个界别等协商提出委员建议名单。

协商确定建议名单　由中共潍坊市委有关部门进行综合平衡，在向市政协党组征求意见和同各推荐方面协商的基础上，形成建议名单，并在推荐人选单位以适当方式进行公示，根据公示后的反馈意见，确定建议名单。

市政协常务委员会议通过　将委员建议名单提交市政协常务委员会进行协商和表决，过半数同意予以通过。

公布　经市政协常务委员会会议通过的委员，由市政协有关部门通知推荐单位和委员本人，向委员发委员证书，并通过新闻媒体向社会公布。

增补市政协委员的程序，也需要经过提名、协商、常务委员会会议通过和公布几个步骤。

政协七届潍坊市委员会第一次会议于1988年1月4日至9日在潍坊举行，共有委员425名，代表23个界别。本届期间增补委员56名，撤销2名，届末实有委员479名。

政协八届潍坊市委员会第一次会议于1993年3月8—12日在潍坊举行，共有委员409名，代表28个界别。本届期间增补委员40名，撤销1名，届末实有委员448名。

政协第九届潍坊市委员会第一次会议于1998年2月18—22日在潍坊举行，共有委员412名，代表26个界别。本届期间增补委员65名，撤销1名，届末实有委员476名。

政协第十届潍坊市委员会第一次会议于2003年2月20—23日在潍坊举行，共有委员481名，代表26个界别。本届期间增补委员50名，撤销3名，届末实有委员528名。

政协第十一届潍坊市委员会第一次会议于2008年1月3—6日在潍坊举行，共有委员489名，代表27个界别。本届期间增补委员37名，撤销、调出8名，届末实有委员518名。

政协第十二届潍坊市委员会第一次会议于2012年2月8—12日在潍坊举行，共有委员509名，代表29个界别。2012年增补委员18名，调出2名，截至2012年12月底，实有委员525名。

第二节　常务委员会

政协潍坊市委员会设常务委员会主持会务。常务委员会由主席1人、副主席若干人、秘书长1人和常务委员若干人组成，其候选人由参加政协潍坊市委员会的各党派、团体、各民族和各界人士协商提名，经市政协全体会议选举产生，任期与本届委员会相同。市政协常务委员第七届至第十届每届任期5年，第十一届任期4年，第十二届任期5年。

第七届常务委员会（1988.1—1993.3）

七届政协第一次会议选举产生主席1人、副主席10人、秘书长1人、常务委员67人。1991年4月，七届四次会议补选刘宗绥为副主席；1992年3月，七届五次会议补选王本理、刘会聚、杨淑英（女）为副主席，补选刘圣德为秘书长。

第八届常务委员会（1993.3—1998.2）

八届政协第一次会议选举产生主席1人、副主席10人、秘书长1人、常务委员81人。1995年3月，八届三次会议补选赵俭为副主席；1997年2月，八届五次会议补选王庆德为副主席、刘玉明为秘书长。

第九届常务委员会（1998.2—2003.2）

九届政协第一次会议选举产生主席1人、副主席9人、秘书长1人、常务委员71人。2001年2月，九届四次会议补选王立福为主席，李光信、王冰芬（女）为副主席；2002年4月，九届五次会议补选迟昭厚为主席。

第十届常务委员会（2003.2—2008.1）

十届政协第一次会议选举产生主席1名、副主席9人、秘书长1名、常务委员64人。2006年2月，十届四次会议补选张敦柏、满郭强（女）为副主席，曹学芹为秘书长；2007年2月，十届五次会议补选赵兴涛为主席。

第十一届常务委员会（2008.1—2012.2）

十一届政协第一次会议选举产生主席1人、副主席8人、秘书长1人、常务委员86人。

第十二届常务委员会（2012.2—　）

十二届政协第一次会议选举产生主席1人、副主席7人、秘书长1人、常务委员79人。

1988—2012年政协潍坊市委员会第七届至第十二届领导班子成员名单

表17—1—1

界别	职务	姓名	任职时间
七届（1988.1—1993.3）	主席	远　东	1988.1—1993.3
	副主席	刘玉兰（女）	1988.1—1993.3
		姜曰绍	1988.1—1993.3
		王金源	1988.1—1993.3
		钟华德	1988.1—1993.3
		王文岳	1988.1—1993.3
		杨明立	1988.1—1993.3
		曾文戊	1988.1—1993.3
		李在连	1988.1—1993.3
		张平治	1988.1—1993.3
		王振纶	1988.1—1989.12
		刘宗绥	1991.4—1993.3
		王本理	1992.3—1993.3
		刘会聚	1992.3—1993.3
		杨淑英（女）	1992.3—1993.3
	秘书长	李国中	1988.1—1990.6
		刘圣德	1992.3—1993.3
八届（1993.3—1998.2）	主席	刘玉兰（女）	1993.3—1998.2
	副主席	张奇文	1993.3—1998.2
		王本理	1993.3—1998.2
		刘会聚	1993.3—1998.2
		钟华德	1993.3—1998.2
		曾文戊	1993.3—1998.2
		张平治	1993.3—1998.2
		杨淑英（女）	1993.3—1998.2
		谷宗藩	1993.3—1998.2
		孙曾祺	1993.3—1998.2
		李学义	1993.3—1998.2

续表17－1－1

界别	职务	姓名	任职时间
八届（1993.3—1998.2）	副主席	赵　俭	1995.3—1998.2
		王庆德	1997.2—1998.2
	秘书长	刘圣德	1993.3—1997.2
		刘玉明	1997.2—1998.2
九届（1998.2—2003.2）	主席	刘玉兰（女）	1998.2—2001.2
		王立福	2001.2—2002.4
		迟昭厚	2002.4—2003.2
	副主席	张文玉	1998.2—2001.2
		李光信	2001.2—2003.2
		钟华德	1998.2—1998.2
		杨淑英（女）	1998.2—2003.2
		赵　俭	1998.2—2003.2
		王庆德	1998.2—2003.2
		王金卓	1998.2—2003.2
		郑汝智	1998.2—2003.2
		尹景尧	1998.2—2003.2
		杨肖青	1998.2—2003.2
		王冰芬	2001.2—2003.2
	秘书长	刘玉明	1998.2—2003.2
十届（2003.2—2008.1）	主席	迟昭厚	2003.2—2007.2
		赵兴涛	2007.2—2008.1
	副主席	鞠法昌	2003.2—2006.2
		赵　俭	2003.2—2006.2
		王庆德	2003.2—2007.2
		王金卓	2003.2—2007.2
		杨卫东	2007.2—2008.1
		郑汝智	2003.2—2008.1
		尹景尧	2003.2—2008.1
		杨肖青	2003.2—2008.1
		姜绍华	2003.2—2008.1

续表17－1－1

界别	职务	姓名	任职时间
十届（2003.2—2008.1）	副主席	邹芙林（女）	2003.2—2008.1
		张敦柏	2006.2—2008.1
		满郭强（女）	2006.2—2008.1
	秘书长	张明海	2003.2—2006.2
		曹学芹	2006.2—2008.1
十一届（2008.1—2012.2）	主席	赵兴涛	2008.1—2012.2
	副主席	杨卫东	2008.1—2012.2
		郑汝智	2008.1—2012.2
		姜绍华	2008.1—2012.2
		王冰芬（女）	2008.1—2012.2
		满郭强（女）	2008.1—2012.2
		杜国忠	2008.1—2012.2
		刘维国	2008.1—2012.2
		李传恒	2008.1—2012.2
	顾问	杨肖青	2008.1—2012.2
		邹芙林（女）	2008.1—2012.2
	秘书长	曹学芹	2008.1—2012.2
十二届（2012.2—　）	主席	崔建平	2012.2—
	副主席	刘　伟	2012.2—
		王卫东	2012.2—
		李传恒	2012.2—
		吴建民	2012.2—
		王继怀	2012.2—
		王贤臣	2012.2—
		李士来	2012.2—
	顾问	杨肖青	2012.2—
		姜绍华	2012.2—2012.11
		满郭强（女）	2012.2—
		杜国忠	2012.2—

续表17—1—1

界别	职务	姓名	任职时间
十二届（2012.2— ）	顾问	刘维国	2012.2—
	秘书长	王有亭	2012.2—

第三节　工作机构

市政协根据工作需要设专门委员会，组织委员履职尽责、开展经常性活动。作为市政协工作机构——专门委员会的设置，是随着政协履行职能范围的不断扩大、内容和形式上的不断创新发展，逐步发展和健全起来的。六届至九届专委会主任一般由副主席兼任，并由1名驻会专职常委任副主任主持工作；十届、十一届专委会，由驻会专职常委任专委会主任，副主席不再兼任专委会的领导职务；十二届专委会主任由副主席兼任，配备两至三名驻会专职常委任副主任。

第七届委员会工作机构

市政协第六届委员会设学习、文史资料、提案、祖国统一联络、工作组5个专门委员会和17个工作组。1988年11月，七届市政协撤销工作组委员会，将文史资料研究委员会、提案工作委员会、祖国统一联络委员会分别更名为文史资料委员会、提案委员会、祖国统一联谊委员会，设立经济科技委员会；1989年12月，市政协第七届委员会设立文教卫生委员会、社会政法委员会。到1992年七届市政协末，市政协共设有经济科技、文史资料、提案、学习、祖国统一联谊、文教卫生和社会政法7个委员会。上述7个专门委员会均下设办公室（正科级）。

第八届委员会工作机构

1993年5月，市政协八届二次常委会议决定，八届政协设提案委员会、学习宣传委员会、文史资料委员会、经济科技委员会、文教卫生委员会、社会法制委员会、祖国统一三胞联谊委员会。上述7个专门委员会均下设办公室（正科级）。

第九届委员会工作机构

1998年2月，市政协九届一次常委会议决定，九届政协设提案委员会、学习宣传委员会、文史资料委员会、经济科技委员会、文教卫生委员会、社会法制委员会、台港澳侨和外事委员会。上述7个专门委员会均下设办公室（正科级）。2001年9月，市政协九届十七次常委会议决定，经济科技委员会更名为经济委员会，文教卫生委员会更名为科教文卫体委员会，学习宣传委员会增挂委员活动工作室牌子，增设人口资源环境委员会（下设办公室，正科级）。

第十届委员会工作机构

2003年4月，市政协十届二次常委会议决定，十届政协设提案委员会、经济委员会、人口资源环境委员会、科教文卫体委员会、台港澳侨和外事委员会、社会法制委员会、文史资料委员会。上述7个专门委员会均下设办公室（正科级）。2004年3月，市政协十届五次常委会议决定，台港澳侨和外事委员会更名为港澳台侨和外事委员会。2007年12月，经市编委会提议，市委常委会研究决定，市政协机关设立提案委员会工作室、经济委员会工作室、人口资源环境外事委员会工作室、科教文卫体委员会工作室、社会法制委员会工作室、文史资料委员会工作室等6个专门委员会工作机构，均为副县级规格。市政协机关原设置的7个专门委员会办公室同时撤销。

第十一届委员会工作机构

2008年1月，市政协十一届一次常委会议决定，十一届政协设提案委员会、经济委员会、人口资源环境外事委员会、科教文卫体委员会、社会法制委员会、文史资料委员会。上述6个专门委员会均下设工作室（副县级）。

第十二届委员会工作机构

2012年3月，市政协十二届一次常委会议决定，十二届政协设提案委员会、经济委员会、人口资源环境外事委员会、科教文卫体委员会、社会法制委员会、文史资料委员会。上述6个专门委员会均下设工作室（副县级）。

第四节　办事机构

市政协机关设办公室等作为市政协办事机构，主要为委员活动提供各种服务。六届、七届市政协机关设办公室，下设3个科；八届市政协机关除设办公室外，增设调查研究室，下设2个科；九届市政协机关沿用八届的机构设置；十届市政协机关除设办公室、调研室外，新设委员活动工作室，下设2个科；十一届市政协机关将办公室增设2个科，办公室下设科增加至5个；十二届市政协机关沿用十一届的机构设置。截至2012年12月，市政协办事机构共设3室9科。

七届市政协机关

七届市政协末，市政协办事机构设市政协办公室，下设秘书科、行政科、政工科。

八届市政协机关

八届市政协办事机构继续沿用七届政协的设置。1996年11月，增设市政协调查研究室，下设综合科、调研科。1997年1月，办公室下设的3个科改建，秘书科改为秘书信息科、行政科改为行政财务科、政工科改为政工老干科。

九届市政协机关

九届市政协办事机构继续沿用八届政协的设置。

十届市政协机关

十届市政协办事机构继续沿用九届政协的设置。2004年2月，根据中共潍坊市委办公室关于印发《潍坊市政协机关主要职责、内部机构和人员编制方案》的通知规定，市政协机关设办公室、研究室、政协委员活动工作室3个县级工作机构，其中，办公室设秘书信息科、政工老干科、行政财务科；研究室设综合科、调研科，委员活动工作室设组织联络科、学习宣传科。2004年6月，市政协增设委员活动工作室，下设组织联络科、学习宣传科。

十一届市政协机关

十一届市政协办事机构继续沿用十届政协的设置。2008年4月，增设办公室信息科，正科级规格；秘书信息科更名为秘书科。2010年6月，增设办公室老干部工作科，正科级规格；政工老干科更名为组织人事科。

十二届市政协机关

十二届市政协办事机构继续沿用十一届政协的设置。

第二章 市政协全体委员会议

市政协全体委员会议每年举行一次，常务委员会认为必要时，可临时召开。每届政协第一次全体会议前，召开全体委员参加的预备会议，选举第一次全体会议主席团，由主席团主持第一次全体会议。1991—2012年，政协潍坊市委员会共召开全体会议22次。

第一节 政协潍坊市第七届委员会会议

政协第七届潍坊市委员会共召开5次全体委员会议。1991年、1992年各召开全体委员会议1次。

七届四次全体会议

于1991年4月22—26日召开。383名市政协委员出席会议。会议协商讨论市长邵桂芳作的《关于全市国民经济和社会发展十年规划》和《第八个五年计划纲要（草案）》的报告以及其他报告（草案）；听取并审议市政协副主席曾文戊代表市政协七届常务委员会所作的工作报告以及提案委员会的工作报告，审议其他专门委员会工作报告（书面）；补选刘宗绥为七届市政协副主席；通过市政协七届常务委员会工作报告的决议和大会政治决议。

1991年4月，市政协七届四次会议期间，委员们围绕会议议题互相交流

七届五次全体会议

于1992年3月23—26日召开。425名市政协委员出席会议。会议听取并审议市政协副主席钟华德代表市政协第七届常务委员会所作的工作报告和市政协提案委员会关于提案工作的报告；审议市政协其他专门委员会工作报告（书面）；列席市人大十一届五次会议，听取并讨论市政府工作报告、关于潍坊市1992年国民经济和社会发展计划（草案）的报告、关于潍坊市1991年全市财政决算和1992年财政预算（草案）的报告以及市中级人民法院和市人民检察院的工作报告；会议增选王本理、刘玉明、刘圣德、刘会聚、齐光炤、杨林渊、辛丕宏、姜绍华、黄振杰、葛云峰、董法进、魏增芳为七届市政协常委，补选王本理、

刘会聚、杨淑英为七届市政协副主席，补选刘圣德为七届市政协秘书长；通过大会政治决议和常务委员会工作报告的决议。

第二节　政协潍坊市第八届委员会会议

政协第八届潍坊市委员会共召开5次全体委员会议。

八届一次全体会议

于1993年3月8—12日召开。395名市政协委员出席会议。会议围绕解放思想，振奋精神，加快改革开放和经济建设步伐，实现全市“三步走”的战略目标，开展总体协商。委员们认真听取市委书记赵长风的讲话；讨论并审议市政协副主席刘玉兰所作的七届市政协常委会工作报告及各专门委员会工作报告（书面）；列席市人大十二届一次会议，听取并协商讨论市政府工作报告和其他报告。市委副书记孙嘉炼、刘景云和市委常委于洪吉分别到讨论小组听取委员们的意见。会议通过市政协八届一次会议决议；选举潍坊市政协第八届常务委员81名，选举刘玉兰为主席，张奇文、王本理、刘会聚、钟华德、曾文戊、张平治、杨淑英、谷宗藩、孙曾祺、李学义为副主席，刘圣德为秘书长。

八届二次全体会议

于1994年3月6—9日召开。393名市政协委员出席会议。会议围绕解放思想，集思广益，共谋改革开放和经济建设大计，开展总体协商。市委书记齐乃贵在会上发表讲话。会议期间，委员们审议市政协主席刘玉兰代表八届市政协常务委员会所作的工作报告及政协各专门委员会的工作报告（书面），列席市人大十二届二次会议，听取市长王大海作的市政府工作报告和其他报告。委员们围绕加快全市改革开放步伐，促进经济建设等重大问题建言献策，提出许多建设性的意见和建议。会议通过市政协八届二次会议决议，增选江尔生、刘安昌、张玉明为八届市政协常委。

1993年3月8日，市政协八届一次会议召开

八届三次全体会议

于1995年2月28日—3月3日召开。406名市政协委员出席会议。会议围绕解放思想，振奋精神，集思广益，加快改革开放和经济建设步伐，开展总体协商。与会委员讨论审议市政协副主席王本理代表八届市政协常委会作的工作报告及其他报告。全体委员列席市人大十二届三次会议，协商讨论市政府工作报告及其他报告。在分组讨论中，委员们就全市政治、经济、科技、文化、教育、卫生等各方面，提出34条建设性的意见和建议。会议还围绕实施外向带动战略，城乡一体化战略和加强农业基础地位，深化国有企业改革，实施“科技兴潍”战略和加快教育、体育、

卫生事业发展，维护社会稳定等问题，举行三次全体会议，有26名委员发言。会议增选赵俭为八届市政协副主席。

八届四次全体会议

于1996年3月3—6日召开。417名市政协委员出席会议。会议听取并审议市政协主席刘玉兰所作的常务委员会工作报告及其他报告；列席市人大十二届四次会议，听取并协商讨论市政府关于潍坊市国民经济和社会发展第九个五年计划及2010年远景目标纲要(草案)的报告及其他报告；委员们通过小组讨论、大会发言和书写提案等形式，围绕制定和实施《纲要》，提出150多条意见和建议。会议通过市政协八届四次会议决议，增选刘伟、张江汀、陈鸿香、逄京乾、臧健和为八届市政协常委。

八届五次全体会议

于1997年2月21—24日召开。413名市政协委员出席会议。市委、市人大、市政府、市纪委的领导出席开幕和闭幕大会，并到会听取10名委员的大会发言。与会委员认真学习中共中央、全国人大常委会、国务院、全国政协、中央军委《告全党全军全国各族人民书》，深切缅怀邓小平的丰功伟绩，决心继承遗志，努力做好工作。会议听取并审议市政协主席刘玉兰代表市政协常务委员会所作的工作报告和副主席李学义代表市政协提案委员会所作的提案工作报告，审议市政协其他专门委员会工作报告(书面)；列席市人大十二届五次会议，听取并协商讨论市政府工作报告及其他报告；会议审议通过市政协八届五次会议决议；增选王庆德为八届市政协副主席，选举刘玉明为八届市政协秘书长。

第三节　政协潍坊市第九届委员会会议

政协第九届潍坊市委员会共召开5次全体委员会议。

九届一次全体会议

于1998年2月18—22日召开。411名市政协委员出席会议。市委书记曹学成在会议发表讲话。会议听取并审议市政协主席刘玉兰代表八届市政协常务委员会作的工作报告及其他报告；列席市人大十三届一次会议，听取并协商讨论市政府工作报告及其他报告；选举刘玉兰为政协第九届潍坊市委员会主席，张文玉、钟华德、杨淑英、赵俭、王庆德、王金卓、郑汝智、尹景尧、杨肖青为副主席，刘玉明为秘书长，于生等71人为常委；会议通过市政协九届一次会议决议；当选的市政协主席刘玉兰发表讲话。

九届二次全体会议

于1999年2月24—26日召开。413名市政协

1998年2月18日，市政协九届一次会议召开

委员出席会议。会议听取并审议市政协副主席张文玉代表九届市政协常委会作的工作报告，审议市政协各专门委员会的工作报告（书面）；列席市人大十三届二次会议，听取并协商讨论市政府工作报告及其他重要报告。市委、市政府领导听取11名委员的大会发言。会议增选姜耕田、薛云嵩、张光耀、吴汝江、赵信芳为九届市政协常委；通过市政协九届二次会议决议和提案委员会关于市政协九届二次会议提案审查情况的报告。市政协主席刘玉兰在闭幕会上发表讲话。

九届三次全体会议

于2000年2月24—26日召开。420名市政协委员出席会议。会议听取并审议市政协主席刘玉兰作的常委会工作报告和市政协副主席张文玉作的提案工作情况的报告；审议市政协各专门委员会工作报告（书面）；列席市人大十三届三次会议，听取并协商讨论市政府工作报告及其他报告；11名委员作大会发言，8名委员作书面发言；会议审议通过政协第九届潍坊市委员会第三次会议决议和市政协提案委员会关于市政协九届三次会议提案审查情况的报告。

九届四次全体会议

于2001年2月21—24日召开。465名市政协委员出席会议。会议听取并审议市政协主席刘玉兰作的常委会工作报告和市政协副主席张文玉作的提案工作情况的报告；列席市人大十三届四次会议，听取并协商讨论市政府《关于潍坊市国民经济和社会发展第十个五年计划纲要》（草案）的报告和其他报告；28名委员作大会发言；会议补选王立福为九届市政协主席，补选李光信、王冰芬为九届市政协副主席，补选李明忠、闫云田、贾玉良、殷立新、于德路、王新华、任军、康凤英为九届市政协常委；通过市政协提案委员会关于九届四次会议提案审查情况的报告和市政协九届四次会议决议。

九届五次全体会议

于2002年4月24—27日召开。460名市政协委员出席会议。会议听取和审议市政协副主席李光信作的市政协常委会工作报告和市政协副主席赵俭作的提案工作情况的报告；列席市人大十三届五次会议，听取并协商讨论市政府工作报告及其他报告；会上，有18名委员作大会发言或提交书面发言；会议补选迟昭厚为九届市政协主席；会议通过市政协提案委员会关于提案审查情况的报告和市政协九届五次会议决议。

第四节　政协潍坊市第十届委员会会议

政协第十届潍坊市委员会共召开5次全体委员会议。

十届一次全体会议

于2003年2月20—23日召开。481名市政协委员出席会议。会议听取市委书记张传林的讲话；听取并讨论审议市政协主席迟昭厚代表九届市政协常务委员会作的工作报告和副主席李光信代表市政协常委会作的关于九届五次会议以来提案工作情况的报告；列席市人大十四届一次会议，听取并协商讨论市政府工作报告和其他报告。会议选举迟昭厚为市政协第十届委员会主席，鞠法昌、赵俭、王庆德、王金卓、郑汝智、尹景尧、杨肖青、姜绍华、邹芙林为副主席，张明海为秘书长，选举产生64名常务委员；通过市政协十届一次会议提案审查情况的报告和市政协十届一次会议决议。

十届二次全体会议

于2004年1月31日—2月2日召开。477名市政协委员参加会议。会议听取市委书记张传林的讲话；听取并讨论审议市政协主席迟昭厚代表十届市政协常务委员会作的工作报告和市政协副主席鞠法昌代表十届市政协常务委员会作的提案工作报告；列席市人大十四届二次会议，听取并协商讨论市政府工作报告、计划和财政报告以及市中级人民法院、市人民检察院工作报告；27名委员分别作大会发言或提交书面发言。通过市政协十届二次会议决议和提案委员会关于市政协十届二次会议提案审查情况的报告。

十届三次全体会议

于2005年2月18—20日召开。480名市政协委员出席会议。会议听取市委书记张传林的讲话；听取并讨论审议市政协主席迟昭厚代表十届市政协常务委员会作的工作报告和市政协副主席鞠法昌代表十届市政协常务委员会作的提案工作报告；列席市人大十四届三次会议，听取并协商讨论市政府工作报告、计划和财政报告及市中级人民法院、市人民检察院工作报告；21名委员分别作大会发言或提交书面发言；通过市政协十届三次会议决议和提案委员会关于市政协十届三次会议提案审查情况的报告及有关人事任职事项。会议补选吕秀彩为十届市政协常委。

十届四次全体会议

于2006年2月7—10日召开。492名市政协委员出席会议。会议听取市委书记张传林的讲话；听取并讨论审议市政协主席迟昭厚代表十届市政协常务委员会作的工作报告和市政协副主席鞠法昌代表十届市政协常务委员会作的提案工作报告；列席市人大十四届四次会议，听取并协商讨论市政府工作报告、“十一五”规划纲要（草案）及其他报告；22名委员和5个单位分别作大会发言或书面发言；通过市政协十届四次会议决议和提案委员会关于市政协十届四次会议提案审查情况的报告及有关人事事项。会议补选张敦柏、满郭强为十届市政协副主席，曹学芹为市政协秘书长；补选张明海、张桂昌、张爱军、胡嘉新、王高宗为市政协常委。

十届五次全体会议

于2007年2月26日—3月1日召开。517名市政协委员出席会议。会议听取市委书记张新起的讲话；听取并讨论审议市政协主席迟昭厚代表十届市政协常务委员会作的工作报告和市政协副主席王庆德代表十届市政协常务委员会作的提案工作报告；列席市人大十四届五次会议，听取并协商讨论市政府工作报告；协商讨论计划和财政报告、市中级人民法院、市人民检察院工作报告；22位委员和4个单位分别作大会发言或提交书面发言；通过市政协十届五次会议决议和提案委员会关于市政协十届五次会议提案审查情况的报告及有关人事任职事项。会议补选赵兴涛为十届市政协主席、杨卫东为市政协副主席，王钧等9人为市政协常委。

2007年2月，潍坊市政协十届五次会议召开

第五节　政协潍坊市第十一届委员会会议

政协第十一届潍坊市委员会共召开4次全体委员会议。

十一届一次全体会议

于2008年1月3—6日召开。488名市政协委员出席会议。会议听取市委书记张新起的讲话；听取并讨论审议市政协主席赵兴涛代表十届市政协常务委员会所作的工作报告和副主席杨卫东代表十届市政协常务委员会所作的提案工作报告；全体委员列席市人大十五届一次会议，听取并协商讨论市政府工作报告；协商讨论市计划和财政报告以及市中级人民法院、市人民检察院工作报告；通过市政协十一届一次会议决议和提案委员会关于市政协十一届一次会议提案审查情况的报告。会议选举赵兴涛为政协第十一届潍坊市委员会主席，杨卫东、郑汝智、姜绍华、王冰芬、满郭强、杜国忠、刘维国、李传恒为副主席，曹学芹为秘书长，丁启辉等86人为常务委员。

十一届二次全体会议

于2009年2月2—6日召开。497名市政协委员出席会议。会议听取市委书记张新起的讲话；听取并讨论审议市政协主席赵兴涛代表十一届市政协常务委员会所作的工作报告和副主席杨卫东代表十一届市政协常务委员会所作的提案工作报告；全体委员列席市人大十五届二次会议，听取并协商讨论市政府工作报告；协商讨论市计划和财政报告以及市中级人民法院、市人民检察院工作报告；通过市政协十一届二次会议决议和提案委员会关于市政协十一届二次会议提案审查情况的报告；会议补选李春水为十一届市政协常委。

十一届三次全体会议

于2010年2月23—26日召开。505名市政协委员出席会议。会议听取市委书记张新起的讲话；听取并讨论审议市政协主席赵兴涛代表十一届市政协常务委员会所作的工作报告和副主席杨卫东代表十一届市政协常务委员会所作的提案工作报告；全体委员列席市人大十五届三次会议，听取并协商讨论市政府工作报告及市中级人民法院、市人民检察院工作报告；通过市政协十一届三次会议决议和提案委员会关于市政协十一届三次会议提案审查情况的报告；会议补选侯文友为十一届市政协常委。

十一届四次全体会议

于2011年2月19—22日召开。518名市政协委员出席会议。会议听取并讨论市委书记张新起的讲话；听取并讨论审议市政协主席赵兴涛代表十一届市政协常务委员会所作的工作报告和副主席杨卫东代表十一届市政协常务委员会所作的提案工作报告；全体委员列席市人大十五届四次会议，听取并讨论市政府工作报告及相关报告，协商讨论潍坊市国民经济和社会发展第十二个五年规划纲要（草案）；25名委员和5个单位分别作大会发言或提交书面发言；会议通过提案委员会关于市政协十一届四次会议提案审查情况的报告和市政协十一届四次会议决议；增补李中元、李树平、张世臣为十一届市政协常委；表彰丁启辉等为十一届市政协优秀委员。

第六节　政协潍坊市第十二届委员会会议

政协第十二届潍坊市委员会于2012年2月换届产生，截至2012年12月底召开全体会议1次。

十二届一次全体会议于2012年2月8—12日召开。509名市政协委员出席会议。会议听取并讨论市委书记许立全的讲话；听取并讨论审议市政协主席赵兴涛代表十一届市政协常务委员会所作的工作报告和市政协副主席杨卫东代表十一届市政协常务委员会所作的提案工作报告；全体委员列席市人大十六届一次会议，听取并协商讨论市政府工作报告及其他相关报告；选举产生市政协第十二届委员会主席、副主席、秘书长和常务委员；审议通过市政协十二届一次会议决议和提案委员会关于市政协十二届一次会议提案审查情况的报告。崔建平当选十二届市政协主席，刘伟、王卫东、李传恒、吴建民、王继怀、王贤臣、李士来当选市政协副主席，王有亭当选市政协秘书长。选举结束后，新当选的市政协主席、副主席、秘书长与全体委员见面。新当选的市政协主席崔建平发表讲话。

第三章　市政协常委会议

根据政协章程规定，政协潍坊市委员会设常务委员会主持会务，常务委员会由主席、副主席、秘书长和常务委员组成，主席主持常务委员会的工作，副主席、秘书长协助主席工作。常务委员会负责召集并主持政协全体会议，每届第一次全体会议前召开全体委员参加的预备会议，选举第一次全体会议主席团，由主席团主持第一次全体会议。全体会议闭会期间，常务委员会议负责审议通过重要建议案；决定工作机构的设置和变动，并任免其领导成员；根据秘书长提议，任免副秘书长等。常务委员会议一般每 3 个月举行一次。1991—2012年共召开常务委员会议105次。

第一节　市政协第七届常委会议

七届十四次常委会议

1991年2月1—3日，七届十四次常委会议召开。会议传达学习江泽民在中共十三届七中全会闭幕时的讲话和关于制定国民经济和社会发展十年规划和“八五”计划纲要的说明；市委副书记齐乃贵作关于制定潍坊市国民经济和社会发展“八五”计划和十年规划纲要的说明；协商讨论《潍坊市国民经济和社会发展“八五”计划和十年规划纲要（草案）》；通过关于召开市政协七届四次会议的决定及人事任免事项；市政协主席远东作总结讲话。

七届十五次常委会议

1991年4月21日，市政协七届十五次常委会议召开。会议审议通过市政协七届四次会议议程、日程、执行常委名单、分组名单及召集人名单；审议并原则通过市政协七届常务委员会工作报告（草案），并推举报告人；对会议选举办法和候选人作了说明；审议通过增补委员名单。

七届十六次常委会议

1991年8月6—8日，市政协七届十六次常委会议召开。与会常委认真学习讨论江泽民的“七一”讲话，听取有关辅导报告录音。市委常委、副市长邹立健通报全市经济工作情况。会上，委员们还就搞活大中型企业和稳定家庭联产承包责任制，完善农村双层经营机制等问题进行研究探讨。会议通过关于吸收市科协、市侨联为政协潍坊市第七届委员会组成单位的决定。市政协主席远东作总结讲话。

七届十七次常委会议

1991年12月27—28日，市政协七届十七次常委会议召开。会议学习贯彻中共十三届八中全会和省委五届七次全委（扩大）会议精神及市委常委（扩大）会议精神；传达贯彻省政协六届十八次常委会议精神；审议并原则通过市政协七届常委会工作报告（草案）；审议通过关于召开市政协七届五次会议的决定；审议通过增补委员名单及执行常委名单；市政协副主席刘玉兰作总结讲话。

七届十八次常委会议

1992年1月10日，市政协七届十八次常委会议召开。市委副书记孙嘉炼通报市委关于延期召开市政协七届五次会议的建议。会议根据市委建议，一致同意并决定市政协七届五次会议延期召开，具体时间授权主席会议决定。

七届十九次常委会议

1992年3月21日，市政协七届十九次常委会议召开。会议传达学习中共中央文件和省政协六届五次会议精神；传达贯彻市委七届六次全委（扩大）会议精神；对市政协七届五次会议候选人作了说明；审议通过市政协七届五次会议议程、日程、执行常委名单和小组召集人名单；审议通过增补委员名单；审议通过接受辛广仁辞职的申请。

七届二十次常委会议

1992年5月8—9日，市政协七届二十次常委会议召开。会议传达学习李瑞环视察潍坊时的讲话，传达学习全国两会精神，传达学习市委书记赵长风在市直机关领导干部会议上的讲话；市政府副市长刘景云通报关于全市对外开放的情况；通过人事任免事项；市政协主席远东作总结讲话。

七届二十一次常委会议

1992年8月26—27日，市政协七届二十一次常委会议召开。会议传达贯彻省政协六届二十二次常委会议精神；听取市计委关于全市国民经济计划执行情况及今后安排意见的通报；听取市体改委关于全市工业企业深化改革、转换经营机制情况的通报；参观潍坊电厂、潍坊化纤厂；市政协副主席刘玉兰作总结讲话。

七届二十二次常委会议

1992年11月18—19日，市政协七届二十二次常委会议召开。会议传达中共十四大精神；传达省政协六届二十三次常委会议精神；传达《中共潍坊市委批转〈关于市政协和县市区政协换届工作方案〉的通知》；审议通过关于学习贯彻中共十四大精神的决议；市政协主席远东作总结讲话。

七届二十三次常委会议

1993年2月15—16日，市政协七届二十三次常委会议召开。会议协商决定政协第八届潍坊市委员会委员人选名单；审议并原则通过七届市政协常务委员会工作报告（草案），并推举报告人；审议通过关于召开政协第八届潍坊市委员会第一次会议的决定；审议通过市政协八届一次会议主席团成员和秘书长建议名单；市政协主席远东作总结讲话。

第二节　市政协第八届常委会议

八届一次常委会议

1993年3月12日，市政协八届一次常委会议召开。市政协主席刘玉兰对换届后的工作作了部署。

八届二次常委会议

1993年5月7—8日，市政协八届二次常委会议召开。会议传达贯彻省政协七届一次会议精神；市政府副市长王伯祥和市农委负责人通报全市发展农业市场的情况；市政协经科委作关于全市发展农业市场经济专题调查的发言；听取八届市政协专门委员会的设置、名称及组成人员的说明；审议决定八届市政协各专门委员会组成人员和八届市政协副秘书长名单；研究部署今后工作；市政协主席刘玉兰作总结讲话。

八届三次常委会议

1993年8月27日，市政协八届三次常委会议召开。会议听取市政协副主席王本理关于抓好农村龙头企业、推动农业产业化发展调查情况的发言和市政协祖统委关于县乡“三资”企业调查情况的发言；听取市法制局关于上半年委员提案办理情况的通报。副市长王伯祥、王在辉到会讲话，对两个调查给予充分肯定，表示纳入政府决策。会议还审议通过八届市政协《常务委员会工作规则》《专门委员会组织通则》《提案工作规则》，决定人事任职事项。会议期间，常委们还参观考察潍坊纯碱厂、潍坊水泥厂两个国有大型企业贯彻条例和转换经营机制情况。

八届四次常委会议

1993年12月17—18日，市政协八届四次常委会议召开。会议传达贯彻省六次党代会精神和市委的贯彻意见及省政协七届三次常委会议精神；审议通过关于进一步搞好峡山库区开发建设和关于全市文物保护工作的建议案；研究部署下步工作。市政协主席刘玉兰作总结讲话。

八届五次常委会议

1994年2月16—17日，市政协八届五次常委会议召开。会议作出关于召开市政协八届二次会议的决定，增补市政协委员，通过大会执行常委名单，审议并原则同意市政协八届常委会工作报告（草案）。市政协主席刘玉兰作总结讲话。

八届六次常委会议

1994年5月10—11日，市政协八届六次常委会议召开。会议传达贯彻省政协七届六次常委会议精神，听取市委副书记刘峰岫关于全市维护社会政治稳定的讲话和市政法委关于全市社会治安综合治理情况的通报；审议并原则通过市政协的几项工作制度，决定人事任职事项；市政协主席刘玉兰作总结讲话。

八届七次常委会议

1994年8月30—31日，市政协八届七次常委会议召开。会议传达贯彻省政协七届七次常委会议精神；听取市体改委关于全市深化企业产权改革、转换企业经营机制情况的通报，并进行座谈讨论；听取市政府关于市政协八届二次会议以来委员提案办理情况的通报；审议通过人事任免事项；市政协主席刘玉兰作总结讲话。

八届八次常委会议

1994年12月26—28日，市政协八届八次常委会议暨全市政协工作经验交流会召开。会议传达贯彻全国地方政协工作经验座谈会、省政协七届八次常委会议和省委有关文件精神。省政协主席陆懋曾到会祝贺并讲话；市委书记齐乃贵出席并讲话；市政协主席刘玉兰作总结报告。

八届九次常委会议

1995年2月13—14日，市政协八届九次常委会议召开。会议协商讨论市政府工作报告（讨论稿）；听取秘书长刘圣德关于市政协八届常委会工作报告（讨论稿）的汇报，并推举副主席王本理为报告人；审议通过市政协八届三次会议议程、日程、执行常委名单、列席单位名单和各组召集人名单；增补12名市政协委员，通过增补市政协常委、副主席协商名单；审议通过《政协第八届潍坊市委员会第三次会议增补常委、副主席选举办法》（草案）和《关于加强市政协常委会建设的规定》。

八届十次常委会议

1995年4月10—11日，市政协八届十次常委会议召开。会议传达学习江泽民总书记在全国“两会”党员负责人会议上的重要讲话和中共中央的有关文件；传达贯彻全国“两会”精神以及省政协七届十一次常委会精神，听取秘书长刘圣德作的《政协潍坊市委员会关于贯彻执行〈政协全国委员会关于政治协商、民主监督、参政议政的规定〉的实施细则》修订情况的说明，会议审议通过这个《实施细则》，通过有关人事任职事项。

八届十一次常委会议

1995年8月28—29日，市政协八届十一次常委会议召开。会议传达学习省政协七届十二次常委会议精神；听取市委副书记、副市长王玉芬关于市政协八届三次会议提案办理情况的通报；专题协商讨论关于全市实施沿海开发战略、加快“海上潍坊”建设和全市的农村依法治理问题；研究部署当前和今后工作。

八届十二次常委会议

1995年11月20—21日，市政协八届十二次常委会议召开。会议主要传达贯彻中共十四届五中全会、省市委全委会议和省政协七届十三次常委会议精神；审议市政协提案工作规则（修订案）和文教卫生委员会关于全市职业教育的调查报告；研究部署当前工作。市政协主席刘玉兰在会上作讲话。

八届十三次常委会议

1996年1月25日，市政协召开八届十三次常委会议。会议听取市政协秘书长刘圣德关于市政协八届四次会议筹备情况的汇报；审议并原则通过市政协八届常委会工作报告，建议提交市政协八届四次会议审议讨论；审议通过关于召开市政协八届四次会议的决定；增补18名市政协委员，同意7人不再担任市政协委员；研究部署当前工作。市政协主席刘玉兰，副主席张奇文、王本理、刘会聚、钟华德、曾文戊、张平治、杨淑英、谷宗藩、孙曾祺、李学义、赵俭出席会议。

八届十四次常委会议

1996年3月2日，市政协八届十四次常委（扩大）会议召开。会议审议通过市政协八届四次会议的日程、议程，审议通过市政协常务委员候选人增补人员名单，讨论关于加强对市政协八届四次会议的组织领导问题。

八届十五次常委会议

1996年5月9—10日，市政协八届十五次常委会议召开。会议传达贯彻省政协七届十二次常委会议精神；专题协商讨论市政协关于全市农业良种产业化开发工程、关于建设畜牧业强市两个专题调查报告；副市长王伯祥到会听取政协常委的发言，并通报全市农业和农村经济工作的有关情况；增补杜介祥为市政协委员；研究部署当前工作。市政协主席刘玉兰，副主席张奇文、王本理、刘会聚、钟华德、曾文戊、张平治、杨淑英、谷宗藩、孙曾祺、李学义、赵俭，秘书长刘圣德出席会议。

八届十六次常委会议

1996年8月20—21日，市政协八届十六次常委会议召开。会议传达贯彻全国政协八届十七次常委会议和省政协七届十八次常委会议精神；专题协商讨论关于加强企业技术改造、强化内部管理、提高经济效益问题；听取市委副书记、副市长王玉芬关于政协提案办理工作情况的通报；补选刘玉明为市政协副秘书长；审议通过《市长与政协委员恳谈会制度》《关于加强市政协专门委员会与市政府职能部门对口联系制度》《关于开展咨议活动的暂行办法》；研究部署当前工作。市政协主席刘玉兰，副主席张奇文、王本理、刘会聚、钟华德、曾文戊、张平治、杨淑英、谷宗藩、孙曾祺、李学义、赵俭，秘书长刘圣德出席会议。

八届十七次常委会议

1996年11月20—21日，市政协八届十七次常委会议召开。会议学习贯彻中共潍坊市八届四次全委会议和省政协七届十九次常委会议精神；审议通过市政协机构设置和人事任职事项，决定设立市政协调查研究室；研究部署当前工作。市政协主席刘玉兰，副主席张奇文、王本理、刘会聚、钟华德、曾文戊、张平治、杨淑英、谷宗藩、孙曾祺、李学义、赵俭，秘书长刘圣德出席会议。

八届十八次常委会议

1997年1月22日，市政协八届十八次常委会议召开。市政协秘书长刘圣德汇报市政协八届五次会议筹备工作情况；审议并原则通过市政协常务委员会工作报告，决定提交市政协八届五次会议审议讨论；决定市政协八届五次会议于2月21日在潍坊召开；审议通过市政协八届五次会议的议程、日程、执行常委名单、列席单位名单和各组召集人名单（草案）；增补王庆德为市政协委员。市政协主席刘玉兰主持会议并讲话，副主席张奇文、王本理、刘会聚、钟华德、曾文戊、张平治、杨淑英、谷宗藩、孙曾祺、李学义、赵俭出席会议。

八届十九次常委会议

1997年5月13日，市政协八届十九次常委会议召开。会上，市政协秘书长刘玉明传达全国政协信息中心信息联系点第二次会议精神；副主席王本理作“关于水利建设工作调查与建议”的发言；市政府副市长王光明听取发言并讲话；市农办、市水利局负责人应邀参加会议，听取意见和建议；审议通过人事任免事项。市政协主席刘玉兰作总结讲话，副主席张奇文、钟华德、曾文戊、张平治、杨淑英、谷宗藩、王庆德出席会议。

八届二十次常委会议

1997年8月26日，市政协八届二十次常委会议召开。会议传达学习中共中央总书记江泽民在中央党校省部级干部进修班毕业典礼上的重要讲话；听取副市长徐鉴关于市政协八届五次会议委员提案办理情况的通报；市政协副主席李学义作“关于落实社会治安综合治理领导责任制和目标管理责任制情况的调查与建议”的发言；市政协主席刘玉兰作总结讲话，副主席王本理、刘会聚、钟华德、曾文戊、张平治、杨淑英、谷宗藩、孙曾祺、赵俭，秘书长刘玉明出席会议。

八届二十一次常委会议

1997年12月23日，市政协八届二十一次常委会议召开。会议讨论审议八届市政协工作总结（征求意见稿）；听取并讨论市财政局局长刘伟关于1997年全市财政工作情况的通报；审议通过关于召开市政协九届一次会议的决定。市政协主席刘玉兰作总结讲话，副主席张奇文、王本理、刘会聚、钟华德、曾文戊、张平治、杨淑英、谷宗藩、孙曾祺、李学义、赵俭、王庆德，秘书长刘玉明出席会议。

八届二十二次常委会议

1998年1月19—20日，市政协八届二十二次常委会议召开。会议审议通过市政协八届委员会工作报告，同意将此报告提交市政协九届一次会议审议，并推举市政协主席刘玉兰为报告人；听取关于市政协九届一次会议筹备情况的汇报和关于市政协九届委员会参加单位、委员名额和人选的说明；协商决定市政协九届委员会委员名单；审议通过市政协九届一次会议主席团成员和秘书长建议名单（草案）。市政协主席刘玉兰，副主席王本理、刘会聚、钟华德、曾文戊、张平治、杨淑英、谷宗藩、孙曾祺、李学义、赵俭、王庆德，市政协党组成员王金卓，秘书长刘玉明出席会议。

第三节　市政协第九届常委会议

九届一次常委会议

1998年2月22日，市政协九届一次常委会议召开。会议协商决定市政协第九届委员会专门委员会机构设置、名称及组成人员，任命市政协第九届委员会副秘书长和办事机构领导成员；审议通过《关于加强市政协常务委员会建设的规定》；市政协主席刘玉兰作总结讲话，部署当前工作，副主席张文玉、汤淑英、赵俭、王庆德、王金卓、郑汝智、尹景尧、杨肖青，秘书长刘玉明出席会议。

九届二次常委会议

1998年6月1—2日，市政协九届二次常委会议召开。会议听取并协商讨论关于全市实施下岗职工再就业工程情况的调查报告和关于全市国有工业企业改革情况的调查报告，市政府副市长李守民及有关部门负责人到会听取发言并通报有关情况；研究部署当前政协工作。市政协主席刘玉兰，副主席张文玉、杨淑英、赵俭、王庆德、王金卓、尹景尧、杨肖青，秘书长刘玉明出席会议。

九届三次常委会议

1998年9月8日，市政协九届三次常委会议召开。会议听取市委常委、副市长王伯祥所作的关于市政协九届一次会议以来委员提案办理情况的通报；听取并协商讨论关于全市创汇农业发展情况的调查报告，市委副书记迟昭厚、副市长张建国和有关部门负责人到会听取发言；审议通过《政协第九届潍坊市委员会常务委员会工作规则》《政协第九届潍坊市委员会专门委员会组织通则》和《政协潍坊市委员会提案工作规则》等工作规则和人事任职事项；研究部署市政协工作。市政协主席刘玉兰，副主席张文玉、杨淑英、赵俭、王庆德、王金卓、郑汝智、尹景尧、杨肖青，秘书长刘玉明出席会议。

九届四次常委会议

1998年12月1日，市政协九届四次常委会议召开。会议传达学习中共中央总书记江泽民在中共十五届三中全会闭幕会上的讲话；传达贯彻省第七次党代表大会精神和市委全委（扩大）会议精神；研究部署政协工作。市政协主席刘玉兰，副主席张文玉、杨淑英、赵俭、王庆德、王金卓、郑汝智、尹景尧、杨肖青，秘书长刘玉明出席会议。

九届五次常委会议

1999年1月12日，市政协九届五次常委会议召开。413名政协委员参加会议。会议听取关于市政协九届二次会议筹备工作情况的汇报；审议通过关于召开市政协九届二次会议的决定；审议通过市政协常委会工作报告，推举市政协副主席张文玉担任报告人；审议通过市政协九届二次会议议程、日程、执行常委名单、各组召集人名单、列席会议单位名单；决定增补王振松等11人为政协第九届潍坊市委员会委员。传达省政协八届四次常委会议精神，研究部署当前工作。市政协副主席张文玉、杨淑英、赵俭、王庆德、王金卓、尹景尧、杨肖青，秘书长刘玉明出席会议。

九届六次常委会议

1999年6月10日，市政协九届六次常委会议召开。会议传达学习省政协八届六次常委会议精神；听取并讨论审议关于潍坊市工业产业产品结构调整情况的调查报告；研究部署当前工作。市政协主席刘玉兰，副主席张文玉、杨淑英、赵俭、王庆德、王金卓、郑汝智、尹景尧、杨肖青，秘书长刘玉明出席会议。

九届七次常委会议

1999年9月29日，市政协九届七次常委会议召开。会议听取市委常委、副市长王伯祥关于

1999年市政府办理政协提案和建议案情况的通报；传达学习中共十五届四中全会精神；讨论审议《关于全市农村社会稳定情况的调查报告》；市政协主席刘玉兰就深入学习贯彻十五届四中全会精神、做好当前政协各项工作讲话。市政协副主席张文玉、杨淑英、赵俭、郑汝智、杨肖青，秘书长刘玉明出席会议。

九届八次常委会议

1999年12月29日，市政协九届八次常委会议召开。会议讨论审议并原则通过市政协常委会工作报告和提案工作报告。市政协副主席张文玉主持会议并讲话。市政协副主席杨淑英、王庆德、王金卓、郑汝智、尹景尧、杨肖青，秘书长刘玉明出席会议。

九届九次常委会议

2000年1月14日，市政协九届九次常委会议召开。会议先后听取市政协秘书长刘玉明关于市政协九届三次会议筹备工作情况的汇报和市政协副主席、市委统战部部长王庆德关于增补市政协委员的说明。审议通过关于召开市政协九届三次会议的决定。审议通过市政协九届三次会议议程、日程、执行常委名单、各组召集人名单和列席单位名单。会议推举刘玉兰为报告人，代表市政协常委会向大会作工作报告。增补刁家连等20人为政协第九届潍坊市委员会委员。会议根据《政协章程》第二十八条规定，决定撤销高洪梅政协第九届潍坊市委员会委员资格。

九届十次常委会议

2000年4月28日，市政协九届十次常委会议召开。会议听取关于对潍坊市城市社区建设调查情况的汇报，审议通过《政协潍坊市委员会常务委员会关于加强我市城市社区建设的建议案》；审议通过《政协潍坊市委员会提案工作规则》和《政协潍坊市委员会监督员工作规则（试行）》；研究部署当前工作。市政协主席刘玉兰作出席并讲话。

九届十一次常委会议

2000年8月14—15日，市政协九届十一次常委会议召开。会议听取副市长李守玉关于市政协九届三次会议以来提案、建议案办理情况和全市招商引资工作情况及下步工作安排的通报，参观考察高密、诸城两市的部分外向型企业和高科技产业项目。

九届十二次常委会议

2000年11月20—21日，市政协九届十二次常委会议召开。市委副书记、副市长于明代表市政府作关于潍坊市“十五”计划编制工作情况的说明；市计划委员会负责人介绍潍坊市“十五”计划纲要（草案）的主要内容。与会常委就全市“十五”计划纲要（草案）进行协商讨论并提出意见和建议。市政协主席刘玉兰就深入学习贯彻中共十五届五中全会精神、发挥政协职能作用为“十五”计划的制定实施献计出力以及当前的政协工作安排讲话。

九届十三次常委会议

2001年2月5日，市政协九届十三次常委会议召开。会议听取市政协秘书长刘玉明关于市政协九届四次会议筹备工作情况的汇报，市政协副主席、市委统战部部长王庆德关于增补市政协委员的说明，市政协各专门委员会工作情况的报告；审议通过市政协常委会工作报告、提案工作报告，并推举刘玉兰代表市政协常委会向大会作工作报告，推举张文玉代表市政协常委会向大会作提案工作报告；审议通过关于召开市政协九届四次会议的决定等有关事项。会议决定增补王立福等25人为政协第九届潍坊市委员会委员。

九届十四次常委会议

2001年2月20日，市政协九届十四次常委会议召开。市政协主席刘玉兰主持会议，副主席张文玉、赵俭、王庆德、王金卓、郑汝智、尹景尧、杨肖青，秘书长刘玉明出席会议。会议听取市政协副主席、市委统战部部长王庆德关于增补市政协委员的说明，会议决定增补田绍义等8人为政协第九届潍坊市委员会委员。

九届十五次常委会议

2001年2月23日，市政协九届十五次常委会议召开。市委副书记毕可仁到会就市政协九届四次会议有关人事事项作说明。会议听取候选人名单情况的介绍，协商通过主席、副主席、常委候选人建议名单。

九届十六次常委会议

2001年5月25日，市政协九届十六次常委会议召开。会议审议通过《关于城市管理情况的调查报告》，决定有关人事任免事项。市政协主席王立福出席并讲话。

九届十七次常委会议

2001年9月25日，市政协九届十七次常委会议召开。会议听取市政府关于市政协九届四次会议以来提案办理情况的通报和市委政法委关于全市社会稳定情况的通报；18名常委、委员作大会发言；审议通过关于调整专门委员会设置的决定和人事任职事项，决定增设人口资源环境委员会，经济科技委员会更名为经济委员会、文教卫生委员会更名为科教文卫体委员会，学习宣传委员会增挂委员活动工作室牌子。市政协主席王立福作总结讲话，副主席李光信、杨淑英、赵俭、王庆德、王金卓、郑汝智、尹景尧、杨肖青，秘书长刘玉明出席会议。

九届十八次常委会议

2001年12月28日，市政协九届十八次常委会议召开。会议审议通过政协潍坊市委员会关于召开市政协九届五次会议的决定；听取审议市政协各专门委员会2001年度工作情况报告；市政协副主席李光信就认真学习贯彻全国地方政协工作经验座谈会精神、认真做好市政协九届五次会议筹备工作、开展丰富多彩的团结联谊活动讲话。

九届十九次常委会议

2002年1月22日，市政协九届十九次常委会议召开。市政协秘书长刘玉明汇报市政协九届五次会议筹备情况；审议并原则通过市政协常务委员会工作报告（草案）和提案工作报告（草案），推举市政协主席王立福、副主席李光信代表市政协常务委员会分别向大会作常委会工作报告和提案工作报告；审议通过市政协九届五次会议议程、日程、执行常委名单、委员讨论组及各组召集人名单、列席单位名单。市政协主席王立福主持会议并讲话。

九届二十次常委会议

2002年4月18日，市政协九届二十次常委会议召开。会议决定市政协九届五次会议召开时间；审议通过市政协九届五次会议日程。推举市政协副主席李光信代表市政协常委会向大会作工作报告，市政协副主席赵俭代表市政协常委会向大会作提案工作报告。

九届二十一次常委会议

2002年4月26日，市政协九届二十一次常委会议召开。会议听取市委常委、组织部部长侯法生关于市政协人事安排事项的说明；增补迟昭厚为政协第九届潍坊市委员会委员；协商通过市政协主席候选人名单；审议通过市政协九届五次会议选举办法（草案），总监票人、监票人名单（草案）；审议通过市政协九届五次会议决议（草案）。

九届二十二次常委会议

2002年6月14日，市政协九届二十二次常委会议召开。市政协副主席李光信主持会议并传达贯彻省八次党代会精神；会议听取市农业局关于实施农业标准化情况和市药品监督管理局关于药品监督管理情况的通报；讨论审议市政协经济委关于全市农业标准化工作和市政协科教文卫体委关于全市药品监督管理情况的调查报告。会议结束时，市政协主席迟昭厚就学习贯彻山东省党代会精神、市政协工作重点和市政协常委会自身建设等问题讲话。

九届二十三次常委会议

2002年10月14—16日，市政协九届二十三次常委会议暨全市政协工作经验交流会议召开。与会人员参观考察各县市区部分政协委员创办的企业和各地经济发展的亮点，12个县市区政协在会上分别作发言，交流各自的经验做法。听取市委副书记、副市长张新起代表市政府所作的办理政协提案工作情况的通报，审议通过《关于加强我市网吧管理的建议案》。市委书记曹学成到会讲话。市政协主席迟昭厚作总结报告，并就政协工作做安排部署。

九届二十四次常委会议

2002年12月6日，市政协九届二十四次常委会议召开。市政协副主席王金卓主持会议，副主席李光信、赵俭分别传达中共潍坊市八届十六次全委会议、山东省政协八届二十三次常委会议精神。会议审议通过《政协潍坊市委员会关于学习贯彻中国共产党第十六次全国代表大会精神的决议》。市政协主席迟昭厚作总结讲话。

九届二十五次常委会议

2003年1月22日，市政协九届二十五次常委会议召开。会议听取市政协秘书长刘玉明关于市政协十届一次会议筹备工作情况的汇报和市委常委、统战部部长杨卫东关于政协潍坊市第十届委员会委员推荐提名人选名单的说明，审议通过关于召开市政协十届一次会议的决定和市政协九届常委会工作报告、提案工作报告，推举迟昭厚代表市政协常委会向大会作工作报告，李光信代表市政协常委会向大会作提案工作报告，协商决定市政协十届委员会委员名单。审议通过市政协十届一次会议主席团成员和秘书长建议名单。

第四节　市政协第十届常委会议

十届一次常委会议

2003年3月20日，市政协十届一次常委会议召开。会议审议通过政协第十届潍坊市委员会常务委员会工作规则和关于加强市政协常委会自身建设的规定；审议通过市政协2003年工作要点。市政协主席迟昭厚就十届政协如何开好头、起好步，全面做好今年的各项工作讲话。

十届二次常委会议

2003年4月30日，市政协十届二次常委会议召开。会议听取市政协秘书长张明海关于专门委员会设置和人事安排事项的说明；审议通过政协潍坊市委员会专门委员会组织通则和政协第十届潍坊市委员会专门委员会设置的决定和各专门委员会主任、副主任名单；表决通过政协第十届潍坊市委员会副秘书长名单；协商增补十届市政协委员；听取市卫生局负责人对全市防治“非典”工作情况的通报。

十届三次常委会议

2003年9月24日，市政协十届三次常委会议召开。会议讨论并审议通过市政协《关于全市水资源开发利用和水污染防治情况的调查报告》；听取市委副书记、副市长张江汀所作的《关于市政协十届一次会议提案办理情况的通报》。市政协主席迟昭厚就如何重视和发挥委员主体作用问题讲意见。

十届四次常委会议

2003年12月26日，市政协十届四次常委会议召开。会议审议通过关于召开市政协十届二次会议的决定以及市政协十届二次会议的会议议程、日程、执行常委名单、委员分组和各组召集人名单、列席单位名单、人事任免职名单；听取市政协秘书长张明海关于市政协十届二次会议筹备情况的汇报；审议通过提交市政协十届二次会议审议的市政协常委会工作报告和提案工作报告；审议市政协各专门委员会书面总结报告。

十届五次常委会议

2004年3月18日，市政协十届五次常委会议召开。全国政协委员宗立成传达全国政协十届二次会议精神；会议审议通过增补市政协委员事项；审议通过关于更改市政协台港澳侨和外事委员会名称的决定；市政协主席迟昭厚出席并讲话。

十届六次常委会议

2004年6月4日，市政协十届六次常委会议召开。会议听取全市学习政协章程报告会，审议并原则通过市政协《关于加快我市农村专业合作经济组织建设，促进农民增收的调查与建议》的调查报告。市政协主席迟昭厚出席并讲话。

十届七次常委会议

2004年9月24—25日，市政协十届七次常委会议召开。会议传达学习中共十六届四中全会精神，研究部署当前工作；听取市政府关于市政协十届二次会议以来提案办理情况的通报；讨论并审议通过关于加快“三北”开发建设的建议、关于建设生态中心城市有关问题的调查报告；审议通过有关人事任职事项。会议还实地参观考察寿光、海化开发区、寒亭、昌邑“三北”开发建设的部分现场。

十届八次常委会议

2005年1月26日，市政协十届八次常委会议召开。市政协主席迟昭厚出席并讲话。会议审议通过关于召开市政协十届三次会议的决定；审议通过市政协十届三次会议的会议议程、日程、执行常委名单、委员分组和各组召集人名单、列席单位名单及有关人事事项；听取市政协十届三次会议筹备情况的汇报；审议通过提交市政协十届三次会议审议的市政协常委会工作报告和提案工作报告；讨论审议市政协各专门委员会书面总结报告。

十届九次常委会议

2005年2月17日，市政协十届九次常委（扩大）会议召开。市政协主席迟昭厚主持。会议就市政协十届三次会议的有关事项作说明。

十届十次常委会议

2005年3月25日，市政协十届十次常委会议召开。市政协主席迟昭厚出席并讲话。会议分组讨论审议市政协2005年重点抓好的十五件大事，听取各县市区政协对市政协领导班子保持共产党员先进性教育活动的意见建议；全国政协委员宗立成传达全国政协十届三次会议精神；审议通过人事任免职事项。

十届十一次常委会议

2005年6月30日，市政协十届十一次常委会议暨人民政协为构建社会主义和谐社会服务研讨会举行。市政协主席迟昭厚出席并讲话。各县市区政协主席和各民主党派、工商联、人民团体负责人围绕人民政协如何为构建社会主义和谐社会服务进行研讨发言，常委们分组讨论并审议通过《关于全市农业面源污染情况的调查报告》和《政协潍坊市委员会提案工作规则》。

十届十二次常委会议

2005年10月19日，市政协十届十二次常委会议召开。市政协主席迟昭厚出席并讲话。会议传达学习中共十六届五中全会精神，研究部署当前工作；听取市政府副市长辛丕宏代表市政府作的《关于市政协十届三次会议以来提案办理情况的通报》；讨论并审议通过《关于我市南部山区开发的调查报告》和《关于全市文化产业发展情况的调查报告》。

十届十三次常委会议

2006年 1 月21日，市政协十届十三次常委会议召开。市政协主席迟昭厚出席并讲话。会议审议通过关于召开市政协十届四次会议的决定；审议通过市政协十届四次会议的会议议程、日程、执行常委名单、委员讨论组召集人名单、列席单位名单及有关人事事项；听取市政协十届四次会议筹备工作情况的汇报；审议通过提交市政协十届四次会议的市政协常委会工作报告和提案工作报告；讨论审议市政协各专门委员会书面工作报告。

十届十四次常委会议

2006年2月6日，市政协十届十四次常委（扩大）会议举行。市政协主席迟昭厚主持会议并讲话。市委副书记赵兴涛作关于人事事项的说明。会议审议通过有关选举事项，并就市政协十届四次会议的有关事项作说明。

十届十五次常委会议

2006年4月6日，市政协十届十五次常委会议举行。市政协主席迟昭厚出席并讲话。会议分组学习《中共中央关于加强人民政协工作的意见》；书面传达全国政协十届四次会议精神；审议通过市政协2006年工作要点；审议通过有关人事事项。

十届十六次常委会议

2006年7月11日，市政协十届十六次常委会议举行。市政协主席迟昭厚出席并讲话。会议审议通过《关于繁荣发展我市现代服务业的调查与建议》和《关于全市人文自然遗产保护开发利用情况的调查报告》；审议通过有关人事事项；研究部署当前工作。

十届十七次常委会议

2006年11月9日，市政协十届十七次常委会议举行。市政协主席迟昭厚出席并讲话。市政府副市长蒋文彩通报市政协十届四次会议提案办理情况。会议分组学习中共十六届六中全会公报，讨论并审议通过市政协《关于认真学习贯彻中共十六届六中全会精神的意见》。

十届十八次常委会议

2007年1月16日，市政协十届十八次常委会议召开。市政协主席迟昭厚出席并讲话。会议审议通过关于召开市政协十届五次会议的决定、会议议程、日程、执行常委名单、委员讨论组召集人名单、列席单位名单等草案及有关人事事项；听取市政协秘书长曹学芹关于市政协十届五次会议筹备工作情况的汇报；审议通过提交市政协十届五次会议审议的市政协常委会工作报告和提案工作报告，并推举报告人；审议市政协各专门委员会书面工作报告。

十届十九次常委会议

2007年2月25日，市政协十届十九次常委（扩大）会议召开。会议由市政协主席迟昭厚主持。会议审议通过有关选举事项；就市政协十届五次会议的有关事项作说明，提出要求。

十届二十次常委会议

2007年2月28日，市政协十届二十次常委（扩大）会议举行。市委书记张新起、市政协主席迟昭厚出席。会议听取市委常委、组织部部长钟少林关于人事事项的说明，审议通过有关人事事项。

十届二十一次常委会议

2007年4月6日，市政协十届二十一次常委会议举行。市政协主席赵兴涛出席并讲话。全国政协委员宗立成传达全国政协十届五次会议精神；分组讨论并审议通过市政协2007年工作要点和《政协潍坊市委员会关于加强对市政协委员管理的意见（试行）》；协商通过有关人事事项。

十届二十二次常委会议

2007年6月21日，市政协十届二十二次常委会议召开。市政协主席赵兴涛出席并讲话。会议分组讨论并审议通过《关于推进与青岛对接合作的建议案》《关于加快潍坊滨海新区建设的建议案》和有关人事事项。

十届二十三次常委会议

2007年11月9日，市政协召开十届二十三次常委会议。市政协主席赵兴涛出席并讲话。会议传达全省政协工作经验交流会议精神，听取市委常委、常务副市长胡岗代表市政府所作的关于市政协十届五次会议提案办理情况的通报，分组学习中共十七大精神并审议通过《政协潍坊市委员会关于学习贯彻中国共产党第十七次代表大会精神的决议》，安排部署当前工作。

十届二十四次常委会议

2007年12月21日，市政协召开十届二十四次常委会议。市政协主席赵兴涛出席并讲话。会议听取关于市政协十一届一次会议筹备情况的汇报和关于政协第十一届潍坊市委员会推荐提名人选名单的说明；审议通过关于召开市政协十一届一次会议的决定、主席团和秘书长建议名单、十届市政协常委会工作报告和提案工作报告，并分别推举报告人；协商通过市政协十一届委员会委员名单。

第五节　市政协第十一届常委会议

十一届一次常委会议

2008年1月15日，市政协十一届一次常委会议召开。市政协主席赵兴涛出席并讲话。会议听取关于市政协专门委员会设置和人事安排事项的说明，分组讨论并审议通过市政协2008年工作要点和《政协第十一届潍坊市委员会常务委员会工作规则》《政协第十一届潍坊市委员会常务委员会关于加强自身建设的规定》《关于政协第十一届潍坊市委员会专门委员会设置的决定》《政协第十一届潍坊市委员会专门委员会组织通则》《政协潍坊市委员会关于市政协委员参加活动履行职责的规定》；协商通过有关人事事项。

十一届二次常委会议

2008年7月8日，市政协十一届二次常委会议召开。市政协主席赵兴涛出席并讲话，市政府副市长刘伟到会通报上半年全市经济社会发展和援川抗震救灾的工作情况。会议通过关于加快中小企业信用担保体系建设的建议案和有关人事事项。

十一届三次常委会议

2008年11月4日，市政协十一届三次常委会议召开。会议学习中共十七届三中全会和省政协十届四次常委会议精神；市政协主席赵兴涛出席并讲话；副市长初宝杰到会通报市政府关于市政协十一届一次会议以来提案的办理情况；市中级人民法院院长张爱云、市人民检察院检察长王卫东分别通报两院工作情况；审议通过《关于加快产业集群发展的

2007年9月，市政协到滨海开发区调研发展规划情况

调查报告》和有关人事事项。

十一届四次常委会议

2009年1月12日，市政协十一届四次常委会议召开。会议听取市发改委和市财政局工作情况的通报，市政协十一届二次会议筹备情况的汇报和有关人事事项的说明；审议通过召开市政协十一届二次会议的决定，市政协十一届二次会议委员分组名单、各组召集人名单、执行常委名单，十一届市政协常务委员会工作报告和提案工作报告。会议推举市政协主席赵兴涛代表市政协常委会向大会作工作报告，推举市政协副主席杨卫东代表市政协常委会向大会作提案工作报告；审议市政协各专门委员会书面工作报告。会议增补王茂兴、王承策、刘守吉、许孝义、孙君清、李洪勤、陈王浦、周保进、崔建生、谭清花为十一届潍坊市政协委员。

十一届五次常委会议

2009年2月2日，市政协十一届五次常委（扩大）会议召开。市政协主席赵兴涛主持。会议审议通过有关提交市政协十一届二次会议审议通过的有关事项。

十一届六次常委会议

2009年2月27日，市政协十一届六次常委会议召开。会议听取市人口和计划生育委员会、市环境保护局工作情况通报，传达省政协十届二次会议精神，审议通过市政协2009年工作要点，审议通过有关人事事项。市政协主席赵兴涛出席并讲话。

十一届七次常委会议

2009年6月4日，市政协十一届七次常委会议召开。会议听取市经贸委和市外经贸局工作情况通报，市政协十一届二次会议以来提案办理情况汇报；审议《关于我市农村水环境保护情况的调查报告》，通过有关人事事项，评议《市政协党组贯彻落实科学发展观情况分析检查报告》。市政协主席赵兴涛出席并讲话。

十一届八次常委会议

2009年10月20日，市政协十一届八次常委会议召开。市政协主席赵兴涛出席并讲话。会议听取市政府副市长王桂英关于市政协十一届二次会议以来提案办理情况的通报，市建设局和市规划局工作情况的通报，审议通过《政协潍坊市委员会关于学习贯彻中共十七届四中全会精神的意见》。

十一届九次常委会议

2010年1月21日，市政协十一届九次常委会议召开。市政协主席赵兴涛出席并讲话。会议听取市教育局和市卫生局工作情况的通报；听取市政协十一届三次会议筹备情况的汇报和有关人事事项的说明；审议通过召开市政协十一届三次会议的决定；审议通过市政协十一届三次会议委员分组名单、各组召集人名单、执行常委名单；审议市政协十一届三次会议列席人员名单；审议通过市政协十一届常务委员会工作报告和提案工作报告，并推举市政协主席赵兴涛代表市政协常委会向大会作工作报告，推举市政协副主席杨卫东代表市政协常委会向大会作提案工作报告；审议市政协各专门委员会书面工作报告；审议市政协2010年工作要点。会议增补于来刚、孔祥顺、王深鹏、孙景昌、严秀德、李树平、杨东民、杨茂森、侯文友、夏麦香、董连胜为十一届潍坊市政协委员。

十一届十次常委会议

2010年2月22日，市政协十一届十次常委（扩大）会议召开。市政协主席赵兴涛主持。会议听取赵兴涛主席作的关于市政协十一届三次会议有关事项的说明，并向与会人员提出要求。

十一届十一次常委会议

2010年4月1日，市政协十一届十一次常委会议召开。会议传达学习全国政协十一届三次会议和省政协十届十三次常委会议精神，听取市农业局和市水利局工作情况通报。市政协主席赵兴涛出席并讲话。会议任命侯文友为政协十一届潍坊市委员会人口资源环境外事委员会副主任。

十一届十二次常委会议

2010年7月9日，市政协十一届十二次常委会议召开。市政协主席赵兴涛出席并讲话，市委常委、副市长王献玲通报上半年全市经济运行情况。会上，全体与会人员学习贯彻省政协十届十四次常委会议精神，听取市文化广播新闻出版局和市体育局工作情况通报，审议通过市政协《关于科学推进北部沿海生态建设的建议》。

十一届十三次常委会议

2010年12月3日，市政协十一届十三次常委会议举行。市政协主席赵兴涛出席并讲话，市委常委、常务副市长胡岗通报市政协十一届三次会议以来提案办理情况。全体与会人员学习贯彻中共十七届五中全会精神，传达省政协十届十五次常委会议精神，听取市交通运输局、市旅游局工作情况的通报，审议通过《关于我市公共场所消防安全情况的调查报告》。会议增补李树明为政协潍坊市第十一届委员会副秘书长。

十一届十四次常委会议

2011年1月28日，市政协十一届十四次常委会议召开。市政协主席赵兴涛主持并讲话。会议听取中共潍坊市委副书记、市长许立全所作的《关于制定潍坊国民经济和社会发展第十二个五年规划建议的报告》；听取市政协十一届四次会议筹备情况的汇报和有关人事事项的说明；审议通过关于召开市政协十一届四次会议的决定；审议通过市政协十一届四次会议委员分组名单、各组召集人名单、执行常委名单；审议市政协十一届四次会议列席人员名单；审议通过市政协十一届常务委员会工作报告和提案工作报告，并推举市政协主席赵兴涛代表市政协常委会向大会作工作报告，推举市政协副主席杨卫东代表市政协常委会向大会作提案工作报告；审议市政协各专门委员会书面工作报告；审议通过《关于我市高新技术产业发展情况的调查报告》和有关人事事项。

十一届十五次常委会议

2011年2月18日，市政协十一届十五次常委（扩大）会议举行。市政协主席赵兴涛主持会议。赵兴涛就市政协十一届四次会议的有关事项作说明，并向与会人员提出要求。

十一届十六次常委会议

2011年3月25日，市政协十一届十六次常委会议召开。市政协主席赵兴涛出席并讲话。会议传达学习全国政协十一届四次会议和省政协十届十九次常委会议精神，听取市公安局和市信访局工作情况通报。审议通过张世臣任政协十一届潍坊市委员会文史资料委员会主任，李中元任政协十一届潍坊市委员会人口资源环境和外事委员会副主任，李树平任政协十一届潍坊市委员会社会法制委员会副主任。

十一届十七次常委会议

2011年7月8日，市政协十一届十七次常委会议召开。市政协主席赵兴涛出席并讲话。与会人员认真学习胡锦涛总书记在庆祝中国共产党成立九十周年大会上的重要讲话精神，传达省政协十届二十次常委会议精神，听取市政府副市长陈白峰关于上半年经济运行情况及市科技局、市安监局工作情况通报，审议通过《关于加大科学投入，推动“十二五”规划顺利实施的建议案》。

十一届十八次常委会议

2011年11月22日，市政协十一届十八次常委会议召开。会议学习《中共中央关于深化文化体制改革推动社会主义文化大发展大繁荣若干重大问题的决定》、省政协十届二十一次常委会议和市委十届十三次全体会议精神。市政协主席赵兴涛出席，市委常委、副市长王献玲到会通报潍坊市政府关于市政协十一届四次会议以来提案办理情况，协商评议市民政局和市商务局的工作情况。会议还审议通过《政协潍坊市委员会提案工作条例》《关于全市学前教育发展情况的调查报告》《关于全市食品安全工作情况的调查报告》。

十一届十九次常委会议

2012年1月11日，市政协十一届十九次常委会议召开。市政协主席赵兴涛出席并讲话。会议听取市政协秘书长曹学芹关于市政协十二届一次会议筹备情况的汇报；听取关于政协第十二届潍坊市委员会委员推荐提名人选名单的说明；审议通过关于召开市政协十二届一次会议的决定；协商通过市政协第十二届委员会委员名单；审议通过市政协第十二届一次会议主席团和秘书长建议名单；审议通过市政协十一届常务委员会工作报告和提案工作报告，并推举市政协主席赵兴涛为常委会工作报告报告人，推举市政协副主席杨卫东为提案工作报告报告人；审议市政协各专门委员会工作报告。

第六节　市政协第十二届常委会议

十二届一次常委会议

2012年3月26日，市政协十二届一次常委会议召开。市政协主席崔建平出席并讲话。会议传达学习全国政协十一届五次会议、省政协十届五次会议和省政协十届二十五次常委会议精神，听取关于市政协专门委员会设置和人事安排事项的说明，分组讨论并审议通过市政协2012年工作要点和《政协第十二届潍坊市委员会常务委员会工作规则》《政协第十二届潍坊市委员会常务委员会关于加强自身建设的意见》《关于政协第十二届潍坊市委员会专门委员会设置的决定》《政协第十二届潍坊市委员会专门委员会组织通则》《政协第十二届潍坊市委员会关于市政协委员参加活动履行职责的规定》，协商通过有关人事事项。崔建平就学习贯彻全国“两会”精神和做好今年政协工作讲话。

十二届二次常委会议

2012年7月16日，市政协十二届二次常委会议召开。市政协主席崔建平出席并讲话，市委常委、常务副市长通报上半年全市经济运行情况。与会人员认真学习省第十次党代会精神和中办、国办《关于进一步加强人民政协提案办理工作的意见》；听取市政府关于上半年全市经济运行情况的通报；听取市国土局、市金融办工作情况的通报，并进行民主评议；审议通过《走园区化发展道路，加快推进转方式调结构的调查与建议》《关于全市节能环保产业发展情况的调查报告》。崔建平就学习贯彻省党代会精神和进一步做好政协工作讲话。

十二届三次常委会议

2012年10月10日，市政协十二届三次常委会议召开。市政协主席崔建平出席。会议听取市政府关于市政协十二届一次会议以来提案办理情况，听取并协商评议市民宗局、市统计局的工作情况，听取市政协科教文卫体委关于对团队文化建设调研情况的说明，审议通过《关于团队文化建设的调研报告》，审议通过有关人事事项。

十二届四次常委会议

2012年11月30日，市政协十二届四次常委会议召开。市政协主席崔建平出席。会议传达学习中共十八大精神、省政协十届二十七次常委会议精神；审议通过《政协潍坊市委员会关于学习贯彻中国共产党第十八次全国代表大会精神的决议》《积极响应中共潍坊市委号召，为加快滨海经济技术开发区建设贡献力量》的倡议书。崔建平就深入学习贯彻中共十八大精神，努力做好政协各项工作讲话。

十二届五次常委会议

2012年12月26日，市政协十二届五次常委会议召开。市政协主席崔建平出席。会议听取市政协秘书长王有亭关于市政协十二届二次会议筹备情况的汇报；审议通过关于召开市政协十二届二次会议的决定，决定市政协十二届二次会议于2013年1月5日至9日在潍坊召开；审议通过市政协十二届二次会议委员分组名单、各组召集人名单、执行常委名单；审议通过市政协十二届常务委员会工作报告和提案工作报告，并推举崔建平代表市政协常委会向大会作工作报告，推举刘伟代表市政协常委会向大会作提案工作报告；审议市政协各专门委员会书面工作报告；审议通过《关于进一步做好失独家庭关爱救助工作的建议案》；听取并审议通过有关人事事项。

第四章　重要工作

1991—2012年，潍坊市政协高举爱国主义、社会主义旗帜，突出团结、民主两大主题，紧紧围绕全市工作大局，充分发挥自身优势，积极履行政治协商、民主监督、参政议政职能，在继承中发展、在发展中创新，卓有成效地开展协商议政、调研视察、提案、文史资料、团结联谊、学习宣传、政协信息等各项工作，圆满完成了市委和社会各界赋予的光荣使命。

第一节　协商议政

1991—2012年，市政协常委会通过召开全体委员会议、常委会议、对口协商会议和专题会议，积极参政议政，推进重大问题的协商。

全体委员会议协商议政

市政协每年召开一次全体委员会议，对每个年度的市政府工作报告、国民经济和社会发展计划、财政预决算报告、人民法院和检察院的工作报告等重大安排开展协商讨论。七届市政协期间，共召开5次全委会议，其中1991—1992年七届市政协期间召开全委会议2次，1991年市政协七届四次会议对《关于潍坊市国民经济和社会发展十年规划和“八五”计划纲要（草案）》的报告进行协商讨论，提出许多意见和建议。1993—1998年八届市政协期间共召开5次全委会议，会议通过分组讨论、大会发言、书面建议等形式，累计提出意见和建议225条，为全市改革开放、经济发展和社会进步建言献策。1996年市政协八届四次会议对《关于潍坊市国民经济和社会发展第九个五年计划及2010年远景目标纲要（草案）》的报告进行协商讨论，提出许多意见和建议。1998—2003年九届市政协期间共召开5次全委会议，政协委员围绕全市改革开放、经济建设、精神文明建设等方面的重要问题开展协商讨论，累计提出意见建议320余条，有力地推动全市各项事业的发展。如在2001年市政协九届四次会议上，全体委员就全市“十五”计划（草案）进行认真协商讨论，围绕产业结构调整、发展外向型经济、科技教育、生态环境等重大问题，提出许多建设性意见和建议，为制定实施全市“十五”计划发挥重要作用。2003—2008年十届市政协期间共召开5次全委会议，通过分组讨论、大会发言、书面建议等形式，累计提出意见建议290多条。2006年市政协十届四次会议对《关于潍坊市国民经济和社会发展第十一个五年规划纲要（草案）》的报告进行协商讨论，提出许多意见和建议。2008—2012年十一届市政协期间共召开4次全委会议，政协委员围绕全市政治、经济、文化、社会和生态文明建设等方面的重要问题开展协商讨论。2011年市政协十一届四次会议对《关于潍坊市国民经济和社会发展第十二个五年规划纲要（草案）》的报告进行重点协商，提出许多建设性的意见和建议。2012年2月十二届一次会议期间，政协委员列席市人大十六届一次会议，听取并协商讨论市政府工作报告及相关报告，围绕市委“一六四三”的任务目标和“四个潍坊”建设等重大决策部署，积极建言献策，提出许多意见和建议。

常委会议协商议政

召开常委会议，对事关全市改革、发展、稳定的重大问题进行协商讨论。1991—1993年七届市政协期间共召开常委会议10次，主要内容是听取并协商讨论工业企业深化改革、转换经营机制，潍坊市国民经济和社会发展“八五”计划和十年规划纲要（草案）等议题。1993—1998年八届市政协期间共召开常委会议22次，协商讨论发展农业市场经济、搞好农业产业化、抓好县乡三资企业、促进社会稳定、推行企业股份制改造、落实企业职工保险制度、建设“海上潍坊”、发展职业教育、抓好农业良种产业化开发工程、建设畜牧业强市、搞好水利建设、推进农村依法治理、搞好峡山库区开发建设及加强全市文物保护工作等议题。其中，形成的13份专题报告和5份建议案，分别被市委、市政府转发和采纳。如1996年5月，八届十五次常委会议根据市委、市政府关于全面实施农业产业化战略、加快实现农业现代化进程的总体部署，选择农业良种产业化开发和建设畜牧强市两个课题，在组织力量调研基础上，开展协商讨论，形成《关于农业良种产业化开发工程的调查与建议》《关于建设畜牧业强市调查与建议》。市委将这两份调查与建议，连同市委主要领导的批示，作为会议文件印发全市农村工作会议。是年8月，八届十六次常委会议协商讨论加强企业技术改造和强化“三资”企业管理问题，提出的意见和建议得到市委、市政府的重视和采纳。1998—2003年九届市政协期间共召开常委会议25次，围绕全市下岗职工再就业、国有工业企业改革、创汇农业发展、工业产业产品结构调整、农村社会稳定情况、城市社区建设、城市管理、农业标准化工作、药品监督管理、网吧管理、社会稳定、工业标准化实施情况、“十五”计划纲要（草案）课题进行协商讨论。2000年4月，在市政协九届十次常委会议上，围绕加强城市社区建设、发挥社区作用进行协商，经审议后向市委、市政府报送《关于加强城市社区建设的建议案》。是年8月，在九届十一次常委会议上，政协常委听取市政府关于全市招商引资工作情况的通报，参观考察部分外向型企业项目，结合市政协关于全市外商投资环境情况的调查，进行协商讨论，提出意见建议，会后形成《关于进一步优化外商投资环境搞好招商引资的几点建议》，得到市政府的重视。2001年9月，市政协九届十七次常委会议协商讨论反映社情民意、理顺情绪、化解矛盾、维护社会稳定的问题。会上，市委政法委通报有关情况，18名常委和县（市、区）政协人员作重点发言，会后，向市委报送《关于进一步加强全市社会稳定工作的意见和建议》，提出6个方面27条意见和建议，引起市委领导的重视。2003—2008年十届市政协期间共召开常委会议24次，先后就全市水资源开发利用和水污染防治、农村专业合作经济组织建设、促进农民增收、加快“三北”开发建设、资源有序开发利用、农业面源污染防治、南部山区开发、文化产业发展、现代服务业发展、人文自然遗产保护开发利用、加快与青岛对接合作、加快潍坊滨海新区建设等事关全市经济社会发展的重要课题进行协商讨论。协商讨论后形成的调查报告和建议案，报送市委、市政府，为党政决策提供重要参考。2005年5月，市政协对全市农业面源污染情况进行专题调查，在此基础上形成《关于全市农业面源污染情况的调查报告》，并提交市政协十届十一次常委会议审议，委员们分组讨论调查报告，经审议讨论后，报送市委、市政府，市委书记张传林作出批示，要求有关部门认真研究工作措施。是年9月，市政府转发市环保局、市农业局等五部门的工作意见，这标志着防治农业面源污染工作进一步的展开。2006年7月，市政协十届十六次常委会议围绕繁荣发展服务业和人文自然遗产保护开发利用情况进行协商讨论，经审议后，向市委、市政府报送《关于繁荣发展现代服务业的调查报告》和《关于全市人文自然遗产保护开发利用情况的调查报告》，引起高度重视。2008—2012年十一届市政协期间共召开常委会议19次，就中小企业融资难、产业集群发展、农村水环境保护、北部沿海生态建设、公共场所消防安全、学前教育发展、食品安全等课题进行协商讨论。2010年12月，在市政协十一届十三次常委会议上，审议讨论《关于我市公共场所消防安全情况的调查报告》，提出许多意见和建议，报送市委、市政府后引起领导的重视，推动一些消防安全问题的解决。2011年1月，十一届十四次常委会议专门听取市委副书记、市长许立全作的《关于制定潍坊市国民经济和社会发展第十二个五年规划建议的报告》。在深入讨论基础上，就进一步修改完善纲要（草案）提出意见建议，为市委、市政府决策提供参考。是年7月，在市政协十一届十七次常委会议上，对“十二五”规划实施之初的科学投入问题进行协商讨论，形成《关于加大科学投入，推动“十二五”规划顺利实施的建议案》，并印发市政府领导班子和各（县、市）区政府参阅。2012年2月十二届市政协换届产生以来，共召开常委会议5次，其中3次专题议政性常委会议，主要内容是听取市政府关于上半年全市经济运行情况的通报、关于市政协十二届一次会议以来提案办理情况的通报，听取并民主评议市国土局、市金融办、市民宗局、市统计局的工作情况；组织开展园区建设、节能环保产业发展、团队文化建设、失独家庭关爱求助工作等课题的协商讨论，并向市委、市政府提交建议案、专题调研报告。

其他会议协商议政

各专门委员会与政府有关部门就重大方针政策、重要决策和群众关注的热点难点问题等开展对口联系，搞好对口协商。1991年对《关于发展乡镇企业有关问题的规定》《关于减轻农民负担暂行办法》等政策规定在制定实施前进行协商讨论，提出许多具有参考价值的意见和建议。1993—1998年八届市政协期间，各专门委员会与政府职能部门加强对口联系，围绕制定建设规划、改革方案和地方规范性文件等，开展对口协商活动72次，形成报告28份。1998—2003年九届市政协期间，各专门委员会不断加强与政府职能部门的对口联系，围绕党风廉政建设、经济体制改革、城区建设规划等问题，组织委员通过召开专题议政会、恳谈会等形式进行协商讨论。2003—2008年十届市政协期间，各专门委员会与政府各职能部门围绕事关群众生活的能源价格调整、城区规划建设等问题，组织委员召开专题议政会、恳谈会17次，为推动服务型政府建设发挥咨询和参谋作用。2008—2012年十一届市政协期间，各专门委员会与政府职能部门的对口联系更加密切，围绕城市垃圾管理、农村五保供养、道路交通管理等规范性文件的制定开展对口协商活动。2012年市政协十二届一次会议以来，各专门委员会按照《关于加强市政协专门委员会与市直部门、单位工作联系的意见》要求，通过听取情况介绍、现场参观、座谈讨论等方式与市直部门、单位的工作联系不断加强。如市政协经济委员会组织委员，先后到人保潍坊分公司、农业银行潍坊分行、市工商局、市建设局等单位实地视察，就如何更好加强全市保险业、金融业、城市建设和管理等工作，提出改进工作的意见建议。

通过专题研讨会议形式进行协商议政。1991年8月，市政协就搞活国营大中型企业问题和稳定农村政策、完善农村双层经营机制问题进行专题研讨。1992年11月，市政协召开专题协商会，对《潍坊市城镇住房制度改革试行方案（草案）》进行协商讨论。1993—1998年八届市政协期间，专题协商讨论全市住房改革、职工医疗保险制度改革、经济体制改革、科技发展、经济社会发展规划制定、财源建设等议题。1995年9月，专题协商讨论市委、市政府《关于加强地方财源建设的意见》（讨论稿）。同年10月，市政协召开有各民主党派、工商联负责人、部分市政协常委和各界代表人士参加的专题协商会，对《潍坊市国民经济和社会发展“九五”计划及2010年远景目标纲要》（征求意见稿）进行协商讨论，提出21条建设性意见和建议，引起市委、市政府的重视，多数意见被吸收到《纲要（草案）》中。1996年8月，市政协召开“打假”咨议会，会议听取市政府“打假”办公室负责人的情况汇报，市委副书记、市长王大海等到会听取意见和建议，并与委员面对面协商讨论“打假”举措。1998—2003年九届市政协期间，就经济体制改革、国有企业改革、加强城市管理等议题进行专题协商讨论。1999年3月，市政协召开经济体制改革专题协商会，就《潍坊市1999年经济体制改革工作要点》（征求意见稿）进行专题协商讨论，委员们围绕经济体制改革工作提出许多建设性意见和建议。2001年5月，市政协围绕如何进一步加强城市管理工作进行专题协商，并将讨论情况以正式文件形式报送市政府，引起高度重视，市政府领导批示在城市建设、管理工作中，吸纳政协提出的意见建议。2003—2008年十届市政协期间，专题协商讨论民营经济发展、人文自然遗产保护开发利用、重点提案办理等议题。2006年6月，市政协组织召开全市人文自然遗产保护开发利用研讨会，会上8名同志围绕郑板桥纪念馆、坊子德日式建筑等题目进行交流发言，另有17篇论文和8篇调研报告进行书面交流。2007年5月，组织召开“峡山水库水源地保护”提案办理调度会，听取市水利局、市环保局的负责人对“峡山水库水源地保护”提案办理工作的汇报，并就进一步做好峡山水库水源地保护进行座谈讨论。2008—2012年十一届市政协期间，专题协商讨论工业产业结构调整和优化、小城镇建设、“三区”建设、文化产业发展、“十二五”规划的制定和实施等议题。2009年7月，召开推进山东半岛蓝色经济区和胶东半岛高端产业聚集区建设座谈会，组织有关部门单位围绕打造“两区”建设协商讨论，并向市委提交《关于北部沿海在“两区”建设中率先崛起应重点解决的几个问题的建议》，得到市委的重视。是年11月，召开文化产业发展研讨会，组织政协委员、专家学者和有关部门负责人围绕全市文化产业发展建言献策。2010年3月，市政协围绕“十二五”规划编制工作召开调研座谈会，组织部分政协委员和市直有关部门负责人就编制“十二五”规划工作进行座谈。2012年，十二届市政协围绕文化潍坊建设、节能环保产业发展、林业产业发展、提案督办等课题开展专题研讨、座谈交流。5月，市政协组织召开政协委员和有关部门负责人参加的座谈会，就如何建设文化潍坊课题进行研讨交流；7月，市政协在市教育局召开政协提案办理工作现场会，对政协十二届一次会议的部分提案办理情况进行座谈交流，委员们围绕进一步做好提案办理工作进行交流讨论。

第二节　调研视察

1991—1993年七届市政协期间，组织市政协委员对农村经济、农村卫生工作、农村文化事业发展、增强大中型企业活力、计划生育、文物保护、科技成果推广应用和科技人员管理使用、职业教育、企业三项制度（人事、劳动、分配）改革等进行调查视察。1992年8月，市政协组织农林界、科技界委员到诸城、安丘、昌乐、寿光4个县市的8个乡镇、24个村进行调查，总结了发展高产优质高效农业的四条经验，对一些技术性具体问题提出6条咨询性建议，市委、市政府领导给予肯定。

1993—1998年八届市政协期间，组织委员先后围绕“八五”重点建设工程、市区创建全国卫生城、开发区建设、城区校改、农村合作医疗、库区开发建设、三资企业管理、文物管理、环境保护、学生素质教育、公安110便民利民服务、重点提案办理等，进行专题视察44项，并组织住县市区委员开展异地视察活动两次，向市委、市政府报送视察报告和建议案31份，提出意见和建议126条；组织委员开展专题调查57项，向市委、市政府报送调查与建议45份。1993年6月，市政协组织委员对城区卫生状况进行视察，向市政府提交《关于创建全国卫生城的建议案》，市政府采纳建议，在全市掀起“创城”热潮。1995年10月，组织委员和有关部门对养殖太湖大银鱼进行考察论证，经主席办公会议审议，向市政府报送《关于在峡山水库开发养殖太湖大银鱼，帮助库区群众脱贫致富的建议案》，得到市政府的落实。是年11月，围绕实施“科教兴潍”战略，开展发展民营科技的调查，就全市发展民营科技需要进一步解决的几个问题提出具体建议，市政府加《按语》转发市政协的《调查与建议》。是年11月，组织民主党派对全市“八五”重点工程项目完成情况进行视察，并向市委报送视察报告。1996年8月，市政协会同有关部门组成调查组，对全市企业技术改造工作进行专题调查，调查报告送市政府参考。1997年3—4月，市政协组织委员和有关部门负责人，到部分县市区对全市水利建设工作进行调查，形成调查报告报送市政府参考。

1998—2003年九届市政协期间，精心选题，就加快工业产业产品结构调整，实施农业产业化、标准化、国际化，优化外商投资环境、加大招商力度，发展农村卫生事业、加强药品监督管理等课题开展专题调研，形成28份调查报告和6份建议案。组织委员围绕民主与法制建设、城市建设与管理、农村贫困人口生活安排和城市下岗职工再就业、加强“网吧”管理等，开展专题视察活动41次，向市委、市政府报送视察报告和建议案41份。1998年6月至7月，市政协围绕“民心工程”中社会各界最为关心的“五放心”，即喝放心水、吃放心肉、买放心货、住放心楼、走放心路问题开展视察活动。视察结束后分别向市委、市政府报送视察报告。是年8月，组织委员会同有关部门，对全市创汇农业情况进行调查。调查组听取有关部门的汇报，到7个市区、19个乡镇、农业创汇企业和基地进行实地考察，调查报告得到市委、市政府领导的肯定。1999年5月，市政协组织部分教育界委员，采取调查问卷，召开有关教育界专家、学者、各民主党派负责人座谈会等形式，对全市高等教育事业的发展情况进行专题调查。调查报告经主席会议讨论审议后报市委、市政府，供决策参考。2000年10月，市政协组织委员对全市文物资源保护利用情况进行专题调查，委员们针对文物保护和开发利用中存在的问题，提出6条建议。2001年3—4月，市政协组织委员对城市管理工作进行调查。调查组听取有关部门的情况介绍，到奎文、潍城、坊子、寒亭四区了解情况，形成调研报告，提出改进城市管理工作的6条建议。2002年3月，市政协组织部分委员到部分县市区的药品监管销售和医疗单位、药品生产企业，调查药品监督管理情况。委员们针对存在的问题，提出6条建议，并报市政府参阅。

2003—2008年十届市政协期间，先后就全市民营经济发展、“三北”开发、水和大气污染防治、资源有序开发利用、潍坊滨海新区建设、加快与青岛对接合作、文化产业发展、农村社会养老保险工作和社会救助体系建设、繁荣发展现代服务业、搞好人文自然遗产保护开发利用、加快全市循环经济发展、加快高新技术产业发展、加快社会主义新农村建设等事关全市经济社会发展的重要课题组织开展调研活动，形成33份调查报告和8份建议案；组织委员针对城市建设、引牟入白工程、防治“非典”、海外留学人员在潍创业情况、城区学生“上学难”等问题，开展45项专题视察活动。2003年10月，市政协组织委员和市直部门负责人到部分县（市、区）视察民营企业发展情况。2004年4—7月，市政协组织部分委员和委员单位，先后到寒亭区、寿光市、昌邑市、海化开发区和潍坊北港等地进行调查，并到环渤海湾有关省市进行考察，经过广泛研讨论证，撰写调研报告，引起市委、市政府的重视，所提建议被纳入“三北”开发决策。2006年3月，市政协会同县市区政协、市直有关部门和专家学者共同对全市人文自然遗产保护开发利用情况进行深入调查，市县两级共形成8篇调研报告和25篇论文。2006年8月，市政协组织委员对全市城市医疗体制改革情况进行专题视察，委员们提出6条针对性建议。2007年5月，市政协组织部分委员，围绕“全市农村文体事业发展”开展调查研究，形成《关于全市农村文体事业发展情况的调查报告》，市委书记张新起批示，要求有关部门结合这项调研情况，把农村文体工作纳入和谐村庄建设创建活动中，并与社会事业发展考核相结合，加以推进。2007年10月，市政协组织部分委员对和谐创建工作进行专题视察。委员们先后到昌乐、青州、寒亭、坊子4个县（市、区）以及市教育局进行实地视察，对下步和谐创建工作提出建议。

2008—2012年十一届市政协期间，围绕产业结构优化调整、发展新兴高端产业、建设创新型城市、推动科技创新、中小企业信用担保体系建设、“三区”建设、推动区域经济合作与发展、医药卫生体制改革、职业教育和学前教育发展、公共场所消防安全、生态文明建设等议题开展50余次调研视察活动，形成45份调查报告、视察报告、提案和建议案。2008年10月，市政协组织部分市政协常委、委员对全市知识产权工作进行专题视察。委员们在充分肯定成绩的同时，就做好知识产权工作提出5条建议。2009年4—6月，组织部分市政协委员和市环保局等相关部门的负责人对农村水环境保护情况开展专题调研。调研组先到临朐、昌乐、诸城、高密4个县（市）进行实地调研，又到威海市、莱芜市和西北四省区进行考察学习，并组织相关专家和部门的负责人进行分析论证，向市委、市政府报送《关于农村水环境保护情况的调查报告》。调查报告得到市委、市政府主要领导的重视。2010年4月，市政协组织部分委员和有关部门的负责人开展深化医药卫生体制改革的专题调研。委员们认真查找分析存在的问题，提出推进医改特别是做好公立医院改革试点工作的6条意见建议。2010年4月至6月，组织部分市政协委员和市直有关部门负责人，开展北部沿海生态建设情况专题调研，并赴辽宁省、天津市和滨州市等地学习考察。调研报告经分析论证，主席办公会议和常委会议专题审议后，向市委、市政府提交《关于科学推进北部沿海生态建设的建议》。市委、市政府主要领导分别作出批示。2011年5月中旬，市政协组织开展中国人居环境奖创建工作专题调研。调研组在寿光市和潍城区、高新区的学校、社区、居委会等基层单位进行实地调研，听取各地和有关部门创建工作的情况汇报，形成《关于中国人居环境奖创建工作情况的调研报告》。

市政协十二届一次全体会议召开以来至2012年底，市政协围绕全市工作中心，选取具有全局性、战略性的重大问题，深入调查研究。先后就产业优化升级、蓝黄“两区”建设、节能环保产业发展、水资源节约与保护等问题组织政协委员开展6项专题调研，选择林业产业发展、渤海环境保护等问题组织6项专题视察，经市政协主席会议和常委会议协商讨论后，向市委、市政府提交建议案、专题调研报告和视察报告。市政协组织部分政协委员到部分县市区、开发区以及市直有关部门，就“园区化”问题开展专题调研活动，多次召开座谈会，广泛了解情况，认真听取各方面的意见建议，在此基础上形成《走园区化发展道路，加快推进转方式调结构的调查与建议》。对加快推进园区化进行分析和论证，提出解决农产品安全问题的根本出路在于园区化，现代服务业有赖于通过园区实现集聚发展和产业升级，实现“零增地”发展要着眼于整合、改造、提升现有园区，扩大招商引资必须坚持以园区为载体，园区建设要突出特色化、专业化、集约化等意见和建议。市委主要领导作出批示，成为市委科学决策、推进工作的重要参考依据。为积极参与和推动全市文化发展，市政协围绕如何建设共有精神家园、塑造文化潍坊之魂这个主题，深入调查研究，向市委提交《关于团队文化建设的调研报告》。为推动和谐社会建设，市政协围绕关系群众切身利益的重大问题，开展一系列的调研视察活动，提出关于加强药品安全管理、关注校车安全、重视流动人口管理服务、失独家庭关爱救助等方面的意见和建议，推动相关问题的解决。

第三节　提案工作

规范化建设

1985年3月，成立市政协提案工作委员会。1988年3月，在市政协七届二次常委会议上，调整充实提案工作委员会，配备专职副主任，建立提案委员会办公室，制订《提案工作细则》。为不断推动提案工作的规范化、制度化，历届政协在召开全市政协提案工作座谈会和市政协常委会、广泛征求意见基础上，对提案工作规则、条例加以修订。1995年11月，市政协八届十二次常委会议审议通过《市政协提案工作规则》；2000年5月，市委转发《政协潍坊市委员会提案工作规则》；2005年6月，市政协十届十一次常委会议通过修订《政协潍坊市委员会提案工作规则》；2011年11月，市政协十一届十八次常委会议审议通过《政协潍坊市委员会提案工作条例》，为深入推动提案工作规范化建设奠定了基础。

提案及办理

1991—1993年，共收到委员提案350件，立案337件。各种提案被部门采纳率由七届市政协初的67%提高到届末的84%。自七届三次会议以来，共评选出40件优秀提案、43名优秀提案提出者和10个先进承办单位，并进行表彰奖励。

1993—1998年八届市政协期间，共收到提案1047件，其中经济建设方面456件，占提案总数的43.6%；科教文卫体方面319件，占30.4%；党的建设、民主法制建设等方面138件，占13.2%；统一战线、政协工作等方面134件，占12.8%。市委、市政府领导亲自协调督办重点提案、建议案56件，召开转办会、现场办公会18次。市政府提出的承办单位领导审阅把关率、走访见面率、办复率达到3个百分之百的要求，有力地推动了提案办理工作。先后召开两次提案表彰大会，共评选表彰82件优秀提案、32个承办提案先进单位和44名办理提案先进个人。一批重要提案的办理和落实，产生广泛影响。如关于在峡山水库养殖太湖大银鱼提案、解决妇保院与市立医院搬迁遗留问题提案、建设潍坊汽车新站提案、改建潍坊浴池提案、建立汽车交易市场提案、建设小商品城提案、拆除青年路小学废旧水塔提案等，收到良好的经济效益和社会效益。

1998—2003年九届市政协期间，共收到提案1281件，立案办理1224件。市委、市政府领导先后对60余件重点提案签批意见，对100余件重点提案进行现场办理或协调办理。如1999年，对戴敏贞等14名委员提出的"加快浮烟山旅游开发区建设步伐"的提案，提交市政协主席会议进行专题讨论研究，并在调查基础上形成主席会建议案，得到市政府的重视和采纳；是年10月，组织委员对"白浪河治理开发建议案"和"两河治理"等5件重点提案进行视察。认真组织开展提案工作评先创优活动，从九届一次至四次会议970件提案中评选出104件优秀提案，从承办单位中评选出28个承办提案先进单位和32名办理提案先进工作者，加强提案工作的宣传，扩大政协提案的社会影响。

2003—2008年十届市政协期间，共收到提案1231件，立案办理1142件，其中各民主党派、工商联、市政协专门委员会提案142件。反映全市改革发展方面的提案占提案总数的60%。在提案办理过程中，认真落实领导督办重点提案制度，通过组织委员视察、召开提案人与承办单位座谈会、在市电视台开办提案追踪栏目、配合新闻媒体介入等多种形式，加大督办力度，使委员的意见和建议落到实处。5年间，对102件重点提案进行重点督办。每年立案提案办复率均达到百分之百。注重总结表彰，扩大社会影响。先后召开两次全市政协提案工作座谈会、一次表彰会，在有关报刊发表稿件100余篇，在潍坊市电视台播出提案专题节目40余次，市政协提案工作的社会影响不断扩大。

2008—2012年十一届市政协期间，共收到提案1398件，立案1276件。其中，委员提案1147件，全部得到办复。提案内容中，经济建设方面379件，占提案总数的29.7%；政治建设方面68件，占提案总数的5.3%；文化建设方面157件，占提案总数的12.3%；社会建设方面616件，占提案总数的48.3%；生态建设方面56件，占提案总数的4.4%。市委、市政府主要领导对96件重点提案作出批示，市政协主席会议成员领衔督办87件重点提案，有效推动相关问题的解决。探索建立提案办理工作评议机制，两次组织市政协委员，对承办单位提案办理情况进行民主评议。召开全市政协提案工作经验交流暨表彰大会，对十一届市政协以来的80件优秀提案、30个承办提案先进单位、50名先进提案工作者进行表彰奖励。

2012年是十二届市政协的开局之年。一年来，共收到提案393件，立案363件。其中，有关经济建设方面的提案74件，占提案总数的20.4%；有关政治建设方面的提案20件，占提案总数的5.5%；有关文化建设方面的提案57件，占提案总数的15.7%；有关社会建设方面的提案185件，占提案总数的51%；有关生态建设方面的提案27件，占提案总数的7.4%。截至2012年底，立案提案已全部办复，委员满意率和基本满意率达到100%。一年来，常委会积极探索建立提案形成机制，市政协与“市长热线”“行风在线”“潍坊民声网”等“两线两网”联动，搭建潍坊市政协征集提案线索综合平台，并从征集到的意见建议中筛选出72条提案线索发布到平台上。随后，又把收集到的提案线索整理成提案参考目录下发各委员，供委员撰写提案时参考。认真推动落实领导批办重点提案制度。认真实施《政协领导领衔督办提案工作制度》，遴选38件重点提案，由主席会议成员带队，先后到中国食品谷等多家单位现场督办，推动重点难点问题的解决。认真实施提案立体督办机制，通过深化“三联四方”提案集中答复、开展重点提案办理情况“回头看”等方式，推动提案建议最大限度地落实。认真做好提案工作宣传工作，共在有关媒体发表稿件40余篇，继续与潍坊电视台办好《提案撷英》栏目，播出《提案撷英》栏目10余期。

1998—2012年市政协表彰优秀提案一览表

表17—4—1

届次	提案题目	提案者
九届（104件）	关于减轻农民负担，维护社会稳定的建议	民革潍坊市委员会
	关于稳步推进我市高等教育发展与改革的建议	民盟潍坊市委员会
	关于农村教育费附加依法实行乡征县管乡用的建议	九三学社潍坊市委员会
	关于杜绝新购置车辆到外地挂牌的提案	潍坊市工商业联合会
	关于兴建潍坊市妇女儿童活动中心的提案	刘金惠等妇联界全体委员
	关于解决烟潍公路寒亭城东大型公路环岛问题的提案	王冰芬等9位委员
	关于在潍坊小商品城设置公安派出所的建议	王学华等5位委员
	采取果断措施，尽快解决弥河污染问题	王炳富等4位委员
	关于实施“民心工程”应以解决群众“五放心”为切入点的建议	刘佃甲等3位委员
	汶河上游两岸乱开砂场已造成严重后果，应加强整顿、管理	杜介祥等3位委员
	关于建议市政府调整中师布局的提案	逄增快等3位委员
	公共场所禁烟，我市应制订规范性文件	邹胜恩等3位委员
	做好三篇文章，使潍坊蔬菜生产再上新台阶	刘传歧等2位委员
	关于加快引黄入峡工程进度的建议	杨佃俊
	我市应加强信息网络建设	赵俊杰
	初中教师整体素质亟待提高	杨善堂
	再次建议管一管购物卡	张　晶
	建议市政府在深化企业改革和调整产品结构的同时，注重发展高新技术产业	吴　俭

续表17－4－1

届次	提案题目	提案者
九届（104件）	关于搞好国有大中型企业领导班子建设的建议	曲昌顼
	严厉打击制售假冒伪劣商品的违法行为	王德润
	加强个体民营企业的规范化管理	李友春
	关于解决燃煤锅炉排放黑烟污染环境的建议	徐淑华
	关于预防传销欺诈，加强安定团结的建议	曲曰臣
	各级消费者协会要积极倡导绿色消费	马鸣棠
	关于兴建“引牟入白”工程，实现多水系联网解决潍坊市区缺水的建议	杨佃俊
	加大反腐败力度，切实抓好清理通讯工具的工作	郎丰富
	关于加强东苑公园开放式绿地建设的建议	高　亮
	关于进一步深化我市机构改革的建议	民革潍坊市委员会
	治理虞河的几点建议	民革潍坊市委员会
	关于开拓农村消费市场的建议	民建潍坊市委员会
	关于进一步发展全市个体私营经济的建议	民建潍坊市委员会
	加强市区交通管理及其对主要路段改造的建议	民进潍坊市委员会
	新生儿性别比失衡及采取措施的建议	农工党潍坊市委员会
	关于提高农业管理干部科技水平，加强农业科技宏观管理的建议	九三学社潍坊市委员会
	调整优化高校布局结构，促进我市高等教育发展的建议	九三学社潍坊市委员会
	关于急需治理虞河、张面河污染的建议	市政协学习宣传委员会
	关于加快浮烟山旅游开发区建设步伐的建议	戴敏贞等15位委员
	关于治理市区烟尘污染，保护大气环境的建议	彭宏涛等6位委员
	关于对城区沿街商业门头和地摊进行治理的建议	贺惠邦等4位委员
	关于富裕地区应率先解决学生上普高难的问题	梁爱丽等4位委员
	加大沂山旅游开发力度，以取得更佳效益的建议	孟庆沂等6位委员
	解决机动车尾气污染城市大气问题刻不容缓	刘玉明等3位委员
	关于开展“打假下乡”活动，加大整治农村市场力度的建议	庄维贤等3位委员
	加快我市高新技术应用步伐的建议	刘志臣等3位委员
	关于进一步规范银企信用关系的建议	吴汝江
	关于开展全社会勤俭节约的建议	朱其彦
	关于对干部职工多占住房进行清理整治的建议	张　晶

续表17-4-1

届次	提案题目	提案者
九届（104件）	发展液化石油气汽车，解决城市汽车尾气污染的建议	张建平
	加强金融纪律，强化农村基金会管理的建议	魏邦助
	关于进一步加强农村合作医疗卫生管理工作的建议	马秉信
	关于加强农村宅基地管理的建议	牛守祯
	关于组织农村科技带头户进行技术培训的建议	王移山
	关于对市区灯光夜市进行全面规划定点的建议	张玉明
	加入WTO对我市的影响及建议	民革潍坊市委会
	关于加大环保力度，使弥河率先变清的建议	民建潍坊市委会
	抓住机遇迎接挑战——深化农业结构调整，增强我市农业在国内外市场上的竞争力	民进潍坊市委会
	关于成立潍坊市“120”医疗 急救指挥中心的建议	农工党潍坊市委会
	发展旅游事业，拉动经济增长的建议	九三学社潍坊市委会
	关于组建潍坊市技术创新中心的建议	九三学社潍坊市委会
	关于引导民营企业向高新技术产业发展的建议	潍坊市工商业联合会
	关于加强协调与监督尽快完成小区移交的建议	戴敏贞等19位委员
	关于修建青州至沂水地方铁路临朐至沂水段的建议	孟庆沂等25位委员
	关于重视高新技术企业，加速高新技术产业发展的建议	蔡旭旺等23位委员
	关于青州市山区实施集雨节灌工程的建议	宋金宝等5位委员
	关于建设高素质村级干部队伍的建议	王春林
	建议将市区第二水源地净水厂建设与“引牟入白”工程同步进行，尽早发挥工程效益	杨佃俊
	关于进一步加强领导，加大措施，搞好潍坊民航的建议	杨佃俊
	关于抢抓西部开发机遇，加大与中西部地区经济协作力度的建议	吕留振
	关于解决好农村、城市小学布局的建议	王先宝
	关于实施名牌战略，争创驰名（著名）商标的建议	张玉明
	关于加速发展我市高新技术产业步伐的建议	彭宏涛
	关于必须大力改善投资环境的建议	吴　俭
	建议政府出台优惠政策，鼓励社会兴办养老机构	邹胜恩
	建议将城区公交汽车站牌进行改进	张　晶
	关于加快发展我市个体私营经济的建议	王德润
	采取得力措施，发展城区普通高中教育规模的建议	张君成

续表17-4-1

届次	提案题目	提案者
九届（104件）	关于防止人才流失和浪费的建议	魏邦助
	关于加强眼镜市场管理的建议	王銮第
	把关心中小学生健康成长问题纳入市民心工程的建议	江　峰
	关于深入开发、充分利用全市留学生资源的建议	王法延
	关于设置中水系统的建议	民革潍坊市委会
	对进一步加强政府采购工作的几点建议	民建潍坊市委会
	积极兴建老年公寓，搞好老年福利事业的建议	民盟潍坊市委会
	关于尽快解决我市人才市场固定场所的建议	民进潍坊市委会
	关于组建“山东半岛汽车配件商贸城”的建议	民进潍坊市委会
	关于对建设项目进行严格审批，减轻环境污染与职业危害的建议	农工党潍坊市委会
	关于招商引资的十点建议	九三学社潍坊市委会
	发展中小企业，促进我市经济发展	潍坊市工商业联合会
	关于加强十笏园古建筑群保护开发的建议	韩明光等7位委员
	关于妥善保护德日帝国主义侵占坊子时期历史遗迹的建议	陈建民等5位委员
	市区道路需要加强规范化管理	王业世等4位委员
	加快对丹河污染源治理的建议	王炳富等5位委员
	加强网吧管理，减少对青少年负面影响的建议	于桂珍等4位委员
	解决寿寒边界排水纠纷，保护国家和集体利益	刘传岐等3位委员
	潍坊小商品城仍有火灾隐患，亟待强化措施彻底解决	王学华等3位委员
	关于我市开发、培养、引进人才的建议	杨善堂
	加强出租车司机管理，提高行业素质	赵俊杰
	在潍北修建平原水库，彻底解决海华集团用水困难的建议	杨佃俊
	立足本地实际，面向国际市场，大力发展外向型农业	刘锡升
	应大力加强农业科技的推广和应用	薛希明
	关于重视中小学周围环境的建议	李惠文
	关于严厉打击制造假证件文凭等违法行为的建议	刘广仁
	调整优化农业和农村经济结构、千方百计增加农民收入	许传平
	关于制定潍坊市高等教育中长期发展规划的建议	马文正等5位委员
十届（104件）	关于加快解决人畜吃水困难问题的建议	刘光辉

续表17—4—1

届次	提案题目	提案者
十届 （104件）	关于对我市职业病防治工作的建议	农工党潍坊市委会
	加大执法力度，取缔占道经营，保证道路畅通	农工党潍坊市委会
	切实采取有效措施，加强我市水源地的环境保护	九三学社潍坊市委会
	全市烤烟生产发展问题亟需引起高度重视	成爱祥
	关于进一步鼓励和大力扶持社会力量办学的建议	民进潍坊市委会
	关于在城区推行生活垃圾分类处理的建议	民建潍坊市委会
	规范燃气市场，保证燃气安全	张　静
	关于建立我市劳动力就业信息系统的建议	许传平
	关于坚决整顿潍坊市洗车行业的建议	单庆茂
	改善公交事业，方便市民生活	杜荣荣
	关于加强我市软环境建设，促进招商引资工作的建议	吴彦华
	关于加快安装新华路等部分路段路灯的建议	冯慧颖
	关于进一步规范全市医药市场，保障人民生命健康的建议	民革潍坊市委会
	提高居民饮用水质量，让市民喝上放心饮用水	潍坊市工商联
	进一步加大执法力度，切实维护职工的合法权益	田绍义
	综合开发旅游资源，促进潍坊经济发展	霰明礼等3位委员
	以蔬菜产业为龙头，创办名牌博览会，建设专业大市场的建议	民建潍坊市委会
	关于尽快拆迁改造潍坊三中规划预留地的建议	梁汉文等6位委员
	关于在全市推广青州经验，为农民建立新型合作医疗制度的提案	民盟潍坊市委会
	严格执行刑事诉讼法，切实解决律师“会见难” 问题	李万兴
	中药饮片质量问题不容忽视	民盟潍坊市委会
	规划整合我市旅游资源，营造优秀旅游城市特色	九三学社潍坊市委会
	关于加强向阳路夜市管理的提案	纪　军
	关于加强艾滋病预防控制工作的建议	马安宁
	用好区位优势，促进潍坊经济发展	毛伟岭
	关注城市弱势群体，从根本上解决拖欠农民工工资问题	孙君清
	关于加强对招商引资项目进行环保准入的建议	农工党潍坊市委会
	关于加强医疗垃圾管理的建议	张廷秀等3位委员
	加快我市人才的引进和培养，实施人才强市战略	周赤舟

续表17—4—1

届次	提案题目	提案者
十届（104件）	引入竞争机制，改善我市宽带技术发展缓慢的现状	杜荣荣
	加大师资培训力度，不断提高教师业务水平	黄文藻
	再次强烈呼吁治理整顿“网吧”	范仲田等4位委员
	加快学习型城市的建设步伐	赵同祥
	关于亟待整顿规范美容市场的建议	冯慧颖
	关于加强出租车规范管理的建议	民建潍坊市委会
	关于加快潍城区农村有线电视安装的建议	潘伟等6位委员
	关于将宝通街、西环路建成风筝主题大道的建议	张元茂等15位委员
	关于高度重视和认真解决影响农民增收的有关问题的建议	民革潍坊市委会
	加快优质农产品认证，提高农业标准化水平的建议	于文瑞等3位委员
	关于集中建设高层建筑的建议	魏邦助
	建立强有力的行业协会，保护农民利益，提高农产品国际竞争力	朱升祥
	关于推行“门前三包”，搞好城市管理的建议	市工商业联合会
	建议对城市居民供暖实行“分户供给，按量收费”	民建潍坊市委会
	关于主动对接青岛争取在半岛城市群中率先崛起的建议	民盟潍坊市委会
	加快信息产业发展的建议	九三学社潍坊市委会
	规范网吧管理，保护未成年人身心健康	丁启辉委员
	关于从战略高度尽快统筹规划完成潍坊在半岛城市群中宏观生产力布局设计方案的建议	刘恩贵
	强化土地监管，禁止滥用土地	吴彦华
	抢救濒临绝迹断代的潍坊传统工艺美术	丁福臻
	关于倡导使用消费账单，建设文明诚信潍坊的建议	梁文道
	启动中水回用工程，开辟城市第二水源	民进潍坊市委会
	深化农村村级财务管理体制改革，促进农村社会稳定	民进潍坊市委会
	关于尽快根治潍坊化肥厂污染问题的建议	张光泽等4位委员
	关于对我市外资利用情况的调查和建议	农工党潍坊市委会
	加强我市公交建设，提升公共交通品味的建议	农工党潍坊市委会
	关于加强学生安全工作的建议	民建潍坊市委会
	关于律师事务所介入国有资产产权法律事务的建议	李万兴
	关于加强疾控工作的几点建议	马安宁

续表17—4—1

届次	提案题目	提案者
十届（104件）	提升坊子德日式建筑等级，加快抢救濒危文物步伐	刘小花等6位委员
	抓好公共体育设施建设，满足广大群众健身需求	王卫东等7位委员
	治理药品回扣，减轻病人负担	谭学军等4位委员
	关于用循环经济理念助推“三北”开发的建议	民革潍坊市委会
	关于进一步加强建筑市场执法队伍建设的建议	于长波委员
	关于尽快建设“潍坊科学技术馆”的建议	吕学森等4位委员
	关于开发利用海外高科技人才，促进我市经济超常规、跨越式发展的建议	市政协港澳台侨和外事委员会
	关于实施山区库区开发战略，加大对困难群众支持的建议	民革潍坊市委会
	对公立医院改革改制的建议	民盟潍坊市委会
	关于加强潍坊国际风筝会资料管理的建议	吕秀彩
	关于建设“数码广场”，带动我市信息服务业发展的建议	九三学社潍坊市委会
	大力实施商标发展战略，推动全市经济又好又快发展	张春华
	关于进一步加强处方药管理，保障人民用药安全的建议	王增祥等3位委员
	关注小街小巷改造，进一步改善城市行居环境	赵同祥
	发展农村医疗卫生事业，为建设社会主义新农村服务	梁文道
	关于加强医疗废物集中处置的提案	曹学芹
	关于在城区大力发展停车经济的建议	民建潍坊市委会
	关于进一步开放潍坊市馆藏图书，开办社区居委会借阅站，建立阅览室的建议	民建潍坊市委会
	关于恢复清代郑板桥县衙及城隍庙的提案	民革潍坊市委会
	解决城市生活垃圾循环利用问题，促进潍坊市节约型社会的形成	民革潍坊市委会
	关于治理室内环境污染的建议	郭富斌
	关于在北海花园及附近区域规划建设小学、幼儿园的建议	市政协经济委
	改革现行水资源体制，实现水务一体化管理	曹光彦
	优化环境，政策推动，大力发展潍坊文化娱乐产业	民进潍坊市委会
	倡导全社会共同参与，努力遏制艾滋病快速蔓延趋势	农工党潍坊市委会
	关于尽快出台我市养犬管理规定的提案	农工党潍坊市委会
	关于对我市大型超市进行规划建设的建议	市工商联
	关于加快潍坊学院发展步伐的提案	邹芙林等8位委员
	关于建立和完善失地农民保障长效机制的建议	伊国华

续表17-4-1

届次	提案题目	提案者
十届（104件）	打造“专利强市”战略，加快专利产业化发展	蔡旭旺等7位委员
	加快培育发展房屋租赁市场，满足多层次的租赁需求	郭文君
	树立节约意识，发展循环型农业	于文瑞
	企业无证生产行为不容忽视	苗金友
	加强对卫生室检验、特检工作管理的建议	林绍志、霰明礼
	关于发展我市大公交的几点建议	民建潍坊市委会
	关于加速做强做大我市电声器件产业的几点建议	九三学社潍坊市委会
	关于推进我市创建文化名市的建议	民进潍坊市委会
	村庄规划建设存在的主要问题及建议	民进潍坊市委会
	关于进一步加大峡山水库水源地保护的建议	民革潍坊市委会
	关于落实非公有制条例，加快我市民营经济发展步伐的建议	王炳福
	关于积极发展农村沼气的建议	吕秀彩
	科学规划，统筹发展，加快生态城市建设进程	田绍义
	关于沿海地区卤水资源的综合利用及生态平衡问题的建议	王仁华
十一届（80件）	关于加快发展我市现代信息服务业的建议	九三学社潍坊市委员会
	关于加快我市创意产业园区建设的建议	梁文道
	以人为本，创建和谐交通的建议	致公党潍坊市委筹委会
	关于在城管执法中实行柔性执法，建设和谐潍坊的建议	孙增平
	关于加强“潍县萝卜”品牌保护的建议	单庆茂
	关于进一步加快发展我市中等职业教育的建议	于建平、顾　爽
	努力打造城市特色品牌，加速推进文化名市建设	民进潍坊市委员会
	大力推进基层文化建设的建议	民进潍坊市委员会
	关于加快全市风能资源开发的建议	民革潍坊市委员会
	打通宝通街，办好“七博会”	侯方玉等6位委员
	关于从种植、养殖业源头抓好食品安全管理的提案	张兆年等4位委员
	关于多措并举，大力促进担保行业发展的建议	市政协经济委员会
	关于提高公民公德修养，创建礼仪潍坊的建议	民建潍坊市委员会
	我市国家机关、事业单位应实行节能指标考核制度	齐玉明
	关于峡山水库机动船改电动船的建议	王仁华

续表17—4—1

届次	提案题目	提案者
十一届（80件）	关于市区农贸市场由大变小进社区的建议	农工党潍坊市委员会
	关于加大对违法医药广告处罚力度的建议	徐福刚
	关于加强中小学生社会主义核心价值体系教育的建议	民盟潍坊市委员会
	关于将节约、降耗、减排、绿色环保纳入各级政府考核体系的建议	刘恩贵
	关于转变饲养方式发展现代养猪业的建议	王绍森
	关于建立高新技术投资担保公司，进一步完善我市高新技术企业金融支持体系的建议	史跃峰
	大力发展现代物流业，倾力打造鲁东物流中心	王群利等7位委员
	关于加快我市发展热泵系统，促进全市节能减排与可持续发展的建议	蔡志敏、陈永峰
	关于实施“平改坡”工程，造福潍坊百姓的建议	王　燕
	关于挖掘我市丰富的历史和文化资源，发展生态旅游事业的建议	王振红等6位委员
	关于加快我市小城镇建设的建议	九三学社潍坊市委员会
	关于峡山水库上游河流入库口建立自动即时检测点的建议	王　勇
	关于把家政服务业纳入社会化服务体系的建议	王秋萍
	关于加强我市农村环境保护的几点建议	王秀禄
	关于加强潍坊小商品城防火安全的建议	吕秀彩
	加大扶持引导力度，促使下岗职工尽快实现二次就业	杜丽华
	做文明市民，迎全运盛会	徐　伟
	加强机关队伍体质锻炼，努力提高机关人员综合素质	王卫东
	关于我市旅游业发展战略定位的建议	王文海
	关于对我市公务员加强礼仪教育的建议	郭富斌等3位委员
	大力发展有机农业，促进全市经济平稳较快发展	致公党潍坊市委员会
	关于加强白浪河流域生态环境建设的建议	民建潍坊市委员会
	加大自主创新投入 努力打造科技强市	蔡绪旺等6位委员
	关于尽快制定潍坊市医疗收费价格标准的建议	殷好治
	探索开展农村宅基地和住宅抵押融资改革试点工作的建议	刘树亮
	完善农村社会保障体系，建立新型农村社会养老保险制度	魏秀元
	金融危机形势下促进境外参展的几点建议	马鲁沂
	关于加强人畜共患病防治，建立人医、兽医公共卫生防御体系的建议	张　慧
	关于加强食品安全监管工作的建议	农工党潍坊市委员会

续表17-4-1

届次	提案题目	提案者
十一届（80件）	关于引导和鼓励以创业带动就业，积极应对金融危机的建议	潍坊市工商联
	关于积极保护和传承非物质文化遗产的建议	蒯　宪
	发展“农超对接”模式，扩大农村市场需求	李月淑
	关于加强对加油站管理的建议	梁伟松等7位委员
	强化渤海意识 提升区域效能	李　平
	关于加快我市地下空间开发利用的建议	民建潍坊市委员会
	关于提早布局，建设潍坊市立体交通的建议	民盟潍坊市委员会
	关于大力发展园林事业，建设现代和谐潍坊的建议	李焕昌
	关于营造能创业能成长能做大的服务机制，全面优化中小企业发展环境的建议	玄承洵
	关于规范我市物流业发展的建议	民盟潍坊市委员会
	关于高度重视职业教育，夯实“三区”建设人才基础的建议	潍坊市工商联
	潍坊文化立市发展的对策建议	孙录宝
	关于加快潍坊市海洋人才队伍建设的建议	致公党潍坊市委员会
	加快居家养老服务体系建设，解决“空巢老人”养老问题	九三学社潍坊市委员会
	关于推动我市沿海产业优化升级的几点建议	王云华
	关于加快潍坊机场搬迁的建议	李洪勤、陈立宝
	关于进一步重视城区基础教育均衡配套发展的建议	农工党潍坊市委员会
	领导干部要带头倡行低碳生活方式	牛钟顺
	关于全民参与、义务维护潍坊“三河”环境的建议	王新航
	关于开通110文字信息报案平台的建议	刘万里
	关于切实解决法院执行难的建议	徐中立
	关于积极引导鼓励应届大学毕业生走向社会工作岗位的建议	民革潍坊市委员会
	关于加大金融扶持力度，促进中小企业健康发展的建议	民进潍坊市委员会
	关于规范法院对外委托司法鉴定工作的建议	袁　源
	关于进一步加强我市中小学社会实践活动的建议	郭健健
	关于进一步创新完善中小企业融资担保方式的建议	冷力文
	关于加快医药创新步伐，推动医药强市建设的建议	邴智义
	加强北部沿海生态建设，保护“三区”发展战略科学可持续推进	朱升祥
	关于尽快遏制滥用抗生素的建议	罗　宁

续表17—4—1

届次	提案题目	提案者
十一届（80件）	关于加快实施国家基本药物制度及解决乡村医生待遇的建议	马安宁
	关于科学推进城市综合体建设的建议	张恒道
	关于加强农村中小学生安全教育的建议	逯怀芝、周家永
	关于大力发展现代畜牧业千亿级产业链的建议	王承策
	加强市民精神文明建设，争创全国文明城市	张云华
	关于完善大学生村官制度的建议	民革潍坊市委员会
	关于建立“潍坊南部生态旅游带”的建议	刘春宝
十二届（50件）	关于加快“中国食品谷”建设步伐、促进潍坊经济转型升级的建议	民革潍坊市委
	关于加强环保防控体系建设的建议	民盟潍坊市委
	关于加快推进城乡环卫一体化进程的建议	民建潍坊市委
	关于加快推进我市物联网产业发展的建议	九三学社潍坊市委
	加大减排力度建设生态潍坊	农工党潍坊市委
	关于我市非物质文化遗产传承与保护的建议	民进潍坊市委
	关于加快建设我市校车运行体系的建议	致公党潍坊市委
	关于加快推进餐厨废弃物资源化利用和无害化处理的建议	潍坊市工商联
	关于启动建设我市老年活动中心的建议	牛钟顺
	关于建立长效机制缓解血荒的建议	李华壮
	关于加大财政投入补助乡村医生的建议	迟耸立
	关于加强社会工作专业人才队伍建设的建议	梁文道
	关于建立潍坊市中小企业援助中心的建议	玄承洵
	关于努力打造金融强市、助推潍坊经济发展的建议	蔡绪旺
	关于加快推进全市镇街文化广场建设的建议	王　燕
	关于加快节能环保一体化技术建设的建议	崔瑞福、田清业
	关于加快产业发展增强镇域经济发展活力的建议	赵同祥
	关于创建黄河三角洲高端畜产品加工示范区的建议	王承策
	关于加强蔬菜安全管理、确保人民群众生命健康的建议	杜丽华
	关于高效利用现有资源、促进特色产业园区发展的建议	李乐忠
	关于加快国土绿化建设美丽潍坊的建议	钮效东
	关于加强城市社会治安视频监控系统建设的建议	王世伟

续表17—4—1

届次	提案题目	提案者
十二届 （50件）	关于申报“潍坊风筝”为世界非物质文化遗产的建议	张崇高、王　燕
	关于设立山东半岛蓝色经济区（潍坊）国内外贸易技术壁垒和标准信息服务机构的建议	谭树中
	关于推进我市知识产权质押融资试点工作的建议	史跃峰
	关于基层医院二手医疗设备亟待加强监督管理的建议	潘世军
	我市二手车市场存在的问题及建议	袁　源
	关于加强我市诚信体系建设的建议	赵振玺
	关于我市服装行业转型升级的建议	王勇萍
	关于关爱失独家庭、让爱不再缺失的建议	王新航
	关于对原大英烟草公司旧址和廿里堡火车站旧址进行保护性开发利用的建议	刘棣俭
	关于加速推进农村饮水安全工作的建议	孙会杰、夏麦香
	关于保留基本盐田面积的建议	付忠东、冯义军
	关于加快我市成长性好、科技型中小企业发展的建议	侯修家、方夕涛
	关于科学规划、严格监管、打造环境优美滨海新区的建议	白宗家
	关于体彩公益金分配管理的建议	冯慧颖
	关于“三区合一”、加快潍坊北部沿海开发的建议	李　滨、王世伟
	关于“完善防灾减灾体系、保障道路交通事故安全”的建议	解　彬
	关于提高环卫工人薪金待遇和安全保障的建议	郭健健
	关于进一步加强高层建筑消防安全的建议	孙　霞
	关于搞好弥河流域生态保护开发的建议	高庆良
	关于避免献礼工程、节点工程、确保工程建设质量的建议	徐世立
	关于把交通法规纳入教育课程的建议	王建军等6位委员
	关于打造特色文化品牌、彰显城市软实力的建议	房德石
	关于规范监理市场建设的建议	苑丽华
	关于帮扶中小企业发展的建议	李玉芝
	关于建设棉花产业化经营体系、提高“三北”棉农种植收入的建议	张长坤
	关于推进落实《职工带薪休假条例》的建议	郑风利
	关于新型城镇化建设的几点建议	张恒道
	关于加快火车站南广场建设、打造城市品牌的建议	王仁华

说明：十二届市政协表彰优秀提案截止日期为2012年12月

提案选辑

政协七届四次至十二届一次全体会议期间，市各民主党派、工商联、人民团体和政协委员积极提交提案，内容涉及经济、政治、文化、生态及社会建设等各个方面。许多提案产生较好的社会效益和经济效益。

市政协九届三次会议29号提案

案　由：加入WTO对我市的影响及建议

提案者：民革潍坊市委员会

主要内容：随着中美关于中国加入WTO双边协议的签署，“入世”的脚步越来越近。“入世”不仅对国民经济和社会发展产生广泛而深远的影响，同时也会对我市的经济发展带来新的机遇和挑战。据分析，“入世”对我市以下行业影响较大。一是给纺织服装行业带来新的机遇；二是农产品挑战与机遇并存；三是对医药化工行业冲击较大；四是机电轻工行业有一定潜力；五是第三产业也要受到一定冲击。根据以上存在的问题和影响，我们建议：第一，加强对WTO规则及影响的研究，制定相应的对策。第二，进一步转变观念，尽快确立和实施经济国际化战略。第三，尽快调整产品结构，扬长避短，趋利除弊。第四，大力发展优质高效农业，提高农产品在国际市场的竞争力。第五，尽快改善投资软环境。

办理情况：市经贸委函复

我们已组织专门力量进行了研究探讨，总体来讲，短期内弊大于利，长远看利大于弊。目前我们正在着力开展以下工作：第一，迅速摸清家底，提出我市需要保护的产品名单。第二，大力推进技术创新和科技进步，研制开发高科技含量、高附加值产品，努力提高产品质量。第三，调整产业结构、产品结构、企业组织结构，提高企业应对市场能力。第四，加强企业管理，强化企业整体素质。第五，千方百计扩大出口，力争实现进出口平衡。农业方面主要抓好以下几项工作：第一，调整优化农业内部结构，发展优势产业。第二，加强龙头企业和基地建设，扩大产品的生产出口规模。第三，搞好市场开拓、拓展农副产品出口渠道。

十一届市政协第111060号提案

案　由：大力推进基层文化建设的建议

提案者：民进潍坊市委会

提案内容：党的十七大作出重大战略决策，要兴起社会主义文化建设新高潮，推动社会主义文化大发展大繁荣。目前，我市的基层文化建设虽然取得了很大的成就，但总体水平还不高，同全面建设小康社会的要求、同人民群众日益增长的精神文化需求不相适应。为此我们建议：第一，认真贯彻落实十七大提出的“坚持把发展公益性文化事业作为保障人民基本文化权益的主要途径，加大投入力度，加强社区和农村文化设施建设”等重大部署。强化措施，不断加大建设规划、扶持政策及工作考核等方面的力度，从而确保2010年文化建设规划的落实。第二，进一步发展农村特色文化，组织力量对农村优秀民间文化资源进行系统发掘、整理和保护，对农村传统文化生态保持较完整并具有 特色价值的村或特定区域进行生态整体性保护，不断整理开发具有民族传统和地域特色的民间工艺，传承和发展民间艺术和民俗表演项目，组织好生态游、农家乐等民俗旅游项目，打造一批文化名村、名园、名人、名品。第三，建立有效的基层文化活动机制。第四，切实加大资金投入，对与文化相关的产业制定必要的优惠政策。第五，加强农村文化队伍建设，在全社会形成关心支持农村文化建设的良好氛围。

办理情况：市文化局函复

第一，加强基层文化设施建设。第二，加强基层人才队伍建设。第三，积极开展群众文化活动。第四，开展基层特色文化建设。第五，加快文化信息资源共享工程基层服务站点建设。第六，开展文化先进乡镇和文化示范社区创建评选活动，将创建活动纳入社会事业考核评估体系。

十一届市政协第112084号提案

案　由：大力发展有机农业，促进全市经济平稳较快发展

提案者：致公党潍坊市委会

提案内容：为更好地打造潍坊农业品牌，进一步增强潍坊农业的核心竞争力，建议采取有力措施，大力发展有机农业，推动潍坊农业持续增产、增效，促进全市经济平稳、较快发展。第一，加强组织领导，形成工作合力。第二，科学规划，积极推进有机农业基地建设。第三，加强从业人员培训，健全完善监控体系。第四，广辟肥源，发展有机肥料生产。第五，依靠科技，切实减轻有机农业的自然风险。

办理情况：市农业局函复

针对当前我市实际，主要采取以下措施：一是建立健全有机农产品认证体系。在目前“三品”认证体系框架基础上，在市县两级农业部门内部全部建立健全“三品”认证工作机构，承担“三品”认证工作。二是科学规划有机农产品基地。三是加强对认证企业、基地、农户的培训。四是发挥有机农产品协会的作用，为发展有机农产品提供服务。五是大力提倡增施有机肥培肥地力。六是逐步加大财政对发展有机农业的扶持力度。

十一届市政协第113002号提案

案　由：关于加快我市地下空间开发利用的建议

提案者：民建潍坊市委员会

提案内容：城市化一直是我国经济增长的主要驱动力之一。大力开发利用城市地下空间资源，拓展城市地下空间显得越来越重要。对城市地下空间的开发利用建议如下：第一，尽快出台地下空间开发利用总体规划。第二，建立健全法律法规和相关政策支持。第三，加强城市地下空间开发利用的统一管理。第四，加强政府在地下空间开发利用中统筹协调和服务性作用，即：统筹地面空间与地下空间开发，促进地面开发与地下空间利用的协调统一；调控地下空间开发利用层次，避免地下空间利用功能单一；加大对公益性地下空间开发的支持力度。

办理情况：市规划局、市人防办函复

规划局会同市人防办已启动了地下空间利用规划的编制工作，预计2011年完成评审报批工作。同时加强对地下空间资源的需求预测、地下交通设施发展、地下商业设施、权属管理、投融资模式等的研究，制定出台《潍坊市地下空间开发利用管理办法》和优惠政策，调动各界开发利用地下空间的积极性，政府承担起对地下空间的统一管理，统筹协调和服务工作。

十一届市政协第113057号提案

案　由：加快居家养老服务体系建设，解决“空巢老人”养老问题

提案者：九三学社潍坊市委员会

提案内容：“空巢老人”问题已不仅仅是个人问题，而是全社会亟待解决的社会命题。加快建设居家养老服务体系，对解决“空巢老人”问题至关重要。为此建议：一是政府应加强规划引导，推动居家养老服务体系建设。二是社区应大力加强助老服务。三是应建立一支稳定的、专业化的社区老年人服务队伍。

办理情况：市民政局函复

我市按照有关加强养老服务业发展的意见和要求，坚持“居家养老为基础，社区养老为依托，机构养老为补充”的工作思路，加快推进了以社区为依托的居家养老服务体系建设，取得了良好效果。一是制定下发了《潍坊市社会福利机

构管理办法》和《关于加快发展养老服务业的意见》，明确了申报审批程序、优惠政策、处罚措施等，为养老服务发展提供了政策保障。二是积极吸引社会力量兴办养老服务机构。三是积极推进养老服务信息化建设。四是积极发展社区志愿者服务队伍，为高龄、“空巢老人”提供各种义务服务。

十二届市政协第121012号提案

案　由：关于促进我市小微企业发展的建议

提案者：市工商联

提案内容：近年来，随着民营经济的快速健康发展，小微企业也得到了长足发展，在扩大社会就业、促进产业结构调整与升级、加快工业化进程等方面发挥了重要作用。为进一步解决小微企业存在的企业生产成本上升，盈利空间缩小，融资渠道狭窄等困难和问题。我们建议：第一，构建综合服务平台，完善社会服务体系。第二，加大政策扶持力度，优化企业发展环境。第三，发展产业集群，积极壮大新兴产业。第四，苦练内功，增强企业发展的内生动力。

办理情况：市经信委函复

第一，成立潍坊市中小企业援助中心。特别是两大中心建设，将作为今年的工作重点。即：搭建中小企业信息化平台与中小企业技术和创意平台。第二，制定出台扶持政策。第三，大力发展产业集群。第四，着力推进中小企业内涵式增长。

第四节　文史资料

1991年，市政协在纪念辛亥革命80周年之际，编辑出版《潍坊文史资料选辑》第七辑，即纪念辛亥革命80周年专辑，选用稿件26篇，14.5万字。1992年，编辑出版《潍坊文史资料选辑》第八辑，选用稿件24篇，计13万字。

1993—1998年八届市政协期间，共征集各类史料136篇，计58万字。1993年，编辑出版《潍坊文史资料选辑》第九辑，选用稿件26篇，14.3万字。1994年，编辑出版《潍坊文史资料选辑》第十辑，选用稿件21篇，13.5万字。1995年，为纪念抗日战争胜利50周年，征集出版《正义必胜》，选用稿件29篇，18万字。1997年，为庆祝香港回归，征集书画作品420幅，并精选230余幅作品编辑出版《潍坊市庆祝香港回归祖国书画作品集》。

1998—2003年九届市政协期间，共编辑出版文史资料书刊5辑。其中，《潍坊书画名家》《潍坊工商老字号》《潍坊文物博览》《潍坊优秀乡镇企业》获省政协优秀文史书刊二等奖。1998年，摄制完成部分《潍坊书画名家》资料专题片。1999年，摄制完成《潍坊书画名家》资料专题片；编辑出版《潍坊优秀乡镇企业》，收录文章29篇，15万字。2000年，编辑出版《潍坊工商老字号》，收录文章40篇，21.5万字。2001年，编辑出版《潍坊文物博览》，收录文章89篇，30多万字。2002年，会同潍城区政协编辑出版《郑板桥在潍县》，50余万字。

2003—2008年十届市政协期间，先后编辑出版《潍坊重大历史事件》《潍坊市政协志》《潍坊人文自然遗产名录》《潍坊国际风筝会》《潍坊历史名人》等文史资料书刊9辑。其中，《郑板桥在潍县》《潍坊重大历史事件》《刘墉》等获省政协优秀文史书刊一等奖。2003年，编辑出版《潍坊重大历史事件》，收录文章103篇，近60万字。2004年，编辑出版《刘墉》一书，70余万字，分史实和民间两卷；编辑出版《清代大收藏家陈介祺》，收录文章20余篇，10多万字。2005年，编辑出版《潍坊状元传》。2006年，编辑出版《潍坊国际风筝会》；编纂出版《潍坊市政协志》，系统记录潍坊市政协机构设置、组织建设、工作发展及团结联谊等事项；编辑出版《潍坊人文自然遗产名录》，系统收录潍坊市人文自然遗产项目近300项。2007年，编辑出版《潍坊历史名人》《潍坊名校大观》，分别计40.7万字、67万字。

2008—2012年十一届市政协期间，先后编辑出版《辛亥革命在潍坊》《潍坊地名文化丛书》《潍坊籍将军》《潍坊历届（地）市级领导干部名录》《潍州魁文》等文史资料17辑。2008年，编辑出版《郭子宣集》，40万字，收录老照片400余张、印章近3000方。2009年，为纪念潍县战役胜利暨潍坊建市，编辑出版《潍坊籍将军》，32万字；编辑出版《潍州魁文》，收录文章38篇，32万字；9月19日、10月31日，在济南和北京分别召开《潍坊籍将军》发行座谈会。2010年，编辑出版《潍坊历届市（地）级领导干部名录》，26万字。2011年，编辑出版《辛亥革命在潍坊》，48万字。

2012年，市政协发挥政协文史工作“存史资政、团结育人”的优势，编辑出版《山东区域文化通览·潍坊卷》，60万字、60余幅图片，全面展示全市丰富的文化资源和深厚的文化底蕴。征集编纂《港澳台及海外潍坊人》，30多万字，真实客观地反映港澳台及海外潍坊籍成功人士的工作、生活状况及奋斗史。在2012年10月召开的全省政协文史工作会议上，市政协文史委及12个县市区政协均获“全省文史工作先进集体”称号，成为全省唯一市（县）全部获奖的地级市，《潍坊历史名人》和《潍坊籍将军》分别被省政协评为优秀文史书刊一等奖、二等奖。

第五节　团结联谊

七届市政协根据国际国内形势的发展和中央有关指示精神，采取形势报告会、学习座谈会和举办各种节日纪念活动等形式，组织政协委员和“三胞”眷属，深入学习“一国两制”方针和对台侨务政策，积极开展海外联谊活动。1992年7月，市政协召开全市第二次“三胞”及眷属联谊座谈会，总结了“牵好五条线、搭好五座桥”的经验，分别在《人民政协报》《联合周报》上登载。

1993—1998年八届市政协期间，高举爱国主义和社会主义旗帜，采取学习座谈会、调查视察等方式，积极开展祖国统一海外联谊和民间外交活动。1993年市政协换届后，及时成立老委员联谊会，向离任的457名老委员颁发荣誉证书；是年8月，市政协组织部分委员就全市发展外向型经济，加快县乡“三资”企业发展步伐问题开展专题调查。1996年2月，市政协与市委统战部联合召开会议，纪念江泽民《为促进祖国统

2009年，市政协在北京举行《潍坊籍将军》发行座谈会

一大业的完成而继续奋斗》重要讲话发表一周年。1997年，举办“潍坊市庆祝香港回归祖国书画作品展”暨《潍坊市庆祝香港回归祖国书画作品集》首发式、全市各界人士庆祝香港回归大型烟火文艺晚会等重要庆祝活动。

1998—2003年九届市政协期间，牢牢把握团结、民主两大主题，充分发挥政协在发扬民主和促进团结等方面的作用，不断巩固和发展全市最广泛的爱国统一战线。通过组织各党派、各团体递交团体提案、参加调查视察、议政座谈会等活动，密切同各民主党派、工商联、人民团体的联系与沟通，开展形式多样的联谊活动。如1998年6月，组织委员到部分企业就亚洲金融危机对“三资”企业的影响进行专题调查。2001年6月，召开全市政协台港澳侨和外事工作经验交流座谈会；是年8月，组织委员对全市侨资企业发展情况进行调查。同时，市政协注重加强与省内外政协及港澳台同胞和海外侨胞的联系，不断拓展联谊交友的领域，促进全市对外开放和交往。如1999年12月，召开全市港澳台同胞、海外侨胞眷属座谈会。2000年12月，对留学生工作情况进行视察。2002年7月，组织委员对全市对台招商引资工作和部分台资企业进行视察；10月，召开聘任台港、澳、侨和外事委员会特邀委员会议，会上宣读《关于聘任潍坊市政协台港澳侨和外事委员会特邀委员的决定》，并向特邀委员颁发聘书。

2003—2008年十届市政协期间，进一步健全完善政协党组成员走访党派机关、政协主席会议成员联系政协委员及有关民主党派等制度，有效加强同各民主党派、工商联和无党派人士的联系与沟通，形成维护社会和谐稳定的合力。同时，利用传统节日和纪念日，通过召开座谈会、调查视察等形式，组织各民主党派、工商联、政协委员和各界人士代表，开展形式多样、内容丰富的联谊活动。如2003年9月，市政协举办全市各界人士中秋茶话会，各界人士代表尹景尧等4名同志先后发言。2006年10月，组织部分省、市政协委员到潍城区、高密市、昌邑市、昌乐县对“台属致富工程”进行视察，向市政府报送视察报告，提出4条建议。

2008—2012年十一届市政协期间，充分发挥政协多党合作和政协协商机构的重要作用，积极支持、组织和引导市各民主党派、工商联、人民团体和无党派人士参与全市重大决策部署的讨论协商，反映和推动办理他们提交的社情民意信息和政协提案，邀请参加视察调查活动，促进政治关系和谐。同时，市政协注重加强与港澳台同胞和海外侨胞的联系，进一步拓展联谊交友的领域，推动全市的对外开放工作的发展。2009年3月，市政协组织部分政协委员和市外侨办、市侨联等部门负责人，对全市部分侨资企业应对金融危机情况开展专题视察。视察组视察了解金融危机对全市侨资企业的影响，帮助他们寻找解决问题和化危为机的办法，促进全市侨资企业平稳健康发展。

2009年4月28日，为纪念潍县战役的伟大胜利、缅怀革命先烈的英雄业绩、激励全市人民在新时期艰苦奋斗，拼搏进取，积极投身改革开放和现代化建设，努力建设富裕文明和谐的现代化强市， 由市政协发起倡议建设的潍县战役胜利广场举行落成典礼。建设期间，广大政协委员以巨大的政治热情和无私奉献的精神，踊跃捐资捐物，社会各界给予大力支持。建成后的潍县战役胜利广场气势宏伟，环境优美，其标志性纪念物——潍县战役纪念石，选用大型泰山原石，雄伟壮观，象征着革命先烈重如泰山的精神和坚贞不屈的高尚情操。参加过潍县战役的原中央军委副主席、国务委员兼国防部部长迟浩田将军为纪念石题词。

2012年，市政协积极支持各民主党派、工商联和无党派人士在政协工作中发挥作用，对其提出的39件提案进行重点督办，其中，加强节能减排力度建设生态潍坊、餐厨废弃物资源化利用和无害化处理、加快推进农超对接等提案收到承办部门的重视，得到较好落实。同时，市政协开展多种形式的团结联谊活动，如承办第三届黄河三角洲书画摄影展，充分展现和宣传潍坊经济社会发展成果和潍坊形象。

第六节　学习宣传

1991—1993年，市政协采取多种形式和方法，定期或不定期组织委员学习，实现学习的经常化、制度化。1992年，邓小平南方谈话发表和中共十四大召开后，市政协专门召开市政协常委会议进行学习，形成并通过《关于认真学习贯彻中共十四大精神的决议》，保证中共十四大精神在政协系统的贯彻落实。

1993—1998年八届市政协期间，市政协通过多种形式组织委员学习邓小平、江泽民、李瑞环关于新时期人民政协工作的重要论述，加强对人民政协工作的理论研究和舆论宣传。共举办报告会、学习辅导会、座谈讨论会55次，印发《学习材料汇编》3400册，《委员学习参考资料》15期8800册，《潍坊政协》季刊20期4.2万册。建立健全全市政协通讯报道网络，开展宣传报道竞赛评比活动。在市级以上报刊、电台、电视台发表稿件1835篇，其中有12篇稿件在“全国宣传人民政协好新闻”“山东省好新闻”“山东省宣传人民政协好新闻”评选中获奖。市政协连续两年获得省政协《联合日报》宣传政协工作一等奖。

1998—2003年九届市政协期间，通过印发学习资料、举办报告会、组织座谈交流等多种形式，组织全市各级政协、各民主党派、人民团体和政协委员，深入学习马列主义、毛泽东思想、邓小平理论和江泽民系列重要讲话。1998年，编辑发行《潍坊政协》4期共1.32万册，编发《潍坊政协学习参考资料》4期共2000份；在市以上报刊、电台、电视台发表稿件1665篇。1999年，编辑发行《潍坊政协》6期共4500册，发表稿件1700余篇。2000年5月，举办关于《中国加入WTO对山东的影响及对策》的报告。2002年7月，举办理论学习中心组读书会，重点学习江泽民同志重要讲话。

2003—2008年十届市政协期间，组织委员和机关干部认真学习马克思列宁主义、毛泽东思想、邓小平理论、“三个代表”重要思想和胡锦涛系列重要讲话精神，有关政协文件和会议精神及社会主义市场经济知识等内容。2004年6月，举办全市学习政协章程报告会。2005年，认真扎实地组织开展保持共产党员先进性教育活动。2007年，印发《关于学习贯彻中共十七大精神的决议》。同时，政协宣传工作再上新台阶，市政协连年被评为全省政协宣传工作先进单位。

2008—2012年十一届市政协期间，组织政协参加单位、广大政协委员和政协机关干部，开展深入学习实践科学发展观活动、创先争优活动、增强政协意识教育活动，坚持把学习教育实践活动与学习贯彻中共十七大和十七届历次全会精神相结合，与学习胡锦涛在庆祝人民政协成立60周年大会上的重要讲话精神相结合，与深入学习贯彻《中共中央关于加强人民政协工作的意见》相结合。认真做好宣传工作，四年来在省级以上新闻媒体发表稿件3500多篇，连续四年被评为全省政协宣传工作先进单位。

2012年，市政协通过举办新任政协委员学习班、开展专题教育等多层次多形式的学习活动，共组织开展各类学习教育活动26次，发放中共十八大报告辅导读本和新党章等学习材料600余

2010年7月，潍坊市政协理论学习中心组读书会召开

册。特别是中共十八大召开期间，召开市政协各委员活动组座谈会，市政协部分组成单位座谈会，各界别委员代表座谈会，市政协与市各民主党派、工商联秘书长联席会议，组织学习中共十八大精神。在市政协十二届四次常委会议上，审议通过《政协潍坊市委员会关于学习贯彻中共十八大精神的决议》，进一步将学习活动推向深入。

第七节　政协信息

1996年4月，全国政协办公厅印发《关于设立首批全国政协信息中心信息联系点的通知》，确定潍坊市政协为首批信息联系点之一，潍坊市政协反映社情民意的信息工作自此起步。

1996—1997年度，市政协编发信息856条。其中，报送全国政协89条，被采用36条，转报党和国家领导人参阅。报送省政协106条，被采用43条。1997年4月，全国政协信息联系点第二次会议在潍坊召开。市政协连续2年被全国政协评为信息工作先进单位，并获三等奖。

1998—2002年度，市政协收集社情民意信息5600条，编集上报1186条，其中，被全国政协采用138条，被省政协采用83条，《影响农村稳定的三个敏感问题》《关于我省部分地区水源氟危害较大》《农村机动车辆污染问题应引起重视》《建议限制医院性病招牌和广告》《建议我省立项研究大棚垃圾处理技术》等18条信息得到省市领导的批示。市政协连续5年被全国政协办公厅评为信息工作先进单位，在连续4年获三等奖的基础上，2002年度获二等奖，李志强被评为信息工作先进个人。

2003—2007年度，市政协整理上报的信息被全国政协采用76条，被市委、市政府采用和转报市领导参阅94条。《国家出台新政策后部分进城农民回乡要求索回土地承包权》《关于加快农村合作经济组织发展的几点建议》《县域经济和社会发展问题的调查与建议》《对当前农业补贴中存在问题的反映与建议》《基层群众对农村土地承包经营长期不变政策颇有微词》《农村税费改革后基层暴露出一些新情况、新问题》等6条信息分别得到国务院领导批示；《建议清理规范煤炭经销点、废品收购点，以整洁市容迎接“两会”召开》《医疗市场秩序亟待整治》《加强种子市场监管的几点建议》《关于加强我市风筝文化建设的几点建议》《关于我市实施商标战略存在的问题及建议》《应采取措施加大乡镇机关临时工清退力度》等44条信息得到市委、市政府主要领导批示。该届市政协连续5年被全国政协办公厅评为信息工作先进单位，其中两个一等奖、

1997年4月，全国政协信息中心信息联系点第二次会议在潍坊召开

两个二等奖，鞠法昌、曹学芹、王钦殿、吕俊峰被评为信息工作先进个人。

2008—2011年度，市政协共收集反映社情民意信息2580条，整理上报439条，其中，《基层对当前抗震救灾工作的反映》《基层关于推动“家电下乡”工作的建议之一》《关于种子管理情况的调查与思考》《加快公立医院改革步伐，促进医疗卫生事业发展》《关于促进城乡教育均衡发展的建议》《关于当前蔬菜价格持续走高的反映及建议》《群众对保障性住房建设有“六盼”》等144条事关民生的重要信息，被全国政协、省政协、市委、市政府采用。

2012年度，市政协共收到反映社情民意的信息685条，整理编报108条，在全国政协办公厅信息联系点和全省地市政协中名列前茅。其中《加强农产品价格监管》《重视医院过度检查诊断现象》《全省高考应尽快实行全面平行志愿政策》等67条事关民生的重要信息被全国政协、省政协、市委、市政府采用和转报市领导参阅。

第十八编

民主党派

文化艺术中心 （2013年10月拍摄）

第一章　中国国民党革命委员会潍坊市委员会

第一节　组织机构

1983年5月24日，民革潍坊市第一次全体党员大会召开，正式成立中国国民党革命委员会潍坊市委员会（简称民革潍坊市委）。

1988年5月，民革潍坊市委下设城关、东关、南关3个基层支部和坊子、寒亭2个直属党小组，共有民革党员52人。1992年3月，设教育支部、卫生支部、科技支部、老年支部4个支部，共有民革党员76人。1997年5月，设奎文一、二、三、四支部，潍城一、二、三支部，寒亭支部，共8个支部和青州、坊子2个党小组，共有民革党员111人。2002年1月，设10个支部，1个党小组，共有民革党员150人。2008年10月，设15个支部，共有民革党员220人。2012年，设潍坊医学院附属医院支部、潍坊医学院支部、潍坊学院支部，奎文6个支部，潍城3个支部，高新2个支部以及教育支部、中医院支部、经济支部、寒亭支部、青州支部、坊子支部，共20个支部，共有民革党员256人。

第二节　代表大会

1988年5月12日，民革潍坊市第二次全体党员大会召开，参加会议的民革党员52人。会议听取并审议通过主委王振纶作的工作报告。选举产生由7人组成的民革潍坊市第二届委员会，选举王振纶为主任委员，华德荣、许瑞琪为副主任委员，张延祥为名誉副主委。

1992年3月3日，民革潍坊市第三次全体党员大会召开，参加会议的民革党员76人。会议听取并审议通过主委王振纶作的工作报告。选举产生由7人组成的民革潍坊市第三届委员会，选举孙曾祺为主任委员，刘广仁、邹胜恩为副主任委员，张延祥为名誉副主委。

1997年5月14日，民革潍坊市第四次代表大会召开，参加会议的代表71人。会议听取并审议通过主委孙增祺作的工作报告。选举产生由6人组成的民革潍坊市第四届委员会，选举孙继业为主任委员，刘广仁、邹胜恩为副主任委员。

2002年1月23日，民革潍坊市第五次代表大会召开，参加会议的代表78人。会议听取并审议通过主委康凤英作的工作报告。选举产生由9人组成的民革潍坊市第五届委员会，选举康凤英为主任委员，刘广仁、邹芙林为副主任委员。

2007年1月18日，民革潍坊市第六次党员代表大会召开，参加会议的代表79人。会议听取并审议通过主委康凤英作的工作报告。选举产生9人组成的民革潍坊市第六届委员会，选举康凤英为主任委员，王祥修、郭富斌为副主任委员。

2011年12月15日，民革潍坊市第七次党员代表大会召开，参加会议的代表82人。会议听取并审议通过主委康凤英作的工作报告。选举产生11人组成的民革潍坊市第七届委员会，选举李向云为主任委员，王增祥、李安战、王学军为副主任委员。

第三节　思想建设

理论学习

1991年，民革潍坊市委学习贯彻《中共中央关于坚持和完善中国共产党领导的多党合作和政治协商制度的意见》和全国、全省统战工作会议精神以及中共中央总书记江泽民在庆祝中国共产党成立70周年大会上的重要讲话精神，举办各类理论学习班、研讨班，参加学习的民革党员有60多人。1992—1996年，重点学习贯彻中共十四届三中、四中、五中、六中全会文件精神和《中共中央关于制定国民经济和社会发展“九五”计划和2010年远景目标的建议》，学习邓小平建设有中国特色社会主义理论，学习孔繁森先进事迹等。1999年，《中共中央关于坚持和完善中国共产党领导的多党合作和政治协商制度的意见》（简称《意见》）发表10周年，民革潍坊市委举办学习贯彻《意见》的系列活动，并印制学习材料，发给每个民革党员。2001—2005年，民革潍坊市委组织学习邓小平理论、“三个代表”重要思想、中共十六大、十六届历次全会精神以及胡锦涛关于多党合作、统一战线等一系列重要讲话。组织全体民革党员参加民革中央举行的“民革章程知识竞答活动”。2005年，组织全体民革党员重点学习《中共中央关于进一步加强中国共产党领导的多党合作和政治协商制度建设的意见》。2007年，深入贯彻落实中共十七大和民革十一大精神，先后开展“坚持中国特色社会主义政治发展道路，搞好政治交接”教育活动、“知民革，爱民革”知识竞赛活动，组织骨干党员赴西柏坡接受革命传统主义教育。2008年，潍坊民革各级组织继续深入推进政治交接学习教育活动，先后举办纪念民革成立60周年暨潍坊民革组织成立50周年活动、纪念潍县解放60周年座谈会、纪念“五一口号”发布60周年座谈会和纪念改革开放30周年征文等一系列活动。是年，民革潍坊市委被评为全省政治交接学习教育活动先进集体。2009年，认真学习贯彻中共十七届三中、四中全会精神，深入贯彻落实科学发展观，开展庆祝新中国成立60周年征文活动，参与“全市统一战线爱国教育基地”建设。2010—2011年，潍坊民革深入贯彻落实科学发展观，认真学习中共十七届五中、六中全会精神。深入学习和践行社会主义核心价值体系，参与庆祝中国共产党成立90周年、组织辛亥革命100周年等重大庆祝活动，组织民革党员赴台儿庄、孟良崮、临江等地接受革命传统教育。2012年，主要学习中共十八大精神和民革十二大精神。

宣传工作

1991年10月，民革潍坊市委召开纪念辛亥革命80周年报告会。1996年11月12日，召开纪念孙中山先生诞辰130周年座谈会。2001年，开展纪念辛亥革命90周年征文活动。2003年6月，民革潍坊市委员会总结的《积极探索专题化，不断推动规范化、制度化》的参政议政工作经验被《山东民革》刊登。2004年，民革潍坊市委机关撰写的《从课题化到专题化》论文在民革中央《团结》杂志上发表。8名民革界别政协委员联名提出的《改造道路井盖，消除城市“暗疮”的建议》在《潍坊日报》《潍坊晚报》给予报道。同年，与市政协联合举办纪念政协成立55周年书画展。2005年，为纪念抗日战争胜利60周年，在“八一”建军节前夕，民革潍坊市委组织全市知名书画家到驻潍坊部队慰问。2006年，在民主革命先行者孙中山诞辰140周年之际，组织骨干党员赴南京拜谒中山陵。11月12日，召开纪念孙中山诞辰140周年大会。2007年，民革潍坊市委选派党员赴北京参加纪念民革中央成立60周年文艺演出活动。2008年，民革潍坊市委开展政治交接学习教育活动的经验被《山东民革》杂志刊登。2011年10月，召开纪念辛亥革命100周年大会，缅怀孙中山等革命先驱的丰功伟绩，举办纪念辛亥百年书画展，组织民革党员参加《联合报》辛亥百年知识竞赛活动，2名党员获得优胜奖。

第四节　参政议政

人大代表　政协委员

1991年，潍坊民革党员担任省人大代表1人、市人大代表1人；担任省政协常委2人、委员1人；担任市政协副主席1人、常委1人、委员4人。

1992—1997年第三届民革潍坊市委员会期间，担任省人大代表1人、担任市人大代表1人；担任省政协常委2人、担任省政协委员2人、担任市政协副主席2人、担任市政协常委3人、担任市政协委员7人。

1997—2002年第四届民革潍坊市委员会期间，担任全国人大代表1人、担任省人大代表1人、担任市人大代表1人；担任省政协常委1人、担任省政协委员1人、担任市政协副主席1人、担任市政协委员10人。

2002—2007年第五届民革潍坊市委员会期间，担任全国人大代表1人、担任市人大常委会副主任1人；担任市政协副主席1人、担任市政协常委1人、担任市政协委员17人。

2007—2012年第六届民革潍坊市委员会期间，担任全国人大代表1人、担任市人大常委会副主任1人、担任区人大常委会副主任1人；担任市政协常委3人、担任市政协委员16人、担任区政协常委7人、担任区政协委员15人；当选副区长2人。

建议提案

1991—2012年，民革潍坊市委向市人大、市政协提交议案、提案110余件，其中60余件引起党委、政府和有关部门的重视，被采纳进入全市发展决策，30多件被评为优秀提案。

1992—1997年，第三届民革潍坊市委员会期间，共向市人大、市政协提交集体议案、提案16件。其中1995年向市政协八届二次会议提交的《关于开发利用潍北盐碱地种植红草、草红花、黄花蒿的建议》，受到副市长王伯祥的重视，作出批示并赴现场考察。

1997—2002年，第四届民革潍坊市委员会期间，共向市政协提交集体提案16件。其中康凤英向九届全国人大递交的《关于规范医药市场的建议》受到国家药品监督管理局的高度重视，分管副局长到潍坊调研并答复。2002年，民革潍坊市委提交的关于山东省医药市场规范与治理课题被确定为全省重点课题，课题组分赴全省各地市开展调研，形成课题报告，在全国政协大会上作大会发言，引起广泛关注。

2002—2007年，第五届民革潍坊市委员会向市政协十届一次会议提交的《关于积极争取国家生态工业试点重大项目及政策的建议》得到市委、市政府主要领导重视，批示相关部门迅速召开联合论证座谈会，建议中的许多内容被吸纳进后来的滨海开发战略部署中。2003年，向市政协提交的《关于进一步规范医药市场，保障人民生命健康的建议》引起广泛关注，市相关部门开展为期3个月的打击生产销售假劣药品医疗器械违法犯罪专项活动，取得明显效果。2004年，在市政协十届二次会议上提交的《关于高度重视和认真解决影响农民增收的有关问题的建议》，被评为优秀提案。2005年，向市政协十届三次会议提交的《关于加大山区库区开发扶持力度的建议》和《关于用循环经济理念助推“三北”开发的建议》被列为重点提案，并被评为优秀提案。同年，民革潍坊市委被民革山东省委评为参政议政工作先进集体。2006年，民革潍坊市委被民革中央表彰为“民革全国参政议政工作先进集体”。2007年，民革潍坊市委共提交政协集体提案8件，2件被评为优秀提案。《关于进一步加大峡山水库水源地保护的建议》被市政协列为重点督办提案，市政协主席赵兴涛督办。

2007—2012年，第六届民革潍坊市委共向市政协提交23件集体提案。其中2008年提交集体提案6件。《关于建立老潍县历史文化保护开发区的建议》提案，被市政府列为重点督办提案。在市政协举办的打造“精品”提案、服务“四大建设”研讨活动中，民革潍坊市委员会机关获得二等奖，并代表全市各民主党派作大会发言。2009年，向市政协大会提交《关于加快我市文化创意产业发展的建议》提案，被列为大会1号提案并作大会发言。《关于从实际出发，建设社会主义新农村的建议》提案被列为重点提案。2010年，向市政协大会提交的《关于转变发展方式，提高发展质量，大力发展服务外包产业的建议》提案，被列为大会重点提案并作大会发言。在全市政协提案工作经验交流暨表彰大会上，有3件集体提案被评为优秀提案。2011年，提交集体提案6件，其中《关于构建全市物流公共信息平台的建议》提案，被市政协大会列为重点提案，并在市政协会议上作大会发言。同年，民革潍坊市委被民革中央评为“民革全国参政议政工作先进集体”。2012年，共提交集体提案6件，其中重点提案和重点督办提案各1件，被市委主要领导批示1件。

社情民意

1992—1997年，民革潍坊市委第三届班子成员参加省市人大、政协、市委市政府召开的有关情况通报会、民主协商会41次，共提意见、建议56条。

1997—2002年，民革潍坊市委第四届班子成员参加省市人大、政协、市委市政府召开的重要座谈会、情况通报会和民主协商会56次，共提意见、建议60条。

2002—2007年，民革潍坊市委第五届班子成员参加各类民主协商会、座谈会、通报会等政治协商活动73次，对政治、经济、社会发展中的大政方针提出建议和意见。2003年，在全省参政议政暨社情民意工作会上，民革潍坊市委《积极探索专题化，不断推动规范化、制度化》的参政议政工作经验被选为大会发言。2004年，由市委会主要领导撰写的《关于进一步加强我市精神文明建设的几点建议》获优秀论文奖。2005年，在市委统战部发起的“我为潍坊发展献一言”活动中，潍坊民革提出的《建议市内大型国有企业实行年薪制》被评为优秀奖。2007年，民革潍坊市委提出的《关于重筑“辛亥碑”及建设中山广场进一步凸显潍坊历史文化名城特色的建议》被采纳。

2008—2012年，民革潍坊市委第六届班子成员对8个课题进行专题调研。2009年，对“积极培育文化创意产业，推进经济文化强市建设”“打造山东半岛蓝色经济区”“从实际出发，建设社会主义新农村的建议”进行专题调研。2010年，对“大力发展服务外包产业”“建立非物质文化遗产专题博物馆”“引导鼓励应届大学毕业生走向社会工作岗位”进行专题调研。2011年，对“构建全市物流公共信息平台”“倡导城市绿色交通”进行专题调研。

民主监督

1993—2012年，民革潍坊市委先后有34人次被市委、市政府以及市公安局、市监察局、市人民检察院、市审计局、市教育局、市物价局等部门特邀为执法执纪监督员、政风行风监督员、教育督导员。他们在各自岗位上认真履行职责，积极向有关部门提出意见建议，充分发挥民主监督作用。

第五节　主要活动

社会服务

1991年，由民革潍坊市委创办的潍坊市中山学校被民革中央表彰为“民革全国办学工作先进集体”。1993年，民革潍坊市委邀请美国通用汽车公司副总工程师陈隽博士到潍坊洽谈投资项目。2003年，民革潍坊市委联系促成日本ESPOIR株式会社独资兴建希望制衣（潍坊）有限公司，投资额200万元。同年，由主委康凤英负责的潍坊医学院附属医院新门诊大楼600万元的招商引资项目落实到位。2004年，民革潍坊市委为廿里堡街道北王村引资1.2亿元，建设“潍坊北王国际车城”，受到省委统战部的表彰，1名民革党员被评为“全省党派为经济建设服务先进个人”。2005年，民革潍坊市委组织民革文艺界党员义演28场，辅导业余京剧爱好者，参加夕阳红文艺演出10多场次。2007年，法律界民革党员5人组成服务队到奎文区车站村，为村民进行义务法律咨询服务。2008年，汶川“5·12”特大地震发生后，全市民革党员共为地震灾区捐赠款物逾30万元，2名民革党员被省委评为抗震救灾先进个人，1名民革党员被省卫生厅记三等功。2009年，民革潍坊市委组建专家宣讲团，由医疗、农业、法律、金融、文化艺术等民革专家向基层群众提供面对面的知识普及服务。2010年，民革潍坊市委组织专家宣讲团进校园，为青少年作安全辅导报告，受到师生的热烈欢迎，该活动被《团结报》给予重点报道。2011年，潍坊中山书画院与潍坊市艺术馆联合举办青少年书画展。同年，两次组织农业专家到安丘市、临朐县等农村地区开展农业技术讲座，组织民革党员中的文艺工作者义务进社区、下部队，举办文艺演出10余场次。2012年，开展“同心行——民革专家服务进社区”系列活动。赴青州市云门山街道办卫生院，开展送“医疗、法律、农业科技”三下乡活动。组织民革党员书画家，赴临朐县冶源镇傅家李召社区，开展以书画创作交流为主题的文化下乡活动。赴奎文区则尔庄社区举行“进社区、献爱心”活动，为社区居民做免费体检，并提供医药咨询服务，受到社区群众欢迎。

1991—2012年，民革潍坊市委联系促成引进投资项目23个，投资总额2000多万美元。

帮扶捐助

2000年，民革潍坊市委在潍坊高专捐资设立优秀特困生奖学金，对家庭困难、品学兼优的大学生进行资助。2001年，组织民革支部为青州市边远农村小学捐赠教辅图书、文体器材等，改善当地的办学条件。2003年，组织民革党员为抗击“非典”疫情，捐款4万多元。2004年6月，组织10余名医务界民革党员到昌乐县免费为40名孤寡老人和群众看病。组织民革党员中的口腔科医护人员到市社会福利院为孩子义诊，并捐献口腔保健用品。2005年10月，组织15名农业、畜牧、法律、卫生方面专家，到昌乐县红河镇开展“构建和谐社会‘科技、法律、卫生’专家三下乡活动”，免费发放农业、畜牧科技资料400多份，进行科技、法律免费咨询300多人次，医疗义诊

民革医疗专家在为农民义诊

200多人次。2007年8月，组织法律界民革党员到群众中进行义务法律咨询服务。2008年，组织民革专家服务团赴开元街道开展法律进社区活动，受益群众达1000余人。2009年6月，组织民革专家党员到坊子区开展“医药、科技、农业三下乡”活动，现场为群众义诊，提供法律、农业技术服务，发放科普手册500余份，赠送药品价值2000余元。组织农业专家到寿光、安丘等地举行放心农资下乡宣讲活动，向菜农进行面对面的技术指导。2010年，组织民革专家党员到临朐县纸坊镇开展“医药、法律、农业科技三下乡”活动，现场为群众义诊，提供法律、农业技术服务，发放科普手册500余份，赠送药品价值2000余元。组织到寒亭区固堤街道、青州市庙子镇等进行义诊活动，受到群众欢迎。2011年6月，组织民革专家服务团，赴奎文区南湖南社区开展“医疗、法律进社区”活动，为社区居民进行义务医疗诊治200余人次，免费赠送价值2000多元的药品，提供法律咨询数10人次，受到社区居民的赞誉。2012年，组织医药卫生界党员，赴胜利东小学开展“献爱心、关注青少年健康”宣讲活动，到青州庙子“十人村”及潍城于河、符山等地为群众提供诊疗服务，到奎文区广文等社区卫生服务中心，为中老年居民进行健康查体。到寒亭区西三角埠村，开展下乡义诊活动。组织党员书画家到寿光市田马一村、奎文区工福社区、中上虞等社区开展写春联、送书画下乡活动。是年，1名民革党员被民革中央评为“民革全国社会服务工作先进个人”。

联谊活动

1991年起，每年中秋佳节均举办一次民革成员中的台胞台属中秋座谈会。不定时地邀请有关部门负责人、专家学者举行报告会，利用多种形式学习有关政策、了解当前形势，交流工作经验，提升民革祖统工作水平。

1994年12月，潍坊民革党员孙娟应国台办邀请，赴北京参与以台湾海基会副理事长石齐平为团长的赴大陆参访团的接待工作。（孙娟的胞兄孙震时任台湾防务部门负责人，曾任台湾大学校长。石齐平曾就读台湾大学，是他的学生。）

2009年8月，台风“莫拉克”袭击中国台湾，造成严重灾情。8月23日，民革潍坊市委举行“向台湾受灾同胞捐助”活动。90多名党员积极参与，共筹得善款1.7万元。省、市电视台及《山东民革》杂志对此予以报道，中央台办和海峡两岸关系协会联合为民革潍坊市会颁发捐赠匾牌。

2010年4月，民革潍坊市委接待由黄愈丰任领队、施明豪任团长的高雄市民众服务社（中国国民党高雄市党部）山东参访团一行。

2011年8月，民革潍坊市委主委李向云率潍坊中山书画院交流团赴台进行两岸文化艺术交流，与台湾海峡艺术交流协会联合举办纪念“辛亥百年”两岸画家联展。

2012年，受台胞张廉之关于代为寻找故友张友信并转赠其画作的委托，经多方查找终于找到张友信，完成老台胞的夙愿。《团结报》、民革中央网站及民革省委网站对此予以重点报道。同年，孙娟当年被民革中央表彰为“民革全国祖统工作先进个人”。

第二章　中国民主同盟潍坊市委员会

第一节　组织机构

1992年，中国民主同盟潍坊市委员会（简称民盟潍坊市委）成立科技、工业、文教、文艺、综合、医学院支部及青州总支和高密直属小组，有盟员130人，中高级职称占96%。

1995年，民盟潍坊市委基层组织有科技、工业、文教、文艺、综合、医学院支部及青州总支和高密直属小组，盟员146名，其中中、高级职称盟员占90%。

1999年，民盟潍坊市委进行基层支部换届工作，调整成立医学院、科技、教育、昌潍师专、文艺、综合、工业、文化8个支部和青州总支部、高密直属小组。

2002年，民盟潍坊市委调整成立教育、医学院、潍坊学院、文化、文艺、工业、科技、综合8个支部和青州总支、高密小组，盟员209人。2007年，民盟潍坊市委调整成立教育、医学院、潍坊学院、文化、文艺、工业、科技、综合、工程学院、青州10个支部和高密、潍坊科技学院小组，有盟员262人，中高级职称盟员占92%。

2012年，民盟潍坊市委基层组织设教育支部、潍坊医学院支部、潍坊学院支部、文化支部、文艺支部、工业支部、科技支部、综合支部、工程学院支部、青州支部10个支部和高密、潍坊科技学院2个小组。民盟潍坊市委会下设办公室，工作人员3人，盟员326人。

2012年9月，民盟潍坊市第七次代表大会召开。图为代表合影

第二节　代表大会

1987年12月，召开民盟潍坊市第二次代表大会，选举产生民盟潍坊市第二届委员会，选举段慧灵为主任委员，曲雅亮、姚国文为副主任委员。

1992年4月，召开民盟潍坊市第三次代表大会，选举产生民盟潍坊市第三届委员会，选举段慧灵为主任委员，宋建政、滕秀兰为副主任委员。

1997年7月，召开民盟潍坊市第四次代表大会，选举产生民盟潍坊市第四届委员会，选举姜绍华为主任委员，滕秀兰为副主任委员。1998年12月，补选徐扬尚为副主任委员。

2002年1月，召开民盟潍坊市第五次代表大会，选举产生民盟潍坊市第五届委员会，选举姜绍华为主任委员，曲曰臣、徐扬尚为副主任委员。2004年6月，补选毛秀凤为副主任委员。

2007年1月，召开民盟潍坊市第六次代表大会，选举产生民盟潍坊市第六届委员会，选举姜绍华为主任委员，毛秀凤、李来传为副主任委员。

2012年9月，召开民盟潍坊市第七次代表大会，选举产生民盟潍坊市第七届委员会，选举毛秀凤为主任委员，李来传、张敬军为副主任委员。

第三节　思想建设

1991年，为纪念中国民主同盟成立50周年，民盟潍坊市委举办盟史图片和盟员事迹展览，印发《盟员信息》等宣传材料，盟员进行生动教育。

1992年5月，民盟潍坊市委在全市盟员中开展“民主集中制”和“解放思想”两大主题的学习和讨论。11月，组织市委会成员、支部主委认真学习中共十四大文件。

1993年11月，民盟潍坊市委组织盟员学习《邓小平文选》第三卷。盟员撰写的《邓小平的远见卓识与科技兴国》《全球大视野中的改革开放》《新时期统战工作服从服务于两个文明建设的思路、途径和措施》等文章，在《中央盟讯》《山东盟讯》等刊物发表。《20世纪末世界文化多元化与中国共产党领导的多党合作和政治协商制度》，获民盟山东省委优秀论文奖。

1997年，中共十五大召开后，民盟潍坊市委会组织市委会全体成员学习讨论。民盟市委印发《关于在全盟加强思想建设，提高自身素质的决定》和《关于兴起学习贯彻“三个代表”重要思想新高潮的通知》，组织盟员进行认真学习座谈讨论。2000年，举办邓小平理论学习班，民盟市委会委员、基层组织负责人参加学习。2002年，中共十六大召开后，民盟潍坊市委印发《认真学习党的十六大精神的通知》，号召全市盟员进行认真学习。是年，自1991年起编辑出版21期的《潍坊盟讯》停刊。

2004年，民盟潍坊市委报送的《加强学习提高素质 牢记职责 不辱使命》《浅议新时期民主党派的自身建设》分获民盟山东省委先进基层组织理论调研报告二、三等奖。

2005年，《中共中央关于进一步加强中国共产党领导的多党合作和政治协商制度建设的意见》颁发后，民盟潍坊市委会领导多次参加中共潍坊市委、市政协组织的学习和讨论，并召开民盟潍坊市全委会进行集中学习。11月，民盟潍坊市委会举办潍坊市新盟员暨骨干盟员培训班，60名新盟员及骨干盟员参加培训。

2006年，民盟潍坊市委会转发《民盟中央认真学习贯彻胡锦涛关于社会主义荣辱观的重要论述的通知》，组织全市盟员进行认真学习座谈。2010年，民盟潍坊市委会印发《关于全市统一战线深入学习贯彻党的十七届五中全会精神的通知》和转发《民盟中央关于把树立和践行社会主义核心价值体系活动不断推向深入的通知》，组织盟员进行认真学习。

2012年12月，民盟潍坊市委会举办学习贯彻中共十八大精神暨新盟员培训班，民盟山东省委专职副主委仪平策就新形势下民主党派自身建设、提高参政议政能力进行辅导。

2002—2012年，民盟潍坊市委共向民盟山东省委报送信息50多篇，许多被刊登在《山东民盟》《山东民盟工作通讯》上。

第四节　参政议政

人大代表　政协委员

1992—1997年，第三届民盟潍坊市委会期间，全市盟员中有省人大代表1人、市人大代表2人、区人大代表1人、省政协委员1人、市政协委员6人、县（区）政协委员3人。

1997—2002年，第四届民盟潍坊市委会期间，有省人大代表2人、市人大代表2人、区人大代表1人、省政协委员1人、市政协委员6人、县（区）政协委员3人。

2002—2007年，第五届民盟潍坊市委会期间，有省人大代表1人、省政协委员1人、市政协委员15人（含副主席1人、常委1人）。

2007—2012年，第六届民盟潍坊市委会期间，全市盟员中有省人大代表1人、省政协委员1人、市人大代表2人、市政协常委3人、市政协委员13人、县（区）政协委员24人（含副主席2人、常委4人）。

1992—2012年，民盟潍坊市委领导参加市委、市政府召开的情况通报会、专题协商会、专题经验交流会、政府工作报告征求意见座谈会等会议50多次，盟员中的人大代表、政协委员参加市（区）历届人大、政协会议，就有关人事安排、政府工作报告、经济工作、重大问题的决策等提出许多建设性意见和建议。

建议提案

1992—1994年，民盟潍坊市委会向市政协共提交集体及个人提案36件。《稳步推进我市高教体制改革的建议》《制止强制居民储蓄》《对困难企业进行整顿》《加强影视市场管理》等提案，受到市政协表彰。

1995—1996年，民盟潍坊市委提交《提高教育投入，改善高校大环境》《大力搞好沿海经济开发，加快“海上潍坊”建设速度》《加强社会警力，保一方平安》《妥善解决民主党派机关工作人员的住房》《发展老年事业，关心老年生活》《强化第二产业的发展》《让潍坊人认识潍坊》《天坛市场应建立停车场》等10多件提案。

1997—2000年，民盟潍坊市委会提交30多份提案，向有关部门提出《关于加强民主党派思想政治工作的意见》《关于民主党派参政能力建设的意见》《关于举行民主党派、工商联机关负责人联席会议的意见》3份建议。2001年，在市政协会议上提交提案18件，其中《关于老年公寓的几点建议》被市政协优秀评为提案。2002年，在市政协会议上，民盟潍坊市委提交提案9件。民盟潍坊市委会撰写的《高教体制改革研究》论文，上报盟省委参加论文评奖。2003年，民盟潍坊市委在市政协会议上提交集体提案3件，个人提案11件。2004年，在市政协十届二次会议期间，提交集体提案2件，个人提案11件。其中《关于在全市推广青州经验，实行农村新型合作医疗制度的建议》集体提案得到市委、市政府的重视，由市卫生局牵头在全市部分县市推行。2005年，在市政协十届三次会议期间，民盟潍坊市委提交集体提案2件，个人提案17件。其中《主动对接青岛，争取在半岛城市群率先崛起的建议》的提案，被评为市政协优秀提案。在省委统战部举办的全省民主党派优秀提案评选活动中，民盟潍坊市委提交的《关于在全市范围内推广青州新型合作医疗制定的建议》提案被评为优秀提案。是年，民盟潍坊市委被授予“山东省民主党派优秀提案先进集体”称号。

2006年，市政协十届四次会议上，民盟潍坊市委作《对公立医院改革改制的建议与思考》的大会发言。提交集体提案5件，其中2件作为市政协重点办理提案。

2007年，在市政协举办的十届潍坊市政协优秀提案评选活动中，民盟潍坊市委提交的《关于在全市范围内推广青州经验，为农民建立新型合作医疗制度的提案》和《关于主动对接青岛，争取在半岛城市群中率先崛起的建议》提案被评为优秀提案，受到市政协的表彰奖励。

2008—2011年，在市政协会议上，民盟潍坊市委会成员积极建言献策，提交提案40多件。在市政协十一届四次会议提交的《关于提早布局，建设潍坊市立体交通的建议》《关于进一步推动农村现代流通体系建设的建议》《关于加快发展现代立体生态农业的建议》等被列为市政协重点提案，分别得到市领导的批示。在十一届市政协优秀提案表彰会议上，民盟潍坊市委《关于社会主义核心价值体系》《规范物流业发展》《加快建设潍坊立体交通》3件集体提案被评为市政协优秀提案。

2012年，在市政协十二届一次会议上，民盟潍坊市委提交3件集体提案，其中《关于加快提升农业科技竞争力的建议》的提案得到市委书记许立全的批示。《水源地综合治理保护》和《农业科技发展》提案被市委统战部选为2012年重点调研课题。

调研活动　招商引资

1991年始，民盟潍坊市委会同有关部门，多次组织专家到潍坊市北部调研。1992年6月，专邀民盟中央主席费孝通到潍坊考察北港立项规划。之后，民盟潍坊市委向有关部门提出《加快考虑北部建港的建议》。1999年5月，民盟潍坊市委组织市委委员到寿光市稻田镇调研，2000年9月，民盟潍坊市委组织部分专家到市所属县市就旅游资源和农村形势进行调研。2002年，配合撰写政协提案，组织3次调研。

2003—2005年，民盟潍坊市委机关响应市委、市政府关于招商引资实现跨越式发展号召，积极协调，超额完成任务。

2006年10月，民盟潍坊市委会组织盟员专家到潍坊北部就“三北”开发、防风绿化进行考察。

2008年5月，民盟潍坊市委组织部分盟员就文史资料保护、挖掘和循环经济、城市规划等专题进行调研，形成意见建议报送有关部门领导参考。

2009—2010年，组织民盟潍坊市委成员及部分盟员专家，围绕“转方式、调结构”中心工作，赴峡山生态经济发展区调研，针对农业生产现状，提出“建设有机农业，确保增产增收”的建议；针对旅游业发展形势，提出“保护生态特色，适度发展高端与民俗结合的旅游业”的建议。组织人员到安丘调研“外贸型企业如何实现突破发展”的问题，在安丘美城食品有限公司座谈讨论，提出“优化出口产品结构，实施出口名牌战略”的建议。组织人员到潍坊老干部活动中心及老年大学进行调研，就合理设置专业、扩大办学规模、改善办学条件、增加财政投入、巩固办学网络等提出建议。民盟市委所属基层组织发挥各自优势举办形式多样的活动，教育支部到五莲县山区考察山区经济，到日照考察港口建设、大学城、招商引资及城市规划；科技支部组织到大泽山就社会主义新农村建设过程中的资源、环境保护等问题进行调研。高密小组对学生上网问题进行调查，共发放调查问卷945份，与32名学生及校长、班主任、任课老师进行座谈，形成的调研报告在《山东教育》上发表。

2011年1月和4月，民盟潍坊市委联系白浪河水库管理局、峡山水库管理局，分别就水源地保护、农田水利设施建设等问题，组织专家进行专题调研，向有关部门提出水质保护、科学调水、合理增容及农田水利设施加强保护、有效利用等建设性意见和建议，形成《水源地综合治理保护重点调研课题结题报告》。

2011—2012年，民盟潍坊市委先后7次组织民盟盟员和潍坊银河设计院专家到市委统战部包村帮扶点临朐县冶源镇傅家李召社区，就社区规划进行专题调研和专项帮扶活动。组织部分盟员赴坊子区就齐长城遗址、“秃尾巴老李”龙潭传说和潍坊市鸢都红木嵌银厂考察调研，针对全市文化产业发展尤其是非物质文化遗产保护和传承工作提出意见和建议。配合第41个国际环境保护日活动，赴潍坊市新诺新能源工程有限公司就节能减排和低碳经济进行专题专项调研。组织政协委员和部分盟员赴潍坊市综合保税区进行考察调研，听取保税区情况介绍，参观保税区红酒交易中心，结合潍坊市出口外贸工作和当前国际国内经济形势，提出建议。针对《农业科技发展》课题的系列调研工作成立课题专项领导小组，组织民盟界政协委员、专家和骨干盟员等，深入农业生产一线、寒亭农业科技企业以及高密天时生态农业科技园等地开展专项调研活动，并形成调研报告。

2012年，民盟潍坊市委调研组实地察看临朐县冶源镇傅家李召社区的村容村貌

第五节　社会服务

兴办学校　创办经济实体

1991年始，民盟潍坊市委发挥自身优势，积极开展社会办学、咨询服务和兴办经济实体等活动。

1993年，民盟潍坊市委筹建东方翰墨研究会；同台湾实业家林竹松在潍坊就建立台湾工业科技园及在青州建立中华山庄进行洽谈。是年，民盟潍坊市委青州总支联合青州兴旺实业有限公司创办青州育才高中，当年招收1个班66名学生。1994年，招收2个班120名学生。1995年，招收8个班400名学生。学校南北两院占地1.1万平方米，建筑面积3000平方米，逐步建成规范化图书馆、理化实验室和电教室。1995年，民盟山东省委授予青州总支“先进基层组织”称号。

2008年，由民盟山东省委、民盟潍坊市委与寿光市政府共同兴办的潍坊科技学院（校址位于寿光市），被省教委认定为自主办学学历试点单位和潍坊国家职业教育创新发展试验区试点院校。

1991—2001年，民盟潍坊市委兴办市供水设备研究所、老年病研究所、市京潍贸易公司、市塑料销售公司等企业。供水设备研究所研制的产品在1996年第三届全国给水排水及消防专业产品技术展览会上获得金奖。供水研究所捐赠信阳县霍家楼村一套价值万元的自动供水设备，为村民解决吃水问题。京潍贸易公司开发的

“轻烃油燃气工程”，通过省、市监管部门工程鉴定，各项指标符合建设部《城市燃气和集热企业资质管理规定》标准要求。2008年，按照上级有关规定，所办经济实体全部与民盟潍坊市委剥离。

举办画展组织演出和义诊

1991年起，民盟潍坊市委不定期举办书画展、书画笔会；组织盟内文艺骨干深入社区、乡镇、部队义演，积极参加有关单位组织的演出；组织盟内医疗专家深入基层，为群众义诊，受到群众好评。

1994年，成立潍坊民盟书画院。1995年第十二届潍坊国际风筝会和第二届鲁台经贸洽谈会召开之际，潍坊民盟画院联合潍坊海外联谊会、东方翰墨研究会、潍坊群众艺术馆共同举办大型书画展，市民盟书画院提供盟员书画作品30多幅，潍坊电视台、《潍坊日报》《潍坊晚报》作了报道。1995年，市委统战部举办庆“七一”暨纪念抗日战争胜利50周年书画展，民盟潍坊市委会组织盟员书画家参展，获组织奖和10个不同等级的奖项。1996年，潍坊市第十三届国际风筝会期间，民盟潍坊市委会和潍坊群众艺术馆共同举办大型书画展。组织盟员书画家参加中共潍坊市委、中国书画家联谊会举办的庆国庆书画展。1997年，民盟潍坊画院在寿光市举办庆祝香港回归书画展。1998年1月，民盟潍坊画院与潍坊老年书画院，在潍坊老干部活动中心联合举办书画展，展出书画作品120余幅。

1998年8月，“八一”建军节前夕，民盟潍坊市委响应市委、市政府创建双拥模范城的号召，组织盟员中的文艺骨干到解放军驻潍坊某部进行慰问演出，为官兵献上一台精彩的文艺晚会。老人节期间，组织文艺骨干到浮烟山老年公寓进行慰问演出。

1998年10月，民盟潍坊市委组织盟员中的医疗专家到潍坊西城医院开展义诊活动，5天派出医疗专家28人次，为潍城区于河镇的1000多名离退休教师和70岁以上老人免费查体。

2000年8月，民盟潍坊书画院与潍坊军分区官兵在国防训练基地举行拥军笔会，现场创作书画作品30多幅，为“八一”建军节增添文化艺术气息。

2001年3月，民盟潍坊市委举办书画展庆祝中国民主同盟成立60周年。4月，在潍坊国际风筝会开幕之际，民盟潍坊市委联合市文化局等单位承办河北衡水市盟员田茂怀书画艺术展。

2002年，中共十六大召开前夕，民盟潍坊市委在昌乐宝石城举办“喜迎党的十六大书画展”。

2004年，民盟潍坊市委与市政协、市卫生局联合举办“姜绍华书法艺术展”，展出书法作品100余幅。“八一”前夕，民盟潍坊市委组织书画界的8位盟员到驻潍坊驻军某部，举行书画联谊活动，向部队捐献书画作品100余幅。“十一”前夕，民盟潍坊市委在市政协书画院主办“张玉胜、谭晓昌、丁寒冬书法篆刻展”。

2005—2007年，民盟潍坊市委组织文化支部部分盟员，到奎文区实验小学、潍坊外国语学校，举办“庆七一书画联谊会”，书写作品60余幅。2005年“教师节”前夕，组织市书画界盟员到潍坊市第十四中学，举行书画联谊活动，向教师赠送书画作品50余幅。为纪念世界反法西斯战争胜利暨中国抗日战争胜利60周年，盟市委多次组织参加由市政府、市路桥建设中心及各县（市）组织的书画笔会及书画展。2008年，组织盟员书画家到寿光市田马镇，举办迎新春送农民书画下乡活动。

2009—2011年，民盟潍坊市委组织书画展览、开展书画交流和笔会10次，交流赠送作品近400幅。

2012年，民盟潍坊市委举办庆祝辛亥革命

2012年10月21日，在中百美术馆举办民盟潍坊市委"喜迎十八大"书画笔会，潍坊市人大常委会副主任、民盟潍坊市委主委毛秀凤（左三）出席

100周年、中国共产党成立90周年和中国民主同盟成立70周年盟员书画展。10月21日，在中百美术馆举办民盟潍坊市委"喜迎十八大"书画笔会。11月3日，民盟潍坊市委与市委宣传部和鲁网潍坊记者站共同主办"放歌新潍坊，喜迎十八大"大型公益晚会。文艺支部盟员在业余时间为潍坊电视台、潍柴文化宫等单位辅导剧目11个，部分节目由潍坊电视台录制播出，《潍坊日报》予以报道。为昌邑、寿光、高密等地专业及业余剧团辅导19次，800多人次。

爱心捐助活动

1998年，中国部分地区遭受特大水灾，潍坊民盟书画院参加潍坊市书画界17个单位举办的书画展义捐义卖活动，捐赠书画作品18件。

2003年，"非典"过后，民盟潍坊市委协同有关单位到解放军第89医院举行"贺惠邦、申炳申、来益太书画捐赠仪式"，慰问从北京小汤山医院归来的3位解放军战士。

2004年，民盟中央为纪念邓小平诞辰100周年，在四川广安建立中国民主同盟林，民盟潍坊市委组织书画界盟员为中国民主同盟林捐献精品字画6幅。

2006年，民盟潍坊市委开展捐资助学活动，共募集捐款近5000元。部分盟员为希望小学捐款，购置电子琴等教学器材。

2008年，汶川特大地震发生后，民盟潍坊市委号召盟员积极参与抗震救灾捐助活动，累计捐助15万元。

2009年，民盟潍坊市委开展"文化进社区"活动，基层组织及盟员共捐赠图书、书画作品价值近40万元。

2012年，市人大代表、民盟潍坊市委委员杨爱君捐资10万元，在临朐县冶源镇、寺头镇建立2所"留守儿童活动站"，并成立"东盛爱心基金"。

第三章　中国民主建国会潍坊市委员会

第一节　组织机构

1982年，中国民主建国会潍坊市委员会（简称民建潍坊市委）成立，民建潍坊市委机关与市工商联机关合署办公。1988年，与工商联分署办公，机关有驻会主委1名、工作人员4人。1997年，机关有秘书长1人、工作人员2人。2002年，机关有秘书长1人、工作人员4人。2012年，机关有秘书长1人、工作人员3人。

1997—2001年，民建潍坊市委对基层支部进行调整改选，由原来的10个支部调整为9个支部，并将9个支部重新按区域划分设立潍城4个支部、奎文3个支部、坊子支部和机关支部。5年间，共发展新会员25人，平均年龄36.3岁，其中大专以上文化程度25人，具有中级以上职称19人。2001年底，共有会员153人，其中中高级职称95人，平均年龄55.4岁。

2002—2006年，民建潍坊市委新发展会员50人，新会员平均年龄35.3岁，全部具有大专以上学历，其中博士2人、硕士11人、非公有制经济人士10人。2004年，根据工作需要，成立企业工作委员会和参政议政工作委员会。2006年底，民建潍坊市委下设11个支部，会员191人，平均年龄53岁。

2007—2011年，民建潍坊市委发展新会员54人，平均年龄38岁，其中大专以上学历51人、中级以上职称26人。2008年，成立医学院支部。2011年，成立寒亭支部。到2011年9月，共有会员239人，平均年龄52.6岁，其中经济界人士占84.5%，大专以上学历占77%，中级以上职称占60%。

至2012年底，民建潍坊市委下设支部12个，会员246人，平均年龄52岁，大专以上学历占79%，中级以上职称占60%，经济界人数占84%，新阶层人数占18%。

第二节　代表大会

1992年4月29—30日，民建潍坊市第三次代表大会在潍坊召开，听取并审议蒯兆松作的题为《加强自身建设，发挥参政党职能，为实现我会现阶段的各项任务而团结奋斗》的工作报告，会议选举产生由10人组成的民建潍坊市第三届委员会，选举蒯兆松为主任委员，谭贵霖、王德润为副主任委员。1996年，增补徐鉴为副主任委员。

1997年4月29日，民建潍坊市第四次代表大会在潍坊召开，听取并审议蒯兆松作的工作报告，会议选举产生由8人组成的民建潍坊市第四届委员会，选举徐鉴为主任委员，王德润、杨肖青为副主任委员。2000年，增补郑汝智为副主任委员。

2002年1月24日，民建潍坊市第五次代表大会在潍坊召开，听取并审议徐鉴作的题为《发挥参政党职能为我市改革开放和经济发展贡献力量》的工作报告，会议选举产生由7人组成的民

2007年1月24日，中国民主建国会潍坊市第六次代表大会召开。图为代表合影

建潍坊市第五届委员会，选举郑汝智为主任委员，张晶为副主任委员。

2007年1月24日，民建潍坊市第六次代表大会在潍坊召开，听取并审议郑汝智作的工作报告，会议选举产生由9人组成的民建潍坊市第六届委员会，选举郑汝智为主任委员，张晶、刘秀平为副主任委员。2008年，增补墨萍为市委会秘书长。

2011年9月4日，民建潍坊市第七次代表大会在潍坊召开，听取并审议郑汝智作的题为《继往开来 与时俱进 努力开创民建事业新局面》的工作报告，会议选举产生由11人组成的民建潍坊市第七届委员会，选举刘秀平为主任委员，李明喜、李瑞文、李通利为副主任委员。

第三节　思想建设

学习教育

1991年，民建潍坊市委组织学习社会主义教育纲要，开展3次大会交流，印发社会主义教育纲要知识试卷，82.7%的会员参与答卷活动，17人次作了大会发言。1994年，民建潍坊市委组织学习《邓小平文选》第三卷，组织2次大会交流，12名会员在会上发言。1995年，民建潍坊市委组织学习中共中央总书记、国家主席、中央军委主席江泽民《为促进祖国统一大业的完成而继续奋斗》的重要讲话、《中共中央关于国民经济和社会发展第九个五年计划和2010年远景目标的建议》（简称《建议》）以及国务院总理李鹏关于《建议》的说明。1999年，民建潍坊市委在“五四”前夕，举办会史教育活动，增强年青会员对会章、会史的认识。

2002—2006年，民建潍坊市委举办骨干会员和新会员学习班4期，与市政协港澳台侨委员会联合举办法律知识讲座。组织基层支部主任参加民建省委在青岛举办的第11期骨干会员培训班，提高理论水平和工作能力。

2007—2011年，民建潍坊市委先后召开学习中共十七大精神座谈会、纪念新中国成立暨人民政协成立60周年座谈会、纪念改革开放30周年座谈会、纪念中国共产党成立90周年暨辛亥革命100周年座谈会，举办政治交接学习教育活动演讲及征文活动、纪念新中国暨人民政协成立60周年书画摄影展及征文活动。民建潍坊市委获“全省统战系统树立和践行社会主义核心价值体系活动先进集体”。2012年，民建潍坊市委组织盟员全面学习贯彻中共十八大精神。组织召开学习贯彻中共十八大精神座谈会，印发《民建潍坊市委会关于“学习贯彻中共十八大精神”主题征文的通知》。各支部开展形式多样的学习活动，注重与爱国主义教育相结合、与政治交接教育活动相结合，将学习成果转化为服务“四个潍坊”（创新潍坊、文化潍坊、生态潍坊、幸福潍坊）建设的实际行动。

宣传工作

1991—1994年，民建潍坊市委办公室编印

《工作简讯》36期、《议政简报》17期。

1995年，在纪念抗日战争胜利50周年和庆祝中国共产党成立74周年之际，民建潍坊市委组织有书画专长的会员和有联系的书画界人士，参加市委统战部组织的纪念抗日战争胜利50周年书画展，选送书画10幅，被评为一等奖1幅、优秀奖9幅。为纪念中国民主建国会成立50周年，民建潍坊市委组织会员撰写纪念文章，学习会章、会史，回顾参加民建后的成长进步。撰写纪念文章3篇，其中1篇被《山东民建》刊登。

1996—2001年，为庆祝中华人民共和国成立50周年和澳门回归，各支部紧紧围绕这两个主题搞好活动，并选派节目参加全市民主党派联合举办的国庆大型文艺晚会。邀请全市著名的书画界人士和部分会员举办庆祝省民建成立45周年书画展暨笔会。加强与新闻单位的联系，在《潍坊日报》刊登潍坊民建的简介和主委的简要情况、年度工作安排和《加强自身建设，积极参政议政》等文章，扩大市民建的社会影响。

2002—2006年，以庆祝中华人民共和国成立55周年、人民政协成立55周年、中国共产党成立85周年、中国民主建国会成立60周年、民建山东省级组织和潍坊市级组织成立50周年为契机，开展内容丰富、形式多样的活动。创办《潍坊民建》会刊，加强会员交流，搞好对外宣传。5年间，辽宁、河南、山东青岛、淄博、东营等地的民建组织到潍坊参观交流达80余人。2005年10月—2006年9月，在省市各报纸、期刊、电视台、网站等发表关于潍坊民建信息47条。

2007—2011年，民建潍坊市委积极组织会员参与民建省委举办的“纪念改革开放30周年书画摄影展”和市委统战部举办的“全市统战系统纪念改革开放30周年书画展”以及“永远跟党走——树立和践行社会主义核心价值体系学身边典型报告会暨全市统一战线庆祝建党90周年文艺演出”。积极参与市委统战部组织的全市统一战线教育基地建设，为教育基地提供珍贵的历史实物、档案31份。2010年，民建潍坊市委机关撰写的《完善制度 狠抓落实 推进自身建设》在民建中央《民讯》上刊登。民建潍坊市委先后获市统战理论调研先进单位、省民建新闻宣传先进集体。

2012年，民建潍坊市委印发《民建潍坊市委会关于“学习贯彻中共十八大精神”主题征文的通知》。会员积极参与，上交征文8篇。

第四节　参政议政

人大代表　政协委员

1991—1994年，民建潍坊市委中有各级人大代表、政协委员12人。

2001年底，民建潍坊市委会员中有省人大常委会委员1人、省政协委员3人、市人大常委会副主任1人、市政协副主席2人、市政协委员5人。

2006年底，民建潍坊市委会员中有全国政协委员1人；有省政协常委1人、省人大代表1人、省政协委员1人、市政协副主席2人、市政协常委4人、市政协委员9人、市人大代表2人；县（市）副县（市）长2人、人大常委会副主任1人、政协常委4人、人大代表1人、政协委员5人；特邀监察员、监督员20人。

2011年9月，民建潍坊市委会员中有全国政协委员1人、省政协委员2人、市政协委员18人、市人大代表1人、区级政协委员21人、区人大代表5人。

2012年底，民建潍坊市委有39名会员当选为全国、省、市人大代表或政协委员。其中，全国政协委员1人、省政协委员2人、市政协委员19人、区政协委员17人、区人大代表4人。

建议提案

1991—1994年，民建潍坊市委共提交提案69件，大部分被采纳。有8名会员被聘为市、区有关部门特邀监察员、监督员。民建潍坊市委组织会员以支部为单位，每两月进行一次“议政日”活动，议政情况通过汇总整理，编印《议政简报》报送市委、市政府及有关部门。

1995年，民建潍坊市委提出集体提案3件，会员中的人大代表、政协委员提出提案24件。市委会《关于建立现代企业制度的建议》和《关于稳定粮油食品市场物价的建议》等提案，受到市委、市政府的重视和采纳，《关于培育和发展汽车市场的建议》以及主委蒯兆松《推行股份合作制，促进企业转换经营机制》和委员张晶的《发展三资企业要积极稳妥，量力而行》的提案，被市政协评为优秀提案。

1996—2001年，民建潍坊市委提出提案和建议50余件，其中8件提案被评为市政协优秀提案。在市政协九届会议上，提出的《关于通过帮扶企业挑贷款质量的建议》被市政协向省政协推荐为政协优秀提案，《关于开拓农村消费市场的建议》被市政协列为重点提案，并被省民建采纳。《关于加快个体私营经济发展的建议》和《关于进一步加快发展个体私营经济的建议》2个提案受到有关部门的重视和采纳。《关于加强对民主党派活动宣传报道》的提案，促成市委宣传部、统战部联合印发《关于集中宣传报道我市各民主党派、工商联组织及负责人情况的意见》，对各民主党派工作情况进行系统宣传报道。《加快发展农业节水灌溉的建议》的个人提案，受到市委、市政府的重视。

2002—2006年，民建潍坊市委在历次市政协会议上提出集体提案31件，省、市、区人大代表、政协委员个人提出议案、提案70多件。《关于对城市出入口进行改造，树立潍坊城市形象的建议》进入中共潍坊市委、市政府决策，市政府将潍坊的3个高速路口通往城区的道路进行改造。北海路、健康街、安顺路分别形成3条景观大道，提升了潍坊的城市形象。《关于加强网吧管理的建议》《关于在城区推行生活垃圾分类处理的建议》《关于加强出租车规范管理的建议》《关于城市居民供暖分户供给按量收费的建议》《关于在城区大力发展停车经济的建议》等10多件提案被评为优秀提案，引起了市委、市政府的重视，得到市党政领导的批示和有关部门的落实。在省政协九届二次常委会议上，主委郑汝智的《关于加快实施农业标准化几点建议》作大会发言；在省政协九届第四次全体会议上，郑汝智《关于加快沿海经济开发的建议》进行书面大会交流，并在《联合日报》进行刊登，引起省领导的高度重视。围绕社会热点、难点问题进行专题调研，为党委和政府科学决策提供依据。《当前农业标准化存在的问题及解决途径》《关于农民增收的调查和思考》于2005年12月分别获民建山东省委2002—2005年参政议政优秀成果二、三等奖；《加大力度强化措施加快农村劳动力转移》在市政协全委会议上作大会发言；《农村合作经济组织的调查与思考》获得2006年度民建山东省委参政议政优秀成果二等奖，《完善农村基础设施供给机制的探讨》获得2006年度民建山东省委参政议政优秀成果三等奖；会员撰写的《关于在城市推行生活垃圾分类处理的建议》在2005年12月全省民主党派优秀提案评选活动中被评为优秀提案，民建潍坊市委被评为先进集体。市委会报送的《关于建设风筝标志雕塑，凸显风筝都特色的建议》，中共潍坊市委书记张传林阅后立即批示有关部门采纳落实，并批转中共潍坊市委办公室以《参阅件》的形式发至全市。

2007—2011年，民建潍坊市委在各级政协、人大会议上共提交提案百余件，其中，18件被列为重点提案，4件得到市级领导批示。在市政协十届五次会议上，民建潍坊市委提交的《关于发展我市大公交的几点建议》和《关于建立潍县战役纪念馆的建议》被列为重点提案。在省政协十一届一次会议上，《关注民生 促进公平 构建和谐》被采纳为民建省委提案；《落实科学发展观 为中小企业发展提供政策支持》在省政协《委员天地》和《山东民建》上刊登；在全市表彰打造精品提案服务四大建设研讨会上，提交的《发挥民主党派作用 努力提出高质量提案》获三等奖。《关于加强白浪河流域生态环境建设的建议》被市政协十一届二次会议列为重点提案，《突出特点 狠抓特色 适时加大农民工培训力度》被民建中央《民讯》《山东民建》《潍坊通讯》等多家刊物刊登。在市政协十一届三次会议上，民建潍坊市委提交的《关于加快我市地下空间开发利用的建议》作为大会发言，受到市委副书记崔建平的肯定，列为重点提案，被评为2010年度民建山东省委优秀提案。《积极培育农产品品牌 大力提升农产品竞争力》被《联合日报》刊登。在全市政协提案工作经验交流暨表彰大会上，《关于提高公民公德修养 创建礼仪潍坊的建议》《关于加强白浪河流域生态环境建设的建议》《关于加快我市地下空间开发利用的建议》《关于进一步完善中小企业融资担保方式的建议》《关于全民参与义务维护潍坊“三河”环境的建议》获优秀提案奖。市政协十一届四次会议上，《关于大力推进建筑节能的建议》和《加快公立医院改革试点步伐 促进医疗卫生事业全面发展》作大会发言交流，《关于加快城市雨水资源化的建议》被列为重点提案，市委书记张新起批示相关部门开展调研、编制规划。在潍坊市“十二五”规划编制过程中，民建潍坊市委提出的“富民强市”战略受到市委市政府领导的充分肯定，《关于城市地下空间开发利用的建议》《关于公立医院改革的建议》《大力推进建筑节能的建议》《加快城市雨水资源化利用》的建议等被纳入“十二五”规划并付诸实施。

2012年，在市政协十二届一次会议上，民建潍坊市委提交集体提案6件，其中《关于加快推进城乡环卫一体化进程的建议》得到市长刘曙光的批示，市环卫局抓紧落实，将此列入2012年10件民生实事之一。《关于加快建设城市林荫道的建议》被列为重点提案，市规划局对全市城区林荫道建设制订规划方案。

调研信息

1991—1994年，民建潍坊市委组织4次专题调查活动，写出专题调查报告5篇。

1995年，民建潍坊市委开展“议政日”活动，每半年印发议政参考提纲1次，全年收到议政文章13篇。发挥参政议政的群体功能，编印《议政简报》7期。

1996—2001年，民建潍坊市委成立议政委员会。参加民建省委会在青岛召开的参政议政工作经验交流会，在会上作发言。围绕社会热点、难点进行调查研究，参加市人大、市政协组织的农业现代化高新技术开发、潍北滩涂开发以及环境保护、城乡建设、旅游等调研活动，提出建议和意见，得到有关部门的重视。

2002年，民建潍坊市委组织民营企业界会员对全市民营企业的发展进行调查，形成《潍坊市民营经济发展调研报告》，2003—2004年，对全市农业、农村和农民问题等进行调查研究，《关于增加农民收入的调查与思考》《当前农业标准化存在的问题及解决途径》等调查报告和建议上报中共潍坊市委、市政府。2004年，在全市开展的“我为潍坊发展献一言”活动中，民建潍坊市委集中报送建议14篇，其中副主委张晶撰写的《关于建立风筝城雕塑标志的建议》获二等奖，民建潍坊市委获优秀组织奖。2005—2006年，深入农村进行调研，形成《加大力度强化措施加快农村劳动力转移》《农村合作经济组织的调查与思考》《完善农村基础设施供给机制的探讨》等调研报告。

2007—2011年，民建潍坊市委每年定期召开经济形势分析座谈会积极建言献策。2008年金融危机发生后，组织开展“我为应对国际金融危机影响献一策”活动，收到会员建言献策信息30余条。5年间，共收到会员建言献策200余条，70%与经济发展密切相关。民建潍坊市委先后陪同民建中央副主席路明、马培华、辜胜阻等就新农村建设、农业产业发展、科技兴农和转方式、调结构及高科技产业发展等问题开展调研。民建潍坊市委组织会员赴广西、曲阜、泰安、河南云台山等地参观考察，形成《关于潍坊文化旅游发展的建议》等调研文章15篇；围绕蓝色经济和沿海城市发展，赴烟台、威海等地参观考察，形成《关于利用建筑垃圾填海造地的建议》等10篇提案。民建潍坊市委提交的《关于提高我市导游人员整体素质的建议》《关于白浪河湿地公园管理的几点建议》获得市委书记许立全的批示并得到落实。

2012年，民建潍坊市委围绕市委市政府建设“四个潍坊”、实现“六个新跨越”和强化“四个支撑”的任务目标，确立“整合沿海资源，全面提升蓝黄经济开发区发展水平”和“加快我市职业教育，打造半岛技术人才基地”2个调研课题，制定调研方案及推进措施。赴滨海经济技术开发区调研，形成《高起点定位高水平谋划高质量推进实现滨海经济新跨越》的调研报告。围绕加强城市排水、排污管道建设和打造“数字城市、智慧城市”开展调研，形成《关于完善数字化城市管理系统推进“智慧城市”建设的建议》《关于加强我市地下管网综合管理的建议》《关于大力推进雨污分流体制建设的建议》《关于加强社区文化建设的建议》《关于建设自行车绿道的建议》。民建潍坊市委建立信息员制度，每个支部确立一名信息通讯员，及时将本支部社情民意、支部活动等相关信息上报市委会。印发开展“我为经济文化强市建设献一策”活动通知，收到会员建言献策16篇，其中2篇被市委统战部“我为经济文化强市建设献一策”专刊录用，在省民建及民建中央媒体发表信息稿件17篇。

第五节　社会服务

培训办学

1991—1994年，民建潍坊市委开拓培训办学路子，在持续办好已有的职业高中的同时，开办各种业余中专班，4年共培养各类经济人才419人。1995年，民建潍坊市委创办的工商职业学校1个毕业班43人，多数被潍坊百货集团录用；2个实习班生全部落实到潍坊百货大楼实习。当年，工商职业学校招收3个班127人，在校生达到6个班233人，业余中专在校生3个班115人。

1996—2001年，民建潍坊市委改善办学条件，加强师资力量，克服入校生源锐减等困难，加大宣传和投入，到2001年，7个班的150余名学生毕业，为社会上输送了工商会计方面的人才。

捐资助学

1996—2001年，民建潍坊市委为青州市教育基金会等捐款捐物共计300多万元，出资助学20余人。1998年，民建潍坊市委到临朐县上林镇上林寺村小学，赠送价值3000元的办公用品与现金，受到师生的欢迎。

2003年，民建潍坊市委为潍坊盲校捐款4万元，为帮助沂蒙山区的学校改善办学条件，民建潍坊市委机关向临朐县纸坊镇中心小学捐赠8

台微机。民建企业家会员积极参与“希望工程”“爱心献春蕾”等活动，帮扶贫困儿童，向所在地小学捐赠体育器械。2006年，民建企业工作委员会成员捐款为青州偏远山村小学300多名学生每人赠送一套新校服。企业会员赴青州山区偏远小学，举办捐献棉衣棉被、资助学费等献爱心活动。

2007年，民建潍坊市委赴青州市文登镇和庄小学进行捐赠助学活动。赴昌乐举办助学活动，资助该县50名家庭贫困的学生每人500元，给市当年报名参加潍坊学院成人教育的昌乐籍教师每人补助2500元。

2011年5月30日，民建潍坊市委为临朐县冶源镇傅家李召社区捐建“民建 思源农家书屋”，民建山东省委主委郭爱玲（左），市委常委、统战部部长张小梅（右）为书屋揭牌

2012年，民建潍坊市委联合市委统战部赴临朐冶源镇傅家李召社区开展捐资助学活动，组织会员为市社会福利院孤残儿童送去价值8000多元的过冬棉衣棉裤。是年，捐资助学款共计1.9万元。

扶贫济困

1998年，民建潍坊市委为临朐县上林寺村捐献衣物等折合人民币2000余元。

2002—2006年，市民建企业界会员利用自身优势，在所办企业中安排下岗职工。为所在地修路，解决附近居民的行路难问题。民建企业工作委员会成员捐款为临朐偏远山村农民送去130套新棉被和4.5吨特一精粉。市民建组织会员赴昌邑市都昌街道北马村“五保户”，为他们送去春节物品。民建医药卫生界会员多次利用节假日下乡及到学校义务为农民和学生进行义诊、查体，宣传保健知识。

2011年，民建潍坊市委赴峡山区王家庄街道董家套社区和奎文区梨园街道樱园社区，为居民开展查体、健康咨询、法律咨询、法律服务活动，发放医疗保健手册和法律常识手册各200余册。在临朐冶源镇傅家李召社区和安丘市大盛镇院庄社区建立“民建·思源农家书屋”2处，捐助种植、养殖、加工、医疗卫生保健等方面图书6000余册，价值10万多元。

2012年，民建潍坊市委扶贫捐助累计209.6万元，科技文化法律医疗等支援“三农”5次，受益农民600余人次。赴潍坊峡山生态经济发展区王家庄街道董家套村开展“医疗卫生进社区”活动，为村民们免费义诊。通过社会办学、培训等方式，培训各类人才500余名，指导帮助190多人走上致富路。会员企业大力支持政府稳定就业政策，为社会提供680个就业岗位。

爱心救助

1996—2001年，民建潍坊市委积极组织参加社会救灾活动。1998年，中国南方发生洪灾期间，会员们为灾区捐款8650元、衣物245件。

2003年，抗击“非典”期间，民建潍坊市委捐款捐物近6万元。同年，救助菏泽受水灾群众，捐款捐物折合人民币3万元。

2008年，汶川特大地震发生后，民建潍坊市

2010年4月23日，为支援玉树抗震救灾，民建潍坊市委主委郑汝智（左）代表民建市委向慈善总会捐款3万元

委第一时间进行组织动员，全体会员积极响应，捐款捐物达180万元。会员宗立成和陈祖光被评为全国抗震救灾先进个人，5名民建潍坊市委会员被评为全省抗震救灾先进个人。

2010年，青海玉树强烈地震发生后，市民建会员共支援灾区款物121万余元。2012年，青州市王坟镇发生洪涝灾害，民建潍坊市委捐助现金16万元，支援抗洪救灾。

第四章　中国民主促进会潍坊市委员会

第一节　组织机构

1991年3月，中国民主促进会潍坊支部成立。1995年12月，民进潍坊支部第二届委员会成立。1997年8月26日，召开第一次会员大会，选举产生第一届民进潍坊市委员会（简称民进潍坊市委）。是年，民进潍坊市委会有会员11人。1998年4月，成立奎文支部、潍城支部、市直支部、寒亭支部4个基层支部。1999年10月，成立潍坊学院支部。2002年11月，成立市直文教支部。2004年9月，成立潍坊外国语学校支部。2006年12月，成立坊子支部。1991—2012年，共发展会员146人。至2012年，民进潍坊市委员会共有基层支部8个、会员157人。

第二节　代表大会

2002年1月20—21日，中国民主促进会潍坊市第一次代表大会在潍坊召开，出席大会代表51人。大会审议并通过杨善堂代表第一届委员会作的《以政治交接为主线，以参政议政、搞好服务和加强自身建设为重点，把我市民进组织建设成为适应21世纪高素质的参政党而努力》的工作报告，选举产生民进潍坊市第二届委员会。在二届一次会议上，选举陈立宝为民进潍坊市委员会主任委员，赵俊杰、张云鹏为副主任委员。2004年

2011年12月18日，民进潍坊市第三次代表大会召开

8月，增补王道奎为副主任委员。

2007年1月12—13日，中国民主促进会潍坊市第二次代表大会在潍坊召开，出席大会代表69人。大会审议并通过陈立宝代表第二届委员会作的《开拓创新、求真务实，为构建社会主义和谐社会做出新贡献》的工作报告，选举产生民进潍坊市第三届委员会。在三届一次会议上，选举陈立宝为民进潍坊市委员会主任委员，王道奎、周赤舟为副主任委员。

2011年12月18日，中国民主促进会潍坊市第三次代表大会在潍坊召开，出席大会代表78人。大会审议并通过陈立宝代表第三届委员会作的《同心同德 开拓创新 为建设富裕文明和谐的现代化强市献计出力》的工作报告，选举产生民进潍坊市第四届委员会。在四届一次会议上，选举王贤臣为民进潍坊市委员会主任委员，王道奎、周赤舟、刘煜东为副主任委员。

第三节　思想建设

1997年起，民进潍坊市委每年举办培训班。结合中共潍坊市委、市政府的中心工作，分别举办市委委员、支部主委、骨干会员、新会员等不同层次的培训，以报告会、专题讲座、外出参观学习、座谈讨论等多种形式加强会员的思想建设。组织会员认真学习贯彻邓小平理论、“三个代表”重要思想、科学发展观和中共十四大、十五大、十六大、十七大、十八大及历次全会精神，学习民进中央及民进山东省委会的有关会议精神，积极开展树立和践行社会主义核心价值体系活动，提高广大会员的政治素质和思想道德水平，增强履行参政党职能的使命感和责任感。

2008年，以纪念中共中央“五一口号”发布60周年和改革开放30周年等重要纪念活动和重大事件为契机，通过召开研讨会、座谈会、撰写纪念文章等形式，及时开展优良传统教育。2009年，围绕纪念潍坊民进组织成立20周年，举办新会员培训班，组织骨干会员参观潍坊统一战线教育基地、外出学习考察、编辑《潍坊民进二十年文集》《潍坊民进会员风采录》《民进潍坊市委资料汇编》，组织会员开展进社区、进乡村、进企业等活动。深化传统教育，加深对民进优良传统与社会主义核心价值体系内在联系的理解，夯实思想基础。2010年，组织会员收看《民主之澜》《黄炎培》等影视片，写体会、看展馆、召开研讨会等，进行多党合作制度教育和爱国主义教育。2011年，组织开展“双岗建功”先进个人评比表彰，推出一批先进基层组织、先进个人进行表彰。推荐先进会员积极参加市委统战部组织的“学身边典型、自觉践行社会主义核心价值体

2008年4月，民进潍坊市委纪念中共中央发布“五一口号”60周年座谈会

系”先进事迹报告会。弘扬先进典型，发挥榜样的示范引领作用。

第四节　参政议政

人大代表　政协委员

1991年，民进潍坊市委会会员中有市人大代表1人，有市政协委员1人、区政协常委1人。1992—1996年，会员中有市政协委员1人、区政协常委1人。1997—2001年，会员中有区人大代表2人，有省政协常委1人、市政协常委1人、市政协委员6名、区政协常委1人、区政协委员3人。2002—2006年，会员中有省人大代表1人、区人大代表3人，有省政协委员1人、市政协常委3人、市政协委员9人、区政协副主席1人、区政协常委4人、区政协委员6人。2007—2011年，会员中有省人大代表1人、区人大代表1人，有省政协委员1人、市政协常委5人、市政协委员7人、区政协副主席3人、区政协常委5人、区政协委员10人。2012年，会员中有省人大代表1人、区人大代表1人，有省政协委员1人、市政协副主席1人、市政协常委3人、市政协委员8人、区政协副主席3人、区政协委员24人。

建议提案

1997—2012年，民进潍坊市委会中的各级人大代表、政协委员所提的建议、提案100余件，开展调研活动300多人次。这些建议和提案，涉及到潍坊市改革开放、经济建设、社会发展和人民群众衣食住行等方方面面，真实地反映了各个时期的社情民意和社会热点、难点及重点问题，针对性和可行性较强，为各级党委、政府科学决策提供了依据。

第一届民进潍坊市委共提交集体提案27件，《民主党派建议摘报》刊登5件。其中《关于加强市区交通管理及对部分路段进行改造的建议》的提案，引起市委、市政府的高度重视，两次召开办公会专题研究，投资200余万元，建立指挥中心大屏幕监控系统；充实奎文区、潍城区交警60余人；拨款打通7条“断头路”，市容市貌大为改观。《齐鲁晚报》、省政协《联合日报》、《潍坊日报》等多家报刊予以报道。《充分利用资源优势，发展我市文化产业——建立山东沂山美术创作写生基地的建议》《发挥我市商贸优势，加快第三产业发展步伐》等提案被市政协评为优秀提案。

第二届民进潍坊市委共提交集体提案16件。在2002年召开的政协潍坊市九届五次会议上，提交集体提案7件，被评为市优秀提案1件。其中《关于尽快解决我市人才固定场所的建议》

《充分发挥现有教育资源优势，尽快打造名牌学校的建议》被评为全市民主党派仅有的两个重点提案。在2003年召开的政协潍坊市十届一次会议上，提交集体提案5件。民进潍坊市委提交的《关于提高知识产权工作的战略地位的建议》被市政协列入重点办理提案，潍坊电视台跟踪报道；《要尽快使城区亮起来》提案得到市政府重点督办，在较短时间得到落实。在2004年召开的政协潍坊市十届二次会议上，民进市委提交的《鼓励和扶持社会力量办学的建议》，获2004年优秀提案奖。在2005年召开的政协潍坊市十届三次会议上，提交《启动中水回用工程，开辟城市第二水源》《深化农村村级财务管理，促进农村社会稳定》《大力加强心理健康教育，提高青少年心理健康水平》，3件集体提案得到市政府及有关部门的高度重视，并予以采纳。《启动中水回用工程，开辟城市第二水源》《深化农村村级财务管理，促进农村社会稳定》被评为市优秀提案。在2005年12月召开的全省民主党派优秀提案工作会议上，《启动中水回用工程，开辟城市第二水源》提案被评为全省优秀提案。省政协《联合日报》以《城市用水瓶颈如何破除？政协提案开出妙方》进行专题报道。在政协潍坊市十届三次会议上，主委陈立宝代表民进潍坊市委作《落实科学发展观，努力实现经济与资源环境全面协调可持续发展》的大会发言，受到与会者的高度评价，潍坊电视台以较长篇幅进行重点报道。

第三届民进潍坊市委共提交集体提案15件。《关于尽快根治潍坊化肥厂污染问题的建议》《关于推进我市创建文化名市的建议》《村庄规划建设存在的问题及建议》《努力打造城市特色品牌，加速推进文化名市建设的建议》《关于加强中小学生课外实践活动的建议》《加大扶持力度，促进中小企业健康发展的建议》被评为党派优秀提案。《稳步推进村改居步伐加快推进我市城市化发展进程》被列为市政协重点提案。在市政协十届五次和市政协十一届二次、三次、四次会议上，民进潍坊市委分别作《关于推进我市创造文化名市的建议》《关于大力发展城区养老事业的建议》《关于大力发展城区社区服务业的建议》《积极推进“村改居”步伐，加快我市城市化发展进程》的大会发言，受到与会委员的一致好评。

第四届民进潍坊市委在市政协十二届一次会议上，提交的《完善金融服务措施提升金融支持小微企业的发展水平》提案获市长签批，《依法规范房屋拆迁（征收）努力打造和谐潍坊》提案被列为市政协重点提案。

第五节　社会服务

助学济困

开展“三下乡”活动。民进潍坊市委会充分发挥会员自身优势，为建设社会主义新农村奉献自己的聪明才智。每年“六一”儿童节、教师节等节日，组织会员深入农村开展社会服务活动。2002年“六一”儿童节期间，市委会在工作联系点临朐县九山镇开展“献爱心”活动，会员蒯贤魁出资万余元，为九山镇小学定做课桌、椅子60套。2004年教师节，民进潍坊市委组织奎文支部、市直文教支部的医务界会员到潍城区望留镇为该镇中小学教师进行健康查体。2006年9月8日，在第22个教师节到来之际，民进潍坊市委援建九山镇政府网站正式开通。民进潍坊外国语学校支部和市直文教支部向九山镇的全体教师奉献了一台精彩的文艺演出，共同庆祝教师节。市直文教支部委员蒯贤魁情系九山镇的莘莘学子，捐赠200余套服装。民进潍坊外国语学校支部捐赠2台投影机、4000余册图书和学生用品。2007年11月，民进潍坊市委组织市直、文教、民进外国语学校支部到临朐县龙岗镇开展送温暖献爱心活动，捐款1万余元，资助29名品学兼优的困难家庭学生；为龙岗镇敬老院的孤寡老人进行义诊，并赠送部分老人食品。2008年5月，在“六一”儿童节前，民进潍坊市委组织市直支部部分会员到临朐县龙岗镇中心幼儿园开展献爱心活动，捐赠电视机和教学用品。民进奎文支部在教师节期间，到奎文实验小学、潍州路小学、早春园小学等6所学校慰问教师，并向小朋友赠送玩具和图书。老人节期间，到奎文区敬老院为老人们义诊并送去医药及慰问品，到锦绣华城社区及则尔庄社区开展义诊活动。民进潍坊学院支部广大会员多次组织开展庆“六一”心理咨询活动，义务为学生及社会各界开展心理咨询，为中小学做心理健康讲座。民进潍城支部、寒亭支部、潍坊外国语学校支部多次到社区、乡村开展义诊、捐资济困、法律服务。民进坊子支部先后开展“城乡少年手拉手”“爱心助学”等活动，赢得社会的广泛赞誉。省政协《联合日报》以“双肩担道义”为题，对该支部的事迹给予宣传报道。民进寒亭支部组织骨干会员、部分知名专家、社区义工到寒亭区社会福利中心看望老人，为100余名老人进行义务体检，并向福利中心赠送价值1万余元的医疗器械。民进潍坊市外国语学校支部与潍坊青年美术家协会、湖南湘西有关画家学者共同发起“鲁湘文化教育交流活动”，到湘西永顺县小溪乡小溪村看望当地留守老人、儿童，并为他们送去食品、潍坊风筝、书画作品及书籍。2011年6月30日，民进潍坊市企联会为安丘大盛学校捐赠价值3万元的电脑、电风扇、学生书包等用品。2012年，开展“同心·捐助优秀贫困大学生”活动，民进潍坊市企联会为临朐、青州等山区优秀贫困大学生捐助助学金共计5万余元，帮助他们顺利入学。是年，民进潍坊市委开展“民进会员山区行”活动。上半年，筹集面粉2吨、大米500千克，走访慰问安丘市郚山镇黄皿村困难群众。下半年，赴临朐县冶源镇开展送温暖献爱心活动，为困难群众家庭捐助5000元现金和花生油、大米等生活用品，并组织民进中的医疗卫生专家为当地群众开展义诊服务。

2012年5月31日，民进潍坊市委赴早春园小学开展国学进校园活动

西行助学

2003年起，民进潍坊市委开展“西行助学行动”。与西部欠发达地区农村中小学建立协作发展伙伴关系。2003年12月、2004年2月，民进潍坊外国语学校支部先后组织该学校15名骨干教师前往德州平原县，与前曹镇的尹屯中学、尹屯中心小学以及平原全县中小学教师进行教育交流活动。带去最新的课改动向和课堂教学模式，带动教学教改工作的开展，并向前曹镇两所学校捐赠课外图书1800余册。2003年12月、2004年10月，联合潍坊第十中学、潍坊幸福街小学到

2012年8月16日，民进潍坊市委委员赴安丘一中开展“同心捐助优秀贫困大学生”活动

鄄城县闫什镇中学及中心小学开展做报告、送观摩课、领导座谈交流、东部学生体验生活、捐书捐钱（捐书达2000余册、捐款达3000余元）等活动，提升两县教育教学理念，带动教育教学改革，提高学校的管理水平和教育质量及教师的理论水平和业务素质，2005年，平原县教育局先后派出10余名中小学校长到潍坊外国语学校挂职一个月，全面学习该校先进的教育教学理念和独到的管理模式。返回后，借鉴潍坊外国语学校的管理模式，建成山东平原外国语学校，实现乡下初中学生能全部到县城上学的目标。2006年6月，民进潍坊市委同潍坊寒晓经贸有限公司和济南华纳科技有限公司到平原县实地考察，确定援助平原县建立教育城域网，为平原教育局提供教育信息的发布与收集、办公自动化、网上教育信息统计等服务，为学校、教师、学生、家长等用户提供信息查询等服务。11月24日，在民进山东省委会“西行助学行动”现场总结交流会召开之际，平原教育城域网开通。在“西行助学行动”总结会上，民进潍坊市委作为唯一的地市级市委会作典型发言。

招商引资

2003年，民进潍坊市委联系北京、厦门、青岛、南京及韩国松岛科技园的客商，协助市政府成功举办山东—仁川经济技术合作交流会，签订合作协议10多个。2004年，会员马淑静引进资金近3000万元，为当地经济的发展做出应有的贡献。在是年12月召开的“全省民主党派为经济建设服务经验交流会”上，马淑静作为民进潍坊市委为经济建设服务的先进典型，被评为全省统战系统先进个人。

信息服务

2003年8月，民进潍坊市委出台《民进潍坊市委会信息工作规范》，成立由各支部信息员、理论调研员组成的专门队伍。各信息员、理论调研员认真调查研究，广泛联络社会各界群众，积极反映社情民意，为全市政治、经济社会发展建言献策。2010年，《关于宝通街、玄武街纳入城市道路管理建议》获市长签批。2011年，《三河治理效益增，民生工程应启动》《关于吸纳和支持高端人才创新发展，加快推进我市现代服务业发展的建议》获市委书记签批。《关于在“两河”等地规划建设露天游泳场所的建议》获市长签批。至2012年底，共报送信息300余条。

第五章　中国农工民主党潍坊市委员会

第一节　组织机构

1991年10月28日，农工党潍坊市支部成立。1991年10月29日，农工党青州市支部成立。1994年1月13日，中国农工民主党在潍坊市召开党员大会，选举产生第一届总支委员会。1995年12月，中国农工民主党潍坊市委会（简称农工党潍坊市委）正式成立，共有农工党员41人。

2000年12月农工党寒亭区支部成立。2001年3月，农工党坊子区支部成立。2002年8月，新成立1个综合农工支部。2004年2月，增设潍坊医学院附属医院支部。2009年10月，农工党奎文区支部、农工党潍城区支部相继成立。至2012年12月，农工党潍坊市委下设9个支部委员会，共有党员171人。其中，医药卫生界党员99人，占党员总数58%；人口资源环境领域3人，占党员总数2%；博士、硕士学历32人，占党员总数19%；高中级知识分子157人，占党员总数92%。

第二节　代表大会

1995年12月9日，中国农工民主党潍坊市第一次代表大会在潍坊召开。出席会议代表31人。会议选举产生农工党潍坊市第一届委员会，选举谭淑娟为主任委员，刘登岳、刘耀光、马麦生为副主任委员。

2002年1月25日，中国农工民主党潍坊市第二次代表大会在潍坊召开。出席会议代表49人。会议听取并审议通过了谭淑娟代表第一届委员会作的《加强自身建设，认真履行职能，为推进我市的社会主义现代化建设而不懈努力》的工作报告，选举产生第二届委员会，王冰芬当选为第二届委员会主任委员，郑建伟、马麦生当选为副主任委员。

2007年1月12日，中国农工民主党潍坊市第三次代表大会在潍坊召开。出席会议代表65人。会议听取并审议通过了王冰芬代表第二届委员会作的工作报告，选举产生第三届委员会，王冰芬当选为第三届委员会主任委员，郑建伟、马麦生当选为副主任委员。

2011年12月14日，中国农工民主党潍坊市第四次代表大会召开。图为代表合影

2011年12月14日，中国农工民主党潍坊市第四次代表大会在潍坊召开。出席会议代表101人。会议听取并审议通过王冰芬代表第三届委员会作的工作报告，选举产生第四届委员会，刘棣俭当选为第四届委员会主任委员，郑建伟、钟池、于贞杰当选为副主任委员。

第三节　参政议政

人大代表　政协委员

1995—2001年，农工党潍坊市委有省政协委员3人、市政协副主席1人、市政协常委3人、委员2人，县（区）级人大常委会委员1人、县（区）级政协常委1人、委员4人，各级监察员、监督员7人。2002—2006年，农工党潍坊市委有省人大代表1人、省政协委员1人、副市长1人、市政协常委1人、委员6人，县（区）级人大常委1人、政协副主席1人、常委4人、委员4人，各级监察员、监督员6人。2007—2012年，农工党潍坊市委担任各级人大代表、政协委员及其他社会兼职的党员有46人，占党员总数的35%，其中：有省人大代表1人、省政协常委1人、省政协委员1人，市政协副主席1人、常委5人、委员14人，政府副区长1人、区（县）人大常委会委员1人、区（县）政协副主席1人、常委5人、委员6人，省新阶层知识分子联谊会副会长1人，市新阶层知识分子联谊会会长、副会长、理事各1人，各级人大、政协、政府部门聘请的特邀监察员、监督员、联络员9人。

建议提案

1995—2001年，市农工党员中的各级政协委员和人大代表共提出建议和提案104件。1999年，在市政协九届二次会议上提出的关于《我市新生儿性别比例失调的成因与对策》以及《关于改善煤气管道供应的建议》和2000年在市政协九届三次会议上提出的《关于成立潍坊市120急救指挥中心》的3项提案被评为市“优秀提案”。农工党潍坊市委提出的《关于尽快成立潍坊市120急救中心的建议》，引起市委、市政府的重视。卫生部门积极落实提案，对全市医疗急救资源进行整合，组建了县县联网、乡镇普遍设点的120急救体系，在全国独家实行所有救护车免费接收患者，彻底改变社会反映强烈的医疗急救混乱现象。这一模式成为全国的四大紧急救援模式之一，被卫生部确定为全国最经济、最有效的模式。2001年，在市政协九届四次会议上，农工党潍坊市委《关于加强对牟山、白浪河、高崖、马宋等四处水库水源保护的建议》，做了大会发言。2001年，提交的《关于对潍坊市水源地进行保护的建议》提案被市委、市政府采纳。

2002—2006年，市农工党员中的各级政协委员和人大代表共提出建议和提案70多件。2002年，农工党潍坊市委提交的《关于建造义务绿色纪念园林的建议》，受到市委、市政府的重视，潍坊市绿化委员会在全市范围内开展“栽植纪念树”活动。2004年，在市政协十届二次会议上提交的《公共卫生工作亟待加强》、在市政协十届四次会议上提交的《倡导全社会共同参与努力遏制艾滋病快速蔓延趋势》的工作提案被列为政协大会发言。《关于我市新生儿性别比例失调的成因及建议》《关于加强对我市招商引资工作进行环保准入的建议》《关于我市职业病防治工作的建议》《加大执法力度，取缔占道经营，保证道路畅通》《加强公共卫生体系建设的建议》《关于对我市外资利用情况的调查及建议》《关于加强我市公交建设，提升公共交通品位的建议》等提案，被市政协评为优秀提案。在2005年省委统战部评选各民主党派优秀提案活动中，农工党潍坊市委被评为先进集体。《关于加强张面河治理的建议》被评为全省统战系统优秀提案。在市政协十届五次会议上，《关于进一步解决新形势下城区学生“上学难”问题的建议》，被市政府采纳并进入决策，在高新区新建2所高标准学校，解决新建住宅小区居民子女就近上学难、上好学校难的问题。此项提案被列为市政协十届五次政协会议1号提案，并作为重点提案作了大会发言；《关于稳定低生育水平、平衡人口出生性别比工作的几点建议》被市政协评为优秀提案；《关于加快立法进程，确保从根本上解决拖欠工程款和农民工工资问题的建议》被省政协评为优秀提案。在十届市政协提案评选中，《公共卫生亟待加强》《关于加强对招商引资项目进行环保准入的建议》被评为优秀提案。《“看病难、看病贵”原因及解决办法初探》被农工党中央《前进论坛》及农工党山东省委《齐鲁前进》刊载。2005年12月，农工党潍坊市委被山东省民主党派提案表彰大会领导小组表彰为山东省民主党派优秀提案先进集体。

2007—2012年，市农工党员中的各级政协委员和人大代表共提出建议和提案90多件。2008年，在市政协十一届一次会议上，农工党潍坊市委提交的《关于对育龄妇女补充叶酸降低新生儿出生缺陷的建议》《关于市区农贸市场由大变小进社区的建议》《大力发展我市公交事业 进一步完善公交体系》《对我市城市规划及景观建设的几点建议》《关于切实加强文化产业数据统计和信息通报工作的建议》5件集体提案，均列为2008年重点办理提案。2009年，在市政协十一届二次会议上，农工党潍坊市委共提交7件集体提案。其中《加快推进生态城市建设努力营造宜居宜业新环境》被作为大会发言，《关于加强食品安全监管工作的建议》《关于免费向社会开放潍坊风筝博物馆的建议》被列为重点提案；在市政协十一届二次会议提案办理通报会上，《鼓励风力发电，缓解能源不足》提案得到市政府领导的重视，推动了一批重点风电项目的开工建设。王冰芬在省、市两级政协会议提出的《关于安排民主党派秘书长（专职干部）到政协机关（专委会）挂职锻炼的建议》得到省政协办公厅、省委组织部、省委统战部的重视和落实，第一批省民主党派机关干部到相关地市单位挂（实）职锻炼，市2批5位民主党派机关秘书长完成市政协有关专委会的挂职锻炼；在省政协十届二次会议上，王冰芬就食品安全监管工作做题为《关于加强食品安全监管工作的建议》的大会发言，得到省、市两级党政领导的重视，副省长王随莲做出批示，在省政协信息、《联合日报》进行刊登。2010年，在市政协十一届三次会议上，《关于进一步重视城区基础教育均衡配套发展的建议》《关于在城市建设规划中预留教育用地的建议》《发挥潍坊北部地域特色，全力打造原生态旅游区》3个提案被列为重点提案；在市政协召开的提案表彰大会上，农工党潍坊市委提出的《市区农贸市场由小变大进社区的建议》《关于加强食品安全工作的建议》《关于进一步重视基础教育均衡配套发展的建议》3件集体提案被评为市政协优秀提案。2011年，在市政协十一届四次会议上提交的《坚持政府主导 社会力量参与多管齐下促进我市学前教育健康持续发展》《基本药物制度实施过程中发现的问题及改进的建议》2个集体提案接受潍坊电视台《直播潍坊》和《聚焦》栏目的采访，得到社会的广泛好评。12月，农工党潍坊市委被农工党山东省委表彰为参政议政先进集体。2012年，在市政协十二届一次会议上，农工党潍坊市委提交《加大减排力度，建设生态潍坊》《加快发展文化产业、实现文化强市建设新跨越》等5个集体提案。

第四节 主要活动

学习教育

1995年，农工党潍坊市委组织学习中共十四届五中全会文件精神和中共潍坊市委八届三次会议精神，组织农工党员学习党史。1996年，组织学习邓小平建设有中国特色社会主义理论。1997年，开展以政治交接为主要内容的思想政治教育，学习贯彻中共十五大精神。1998年，组织农工党员深入学习邓小平理论，开展形势政策教育、优良传统教育。在市委会班子成员中开展以“讲学习、讲政治、讲正气”为主要内容的自我教育活动。1999年，以美国为首的北约轰炸中国驻南联盟使馆时，青州支部党员们率先声讨美国及北约的野蛮行径。2000年8月，农工党潍坊市委召开纪念“中国农工民主党成立七十周年”全体党员大会，学习江泽民总书记为纪念“农工党建党七十周年题词”“团结奋斗、振兴中华”。邀请农工党省委副主委郑佩欣为与会党员作“农工党建党七十周年发展历程”的讲座。2001年，组织学习江泽民“七一”讲话精神、中共十五届六中全会精神和全国统战工作会议精神。2002—2004年，组织学习贯彻中共十六大精神和“三个代表”重要思想。2005年8月，召开庆祝中国农工民主党成立75周年及农工党潍坊市委成立10周年大会，邀请农工党中央宣传部副部长石光树到会并作《认真学习贯彻〈意见〉精神，为推进我国多党合作制度建设而共同努力》的报告。2006—2007年，深入学习中共十六大和十六届三中、四中、五中、六中全会精神以及《中共中央关于进一步加强中国共产党领导的多党合作和政治协商制度建设的意见》。2008年8月，举办“纪念中国农工党民主建党78周年、迎奥运趣味儿运动会”。9月，由农工党中央和山东政府主办，农工党中央科技工作委员会、农工党山东省委、潍坊市政府、青州市承办，农工党潍坊市委协办的第四次生态健康论坛在青州市举行。农工党潍坊市委会6名农工党党员向论坛提交了论文。2010年7月，农工党潍坊市委召开纪念农工党建党80周年大会，举办联欢会及书画摄影比赛，并将这次书画摄影展览的作品编辑成《农工党潍坊市委“纪念建党80周年”书画摄影集》。2011年，开展“树立和践行社会主义核心价值体系”主题教育，以深入开展树立和践行社会主义核心价值体系主题教育活动为主线，开展多种形式的宣传教育系列活动。2012年，积极开展学习贯彻中共十八大精神等活动。

社会服务

1996—2012年，农工党潍坊市委组织开展各种形式的扶贫义诊、捐资助学、法律咨询、医疗讲座等公益性活动100余次，参加义诊的党员800多人次，诊治病人1万余人次，发放药品价值近3万元，捐献书籍万余册，为村民、群众提供咨询服务近万人次，捐款捐物20万余元。2001年7月，农工党潍坊市委获农工党中央“国际科学与和平周”活动先进集体荣誉称号。2010年6月，为援建在广东省惠州市建立的“邓演达纪念园”捐款6050元。2010年9月，配合农工党中央、农工党省委实施帮扶乡镇卫生院项目，向贵州大方县捐赠价值1.2万余元药品。2011年11月，为临朐县柳山镇文化书屋捐送价值1.2万余元的图书1000册。2012年6月，农工党潍坊市委为农工党省委帮扶村——无棣县佘家镇王官庄村捐献书籍400多册。

义诊咨询

1996—2001年，农工党潍坊市委组织党内医学专家到农村、学校为群众义诊。潍坊市人民医院、潍坊医学院两农工支部到诸城马庄镇、临朐蒋峪镇、寿光寒桥镇，昌邑岞山镇、龙池

2008年9月，农工党潍坊市委第四届中国生态健康论坛会场

镇，寒亭双杨镇、央子镇；高密井沟镇以及奎文区南郊、潍坊商业学校等地义诊21次，参加义诊的党员146人次，共诊治病人2127人次。2002—2006年，农工党潍坊市委利用休息日、节假日、“助残日”等节日、“国际科学与和平周”等活动到山区、企业、街道、学校为群众免费查体，开展健康、法律咨询活动，发放宣传材料2000多份，累计捐款捐物40万余元，受益群众3000多人次。2006年，农工党潍坊市委在青州举办“山东高血压防治教育进万家大行动”活动，帮助群众解疑释惑，增长防治知识。2007—2012年，农工党潍坊市委结合“国际科学与和平周”和“中国环境与健康宣传周”，到乡镇、山区、社区、学校，开展扶贫助弱、文化下乡、科普宣传、义诊、医疗法律咨询讲座等活动共20多次，为群众免费发放常用药品，发放医学科普宣传材料近万份。2011年11月，农工党潍坊市委到临朐县柳山镇开展义诊及医疗讲座活动。2012年，农工党潍坊市委与临朐县委统战部、潍坊市食品药品监督管理局、奎文区女企业家商会联合举办3次义诊活动，组织农工党员中的专家到临朐县九山镇、安丘市柘山镇、廿里堡胜利托老中心开展义诊、医疗咨询、科普宣传等活动，为1000余名村民查体、咨询，开出处方近百个，捐赠常用药品价值5000余元，发放宣传材料1500余份。

抗震救灾　抗击非典

1998年，中国部分地区发生特大洪涝灾害，农工党员们主动为灾区群众捐款捐物。2003年，在抗击“非典”的斗争中，全市80多名农工党员捐款2万余元、药品3万余元，在农工党省委召开的全省社会服务工作会议上，农工党潍坊市委就抗击非典工作做典型发言。潍坊市1名农工党员被农工党中央授予“抗击非典优秀党员”光荣称号，3名农工党员被农工党中央授予“抗击非典先进个人”称号，1名农工党员被农工党省委评为“抗击非典暨社会服务先进个人”。2008年，四川汶川特大地震发生后，全市农工党员捐爱心款23.5万元，支援灾区抗震救灾。之后又参加农工党中央的“缴纳百元特殊党费 支援灾区重建”活动，农工党潍坊市委募集4.73万元，悉数汇入中国初级卫生保健基金会设立的“农工党员赈灾专项基金”，用于援助灾区乡镇卫生院的建设。2010年5月，农工党潍坊市委联合潍坊市直机关医院，组织医卫届的农工党员为汶川地震后就读于潍坊商业学校的北川学生捐资1.1万余元，开展20多项全面健康查体及心理咨询活动。

第六章　中国致公党潍坊市委员会

第一节　组织机构

2003年11月，中国致公党潍坊市党小组成立。2004年12月，中国致公党潍坊市支部成立，年末有党员11人。2005年12月，中国致公党潍坊市筹委会成立，年末有党员18人。2008年12月，中国致公党潍坊市委员会（简称致公党潍坊市委）成立，选举产生中国致公党潍坊市第一届委员会，王桂英任主任委员，年末有致公党党员46人。2009年8月，设置市委会机关办公室，编制3人。

2010年，致公党潍坊市委下设4个支部：市直一支部、市直二支部、市直三支部、市直四支部。是年，致公党潍坊市委和9名致公党党员先后受到致公党中央和致公党山东省委表彰，其中1人被表彰为全国“归侨侨眷先进个人”。

2011年，有致公党党员71人。2012年8月，成立参政议政工作委员会和社会服务工作委员会。2012年底，全市致公党基层组织4个，党员79人。具有大学以上学历的占党员总数的90%，具有中级以上职称的占党员总数的68%。

第二节　代表大会

2008年12月31日，中国致公党潍坊市委员会成立大会在潍坊召开。出席会议代表46人，会议听取并审议通过李士来代表中国致公党潍坊市委筹委会作的《开拓进取 务实创新 为构建和谐潍坊做出新贡献》的工作报告，会议选举产生由7人组成的中国致公党潍坊市第一届委员会。选举王桂英为第一届委员会主任委员，李士来、崔伯瑜、钟毅为副主任委员。

2011年12月13日，中国致公党潍坊市第二次代表大会在潍坊召开。出席会议代表61人。会议听取并审议通过王桂英代表第一届委员会作的工作报告。选举产生由9人组成的中国致公党潍坊

2008年12月31日，中国致公党潍坊市委员会成立大会召开

2011年12月13日，中国致公党潍坊市委员会第二次代表大会召开。图为代表合影

市第二届委员会。选举王桂英为致公党潍坊市第二届委员会主任委员，崔伯瑜、钟毅、王泳亮为副主任委员。

第三节　思想建设

2008年，致公党潍坊市委以学习贯彻科学发展观活动为载体，围绕“致力为公，参政兴国”宗旨，把加强领导班子建设作为学习实践科学发展观的关键环节，着力提高领导班子的团结协作、参政议政和政治把握能力。2009年6月4日，组织致公党党员听取致公党中央常务副主席王钦敏到潍坊作的《落实科学发展观，信息化与信息社会建设》专题辅导报告。

2010—2011年，致公党潍坊市委印发《关于树立和践行社会主义核心价值体系开展基层组织建设年活动的实施意见》，推进基层组织建设和党员队伍建设。组织举办和参加北大岳庆平教授专题辅导报告会、中央统战部“学与行”电视电话报告会和先进人物事迹报告会、致公党山东省委先进事迹宣讲团报告会、市各民主党派先进事迹报告会等一系列辅导学习活动，7名党员受到致公党中央和省委会表彰，2个支部被中共山东省委统战部、致公党山东省委授予活动先进集体称号。

2012年，致公党潍坊市委成立学习贯彻中共十八大精神活动领导小组，制订详细的活动方案和学习计划，专题举办学习中共十八大精神座谈会。组织举办首期新党员政治理论培训班，对2009年以来的新党员进行党史党章和统一战线理论知识培训，组织参观潍坊市统一战线教育基地，统一思想、凝聚共识，推动多党合作优良传统薪火相传。

第四节　参政议政

重点课题调研

2008年后，致公党潍坊市委完善参政议政机制，成立参政议政工作专门委员会，落实参政议政工作责任制，加强参政履职能力建设。2008—2012年，围绕潍坊市经济和社会发展的重点、难点以及人民群众普遍关心的热点问题，开展重点课题调研工作，推行年度重点课题调研规划，组织骨干力量深入基层进行调研，先后开展涉及农村医疗卫生人才队伍建设、山东半岛蓝色经济区海洋人才开发、潍坊飞机场迁建、农村合村并建和社区服务体系、工业污泥处理处置、公立医院改革、教育综合改革、医疗卫生体制改革、养老体系建设、农产品安全、蓝黄“两区”建设等专题调研，形成调研报告16篇。

2009年，市委会提交的《关于全市精神障碍防治工作的建议》《关于整顿农业生产加强农产品质量安全的建议》《关于推动房地产市场发展的建议》被致公党中央采用；针对市精神卫生工作中存在的问题，致公党潍坊市委向市政府提出专项建议，市政府研究出台关于进一步加强精神卫生工作的政策性文件，推动了问题的解决。2010年，针对潍坊市新农合制度管理体制及运行机制中存在的问题，市委会组织医药卫生行业致公党党员深入农村基层进行调研，提出深化医药卫生体制改革的建设性意见，被致公党山东省委推荐为重点调研课题。2011年，市委会承办“山东半岛蓝色经济区职业教育与人才培养座谈会”，组织党内外职业教育专家30余人围绕蓝区职业教育发展进行深入探讨与交流，形成意见建议被致公党山东省委采纳。2012年，组织开展“公立医院承办养老机构”的重点课题调研，发放调查问卷800份，走访医院、社区20多家，形成的调研报告上报致公党山东省委和市委统战部。《关于我省公立医院改革的建议》被省政协十届五次会议列为重点提案，得到省政协副主席焉荣竹和副省长王随莲的批示。协助致公党中央“生物质能源的科技创新与产业化发展”调研组、致公党山东省委“乡村发展模式”调研组开展考察调研，受到上级党组织的好评。

2011年7月，致公党山东省委在潍坊举办山东半岛蓝色经济区职业教育与人才培养座谈会

提案建议

2008—2012年，致公党潍坊市委开展骨干党员和新党员教育培训，组织讨论重点提案议案，组织开展调查研究活动和建言献策、献计出力活动，提高致公党党员的参政议政能力，提案议案和意见建议的数量、质量不断提升。在2008—2012年市政协会议上，致公党潍坊市委共提交集体提案16件，有6件提案被中共潍坊市委、市政府主要领导批示或列为重点提案。

2008年，在市政协十一届一次会议上，提交《以人为本，创建和谐交通的建议》《关于改善我市物业管理现状的建议》《关于改革暖气计量方式的建议》3件集体提案，其中《以人为本，创建和谐交通的建议》被列为重点提案。2009年，在市政协十一届二次会议上，提交《大力发展有机农业促进全市经济平稳较快发展》《关于加强全市精神障碍防治工作的建议》《关于解决公共场所停车难问题的建议》《关于我市居民小区绿化问题的建议》4件集体提案，其中《大力发展有机农业促进全市经济平稳较快发展》得到中共潍坊市委主要领导批示。2010年，在市政协十一届三次会议上，提交集体提案2件，其中《关于加快潍坊机场搬迁的建议》被列为市政协2010年十大重点提案之一，得到市政府主要领导批示，《关于加快潍坊市海洋人才队伍建设的建议》被列为重点提案。2010年10月，在市政协优秀提案表彰大会上，致公党潍坊市委《以人为本，创建和谐交通》《大力发展有机农业，促进全市经济平稳较快发展》《关于加快潍坊市海洋人才队伍建设的建议》3个提案，被评为优秀提案。2011年，在市政协十一届四次会议上，提交《关于加快城市信报箱建设的建议》《关于加强全市中小学德育教育的建议》《关于改善浮烟山大学城公交车运行现状的建议》3件集体提案。2012年，在市政协十二届一次会议上，提交《关于进一步深化我市公立医院改革的建议》《关于加快建设我市校车运行体系的建议》《关于延长高层知识分子在职工作年限的建议》《关于加快发展职业教育打造城市新名片的建议》4件集体提案，其中《关于进一步深化我市公立医院改革的建议》得到市政府主要领导批示，《关于加快建设我市校车运行体系的建议》被列为重点提案。

人大代表　政协委员

2008—2011年，致公党潍坊市第一届委员会期间，有县市区人大代表2人，省政协委员1人，市政协常委1人、委员6人，县市区政协副主席3人、常委2人、委员1人。致公党潍坊市第二届委员会（至2012年底）期间，有县市区人大代表2人，省政协常委1人、委员1人，市政协副主席1人、常委1人、委员13人，县市区政协副主席3人、常委2人、委员9人。2008—2012年，致公党党员担任各级人大代表、政协委员的有53人次，担任各级特邀人员30人次。

第五节　主要活动

社会服务

2003—2012年，潍坊致公党组织充分发挥自身优势，坚持“突出特色、量力而行、注重实效”的原则，社会服务工作品牌化取得显著成效，多次被致公党山东省委表彰为社会服务工作先进集体。10年中，开展各类活动40余次，服务群众1000余人次，在抗震救灾中累计捐款捐物近300万元，先后有6名党员受到致公党中央和省委会的表彰。多次组织开展捐建“致福·同心书屋”、捐资助学活动，捐赠图书、电脑、投影仪等学习用品价值9余万元。打造“致公服务进社区、进校园、进企业”社会服务品牌，开展义诊送药、法律服务、助学帮教等活动30余次，积极捐助贫困家庭、福利院儿童、敬老院老人，得到社会各界的好评。

2008年5月12日，四川汶川发生特大地震后，潍坊致公党党员捐款捐物折合200万元。35名致公党党员共缴纳特殊党费2.43万元。2名致公党党员被致公党中央表彰为“抗震救灾突出贡献奖”，4名党员被表彰为“抗震救灾先进个人”。

2009年5月17日，致公党潍坊市委组织党员中眼科专家义务为盲校学生进行现场诊疗，积极协调免费为14名盲童在潍坊医学院附属医院做手术治疗。

2010年，青海玉树地震发生后，致公党潍坊市全体党员捐款3.8万余元。党员李金凤为灾区捐赠价值100余万元的药品。

2010年6月8—9日，由中国致公党中央委员会主办，致公党山东省委、潍坊市政府承办，山东省科技厅、省食品药品监督管理局、致公党潍坊市委、潍坊高新技术产业开发区、市科技局、市食品药品监督管理局协办的“中国发展·潍坊2010—生物医药产业创新发展论坛”在潍坊富华国际会议中心举行，为推动中国生物医药产业向更高层次、更宽领域发展发挥了重要作用。

2011年5月，致公党潍坊市委在昌乐县高崖库区小学捐建致公同心书屋1所，捐助价值5万余元的图书3000册。

2011年10月，致公党潍坊市委按照致公党

2010年6月，举办中国发展·潍坊2010生物医药产业创新发展论坛

省委“同心·服务社会实践周”要求，多次开展社会服务活动。市直一支部主委胡德宏带领该支部的部分医生党员和入党积极分子来到寒亭区万春园社区，为居民举办义务健康知识讲座。市直二支部到潍坊市儿童福利院看望慰问孤残儿童，为孩子们送去价值3000元的饼干以及毛巾被等物品，致公党党员李建国现场为福利院捐款1万元。市直三支部主委、潍州律师事务所主任方强到潍坊学院北海国际学院为在校大学生进行法律知识讲座。市直四支部到坊子区凤凰街道敬老院探望老人，送去价值3000余元的棉被。

2012年11月，致公党潍坊市委会在昌乐县高崖库区小学开展“致公同心书屋”的后续活动，为书屋增配科普、文学、历史、艺术类图书1200套，捐赠电脑、投影设备一宗，总价值约4万元；同年，对库区21名贫困家庭的中小学生，组织开展“一帮一”助学活动。

海外联络

2009年，致公党潍坊市委积极参与“侨爱工程万侨助万村”活动，到昌邑市围子镇仓街村、诸城市辛兴镇大杨庄子村等“侨爱新村”联系点开展帮扶活动。参与“2009海外华商博士投资创业潍坊行”活动，充分利用自身特色和优势，广泛邀请海外知名华商博士，积极联系对口企业，帮助推介宣传潍坊。

2009年5月，致公党潍坊市委接待以中国台湾国际洪门中华总会主席刘沛勋为团长的齐鲁文化参访团一行20人，宣传潍坊市的经济社会发展情况和有关优惠政策，促进友好合作。

2009年7月14日，在第八次全国归侨侨眷代表大会上，致公党潍坊市委会副主委钟毅获“归侨侨眷先进个人”称号。

2012年，致公党潍坊市委组织参与市“五侨”部门服务侨资企业联谊座谈会，开展侨情、归国留学人员情况调研，与生物医药园区归国留学人员进行对接。

第七章　九三学社潍坊市委员会

第一节　组织机构

1984年3月23日，九三学社潍坊支社成立。1988年3月19日，选举产生九三学社潍坊市第一届委员会。1991年，市九三学社下设科技一、科技二、潍城、医学院、昌师、潍农、青州、寒亭8个支社，社员103人。1993年11月12日，选举成立九三学社潍坊市第二届妇女工作委员会。到1994年底，下设科技一、科技二、科技三、潍城、潍农、昌师、医学院、附属医院、青州、寒亭10个支社及1个市直小组，社员131人。

1995年，九三学社潍坊市委会（简称九三学社市委）发展新社员9人，至年底，有社员141人。1996年，对支社进行全面调整，将潍农支社和昌师支社合并改为奎文支社，全年发展新社员15人。1997年，九三学社市委会下设基层支社9个，直属小组1个。8月，成立科教培训中心。9月，成立参政议政工作委员会。年底，有社员167人。

1998年，九三学社市委会将原有的9个支社调整为潍坊医学院、潍城一、潍城二、奎文一、奎文二、奎文三、青州、寒亭8个支社，进行支社领导班子换届。年内，发展新社员6人，社员共171人，1999年，发展新社员5人，社员共172人。

2002—2006年，九三学社市委会注重吸收具有一定代表性的优秀知识分子入社，共发展新社员48人。

2007年，九三学社潍坊市委结合换届工作对基层组织进行调整，新成立潍坊学院支社。寒亭支社进行换届。全市共有潍城一、二支社，奎文一、二、三支社，青州支社，寒亭支社，潍坊医学院支社，潍坊学院支社9个支社，234名社员。2008年，九三学社潍市坊委落实基层组织换届工作要求，按照社员所在行政区域划分支社，上半年全面完成支社的换届工作。全年新发展社员14名，均为大学以上学历。2007—2011年，共发展新社员81人。

2012年，九三学社市委发展社员12人，至年底，九三学社市委下设2个专门委员会，即参政议政工作委员会和妇女工作委员会。全市辖9个支社，共295名社员，平均年龄54.3岁，研究生以上学历占16.6%，高级职称占51.9%。

第二节　代表大会

1988年3月19日，九三学社潍坊市委员会成立大会在潍坊召开。会议选举产生由6人组成的第一届委员会，选举谷宗藩为主委、王亢宗为副主委。1991年10月17日，增补修世榕为市委会副主委。

1992年1月9日，九三学社潍坊市第二次社员大会在潍坊召开，审议并通过谷宗藩所作的第一届委员会工作报告和大会决议，选举产生由9人组成的第二届委员会，选举谷宗藩为主委，修世榕、王亢宗为副主委。1996年，增补2名市委

1988年3月，九三学社潍坊市第一届委员会成立

委员。

1997年5月22日，九三学社潍坊市第三次代表大会在潍坊召开，审议并通过谷宗藩所作的第二届委员会工作报告和大会决议，选举产生由7人组成的第三届委员会，选举尹景尧为主委，梁文道、郭文君、李传恒为副主委，谷宗藩为名誉主委，修世榕、王亢宗为名誉副主委。

2002年1月9日，九三学社潍坊市第四次代表大会在潍坊召开。出席会议代表88人。会议听取并审议通过了尹景尧代表九三学社潍坊市第三届委员会所作的《认真履行职能，不断开拓进取，努力为实现我市新世纪发展目标贡献力量》工作报告。会议选举产生由9人组成的第四届委员会，选举尹景尧为主委，梁文道、郭文君、李传恒为副主委，谷宗藩为名誉主委，修世榕、王亢宗为名誉副主委。

2007年1月19日，九三学社潍坊市第五次代表大会在潍坊召开。出席会议代表98人。会议听取并审议通过尹景尧代表九三学社潍坊市第四届委员会所作的工作报告。会议选举产生由9人组成的第五届委员会，选举李传恒为主委，梁文道、郭文君为副主委。

2011年9月7日，九三学社潍坊市第六次代表大会在潍坊召开。出席会议代表107人。会议听取并审议通过李传恒代表九三学社潍坊市第五届委员会所作的工作报告。会议选举产生由11人组成的第六届委员会，选举李士来为主委，梁文道、郭文君、单庆茂为副主委。

第三节 思想建设

理论学习

1991—1994年，九三学社市委组织市委委员和支社主委参加中共潍坊市委统战部举办的《邓小平文选》学习班和本社组织的“参政议政研讨会”及“社会主义市场经济研讨会”，提高社员作为参政党成员的光荣感、责任感。1995年，九三学社市委组织社员学习中共十四届五中全会文件精神和中共潍坊市委八届三次会议精神，结合建社50周年社庆活动，召开纪念大会进行社章、社史和社的传统教育，表彰27名优秀社员，出版庆祝九三学社建社50周年专刊。1996年，深入学习贯彻中共十四届五中全会精神，举办建社51周年座谈会，主委谷宗藩作《发扬光荣传统，积极参政议政》讲话。1997年，开展以政治交接为主要内容的思想政治教育，学习贯彻中共十五大精神，利用九三社史宣讲会、新社员座谈会、社员组织生活会等形式，进行社光荣传统和优良作风教育。1998年，加强邓小平理论学习，深入8个基层支社进行思想工作调研，举办由各支社、各工作委负责人参加的思想政治工作研讨会。1999年，在全市开展学习王选精神活动。2002年，开展“三个一”活动：即每月读一部好书，每两月写一篇政治思想学习体会，每季度写一篇调研报告。2003年，组织社员开展“三增强”“四热爱”教育活动，组织学习新社章。2004年，认真组织学习邓小平理论和“三个代表”重要思想。2007年，开展以坚持走中国特色社会主义政治发展道路为主题的政治交接学习教育活动，学习贯彻中共十七大和各级重要会议精神。2008年，深入开展政治交接学习教育活动，印发《关于继续搞好政治交接，加强自身建设的意见》。市委会《注重结合促进，搞好政治交接，切实加大社组织薪火传承的力度》的经验做法得到了市委统战部的肯定。举办新社员暨骨干社员培训班。2009年，扎实开展学习贯彻科学发展观活动，深入开展形式多样的形势教育、主题讨论和社会实践活动。2010年，开展“树立和践行社会主义核心价值体系”主题教育，在全市及全省社组织中率先举办“树立和践行社会主义核心价值体系”专题报告会，专门邀请九三学社中央研究室主任、北京大学博士生导师、教授岳庆平进行指导。2011年，把学习张雪岩、杨佳等事迹的活动与主题教育活动相互结合，对全市社员广泛进行爱国主义和社会主义教育、多党合作制度教育和社的优良传统教育。2011年5月，奎文支社被表彰为“全省民主党派树立和践行社会主义核心价值体系先进集体”。2012年，开展学习贯彻中共十八大精神活动，举办“喜迎十八大书画摄影设计展”。组织骨干社员和前两年入社的新社员30余人进行学习培训，选派骨干社员和机关人员参加中共山东省委组织部、统战部和中共潍坊市委统战部、市政协的相关培训。

宣传工作

1991年始，九三学社市委坚持正确的舆论导向，开展重温多党合作历史和优良传统教育，利用各种宣传媒介和平台，宣传中国特色政党制度的优势，宣传九三学社市委在全市改革发展中的贡献及在民主建设中发挥的积极作用，深度报道每年“两会”期间委员代表的提案和议案，反映参政议政成果。1999年，在社省委召开的全省社务工作经验交流会暨先进基层组织、先进社员和优秀社务工作者表彰会上，青州支社被评为先进支社，修世榕、张和增、王振华被评为先进社员。2000年6月，青州支社代表九三学社山东省基层组织出席社中央组织工作会议，李宏代表青州支社作《肝胆相照，团结奉献》的大会发言。当年，青州支社被评为九三学社全国先进基层组织。2001年，九三学社市委举办纪念中国共产党成立80周年诗文征集活动，社员郭宗元的诗词《望海潮·民族脊梁》被

2010年6月4日，九三学社潍坊市委邀请九三学社中央研究室主任岳庆平作“树立和践行社会主义核心价值体系”专题辅导报告

2009年4月19日，全国政协常委、九三学社中央副主席邵鸿（前排左一）和山东省副省长、九三学社山东省委主委王随莲（前排右一）为张雪岩纪念馆揭牌

社省委推荐为全省唯一入选并登载于社中央主办的《民主与科学》杂志的精品之作。市委会将青州支社的做法总结提炼形成“靠活动，增强活力；靠建言，扩大影响；靠服务，体现价值；靠身心，树立形象”的经验，向其他支社推广。2002年，抓思想、抓作风，建立健全9项工作制度。2003年，健全市委会会议制度、主委会议制度、学习制度、领导班子成员考核制度。2006年4月，九三学社中央主席韩启德到潍坊调研，为市委会题写“发扬传统，与时俱进”以示勉励。在全省民主党派基层组织建设经验交流会上，青州支社被评为先进集体。2007年，九三学社市委注重做好宣传工作，上半年开通社市委网站，2009年，认真组织社中央课题潍坊籍《九三学社创始人——张雪岩传》编撰工作，先后到北京、南京、重庆等地调研考证，按期完成长达22万字的《张雪岩传》初稿编写。积极筹建张雪岩纪念馆，2009年4月，由全国人大常委会副委员长、九三学社中央主席韩启德题写馆名的张雪岩纪念馆于潍坊国际风筝会期间建成开馆，全国政协常委、九三学社中央副主席邵鸿和副省长、九三学社山东省委主委王随莲等领导莅临潍坊，参加纪念馆开馆仪式并为纪念馆揭牌，张雪岩纪念馆成为全省唯一的社史教育基地。2010年，九三学社市委扎实开展社史人物研究工作，22万余字的《张雪岩传》通过社中央审核验收，正式出版，九三学社中央主席韩启德为该书题写书名。社会各界人士3000余人次到馆参观学习。2011年，九三学社市委大力宣传张雪岩事迹，先后发赠《张雪岩传》1000余册。全国政协副主席、九三学社中央副主席王志珍、社中央社会服务部副部长王金茹等先后到潍坊参观考察张雪岩纪念馆。2012年，完成《张雪岩传》再版修稿工作，新版《张雪岩传》在北京正式发行。创刊《九三潍坊社讯》，在《潍坊日报》等新闻媒体发稿20余篇。九三学社潍坊市委员会获社省委“2007—2012年度社史工作先进集体”称号。

第四节　参政议政

人大代表　政协委员

1991年，全市九三社员中有省政协委员2人、市政协委员10人（其中常委2人），有县（区）政协委员12人（其中区政协副主席1人、区政协常委1人），有市人大代表1人、廉政监督员1人、特邀监察员1人。1992—1997年，全市九三社员中有市级人大常委1人，有省、市、县市区政协委员25人，占社员总数的20%，其中市政协副主席1人、区政协副主席1人、市政协常委9人。1997—2001年，全市九三社员有省人大代表1人、省政协委员1人、市人大代表1人、市政协委员10人、市政协副主席1人。2002—2006年，全市九三社员中有省人大代表2人，省政协委员2人，市政协副主席1人，市政协常委3人，市政协委员9人，县（区）级政协副主席1人，常委3人，委员9人。2007—2011年，换届中，推选出全国人大代表候选人1人、省人大代表1人，市政协副主席1人、常委2人、委员15人，有县市区政协副主席2人、常委6人、委员23人。2012年，全市九三社员中有省政协委员2人、市政协副主席2人、常委1人、委员11人，市人大代表1人，县市区政协副主席2人、常委5人、委员12人。

建议提案

1991年，在市政协会议上，九三学社社员提报的5件提案受到有关部门重视。

1992—1997年，九三学社二届市委在省、市、县市区3级政协会议上，共提出建议、提案150余件，均受到政府及有关部门的重视和采纳。1995年，对《关于潍坊市国民经济和社会发展第九个五年计划及2010年远景目标纲要（征求意见稿）》的修改意见，得到市领导的重视和采纳。召集社员中政协委员和人大代表召开“察民情、献良策”座谈会，为政协、人大会议书写提案，提出提案和建议30余件。谷宗藩在省政协七届三次会议上提出的《建议省政府投资组建潍坊海港》《建议省政府解决机关内老工程师的工资待遇问题》得到省政府和有关部门的答复。修世榕、张洪恩、翟树琪、谭宝惠等在市政协八届三次会议上提出的《关于保护历史文化名城的建议》《关于发展潍坊经济的几点建议》《城市春节期间禁止放鞭炮的建议》《建议潍坊市成立评估机构》《建议清理审查企业中小金库》等提案得到答复。1996年，在市政协八届四次全委会议上《关于加强重点城镇建设，带动经济发展》的大会发言和《建立潍坊科技馆的建议》《扩建潍坊火车站的建议》《组建“交通急救中心”的建议》3项提案得到市委、市政府领导的重视和好评，政府有关部门对提案作了书面答复。1997年，九三学社市委在市政协八届五次全会上提交的《关于治理开发利用漳沔河的建议》，引起市建委等部门的重视，列入规划治理范围。《关于建立市交通急救中心的建议》荣获市级优秀提案奖。

1997—2001年，九三学社三届市委共提出建议、提案126件。1998年，在市政协九届一次全会上提交《关于多渠道加大科技投入，促进科技成果转化的建议》等3件提案，其中《关于农村教育费附加依法实施“乡征、县管、乡用”的建议》被评为全省优秀提案。社员中的各级人大代表、政协委员以个人或联名提出建议、提案23件。在市委统战部主办的《民主党派建议摘报》提出的《关于高度重视集雨蓄水高新技术研究的建议》《抓住机构改革机遇招贤纳才，推动我市经济持续快速发展》《我市煤气供应应加大投入，改善经营，消除隐患》《关于“潍县战役纪念碑”选址的建议》等意见和建议均被直接报送中共潍坊市委、市府分管领导参阅。1999年，在市政协九届二次会议上提交的《关于提高农业管理干部科技水平，加强农业科技宏观管理的建议》《调整优化高校布局结构，促进我市高等教育发展》被评为市优秀提案，入编1999年全省政协优秀提案选编。社员提案立案的有43件，普遍受到有关部门的重视。2000年，在市政协九届三次会议上提交提案4件，其中《关于筹建潍县战役纪念馆的建议》被采纳，市政府召开专题会议进行研究，拨出300万元专款，市民政局也多方筹集资金300多万元，用于纪念馆的建设。《关于组建潍坊市技术创新中心的建议》《发展旅游业，拉动经济增长》被评为全市优秀提案。在2000年召开的各级政协会议上，社内21名政协委员向大会递交提案35件。2001年，在市政协九届四次会议上，九三学社市委提交的《关于我市招商引资的十点建议》《关于规范我市农业科技示范园建设的建议》2件提案，获市政协九届四次会议优秀提案奖。《关于规范我市农业科技示范园建设的建议》作大会发言，受到中共潍坊市委、市政府的重视并予以采纳。九三学社市委对18个村镇进行调研，分析影响全市农村稳定的主要因素，提出《关于做好我市农村稳定工作的建议》，在市政协九届十七次常委会议上作大会发言，为疏导化解矛盾、维护社会稳定提供重要的参考资料。

2002—2006年，九三学社四届市委共提出建议、提案97件。2002年，在市政协九届五次全会上，九三学社潍坊市委向大会提交的《关于蔬菜生产标准化过程中的建议》《切实转变农村基层干部工作作风，真正落实“三个代表”精神》2件提案，被评为市政协优秀提案，分别被列为1号和2号提案，作为重点提案交承办部门办理；尹景尧撰写的《切实采取有力措施，确保“先审计，后离任”的贯彻实施》的提案，被评为省优秀提案；全市社员中的各级人大代表、政协委员以个人或联名提出的建议案、提案26件。2003年，在市政协十届一次全会上，九三学社潍坊市委提交的《关于加快潍坊高等教育改革与发展的建议》《加强社区管理，推进现代化建设》《切实采取有效措施，加强我市水源地的保护》3件提案，作为重点提案交承办部门办理。其中《关于潍坊市水源地保护的提案》被市政协评为优秀提案。年内，全市社员中各级人大代表、政协委员以个人或联名提出的建议案、提案28件。2004年，在市政协十届二次全会上，提出的《关于适应跨世纪发展要求，切实加强我市知识产权工作的建议》等提案，作为重点提案交承办部门办理。年内，市九三学社中各级人大代表、政协委员以个人或联名提出的建议案、提案30件。2006年，在市政协十届四次大会上，提交的调研报告《关于建设“数码广场”带动我市信息服务业发展的建议》，受到高度重视，“潍坊信息数码广场”项目被列入潍坊市2007年城市建设重点项目计划。

2007—2011年，九三学社五届市委向省、市人大政协提出建议、提案84件。2007年，关于编纂《九三学社创始人——张雪岩传》的建议受到社中央高度重视，中标成为社中央调研课题，批复立项。市政协十届五次会议上九三学社市委《关于加速做强做大我市电声器件产业的几点建议》的提案，被市政协列为重点提案，市长许立全，副市长鞠献宝、刘伟等率领有关部门到歌尔集团现场办公，及时解决了企业在生产和上市过程中的资金、土地等具体困难。电声器件产业作为潍坊市IT产业重点发展的领域，写入2008年的市政府工作报告。提交的《关于加速做强做大我市电声器件产业的几点建议》《规划整合我市旅游资源，营造优秀旅游城市特色》和副主委梁文道《发展农村医疗卫生事业，为建设社会主义新农村服务》提案，被评为十届市政协优秀提案。2008年，在市政协第十一届一次会议上，提交4件市委会提案和22件委员个人提案。其中，市委会《关于发展我市文化创意产业的建议》被作为大会一号提案，写入市委2008年工作要点和市政府工作报告；《关于加快发展我市现代信息服务业的建议》被列为市政协督办提案，由市政协副主席杨卫东带队作专题视察调研，形成调研报告上报市政府；《关于立项征集潍坊籍九三学社（全国）创始人张雪岩史料的建议》和《大力推广普及秸秆生物汽化炉新技术，积极服务社会主义新农村建设》得到市政协重视。《关于加快发展创意产业促进我省经济又好又快发展》的提案在社省委中标，作为社省委在省政协十届一次会议大会发言，被列为重点提案。2009年，在市政协第十一届二次会议上，《关于加快我市小城镇建设的建议》被列为大会1号提案，《关于进一步推进我市农村养老保险事业发展的建议》被大会选为重点提案，并推荐为重点发言材料，《关于发展繁荣我市夜间经济的建议》被市委统战部以简报形式刊发。2010年，在市政协十一届三次会议上，共提报提案22件（包括个人提案17件）。市委主要领导对九三学社市委提出的《关于大力推进我市新型城镇化建设的建议》1号提案，作出重要批示。《关于应对老龄化危机加快我市养老服务业发展的建议》作为重点提案在大会上书面发言。《加快居家养老服务体系建设，解决“空巢老人”养老问题》被市政协以《提案办理摘报》形式，专题呈送市委、市人大常委会、市政府、市政协领导参阅，潍坊电视台《聚焦》栏目、《潍坊市广播电视报》等作专题报道。在5月市政协召开的全市集中答复政协提案座谈会上，九三学社潍坊市委《大力发展低碳经济，推动我市经济社会可持续发展》《关于进一步加快我市服务外包业发展的建议》等6件提案被选中，由有关单位当面重点答复。2011年，九三学社市委向政协会议提交的19件提案全部立案。其中，市委会《关于建立国家级产品质量检验中心的建议》和单庆茂《关于在我市大力提倡节约用水的建议》分别得到市委主要领导批示。九三学社潍坊市委《加快产业结构调整步伐，推动十二五期间工业经济转型升级》被大会列为1号提案，市委会提案连续第四年被列为市政协会议1号提案。李传恒《关于我省蔬菜种业发展的对策建议》被采纳为省政协十届十八次常委会建议案内容。主委李传恒和副主委梁文道应邀做客潍坊电视台首次直播的访谈特别栏目“聚焦两会”，重点介绍履行参政议政职能、做好提案工作等方面的情况。

2012年，九三学社市委向省市政协会议提交提案、建议18件。其中调研成果《关于加快推进我省生活垃圾无害化综合处理和资源化利用的建议》转化为社省委在省政协大会提案，李传恒《关于加快黄河三角洲产业结构优化升级的建议》在省政协大会作重点发言，《齐鲁晚报》专题报道；《关于发展我市休闲产业的建议》和梁文道《关于加强社会工作专业人才队伍建设的建议》得到市主要领导批示；《关于加快推进我市风筝产业发展的建议》《关于组建医患纠纷人民调解委员会的建议》被市政协列为重点提案。积极参加“我为经济文化强市建设献一策”活动，九三学社市委《关于落实质量支撑的建议》得到市委书记许立全批示。

视察调研

1991—1994年，九三学社市委定期举行参政议政研讨会，组织广大社员就全市改革开放和经济建设中的有关重大问题和群众生活中的热点问题，深入调查研究，开展研讨论证，形成层次较高、有深度和力度的党派提案，报中共潍坊市委、市府决策参考。先后对诸城、高密等厂矿企业和乡镇企业的生产现状进行调查，提出30多项具体改进意见和建议。其中关于丙纶丝发展预测和国内外生产状况的分析、玉米深加工、加强产品检测、提高产品质量、开发新产品、瞄准两个市场增强创汇能力等建议，得到县领导及企业的重视和好评。

1995年，九三学社市委与市政协经科委联合，对高密制革厂、糖厂、液压机械厂、化纤厂等8家企业的生产现状进行调研，提出20项具体改进意见和建议，受到县领导及企业的重视和好评。

1997—2001年，市九三学社社员中的各级人大代表、政协委员发挥民主监督的作用，参与人大、政协组织的监察、检查、视察活动80余人次。

2002—2006年，参与各级党委、人大、政协组织的监察、检查、视察活动150余人次。2002年，重点就全市农业标准化、城市社区建设、高新技术产业、民营企业及招商引资等问题组织调研，参与人员60余人次，形成4个调研报告。2003年，重点就环境建设、民营经济、农业三化、城市化以及招商引资等主要问题组织力量开展调查研究，多次到寿光、诸城、青州、安丘、临朐等地走村入户，做具体调查，形成5个调研报告。2004年，重点就文化建设、城市建设、招商引资、科技创新、劳动保险、旅游产业等组织调研，先后到寿光、诸城、高密、青州、安丘、昌乐、临朐等地调研，入户座谈。

2007—2011年，积极参加市政协组织的各类视察活动，提出的意见建议得到中共潍坊市委、市政府和有关部门的重视与采纳。2008年，为应对国际金融危机，围绕“保增长、扩内需、调结构”，深入企业调研，及时提出关于提高电子元器件出口退税率的建议，得到国家有关部委采纳落实。国家对潍坊市生产的占全国产量40%以上的电声器件主导产品提高出口退税率，使企业减轻了压力、增加了收入。2009年，九三学社市委领导多次到高新区、坊子、寿光、昌邑等地的企业进行调研，帮助企业应对金融危机影响，及时解决生产经营中的困难和问题，推动企业积极应对、抓住机遇、提质增效、加快发展，促成歌尔声学股份有限公司大规模投资半导体照明产业。2009年后，全市信息产业逆势上扬，发展迅猛。九三学社市委主委李传恒关于物联网产业发展、核能海水淡化、风能发电、生物质能发电等调研报告被市委、市政府主要领导批转市直有关部门和县市区参阅。

第五节　社会服务

1991—2012年，九三学社市委共组织开展科技助农、扶贫义诊、捐资助学、法律咨询、医疗讲座等公益性活动70余次，诊治病人1.13万余人次，发放药品价值近2.7万元，捐献书籍万余册，为村民传授技术，提供咨询服务近万人次，捐款捐物38万余元，其中为四川汶川和青海玉树地震救灾捐款11万余元。市九三学社社员先后获国家、省、市表彰和荣誉称号281人次，发表学术论文755篇，出版著作132部，完成各级科研立项项目119个，获各级成果奖励254项。2009年，九三学社市委被社省委表彰为“社会服务工作先进集体”。2012年，被国际科学与和平周中国组委会授予“杰出贡献奖”。

科技助农助企

1991—1994年，九三学社市委先后成立“潍坊市九三学社农业科技咨询服务部”“九三学社潍坊市科技信息服务部”和“山东九三建筑工程设计事务所潍坊分所”3个咨询服务机构，面向社会开展各种科技、建筑设计等方面咨询服务。1997年，组织农业技术人员在扶贫点传授大棚菜合理施肥、冬雪桃栽培等技术。1998年，多次组织社员到临朐、青州、奎文等地开展科技支农活动，就果树管理、大棚蔬菜栽培、病虫害防治等进行现场技术指导。1999年，开展科技支农活动，全年提供咨询服务600余人次，无偿发放科技资料810份。2000年，组织全市有专长的九三社员及其所联系的高层次农业科技人才，先后到潍城区大柳树、符山、杏埠等乡镇为干部做报告，听众达2000多人次。2001年，组织九三社员中农业科技的专业技术人员，先后到昌乐县白塔镇、潍城区军埠口镇等5个乡镇，围绕农业产业结构调整、果树栽培、大棚蔬菜病虫害防治等进行科技专题讲座和技术传授。2005年，开展“三下乡”活动，不定期地组织社员下乡开展科技咨询，各支社与乡镇结成对子，经常提供定点服务。8月，组织农业科技界的部分社员到信息产业局的对口扶贫村——安丘市王家庄镇裴戈庄村进行农业技术咨询服务。2006年，组织科技、教育等方面学有专长、经验丰富的技术人员，到潍城区、奎文区的部分村庄就作物栽培、病虫害防治、珍稀动物养殖等开展技术指导和咨询服务。2007年，奎文一支社参与科技下乡服务活动，3次组织农业专家到寿光、青州提供现场技术指导，配合潍坊电视台“乡村专递”栏目制作小麦、花生等农作物病虫防治专题片。2008年，组织5名农业专家赴昌乐红河镇开展农业咨询服务活动，免费为群众解答农业种植技术难题40多个。2011年，组织农业专家深入乡村进行科技咨询服务，指导农民解决玉米粗缩病难题，化解农民对种子质量质疑的纠纷，潍坊电视台进行了报道。同年，与市科协承办全省“百名专家企业行”活动启动仪式，邀请和组织九三界知名专家褚君浩院士等深入企业开展技术咨询、学术交流、课题攻关等活动，为企业发展搭建科技服务桥梁，帮助企业解决科技难题百余项。山东省副省长、九三学社山东省委主委王随莲，九三学社中央社会服务部副部长王金茹，中科院院士褚君浩等出席启动仪式。

招商引资

2000年，九三学社青州支社与谭坊镇结成对子，引进招商项目2个，落实资金1500万元。2003年，九三学社市委发挥本社社员联系面广的优势，开展招商引资工作，引进外资近3000余万元。2004年，九三学社青州支社引进资金5000万元，安置下岗职工300余人。九三学社市委会副主委李传恒在鲁台经贸洽谈会期间，多方联系邀请台商42名，洽谈项目4个，签订合同协议项目2个，总投资额3.5亿人民币。全市九三学社社员创办企业累计投资2.45亿元，解决就业人员250余名。2007年，九三学社市委成功引进浪潮投资华光光电子、敦行国际OLED、欧龙科技、孚日光伏电等投资过亿元项目。2009年，青州支社积极与九三学社温州市委沟通联系，引进项目2个，到位资金5000万元。

2011年11月19日，九三学社潍坊市委与市科协、市经信委承办的“山东省百名专家企业行”活动启动仪式在潍坊举行

义诊咨询

1991—1994年，九三学社市委成立“潍坊市九三学社医疗服务中心”咨询服务机构，面向社会开展医疗咨询服务。1995年，开展科技咨询服务和义诊、助学活动。5月，社员中的医疗专家到潍城区大柳树镇医院义

务为群众看病，到贫困村霞坡小学为100多名师生查体。1996年，在“三八”妇女节和“六一”儿童节期间，九三学社妇女委员会组织女社员在奎文为市民、儿童义诊、查体，受到群众好评。1997年，九三学社市委开展社会办学、咨询服务、科技卫生文化下乡活动。组织医务界社员赴坊子眉村，为当地村民义诊百余人次。青州支社将云峡河乡芦店村作为科技、卫生扶贫点，定期为村民义诊。1998年，组织参与“民心工程”，多次组织人员到临朐、青州、奎文等地开展义诊活动，为农民群众义务查体看病近1000人次。1999年，开展扶贫义诊活动，全年义诊1200余人，无偿发放药品折款2500余元。2001年，九三学社市委组织九三社员中医卫专家，先后到昌乐县白塔镇、潍城区军埠口镇等5个乡镇，开展扶贫义诊，诊治病人500余人次。2002年，开展义诊活动，全年义诊800余人。2003年，教师节和国庆节期间，组织医疗专家到农村及学校义诊，诊治350余人。2005年，开展“三下乡”活动，不定期地组织社员下乡开展义诊，各支社与乡镇结成对子，经常提供定点服务。8月，组织医务界的部分社员到信息产业局的对口扶贫村——安丘王家庄镇裴戈庄村进行医疗咨询服务。2006年，组织医药卫生界专家，到潍城区、奎文区的部分村庄开展咨询服务，为当地百姓义诊，免费赠送药品。2007年6月，组成医务专家组到安丘市景芝镇于家庄村开展义诊活动，诊治病人60余人次，捐赠价值2000多元的药品。2007年，寒亭支社开展义诊活动，捐款500余元帮助贫困农民。2008年，九三学社市委组织5名医学专家赴昌乐红河镇开展义诊咨询服务活动，诊治患病群众200余人。重阳节期间，奎文支社组织到梨园村开展“医疗专家义诊活动”，义务咨询诊治100余人，免费发放药品200余盒。2009年，组织开展第二十一届国际科学与和平周“科学生活与健康人生”科普知识讲座，寒亭支社组织社员开展义诊活动，发放预防甲型H1N1流感病毒宣传材料3200余份，诊治病人80余人次；市直三支社参加“潍坊市重症手足口病”治疗组，在抗击手足口病第一线连续奋战2个多月，救治重症病人300余名，无死亡病例。开展“三下乡”等活动，组织医疗专家到奎文区社区敬老院举办“三八节敬老义诊活动”，《齐鲁晚报》和《潍坊晚报》作了跟踪报道；奎文支社组织便民医疗服务队赴临朐县九山镇医院进行义诊，与九山镇医院结成帮扶对子，先后诊治150余人，赠药200盒，价值3000多元；青州支社多次组织社员参加青州市委统战部、市政协组织的医疗服务活动。2010年，奎文支社组织社内

2011年11月8日，九三学社潍坊市委组织医疗专家到临朐县龙岗镇王家寨子中心村开展“第二十三届国际科学与和平周”专家义诊、科普宣传系列活动

医疗专家到坊子区九龙街道义诊，为村民们提供详细的医疗咨询服务和免费检查，《潍坊晚报》给予报道。寒亭支社2次组织社员参加“感恩社会、尊老爱幼、共创和谐”的大型宣传活动，组织社员到寒亭区固堤街道固堤三村进行献爱心义诊活动，诊治病患200余人，接受群众咨询300余次，发放健康常识资料4000余份，得到当地群众好评。2011年，九三学社市委联合市经信委举办“第二十三届国际科学与和平周”专家义诊、科普宣传活动，组织医疗专家到临朐县龙岗镇王家寨子中心村为中老年村民进行检查和诊治，进行科普知识宣传，发放科普挂图和丛书。2011年，各支社先后组织医疗专家开展帮扶、义诊等活动6次，诊治病人200余人次。2012年，九三学社市委先后7次组织开展九三专家义诊，出动76名医务人员为昌邑、临朐、安丘的偏远地区村民办实事。2012年，为偏远地区赠送价值5000余元的日常保健药品，600余名村民受益。组织开展第二十四届国际科学与和平周“关爱老年人饮食健康”专题讲座。

2012年，市政协副主席、九三学社市委主委李士来（前排居中）带队到临朐县乜家河村开展义诊活动

捐资助学

1991—1994年，九三学社市委开展社会办学，先后创办九三业余大学和全日制九三医疗职业中专班。业余大学共结业学员473名，其中参加大学语文自学考试学员89名。增设机关文秘、商业会计、职工中专补习、心血管疾病和针灸推拿等14个班次，结业学员1000多人。1995年，向霞坡小学捐赠价值500余元图书，帮助建立图书室，得到社会的好评。1998年，青州支社组织社员给临朐县九山镇中心小学的2名特困生提供长期资助。2002年，九三学社社员自愿捐款4万余元，捐献给曹县普连集镇及其他贫困山区的失学儿童。2011年，奎文支社和潍坊学院支社的社员为奎文区聋儿康复学校捐献将餐桌和椅子，改善该校残疾儿童学习和就餐条件，《齐鲁晚报》和潍坊电视台进行了报道。

爱心救助

1998年8月，九三学社市委组织抗洪救灾募捐活动，捐款3000余元。2000年，配合“民心工程”实施，青州支社与谭坊镇结成对子，为五里镇灾区捐款8000多元，赠送价值1.2万多元的农用物资、价值700多元的科技图书。2002年，开展科技咨询活动，支农物资价值3万余元。2007年，2名社员为青州市花博会筹款15万元。2008年，组织参与四川抗震救灾活动，社员送温暖献爱心，共捐款7.9万余元，其中特殊社费2.3万余元。2009年，青州支社多次组织社员参加青州市委统战部、市政协组织的化肥农药下乡活动，为谭坊镇东肖村捐款3万元，肥料100吨。2010年，九三学社市委组织青州支社、市直一支社向青州市王府街道农家书屋捐赠图书，共为基层社区群众捐赠种植类、养殖类、电子技术类等实用技术图书2200余册，价值5万余元，充实了社区“农家书屋”的图书类型和存量。青州、潍城、市直二、医学院等支社分别组织到养老院送医送药、义诊及法律咨询等形式多样的活动，向社会积极奉献爱心。广大社员以各种形式踊跃参与青海玉树地震赈灾活动，为灾区捐款捐物3.2万余元。青州支社认养汶川和丽江2名孤儿，除捐助生活学习用品外，每年支出现金1.2万元。2012年，九三学社市委为偏远地区学生捐赠图书资料1000余册。青州支社组织社员到王坟镇西股村走访慰问因台风受灾群众，捐赠救灾款2万元。

科研成果

1991—1994年，全市九三学社社员共获国家级科技成果7项、省级13项；发表各种学术论文105篇，其中获省、市级优秀论文奖36篇，著书15本，获个人技术专利2项、技术革新7项。1997年，九三社员共发表各种学术论文58篇，出版著作14部，完成科技成果7项，3人获市级专业技术拔尖人才称号，取得国家专利1项，并获国际新技术博览会金奖。1998年，全市九三学社社员4人获市级专业技术拔尖人才称号，12人获市级以上的表彰奖励，共发表各种学术论文42篇，出版著作6部，完成科技立项的项目4项，其中获各级奖励的科技成果18项。1999年，全市社员中获省部级以上奖励或表彰5人，15人在省级以上报刊发表各种学术论文26篇，出版著作6部。2000年，24名社员获各级各类先进称号，获各级奖励的科技成果30项，出版著作6部，发表论文32篇。2002年，九三社员中7人获市级以上表彰奖励，发表各种学术论文35篇，出版著作9部。2003年，全市九三学社社员8人获市级以上表彰奖励，发表各种学术论文32篇，出版著作6部，获各级奖励成果19项。2004年，社员中9人获市级以上表彰奖励，发表各种学术论文35篇，出版著作10余部，获各级奖励成果20项。2010年，全市九三社员发表各种学术论文70余篇，出版著作16部，获各级奖励成果51项，43人次获市级以上表彰奖励。2011—2012年，全市九三社员发表各种学术论文34篇，出版著作2部，获各级奖励成果37项，66人次获市级以上表彰奖励。

第十九编

人民团体

白浪河城区段（胜利街以南）

第一章　潍坊市总工会

1991—2012年，全市各级工会认真履行参与、维护、建设和教育职能，坚持改革创新，完善职工代表大会（简称职代会）制度；实行厂务公开，加强企业民主管理；加强《劳动法》、新的《工会法》宣传以及劳动关系协调、劳动伤害赔偿和女职工劳动保障，维护职工权益；筹集送温暖资金，对困难职工进行帮扶，对下岗职工进行再就业培训和安置；开展政治思想、道德、文化教育和爱岗敬业教育，提升职工思想道德境界；开展技能比武竞赛，提高广大职工的技术技能；开展文化、体育活动，活跃职工文化生活，强健身体素质；加强组织建设，基层工会组织和会员不断增加，从2002年的4984个、64.06万人发展到2012年的1.63万个、218.5万人。潍坊市总工会（简称市总工会）先后获“全国推动厂务公开民主管理工作先进单位”“全国财务工作先进集体”“全国工会经审工作先进集体”“全国工会系统开展农民工工资支付情况专项检查先进单位”“落实工资集体协商三年规划工作先进集体”“全国安康杯竞赛优秀组织单位”和“山东省文明单位”称号。

第一节　组织机构

潍坊市总工会

1991年，市总工会内设办公室、组织部、生产保护部、宣教部、生活女工部5个部室。

2004年3月，市总工会内设办公室、组织部、宣传教育部、生产保护部、保障工作部（加挂女职工委员会办公室牌子）、财务部（加挂经费审查委员会办公室牌子）6个部室。

2008年7月，单设经费审查委员会办公室，财务部不再加挂经费审查委员会办公室牌子。

2012年，市总工会内设办公室、组织部、宣传教育部、生产保护部、保障工作部（加挂女职工委员会办公室牌子）、财务部、经费审查委员会办公室7个部室。

工人文化宫

始称潍坊市工人俱乐部，1953年筹建，1954年5月正式对外开放，1964年改称市工人文化宫。1984年9月，改属市总工会。1994年8月，市工人文化宫由正科级事业单位调整为副县级事业单位，设6个科室，编制70人。至2012年，无变化。

潍坊市职工大学

潍坊市职工大学由潍坊市职工业余学校发展而来，是一所以工科为主的职工高等学校。学校于1950年创办，1983年发展为潍坊市职工业余大学，划归市总工会管理。1984年10月，市职工业余大学为副县级事业单位。1988年8月，调整为正县级事业单位。1992年1月，潍坊市职工业余大学改称为潍坊市职工大学。2001年7月，潍坊市职工大学与山东省昌潍农业学校合建为潍坊职业学院。

2002—2012年部分年份潍坊市基层工会组织统计表

表19—1—1

年份	工会组织数（个）	职工数（人）	会员数（人）
2002	4984	730835	640621
2004	7038	808565	759953
2005	10120	1111154	1061519
2006	10152	1314878	1237175
2007	10694	1486082	1400843
2008	11555	1625075	1539105
2009	12696	1755147	1702599
2010	13596	1962719	1876536
2011	15190	2096730	2025434
2012	16325	2266797	2184987

第二节　潍坊市工会代表大会

潍坊市工会第十次代表大会

1989年9月23—26日，潍坊市工会第十次代表大会在渤海宾馆召开。出席会议的正式代表467人，列席代表13人，特邀代表66人。市总工会主席肖乐章作《团结全市职工，推进工会改革，为实现党的基本路线而奋斗》的工作报告，大会审议通过工会工作报告、财务工作报告和经费审查委员会工作报告的决议。大会选举产生第十届委员会委员55人、常委13人、经费审查委员会委员11人。

潍坊市工会第十一次代表大会

1994年1月8—10日，潍坊市工会第十一次代表大会在渤海宾馆召开。出席大会的正式代表473人，特邀代表30人。郝玉兰作《认真贯彻新时期工会工作方针，为建立社会主义市场经济体制、推进潍坊经济和社会发展建功立业》的工作报告。大会审议通过《关于潍坊市总工会第十届委员会工作报告的决议》《关于潍坊市总工会第十届委员会财务工作报告的决议》《关于潍坊市总工会第十届委员会经费审查委员会工作报告的决议》。大会采取先差额预选、再等额选举的方式选举出市总工会第十一届工会委员会委员55人、市总工会第十一届经费审查委员会委员13人。选举郝玉兰为主席，杜永翔、杨清华为副主席。本届任期领导职务变动又选举王继东为主席。

潍坊市工会第十二次代表大会

1999年1月13—15日，潍坊市工会第十二次代表大会在富华国际会议中心召开。出席大会的正式代表416人，特邀代表30人。市总工会主席王继东作《高举邓小平理论伟大旗帜，团结动员全市职工为实现我市跨世纪宏伟目标而奋斗》的工作报告。大会审议通过《关于潍坊市总工会第十一届委员会财务工作报告的决议》《关于潍坊市总工会第十一届委员会财务工作报告的决议》《关于潍坊市总工会第十一届委员会经费审查委员会工作报告的决议》。大会采取先差额预选、再等额选举的方式选举出市总工会第十二届委员会委员50人、常委13人，经费审查委员会委员15人。选举王继东为主席，杨清华、李七一、刘素友为副主席。本届任期内因领导职务变动又选举满郭强为主席。

潍坊市工会第十三次代表大会

2004年7月21—23日，潍坊市工会第十三次代表大会在富华国际会议中心召开。出席大会的正式代表422人，特邀代表31人。大会审议通过市总工会主席满郭强作《围绕大局，履行职责，团结带领广大职工为建设现代化强市而奋斗》的工作报告。审议通过市总工会副主席毛金贵所作的市总工会第十二届委员会财务工作报告，审议通过市总工会经费审查委员会主任韩守成所作的市总工会第十二届经费审查委员会工作报告。大会采取先差额预选、再等额选举的方式选举出市总工会第十三届委员会委员50人、常委13人，经费审查委员会委员15人。选举满郭强为主席，邢乐信为常务副主席，郭召义、刘春强为副主席。本届任期内因领导职务变动又先后选举王秀河为主席，选举郭召义为常务副主席。

第三节　主要工作与活动

企业民主管理

厂务公开　1991年，市总工会印发《民主管理达标意见》，制定《职代会程序规范》《车间、班组民主管理实施细则》《职代会提案落实办法》等。全市2197家应建职代会的企事业单位中，建立职代会制度的2115家，占应建总数的96%。86%的车间建立职代会或职工大会制度，82%的班组建立民主管理小组或设立民主管理员。市总工会举办职工代表师资培训班，培训师资200人，培训职工代表的企业2194家，培训人员7.57万人，占应培训人数的80%。

1992年，市改革领导小组办公室印发《在制定和实施企业改革方案中发挥职代会作用的意见》。市总工会与市委组织部等8个单位联合印发《关于完善承包经营责任制，建立健全企业约束机制的实施意见》。全市召开职代会的2145家企业，提交职代会审议的方案2.57万件，审议通过的方案2.25万件，否决方案3132件。民主评议企业中层以上领导干部的单位98家，被评议人员2.21万人，经评议受到奖励的2189人，被免职的156人。全市61家改革试点企业的改革方案，全部经过职代会讨论通过。61家试点企业中，52家企业职代会设立"民主监察委员会"。

1993年8月，市总工会同市政协对全市30家企业的民主管理工作进行调查。同市委组织部、市体制改革委员会（简称市体改委）联合印发《关于加强企业职代会建设，推进企业转换经营机制的意见》以及关于企业集团、股份制企业、"三资"（中外合资、中外合作、外资）企业和乡镇企业组建工会的意见。向省总工会推荐107家民主管理工作先进集体和先进个人、向全国总工会推荐39家先进单位和个人，均受到表彰。市总工会被评为全国工会职工代表系统培训优秀组织者。

1994—1998年，市总工会与市体改委印发《关于股份制企业职工民主管理工作的意见》《关于建立和完善企业职工（代表）大会申报制度的意见》《关于上级工会列席企业职代会进行指导的意见》。市总工会与市委组织部联合印发《关于加强职代会民主评议企业领导干部的意见》。昌邑市修订出台《职代会民主评议企业领导班子实施细则》，省总工会在昌邑市召开全省职代会民主评议企业领导干部工作会议，肯定了昌邑市总工会的做法。1999年，全市1086家国有、集体和国有资产控股企业中，933家实行厂务公开制度，占企业总数的85%。

2000年，市总工会与市纪委、市委组织部及企业主管部门制订全市厂务公开规划、工作标准和考核细则。是年，全市1018家国有、集体和国有资产控股企业中，959家实行厂务公开，占企业总数的94%。其中，市属企业推行厂务公开的129家，占企业总数的87%。

2001年，全市各级工会以建立和完善职代会制度为重点，进一步推行厂务公开和职工董事、监事制度。全市390家公司制企业中，建立职工董事、监事制度的分别为249家和319家，占公司制企业总数的64%和82%。其中，工会主席进入董事会的占59%、进入监事会的占31%。

2002年，市委印发《关于在非公有制企事业单位建立职工代表大会制度的意见》。在建立工会的企事业单位中，为7006家单位制定、完善职代会实施细则，其中1481家非公有制单位建立职代会制度。厂务公开的重点转移到中小企业特别是亏困企业，扩展到事业单位。全市建立工会的3912家事业单位全部实行政务公开，非公有制企业中有189家实行厂务公开。全市建立职工董事、职工监事制度的企业有582家，其中485家企业的工会主席（或副主席）进入董事会或监事会。

2003年，市总工会开展职代会星级创建活动，全市建立职代会制度的非公有制企业1178家，推行厂务公开的非公有制企业1741家。2004年，市总工会以职代会为基本形式重点在非公有制企业推行厂务公开、民主管理，在教育、卫生等各类事业单位全部推行政务公开。是年，全市非公有制企业建立职代会制度、推行厂务公开的3442家，占已建会非公有制企业总数的82%。其中建立职代会的2328家，推行厂务公开等其他民主管理形式的1114家。市总工会被省总工会评为“民主管理先进单位”。在全省推进劳动关系协调工作会议上，潍坊市作题为《充分发挥工会在三方机制中的优势和作用，促进企业劳动关系和谐发展》的典型发言。10月，中央政治局委员、全国人大常委会副委员长、全国总工会主席王兆国到潍坊市视察，对潍坊市坚持职工监督和职代会制度的做法给予充分肯定。11月，潍柴动力股份有限公司作为山东省唯一一家企业代表在武汉召开的全国厂务公开民主管理经验交流会上作典型发言。

2006年，全市各级工会认真贯彻《山东省企业职工代表大会条例》，推动职代会制度和职工民主权利的进一步落实。是年，市总工会获“全国推动厂务公开民主管理工作先进单位”称号；潍柴动力股份有限公司获“全国厂务公开民主管理工作先进单位”称号。全市国有、集体及其控股企业和教育、卫生等事业单位全部实行厂务公开（政务公开）；非公有制企业中，实行厂务公开民主管理的单位达到72%，建立职代会制度的达到51%。

2007年，市总工会配合市人大对全市贯彻落实《山东省企业职工代表大会条例》情况进行执法检查。潍坊市获“全国推动厂务公开民主管理工作先进单位”称号。当年，全市非公有制企业推行各种形式的厂务公开民主管理制度的7021家，占建立工会组织非公有制企业的86.7%，全市非公有制企业职代会建制率达到71%，规模以上非公有制企业职代会建制率达到90%。

2008年，全市各级工会大力加强以职代会建设为重点的厂务公开民主管理工作。全市建立工会的非公有制企业实行厂务公开民主管理的7385家，占建会企业总数的86%，建立职代会制度的6353家，占建会企业总数的74%。2010年，全市建会的国有、集体及其控股企事业单位厂务公开制度建制率为69.3%，非公企业厂务公开制度的建制率73.8%。2012年，全市建会的国有、集体及其控股企事业单位厂务公开制度建制率为84.9%，非公企业厂务公开制度的建制率76.1%。

职工董事、职工监事　1993—1998年，由诸城市引领的企业股份制改造在潍坊市逐步推开。这场企业改革大潮影响到全省，波及到全国。国家体改委副主任洪虎率国务院研究室等九部委组成的21人联合调查组到潍坊专题调查企业改制情况。1996年7月，中共中央政治局委员、国务委员、国家体改委主任李铁映到诸城考察，充分肯定诸城企业改革的经验。市总工会组织专门力量对企业改制中的工会工作进行调研，《关于企业改制中理顺党委会、工会、职代会与董事会、监事会、股东大会关系的调查和探讨》在省工运理论研讨会上获一等奖。市总工会与市体改委印发《关于股份制企业职工民主管理工作的意见》。北京、天津、江苏、黑龙江及省内各地市总工会组团到潍坊考察。

1998年，全市国独资和国有资产控股公司598家，有职工董事的114家，其中工会主席（副主席）为职工董事的54家，分别占这类企业总数的19%和9%；有职工监事的152家，其中工会主席（副主席）为职工监事的105家，分别占此类企业总数的25.4%和17.6%。2001年，全市390家公司制企业中，建立职工董事、监事制度的分别为249家和319家，占公司制企业总数的64%和82%。其中，工会主席进入董事会的占59%、进入监事会的占31%。

2002年，全市建立职工董事、职工监事制度的企业582家，其中485家企业的工会主席（或副主席）进入董事会和监事会。到2007年，全市建立职工董事、职工监事制度的企业862家，有职工董事1147人，职工监事940人，其中501家企业的工会主席（或副主席）进入董事会，481家企业的工会主席（或副主席）进入监事会。

2012年，职工董事为1168人，比2011年增加50人，其中女职工董事为485人，比2011年增加155人；职工监事为2129人，比2011年增加275人，其中女职工监事为902人，比2011年增加127人。

劳动竞赛

1991年，全市企业开展以“质量、品种、效益”为主要内容的劳动竞赛。市委、市人民政府召开全市动员大会，60多万人投入到“质量、品种、效益年”活动之中。从全市138家大中型企业中列出32家企业作为重点，单独考核。对亏损50万元以上的企业，开展帮扶活动，选择32家企业作为帮扶重点，组织同行业先进单位与其结对子。省劳动竞赛委员会在潍坊召开劳动竞赛现场经验交流会，推广潍坊市的经验。

1992年，市委、市政府召开劳动竞赛动员大会，部署以创“记录杯”“效益杯”“优质服务杯”“奋发杯”为主要形式的劳动竞赛。是年，竞赛中完成技术改造953项，实现经济效益3986万元；推广新技术758项，实现经济效益9980万元。

1994年，市总工会组织开展质量能手、销售能手、革新能手、节约能手、服务能手竞赛活动。全市共创省优产品38个、部优产品20个、国优产品6个，涌现出3117名质量能手、2083名销售能手、1969名革新能手、3004名节约能手、2945名服务能手、47个最佳效益单位。1997年11月，开展“奋战60天，确保实现潍坊市全年经济目标立功竞赛活动”。是年，市总工会被授予“全国工会经济工作先进单位”称号。1998—1999年，在全市职工中，开展以“跨世纪、建强市”为主要目标的系列竞赛。每年80%县属以上企业、40万名职工参赛。2001年，市总工会与市经贸委、市劳动和社会保障局、市科技局联合开展“争创优秀技师和智慧职工”活动，全市98%的企业、50余万名职工参加。举办职工技术练兵和比武1812次，比赛项目1081个，参加职工达39.9万人次，1892人次获技术能手称号。2002年，全市开展职工经济技术立项攻关竞赛活动，企业和职工参与率达82%以上。2003年，开展以“争当新型劳动者，为建设现代化强市做贡献”为主题的经济技术创新竞赛。全市举办岗位练兵7932次，比赛项目9893个，参加职工29.7万人次。

2004年，市总工会与市经贸委、市劳动和社会保障局联合组织职工职业技能大赛，全市12个系统、65万名职工参加，在护理、电工、钳工、货车驾驶等13个工种中进行决赛。380人获县市区和大企业授予的技术能手称号，122人获市总工会与市直各行业（系统）授予的行业技术能手称号，其中27人获“富民兴潍”劳动奖章，6人被市劳动和社会保障局授予“潍坊市技术能手”称号。22个单位被评为优秀组织单位，100个班组被评为“潍坊市职工创新示范岗”。

2008年，举办潍坊第三届职工职业技能大赛，历时10个月。全市12个县市区、2个市属开发区、39个市直企业和委局公司以及直属基层单位100万余名职工层层参加比赛，市级决赛涵盖医护、焊工、电工、银行业务等32个工种。

2010年，举办潍坊第四届职工职业技能大赛，历时10个月。市级大赛涵盖钳工、叉车、瓦工、点钞等37个工种，468支代表队、1.4万余名选手参加市级决赛。3800多名选手在比赛中获得名次，35名选手被市总工会授予潍坊市“富民兴潍”劳动奖章，29个单位被表彰为大赛优秀组织单位，2000多名选手被晋升技术等级，5名优秀选手被推荐申报潍坊市技术能手。

2012年，举办潍坊第五届职工职业技能大赛，历时10个月。市级举办钳工、叉车、道路养护、邮政投递、护理、继电保护、收银等60余个工种的比赛。400多支代表队、1.5万余名选手参加市级决赛，4000多名选手在比赛中获得名次，45名选手被市总工会授予潍坊市“富民兴潍”劳动奖章，34个单位被表彰为大赛优秀组织单位，2000多名选手被晋升技术等级。

劳动模范评选及救助

全国劳动模范、省劳动模范每五年评选一

2008年8月，潍坊第三届职工职业技能大赛在潍柴技校举行

2010年3月9日，潍坊召开劳模评选推荐工作会议

次，市劳动模范每三年评选一次。1991—2012年，共开展4次全国劳动模范评选、6次省劳动模范评选、7次市劳动模范评选，共评选全国劳动模范48人、省劳动模范274人、市劳动模范1321人。

潍坊市从2003年起建立劳动模范休养制度，每年组织市级劳动模范外出休养。2003年，潍坊市劳动模范协会成立，同年建立全国劳动模范帮扶救助制度。2004年，建立市级以上劳动模范帮扶救助制度。至2012年底，共救助市以上劳动模范3828人次。

1995—2012年潍坊市全国劳动模范一览表

表19—1—2

年份	姓名
1995	王来元、王建章、王晓明（女）、齐联郡、李曰锐、李桂荣、张则如、陈永兴、郑学江、袁文和、葛福明、潘海昌、杜德富
2000	王乐义、王金友、王振华、刘　萍（女）、孙日贵、李寿德、李希贵、李雪芹（女）、杨孝兰（女）、张玉梅（女）、陈华森、郑和平
2005	刁家连、王秋杰（女）、牛绍斌、刘洪章、杜伟华、沈孝业、陈爱萍（女）、庞希强、康凤英（女）、谭旭光、薛茂林、戴瑞德
2010	王树楼、王钦峰、仪修喜、李学海、杨希涛、吴明敏、张纪元、张秀敏（女）、陈洪国、明立纲、高明芹（女）

说明：含全国先进工作者

维护职工权益

劳动保护　1991年，市总工会组织全市各级工会对企事业单位后勤服务、职工劳保医疗工作进行检查。1993年，组织10万职工开展安全生产、劳动保护知识大奖赛，组织3次安全生产监督检查，共查处事故隐患、职业病危害2898起，全部得到及时整改。参加审查、验收的项目2592项。

1994年，市总工会聘任100名工会劳动保护监督检查员，参加58起伤亡事故调查处理和67项新建、改建扩建项目的“三同时”（建设项目中劳动条件和安全卫生设施，应当与主体工程同时设计、同时施工、同时投产使用）验收。

1998年，市总工会在海化集团和亚星集团推广应用国际劳工局有毒有害化学物质信息卡试点。10月，在海化集团召开“推广应用有毒有害化学物质信息卡”现场经验交流会，推广海化集团工会工作经验。1999年，在全市化工企业推广应用国际劳工局有毒有害化学物质信息卡。4月，市总工会、市经贸委、市劳动和社会保障局在全市国有企业中开展以“消除隐患、确保安全、保障稳定、促进发展”为主题的群众性“安康杯”竞赛活动。2000年5月，市总工会举办全市工会劳动保护监督检查员培训班，邀请省总工会领导、省卫生厅职业病防治研究所专家授课。6月，市总工会任命70名基层工会干部为潍坊市工会劳动保护监督检查员。2001年5月，市总工会、市经贸委继续在全市开展以“我要安全、我懂安全、人人尽责、确保安全”为主题，以“全年伤亡事故明显下降，杜绝重大特大事故”为总体目标的“安康杯”竞赛活动。2002年3月，潍坊市“安康杯”竞赛组委会被全国总工会、国家安监局授予2001年度“安康杯”竞赛优秀组织奖。同月，市总工会、市煤炭工业局在全市11个乡镇以上煤炭企业推广应用“煤矿安全检查表”。2003年3月，潍坊发电厂被全国总工会、国家安监局授予全国“安康杯”竞赛优胜企业。潍坊市供电公司等5个单位被省总工会、省安监局授予“安康杯”竞赛优胜企业称号。10月，市总工会、市经贸委、市安监局、市卫生局印发《关于在安全生产和职业卫生工作中充分发挥职工代表大会作用的意见》。

2004年2月，潍柴动力集团有限公司获全国“安康杯”竞赛优胜企业。潍坊四棉纺织有限公司等5家企业获省“安康杯”竞赛优胜企业。潍坊市总工会、诸城市总工会被评为省“安康杯”竞赛优秀组织单位。5月，市总工会、市安监局继续在全市各类生产经营企事业单位组织开展“安康杯”竞赛活动，把推广应用有毒有害化学物质信息卡和煤矿安全检查表结合起来，下达“安康杯”竞赛任务指标。

2005年2月，潍坊市供电公司获2004年度全国“安康杯”竞赛优胜企业。山东海化股份有限公司纯碱厂等5家企业获2004年度省“安康杯”竞赛优胜企业。10月，组织开展全市职工安全卫生消防普及教育活动。11月20—21日，市供电公司参加全省职工“胜利安康杯”安全卫生消防知识大赛，获团体一等奖，潍坊市总工会获优秀组织奖。

2006年2月，市总工会、市安监局、市卫生局印发《关于加强全省非公有制企业工会劳动保护工作的意见》。6月，市总工会、市安监局、市煤炭冶金行业办公室在全市开展“关爱农民工生命安全与健康特别行动”，印发《农民工安全生产调查问卷》。组织1.6万名职工参加“全省职工安全卫生消防知识普及教育，举办‘安康杯’全省职工安全卫生消防知识答卷活动”。10月19日，潍坊市总工会等5个单位获评“山东省工会劳动保护先进单位”。是年，潍坊建工集团有限公司等5个单位被省总工会、省安监局授予2006年度山东省“安康杯”竞赛优胜企业称号；孚日集团股份有限公司、帛方纺织有限公司被全国总工会、国家安监总局授予2006年度全国“安康杯”竞赛优胜企业称号。

2007年9月，市总工会、市安监局、市劳动和社会保障局、市卫生局、市企业联合会发文，在全市各类企业中全面展开签订劳动安全卫生协调书工作。市总工会把该项工作与创建和谐企业结合起来，列入《和谐企业创建测评标准》。是年，山东海化氯碱树脂有限公司等5个单位被省总工会、省安监局授予山东省“安康杯”竞赛优胜企业称号。

2008年4月，市总工会、市安监局在全市开展以“提高安全健康素质，实现安全健康科学发展”为主题，以推行签订《劳动安全卫生专项协议书》为重点的“安康杯”竞赛活动。11月12日，总工会“安康杯”检查组一行3人到潍坊检查考核“安康杯”竞赛活动，各项工作均得到检查组的肯定。

2009年3月，市总工会、市安监局印发《关于2009年度开展全市“安康杯”竞赛活动的通知》，在全市职工中开展以“科学发展抓预防、预防为主重教育”为主题的“安康杯”竞赛活动。5月，市总工会与市安监局联合召开全市职工生命安全维权行动动员部署会议，印发《关于在全市大力开展“职工生命安全维权行动”的实施意见》《关于实行安全事故隐患和安全生产违法行为职工群众监督举报的公告》。当年，潍坊建设集团股份公司、福田汽车股份有限公司诸城厂区被全国总工会、国家安监总局授予“全国安康杯竞赛优胜企业”称号；华电潍坊发电有限公司控仪队辅控班被授予“全国安康杯竞赛优秀班组”称号；山东丽波日化股份有限公司等5家企业被省总工会、省安监局授予“全省安康杯竞赛优胜企业”称号；潍坊市安监局、潍坊市建筑工程质量安全监督站被授予“全省安康杯优秀组织单位”称号；潍坊公交56路线甲班、中国联通潍坊市分公司设备维护中心动力抢修班被授予“全省安康杯竞赛优胜班组”称号。

2010年3月，省总工会印发《关于对连续三年获得省“安康杯”竞赛优胜企业的单位颁发山东省“富民兴鲁”劳动奖状的决定》，潍坊建工集团有限公司等18家企业获此殊荣。同年，市总工会会同市安监局继续在全市开展以“加强班组安全文化建设、强化一线教育管理”为主题的群众性“安康杯”竞赛活动。7月，市总工会、市安监局在山东海化集团召开全市深化职工生命安全维权行动现场经验交流会。

2011年4月，市总工会、市安监局印发《关于2011年度开展全市“安康杯”竞赛活动的通知》。8月，市总工会、市安监局在诸城召开全市深化职工生命安全维权行动现场推进会议，对这项工作再发动、再部署。是年，全国总工会、国家安监总局授予潍坊华电潍坊发电有限公司、山东海化集团公司、潍坊建设集团股份公司“全国安康杯竞赛优胜企业”称号；授予潍坊亚星化学有限公司离子膜烧碱车间电解工段“全国安康杯竞赛优秀班组”称号。省总工会、省安监局授予高密高锻机械有限公司、安丘市供电公司、寒亭移动通信公司、潍坊福田模具有限责任公司、潍坊移动通信公司“全省安康杯竞赛优胜企业”称号；授予诸城市总工会、奎文区总工会“全省安康杯竞赛优秀组织单位”称号。是年，市总工会组织重点企业2万多名职工参加全国职工职业安全卫生知识普及教育学习和答卷活动。市总工会参加企业职工伤亡事故调查处理14起，提出整改意见37条，依法维护职工合法权益。

2012年4月，市总工会与市安监局印发《关于2012年度开展全市“安康杯”竞赛活动的通知》《关于在全市职工中开展安全生产“金点子”合理化建议征集活动的通知》。11月，全省工会劳动保护工作现场推进会议在潍坊市诸城召开。12月，市总工会、市安监局印发《关于表彰全市职工安全生产“金点子”合理化建议优秀成果的通报》。共评选出一等奖5项、二等奖10项、三等奖15项、优秀奖60项，对一、二、三等奖的建议人分别给予2000元、1000元、500元的现金奖励。是年，全国总工会、国家安监总局授予山东海化集团有限公司、山东寿光建设集团有限公司、潍坊建设集团有限公司“全国安康杯竞赛优胜企业”称号；授予青州农村商业银行股份有限公司营业部“全国安康杯竞赛优秀班组”称号；授予潍坊市总工会“全国安康杯竞赛优秀组织单位”称号。省总工会、省安监局授予潍坊市雷奇节能科技股份有限公司、潍坊鑫荣制衣有限公司、潍坊英轩实业有限公司、山东亚康药业股份有限公司、中国移动通信高密分公司“全省安康杯竞赛优胜企业”称号；授予诸城市总工会、临朐县总工会“全省安康杯竞赛优秀组织单位”称号。是年，市总工会被省政府评为2012年度安全生产先进单位。

工资集体协商　1995年，市总工会和市劳动局联合印发《关于积极稳妥的搞好集体协商、签订集体合同的通知》，成立签订集体合同领导小组，办公室设在市总工会。当年，在136家企业进行签订集体合同试点，其中，85家签订综合性集体合同，5家签订单项或多项集体协议。6月，省总工会和省司法厅、省劳动厅联合在临朐县召开签订集体合同现场会，潍坊市总工会、临朐县总工会和4家企业在会上做经验介绍。

1996年，市总工会与各县市区、市直委局公司工会签订集体合同目标责任书，召开全市贯彻劳动法、签订集体合同工作会议。当年，全市签订集体合同的企业1126家，占已建工会单位的70.8%，其中，外商投资企业376家、乡镇企业273家、私营企业128家。

1997—1998年，市总工会进一步完善平等协商、签订集体合同机制，组织县市区总工会、市直委局公司工会及直属企业工会负责人进行培训。至1998年底，全市1508家企业签订了集体合同。其中，国有制企业565家，外商投资企业420家，乡镇企业365家，私营企业158家，位居全省前列。

1999年，市总工会认真贯彻《山东省企业集体合同条例》，狠抓集体合同履行、到期合同续签和改制企业重签工作，促使部分企业在集体合同中加入规范职工下岗程序、保障工资待遇等内容，提高集体合同的质量。2000年，针对国企改革造成的工人下岗问题，市总工会要求效益好的企业，签订全面性的集体合同，效益差的签一项或几项签订协议；所有企业不论效益好坏，均应把规范职工下岗作为合同条款，坚持职工下岗方案、程序必须经职代会通过。2000年11月，劳动部发布《工资集体协商试行办法》后，全市工会将工作重点转移到签订工资专项集体协议上。2001年，各级工会注重提高平等协商、签订集体合同制度建制率，对续签和即将到期的合同提前介入，针对情况变化，及时调整合同内容，突出抓好履约兑现和工资集体协议的签订。

2002年，潍坊市委和各县市区委分别召开贯彻实施劳动法、工会法、推进集体合同劳动合同工作会议，推进两部法律的实施。集中研究全市以工资协商为重点的平等协商签订集体合同工作，维护职工的经济利益。2003年，以工资集体协商为重点，开展平等协商签订集体合同试点工作。试点成功后，市总工会将7个不同类型企业作为典型，召开经验交流会在全市推行工资平等协商。全市签订集体合同的企事业单位达到4577个，其中区域性合同49个，行业性合同15个。2005年12月，市总工会在昌乐县召开全市工会维权机制建设经验交流会议。2006年1月，市总工会第十三届委员会第三次全体（扩大）会议审议通过《潍坊市总工会关于切实维护职工合法权益推动构建社会主义和谐潍坊的决定》。2007年，市总工会将签定集体合同纳入和谐企业创建中，全市5821家企业参加和谐企业创建活动，覆盖职工67万余人，新签订集体合同的企业1024家，新签订工资集体协议企业497家，新签订劳动合同的职工11.3万余人。全国总工会领导到潍坊调研时，称赞潍坊市委推动和谐企业创建在全国是首创，对潍坊市和谐企业创建工作的成效给予充分肯定。

2008年，市、县两级工会推动企业建立职工工资共决机制、正常增长机制和支付保障机制，建立劳动关系协调员队伍，促进和谐企业创建工作深入发展。是年，市总工会被表彰为全省劳动关系和谐企业创建工作先进单位。6月25日，全国总工会书记处书记、经费审查委员会主任张秋俭到潍坊调研，对该项工作给予充分肯定。

2009年7月17—19日，全国总工会副主席、书记处书记张鸣起到潍坊调研劳动关系和谐企业创建工作，总结潍坊市和谐企业创建“六位一体”（以发展和谐劳动关系为核心，建立良好的工作机制；坚持科学发展，提高企业管理水平；加强职工队伍建设，全面提升职工素质；优化企业文化环境，培育独特的企业精神；履行社会责任，规范企业行为；推进平安建设，创造稳定的企业发展环境的实践做法，形成1万余字的调研报告。

2010年，7月，市委办公室、市政府办公室联合印发《关于转发市总工会等部门单位关于进一步做好企业工资集体协商工作的意见的通知》，实施企业工资集体协商“三年覆盖行动”。2011年，市委把工资集体协商工作纳入对县市区科学发展综合考核内容。

2012年2月，在潍坊市第十一次党代会上，市委提出“建立与经济发展相适应的企业职工工资协商共决机制、正常增长机制和支付保障机制，逐步提高企业最低工资标准和低收入者收入”，同时把“推进工资集体协商、引导企业职工工资合理增长”纳入《潍坊市国民经济和社会发展第十二个五年规划纲要》中。市委、市政府转发市总工会等部门关于《进一步推进工资集体协商的意见》，对推行工资集体协商提出目标任务。3月，市总工会印发《关于转发〈山东省总工会关于建立健全工资集体协商工作台账的通知〉的通知》。6月，省总工会在寿光市召开全省行业性工资集体协商工作现场会，推广寿光市依托行业协会、工会联合会、行业主管部门开展工资集体协商“三种模式”的经验。9月，印发《潍坊市总工会推进工资集体协商工作考核及奖励办法》，推动工资集体协商深入发展。

劳动关系协调　1992年，市总工会与市委研究室、市委宣传部、市体改委、市劳动局、市人事局、市经委组成联合调查组，深入7个县市区和18家企业，对劳动、人事、分配、劳动保险四项制度改革进行专题调查，就存在的问题分别形成意见。有的作为提案上报市人大，有的通过相关部门单位予以纠正或解决。对深化改革中侵害职工合法权益问题，3次向市委、市政府提出建议，使问题得到及时解决。

1993年，市总工会推动在基层企事业单位建立劳动争议调解组织。当年，全市各级工会建立劳动争议调解组织163个，受理劳动争议案件420余件，调解成功率达60%，受理来信来访35人次，结案率97%。1995年，各级工会协助企业对不符合劳动法的厂规厂纪进行修改和纠正。全年发生劳动争议案件254起，涉及273人，经调解达成协议的203起，涉及175人。1997年，全市建立基层劳动争议调解委员会752个，受理劳动争议基层案件840件，经调解达成协议的666件。

2001年，市总工会开展劳动保障法律监督检查活动，对10家企业的用工、参加社会保险、缴纳社会保险费等情况及与劳动者签订和履行劳动合同情况、履行女职工特殊保护规定情况、遵守其他劳动法律法规情况进行检查。2002年，市总工会和市政府建立联席会议制度，市总工会、市劳动和社会保障局和市企业家协会建立劳动关系三方协商会议制度。6个县市区建立政府与工会联席会议制度，8个县市区建立劳动关系三方协商机制。召开贯彻实施《中华人民共和国工会法》《中华人民共和国劳动法》推进集体合同劳动合同工作会议，5个县市区建立了法律援助中心。

2003年6月，市、县两级总工会全部成立困难职工帮扶中心，整合社会资源，开展劳动争议调解，初步形成社会化维护职工合法权益格局。2005年，在昌乐县召开维护职工合法权益现场会，总结推广昌乐县总工会以职工维权服务中心为平台、构建社会化维权体系的经验。是年，潍坊市健全基层维权机制和发挥基层工会维权作用的探索和实践，在全省维权机制建设经验交流会上做典型发言。

2007年9月，市总工会会同市劳动、公安部门及时化解市辖区一家砖窑厂18名四川彝族农民工因工资被克扣与老板发生的纠纷。责成厂方按照规定一次性足额补发两个月工资2118万元，一次性支付受工伤民工工伤费1.5万元。2008年，市总工会与市劳动和社会保障局、市企业联合会、市企业家协会联合印发《关于在全市建立劳动关系协调员队伍的意见》《关于在企业普遍建立和完善劳动争议调解组织的意见》，与市中级人民法院联合印发《关于委托工会组织调解劳动争议案件的规定》。市、县、乡三级工会共聘任兼职劳动关系协调员8000余名，农民工维权联络员500余名。市总工会组织实施工会与企业、职工的“共同约定行动”，开展“同舟共济保增长，建功立业促发展”竞赛活动。印发《致全市企业厂长经理的倡议书》1万份。年底，市总工会组成5个调查组，对12个县市区中的29家企业、4.15万名职工进行调查，向市委报送《关于当前企业生产经营和职工思想状况的调查报告》《关于城区职工住房需求情况的调查报告》，建议在应对国际金融危机的情况下出台规范企业裁员减薪行为的文件，得到市委、市政府主要领导的重视，市及时出台《关于进一步规范用人单位裁减人员有关问题的意见》，保持了职工队伍稳定，有效保护了职工合法权。

2009年始，市总工会每年配合市人社局、住建局等部门开展农民工工资支付情况专项检查，查处和纠正用人单位不与农民工签订劳动合同或强迫农民工超时劳动、加班加点而不依法支付工资报酬等违反劳动法律法规的行为。各县市区工会普遍设立企业劳动关系信息员，在企业发生拖欠工资或欠薪逃匿行为时，第一时间向专项检查领导小组和上级工会报告。

2010年5月10—14日，市总工会与市政协社会法制委、市人力资源和社会保障局组成联合调研组，就200余家企业职工队伍稳定现状及存在的问题等情况进行专项调研。对发现的问题及时采取措施进行纠正。8月，市总工会印发《关于建立劳动关系预警和突发性事件报告制度的通知》，投资120万元，推动各县市区在困难职工帮扶中心构建起帮扶维权体系。设立“12351”职工维权热线，并保持24小时畅通，搭成工会为职工排忧解难的平台。

2012年4月，市总工会根据全国总工会《关于深入推进工会领导干部接待职工群众来访的意见》，重新修订完善《市总工会领导接访制度》，明确市总工会主席接访日制度的排班、接访、处理程序。

女职工工作 1992年，市总工会对女职工思想状况及男女职工在住房分配上的不平等问题进行5个专题调查，部分问题形成提案上报市人大，部分问题通过有关途径予以纠正或解决。对男女职工分房不平等现象，市政府印发文件予以纠正，保障了女职工的合法权益。组织60多名女职工干部深入基层巡回演讲，开展《妇女权益保护法》知识竞赛，2万多名女职工参加竞赛活动。

1993年，对690家企业女职工劳动保护情况进行调查，解决侵犯女职工特殊权益的问题。

1998年12月1日，印发《关于表彰全市女职工劳动保护工作先进单位的决定》。会同市劳动和社会保障局、市妇联等部门，对企业女职工劳动保护、劳动用工情况进行调查，及时向政府有关部门和企业提出意见和建议，纠正侵犯女职工特殊权益的问题。1998年4月7—8日，省总工会和市总工会在青州召开下岗女职工再就业工作座谈会。

2001年，开展全市女职工权益知识答卷活动，全市37.1万余名女职工参加，共收回答卷36万份，满分率98%。2003年，对企业执行女职工权益保障法律法规的情况进行检查，督促企业制定完善《女职工劳动保护规定》实施细则，将女职工劳动保护内容纳入集体合同之中。2006年，市总工会与市劳动局、市企业家协会联合印发《关于开展签订女职工特殊权益专项集体合同工作的意见》，将女职工特殊权益维护纳入集体合同约束范畴。2007年，全市签订女职工权益保护专项集体合同的企业6557家、行业性114家、区域性213家，签订率93%，覆盖女职工36万人，女职工权益有了明确具体合同保障。

2011年，加强女职工培训示范学校、女职工技能培训基地规范化建设，总结推广高密市女职工培训总校、分校和基地三级网络建设的做法，为提升女职工素质搭建平台。

2012年，市总工会印发《关于推进女职工权益保护专项集体合同工作的实施意见》，明确目标要求，逐级分解任务。6月12日，在昌乐县召开潍坊市女职工权益保护专项集体合同工作现场经验交流会，总结推广昌乐县“七种模式”签订女职工专项合同的经验做法（即国有企业专项集体合同模式、规模以上非公有制企业专项集体合同模式、外商投资企业专项集体合同模式、小型非公企业专项集体合同模式、行业性专项集体合同的签订模式、区域性专项集体合同的签订模式、社区专项集体合同的签订模式）。至年底，全市签订女职工权益保护专项集体合同的企业13191家，签订率100％，覆盖女职工82万人。是年，高密市工会女职工培训学校被全国总工会命名为“全国工会女职工培训示范学校”。在当年举办的全国女职工岗位创新技能大赛山东赛区选拔赛上，市5名女职工获得各项目前5名。涌现出一批以高新娟为代表的全国五一劳动奖章获得者以及杨守伟、高明芹为代表的五一巾帼标兵。至年底，潍坊市建基层女职工组织1.12万个，组建率100%；女会员83万多人，约占会员总数的40%。

帮扶困难职工

1992年，市总工会印发《推进转换企业经营机制，完善激励机制的意见》，3次召开各县市区、委局公司及市直中二型以上企业工会主席会议，研究企业改革对职工生活的影响和应对措施。

1993年，市总工会重点走访潍城区和临朐县部分困难企业，向2.7万余名困难职工发放810余万元的救济物资和现金。市总工会与市劳动部门和企业行政管理部门一起抓职工养老、医疗、工伤和职工互助补充保险等制度改革，健全相应的保障制度。1994年，各级工会开展送温暖活动，筹措救济款30多万元。

1996年，市总工会筹集送温暖救济款500.87万元，走访困难企业195家，救济困难职工1.86万人。建立困难职工档案，182名困难职工享受长期社会救济。开展送温暖储金会试点工程，潍城、高密等县市区和302家企业建立送温暖储金，金额达到546万元。是年，中国职工保险互助会潍坊办事处成立，是中国职工保险互助会在山东省的第一家办事处，全年筹集职工安康互助储金580万元，受理职工意外伤害索赔案件44起，赔偿金额2.4万元。

1997年，市总工会及12个县市区549个基层企事业单位为2864名困难职工建立困难职工档案。全市759个单位开展送温暖帮困扶贫活动，7个县市区成立送温暖储金组织。基层基金组织发展到315个，基金总额590多万元；市级职工送温暖和互助互济储金落实300万元。全市组建基层职工消费合作社152家，会员8万余人，营业额590万元，职工受益55万元，安排下岗职工300人。发展职工互助互济补充保险，全市建立其他形式的职工互助补充保险组织28个，参加各种补充保险的职工2.16万人，保险金累计总额287.9万元。当年，市总工会划拨15万元，用于救助破产企业职工；各级工会救助近百名困难职工子女上学。

1998年，市总工会筹集送温暖基金320万元，走访慰问496家企业。673个基层工会建立困难职工档案，435个单位与3482户困难户建立联系制度。市总工会印发《关于积极做好下岗职工基本生活保障和再就业工作的意见》，培养40多名下岗不失志、自强自立的再就业先进典型，举办两次大型事迹报告会；与潍坊电视台、报社、电台举办下岗职工再就业明星电视新闻特写大赛，设置“自强之路”专题栏目，宣传下岗职工实现再就业的先进事迹和有关方针政策；在全市职工中广泛开展“换脑筋、转观念”活动，全年新闻媒体刊用再就业稿件270篇，职工就业观、择业观有了较大转变。市总工会及6个县市区总工会成立职业介绍机构，帮助联系安置下岗职工3820人。8—10月，市总工会组织全市1920名工会干部组成960个访谈组，深入12个县市区、市直15个系统、493家企业、1.05万名下岗职工家庭开展“全市万名下岗职工访谈帮活动”。12月，省总工会印发《关于在全省工会深入开展对特困、下岗职工访谈帮活动的通知》，在全省推广潍坊市“访谈帮”活动经验做法。

1999年，市总工会与市属43家困难企业、56名特困职工建立联系帮扶制度，培养生产自救带头人100名。2000年，市总工会把对特困职工的帮扶作为工会的第一责任，大力推动送温暖基金、互助互济储金、职业介绍机构、下岗职工培训机构、“特困职工优待证”、联系困难企业和特困职工等制度的建立。全市各级工会走访慰问困难企业413家，救助困难职工3.3万户，对87名考上大学的特困职工子女进行资助。市委、市政府转发市总工会等部门联合制定的《关于特困职工享受有关优惠待遇的意见》，全市共发放“特困职工优待证”1171个。市总工会及12个县市区总工会成立了职业介绍所，全年介绍下岗职工实现再就业4404人，培训职工4692人次。

2001年，全市各级工会共筹集送温暖资金316.55万元，走访慰问困难企业149家，救助困难职工2.8万户。五一前夕，广泛开展“爱心献劳动模范”活动；七一前夕，开展向企业困难老党员送温暖活动，资助92名困难职工子女上了大学。11月，对市直困难企业、困难职工情况进行调查，形成《关于市直困难企业、困难职工情况的调查报告》，分别报送市委、市政府主要领导。市委书记曹学成在全市经济工作会议上对做好困难企业特困职工工作提出具体要求。与市民政局联合印发《关于进一步做好特困职工最低生活保障工作的通知》，把特困职工家庭纳入政府最低生活保障范围。

2002年，市总工会与市直机关党工委联合开展市直机关和事业单位与困难职工“爱民、富民、手拉手、结对子”帮扶救助活动，市领导带头与困难企业和困难职工结对子并捐款捐物。与市民政局联合开展大规模的困难职工应保尽保状况调查，将符合条件的特困职工全部纳入低保范围。元旦、春节期间，各县市区总工会筹集资金142.56万元，物资价值7.8万元，对9003名下岗职工、困难职工进行救助。

2003年，全市各级工会筹集资金991.05万元，走访慰问困难职工家庭2.16万户。6月，市县两级工会全部成立困难职工帮扶中心，市直各产业、各大企业建立帮扶站，在全市造成困难职工帮扶网络。8—9月，全市各级工会筹集资金52.28万元，资助480名考上大学的特困职工子女进入大学深造。全市形成“党政领导重视、工会具体组织、部门密切协作、多方筹措资金救助困难职工”的工作格局。

2004年，全市各级工会筹集慰问款820.56万元，慰问困难企业466家，走访困难职工家庭1.5万户、帮助特困职工上大学子女285名。大力实施“4050（女40岁以上、男50岁以上）”失业人员再就业工程，帮助5328名失业人员实现再就业，培养扶持各类再就业示范基地80多个，宣传推广200多名再就业带头人的典型事迹。市总工会与粮食局实施“厨房工程”，在居民小区内设置擂鼓山馒头销售亭47个，解决了81名“4050”失业人员的就业问题。在7月召开的全省工会促进再就业工作会议上，市总工会以“多渠道、多形式，突出做好困难群体的再就业工作”为题作典型发言。全国总工会授予潍坊市总工会职业介绍所“职业介绍示范点”称号，省总工会授予市总工会“促再就业结对帮扶行动”示范单位称号。

2005年，全市各级工会大力开展以助资、助学、助医、助岗、助法为主要内容的“五助”行动。筹集送温暖资金523万元，元旦、春节走访慰问困难企业452家，慰问特困、困难职工家庭1.3万户；资助困难职工子女上大学1374人，发放救助金146万元。大力实施失业人员再就业工程，帮助7300余名失业人员实现再就业。完善职工法律援助机构，实行“特困职工法律援助联系卡”制度，为137名职工提供法律援助。在全省困难职工帮扶经验交流会议上，市总工会作典型发言。

2006年，全市各级工会充分发挥“12351”服务热线和困难职工帮扶中心的作用，元旦、春节期间，全市工会系统共筹集送温暖资金328万元，走访慰问困难企业392家，慰问特困、困难职工家庭9874户；资助687名困难职工子女上大学，发放救助金96.3万元。推行在职职工住院医疗合作保险计划，协助政府做好就业和再就业工作，省总工会在潍坊召开全省工会促进就业工作经验交流会议，市总工会在会上介绍经验。

2007年，全市各级工会筹集送温暖资金348万元，走访慰问企业527家，慰问困难职工12894户；对764名考上大学的困难职工子女进行资助，发放资助金98万元；对7名遭遇重大意外伤害和重大疾病的困难职工提供3.2万元的救助。市总工会与市劳动和社会保障局联合举办一月一次的下岗失业人员就业洽谈会，帮助2500余名下岗失业人员实现再就业。

2008年，全市各级工会筹集送温暖资金476.31万元，走访慰问企业417家，慰问困难职工和农民工家庭1.4万户；对1730名考上大学的困难职工子女进行资助，发放资助金242.2万元；对10名遭遇重大意外伤害和重大疾病的困难职工提供6.7万元的救助，帮助2339余名下岗失业人员实现再就业。

2009年，全市各级工会认真组织开展元旦春节送温暖活动，筹集送温暖资金526万余元，走访慰问企业400余家，慰问困难职工和农民工家庭4630户。坚持开展“金秋助学”活动，资助439名特困职工子女上大学，发放救助金总计58.56万元。对103名特困职工实施大额救助，发放救助金18.42万元。

2010年1月，潍坊市工会“2010年春节送温暖物资”发放仪式

2011年，全市各级工会筹集送温暖资金579.71万元，走访慰问企业338家，慰问困难职工和农民工家庭8072户。分两批资助107名考上大学的困难职工和农民工子女。11月底，市总工会筹资25万元，组织举办潍坊市总工会第二期市区困难职工技能培训班，开设汽车驾驶、中式烹饪、家政服务、电气焊等专业，市区104名困难职工和农民工免费参加培训。

2012年，全市各级工会筹集送温暖资金518.12万元，走访慰问企业357家，慰问困难职工和农民工家庭5629户。

职工思想道德教育

职工职业道德建设“双十佳”评比 1994年起，全市各级工会组织参加全省开展的职工职业道德建设十佳集体、十佳个人评比活动。

1998年，市总工会在全市职工中开展以“讲道德、树新风、塑形象、多贡献”为主题的系列教育活动，组织重点窗口行业的职工加强职业道德建设，开展“我为风筝城添光彩”活动。

2001年，在全省职工职业道德建设经验交流会上，潍坊市公安局和潍坊市人民医院的赵素贞作书面发言。

2002年，市总工会与市委宣传部、市文明办、市经贸委联合开展潍坊市首届职工职业道德“双十佳”及先进集体、先进个人评选表彰活动。

2003年，市总工会与市委宣传部、市文明办、市经贸委组织开展全市第二届职工职业道德“双十佳”评选表彰。2004年，开展第三届职工职业道德“双十佳”评选表彰活动。

2006年，市总工会印发《关于深入学习实践社会主义荣辱观，切实加强职工思想道德建设的实施意见》，开展“树立正确的荣辱观、增强主人翁责任感”和“工人有技术才能更有力量”的大讨论活动。同年，组织全市第四届职工职业道德建设“双十佳”评选表彰，诸城市供电公司等10个单位被评为第四届职工职业道德十佳集体，寿光市公安局洛城派出所孙文庆等10人被评为第四届职工职业道德十佳标兵。2008年，诸城市供电公司被评选表彰为省第十三届职工职业道德建设标兵单位并授予“富民兴鲁”劳动奖状。

2010年，市总工会印发《关于在全市职工中深入开展“文明伴我行”文明月活动的实施意见》，深入开展文明城市创建活动，召开中心城区六区工会工作调度会议、市直大企业工会工作调度会议，推进创建活动的开展，在全市文明城市创建现场经验交流会议上作典型发言。组织开展第六届职工职业道德“双十佳”评选表彰活动，12月9日，市总工会召开职工职业道德建设“双十佳”命名表彰会议，表彰“十佳”集体、“十佳”个人和25个先进集体、27名先进个人。

2011年，市总工会印发《潍坊市职工素质

2010年12月，市总工会召开潍坊市第六届职工职业道德建设“双十佳”命名表彰会议

建设工程五年规划》。承办中央文明办等部门“关爱农民工志愿服务活动”潍坊启动仪式，与中国建筑第三工程局集团有限公司联合举办关爱农民工启动仪式。印发《潍坊市总工会创建全国文明城市实施方案》，组织开展以“文明在我环境中”“文明在我行进中”“文明在我话语中”“文明在我微笑中”“文明在我家庭中”“安全在我心中”“文明在我志愿服务中”七项行动为载体的文明城市创建主体实践活动。

2012年，市总工会牵头在全市推进“企业道德讲堂”的建设，组织第七届职工职业道德“双十佳”评选表彰工作，表彰10个职工职业道德建设标兵单位、10名职业道德建设标兵个人和31个职工职业道德建设先进单位、30名职业道德建设先进个人。

1994—2011年，在全省职工到的建设“双十佳”评比中，先后有诸城市人民医院、潍坊市公安局、潍坊市电业局、潍坊市奎文国家税务局、潍坊市潍城区实验小学、中国网通（集团）有限公司安丘市分公司、诸城市供电公司、潍坊市工商行政管理局潍城分局、潍坊市地税局坊子分局9个单位被评为标兵（十佳）单位。市邮政局王来元、市立医院丰德宽、诸城三为集团董事长万胜长、潍坊兰天纺织有限公司刘波、市商业银行营业部经理董绍东5人被评为标兵（十佳）个人。

“创建学习型组织争做知识型职工”活动　2005年始，市总工会组织全市职工开展“创建学习型组织、争做知识型职工”活动，每两年进行一次评选表彰。

2005年，市总工会与市委宣传部等七个部门联合开展首届“创争”评选表彰活动，山东福田重工股份有限公司等10个单位被评为学习型组织标兵单位；诸城市技工学校宫宪惠等10人被评为知识型职工标兵。“十佳”集体和个人被授予“富民兴潍”劳动奖状和奖章。

2007年，市总工会组织开展第二届“创建学习型组织、争做知识型职工”评选表彰活动，潍坊烟草有限公司昌邑营销部等10个单位被评为学习型组织标兵单位；汶瑞机械（山东）有限公司高级工程师陈永林等10人被评为知识型职工标兵个人；奎文国税局等28个单位被评为学习型组织先进单位；潍坊凤凰纸业有限公司工程师葛茂胜等28人被评为知识型职工先进个人。

2009年，市总工会深化“创建学习型组织，争做知识型职工”活动，开展第三届“创争”评选表彰活动。2011年，市总工会召开第四届“创争”活动表彰会议，表彰10个学习型组织标兵单位、10名知识型职工标兵个人和14个学习型组织先进单位、16名知识型职工先进个人。

职工文化体育活动

职工文化活动　1995年，市总工会与中国建设银行潍坊分行联合举办“龙卡杯”全市职工“庆国庆”歌咏大赛。

1996年，市总工会举办“海龙杯”山东省第二届职工歌手大赛潍坊赛区选拔赛，99名歌手参加比赛；承办“海龙杯”山东省第二届职工歌手大赛，全省27支代表队、97名歌手参赛。举办“齐民思”杯潍坊市职工文艺调演，县市区、市直各委局公司，市属企业的20个代表队参加调演。组织庆祝中华人民共和国成立47周年“祖国颂”文艺调演，与市委宣传部等部门联合举办纪念红军长征胜利60周年文艺晚会。1997年，市总工会与潍坊电视台联合举办“鸢都大看台”、庆“五一”文艺晚会特别节目；各级工会组织开展庆“五一”主人翁颂为主题的歌咏比赛。举办知识竞赛、演讲比赛、文艺演唱会、美术书法摄影展览、迎回归万人大签名等活动；组织参加全省职工文艺会演，获一等奖1个、二等奖2个、三等奖3个、优秀奖5个，获创作一等奖1个、二等奖1

个、三等奖3个、优秀奖2个。

1998年，市总工会举办“金盾杯”潍坊市庆祝中华人民共和国成立49周年暨抗洪斗争伟大胜利军警民合唱邀请赛。选拔3名职工参加全省第三届职工歌手大赛，2名获一等奖，并被授予省“职工十大歌星”称号，1人获优秀奖，市总工会获优秀组织奖。1999年4月，市总工会与市直机关党工委、团市委、市妇联、市文化局联合举办“劳动者之歌”——全市职工庆祝五一国际劳动节文艺晚会，晚会录像被推荐到全国总工会参加庆五一文艺晚会评比。举办全市职工“自强之路”综艺晚会节目调演；与市委宣传部等部门在潍州剧场联合举办“歌唱祖国”潍坊市社会各界庆祝中华人民共和国成立50周年歌咏晚会，13个代表队的2000多名演职人员参加演出，评出特等奖1个、一等奖6个、二等奖6个、组织奖12个。与中国书画家联谊会联合主办全市职工庆祝中华人民共和国成立50周年书画展，收到作品698件，17个单位获组织奖。组织开展“双迎”（迎国庆50周年、迎澳门回归）征联活动，征集作品5800多份，评选出的优秀作品与1997年“爱岗敬业”征联作品共683件，于12月20日澳门回归前结集《心潮》出版印发。

2001年，市总工会在全市职工中开展“党在我心中”群众性歌咏活动。6月21日，与市委宣传部、潍坊电视台、颐中集团青州卷烟厂在潍州剧场联合举办“东方杯”“党在我心中”全市职工庆祝建党80周年大型歌会。组队参加省第九届“新世纪、新起点、新形象”职工演讲比赛。元旦春节期间，举办全市职工“新世纪、新征程”文艺晚会。2002年，市总工会邀请全国总工会文工团到潍坊为基层职工进行慰问演出。举办全市职工京剧票友大赛，在潍柴文化宫举办“永远跟着党”全市职工庆中共十六大迎新春文艺晚会。

2005年，市总工会与书画家联谊会联合组织“庆祝全国总工会成立80周年‘昊利杯’职工书画展”，展出职工书画作品400余幅。向省推荐“五一文化奖”文学类参评作品，5篇获三等奖、13篇获优秀奖，市总工会获优秀组织奖。2007年，市总工会参加省“五一文化奖”评选，潍坊市推荐的10件作品全部获奖，市总工会获优秀组织奖。举办“孚日杯”潍坊市“和谐颂”职工文艺调演汇报演出暨颁奖晚会，38个单位报送节目64个，其中自编自演节目29个，改编或部分创作的5个，分为音乐、舞蹈、曲艺、小品等4大类21种，编创人员37人，演出人员341人。

2008年，市总工会印发《全市职工书屋建设规划指导意见》。协调市内新闻单位对全国“五一劳动奖章”获得者等先模人物进行宣传。与市文化局联合组织开展纪念潍坊建市60周年暨庆五一全市职工书画作品展，收到书画作品468件，其中书法作品245件、国画作品223件，评出金奖4件、银奖8件、铜奖10件、优秀奖200件、组织奖11个。2009年，市总工会与市委宣传部、市委组织部、市摄影家协会联合举办“忆往昔看今朝庆祝中华人民共和国成立60周年职工摄影展”，收到作品1098幅，表彰16个优秀组织单位，评出3件一等奖、5件二等奖、10件三等奖。与市卫生防疫站联合组织“红丝带飘起来”大型文艺晚会，组织企业职工开展“红色歌曲大家唱”等群众性的红歌演唱活动。高密市、安丘市总工会推荐的表演队应邀在市人民广场参加庆祝中华人民共和国成立60周年大型文艺演出。组织庆祝中华人民共和国成立60周年红色电影放映月活动，深入县市区和大企业把电影送到职工中间，放映电影60余场，6万余人次观看。

2010年4月，市总工会与潍坊电视台联合组织“百姓艺术团走进重点建设工地慰问演出”，450名一线职工观看了演出。与《潍坊晚报》联合举办“为玉树祈福，全城人民献爱心”万只风筝大派送活动，募集善款6800余元，捐赠给市慈善总会。选拔3名职工歌手参加全省“迎国庆、颂祖国”职工歌曲展演活动，2名选手获二等奖、一名选手获优秀奖，市总工会获优秀组织奖。9月，召开宣教工作暨职工书屋建设经验交流会。2011年，市总工会组织庆祝建党90周年职工文艺晚会和“红心向党”全市职工歌手大赛，参赛代表队32支，参赛歌手150多人。组织参加全省职工书画摄影展和全省职工文艺会演。

2012年，市总工会组织东方和韵——潍坊市庆“五一”大型书画作品展。收到参展作品675件，其中书法作品371件、国画作品304件。评出书画作品一等奖各2件、二等奖各5件，三等奖各10件，国画优秀奖80件、书法优秀奖86件。举办“潍坊银行杯”全市首届职工合唱比赛，15支代表队参赛，高新区新海软件股份有限公司等3支代表队获金奖、5支代表队获银奖、7支代表队获铜奖，12首歌曲被评为优秀创作奖，15个单位被授予优秀组织奖。举办“泰山杯”全市职工“迎国庆、颂祖国”摄影展。收到摄影作品986件，评出金奖4件、银奖8件、铜奖20件、优秀奖37件、入选奖92件。

2010年9月，潍坊市工会宣教工作暨职工书屋建设经验交流会

职工体育活动　1992年，市总工会组织进京参加第一届全国风筝赛，获团体总分第一名，获金牌3枚、银牌3枚、铜牌2枚。举办全市职工乒乓球赛和企业羽毛球邀请赛，选拔运动员参加全省职工乒乓球比赛。1994年，第十一届潍坊国际风筝会期间，市总工会组织职工扎制创新风筝3000余只，组织88个代表队参加“94潍坊风筝大赛”，组队参加国际风筝比赛，均取得优异成绩。

1996年，承担第十三届潍坊市国际风筝会风筝扎制创新竞赛任务，94个代表队的1000余只风筝参赛，市总工会被评为第十三届国际风筝会先进单位。认真贯彻实施《全民健身计划纲要》，实施“五个一”健身工程，职工参加30万人次。组队参加省第三届职工田径运动会，选拔推荐优秀运动员参加全国工人运动会。

1997年，市总工会承担第十四届潍坊国际风筝会的风筝扎制创新竞赛工作，62个代表队的630余只风筝参赛。组队参加第五届全国风筝比赛和迎接香港回归风筝友谊赛。是年，山东海化集团有限公司等16个单位被省总工会、省体委评为省职工体育先进单位。

1999年，市总工会组织开展“迎国庆全市职工体育活动月”活动，深入实施《全民健身计划纲要》。完成第十六届国际风筝会的风筝扎制等工作，50多个代表队扎制的1000多只风筝参加潍坊风筝大赛。组建潍坊代表队、山东代表队参加国际大赛获佳绩。2001年，市总工会组织全市14支职工篮球队，在潍坊一中体育馆举办“庆国庆全市职工篮球比赛”。完成第十八届潍坊国际风筝会潍坊风筝大赛风筝扎制、创新和竞赛工作，41个代表队扎制的700余只风筝参加比赛。2002年，市总工会组队参加全省第四届职工运动会，获金牌3枚，市总工会获优秀组织奖，潍坊四棉纺织有限公司、潍坊供电公司获特别贡献奖。完成第十九届国际风筝会的风筝扎制创新工作，组织12个县市区、38个市直单位扎制的1000余只风筝参加比赛。2003年，市总工会完成第二十届潍坊国际风筝会风筝扎制创建竞赛工作，全市62支代表队参加潍坊风筝大赛，参赛队员1200人。2004年，市总工会完成第二十一届潍坊国际风筝会风筝扎制创建竞赛工作，组织全市67支代表队、1300名队员参加潍坊风筝大赛。

2005年，落实全国总工会《关于开展2005年全国亿万职工“迎奥运”健身活动月系列活动的通知》精神，奎文区总工会被全国总工会表彰为先进单位，潍坊市总工会获优秀组织奖。组织第二十二届潍坊国际风筝会风筝扎制创新竞赛活动，牵头举办首次市区万人放飞活动，邀请当年受国务院表彰的全市12名全国劳动模范与市四大班子主要领导及市民一起放飞风筝。中央电视台《新闻联播》五一综合新闻节目予以报道。

2007年，组团参加省第五届职工运动会，获团体总分第六名和优秀组织奖。潍坊市商业银行被省总工会、省体育局评为职工体育标兵工作单位并获“富民兴鲁”劳动奖状，寿光市总工会等8个单位被评为全省职工体育工作先进单位。完成第二十四届潍坊国际风筝会风筝扎制、创新和竞赛工作，组织55个代表队900余名队员参加国际风筝会潍坊风筝大赛；举办风筝会万人放飞暨职工文化展演活动。

2008年，组织第二十五届潍坊国际风筝会潍坊风筝大赛的风筝扎制、创新、竞赛和“庆五一、迎奥运”万人放飞活动，参加潍坊风筝大赛队伍68支，参赛风筝1000余只，评选出潍坊风筝大赛特别贡献奖1个，团体一等奖30个、二等奖30个、三等奖8个，创新一等奖13个、二等奖20个、三等奖30个。3—7月，市总工会与市直机关党工委、市教育局、市体育总会、市政管理局联合组织开展全市“庆五一、迎奥运”职工健身主题活动，主要活动有城区教职工拔河比赛、市直机关风筝放飞比赛、潍坊风筝大赛等。

2009年，市总工会与潍坊银行联合举办“潍坊银行杯”全市财贸系统篮球赛，10多只代表队参加比赛。是年，市总工会获省总工会“2009年度山东省职工迎奥运健身活动月”优秀组织奖。2010年，完成第二十七届潍坊国际风筝会的风筝扎制和创新工作，参加潍坊风筝大赛的市内代表队87支，参赛风筝1080只。组织“庆五一”市区万人风筝放飞表演暨潍坊风筝放飞青岛启动仪式。6月始，组织举行潍坊市首届校际教职工篮球联赛，参赛球队12支，历时6个月。2011年，完成风筝扎制创新和竞赛工作，参赛代表队86支，参赛风筝1100多只，创新风筝达到20%。举办“讲文明、树新风、迎五一”万人风筝放飞活动。

2012年，市总工会组织职工创新扎制风筝参加潍坊风筝大赛，参赛代表队95支，参赛风筝1156只。组织“和谐家园，喜迎五一”市区万人风筝放飞活动，市领导、劳动模范代表和市民共同放飞风筝。举办“潍电杯”全市职工象棋比赛，各县市区、市直单位22支代表队的84名职工运动员参加比赛。参加省第六届职工运动会，获团体总分第六名和优秀组织奖。市委市直机关工作委员会被评为省职工体育工作标兵单位，市总工会等7个单位被评为省职工体育工作先进单位。

第二章　共青团潍坊市委员会

1991—2012年，潍坊市各级共青团组织针对社会主义市场经济条件下青少年工作出现的新情况、新问题，广泛开展形式多样的教育引导，大力培养和造就有理想、有道德、有文化、有纪律的共产主义事业接班人。全市先后涌现出全国优秀共青团干部李文昌、全国十大杰出青年卫士谭振亮、全国十佳好儿童魏效云等先模人物。共青团潍坊市委员会（简称团市委）适应全市经济和社会发展的需要，组织开展了“文明创建活动”和“创业建团、团促产业、产业兴团活动”，适应全市青年成长成才需要，组织开展“青春创业行动”和“服务万村行动”。团市委先后被团中央授予“全国青年星火带头人活动十年成就奖”和“1999年度领办科技推行项目特别贡献奖”，“服务万村行动”经验做法被团中央、国家科委在全国推广。加强全市基层团组织建设，增强共青团组织的感召力、凝聚力和吸引力。1991—2012年，累计发展团员27.76万人，共青团支部委员会从22.19万个发展到2.34万个，共青团工作委员会（简称团工委）从82个发展到115个。至2012年，全市189万名青年中，共青团员52.38万人，占青年总数的27.7%。

第一节　组织机构

1990年，团市委下设组织部、培训部(流动团校)、宣传部、学校少年部、工农青年部、统战部、权益部及办公室。

1991年5月，成立潍坊市青少年社会服务中心，为隶属于团市委的正科级自收自支事业单位。1992年10月，成立潍坊市红领巾报社，为隶属于团市委的正科级自收自支事业单位。是年，全市产业团委143个，产业团支部2222个，全市农村团的工作初步实现按共青产业体系模式运转。

1996年9月，成立潍坊市青年干部培训中心，为隶属团市委的正科级自收自支事业单位。1997年1月，成立潍坊市希望工程办公室，为隶属于团市委的正科级全额拨款事业单位。1997年1月，市委、市政府将潍坊市青少年宫划归团市委管理，市青少年宫为正科级全额拨款事业单位。

1999年1月，成立中国共产主义青年团潍坊市学校，为隶属于团市委的正科级差额拨款事业单位。2002年，团市委下设组织部、宣传部、学校少年部、工农青年部、统战部、权益部、办公室7个部室及市希望工程办公室、市青少年宫、市红领巾报社、中国共产主义青年团潍坊市学校和市青少年社会服务中心5个所属单位。全市共有基层团（工）委1091个，基层团支部（总支）2.42万个，团员54.04万人，青年246.3万人。

2005年11月，成立潍坊市关心下一代工作委员会办公室，为隶属于团市委的正科级全额拨款事业单位。2011年，潍坊市青年志愿者工作办公室成立，编制3人，主要负责组织、引导、开展青年志愿者工作。

到2012年底，团市委下设办公室、组织部、宣传部、统战部、工农青年部、学校少年部、社区和维护青少年权益部7个部室。全市有基层团（工）委1744个，团支部（总支）25353个。

1991—2012年潍坊市共青团基本情况统计表

表19－2－1

年　份	基层团组织				团员总数（万人）	专职团员干部总数（人）	新发展团员（人）
	团委（个）	团总支（个）	支部（个）	团工委（个）			
1991	1105	1738	21927	82	50.62	1263	8689
1992	1023	1742	22004	84	49.85	1156	9630
1993	973	1766	22138	87	48.87	1107	8230
1994	1063	1807	22216	92	50.04	1163	13863
1995	1123	1814	22267	94	50.83	1204	12682
1996	1075	1801	22204	94	51.32	1240	9358
1997	1063	1811	22298	96	51.67	1286	8065
1998	982	1817	22314	97	52.05	1310	16065
1999	1026	1805	22295	97	52.66	1397	11367
2000	1048	1796	22245	97	53.21	1463	13486
2001	962	1820	22318	102	53.74	1485	17648
2002	984	1839	22377	107	54.04	1520	7529
2003	841	1847	22410	110	51.89	1281	8261
2004	813	1858	22433	112	49.01	1067	8363
2005	782	1873	21108	112	46.52	867	12582
2006	836	1884	22517	112	48.21	946	14433
2007	921	1891	22659	113	49.92	1056	9387
2008	1092	1902	22867	116	48.97	1150	12338
2009	1265	1922	23211	114	50.90	1287	9284
2010	1354	1894	22887	114	49.38	1463	16536
2011	1486	1908	23077	114	50.36	1520	23341
2012	1629	1929	23424	115	52.38	1651	26414

第二节　共青团潍坊市代表大会

共青团潍坊市第十三次代表大会

1987年7月2—4日在潍坊市东郊宾馆召开，出席会议的正式代表588人，特邀代表24人。大会审议通过满郭强作的工作报告和《关于共青团带头移风易俗、倡导文明新风的决议》，选举产生59人组成的共青团山东省潍坊市第十三届委员会，推选出席共青团山东省第八次代表大会代表96人。1987年7月5日，共青团潍坊市第十三届委员会举行第一次全委会，选举产生9人组成的团市委常委，选举满郭强为团市委书记，选举林春明、王玉春为团市委副书记。

共青团潍坊市第十四次代表大会

1992年12月在潍坊市东郊宾馆召开，出席会议的正式代表298人，特邀代表20人，中共潍坊市委副书记张文玉讲话。会议审议通过刘明珂作的《坚定不移地贯彻党的十四大精神奋力开创我市共青团工作新局面》的工作报告，提出新一届团市委的总任务。会议选举产生由36人委员和15人候补委员组成的中国共产主义青年团潍坊市第十四届委员会。在十四届一次全会上，选举出9人组成的团市委常委，选举刘明珂为团市委书记、苏立科为团市委副书记。

共青团潍坊市第十五次代表大会

1998年5月14—15日在潍坊市东郊宾馆召开，出席会议的正式代表301人，特邀代表20人。市委书记曹学成出席开幕式并讲话，团省委书记李群出席大会。会议审议通过张术平代表共青团潍坊市第十四届委员会作的《肩负起跨世纪历史使命，为建设现代化潍坊而奋斗》的工作报告。大会选举产生共青团潍坊市第十五届委员会，其中，委员38人，候补委员12人。在十五届一次全会上，选举产生11人组成的团市委常委，选举张术平为团市委书记，选举张玉和、宋均圻为团市委副书记。

共青团潍坊市第十六次代表大会

2003年4月9—11日在潍州剧场召开，出席会议的正式代表336人，特邀代表20人。市委副书记赵兴涛代表中共潍坊市委向大会致祝词。会议审议通过赵伟宏代表共青团潍坊市第十五届委员会所作的《肩负起新世纪历史使命，为建设现代化潍坊而奋斗》的工作报告。选举产生由40名委员和16名候补委员组成的共青团潍坊市第十六届委员会，4月11日，第十六届委员会第一次全会上以无记名投票方式，选举产生11人组成的团市委常委会，赵伟宏当选为团市委书记，邱旺、杨建华当选为团市委副书记。

共青团潍坊市第十七次代表大会

2007年10月9—11日召开，出席会议的正式代表400名。会议审议通过吕珊珊代表共青团潍坊市第十六届委员会所作的《高举团旗跟党走，干事创业谋新篇为建设富裕文明和谐的现代化新潍坊奉献青春和力量》工作报告。选举产生41名委员和19名候补委员组成的共青团潍坊市第十七届委员会。在十七届第一次全会上，以无记名投票方式，选举产生由11人组成的团市委常委会，吕珊珊当选为团市委书记，徐莹、李强、张振城当选为团市委副书记。

共青团潍坊市第十八次代表大会

2012年9月26—28日在富华国际会议中心召开，出席会议的正式代表334人，特邀代表30人。团省委副书记陈必昌代表团省委到会祝贺。会议审议通过赵学坤代表共青团潍坊市第十七届委员会所作的题为《坚持科学发展，推动新的跨越为建设现代化经济文化强市贡献青春力量》工作报告。选举产生由41名委员和19名候补委员组成的共青团潍坊市第十八届委员会。在市第十八届一次全会上，以无记名投票方式，选举产生由

2012年9月26日，中国共产主义青年团潍坊市第十八次代表大会召开

11人组成的团市委常委会，赵学坤当选为团市委书记，李志为、高斌、陈珊珊当选为团市委副书记。

第三节　主要工作和活动

青少年教育引导

1991年始，潍坊市各级团组织针对建立社会主义市场经济体制过程中青年思想出现的新情况、新问题，对全市团员青年进行爱国主义、集体主义、社会主义和法制教育，增强青年的思想道德素质。全市各中学团组织认真贯彻《山东省中学共青团组织工作条例》，开展“争做山东未来建设者”主题教育活动。先后涌现出“全市学雷锋标兵”任志瑶、“全国优秀团干部”李文昌等青年学习的楷模。

1995年5月4日，团市委联合市委组织部等9部门对全市各行各业涌现出的先进青年和先进集体进行表彰，授予荣誉称号。其中李文昌等10人获潍坊市‘十佳乡镇团委书记’称号，王孟良等10人获潍坊市‘十佳农村青年星火带头人’称号，孙红红等10人获潍坊市‘十佳青年岗位能手’称号，刘子祥等10人获潍坊市‘十佳青年企业家’称号，刘洋等10人获潍坊市‘十佳少先队员’称号，李秀萍等10人获潍坊市‘十佳青年科技标兵’称号，刘忠堂等10人获潍坊市‘十佳青年教师’称号，王炳武等10人获潍坊市‘十佳青年医务工作者’称号，何永山等10人获潍坊市‘社会治安见义勇为十佳青年’称号，潍坊柴油机厂赴奥地利拆装团青年突击队等10个青年集体获潍坊市‘十面新长征突击队红旗’称号。8月，团市委组织以优秀乡镇团委书记李文昌等6名先模人物为代表的英模事迹报告团，在12个县市区作巡回报告，大力弘扬爱国主义、集体主义和无私奉献精神，引起热烈反响。全市涌现出昌邑邵述衡、谭振亮，高密刘洋，青州张学刚等先模英雄人物。

1997年，团中央把潍坊市列为全国青少年“讲文明、树新风”活动100个试点城市之一。团市委抓住机遇，组织广大团员青年积极投身潍坊市“一河、一街、一区”三大工程建设，即治理白浪河市区段、美化东风街、建设青年文明社区。涌现出“全国十大杰出青年卫士”谭振亮等先模人物。6月，组织庆香港回归暨纪念建团七十五周年文艺会演，广泛开展歌咏活动。组织4名青年“环国摩托行”，1998年完成国内行程。

1998年，潍坊团市委实施“共青团民心工程”。广泛开展学习教育活动，筑牢全市青少年正确的世界观、人生观、价值观，先后涌现出救人英雄秦玉栋、潘振刚，见义勇为好民警孙志军等一大批青少年英雄人物。

2001年，承办全省农村共青团干部代表学习“三个代表”重要思想培训班，来自全省各地的农村团干部代表听取潍坊的经验介绍，潍坊的工作经验被推向全省；举办“三个代表”重要思想青年骨干培训班；组织召开全市青少年学习实践“三个代表”重要思想先进模范事迹报告会暨表彰大会；在临朐县李家庄召开村级团组织“三个代表”重要思想学习教育活动现场推进会。

2003年，开展“新世纪我能行”体验教育、“手拉手”“大中学生三下乡”等活动。安丘、寒亭、昌乐3所实验小学被命名为山东省少先队工作规范化学校。潍坊团市委获共青团山东省委表彰的山东青年学习中共十六大精神知识竞赛优胜奖，被评为首届山东省少先队辅导员技能技巧大赛暨风采展示活动优秀组织单位。

2004年，新命名14处潍坊市青少年教育基地。市委充实调整潍坊市关心下一代工作委员会，推动全市关心下一代工作的开展。2005年，潍坊团市委开展一系列青少年思想教育活动。召开全市未成年人思想道德建设研讨会，对新时期加强少年儿童思想教育的方式方法进行深入探讨，邀请周恩来的侄子周保章到潍坊为青年党员、青年学生作报告。六一儿童节前，联合市委宣传部、市文明办、市教育局、市少年先锋队工作委员会等单位开展“潍坊了不起、潍坊人了不起、做个了不起的潍坊人”征集评选活动，让青少年了解潍坊、了解潍坊人，努力做了不起的潍坊人。坚持“领导、组织、队伍、阵地、活动、保障”齐抓并举，山东省级机关党工委在潍坊召开关心下一代工作研讨会，推广潍坊经验。

2010年，承接团中央和团省委分层次教育研究课题。4月，团省委调研组到潍坊市进行专题调研。2011年11月23日，团市委作为全国唯一的地级市代表，在全国中学共青团工作会议上，做题为“红心向党，团队一体，全面提升潍坊中学共青团工作水平”的典型发言。到2012年，全市共建立各级关工委组织7588个，发展专兼职工作队伍1.36万人，潍坊市和县区两级成立“五老”（老干部、老战士、老专家、老教师、老模范）报告团108个，为青少年做各类报告446场，受教育者达25万人次。创建命名关心下一代教育基地103处，接待青少年参观者39万人次。

文明创建活动

1994年4月，团市委联合有关部门，在金融、公安、公交、交通、卫生、税务、电力等20多个主要窗口行业，开展“青年文明号”创建活动，对完善机制、打造品牌、丰富内涵等进行有益探索。

1995年3月4日，团市委召开全市学雷锋青年志愿者活动动员大会，成立潍坊市青年志愿者协会。3月26日，组织城区29对新婚夫妇在潍坊科技大厦举行集体婚礼，倡树婚事新办、简办的社会风气。当年，全市24个单位被授予省级“文明服务先进单位”“青年文明号”和“青年全优岗”称号，27名青年被评为全省“文明服务先进青年”。

1997年，团市委依托潍坊高等专科学校、潍坊柴油机股份有限公司、潍坊公交公司、潍坊一中和育才学校，分别成立潍坊市青年志愿者活动、青年岗位能手活动、青年文明号活动、希望工程和“手拉手”活动协调指导中心，为青少年参与社会主义精神文明建设提供组织保障。全市青年志愿者队伍发展到3700多支，志愿者总量突破4万人，在扶贫帮困、社区服务、承担大型社会活动中发挥了积极作用。

1998年，团市委开展青年志愿者活动，组建自来水、煤气、医疗、电器维修等100支专业队伍，全市青年志愿者总量达到8万多人，在扶贫济困、赈灾捐款、参与省运会等大型社会活动中发挥了重要作用。为支援灾区，全市千余名青年志愿者率先走上街头，开展赈灾义演和社会劝募活动，共募集捐款52万多元，是全省捐款最多的地市团委之一。组织1400多名青年志愿者参与省十九届运动会的全程服务，受到社会各界好评。

2000年，团市委组织实施青年志愿者行动，依托司法、工商、卫生、交通等与群众生活密切相关的行业和部门，组建各类专业性青年志愿者服务队伍。加强各类青年志愿者活动阵地建设，初步形成青年志愿者行动联动网络。青年志愿者积极参与社区服务、青少年维权岗及其他大型活动，实现青年志愿者行动与其他团的活动的有机结合。

2003年3月，团市委举行全市纪念学雷锋活动40周年暨通信杯中国志愿者注册仪式，评选表彰潍坊市十大杰出青年志愿者和青年志愿者服务队。2005年2—5月，为迎接第二十二届潍坊国际风筝会的召开，以“爱我潍坊，做文明市民”为主题，组织开展青年志愿者集中服务月活动，先后7次组织3万多名青年志愿者走上街头、深入社区，开展卫生清理、社区服务、文明劝导等活动。各级青年文明号积极开展“青年文明号信用建设示范行动”“优化经济发展环境、青年文明号率先行”等活动，促进经济社会的协调发展。青年文明号成为展示潍坊市青年风采、树立行业诚信的一个重要社会品牌。至2005年底，全市共有国家级青年文明号21个、省级青年文明号181个、市级青年文明号502个。

2012年，组织全市商业（服务业）企业开展以“铸诚信、促和谐”为主题的“百城万店青年文明号信用示范周”活动，提供诚信服务，发放青年文明号服务卡，设立义务咨询台和优质服务示范柜台，重温“全国青年文明号信用公约”，组织青年文明号打假小分队，引导社会增强诚信守法意识，规范商业经营行为，促进和谐社会建设。3月，在高新区谷德广场举行全市创建全国文明城市青年志愿者服务活动启动仪式，青年志愿者代表与农民工子女代表填写结对帮扶卡，“城乡手拉手　共建新农村”相关单位签订帮扶协议，市青年文明号集体与基层团组织签订帮扶协议。

服务万村行动

1995年4月3日，共青团中央印发《关于加强农村基层团组织建设中实施“共青团服务万村脱贫致富奔小康行动”的意见》，倡导各级团组织开展“服务万村行动”。是年，团市委在全市农村基层团组织中实施“农业产业化青年致富工程”，紧密结合农业产业化的实际,探索出“龙头带支部”的基本运作模式，在全市农村各级团组织中大力构建共青产业体系，受到团中央、中共山东省委和团省委的肯定。团中央在北戴河举办全国“服务万村行动”培训班，潍坊团市委和诸城市、寿光市团市委应邀到会介绍经验，团省委以正式文件转发潍坊市的经验，省委副书记陈建国在文件上批示，要求把潍坊的经验在全省推广。团中央第一书记李克强在北京专门听取潍坊

2012年3月，团市委举行全市创建全国文明城市青年志愿服务活动启动仪式

团的工作汇报，对潍坊团市委把“服务万村行动”纳入农业产业化大轨道予以推进的做法给予充分肯定。全市市、县、乡、村四级团组织大力开展酵素菌技术推广工作和“四带头”（带头学习酵素菌技术、带头应用酵素菌技术、带头联系重点户、带头热心搞服务）活动，以潍坊市委确定的50处示范乡镇为重点，积极参与堆肥场和示范基地建设，初步形成比较完整的推广、应用体系。团中央第一书记李克强致信潍坊团市委，对市、县、乡、村四级联动推广一项新科技的做法给予高度评价。全市团组织把农村青年星火带头人活动定位在农业产业化的大局中，按照“选项目、培养人、抓服务、增活力”的要求，强力推进，培养了大批科技素质高、辐射能力强的农村青年星火带头人。12月，团中央、国家科委联合在潍坊市召开全国深化青年星火带头人活动暨推进服务万村行动现场经验交流会，推广潍坊的经验做法。

“产业建团、团促产业、产业兴团”活动

1996年，团市委按照“市场牵龙头，龙头带基地，基地连农户”的产业化模式，调整团的组织设置，改进团的活动方式，构建共青产业体系。到1997年底，全市16大主导产业建立产业团委，初步构筑起比较完整的产业团组织体系。产业团组织瞄准主导产业发展需求，领办科技推广项目，其中团市委直接领办的营养酸膜种植项目被团中央列为全国20个中青年农业科技示范园推广项目之一。临朐果品、青州花卉、昌乐西瓜、寿光大棚蔬菜、昌邑特种动物养殖、安丘姜蒜、高密“两菌”、寒亭洋香瓜等项目逐步辐射到全省乃至全国。全市各级产业团组织共举办各类专业技术培训班1440期，培训农村青年65万人次，培养国家级青年星火带头人3人、省级8人、市县级3000人。昌乐县河头镇农村青年星火带头人王孟良被评为全国农村青年星火带头人标兵，青州万红花卉有限公司团委书记李天庆被团中央评为全国十大杰出青年农民。当年，团市委获团中央、国家科委颁发的全国青年星火带头人活动组织奖，为全省唯一获此奖的市地团委。深入开展企业团组织青年文明号和青年岗位能手创评活动。是年，全市获得省级以上青年文明号、青年岗位能手称号的单位和个人分别为96个和127名。潍坊财产保险公司营业部被团中央和中国人民银行命名为全国青年文明号，成为全省保险行业唯一获得此项荣誉的单位。1997年，团市委被团中央授予“全国青年星火带头人活动十年成就奖”。

1998年，团市委巩固16大主导产业建团成果，把产业建团的经验推广到乡镇企业和小城镇建设领域。3月，团中央书记处书记胡春华专

1998年12月1日，全省“团促产业、产业兴团”工作现场研讨会在潍坊市召开，推广潍坊工作经验

程到潍坊市考察产业建团工作。年底，团省委在潍坊市召开“团促产业、产业兴团”工作现场研讨会，向全省推广潍坊的经验做法。《人民日报》《大众日报》《中国青年报》《中国共青团》等多家报刊对潍坊市的做法进行报道。

1999年，团市委围绕农业现代化建设，探索出园区建团、联合建团、城镇建团、社区建团四种新型农村基层团组织创建形式，先后制订《潍坊市农村产业团委工作条例》《关于组织带领广大团员青年参与农业现代化建设的意见》等，使产业团组织有章可循。10月20—23日，潍坊团市委承办由共青团中央青农部、科学技术部农村与社会发展司、全国农技推广中心等部门联合主办的首届“中国青年农业科技成果推广商洽会暨领办科技推广项目现场推进会”，展出代表当今国内农业科技最高水平的新成果、适用科技推广项目、优质高效农副产品等1000多项。团市委举行高层次农业科技成果交流、信息发布会9场，组织大规模潍坊农业产业化现场。来自全国30个省、自治区、直辖市的2万余名代表到会参展、参观、洽谈。发放农业科技资料200多万份，46家参展商当场与有关方面签订合作意向190个，意向额达1.4亿元。潍坊团市委被共青团中央授予全国“领办科技推广项目‘神农奖’特别贡献奖”。在中学生中大力推进中学生回乡创业计划，寿光市被共青团山东省委确定为全省中学生回乡创业计划试点县。潍坊团市委被共青团中央授予1999年度领办科技推广项目特别贡献奖。

2000年，团市委加强潍坊农村团的工作，积极参与农业高新技术走廊建设，实现“产业建团、团促产业、产业兴团”工作机制由主导产业拉动向农业高新技术走廊拉动转变。4月，共青团中央、财政部、农业部联合在潍坊举办全国跨世纪青年农民科技培训工程管理干部研修班，推广潍坊的经验。诸城市被确定为全国跨世纪青年农民科技培训工程试点县（市）。7月，团市委召开全市共青团参与农业高新技术走廊建设现场推进会，掀起农村基层团组织和团员青年投身农业高新技术走廊建设的热潮。

青春创业行动

1992年，全市企业团组织开展争创“青年全优岗”活动和“七五”功勋杯、“五为”（为改革开放鸣锣开道，为企业发展出力献策，为厂长党委分忧解难，为青年成才提供服务，为社会稳定多做工作）系列活动，组织开展“文明经营示范”“双岗双提高”（岗位成才、岗位奉献，提高青工素质，提高企业经济效益）、“五小”（小发明、小建议、小设计、小改造、小革新）攻关和“技术比武”“岗位练兵”等活动，发挥共青团的主力军和突击队作用。各县市区青少年联合会（简称青联）组织开展“我为八五献计献策献力”“中外青年迎新春联欢会”等活动。

2001年，进一步深化全市青春创业行动，初步构建起“党政支持、以团为主、部门参与、四级联动”的活动运作新格局。安丘、诸城、青州、昌乐、临朐5县市相继被团中央确定为跨世纪青年农民培训工程试点县（市），培养全国、省级、市级青年科技星火带头人1000名。4月20日，团中央在寿光市举行中国西部青年科技创业行动青年工场授牌仪式，寿光市蔬菜高科技示范园被命名为“西部青年科技创业行动青年工场”。山西省凤翔县的20名农村青年在寿光接受为期一个月的免费农业科技培训，《中国青年报》对此做了题为“努努力，让西部青年站到前边去”的专题报道。

2002年4月9日，潍坊团市委作为全省唯一地市级代表参加全国农村青年工作会议，以农业标准化青年行动为主题作典型发言。9月15日，团中央书记处书记赵勇专程到潍坊参加寿光市农业标准化青年行动绿色承诺仪式，对潍坊的新探索给予充分肯定。

2003年，团市委围绕促进招商引资，启动“共青团引企入潍”活动，依托团的自身和外围两大组织网络，全力推动共青团招商引资工作。着眼优化全市投资环境，开展“优化经济发展软环境，青年文明号率先行活动”。围绕促进民营经济发展，重点抓民营企业的团建工作。围绕搞活现有企业，举办青年文明号规范化管理培训班，进一步深化青年创新创效、青年文明号、青年岗位能手等活动。围绕服务青年就业创业，开展青春创业行动。设立市级志愿青年创业导师库和学士后流动站，建立市级青春创业行动培训基地，举办青春创业行动职业说明会，推动青春创业行动的深入开展。共启动潍百集团等市级项目4个、新郎服饰等县级项目21个，培训青年4300人，青年就业2100人，青年创业78人。

2005年，团市委强力推进“强市兴潍”青春创业行动。银行和企业紧密合作，创建青年经济发展合作联盟，推进“青春创业行动”深入开展。开展农村青年转移就业促进计划，主动与劳动部门联合，在县和乡（镇）两级组织中创建农村青年就业指导中心，促进农村青年转移就业。仅2005年，全市就有3000多名青年通过这一渠道实现转移就业。

2009年，团市委联合市委宣传部、潍坊银行举办“潍坊银行杯”首届全市青年创业大赛。全市各界符合条件的创业青年积极响应，踊跃报名，历时两个月，经过海选、笔试、面试、项目计划书设计、商业实战沙盘对抗、总决赛答辩环节，发现一大批优秀青年创业人才和优秀创业项目，为43名入围50强的选手提供创业信贷资金9000余万元。至2012年，连续举办4届。

2010年4月30日，举办潍坊市第二届青年创业大赛

希望工程

1993年，市委、市政府成立“希望工程”领导小组，在团市委设领导小组办公室。潍坊电视台、《潍坊日报》等新闻媒介设立“希望工程”专栏。各级党团组织广泛开展“伸出友爱之手，奉献一片爱心”“交一次特殊党（团）费”等活动，城区与欠发达地区开展“手拉手”活动、“1（家）+1”活动。当年，全市“希望工程”办公室收到捐款12万元，救助失学少年3900多人。1994年8月，济南军区官兵捐资20万余元，在临朐县沂山乡西沂山村建立全市第一所希望小学——临朐“八一”希望小学。

1995年，团市委与中国建设银行潍坊市分行联合开展“希望工程爱心储蓄”活动，完成储蓄额1100多万元，充实了希望工程基金，提高了希望工程活动的救助能力。与潍坊市总工会、山东泛海集团公司、上海亓氏国际实业总公司、青州市朝阳有限公司等单位联系，先后投资140万元，分别在青州、临朐、安丘3县（市）的山区和库区援建7所希望小学。到年底，全市救助儿童4594人，建立希望小学12所，为30所学校改善办学条件。

1993—1996年，潍坊“希望工程”累计救助失学或濒临失学孩子9598人，建成希望小学14所，为经济欠发达地区的30所小学改善办学条件。1996年12月10—12日，全省希望工程工作现场会议在临朐县召开。1997年，团市委与中国工商银行潍坊分行联合开展“百万企业献百元”活动，在全社会开展“一助一”助学活动。5月，由团市委援建的鸢都希望小学在临朐县大关镇王家庄子村落成。是年，团市委书记张江汀被团中央、中国青年基金会授予“全国希望工程建设奖”。依托潍坊高等专科学校、潍柴集团、潍坊公交公司、潍坊一中和育才学校，分别成立潍坊市青年志愿者活动、青年岗位能手活动、青年文明号活动、希望工程和“手拉手”活动协调指导中心。

1998年，团市委抓住团中央实施20世纪最后一轮劝募行动的有利时机，加大希望工程实施力度。当年，全市新建希望小学5所，新建希望书库33套，新增救助学生5000多人。救助对象逐步由农村小学生向城区下岗职工子女和特困大中专学生延伸，覆盖面逐步扩大。

2000年，全市希望工程初步实现由乡村向城区、由救助小学生向救助大中专学生转移。团市委、市希望工程办公室先后争取中国青少年发展基金会、山东省青基会和社会、企业捐款40万元，建设希望小学2所。发放工商银行特困下岗职工子女助学基金5万元，救助城区特困下岗职工子女150名。联合《潍坊晚报》、市教育电视台，开展“谁来帮他上学”活动。潍坊大光明眼镜公司向全市受助生捐赠1000副优质光学眼镜，青州卷烟厂向贫困学生发放800套学习用品。潍坊市直机关党工委开展“参与民心工程，捐献电脑下乡”活动，改善乡村希望小学的办学条件。12月20日，由山东省信息工程学校捐建的全市首个希望工程微机教室在安丘市王家庄子镇泛海希望小学落成。至年底，全市希望工程共筹资1300多万元，救助特困生3万多名，建希望小学26所，捐赠希望书库53套、三辰影库42套。2001年，希望工程重点突出救助特困大学生、捐建希望工程电脑教室等工作。通过多种途径，募集募捐11万元，救助大学生51人。与潍坊广播电视台联合开展的“参与民心工程、捐赠电脑下乡”行动，动员社会各界共捐赠电脑47台，建成希望工程电脑教室2个。发放工商银行特困下岗职工子女救助金2万元，救助下岗职工子女60人。全年共筹资61万余元，救助中小学特困生1132人，新建成希望小学4所。2002年，团市委对有可能考入大学的高三特困学生摸底调查，登记造册。在大学录取工作开始后，本着“优中选贫，贫中选优”的原则，积极展开救助。当年，共筹集救助金46万元，救助特困大学生200人。各县市区团委共筹集救助金54.4万元，救助特困大学生357人。2003年，团市委组织“辉煌十年——希望工程十周年图片展”，集中展示全市实施希望工程取得的成绩。开展“希望工程特困大学生救助行动”，筹资40万元，救助学生200多人，中央电视台对该活动进行深入报道。2004年，潍坊希望工程筹款730.9万元，救助特困大学生1577人、中小学生85人，新建希望小学1所，建成希望小学电脑室12个、希望图书室3个。至年底，累计救助贫困学生3.17万人，建成希望小学38所。2005年，团市委以开展保持共产党员先进性教育活动为契机，加大宣传力度、扩大社会参与面，大力开展希望工程救助活动。

共筹资84.41万元，救助大、中、小学生2600多人，新建成希望工程图书室2个、电脑室3个，新建希望小学1所。全市希望小学总数达39所。

2011年，举办“潍坊市第五届希望工程认亲”大会，结对认亲近50对，捐赠善款2万余元。希望工程助学金全年救助学生508人，共计10.76万元。筹措150万元善款，捐建昌乐平安希望小学、高密格力希望小学、寿光华安希望小学及坊子维维希望小学。举行昌邑市饮马青少年医疗卫生服务基地暨青少年综合门诊揭牌仪式，筹资150万元，依托昌邑市饮马中心卫生院，建设饮马青少年医疗卫生服务基地和青少年综合门诊项目，为青少年提供疾病预防与治疗、健康咨询、卫生教育等一站式服务。联合深圳好忆星公司，在全市各中小学校和幼儿园开展捐赠学习机和护眼仪助学活动，捐助学习机520台、护眼仪2600台。六一儿童节期间，团市委到潍坊市儿童福利院开展“关心关爱、真心真情”慰问活动，为孩子们送去2万元慰问金和价值7000元的阳春羊奶。召开“为了明天，牵手希望”爱心行动对接会，为贫困学生提供救助和服务，打造共青团工作的公益品牌。与安利中国日用品有限公司潍坊分公司开展“音乐温暖梦想、视野开拓人生”关爱留守儿童游学活动，为安丘柘山小学50名留守儿童每人赠送一部手机和电话卡。在寒亭区举办希望工程“合众助学行”潍坊站捐助仪式，开展一对一认捐贫困小学生活动。开展“为了明天，牵手希望”爱心行动共青助困送温暖活动，为24名小学贫困生送去1.12万元慰问金。开展“为了明天　牵手希望”爱心行动征文活动，为社会各界提供一个讲述爱心故事的平台。实施推出“爱心厨房”项目，为青州和峡山的中小学校建设和改造标准化、符合国家食品卫生要求的厨房10个。

2012年，希望工程助学金救助学生334人，共计7.26万元。捐建的高密格力希望小学、坊子维维希望小学、寿光华安希望小学投入使用。举办2012圆梦大学行动系列活动，举行“郎助郎·上学堂”大型捐资助学活动新闻发布会、捐资助学活动发放仪式、2012“国酒茅台·国之栋梁”希望工程圆梦行动大型公益助学活动潍坊助学金发放仪式和2012山东省希望工程圆梦行动助学金发放仪式，共筹款141.7万元。在全市范围内创新实施旨在关心关爱农村弱势青少年群体健康成长的社会公益项目“希望乐园”，主动对接省青基会，协调在昌乐、临朐建成“希望美术教室”和“希望音乐教室”。至2012年底，全市共建成希望小学33所（部分希望小学合并），救助困难学生4.2万余人。共建成“希望乐园”35处、“希望美术教室”5处、“希望音乐教室”1处。

第四节　青少年团体

潍坊市青年联合会

组织建设　潍坊市青年联合会（简称市青联）委员由各团体会员、各界人士、人民团体等有关单位推荐、协商产生，每届任期5年。

1989年1月，市青联召开五届一次全体委员会议，选举产生主席1名、副主席8名、常务委员27名。2001年4月27日，召开市青年联合会第六届委员会全体会议，选举产生主席1名、副主席12名、常务委员43名。2007年4月30日，召开市青年联合会第七届委员会全体会议，选举产生主席1名、副主席18名、常务委员53名。2009年5月25日，召开市青年联合会七届二次常委（扩大）会议，会议通过40人的卸职决定，增选副主席5名、常务委员17名，增补委员75名。2011年5月6日，召开市青年联合会七届三次常委（扩大）会议，会议通过74人的卸职决定，改选青联主席，增选副主席4名、常务委员15名，增补委员80名。

主要活动 1992年，市青联全面实施团省委《关于在全省团员青年中开展“为山东经济腾飞青春立功”活动的意见》，在全市农村团组织重点实施“农村青年科技星火工程”，培养大批青年星火带头人和青年科技示范户，建立一批农村青年科技队，涌现出带领青年科技致富的“山东十大杰出青年”徐少华等典型。

1996年5月4日，市青联举办历时10天的首届青年科技文化艺术节，开展书法、绘画、演讲等一系列文艺活动。

2001年，市青联组织开展“学科技、办项目、拓市场、比贡献”活动，鼓励广大团员青年通过学用科技、领办创办农业龙头项目、开拓国际国内市场，参与全市农业标准化和国际化发展进程。

2003年，市青联围绕潍坊市委“农业三化”战略，扎实推进农业标准化青年行动，开展绿色承诺活动、农业标准化生产青年示范户、示范基地创评等活动，推动农业标准化青年行动的深入实施。2004年，市青联、市台办共同承办“2004鲁台青年交流合作周”，就海峡两岸青年交流、潍坊与台湾经济合作进行研讨，促进台湾青年团体和山东省青年团体的交流与合作，推动两岸青年创业合作、共同发展。2008年，市青联积极开展“强市兴潍”青春创业行动，搭建服务平台，助力创业期青年人才发展，帮助青年人才成长成材，帮助企业做大做强。

2009年，市青联举办“蓝色·青年·未来”——打造山东半岛蓝色经济区青年论坛。2010年，市青联印发《关于进一步加强青联界别活动的通知》，开展“文明城市创建”“关爱农民工子女”“三区建设”策划等活动，组织开展为“学校安全长治久安”建言献策活动，赴昌乐实地考察。2012年，市青联接待韩国京畿地区青年会议所代表团一行15人到潍坊访问，进一步增进韩国青年企业家对山东的了解，增进两地青年间的友谊，推进中韩两国青年事业的共同发展。

潍坊市学生联合会

组织建设 潍坊市学生联合会（简称市学联）由全市高校学生会、研究生会和中等学校学生会联合组成。1989年1月、2001年4月、2007年4月、2016年10月，市学联分别召开第四次、第五次、第六次、第七次学代会，选举产生市学联第四届、第五届、第六届、第七届委员会。

主要活动 1991年，开展“四学习、四教育、四增强”主题教育活动（学习中国近代史、中国共产党党史和所在单位的厂史、村史、校史，进行爱国主义和社会主义教育，增强团员青年永远跟着共产党走社会主义道路的坚定信念；学习国家的法律法规，进行以宪法为主要内容的法制宣传教育，增强团员青年的法制观念和纪律观念；学习中共十一届三中全会以来的路线、方针、政策，进行国情教育和艰苦奋斗教育，增强团员青年的民族自尊心和自信心；学习马克思主义基本原理；进行理论教育和共产主义思想教育，增强观察问题、分析问题的能力）、“学雷锋精神、做四有青年”实践教育活动和以学习、信仰、实践社会主义为主题的“共青杯”千队竞赛活动。全市各大中专学校团组织，相继开展“学雷锋、学马列”和“大中专学生产品宣传促销”等社会实践活动。7月23日，由共青团中央和中华全国学生联合会组织的全国学联暑期社会实践建设营在诸城市开营。68名营员来自全国各地重点院校的学生会主席，实行挂职锻炼，其中8名营员挂任中共诸城市委书记助理、诸城市市长助理和市委办公室、市政府办公室及研究室主任助理。其他60名营员分别挂任诸城市直各有关部委办局秘书或镇长、乡长助理及镇乡团委副书记。建设营历时20天，于8月12日结束。

1996年，利用中学生团校，加强团的基础知识教育、培养学生爱国意识。6月6—7日，全省中学生团校现场会在昌乐县召开，会议充分肯定潍坊市发挥中学生团校作用活跃中学团工作的经验。1999年，为纪念五四运动80周年，举办军地青年联欢晚会和万名青年18岁成人宣誓仪式。

2003年，组织参加山东青年学习中共十六大精神知识竞赛，获优胜奖。与潍坊电视台、潍坊学院联合组织全市青年学生解放思想大讨论问卷调查，与市委宣传部等部门联合组织开展历时3个月的全市青少年学习贯彻“三个代表”重要思想知识竞赛。

2006年7—10月，举办潍坊市第二届大中学艺术节，21所大、中学的400多名选手参加活动。组织开展大中专学生暑期“三下乡”社会实践活动，10余所大中专学校的近万名青年学生志愿者参加。团市委获2006年度全省大中专学生志愿者“三下乡”社会实践活动优秀组织单位。

2007年，召开全市学生联合会第六次代表大会，选举产生第六届学联委员会主席团单位、委员单位、秘书处，通过第五届学联工作报告和《潍坊市学生联合会章程》。

2009年6月，市学联联合市科技局、市少工委、市广播电台举办潍坊市首届青少年科技文化艺术节。

2011年5月，组织全市各界青年代表“庆五四·学讲话·促成长”学习胡锦涛总书记讲话精神座谈会。2012年，承接团中央研究课题，起草《中学共青团活动指导大纲》。8月，参加全国中学共青团工作中重点课题研讨推进会，并在会上发言。2012年11月，组织全市大学生“同心庆盛会·跑步向未来”冬季越野比赛，各大中专院校选拔200余人参加。

中国少年先锋队潍坊市工作委员会

组织建设　1991年6月1日，中国少年先锋队潍坊市第七次代表大会召开，选举产生潍坊市第七届少先队工作委员会。1997年10月30日，中国少年先锋队潍坊市第八次代表大会在潍坊市东郊宾馆召开，选举产生潍坊市第八届少先队工作委员会。2006年5月，中国少年先锋队潍坊市第九次代表大会在潍坊潍柴文化宫召开，选举产生潍坊市第九届少先队工作委员会。2011年10月，中国少年先锋队潍坊市第十次代表大会召开，选举产生潍坊市第十届少先队工作委员会。

主要活动　1991年，潍坊市各级少先队组织以深化共产主义教育为核心，开展“学赖宁少先队星级达标”“育人建功”“红领巾爱国储蓄”“二十一世纪在召唤”演讲比赛和“庆六一同一片蓝天下”等活动。全市先后涌现出全国“十佳”好儿童魏效云、省“十佳”好队员周昕蔚等好少年。

1995年，中国少年先锋队潍坊市工作委员会（简称市少工委）举办少儿演唱会、儿童摄影展、书画展、军乐表演、百米画卷绘制等活动，点线结合，动静结合，形成集演艺、游乐、展览、比赛于一体的鲜明特色。“六一”儿童节前夕，在潍坊富华游乐园举办“庆六一携手奔向二十一世纪”大型游园活动。潍城、奎文、坊子、寒亭4区和特别邀请的部分边远山区少年儿童1万多人参加活动。

1997年4月17—22日，市少工委承办第二届全国少年风筝邀请赛。是年，以香港回归祖国为

2011年10月9日，召开中国少年先锋队潍坊市第十次代表大会

光彩”演讲比赛，开展“我为绿色潍坊做贡献”大型植树活动，召开全市青少年建设“平安潍坊”誓师大会，举办庆“六一”文艺晚会、“我与祖国共成长”十八岁成人宣誓仪式，开展“爱我潍坊，做文明市民，团员青年率先行”等活动。

2006年，开展“传承长征精神、弘扬民族精神”活动，纪念红军长征胜利70周年。2007年，创新开展“红心向党推优工程”。团中央少年部长张学军、团省委副书记张涛到潍坊参加“红心向党推优工程”现场会。同年，团市委、市少工委联合市教育局、市人事局印发《潍坊市少先队辅导员管理办法》。

2012年6月，组织“飘扬的领巾、快乐的节日”潍坊市少先队才艺展演。共14个节目，500多名少先队员参加了市级演出，展示了当代潍坊少先队员积极向上的精神风貌。2012年，团市委团队一体化建设研究课题被团中央青少年研究所纳入《中国青少年研究》出版。

契机，在青少年中广泛开展形式多样的教育活动。发放有关香港回归知识的书籍3万多册，组织各种知识竞赛3次，参赛青年2万余人；参加团省委组织的迎香港回归知识竞赛，取得优异成绩。

2002年6月21日，市少工委在潍坊一中举行全市争创青少年安全放心网吧暨做文明健康网民活动。7月17日，启动《潍坊日报少年特刊》小记者“诚信潍坊行”采访活动。2004年，召开纪念五四运动85周年大会，举办“我为风筝都添

第三章　潍坊市妇女联合会

1991—2012年，全市各级妇女联合会充分发挥桥梁和纽带作用，积极参政议政，在城乡妇女创业就业、妇女教育培训、和谐平安家庭建设及未成年人思想道德建设等方面，全力维护好妇女儿童的合法权益和特殊利益。坚持改革创新，加强妇联建设，全市妇女工作时代特色突出，亮点品牌纷呈。潍坊市妇联先后获全国“三八”红旗集体、全国妇联系统先进集体、全国维护妇女合

法权益工作先进集体、全国五好文明家庭创建活动先进协调组织、全国平安家庭创建活动先进集体、全国家庭教育先进单位、全国创建学习型家庭先进市和山东省妇女儿童工作先进集体、山东省文明单位等称号。

第一节　组织机构

1983年9月，山东省妇女联合会潍坊地区分会更名为潍坊市妇女联合会（简称市妇联）。

1996年7月，市妇联设主席1人、副主席3人，内设机构为办公室、组织部、宣传部、权益部、儿童部。2004年2月，市妇联内设机构调整为办公室、组宣部、发展部、权益部、儿童部。

1998年12月30日，成立潍坊市妇女儿童活动中心，为市妇联直属正科级全额拨款事业单位，核定人员编制6人。2012年，潍坊市有市妇联和4区6市2县妇联、5个市属开发区妇联（妇工委）以及市直各系统党工委机关22个妇女工作委员会。

第二节　潍坊市妇女代表大会

潍坊市妇女第九次代表大会

1989年12月17—20日在潍坊召开，出席大会的正式代表600人，特邀代表30人，列席代表20人。李兆荣代表市妇联八届执委会作《全市妇女团结起来，为实现潍坊国民经济的持续稳定协调发展而努力奋斗》的工作报告。大会选举产生市妇联第九届执委会委员59人。九届一次执委会选举常委9人，主任孙秀云，副主任程元英、吕秀彩、张桂云。大会表彰100名“三八”红旗手、20个“三八”红旗集体和100户“五好”家庭。

潍坊市妇女第十次代表大会

1995年5月10—13日在潍坊召开，出席大会的正式代表510人，特邀代表31人，列席代表20人。王洪杰代表市妇联九届执委会作《积极投身改革、努力参与发展，为全面振兴潍坊而努力奋斗》的工作报告。大会选举产生由51人组成的市妇联第十届执委会。十届一次执委会选举常委9人，主席王洪杰，副主席张桂云、王钧。大会表彰20名“三八”红旗手标兵、20个“三八”红旗集体、30户五好家庭标兵和30名优秀妇女干部。

潍坊市妇女第十一次代表大会

2001年6月25—27日在潍坊召开，出席大会的正式代表486名，特邀代表30人，特邀贵宾30名。张桂云代表潍坊市妇联十届执行委员会作《高举邓小平理论伟大旗帜，团结带领全市妇女为建设现代化新潍坊而奋斗》的工作报告。大会选举产生由49人组成的潍坊市妇联第十一届执委会。十一届一次执委会选举常委13人，主席张桂云，副主席王钧、蔡纪华、柳永春。大会表彰“鸢都巾帼十杰”、50名“三八”红旗手、50个“三八”红旗集体、50名优秀妇联干部、50个红旗妇代会和100名优秀妇代会主任。

潍坊市妇女第十二次代表大会

2006年9月6—8日在潍坊召开，与会正式代表490人，特邀代表34人，特邀贵宾49人。聂振萍代表市妇联十一届执委会作《全面落实科学发展观，团结带领全市妇女为建设现代化强市而奋斗》的工作报告，大会选举产生由51人组成的潍坊市妇联第十二届执委会。十二届一次执委会选举常委13人，主席聂振萍，副主席蔡纪华、柳永春、吕梅贞。大会表彰121名潍坊市“三八”红旗手，110个“三八”红旗集体。表彰第三届“鸢都巾帼十杰”及22名提名奖、50名优秀妇女干部，同时命名“三八”红旗手。

潍坊市妇女第十三次代表大会

2011年11月8—10日在潍坊召开，与会正式代表500人，特邀代表26人，特邀贵宾42人。田素英代表市妇联第十二届执委会作《站在新起点，再创新业绩，团结动员全市妇女为实现富民强市新跨越努力奋斗》的工作报告。大会选举产生52人组成的市妇联第十三届执委会。十三届一次执委会选出常委13人，主席田素英，副主席吕梅贞、赵述欣、贺玉洁。大会表彰100个妇女儿童工作先进集体，200名先进个人，210名“三八”红旗手，100个“三八”红旗集体，100个先进基层妇女组织，200名优秀妇女干部。

第三节　主要工作与活动

维护妇女权益

普法工作　1991年，市妇联制订法制宣传教育“二五”规划。市县两级妇联均成立普法领导小组，制订具体工作计划及实施方案。组织三级妇联干部学习《中华人民共和国税收征收管理法》《中华人民共和国行政诉讼法》《中华人民共和国义务教育法》《山东省计划生育条例》和全国人大七届十八、二十一次会议通过的决定，并进行了考试。1992年4月2日，《中华人民共和国妇女权益保障法》颁布实施，市妇联组织大规模宣传活动，掀起妇女群众学法用法的新高潮。从1992年起，将每年3月定为全市妇女法律宣传月，利用各种新闻媒体、标语横幅、文艺会演等形式，进行广泛持久的法律宣传活动。1997年，落实“三五”普法，联合市人大常委会法工委、市司法局召开纪念《中华人民共和国妇女权益保障法》颁布5周年座谈会，开展形式多样的普法宣传教育活动。全市各级妇女组织和女工委坚持抓《潍坊市保障女职工住房暂行规定》的督促落实和保护女工劳动权益等热点、难点问题的解决。1998年起，随着城区居民生活社区化的形成，市妇联组织利用培训讲座、乘凉晚会的形式，举办送法到家、法律进社区活动。2001年4月，修改后的《中华人民共和国婚姻法》实施，全市妇联举办专门培训班38期，培训人员1500人。2005年，开展《中华人民共和国妇女权益保障法》的学习宣传。联合市政法部门开展“平安家庭”创建活动，在全市“平安潍坊”建设现场会上，市妇联作典型发言。继续深化“优秀妇女维权岗”和“零家庭暴力社区、村庄”创建活动。2006年，开展爱国卫生、科普宣传、科学健身“三进家”和“防治艾滋病、健康全家人”等平安家庭创建活动，引导广大妇女自觉做到“人人学法律、家家创平安”，

2009年5月15日，举办潍坊市乡镇（街办）社区妇女干部艾滋病、流感防治知识培训班

以家庭和谐促进社会稳定。至2007年，共举办妇女法律培训班550期，培训妇女2.3万人，妇女参与各类法律知识答卷60万人次，发放各类法律宣传资料200万份（册），妇女法律普及率达85%。2012年，印发《潍坊市妇女儿童权益保障工作实施意见》，开展“百万妇女学法律、百万家庭创平安”、创建“零家庭暴力社区（村庄）”等活动，妇女法律知识普及率达95%以上。

信访工作　1990—1995年，市、县两级妇联受理来信来访3837件（次），处结率95%以上。1996年，市妇联受理群众来信来访68件（次），处结率97%以上。市妇联与政法部门配合解救被拐卖和绑架的妇女儿童36名，依法查处侵害妇女儿童合法权益的案件22起。1998年，市县两级妇联配合协调有关部门查处15起影响大的侵犯妇女儿童权益案件。2000—2005年，市、县两级妇联受理来信来访3560件（次），处结率98%以上。2006—2012年，市、县两级妇联每年受理的来信来访在800～1000件（次），处结率均在98%以上。

维权工作　1990—1995年，市妇联积极配合公安等部门，开展“打击拐卖妇女儿童犯罪”“打击卖淫嫖娼”等专项斗争，解救被拐卖妇女儿童368名，维护了妇女儿童的人身权利。发展妇女儿童保险事业，开展“三八”爱国储蓄等活动，全市妇联系统代办子女婚嫁金保险金额1100多万元，各类储蓄累计金额2.97亿元。1994年，潍坊市妇联维权工作受到国务院妇女儿童工作委员会的表彰。1995年，市妇联开展调查研究，向市政府汇报住房分配存在的性别歧视问题，市政府印发《潍坊市保障女职工住房暂行规定》，使这一问题较好地得以解决。1996年，市政府颁布实施《潍坊妇女发展纲要（1995—2000年）》。1997年，市妇联与市中级法院联合印发《关于在妇联干部中聘请特邀陪审员》的文件。从1998年起，各级妇联先后与法院成立“家庭暴力致伤鉴定中心”，与司法局成立“妇女法律援助中心”，开通妇女法律咨询热线电话。普遍建立妇联特邀陪审员制度、家庭暴力致伤鉴定中心、妇女法律援助中心、110家暴投诉中心“一热线、一制度、三中心”的信访维权网络，打造妇女维权“绿色通道”，为妇女维权提供方便。

2001年，市及部分县市区妇联建立妇联特邀陪审员制度，开通法律咨询热线，成立妇女法律援助联络中心和家庭暴力致伤鉴定中心，评审案件213起，为36名妇女提供伤情鉴定服务。市妇联举办下岗女工再就业专场洽谈会，提供用工岗位2300个，1500名下岗女工与用人单位签订了协议。2002年，市妇联联合市公安局、市检察院、市中级法院、市司法局印发《关于在全市开展争创“优秀妇女维权岗”活动的意见》，构筑不同形式的妇女维权机构，对活动中涌现出的优秀维权岗进行命名表彰。2003年，市妇联与市综合治理办公室、市民政局联合印发《关于在全市开展创建“零家庭暴力社区”活动的通知》，与市委政法委、市公安局、市检察院、市司法局、市中级法院等联合印发《关于预防和制止家庭暴力的意见》。2004年，建立健全维护妇女儿童权益协调组织，加强劳动执法监察，执行“四期”保护和禁忌安排女职工从事禁忌劳动规定的企业达95%以上。

2006—2007年，各级妇联广泛开展法律法规宣传活动，畅通“12338”妇女维权热线，深化“优秀妇女维权岗”和“零家庭暴力社区(村庄)”创建活动，联合开展劳动执法检查，组织2万多名妇女健康查体。2008年，联合市司法局、潍坊医学院附属医院成立家庭暴力致伤鉴定中

2008年8月，潍坊市家庭暴力致伤鉴定中心诊治中心挂牌成立

心。2012年，印发《潍坊市妇女儿童权益保障工作实施意见》，与市司法局联合成立由23名维权工作经验丰富的专业律师组成的“潍坊市妇女法律服务团”。全市成立法律服务团11家，免费为广大妇女特别是贫困弱势妇女提供形式多样的法律服务。

培训与创业

1990—1994年，市妇联在全市农村妇女中开展庭院经济“增百创先”“争千创万”竞赛和“十、百、千”创评活动（即评树10个在产业化发展中涌现出来的“女状元”，100个以妇女为主体的规模化生产、经营专业村，1000个以妇女为主体的科技致富带头户），开展“三八绿色工程”“双千田”开发等竞赛活动。全市114万名妇女接受科技文化培训，9502名妇女达到农民技术员水平。参加中央农业广播电视学校等正规教育的妇女达4.1万人。1992年，市妇联编印《双学双比50例》一书。1993年，市“双学双比”协调小组获全国“双学双比”先进协调组织称号。

1995—2001年，市妇联在全市开展“百万农家女十大新技术”推广应用，组织妇女进行“绿色证书”和农民技术员、农民技师资格培训。全市79万妇女参加十大农业新技术培训，11万名妇女获得“绿色证书”、农业技术员职称，8名妇女获省科技创新奖。1996年，实施“妇联主席工程”，推出129个专业示范小区，其中年收入过百万元的67个。1997年，在寿光召开现场会，推动“十万农家女、十项新技术”培训计划的实施，建成114个专业合作社、186个专业示范小区和示范点。1998年10月，全省百万农家女十大新技术培训推广经验交流表彰和全省妇女专业合作社工作会在潍坊召开。11月，全国妇联科教兴农示范培训考察现场会暨贫困县妇联主席培训班在潍坊举行。2001年，市妇联印发《关于组织全市妇女参与农业标准化生产的意见》，召开全市妇女实施农业标准化动员大会。

2002—2006年，市妇联组织妇女参与新农村建设，开展招商招工，服务民营经济发展，实施“巾帼科技致富工程”，拓宽妇女劳力转移渠道，培训妇女103万人次，11万名妇女获“绿色证书”，7.3万名妇女获得农民技术员职称，3410名妇女获中高级技术职称，发展“妇”字号示范基地325处。以“巾帼示范村”创建为抓手，加强科技示范、培训，加大“三大网络”和“四个一批”创建力度，实施“百万妇女星火科技培训计划”，全面推广“企业+加工点+农户”劳动力转移模式，建立健全市、县、乡、村四级农村劳动力转移机构，组织外出招商招工洽谈。

2007年，市妇联印发《关于加强妇女参与新农村建设工作的意见》，承办全国妇联“巾帼示范村”村委会和妇代会主任培训班。2008年，在安丘市召开全市农产品质量安全区域化建设万家行活动现场会。召开“银企牵手、共谋发展”对接大会，全市各级妇联为女企业家协调贷款、融资担保近3亿元。2009年，召开全市巾帼创业助推大会，培植壮大39处妇女创业见习基地，成立鸢都巾帼创业导师团，启动“巾帼创业大讲堂”。联合农村信用联社、潍坊银行等金融机构，启动“巾帼之约”授信项目。2010年，在寒亭区召开全市妇女创业就业现场推进会，在安丘市召开全市农村妇女工作推进会。是年，省农村妇女创业者工作委员会年会暨创新创业现场会在寿光市召开，全省农村妇女参与转方式调结构“实施巾帼增收倍增行动”现场会在安丘市召开。联合市金融办、中国工商银行潍坊分行印发《深化巾帼创业信贷担保助推行动实施意见》，开通“巾帼创业直通车”，全市涌现出大批市级以上巾帼星火创业培训基地、集体和个人。2011年，与市人社局联合表彰“四个十佳”创业个人和集体。8月，成立全市女企业家协会，命名28家企业为全市首批女大学生创业就业实践基地。

2012年，市妇联协调中国人民银行潍坊市中心支行、市农信联社等金融部门，争取10亿元支农再贷款，分别在青州、临朐举办授信仪式。12月，由全国妇联发展部、省妇联、省发改委、潍坊市人民政府共同举办的“相聚魅力齐鲁、共谋蓝黄发展——海内外女企业家投资峰会”在潍坊召开。11个国家和地区及27个省市206名企业家参会，全国妇联、世侨会、省政府领导等出席会议。诸城大森林特种动物养殖专业合作社、青州亚泰农业科技有限公司被命名为全国女大学生创业实践基地。1991—2012年，市妇联每年举办庆“三八”女性专场招聘洽谈会和妇女创业项目展示会。

“巾帼建功”竞赛活动

1991年，潍坊市启动“巾帼建功”竞赛活动，全市建立“巾帼建功”竞赛活动协调组织520个，选配联络员686名。24个市直部门负责人组成协调小组。总结推广昌邑县、潍城区、潍坊针织厂竞赛活动的试点经验。1991—1995年，市妇联以“四有”（有理想、有道德、有文化、有纪律）、“四自”（自尊、自信、自立、自强）、“五学”（学政治、学文化、学科学、学技术、学管理）、“五创”（创一流队伍、创一流作风、创一流服务、创一流业绩、创一流形象）为主要内容，动员妇女学文化、学科技，

2012年12月，由全国妇联发展部、省妇联、省发改委、省蓝黄“两区”建设办公室、潍坊市政府等联合举办的“相聚魅力齐鲁、共谋蓝黄发展——海内外女企业家2012（潍坊）投资峰会”在潍坊召开

开展岗位练兵和行业竞赛活动。1991年，开展“创十佳服务员”系列活动，全市参赛女职工19万人，占应参赛女职工总数的92%。1992年，广泛开展女职工技能竞赛活动，培训女职工14万人次，7人被授予“齐鲁女杰”荣誉称号。1993年，在商业、卫生、服务行业开展岗位明星、争创十佳、礼仪服务、技术比武等竞赛活动，潍坊5名女科技工作者被评为“省巾帼科技先进工作者”。1994年开始，活动延伸到各大专业市场，开展技术比武680多场次，评选“巾帼建功”能手、标兵540人。

1995—2000年，实施“巾帼创业行动”“再就业工程”“巾帼社区服务工程”。市妇联联合市工商局、市个体劳动者协会印发《关于在全市专业市场妇女中开展“巾帼双文明”创评活动的实施意见》，开展“送两卡（200元现金卡、用工培训卡）、献爱心”活动，召开再就业专场洽谈会，表彰巾帼文明示范岗2270个、巾帼建功岗位明星3.6万个。1998年，全力推进下岗女工再就业，与中国人寿保险股份有限公司潍坊支公司联合免费培训下岗女工从事保险营销。2000年10月，市妇联召开城市妇女工作现场会，推出“巾帼文明示范岗”“巾帼社区服务工程”等一批先进典型，其中受到全国表彰的13人，被授予全国“巾帼建功”能手称号的2人。市公交公司759车组被评为全国巾帼文明示范岗。

2001—2006年，市妇联拓展“巾帼建功”活动的覆盖面，活动领域由窗口行业向民营企业、专业市场和第三产业延伸。2002年，印发《潍坊市巾帼文明示范岗管理办法》，召开全市巾帼文明示范岗现场经验交流暨表彰会，举办首届女民营企业家评选，创建活动扩展到民营企业、社区、司法等23个行业。市妇联被省表彰为“巾帼社区服务和再就业先进妇联”。2003年，以“我为强市添光彩”活动为主线，在窗口行业开展争创“巾帼文明示范岗”、争当“优化环境巾帼标兵”活动。2004—2006年，在全市开展“巾帼建功十大标兵”评选，在窗口服务行业开展以“爱岗位、学技术、抓服务、促发展”为主旨的“读书强素质，服务创环境”岗位知识竞赛。

2007年，市妇联在寒亭区举行全国巾帼文明岗、巾帼建功标兵授牌仪式，对全市获得全国“巾帼文明岗”“巾帼建功标兵”单位和个人进行授牌。2008年，与市城管局和商贸流通系统联合表彰“巾帼文明岗”“巾帼建功”岗位明星。在坊子区举行“争创巾帼文明岗、优质服务迎奥运”巾帼文明岗的授牌仪式。印发《关于在全市开展“争创巾帼文明岗，优质服务迎全运”主题活动的通知》，召开妇联系统“服务发展、巾帼建功”现场推进会。2010年，深化“百岗联百村”“岗村联动，岗区联建”活动，整合社会资源，促进城乡妇女工作协调发展。是年，市妇联被全国妇联表彰为全国城乡岗位建功先进集体。2011年，市妇联与市卫生局联合开展卫生系统双争活动，表彰巾帼文明岗65个，巾帼建功标兵130名。

1991—2012年，“巾帼建功”竞赛活动从单纯的窗口服务行业逐步向妇女集中的各行各业各个领域延伸。到2012年底，全市涌现出县级以上巾帼文明岗1860个，创建省级和国家级巾帼文明岗84个。巾帼文明岗创建成为全市行业和城市文明建设中群众参与面广、社会影响大、知名度高的妇女工作品牌。

家庭文明建设

1991年，全市实施“家庭细胞工程”。先后开展“五好家庭”创评，“美好家庭”“和谐家庭”“平安家庭”创建，寻找“最美家庭”以及优秀家庭角色评选等家庭美德建设系列活动。市妇联制发《五好家庭活动规范》，把尊老爱幼、邻里团结、科学教子、家庭文化、计划生育、移风易俗、拥军优属纳入五好家庭创评和优秀家庭角色评选。

1992年，市妇联与市文明办在安丘联合召开全市家庭文化建设现场汇报交流会，举行“五好家庭”“优秀家庭角色”评选活动及“我爱母亲”征文和优秀母亲报告会，开展“恩威杯”家庭思想道德知识大赛。

1993年，市妇联与市委宣传部联合开展首届“‘幸福杯’美好家庭”评选活动，联合表彰22户美好家庭，市妇联表彰100户五好家庭、20户五好标兵。全市“五好家庭”达77万多户，占总户数的38.7%。1994年，市妇联、市综合治理办公室联合印发《关于在全市开展家庭细胞工程建设活动的意见》。举办“告别昨天、家庭的呼唤”报告会，由部分犯人和亲属作呼应式报告，对群众进行法制教育。是年，市妇联被全国妇联、教育部、中央文明办评为“全国五好文明家庭创建活动先进协调组织”。1995年，市妇联推广临朐县“四进家”（文化、文明、科技、法律）经验做法，完善和落实村规民约和家庭小立法等各项规章制度，推进家庭细胞工程建设活动经常化、规范化。

1996—2001年，各级妇联通过“百村万户”大型调查，相继开展“四化四改”（硬化、绿化、净化、美化，改水、改厕、改灶、改圈）、“四进家”“妇女·环境·家园”“巾帼读书”“百万妇女健身”演讲等特色活动，城乡家庭面貌发生显著变化。针对全市敬老养老方面存在的突出问题，各级妇联先后推出“爱心双献”“搬房敬老”“关爱老人行动”“情注夕阳工程”等系列活动，发动全市妇女与老人结成帮扶对子4.46万个，捐款捐物达33万元，做好事10.2万余件。《中国妇女报》、中央电视台等多家新闻媒体对潍坊市的尊老敬老活动进行专题报道。

1996年，市妇联与市委宣传部、市文明办联合召开家庭美德建设报告会，组织先进事迹报告团，到各县市区作巡回报告20多场。1997年，开展“五个一”家庭美德建设系列活动。召开全市家庭美德建设现场会，“三八”节举办“祝福妈妈”电视专场晚会，推出100名优秀母亲和30名优秀母亲标兵。开展“敬老好儿女”“五好文明家庭”评选表彰活动，表彰60个五好文明家庭和55名敬老好儿女。开展“家庭道德状况百村万户调查”，形成调查报告，为市委决策农村工作提供参考依据。组织家庭美德建设有奖征文活动，市妇联被全国妇联评为读书活动优秀组织奖。1998年，开展“美化生活环境、创造富裕生活、弘扬家庭美德、建设家庭文化”为主要内容的“美在家庭”活动。2000年，组织开展“尊老敬老月”和“搬房敬老”活动，全市住偏房、差房的老人有60%搬进了正房。2001年，召开全市“美在家庭”现场经验交流会，推广安丘市、诸城市经验，对“搬房敬老”活动进行再宣传、再发动。2002年，全市各级妇联实施《公民道德建设实施纲要》，开展向好军嫂王惠萍学习、五好文明家庭及孝媳评选、诚信演讲等活动，引导广大妇女积极参与家庭美德建设。是年，李桂芳当选为省“十佳兵妈妈”。全市涌现出16名省“三八”红旗手、5名省宣传报道先进单位、5名省宣传报道先进个人、1名省“尊老敬老好儿女标兵”、9名省“尊老敬老好儿女”。

2003年，市妇联以创建“学习型”家庭为重点，推动“五好文明家庭”创建活向书香家庭、文明楼栋、示范社区延伸。全市各级妇联通过评选“五好文明家庭”“优秀家庭角色”、创评“孝心楼”、倡导“三先”敬老、寻找百岁老人等形式，倡树文明新风。全国妇联老干局把潍坊定为老龄妇女工作联系点。《中国妇女报》

《中国老年报》、省市电视台等新闻媒体对潍坊市尊老敬老活动进行专题报道。是年，全市涌现出全国五好文明家庭2户，省五好文明家庭8户、省“三八”优秀集体8个、省“三八”红旗手15名、省“美在家庭”创建活动先进协调组织3个、省“美在家庭”创建活动先进协调单位4个，省“美在家庭”创建活动先进个人8名。

2004年，市妇联引导家庭参与美化环境和抗击“非典”行动，建立文明、健康、科学生活方式和平等、和谐、稳定新型家庭关系。全市评选4万多户“五好文明家庭”。同年，举行第二届“冰轮杯”幸福大家庭、敬老好儿女表彰暨事迹报告会，表彰100个幸福大家庭、100名敬老好儿女和“双十”标兵。2005年，市、县两级妇联分别举办幸福大家庭、敬老好儿女事迹报告会和“金婚银婚”婚庆大典，推动家庭尊老敬老。是年，南秀霞当选为省第四届“齐鲁巾帼十杰”、韩孝俊被评为省“十佳兵妈妈”，涌现出2个全国“三八”红旗集体、2名全国“三八”红旗手、2户全国五好文明家庭，8名省“三八”红旗集体、15名省“三八”红旗手、8位省尊老敬老好儿女。2006年，围绕美德教育、庭院绿化、环境美化、节约消费、遵法守法等，在奎文区召开全市和谐家庭创建活动现场会。

2007年后，全市“五好文明家庭”创建活动以“和谐家庭”“绿色环保”“孝老爱亲”为载体，坚持每年突出一个主题，逐年营造健康、积极向上的家庭氛围。2007年，市委将和谐家庭创建纳入潍坊市“四大和谐”创建之一。市妇联、市文明办印发《关于开展“和谐家庭”创建活动的意见》。市以上新闻媒体开辟专版专栏，公共场合悬挂宣传版面标语1.5万余块，发放材料10万多份。实施孝德尊老、亲情关爱、素质提升、文化孕育“四大行动”，开展为父母办十件实事、百万家庭共创和谐承诺签名、特色家庭创评等系列活动，举办和谐创建表彰会、先进事迹报告会、现场推进会、经验交流会、专场会演等162场次。组织全市50多名省级以上优秀家庭典型巡回报告110场次。市妇联主办“和谐家庭大讲堂”，主讲26场，直接受众2万多人。3800户特色家庭和5600名敬老好儿女受县级以上表彰。高密市李荣获得“全国孝老爱亲模范提名奖”和“全省道德模范”称号；潍城区刘德基、陈德红，高密郭素英获全省“孝老爱亲模范提名奖”；10户家庭受省级以上妇联表彰；7名优秀家庭角色被评为市级道德模范。是年，市妇联被评为“全国平安家庭创建活动先进集体”。2008年，持续主办“和谐家庭大讲堂”。全年市、县妇联负责人到机关、学校、企业和社区主讲247场，受众13万多人。1月9日，全国妇联特邀市妇联主要负责人出席全国五好文明家庭协调小组工作会议并作典型发言，全国人大常委会副委员长、全国妇联主席顾秀莲对潍坊市和谐家庭创建给予充分肯定。“三八”节期间，市妇联联合市文明办等六部门举行“百万家庭节能减排、绿色环保节约”行动启动仪式，印发宣传材料10万份，发放环保购物袋6万多个。中央办公厅、全国妇联联合调研组到寿光、诸城、奎文进行实地调研，给予高度评价。2009年，市妇联在青州召开全市平安和谐家庭创建推进会，推进“孝敬、平安、富裕、绿色、廉洁”进家庭。召开全市“重品行、讲文明、促和谐”巾帼道德模范表彰暨事迹报告会，成立报告团，巡回各地演讲17场次，受教妇女群众近10万名。

2010年，市妇联以“孝行万家·亲情邻里”为主题，开展孝老爱亲教育，建设孝德文化示范街、孝老爱亲宣传栏，编发《美德规范》《孝德故事》，选树了一批“慈母、孝女、贤妻、善邻”优秀典型。全市县级以上表彰平安和谐家庭2600户、敬老好儿女1.36万名、孝星460名。全市各级妇联联合文明办举办“孝老爱亲进社区事迹报告会”，举办家庭文化艺术展演160多场次，参与群众7万多人。召开现场会推广昌邑市、寿光市、昌乐县经验做法，推动低碳生活和绿色消费进入千家万户。中央电视台、《人民日报》等给予报道。是年，潍坊市被评为“全国创建学习型家庭示范城市”。2011年，以“和谐新风万家行”为主线，开展“孝行潍坊·激情广场大家唱”等特色鲜明、丰富多彩的家庭文化艺术活动360场次。

2012年，全市各级妇联举办家庭才艺展示、家庭教育讲座、低碳生活知识竞赛等活动，开展家庭文化展演活动1000余场，近30万个家庭踊跃参与。省十大优秀母亲杨守伟当选中国共产党第十八次代表大会代表。潍坊市被全国妇联、民政部、文化部、环境保护部、国家广电总局等部委表彰为“全国创建学习型家庭示范城市”。

女干部培养使用

女干部培养　1991年，市妇联建立125人的副科级以上优秀妇女人才档案。1992—1994年，市妇联联合组织部门先后组织女干部200多人次参加全国和省组织的培训。1995年，市妇联、市委组织部制订全市《1995—2000年培养选拔女干部目标规划》。2000年，市委组织部、市妇联、市计划生育委员会、市民政局联合印发《关于在村“两委”换届选举工作中做好由一名成员担任妇代会主任、计生主任的意见》，确保“村（居）委会中基本达到有一名以上女干部”的目标落到实处。2001—2010年，市县两级举办女干部培训班450期，5.3万余人参加培训。2008年，市妇联印发《潍坊市培养选拔女干部、发展女党员五年规划》。与市委组织部联合在清华大学举办优秀女干部高级研修班，73名女领导干部参加培训。2012年，举办全市妇联干部培训班，320名科级以上女干部参加学习班。

女干部使用　1990年，县、乡两级人民代表大会换届，选出县级人大代表3771名，其中妇女代表856名；选出乡镇级人大代表19384名，其中妇女代表3959人。1993年，市、县、乡人大女代表比例分别比上届提高5%、2.33%和2.3%，市级有了女市委常委、女副市长、女政协主席。县级女干部57人，科级女干部1001人，分别比换届前提高1.3%和1.8%。11个县市区党政领导班子全部配备女干部，256个乡镇（街道）党政班子有232个配备女干部，从妇联系统提拔女干部97人。1995年，全市新提拔副科级以上女干部264人，其中提拔县级女干部7人，乡镇正职12人，副职46人，92.1%的乡镇党政班子配备女领导

2008年10月30日，市委组织部与市妇联在清华大学联合举办全市优秀女干部女性领导力高级研修班

干部。

1996—2000年，全市共提拔科级女干部492人、处级女干部57人。12个县市区党政班子全部配备了女干部，254个乡镇（街道）党政班子中平均达到2名以上女干部，其中党政正职由1994年的6名增加到2000年的24名，乡镇和县市区直属部门正职29人。2000年底，全市共有女干部7.64万名，占干部总数的33.6%。其中，潍坊市级女干部3人。12个县市区党政班子全部配备1名以上女领导干部，共16人，新中国成立后，潍坊有了第一位女县委书记。市直65个部门班子中有24个部门配备了女干部，占部门数的34.5%。

2001—2005年，全市先后选派4000多名女干部参加扶贫包村工作，对1200多名机关女干部进行岗位交流，安排130多名女大学生和硕士、博士生到基层任职挂职。2001年，全市“乡镇领导班子中至少有一名女干部”的要求基本得到落实，乡镇妇联主席进乡镇党委比例达到48%。2002年，潍坊市各级领导班子和县市区党政领导班子全部配备女干部，市直部门领导班子中女干部的配备比例达到53.7%。全市97.4%的乡镇党政班子配备女领导干部。通过直选全市有7311名妇代会主任进村“两委”班子，占总数的76.4%。通过聘任科技副主任等措施，妇女进“两委”的比例达到96.4%。2003年，全市共有女干部7.35万名，占干部总数的35%，比2000年提高2个百分点。人大女代表、政协女委员分别占同级代表的21%和21.4%。全市配备厅级女干部4名，县处级女干部156名，其中正职6名。潍坊市和县市区两级党委、人大、政府、政协领导班子中，全部配备1名以上女干部。配备女干部的部门领导班子比例均达到40%以上。市级党委、政府工作部门9个需首先配备女干部的部门领导班子中，有8个配备了女干部，配备率达到89%，县市区配备率达到66%。有182个乡镇（街道）党委、行政领导班子中配备了1名以上女干部，占乡镇总数的94.3%。全市新提拔乡镇女党委书记和女乡镇长7名，25名乡镇妇联主席新进党委，进党委率达到62.6%。

2006年，县市区四大班子均配备女干部，其中党政班子中有女书记、女县长各1名；全市191个镇（街道）党政班子中女干部268名，其中女书记14名，女镇长11名；县市区妇联主席中4人得到提拔。2011年，各县市区在镇（街）党政领导班子女性配备率达100%；市人大女代表、政协女委员的比例大幅提高，其中政协女委员比例达26.6%。至2012年底，市县两级四大班子配备女性正职领导干部4名；市人大女代表、政协女委员的比例大幅

2011年8月4日，举办潍坊市村级女干部代表座谈会

2012年8月，市妇联主席田素英在全国家庭教育工作会议上发言

提高，其中人大女代表比例达20.5%，政协女委员比例达26.6%。为壮大妇联干部队伍，延伸妇女工作手臂，自1999—2000年，全市妇联系统开展选聘兼职妇女干部工作，共选聘妇联执委、兼职妇女干部4107名。

儿童工作

1991年，市妇联实施“春蕾计划”，救助扶持贫困地区女童入学。在全市实施《潍坊市“八五”期间儿童少年工作计划》，承担全国儿童发展中心合作培训项目。1992年，市妇联拍摄的《山音》获得省家教电视小品展评一等奖，代表山东省参加全国中华家教电视作品展播比赛。1993年，市妇联组织举办优秀家长事迹报告会、家庭教育座谈会、经验交流会及表彰大会。设立儿童少年图书馆，成立儿童剧团。1994年，市妇联举办首届“鸢都新苗”评选活动，1.5万名儿童参赛，评选表彰“鸢都新苗”和“十佳鸢都新苗”100名。1996年，市妇联与市教委联合印发《〈潍坊市儿童事业发展规划（1996—2000年）〉家教工作实施方案》。组织优秀家庭角色报告团巡回县市区演讲12场次，30多万人收听。1997年5月，潍坊市第一所春蕾小学在临朐县石家河乡大崮东村落成使用，改善了8个行政村1000名学生受教育条件。1998年，“春蕾计划”由农村向城市延伸，开展全市“城乡小伙伴手拉手互助”活动，结成帮扶对子2333个。全市5名少先队员在全国“手拉手”共话家乡九十年书信大赛中获银奖，受到中央政治局常委、中央书记处书记胡锦涛接见。1999年，市妇联与潍坊电视台联合开办“爱心献春蕾”专题栏目。

2000年“六一”儿童节前夕，市妇联举办第二届“鸢都新苗”表彰暨奔向新世纪游园活动，潍坊市2名儿童获“十佳齐鲁新苗”称号。2001年，在全市开展“鸢都好家长、好儿童”评选活动及演讲比赛，20余万名家长、10余万名儿童参与。召开全市庆“六一”实施春蕾计划表彰和启动中国“小公民”道德建设计划大会。协调民营北方机电公司投资12万元，在昌乐县白塔乡新建的第二处春蕾小学落成开学，全国人大常委会副委员长彭珮云亲笔题词“潍坊春蕾小学”。2002年，市妇联与市教育局联合印发《潍坊市家庭教育十五规划》，命名首批20所示范家长学校，启动“中国小公民道德计划”，组织“我做环保小卫士”知识竞赛、儿歌童谣征集评选等活动。2003年，举办全市首届儿童才艺、书画大奖赛，“我做合格小公民”有奖征文和知识竞赛等活动，81名儿童赴省参赛，取得优异成绩。《流动家庭、下岗职工家庭儿童的身心健康与家庭教育研究》被列为全省九个“十五”家教重点课题之一。

2012年5月，潍坊市女企业家协会在临朐爱心捐建留守儿童活动站

2006年，举办第三届“鸢都新苗”大赛和全市“伊利杯”健康宝贝摄影大赛系列活动。为2000名孤残儿童办理免费保险，组织326名弱视儿童赴北京儿童眼科医院义诊，治疗54人，40万元医疗费全部免费。2007年，市妇联争取全国儿童少年基金会拨款20万元，在临朐九山镇夏庄村建成“空中网”春蕾小学。2005—2010年，启动“健康宝贝课堂·热线”和“儿童交通安全常识传播活动”公益项目，举办家长培训班160多场次，20万家长受益。在全省“双合格”家庭教育征文中，潍坊参赛个人和集体获29个奖项；4所家长学校被全国妇联、教育部联合命名为全国示范家长学校。2012年，印发《潍坊市关于指导推进家庭教育的五年规划》，申报“十二五”家庭教育研究课题42个、家庭教育基地15所、亲子教育基地20处，参加全国家庭教育工作会议并作典型发言。5月，组织开展“女企业家关爱留守儿童爱心行”活动，23名女企业家为临朐新建4所留守流动儿童活动站捐款27.25万元。

1991—2012年，市妇联先后被全国妇联、教育部评为家庭教育工作先进单位，被中国小公民道德建设暨全国“双合格”家庭教育宣传实践活动领导小组评为家庭教育先进集体，被省妇联、省教育厅联合表彰为家庭教育工作先进单位，被省文明办、省教育厅等5个单位授予未成年人思想道德建设工作先进单位。

第四章　潍坊市工商业联合会

第一节　组织机构

1982年4月，潍坊市工商联召开第五次会员代表大会，恢复组织活动。全市各级工商联陆续恢复工作。1993年6月，潍坊市工商联增挂潍坊市总商会牌子。1995年，潍坊市所辖县市区工商联组织全部恢复。

1996—2012年，潍坊市工商联机关设办公室、会员科、经济咨询科3个职能科室。

至2012年，全市共有各类商会组织189家，包括基层商会、行业商会、异地商会等，涉及工业制造、房地产、金融、中介服务机构等40多个行业，其中市工商联直属商会10家。全市会员约1.72万家。

第二节　代表大会

1987年12月26日，潍坊市工商联召开第六次代表大会。会议选举产生第六届执行委员会，选举产生执行委员49人，选举朗丰岗为主任委员，选举副主任委员3人、常务委员25人。

1993年6月28日，潍坊市工商联第七次代表大会在潍坊召开。出席会议代表92人。会议听取并审议通过主任委员郎丰岗所作的市工商联第六届执委会工作报告。会议选举产生第七届执行委员会，执委会由49人组成，选举郎丰岗为主任委员，选举刘乃清、江观培、王明学、史炳学、郑学江、谭宝惠为副主任委员。

1997年6月6日，潍坊市工商联第八次代表大会在潍坊召开。出席会议代表145人。会议听取并审议通过副主任委员刘乃清所作的市工商联第七届执委会工作报告。会议选举产生第八届执行委员会，执委会由67人组成，选举杨肖青为会长，选举刘文德、崔爱信、王增辉、王明学、江观培为副会长。

2003年6月26日，潍坊市工商联第九次代表大会在潍坊召开。出席会议代表160人。会议听取并审议通过会长杨肖青所作的市工商联第八届执委会工作报告。会议选举产生由104人组成的第九届执行委员会，选举杨肖青为会长，选举张振之、刘文德、郑学起为副会长。

2008年4月15日，潍坊市工商联第十次代表大会在潍坊召开。出席会议代表218人。会议听取并审议通过副主席陈友本代表第九届执行委员会所作的《认真履行职能、增强工作实效、为全市经济社会又好又快发展贡献力量》的工作报告。会议选举产生第十届执行委员会，执委会由130人组成，选举李传恒为主席（会长），孙向林、陈友本、秦学民、张启云、王继平为副主席（副会长）。

2012年1月31日，潍坊市工商联第十一次代表大会在潍坊召开。出席会议代表280人。会议听取并审议通过主席李传恒代表第十届执行委员会所作的《抓住机遇、开拓进取、为促进全市经济社会更好更快发展做出新贡献》的工作报告。会议选举产生第十一届执行委员会，执委会由224人组成，选举李传恒为主席（会长），齐瑞祥、秦学民、张启云、郭富斌为副主席（副会长）。

2012年1月31日，潍坊市工商业联合会第十一次会员代表大会在金茂国际大酒店召开。市委副书记崔建平（前排右四）出席会议并讲话

第三节　思想建设

1991年始，市工商联注重加强做非公有制经济代表人士的思想政治工作，对私营企业主、个体工商户等进行爱国、敬业、守法的教育。1997年，市工商联在青州召开潍坊市民营企业家学习贯彻党的十五大精神座谈会。2003年，在全市工商联会员中开展“同进共富建小康”和“一先双优”（先进基层党组织、优秀共产党员和优秀党务工作者）活动。2004年，市工商联会同市委统战部联合表彰135名优秀非公有制经济代表人士、117家先进民营企业、65名优秀社会主义建设者。

2005年6月24日，召开全市“一先双优”表彰大会，市委统战部、市人事局、市工商局、市发改委、市工商联等部门联合表彰全市先进民营企业44家、优秀社会主义建设者51家、优秀非公有制经济代表人士61名。市工商联、市总工会联合印发《关于表彰潍坊市2004年度“双爱双评”先进个人的决定》[企业爱职工、职工爱企业，评选爱职工的优秀经理（厂长）和爱企业的优秀职工]，评出爱职工的优秀经理（厂长）57人、爱企业的优秀职工55人。

2009年，面对全球金融危机，市工商联率先组织110名民营企业家，向全市广大非公有制经济人士发出《应对金融危机实现科学发展倡议书》，在市各新闻媒体广泛宣传，号召大家积极行动起来，坚定信心、共克时艰。2011年，市工商联印发实施意见，制定考核办法指导全市非公有制经济组织深入开展创先争优活动。是年，实行“一季一主题、一季一承诺、一季一先锋、一季一点评”。

2012年10月11日，青州市召开非公有制经济组织创先争优活动汇报座谈会

2012年，市工商联在全市非公有制经济组织中深化创先争优活动，按照党员“一方隶属、多重管理、全程作用”的模式开展建组织、扩覆盖活动，年内新建联建党组织3675个，组织覆盖率78.67%，工作覆盖率100%。注重典型培育和选树，先后推出市级以上典型9个、县级典型21个，召开各种形式的座谈会、先进典型报告会、现场推进会7次；编发创先争优活动简报18期，在全国创先争优活动指导小组《简报》刊发5篇、累计19篇，在全省创先争优活动指导小组《简报》刊发16篇、累计56篇。

第四节　参政议政

调查研究

1991年起，市工商联每年组织机关人员走访市工商联常委以上会员企业，全面了解企业发展情况，掌握非公有制经济企业发展中迫切需要解决的突出问题，有针对性地提出参政议政意见建议。

2007年8月，市工商联采取走访、座谈、问卷调查等形式，就构建和谐劳动关系、企业自主创新、招商引资、民企帮村、如何做好新时期工商联工作等问题进行集中调研活动，形成有价值、有见地的调查报告，报市主要领导参阅，其中《关于做好新时期工商联工作的调查与思考》一文，市委主要领导审阅后作重要批示。《赴杭州、宁波、绍兴三市考察学习情况报告》，得到省委统战部副部长、省工商联党组书记孙传宏充分肯定。

2008年，市工商联采取现场考察、面对面座谈、听取汇报等形式，对全市不同行业、不同规模的80多家企业进行调研。

2012年，围绕《全省工商联系统2012年度理论调研工作方案》，市工商联召开主席办公会专门研究、专题部署，就非公有制企业文化建设、基层工商联组织建设、上规模企业情况等重点课题，深入企业一线调研。积极开展大走访大调研活动，组成4个小组，利用1个月的时间，分赴全市15个县市区、开发区，通过召开座谈会、发放调查问卷等，对重点企业进行调研，形成调研报告和论文等，为参政议政和上级决策提供依据。建立市工商联领导班子联系企业制度，定期到企业走访调研，帮助企业出谋划策，协调解决实际问题。4月，中共中央统战部副部长、全国工商联党组书记第一副主席全哲洙到潍坊调研，对潍坊市非公有制经济组织党建和创先争优活动给予充分肯定。

提案工作

1991年后，市工商联将工作重心逐渐转移到发展非公有制经济上来，动员和组织全市工商联界别的委员就改革开放和经济建设中的热点和难点问题提交提案，积极参政议政。

2000年2月—2004年2月，在市政协九届三次会议上提交的《关于引导民营企业向高新技术产业发展的建议》、在市政协九届四次会议上提交的《发展中小企业、促进我市经济发展》、在市政协十届二次会议上提交的《关于推行“门前三包”，搞好城市管理的建议》被评为优秀提案。2006年，提交的《关于对全市大型超市进行规划建设的建议》提案被市政协评为优秀提案。

2008年，市工商联主席李传恒《关于发展全市文化创意产业的建议》的提案被列为2008年市政协会议一号提案；市工商联副主席蔡绪旺以《谋精品提案，献诤言良策》为题，在市政协打造精品提案、服务四大建设研讨会上作重点发言，被评为优秀论文，获一等奖。

2009年，全国政协委员、市工商联副主席宗立成在全国政协会议上提出的《关于新中国60华诞之年应确立国花的建议》提案，得到各级领导的充分肯定和社会各界的积极回应。

2012年，市委主要领导分别就工商联提交的《关于加快推进餐厨废弃物资源化利用和无害化处理的建议》（被列为一号提案）、《关于建立民营企业家教育培训基地的建议》提案作出批示。市工商联副主席、山东天王集团公司董事长蔡绪旺等3人提交的《实施品牌战略，打造品牌强省》提案被评为优秀提案。

1991—2012年，市工商联向有关部门提交提案、议案1300份。

第五节　社会服务

民企帮村

2006年，全市890个工商联会员企业积极参与民企帮村，帮扶村庄462个，上项目106个，投资2600万元，农民增收586万元。

2007年3月16日，市工商联在临朐县大关镇召开“民企帮村”现场座谈会，4月26日，在昌乐县召开全市“民企帮村”现场观摩交流会。当年，全市参与帮扶的企业890家，总投资5.85亿元帮扶村庄462个，上项目285个，在农村设立生产基地70个，带动当地农民增收586万元，帮助3062户农民脱贫致富。市工商联民企帮村情况在市委《研究与咨询》和市政府《研究与决策》

2009年3月18日，潍坊市非公有制经济、社会新阶层代表人士服务新农村建设座谈会在临朐县辛寨镇召开

2009年12月28日，全市优秀中国特色社会主义事业建设者暨“民企帮村”先进单位表彰大会在东方大酒店召开

刊发，《人民政协报》《联合日报》《潍坊日报》、潍坊电视台等新闻媒体对民企帮村的经验做法多次进行报道。

2008年，市工商联组织12位民营企业家为临朐县大关镇板峪村捐资修建5千米出村道路，结束了该村村民出行晴天一身土、雨天一身泥的历史。是年，全市工商联参与帮扶的企业达1006家，帮扶村庄622个，上项目424个，在农村设立生产基地80个，带动当地农民增收3.14亿元，帮助3560户农民脱贫致富。

2012年，市工商联组织非公有制经济人士建立“全市非公有制经济人士参与新农村建设实践基地”。年内，全市工商联系统为新农村建设及各项社会公益活动捐助资金8400万元；市工商联机关筹集新农村建设资金20余万元，帮助第一书记村临朐县辛寨镇谢家营村完成自来水工程，解决村里长达60多年的人畜饮水难题。

爱心救助

1998年，在抗洪救灾中，全市工商联会员积极捐款捐物达857.8万元。2003年，在抗击“非典”活动中，全市工商联会员捐款捐物46.5万元。当年，山东圣荣建设集团投资近30万元在临朐九山建起光彩学校，得到社会各界的广泛赞誉。

2008年，四川汶川“5·12”特大地震发生后，市工商联组织动员广大会员企业开展形式多样的捐助活动。市工商联与民盟潍坊市委联合举行抗震救灾书画捐赠大型笔会，13位民营企业家参加书画认捐活动；市工商联机关先后组织为地震灾区捐款、党员缴纳抗震救灾“特殊党费”、向地震灾区群众捐献棉衣被等活动，全市工商联系统共向地震灾区捐款5362.85万元，捐物折款2313.4万元，共计7676.25万元。

法律服务

2007年，市工商联依托诚公律师事务所、北海律师事务所成立市工商联维权服务中心，受理会员企业咨询、投诉，调解会员企业间的民商事纠纷，提供法律信息、知识、宣传等培训服务。2008年，市工商联联合山东诚公律师事务所、北海律师事务所举办法律培训班，对全市100多家会员企业的负责人进行系统培训。

融资服务

2003年，在市工商联的沟通协调下，华夏银行济南分行与潍坊市人民政府签订协议，向全市民营企业综合授信15亿元，缓解非公有制经济企业资金紧张问题。2005年，市工商联引导企业通过联合担保、开展银企对话、建立中介投资公司等多种渠道筹措资金。与中国光大银行联系，为全市10余家企业争取融资，介绍项目，缓解了企业资金紧张的问题。2006年，市工商联与中国光大银行、上海浦东银行、招商银行和恒丰银行联系，为全市的10余家企业争取贷款。

2007年，在部分县市区工商联开展与金融部门的合作，成立贷款担保公司、信用合作联盟，设立应急互助金，为企业提供融资服务。其中青州工商联建立的企业应急互助金，有30多家企业参与，年应急金额达4亿多元。2008年，市工商联推广青州、高密、诸城等市工商联建立应急互助金、开展担保贷款、组织信誉联盟的经验做法，全市半数县市区工商联与金融部门合作，帮助企业开展多种形式的融资活动。2009年，市工商联组织召开各县市区工商联负责人、部分民营企业家和金融单位负责人参加的“合作共赢、促进民营企业科学发展座谈会”和潍坊兴业银行与市工商联企业副主席、副会长“合作对接座谈会”，促进各金融单位和民营企业的联系与合作。针对部分民营企业融资瓶颈问题，市工商联协调潍坊兴业银行先后为6家企业以最低利率贷款1.5亿元。

2010年，成立市工商联会计咨询服务中心，重点助推民营企业上市工作。2011年，市工商联分别与兴业银行、交通银行、民生银行、建设银行、中国银行等多家潍坊分行签订银企合作战略协议，为企业解决信贷资金10亿多元。多次召开银企合作推介会、助推中小企业发展合作对接会，帮助因资金问题影响发展的企业及时与有关银行对接沟通。

2012年，市工商联向6家银行推荐贷款企业400多家，为企业解决信贷资金100多亿元。

经贸交流

2005年，市工商联组织企业参与鲁台经贸洽谈会，组织会员企业参加中国北方苗木展销洽谈会、中国寿光国际蔬菜博览会、昌乐宝石节等重大活动。到青岛、淄博工商联走访学习，参加省工商联在青岛举办的组织工作交流会。与黑龙江省鹤岗市、陕西省咸阳市工商联建立友好商会关系。

2006年，市工商联组织会员企业开展各种经贸洽谈活动。组织“大连—潍坊招商引资项目介绍暨民营企业合作项目洽谈会”，参与鲁台经贸洽谈会、中国北方苗木展销洽谈会、中国寿光国际蔬菜博览会、昌乐宝石节等重大活动。同年，市工商联接洽河南省、辽宁大连市、黑龙江鹤岗市、宁夏银川、陕西八市地、新疆乌鲁木齐等省市工商联到潍坊参观考察，并与之结为友好商会。协助成立潍坊台州商会、潍坊河南商会、潍坊泉州商会筹备处、潍坊华乡人商会筹备处。

2011年，市工商联与有关部门联合主办“2011中国（潍坊）首届茶文化产业品牌发展经济峰会”，组织企业参加省工商联主办的全省民营企业“胶南行”“薛城行”等活动。组织企业参加“粤鲁民企经贸合作交流对接会”，达成系列合作意向。9月，邀请中国香港湾仔中西区工商联一行20余人到潍坊市就工业园区、现代农业项目建设情况进行考察，举行友好商会签约仪式。11月，与菲律宾山东联谊会签订友好协议书，建立战略合作关系。

2012年，市工商联召开建筑装饰行业推介会，组织会员企业参加“全省民营企业‘走出去’工作推进会”，赴中国台湾参加“两岸农产加工食品业”经贸交流和商会对接；参加“全国民营企业家莱州行”活动；配合市委统战部成功举办潍坊市统一战线“同心·助推蓝黄战略行动”，承办省内外知名企业家滨海行暨潍坊滨海经济技术开发区投资恳谈会，积极参与推进蓝黄“两区”建设。

招商引资

2005年，市工商联大力发展会员企业，招商引资1100万元。

2007年，市工商联建立《潍坊市工商联招商引资项目库》，制订2007年工商联经贸洽谈、招商引资活动计划，组织企业参加市“双十”招商活动以及“中国中部投资贸易博览会”“新加坡山东企业家高层论坛”，赴浙江杭州、绍兴、宁波3市招商引资。

2008年，市工商联帮助歌尔电子有限公司做好上市工作，“歌尔声学”股票当年5月在深圳成功上市，募集资金5.4亿元。组织部分民营企业家参加第七届山东·日本经贸洽谈会、第九届中国西部（重庆）国际博览会、山东省名优特品展销会，参与举办中国纺织市场与品牌企业对接会。全市工商联组织全年完成招商引资3.68亿元，其中市工商联招商引资3461万元。

2009年，举办全国知名企业家“滨海行”活动，邀请中国香港和北京、天津、江西等地的36名企业家到潍坊滨海经济开发区参观考察。举办知名民营企业家“寒亭行”活动，考察项目和企业，商定加强合作的方式。组织各县市区工商联负责人和部分民营企业家到先进地区工商联学习经验，与淄博、烟台、威海、东营、泰安、滨州等市的部分知名民营企业进行对接洽谈。到青岛市工商联进行专题学习，组织参加“青岛潍坊周”活动，与青岛即发集团、红领集团等著名企业进行项目对接。与天津市河西区工商联建立友好商会，促进全市经济发展和工商联工作的对外交流与合作。组织企业参加省工商联举办的名优特产品展销会、海内外知名企业家“齐鲁行”、鲁商大会等会展和活动，组织民营企业家赴中国台湾参加“鲁台商会合作年恳谈暨产业合作对接会”等。筹办“2009第二届中国纺织市场品牌企业对接会”，到浙江省、江苏省、上海市和省内部分地市访问知名企业，开展招展招商。是年，全市工商联系统完成招商引资5.53亿元，比上年增长50%。

2012年，市工商联依托全市会员企业和与中国香港、澳门、台湾等海内外广泛联系的优势，组织开展经贸洽谈，建立友好商会，引荐“清明上河园主题公园”、百得利汽车销售公司4S店等投资项目，投资金额达10亿多元，引进并签署潍坊国际啤酒城项目、城市广场项目、卡通动漫主题公园和科技软件园项目等3个过10亿元以上的项目。

招工与招聘

2006年，市工商联与市劳动和社会保障局联合组织“民营企业招聘周”活动，全市300多家民营企业提供就业岗位1.1万多个。2007年，在市工商联网站上开设企业人才招聘专栏；与市劳动和社会保障局、市总工会联合举办“民营企业招聘周”活动，参加招聘企业600多家，提供工作岗位3万多个。2008年，市工商联与市劳动就业办公室联合召开“发展民营经济、拓宽就业渠道”为主题的促进就业座谈会，举办“民营企业专场招聘洽谈会”，达成用工意向4000多个。

2011年，市工商联搭建网上就业服务平台，免费发布会员企业用工信息。与驻潍坊职业院校联系，组织部分会员企业举办校企合作对接恳谈会，与市卫生学校联合举办“2011年卫校毕业生就业洽谈会”，与市人社局、市总工会等部门联合举办“2011年民营企业招聘周”活动，参加招聘民营企业1418家，提供就业岗位60390个，达成招工意向9577人，缓解了部分企业用工紧张问题。

2012年3月，市工商联组织10家企业赴济南市参加“蓝黄经济区民营企业财经人才专场招聘会”。5月，与市人社局联合举办2012年民营企业招聘周活动，参加招聘民营企业87家，提供就业岗位3045个，达成招工意向2000人。6月，与市经信委联合举办全市首届校企合作人才供需洽谈会，探索企校合作模式，80家会员企业参加活动。

企业家培训

2007年，市工商联和各县市区工商联通过多种形式对会员进行培训，为企业提供智力支持。寿光市工商联举办10期企业管理论坛，培训民营企业管理人员近万人次。

2008年5月，市工商联与清华大学联合举办高级工商管理研究生课程进修班(EMBA)。青州市工商联与北京大学联合开设第一期工商管理（MBA）硕士进修班。寿光市工商联举办11期企业管理论坛。全市各级工商联培训人员达1.5万人次。市工商联在北京大学潍坊教务中心设立潍坊市工商联民营企业高端人才培训基地，12月5日，举行揭牌仪式，请北京大学经济研究所所长、博士生导师睢国余教授作“当前经济形势分析与企业应对之道”专题报告。

2009年，成立潍坊市工商联民营企业高端人才培训基地。邀请20多位高级专家、资深教授，举办4场高层次的专题报告会，组织“2009中国企业家修炼巡回峰会潍坊峰会”“中国百城经济发展世纪行高峰论坛后危机时代之领导韬略”两场大型论坛，培训民营企业家、高层经营管理人员4800多人次。2011年，市工商联依托潍坊市工商联民营企业高端人才培训基地和北大、清华等著名高校，相继举办“中国智慧世纪论坛”“宏观经济形势分析和企业战略”等大型培训班和公益讲座，全市近5000名企业家参加培训。2012年，市工商联依托市委党校，建立“潍坊市企业家培训基地”。与北大、清华、上海交大等著名高校举办“中国智慧世纪论坛”“中国宏观经济形势与金融趋势分析”等10次大型培训班和公益讲座，全市1万余名企业家和高层管理人员参加培训。

龙头蜈蚣